Standard Catalog of

WORLD COINS

1701-1800 **5th Edition**

George Cuhaj
Editor

Thomas Michael
Market Analyst

Harry Miller
US. Market Analyst

Merna Dudley
Coordinating Editor

Deborah McCue
Database Specialist

Kay Sanders
Editorial Assistant

Special Contributors

Jean-Paul Divo

Gastone Polacco

Daniel Frank Sedwick

Erik J. van Loon

Bullion Value (BV) Market Valuations

Valuations for all platinum, gold, palladium and silver coins of the more common, basically bullion types, or those possessing only modest numismatic premiums are presented in this edition based on the market levels of:

$1,650 per ounce for **platinum**

$1,250 per ounce for **gold**

$500 per ounce for **palladium**

$20 per ounce for **silver**

Copyright ©2010 F+W Media, Inc.

All rights reserved. No portion of this publication may be reproduced or transmitted in any form or by any means, electronic or mechanical, including photocopy, recording, or any information storage and retrieval system, without permission in writing from the publisher, except by a reviewer who may quote brief passages in a critical article or review to be printed in a magazine or newspaper, or electronically transmitted on radio, television, or the Internet.

Published by

Krause Publications, a division of F+W Media, Inc.
700 East State Street • Iola, WI 54990-0001
715-445-2214 • 888-457-2873
www.krausebooks.com

To order books or other products call toll-free 1-800-258-0929
or visit us online at www.shopnumismaster.com

ISSN 1078-8816
ISBN-13: 978-1-4402-1364-9
ISBN-10: 1-4402-1364-X

Cover Design by Jana Tappa
Designed by Sandi Carpenter
Edited by Debbie Bradley

Printed in the United States of America

INTRODUCTION

We are pleased to present the completely revised and updated fifth edition of the *Standard Catalog of World Coins 1701-1800.* This edition not only contains nearly five years of market adjustments, it provides expanded descriptions, pricing in up to five grades of preservation and hundreds of new images.

And market adjustments is certainly where things have been quite active. Gold and silver bullion prices are at new all-time highs and the values represented in this volume certainly have taken into account those new levels.

This volume contains a wealth of data for the German States and the Holy Roman Empire, France, Great Britain, Spain, Russia and Mexico as well as additions to many other countries throughout the book. Concise listings of minors and fractional issues, which have generally been available to collectors and dealers only in long out-of-print, difficult to locate, non-English references, are presented here in an easy-to-use format, making this catalog an excellent one-stop resource.

In keeping with the traditions that have been held in focus with the *Standard Catalog of World Coins* from the very first edition, this volume is organized in a user-friendly format. An alphabetical sort order has been incorporated for countries of issue. An effort has been made to indicate each change in political structure or issuing authority and its associated coinage. The listings are generally arranged by denomination, which now appear with each listing. Coins are heavily illustrated by basic types, to the point that there is a virtual certainty you will find a photo match to the designs, or at least a clear word description of any 18th century coins that may come into your possession. To facilitate the easy identification and attribution of coins of the era, this volume features numerous helpful mint and privy mark charts in the introductions.

The *Standard Catalog of World Coins 1701-1800* 5th Edition is the result of nearly 40 years of research by more than 200 respected numismatic experts around the world. True to the stated objective of the original *Standard Catalog of World Coins* (published in 1971), this edition augments the current family of five century reference catalogs, which conveniently replace a shelf of often-elusive specialized books, many of which are obscure and when found, very expensive.

The updated fifth edition provided an opportunity for focus on some specific areas long in need of heavy revision, including pricing throughout. More detail and improved descriptions are found in every country. The result is a nearly 1,500-page book complete with detailed information no collector or dealer can do without.

Does this mean this *Standard Catalog of World Coins 1701-1800* volume represents unquestioned completeness of coverage for the era? No.

Is it a definitive work, on the basis of authoritativeness and exhaustiveness? Yes.

Is it the ultimate word on the subject that will ever be published? We certainly hope not.

What this is, in effect, is a living and breathing book. This is a reference that will grow and benefit your future interests, in the presentation of successor editions, to the measure of what you, the user, contribute to make it something more than it presently is. Toward that end, you are invited — make that encouraged — to point out errors and omissions and challenge any content you have reason to question. Perhaps together we can advance this massive base of knowledge.

Should you have new listing information or a coin for possible illustration consideration, we would welcome correspondence to George.Cuhaj@fwmedia.com. Coins for illustration should be scanned at 100 percent size, 300 dpi and sent as a jpeg with the mm size of the coin under consideration, as well as the catalog number reference and the country of origin.

We hope you find this new edition meets your collecting needs. Enjoy your hobby.

George S. Cuhaj, Editor
Tom Michael, Market Analyst

TABLE OF CONTENTS

Introduction	3
Acknowledgements	4
Contributing To The Catalog	4
Country Index	5
How To Use This Catalog	9
Standard International Grading Terminology & Abbreviations	14
Standard International Numeral Systems	15
Hejira Date Conversion Chart	16
18th Century Legends	1325
Illustrated Guide To Eastern Mint Names	1336

ACKNOWLEDGEMENTS

Many numismatists have contributed countless changes, which have been incorporated in this edition. While all cannot be acknowledged here, special appreciation is extended to the following individuals and organizations who have exhibited a special dedication — revising and verifying historical and technical data and coin listings, reviewing market valuations and loaning coins to photograph — for this edition.

Dr. Lawrence A. Adams
Stephen Album
Antonio Alessandrini
Esko Alroth
Mitchell A. Battino
Jan Bendix
Wolfgang Bertsch
Cris Bierrenbach
Joseph Boling
Al Boulanger
Klaus Bronny
Doru Calin
Adolfo Cayon
Raul Chirila
Michael Hans Lun Chou
Fred L. Colombo
Scott Cordry
Jerry Crain
Vincent Craven-Bartl
Jed Crump
Raymond Czahor
Howard A. Daniel III
James C. Diracles
Jean-Paul Divo

Wilhelm R. Eglseer
John Ferm
Thomas Fitzgerald
Eugene Freeman
Arthur Friedberg
Kent Froseth
Tom Galway
Marcel Häberling
Flemming Lyngbeck Hansen
Emmanuel Henry
Wade Hinderling
Serge Huard
Ton Jacobs
Lorenzo Jimenez
Robert Johnston
Alex Kaglyan
John K. Kallman
Paul Karon
Craig Keplinger
Peter Kraneveld
Ronachai Krisadaolarn
Samson Kin Chiu Lai
Joseph E. Lang
Thomas Lautz

Nirat Lertchitvikul
Ma Tak Wo
Jürgen Mikeska
Juozas Minikevicius
Robert Mish
Paul Montz
Edward Moschetti
Horst-Dieter Müller
Dr. N. Douglas Nicol
Arkady Nakhimovsky
Vladimir Nastich
Frank Passic
Marc Pelletier
Gastone Polacco
Rick Ponterio
Mircea Raicopol
William Rosenblum
Isaac Rudman
Remy Said
Jacco Scheper
Glenn Schinke
Gerhard Schön
Dr. Wolfgang Schuster
Daniel Frank Sedwick

Olav Sejerøe
Clark Smith
Jørgen Sømod
Gylfi Snorrason
Richard Stuart
Alim A. Sumana
Barry Tabor
Steven Tan
Mehmet Tolga Tanner
M. Louis Teller
Gunnar Thesen
Frank Timmerman
Archie Tonkin
Anthony Tumonis
Erik J. van Loon
Justin C. Wang
Randy Weir
Paul C. Welz
Stewart Westdal
John Wilkison
Ertekin Yenisey
Isaac Zadeh
Joseph Zaffern

— AUCTION HOUSES —

Aureo & Calico
Baldwin's Auctions Ltd.
Classical Numismatic Group
Daniel Frank Sedwick, LLC
Dix, Noonan, Webb, Ltd.
Dmitry Markov Coins & Medals
Jean Elsen S.A.
Frankfurter Münzhandlung
Ira & Larry Goldberg Coins & Collectibles, Inc.
Hauck & Aufhäuser
Heidelberg Münzhandlung Herbert Grün
Gorny & Mosch – Giessener Münzhandlung
Auktion Heidrun Höhn
Helios Numismatik

Heritage World Coin Auctions
Hess-Divo Ltd.
Gerhard D. Hirsch Nachfolger
Thomas Høiland Møntauktion
Fritz Rudolf Künker Münzhandlung
Leipziger Münzhandlung
LHS Numismatik AG
Maison Palombo
Auktionshaus Meister & Sonntag
Münzenhandlung Harald Möller, GmbH
Münzen & Medaillen Deutschland, GmbH
Moneti i Medali
Münz Zentrum Köln
Noble Numismatics, Pty. Ltd.
Numismatica Ars Classica
Numismatik Lanz München

Dr. Busso Peus Nachfolger
Ponterio & Associates
Bruun Rasmussen
Auktionshaus H.D. Rauch GmbH
Riibe Mynthandel AS
Schulman BV
Sotheby's
Spink - Smythe
St. James Auction Ltd.
Stack's - Coin Galleries
UBS, AG, Gold & Numismatics
Jean Vinchon Numismatique
Westfälische Auktionsgesellschaft
World Wide Coins of California

CONTRIBUTING TO THE CATALOG

SENDING SCANNED IMAGES

- Scan images with a resolution of 300 dpi
- Set size at 100%
- Scan in true 4-color
- Save images as 'jpeg'
- Specify the country, denomination and diameter of coin
- Send images to the editor at **George.Cuhaj@fwmedia.com**

OFFERING DATA CORRECTIONS

- Refer to coins by country and catalog number
- be as clear and specific as possible
- Send your comments to the editor at **George.Cuhaj@fwmedia.com**

SUGGESTING VALUE CHANGES

- Reference the coins country and catalog number
- Specify date and grade
- Explain your sources
- Send your suggestions to the market analyst at **Tom.Michael@fwmedia.com**

COUNTRY INDEX

Aachen 267
Aalen 268
Afghanistan 17
Aire. 262
Alessandria 924
Algeria 31
Algiers 31
Alwar 824
Ancona. 966, 984
Angola 33
Anhalt-Bernburg. 268
Anhalt-Bernburg-Schaumburg-Hoym 272
Anhalt-Kothen 272
Anhalt-Zerbst 273
Appenzell 1239
Aragon 1221
Arakan 781
Arcot. 824, 862
Arenberg 274
Armenia 36
Ascoli 966, 984
Assam 782
Auersperg. 68
Augsburg 274
Austria 36
Austrian Netherlands 93
Austrian States. 68
Awadh 826
Azerbaijan 99
Bacaim 865
Baden. 280
Baglana 789
Bahawalpur 832
Bamberg 283
Banjarmasin 1140
Banswara 832
Barbados 103
Barcelona 1221
Baroda 833
Basel 1240
Batavian Republic 1112
Batthyani 68
Bavaria. 286
Belgiojoso 924
Belmonte 924
Bengal Presidency 875
Bentheim-Tecklenburg-Rheda 300
Bermuda 103
Bern 1245
Beromuenster. 1250
Bharatpur 834
Bhatgaon, Kingdom. 1102
Bhaunagar. 835
Bhopal 836
Bhutan 104
Biberach 300
Bijawar. 836
Bikanir 836
Bindraban 837
Blankenburg 301
Bocholt 301
Bohemia 105
Bolivia 116
Bologna 966
Bombay Presidency. 881
Brabant 1222
Brandenburg 301
Brandenburg-Ansbach. 301
Brandenburg-Ansbach-Bayreuth 312
Brandenburg-Bayreuth 313
Braunau. 320
Brazil 125
Bremen 321
Breslau 324
Bretzenheim 326
British India 875
British United East India Company 1142
British Virgin Islands 135
Brixen 69
Broach 838
Brunswick-Blankenburg. 327
Brunswick-Luneburg-Calenberg-Hannover. 328
Brunswick-Luneburg-Celle 350
Brunswick-Wolfenbuttel 350
Buchhorn 371
Bukhara 136
Bundi 838
Burgau. 70
Burma 1100
Cagliari 924
Cannanore. 838
Casale 924
Castiglione dei Gatti 924
Cayenne 262
Central Asia 136
Ceylon 137
Chhatarpur 839
Chile 138
China, Empire 143
Chur. 1251
Cisalpine Republic. 924
Cispadine Republic. 925
Civitavecchia. 972, 985
Cleves 371
Clitunno. 985
Cochin. 839
Coesfeld 372
Colloredo-Mansfeld. 71
Cologne 372
Colombia. 154
Connecticut. 1304
Constance. 377
Cooch Behar. 789, 839
Coorg 840
Corsico 925
Corte. 925
Corvey 378
Courland. 160
Crailsheim. 381
Crimea 161
Cuba. 162
Curacao 162
Damao 866
Danish India 860
Danish West Indies. 163
Danzig. 164
Darband 99
Datia 840
Denmark 164
Deventer 1114
Dholpur. 840
Dietrichstein 71
Disentis 1253
Diu 866
Dominica. 174
Dortmund 381
Dutch India 865
East Friesland. 382
East India Company 875
East Prussia 1161
Eger 114
Egypt. 175
Eichstatt 385
Einbeck 387
Einsiedeln 1253
Elbing 1163
Electoral Pfalz 508
Elichpur. 845
Ellwangen 387
Erbach 387
Erfurt. 387
Essen 388
Essequibo & Demerary. . . 180, 707
Esslingen 388

COUNTRY INDEX

Eszterhazy 71
Ethiopia 180
Fagnolle 99
Fano 972
Farrukhabad 790
Fermo. 972, 985
Ferrara 973
Firoznagar 845
Fischingen 1253
Flanders 1224
Foligno 974, 986
Fort Marlboro 1142
France, Consulship. 261
France, First Republic 253
France, Kingdom 181
Franconian Circle 388
Frankfurt am Main 389
Freiburg 1253
Freiburg im Breisgau 394
Freising. 396
French Colonies 261
French Guiana 262
French India 862
French States 262
Friedberg 396
Friesland. 1114
Fugger 397
Fulda 397
Furstenberg 401
Furstenberg-Purglitz. 401
Furstenberg-Stuhlingen 401
Further Austria 402
Gadwal 845
Galicia & Lodomeria 1164
Ganja 100
Garhwal 841
Gelderland 1114
Geneva 1254
Genoa 925
Georgia 263
German States 267
Gluckstadt 174
Gnesen. 1164
Goa 869
Goias 135
Gold Coast 684
Gorizia 930
Goslar. 403
Great Britain 685
Grenada 702
Groningen & Ommeland 1118
Grosswardein 1286
Guadeloupe 702
Guastalla 931
Guatemala 702
Gubbio 975, 986
Gurkha Kingdom 791
Guyana 707
Gwalior 841
Haiti 708
Haldenstein 1257
Hall 405
Hamburg 407
Hamm 412
Hanau 412
Hanau-Lichtenberg 412
Hanau-Munzenberg. 412
Harar 180
Heilbronn 414
Hejaz - Mecca 1207
Helvetian Republic. 1276
Henneberg. 415
Henneberg-Ilmenau. 415
Henneberg-Schleusingen 415
Hesse-Cassel 415
Hesse-Darmstadt. 425
Hesse-Homburg 429
Hildesheim 429
Hohenlohe 432
Hohenlohe-Bartenstein 433
Hohenlohe-Bartenstein-
Pfedelbach. 433
Hohenlohe-Ingelfingen 433
Hohenlohe-Kirchberg. 433
Hohenlohe-Langenburg 434
Hohenlohe-Neuenstein-
Oehringen 434
Hohenlohe-Neuenstein-
Weikersheim 436
Hohenlohe-Pfedelbach 436
Hohenlohe-Waldenburg-
Schillingsfurst 436
Hohenzollern-Hechingen 437
Holland 1118
Holstein-Gottorp-Rendsborg . . 174
Hungary 708
Hyderabad 844
Hyderabad Feudatories 845
India - British 875
India - Danish 860
India - Dutch 865
India - European Influences. . . 860
India - French. 862
India - Independent Kingdoms. .781
India - Mughal Empire 722
India - Portuguese 865
India - Princely States 822
Indore 846
Indore Feudatory 848
Iran 888
Iraq 918
Ireland 919
Isla de Cuba 162
Isle de France et Bourbon. 920
Isle of Man 921
Isles du Vent 1324
Isny 437
Italian States 923
Jaintiapur 791
Jaipur 848
Jaisalmir 850
Jamaica. 1019
Jammu 792
Janid 136
Janjira Island. 851
Jaora 851
Japan 1021
Java. 1140
Jever 438
Jind 851
Jodhpur. 852
Jodhpur Feudatory 853
Julich-Berg 438
Kachar. 792
Kaga 1024
Kaithal 853
Kalayani 845
Kalsia 853
Karabagh 101
Karauli. 853
Karikal. 862
Kathmandu, Kingdom 1102
Kaufbeuren 442
Kedah 1062
Kempten 442
Kentucky. 1309
Khevenhuller-Metsch 72
Kinsky 72
Kirchberg. 443
Kishangarh 853
Kolhapur 854
Konigsegg-Rothenfels. 443
Korea 1025
Kosel 443
Koshu 1024
Kotah. 854
Krakow 1164
Krim. 161
Kuchaman 853
Kumaon. 793
Kutch. 793
Ladakh 854
Landau 444
Lauenburg. 445
Le Cap 708

Leitmeritz 115
Leutkirch 445
Libya 1052
Liechtenstein 1054
Liege 1055
Ligurian Republic 929
Lille 263
Lindau 445
Lippe-Detmold 446
Lithuania 1058
Livonia 1059
Livonia & Estonia 1059
Livorno 931
Lobkowitz-Sternstein 115
Lorraine 450
Lowenstein-Wertheim-
Virneburg 455
Lowenstein-Wertheim-
Virneburg & Rochefort 457
Lowenstein-Werthein-
Rochefort 453
Lubeck 457
Lucca 932
Luneburg 461
Luxembourg 1060
Luzern 1258
Maastricht 1122
Macerata 977, 986
Madras Presidency 885
Madurai 794
Mahe 863
Mainz 462
Majorca 1222
Malay Peninsula 1062
Maldive Islands 1063
Maler Kotla 855
Malta, Sovereign Order of . . . 1065
Manipur 795
Mansfeld. 468
Mansfeld-Bornstedt 468
Mantua 933
Maratha Confederacy. 796
Martinique 1074
Maryland 1308
Massa-Carrara 935
Massachusetts 1305
Matelica 977
Mato Grasso 135
Mecca 1207
Mecklenburg-Strelitz 472
Mecklenburg-Schwerin. 469
Memmingen 475
Mensfeld-Eisleben 469
Mesopotamia 918
Mewar 855
Mexico 1076
Milan 935
Mimaska 1024
Modena 940
Moldavia & Wallachia 1090
Mompelgart 475
Monaco 1090
Montalto. 977
Montfort 475
Montserrat 1091
Morocco. 1092
Mozambique 1099
Mughal Empire 722
Muhlhausen in Alsace 479
Mulhausen Thuringen 480
Munster 481
Muri 1260
Mysore 802, 856
Nabha 857
Namur 1224
Naples & Sicily 941
Narayanpett 846
Narwar 857
Nassau 485
Nassau-Dietz 486
Nassau-Weilburg 486
Navarre 1222
Nawanagar 857
Nazione Piemontese 981
Nepal 1100
Netherlands 1112
Netherlands East Indies 1137
Netherlands West Indies 1143
Neuchatel 1260
New Hampshire 1306
New Jersey 1306
New York 1306
Nijmegen 1123
Norway 1143
Nostitz-Rieneck 72
Nurnberg 487
Ober-Hessen 423
Oldenburg 493
Olmutz 72
Orbetello 946
Orchha 858
Orezzo 946
Orsini-Rosenberg 77
Orta 947
Osnabruck 495
Ottingen 499
Ottingen-Ottingen 499
Ottingen-Wallerstein-
Spielberg 499
Ottoman Empire 1291
Overyssel 1123
Paar 77
Paderborn 500
Panna 858
Papal States 947
Parma 979
Partabgarh 858
Parthenopean Republic 946
Passau 506
Patan, Kingdom 1104
Patiala 859
Penang 1062
Pergola 978, 986
Peru 1146
Perugia 978, 987
Pfalz 507
Pfalz-Birkenfeld-
Zweibrucken 518
Pfalz-Electoral Pfalz 508
Pfalz-Zweibrucken 518
Philippines 1155
Piacenza 981
Piedmont Republic 981
Pisa 982
Poland 1156
Pomerania. 520
Pondichery 864
Porcia 982
Portugal 1165
Portuguese India. 865
Prussia 522
Pudukkottai 815
Pyrmont 545
Qubba 101
Quedlinburg 545
Ragusa 1172
Ratlam 859
Ravenna 978
Ravensburg. 546
Reckheim 99
Regensburg 546
Reggio Emila 982
Reichenau-Tamins 1262
Retegno 982
Reuss 559
Reuss-Ebersdorf. 559
Reuss-Gera 560
Reuss-Lobenstein 560
Reuss-Obergreiz 560
Reuss-Schleiz 562
Reuss-Untergreiz 562
Rheinau 1263
Rietberg 563
Rio das Mortes 135
Rohilkhand 815

COUNTRY INDEX

Roman Republic 982
Ronciglione 978
Rostock 564
Rothenburg. 566
Russia 1174
Sabara 135
Saint Alban. 566
Saint Eustatius 1205
Saint Gall 1263
Saint Helena 1205
Saint Lucia 1206
Saint Martin 1206
Saint Vincent 1206
Salm 566
Salm-Grumbach 566
Salm-Kyrburg 567
Salzburg 78
San Georgio 988
San Martino 988
San Severino 979
Sardinia 988
Saudi Arabia. 1207
Savoy 993
Saxe-Coburg-Saalfeld 611
Saxe-Eisenach 590
Saxe-Eisenberg 605
Saxe-Gotha-Altenburg 598
Saxe-Hildburghausen. 605
Saxe-Meiningen 604
Saxe-Saalfeld 608
Saxe-Weimar 588
Saxe-Weimar-Eisenach 591
Saxe-Weissenfels. 587
Saxony 567
Saxony-Albertine 567
Sayn 615
Sayn-Altenkirchen 615
Sayn-Hachenberg 615
Schaumburg-Hessen 616
Schaumburg-Lippe. 617
Schleswig-Holstein 618
Schleswig-Holstein-
Glucksburg 619
Schleswig-Holstein-Gottorp . . . 619
Schleswig-Holstein-Ploen. . . . 621
Schlick 115
Schmalkalden. 621
Schonau 622
Schwarzburg 622
Schwarzburg-Arnstadt 622
Schwarzburg-Rudolstadt 622
Schwarzburg-Sondershausen . 624
Schwarzenberg 625
Schweinfurt 626
Schwyz. 1265
Scotland 1207

Selam 859
Sendai 1024
Sheki 101
Shemakhi. 101
Siam 1278
Siberia 1203
Sicily 994
Sierra Leone 1208
Sikh Empire 817
Sikh Feudatory Najibabad 819
Silesia 626
Sinkiang Province 152
Sinzendorf 91
Sitten 1266
Sivaganga 819
Soest 634
Solms. 635
Solms-Braunfels 635
Solms-Laubach 635
Solothurn 1267
Soragna 998
South Prussia 1164
Spain 1209
Spanish Netherlands 1222
Speyer 636
Spoleto 979
Sprinzenstein. 92
Stolberg 637
Stolberg-Gedern 638
Stolberg-Rossla 638
Stolberg-Stolberg. 638
Stolberg-Wernigerode 645
Stralsund 647
Strassburg 647
Sumatra 1142
Suriname 1225
Swabian Circle. 648
Sweden 1226
Swiss Cantons. 1239
Switzerland 1276
Syria 1278
Tajima 1025
Tanjore. 819
Tashkand 137
Terni. 979
Teutonic Order. 648
Thailand 1278
Thorn 1164
Thurn and Taxis 649
Tibet 1278
Tinnevelly. 820
Tivoli 979
Tobago 1280
Tortola 135
Tournai 1225
Transylvania. 1280

Trautson 92
Travancore 859
Trengganu 1062
Trento 998
Trier. 649
Trinidad 1287
Tripoli. 1052
Tripura 820
Tunis 1287
Tunisia. 1287
Turkey 1290
Tuscany. 998
Ulm 655
United East India
Company 1137, 1141
United States of
America. 1301, 1314
United West India
Company 1143
Unterwalden 1269
Upper Canada. 1309
Uri 1270
Uri, Schwyz & Unterwalden . . 1271
Utrecht 1124
Valencia 1222
Vasto 1002
Venice 1002
Ventimiglia. 1019
Vermont. 1307
Vienna 92
Viet Nam 1319
Vijayanagar. 821
Vila Rica 135
Virginia 1303
Viterbo. 979
Waldeck 657
Waldeck-Pyrmont 658
Werden & Helmstedt. 659
West Friesland 1129
Wiedenbruck 660
Wied-Neuwied. 660
Wied-Runkel 662
Windisch-Gratz 92
Windward Islands 1324
Wismar 662
Worms. 663
Wurttemberg 664
Wurttemberg-Ols. 674
Wurzburg. 675
Yanaon 864
Yemen 1324
Zeeland. 1133
Zoefingen 1271
Zug 1271
Zurich 1272

HOW TO USE THIS CATALOG

This catalog series is designed to serve the needs of both the novice and advanced collectors. It provides a comprehensive guide to over 400 years of world coinage. It is generally arranged so that persons with no more than a basic knowledge of world history and a casual acquaintance with coin collecting can consult it with confidence and ease. The following explanations summarize the general practices used in preparing this catalog's listings. However, because of specialized requirements, which may vary by country and era, these must not be considered ironclad. Where these standards have been set aside, appropriate notations of the variations are incorporated in that particular listing.

ARRANGEMENT

Countries are arranged alphabetically. Political changes within a country are arranged chronologically. In countries where Rulers are the single most significant political entity a chronological arrangement by Ruler has been employed. Distinctive sub-geographic regions are listed alphabetically following the countries main listings. A few exceptions to these rules may exist. Refer to the Country Index.

Diverse coinage types relating to fabrication methods, revaluations, denomination systems, non-circulating categories and such have been identified, separated and arranged in logical fashion. Chronological arrangement is employed for most circulating coinage, i.e., Hammered coinage will normally precede Milled coinage, monetary reforms will flow in order of their institution. Non-circulating types such as Essais, Pieforts, Patterns, Trial Strikes, Mint and Proof sets will follow the main listings, as will Medallic coinage and Token coinage.

Within a coinage type coins will be listed by denomination, from smallest to largest. Numbered types within a denomination will be ordered by their first date of issue.

IDENTIFICATION

The most important step in the identification of a coin is the determination of the nation of origin. This is generally easily accomplished where English-speaking lands are concerned, however, use of the country index is sometimes required. The coins of Great Britain provide an interesting challenge. For hundreds of years the only indication of the country of origin was in the abbreviated Latin legends. In recent times there have been occasions when there has been no indication of origin. Only through the familiarity of the monarchical portraits, symbols and legends or indication of currency system are they identifiable.

The coins of many countries beyond the English-language realm, such as those of French, Italian or Spanish heritage, are also quite easy to identify through reference to their legends, which appear in the national languages based on Western alphabets. In many instances the name is spelled exactly the same in English as in the national language, such as France; while in other cases it varies only slightly, like Italia for Italy, Belgique or Belgie for Belgium, Brasil for Brazil and Danmark for Denmark.

This is not always the case, however, as in Norge for Norway, Espana for Spain, Sverige for Sweden and Helvetia for Switzerland. Some other examples include:

DEUTSCHES REICH - Germany 1873-1945
BUNDESREPUBLIC DEUTSCHLAND - Federal Republic of Germany.

DEUTSCHE DEMOKRATISCHE REPUBLIK - German Democratic Republic.
EMPIRE CHERIFIEN MAROC - Morocco.
ESTADOS UNIDOS MEXICANOS - United Mexican States (Mexico).
ETAT DU GRAND LIBAN - State of Great Lebanon (Lebanon).

Thus it can be seen there are instances in which a little schooling in the rudiments of foreign languages can be most helpful. In general, colonial possessions of countries using the Western alphabet are similarly identifiable as they often carry portraits of their current rulers, the familiar lettering, sometimes in combination with a companion designation in the local language.

Collectors have the greatest difficulty with coins that do not bear legends or dates in the Western systems. These include coins bearing Cyrillic lettering, attributable to Bulgaria, Russia, the Slavic states and Mongolia, the Greek script peculiar to Greece, Crete and the Ionian Islands; The Amharic characters of Ethiopia, or Hebrew in the case of Israel. Dragons and sunbursts along with the distinctive word characters attribute a coin to the Oriental countries of China, Japan, Korea, Tibet, Viet Nam and their component parts.

The most difficult coins to identify are those bearing only Persian or Arabic script and its derivatives, found on the issues of nations stretching in a wide swath across North Africa and East Asia, from Morocco to Indonesia, and the Indian subcontinent coinages which surely are more confusing in their vast array of Nagari, Sanskrit, Ahom, Assamese and other local dialects found on the local issues of the Indian Princely States. Although the task of identification on the more modern issues of these lands is often eased by the added presence of Western alphabet legends, a feature sometimes adopted as early as the late 19th Century, for the earlier pieces it is often necessary for the uninitiated to laboriously seek and find.

Except for the cruder issues, however, it will be found that certain characteristics and symbols featured in addition to the predominant legends are typical on coins from a given country or group of countries. The toughra monogram, for instance, occurs on some of the coins of Afghanistan, Egypt, the Sudan, Pakistan, Turkey and other areas of the late Ottoman Empire. A predominant design feature on the coins of Nepal is the trident; while neighboring Tibet features a lotus blossom or lion on many of their issues.

To assist in identification of the more difficult coins, we have assembled the Instant Identifier section presented on the following pages designed to provide a point of beginning for collectors by allowing them to compare unidentified coins with photographic details from typical issues.

We also suggest reference to the comprehensive Country Index.

DATING

Coin dating is the final basic attribution consideration. Here, the problem can be more difficult because the reading of a coin date is subject not only to the vagaries of numeric styling, but to calendar variations caused by the observance of various religious eras or regal periods from country to country, or even within a country. Here again with the exception of the sphere from North Africa through the Orient, it will be found that most countries rely on Western date numerals and Christian (AD) era reckoning, although in a few instances, coin dating has been tied to the year of a reign or government. The Vatican, for example dates its coinage according to the year of reign of the current pope, in addition to the Christian-era date.

Countries in the Arabic sphere generally date their coins to the Muslim era (AH), which commenced on July 16, 622 AD (Julian calendar), when the prophet Mohammed fled from Mecca to Medina. As their calendar is reckoned by the lunar year of 354 days, which is about three percent (precisely 2.98%) shorter than the Christian year, a formula is required to convert AH dating to its Western equivalent. To convert an AH date to the approximate AD date, subtract three percent of the AH date (round to the closest whole number) from the AH date and add 622. A chart converting all AH years from 1010 (July 2, 1601) to 1421 (May 25, 2028) is presented as the Heijra Chart elsewhere in this volume.

The Muslim calendar is not always based on the lunar year (AH), however, causing some confusion, particularly in Afghanistan and Iran, where a calendar based on the solar year (SH) was introduced around 1920. These dates can be converted to AD by simply adding 621. In 1976 the government of Iran implemented a new solar calendar based on the foundation of the Iranian monarchy in 559 BC. The first year observed on the new calendar was 2535 (MS), which commenced March 20, 1976. A reversion to the traditional SH dating standard occurred a few years later.

Several different eras of reckoning, including Christian and Muslim (AH), have been used to date coins of the Indian subcontinent. The two basic systems are the Vikrama Samvat (VS), which dates from Oct. 18, 58 BC, and the Saka era, the origin of which is reckoned from March 3, 78 AD. Dating according to both eras appears on various coins of the area.

Coins of Thailand (Siam) are found dated by three different eras. The most predominant is the Buddhist era (BE), which originated in 543 BC. Next is the Bangkok or Ratanakosindsok (RS) era, dating from 1781 AD; followed by the Chula- Sakarat (CS) era, dating from 638 AD. The latter era originated in Burma and is used on that country's coins.

Other calendars include that of the Ethiopian era (EE), which commenced seven years, eight months after AD dating; and that of the Jewish people, which commenced on Oct. 7, 3761 BC. Korea claims a legendary dating from 2333 BC, which is acknowledged in some of its coin dating. Some coin issues of the Indonesian area carry dates determined by the Javanese Aji Saka era (AS), a calendar of 354 days (100 Javanese years equal 97 Christian or Gregorian calendar years), which can be matched to AD dating by comparing it to AH dating.

The following table indicates the year dating for the various eras, which correspond to 2003 in Christian calendar reckoning, but it must be remembered that there are overlaps between the eras in some instances.

Christian era (AD)2007
Muslim era (AH)AH1428
Solar year (SH)SH1385
Monarchic Solar era (MS)MS2566
Vikrama Samvat (VS)VS2064
Saka era (SE)SE1929
Buddhist era (BE)BE2550
Bangkok era (RS)RS226
Chula-Sakarat era (CS)CS1369
Ethiopian era (EE)EE2001

Korean era4340
Javanese Aji Saka era (AS)AS1940
Fasli era (FE)FE1417
Jewish era (JE)JE5767

Coins of Asian origin - principally Japan, Korea, China, Turkestan and Tibet and some modern gold issues of Turkey - are generally dated to the year of the government, dynasty, reign or cyclic eras, with the dates indicated in Asian characters which usually read from right to left. In recent years, however, some dating has been according to the Christian calendar and in Western numerals. In Japan, Asian character dating was reversed to read from left to right in Showa year 23 (1948 AD).

More detailed guides to less prevalent coin dating systems, which are strictly local in nature, are presented with the appropriate listings.

Some coins carry dates according to both locally observed and Christian eras. This is particularly true in the Arabic world, where the Hejira date may be indicated in Arabic numerals and the Christian date in Western numerals, or both dates in either form.

The date actually carried on a given coin is generally cataloged here in the first column (Date). Dates listed alone in the date column which do not actually appear on a given coin, or dates which are known, but do not appear on the coin, are generally enclosed by parentheses with 'ND' at the left, for example ND(1926).

Timing differentials between some era of reckoning, particularly the 354-day Mohammedan and 365-day Christian years, cause situations whereby coins which carry dates for both eras exist bearing two year dates from one calendar combined with a single date from another.

Countermarked Coinage is presented with both 'Countermark Date' and 'Host Coin' date for each type. Actual date representation follows the rules outlined above.

NUMBERING SYSTEM

Some catalog numbers assigned in this volume are based on established references. This practice has been observed for two reasons: First, when world coins are listed chronologically they are basically self-cataloging; second, there was no need to confuse collectors with totally new numeric designations where appropriate systems already existed. As time progressed we found many of these established systems incomplete and inadequate and have now replaced many with new KM numbers. When numbers change appropriate cross-referencing has been provided.

Some of the coins listed in this catalog are identified or cross-referenced by numbers assigned by R.S. Yeoman (Y#), or slight adaptations thereof, in his Modern World Coins, and Current Coins of the World. For the pre-Yeoman dated issues, the numbers assigned by William D. Craig (C#) in his Coins of the World (1750-1850 period), 3rd edition, have generally been applied.

In some countries, listings are cross-referenced to Robert Friedberg's (FR#) Gold Coins of the World or Coins of the British World. Major Fred Pridmore's (P#) studies of British colonial coinage are also referenced, as are W.H. Valentine's (V#) references on the Modern Copper Coins of the Muhammadan States. Coins issued under the Chinese sphere of influence are assigned numbers from E. Kann's (K#) Illustrated Catalog of Chinese Coins and T.K. Hsu's (Su) work of similar title. In most cases, these cross-reference numbers are presented in the descriptive text for each type.

DENOMINATIONS

The second basic consideration to be met in the attribution of a coin is the determination of denomination. Since denominations are usually expressed in numeric, rather than word form on a coin, this is usually quite easily accomplished on coins from nations, which use Western numerals, except in those instances where issues are devoid of any mention of face value, and denomination must be attributed by size, metallic composition or weight. Coins listed in this volume are generally illustrated in actual size. Where size is critical to proper attribution, the coin's millimeter size is indicated.

The sphere of countries stretching from North Africa through the Orient, on which numeric symbols generally unfamiliar to Westerners are employed, often provide the collector with a much greater challenge. This is particularly true on nearly all pre-20th Century issues. On some of the more modern issues and increasingly so as the years progress, Western-style numerals usually presented in combination with the local numeric system are becoming more commonplace on these coins.

Determination of a coin's currency system can also be valuable in attributing the issue to its country of origin.

The included table of Standard International Numeral Systems presents charts of the basic numeric designations found on coins of non-Western origin. Although denomination numerals are generally prominently displayed on coins, it must be remembered that these are general representations of characters, which individual coin engravers may have rendered in widely varying styles. Where numeric or script denominations designation forms peculiar to a given coin or country apply, such as the script used on some Persian (Iranian) issues. They are so indicated or illustrated in conjunction with the appropriate listings.

MINTAGES

Quantities minted of each date are indicated where that information is available, generally stated in millions, and usually rounded off to the nearest 10,000 pieces. On quantities of a few thousand or less, actual mintages are generally indicated. For combined mintage figures the abbreviation "Inc. Above" means Included Above, while "Inc. Below" means Included Below. "Est." beside a mintage figure indicates the number given is an estimate or mintage limit.

MINT AND PRIVY MARKS

The presence of distinctive, but frequently inconspicuously placed, mintmarks indicates the mint of issue for many of the coins listed in this catalog. An appropriate designation in the date listings notes the presence, if any, of a mint mark on a particular coin type by incorporating the letter or letters of the mint mark adjoining the date, i.e., 1883CC or 1890H.

The presence of mint and/or mintmaster's privy marks on a coin in non-letter form is indicated by incorporating the mint letter in lower case within parentheses adjoining the date; i.e. 1827(a). The corresponding mark is illustrated or identified in the introduction of the country.

In countries such as France and Mexico, where many mints may be producing like coinage in the same denomination during the same time period, divisions by mint have been employed. In these cases the mint mark may appear next to the individual date listings and/or the mint name or mint mark may be listed in the Note field of the type description.

Where listings incorporate mintmaster initials, they are always presented in capital letters separated from the date by one character space; i.e., 1850 MF. The different mintmark and mintmaster letters found on the coins of any country, state or city of issue are always shown at the beginning of listings.

METALS

Each numbered type listing will contain a description of the coins metallic content. The traditional coinage metals and their symbolic chemical abbreviations sometimes used in this catalog are:

Platinum - (PT)Copper - (Cu)
Gold - (Au)Brass -
Silver - (Ag)Copper-nickel- (CN)
Billion -Lead - (Pb)
Nickel - (Ni)Steel -
Zinc - (Zn)Tin - (Sn)
Bronze - (Ae)Aluminum - (Al)

During the 18th and 19th centuries, most of the world's coins were struck of copper or bronze, silver and gold. Commencing in the early years of the 20th century, however, numerous new coinage metals, primarily non-precious metal alloys, were introduced. Gold has not been widely used for circulation coinages since World War I, although silver remained a popular coinage metal in most parts of the world until after World War II. With the disappearance of silver for circulation coinage, numerous additional compositions were introduced to coinage applications.

OFF-METAL STRIKES

Off-metal strikes previously designated by "(OMS)" which also included the wide range of error coinage struck in other than their officially authorized compositions have been incorporated into Pattern listings along with special issues, which were struck for presentation or other reasons. Collectors of Germanic coinage may be familiar with the term "Abschlag" which quickly identifies similar types of coinage.

PRECIOUS METAL WEIGHTS

Listings of weight, fineness and actual silver (ASW), gold (AGW), platinum or palladium (APW) content of most machine-struck silver, gold, platinum and palladium coins are provided in this edition. This information will be found incorporated in each separate type listing, along with other data related to the coin.

The ASW, AGW and APW figures were determined by multiplying the gross weight of a given coin by its known or tested fineness and converting the resulting gram or grain weight to troy ounces, rounded to the nearest ten-thousandth of an ounce. A silver coin with a 24.25-gram weight and .875 fineness for example, would have a fine weight of approximately 21.2188 grams, or a .6822 ASW, a factor that can be used to accurately determine the intrinsic value for multiple examples.

The ASW, AGW or APW figure can be multiplied by the spot price of each precious metal to determine the current intrinsic value of any coin accompanied by these designations.

Coin weights are indicated in grams (abbreviated "g") along with fineness where the information is of value in differentiating between types. These weights are based on 31.103 grams per troy (scientific) ounce, as opposed to the avoirdupois (commercial) standard of 28.35 grams. Actual coin weights are generally shown in hundredths or thousands of a gram; i.e., 2.9200 g., SILVER, 0.500 oz.

HOW TO USE THIS CATALOG

WEIGHTS AND FINENESSES

As the silver and gold bullion markets have advanced and declined sharply in recent years, the fineness and total precious metal content of coins has become especially significant where bullion coins - issues which trade on the basis of their intrinsic metallic content rather than numismatic value - are concerned. In many instances, such issues have become worth more in bullion form than their nominal collector values or denominations indicate.

Establishing the weight of a coin can also be valuable for determining its denomination. Actual weight is also necessary to ascertain the specific gravity of the coin's metallic content, an important factor in determining authenticity.

TROY WEIGHT STANDARDS

24 Grains = 1 Pennyweight
480 Grains = 1 Ounce
31.103 Grams = 1 Ounce

UNIFORM WEIGHTS

15.432 Grains = 1 Gram
0.0648 Gram = 1 Grain

AVOIRDUPOIS STANDARDS

27-11/32 Grains = 11 Dram
437-1/2 Grains = 1 Ounce
28.350 Grams = 1 Ounce

HOMELAND TYPES

Homeland types are coins which colonial powers used in a colony, but do not bear that location's name. In some cases they were legal tender in the homeland, in others not. They are listed under the homeland and cross-referenced at the colony listing.

COUNTERMARKS/COUNTERSTAMPS

There is some confusion among collectors over the terms "countermark" and "counterstamp" when applied to a coin bearing an additional mark or change of design and/or denomination.

To clarify, a countermark might be considered similar to the "hall mark" applied to a piece of silverware, by which a silversmith assured the quality of the piece. In the same way, a countermark assures the quality of the coin on which it is placed, as, for example, when the royal crown of England was countermarked (punched into) on segmented Spanish reales, allowing them to circulate in commerce in the British West Indies. An additional countermark indicating the new denomination may also be encountered on these coins.

Countermarks are generally applied singularly and in most cases indiscriminately on either side of the "host" coin.

Counterstamped coins are more extensively altered. The counterstamping is done with a set of dies, rather than a hand punch. The coin being counterstamped is placed between the new dies and struck as if it were a blank planchet as found with the Manila 8 reales issue of the Philippines.

PHOTOGRAPHS

To assist the reader in coin identification, every effort has been made to present actual size photographs of every coinage type listed. Obverse and reverse are illustrated, except when a change in design is restricted to one side, and the coin has a diameter of 39mm or larger, in which case only the side required for identification of the type is generally illustrated. All coins up to 60mm are illustrated actual size, to the nearest 1/2mm up to 25mm, and to the nearest 1mm thereafter. Coins larger than 60mm diameter are illustrated in reduced size, with the actual size noted in the descriptive text block. Where slight change in size is important to coin type identification, actual millimeter measurements are stated.

TRADE COINS

From approximately 1750-1940, a number of nations, particularly European colonial powers and commercial traders, minted trade coins to facilitate commerce with the local populace of Africa, the Arab countries, the Indian subcontinental, Southeast Asia and the Far East. Such coins generally circulated at a value based on the weight and fineness of their silver or gold content, rather than their stated denomination. Examples include the sovereigns of Great Britain and the gold ducat issues of Austria, Hungary and the Netherlands. Trade coinage will sometimes be found listed at the end of the domestic issues.

VALUATIONS

Values quoted in this catalog represent the current market and are compiled from recommendations provided and verified through various source documents and specialized consultants. It should be stressed, however, that this book is intended to serve only as an aid for evaluating coins, actual market conditions are constantly changing and additional influences, such as particularly strong local demand for certain coin series, fluctuation of international exchange rates and worldwide collection patterns must also be considered. Publication of this catalog is not intended as a solicitation by the publisher, editors or contributors to buy or sell the coins listed at the prices indicated.

All valuations are stated in U.S. dollars, based on careful assessment of the varied international collector market. Valuations for coins priced below $100.00 are generally stated in full amounts - i.e. 37.50 or 95.00 - while valuations at or above that figure are rounded off in even dollars - i.e. $125.00 is expressed 125. A comma is added to indicate thousands of dollars in value.

It should be noted that when particularly select uncirculated or proof-like examples of uncirculated coins become available they can be expected to command proportionately high premiums. Such examples in reference to choice Germanic Thalers are referred to as "erst schlage" or first strikes.

TOKEN COINAGE

At times local economic conditions have forced regular coinage from circulation or found mints unable to cope with the demand for coinage, giving rise to privately issued token coinage substitutes. British tokens of the late 1700s and early 1880s, and the German and French and French Colonial emergency emissions of the World War I era are examples of such tokens being freely accepted in monetary transactions over wide areas. Tokens were likewise introduced to satisfy specific restricted needs, such as the leper colony issues of Brazil, Colombia and the Philippines.

This catalog includes introductory or detailed listings with "Tn" prefixes of many token coinage issues, particularly those which enjoyed wide circulation and where the series was limited in diversity. More complex series, and those more restricted in scope of circulation are generally not listed, although a representative sample may be illustrated and a specialty reference provided.

MEDALLIC ISSUES

All medallic issues can be found in the current edition of Unusual World Coins.

RESTRIKES, COUNTERFEITS

Deceptive restrike and counterfeit (both contemporary and modern) examples exist of some coin issues. Where possible, the existence of restrikes is noted. Warnings are also incorporated in instances where particularly deceptive counterfeits are known to exist. Collectors who are uncertain about the authenticity of a coin held in their collection, or being offered for sale, should take the precaution of having it authenticated by the American Numismatic Association Authentication Bureau, 818 N. Cascade, Colorado Springs, CO 80903. Their reasonably priced certification tests are widely accepted by collectors and dealers alike.

EDGE VARIETIES

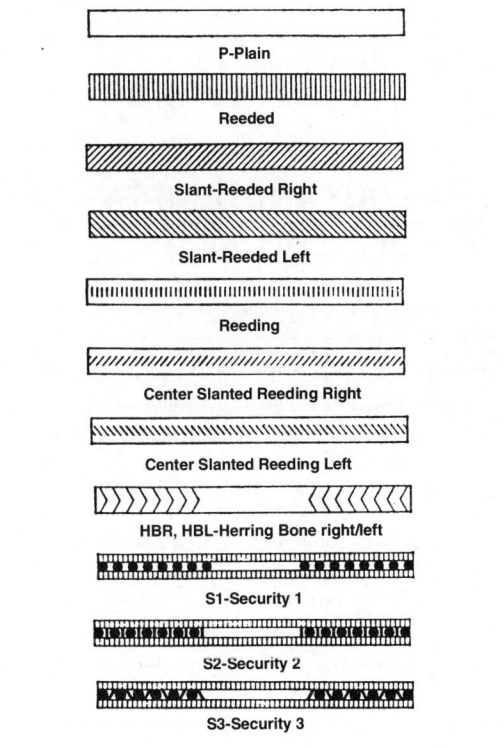

SETS

Listings in this catalog for specimen, proof and mint sets are for official, government-produced sets. In many instances privately packaged sets also exist.

Mint Sets/Fleur de Coin Sets: Specially prepared by worldwide mints to provide banks, collectors and government dignitaries with examples of current coinage. Usually subjected to rigorous inspection to insure that top quality specimens of selected business strikes are provided. One of the most popular mint set is that given out by the monarch of Great Britain each year on Maundy Thursday. This set contains four special coins in denominations of 1, 2, 3 and 4 pence, struck in silver and contained in a little pouch. They have been given away in a special ceremony for the poor for more than two centuries.

Specimen Sets: Forerunners of today's proof sets. In most cases the coins were specially struck, perhaps even double struck, to produce a very soft or matte finish on the effigies and fields, along with high, sharp, "wire" rims. The finish is rather dull to the naked eye.

The original purpose of these sets was to provide VIPs, monarchs and mintmasters around the world with samples of the highest quality workmanship of a particular mint. These were usually housed in elaborate velvet-lined leather and metal cases.

Proof Sets: This is undoubtedly among the most misused terms in the hobby, not only by collectors and dealers, but also by many of the world mints.

A true proof set must be at least double-struck on specially prepared polished planchets and struck using dies (often themselves polished) of the highest quality.

Listings for proof sets in this catalog are for officially issued proof sets so designated by the issuing authority, and may or may not possess what are considered modern proof quality standards.

It is necessary for collectors to acquire the knowledge to allow them to differentiate true proof sets from would-be proof sets and proof- like sets which may be encountered.

CONDITIONS/GRADING

Wherever possible, coin valuations are given in four or five grades of preservation. For modern commemoratives, which do not circulate, only uncirculated values are usually sufficient. Proof issues are indicated by the word "Proof" next to the date, with valuation proceeded by the word "value" following the mintage. For very recent circulating coins and coins of limited value, one, two or three grade values are presented.

There are almost no grading guides for world coins. What follows is an attempt to help bridge that gap until a detailed, illustrated guide becomes available.

In grading world coins, there are two elements to look for: 1) Overall wear, and 2) loss of design details, such as strands of hair, feathers on eagles, designs on coats of arms, etc.

The age, rarity or type of a coin should not be a consideration in grading.

Grade each coin by the weaker of the two sides. This method appears to give results most nearly consistent with conservative American Numismatic Association standards for U.S. coins. Split grades, i.e., F/VF for obverse and reverse, respectively, are normally no more than one grade apart. If the two sides are more than one grade apart, the series of coins probably wears differently on each side and should then be graded by the weaker side alone.

Grade by the amount of overall wear and loss of design detail evident on each side of the coin. On coins with a moderately small design element, which is prone to early wear, grade by that design alone. For example, the 5-ore (KM#554) of Sweden has a crown above the monogram on which the beads on the arches show wear most clearly. So, grade by the crown alone.

For Brilliant Uncirculated (BU) grades there will be no visible signs of wear or handling, even under a 30-power microscope. Full mint luster will be present. Ideally no bags marks will be evident.

For Uncirculated (Unc.) grades there will be no visible

HOW TO USE THIS CATALOG

signs of wear or handling, even under a 30-power microscope. Bag marks may be present.

For Almost Uncirculated (AU), all detail will be visible. There will be wear only on the highest point of the coin. There will often be half or more of the original mint luster present.

On the Extremely Fine (XF or EF) coin, there will be about 95% of the original detail visible. Or, on a coin with a design with no inner detail to wear down, there will be a light wear over nearly all the coin. If a small design is used as the grading area, about 90% of the original detail will be visible. This latter rule stems from the logic that a smaller amount of detail needs to be present because a small area is being used to grade the whole coin.

The Very Fine (VF) coin will have about 75% of the original detail visible. Or, on a coin with no inner detail, there will be moderate wear over the entire coin. Corners of letters and numbers may be weak. A small grading area will have about 66% of the original detail.

For Fine (F), there will be about 50% of the original detail visible. Or, on a coin with no inner detail, there will be fairly heavy wear over all of the coin. Sides of letters will be weak. A typically uncleaned coin will often appear as dirty or dull. A small grading area will have just under 50% of the original detail.

On the Very Good (VG) coin, there will be about 25% of the original detail visible. There will be heavy wear on all of the coin.

The Good (G) coin's design will be clearly outlined but with substantial wear. Some of the larger detail may be visible. The rim may have a few weak spots of wear.

On the About Good (AG) coin, there will typically be only a silhouette of a large design. The rim will be worn down into the letters if any.

Strong or weak strikes, partially weak strikes, damage, corrosion, attractive or unattractive toning, dipping or cleaning should be described along with the above grades. These factors affect the quality of the coin just as do wear and loss of detail, but are easier to describe.

In the case of countermarked/counterstamped coins, the condition of the host coin will have a bearing on the end valuation. The important factor in determining the grade is the condition, clarity and completeness of the countermark itself. This is in reference to countermarks/counterstamps having raised design while being struck in a depression.

Incuse countermarks cannot be graded for wear. They are graded by the clarity and completeness including the condition of the host coin which will also have more bearing on the final grade/valuation determined.

STANDARD INTERNATIONAL GRADING TERMINOLOGY AND ABBREVIATIONS

	PROOF	UNCIRCULATED	EXTREMELY FINE	VERY FINE	FINE	VERY GOOD	GOOD	POOR
U.S. and **ENGLISH SPEAKING LANDS**	PRF	UNC	EF or XF	VF	F	VG	G	PR
BRAZIL	—	(1)FDC or FC	(3) S	(5) MBC	(7) BC	(8) BC/R	(9) R	UT GeG
DENMARK	M	0	01	1 +	1	1 ÷	2	3
FINLAND	00	0	01	1 +	1	1?	2	3
FRANCE	FB	FDC	SUP	TTB	TB	B	TBC	BC
	Flan Bruni	Fleur de Coin	Superbe	Très très beau	Très beau	Beau	Très Bien Conservée	Bien Conservée
GERMANY	PP	STG	VZ	SS	S	S.G.E.	G.E.	Gering
	Polierte Platte	Stempelglanz	Vorzüglich	Sehr schön	Schön	Sehr gut erhalten	Gut erhalten	erhalten
ITALY	FS	FDC	SPL	BB	MB	B	M	—
	Fondo Specchio	Fior di Conio	Splendido	Bellissimo	Molto Bello	Bello		
JAPAN	—	未 使 用	極 美 品	美 品	並 品	—	—	—
NETHERLANDS	—	FDC	Pr.	Z.f.	Fr.	Z.g.	G	—
	Proef	Fleur de Coin	Prachtig	Zeer fraai	Fraai	Zeer goed		
NORWAY	M	0	01	1 +	1	1 ÷	2	3
PORTUGAL	—	Soberba	Bela	MBC	BC	MREG	REG	MC
SPAIN	Prueba	SC	EBC	MBC	BC +	BC	RC	MC
SWEDEN	Polerad	0	01	1 +	1	1?	2	—

STANDARD INTERNATIONAL NUMERAL SYSTEMS

Prepared especially for the *Standard Catalog of World Coins*© 2010 by Krause Publications

	0	½	1	2	3	4	5	6	7	8	9	10	50	100	500	1000
Western	0	½	1	2	3	4	5	6	7	8	9	10	50	100	500	1000
Roman			I	II	III	IV	V	VI	VII	VIII	IX	X	L	C	D	M
Arabic-Turkish	٠	١/٢	١	٢	٣	٤	٥	٦	٧	٨	٩	١٠	٥٠	١٠٠	٥٠٠	١٠٠٠
Malay-Persian	٠	١/٢	١	٢	٣	۴	۵	۱٪	٧	٨	٩	١٠	۵٠	١٠٠	۵٠٠	١٠٠٠
Eastern Arabic	٠	½	١	٢	٣	٤	٥	٦	٧	٨	٩	١٠	٥٠	١٠٠	٥٠٠	1000
Hyderabad Arabic	٠	١/٢	١	٢	٣	۴	۵	۴	<	٨	٩	١٠	۵٠	١٠٠	۵٠٠	1000
Indian (Sanskrit)	०	½	१	२	३	८	४	६	७	८	९	८०	४०	८००	४००	८०००
Assamese	০	½	১	২	৩	৪	৫	৫	৯	৬	২	১০	৫০	১০০	৫০০	১০০০
Bengali	০	½	১	২	৩	৪	৫	৬	৭	৮	৯	১০	৫০	১০০	৫০০	১০০০
Gujarati	૦	½	૧	૨	૩	૪	૫	૬	૭	૮	૯	૧૦	૪૦	૧૦૦	૪૦૦	૧૦૦૦
Kutch	0	½	૧	૨	૩	૪	૫	૬	૭	૮	૯	10	40	100	400	1000
Devavnagri	०	½	९	२	३	८	४	५५	९	७	८९	९०	४०	९००	४००	९०००
Nepalese	0	½	९	२	३	४	४	६	७	८	९	९०	४०	९००	४००	9000
Tibetan	༠	½	༧	༢	༣	༥	༤	༦	༧	༢	༢	༧༠	༤༠	༧༠༠	༤༠༠	༧༠༠༠
Mongolian	᠐	½	᠑	᠒	᠓	᠔	᠕	᠖	᠗	᠘	᠙	᠐᠐	᠕᠐	᠐᠐᠐	᠕᠐᠐	9000
Burmese	၀	½	၀	၂	၃	၄	၅	၆	၇	၈	၉	၀၀	၅၀	၀၀၀	၅၀၀	၀၀၀၀
Thai-Lao	๐	½	๑	๒	๓	๔	๕	๖	๗	๘	๙	๑๐	๕๐	๑๐๐	๕๐๐	9000
Lao-Laotian	໐		໑	໒	໓	໔	໕	໖	໗	໘	໙	໑໐
Javanese	ꦎ		m	ꦗ	ꦗ	ꦒ	ꦧ	ꦕ	mn	ꦔꦫ	ꦔn	mo	ꦧ꧐	moo	ꦧ꧐꧐	mooo
Ordinary Chinese Japanese-Korean	零	半	一	二	三	四	五	六	七	八	九	十	十五	百	百五	千
Official Chinese			壹	貳	叁	肆	伍	陸	柒	捌	玖	拾	拾伍	佰	佰伍	仟
Commercial Chinese			|	||	|||	Ⅹ	ㄥ	∟	∟	∟	ㄨ	+	ㄥ+	|百	ㄥ百	|千
Korean	반	일	이	삼	사	오	육	칠	팔	구	십	오십	백	오백	천
			ა	ბ	გ	დ	ე	ვ	ზ	თ	ი	კ	ლ	მ	ნ	ო
Georgian			11 ს	20 ჟ	30 რ	40 შ	60 ჩ	70 ც	80 ძ	90 წ	200 ხ	300 ჯ	400 ჰ	600 ჲ	700 ჳ	800 ჴ
	◆		ō	B̄	Γ̄	Ō	Ē	ā	Z̄	X̄	Ū	Ī	Ȳ	Q̄	ĒQ̄	ĪQ̄
Ethiopian			20 X̄	30 Ū	40 Ȳ	60 Ī	Ē	Ū	Z̄							
			א	ב	ג	ד	ה	ו	ז	ח	ט	י	נ	ק	תק	
Hebrew			20 כ	30 ל	40 מ	60 ס	70 ע	80 פ	90 צ	200 ר	300 ש	400 ת	600 תר	700 תש	800 תת	
			A	B	Γ	Δ	E	T	Z	H	Θ	I	N	P	Φ	A
Greek			20 K	30 Λ	40 M	60 Ξ	70 O	80 Π		200 Σ	300 T	400 Y	600 X	700 Ψ	800 Ω	

HEJIRA DATE CONVERSION CHART

HEJIRA (Hijira, Hegira), the name of the Muslim era (A.H. = Anno Hegirae) dates back to the Christian year 622 when Mohammed "fled" from Mecca, escaping to Medina to avoid persecution from the Koreish tribemen. Based on a lunar year the Muslim year is 11 days shorter.

*=Leap Year (Christian Calendar)

AH Hejira	AD Christian Date
1010	1601, July 2
1011	1602, June 21
1012	1603, June 11
1013	1604, May 30
1014	1605, May 19
1015	1606, May 9
1016	1607, April 28
1017	1608, April 17
1018	1609, April 6
1017	1608, April 28
1018	1609, April 6
1019	1610, March 26
1020	1611, March 16
1021	1612, March 4
1022	1613, February 21
1023	1614, February 11
1024	1615, January 31
1025	1616, January 20
1026	1617, January 9
1027	1617, December 29
1028	1618, December 19
1029	1619, December 8
1030	1620, November 26
1031	1621, November 16
1032	1622, November 5
1033	1623, October 25
1034	1624, October 14
1035	1625, October 3
1036	1626, September 22
1037	1627, September 12
1038	1628, August 31
1039	1629, August 21
1040	1630, August 10
1041	1631, July 30
1042	1632, July 19
1043	1633, July 8
1044	1634, June 27
1045	1635, June 17
1046	1636, June 5
1047	1637, May 26
1048	1638, May 15
1049	1639, May 4
1050	1640, April 23
1051	1641, April 12
1052	1642, April 1
1053	1643, March 22
1054	1644, March 10
1055	1645, February 27
1056	1646, February 17
1057	1647, February 6
1058	1648, January 27
1059	1649, January 15
1060	1650, January 4
1061	1650, December 25
1062	1651, December 14
1063	1652, December 2
1064	1653, November 22
1065	1654, November 11
1066	1655, October 31
1067	1656, October 20
1068	1657, October 9
1069	1658, September 29
1070	1659, September 18
1071	1660, September 6
1072	1661, August 27
1073	1662, August 16
1074	1663, August 5
1075	1664, July 25
1076	1665, July 14
1077	1666, July 4
1078	1667, June 23
1079	1668, June 11
1080	1669, June 1
1081	1670, May 21
1082	1671, May 10
1083	1672, April 29
1084	1673, April 18
1085	1674, April 7

AH Hejira	AD Christian Date
1086	1675, March 28
1087	1676, March 16*
1088	1677, March 6
1089	1678, February 23
1090	1679, February 12
1091	1680, February 2*
1092	1681, January 21
1093	1682, January 10
1094	1682, December 31
1095	1683, December 20
1096	1684, December 8*
1097	1685, November 28
1098	1686, November 17
1099	1687, November 7
1100	1688, October 26*
1101	1689, October 15
1102	1690, October 5
1103	1691, September 24
1104	1692, September 12*
1105	1693, September 2
1106	1694, August 22
1107	1695, August 12
1108	1696, July 31*
1109	1697, July 20
1110	1698, July 10
1111	1699, June 29
1112	1700, June 18
1113	1701, June 8
1114	1702, May 28
1115	1703, May 17
1116	1704, May 6*
1117	1705, April 25
1118	1706, April 15
1119	1707, April 4
1120	1708, March 23*
1121	1709, March 13
1122	1710, March 2
1123	1711, February 19
1124	1712, February 9*
1125	1713, January 28
1126	1714, January 17
1127	1715, January 7
1128	1715, December 27
1129	1716, December 16*
1130	1717, December 5
1131	1718, November 24
1132	1719, November 14
1133	1720, November 2*
1134	1721, October 22
1135	1722, October 12
1136	1723, October 1
1137	1724, September 19
1138	1725, September 9
1139	1726, August 29
1140	1727, August 19
1141	1728, August 7*
1142	1729, July 27
1143	1730, July 17
1144	1731, July 6
1145	1732, June 24*
1146	1733, June 14
1147	1734, June 3
1148	1735, May 24
1149	1736, May 12*
1150	1737, May 1
1151	1738, April 21
1152	1739, April 10
1153	1740, March 29*
1154	1741, March 19
1155	1742, March 8
1156	1743, February 25
1157	1744, February 15*
1158	1745, February 3
1159	1746, January 24
1160	1747, January 13
1161	1748, January 2
1162	1748, December 22*
1163	1749, December 11
1164	1750, November 30
1165	1751, November 20
1166	1752, November 8*
1167	1753, October 29
1168	1754, October 18
1169	1755, October 7
1170	1756, September 26*
1171	1757, September 15
1172	1758, September 4
1173	1759, August 25
1174	1760, August 13*
1175	1761, August 2
1176	1762, July 23

AH Hejira	AD Christian Date
1177	1763, July 12
1178	1764, July 1*
1179	1765, June 20
1180	1766, June 9
1181	1767, May 30
1182	1768, May 18*
1183	1769, May 7
1184	1770, April 27
1185	1771, April 16
1186	1772, April 4*
1187	1773, March 25
1188	1774, March 14
1189	1775, March 4
1190	1776, February 21*
1191	1777, February 1
1192	1778, January 30
1193	1779, January 19
1194	1780, January 8*
1195	1780, December 28*
1196	1781, December 17
1197	1782, December 7
1198	1783, November 26
1199	1784, November 14*
1200	1785, November 4
1201	1786, October 24
1202	1787, October 13
1203	1788, October 2*
1204	1789, September 21
1205	1790, September 10
1206	1791, August 31
1207	1792, August 19*
1208	1793, August 9
1209	1794, July 29
1210	1795, July 18
1211	1796, July 7*
1212	1797, June 26
1213	1798, June 15
1214	1799, June 5
1215	1800, May 25
1216	1801, May 14
1217	1802, May 4
1218	1803, April 23
1219	1804, April 12*
1220	1805, April 1
1221	1806, March 21
1222	1807, March 11
1223	1808, February 28*
1224	1809, February 16
1225	1810, February 6
1226	1811, January 26
1227	1812, January 16*
1228	1813, January 6
1229	1813, December 24
1230	1814, December 14
1231	1815, December 3
1232	1816, November 21*
1233	1817, November 11
1234	1818, October 31
1235	1819, October 20
1236	1820, October 9*
1237	1821, September 28
1238	1822, September 18
1239	1823, September 8
1240	1824, August 26*
1241	1825, August 16
1242	1826, August 5
1243	1827, July 25
1244	1828, July 14*
1245	1829, July 3
1246	1830, June 22
1247	1831, June 12
1248	1832, May 31*
1249	1833, May 21
1250	1834, May 10
1251	1835, April 29
1252	1836, April 18*
1253	1837, April 7
1254	1838, March 27
1255	1839, March 17
1256	1840, March 5*
1257	1841, February 23
1258	1842, February 12
1259	1843, February 1
1260	1844, January 22*
1261	1845, January 10
1262	1845, December 30
1263	1846, December 20
1264	1847, December 9
1265	1848, November 27*
1266	1849, November 17
1267	1850, November 6

AH Hejira	AD Christian Date
1268	1851, October 27
1269	1852, October 15*
1270	1853, October 4
1271	1854, September 24
1272	1855, September 13
1273	1856, September 1*
1274	1857, August 22
1275	1858, August 11
1276	1859, July 31
1277	1860, July 20*
1278	1861, July 9
1279	1862, June 29
1280	1863, June 18
1281	1864, June 6*
1282	1865, May 27
1283	1866, May 16
1284	1867, May 5
1285	1868, April 24*
1286	1869, April 13
1287	1870, April 3
1288	1871, March 23
1289	1872, March 11*
1290	1873, March 1
1291	1874, February 18
1292	1875, February 7
1293	1876, January 28*
1294	1877, January 16
1295	1878, January 5
1296	1878, December 26
1297	1879, December 15
1298	1880, December 4*
1299	1881, November 23
1300	1882, November 12
1301	1883, November 2
1302	1884, October 21*
1303	1885, October 10
1304	1886, September 30
1305	1887, September 19
1306	1888, September 7*
1307	1889, August 28
1308	1890, August 17
1309	1891, August 7
1310	1892, July 26*
1311	1893, July 15
1312	1894, July 5
1313	1895, June 24
1314	1896, June 12*
1315	1897, June 2
1316	1898, May 22
1317	1899, May 12
1318	1900, May 1
1319	1901, April 20
1320	1902, April 10
1321	1903, March 30
1322	1904, March 18*
1323	1905, March 8
1324	1906, February 25
1325	1907, February 14
1326	1908, February 4*
1327	1909, January 23
1328	1910, January 13
1329	1911, January 2
1330	1911, December 22
1332	1913, November 30
1333	1914, November 19
1334	1915, November 9
1335	1916, October 28*
1336	1917, October 17
1337	1918, October 7
1338	1919, September 26
1339	1920, September 15*
1340	1921, September 4
1341	1922, August 24
1342	1923, August 14
1343	1924, August 2*
1344	1925, July 22
1345	1926, July 12
1346	1927, July 1
1347	1928, June 20*
1348	1929, June 9
1349	1930, May 29
1350	1931, May 19
1351	1932, May 7*
1352	1933, April 26
1353	1934, April 16
1354	1935, April 5
1355	1936, March 24*
1356	1937, March 14
1357	1938, March 3
1358	1939, February 21
1359	1940, February 10*

AH Hejira	AD Christian Date
1360	1941, January 29
1361	1942, January 19
1362	1943, January 8
1363	1943, December 28
1364	1944, December 17*
1365	1945, December 6
1366	1946, November 25
1367	1947, November 15
1368	1948, November 3*
1369	1949, October 24
1370	1950, October 13
1371	1951, October 2
1372	1952, September 21*
1373	1953, September 10
1374	1954, August 30
1375	1955, August 20
1376	1956, August 8*
1377	1957, July 29
1378	1958, July 18
1379	1959, July 7
1380	1960, June 25*
1381	1961, June 14
1382	1962, June 4
1383	1963, May 25
1384	1964, May 13*
1385	1965, May 2
1386	1966, April 22
1387	1967, April 11
1388	1968, March 31*
1389	1969, March 20
1390	1970, March 9
1391	1971, February 27
1392	1972, February 16*
1393	1973, February 4
1394	1974, January 25
1395	1975, January 14
1396	1976, January 3*
1397	1976, December 23*
1398	1977, December 12
1399	1978, December 2
1400	1979, November 21
1401	1980, November 9*
1402	1981, October 30
1403	1982, October 19
1404	1984, October 8
1405	1984, September 27*
1406	1985, September 16
1407	1986, September 6
1409	1987, August 26
1409	1988, August 14*
1410	1989, August 3
1411	1990, July 24
1412	1991, July 13
1413	1992, July 2*
1414	1993, June 21
1415	1994, June 10
1416	1995, May 31
1417	1996, May 19*
1418	1997, May 9
1419	1998, April 28
1420	1999, April 17
1421	2000, April 6*
1422	2001, March 26
1423	2002, March 15
1424	2003, March 5
1425	2004, February 22*
1426	2005, February 10
1427	2006, January 31
1428	2007, January 20
1429	2008, January 10*
1430	2008, December 29
1431	2009, December 18
1432	2010, December 8
1433	2011, November 27*
1434	2012, November 15
1435	2013, November 5
1436	2014, October 25
1437	2015, October 15*
1438	2016, October 3
1439	2017, September 22
1440	2018, September 12
1441	2019, September 1*
1442	2020, August 20
1443	2021, August 10
1444	2022, July 30
1445	2023, July 19*
1446	2024, July 8
1447	2025, June 27
1448	2026, June 17
1449	2027, June 6*
1450	2028, May25

AFGHANISTAN

The Islamic State of Afghanistan, which occupies a mountainous region of Southwest Asia, has an area of 251,825 sq. mi. (652,090 sq. km.) and a population of 25.59 million. Presently, a fifth of the total population lives in exile as refugees, (mostly in Pakistan). Capital: Kabul. It is bordered by Iran, Pakistan, Turkmenistan, Uzbekistan, Tajikistan, and China's Sinkiang Province. Agriculture and herding are the principal industries; textile mills and cement factories add to the industrial sector. Cotton, wool, fruits, nuts, oil, sheepskin coats and hand-woven carpets are normally exported but foreign trade has been interrupted since 1979.

Previous to 1747, Afghan Kings ruled not only in Afghanistan, but also in India, of which Sher Shah Suri was one. Ahmad Shah Abdali, founder of the Durrani dynasty, established his rule at Qandahar in 1747. His clan was known as Saddozai. He conquered large territories in India and eastern Iran, which were lost by his grandson Shah Zaman. A new family, the Barakzai, drove the Durrani king out of Kabul, the capital, in 1819, but the Durranis were not eliminated completely until 1858. Further conflicts among the Barakzai prevented full unity until the reign of Abdur Rahman beginning in 1880.

Afghanistan's traditional coinage was much like that of its neighbors Iran and India. There were four major mints: Kabul, Qandahar, Balkh and Herat. The early Durranis also controlled mints in Iran and India. On gold and silver coins, the inscriptions in Persian (called *Dari* in Afghanistan) included the name of the mint city and, normally, of the ruler recognized there, but some issues are anonymous. The arrangement of the inscriptions, and frequently the name of the ruler, was different at each mint. Copper coins were controlled locally and usually did not name any ruler. For these reasons the coinage of each mint is treated separately. The relative values of gold, silver, and copper coins were not fixed but were determined in the marketplace.

RULERS

Names of rulers are shown in Perso-Arabic script in the style usually found on their coins; they are not always in a straight line.

DURRANI OR SADDOZAI DYNASTY

Ahmad Shah,
AH1160-1186/1747-1772AD

Taimur Shah, as Nizam,
AH1170-1186/1757-1772AD

Sulaiman Shah, pretender,
AH1186/1772AD

Taimur Shah, as King,
AH1186-1207/1772-1793AD

Humayun, at Qandahar
AH1207/1793AD

Shah Zaman, AH1207-1216/1793-1801AD

MINT NAMES

Coins were struck at numerous mints in Afghanistan and adjacent lands. These are listed below, together with their honorific titles, and shown in the style ordinarily found on the coins.

افغانستان

Afghanistan

احمدنگر فرخ اباد

Ahmadnagar-Farrukhabad

احمدشاهي

Ahmadshahi,
see Qandahar

Until AH 1273, this mint was almost always given on the coins as *Ahmadshahi*, a name given it by Ahmad Shah in honor of himself in AH1171, often with the honorific *Ashraf as-Bilad* (meaning 'Most Noble of Cities'). On later issues, after AH1271, the traditional name *Qandahar* is generally used.

Although Qandahar was Ahmad Shah's capital throughout his reign, he did not issue coins from there until AH1171 (1758AD).

انوله

Anwala

اتك

Attock

بلخ

Balkh

Located in northern Afghanistan, Balkh bore the honorary epithet of *Umm al-Bilad*, 'Mother of Cities', because of its great age. It was taken by Ahmad Shah from the Amir of Bukhara in AH1180 (1765AD) and lost by Taimur Shah to the Uzbeks in AH1206 (1792AD).

بريلي

Bareli

بهگر بهكمر

Bhakkar

The mint is found variously spelled, as *Bhakhar* (most common), *Bakhar*, and *Bakkar*.

دهلي

Dehli,
see Shahjahanabad

ديره

Dera,

The mint of Dera was located at Dera Ghazi Khan, taken by the Sikhs in AH1235 (1819AD), and now within Pakistan.

ديره جات

Derajat,
Dera Isma'il Khan

The mint of Derajat was located at Dera Ismail Khan, which fell to the Sikhs in AH1236 (1820-21AD. Issues in the name of Mahmud Shah dated AH1236 and later are actually Sikh issues. The Sikhs formally annexed Derajat in AH1281 (1835AD).

حيدراباد

Haidarabad Sind

هراة هرات

Herat

كابل

Kabul,

كشمير

Kashmir

لاهور

Lahore

مشهد

Mashhad

Mashhad, entitled Muqaddas (holy), was the chief city of Iranian Khorasan. From AH1161/1748AD until AH1218/1803AD, it was the capital of the Afsharid principality which remained under nominal Durrani suzerainty from AH1163/1750AD onwards. Coins were struck in the name of Durrani rulers in AH1163, 1168-1186, 1198-1218.

ملتان

Multan

Multan was annexed by Ahmad Shah in AH1165/1752AD, and held under Afghan rule until lost to the Sikhs in AH1233/1818AD, except for an interval of Maratha control in AH1173/1759AD and Sikh control from AH1185-1194/1771-1780AD.

مرادآباد

Muradabad

نجيب اباد

Najibabad

پشاور

Peshawar

Peshawar passed to Ahmad Shah after the death of Nadir Shah Afshar, who had seized it from the Mughals in AH1151/1738AD. It was lost to the Sikhs in AH1250/1834AD. Although the winter capital of the Durranis, it was never granted an honorific epithet.

قندهار

Qandahar,
see Ahmadshahi

Issues of this mint are listed together with those of Ahmadshahi, which was a name of Qandahar granted in honor of Ahmad Shah, founder of the Durrani Kingdom.

ركاب

Rikab,

The Camp mint brought *Mubarak* with the royal entourage while traveling.

سرهند سهرند

Sahrind,
(Sarhind)

شاه جهان اباد

Shahjahanabad,
see Delhi

Shahjahanabad was the Mughal name for Delhi, which was twice seized by Ahmad Shah, once for a couple of months in AH1170/winter 1756-1757AD, a second time in AH1173-1174/1760-1761AD for thirteen months.

سند

Sind

تته

Tatta

MINT EPITHETS

اشراف البلاد

'Ashraf al-Bilad',
Most Noble of Cities

دار السلطنة

'Dar as-Sultanat',
Abode of the Sultanate

ام البلاد

'Umm al-Bilad',
Mother of Cities

NAMED HAMMERED COINAGE

Unlike the anonymous copper coinage, which was purely local, the silver and gold coins, as well as some of the early copper coins, bear the name or characteristic type of the ruler. Because the sequence of rulers often varied at different mint cities, each ruled by different princes, the coins are best organized according to mint. Each mint employed characteristic types and calligraphy, which continued from one ruler to the next. It is hoped that this system will facilitate identification of these coins.

The following listings include not only the mints situated in contiguous territories under Durrani and Barakzai rule for extended periods of time, but also mints in Kashmir or in other parts of India which the Afghans occupied for relatively brief intervals.

AFGHANISTAN

KINGDOM

ANONYMOUS HAMMERED COINAGE

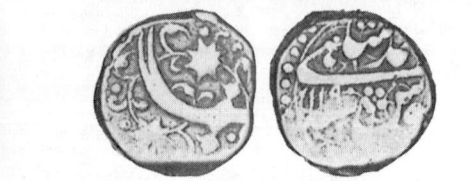

Ahmadshahi

KM# 4 FALUS

Copper **Obv:** Scimitar and star **Rev:** Inscription

Date	Mintage	Good	VG	F	VF	XF
AH1190 (1776)	—	8.00	15.00	25.00	40.00	—

KM# 6 FALUS

Copper **Obv:** Sword and scabbard **Rev:** Inscription

Date	Mintage	Good	VG	F	VF	XF
AH1198 (1783)	—	8.00	15.00	25.00	40.00	—

KM# 8 FALUS

Copper **Obv:** Sword **Rev:** Inscription

Date	Mintage	Good	VG	F	VF	XF
AH1205 (1790)	—	8.00	15.00	25.00	40.00	—

KM# 10 FALUS

Copper **Obv:** Sword within dotted circles **Rev:** Inscription

Date	Mintage	Good	VG	F	VF	XF
AH1211 (1796)	—	15.00	30.00	45.00	75.00	—

Kabul

KM# A53 FALUS

Copper **Obv:** Flower between crossed swords **Rev:** Inscription

Date	Mintage	Good	VG	F	VF	XF
AH1201 (1786)	—	8.00	15.00	25.00	40.00	—

KM# B53 FALUS

Copper **Obv:** Flower between two swords **Rev:** Inscription

Date	Mintage	Good	VG	F	VF	XF
AH1213 (1798)	—	12.00	17.00	25.00	40.00	—

Unknown Ruler

ANONYMOUS COPPER COINAGE

Qandahar

KM# A85 FALUS

Copper **Obv:** Flower between two swords

Date	Mintage	Good	VG	F	VF	XF
AH1202	—	12.50	25.00	40.00	60.00	—

Ahmad Shah

AH1160-1186 / 1747-1772AD

HAMMERED COINAGE

Date	Mintage	Good	VG	F	VF	XF
ND//4 (1750)	—	10.00	15.00	25.00	40.00	—
AH116x//5 (1752)	—	10.00	15.00	25.00	40.00	—
ND//7 (1753)	—	10.00	15.00	25.00	40.00	—
AH1177//17 (1763)	—	10.00	15.00	25.00	40.00	—

Bhakhar

KM# 280 FALUS

Copper **Obv:** Inscription **Rev:** Inscription **Note:** Weight varies: 16.60-19.50 grams.

Date	Mintage	Good	VG	F	VF	XF
AH1161//2 (1748)	—	10.00	15.00	25.00	40.00	—
AH1162//1 (1748)	—	8.00	12.00	20.00	35.00	—
AH1162//3 (1749)	—	10.00	15.00	25.00	40.00	—
AH1163//3 (1749)	—	8.00	12.00	20.00	35.00	—
AH116x//7 (1753)	—	8.00	12.00	20.00	35.00	—
AH1168//8 (1754)	—	8.00	12.00	20.00	35.00	—
AH1169//8 (1755)	—	8.00	12.00	20.00	35.00	—

Derajat

KM# 346 FALUS

Copper

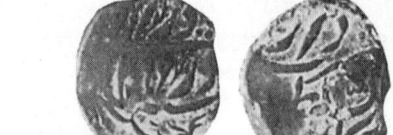

Date	Mintage	VG	F	VF	XF	Unc
AH1176 (1762) Rare	—	—	—	—	—	—

Kabul Mint

KM# 422 FALUS

Copper **Obv:** Inscription **Rev:** Inscription

Date	Mintage	Good	VG	F	VF	XF
AH1169 (1755)	—	—	—	—	—	—

Multan

KM# 640 FALUS

Copper, 23 mm. **Obv:** "Dur-e-Durrane" **Note:** Weight varies: 13.60-13.80 grams.

Date	Mintage	Good	VG	F	VF	XF
AH1170//10 (1756)	—	10.00	15.00	25.00	40.00	—
AH1172//12 (1758)	—	8.00	12.00	22.00	35.00	—

KM# 641 FALUS

Copper **Obv:** "Ahmad Shahe" **Note:** Weight varies: 13.60-13.80 grams.

Date	Mintage	Good	VG	F	VF	XF
AH1175//15 (1761)	—	12.00	18.00	27.00	45.00	—
AH1176//16 (1762)	—	12.00	18.00	27.00	45.00	—

Peshawar

KM# 690 FALUS

Copper, 20 mm. **Obv. Legend:** Inscription **Rev. Legend:** Inscription **Note:** Weight varies: 11.60-11.70 grams.

Zwickau

KM# 310 FALUS

Copper, 20-28 mm. **Obv:** Inscription **Rev:** Inscription **Note:** Weight varies: 13.00-18.50g. Size varies.

Date	Mintage	Good	VG	F	VF	XF
AH1161//1 (1748)	—	8.00	12.00	22.00	35.00	—
AH1162//1 (1748)	—	8.00	12.00	22.00	35.00	—
AH1163//1 (1749)	—	8.00	12.00	22.00	35.00	—
AH1165//5 (1751)	—	8.00	12.00	22.00	35.00	—
AH1166 (1752)	—	8.00	12.00	22.00	35.00	—
AH1167//7 (1753)	—	8.00	12.00	22.00	35.00	—
AH1168//7 (1754)	—	8.00	12.00	22.00	35.00	—
AH11xx//10 (1756)	—	8.00	12.00	22.00	35.00	—

Kashmir

KM# 550 DAM

Copper

Date	Mintage	Good	VG	F	VF	XF
ND//23 (1769)	—	10.00	15.00	25.00	40.00	—
AH1187 (sic) (1773) Error	—	12.00	20.00	30.00	45.00	—

Peshawar

KM# 691 1/10 RUPEE

Silver **Obv:** Inscription **Rev:** Inscription **Note:** Weight varies: 1.10-1.15 grams

Date	Mintage	Good	VG	F	VF	XF
AH1167//7 (1753)	—	—	15.00	35.00	55.00	75.00

Shahjahanabad

KM# 759 1/8 RUPEE

Silver **Note:** Weight varies: 1.34-1.45 grams

Date	Mintage	Good	VG	F	VF	XF
AH1170//11 (1757) Rare	—	—	—	—	—	—

Herat

KM# 377 1/4 RUPEE

2.8000 g., Silver **Obv:** Inscription **Rev:** Inscription

Date	Mintage	Good	VG	F	VF	XF
AH1163 (1749)	—	—	25.00	50.00	75.00	100

Shahjahanabad

KM# 761 NISAR (Presentation 1/3 Rupee)

4.0000 g., Silver **Obv:** Small beaded circle at center of inscription **Rev:** Beaded circle surrounds inscription

Date	Mintage	Good	VG	F	VF	XF
AH117x//14 (1760) Rare	—	—	—	—	—	—

Shahjahanabad

KM# 762 1/2 RUPEE

Silver **Note:** Weight varies: 5.65-5.70 grams

Date	Mintage	Good	VG	F	VF	XF
AH(11)70//11 (1757) Rare	—	—	—	—	—	—

Ahmadnagar-Farrukhabad

KM# 103 RUPEE

Silver **Obv:** Inscription **Rev:** Inscription **Note:** Weight varies: 11.20-11.40 grams

Date	Mintage	Good	VG	F	VF	XF
AH1174//14 (1760)	—	—	35.00	70.00	90.00	130
AH1176/15 (1761)	—	—	35.00	70.00	90.00	130

Ahmadshahi

KM# 113 RUPEE

Silver **Obv:** Inscription **Rev:** Inscription **Note:** Weight varies: 11.40-11.60 grams.

Date	Mintage	Good	VG	F	VF	XF
AH11xx//10 (1756)	—	—	10.00	20.00	30.00	40.00
AH1171//11 (1757)	—	—	15.00	30.00	38.00	55.00
AH1172//12 (1758)	—	—	10.00	22.00	30.00	40.00
AH1172//13 (1759)	—	—	10.00	22.00	30.00	40.00
AH117x//16 (1762)	—	—	10.00	20.00	25.00	35.00
AH117x//17 (1763)	—	—	10.00	20.00	25.00	35.00
AH1178//18 (1764)	—	—	10.00	22.00	30.00	40.00
AH1180//20 (1766)	—	—	10.00	22.00	30.00	40.00
AH1182//22 (1768)	—	—	10.00	22.00	30.00	40.00
AH1182//23 (1768)	—	—	10.00	22.00	30.00	40.00
AH1183//23 (1769)	—	—	10.00	22.00	30.00	40.00
AH1184//23 (1769)	—	—	10.00	22.00	30.00	40.00
AH118x//25 (1771)	—	—	10.00	22.00	30.00	40.00
AH118x//26 (1772)	—	—	10.00	22.00	30.00	40.00

Anwala

KM# 228.1 RUPEE

Silver **Obv:** Inscription **Rev:** Quatrefoil in Arabic "S", mint name at bottom **Note:** Weight varies: 11.00-11.20 grams

Date	Mintage	Good	VG	F	VF	XF
AH1173//14 (1760)	—	—	7.50	14.00	22.50	35.00
AH1174//14 (1760)	—	—	17.50	35.00	60.00	—

KM# 228.2 RUPEE

Silver **Obv:** Inscription **Rev:** Mint name at top **Note:** Weight varies: 11.00-11.20 grams

Date	Mintage	Good	VG	F	VF	XF
AH1173//14 (1760)	—	—	15.00	35.00	50.00	70.00

KM# 228.3 RUPEE

Silver **Obv:** Inscription **Rev:** Hexafoil in Arabic S **Note:** Weight varies: 11.00-11.20 grams

Date	Mintage	Good	VG	F	VF	XF
AH1174//14 (1760)	—	—	8.00	16.00	25.00	35.00

Attock

KM# 233 RUPEE

Silver **Note:** Weight varies: 11.00-11.40 grams

Date	Mintage	Good	VG	F	VF	XF
AH116x//9 (1755)	—	—	9.00	17.00	25.00	35.00
AH1170//11 (1756)	—	—	9.00	17.00	25.00	35.00
AH1170//12 (1757)	—	—	9.00	17.00	25.00	35.00
AH1171//11 (1757)	—	—	9.00	17.00	25.00	35.00
AH1172//12 (1758)	—	—	9.00	17.00	25.00	35.00
AH1173//13 (1759)	—	—	9.00	17.00	25.00	35.00
AH1174//14 (1760)	—	—	9.00	17.00	25.00	35.00
AH1177/81 (1764)	—	—	9.00	17.00	25.00	35.00
Note: Error for 18						
AH1179//19 (1765)	—	—	9.00	17.00	25.00	35.00
AH11xx/20 (1766)	—	—	9.00	17.00	25.00	35.00
AH1180//21 (1767)	—	—	9.00	17.00	25.00	35.00
AH1181//21 (1767)	—	—	9.00	17.00	25.00	35.00
AH1182//22 (1768)	—	—	9.00	17.00	25.00	35.00

Balkh

KM# 268 RUPEE

Silver **Obv:** Inscription **Rev:** Inscription **Note:** Weight varies: 11.40-11.60 grams

Date	Mintage	Good	VG	F	VF	XF
AH1180 (1766)	—	—	30.00	60.00	100	150

Bareli

KM# 278 RUPEE

Silver, 21 mm. **Obv:** Inscription **Rev:** Inscription **Note:** Weight varies: 11.00-11.60 grams

Date	Mintage	Good	VG	F	VF	XF
AH1173//14 (1760)	—	—	10.00	20.00	35.00	50.00
AH1174//14 (1760)	—	—	10.00	20.00	35.00	50.00

Bhakhar

KM# 282 RUPEE

Silver **Obv:** Couplet in three or four lines **Rev:** Inscription in three lines **Note:** Legends arranged in various ways, weight varies: 11.20-11.60 grams

Date	Mintage	Good	VG	F	VF	XF
AH116x//3 (1749)	—	—	20.00	40.00	50.00	60.00
AH1164//4 (1750)	—	—	20.00	40.00	50.00	60.00
AH1165//5 (1751)	—	—	20.00	40.00	50.00	60.00
AH1166//7 (1753)	—	—	20.00	40.00	50.00	60.00
AH116x//8 (1754)	—	—	20.00	40.00	—	—

KM# 283.1 RUPEE

Silver **Obv:** Couplet arranged around central cartouche **Rev:** Legend within small cartouche **Note:** Weight varies: 11.20-11.60 grams

Date	Mintage	Good	VG	F	VF	XF
AH116x//7 (1753)	—	—	12.50	22.50	35.00	50.00
AH116x//8 (1754)	—	—	12.50	22.50	35.00	50.00
AH1169//9 (1755)	—	—	12.50	22.50	35.00	50.00
AH1170//8 (1756)	—	—	12.50	22.50	35.00	50.00
AH1171 (1757)	—	—	12.50	22.50	35.00	50.00
AH1172 (1758)	—	—	12.50	22.50	35.00	50.00
AH1173 (1759)	—	—	12.50	22.50	35.00	50.00
AH1174 (1760)	—	—	12.50	22.50	35.00	50.00
AH1175 (1761)	—	—	12.50	22.50	35.00	50.00
AH1176//15 (1762)	—	—	12.50	22.50	35.00	50.00
AH1178 (1764)	—	—	12.50	22.50	35.00	50.00

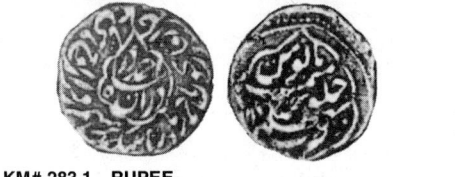

KM# 283.2 RUPEE

Silver **Obv:** Inscription **Rev:** Legend within large cartouche **Note:** Weight varies: 11.20-11.60 grams

Date	Mintage	Good	VG	F	VF	XF
AH1177 (1763)	—	—	12.50	22.50	35.00	50.00
AH1178 (1764)	—	—	12.50	22.50	35.00	50.00
AH1179 (1765)	—	—	12.50	22.50	35.00	50.00
AH1180 (1766)	—	—	12.50	22.50	35.00	50.00
AH1181 (1767)	—	—	12.50	22.50	35.00	50.00
AH1182 (1768)	—	—	12.50	22.50	35.00	50.00
AH1183 (1769)	—	—	12.50	22.50	35.00	50.00
AH1184 (1770)	—	—	12.50	22.50	35.00	50.00
AH1185 (1771)	—	—	13.00	23.00	40.00	65.00

Derajat

KM# 348.1 RUPEE

Silver **Obv:** Inscription in three lines **Rev:** Inscription **Note:** Weight varies: 10.80-11.60 grams

Date	Mintage	Good	VG	F	VF	XF
AH116x//5 (1751)	—	—	10.00	18.00	28.00	40.00
AH1166 (1752)	—	—	10.00	18.00	28.00	40.00
AH1168 (1754)	—	—	10.00	18.00	28.00	40.00
AH1170 (1756)	—	—	10.00	18.00	28.00	40.00
AH1171 (1757)	—	—	10.00	18.00	28.00	40.00
AH1173 (1759)	—	—	10.00	18.00	28.00	40.00
AH1180 (1766)	—	—	10.00	18.00	28.00	40.00
AH1181 (1767)	—	—	10.00	18.00	28.00	40.00
AH1183//23 (1769)	—	—	10.00	18.00	28.00	40.00
AH-//24 (1770)	—	—	10.00	18.00	28.00	40.00
AH118x (1771)	—	—	10.00	18.00	28.00	40.00

KM# 348.2 RUPEE

Silver **Obv:** Inscription **Rev:** Inscription **Note:** Crude style. Retrograde 6 in date. Weight varies: 10.80-11.60 grams

Date	Mintage	Good	VG	F	VF	XF
AH1168 (1754)	—	—	—	—	—	—
AH1180 (1766)	—	—	—	—	—	—

Herat

KM# 378 RUPEE

11.4000 g., Silver **Obv:** Inscription **Rev:** Inscription

Date	Mintage	Good	VG	F	VF	XF
AH1168//8 (1754)	—	—	15.00	35.00	45.00	60.00
AH1171 (1757)	—	—	15.00	35.00	45.00	60.00

Kabul Mint

KM# 423 RUPEE

Silver **Obv:** Inscription in four lines **Rev:** Inscription in three lines **Note:** Weight varies: 11.20-11.40 grams

Date	Mintage	Good	VG	F	VF	XF
AH116x//1 (1747)	—	—	10.00	20.00	30.00	40.00
AH116x//3 (1749)	—	—	10.00	20.00	30.00	40.00
AH1163 (1749)	—	—	—	—	—	—

AFGHANISTAN

Date	Mintage	Good	VG	F	VF	XF
AH116x/5 (1751)	—	—	10.00	20.00	30.00	40.00
AH1166/6 (1752)	—	—	10.00	20.00	30.00	40.00
AH116x/8 (1754)	—	—	10.00	20.00	30.00	40.00
AH1170 (1756)	—	—	10.00	20.00	30.00	40.00
AH1171 (1757)	—	—	10.00	20.00	30.00	40.00
AH1170/1173 (1759)	—	—	10.00	20.00	30.00	40.00
AH1173 (1759)	—	—	10.00	20.00	30.00	40.00
AH1174 (1760)	—	—	10.00	20.00	30.00	40.00
AH1175/15 (1761)	—	—	10.00	20.00	30.00	40.00
AH1176/16 (1762)	—	—	10.00	20.00	30.00	40.00
AH1177/17 (1763)	—	—	10.00	20.00	30.00	40.00
AH1178/18 (1764)	—	—	10.00	20.00	30.00	40.00
AH1179/19 (1765)	—	—	10.00	20.00	30.00	40.00
AH1180/20 (1766)	—	—	10.00	20.00	30.00	40.00
AH1181/21 (1767)	—	—	10.00	20.00	30.00	40.00
AH1182/22 (1768)	—	—	10.00	20.00	30.00	40.00
AH1183/23 (1769)	—	—	10.00	20.00	30.00	40.00
AH1184/23 (1770)	—	—	10.00	20.00	30.00	40.00
AH1184/24 (1770)	—	—	10.00	20.00	30.00	40.00
AH1185/24 (1771)	—	—	10.00	20.00	30.00	40.00
AH1186/25 (1772)	—	—	10.00	20.00	30.00	40.00

Date	Mintage	Good	VG	F	VF	XF
AH1176/16 (1762)	—	—	10.00	15.00	20.00	30.00
AH1176/17 (1763)	—	—	10.00	15.00	20.00	30.00
AH1177/17 (1763)	—	—	10.00	15.00	20.00	30.00
AH1177/18 (1764)	—	—	10.00	15.00	20.00	30.00
AH1178/18 (1764)	—	—	10.00	15.00	20.00	30.00
AH1179/19 (1765)	—	—	10.00	15.00	20.00	30.00
AH1179/19 (1765)	—	—	10.00	15.00	20.00	30.00
AH1180/21 (1767)	—	—	10.00	15.00	20.00	30.00

Peshawar

KM# 693 RUPEE

Silver **Obv:** Inscription in four lines **Rev:** Inscription in three lines **Note:** Weight varies: 11.20-11.40 grams

Date	Mintage	Good	VG	F	VF	XF
AH1160 (1747)	—	—	12.00	18.00	30.00	45.00
AH1161/1 (1748)	—	—	10.00	15.00	25.00	35.00
AH1161/2 (1748)	—	—	10.00	15.00	25.00	35.00
AH1162/2 (1748)	—	—	10.00	15.00	25.00	35.00
AH1164/3 (1750)	—	—	10.00	15.00	25.00	35.00
AH1164/4 (1750)	—	—	10.00	15.00	25.00	35.00
AH1166/5 (1752)	—	—	10.00	15.00	25.00	35.00
AH1166/6 (1752)	—	—	10.00	15.00	25.00	35.00
AH1168/9 (1755)	—	—	10.00	15.00	25.00	35.00
AH1170/10 (1756)	—	—	10.00	15.00	25.00	35.00
AH1171/11 (1757)	—	—	10.00	15.00	25.00	35.00
AH1172/12 (1758)	—	—	10.00	15.00	25.00	35.00
AH117x/14 (1760)	—	—	10.00	15.00	25.00	35.00
AH117x/15 (1761)	—	—	10.00	15.00	25.00	35.00
AH1176/16 (1762)	—	—	10.00	15.00	25.00	35.00
AH1177/17 (1763)	—	—	10.00	15.00	25.00	35.00
AH117x/18 (1764)	—	—	10.00	15.00	25.00	35.00
AH117x/19 (1765)	—	—	10.00	15.00	25.00	35.00
AH118x/22 (1768)	—	—	10.00	15.00	25.00	35.00
AH1183/23 (1769)	—	—	10.00	15.00	25.00	35.00
AH1184/24 (1770)	—	—	10.00	15.00	25.00	35.00
AH1185/25 (1771)	—	—	10.00	15.00	25.00	35.00
AH1186/26 (1772)	—	—	10.00	15.00	25.00	35.00

Multan

KM# 643 RUPEE

Silver **Obv:** Inscription in four lines **Rev:** Inscription in three lines **Note:** Weight varies: 11.20-11.50 grams

Date	Mintage	Good	VG	F	VF	XF
AH1165/5 (1751)	—	—	10.00	15.00	25.00	40.00
AH1166/5 (1752)	—	—	10.00	15.00	25.00	40.00
AH1166/6 (1752)	—	—	10.00	15.00	25.00	40.00
AH1167/6 (1753)	—	—	10.00	15.00	25.00	40.00
AH1167/7 (1753)	—	—	10.00	15.00	25.00	40.00
AH1168/7 (1754)	—	—	10.00	15.00	25.00	40.00
AH1168/8 (1754)	—	—	10.00	15.00	25.00	40.00
AH1170/10 (1756)	—	—	15.00	25.00	35.00	45.00

KM# 424 RUPEE

Silver **Obv:** Couplet around central cartouche **Rev:** Inscription **Note:** Weight varies: 11.20-11.40 grams

Date	Mintage	Good	VG	F	VF	XF
AH116x/8 (1754)	—	—	20.00	50.00	60.00	90.00

KM# 644 RUPEE

Silver **Obv:** Name in central cartouche **Rev:** Inscription **Note:** Weight varies: 11.40-11.50 grams

Date	Mintage	Good	VG	F	VF	XF
AH1168/8 (1754)	—	—	10.00	25.00	35.00	50.00
AH1169/8 (1755)	—	—	10.00	25.00	35.00	50.00
AH1169/9 (1755)	—	—	10.00	25.00	35.00	50.00

Kashmir

KM# 553 RUPEE

Silver **Obv:** Inscription **Rev:** Inscription **Note:** Weight varies: 11.20-11.40 grams

Date	Mintage	Good	VG	F	VF	XF
AH1176/14 (1762)	—	—	10.00	18.00	30.00	45.00
AH1176/15 (1762)	—	—	10.00	18.00	30.00	45.00
AH1177/15 (1763)	—	—	10.00	18.00	30.00	45.00
AH1177/16 (1763)	—	—	10.00	18.00	30.00	45.00
AH1178/17 (1764)	—	—	10.00	18.00	30.00	45.00
AH1179/18 (1765)	—	—	10.00	18.00	30.00	45.00
AH1179/19 (1765)	—	—	10.00	18.00	30.00	45.00
AH1180/20 (1766)	—	—	10.00	18.00	30.00	45.00
AH1181/21 (1767)	—	—	10.00	18.00	30.00	45.00
AH118x/21 (1767)	—	—	10.00	18.00	30.00	45.00
AH1182/22 (1768)	—	—	10.00	18.00	30.00	45.00
AH1184/23 (1770)	—	—	10.00	18.00	30.00	45.00
AH1184/24 (1770)	—	—	10.00	18.00	30.00	45.00
AH1185/24 (1771)	—	—	10.00	18.00	30.00	45.00
AH1186/25 (1772)	—	—	10.00	18.00	30.00	45.00

KM# A645 RUPEE

Silver **Obv:** Inscription **Rev:** Epithet "Dar al-Aman" added **Note:** Weight varies: 11.40-11.50 grams

Date	Mintage	Good	VG	F	VF	XF
AH1170/9 (1756)	—	—	12.50	25.00	35.00	45.00
AH1170/10 (1756)	—	—	12.50	25.00	35.00	45.00

Sarhind

KM# 753 RUPEE

Silver, 21.5 mm. **Obv:** Inscription in three lines **Rev:** Inscription in three lines **Note:** Weight varies: 10.60-11.20 grams

Date	Mintage	Good	VG	F	VF	XF
AH116x/1 (1747)	—	—	10.00	17.50	25.00	35.00
AH1164/4 (1750)	—	—	10.00	17.50	25.00	35.00
AH173 (1759)	—	—	10.00	17.50	25.00	35.00
AH1174/14 (1760)	—	—	10.00	17.50	25.00	35.00
AH1174/15 (1761)	—	—	10.00	17.50	25.00	35.00
AH1175/16 (1762)	—	—	10.00	17.50	25.00	35.00
AH1176/15 (1762)	—	—	10.00	17.50	25.00	35.00
AH1176/16 (1762)	—	—	10.00	17.50	25.00	35.00
AH1177 (sic)/21 (1767)	—	—	10.00	17.50	25.00	35.00

Lahore

KM# 622 RUPEE

Silver **Obv:** Inscription in four lines **Rev:** Inscription in four lines **Note:** Weight varies: 11.20-11.40 grams

Date	Mintage	Good	VG	F	VF	XF
AH1161/1 (1748)	—	—	30.00	70.00	100	125

KM# 623 RUPEE

Silver **Note:** Weight varies: 11.20-11.40 grams. Struck at Lahore Mint.

Date	Mintage	Good	VG	F	VF	XF
AH1165//5 (1751)	—	—	20.00	35.00	50.00	75.00
AH1170//10 (1756)	—	—	10.00	15.00	20.00	30.00
AH1170//11 (1756)	—	—	10.00	15.00	20.00	30.00
AH1172//13 (1758)	—	—	10.00	15.00	20.00	30.00
AH1173//13 (1759)	—	—	10.00	15.00	20.00	30.00
AH1173//14 (1759)	—	—	10.00	15.00	20.00	30.00
AH1174//14 (1760)	—	—	—	—	—	—
AH1173//15 (1760)	—	—	10.00	15.00	20.00	30.00
AH1174//15 (1761)	—	—	10.00	15.00	20.00	30.00
AH1175//15 (1761)	—	—	10.00	15.00	20.00	30.00
AH1175//16 (1762)	—	—	10.00	15.00	20.00	30.00

Muradabad

KM# 683 RUPEE

Silver **Obv:** Inscription **Rev:** Inscription **Note:** Weight varies: 11.20-11.40 grams

Date	Mintage	Good	VG	F	VF	XF
AH1173//14 (1760)	—	—	10.00	17.00	30.00	45.00

Shahjahanabad

KM# 763 RUPEE

Silver **Obv:** Inscription **Rev:** Inscription **Note:** Weight varies: 11.30-11.40 grams

Date	Mintage	Good	VG	F	VF	XF
AH1170//11 (1757)	—	—	45.00	100	150	200
AH1173//14 (1760)	—	—	45.00	100	150	200
AH1174//15 (1760)	—	—	45.00	100	150	200

Najibabad

KM# 688 RUPEE

Silver **Obv:** Inscription **Rev:** Inscription **Note:** Weight varies: 11.00-11.40 grams

Date	Mintage	Good	VG	F	VF	XF
AH1180//21 (1767)	—	—	40.00	70.00	100	125

Sind

KM# 771 RUPEE

Silver **Obv:** Inscription **Rev:** Inscription **Note:** Weight varies: 11.00-11.50 grams

Date	Mintage	Good	VG	F	VF	XF
AH1173 (1759)	—	—	40.00	85.00	110	150

AFGHANISTAN

Tatta

KM# 783 RUPEE

Silver **Obv:** Inscription **Rev:** Inscription **Note:** Weight varies: 11.40-11.60 grams

Date	Mintage	Good	VG	F	VF	XF
AH1170 (1756)	—	—	20.00	40.00	55.00	70.00
AH1171 (1757)	—	—	20.00	40.00	55.00	70.00
AH1174//14 (1760)	—	—	20.00	40.00	55.00	70.00

Shahjahanabad

KM# 764 NAZARANA RUPEE

11.3000 g., Silver, 38 mm. **Obv:** Inscription in four lines **Rev:** Inscription in three lines

Date	Mintage	Good	VG	F	VF	XF
AH1173//14 (1760)	—	—	—	—	—	—
AH1174//15 (1760)	—	—	—	1,500	1,800	—

Ahmadshahi

KM# 115 MOHUR

Gold **Obv:** Inscription in four lines **Rev:** Inscription **Note:** Weight varies: 10.90 grams.

Date	Mintage	Good	VG	F	VF	XF
AH1177 (1763) Rare	—	—	—	—	—	—
AH118x//22 (1768)	—	—	—	—	675	750
AH118x//23 (1769)	—	—	—	—	675	750

Attock

KM# 235 MOHUR

Gold **Obv:** Inscription **Rev:** Inscription **Note:** Weight varies: 10.80-10.90 grams.

Date	Mintage	Good	VG	F	VF	XF
AH1175//15 (1761) Rare	—	—	—	—	—	—
AH1181//21 (1767) Rare	—	—	—	—	—	—

Zwickau

KM# B315 RUPEE

Silver **Note:** Weight varies: 10.70-11.00g

Date	Mintage	Good	VG	F	VF	XF
AH11xx/Yr9 (1722)	—	—	—	—	—	—

Zwickau

KM# 314 HEAVY RUPEE (1-1/4 Rupees)

13.6800 g., Silver **Obv:** Lion left **Rev:** Inscription **Note:** During the last 25-30 years, this coin came two times on the market only! It is a very rare issue.

Date	Mintage	Good	VG	F	VF	XF
AH116x//2 (1748)	—	—	175	350	500	750

KM# A313 RUPEE

Silver **Obv:** Inscription in four lines **Rev:** Inscription in three lines **Note:** Weight varies: 11.30-11.50 grams

Date	Mintage	Good	VG	F	VF	XF
AH116x//1 (1747)	—	—	12.50	20.00	30.00	45.00
AH1163 (1749)	—	—	12.50	20.00	30.00	45.00
AH1166//5 (1752)	—	—	12.50	20.00	30.00	45.00
AH1167//6 (1753)	—	—	12.50	20.00	30.00	45.00
AH1167//7 (1753)	—	—	12.50	20.00	30.00	45.00
AH1168//7 (1754)	—	—	12.50	20.00	30.00	45.00

Kabul

KM# A422 1-1/4 RUPEE

Silver **Shape:** Teardrop flan **Note:** Similar to Mashad Mint Rupee KM#636

Date	Mintage	Good	VG	F	VF	XF
AH1163 (1749) Rare	—	—	—	—	—	—

Ahmadshahi

KM# 114 ASHRAFI

3.5000 g., Gold

Date	Mintage	Good	VG	F	VF	XF
AH1171//11 (1757) Rare	—	—	—	—	—	—
AH118x//22 (1768) Rare	—	—	—	—	—	—
AH118x//23 (1769) Rare	—	—	—	—	—	—

Bhakhar

KM# 284 ASHRAFI

3.5000 g., Gold

Date	Mintage	Good	VG	F	VF	XF
AH1168//8 (1754) Rare	—	—	—	—	—	—

Bhakhar

KM# 285 MOHUR

10.9000 g., Gold **Obv:** Inscription **Rev:** Inscription

Date	Mintage	Good	VG	F	VF	XF
AH1177 (1763) Rare	—	—	—	—	—	—

KM# 313 RUPEE

Silver **Obv:** Inscription **Rev:** Inscription in four lines **Note:** Obverse and reverse dies are often carelessly paired, which accounts for the discrepancies between AH dates and regnal years. Other dates may exist. Weight varies: 11.30-11.50 grams.

Date	Mintage	Good	VG	F	VF	XF
AH1168//8 (1754)	—	—	12.50	20.00	30.00	45.00
AH1169//9 (1755)	—	—	12.50	20.00	30.00	45.00
AH1170//10 (1756)	—	—	12.50	20.00	30.00	45.00
AH1173//13 (1759)	—	—	12.50	20.00	30.00	45.00
AH1173//14 (1760)	—	—	12.50	20.00	30.00	45.00
AH1174//14 (1761)	—	—	12.50	20.00	30.00	45.00
AH1174//15 (1761)	—	—	12.50	20.00	30.00	45.00
AH1175//15 (1761)	—	—	12.50	20.00	30.00	45.00
AH1175//16 (1762)	—	—	12.50	20.00	30.00	45.00
AH1177//17 (1763)	—	—	12.50	20.00	30.00	45.00
AH1178//18 (1764)	—	—	12.50	20.00	30.00	45.00
AH1179//19 (1765)	—	—	12.50	20.00	30.00	45.00
AH1180//20 (1766)	—	—	12.50	20.00	30.00	45.00
AH1180//21 (1768)	—	—	12.50	20.00	30.00	45.00
AH1180//22 (1768)	—	—	12.50	20.00	30.00	45.00
AH1182//22 (1768)	—	—	12.50	20.00	30.00	45.00
AH1182//23 (1769)	—	—	12.50	20.00	30.00	45.00
AH1182//24 (1770)	—	—	12.50	20.00	30.00	45.00
AH1184//24 (1770)	—	—	12.50	20.00	30.00	45.00
AH1184//25 (1770)	—	—	12.50	20.00	30.00	45.00
AH1185//25 (1771)	—	—	12.50	20.00	30.00	45.00
AH1184//26 (1772)	—	—	12.50	20.00	30.00	45.00

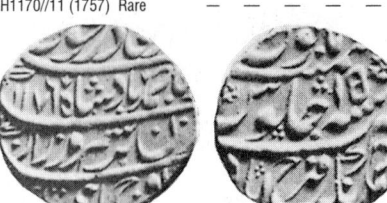

Shahjahanabad

KM# 768 1/2 MOHUR

Gold **Obv:** Inscription within cartouche **Rev:** Inscription **Note:** Weight varies: 5.35-5.42 grams.

Date	Mintage	Good	VG	F	VF	XF
AH1170//11 (1757) Rare	—	—	—	—	—	—

Derajat

KM# 349 MOHUR

Gold **Obv:** Inscription in four lines **Rev:** Inscription **Note:** Weight varies: 10.80-10.90 grams

Date	Mintage	Good	VG	F	VF	XF
AH1161 (1748) Rare	—	—	—	—	—	—
AH1170 (1756) Rare	—	—	—	—	—	—
AH1180 (1766) Rare	—	—	—	—	—	—
AH118x//23 (1769) Rare	—	—	—	—	—	—

Ahmadnagar-Farrukhabad

KM# 105 MOHUR

Gold **Obv:** Inscription **Rev:** Inscription **Note:** Weight varies: 10.80-11.00 grams.

Date	Mintage	Good	VG	F	VF	XF
AH1176//15 (1761)	—	—	450	825	1,200	1,750

Herat

KM# 379 MOHUR

Gold **Obv:** Inscription in four lines **Rev:** Inscription on beaded background **Note:** Weight varies: 10.90-11.00 grams.

Date	Mintage	Good	VG	F	VF	XF
ND (1747)	—	—	425	675	1,050	1,500

Kabul Mint

KM# 426 MOHUR

Gold, 20-21.5 mm. **Note:** Weight varies: 10.80-10.90 grams. Size varies.

Date	Mintage	Good	VG	F	VF	XF
AH1161//1 (1748) Rare	—	—	—	—	—	—
AH1170//10 (1756) Rare	—	—	—	—	—	—
AH1174//(1)4 (1760) Rare	—	—	—	—	—	—
AH1181//21 (1767)	—	—	300	500	750	1,100
AH1185//25 (1771)	—	—	300	500	750	1,100
AH1186//25 (1772)	—	—	300	500	750	1,100

AFGHANISTAN

Kashmir

KM# 555 MOHUR

10.9000 g., Gold

Date	Mintage	Good	VG	F	VF	XF
AH1167//6 (1754) Rare	—	—	—	—	—	—

Peshawar

KM# 695 MOHUR

Gold, 20 mm. **Obv:** Inscription in three lines **Rev:** Inscription in three lines **Note:** Weight varies: 10.80-11.00 grams.

Date	Mintage	Good	VG	F	VF	XF
AH1161//1 (1748)	—	—	265	450	675	1,050
AH116x//3 (1749)	—	—	265	450	675	1,050
AH116x//6 (1752)	—	—	265	450	675	1,050
AH116x//9 (1755)	—	—	265	450	675	1,050
AH1177//17 (1763)	—	—	265	450	675	1,050

Rikab

KM# 742 MOHUR

11.0000 g., Gold

Date	Mintage	Good	VG	F	VF	XF
AH1173 (1759) Rare	—	—	—	—	—	—

KM# A315 MOHUR

Gold **Obv:** Inscription **Rev:** Inscription

Date	Mintage	Good	VG	F	VF	XF
1168//8 (1754)	—	—	—	—	—	—

Lahore

KM# 625 MOHUR

Gold **Obv:** Inscription in four lines **Rev:** Inscription in four lines **Note:** Weight varies: 10.70-11.00 grams.

Date	Mintage	Good	VG	F	VF	XF
AH1161//1 (1748) Rare	—	—	—	—	—	—

Sarhind

KM# 755 MOHUR

Gold **Note:** Weight varies: 10.80-10.90 grams.

Date	Mintage	Good	VG	F	VF	XF
AH116x//1 (1747) Rare	—	—	—	—	—	—
AH1172 (1758) Rare	—	—	—	—	—	—
AH117x//16 (1762) Rare	—	—	—	—	—	—

KM# 626 MOHUR

Gold **Obv:** Inscription in four lines **Rev:** Inscription in three lines **Note:** Similar to Rupee, KM#623. Weight varies: 10.70-11.00 grams.

Date	Mintage	Good	VG	F	VF	XF
AH1170 (1756)	—	—	450	800	1,200	1,750
AH1175//15 (1761)	—	—	450	800	1,200	1,750
AH1175//16 (1762)	—	—	450	800	1,200	1,750

Kabul Mint

KM# 427 NAZARANA MOHUR

10.9200 g., Gold, 35 mm. **Obv:** Inscription **Rev:** Inscription

Date	Mintage	Good	VG	F	VF	XF
AH1175 (1761) Rare	—	—	—	—	—	—
AH1175/4//14 (1761) Rare	—	—	—	—	—	—

Shahjahanabad

KM# 767 NAZARANA MOHUR

Gold, 34-37 mm. **Obv:** Inscription in four lines **Rev:** Inscription **Note:** Weight varies: 10.70-11.00 grams. Size varies.

Date	Mintage	Good	VG	F	VF	XF
AH1173//14 (1760) Rare	—	—	—	—	—	—
AH1174//15 (1761) Rare	—	—	—	—	—	—

Shahjahanabad

KM# 765 MOHUR

Gold **Obv:** Inscription **Rev:** Inscription **Note:** Weight varies: 10.70-10.85 grams.

Date	Mintage	Good	VG	F	VF	XF
AH1170//11 (1757)	—	—	—	575	800	975
AH1173//14 (1760)	—	—	—	575	800	975
AH1174//14 (1760)	—	—	—	575	800	975

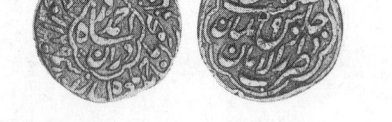

Multan

KM# 645.1 MOHUR

Gold **Obv:** Inscription, small cartouche at center **Rev:** Inscription within large cartouche **Note:** Weight varies: 10.90-11.00 grams.

Date	Mintage	Good	VG	F	VF	XF
AH1165//5 (1751)	—	—	600	975	1,500	2,400
AH1166//5 (1752)	—	—	600	975	1,500	2,400
AH1167//8 (1753)	—	—	600	975	1,500	2,400
AH116x//8 (1754)	—	—	600	975	1,500	2,400
AH1169//9 (1755)	—	—	600	975	1,500	2,400
AH1170//9 (1756)	—	—	600	975	1,500	2,400
AH1170//10 (1756)	—	—	600	975	1,500	2,400

KM# 766 MOHUR

Gold **Obv:** Inscription in four lines **Rev:** Inscription **Note:** Weight varies: 10.70-10.85 grams.

Date	Mintage	Good	VG	F	VF	XF
AH1174//15 (1760)	—	—	525	825	1,200	1,500

Ahmad Shah AH1163 / 1750AD HAMMERED COINAGE

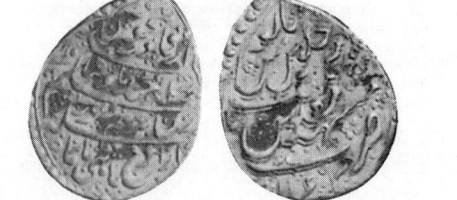

Mashhad

KM# 636 1-1/4 RUPEE

Silver **Obv:** Inscription **Rev:** Inscription **Shape:** Teardrop flan **Note:** Struck in the name of Shahrokh, the local Afsharid prince. Weight varies: 13.80-14.00 grams

Date	Mintage	Good	VG	F	VF	XF
AH1163 (1750) Rare	—	—	—	—	—	—

KM# 645.2 MOHUR

Gold **Obv:** Inscription **Rev:** Inscription **Note:** Weight varies: 10.90-11.00 grams.

Date	Mintage	Good	VG	F	VF	XF
AH1170//9 (1756)	—	—	675	1,150	1,800	2,650

Najibabad

KM# 689 MOHUR

Gold **Obv:** Inscription **Rev:** Inscription **Note:** Weight varies: 10.80-11.00 grams.

Date	Mintage	Good	VG	F	VF	XF
AH1180//21 (1767) Rare	—	—	—	—	—	—

Zwickau

KM# 315 MOHUR

Gold **Obv:** Inscription **Rev:** Inscription within large cartouche **Note:** Weight varies: 10.90-11.00 grams. Several varieties exist.

Date	Mintage	Good	VG	F	VF	XF
AH1162//2 (1748)	—	—	265	450	675	1,050
AH1166//5 (1752)	—	—	265	450	675	1,050
AH116x//8 (1754)	—	—	265	450	675	1,050
AH116x//9 (1755)	—	—	265	450	675	1,050
AH1170//10 (1756)	—	—	265	450	675	1,050
AH1171//11 (1757)	—	—	265	450	675	1,050
AH1175//15 (1761)	—	—	265	450	675	1,050
AH1175//16 (1762)	—	—	265	450	675	1,050
AH1184//25 (1771)	—	—	265	450	675	1,050

Ahmad Shah AH1186 / 1755AD HAMMERED COINAGE

Mashhad

KM# 637 SHAHI (= 1/10 Rupee)

Silver **Obv:** Inscription **Rev:** Inscription **Note:** Weight varies: 1.00-1.15 grams

Date	Mintage	Good	VG	F	VF	XF
AH1168/8 (1754)	—	—	15.00	35.00	50.00	70.00
AH1170 (1756)	—	—	40.00	55.00	75.00	1.00
AH1181 (1767)	—	—	15.00	35.00	50.00	70.00

Mashhad

KM# 638 RUPEE

Silver **Obv:** Inscription **Rev:** Inscription within circle **Note:** Weight varies: 11.00-11.50 grams

Date	Mintage	Good	VG	F	VF	XF
AH1168//8 (1754)	—	—	17.50	40.00	60.00	80.00
AH116x//9 (1755)	—	—	15.00	30.00	45.00	60.00
AH1170//(10) (1756)	—	—	17.50	40.00	60.00	80.00
AH1171//11 (1757)	—	—	17.50	40.00	60.00	80.00
AH1186 (1772)	—	—	17.50	40.00	60.00	80.00

Note: After Ahmad's death in AH1186/1772AD, Shahrukh resumed minting coins in his own name; coins are known dated AH1187-1197 (rupees and mohurs)

KM# 292.2 RUPEE

Silver **Note:** Retrograde date. Weight varies: 11.20-11.60 grams

Date	Mintage	Good	VG	F	VF	XF
AH1180 (1766)	—	—	—	—	—	—

Haidarabad Sind

KM# 420 RUPEE

Silver **Obv:** Inscription **Rev:** Inscription

Date	Mintage	Good	F	VF	XF
AH(1186-1207) (1772)	—	—	25.00	50.00	80.00	125

Note: Mint name appears as Haidarabad Sind; this city was founded by Ghulam Shah Kalhora in 1768AD and became the capital of the Talpur Mirs in 1786AD, both being feudatories of Taimur Shah Durrani; also see coins of Sind Mint

Date	Mintage	Good	VG	F	VF	XF
AH1180//10 (1766)	—	—	12.00	25.00	35.00	45.00
AH1180//11 (1767)	—	—	12.00	25.00	35.00	45.00
AH1181//11 (1767)	—	—	12.00	25.00	35.00	45.00
AH1181//12 (1768)	—	—	12.00	25.00	35.00	45.00
AH1182//12 (1768)	—	—	12.00	25.00	35.00	45.00
AH1182//13 (1769)	—	—	12.00	25.00	35.00	45.00
AH1183//13 (1769)	—	—	12.00	25.00	35.00	45.00
AH1183//14 (1770)	—	—	12.00	25.00	35.00	45.00
AH1184//14 (1770)	—	—	12.00	25.00	35.00	45.00
AH1184//15 (1771)	—	—	12.00	25.00	35.00	45.00
AH1185//15 (1771)	—	—	12.00	25.00	35.00	45.00
AH1185//16 (1772)	—	—	12.00	25.00	35.00	45.00

Lahore

KM# 628 RUPEE

Silver **Obv:** Inscription **Rev:** Inscription **Note:** Weight varies: 11.20-11.40 grams

Date	Mintage	Good	VG	F	VF	XF
AH1170//1 (1756)	—	—	12.50	28.00	40.00	55.00
AH1171//1 (1757)	—	—	12.50	28.00	40.00	55.00
AH1172//1 (1758)	—	—	12.50	28.00	40.00	55.00
AH1173/3 (1759)	—	—	12.50	28.00	40.00	55.00
AH1174/4 (1760)	—	—	12.50	28.00	40.00	55.00

KM# 652.4 RUPEE

Silver **Obv:** Mint name above "ZERB" within cartouche **Rev:** Inscription **Note:** Weight varies: 11.40-11.50 grams

Date	Mintage	Good	VG	F	VF	XF
AH1181//11 (1767)	—	—	25.00	50.00	70.00	90.00
AH1182 (1769)	—	—	25.00	50.00	70.00	90.00

Mashhad

KM# A639 ASHRAFI

3.5000 g., Gold **Obv:** Inscription **Rev:** Inscription within 8-pointed star

Date	Mintage	Good	VG	F	VF	XF
AH1168/8 (1754)	—	—	180	300	450	725

KM# 639 ASHRAFI

3.5000 g., Gold **Obv:** Inscription **Rev:** Inscription **Note:** Weight varies: 10.60-11.00 grams.

Date	Mintage	Good	VG	F	VF	XF
AH116x//8 (1754)	—	—	—	—	425	525
AH116x//9 (1755)	—	—	—	—	425	525
AH117x//11 (1757)	—	—	—	—	425	525

Sind

KM# 773 RUPEE

Silver **Obv:** Inscription **Rev:** Inscription **Note:** Weight varies: 11.00-11.50 grams

Date	Mintage	Good	VG	F	VF	XF
AH1170//1 (1757)	—	—	25.00	60.00	85.00	115

Taimur Shah AH1170-1186 / 1757-1772AD - Nizam HAMMERED COINAGE

Multan

KM# 652.1 RUPEE

Silver **Obv:** Inscription **Rev:** Inscription **Note:** Weight varies: 11.40-11.50 grams

Date	Mintage	Good	VG	F	VF	XF
AH1170//1 (1757)	—	—	12.00	25.00	35.00	45.00
AH1171//1 (1757)	—	—	12.00	25.00	35.00	45.00
AH1172//2 (1758)	—	—	12.00	25.00	35.00	45.00

Zwickau

KM# 318 RUPEE

Copper, 21.5 mm. **Obv:** Inscription within beaded circle **Rev:** Inscription **Note:** Weight varies: 11.40-11.60 grams

Date	Mintage	Good	VG	F	VF	XF
AH1170//1 (1757)	—	—	14.00	30.00	40.00	50.00
ND//2 (1757)	—	—	14.00	30.00	40.00	50.00
ND//3 (1758)	—	—	14.00	30.00	40.00	50.00

KM# 652.2 RUPEE

Silver **Obv:** With mint epithet **Rev:** Inscription **Note:** Weight varies: 11.40-11.50 grams

Date	Mintage	Good	VG	F	VF	XF
AH1173//2 (1759)	—	—	12.00	25.00	35.00	45.00
AH1173//3 (1759)	—	—	12.00	25.00	35.00	45.00
AH1174//3 (1760)	—	—	12.00	25.00	35.00	45.00
AH1174//4 (1760)	—	—	12.00	25.00	35.00	45.00
AH1175//4 (1761)	—	—	12.00	25.00	35.00	45.00
AH1175//5 (1761)	—	—	12.00	25.00	35.00	45.00
AH1176//5 (1762)	—	—	12.00	25.00	35.00	45.00
AH1176//6 (1762)	—	—	12.00	25.00	35.00	45.00
AH1177//7 (1763)	—	—	12.00	25.00	35.00	45.00
AH1177//8 (1764)	—	—	12.00	25.00	35.00	45.00
AH1178//8 (1764)	—	—	12.00	25.00	35.00	45.00
AH1178//9 (1765)	—	—	12.00	25.00	35.00	45.00

Zwickau

KM# 316 FALUS

Copper **Obv:** Inscription **Rev:** Inscription **Note:** Weight varies: 12.00-13.00 grams.

Date	Mintage	Good	VG	F	VF	XF
AH1172//3 (1758)	—	10.00	15.00	25.00	45.00	—

Bhakhar

KM# 292.1 RUPEE

Silver **Note:** Weight varies: 11.20-11.60 grams

Date	Mintage	Good	VG	F	VF	XF
AH1173 (1759)	—	—	20.00	40.00	50.00	65.00
AH1175 (1761)	—	—	20.00	40.00	50.00	65.00
AH1177 (1763)	—	—	20.00	40.00	50.00	65.00
AH1178 (1764)	—	—	20.00	40.00	50.00	65.00
AH1180 (1766)	—	—	20.00	40.00	50.00	65.00
AH1181 (1767)	—	—	20.00	40.00	50.00	65.00
AH1182 (1768)	—	—	20.00	40.00	50.00	65.00
AH1183 (1769)	—	—	20.00	40.00	50.00	65.00
AH1184 (1770)	—	—	20.00	40.00	50.00	65.00
AH1185 (1771)	—	—	20.00	40.00	50.00	65.00
AH1186 (1772)	—	—	20.00	40.00	50.00	65.00

KM# 652.3 RUPEE

Silver **Obv:** Inscription **Rev:** Ornamented quatrefoil in linear and beaded circles **Note:** Weight varies: 11.40-11.50 grams.

Date	Mintage	Good	VG	F	VF	XF
AH1179//9 (1765)	—	—	12.00	25.00	35.00	45.00
AH1179//10 (1766)	—	—	12.00	25.00	35.00	45.00

Lahore

KM# 629 MOHUR

Gold **Obv:** Inscription **Rev:** Inscription **Note:** Weight varies: 10.80-11.00 grams.

Date	Mintage	Good	VG	F	VF	XF
AH1170//1 (1757)	—	—	350	600	900	1,200
AH1171//1 (1757)	—	—	350	600	900	1,200

Multan

KM# 655 MOHUR

Gold **Note:** Weight varies: 10.85-11.00 grams. Size varies: 19-20.5 milimeters.

Date	Mintage	Good	VG	F	VF	XF
AH1170//1 (1757)	—	—	350	600	900	1,350
AH1173//2 (1759)	—	—	350	600	900	1,350
AH1176//6 (1762)	—	—	350	600	900	1,350
AH1178//8 (1764)	—	—	350	600	900	1,350
AH117x//9 (1765)	—	—	350	600	900	1,350
AH1182//12 (1768)	—	—	350	600	900	1,350

AFGHANISTAN

Zwickau

KM# 319 MOHUR
11.0000 g., Gold **Obv:** Inscription **Rev:** Inscription

Date	Mintage	Good	VG	F	VF	XF
AH1170/1 (1757) Rare	—	—	—	—	—	—
AH117x/3 (1758) Rare	—	—	—	—	—	—

Sulaiman Shah
AH1186 / 1772AD
HAMMERED COINAGE

Zwickau

KM# 322 RUPEE
Silver **Obv:** Full couplet **Rev:** Inscription **Note:** Weight varies: 11.40-11.60 grams

Date	Mintage	Good	VG	F	VF	XF
AH1186//1 (1772)	—	—	60.00	150	200	265

Bhakhar

KM# 290 FALUS
Copper **Obv:** Inscription **Rev:** Inscription **Note:** Weight varies: 12.00-16.20 grams.

Date	Mintage	Good	VG	F	VF	XF
AH1188 (1774)	—	12.00	18.00	30.00	45.00	—
AH1189/8 (1775)	—	12.00	18.00	30.00	45.00	—
AH1190/9 (1776)	—	12.00	18.00	30.00	45.00	—
AH1194 (1780)	—	12.00	18.00	30.00	45.00	—
AH1196 (1781)	—	12.00	18.00	30.00	45.00	—
AH1197 (1782)	—	12.00	18.00	30.00	45.00	—
AH1198 (1783)	—	12.00	18.00	30.00	45.00	—

KM# 323 RUPEE
Silver **Obv:** "Dur-i-Durran" **Rev:** Inscription **Note:** Weight varies: 11.40-11.60 grams

Date	Mintage	Good	VG	F	VF	XF
AH1186/1 (1772)	—	—	60.00	150	200	265

Ahmadshahi

KM# 118 RUPEE
Silver **Obv:** Inscription **Rev:** Inscription **Note:** Weight varies: 11.40-11.60 grams.

Date	Mintage	Good	VG	F	VF	XF
AH1186/1 (1772)	—	—	50.00	110	160	240

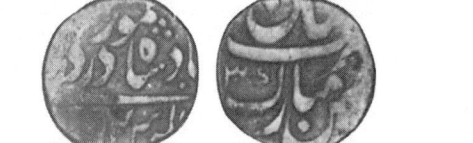

Multan

KM# 650 FALUS
Copper **Obv:** Inscription **Rev:** Inscription **Note:** AH dates and regnal years are usually mismatched. Weight varies: 11.30-13.70 grams.

Date	Mintage	Good	VG	F	VF	XF
AH1181 (1772)	—	9.00	15.00	25.00	38.00	—
Error date						
AH1194/3 (1780)	—	8.00	12.00	22.00	35.00	—
AH1196 (1782)	—	8.00	12.00	22.00	35.00	—
AH1197/6 (1783)	—	8.00	12.00	22.00	35.00	—
AH1200/7 (1786)	—	8.00	12.00	22.00	35.00	—
AH120x/8 (1786)	—	8.00	12.00	22.00	35.00	—
AH1202/9 (1787)	—	—	—	—	—	—
AH1201/10 (1787)	—	8.00	12.00	22.00	35.00	—
AH1202/10 (1788)	—	8.00	12.00	22.00	35.00	—
AH1203/10 (1789)	—	8.00	12.00	22.00	35.00	—
AH1204 (1790)	—	8.00	12.00	22.00	35.00	—
AH1205/19 (1791)	—	8.00	12.00	22.00	35.00	—
AH1206/19 (1792)	—	8.00	12.00	22.00	35.00	—
AH1206/20 (1792)	—	8.00	12.00	22.00	35.00	—
AH1207/19 (1793)	—	8.00	12.00	22.00	35.00	—

Kabul Mint

KM# 429 MOHUR
10.8500 g., Gold **Obv:** Inscription **Rev:** Inscription

Date	Mintage	Good	VG	F	VF	XF
AH1186//1 (1772) Rare	—	—	—	—	—	—

Taimur Shah
AH1186-1207 / 1772-1793AD - King
HAMMERED COINAGE

Kabul Mint

KM# 428 RUPEE
Silver, 21.5 mm. **Obv:** Inscription **Rev:** Inscription **Note:** Weight varies: 11.40-11.50 grams

Date	Mintage	Good	VG	F	VF	XF
AH1186/1 (1772)	—	—	55.00	100	150	225

Balkh

KM# 270 FALUS
Copper **Obv:** Inscription **Rev:** Single sword **Note:** Weight varies: 7.00-10.50 grams.

Date	Mintage	Good	VG	F	VF	XF
AH1197 (1782)	—	8.00	12.00	22.00	35.00	—
AH1202 (1787)	—	7.00	10.00	16.00	30.00	—

Note: AH1202 is ordinarily found written as AH1220

Date	Mintage	Good	VG	F	VF	XF
AH1205 (1790)	—	7.00	10.00	16.00	30.00	—
AH1206 (1791)	—	10.00	20.00	25.00	40.00	—

Peshawar

KM# 700 FALUS
Copper **Obv:** Inscription **Rev:** Inscription **Note:** Weight varies: 10.20-12.60 grams.

Date	Mintage	Good	VG	F	VF	XF
AH1186//1 (1772)	—	10.00	15.00	25.00	40.00	—
AH11xx//4 (1775)	—	10.00	15.00	25.00	40.00	—
AH119x//8 (1779)	—	10.00	15.00	25.00	40.00	—

KM# 701 FALUS
Copper, 18-20 mm. **Rev:** Foliated design **Note:** Weight varies: 7.80-8.00 grams. Size varies.

Date	Mintage	Good	VG	F	VF	XF
ND (1772)	—	10.00	17.00	28.00	45.00	—

Kashmir

KM# 558 RUPEE
Silver **Obv:** Inscription **Rev:** Inscription **Note:** Weight varies: 10.90-11.00

Date	Mintage	Good	VG	F	VF	XF
AH1186//1 (1772)	—	—	65.00	140	200	250

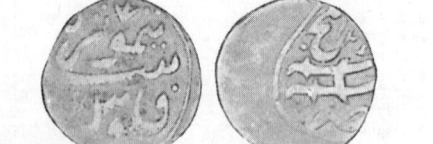

KM# 271 FALUS
Copper **Obv:** Inscription **Rev:** Double sword **Note:** Weight varies: 7.00-10.50 grams.

Date	Mintage	Good	VG	F	VF	XF
AH1206 (1791)	—	8.00	12.00	22.00	35.00	—

Peshawar

KM# 699 RUPEE
11.4000 g., Silver **Obv:** Inscription **Rev:** Inscription

Date	Mintage	Good	VG	F	VF	XF
AH1186//1 (1772)	—	—	75.00	140	185	250

Zwickau

KM# 326 FALUS
Copper **Obv:** Inscription **Rev:** Inscription **Note:** Weight varies: 11.30-12.20 grams.

Date	Mintage	Good	VG	F	VF	XF
AH119x//6 (1777)	—	8.00	12.00	22.00	35.00	—
AH1199 (1784)	—	8.00	12.00	22.00	35.00	—
AH1201//16 (1786)	—	8.00	12.00	22.00	35.00	—
AH120x//18 (1788)	—	8.00	12.00	22.00	35.00	—

Kashmir

KM# 560 DAM

Copper **Obv:** Inscription **Rev:** Inscription **Note:** Weight varies: 16.00-19.00 grams

Date	Mintage	Good	VG	F	VF	XF
AH118x//1 (1772)	—	9.00	14.00	25.00	45.00	—
AH119x//9 (1780)	—	9.00	14.00	25.00	45.00	—
AH1195 (1780)	—	9.00	14.00	25.00	45.00	—
AH1197 (1782)	—	9.00	14.00	25.00	45.00	—

KM# 561 DAM

Copper **Obv:** Inscription **Rev:** Inscription **Note:** Weight varies: 16.00-19.00 grams

Date	Mintage	Good	VG	F	VF	XF
AH1199//12 (1784)	—	8.00	13.00	22.00	40.00	—
AH1200//12 (1785)	—	8.00	13.00	22.00	40.00	—
AH1200//13 (1785)	—	7.00	12.00	20.00	35.00	—
AH1201//13 (1786)	—	7.00	12.00	20.00	35.00	—
AH1201//14 (1786)	—	7.00	12.00	20.00	35.00	—
AH1201//15 (1786)	—	7.00	12.00	20.00	35.00	—
AH1202//15 (1787)	—	7.00	12.00	20.00	35.00	—
AH1203//16 (1788)	—	7.00	12.00	20.00	35.00	—
AH1204//17 (1789)	—	7.00	12.00	20.00	35.00	—

Herat

KM# 381 1/12 RUPEE

0.9000 g., Silver, 13 mm. **Obv:** Full couplet **Rev:** Mint name, date

Date	Mintage	Good	VG	F	VF	XF
AH1211 (1796) Rare	—	—	—	—	—	—

Mashhad

KM# A640 SHAHI

Silver **Obv:** Inscription **Rev:** Inscription within cartouche

Date	Mintage	Good	VG	F	VF	XF
ND (1784)	—	—	—	—	—	—

Ahmadshahi/Qandahar Mint

KM# 123 RUPEE

Silver **Obv:** Inscription **Rev:** Long legend **Note:** Weight varies: 11.40-11.60 grams.

Date	Mintage	Good	VG	F	VF	XF
AH1187//2 (1773)	—	—	10.00	17.50	25.00	35.00
AH1187//3 (1774)	—	—	10.00	17.50	25.00	35.00
AH1189 (1775)	—	—	10.00	17.50	25.00	35.00
AH1190//5 (1776)	—	—	10.00	17.50	25.00	35.00
AH1191 (1777)	—	—	10.00	17.50	25.00	35.00
AH1192 (1778)	—	—	10.00	17.50	25.00	35.00
AH1193//21 (1779)	—	—	10.00	17.50	25.00	35.00
AH1194//9 (1780)	—	—	10.00	17.50	25.00	35.00
AH1195 (1780)	—	—	10.00	17.50	25.00	35.00
AH1197//12 (1782)	—	—	10.00	17.50	25.00	35.00
AH1198 (1783)	—	—	10.00	17.50	25.00	35.00

Ahmadshahi

KM# 124 RUPEE

Silver **Obv:** Inscription **Rev:** Shorter legend **Note:** Weight varies: 11.40-11.60 grams.

Date	Mintage	Good	VG	F	VF	XF
AH1204//18 (1788)	—	—	—	10.00	15.00	25.00
AH1205//19 (1789)	—	—	—	10.00	15.00	25.00
AH1206//19 (1790)	—	—	—	10.00	15.00	25.00
AH1206//20 (1791)	—	—	—	10.00	15.00	25.00
AH1026 (sic) (1791)	—	—	—	—	—	—
AH1207 (sic)//20 (1791)	—	—	—	10.00	15.00	25.00
AH1027//21 (1792)	—	—	—	—	—	—
AH1207//20 (1792)	—	—	—	10.00	15.00	25.00
AH1207//12 (1792)	—	—	—	10.00	15.00	25.00

Error for year 21

Attock

KM# 238 RUPEE

Silver **Obv:** Inscription **Rev:** Inscription **Note:** Weight varies: 11.00-11.40 grams

Date	Mintage	Good	VG	F	VF	XF
AH1186//1 (1772)	—	—	10.00	20.00	30.00	40.00
AH1187//2 (1773)	—	—	10.00	20.00	30.00	40.00
AH1188//2 (1774)	—	—	10.00	20.00	30.00	40.00
AH1188 (sic)//4 (1774)	—	—	10.00	20.00	30.00	40.00
AH1190//4 (1776)	—	—	10.00	20.00	30.00	40.00
AH1192//4 (1778)	—	—	10.00	20.00	30.00	40.00
AH1193//8 (1779)	—	—	10.00	20.00	30.00	40.00
AH1195//8 (1780)	—	—	10.00	20.00	30.00	40.00
AH1195//10 (1780)	—	—	10.00	20.00	30.00	40.00
AH1196//10 (1781)	—	—	10.00	20.00	30.00	40.00
AH1196//11 (1781)	—	—	10.00	20.00	30.00	40.00
AH1197//11 (1782)	—	—	10.00	20.00	30.00	40.00
AH1197//12 (1782)	—	—	10.00	20.00	30.00	40.00
AH1197//14 (1782)	—	—	10.00	20.00	30.00	40.00
AH1198//12 (1783)	—	—	10.00	20.00	30.00	40.00
AH1198 (sic)//14 (1784)	—	—	10.00	20.00	30.00	40.00
AH120x//16 (1786)	—	—	10.00	20.00	30.00	40.00

Bakhar

KM# 294 RUPEE

Silver **Obv:** Without cartouche **Rev:** Without cartouche **Note:** Weight varies: 11.20-11.60 grams.

Date	Mintage	Good	VG	F	VF	XF
AH1205 (1790)	—	—	50.00	75.00	95.00	120

Balkh

KM# 273 RUPEE

Silver **Obv:** Inscription **Rev:** Inscription within circle **Note:** Weight varies: 11.00-11.60 grams

Date	Mintage	Good	VG	F	VF	XF
AH1195 (1780)	—	—	35.00	60.00	75.00	100
AH1198 (1783)	—	—	35.00	60.00	75.00	100
AH1200 (1785)	—	—	35.00	60.00	75.00	100
AH1201 (1786)	—	—	35.00	60.00	75.00	100
AH1205 (1790)	—	—	35.00	50.00	75.00	100

Bhakhar

KM# 293 RUPEE

Silver **Obv:** Inscription **Rev:** Inscription **Note:** Weight varies: 11.20-11.60 grams.

Date	Mintage	Good	VG	F	VF	XF
AH1186 (1772)	—	—	12.50	20.00	28.00	38.00
AH1187 (1773)	—	—	12.50	20.00	28.00	38.00
AH1188 (1774)	—	—	12.50	20.00	28.00	38.00
AH1189 (1775)	—	—	12.50	20.00	28.00	38.00
AH1190 (1776)	—	—	12.50	20.00	28.00	38.00
AH1191 (1777)	—	—	12.50	20.00	28.00	38.00
AH1192 (1778)	—	—	12.50	20.00	28.00	38.00
AH1193 (1779)	—	—	12.50	20.00	28.00	38.00
AH1195 (1780)	—	—	12.50	20.00	28.00	38.00
AH1196 (1781)	—	—	12.50	20.00	28.00	38.00
AH1197 (1782)	—	—	12.50	20.00	28.00	38.00
AH1198 (1783)	—	—	12.50	20.00	28.00	38.00
AH1199 (1784)	—	—	12.50	20.00	28.00	38.00
AH1200 (1785)	—	—	12.50	20.00	28.00	38.00
AH1201 (1786)	—	—	12.50	20.00	28.00	38.00
AH1202 (1787)	—	—	12.50	20.00	28.00	38.00
AH1203 (1788)	—	—	12.50	20.00	28.00	38.00
AH1204 (1789)	—	—	12.50	20.00	28.00	38.00
AH1205 (1790)	—	—	12.50	20.00	28.00	38.00
AH1206 (1791)	—	—	12.50	20.00	28.00	38.00
AH1207 (1792)	—	—	12.50	20.00	28.00	38.00

KM# 293a RUPEE

Silver **Obv:** Inscription **Rev:** Mint and date in dotted circle **Note:** Weight varies: 11.20-11.60 grams.

Date	Mintage	Good	VG	F	VF	XF
AH1190 (1776)	—	—	40.00	65.00	90.00	110
AH1191 (1777)	—	—	40.00	65.00	90.00	110

KM# B293 RUPEE

Silver **Note:** Chevron border, star above.

Date	Mintage	Good	VG	F	VF	XF
AH1190 (1776)	—	—	—	—	—	—

KM# 293b RUPEE

Silver

Date	Mintage	Good	VG	F	VF	XF
ND (1792)	—	—	—	—	—	—

Derajat

KM# 353 RUPEE

Silver **Obv:** Inscription **Rev:** Inscription **Note:** Weight varies: 10.80-11.20 grams

Date	Mintage	Good	VG	F	VF	XF
AH1187 (1773)	—	—	15.00	20.50	40.00	55.00
AH1192//6 (1778)	—	—	10.00	20.00	30.00	40.00

26 AFGHANISTAN

Date	Mintage	Good	VG	F	VF	XF
AH-//8 (1779)	—	—	10.00	20.00	30.00	40.00
AH1194//7 (1780)	—	—	10.00	20.00	30.00	40.00
AH1196//10 (1781)	—	—	10.00	20.00	30.00	40.00
AH1197//11 (1782)	—	—	10.00	20.00	30.00	40.00
AH1198//12 (1783)	—	—	10.00	20.00	30.00	40.00
AH1199//13 (1784)	—	—	10.00	20.00	30.00	40.00
AH1199//14 (1784)	—	—	10.00	20.00	30.00	40.00
AH1199 (sic)//15 (1785)	—	—	10.00	20.00	30.00	40.00
AH1200//15 (1785)	—	—	10.00	20.00	30.00	40.00
AH1201//16 (1786)	—	—	10.00	20.00	30.00	40.00
AH1202//17 (1787)	—	—	10.00	20.00	30.00	40.00
AH1202 (sic)//18 (1788)	—	—	10.00	20.00	30.00	40.00
AH1203//18 (1788)	—	—	10.00	20.00	30.00	40.00
AH1204//18 (1789)	—	—	10.00	20.00	30.00	40.00
AH1205//19 (1790)	—	—	10.00	20.00	30.00	40.00
AH1206//19 (1790)	—	—	10.00	20.00	30.00	40.00
AH1206//20 (1791)	—	—	10.00	20.00	30.00	40.00
AH120x//21 (1791)	—	—	10.00	20.00	30.00	40.00
AH1207//20 (1792)	—	—	10.00	20.00	30.00	40.00
AH1207//22 (1792)	—	—	17.50	35.00	50.00	70.00
AH-//23 (1793)	—	—	17.50	35.00	50.00	70.00
AH1208 (1793)	—	—	17.50	35.00	50.00	70.00

Note: Posthumous issues, bearing no regnal year

Date	Mintage	Good	VG	F	VF	XF
AH1209 (1794)	—	—	17.50	35.00	50.00	70.00

Note: Posthumous issues, bearing no regnal year

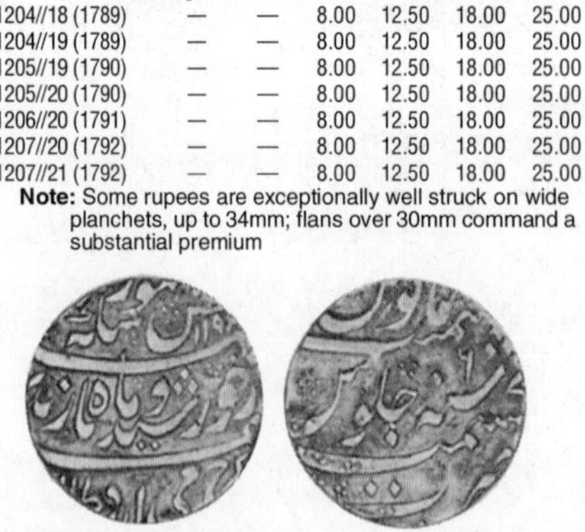

Herat

KM# 383.1 RUPEE

Silver **Obv:** Inscription **Rev:** Formula and mint **Rev. Legend:** "Julus" **Note:** Weight varies: 11.20-11.60 grams

Date	Mintage	Good	VG	F	VF	XF
AH1184 (1770)	—	—	7.00	14.00	20.00	28.00
AH1187 (1773)	—	—	7.00	14.00	20.00	28.00
AH1188 (1774)	—	—	7.00	14.00	20.00	28.00
AH1189 (1775)	—	—	7.00	14.00	20.00	28.00
AH1190 (1776)	—	—	7.00	14.00	20.00	28.00
AH1191 (1777)	—	—	7.00	14.00	20.00	28.00
AH1192 (1778)	—	—	7.00	14.00	20.00	28.00
AH1193 (1779)	—	—	7.00	14.00	20.00	28.00
AH1194 (1780)	—	—	7.00	14.00	20.00	28.00
AH1195 (1780)	—	—	7.00	14.00	20.00	28.00
AH1196 (1781)	—	—	7.00	14.00	20.00	28.00
AH1197 (1782)	—	—	7.00	14.00	20.00	28.00
AH1198 (1783)	—	—	7.00	14.00	20.00	28.00
AH1199 (1784)	—	—	7.00	14.00	20.00	28.00
AH1200 (1785)	—	—	7.00	14.00	20.00	28.00

KM# 383.2 RUPEE

Silver **Obv:** Inscription **Obv. Inscription:** "Taimur Shah..." **Rev:** Mint and epithet **Note:** Posthumous dates from 1208AH were struck by Mahmud Shah in opposition to Shah Zaman. Weight varies: 11.20-11.60 grams.

Date	Mintage	Good	VG	F	VF	XF
AH1201	—	—	7.00	14.00	20.00	28.00
AH1202	—	—	7.00	14.00	20.00	28.00
AH1203	—	—	7.00	14.00	20.00	28.00
AH1204	—	—	6.00	10.00	12.50	20.00
AH1205	—	—	6.00	10.00	12.50	20.00
AH1206	—	—	6.00	10.00	12.50	20.00
AH1207	—	—	6.00	10.00	12.50	20.00
AH1208	—	—	6.00	12.00	18.00	25.00
AH1209	—	—	6.00	12.00	18.00	25.00
AH1210	—	—	6.00	12.00	18.00	25.00
AH1210//1201	—	—	6.00	12.00	18.00	25.00
AH1211	—	—	6.00	12.00	18.00	25.00

Kabul Mint

KM# 433.1 RUPEE

Silver **Obv:** Inscription with ruler's name and titles in three lines **Rev:** Full year in "L" of "Kabul", regnal year below **Note:** Weight varies: 11.00-11.65 grams

Date	Mintage	Good	VG	F	VF	XF
AH1186//1 (1772)	—	—	12.00	20.00	30.00	40.00
AH1187//1 (1773)	—	—	12.00	20.00	30.00	40.00
AH1187//2 (1773)	—	—	12.00	20.00	30.00	40.00
AH1188//2 (1774)	—	—	12.00	20.00	30.00	40.00
AH1188//3 (1774)	—	—	12.00	20.00	30.00	40.00
AH1189//3 (1775)	—	—	12.00	20.00	30.00	40.00

KM# 433.2 RUPEE

Silver **Obv:** Inscription with ruler's name and titles in four lines, year in bottom line **Rev:** Inscription with mint name, regnal year in bottom line **Note:** Weight varies: 11.00-11.65 grams.

Date	Mintage	Good	VG	F	VF	XF
AH1189//3 (1775)	—	—	12.00	20.00	30.00	40.00

KM# 433.3 RUPEE

Silver **Obv:** Similar to KM#433.2, inscription with ruler name and titles in four lines, year in bottom line **Rev:** Similar to KM#433.1, but only regnal year **Note:** Weight varies: 11.00-11.65 grams

Date	Mintage	Good	VG	F	VF	XF
AH1190//4 (1776)	—	—	12.00	20.00	30.00	40.00
AH1191//4 (1777)	—	—	12.00	20.00	30.00	40.00
AH1191//5 (1777)	—	—	12.00	20.00	30.00	40.00
AH1192//6 (1778)	—	—	12.00	20.00	30.00	40.00
AH1193//6 (1779)	—	—	12.00	20.00	30.00	40.00
AH1193//7 (1779)	—	—	12.00	20.00	30.00	40.00
AH1194//8 (1780)	—	—	12.00	20.00	30.00	40.00
AH1195//9 (1780)	—	—	12.00	20.00	30.00	40.00
AH1197//11 (1782)	—	—	12.00	20.00	30.00	40.00
AH119x//12 (1782)	—	—	12.00	20.00	30.00	40.00
AH1200//13 (1785)	—	—	12.00	20.00	30.00	40.00
AH120x//15 (1785)	—	—	12.00	20.00	30.00	40.00
AH1201 (1786)	—	—	12.00	20.00	30.00	40.00
AH120x//16 (1786)	—	—	12.00	20.00	30.00	40.00
AH1203//17 (1788)	—	—	12.00	20.00	30.00	40.00

KM# 433.4 RUPEE

Silver **Obv:** Inscription **Rev:** Inscription **Note:** Weight varies: 11.00-11.65 grams

Date	Mintage	Good	VG	F	VF	XF
AH1204//18 (1789)	—	—	8.00	12.50	18.00	25.00
AH1204//19 (1789)	—	—	8.00	12.50	18.00	25.00
AH1205//19 (1790)	—	—	8.00	12.50	18.00	25.00
AH1205//20 (1790)	—	—	8.00	12.50	18.00	25.00
AH1206//20 (1791)	—	—	8.00	12.50	18.00	25.00
AH1207//20 (1792)	—	—	8.00	12.50	18.00	25.00
AH1207//21 (1792)	—	—	8.00	12.50	18.00	25.00

Note: Some rupees are exceptionally well struck on wide planchets, up to 34mm; flans over 30mm command a substantial premium

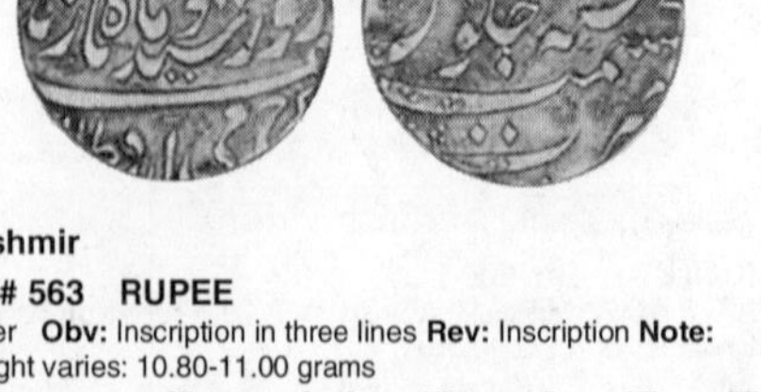

Kashmir

KM# 563 RUPEE

Silver **Obv:** Inscription in three lines **Rev:** Inscription **Note:** Weight varies: 10.80-11.00 grams

Date	Mintage	Good	VG	F	VF	XF
AH1187//1 (1773)	—	—	15.00	25.00	35.00	50.00
AH118x//3 (1774)	—	—	8.00	15.00	25.00	40.00
AH1190//4 (1776)	—	—	8.00	15.00	25.00	40.00
AH1191//5 (1777)	—	—	8.00	15.00	25.00	40.00
AH1192//5 (1778)	—	—	8.00	15.00	25.00	40.00
AH1193//6 (1779)	—	—	8.00	15.00	25.00	40.00
AH1194//7 (1780)	—	—	8.00	15.00	25.00	40.00
AH1195//7 (1780)	—	—	8.00	15.00	25.00	40.00
AH1195//8 (1780)	—	—	8.00	15.00	25.00	40.00
AH1196//9 (1781)	—	—	8.00	15.00	25.00	40.00

Note: Contains a different arrangement of the reverse legend

Date	Mintage	Good	VG	F	VF	XF
AH1197//9 (1782)	—	—	8.00	15.00	25.00	40.00

Note: Contains a different arrangement of the reverse legend

Date	Mintage	Good	VG	F	VF	XF
AH1197//10 (1782)	—	—	8.00	15.00	25.00	40.00
AH1198//6 (1783)	—	—	8.00	15.00	25.00	40.00
AH1198//7 (1783)	—	—	8.00	15.00	25.00	40.00
AH1198//10 (1784)	—	—	8.00	15.00	25.00	40.00
AH1198//11 (1784)	—	—	8.00	15.00	25.00	40.00
AH1199//12 (1784)	—	—	8.00	15.00	25.00	40.00

Note: Contains a different arrangement of the reverse legend

Date	Mintage	Good	VG	F	VF	XF
AH1200//12 (1785)	—	—	8.00	15.00	25.00	40.00

Note: Contains a different arrangement of the reverse legend

Date	Mintage	Good	VG	F	VF	XF
AH1200//13 (1786)	—	—	8.00	15.00	25.00	40.00
AH1201//13 (1786)	—	—	8.00	15.00	25.00	40.00
AH1201//14 (1787)	—	—	8.00	15.00	25.00	40.00
AH1202//14 (1787)	—	—	8.00	15.00	25.00	40.00
AH1202//15 (1788)	—	—	8.00	15.00	25.00	40.00
AH1203//15 (1788)	—	—	8.00	15.00	25.00	40.00
AH1203//16 (1789)	—	—	8.00	15.00	25.00	40.00
AH1204//16 (1789)	—	—	8.00	15.00	25.00	40.00
AH1204//17 (1790)	—	—	8.00	15.00	25.00	40.00
AH1205//17 (1790)	—	—	8.00	15.00	25.00	40.00
AH1206//19 (1791)	—	—	8.00	15.00	25.00	40.00
AH1207//19 (1792)	—	—	8.00	15.00	25.00	40.00
AH1207//20 (1793)	—	—	8.00	15.00	25.00	40.00
AH1208//20 (1793)	—	—	8.00	15.00	25.00	40.00

KM# 564 RUPEE

Silver **Obv:** Inscription **Rev:** "Khitta Kashmir" **Note:** Weight varies: 10.80-11.00 grams. Struck at Kashmir Mint.

Date	Mintage	Good	VG	F	VF	XF
AH1208//20 (1793)	—	—	10.00	15.00	25.00	35.00

Mashhad

KM# B640 RUPEE

Silver **Obv:** Inscription **Rev:** Inscription within beaded cartouche **Note:** Weight varies: 11.00-11.50 grams

Date	Mintage	Good	VG	F	VF	XF
AH119x (1776)	—	—	17.50	35.00	50.00	70.00
AH1201 (1786)	—	—	17.50	35.00	50.00	70.00
AH1202 (1787)	—	—	17.50	35.00	50.00	70.00
AH1203 (1788)	—	—	17.50	35.00	50.00	70.00
AH1204 (1789)	—	—	17.50	35.00	50.00	70.00
AH1205 (1790)	—	—	17.50	35.00	50.00	70.00
AH12(0)7 (1792)	—	—	17.50	35.00	50.00	70.00

KM# C640 RUPEE

Silver **Note:** Posthumous issue. Struck by Mahmud Shah in the name of his deceased father. In AH1210/1797AD, Mashhad was seized by Agha Mohammad Shah of Iran and held for a few weeks. Coins dated AH1211 are known. Weight varies: 11.00-11.50 grams.

Date	Mintage	Good	VG	F	VF	XF
AH1208 (1793)	—	—	20.00	45.00	65.00	100

Multan

KM# 653 RUPEE

Silver, 21.5 mm. **Obv:** Inscription **Rev:** Inscription **Note:** Local regnal years

Date	Mintage	Good	VG	F	VF	XF
AH1194//3 (1780)	—	—	11.00	20.00	30.00	45.00
AH1195//4 (1781)	—	—	11.00	20.00	30.00	45.00
AH1197//5 (1782)	—	—	11.00	20.00	30.00	45.00
AH1198//5 (1783)	—	—	11.00	20.00	30.00	45.00
AH1198//6 (1783)	—	—	11.00	20.00	30.00	45.00
AH1198//7 (1784)	—	—	11.00	20.00	30.00	45.00
AH1199//7 (1784)	—	—	11.00	20.00	30.00	45.00
AH1200//7 (1785)	—	—	11.00	20.00	30.00	45.00
AH1201//7 (1786)	—	—	11.00	20.00	30.00	45.00
AH1203//9 (1788)	—	—	11.00	20.00	30.00	45.00
AH1203//10 (1789)	—	—	11.00	20.00	30.00	45.00
AH1204//10 (1789)	—	—	11.00	20.00	30.00	45.00

Note: Rupees of AH1194-1204 (KM#653) are struck on small, thick flans, and have mismatched regnal years, due to the Sikh occupation of Multan from AH1185-94; In AH1204, (KM#654) the flan was made broader, the design changed and the regnal years made to conform with Taimur's other mints; Weight varies: 11.40-11.60 grams

KM# 654 RUPEE
Silver **Note:** Normal regnal years. Weight varies: 11.40-11.60 grams

Date	Mintage	Good	VG	F	VF	XF
AH1204//18 (1789)	—	—	17.50	35.00	50.00	70.00
AH1205//18 (1789)	—	—	17.50	35.00	50.00	70.00
AH1205//19 (1790)	—	—	17.50	35.00	50.00	70.00
AH1206//19 (1791)	—	—	17.50	35.00	50.00	70.00
AH1207//20 (1792)	—	—	17.50	35.00	50.00	70.00

Peshawar

KM# 703 RUPEE
Silver **Obv:** King's name at top **Rev:** Inscription **Note:** Weight varies: 11.20-11.40 grams

Date	Mintage	Good	VG	F	VF	XF
AH1186//1 (1772)	—	—	10.00	15.00	25.00	40.00
AH1187//1 (1773)	—	—	10.00	15.00	25.00	40.00
AH1187//2 (1773)	—	—	10.00	15.00	25.00	40.00
AH1188//2 (1774)	—	—	10.00	15.00	25.00	40.00
AH1188//3 (1774)	—	—	10.00	15.00	25.00	40.00
AH1189//4 (1775)	—	—	10.00	15.00	25.00	40.00
AH1190//5 (1776)	—	—	10.00	15.00	25.00	40.00
AH1191 (1777)	—	—	10.00	15.00	25.00	40.00
AH1193//8 (1779)	—	—	10.00	15.00	25.00	40.00
AH1194//8 (1780)	—	—	10.00	15.00	25.00	40.00
AH1195//10 (1780)	—	—	10.00	15.00	25.00	40.00
AH1195//9 (1780)	—	—	10.00	15.00	25.00	40.00
AH1196//10 (1781)	—	—	10.00	15.00	25.00	40.00
AH1196//11 (1781)	—	—	10.00	15.00	25.00	40.00
AH1197//10 (1782)	—	—	10.00	15.00	25.00	40.00
Muling						
AH1197//11 (1782)	—	—	10.00	15.00	25.00	40.00
AH1197//12 (1782)	—	—	10.00	15.00	25.00	40.00
AH1198//12 (1783)	—	—	10.00	15.00	25.00	40.00
AH1199//12 (1783)	—	—	10.00	15.00	25.00	40.00
AH1199//13 (1784)	—	—	10.00	15.00	25.00	40.00
AH1200//13 (1785)	—	—	10.00	15.00	25.00	40.00
AH1201//15 (1786)	—	—	10.00	15.00	25.00	40.00
AH1203//17 (1788)	—	—	10.00	15.00	25.00	40.00

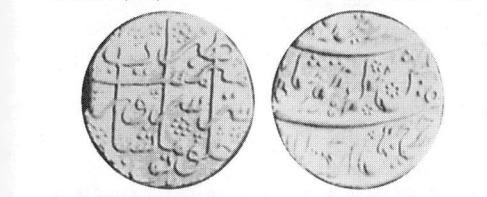

KM# 704 RUPEE
Silver **Obv:** King's name in middle line **Rev:** Inscription **Note:** Weight varies: 11.40-11.60 grams

Date	Mintage	Good	VG	F	VF	XF
AH120x//18 (1788)	—	—	10.00	20.00	30.00	45.00
AH120x//19 (1788)	—	—	10.00	20.00	30.00	45.00
AH1206//20 (1791)	—	—	10.00	20.00	30.00	45.00
AH1207//20 (1792)	—	—	10.00	20.00	30.00	45.00

Rikab

KM# 744 RUPEE
Silver, 23-25 mm. **Obv:** Inscription **Rev:** Short legend in circle **Note:** Weight varies: 11.40-11.60 grams. Size varies

Date	Mintage	Good	VG	F	VF	XF
AHxxxx (1772)	—	—	40.00	90.00	125	150

KM# 743 RUPEE
Silver, 23-25 mm. **Obv:** Inscription **Rev:** Full legend **Note:** Weight varies: 11.40-11.60 grams. Size varies

Date	Mintage	Good	VG	F	VF	XF
AH119x//11 (1781)	—	—	40.00	90.00	125	150

Sind

KM# 774 RUPEE
Silver **Obv:** Inscription **Rev:** Inscription **Note:** Lightweight posthumous issues exist dated AH124-57, and are listed under Sind. Weight varies: 11.00-11.50 grams.

Date	Mintage	Good	VG	F	VF	XF
AH119x//6 (1777)	—	—	17.50	40.00	60.00	90.00
AH1198 (1783)	—	—	17.50	40.00	60.00	90.00

Tatta

KM# 788 RUPEE
11.8000 g., Silver, 22 mm. **Obv:** Inscription **Rev:** Inscription

Date	Mintage	Good	VG	F	VF	XF
AH120x (1785)	—	—	20.00	40.00	60.00	80.00

Zwickau

KM# 328 RUPEE
Silver **Obv:** Inscription and date **Rev:** Inscription, flower at top **Note:** Weight varies: 11.20-11.60 grams

Date	Mintage	Good	VG	F	VF	XF
AH1186//1 (1772)	—	—	10.00	20.00	28.00	38.00
AH1188//2 (1774)	—	—	10.00	20.00	28.00	38.00
AH1188//3 (1774)	—	—	10.00	20.00	28.00	38.00
AH1189//3 (1775)	—	—	10.00	20.00	28.00	38.00
AH1190//4 (1776)	—	—	10.00	20.00	28.00	38.00
AH1191//5 (1777)	—	—	10.00	20.00	28.00	38.00
AH1192//6 (1778)	—	—	10.00	20.00	28.00	38.00
AH1193//7 (1779)	—	—	10.00	20.00	28.00	38.00
AH1194//8 (1780)	—	—	10.00	20.00	28.00	38.00
AH1195//9 (1780)	—	—	10.00	20.00	28.00	38.00
AH1196//10 (1781)	—	—	10.00	20.00	28.00	38.00
AH1197//11 (1782)	—	—	10.00	20.00	28.00	38.00
AH1198//12 (1783)	—	—	10.00	20.00	28.00	38.00
AH1199//13 (1784)	—	—	10.00	20.00	28.00	38.00
AH1200//14 (1785)	—	—	10.00	20.00	28.00	38.00
AH1200//15 (1785)	—	—	10.00	20.00	28.00	38.00
AH1201//16 (1786)	—	—	10.00	20.00	28.00	38.00
AH1202//17 (1787)	—	—	10.00	20.00	28.00	38.00
AH1203//18 (1788)	—	—	10.00	20.00	28.00	38.00
AH1204//19 (1789)	—	—	10.00	20.00	28.00	38.00
AH1205//20 (1790)	—	—	10.00	20.00	28.00	38.00
AH1206//21 (1791)	—	—	10.00	20.00	28.00	38.00
AH1207//21 (1792)	—	—	10.00	20.00	28.00	38.00

Ahmadshahi

KM# 126 MOHUR
Gold **Obv:** Inscription **Rev:** Legend at top **Note:** Weight varies: 10.70-10.90 grams.

Date	Mintage	Good	VG	F	VF	XF
ND (1772)	—	—	—	—	525	650

Attock

KM# 239 MOHUR
10.9000 g., Gold, 20.5 mm.

Date	Mintage	Good	VG	F	VF	XF
AH1188//2 (1774) Rare	—	—	—	—	—	—

Bakhar

KM# 296 MOHUR
Gold **Obv:** Inscription **Rev:** Inscription **Note:** Weight varies: 10.90-11.00 grams.

Date	Mintage	Good	VG	F	VF	XF
AH1204//18 (1789) Rare	—	—	—	—	—	—

Bhakhar

KM# 295 MOHUR
Gold **Note:** Weight varies: 10.90-11.00 grams.

Date	Mintage	Good	VG	F	VF	XF
AH1196 (1781) Rare	—	—	—	—	—	—
AH1204 (1789) Rare	—	—	—	—	—	—

Herat

KM# 385 MOHUR
Gold **Obv:** Inscription **Rev:** Inscription **Note:** Retrograde date.

Date	Mintage	Good	VG	F	VF	XF
AH1190 (1776)	—	—	—	—	—	—

KM# 386 MOHUR
Gold **Obv:** Inscription **Rev:** Inscription **Note:** Weight varies: 10.80-10.90 grams.

Date	Mintage	Good	VG	F	VF	XF
AH1190 (1776)	—	—	225	375	600	825
AH1192 (1778)	—	—	225	375	600	825
AH1194 (1780)	—	—	225	375	600	825
AH1195 (1780)	—	—	225	375	600	825
AH1200 (1785)	—	—	225	375	600	825
AH1203 (1788)	—	—	225	375	600	825
AH1205 (1790)	—	—	225	375	600	825
AH1206 (1791)	—	—	225	375	600	825
AH1207 (1792)	—	—	225	375	600	825
AH1207//1208 (1792)	—	—	225	375	600	825

Note: Posthumous issues

Date	Mintage	Good	VG	F	VF	XF
AH1208 (1793)	—	—	225	375	600	825

Note: Posthumous issues

Kabul Mint

KM# 435 MOHUR
Gold **Obv:** Inscription **Rev:** Inscription **Note:** Weight varies: 10.70-11.00 grams.

Date	Mintage	Good	VG	F	VF	XF
AH1186//1 (1772)	—	—	150	250	375	525
AH1187//1 (1773)	—	—	150	250	375	525
AH1188//3 (1774)	—	—	150	250	375	525
AH1189//3 (1775)	—	—	150	250	375	525
AH1190//4 (1776)	—	—	190	300	500	675
AH1192//6 (1778)	—	—	190	300	500	675
AH1194//8 (1780)	—	—	190	300	500	675
AH1197//11 (1782)	—	—	190	300	500	675
AH1199//13 (1784)	—	—	190	300	500	675
AH1201//15 (1786)	—	—	190	300	500	675
AH120x//16 (1786)	—	—	190	300	500	675
AH1204//18 (1789)	—	—	190	300	500	675
AH1209 (sic)//21 (1791)	—	—	190	300	500	675

AFGHANISTAN

Kashmir

KM# 568 MOHUR

Gold, 23-24 mm. **Obv:** Inscription **Rev:** Inscription **Note:** Weight varies: 10.90-11.00 grams. Size varies.

Date	Mintage	Good	VG	F	VF	XF
AH119x//12 (1781)	—	—	—	—	—	—
Rare						

Rikab

KM# 745 MOHUR

Gold **Obv:** Inscription in three lines **Rev:** Inscription **Note:** Weight varies: 10.80-10.90 grams.

Date	Mintage	Good	VG	F	VF	XF
AH1191//5 (1777) Rare	—	—	—	—	—	—

Kashmir

KM# 570 FALUS

Copper **Obv:** Inscription **Rev:** Inscription **Note:** Weight varies: 9.20-12.40 grams.

Date	Mintage	Good	VG	F	VF	XF
AH1210//3 (1795)	—	8.00	15.00	25.00	40.00	—
AH1212 (1797)	—	8.00	15.00	25.00	40.00	—

KM# 569 MOHUR

Gold, 23-24 mm. **Obv:** Inscription **Rev:** Inscription **Note:** Weight varies: 10.90-11.00 grams. Size varies.

Date	Mintage	Good	VG	F	VF	XF
AH1203//15 (1788)	—	—	—	—	—	—
Rare						

Zwickau

KM# 329 MOHUR

10.9000 g., Gold **Obv:** Inscription **Rev:** Inscription

Date	Mintage	Good	VG	F	VF	XF
AH118x//1 (1772)	—	—	265	450	675	1,050
AH1202//17 (1787)	—	—	265	450	675	1,050
AH1204//19 (1789)	—	—	265	450	675	1,050
AH1207//22 (1792)	—	—	265	450	675	1,050

KM# 571 FALUS

Copper **Obv:** Inscription within star outline **Rev:** Inscription **Note:** Weight varies: 7.10-10.90 grams.

Date	Mintage	Good	VG	F	VF	XF
AH1212//5 (1797)	—	8.00	15.00	25.00	40.00	—

Multan

KM# 656 MOHUR

Gold **Note:** Weight varies: 10.80-11.00 grams.

Date	Mintage	Good	VG	F	VF	XF
AH1199//7 (1784)	—	—	350	600	900	1,350
AH1203//9 (1788)	—	—	350	600	900	1,350
AH1203//10 (1789)	—	—	350	600	900	1,350

Humayun
AH1207 / 1793AD
HAMMERED COINAGE

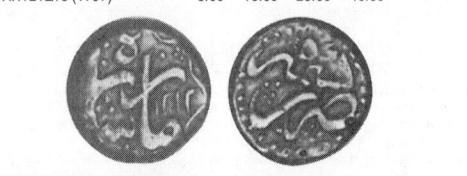

KM# 572.1 FALUS

Copper **Obv:** Date at right of "Zaman" **Rev:** Inscription **Note:** Weight varies: 7.10-10.90 grams.

Date	Mintage	Good	VG	F	VF	XF
AH1212//5 (1797)	—	10.00	17.00	28.00	45.00	—

Peshawar

KM# 706 MOHUR

Gold **Obv:** Inscription **Rev:** Inscription, mint mark **Note:** Posthumous issue. Weight varies: 10.80-10.90 grams.

Date	Mintage	Good	VG	F	VF	XF
AH1186//1 (1772)	—	—	225	375	600	950
AH118x//2 (1773)	—	—	225	375	600	950
AH1189//4 (1775)	—	—	225	375	600	950
AH1191//5 (1777)	—	—	225	375	600	950
AH1193//7 (1779)	—	—	225	375	600	950
AH1194//8 (1780)	—	—	225	375	600	950
AH1196//11 (1781)	—	—	225	375	600	950
AH119x//12 (1782)	—	—	225	375	600	950
AH1202//15 (1787)	—	—	225	375	600	950
AH1204//17 (1788)	—	—	225	375	600	950
AH1204//17 (1789)	—	—	225	375	600	950
AH1205//18 (1790)	—	—	225	375	600	950
AH1209//21 (1794)	—	—	225	375	600	950

Note: Posthumous.

Qandahar

KM# 128 RUPEE

Silver **Obv:** Inscription **Rev:** Inscription

Date	Mintage	Good	VG	F	VF	XF
AH1207//(1) (1793)	—	—	60.00	140	200	300

KM# 572.2 FALUS

Copper **Obv:** Date above "Shah" at top **Rev:** Inscription **Note:** Weight varies: 10.60-10.90 grams.

Date	Mintage	Good	VG	F	VF	XF
AH1212//5 (1797)	—	8.00	15.00	25.00	40.00	—
AH1212//6 (1798)	—	8.00	15.00	25.00	40.00	—
AH1213//6 (1798)	—	8.00	15.00	25.00	40.00	—
AH1213//7 (1799)	—	8.00	15.00	25.00	40.00	—

Ahmadshahi

KM# 129 MOHUR

Silver **Obv:** Inscription **Rev:** Inscription **Note:** Weight varies: 11.40-11.60 grams.

Date	Mintage	Good	VG	F	VF	XF
AH1207 (1793) Rare	—	—	—	—	—	—

Shah Zaman
AH1207-1216 / 1793-1801AD
HAMMERED COINAGE

KM# 573 FALUS

Copper **Obv:** Inscription **Rev:** Inscription **Note:** Weight varies: 10.80-13.80 grams.

Date	Mintage	Good	VG	F	VF	XF
AH1214//7 (1799)	—	8.00	15.00	25.00	40.00	—
AH1214//8 (1800)	—	8.00	15.00	25.00	40.00	—
AH1215//8 (1800)	—	8.00	15.00	25.00	40.00	—

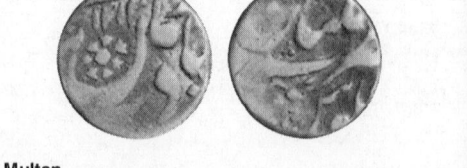

Qandahar

KM# 125 MOHUR

Gold, 21.5-23 mm. **Obv:** Inscription **Rev:** Inscription **Note:** Weight varies: 10.70-10.90 grams. Size varies.

Date	Mintage	Good	VG	F	VF	XF
AH1186//1 (1772)	—	—	—	—	500	600
AH1190//2 (1776)	—	—	—	—	500	600
AH1197//12 (1782)	—	—	—	—	500	600
ND//14 (1784)	—	—	—	—	500	600
ND//15 (1785)	—	—	—	—	500	600
AH1204//18 (1788)	—	—	—	—	500	600
AH1207//21 (1791)	—	—	—	—	500	600

Bakhar

KM# 300 FALUS

Copper **Obv:** Inscription **Rev:** Inscription within beaded circle **Note:** Weight varies: 14.00-15.00 grams.

Date	Mintage	Good	VG	F	VF	XF
ND (1793)	—	10.00	15.00	25.00	45.00	—

Multan

KM# 660 FALUS

Copper, 21.5-23 mm. **Obv:** Flower **Rev:** Inscription **Note:** Weight varies: 11.50-12.20 grams. Size varies.

Date	Mintage	Good	VG	F	VF	XF
AH1208//1 (1793)	—	9.00	15.00	25.00	35.00	—
AH1209//2 (1794)	—	8.00	13.00	22.00	32.00	—
AH1210//4 (1796)	—	8.00	12.00	20.00	30.00	—
AH1211//4 (1796)	—	8.00	12.00	20.00	30.00	—

Date	Mintage	Good	VG	F	VF	XF
AH1212//5 (1797)	—	8.00	12.00	20.00	30.00	—
AH1215//8 (1800)	—	8.00	12.00	20.00	30.00	—

Zwickau

KM# 330 FALUS

Copper **Obv:** Inscription **Rev:** Inscription **Note:** Weight varies: 9.80-10.00 grams.

Date	Mintage	Good	VG	F	VF	XF
AH1209//2 (1794)	—	8.00	12.00	22.00	35.00	—

Kashmir

KM# 574 DAM

17.3000 g., Copper, 23 mm.

Date	Mintage	Good	VG	F	VF	XF
AH1208 (1793)	—	10.00	17.00	28.00	45.00	—

Ahmadshahi

KM# 131 1/4 RUPEE

Silver **Obv:** Inscription **Rev:** Inscription **Note:** Weight varies: 2.80-3.00 grams.

Date	Mintage	Good	VG	F	VF	XF
AH1214//8	—	—	20.00	40.00	60.00	80.00

Kabul Mint

KM# 441 1/4 RUPEE

2.8500 g., Silver, 14 mm. **Obv:** Inscription **Rev:** Inscription

Date	Mintage	Good	VG	F	VF	XF
AH1211 (1797)	—	—	18.00	40.00	60.00	80.00
AH1211//5 (1797)	—	—	18.00	40.00	60.00	80.00

Kabul Mint

KM# 442 1/2 RUPEE

Silver **Obv:** Inscription **Rev:** Inscription **Note:** Weight varies: 5.40-5.60 grams

Date	Mintage	Good	VG	F	VF	XF
AH1211//5 (1797)	—	—	20.00	40.00	60.00	80.00
AH1212 (1797)	—	—	20.00	40.00	60.00	80.00

Ahmadshahi/Qandahar Mint

KM# B134 RUPEE

Silver **Obv:** First couplet **Rev:** Second couplet added in margin

Date	Mintage	Good	VG	F	VF	XF
AH1214//7 (1799)	—	—	7.50	14.00	20.00	30.00
AH1214//8 (1800)	—	—	7.50	14.00	20.00	30.00
AH1215//7 (1800)	—	—	—	—	—	—
AH1215//8 (1800)	—	—	7.50	14.00	20.00	30.00

Ahmadshahi

KM# 133 RUPEE

Silver **Obv:** First couplet **Rev:** Inscription **Note:** Weight varies: 11.40-11.60 grams.

Date	Mintage	Good	VG	F	VF	XF
AH1207 (1792)	—	—	6.00	12.00	18.00	25.00
AH1208 (1793)	—	—	6.00	12.00	18.00	25.00
AH1209//2 (1794)	—	—	6.00	12.00	18.00	25.00
AH1210//3 (1795)	—	—	6.00	12.00	18.00	25.00
AH1201// (1795)	—	—	—	—	—	—

Note: Error for 1210

Date	Mintage	Good	VG	F	VF	XF
AH1211//2 (1796)	—	—	—	—	—	—
AH1211//4 (1796)	—	—	6.00	12.00	18.00	25.00
AH1212//5 (1797)	—	—	6.00	12.00	18.00	25.00
AH1213//6 (1798)	—	—	6.00	12.00	18.00	25.00

KM# A134 RUPEE

Silver **Obv:** Second couplet **Rev:** Inscription

Date	Mintage	Good	VG	F	VF	XF
AH1211//4 (1796)	—	—	7.50	14.00	20.00	30.00
AH1212//5 (1797)	—	—	7.50	14.00	20.00	30.00
AH1212//5 (1797)	—	—	7.50	14.00	20.00	30.00
AH1213//5 (1798)	—	—	7.50	14.00	20.00	30.00
AH1214//6 (1799)	—	—	7.50	14.00	20.00	30.00

Bakhar

KM# 303 RUPEE

Silver **Obv:** Inscription **Rev:** Inscription **Note:** Weight varies: 11.40-11.60 grams.

Date	Mintage	Good	VG	F	VF	XF
AH1209	—	—	15.00	28.00	40.00	60.00
AH1211	—	—	15.00	28.00	40.00	60.00
AH1212	—	—	15.00	28.00	40.00	60.00
AH1215	—	—	15.00	28.00	40.00	60.00

Derajat

KM# 358 RUPEE

Silver **Obv:** Inscription **Rev:** Inscription **Note:** Weight varies: 10.80-11.20 grams.

Date	Mintage	Good	VG	F	VF	XF
AH1207//1	—	—	12.50	30.00	40.00	50.00
AH1208//1	—	—	12.50	30.00	40.00	50.00
AH1209//2	—	—	12.50	30.00	40.00	50.00

Note: The regnal year 2 was retained for 5 years, for reasons unknown today

Date	Mintage	Good	VG	F	VF	XF
AH1210//2	—	—	12.50	30.00	40.00	50.00
AH1211//2	—	—	12.50	30.00	40.00	50.00
AH1212//2	—	—	12.50	30.00	40.00	50.00
AH1212//6	—	—	12.50	30.00	40.00	50.00
AH1213//7	—	—	12.50	30.00	40.00	50.00
AH1214//7	—	—	12.50	30.00	40.00	50.00
AH1214//8	—	—	12.50	30.00	40.00	50.00

Herat

KM# 388 RUPEE

Silver, 21.5 mm. **Obv:** Inscription **Rev:** Inscription **Note:** Weight varies: 11.40-11.60 grams. Some AH1212 and AH1213 obverses are muled with reverses of other dates. These command no premium.

Date	Mintage	Good	VG	F	VF	XF
AH1212 (1797)	—	—	10.00	18.00	30.00	45.00
AH1213 (1798)	—	—	10.00	18.00	30.00	45.00
AH1213//1312 (1798)	—	—	10.00	18.00	30.00	45.00
AH1312 (1798) (error for 1213)	—	—	10.00	18.00	30.00	45.00
AH312//1312 (1798)	—	—	10.00	18.00	30.00	45.00
AH1214 (1799)	—	—	10.00	18.00	30.00	45.00
AH1212//1214 (1799)	—	—	10.00	18.00	30.00	45.00
AH1213//1214 (1799)	—	—	10.00	18.00	30.00	45.00
AH1215 (1800)	—	—	10.00	18.00	30.00	45.00

Kabul Mint

KM# 443 RUPEE

Silver **Obv:** First couplet **Rev:** Inscription **Note:** Weight varies: 11.40-11.65 grams

Date	Mintage	Good	VG	F	VF	XF
AH1207//1 (1793)	—	—	9.00	15.00	20.00	28.00
AH1208//1 (1793)	—	—	12.00	30.00	40.00	65.00
AH1208//2 (1794)	—	—	9.00	15.00	20.00	28.00
AH1209//2 (1794)	—	—	9.00	15.00	20.00	28.00
AH1209//3 (1795)	—	—	9.00	15.00	20.00	28.00
AH1210//4 (1796)	—	—	12.00	30.00	40.00	65.00
AH1211//4 (1796)	—	—	9.00	15.00	20.00	28.00
AH1212//4 (1797)	—	—	9.00	15.00	20.00	28.00

Note: Muling with old die

KM# A444 RUPEE

Silver **Obv:** Second couplet **Rev:** Inscription **Note:** Weight varies: 11.40-11.65 grams

Date	Mintage	Good	VG	F	VF	XF
AH1211//5 (1797)	—	—	9.00	15.00	20.00	28.00
AH1212//5 (1797)	—	—	9.00	15.00	20.00	28.00
AH1212//6 (1798)	—	—	9.00	15.00	20.00	28.00
AH1213//6 (1798)	—	—	9.00	15.00	20.00	28.00
AH1213//7 (1799)	—	—	9.00	15.00	20.00	28.00

KM# B444 RUPEE

Silver **Obv:** First couplet with new arrangement in inscription **Note:** Occasionally found on wide planchets. Weight varies: 11.40-11.65 grams.

Date	Mintage	Good	VG	F	VF	XF
AH1215//7 (1800)	—	5.00	7.00	12.00	20.00	30.00
AH1215//8 (1800)	—	5.00	7.00	12.00	20.00	30.00

Kashmir

KM# 575 RUPEE

Silver **Obv:** Inscription **Rev:** Mont and "Julus" formula **Note:** Weight varies: 10.70-11.20 grams

Date	Mintage	Good	VG	F	VF	XF
AH1208//2 (1794)	—	—	10.00	15.00	25.00	35.00
AH1209//2 (1794)	—	—	10.00	15.00	25.00	35.00
AH1209//3 (1795)	—	—	10.00	15.00	25.00	35.00
AH1210//3 (1795)	—	—	10.00	15.00	25.00	35.00
AH1211//4 (1796)	—	—	10.00	15.00	25.00	35.00
AH1211//5 (1797)	—	—	10.00	15.00	25.00	35.00
AH1212//5 (1797)	—	—	10.00	15.00	25.00	35.00

AFGHANISTAN

KM# 576 RUPEE

Silver **Obv:** Inscription **Rev:** "Khitta Kashmir" fills area **Note:** Weight varies: 10.70-11.20 grams

Date	Mintage	Good	VG	F	VF	XF
AH1211/5 (1797)	—	—	10.00	17.00	27.00	40.00
AH1212/5 (1798)	—	—	10.00	17.00	27.00	40.00
AH1212/6 (1798)	—	—	10.00	17.00	27.00	40.00
AH1213/6 (1799)	—	—	10.00	17.00	27.00	40.00

Mashhad

KM# E640 RUPEE

Silver **Obv:** Inscription **Rev:** Inscription within beaded teardrop **Note:** Weight varies: 11.00-11.50 grams

Date	Mintage	Good	VG	F	VF	XF
AH1212 (1797)	—	—	50.00	100	125	160
AH1214 (1799)	—	—	50.00	100	125	160

Multan

KM# 663 RUPEE

Silver, 20.5 mm. **Note:** It is not known why the first regnal year was retained so long at Multan. Weight varies: 11.50-11.60 grams.

Date	Mintage	Good	VG	F	VF	XF
AH1207//1 (1793)	—	—	20.00	40.00	60.00	80.00
AH1208//1 (1793)	—	—	20.00	40.00	60.00	80.00
AH1209//1 (1794)	—	—	20.00	40.00	60.00	80.00
AH1210//1 (1795)	—	—	20.00	40.00	60.00	80.00
AH1215/8 (1800)	—	—	20.00	40.00	60.00	80.00

Zwickau

KM# 333 RUPEE

Silver, 19-21.5 mm. **Obv:** Inscription **Rev:** Inscription **Note:** Weight varies: 11.20-11.60 grams. Size varies.

Date	Mintage	Good	VG	F	VF	XF
AH1208//1 (1793)	—	—	14.00	30.00	40.00	50.00
AH1208/2 (1794)	—	—	14.00	30.00	40.00	50.00
AH1209 (1794)	—	—	14.00	30.00	40.00	50.00
AH1210/3 (1795)	—	—	14.00	30.00	40.00	50.00
AH1211/3 (1796)	—	—	14.00	30.00	40.00	50.00
AH1211/4 (1796)	—	—	14.00	30.00	40.00	50.00
AH1213/5 (1798)	—	—	14.00	30.00	40.00	50.00
AH1214/6 (1799)	—	—	14.00	30.00	40.00	50.00
AH1215/7 (1800)	—	—	14.00	30.00	40.00	50.00

KM# 577 RUPEE

Silver **Rev:** Legend in circle **Note:** Weight varies: 10.70-11.20 grams

Date	Mintage	Good	VG	F	VF	XF
AH1213/6 (1798)	—	—	11.50	25.00	40.00	55.00
AH1213/7 (1799)	—	—	11.50	25.00	40.00	55.00
AH1214/7 (1799)	—	—	11.50	25.00	40.00	55.00

KM# 578 RUPEE

Silver **Rev:** Legend in lozenge **Note:** Weight varies: 10.70-11.20 grams

Date	Mintage	Good	VG	F	VF	XF
AH1214/7 (1799)	—	—	10.00	20.00	30.00	40.00
AH1214/8 (1800)	—	—	10.00	20.00	30.00	40.00
AH1215/8 (1800)	—	—	10.00	20.00	30.00	40.00

Peshawar

KM# 712 RUPEE

Silver **Obv:** First couplet in three lines **Rev:** Inscription **Note:** Weight varies: 11.40-11.60 grams

Date	Mintage	Good	VG	F	VF	XF
AH1207//1 (1793)	—	—	10.00	14.00	20.00	30.00
AH1208//1 (1793)	—	—	10.00	14.00	20.00	30.00
AH1207/2 (1793)	—	—	10.00	14.00	20.00	30.00
ND/2 (1794)	—	—	10.00	14.00	20.00	30.00
AH1211/3 (1796)	—	—	10.00	14.00	20.00	30.00
AH1211/4 (1796)	—	—	10.00	14.00	20.00	30.00
AH1212/4 (1797)	—	—	10.00	14.00	20.00	30.00

KM# A713 RUPEE

Silver **Obv:** Second couplet in three lines **Rev:** Inscription **Note:** Weight varies: 11.40-11.60 grams

Date	Mintage	Good	VG	F	VF	XF
AH1211/4 (1796)	—	—	9.00	12.00	18.00	25.00
AH1211/5 (1797)	—	—	9.00	12.00	18.00	25.00
AH1212/5 (1797)	—	—	9.00	12.00	18.00	25.00
AH1213/6 (1798)	—	—	9.00	12.00	18.00	25.00
AH1214/6 (1799)	—	—	9.00	12.00	18.00	25.00
AH1214/8 (1800)	—	—	9.00	12.00	18.00	25.00
AH1215/8 (1800)	—	—	9.00	12.00	18.00	25.00

Lahore

KM# 633 RUPEE

Silver **Obv:** First couplet **Rev:** Inscription **Note:** Weight varies: 11.50-11.60 grams

Date	Mintage	Good	VG	F	VF	XF
AH1211/4 (1796)	—	—	20.00	50.00	70.00	90.00

KM# 634 RUPEE

Silver **Obv:** Second couplet **Rev:** Inscription **Note:** Weight varies: 11.50-11.60 grams

Date	Mintage	Good	VG	F	VF	XF
AH1213/6 (1798)	—	—	25.00	60.00	80.00	100

KM# 713 RUPEE

Silver **Obv:** First couplet in circle, second in margin **Note:** Weight varies: 11.40-11.60 grams.

Date	Mintage	Good	VG	F	VF	XF
AH1215//8	—	3.50	9.00	18.00	30.00	45.00

Kabul Mint

KM# C444 NAZARANA RUPEE

Silver **Obv:** First couplet **Rev:** Inscription **Note:** Weight varies: 11.40-11.65 grams

Date	Mintage	Good	VG	F	VF	XF
AH1211//4 (1796)	—	—	90.00	150	170	185

Ahmadshahi

KM# 134 2 RUPEES

Silver, 28 mm. **Note:** Weight varies: 22.60-23.20 grams.

Date	Mintage	Good	VG	F	VF	XF
AH121x//7 (1799)	—	—	150	250	450	750
AH1214//8 (1800)	—	—	150	250	450	750

Kabul Mint

KM# 444 2 RUPEES

Silver **Obv:** Inscription **Rev:** Inscription **Note:** Weight varies: 23.00-23.30 grams

Date	Mintage	Good	VG	F	VF	XF
AH1212/5 (1797)	—	—	75.00	125	200	300
AH1212/6 (1797)	—	—	75.00	125	200	300
AH1213/6 (1798)	—	—	75.00	125	200	300
AH121x//7 (1799)	—	—	75.00	125	200	300

Ahmadshahi

KM# 136 MOHUR

Gold, 21.5-23 mm. **Note:** Weight varies: 10.80-10.90 grams. Size varies.

Date	Mintage	Good	VG	F	VF	XF
AH1209//2 (1794)	—	—	525	900	1,350	2,050
AH1215//7 (1800)	—	—	525	900	1,350	2,050
AH1215//8 (1800)	—	—	525	900	1,350	2,050

KM# A137 MOHUR
Gold **Note:** Similar to Rupee, KM#A134.

Date	Mintage	Good	VG	F	VF	XF
AH1215//7 (1800)	—	—	—	—	—	—
Rare						

Bakhar

KM# 305 MOHUR
10.9000 g., Gold

Date	Mintage	Good	VG	F	VF	XF
AH1209 (1793)	—	—	—	—	—	—
Rare						

Derajat

KM# 359 MOHUR
Gold **Obv:** Inscription **Rev:** Inscription **Note:** Weight varies: 10.80-10.90 grams.

Date	Mintage	Good	VG	F	VF	XF
AH1211//2 (1796)	—	—	—	—	—	—
Rare						

Herat

KM# 389 MOHUR
10.9000 g., Gold **Obv:** Inscription **Rev:** Inscription on beaded background

Date	Mintage	Good	VG	F	VF	XF
AH1212 (1797)	—	—	225	375	600	900
AH1214 (1799)	—	—	225	375	600	900
AH1215 (1800)	—	—	225	375	600	900

Kabul Mint

KM# 445 MOHUR
Gold **Obv:** First couplet **Rev:** Inscription **Note:** Weight varies: 10.80-11.00 grams

Date	Mintage	Good	VG	F	VF	XF
AH1208//1 (1793)	—	—	300	500	750	1,050
AH1209//2 (1794)	—	—	300	500	750	1,050
AH1209//3 (1795)	—	—	300	500	750	1,050
AH1211//4 (1796)	—	—	300	500	750	1,050

KM# 446 MOHUR
Gold **Obv:** Second couplet **Note:** Weight varies: 10.80-11.00 g.

Date	Mintage	Good	VG	F	VF	XF
AH12xx//5 (1797)	—	—	300	500	750	1,050
AH1213//6 (1798)	—	—	300	500	750	1,050
AH1215//7 (1800)	—	—	300	500	750	1,050

Lahore

KM# 635 MOHUR
Gold **Obv:** Inscription **Rev:** Inscription **Note:** Weight varies: 10.80-11.00 grams

Date	Mintage	Good	VG	F	VF	XF
AH1211//4 (1796)	—	—	900	1,500	2,400	3,750

Multan

KM# 665 MOHUR
Gold, 20 mm. **Note:** Weight varies: 10.80-11.00 grams

Date	Mintage	Good	VG	F	VF	XF
AH1210//1 (1795)	—	—	—	—	—	—
Rare						

Peshawar

KM# 715 MOHUR
Gold, 22-24 mm. **Obv:** First couplet in three lines **Rev:** Inscription **Note:** Weight varies: 10.80-10.90 grams. Size varies.

Date	Mintage	Good	VG	F	VF	XF
AH120x//2 (1794)	—	—	300	500	750	1,200
AH12xx//3 (1795)	—	—	300	500	750	1,200

KM# 716 MOHUR
Gold, 22-24 mm. **Obv:** First couplet in circle, second in margin **Rev:** Inscription **Note:** Weight varies: 10.80-10.90 grams. Size varies.

Date	Mintage	Good	VG	F	VF	XF
AH1215//8 (1800)	—	—	350	600	900	1,350

Qandahar

KM# 137 MOHUR
Gold **Obv:** Inscription **Rev:** Inscription

Date	Mintage	Good	VG	F	VF	XF
AH1211/5 (1797)	—	—	—	—	—	—
Rare						

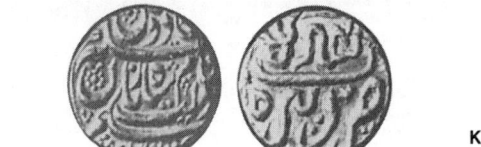

Zwickau

KM# 335 MOHUR
Gold, 19 mm. **Obv:** Inscription **Rev:** Inscription **Note:** Weight varies: 10.90-11.00 grams.

Date	Mintage	Good	VG	F	VF	XF
AH1208//1 (1793)	—	—	375	600	900	1,500
AH1208//2 (1794)	—	—	375	600	900	1,500
AH1210//3 (1795)	—	—	375	600	900	1,500
AH1211//4 (1796)	—	—	375	600	900	1,500

ALGERIA

a ceasefire was signed on July 1, 1962. Independence was proclaimed on July 5, 1962, following a self-determination referendum, and the Republic was declared on September 25, 1962.

RULERS
Ottoman, until 1830
Abd-el-Kader (rebel), AH1250-1264/1834-1847AD

ALGIERS

MINT NAMES

Jaza'ir

Jaza'ir Gharb
, AH1012-1115/1603-1703AD

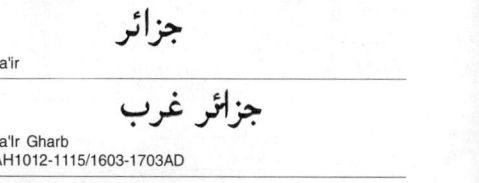

MONETARY SYSTEM
(Until 1847)
14-1/2 Asper (Akche, Dirham Saghir)
= 1 Kharub
2 Kharuba = 1 Muzuna
24 Muzuna = 3 Batlaka (Pataka) = 1 Budju

NOTE: Coin denominations are not expressed on the coins, and are best determined by size and weight. The silver Budju weighed about 13.5 g until AH1236/1821AD, when it was reduced to about 10.0 g. The fractional pieces varied in proportion to the Budju. They had secondary names, which are given in the text. In 1829 three new silver coins were introduced and Budju became Tugrali-rial, Tugrali-batlaka = 1/3 Rial = 8 Muzuna and Tugrali-nessflik = 1/2 Batlaka = 4 Muzuna. The gold Sultani was officially valued at 108 Muzuna, but varied in accordance with the market price of gold expressed in silver. It weighed 3.20-3.40 g. The Zeri Mahbub was valued at 80 Muzuna & weighed 2.38-3.10 g.

OTTOMAN

Ahmed III
AH1115-1143/1703-1730AD

HAMMERED COINAGE

KM# 15 1/2 SULTANI
1.4900 g., Gold, 17.5 mm.

Date	Mintage	VG	F	VF	XF	Unc
AH1143 Rare	—	300	—	—	—	—
AH1144 Rare	—	300	—	—	—	—

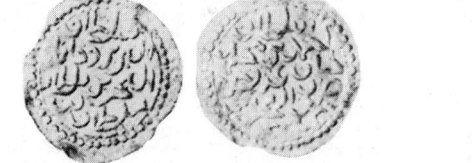

KM# 16.1 SULTANI
3.4000 g., Gold, 23-24 mm. **Obv:** Inscription **Rev:** Inscription **Note:** Mint is al-Jaza'ir Gharb. Size varies.

Date	Mintage	VG	F	VF	XF	Unc
AH1124	—	175	225	500	750	—
AH1126	—	175	225	500	750	—
AH1129	—	175	225	500	750	—
AH1131	—	175	225	500	750	—
AH1132	—	175	225	500	750	—
AH1133	—	175	225	500	750	—
AH1134	—	175	225	500	750	—
AH1136	—	175	225	500	750	—
AH1137	—	175	225	500	750	—
AH1138	—	175	225	500	750	—
AH1140	—	175	225	500	750	—
AH1141	—	175	225	500	750	—

KM# 16.2 SULTANI
Gold, 23-24 mm. **Obv:** Inscription **Rev:** Inscription **Note:** Mint is al-Jaza'ir. Size varies. Weight varies 3.25-3.44 grams.

Date	Mintage	VG	F	VF	XF	Unc
AH1136	—	175	225	500	750	—
AH1140	—	175	225	500	750	—
AH1141	—	175	225	500	750	—
AH1147	—	1/5	225	500	750	—

Mahmud I
AH1143-1168/1730-1754AD

HAMMERED COINAGE

KM# 18 1/4 SULTANI
Gold **Obv:** Inscription **Rev:** Inscription **Note:** Weight varies: 0.75-0.85 grams.

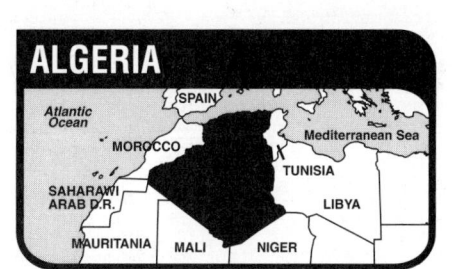

The Democratic and Popular Republic of Algeria, a North African country fronting on the Mediterranean Sea between Tunisia and Morocco, has an area of 919,595 sq. mi. (2,381,740 sq. km.) and a population of 31.6 million. Capital: Algiers (Alger). Most of the country's working population is engaged in agriculture although a recent industrial diversification, financed by oil revenues, is making steady progress. Wines, fruits, iron and zinc ores, phosphates, tobacco products, liquified natural gas, and petroleum are exported.

Algiers, the capital and chief seaport of Algeria, was the site of Phoenician and Roman settlements before the present Moslem city was founded about 950. Nominally part of the sultanate of Tilimsan, Algiers had a large measure of independence under the amirs of its own. In 1492 the Jews and Moors who had been expelled from Spain settled in Algiers and enjoyed an increasing influence until the imposition of Turkish control in 1518. For the following three centuries, Algiers was the headquarters of the notorious Barbary pirates as Turkish control became more and more nominal. The French took Algiers in 1830, and after a long and wearisome war completed the conquest of Algeria and annexed it to France, 1848. Following the armistice signed by France and Nazi Germany on June 22, 1940, Algeria fell under Vichy Government control until liberated by the Allied invasion forces under the command of Gen. D. D. Eisenhower on Nov. 8, 1942. The inability to obtain equal rights with Frenchmen led to an organized revolt which began on Nov. 1, 1954 and lasted until

ALGERIA

ALGIERS

Date	Mintage	VG	F	VF	XF	Unc
AH1144	—	150	200	250	325	—
AH1145	—	150	200	250	325	—
AH1146	—	150	200	250	325	—
AH1147	—	150	200	250	325	—
AH1148	—	150	200	250	325	—
AH1149	—	150	200	250	325	—
AH1154	—	150	200	250	325	—
AH1155	—	150	200	250	325	—
AH1156	—	150	200	250	325	—
AH1157	—	150	200	250	325	—
AH1160	—	150	200	250	325	—
AH1161	—	150	200	250	325	—
AH1165	—	150	200	250	325	—
AH1166	—	150	200	250	325	—
AH1168	—	150	200	250	325	—
AH1171	—	150	200	250	325	—

Note: Coins dated AH1171 were struck posthumously

KM# 19 1/2 SULTANI
Gold, 16-18 mm. **Obv:** Inscription **Rev:** Inscription **Note:** Weight varies: 1.68-1.71 grams. Size varies.

Date	Mintage	VG	F	VF	XF	Unc
AH1143	—	100	150	200	300	—
AH1144	—	100	150	200	300	—
AH1145	—	100	150	200	300	—
AH1147	—	100	150	200	300	—
AH1148	—	100	150	200	300	—
AH1150	—	100	150	200	300	—
AH1151	—	100	150	200	300	—
AH1152	—	100	150	200	300	—
AH1154	—	100	150	200	300	—
AH1156	—	100	150	200	300	—
AH1157	—	100	150	200	300	—
AH1158	—	100	150	200	300	—
AH1159	—	100	150	200	300	—
AH1160	—	100	150	200	300	—
AH1161	—	100	150	200	300	—
AH1162	—	100	150	200	300	—
AH1163	—	100	150	200	300	—
AH1164	—	100	150	200	300	—
AH1165	—	100	150	200	300	—
AH1168	—	100	150	200	300	—

KM# 20 SULTANI
Gold, 23-25.5 mm. **Obv:** Inscription **Rev:** Inscription **Note:** Weight varies: 3.20-3.40g. Size varies. Varieties exist with lines dividing obverse and reverse legends.

Date	Mintage	VG	F	VF	XF	Unc
AH1143	—	200	275	375	500	—
AH1161	—	200	275	375	500	—
AH1162	—	200	275	375	500	—
AH1164	—	200	275	375	500	—
AH1165	—	200	275	375	500	—
AH1166	—	200	275	375	500	—
AH1167	—	200	275	375	500	—
AH1168	—	200	275	375	500	—

Osman III
AH1168-1171/1754-1757AD

HAMMERED COINAGE

KM# 24 1/4 SULTANI
0.0850 g., Gold, 13-14.4 mm. **Obv:** Inscription **Rev:** Inscription **Note:** Size varies.

Date	Mintage	VG	F	VF	XF	Unc
AH1168	—	300	525	700	900	—
AH1169	—	300	525	700	900	—
AH1170	—	300	525	700	900	—
AH1171	—	300	525	700	900	—

KM# 22 1/2 SULTANI
Gold, 17-18 mm. **Obv:** Inscription **Rev:** Inscription **Note:** Weight varies: 1.63-1.70 g. Size varies.

Date	Mintage	VG	F	VF	XF	Unc
AH1168	—	200	275	375	500	—
AH1169	—	300	350	450	750	—
AH1170	—	300	350	450	750	—
AH1171	—	300	350	450	750	—

KM# 23 SULTANI
Gold **Obv:** Inscription **Rev:** Inscription **Note:** Weight varies: 3.15-3.40g.

Date	Mintage	VG	F	VF	XF	Unc
AH1168 Rare	—	—	—	—	—	—
AH1169 Rare	—	—	—	—	—	—
AH1172 Rare	—	—	—	—	—	—

Mustafa III
AH1171-1187/1757-1774AD

HAMMERED COINAGE

KM# 30 1/8 BUDJU (3 Mazuna)
Silver **Obv:** Legend is three lines **Rev:** Legend has two lines in octagram **Note:** Weight varies 1.56-1.96 grams.

Date	Mintage	VG	F	VF	XF	Unc
AH1173 (1759)	—	25.00	50.00	75.00	150	—
AH1174 (1760)	—	25.00	50.00	75.00	150	—
AH1178 (1764)	—	25.00	50.00	75.00	150	—
AH1179 (1765)	—	25.00	50.00	75.00	150	—
AH1180 (1766)	—	25.00	50.00	75.00	150	—
AH1183 (1769)	—	25.00	50.00	75.00	150	—

KM# 31 1/8 BUDJU (3 Mazuna)
Silver **Obv:** Inscription **Rev:** Without octagram **Note:** Coins dated 1100-91 of this type were struck posthumously. Coins dated AH1174 exist with date left of mint mark. Weight varies 1.56-1.96 grams.

Date	Mintage	VG	F	VF	XF	Unc
AH1174 (1760)	—	25.00	50.00	75.00	150	250
AH1178 (1764)	—	25.00	50.00	75.00	150	250
AH1179 (1765)	—	25.00	50.00	75.00	150	250
AH1180 (1766)	—	25.00	50.00	75.00	150	250
AH1183 (1769)	—	25.00	50.00	75.00	150	250
AH1184 (1770)	—	25.00	50.00	75.00	150	250
AH1185 (1771)	—	25.00	50.00	75.00	150	250
AH1186 (1772)	—	25.00	50.00	75.00	150	250
AH1187 (1773)	—	25.00	50.00	75.00	150	250
AH1188 (1774)	—	25.00	50.00	90.00	150	250
AH1190 (1776)	—	30.00	60.00	90.00	175	275
AH1191 (1777)	—	30.00	60.00	90.00	175	275

KM# 26 1/4 BUDJU
Silver **Obv:** Inscription **Rev:** Legend in octogram **Note:** Weight varies: 2.50-3.30 grams.

Date	Mintage	VG	F	VF	XF	Unc
AH1172 (1758)	—	50.00	90.00	125	175	—
AH1173 (1759)	—	60.00	100	150	200	—

KM# 27 1/4 BUDJU
Silver Wt. varies: 2.35-3.31g. **Obv:** Inscription **Rev:** Inscription

Date	Mintage	VG	F	VF	XF	Unc
AH1173 (1759)	—	45.00	65.00	100	165	270
Note: Coins dated AH1173 exist with date left of mint mark						
AH1174 (1760)	—	45.00	65.00	100	165	270
Note: Coins dated AH1174 exist with date left of mint mark						
AH1176 (1762)	—	45.00	65.00	100	165	270
AH1177 (1763)	—	45.00	65.00	100	165	270
AH1180 (1766)	—	45.00	65.00	100	165	270
AH1182 (1768)	—	45.00	65.00	100	165	270
AH1183 (1769)	—	45.00	65.00	100	165	270
AH1184 (1770)	—	45.00	65.00	100	165	270
AH1185 (1771)	—	45.00	65.00	100	165	270
AH1186 (1772)	—	45.00	65.00	100	165	270
AH1187 (1773)	—	45.00	65.00	100	165	270
AH1188 (1774)	—	45.00	65.00	100	165	270

Note: Coins dated AH1188 of this type were struck posthumously

KM# 28 1/4 SULTANI
Gold **Obv:** Inscription **Note:** Weight varies: 0.79-0.83 grams.

Date	Mintage	VG	F	VF	XF	Unc
AH1171	—	100	150	200	275	—
AH1172	—	100	150	200	275	—
AH1173	—	100	150	200	275	—
AH1176	—	100	150	200	275	—
AH1177	—	100	150	200	275	—
AH1186	—	100	150	200	275	—
AH1187	—	100	150	200	275	—

KM# 29 1/2 SULTANI
1.6900 g., Gold, 17-18 mm. **Obv:** Inscription **Rev:** Inscription **Note:** Weight varies: 1.64-1.96 grams. Size varies.

Date	Mintage	VG	F	VF	XF	Unc
AH1171	—	100	150	200	275	—
AH1172	—	100	150	200	275	—
AH1173	—	100	150	200	275	—
AH1174	—	100	150	200	275	—
AH1175	—	100	150	200	275	—
AH1176	—	100	150	200	275	—
AH1180	—	100	150	200	275	—
AH1183	—	100	150	200	275	—
AH1186	—	100	150	200	275	—

KM# 25 1/2 SULTANI
Gold **Obv:** Inscription **Rev:** Inscription

Date	Mintage	VG	F	VF	XF	Unc
AH1172	—	—	—	—	—	—

KM# 32 SULTANI
Gold **Obv:** Legend in four lines **Rev:** Legend in four lines **Note:** Weight varies 3.23-3.41 grams.

Date	Mintage	VG	F	VF	XF	Unc
AH1171	—	500	750	1,000	1,200	—
AH1177	—	200	275	375	500	—
AH1183	—	200	275	375	500	—
AH1184	—	200	275	375	500	—
AH1185	—	500	750	1,000	1,200	—

KM# 33 1/2 ZERI MAHBUB
1.2900 g., Gold **Obv:** Inscription **Rev:** Inscription

Date	Mintage	VG	F	VF	XF	Unc
AH1176 Rare	—	—	—	—	—	—

Abdul Hamid I
AH1187-1203/1774-1789AD
HAMMERED COINAGE

KM# 35 1/8 BUDJU (3 Mazuna)
1.6000 g., Silver **Obv:** Inscription **Rev:** Inscription **Note:** Weight varies 1.59-1.72 grams.

Date	Mintage	VG	F	VF	XF	Unc
AH1188 (1774)	—	35.00	50.00	85.00	160	—
AH1189 (1775)	—	35.00	50.00	85.00	160	—
AH1191 (1777)	—	35.00	50.00	100	180	—
AH1192 (1778)	—	35.00	50.00	100	180	—
AH1193 (1779)	—	35.00	50.00	100	180	—
AH1195 (1780)	—	35.00	50.00	100	180	—
AH1196 (1781)	—	35.00	50.00	100	180	—
AH1198 (1783)	—	35.00	50.00	100	180	—
AH1199 (1784)	—	35.00	50.00	100	180	—
AH1200 (1785)	—	35.00	50.00	90.00	165	—
AH1201 (1786)	—	35.00	50.00	90.00	165	—
AH1202 (1787)	—	35.00	55.00	100	165	—
AH1203 (1788)	—	35.00	55.00	100	165	—

KM# 36 1/4 BUDJU
Silver **Obv:** Inscription **Rev:** Inscription **Note:** Weight varies: 2.42-3.72 grams.

Date	Mintage	VG	F	VF	XF	Unc
AH1188 (1774)	—	25.00	50.00	100	180	—
AH1189 (1775)	—	25.00	50.00	100	180	—
AH1190 (1776)	—	25.00	50.00	100	180	—
AH1191 (1777)	—	25.00	50.00	100	180	—
AH1193 (1779)	—	25.00	50.00	100	180	—
AH1195 (1780)	—	25.00	50.00	100	180	—
AH1196 (1781)	—	25.00	50.00	100	180	—
AH1197 (1782)	—	25.00	50.00	100	180	—
AH1198 (1783)	—	25.00	50.00	100	180	—
AH1199 (1784)	—	25.00	50.00	100	180	—
AH1200 (1785)	—	25.00	50.00	100	180	—
AH1201 (1786)	—	25.00	50.00	100	180	—
AH1202 (1787)	—	25.00	50.00	100	180	—
AH1203 (1788)	—	25.00	50.00	100	180	—

KM# 37 1/4 SULTANI
0.8500 g., Gold **Obv:** Inscription **Rev:** Inscription

Date	Mintage	VG	F	VF	XF	Unc
AH1192	—	65.00	100	150	225	—
AH1193	—	65.00	100	150	225	—
AH1194	—	65.00	100	150	225	—
AH1195	—	65.00	100	150	225	—

KM# 38 1/2 SULTANI
1.7000 g., Gold, 14 mm. **Obv:** Inscription **Rev:** Inscription

Date	Mintage	VG	F	VF	XF	Unc
AH1197	—	100	150	250	350	—

KM# 34 SULTANI
Gold, 23-25 mm. **Obv:** Inscription **Rev:** Inscription **Note:** Weight varies: 3.30-3.40g. Size varies.

Date	Mintage	VG	F	VF	XF	Unc
AH1187	—	200	275	375	500	—
AH1188	—	200	275	375	500	—
AH1189	—	200	275	375	500	—
AH1190	—	200	275	375	500	—
AH1191	—	200	275	375	500	—
AH1192	—	200	275	375	500	—
AH1193	—	200	275	375	500	—
AH1194	—	200	275	375	500	—
AH1196	—	200	275	375	500	—
AH1197	—	200	275	375	500	—
AH1198	—	200	275	375	500	—
AH1199	—	200	275	375	500	—
AH1200	—	200	275	375	500	—
AH1201	—	200	275	375	500	—
AH1202	—	200	275	375	500	—
AH1203	—	200	275	375	500	—

Selim III
AH1203-1222/1789-1807AD
HAMMERED COINAGE

KM# 43 FELS
2.2000 g., Copper, 13-14 mm. **Obv:** Legend has Sultan Selim **Rev:** Mint name Jaza'ir above date **Note:** Size varies.

Date	Mintage	VG	F	VF	XF	Unc
AH1206 (1791)	—	80.00	120	—	—	—

KM# 40 1/8 BUDJU (3 Mazuna)
Silver **Obv:** Inscription **Rev:** Inscription **Note:** Weight varies: 1.65-1.70 grams.

Date	Mintage	VG	F	VF	XF	Unc
AH1200 Error	—	25.00	50.00	75.00	150	—
AH1204	—	20.00	40.00	60.00	100	—
AH1206	—	20.00	40.00	60.00	100	—
AH1207	—	20.00	30.00	60.00	100	—
AH1208	—	20.00	30.00	60.00	100	—
AH1209	—	20.00	30.00	60.00	100	—
AH1210	—	20.00	30.00	60.00	100	—
AH1211	—	20.00	30.00	60.00	100	—
AH1212	—	20.00	30.00	60.00	100	—
AH1213	—	20.00	30.00	60.00	100	—
AH1214	—	20.00	40.00	60.00	100	—
AH1215	—	20.00	40.00	60.00	100	—

KM# 42 1/4 BUDJU
Silver, 19-20 mm. **Obv:** Inscription **Rev:** Inscription **Note:** Weight varies: 2.90-3.40 grams. Size varies.

Date	Mintage	VG	F	VF	XF	Unc
AH1204	—	20.00	35.00	60.00	100	—
AH1205	—	20.00	35.00	60.00	100	—
AH1206	—	16.00	30.00	60.00	100	—
AH1207	—	20.00	35.00	60.00	100	—
AH1208	—	20.00	35.00	60.00	100	—
AH1209	—	25.00	35.00	50.00	80.00	—
AH1201 error for 1210	—	25.00	35.00	50.00	80.00	—
AH1210	—	20.00	35.00	60.00	100	—
AH1211	—	16.00	30.00	60.00	100	—
AH1212	—	20.00	35.00	60.00	100	—
AH1213	—	15.00	25.00	30.00	45.00	—
AH1214	—	15.00	25.00	30.00	45.00	—
AH1215	—	20.00	35.00	60.00	100	—

KM# 45 1/2 BUDJU
Silver **Note:** Weight varies: 5.80-6.80 grams.

Date	Mintage	VG	F	VF	XF	Unc
AH1206	—	60.00	100	150	225	—
AH1211	—	60.00	100	150	225	—
AH1213	—	60.00	100	150	225	—
AH1214	—	60.00	100	150	225	—
AH1215	—	60.00	100	150	225	—

KM# 44 1/4 SULTANI
0.8500 g., Gold, 15-16 mm. **Obv:** Legend has 2 lines **Rev:** Mintname above date. **Note:** Size varies.

Date	Mintage	VG	F	VF	XF	Unc
AH1209	—	65.00	100	200	250	—
AH1213	—	65.00	100	200	250	—
AH1214	—	65.00	100	200	250	—

KM# 46 1/2 SULTANI
Gold, 18-19 mm. **Obv:** Inscription within beaded circle **Rev:** Inscription within beaded circle **Note:** Weight varies: 1.54-1.70g. Size varies

Date	Mintage	VG	F	VF	XF	Unc
AH1215	—	125	165	250	300	—

KM# 41 SULTANI
Gold, 22-25 mm. **Obv:** Star of Solomon **Rev:** Inscription **Note:** Weight varies: 3.25-3.40g. Size varies.

Date	Mintage	VG	F	VF	XF	Unc
AH1203	—	125	175	225	350	—
AH1204	—	200	275	375	500	—
AH1205	—	200	275	375	500	—
AH1206	—	200	275	375	500	—
AH1207	—	200	275	375	500	—
AH1208	—	200	275	375	500	—
AH1209	—	200	275	375	500	—
AH1210	—	200	275	375	500	—
AH1213	—	200	275	375	500	—
AH1214	—	200	275	375	500	—
AH1215	—	200	275	375	500	—

ANGOLA

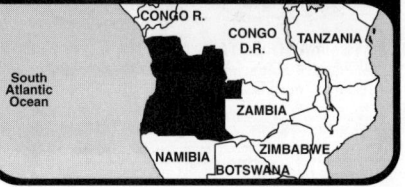

The Republic of Angola, a country on the west coast of southern Africa bounded by Congo Democratic Republic, Zambia, and Namibia (Southwest Africa), has an area of 481,351 sq. mi. (1,246,700 sq. km.) and a population of 12.78 million, predominantly Bantu in origin. Capital: Luanda. Most of the people are engaged in subsistence agriculture. However, important oil and mineral deposits make Angola potentially one of the richest countries in Africa. Iron and diamonds are exported.

The Portuguese navigator, Diogo Cao, discovered Angola in 1482 Angola. Portuguese settlers arrived in 1491, and established Angola as a major slaving center, which sent about 3 million slaves to the New World.

A revolt, characterized by guerrilla warfare, against Portuguese rule began in 1961 and continued until 1974, when a new regime in Portugal offered independence. The independence movement was actively supported by three groups; the National Front, based in Zaire, the Soviet-backed Popular Movement, and the moderate National Union. Independence was proclaimed on Nov. 11, 1975, and the Portuguese departed, leaving the Angolan people to work out their own political destiny. Within hours, each of the independence groups proclaimed itself Angola's sole ruler. A bloody intertribal civil war erupted in which the Communist Popular Movement, assisted by Soviet arms and Cuban mercenaries, was the eventual victor.

RULER
Portuguese until 1975

MINT MARK
KN - King's Norton

PORTUGUESE COLONY
COLONIAL COINAGE

KM# 6 5 REIS (V)
Copper **Obv:** Rosettes flank crowned denomination above date **Rev:** Sash across banded globe

Date	Mintage	VG	F	VF	XF	Unc
1752	—	25.00	70.00	210	350	—
1753	232,000	10.00	30.00	80.00	175	—
1757	—	22.00	60.00	120	275	—

KM# 19 5 REIS (V)
Copper **Obv:** Denomination and 5 rosettes within beaded circle **Rev:** Crowned arms on globe

Date	Mintage	VG	F	VF	XF	Unc
1770	400,000	7.00	15.00	50.00	90.00	—
1771	533,000	8.00	18.00	55.00	100	—

ANGOLA

KM# 7 10 REIS (X)
Copper **Obv:** Rosettes flank crowned denomination above date **Rev:** Sash across banded globe

Date	Mintage	VG	F	VF	XF	Unc
1752	—	40.00	90.00	350	550	—
1753	397,000	10.00	22.00	65.00	125	—
1757	—	22.00	60.00	210	375	—

KM# 10 1/4 MACUTA
Copper **Obv:** Crowned arms on globe **Rev:** Rosettes and denomination within beaded circle

Date	Mintage	VG	F	VF	XF	Unc
1762	—	15.00	35.00	110	200	—
1763	—	7.00	15.00	32.00	75.00	—
1770	268,000	7.00	15.00	32.00	75.00	—
1771	280,000	18.00	35.00	165	285	—

KM# 27 1/4 MACUTA
Copper **Rev:** Rosettes and denomination within beaded circle

Date	Mintage	VG	F	VF	XF	Unc
1783 Rare	—	—	—	—	—	—
1785	13,000	12.00	25.00	65.00	135	—
1786	151,000	—	—	—	—	—

KM# 29 1/4 MACUTA
Copper **Rev:** Rosettes and denomination within beaded circle **Note:** Similar to 1/2 Macuta, KM#30.

Date	Mintage	VG	F	VF	XF	Unc
1789	152,000	12.00	28.00	50.00	90.00	—

KM# 8 20 REIS (XX)
Copper **Obv:** Rosettes flank and separate crowned denomination above date **Rev:** Sash across banded globe

Date	Mintage	VG	F	VF	XF	Unc
1752	—	25.00	100	210	375	—
1753	134,000	10.00	25.00	55.00	120	—
1757	—	15.00	35.00	110	200	—

KM# 11 1/2 MACUTA
Copper **Obv:** Crowned arms on globe **Rev:** Rosettes and denomination within beaded circle **Note:** Similar to 1 Macuta, KM#12.

Date	Mintage	VG	F	VF	XF	Unc
1762	—	25.00	50.00	135	275	—
1763	133,000	12.00	25.00	50.00	90.00	—
1770	140,000	7.00	15.00	30.00	60.00	—

KM# 28 1/2 MACUTA
Copper **Rev:** Rosettes and denomination within beaded circle **Note:** Similar to 1/4 Macuta, KM#27.

Date	Mintage	VG	F	VF	XF	Unc
1783 Rare	—	—	—	—	—	—
1785	154,000	18.00	30.00	55.00	120	—
1786	158,000	18.00	35.00	60.00	135	—

KM# 30 1/2 MACUTA
Copper **Rev:** Rosettes and denomination within beaded circle

Date	Mintage	VG	F	VF	XF	Unc
1789	125,000	12.00	30.00	50.00	100	—

KM# 9 40 REIS (XL)
Copper **Note:** Similar to 10 Reis, KM#8.

Date	Mintage	VG	F	VF	XF	Unc
1753	22,000	12.00	25.00	50.00	100	—
1757	—	12.00	25.00	50.00	100	—

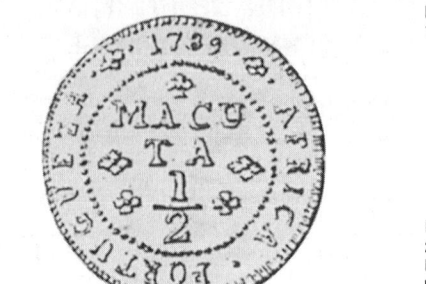

KM# 12 MACUTA
Copper **Obv:** Crowned arms on globe **Rev:** Rosettes and denomination within beaded circle

Date	Mintage	VG	F	VF	XF	Unc
1762	—	60.00	200	350	550	—
1763	—	15.00	30.00	60.00	125	—
1770	67,000	12.00	25.00	55.00	120	—

KM# 20 MACUTA
Copper **Obv:** Crowned arms **Rev:** Denomination within laurel wreath **Note:** Similar to 4 Macutas, KM#14.

Date	Mintage	VG	F	VF	XF	Unc
1783	5,386	250	450	750	1,250	—
1785	194,000	12.00	25.00	50.00	90.00	—
1786	81,000	20.00	40.00	80.00	185	—

KM# 31 MACUTA
Copper **Obv:** Crowned arms **Rev:** Denomination within laurel wreath **Note:** Similar to 10 Macutas, KM#36.

Date	Mintage	VG	F	VF	XF	Unc
1789	100,000	15.00	30.00	60.00	125	—

KM# 13 2 MACUTAS
2.9500 g., 0.9170 Silver 0.0870 oz. ASW **Obv:** Crowned arms **Rev:** Denomination within laurel wreath

Date	Mintage	VG	F	VF	XF	Unc
1762	—	30.00	65.00	95.00	170	—
1763	20,000	15.00	30.00	65.00	145	—
1770 Rare	—	—	—	—	—	—

KM# 21 2 MACUTAS
2.9500 g., 0.9170 Silver 0.0870 oz. ASW **Obv:** Crowned arms **Rev:** Denomination within laurel wreath

Date	Mintage	VG	F	VF	XF	Unc
1783	10,000	30.00	60.00	90.00	155	—

KM# 35 2 MACUTAS
2.9500 g., 0.9170 Silver 0.0870 oz. ASW **Obv:** Crowned arms **Rev:** Denomination within laurel wreath

Date	Mintage	VG	F	VF	XF	Unc
1796	20,000	25.00	36.00	65.00	145	—

KM# 14 4 MACUTAS
5.7000 g., 0.9170 Silver 0.1680 oz. ASW **Obv:** Crowned arms **Rev:** Denomination within laurel wreath

Date	Mintage	VG	F	VF	XF	Unc
1762	—	25.00	60.00	100	200	—
1763	—	25.00	60.00	100	200	—
1770	10,000	90.00	240	425	650	—

KM# 22 4 MACUTAS
5.7000 g., 0.9170 Silver 0.1680 oz. ASW **Obv:** Crowned arms **Rev:** Denomination within laurel wreath

Date	Mintage	VG	F	VF	XF	Unc
1783	10,000	110	220	400	725	—
1784	30,000	36.00	110	210	425	—

KM# 32 4 MACUTAS
5.7000 g., 0.9170 Silver 0.1680 oz. ASW **Obv:** Crowned arms
Rev: Denomination within laurel wreath

Date	Mintage	VG	F	VF	XF	Unc
1789	5,000	60.00	120	210	425	—
1796	20,000	25.00	65.00	130	215	—

KM# 34 8 MACUTAS
11.7000 g., 0.9170 Silver 0.3449 oz. ASW **Obv:** Crowned arms
Rev: Denomination within laurel wreath **Note:** Similar to 12 Macutas, KM#37.

Date	Mintage	VG	F	VF	XF	Unc
1789	6,250	60.00	210	325	575	—
1796	25,000	48.00	120	200	350	—

KM# 36 10 MACUTAS
14.5500 g., 0.9170 Silver 0.4289 oz. ASW **Obv:** Crowned arms
Rev: Denomination within laurel wreath

Date	Mintage	VG	F	VF	XF	Unc
1796	24,000	60.00	120	325	550	—

KM# 15 6 MACUTAS
8.7500 g., 0.9170 Silver 0.2580 oz. ASW **Obv:** Crowned arms
Rev: Denomination within laurel wreath

Date	Mintage	VG	F	VF	XF	Unc
1762	—	300	600	1,150	1,800	—
1763	—	42.00	80.00	140	240	—
1770	10,000	36.00	65.00	120	215	—

KM# 26 6 MACUTAS
8.7500 g., 0.9170 Silver 0.2580 oz. ASW **Obv:** Crowned arms
Rev: Denomination within laurel wreath **Note:** Similar to 8 Macutas, KM#23.

Date	Mintage	VG	F	VF	XF	Unc
1784	10,000	42.00	80.00	140	215	—

KM# 33 6 MACUTAS
8.7500 g., 0.9170 Silver 0.2580 oz. ASW **Obv:** Crowned arms
Rev: Denomination within laurel wreath **Note:** Similar to 12 Macutas, KM#37.

Date	Mintage	VG	F	VF	XF	Unc
1789	4,998	60.00	120	240	375	—
1796	20,000	42.00	85.00	170	240	—

KM# 17 10 MACUTAS
14.5500 g., 0.9170 Silver 0.4289 oz. ASW **Obv:** Crowned arms
Rev: Denomination within laurel wreath

Date	Mintage	VG	F	VF	XF	Unc
1762	—	325	850	1,450	2,400	—
1763	—	90.00	160	325	475	—
1770	6,000	110	220	425	600	—

KM# 18 12 MACUTAS
17.5000 g., 0.9170 Silver 0.5159 oz. ASW **Obv:** Crowned arms
Rev: Denomination within laurel wreath

Date	Mintage	VG	F	VF	XF	Unc
1762	—	350	1,100	1,600	2,700	—
1763	—	180	425	600	1,000	—
1770	13,000	100	240	425	600	—

KM# 16 8 MACUTAS
11.7000 g., 0.9170 Silver 0.3449 oz. ASW

Date	Mintage	VG	F	VF	XF	Unc
1762	—	80.00	150	300	475	—
1763	—	48.00	95.00	180	350	—
1770	5,000	65.00	130	200	350	—

KM# 24 10 MACUTAS
14.5500 g., 0.9170 Silver 0.4289 oz. ASW **Obv:** Crowned arms
Rev: Denomination within laurel wreath **Note:** Similar to 8 Macutas, KM#23.

Date	Mintage	VG	F	VF	XF	Unc
1783	28,000	60.00	120	300	475	—

KM# 23 8 MACUTAS
11.7000 g., 0.9170 Silver 0.3449 oz. ASW **Obv:** Crowned arms
Rev: Denomination within laurel wreath

Date	Mintage	VG	F	VF	XF	Unc
1783	30,000	48.00	95.00	190	350	—

KM# 25 12 MACUTAS
17.5000 g., 0.9170 Silver 0.5159 oz. ASW **Obv:** Crowned arms
Rev: Denomination within laurel wreath

Date	Mintage	VG	F	VF	XF	Unc
1783	30,000	65.00	160	325	500	—

ANGOLA

KM# 37 12 MACUTAS

17.5000 g., 0.9170 Silver 0.5159 oz. ASW **Obv:** Crowned arms
Rev: Denomination within laurel wreath

Date	Mintage	VG	F	VF	XF	Unc
1789	8,334	120	300	450	725	—
1796	27,000	80.00	175	325	500	—

ARMENIA

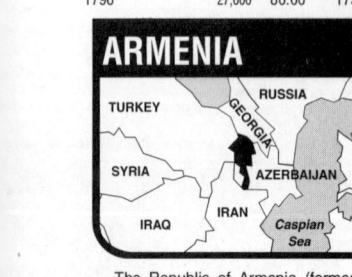

The Republic of Armenia (formerly Armenian S.S.R.) is bounded in the north by Georgia, to the east by Azerbaijan and to the south and west by Turkey and Iran. It has an area of 11,506 sq. mi. (29,800 sq. km) and an estimated population of 3.66 million. Capital: Yerevan. Agriculture including cotton, vineyards and orchards, hydroelectricity, chemicals - primarily synthetic rubber and fertilizers, vast mineral deposits of copper, zinc and aluminum, and production of steel and paper are major industries.

The earliest history of Armenia records continuous struggles with expanding Babylonia and later Assyria. In the sixth century B.C. it was called Armina. Later under the Persian empire it enjoyed the position of a vassal state. Conquered by Macedonia, it later defeated the Seleucids and Greater Armenia was founded under the Artaxis dynasty. Christianity was established in 303 A.D. which led to religious wars with the Persians and Romans who divided it into two zones of influence. The Arabs succeeded the Persian Empire of the Sassanids which later allowed the Armenian princes to conclude a treaty in 653 A.D. In 862 A.D. Ashol V was recognized as the "prince of princes" and established a throne recognized by Baghdad and Constantinople in 886 A.D. The Seljuks overran the whole country and united with Kurdistan which eventually ran the new government. In 1240 A.D. onward the Mongols occupied almost all of western Asia until their downfall in 1375 A.D. when various Kurdish, Armenian and Turkoman independent principalities arose. After the defeat of the Persians in 1516 A.D. the Ottoman Turks gradually took control over a period of some 40 years, with Kurdish tribes settling within Armenian lands. In 1605 A.D. the Persians moved thousands of Armenians as far as India developing prosperous colonies. Persia and the Ottoman Turks were again at war, with the Ottomans once again prevailing. The Ottomans later gave absolute civil authority to a Christian bishop allowing them free enjoyment of their religion and traditions.

Russia occupied Armenia in 1801 until the Russo-Turkish war of 1878. British intervention excluded either side from remaining although the Armenians remained more loyal to the Ottoman Turks, but in 1894 the Ottoman Turks sent in an expeditionary force of Kurds fearing a revolutionary movement. Large massacres were followed by retaliations, then amnesty was proclaimed which led right into WW I and once again occupation by Russian forces in 1916. After the Russian revolution the Georgians, Armenians and Azerbaijanis formed the short lived Transcaucasian Federal Republic on Sept. 20, 1917 which broke up into three independent republics on May 26, 1918. Communism developed and in Sept. 1920 the Turks attacked the Armenian Republic; the Russians soon followed suit from Azerbaijan routing the Turks. On Nov. 29, 1920 Armenia was proclaimed a Soviet Socialist Republic. On March 12, 1922, Armenia, Georgia and Azerbaijan were combined to form the Transcaucasian Soviet Federated Socialist Republic, which on Dec. 30, 1922, became a part of U.S.S.R. On Dec. 5, 1936, the Transcaucasian federation was dissolved and Armenia became a constituent Republic of the U.S.S.R. A new constitution was adopted in April 1978. Elections took place on May 20, 1990. The Supreme Soviet adopted a declaration of sovereignty in Aug. 1991, voting to unite Armenia with

Nagorno-Karabakh. This newly constituted "Republic of Armenia" became fully independent by popular vote in Sept. 1991. It became a member of the CIS in Dec. 1991.

Fighting between Christians in Armenia and Muslim forces of Azerbaijan escalated in 1992 and continued through early 1994. Each country claimed the Nagorno-Karabakh, an Armenian ethnic enclave, in Azerbaijan. A temporary cease-fire was announced in May, 1994.

RULERS
Persian, until 1724
Ottoman, 1724-1735

MINT NAME

روان

Revan, (Erevan, now Yerevan)

MONETARY SYSTEM
1/4 Abbasi (Abazi) = 4 Para
1/2 Abbasi = 8 Para
Abbasi = 16 Para

OTTOMAN EMPIRE
OTTOMAN COINAGE

KM# 15 1/4 ABBASI

1.2500 g., Silver, 14 mm. **Ruler:** Ahmed III **Obv:** Toughra

Date	Mintage	VG	F	VF	XF	Unc
AH1115	—	400	550	750	1,000	—

KM# 16 1/2 ABBASI

2.6700 g., Silver, 17 mm. **Ruler:** Ahmed III **Obv:** Toughra

Date	Mintage	VG	F	VF	XF	Unc
AH1115	—	250	350	450	600	—

KM# 17 ABBASI

Silver, 23-25 mm. **Ruler:** Ahmed III **Obv:** Toughra **Note:** Weight varies 4.90-5.44g.

Date	Mintage	VG	F	VF	XF	Unc
AH1115	—	85.00	115	150	200	—

Note: Border varieties exist; Strikes on 1/2 Abbasi planchets exist

KM# 18 CEDID ZINCIRLI

Gold, 18-20 mm. **Ruler:** Ahmed III **Obv:** Toughra **Note:** Weight varies 3.35-3.50g.

Date	Mintage	VG	F	VF	XF	Unc
AH1115 Rare	—	—	—	—	—	—

KM# 19 ALTUN

3.1000 g., Gold, 26 mm. **Ruler:** Ahmed III **Obv:** Toughra

Date	Mintage	VG	F	VF	XF	Unc
AH1115 Rare	—	—	—	—	—	—

AUSTRIA

The Republic of Austria, a parliamentary democracy located in mountainous central Europe, has an area of 32,374 sq. mi. (83,850 sq. km.) and a population of 8.08 million. Capital: Wien (Vienna). Austria is primarily an industrial country. Machinery, iron, steel, textiles, yarns and timber are exported.

The territories later to be known as Austria were overrun in pre-Roman times by various tribes, including the Celts. Upon the fall of the Roman Empire, the country became a margravate of Charlemagne's Empire. Premysl II of Otakar, King of Bohemia, gained possession in 1252, only to lose the territory to Rudolf of Habsburg in 1276. Thereafter, until World War I, the story of Austria was conducted by the ruling Habsburgs.

During the 17th century, Austrian coinage reflected the geo-political strife of three wars. From 1618-1648, the Thirty Years' War between northern Protestants and southern Catholics produced low quality, "kipper/wipper" strikes of 12, 24, 30, 60, 75 and 150 Kreuzer. Later, during the Austrian-Turkish War, 1660-1664, coinages used to maintain soldier's salaries also reported the steady division of Hungarian territories. Finally, between 1683 and 1699, during the second Austrian-Turkish conflict, new issues of 3, 6 and 15 Kreuzers were struck, being necessary to help defray mounting expenses of the war effort.

During World War I, the Austro-Hungarian Empire was one of the Central Powers with Germany, Bulgaria and Turkey. At the end of the war, the Empire was dismembered and Austria established as an independent republic. In March, 1938, Austria was incorporated into Hitler's short-lived Greater German Reich. Allied forces of both East and West occupied Austria in April 1945, and subsequently divided it into 4 zones of military occupation. On May 15, 1955, the 4 powers formally recognized Austria as a sovereign independent democratic state.'

Francis I died on August 18, 1765. His wife Maria Theresa, decreed on July 21, 1766 that coins would be issued with the portrait of Francis and bearing the year of his death (1765). Also to be included were letters of the alphabet to indicate the actual year of issue: i.e. A-1766, G-1772, P-1780.

The posthumous coins were issued rather erratically as to denominations, years and mints. 5 denominations were made and 7 mints were used. Only the Ducat and 20 Kreuzer were made until 1780, the year in which Maria Theresa died. The other denominations were 3, 10 and 17 Kreuzer.

RULERS
Leopold I, 1657-1705
Joseph I, 1705-1711
Charles VI, 1711-1740
Maria Theresa, 1740-1780
with Franz I, 1745-1765
as widow, 1765-1780
Joseph II, joint with his Mother, 1765-1780
Alone, 1780-1790
Leopold II, 1790-1792
Franz II (I), 1792-1835
(as Franz II, Holy Roman Emperor, 1792-1806)
(as Franz I, Austrian Emperor, 1806-1835)

MINT MARKS
A, W, WI - Vienna (Wien)
(a) - Vienna (Wien)
AI,AL-IV,C-A,E,GA - Karlsburg (Alba Iulia, Transylvania)
B,K,KB - Kremnica (Kremnitz, Hungary)
CB,CI,CI-BI(NI),CW,H,HS - Hermannstadt (Sibiu) (Transylvania)
CV (1693-94),FT,KV (1694-1700) - Klausenburg (Cluy, Transylvania)
D - Salzburg
D,G,GR - Graz (Styria)
E — Karlsburg (Alba Iula)
F, HA - Hall
G,H,P-R - Gunzburg
GM - Mantua (Mantova)
(h) Shield - Vienna (Wien)
M - Milan (Milano, Lombardy)
NB - Nagybanya (Baia Mare, Hungary)
O - Oravicza (Oravita, Hungary)
S - Schmollnitz (Smolnik, Hungary)
V - Venice (Venice, Venetia)
(v) Eagle - Hall
W - Breslau (Wroclaw, Vratislav, Poland)

MINT IDENTIFICATION

To aid in determining an Austrian (Habsburg) coin's mint it is necessary to first check the coat of arms. In some cases the coat of arms will dominate the reverse. The Hungarian Madonna and child is a prime example. On more traditional Austrian design types the provincial coat of arms will be the only one on the imperial eagle's breast. When a more complicated coat of arms is used the provincial arms will usually be found in the center or at the top center usually overlapping neighboring arms.

Legend endings frequently reflect the various provincial coats of arms. Sometimes mint marks appear on coins such as the letter W for Breslau. Mintmaster's and mint officials' initials or symbols also appear and can be used to confirm the mint identity.

The following pages will present the mint name, illustrate or describe the provincial coats of arms, legend endings, mint marks, and mint officials' initials or symbols with which the mint identity can be determined.

AUGSBURG MINT

(In Bavaria)

MINT MARKS
A - Augsburg, 1713-1714

MINT OFFICIALS' INITIALS & PRIVY MARKS

Initials	Privy marks	Years	Names
(hs)	Horse shoes	1713-14	J. Christian Holeisen

BRUSSELS MINT

MINT OFFICIALS' INITIALS

Initials	Years	Names
H	1725-64	F. Harrewyn
R	1719-32	Philipp Roettiers
R	1732-72	Jacques Roettiers

GUNZBURG MINT

(in Burgau)

MINT MARKS
G - 1764-1765
H - 1766-1771, 1791-1797

MINT OFFICIALS' INITIALS

Initials	Years	Names
FS	1780	Ward J. Faby and Stehr Franz
PS, IF	1780	?
SC	1765-74	Tobias Schobl, Jos. V. Clotz, warden
SF	1776-77, 1780	Tobias Schobl, Ward J. Faby
ST, SF	1780	Schobl Tobias, Stehr Franz
TS, IF	1780	Tobias Schobl, Josef Faby

HALL MINT

(in Tyrol)

Coat of arms are on eagle's breast. Legends usually end: TYR or TYROL.

MINT MARKS
F - 1765-1767, 1771, 1775-1777, 1795-1797
F, H - 1765
HA - 1749-1765

MINT OFFICIALS' INITIALS

Initials	Years	Names
As, AS	1765-74	Ludw. Aschpacher, Joh. Josef Stockner, warden
IAK	1693-1701, 1704, 1706	Joh. Anton Konig, die-cutter
S	1768	Joh. Josef Stockner, warden
VCS	1774-77	Josef Hub. Von Clotz, Joh. Josef Stockner, warden

HERMANNSTADT

(in Transylvania)

Coat of arms usually on breast of imperial eagle. Legend usually ends TRANS or TRANSSYLVANIAE.

MINT MARKS

(c) - crowned coat of arms

(h) - crowned AHR monogram

MINT OFFICIALS' INITIALS

Initials	Years	Names
FT	1701-08	?
IFK	1709-11	Johann Franz Kropf
MIHS	1709	Miller Henricus

MINT OFFICIALS' INITIALS

Initials	Years	Names
IP, IIP	1699-1717	Johann Josef Preiss

KARLSBURG MINT

(in Transylvania)

For coat of arms and legend endings, see Hermannstadt.

MINT MARKS
C - 1762
CA - 1747-1753, 1758-1759
E - 1797, 1819-1824, 1830-1833, 1857-1868

MINT OFFICIALS' INITIALS

Initials	Years	Names
AHGS	-	A.J. Hammerschmidt, G. Schickmayer, warden

KASCHAU MINT

(Kosice)
(in Hungary)

Coat of arms is Madonna and child above small Hungarian arms like Kremnitz.

MINT MARK
CM – 1691-1704

KLAGENFURT MINT

(in Province of Carinthia)

Coat of arms usually found in legend or as the middle arms on the imperial eagle's breast. Legend usually ends CAR or CARINTHIAE.

MINT OFFICIALS' INITIALS
PS - P. Sigharfer

KREMNITZ MINT

(Hungary)

Small Hungarian arms and Madonna and child in legends usually at 3 and 9 o'clock.

MINT MARKS
B, K, KB

MINT OFFICIALS' INITIALS

Initials	Years	Names
EvMD	1767-72	Ignaz Krammer Edler v. Munzburg, P. Joseph v. Damiani
SKPD	1775-80	Sigmund A. Klemmer, P. Josef v. Damiani

MUNICH MINT

MINT OFFICIALS' PRIVY MARKS
(S) - Star

NAGYBANYA MINT

(Hungary)

Coat of arms on imperial eagle's breast.

MINT MARKS
G – 1797, 1813-14, 1819-26
NB

MINT OFFICIALS' INITIALS

Initials	Years	Names
ID, ICB	1698-1728	J.C. Block

PRESSBURG MINT

(in Hungary)

MINT MARKS
CH – 1697-1718

MINT OFFICIALS' INITIALS & PRIVY MARKS

Initials	Privy marks	Years	Names
BPW		1717-18	PH. Ch. Becker, die-cutter and Paul Wodrodi, warden
IGS		1705-10, 1712, 1715	Joh. Georg Seidlitz
PW		1709-21	Paul Wodrodi
(csh)		1705-08	Christoph Sigm. Hunger

SANKT VEIT MINT

(in Carinthia)

Coat of arms, see Klagenfurt, are usually found on top center of the massive coat of arms on the imperial eagle's breast. Legend usually ends CAR or CARINTHIAE.

VIENNA MINT

Coat of arms, usually found in the legend or as the middle arms on a multiple arms shield or alone on the imperial eagle's breast. Legend usually ends TY, TYR or TYROL.

MINT MARKS
A – 1765-
WI – 1746-53, 1756

MINT OFFICIALS' INITIALS & PRIVY MARKS

Initials	Privy marks	Years	Names
AW		1764	A. Widmann, die-cutter
GTK		1761	?
ICFA		1774-80	Joh. August v. Cronberg, Franz Aicherau, warden
ICSK		1766-74	Johann August v. Cronberg, Sigmund Klemmer
ECSK		1766	(error) ICSK
IKSC		1767	(error) ICSK
IMH, MH		1705-12	Joh. Michael Hofmann
IZV		1761-65	Joh. Zanobio Weber
(mm)	MM monogram	1703-05, 1707-08	Matthias Mittermayer

MONETARY SYSTEM

Before 1857
8 Heller = 4 Pfennig = 1 Kreuzer
60 Kreuzer = 1 Florin (Gulden)
2 Florin = 1 Species or Convention Thaler

MINTAGES

The mintage figures listed for the Hall Mint in the Tyrol represent the combined emissions for Maria Theresa and Franz I from 1745 to 1765 and Maria Theresa with Joseph II from 1765 to 1780. It was a frequent practice at Hall to strike coins with dies made in and bearing the date of earlier years. See Tyrol for mintages of Maria Theresa issues having no counterpart date and denomination of Franz I or Joseph II.

HOLY ROMAN EMPIRE STANDARD COINAGE

KM# 1417 PFENNIG

Silver **Ruler:** Joseph I **Obv:** Value in heart on double-headed eagle, date below **Mint:** Munich **Note:** Uniface. Prev. KM#1180.

Date	Mintage	VG	F	VF	XF	Unc
1705	—	7.50	15.00	30.00	65.00	—

KM# 1111 PFENNIG

Billon **Ruler:** Leopold I **Obv:** Carinthian arms in diamond, one digit of date on each side **Mint:** Saint Veit **Note:** Uniface. Prev. KM#1635.

Date	Mintage	VG	F	VF	XF	Unc
1705	—	4.00	8.00	17.50	35.00	—

KM# 1419 PFENNIG

Billon **Ruler:** Joseph I **Obv:** Crowned imperial eagle, crown divides date **Mint:** Vienna **Note:** Uniface. Prev. KM#1900.

Date	Mintage	VG	F	VF	XF	Unc
1705	—	6.00	12.50	25.00	60.00	—
1706	—	6.00	12.50	25.00	60.00	—
1707	—	6.00	12.50	25.00	60.00	—
1708	—	6.00	12.50	25.00	60.00	—
1710	—	6.00	12.50	25.00	60.00	—
1711	—	6.00	12.50	25.00	60.00	—

KM# 1418 PFENNIG

Silver **Ruler:** Joseph I **Obv:** Value in circle **Mint:** Munich **Note:** Prev. KM#1181.

Date	Mintage	VG	F	VF	XF	Unc
1706	—	7.50	15.00	35.00	75.00	—
1707	—	7.50	15.00	35.00	75.00	—
1708	—	7.50	15.00	35.00	75.00	—
1709	—	7.50	15.00	35.00	75.00	—
1710	—	7.50	15.00	35.00	85.00	—
1711	—	7.50	15.00	35.00	85.00	—

KM# 1482 PFENNIG

Billon **Ruler:** Joseph I **Obv:** Carinthian arms in diamond, one digit of date on each side **Mint:** Saint Veit **Note:** Uniface. Prev. KM#1665.

Date	Mintage	VG	F	VF	XF	Unc
1707	—	25.00	50.00	100	200	—

KM# 1481 PFENNIG

Billon **Ruler:** Joseph I **Mint:** Graz **Note:** Uniface. Prev. KM#480.

Date	Mintage	VG	F	VF	XF	Unc
1707	—	9.00	18.00	40.00	85.00	—
1711 Rare	—	—	—	—	—	—

KM# 1514 PFENNIG

Billon **Ruler:** Karl (Charles) VI **Obv:** Value in circle on eagle's breast **Mint:** Vienna **Note:** Uniface. Prev. KM#1915.

Date	Mintage	VG	F	VF	XF	Unc
1712	—	6.00	14.00	30.00	65.00	—

KM# 1513 PFENNIG

Silver **Ruler:** Karl (Charles) VI **Mint:** Munich **Note:** Uniface. Prev. KM#1187.

Date	Mintage	VG	F	VF	XF	Unc
1712	—	10.00	20.00	55.00	120	—
1713	—	10.00	20.00	55.00	120	—
1714	—	10.00	20.00	55.00	120	—

KM# 1532 PFENNIG

Billon **Ruler:** Karl (Charles) VI **Obv:** Value in heart on eagle's breast **Mint:** Vienna **Note:** Prev. KM#1916.

Date	Mintage	VG	F	VF	XF	Unc
1713	—	6.00	14.00	30.00	65.00	—
1714 Rare	—	—	—	—	—	—
1723	—	6.00	14.00	30.00	65.00	—
1726	—	6.00	14.00	30.00	65.00	—
1738 Rare	—	—	—	—	—	—
1740	—	6.00	14.00	30.00	65.00	—

KM# 1531 PFENNIG

Billon **Ruler:** Karl (Charles) VI **Obv:** Crowned imperial eagle, crown divides date **Mint:** Graz **Note:** Varieties exist. Uniface. Prev. KM#490.

Date	Mintage	VG	F	VF	XF	Unc
1713	—	8.00	16.00	35.00	75.00	—
1718 Rare	—	—	—	—	—	—
1723	—	7.00	15.00	30.00	65.00	—
1727	—	7.00	15.00	30.00	65.00	—

KM# 1622 PFENNIG

Billon **Ruler:** Karl (Charles) VI **Obv:** Crowned arms in cartouche, date divided at top **Mint:** Graz **Note:** Prev. KM#491.

Date	Mintage	VG	F	VF	XF	Unc
1728	—	5.00	10.00	20.00	50.00	—
1730	—	5.00	10.00	20.00	50.00	—
1731	—	5.00	10.00	20.00	50.00	—
1733	—	5.00	10.00	20.00	50.00	—
1740	—	5.00	10.00	20.00	50.00	—

KM# 1337 2 PFENNIG

Silver **Ruler:** Leopold I **Obv:** Three shields of arms - one above two, divided date in arc **Mint:** Vienna **Note:** Varieties exist. Uniface. Prev. KM#1851.

Date	Mintage	VG	F	VF	XF	Unc
1701	—	6.00	12.00	25.00	50.00	—
1707	—	6.00	12.00	25.00	50.00	—

KM# 1131 2 PFENNIG

Billon **Ruler:** Leopold I **Obv:** Three shields of arms **Mint:** Graz **Note:** Varieties exist. Uniface. Prev. KM#447.

Date	Mintage	VG	F	VF	XF	Unc
1702	—	4.00	8.00	16.00	35.00	—

KM# 1228 2 PFENNIG

Silver **Ruler:** Leopold I **Obv:** Bottom shields round **Mint:** Saint Veit **Note:** Uniface. Prev. KM#1637.

Date	Mintage	VG	F	VF	XF	Unc
1705	—	7.00	13.00	27.50	60.00	—

KM# 1483 2 PFENNIG

Silver **Ruler:** Joseph I **Obv:** Crowned imperial double eagle with value on breast **Mint:** Munich **Note:** Uniface. Prev. KM#1182.

Date	Mintage	VG	F	VF	XF	Unc
1707	—	15.00	30.00	65.00	125	—
1709	—	15.00	30.00	65.00	125	—
1710	—	15.00	30.00	65.00	125	—

KM# 1566 2 PFENNIG

Silver **Ruler:** Karl (Charles) VI **Mint:** Munich **Note:** Uniface. Prev. KM#1188.

Date	Mintage	VG	F	VF	XF	Unc
1714	—	15.00	30.00	65.00	130	—

KM# 1685 1/4 KREUZER (Quadrans)

Billon **Ruler:** Maria Theresa **Obv:** Tyrolean eagle **Rev:** Value in three lines, date below **Mint:** Hall **Note:** Prev. KM#705.

Date	Mintage	VG	F	VF	XF	Unc
1742	874,000	5.00	10.00	20.00	35.00	—
1743	718,000	5.00	10.00	20.00	35.00	—
1744	724,000	5.00	10.00	20.00	35.00	—
1745	804,000	5.00	10.00	20.00	35.00	—
1746	718,000	5.00	10.00	20.00	35.00	—
1747	799,000	5.00	10.00	20.00	35.00	—

KM# 1760 1/4 KREUZER (Quadrans)

Billon **Ruler:** Maria Theresa **Obv:** Crowned imperial eagle with Tyrolean arms on breast, value below **Mint:** Hall **Note:** Uniface. Prev. KM#706.

Date	Mintage	VG	F	VF	XF	Unc
1748	758,000	6.00	12.00	25.00	50.00	—
1749	809,000	6.00	12.00	25.00	50.00	—

KM# 1777 1/4 KREUZER (Quadrans)

Billon **Ruler:** Maria Theresa **Obv:** Date above Tyrolean eagle **Rev:** Blank **Mint:** Hall **Note:** Prev. KM#707.

Date	Mintage	VG	F	VF	XF	Unc
1750	625,000	10.00	15.00	30.00	60.00	—

KM# 1778 1/4 KREUZER (Quadrans)

Billon **Ruler:** Maria Theresa **Obv:** Date above Tyrolean eagle **Rev:** Large fraction **Mint:** Hall **Note:** Prev. KM#708.

Date	Mintage	VG	F	VF	XF	Unc
1750	Inc. above	5.00	10.00	20.00	50.00	200
1751	438,000	5.00	10.00	20.00	50.00	200
1752	599,000	5.00	10.00	20.00	50.00	200
1753	473,000	5.00	10.00	20.00	50.00	200
1754	377,000	5.00	10.00	20.00	50.00	200
1755	288,000	5.00	10.00	20.00	50.00	200
1756	277,000	5.00	10.00	20.00	50.00	200
1758	204,000	5.00	10.00	20.00	50.00	200
1759	128,000	5.00	10.00	20.00	50.00	200

KM# 1486 1/2 KREUZER

Billon **Ruler:** Joseph I **Obv:** Three shields - one above two, date divided at top **Mint:** Vienna **Note:** Uniface. Prev. KM#1901.

Date	Mintage	VG	F	VF	XF	Unc
1707	—	7.50	15.00	30.00	65.00	—

KM# 1485 1/2 KREUZER

Silver **Ruler:** Joseph I **Obv:** Three shields, one above two, date divided at top **Mint:** Graz **Note:** Uniface. Prev. KM#481.

Date	Mintage	VG	F	VF	XF	Unc
1707	—	8.00	16.00	35.00	75.00	—
1708	—	8.00	16.00	35.00	75.00	—
1711	—	8.00	16.00	35.00	75.00	—

KM# 1504 1/2 KREUZER

Billon **Ruler:** Joseph I **Mint:** Vienna **Note:** Uniface. Prev. KM#1902.

Date	Mintage	VG	F	VF	XF	Unc
1709	—	10.00	20.00	40.00	85.00	—

KM# 1534 1/2 KREUZER

Billon **Ruler:** Karl (Charles) VI **Obv:** Date in straight line divided by top shield **Rev:** Crowned eagle with center shield **Mint:** Vienna **Note:** Uniface. Prev. KM#1917.

Date	Mintage	VG	F	VF	XF	Unc
1713	—	10.00	20.00	40.00	85.00	—
1714	—	10.00	20.00	40.00	85.00	—

KM# 1533 1/2 KREUZER

Silver **Ruler:** Karl (Charles) VI **Obv:** Crowned imperial eagle, value divides date at bottom **Mint:** Graz **Note:** Varieties exist. Uniface. Prev. KM#492.

Date	Mintage	VG	F	VF	XF	Unc
1713	—	4.00	8.00	17.50	45.00	—
1714	—	4.00	8.00	17.50	45.00	—
1715	—	4.00	8.00	17.50	45.00	—
1716	—	4.00	8.00	17.50	45.00	—
1717	—	4.00	8.00	17.50	45.00	—
1718	—	7.00	15.00	30.00	65.00	—
1723	—	4.00	8.00	17.50	45.00	—
1726 Rare	—	—	—	—	—	—
1727	—	4.00	8.00	17.50	45.00	—
1728	—	4.00	8.00	17.50	45.00	—
1729	—	4.00	8.00	17.50	45.00	—

KM# 1567 1/2 KREUZER

Billon **Ruler:** Karl (Charles) VI **Obv:** Three shields - one above two, date divided at top in arc near border **Mint:** Vienna **Note:** Prev. KM#1918.

Date	Mintage	VG	F	VF	XF	Unc
1714	—	5.00	10.00	20.00	45.00	—
1715	—	5.00	10.00	20.00	45.00	—
1716	—	5.00	10.00	20.00	45.00	—
1717	—	5.00	10.00	20.00	45.00	—
1718	—	5.00	10.00	20.00	45.00	—
1719	—	5.00	10.00	20.00	45.00	—
1720	—	5.00	10.00	20.00	45.00	—
1721	—	5.00	10.00	20.00	45.00	—
1722	—	5.00	10.00	20.00	45.00	—
1723	—	6.00	14.00	30.00	70.00	—
1725	—	6.00	14.00	30.00	70.00	—
1728	—	5.00	10.00	20.00	45.00	—
1740	—	5.00	10.00	20.00	45.00	—

KM# 1637 1/2 KREUZER

Billon **Ruler:** Karl (Charles) VI **Obv:** Three shields **Mint:** Graz **Note:** Varieties exist. Prev. KM#493.

Date	Mintage	VG	F	VF	XF	Unc
1730	—	5.00	10.00	20.00	55.00	—
1731 Rare	—	—	—	—	—	—
1733 Rare	—	—	—	—	—	—
1738	—	5.00	10.00	20.00	55.00	—
1739	—	5.00	10.00	20.00	55.00	—
1740	—	5.00	10.00	20.00	55.00	—

KM# 1671 1/2 KREUZER

Silver **Ruler:** Maria Theresa **Obv:** Crowned arms in branches, crown divides M - T; date at bottom **Mint:** Graz **Note:** Prev. KM#515.

Date	Mintage	VG	F	VF	XF	Unc
1741	—	5.00	10.00	20.00	45.00	—
1742	—	3.00	7.50	15.00	35.00	—

KM# 1707 1/2 KREUZER

Silver **Ruler:** Maria Theresa **Obv:** Crowned large arms in branches, crown divides date, value at bottom **Mint:** Graz **Note:** Prev. KM#516.

Date	Mintage	VG	F	VF	XF	Unc
1744	—	3.00	7.50	15.00	35.00	—
1745	—	3.00	7.50	15.00	35.00	—

KM# 1751 1/2 KREUZER

Silver **Ruler:** Maria Theresa **Obv:** Three shields, top shield divides date, value between bottom two **Mint:** Graz **Note:** Prev. KM#517.

Date	Mintage	VG	F	VF	XF	Unc
1747	—	3.00	7.50	15.00	35.00	—
1748	—	3.00	7.50	15.00	35.00	—
1749	—	3.00	7.50	15.00	35.00	—

KM# 1229 KREUZER

Silver **Ruler:** Leopold I **Mint:** Vienna **Note:** Varieties exist. Prev. KM#1852.

Date	Mintage	VG	F	VF	XF	Unc
1701	—	8.00	17.00	33.00	65.00	—
1702	—	8.00	17.00	33.00	65.00	—

KM# 1240 KREUZER

Silver **Ruler:** Leopold I **Obv:** Portrait and titles of Leopold I **Rev:** Date divided below arms **Mint:** Graz **Note:** Varieties exist. Prev. KM#449.

Date	Mintage	VG	F	VF	XF	Unc
1702	—	8.00	17.00	33.00	65.00	—
1703	—	8.00	17.00	33.00	65.00	—
1705	—	8.00	17.00	33.00	65.00	—

KM# 1423 KREUZER

Silver **Ruler:** Joseph I **Obv:** Bust right **Obv. Legend:** IOSEPHUS •D•G•R•I•S•... **Mint:** Hall **Note:** Varieties exist. Prev. KM#660.

Date	Mintage	VG	F	VF	XF	Unc
ND	2,705,000	5.00	10.00	20.00	45.00	—

KM# 1425 KREUZER

Silver **Ruler:** Joseph I **Obv:** Laureate bust right in inner circle **Rev:** Crowned imperial eagle in inner circle, date in legend **Mint:** Vienna **Note:** Prev. KM#1903.

Date	Mintage	VG	F	VF	XF	Unc
1705	—	5.00	10.00	22.50	50.00	—
1706	—	—	—	—	—	—
Note: Reported, not confirmed						
1707	—	4.00	8.00	17.50	35.00	—

Date	Mintage	VG	F	VF	XF	Unc
1709	—	—	—	—	—	—

Note: Reported, not confirmed

KM# 1424 KREUZER
Silver **Ruler:** Joseph I **Obv:** Bust right **Rev:** Crowned imperial double eagle with value on breast **Mint:** Munich **Note:** Prev. KM#1183.

Date	Mintage	VG	F	VF	XF	Unc
1705 (s)	—	9.00	18.00	40.00	100	—
1706 (s)	—	9.00	18.00	40.00	100	—
1707 (s)	—	9.00	18.00	40.00	100	—
1708 (s)	—	9.00	18.00	40.00	100	—
1709 (s)	—	9.00	18.00	40.00	100	—
1710 (s)	—	9.00	18.00	40.00	100	—

KM# 1422 KREUZER
Silver **Ruler:** Joseph I **Obv:** Bust right **Rev:** Crowned imperial eagle with value on breast, date divided at top **Mint:** Augsburg **Note:** Prev. KM#137.

Date	Mintage	VG	F	VF	XF	Unc
1705	—	8.00	15.00	35.00	70.00	—
1706	—	8.00	15.00	35.00	70.00	—
1707	—	8.00	15.00	35.00	70.00	—
1708	—	8.00	15.00	35.00	70.00	—
1709	—	8.00	15.00	35.00	70.00	—
1710	—	8.00	15.00	35.00	70.00	—

KM# 1461 KREUZER
Silver **Ruler:** Joseph I **Obv:** Laureate bust right in inner circle, value below **Rev:** Arms on cross of St. George and St. Andrew in inner circle, date below **Mint:** Graz **Note:** Prev. KM#482.

Date	Mintage	VG	F	VF	XF	Unc
1706 IA	—	7.00	15.00	30.00	65.00	—
1707 IA	—	7.00	15.00	30.00	65.00	—
1708 IA	—	7.00	15.00	30.00	65.00	—
1709 IA	—	7.00	15.00	30.00	65.00	—
1710 IA	—	7.00	15.00	30.00	65.00	—
1711 IA	—	7.00	15.00	30.00	65.00	—
ND	—	7.00	15.00	30.00	65.00	—

KM# 1487 KREUZER
Silver **Ruler:** Joseph I **Obv:** Bust right in inner circle, value below **Obv. Legend:** IOSEPHVS • D • G • R • I • S • A • ... **Rev:** Arms on cross of St. George and St. Andrew in inner circle, date below **Mint:** Saint Veit **Note:** Prev. KM#1666.

Date	Mintage	VG	F	VF	XF	Unc
1707 IP	—	25.00	50.00	100	200	—

KM# 1511 KREUZER
Silver **Ruler:** Karl (Charles) VI **Obv:** Laureate bust right **Rev:** Crowned imperial eagle, date in legend **Mint:** Vienna **Note:** Prev. KM#1919.

Date	Mintage	VG	F	VF	XF	Unc
ND	—	7.50	15.00	32.00	70.00	—

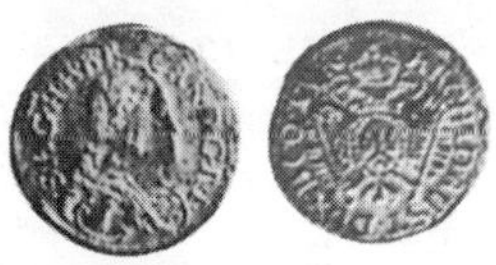

KM# 1510 KREUZER
Silver **Ruler:** Karl (Charles) VI **Obv:** Bust right **Rev:** Crowned imperial double eagle with arms on breast **Mint:** Hall **Note:** Varieties exist. Prev. KM#676.

Date	Mintage	VG	F	VF	XF	Unc
ND	655,000	3.00	7.50	15.00	35.00	—
1713	738,000	3.00	7.50	15.00	35.00	—
1714	6,507,000	5.00	10.00	20.00	40.00	—
1724	6,176,000	5.00	10.00	20.00	45.00	—

KM# 1515 KREUZER
Silver **Ruler:** Karl (Charles) VI **Obv:** Bust right **Mint:** Augsburg **Note:** Prev. KM#B145.

Date	Mintage	VG	F	VF	XF	Unc
1712	—	10.00	20.00	40.00	80.00	—

KM# 1516 KREUZER
Silver **Ruler:** Karl (Charles) VI **Obv:** Bust right **Obv. Legend:** CAR • VI • D • G • R • ... **Rev:** Crowned imperial double eagle with arms on breast **Mint:** Munich **Note:** Prev. KM#1189.

Date	Mintage	VG	F	VF	XF	Unc
1712 (s)	—	8.00	16.00	35.00	75.00	—

KM# 1537 KREUZER
Silver **Ruler:** Karl (Charles) VI **Obv:** Laureate bust right in inner circle, value below **Mint:** Saint Veit **Note:** Prev. KM#1675.

Date	Mintage	VG	F	VF	XF	Unc
1713	—	25.00	50.00	100	200	—

KM# 1538 KREUZER
Silver **Ruler:** Karl (Charles) VI **Rev:** Crowned imperial eagle in inner circle, crown divides date **Mint:** Saint Veit **Note:** Prev. KM#1676.

Date	Mintage	VG	F	VF	XF	Unc
1713	—	25.00	50.00	100	200	—

KM# 1536 KREUZER
Silver **Ruler:** Karl (Charles) VI **Obv:** Bust right within inner circle **Obv. Legend:** CAROL • VI • D • G • R • I • ... **Rev:** Crowned imperial double eagle with arms on breast within circle **Rev. Legend:** ARCHID : AVS : DVXBVRG : STYRIÆ • **Mint:** Graz **Note:** Varieties exist. Prev. KM#494.

Date	Mintage	VG	F	VF	XF	Unc
1713	—	5.00	10.00	20.00	50.00	—
1715	—	5.00	10.00	20.00	50.00	—
1717	—	5.00	10.00	20.00	50.00	—
1718	—	5.00	10.00	20.00	50.00	—
1720	—	5.00	10.00	20.00	50.00	—
1721	—	5.00	10.00	20.00	50.00	—
1722	—	5.00	10.00	20.00	50.00	—
1723	—	5.00	10.00	20.00	50.00	—
1724	—	5.00	10.00	20.00	50.00	—
1725	—	5.00	10.00	20.00	50.00	—
1726	—	5.00	10.00	20.00	50.00	—
1727	—	5.00	10.00	20.00	50.00	—
1728	—	5.00	10.00	20.00	50.00	—
1729	—	5.00	10.00	20.00	50.00	—
1730	—	5.00	10.00	20.00	50.00	—
1731	—	5.00	10.00	20.00	50.00	—

KM# 1638 KREUZER
Silver **Ruler:** Karl (Charles) VI **Obv:** Without inner circle **Rev:** Without inner circle **Mint:** Graz **Note:** Varieties exist. Prev. KM#495.

Date	Mintage	VG	F	VF	XF	Unc
1730	—	4.00	8.00	16.00	45.00	—
1732	—	4.00	8.00	16.00	45.00	—
1733	—	4.00	8.00	16.00	45.00	—
1734	—	4.00	8.00	16.00	45.00	—
1735	—	4.00	8.00	16.00	45.00	—
1736	—	4.00	8.00	16.00	45.00	—
1737	—	4.00	8.00	16.00	45.00	—
1738	—	4.00	8.00	16.00	45.00	—
1739	—	4.00	8.00	16.00	45.00	—
1740	—	4.00	8.00	16.00	45.00	

KM# 1509 KREUZER
Silver **Ruler:** Karl (Charles) VI **Obv:** Bust right **Rev:** Crowned imperial double eagle with arms on breast **Mint:** Hall **Note:** Varieties exist. Prev. KM#675.

Date	Mintage	VG	F	VF	XF	Unc
ND(1711)	Inc. below	3.00	7.50	15.00	35.00	—

KM# 1689 KREUZER
Billon **Ruler:** Maria Theresa **Obv:** Bust right **Obv. Legend:** MAR • THERES • D • G • REG • HU • BO • **Rev:** Multi-fold shield in cartouche **Mint:** Vienna **Note:** Varieties exist in shield design. Prev. KM#1935.

Date	Mintage	VG	F	VF	XF	Unc
1742	—	3.00	6.00	12.00	30.00	—
1743	—	3.00	6.00	12.00	30.00	—
1744	—	3.00	6.00	12.00	30.00	—
1745	—	3.00	6.00	12.00	30.00	—

KM# 1686 KREUZER
Billon **Ruler:** Maria Theresa **Obv:** Bust right **Rev:** Large eagle, value below **Mint:** Hall **Note:** Prev. KM#709.

Date	Mintage	VG	F	VF	XF	Unc
1742	248,000	6.00	12.00	25.00	60.00	—

KM# 1687 KREUZER
Billon **Ruler:** Maria Theresa **Obv:** Tyrolean eagle in crowned cartouche, value below **Mint:** Hall **Note:** Prev. KM#710.

Date	Mintage	VG	F	VF	XF	Unc
1742	Inc. above	6.00	12.00	25.00	60.00	—

KM# 1688 KREUZER
Billon **Ruler:** Maria Theresa **Obv:** Bust right, value below shoulder **Rev:** Eagle in cartouche **Mint:** Hall **Note:** Mint records show 252,000 mint for 1744, almost certainly dated 1742-43. Prev. KM#711.

Date	Mintage	VG	F	VF	XF	Unc
1742	Inc. above	5.00	10.00	20.00	45.00	—
1743	215,000	5.00	10.00	20.00	45.00	—

KM# 1701 KREUZER
Silver **Ruler:** Maria Theresa **Obv:** Bust right **Obv. Legend:** MAR • THERES • D • G • REG • HUN • BO • **Rev:** Crowned multi-fold shield **Rev. Legend:** ARCH • AUS • DUX • ... **Mint:** Graz **Note:** Prev. KM#518.

Date	Mintage	VG	F	VF	XF	Unc
1743	—	6.50	13.50	27.50	65.00	—

KM# 1708 KREUZER
Silver **Ruler:** Maria Theresa **Rev. Legend:** BUR • & STYR • **Mint:** Graz **Note:** Prev. KM#519.

Date	Mintage	VG	F	VF	XF	Unc
1744	—	5.00	10.00	20.00	45.00	—

KM# 1718 KREUZER
Silver **Ruler:** Maria Theresa **Obv:** Bust right **Rev:** Crowned shield **Rev. Legend:** ARCH • AUS... **Mint:** Graz **Note:** Prev. KM#520.

Date	Mintage	VG	F	VF	XF	Unc
1745	—	4.00	8.00	17.50	35.00	—

KM# 1719 KREUZER
Billon **Ruler:** Maria Theresa **Rev:** Eagle in cartouche, value below **Mint:** Hall **Note:** Prev. KM#712.

Date	Mintage	VG	F	VF	XF	Unc
1745	243,000	5.00	10.00	20.00	45.00	—
1746	169,000	5.00	10.00	20.00	45.00	—
1747	351,000	5.00	10.00	20.00	45.00	—

KM# 1735 KREUZER
Billon **Ruler:** Maria Theresa **Rev:** Imperial eagle with shield **Mint:** Vienna **Note:** Prev. KM#1936.

Date	Mintage	VG	F	VF	XF	Unc
1746	—	3.00	6.00	12.00	25.00	—
1747/6	—	3.50	7.50	15.00	35.00	—
1747	—	3.00	6.00	12.00	25.00	—
1748	—	3.00	6.00	12.00	25.00	—
1749	—	3.00	6.00	12.00	25.00	—
1750	—	3.00	6.00	12.00	25.00	—
1751	—	3.00	6.00	12.00	25.00	—
1752	—	3.00	6.00	12.00	25.00	—
1753	—	3.00	6.00	12.00	25.00	—
1755	—	7.00	15.00	30.00	50.00	—
1759	—	—	—	—	—	—

Note: Reported, not confirmed; For later issues refer to Uniform Coinage

KM# 1752 KREUZER
Silver **Ruler:** Maria Theresa **Obv:** Bust right **Obv. Legend:** M • THER • D • G • R • I • GER • HUN • ... **Rev:** Imperial double eagle with arms on breast, value below **Rev. Legend:** ARCH • AVST • DUX • BURG • ... **Mint:** Graz **Note:** Prev. KM#521.

Date	Mintage	VG	F	VF	XF	Unc
1747	—	3.00	7.50	15.00	30.00	—
1748	—	3.00	7.50	15.00	30.00	—

AUSTRIA

KM# 1761.1 KREUZER
Billon **Ruler:** Maria Theresa **Obv:** Bust right without value below shoulder **Rev:** Crowned imperial eagle with Tyrolean arms on breast, value below **Mint:** Hall **Note:** Prev. KM#713.1.

Date	Mintage	VG	F	VF	XF	Unc
1748	231,000	3.00	6.00	15.00	35.00	—
1750	121,000	3.00	6.00	15.00	35.00	—
1752	1,231,000	3.00	6.00	10.00	25.00	—
1753	992,000	3.00	6.00	10.00	25.00	—
1754	205,000	3.00	6.00	10.00	25.00	—
1755	225,000	3.00	6.00	10.00	25.00	—
1756	155,000	3.00	6.00	10.00	25.00	—
1757	83,000	3.00	6.00	10.00	25.00	—

KM# 1771 KREUZER
Silver **Ruler:** Maria Theresa **Obv:** Bust right **Rev:** Crowned imperial double eagle with arms on breast, value below **Rev. Legend:** ARCHID... **Mint:** Graz **Note:** Prev. KM#522.

Date	Mintage	VG	F	VF	XF	Unc
1749	—	3.00	7.50	15.00	30.00	—
1751	—	5.00	10.00	20.00	40.00	—
1753	—	3.00	7.50	15.00	30.00	—
1754	—	—	—	—	—	—

Note: Reported, not confirmed

KM# 1761.2 KREUZER
Billon **Ruler:** Maria Theresa **Rev:** Cross after date **Mint:** Hall **Note:** Mint records show 150,000 pieces minted for 1758, probably struck with dies from earlier years. Varieties exist. Prev. KM#713.2.

Date	Mintage	VG	F	VF	XF	Unc
1751	—	12.00	25.00	50.00	80.00	—

KM# 1818 KREUZER
Silver **Ruler:** Maria Theresa **Rev. Legend:** AUS... and BUR... **Mint:** Graz **Note:** Prev. KM#523.

Date	Mintage	VG	F	VF	XF	Unc
1755 Division DU-X	—	3.00	7.50	15.00	30.00	—
1755 Division R-I GE	—	3.00	7.50	15.00	30.00	—

KM# 1820 KREUZER
Silver **Ruler:** Maria Theresa **Obv:** Bust right **Rev:** Crowned imperial double eagle with arms on breast, value below **Mint:** Graz **Note:** Prev. KM#524.

Date	Mintage	VG	F	VF	XF	Unc
1756	—	3.00	7.50	15.00	30.00	—
1757	—	4.00	8.00	17.50	35.00	—
1758/7	—	5.00	10.00	20.00	40.00	—
1758	—	3.00	7.50	15.00	30.00	—
1762	—	—	—	—	—	—

KM# 1412 3 KREUZER
Silver **Ruler:** Leopold I **Obv:** Bust right in inner circle **Rev:** Two plain shields, crown above divides date **Mint:** Hall **Note:** Prev. KM#627.

Date	Mintage	VG	F	VF	XF	Unc
1701 Rare	103,000	—	—	—	—	—

KM# 1116 3 KREUZER
Silver **Ruler:** Leopold I **Obv:** Bust right in inner circle **Obv. Legend:** LEOPOLDVS • D • G • R • I • .... **Rev:** Three shields in inner circle **Mint:** Saint Veit **Note:** Varieties exist. Prev. KM#1639.

Date	Mintage	VG	F	VF	XF	Unc
1701 IP	—	10.00	22.50	45.00	90.00	—
1702 IP	—	10.00	22.50	45.00	90.00	—
1703 IP	—	10.00	22.50	45.00	90.00	—
1704 IP	—	10.00	22.50	45.00	90.00	—
1705 IP	—	10.00	22.50	45.00	90.00	—
1706	—	12.00	27.50	55.00	100	—

Note: Coins dated 1706 are a posthumous issue

KM# 1115 3 KREUZER
Silver **Ruler:** Leopold I **Obv:** Portrait right and titles of Leopold I **Rev:** Three shields in inner circle, date at top **Mint:** Graz **Note:** Varieties exist. Prev. KM#450.

Date	Mintage	VG	F	VF	XF	Unc
1701 IA	—	8.00	17.00	33.00	70.00	—
1702 IA	—	8.00	17.00	33.00	70.00	—
1703 IA	—	8.00	17.00	33.00	70.00	—
1704 IA	—	8.00	17.00	33.00	70.00	—
1705 IA	—	8.00	17.00	33.00	70.00	—

KM# 1430 3 KREUZER
Silver **Ruler:** Joseph I **Obv:** Bust right **Rev:** Crowned imperial double eagle with arms on breast **Mint:** Munich **Note:** Prev. KM#1184.

Date	Mintage	VG	F	VF	XF	Unc
1705 (s)	—	10.00	20.00	45.00	120	—
1706 (s)	—	10.00	20.00	45.00	120	—
1707 (s)	—	10.00	20.00	45.00	120	—
1708 (s)	—	10.00	20.00	45.00	120	—
1709 (s)	—	10.00	20.00	45.00	120	—
1710 (s)	—	10.00	20.00	45.00	120	—
1711 (s)	—	10.00	20.00	45.00	120	—

KM# 1428 3 KREUZER
Silver **Ruler:** Joseph I **Obv:** Bust right **Mint:** Augsburg **Note:** Prev. KM#138.

Date	Mintage	VG	F	VF	XF	Unc
1705	—	10.00	20.00	40.00	80.00	—
1706	—	10.00	20.00	40.00	80.00	—
1707	—	10.00	20.00	40.00	80.00	—
1708	—	10.00	20.00	40.00	80.00	—
1709	—	10.00	20.00	40.00	80.00	—
1710	—	10.00	20.00	40.00	80.00	—
1711	—	10.00	20.00	40.00	80.00	—

KM# 1463 3 KREUZER
Silver **Ruler:** Joseph I **Obv:** Laureate bust right in inner circle, value below **Rev:** Three shields within inner circle **Mint:** Graz **Note:** Prev. KM#483.

Date	Mintage	VG	F	VF	XF	Unc
1706 IA	—	6.00	12.00	25.00	60.00	—
1707 IA	—	6.00	12.00	25.00	60.00	—
1708 IA	—	6.00	12.00	25.00	60.00	—
1709 IA	—	6.00	12.00	25.00	60.00	—
1710 IA	—	6.00	12.00	25.00	60.00	—
1711 IA	—	6.00	12.00	25.00	60.00	—

KM# 1462 3 KREUZER
Silver **Ruler:** Leopold I **Mint:** Graz **Note:** Posthumous issue. Prev. KM#451.

Date	Mintage	VG	F	VF	XF	Unc
1706 IA	—	6.00	12.00	25.00	55.00	—

KM# 1488 3 KREUZER
Silver **Ruler:** Joseph I **Obv:** Bust right **Obv. Legend:** IOSEPHUS • D • G •... **Rev:** Crowned two-fold shield **Mint:** Hall **Note:** Prev. KM#661.

Date	Mintage	VG	F	VF	XF	Unc
1707	178,000	60.00	125	200	350	—

KM# 1489 3 KREUZER
Silver **Ruler:** Joseph I **Obv:** Laureate bust right in inner circle, value below **Rev:** Three shields - one above two with ornamentation in angles in inner circle, date at top in legend **Mint:** Saint Veit **Note:** Varieties exist. Prev. KM#1667.

Date	Mintage	VG	F	VF	XF	Unc
1707 IP	—	20.00	40.00	85.00	175	—
1708 IP	—	20.00	40.00	85.00	175	—
1709 IP	—	20.00	40.00	85.00	175	—
1710 IP	—	20.00	40.00	85.00	175	—
1711 IP	—	20.00	40.00	85.00	175	—

KM# 1519 3 KREUZER
Silver **Ruler:** Karl (Charles) VI **Obv:** Bust right **Mint:** Augsburg **Note:** Legend varieties exist. Prev. KM#A143.

Date	Mintage	VG	F	VF	XF	Unc
1712	—	12.00	25.00	50.00	100	—
1713	—	12.00	25.00	50.00	100	—
1714	—	12.00	25.00	50.00	100	—

KM# 1520 3 KREUZER
Silver **Ruler:** Karl (Charles) VI **Mint:** Munich **Note:** Varieties exist. Prev. KM#1190.

Date	Mintage	VG	F	VF	XF	Unc
1712 (s)	—	15.00	30.00	65.00	125	—
1713	—	15.00	30.00	65.00	125	—
1714	—	15.00	30.00	70.00	135	—

KM# 1541 3 KREUZER
Silver **Ruler:** Karl (Charles) VI **Obv:** Bust right **Obv. Legend:** CAROLUS • VI • D: G • R • I • S • A •... **Rev:** Double eagle with shield on breast **Rev. Legend:** ARCHIDVX • AVS • & • CARINTH • **Mint:** Saint Veit **Note:** Varieties exist. Prev. KM#1677.

Date	Mintage	VG	F	VF	XF	Unc
1713	—	20.00	40.00	85.00	175	—
1714	—	20.00	40.00	85.00	175	—

KM# 1540 3 KREUZER
Silver **Ruler:** Karl (Charles) VI **Obv:** Laureate bust right in inner circle, value below **Rev:** Crowned imperial eagle in inner circle, crown divides date **Mint:** Graz **Note:** Varieties exist. Prev. KM#496.

Date	Mintage	VG	F	VF	XF	Unc
1713	—	5.00	10.00	20.00	50.00	—
1714	—	5.00	10.00	20.00	50.00	—
1715	—	5.00	10.00	20.00	50.00	—
1716	—	5.00	10.00	20.00	50.00	—
1717	—	5.00	10.00	20.00	50.00	—
1718	—	5.00	10.00	20.00	50.00	—
1719	—	5.00	10.00	20.00	50.00	—
1720	—	5.00	10.00	20.00	50.00	—
1721	—	† 5.00	10.00	20.00	50.00	—
1722	—	5.00	10.00	20.00	50.00	—
1724	—	5.00	10.00	20.00	50.00	—
1725 Rare	—	—	—	—	—	—
1727	—	5.00	10.00	20.00	50.00	—
1728	—	5.00	10.00	20.00	50.00	—

KM# 1568 3 KREUZER
Silver **Ruler:** Karl (Charles) VI **Obv:** Laureate bust right in inner circle, value below **Obv. Legend:** CAROL • VI • D • G • RO •... **Rev:** Crowned imperial eagle in inner circle, crown divides date **Rev. Legend:** ARCHIDVX • AVST: DVX • BVR • CO • TYR • **Mint:** Vienna **Note:** Prev. KM#1920.

Date	Mintage	VG	F	VF	XF	Unc
1714	—	4.00	9.00	20.00	55.00	—
1715	—	4.00	9.00	20.00	55.00	—
1716	—	4.00	9.00	20.00	55.00	—
1717	—	4.00	9.00	20.00	55.00	—
1718/7	—	4.00	9.00	20.00	55.00	—
1718	—	4.00	9.00	20.00	55.00	—
1719	—	4.00	9.00	20.00	55.00	—
1720	—	4.00	9.00	20.00	55.00	—

KM# 1587 3 KREUZER

Silver **Ruler:** Karl (Charles) VI **Obv:** Bust right **Rev:** Crowned imperial double eagle with arms on breast, value encircled below **Mint:** Hall **Note:** Varieties exist. Prev. KM#677.

Date	Mintage	VG	F	VF	XF	Unc
1716	14,000	7.50	15.00	30.00	75.00	—
1724	—	—	—	—	—	—
Note: Reported, not confirmed						
1725	—	—	—	—	—	—
Note: Reported, not confirmed						
1726	—	4.00	8.00	16.00	45.00	—
1727	56,000	4.00	8.00	16.00	45.00	—
1728	22,000	4.00	8.00	16.00	45.00	—
1729	25,000	—	—	—	—	—
1730	215,000	—	—	—	—	—
1731	503,000	4.00	8.00	16.00	45.00	—
1733	217,000	4.00	8.00	16.00	45.00	—
1734	187,000	4.00	8.00	16.00	45.00	—
1736	142,000	4.00	8.00	16.00	45.00	—
1737	257,000	4.00	8.00	16.00	45.00	—
1739	226,000	4.00	8.00	16.00	45.00	—
1740	117,000	20.00	35.00	75.00	125	—

KM# 1606 3 KREUZER

Silver **Ruler:** Karl (Charles) VI **Obv:** Large laureate bust right **Rev:** Crowned imperial eagle, value below, date in legend **Mint:** Vienna **Note:** Varieties exist. Prev. KM#1921.

Date	Mintage	VG	F	VF	XF	Unc
1721	—	4.00	9.00	20.00	55.00	—
1722	—	4.00	9.00	20.00	55.00	—
1723	—	4.00	9.00	20.00	55.00	—
1724	—	4.00	9.00	20.00	55.00	—
1725	—	4.00	9.00	20.00	55.00	—
1726	—	4.00	9.00	20.00	55.00	—
1727	—	4.00	9.00	20.00	55.00	—
1728	—	4.00	9.00	20.00	55.00	—
1729	—	4.00	9.00	20.00	55.00	—
1730	—	4.00	9.00	20.00	55.00	—
1731	—	4.00	9.00	20.00	55.00	—
1732	—	4.00	9.00	20.00	55.00	—
1733	—	4.00	9.00	20.00	55.00	—
1734	—	4.00	9.00	20.00	55.00	—
1735	—	4.00	9.00	20.00	55.00	—
1736	—	4.00	9.00	20.00	55.00	—
1737	—	4.00	9.00	20.00	55.00	—
1738	—	4.00	9.00	20.00	55.00	—
1739	—	4.00	9.00	20.00	55.00	—
1740	—	4.00	9.00	20.00	55.00	—

KM# 1627 3 KREUZER

Silver **Ruler:** Karl (Charles) VI **Obv:** Large laureate bust right **Rev:** Crowned imperial eagle, value below, crown divides date **Mint:** Graz **Note:** Prev. KM#497.

Date	Mintage	VG	F	VF	XF	Unc
1729	—	6.00	12.50	25.00	60.00	—
1730	—	6.00	12.50	25.00	60.00	—
1732	—	6.00	12.50	25.00	60.00	—
1734	—	6.00	12.50	25.00	60.00	—
1738	—	6.00	12.50	25.00	60.00	—
1739	—	6.00	12.50	25.00	60.00	—
1740	—	6.00	12.50	25.00	60.00	—

KM# 1659 3 KREUZER

Silver **Ruler:** Karl (Charles) VI **Obv:** Bust right **Obv. Legend:** CAR • VI • D • G • R • I • S • A • G • HI • H • B • REX • **Rev:** Crowned imperial double eagle with arms on breast, value encircled below **Mint:** Hall **Note:** Prev. KM#678.

Date	Mintage	VG	F	VF	XF	Unc
1738	186,000	4.00	8.00	16.00	45.00	—

KM# 1660 3 KREUZER

Silver **Ruler:** Karl (Charles) VI **Obv:** Value below bust **Mint:** Hall **Note:** Prev. KM#679.

Date	Mintage	VG	F	VF	XF	Unc
1739	Inc. above	12.50	25.00	50.00	100	—

KM# 1672 3 KREUZER

1.7000 g., 0.3440 Silver 0.0188 oz. ASW **Ruler:** Maria Theresa **Obv:** Young bust right **Rev:** Crowned arms with Austrian shield **Mint:** Vienna **Note:** Prev. KM#1937.

Date	Mintage	VG	F	VF	XF	Unc
1741	—	15.00	35.00	75.00	150	—

KM# 1691 3 KREUZER

1.7000 g., 0.3440 Silver 0.0188 oz. ASW **Ruler:** Maria Theresa **Rev:** Crowned arms in branches **Mint:** Vienna **Note:** Prev. KM#1938.

Date	Mintage	VG	F	VF	XF	Unc
1742	—	4.00	7.00	15.00	40.00	—
1743	—	4.00	7.00	15.00	40.00	—
1744	—	4.00	7.00	15.00	40.00	—
1745	—	4.00	7.00	15.00	40.00	—

KM# 1690 3 KREUZER

Silver **Ruler:** Maria Theresa **Obv:** Bust right **Rev:** Crowned multi-fold shield in cartouche, value below **Mint:** Graz **Note:** Prev. KM#525.

Date	Mintage	VG	F	VF	XF	Unc
1742	—	8.00	16.00	37.50	80.00	—

KM# 1702 3 KREUZER

Silver **Ruler:** Maria Theresa **Obv:** Mature bust right **Mint:** Graz **Note:** Prev. KM#526.

Date	Mintage	VG	F	VF	XF	Unc
1743	—	7.50	15.00	32.00	65.00	—

KM# 1709 3 KREUZER

Silver **Ruler:** Maria Theresa **Obv:** Young bust right **Obv. Legend:** MAR • THERESIA D: G • REG • HI • HU • & BOH • **Rev:** Crowned multi-fold arms **Mint:** Graz **Note:** Prev. KM#527.

Date	Mintage	VG	F	VF	XF	Unc
1744	—	7.50	15.00	35.00	75.00	—
1745	—	10.00	20.00	40.00	85.00	—

KM# 1720 3 KREUZER

Billon **Ruler:** Maria Theresa **Obv:** Bust right **Rev:** Crowned arms in branches, value below **Mint:** Hall **Note:** Prev. KM#714.

Date	Mintage	VG	F	VF	XF	Unc
1745	—	3.00	6.00	12.00	25.00	—

KM# 1721 3 KREUZER

Billon **Ruler:** Maria Theresa **Rev:** Crowned arms in flowers, value below **Mint:** Hall **Note:** Struck with roller die. Mint records show 308,000 pieces for 1745-47, probably all dated 1745. Prev. KM#715.

Date	Mintage	VG	F	VF	XF	Unc
1745	—	8.00	12.50	20.00	30.00	—

KM# 1736 3 KREUZER

1.7000 g., 0.3440 Silver 0.0188 oz. ASW **Ruler:** Maria Theresa **Obv. Legend:** ... REG • **Rev:** Crowned eagle with heart-shaped shield on breast **Mint:** Vienna **Note:** Prev. KM#1939.

Date	Mintage	VG	F	VF	XF	Unc
1746	—	5.00	10.00	20.00	50.00	—
1747	—	5.00	10.00	20.00	50.00	—
1748	—	5.00	10.00	20.00	50.00	—
1749	—	5.00	10.00	30.00	70.00	—

KM# 1762.1 3 KREUZER

Billon **Ruler:** Maria Theresa **Obv:** Crowned bust right **Obv. Legend:** M • THERES • D: G • R • I • GE • HU • BO • REG • **Rev:** Crowned imperial double eagle with arms on breast, value below **Rev. Legend:** ARCH • AUST • DUX • BU • COM • TYR • **Mint:** Hall **Note:** Prev. KM#716.1.

Date	Mintage	VG	F	VF	XF	Unc
1748	223,000	4.00	7.50	15.00	35.00	—
1749	126,000	4.00	7.50	15.00	35.00	—
1750	182,000	4.00	7.50	15.00	35.00	—

KM# 1772 3 KREUZER

Silver **Ruler:** Maria Theresa **Obv:** Bust right **Rev:** Crowned imperial double eagle with crowned arms on breast, encircled value below **Mint:** Graz **Note:** Prev. KM#528.

Date	Mintage	VG	F	VF	XF	Unc
1749	—	7.50	15.00	30.00	60.00	—
1750	—	7.50	15.00	35.00	75.00	—

KM# 1779 3 KREUZER

1.7000 g., 0.3440 Silver 0.0188 oz. ASW **Ruler:** Maria Theresa **Obv:** Smaller head **Rev:** Crowned eagle with spade-shaped shield on breast **Mint:** Vienna **Note:** Prev. KM#1940.

Date	Mintage	VG	F	VF	XF	Unc
1750	—	20.00	40.00	80.00	120	—

KM# 1791 3 KREUZER

1.7000 g., 0.3440 Silver 0.0188 oz. ASW **Ruler:** Maria Theresa **Rev:** Cross after date **Mint:** Vienna **Note:** Prev. KM#1941.

Date	Mintage	VG	F	VF	XF	Unc
1751	—	4.00	6.00	15.00	50.00	—
1752	—	4.00	6.00	15.00	50.00	—
1753	—	4.00	6.00	15.00	40.00	—
1754	—	4.00	6.00	15.00	50.00	—
1755	—	4.00	6.00	15.00	50.00	—
1756/5	—	4.00	6.00	17.50	45.00	—
1756	—	4.00	6.00	15.00	40.00	—
1757	—	4.00	6.00	15.00	40.00	—
1759	—	4.00	6.00	15.00	40.00	—
1760	—	6.00	15.00	25.00	50.00	—
1761	—	4.00	6.00	15.00	50.00	—
1762	—	6.00	15.00	25.00	40.00	—
1763	—	4.00	6.00	15.00	40.00	—
1764/3	—	4.00	7.50	17.50	45.00	—
1764	—	4.00	6.00	15.00	40.00	—
1765	—	4.00	6.00	15.00	40.00	—
Note: For later issues refer to Uniform Coinage						

KM# 1790 3 KREUZER

Silver **Ruler:** Maria Theresa **Rev:** Cross after date **Mint:** Graz **Note:** Prev. KM#529.

Date	Mintage	VG	F	VF	XF	Unc
1751	—	7.50	15.00	35.00	75.00	—
1752	—	12.50	25.00	50.00	100	—
1754	—	10.00	20.00	45.00	90.00	—

KM# 1762.2 3 KREUZER

Billon **Ruler:** Maria Theresa **Rev:** Cross after date **Mint:** Hall **Note:** Varieties exist. Prev. KM#716.2.

Date	Mintage	VG	F	VF	XF	Unc
1752	—	—	—	—	—	—
Note: Reported, not confirmed						
1753	384,000	4.00	7.50	15.00	30.00	—
1754	113,000	4.00	7.50	15.00	30.00	—
1755	90,000	4.00	7.50	15.00	30.00	—
1760	102,000	10.00	20.00	40.00	90.00	—
1762	300,000	15.00	30.00	60.00	125	—
1763	125,000	4.00	7.50	15.00	30.00	—
1764	122,000	4.00	7.50	15.00	30.00	—
1765	82,000	4.00	7.50	15.00	30.00	—

KM# 1832 3 KREUZER

Silver **Ruler:** Maria Theresa **Rev:** Legend rotated 180 degrees **Mint:** Graz **Note:** Prev. KM#530.

Date	Mintage	VG	F	VF	XF	Unc
1765	—	12.50	25.00	55.00	110	—

KM# 1833 5 KREUZER

2.3300 g., 0.4380 Silver 0.0328 oz. ASW **Ruler:** Maria Theresa **Obv:** Young bust right in wreath **Rev:** Eagle, value below **Mint:** Vienna **Note:** Prev. KM#1942.

Date	Mintage	VG	F	VF	XF	Unc
1765	—	20.00	40.00	100	200	—

KM# 1863 5 KREUZER

2.3300 g., 0.4380 Silver 0.0328 oz. ASW **Ruler:** Maria Theresa **Obv:** Veiled bust right in wreath **Obv. Legend:** M • THERESIA • D • G • R • IMP • HU • BO • REG • **Rev:** Crowned imperial double eagle with arms on breast **Rev. Legend:** ARCHID • AUST • DUX • BURG • CO • TYR • **Mint:** Vienna **Note:** Prev. KM#1943.

Date	Mintage	VG	F	VF	XF	Unc
1772 C-K	—	20.00	45.00	100	220	—
1778 C-A	—	20.00	35.00	90.00	200	—
1779 C-A	—	20.00	35.00	90.00	200	—
Note: For later issues refer to Uniform Coinage						

KM# 1870 5 KREUZER

Billon **Ruler:** Maria Theresa **Obv:** Veiled bust right in wreath **Rev:** Crowned imperial eagle with Tyrolean arms at center **Mint:** Hall **Note:** Prev. KM#717.

Date	Mintage	VG	F	VF	XF	Unc
1778 VC-S	—	30.00	60.00	125	250	—
1779 VC-S	187,000	30.00	60.00	125	250	—

KM# 1491 6 KREUZER

Silver **Ruler:** Joseph I **Obv:** Bust right **Obv. Legend:** IOSEPHUS • D: G: ROM: IMP: ... **Rev:** Crowned two-fold shield **Mint:** Hall **Note:** Prev. KM#662.

Date	Mintage	VG	F	VF	XF	Unc
1707	357,000	40.00	80.00	160	275	—
1711/07	87,000	40.00	80.00	160	275	—
1711	Inc. above	40.00	80.00	160	275	—

AUSTRIA

KM# 1569 6 KREUZER
Silver **Ruler:** Karl (Charles) VI **Obv:** Crowned imperial double eagle with arms on breast, value below **Obv. Legend:** CAROLUS • VI • D: G: R: I: S: A: G: H: H: B: R: **Rev. Legend:** ARCHIDUX • AVST • DUX • BV • CO • TYR • **Mint:** Hall **Note:** Varieties exist. Prev. KM#680.

Date	Mintage	VG	F	VF	XF	Unc
1714	120,000	7.50	20.00	50.00	100	—
1715	267,000	7.50	15.00	35.00	75.00	—
1717	169,000	7.50	20.00	50.00	100	—
1718	264,000	7.50	20.00	50.00	100	—
1719	244,000	7.50	15.00	35.00	75.00	—
1720	188,000	7.50	15.00	35.00	75.00	—
1721	419,000	7.50	15.00	35.00	75.00	—
1722	307,000	7.50	15.00	35.00	75.00	—
1723	505,000	7.50	15.00	35.00	75.00	—
1724	410,000	7.50	15.00	35.00	75.00	—

KM# 1588 6 KREUZER
Silver **Ruler:** Karl (Charles) VI **Obv:** Bust right **Obv. Legend:** CAROLVS • VI • D: G • R • I • ... **Rev:** Crowned imperial double eagle with arms on breast **Rev. Legend:** ARCHIDVX • AVS • & • CARINTHIAE • **Mint:** Saint Veit **Note:** Prev. KM#1678.

Date	Mintage	VG	F	VF	XF	Unc
1716	—	60.00	120	250	450	—

KM# 1615 6 KREUZER
Silver **Ruler:** Karl (Charles) VI **Obv:** Armored bust right **Obv. Legend:** CAR • VI • D • G • R • I • S • A • G • E • HI • HV • BO • REX • **Rev:** Crowned imperial double eagle with arms on breast, value below **Rev. Legend:** ARCHID • AUSTR • DUX • BV • COM • TYROL • **Mint:** Hall **Note:** Varieties exist. Prev. KM#681.

Date	Mintage	VG	F	VF	XF	Unc
1724	Inc. above	7.50	15.00	35.00	75.00	—
1725	412,000	7.50	15.00	35.00	75.00	—
1726	—	7.50	15.00	35.00	75.00	—
1728	833,000	7.50	15.00	35.00	75.00	—
1729	629,000	7.50	15.00	35.00	75.00	—
1730	512,000	7.50	15.00	35.00	75.00	—
1731	367,000	7.50	15.00	35.00	75.00	—
1732	255,000	7.50	15.00	35.00	75.00	—
1734 Rare	224,000	—	—	—	—	—
1735	157,000	7.50	15.00	35.00	75.00	—
1736	716,000	6.50	12.50	32.00	70.00	—
1737	770,000	6.50	12.50	32.00	70.00	—
1738	464,000	6.50	12.50	32.00	70.00	—
1739	375,000	6.50	12.50	32.00	70.00	—
1740	362,000	6.50	12.50	32.00	70.00	—

KM# 1623 6 KREUZER
Silver **Ruler:** Karl (Charles) VI **Obv:** Laureate bust right **Rev:** Crowned imperial eagle, value below, date in legend **Mint:** Graz **Note:** Prev. KM#498.

Date	Mintage	VG	F	VF	XF	Unc
1728	—	60.00	120	200	350	—

KM# 1661 6 KREUZER
Silver **Ruler:** Karl (Charles) VI **Obv:** Legend begins at lower left **Obv. Legend:** CAR • VI • D • G • R • I • S • A • GE • HI • HV • B • REX • **Rev:** Crowned imperial double eagle with arms on breast, value below **Rev. Legend:** ARCHID • AVST • DVX • BV • COM • TYR • **Mint:** Hall **Note:** Prev. KM#682.

Date	Mintage	VG	F	VF	XF	Unc
1739	Inc. above	7.50	15.00	35.00	75.00	—

KM# 1673 6 KREUZER
3.2900 g., 0.4380 Silver 0.0463 oz. ASW **Ruler:** Maria Theresa **Obv:** Bust right **Obv. Legend:** MAR • THERESIA D: G • REG • HUNG • BOH • **Rev:** Crowned four-fold arms within cartouche **Rev. Legend:** ARCH • AUST • DUX BUR • CO • TYR • **Mint:** Vienna **Note:** Varieties in legend abbreviations and positioning exist. Prev. KM#1944.

Date	Mintage	VG	F	VF	XF	Unc
1741	—	7.50	15.00	35.00	70.00	—
1742	—	7.50	15.00	30.00	60.00	—
1743	—	7.50	15.00	30.00	60.00	—
1744	—	7.50	15.00	30.00	60.00	—
1745	—	7.50	15.00	35.00	70.00	—

KM# 1692 6 KREUZER
Billon **Ruler:** Maria Theresa **Obv:** Bust right **Obv. Legend:** MAR • THERESIA • D: G • REG • HUNG • BOH • **Rev:** Crowned four-fold arms within cartouche **Rev. Legend:** ARCHID • AUST • DUX BUR • COM • TYR • **Mint:** Hall **Note:** Varieties exist in legend abbreviations and cartouche. Prev. KM#718.

Date	Mintage	VG	F	VF	XF	Unc
1742	691,000	5.00	10.00	20.00	45.00	—
1745	647,000	5.00	10.00	20.00	45.00	—
1746	843,000	15.00	35.00	75.00	150	—

KM# 1703 6 KREUZER
Silver **Ruler:** Maria Theresa **Obv:** Bust right **Obv. Legend:** MAR • THERESIA • D: G • REG • HUNG • & BOH • **Rev:** Crowned 4-fold arms within sprays **Rev. Legend:** ARCHID • AUS • DUX BURG & STYR • **Mint:** Graz **Note:** Prev. KM#531.

Date	Mintage	VG	F	VF	XF	Unc
1743	—	13.50	27.50	55.00	125	—
1744	—	13.50	27.50	55.00	125	—
1745	—	13.50	27.50	55.00	125	—

KM# 1704 6 KREUZER
Billon **Ruler:** Maria Theresa **Obv:** Smaller bust **Mint:** Hall **Note:** Prev. KM#719.

Date	Mintage	VG	F	VF	XF	Unc
1743	860,000	5.00	10.00	20.00	45.00	—

KM# 1711 6 KREUZER
Billon **Ruler:** Maria Theresa **Obv:** ... ET • BO • **Mint:** Hall **Note:** Varieties exist in legend abbreviations. Prev. KM#720.

Date	Mintage	VG	F	VF	XF	Unc
1744	987,000	5.00	10.00	20.00	40.00	—

KM# 1710 6 KREUZER
Silver **Ruler:** Maria Theresa **Obv:** Bust right **Rev:** Crowned four-fold arms within cartouche **Mint:** Graz **Note:** Varieties exist. Prev. KM#532.

Date	Mintage	VG	F	VF	XF	Unc
1744	—	10.00	20.00	45.00	100	—
1745	—	10.00	20.00	45.00	100	—

KM# 1724 6 KREUZER
Billon **Ruler:** Maria Theresa **Obv:** Modified bust, legend begins opposite forehead **Rev:** Crowned imperial eagle with Tyrolean arms at center **Mint:** Hall **Note:** Varieties exist in legend abbreviations. Prev. KM#723.

Date	Mintage	VG	F	VF	XF	Unc
1745	Inc. above	4.00	8.00	12.50	25.00	—

KM# 1722 6 KREUZER
Billon **Ruler:** Maria Theresa **Obv:** Bust drapes without tassels **Mint:** Hall **Note:** Prev. KM#721.

Date	Mintage	VG	F	VF	XF	Unc
1745	647,000	4.00	8.00	12.50	25.00	—

KM# 1723 6 KREUZER
Billon **Ruler:** Maria Theresa **Rev:** Crowned cartouche in branches **Mint:** Hall **Note:** Prev. KM#722.

Date	Mintage	VG	F	VF	XF	Unc
1745	Inc. above	4.00	8.00	12.50	25.00	—

KM# 1738 6 KREUZER
3.2900 g., 0.4380 Silver 0.0463 oz. ASW **Ruler:** Maria Theresa **Rev:** Crowned eagle **Mint:** Vienna **Note:** Prev. KM#1945.

Date	Mintage	VG	F	VF	XF	Unc
1746	—	25.00	50.00	100	150	—
1747	—	20.00	40.00	60.00	100	—

Note: For later issues refer to Uniform Coinage

KM# 1753 6 KREUZER
Silver **Ruler:** Maria Theresa **Obv:** Bust right **Obv. Legend:** MAR • THERES • D: G • R • IMP • GER • HV • H • BO • REG • **Rev:** Crowned imperial eagle with panther shield on breast, value below **Rev. Legend:** ARCHID • AUSTR • DVX • BURG • & • STYR • **Mint:** Graz **Note:** Prev. KM#533.

Date	Mintage	VG	F	VF	XF	Unc
1747	—	10.00	15.00	25.00	45.00	—

KM# 1754 6 KREUZER
Billon **Ruler:** Maria Theresa **Obv:** Bust drapes without tassels **Rev:** Tyrolean eagle with multi-fold arms at center **Mint:** Hall **Note:** Prev. KM#724.

Date	Mintage	VG	F	VF	XF	Unc
1747	905,000	5.00	10.00	20.00	45.00	—

KM# 1763 6 KREUZER
Billon **Ruler:** Maria Theresa **Obv:** Bust right **Rev:** Crowned imperial eagle with Tyrolean arms on breast, value below **Mint:** Hall **Note:** Prev. KM#725.

Date	Mintage	VG	F	VF	XF	Unc
1748	550,000	5.00	10.00	20.00	45.00	—

KM# 1780 6 KREUZER
Billon **Ruler:** Maria Theresa **Obv:** Bust with embroidered drapes **Mint:** Hall **Note:** Prev. KM#726.

Date	Mintage	VG	F	VF	XF	Unc
1750	109,000	15.00	35.00	75.00	150	—

KM# 1781 6 KREUZER
Billon **Ruler:** Maria Theresa **Rev:** Tyrolean eagle with multi-fold arms at center **Mint:** Hall **Note:** Prev. KM#727.

Date	Mintage	VG	F	VF	XF	Unc
1750	Inc. above	25.00	50.00	90.00	175	—

KM# 1794 7 KREUZER
3.2400 g., 0.4200 Silver 0.0437 oz. ASW **Ruler:** Maria Theresa **Obv:** Draped bust right **Obv. Legend:** M • THERES • D: G • R • IMP • GE • HU • BO • REG • **Rev:** Crowned imperial double eagle with crowned arms on breast **Rev. Legend:** ARCH • AUST • DUX • BUR • CO • TYR • **Mint:** Vienna **Note:** Prev. KM#1946.

Date	Mintage	VG	F	VF	XF	Unc
1751	—	60.00	125	200	300	—
1752	—	40.00	80.00	150	250	—
1753	—	40.00	80.00	150	250	—
1765	—	25.00	50.00	150	175	—

Note: For later issues refer to Uniform Coinage

KM# 1792 7 KREUZER
Silver **Ruler:** Maria Theresa **Obv:** Bust right **Rev:** Crowned imperial eagle with complex arms and Styrian center shield, value below **Mint:** Graz **Note:** Prev. KM#534.

Date	Mintage	VG	F	VF	XF	Unc
1751	—	45.00	85.00	175	350	—

KM# 1793 7 KREUZER
Billon **Ruler:** Maria Theresa **Obv:** Similar to KM#1805 but bust with long hair on shoulder **Mint:** Hall **Note:** Prev. KM#728.

Date	Mintage	VG	F	VF	XF	Unc
1751	49,000	20.00	45.00	90.00	185	—

KM# 1805 7 KREUZER

Billon **Ruler:** Maria Theresa **Obv:** Draped bust right **Obv. Legend:** M • THERESIA • D: G • R • IMP • GE • HU • BO • REG • **Rev:** Crowned imperial double eagle with crowned arms on breast, value below **Rev. Legend:** ARCHID • AUST • DUX BUR • CO • TYR • **Mint:** Hall **Note:** Varieties exist in legend abbreviations and shield shape. Prev. KM#729.

Date	Mintage	VG	F	VF	XF	Unc
1752	49,000	40.00	70.00	125	200	—
1753	145,000	20.00	45.00	85.00	170	—
1754	38,000	40.00	70.00	125	200	—
1760	140,000	15.00	35.00	75.00	145	—
1761	133,000	15.00	35.00	75.00	145	—
1762	147,000	15.00	35.00	75.00	145	—
1763	164,000	15.00	35.00	75.00	135	—

KM# 1810 10 KREUZER

3.8900 g., 0.5000 Silver 0.0625 oz. ASW **Ruler:** Maria Theresa **Obv:** Bust in wreath **Rev:** Crowned eagle on pedestal **Mint:** Vienna **Note:** Prev. KM#1947.

Date	Mintage	VG	F	VF	XF	Unc
1754	—	7.50	15.00	40.00	80.00	—
1755	—	7.50	15.00	40.00	80.00	—
1756	—	7.50	15.00	40.00	80.00	—
1757	—	7.50	15.00	45.00	90.00	—
1758	—	7.50	15.00	40.00	80.00	—
1759	—	7.50	15.00	40.00	80.00	—
1760	—	7.50	15.00	40.00	80.00	—
1763	—	7.50	15.00	40.00	80.00	—
1764	—	7.50	15.00	35.00	75.00	—
1765	—	7.50	15.00	35.00	75.00	—

KM# 1809 10 KREUZER

Silver **Ruler:** Maria Theresa **Obv:** Crowned bust right within wreath of palm and laurel **Obv. Legend:** M • THERESIA • D: G • R • IMP • HU • BO • REG • **Rev:** Crowned imperial double eagle with arms on breast atop pedestal **Rev. Legend:** ARCHID • AUST • DUX • BURG • CO • STYR • **Mint:** Hall **Note:** Varieties exist in legend abbreviations and shield shape. Prev. KM#730.

Date	Mintage	VG	F	VF	XF	Unc
1754	2,055,000	8.00	15.00	35.00	75.00	—
1755	264,000	12.50	25.00	50.00	110	—
1761	54,000	12.50	25.00	50.00	110	—
1763	—	10.00	20.00	40.00	80.00	—
1764	—	10.00	20.00	40.00	80.00	—
1765	153,000	8.00	15.00	35.00	75.00	—

KM# 1808 10 KREUZER

Silver **Ruler:** Maria Theresa **Obv:** Bust right in arched branches **Rev:** Crowned imperial eagle with panther shield, value within **Mint:** Graz **Note:** Varieties exist. Prev. KM#1808.

Date	Mintage	VG	F	VF	XF	Unc
1754	—	7.50	15.00	50.00	100	—
1755	—	7.50	15.00	50.00	100	—
1756	—	7.50	15.00	50.00	100	—
1758	—	7.50	15.00	50.00	120	—
1763	—	12.50	25.00	70.00	150	—
1764	—	7.50	15.00	50.00	100	—
1765	—	7.50	15.00	50.00	90.00	—

KM# 1855 10 KREUZER

3.8900 g., 0.5000 Silver 0.0625 oz. ASW **Ruler:** Maria Theresa **Obv:** Draped bust right within wreath of palm and laurel **Obv. Legend:** M • THERESIA • D: G • R • IMP • HU • BO • REG • **Rev:** Crowned imperial double eagle with arms on breast atop pedestal **Rev. Legend:** ARCHID • AUST• DUX • BURG • CO • TYR • **Mint:** Vienna **Note:** Prev. KM#1948.

Date	Mintage	VG	F	VF	XF	Unc
1768 C-K	—	6.00	12.50	35.00	75.00	—
1769 C-K	—	30.00	60.00	100	150	—
1769 IC-SK	—	6.00	12.50	35.00	75.00	—
1770 C-K	—	6.00	12.50	35.00	75.00	—
1771 C-K	—	6.00	12.50	35.00	75.00	—

Date	Mintage	VG	F	VF	XF	Unc
1772/1 C-K	—	6.00	12.50	35.00	80.00	—
1772 C-K	—	6.00	12.50	35.00	75.00	—
1773 C-K	—	6.00	12.50	35.00	75.00	—
1773 IC-SK	—	30.00	60.00	100	150	—
1774 C-A	—	6.00	12.50	35.00	75.00	—
1775 C-A	—	6.00	12.50	35.00	75.00	—
1776 C-A	—	6.00	12.50	35.00	75.00	—
1777 C-A	—	6.00	12.50	35.00	75.00	—
1778 C-A	—	6.00	12.50	35.00	75.00	—
1779 C-A	—	6.00	12.50	35.00	75.00	—
1780 C-A	—	6.00	12.50	35.00	75.00	—

Note: For later issues refer to Uniform Coinage

KM# 1862 10 KREUZER

Silver **Ruler:** Maria Theresa **Obv:** Veiled head right in wreath **Rev:** Crowned imperial double eagle, arms on breast, value below date in legend **Mint:** Hall **Note:** Prev. KM#731.

Date	Mintage	VG	F	VF	XF	Unc
1770 AS	31,000	15.00	30.00	60.00	125	—
1771 AS	156,000	10.00	20.00	45.00	90.00	—
1772 AS	115,000	10.00	20.00	45.00	90.00	—
1773 AS	113,000	15.00	30.00	60.00	125	—
1774 AS	79,000	12.50	25.00	50.00	110	—
1774 VC-S	Inc. above	20.00	45.00	90.00	175	—
1775 VC-S	—	10.00	20.00	40.00	80.00	—
1776 VC-S	30,000	15.00	30.00	60.00	120	—
1777 VC-S	23,000	10.00	20.00	40.00	80.00	—
1778 VC-S	777,000	10.00	20.00	40.00	80.00	—
1778 VC-S	Inc. above	10.00	15.00	35.00	75.00	—
1779 VC-S	57,000	15.00	30.00	60.00	125	—
1780 VC-S	37,000	20.00	45.00	90.00	175	—

KM# 1302 15 KREUZER

Silver **Ruler:** Leopold I **Obv:** Bust right, value in Roman numerals **Rev:** Crowned imperial eagle **Mint:** Saint Veit **Note:** Varieties exist. Prev. KM#1649.

Date	Mintage	VG	F	VF	XF	Unc
1701	—	16.50	35.00	65.00	125	—

KM# 1624 15 KREUZER

Silver **Ruler:** Karl (Charles) VI **Obv:** Draped bust right **Obv. Legend:** CAR • VI • D: G • R • I • S • A • GE • HI • HU • BO • REX • **Rev:** Crowned imperial double eagle with arms on breast, value below **Rev. Legend:** • ARCHID • AUSTR • DUX • BURG • & • STYRIÆ • **Mint:** Graz **Note:** Prev. KM#499.

Date	Mintage	VG	F	VF	XF	Unc
1728	—	25.00	50.00	100	200	—

KM# 1654 15 KREUZER

Silver **Ruler:** Karl (Charles) VI **Obv:** Laureate bust right **Rev:** Crowned imperial eagle, value below, date in legend **Mint:** Hall **Note:** Prev. KM#683.

Date	Mintage	VG	F	VF	XF	Unc
1734	—	—	—	—	—	—

KM# 1674 15 KREUZER

6.4000 g., 0.5630 Silver 0.1158 oz. ASW **Ruler:** Maria Theresa **Obv:** Young bust right **Rev:** Crowned arms, cartouche above value **Mint:** Vienna **Note:** Prev. KM#1949.

Date	Mintage	VG	F	VF	XF	Unc
1741	—	15.00	35.00	70.00	150	—
1742/1	—	15.00	40.00	80.00	165	—
1742	—	15.00	35.00	70.00	150	—

KM# 1693 15 KREUZER

Silver **Ruler:** Maria Theresa **Obv:** Young draped bust right **Obv. Legend:** MAR • THERESIA • D: G • REG • HUNG & • BOH • **Rev:** Crowned four-fold arms within sprays **Rev. Legend:** ARCHID • AUSTR • DUX • BURG • & • STYRIÆ • **Mint:** Graz **Note:** Prev. KM#536.

Date	Mintage	VG	F	VF	XF	Unc
1742	—	13.50	27.50	70.00	150	—

KM# 1755 15 KREUZER

6.4000 g., 0.5630 Silver 0.1158 oz. ASW **Ruler:** Maria Theresa **Obv:** Older, small bust right **Rev:** Eagle with Austrian shield, value below **Mint:** Vienna **Note:** Prev. KM#1950.

Date	Mintage	VG	F	VF	XF	Unc
1747	—	12.50	25.00	60.00	120	—
1748	—	12.50	25.00	60.00	120	—
1749	—	12.50	25.00	60.00	120	—
1750	—	40.00	80.00	150	250	—

Note: For later issues refer to Uniform Coinage

KM# 1764 15 KREUZER

Silver **Ruler:** Maria Theresa **Obv:** Draped bust right **Obv. Legend:** M: THERES: D: G: R: I: GER: HUNG: & • BOH: REG: **Rev:** Crowned imperial double eagle with arms on breast, value below **Rev. Legend:** • ARCHID: AUSTR: DUX: BURG: ET: STYRIÆ • **Mint:** Graz **Note:** Varieties exist in reverse legend. Prev. KM#537.

Date	Mintage	VG	F	VF	XF	Unc
1748	—	30.00	60.00	125	200	—
1749	—	30.00	60.00	125	200	—
1750	—	30.00	60.00	125	200	—

KM# 1765 15 KREUZER

Silver **Ruler:** Maria Theresa **Obv:** Bust right **Rev:** Crowned imperial eagle with crowned arms on breast, value below **Mint:** Hall **Note:** Varieties exist. Prev. KM#732.

Date	Mintage	VG	F	VF	XF	Unc
1748	62,000	30.00	60.00	125	250	—
1749	255,000	30.00	60.00	125	250	—
1750	218,000	25.00	50.00	100	200	—

KM# 1782 17 KREUZER

6.1200 g., 0.5420 Silver 0.1066 oz. ASW **Ruler:** Maria Theresa **Obv:** Draped bust with tassels right **Obv. Legend:** M • THERESIA • D • G • R • IMP • GE • HU • BO • REG • **Rev:** Crowned imperial double eagle with Austrian arms on breast, value below **Rev. Legend:** ARCHID • AUST • DUX • BURG • CO • TYR • **Mint:** Vienna **Note:** Varieties exist in legend positioning. Prev. KM#1951.

Date	Mintage	VG	F	VF	XF	Unc
1750	—	—	—	—	—	—
Note: Reported, not confirmed						
1751	—	7.50	15.00	35.00	85.00	—
1752	—	7.50	15.00	35.00	85.00	—
1753	—	7.50	15.00	35.00	85.00	—
1754	—	15.00	30.00	60.00	120	—
1761	—	7.50	15.00	25.00	85.00	—
1762	—	7.50	15.00	25.00	70.00	—
1763	—	7.50	15.00	25.00	70.00	—
1765	—	10.00	20.00	40.00	90.00	—

KM# 1795 17 KREUZER

Silver **Ruler:** Maria Theresa **Obv:** Draped bust right **Obv. Legend:** M • THERESIA • D: G • R • I • GER • HU • & • BO • REG • **Rev:** Crowned imperial double eagle with crowned arms on breast, value below **Rev. Legend:** ARCHID • AUSTR • DUX - BURG • & • STYR • **Mint:** Graz **Note:** Varieties exist. Prev. KM#538.

Date	Mintage	VG	F	VF	XF	Unc
1751	—	—	—	—	—	—
Note: Reported, not confirmed						
1752	—	12.00	20.00	45.00	90.00	—
1753	—	12.00	20.00	45.00	90.00	—
1754	—	12.00	20.00	45.00	90.00	—
1760	—	12.00	20.00	45.00	90.00	—
1761	—	12.00	20.00	45.00	90.00	—

AUSTRIA

Date	Mintage	VG	F	VF	XF	Unc
1762	—	12.00	20.00	45.00	90.00	—
1763	—	12.00	20.00	45.00	90.00	—
1764	—	—	—	—	—	—

Note: Reported, not confirmed

| 1765 | — | — | — | — | — | — |

Note: Reported, not confirmed

KM# 1796 17 KREUZER
Silver **Ruler:** Maria Theresa **Obv:** Bust right **Rev:** Crowned imperial eagle with crowned arms on breast, value below **Mint:** Hall **Note:** Varieties exist. Prev. KM#733.

Date	Mintage	VG	F	VF	XF	Unc
1751	139,000	15.00	30.00	60.00	120	—
1753	1,085,000	15.00	30.00	60.00	120	—
1754	177,000	15.00	30.00	60.00	120	—
1757	—	15.00	35.00	70.00	150	—
1761	750,000	10.00	20.00	40.00	90.00	—
1762	208,000	10.00	25.00	50.00	100	—
1763	135,000	15.00	25.00	70.00	150	—

KM# 1825 17 KREUZER
6.1200 g., 0.5420 Silver 0.1066 oz. ASW **Ruler:** Maria Theresa **Obv:** Bust with armor on shoulder **Mint:** Vienna **Note:** Prev. KM#1952.

Date	Mintage	VG	F	VF	XF	Unc
1762	—	40.00	85.00	150	250	—

Note: For later issues refer to Uniform Coinage

KM# 1814 20 KREUZER
6.6800 g., 0.5830 Silver 0.1252 oz. ASW **Ruler:** Maria Theresa **Obv:** Bust right within wreath of laurel and palm **Obv. Legend:** M • THERESIA • D: G • R • IMP • GE • HU • BO • REG • **Rev:** Crowned imperial double eagle with arms on breast atop pedestal **Rev. Legend:** ARCHID • AUST • DUX • BURG • CO • TYR • **Mint:** Vienna **Note:** Prev. KM#1953.

Date	Mintage	VG	F	VF	XF	Unc
1754	—	4.00	8.00	15.00	30.00	—
1755	—	4.00	8.00	15.00	30.00	—
1756	—	4.00	8.00	15.00	30.00	—
1756/5	—	10.00	17.00	35.00	70.00	—
1757	—	4.00	8.00	15.00	30.00	—
1758	—	4.00	8.00	15.00	30.00	—
1759	—	4.00	8.00	15.00	30.00	—
1760	—	5.00	10.00	20.00	40.00	—
1761	—	5.00	10.00	20.00	40.00	—
1762	—	8.00	15.00	30.00	60.00	—
1763	—	3.00	4.00	9.00	18.00	—
1764	—	3.00	4.00	9.00	18.00	—
1765	—	3.00	4.00	9.00	18.00	—
1766	—	8.00	15.00	30.00	60.00	—
1766/5	—	8.00	15.00	30.00	60.00	—

KM# 1813 20 KREUZER
Silver **Ruler:** Maria Theresa **Obv:** Bust right in branches **Rev:** Crowned imperial eagle with Tyrolean arms on breast, value below **Mint:** Hall **Note:** Shield varieties exist. Prev. KM#734.

Date	Mintage	VG	F	VF	XF	Unc
1754	583,000	5.00	10.00	20.00	40.00	—
1755	622,000	7.50	12.50	25.00	50.00	—
1756	558,000	7.50	12.50	25.00	50.00	—
1758	549,000	5.00	10.00	20.00	40.00	—
1759	340,000	5.00	10.00	20.00	40.00	—
1760	70,000	5.00	10.00	20.00	40.00	—
1761	199,000	5.00	10.00	20.00	40.00	—
1763	30,000	5.00	10.00	20.00	40.00	—
1764	161,000	7.50	12.50	25.00	50.00	—
1765	132,000	5.00	7.50	10.00	25.00	—

KM# 1812 20 KREUZER
Silver **Ruler:** Maria Theresa **Obv:** Bust right in wreath **Rev:** Crowned imperial eagle with panther shield on breast, value within **Mint:** Graz **Note:** Varieties exist. Prev. KM#539.

Date	Mintage	VG	F	VF	XF	Unc
1754	—	6.50	8.50	15.00	30.00	—
1755	—	6.50	8.50	15.00	30.00	—
1756	—	6.50	8.50	15.00	30.00	—
1757	—	6.50	8.50	15.00	30.00	—
1758	—	6.50	8.50	15.00	30.00	—
1759	—	6.50	8.50	15.00	30.00	—
1760	—	6.50	8.50	15.00	30.00	—
1761	—	6.50	8.50	15.00	30.00	—
1765	—	6.50	8.50	15.00	30.00	—
1765 IK	—	6.50	8.50	15.00	30.00	—
1765 GK	—	6.50	8.50	15.00	30.00	—

KM# 540x 20 KREUZER
Silver **Ruler:** Maria Theresa **Obv:** Veiled head right **Rev:** Crowned imperial eagle on pedestal, value in pedestal **Mint:** Graz **Note:** Prev. KM#540.

Date	Mintage	VG	F	VF	XF	Unc
1767 CG-AK	—	10.00	12.00	15.00	30.00	—
1768 CvG-QK	—	10.00	12.00	15.00	30.00	—
1769 CvG-AK	—	10.00	12.00	15.00	30.00	—

Date	Mintage	VG	F	VF	XF	Unc
1770 CvG-AK	—	10.00	12.00	15.00	30.00	—
1771 CvG-AK	—	10.00	12.00	15.00	30.00	—
1772 CvG-AK	—	10.00	12.00	15.00	30.00	—

KM# 1856 20 KREUZER
Silver **Ruler:** Maria Theresa **Obv:** Veiled head right in wreath **Rev:** Crowned imperial eagle, arms on breast, value below, date in legend **Mint:** Hall **Note:** Prev. KM#735.

Date	Mintage	VG	F	VF	XF	Unc
1768 AS	246,000	6.00	8.50	12.50	25.00	—
1769 AS	259,000	6.00	8.50	12.50	25.00	—
1770 AS	280,000	6.00	8.50	12.50	25.00	—
1771 AS	164,000	6.00	8.50	12.50	25.00	—
1772 AS	153,000	6.00	8.50	12.50	25.00	—
1773 AS	418,000	6.00	8.50	12.50	25.00	—
1774 AS	307,000	6.00	8.50	12.50	25.00	—
1774 VC-S	Inc. above	7.50	15.00	35.00	70.00	—
1775 VC-S	—	6.00	8.50	12.50	25.00	—
1776 VC-S	388,000	6.00	8.50	12.50	25.00	—
1777 VC-S	337,000	6.00	8.50	12.50	25.00	—
1778 VC-S	4,568,000	3.00	5.00	10.00	20.00	—
1779 VC-S	788,000	6.00	8.50	12.50	25.00	—
1780 VC-S	300,000	6.00	8.50	12.50	25.00	—

KM# 1658 30 KREUZER
Silver **Ruler:** Karl (Charles) VI **Obv:** Bust right **Obv. Legend:** CAROL • VI • D • G • R • I • S • A • GE • HI • H • B • REX • **Rev:** Crowned imperial double eagle with arms on breast **Rev. Legend:** ARCHID • AUST • DUX • ... **Mint:** Vienna **Note:** Prev. KM#1922.

Date	Mintage	VG	F	VF	XF	Unc
1737	—	55.00	110	225	450	—

KM# 1694 30 KREUZER
Silver **Ruler:** Maria Theresa **Obv:** Young bust right divides date, value below, all within square outline **Obv. Legend:** MARIA THERESIA:D:G•REG•HUNG•BOH•**Rev:** Crowned Arms within palm and laurel spray, square outline surrounds **Rev. Legend:** ARCHID AUSTRIÆ DUX ... **Mint:** Vienna **Note:** Prev. KM#1954.

Date	Mintage	VG	F	VF	XF	Unc
1742	—	10.00	20.00	40.00	80.00	—
1743	—	15.00	25.00	55.00	110	—
1744	—	20.00	40.00	75.00	160	—
1745	—	20.00	40.00	75.00	160	—

KM# 1712 30 KREUZER
Silver **Ruler:** Maria Theresa **Obv:** Bust right divides date, value below, square outline surrounds **Obv. Legend:** MARIA • THERESIA • D: G • REGINA • HUNG & BOH • **Rev:** Crowned arms within wreath of palm and laurel, square outline surrounds **Rev. Legend:** ARCHID • AUSTRIÆ • DUX • BURG • ET • STYRIÆ • **Mint:** Graz **Note:** Prev. KM#541.

Date	Mintage	VG	F	VF	XF	Unc
1744	—	10.00	17.50	35.00	100	—
1745/4	—	10.00	25.00	50.00	125	—
1745	—	10.00	17.50	35.00	100	—

KM# 1740 30 KREUZER
Silver **Ruler:** Maria Theresa **Obv:** Bust right in rhombus **Rev:** Eagle in rhombus **Mint:** Vienna **Note:** Prev. KM#1956.

Date	Mintage	VG	F	VF	XF	Unc
1746	—	40.00	85.00	175	285	—
1747/6	—	40.00	85.00	175	285	—
1749	—	40.00	85.00	175	285	—
1750	—	40.00	85.00	175	285	—

KM# 1939 30 KREUZER
Silver **Ruler:** Maria Theresa **Mint:** Graz **Note:** Varieties exist. Prev. KM#542.

Date	Mintage	VG	F	VF	XF	Unc
1746	—	10.00	20.00	40.00	120	—
1747	—	10.00	20.00	40.00	120	—
1748	—	10.00	20.00	40.00	120	—

KM# 1766 30 KREUZER
Silver **Ruler:** Maria Theresa **Mint:** Hall **Note:** Prev. KM#736.

Date	Mintage	VG	F	VF	XF	Unc
1748	53,000	15.00	25.00	50.00	100	—
1749	118,000	15.00	25.00	50.00	100	—
1750	—	15.00	25.00	50.00	100	—

KM# 1806 30 KREUZER
Silver **Ruler:** Maria Theresa **Obv:** Value in cartouche **Rev:** Cross after date **Mint:** Hall **Note:** Prev. KM#737.

Date	Mintage	VG	F	VF	XF	Unc
1752	—	25.00	45.00	90.00	175	—

KM# 1824 30 KREUZER
Silver **Ruler:** Maria Theresa **Obv:** Value in diamond below bust right, square outline surrounds all **Obv. Legend:** MARIA THERESIA:D:G•R•I•GE•HU•BO•REG•**Rev:** Cross after date **Rev. Legend:** ARCHID • AUST • DUX BU • CO • TYR • **Mint:** Hall **Note:** Prev. KM#738.

Date	Mintage	VG	F	VF	XF	Unc
1760	—	20.00	35.00	65.00	140	—

KM# 1834 30 KREUZER
6.6800 g., 0.5830 Silver 0.1252 oz. ASW **Ruler:** Maria Theresa **Rev:** Cross after date **Mint:** Hall **Note:** Prev. KM#1957.

Date	Mintage	VG	F	VF	XF	Unc
1765	—	25.00	50.00	100	200	—

KM# 1835 30 KREUZER
Silver **Ruler:** Maria Theresa **Obv:** Draped bust right, value below, square outline surrounds all **Obv. Legend:** MARIA THERESIA D: G • R • IMP • HU • BO • REG • **Rev:** Crowned imperial double eagle with arms on breast within square outline **Rev. Legend:** AR • AUST • DUX • BURG • COM • TYR • **Mint:** Vienna **Note:** Prev. KM#1958.

Date	Mintage	VG	F	VF	XF	Unc
1765 IC-SK	—	25.00	50.00	85.00	145	—
1765 C-K	—	25.00	50.00	85.00	145	—
1766 IC-SK	—	20.00	40.00	75.00	130	—
1767 IC-SK	—	20.00	40.00	75.00	130	—
1768 IC-SK	—	10.00	20.00	45.00	90.00	—
1769 IC-SK	—	10.00	20.00	40.00	85.00	—
1770 IC-SK	—	10.00	20.00	45.00	90.00	—
1773 IC-SK	—	30.00	60.00	100	175	—

Note: For later issues refer to Uniform Coinage

Legend: CAROL • VI • D • G • R • I • S • A • GE • HI • HU • BO • REX • **Rev:** Small eagle in Order chain on large crowned eagle's breast **Rev. Legend:** ARCHID • AUST • DUX • BU • ... **Mint:** Hall **Note:** Prev. KM#687.2.

Date	Mintage	VG	F	VF	XF	Unc
1734	27,000	35.00	65.00	125	275	—

KM# 1664 1/12 THALER

Silver **Ruler:** Karl (Charles) VI **Obv:** Bust right **Rev:** Value below eagle, date in legend **Mint:** Hall **Note:** Varieties exist. Prev. KM#684.

Date	Mintage	VG	F	VF	XF	Unc
1740	12,000	40.00	75.00	150	275	—

KM# 1675 1/12 THALER

Silver **Ruler:** Maria Theresa **Mint:** Hall **Note:** Prev. KM#739.

Date	Mintage	VG	F	VF	XF	Unc
1741	19,000	35.00	65.00	140	275	—

KM# 1665 1/8 THALER

Silver **Ruler:** Karl (Charles) VI **Obv:** Laureate bust right **Rev:** Crowned imperial eagle, value below, date in legend **Mint:** Hall **Note:** Prev. KM#685.

Date	Mintage	VG	F	VF	XF	Unc
1740 Rare	—	—	—	—	—	—

KM# 1577.1 1/4 THALER

Silver **Ruler:** Karl (Charles) VI **Obv:** Laureate armored bust right **Obv. Legend:** CAROL: VI: D: G: ROM: IMP: S: A: G: H: H: B: REX • **Rev:** Crowned imperial double eagle with arms on breast, value within oval below **Rev. Legend:** ARCHIDUX • AVST: DUX • -BVRG... **Mint:** Hall **Note:** Prev. KM#686.1.

Date	Mintage	VG	F	VF	XF	Unc
ND	33,000	75.00	135	275	400	—

KM# 1666 1/4 THALER

Silver **Ruler:** Karl (Charles) VI **Obv:** Laureate bust right **Obv. Legend:** CAROL • VI • D • G • R • I • S • A • GE • HI • HU • BO • REX • **Rev:** Crowned imperial double eagle with crowned arms on breast, value encircled below **Rev. Legend:** ARCHID • AUST • DUX • BU: COM • TYROL • **Mint:** Hall **Note:** Varieties exist. Prev. KM#688.

Date	Mintage	VG	F	VF	XF	Unc
1740	42,000	20.00	40.00	80.00	175	—
1740/1	—	20.00	40.00	80.00	175	—

KM# 1577.2 1/4 THALER

Silver **Ruler:** Karl (Charles) VI **Obv:** Laureate armored bust right **Obv. Legend:** CAROLUS • VI • D: G: ROM: IMP: S: A: G: H: Ht: B: R • **Rev:** Crowned imperial double eagle with arms on breast, value within oval below **Rev. Legend:** ARCH(sic) • DUX • AUSTRIAE • DVX • BURG ... **Mint:** Hall **Note:** Prev. KM#686.2.

Date	Mintage	VG	F	VF	XF	Unc
ND	Inc. above	75.00	135	275	400	—

KM# 1577.3 1/4 THALER

Silver **Ruler:** Karl (Charles) VI **Obv:** Laureate armored bust right **Rev:** Crowned imperial double eagle with arms on breast, value within oval below **Rev. Legend:** ARCHIDUX • AUSTRIAE **Mint:** Hall **Note:** Reduced size. Varieties exist. Prev. KM#686.3.

Date	Mintage	VG	F	VF	XF	Unc
ND	Inc. above	75.00	135	275	400	—

KM# 1576 1/4 THALER

Silver **Ruler:** Karl (Charles) VI **Obv:** Laureate bust right in inner circle **Rev:** Crowned imperial eagle, date in legend **Mint:** Graz **Note:** Prev. KM#1576.

Date	Mintage	VG	F	VF	XF	Unc
1715 Rare	—	—	—	—	—	—
1729 Rare	—	—	—	—	—	—

KM# 1415 1/4 THALER

Silver **Ruler:** Leopold I **Obv:** Laureate bust right in inner circle, value below **Obv. Legend:** LEOPOLDVS • D • G • R • I • S • A • ... **Rev:** Crowned imperial eagle in inner circle, crown divides date **Rev. Legend:** ARCHI • DVX • ... **Mint:** Saint Veit **Note:** Prev. KM#1650.

Date	Mintage	VG	F	VF	XF	Unc
1704 I-P	—	200	350	575	750	—

KM# 1695 1/4 THALER

7.2050 g., 0.8750 Silver 0.2027 oz. ASW **Ruler:** Maria Theresa **Obv:** Draped bust right **Obv. Legend:** MARIA • THERESIA D: G • REG • HUNG • BOH • **Rev:** Crowned arms within cartouche, value below **Rev. Legend:** ARCHID • AVST • DUX • BU.... **Mint:** Hall **Note:** Varieties exist. Prev. KM#740.

Date	Mintage	VG	F	VF	XF	Unc
1742	—	20.00	40.00	60.00	125	—
1743	—	20.00	40.00	60.00	125	—
1744	—	20.00	40.00	60.00	125	—
1745	—	20.00	40.00	60.00	125	—

KM# 1416 1/4 THALER

Silver **Ruler:** Leopold I **Obv:** Laureate bust right in diamond above inner circle, value at bottom **Rev:** Crowned imperial eagle in diamond above inner circle, date divided at top **Rev. Legend:** ARCHID • AVST • DVX • ... **Mint:** Saint Veit **Note:** Prev. KM#1651.

Date	Mintage	VG	F	VF	XF	Unc
1704	—	200	350	575	750	—

KM# 1618.1 1/4 THALER

Silver **Ruler:** Karl (Charles) VI **Obv:** Laureate armored bust right **Obv. Legend:** CAROL • VI • D • G • R • I • S • A • G • HI • HU • B • REX • **Rev:** Small shield with eagle in Order chain on large crowned eagle's breast **Rev. Legend:** ARCHIDUX • AVST • DUX • BVRG • ... **Mint:** Hall **Note:** Prev. KM#687.1.

Date	Mintage	VG	F	VF	XF	Unc
1725	11,000	35.00	65.00	125	275	—

KM# 1642 1/4 THALER

Silver **Ruler:** Karl (Charles) VI **Obv:** Large bust without inner circle **Mint:** Graz **Note:** Prev. KM#501.

Date	Mintage	VG	F	VF	XF	Unc
1731 Rare	—	—	—	—	—	—
1739 Rare	—	—	—	—	—	—

KM# 1492 1/4 THALER

Silver **Ruler:** Joseph I **Obv:** Armored bust right **Obv. Legend:** IOSEPHUS • D: G: ROM: IMP: S • ... **Rev:** Crowned arms within Order chain **Rev. Legend:** ARCHIDV: AVST: DVX: .... **Mint:** Hall **Note:** Prev. KM#663.

Date	Mintage	VG	F	VF	XF	Unc
ND	—	75.00	135	275	400	—

KM# 1493 1/4 THALER

Silver **Ruler:** Joseph I **Mint:** Saint Veit **Note:** Prev. KM#1668.

Date	Mintage	VG	F	VF	XF	Unc
1707	—	300	600	900	1,200	—

KM# 1618.2 1/4 THALER

Silver **Ruler:** Karl (Charles) VI **Obv:** Armored bust right **Obv.**

KM# 1368 1/2 THALER

0.8330 Silver **Ruler:** Leopold I **Obv:** Thin bust right in inner circle **Rev:** Crowned imperial eagle in inner circle, crown divides date **Mint:** Vienna **Note:** Varieties exist. Prev. KM#1867.

Date	Mintage	VG	F	VF	XF	Unc
1702	—	40.00	100	175	300	—

AUSTRIA

KM# 1433 1/2 THALER
Silver **Ruler:** Joseph I **Obv:** Armored bust right **Obv. Legend:** IOSEPHUS • D: G: ROM: IMP .... **Rev:** Crowned arms within order chain **Rev. Legend:** ARCHIDVX: AVSTRI: DVX: .... **Mint:** Hall **Note:** Prev. KM#664.

Date	Mintage	VG	F	VF	XF	Unc
ND	—	50.00	100	200	350	—

KM# 1616.1 1/2 THALER
Silver **Ruler:** Karl (Charles) VI **Obv:** Laureate armored bust right **Obv. Legend:** CAROL • VI • D • G • R • ... **Rev:** With "S • A •" in legend behind bust **Rev. Legend:** ARCHID • AUST • DUX • .... **Mint:** Hall **Note:** Prev. KM#690.1.

Date	Mintage	VG	F	VF	XF	Unc
1724	68,000	35.00	75.00	150	300	—

KM# 1713 1/2 THALER
14.4100 g., 0.8750 Silver 0.4054 oz. ASW **Ruler:** Maria Theresa **Obv:** Bust right with décolletage **Obv. Legend:** MAR • THERESIA • D • G • REG • HUNG • BOH • **Rev:** Crowned arms with griffin supporters **Rev. Legend:** ARCHID • AUST • DUX BURG ... **Mint:** Vienna **Note:** Prev. KM#1960.

Date	Mintage	VG	F	VF	XF	Unc
1744	—	50.00	120	250	475	—
1745	—	50.00	120	250	475	—

KM# 1547 1/2 THALER
Silver **Ruler:** Karl (Charles) VI **Obv:** Laureate armored bust right **Obv. Legend:** CAROLUS • VI • D: G: ROM: IMP: SE: AV: G: H: H: B: REX • **Rev:** Crowned imperial double eagle with crowned arms on breast **Rev. Legend:** ARCHIDUX • AVSTRIÆ • DUX • BVRGUN... **Mint:** Hall **Note:** Varieties exist. Prev. KM#689.

Date	Mintage	VG	F	VF	XF	Unc
ND	46,000	85.00	175	350	550	—

KM# 1543 1/2 THALER
Silver **Ruler:** Karl (Charles) VI **Obv:** Bust right **Rev:** Austrian double eagle **Mint:** Augsburg **Note:** Prev. KM#A144.

Date	Mintage	VG	F	VF	XF	Unc
1713A	—	—	—	—	—	—

KM# 1643 1/2 THALER
Silver **Ruler:** Karl (Charles) VI **Obv:** Larger armored bust right **Obv. Legend:** CAROL • VI • D • G • R • I • S • A • G • E • HI • HU • BO • REX • **Rev:** Crowned imperial double eagle with arms on breast **Rev. Legend:** ARCHID • AUST • DUX • ... **Mint:** Graz **Note:** Varieties exist. Prev. KM#503.

Date	Mintage	VG	F	VF	XF	Unc
1731	—	65.00	135	250	450	—
1738	—	65.00	135	250	450	—
1739	—	65.00	135	250	450	—

KM# 1741 1/2 THALER
14.4100 g, 0.8750 Silver 0.4054 oz. ASW **Ruler:** Maria Theresa **Obv:** Bust right with décolletage **Obv. Legend:** M • THERESIA • D • G • R • IMP • GE • HU • BO • REG • **Rev:** Crowned imperial double eagle with crowned arms on breast **Rev. Legend:** ARCHID • AUST • DUX • BURG ... **Mint:** Vienna **Note:** Prev. KM#1961.

Date	Mintage	VG	F	VF	XF	Unc
1746	—	50.00	120	250	450	—
1747	—	50.00	120	250	450	—
1749	—	50.00	120	250	450	—
1751	—	45.00	110	225	400	—
1752	—	45.00	110	225	400	—
1753	—	45.00	110	225	400	—

KM# 1544 1/2 THALER
Silver **Ruler:** Karl (Charles) VI **Obv:** Armored bust right **Obv. Legend:** CAROL • VI • D • G • ROM • IMP • S • A • G • H • H • B • REX • **Rev:** Crowned imperial double eagle with arms in Order chain on breast **Rev. Legend:** ARCHIDUX • AUSTRIÆ • ... **Mint:** Augsburg **Note:** Prev. KM#C145.

Date	Mintage	VG	F	VF	XF	Unc
1713A	—	65.00	125	200	350	—

KM# 1616.2 1/2 THALER
Silver **Ruler:** Karl (Charles) VI **Obv:** Laureate armored bust right **Obv. Legend:** CAROLVS • D • G • R • I • S • A • ... **Rev:** With "S • A •" in legend in front of bust **Rev. Legend:** ARCHID • AUST • DUX • ... **Mint:** Hall **Note:** Varieties exist. Prev. KM#690.2.

Date	Mintage	VG	F	VF	XF	Unc
1733	21,000	35.00	75.00	150	300	—

KM# 1773 1/2 THALER
14.4100 g., Silver **Ruler:** Maria Theresa **Obv:** Bust right with décolletage **Obv. Legend:** MAR • THERESIA • D • G • R • IMP • GE • HU • BO • REG • **Rev:** Crowned imperial double eagle with crowned arms on breast **Rev. Legend:** ARCHID: AUST: DUX BURG ... **Mint:** Graz **Note:** Prev. KM#543.

Date	Mintage	VG	F	VF	XF	Unc
1749	—	55.00	100	150	300	—
1750	—	55.00	100	150	300	—

KM# 1546 1/2 THALER
Silver **Ruler:** Karl (Charles) VI **Obv:** Armored bust right **Obv. Legend:** CAROL VI • D • G • R: I: GER: HISP: ... **Rev:** Crowned imperial double eagle with arms on breast **Mint:** Graz **Note:** Prev. KM#502.

Date	Mintage	VG	F	VF	XF	Unc
1713	—	65.00	135	250	450	—
1714	—	65.00	135	250	450	—
1728	—	65.00	135	250	450	—

KM# 1677 1/2 THALER
14.4100 g., 0.8750 Silver 0.4054 oz. ASW **Ruler:** Maria Theresa **Obv:** Bust right with décolletage **Obv. Legend:** MAR • THERESIA D: G • REG • HUNG • BOH • **Rev:** Crowned arms **Rev. Legend:** ARCHID • AUST • DUX BURG ... **Mint:** Vienna **Note:** Prev. KM#1959.

Date	Mintage	VG	F	VF	XF	Unc
1741	—	65.00	145	275	500	—
1742	—	65.00	145	275	500	—
1743	—	65.00	145	275	500	—

KM# 1797 1/2 THALER
14.0300 g., Silver **Ruler:** Maria Theresa **Obv:** Bust right with décolletage **Obv. Legend:** MAR • THERESIA • D • G • R • IMP • GE • HU • BO • REG • **Rev:** Similar to KM#1773 but with cross after date **Rev. Legend:** ARCHID AUST DUX BURG ... **Mint:** Graz **Note:** Varieties exist in legend abbreviations. Prev. KM#544.

Date	Mintage	VG	F	VF	XF	Unc
1751	—	55.00	100	150	285	—
1752	—	55.00	100	150	285	—
1753	—	55.00	100	150	285	—
1754	—	55.00	100	150	285	—

KM# 1815 1/2 THALER
14.0300 g., 0.8330 Silver 0.3757 oz. ASW **Ruler:** Maria Theresa **Mint:** Vienna **Note:** Legend varieties exist. Prev. KM#1961a.

Date	Mintage	VG	F	VF	XF	Unc
1754	—	45.00	110	225	400	—
1755	—	45.00	110	225	400	—
1756	—	45.00	110	225	400	—
1757	—	45.00	110	225	400	—

Date	Mintage	VG	F	VF	XF	Unc
1774 VC-S	—	25.00	45.00	75.00	165	—
1775 VC-S	—	25.00	45.00	75.00	165	—
1776 VC-S	—	25.00	45.00	75.00	165	—
1777 VC-S	—	25.00	45.00	75.00	165	—

Date	Mintage	VG	F	VF	XF	Unc
1701	—	25.00	55.00	100	175	300
1702	—	25.00	55.00	100	175	300
1703	—	25.00	55.00	100	175	300
1704	—	25.00	55.00	100	175	300
1705	—	25.00	55.00	100	175	300

KM# 1821 1/2 THALER
14.0300 g., 0.8330 Silver 0.3757 oz. ASW **Ruler:** Maria Theresa **Obv:** Bust right with décolletage **Obv. Legend:** M • THERESIA • D • G • R • IMP • GE • HU • BO • REG • **Rev:** Crowned imperial double eagle with crowned arms on breast **Rev. Legend:** ARCHID • AUST • DUX • BU • COM • ... **Mint:** Hall **Note:** 1/2 Convention Thaler. Prev. KM#741.

Date	Mintage	VG	F	VF	XF	Unc
1756	—	35.00	65.00	125	225	—
1757	—	35.00	65.00	125	225	—
1759	—	35.00	65.00	125	225	—
1760	—	35.00	65.00	125	225	—
1761	—	35.00	65.00	125	225	—
1762	—	35.00	65.00	125	225	—
1763	—	35.00	65.00	125	225	—
1764	—	35.00	65.00	125	225	—
1765	—	35.00	65.00	125	225	—

KM# 1846 1/2 THALER
14.0300 g., 0.8330 Silver 0.3757 oz. ASW **Ruler:** Maria Theresa **Obv:** Veiled bust right **Obv. Legend:** M • THERESIA • D: G • R • IMP • HU • BO • REG • **Rev:** Crowned imperial double eagle with crowned arms on breast **Rev. Legend:** ARCHID • AUST • DUX • BURG • ... **Mint:** Vienna **Note:** 1/2 Convention Thaler. Prev. KM#1963.

Date	Mintage	VG	F	VF	XF	Unc
1766 IC-SK	—	22.00	50.00	85.00	175	—
1767 IC-SK	—	22.00	50.00	85.00	175	—
1768 IC-SK	—	22.00	50.00	85.00	175	—
1769 IC-SK	—	22.00	50.00	85.00	175	—
1770 IC-SK	—	22.00	50.00	85.00	175	—
1771 IC-SK	—	22.00	50.00	85.00	175	—

KM# 1864 1/2 THALER
14.0300 g., 0.8330 Silver 0.3757 oz. ASW **Ruler:** Maria Theresa **Obv:** Beaded brooch on shoulder **Mint:** Vienna **Note:** Prev. KM#1990.

Date	Mintage	VG	F	VF	XF	Unc
1772 IC-SK	—	22.00	50.00	85.00	175	—

KM# 1303.4 THALER
Silver **Ruler:** Leopold I **Obv:** Old laureate bust right in inner circle **Obv. Legend:** LEOPOLDVS • D: G: ROM: IMP: SE: A: G: H: B: REX • **Rev:** Crowned arms within Order chain **Rev. Legend:** ARCHID: AVST: DVX: BV: COM: TYR: **Mint:** Hall **Note:** Dav. #3245. Varieties exist. Prev. KM#644.4.

Date	Mintage	VG	F	VF	XF	Unc
1701	—	25.00	85.00	145	300	550
1701 IAK	—	25.00	85.00	145	300	550
1703	—	25.00	85.00	145	300	550
1704	—	25.00	85.00	145	300	550
1704 IAK	—	25.00	85.00	145	300	550

KM# 1822 1/2 THALER
14.0300 g., 0.8330 Silver 0.3757 oz. ASW **Ruler:** Maria Theresa **Obv:** More mature bust right, more curls on neck **Obv. Legend:** M • THERESIA • D • G • R • IMP • GE • HU • BO • REG • **Rev:** Crowned imperial double eagle with crowned arms on breast **Rev. Legend:** ARCHID • AUST • DUX • BURG • ... **Mint:** Vienna **Note:** Varieties exist. Prev. KM#1962.

Date	Mintage	VG	F	VF	XF	Unc
1758	—	35.00	75.00	125	250	—
1759	—	35.00	75.00	125	250	—
1760	—	35.00	75.00	125	250	—
1761	—	35.00	75.00	125	250	—
1762	—	35.00	75.00	125	250	—
1763	—	35.00	75.00	125	250	—
1764	—	35.00	75.00	125	250	—
1765	—	35.00	75.00	125	250	—

KM# 1867 1/2 THALER
14.0300 g., 0.8330 Silver 0.3757 oz. ASW **Ruler:** Maria Theresa **Obv:** Oval brooch on shoulder **Obv. Legend:** M • THERESIA • D • G • R • IMP • HU • BO • REG • **Rev:** Crowned imperial double eagle with crowned arms on breast **Rev. Legend:** ARCHID • AUST • DUX • BURG • ... **Mint:** Vienna **Note:** Prev. KM#1991.

Date	Mintage	VG	F	VF	XF	Unc
1773 IC-SK	—	22.00	50.00	85.00	175	—
1774 IC-FA	—	22.00	50.00	85.00	175	—
1775 IC-FA	—	22.00	50.00	85.00	175	—
1776 IC-FA	—	22.00	50.00	85.00	175	—
1777 IC-FA	—	22.00	50.00	85.00	175	—
1778 IC-FA	—	22.00	50.00	85.00	175	—
1779 IC-FA	—	22.00	50.00	85.00	175	—
1780 IC-FA	—	30.00	65.00	100	185	—

Note: For later issues refer to Uniform Coinage

KM# 1444 THALER
Silver **Ruler:** Joseph I **Obv:** Armored bust right **Obv. Legend:** IOSEPHUS • D: G • RO :IMP • S: A: GER: HV • BO • REX • **Rev:** Crowned imperial double eagle with crowned arms on breast **Rev. Legend:** ARCHIDVX • AVSTRIÆ • DVX • BVR • COM • TYROL • **Mint:** Vienna **Note:** Varieties exist. Dav. #1013. Prev. KM#1904. Letters IMH in garment fold.

Date	Mintage	VG	F	VF	XF	Unc
1705 IMH	—	40.00	80.00	150	250	450
1706 IMH	—	40.00	80.00	150	250	450
1707 IMH	—	40.00	80.00	150	250	450
1708 IMH	—	40.00	80.00	150	250	450
1709 IMH	—	40.00	80.00	150	250	450
1710 IMH	—	40.00	80.00	150	250	450

KM# 1848 1/2 THALER
14.0300 g., 0.8330 Silver 0.3757 oz. ASW **Ruler:** Maria Theresa **Obv:** Veiled bust right **Obv. Legend:** M • THERESIA • D: G • R • IMP • HU • BO • REG • **Rev:** Crowned imperial double eagle with crowned arms on breast **Rev. Legend:** ARCHID • AUST • DUX • BURG • ... **Mint:** Hall **Note:** Prev. KM#742.

Date	Mintage	VG	F	VF	XF	Unc
1766 AS	—	25.00	45.00	75.00	165	—
1767 AS	—	25.00	45.00	75.00	165	—
1768 AS	—	25.00	45.00	75.00	165	—
1769 AS	—	25.00	45.00	75.00	165	—
1770 AS	—	25.00	45.00	75.00	165	—
1771 AS	—	25.00	45.00	75.00	165	—
1772 AS	—	25.00	45.00	75.00	165	—
1773 AS	—	25.00	45.00	75.00	165	—

KM# 1413 THALER
Silver **Ruler:** Leopold I **Obv:** Bust right **Rev:** Crowned imperial eagle, date at right of crown **Mint:** Vienna **Note:** Dav. #1001. Prev. KM#1872.

KM# 1436 THALER
Silver **Ruler:** Joseph I **Obv:** Laureate bust right **Rev:** Crowned imperial eagle **Mint:** Brieg **Note:** Similar to 1/2 Thaler, KM#1432. Dav. #1032. Prev. KM#189.

Date	Mintage	VG	F	VF	XF	Unc
1705 CB	—	175	350	575	850	—
1706 CB	—	—	—	—	—	—

Note: Reported, not confirmed

AUSTRIA

KM# 1348.3 THALER
Silver **Ruler:** Leopold I **Obv. Legend:** ...D. G. spray ROM: OIMP:... **Mint:** Graz **Note:** Varieties exist. Dav. #3235. Prev. KM#465.3.

Date	Mintage	VG	F	VF	XF	Unc
1705	—	40.00	100	175	325	575

KM# 1437 THALER
Silver **Ruler:** Leopold I **Obv:** Laureate bust right in inner circle **Rev:** Crowned imperial double eagle with crowned arms on breast **Mint:** Graz **Note:** Varieties exist. Dav. #1002. Prev. KM#A465.3.

Date	Mintage	Good	VG	F	VF	XF
1705	—	—	30.00	55.00	125	250

KM# 1441 THALER
Silver **Ruler:** Joseph I **Obv:** Laureate armored bust right **Obv. Legend:** IOSEPHVS • D • G • R • I • S • A • G • H • B • Rx • **Rev:** Eagle's tail feathers within legend **Rev. Legend:** ARCHIDVX * AVSTRIÆ & 17-05 * **Mint:** Munich **Note:** Dav. #1033B. Prev. KM#1178.

Date	Mintage	VG	F	VF	XF	Unc
1705 (s)	—	200	350	600	1,000	—

KM# 1442 THALER
Silver **Ruler:** Joseph I **Obv:** Modified bust with changed robe **Mint:** Munich **Note:** Dav. #1034. Prev. KM#1179.

Date	Mintage	VG	F	VF	XF	Unc
1705 (s)	—	200	350	600	1,000	—

KM# 1438.1 THALER
Silver **Ruler:** Joseph I **Obv:** Laureate armored bust right **Obv. Legend:** IOSEPHUS • D: G: ROM: IMP: SE: AV: G: HV: BO: REX • **Rev:** Arms within Order chain **Rev. Legend:** ARCHID: AVST: DVX: BV: COM: TYR • **Mint:** Hall **Note:** Dav. #1018. Prev. KM#665.1.

Date	Mintage	VG	F	VF	XF	Unc
1705	150,000	80.00	170	280	425	750
1706	157,000	80.00	170	280	425	750
1706 IAK	Inc. above	80.00	170	280	425	750
1707	429,000	80.00	170	280	425	750
1710/07	—	80.00	170	280	425	750

KM# 1435.3 THALER
Silver **Ruler:** Joseph I **Obv:** Finished end of scarf **Obv. Legend:** IOSEPHVS • D • G • R • I • S • A • G • H • B • Rx • **Rev:** Broken legend **Rev. Legend:** ARCHIDVX - AVSTRIAE & • 17 - 05 * **Mint:** Augsburg **Note:** Dav. #1034. Prev. KM#139.3.

Date	Mintage	VG	F	VF	XF	Unc
1705	—	100	300	600	1,000	—

KM# 1435.1 THALER
Silver **Ruler:** Joseph I **Obv:** Armored bust right, tassles on end of scarf **Obv. Legend:** IOSEPHVS • D • G • R • I • S • A • G • H • B • Rx • **Rev:** Continuous legend **Rev. Legend:** ARCHIDVX * AVSTRIÆ ... **Mint:** Augsburg **Note:** Austrian Administration. Dav. #1033. Prev. KM#139.1.

Date	Mintage	VG	F	VF	XF	Unc
1705	—	100	300	600	1,000	—

KM# 1439 THALER
Silver **Ruler:** Joseph I **Obv:** Bust similar to KM#1440 with two lines of armor on right arm **Rev:** Eagle's tall feathers divide legend **Mint:** Munich **Note:** Dav. #1033. Prev. KM#1176.

Date	Mintage	VG	F	VF	XF	Unc
1705 (s)	—	200	350	600	1,000	—

KM# 1435.2 THALER
Silver **Ruler:** Joseph I **Obv:** Clothing like KM#1435.3 **Rev:** Crowned imperial double eagle with arms on breast **Mint:** Augsburg **Note:** Dav. #1033. Prev. KM#139.2.

Date	Mintage	VG	F	VF	XF	Unc
1705	—	100	300	600	1,000	—

KM# 1440 THALER
Silver **Ruler:** Joseph I **Obv:** Bust with four lines of armor on right arm **Mint:** Munich **Note:** Dav. #1033A. Prev. KM#1177.

Date	Mintage	VG	F	VF	XF	Unc
1705	—	200	350	600	1,000	—

KM# 1464 THALER
Silver **Ruler:** Joseph I **Obv:** Armored bust right **Obv. Legend:** IOSEPHVS • D: G: ROm: IMP: S: A: GER: HV: ET: BO: REX • **Rev:** Arms within Order chain **Rev. Legend:** ARCHIS: AVST: DVX: BVRGV: STYRIÆ •EC • **Mint:** Graz **Note:** Dav. #1015. Prev. KM#484.

Date	Mintage	VG	F	VF	XF	Unc
1706	—	60.00	125	200	325	575

KM# 1443 THALER
Silver **Ruler:** Joseph I **Obv:** Armored bust right **Obv. Legend:** IOSEPHVS • D • G • R • I • S • A • G • H • B • R • **Rev:** Eagle's tail feathers divide legend **Rev. Legend:** ARCHIDVX - AVSTRIÆ & • 17 - 05 * **Mint:** Munich **Note:** Dav. #1034A. Prev. KM#1185.

Date	Mintage	VG	F	VF	XF	Unc
1705 (s)	—	200	350	600	1,000	—

KM# 1438.2 THALER
Silver **Ruler:** Joseph I **Obv:** Finer design in curls and harness

AUSTRIA

Obv. **Legend:** IOSEPHUS • D: G: ROM: IMP: SE: AV: G: HV: BO: REX • **Rev:** Crowned arms within Order chain **Rev. Legend:** ARCHID: AVST: DVX: BV: COM: TYR • **Mint:** Hall **Note:** Dav. #1018A. Prev. KM#665.2.

Date	Mintage	VG	F	VF	XF	Unc
1710	150,000	80.00	170	280	425	750

Legend: CAROL • VI • D: G: RO: IMP: S: A: GER: HISP: HU BO REX • **Rev:** Crowned imperial double eagle with crowned arms on breast **Rev. Legend:** • ARCHIDVX • AVSTRIÆ • DVX • BVRG • COM • TYROL • **Mint:** Vienna **Note:** Varieties exist. Dav. #1035. Prev. KM#1923.

Date	Mintage	VG	F	VF	XF	Unc
1712 MH	—	35.00	75.00	150	275	500
1713	—	35.00	75.00	150	275	500
1714	—	35.00	75.00	150	275	500
1715/2	—	35.00	75.00	150	275	500
1715/4	—	35.00	75.00	150	275	500
1715	—	35.00	75.00	150	275	500
1716/3	—	35.00	75.00	150	275	500
1716	—	35.00	75.00	150	275	500
1717/6	—	35.00	75.00	150	275	500
1717	—	35.00	75.00	150	275	500
1718	—	35.00	75.00	150	275	500

KM# 1548 THALER

Silver **Ruler:** Karl (Charles) VI **Obv:** Laureate armored bust right **Obv. Legend:** CAROL • VI • D • G • ROM • IMP • S • A • G • H • H • B • REX • **Rev:** Crowned imperial double eagle with arms on breast **Rev. Legend:** ARCHIDUX • AUSTRIÆ • DUX • COM • TYR • **Mint:** Augsburg **Note:** Dav. #1107. Prev. KM#145.

Date	Mintage	VG	F	VF	XF	Unc
1713A	—	100	250	500	900	—
1714A	—	100	250	500	900	—

KM# 1505 THALER

Silver **Ruler:** Joseph I **Obv:** Armored bust right without inner circle **Obv. Legend:** IOSEPHUS • D: G: RO IMP • S • A • GER • HV: BO: REX • **Rev:** Without inner circle **Rev. Legend:** ARCHIDVX • AUSTRIÆ • DVX • BVR • COM • TYROL • **Mint:** Vienna **Note:** Varieties exist. Dav. #1014. Prev. KM#1905. Letters IMH and HMA in garment fold.

Date	Mintage	VG	F	VF	XF	Unc
1710 IMH	—	40.00	80.00	150	250	450
1711 HMA	—	40.00	80.00	150	250	450
1711 IMH	—	40.00	80.00	150	250	450

KM# 1553 THALER

Silver **Ruler:** Karl (Charles) VI **Obv:** Armored bust right **Obv. Legend:** CAROLVS: VI • D: G • ROM • IMP • S • A • GERM • HISP • HVNG • BOH • REX • **Rev:** Date divided by crown **Rev. Legend:** ARCHIDVX: AVSTRIÆ: ET CARINTHIÆ **Mint:** Saint Veit **Note:** Dav. #1046. Prev. KM#1679.

Date	Mintage	VG	F	VF	XF	Unc
1713	—	700	1,150	1,750	2,500	—

KM# 1554 THALER

Silver **Ruler:** Karl (Charles) VI **Rev:** Date divided by crown **Rev. Legend:** ... & CARINTHIAE **Mint:** Saint Veit **Note:** Dav. #1047. Prev. KM#1680.

Date	Mintage	VG	F	VF	XF	Unc
1713	—	700	1,150	1,750	2,500	—

KM# 1551 THALER

Silver **Ruler:** Karl (Charles) VI **Obv:** Armored bust right **Obv. Legend:** CAROL • VI • D: G: RO: IMP: S: A: GER: HISP: HV: ET: BO: REX • **Rev:** Crowned imperial double eagle with crowned arms on breast **Rev. Legend:** • ARCHIDVX AVSTRIÆ • DVX • BVRG: ET STYRIÆ • EC • **Mint:** Graz **Note:** Dav. #1039. Varieties exist. Prev. KM#504.

Date	Mintage	VG	F	VF	XF	Unc
1713	—	60.00	120	200	350	600
1718	—	60.00	120	200	350	600

KM# 1438.3 THALER

Silver **Ruler:** Joseph I **Obv:** Laureate bust right **Rev:** Crowned arms within Order chain **Mint:** Hall **Note:** Prev. KM#665.3.

Date	Mintage	VG	F	VF	XF	Unc
1711	154,000	80.00	170	280	425	750

KM# 1552 THALER

Silver **Ruler:** Karl (Charles) VI **Obv:** Legend begins at upper right **Obv. Legend:** CAROLVS • VI • D: G: ROM: IMP: SE: A: G: HIS: HV: BO: REX • **Rev:** Legend around small crowned imperial eagle **Rev. Legend:** ARCHIDUX • AVSTRIÆ • DUX • BVRG: COM: TYROL: **Mint:** Hall **Note:** Dav. #1050. Prev. KM#691.

Date	Mintage	VG	F	VF	XF	Unc
1713	116,000	50.00	100	200	300	550
1714	111,000	50.00	100	200	300	550

KM# 1570 THALER

Silver **Ruler:** Karl (Charles) VI **Obv:** Legend begins at lower left **Obv. Legend:** CAROLUS • VI • D: G: ROM: IMP: S: A: G: HI: HU: B: REX **Rev:** Imperial double eagle with arms on breast **Rev.**

KM# 1522 THALER

Silver **Ruler:** Karl (Charles) VI **Obv:** Armored bust right **Obv.**

50 AUSTRIA

Legend: ARCHIDUX • AVSTRIÆ • DUX • BVRG: COM: TYROLIS • **Mint:** Hall **Note:** Dav. #1051. Prev. KM#A692.

Date	Mintage	VG	F	VF	XF	Unc
1714	Inc. above	50.00	100	200	300	550
1715	248,000	50.00	100	200	300	550
1716	119,000	50.00	100	200	300	550
1717	131,000	50.00	100	200	300	550
1718	124,000	50.00	100	200	300	550

KM# 1571 THALER

Silver **Ruler:** Karl (Charles) VI **Rev:** Date in legend left of crown **Mint:** Saint Veit **Note:** Dav. #1048. Prev. KM#1681.

Date	Mintage	VG	F	VF	XF	Unc
1714	—	400	800	1,400	2,000	—

KM# 1579.1 THALER

Silver **Ruler:** Karl (Charles) VI **Obv:** Armored bust right **Obv. Legend:** CAROL: VI • D: G: R: I: S: A: GE: HI: HU: BO: REX • **Rev:** Crowned imperial double eagle with crowned arms on breast **Rev. Legend:** ARCHID: AUST: DUX • BU: COM: TYROL: **Mint:** Vienna **Note:** Dav. #1036. Prev. KM#1924.1.

Date	Mintage	VG	F	VF	XF	Unc
1716A	—	35.00	75.00	175	325	575
1719A	—	35.00	75.00	150	275	500
1720A	—	35.00	75.00	150	275	500
1721A	—	35.00	75.00	150	275	500
1722A	—	35.00	75.00	150	275	500

KM# 1579.2 THALER

Silver **Ruler:** Karl (Charles) VI **Obv:** Modified bust **Obv. Legend:** CAROL: VI: D: G: R: I: S: A: GE: HI: HU: BO: REX • **Rev:** Crowned imperial double eagle with crowned arms within Order chain on breast **Rev. Legend:** ARCHID: AUST: DUX • BU: COM: TYROL: **Mint:** Vienna **Note:** Dav. #1037. Prev. KM#1924.2.

Date	Mintage	VG	F	VF	XF	Unc
1720	—	35.00	75.00	150	275	500
1721	—	35.00	75.00	150	275	500
1722	—	50.00	100	200	400	700
1723	—	35.00	75.00	150	275	500
1724	—	35.00	75.00	150	275	500
1725	—	35.00	75.00	150	275	500
1726	—	35.00	75.00	150	275	500
1727	—	35.00	75.00	150	275	500
1728	—	50.00	100	200	400	700
1729	—	35.00	75.00	150	275	500
1730	—	50.00	100	225	425	—
1731	—	35.00	75.00	150	275	500
1732	—	35.00	75.00	150	275	500
1733	—	35.00	75.00	150	275	500
1734	—	35.00	75.00	150	275	500
1735	—	35.00	75.00	150	275	500

KM# 1617 THALER

Silver **Ruler:** Karl (Charles) VI **Obv:** Legend begins at upper right **Obv. Legend:** CAROL • VI • D • G • R • I • S • A • GE • HI • HU • BO • REX • **Rev:** Curve-sided shield **Rev. Legend:** ARCHID • AUST • DUX • BU • COM • TYROL • **Mint:** Hall **Note:** Dav. #1054. Varieties exist. Prev. KM#693.

Date	Mintage	VG	F	VF	XF	Unc
1724	Inc. above	50.00	100	200	300	550
1725	Inc. above	50.00	100	200	300	550
1727	245,000	50.00	100	200	300	550
1728	231,000	50.00	100	200	275	500
1729	415,000	50.00	100	200	300	550
1732	196,000	50.00	100	200	300	550
1733	Inc. above	50.00	100	200	300	550
1734	Inc. above	50.00	100	200	300	550

KM# 1629 THALER

Silver **Ruler:** Karl (Charles) VI **Obv:** Modified bust **Obv. Legend:** CAROL • VI • D • G • R • I • S • A • GE • HI • HU • BO • REX • **Rev:** Straight-sided shield **Rev. Legend:** ARCHID • AUST • DUX • COM • TYROL • **Mint:** Hall **Note:** Dav. #A1054. Prev. KM#694.

Date	Mintage	VG	F	VF	XF	Unc
1729	Inc. above	50.00	100	200	300	500

KM# 1594 THALER

Silver **Ruler:** Karl (Charles) VI **Obv:** Legend begins at lower left **Obv. Legend:** CAROLUS • VI • D: G: ROM: IMP: S: A: G: HI: HU: B: REX • **Rev:** Legend divided by large crowned imperial eagle **Rev. Legend:** ARCHID: AUST: DUX • BU: COM: TYROL: **Mint:** Hall **Note:** Dav. #1053. Prev. KM#692.

Date	Mintage	VG	F	VF	XF	Unc
1719	118,000	50.00	100	200	300	550
1720	132,000	50.00	100	200	300	550
1721	411,000	50.00	100	200	300	550
1724	145,000	75.00	150	350	500	900
1725	216,000	75.00	100	200	300	550
1730	231,000	75.00	100	200	300	550
1734	153,000	50.00	100	200	300	550

KM# 1610.1 THALER

Silver **Ruler:** Karl (Charles) VI **Obv:** Legend begins at 9 o'clock **Obv. Legend:** CAROL • VI • D: G: R: I: - S: A: GE: HI: HV: BO: REX • **Rev:** Crowned imperial double eagle with arms within Order chain on breast **Rev. Legend:** • ARCHIDVX AVSTRIÆ • DVX • BVRG: ET STYRIÆ • EC • **Mint:** Graz **Note:** Dav. #1040. Prev. KM#505.1.

Date	Mintage	VG	F	VF	XF	Unc
1723	—	50.00	100	175	300	550
1728	—	50.00	100	175	300	550
1729	—	50.00	100	175	300	550

KM# 1639.1 THALER

Silver **Ruler:** Karl (Charles) VI **Obv:** Mature bust right **Obv. Legend:** CAROL • VI • D • G • R • I • S • A • GE • HI • HU • BO • REX • **Rev:** Crowned imperial double eagle with crowned arms within

Order chain on breast **Rev. Legend:** ARCHID • AUST • DUX BU • COM • TYROL • **Mint:** Hall **Note:** Dav. #1055. Prev. KM#695.1.

Date	Mintage	VG	F	VF	XF	Unc
1730	Inc. above	50.00	100	200	300	550
1733	152,000	50.00	100	200	300	550
1734	Inc. above	50.00	100	200	300	550
1736	131,000	50.00	100	200	300	550
1737	246,000	50.00	100	200	300	550
1738	299,000	50.00	100	200	300	550

KM# 1610.3 THALER

Silver **Ruler:** Karl (Charles) VI **Obv:** Different armor and drapery **Obv. Legend:** CAR: VI: D: G: R: I: S: A: GE: HI: HU: BO: REX: **Rev:** Crowned imperial double eagle with crowned arms on breast **Rev. Legend:** ARCHID: AUST: DUX: BURG: ET: STYRIAE: **Mint:** Graz **Note:** Dav. #1042. Prev. KM#505.3.

Date	Mintage	VG	F	VF	XF	Unc
1735	—	50.00	100	175	300	550
1737	—	50.00	100	175	300	550
1738	—	50.00	100	175	300	550

KM# 1610.4 THALER

Silver **Ruler:** Karl (Charles) VI **Obv:** Armored bust right **Obv. Legend:** CAR: VI: D: G: R: I: S: A: GE: HI: HU: BO: REX: **Rev:** Crowned imperial double eagle with arms on breast **Rev. Legend:** ARCHID: AUST • DU - X: BUR: ET: STYRIAE • **Mint:** Graz **Note:** Dav. #1043. Prev. KM#505.4.

Date	Mintage	VG	F	VF	XF	Unc
1740	—	50.00	100	175	300	550

KM# 1610.2 THALER

Silver **Ruler:** Karl (Charles) VI **Obv:** Laureate armored bust right **Obv. Legend:** CAR • VI • D: G • R • I • S • A • - GE • HI • HU • BO • REX • **Rev:** Curve-sided shield on eagle's breast **Rev. Legend:** ARCHID: AUST: DUX: BUR: ET: STYRIAE: **Mint:** Graz **Note:** Prev. KM#505.2.

Date	Mintage	VG	F	VF	XF	Unc
1732	—	50.00	100	175	300	550

KM# 1579.3 THALER

Silver **Ruler:** Karl (Charles) VI **Obv:** Older bust right **Obv. Legend:** CAR: VI: D: G: R: I: S: A: GE: HI: HU: BO: REX: **Rev:** Crowned imperial double eagle with crowned arms within Order chain on breast **Rev. Legend:** ARCHID: AUST: DUX • BU: COM: TYROL: **Mint:** Vienna **Note:** Varieties exist. Dav. #1038. Prev. KM#1924.3.

Date	Mintage	VG	F	VF	XF	Unc
1735	—	35.00	75.00	150	275	500
1736	—	35.00	75.00	150	275	500
1737	—	35.00	75.00	150	275	500
1738	—	35.00	75.00	150	275	500
1739	—	35.00	75.00	150	275	500
1740	—	35.00	75.00	150	275	500

KM# 1639.2 THALER

Silver **Ruler:** Karl (Charles) VI **Obv:** Numeral below bust **Obv. Legend:** CAR • VI • D • G • R • I • S • A • GE • HI • HU • BO • REX • **Rev:** Curve-sided shield **Rev. Legend:** ARCHID • AUST • DUX • BU • COM • TYROL • **Mint:** Hall **Note:** Dav. #1056. Mintage included in KM#1639.1. Prev. KM#695.2.

Date	Mintage	VG	F	VF	XF	Unc
1737	Inc. above	50.00	100	200	300	550
Note: With 1 below bust						
1737	Inc. above	50.00	100	200	300	550
Note: With 2 below bust						
1737	Inc. above	50.00	100	200	300	550
Note: With 3 below bust						
1737	Inc. above	75.00	150	300	450	750
Note: With 4 below bust						
1737	Inc. above	50.00	100	200	300	550
Note: With 5 below bust						

KM# 1678 THALER

28.8200 g., 0.8750 Silver 0.8107 oz. ASW **Ruler:** Maria Theresa **Obv:** Bust right **Obv. Legend:** MAR: THERESIA • D: G: REG: HUNG: BOH: **Rev:** Crowned arms within cartouche, tassels at right and left **Rev. Legend:** ARCHID: AUST: DUX BURG: COM: TYR: **Mint:** Vienna **Note:** Dav. #1109. Prev. KM#1964.

Date	Mintage	VG	F	VF	XF	Unc
1741	—	60.00	125	350	400	700
1742	—	60.00	125	350	400	700
1743	—	60.00	125	350	400	700
1744	—	60.00	125	350	400	700

KM# 1714 THALER

28.8200 g., 0.8750 Silver 0.8107 oz. ASW **Ruler:** Maria Theresa

AUSTRIA

Obv: Bust right with décolletage **Obv. Legend:** MAR • THERESIA D • G • REG • HUNG • BOH • **Rev:** Griffin supporters **Rev. Legend:** ARCHID • AUST • DUX • BURG • COM • TYR • **Mint:** Vienna **Note:** Dav. #1110. Prev. KM#1965.

Date	Mintage	VG	F	VF	XF	Unc
1744	—	90.00	175	450	600	1,000
1745	—	90.00	175	450	600	1,000

KM# 1966x THALER

28.8200 g., 0.8750 Silver 0.8107 oz. ASW **Ruler:** Maria Theresa **Obv:** Diademed young bust right **Rev:** Crowned imperial eagle with arms on breast **Mint:** Vienna **Note:** Dav. #1111. Varieties exist. Prev. KM#1966.

Date	Mintage	VG	F	VF	XF	Unc
1746	—	45.00	75.00	125	225	375
1747	—	45.00	75.00	125	225	375
1748	—	45.00	75.00	125	225	375
1749	—	45.00	75.00	125	225	375
1750	—	45.00	75.00	125	225	375
1751	—	45.00	75.00	125	225	375
1752	—	45.00	75.00	125	225	375

KM# 1799 THALER

28.0600 g., 0.8330 Silver 0.7515 oz. ASW **Ruler:** Maria Theresa **Obv:** Mature armored bust right **Obv. Legend:** M • THERESIA • D: G • R • IMP • GE • HU • BO • REG • **Rev:** Crowned imperial double eagle with crowned arms on breast **Rev. Legend:** ARCHID • AUST • DUX • BU • COM • TYR • **Mint:** Hall **Note:** Dav. #1122. Varieties exist. Prev. KM#746.

Date	Mintage	VG	F	VF	XF	Unc
1751	—	60.00	120	300	450	650
1752	—	60.00	120	300	450	650
1764	—	60.00	120	300	450	650
1765	—	60.00	120	300	450	650
1765 AS	—	60.00	120	300	450	650

KM# 1817 THALER

28.0600 g., 0.8330 Silver 0.7515 oz. ASW **Ruler:** Maria Theresa **Mint:** Vienna **Note:** Varieties exist. Prev. KM#1967a.

Date	Mintage	VG	F	VF	XF	Unc
1754	—	40.00	75.00	125	250	400
1755	—	40.00	75.00	125	250	400
1756	—	40.00	75.00	125	250	400
1757	—	40.00	75.00	125	250	400
1758	—	40.00	75.00	125	250	400
1759	—	40.00	75.00	125	250	400
1760	—	40.00	75.00	125	250	400
1761	—	40.00	75.00	125	250	400
1762	—	40.00	75.00	125	250	400
1763	—	40.00	75.00	125	250	400
1764	—	40.00	75.00	125	250	400
1765	—	40.00	75.00	125	250	400

KM# 1798 THALER

28.8200 g., 0.8750 Silver 0.8107 oz. ASW **Ruler:** Maria Theresa **Obv:** Bust right with plain gown **Obv. Legend:** M: THERESIA: D: G: R: IMP: GE: HU: BO: REG: **Rev:** Crowned imperial double eagle with crowned arms on breast **Rev. Legend:** ARCHID: AUST: DUX: BU: COM: TYR: **Mint:** Hall **Note:** Convention Thaler. Dav. #1121. Prev. KM#744.

Date	Mintage	VG	F	VF	XF	Unc
1751	—	60.00	120	300	475	850
1752	—	60.00	120	300	475	850
1753	—	60.00	120	300	475	850

KM# 1807 THALER

28.8200 g., 0.8750 Silver 0.8107 oz. ASW **Ruler:** Maria Theresa **Obv:** More mature armored bust right **Obv. Legend:** M • THERESIA • D: G • R • IMP • GE • HU • BO • REG • **Rev:** Crowned imperial double eagle with crowned arms on breast **Rev. Legend:** ARCHID • AUST • DUX • BURG • CO • TYR • **Mint:** Vienna **Note:** Dav. #1112. Prev. KM#1967.

Date	Mintage	VG	F	VF	XF	Unc
1753	—	40.00	75.00	125	200	350

KM# 1816 THALER

28.0600 g., 0.8330 Silver 0.7515 oz. ASW **Ruler:** Maria Theresa **Mint:** Hall **Note:** Dav. #1121. Varieties exist. Prev. KM#745.

Date	Mintage	VG	F	VF	XF	Unc
1754	—	60.00	120	250	400	650
1755	—	60.00	120	250	400	650
1756	—	60.00	120	250	400	650
1757	—	60.00	120	250	400	650
1758	—	60.00	120	250	400	650
1759	—	60.00	120	250	400	650
1760	—	60.00	120	250	400	650
1761	—	60.00	120	250	400	650
1762	—	60.00	120	250	400	650
1763	—	60.00	120	250	400	650
1764	—	60.00	120	250	400	650
1765	—	60.00	120	250	400	650

KM# 1742 THALER

28.8200 g., 0.8750 Silver 0.8107 oz. ASW **Ruler:** Maria Theresa **Obv:** Bust right in decorated gown **Obv. Legend:** M • THERESIA • D: G • R • IMP • GE • HU • BO • REG • **Rev:** Crowned imperial double eagle with crowned arms on breast **Rev. Legend:** ARCHID • AUST • DUX • BU • COM • TYR • **Mint:** Hall **Note:** Dav. #1120. Prev. KM#743.

Date	Mintage	VG	F	VF	XF	Unc
1746	—	150	250	350	525	950
1749	—	150	250	350	525	950
1750	—	150	250	350	525	950
1751	—	150	250	350	525	950
1753	—	150	250	350	525	950
1754	—	150	250	350	525	950
1760	—	150	250	350	525	950
1763	—	150	250	350	525	950
1764	—	150	250	350	525	950
1765	—	150	250	350	525	950

KM# 1823 THALER

28.0600 g., 0.8330 Silver 0.7515 oz. ASW **Ruler:** Maria Theresa **Obv:** Bust right with décolletage **Obv. Legend:** M • THERESIA • D • G • R • IMP • GE • HU • BO • REG • **Rev:** Two-part arms, crossed hammers below eagle **Rev. Legend:** S • ANNÆ FUND GRUBEN - AUSB • THA • IN • N • OE • **Mint:** Vienna **Note:** Mining Thaler. Dav. #1113. Varieties exist. Prev. KM#1968.

Date	Mintage	VG	F	VF	XF	Unc
1758	—	200	375	750	1,500	—
1765	—	200	375	750	1,500	—

Date	Mintage	VG	F	VF	XF	Unc
1767 AS	—	40.00	65.00	125	250	400
1768 AS	—	40.00	65.00	125	250	400
1768 S	—	40.00	65.00	125	250	400
1769 AS	—	40.00	65.00	125	250	400
1771 AS	—	40.00	65.00	125	250	400
1772 AS	—	40.00	65.00	125	250	400

KM# 1836 THALER

Silver **Ruler:** Maria Theresa **Obv:** Draped bust with décolletage right **Obv. Legend:** M • THERESIA • D: G • R • IMP • GE • HU • BO • REG • **Rev:** Crowned imperial double eagle with arms on breast **Rev. Legend:** ARCHID • AUST • DUX • BURG • & • STYR • **Mint:** Graz **Note:** Dav. #1118. Prev. KM#545.

Date	Mintage	VG	F	VF	XF	Unc
1765	—	175	350	650	1,500	—

KM# 1839 THALER

28.0600 g., 0.8330 Silver 0.7515 oz. ASW **Ruler:** Maria Theresa **Obv:** Veiled bust right **Obv. Legend:** M • THERESIA • D: G • R • IMP • HU • BO • REG • **Rev:** Crowned imperial double eagle with crowned arms on breast **Rev. Legend:** ARCHID • AUST • DUX • BURG • ... **Mint:** Vienna **Note:** Convention Thaler. Dav. #1113. Varieties exist. Prev. KM#1969.

Date	Mintage	VG	F	VF	XF	Unc
1765A	—	35.00	65.00	125	200	350
1766A	—	35.00	65.00	125	200	350
1766	—	35.00	65.00	125	200	350
1766 IC-SK	—	35.00	65.00	125	200	350
1766 EC-SK	—	35.00	65.00	125	200	350
1767 IC-SK	—	35.00	65.00	125	200	350

KM# 1866.1 THALER

28.0600 g., 0.8330 Silver 0.7515 oz. ASW **Ruler:** Maria Theresa **Obv:** Smaller veiled head right **Obv. Legend:** M • THERESIA • D • G • R • IMP • HU • BO • REG • **Rev:** Crowned imperial double eagle with crowned arms on breast **Rev. Legend:** ARCHID • AUST • DUX • BURG • ... **Mint:** Vienna **Note:** Dav. #1116. Prev. KM#1971.1.

Date	Mintage	VG	F	VF	XF	Unc
1772 IC-SK	—	35.00	65.00	125	200	350
1773 IC-SK	—	35.00	65.00	125	200	350
1774 IC-SK	—	35.00	65.00	125	200	350
1774 IC-FA	—	35.00	65.00	125	200	350
1775 IC-FA	—	35.00	65.00	125	200	350
1776 IC-FA	—	35.00	65.00	125	200	350
1777 IC-FA	116,000	35.00	65.00	125	200	350
1778 IC-FA	83,000	35.00	65.00	125	200	350
1779 IC-FA	134,000	35.00	65.00	125	200	350

KM# 1837 THALER

Silver **Ruler:** Maria Theresa **Obv:** Bust with décolletage right **Obv. Legend:** M • THERESIA • D: G • R • IMP • GE • HU • BO • REG • **Rev:** Crowned imperial double eagle with crowned arms on breast **Rev. Legend:** ARCHID • AUST • DUX • BURG • & • STYR • **Mint:** Graz **Note:** Dav. #1119. Prev. KM#546.

Date	Mintage	VG	F	VF	XF	Unc
1765	—	175	350	650	1,500	—

KM# 1849 THALER

28.0600 g., 0.8330 Silver 0.7515 oz. ASW **Ruler:** Maria Theresa **Obv:** Different veiled bust right **Obv. Legend:** M • THERESIA • D: G • R • IMP • HU • BO • REG • **Rev:** Crowned imperial double eagle with crowned arms on breast **Rev. Legend:** ARCHID • AUST • DUX • BURG • CO ... **Mint:** Vienna **Note:** Dav. #1115. Prev. KM#1970.

Date	Mintage	VG	F	VF	XF	Unc
1767 IK-SC	—	35.00	65.00	125	200	350
1767 IC-SK	—	35.00	65.00	125	200	350
1768 IC-SK	30,000	35.00	65.00	125	200	350
1769 IC-SK	—	35.00	65.00	125	200	350
1770 IC-SK	—	35.00	65.00	125	200	350
1771 IC-SK	—	35.00	65.00	125	200	350
1772 IC-SK	—	35.00	65.00	125	200	350

KM# 1861 THALER

28.0600 g., 0.8330 Silver 0.7515 oz. ASW **Ruler:** Maria Theresa **Obv:** Veiled head right with jeweled bust **Mint:** Vienna **Note:** Ordens Thaler. Prev. KM#1972.

Date	Mintage	VG	F	VF	XF	Unc
1769 IC-SK	—	100	225	300	450	750

Note: For later issues refer to Uniform Coinage

KM# 1865 THALER

28.0600 g., 0.8330 Silver 0.7515 oz. ASW **Ruler:** Maria Theresa **Obv:** Smaller veil on bust **Rev:** Initials **Mint:** Hall **Note:** Dav. #1124. Prev. KM#748.

Date	Mintage	VG	F	VF	XF	Unc
1772 AS	—	150	300	500	1,000	—
1773 AS	—	40.00	65.00	125	225	375
1774 AS	—	40.00	65.00	125	225	375
1774 VC-S	—	40.00	65.00	125	225	375
1775 VC-S	—	40.00	65.00	125	225	375
1776 VC-S	—	40.00	65.00	125	225	375

KM# 1866.2 THALER

28.0600 g., 0.8330 Silver 0.7515 oz. ASW **Ruler:** Maria Theresa **Obv:** Larger veiled bust with décolletage right **Obv. Legend:** M • THERESIA • D • G • R • IMP • HU • BO • REG • **Rev:** Crowned imperial double eagle with crowned arms on breast **Rev. Legend:** ARCHID • AVST • DUX • BURG • CO • TYR • **Mint:** Vienna **Note:** Dav. #1117. Prev. KM#1971.2.

Date	Mintage	VG	F	VF	XF	Unc
1780 IC-FA	—	15.00	27.50	50.00	200	—

Note: Coins dated 1780 were restruck until 1984 with minor changes

KM# 1866.3 THALER

Silver **Ruler:** Maria Theresa **Obv:** Veiled bust right **Obv. Legend:** M • THERESIA • D • G • — IMP • HU • BO • REG • **Rev:** Crowned imperial eagle **Rev. Legend:** ARCHID • AVST • DUX • — BURG • CO • TYR **Mint:** Karlsburg **Note:** Dav. #1146

Date	Mintage	VG	F	VF	XF	Unc
1780 AH-GS	—	20.00	50.00	180	350	—
1780 AU-GS	—	20.00	50.00	180	350	—

KM# 1838 THALER

28.0600 g., 0.8330 Silver 0.7515 oz. ASW **Ruler:** Maria Theresa **Obv:** Veiled bust right **Mint:** Hall **Note:** Similar to 1/2 Thaler, KM#1848. Dav. #1123. Prev. KM#747.

Date	Mintage	VG	F	VF	XF	Unc
1765 F	—	40.00	65.00	125	250	400
1765 AS	—	40.00	65.00	125	250	400
1766 AS	—	40.00	65.00	125	250	400

AUSTRIA

KM# 1556 3 THALER
Silver **Ruler:** Karl (Charles) VI **Obv:** Bust right in inner circle **Rev:** Crowned imperial eagle, crown divides date **Mint:** Saint Veit **Note:** Dav. #1044. Thick planchet. Prev. KM#1683.

Date	Mintage	VG	F	VF	XF	Unc
1713 Rare	—	—	—	—	—	—

UNIFORM COINAGE

KM# 1975 HELLER
Copper **Ruler:** Maria Theresa **Obv:** Crowned arms **Rev:** Inscription and date **Rev. Inscription:** 1 / HEL / LER

Date	Mintage	VG	F	VF	XF	Unc
1763	—	1.75	3.50	15.00	30.00	45.00
1765	—	1.75	3.50	15.00	30.00	45.00

KM# 1976 HELLER
Copper **Ruler:** Joseph II **Obv:** Modified crowned arms **Rev:** Denomination

Date	Mintage	VG	F	VF	XF	Unc
1768	—	1.75	3.50	15.00	30.00	45.00

KM# 1977 HELLER
Copper **Ruler:** Joseph II **Obv:** Crowned arms **Rev:** Inscription and date **Rev. Inscription:** 1 / HELLER

Date	Mintage	VG	F	VF	XF	Unc
1777	—	1.75	3.50	15.00	30.00	45.00
1778	—	1.75	3.50	15.00	30.00	45.00
1779	—	1.75	3.50	15.00	30.00	45.00

KM# 1978 PFENNIG
Copper **Ruler:** Maria Theresa **Obv:** Bust of Maria Theresa **Rev:** Value and date in cartouche

Date	Mintage	VG	F	VF	XF	Unc
1748W	—	7.50	15.00	30.00	75.00	125
1749W	—	5.00	10.00	20.00	60.00	110
1750W	—	7.50	15.00	30.00	75.00	125

KM# 2000 PFENNIG
Copper **Ruler:** Franz I **Obv:** Head right **Rev:** Value and date in cartouche

Date	Mintage	VG	F	VF	XF	Unc
1748W	—	5.00	10.00	20.00	60.00	110
1749W	—	5.00	10.00	20.00	60.00	110

KM# 2001 PFENNIG
Copper **Ruler:** Franz I **Rev:** Crowned arms of Lorraine, value and date below

Date	Mintage	VG	F	VF	XF	Unc
NDCA	—	5.00	10.00	20.00	60.00	100
1759HA	—	2.50	5.00	7.50	20.00	50.00
1759WI	—	2.50	5.00	7.50	20.00	50.00
1764WI	—	2.50	5.00	7.50	20.00	50.00
1765HA	—	2.50	5.00	7.50	20.00	50.00
1765WI	—	2.50	5.00	7.50	20.00	50.00

KM# 1979 PFENNIG
Copper **Ruler:** Maria Theresa **Obv:** Diademed young bust of Maria Theresa right **Obv. Legend:** M • THERES • D • G • RO • I • G • HU • BO • REG • **Rev:** Crowned arms, value divides date at bottom **Note:** Varieties exist.

Date	Mintage	VG	F	VF	XF	Unc
1759	—	5.00	10.00	20.00	60.00	110
1760	—	5.00	10.00	20.00	60.00	110
1764	—	5.00	10.00	20.00	60.00	110
1765	—	5.00	10.00	20.00	60.00	110

KM# 2002 PFENNIG
Copper **Ruler:** Maria Theresa **Rev:** Crowned Austrian arms, value and date below

Date	Mintage	VG	F	VF	XF	Unc
1765	—	7.50	15.00	40.00	65.00	100

KM# 1980 1/4 KREUZER
Billon **Ruler:** Maria Theresa **Obv:** Crowned imperial eagle with Austrian arms, value in cartouche **Note:** Uniface.

Date	Mintage	VG	F	VF	XF	Unc
1746	—	10.00	20.00	35.00	60.00	100

KM# 2003 1/4 KREUZER
Billon **Ruler:** Maria Theresa **Obv:** Crowned imperial eagle with arms of Lorraine, value in cartouche below **Note:** Uniface.

Date	Mintage	VG	F	VF	XF	Unc
1746	—	10.00	20.00	50.00	100	185

KM# 2004 1/4 KREUZER
Billon **Ruler:** Maria Theresa **Obv:** Crowned imperial eagle, value without cartouche **Note:** Uniface.

Date	Mintage	VG	F	VF	XF	Unc
1748	—	15.00	30.00	80.00	145	250
1749	—	15.00	30.00	80.00	145	250

KM# 2005 1/4 KREUZER
Billon **Ruler:** Maria Theresa **Obv:** Crowned arms of Lorraine, date and value in cartouche below **Note:** Uniface.

Date	Mintage	VG	F	VF	XF	Unc
1750WI	—	12.00	25.00	50.00	80.00	150
1751WI	—	12.00	25.00	50.00	80.00	150

KM# 1981 1/4 KREUZER
Billon **Ruler:** Maria Theresa **Obv:** Crowned Austrian arms, date and value in cartouche below

Date	Mintage	VG	F	VF	XF	Unc
1750WI	—	25.00	50.00	100	150	250
1751WI	—	50.00	75.00	125	200	300

KM# 2050 1/4 KREUZER
Copper **Ruler:** Joseph II **Obv:** Head right, as joint ruler **Obv. Legend:** IOS • II • D • G • R • I • S • A • GER • IER • REX • **Rev:** Value and date

Date	Mintage	VG	F	VF	XF	Unc
1772W	—	2.50	5.00	15.00	35.00	55.00
1777S	—	2.50	5.00	15.00	35.00	55.00

KM# 1982 1/4 KREUZER
Copper **Ruler:** Maria Theresa **Obv:** Veiled head **Rev:** Value

Date	Mintage	VG	F	VF	XF	Unc
ND Rare	—	—	—	—	—	—

KM# 1983 1/4 KREUZER
Copper **Ruler:** Maria Theresa **Obv:** Veiled head right **Obv. Legend:** M • THERESIA • D: G • R • I • H • B • R • A • AUST • **Rev:** Value and date in cartouche

Date	Mintage	VG	F	VF	XF	Unc
1777S	—	2.00	4.00	10.00	25.00	45.00
1779	—	2.00	4.00	10.00	25.00	45.00
1779K	—	5.00	7.50	15.00	38.00	60.00

KM# 1984 1/4 KREUZER
Copper **Ruler:** Maria Theresa **Rev:** Value and date in wreath

Date	Mintage	VG	F	VF	XF	Unc
1780	—	10.00	20.00	35.00	60.00	100
1780W	—	10.00	20.00	35.00	60.00	100

KM# 2051.1 1/4 KREUZER
Copper **Ruler:** Joseph II **Obv:** Head right, as sole ruler **Obv. Legend:** IOS • II • D • G • R • I • S • A • G • E •... **Rev:** Value and date

Date	Mintage	VG	F	VF	XF	Unc
1781A	—	2.50	5.00	8.00	20.00	35.00
1781B	—	2.50	5.00	8.00	20.00	35.00
1781F	—	10.00	20.00	40.00	80.00	125
1781S	—	2.50	5.00	8.00	20.00	35.00
1782A	—	2.50	5.00	8.00	20.00	35.00
1782B	—	2.50	5.00	8.00	20.00	35.00
1782F	—	2.50	5.00	10.00	25.00	40.00
1782S	—	2.50	5.00	8.00	20.00	35.00
1783A	—	9.00	15.00	20.00	40.00	60.00
1783F	—	9.00	15.00	20.00	40.00	60.00
1785F	—	10.00	20.00	40.00	80.00	125
1790F	—	2.50	5.00	10.00	25.00	40.00

KM# 2051.2 1/4 KREUZER
Copper **Ruler:** Joseph II **Obv:** Letter U instead of V in HU **Rev:** Value and date

Date	Mintage	VG	F	VF	XF	Unc
1783F Rare	—	—	—	—	—	—

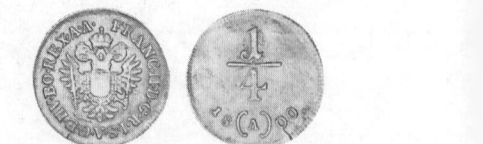

KM# 2105 1/4 KREUZER
Copper **Ruler:** Franz II (I) **Obv:** Crowned imperial double eagle **Obv. Legend:** FRANC • II • D • G • R • I • S • A •... **Rev:** Value and date **Note:** KM#2105 struck until 1809 with 1800 date.

Date	Mintage	F	VF	XF	Unc	BU
1800A	—	3.50	7.00	15.00	50.00	—
1800B	—	—	—	—	—	—

Note: Reported, not confirmed

KM# 1445 2 THALER
Silver **Ruler:** Joseph I **Obv:** Laureate armored bust right **Obv. Legend:** IOSEPHUS • D: G: ROM: IMP: SE: AV - G: HV: BO: REX • **Rev:** Imperial eagle **Rev. Legend:** ARCHIDVX: AVST: DVX: BVR: COM: TYROLIS **Mint:** Hall **Note:** Dav. #1016. Prev. KM#666.

Date	Mintage	VG	F	VF	XF	Unc
ND	—	300	600	1,000	1,450	—

KM# 1446 2 THALER
Silver **Ruler:** Joseph I **Obv:** Inner circle added **Mint:** Hall **Note:** Dav. #1017. Prev. KM#667.

Date	Mintage	VG	F	VF	XF	Unc
ND	—	300	600	1,000	1,450	—

KM# 1447 2 THALER
Zinc **Ruler:** Joseph I **Mint:** Hall **Note:** Dav. #1017A. Klippe. Prev. KM#668.

Date	Mintage	VG	F	VF	XF	Unc
ND Rare	—	—	—	—	—	—

KM# 1523 2 THALER
Silver **Ruler:** Karl (Charles) VI **Obv:** Laureate armored bust right **Obv. Legend:** CAROLUS • VI • D: G: RO: IMP: S: A: G: H: H: B: REX • **Rev:** Crowned imperial double eagle with arms on breast **Rev. Legend:** ARCHIDVX • AUSTRIÆ • DVX • BVRGVNDIÆ • COM: TYR • **Mint:** Hall **Note:** Dav. #1049. Prev. KM#696.

Date	Mintage	VG	F	VF	XF	Unc
ND	834	300	500	700	900	—

KM# 1555 2 THALER
Silver **Ruler:** Karl (Charles) VI **Obv:** Bust right in inner circle **Rev:** Crowned imperial eagle, crown divides date **Mint:** Saint Veit **Note:** Dav. #1045. Thick planchet. Prev. KM#1682.

Date	Mintage	VG	F	VF	XF	Unc
1713	—	1,800	3,600	5,600	7,500	—

KM# 1595 2 THALER
Silver **Ruler:** Karl (Charles) VI **Rev:** Date in legend **Mint:** Hall **Note:** Dav. #1052. Prev. KM#697.

Date	Mintage	VG	F	VF	XF	Unc
1719	2,500	500	700	900	1,100	—

KM# 1985 1/2 KREUZER

Copper **Ruler:** Maria Theresa **Obv:** Young head right **Obv. Legend:** M • THERES • D: G • RO • I • G • HU • BO • REG • **Rev:** Value within cartouche

Date	Mintage	VG	F	VF	XF	Unc
ND(1760)	—	3.00	6.00	14.00	30.00	55.00
1764CA	—	5.00	9.00	20.00	45.00	70.00

KM# 2006 1/2 KREUZER

Copper **Ruler:** Franz I **Obv:** Bust right **Rev:** Value and date in cartouche

Date	Mintage	VG	F	VF	XF	Unc
ND	—	2.00	4.00	9.00	17.00	30.00
1764	—	3.00	6.00	12.00	28.00	40.00
1764CA	—	3.00	6.00	12.00	28.00	40.00

KM# 1986 1/2 KREUZER

Copper **Ruler:** Maria Theresa **Obv:** Veiled head **Rev:** Value

Date	Mintage	VG	F	VF	XF	Unc
ND Rare	—	—	—	—	—	—

KM# 1987 1/2 KREUZER

Copper **Ruler:** Maria Theresa **Obv:** Veiled head right **Obv. Legend:** M • THERESIA • D • G • R • I • H • B • R • A • AUST **Rev:** Value and date within cartouche

Date	Mintage	VG	F	VF	XF	Unc
1772W	—	5.00	9.00	18.00	38.00	60.00
1776S	—	2.25	4.50	9.00	20.00	35.00
1777S	—	2.25	4.50	9.00	20.00	35.00
1779	—	2.25	4.50	9.00	20.00	35.00
1779K	—	5.00	9.00	18.00	38.00	60.00

KM# 2052 1/2 KREUZER

Copper **Ruler:** Joseph II **Obv:** Bust right, as joint ruler **Obv. Legend:** IOS • II • D • G • R • I • S • A • GER • IER • REX • **Rev:** Value and date within cartouche

Date	Mintage	VG	F	VF	XF	Unc
1772W	—	1.00	3.00	5.00	22.00	35.00
1773S	—	5.00	10.00	20.00	55.00	85.00
1774S	—	1.00	3.00	5.00	22.00	35.00
1775S	—	2.00	5.00	10.00	32.00	55.00
1776S	—	2.00	5.00	10.00	37.00	60.00
1779	—	5.00	10.00	20.00	55.00	85.00

KM# 2053 1/2 KREUZER

Copper **Ruler:** Joseph II **Obv:** Bust right, as sole ruler **Note:** Varieties exist for 1783 date, obverse legend HU or HV.

Date	Mintage	VG	F	VF	XF	Unc
1780W	—	5.00	10.00	20.00	45.00	75.00
1781A	—	4.50	7.50	15.00	35.00	60.00
1781B	8,283,000	4.50	7.50	15.00	35.00	60.00
1781S	—	4.50	7.50	15.00	35.00	60.00
1781W	—	5.00	10.00	20.00	45.00	75.00
1781G	—	20.00	40.00	65.00	120	200
1782A	—	4.50	7.50	15.00	35.00	60.00
1782B	360,000	4.50	7.50	15.00	35.00	60.00
1782S	—	4.50	7.50	15.00	35.00	60.00
1782F	—	7.00	12.50	25.00	55.00	85.00
1783F	—	4.50	7.50	15.00	35.00	60.00
1783	—	—	—	—	—	—
Note: Reported, not confirmed						
1790F	—	7.00	12.50	25.00	55.00	85.00

KM# 1988 1/2 KREUZER

Copper **Ruler:** Maria Theresa **Obv:** Veiled head right **Obv. Legend:** M • THERESIA • D • G • R • I • HU • BO • R • A • A • **Rev:** Value and date within wreath of palm and laurel

Date	Mintage	VG	F	VF	XF	Unc
1780W	—	5.00	10.00	20.00	45.00	70.00

KM# 2108 1/2 KREUZER

Copper **Ruler:** Franz II (I) **Note:** Struck until 1809 with 1800 date.

Date	Mintage	F	VF	XF	Unc	BU
1800A	—	1.50	3.00	9.00	27.00	—
1800B	—	12.50	25.00	50.00	110	—
1800C	—	3.00	6.00	20.00	75.00	—
1800D	—	15.00	75.00	250	550	—
1800E	—	15.00	30.00	140	350	—
1800F	—	6.00	12.00	50.00	140	—
1800G Rare	—	—	—	—	—	—
1800S Rare	—	—	—	—	—	—

KM# 2008 KREUZER

Billon **Ruler:** Franz I **Obv:** Large bust right **Rev:** Crowned imperial eagle, value below

Date	Mintage	VG	F	VF	XF	Unc
1746	—	10.00	15.00	30.00	75.00	125

KM# 2009.1 KREUZER

Billon **Ruler:** Franz I **Obv:** Bust right **Obv. Legend:** FRANC • D • G • R • I • S • A • ... **Rev:** Crowned imperial double eagle **Rev. Legend:** IN TE DOMINE SPERAVI **Note:** Varieties exist.

Date	Mintage	VG	F	VF	XF	Unc
1747W	—	3.00	6.00	12.50	25.00	40.00
1748HA	231,000	5.00	8.00	15.00	30.00	50.00
Note: Includes Maria Theresa coins of same date and denomination; See Tyrol listings						
1748WI	—	3.00	6.00	12.50	25.00	40.00
1749WI	—	3.00	6.00	12.50	25.00	40.00
1750HA	121,000	5.00	8.00	15.00	30.00	50.00
Note: Includes Maria Theresa coins of same date and denomination; See Tyrol listings						
1750WI	—	3.00	6.00	12.50	25.00	40.00
1751WI	—	3.00	6.00	12.50	25.00	40.00
1752HA	1,231,000	5.00	8.00	15.00	30.00	50.00
Note: Includes Maria Theresa coins of same date and denomination; See Tyrol listings						
1752WI	—	3.00	6.00	12.50	25.00	40.00
1753GR	—	6.50	10.00	20.00	40.00	65.00
1753HA	992,000	5.00	8.00	15.00	30.00	50.00
Note: Includes Maria Theresa coins of same date and denomination; See Tyrol listings						
1753/2WI	—	5.00	8.00	20.00	35.00	60.00
1753WI	—	3.00	6.00	12.50	25.00	40.00
1754GR	—	6.50	10.00	20.00	40.00	65.00
1754HA	205,000	5.00	8.00	15.00	30.00	50.00
Note: Includes Maria Theresa coins of same date and denomination; See Tyrol listings						
1755GR	—	6.50	10.00	20.00	40.00	65.00
1755HA	225,000	5.00	8.00	15.00	30.00	50.00
Note: Includes Maria Theresa coins of same date and denomination; See Tyrol listings						
1755PR	—	15.00	30.00	60.00	125	235
1755WI	—	6.50	10.00	20.00	40.00	65.00
1756GR	—	6.50	10.00	20.00	40.00	65.00
1756/5HA	155,000	5.00	8.00	20.00	35.00	55.00
Note: Includes Maria Theresa coins of same date and denomination; See Tyrol listings						
1756HA	Inc. above	5.00	8.00	15.00	30.00	50.00
1756KB	1,084,000	5.00	8.00	15.00	30.00	50.00
1757KB	63,000	5.00	8.00	15.00	30.00	50.00
1758GR	—	8.00	12.00	25.00	50.00	80.00
1758KB	455,000	5.00	8.00	15.00	30.00	50.00
1758NB	—	10.00	20.00	35.00	70.00	120
1759HA	64,000	20.00	40.00	70.00	150	250
1759KB	266,000	5.00	8.00	15.00	30.00	50.00
1760KB	253,000	5.00	8.00	15.00	30.00	50.00

KM# 1992 KREUZER

Copper **Ruler:** Maria Theresa **Obv:** Bust right **Rev:** Value in cartouche

Date	Mintage	VG	F	VF	XF	Unc
1749W	—	60.00	90.00	150	250	400
1750W	—	60.00	90.00	150	250	400

KM# 2007 KREUZER

Copper **Ruler:** Franz I **Obv:** Bust right **Rev:** Value within cartouche

Date	Mintage	VG	F	VF	XF	Unc
1749W	—	80.00	120	200	325	500
1760H	—	2.00	5.00	10.00	30.00	50.00
Note: Included in mintage for KM#1993						
1760K	2,337,000	7.50	15.00	30.00	80.00	135
1760P	—	25.00	40.00	70.00	120	225
1760W	—	2.00	5.00	10.00	30.00	50.00
1761C	—	5.00	10.00	20.00	45.00	70.00
1761G	—	5.00	10.00	20.00	45.00	70.00
1761K	—	7.50	15.00	30.00	80.00	135
1761NB	—	5.00	10.00	20.00	45.00	70.00
1761W	—	5.00	10.00	20.00	45.00	70.00
1762C	—	5.00	10.00	20.00	45.00	70.00
1762G	—	5.00	10.00	20.00	45.00	70.00
1762NB	—	5.00	10.00	20.00	45.00	70.00
1762W	—	2.00	5.00	10.00	30.00	50.00
1763C	—	7.50	15.00	30.00	65.00	100
1763NB	—	5.00	10.00	20.00	45.00	70.00
1763W	—	3.00	6.00	12.00	35.00	55.00
1764C	—	7.50	15.00	30.00	65.00	100
1765H	—	2.00	5.00	10.00	30.00	50.00
Note: Included in mintage for KM#1993						

KM# 2009.2 KREUZER

Billon **Ruler:** Franz I **Obv:** Bust right **Rev:** Cross after date

Date	Mintage	VG	F	VF	XF	Unc
1751HA	143,000	10.00	20.00	35.00	60.00	90.00

KM# 1993 KREUZER

Copper **Ruler:** Maria Theresa **Obv:** Bust right **Obv. Legend:** M • THERESIA • D: G • R • I • H • B • R • A • AUST **Rev:** Value in cartouche

Date	Mintage	VG	F	VF	XF	Unc
1760H	2,775,000	4.00	7.00	15.00	40.00	60.00
1760NB	—	6.00	12.00	20.00	50.00	80.00
1760P	—	3.00	6.00	10.00	30.00	50.00
1760W	—	4.00	7.00	15.00	40.00	60.00
1761C	—	4.00	7.00	15.00	45.00	70.00
1761G	—	3.00	6.00	10.00	32.00	55.00
1761K	22,923,000	3.00	7.00	10.00	32.00	55.00
1761NB	—	4.00	7.00	15.00	50.00	80.00
1761P	—	3.00	6.00	10.00	30.00	50.00
1761W	—	5.00	10.00	25.00	55.00	90.00
1762C	—	4.00	7.00	15.00	45.00	70.00
1762G	—	3.00	6.00	10.00	32.00	55.00
1762K	27,139,000	3.00	7.00	10.00	32.00	55.00
1762NB	—	4.00	7.00	15.00	50.00	80.00
1762P	—	3.00	6.00	10.00	30.00	50.00
1762W	—	5.00	10.00	20.00	40.00	60.00
1763C	—	4.00	7.00	15.00	45.00	70.00
1763G	—	3.00	6.00	10.00	32.00	55.00
1763K	2,244,000	4.00	8.00	15.00	40.00	60.00
1763NB	—	4.00	7.00	15.00	50.00	80.00
1763P	—	5.00	10.00	20.00	45.00	70.00
1763S	—	3.00	6.00	10.00	30.00	50.00
1763W	—	4.00	7.00	15.00	45.00	70.00
1764C	—	4.00	7.00	15.00	45.00	70.00
1764P	—	15.00	30.00	40.00	70.00	120
1765H	Inc. above	4.00	7.00	15.00	45.00	70.00

KM# 1994 KREUZER

Copper **Ruler:** Maria Theresa **Obv:** Veiled bust right **Obv. Legend:** M • THERESIA • D: G • R • I • H • B • R • A • AUST • **Rev:** Value and date within cartouche

Date	Mintage	VG	F	VF	XF	Unc
1772W	—	3.50	7.00	15.00	35.00	55.00
1775S	—	3.50	7.00	15.00	35.00	55.00
1775W	—	5.00	10.00	20.00	45.00	70.00
1779	—	3.50	7.00	15.00	35.00	55.00
1779G	—	3.50	7.00	15.00	35.00	55.00
1779H	343,000	5.00	10.00	20.00	45.00	70.00

KM# 2054 KREUZER

Copper **Ruler:** Joseph II **Obv:** Head right, as joint ruler **Rev:** Value and date in cartouche

Date	Mintage	VG	F	VF	XF	Unc
1772W	—	4.00	8.00	16.00	40.00	60.00
1773S	—	4.00	10.00	25.00	65.00	100
1774S	—	4.00	10.00	20.00	55.00	85.00
1775S	—	4.00	10.00	30.00	80.00	135
1779	—	4.00	10.00	25.00	65.00	100

KM# 2055 KREUZER
8.0200 g., Billon, 24.47 mm. **Ruler:** Joseph II **Rev:** Value and date in wreath

Date	Mintage	VG	F	VF	XF	Unc
1780NB	—	6.00	15.00	40.00	85.00	145
1780S	—	7.50	15.00	30.00	70.00	120
1780W	—	4.00	10.00	25.00	55.00	85.00

KM# 2056 KREUZER
Billon **Ruler:** Joseph II **Obv:** Head right, as sole ruler

Date	Mintage	VG	F	VF	XF	Unc
1780B	229,516,000	—	—	—	—	—
Note: Reported, not confirmed						
1780S	—	—	—	—	—	—
1780C	—	2.50	5.00	10.00	30.00	50.00
1780G	—	—	—	—	—	—
Note: Reported, not confirmed						
1780W	—	5.00	10.00	20.00	55.00	85.00
1781A	—	2.50	5.00	10.00	30.00	50.00
1781B	18,191,000	2.50	5.00	10.00	30.00	50.00
1781B.	Inc. above	2.50	5.00	10.00	30.00	50.00
1781C	—	—	—	—	—	—
Note: Reported, not confirmed						
1781F	—	5.00	10.00	20.00	55.00	85.00
1781G	—	5.00	10.00	20.00	55.00	85.00
1781H	—	3.50	7.00	15.00	40.00	60.00
1781S	—	2.50	5.00	10.00	30.00	50.00
1782A	—	2.50	5.00	10.00	30.00	50.00
1782B	—	2.50	5.00	12.00	30.00	50.00
1782B.	—	2.50	5.00	10.00	30.00	50.00
1782C	—	2.50	5.00	10.00	30.00	50.00
1782G	—	2.50	5.00	10.00	60.00	90.00
1782H	—	6.00	12.00	25.00	60.00	90.00
1782S	—	3.50	7.00	15.00	40.00	60.00
1788A	—	4.50	9.00	17.50	45.00	70.00
1790A	—	2.50	5.00	10.00	30.00	50.00
1790B	22,912,000	6.00	12.00	25.00	65.00	100
1790F	—	2.50	5.00	10.00	30.00	50.00
1790G	—	—	—	—	—	—
Note: Reported, not confirmed						
1790S	—	1.00	3.00	7.00	20.00	35.00

KM# 1995 KREUZER
Copper **Ruler:** Maria Theresa **Obv:** Veiled bust right **Obv. Legend:** M • THERESIA • D • G • R • I • ... **Rev:** Value and date within wreath of palm and laurel **Note:** Varieties exist.

Date	Mintage	VG	F	VF	XF	Unc
1780	—	3.50	7.00	15.00	35.00	55.00
1780H	2,208,000	3.50	7.00	15.00	35.00	55.00
1780K	—	5.00	10.00	20.00	45.00	70.00
1780NB	—	6.00	12.00	25.00	55.00	85.00
1780S	—	2.50	5.00	15.00	35.00	55.00
1780W	—	3.50	7.00	15.00	35.00	55.00

KM# 2111 KREUZER
Billon **Ruler:** Franz II (I) **Obv:** Head right **Obv. Legend:** FRANC • II • D • G • R • I • S • A • G E • HV • BO • REX • A • A • **Rev:** Value on breast of crowned double eagle **Note:** Struck until 1809 with 1800 date. Uniface strikes exist.

Date	Mintage	F	VF	XF	Unc	BU
1800A	—	1.00	4.00	8.00	25.00	—
1800B	86,919,000	1.00	5.00	10.00	30.00	—
1800C	—	1.00	4.00	12.00	25.00	—
1800D	—	15.00	40.00	80.00	125	—
1800E	—	6.00	12.00	24.00	50.00	—
1800F	—	6.00	12.00	24.00	50.00	—
1800G	—	8.00	17.50	30.00	55.00	—
1800S	—	1.00	4.00	8.00	25.00	—

KM# 2011 3 KREUZER
Billon **Ruler:** Franz I **Obv:** Armored bust right **Obv. Legend:** FRANC • D: G • R • I • S • A • GER • IER • REX • **Rev:** Crowned imperial double eagle **Rev. Legend:** IN TE DOMINE SPERAVI •

Date	Mintage	VG	F	VF	XF	Unc
1746	—	5.00	10.00	20.00	40.00	60.00
1747	—	5.00	10.00	20.00	40.00	60.00

KM# 2012 3 KREUZER
Billon **Ruler:** Franz I **Obv:** Armored bust right **Obv. Legend:** FRANC • D: G • R • I • S • A • GER • IER • REX • **Rev:** Crowned imperial double eagle **Rev. Legend:** IN TE DOMINE SPERAVI •

Date	Mintage	VG	F	VF	XF	Unc
1747WI	—	5.00	10.00	20.00	40.00	60.00
1749GR	—	10.00	20.00	45.00	90.00	150
1749WI	—	6.00	12.50	25.00	55.00	85.00
1750GR	—	10.00	20.00	45.00	90.00	150
1750PR	—	10.00	20.00	45.00	90.00	150
1750WI	—	6.00	12.50	25.00	50.00	80.00

KM# 2013.1 3 KREUZER
Billon **Ruler:** Maria Theresa **Rev:** Without cartouche around denomination

Date	Mintage	VG	F	VF	XF	Unc
1748KB	—	25.00	40.00	75.00	130	235
1748WI	—	5.50	11.00	22.50	45.00	70.00
1749WI	—	8.00	15.00	30.00	60.00	90.00
1750NB	—	35.00	50.00	80.00	140	250

KM# 2014 3 KREUZER
Billon **Ruler:** Franz I **Obv:** Pleated drapes over shoulder **Rev:** Without cartouche around denomination **Note:** Includes Maria Theresa coins of same date and denomination. See Tyrol listings.

Date	Mintage	VG	F	VF	XF	Unc
1748HA	223,000	20.00	35.00	65.00	110	200
1749HA	126,000	25.00	40.00	75.00	130	235
1750HA	182,000	25.00	40.00	75.00	130	235
1762HA	300,000	6.00	12.50	25.00	50.00	80.00

KM# 2015.1 3 KREUZER
Billon **Ruler:** Franz I **Rev:** Without cartouche around denomination but with cross after date **Note:** Includes Maria Theresa coins of same date and denomination. See Tyrol listings. Mint mark placement varieties exist for this issue.

Date	Mintage	VG	F	VF	XF	Unc
1750HA	—	50.00	100	200	300	500
Note: Mintage included with KM#2014						
1752HA	—	5.50	11.00	22.50	45.00	70.00
1752WI	—	6.00	12.50	25.00	55.00	85.00
1753HA	384,000	5.50	11.00	22.50	45.00	70.00
1753WI	—	11.00	22.50	45.00	85.00	160
1754HA	113,000	5.50	11.00	22.50	45.00	70.00
1754WI	—	8.00	15.00	30.00	60.00	90.00
1755HA	90,000	2.50	6.00	15.00	30.00	50.00
1755WI	—	8.00	15.00	30.00	60.00	90.00
1756HA	121,000	2.50	6.00	15.00	30.00	50.00
1756WI	—	15.00	25.00	45.00	85.00	160
1759HA	29,000	2.50	6.00	15.00	30.00	50.00
1760HA	102,000	2.50	6.00	15.00	30.00	50.00
1761HA	497,000	2.50	6.00	15.00	30.00	50.00
1762HA	—	5.00	10.00	20.00	40.00	60.00
Note: Mintage included with KM#2014						
1763HA	125,000	5.00	10.00	20.00	40.00	60.00

KM# 2013.2 3 KREUZER
Billon **Ruler:** Franz I **Rev:** Cross after date

Date	Mintage	VG	F	VF	XF	Unc
1751GR	—	10.00	20.00	35.00	70.00	120
1751WI	—	8.00	15.00	30.00	60.00	90.00
1753PR	—	25.00	40.00	75.00	130	235
1754GR	—	10.00	20.00	35.00	70.00	120
1754PR	—	11.00	22.50	45.00	90.00	150
1761PR	—	25.00	40.00	75.00	130	235

KM# 2016.2 3 KREUZER
Billon **Ruler:** Maria Theresa **Obv. Legend:** ... M • H • D •

Date	Mintage	VG	F	VF	XF	Unc
1751KB	—	15.00	30.00	55.00	100	190
1752KB	—	15.00	30.00	55.00	100	190
1757KB	—	10.00	20.00	35.00	70.00	120
1758KB	—	10.00	20.00	40.00	80.00	150
1759KB	—	10.00	20.00	35.00	70.00	120
1760KB	—	10.00	20.00	40.00	80.00	150
1761KB	—	10.00	20.00	40.00	80.00	150
1762KB	—	10.00	20.00	40.00	80.00	150
1763KB	—	10.00	20.00	40.00	80.00	150
1764KB	—	10.00	20.00	40.00	80.00	150
1765KB	—	10.00	20.00	40.00	80.00	150

KM# 2016.1 3 KREUZER
Billon **Ruler:** Maria Theresa **Obv:** Drapes over shoulder without pleats **Note:** Mint mark placement varieties exist for this issue.

Date	Mintage	VG	F	VF	XF	Unc
1752NB	—	17.50	35.00	70.00	120	225
1756HA	—	2.50	6.00	12.50	25.00	40.00
1757NB	—	17.50	35.00	70.00	120	225
1757WI	—	8.00	15.00	30.00	55.00	85.00
1758NB	—	17.50	35.00	70.00	120	225
1759NB	—	17.50	35.00	70.00	120	225
1760HA	—	2.50	6.00	12.50	25.00	40.00
1760NB	—	17.50	35.00	70.00	120	225
1760WI	—	10.00	20.00	35.00	65.00	100
1761HA	—	2.50	6.00	12.50	25.00	40.00
Note: Mintage included in KM#2015						
1763HA	—	2.50	6.00	12.50	25.00	40.00
Note: Mintage included in KM#2015						
1764NB	—	17.50	35.00	70.00	120	225
1765HA	82,000	5.00	10.00	20.00	40.00	60.00
1765NB	—	20.00	35.00	70.00	120	225

KM# 2015.2 3 KREUZER
Billon **Ruler:** Franz I **Obv:** Legend ends: "...M. H. D." **Note:** Mint mark placement varieties exist.

Date	Mintage	VG	F	VF	XF	Unc
1753KB	—	15.00	30.00	60.00	110	200
1754KB	—	15.00	30.00	60.00	110	200
1755KB	—	15.00	30.00	60.00	110	200
1756KB	—	15.00	30.00	60.00	110	200
1758KB	—	15.00	30.00	60.00	110	200

KM# 2017 3 KREUZER
Billon **Ruler:** Maria Theresa **Obv:** Bust of Franz right **Rev:** Crowned imperial eagle, value below **Note:** Posthumous issue.

Date	Mintage	VG	F	VF	XF	Unc
1765 C-EVM-D(1768)	—	15.00	30.00	60.00	120	225
1765 D-EVM-D(1769)	—	15.00	30.00	60.00	120	225
1765 E-EVM-D(1770)	—	17.50	35.00	70.00	135	245
1765 F-EVM-D(1771)	—	12.50	25.00	55.00	110	200
1765 G-EVM-D(1772)	—	15.00	30.00	60.00	120	225
1765 H-EVM-D(1773)	—	15.00	30.00	60.00	120	225

KM# 1996 3 KREUZER
Billon **Ruler:** Maria Theresa **Obv:** Veiled bust right **Obv. Legend:** M • THERES • D • G • R • I • HV • BO • REG • **Rev:** Crowned imperial double eagle, value on breast **Rev. Legend:** ARCH • AUST • DUX • BU • CO • TYR •

Date	Mintage	VG	F	VF	XF	Unc
1765	—	3.50	8.00	20.00	35.00	55.00
1766 C-K	—	3.50	8.00	20.00	35.00	55.00
1767 C-K	—	3.50	8.00	20.00	35.00	55.00
1768 C-K	—	3.50	8.00	20.00	35.00	55.00
1769 C-K	—	3.50	8.00	20.00	50.00	80.00
1770 C-K	—	3.50	8.00	20.00	35.00	55.00
1771 C-K	—	3.50	8.00	30.00	35.00	55.00
1772 C-K	—	3.50	8.00	20.00	35.00	55.00
1773 C-K	—	3.50	8.00	20.00	35.00	55.00
1774 C-A	—	3.50	8.00	20.00	35.00	55.00
1774 C-K	—	10.00	20.00	40.00	70.00	120
1775 C-A	—	7.00	15.00	30.00	50.00	80.00
1776 C-A	—	3.50	8.00	20.00	35.00	55.00
1777 C-A	—	3.50	8.00	20.00	35.00	55.00
1778 C-A	—	5.00	15.00	35.00	60.00	90.00
1779 C-A	—	3.50	8.00	20.00	35.00	55.00
1780 C-A	—	3.50	8.00	20.00	35.00	55.00

KM# 2057.1 3 KREUZER
Billon **Ruler:** Joseph II **Obv:** Bust right with lion face on shoulder **Rev:** Crowned imperial eagle

Date	Mintage	VG	F	VF	XF	Unc
1766B EVM-D	—	17.50	35.00	75.00	150	250
1767B EVM-D	—	17.50	35.00	75.00	150	250
1768B EVM-D	—	17.50	35.00	70.00	135	245
1768E H-G	—	20.00	40.00	80.00	145	250
1768F H-G	32,000	17.50	35.00	75.00	140	245
1769B EVM-D	—	17.50	35.00	70.00	135	245
1770B EVM-D	—	40.00	85.00	150	225	325
1770F A-S	50,000	15.00	30.00	60.00	120	225
1771B EVM-D	—	17.50	35.00	70.00	135	245
1773B EVM-D	—	17.50	35.00	70.00	135	245
1773E H-G	—	17.50	35.00	75.00	150	250
1773A A-S	19,000	17.50	35.00	70.00	135	245
1774E H-G	—	17.50	35.00	70.00	135	245
1775C VS-K	—	17.50	35.00	75.00	140	245
1776C VS-K	—	17.50	35.00	70.00	135	245
1776F VC-S	15,000	17.50	35.00	70.00	135	245

Date	Mintage	VG	F	VF	XF	Unc
1777C VS-K	—	17.50	45.00	90.00	165	275
1777E H-G	—	20.00	45.00	85.00	150	250
1778C VS-K	—	17.50	35.00	70.00	135	245
1779C VS-K	—	17.50	35.00	65.00	130	240

KM# 2057.2 3 KREUZER

Billon **Ruler:** Joseph II **Obv:** Without lion face on shoulder **Rev:** Crowned imperial eagle

Date	Mintage	VG	F	VF	XF	Unc
1767A C-K	—	10.00	20.00	40.00	75.00	125
1768A C-K	—	10.00	20.00	40.00	75.00	125
1770A C-K	—	10.00	20.00	40.00	75.00	125
1771A C-K	—	10.00	20.00	45.00	85.00	135
1773A C-K	—	10.00	20.00	45.00	85.00	135
1774A C-A	—	15.00	25.00	50.00	95.00	150
1775A C-A	—	10.00	20.00	40.00	75.00	125
1776A C-A	—	10.00	20.00	40.00	80.00	130
1777A C-K	—	10.00	20.00	40.00	75.00	125
1777A C-A	—	10.00	20.00	35.00	70.00	120
1778A C-A	—	10.00	20.00	40.00	75.00	125
1779A C-A	—	10.00	20.00	35.00	70.00	120
1780A C-A	—	10.00	20.00	40.00	75.00	125

KM# 2058.1 3 KREUZER

Billon **Ruler:** Joseph II **Obv:** Bust right **Obv. Legend:** ... REX • **Note:** Varieties exist with letter "U" instead of "V" in "HU".

Date	Mintage	VG	F	VF	XF	Unc
1780A	—	25.00	55.00	110	150	250
1781A	—	17.50	35.00	70.00	100	190
1781B	—	20.00	40.00	80.00	120	225
1782B	—	20.00	40.00	80.00	120	225
1783B	—	25.00	50.00	100	150	250
1784B	—	20.00	40.00	80.00	120	225

KM# 2058.2 3 KREUZER

Billon **Ruler:** Joseph II **Obv:** Bust right with lion on shoulder **Obv. Legend:** ... REX • **Rev. Legend:** ARCH • ...

Date	Mintage	VG	F	VF	XF	Unc
1781E	—	30.00	60.00	110	180	285
1781F	12,000	20.00	40.00	80.00	140	245
1783F	—	—	—	—	—	—

Note: Reported, not confirmed

KM# 2059 3 KREUZER

Billon **Ruler:** Joseph II **Obv:** Head right **Obv. Legend:** IOS • II • D • G • R • I • S • A • GE • ... **Rev:** Crowned imperial double eagle **Rev. Legend:** ARCH • A • D • HV • ...

Date	Mintage	VG	F	VF	XF	Unc
1782A	—	7.50	15.00	30.00	60.00	90.00
1783A	—	6.00	12.00	20.00	40.00	60.00
1783C	—	—	—	—	—	—

Note: Reported, not confirmed

Date	Mintage	VG	F	VF	XF	Unc
1783E	—	7.50	15.00	35.00	70.00	120
1783G	—	40.00	100	200	350	550
1784A	—	6.00	12.00	20.00	40.00	60.00
1785E	—	7.50	15.00	35.00	70.00	120
1785A	—	6.00	12.00	20.00	40.00	60.00
1786B	—	7.50	15.00	35.00	70.00	120
1786E	—	7.50	15.00	35.00	70.00	120
1787A	—	6.00	12.00	20.00	40.00	60.00
1787B	—	7.50	15.00	30.00	60.00	90.00
1787G	—	7.50	15.00	35.00	70.00	120
1788A	—	6.00	12.00	20.00	40.00	60.00
1788B	—	6.00	12.00	20.00	40.00	60.00
1789A	—	6.00	12.00	20.00	40.00	60.00
1790A	—	7.50	15.00	35.00	70.00	120
1790B	—	6.00	12.00	25.00	50.00	80.00

KM# 2095 3 KREUZER

0.3460 Silver **Ruler:** Leopold II **Obv:** Head right **Obv. Legend:** LEOP • II • D • G • R • I • S • A • GE • HV • BO • REX • **Rev:** Crowned imperial double eagle with value on breast **Rev. Legend:** ARCH • A • D • BVRG • LOTH • M • D • H •

Date	Mintage	F	VF	XF	Unc	BU
1790A	—	15.00	40.00	100	175	—
1791A	—	15.00	40.00	100	175	—
1791B	—	15.00	40.00	100	175	—

Note: Varieties exist for 1791 with larger letter X after date

| 1792A | — | 15.00 | 40.00 | 100 | 175 | — |

Note: Varieties exist for 1792 with smaller numbers

| 1792B | — | 15.00 | 40.00 | 100 | 175 | — |
| 1792G | — | 30.00 | 65.00 | 150 | 225 | — |

KM# 2114 3 KREUZER

0.3460 Silver **Ruler:** Franz II (I) **Obv:** Head right **Obv. Legend:** FRANC • II • D • G • R • I • S • A • GE • HV • BO • REX • **Rev:** Crowned imperial double eagle with value on breast **Rev. Legend:** ARCH • A • D • BVRG • LOTH • M • D • H •

Date	Mintage	F	VF	XF	Unc	BU
1792B	—	20.00	40.00	90.00	180	—
1792G Rare	—	—	—	—	—	—
1793B	—	20.00	40.00	90.00	180	—
1793C	12,000	25.00	50.00	120	200	—
1793G Rare	—	—	—	—	—	—
1794A	—	30.00	60.00	120	225	—
1794B	—	20.00	40.00	90.00	180	—
1795/2B	—	10.00	20.00	40.00	90.00	—
1795B	—	10.00	25.00	55.00	110	—
1796A Rare	—	—	—	—	—	—
1796B	—	15.00	30.00	75.00	150	—
1796E	—	30.00	60.00	120	225	—
1796F	14,000	20.00	45.00	95.00	200	—
1796G Rare	—	—	—	—	—	—
1797A Rare	37,000	—	—	—	—	—
1798A	14,000	35.00	65.00	130	250	—
1799A Rare	1,420	—	—	—	—	—

KM# 2115.1 3 KREUZER

17.0700 g., Copper **Ruler:** Franz II (I) **Obv:** Head right **Obv. Legend:** FRANC • D • G • R • I • S • A • GER • HVN • BOH • REX • ... **Rev:** Crowned imperial double eagle, value on breast

Date	Mintage	F	VF	XF	Unc	BU
1799A	—	12.50	25.00	70.00	120	—
1799B	48,459,000	10.00	20.00	60.00	120	—
1799C	—	35.00	75.00	150	300	—

KM# 2115.2 3 KREUZER

8.7500 g., Copper **Ruler:** Franz II (I) **Obv:** Head right **Rev:** Crowned imperial double eagle, value on breast **Note:** Reduced weight.

Date	Mintage	F	VF	XF	Unc	BU
1800A	—	1.50	4.00	8.00	25.00	—

KM# 2115.3 3 KREUZER

8.7500 g., Copper **Ruler:** Franz II (I) **Obv:** Head right **Obv. Legend:** ... REX • **Rev:** Crowned imperial double eagle, value on breast **Note:** Varieties of tail feathers and heads exist.

Date	Mintage	F	VF	XF	Unc	BU
1800B	74,558,000	2.50	5.00	12.50	40.00	—
1800C	—	2.50	5.00	12.50	40.00	—
1800D	—	50.00	100	200	—	—
1800E	—	6.00	15.00	45.00	90.00	—
1800F	—	6.00	12.50	30.00	60.00	—
1800G	—	5.00	10.00	20.00	40.00	—
1800S	—	3.00	6.00	12.00	25.00	—

KM# 2060 5 KREUZER

2.3300 g., 0.4380 Silver 0.0328 oz. ASW **Ruler:** Joseph II **Obv:** Head right in wreath

Date	Mintage	VG	F	VF	XF	Unc
1783A	—	35.00	75.00	125	200	300

KM# 2061 5 KREUZER

2.3300 g., 0.4380 Silver 0.0328 oz. ASW **Ruler:** Joseph II **Obv:** Wreath open above head

Date	Mintage	VG	F	VF	XF	Unc
1788A	—	15.00	25.00	50.00	100	190
1790A	—	7.50	15.00	35.00	70.00	120

KM# 2018 6 KREUZER

3.2900 g., 0.4380 Silver 0.0463 oz. ASW **Ruler:** Franz I **Obv:** Draped bust right **Obv. Legend:** FRANC • D: G • R • I • S: A • GER • IER: REX • **Rev:** Crowned imperial double eagle, shield on breast **Rev. Legend:** IN TE DOMINE SPERAVI

Date	Mintage	VG	F	VF	XF	Unc
1747HA	905,000	7.50	15.00	30.00	55.00	85.00

Note: Includes Maria Theresa coins of same date and denomination; See Tyrol listings

1747PR	—	50.00	150	250	400	600
1747WI	—	7.50	15.00	30.00	60.00	90.00
1748HA	550,000	7.50	15.00	30.00	60.00	90.00

Note: Includes Maria Theresa coins of same date and denomination; See Tyrol listings

| 1748PR | — | 50.00 | 150 | 250 | 400 | 600 |
| 1748WI | — | 10.00 | 20.00 | 40.00 | 80.00 | 135 |

KM# 2019 6 KREUZER

3.2900 g., 0.4380 Silver 0.0463 oz. ASW **Ruler:** Franz I **Obv:** Bust with armor on shoulder

Date	Mintage	VG	F	VF	XF	Unc
1747HA	—	10.00	20.00	35.00	70.00	120

Note: Mintage included in KM#2018

KM# 2020 6 KREUZER

3.2900 g., 0.4380 Silver 0.0463 oz. ASW **Ruler:** Maria Theresa **Obv:** Modified bust

Date	Mintage	VG	F	VF	XF	Unc
1748HA	—	—	—	—	—	—

Note: Mintage included in KM#2018

KM# 2127 6 KREUZER

3.2900 g., 0.4380 Silver 0.0463 oz. ASW **Ruler:** Franz II (I)

Date	Mintage	F	VF	XF	Unc	BU
1795A	—	5.00	10.00	25.00	50.00	—
1795B	36,127,000	5.00	10.00	25.00	50.00	—
1795C Rare	—	—	—	—	—	—
1795E	—	50.00	100	200	300	—
1795F	3,090,000	30.00	60.00	100	150	—

Note: Struck through 1800 with 1795 date

| 1795G | — | 35.00 | 70.00 | 125 | 200 | — |

KM# 2128 6 KREUZER

Copper **Ruler:** Franz II (I) **Obv:** Head right **Obv. Legend:** FRANZ • II • ROM • KAI • KON • Z • HU • U • BO • ERZH • Z • OEST • **Rev:** Crowned imperial double eagle with value on breast **Rev. Legend:** SECUS • KREUTZER • ERBLAN • ...

Date	Mintage	F	VF	XF	Unc	BU
1800A	—	2.00	6.00	12.00	25.00	—
1800B	225,017,000	2.00	6.00	12.00	25.00	—
1800C	—	2.00	6.00	12.00	25.00	—
1800C FRANC	—	—	—	—	—	—
1800D	—	30.00	60.00	120	250	—
1800E	—	2.00	6.00	12.00	25.00	—
1800F	—	8.00	16.00	30.00	80.00	—
1800G	—	15.00	30.00	75.00	150	—
1800S	—	2.00	6.00	12.00	25.00	—

KM# 2022 7 KREUZER

3.2400 g., 0.4200 Silver 0.0437 oz. ASW **Ruler:** Franz I **Obv:** Bust with pleated drapes without armor

Date	Mintage	VG	F	VF	XF	Unc
1751HA	49,000	25.00	50.00	100	150	250

KM# 2021 7 KREUZER

3.2400 g., 0.4200 Silver 0.0437 oz. ASW **Ruler:** Franz I **Obv:** Bust right **Obv. Legend:** FRANC • D: G • R • I • S • A • GE • IER • R • LO • B • M • H • D • **Rev:** Crowned imperial double eagle with shield on breast **Rev. Legend:** IN TE DOMINE SPERAVI • **Note:** Varieties exist.

Date	Mintage	VG	F	VF	XF	Unc
1751GR Unique	—	—	—	—	—	—
1751WI	—	50.00	100	160	225	350
1752HA	49,000	7.50	15.00	25.00	45.00	70.00

Note: Includes Maria Theresa coins of same date and denomination; See Hall listings

Date	Mintage	VG	F	VF	XF	Unc
1753HA	145,000	7.50	15.00	30.00	55.00	85.00

Note: Includes Maria Theresa coins of same date and denomination; See Hall listings

Date	Mintage	VG	F	VF	XF	Unc
1753/2WI Unique	—	—	—	—	—	—
1754KB	—	—	—	—	—	—

Note: Reported, not confirmed

Date	Mintage	VG	F	VF	XF	Unc
1754PR Unique	—	—	—	—	—	—
1755KB	—	7.50	15.00	30.00	60.00	90.00
1756KB	—	7.50	15.00	30.00	60.00	90.00
1758HA	43,000	7.50	15.00	30.00	55.00	85.00
1758KB	—	35.00	75.00	100	175	285
1759KB	—	7.50	15.00	25.00	50.00	80.00
1760HA	140,000	5.00	10.00	20.00	40.00	60.00

Note: Includes Maria Theresa coins of same date and denomination; See Hall listings

Date	Mintage	VG	F	VF	XF	Unc
1760KB	—	5.00	10.00	20.00	45.00	70.00
1761/0HA	133,000	12.00	25.00	50.00	100	190

Note: Includes Maria Theresa coins of same date and denomination; See Hall listings

Date	Mintage	VG	F	VF	XF	Unc
1761HA	Inc. above	7.50	15.00	25.00	50.00	80.00
1761KB	—	5.00	10.00	20.00	45.00	70.00
1762HA	147,000	10.00	20.00	35.00	70.00	120

Note: Includes Maria Theresa coins of same date and denomination; See Hall listings

Date	Mintage	VG	F	VF	XF	Unc
1762KB	—	5.00	10.00	20.00	45.00	70.00
1762PR	—	5.00	10.00	20.00	45.00	70.00
1763HA	164,000	10.00	20.00	35.00	65.00	100

Note: Includes Maria Theresa coins of same date and denomination; See Hall listings

Date	Mintage	VG	F	VF	XF	Unc
1763KB	—	5.00	10.00	20.00	45.00	70.00
1763PR	—	5.00	10.00	20.00	45.00	70.00
1764KB	—	7.50	15.00	30.00	55.00	85.00
1764PR	—	7.50	15.00	30.00	55.00	85.00
1765KB	—	5.00	10.00	20.00	40.00	60.00

KM# 2062 7 KREUZER

3.2400 g., 0.4200 Silver 0.0437 oz. ASW **Ruler:** Joseph II **Obv:** Bust right, as joint ruler **Note:** Varieties exist.

Date	Mintage	VG	F	VF	XF	Unc
1768A C-K	—	20.00	30.00	60.00	170	275
1769A C-K	—	20.00	30.00	60.00	170	275
1770/69A C-K	—	35.00	75.00	110	200	300
1770A C-K	—	15.00	20.00	50.00	130	245
1771A C-K	—	15.00	20.00	50.00	120	225
1776A C-A	—	50.00	100	150	225	350

KM# C1973 7 KREUZER

3.2400 g., 0.4200 Silver 0.0437 oz. ASW **Ruler:** Maria Theresa

Date	Mintage	VG	F	VF	XF	Unc
1768 C-K	—	10.00	20.00	35.00	70.00	120
1769 C-K	—	10.00	20.00	35.00	70.00	120
1770 C-K	—	10.00	20.00	35.00	70.00	120
1771 C-K	—	7.50	15.00	30.00	60.00	90.00
1772 C-K	—	10.00	20.00	35.00	70.00	120
1773 C-K	—	10.00	20.00	35.00	70.00	120
1774/3 C-A	—	10.00	20.00	40.00	80.00	135
1774 C-A	—	7.50	15.00	30.00	60.00	90.00
1775 C-A	—	7.50	15.00	30.00	60.00	90.00
1776/5 C-A	—	10.00	20.00	40.00	80.00	135
1776 C-A	—	7.50	15.00	30.00	60.00	90.00
1777 C-A	—	10.00	20.00	35.00	70.00	120

KM# 2023 10 KREUZER

3.8900 g., 0.5000 Silver 0.0625 oz. ASW **Ruler:** Franz I **Obv:** Bust within wreath **Obv. Legend:** FRANC • D • G • R • IMP • S • A • G • ER • IER • REX • LO • B • M • H • D • **Rev:** Crowned double eagle above boxed value **Rev. Legend:** INTE DOMINE - SPERAVI

Date	Mintage	VG	F	VF	XF	Unc
1754WI	—	7.50	17.50	40.00	60.00	90.00
1755GR	—	7.50	22.50	50.00	90.00	145
1755HA	264,000	7.50	12.50	30.00	50.00	80.00

Note: Includes Maria Theresa coins of same date and denomination; See Hall listings

Date	Mintage	VG	F	VF	XF	Unc
1755KB	—	7.50	20.00	45.00	70.00	120
1755WI	—	7.50	17.50	40.00	60.00	90.00
1756HA	143,000	7.50	20.00	45.00	70.00	120
1756WI	—	7.50	22.50	50.00	90.00	145
1757GR	—	7.50	22.50	50.00	90.00	145
1757HA	119,000	7.50	20.00	45.00	70.00	120
1758GR	—	7.50	12.50	30.00	50.00	80.00
1758KB	—	7.50	22.50	50.00	90.00	145
1758PR	—	7.50	22.50	50.00	90.00	145
1759KB	—	7.50	22.50	50.00	90.00	145
1759PR	—	7.50	20.00	45.00	70.00	120
1760KB	—	7.50	20.00	45.00	70.00	120
1761/57HA	54,000	7.50	20.00	45.00	70.00	120

Note: Includes Maria Theresa coins of same date and denomination; See Hall listings

Date	Mintage	VG	F	VF	XF	Unc
1761HA	Inc. above	7.50	20.00	45.00	70.00	120
1761PR	—	7.50	20.00	50.00	90.00	145
1762HA	—	7.50	20.00	45.00	70.00	120
1763GR	—	7.50	17.50	40.00	60.00	90.00
1763HA	—	7.50	20.00	45.00	70.00	120
1763PR	—	7.50	20.00	45.00	70.00	120
1764GR	—	7.50	12.50	30.00	50.00	80.00
1764HA	—	7.50	12.50	30.00	50.00	80.00
1764KB	—	7.50	12.50	30.00	50.00	80.00
1765GR	—	7.50	12.50	30.00	50.00	80.00
1765HA	153,000	7.50	12.50	30.00	50.00	80.00

Note: Includes Maria Theresa coins of same date and denomination; See Hall listings

Date	Mintage	VG	F	VF	XF	Unc
1765KB	—	7.50	12.50	30.00	50.00	80.00
1765WI	—	7.50	20.00	45.00	70.00	120
1766GR	—	50.00	100	150	250	400

KM# 2063 10 KREUZER

3.8900 g., 0.5000 Silver 0.0625 oz. ASW **Ruler:** Joseph II **Obv:** Bust right in wreath, as joint ruler

Date	Mintage	VG	F	VF	XF	Unc
1765B EVM D	—	12.50	35.00	70.00	140	240
1766B EVM D	—	12.50	35.00	70.00	140	240
1767A C-K	—	12.50	30.00	60.00	125	220
1767B EVM-D	247,000	12.50	30.00	60.00	125	220
1768H S-C	—	12.50	25.00	55.00	110	200
1768A C-K	—	12.50	30.00	60.00	125	220
1768B EVM-D	142,000	12.50	35.00	70.00	140	240
1768C VS-S	—	12.50	35.00	75.00	150	250
1769A C-K	—	12.50	30.00	60.00	125	220
1769B EVM-D	22,000	25.00	50.00	100	200	300
1770A C-K	—	12.50	30.00	60.00	125	220
1770E H-G	—	12.50	30.00	65.00	130	230
1770F A-S	31,000	12.50	30.00	60.00	125	220

Note: Includes Maria Theresa coins of same date and denomination; See Hall listings

Date	Mintage	VG	F	VF	XF	Unc
1771A C-K	—	12.50	25.00	50.00	100	190
1771F A-S	156,000	12.50	30.00	60.00	125	220

Note: Includes Maria Theresa coins of same date and denomination; See Hall listings

Date	Mintage	VG	F	VF	XF	Unc
1772A C-K	—	12.50	25.00	50.00	100	190
1772H S-C	—	12.50	25.00	55.00	110	200
1772F A-S	Inc. above	12.50	30.00	60.00	125	220
1772/1F A-S	115,000	12.50	35.00	70.00	140	240

Note: Includes Maria Theresa coins of same date and denomination; See Hall listings

Date	Mintage	VG	F	VF	XF	Unc
1773A C-K	—	12.50	25.00	50.00	100	190
1773H S-C	—	12.50	25.00	55.00	110	200
1773F A-S	113,000	12.50	30.00	60.00	125	220

Note: Includes Maria Theresa coins of same date and denomination; See Hall listings

Date	Mintage	VG	F	VF	XF	Unc
1774H S-C	—	12.50	25.00	55.00	110	200
1774F VC-S	Inc. above	12.50	35.00	70.00	140	240
1774F A-S	79,000	12.50	30.00	60.00	125	220

Note: Includes Maria Theresa coins of same date and denomination; See Hall listings

Date	Mintage	VG	F	VF	XF	Unc
1775E H-G	—	12.50	30.00	65.00	130	230
1775F VC-S	—	12.50	30.00	60.00	125	220
1775F A-S	—	—	—	—	—	—

Note: Reported, not confirmed

Date	Mintage	VG	F	VF	XF	Unc
1776E H-G	—	12.50	30.00	65.00	130	230
1777C VS-K	—	12.50	35.00	75.00	150	250
1777F VC-S	23,000	12.50	30.00	60.00	125	220

Note: Includes Maria Theresa coins of same date and denomination; See Hall listings

Date	Mintage	VG	F	VF	XF	Unc
1778A C-A	—	12.50	25.00	50.00	100	190
1778E H-S	—	12.50	30.00	65.00	130	230
1778C VS-K	—	12.50	35.00	75.00	150	250
1778F VC-S	777,000	12.50	30.00	60.00	125	220

Note: Includes Maria Theresa coins of same date and denomination; See Hall listings

Date	Mintage	VG	F	VF	XF	Unc
1779A C-A	—	12.50	25.00	50.00	100	190
1779C VS-K	—	12.50	35.00	75.00	150	250
1779G IB-IV	—	15.00	35.00	70.00	140	240
1780E H-S	—	12.50	30.00	65.00	130	230

KM# 2024 10 KREUZER

3.8900 g., 0.5000 Silver 0.0625 oz. ASW **Ruler:** Maria Theresa **Obv:** Bust of Franz right within wreath **Rev:** Crowned double eagle above boxed value **Note:** Posthumous issue. Similar to KM#2023.

Date	Mintage	VG	F	VF	XF	Unc
1765B A-EVM-D(1766)	—	15.00	30.00	60.00	120	220
1765B B-EVM-D(1767)	—	15.00	30.00	60.00	120	220
1765B D-EVM-D(1769)	—	15.00	30.00	60.00	120	220

KM# 2064 10 KREUZER

3.8900 g., 0.5000 Silver 0.0625 oz. ASW **Ruler:** Joseph II **Obv:** Bust right in wreath, as sole ruler

Date	Mintage	VG	F	VF	XF	Unc
1781C	—	20.00	40.00	75.00	130	230
1782C	—	20.00	40.00	75.00	130	230
1782E	—	20.00	45.00	85.00	150	250
1783E	—	20.00	45.00	85.00	150	250
1783G	—	20.00	45.00	85.00	150	250
1783H	—	15.00	35.00	65.00	120	220
1784H	—	30.00	60.00	100	175	275
1785F	—	20.00	45.00	85.00	150	250
1785H	—	—	—	—	—	—

Note: Reported, not confirmed

Date	Mintage	VG	F	VF	XF	Unc
1787F	34,000	20.00	45.00	85.00	150	250
1787H	—	15.00	35.00	65.00	120	220
1788H	—	20.00	45.00	85.00	150	250
1790F	—	—	—	—	—	—

Note: Reported, not confirmed

KM# 2065 10 KREUZER

3.8900 g., 0.5000 Silver 0.0625 oz. ASW **Ruler:** Joseph II **Obv:** Head right in closed wreath **Rev:** Crowned imperial eagle above date

Date	Mintage	VG	F	VF	XF	Unc
1782A	—	3.50	7.50	15.00	30.00	50.00
1783A	—	3.50	7.50	15.00	30.00	50.00
1785B	170,000	10.00	15.00	30.00	50.00	80.00
1787B	2,806,000	10.00	25.00	50.00	75.00	125
1787E	—	15.00	30.00	65.00	100	190
1788B	2,023,000	10.00	15.00	30.00	50.00	80.00
1788E	—	15.00	30.00	65.00	100	190

KM# 2066 10 KREUZER

3.8900 g., 0.5000 Silver 0.0625 oz. ASW **Ruler:** Joseph II **Obv:** Open wreath above head

Date	Mintage	VG	F	VF	XF	Unc
1784A	—	15.00	30.00	60.00	80.00	135
1785A	—	20.00	40.00	75.00	120	220
1786A	—	10.00	20.00	40.00	60.00	90.00
1787A	—	7.50	15.00	30.00	50.00	80.00
1787B	Inc. above	10.00	25.00	50.00	75.00	125
1788A	—	7.50	15.00	30.00	50.00	80.00
1788B	Inc. above	7.50	15.00	30.00	50.00	80.00
1788E	—	—	—	—	—	—

Note: Reported, not confirmed

Date	Mintage	VG	F	VF	XF	Unc
1789A	—	15.00	35.00	75.00	120	220
1789B	2,626,000	7.50	15.00	30.00	50.00	80.00
1789E	—	15.00	30.00	65.00	100	190
1790A	—	15.00	30.00	65.00	100	190
1790B	2,513,000	7.50	15.00	30.00	50.00	80.00
1790E	—	15.00	30.00	65.00	100	190

KM# 2096 10 KREUZER

0.5000 Silver **Ruler:** Leopold II **Obv:** Bust right within wreath **Obv. Legend:** LEOP • II • D • G • R • I • S • A • GERM • HV • BO • REX • **Rev:** Crowned imperial double eagle

Date	Mintage	F	VF	XF	Unc	BU
1790A	—	20.00	45.00	85.00	150	—
1791A	—	20.00	45.00	85.00	150	—
1791B	1,254,000	25.00	50.00	100	175	—
1791H Rare	—	—	—	—	—	—
1792A	—	35.00	65.00	125	200	—
1792B	1,095,000	20.00	45.00	85.00	150	—
1792E Rare	—	—	—	—	—	—

KM# 2130 10 KREUZER

0.5000 Silver **Ruler:** Franz II (I) **Obv:** Bust right within wreath **Rev:** Crowned imperial double eagle

Date	Mintage	F	VF	XF	Unc	BU
1792A	—	25.00	50.00	100	175	—
1792B	356,000	25.00	50.00	100	175	—
1792E Rare	—	—	—	—	—	—
1792F Rare	—	—	—	—	—	—
1793A	—	20.00	45.00	90.00	165	—
1794B	452,000	20.00	40.00	80.00	150	—
1794E	—	30.00	60.00	120	250	—
1795B Unique	101,000	—	—	—	—	—
1795C	—	40.00	80.00	160	300	—
1795E	—	25.00	55.00	110	200	—
1795G Rare	—	—	—	—	—	—
1796B	124,000	30.00	60.00	120	250	—
1796E	—	20.00	45.00	85.00	160	—
1797E	—	25.00	50.00	100	175	—

KM# 2137 12 KREUZER

4.6800 g., 0.2500 Silver 0.0376 oz. ASW **Ruler:** Franz II (I) **Obv:** Crowned imperial double eagle **Obv. Legend:** SCHEID • MUNZ • KAI • KON • ERBLANDISCHE • **Rev:** Denomination and date above sprays of palm and laurel **Note:** Uniface pieces exist, struck through 1800.

Date	Mintage	F	VF	XF	Unc	BU
1795A	—	5.00	12.00	32.00	65.00	—
1795B	85,036,000	5.00	15.00	40.00	80.00	—
1795C	—	10.00	25.00	60.00	120	—
1795E	—	10.00	30.00	70.00	140	—
1795F	10,340,000	10.00	20.00	50.00	100	—
1795G	—	10.00	30.00	70.00	135	—

KM# 2025 15 KREUZER

6.4000 g., 0.5630 Silver 0.1158 oz. ASW **Ruler:** Franz I **Obv:** Armored bust right **Obv. Legend:** FRANC: D: G: R: I: S: A: GER: IER: R: LO: B: M: H: D: **Rev:** Crowned imperial double eagle **Rev. Legend:** IN TE DOMINE SPERAVI • **Note:** Varieties exist.

Date	Mintage	VG	F	VF	XF	Unc
1747CA	—	25.00	50.00	95.00	160	265
1747GR	—	20.00	40.00	80.00	150	250
1747KB	—	7.50	15.00	30.00	60.00	100
1747NB	—	15.00	30.00	60.00	120	220
1747PR	—	10.00	20.00	40.00	80.00	145
1747WI	—	7.50	15.00	30.00	60.00	100
1748GR	—	20.00	40.00	80.00	150	250
1748HA	62,000	20.00	40.00	80.00	150	250

Note: Includes Maria Theresa coins of same date and denomination; See Hall listings

Date	Mintage	VG	F	VF	XF	Unc
1748KB	—	7.50	15.00	30.00	60.00	100
1748NB	—	17.50	35.00	75.00	130	230
1748PR	—	7.50	15.00	30.00	60.00	100
1748WI	—	7.50	15.00	30.00	60.00	100
1749HA	255,000	12.50	25.00	50.00	100	200

Note: Includes Maria Theresa coins of same date and denomination; See Hall listings

Date	Mintage	VG	F	VF	XF	Unc
1749KB	—	7.50	15.00	30.00	60.00	100
1749NB	—	50.00	100	150	200	300
1749PR	—	7.50	15.00	30.00	60.00	100
1749WI	—	7.50	15.00	30.00	60.00	100
1750CA	—	40.00	60.00	110	200	300
1750GR	—	15.00	30.00	60.00	120	220
1750HA	218,000	15.00	30.00	60.00	120	220

Note: Includes Maria Theresa coins of same date and denomination; See Hall listings

Date	Mintage	VG	F	VF	XF	Unc
1750KB	—	7.50	15.00	30.00	60.00	100
1750PR	—	7.50	15.00	30.00	60.00	100
1750WI	—	7.50	15.00	30.00	60.00	100

KM# 2026.1 17 KREUZER

6.1200 g., 0.5420 Silver 0.1066 oz. ASW **Ruler:** Franz I **Obv:** Draped bust right **Obv. Legend:** FRANC • D • G • R • I • S • A • GE • IER • R • LO • B • M • H • D • **Rev:** Crowned imperial double eagle **Rev. Legend:** INTEDOMINE SPERAVI • **Note:** Varieties exist in eagle's tail, mint mark placement, and size of letters in legend.

Date	Mintage	VG	F	VF	XF	Unc
1751CA	—	10.00	20.00	40.00	80.00	145
1751GR	—	10.00	25.00	50.00	100	200
1751HA	Est. 139,000	7.50	15.00	30.00	60.00	100

Note: Includes Maria Theresa coins of same date and denomination; See Tyrol listings

Date	Mintage	VG	F	VF	XF	Unc
1751KB	1,833,000	5.00	10.00	22.50	45.00	70.00
1751NB	—	45.00	75.00	125	200	300
1751PR	—	6.00	12.50	25.00	50.00	80.00
1751WI	—	10.00	22.50	45.00	90.00	165
1752GR	—	10.00	25.00	50.00	100	200
1752HA	703,000	10.00	20.00	40.00	80.00	145
1752KB	1,759,000	5.00	10.00	22.50	45.00	70.00
1752NB	—	45.00	75.00	125	200	300
1752PR	—	10.00	20.00	40.00	80.00	145
1752WI	—	10.00	22.50	45.00	90.00	165
1753/2GR	—	10.00	25.00	50.00	100	200
1753GR	—	10.00	25.00	50.00	100	200
1753HA	Est. 1,085,000	5.00	10.00	22.50	45.00	70.00

Note: Includes Maria Theresa coins of same date and denomination; See Tyrol listings

Date	Mintage	VG	F	VF	XF	Unc
1753KB	1,786,000	5.00	10.00	22.50	45.00	70.00
1753NB	—	7.50	15.00	30.00	60.00	100
1753PR	—	10.00	20.00	40.00	80.00	145
1753WI	—	12.50	25.00	50.00	90.00	165
1754GR	—	10.00	25.00	50.00	100	200
1754HA	Est. 177,000	5.00	10.00	22.50	45.00	70.00

Note: Includes Maria Theresa coins of same date and denomination; See Tyrol listings

Date	Mintage	VG	F	VF	XF	Unc
1754KB	1,849,000	5.00	10.00	22.50	45.00	70.00
1754NB	—	7.50	15.00	30.00	60.00	100
1754PR	—	10.00	20.00	40.00	80.00	145
1755KB	—	5.00	10.00	22.50	45.00	70.00
1755NB	—	7.50	15.00	30.00	60.00	100
1756KB	1,117,000	5.00	10.00	22.50	45.00	70.00
1757KB	944,000	5.00	10.00	22.50	45.00	70.00
1758HA	36,000	5.00	10.00	22.50	45.00	70.00
1758KB	1,074,000	5.00	10.00	22.50	45.00	70.00
1759KB	946,000	5.00	10.00	22.50	45.00	70.00
1760GR	—	10.00	25.00	50.00	100	200
1760KB	1,071,000	5.00	10.00	22.50	45.00	70.00
1761GR	—	10.00	25.00	50.00	100	200
1761HA	Est. 750,000	5.00	10.00	22.50	45.00	70.00

Note: Includes Maria Theresa coins of same date and denomination; See Tyrol listings

Date	Mintage	VG	F	VF	XF	Unc
1761KB	1,765,000	5.00	10.00	22.50	45.00	70.00
1762GR	—	8.00	25.00	50.00	100	200
1762HA	Est. 208	5.00	10.00	22.50	45.00	70.00

Note: Includes Maria Theresa coins of same date and denomination; See Tyrol listings

Date	Mintage	VG	F	VF	XF	Unc
1762KB	4,091,999	5.00	10.00	22.50	45.00	70.00
1762NB	—	5.00	10.00	22.50	45.00	70.00
1762PR	—	5.00	10.00	22.50	45.00	70.00
1763GR	—	7.00	15.00	35.00	75.00	125
1763/2HA	Est. 135	10.00	20.00	35.00	65.00	110

Note: Includes Maria Theresa coins of same date and denomination; See Tyrol listings

Date	Mintage	VG	F	VF	XF	Unc
1763HA	Inc. above	5.00	10.00	22.50	45.00	70.00
1763KB	542,000	5.00	10.00	22.50	45.00	70.00
1763NB	—	7.50	15.00	30.00	60.00	100
1763PR	—	5.00	10.00	22.50	45.00	70.00
1764GR	—	45.00	75.00	125	200	300
1764KB	1,178,000	5.00	10.00	22.50	45.00	70.00
1764NB	—	5.00	10.00	22.50	45.00	70.00
1765KB	2,432,000	5.00	10.00	22.50	45.00	70.00
1765NB	—	5.00	10.00	22.50	45.00	70.00

KM# 2026.2 17 KREUZER

6.1200 g., 0.5420 Silver 0.1066 oz. ASW **Ruler:** Franz I **Obv:** Draped bust right **Rev:** Legend begins at 7 o'clock position

Date	Mintage	VG	F	VF	XF	Unc
1760HA	70,000	12.50	25.00	45.00	75.00	125

KM# 2027 17 KREUZER

6.1200 g., 0.5420 Silver 0.1066 oz. ASW **Ruler:** Maria Theresa **Obv:** Draped bust right **Rev:** Crowned imperial double eagle **Note:** Posthumous issue. Similar to KM#2026.1

Date	Mintage	VG	F	VF	XF	Unc
1765 A(1766)NB	—	35.00	75.00	150	250	350

KM# 2028 20 KREUZER

6.6800 g., 0.5830 Silver 0.1252 oz. ASW **Ruler:** Franz I **Obv:** Laureate head right in wreath **Obv. Legend:** FRANC • D • G • R • IMP • S • A • GE • IER • REX • LO • B • M • H • D • **Rev:** Imperial eagle on pedestal containing value, flanked by branches **Rev. Legend:** INTEDOMINE SPERAVI • **Note:** Varieties exist.

Date	Mintage	VG	F	VF	XF	Unc
1754	—	5.00	10.00	20.00	40.00	60.00
1754GR	—	8.00	16.00	30.00	65.00	100
1754HA	Est. 583,000	3.50	7.50	15.00	30.00	50.00

Note: Includes Maria Theresa coins of same date and denomination; See Hall listings

Date	Mintage	VG	F	VF	XF	Unc
1754PR	—	3.50	7.50	15.00	30.00	50.00
1754WI	—	3.50	7.50	15.00	30.00	50.00
1755GR	—	8.00	16.00	30.00	65.00	100
1755HA	Est. 622,000	3.50	7.50	15.00	30.00	50.00

Note: Includes Maria Theresa coins of same date and denomination; See Hall listings

Date	Mintage	VG	F	VF	XF	Unc
1755KB	—	6.00	12.50	25.00	50.00	80.00
1755NB	—	5.00	10.00	20.00	40.00	60.00
1755PR	—	3.50	7.50	15.00	30.00	50.00
1755WI	—	3.50	7.50	15.00	30.00	50.00
1756GR	—	8.00	16.00	30.00	65.00	100
1756HA	Est. 558,000	3.50	7.50	15.00	30.00	50.00

Note: Includes Maria Theresa coins of same date and denomination; See Hall listings

Date	Mintage	VG	F	VF	XF	Unc
1756NB	—	5.00	10.00	20.00	40.00	60.00
1756PR	—	3.50	7.50	15.00	30.00	50.00
1756WI	—	5.00	10.00	20.00	40.00	60.00
1757GR	—	8.00	16.00	30.00	65.00	100
1757HA	Est. 296,000	3.50	7.50	15.00	30.00	50.00

Note: Includes Maria Theresa coins of same date and denomination; See Hall listings

Date	Mintage	VG	F	VF	XF	Unc
1757NB	—	5.00	10.00	20.00	40.00	60.00
1757PR	—	3.50	7.50	15.00	30.00	50.00
1757WI	—	5.00	10.00	20.00	40.00	60.00
1758GR	—	8.00	16.00	30.00	65.00	100
1758HA	Est. 549,000	3.50	7.50	15.00	30.00	50.00

Note: Includes Maria Theresa coins of same date and denomination; See Hall listings

Date	Mintage	VG	F	VF	XF	Unc
1758KB	—	6.00	12.50	25.00	50.00	80.00
1758NB	—	5.00	10.00	20.00	40.00	60.00
1758PR	—	3.50	7.50	15.00	30.00	50.00
1759GR	—	8.00	16.00	30.00	65.00	100
1759HA	Est. 340,000	5.00	10.00	20.00	40.00	60.00

Note: Includes Maria Theresa coins of same date and denomination; See Hall listings

Date	Mintage	VG	F	VF	XF	Unc
1759KB	—	5.00	10.00	20.00	40.00	60.00
1759NB	—	5.00	10.00	20.00	40.00	60.00
1759PR	—	3.50	7.50	15.00	30.00	50.00
1760GR	—	8.00	16.00	30.00	65.00	100
1760HA	Est. 70,000	5.00	10.00	20.00	40.00	60.00

Note: Includes Maria Theresa coins of same date and denomination; See Hall listings

Date	Mintage	VG	F	VF	XF	Unc
1760KB	—	5.00	10.00	20.00	40.00	60.00
1760/59NB	—	—	—	—	—	—
1760NB	—	3.50	7.50	15.00	30.00	50.00
1760PR	—	3.50	7.50	15.00	30.00	50.00
1761GR	—	3.50	7.50	15.00	30.00	50.00
1761/57HA	Est. 199,000	5.00	10.00	20.00	40.00	60.00

Note: Includes Maria Theresa coins of same date and denomination; See Hall listings

Date	Mintage	VG	F	VF	XF	Unc
1761HA	Inc. above	3.50	7.50	15.00	30.00	50.00
1761KB	—	5.00	10.00	20.00	40.00	60.00
1761NB	—	3.50	7.50	15.00	30.00	50.00
1762NB	—	5.00	10.00	20.00	40.00	60.00
1762WI	—	5.00	10.00	20.00	40.00	60.00
1763HA	Est. 30,000	5.00	10.00	20.00	40.00	60.00

Note: Includes Maria Theresa coins of same date and denomination; See Hall listings

Date	Mintage	VG	F	VF	XF	Unc
1763KB	—	3.50	7.50	15.00	30.00	50.00
1763NB	—	5.00	10.00	20.00	40.00	60.00
1763PR	—	5.00	10.00	20.00	40.00	60.00
1763WI	—	3.50	7.50	15.00	30.00	50.00
1764HA	Est. 161,000	5.00	10.00	20.00	40.00	60.00

Note: Includes Maria Theresa coins of same date and denomination; See Hall listings

Date	Mintage	VG	F	VF	XF	Unc
1764KB	—	3.50	7.50	15.00	30.00	50.00
1764WI	—	3.50	7.50	15.00	30.00	50.00
1765GR	—	8.00	16.00	30.00	65.00	100
1765HA	Est. 132,000	3.50	7.50	15.00	30.00	50.00

Note: Includes Maria Theresa coins of same date and denomination; See Hall listings

Date	Mintage	VG	F	VF	XF	Unc
1765KB	—	3.50	7.50	15.00	30.00	50.00
1765NB	—	3.50	7.50	15.00	30.00	50.00
1765PR	—	5.00	10.00	20.00	40.00	60.00
1765WI	—	3.50	7.50	15.00	30.00	50.00

KM# 1997 20 KREUZER

6.6800 g., 0.5830 Silver 0.1252 oz. ASW **Ruler:** Maria Theresa **Obv:** Bust within wreath **Rev:** Imperial eagle on pedestal containing value, flanked by branches

Date	Mintage	VG	F	VF	XF	Unc
1759	—	35.00	75.00	125	175	275

KM# 1998 20 KREUZER

6.6800 g., 0.5830 Silver 0.1252 oz. ASW **Ruler:** Maria Theresa **Obv:** Similar to KM#1999 but veil not folded behind neck

Date	Mintage	VG	F	VF	XF	Unc
1765B	—	12.50	25.00	50.00	100	200
1766B IC-SK	—	10.00	20.00	40.00	75.00	145
1767B IC-SK	—	5.00	10.00	20.00	40.00	70.00

KM# 2031 20 KREUZER

6.6800 g., 0.5830 Silver 0.1252 oz. ASW **Ruler:** Maria Theresa **Obv:** Laureate head right within wreath **Rev:** Similar to KM#1998 **Note:** Appears to be mule of posthumous Franz I obverse with Maria Theresa KM#1998 reverse.

Date	Mintage	VG	F	VF	XF	Unc
1765B H-IC-SK(1773)	—	7.50	15.00	30.00	60.00	90.00

KM# 2029 20 KREUZER

6.6800 g., 0.5830 Silver 0.1252 oz. ASW **Ruler:** Maria Theresa **Obv:** Similar to KM#2028, but letter below bust signifying year of minting **Note:** Posthumous issue.

Date	Mintage	VG	F	VF	XF	Unc
1765CA A(1766)	—	20.00	40.00	70.00	100	190
1765GR A(1766)	—	6.00	12.50	25.00	50.00	80.00
1765GR B(1767)	—	6.00	12.50	25.00	50.00	80.00
1765HA A(1766)	253,000	10.00	20.00	40.00	75.00	125
1765HA B(1767)	318,000	10.00	20.00	40.00	75.00	125
1765HA C(1768)	Est. 246,000	10.00	20.00	40.00	75.00	125

Note: Includes Maria Theresa coins of same date and denomination; See Hall listings

Date	Mintage	VG	F	VF	XF	Unc
1765NB B(1767)	—	5.00	10.00	20.00	40.00	60.00
1765NB C(1768)	—	5.00	10.00	20.00	40.00	60.00
1765NB D(1769)	—	5.00	10.00	20.00	40.00	60.00
1765NB E(1770)	—	5.00	10.00	20.00	40.00	60.00
1765PR A(1766)	—	5.00	10.00	20.00	40.00	60.00
1765PR B(1767)	—	5.00	10.00	20.00	40.00	60.00

KM# 2030 20 KREUZER

6.6800 g., 0.5830 Silver 0.1252 oz. ASW **Ruler:** Maria Theresa **Obv:** Laureate head right within wreath **Obv. Legend:** FRANC

• D • G • R • IMP • S • A • GE • IER • REX • LO • B • M • H • D • **Rev:** Imperial eagle on pedestal containing value, flanked by branches **Rev. Legend:** IN TE DOMINE • SPERAVI • **Note:** Posthumous issue.

Date	Mintage	VG	F	VF	XF	Unc
1765B A-EVM-D(1766)	—	5.00	10.00	20.00	40.00	60.00
1765B B-EVM-D(1767)	—	5.00	10.00	20.00	40.00	60.00
1765B B-EVM-D(1767)	—	5.00	10.00	20.00	40.00	60.00
1765B D-EVM-D(1769)	—	5.00	10.00	20.00	40.00	60.00
1765B BD/BC EVM-D (1769/68)	—	10.00	25.00	40.00	60.00	90.00
1765B E-EVM-D(1770)	—	5.00	10.00	20.00	40.00	60.00
1765B F-EVM-D(1771)	—	5.00	10.00	20.00	40.00	60.00
1765B G-EVM-D(1772)	—	5.00	10.00	20.00	40.00	60.00
1765B H-EVM-D(1773)	—	5.00	10.00	20.00	40.00	60.00
1765B I-EVM-D(1774)	—	5.00	10.00	20.00	40.00	60.00
1765B I-SK-PD(1774)	—	5.00	10.00	20.00	40.00	60.00
1765B K-SK-PD(1775)	—	5.00	10.00	20.00	40.00	60.00
1765B L-SK-PD(1776)	—	5.00	10.00	20.00	40.00	60.00
1765B M-SK-PD(1777)	—	5.00	10.00	20.00	40.00	60.00
1765B N-SK-PD(1778)	—	5.00	10.00	20.00	40.00	60.00
1765B O-SK-PD(1779)	—	5.00	10.00	20.00	40.00	60.00
1765B P-SK-PD(1780)	—	5.00	10.00	20.00	40.00	60.00

KM# 2067.1 20 KREUZER

6.6800 g., 0.5830 Silver 0.1252 oz. ASW **Ruler:** Joseph II **Obv:** Bust right as joint ruler, lion face on shoulder **Obv. Legend:** IOSEPH • II • D • G • R • I • S • A • GE • REX • A • A • LO • & • M • H • D • **Rev:** Crowned imperial double eagle, shield on breast, value below **Rev. Legend:** VIRTUTE ET EXEMPLO

Date	Mintage	VG	F	VF	XF	Unc
1765A	—	10.00	20.00	40.00	80.00	135
1765E H-G	—	5.00	10.00	20.00	40.00	60.00
1766A IC-SK	—	10.00	20.00	40.00	80.00	145
1766E H-G	—	5.00	10.00	20.00	40.00	60.00
1767A IC-SK	—	5.00	10.00	25.00	50.00	80.00
1767B EVM-D	—	5.00	10.00	15.00	30.00	50.00
1767C EVS-AS	—	5.00	10.00	20.00	40.00	60.00
1767D CG-AK	—	10.00	15.00	25.00	50.00	80.00
1767G IB-FL	—	5.00	10.00	20.00	40.00	60.00
1767H S-C	—	5.00	10.00	20.00	40.00	60.00
1767 EVS-AS	—	15.00	25.00	45.00	90.00	165
1768A IC-SK	—	5.00	10.00	20.00	40.00	60.00
1768A C-K	—	10.00	15.00	35.00	70.00	120
1768B EVM-D	—	5.00	10.00	15.00	30.00	50.00
1768C EVS-AS	—	5.00	10.00	15.00	30.00	50.00
1768E H-G	—	5.00	10.00	20.00	40.00	60.00
1768G IB-FL	—	5.00	10.00	15.00	30.00	50.00
1769A IC-SK	—	5.00	10.00	15.00	30.00	50.00
1769B EVM-D	—	5.00	10.00	15.00	30.00	50.00
1769C EVS-AS	—	5.00	10.00	15.00	30.00	50.00
1769D CVG-AK	—	5.00	10.00	25.00	50.00	80.00
1769E H-G	—	5.00	10.00	15.00	30.00	50.00
1769F A-S	Est. 259,000	5.00	10.00	15.00	30.00	50.00
Note: Includes Maria Theresa coins of same date and denomination; See Hall listings						
1769G IB-FL	—	5.00	10.00	15.00	30.00	50.00
1769H S-C	—	5.00	10.00	20.00	40.00	60.00
1770A IC-SK	—	5.00	10.00	15.00	30.00	50.00
1770B EVM-D	—	5.00	10.00	15.00	30.00	50.00
1770C EVS-AS	—	5.00	10.00	15.00	30.00	50.00
1770D CG-AK	—	10.00	20.00	40.00	80.00	145
1770D CVG-AK	—	10.00	15.00	30.00	60.00	90.00
1770E H-G	—	5.00	10.00	15.00	30.00	50.00
1770F A-S	Est. 280,000	5.00	10.00	15.00	30.00	50.00
Note: Includes Maria Theresa coins of same date and denomination; See Hall listings						
1770G IB-FL	—	5.00	10.00	15.00	30.00	50.00
1770H S-C	—	5.00	10.00	20.00	40.00	60.00
1771A IC-SK	—	5.00	10.00	20.00	40.00	60.00
1771B EVM-D	—	5.00	10.00	15.00	30.00	50.00
1771C EVS-AS	—	7.50	15.00	25.00	45.00	70.00
1771C EVS-AS	—	5.00	10.00	15.00	30.00	50.00
1771D CVG-AK	—	10.00	15.00	30.00	60.00	90.00
1771E H-G	—	5.00	10.00	20.00	40.00	60.00
1771F A-S	Est. 164,000	5.00	10.00	15.00	30.00	50.00
Note: Includes Maria Theresa coins of same date and denomination; See Hall listings						
1771G IB-FL	—	5.00	10.00	15.00	30.00	50.00
1771H S-C	—	5.00	10.00	20.00	40.00	60.00
1772A IC-SK	—	5.00	10.00	20.00	40.00	60.00
1772B EVM-D	—	5.00	10.00	15.00	30.00	50.00
1772C EVS-AS	—	5.00	10.00	15.00	30.00	50.00
1772F A-S	Est. 153,000	5.00	10.00	15.00	30.00	50.00
Note: Includes Maria Theresa coins of same date and denomination; See Hall listings						
1772G IB-FL	—	5.00	10.00	15.00	30.00	50.00
1772G IB-IV	—	5.00	10.00	15.00	30.00	50.00
1772H S-C	—	10.00	15.00	30.00	50.00	80.00
1772 CVG-AK	—	10.00	20.00	40.00	80.00	145
1773/2B EVM-D	—	5.50	11.50	16.50	32.50	55.00
1773A IC-SK	—	—	—	—	—	—
1773B EVM-D	—	5.00	10.00	15.00	30.00	50.00
1773C EVS-AS	—	5.00	10.00	20.00	40.00	60.00
1773C EVS-IK	—	15.00	25.00	45.00	90.00	165
1773E H-G	—	5.00	10.00	20.00	40.00	60.00
1773F A-S	Est. 418,000	5.00	10.00	15.00	30.00	50.00
Note: Includes Maria Theresa coins of same date and denomination; See Hall listings						
1773G IB-IV	—	5.00	10.00	15.00	30.00	50.00
1773G B-V	—	15.00	25.00	45.00	90.00	165
1773H S-C	—	5.00	10.00	20.00	40.00	60.00
1774A IC-SK	—	5.00	10.00	20.00	40.00	60.00
1774A IC-FA	—	5.00	10.00	20.00	40.00	60.00
1774B EVM-D	—	10.00	15.00	25.00	50.00	80.00
1774B SK-PD	—	5.00	8.00	12.00	25.00	45.00
1774C EVS-IK	—	5.00	10.00	15.00	30.00	50.00
1774E H-G	—	5.00	10.00	20.00	40.00	60.00
1774F VC-S	Est. 307,000	10.00	15.00	30.00	60.00	90.00
Note: Includes Maria Theresa coins of same date and denomination; See Hall listings						
1774F A-S	Inc. above	5.00	10.00	20.00	40.00	60.00
1774G IB-IV	—	5.00	10.00	15.00	30.00	50.00
1774G B-V	—	10.00	15.00	25.00	50.00	80.00
1774H S-F	—	15.00	25.00	45.00	90.00	165
1775A IC-FA	—	10.00	20.00	40.00	80.00	145
1775B SK-PD	—	5.00	10.00	15.00	30.00	50.00
1775C EVS-IK	—	5.00	10.00	20.00	40.00	60.00
1775E H-G	—	5.00	10.00	20.00	40.00	60.00
1775F VC-S	—	5.00	10.00	20.00	40.00	60.00
1775G IB-IV	—	5.00	10.00	15.00	30.00	50.00
1776B SK-PD	—	5.00	8.00	12.00	25.00	45.00
1776C EVS-IK	—	5.00	10.00	20.00	40.00	60.00
1776F VC-S	Est. 388,000	5.00	10.00	15.00	30.00	50.00
Note: Includes Maria Theresa coins of same date and denomination; See Hall listings						
1776G IB-IV	—	5.00	10.00	15.00	30.00	50.00
1777B SK-PD	—	5.00	8.00	12.00	25.00	45.00
1777C EVS-IK	—	5.00	10.00	20.00	40.00	60.00
1777F VC-S	Est. 337,000	5.00	10.00	20.00	40.00	60.00
Note: Includes Maria Theresa coins of same date and denomination; See Hall listings						
1777G IB-IV	—	5.00	10.00	15.00	30.00	50.00
1777H S-F	—	10.00	15.00	25.00	50.00	80.00
1778B SK-PD	—	5.00	10.00	15.00	30.00	50.00
1778C EVS-IK	—	5.00	10.00	20.00	40.00	60.00
1778F VC-S	Est. 4,569,000	5.00	10.00	15.00	30.00	50.00
Note: Includes Maria Theresa coins of same date and denomination; See Hall listings						
1778G IB-IV	—	5.00	10.00	20.00	40.00	60.00
1778H S-F	—	10.00	15.00	25.00	50.00	80.00
1779B SK-PD	—	5.00	10.00	15.00	30.00	50.00
1779C EVS-IK	—	5.00	10.00	20.00	40.00	60.00
1779F VC-S	Est. 788,000	5.00	10.00	20.00	40.00	60.00
Note: Includes Maria Theresa coins of same date and denomination; See Hall listings						
1779G B-V	—	5.00	10.00	15.00	30.00	50.00
1780B SK-PD	—	5.00	10.00	15.00	30.00	50.00
1780C EVS-IK	—	5.00	10.00	20.00	40.00	60.00
1780F VC-S	Est. 300,000	5.00	10.00	20.00	40.00	60.00
Note: Includes Maria Theresa coins of same date and denomination; See Hall listings						
1780G IB-IV	—	5.00	10.00	15.00	30.00	50.00

KM# 1999 20 KREUZER

6.6800 g., 0.5830 Silver 0.1252 oz. ASW **Ruler:** Maria Theresa **Obv:** Bust right within wreath **Obv. Legend:** M • THERESIA • D • G • R • IMP • HU • BO • REG • **Rev:** Crowned imperial double eagle **Rev. Legend:** ARCHID • AUST • DUX • BURG • CO • TYR •

Date	Mintage	VG	F	VF	XF	Unc
1767A IC-SK	—	5.00	10.00	20.00	40.00	60.00
1768A IC-SK	—	5.00	10.00	20.00	40.00	60.00
1769A IC-SK	—	3.00	7.50	15.00	30.00	50.00
1770A IC-SK	—	3.00	7.50	15.00	30.00	50.00
1771/0A IC-SK	—	3.50	9.00	18.50	35.00	55.00
1771A IC-SK	—	3.00	7.50	15.00	30.00	50.00
1772A IC-SK	—	3.00	7.50	15.00	30.00	50.00
1773A IC-SK	—	3.00	7.50	15.00	30.00	50.00
1774A IC-SK	—	5.00	10.00	20.00	40.00	60.00
1774A IC-FA	—	3.00	7.50	15.00	30.00	50.00
1775A IC-FA	—	5.00	10.00	20.00	40.00	60.00
1776A IC-FA	—	5.00	10.00	20.00	40.00	60.00
1777A IC-FA	—	3.00	7.50	15.00	30.00	50.00
1778A IC-FA	—	3.00	4.00	8.00	20.00	35.00
1779A IC-FA	—	5.00	10.00	20.00	40.00	60.00
1780A IC-FA	—	5.00	10.00	20.00	40.00	60.00

KM# 2067.2 20 KREUZER

6.6800 g., 0.5830 Silver 0.1252 oz. ASW **Ruler:** Joseph II **Obv:** Bust without lion's face on shoulder; as joint ruler

Date	Mintage	VG	F	VF	XF	Unc
1776A IC-FA	—	10.00	20.00	40.00	80.00	145
1777A IC-FA	—	10.00	20.00	40.00	80.00	145
1777E H-S	—	5.00	10.00	20.00	40.00	60.00
1778A IC-FA	—	10.00	20.00	40.00	80.00	145
1778E H-S	—	5.00	10.00	20.00	40.00	60.00
1779A IC-FA	—	7.50	15.00	30.00	60.00	90.00
1779E H-S	—	5.00	10.00	20.00	40.00	60.00
1780E IC-FA	—	7.50	15.00	30.00	60.00	90.00
1780 H-S	—	4.00	8.00	15.00	30.00	50.00

KM# 2068.1 20 KREUZER

6.6800 g., 0.5830 Silver 0.1252 oz. ASW **Ruler:** Joseph II **Obv:** Armored bust right, without lion's face on shoulder **Rev. Legend:** ARCH ... **Note:** As sole ruler.

Date	Mintage	VG	F	VF	XF	Unc
1780A	—	10.00	20.00	40.00	80.00	145
1781A	—	5.00	10.00	20.00	40.00	60.00
1781E	—	5.00	10.00	20.00	40.00	60.00
1781G	—	5.00	10.00	20.00	40.00	60.00
1782E	—	5.00	10.00	20.00	40.00	60.00
1782G	—	5.00	10.00	20.00	40.00	60.00

KM# 2068.2 20 KREUZER

6.6800 g., 0.5830 Silver 0.1252 oz. ASW **Ruler:** Joseph II **Obv:** Armored bust right, lion face on shoulder **Note:** As sole ruler. Varieties exist.

Date	Mintage	VG	F	VF	XF	Unc
1781B	3,367,000	5.00	10.00	20.00	40.00	60.00
1781C	—	7.50	15.00	30.00	60.00	90.00
1781F	363,000	5.00	10.00	20.00	40.00	60.00
1782B	3,019,000	5.00	10.00	20.00	40.00	60.00
1782C	—	5.00	10.00	20.00	40.00	60.00
1782F	379,000	5.00	10.00	20.00	40.00	60.00
1782H	—	7.50	15.00	30.00	60.00	90.00
1783B	2,259,000	5.00	10.00	20.00	40.00	60.00
1783F	400,000	5.00	10.00	20.00	40.00	60.00
1784F	389,000	5.00	10.00	20.00	40.00	60.00
1785F	494,000	5.00	10.00	20.00	40.00	60.00
1786F	509,000	5.00	10.00	20.00	40.00	60.00
1786/2H	—	5.00	10.00	20.00	40.00	60.00
1786H	—	5.00	10.00	20.00	40.00	60.00
1787F	472,000	5.00	10.00	20.00	40.00	60.00
1787H	—	5.00	10.00	20.00	40.00	60.00

KM# 2069 20 KREUZER

6.6800 g., 0.5830 Silver 0.1252 oz. ASW **Ruler:** Joseph II **Obv:** Head right within wreath **Obv. Legend:** IOSEPH • II • D • G • R • ... **Rev:** Crowned imperial double eagle, shield on breast, value below **Rev. Legend:** ARCH • A • D • B • LOTH • ... **Note:** Varieties exist.

Date	Mintage	VG	F	VF	XF	Unc
1781A	—	—	—	—	—	—
Note: Reported, not confirmed						
1782A	—	5.00	8.00	15.00	30.00	50.00
1782C	1,057,000	5.00	10.00	20.00	40.00	60.00
1782E	—	10.00	15.00	20.00	40.00	60.00
1782G	—	10.00	15.00	20.00	40.00	60.00
1783A	—	5.00	8.00	15.00	30.00	50.00
1783B	—	4.00	6.00	8.00	17.50	30.00
Note: Mintage included in KM#2068						
1783C	—	5.00	8.00	15.00	30.00	50.00
1783E	—	5.00	8.00	15.00	30.00	50.00
1783G	—	5.00	10.00	15.00	30.00	50.00
1784A	—	5.00	8.00	15.00	30.00	50.00
1784B	2,861,000	4.00	6.00	8.00	17.50	30.00
1784C	—	5.00	8.00	15.00	30.00	50.00
1784E	—	5.00	8.00	15.00	30.00	50.00
1784G	—	5.00	10.00	15.00	30.00	50.00
1785A	—	5.00	8.00	15.00	30.00	50.00
1785B	3,763,000	4.00	6.00	8.00	17.50	30.00
1785E	—	5.00	10.00	20.00	40.00	60.00
1785G	—	7.50	15.00	20.00	40.00	60.00
1786A	—	5.00	8.00	15.00	30.00	50.00
1786B	4,751,000	4.00	6.00	8.00	17.50	30.00
1786E	—	5.00	10.00	20.00	40.00	60.00
1786G	—	5.00	10.00	15.00	30.00	50.00
1786	—	12.50	25.00	50.00	100	190
1787A	—	5.00	8.00	15.00	30.00	50.00
1787B	18,667,000	4.00	6.00	8.00	17.50	30.00
1787E	—	5.00	8.00	15.00	30.00	50.00
1787F	—	5.00	10.00	20.00	40.00	60.00
Note: Mintage included with KM#2068						
1787F HETR Rare	—	—	—	—	—	—
1787G	—	5.00	10.00	15.00	30.00	50.00
1787H	—	5.00	10.00	20.00	40.00	60.00
1788B	7,644,000	4.00	6.00	8.00	17.50	30.00
1788E	—	5.00	8.00	15.00	30.00	50.00
1788F	421,000	5.00	10.00	15.00	30.00	50.00
1788G	—	5.00	10.00	15.00	30.00	50.00
1788H	—	5.00	10.00	20.00	40.00	60.00
1789F	434,000	5.00	10.00	15.00	30.00	50.00
1789G	—	5.00	10.00	15.00	30.00	50.00
1789H	—	5.00	10.00	20.00	40.00	60.00

Date	Mintage	VG	F	VF	XF	Unc
1790F	248,000	5.00	10.00	15.00	30.00	50.00
1790G	—	7.50	15.00	30.00	60.00	90.00

Date	Mintage		F	VF	XF	Unc	BU
1797G	—	7.00	15.00	30.00	60.00	—	
1797H	—	9.00	20.00	40.00	85.00	—	

Date	Mintage	VG	F	VF	XF	Unc
1751KB	—	20.00	40.00	85.00	150	250
1751NB	—	15.00	30.00	60.00	110	210
1752HA	Est. 37,000	10.00	20.00	40.00	80.00	145

Note: Includes Maria Theresa coins of same date and denomination; See Hall listing

Date	Mintage	VG	F	VF	XF	Unc
1752KB	—	20.00	45.00	95.00	170	275
1752NB	—	20.00	45.00	95.00	170	275
1753/2HA	61,000	8.00	15.00	35.00	70.00	120
1753HA	Inc. above	8.00	15.00	35.00	70.00	120
1758/7HA	6,000	20.00	40.00	80.00	140	240
1758HA	Inc. above	20.00	40.00	80.00	140	240
1760/58HA	—	20.00	40.00	80.00	140	240
1760HA	—	20.00	40.00	80.00	140	240
1765WI	—	20.00	40.00	80.00	140	240

KM# 2070 20 KREUZER
6.6800 g., 0.5830 Silver 0.1252 oz. ASW **Ruler:** Joseph II **Obv:** Open wreath above head

Date	Mintage	VG	F	VF	XF	Unc
1786A	—	7.50	15.00	30.00	60.00	100
1787A	—	7.50	15.00	30.00	60.00	100
1788A	—	10.00	20.00	50.00	100	200
1788B	145,000	5.00	10.00	20.00	40.00	65.00
1788/7E	—	7.50	15.00	30.00	60.00	100
1788E	—	7.50	15.00	30.00	60.00	100
1789A	—	7.50	15.00	30.00	60.00	100
1789E	—	7.50	15.00	30.00	60.00	100
1790A	—	8.50	17.50	40.00	75.00	125
1790E	—	7.50	15.00	30.00	60.00	100
1790G	—	10.00	20.00	50.00	100	200

KM# 2148 24 KREUZER
9.3500 g., 0.2500 Silver 0.0751 oz. ASW **Ruler:** Franz II (I) **Obv:** Crowned imperial double eagle **Obv. Legend:** FRANZ • II • ROM • KAI • KON • ZU • HU • U • BO • ERZH • ZU • OEST • **Rev:** Value and date above sprays **Note:** Most of these coins were overstruck as 2 Lire coins for the occupation of Venice in 1801.

Date	Mintage	F	VF	XF	Unc	BU
1800A	—	20.00	50.00	100	280	—
1800B	—	40.00	100	200	850	—
1800C	—	30.00	75.00	150	300	—

KM# 2097 20 KREUZER
6.6800 g., 0.5830 Silver 0.1252 oz. ASW **Ruler:** Leopold II **Obv:** Head right within wreath **Obv. Legend:** LEOP • II • D • G • R • I • S • A • GERM • HV • BO • REX • **Rev:** Crowned imperial double eagle **Rev. Legend:** ARCH • AVSTR • BVRG • ...

Date	Mintage	F	VF	XF	Unc	BU
1790A	—	40.00	85.00	135	225	—
1791A	—	15.00	30.00	60.00	120	—
1791B	3,568,000	10.00	20.00	40.00	80.00	—
1791E	—	15.00	30.00	60.00	120	—
1791F	259,000	17.50	35.00	75.00	150	—
1791G	—	15.00	30.00	60.00	120	—
1791H	—	17.50	35.00	75.00	150	—
1792A	—	10.00	20.00	40.00	80.00	—
1792B	3,388,000	10.00	20.00	40.00	80.00	—
1792E	—	35.00	70.00	110	200	—
1792F	311,000	20.00	40.00	75.00	150	—
1792G	—	20.00	40.00	75.00	150	—
1792H	—	35.00	70.00	110	200	—

KM# 2071 30 KREUZER
Silver **Ruler:** Joseph II **Obv:** Armored bust right within square outline **Obv. Legend:** IOSEPH • II • D • G • R • I • S • A • GE • REX • A • A • LO & M • H • D **Rev:** Crowned imperial double eagle **Rev. Legend:** VIRTUTE ET EXEMPLO

Date	Mintage	VG	F	VF	XF	Unc
1767A IC-SK	—	20.00	40.00	75.00	130	230
1768/7A IC-SK	—	12.50	25.00	50.00	90.00	165
1768A IC-SK	—	12.50	25.00	50.00	90.00	165
1768A	—	25.00	55.00	110	180	285
1769A IC-SK	—	12.50	25.00	50.00	90.00	165

KM# 2034 1/4 THALER
Silver **Ruler:** Franz I **Obv:** Laureate bust right **Rev:** Crowned imperial eagle with arms on breast

Date	Mintage	VG	F	VF	XF	Unc
1746WI	—	35.00	50.00	85.00	135	245

KM# 2031.1 30 KREUZER
Silver **Ruler:** Franz I **Obv:** Draped bust right within square outline **Obv. Legend:** FRANC D: G: ROM: I: S: A: GER: IER: R: LO: B: M: H: D: **Rev:** Without cross after date **Rev. Legend:** TU DOMINE SPES MEA

Date	Mintage	VG	F	VF	XF	Unc
1746GR	—	75.00	150	275	425	650

KM# 2139 20 KREUZER
6.6800 g., 0.5830 Silver 0.1252 oz. ASW, 26-28 mm. **Ruler:** Franz II (I) **Obv:** Laureate head right within wreath **Obv. Legend:** FRANC • II • D • G • R • I • S • A • GERM • HV • BO • REX • **Rev:** Crowned imperial double eagle **Rev. Legend:** ARCH • AVST • D • BVRG • LOTH • M • ... **Edge:** Leaflets **Note:** Size varies.

Date	Mintage	F	VF	XF	Unc	BU
1792A	—	15.00	30.00	65.00	130	—
1792B	2,005,000	10.00	20.00	40.00	90.00	—
1792E	—	15.00	30.00	60.00	120	—
1792H	—	15.00	35.00	75.00	120	—
1793A	—	7.00	15.00	35.00	80.00	—
1793B	3,833,000	7.00	15.00	30.00	65.00	—
1793E	—	20.00	40.00	80.00	160	—
1793F	350,000	15.00	30.00	60.00	100	—
1793G	—	9.00	20.00	40.00	80.00	—
1793H	—	9.00	15.00	35.00	75.00	—
1794B	2,981,000	7.00	15.00	30.00	70.00	—
1794E	—	9.00	20.00	40.00	80.00	—
1794F	315,000	12.00	25.00	55.00	110	—
1794G	—	9.00	20.00	45.00	90.00	—
1794H	—	12.00	25.00	50.00	100	—
1795B	4,544,000	7.00	15.00	27.50	60.00	—
1795C	—	20.00	40.00	85.00	170	—
1795E	—	9.00	20.00	40.00	90.00	—
1795F	270,000	7.00	15.00	35.00	70.00	—
1795G	—	7.00	15.00	35.00	70.00	—
1795H	—	35.00	60.00	100	175	—
1796B	1,099,000	7.00	15.00	27.50	60.00	—
1796C	42,000	15.00	35.00	70.00	140	—
1796E	—	9.00	20.00	40.00	90.00	—
1796F	473,000	9.00	20.00	40.00	80.00	—
1796G	—	9.00	20.00	45.00	90.00	—
1796H	—	12.00	25.00	50.00	100	—
1797B	Inc. above	15.00	35.00	70.00	120	—
1797C	662,000	9.00	20.00	45.00	90.00	—
1797E	—	7.00	15.00	35.00	80.00	—
1797F	192,000	20.00	45.00	85.00	150	—

KM# 2031.2 30 KREUZER
Silver **Ruler:** Franz I **Obv:** Draped bust right within square outline **Obv. Legend:** FRANC D: G: ROM: I: S: A: GER: IER: R: LO: B: • B • M • H • D • **Rev:** Without cross after date **Rev. Legend:** IN TE DOMINE SPERAVI

Date	Mintage	VG	F	VF	XF	Unc
1746WI	—	20.00	40.00	80.00	140	240
1747WI	—	20.00	40.00	80.00	140	240
1748HA	53,000	15.00	30.00	60.00	120	220
1749HA	118,000	15.00	30.00	60.00	110	210
1749NB	—	20.00	40.00	85.00	150	250
1749WI	—	20.00	40.00	80.00	140	240
1750HA	—	10.00	20.00	40.00	75.00	125
1750KB	—	20.00	45.00	95.00	170	275
1750NB	—	20.00	45.00	95.00	170	275

KM# 2032 30 KREUZER
Silver **Ruler:** Franz I **Obv:** Draped bust right within square outline **Rev:** Crowned imperial double eagle **Note:** Similar to KM#2033 but date on obverse.

Date	Mintage	VG	F	VF	XF	Unc
1747	—	25.00	50.00	100	185	285
1748	—	20.00	40.00	90.00	160	265
1765KB	—	30.00	60.00	120	200	300

KM# 2033 30 KREUZER
Silver **Ruler:** Franz I **Obv:** Draped bust right within square outline **Obv. Legend:** FRANC • D • G • R • I • S • A • GE • IER • R • LO • B • M • H • D • **Rev:** Cross after date **Rev. Legend:** IN TE DOMINE SPERAVI **Note:** Varieties exist.

KM# 2035 1/2 THALER
14.4100 g., Silver **Ruler:** Franz I **Obv:** Armored bust right **Obv. Legend:** FRANC • D • G • R • I • S • A • GE • IER • R • LO • B • M • H • D • **Rev:** Crowned imperial double eagle **Rev. Legend:** IN TE DOMINE SPERAVI

Date	Mintage	VG	F	VF	XF	Unc
1746WI	—	45.00	80.00	150	275	425
1747WI	—	45.00	80.00	150	275	425
1748KR	—	40.00	75.00	125	225	375
1749GR	—	40.00	75.00	125	225	375
1749KB	—	40.00	75.00	125	225	375
1749WI	—	45.00	80.00	150	275	425
1750GR	—	45.00	80.00	150	275	425
1750WI	—	45.00	80.00	150	275	425

KM# 2036 1/2 THALER
14.0700 g., Silver **Ruler:** Franz II (I) **Obv:** Bust right **Obv. Legend:** FRANC • D : G • R +(O) • I • S • A • GR • IER • R • LO • B • M • H • D • **Rev:** Imperial eagle **Rev. Legend:** IN TE DOMINE SPERAVI **Note:** Dav. #1153, 1155, 1157-1160.

Date	Mintage	VG	F	VF	XF	Unc
1751GR	—	45.00	80.00	125	225	375
1751KB	—	35.00	65.00	100	185	300
1751WI	—	45.00	80.00	125	225	375
1752GH	—	45.00	80.00	125	225	375
1752WI	—	45.00	80.00	125	225	375
1753CA	—	45.00	80.00	125	225	375
1753GR	—	45.00	80.00	125	225	375
1754GR	—	45.00	80.00	125	225	375

AUSTRIA

Date	Mintage	VG	F	VF	XF	Unc
1754HA	—	35.00	65.00	100	185	300
1754KB	—	35.00	65.00	100	185	300
1755HA	—	35.00	65.00	100	185	300
1755KB	—	35.00	65.00	100	185	300
1756HA	—	35.00	65.00	100	185	300
1757HA	—	35.00	65.00	100	185	300
1757KB	—	35.00	65.00	100	185	300
1758HA	—	35.00	65.00	100	185	300
1758KB	—	35.00	65.00	100	185	300
1759KB	—	35.00	65.00	100	185	300
1760KB	—	35.00	65.00	100	185	300
1761KB	—	35.00	65.00	100	185	300
1762HA	—	35.00	65.00	100	185	300
1763HA	—	35.00	65.00	100	185	300
1763KB	—	35.00	65.00	100	185	300
1764KB	—	35.00	65.00	100	185	300
1765GR	—	45.00	80.00	125	225	375
1765WI	—	45.00	80.00	125	225	375

KM# 2072 1/2 THALER

14.0700 g., Silver **Ruler:** Joseph II **Obv:** Bust of Joseph II right, as joint ruler

Date	Mintage	VG	F	VF	XF	Unc
1768A IC-SK	—	60.00	125	175	250	400

KM# 2073 1/2 THALER

14.0700 g., Silver **Ruler:** Joseph II **Obv:** Head right **Obv. Legend:** IOSEPH • II • D • G • R • I • S • A • GER • ... **Rev:** Crowned imperial double eagle **Rev. Legend:** ARCH • AVST • D • BVRG • ...

Date	Mintage	VG	F	VF	XF	Unc
1781A	—	75.00	150	200	275	450
1782A	—	75.00	150	200	275	450
1784A	—	75.00	150	200	275	450
1785A	—	75.00	150	200	275	450
1786A	—	75.00	150	200	275	450
1787A	—	75.00	150	200	275	450
1788A	—	75.00	150	200	275	450
1789A Rare	—	—	—	—	—	—
1790A	—	75.00	150	200	275	450

KM# 2098 1/2 THALER

14.0300 g., 0.8330 Silver 0.3757 oz. ASW **Ruler:** Leopold II **Obv:** Head right **Obv. Legend:** LEOPOLDVS • II • D • G • R • IMP • SA • GERM • HV • BO • REX • **Rev:** Crowned imperial double eagle **Rev. Legend:** ARCH • AVST • D • BVRG • LOTH • M • D • HET •

Date	Mintage	F	VF	XF	Unc	BU
1790	—	375	850	1,450	2,400	—
1792	—	300	750	1,200	2,000	—

KM# A2149 1/2 THALER

14.0300 g., 0.8330 Silver 0.3757 oz. ASW **Ruler:** Franz II (I) **Obv. Legend:** FRANCISCVS II • D • G • R • IMP ...

Date	Mintage	F	VF	XF	Unc	BU
1792A	—	300	400	800	1,000	—
1793A	—	100	225	350	500	—
1794A	—	100	225	350	500	—
1795A	—	60.00	125	250	400	—
1796A	—	400	700	1,100	1,500	—
1797A	—	100	200	350	500	—
1798A	—	60.00	125	250	400	—
1799A	—	50.00	100	250	400	—
1800A	—	100	200	350	400	—

KM# 2037 THALER

28.8200 g., Silver **Ruler:** Franz I **Obv:** Armored bust right **Obv. Legend:** FRANC • D : G • R • I • S • A • GE • IER • R • LO • B • M • H • D • **Rev:** Crowned imperial double eagle **Rev. Legend:** IN TE DOMINE SPERAVI **Note:** Dav. #1152. Varieties exist.

Date	Mintage	VG	F	VF	XF	Unc
1746KB	—	35.00	75.00	125	200	350
1746PR	—	35.00	75.00	125	200	350
1746WI	—	35.00	75.00	125	200	350
1747CA	—	35.00	75.00	125	200	350
1747KB	—	35.00	75.00	125	200	350
1747PR	—	35.00	75.00	125	200	350
1747WI	—	35.00	75.00	125	200	350
1748CA	—	35.00	75.00	125	200	350
1748KB	—	35.00	75.00	125	200	350
1748WI	—	35.00	75.00	125	200	350
1749CA	—	35.00	75.00	125	200	350
1749HA	—	35.00	75.00	125	200	350
1749PR	—	35.00	75.00	125	200	350
1749WI	—	35.00	75.00	125	200	350
1750CA	—	35.00	75.00	125	200	350
1750HA	—	35.00	75.00	125	200	350
1750KB	—	35.00	75.00	125	200	350
1750PR	—	35.00	75.00	125	200	350
1750WI	—	35.00	75.00	125	200	350

Date	Mintage	VG	F	VF	XF	Unc
1759HA	—	35.00	75.00	125	200	350
1759KB	—	35.00	75.00	125	200	350
1759PR	—	35.00	75.00	125	200	350
1760HA	—	35.00	75.00	125	200	350
1760KB	—	35.00	75.00	125	200	350
1760PR	—	35.00	75.00	125	200	350
1761HA	—	35.00	75.00	125	200	350
1761KB	—	35.00	75.00	125	200	350
1761PR	—	35.00	75.00	125	200	350
1762HA	—	35.00	75.00	125	200	350
1762KB	—	35.00	75.00	125	200	350
1762PR	—	35.00	75.00	125	200	350
1763HA	—	35.00	75.00	125	200	350
1763KB	—	35.00	75.00	125	200	350
1763WI	—	35.00	75.00	125	200	350
1764HA	—	35.00	75.00	125	200	350
1764KB	—	35.00	75.00	125	200	350
1765KB	—	35.00	75.00	125	200	350

KM# 2039 THALER

28.1400 g., Silver **Ruler:** Franz I **Obv:** Similar to KM#2038, but with three letters below bust **Note:** Dav. #1154. Varieties exist.

Date	Mintage	VG	F	VF	XF	Unc
1761 GTK	—	35.00	75.00	125	200	350
1761 IZV	—	35.00	75.00	125	200	350
1763 IZV	—	35.00	75.00	125	200	350
1764 IZV	—	35.00	75.00	125	200	350
1764 AW	—	35.00	75.00	125	200	350
1765 IZV	—	35.00	75.00	125	200	350

KM# 2074.1 THALER

28.1400 g., Silver **Ruler:** Joseph II **Obv:** Armored bust right, as joint ruler **Obv. Legend:** JOSEPH • II • D • G • R • I • S • A • COR • & • HER • R • H • B • & C **Rev:** Crowned imperial double eagle **Rev. Legend:** ARCH • AUST • D • BURG • LOTH • M • D • HET • **Mint:** Vienna **Note:** Convention Thaler. Dav. #1161. Prev. KM#2074.

Date	Mintage	VG	F	VF	XF	Unc
1765A	—	60.00	135	175	300	550
1766A	—	60.00	135	175	300	550
1766A IC-SK	—	60.00	135	175	300	550
1767A IC-SK	—	60.00	135	175	300	550
1769A IC-SK	—	60.00	135	175	300	550
1770A IC-SK	—	60.00	135	175	300	550
1771A IC-SK	—	60.00	135	175	300	550
1772A IC-SK	—	60.00	135	175	300	550

KM# 2038 THALER

28.8200 g., Silver **Ruler:** Franz I **Obv:** Armored bust right **Obv. Legend:** FRANC • D • G • R • I • S • A • GE • IER • R • LO • B • M • H • D • **Rev:** Crowned imperial double eagle **Rev. Legend:** IN TE DOMINE SPERAVI • **Note:** Dav. #1153. Varieties exist.

Date	Mintage	VG	F	VF	XF	Unc
1751HA	—	35.00	75.00	125	200	350
1751KB	—	35.00	75.00	125	200	350
1751PR	—	35.00	75.00	125	200	350
1751WI	—	35.00	75.00	125	200	350
1752KB	—	35.00	75.00	125	200	350
1752PR	—	35.00	75.00	125	200	350
1753CA	—	35.00	75.00	125	200	350
1753HA	—	35.00	75.00	125	200	350
1753KB	—	35.00	75.00	125	200	350
1753PR	—	35.00	75.00	125	200	350
1753WI	—	35.00	75.00	125	200	350
1754HA	—	35.00	75.00	125	200	350
1754KB	—	35.00	75.00	125	200	350
1754PR	—	35.00	75.00	125	200	350
1755HA	—	35.00	75.00	125	200	350
1755KB	—	35.00	75.00	125	200	350
1755PR	—	35.00	75.00	125	200	350
1756HA	—	35.00	75.00	125	200	350
1756KB	—	35.00	75.00	125	200	350
1756WI	—	35.00	75.00	125	200	350
1757HA	—	35.00	75.00	125	200	350
1757KB	—	35.00	75.00	125	200	350
1757PR	—	35.00	75.00	125	200	350
1758KB	—	35.00	75.00	125	200	350

KM# 2074.2 THALER

Silver **Ruler:** Joseph II **Obv:** Bust right **Rev:** Imperial eagle **Note:** Dav. #1164-1166.

Date	Mintage	VG	F	VF	XF	Unc
1765F A-S	—	—	—	—	—	—
1765F S	—	—	—	—	—	—
1766F	—	—	—	—	—	—
1766F A-S	—	—	—	—	—	—
1766H S-C	—	—	—	—	—	—
1767F A-S	—	—	—	—	—	—
1767F S	—	—	—	—	—	—
1767H S-C	—	—	—	—	—	—
1768H S-C	—	—	—	—	—	—
1769H S-C	—	—	—	—	—	—
1770C EvS-AS	—	—	—	—	—	—
1771F A-S	—	—	—	—	—	—

Date	Mintage	VG	F	VF	XF	Unc
1771H S-C	—	—	—	—	—	—
1773C EvS-AS	—	—	—	—	—	—
1774C EvS-LK	—	—	—	—	—	—
1775C EvS-LK	—	—	—	—	—	—
1775F VC-S	—	—	—	—	—	—
1776F VC-S	—	—	—	—	—	—
1777F VC-S	—	—	—	—	—	—

KM# 2076 THALER

28.1400 g., Silver **Ruler:** Joseph II **Obv:** Armored bust of with Order sash over shoulder, as joint ruler **Mint:** Vienna **Note:** Ordens Thaler. Dav. #1162.

Date	Mintage	VG	F	VF	XF	Unc
1768 IC-SK Rare	—	—	—	—	—	—
1769 IC-SK Rare	—	—	—	—	—	—

KM# 2099 THALER

28.0600 g., 0.8330 Silver 0.7515 oz. ASW **Ruler:** Leopold II **Obv:** Head right as King of Hungary and Bohemia **Obv. Legend:** LEOPOLDVS II • D • G • HUNGAR • BOHEM • GALLIC • LODOM • REX • **Rev:** Crowned arms with supporters **Rev. Legend:** ARCHIDVX AVST DVX BVRG • ET LOTH • MAG • DVX • HETR • **Mint:** Vienna **Note:** Dav. #1171.

Date	Mintage	F	VF	XF	Unc	BU
1790	—	350	600	1,000	2,000	—

KM# 2158 THALER

28.0600 g., 0.8330 Silver 0.7515 oz. ASW, 40 mm. **Ruler:** Franz II (I) **Obv:** Head right, long loose hair **Obv. Legend:** FRANCISCVS II • D • G • R • IMP • S • A • ... **Rev:** Crowned imperial double eagle with heads in halos **Edge Lettering:** LEGE ET FIDE **Mint:** Vienna **Note:** Dav. #1178.

Date	Mintage	F	VF	XF	Unc	BU
1792	—	200	400	800	1,500	—
1793	—	200	400	800	1,500	—
1794	—	175	325	750	1,250	—
1795	—	85.00	175	350	750	—
1796	—	125	250	475	1,000	—
1797 Rare	—	—	—	—	—	—
1798	—	75.00	150	275	600	—
1799	1,187	85.00	175	350	750	—
1800	—	85.00	175	350	750	—

KM# 2075 THALER

28.1400 g., Silver **Ruler:** Joseph II **Obv:** Armored laureate bust right **Obv. Legend:** IOSEPH : II • D : G • R • I • S • A • COR • & • HER • R • H • B • & c• **Rev:** Crowned imperial double eagle **Rev. Legend:** ARCH • AUST • D • BURG LOTH • M • D • HET • **Mint:** Vienna **Note:** Dav. #1163.

Date	Mintage	VG	F	VF	XF	Unc
1773 IC-SK	—	60.00	135	175	300	550
1774 IC-FA	—	60.00	135	175	300	550
1774 IC-SK	—	60.00	135	175	300	550
1775 IC-FA	—	60.00	135	175	300	550
1776 IC-FA	—	60.00	135	175	300	550
1778 IC-FA	—	60.00	135	175	300	550
1779 IC-FA	—	60.00	135	175	300	550
1780 IC-FA	—	60.00	135	175	300	550

KM# 2100 THALER

28.0600 g., 0.8330 Silver 0.7515 oz. ASW **Ruler:** Leopold II **Obv:** Head right as Emperor **Obv. Legend:** LEOPOLDVS II • D • G • R • IMP • S • A • GERM • HV • BO • REX • **Rev:** Crowned imperial eagle **Rev. Legend:** ARCH • AVST • D • BVRG • LOTH • M • D • HET • **Mint:** Vienna **Note:** Dav. #1173.

Date	Mintage	F	VF	XF	Unc	BU
1790	—	400	750	1,250	2,250	—
1791	—	600	1,000	1,650	3,000	—
1792	—	400	750	1,250	2,250	—

TRADE COINAGE

KM# 1630 1/16 DUCAT

0.2188 g., 0.9860 Gold 0.0069 oz. AGW **Ruler:** Karl (Charles) VI **Obv:** Laureate head right **Rev:** Crowned imperial eagle **Mint:** Graz **Note:** Prev. KM#506.

Date	Mintage	VG	F	VF	XF	Unc
1729	—	70.00	100	250	600	—

KM# 1495 1/8 DUCAT

0.4375 g., 0.9860 Gold 0.0139 oz. AGW **Ruler:** Joseph I **Obv:** Laureate bust right **Rev:** Crowned imperial eagle in inner circle **Mint:** Vienna **Note:** Prev. KM#1906.

Date	Mintage	VG	F	VF	XF	Unc
1707	—	100	180	300	650	—

KM# 1631 1/8 DUCAT

0.4375 g., 0.9860 Gold 0.0139 oz. AGW **Ruler:** Karl (Charles) VI **Obv:** Bust right **Rev:** Crowned imperial double eagle **Mint:** Graz **Note:** Prev. KM#507.

Date	Mintage	VG	F	VF	XF	Unc
1729	—	80.00	120	225	450	—

KM# 1496 1/4 DUCAT

0.8750 g., 0.9860 Gold 0.0277 oz. AGW **Ruler:** Joseph I **Obv:** Laureate bust right, value at shoulder **Rev:** Crowned imperial eagle in inner circle **Mint:** Vienna **Note:** Prev. KM#1907.

Date	Mintage	VG	F	VF	XF	Unc
1707	—	70.00	140	275	650	—

KM# 1605 1/4 DUCAT

0.8750 g., 0.9860 Gold 0.0277 oz. AGW **Ruler:** Karl (Charles) VI **Obv:** Laureate bust right **Rev:** Crowned imperial eagle **Mint:** Graz **Note:** Prev. KM#508.

Date	Mintage	VG	F	VF	XF	Unc
1720	—	80.00	140	275	700	—
1728	—	80.00	140	275	700	—
1729	—	80.00	140	275	700	—

KM# 2077 THALER

28.1400 g., Silver **Ruler:** Joseph II **Obv:** Laureate head right, as sole ruler **Mint:** Vienna **Note:** Convention Thaler. Dav. #1167.

Date	Mintage	VG	F	VF	XF	Unc
1781	—	100	200	375	750	1,250
1782	—	100	200	375	750	1,250
1784	—	100	200	375	750	1,250
1784	—	100	200	375	750	1,250
1785	—	100	200	375	750	1,250
1786	—	100	200	375	750	1,250
1787	—	100	200	375	750	1,250
1788	—	100	200	375	750	1,250
1789	—	100	200	375	750	1,250
1790	—	100	200	375	750	1,250

KM# 2157 THALER

28.0600 g., 0.8330 Silver 0.7515 oz. ASW **Ruler:** Franz II (I) **Obv:** Laureate head right **Obv. Legend:** FRANCISCVS • D • G • HVNGAR • BOHEM • GALLIC • LODEM • REX • **Rev:** Crowned arms with supporters **Rev. Legend:** ARCHIDVX AVST • DVX • BVRG • ET LOTH • MAG • DVX HETR • **Mint:** Vienna **Note:** Dav. #1176.

Date	Mintage	F	VF	XF	Unc	BU
1792	—	475	800	1,600	3,000	—

KM# 1653 1/4 DUCAT

0.8750 g., 0.9860 Gold 0.0277 oz. AGW **Ruler:** Karl (Charles) VI **Obv:** Laureate head right **Obv. Legend:** CAROL • VI • ... **Rev:** Crowned imperial double eagle **Mint:** Vienna **Note:** Prev. KM#1925.

Date	Mintage	VG	F	VF	XF	Unc
1733	—	80.00	160	325	800	—

AUSTRIA

KM# 1819 1/4 DUCAT

0.8750 g., 0.9860 Gold 0.0277 oz. AGW **Ruler:** Franz I **Obv:** Laureate head right **Obv. Legend:** FRANC • D • G • R • I • S • A • ... **Rev:** Crowned imperial double eagle **Rev. Legend:** TU DOMINE SPES MEA • **Note:** Varieties exist. Prev. KM#2040.

Date	Mintage	VG	F	VF	XF	Unc
1755NB	—	60.00	100	185	350	550
1757G B-V	—	60.00	100	185	350	550
1759NB	—	60.00	100	185	350	550
1760NB	—	60.00	100	185	350	550
1761NB	—	60.00	100	185	350	550
1762NB	—	60.00	100	185	350	550
1764NB	—	60.00	100	185	350	550
1765NB	—	60.00	100	185	350	550

KM# 1840 1/4 DUCAT

0.8750 g., 0.9860 Gold 0.0277 oz. AGW **Ruler:** Joseph II **Obv:** Large bust right, as joint ruler **Rev:** Crowned imperial eagle **Note:** Prev. KM#2078.

Date	Mintage	VG	F	VF	XF	Unc
1765NB	—	80.00	120	185	350	550

KM# 1497 1/2 DUCAT

1.7500 g., 0.9860 Gold 0.0555 oz. AGW **Ruler:** Joseph I **Obv:** Laureate bust right **Rev:** Crowned imperial eagle **Mint:** Hall **Note:** Prev. KM#669.

Date	Mintage	VG	F	VF	XF	Unc
1707	—	200	300	500	900	—

KM# 1645 1/2 DUCAT

1.7500 g., 0.9860 Gold 0.0555 oz. AGW **Ruler:** Karl (Charles) VI **Obv:** Laureate head right **Rev:** Crowned imperial eagle, value below **Mint:** Vienna **Note:** Prev. KM#1926.

Date	Mintage	VG	F	VF	XF	Unc
1731	—	70.00	140	275	650	—
1732	—	70.00	140	275	650	—
1738	—	70.00	140	275	650	—
1740	—	70.00	140	275	650	—

KM# 1841 3/4 DUCAT

2.5568 g., 0.9860 Gold 0.0810 oz. AGW **Ruler:** Joseph II **Note:** Prev. KM#2091.

Date	Mintage	VG	F	VF	XF	Unc
1765	—	—	—	—	—	—

KM# 1325 DUCAT

3.5000 g., 0.9860 Gold 0.1109 oz. AGW **Ruler:** Leopold I **Obv:** Large laureate bust right divides legend **Rev:** Crowned imperial eagle, crown divides date **Mint:** Vienna **Note:** Prev. KM#1890.

Date	Mintage	VG	F	VF	XF	Unc
1702	—	135	350	725	1,250	—
1703	—	135	350	725	1,250	—
1704	—	135	350	725	1,250	—

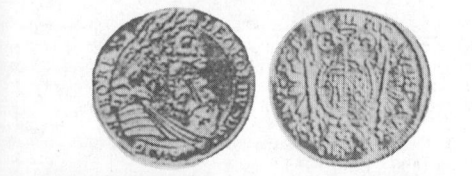

KM# 1414 DUCAT

3.5000 g., 0.9860 Gold 0.1109 oz. AGW **Ruler:** Leopold I **Obv:** Laureate bust right in inner circle **Rev:** Crowned imperial eagle; crown divides date **Mint:** Saint Veit **Note:** Prev. KM#1658.

Date	Mintage	VG	F	VF	XF	Unc
1702	—	175	375	750	1,600	—
1704	—	175	375	750	1,600	—
1704 IP	—	175	375	750	1,600	—

KM# 1454 DUCAT

3.5000 g., 0.9860 Gold 0.1109 oz. AGW **Ruler:** Joseph I **Obv:** Laureate armored bust right **Rev:** Crowned imperial eagle, date in legend **Mint:** Vienna **Note:** Prev. KM#1908.

Date	Mintage	VG	F	VF	XF	Unc
1705	—	175	375	800	1,750	—
1706	—	175	375	800	1,750	—
1708	—	175	375	800	1,750	—
1709	—	175	375	800	1,750	—
1710	—	175	375	800	1,750	—
1711	—	175	375	800	1,750	—

KM# 1453 DUCAT

3.5000 g., 0.9860 Gold 0.1109 oz. AGW **Ruler:** Joseph I **Obv:** Bust right **Rev:** Crowned imperial double eagle **Mint:** Munich **Note:** Prev. KM#1186.

Date	Mintage	VG	F	VF	XF	Unc
1705 (s)	—	250	600	1,450	2,750	—
1706 (s)	—	250	600	1,450	2,750	—
1707 (s)	—	250	600	1,450	2,750	—
1708 (s)	—	250	600	1,450	2,750	—
1709 (s)	—	250	600	1,450	2,750	—
1710 (s)	—	250	600	1,450	2,750	—

KM# 1450 DUCAT

3.4900 g., 0.9860 Gold 0.1106 oz. AGW **Ruler:** Joseph I **Obv:** Armored and laureate bust of right **Rev:** Crowned imperial eagle with oval arms on breast, crown divides date **Mint:** Augsburg **Note:** Prev. KM#135.

Date	Mintage	VG	F	VF	XF	Unc
1705	—	400	900	1,600	2,500	—
1706	—	400	900	1,600	2,500	—
1707	—	400	900	1,600	2,500	—
1708	—	400	900	1,600	2,500	—
1709	—	400	900	1,600	2,500	—
1710	—	400	900	1,600	2,500	—

KM# 1452 DUCAT

3.5000 g., 0.9860 Gold 0.1109 oz. AGW **Ruler:** Joseph I **Obv:** Laureate armored bust right **Rev:** Crowned arms in Order collar **Mint:** Hall **Note:** Prev. KM#670.

Date	Mintage	VG	F	VF	XF	Unc
ND	—	500	1,200	4,000	8,000	—

KM# 1471 DUCAT

3.5000 g., 0.9860 Gold 0.1109 oz. AGW **Ruler:** Joseph I **Obv:** Laureate bust right in inner circle **Obv. Legend:** IOSEPHVS • D • G •... **Rev:** Crowned imperial eagle in inner circle, crown divides date **Rev. Legend:** ARCHID • AUS • D • B • STYRIÆ • **Mint:** Graz **Note:** Prev. KM#485.

Date	Mintage	VG	F	VF	XF	Unc
1706	—	250	600	1,250	2,500	—

KM# 1506 DUCAT

3.5000 g., 0.9860 Gold 0.1109 oz. AGW **Ruler:** Joseph I **Obv:** Laureate armored bust right **Rev:** Crowned arms in Order collar **Mint:** Saint Veit **Note:** Prev. KM#1669.

Date	Mintage	VG	F	VF	XF	Unc
1710 IIP	—	250	600	1,400	2,500	—
1711 IIP	—	250	600	1,400	2,500	—

KM# 1524 DUCAT

3.4900 g., 0.9860 Gold 0.1106 oz. AGW **Ruler:** Karl (Charles) VI **Rev:** Heart-shaped arms on breast **Mint:** Augsburg **Note:** Prev. KM#A135.

Date	Mintage	VG	F	VF	XF	Unc
1712 Rare	—	—	—	—	—	—

KM# 1526 DUCAT

3.5000 g., 0.9860 Gold 0.1109 oz. AGW **Ruler:** Karl (Charles) VI **Obv:** Bust right **Rev:** Heraldic imperial eagle **Mint:** Munich **Note:** Prev. KM#1191.

Date	Mintage	VG	F	VF	XF	Unc
1712 (s)	—	120	225	450	850	—

KM# 1557 DUCAT

3.5000 g., 0.9860 Gold 0.1109 oz. AGW **Ruler:** Karl (Charles) VI **Obv:** Laureate head right **Obv. Legend:** CAROL • VI • D: G: ROM • IMP: S: A: G: E: R: HIS: H: B: REX • **Rev:** Crowned imperial eagle, crown divides date **Rev. Legend:** ARCHIDVX AVSTRIÆ DVX BVRG STYRIÆ **Mint:** Graz **Note:** Prev. KM#509.

Date	Mintage	VG	F	VF	XF	Unc
1713	—	120	225	475	1,000	—
1720	—	120	225	475	1,000	—
1722	—	120	225	475	1,000	—
1728	—	120	225	475	1,000	—
1738	—	120	225	475	1,000	—
1739	—	120	225	475	1,000	—
1740	—	120	225	475	1,000	—

KM# 1558 DUCAT

3.5000 g., 0.9860 Gold 0.1109 oz. AGW **Ruler:** Karl (Charles) VI **Obv:** Laureate head right **Rev:** Crowned imperial eagle, crown divides date **Mint:** Saint Veit **Note:** Prev. KM#1684.

Date	Mintage	VG	F	VF	XF	Unc
1713	—	250	475	975	1,750	—

KM# 1612 DUCAT

3.5000 g., 0.9860 Silver 0.1109 oz. ASW **Ruler:** Karl (Charles) VI **Obv:** Young laureate armored bust right **Rev:** Crowned imperial eagle **Mint:** Hall **Note:** Prev. KM#698.

Date	Mintage	VG	F	VF	XF	Unc
ND	—	400	800	2,000	4,000	—
1723	—	150	350	750	1,500	—

KM# 1655 DUCAT

3.5000 g., 0.9860 Silver 0.1109 oz. ASW **Ruler:** Karl (Charles) VI **Obv:** Bust right **Obv. Legend:** CAROL • VI • D • G • R • I • S • A • GE • HI • HU • BO • REX • **Rev:** Crowned imperial double eagle **Rev. Legend:** ARCHID • AUST • DUX • BU • COM • TYROL • **Mint:** Hall **Note:** Prev. KM#699.

Date	Mintage	VG	F	VF	XF	Unc
1734	—	120	250	600	1,100	—
1737	—	120	250	600	1,100	—
1739	—	120	250	600	1,100	—
1740	—	120	250	600	1,100	—

Date	Mintage	VG	F	VF	XF	Unc
1713	—	120	225	425	950	—
1714	—	120	225	425	950	—
1716	—	120	225	425	950	—
1717	—	180	350	850	2,000	—
1719	—	120	225	425	950	—
1720	—	120	225	425	950	—
1721	—	120	225	425	950	—
1726	—	120	225	425	950	—
1727	—	120	225	425	950	—
1729	—	120	225	425	950	—
1731	—	120	225	425	950	—
1735	—	120	225	450	950	—
1737	—	120	225	425	950	—
1739	—	180	350	850	2,000	—
1740	—	120	225	425	950	—

KM# 1559 DUCAT

3.5000 g., 0.9860 Gold 0.1109 oz. AGW **Ruler:** Karl (Charles) VI **Obv:** Laureate head right **Obv. Legend:** CAROL VI D G ROM IMP SAGE R HISP HUB REX **Rev:** Crowned imperial eagle, date in legend **Rev. Legend:** ARCHIDVX AVSTRIÆ DVX BUR CO TYR **Mint:** Vienna **Note:** Prev. KM#1927.

KM# 1679 DUCAT

3.5000 g., 0.9860 Gold 0.1109 oz. AGW **Ruler:** Maria Theresa **Obv:** Crude wide bust right **Rev:** Crowned arms in ornamental cartouche **Mint:** Hall **Note:** Prev. KM#749.

Date	Mintage	VG	F	VF	XF	Unc
1741	—	150	225	325	550	—

AUSTRIA 65

KM# 1696 DUCAT
3.5000 g., 0.9860 Gold 0.1109 oz. AGW **Ruler:** Maria Theresa **Obv:** Bust right **Rev:** Crowned large arms in ornamental cartouche **Mint:** Hall **Note:** Varieties exist. Prev. KM#750.

Date	Mintage	VG	F	VF	XF	Unc
1742	—	150	200	275	500	—
1744	—	150	200	275	500	—

KM# 1705 DUCAT
3.5000 g., 0.9860 Gold 0.1109 oz. AGW **Ruler:** Maria Theresa **Obv:** Bust right **Rev:** Crowned arms **Mint:** Graz **Note:** Prev. KM#547.

Date	Mintage	VG	F	VF	XF	Unc
1743	—	125	250	500	750	—
1744	—	125	250	500	750	—
1745	—	125	250	500	750	—

KM# 1725.2 DUCAT
3.4909 g., 0.9860 Gold 0.1107 oz. AGW **Ruler:** Franz I Obv. **Legend:** FRANC • D • G • R • I • S • A • GER • IER • REX • Rev. **Legend:** TU DOMINE SPES MEA • **Note:** Varieties exist. Prev. KM#2041.2.

Date	Mintage	VG	F	VF	XF	Unc
1745CA	—	BV	160	275	550	850
1746CA	—	BV	160	275	550	850
1746HA	—	BV	160	275	550	850
1746PR	—	BV	160	275	550	850
1746WI	—	BV	160	275	550	850
1747CA	—	BV	160	275	550	850
1747GR	—	BV	160	275	550	850
1747NB	—	BV	160	275	550	850
1747WI	—	BV	160	275	550	850
1748CA	—	BV	160	275	550	850
1748PR	—	BV	160	275	550	850
1748WI	—	BV	160	275	550	850
1749CA	—	BV	160	275	550	850
1749GR	—	BV	160	275	550	850
1749HA	—	BV	160	275	550	850
1749NB	—	BV	160	275	550	850
1749PR	—	BV	160	275	550	850
1749WI	—	BV	160	275	550	850
1750CA	—	BV	160	275	550	850
1750GR	—	BV	160	275	550	850
1750NB	—	BV	160	275	550	850
1750PR	—	BV	160	275	550	850
1750WI	—	BV	160	275	550	850
1751CA	—	BV	160	275	550	850
1751NB	—	BV	160	275	550	850
1751PR	—	BV	160	275	550	850
1751WI	—	BV	160	275	550	850
1752CA	—	BV	160	275	550	850
1752HA	—	BV	160	275	550	850
1752NB	—	BV	160	275	550	850
1752PR	—	BV	160	275	550	850
1752WI	—	BV	160	275	550	850
1753CA	—	BV	160	275	550	850
1753GR	—	BV	160	275	550	850
1753NB	—	BV	160	275	550	850
1753PR	—	BV	160	275	550	850
1753WI	—	BV	160	275	550	850
1754CA	—	BV	160	275	550	850
1754GR	—	BV	160	275	550	850
1754NB	—	BV	160	275	550	850
1754PR	—	BV	160	275	550	850
1754WI	—	BV	160	275	550	850
1755CA	—	BV	160	275	550	850
1755GR	—	BV	160	275	550	850
1755NB	—	BV	160	275	550	850
1755PR	—	BV	160	275	550	850
1755WI	—	BV	160	275	550	850
1756CA	—	BV	160	275	550	850
1756GR	—	BV	160	275	550	850
1756NB	—	BV	160	275	550	850
1756PR	—	BV	160	275	550	850
1756WI	—	BV	160	275	550	850
1757CA	—	BV	160	275	550	850
1757GR	—	BV	160	275	550	850
1757NB	—	BV	160	275	550	850
1757WI	—	BV	160	275	550	850
1758CA	—	BV	160	275	550	850
1758GR	—	BV	160	275	550	850
1758NB	—	BV	160	275	550	850
1758WI	—	BV	160	275	550	850
1759CA	—	BV	160	275	550	850
1759NB	—	BV	160	275	550	850

Date	Mintage	VG	F	VF	XF	Unc
1760CA	—	BV	160	275	550	850
1760NB	—	BV	160	275	550	850
1761CA	—	BV	160	275	550	850
1761HA	—	BV	160	275	550	850
1761NB	—	BV	160	275	550	850
1762GR	—	BV	160	275	550	850
1762HA	—	BV	160	275	550	850
1762NB	—	BV	160	275	550	850
1763NB	—	BV	160	275	550	850
1764GR	—	BV	160	275	550	850
1764WI	—	BV	160	275	550	850
1765CA	—	BV	160	275	550	850
1765HA	—	BV	160	275	550	850
1765NB	—	BV	160	275	550	850
1765PR	—	BV	160	275	550	850
1765WI	—	BV	160	275	550	850

KM# 1725.1 DUCAT
3.4909 g., 0.9860 Gold 0.1107 oz. AGW **Ruler:** Maria Theresa **Obv:** Draped bust right **Rev:** Crowned imperial double eagle Rev. **Legend:** IN TE DOMINE SPERAVI **Note:** Similar to KM#1725.2. Prev. KM#2041.1.

Date	Mintage	VG	F	VF	XF	Unc
1745HA S/IE	—	140	200	300	625	950

KM# 1744 DUCAT
3.5000 g., 0.9860 Gold 0.1109 oz. AGW **Ruler:** Maria Theresa **Obv:** Bust right Obv. **Legend:** M • THERES • D • G • R • IMP • **Rev:** Crowned imperial double eagle Rev. **Legend:** ARCH • AUST • DUX • ... **Mint:** Hall **Note:** Varieties exist. Prev. KM#751.

Date	Mintage	VG	F	VF	XF	Unc
1746	—	125	175	250	500	—
1748	—	125	175	250	500	—

KM# 1756 DUCAT
3.5000 g., 0.9860 Gold 0.1109 oz. AGW **Ruler:** Maria Theresa **Obv:** Bust right Obv. **Legend:** M • THERES • D • G • R • IMP • GER • HU • BO • REG • **Rev:** Crowned imperial double eagle **Rev. Legend:** ARCHID • AUSTR • DUX • BURG • & • STYRIAE • **Mint:** Graz **Note:** Varieties exist. Prev. KM#548.

Date	Mintage	VG	F	VF	XF	Unc
1747	—	80.00	175	400	600	—
1749	—	80.00	175	400	600	—
1750	—	80.00	175	400	600	—
1751	—	80.00	175	400	600	—
1752	—	80.00	175	400	600	—
1753	—	80.00	175	400	600	—
1754	—	80.00	175	400	600	—
1755	—	80.00	175	400	600	—
1756	—	80.00	175	400	600	—
1758	—	80.00	175	400	600	—
1759	—	80.00	175	400	600	—
1760	—	80.00	175	400	600	—
1761	—	80.00	175	400	600	—
1762	—	80.00	175	400	600	—
1765	—	80.00	175	400	600	—

KM# 1784 DUCAT
3.4909 g., 0.9860 Gold 0.1107 oz. AGW **Ruler:** Maria Theresa **Obv:** Draped bust right Obv. **Legend:** FRANC • D : G • R • I • S • A • GER • IER • REX • **Rev:** Legend begins at lower left, date below eagle Rev. **Legend:** TUDOMINE SPESMEA **Note:** Prev. KM#2049.

Date	Mintage	VG	F	VF	XF	Unc
1750NB	—	80.00	160	275	550	850

KM# 1783 DUCAT
3.5000 g., 0.9860 Gold 0.1109 oz. AGW **Ruler:** Maria Theresa **Obv:** Mature bust right **Rev:** Crowned imperial eagle with crowned complex arms on breast **Mint:** Hall **Note:** Varieties exist. Prev. KM#752.

Date	Mintage	VG	F	VF	XF	Unc
1750	—	125	175	375	600	—
1752	—	125	175	375	600	—
1753	—	125	175	375	600	—
1754	—	125	175	375	600	—
1756	—	125	175	375	600	—
1760	—	125	175	375	600	—
1762	—	125	175	375	600	—
1764	—	125	175	375	600	—
1765	—	125	175	375	600	—

KM# 1831 DUCAT
3.4909 g., 0.9860 Gold 0.1107 oz. AGW **Ruler:** Joseph II Obv: Laureate bust of Joseph II right, royal title only Obv. **Legend:** IOSEPHUS • II • D • G • ROM • REX • S • A • G • R • **Rev:** Crowned arms supported by griffins Rev. **Legend:** ARCHID • AUSTR • 1764 • HUNG • BO • & • PRINC • HER • **Note:** Prev. KM#2079.

Date	Mintage	VG	F	VF	XF	Unc
1764	—	160	325	500	900	1,350

KM# 1842 DUCAT
3.4909 g., 0.9860 Gold 0.1107 oz. AGW **Ruler:** Joseph II **Note:** Prev. KM#B1974.

Date	Mintage	VG	F	VF	XF	Unc
1765	—	120	200	325	625	950
1766 C-K	—	120	200	325	625	950
1767	—	120	200	325	625	950
1768 C-K	—	120	200	325	625	950
1769	—	120	200	325	625	950
1770 C-K	—	120	200	325	625	950
1771 C-K	—	120	200	325	625	950
1772 C-K	—	120	200	325	625	950
1773 C-K	—	120	200	325	625	950
1774 C-A	—	120	200	325	625	950
1775 C-A	—	120	200	325	625	950
1776 C-A	—	120	200	325	625	950
1777 C-A	—	120	200	325	625	950
1778 C-A	—	120	200	325	625	950
1779 C-A	—	120	200	325	625	950
1780 C-A	—	120	200	325	625	950

KM# 1843 DUCAT
3.4909 g., 0.9860 Gold 0.1107 oz. AGW **Ruler:** Maria Theresa **Note:** Similar to KM#1725.2. Prev. KM#2042.

Date	Mintage	VG	F	VF	XF	Unc
1765NB B(1767)	—	BV	160	275	550	850
1765 B-IK(1767)	—	BV	160	275	550	850
1765 F-CK(1771)	—	BV	160	275	550	850
1765 G-CK(1772)	—	BV	160	275	550	850
1765 H-CK(1773)	—	BV	160	275	550	850
1765 I-CA(1774)	—	BV	160	275	550	850
1765 K-CA(1775)	—	BV	160	275	550	850
1765 L-CA(1776)	—	BV	160	275	550	850
1765 M-CA(1777)	—	BV	160	275	550	850
1765 N-CA(1778)	—	BV	160	275	550	850
1765 O-CA(1779)	—	BV	160	275	550	850
1765 P-CA(1780)	—	BV	160	275	550	850
1765GR B(1767)	—	BV	160	275	550	850
1765WI C-CK(1768)	—	BV	160	275	550	850
1765WI D-CK(1769)	—	BV	160	275	550	850
1765WI E-CK(1770)	—	BV	160	275	550	850
1765WI F-CK(1771)	—	BV	160	275	550	850
1765NB A(1766)	—	BV	160	275	550	850

KM# 1844 DUCAT
3.4909 g., 0.9860 Gold 0.1107 oz. AGW **Ruler:** Joseph II Obv: bust right Obv. **Legend:** IOSEPHVS • II • D • G • ROM • REX • S • A • G • R • **Rev:** Crowned arms with supporters Rev. **Legend:** ARCHID • AUSTR • 1765 • HUNG • BOH • & • PRINC • HER • **Note:** Prev. KM#2080.

Date	Mintage	VG	F	VF	XF	Unc
1765A	—	160	325	500	900	1,350

KM# 1859 DUCAT

3.4909 g., 0.9860 Gold 0.1107 oz. AGW **Ruler:** Joseph II **Obv:** Draped bust right **Obv. Legend:** IOS • II • D • G • R • I • S • A • GER • IER • REX • **Rev:** Crowned imperial double eagle **Rev. Legend:** VIRTUTE ET EXEMPLO **Note:** Prev. KM#2081.

Date	Mintage	VG	F	VF	XF	Unc
1768A C-K	—	120	200	325	625	950
1768E H-G	—	120	200	325	625	950
1769A C-K	—	120	200	325	625	950
1769C VS-S	—	120	200	325	625	950
1769E H-G	—	120	200	325	625	950
1769F A-S	—	120	200	325	625	950
1769G B-L	—	120	200	325	625	950
1770C VS-S	—	120	200	325	625	950
1770D G-K	—	120	200	325	625	950
1770E H-G	—	120	200	325	625	950
1771C VS-S	—	120	200	325	625	950
1771D G-K	—	120	200	325	625	950
1771E H-G	—	120	200	325	625	950
1772A C-K	—	120	200	325	625	950
1772C VS-S	—	120	200	325	625	950
1772E H-G	—	120	200	325	625	950
1772G B-L	—	120	200	325	625	950
1772G B-V	—	120	200	325	625	950
1773A C-K	—	120	200	325	625	950
1773C VS-S	—	120	200	325	625	950
1773E H-G	—	120	200	325	625	950
1773G B-V	—	120	200	325	625	950
1774E H-G	—	120	200	325	625	950
1774G B-V	—	120	200	325	625	950
1775A C-A	—	120	200	325	625	950
1775E H-G	—	120	200	325	625	950
1775G B-V	—	120	200	325	625	950
1776A C-A	—	120	200	325	625	950
1776C VS-K	—	120	200	325	625	950
1776E H-G	—	120	200	325	625	950
1776G B-V	—	120	200	325	625	950
1777C VS-K	—	120	200	325	625	950
1777E H-G	—	120	200	325	625	950
1777E H-S	—	120	200	325	625	950
1777F VC-S	—	120	200	325	625	950
1777G B-V	—	120	200	325	625	950
1778A C-A	—	120	200	325	625	950
1778C VS-K	—	120	200	325	625	950
1778G B-V	—	120	200	325	625	950
1779A C-A	—	120	200	325	625	950
1779C VS-K	—	120	200	325	625	950
1779E H-S	—	120	200	325	625	950
1779G B-V	—	120	200	325	625	950
1780E H-S	—	120	200	325	625	950
1780F VC-S	—	120	200	325	625	950
1780G IB-IV	—	120	200	325	625	950

KM# 1857 DUCAT

3.5000 g., 0.9860 Gold 0.1109 oz. AGW **Ruler:** Maria Theresa **Obv:** Veiled head right **Rev:** Crowned imperial eagle, arms on breast **Mint:** Graz **Note:** Prev. KM#549.

Date	Mintage	F	VF	XF	Unc	BU
1768 G-K	—	175	350	550	1,000	—
1769 G-K	—	175	350	550	1,000	—

KM# 1858 DUCAT

3.5000 g., 0.9860 Gold 0.1109 oz. AGW **Ruler:** Maria Theresa **Obv:** Veiled head right **Rev:** Crowned imperial eagle with Tyrolean arms on breast **Mint:** Hall **Note:** Prev. KM#753.

Date	Mintage	VG	F	VF	XF	Unc
1768 AS	—	115	175	375	600	—
1770 AS	—	115	175	375	600	—
1771 AS	—	115	175	375	600	—
1773 AS	—	115	175	375	600	—
1774 VC-S	—	115	175	375	600	—
1775 VC-S	—	115	175	375	600	—
1777 VC-S	—	115	175	375	600	—
1778 VC-S	—	115	175	375	600	—
1779 VC-S	—	115	175	375	600	—

KM# 1872 DUCAT

3.4909 g., 0.9860 Gold 0.1107 oz. AGW **Ruler:** Joseph II **Obv:** Balding bust right **Note:** Prev. KM#2083.

Date	Mintage	VG	F	VF	XF	Unc
1780A	—	BV	125	200	350	550
1781A	—	BV	125	200	350	550
1781E	—	BV	125	200	350	550
1781G	—	BV	125	200	350	550
1782E	—	BV	125	200	350	550
1782G	—	BV	125	200	350	550

KM# 1873 DUCAT

3.4909 g., 0.9860 Gold 0.1107 oz. AGW **Ruler:** Joseph II **Obv:** Laureate head right **Obv. Legend:** IOS • II • D • G • R • I • S • A • GE • HV • BO • REX • **Rev:** Crowned imperial double eagle with crowned shield on breast **Rev. Legend:** ARCH • A • D • BVRG • LOTH • M • D • H • **Note:** Prev. KM#2084.

Date	Mintage	VG	F	VF	XF	Unc
1780A	—	BV	110	160	285	450
1782A	—	BV	110	160	285	450
1783A	—	BV	110	160	285	450
1783E	—	BV	110	160	285	450
1783G	—	BV	110	160	285	450
1784A	—	BV	110	160	285	450
1784E	—	BV	110	160	285	450
1784G	—	BV	110	160	285	450
1785A	—	BV	110	160	285	450
1786A	—	BV	110	160	285	450
1786B	128,000	BV	110	160	285	450
1786G	—	BV	110	160	285	450
1786E	—	BV	110	160	285	450
1787A	—	BV	110	160	285	450
1787B	220,000	BV	110	160	285	450
1787E	—	BV	110	160	285	450
1787F	—	BV	110	160	285	450
1787G	—	BV	110	160	285	450
1788A	—	BV	110	160	285	450
1788B	257,000	BV	110	160	285	450
1788E	—	BV	110	160	285	450
1788F	—	BV	110	160	285	450
1788G	—	BV	110	160	285	450
1789A	—	BV	110	160	285	450
1789B	205,000	BV	110	160	285	450
1789E	—	BV	110	160	285	450
1789F	—	BV	110	160	285	450
1789G	—	BV	110	160	285	450
1790A	—	BV	110	160	285	450
1790B	172,000	BV	110	160	285	450
1790E	—	BV	110	160	285	450
1790F	8,171	BV	110	160	285	450
1790G	—	BV	110	160	285	450

KM# 1874 DUCAT

3.4909 g., 0.9860 Gold 0.1107 oz. AGW **Ruler:** Joseph II **Obv:** Younger laureate military bust right, as sole ruler **Obv. Legend:** IOS • II • D : G • R • I • S • A • GE • HU • BO • REX • **Rev:** Crowned imperial double eagle with crowned shield on breast **Rev. Legend:** ARCH • AUST • D • BV • LO • M • DUX • HET • **Note:** Prev. KM#2082.

Date	Mintage	VG	F	VF	XF	Unc
1781C	—	BV	120	200	350	550
1781F	2,143	BV	120	200	350	550
1782C	—	BV	120	200	350	550
1782F	1,731	BV	120	200	350	550
1783C	—	BV	120	200	350	550
1783F	3,989	BV	120	200	350	550
1784C Unique	—	—	—	—	350	550
1784F	—	BV	120	200	350	550
1785F	3,145	BV	120	200	350	550
1786F	—	BV	120	200	350	550

KM# 1882 DUCAT

3.4909 g., 0.9860 Gold 0.1107 oz. AGW **Ruler:** Leopold II **Obv:** Laureate head right, as King of Hungary and Bohemia **Rev:** Crowned arms in collar of the Golden Fleece **Note:** Prev. KM#2101.

Date	Mintage	F	VF	XF	Unc	BU
1790A	—	350	850	1,250	1,800	—

KM# 1883 DUCAT

3.4909 g., 0.9860 Gold 0.1107 oz. AGW **Ruler:** Leopold II **Obv:** Laureate head right **Obv. Legend:** LEOP • II • D • G • R • IMP • S • A • GE • HV • BO • REX • **Rev:** Crowned imperial double eagle with crowned shield on breast **Rev. Legend:** ARCH • A • D • BVRG • LOTH • M • D • H • **Note:** Prev. KM#2102.

Date	Mintage	F	VF	XF	Unc	BU
1790A	—	225	550	850	1,100	—
1791A	—	300	700	1,000	1,350	—
1791B	—	275	650	950	1,250	—
1791E	—	225	550	850	1,100	—
1791F	—	300	700	1,000	1,350	—
1791G	—	275	650	950	1,250	—
1792E	—	225	550	850	1,100	—
1792F	1,417	300	700	1,000	1,350	—
1792G	—	250	600	900	1,200	—

KM# 1885 DUCAT

3.4909 g., 0.9860 Gold 0.1107 oz. AGW **Ruler:** Franz II (I) **Obv:** Bust right **Rev:** Crowned shield **Note:** Prev. KM#2104.

Date	Mintage	F	VF	XF	Unc	BU
1792A	—	900	1,800	2,600	3,750	—

KM# 1886 DUCAT

3.4909 g., 0.9860 Gold 0.1107 oz. AGW **Ruler:** Franz II (I) **Obv:** Laureate head right **Obv. Legend:** FRANCISVS • D • G • HVNG • BOHEM • GAL • LOD • REX • **Rev:** Crowned imperial double eagle **Rev. Legend:** ARCH • A • D • BVRG • LOTH • M • D • H • **Note:** Prev. KM#2166.

Date	Mintage	F	VF	XF	Unc	BU
1792A	—	110	180	260	400	—
1792B	—	110	180	275	400	—
1792E	—	100	160	250	375	—
1793A	—	110	180	260	400	—
1793E	—	110	180	275	400	—
1793G	—	100	160	250	375	—
1793A	—	110	170	250	375	—
1794A	—	110	180	260	400	—
1794B	—	110	180	275	400	—
1794E	—	100	160	250	375	—
1794G	—	110	170	210	375	—
1795A	—	110	180	260	400	—
1795E	—	100	160	250	375	—
1795G	—	110	170	250	375	—
1796A	—	110	180	260	400	—
1796B	—	110	180	275	400	—
1796E	—	110	190	275	400	—
1796G	—	110	170	250	375	—
1797A	—	110	180	260	400	—
1797B	—	125	225	325	475	—
1797C	—	110	190	275	400	—
1797E	—	100	160	250	375	—
1797G	—	110	170	250	375	—
1798A	—	110	180	260	400	—
1798B	—	110	180	275	400	—
1798E	—	100	160	250	375	—
1798G	—	125	225	325	475	—
1799A	—	110	180	260	400	—
1799E	—	110	190	275	400	—
1799G	—	110	170	250	375	—
1800A	—	110	180	260	400	—
1800B	—	500	750	1,000	1,250	—
1800E	—	100	160	250	375	—
1800G	—	110	170	250	375	—

KM# 1498 2 DUCAT

7.0000 g., 0.9860 Gold 0.2219 oz. AGW **Ruler:** Joseph I **Obv:** Laureate bust right **Rev:** Crowned imperial eagle, date in legend **Mint:** Vienna **Note:** Klippe. Prev. KM#1909.

Date	Mintage	VG	F	VF	XF	Unc
1707	—	600	1,200	3,500	8,500	—

KM# 1507 2 DUCAT

7.0000 g., 0.9860 Gold 0.2219 oz. AGW **Ruler:** Joseph I **Obv:** Laureate bust in inner circle **Rev:** Crowned imperial eagle in inner circle, crown divides date **Mint:** Saint Veit **Note:** Prev. KM#1670.

Date	Mintage	VG	F	VF	XF	Unc
1710 IIP	—	600	1,200	3,500	8,500	—

KM# 1581 2 DUCAT

7.0000 g., 0.9860 Silver 0.2219 oz. ASW **Ruler:** Karl (Charles) VI **Obv:** Laureate bust right **Rev:** Crowned imperial eagle, date in legend **Mint:** Hall **Note:** Prev. KM#700.

Date	Mintage	VG	F	VF	XF	Unc
ND1711	—	600	1,450	4,250	8,500	—

KM# 1580 2 DUCAT

7.0000 g., 0.9860 Gold 0.2219 oz. AGW **Ruler:** Karl (Charles) VI **Obv:** Laureate bust right **Rev:** Crowned imperial eagle, date in legend **Mint:** Graz **Note:** Prev. KM#510.

Date	Mintage	VG	F	VF	XF	Unc
1715	—	500	950	2,750	7,250	—
1732	—	500	950	2,750	7,250	—

KM# 1656 2 DUCAT

7.0000 g., 0.9860 Gold 0.2219 oz. AGW **Ruler:** Karl (Charles) VI **Obv:** Laureate bust right **Rev:** Crowned imperial eagle, date in legend **Mint:** Vienna **Note:** Prev. KM#1928.

Date	Mintage	VG	F	VF	XF	Unc
1735	—	550	1,150	4,000	8,500	—

KM# 1727 2 DUCAT

7.0000 g., 0.9860 Gold 0.2219 oz. AGW **Ruler:** Franz I **Obv:** Laureate head right **Rev:** Crowned imperial eagle with arms on breast **Note:** Prev. KM#2043.

Date	Mintage	VG	F	VF	XF	Unc
1745	—	600	1,200	2,000	4,250	6,500

KM# 1745 2 DUCAT
7.0000 g., 0.9860 Gold 0.2219 oz. AGW **Ruler:** Franz I **Note:** Similar to 1 Ducat, KM#1725.1, but double thickness. Prev. KM#2044.

Date	Mintage	VG	F	VF	XF	Unc
1746HA	—	725	1,450	2,500	4,750	7,250

KM# 1726 2 DUCAT
7.0000 g., 0.9860 Gold 0.2219 oz. AGW **Ruler:** Maria Theresa **Obv:** Bust right **Rev:** Crowned imperial eagle with crowned Tyrolean arms on breast **Mint:** Hall **Note:** Prev. KM#754.

Date	Mintage	VG	F	VF	XF	Unc
1746 Rare	—	—	—	—	—	—

Date	Mintage	VG	F	VF	XF	Unc
1783E	—	150	300	575	900	1,450
1784A	—	150	300	575	900	1,450
1786A	—	150	300	575	900	1,450
1786B	58,000	150	300	575	900	1,450
1786E	—	150	300	575	900	1,450
1787A	—	150	300	575	900	1,450
1787B	20,000	150	300	575	900	1,450
1787E	—	150	300	575	900	1,450

KM# 1860 2 DUCAT
7.0000 g., 0.9860 Gold 0.2219 oz. AGW **Ruler:** Joseph II **Obv:** Bust right **Obv. Legend:** IOS • II • D • G • R • I • S • A • GER • IER • REX • **Rev:** Crowned imperial double eagle, value encircled below **Rev. Legend:** VIRTUTE • ET EXEMPLO • **Note:** Prev. KM#2085.

Date	Mintage	VG	F	VF	XF	Unc
1768E H-G	—	175	325	600	950	1,500
1769E H-G	—	175	325	600	950	1,500
1770E H-G	—	175	325	600	950	1,500
1771E H-G	—	175	325	600	950	1,500
1772E H-G	—	175	325	600	950	1,500
1773E H-G	—	175	325	600	950	1,500
1774E H-G	—	175	325	600	950	1,500
1775E H-G	—	175	325	600	950	1,500
1776E H-G	—	175	325	600	950	1,500
1777E H-G	—	175	325	600	950	1,500

KM# 1869 2 DUCAT
7.0000 g., 0.9860 Gold 0.2219 oz. AGW **Ruler:** Joseph II **Obv:** Laureate bust right **Obv. Legend:** IOS • II • D : G • R • I • S • A • GER • IER • REX • **Rev:** Crowned imperial double eagle, value encircled below **Rev. Legend:** VIRTUTE • ET EXEMPLO • **Note:** Prev. KM#2086.

Date	Mintage	VG	F	VF	XF	Unc
1777E	—	175	325	600	950	1,500
1778E	—	175	325	600	950	1,500
1779E	—	175	325	600	950	1,500
1780E	—	175	325	600	950	1,500

KM# 1875 2 DUCAT
7.0000 g., 0.9860 Gold 0.2219 oz. AGW **Ruler:** Joseph II **Obv:** Laureate bust right **Obv. Legend:** IOS • II • D : G • ROM • IMP • S • A • GER • HUNG • BOH • REX • **Rev:** Crowned imperial double eagle, value encircled below **Rev. Legend:** ARCH • AUST • D • B • LOTH • M • D • HETR • **Note:** Similar to KM#1869 but longer legend. Prev. KM#2087.

Date	Mintage	VG	F	VF	XF	Unc
1781E	—	150	300	575	900	1,450
1782	—	150	300	575	900	1,450

KM# 1876 2 DUCAT
7.0000 g., 0.9860 Gold 0.2219 oz. AGW **Ruler:** Joseph II **Obv:** Laureate bust right **Obv. Legend:** IOSEPH • II • D • G • R • I • S • A • GERM • HV • BO • REX • **Rev:** Crowned imperial double eagle, value encircled below **Rev. Legend:** ARCH • AVST • D • BVRG • LOTH • M • D • HET • **Note:** Prev. KM#2088.

KM# 1888 2 DUCAT
7.0000 g., 0.9860 Gold 0.2219 oz. AGW **Ruler:** Franz II (I) **Obv:** Head right **Obv. Legend:** FRANC • II • D • G • R • IMP • S • A • GE • HV • BO • REX • **Rev:** Crowned imperial double eagle **Rev. Legend:** ARCH • AVST • D • BVRG • LOTH • M • D • HET • **Note:** Prev. KM#2173.

Date	Mintage	Good	VG	F	VF	XF
1799A	68,000	—	250	400	950	1,650

KM# 1508 3 DUCAT
10.5000 g., 0.9860 Gold 0.3328 oz. AGW **Ruler:** Joseph I **Obv:** Laureate bust right in inner circle **Rev:** Crowned imperial eagle in inner circle **Mint:** Saint Veit **Note:** Prev. KM#1671.

Date	Mintage	VG	F	VF	XF	Unc
1710 IP	—	650	1,400	4,250	8,500	—

KM# 1657 3 DUCAT
10.5000 g., 0.9860 Gold 0.3328 oz. AGW **Ruler:** Karl (Charles) VI **Obv:** Laureate bust right **Rev:** Crowned imperial eagle in inner circle **Mint:** Vienna **Note:** Prev. KM#1929.

Date	Mintage	VG	F	VF	XF	Unc
1735	—	600	1,200	4,200	7,750	—
1737	—	600	1,200	4,200	7,750	—
1738	—	600	1,200	4,200	7,750	—

KM# 1868 3 DUCAT
10.5000 g., 0.9860 Gold 0.3328 oz. AGW **Ruler:** Joseph II **Obv:** Armored laureate bust right **Obv. Legend:** IOSEPHUS • II • D: G • R • I • S • A • GER • IER • REX • **Rev:** Crowned imperial double eagle, shield on breast **Rev. Legend:** VIRTUTE • ET EXEMPLO • **Note:** Prev. KM#2089.

Date	Mintage	VG	F	VF	XF	Unc
1773E	—	600	1,350	3,500	6,000	9,000
1776E	—	600	1,350	3,500	6,000	9,000
1778E	—	600	1,350	3,500	6,000	9,000

KM# 1561 4 DUCAT
14.0000 g., 0.9860 Gold 0.4438 oz. AGW **Ruler:** Karl (Charles) VI **Mint:** Graz **Note:** Struck with 1/2 Thaler dies, KM#1546. Prev. KM#511.

Date	Mintage	VG	F	VF	XF	Unc
1713 Rare	—	—	—	—	—	—

KM# 1871 4 DUCAT
14.0000 g., 0.9860 Gold 0.4438 oz. AGW **Ruler:** Maria Theresa **Obv:** Veiled head right **Rev:** Crowned imperial eagle, value below **Note:** Prev. KM#A1998.

Date	Mintage	VG	F	VF	XF	Unc
1778 IC-FA	—	650	1,450	3,850	6,500	9,500
1779 IC-FA	—	650	1,450	3,850	6,500	9,500

KM# 1881 4 DUCAT
14.0000 g., 0.9860 Gold 0.4438 oz. AGW **Ruler:** Joseph II **Obv:** Laureate bust right **Note:** Prev. KM#2090.

Date	Mintage	VG	F	VF	XF	Unc
1786A	—	650	1,450	3,850	6,500	9,500

KM# 1884 4 DUCAT
14.0000 g., 0.9860 Gold 0.4438 oz. AGW **Ruler:** Leopold II **Obv:** Laureate bust of right **Note:** Prev. KM#2103.

Date	Mintage	VG	F	VF	XF	Unc
1790A Rare	—	—	—	—	—	—

KM# 1887 4 DUCAT
14.0000 g., 0.9860 Gold 0.4438 oz. AGW **Ruler:** Franz II (I) **Obv. Legend:** FRANCISCVS II • D • G • R • IMP ... **Rev. Legend:** ... LOTH • M • D • HET • **Note:** Prev. KM#2174.

Date	Mintage	F	VF	XF	Unc	BU
1793A	—	400	1,100	2,750	3,500	—
1794A	—	550	1,150	2,750	3,500	—
1795A	—	350	900	2,150	3,000	—
1796A	—	400	950	2,500	3,500	—
1797A	—	350	950	2,500	3,250	—
1798A	—	550	1,150	2,750	3,500	—
1799A	—	350	950	2,500	3,500	—
1800A	—	350	950	2,500	3,500	—

KM# 1572 5 DUCAT
17.5000 g., 0.9860 Gold 0.5547 oz. AGW **Ruler:** Karl (Charles) VI **Mint:** Graz **Note:** Struck with 1/2 Thaler dies, KM#1546. Prev. KM#513.

Date	Mintage	VG	F	VF	XF	Unc
1714 Rare	—	—	—	—	—	—

KM# 1680 5 DUCAT
17.5000 g., 0.9860 Gold 0.5547 oz. AGW **Ruler:** Maria Theresa **Mint:** Vienna **Note:** Struck with 1/2 Thaler dies, KM#1677. Prev. KM#A1973.

Date	Mintage	VG	F	VF	XF	Unc
1741	—	425	800	1,500	2,500	—
1742	—	425	800	1,500	2,500	—
1743	—	425	800	1,500	2,500	—

KM# 1728 5 DUCAT
17.5000 g., 0.9860 Gold 0.5547 oz. AGW **Ruler:** Maria Theresa **Mint:** Vienna **Note:** Struck with 1/2 Thaler dies, KM#1713. Prev. KM#A1974.

Date	Mintage	VG	F	VF	XF	Unc
1745	—	425	800	1,500	2,500	—

KM# 1729 5 DUCAT
17.5000 g., 0.9860 Gold 0.5547 oz. AGW **Ruler:** Franz I **Obv:** Laureate head right **Rev:** Crowned imperial eagle with arms on breast **Note:** Prev. KM#2045.

Date	Mintage	VG	F	VF	XF	Unc
1745 AS/IE	—	1,500	3,000	5,500	8,000	11,500

AUSTRIA

KM# 1746 5 DUCAT
17.5000 g., 0.9860 Gold 0.5547 oz. AGW **Ruler:** Maria Theresa **Mint:** Vienna **Note:** Struck with 1/2 Thaler dies, KM#1741. Prev. KM#C1974.

Date	Mintage	VG	F	VF	XF	Unc
1746	—	425	800	1,500	2,500	—
1748	—	425	800	1,500	2,500	—

KM# 1758 5 DUCAT
17.5000 g., 0.9860 Gold 0.5547 oz. AGW **Ruler:** Franz I **Obv:** Laureate head right **Note:** Prev. KM#2046.

Date	Mintage	VG	F	VF	XF	Unc
1747WI	—	1,500	3,000	5,500	8,000	11,500
1750CA Rare	—	—	—	—	—	—

Date	Mintage	VG	F	VF	XF	Unc
1716 Rare	—	—	—	—	—	—
1717 Rare	—	—	—	—	—	—

KM# 1632 10 DUCAT
35.0000 g., 0.9860 Gold 1.1095 oz. AGW **Ruler:** Karl (Charles) VI **Mint:** Vienna **Note:** Struck with 1 Thaler dies, KM#1579.1. Prev. KM#1931.

Date	Mintage	VG	F	VF	XF	Unc
1729 Rare	—	—	—	—	—	—

KM# 1706 10 DUCAT
35.0000 g., 0.9860 Gold 1.1095 oz. AGW **Ruler:** Maria Theresa **Obv:** Veiled bust right **Obv. Legend:** M • THERESIA • D • G • R • IMP • HU • BO • REG • **Rev:** Crownd imperial double eagle with shield on breast **Rev. Legend:** ARCHID • AUST • DUX • BURG • CO • TYR • **Mint:** Vienna **Note:** Struck with 1/2 Thaler dies, KM#1678. Prev. KM#1973.

Date	Mintage	VG	F	VF	XF	Unc
1743 Rare	—	—	—	—	—	—

KM# 1730 10 DUCAT
35.0000 g., 0.9860 Gold 1.1095 oz. AGW **Ruler:** Maria Theresa **Obv:** Veiled bust right **Obv. Legend:** M • THERES • D • G • R • IMP • HU • BO • REG • **Rev:** Crowned imperial double eagle, crowned shield on breast **Rev. Legend:** ARCHID • AUST • DUX • BURG • COM • TYR • **Mint:** Vienna **Note:** Struck with 1/2 Thaler dies, KM#1714. Prev. KM#1974.

Date	Mintage	VG	F	VF	XF	Unc
1745 Rare	—	—	—	—	—	—

KM# 1767 10 DUCAT
35.0000 g., 0.9860 Gold 1.1095 oz. AGW **Ruler:** Maria Theresa **Mint:** Vienna **Note:** Struck with 1/2 Thaler dies, KM#1743. Prev. KM#D1974.

Date	Mintage	VG	F	VF	XF	Unc
1748 Rare	—	—	—	—	—	—

KM# 1663 20 DUCAT
70.0000 g., 0.9860 Gold 2.2190 oz. AGW **Ruler:** Karl (Charles) VI **Mint:** Vienna **Note:** Struck with 1 Thaler dies, KM#1579.1. Prev. KM#1934.

Date	Mintage	VG	F	VF	XF	Unc
1739 Rare	—	—	—	—	—	—

KM# 1757 5 DUCAT
17.5000 g., 0.9860 Gold 0.5547 oz. AGW **Ruler:** Maria Theresa **Obv:** Veiled head right **Obv. Legend:** M • THERESIA • D • G • R • IMP • HU • BO • REG • **Rev:** Crowned imperial double eagle **Rev. Legend:** ARCHID • AUST • DUX • BURG • COM • TYR • **Note:** Prev. KM#A1999.

Date	Mintage	VG	F	VF	XF	Unc
1777 IC-FA Rare	—	—	—	—	—	—

KM# 1573 6 DUCAT
21.0000 g., 0.9860 Gold 0.6657 oz. AGW **Ruler:** Karl (Charles) VI **Mint:** Graz **Note:** Struck with 1/2 Thaler dies, KM#1546. Prev. KM#514.

Date	Mintage	VG	F	VF	XF	Unc
1714 Rare	—	—	—	—	—	—

KM# 1681 6 DUCAT
21.0000 g., 0.9860 Gold 0.6657 oz. AGW **Ruler:** Maria Theresa **Mint:** Vienna **Note:** Struck with 1/2 Thaler dies, KM#1677. Prev. KM#B1973.

Date	Mintage	VG	F	VF	XF	Unc
1741	—	550	950	1,750	3,000	—
1742	—	550	950	1,750	3,000	—
1743	—	550	950	1,750	3,000	—

KM# 1759 6 DUCAT
21.0000 g., 0.9860 Gold 0.6657 oz. AGW **Ruler:** Franz I **Obv:** Bust right **Note:** Prev. KM#2047.

Date	Mintage	VG	F	VF	XF	Unc
1747WI Rare	—	—	—	—	—	—

KM# 1845 6 DUCAT
21.0000 g., 0.9860 Gold 0.6657 oz. AGW **Ruler:** Maria Theresa **Obv:** Draped bust right **Obv. Legend:** M • THERESIA • D : G • R • IMP • GE • HU • BO • REG • **Rev:** Crowned imperial double eagle with crowned shield on breast **Rev. Legend:** ARCHID • AUST • DUX • BURG • COM • TYR • **Note:** Prev. KM#2048.

Date	Mintage	VG	F	VF	XF	Unc
1765WI Rare	—	—	—	—	—	—

KM# 1455 10 DUCAT
35.0000 g., 0.9860 Gold 1.1095 oz. AGW **Ruler:** Joseph I **Mint:** Vienna **Note:** Struck with 1 Thaler dies, KM#1444. Prev. KM#1913.

Date	Mintage	VG	F	VF	XF	Unc
1705 IMH Rare	—	—	—	—	—	—
1707 IMH Rare	—	—	—	—	—	—
1708 IMH Rare	—	—	—	—	—	—

KM# 1574 10 DUCAT
35.0000 g., 0.9860 Gold 1.1095 oz. AGW **Ruler:** Karl (Charles) VI **Mint:** Vienna **Note:** Struck with 1 Thaler dies, KM#1522. Prev. KM#1930.

Date	Mintage	VG	F	VF	XF	Unc
1714 Rare	—	—	—	—	—	—

PATTERNS

Including off metal strikes

When we renumbered the multitude of Patterns listed in Austria by mint, we used initials to identify the origin of the mint.

B = Breslau Mint

BR = Brunn Mint

GR = Graz Mint

HA = Hall Mint

JO = Joachimstal Mint

KL = Klagenfurt Mint

KN = Kuttenberg Mint

PR = Prague Mint

SV = Sankt Veit Mint

V = Vienna

Examples: PnKN2 is a pattern from the Kuttenberg Mint, PnSV12 is from Sankt Veit Mint.

KM#	Date	Mintage	Identification	Mkt Val
PnGR15	1702	—	Pfennig. Gold. KM#446	—
PnGR16	1713	—	Kreuzer. Gold. KM#494; weight of 1/2 Ducat.	—
PnGR20	1715	—	1/2 Kreuzer. Gold. KM#492	—
PnGR21	1715	—	Kreuzer. Gold. KM#494; weight of 1/4 Ducat.	—
PnGR22	1727	—	Pfennig. Gold. KM#490; weight of 1/4 Ducat.	—
Pn31	1795A	—	12 Kreuzer. With value only.	—
Pn32	1795C	—	12 Kreuzer. With value only.	—
Pn33	1796E	—	1/2 Ducat. Gold.	1,250
Pn34	1798C	—	Ducat. Gold. KM#2166	—
Pn35	1799B	—	Ducat. Gold. KM#2166	—
Pn36	1800A	—	24 Kreuzer. Copper.	—
PnPR40	1720	—	Ducat. Silver. KM#1510.	400
PnPR41	1722	—	5 Ducat. Silver. KM#1516.	—
PnPR42	1725	—	2 Ducat. Silver. KM#1515.	450
PnPR43	1754	—	3 Kreuzer. Pewter. Siege coins.	—
PnPR44	1754	—	17 Kreuzer. Pewter. KM#1532.	—
PnPR45	1757	—	20 Kreuzer. Pewter. Siege coins.	—

AUSTRIAN STATES

AUERSPERG

The Auersperg princes were princes of estates in Austrian Carniola, a former duchy with estates in Laibach and Silesia, a former province in southwestern Poland and Swabia, one of the stem-duchies of medieval Germany. They were elevated to princely rank in 1653, and the following year were made dukes of Muensterberg, which they ultimately sold to Prussia.

RULER
Heinrich, 1713-1783

MONETARY SYSTEM
120 Kreuzer = 1 Convention Thaler

PRINCIPALITY
STANDARD COINAGE

KM# 4 THALER
Silver Ruler: Heinrich **Obv:** Bust right, "A. WIDEMAN" below **Rev:** Crowned and mantled arms **Note:** Dav. #1181.

Date	Mintage	VG	F	VF	XF	Unc
1762	260	375	650	1,200	2,000	3,750

BATTHYANI

The name of a royal Hungarian family, princes of domains in Austria, Styria and Bohemia, who were granted the coining privilege in 1763.

RULERS
Carl, 1761-1772
Ludwig, 1788-1806

MONETARY SYSTEM
120 Kreuzer = 1 Convention Thaler

PRINCIPALITY
STANDARD COINAGE

KM# 12 20 KREUZER
Silver Ruler: Ludwig **Obv:** Draped bust right **Obv. Legend:** LVDOVICVS S • R • I • PRINCEPS DE ... **Rev:** Helmeted and supported arms within crowned mantle

Date	Mintage	VG	F	VF	XF	Unc
1790	—	35.00	75.00	150	250	—

BRIXEN

TRADE COINAGE

KM# 3 DUCAT
3.5000 g., 0.9860 Gold 0.1109 oz. AGW **Ruler:** Carl **Obv:** Armored bust right **Obv. Legend:** CAROL S • R • I • P: DE ... **Rev:** Crowned and mantled arms in Order chain

Date	Mintage	VG	F	VF	XF	Unc
1764	—	225	450	950	1,600	—
1765	—	275	575	1,250	2,200	—
1770	—	225	450	950	1,600	2,500

KM# 10 1/2 THALER
Silver **Ruler:** Ludwig **Obv:** Draped bust right **Obv. Legend:** LVDOVICVS S • R • I • PRINCEPS DE ... **Rev:** Helmeted and supported arms within crowned mantle

Date	Mintage	VG	F	VF	XF	Unc
1789	—	75.00	125	200	300	—

KM# 8 THALER
Silver **Ruler:** Ludwig **Obv:** Draped bust right **Obv. Legend:** LVDOVICVS S • R • I • PRINCEPS DE ... **Rev:** Helmeted and supported arms within crowned mantle **Note:** Dav. #1184.

Date	Mintage	VG	F	VF	XF	Unc
1788	—	150	250	350	650	1,250

KM# 13 DUCAT
3.5000 g., 0.9860 Gold 0.1109 oz. AGW **Ruler:** Ludwig **Obv:** Bust **Rev:** Crowned mantled arms

Date	Mintage	VG	F	VF	XF	Unc
1791/0	—	—	300	650	1,350	2,250

KM# 4 5 DUCAT
17.5000 g., 0.9860 Gold 0.5547 oz. AGW **Ruler:** Carl **Obv:** Armored bust right **Rev:** Crowned and mantled arms with griffin supporters

Date	Mintage	VG	F	VF	XF	Unc
1764	—	—	—	10,000	15,000	—

KM# 11 5 DUCAT
17.5000 g., 0.9860 Gold 0.5547 oz. AGW **Ruler:** Ludwig **Obv:** Bust **Rev:** Crowned mantled arms

Date	Mintage	VG	F	VF	XF	Unc
1789	—	—	—	5,000	9,000	—

KM# 5 10 DUCAT
35.0000 g., 0.9860 Gold 1.1095 oz. AGW **Ruler:** Carl **Obv:** Armored bust right **Rev:** Crowned and mantled arms with griffin supporters

Date	Mintage	VG	F	VF	XF	Unc
1764 Rare	—	—	—	—	—	—

Note: Numismatica Ars Classica Auction 28, 1-05, nearly XF realized approximately $7550.

KM# 9 10 DUCAT
35.0000 g., 0.9860 Gold 1.1095 oz. AGW **Ruler:** Ludwig **Obv:** Bust **Rev:** Crowned mantled arms

Date	Mintage	VG	F	VF	XF	Unc
1788 Rare	—	—	—	—	—	—

KM# A1 1/2 THALER (Convention)
Silver **Ruler:** Carl **Obv:** Armored bust to right **Obv. Legend:** CAROL.S.R.I.P. DE.BATTHYAN.A.U.E.G.C.M. **Rev:** Crowned and supported oval arms in baroque frame, date at end of legend **Rev. Legend:** FIDELITATE ET FORTITUDINE.(date).

Date	Mintage	VG	F	VF	XF	Unc
1764	—	100	200	400	700	—

KM# 2 THALER (Convention)
Silver **Ruler:** Carl **Obv:** Armored bust right **Obv. Legend:** CAROL S • R • I • PRINC DE ... **Rev:** Helmeted and supported arms within crowned mantle **Note:** Dav. #1182.

Date	Mintage	VG	F	VF	XF	Unc
1764	4,000	90.00	175	325	6,560	1,250

KM# 1 1/2 THALER (Convention)
Silver **Ruler:** Carl **Obv:** Armored bust right **Obv. Legend:** CAROL S • R • I • PRINC DE ... **Rev:** Helmeted and supported arms within crowned mantle

Date	Mintage	VG	F	VF	XF	Unc
1765	—	100	200	400	700	—

KM# 7 1/2 THALER (Convention)
Silver **Ruler:** Carl **Obv:** Armored bust right **Obv. Legend:** CAROL S • R • I • PRINC DE ... **Rev:** Crowned and mantled arms within Order chain

Date	Mintage	VG	F	VF	XF	Unc
1770	—	100	200	400	700	—

KM# 6 THALER (Convention)
Silver **Ruler:** Carl **Obv:** Armored bust right **Obv. Legend:** CAROL S • R • I • PRINC DE ... **Rev:** Crowned and mantled arms within Order chain **Note:** Dav. #1183. The KM#6 dated Thaler was apparently struck in 1770.

Date	Mintage	VG	F	VF	XF	Unc
1768	300	175	300	475	850	—

BRIXEN

A city near the Brenner Pass that was the seat of a bishopric from 992. The bishops were given the coinage right in 1179. Brixen was given to Austria in 1802.

RULERS
Caspar Ignaz von Kuenigl, 1702-1747
Leopold, Graf Spaur, 1747-1778
Sede Vacante, 1778-1779

NOTE: Ruler listing includes only coin issuers and not all bishops.

BISHOPRIC
STANDARD COINAGE

KM# 22 THALER
Silver **Ruler:** Caspar **Note:** Dav. #1203.

Date	Mintage	VG	F	VF	XF	Unc
1710	—	750	1,500	3,000	5,500	—

KM# 31 2 THALER
Silver **Ruler:** Sede Vacante **Obv:** Legend and date in circle of 15 shields **Rev:** Eagle in circle with double legends **Note:** Dav. #1204.

Date	Mintage	VG	F	VF	XF	Unc
1779 Rare	—	3,500	5,000	8,000	12,500	—

Note: Smaller silver medal of similar denominations also known.

TRADE COINAGE

KM# 26 DUCAT
3.5000 g., 0.9860 Gold 0.1109 oz. AGW **Ruler:** Caspar **Obv:** Mitre above 2 shields of arms

Date	Mintage	VG	F	VF	XF	Unc
1717	—	1,500	2,800	5,000	8,000	—

AUSTRIAN STATES

BRIXEN

KM# 27 DUCAT
3.5000 g., 0.9860 Gold 0.1109 oz. AGW **Ruler:** Caspar **Obv:** Hat above 2 shields of arms

Date	Mintage	VG	F	VF	XF	Unc
1745	—	850	1,750	3,500	6,500	—

KM# 29 DUCAT
3.5000 g., 0.9860 Gold 0.1109 oz. AGW **Ruler:** Leopold **Obv:** Bust of Leopold Maria Josef right **Rev:** Crowned and mantled arms; date divided at bottom

Date	Mintage	VG	F	VF	XF	Unc
1768	—	750	1,550	3,200	6,000	—

KM# 24 10 DUCAT
35.0000 g., 0.9860 Gold 1.1095 oz. AGW **Ruler:** Caspar **Note:** Struck with 1 Thaler dies, KM#22.

Date	Mintage	VG	F	VF	XF	Unc
1710 Rare	—	—	—	—	—	—

KM# 25 20 DUCAT
37.0000 g., 0.9860 Gold 1.1729 oz. AGW **Ruler:** Caspar **Note:** Struck with 1 Thaler dies, KM#22.

Date	Mintage	VG	F	VF	XF	Unc
1710 Rare	—	—	—	—	—	—

BURGAU

An Austrian possession near Ulm in Germany from 1618 to 1805 at which time it passed to Bavaria. The Günzburg Mint is located in Burgau. For other issues of the Günzburg Mint, see Austria.

RULER
Maria Theresa, 1740-1780

MINT MARKS
GB, GH, H - Günzburg

MINTMASTERS' INITIALS
C - J.H.V. Clotz
F, IF - J. Faby
S, TS - T. Schobl

COUNTY STANDARD COINAGE

KM# 5 HELLER
Copper **Ruler:** Maria Theresa **Obv:** Arms of Austria-Burgau **Rev:** Denomination, date

Date	Mintage	VG	F	VF	XF	Unc
1768G	—	3.00	10.00	25.00	85.00	—
1772G	—	3.00	10.00	15.00	65.00	—
1773G	—	3.00	10.00	25.00	85.00	—
1774G	—	3.00	10.00	25.00	85.00	—
1777G	—	3.00	10.00	15.00	65.00	—
1778G	—	3.00	10.00	25.00	85.00	—
1780G	—	3.00	10.00	25.00	85.00	—

KM# 6 1/4 KREUZER
Copper **Ruler:** Maria Theresa **Obv:** Crowned arms **Rev:** Denomination

Date	Mintage	VG	F	VF	XF	Unc
1772G	—	3.00	5.00	15.00	65.00	—
1774G	—	3.00	10.00	25.00	85.00	—
1777G	—	3.00	10.00	25.00	85.00	—
1778G	—	3.00	10.00	25.00	85.00	—

KM# 7 1/2 KREUZER
Copper **Ruler:** Maria Theresa **Obv:** Arms of Austria-Burgau **Rev:** Denomination and date

Date	Mintage	VG	F	VF	XF	Unc
1772G	—	7.50	20.00	45.00	100	—

KM# 8 KREUZER
Copper **Ruler:** Maria Theresa **Obv:** Crowned arms **Rev:** Denomination within cartouche

Date	Mintage	VG	F	VF	XF	Unc
1771G						
Note: Reported, not confirmed						
1772G	—	2.75	8.00	20.00	50.00	—
1773G	—	2.75	12.00	30.00	75.00	—
1774G	—	2.75	12.00	30.00	75.00	—
1779G	—	2.75	12.00	30.00	75.00	—

KM# 9 1/48 THALER (Convention - 2-1/2 Kreuzer)
Billon **Ruler:** Maria Theresa **Obv:** Crowned arms **Obv. Legend:** M • THER • D • G • .... **Rev:** Denomination, date

Date	Mintage	VG	F	VF	XF	Unc
1772G	—	10.00	20.00	35.00	70.00	—
1773G	—	10.00	20.00	40.00	85.00	—
1774G	—	10.00	25.00	45.00	90.00	—
1779G	—	—	—	—	—	—

Note: Reported, not confirmed

KM# 10 5 KREUZER (Convention)
Silver **Ruler:** Maria Theresa **Obv:** Young head in wreath **Rev:** Crowned imperial eagle with Austrian arms; "G" above pedestal below

Date	Mintage	VG	F	VF	XF	Unc
1764	—	30.00	65.00	130	220	—
1765 SC	—	30.00	60.00	120	200	—

KM# 17 5 KREUZER (Convention)
Silver **Ruler:** Maria Theresa **Obv:** Veiled head in wreath **Rev:** Crowned imperial eagle with Burgau arms, value below

Date	Mintage	VG	F	VF	XF	Unc
1770 SC	—	—	75.00	150	275	—
1772 SC	—	—	65.00	125	200	—
1773 SC	—	—	65.00	125	200	—
1774 SC	—	—	75.00	150	275	—
1775 SF	—	—	75.00	150	250	—

KM# 11 10 KREUZER (Convention)
Silver **Ruler:** Maria Theresa **Obv:** Young head in wreath **Rev:** Crowned imperial eagle with Austrian arms, "G" above pedestal below

Date	Mintage	VG	F	VF	XF	Unc
1764	—	20.00	40.00	80.00	150	—
1765	—	20.00	40.00	80.00	150	—

KM# 18 10 KREUZER (Convention)
Silver **Ruler:** Maria Theresa **Obv:** Draped bust within wreath of laurel and palm **Obv. Legend:** M • THERESIA • D • G • R • ... **Rev:** Crowned imperial double eagle **Rev. Legend:** ARCHID • AUST • DUX • BURG: CO • T • Y • R • 1772

Date	Mintage	VG	F	VF	XF	Unc
1772 SC	—	40.00	70.00	125	200	—
1774 SC	—	40.00	70.00	125	200	—
1775 SF	—	40.00	70.00	125	200	—
1776 SF	—	40.00	70.00	125	200	—
1777 SF	—	40.00	70.00	125	200	—

KM# 12 20 KREUZER (Convention)
Silver **Ruler:** Maria Theresa **Obv:** Young head in wreath **Rev:** Crowned imperial eagle with Austrian arms, "G" above pedestal below

Date	Mintage	VG	F	VF	XF	Unc
1764	—	25.00	50.00	100	200	—
1765	—	25.00	50.00	110	225	—
1765 SC	—	25.00	50.00	110	200	—

KM# 19 20 KREUZER (Convention)
Silver **Ruler:** Maria Theresa **Obv:** Head in branches **Rev:** Crowned imperial eagle, value below, sprays at sides

Date	Mintage	VG	F	VF	XF	Unc
1765 SC	—	15.00	40.00	100	200	—
1767 SC	—	15.00	40.00	100	200	—
1768 SC	—	15.00	40.00	100	200	—
1769 SC	—	15.00	40.00	100	200	—
1772 SC	—	15.00	30.00	75.00	150	—
1773 SC	—	15.00	40.00	100	200	—
1774 SF	—	15.00	40.00	100	200	—
1775 SF	—	15.00	40.00	100	200	—
1777 SF	—	15.00	40.00	100	200	—
1778 SF	—	15.00	40.00	100	200	—
1779 SF	—	15.00	40.00	100	200	—
1780 SF	—	15.00	40.00	100	200	—

KM# 13 30 KREUZER
Silver **Ruler:** Maria Theresa **Obv:** Bust right in rhombus **Rev:** Crowned imperial eagle with Austrian center shield, "G" below in cartouche, all in rhombus

Date	Mintage	F	VF	XF	Unc	BU
1764	—	125	300	700	1,200	—

KM# 14 1/2 THALER
Silver **Ruler:** Maria Theresa **Obv:** Bust right **Rev:** Crowned imperial eagle with Austrian center shield, "G" below in cartouche

Date	Mintage	F	VF	XF	Unc	BU
1764	—	75.00	150	300	600	—
1765	—	60.00	125	250	500	—
1765 SC	—	60.00	125	250	500	—

KM# 20 1/2 THALER
Silver **Ruler:** Maria Theresa **Obv:** Heavily veiled bust **Rev:** Crowned imperial eagle

Date	Mintage	F	VF	XF	Unc	BU
1768 SC	—	50.00	100	200	400	—
1769 SC	—	50.00	100	200	400	—
1771 SC	—	50.00	100	200	400	—
1772 SC	—	50.00	100	200	400	—
1773 SC	—	50.00	100	200	400	—
1774 SC	—	50.00	100	200	400	—

KM# 15 THALER (Convention)
Silver **Ruler:** Maria Theresa **Obv:** Armored bust right **Obv. Legend:** M • THERESIA • D : G • R • IMP ... **Rev:** G below eagle in cartouche **Rev. Legend:** ARCHID • AUST • DUX • BURG • CO • T • Y • R • **Note:** Dav. #1147.

Date	Mintage	F	VF	XF	Unc	BU
1764	—	60.00	120	250	500	—

Date	Mintage	F	VF	XF	Unc	BU
1765	—	50.00	100	200	400	—
1765 SC	—	50.00	100	200	400	—

KM# 21 THALER (Convention)

Silver **Ruler:** Maria Theresa **Obv:** Veiled bust right **Rev:** Crowned imperial eagle **Note:** Dav. #1149.

Date	Mintage	F	VF	XF	Unc	BU
1765 SC	—	75.00	125	185	350	—
1767 SC	—	75.00	125	185	350	—
1768 SC	—	75.00	125	185	350	—
1769 SC	—	75.00	125	185	350	—
1770 SC	—	75.00	125	185	350	—
1771 SC	—	75.00	125	185	350	—
1772 SC	—	75.00	125	185	350	—

KM# 23 THALER (Convention)

Silver **Ruler:** Maria Theresa **Obv:** Large, mature bust right **Obv. Legend:** M • THERESIA • D • G • R • IMP • HU • BO • REG • **Rev:** Crowned imperial double eagle **Rev. Legend:** ARCHID • AVST • DUX • ... **Note:** Dav. #1151. There are many minor differences between types from the various mints. The reverse arms on coins from Vienna, Prague, Karlsburg, Kremnitz and the TS-IF type from Gunzburg are similar to those on regular thalers from the Vienna Mint except the colors of Burgau now appear in the lower right quadrant of the shield of arms. For more recent restrikes dated 1780 SF / X see KM#T1 listed under Trade Coins/Austria.

Date	Mintage	F	VF	XF	Unc	BU
1780 AH-GS	—	35.00	60.00	100	300	—
1780 PS-IK	—	35.00	60.00	100	300	—
1780 SF/A.X\	—	35.00	60.00	100	300	—
1780 TS-IF	—	35.00	60.00	100	300	—
1780 IC-FA	—	65.00	100	150	450	—
1780 B-SK-PD	—	175	300	500	1,000	—
1780 ST/SF	—	175	300	500	1,000	—
1780 FS	—	600	1,000	1,500	2,000	—
1780 SF/X, Restrike	—	—	BV	15.00	25.00	—

KM# 16 THALER (Convention)

Silver **Ruler:** Maria Theresa **Obv:** Crowned supported arms **Obv. Legend:** M • THERESIA • D : G • R • IMP • HU • BO • REG • Rev: Legend in sprays **Rev. Legend:** ARCHID • AUST • D • BURG • MARGGR • ... **Note:** Dav. #1148.

Date	Mintage	F	VF	XF	Unc	BU
1766 .	—	50.00	75.00	125	500	—
1766 .SC	—	50.00	75.00	125	500	—
1767 .SC	—	50.00	75.00	125	500	—

COLLOREDO-MANSFELD

The Colloredo's, a German-Italian family, attained the rank of count of the Austro-Hungarian Empire in 1724, and of prince in 1763. Prince Franz Gundacker acquired the titles of the predominant German Mansfeld family, (which was seated at Mansfeld in Saxony from the 11th to the 18th century), in 1780 by marriage.

RULER
Franz Gundacker, 1788-1807

PRINCIPALITY

STANDARD COINAGE

KM# 3 THALER (Convention)

Silver **Ruler:** Franz Gundacker **Obv:** St. George slaying the dragon **Rev:** Crowned, draped arms **Note:** Dav. #1185.

Date	Mintage	F	VF	XF	Unc	BU
1794 Restrike	—	—	—	500	700	—

TRADE COINAGE

KM# 1 DUCAT

3.5000 g., 0.9860 Gold 0.1109 oz. AGW **Ruler:** Franz Gundacker **Obv:** St. George slaying the dragon **Rev:** Crowned, draped arms

Date	Mintage	F	VF	XF	Unc	BU
1792	—	350	750	1,250	2,500	—

KM# 2 DUCAT

3.5000 g., 0.9860 Gold 0.1109 oz. AGW **Ruler:** Franz Gundacker **Note:** Curved die break.

Date	Mintage	F	VF	XF	Unc	BU
1792 Restrike	—	—	—	550	850	—

PATTERNS

Including off metal strikes

KM#	Date	Mintage	Identification	Mkt Val
Pn1	1791	—	Ducat. Copper.	500
Pn2	1791	—	Ducat. Silver.	—

KM# 22 THALER (Convention)

Silver **Ruler:** Maria Theresa **Obv:** Bust with small veil **Obv. Legend:** M. THERESIA • D • G • R • IMP. HU. BO • REG • **Rev:** Crowned imperial double eagle **Rev. Legend:** ARCHID • AUST • DUX • BURG • CO • TYR **Note:** Dav. #1150.

Date	Mintage	F	VF	XF	Unc	BU
1773 SC	—	75.00	125	185	350	—
1774 SC	—	75.00	125	185	350	—
1775 SC	—	75.00	125	185	350	—
1775 SF	—	75.00	125	185	350	—
1776 SF	—	75.00	125	185	350	—
1777 SF	—	75.00	125	185	350	—
1778 SF	—	75.00	125	185	350	—
1779 SF	—	75.00	125	185	350	—
1780 SF	—	35.00	60.00	110	200	—

DIETRICHSTEIN

A noble Carinthian family traceable from 1000, it was not until after 1500 that the first coins were made. The coinage was sporadic and Karl Ludwig was the last to issue coins in 1726.

RULERS

Pulsgau Line
Karl Ludwig, 1698-1732

NOTE: Ruler listing includes only coin issuers and not all rulers of the various line of this family.

COUNTY

STANDARD COINAGE

KM# 15 1/2 KREUZER

Silver **Ruler:** Karl Ludwig **Obv:** Crowned oval arms, date, denomination **Note:** Uniface.

Date	Mintage	VG	F	VF	XF	Unc
1731	—	25.00	45.00	85.00	160	—

KM# 16 KREUZER

Silver **Ruler:** Karl Ludwig **Obv:** Armored bust right **Rev:** Crowned oval arms

Date	Mintage	VG	F	VF	XF	Unc
1731	—	40.00	70.00	125	220	—

KM# 17 THALER

Silver **Ruler:** Karl Ludwig **Obv:** Armored bust right **Obv. Legend:** CAR: LUD: S • R • ICOM .... **Rev:** Crowned arms **Rev. Legend:** ...LIBER BARO IN HOLLENB... **Note:** Struck at Vienna Mint. Dav. #1186.

Date	Mintage	VG	F	VF	XF	Unc
1726	500	400	800	1,500	2,150	—

TRADE COINAGE

KM# 18 DUCAT

3.5000 g., 0.9860 Gold 0.1109 oz. AGW **Ruler:** Karl Ludwig **Obv:** Armored bust right **Rev:** Crowned arms in ornamental cartouche, date in legend

Date	Mintage	VG	F	VF	XF	Unc
1726	—	350	750	1,850	3,250	—

ESZTERHAZY

A rich and famous old Hungarian family. The name Eszterhazy established in 1584. Became princes in 1687. Nikolas Joseph was a patron of Haydn for 30 years and the only member of the family to exercise the coinage right.

RULER
Nikolas Joseph, 1762-1790

PRINCIPALITY

STANDARD COINAGE

KM# 1 1/2 THALER (Convention)

Silver **Ruler:** Nikolas Joseph **Obv:** Armored bust right **Obv.**

ESZTERHAZY

Legend: NICOL • S • R • I • PRINC • ESZTERHAZY DE ... **Rev:** Crowned and mantled arms

Date	Mintage	F	VF	XF	Unc	BU
1770	—	225	450	950	1,850	—

KM# 2 THALER (Convention)

Silver **Ruler:** Nikolas Joseph **Obv:** Armored bust right **Obv. Legend:** NICOL • S • R • I • PRINC • ESZTERHAZY DE ... **Rev:** Crowned and mantled arms **Note:** Dav. #1187.

Date	Mintage	F	VF	XF	Unc	BU
1770	406	350	700	1,500	3,250	5,500

TRADE COINAGE

KM# 3 DUCAT

3.5000 g., 0.9860 Gold 0.1109 oz. AGW **Ruler:** Nikolas Joseph **Obv:** Armored bust right **Obv. Legend:** NICOL • S • R • I • PR • ESZTERHAZY DE ... **Rev:** Crowned and mantled arms in Order chain

Date	Mintage	F	VF	XF	Unc	BU
1770	—	650	1,250	2,250	4,500	—

KM# 2 THALER (Convention)

Silver **Ruler:** Johann Joseph as Prince **Obv:** Armored bust right **Rev:** Crowned and mantled arms **Note:** Dav. #1189.

Date	Mintage	F	VF	XF	Unc	BU
1771	200	325	550	950	1,850	2,750

TRADE COINAGE

KM# 3 DUCAT

3.5000 g., 0.9860 Gold 0.1109 oz. AGW **Ruler:** Johann Joseph as Count **Obv:** Armored bust right **Rev:** Crowned and supported arms

Date	Mintage	F	VF	XF	Unc	BU
1761	—	750	1,450	3,250	6,000	—

COUNTY

STANDARD COINAGE

KM# 5 1/2 THALER

Silver **Ruler:** Anton Johann **Obv:** Armored bust right **Obv. Legend:** ANT • IOH • S • R • I • COM • DE • ... **Rev:** Crowned arms with griffon supporters, swan above crown, date divided below arms

Date	Mintage	VG	F	VF	XF	Unc
1719	—	550	1,000	1,950	3,250	—

KM# 6 THALER

Silver **Ruler:** Anton Johann **Obv:** Armored bust right **Obv. Legend:** ANTONI • IOH • S • R • I • COM • DE ... **Rev:** Crowned arms with griffon supporters, swan above crown, date divided below arms **Note:** Dav. #1191

Date	Mintage	VG	F	VF	XF	Unc
1719 GFN	—	650	1,350	2,750	5,000	—

TRADE COINAGE

FR# 1797 DUCAT

3.5000 g., 0.9860 Gold 0.1109 oz. AGW **Ruler:** Anton Johann **Obv:** Armored bust right **Obv. Legend:** ANT • IOH • S • R • I • COM • DE • ... **Rev:** Crowned arms with griffon supporters, swan above crown, date divided below arms

Date	Mintage	VG	F	VF	XF	Unc
1719	—	750	1,500	3,200	6,500	—

KHEVENHULLER-METSCH

A prominent family of Carinthia which regained power after the anti-reformation wars and became counts in 1673. Elevated to Princes in 1763.

RULERS
Johann Joseph
As Count, 1742-1763
As Prince, 1763-1776

COUNTY

STANDARD COINAGE

KM# 1 THALER (Convention)

Silver **Ruler:** Johann Joseph as Count **Obv:** Armored bust right **Rev:** Helmeted and supported arms **Note:** Dav. #1188.

Date	Mintage	F	VF	XF	Unc	BU
1761	—	300	600	950	1,750	2,500

KINSKY

A principality in Bohemia.

RULER
Leopold Ferdinand, 1741-1760

PRINCIPALITY

STANDARD COINAGE

KM# 5 1/2 THALER

Silver **Ruler:** Leopold Ferdinand **Obv:** Crowned monogram **Rev:** Crowned ornate arms

Date	Mintage	VG	F	VF	XF	Unc
ND(1741)	—	45.00	95.00	225	475	800

PATTERNS

Including off metal strikes

KM#	Date	Mintage	Identification	Mkt Val
Pn1	ND(1741)	—	1/2 Thaler, Copper, KM#5.	750

NOSTITZ-RIENECK

Nostitz was a Bohemian family first mentioned in 1454. Johann Hartwig was made a count in 1641 and purchased Rieneck in 1673. He was made a count of the empire and given the mint right in 1673. He died at Vienna in 1683 during the Turkish siege. The only coins of this house were made in 1719. The properties were mediatized early in the Napoleonic era.

RULER
Anton Johann, 1683-1736

OLMUTZ

In Moravia

Olmütz (Olomouc) a town in the eastern part of the Czech Republic which was, until 1640, the recognized capital of Moravia, obtained the right to mint coinage in 1144, but exercised it sparingly until the 17th century, when it became an archbishopric.

RULERS
Karl III Josef Herzog von Lothringen, 1695-1711
Wolfgang von Schrattenbach, 1711-1738
Jakob Ernst von Liechtenstein-Castelcorn, 1738-1745
Ferdinand Julius, Graf von Troyer, 1745-1758
Leopold II Friedrich von Egkh, 1758-1760 (no coinage)
Maximilian von Hamilton, 1761-1776, (no coinage)
Anton Theodor, Graf von Colloredo, 1777-1811

BISHOPRIC

STANDARD COINAGE

KM# 337.2 KREUZER
Silver **Ruler:** Karl III Josef **Obv:** Without inner circles **Rev:** Without inner circles **Note:** KM#337.2 has more than 13 minor varieties. Prev. KM#105.2.

Date	Mintage	VG	F	VF	XF	Unc
1701	—	2.50	5.00	10.00	25.00	—
1702	—	2.50	5.00	10.00	25.00	—
1705	—	2.50	5.00	10.00	25.00	—
1707	—	2.50	5.00	10.00	25.00	—
1708	—	5.00	10.00	18.00	40.00	—

KM# 337.1 KREUZER
Silver **Ruler:** Karl III Josef **Obv:** Bust right **Rev:** Crowned arms on cross with inner circles **Note:** Prev. KM#105.1

Date	Mintage	VG	F	VF	XF	Unc
1701	—	2.50	5.00	10.00	25.00	—
1702	—	2.50	5.00	10.00	25.00	—
1704	—	2.50	5.00	10.00	25.00	—
1705	—	2.50	6.00	12.00	30.00	—

KM# 335 3 KREUZER
Silver **Ruler:** Karl III Josef **Obv:** Bust right **Rev:** Crowned arms on cross **Note:** KM#335 has more than 5 minor varieties. Prev. KM#102.

Date	Mintage	VG	F	VF	XF	Unc
1706	—	15.00	42.00	75.00	125	—

KM# 374 6 KREUZER
Silver **Ruler:** Karl III Josef **Obv:** Bust right **Obv. Legend:** D G CAROLVS EPVS - OLOMVCENSIS **Rev:** Crowned arms on cross **Note:** KM#374 has more than 12 minor varieties. Prev. KM#113.

Date	Mintage	VG	F	VF	XF	Unc
1706	—	8.00	15.00	35.00	70.00	—
1708	—	5.00	10.00	20.00	45.00	—
1709	—	5.00	10.00	20.00	45.00	—
1710	—	5.00	10.00	20.00	45.00	—
1711	—	5.00	10.00	20.00	45.00	—

KM# 392.2 6 KREUZER
Silver **Ruler:** Wolfgang **Obv:** Bust right **Obv. Legend:** WOLFGANG D: G: ... **Rev:** Oval arms, cardinal hat above mitre, crown and cross **Note:** Prev. KM#125.2. Varieties exist.

Date	Mintage	VG	F	VF	XF	Unc
1712	—	5.00	10.00	20.00	45.00	—
1713	—	5.00	10.00	20.00	45.00	—
1714	—	5.00	10.00	20.00	45.00	—
1715	—	5.00	10.00	20.00	45.00	—
1716	—	10.00	20.00	35.00	50.00	—

KM# 392.1 6 KREUZER
Silver **Ruler:** Wolfgang **Obv:** Bust right **Obv. Legend:** WOLFGANG ... **Rev:** Cross dividing mitre and crown above round arms **Note:** Prev. KM#125.1.

Date	Mintage	VG	F	VF	XF	Unc
1712	—	10.00	20.00	45.00	80.00	—

KM# 480 10 KREUZER
Silver **Ruler:** Anton Theodor **Obv:** Bust right **Rev:** Arms **Note:** Prev. KM#185. Minted in Vienna.

Date	Mintage	VG	F	VF	XF	Unc
1779	6,000	20.00	70.00	100	150	—

KM# 376 15 KREUZER
Silver **Ruler:** Karl III Josef **Obv:** Armored bust right **Obv. Legend:** D: G: CAROLVS ... **Rev:** Crowned arms on cross **Note:** Prev. KM#114.

Date	Mintage	VG	F	VF	XF	Unc
1706	—	20.00	40.00	70.00	120	—
1708	—	20.00	40.00	70.00	120	—
1709	—	15.00	25.00	45.00	85.00	—
	Note: Varieties exist.					
1710	—	15.00	25.00	45.00	85.00	—
	Note: Varieties exist.					
1711	—	15.00	25.00	45.00	85.00	—

KM# 394.2 15 KREUZER
Silver **Ruler:** Wolfgang **Obv:** Bust right **Obv. Legend:** WOLFGANG D: G: ... **Rev:** Oval arms with cardinal hat and cross **Note:** Prev. KM#126.2.

Date	Mintage	VG	F	VF	XF	Unc
1712	—	15.00	25.00	45.00	75.00	—
1713	—	20.00	40.00	70.00	100	—
1714	—	15.00	25.00	45.00	75.00	—
1715	—	20.00	40.00	70.00	100	—
1716	—	15.00	25.00	45.00	75.00	—

Note: Variety with or without inner circle around bust or arms.

KM# 394.1 15 KREUZER
Silver **Ruler:** Wolfgang **Obv:** Bust right **Rev:** Round arms with mitre and crown **Note:** Prev. KM#126.1.

Date	Mintage	VG	F	VF	XF	Unc
1712	—	20.00	45.00	70.00	150	—

KM# 482 20 KREUZER
Silver **Ruler:** Anton Theodor **Obv:** Bust right **Obv. Legend:** ANT • THEODOR • D • G • ... **Rev:** Cardinal's hat above cross dividing mitre and crown above arms **Rev. Legend:** ...COLLOREDO & WALD • CO • **Note:** Prev. KM#186. Minted in Vienna.

Date	Mintage	VG	F	VF	XF	Unc
1779	900	50.00	85.00	150	250	—

KM# 474 30 KREUZER
Silver **Ruler:** Ferdinand Julius **Obv:** Bust right **Rev:** Arms **Note:** Prev. KM#173.

Date	Mintage	VG	F	VF	XF	Unc
1750	—	30.00	50.00	100	170	—

KM# 476 1/2 CONVENTION THALER
Silver **Ruler:** Ferdinand Julius **Obv:** Bust right **Rev:** Arms **Note:** Prev. KM#174.

Date	Mintage	VG	F	VF	XF	Unc
1752	—	100	150	200	350	—

KM# 484 1/2 CONVENTION THALER
Silver **Ruler:** Anton Theodor **Obv:** Bust right **Obv. Legend:** ANT • THEODOR • D • G • ... **Rev:** Cardinal's hat above cross dividing mitre and crown above arms **Rev. Legend:** ...COLLOREDO & WALD • CO • **Note:** Prev. KM#187.

Date	Mintage	VG	F	VF	XF	Unc
1779	300	100	180	300	500	—

KM# 344 1/2 THALER
Silver **Ruler:** Karl III Josef **Obv:** Armored bust right **Obv. Legend:** DG CAROLVS: EPISCOPVS OLOMVCENSIS **Rev:** Curved center shield **Note:** Prev. KM#107.

Date	Mintage	VG	F	VF	XF	Unc
1702	—	60.00	100	200	400	—
1703	—	40.00	80.00	150	350	—

KM# 350 1/2 THALER
Silver **Ruler:** Karl III Josef **Obv:** Armored bust right **Obv. Legend:** D G CAROLVS EPISCOPVS OLO ... **Rev:** Angular center shield **Note:** Prev. KM#109.

Date	Mintage	VG	F	VF	XF	Unc
1703	—	35.00	65.00	125	250	—
1704	—	35.00	65.00	125	250	—
1705	—	35.00	65.00	125	250	—
1707	—	35.00	65.00	125	250	—

KM# 396 1/2 THALER
Silver **Ruler:** Wolfgang **Obv:** Bust right **Rev:** Round arms with mitre and crown **Note:** Prev. KM#131.

Date	Mintage	VG	F	VF	XF	Unc
1712	—	50.00	90.00	180	300	—

KM# 410 1/2 THALER
Silver **Ruler:** Wolfgang **Obv:** Bust right **Rev:** Oval arms with cardinal hat **Note:** Prev. KM#135.

Date	Mintage	VG	F	VF	XF	Unc
1717	—	30.00	60.00	100	200	—
1722	—	20.00	40.00	80.00	150	—
1724	—	20.00	40.00	80.00	150	—
1725	—	20.00	40.00	80.00	150	—

KM# 424 1/2 THALER
Silver **Ruler:** Wolfgang **Obv:** Bust right **Rev:** 3 ornate arms **Note:** Prev. KM#140.

Date	Mintage	VG	F	VF	XF	Unc
1727	—	15.00	30.00	65.00	125	—
1728	—	15.00	30.00	65.00	125	—
1729	—	15.00	30.00	65.00	125	—
1730	—	15.00	30.00	65.00	125	—
1731	—	15.00	30.00	65.00	125	—
1733	—	35.00	65.00	125	250	—
1734	—	35.00	65.00	125	250	—
1735	—	35.00	65.00	125	250	—
1736	—	35.00	65.00	125	250	—

Note: Large mint mark

Date	Mintage	VG	F	VF	XF	Unc
1737	—	35.00	65.00	125	250	—

Note: Large mint mark

KM# 452.1 1/2 THALER

Silver **Ruler:** Jakob Ernst **Obv:** Draped bust right **Obv. Legend:** IACOBUS • ERNESTUS • D: G: ... **Rev:** Arms with mitre and crown, date at left **Note:** Prev. KM#161.1

Date	Mintage	VG	F	VF	XF	Unc
1739	—	40.00	90.00	180	350	—
1740	—	40.00	90.00	180	350	—
1742	—	40.00	90.00	180	350	—

KM# 452.2 1/2 THALER

Silver **Ruler:** Jakob Ernst **Obv:** Draped bust right **Rev:** Arms with mitre and crown, date on top **Note:** Prev. KM#161.2.

Date	Mintage	VG	F	VF	XF	Unc
1744	—	40.00	90.00	180	350	—

KM# 340 THALER

Silver **Ruler:** Karl III Josef **Obv:** Bust right **Rev:** Crowned oval arms on cross in sprays, date 17-01 in crown **Note:** Dav. #1205. Prev. KM#106.

Date	Mintage	VG	F	VF	XF	Unc
1701	—	180	250	450	650	—

KM# 346 THALER

Silver **Ruler:** Karl III Josef **Obv:** Bust right **Obv. Legend:** D: G: CAROLVS • EPVSOLOM... **Rev:** Crown above oval arms on 8-pointed cross with crowned eagles left and right, date in legend **Rev. Legend:** DVX • LOTHAR • ET • BAR • S • R • I • ... **Note:** Dav. #1206. Without inner circles. Prev. KM#108.

Date	Mintage	VG	F	VF	XF	Unc
1702	—	75.00	150	300	575	—

KM# 352 THALER

Silver **Ruler:** Karl III Josef **Obv:** Bust right in circle **Obv. Legend:** D: G: CAROLVS .. **Rev:** Crown above oval arms on 8-pointed cross with crowned eagles at right and left **Rev. Legend:** DVX • LOTHAR • ET • BAR • S • R • I • ... **Note:** Dav. #1207. With inner circles. Prev. KM#110.

Date	Mintage	VG	F	VF	XF	Unc
1703	—	45.00	90.00	185	375	—

KM# 362 THALER

Silver **Ruler:** Karl III Josef **Obv:** Bust right in circle of dots **Obv. Legend:** DEI GRATIA CAROLVS... **Rev:** Crown above arms on 8-pointed cross, crowned eagles at left and right **Rev. Legend:** DVX • LOTHAR • ET • BAR •... **Note:** Dav. #1208. Prev. KM#103.

Date	Mintage	VG	F	VF	XF	Unc
1704	—	45.00	90.00	185	375	—

divides date **Rev. Legend:** DUX • LOTHAR : ETBAR : S : R : I : ... **Note:** Dav. #1209. Prev. KM#115.

Date	Mintage	VG	F	VF	XF	Unc
1705	—	45.00	90.00	150	350	—

KM# 378 THALER

Silver **Ruler:** Karl III Josef **Obv:** Bust right **Obv. Legend:** DEI GRATIACAROLVSEPISCOPUSOLOMUCENSIS **Rev:** Crown above arms on 8-pointed cross, crowned eagles at right and left **Rev. Legend:** DUX LOTHAR ET BAR ... **Note:** Dav. #1211. Prev. KM#116.

Date	Mintage	VG	F	VF	XF	Unc
1706	—	45.00	90.00	185	375	—
1707	—	45.00	90.00	185	375	—

KM# 386 THALER

Silver **Ruler:** Karl III Josef **Obv. Legend:** D. G. CAROLUS... **Note:** Dav. #1212. Prev. KM#118.

Date	Mintage	VG	F	VF	XF	Unc
1709	—	45.00	90.00	185	375	—
1710/09	—	45.00	90.00	185	375	—

KM# 390 THALER

Silver **Ruler:** Karl III Josef **Rev. Legend:** ... BO: COM **Note:** Similar to KM#372. Dav. #1213. Prev. KM#120.

Date	Mintage	VG	F	VF	XF	Unc
1711	—	70.00	120	225	450	—

KM# 372 THALER

Silver **Ruler:** Karl III Josef **Obv:** Bust right **Obv. Legend:** DEI GRATIACAROLVSEPISCOPUSOLOMUCENSIS **Rev:** Crown

KM# 398 THALER

Silver **Ruler:** Wolfgang **Obv:** Bust right in beaded border **Obv. Legend:** WOLFGANGVS D:G: EPVS • OLOMVCENSIS DVX: S: R: I: PRCEPS **Rev:** Crowned and mitred arms in border **Rev. Legend:** REG • CAP • BO • ET DE SCHRATTENBACH COMES 1712 **Note:** Dav. #1214. Prev. KM#127.

Date	Mintage	VG	F	VF	XF	Unc
1712	—	60.00	120	240	375	—

Legend: DVX S: R: I: P: R: C: B: COM • CON • ... **Note:** Dav. #1218. Prev. KM#133.

Date	Mintage	VG	F	VF	XF	Unc
1718	—	45.00	90.00	190	300	—
1719	—	45.00	90.00	190	300	—
1720	—	45.00	90.00	190	300	—
1721	—	45.00	90.00	190	300	—
1722	—	45.00	90.00	190	300	—
1724 Legend ends in pellet	—	45.00	90.00	190	300	—
1724 Legend ends in star	—	45.00	90.00	190	300	—
1725	—	45.00	90.00	190	300	—

Date	Mintage	VG	F	VF	XF	Unc
1730	—	105	180	375	525	—
1733	—	90.00	150	300	450	—
1734	—	90.00	150	300	450	—
1735	—	90.00	150	300	450	—
1736/35	—	150	195	270	450	—

KM# 422 THALER
Silver **Ruler:** Wolfgang **Rev:** 3 arms below crown, mitre and hat, date divided by bottom arm **Note:** Dav. #1219. Prev. KM#139.

Date	Mintage	VG	F	VF	XF	Unc
1726 Legend ends in star	—	60.00	120	240	375	—
1726 Legend ends in pellet	—	60.00	120	240	375	—
1727	—	60.00	120	240	375	—

KM# 400 THALER
Silver **Ruler:** Wolfgang **Obv:** Capped bust right in beaded border **Obv. Legend:** WOLFGANG D: G: S: R: E: CARD: DE SCHRATTEMBACH EP: OLOM: **Rev:** Cardinal's hat above cross dividing mitre and crown above arms, date divided by star above **Rev. Legend:** DVX S: R: I: PCPS REG - CAP • BOHEM • COMES: **Note:** Dav. #1215. Prev. KM#128.

Date	Mintage	VG	F	VF	XF	Unc
1713	—	55.00	115	225	350	—
1714/3	—	55.00	115	225	350	—

KM# 442 THALER
Silver **Ruler:** Wolfgang **Obv:** Bust right **Obv. Legend:** WOLF: D: G: ... **Rev:** Date divided by cardinal's hat **Rev. Legend:** S • R • I • PS: R: C: B: C: PROT • GER: ... **Note:** Dav. #1224. Prev. KM#152.

Date	Mintage	VG	F	VF	XF	Unc
1731	—	105	180	375	525	—

KM# 426 THALER
Silver **Ruler:** Wolfgang **Obv:** Bust right **Obv. Legend:** WOLFFG: D: G: S: R: E: PRESBCARD.... **Rev:** 3 oval arms, date divided at top by cardinal's hat **Rev. Legend:** S: R: I: PS: R: C: B: C: PROTEC • GER • ... **Note:** Dav. #1220. Prev. KM#141.

Date	Mintage	VG	F	VF	XF	Unc
1728	—	60.00	120	240	375	—

KM# 436 THALER
Silver **Ruler:** Wolfgang **Rev:** Episcopal arms divide date 1-7-2-9 **Note:** Dav. #1221. Prev. KM#144.

Date	Mintage	VG	F	VF	XF	Unc
1729	—	105	180	375	525	—

KM# 438 THALER
Silver **Ruler:** Wolfgang **Obv:** St. Wenzeslaus seated on a cloud between 2 angels, 2 shields below **Rev:** St. Cyrill seated left holding book with IHS, arms at right **Note:** Dav. #1222. Prev. KM#150.

Date	Mintage	VG	F	VF	XF	Unc
1730 Rare	—	—	—	—	—	—

KM# 408 THALER
Silver **Ruler:** Wolfgang **Obv:** Capped bust right **Obv. Legend:** WOLFFG: D: G: S: R: E: PRESB: CARD ... **Rev:** Date not divided above hat **Rev. Legend:** DVX S: R: I: PS: R: C: B: COM • CON • GER • ... **Note:** Dav. #1216. Prev. KM#130.

Date	Mintage	VG	F	VF	XF	Unc
1716	—	55.00	115	225	350	—

KM# 448 THALER
Silver **Ruler:** Wolfgang **Obv:** Bust right, JD below bust **Obv. Legend:** WOLFFG: D: G: S: R: E: ... **Rev:** Episcopal arms divide date, three shields **Rev. Legend:** S: R: I: PS: R: C: B: C: PROT • GER: ... **Note:** Dav. #1225. Prev. KM#154.

Date	Mintage	VG	F	VF	XF	Unc
1736	—	75.00	135	265	425	—

KM# 414 THALER
Silver **Ruler:** Wolfgang **Obv:** Bust right **Obv. Legend:** WOLFFG • D: G: S: R: E: PRESB • CARD • DE SCHRATTEMBACH EP • OLO • **Rev:** Hatted, mitred, and crowned arms divides date **Rev.**

KM# 440 THALER
Silver **Ruler:** Wolfgang **Obv:** Capped bust right **Rev:** Episcopal arms, date left of cardinal's hat **Note:** Dav. #1223. Prev. KM#151.

AUSTRIAN STATES — OLMUTZ

KM# 450 THALER
Silver **Ruler:** Wolfgang **Rev:** Date left of cardinal's hat **Note:** Dav. #1226. Prev. KM#155.

Date	Mintage	VG	F	VF	XF	Unc
1736	—	75.00	135	265	425	—
1737	—	120	150	270	450	—
1738	—	120	150	270	450	—

KM# 468 THALER
Silver **Ruler:** Jakob Ernst **Obv:** Bust right **Obv. Legend:** IAC: ERN: D: G: EPVS: OLOMVC: DVX • S: R: I: PCPS **Rev:** Date divided at top **Rev. Legend:** REG: CAP: BO: ET: DE • LIECHTENSTEIN ... **Note:** Dav. #1230. Prev. KM#165.

Date	Mintage	VG	F	VF	XF	Unc
1742	—	115	225	375	525	1,000
1743	—	115	225	375	525	1,000
1744	—	115	225	375	525	1,000
1745	—	115	225	375	525	1,000

KM# 470 THALER
Silver **Ruler:** Ferdinand Julius **Obv:** Bust right **Rev:** Hatted, mitred and crowned arms, date divided near bottom **Note:** Dav. #1232. Prev. KM#171.

Date	Mintage	VG	F	VF	XF	Unc
1746	—	300	700	1,500	2,750	4,500
1749	—	300	700	1,500	2,750	4,500
1752	—	300	700	1,500	2,750	4,500
1756	—	300	700	1,500	2,750	4,500

KM# 454 THALER
Silver **Ruler:** Jakob Ernst **Obv:** Bust right **Obv. Legend:** IAC: ERN: D: G: EPUS: OLOMUCENSIS: DUX • S: R: I: PCPS • **Rev:** Arms with mitre and crown, date at left **Rev. Legend:** REG: CAP: BO: ET: DE: LIECHTENSTEIN COMES **Note:** Dav. #1227. Prev. KM#162.

Date	Mintage	VG	F	VF	XF	Unc
1739	—	130	265	450	675	1,200
1740	—	130	265	450	675	1,200

KM# 462 THALER
Silver **Ruler:** Jakob Ernst **Obv:** Smaller bust **Rev:** Date above crown **Note:** Dav. #1228. Prev. KM#163.

Date	Mintage	VG	F	VF	XF	Unc
1741	—	115	225	375	525	1,000

KM# 466 THALER
Silver **Ruler:** Jakob Ernst **Rev:** Mitred and crowned arms divide date at sides **Note:** Dav. #1229. Prev. KM#164.

Date	Mintage	VG	F	VF	XF	Unc
1742	—	115	225	375	525	1,000

KM# 486 THALER
Silver **Ruler:** Anton Theodor **Obv:** Bust right **Obv. Legend:** ANT • THEODOR • D • G • PRIM • A • EP • OLOMU • DUX • **Rev:** Cardinal's hat above cross dividing mitre and crown atop arms **Rev. Legend:** S • R • I • PR • RE • CAP • BOH • & A COLLOREDO & WALD • CO: **Note:** Dav. #1233. Prev. KM#188.

Date	Mintage	VG	F	VF	XF	Unc
1779	200	200	400	700	1,250	2,000

KM# 415 2 THALER
Silver **Ruler:** Wolfgang **Note:** Similar to 1 Thaler, KM#133. Dav. #1217. Prev. KM#136.

Date	Mintage	VG	F	VF	XF	Unc
1722 Rare	—	—	—	—	—	—

TRADE COINAGE

KM# 255 1/8 DUCAT
0.4375 g., 0.9860 Gold 0.0139 oz. AGW **Ruler:** Karl III Josef **Obv:** Bust right **Rev:** Arms **Note:** Prev. KM#100.

Date	Mintage	VG	F	VF	XF	Unc
ND	—	350	500	750	1,150	—

KM# 364 1/4 DUCAT
0.8750 g., 0.9860 Gold 0.0277 oz. AGW **Ruler:** Karl III Josef **Obv:** Bust right **Rev:** Arms on cross **Note:** Prev. KM#104.

Date	Mintage	VG	F	VF	XF	Unc
1704	—	200	350	750	1,450	—

KM# 428 1/4 DUCAT
0.8750 g., 0.9860 Gold 0.0277 oz. AGW **Ruler:** Wolfgang **Obv:** Olmutz arms **Rev:** Bishop arms **Note:** Prev. KM#119.

Date	Mintage	VG	F	VF	XF	Unc
ND(1728-30)	—	125	200	350	650	—

KM# 430 1/4 DUCAT
0.8750 g., 0.9860 Gold 0.0277 oz. AGW **Ruler:** Wolfgang **Obv:** Bust right, value below **Rev:** 3 shields of arms **Note:** Prev. KM#142.

Date	Mintage	VG	F	VF	XF	Unc
ND(1728-30)	—	90.00	160	300	550	—

KM# 432 1/4 DUCAT
0.8750 g., 0.9860 Gold 0.0277 oz. AGW **Ruler:** Wolfgang **Obv:** Bust right **Rev:** Cardinal's hat above oval arms **Note:** Prev. KM#143.

Date	Mintage	VG	F	VF	XF	Unc
ND(1728-30)	—	125	200	400	800	—

KM# 464 1/4 DUCAT
0.8750 g., 0.9860 Gold 0.0277 oz. AGW **Ruler:** Jakob Ernst **Obv:** Bust right **Rev:** Crowned and mitred arms **Note:** Prev. KM#166.

Date	Mintage	VG	F	VF	XF	Unc
ND(1741)	—	150	250	475	900	—

KM# 342 DUCAT
3.5000 g., 0.9860 Gold 0.1109 oz. AGW **Ruler:** Karl III Josef **Obv:** Bust right **Rev:** Crowned arms **Note:** Prev. KM#101.

Date	Mintage	VG	F	VF	XF	Unc
ND	—	450	850	2,000	4,000	—
1701	—	450	850	2,000	4,000	—

KM# 406 DUCAT
3.5000 g., 0.9860 Gold 0.1109 oz. AGW **Ruler:** Wolfgang **Obv:** Bust right **Rev:** Arms below cardinal's hat **Note:** Prev. KM#138.

Date	Mintage	VG	F	VF	XF	Unc
1712	—	400	800	1,800	3,500	—
ND(1715-16)	—	400	800	1,800	3,500	—
1725	—	400	800	1,800	3,500	—
1726	—	400	800	1,800	3,500	—
1728	—	400	800	1,800	3,500	—
1734	—	400	800	1,800	3,500	—
1736	—	400	800	1,800	3,500	—
1737	—	400	800	1,700	3,300	—

KM# 456 DUCAT
3.5000 g., 0.9860 Gold 0.1109 oz. AGW **Ruler:** Jakob Ernst **Obv:** Bust right **Rev:** Arms topped by mitre and crown **Note:** Prev. KM#167.

Date	Mintage	VG	F	VF	XF	Unc
1739	—	700	1,450	2,850	5,500	9,500
1740	—	700	1,450	2,850	5,500	9,500
1743	—	700	1,450	2,850	5,500	9,500
1744	—	700	1,450	2,850	5,500	9,500

KM# 472 DUCAT
3.5000 g., 0.9860 Gold 0.1109 oz. AGW **Ruler:** Ferdinand Julius **Obv:** Bust right **Rev:** Arms **Note:** Prev. KM#172.

Date	Mintage	VG	F	VF	XF	Unc
1747 Rare	—	—	—	—	—	—

KM# 488 DUCAT
3.5000 g., 0.9860 Gold 0.1109 oz. AGW **Ruler:** Anton Theodor **Obv:** Bust right **Rev:** Arms **Note:** Prev. KM#189.

Date	Mintage	VG	F	VF	XF	Unc
1779	500	875	1,850	3,500	6,000	—

KM# 354 2 DUCAT
7.0000 g., 0.9860 Gold 0.2219 oz. AGW **Ruler:** Karl III Josef **Obv:** Bust right **Rev:** Crowned arms on cross between twigs **Note:** Struck with 1/2 Thaler dies, KM#107. Prev. KM#111.

Date	Mintage	VG	F	VF	XF	Unc
1703	—	675	1,450	2,650	4,500	—

KM# 356 2 DUCAT
7.0000 g., 0.9860 Gold 0.2219 oz. AGW **Ruler:** Karl III Josef **Note:** Struck with 1/2 Thaler dies, KM#350. Prev. KM#A113.

Date	Mintage	VG	F	VF	XF	Unc
1703	—	675	1,450	2,650	4,500	—
1704	—	—	—	—	—	—
Note: Reported, not confirmed						
1705	—	—	—	—	—	—

PAAR

Date	Mintage	VG	F	VF	XF	Unc
	Note: Reported, not confirmed					
1707	—	—	—	—	—	
	Note: Reported, not confirmed					

KM# 366 2 DUCAT
7.0000 g., 0.9860 Gold 0.2219 oz. AGW **Ruler:** Karl III Josef
Obv: Bust right **Rev:** Crowned arms on cross without twigs **Note:**
Prev. KM#112.

Date	Mintage	VG	F	VF	XF	Unc
ND	—	675	1,450	2,650	4,500	—

KM# 478 2 DUCAT
7.0000 g., 0.9860 Gold 0.2219 oz. AGW **Ruler:** Maximilian **Obv:**
Bust left **Rev:** 2 oval arms **Note:** Prev. KM#180.

Date	Mintage	VG	F	VF	XF	Unc
1762 Rare	—	—	—	—	—	—

KM# 368 3 DUCAT
10.5000 g., 0.9860 Gold 0.3328 oz. AGW **Ruler:** Karl III Josef
Obv: Bust right **Rev:** Crowned arms **Note:** Struck with 1/2 Thaler
dies, KM#350. Prev. KM#117.

Date	Mintage	VG	F	VF	XF	Unc
1704	—	—	—	—	—	—
	Note: Reported, not confirmed					
1705	—	—	—	—	—	—
	Note: Reported, not confirmed					
1707	—	1,350	3,000	5,600	9,800	—

KM# 412 3 DUCAT
10.5000 g., 0.9860 Gold 0.3328 oz. AGW **Ruler:** Wolfgang **Obv:**
Bust right **Obv. Legend:** WOLFFG D G S R I ... **Rev:** Cardinal's
hat above cross dividing mitre and crown atop arms **Note:** Struck
with 1/2 Thaler dies, KM#396.2. Prev. KM#132.

Date	Mintage	VG	F	VF	XF	Unc
1717	—	1,150	2,200	4,500	8,300	—
1725	—	1,150	2,200	4,500	8,300	—

KM# 420 3 DUCAT
10.5000 g., 0.9860 Gold 0.3328 oz. AGW **Ruler:** Wolfgang
Note: Struck with 1/2 Thaler dies, KM#410. Prev. KM#A139

Date	Mintage	VG	F	VF	XF	Unc
1725	—	1,150	2,200	4,500	8,300	—

KM# 434 3 DUCAT
10.5000 g., 0.9860 Gold 0.3328 oz. AGW **Ruler:** Wolfgang
Note: Struck with 1/2 Thaler dies, KM#424. Prev. KM#A144.

Date	Mintage	VG	F	VF	XF	Unc
1728	—	1,150	2,200	4,500	8,300	—

KM# 446 3 DUCAT
10.5000 g., 0.9860 Gold 0.3328 oz. AGW **Ruler:** Wolfgang
Note: Struck with 1/2 Thaler dies, KM#444. Prev. KM#A156.

Date	Mintage	VG	F	VF	XF	Unc
1734	—	1,200	2,250	4,800	8,600	—

KM# 458 3 DUCAT
10.5000 g., 0.9860 Gold 0.3328 oz. AGW **Ruler:** Jakob Ernst
Note: Struck with 1/2 Thaler dies, KM#452.1. Prev. KM#169.

Date	Mintage	VG	F	VF	XF	Unc
1740 Rare	—	—	—	—	—	—

KM# 402 4 DUCAT
14.0000 g., 0.9860 Gold 0.4438 oz. AGW **Ruler:** Wolfgang **Obv:**
Bust right in inner circle **Rev:** Arms topped by mitre and crown
Note: Struck with 1 Thaler dies, KM#400. Prev. KM#129.

Date	Mintage	VG	F	VF	XF	Unc
1713	—	—	—	6,000	10,000	—

KM# 348 5 DUCAT
17.5000 g., 0.9860 Gold 0.5547 oz. AGW **Ruler:** Karl III Josef
Obv: Bust right **Rev:** Crowned arms on cross with eagle
supporters **Note:** Prev. KM#A103.

Date	Mintage	VG	F	VF	XF	Unc
ND	—	—	—	6,000	11,500	17,500

KM# 358 5 DUCAT
17.5000 g., 0.9860 Gold 0.5547 oz. AGW **Ruler:** Karl III Josef
Obv: Bust right **Rev:** Crowned arms **Note:** Struck with 1/2 Thaler
dies, KM#350. Prev. KM#B113.

Date	Mintage	VG	F	VF	XF	Unc
1703	—	—	—	8,300	13,500	20,000
1704	—	—	—	8,300	13,500	20,000
1705	—	—	—	8,300	13,500	20,000
1707	—	—	—	8,300	13,500	20,000

KM# 360 5 DUCAT
17.5000 g., 0.9860 Gold 0.5547 oz. AGW **Ruler:** Karl III Josef
Note: Struck with 1 Thaler dies, KM#352. Prev. KM#C113.

Date	Mintage	VG	F	VF	XF	Unc
1703	—	—	—	7,500	13,500	—

KM# 370 5 DUCAT
17.5000 g., 0.9860 Gold 0.5547 oz. AGW **Ruler:** Karl III Josef
Note: Struck with 1 Thaler dies, KM#362. Prev. KM#A115.

Date	Mintage	VG	F	VF	XF	Unc
1704	—	—	—	7,500	13,500	—

KM# 380 5 DUCAT
17.5000 g., 0.9860 Gold 0.5547 oz. AGW **Ruler:** Karl III Josef
Note: Struck with 1 Thaler dies, KM#378. Prev. KM#A118.

Date	Mintage	VG	F	VF	XF	Unc
1707	—	—	—	8,500	14,500	—

KM# 388 5 DUCAT
17.5000 g., 0.9860 Gold 0.5547 oz. AGW **Ruler:** Karl III Josef
Note: Struck with 1 Thaler dies, KM#386. Prev. KM#A119.

Date	Mintage	VG	F	VF	XF	Unc
1709 Rare	—	—	—	—	—	—
	Note: Gorny & Mosch - Giessner Munzhandlung Auction 171, 10-08, XF realized approximately $21,750.					
1710	—	—	—	8,500	14,500	—

KM# 404 5 DUCAT
17.5000 g., 0.9860 Gold 0.5547 oz. AGW **Ruler:** Wolfgang
Note: Struck with 1 Thaler dies, KM#400. Prev. KM#A130.

Date	Mintage	VG	F	VF	XF	Unc
1713	—	—	—	7,000	11,500	—

KM# 416 5 DUCAT
17.5000 g., 0.9860 Gold 0.5547 oz. AGW **Ruler:** Wolfgang
Note: Struck with 1 Thaler dies, KM#414. Prev. KM#134.

Date	Mintage	VG	F	VF	XF	Unc
1713 Rare	—	—	—	—	—	—
1716 Rare	—	—	—	—	—	—
1718 Rare	—	—	—	—	—	—
1722	—	—	—	7,000	11,500	—
1725	—	—	—	7,000	11,500	—
1729 Rare	—	—	—	—	—	—

KM# 460 5 DUCAT
17.5000 g., 0.9860 Gold 0.5547 oz. AGW **Ruler:** Jakob Ernst
Note: Struck with 1 Thaler dies, KM#454. Prev. KM#170.

Date	Mintage	VG	F	VF	XF	Unc
1740 Rare	—	—	—	—	—	—
1742 Rare	—	—	—	—	—	—

KM# 382 6 DUCAT
21.0000 g., 0.9860 Gold 0.6657 oz. AGW **Ruler:** Karl III Josef
Note: Struck with 1 Thaler dies, KM#378. Prev. KM#B118.

Date	Mintage	VG	F	VF	XF	Unc
1707 Rare	—	—	—	—	—	—

KM# 444 6 DUCAT
21.0000 g., 0.9860 Gold 0.6657 oz. AGW **Ruler:** Wolfgang
Note: Struck with 1 Thaler dies, KM#442. Prev. KM#A153.

Date	Mintage	VG	F	VF	XF	Unc
1716 Rare	—	—	—	—	—	—
1728 Rare	—	—	—	—	—	—
1731 Rare	—	—	—	—	—	—
1733 Rare	—	—	—	—	—	—

KM# 384 8 DUCAT
28.0000 g., 0.9860 Gold 0.8876 oz. AGW **Ruler:** Karl III Josef
Note: Struck with 1 Thaler dies, KM#378. Prev. KM#C118.

Date	Mintage	VG	F	VF	XF	Unc
1706 Rare	—	—	—	—	—	—

KM# 418 12 DUCAT
42.0000 g., 0.9860 Gold 1.3314 oz. AGW **Ruler:** Wolfgang **Obv:**
Bust right **Rev:** Oval arms **Note:** Prev. KM#137.

Date	Mintage	VG	F	VF	XF	Unc
ND(1722-25) Rare	—	—	—	—	—	—

KM# 497 15 DUCAT
52.1000 g., 0.9860 Gold 1.6515 oz. AGW **Ruler:** Wolfgang **Obv:**
Bust right **Rev:** Oval arms **Note:** Same dies of KM#418.

Date	Mintage	F	VF	XF	Unc	BU
ND(1722-25)	—	—	—	—	—	—

PATTERNS
Including off metal strikes

KM#	Date	Mintage	Identification	Mkt Val
Pn1	ND	—	Thaler. Pewter.	—
Pn11	1704	—	1/2 Thaler. Pewter.	—
Pn23	1712	—	1/2 Thaler. Pewter.	—
Pn29	1725	—	Thaler. Pewter.	—
Pn36	1762	—	2 Ducat. Silver.	250

ORSINI-ROSENBERG

The Princes of Orsini-Rosenberg were members of the Carinthian family who, in 1648, were given the rank of counts of the Austro-Hungarian Empire. Count Wolfgang Franz Xaver, who was made a prince in 1790, exercised his minting privilege to prepare a convention thaler in 1793 that was not actually struck until 1853.

RULER
Prince Franz, 1739-1796

PRINCIPALITY
STANDARD COINAGE

KM# 1 THALER
Silver **Ruler:** Prince Franz **Obv:** Bust right **Obv. Legend:**
FRANCISCVS • VRSIN • S • R • I • PRINCEPS • ROSENBERG •
Rev: Arms with bear supporters within crowned mantle **Rev.
Legend:** MONETA • NOVA • AD • NORMAN • CONVENTIONIS
• **Note:** Dav. #1192.

Date	Mintage	VG	F	VF	XF	Unc
1793 Struck 1853	—	200	350	650	1,150	—

PAAR

The Princes of Paar were members of an Italian family that for nearly three centuries held office as hereditary Austrian postmaster general. They attained the rank of counts in 1629, and of princes, with the minting privilege, in 1769.

RULERS
Johann Wenzel
as Count, 1741-1769
as Prince, 1769-1792
Prince Wenzel 1792-1812

PRINCIPALITY
STANDARD COINAGE

KM# 1 1/2 CONVENTION THALER
14.0000 g., Silver **Ruler:** Johann Wenzel **Obv:** Bust right **Obv.
Legend:** IOH • WEN • S • R • I • M • P • PRINCEPS • A • PAAR
• **Rev:** Crowned imperial double eagle, crowned arms within
Order chain on breast

Date	Mintage	VG	F	VF	XF	Unc
1771	700	85.00	150	300	475	—

KM# 5 1/2 CONVENTION THALER
14.0000 g., Silver **Ruler:** Prince Wenzel **Obv:** Bust right **Obv.
Legend:** WENCESLAVS • S • RO ... **Rev:** Crowned imperial
double eagle, crowned arms on breast **Rev. Legend:** ...SVP •
IMP • AVLREG • HER •

Date	Mintage	VG	F	VF	XF	Unc
1794	400	95.00	175	325	550	—

AUSTRIAN STATES

PAAR

KM# 2 THALER
14.0000 g., Silver **Ruler:** Johann Wenzel **Obv:** Armored bust right **Obv. Legend:** IOH • WEN • S • R • I • M • P • PRINCEPS A • PAAR **Rev:** Crowned imperial double eagle, crowned arms within Order chain on breast **Rev. Legend:** ...GE • H • POST • MAG • **Note:** Dav. #1193. 500 additional pieces were struck in 1781.

Date	Mintage	VG	F	VF	XF	Unc
1771	200	200	350	650	1,100	1,850

KM# 6 THALER
14.0000 g., Silver **Ruler:** Prince Wenzel **Obv:** Bust right **Rev:** Imperial eagle **Note:** Similar to 1/2 Thaler, KM#5. Dav. #1194.

Date	Mintage	VG	F	VF	XF	Unc
1794	250	200	350	650	1,100	—

TRADE COINAGE

KM# 3 DUCAT
3.5000 g., 0.9860 Gold 0.1109 oz. AGW **Ruler:** Johann Wenzel **Obv:** Bust right **Rev:** Crowned imperial eagle

Date	Mintage	VG	F	VF	XF	Unc
1771	—	350	550	1,250	2,250	—

KM# 4 DUCAT
3.5000 g., 0.9860 Gold 0.1109 oz. AGW **Ruler:** Johann Wenzel **Obv:** Armored bust right **Obv. Legend:** IOH • WEN • S • H • I • M • P • PRINCEPS A • PAAR • **Rev:** Crowned imperial double eagle, crowned arms on breast **Rev. Legend:** S • I • AUL • REG • HER • ...

Date	Mintage	VG	F	VF	XF	Unc
1781	—	300	500	1,200	2,200	—

KM# 7 DUCAT
3.5000 g., 0.9860 Gold 0.1109 oz. AGW **Ruler:** Prince Wenzel **Obv:** Head right **Obv. Legend:** WENCESLAVS•S•ROM•IMP• PRINCEPS•A•PAA • **Rev:** Crowned imperial double eagle, crowned arms on breast **Rev. Legend:** SVP•MP•AVI: REG•HER • ...

Date	Mintage	VG	F	VF	XF	Unc
1794	—	200	375	850	1,500	—

KM# 8 5 DUCAT
17.5000 g., 0.9860 Gold 0.5547 oz. AGW **Ruler:** Prince Wenzel **Obv:** Head right **Rev:** Crowned arms **Note:** Struck with 1/2 Thaler dies, KM#5.

Date	Mintage	VG	F	VF	XF	Unc
1794 Rare	—					

KM# 9 10 DUCAT
35.0000 g., 0.9860 Gold 1.1095 oz. AGW **Ruler:** Prince Wenzel **Obv:** Head right **Rev:** Crowned arms **Note:** Struck with 1/2 Thaler dies, KM#5.

Date	Mintage	VG	F	VF	XF	Unc
1794 Rare	—					

SALZBURG

A town on the Austro-Bavarian frontier which grew up around a monastery and bishopric that was founded circa 700. It was raised to the rank of archbishopric in 798. In 1803 Salzburg was secularized and given to Archduke Ferdinand of Austria. In 1805 it was annexed to Austria. Salzburg was part of Bavaria from 1809 to 1813, returning to Austria in the latter year. It became a crownland in 1849, remaining so until becoming part of the Austrian Republic in 1918.

RULERS
Johann Ernst, Graf von Thun u. Hohenstein 1687-1709
Franz Anton, Graf u. Fürst von Harrach 1709-1727
Leopold Anton, Graf von Firmian 1727-1744
Jakob Ernst, Graf von Lichtenstein 1745-1747
Andreas Jakob, Graf von Dietrichstein 1747-1753
Sigismund III, Graf von Schrattenbach 1753-1771
Hieronymus, Graf von Colloredo-Walsee 1772-1803

ENGRAVERS' INITIALS

Initials	Years	Officials
(star)	1677-1718	Philipp Heinrich Müller, die-cutter in Augsburg
B	1702-43	Philipp Christoph von Becker, die-cutter in Vienna
G	ca.1713-27	Maria Antonio di Gennaro, die-cutter in Vienna
D	ca.1726-28	Georg Raphael Donner, die-cutter in Vienna
FMF, FMK, MK	1738-55	Franz Xavier Matzenkopf, Sr. die-cutter
FM, M	1755-1805	Franz Xavier Matzenkopf, Jr. die-cutter

MONETARY SYSTEM
4 Pfenning = 1 Kreuzer
120 Kreuzer = 1 Convention Thaler

ARCHBISHOPRIC

STANDARD COINAGE

KM# 324 PFENNING
Silver **Ruler:** Leopold Anton Eleutherius **Obv:** Date above 2 shields, L below **Note:** Uniface

Date	Mintage	VG	F	VF	XF	Unc
1728	—	2.00	5.00	10.00	20.00	—
1729	—	2.00	5.00	10.00	20.00	—
1730	—	2.00	5.00	10.00	20.00	—
1731	—	2.00	5.00	10.00	20.00	—
1732	—	2.00	5.00	10.00	20.00	—
1733	—	2.00	5.00	10.00	20.00	—
1734	—	2.00	5.00	10.00	20.00	—
1735	—	2.00	5.00	10.00	20.00	—
1736	—	2.00	5.00	10.00	20.00	—
1737	—	2.00	5.00	10.00	20.00	—
1738	—	2.00	5.00	10.00	20.00	—
1739	—	2.00	5.00	10.00	20.00	—
1740	—	2.00	5.00	10.00	20.00	—
1741	—	2.00	5.00	10.00	20.00	—
1742	—	2.00	5.00	10.00	20.00	—
1743	—	2.00	5.00	10.00	20.00	—
1744	—	2.00	5.00	10.00	20.00	—

KM# 340 PFENNING
Silver **Ruler:** Jakob Ernst **Obv:** Date above 2 shields, "I" below **Note:** Uniface.

Date	Mintage	VG	F	VF	XF	Unc
1745	—	3.00	6.00	12.00	25.00	—
1746	—	3.00	6.00	12.00	25.00	—
1747	—	3.00	6.00	12.00	25.00	—

KM# 352 PFENNING
Billon **Ruler:** Andreas Jakob **Obv:** Date above 2 adjacent shields, "A" below **Note:** Uniface.

Date	Mintage	VG	F	VF	XF	Unc
1748	—	2.00	5.00	10.00	20.00	—
1750	—	3.00	6.00	12.00	25.00	—
1752	—	2.00	5.00	10.00	20.00	—

KM# 366 PFENNING
Billon **Ruler:** Sigmund III **Obv:** Date above 2 shields, S below **Note:** Uniface.

Date	Mintage	VG	F	VF	XF	Unc
1753	—	1.50	3.00	6.00	13.00	—
1755	—	1.50	3.00	6.00	13.00	—
1756	—	1.50	3.00	6.00	13.00	—
1760	—	1.50	3.00	6.00	13.00	—
1763	—	1.50	3.00	6.00	13.00	—
1765	—	1.50	3.00	6.00	13.00	—
1768	—	3.00	5.00	10.00	20.00	—
1769	—	1.50	3.00	6.00	13.00	—
1770	—	1.50	3.00	6.00	13.00	—
1771	—	3.00	5.00	10.00	20.00	—

KM# 441 PFENNING
Copper **Ruler:** Hieronymus **Obv:** Oval shield within frame divides S B **Rev:** Value, date

Date	Mintage	VG	F	VF	XF	Unc
1775	—	2.50	4.50	9.00	18.00	—
1777	—	2.50	5.00	10.00	20.00	—
1778	—	2.50	4.50	9.00	18.00	—
1779	—	2.50	4.50	9.00	18.00	—
1780	—	2.50	4.50	9.00	18.00	—
1781	—	2.50	4.50	9.00	18.00	—

KM# 291 PFENNING
Silver **Ruler:** Franz Anton **Obv:** Date above 2 shields, "FA" below **Note:** Uniface.

Date	Mintage	VG	F	VF	XF	Unc
1709	—	2.00	5.00	10.00	20.00	—
1710	—	2.00	5.00	10.00	20.00	—
1711	—	2.00	5.00	10.00	20.00	—
1712	—	2.00	5.00	10.00	20.00	—
1713	—	2.00	5.00	10.00	20.00	—
1714	—	2.00	5.00	10.00	20.00	—
1715	—	2.00	5.00	10.00	20.00	—
1716	—	2.00	5.00	10.00	20.00	—
1717	—	2.00	5.00	10.00	20.00	—
1719	—	2.00	5.00	10.00	20.00	—
1721	—	2.00	5.00	10.00	20.00	—
1722	—	2.00	5.00	10.00	20.00	—
1723	—	2.00	5.00	10.00	20.00	—
1724	—	2.00	5.00	10.00	20.00	—
1725	—	2.00	5.00	10.00	20.00	—
1726	—	2.00	5.00	10.00	20.00	—
1727	—	2.00	5.00	10.00	20.00	—

KM# 454 PFENNING
Copper **Ruler:** Hieronymus **Obv:** Oval arms within frame divides S B **Rev:** Value, date within wreath

Date	Mintage	VG	F	VF	XF	Unc
1783	—	3.00	6.00	12.00	25.00	—

SALZBURG

KM# 455 PFENNING
Copper **Ruler:** Hieronymus **Obv:** Oval shield in frame divides S B **Rev:** Value, date within wreath

Date	Mintage	VG	F	VF	XF	Unc
1783	—	3.00	6.00	12.00	25.00	—
1784	—	3.00	6.00	12.00	25.00	—

KM# 446 2 PFENNING
Copper **Ruler:** Hieronymus **Obv:** Oval shield within frame divides S B **Rev:** Value, date with ornamental design below

Date	Mintage	VG	F	VF	XF	Unc
1777	—	3.50	6.50	10.00	20.00	—

Date	Mintage	VG	F	VF	XF	Unc
1712	—	2.00	5.00	10.00	20.00	—
1713	—	2.00	5.00	10.00	20.00	—
1714	—	2.00	5.00	10.00	20.00	—
1715	—	2.00	5.00	10.00	20.00	—
1716	—	2.00	5.00	10.00	20.00	—
1717	—	2.00	5.00	10.00	20.00	—
1718	—	2.00	5.00	10.00	20.00	—
1719	—	2.00	5.00	10.00	20.00	—
1720	—	2.00	5.00	10.00	20.00	—
1721	—	2.00	5.00	10.00	20.00	—
1722	—	2.00	5.00	10.00	20.00	—
1724	—	2.00	5.00	10.00	20.00	—
1725	—	2.00	5.00	10.00	20.00	—
1727	—	2.00	5.00	10.00	20.00	—

KM# 456 PFENNING
Copper **Ruler:** Hieronymus **Obv:** Round shield above sprigs, S B below **Rev:** Value, date within wreath **Note:** Varieties in ribbon design exist.

Date	Mintage	VG	F	VF	XF	Unc
1786	—	2.50	4.50	9.00	18.00	—
1789	—	2.50	4.50	9.00	18.00	—
1790	—	2.50	4.50	9.00	18.00	—

KM# 457 2 PFENNING
Copper **Ruler:** Hieronymus **Obv:** Oval shield within sprigs above S B **Rev:** Value, date within wreath

Date	Mintage	VG	F	VF	XF	Unc
1786	—	4.00	7.50	15.00	30.00	—
1791	—	4.00	7.50	15.00	30.00	—

KM# 333 1/2 KREUZER
Silver **Ruler:** Leopold Anton Eleutherius **Obv:** Value divides date above 2 shields, "L" below **Note:** Uniface.

Date	Mintage	VG	F	VF	XF	Unc
1729	—	2.00	5.00	10.00	20.00	—
1730	—	2.00	5.00	10.00	20.00	—
1732	—	2.00	5.00	10.00	20.00	—
1733	—	2.00	5.00	10.00	20.00	—
1734	—	2.00	5.00	10.00	20.00	—
1735	—	2.00	5.00	10.00	20.00	—
1736	—	2.00	5.00	10.00	20.00	—
1737	—	2.00	5.00	10.00	20.00	—
1739	—	2.00	5.00	10.00	20.00	—
1741	—	2.00	5.00	10.00	20.00	—
1743	—	2.00	5.00	10.00	20.00	—

KM# 341 1/2 KREUZER
Silver **Ruler:** Jakob Ernst **Obv:** Value divides date above 2 shields of arms, "I" below

Date	Mintage	VG	F	VF	XF	Unc
1745	—	5.00	10.00	20.00	40.00	—

KM# 473 PFENNING
Copper **Ruler:** Hieronymus **Obv:** Shield within sprigs divides S B below **Rev:** Value, date within wreath

Date	Mintage	VG	F	VF	XF	Unc
1792	—	3.50	7.50	15.00	30.00	—

KM# 472 2 PFENNING
Copper **Ruler:** Hieronymus **Obv:** Shield within sprigs above S B **Rev:** Value date

Date	Mintage	VG	F	VF	XF	Unc
1791	—	3.00	6.00	12.00	25.00	—
1793	—	3.00	6.00	12.00	25.00	—
1794	—	3.00	6.00	12.00	25.00	—
1795	—	4.00	7.50	15.00	30.00	—
1796	—	3.00	6.00	12.00	25.00	—
1797	—	3.00	6.00	12.00	25.00	—
1798	—	3.00	6.00	12.00	25.00	—
1799	—	3.00	6.00	12.00	25.00	—
1800	—	3.00	6.00	12.00	25.00	—

KM# 353 1/2 KREUZER
Billon **Ruler:** Andreas Jakob **Obv:** Date divided by value above 2 oval shields, "A" below **Note:** Uniface.

Date	Mintage	VG	F	VF	XF	Unc
1748	—	3.00	5.00	12.00	25.00	—
1752	—	3.00	5.00	12.00	25.00	—

KM# 367 1/2 KREUZER
Billon **Ruler:** Sigmund III **Note:** Uniface. Similar to KM#353 but "S" below shields.

Date	Mintage	VG	F	VF	XF	Unc
1753	—	6.00	10.00	20.00	35.00	—
1758	—	6.00	10.00	20.00	35.00	—
1760	—	6.00	10.00	20.00	35.00	—

KM# 474 PFENNING
Copper **Ruler:** Hieronymus **Obv:** Shielded arms above spray **Rev:** Crossed palm branches below date

Date	Mintage	VG	F	VF	XF	Unc
1792	—	3.00	5.00	9.00	18.00	—
1793	—	3.00	5.00	9.00	18.00	—
1794	—	3.00	5.00	9.00	18.00	—
1795	—	3.00	6.00	12.00	25.00	—
1796	—	3.00	5.00	9.00	18.00	—
1797	—	3.00	5.00	9.00	18.00	—
1798	—	3.00	5.00	9.00	18.00	—
1799	—	3.00	5.00	9.00	18.00	—
1800	—	3.00	5.00	9.00	18.00	—

KM# 476.1 2 PFENNING
Copper **Ruler:** Hieronymus **Obv:** Shield within sprigs above S B **Rev:** Value, date above sprigs

Date	Mintage	VG	F	VF	XF	Unc
1793	—	3.00	6.00	12.00	28.00	—

KM# 476.2 2 PFENNING
Copper **Ruler:** Hieronymus **Obv:** Shield within sprigs above S B **Rev:** Value, date above sprigs

Date	Mintage	VG	F	VF	XF	Unc
1794	—	3.00	6.00	12.00	28.00	—

KM# 268 2 PFENNING
Silver **Ruler:** Johann Ernst **Obv:** Date above 2 shields, "IE" below **Note:** Uniface.

Date	Mintage	VG	F	VF	XF	Unc
1701	—	4.00	8.00	16.00	30.00	—
1702	—	4.00	8.00	16.00	30.00	—
1703	—	4.00	8.00	16.00	30.00	—
1704	—	4.00	8.00	16.00	30.00	—
1705	—	4.00	8.00	16.00	30.00	—
1706	—	4.00	8.00	16.00	30.00	—
1707	—	4.00	8.00	16.00	30.00	—
1708	—	4.00	8.00	16.00	30.00	—
1709	—	4.00	8.00	16.00	30.00	—

KM# 247 1/2 KREUZER
Silver **Ruler:** Johann Ernst **Obv:** Value divides date above 2 shields, "IE" below **Note:** Uniface.

Date	Mintage	VG	F	VF	XF	Unc
1701	—	4.00	8.00	16.00	30.00	—
1702	—	4.00	8.00	16.00	30.00	—
1703	—	4.00	8.00	16.00	30.00	—
1704	—	4.00	8.00	16.00	30.00	—
1705	—	4.00	8.00	16.00	30.00	—
1706	—	4.00	8.00	16.00	30.00	—
1707	—	4.00	8.00	16.00	30.00	—
1708	—	4.00	8.00	16.00	30.00	—
1709	—	4.00	8.00	16.00	30.00	—

KM# 248 KREUZER
Silver **Ruler:** Johann Ernst **Obv:** Oval arms with cardinals' hat above **Obv. Legend:** IO : ERNEST : D : G : ARCHIEP **Rev:** Round shield within double cross and circle

Date	Mintage	VG	F	VF	XF	Unc
1701	—	4.00	8.00	16.00	30.00	—
1702	—	4.00	8.00	16.00	30.00	—
1703	—	4.00	8.00	16.00	30.00	—
1704	—	4.00	8.00	16.00	30.00	—
1705	—	4.00	8.00	16.00	30.00	—
1706	—	4.00	8.00	16.00	30.00	—
1707	—	4.00	8.00	16.00	30.00	—
1708	—	4.00	8.00	16.00	30.00	—

KM# 445 2 PFENNING
Copper **Ruler:** Hieronymus **Obv:** Oval shield within frame divides S B **Rev:** Value, date, rosettes

Date	Mintage	VG	F	VF	XF	Unc
1777	—	3.50	6.50	10.00	20.00	—
1781	—	3.50	6.50	10.00	20.00	—
1782	—	3.50	6.50	10.00	20.00	—

KM# 292 1/2 KREUZER
Silver **Ruler:** Franz Anton **Obv:** Value divides date above 2 shields of arms, "FA" below

Date	Mintage	VG	F	VF	XF	Unc
1709	—	2.00	5.00	10.00	20.00	—
1710	—	2.00	5.00	10.00	20.00	—
1711	—	2.00	5.00	10.00	20.00	—

KM# 293 KREUZER
Silver **Ruler:** Franz Anton **Obv. Legend:** FR ANT D G ARCHIE PR. **Rev:** Double-cross with Saltsburg arms in center

Date	Mintage	VG	F	VF	XF	Unc
1709	—	4.00	8.00	17.50	35.00	—
1710	—	4.00	8.00	17.50	35.00	—
1711	—	4.00	8.00	17.50	35.00	—

KM# 373 KREUZER
Billon **Ruler:** Sigmund III **Obv:** Oval arms with Cardinals' hat and garland above **Obv. Legend:** SIGISM : D : G : ... **Rev:** Oval, ornate arms, date above

AUSTRIAN STATES — SALZBURG

Date	Mintage	VG	F	VF	XF	Unc
1754	—	1.50	3.00	7.50	15.00	—
1755	—	1.50	3.00	7.50	15.00	—
1756	—	1.50	3.00	7.50	15.00	—
1757	—	1.50	3.00	7.50	15.00	—
1758	—	1.50	3.00	7.50	15.00	—
1759	—	1.50	3.00	7.50	15.00	—

KM# 392 KREUZER
Billon **Ruler:** Sigmund III **Obv:** Bust right **Obv. Legend:** SIGISMUND • D • G • ... **Rev:** Oval, ornate arms, value below

Date	Mintage	VG	F	VF	XF	Unc
1759	—	1.50	3.00	10.00	18.00	—
1760	—	1.50	3.00	10.00	18.00	—
1761	—	1.50	3.00	10.00	18.00	—
1764	—	2.50	5.00	11.00	22.00	—

KM# 451 KREUZER
Copper **Ruler:** Hieronymus **Obv:** Oval shield within frame divides S B **Rev:** Value, date, rosettes within wreath

Date	Mintage	VG	F	VF	XF	Unc
1782	—	3.50	7.50	15.00	30.00	—
1783	—	3.50	7.50	15.00	30.00	—
1784	—	3.50	7.50	15.00	30.00	—

KM# 458 KREUZER
Copper **Ruler:** Hieronymus **Obv:** Round shield within sprigs above S B **Rev:** Value, date within wreath

Date	Mintage	VG	F	VF	XF	Unc
1786	—	3.50	7.50	15.00	30.00	—
1790	—	3.50	7.50	15.00	30.00	—

KM# 470 KREUZER
Copper **Ruler:** Hieronymus **Obv:** Shield within sprigs above S B **Rev:** Value, date above sprigs

Date	Mintage	VG	F	VF	XF	Unc
1790	—	2.00	3.00	5.00	16.00	—
1793	—	2.00	3.00	5.00	16.00	—
1794	—	2.00	3.00	5.00	16.00	—
1795	—	2.00	3.00	5.00	16.00	—
1797	—	2.00	3.00	5.00	16.00	—
1798	—	2.00	3.00	5.00	16.00	—
1799	—	2.00	3.00	5.00	16.00	—
1800	—	2.00	3.00	5.00	16.00	—

KM# 478.1 KREUZER
Copper **Ruler:** Hieronymus **Obv:** Shield above sprigs and S B **Rev:** Value, date within wreath

Date	Mintage	VG	F	VF	XF	Unc
1790	—	4.00	8.00	17.50	38.00	—

KM# 478.2 KREUZER
Copper **Ruler:** Hieronymus **Obv:** Shield above sprigs and S B **Rev:** Value, date above sprigs

Date	Mintage	VG	F	VF	XF	Unc
1794	—	4.00	8.00	17.50	38.00	—

KM# 290 2 KREUZER (1/2 Batzen)
Silver **Ruler:** Franz Anton **Obv:** Oval shield with Cardinals' hat above **Obv. Legend:** FRAN ANT D G ARCHIES PR **Rev:** Round shield within frame and beaded circle, divided date above

Date	Mintage	VG	F	VF	XF	Unc
1708	—	3.00	6.00	12.50	25.00	—
1709	—	3.00	6.00	12.50	25.00	—
1710	—	3.00	6.00	12.50	25.00	—
1711	—	3.00	6.00	12.50	25.00	—
1712	—	3.00	6.00	12.50	25.00	—
1713	—	3.00	6.00	12.50	25.00	—
1714	—	3.00	6.00	12.50	25.00	—
1715	—	3.00	6.00	12.50	25.00	—
1716	—	3.00	6.00	12.50	25.00	—
1717	—	3.00	6.00	12.50	25.00	—
1718	—	3.00	6.00	12.50	25.00	—
1721	—	3.00	6.00	12.50	25.00	—
1723	—	3.00	6.00	12.50	25.00	—
1725	—	3.00	6.00	12.50	25.00	—
1726	—	3.00	6.00	12.50	25.00	—

KM# 335 2 KREUZER (1/2 Landbatzen)
Silver **Ruler:** Leopold Anton Eleutherius **Obv:** Hat above 2 shields of arms, value below **Rev. Legend:** SALZB/LAND/MINE/1731

Date	Mintage	VG	F	VF	XF	Unc
1731	—	3.00	7.50	15.00	30.00	—

KM# 342 2 KREUZER (1/2 Landbatzen)
Billon **Ruler:** Jakob Ernst **Obv:** Hatabove 2 oval shields of arms, 2 in cartouche in bottom

Date	Mintage	VG	F	VF	XF	Unc
1745 error date	—	10.00	20.00	35.00	65.00	—
1747	—	6.00	12.00	25.00	45.00	—

KM# A352 2 KREUZER (1/2 Landbatzen)
Billon **Ruler:** Andreas Jakob **Obv:** Hat above 2 oval shields of arms, value 2 in cartouche at bottom **Rev:** 3-line legend, date below **Note:** Struck with reverse die of previous reign.

Date	Mintage	VG	F	VF	XF	Unc
1747	—	6.00	12.00	25.00	45.00	—

KM# 368 2 KREUZER (1/2 Landbatzen)
Billon **Ruler:** Sigmund III **Obv:** 2 oval shields below Cardinals' hat, value below **Rev:** Inscription, date

Date	Mintage	VG	F	VF	XF	Unc
1753	—	12.50	25.00	50.00	80.00	—

KM# 374 2 KREUZER (1/2 Landbatzen)
Billon **Ruler:** Sigmund III **Obv:** Oval, ornate shield **Rev:** Date above inscription

Date	Mintage	VG	F	VF	XF	Unc
1754	—	2.50	5.00	10.00	20.00	—
1755	—	2.50	5.00	10.00	20.00	—
1756	—	2.50	5.00	10.00	20.00	—

KM# 389 2 KREUZER (1/2 Landbatzen)
Billon **Ruler:** Sigmund III **Obv:** Arms in cartouche **Rev:** 2 in center cartouche divides date

Date	Mintage	VG	F	VF	XF	Unc
1758	—	3.00	6.00	12.50	25.00	—
1759	—	3.00	6.00	12.50	25.00	—
1760	—	3.00	6.00	12.50	25.00	—

KM# 280 2 KREUZER (1/2 Reichsbatzen)
Silver **Ruler:** Johann Ernst **Obv:** Cardinals' hat above oval shield **Rev:** Oval shield within frame and circle with divided date above, value below

Date	Mintage	VG	F	VF	XF	Unc
1701	—	6.00	12.00	25.00	40.00	—
1702	—	6.00	12.00	25.00	40.00	—
1703	—	6.00	12.00	25.00	40.00	—
1704	—	6.00	12.00	25.00	40.00	—
1705	—	6.00	12.00	25.00	40.00	—
1706	—	6.00	12.00	25.00	40.00	—
1707	—	6.00	12.00	25.00	40.00	—
1708	—	6.00	12.00	25.00	40.00	—
1709	—	6.00	12.00	25.00	40.00	—

KM# 325 2 KREUZER (1/2 Reichsbatzen)
Silver **Ruler:** Leopold Anton Eleutherius **Obv. Legend:** LEOPOLD D G ARCH & PR **Rev:** Shield of arms in cartouche, value below

Date	Mintage	VG	F	VF	XF	Unc
1728	—	3.00	6.00	12.50	25.00	—
1729	—	3.00	6.00	12.50	25.00	—
1730	—	3.00	6.00	12.50	25.00	—

KM# 375 3 KREUZER
Billon **Ruler:** Sigmund III **Obv:** Cardinals' hat above 2 oval shields, value below **Obv. Legend:** SIGISMUND • .... **Rev:** Seated Pope, facing

Date	Mintage	VG	F	VF	XF	Unc
1754	—	5.00	10.00	20.00	45.00	—
1754 SALISBUG	—	10.00	15.00	35.00	75.00	—

KM# 382 3 KREUZER
Billon **Ruler:** Sigmund III **Obv:** Bust right **Obv. Legend:** SIGISM • D • G • ... **Rev:** Cardinals' hat above 2 oval shields

Date	Mintage	VG	F	VF	XF	Unc
1755	—	10.00	20.00	45.00	95.00	—

KM# 315 4 KREUZER (Batzen)
Silver **Ruler:** Franz Anton **Obv:** Cardinals' hat above oval shield within frame **Obv. Legend:** • FRAN • ANT • D:G • ARCH & PR • **Rev:** Oval shield within frame, divided date above, value below

Date	Mintage	VG	F	VF	XF	Unc
1718	—	3.00	7.50	15.00	30.00	—
1719	—	3.00	7.50	15.00	30.00	—
1720	—	3.00	7.50	15.00	30.00	—
1721	—	3.00	7.50	15.00	30.00	—
1722	—	3.00	7.50	15.00	30.00	—
1723	—	3.00	7.50	15.00	30.00	—
1724	—	3.00	7.50	15.00	30.00	—
1725	—	3.00	7.50	15.00	30.00	—
1726	—	3.00	7.50	15.00	30.00	—
1727	—	3.00	7.50	15.00	30.00	—

KM# 322 4 KREUZER (Batzen)
Silver **Ruler:** Leopold Anton Eleutherius **Obv:** Cardinals' hat

above shield **Obv. Legend:** LEOPOLD • D:G • ARCH : & PR •
Rev: Oval shield within frame, divided date above in legend

Date	Mintage	VG	F	VF	XF	Unc
1727	—	3.00	7.50	15.00	30.00	—
1728	—	3.00	7.50	15.00	30.00	—
1729	—	3.00	7.50	15.00	30.00	—
1730	—	3.00	7.50	15.00	30.00	—
1731	—	3.00	7.50	15.00	30.00	—
1732	—	3.00	7.50	15.00	30.00	—
1733	—	3.00	7.50	15.00	30.00	—

KM# 336 4 KREUZER (Landbatzen)
Silver **Ruler:** Leopold Anton Eleutherius **Obv:** Cardinals' hat above 2 oval shields, value below **Rev:** Inscription above date **Rev. Inscription:** SALZB/ LAND/ MINZ/ 1731

Date	Mintage	VG	F	VF	XF	Unc
1731	—	4.00	8.00	17.50	35.00	—

KM# 344 4 KREUZER (Landbatzen)
Silver **Ruler:** Jakob Ernst **Obv:** Cardinals' hat above 2 oval shields, value in cartouche below **Rev:** Inscription, date **Rev. Inscription:** SALZB / LAND / MINZ / 1745

Date	Mintage	VG	F	VF	XF	Unc
1745	—	5.00	10.00	20.00	40.00	—

KM# 350 4 KREUZER (Landbatzen)
Billon **Ruler:** Andreas Jakob **Obv:** Cardinals' hat above 2 oval shields, value in cartouche below **Rev:** Inscription, date **Rev. Inscription:** SALZB / LAND / MINZ / 1747

Date	Mintage	VG	F	VF	XF	Unc
1747	—	6.00	12.00	25.00	45.00	—
1750	—	6.00	12.00	25.00	45.00	—

KM# 369 4 KREUZER (Landbatzen)
Billon **Ruler:** Sigmund III **Obv:** 2 shields of arms below bishop's hat **Rev:** 3-line legend, date below

Date	Mintage	VG	F	VF	XF	Unc
1753	—	15.00	30.00	55.00	95.00	—

KM# 413 5 KREUZER
Billon **Ruler:** Sigmund III **Obv:** Crowned arms in ornamental shield **Rev:** Date and value in wreath

Date	Mintage	VG	F	VF	XF	Unc
1766	—	15.00	30.00	60.00	175	—
1770	—	15.00	30.00	60.00	175	—
1771/0	—	15.00	30.00	60.00	175	—

KM# 438 5 KREUZER
Billon **Ruler:** Hieronymus **Obv:** Crowned, oval shield in sprigs **Rev:** Date, inscription above value within sprigs **Rev. Inscription:** CCXL / EINE / FEINE / MARK

Date	Mintage	VG	F	VF	XF	Unc
1773	—	15.00	30.00	60.00	175	—
1775	—	15.00	30.00	60.00	175	—
1778	—	15.00	30.00	60.00	175	—
1781	—	10.00	20.00	45.00	130	—
1784	—	15.00	30.00	60.00	175	—

KM# 459 5 KREUZER
Billon **Ruler:** Hieronymus **Obv:** Oval arms

Date	Mintage	VG	F	VF	XF	Unc
1786	—	10.00	20.00	40.00	110	—
1788	—	10.00	20.00	40.00	110	—

KM# 475 5 KREUZER
Billon **Ruler:** Hieronymus **Obv:** Square arms

Date	Mintage	VG	F	VF	XF	Unc
1792	—	25.00	55.00	90.00	150	—

KM# 477 5 KREUZER
Billon **Ruler:** Hieronymus **Obv:** Crowned shield within sprigs, value below **Rev:** Inscription, date above sprigs **Rev. Inscription:** CCXL / EINE / FEINE / MARC

Date	Mintage	VG	F	VF	XF	Unc
1793	—	7.50	20.00	50.00	130	—
1794	—	7.50	20.00	50.00	130	—
1795	—	7.50	20.00	50.00	130	—
1796	—	7.50	20.00	50.00	130	—
1797	—	7.50	20.00	50.00	130	—
1798	—	7.50	20.00	50.00	130	—
1799	—	7.50	20.00	50.00	130	—
1800	—	7.50	20.00	50.00	130	—

KM# 376 10 KREUZER
Silver **Ruler:** Sigmund III **Obv:** Cardinals' hat above 2 oval shields **Obv. Legend:** SIGISM ... **Rev:** Bust of Pope facing, value within squared mantle below **Note:** Convention Kreuzer.

Date	Mintage	VG	F	VF	XF	Unc
1754	—	10.00	15.00	22.50	40.00	—
1755	—	15.00	35.00	70.00	140	—
1756	—	10.00	25.00	50.00	100	—
1757	—	10.00	20.00	45.00	90.00	—
1758	—	10.00	25.00	50.00	100	—
1761/0	—	15.00	20.00	35.00	65.00	—
1761	—	10.00	15.00	22.50	50.00	—

KM# 390 10 KREUZER
Silver **Ruler:** Sigmund III **Obv:** Cardinals' hat above 2 oval shields **Obv. Legend:** SIGISM • D • G • ... **Rev:** Bust of Pope facing, value within boxed mantle below **Note:** Convention Kreuzer.

Date	Mintage	VG	F	VF	XF	Unc
1758	—	10.00	20.00	45.00	90.00	—

KM# 408 10 KREUZER
Silver **Ruler:** Sigmund III **Obv:** Bust right **Obv. Legend:** SIGM • D • G • ... **Rev:** Cardinals' hat above oval, mantled shield, crown above **Note:** Convention Kreuzer.

Date	Mintage	VG	F	VF	XF	Unc
1765	—	25.00	50.00	100	200	—
1767	—	25.00	50.00	100	200	—
1768	—	25.00	50.00	100	200	—
1770	—	25.00	50.00	100	200	—
1771	—	25.00	50.00	100	200	—

KM# 409 10 KREUZER
Silver **Ruler:** Sigmund III **Rev:** Date above arms **Note:** Convention Kreuzer.

Date	Mintage	VG	F	VF	XF	Unc
1765	—	25.00	50.00	110	225	—
1766/5	—	25.00	50.00	110	225	—
1766	—	25.00	50.00	110	225	—
1767	—	25.00	50.00	110	225	—

KM# 430 10 KREUZER
3.8900 g., 0.5000 Silver 0.0625 oz. ASW **Ruler:** Hieronymus **Obv:** Large head right **Rev:** Crowned and mantled oval arms, value 10 divides date at bottom

Date	Mintage	VG	F	VF	XF	Unc
1772 M	—	30.00	60.00	125	250	—

KM# 439 10 KREUZER
3.8900 g., 0.5000 Silver 0.0625 oz. ASW **Ruler:** Hieronymus **Obv:** Bust right **Obv. Legend:** HIERONYMVS D • G • A • ... **Rev:** Cardinals' hat above oval, mantled shield, crown above

Date	Mintage	VG	F	VF	XF	Unc
1773 M	—	20.00	40.00	80.00	160	—
1774 M	—	20.00	40.00	80.00	160	—
1775 M	—	20.00	40.00	80.00	160	—

KM# 442 10 KREUZER
3.8900 g., 0.5000 Silver 0.0625 oz. ASW **Ruler:** Hieronymus **Obv:** Bust right **Obv. Legend:** HIERONYMVS D • G • A • ... **Rev:** Cardinals' hat above oval, mantled shield, crown above, value divides date below

Date	Mintage	VG	F	VF	XF	Unc
1776 M	—	15.00	30.00	55.00	110	—
1777 M	—	15.00	35.00	65.00	130	—
1778 M	—	15.00	35.00	65.00	130	—
1779 M	—	15.00	35.00	65.00	130	—
1780 M	—	15.00	35.00	65.00	130	—
1782 M	—	15.00	35.00	65.00	130	—
1784 M	—	15.00	35.00	65.00	130	—
1786 M	—	15.00	35.00	65.00	130	—

KM# 464 10 KREUZER
3.8900 g., 0.5000 Silver 0.0625 oz. ASW **Ruler:** Hieronymus **Obv:** Bust right **Obv. Legend:** HIERONYMVS D • G • A • ... **Rev:** Cardinal's hat above mantled crowned shield, crown above, value divides date below

Date	Mintage	VG	F	VF	XF	Unc
1788 M	—	15.00	35.00	65.00	130	—
1791 M	—	15.00	35.00	65.00	130	—
1792 M	—	15.00	35.00	65.00	130	—
1793 M	—	15.00	35.00	65.00	130	—
1794 M	—	15.00	35.00	65.00	130	—
1795 M	—	15.00	35.00	65.00	130	—
1796 M	—	15.00	35.00	65.00	130	—
1797 M	—	15.00	35.00	65.00	130	—
1798 M	—	15.00	35.00	65.00	130	—
1799 M	—	15.00	35.00	65.00	130	—
1800 M	—	15.00	30.00	55.00	110	—

KM# A471 10 KREUZER
3.8900 g., 0.5000 Silver 0.0625 oz. ASW **Ruler:** Hieronymus **Obv:** Bust right **Rev:** Crowned arms flanked by 2 lion supporters, date divided at bottom

Date	Mintage	VG	F	VF	XF	Unc
1790 Rare	—	—	—	—	—	—

KM# 377 17 KREUZER

Silver **Ruler:** Sigmund III **Obv:** Cardinals' hat above oval, ornate shield, value below **Obv. Legend:** SIGISM • D • G • ... **Rev:** Seated Pope, facing

Date	Mintage	VG	F	VF	XF	Unc
1754	—	25.00	45.00	95.00	180	—

KM# 410.2 20 KREUZER

Silver **Ruler:** Sigmund III **Obv:** Bust right **Obv. Legend:** SIGISM • D • G • ... **Rev:** Cardinals' hat above oval, mantled shield, crown above, value below **Note:** Convention Kreuzer.

Date	Mintage	VG	F	VF	XF	Unc
1770	—	—	—	—	—	—

KM# 410.3 20 KREUZER

6.6800 g., 0.5830 Silver 0.1252 oz. ASW **Ruler:** Hieronymus **Note:** Similar to 10 Kreuzer, KM#430.

Date	Mintage	VG	F	VF	XF	Unc
1772 M	—	50.00	100	200	400	—

KM# 410.4 20 KREUZER

6.6800 g., 0.5830 Silver 0.1252 oz. ASW **Ruler:** Hieronymus **Note:** Similar to 10 Kreuzer, KM#439.

Date	Mintage	VG	F	VF	XF	Unc
1773 M	—	40.00	85.00	175	350	—

KM# 378 20 KREUZER

Silver **Ruler:** Sigmund III **Obv:** Bust right, on boxed mantle with value within **Obv. Legend:** SIGISM : D : G : A : ... **Rev:** Cardinals' hat above 2 oval shields, divided date in legend **Note:** Convention Kreuzer.

Date	Mintage	VG	F	VF	XF	Unc
1754	—	12.50	25.00	50.00	125	—
1755	—	12.50	25.00	50.00	125	—
1756	—	12.50	25.00	50.00	125	—

KM# 431 20 KREUZER

6.6800 g., 0.5830 Silver 0.1252 oz. ASW **Ruler:** Hieronymus **Obv:** Bust right **Obv. Legend:** HIERONYMVS D • G • A • ... **Rev:** Cardinals' hat above oval, mantled shield, crown above, value divides date below **Note:** Varieties exist.

Date	Mintage	VG	F	VF	XF	Unc
1774 M	—	3.00	6.00	15.00	50.00	—
1775 M	—	3.00	6.00	15.00	50.00	—
1776 M	—	3.00	6.00	15.00	50.00	—
1777 M	—	3.00	6.00	15.00	50.00	—
1778 M	—	3.00	6.00	15.00	50.00	—
1779 M	—	3.00	6.00	15.00	50.00	—
1780 M	—	3.00	6.00	15.00	50.00	—
1781 M	—	3.00	6.00	15.00	50.00	—
1782 M	—	3.00	6.00	15.00	50.00	—
1783 M	—	3.00	6.00	15.00	50.00	—
1784 M	—	3.00	6.00	15.00	50.00	—
1785 M	—	3.00	6.00	15.00	50.00	—
1786 M	—	3.00	6.00	15.00	50.00	—

KM# 386 20 KREUZER

Silver **Ruler:** Sigmund III **Obv:** Bust right **Obv. Legend:** SIGISM • D • G • ... **Rev:** Cardinals' hat above 2 oval shields, value in boxed mantle below, divided date in legend **Note:** Convention Kreuzer.

Date	Mintage	VG	F	VF	XF	Unc
1757	—	20.00	40.00	85.00	170	—
1758	—	30.00	60.00	120	240	—
1759	—	20.00	40.00	85.00	170	—
1760	—	30.00	60.00	120	240	—
1761	—	30.00	60.00	120	240	—
1762	—	30.00	60.00	120	240	—
1763	—	30.00	60.00	120	240	—
1764	—	30.00	60.00	120	240	—

KM# 460 20 KREUZER

6.6800 g., 0.5830 Silver 0.1252 oz. ASW **Ruler:** Hieronymus **Obv:** Bust right **Obv. Legend:** HIERONYMVS D • G • A • ... **Rev:** Cardinal's hat above pear-shaped, mantled shield, crown above, value divides date below **Note:** Varieties exist.

Date	Mintage	VG	F	VF	XF	Unc
1787 M	—	3.00	6.00	15.00	45.00	—
1788/7 M	—	5.00	15.00	20.00	55.00	—
1788 M	—	3.00	6.00	15.00	45.00	—
1789 M	—	3.00	6.00	15.00	45.00	—
1790 M	—	3.00	6.00	15.00	40.00	—
1791 M	—	3.00	6.00	15.00	40.00	—
1792 M	—	3.00	6.00	15.00	40.00	—
1793 M	—	3.00	6.00	15.00	40.00	—
1794 M	—	3.00	6.00	15.00	40.00	—
1795 M	—	3.00	6.00	15.00	40.00	—
1796 M	—	3.00	6.00	15.00	40.00	—
1797 M	—	3.00	6.00	15.00	40.00	—
1798 M	—	3.00	6.00	15.00	40.00	—
1799 M	—	3.00	6.00	15.00	40.00	—
1800 M	—	3.00	6.00	15.00	40.00	—

KM# 410.1 20 KREUZER

Silver **Ruler:** Sigmund III **Obv:** Bust right **Obv. Legend:** SIGM • D • G • ... **Rev:** Cardinals' hat above oval, mantled shield, crown above **Note:** Convention Kreuzer.

Date	Mintage	VG	F	VF	XF	Unc
1765	—	17.50	35.00	75.00	150	—
1767	—	15.00	30.00	70.00	140	—
1768	—	17.50	35.00	75.00	150	—
1769	—	20.00	40.00	85.00	170	—
1770	—	17.50	35.00	75.00	150	—
1771/0	—	15.00	30.00	70.00	140	—
1771	—	15.00	30.00	70.00	140	—

KM# B471 20 KREUZER

6.6800 g., 0.5830 Silver 0.1252 oz. ASW **Ruler:** Hieronymus **Obv:** Bust right **Rev:** Crowned arms flanked by 2 lion supporters, date divided at bottom

Date	Mintage	VG	F	VF	XF	Unc
1790 Rare	—	—	—	—	—	—

KM# 379 30 KREUZER

Silver **Ruler:** Sigmund III **Obv:** Bust right divides date, value below, all within diamond shape **Obv. Legend:** SIGISM : D : G : ARCH : ... **Rev:** Cardinals' hat above oval shield within diamond shape

Date	Mintage	VG	F	VF	XF	Unc
1754	—	15.00	20.00	35.00	75.00	—
1760	—	30.00	70.00	100	175	—

KM# 282 1/4 THALER

Silver **Ruler:** Johann Ernst **Obv:** Madonna and Child above shield of arms in inner circle **Rev:** St. Rupert above value and arms in inner circle, date in legend

Date	Mintage	VG	F	VF	XF	Unc
1703	—	30.00	60.00	125	250	—
1704	—	30.00	60.00	125	250	—
1705	—	30.00	60.00	125	250	—
1706	—	30.00	60.00	125	250	—
1707	—	30.00	60.00	125	250	—
1708	—	30.00	60.00	125	250	—

KM# 294 1/4 THALER

Silver, 30 mm. **Ruler:** Johann Ernst **Subject:** Enthronement of the archbishop **Obv:** Bust right, star below **Rev:** Legend, date below **Rev. Legend:** IN MANV DOMINI SORTS MEA

Date	Mintage	VG	F	VF	XF	Unc
1709 Rare	—	—	—	—	—	—

KM# 306 1/4 THALER

Silver **Ruler:** Franz Anton **Obv:** Bust of Franz Anton right, star below bust **Rev:** Hat above shield of arms, value below, date above hat

Date	Mintage	VG	F	VF	XF	Unc
1710	—	40.00	80.00	160	325	—
1711	—	40.00	80.00	160	325	—
1712	—	40.00	80.00	160	325	—
1715	—	40.00	80.00	160	325	—

KM# 305.1 1/4 THALER

Silver **Ruler:** Franz Anton **Obv:** Madonna and child over hat above Harrach family arms **Rev:** St. Rudbert, Salzburg arms at bottom with "1/4" in circle immediately above

Date	Mintage	VG	F	VF	XF	Unc
1710	—	45.00	85.00	170	325	—

KM# 305.2 1/4 THALER

Silver **Ruler:** Franz Anton **Obv:** Madonna and child over hat above Harrach family arms **Rev:** St. Rudbert seated facing to left, Salzburg arms to lower right, "1/4" in cartouche to bottom

Date	Mintage	VG	F	VF	XF	Unc
1712	—	35.00	75.00	150	300	—
1713	—	35.00	75.00	150	300	—
1715	—	35.00	75.00	150	300	—

KM# 312 1/4 THALER

Silver **Ruler:** Franz Anton **Obv:** Without star below bust

Date	Mintage	VG	F	VF	XF	Unc
1715	—	50.00	100	200	400	—

KM# 326 1/4 THALER

Silver **Ruler:** Leopold Anton Eleutherius **Obv:** Madonna and Child above shield of arms in inner circle **Obv. Legend:** LEOPOLDUS D G ... **Rev:** St. Rupert in inner circle, date in legend

Date	Mintage	VG	F	VF	XF	Unc
1728	—	40.00	80.00	175	350	—
1730	—	40.00	80.00	175	350	—

KM# 414 1/4 THALER

Silver **Ruler:** Sigmund III **Obv:** Bust right **Obv. Legend:** SIGM

• D • G • ... **Rev:** Cardinals' hat above mantled shield, crown above, value divides date below

Date	Mintage	VG	F	VF	XF	Unc
1766	—	35.00	65.00	135	275	—

KM# 417 1/4 THALER
Silver **Ruler:** Sigmund III **Obv:** Bust right with value below within diamond shape **Obv. Legend:** SIGISM : D : G : ARCH : ... **Rev:** Cardinals' hat above mantled shield, divided date, crown above, all within diamond shape

Date	Mintage	VG	F	VF	XF	Unc
1767	—	25.00	50.00	100	200	—

KM# 327 1/2 THALER
Silver **Ruler:** Leopold Anton Eleutherius **Obv:** Madonna and child above Cardinals' hat and oval shield **Obv. Legend:** LEOPOLDUS • D : G : ... **Rev:** St. Rupert, oval shield in frame, date in legend **Rev. Legend:** S • RUDBERTUS • ...

Date	Mintage	VG	F	VF	XF	Unc
1728	—	150	250	425	750	—

KM# 363 1/2 THALER
Silver **Ruler:** Andreas Jakob **Note:** Similar to Thaler, KM#364. Convention 1/2 Thaler.

Date	Mintage	VG	F	VF	XF	Unc
1752	—	200	450	750	1,000	—

KM# 419 1/2 THALER
Silver **Ruler:** Sigmund III **Obv:** Bust right **Obv. Legend:** SIGM • D • G • A • ... **Rev:** Cardinals' hat above mantled shield, crown above

Date	Mintage	VG	F	VF	XF	Unc
1769	—	80.00	150	250	450	—

KM# 253 1/2 THALER
Silver **Ruler:** Johann Ernst **Obv:** Hat above shield of arms, date divided near bottom in inner circle **Rev:** SS. Rupert and Virgil

Date	Mintage	VG	F	VF	XF	Unc
1702	—	45.00	85.00	165	290	—
1703	—	45.00	85.00	165	290	—
1705	—	45.00	85.00	165	290	—
1706	—	45.00	85.00	165	290	—
1707	—	45.00	85.00	165	290	—
1708	—	45.00	85.00	165	290	—

KM# 387.1 1/2 THALER
Silver **Ruler:** Sigmund III **Obv:** Bust right **Obv. Legend:** SIGISMUNDUS • D • G • ... **Rev:** Cardinals' hat above oval shield

Date	Mintage	VG	F	VF	XF	Unc
1757	—	50.00	100	150	250	—

KM# 425 1/2 THALER
Silver **Ruler:** Sigmund III **Obv:** Bust right **Obv. Legend:** SIGISMUNDUS .... **Rev:** Cardinals' hat above mantled shield, crown above

Date	Mintage	VG	F	VF	XF	Unc
1770	—	80.00	150	250	450	—
1770 FM	—	80.00	150	250	450	—
1771	—	90.00	175	275	500	—
1771 FM	—	90.00	175	275	500	—

KM# 307 1/2 THALER
Silver **Ruler:** Franz Anton **Obv:** Bust right **Obv. Legend:** FRANC • ANTON • S • R • I • ... **Rev:** Cardinals' hat above pear-shaped shield, date above in legend

Date	Mintage	VG	F	VF	XF	Unc
1710	—	200	400	700	1,200	—
1711	—	200	400	700	1,200	—
1712	—	200	400	700	1,200	—
1714	—	200	400	700	1,200	—
1716	—	200	400	700	1,200	—
1717	—	200	400	700	1,200	—
1718	—	200	400	700	1,200	—
1720	—	200	400	700	1,200	—

KM# 310 1/2 THALER
Silver **Ruler:** Franz Anton **Obv:** Madonna and child over shield of arms in inner circle **Rev:** St. Rupert in inner circle, date in legend

Date	Mintage	VG	F	VF	XF	Unc
1712	—	200	400	700	1,200	—
1715	—	200	400	700	1,200	—
1718	—	200	400	700	1,200	—
1720	—	200	400	700	1,200	—
1725	—	200	400	700	1,200	—

KM# 313 1/2 THALER
Silver **Ruler:** Franz Anton **Obv:** Bust of Franz Anton right, without star below bust **Rev:** Hat above shield of arms, date above hat

Date	Mintage	VG	F	VF	XF	Unc
1715	—	200	400	700	1,200	—
1717	—	200	400	700	1,200	—

KM# 316 1/2 THALER
Silver **Ruler:** Franz Anton **Obv:** Hat above shield of arms divide date in inner circle **Rev:** Saints Rupert and Virgil

Date	Mintage	VG	F	VF	XF	Unc
1718	—	200	400	700	1,200	—

KM# 387.2 1/2 THALER
Silver **Ruler:** Sigmund III **Obv:** Bust right **Obv. Legend:** SIGISMUNDUS • D • G • ... **Rev:** Cardinals' hat above pear-shaped shield, divided date above in legend

Date	Mintage	VG	F	VF	XF	Unc
1760	—	65.00	125	175	350	—

KM# 432 1/2 THALER
14.0300 g., 0.8330 Silver 0.3757 oz. ASW **Ruler:** Hieronymus **Obv:** Bust right **Obv. Legend:** HIERONYMVS D • G • A • ... **Rev:** Cardinals' hat above oval, mantled shield, crown above, date below

Date	Mintage	VG	F	VF	XF	Unc
1772 FM	—	50.00	100	200	350	—
1773 M	—	50.00	100	200	350	—
1775 M	—	50.00	100	200	350	—
1778 M	—	50.00	100	200	350	—
1779 M	—	50.00	100	200	350	—
1780 M	—	50.00	100	200	350	—
1782 M	—	50.00	100	200	350	—

KM# 415 1/2 THALER
Silver **Ruler:** Sigmund III **Obv:** Bust right **Obv. Legend:** SIGM • D • G • A • ... **Rev:** Cardinals' hat above mantled shield, crown above, divided date below

Date	Mintage	VG	F	VF	XF	Unc
1766	—	80.00	150	250	450	—
1768	—	80.00	150	250	450	—

KM# 461 1/2 THALER
14.0300 g., 0.8330 Silver 0.3757 oz. ASW **Ruler:** Hieronymus **Obv:** Bust right **Obv. Legend:** HIERONYMVS D • G • A • ... **Rev:** Cardinal's hat above pear-shaped, mantled shield, crown above, date below

Date	Mintage	VG	F	VF	XF	Unc
1787 M	—	50.00	100	175	325	—
1792 M	—	50.00	100	175	325	—
1797 M	—	50.00	100	175	325	—

AUSTRIAN STATES — SALZBURG

KM# 254 THALER

Silver **Ruler:** Johann Ernst **Obv:** Madonna and child above Cardinals' hat and shield **Obv. Legend:** IO: ERNEST: D:G: ... **Rev:** St. Rupert above shield in frame, date in legend **Rev. Legend:** S: RUDBERTUS: EPS .... **Note:** Dav.#1234.

Date	Mintage	F	VF	XF	Unc	BU
1701	—	90.00	160	325	600	—
1702	—	90.00	160	325	600	—
1703	—	90.00	160	325	600	—
1704	—	90.00	160	325	600	—
1705	—	90.00	160	325	600	—
1706	—	90.00	160	325	600	—
1707	—	90.00	160	325	600	—
1708	—	90.00	160	325	600	—
1709	—	90.00	160	325	600	—

KM# 295 THALER

Silver **Ruler:** Franz Anton **Obv:** Hat above oval arms in inner circle **Obv. Legend:** FRANC: ANTO: D: **Rev:** Legend in branches **Rev. Inscription:** ANNO / DNI MDCCIX / ET / REGIMINIS / PRIMO / F. F. **Note:** Dav.#1235.

Date	Mintage	F	VF	XF	Unc	BU
1709 R.N. Rare	—	—	—	—	—	—

KM# 296 THALER

Silver **Ruler:** Franz Anton **Obv:** Madonna and child above Cardinals' hat and crowned shield in frame **Obv. Legend:** FRANC • ANTON • D:G • ARCH • ... **Rev:** St. Rupert above shield in frame, date in legend **Rev. Legend:** S: RVDBERTUS: EP: ... **Note:** Dav.#1236.

Date	Mintage	F	VF	XF	Unc	BU
1709	—	210	350	550	850	—
1711	—	210	350	550	850	—

KM# 308 THALER

Silver **Ruler:** Franz Anton **Obv:** Bust right **Obv. Legend:** FRANCISCVS ANTON • ... **Rev:** Cardinals' hat above pear-shaped shield, date in legend above **Note:** Dav.#1237.

Date	Mintage	F	VF	XF	Unc	BU
1710	—	360	600	900	1,500	—
1711	—	360	600	900	1,500	—
1712	—	360	600	900	1,500	—
1714	—	360	600	900	1,500	—
1715	—	360	600	900	1,500	—
1716	—	360	600	900	1,500	—
1717	—	360	600	900	1,500	—
1718	—	360	600	900	1,500	—
1719	—	360	600	900	1,500	—
1720	—	360	600	900	1,500	—

KM# 314 THALER

Silver **Ruler:** Franz Anton **Obv:** Without star below bust **Note:** Similar to KM#308.

Date	Mintage	F	VF	XF	Unc	BU
1716	—	360	600	950	1,600	—
1717	—	360	600	950	1,600	—
1725	—	360	600	950	1,600	—

KM# 311 THALER

Silver **Ruler:** Franz Anton **Obv:** Madonna and child above Cardinals' hat and crowned oval shield **Obv. Legend:** FRANC : ANTO : D:G • ARCHI : ... **Rev:** St. Rupert with oval shield **Rev. Legend:** S • RUDBERTUS • ESP • ... **Note:** Dav.#1238.

Date	Mintage	F	VF	XF	Unc	BU
1712	—	210	350	550	950	—
1714	—	210	350	550	950	—
1715	—	210	350	550	950	—
1716	—	210	350	550	950	—
1717	—	210	350	550	950	—
1718	—	210	350	550	950	—
1722	—	210	350	550	950	—

KM# 320 THALER

Silver **Ruler:** Franz Anton **Obv:** Bust right **Obv. Legend:** FRANC : ANT : S : R : I : PRINC • AB HARRACH **Rev:** Cardinals' hat above crowned pear-shaped shield **Note:** Similar to KM#308. Dav.#1239.

Date	Mintage	F	VF	XF	Unc	BU
1723 G	—	360	600	900	1,500	—
1724 G	—	360	600	900	1,500	—
1725 B	—	360	600	900	1,500	—
1726 D	—	360	600	900	1,500	—
1727 G	—	360	600	900	1,500	—

KM# 328 THALER

Silver **Ruler:** Leopold Anton Eleutherius **Obv:** Bust right **Obv.**

Legend: LEOPOLDUS • D • G • ARCH ... **Rev:** Cardinals' hat above shield, date above in legend **Rev. Legend:** SALISBURG .... **Note:** Dav.#1240.

Date	Mintage	F	VF	XF	Unc	BU
1728 B	—	600	1,000	1,500	2,250	—

KM# 329 THALER

Silver **Ruler:** Leopold Anton Eleutherius **Obv:** Madonna and child above Cardinals' hat and shield **Obv. Legend:** LEOPOLDUS • D:G • ARCHI : ... **Rev:** St. Rupert with oval shield **Rev. Legend:** S : RUDBERTUS • ... **Note:** Dav.#1241.

Date	Mintage	F	VF	XF	Unc	BU
1728	—	180	300	475	750	—
1729	—	180	300	475	750	—
1730	—	180	300	475	750	—
1731	—	180	300	475	750	—
1732	—	180	300	475	750	—
1733	—	180	300	475	750	—
1734	—	180	300	475	750	—
1735	—	180	300	475	750	—

KM# 345 THALER

Silver **Ruler:** Jakob Ernst **Obv:** Madonna and child seated on cloud, Cardinals' hat above oval shield at left **Obv. Legend:** IACOBUSE.... **Rev:** St. Rupert seated on cloud **Rev. Legend:** SRUPERTUS ... **Note:** Dav.#1243.

Date	Mintage	F	VF	XF	Unc	BU
1745 FMK	—	500	800	1,250	2,000	—

KM# 364 THALER

Silver **Ruler:** Andreas Jakob **Obv:** Radiant Madonna and child, Cardinals' hat above oval shield at left **Obv. Legend:** ANDREAS • D : G • ARCH .... **Rev:** St. Rupert seated with oval shield **Rev. Legend:** SALISBURGENS .... **Note:** Dav.#1246. Convention Thaler.

Date	Mintage	F	VF	XF	Unc	BU
1752	—	350	700	1,000	1,500	—

KM# 348 THALER

Silver **Ruler:** Jakob Ernst **Obv:** Bust right **Obv. Legend:** IACOBUSERN : D : G : ARCH • ETPRINCEPS **Rev:** Cardinals' hat above ornate shield, divided date above **Rev. Legend:** SALISBURG • S • SED • .... **Note:** Dav.#1244.

Date	Mintage	F	VF	XF	Unc	BU
1746 FMK	—	600	1,000	1,600	2,500	—

KM# 370 THALER

Silver **Ruler:** Sigmund III **Obv:** Bust right **Obv. Legend:** SIGISMUNDUS • D • G • ... **Rev:** Cardinals' hat above oval, ornate shield on mantle **Rev. Legend:** SALISB: S: S: AP: LEG: ..... **Note:** With or without die-cutter's initials FMK, MK or FM. Dav.#1247.

Date	Mintage	F	VF	XF	Unc	BU
1753	—	125	175	275	550	—
1754	—	125	175	275	550	—
1755	—	125	175	275	550	—
1756	—	125	175	275	550	—
1758	—	125	175	275	550	—
1761	—	125	175	275	550	—

KM# 338 THALER

Silver **Ruler:** Leopold Anton Eleutherius **Obv:** Bust right **Obv. Legend:** LEOPOLDUS • D:G • ARCH • ET • PRINCEPS **Rev:** Cardinals' hat above ornate shield **Rev. Legend:** SALISBURG • S .... **Note:** Dav.#1242.

Date	Mintage	F	VF	XF	Unc	BU
1738 FMK	—	450	750	1,200	1,800	—
1739 FMK	—	450	750	1,200	1,800	—
1740 FMK	—	450	750	1,200	1,800	—
1742 FMK	—	450	750	1,200	1,800	—
1744 FMK	—	450	750	1,200	1,800	—

KM# 354 THALER

Silver **Ruler:** Andreas Jakob **Obv:** Bust right **Obv. Legend:** ANDREAS • D : G • ARCH .... **Rev:** Cardinals' hat above pear-shaped, ornate shield **Rev. Legend:** SALISBURG • S • SED • ... **Note:** Dav.#1245. Convention Thaler.

Date	Mintage	F	VF	XF	Unc	BU
1748 FMK	—	300	600	800	1,200	—
1750 FMK	—	425	850	1,100	1,600	—

seated on cloud **Rev. Legend:** S • RUPERTUS • EPISCOP : ... **Note:** Dav.#1252.

Date	Mintage	F	VF	XF	Unc	BU
1759	—	90.00	150	275	450	—

KM# 380 THALER

Silver **Ruler:** Sigmund III **Obv:** Madonna and child within square, Cardinals' hat above oval shield at right, angel at left **Obv. Legend:** SIGISMUND • D • G • ... **Rev:** St. Rupert seated with oval shield in frame **Rev. Legend:** RUPERTUS • EPISCOP : SALISBURGENS • **Note:** Dav.#1248.

Date	Mintage	F	VF	XF	Unc	BU
1754	—	100	150	250	500	—

KM# 393 THALER

Silver **Ruler:** Sigmund III **Obv:** Bust right **Obv. Legend:** SIGISMUNDUS • D • G • ... **Rev:** St. Rupert seated on cloud **Rev. Legend:** S • RUPERTUS • .... **Note:** Dav.#1251.

Date	Mintage	F	VF	XF	Unc	BU
1759 MK	—	90.00	150	275	450	—

KM# 395.2 THALER

Silver **Ruler:** Sigmund III **Obv:** Bust right **Obv. Legend:** SIGISMUND • D • G • ... **Rev:** St. Rupert seated with small Madonna and child at left, Cardinals' hat above oval shield at lower left **Rev. Legend:** S • RUPERTUS • .... **Note:** Dav.#1254.

Date	Mintage	F	VF	XF	Unc	BU
1761	—	100	150	225	450	—

KM# 388 THALER

Silver **Ruler:** Sigmund III **Obv:** Bust right **Obv. Legend:** SIGISMUNDUS • D • G • ... **Rev:** St. Rupert seated with Cardinals' hat above oval shield at left **Rev. Legend:** SAP • SLEG • NATUS • GERM • PRIMAS • **Note:** Dav.#1249.

Date	Mintage	F	VF	XF	Unc	BU
1757 FM	—	125	200	300	600	—

KM# 395.1 THALER

Silver **Ruler:** Sigmund III **Obv:** Bust right **Obv. Legend:** SIGISMUNDUS D G A & P ... **Rev:** St. Rupert seated with small Madonna and child at left, Cardinals' hat above oval shield at lower left **Rev. Legend:** S • RUPERTUS • ... **Note:** Dav.#1253.

Date	Mintage	F	VF	XF	Unc	BU
1759	—	100	150	225	450	—
1759 MK	—	100	150	225	450	—
1760 MK	—	100	150	225	450	—

KM# 395.3 THALER

Silver **Ruler:** Sigmund III **Obv:** Bust right **Obv. Legend:** SIGISMUNDUS • D • G • ... **Rev:** St. Rupert seated with small Madonna and child at left, Cardinals' hat above shield at lower left **Rev. Legend:** S • RUPERTUS • EPISCOP : ... **Note:** Dav#1254A.

Date	Mintage	F	VF	XF	Unc	BU
1761	—	100	150	225	450	—
1762 FM	—	100	150	225	450	—

Note: SALISPURGENS (error)

KM# 391 THALER

Silver **Ruler:** Sigmund III **Obv:** Madonna and child within square, Cardinals' hat above oval shield at right, angel at left **Obv. Legend:** SIGISMUND • D • G • ... **Rev:** St. Rupert standing with oval shield at left **Rev. Legend:** S • RUPERTUS • EPISCOP : SALISBURGENS : **Note:** Dav.#1250.

Date	Mintage	F	VF	XF	Unc	BU
1758	—	90.00	150	225	450	—

KM# 394 THALER

Silver **Ruler:** Sigmund III **Obv:** Cardinals' hat above 2 oval shields **Obv. Legend:** SIGISMUND • D • G • ... **Rev:** St. Rupert

KM# 402 THALER

Silver **Ruler:** Sigmund III **Obv:** Bust right **Obv. Legend:** SIGM • D • G • ... **Rev:** Cardinals' hat above mantled shield, crown above, divided date below **Note:** Dav.#1259.

Date	Mintage	F	VF	XF	Unc	BU
1761	—	110	175	275	550	—
1765 FM	—	110	175	275	550	—
1765 FMK	—	110	175	275	550	—
1766	—	110	175	275	550	—
1767	—	110	175	275	550	—
1767 FM	—	110	175	275	550	—
1768	—	110	175	275	550	—
1769	—	110	175	275	550	—

KM# 418 THALER

Silver **Ruler:** Sigmund III **Obv:** Bust right **Obv. Legend:** SIGISMUNDUS • D • G • ... **Rev:** Cardinals' hat above mantled shield, crown above, divided date below **Note:** Dav.#1260.

Date	Mintage	F	VF	XF	Unc	BU
1767	—	150	250	350	700	—

KM# 429 THALER

Silver **Ruler:** Sigmund III **Obv:** Bust right **Obv. Legend:** SIGISM • D • G • ... **Rev:** Cardinals' hat above mantled shield, crown above, divided date below **Note:** Dav#1261B.

Date	Mintage	F	VF	XF	Unc	BU
1771 FM	—	90.00	150	225	450	—

KM# 433.1 THALER

28.0600 g., 0.8330 Silver 0.7515 oz. ASW **Ruler:** Hieronymus **Obv:** Bust right **Obv. Legend:** HIERONYMUS D • G • A • ... **Rev:** Cardinals' hat above oval, mantled shield, crown above, divided date below **Note:** Dav.#1262.

Date	Mintage	F	VF	XF	Unc
1772 FM close date	—	200	600	900	1,500
1772 FMF wide date	—	200	600	900	1,500

KM# 401.1 THALER

Silver **Ruler:** Sigmund III **Obv:** Bust right **Obv. Legend:** SIGISMUNDUS • D • G • ... **Rev:** Cardinals' hat above 2 oval shields **Rev. Legend:** S • A • S • LEG • NATUSGERM • PRIMAS • **Note:** Dav.#1255.

Date	Mintage	F	VF	XF	Unc	BU
1761	—	150	200	275	550	—

KM# 401.2 THALER

Silver **Ruler:** Sigmund III **Rev. Legend:** S.R.I.PR.SALISB **Note:** Dav.#1256.

Date	Mintage	F	VF	XF	Unc	BU
1761	—	150	200	275	550	—

KM# 420 THALER

Silver **Ruler:** Sigmund III **Obv:** Bust right **Obv. Legend:** SIGISM • D • G • ... **Rev:** Cardinals' hat above mantled shield, crown above, divided date below **Note:** Dav.#1261.

Date	Mintage	F	VF	XF	Unc	BU
1769 FM	—	90.00	150	225	450	—
1770 FM	—	90.00	150	225	450	—

KM# 435 THALER

28.0600 g., 0.8330 Silver 0.7515 oz. ASW **Ruler:** Hieronymus **Obv:** Bust right **Obv. Legend:** HIERONYMUS D • G • A • ... **Rev:** Cardinals' hat above oval, mantled shield, crown above, divided date below **Note:** Varieties exist. Dav.#1263.

Date	Mintage	F	VF	XF	Unc	BU
1772 FM	—	65.00	100	150	325	—
1773 FM	—	65.00	100	150	325	—
1773	—	65.00	100	150	325	—
1773 M	—	65.00	100	150	325	—
1774 M	—	65.00	100	150	325	—
1775 M	—	65.00	100	150	325	—
1776 M	—	65.00	100	150	325	—
1777 M	—	65.00	100	150	325	—
1778 M	—	65.00	100	150	325	—
1779 M	—	65.00	100	150	325	—
1780 M	—	65.00	100	150	325	—
1781 M	—	65.00	100	150	325	—
1782 M	—	65.00	100	150	325	—
1783 M	—	65.00	100	150	325	—
1784 M	—	65.00	100	150	325	—
1785 M	—	65.00	100	150	325	—
1786 M	—	65.00	100	150	325	—

KM# 403.1 THALER

Silver **Ruler:** Sigmund III **Obv:** Bust right **Obv. Legend:** SIGISMUND • D • G • ... **Rev:** Angel above 2 oval shields with small Cardinals' hat at left, all within crowned mantle **Rev. Legend:** S • A • S • LEG • NATUS • ... **Note:** Dav.#1257.

Date	Mintage	F	VF	XF	Unc	BU
1762 FMK	—	135	225	325	650	—
1763	—	135	225	325	650	—
1764 MK	—	135	225	325	650	—

KM# 403.2 THALER

Silver **Ruler:** Sigmund III **Rev:** Date above crowned and mantled arms **Note:** Dav.#1258.

Date	Mintage	F	VF	XF	Unc	BU
1765	—	125	200	300	600	—

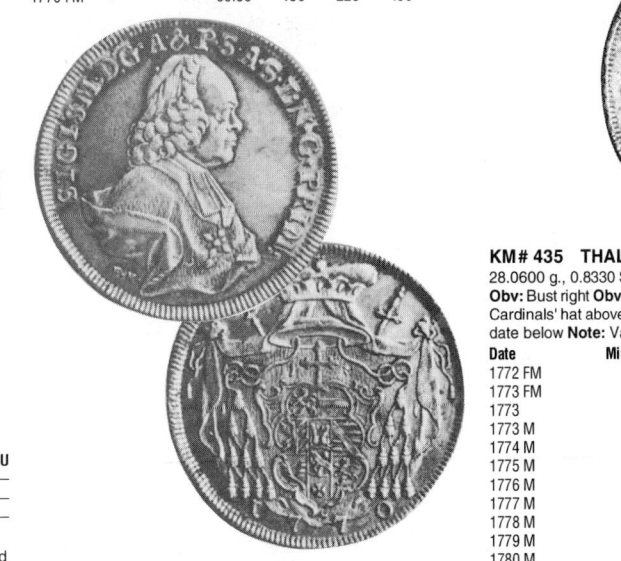

KM# 426 THALER

Silver **Ruler:** Sigmund III **Obv:** Bust right **Obv. Legend:** SIGISM • D • G • ... **Rev:** Cardinals' hat above mantled shield, crown above, date below **Note:** Dav#1261A.

Date	Mintage	F	VF	XF	Unc	BU
1770 FM	—	90.00	150	225	450	—

Date	Mintage	F	VF	XF	Unc	BU
1788 M	—	65.00	110	150	325	—
1789 M	—	65.00	110	150	325	—

Date	Mintage	VG	F	VF	XF	Unc
1704	—	50.00	90.00	165	225	300
1705	—	50.00	90.00	165	225	300
1707	—	50.00	90.00	165	225	300

KM# 297 1/4 DUCAT

0.8750 g., 0.9870 Gold 0.0278 oz. AGW **Ruler:** Franz Anton **Obv:** Cardinals' hat above oval shield **Obv. Legend:** FRAN ANT ... **Rev:** St. Rupert above value within oval circle

Date	Mintage	VG	F	VF	XF	Unc
1709	—	60.00	100	185	275	350
1712	—	60.00	100	185	275	350
1713	—	60.00	100	185	275	350
1714	—	60.00	100	185	275	350
1718	—	60.00	100	185	275	350
1719	—	60.00	100	185	275	350
1725	—	60.00	100	185	275	350

KM# 433.2 THALER

28.0600 g., 0.8330 Silver 0.7515 oz. ASW **Ruler:** Hieronymus **Obv:** Bust right **Obv. Legend:** HIERONYMUS D • G • A • ... **Rev:** Cardinals' hat above oval, mantled shield, crown above, date below **Note:** Dav#1262B.

Date	Mintage	F	VF	XF	Unc	BU
1772 FMF	—	200	600	900	1,500	—

KM# 330 1/4 DUCAT

0.8750 g., 0.9870 Gold 0.0278 oz. AGW **Ruler:** Leopold Anton Eleutherius **Obv:** Cardinals' hat above shield **Obv. Legend:** LEOPOLDUS ... **Rev:** St. Rupert above value within oval circle

Date	Mintage	VG	F	VF	XF	Unc
1728	—	60.00	80.00	175	275	375
1734	—	60.00	80.00	175	275	375
1740	—	60.00	80.00	175	275	375

KM# 465 THALER

28.0600 g., 0.8330 Silver 0.7515 oz. ASW **Ruler:** Hieronymus **Obv:** Bust right **Obv. Legend:** HIERONVMVS .... **Rev:** Cardinal's hat above mantled shield, crown above, date below **Note:** Varieties exist. Dav.#1265.

Date	Mintage	F	VF	XF	Unc	BU
1789	—	65.00	110	150	325	—
1789 M	—	65.00	110	150	325	—
1790 M	—	65.00	110	150	325	—
1791 M	—	65.00	110	150	325	—
1792 M	—	65.00	110	150	325	—
1793 M	—	65.00	110	150	325	—
1794 M	—	65.00	110	150	325	—
1795 M	—	65.00	110	150	325	—
1796 M	—	65.00	110	150	325	—
1797 M	—	65.00	110	150	325	—
1798 M	—	65.00	110	150	325	—
1799 M	—	65.00	110	150	325	—
1800 M	—	65.00	110	150	325	—

KM# 346 1/4 DUCAT

0.8750 g., 0.9870 Gold 0.0278 oz. AGW **Ruler:** Jakob Ernst **Obv:** Cardinals' hat above shield **Obv. Legend:** IACOB ERN ... **Rev:** St. Rupert above value within oval circle

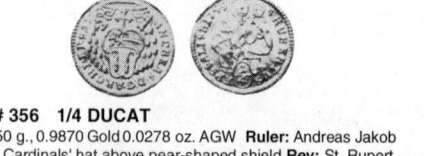

Date	Mintage	VG	F	VF	XF	Unc
1745	—	100	200	450	700	—

KM# 356 1/4 DUCAT

0.8750 g., 0.9870 Gold 0.0278 oz. AGW **Ruler:** Andreas Jakob **Obv:** Cardinals' hat above pear-shaped shield **Rev:** St. Rupert above value within oval circle

Date	Mintage	VG	F	VF	XF	Unc
1749	—	100	200	350	700	—

KM# 434 THALER

28.0600 g., 0.8330 Silver 0.7515 oz. ASW **Ruler:** Hieronymus **Obv:** Bust right **Obv. Legend:** HIERONYMVS D • G • A • ... **Rev:** Cardinals' hat above oval , mantled shield, crown above, date below **Note:** Dav#1262A.

Date	Mintage	F	VF	XF	Unc	BU
1772 FMF	—	250	550	850	1,400	—

KM# 361 1/4 DUCAT

0.8750 g., 0.9870 Gold 0.0278 oz. AGW **Ruler:** Andreas Jakob **Obv:** Bust right **Rev:** Cardinals' hat above pear-shaped shield

Date	Mintage	VG	F	VF	XF	Unc
1751	—	150	300	650	1,250	—

KM# 371 1/4 DUCAT

0.8750 g., 0.0860 Gold 0.0277 oz. AGW **Ruler:** Sigmund III **Obv:** Arms **Rev:** St. Rupert seated, value below

Date	Mintage	VG	F	VF	XF	Unc
1753	—	75.00	150	300	550	—

KM# 471 THALER

28.0600 g., 0.8330 Silver 0.7515 oz. ASW **Ruler:** Hieronymus **Obv:** Bust right **Obv. Legend:** HIERONYMVS D • G • A • ... **Rev:** Crowned shield with supporters on mantle, divided date below **Note:** Dav.#1266.

Date	Mintage	F	VF	XF	Unc	BU
1790 FM Rare	200	—	—	—	—	—

TRADE COINAGE

KM# 383 1/4 DUCAT

0.8750 g., 0.9860 Gold 0.0277 oz. AGW **Ruler:** Sigmund III **Obv:** Bust right **Obv. Legend:** SIGISM • D • G • ... **Rev:** Cardinals' hat above oval shield

Date	Mintage	VG	F	VF	XF	Unc
1755	—	65.00	125	225	400	—

KM# 427 1/4 DUCAT

0.8750 g., 0.9860 Gold 0.0277 oz. AGW **Ruler:** Sigmund III **Obv:** Small bust of Sigismund right

Date	Mintage	VG	F	VF	XF	Unc
1770	—	60.00	100	200	350	—

KM# 462 THALER

28.0600 g., 0.8330 Silver 0.7515 oz. ASW **Ruler:** Hieronymus **Obv:** Bust right **Obv. Legend:** HIERONYMVS D • G • A • ... **Rev:** Cardinals' hat above pear-shaped, mantled shield, crown above, date below **Note:** Dav.#1264.

Date	Mintage	F	VF	XF	Unc	BU
1787 M	—	65.00	110	150	325	—

KM# 255 1/4 DUCAT

0.8750 g., 0.9860 Gold 0.0277 oz. AGW **Ruler:** Johann Ernst **Obv:** Cardinals' hat above oval shield **Obv. Legend:** IO ERNEST... **Rev:** St. Rupert, value within oval circle below

Obv: Bust right **Obv. Legend:** SIGISMUS • D • G • ... **Rev:** Cardinals' hat above oval shield, value below

Date	Mintage	VG	F	VF	XF	Unc
1755	—	75.00	150	325	650	—
1761	—	75.00	150	325	650	—

KM# 443 1/4 DUCAT

0.8750 g., 0.9860 Gold 0.0277 oz. AGW **Ruler:** Hieronymus **Obv:** Bust right **Obv. Legend:** HIER D • G • A • ... **Rev:** Cardinals' hat above oval, mantled shield

Date	Mintage	VG	F	VF	XF	Unc
1776	—	50.00	80.00	165	250	350
1777	—	50.00	80.00	165	250	350
1782	—	50.00	80.00	165	250	350

KM# 444 1/2 DUCAT

1.7500 g., 0.9860 Gold 0.0555 oz. AGW **Ruler:** Hieronymus **Obv:** Bust right **Obv. Legend:** HIERONYMVS D • G • A • .. **Rev:** Cardinals' hat above oval, mantled shield, crown above, date below

Date	Mintage	VG	F	VF	XF	Unc
1776	—	125	250	500	800	—

KM# 256 1/2 DUCAT

1.7500 g., 0.9860 Gold 0.0555 oz. AGW **Ruler:** Johann Ernst **Obv:** Cardinals' hat above oval shield **Obv. Legend:** IO : ERNEST : D : G : ... **Rev:** St. Rupert **Rev. Legend:** SALISBVRG • 1705 • S: RVD....

Date	Mintage	VG	F	VF	XF	Unc
1705	—	75.00	125	275	450	—
1707	—	75.00	125	275	450	—

KM# 257 DUCAT

3.5000 g., 0.9860 Gold 0.1109 oz. AGW **Ruler:** Johann Ernst **Obv:** Cardinals' hat above oval shield **Obv. Legend:** IO : ERNEST : .... **Rev:** St. Rupert **Rev. Legend:** S: RVDBERTVS • EPS • SALISBVRG •

Date	Mintage	VG	F	VF	XF	Unc
1701	—	130	275	550	950	1,500
1702	—	130	275	550	950	1,500
1703	—	130	275	550	950	1,500
1704	—	130	275	550	950	1,500
1705	—	130	275	550	950	1,500
1706	—	130	275	550	950	1,500
1707	—	130	275	550	950	1,500
1708	—	130	275	550	950	1,500

KM# 298 1/2 DUCAT

1.7500 g., 0.9860 Gold 0.0555 oz. AGW **Ruler:** Franz Anton **Obv:** Cardinals' hat above shield **Obv. Legend:** FRANC : ANTO : ... **Rev:** St. Rupert **Rev. Legend:** SALISBVRG ....

Date	Mintage	VG	F	VF	XF	Unc
1709	—	125	225	400	650	1,000
1715	—	125	225	400	650	1,000
1720	—	125	225	400	650	1,000
1722	—	125	225	400	650	1,000

KM# 299 DUCAT

3.5000 g., 0.9860 Gold 0.1109 oz. AGW **Ruler:** Franz Anton **Obv:** Cardinals' hat above crowned oval shield **Obv. Legend:** FRANC : ANTO : ... **Rev:** St. Rupert **Rev. Legend:** S: RVDBERTVS • EPS • SALISBVRG •

Date	Mintage	VG	F	VF	XF	Unc
1709	—	250	450	1,250	2,250	—
1710	—	250	450	1,250	2,250	—
1711	—	250	450	1,250	2,250	—
1712	—	250	450	1,250	2,250	—
1713	—	250	450	1,250	2,250	—
1715	—	250	450	1,250	2,250	—
1716	—	250	450	1,250	2,250	—
1717	—	250	450	1,250	2,250	—
1718	—	250	450	1,250	2,250	—
1719	—	250	450	1,250	2,250	—
1720	—	250	450	1,250	2,250	—
1721	—	250	450	1,250	2,250	—
1722	—	250	450	1,250	2,250	—
1723	—	250	450	1,250	2,250	—
1724	—	250	450	1,250	2,250	—
1725	—	250	450	1,250	2,250	—
1726	—	250	450	1,250	2,250	—

Date	Mintage	VG	F	VF	XF	Unc
1720	—	350	550	1,450	2,750	—
1721	—	350	550	1,450	2,750	—
1724	—	350	550	1,450	2,750	—
1725	—	350	550	1,450	2,750	—

KM# 321 DUCAT

3.5000 g., 0.9860 Gold 0.1109 oz. AGW **Ruler:** Franz Anton **Obv:** Older bust of Franz Anton right

Date	Mintage	VG	F	VF	XF	Unc
1726	—	400	600	1,650	2,850	—

KM# 323 DUCAT

3.5000 g., 0.9860 Gold 0.1109 oz. AGW **Ruler:** Leopold Anton Eleutherius **Obv:** Cardinals' hat above pear-shaped shield **Obv. Legend:** LEOPOLD ... **Rev:** St. Rupert **Rev. Legend:** S: RUDBERTUS • EPS • SALISBURG •

Date	Mintage	VG	F	VF	XF	Unc
1727	—	150	250	500	950	—
1728	—	150	250	500	950	—
1729	—	150	250	500	950	—
1730	—	150	250	500	950	—
1731	—	150	250	500	950	—
1732	—	150	250	500	950	—
1733	—	150	250	500	950	—
1734	—	150	250	500	950	—
1735	—	150	250	500	950	—
1736	—	150	250	500	950	—
1737	—	150	250	500	950	—
1738	—	150	250	500	950	—
1739	—	150	250	500	950	—
1740	—	150	250	500	950	—

KM# 331 1/2 DUCAT

1.7500 g., 0.9860 Gold 0.0555 oz. AGW **Ruler:** Leopold Anton Eleutherius **Obv:** Cardinals' hat above shield **Obv. Legend:** LEOPOLDUS ... **Rev:** St. Rupert

Date	Mintage	VG	F	VF	XF	Unc
1728	—	175	275	600	1,000	—

KM# 332 DUCAT

3.5000 g., 0.9860 Gold 0.1109 oz. AGW **Ruler:** Leopold Anton Eleutherius **Obv:** Bust right **Obv. Legend:** LEOPOLDUS • D • G • ... **Rev:** Cardinals' hat above shield **Note:** Varieties exist.

Date	Mintage	VG	F	VF	XF	Unc
1728 D	—	250	450	1,250	2,500	—
1738 FMK	—	250	450	1,500	2,750	—
1739 FMK	—	250	450	1,500	2,750	—
1740 FMK	—	250	450	1,500	2,750	—
1741 FMK	—	250	450	1,500	2,750	—
1742 FMK	—	250	450	1,500	2,750	—
1743 FMK	—	250	450	1,500	2,750	—
1744 FMK	—	250	450	1,500	2,750	—

KM# 347 DUCAT

3.5000 g., 0.9860 Gold 0.1109 oz. AGW **Ruler:** Jakob Ernst **Obv:** Arms below hat **Obv. Legend:** IACOBUS ERN ... **Rev:** St. Rupert seated facing

Date	Mintage	VG	F	VF	XF	Unc
1745	—	200	500	1,350	2,500	—
1746	—	200	500	1,350	2,500	—

KM# 357 1/2 DUCAT

1.7500 g., 0.9860 Gold 0.0555 oz. AGW **Ruler:** Andreas Jakob **Obv:** Cardinals' hat above shield, value below **Obv. Legend:** ANDREAS • D : G • ... **Rev:** St. Rupert **Rev. Legend:** S • RVERTVS ....

Date	Mintage	VG	F	VF	XF	Unc
1749	—	150	325	750	1,450	—

KM# 349 DUCAT

3.5000 g., 0.9860 Gold 0.1109 oz. AGW **Ruler:** Jakob Ernst **Obv:** Bust right **Obv. Legend:** IACOBUS ERN D G ... **Rev:** Cardinals' hat above pear-shaped shield

Date	Mintage	VG	F	VF	XF	Unc
1746	—	175	400	1,150	2,250	—
1747	—	175	400	1,150	2,250	—

KM# 362 1/2 DUCAT

1.7500 g., 0.9860 Gold 0.0555 oz. AGW **Ruler:** Andreas Jakob **Obv:** Bust right **Obv. Legend:** ANDREAS • D : G • ARCH .... **Rev:** Cardinals' hat above shield, value below

Date	Mintage	VG	F	VF	XF	Unc
1751	—	175	350	750	1,500	2,800

KM# 309 DUCAT

3.5000 g., 0.9860 Gold 0.1109 oz. AGW **Ruler:** Franz Anton **Obv:** Bust right **Obv. Legend:** FRANC • ANTO • ... **Rev:** Cardinals' hat above pear-shaped shield **Rev. Legend:** SALISBVRG • S • S • A • L • D • G • ARCH....

Date	Mintage	VG	F	VF	XF	Unc
1710	—	350	550	1,450	2,750	—
1711	—	350	550	1,450	2,750	—
1712	—	350	550	1,450	2,750	—
1713	—	350	550	1,450	2,750	—
1714	—	350	550	1,450	2,750	—
1715	—	350	550	1,450	2,750	—
1716	—	350	550	1,450	2,750	—
1718	—	350	550	1,450	2,750	—
1719	—	350	550	1,450	2,750	—

KM# 384 1/2 DUCAT

1.7500 g., 0.9860 Gold 0.0555 oz. AGW **Ruler:** Sigmund III

KM# 351 DUCAT

3.5000 g., 0.9860 Gold 0.1109 oz. AGW **Ruler:** Andreas Jakob **Obv:** Cardinals' hat above pear-shaped shield **Obv. Legend:**

ANDREAS • D : G • ARCH .... Rev: St. Rupert **Rev. Legend:** S • RUPERTUS ...

Date	Mintage	VG	F	VF	XF	Unc
1747	—	125	250	900	1,600	—
1748	—	125	250	900	1,600	—
1749	—	125	250	900	1,600	—
1751	—	125	250	900	1,600	—
1752	—	125	250	900	1,600	—

KM# 355 DUCAT
3.5000 g., 0.9860 Gold 0.1109 oz. AGW **Ruler:** Andreas Jakob **Obv:** Bust right **Obv. Legend:** ANDREAS • D : G • ARCH ... **Rev:** Cardinals' hat above pear-shaped shield **Rev. Legend:** SALZBURG ..... **Note:** Varieties with and without die-cutter's initials MK exist.

Date	Mintage	VG	F	VF	XF	Unc
1748	—	185	325	1,100	1,650	2,250
1749	—	185	325	1,100	1,650	2,250
1750	—	185	325	1,100	1,650	2,250
1751	—	185	325	1,100	1,650	2,250

KM# 407 DUCAT
3.5000 g., 0.9860 Gold 0.1109 oz. AGW **Ruler:** Sigmund III **Obv:** Bust right **Obv. Legend:** SIGM ... **Rev:** Cardinals' hat above oval, mantled shield, crown above, divided date below

Date	Mintage	VG	F	VF	XF	Unc
1764	—	100	175	450	800	—
1765	—	100	175	450	800	—
1766	—	100	175	450	800	—
1767	—	100	175	450	800	—
1768	—	100	175	450	800	—
1769	—	100	175	450	800	—
1770	—	100	175	450	800	—
1771	—	100	175	450	800	—

KM# 411 DUCAT
3.5000 g., 0.9860 Gold 0.1109 oz. AGW **Ruler:** Sigmund III **Rev:** Date above arms

Date	Mintage	VG	F	VF	XF	Unc
1765	—	125	175	500	900	—

KM# 463 DUCAT
3.5000 g., 0.9860 Gold 0.1109 oz. AGW **Ruler:** Hieronymus **Obv:** Bust right **Obv. Legend:** HIERON • D • G • A •... **Rev:** Cardinals' hat above mantled shield, crown above, divided date below

Date	Mintage	VG	F	VF	XF	Unc
1787 M	—	85.00	125	250	450	—
1788 M	—	85.00	125	250	450	—
1789 M	—	85.00	125	250	450	—
1790 M	—	85.00	125	250	450	—
1791 M	—	85.00	125	250	450	—
1792 M	—	85.00	125	250	450	—
1793 M	—	85.00	125	250	450	—
1794 M	—	85.00	125	250	450	—
1795 M	—	85.00	125	250	450	—
1796 M	—	85.00	125	250	450	—
1797 M	—	85.00	125	250	450	—
1798 M	—	85.00	125	250	450	—
1799 M	—	85.00	125	250	450	—
1800 M	—	85.00	125	250	450	—

KM# 372 DUCAT
3.5000 g., 0.9860 Gold 0.1109 oz. AGW **Ruler:** Sigmund III **Obv:** Cardinals' hat above ornate shield **Obv. Legend:** SIGISMUND • D • G •... **Rev:** St. Rupert, date in legend **Rev. Legend:** S • RUPERTUS • EPS • SALISBURG •

Date	Mintage	VG	F	VF	XF	Unc
1753	—	150	250	650	1,150	—

KM# 437 DUCAT
3.5000 g., 0.9860 Gold 0.1109 oz. AGW **Ruler:** Hieronymus **Obv:** Bust right **Obv. Legend:** HIERONYMVS D • G • A •... **Rev:** Cardinals' hat above oval, mantled shield, crown above, date below **Note:** Varieties with narrow and wide dates exist, also with or without die-cutter's initials.

Date	Mintage	VG	F	VF	XF	Unc
1772 M	—	100	225	500	900	—
1773 M	—	75.00	125	250	475	—
1774 M	—	75.00	125	250	475	—
1775 M	—	75.00	125	250	475	—
1776 M	—	75.00	125	250	475	—
1777 M	—	75.00	125	250	475	—
1778 M	—	75.00	125	250	475	—
1779 M	—	75.00	125	250	475	—
1780 M	—	75.00	125	250	475	—
1781 M	—	75.00	125	250	475	—
1782 M	—	75.00	125	250	475	—
1783 M	—	75.00	125	250	475	—
1784 M	—	75.00	125	250	475	—
1785 M	—	75.00	125	250	475	—
1786 M	—	75.00	125	250	475	—

KM# 271 2 DUCAT
7.0000 g., 0.9860 Gold 0.2219 oz. AGW **Ruler:** Johann Ernst **Obv:** Arms **Obv. Legend:** IO ERNEST ... **Rev:** Saint Rupert on throne

Date	Mintage	VG	F	VF	XF	Unc
1707	—	275	550	1,350	2,500	—
1708	—	275	550	1,350	2,500	—

KM# 300 2 DUCAT
7.0000 g., 0.9860 Gold 0.2219 oz. AGW **Ruler:** Franz Anton **Obv. Legend:** FRANC ANTO ... **Note:** Klippe.

Date	Mintage	VG	F	VF	XF	Unc
1709	—	1,000	2,000	4,000	6,500	—

KM# 337 2 DUCAT
7.0000 g., 0.9860 Gold 0.2219 oz. AGW **Ruler:** Leopold Anton Eleutherius **Obv. Legend:** LEOPOLD ...

Date	Mintage	VG	F	VF	XF	Unc
1734	—	450	950	2,450	4,500	—
1735	—	450	950	2,450	4,500	—

KM# 360 2 DUCAT
7.0000 g., 0.9860 Gold 0.2219 oz. AGW **Ruler:** Andreas Jakob **Note:** Similar to Ducat, KM#355.

Date	Mintage	VG	F	VF	XF	Unc
1750 MK	—	700	1,350	4,000	6,500	—

KM# 381 DUCAT
3.5000 g., 0.9860 Gold 0.1109 oz. AGW **Ruler:** Sigmund III **Obv:** Bust right **Obv. Legend:** SIGISMUNDUS • D • G •... **Rev:** Cardinals' hat above oval shield, divided date above

Date	Mintage	VG	F	VF	XF	Unc
1754 MK	—	100	175	450	800	—
1755 MK	—	100	175	450	800	—
1756 MK	—	100	175	450	800	—
1757 MK	—	100	175	450	800	—
1758 MK	—	100	175	450	800	—
1759 MK	—	100	175	450	800	—
1760 MK	—	100	175	450	800	—
1761 MK	—	100	175	450	800	—
1762 MK	—	100	175	450	800	—
1763 MK	—	100	175	450	800	—

KM# 404 DUCAT
3.5000 g., 0.9860 Gold 0.1109 oz. AGW **Ruler:** Sigmund III **Obv:** Crowned and mantled arms

Date	Mintage	VG	F	VF	XF	Unc
1762	—	125	175	500	900	—
1763	—	125	175	500	900	—

KM# 405 DUCAT
3.5000 g., 0.9860 Gold 0.1109 oz. AGW **Ruler:** Sigmund III **Obv:** Arms **Rev:** St. Rupert holding Madonna

Date	Mintage	VG	F	VF	XF	Unc
1763	—	125	175	500	900	—

KM# 436 DUCAT
3.5000 g., 0.9860 Gold 0.1109 oz. AGW **Ruler:** Hieronymus **Obv:** Oval, ornate shield **Obv. Legend:** SALZBURG .... **Rev:** St. Rupert **Rev. Legend:** S • RUPERTUS • EPISCOPUS • SALISBURGENSIS • **Note:** Sede Vacante issue.

Date	Mintage	VG	F	VF	XF	Unc
1772	—	150	300	700	1,350	2,500

KM# 365 2 DUCAT
7.0000 g., 0.9860 Gold 0.2219 oz. AGW **Ruler:** Andreas Jakob **Obv:** Cardinals' hat above shield **Obv. Legend:** ANDREAS • D : G • ARCH ... **Rev:** St. Rupert, date in legend **Rev. Legend:** S • RUPERTUS •...

Date	Mintage	VG	F	VF	XF	Unc
1752	—	600	1,200	3,250	6,000	—

KM# 385 2 DUCAT
7.0000 g., 0.9860 Gold 0.2219 oz. AGW **Ruler:** Sigmund III **Obv:** Bust of Sigismund right **Rev:** Arms, bishop's hat divides date

Date	Mintage	VG	F	VF	XF	Unc
1755	—	250	500	1,300	2,250	—

KM# 406 DUCAT
3.5000 g., 0.9860 Gold 0.1109 oz. AGW **Ruler:** Sigmund III **Obv:** Bust right **Rev:** Crowned and mantled arms, crown divides date

Date	Mintage	VG	F	VF	XF	Unc
1764	—	125	175	500	900	—

KM# 452 DUCAT
3.5000 g., 0.9860 Gold 0.1109 oz. AGW, 21.2 mm. **Ruler:** Hieronymus **Subject:** 1,200th Anniversary of the Bishopric **Obv:** Bust right **Obv. Legend:** HIERONYMVS D • G • A •... **Rev:** Holy door with date below **Rev. Legend:** PRINCEPS POPULOSO IUVAVIENS **Note:** Ancient Roman Numeral date bottom reverse.

Date	Mintage	VG	F	VF	XF	Unc
(1782) M	—	125	275	800	1,250	—

KM# A412 2 DUCAT
7.0000 g., 0.9860 Gold 0.2219 oz. AGW **Ruler:** Sigmund III **Obv:** Bust right **Rev:** 2 adjacent mantled shields of arms under electoral hat, angel's head and wings at top, value 2 in cartouche at bottom

Date	Mintage	VG	F	VF	XF	Unc
1764	—	250	500	1,300	2,000	—

KM# 412 2 DUCAT
7.0000 g., 0.9860 Gold 0.2219 oz. AGW **Ruler:** Sigmund III
Obv: Bust right **Obv. Legend:** SIGISMUNDUS • D • G • ... **Rev:**
Cardinals' hat above oval, mantled shield, crown above, divided
date below

Date	Mintage	VG	F	VF	XF	Unc
1765	—	200	400	850	1,250	—
1766/5	—	200	400	850	1,250	—
1767	—	200	400	850	1,250	—
1768	—	200	400	850	1,250	—
1769	—	200	400	850	1,250	—
1770	—	200	400	850	1,250	—
1771	—	200	400	850	1,250	—

KM# 428 2 DUCAT
7.0000 g., 0.9860 Gold 0.2219 oz. AGW **Ruler:** Sigmund III
Rev: Crowned and mantled ecclesiastical arms, date and value below

Date	Mintage	VG	F	VF	XF	Unc
1770	—	250	500	1,300	2,000	—
1771	—	250	500	1,300	2,000	—

KM# 440 2 DUCAT
7.0000 g., 0.9860 Gold 0.2219 oz. AGW **Ruler:** Hieronymus
Obv: Bust right **Rev:** Crowned and mantled oval arms, value below

Date	Mintage	VG	F	VF	XF	Unc
1773 M	—	900	1,850	3,500	6,000	—

KM# 396 5 DUCAT
17.5000 g., 0.9860 Gold 0.5547 oz. AGW **Ruler:** Sigmund III
Obv: Bust right **Obv. Legend:** SIGISMUNDUS • D • G • ... **Rev:**
St. Rupert seated with Cardinals' hat above oval shield **Rev. Legend:** S • RUPERTUS ...

Date	Mintage	VG	F	VF	XF	Unc
1759 FMK	—	3,000	6,500	10,000	—	—

KM# B381 6 DUCAT
21.0000 g., 0.9860 Gold 0.6657 oz. AGW **Ruler:** Sigmund III
Obv: Bust of Sigismund III right **Rev:** Arms

Date	Mintage	VG	F	VF	XF	Unc
1753 Rare	—	—	—	—	—	—

KM# 400 6 DUCAT
21.0000 g., 0.9860 Gold 0.6657 oz. AGW **Ruler:** Sigmund III
Obv: Bust of Sigismund III right **Rev:** St. Rupert seated left before statue of Madonna and Child

Date	Mintage	VG	F	VF	XF	Unc
1760 FMK Rare	—	—	—	—	—	—

KM# 448 6 DUCAT
21.0000 g., 0.9860 Gold 0.6657 oz. AGW **Ruler:** Hieronymus
Subject: 1,200th Anniversary of the Bishopric **Note:** Similar to Ducat, KM#452.

Date	Mintage	VG	F	VF	XF	Unc
1782 M Rare	—	—	—	—	—	—

KM# 303 20 DUCAT
70.0000 g., 0.9860 Gold 2.2190 oz. AGW **Ruler:** Franz Anton
Obv: Arms below hat **Obv. Inscription:** FRANC ANTON **Rev:**
2 saints seated, facing each other with croziers, church in foreground

Date	Mintage	VG	F	VF	XF	Unc
1709 Rare	—	—	—	—	—	—

KM# B350 20 DUCAT
70.0000 g., 0.9860 Gold 2.2190 oz. AGW **Ruler:** Jakob Ernst
Note: Similar to 5 Ducat, KM#A350.

Date	Mintage	VG	F	VF	XF	Unc
1745 Rare	—	—	—	—	—	—

KM# 304 25 DUCAT
87.5000 g., 0.9860 Gold 2.7737 oz. AGW, 46 mm. **Ruler:**
Franz Anton **Obv:** Arms below hat **Obv. Inscription:** FRANC ANTON **Rev:** 2 saints, seated, facing each other with croziers, church in foreground

Date	Mintage	VG	F	VF	XF	Unc
1709 Rare	—	—	—	—	—	—

PATTERNS

Including off metal strikes

KM#	Date	Mintage	Identification	Mkt Val
Pn10	1753	—	10 Ducat. Silver. KM#C381.	500
Pn11	1761	—	20 Kreuzer. Silver. Without indication of value.	—

Pn12 (1782) — Ducat. Silver. KM#452. Ancient R.N. date

Pn13 (1782) — 2 Ducat. Silver. KM#453. Ancient R.N. date. —

KM# 453 2 DUCAT
7.0000 g., 0.9860 Gold 0.2219 oz. AGW, 24 mm. **Ruler:**
Hieronymus **Subject:** 1,200th Anniversary of the Bishopric **Obv:**
Bust right **Obv. Legend:** HIERONYMVS D • G • A • ... **Rev:** Holy door **Rev. Legend:** PRINCEPS .... **Note:** Ancient Roman Numeral date at bottom reverse.

Date	Mintage	VG	F	VF	XF	Unc
(1782) M	—	400	800	2,500	4,000	—

KM# 416 3 DUCAT
10.5000 g., 0.9860 Gold 0.3328 oz. AGW **Ruler:** Sigmund III
Obv: Bust right **Obv. Legend:** SIGM • D • G • ... **Rev:** Interior view of the mint **Note:** Installation of new machinery at mint.

Date	Mintage	VG	F	VF	XF	Unc
1766	—	2,500	5,000	8,000	—	—

KM# 301 5 DUCAT
17.5000 g., 0.9860 Gold 0.5547 oz. AGW **Ruler:** Franz Anton
Obv: Arms below hat **Obv. Legend:** FRANC ANTON ... **Rev:** 2 saints seated, facing each other with croziers, church in foreground

Date	Mintage	VG	F	VF	XF	Unc
1709 Rare	—	—	—	—	—	—

KM# A301 5 DUCAT
17.5000 g., 0.9860 Gold 0.5547 oz. AGW **Ruler:** Franz Anton
Note: Strike of 1/4 Thaler KM#294 in gold.

Date	Mintage	VG	F	VF	XF	Unc
1709 Rare	—	—	—	—	—	—

KM# A350 5 DUCAT
17.5000 g., 0.9860 Gold 0.5547 oz. AGW **Ruler:** Jakob Ernst
Obv: Bust of Jakob Ernst right **Rev:** Arms below hat **Rev. Legend:** DOMINUS AUTEM ASSUMPSIT ME

Date	Mintage	VG	F	VF	XF	Unc
1745 Rare	—	—	—	—	—	—

KM# A381 5 DUCAT
17.5000 g., 0.9860 Gold 0.5547 oz. AGW **Ruler:** Sigmund III
Obv: Bust of Sigismund III right **Rev:** Arms

Date	Mintage	VG	F	VF	XF	Unc
1753 Rare	—	—	—	—	—	—

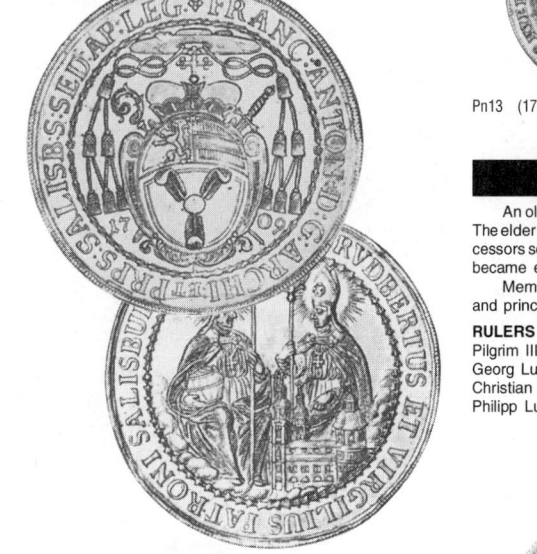

KM# 302 10 DUCAT
35.0000 g., 0.9860 Gold 1.1095 oz. AGW **Ruler:** Franz Anton
Obv: Cardinals' hat above oval ornate shield, divided date below, all within roped wreath **Obv. Legend:** FRANC : ANTON : ... **Rev:**
Standin Saints within roped wreath **Rev. Legend:** :RVDBERTUS ET VIRGILIUS PATRONI ....

Date	Mintage	VG	F	VF	XF	Unc
1709 Rare	—	—	—	—	—	—

KM# C381 10 DUCAT
35.0000 g., 0.9860 Gold 1.1095 oz. AGW **Ruler:** Sigmund III
Obv: Bust of Sigismund III right **Rev:** 2 figures with arms

Date	Mintage	VG	F	VF	XF	Unc
1753	—	—	12,500	18,500	—	—

KM# A419 10 DUCAT
35.0000 g., 0.9860 Gold 1.1095 oz. AGW **Ruler:** Sigmund III
Obv: Bust of Sigismund III **Rev:** City gate

Date	Mintage	VG	F	VF	XF	Unc
1767 Rare	—	—	—	—	—	—

KM# A382 12 DUCAT
42.0000 g., 0.9860 Gold 1.3314 oz. AGW **Ruler:** Sigmund III
Obv: Bust of Sigismund III **Rev:** Crowned and mantled 2 shields

Date	Mintage	VG	F	VF	XF	Unc
1755 Rare	—	—	—	—	—	—

KM# 449 12 DUCAT
54.0000 g., 0.9860 Gold 1.7118 oz. AGW **Ruler:** Hieronymus
Subject: 1,200th Anniversary of the Bishopric **Note:** Similar to Ducat, KM#452.

Date	Mintage	VG	F	VF	XF	Unc
1782 Rare	—	—	—	—	—	—

SINZENDORF

An old Austrian house which was divided into two branches. The elder line was advanced to the rank of count in 1613. His successors seemingly acquired the mint right a few years later. They became extinct in 1766.

Members of the younger line, who became counts in 1653 and princes in 1803, struck no coins.

RULERS
Pilgrim III, 1579-1620
Georg Ludwig, 1616-1680
Christian Ludwig, 1681-1687
Philipp Ludwig, 1687-1742

COUNTY
TRADE COINAGE

FR# 3290 DUCAT
3.5000 g., 0.9860 Gold 0.1109 oz. AGW **Ruler:** Philipp Ludwig
Obv: Bust right **Obv. Legend:** PHILIP LUD ... **Rev:** Crowned arms within cartouche

Date	Mintage	VG	F	VF	XF	Unc
1726	—	600	1,000	1,850	3,000	—

C# 1 DUCAT
3.5000 g., 0.9860 Gold 0.1109 oz. AGW **Ruler:** Johann Wilhelm
Obv: Bust right **Rev:** Arms within Order chain **Note:** Fr.#3291.

Date	Mintage	VG	F	VF	XF	Unc
1753	—	300	650	1,250	2,250	3,850

SPRINZENSTEIN

In 1529, Paul Riccio obtained the lordship of Sprinzenstein in Upper Austria from the bishop of Passau. He was elevated to the rank of hereditary freiherr the following year.

His son Hieronimus obtained the lordship of Neuhaus. Descendants of his oldest son were made counts of the Empire in 1646 and Ferdinand Max received the coinage right. He died without sons and the only coins of Sprinzenstein were struck at the Augsburg Mint by his nephew and the latter's nephew.

RULERS
Franz Ignaz, 1639-1705
Johann Ehrenreich, 1705-1729

COUNTY
STANDARD COINAGE

KM# 5 THALER
Silver **Ruler:** Franz Ignaz **Obv:** Armored bust right **Obv. Legend:** FRANC • IGNAT • S • R • I • C • & DOM • DE ET IN SPRINZENSTEIN ET NEUHAUS * **Rev:** Helmeted arms **Rev. Legend:** ARCHI • MONETARIVS HÆREDITARI • VTRIVSQ • AVSTRIAE **Note:** Dav. #1198.

Date	Mintage	VG	F	VF	XF	Unc
1705	—	450	750	1,250	2,250	—

KM# 10 THALER
Silver **Ruler:** Johann Ehrenreich **Obv:** Armored bust right **Obv. Legend:** IOAN • ERNRICUS S • R • I • C • & DOM • DE ET IN SPRINZENSTEIN ET NEUHAUS * **Rev:** Helmeted arms **Rev. Legend:** ARCHI • MONETARI • HAEREDITARI • UTRIUSQ: ARCHIDUCAT • AUSTRIAE * **Note:** Dav. #1199.

Date	Mintage	VG	F	VF	XF	Unc
1717	—	350	550	950	1,650	3,250

TRAUTSON

An old Tyrolean family that traced its lineage back to 1134. During the reign of Paul Sixtus I (1589-1621), who was Imperial Governor of the Tyrol, the mint right was given to this house. Members of this house held high imperial offices until 1775 when the house passed to Auersperg.

RULERS
Franz Eusebius, 1663-1728
Johann Leopold, 1663-1724

PRINCIPALITY
STANDARD COINAGE

KM# 31 THALER
Silver **Ruler:** Franz Eusebius **Obv:** Bust right **Obv. Legend:** FRANC • EUSEB • TRAVTHSON COM • IN FALKHENSTAIN **Rev:** Helmeted arms divide date at bottom **Rev. Legend:** • L • B • IN SPRECHEN: ET SCHROVENSTEIN • **Note:** Dav. #1200.

Date	Mintage	VG	F	VF	XF	Unc
1708	—	150	250	400	800	1,500
1715	—	150	250	400	800	1,500

KM# 34 THALER
Silver **Ruler:** Johann Leopold **Obv:** Bust right **Obv. Legend:** LEOP • S • R • I • PRINCEPS TRAVTSON • COM • IN • FALKENSTEIN **Rev:** Helmeted, crowned and mantled arms **Rev. Legend:** AVR • VELL • EQV • S • C • & CAT • MAI • INTIM • & CONFERENT • CONSILIAR • **Note:** Dav. #1201.

Date	Mintage	VG	F	VF	XF	Unc
1719	—	150	250	400	850	1,600

TRADE COINAGE

KM# 32 DUCAT
3.5000 g., 0.9860 Gold 0.1109 oz. AGW **Ruler:** Franz Eusebius **Obv:** Bust right **Obv. Legend:** FRA • EUS: TRAV THSON: CO: ... **Rev:** Angel above crowned arms **Rev. Legend:** • L B IN SPRECHEN: ET SCHROVENSTEIN •

Date	Mintage	VG	F	VF	XF	Unc
1708	—	450	850	1,750	3,000	—
1715	—	450	850	1,750	3,000	—

KM# 35 DUCAT
3.5000 g., 0.9860 Gold 0.1109 oz. AGW **Ruler:** Johann Leopold **Obv:** Draped bust **Rev:** Helmeted and draped arms

Date	Mintage	VG	F	VF	XF	Unc
1719	—	350	700	1,650	2,850	—

KM# 36 10 DUCAT
35.0000 g., 0.9860 Gold 1.1095 oz. AGW **Ruler:** Johann Leopold **Note:** Struck with 1 Thaler dies, KM#34.

Date	Mintage	VG	F	VF	XF	Unc
1719 Rare	—	—	—	—	—	—

PATTERNS
Including off metal strikes

KM#	Date	Mintage Identification	Mkt Val
Pn1	1719	— Ducat. Silver. KM#35	—
Pn2	1719	— Ducat. Copper. KM#35	—

VIENNA

Wien

Became a bishopric in 1471. The bishop became a prince in 1631 and Vienna was made an archbishopric in 1722.

RULER
Christoph Anton, Graf. v. Migazzi, 1757-1803

ARCHBISHOPRIC
STANDARD COINAGE

KM# 1 THALER (Convention)
Silver **Ruler:** Christoph Anton **Obv:** Bust right **Obv. Legend:** CHRISTOPHORVS • D • N • S • R • E • CARDINALIS • DE MIGAZZI • **Rev:** Arms within crowned mantle, Cardinal's hat above **Rev. Legend:** ARCHIEP • VIEN • S • R • I • P • EP • VACIEN • ADM • S • STEPH • R • A • M • C • E • **Note:** Dav. #1267.

Date	Mintage	VG	F	VF	XF	Unc
1781	2,000	125	225	450	900	1,700

TRADE COINAGE

KM# 2 DUCAT
3.5000 g., 0.9860 Gold 0.1109 oz. AGW **Ruler:** Christoph Anton **Obv:** Bust right **Rev:** Crowned and mantled arms below bishop's hat

Date	Mintage	VG	F	VF	XF	Unc
1781	—	425	850	1,500	2,650	—

WINDISCH-GRATZ

A family descended from the counts of Weimar with holdings in Styria. Made "free barons" in 1551. They became counts during the reign of Emperor Leopold I and received the coin right in 1730. First coins were made in 1732, the last in 1777.

RULERS
Leopold Victor Johann, 1727-1746
Joseph Nicholas, 1746-1802

COUNTY
STANDARD COINAGE

KM# 10 20 KREUZER
Silver **Ruler:** Joseph Nicholas **Obv:** Bust right **Obv. Legend:**

AUSTRIAN NETHERLANDS

IOS • NIC • S • R • I • .... **Rev:** Helmeted and supported arms **Rev. Legend:** SUP • PER STYR • STAB • PRAEFECTUS • HAERED •

Date	Mintage	F	VF	XF	Unc	BU
1777	—	50.00	90.00	175	350	—

KM# 8 10 DUCAT
35.0000 g., 0.9860 Gold 1.1095 oz. AGW **Ruler:** Leopold Victor Johann **Note:** Similar to 5 Ducat, KM#7. Struck with 1 Thaler dies, KM#5.

Date	Mintage	VG	F	VF	XF	Unc
1732 Rare	—	—	—	—	—	—

KM# A8 20 DUCAT
75.0000 g., 0.9860 Gold 2.3774 oz. AGW **Ruler:** Leopold Victor Johann **Note:** Similar to 5 Ducat, KM#7. Struck with 1 Thaler dies, KM#5.

Date	Mintage	VG	F	VF	XF	Unc
1732 Rare	—	—	—	—	—	—

POSSESSION of Austrian Empire

STANDARD COINAGE

KM# 1 LIARD (Oord)
Copper **Ruler:** Maria Theresa **Obv:** Young head right **Obv. Legend:** MAR • TH • D • G • HUNG • BOH • R • AR • AUS • D • BURG **Rev:** 4-line inscription date and mint mark below

Date	Mintage	VG	F	VF	XF	Unc
1744(h)	5,687,000	3.00	6.00	12.00	40.00	—
1744(l)	1,665,000	3.00	6.00	12.00	40.00	—
1744(b)	5,527,000	3.00	6.00	12.00	40.00	—
1745(h)	Inc. above	3.00	6.00	12.00	40.00	—
1745(l)	Inc. above	3.00	6.00	12.00	40.00	—
1745(b)	Inc. above	3.00	6.00	12.00	40.00	—

KM# 2 LIARD (Oord)
Copper **Ruler:** Maria Theresa **Obv:** Bust with pearl necklace right

Date	Mintage	VG	F	VF	XF	Unc
1749(h)	6,988,000	3.00	6.00	12.00	40.00	—
1749(l)	—	3.00	6.00	12.00	40.00	—
1750(h)	Inc. above	3.00	6.00	12.00	40.00	—
1750(l)	—	3.00	6.00	12.00	40.00	—
1751(h)	Inc. above	3.00	6.00	12.00	40.00	—
1751(l)	—	3.00	6.00	12.00	40.00	—
1752(h)	Inc. above	3.00	6.00	12.00	40.00	—
1752(l)	—	3.00	6.00	12.00	40.00	—

AUSTRIAN NETHERLANDS

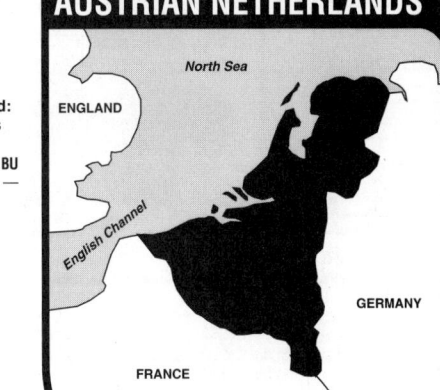

The Austrian Netherlands, which corresponds roughly to present-day Belgium, came into being on April 11, 1713, when the Treaty of Utrecht awarded the lands to Austria as part settlement following the war with Spain. It passed to France in 1795, was part of the Kingdom of Netherlands from 1815 to 1830, and became the present Belgium as the result of the revolution of 1830 against William I, Prince of Orange and King of the Netherlands.

RULERS
Maria Theresa, 1740-1780
with Franz I, 1745-1765
Widow, 1765-1780
Joseph II, 1780-1790
Insurrection, 1790
Leopold II, 1790-1792
Franz II, 1792-1835

KM# 11 1/2 THALER (Convention)
Silver Ruler: Joseph Nicholas **Obv:** Bust right **Obv. Legend:** IOS • NIC • S • R • I • .... **Rev:** Helmeted and supported arms **Rev. Legend:** SUP • PER STYR: STAB PRAEFECTUS ...

Date	Mintage	F	VF	XF	Unc	BU
1777	—	150	325	750	1,350	—

KM# 5 THALER
Silver Ruler: Leopold Victor Johann **Obv:** Bust right **Obv. Legend:** LEOPOLD • VICT • IO • S • R • I • COMES • A • WINDISCHGRATZ • **Rev:** Helmeted and supported arms **Rev. Legend:** S • C • M • CONS • STATUS • INT & HAERED • PER • STYR • SUP • STAB • PRAEFECTUS **Note:** Dav. #1202.

Date	Mintage	VG	F	VF	XF	Unc
1732	—	250	500	1,000	2,000	3,750

TRADE COINAGE

KM# 6 DUCAT
3.5000 g., 0.9860 Gold 0.1109 oz. AGW **Ruler:** Leopold Victor Johann **Obv:** Draped bust right **Rev:** Arms topped by 3 helmets; wolfhound supporters

Date	Mintage	VG	F	VF	XF	Unc
1732	—	600	1,400	2,750	5,000	—
1733	—	600	1,400	2,750	5,000	—

KM# 12 DUCAT
3.5000 g., 0.9860 Gold 0.1109 oz. AGW **Ruler:** Joseph Nicholas **Obv:** Bust right **Obv. Legend:** IOS • NIC • S • .... **Rev:** Helmeted and supported arms

Date	Mintage	F	VF	XF	Unc	BU
1777	—	500	1,100	2,500	4,500	—

KM# 7 5 DUCAT
17.5000 g., 0.9860 Gold 0.5547 oz. AGW **Ruler:** Leopold Victor Johann **Obv:** Bust right **Rev:** Helmeted and supported arms **Note:** Struck with 1 Thaler dies, KM#5.

Date	Mintage	VG	F	VF	XF	Unc
1732 Rare	—	—	—	—	—	—

KM# 13 5 DUCAT
17.5000 g., 0.9860 Gold 0.5547 oz. AGW **Ruler:** Joseph Nicholas **Obv:** Bust right **Rev:** Helmeted and supported arms **Note:** Struck with 1/2 Thaler dies, KM#11.

Date	Mintage	VG	F	VF	XF	Unc
1777 Rare	—	—	—	—	—	—

MINT MARKS
A - Vienna
(b) - Brussels (angel face)
B - Kremnitz
C - Prague
E - Karlsburg
F - Hall
G - Nagybanya
H - Gunzburg
(h) - Antwerp (hand)
(l) -Bruges (lion)
V - See note after KM#63-64
(w) Vienna

NOTE: For similar coins with M mint mark, refer to Italian States - Milan.

MINT OFFICIALS' INITIALS
Brussels

Initials	Years	Officials
R	1732-72	Jaques Roettiers, Engraver
IC	1765-74	Joseph Aug. Cronberg
SK	1774-80	Sig. Ant. Klemmer, Warden
FA	1774-80	F. Aycherau, Warden

MONETARY SYSTEM
4 Liards = 1 Sol
6 Sols = 1 Escalin
20 Sols = 1 Florin
54 Sols = 1 Kronentaler
60 Sols = 1 Ducaton
7 Florins, 13 Sols = 1 Souverain d'or

NOTE: In February 1786 the denomination of Souverain d'or was changed to 1/2 Souverain d'or except for the Antwerp pieces which retained their original 1 and 2 Souverain d'or denominations.

MINTAGES

NOTE: Mintages given as Inc. Ab. are included in the prior listing of that same mint.

KM# 28 LIARD (Oord)
Copper **Ruler:** Maria Theresa **Obv:** Veiled bust right **Rev:** 4-Line inscription, date and mint mark below

Date	Mintage	VG	F	VF	XF	Unc
1776(b)	—	3.00	6.00	12.00	40.00	—
1777(b)	2,769,000	3.00	6.00	12.00	40.00	—
1778(b)	3,957,000	3.00	6.00	12.00	40.00	—
1780(b)	—	3.00	6.00	12.00	40.00	—

KM# 30 LIARD (Oord)
Copper **Ruler:** Joseph II **Obv:** Bust right **Obv. Legend:** JOS • II • D • G • R • IMP • D • B • **Rev:** 4-Line inscription, date and mint mark below

Date	Mintage	VG	F	VF	XF	Unc
1781(b)	1,656,000	3.00	6.00	12.00	40.00	125
1782(b)	Inc. above	3.00	6.00	12.00	40.00	125
1787(b)	135,000	3.00	6.00	15.00	50.00	125
1788/7(b)	—	3.00	6.00	15.00	50.00	125
1788(b)	1,185	3.00	6.00	12.00	40.00	125
1789(b)	655,000	3.00	6.00	12.00	40.00	125

KM# 52 LIARD (Oord)
Copper **Ruler:** Leopold II **Obv:** Draped bust right

Date	Mintage	VG	F	VF	XF	Unc
1791(b)	480,000	5.00	12.00	37.50	100	—
1792(b)	266,000	5.00	15.00	45.00	110	—

AUSTRIAN NETHERLANDS

KM# 56 LIARD (Oord)
Copper **Ruler:** Franz II **Obv:** Bust right **Rev:** 4-Line inscription, date and mint mark below

Date	Mintage	VG	F	VF	XF	Unc
1792(b)	128,000	6.00	22.50	45.00	90.00	—
1793(b)	—	4.00	8.00	15.00	50.00	—
1794(b)	—	4.00	8.00	15.00	50.00	—

KM# 3 2 LIARDS (2 Oorden)
Copper **Ruler:** Maria Theresa **Obv:** Bust with pearl necklace right **Rev:** 4-line inscription, date and mint mark below, all in wreath

Date	Mintage	VG	F	VF	XF	Unc
1749(h)	2,473,000	4.00	8.00	18.00	55.00	—
1749(l)	—	4.00	8.00	18.00	55.00	—
1750(h)	Inc. above	4.00	8.00	18.00	55.00	—
1750(l)	—	4.00	8.00	18.00	55.00	—
1751(h)	Inc. above	4.00	8.00	18.00	55.00	—
1751(l)	—	4.00	8.00	18.00	55.00	—
1752(l)	—	4.00	8.00	18.00	55.00	—
1753(h)	139,000	4.00	8.00	18.00	55.00	—

KM# 57 2 LIARDS (2 Oorden)
Copper **Ruler:** Franz II **Obv:** Collared bust right **Rev:** 4-Line inscription, date and mint mark below, all within wreath

Date	Mintage	VG	F	VF	XF	Unc
1792(b) Rare	—	—	—	—	—	—
1793(b)	—	3.00	6.00	15.00	50.00	—
1794(b)	—	3.00	6.00	15.00	50.00	—

KM# 37 14 LIARDS (14 Oorden)
Billon **Ruler:** Joseph II **Obv:** Titles of Joseph II **Obv. Legend:** IOS • II • D • G • .... **Rev:** Crowned imperial double eagle with crowned arms on breast

Date	Mintage	VG	F	VF	XF	Unc
1788(b)	71,000	10.00	25.00	50.00	100	—
1789(b)	266,000	10.00	20.00	40.00	80.00	—

KM# 12 10 LIARDS (10 Oorden)
Billon **Ruler:** Maria Theresa **Obv:** Titles of Maria Theresa **Obv. Legend:** MAR • TH • D: G • R • IMP • .... **Rev:** Crowned arms within sprays **Rev. Legend:** ARCH: AUS • DUX • ...

Date	Mintage	VG	F	VF	XF	Unc
1750(h)	2,333,000	11.00	30.00	60.00	100	—
1750(l)	—	11.00	30.00	60.00	100	—
1751(h)	Inc. above	11.00	30.00	60.00	100	—
1751(l)	722,000	11.00	30.00	60.00	100	—
1752(h)	Inc. above	11.00	30.00	60.00	100	—
1752(l)	Inc. above	11.00	30.00	60.00	100	—
1753(h)	209,000	11.00	30.00	60.00	100	—
1754(h)	34,000	11.00	30.00	60.00	100	—

KM# 39 14 LIARDS (14 Oorden)
Billon **Ruler:** Leopold II **Obv:** Titles of Leopold II **Rev:** Crowned imperial double eagle with crowned arms on breast

Date	Mintage	VG	F	VF	XF	Unc
1790(b)	63,000	60.00	125	250	450	—
1791(b)	297,000	15.00	30.00	60.00	100	—
1792(b)	272,000	15.00	30.00	60.00	125	—

KM# 29 2 LIARDS (2 Oorden)
Copper **Ruler:** Maria Theresa **Obv:** Veiled bust right **Rev:** 4-Line inscription, date and mint mark below, all within wreath

Date	Mintage	VG	F	VF	XF	Unc
1777(b)	1,371,000	4.00	8.00	18.00	55.00	—
1778(b)	1,443,000	4.00	8.00	18.00	55.00	—
1780(b)	—	4.00	8.00	18.00	55.00	—

KM# 59 14 LIARDS (14 Oorden)
0.5380 Silver **Ruler:** Franz II **Obv:** Titles of Franz II **Obv. Legend:** FRANC • II • D • G • R • IMP • S • A • .... **Rev:** Crowned imperial eagle with crowned arms on breast **Rev. Legend:** ARCH • AUST • D • BURG • ....

Date	Mintage	VG	F	VF	XF	Unc
1792(b)	52,000	30.00	80.00	225	400	—
1793(b)	642,000	8.00	20.00	45.00	90.00	—
1794(b)	374,000	8.00	20.00	45.00	90.00	—

KM# 36 10 LIARDS (10 Oorden)
Billon **Ruler:** Joseph II **Obv:** Burgundian cross, titles of Joseph II **Rev:** Crowned arms in order collar

Date	Mintage	VG	F	VF	XF	Unc
1788(h)	206,000	6.00	15.00	35.00	85.00	—
1789(h)	225,000	6.00	15.00	32.50	75.00	—

KM# 54 10 LIARDS (10 Oorden)
Billon **Ruler:** Leopold II **Obv:** Titles of Leopold II

Date	Mintage	VG	F	VF	XF	Unc
1791(b)	106,000	25.00	65.00	130	225	—

KM# 31 2 LIARDS (2 Oorden)
Copper **Ruler:** Joseph II **Obv:** Draped bust right

Date	Mintage	VG	F	VF	XF	Unc
1781(b)	—	4.00	8.00	15.00	50.00	200
1782(b)	3,898,000	4.00	8.00	15.00	50.00	200
1787(b)	67,000	4.00	9.00	22.50	75.00	250
1788(b)	729,000	4.00	8.00	15.00	50.00	200
1789(b)	195,000	4.00	8.00	15.00	50.00	200

KM# 58 10 LIARDS (10 Oorden)
0.4150 Billon **Ruler:** Franz II **Obv:** Titles of Frances II **Obv. Legend:** FRANC • II • D • G • R • IMP • S • A • G • .... **Rev:** Arms within crowned Order chain **Rev. Legend:** ARCH • AUS • D • BURG • LOTH • ... **Note:** Patterns exist

Date	Mintage	VG	F	VF	XF	Unc
1792(b)	61,000	50.00	125	250	500	—

KM# 18 14 LIARDS (14 Oorden)
Billon **Ruler:** Maria Theresa **Obv:** Burgundian cross divides value, mint mark below. Titles of Maria Theresa **Rev:** Arms on breast of crowned imperial eagle

Date	Mintage	VG	F	VF	XF	Unc
1755(h)	327,000	8.00	25.00	60.00	150	—
1756(h)	274,000	8.00	25.00	60.00	150	—
1757(h)	259,000	8.00	25.00	60.00	150	—
1758(b)	291,000	8.00	25.00	60.00	150	—
1759(b)	324,000	8.00	25.00	60.00	150	—
1760(b)	322,000	8.00	25.00	60.00	150	—
1761(b)	469,000	8.00	25.00	60.00	150	—
1762(b)	590,000	8.00	25.00	60.00	150	—
1763(b)	359,000	8.00	25.00	60.00	150	—
1772(b)	743,000	8.00	25.00	60.00	150	—
1773(b)	176,000	8.00	25.00	60.00	150	—
1775(b)	106,000	8.00	25.00	60.00	150	—
1776(b)	707,000	8.00	25.00	60.00	150	—
1777(b)	1,508,000	8.00	25.00	60.00	150	—
1778(b)	888,000	8.00	25.00	60.00	150	—

KM# 13 20 LIARDS (20 Oorden, 5 Sols, 5 Stuivers)
Billon **Ruler:** Maria Theresa **Obv:** Burgundian cross, date below **Rev:** Crowned arms in branches, mint mark below

Date	Mintage	VG	F	VF	XF	Unc
1750(h)	1,176	10.00	20.00	50.00	130	—
1750(l)	—	—	—	—	—	—
Note: Reported, not confirmed						
1751(h)	Inc. above	10.00	20.00	50.00	130	—
1751(l)	421,000	10.00	20.00	60.00	150	—
1752(h)	Inc. above	—	—	—	—	—
Note: Reported, not confirmed						
1752(l)	Inc. above	10.00	20.00	60.00	150	—
1753(h)	324,000	10.00	20.00	50.00	130	—
1754(h)	47,000	10.00	20.00	50.00	130	—

KM# 53 2 LIARDS (2 Oorden)
Copper **Ruler:** Leopold II **Obv:** Draped bust right **Obv. Legend:** LEOP • II • D • G • R • IMP • D • B • **Rev:** AD/USUM/BELGII/AUSTR, date within wreath

Date	Mintage	VG	F	VF	XF	Unc
1791(b)	210,000	9.00	18.00	55.00	120	—
1792(b)	83,000	12.00	30.00	85.00	150	—

KM# 4 ESCALIN (Schelling)
Silver **Ruler:** Maria Theresa

Date	Mintage	VG	F	VF	XF	Unc
1749(h)	5,390	6.00	12.00	25.00	60.00	—
1750(h) R	Inc. above	6.00	12.00	25.00	60.00	—
1750(l)	2,016	6.00	12.00	25.00	60.00	—

KM# 15 ESCALIN (Schelling)
Silver **Ruler:** Maria Theresa **Obv:** Lion's shield divided **Rev:** Crowned arms within cartouche **Note:** Similar to 2 Escalins, KM#16.

Date	Mintage	VG	F	VF	XF	Unc
1751(h)	Inc. above	6.00	12.00	25.00	60.00	—
1751(l)	Inc. above	6.00	12.00	25.00	60.00	—

AUSTRIAN NETHERLANDS

Date	Mintage	VG	F	VF	XF	Unc
1752(h) R	Inc. above	6.00	12.00	25.00	60.00	—
1752(l)	Inc. above	6.00	12.00	25.00	60.00	—
1753(h) R	1,880	6.00	12.00	25.00	60.00	—
1753(l)	426,000	6.00	12.00	25.00	60.00	—
1754(h) R	223,000	6.00	12.00	25.00	60.00	—
1763(b)	781,000	6.00	12.00	25.00	60.00	—
1764(b)	582,000	6.00	12.00	25.00	60.00	—
1765(b)	300,000	6.00	12.00	25.00	60.00	—
1766(b)	151,000	6.00	12.00	25.00	60.00	—
1767(b)	933,000	6.00	12.00	25.00	60.00	—
1768(b)	16,000	6.00	12.00	25.00	60.00	—

Date	Mintage	VG	F	VF	XF	Unc
1754(h) R	278,000	10.00	40.00	80.00	160	—
1754(l) R	111,000	12.00	50.00	100	200	—

Date	Mintage	VG	F	VF	XF	Unc
1792B	—	12.00	22.00	50.00	100	—
1792H	—	12.00	22.00	60.00	120	—

KM# 16 2 ESCALINS (2 Schellings)
Silver **Ruler:** Maria Theresa **Obv:** Rampant lion left holding sword in right paw and shield in left paw **Rev:** Crowned arms within cartouche

Date	Mintage	VG	F	VF	XF	Unc
1751(h)	266,000	12.00	18.00	40.00	100	—
1751(l)	155,000	12.00	25.00	65.00	130	—
1752(h)	Inc. above	12.00	18.00	40.00	100	—
1752(l)	Inc. above	12.00	25.00	65.00	130	—
1753(h)	894,000	12.00	18.00	40.00	100	—
1753(l)	19,000	12.00	25.00	65.00	130	—

KM# 5 1/8 DUCATON
Silver **Ruler:** Maria Theresa

Date	Mintage	VG	F	VF	XF	Unc
1749(h) R	1,638,000	12.00	25.00	50.00	120	—
1750(h) R	Inc. above	12.00	25.00	50.00	120	—
1751(h) R	Inc. above	12.00	25.00	50.00	120	—
1751(l) R	100,000	12.00	25.00	50.00	120	—
1752(h) R	Inc. above	12.00	25.00	50.00	120	—
1752(l) R	Inc. above	12.00	25.00	50.00	120	—
1753(h) R	210,000	12.00	25.00	50.00	120	—
1753(l) R	140,000	12.00	25.00	50.00	120	—

KM# 6 1/4 DUCATON
Silver **Ruler:** Maria Theresa **Obv:** Bust left with décolletage **Obv. Legend:** MAR • TH • D • G • R • IMP • G • HUN • BOH • R • Rev: Crowned ornate arms **Rev. Legend:** ARCH • AUS • DUX BURG • BRAB • C • F • Note: Similar to 1/8 Ducaton, KM#5.

Date	Mintage	VG	F	VF	XF	Unc
1749(h) R	1,136,000	20.00	40.00	80.00	145	—
1750(h) R	Inc. above	20.00	40.00	80.00	145	—
1751(h) R	Inc. above	20.00	40.00	80.00	145	—
1751(l) R	210,000	25.00	50.00	100	175	—
1752(h) R	Inc. above	20.00	40.00	80.00	145	—
1752(l) R	Inc. above	25.00	50.00	100	175	—
1753(h) R	422,000	20.00	40.00	80.00	145	—
1753(l) R	18,000	25.00	50.00	100	175	—
1754(h) R	154,000	20.00	40.00	80.00	145	—

KM# 7 1/2 DUCATON
Silver **Ruler:** Maria Theresa **Obv:** Bust left with décolletage **Obv. Legend:** MAR: TH: D: G: R: IMP: G: HUN: BOH: R:

Date	Mintage	VG	F	VF	XF	Unc
1749(h) R	450,000	10.00	40.00	80.00	160	—
1750(h) R	Inc. above	10.00	40.00	80.00	160	—
1750(h) R	—	12.00	50.00	100	200	—
1751(h) R	Inc. above	10.00	40.00	80.00	160	—
1751(l) R	34,000	12.00	50.00	100	200	—
1752(h) R	Inc. above	10.00	40.00	80.00	160	—
1752(l) R	Inc. above	12.00	50.00	100	200	—
1753(h) R	78,000	10.00	40.00	80.00	160	—
1753(l) R	19,000	12.00	50.00	100	200	—

KM# 8 DUCATON
Silver **Ruler:** Maria Theresa **Obv:** Bust left with décolletage **Obv. Legend:** MAR • TH • D • G • R • IMP • G • HUN • BOH • R • Rev: Crowned ornate arms **Rev. Legend:** ARCH • AUS • DUX BURG • ... **Note:** Dav. #1280

Date	Mintage	VG	F	VF	XF	Unc
1749 R	285,000	60.00	120	200	400	750
1750 R	Inc. above	60.00	120	200	400	750
1750 R	—	70.00	140	250	500	950
1751 R	Inc. above	60.00	120	200	400	750
1751 R	—	70.00	140	250	500	950
1752 R	Inc. above	60.00	120	200	400	750
1753 R	21,000	60.00	120	200	400	750
1754 R	299,000	60.00	120	200	400	750
1754 R	41,000	70.00	140	250	500	950

KM# 8.2 DUCATON
Silver **Ruler:** Maria Theresa **Note:** Dav. #1281

Date	Mintage	VG	F	VF	XF	Unc
1750	—	120	225	550	1,250	2,500
1754	—	150	250	600	1,350	—

KM# 38 1/4 KRONENTHALER
7.3600 g., 0.8730 Silver 0.2066 oz. ASW **Ruler:** Joseph II **Obv:** Head right **Obv. Legend:** IOSEPH • II • D • G • R • I • S • A • GER • ... **Rev:** Floriated cross with 3 crowns in upper angles **Rev. Legend:** ARCH • AVST • DVX • BVRG • ....

Date	Mintage	VG	F	VF	XF	Unc
1788A	—	9.00	14.00	30.00	65.00	—
1788B	—	10.00	18.00	35.00	75.00	—
1788H Rare						
1789A	—	9.00	14.00	30.00	65.00	—
1789B	—	9.00	14.00	30.00	65.00	—
1790A	—	9.00	14.00	30.00	60.00	—
1790D	—	9.00	14.00	30.00	60.00	—

KM# 40 1/4 KRONENTHALER
7.3600 g., 0.8730 Silver 0.2066 oz. ASW **Ruler:** Leopold II **Obv:** Head right **Obv. Legend:** LEOP • II • D • G • R • I • S • A • GER • ... **Rev:** Floriated cross with 3 crowns in upper angles **Rev. Legend:** ARCH • AVST • DVX • BVRG • LOTH • BRAB • ...

Date	Mintage	VG	F	VF	XF	Unc
1790A	—	12.00	22.00	50.00	100	—
1791A	—	12.00	22.00	50.00	100	—
1791B	—	12.00	22.00	50.00	100	—
1791H	—	12.00	22.00	50.00	100	—
1792A	—	12.00	22.00	60.00	120	—

KM# 60 1/4 KRONENTHALER
7.3600 g., 0.8730 Silver 0.2066 oz. ASW **Ruler:** Franz II **Obv:** Laureate head right **Obv. Legend:** FRANC • II • D • G • R • I • S • A • GER • HIE • HVN • BOH • REX • Rev: Floriated cross with 3 crowns in upper angles **Rev. Legend:** ARCH • AVST • DVX • BVRG • LOTH • BRAB • COM • FLAN • **Note:** Varieties exist.

Date	Mintage	VG	F	VF	XF	Unc
1792A	—	7.00	10.00	20.00	50.00	—
1792B	—	7.00	10.00	20.00	60.00	—
1793A	—	6.00	10.00	20.00	50.00	—
1793B	—	6.00	8.00	15.00	40.00	—
1794A	—	6.00	8.00	15.00	40.00	—
1794B	—	7.00	15.00	25.00	80.00	—
1795A	—	6.00	8.00	15.00	40.00	—
1795B	—	6.00	8.00	15.00	40.00	—
1795C	—	7.00	10.00	18.00	45.00	—
1795G	—	7.00	20.00	65.00	110	—
1796A	—	7.00	10.00	20.00	50.00	—
1796B	—	6.00	10.00	20.00	60.00	—
1796C	—	7.00	15.00	25.00	80.00	—
1797A	—	8.00	30.00	75.00	135	—
1797B	—	6.00	10.00	15.00	40.00	—
1797C	—	6.00	12.00	18.00	45.00	—
1797E	—	7.00	15.00	20.00	60.00	—
1797G	—	8.00	15.00	20.00	65.00	—

KM# 19 1/2 KRONENTHALER
Silver **Ruler:** Maria Theresa **Obv:** Floriated cross with crowns at angles **Obv. Legend:** MAR • THERESIA • D • G • R • IMP • GERM • HUNG • ... **Rev:** Crowned imperial double eagle with crowned shield on breast **Rev. Legend:** ARCH • AUST • DUX • BURG • BRAB • ....

Date	Mintage	VG	F	VF	XF	Unc
1755(h)	190,000	15.00	30.00	55.00	110	—
1756(h)	427,000	15.00	30.00	55.00	110	—
1757(h)	403,000	15.00	30.00	55.00	110	—
1758(b)	456,000	15.00	30.00	55.00	110	—
1759(b)	253,000	15.00	30.00	55.00	110	—
1760(b)	175,000	15.00	30.00	55.00	110	—
1761(b)	171,000	15.00	30.00	55.00	110	—
1762(b)	171,000	15.00	30.00	55.00	110	—
1763(b)	863,000	15.00	30.00	55.00	110	—
1764(b)	495,000	15.00	30.00	55.00	110	—
1765(b)	801,000	15.00	30.00	55.00	110	—
1766(b)	860,000	15.00	30.00	55.00	110	—
1767(b)	780,000	15.00	30.00	55.00	110	—
1768(b)	663,000	15.00	30.00	55.00	110	—
1769(b)	415,000	15.00	30.00	55.00	110	—
1770(b)	166,000	15.00	30.00	55.00	110	—
1771(b)	267,000	15.00	30.00	55.00	110	—
1772(b)	107,000	15.00	30.00	55.00	110	—
1773(b)	204,000	15.00	30.00	55.00	110	—
1774(b)	237,000	15.00	30.00	55.00	110	—
1775(b)	273,000	15.00	30.00	55.00	110	—
1776(b)	164,000	15.00	30.00	55.00	110	—
1777(b)	62,000	15.00	30.00	55.00	110	—
1779(b)	93,000	15.00	30.00	55.00	110	—

KM# 20 1/2 KRONENTHALER
Silver **Ruler:** Maria Theresa **Obv:** Crowned double-headed

AUSTRIAN NETHERLANDS

eagle with shield of arms on breast in Order collar **Rev:** Floriated St. Andrew's cross with 3 crowns in upper angles, Golden Fleece in 4th

Date	Mintage	VG	F	VF	XF	Unc
1755(a)	Inc. above	20.00	40.00	65.00	125	—
1756(a)	Inc. above	20.00	40.00	65.00	125	—
1757(a)	Inc. above	20.00	40.00	65.00	125	—
1758(a)	Inc. above	20.00	40.00	65.00	125	—
1758(b)	Inc. above	20.00	40.00	65.00	125	—
1759(b)	Inc. above	20.00	40.00	65.00	125	—
1760(b)	Inc. above	20.00	40.00	65.00	125	—
1761(b)	Inc. above	20.00	40.00	65.00	125	—
1762(b)	Inc. above	20.00	40.00	65.00	125	—
1763(b)	Inc. above	20.00	40.00	65.00	125	—
1765(b)	Inc. above	20.00	40.00	65.00	125	—

Date	Mintage	VG	F	VF	XF	Unc
1797E	—	25.00	35.00	70.00	135	—
1797F	—	45.00	90.00	175	300	—
1797G	—	30.00	60.00	125	225	—

KM# 61.2 1/2 KRONENTHALER

14.7200 g., 0.8730 Silver 0.4131 oz. ASW **Ruler:** Franz II **Edge Lettering:** FIDE ET LEGE

Date	Mintage	VG	F	VF	XF	Unc
1793B	—	10.00	15.00	30.00	80.00	—
1794B	—	10.00	30.00	50.00	150	—
1795B	—	20.00	40.00	60.00	250	—
1796B	—	8.00	10.00	20.00	50.00	—
1797B	—	8.00	10.00	20.00	50.00	—

eagle with shield of arms on breast in Order collar **Rev:** Floriated St. Andrew's cross with 3 crowns in upper angles, Golden Fleece in 4th **Note:** Dav. #1283.

Date	Mintage	VG	F	VF	XF	Unc
1755(a)	Inc. above	45.00	70.00	105	205	350
1756(a)	Inc. above	45.00	70.00	105	205	350
1757(a)	Inc. above	45.00	70.00	105	205	350
1758(a)	Inc. above	45.00	70.00	105	205	350
1758(b)	Inc. above	45.00	70.00	105	205	350
1759(b)	Inc. above	45.00	70.00	105	205	350
1760(b)	Inc. above	45.00	70.00	105	205	350
1761(b)	Inc. above	45.00	70.00	105	205	350
1762(b)	Inc. above	45.00	70.00	105	205	350
1763(b)	Inc. above	45.00	70.00	105	205	350
1764(b)	Inc. above	45.00	70.00	105	205	350
1765(b)	Inc. above	45.00	70.00	105	205	350

KM# 34 1/2 KRONENTHALER

14.7200 g., 0.8730 Silver 0.4131 oz. ASW, 34.43 mm. **Ruler:** Joseph II **Obv:** Laureate head right **Obv. Legend:** IOSEPH • II • D • G • R • I • S • A • GER • HIE • HVN • BOH • REX • **Rev:** Floriated cross with 3 crowns in upper angles **Rev. Legend:** ARCH • AVST • DVX • BVRG • LOTH • BRAB • ... **Edge:** Lettered

Date	Mintage	VG	F	VF	XF	Unc
1786(b)	61,000	50.00	125	275	375	—
1788(b)	14,000	60.00	150	300	425	—
1788A	—	12.00	25.00	45.00	80.00	—
1788B	—	15.00	30.00	55.00	100	—
1789A	—	12.00	25.00	45.00	80.00	—
1789(b)	24,000	50.00	125	275	375	—
1790A	—	12.00	25.00	45.00	80.00	—

KM# 21 KRONENTHALER

Silver **Ruler:** Maria Theresa **Obv:** 4 crowns in the angles of a floriated St. Andrew's cross **Obv. Legend:** MAR • THERESIA • D: G • R • IMP • GERM • HUNG • BOH • REG: **Rev:** Crowned imperial eagle with shield on breast **Rev. Legend:** ARCH • AUST • DUX • BURG • BRAB • **Note:** Dav. #1282.

Date	Mintage	VG	F	VF	XF	Unc
1755(h)	191,000	37.50	60.00	90.00	190	300
1756(h)	427,000	37.50	60.00	90.00	190	300
1757(h)	403,000	37.50	60.00	90.00	190	300
1758(b)	456,000	37.50	60.00	90.00	190	300
1759(b)	253,000	37.50	60.00	90.00	190	300
1760(b)	175,000	37.50	60.00	90.00	190	300
1761(b)	121,000	37.50	60.00	90.00	190	300
1762(b)	165,000	37.50	60.00	90.00	190	300
1763(b)	863,000	37.50	60.00	90.00	190	300
1764(b)	495,000	37.50	60.00	90.00	190	300
1765(b)	801,000	37.50	60.00	90.00	190	300
1766(b)	860,000	37.50	60.00	90.00	190	300
1767(b)	780,000	37.50	60.00	90.00	190	300
1768(b)	663,000	37.50	60.00	90.00	190	300
1769(b)	415,000	37.50	60.00	90.00	190	300
1770(b)	166,000	37.50	60.00	90.00	190	300
1771(b)	267,000	37.50	60.00	90.00	190	300
1772(b)	107,000	37.50	60.00	90.00	190	300
1773(b)	204,000	37.50	60.00	90.00	190	300
1774(b)	237,000	37.50	60.00	90.00	190	300
1775(b)	273,000	37.50	60.00	90.00	190	300
1776(b)	164,000	37.50	60.00	90.00	190	300
1777(b)	62,000	37.50	60.00	90.00	190	300
1779(b)	—	37.50	60.00	90.00	190	300

KM# 32 KRONENTHALER

29.4400 g., 0.8730 Silver 0.8263 oz. ASW **Ruler:** Joseph II **Obv:** Bust right **Obv. Legend:** IOSEPH • II • D • G • R • IMP • ... **Rev:** Floriated cross with 3 crowns in upper angles **Rev. Legend:** ARCH • AUST • DUX • BURG • LOTH • BRAB • ... **Note:** Dav. #1284. Varieties exist for 1784(b) dated coins.

Date	Mintage	VG	F	VF	XF	Unc
1781(b)	44,000	40.00	80.00	130	240	—
1782(b)	30,000	44.00	90.00	225	325	—
1783A	—	30.00	40.00	70.00	175	—
1783(b)	172,000	32.00	65.00	120	230	—
1784A	—	30.00	40.00	70.00	175	—
1784(b)	928,000	30.00	40.00	70.00	175	—
1785(b)	1,351	30.00	40.00	70.00	175	—
1786(b)	1,386	30.00	40.00	70.00	175	—
1787(b)	256,000	32.00	65.00	110	225	—
1788A	—	30.00	40.00	70.00	175	—
1788B	1,197,000	30.00	40.00	70.00	175	—
1789(b)	87,000	44.00	90.00	175	325	—
1789A	—	30.00	40.00	70.00	175	—
1789(b)	356,000	32.00	65.00	110	225	—
1790A	—	30.00	40.00	70.00	175	—

KM# 41 1/2 KRONENTHALER

14.7200 g., 0.8730 Silver 0.4131 oz. ASW **Ruler:** Leopold II **Obv:** Head right **Obv. Legend:** LEOPOLD • II • D • G • R • I • S • A • GER • HIE • HVN • BOH • REX • **Rev:** Floriated cross with 3 crowns in upper angles **Rev. Legend:** ARCH • AVST • DVX • BVRG • LOTH • BRAB • ...

Date	Mintage	VG	F	VF	XF	Unc
1790A	—	18.00	35.00	60.00	100	—
1791H	—	18.00	32.00	55.00	90.00	—
1792H	—	18.00	35.00	60.00	100	—

KM# 61.1 1/2 KRONENTHALER

14.7200 g., 0.8730 Silver 0.4131 oz. ASW **Ruler:** Franz II **Obv:** Laureate head right **Obv. Legend:** FRANC • II • D • G • R • I • S • A • GER • HIE • HVN • BOH • REX • **Rev:** Similar to Kronenthaler, KM#62.1; date at upper left **Edge Lettering:** LEGE ET FIDE

Date	Mintage	VG	F	VF	XF	Unc
1792A	—	17.50	40.00	75.00	145	—
1792H	—	20.00	50.00	95.00	160	—
1793A	—	12.50	40.00	80.00	150	—
1794A	—	12.50	20.00	40.00	75.00	—
1795A	—	12.50	20.00	40.00	75.00	—
1795C	—	20.00	32.50	55.00	95.00	—
1795G	—	35.00	75.00	150	250	—
1796A	—	12.50	20.00	35.00	65.00	—
1796C	—	25.00	47.50	90.00	155	—
1796F	—	25.00	40.00	75.00	145	—
1797A	—	9.00	17.50	32.50	60.00	—
1797C	—	7.50	12.50	20.00	50.00	—

KM# 22 KRONENTHALER

Silver **Ruler:** Maria Theresa **Obv:** Crowned double-headed

KM# 42 KRONENTHALER

29.4400 g., 0.8730 Silver 0.8263 oz. ASW **Ruler:** Leopold II **Obv:** Head right **Rev:** Floriated cross with 3 crowns in upper angles **Note:** Similar to KM#32.

Date	Mintage	VG	F	VF	XF	Unc
1790A	—	55.00	105	200	350	—
1791H	—	55.00	95.00	150	250	—
1792H	—	55.00	95.00	150	250	—

TRADE COINAGE

KM# 9 1/2 SOUVERAIN D'OR
5.5300 g., 0.9190 Gold 0.1634 oz. AGW, 25 mm. **Ruler:** Maria Theresa **Obv:** Bust with décolletage right **Obv. Legend:** MAR • TH • D • G • R • IMP • HUNG • BOH • R • **Rev:** Crowned arms **Rev. Legend:** ARCH • AUST • DUX • BURG • BRAB • C • FL •

Date	Mintage	VG	F	VF	XF	Unc
1749(h) R	1,676	200	400	600	950	—

KM# 35 1/2 SOUVERAIN D'OR
5.5300 g., 0.9190 Gold 0.1634 oz. AGW **Ruler:** Joseph II **Obv:** Laureate head right **Obv. Legend:** IOSEPH • II • D • G • R • IMP • S • A • ... **Rev:** Crowned arms within Order chain **Rev. Legend:** ARCH • AVST • DVX • BVRG • LOTH • BRAB • ...

Date	Mintage	VG	F	VF	XF	Unc
1786	2,186	1,250	2,500	6,800	11,500	—
1786A	—	155	250	400	675	—
1786F	—	280	375	550	1,350	—
1787A	—	220	325	475	800	—
1787F	—	280	375	550	1,350	—
1788 Rare	986	—	—	—	—	—
1788A	—	220	325	475	800	—
1788F	4,847	375	625	950	1,600	—
1789A	—	220	325	475	800	—
1789F	1,382	475	750	1,350	2,450	—
1790A	—	280	375	550	1,350	—
1790F	1,351	475	750	1,350	2,450	—

KM# 55 1/2 SOUVERAIN D'OR
5.5300 g., 0.9190 Gold 0.1634 oz. AGW **Ruler:** Leopold II **Obv:** Laureate head right **Rev:** Crowned arms within Order chain **Note:** Similar to KM#35.

Date	Mintage	VG	F	VF	XF	Unc
1791A	—	280	375	550	1,350	—
1792A	—	280	375	550	1,350	—
1792B	21,000	280	375	550	1,350	—
1792E	—	280	375	550	1,350	—

KM# 62.1 KRONENTHALER
29.4400 g., 0.8730 Silver 0.8263 oz. ASW **Ruler:** Franz II **Rev:** Date at upper left **Note:** Dav. #1180. Varieties exist for 1796F dated coins.

Date	Mintage	VG	F	VF	XF	Unc
1792A	—	32.00	55.00	145	230	—
1793A	—	30.00	40.00	80.00	175	—
1793H	—	32.00	60.00	145	230	—
1794A	—	40.00	55.00	90.00	175	—
1794H	—	30.00	44.00	90.00	175	—
1795A	—	30.00	44.00	90.00	175	—
1795C	—	30.00	32.00	55.00	120	—
1795F	—	65.00	135	255	400	—
1795H	—	30.00	32.00	55.00	120	—
1796A	—	30.00	32.00	55.00	120	—
1796C	—	30.00	32.00	55.00	120	—
1796F	—	32.00	90.00	150	265	—
1796H	—	30.00	32.00	70.00	130	—
1797A	—	32.00	95.00	175	325	—
1797C	—	32.00	48.00	90.00	145	—
1797E	—	32.00	80.00	135	255	—
1797F	—	32.00	80.00	135	225	—
1797G	—	32.00	60.00	120	200	—
1797H	—	30.00	32.00	55.00	120	—
1798A Rare	—	—	—	—	—	—

KM# 62.2 KRONENTHALER
29.4400 g., 0.8730 Silver 0.8263 oz. ASW **Ruler:** Franz II **Edge Lettering:** FIDE ET LEGE

Date	Mintage	VG	F	VF	XF	Unc
1793B	—	32.00	55.00	110	190	—
1794B	—	30.00	40.00	70.00	135	—
1795B	—	30.00	65.00	120	215	—
1796B	—	30.00	32.00	55.00	110	—
1797B	—	30.00	32.00	55.00	110	—

KM# 14 1/2 SOUVERAIN D'OR
5.5300 g., 0.9190 Gold 0.1634 oz. AGW, 22 mm. **Ruler:** Maria Theresa **Obv:** Bust with décolletage right **Obv. Legend:** MAR • TH • D • G • R • IMP • G • HUN • BOH • R • **Rev:** Crowned arms **Rev. Legend:** ARCH • AUS • DUX • BURG • BRAB • C • FL •

Date	Mintage	VG	F	VF	XF	Unc
1750(h) R	—	180	350	550	850	—
	Note: Mintage included in KM#9
1750(l) R	424,000	180	350	550	850	—
1751(h) R	—	180	350	550	850	—
	Note: Mintage included in KM#9
1751(l) R	—	180	350	550	850	—
1752(h) R	—	180	350	550	850	—
	Note: Mintage included in KM#9

KM# 17 1/2 SOUVERAIN D'OR
5.5300 g., 0.9190 Gold 0.1634 oz. AGW **Ruler:** Maria Theresa **Obv:** Bust with décolletage right **Obv. Legend:** MAR • TH • D: G • R • IMP • G • HUN • BOH • R • **Rev:** Crowned arms

Date	Mintage	VG	F	VF	XF	Unc
1751(l) R	—	180	350	550	850	—
	Note: Mintage inluded in KM#9.
1752(h) R	—	180	350	550	850	—
1752(l) R	—	180	350	550	850	—
1753(h) R	317,000	180	350	550	850	—
1753(l) R	22,000	180	350	550	850	—
1754(h) R	174,000	180	350	550	850	—
1754(l) R	24,000	180	350	550	850	—
1755(h) R	227,000	180	350	550	850	—
1756(h) R	197,000	180	350	550	850	—
1757(h) R	99,000	180	350	550	850	—
1764(b) R	38,000	180	350	550	850	—
1765(b) R	24,000	180	350	550	850	—

KM# 63 1/2 SOUVERAIN D'OR
5.5300 g., 0.9190 Gold 0.1634 oz. AGW **Ruler:** Franz II **Obv:** Head right **Obv. Legend:** FRANC • II • D • G • R • IMP • S • A • GE • HIE • HV • BO • REX • **Rev:** Crowned arms within Order chain **Rev. Legend:** ARCH • AVST • DVX • BVRG • LOTH • BRAB • COM • FLAN • **Note:** Coins dated 1793V were struck in 1823 at Gunzberg. For similar coins with M mint mark, refer to Italian States - Milan listings.

Date	Mintage	VG	F	VF	XF	Unc
1792A	—	190	280	475	700	—
1793A	—	155	250	400	675	—
1793B	11,000	155	250	400	675	—
1793(b) Rare	—	—	—	—	—	—
1793H	60,000	220	325	550	800	—
1793V	—	375	875	2,300	4,750	—
1794A	—	220	325	550	800	—
1794B	56,000	155	250	400	675	—
1795A	—	155	250	400	675	—
1795B	51,000	155	250	400	675	—
1796A	—	155	250	400	675	—
1796B	29,000	155	250	400	675	—
1797A	—	155	250	400	675	—
1798A	—	190	280	475	700	—

KM# 62.3 KRONENTHALER
29.4400 g., 0.8730 Silver 0.8263 oz. ASW **Ruler:** Franz II **Obv:** Laureate head right **Obv. Legend:** FRANC • II • D • G • R • IMP • S • A • GER • HIER • HUNG • BOH • REX • **Rev:** Date divided at top **Rev. Legend:** ARCH • AUST • DUX • BURG - LOTH • BRAB • COM • FLAN • **Note:** Dav. #1286.

Date	Mintage	VG	F	VF	XF	Unc
1794(b)	281,000	100	160	275	450	—

KM# 26 1/2 SOUVERAIN D'OR
5.5300 g., 0.9190 Gold 0.1634 oz. AGW **Ruler:** Maria Theresa **Obv:** Veiled mature bust right **Obv. Legend:** MAR • TH • D: G • R • IMP • G • HUNG • BOH • R • **Rev:** Crowned ornate arms **Rev. Legend:** ARCH • AUST • DUX • BURG • BRAB • C • FL •

Date	Mintage	VG	F	VF	XF	Unc
1770(b) R	13,000	270	425	650	975	—
1773(b) R	18,000	270	425	650	975	—
1773(w) CK	—	270	425	650	975	—
1774(b)	37,000	270	425	650	975	—
1775(b)	28,000	270	425	650	975	—
1776/5(b)	—	270	425	650	975	—
1776(b)	24,000	270	425	650	975	—
1777(b)	17,000	270	425	650	975	—

KM# 65 1/2 SOUVERAIN D'OR
5.5300 g., 0.9190 Gold 0.1634 oz. AGW **Ruler:** Franz II **Obv:** Head right **Obv. Legend:** FRANC • II • D • G • R • IMP • S • A • GER • HIE • HV • BO • REX • **Rev:** Crowned arms within Order chain **Rev. Legend:** ARCH • AVST • DVX • BVRG • LOTH • BRAB • COM • FLAN •

Date	Mintage	VG	F	VF	XF	Unc
1793F	1,892	220	325	600	1,100	—
1794F	1,636	325	500	800	1,150	—
1795F	1,503	375	625	1,100	1,350	—
1796F	3,355	220	325	575	1,050	—

KM# 10 SOUVERAIN D'OR
11.0600 g., 0.9190 Gold 0.3268 oz. AGW **Ruler:** Maria Theresa **Obv:** Crowned bust right **Rev:** Crowned arms with mint mark and date below

Date	Mintage	VG	F	VF	XF	Unc
1749(h) R	610,000	625	1,050	1,700	2,700	—
1749(l) R	—	750	1,400	2,050	3,050	—

Note: Mintage included in KM#9.

AUSTRIAN NETHERLANDS

Date	Mintage	VG	F	VF	XF	Unc
1779(b)	77,000	400	725	1,000	1,550	—
1780(b)	3,000	400	975	1,500	2,300	—

Date	Mintage	VG	F	VF	XF	Unc
1796A	—	850	1,300	1,900	3,750	—
1796B	—	260	450	700	1,050	—
1796F	—	400	775	1,650	3,500	—
1797A	—	850	1,300	1,900	3,750	—
1798A	—	1,150	1,950	2,500	4,400	—

KM# 66 SOUVERAIN D'OR
11.0600 g., 0.9190 Gold 0.3268 oz. AGW, 27 mm. **Ruler:** Franz II **Obv. Legend:** FRANCISC. II..

Date	Mintage	VG	F	VF	XF	Unc
1796F	2,357	400	650	1,000	1,900	—

INSURRECTION COINAGE

1790

KM# 11 SOUVERAIN D'OR
11.0600 g., 0.9190 Gold 0.3268 oz. AGW, 27 mm. **Ruler:** Maria Theresa **Obv:** Crowned bust right **Rev:** Crowned arms with mm and date below **Note:** Similar to KM#10.

Date	Mintage	VG	F	VF	XF	Unc
1749(h) R	—	400	650	1,000	1,550	—
Note: Mintage included in KM#10						
1750(h) R	—	400	650	1,000	1,550	—
Note: Mintage included in KM#10						
1750(l) R	—	450	775	1,250	2,000	—
1751(h) R	—	400	650	1,000	1,550	—
Note: Mintage included in KM#10						
1751(l) R	16,000	450	775	1,250	2,000	—

KM# 27 SOUVERAIN D'OR
11.0600 g., 0.9190 Gold 0.3268 oz. AGW **Ruler:** Maria Theresa **Obv:** Bust right **Obv. Legend:** MAR • TH • D • G • R • IMP • HUNG • BOH • R • **Rev:** Crowned ornate arms **Rev. Legend:** ARCH • AUS • DUX • BURG • BRAB • C • FL •

Date	Mintage	VG	F	VF	XF	Unc
1772(w) IC-SK	—	400	725	1,250	2,000	—
1773(w) IC-SK	—	400	725	1,250	2,000	—
1774(w) IC-FA	—	400	725	1,250	2,000	—
1780(w) IC-FA	—	400	725	1,250	2,000	—

KM# 44 LIARD (Oord)
Copper **Obv:** 4-Line inscription, date and mint mark below **Rev:** Rampant lion right holding staff

Date	Mintage	VG	F	VF	XF	Unc
1790(b)	359,000	4.00	10.00	20.00	50.00	150

KM# 23 SOUVERAIN D'OR
11.0600 g., 0.9190 Gold 0.3268 oz. AGW **Ruler:** Maria Theresa **Obv:** Crowned narrow bust right **Obv. Legend:** MAR • TH • D • G • R • IMP • S • HUNG • BOH • R •

Date	Mintage	VG	F	VF	XF	Unc
1756 W-Wi	—	400	725	1,250	2,000	—
1757 W-Wi	—	400	725	1,250	2,000	—
1758 W-Wi	—	400	725	1,250	2,000	—
1759 W-Wi	—	400	725	1,250	2,000	—
1760 W-Wi	—	400	725	1,250	2,000	—
1761 W-Wi	—	400	725	1,250	2,000	—

KM# 33 SOUVERAIN D'OR
11.0600 g., 0.9190 Gold 0.3268 oz. AGW **Ruler:** Joseph II **Obv:** Laureate head right **Obv. Legend:** IOSEPH • II • D • G • R • IMP • S • A • GER • HIER • HUNG • BOH • REX • **Rev:** Crowned arms within Order chain **Rev. Legend:** ARCH • AUST • DUX • BURG • LOTH • BRAB • COM • FLAN •

Date	Mintage	VG	F	VF	XF	Unc
1781(b)	4,338	400	900	1,650	2,500	—
1782(b)	3,012	400	900	1,650	2,500	—
1783(b)	5,308	400	900	1,650	2,500	—
1783A	—	400	650	1,150	1,500	—
1784(b)	5,944	400	900	1,650	2,500	—
1784A	—	325	525	750	1,150	—
1785(b)	3,949	400	900	1,650	2,500	—
1785A	—	325	525	750	1,150	—
1786(b)	16,071	400	900	1,650	2,500	—
1786A	—	325	525	750	1,000	—
1786F	—	325	525	750	2,250	—
1787(b) Rare	1,053	—	—	—	—	—
1787A	—	325	525	750	1,150	—
1788(b)	8,632	400	900	1,650	2,500	—
1788A	—	325	525	750	1,150	—
1789(b)	—	400	900	1,650	2,500	—
1789A	—	525	900	1,650	2,000	—

KM# 45 2 LIARDS (2 Oorden)
Copper **Obv:** 4-Line inscription, date and mint mark below **Rev:** Rampant lion right with staff

Date	Mintage	VG	F	VF	XF	Unc
1790(b)	763,000	5.00	12.00	25.00	75.00	200

KM# 46 10 SOLS (10 Stuivers)
Silver **Obv:** Rampant lion right **Obv. Legend:** MON • NOV • ARG • PROV • FOED • BELG • **Rev:** Arrows back of grasped hands at center **Rev. Legend:** IN VNIONE SALVS •

Date	Mintage	VG	F	VF	XF	Unc
1790(b)	53,000	30.00	60.00	150	250	500

KM# 24 SOUVERAIN D'OR
11.0600 g., 0.9190 Gold 0.3268 oz. AGW **Ruler:** Maria Theresa **Obv:** Mature bust right **Obv. Legend:** MAR • TH • D: G • R • IMP • G • HUNG • BOH • R • **Rev:** Crowned ornate arms **Rev. Legend:** ARCH • AUST • DUX • BURG • BRAB • C • FL •

Date	Mintage	VG	F	VF	XF	Unc
1757(h) R	38,000	400	650	1,000	1,550	—
1758(b) R	303,000	325	525	750	1,250	—
1759(b) R	190,000	325	525	750	1,250	—
1760(b) R	163,000	325	525	750	1,250	—
1761(b) R	300,000	325	525	750	1,250	—
1762(b) R	269,000	325	525	750	1,250	—
1763(b) R	119,000	325	525	750	1,250	—
1766(b) R	135,000	325	525	750	1,250	—

KM# 43 SOUVERAIN D'OR
11.0600 g., 0.9190 Gold 0.3268 oz. AGW **Ruler:** Leopold II **Note:** Similar to KM#25.

Date	Mintage	VG	F	VF	XF	Unc
1790A	—	400	650	875	1,150	—
1791A	—	400	650	875	1,150	—
1792B	—	400	650	875	1,150	—
1792E	—	575	900	1,250	1,900	—
1792F	1,250	725	1,050	1,500	2,500	—

KM# 47 10 SOLS (10 Stuivers)
Silver **Obv:** Rampant lion right **Obv. Legend:** DOMINI • EST • REGNVM • **Rev:** Arrows back of grasped hands at center **Rev. Legend:** ET • IPSE • DOMINABITVR • GENTIVM

Date	Mintage	VG	F	VF	XF	Unc
1790(b)	8,162	60.00	150	250	500	—

KM# 25 SOUVERAIN D'OR
11.0600 g., 0.9190 Gold 0.3268 oz. AGW **Ruler:** Maria Theresa **Obv:** Veiled mature bust right **Obv. Legend:** MAR • TH • D: G • R • IMP • G • HUNG • BOH • R • **Rev:** Crowned ornate arms **Rev. Legend:** ARCH • AUST • DUX • BURG • BRAB • C • FL •

Date	Mintage	VG	F	VF	XF	Unc
1767(b) R	22,000	400	775	1,250	2,000	—
1768(b) R	13,000	400	775	1,250	2,000	—
1769(b)	9,000	400	775	1,250	2,000	—
1771(b)	10,000	400	775	1,250	2,000	—
1772(b)	7,000	400	775	1,250	2,000	—
1773(b)	3,000	—	—	—	—	—
1778(b)	83,000	400	725	1,000	1,550	—

KM# 64 SOUVERAIN D'OR
11.0600 g., 0.9190 Gold 0.3268 oz. AGW **Ruler:** Franz II **Obv:** Head right **Obv. Legend:** FRANC • II • D • G • R • IMP • S • A • GE • HIE • HV • BO • REX • **Rev:** Crowned arms within Order chain **Rev. Legend:** ARCH • AVST • DVX • BVRG • LOTH • BRAB • COM • FLAN • **Note:** Coins dated 1793V were struck in 1823 at Gunzburg. For similar coins with M mint mark, refer to Italian States - Milan listings.

Date	Mintage	VG	F	VF	XF	Unc
1792A	—	325	575	950	1,900	—
1793A	—	325	575	750	1,250	—
1793(b)	1,763	1,300	2,600	5,000	8,800	—
1793H	60,000	325	575	950	1,550	—
1793V	—	325	650	1,500	3,150	—
1794A	—	325	575	950	1,900	—
1795A	—	850	1,300	1,900	3,750	—
1795B	—	260	450	700	1,050	—

KM# 48 FLORIN (Gulden)
Silver **Obv:** Rampant lion right **Obv. Legend:** MON • NOV • ARG • PROV • FOED • BELG • **Rev:** Arrows back of grasped hands at center **Rev. Legend:** IN VNIONE SALVS •

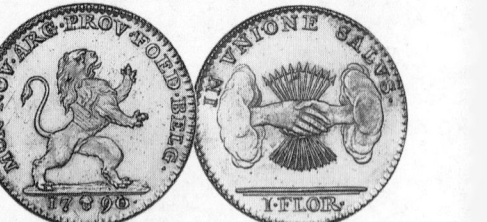

Date	Mintage	VG	F	VF	XF	Unc
1790(b)	52,000	50.00	120	175	280	—

DARBAND

KM#	Date	Mintage Identification	Mkt Val

KM# 49 FLORIN (Gulden)
Silver **Obv:** Rampant lion right **Obv. Legend:** DOMINI • EST • REGNVM • **Rev:** Arrows back of grasped hands at center **Rev. Legend:** ET • IPSE • DOMNABITVR • GENTIVM

Date	Mintage	VG	F	VF	XF	Unc
1790(b)	15,000	60.00	130	200	350	—

Pn1 1751(h) — 5 Souverain D'Or. Gold. 55.5100 g. —

KM# 50 3 FLORINS (3 Guldens)
Silver **Obv:** Rampant lion right holding sword in right paw and shield in left paw **Obv. Legend:** DOMINI EST REGNVM **Rev:** 11 Shields surround central radiant design **Rev. Legend:** ET IPSE DOMINABITVR GENTIVM **Note:** Dav. #1285.

Date	Mintage	VG	F	VF	XF	Unc
1790(b)	44,000	—	250	400	750	1,200

Pn2	1751(h)	—	5 Souverain D'Or. Gold. 55.4800 g.
Pn4	1794B	—	Sovereign D'Or. 0.9190 Gold. KM#64.
Pn5	1795E	—	1/2 Sovereign D'Or. 0.9190 Gold. KM#63.

KM# 51 14 FLORINS (14 Guldens)
0.9860 Gold **Obv:** Rampant lion right holding sword in right paw and shield in left paw **Obv. Legend:** DOMINI EST REGNVM • **Rev:** 11 Shields surround central radiant design **Rev. Legend:** ET IPSE DOMINABITVR GENTIVM

Date	Mintage	VG	F	VF	XF	Unc
1790(b)	3,805	775	1,500	3,600	7,200	—

PATTERNS
Including off metal strikes

KM#	Date	Mintage Identification	Mkt Val

Pn3 ND(1751) — Thaler. Silver. 33.3700 g. 1,800

AZERBAIJAN

COUNTY

STANDARD COINAGE

KM# 110 2 KREUZERS
Billon **Ruler:** Joseph-Gobert **Obv:** Shield of arms **Obv. Legend:** IOS. GOB. COM. IN. ASPERM ET RS **Rev:** Orb **Rev. Legend:** CAROLVS. VI. I.. S. A. 1720

Date	Mintage	VG	F	VF	XF	Unc
1720 Rare	—	—	—	—	—	—

The Republic of Azerbaijan (formerly Azerbaijan S.S.R.) includes the Nakhichevan Autonomous Republic. Situated in the eastern area of Transcaucasia, it is bordered in the west by Armenia, in the north by Georgia and Dagestan, to the east by the Caspian Sea and to the south by Iran. It has an area of 33,430 sq. mi. (86,600 sq. km.) and a population of 7.8 million. Capital: Baku. The area is rich in mineral deposits of aluminum, copper, iron, lead, salt and zinc, with oil as its leading industry. Agriculture and livestock follow in importance.

Ancient home of Scythian tribes and known under the Romans as Albania and to the Arabs as Arran, the country of Azerbaijan was formed at the time of its invasion by Seljuk Turks and grew into a prosperous state under Persian suzerainty. From the 16th century the country was a theatre of fighting and political rivalry between Turkey, Persia and later Russia. Baku was first annexed to Russia by Czar Peter I in 1723 and remained under Russian rule for 12 years. After the Russian retreat the whole of Azerbaijan north of the Aras River became a khanate under Persian control. Czar Alexander I, after an eight-year war with Persia, annexed it in 1813 to the Russian empire.

Until the Russian Revolution of 1905, there was no political life in Azerbaijan. A Mussavat (Equality) party was formed in 1911 by Mohammed Emin, Rasulzade, a former Social Democrat. After the Russian Revolution of March 1917, the party started a campaign for independence. Baku, however, the capital with its mixed population, constituted an alien enclave in the country. While a national Azerbaijani government was established at Gandzha (Elizavetpol), a Communist controlled council assumed power at Baku with Stepan Shaumian, an Armenian, at its head. The Gandzha government joined first, on Sept. 20, 1917, a Transcaucasian federal republic, but on May 28, 1918, proclaimed the independence of Azerbaijan. On June 4, 1918, at Batum, a peace treaty was signed with Turkey. Turko-Azerbaijani forces started an offensive against Baku, occupied since Aug. 17, 1918 by 1,400 British troops coming by sea from Anzali, Persia. On Sept. 14 the British evacuated Baku, returning to Anzali, and three days later the Azerbaijan government, headed by Fath Khoysky, established itself at Baku.

After the collapse of the Ottoman Empire, the British returned to Baku, at first ignoring the Azerbaijan government. A general election with universal suffrage for the Azerbaijan constituent assembly took place on Dec. 7, 1918 and out of 120 members there were 84 Mussavat supporters. On Jan. 15, 1920, the Allied powers recognized Azerbaijan de facto, but on April 27 of the same year the Red army invaded the country, and a Soviet republic of Azerbaijan was proclaimed the next day. Later it became a member of the Transcaucasian Federation joining the U.S.S.R. on Dec. 30, 1922, it became a self-constituent republic in 1936.

The Azerbaijan Communist party held its first congress at Baku in Feb. 1920. From 1921 to 1925 its first secretary was a Russian, S.M. Kirov, who directed a mass deportation to Siberia of about 120,000 Azerbaijani "nationalist deviationists," among them the country's first two premiers.

In 1990 it adopted a declaration of republican sovereignty and in Aug. 1991 declared itself formally independent. This action was approved by a vote of referendum in Jan. 1992. It announced its intention of joining the CIS in Dec. 1991, but a parliamentary resolution of Oct. 1992 declined to confirm its involvement. On Sept. 20, 1993, Azerbaijan became a member of the CIS. Communist President Mutaibov was relieved of his office in May 1992. On June 7, in the first democratic election in the country's history, a National Council replaced Mutaibov with Abulfez Elchibey. Surat Huseynov led a military coup against Elchibey and seized power on June 30, 1993. Huseynov became prime minister with former communist Geidar Aliyev, president.

Fighting commenced between Muslim forces of Azerbaijan and Christian forces of Armenia in 1992 and continued through early 1994. Each faction claimed the Nagorno-Karabakh, an Armenian ethnic enclave, in Azerbaijan. A cease-fire was declared in May 1994.

OTTOMAN EMPIRE

DARBAND

Darband (Derbent) is the principal city in Daghistan, now the extreme southeastern portion of Russia. Generally connected to Iran from early Islamic time, it was conquered by the Russians in

---

FAGNOLLE

A small village located in the southern Belgian province of Namur. Prince Charles Joseph the Ligne, as the lord, obtained the right to strike coins in 1770 when his principality was recognized as part of the Holy Roman Empire. The French occupied Fagnolle from 1794-95.

RULER
Charles Joseph of Ligne, 1770-1803

PRINCIPALITY

TRADE COINAGE

KM# 94 DUCAT
3.5000 g., 0.9860 Gold 0.1109 oz. AGW **Ruler:** Charles Joseph **Obv:** Bust left **Rev:** Crowned and mantled arms **Note:** Struck in Durlach, Germany.

Date	Mintage	VG	F	VF	XF	Unc
ND	50	1,500	3,750	7,500	12,500	—

RECKHEIM

A barony in Limburg which was raised to a county in 1624. Was in the hands of the van Lynden family and mediatized in 1803.

RULERS
Francois-Gobert and Ferdinand-Gobert
 of Aspremont-Lynden, 1665-1703
Ferdinand-Gobert of Aspremont-Lynden, 1703-1708
Joseph-Gobert of Aspremont-Lynden, 1708-1720
Charles-Gobert of Aspremont-Lynden, 1720-1749
Jean-Gobert of Aspremont-Lynden, 1749-1792

AZERBAIJAN

DARBAND

1722 but restored to Iran in 1735 under Nadir Shah., After the death of Nadir in 1747, Darband became quasi-independent, adjoined with Qubba, and seems to have begun its local coinage around 1780. Darband was briefly seized by the Russians in 1796 and finally conquered on July 3, 1806 (16 Rabi' II 1221).

The coinage of Darband between 1780 and 1806 never mentions the local ruler, but bears the Arabic phrase, ya'ali.

MINT

دربند

Darband

CITY

ANONYMOUS HAMMERED COINAGE

KM# 1 ABBASI

2.3000 g., Silver **Obv:** Ya Sahib al-Zaman **Rev:** Mint, date and inscription **Rev. Inscription:** Ya' Aziz **Note:** Additional dates are said to exist in the Baku Museum.

Date	Mintage	Good	VG	F	VF	XF
AH1200	—	40.00	70.00	125	—	—
AH1201	—	40.00	70.00	125	—	—
ND	—	25.00	40.00	70.00	—	—

GANJA

Ganja has been an important city since pre-Islamic times, and became an Islamic mint about 705 AD. It was part of the Safavid Empire, though occasionally occupied by the Ottomans for short intervals. After the death of Nadir Shah in 1747, it gained independence under Shah Verdi Khan, and local coinage started about 1755. It remained independent until 1805, when acquired by Russia, though it was briefly under Georgian control 1780-1783 and partially under Iranian control between 1790 and 1802.

RULERS

(Part of Iran until AH1137/1724AD)

OTTOMAN

Ahmed III, AH1137-1143/1724-1730AD

Mahmud I, AH1143-1148/1730-1735AD

(Once again under Iran, AH1148-1168/1735-1755AD

LOCAL RULERS

Shah Verdi Khan, AH1160-1174/1747-1760 AD (effectively independent from 1168/1755)

Muhammad Shah Khan, AH1174-1195/1760-1780AD

(Georgian occupation, AH1193-1198/1780-1783AD)

Hajji Beg, AH1198-1200/1783-1785AD

Ja'far al-Jawwad, ca. 1200-1220/1785-1805AD (partly under Iranian control 1204-1217, see types KM632, 738 and 724 under Iran).

MINT

گنجه

Ganja

KHANATE

Ahmed III
AH1115-1141 / 1703-1730AD
HAMMERED COINAGE

KM# 10 1/4 ABBASI

1.3100 g., Silver **Obv:** Toughra **Rev:** Legend

Date	Mintage	Good	VG	F	VF	XF
AH1115 (1703)	—	—	400	550	750	1,000

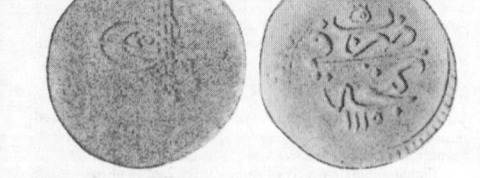

KM# 11 ABBASI

5.3400 g., Silver **Obv:** Toughra **Rev:** duriba Genge

Date	Mintage	Good	VG	F	VF	XF
AH1115 (1703)	—	—	110	150	200	265

Mahmud I
AH1143-1148 / 1730-1735AD
HAMMERED COINAGE

KM# 15 1/2 ABBASI

Silver **Obv:** Toughra **Rev:** duriba Genge **Note:** Weight varies 2.55 - 2.72 grams.

Date	Mintage	Good	VG	F	VF	XF
AH1143 (1730)	—	—	400	550	750	1,000

KM# 16 ABBASI

5.3200 g., Silver **Obv:** Toughra **Rev:** duribe Genge

Date	Mintage	Good	VG	F	VF	XF
AH1143 (1730)	—	—	120	165	225	300

Shah Verdi Khan
AH1160-1174 / 1747-1760AD
HAMMERED COINAGE

KM# 20 1/2 ABBASI

2.3000 g., Silver **Obv:** al-Sultan Nadir **Rev:** Mint and date

Date	Mintage	Good	VG	F	VF	XF
AH1173 (1759)	—	—	60.00	80.00	100	140

KM# 21 ABBASI

4.6000 g., Silver **Obv:** al-Sultan Nadir **Rev:** Mint and date **Note:** Similar to KM#20.

Date	Mintage	Good	VG	F	VF	XF
AH1155 (1754)	—	—	20.00	30.00	45.00	65.00

Note: Coins dated 1155 were actually struck from about 1168-1178; i.e.: between the last Iranian issues in the name of Shahrukh and the 1172 issues of this type.

Date	Mintage	Good	VG	F	VF	XF
AH1172 (1758)	—	—	25.00	35.00	50.00	75.00
AH1173 (1759)	—	—	25.00	35.00	50.00	75.00
AH1174 (1760)	—	—	25.00	35.00	50.00	75.00

Muhammad Hasan Khan
AH1174-1195 / 1760-1780AD
HAMMERED COINAGE

KM# 24 1/4 ABBASI

1.1500 g., Silver **Obv:** al-Sultan Nadir **Rev:** Mint and date **Note:** Similar to KM#20.

Date	Mintage	Good	VG	F	VF	XF
AH1178 (1764)	—	—	50.00	60.00	75.00	100
AH1181 (1767)	—	—	50.00	60.00	75.00	100
AH1187 (1773)	—	—	50.00	60.00	75.00	100

KM# 30 1/4 ABBASI

0.9500 g., Silver **Obv:** Couplet of Karim Khan Zand **Rev:** Mint, date and 'ya-karim'

Date	Mintage	Good	VG	F	VF	XF
AH1186 (1772)	—	—	50.00	75.00	100	150
AH1188 (1774)	—	—	50.00	75.00	100	150

KM# 34 1/2 ABBASI

1.0000 g., Silver **Obv:** Ya Sahib al-Zaman **Rev:** Mint, date and 'ya karim' **Note:** Denomination uncertain.

Date	Mintage	Good	VG	F	VF	XF
AH1189 (1775)	—	—	—	—	—	—
Rare						

KM# 28 ABBASI

4.6000 g., Silver **Obv:** Shiite formula **Rev:** Mint, date and 'ya karim'

Date	Mintage	Good	VG	F	VF	XF
AH1174 (1760)	—	—	45.00	55.00	80.00	105
AH1176 (1762)	—	—	35.00	45.00	65.00	90.00
AH1179 (1765)	—	—	35.00	45.00	65.00	90.00

KM# 26 ABBASI

4.6000 g., Silver **Obv:** al-Sultan Nadir **Rev:** Mint and date **Note:** Similar to KM#20. Coins dated 1187 and 1188 may be errors for 1178 and 1177 or re-issue for those years, but no hard evidence has been found to confirm this.

Date	Mintage	Good	VG	F	VF	XF
AH1175 (1761)	—	—	25.00	35.00	50.00	70.00
AH1176 (1762)	—	—	25.00	35.00	50.00	70.00
AH1177 (1763)	—	—	25.00	35.00	50.00	70.00
AH1178 (1764)	—	—	25.00	35.00	50.00	70.00
AH1179 (1765)	—	—	30.00	40.00	60.00	85.00
AH1180 (1766)	—	—	30.00	40.00	60.00	85.00
AH1181 (1767)	—	—	30.00	40.00	60.00	85.00
AH1187 (1773)	—	—	25.00	35.00	50.00	70.00
AH1188 (1774)	—	—	25.00	35.00	50.00	70.00

KM# 32 ABBASI

4.6000 g., Silver **Obv:** Couplet of Karim Khan Zand **Rev:** Mint, date and 'ya karim'

Date	Mintage	Good	VG	F	VF	XF
AH1181 (1767)	—	—	35.00	45.00	65.00	80.00
AH1182 (1768)	—	—	30.00	40.00	55.00	70.00
AH1183 (1769)	—	—	30.00	40.00	55.00	70.00
AH1184 (1770)	—	—	30.00	40.00	55.00	70.00
AH1185 (1771)	—	—	35.00	45.00	65.00	80.00
AH1186 (1772)	—	—	30.00	40.00	55.00	70.00
AH1187 (1773)	—	—	30.00	40.00	55.00	70.00
AH1188 (1774)	—	—	35.00	45.00	65.00	80.00

KM# 36.1 ABBASI

3.0500 g., Silver **Obv:** Ya Sahib al-Zaman **Rev:** Mint, date and 'ya karim'

Date	Mintage	Good	VG	F	VF	XF
AH1189 (1775)	—	—	25.00	35.00	50.00	70.00
AH1190 (1776)	—	—	35.00	45.00	65.00	85.00
AH1191 (1777)	—	—	35.00	45.00	65.00	85.00
AH1192 (1778)	—	—	35.00	45.00	65.00	85.00
AH1193 (1779)	—	—	35.00	45.00	65.00	85.00
AH1195 (1780)	—	—	35.00	45.00	65.00	85.00

KM# 36.2 ABBASI

3.0000 g., Silver **Obv:** Ya Sahib al-Zaman **Rev:** Mint, date and 'ya karim' **Note:** Similar to KM#36.1. Struck during Georgian Occupation, AH1195-1198.

Date	Mintage	Good	VG	F	VF	XF
AH1198 (1783)	—	—	—	—	—	—
Rare						

Hajji Beg
AH1198-1200 / 1783-1785AD
HAMMERED COINAGE

KM# 40 ABBASI

Silver **Obv:** Couplet of Karim Khan Zand **Rev:** Mint, date and 'ya Karim' (same as KM#32)

Date	Mintage	Good	VG	F	VF	XF
AH1198 (1783)	—	—	70.00	90.00	135	—
AH1199 (1784)	—	—	70.00	90.00	135	—

Ja'far al-Jawwad
AH1200-1220 / 1785-1805AD
HAMMERED COINAGE

KM# 43 ABBASI

Silver **Obv:** Shiite formula **Rev:** Mint, date and 'ya Karim'

Date	Mintage	Good	VG	F	VF	XF
AH1203 (1788)	—	—	70.00	90.00	135	—
AH1211 (1796)	—	—	70.00	90.00	135	—

Anonymous
Struck from before AH1181 until at least AH1216
HAMMERED COINAGE

KM# 100.1 KAZBEG

Copper **Obv:** Lion right **Rev:** Mint & date **Note:** Weight varies: 7-9g.

Date	Mintage	Good	VG	F	VF	XF
AH1181 (1767)	—	—	10.00	17.50	25.00	—

KM# 100.2 KAZBEG

Copper **Obv:** Elephant left **Rev:** Mint and date **Note:** Weight varies: 7-9g.

Date	Mintage	Good	VG	F	VF	XF
AH1182 (1768)	—	—	12.50	20.00	30.00	—

KM# 100.3 KAZBEG

Copper **Obv:** "Quadruped" right **Rev:** Mint and date **Note:** Weight varies: 7-9g.

Date	Mintage	Good	VG	F	VF	XF
AH1188 (1774)	—	—	10.00	17.50	25.00	—

KM# 100.4 KAZBEG

Copper **Rev:** Mint & date **Note:** Weight varies: 7-9g. Obverse design unknown for this type.

Date	Mintage	Good	VG	F	VF	XF
AH1196 (1781)	—	—	—	—	—	—
AH1203 (1788)	—	—	—	—	—	—
AH1204 (1789)	—	—	—	—	—	—
AH1206 (1791)	—	—	—	—	—	—
AH1208 (1793)	—	—	—	—	—	—

KM# 100.5 KAZBEG

Copper **Obv:** Sunface **Rev:** Mint and date **Note:** Weight varies: 7-9g.

Date	Mintage	Good	VG	F	VF	XF
AH1205 (1790)	—	—	15.00	22.50	30.00	—

KM# 100.6 KAZBEG

Copper **Obv:** Goose left **Rev:** Mint and date **Note:** Weight varies: 7-9g.

Date	Mintage	Good	VG	F	VF	XF
AH1207 (1792)	—	—	12.50	20.00	30.00	—

SHEMAKHI

KM# 100.7 KAZBEG
Copper **Obv:** 2-blade sword **Rev:** Mint and date **Note:** Weight varies: 7-9g.

Date	Mintage	Good	VG	F	VF	XF
AH1215 (1800)	—	—	12.50	20.00	30.00	—

KARABAGH

Karabagh, a former Khanate in Azerbaijan was under the control of the Ottomans until 996AD when Persia regained control. The principal mint was located in Panahabad, now the town of Shusha. The hereditary Jewanshir family then broke away from Persia in the second half of the 1700's and abandoned their principality to the Russians in 1822. For the remainder of the Czarist period it formed part of the Muslim governorship of Baker until 1868, when it was transfered to Elizabetpol.

It now forms part of The Nagorno-Karabakh-Oblast which was established as an autonomous region with Azerbaijan in 1923. They elected for independence in the C.I.S. in 1991.

RULER
Ibrahim Khalil Khan, AH1177-1221/1763-1806AD

MINT NAME

پناه اباد

Panahabad (Shusha)

MONETARY SYSTEM
Derived from the Safavid Persian System
1 Bisti = 20 Dinars
1 Abbasi = 200 Dinars

All coins are anonymous except KM#5, which is in the name of Fath'ali Shah of Iran.

The silver abbasi of Karabagh circulated widely in Iran, where it came to be known as a "Panabadi", a term later used for the half Kran in Iran.

KHANATE

Ibrahim Khalil Khan
AH1177-1221 / 1763-1806AD

HAMMERED COINAGE

KM# 1 1/2 BISTI
Copper **Obv:** Sunface rising above lion left **Rev:** Text

Date	Mintage	Good	VG	F	VF	XF
ND (1782)	—	12.50	16.00	25.00	45.00	—

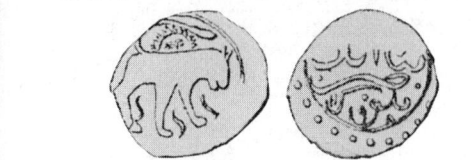

KM# 2 1/2 BISTI
Copper **Obv:** Sunface rising above lion right **Rev:** Text

Date	Mintage	Good	VG	F	VF	XF
AH1198 (1783)	—	12.50	16.00	25.00	45.00	—

KM# 3 1/2 ABBASI
Silver **Obv:** Shiite formula, sometimes with date **Rev:** Mint, date and the phrase 'ya Allah'

Date	Mintage	Good	VG	F	VF	XF
AH1209 (1794)	—	40.00	55.00	75.00	100	—

KM# 5 ABBASI
4.4500 g., Silver **Obv:** Inscription, mint name and date **Obv. Inscription:** "Fath'ali Shah" **Rev:** Shiite formula

Date	Mintage	Good	VG	F	VF	XF
AH1214	—	—	—	—	—	—

KM# 4 ABBASI
Silver **Note:** Weight is about 4.5 grams.

Date	Mintage	Good	VG	F	VF	XF
AH1214	—	—	—	50.00	75.00	120

QUBBA

Qubba is now the upland city of Kuba in the north of Azerbaijan. It was part of Daghistan and frequently associated with Darband, from time to time partially or fully independent. The local ruler, Fath 'Ali Khan (1771-1203/1758-1788AD), acquired Darband, probably about 1775, but Darband regained its autonomy after his death. Coinage commenced in the late 1770's. Like Darband, Qubba was briefly seized by the Russians in 1796, and then formally acquired in July 1806. However, unlike Darband it was apparently permitted to continue its local coinage until AH1223/1808AD.

Coins of Qubba can readily be distinguished from that of Darband by the name of the mint and phrase "a 'aziz" instead of "ya 'ali".

MINT

قبّة

Qubba

CITY

ANONYMOUS HAMMERED COINAGE

KM# 1 ABBASI
2.3000 g., Silver **Obv. Inscription:** "Ya sahib al-zaman" **Rev:** Mint, date and inscription **Rev. Inscription:** ya'ali **Note:** Other dates may exist for this type, but are yet unreported.

Date	Mintage	Good	VG	F	VF	XF
AH1191	—	40.00	70.00	125	—	—
AH1213	—	40.00	70.00	125	—	—
AH1214	—	40.00	70.00	125	—	—

SHEKI

Sheki, with its capital Nukha was a former khanate in Russian Caucasia, and in 1578 was part of Shirwan (under Ottoman rule). It was occupied in 1806 when the Russians invested Ja'far Quli Khan as governor and then annexed by Russia in 1819. Sheki is now part of Azerbaijan, which joined the Commonwealth of Independent States in December 1991.

RULER
Muhammad Hasan Khan, AH1212-1217/1797-1802AD

MINT NAME

نخوي

Nukha (Nukhwi)

MONETARY SYSTEM
200 Dinars = 1 Abbasi
20 Dinars = 1 Bisti

KHANATE

Muhammad Hasan Khan
AH1212-1217 / 1797-1802AD

HAMMERED COINAGE

KM# 3 ABBASI
2.2000 g., Silver **Obv:** The couplet of Karim Khan Zand **Rev:** Mint name and date

Date	Mintage	Good	VG	F	VF	XF
AH1213	—	20.00	30.00	50.00	80.00	—
AH1214	—	20.00	30.00	50.00	80.00	—
AH1215	—	20.00	30.00	50.00	80.00	—

SHEMAKHI

Schemakhi, later the capital of Shirwan, is a former khanate located in Azerbaijan. It was taken by the Ottomans in 1578. Restored to Persian rule in 1607, it remained so throughout much of its later history until the Khan Mustafa submitted to the Russians in 1805 and later occupied by the Russians who annexed the khanate in 1813. After destruction in 1859 by earthquake, it came under the government of Baker. Presently it is part of Azerbaijan, C.I.S.

RULERS
Persian until about AH1170/1757AD, then quasi-autonomous until AH1177/1763AD.
Muhammad Sa'id Khan, AH1177-1180/1763/1766AD
Fath Ali Khan, AH1180-1203/1766-1788AD
Asker Khan, AH1203/1788AD
Qasim Khan, AH1203-1209/1788-1794AD
Mustafa Khan, AH1209-1236/1794-1820AD

NOTE: All coins of Schemakhi lack the ruler's name, but are traditionally assigned to ruler by date. Undated examples or examples with date off flan cannot be assigned to a ruler.

MINT NAME

شماخي

Shamakha

MONETARY SYSTEM
20 Dinars = 1 Bisti
10 Bisti = 1 Abbasi

AUTONOMOUS PERIOD
AH1170-1177

HAMMERED COINAGE

KM# 1 ABBASI
4.5000 g., Silver **Obv:** Shiite formula **Rev:** Mint, date and inscription **Rev. Inscription:** ya karim **Note:** The date was frozen and used prior to the accession of Muhammad Sa'id in AH1177.

Date	Mintage	Good	VG	F	VF	XF
AH1170 (1762)	—	—	25.00	35.00	55.00	80.00

KHANATE
AH1177-1220

ANONYMOUS HAMMERED COINAGE

KM# 11 ABBASI
2.3000 g., Silver **Obv:** Persian text **Obv. Inscription:** Ya Sâheb oz-Zamân **Rev:** Persian text, mint name and date

Date	Mintage	Good	VG	F	VF	XF
AH1209 (1794)	—	15.00	28.00	42.50	65.00	—
AH1210 (1795)	—	15.00	28.00	42.50	65.00	—
AH1211 (1796)	—	15.00	28.00	42.50	65.00	—
AH1212 (1797)	—	15.00	28.00	42.50	65.00	—
AH1213 (1798)	—	15.00	28.00	42.50	65.00	—
AH1214 (1799)	—	15.00	28.00	42.50	65.00	—
AH1215 (1800)	—	15.00	28.00	42.50	65.00	—

Muhammad Sa'id Khan
AH1177-1180 / 1763-1766AD

HAMMERED COINAGE

KM# 2 ABBASI
Silver **Note:** Same type as KM#1; weight is about 4.5 grams (1 mithqal).

Date	Mintage	Good	VG	F	VF	XF
AH1177 (1763)	—	—	25.00	35.00	50.00	75.00
AH1178 (1764)	—	—	25.00	35.00	50.00	75.00
AH1179 (1765)	—	—	25.00	35.00	50.00	75.00

Fath 'Ali Khan
AH1180-1203 / 1766-1788AD

HAMMERED COINAGE

KM# 4.1 KAZBEG
Copper **Obv:** Various designs **Rev:** Mint and date **Note:** When date is off flan, types KM#4 & KM#15 cannot be distinguished. Copper coins allegedly 1/2 Kazbeg are actually lightweight examples of the full Kazbeg. Weight varies: 4-7g.

Date	Mintage	Good	VG	F	VF	XF
ND (1766) Date off flan	—	—	7.50	12.50	25.00	—
AH1189 (1775)	—	—	—	—	—	—
AH1202 (1788)	—	—	—	—	—	—

KM# 4.2 KAZBEG
Copper **Obv:** Lion **Rev:** Mint and date **Note:** When date is off flan, types KM#4 & KM#15 cannot be distinguished. Copper coins allegedly 1/2 Kazbeg are actually lightweight examples of the full Kazbeg. Weight varies: 4-7g.

Date	Mintage	Good	VG	F	VF	XF
AH1196 (1781)	—	—	15.00	25.00	40.00	—

KM# 5 ABBASI
Silver **Obv:** Inscription in Persian **Obv. Inscription:** Ya Sâheb oz-Zamân **Rev:** Inscription in Persian - mint name and date **Rev.**

AZERBAIJAN SHEMAKHI

Inscription: ya karim **Note:** Weight is approximately 3.7 grams (5/6 mithqal).

Date	Mintage	Good	VG	F	VF	XF
ND (1766) Date missing	—	—	10.00	13.50	20.00	35.00
AH1181 (1767)	—	—	25.00	35.00	50.00	85.00
AH1182 (1768)	—	—	25.00	35.00	50.00	85.00
AH1184 (1770)	—	—	20.00	30.00	40.00	65.00
AH1185 (1771)	—	—	25.00	35.00	50.00	85.00
AH1186 (1772)	—	—	20.00	30.00	40.00	65.00
AH1187 (1773)	—	—	25.00	35.00	50.00	85.00

KM# 6 ABBASI

Silver **Obv:** Arabic - ya-sahib al zaman **Rev:** Arabic - mint, date and ya-karim **Note:** Weight approximately 3.0-3.1g (4/6 mithqal).

Date	Mintage	Good	VG	F	VF	XF
ND (1773) Date missing	—	—	10.00	13.50	20.00	35.00
AH1188 (1774)	—	—	20.00	30.00	40.00	65.00
AH1189 (1775)	—	—	20.00	30.00	40.00	65.00
AH1190 (1776)	—	—	25.00	35.00	50.00	85.00
AH1191 (1777)	—	—	25.00	35.00	50.00	85.00
AH1192 (1778)	—	—	25.00	35.00	50.00	85.00
AH1193 (1779)	—	—	25.00	35.00	50.00	85.00
AH1194 (1780)	—	—	25.00	35.00	50.00	85.00
AH1195 (1780)	—	—	25.00	35.00	50.00	85.00
AH1196 (1781)	—	—	25.00	35.00	50.00	85.00

KM# 7 ABBASI

Silver **Note:** Weight approximately 2.6g. (7/12 mithqal), same design as KM#5 and KM#6.

Date	Mintage	Good	VG	F	VF	XF
ND (1782) Date missing	—	—	12.50	20.00	25.00	40.00
AH1198 (1783)	—	—	30.00	40.00	55.00	85.00
AH1200 (1785)	—	—	30.00	40.00	55.00	85.00
AH1201 (1786)	—	—	30.00	40.00	55.00	85.00
AH1202 (1787)	—	—	30.00	40.00	55.00	85.00
AH1203 (1788)	—	—	30.00	40.00	55.00	85.00

Note: Russian collectors traditionally assign this year to Asker Khan, but they may have been struck under any of the three rulers on the throne that year

Qasim Khan
AH1203-1209 / 1788-1794AD

HAMMERED COINAGE

KM# 9 KAZBEG

Copper **Rev:** Mint and date **Note:** Weight approximately 5-6g.

Date	Mintage	Good	VG	F	VF	XF
AH1205 (1790)	—	—	—	—	—	—

KM# 10 ABBASI

Silver **Obv:** Arabic text **Obv. Inscription:** Ya Sâhib al-Zamân. **Rev:** Arabic text, mint name and date. **Note:** Weight varies: 2.30-3g. Coins without date or date off flan cannot be differentiated from examples of type KM#20. Obverse and reverse designs similar to KM#5.

Date	Mintage	Good	VG	F	VF	XF
AH1204 (1789)	—	—	20.00	30.00	40.00	65.00
AH1205 (1790)	—	—	20.00	30.00	40.00	65.00
AH1207 (1792)	—	—	20.00	30.00	40.00	65.00
AH1208 (1793)	—	—	20.00	30.00	40.00	65.00

Mustafa Khan
AH1209-1235 / 1794-1820AD

ANONYMOUS HAMMERED COINAGE

KM# 15 KAZBEG

Copper **Obv:** Various designs **Rev:** Mint name and date

Date	Mintage	Good	F	VF	XF
AH1212	—	12.50	15.00	25.00	35.00
AH1213	—	12.50	15.00	25.00	35.00

HAMMERED COINAGE

KM# 16 ABBASI

Silver **Note:** Weight approximately 1.85 grams (5/12 mithqal); similar to KM#5.

Date	Mintage	Good	VG	F	VF	XF
AH1209 (1794)	—	—	18.50	25.00	35.00	55.00
AH1210 (1795)	—	—	18.50	25.00	35.00	55.00
AH1211 (1796)	—	—	18.50	25.00	35.00	55.00
AH1212 (1797)	—	—	18.50	25.00	35.00	55.00

KM# 20 ABBASI

Silver **Note:** Weight approximately 2.25 grams (3/6 mithqal), heavier weight of pre-AH1209 restored; similar to KM#5.

Date	Mintage	Good	VG	F	VF	XF
AH1214	—	—	18.50	25.00	35.00	55.00
AH1215	—	—	18.50	25.00	35.00	55.00

AZORES

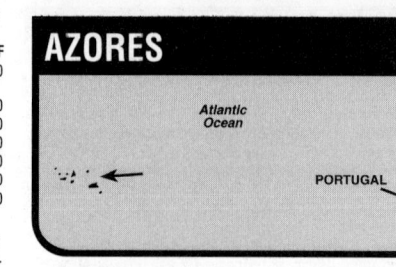

The Azores, an archipelago of nine islands of volcanic origin, are located in the Atlantic Ocean 740 miles (1,190 km.) west of Cape de Roca, Portugal. They are the westernmost region of Europe under the administration of Portugal and have an area of 902 sq. mi. (2,305 sq. km.) and a population of 236,000. Principal city: Ponta Delgada. The natives are mainly of Portuguese descent and earn their livelihood by fishing, wine making, basket weaving and the growing of fruit, grains and sugar cane. Pineapples are the chief item of export. The climate is particularly temperate, making the islands a favorite winter resort.

The Azores were discovered about 1427 by the Portuguese navigator Diogo de Sevill. Portugal secured the islands in the 15th century and established the first settlement on Santa Maria about 1439. From 1580 to 1640 the Azores were subject to Spain.

The Azores' first provincial coinage was ordered by law of August 19, 1750. Copper coins were struck for circulation in both the Azores and Madeira Islands, keeping the same technical specifications but with different designs. In 1795 a second provincial coinage was introduced but the weight was reduced by 50 percent.

Angra on Terceira Island became the capital of the captaincy-general of the Azores in 1766 and it was here in 1826 that the constitutionalists set up a pro-Pedro government in opposition to King Miguel in Lisbon. The whole Portuguese fleet attacked Terceira and was repelled at Praia, after which Azoreans, Brazilians and British mercenaries defeated Miguel in Portugal. Maria de Gloria, Pedro's daughter, was proclaimed queen of Portugal on Terceira in 1828.

A U.S. naval base was established at Ponta Delgada in 1917.

After World War II, the islands acquired a renewed importance as a refueling stop for transatlantic air transport. The United States maintains defense bases in the Azores as part of the collective security program of NATO.

In 1976 the archipelago became the Autonomous Region of Azores.

Note: Portuguese 50 Centavos and 1 Escudo pieces dated 1935 were issued for circulation in Azores. These are found under the appropriate listing in Portugal.

RULER
Portuguese

MONETARY SYSTEM
1000 Reis (Insulanos) = 1 Milreis

PORTUGUESE ADMINISTRATION

PROVINCIAL COINAGE

KM# A1 3 REIS

Copper **Obv:** Crowned arms within wreath **Rev:** Crowned pillars divide date

Date	Mintage	VG	F	VF	XF	Unc
1750	—	350	550	975	1,750	—

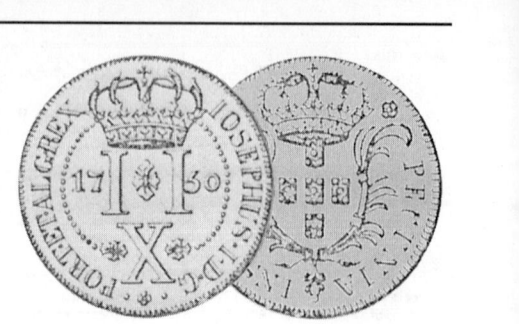

KM# 2 10 REIS

Copper **Obv:** Crowned pillars divide date, value below **Obv. Legend:** IOSEPHUS • I • D • G • PORT • ET • ALG • REX **Rev:** Crowned arms within wreath **Rev. Legend:** PECUNIA INS...

Date	Mintage	VG	F	VF	XF	Unc
1750	—	12.00	25.00	60.00	120	—

KM# 5 10 REIS

Copper **Obv:** Arms **Obv. Legend:** MARIA I.... **Rev:** Value in wreath, legend **Note:** Overstrikes on Portuguese 5 Reis, KM#305, dated 1791 exist.

Date	Mintage	VG	F	VF	XF	Unc
1793 Reported, not confirmed	—	—	—	—	—	—
1795	116,000	10.00	19.00	42.00	85.00	—
1796	—	10.00	19.00	42.00	85.00	—

KM# 4 20 REIS

Copper **Note:** Error dates.

Date	Mintage	VG	F	VF	XF	Unc
1190(1790)	—	70.00	145	240	475	—
1196(1796)	—	33.50	60.00	95.00	240	—

KM# 3 20 REIS

Copper **Obv:** Crowned arms within cartouche **Obv. Legend:** MARIA ... **Rev:** Value and date within wreath **Rev. Legend:** PORTUGAL.... **Note:** Overstrikes on Portuguese 10 Reis, KM#306, exist.

Date	Mintage	VG	F	VF	XF	Unc
1790	137,000	30.00	60.00	210	425	—
1795	Inc. above	5.00	10.00	25.00	48.00	—
1796	Inc. above	6.00	12.00	30.00	60.00	—
1798 Unique	—	—	—	—	—	—

KM# 1 5 REIS

Copper **Obv:** Crowned pillars divide date, value below **Obv. Legend:** IOSEPHUS • I • D • G • PORT • ET • ALG • REX **Rev:** Crowned arms within wreath **Rev. Legend:** PECUNIA INS...

Date	Mintage	VG	F	VF	XF	Unc
1750	—	18.00	36.00	85.00	200	—
1751	—	25.00	48.00	110	220	—

KM# 9 5 REIS

Copper, 25 mm. **Obv:** Arms **Obv. Legend:** MARIA I.... **Rev:** Value in wreath, legend **Note:** Reduced size.

Date	Mintage	VG	F	VF	XF	Unc
1795	301,000	7.00	14.00	30.00	55.00	—
1796	—	—	—	—	—	—

Note: Reported, not confirmed

Date	Mintage	VG	F	VF	XF	Unc
1797	Inc. above	7.00	14.00	30.00	55.00	—
1798	Inc. above	9.00	18.00	36.00	65.00	—
1799	—	—	—	—	—	—

Note: Reported, not confirmed

KM# 6 75 REIS

Silver **Obv:** Crowned arms divide date and value **Obv. Legend:** MARIA • I • D • G • PORT • ET • ALG • REGINA **Rev:** Florals in angles of Maltese cross **Rev. Legend:** IN HOC SIGNO VINCES

Date	Mintage	VG	F	VF	XF	Unc
1794	—	20.00	42.00	65.00	130	215
1795	—	25.00	48.00	70.00	145	220

KM# 7 150 REIS

Silver **Obv:** Denomination **Obv. Legend:** MARIA I D.G. PORT. ET ALG. REGINA. **Rev:** Cross **Rev. Legend:** IN HOC....

Date	Mintage	VG	F	VF	XF	Unc
1794	—	18.00	55.00	115	185	270
1795	—	15.00	36.00	65.00	155	215
1797 Reported, not confirmed	—	—	—	—	—	—
1798	—	25.00	65.00	115	215	290

KM# 8 300 REIS

Silver **Obv:** Crowned arms divide value and date **Obv. Legend:**

MARIA • I • D • G • PORT • ET • ALG • REGINA • **Rev:** Florals in angles of Maltese cross **Rev. Legend:** IN HOC SIGNO VINCES

Date	Mintage	VG	F	VF	XF	Unc
1794	—	33.00	42.00	85.00	175	220
1795	—	33.00	42.00	85.00	175	220
1797	—	48.00	70.00	140	220	300

COUNTERMARKED COINAGE
Series of 1795-1798

KM# 31 5 REIS
Copper **Countermark:** Raised 5 in indent **Note:** Countermark on Portuguese III Reis, KM#260.

CM Date	Host Date	Good	VG	F	VF	XF
ND(1795-98)	ND(1777-78)	—	—	—	—	—
	Rare					

KM# 32 10 REIS
Copper **Countermark:** Raised 10 in indent **Note:** Countermark on Portuguese V Reis, KM#305.

CM Date	Host Date	Good	VG	F	VF	XF
ND(1795-98)	ND(1791-97)	—	—	—	—	—
	Rare					

KM# 40.3 20 REIS
Copper **Countermark:** Raised flower/20 in indent **Note:** Countermark on X Reis, KM#306.

CM Date	Host Date	Good	VG	F	VF	XF
ND(1795-98)	ND(1791-92)	—	—	—	—	—
	Rare					

PATTERNS
Including off metal strikes

KM#	Date	Mintage Identification	Mkt Val

Pn1	1750	— 3 Reis. Copper. Crowned pillars divide date, value below. Crowned arms within wreath.	—
Pn2	1798	— 40 Reis. Copper. Crowned arms within cartouche. Value within wreath. Maria I	2,750

TRIAL STRIKES

KM#	Date	Mintage Identification	Mkt Val

TS1	1798	— 5 Reis. Tin. Uniface, reverse KM#9.	150

BARBADOS

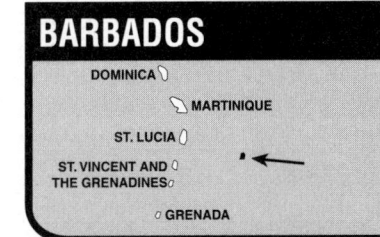

Barbados, a Constitutional Monarchy within the British Commonwealth, is located in the Windward Islands of the West Indies east of St. Vincent. The coral island has an area of 166 sq. mi. (430 sq. km.) and a population of 269,000. Capital: Bridgetown. The economy is based on sugar and tourism. Sugar, petroleum products, molasses, and rum are exported.

Barbados was named by the Portuguese who achieved the first landing on the island in 1563. British sailors landed at the site of present-day Holetown in 1624. Barbados was under uninterrupted British control from the time of the first British settlement in 1627 until it obtained independence on Nov. 30, 1966. It is a member of the Commonwealth of Nations. Elizabeth II is Head of State as Queen of Barbados.

Unmarked side cut pieces of Spanish and Spanish Colonial 1, 2 and 8 reales were the principal coinage medium of 18th-century Barbados. The "Neptune" tokens issued by Sir Phillip Gibbs, a local plantation owner, circulated freely but were never established as legal coinage. The coinage and banknotes of the British Caribbean Territories (Eastern Group) were employed prior to 1973 when Barbados issued a decimal coinage.

RULER
British

COMMONWEALTH

COUNTERMARKED COINAGE

KM# 8 2 REALES
Silver **Countermark:** Pineapple in relief **Note:** Countermark on plugged Spanish or Spanish Colonial 8 Reales.

CM Date	Host Date	Good	VG	F	VF	XF
ND	ND(1791-99)	—	—	—	—	—
	Rare					

KM# 9 8 REALES
Silver **Countermark:** Pineapple in relief **Note:** Countermark on plugged Spanish or Spanish Colonial 8 Reales.

CM Date	Host Date	Good	VG	F	VF	XF
ND	ND(1791-99)	—	—	—	—	—
	Rare					

Note: The plug is usually missing

TOKEN COINAGE

KM# Tn5 PENNY
Copper **Note:** Type II, small head, larger pineapple, P#11.

Date	Mintage	VG	F	VF	XF	Unc
1788	5,376	20.00	30.00	100	225	—
1788 Proof	—	Value: 275				

KM# Tn6 PENNY
Copper **Obv:** "I MILTON F" in relief on truncation, P#19

Date	Mintage	VG	F	VF	XF	Unc
1788 Proof;	—	Value: 350				
Restrike						

KM# Tn8 PENNY
Copper, 32 mm. **Obv:** Large pineapple, date below **Obv. Legend:** BARBADOES • PENNY • **Rev:** Crowned head left **Note:** Type III, large head, large pineapple, wiry hair, P#14.

Date	Mintage	VG	F	VF	XF	Unc
1788	Est. 200,000	6.00	15.00	25.00	50.00	

KM# TnA9 PENNY
Copper **Obv:** Small pineapple, P#20 **Obv. Legend:** BARBADOES • PENNY • **Rev:** Crowned head left

Date	Mintage	VG	F	VF	XF	Unc
1788 (Restrike);	—	Value: 375				
Proof						

KM# TnA9a PENNY
Silver **Obv:** Pineapple **Rev:** Crowned head left

Date	Mintage	VG	F	VF	XF	Unc
1788 (Restrike);	—	—	—	—	—	—
Proof, Rare						

KM# Tn10 PENNY
Copper **Obv:** Neptune in chariot **Obv. Legend:** BARBADOES • PENNY **Rev:** Crowned head left

Date	Mintage	VG	F	VF	XF	Unc
1792	39,000	20.00	50.00	100	225	—
1792 Proof	—	Value: 300				

KM# Tn10a PENNY
Silver **Obv:** Neptune in chariot **Rev:** Crowned head left **Note:** Proof restrikes were struck on thick and thin flans in collared dies while originals were not.

Date	Mintage	VG	F	VF	XF	Unc
1792 Proof;	—	Value: 950				
Restrike						

KM# Tn9 1/2 PENNY
Copper **Obv:** Neptune in chariot **Obv. Legend:** BARBADOES • HALFPENNY **Rev:** Crowned head left

Date	Mintage	VG	F	VF	XF	Unc
1792	47,000	25.00	50.00	125	275	—
1792 Proof, Restrike	—	Value: 225				

KM# Tn9a 1/2 PENNY
Silver **Obv:** Neptune in chariot **Rev:** Crowned head left

Date	Mintage	VG	F	VF	XF	Unc
1792 Proof, Restrike	—	Value: 800				

KM# Tn4 PENNY
Copper **Obv:** Small pineapple, date below **Obv. Legend:** BARBADOES • PENNY • **Rev:** Crowned head left **Note:** Type I, small head, small pineapple, P#10.

Date	Mintage	VG	F	VF	XF	Unc
1788 Proof	—	Value: 500				

BERMUDA

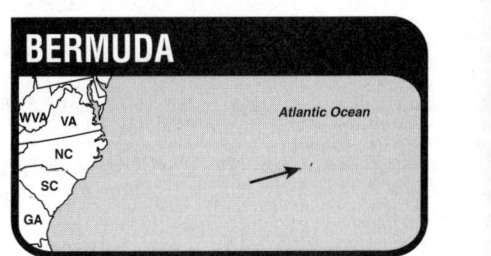

The Parliamentary British Colony of Bermuda, situated in the western Atlantic Ocean 660 miles (1,062 km.) east of North Carolina, has an area of 20.6 sq. mi. (53 sq. km.) and a population of 61,600. Capital: Hamilton. Concentrated essences, beauty preparations, and cut flowers are exported. Most Bermudians derive their livelihood from tourism.

Bermuda was discovered by Juan de Bermudez, a Spanish navigator, in about 1503. British influence dates from 1609 when a group of Virginia-bound British colonists under the command of Sir George Somers was shipwrecked on the islands for 10 months. The islands were settled in 1612 by 60 British colonists from the Virginia Colony and became a crown colony in 1684. The earliest coins issued for the island were the "Hogge Money" series of 2, 3, 6 and 12 pence, the name derived from the pig in the obverse design, a recognition of the quantity of such animals then found there. The next issue for Bermuda was the Birmingham coppers of 1793; all locally circulating coinage was demonetized in 1842, when the currency of the United Kingdom became standard. Internal autonomy was obtained by the constitution of June 8, 1968.

BERMUDA

In February, 1970, Bermuda converted from its former currency, which was sterling, to a decimal currency, the dollar unit which is equal to one U.S. dollar. On July 31, 1972, Bermuda severed its monetary link with the British pound sterling and pegged its dollar to be the same gold value as the U.S. dollar.

RULER
British

BRITISH COLONY

STANDARD COINAGE

KM# 5 PENNY
Copper **Ruler:** George III **Obv:** "DROZ F." incuse on shoulder **Obv. Legend:** GEORGIVS III • D • G • REX **Rev:** Three masted ship at sea **Note:** 2 varieties exist with single or double pennant.

Date	Mintage	Good	VG	F	VF	XF
1793	72,000	—	18.00	35.00	95.00	350

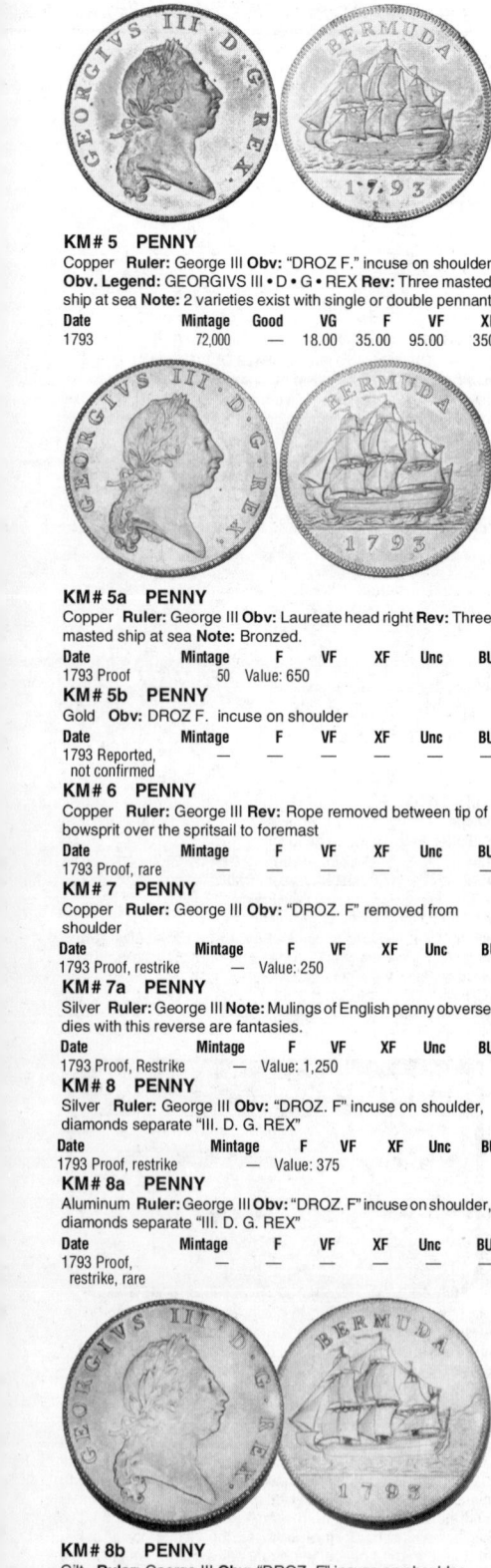

KM# 5a PENNY
Copper **Ruler:** George III **Obv:** Laureate head right **Rev:** Three masted ship at sea **Note:** Bronzed.

Date	Mintage	F	VF	XF	Unc	BU
1793 Proof	50	Value: 650				

KM# 5b PENNY
Gold **Obv:** DROZ F. incuse on shoulder

Date	Mintage	F	VF	XF	Unc	BU
1793 Reported, not confirmed	—	—	—	—	—	—

KM# 6 PENNY
Copper **Ruler:** George III **Rev:** Rope removed between tip of bowsprit over the spritsail to foremast

Date	Mintage	F	VF	XF	Unc	BU
1793 Proof, rare	—	—	—	—	—	—

KM# 7 PENNY
Copper **Ruler:** George III **Obv:** "DROZ. F" removed from shoulder

Date	Mintage	F	VF	XF	Unc	BU
1793 Proof, restrike	—	Value: 250				

KM# 7a PENNY
Silver **Ruler:** George III **Note:** Mulings of English penny obverse dies with this reverse are fantasies.

Date	Mintage	F	VF	XF	Unc	BU
1793 Proof, Restrike	—	Value: 1,250				

KM# 8 PENNY
Silver **Ruler:** George III **Obv:** "DROZ. F" incuse on shoulder, diamonds separate "III. D. G. REX"

Date	Mintage	F	VF	XF	Unc	BU
1793 Proof, restrike	—	Value: 375				

KM# 8a PENNY
Aluminum **Ruler:** George III **Obv:** "DROZ. F" incuse on shoulder, diamonds separate "III. D. G. REX"

Date	Mintage	F	VF	XF	Unc	BU
1793 Proof, restrike, rare	—	—	—	—	—	—

KM# 8b PENNY
Gilt **Ruler:** George III **Obv:** "DROZ. F" incuse on shoulder, diamonds separate "III. D. G. REX"

Date	Mintage	F	VF	XF	Unc	BU
1793 Proof, restrike, rare	—	—	—	—	—	—

KM# 8c PENNY
Pewter **Ruler:** George III **Obv:** "DROZ. F" incuse on shoulder, diamonds separate "III. D. G. REX"

Date	Mintage	F	VF	XF	Unc	BU
1793 Proof, restrike, rare	—	—	—	—	—	—

KM# 9 PENNY
Silver **Ruler:** George III **Obv:** Similar to KM#5 but extra curl below shoulder

Date	Mintage	F	VF	XF	Unc	BU
1793 Proof, restrike, rare	—	—	—	—	—	—

KM# 8d PENNY
Silver **Ruler:** George III

Date	Mintage	F	VF	XF	Unc	BU
1793 Proof, restrike, rare	—	—	—	—	—	—

KM# 8e PENNY
Gold **Ruler:** George III **Obv:** "DROZ. F" incuse on shoulder, diamonds separate "III. D. G. REX"

Date	Mintage	F	VF	XF	Unc	BU
1793 Proof, restrike, rare	—	—	—	—	—	—

KM# 10 PENNY
Silver **Obv:** Laureate bust right, broad rim with legend incuse "SOHO" below **Note:** Mule.

Date	Mintage	F	VF	XF	Unc	BU
ND Proof, restrike, rare	—	—	—	—	—	—

KM# 10a PENNY
Gold **Obv:** Laureate bust right, broad rim with legend incuse "SOHO" below **Note:** Mule.

Date	Mintage	F	VF	XF	Unc	BU
ND Proof, restrike, rare	—	—	—	—	—	—

KM# 11 PENNY
Copper **Obv:** Laureate bust right, broad rim with legend incuse "SOHO" below **Note:** Mule.

Date	Mintage	F	VF	XF	Unc	BU
ND Restrike, rare	—	—	—	—	—	—

KM# 11a PENNY
Silver **Obv:** Laureate bust right, broad rim with legend incuse "SOHO" below **Note:** Mule.

Date	Mintage	F	VF	XF	Unc	BU
ND Restrike, rare	—	—	—	—	—	—

KM# 12 PENNY
Gold **Obv:** Crowned draped bust right, without rim **Note:** Mule.

Date	Mintage	F	VF	XF	Unc	BU
ND Restrike, rare	—	—	—	—	—	—

BHUTAN

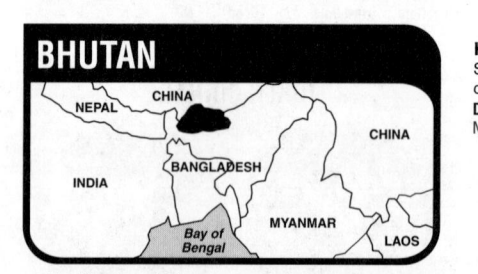

The Kingdom of Bhutan, a landlocked Himalayan country bordered by Tibet and India, has an area of 18,150 sq. mi. (47,000 sq. km.) and a population of *2.03 million. Capital: Thimphu. Virtually the entire population is engaged in agricultural and pastoral activities. Rice, wheat, barley, and yak butter are produced in sufficient quantity to make the country self-sufficient in food. The economy of Bhutan is primitive and many transactions are conducted on a barter basis.

Bhutan's early history is obscure, but is thought to have resembled that of rural medieval Europe. The country was conquered by Tibet in the 9th century, and a dual temporal and spiritual rule developed which operated until the mid-19th century, when the southern part of the country was occupied by the British and annexed to British India. Bhutan was established as a hereditary monarchy in 1907, and in 1910 agreed to British control of its external affairs. In 1949, India and Bhutan concluded a treaty whereby India assumed Britain's role in subsidizing Bhutan and guiding its foreign affairs. In 1971 Bhutan became a full member of the United Nations.

KINGDOM

HAMMERED COINAGE

Period I, 1790-1840AD

KM# 1 1/2 RUPEE (Deb)
Silver **Obv:** Letter "ma" at top right **Rev:** Hook in letter "cha"

Date	Mintage	Good	VG	F	VF	XF
ND(1790-1840)	—	—	—	25.00	45.00	60.00

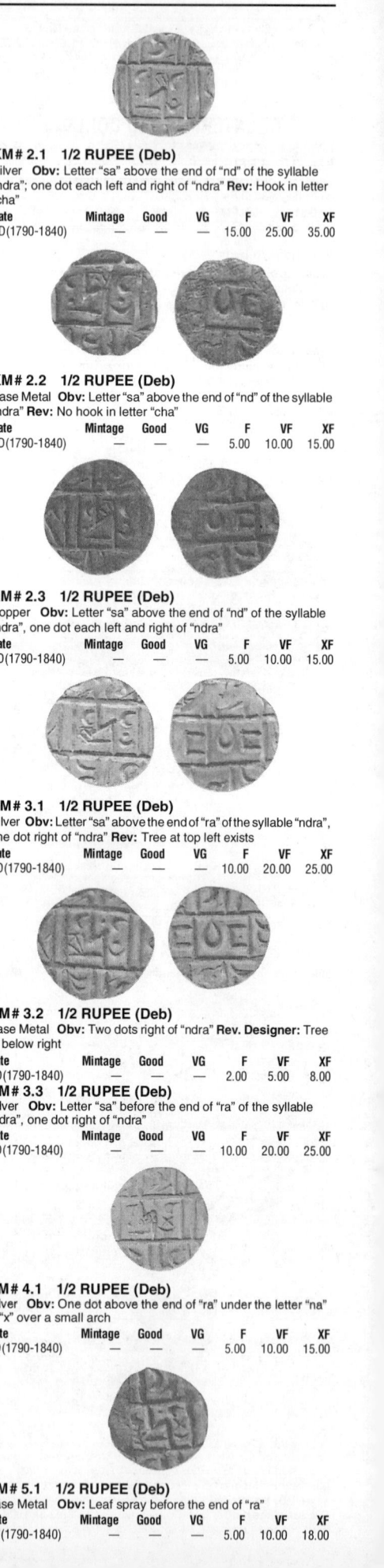

KM# 2.1 1/2 RUPEE (Deb)
Silver **Obv:** Letter "sa" above the end of "nd" of the syllable "ndra"; one dot each left and right of "ndra" **Rev:** Hook in letter "cha"

Date	Mintage	Good	VG	F	VF	XF
ND(1790-1840)	—	—	—	15.00	25.00	35.00

KM# 2.2 1/2 RUPEE (Deb)
Base Metal **Obv:** Letter "sa" above the end of "nd" of the syllable "ndra" **Rev:** No hook in letter "cha"

Date	Mintage	Good	VG	F	VF	XF
ND(1790-1840)	—	—	—	5.00	10.00	15.00

KM# 2.3 1/2 RUPEE (Deb)
Copper **Obv:** Letter "sa" above the end of "nd" of the syllable "ndra", one dot each left and right of "ndra"

Date	Mintage	Good	VG	F	VF	XF
ND(1790-1840)	—	—	—	5.00	10.00	15.00

KM# 3.1 1/2 RUPEE (Deb)
Silver **Obv:** Letter "sa" above the end of "ra" of the syllable "ndra", one dot right of "ndra" **Rev:** Tree at top left exists

Date	Mintage	Good	VG	F	VF	XF
ND(1790-1840)	—	—	—	10.00	20.00	25.00

KM# 3.2 1/2 RUPEE (Deb)
Base Metal **Obv:** Two dots right of "ndra" **Rev. Designer:** Tree at below right

Date	Mintage	Good	VG	F	VF	XF
ND(1790-1840)	—	—	—	2.00	5.00	8.00

KM# 3.3 1/2 RUPEE (Deb)
Silver **Obv:** Letter "sa" before the end of "ra" of the syllable "ndra", one dot right of "ndra"

Date	Mintage	Good	VG	F	VF	XF
ND(1790-1840)	—	—	—	10.00	20.00	25.00

KM# 4.1 1/2 RUPEE (Deb)
Silver **Obv:** One dot above the end of "ra" under the letter "na" is "x" over a small arch

Date	Mintage	Good	VG	F	VF	XF
ND(1790-1840)	—	—	—	5.00	10.00	15.00

KM# 5.1 1/2 RUPEE (Deb)
Base Metal **Obv:** Leaf spray before the end of "ra"

Date	Mintage	Good	VG	F	VF	XF
ND(1790-1840)	—	—	—	5.00	10.00	18.00

fighting against the Turks. His sister was the wife of Emperor Ferdinand I and thus, Bohemia passed to the Hapsburgs.

Bohemia, however, was an electoral monarchy and the king was chosen by the leading nobles at the capital, Prague. In most instances, the succession of one emperor to the next made electing the new emperor as king of Bohemia a mere formality. Very often, the heir apparent to the emperor was elected King of Bohemia prior to his father's passing. By the early 17th century, Protestantism had made great inroads among the Czech nobility and anti-Catholic/anti-Hapsburg sentiments were at a peak. Before Emperor Matthias died in 1619, the nobles had been forced to elect Archduke Ferdinand (II) in 1617. When two governors, appointed by Matthias, were thrown from a window of the palace in Prague in May 1618, in what became known as the Defenestration of Prague, the event precipitated a revolt by the Bohemian Estates (Die böhmischen Stände). The Estates were constituted of the noble lords, the knights and the cities, who deposed Emperor Ferdinand II as king and elected the Protestant Friedrich V, Count Palatine and Elector of the Rhine, in his place. Hostilities had already begun between some of the Protestant German princes and the Emperor, but the elevation of Friedrich to the Bohemian throne galvanized imperial resolve and made the new king's reign very short. Coinage was struck under the authority of firstly, the Estates, and then King Friedrich. The Hapsburgs regained Bohemia in 1620 and except for the later short reign of Karl Albrecht of Bavaria in 1741-42, continued until 1918, although it ceased to be viewed as a separate entity after the dissolution of the Holy Roman Empire by Napoleon in 1806.

KM# 5.2 1/2 RUPEE (Deb)

Copper **Obv:** Leafy spray before the end of "ra"

Date	Mintage	Good	VG	F	VF	XF
ND(1790-1840)	—	—	—	5.00	7.00	12.00

KM# 4.2 1/2 RUPEE (Deb)

Silver **Obv:** One dot left and right of the syllable "ndra" under the letter "na" is "x" over a small arch **Note:** Silver coins without one or two dots belong to Rajendra Narayan (1770-1772) of Cooch Behar.

Date	Mintage	Good	VG	F	VF	XF
ND(1790-1840)	—	—	—	5.00	10.00	15.00

KM# 6 1/2 RUPEE (Deb)

Copper **Obv:** Swastika above the end of "ra" **Note:** Swastika reverse in KM#9.2.

Date	Mintage	Good	VG	F	VF	XF
ND(1790-1840)	—	—	—	5.00	10.00	15.00

KM# 3.4 1/2 RUPEE (Deb)

Base Metal **Obv:** Letter "sa" before the end of "ra" of the syllable "ndra", one dot right of "ndra" **Rev:** Tree at top right **Note:** Variety exists with two dots of "ndra".

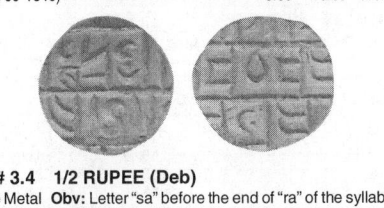

Date	Mintage	Good	VG	F	VF	XF
ND(1790-1840)	—	—	—	2.00	5.00	8.00

KM# A23 RUPEE

11.6000 g., Silver

Date	Mintage	Good	VG	F	VF	XF
ND(1790-1840)	—	—	—	—	400	—

BOHEMIA

Böhmen

The large and important Kingdom of Bohemia is located in Central Europe between Bavaria and Austria on the south, Saxony and Silesia on the north, Franconia and the Upper Palatinate to the west, and the Margraviate of Moravia to the east. The region was early settled by the Celtic Boii and controlled by the Czechs, a Slavic people, from the fifth century. Bohemia was at first a duchy and produced a series of rulers dating from the late 9th century. The first hereditary king was Wladislaw II, who ruled 1140-1173. During the later Middle Ages, the kingdom was acquired through marriage to various dynasties of the region, notably the Margraves of Moravia, the Electors of Brandenburg and emperors as well. By the late 15th century, the ruler was another Wladislaw II, a son of the King of Poland, and he was also the King of Hungary. His son, Ludwig, was killed in 1526 at the Battle of Mohacz,

RULERS

Leopold I, 1657-1705
Josef I, 1705-11
Karl VI, 1711-40
Karl VII Albrecht, 1741-42, d.1745
Maria Theresia, 1742-80
Franz I, 1742-65
Josef II, 1765-90
Leopold II, 1790-92
Franz II, 1792-1806 (1835)

MINT MARKS

A – Vienna Mint
(c) – crossed hammers, Kuttenberg Mint, 1695, 1711-12
C – Prague, 1766-80
P – Prague, 1760-63
S – Schmöllnitz Mint

MINT OFFICIALS' INITIALS & PRIVY MARKS

PRAGUE MINT
(Praha)
(in Bohemia)

Coat of arms on imperial eagle's breast. Legend usually ends BO, BOH, BOHEMIAE REX.

Letters or Initials	Date	Name
PM	1694, 1710-11	Prague mint, during vacancies
GE	1694-1710	Gregor Egerer, mintmaster
IAP	1711-13	Ignaz Anton Putz, mintmaster
IGR	1713-14	Johann Georg Ritter, die-cutter
FS (sometimes in ligature)	1713-46	Ferdinand Scharff, mintmaster
IIL	1717	Johann Joseph Loth, die-cutter
EvS, VS, vS, PS	1766-90	Paul Erdmann von Schwingerschuh, mintmaster
AS, S	1768-73	A. Stöhr, warden
IK, K	1773-80	I. Kendler, warden
P – R	1746-67	Prague mint
P	1760-63	Prague mint
C	1766-1857	Prague mint

KUTTENBERG MINT
(Kutna Hora)

(mm) =		1702-16	Bernard Wonsidler, mintmaster
(nn) =		1716-26	Johann Franz Weyer, mintmaster

ARMS

Crowned lion rampant, usually to left.

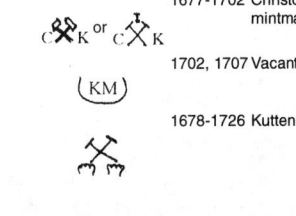

Letters or Privy mark Initials	Date	Name
(jj) =	1677-1702	Christoph Kroh, mintmaster
(kk) =	1702, 1707	Vacant
(ll) =	1678-1726	Kuttenberg mint

KINGDOM

STANDARD COINAGE

KM# 696 PFENNIG

Billon **Ruler:** Charles VI **Obv:** Crowned arms in cartouche divide "C-VI" at top and date near bottom **Mint:** Kuttenberg **Note:** Uniface. Prev. KM#1140.

Date	Mintage	VG	F	VF	XF	Unc
1720	—	15.00	30.00	65.00	125	—

KM# 780 PFENNIG

Copper **Ruler:** Franz I **Obv:** Crowned Bohemian lion left **Rev:** Value above date **Mint:** Prague **Note:** Prev. KM#285.

Date	Mintage	VG	F	VF	XF	Unc
1757	—	5.00	10.00	22.00	50.00	—
1758	—	5.00	10.00	22.00	50.00	—
1758/7	—	10.00	15.00	25.00	40.00	—

KM# 789 GRöSCHL

Copper, 17.5 mm. **Ruler:** Franz I **Obv:** Three oval arms, two above one, in baroque frame, crown above **Rev:** Inscription in cartouche **Rev. Inscription:** EIN / GRESCHL / date **Mint:** Prague **Note:** Prev. KM#290.

Date	Mintage	VG	F	VF	XF	Unc
1759	—	25.00	50.00	100	200	—

KM# 791 GRöSCHL

Copper, 23-24 mm. **Ruler:** Franz I **Obv:** Crowned arms, two above one **Rev:** Value and date in cartouche **Mint:** Prague **Note:** Varieties exist. Prev. KM#291.

Date	Mintage	VG	F	VF	XF	Unc
1760	—	2.00	5.00	10.00	18.00	—
1761	—	1.50	3.00	10.00	35.00	—
1763	—	2.50	5.00	20.00	50.00	—
1764	—	1.50	3.00	10.00	35.00	—
1765	—	1.50	3.00	10.00	35.00	—
1767	—	1.50	2.50	10.00	35.00	—
1768	—	1.50	3.50	10.00	35.00	—

KM# 797 GRöSCHL

Copper **Ruler:** Franz I **Obv:** Three oval arms, two above one, crown above **Rev:** Inscription in cartouche **Rev. Inscription:** EIN / GRESCHL / date **Mint:** Schmollnitz

Date	Mintage	VG	F	VF	XF	Unc
1763S	—	—	—	—	—	—
1767S	—	—	—	—	—	—

KM# 818 GRöSCHL

Copper **Ruler:** Josef II **Obv:** Crowned three-fold arms, Bohemia above, Moravia and Silesia below **Rev:** Inscription, mint mark in wreath **Rev. Inscription:** EIN / GROESCHL / date **Mint:** Vienna **Note:** Prev. KM#299.

Date	Mintage	VG	F	VF	XF	Unc
1781A	—	5.00	10.00	20.00	35.00	—
1782A	—	5.00	10.00	20.00	35.00	—

KM# 1142 2 PFENNIG

Billon **Ruler:** Charles VI **Obv:** Crowned arms in cartouche, crown divides "C-VI", date divided near bottom **Mint:** Kuttenberg **Note:** Uniface.

Date	Mintage	VG	F	VF	XF	Unc
1717	—	12.00	25.00	50.00	100	—
1718	—	12.00	25.00	50.00	100	—
1719	—	12.00	25.00	50.00	100	—
1720	—	12.00	25.00	50.00	100	—
1721	—	12.00	25.00	50.00	100	—
1722	—	12.00	25.00	50.00	100	—
1723	—	12.00	25.00	50.00	100	—
1724	—	12.00	25.00	50.00	100	—
1726	—	12.00	25.00	50.00	100	—

KM# 697 2 PFENNIG

Billon **Ruler:** Charles VI **Mint:** Prague **Note:** Date at bottom. Varieties exist. Prev. KM#1475.

Date	Mintage	VG	F	VF	XF	Unc
1720	—	6.00	12.00	25.00	55.00	—
1721	—	6.00	12.00	25.00	55.00	—
1722	—	6.00	12.00	25.00	55.00	—
1723	—	6.00	12.00	25.00	55.00	—
1724	—	6.00	12.00	25.00	55.00	—
1725	—	6.00	12.00	25.00	55.00	—
1726	—	6.00	12.00	25.00	55.00	—
1727	—	6.00	12.00	25.00	55.00	—
1728	—	6.00	12.00	25.00	55.00	—
1729	—	6.00	12.00	25.00	55.00	—
1730	—	6.00	12.00	25.00	55.00	—

Date	Mintage	VG	F	VF	XF	Unc
1731	—	6.00	12.00	25.00	55.00	—
1732	—	6.00	12.00	25.00	55.00	—
1733	—	6.00	12.00	25.00	55.00	—
1734	—	—	—	—	—	—
Note: Reported, not confirmed						
1735	—	6.00	12.00	25.00	55.00	—
1736	—	6.00	12.00	25.00	55.00	—
1763 Error 1736	—	6.00	12.00	25.00	55.00	—
1737	—	6.00	12.00	25.00	55.00	—
1738	—	6.00	12.00	25.00	55.00	—
1739	—	6.00	12.00	25.00	55.00	—
1740	—	6.00	12.00	25.00	55.00	—

KM# 664 1/4 KREUZER

Billon **Ruler:** Charles VI **Obv:** Crowned oval Bohemian arms in baroque frame divide "C-VI" near top and date near bottom **Mint:** Prague **Note:** Uniface. Prev. KM#1470.

Date	Mintage	VG	F	VF	XF	Unc
1713	—	10.00	25.00	65.00	150	—
Note: Without 1/4						
1720	—	—	—	—	—	—
Note: Reported, not confirmed						
1722	—	10.00	25.00	65.00	150	—
1723	—	10.00	25.00	65.00	150	—

KM# 674 1/4 KREUZER

Silver **Ruler:** Charles VI **Obv:** Crowned oval Bohemian arms in baroque frame divide "C-VI" near top and date near bottom **Mint:** Kuttenberg **Note:** Prev. KM#1140.

Date	Mintage	VG	F	VF	XF	Unc
1720	—	15.00	30.00	65.00	125	—

KM# 711 1/4 KREUZER

Billon **Ruler:** Charles VI **Obv:** Crown divides arched date **Mint:** Prague **Note:** Uniface. Prev. KM#1471.

Date	Mintage	VG	F	VF	XF	Unc
1727	—	10.00	25.00	60.00	135	—
1730	—	10.00	25.00	60.00	135	—

KM# 714 1/4 KREUZER

Billon **Ruler:** Charles VI **Obv:** Without "C-VI" **Mint:** Prague **Note:** Uniface. Prev. KM#1472.

Date	Mintage	VG	F	VF	XF	Unc
1728	—	10.00	25.00	65.00	150	—

KM# 618 1/2 KREUZER

Silver **Ruler:** Leopold I **Obv:** Crown above two shields, "L" in left shield, "1/2" in center **Mint:** Prague **Note:** Uniface. Prev. KM#1426.

Date	Mintage	VG	F	VF	XF	Unc
1701	—	10.00	20.00	40.00	75.00	—

KM# 490 1/2 KREUZER

Silver **Ruler:** Leopold I **Obv:** Crowned Bohemian lion left **Mint:** Kuttenberg **Note:** Uniface. Varieties exist. Prev. KM#1115.

Date	Mintage	VG	F	VF	XF	Unc
1701 (jj)	—	4.00	9.00	18.00	30.00	—
1702 (ll)	—	4.00	9.00	18.00	30.00	—
1703 (ll)	—	4.00	9.00	18.00	30.00	—
1704 (ll)	—	4.00	9.00	18.00	30.00	—
1705 (ll)	—	4.00	9.00	18.00	30.00	—

KM# 602 1/2 KREUZER

Silver **Ruler:** Leopold I **Obv:** Crowned rampant lion left, "L-I" divided by lion's head, date down right side **Mint:** Prague **Note:** Uniface. Varieties exist. Prev. KM#1425.

Date	Mintage	VG	F	VF	XF	Unc
1701 GE	—	5.00	10.00	20.00	40.00	—
1702 GE	—	5.00	10.00	20.00	40.00	—
1703 GE	—	5.00	10.00	20.00	40.00	—
Note: Reported, not confirmed						
1704 GE	—	5.00	10.00	20.00	40.00	—
1705 GE	—	5.00	10.00	20.00	40.00	—

KM# 626 1/2 KREUZER

Silver **Ruler:** Joseph I **Obv:** Crowned rampant lion left "I-I" divided at top, date down right side **Mint:** Kuttenberg **Note:** Uniface. Prev. KM#1135.

Date	Mintage	VG	F	VF	XF	Unc
1705 (ll) Rare	—	—	—	—	—	—
1706 (ll)	—	12.00	25.00	45.00	80.00	—
1707 (ll)	—	12.00	25.00	45.00	80.00	—
1708 (ll)	—	12.00	25.00	45.00	80.00	—
1709 (ll)	—	12.00	25.00	45.00	80.00	—
1710 (ll)	—	12.00	25.00	45.00	80.00	—
1711 (ll)	—	12.00	25.00	45.00	80.00	—

KM# 634 1/2 KREUZER

Silver **Ruler:** Joseph I **Obv:** Crowned Bohemian lion right, "I-I" divided at left **Mint:** Prague **Note:** Uniface. Struck on thick flan. Prev. KM#1456.

Date	Mintage	VG	F	VF	XF	Unc
1706 GE	—	5.00	15.00	45.00	100	—

KM# 635 1/2 KREUZER

Silver **Ruler:** Joseph I **Obv:** Crowned Bohemian lion left, date at right **Mint:** Prague **Note:** Uniface. Varieties exist. Prev. KM#1455.

Date	Mintage	VG	F	VF	XF	Unc
1706 GE	—	12.00	25.00	45.00	80.00	—
1707 GE	—	12.00	25.00	45.00	80.00	—
1708 GE	—	12.00	25.00	45.00	80.00	—
1709 GE	—	12.00	25.00	45.00	80.00	—
1710 PM	—	12.00	25.00	45.00	80.00	—
1711 IAP	—	12.00	25.00	45.00	80.00	—
1711 PM	—	12.00	25.00	45.00	80.00	—

KM# 645 1/2 KREUZER

Silver **Ruler:** Charles VI **Obv:** Crowned arms in cartouche; "C-VI" divided near top; arched date divided at bottom **Mint:** Prague **Note:** Varieties exist. Prev. KM#1474.

Date	Mintage	VG	F	VF	XF	Unc
1710	—	5.00	12.00	25.00	55.00	—
1713	—	5.00	12.00	25.00	55.00	—
1718	—	—	—	—	—	—
Note: Reported, not confirmed						
1719	—	5.00	12.00	25.00	55.00	—

KM# 653 1/2 KREUZER

Silver **Ruler:** Charles VI **Obv:** Crowned Bohemian lion left divides "C-VI" at head, date downwards at right **Mint:** Kuttenberg **Note:** Uniface. Varieties exist. Prev. KM#1141.

Date	Mintage	VG	F	VF	XF	Unc
1712 (ll)	—	12.00	25.00	50.00	100	—
1712 (mm)	—	12.00	25.00	50.00	100	—
1713 (ll)	—	12.00	25.00	50.00	100	—
1713	—	12.00	25.00	50.00	100	—
1714	—	12.00	25.00	50.00	100	—
1714 (ll)	—	12.00	25.00	50.00	100	—
1715 (ll)	—	12.00	25.00	50.00	100	—
1716 (ll)	—	12.00	25.00	50.00	100	—
1719 (ll)	—	12.00	25.00	50.00	100	—

KM# 652 1/2 KREUZER

Silver **Ruler:** Charles VI **Obv. Inscription:** • C: VI • / date **Rev:** Crowned Bohemian lion left **Mint:** Prague **Note:** Prev. KM#1473.

Date	Mintage	VG	F	VF	XF	Unc
1712 IAP	—	10.00	25.00	65.00	150	—

KM# 684 1/2 KREUZER

Silver **Ruler:** Charles VI **Obv:** Crowned oval Bohemian arms in baroque frame, "C-VI" divided at crown, date divided to lower left and right **Mint:** Prague **Note:** Uniface.

Date	Mintage	VG	F	VF	XF	Unc
1716	—	—	—	—	—	—
1717	—	—	—	—	—	—

KM# 679 1/2 KREUZER

Silver **Ruler:** Charles VI **Obv:** Crowned oval Bohemian arms in baroque frame, "C-VI" divided at crown, date divided to lower left and right **Mint:** Kuttenberg

Date	Mintage	VG	F	VF	XF	Unc
1717 (ll)	—	7.00	15.00	30.00	65.00	—
1718 (ll)	—	7.00	15.00	30.00	65.00	—
1719 (ll)	—	7.00	15.00	30.00	65.00	—
1720 (ll)	—	7.00	15.00	30.00	65.00	—
1721 (ll)	—	7.00	15.00	30.00	65.00	—
1722 (ll)	—	7.00	15.00	30.00	65.00	—
1723 (ll)	—	7.00	15.00	30.00	65.00	—
1724 (ll)	—	7.00	15.00	30.00	65.00	—

KM# 676 1/2 KREUZER

Silver **Ruler:** Charles VI **Mint:** Prague

Date	Mintage	VG	F	VF	XF	Unc
1720	—	5.00	12.00	25.00	55.00	—
1721	—	5.00	12.00	25.00	55.00	—
1722	—	5.00	12.00	25.00	55.00	—
1723	—	5.00	12.00	25.00	55.00	—
1724	—	5.00	12.00	25.00	55.00	—
1725	—	5.00	12.00	25.00	55.00	—
1726	—	5.00	12.00	25.00	55.00	—
1727	—	5.00	12.00	25.00	55.00	—
1728	—	5.00	12.00	25.00	55.00	—
1729	—	5.00	12.00	25.00	55.00	—
1730	—	5.00	12.00	25.00	55.00	—
1731	—	5.00	12.00	25.00	55.00	—
1732	—	5.00	12.00	25.00	55.00	—
1733	—	5.00	12.00	25.00	55.00	—
1734	—	—	—	—	—	—
Note: Reported, not confirmed						
1735	—	5.00	12.00	25.00	55.00	—
1736	—	5.00	12.00	25.00	55.00	—
1763	—	5.00	12.00	25.00	55.00	—
Note: Error for 1736						
1737	—	5.00	12.00	25.00	55.00	—
1738	—	5.00	12.00	25.00	55.00	—
1739	—	5.00	12.00	25.00	55.00	—
1740	—	5.00	12.00	25.00	55.00	—

KM# 703 1/2 KREUZER

Silver **Ruler:** Charles VI **Obv:** Crowned Bohemian arms in baroque frame **Mint:** Kuttenberg

Date	Mintage	VG	F	VF	XF	Unc
1726 (ll)	—	—	—	—	—	—

KM# 733 1/2 KREUZER

Silver **Ruler:** Maria Theresa **Obv:** Crowned Bohemian arms in baroque frame, date divided by crown at top, Titles of Maria Theresa **Obv. Legend:** M. T. D. G. R. H. B **Mint:** Prague **Note:** Uniface. Prev. KM#1520.

Date	Mintage	VG	F	VF	XF	Unc
1743	—	10.00	20.00	35.00	65.00	—
1744	—	10.00	20.00	35.00	65.00	—
1745	—	10.00	20.00	35.00	65.00	—

KM# 746 1/2 KREUZER

Silver **Ruler:** Maria Theresa **Obv:** Crowned Bohemian arms in baroque frame, value below arms, date divided by crown **Mint:** Prague **Note:** Uniface. Prev. KM#1521.

Date	Mintage	VG	F	VF	XF	Unc
1745	—	7.00	15.00	25.00	55.00	—
1746	—	7.00	15.00	25.00	55.00	—
1748	—	7.00	15.00	25.00	55.00	—
1749	—	7.00	15.00	25.00	55.00	—
1750	—	7.00	15.00	25.00	55.00	—
1751	—	7.00	15.00	25.00	55.00	—
1752	—	7.00	15.00	25.00	55.00	—
1753	—	7.00	15.00	25.00	55.00	—
1754	—	7.00	15.00	25.00	55.00	—
1755	—	7.00	15.00	25.00	55.00	—
1756	—	7.00	15.00	25.00	55.00	—
1758	—	7.00	15.00	25.00	55.00	—
1759	—	7.00	15.00	25.00	55.00	—

KM# 781 1/2 KREUZER

Silver **Ruler:** Maria Theresa **Mint:** Vienna

Date	Mintage	VG	F	VF	XF	Unc
1757	—	15.00	30.00	65.00	125	—
1758/7	—	15.00	30.00	65.00	125	—
1758	—	15.00	30.00	65.00	125	—

KM# 839 1/2 KREUZER

Copper **Ruler:** Franz II **Obv:** Laureate bust right, titles of Franz II **Rev:** Crowned imperial eagle divides date, "1/2" in oval on breast **Mint:** Prague

Date	Mintage	VG	F	VF	XF	Unc
1800 C	—	4.00	10.00	20.00	38.00	—

KM# 582 KREUZER

Silver **Ruler:** Leopold I **Obv:** Older laureate bust right, "1" below **Rev:** Crowned imperial eagle, crown divides date **Mint:** Kuttenberg **Note:** Varieties exist. Prev. KM#1117.

Date	Mintage	VG	F	VF	XF	Unc
1701 (jj)	—	7.00	15.00	30.00	65.00	—
1702 (kk)	—	7.00	15.00	30.00	65.00	—
1702 (ll)	—	7.00	15.00	30.00	65.00	—
1703 (ll)	—	7.00	15.00	30.00	65.00	—
1704 (ll)	—	7.00	15.00	30.00	65.00	—
1705 (ll)	—	7.00	15.00	30.00	65.00	—
1707 (kk)	—	7.00	15.00	30.00	65.00	—
Note: Coins dated 1707 were a posthumous issue						

KM# 603 KREUZER

Silver **Ruler:** Leopold I **Obv:** Young laureate bust right with long wig, value in oval below, titles of Leopold I **Rev:** Crowned imperial eagle holding sword and scepter in talons, oval Bohemian arms on breast, date divided by crown **Mint:** Prague **Note:** Varieties exist. Prev. KM#1427.

Date	Mintage	VG	F	VF	XF	Unc
1701 GE	—	6.00	12.00	25.00	50.00	—
1702 GE	—	6.00	12.00	25.00	50.00	—
Note: Reported, not confirmed						
1703 GE	—	6.00	12.00	25.00	50.00	—
1704 GE	—	6.00	12.00	25.00	50.00	—
1705 GE	—	6.00	12.00	25.00	50.00	—

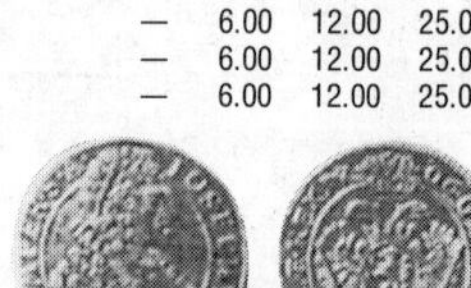

KM# 627 KREUZER

Silver **Ruler:** Joseph I **Obv:** Titles of Josef I **Mint:** Prague **Note:** Prev. KM#1457.

Date	Mintage	VG	F	VF	XF	Unc
1705 GE	—	—	—	—	—	—
Note: Reported, not confirmed						
1706 GE	—	10.00	25.00	60.00	125	—
1710 PM	—	10.00	25.00	60.00	125	—

KM# 628 KREUZER

Silver **Ruler:** Joseph I **Obv:** Laureate bust right in inner circle, value below **Rev:** Crowned imperial eagle in inner circle, crown divides date **Mint:** Kuttenberg **Note:** Varieties exist. Prev. KM#1136.

Date	Mintage	VG	F	VF	XF	Unc
1705 (ll) Rare	—	—	—	—	—	—
1706 (ll)	—	10.00	20.00	40.00	90.00	—
1707 (ll)	—	10.00	20.00	40.00	90.00	—
1708 (ll)	—	10.00	20.00	40.00	90.00	—
1709 (ll)	—	10.00	20.00	40.00	90.00	—
1710 (ll)	—	10.00	20.00	40.00	90.00	—

KM# 654 KREUZER

Silver **Ruler:** Charles VI **Obv:** Bust right, value "1" in oval below, titles of Karl VI **Rev:** Crowned imperial eagle, Bohemian arms on breast, date divided at top, titles continuous **Mint:** Kuttenberg **Note:** Varieties exist. Prev. KM#1143.

Date	Mintage	VG	F	VF	XF	Unc
1712 (ll)	—	7.00	15.00	25.00	55.00	—

Date	Mintage	VG	F	VF	XF	Unc
1713 (II)	—	7.00	15.00	25.00	55.00	—
1714 (II)	—	7.00	15.00	25.00	55.00	—
1715 (II)	—	7.00	15.00	25.00	55.00	—
1716 (II)	—	7.00	15.00	25.00	55.00	—
1717 (II)	—	7.00	15.00	25.00	55.00	—
1718 (II)	—	7.00	15.00	25.00	55.00	—
1719 (II)	—	7.00	15.00	25.00	55.00	—

KM# 665 KREUZER

Silver **Ruler:** Charles VI **Obv:** Bust right, value below **Rev:** Crowned imperial eagle, Bohemian arms on breast, date at end of legend **Mint:** Prague **Note:** Varieties exist. Prev. KM#1476.

Date	Mintage	VG	F	VF	XF	Unc
1712 IAP	—	—	—	—	—	—
Note: Reported, not confirmed						
1713	—	—	—	—	—	—
Note: Reported, not confirmed						
1717	—	18.00	40.00	70.00	115	—
1718	—	—	—	—	—	—
Note: Reported, not confirmed						
1721	—	—	—	—	—	—
Note: Reported, not confirmed						
1729	—	18.00	40.00	70.00	115	—
1731	—	18.00	40.00	70.00	115	—
1740	—	18.00	40.00	70.00	115	—

KM# 698 KREUZER

Silver **Ruler:** Charles VI **Obv:** Without inner circles **Rev:** Without inner circles **Mint:** Kuttenberg **Note:** Varieties exist. Prev. KM#1144.

Date	Mintage	VG	F	VF	XF	Unc
1720 (II)	—	15.00	30.00	60.00	120	—
1721 (II)	—	15.00	30.00	60.00	120	—
1722 (II)	—	15.00	30.00	60.00	120	—
1723 (II)	—	15.00	30.00	60.00	120	—
1724 (II)	—	15.00	30.00	60.00	120	—
1725 (II)	—	15.00	30.00	60.00	120	—

KM# 708 KREUZER

Silver **Ruler:** Charles VI **Obv:** Larger bust **Rev:** Crowned imperial eagle, Bohemian arms on breast, date at end of legend **Mint:** Kuttenberg **Note:** Prev. KM#1145.

Date	Mintage	VG	F	VF	XF	Unc
1726 (II)	—	20.00	40.00	85.00	165	—

KM# 704 KREUZER

Silver **Ruler:** Charles VI **Obv:** Bust right **Rev:** Crowned imperial eagle **Mint:** Kuttenberg **Note:** Prev. KM#1145.

Date	Mintage	VG	F	VF	XF	Unc
1726 (II)	—	—	—	—	—	—

KM# 1522 KREUZER

Billon **Ruler:** Maria Theresa **Obv:** Bust right **Rev:** Crowned imperial eagle with Bohemian arms on breast; value below **Mint:** Prague

Date	Mintage	VG	F	VF	XF	Unc
1744	—	—	—	—	—	—
1755	—	5.00	10.00	20.00	35.00	—
1757	—	6.50	12.50	25.00	50.00	—
1759	—	5.00	10.00	20.00	35.00	—
1760	—	5.00	10.00	20.00	35.00	—

KM# 742 KREUZER

Silver **Ruler:** Maria Theresa **Mint:** Kuttenberg **Note:** Prev. KM#1552.

Date	Mintage	VG	F	VF	XF	Unc
1744	—	—	—	—	—	—

KM# 772 KREUZER

Silver **Ruler:** Maria Theresa **Obv:** Bust right, titles of Maria Theresa **Rev:** Crowned imperial eagle, Bohemian arms on breast, value "1" below, date in legend **Mint:** Prague

Date	Mintage	VG	F	VF	XF	Unc
1755	—	7.00	15.00	25.00	55.00	—
1757	—	7.00	15.00	25.00	55.00	—
1759	—	7.00	15.00	25.00	55.00	—
1760	—	7.00	15.00	25.00	55.00	—

KM# 773 KREUZER

Silver **Ruler:** Franz I **Obv:** Laureate bust right, titles of Franz I **Rev:** Crowned imperial eagle, two-fold arms of Lothringen-Tuscany on breast, value "1" below, "IN TE DOMINE SPERA VI" and date **Mint:** Prague

Date	Mintage	VG	F	VF	XF	Unc
1755 P-R	—	15.00	32.00	65.00	100	—

KM# 1522a KREUZER

Copper **Ruler:** Maria Theresa **Mint:** Prague

Date	Mintage	VG	F	VF	XF	Unc
1760	—	3.00	7.50	15.00	50.00	—
1761	—	3.00	7.50	15.00	50.00	—
1762	—	3.00	7.50	15.00	50.00	—
1763	—	3.00	7.50	15.00	50.00	—

KM# 792 KREUZER

Copper **Ruler:** Maria Theresa **Obv:** Bust right, titles of Maria Theresa **Rev:** Inscription in baroque frame **Rev. Inscription:** EIN / KREUTZER / date **Mint:** Prague **Note:** Prev. KM#1552a.

Date	Mintage	VG	F	VF	XF	Unc
1760	—	2.00	5.00	15.00	32.00	—
1760 P	—	2.00	5.00	15.00	32.00	—
1761 P	—	2.00	5.00	15.00	32.00	—
1762 P	—	2.00	5.00	15.00	32.00	—
1763 P	—	2.00	5.00	15.00	32.00	—
1764 P	—	—	—	—	—	—
Note: Reported, not confirmed						

KM# 823 KREUZER

Copper **Ruler:** Josef II **Obv:** Laureate bust right, titles of Josef II **Rev:** Inscription, mint mark in wreath of palm and laurel **Rev. Inscription:** EIN / KREUTZER / date **Mint:** Prague

Date	Mintage	VG	F	VF	XF	Unc
1782 C	—	4.00	10.00	22.00	45.00	—

KM# 840 KREUZER

Copper **Ruler:** Franz II **Obv:** Value in oval on eagle's breast **Mint:** Prague

Date	Mintage	VG	F	VF	XF	Unc
1800 C	—	3.00	8.00	20.00	38.00	—
ND C	—	3.00	8.00	20.00	38.00	—

KM# 590 3 KREUZER

Silver **Ruler:** Leopold I **Obv:** Bust left in long wig **Rev:** Crowned imperial arms with sword and scepter **Mint:** Prague **Note:** Varieties exist. Prev. KM#1430.

Date	Mintage	VG	F	VF	XF	Unc
1701 GE	—	7.00	15.00	30.00	60.00	—
1702 GE	—	7.00	15.00	30.00	60.00	—
1720 GE Error 1702	—	7.00	15.00	30.00	60.00	—
1703 GE	—	7.00	15.00	30.00	60.00	—
1704 GE	—	7.00	15.00	30.00	60.00	—
1705 GE	—	7.00	15.00	30.00	60.00	—
1707 GE	—	7.00	15.00	30.00	60.00	—
Note: Reported, not confirmed						
1708 GE	—	7.00	15.00	30.00	60.00	—
1709 GE	—	7.00	15.00	30.00	60.00	—
Note: Reported, not confirmed						

KM# 606 3 KREUZER

Silver **Ruler:** Leopold I **Obv:** Laureate bust right in inner circle **Mint:** Kuttenberg **Note:** Varieties exist. Prev. KM#1120.

Date	Mintage	VG	F	VF	XF	Unc
1701 (jj)	—	7.00	12.00	25.00	55.00	—
1704 (II)	—	7.00	12.00	25.00	55.00	—
1705 (mm)	—	10.00	20.00	35.00	65.00	—

KM# 630 3 KREUZER

Silver **Ruler:** Joseph I **Obv:** Laureate bust right with long wig, value in oval below **Rev:** Crowned imperial eagle, oval Bohemian arms on breast **Mint:** Kuttenberg **Note:** Varieties exist. Prev. KM#1137.

Date	Mintage	VG	F	VF	XF	Unc
1705 (mm)	—	5.00	10.00	22.00	45.00	—
1706 (mm)	—	5.00	10.00	22.00	45.00	—
1707 (mm)	—	5.00	10.00	22.00	45.00	—
1708 (mm)	—	5.00	10.00	22.00	45.00	—
1709 (mm)	—	5.00	10.00	22.00	45.00	—
1710 (mm)	—	5.00	10.00	22.00	45.00	—
1711 (mm)	—	5.00	10.00	22.00	45.00	—

KM# 629 3 KREUZER

Silver **Ruler:** Joseph I **Obv:** Bust left in long wig, titles of Josef I **Rev:** Crowned imperial arms with sword and scepter **Mint:** Prague **Note:** Varietes exist. Prev. KM#1458.

Date	Mintage	VG	F	VF	XF	Unc
1705 GE	—	5.00	10.00	22.00	45.00	—
1706 GE	—	5.00	10.00	20.00	50.00	—
1707 GE	—	5.00	10.00	20.00	50.00	—
1708 GE	—	5.00	10.00	20.00	50.00	—
1709 GE	—	5.00	10.00	20.00	50.00	—
1710/00 GE	—	5.00	10.00	25.00	55.00	—
1710 GE	—	5.00	10.00	20.00	50.00	—
1710 PM	—	7.00	15.00	28.00	55.00	—
1711 PM	—	7.00	15.00	28.00	55.00	—
1711 IAP	—	7.00	15.00	28.00	55.00	—

KM# 656 3 KREUZER

Silver **Ruler:** Charles VI **Obv:** Laureate bust right in inner circle; value below **Obv. Legend:** CAROLUS VI D G ROV IM PER S A **Rev:** Crowned imperial eagle with arms on breast, crown divides date **Rev. Legend:** GER HIS HUN BOHEMIAE RBX 1712 **Mint:** Kuttenberg **Note:** Varieties exist. Prev. KM#1146.

Date	Mintage	VG	F	VF	XF	Unc
1712 (mm)	—	150	170	220	350	—
1713 (mm)	—	5.00	12.00	25.00	50.00	—
1714 (mm)	—	5.00	12.00	25.00	50.00	—
1715 (mm)	—	5.00	12.00	25.00	50.00	—
1716	—	5.00	12.00	25.00	50.00	—
1717 (mm)	—	—	—	—	—	—
Note: Reported, not confirmed						
1718 (II)	—	5.00	12.00	25.00	50.00	—

KM# 657 3 KREUZER

Silver **Ruler:** Charles VI **Rev:** Date in legend **Mint:** Kuttenberg **Note:** Prev. KM#1147.

Date	Mintage	VG	F	VF	XF	Unc
171Z (mm)	—	15.00	30.00	60.00	120	—

KM# 655 3 KREUZER

Silver **Ruler:** Charles VI **Obv:** Laureate bust right in inner circle, value below, titles of Karl VI **Rev:** Crowned imperial eagle in inner circle, date in legend **Mint:** Prague **Note:** Prev. KM#1477. Varieties exist.

Date	Mintage	VG	F	VF	XF	Unc
1712	—	7.00	15.00	28.00	55.00	—
1712 IAP	—	7.00	15.00	28.00	55.00	—
1714 FS	—	7.00	15.00	28.00	55.00	—
1716	—	7.00	15.00	28.00	55.00	—

KM# 666 3 KREUZER

Silver **Ruler:** Charles VI **Obv:** Bust with long wig, no laurel wreath, no circles around central designs **Rev:** Crown divides date, no circles around central designs **Mint:** Prague **Note:** Prev. KM#1478.

Date	Mintage	VG	F	VF	XF	Unc
1713	—	10.00	20.00	35.00	65.00	—
1714 FS	—	10.00	20.00	35.00	65.00	—
1715	—	10.00	20.00	35.00	65.00	—
1716	—	10.00	20.00	35.00	65.00	—
1717	—	10.00	20.00	35.00	65.00	—
1718	—	10.00	20.00	35.00	65.00	—
1719	—	10.00	20.00	35.00	65.00	—

KM# 680 3 KREUZER

Silver **Ruler:** Charles VI **Obv:** Eagle holds sword and scepter in talons **Mint:** Prague **Note:** Varieties exist. Prev. KM#1480.

Date	Mintage	VG	F	VF	XF	Unc
1717	—	8.00	18.00	40.00	75.00	—
1719	—	8.00	18.00	40.00	75.00	—
1720 FS	—	8.00	18.00	40.00	75.00	—
1721 FS	—	8.00	18.00	40.00	75.00	—
1722 FS	—	8.00	18.00	40.00	75.00	—
1723 FS	—	8.00	18.00	40.00	75.00	—
1724 FS	—	8.00	18.00	40.00	75.00	—
1725 FS	—	8.00	18.00	40.00	75.00	—
1726 FS	—	8.00	18.00	40.00	75.00	—

KM# 709 3 KREUZER

Silver **Ruler:** Charles VI **Obv:** Legend begins on left side, laureate bust **Mint:** Prague **Note:** Varieties exist. Prev. KM#1481.

Date	Mintage	VG	F	VF	XF	Unc
1726 FS	—	10.00	20.00	35.00	65.00	—
1727 FS	—	10.00	20.00	35.00	65.00	—
1728 FS	—	10.00	20.00	35.00	65.00	—
1728	—	10.00	20.00	35.00	65.00	—
1729	—	10.00	20.00	35.00	65.00	—
1729 FS	—	10.00	20.00	35.00	65.00	—
1730	—	10.00	20.00	35.00	65.00	—
1731	—	10.00	20.00	35.00	65.00	—
1732	—	10.00	20.00	35.00	65.00	—
1733	—	10.00	20.00	35.00	65.00	—
1738	—	10.00	20.00	35.00	65.00	—
1739	—	10.00	20.00	35.00	65.00	—
1740	—	10.00	20.00	35.00	65.00	—

KM# 734 3 KREUZER

Silver **Ruler:** Maria Theresa **Obv:** Bust right, titles of Maria Theresa **Rev:** Four-fold arms with central shield of Bohemia in baroque frame, large crown above, value "3" in oval below, titles continuous and date **Mint:** Prague **Note:** Prev. KM#1523.

Date	Mintage	VG	F	VF	XF	Unc
1743	—	25.00	50.00	100	175	—
1745	—	—	—	—	—	—
Note: Reported, not confirmed						

KM# 748 3 KREUZER

Silver **Ruler:** Maria Theresa **Obv:** Bust right, titles of Maria Theresa **Rev:** Crowned imperial eagle, Bohemian arms on breast; value "3" in small shield below, titles continued and date **Mint:** Prague **Note:** Varieties exist. Prev. KM#1519.

Date	Mintage	VG	F	VF	XF	Unc
1746	—	8.00	18.00	40.00	75.00	—
Note: Reported, not confirmed						
1747	—	8.00	18.00	40.00	75.00	—
Note: Reported, not confirmed						
1750	—	8.00	18.00	40.00	75.00	—
1752	—	8.00	18.00	40.00	75.00	—
1753	—	8.00	18.00	40.00	75.00	—
1758	—	8.00	18.00	40.00	75.00	—
1761	—	8.00	18.00	40.00	75.00	—
1762	—	8.00	18.00	40.00	75.00	—
1762/1	—	8.00	18.00	40.00	75.00	—
1764	—	8.00	18.00	40.00	75.00	—
1765	—	8.00	18.00	40.00	75.00	—

KM# 783 3 KREUZER

Silver **Ruler:** Maria Theresa **Obv:** Armored bust **Mint:** Prague **Note:** Prev. KM#1524.

Date	Mintage	VG	F	VF	XF	Unc
1758 Rare	—	—	—	—	—	—

KM# 811 3 KREUZER

Silver **Ruler:** Maria Theresa **Obv:** Bust right wearing head covering, titles of Maria Theresa **Rev:** Crowned imperial eagle, "3" in oval on breast, titles continuous and date **Mint:** Prague **Note:** Prev. KM#1525.

Date	Mintage	VG	F	VF	XF	Unc
1776 C/VSK	—	15.00	30.00	65.00	135	—
1777 C/VSK	—	15.00	30.00	65.00	135	—
1777 VSK Without mint mark	—	15.00	30.00	65.00	135	—
1778 C/VSK	—	15.00	30.00	65.00	135	—
1779 C/VSK	—	15.00	30.00	65.00	135	—

KM# 760 3 KREUZER (Groschen)

Silver **Ruler:** Maria Theresa **Obv:** Value "3" in small shield at bottom **Mint:** Kuttenberg

Date	Mintage	VG	F	VF	XF	Unc
1750 P-R	—	—	—	—	—	—
1753 P-R	—	—	—	—	—	—
1754 P-R	—	—	—	—	—	—
1761 P-R	—	—	—	—	—	—

KM# 810 3 KREUZER (Groschen)

Silver **Ruler:** Josef II **Obv:** Laureate bust right, titles of Josef II **Rev:** Crowned imperial eagle, "3" in oval on breast, VIRTUTE ET EXEMPLO, date **Mint:** Kuttenberg

Date	Mintage	VG	F	VF	XF	Unc
1775 C-VS-K	—	—	—	—	—	—
1776 C-VS-K	—	—	—	—	—	—
1777 C-VS-K	—	—	—	—	—	—
1778 C-VS-K	—	—	—	—	—	—
1779 C-VS-K	—	—	—	—	—	—

KM# 837 3 KREUZER (Groschen)

Copper **Ruler:** Josef II **Obv:** Value in oval on eagle's breast **Mint:** Kuttenberg

Date	Mintage	VG	F	VF	XF	Unc
1799 C	—	2.50	5.00	10.00	25.00	—
1800 C	—	2.50	5.00	10.00	25.00	—

KM# 722 6 KREUZER

Silver **Ruler:** Charles VI **Obv:** Laureate bust right, titles of Karl VI **Rev:** Crowned imperial eagle holding sword and scepter in talons, crowned Bohemian arms on breast, value "VI" in cartouche at bottom, date in legend **Mint:** Prague **Note:** Prev. KM#1482.

Date	Mintage	VG	F	VF	XF	Unc
1732	—	7.00	15.00	28.00	55.00	—
1733	—	7.00	15.00	28.00	55.00	—
1734	—	7.00	15.00	28.00	55.00	—
1735	—	7.00	15.00	28.00	55.00	—
1736	—	7.00	15.00	28.00	55.00	—
1740	—	7.00	15.00	28.00	55.00	—

KM# 735 6 KREUZER

Silver **Ruler:** Maria Theresa **Obv:** Bust right **Rev:** Crowned arms in cartouche; value below **Mint:** Prague **Note:** Varieties exist. Prev. KM#1526.

Date	Mintage	VG	F	VF	XF	Unc
1743	—	12.00	30.00	65.00	115	—
1744	—	12.00	30.00	65.00	115	—

KM# 736 6 KREUZER

Silver **Ruler:** Maria Theresa **Rev:** Value "VI" below arms **Mint:** Prague **Note:** Prev. KM#1527.

Date	Mintage	VG	F	VF	XF	Unc
1746	—	18.00	40.00	70.00	120	—
1747	—	18.00	40.00	70.00	120	—

KM# 753 6 KREUZER

Silver **Ruler:** Franz II **Rev:** Value "VI" at bottom **Mint:** Prague

Date	Mintage	VG	F	VF	XF	Unc
1747 P-R	—	—	—	—	—	—
1748 P-R	—	—	—	—	—	—

KM# 827 6 KREUZER

Silver **Ruler:** Franz II **Obv:** Crowned imperial eagle, Austria-Lothringen arms on breast, titles of Franz II **Rev:** Inscription, mint mark, crossed palm and laurel branches below **Rev. Inscription:** 6 / KRAUZER / date **Mint:** Prague

Date	Mintage	VG	F	VF	XF	Unc
1795 C	—	28.00	60.00	100	165	—

KM# 841 6 KREUZER

Silver **Ruler:** Franz II **Obv:** Value "6" in oval on eagle's breast **Mint:** Prague

Date	Mintage	VG	F	VF	XF	Unc
1800 C	—	3.00	6.00	15.00	28.00	—

KM# 795 7 KREUZER

Silver **Ruler:** Franz I **Rev:** Value "VII" at bottom **Mint:** Prague

Date	Mintage	VG	F	VF	XF	Unc
1762 P-R	—	18.00	40.00	70.00	120	—
1763 P-R	—	18.00	40.00	70.00	120	—
1764 P-R	—	18.00	40.00	70.00	120	—
1765 P-R	—	18.00	40.00	70.00	120	—

KM# 767 10 KREUZER

Silver **Ruler:** Franz I **Obv:** Bust and titles of Franz I **Rev:** IN TE... **Mint:** Prague

Date	Mintage	VG	F	VF	XF	Unc
1754 P-R	—	—	—	—	—	—
Note: Reported, not confirmed						
1755 P-R	—	—	—	—	—	—
Note: Reported, not confirmed						
1756 P-R	—	—	—	—	—	—
Note: Reported, not confirmed						
1757 P-R	—	—	—	—	—	—
Note: Reported, not confirmed						
1758 P-R	—	10.00	20.00	35.00	65.00	—
1759 P-R	—	10.00	20.00	35.00	65.00	—
1760 P-R	—	—	—	—	—	—
Note: Reported, not confirmed						
1761 P-R	—	10.00	20.00	35.00	65.00	—
1762 P-R	—	—	—	—	—	—
Note: Reported, not confirmed						
1763 P-R	—	10.00	20.00	35.00	65.00	—
1764 P-R	—	10.00	20.00	35.00	65.00	—

KM# 784 10 KREUZER

Silver **Ruler:** Maria Theresa **Obv:** Bust right between palm and laurel branches, titles of Maria Theresa **Rev:** Crowned imperial eagle, Bohemian arms on breast above pedestal, date in legend **Mint:** Prague

Date	Mintage	VG	F	VF	XF	Unc
1758	—	8.00	18.00	40.00	75.00	—
1759	—	8.00	18.00	40.00	75.00	—
1760	—	8.00	18.00	40.00	75.00	—
1763	—	8.00	18.00	40.00	75.00	—
1764	—	8.00	18.00	40.00	75.00	—
1765	—	8.00	18.00	40.00	75.00	—
1766/5	—	8.00	18.00	40.00	75.00	—
1766	—	8.00	18.00	40.00	75.00	—
1768	—	8.00	18.00	40.00	75.00	—

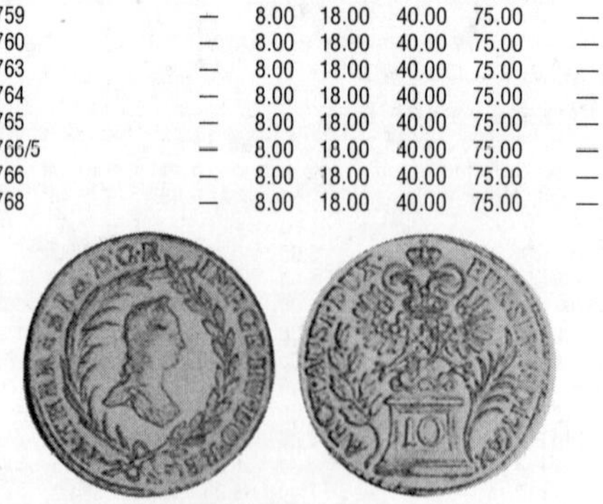

KM# 1528 10 KREUZER

Silver **Ruler:** Maria Theresa **Mint:** Prague **Note:** Varieties exist.

Date	Mintage	VG	F	VF	XF	Unc
1758	—	20.00	40.00	75.00	150	—
1759	—	15.00	30.00	65.00	110	—
1760	—	5.00	12.50	30.00	80.00	—
1763	—	5.00	12.50	30.00	80.00	—
1764	—	5.00	12.50	30.00	80.00	—
1765	—	5.00	12.50	30.00	80.00	—

KM# 813 10 KREUZER

Silver **Ruler:** Maria Theresa **Obv:** Bust right between palm and laurel branches, titles of Maria Theresa **Rev:** Crowned imperial eagle, Bohemian arms on breast above pedestal, date in legend **Note:** Prev. KM#1529.

Date	Mintage	VG	F	VF	XF	Unc
1777 VSK	—	—	—	—	—	—
1778 VSK	—	—	—	—	—	—
1779 VSK	—	—	—	—	—	—
1780 VSK	—	—	—	—	—	—

KM# 814 10 KREUZER

Silver **Ruler:** Josef II **Obv:** Bust and titles of Josef II **Rev:** VIRTUTE... **Mint:** Prague

Date	Mintage	VG	F	VF	XF	Unc
1777 C/VS-K	—	—	—	—	—	—
1778 C/VS-K	—	—	—	—	—	—
1779 C/VS-K	—	—	—	—	—	—

KM# 819 10 KREUZER

Silver **Ruler:** Josef II **Obv:** Titles continuous **Rev:** Date **Mint:** Prague

Date	Mintage	VG	F	VF	XF	Unc
1781 C	—	—	—	—	—	—
1782 C	—	—	—	—	—	—

KM# 828 10 KREUZER

Silver **Ruler:** Franz II **Obv:** Bust and titles of Franz II **Mint:** Prague

Date	Mintage	VG	F	VF	XF	Unc
1795 C	—	45.00	100	175	300	—

KM# 829 12 KREUZER

Silver **Ruler:** Franz II **Rev:** Value **Mint:** Prague

Date	Mintage	VG	F	VF	XF	Unc
1795 C	—	10.00	20.00	35.00	65.00	—

KM# 715 15 KREUZER

Silver **Ruler:** Charles VI **Rev:** Value in Roman numerals at bottom **Mint:** Prague **Note:** Prev. KM#1483.

Date	Mintage	VG	F	VF	XF	Unc
1728	—	12.00	30.00	65.00	115	—
1732	—	12.00	30.00	65.00	115	—
1733	—	12.00	30.00	65.00	115	—
1734	—	12.00	30.00	65.00	115	—
1736	—	12.00	30.00	65.00	115	—
1737	—	12.00	30.00	65.00	115	—
1738	—	12.00	30.00	65.00	115	—
1740	—	12.00	30.00	65.00	115	—

KM# 724 15 KREUZER

Silver **Ruler:** Charles VI **Rev:** Value in Arabic numerals, "15" at bottom **Mint:** Prague **Note:** Prev. KM#1484.

Date	Mintage	VG	F	VF	XF	Unc
1735	—	12.00	30.00	65.00	115	—

KM# 737 15 KREUZER

Silver **Ruler:** Maria Theresa **Obv:** Bust right **Rev:** Crowned arms in branches, value at bottom **Mint:** Prague **Note:** Prev. KM#1530.

Date	Mintage	VG	F	VF	XF	Unc
1743	—	12.00	30.00	65.00	115	—
1744/3	—	12.00	30.00	65.00	115	—
1744	—	12.00	30.00	65.00	115	—
1745	—	12.00	30.00	65.00	115	—

KM# 754 15 KREUZER

Silver **Ruler:** Maria Theresa **Rev:** Crowned imperial eagle with crowned Bohemian arms on breast, value below **Rev. Legend:** COM TYR **Mint:** Prague **Note:** Prev. KM#1531.1.

Date	Mintage	VG	F	VF	XF	Unc
1747	—	12.00	30.00	65.00	115	—
1748	—	12.00	30.00	65.00	115	—

KM# 755 15 KREUZER

Silver **Ruler:** Franz I **Rev:** "XV" at bottom **Mint:** Kuttenberg **Note:** Varieties exist. Prev. KM#1531.1.

Date	Mintage	VG	F	VF	XF	Unc
1747 P-R	—	22.00	50.00	95.00	155	—
1748 P-R	—	22.00	50.00	95.00	155	—
1749 P-R	—	22.00	50.00	95.00	155	—
1750 P-R	—	22.00	50.00	95.00	155	—

KM# 758 15 KREUZER

Silver **Ruler:** Maria Theresa **Rev. Legend:** SI.M.MO **Mint:** Prague **Note:** Varieties exist. Prev. KM#1531.2.

Date	Mintage	VG	F	VF	XF	Unc
1749	—	12.00	30.00	65.00	115	—
1750	—	12.00	30.00	65.00	115	—
1752	—	—	—	—	—	—

Note: Reported, not confirmed

KM# 763 17 KREUZER

Silver **Ruler:** Franz I **Rev:** "XVII" at bottom **Mint:** Prague **Note:** Prev. KM#1532.

Date	Mintage	VG	F	VF	XF	Unc
1751 P-R	—	10.00	25.00	45.00	80.00	—
1752 P-R	—	10.00	25.00	45.00	80.00	—
1753 P-R	—	10.00	25.00	45.00	80.00	—
1754 P-R	—	10.00	25.00	45.00	80.00	—
1762 P-R	—	10.00	25.00	45.00	80.00	—
1763 P-R	—	10.00	25.00	45.00	80.00	—

KM# 762 17 KREUZER

Silver **Ruler:** Franz I **Obv:** Bust right **Rev:** Crowned imperial eagle, arms on breast, value "XVII" or "20" at bottom **Mint:** Prague **Note:** Varieties exist. Prev. KM#1532.

Date	Mintage	VG	F	VF	XF	Unc
1751	—	10.00	20.00	35.00	65.00	—
1752	—	10.00	20.00	35.00	65.00	—
1753	—	10.00	20.00	35.00	65.00	—
1754	—	10.00	20.00	35.00	65.00	—
1755	—	10.00	20.00	35.00	65.00	—
1761	—	10.00	20.00	35.00	65.00	—
1762	—	10.00	20.00	35.00	65.00	—
1763/2	—	10.00	20.00	35.00	65.00	—
1763	—	10.00	20.00	35.00	65.00	—

KM# 769 20 KREUZER

Silver **Ruler:** Franz I **Obv:** Bust of Franz I **Rev:** IN TE... **Mint:** Prague **Note:** Dates 1761-65 are reporterd but not confirmed for this type.

Date	Mintage	VG	F	VF	XF	Unc
1754 P-R	—	7.00	15.00	28.00	55.00	—
1755 P-R	—	7.00	15.00	28.00	55.00	—
1756 P-R	—	7.00	15.00	28.00	55.00	—
1757 P-R	—	7.00	15.00	28.00	55.00	—
1758 P-R	—	7.00	15.00	28.00	55.00	—
1759 P-R	—	7.00	15.00	28.00	55.00	—
1760 P-R	—	7.00	15.00	28.00	55.00	—

KM# 768 20 KREUZER

Silver **Ruler:** Franz I **Rev:** Value "20" on pedestal **Mint:** Prague **Note:** Varieties exist. Prev. KM#1533.

Date	Mintage	VG	F	VF	XF	Unc
1754	251,000	5.00	10.00	22.00	45.00	—
1755	521,000	5.00	10.00	22.00	45.00	—
1756	822,000	5.00	10.00	22.00	45.00	—
1757	840,000	5.00	10.00	22.00	45.00	—
1758	1,413,000	5.00	10.00	22.00	45.00	—
1759	615,000	5.00	10.00	22.00	45.00	—
1760	831,000	5.00	10.00	22.00	45.00	—
1761	1,123,000	5.00	10.00	22.00	45.00	—
1763	2,485,000	5.00	10.00	22.00	45.00	—
1764/3	1,353,000	5.00	10.00	22.00	45.00	—
1764	Inc. above	5.00	10.00	22.00	45.00	—
1765	934,000	5.00	10.00	22.00	45.00	—

KM# 799 20 KREUZER

Silver **Ruler:** Josef II **Rev:** Value at bottom **Mint:** Prague

Date	Mintage	VG	F	VF	XF	Unc
1766 C/EvS-AS	—	7.00	15.00	28.00	55.00	—
1767 C/EvS-AS	—	7.00	15.00	28.00	55.00	—
1767 EvS-AS	—	7.00	15.00	28.00	55.00	—
1768 C/EvS-AS	—	7.00	15.00	28.00	55.00	—
1769 C/EvS-AS	—	7.00	15.00	28.00	55.00	—
1770 C/EvS-AS	—	7.00	15.00	28.00	55.00	—
1771 C/EvS-AS	—	7.00	15.00	28.00	55.00	—
1772 C/EvS-AS	—	7.00	15.00	28.00	55.00	—
1773 C/EvS-AS	—	7.00	15.00	28.00	55.00	—
1773 C/EvS-IK	—	7.00	15.00	28.00	55.00	—
1774 C/EvS-IK	—	7.00	15.00	28.00	55.00	—
1775 C/EvS-IK	—	7.00	15.00	28.00	55.00	—
1776 C/EvS-IK	—	7.00	15.00	28.00	55.00	—
1777 C/EvS-IK	—	7.00	15.00	28.00	55.00	—
1778 C/EvS-IK	—	7.00	15.00	28.00	55.00	—
1779 C/EvS-IK	—	7.00	15.00	28.00	55.00	—
1780 C/EvS-IK	—	7.00	15.00	28.00	55.00	—

KM# 800 20 KREUZER

Silver **Ruler:** Maria Theresa **Rev:** Value "20" below arms **Mint:** Prague **Note:** Prev. KM#1534.

Date	Mintage	VG	F	VF	XF	Unc
1768 EvS-AS	1,120,000	4.00	8.00	18.00	38.00	—
1769 EvS-AS	1,163,000	4.00	8.00	18.00	38.00	—
1770 EvS-AS	1,276,000	4.00	8.00	18.00	38.00	—
1771 EvS-AS	1,480,000	4.00	8.00	18.00	38.00	—
1772 EvS-AS	1,249,000	4.00	8.00	18.00	38.00	—
1773 EvS-AS	Inc. above	4.00	8.00	18.00	38.00	—
1773/2 EvS-AS	1,069,000	4.00	8.00	18.00	38.00	—
1774 EvS-IK	1,059,000	5.00	10.00	22.00	45.00	—
1775 EvS-IK	728,000	5.00	10.00	22.00	45.00	—
1776 EvS-IK	1,195,000	5.00	10.00	22.00	45.00	—
1777 EvS-IK	1,163,000	5.00	10.00	22.00	45.00	—
1778 EvS-IK	1,458,000	5.00	10.00	22.00	45.00	—
1779 EvS-IK	786,000	5.00	10.00	22.00	45.00	—
1780 EvS-IK	1,117,000	5.00	10.00	22.00	45.00	—

KM# 820 20 KREUZER

Silver **Ruler:** Josef II **Rev:** Date in legend **Mint:** Prague

Date	Mintage	VG	F	VF	XF	Unc
1781 C	—	5.00	12.00	25.00	50.00	—
1782 C	—	5.00	12.00	25.00	50.00	—

KM# 824 20 KREUZER

Silver **Ruler:** Josef II **Obv:** Bare bust **Rev:** Date in legend **Mint:** Prague

Date	Mintage	VG	F	VF	XF	Unc
1782 C	—	5.00	12.00	25.00	50.00	—
1783 C	—	5.00	12.00	25.00	50.00	—
1784 C	—	5.00	12.00	25.00	50.00	—

KM# 830 20 KREUZER

Silver **Ruler:** Franz II **Obv:** Bust and titles of Franz II **Mint:** Prague

Date	Mintage	VG	F	VF	XF	Unc
1795 C	—	4.00	7.00	16.00	35.00	—
1796 C	—	4.00	7.00	16.00	35.00	—
1797 C	—	4.00	7.00	16.00	35.00	—

KM# 843 24 KREUZER

Silver **Ruler:** Franz II **Rev:** Value (24) **Mint:** Prague

Date	Mintage	VG	F	VF	XF	Unc
1800 C	—	75.00	140	225	360	—

KM# 785 30 KREUZER

Silver **Ruler:** Maria Theresa **Obv:** Bust right, value below in rhombus, titles of Maria Theresa along four segments of rhombus **Rev:** Crowned imperial eagle, Bohemian arms on breast in rhombus, titles continuous and date in segments **Mint:** Prague **Note:** Prev. KM#1549.

Date	Mintage	VG	F	VF	XF	Unc
1758	—	22.00	50.00	95.00	155	—
1763	—	22.00	50.00	95.00	155	—
1764	—	22.00	50.00	95.00	155	—
1765	—	22.00	50.00	95.00	155	—
1765 Rare	—	22.00	50.00	95.00	155	—

Note: Without value

KM# 798 30 KREUZER

Silver **Ruler:** Franz I **Rev:** Without value **Mint:** Prague

Date	Mintage	VG	F	VF	XF	Unc
1764	—	—	—	—	—	—
1765	—	—	—	—	—	—

KM# 683 1/4 THALER

Silver **Ruler:** Charles VI **Obv:** Laureate armored bust with long wig right, titles of Karl VI **Rev:** Crowned imperial eagle with central shield of Bohemia on breast, date in legend **Mint:** Kuttenberg **Note:** Prev. KM#1148.

Date	Mintage	VG	F	VF	XF	Unc
1715 (II)	—	55.00	115	220	450	—
1719 (II)	—	55.00	115	220	450	—

KM# 718 1/4 THALER

Silver **Ruler:** Charles VI **Obv:** Bust right with plain cloak and shorter hair **Rev:** Crowned imperial eagle; date in legend **Mint:** Prague **Note:** Prev. KM#1485.1.

Date	Mintage	VG	F	VF	XF	Unc
1729	—	350	750	1,250	2,050	—
1730	—	350	750	1,250	2,050	—

KM# 720 1/4 THALER

Silver **Ruler:** Charles VI **Obv:** Value added below bust **Mint:** Prague **Note:** Prev. KM#1485.2.

Date	Mintage	VG	F	VF	XF	Unc
1731	—	450	900	1,400	2,250	—
1732	—	450	900	1,400	2,250	—
1736	—	450	900	1,400	2,250	—

KM# 723 1/4 THALER

Silver **Ruler:** Charles VI **Mint:** Prague **Note:** Error: Value "1/2" below bust. Prev. KM#1487.

Date	Mintage	VG	F	VF	XF	Unc
1732 Rare	—	—	—	—	—	—

KM# 728 1/4 THALER

Silver **Ruler:** Charles VI **Obv:** Modified bust and shield **Mint:** Prague **Note:** Prev. KM#1486.

Date	Mintage	VG	F	VF	XF	Unc
1739	—	95.00	220	475	825	—
1740	—	95.00	220	475	825	—

KM# 744 1/4 THALER

Silver **Ruler:** Maria Theresa **Obv:** Bust right **Rev:** Crowned 4-fold arms, lion on center shield in cartouche, no indication of value **Mint:** Prague **Note:** Prev. KM#1535.

Date	Mintage	VG	F	VF	XF	Unc
1744 Rare	—	—	—	—	—	—

KM# 770 1/4 THALER

Silver **Ruler:** Maria Theresa **Rev:** Crowned imperial eagle with square manifold arms on breast **Mint:** Prague **Note:** Prev. KM#1536.

Date	Mintage	VG	F	VF	XF	Unc
1754 Rare	—	—	—	—	—	—
1759 Rare	—	—	—	—	—	—

KM# 831 1/4 THALER

Silver **Ruler:** Franz II **Obv:** Laureate bust right, titles of Franz II **Rev:** Ornate cross in X position, three crowns and Order of the Golden Fleece in angles, date in legend **Mint:** Prague

Date	Mintage	VG	F	VF	XF	Unc
1795 C	—	22.50	50.00	90.00	1,400	—
1796 (C)	—	22.50	50.00	90.00	1,400	—
1797 (C)	—	22.50	50.00	90.00	1,400	—

KM# 620 1/2 THALER

Silver **Ruler:** Leopold I **Obv:** Tall laureate bust **Mint:** Prague **Note:** Varieties exist. Prev. KM#1438.3.

Date	Mintage	VG	F	VF	XF	Unc
1702 GE	—	65.00	125	275	525	—
1703 GE	—	65.00	125	275	525	—
1704 GE	—	65.00	125	275	525	—

KM# 642 1/2 THALER

Silver **Ruler:** Joseph I **Obv:** Large laureate bust right, titles of Josef I **Rev:** Crowned imperial eagle holding sword and scepter **Mint:** Prague **Note:** Prev. KM#642.

Date	Mintage	VG	F	VF	XF	Unc
1709 GE	—	75.00	150	275	500	—
1710 PM	—	75.00	150	275	500	—

KM# 658 1/2 THALER

Silver **Ruler:** Charles VI **Obv:** Laureate bust right **Rev:** Crowned imperial eagle, oval Bohemian shield on breast; date in legend **Mint:** Kuttenberg **Note:** Prev. KM#1149.

Date	Mintage	VG	F	VF	XF	Unc
1712 (mm)	—	120	275	600	1,150	—

BOHEMIA

KM# 668 1/2 THALER

Silver **Ruler:** Charles VI **Obv:** Inner circle added **Rev:** Inner circle added **Mint:** Kuttenberg **Note:** Prev. KM#1150.

Date	Mintage	VG	F	VF	XF	Unc
1713 (II)	—	65.00	120	220	400	—
1714 (II)	—	65.00	120	220	400	—
1715 (II)	—	65.00	120	220	400	—
1716 (II)	—	65.00	120	220	400	—
1717 (II)	—	90.00	200	425	1,000	—

KM# 667 1/2 THALER

Silver **Ruler:** Charles VI **Obv:** Laureate armored bust with long wig right **Rev:** Crowned imperial eagle with central shield of Bohemia on breast **Mint:** Prague **Note:** Prev. KM#1488.

Date	Mintage	VG	F	VF	XF	Unc
1713	—	125	325	625	1,250	—
1714	—	125	325	625	1,250	—
1716	—	125	325	625	1,250	—

KM# 688 1/2 THALER

Silver **Ruler:** Charles VI **Obv:** Bust draped with antique cloak **Mint:** Kuttenberg **Note:** Varieties exist. Prev. KM#1151.

Date	Mintage	VG	F	VF	XF	Unc
1717	—	65.00	120	220	400	—
1718 (II)	—	65.00	120	220	400	—
1719	—	65.00	120	220	400	—
1720/19	—	65.00	120	220	400	—
1721 (II)	—	65.00	120	220	400	—
1721/0	—	65.00	120	220	400	—
1722 (nn)	—	65.00	120	220	400	—
1723 (nn)	—	65.00	120	220	400	—
1724 (nn)	—	65.00	120	220	400	—
1725/4	—	65.00	120	220	400	—
1725 (nn)	—	65.00	120	220	400	—
1726 (nn)	—	65.00	120	220	400	—

KM# 691 1/2 THALER

Silver **Ruler:** Charles VI **Obv:** Undraped bust **Mint:** Kuttenberg

Date	Mintage	VG	F	VF	XF	Unc
1720 (II)	—	65.00	120	220	400	—

KM# 713 1/2 THALER

Silver **Ruler:** Charles VI **Obv:** Bare bust **Mint:** Prague **Note:** Varieties exist. Prev. KM#1490.

Date	Mintage	VG	F	VF	XF	Unc
1726 FS	—	65.00	120	220	400	—
1727 FS	—	65.00	120	220	400	—
1728	—	90.00	200	425	1,000	—
1729	—	90.00	200	425	1,000	—
1730	—	90.00	200	425	1,000	—
1731	—	90.00	200	425	1,000	—
1732	—	90.00	200	425	1,000	—
1735	—	90.00	200	425	1,000	—
1737	—	90.00	200	425	1,000	—
1738	—	90.00	200	425	1,000	—
1739	—	90.00	200	425	1,000	—

KM# 730 1/2 THALER

Silver **Ruler:** Charles VI **Obv:** Laureate armored bust with shorter hair **Mint:** Prague **Note:** Reduced size. Called "Notgulden". Struck in 1742 from low alloy silver. Prev. KM#1491.

Date	Mintage	VG	F	VF	XF	Unc
1740	—	85.00	160	300	750	—

KM# 738 1/2 THALER

Silver **Ruler:** Maria Theresa **Obv:** Bust right **Rev:** Crowned arms in branches with central shield of Bohemia in baroque frame, date in legend **Mint:** Prague **Note:** Varieties exist. Prev. KM#1537.

Date	Mintage	VG	F	VF	XF	Unc
1742	—	98.00	200	425	1,000	—
1743	—	98.00	200	425	1,000	—
1744	—	98.00	200	425	1,000	—
1745	—	98.00	200	425	1,000	—

KM# 764 1/2 THALER

Silver **Ruler:** Maria Theresa **Rev:** Crowned imperial eagle with large manifold arms on breast **Mint:** Prague **Note:** Prev. KM#1538.

Date	Mintage	VG	F	VF	XF	Unc
1751	—	35.00	75.00	165	375	—
1754	—	35.00	75.00	165	375	—
1758	—	35.00	75.00	165	375	—
1759	—	35.00	75.00	165	375	—
1761	—	35.00	75.00	165	375	—
1765	—	35.00	75.00	165	375	—

KM# 832 1/2 THALER

Silver **Ruler:** Franz II **Obv:** Laureate bust right **Mint:** Kuttenberg

Date	Mintage	VG	F	VF	XF	Unc
1795 C	—	115	—	—	—	—
1796 C	—	115	—	—	—	—
1797 C	—	115	—	—	—	—

KM# 621 THALER

Silver **Ruler:** Leopold I **Obv:** Narrow bust **Rev:** Eagle with oval arms **Mint:** Prague **Note:** Dav. #1006. Prev. KM#1440.3.

Date	Mintage	VG	F	VF	XF	Unc
1702 GE	—	115	225	475	1,200	—

KM# 624 THALER

Silver **Ruler:** Leopold I **Obv:** New bust with different armor **Rev:** Eagle with thicker tail **Mint:** Prague **Note:** Dav. #1007. Prev. KM#1440.4.

Date	Mintage	VG	F	VF	XF	Unc
1703 GE	—	125	275	550	1,300	—
1704 GE	—	125	275	550	1,300	—

KM# 631 THALER

Silver **Ruler:** Leopold I **Obv:** Different bust with more curls in longer hair **Rev:** Smaller eagle, tail not breaking border **Mint:** Prague **Note:** Prev. KM#1440.5. Dav. #1008. Varieties exist.

Date	Mintage	VG	F	VF	XF	Unc
1705 GE	—	150	325	675	1,500	—

KM# 636 THALER

Silver **Ruler:** Joseph I **Obv:** Laureate bust right, titles of Josef I **Obv. Legend:** IOSEPHUS. D:G: ROMAN: IM-P: SEMPERA. A: **Rev:** Similar to KM#1460.3 **Mint:** Prague **Note:** Prev. KM#1460.1. Dav. #1024.

Date	Mintage	VG	F	VF	XF	Unc
1706 GE	—	185	375	750	1,650	—

KM# 637 THALER

Silver **Ruler:** Joseph I **Obv. Legend:** D:G. - ROMAN: IMP: - SEMPER. AV **Rev:** G.E. in different cartouche **Mint:** Prague **Note:** Prev. KM#1460.2. Dav. #1025.

Date	Mintage	VG	F	VF	XF	Unc
1706	—	165	325	650	1,450	—
1707	—	165	325	650	1,450	—

KM# 640 THALER
Silver **Ruler:** Joseph I **Obv. Legend:** D: G: ROMAN: IMP: **Rev:** Large arms **Mint:** Prague **Note:** Prev. KM#1460.3.

Date	Mintage	VG	F	VF	XF	Unc
1707 GE	—	165	325	650	1,450	—

KM# 659 THALER
Silver **Ruler:** Charles VI **Obv:** Laureate bust right **Mint:** Prague **Note:** Dav. #1066. Prev. KM#1493.1.

Date	Mintage	VG	F	VF	XF	Unc
1712 IAP	—	450	1,000	2,000	4,250	—

KM# 660 THALER
Silver **Ruler:** Charles VI **Obv:** Legend ends AV **Rev:** Date is 171Z **Mint:** Prague **Note:** Dav. #1067. Varieties exist. Prev. KM#1493.2.

Date	Mintage	VG	F	VF	XF	Unc
1712 IAP	—	200	450	950	2,000	—

KM# 661 THALER
Silver **Ruler:** Charles VI **Obv:** Laureate, armored bust **Rev:** Smaller arms on breast of eagle **Mint:** Kuttenberg **Note:** Dav. #1068. Prev. KM#1152.

Date	Mintage	VG	F	VF	XF	Unc
1712 (mm)	—	1,250	2,500	4,750	8,000	—
1715 (mm)	—	—	—	—	—	—

Note: Reported, not confirmed

KM# 1494 THALER
Silver **Ruler:** Charles VI **Obv:** Legend begins at left **Rev:** Crown divides date **Mint:** Prague **Note:** Dav. #1068.

Date	Mintage	VG	F	VF	XF	Unc
1713	—	185	375	750	1,650	—

KM# 1496 THALER
Silver **Ruler:** Charles VI **Obv:** Bust right in beaded circle **Rev:** Shield on eagle's breast **Mint:** Prague **Note:** Dav/ #1070.

Date	Mintage	VG	F	VF	XF	Unc
1715	—	75.00	125	250	500	—
1716	—	75.00	125	250	500	—

KM# 643 THALER
Silver **Ruler:** Joseph I **Obv. Legend:** IOSEPHUS. D: G: - ROM: IMP: - SEMP: AU **Rev. Legend:** GERMAN: HUNG: - ET. BOHEMIAE. REX **Mint:** Prague **Note:** Prev. KM#1460.4. Dav. #1026. Varieties exist.

Date	Mintage	VG	F	VF	XF	Unc
1709 GE	—	200	400	800	1,750	—
1710 PM	—	200	400	800	1,750	—

KM# 648 THALER
Silver **Ruler:** Joseph I **Obv:** Laureate bust right in inner circle **Mint:** Kuttenberg **Note:** Prev. KM#1138.

Date	Mintage	VG	F	VF	XF	Unc
1711 (mm)	—	350	650	1,250	2,000	—

KM# 649 THALER
Silver **Ruler:** Charles VI **Obv:** Bust right, legend below bust **Rev:** Crowned double-headed eagle with complex arms on breast, date in legend **Mint:** Prague **Note:** Dav. #1065. Prev. KM#1492.

Date	Mintage	VG	F	VF	XF	Unc
1711 Rare	—	—	—	—	—	—

KM# 1495 THALER
Silver **Ruler:** Charles VI **Obv:** Legend begins at top right and continues below bust **Obv. Legend:** CAROLUS • VI • D: G: R: I: .... **Rev:** Oval shield on eagle's breast **Mint:** Prague **Note:** Dav. #1069. Varieties exist.

Date	Mintage	VG	F	VF	XF	Unc
1713 IGR	—	125	275	550	1,300	—
1714 IGR	—	125	275	550	1,300	—

KM# 1497 THALER
Silver **Ruler:** Charles VI **Obv:** Without beaded circle **Rev:** Shield on eagle's breast **Mint:** Prague **Note:** Dav. #1071. Varieties exist with 2 rosettes after date. These command a premium of about twice the regular value. Reverse legend varieties exist with "SIL" or "SILE".

Date	Mintage	VG	F	VF	XF	Unc
1716	—	75.00	125	250	500	1,000
1717	—	75.00	125	250	500	1,000

KM# 1498.1 THALER
Silver **Ruler:** Charles VI **Obv:** Thinner bust **Obv. Legend:** CAROLVI • D: G: R: I: S: A: GE: HI: HU: BO: REX• **Rev:** Shield within Order collar on eagle's breast **Mint:** Prague **Note:** Dav. #1072.

Date	Mintage	VG	F	VF	XF	Unc
1717	—	350	750	1,650	3,750	6,500

BOHEMIA

KM# 1498.2 THALER
Silver **Ruler:** Charles VI **Obv:** Different bust, without star after legend **Mint:** Prague **Note:** Dav. #1073. Varieties exist with 2 rosettes after date. These command a premium of about twice the regular value.

Date	Mintage	VG	F	VF	XF	Unc
1717 IIL	—	375	800	1,750	4,000	—

KM# 1500 THALER
Silver **Ruler:** Charles VI **Obv:** Legend begins at upper right **Rev:** Two shields on eagle's breast **Mint:** Prague **Note:** Dav. #1077.

Date	Mintage	VG	F	VF	XF	Unc
1718	—	1,000	2,000	4,000	7,000	—

KM# 1503.1 THALER
Silver **Ruler:** Charles VI **Obv:** Armored laureate bust right **Rev:** Shield on eagle's breast **Mint:** Prague **Note:** Dav. #1086.

Date	Mintage	VG	F	VF	XF	Unc
1728	—	60.00	100	225	400	—
1729	—	60.00	100	225	400	—
1730	—	60.00	100	225	400	—
1731	—	60.00	100	225	400	—
1732	—	60.00	100	225	400	—
1733	—	60.00	100	225	400	—
1735	—	60.00	100	225	400	—
1736	—	60.00	100	225	400	—
1739	—	60.00	100	225	400	—
1740	—	60.00	100	225	400	—

KM# 1503.2 THALER
Silver **Ruler:** Charles VI **Obv. Legend:** CAR:VI: **Mint:** Prague **Note:** Dav. #1087. Varieties exist.

Date	Mintage	VG	F	VF	XF	Unc
1736	—	60.00	100	225	400	—
1737	—	60.00	100	225	400	—
1738	—	60.00	100	225	400	—
1739	—	60.00	100	225	400	—
1740	—	60.00	100	225	400	—

KM# 750 THALER
Silver **Ruler:** Franz I **Obv:** Laureate bust and titles of Franz I **Rev. Legend:** IN TE DOMINE SPERAVI **Mint:** Prague **Note:** Dav. #1136

Date	Mintage	VG	F	VF	XF	Unc
1746 P-R	—	75.00	150	275	500	850
1747 P-R	—	75.00	150	275	500	850
1748 P-R	—	75.00	150	275	500	850
1749 P-R	—	75.00	150	275	500	850
1750 P-R	—	75.00	150	275	500	850
1751 P-R	—	75.00	150	275	500	850
1752 P-R	—	75.00	150	275	500	850
1753 P-R	—	75.00	150	275	500	850
1754 P-R	—	75.00	150	275	500	850
1755 P-R	—	75.00	150	275	500	850
1757 P-R	—	75.00	150	275	500	850
1759 P-R	—	75.00	150	275	500	850
1760 P-R	—	75.00	150	275	500	850
1761 P-R	—	75.00	150	275	500	850
1762 P-R	—	75.00	150	275	500	850

KM# 1499 THALER
Silver **Ruler:** Charles VI **Obv:** Laureate bust right **Rev:** Two shields on eagle's breast **Mint:** Prague **Note:** Mining Thaler. Dav. #1074.

Date	Mintage	VG	F	VF	XF	Unc
1717	—	650	1,350	2,750	5,000	8,500
1718 Rare	—	—	—	—	—	—

KM# 1502.2 THALER
Silver **Ruler:** Charles VI **Obv:** Laureate bust right **Obv. Legend:** CAR VI D. G. R. I. S. A. G. **Rev:** Tail extends to edge of coin **Mint:** Prague **Note:** Dav. #1079.

Date	Mintage	VG	F	VF	XF	Unc
1719	—	85.00	150	275	550	—

KM# 694 THALER
Silver **Ruler:** Charles VI **Obv:** Bust without drapery **Mint:** Prague **Note:** Dav. #1080. Prev. KM#1502.3.

Date	Mintage	VG	F	VF	XF	Unc
1719	—	125	200	375	650	—
1720	—	125	200	375	650	—

KM# 700 THALER
Silver **Ruler:** Charles VI **Obv:** Armored bust right, legend begins at upper right **Rev:** Tail spread wide, legend and FS monogram below **Mint:** Prague **Note:** Dav. #1081. Prev. KM#1502.4.

Date	Mintage	VG	F	VF	XF	Unc
1720	—	100	200	350	600	—
1720 FS	—	100	200	350	600	—
1721 FS	—	100	200	350	600	—
1722 FS	—	100	200	350	600	—
1724 FS	—	100	200	350	600	—

KM# 1501.1 THALER
Silver **Ruler:** Charles VI **Obv:** Armored bust right **Rev:** Shield within Order collar on eagle's breast **Mint:** Prague **Note:** Dav. #1075.

Date	Mintage	VG	F	VF	XF	Unc
1718	—	250	500	1,200	2,000	—

KM# 1501.2 THALER
Silver **Ruler:** Charles VI **Obv:** Smaller bust and head **Mint:** Prague **Note:** Dav. #1076. Varieties exist.

Date	Mintage	VG	F	VF	XF	Unc
1718	—	125	250	450	800	—

KM# 1502.5 THALER
Silver **Ruler:** Charles VI **Obv:** Bust right with low neck on armor **Obv. Legend:** CAROL.VI **Rev:** Different shaped arms on eagle, different tail **Mint:** Prague **Note:** Dav. #1082.

Date	Mintage	VG	F	VF	XF	Unc
1723	—	85.00	150	250	450	—

KM# 1502.6 THALER
Silver **Ruler:** Charles VI **Obv:** Shorter bust **Obv. Legend:** CAR.vi D.G **Mint:** Prague **Note:** Dav. #1083.

Date	Mintage	VG	F	VF	XF	Unc
1725 FS	—	95.00	175	325	550	1,000

KM# 1502.7 THALER
Silver **Ruler:** Charles VI **Obv:** Armored bust right, legend begins at 8 o'clock **Obv. Legend:** CAROL:VI **Mint:** Prague **Note:** Dav. #1084.

Date	Mintage	VG	F	VF	XF	Unc
1726 FS	—	75.00	150	300	500	—
1727 FS	—	75.00	150	300	500	—

KM# 1502.8 THALER
Silver **Ruler:** Charles VI **Rev:** Tail extends to rim of coin, without monogram **Mint:** Prague **Note:** Dav. #1085. Varieties exist.

Date	Mintage	VG	F	VF	XF	Unc
1727	—	65.00	120	225	475	1,000
1728	—	65.00	120	225	475	1,000

KM# 749 THALER
Silver **Ruler:** Maria Theresa **Obv:** Bust right **Rev:** Crowned imperial eagle with crowned arms on breast, arms rounded on bottom **Mint:** Prague **Note:** Species Thaler. Dav. #1136. Prev. KM#1539.

Date	Mintage	VG	F	VF	XF	Unc
1746	—	75.00	150	275	500	850
1748	—	75.00	150	275	500	850
1749	—	75.00	150	275	500	850
1750	—	75.00	150	275	500	850

KM# 765 THALER

Silver **Ruler:** Maria Theresa **Mint:** Prague **Note:** Prev. KM#1540. Convention Thaler. Similar to KM#1539 but "X" after date on reverse. Dav. #1136A. Varieties exist.

Date	Mintage	VG	F	VF	XF	Unc
1751	—	75.00	125	200	350	600
1752 Rare	—	—	—	—	—	—
1753	—	75.00	125	200	350	600
1754	—	75.00	125	200	350	600
1755	—	75.00	125	200	350	600
1757	—	75.00	125	200	350	600
1759 Rare	—	—	—	—	—	—
1760	—	75.00	125	200	350	600

KM# 787 THALER

Silver **Ruler:** Maria Theresa **Obv:** Mature bust right, titles of Maria Theresa **Rev:** Crowned imperial eagle with crowned arms of St. Joachim and Bohemia on breast **Mint:** Prague **Note:** Mining Thaler. Dav. #1137. Prev. KM#1541.

Date	Mintage	VG	F	VF	XF	Unc
1758	—	150	250	450	800	—
1759	—	150	250	450	800	—

KM# 802 THALER

Silver **Ruler:** Maria Theresa **Obv:** Veiled head right, titles of Maria Theresa **Rev:** Crowned imperial eagle, four-fold arms with central shield of Austria on breast, date in legend **Mint:** Prague **Note:** Dav. #1138. Prev. KM#1542.

Date	Mintage	VG	F	VF	XF	Unc
1769	—	65.00	125	200	375	—
1770 EvS-AS	—	65.00	125	200	375	—
1771 EvS-AS	—	65.00	125	200	375	—

KM# 806 THALER

Silver **Ruler:** Josef II **Obv:** Laureate bust right, titles of Josef II **Rev:** Crowned imperial eagle, four-fold arms with central shield of Austria-Burgundy on breast, date in legend **Mint:** Prague **Note:** Dav. #1165

Date	Mintage	VG	F	VF	XF	Unc
1770 C/EvS-AS	—	150	300	500	—	—
1771 C/EvS-AS	—	150	300	500	—	—
1772 C/EvS-AS	—	150	300	500	—	—
1773 C/EvS-AS	—	150	300	500	—	—
1774 C/EvS-IK	—	150	300	500	—	—
1775 C/EvS-IK	—	150	300	500	—	—

KM# 808 THALER

Silver **Ruler:** Maria Theresa **Obv:** Head right with smaller veil **Mint:** Prague **Note:** Dav. #1139. Prev. KM#1543.

Date	Mintage	VG	F	VF	XF	Unc
1772 EvS-AS	—	65.00	125	200	375	—
1773 Evs-AS	—	65.00	125	200	375	—
1774 EvS-IK	—	65.00	125	200	375	—
1775 EvS-IK	—	65.00	125	200	375	—

KM# 816 THALER

Silver **Ruler:** Maria Theresa **Obv:** Large veiled head right **Mint:** Prague **Note:** Dav. #1140. Prev. KM#1544. Varieties exist. For restrikes of this coin with "PS-IK" see Austrian States-Burgau.

Date	Mintage	VG	F	VF	XF	Unc
1780 EvS-IK	—	75.00	135	250	450	—
1780 PS-IK	—	75.00	135	250	450	—

KM# 833 THALER

Silver **Ruler:** Franz II **Obv:** Laureate bust right, titles of Franz II **Mint:** Prague **Note:** Dav. #1180

Date	Mintage	VG	F	VF	XF	Unc
1795 C	—	25.00	45.00	80.00	150	—
1796 C	—	25.00	45.00	80.00	150	—
1797 C	—	25.00	45.00	80.00	150	—

TRADE COINAGE

KM# 598 1/4 DUCAT

0.8750 g., 0.9860 Gold 0.0277 oz. AGW **Ruler:** Leopold I **Obv:** Older laureate bust right in long wig **Rev:** Crowned imperial eagle with sword and scepter **Mint:** Prague **Note:** Prev. KM#1441.

Date	Mintage	VG	F	VF	XF	Unc
1702 GE	—	150	300	500	900	—
1703 GE	—	150	300	500	900	—

KM# 638 1/4 DUCAT

0.8750 g., 0.9860 Gold 0.0277 oz. AGW **Ruler:** Joseph I **Obv:** Laureate bust right, titles of Josef I **Rev:** Crowned imperial eagle, date divided at top **Mint:** Prague **Note:** Prev. KM#1461.

Date	Mintage	VG	F	VF	XF	Unc
1706 GE	—	125	200	375	750	—
1708 GE	—	125	200	375	750	—
1710 PM	—	125	200	375	750	—

KM# 669 1/4 DUCAT

0.8750 g., 0.9860 Gold 0.0277 oz. AGW **Ruler:** Charles VI **Obv:** Young bust right, titles of Karl VI **Rev:** Crowned imperial eagle **Mint:** Prague **Note:** Prev. KM#1504.

Date	Mintage	VG	F	VF	XF	Unc
1713	—	100	150	200	375	—
1718	—	100	150	200	375	—

KM# 701 1/4 DUCAT

0.8750 g., 0.9860 Gold 0.0277 oz. AGW **Ruler:** Charles VI **Obv:** Older bust right **Rev:** Crowned imperial eagle, date at end of legend **Mint:** Prague **Note:** Prev. KM#1505.

Date	Mintage	VG	F	VF	XF	Unc
1720	—	100	150	275	475	—
1725	—	100	150	275	475	—
1726	—	100	150	275	475	—
1729	—	100	150	275	475	—
1730	—	100	150	275	475	—
1732	—	100	150	275	475	—
1733	—	100	150	275	475	—
1734	—	100	150	275	475	—
1737	—	100	150	275	475	—

KM# 599 DUCAT

3.5000 g., 0.9860 Gold 0.1109 oz. AGW **Ruler:** Leopold I **Obv:** Older laureate bust right without inner circle **Rev:** Crowned imperial eagle with sword and scepter without inner circle **Mint:** Prague **Note:** Prev. KM#1445. Varieties exist.

Date	Mintage	VG	F	VF	XF	Unc
1701 GE	—	165	275	650	1,150	—
1702 GE	—	165	275	650	1,150	—
1704 GE	—	165	275	650	1,150	—
1705 GE	—	165	275	650	1,150	—

KM# 639 DUCAT

3.5000 g., 0.9860 Gold 0.1109 oz. AGW **Ruler:** Joseph I **Obv:** Laureate bust right, titles of Josef I **Rev:** Crowned eagle without inner circle **Mint:** Prague **Note:** Prev. KM#1462.

Date	Mintage	VG	F	VF	XF	Unc
1706 GE	—	200	400	900	1,650	—
1707 GE	—	200	400	900	1,650	—
1708 GE	—	200	400	900	1,650	—
1709 GE	—	200	400	900	1,650	—
1710 PM	—	200	400	900	1,650	—

KM# 647 DUCAT

3.5000 g., 0.9860 Gold 0.1109 oz. AGW **Ruler:** Joseph I **Obv:** Full-length figure 3/4 right holding orb and scepter **Obv. Legend:** JOSEPHUS - D • G • R - I • S • A • G • H • B • R • A • D • A **Mint:** Prague **Note:** Prev. KM#1463.

Date	Mintage	VG	F	VF	XF	Unc
1710 PM	—	200	400	900	1,650	—

KM# 646 DUCAT

3.5000 g., 0.9860 Gold 0.1109 oz. AGW **Ruler:** Joseph I **Obv:** Full-length armored figure facing holding orb and scepter, titles of Josef I **Obv. Legend:** JOSEPHUS • D • G • RO - IMPERATOR • S • A **Rev:** Crowned eagle without inner circle **Mint:** Prague **Note:** Prev. KM#1464.

Date	Mintage	VG	F	VF	XF	Unc
1710 PM	—	200	400	900	1,650	—
1711 IAP	—	200	400	900	1,650	—

KM# 651 DUCAT

3.5000 g., 0.9860 Gold 0.1109 oz. AGW **Ruler:** Charles VI **Obv:** Full-length figure 3/4 right holding orb and scepter, titles of Karl VI **Mint:** Prague **Note:** Prev. KM#1506.

Date	Mintage	VG	F	VF	XF	Unc
1711 IAP	—	1,250	1,750	2,250	3,000	—
1712 IAP	—	1,250	1,750	2,250	3,000	—

KM# 663 DUCAT

3.5000 g., 0.9860 Gold 0.1109 oz. AGW **Ruler:** Charles VI **Rev:** Owl with wings closed **Mint:** Prague **Note:** Prev. KM#1508.

Date	Mintage	VG	F	VF	XF	Unc
1712 (MDCCXII)	—	300	750	1,500	2,500	—
1713 (MDCCXIII)	—	300	750	1,500	2,500	—
1714 (MDCCXIIII)	—	300	750	1,500	2,500	—
1715 (MDCCXV)	—	300	750	1,500	2,500	—

KM# 670 DUCAT

3.5000 g., 0.9860 Gold 0.1109 oz. AGW **Ruler:** Charles VI **Obv:** Oval shield of crowned imperial eagle to lower left **Rev:** Globe in clouds, owl on sun below, double legend around with R.N. dates **Mint:** Prague **Note:** Prev. KM#1506

Date	Mintage	VG	F	VF	XF	Unc
1712(MDCCXII)	—	300	750	1,500	2,500	—
1713(MDCCXIII)	—	300	750	1,500	2,500	—
1714(MDCCXIIII)	—	300	750	1,500	2,500	—
1715(MDCCXV)	—	300	750	1,500	2,500	—

KM# 662 DUCAT

3.5000 g., 0.9860 Gold 0.1109 oz. AGW **Ruler:** Charles VI **Obv:** Oval shield of crowned imperial eagle to lower left **Rev:** Globe in clouds, owl with wings spread above sun, double legend around **Mint:** Prague **Note:** Prev. KM1507.

Date	Mintage	VG	F	VF	XF	Unc
1712 (MDCCXII) IAP	—	300	750	1,500	2,500	—
1713 (MDCCXIII) IAP	—	300	750	1,500	2,500	—

KM# 671 DUCAT

3.5000 g., 0.9860 Gold 0.1109 oz. AGW **Ruler:** Charles VI **Obv:** Laureate bust right, titles of Karl VI **Rev:** Date in legend **Mint:** Prague **Note:** Prev. KM#1509.

Date	Mintage	VG	F	VF	XF	Unc
1713	—	200	400	900	1,650	—
1714	—	200	400	900	1,650	—
1715	—	200	400	900	1,650	—
1729	—	200	400	900	1,650	—

KM# 677 DUCAT

3.5000 g., 0.9860 Gold 0.1109 oz. AGW **Ruler:** Charles VI **Obv:** Charles VI standing right without inner circle **Mint:** Prague **Note:** Prev. KM#1510. Varieties exist.

Date	Mintage	VG	F	VF	XF	Unc
1716	—	150	250	450	750	—
1719	—	150	250	450	750	—
1720	—	150	250	450	750	—
1721	—	150	300	700	1,250	—
1722	—	150	250	450	750	—
1723	—	150	250	450	750	—
1724	—	150	250	450	750	—
1725	—	150	250	450	750	—
1726	—	150	250	450	750	—
1727	—	15.00	250	450	750	—
1728	—	200	400	800	1,450	—
1729	—	150	250	450	750	—
1731	—	150	250	450	750	—
1732	2,352	150	250	450	750	—
1733	3,265	150	250	450	750	—
1734	4,819	150	250	450	750	—
1736	9,641	150	250	450	750	—
1737	4,825	150	250	450	750	—
1738	4,508	150	250	450	750	—
1739	7,854	150	250	450	750	—

BOHEMIA

KM# 705 DUCAT
3.5000 g., 0.9860 Gold 0.1109 oz. AGW Ruler: Charles VI Obv: Charles VI, heart-shaped Bohemian arms to lower left Rev: St. John Nepomuk in clouds, sun divides date in exergue Rev. Legend: HOC PATROCINIO RESTA VRATRV Mint: Prague Note: Prev. KM#1511.

Date	Mintage	VG	F	VF	XF	Unc
1725	—	—	—	—	—	—
Note: Reported, not confirmed						
1727	—	—	—	—	—	—
Note: Reported, not confirmed						
1729	—	200	400	900	1,600	—

KM# 725 DUCAT
Gold Ruler: Charles VI Obv: Emperor facing Mint: Prague Note: Prev. KM#1512, 1513.

Date	Mintage	VG	F	VF	XF	Unc
1735	3,287	200	400	900	1,600	—
1740	—	—	—	—	—	—

KM# 739 DUCAT
3.5000 g., 0.9860 Gold 0.1109 oz. AGW Ruler: Maria Theresa Obv: Full-length facing figure of Empress holding orb and scepter, titles of Maria Theresa Rev: Crowned 4-fold arms with central shield of Bohemia in baroque frame, date in legend Mint: Prague Note: Prev. KM#1545.

Date	Mintage	VG	F	VF	XF	Unc
1743	—	160	300	475	850	—
1744	—	160	300	475	850	—
1745	—	160	300	475	850	—

KM# 751 DUCAT
Gold Ruler: Franz I Rev. Legend: TU DOMINE SPES MEA Mint: Prague

Date	Mintage	VG	F	VF	XF	Unc
1746 P-R	—	110	200	325	550	—
1748 P-R	—	110	200	325	550	—
1749 P-R	—	110	200	325	550	—
1750 P-R	—	110	200	325	550	—
1751 P-R	—	110	200	325	550	—
1752 P-R	—	110	200	325	550	—
1753 P-R	—	110	200	325	550	—
1754 P-R	—	110	200	325	550	—
1755 P-R	—	110	200	325	550	—
1756 P-R	—	110	200	325	550	—
1765 P-R	—	110	200	325	550	—

KM# 756 DUCAT
3.5000 g., 0.9860 Gold 0.1109 oz. AGW Ruler: Maria Theresa Obv: Bust right, titles of Maria Theresa Rev: Crowned imperial eagle with crowned Bohemian arms on breast, date in legend Mint: Prague Note: Prev. KM#1546. Varieties exist.

Date	Mintage	VG	F	VF	XF	Unc
1747	—	125	250	375	600	—
1748	—	125	250	375	600	—
1749	—	125	250	375	600	—
1750	—	125	250	375	600	—
1751	—	125	250	375	600	—
1752	—	125	250	375	600	—
1753	—	125	250	375	600	—
1754	—	125	250	375	600	—
1755	—	125	250	375	600	—

Date	Mintage	VG	F	VF	XF	Unc
1756	—	125	250	375	600	—
1757	—	125	250	375	600	—
1758	—	125	250	375	600	—
1759	—	125	250	375	600	—
1760	—	125	250	375	600	—
1761	—	125	250	375	600	—
1764	—	150	250	450	850	—
1765	—	150	250	450	850	—

KM# 803 DUCAT
3.5000 g., 0.9860 Gold 0.1109 oz. AGW Ruler: Maria Theresa Obv: Veiled head right Rev: Crowned arms Mint: Prague Note: Prev. KM#1547.

Date	Mintage	VG	F	VF	XF	Unc
1769 vS-S	—	150	275	400	750	—
1770 vS-S	—	150	275	400	750	—
1771 vS-S	—	150	275	400	750	—
1772 vS-S	—	150	275	400	750	—
1773 vS-S	—	150	275	400	750	—
1773 vS-K	—	150	275	400	750	—
1774 vS-K	—	150	275	400	750	—
1776 vS-K	—	150	275	400	750	—
1777 Rare	—	—	—	—	—	—
1778 vS-K Rare	—	—	—	—	—	—
1779 vS-K	—	150	275	400	750	—
1780 vS-K	—	150	275	400	750	—

KM# 804 DUCAT
Gold Ruler: Josef II Obv: Laureate bust right, titles of Josef II Rev: Crowned imperial eagle, two-fold arms of Austria-Lothringen on breast, VIRTUTE etc., date Mint: Prague

Date	Mintage	VG	F	VF	XF	Unc
1769 CvS-S	—	150	275	400	750	—
1770 CvS-S	—	150	275	400	750	—
1771 CvS-S	—	150	275	400	750	—
1772 CvS-S	—	150	275	400	750	—
1773 CvS-S	—	150	275	400	750	—
1776 CvS-S	—	150	275	400	750	—
1777 CvS-S	—	150	275	400	750	—
1778 CvS-S	—	150	275	400	750	—
1779 CvS-S	—	150	275	400	750	—

KM# 821 DUCAT
Gold Ruler: Josef II Obv: Laureate bust right, titles of Josef II Rev: Titles continuous, date in legend Mint: Prague

Date	Mintage	VG	F	VF	XF	Unc
1781 C	—	85.00	175	325	550	—
1782 C	—	85.00	175	325	550	—
1783 C	—	85.00	175	325	550	—
1784 C	—	85.00	175	325	550	—

KM# 835 DUCAT
Gold Ruler: Franz II Obv: Laureate bust right, titles of Franz II Rev: Crowned imperial eagle, arms of Austria-Lothringen on breast, date in legend Mint: Prague

Date	Mintage	VG	F	VF	XF	Unc
1797 C	—	150	275	400	750	—
1798 C	—	—	—	—	—	—

Note: Reported, not confirmed

KM# 673 2 DUCAT
7.0000 g., 0.9860 Gold 0.2219 oz. AGW Ruler: Ferdinand II Mint: Prague Note: Fr. #48. Prev. KM#1514.

Date	Mintage	VG	F	VF	XF	Unc
1715	—	1,400	2,500	4,400	7,200	—
1719	—	1,400	2,500	4,400	7,200	—
1722	—	1,400	2,500	4,400	7,200	—

KM# 706 2 DUCAT
7.5000 g., 0.9860 Gold 0.2377 oz. AGW Ruler: Charles VI Mint: Prague Note: Prev. KM#1515.

Date	Mintage	VG	F	VF	XF	Unc
1725	—	—	—	—	—	—
1727	—	—	—	—	—	—

KM# 685 5 DUCAT
17.5000 g., 0.9860 Gold 0.5547 oz. AGW Ruler: Charles VI Mint: Prague Note: Prev. KM#1517. Struck with 1/2 Thaler dies. KM#689.

Date	Mintage	VG	F	VF	XF	Unc
1717	—	2,000	3,000	5,000	9,000	—

KM# 702 5 DUCAT
17.5000 g., 0.9860 Gold 0.5547 oz. AGW Ruler: Charles VI Obv: Charles VI standing right, shield at left Rev: St. John in clouds above mining scene Mint: Prague Note: Prev. KM#1518.

Date	Mintage	VG	F	VF	XF	Unc
1722	—	1,250	2,000	3,500	6,500	—

SIEGE COINAGE
1754-1757

Struck by Austrian defenders during the siege of Prague.

KM# 274a KREUZER (Kipper Munze)
Pewter Ruler: Franz I

Date	Mintage	VG	F	VF	XF	Unc
1757	—	75.00	95.00	135	250	—

KM# 270b 3 KREUZER
Pewter Ruler: Franz I

Date	Mintage	VG	F	VF	XF	Unc
1754	—	75.00	135	195	300	—

Note: Struck in 1757.

KM# 286a 10 KREUZER
Pewter Ruler: Franz I

Date	Mintage	VG	F	VF	XF	Unc
1757	—	75.00	135	200	325	—

KM# 283a 20 KREUZER
Pewter Ruler: Franz I

Date	Mintage	VG	F	VF	XF	Unc
1757	—	75.00	135	200	325	—

KM# 281a 1/2 THALER
Pewter Ruler: Franz I

Date	Mintage	VG	F	VF	XF	Unc
1754	—	100	200	400	600	—

Note: Struck in 1757.

ESSAIS

KM#	Date	Mintage	Identification	Mkt Val
E1	1759	—	Ducat. Copper.	—
E2	1764	—	Kreuzer. Silver.	—
E3	1765	—	Ducat. Copper.	—

PATTERNS
Including off metal strikes

KM#	Date	Mintage	Identification	Mkt Val
Pn37	1710 PM	—	Ducat. Silver. KM#1463.	550
Pn38	1711 PM	—	1/2 Kreuzer. Copper. KM#1455.	—
Pn39	1717	—	1/2 Thaler. Gold. KM#1488, weight of 5 Ducat.	—
Pn40	1720	—	Ducat. Silver. KM#1510.	400
Pn41	1722	—	5 Ducat. Silver. KM#1516.	—
Pn42	1725	—	2 Ducat. Silver. KM#1515.	450
Pn44	1754	—	17 Kreuzer. Pewter. KM#1532.	—

EGER

The town of Eger (Czech – Cheb) is located on the Ohre River, 86 miles (144 kilometers) west of Prague, and gave its name to the region surrounding it. The district was first mentioned in 870 as part of the margraviate of East Franconia. Ludwig the Bavarian, in order to procure the imperial throne, pledged Eger to the Bohemian crown for 20,000 silver marks in 1314 (reigned as Ludwig III, 1314-47). Emperor Karl IV of Bohemia (1347-78) allowed the town to begin issuing coins in 1349. Eger also struck a number of coins in the early 16th century and again just before and during the Thirty Years' War. The town was the site of the murder of the imperial general Wallenstein on 25 February 1634 (see Friedland). A few siege coins were struck in Eger in 1743 during the War of the Austrian Succession.

ARMS
2-fold divided horizontally, upper field has upper half of an eagle with spread wings, the lower field is filled with a cross-hatch pattern.

REFERENCES
S = Hugo Frhr. Von Saurma-Jeltsch, *Die Saurmasche Münzsammlung deutscher, schweizerischer und polnischer Gepräge von etwa dem Beginn der Groschenzeit bis zur Kipperperiode*, Berlin, 1892.

Sch = Wolfgang Schulten, *Deutsche Münzen aus der Zeit Karls V.*, Frankfurt am Main, 1974.

Sn = Gerhard Schön, *Deutscher Münzkatalog 18. Jahrhundert,* Munich, 1984.

Sn (AE) = Günter Schön, *Katalog der Kupfermünzen des Römisch-Deutschen Reiches im 16., 17. und 18. Jahrhundert,* Graz, 1978.

FREE CITY

OBSIDIONAL (SIEGE) COINAGE

KM# 5 KREUZER
Tin **Obv:** City arms in spanish shield, value '1 K' below **Rev:** 3 stars above 'EGER', date below **Note:** Ref. Sn#1.

Date	Mintage	VG	F	VF	XF	Unc
1743	—	115	165	250	450	—

KM# 6 3 KREUZER
Tin **Obv:** City arms in spanish shield, value 'III K' below **Rev:** 3 stars above 'EGER', date below **Note:** Ref. Sn#2.

Date	Mintage	VG	F	VF	XF	Unc
1743	—	130	190	265	525	—

PATTERNS

Including off metal strikes

KM#	Date	Mintage	Identification	Mkt Val
Pn1	1743	—	Kreuzer. Lead. KM#5.	—
Pn2	1743	—	3 Kreuzer. Lead. KM#6.	—

LEITMERITZ

The present-day Litomerice in the Czech Republic, the town of Leitmeritz, about halfway between Dresden and Prague, became the seat of a bishopric after the end of the Thirty Years' War. The region was repopulated by German colonists and most of the bishops were of the German minor nobility or a mixture of Czech-German noble families.

RULERS
Jaroslav Franz von Sternberg, 1675-1709
Hugo Franz von Königsegg-Rothenfels, 1710-1720
Johann Adam von Wratislav-Mitrowitz, 1720-1733
Moritz Karl von Sachsen-Zeitz, 1733-1759
Emanuel Ernst von Waldstein, 1759-1790
Ferdinand Kindermann, Ritter von Schulstein, 1790-1801

REFERENCE
S = Gerhard Schön, *Deutscher Münzkatalog 18. Jahrhundert.* Munich, 1984.

BISHOPRIC

STANDARD COINAGE

KM# 10 1/24 THALER (GROSCHEN)
Silver **Ruler:** Hugo Franz **Subject:** Enthronement of Hugo Franz **Obv:** Crowned oval arms, cardinal's hat above **Obv. Legend:** HUGO FRAN. EPIS. LITOME. COME. KONIGS. **Rev:** 7-line inscription with R.N. date, arabesques above and below **Rev. Inscription:** FUNDAMENTO / ET / FORTITUDINE / ANNO / MDCCXVI / DIE / IIII OCTOB. **Note:** Ref. S#1.

Date	Mintage	VG	F	VF	XF	Unc
MDCCXVI (1716)	—	25.00	45.00	80.00	125	—

KM# 20 1/4 THALER
Silver **Ruler:** Hugo Franz **Subject:** Enthronement of Hugo Franz **Obv:** Crowned oval arms, cardinal's hat above **Obv. Legend:** HUGO FRAN. EPIS. LITOME. COME. KONIGS. **Rev:** 7-line inscription with R.N. date, arabesques above and below **Rev. Inscription:** FUNDAMENTO / ET / FORTITUDINE / ANNO / MDCCXVI / DIE / IIII OCTOB. **Note:** Ref. S#2.

Date	Mintage	VG	F	VF	XF	Unc
MDCCVI (1716)	—	175	425	600	950	—

TRADE COINAGE

KM# 30 DUCAT
Gold **Ruler:** Hugo Franz **Subject:** Enthronement of Hugo Franz **Obv:** Crowned oval arms, cardinal's hat above **Obv. Legend:** HUGO FRAN. EPIS. LITOME. COME. KONIGS. **Rev:** 7-line inscription with R.N. date, arabesques above and below **Rev. Inscription:** FUNDAMENTO / ET / FORTITUDINE / ANNO / MDCCXVI / DIE / IIII OCTOB.

Date	Mintage	VG	F	VF	XF	Unc
MDCCXVI (1716)	—	700	1,000	1,500	2,250	—

KM# 40 3 DUCAT
Gold **Ruler:** Hugo Franz **Subject:** Enthronement of Hugo Franz **Obv:** Crowned oval arms, cardinal's hat above **Obv. Legend:** HUGO FRAN. EPIS. LITOME. COME. KONIGS. **Rev:** 7-line inscription with R.N. date, arabesques above and below **Rev. Inscription:** FUNDAMENTO / ET / FORTITUDINE / ANNO / MDCCXVI / DIE / IIII OCTOB.

Date	Mintage	VG	F	VF	XF	Unc
MDCCXVI (1716) Rare	—	—	—	—	—	—

LOBKOWITZ-STERNSTEIN

The Bohemian lords of Lobkowitz had long distinguished themselves in the service of the Holy Roman Empire. For his role on the side of the emperor in the opening phase of the Thirty Years' War, Dzenko Adalbert was given the countship of Sternstein in Upper Bavaria in 1623 and raised to the rank of Prince of the Empire. The lands in Bavaria were mediatized in 1805.

RULERS
Zdenko Adalbert, 1623-1628
Wenseslaus Franz Eusebius, 1628-1677
Ferdinand August Leopold, 1677-1715

MINT MARKS
VI = Vienna Mint

PRINCIPALITY

STANDARD COINAGE

KM# 10 20 KREUZER
Silver **Ruler:** Franz Joseph Maximilian **Obv:** Bust right **Rev:** 2 Shields within crowned mantle **Note:** Convention 20 Kreuzer.

Date	Mintage	VG	F	VF	XF	Unc
1794	—	30.00	70.00	150	300	500

KM# 11 THALER
Silver **Ruler:** Franz Joseph Maximilian **Obv:** Draped bust right **Rev:** 2 Shields within crowned mantle **Note:** Convention Thaler. Dav. #1190.

Date	Mintage	VG	F	VF	XF	Unc
1794 VI	300	350	650	1,250	2,500	—

TRADE COINAGE

KM# 12 DUCAT
3.5000 g., 0.9860 Gold 0.1109 oz. AGW **Ruler:** Ferdinand August Leopold **Obv:** Bust right **Rev:** 2 Shields within crowned mantle

Date	Mintage	VG	F	VF	XF	Unc
1794	—	1,450	2,600	4,300	7,200	—

SCHLICK

Heinrich Schlick was the Bürgermeister (mayor) of Lazan in western Bohemia, but owned land in Passaun (Bassano in Italy, north of Vicenza, and Padua) and Weisskirchen (at that time, Ujvár in Hungary, now in Romania) 45 miles (75 kilometers) east of Belgrade. Heinrich was given a patent for bearing a coat of arms by Emperor Sigismund (1410-37) in 1416. His son, Caspar (1436-49), was given the title of Count of Bassano in 1437. Thereafter, Schlick was always included as the family name, but the title was Count of Passaun and Weisskirchen. The count obtained the mint right in 1489 and began coining silver from the mines of Joachimsthal and Michaelsburg about 1517. The large Guldengroschen struck from the mined silver came to be called a Joachimsthaler, later shorted to "Thaler", the origin of the "dollar" in English. The mint right was confiscated by the Bohemian crown in 1528 and Joachimsthal was also made a royal mint in 1545. The mint right was restored to the family in 1626. The last coins of Schlick were struck in the 1760's and by the dissolution of the Holy Roman Empire by Napoleon in 1806 the mint right was forfeited. The line of counts continued well into the 19th century, however.

RULERS
Franz Josef, 1675-1740
Leopold Josef, 1675-1723
Franz Heinrich I, 1740-1766
Leopold Heinrich, 1766-1770
Josef Heinrich, 1770-1806

MINT OFFICIALS' INITIALS

Initials	Date	Name
FS	1713-1746	Ferdinand Scharff, mintmaster in Prague

ARMS
Schlick – 3 annulets divided by inverted 'V', 2 annulets to left and right of point, third lower inside the inverted figure.
Passaun (Bassano) – 2 rampant panthers facing each other and holding crenelated tower between them. This is usually the central shield of the family's manifold arms.
Weisskirchen – lion rampant left holding church model in left front paw.

REFERENCE
S = Hugo Frhr. Von Saurma-Jeltsch, *Die Saurmasche Münzsammlung deutscher, schweizerischer und polnischer Gepräge von etwa dem Beginn der Groschenzeit bis zur Kipperperiode,* Berlin, 1892.
Sch = Wolfgang Schulten, *Deutsche Münzen aus der Zeit Karls V.* Frankfurt am Main, 1974.

COUNTY

STANDARD COINAGE

KM# 28 THALER
Silver **Ruler:** Franz Josef **Obv:** Madonna and child with St. Anne in cloud above crowned arms dividing date, with legends around **Obv. Legend:** Titles of Franz Josef **Rev:** Crowned double-headed imperial eagle with shield on breast **Rev. Legend:** Titles of Charles **Note:** Dav. #1195.

Date	Mintage	VG	F	VF	XF	Unc
1716	2,112	200	350	750	1,500	2,750

KM# 30 THALER
Silver **Ruler:** Franz Heinrich **Obv:** Crowned imperial double eagle with arms on breast **Obv. Legend:** Titles of Maria Theresia **Rev:** Crowned arms **Rev. Legend:** Titles of Franz Heinrich **Note:** Ctoss-reference number Dav. #1196.

Date	Mintage	VG	F	VF	XF	Unc
1759	—	135	275	500	950	—

BOHEMIA

SCHLICK

KM# 35 THALER
Silver **Ruler:** Leopold Heinrich **Obv:** Crowned imperial double eagle with shield on breast **Obv. Legend:** Titles of Maria Theresia **Rev:** Crowned arms with Madonna and child above **Rev. Legend:** Titles of Leopold Heinrich **Note:** Dav. #1197

Date	Mintage	VG	F	VF	XF	Unc
1767	—	225	475	1,000	2,000	3,250

TRADE COINAGE

KM# 27 DUCAT
3.5000 g., 0.9860 Gold 0.1109 oz. AGW **Ruler:** Franz Josef **Obv:** St. Anne standing **Rev:** Crowned imperial eagle, titles of Charles

Date	Mintage	VG	F	VF	XF	Unc
1716	—	1,500	3,000	5,500	9,000	—

KM# 31 DUCAT
3.5000 g., 0.9860 Gold 0.1109 oz. AGW **Ruler:** Franz Heinrich **Obv:** St. Anne and crown above arms separating date **Rev:** Crowned imperial eagle with arms on breast, titles of Maria Theresia

Date	Mintage	VG	F	VF	XF	Unc
1759	—	1,500	3,000	5,500	9,000	—

KM# 36 DUCAT
3.5000 g., 0.9860 Gold 0.1109 oz. AGW **Ruler:** Leopold Heinrich **Obv:** Crowned imperial eagle with arms on breast, titles of Maria Theresia **Rev:** St. Anne and crown above arms separating date **Rev. Legend:** Titles of Leopold Heinrich

Date	Mintage	VG	F	VF	XF	Unc
1767	—	1,400	2,800	5,000	8,500	—

BOLIVIA

The Republic of Bolivia, a landlocked country in west central South America, has an area of 424,165 sq. mi. (1,098,580 sq. km.) and a population of 8.33 million. Its capitals are: La Paz (administrative) and Sucre (constitutional). Principal exports are tin, zinc, antimony, tungsten, petroleum, natural gas, cotton and coffee.

Much of present day Bolivia was first dominated by the Tiahuanaco Culture ca.400 BC. It had in turn been incorporated into the Inca Empire by 1440AD prior to the arrival of the Spanish, in 1535, who reduced the Indian population to virtual slavery. When Joseph Napoleon was placed upon the throne of occupied Spain in 1809, a fervor of revolutionary activity quickened throughout Alto Peru - culminating in the 1809 Proclamation of Liberty. Sixteen bloody years of struggle ensued before the republic, named for the famed liberator Simon Bolivar, was established on August 6, 1825. Since then Bolivia has survived more than 16 constitutions, 78 Presidents, 3 military juntas and over 160 revolutions.

The Imperial City of Potosi, founded by Villarroel in 1546, was established in the midst of what is estimated to have been the world's richest silver mines (having produced in excess of 2 billion dollars worth of silver).

The first mint, early in 1574, used equipment brought over from Lima. Before that it had been used at La Plata where the operation failed. The oldest type was a cob with the Hapsburg arms on the obverse and cross with quartered castles and lions on the reverse. To the heraldic right of the shield (at the left as one

faces it) is a "p" and, under it, the assayer's initial, although in some early examples the "P" and assayer can appear to the right of the shield. While production at the "Casa de Moneda" was enormous, the quality of the coinage was at times so poor that some 50 were condemned to death by their superiors.

Therefore, by royal decree of February 17, 1651, the design was changed to the quartered castles and lions for the obverse and two crowned pillars of Hercules floating above the waves of the sea for the reverse. A new transitional series was introduced in 1651-1652 followed by a new standard design in 1652 and as the last cob type continued on for several years along with the milled pillars and bust pieces from 1767 through 1773. In the final years under Charles III the planchet is compact and dumpy, very irregular and of poor style, contrasting sharply with their counterpart denominations of the pillar and bust types.

Rarely, and at very high prices, we may be offered almost perfectly round cobs, with the dies well-centered, showing the legend and date completely. These have gained importance in the last decades and are known as "royal" or "presentation" pieces. Every year a few of these specimens were coined, using dies in excellent condition and a specially prepared round planchet, to prove the quality of the minting to the Viceroy or even to the King. Another very unusual and rare variety is specially struck specimens on heart-shaped flans. While many heart-shaped examples are encountered in today's market, a careful examination will reveal that most are underweight and were created after striking for jewelry and souvenir purposes. Most surviving specimens are holed, plugged or countermarked as found in Guatemala listings. The rest of the production was of primitive quality due to the shortage of equipment, skilled laborers and the volume to be struck.

Most pre-decimal coinage of independent Bolivia carries the assayers' initials on the reverse near the rim to the left of the date, in 4 to 5 o'clock position. The mint mark or name appears in the 7 to 8 o'clock area.

RULER
Spanish until 1825

MINT MARKS
PTA monogram - La Plata (Sucre)
P or PTS monogram - Potosi

ASSAYERS' INITIALS

Initial	Date	Name
C	1742-44	Jose Carnizer
C	1753-54	Jose Maria Caballero
E	1733-37; 1750-51	Esteban Gutierrez de Escalante
J	1767-73	Jose de Bargas Flores
M	1721-22; 1727-32	Jose de Matienzo
M	1737-40	Pedro Geronimo Manrique de Guzman
P	1740-42	Diego del Pui
P	1776-1802	Pedro de Mazondo
P	1795-1824	Pedro Martin de Albizu
Q	1744-60	Luis De Quintanilla
Q	1746-60	?
R	1767-95	Raimundo de Iturriaga
V	1760-73	Jose de Vargas y Flores
Y	1701-28	Diego de Ybarbouro
Y	1760-73	Raimundo de Yturriago
YA	1732-33	?

MONETARY SYSTEM
16 Reales = 1 Escudo

COLONIAL

COLONIAL COB COINAGE

KM# 22 1/2 REAL
1.6921 g., 0.9310 Silver 0.0506 oz. ASW **Ruler:** Philip IV **Obv:** Cross of Jerusalem, lions and castles in quarters, partial date below **Rev:** CAROLV S monogram, date below

Date	Mintage	Good	VG	F	VF	XF
1701	—	18.00	30.00	55.00	115	—

KM# 23 REAL
3.3841 g., 0.9310 Silver 0.1013 oz. ASW **Ruler:** Charles II **Obv:** Cross of Jerusalem **Obv. Legend:** CAROLVS II

Date	Mintage	Good	VG	F	VF	XF
1701P F	—	30.00	50.00	90.00	150	250
1701P Y	—	30.00	50.00	90.00	150	250

KM# 24 2 REALES
6.7682 g., 0.9310 Silver 0.2026 oz. ASW **Ruler:** Charles II **Obv:** Cross of Jerusalem, castles and lions in quarters **Obv. Legend:** CAROLVS II **Rev:** Crowned pillars of Hercules and waves, value at top center

Date	Mintage	Good	VG	F	VF	XF
1701/0P F Rare	—	—	—	—	—	—
1701P F	—	55.00	100	150	225	—
1701P Y/F Rare	—	—	—	—	—	—
1701P Y	—	55.00	100	150	225	—

KM# 25 4 REALES
13.5365 g., 0.9310 Silver 0.4052 oz. ASW **Ruler:** Charles II **Obv:** Cross of Jerusalem, castles and lions at quarters **Rev:** Crowned pillars of Hercules and waves, value at top center

Date	Mintage	Good	VG	F	VF	XF
1701P F	—	175	250	400	575	—
1701P Y	—	175	250	400	575	—

KM# 30a 4 REALES
13.5337 g., 0.9170 Silver 0.3990 oz. ASW **Ruler:** Philip V

Date	Mintage	Good	VG	F	VF	XF
ND(1729-47)P Date off flan	—	60.00	85.00	140	200	—
1729P M	—	125	200	325	475	—
1730P M Rare	—	—	—	—	—	—
1731P M	—	100	175	275	375	—
1732P M	—	175	250	400	575	—
1733/2P YA Rare	—	—	—	—	—	—
1733P E	—	125	200	325	475	—
1733P E Backwards E, Rare	—	—	—	—	—	—
1733P YA	—	200	300	475	650	—
1734P E Rare	—	—	—	—	—	—
1735P E	—	175	250	400	575	—
1736P E	—	100	175	275	375	—
1737P E	—	125	200	325	475	—
1737P M	—	125	200	325	475	—
1738P M	—	100	175	275	375	—
1739P M	—	100	175	275	375	—
1740P M	—	175	250	400	575	—
1740P P	—	175	250	400	575	—
1741P P	—	100	175	275	375	—
1742P P	—	175	250	400	575	—
1742P C/P Rare	—	—	—	—	—	—
1742P C	—	125	200	325	475	—
1743P C	—	125	200	325	475	—
1744P C	—	125	200	325	475	—
1744P q	—	125	200	325	475	—
1745P q	—	125	200	325	475	—
1746P q	—	175	250	400	575	—
1747P q	—	175	250	400	575	—

BOLIVIA 117

KM# 26 8 REALES

27.0703 g., 0.9310 Silver 0.8102 oz. ASW **Ruler:** Charles II **Obv:** Cross of Jerusalem, castles and lions in quarters **Obv. Legend:** CAROLVS II D.G. HISPANIA **Rev:** Crowned pillars of Hercules and waves, value at top center

Date	Mintage	Good	VG	F	VF	XF
1701P F	—	100	200	325	475	—
1701P Y/F	—	100	200	325	475	—
1701P Y	—	100	200	325	475	—

COB COINAGE

KM# 27 1/2 REAL

1.6917 g., 0.9310 Silver 0.0506 oz. ASW **Ruler:** Philip V

Date	Mintage	Good	VG	F	VF	XF
ND(1701-28)P Date off flan	—	7.00	10.00	15.00	25.00	—
1702P	—	15.00	25.00	50.00	80.00	—
1703P	—	15.00	25.00	50.00	80.00	—
1704P	—	15.00	25.00	50.00	80.00	—
1705P	—	18.50	30.00	55.00	90.00	—
1706P	—	15.00	25.00	50.00	80.00	—
1707P	—	18.50	30.00	55.00	90.00	—
1708P	—	18.50	30.00	55.00	90.00	—
1709P	—	18.50	30.00	55.00	90.00	—
1710P	—	15.00	25.00	50.00	80.00	—
1711P Unknown	—	—	—	—	—	—
1712P	—	18.50	30.00	55.00	90.00	—
1713P	—	15.00	25.00	50.00	80.00	—
1714/3P Rare	—	—	—	—	—	—
1714P	—	15.00	25.00	50.00	80.00	—
1715P	—	15.00	25.00	50.00	80.00	—
1716P	—	15.00	25.00	50.00	80.00	—
1717P	—	15.00	25.00	50.00	80.00	—
1718P	—	18.50	30.00	55.00	90.00	—
1719P	—	10.00	25.00	50.00	80.00	—
1720P	—	10.00	25.00	50.00	80.00	—
1721P	—	18.50	30.00	55.00	90.00	—
1722P	—	15.00	25.00	50.00	80.00	—
1723P	—	25.00	35.00	60.00	110	—
1724P	—	15.00	25.00	50.00	80.00	—
1727P Rare	—	—	—	—	—	—
1728P	—	15.00	25.00	50.00	80.00	—

KM# 32 1/2 REAL

1.6921 g., 0.9170 Silver 0.0499 oz. ASW **Ruler:** Luis I **Obv:** Louis I monogram, date below

Date	Mintage	Good	VG	F	VF	XF
ND(1725-27)P Date off flan	—	25.00	40.00	60.00	90.00	—
1725P	—	40.00	70.00	100	150	—
1726P	—	40.00	70.00	100	150	—
1727P	—	40.00	70.00	100	150	—

KM# 27a 1/2 REAL

1.6921 g., 0.9170 Silver 0.0499 oz. ASW **Ruler:** Philip V

Date	Mintage	Good	VG	F	VF	XF
ND(1729-47)P Date off flan	—	7.00	10.00	15.00	25.00	—
1729P	—	15.00	25.00	50.00	80.00	—
1730P	—	15.00	25.00	50.00	80.00	—
1731P	—	15.00	25.00	50.00	80.00	—
1732P	—	15.00	25.00	50.00	80.00	—
1733P	—	15.00	25.00	50.00	80.00	—
1734P	—	15.00	25.00	50.00	80.00	—
1735P	—	15.00	25.00	50.00	80.00	—
1736P	—	15.00	25.00	50.00	80.00	—
1737/5P Rare	—	—	—	—	—	—
1737P	—	15.00	25.00	50.00	80.00	—
1738P	—	15.00	25.00	50.00	80.00	—
1739P	—	15.00	25.00	50.00	80.00	—
1740P	—	15.00	25.00	50.00	80.00	—
1741/0P Rare	—	—	—	—	—	—
1741P	—	15.00	25.00	50.00	80.00	—
1742P	—	15.00	25.00	50.00	90.00	—
1743P	—	17.50	30.00	55.00	80.00	—
1744P	—	17.50	25.00	50.00	80.00	—
1745P	—	17.50	25.00	50.00	80.00	—
1746P	—	17.50	25.00	50.00	80.00	—
1747P	—	20.00	35.00	60.00	90.00	—

KM# 36 1/2 REAL

1.6921 g., 0.9170 Silver 0.0499 oz. ASW **Ruler:** Ferdinand VI **Obv:** Cross of Jerusalem, lions and castles in quarters **Rev:** FERDINANDVS monogram, date below

Date	Mintage	Good	VG	F	VF	XF
ND(1747-60)P Date off flan	—	12.00	16.50	20.00	35.00	—
1747P	—	22.50	35.00	60.00	90.00	—
1748P	—	20.00	30.00	55.00	85.00	—
1749P	—	20.00	30.00	55.00	85.00	—
1750P	—	20.00	30.00	55.00	85.00	—
1751P	—	20.00	30.00	55.00	85.00	—
1752P	—	22.50	35.00	60.00	90.00	—
1753P	—	22.50	35.00	60.00	90.00	—
1754/3P Rare	—	—	—	—	—	—
1754P	—	20.00	30.00	55.00	85.00	—
1755P	—	20.00	30.00	55.00	85.00	—
1756P	—	20.00	30.00	55.00	85.00	—
1757P	—	20.00	30.00	55.00	85.00	—
1758P	—	20.00	30.00	55.00	85.00	—
1759P	—	20.00	30.00	55.00	85.00	—
1760P	—	25.00	40.00	75.00	110	—

KM# 41 1/2 REAL

1.6921 g., 0.9170 Silver 0.0499 oz. ASW **Ruler:** Charles III **Obv:** Cross of Jerusalem, lions and castles in quarters **Rev:** CAROLUS III monogram, date below

Date	Mintage	Good	VG	F	VF	XF
ND(1760-73)P Date off flan	—	8.00	15.00	25.00	35.00	—
1760P	—	25.00	50.00	70.00	110	—
1761P	—	25.00	50.00	70.00	110	—
1762P	—	25.00	50.00	70.00	110	—
1763P	—	25.00	50.00	70.00	110	—
1764P	—	25.00	50.00	70.00	110	—
1765P	—	25.00	50.00	70.00	110	—
1766P	—	25.00	50.00	70.00	110	—
1767P	—	25.00	50.00	70.00	110	—
1768P	—	30.00	55.00	75.00	125	—
1769P	—	25.00	50.00	70.00	110	—
1770/69P Rare	—	—	—	—	—	—
1770P	—	25.00	50.00	70.00	110	—
1771P	—	25.00	50.00	70.00	110	—
1772P	—	25.00	55.00	75.00	125	—
1773P	—	40.00	60.00	90.00	150	—

KM# 28 REAL

3.3834 g., 0.9310 Silver 0.1013 oz. ASW **Ruler:** Philip V **Obv:** Cross of Jerusalem, castles and lions in quarters **Obv. Legend:** PHILIPVS V **Rev:** Crowned pillars of Hercules and waves, value at top center

Date	Mintage	Good	VG	F	VF	XF
ND(1702-28)P Date off flan	—	7.50	15.00	30.00	60.00	—
1702P Y	—	15.00	30.00	75.00	120	—
1703P Y	—	15.00	30.00	75.00	120	—
1704P Y	—	15.00	30.00	75.00	120	—
1705P Y	—	15.00	30.00	75.00	120	—
1706P Y	—	15.00	30.00	75.00	120	—
1707P Y	—	15.00	30.00	75.00	120	—
1708P Y	—	15.00	30.00	75.00	120	—
1709P Y	—	15.00	30.00	75.00	120	—
1710P Y	—	15.00	30.00	80.00	125	—
1711P Y	—	15.00	30.00	80.00	125	—
1712P Y	—	15.00	30.00	80.00	125	—
1713P Y	—	15.00	30.00	80.00	125	—
1714//13P Y Rare	—	—	—	—	—	—
1714P Y	—	17.50	25.00	75.00	120	—
1715/4P Y Rare	—	—	—	—	—	—
1715P Y	—	15.00	30.00	75.00	120	—
1716P Y	—	15.00	30.00	75.00	120	—
1717P Y	—	15.00	30.00	75.00	120	—
1718P Y	—	15.00	30.00	75.00	120	—
1719P Y	—	15.00	30.00	75.00	120	—
1720P Y	—	15.00	30.00	75.00	120	—
1721P Y	—	15.00	30.00	75.00	120	—
1722P Y	—	15.00	30.00	75.00	120	—
1723P Y	—	15.00	30.00	75.00	120	—
1724P Y	—	15.00	30.00	75.00	120	—
1728P M	—	15.00	30.00	75.00	120	—

KM# 33 REAL

3.3841 g., 0.9170 Silver 0.0998 oz. ASW **Ruler:** Luis I **Obv:** Cross of Jerusalem, lions and castles in quarters **Obv. Legend:** LVIS PR

Date	Mintage	Good	VG	F	VF	XF
1725P Y	—	50.00	90.00	150	275	—
1726P Y	—	50.00	90.00	150	275	—
1727P Y	—	50.00	90.00	150	275	—

KM# 28a REAL

3.3834 g., 0.9170 Silver 0.0997 oz. ASW **Ruler:** Philip V **Obv:** Cross of Jerusalem, castles and lions in quarters **Obv. Legend:** PHILIPVS V **Rev:** Crowned pillars of Hercules and waves, value at top center

Date	Mintage	Good	VG	F	VF	XF
ND(1729-47)P Date off flan	—	7.50	15.00	30.00	60.00	—
1729P M	—	15.00	30.00	75.00	120	—
1730P M	—	15.00	30.00	75.00	120	—
1731P M	—	15.00	30.00	75.00	120	—
1732P M	—	15.00	30.00	75.00	120	—
1732P YA	—	40.00	75.00	135	250	—
1733P E	—	15.00	30.00	80.00	125	—
1733P YA	—	40.00	75.00	135	250	—
1734P E	—	15.00	30.00	75.00	120	—
1735P E	—	15.00	30.00	75.00	120	—
1736P E	—	15.00	30.00	75.00	120	—
1737P E	—	15.00	30.00	75.00	120	—
1737P M	—	15.00	30.00	75.00	120	—
1738P M	—	15.00	30.00	75.00	120	—
1739P M	—	15.00	30.00	75.00	120	—
1740P M	—	15.00	30.00	75.00	120	—
1740P P	—	15.00	30.00	75.00	120	—
1741//40P P Rare	—	—	—	—	—	—
1741P P	—	15.00	30.00	75.00	120	—
1742P C	—	15.00	30.00	75.00	120	—
1742P C/P Rare	—	—	—	—	—	—
1742 C/P Rare	—	—	—	—	—	—
1743P C	—	15.00	30.00	75.00	120	—
1744P C	—	15.00	30.00	75.00	120	—
1744P q/C Rare	—	—	—	—	—	—
1744P q	—	15.00	30.00	75.00	120	—
1745P q	—	15.00	30.00	75.00	120	—
1746P q	—	15.00	30.00	75.00	120	—
1747P q	—	15.00	30.00	80.00	125	—

KM# 37 REAL

3.3841 g., 0.9170 Silver 0.0998 oz. ASW **Ruler:** Philip III **Obv:** Cross of Jerusalem, lions and castles in quarters **Obv. Legend:** FERNANDVS VI **Rev:** Pillars, PLVS VLTRA, date

Date	Mintage	Good	VG	F	VF	XF
ND(1748-60)P Date off flan	—	7.50	15.00	30.00	60.00	—
1748P q	—	15.00	30.00	80.00	125	—
1749/8P q Rare	—	—	—	—	—	—
1749P q	—	15.00	30.00	80.00	125	—
1750/49P q Rare	—	—	—	—	—	—
1750P q	—	15.00	30.00	80.00	125	—
1750P E	—	15.00	30.00	80.00	125	—
1751//50P q Rare	—	—	—	—	—	—
1751P q	—	15.00	30.00	80.00	125	—
1751P E	—	15.00	30.00	80.00	125	—
1751P q/E Rare	—	—	—	—	—	—
1752P q	—	15.00	30.00	80.00	125	—
1753P C/q Rare	—	—	—	—	—	—
1753P C	—	15.00	30.00	80.00	125	—
1753P q	—	15.00	30.00	80.00	125	—
1754P C/q Rare	—	—	—	—	—	—
1754P C	—	15.00	30.00	80.00	125	—
1754P q	—	15.00	30.00	80.00	125	—
1755P q	—	12.50	25.00	75.00	120	—
1756P q	—	12.50	25.00	75.00	120	—
1757P q	—	12.50	25.00	75.00	120	—
1758P q	—	12.50	25.00	75.00	120	—
1759P q	—	12.50	25.00	120	120	—
1760/59P q Rare	—	—	—	—	—	—
1760P q	—	15.00	30.00	80.00	125	—

KM# 42 REAL

3.3841 g., 0.9170 Silver 0.0998 oz. ASW **Ruler:** Charles III **Obv:** Cross of Jerusalem, lions and castles in quarters **Obv. Legend:** CAROLVS TERTIVS **Rev:** Pillars, PLVS VLTRA, date

Date	Mintage	Good	VG	F	VF	XF
ND(1760-73)P Date off flan	—	7.50	15.00	30.00	60.00	—
1760P V/Y	—	15.00	30.00	80.00	125	—
1761P V/Y	—	12.50	25.00	75.00	120	—
1762P V/Y	—	12.50	25.00	75.00	120	—
1763P V/Y	—	12.50	25.00	75.00	120	—
1764P V/Y	—	12.50	25.00	75.00	120	—
1765P V/Y	—	12.50	25.00	75.00	120	—
1766P V/Y	—	12.50	25.00	75.00	120	—
1767P V/Y	—	12.50	25.00	75.00	120	—
1768P V/Y	—	12.50	25.00	75.00	120	—
1769P V/Y	—	12.50	25.00	75.00	120	—
1770P V/Y	—	12.50	25.00	75.00	120	—
1771P V/Y	—	12.50	25.00	75.00	120	—

BOLIVIA

Date	Mintage	Good	VG	F	VF	XF
177TP V/Y Error; Rare	—	—	—	—	—	—
1771/0P V/Y	—	30.00	60.00	100	175	—
1772/1P V/Y Rare	—	—	—	—	—	—
1772P V/Y	—	12.50	25.00	75.00	120	—
1773P V/Y	—	12.50	25.00	75.00	120	—

Date	Mintage	Good	VG	F	VF	XF
1742P C/P Rare	—	—	—	—	—	—
1742P C	—	45.00	85.00	130	210	—
1742P P	—	70.00	100	160	240	—
1743P C	—	45.00	85.00	130	210	—
1744P q	—	45.00	85.00	130	210	—
1744 q/C Rare	—	—	—	—	—	—
1744P C	—	45.00	85.00	130	210	—
1745P q	—	45.00	85.00	130	210	—
1746P q	—	45.00	85.00	130	210	—
1747P q	—	50.00	90.00	135	220	—

KM# 29 2 REALES

6.7668 g., 0.9310 Silver 0.2025 oz. ASW **Ruler:** Philip V **Obv:** Cross of Jerusalem, castles and lions in quarters **Obv. Legend:** PHILIPVS V D.G. **Rev:** Crowned pillars of Hercules and waves, value at top center

Date	Mintage	Good	VG	F	VF	XF
ND(1702-28)P	—	20.00	30.00	50.00	75.00	—
Date off flan						
1702//01P Y Rare	—	—	—	—	—	—
1702P Y	—	50.00	90.00	135	220	—
1703P Y	—	50.00	90.00	135	220	—
1704P Y	—	45.00	85.00	130	210	—
1705P Y	—	45.00	85.00	130	210	—
1706P Y	—	45.00	85.00	130	210	—
1706P Y	—	45.00	85.00	130	210	—
1707//06P Y Rare	—	—	—	—	—	—
1707P Y	—	45.00	85.00	130	210	—
1708P Y	—	45.00	85.00	130	210	—
1709P Y	—	50.00	90.00	135	220	—
1710P Y	—	50.00	90.00	135	220	—
1711P Y	—	55.00	95.00	135	220	—
1712P Y	—	45.00	85.00	130	210	—
1713P Y	—	45.00	85.00	130	210	—
1714P Y	—	45.00	85.00	130	210	—
1715P Y	—	45.00	85.00	130	210	—
1716P Y	—	45.00	85.00	130	210	—
1717P Y	—	45.00	85.00	130	210	—
1718P Y	—	45.00	85.00	130	210	—
1719P Y	—	50.00	90.00	130	210	—
1720/19P Y Rare	—	—	—	—	—	—
1720P Y	—	50.00	90.00	130	210	—
1721P Y	—	50.00	90.00	130	210	—
1722P Y	—	50.00	90.00	130	210	—
1723P Y	—	45.00	85.00	130	210	—
1724P Y	—	45.00	85.00	130	210	—
1726 Y	—	—	85.00	130	210	—
1728P M	—	45.00	85.00	130	210	—

KM# 34 2 REALES

6.7668 g., 0.9170 Silver 0.1995 oz. ASW **Ruler:** Luis I **Obv. Legend:** LVIS PR

Date	Mintage	Good	VG	F	VF	XF
ND(1725-27)P Y	—	50.00	70.00	100	135	—
1725P Y	—	150	250	375	500	—
1726P Y	—	100	200	300	400	—
1727P Y	—	100	200	300	400	—

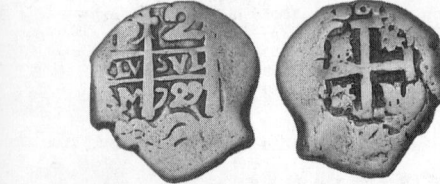

KM# 29a 2 REALES

6.7668 g., 0.9170 Silver 0.1995 oz. ASW **Ruler:** Philip V **Obv:** Cross of Jerusalem, castles and lions in quarters **Rev:** Crowned pillars of Hercules and waves, value at top center

Date	Mintage	Good	VG	F	VF	XF
ND(1729-1747)P	—	20.00	30.00	50.00	75.00	—
Date off flan						
1729P M	—	45.00	85.00	130	210	—
1730P M	—	45.00	85.00	130	210	—
1731//0P M Rare	—	—	—	—	—	—
1731P M	—	45.00	85.00	130	210	—
1732P M	—	45.00	85.00	130	210	—
1732P YA	—	60.00	100	180	375	—
1733P E	—	45.00	85.00	130	210	—
1733P YA	—	60.00	100	180	375	—
1734P E	—	45.00	85.00	130	210	—
1735P E	—	45.00	85.00	130	210	—
1736P E	—	45.00	85.00	130	210	—
1737/6P E Rare	—	—	—	—	—	—
1737//6P E Rare	—	—	—	—	—	—
1737P E	—	45.00	85.00	130	210	—
1737P M	—	45.00	85.00	130	210	—
1738P M	—	45.00	85.00	130	210	—
1739//8P M Rare	—	—	—	—	—	—
1739P M	—	45.00	85.00	130	210	—
1740P M	—	50.00	90.00	135	220	—
1740P P	—	45.00	85.00	130	210	—
1741P P	—	45.00	85.00	130	210	—

KM# 38 2 REALES

6.7668 g., 0.9170 Silver 0.1995 oz. ASW **Ruler:** Ferdinand VI **Obv:** Cross of Jerusalem, castles and lions at quarters **Obv. Legend:** FERNANDVS VI **Rev:** Crowned pillars of Hercules and waves, value at top center

Date	Mintage	Good	VG	F	VF	XF
ND(1747-60)P	—	20.00	30.00	50.00	75.00	—
Date off flan						
1747P q	—	60.00	100	150	225	—
1748P q	—	50.00	90.00	135	220	—
1749/8P q Rare	—	—	—	—	—	—
1749P q	—	50.00	90.00	135	220	—
1750P q	—	50.00	90.00	135	220	—
1750P E/q	—	50.00	90.00	135	220	—
1750P E/q Rare	—	—	—	—	—	—
1750P E	—	50.00	90.00	135	220	—
1751P q/E	—	60.00	100	175	225	—
1751P E	—	50.00	90.00	135	220	—
1751P q	—	50.00	90.00	135	220	—
1752P q	—	50.00	90.00	135	220	—
1753P C/q Rare	—	—	—	—	—	—
1753P C	—	50.00	90.00	135	220	—
1753P q	—	50.00	90.00	135	220	—
1754P C	—	50.00	90.00	135	220	—
1754P C/q Rare	—	—	—	—	—	—
1754P q	—	50.00	90.00	135	220	—
1754P q/C Rare	—	—	—	—	—	—
1754P q	—	50.00	90.00	135	220	—
1755P q	—	45.00	85.00	130	210	—
1756P q	—	45.00	85.00	130	210	—
1757/6P q Rare, unconfirmed	—	—	—	—	—	—
1757P q	—	45.00	85.00	130	210	—
1758P q	—	45.00	85.00	130	210	—
1759P q	—	45.00	85.00	130	210	—
1760P q	—	50.00	90.00	135	220	—
1760/59P q Rare	—	—	—	—	—	—
1760P q/Y	—	—	—	—	—	—
Reported, not confirmed						

KM# 43 2 REALES

6.7682 g., 0.9170 Silver 0.1995 oz. ASW **Ruler:** Charles III **Obv. Legend:** CAROLVS TERTIVS

Date	Mintage	Good	VG	F	VF	XF
ND(1760-73)P	—	20.00	30.00	50.00	75.00	—
Date off flan						
1760P V/q Rare	—	—	—	—	—	—
1760P V/Y	—	50.00	90.00	130	220	—
1760P Y/V Rare, unconfirmed	—	—	—	—	—	—
1761/0/9P V/Y Rare	—	—	—	—	—	—
1761P V/Y	—	40.00	80.00	120	190	—
1762P V/Y	—	40.00	80.00	120	190	—
1763P V/Y	—	40.00	80.00	120	190	—
1764P V/Y	—	40.00	80.00	120	190	—
1765P V/Y	—	40.00	80.00	120	190	—
1766//5P V/Y Rare	—	—	—	—	—	—
1766P V/Y	—	40.00	80.00	120	190	—
1767P V/Y	—	40.00	80.00	120	190	—
1768P V/Y	—	40.00	80.00	120	190	—
1769P V/Y	—	40.00	80.00	120	190	—
1770/69P V/Y Rare	—	—	—	—	—	—
1770P V/Y	—	40.00	80.00	120	190	—
1771/70/69P V/Y Rare	—	—	—	—	—	—
1771P V/Y	—	40.00	80.00	120	190	—
1772/1P V/Y Rare	—	—	—	—	—	—
1772P V	—	40.00	80.00	120	190	—
1773/2P V/Y Rare	—	—	—	—	—	—
1773P V	—	60.00	100	150	225	—

KM# 30 4 REALES

13.5365 g., 0.9310 Silver 0.4052 oz. ASW **Ruler:** Philip V **Obv. Legend:** PHILIPPVS V

Date	Mintage	Good	VG	F	VF	XF
ND(1702-28)P	—	60.00	85.00	140	200	—
Date off flan						
1702P Y	—	175	250	400	575	—
1703P Y	—	125	200	325	475	—
1704P Y	—	125	200	325	475	—
1705P Y	—	175	250	400	575	—
1706P Y	—	125	200	325	475	—
1707P Y	—	175	250	400	575	—
1708P Y	—	125	200	325	475	—
1709P Y	—	125	200	325	475	—
1710P Y	—	175	250	400	575	—
1711P Y	—	175	250	400	575	—
1712P Y	—	125	200	325	475	—
1713P Y	—	125	200	325	475	—
1714P Y	—	125	200	325	475	—
1715P Y	—	125	200	325	475	—
1716P Y	—	125	200	325	475	—
1717P Y	—	125	200	325	475	—
1718P Y	—	175	250	400	575	—
1719P Y	—	200	275	450	626	—
1720P Y	—	175	250	400	575	—
1721P Y	—	175	250	400	575	—
1722P Y	—	175	250	400	575	—
1723P Y	—	175	250	400	575	—
1724P Y	—	125	200	325	475	—
1728P M	—	125	200	325	475	—

KM# A35 4 REALES

13.5337 g., 0.9310 Silver 0.4051 oz. ASW **Ruler:** Luis I **Obv:** Cross of Jerusalem, castles and lions in quarters **Obv. Legend:** LVIS PR.... **Rev:** Crowned pillars of Hercules and waves, value at top center **Rev. Legend:** POTOSI ANO.... **Note:** Inscription on reverse reads...PLV - SVL - TRA.

Date	Mintage	Good	VG	F	VF	XF
1725P Y Rare	—	—	—	—	—	—
1726P Y	—	250	375	500	750	—
1727P Y	—	250	375	500	750	—

KM# 39 4 REALES

13.5365 g., 0.9170 Silver 0.3991 oz. ASW **Ruler:** Philip V **Obv:** Cross of Jerusalem, lions and castles in quarters **Obv. Legend:** FERNANDVS VI **Rev:** Crowned pillars of Hercules and waves, value at top center

Date	Mintage	Good	VG	F	VF	XF
ND(1748-60)P	—	60.00	85.00	140	200	—
Date off flan						
1748P q	—	125	200	325	475	—
1749P q	—	125	200	325	475	—
1750P E	—	175	250	400	575	—
1750P q Rare	—	—	—	—	—	—
1751P q/E Rare	—	—	—	—	—	—
1751P E	—	125	200	325	475	—
1751P q	—	175	250	400	575	—
1752P q	—	125	200	325	475	—
1753P C/q Rare	—	—	—	—	—	—
1753P C	—	100	175	275	400	—
1753P q	—	125	200	325	475	—
1754P C/q Rare	—	—	—	—	—	—
1754P C	—	175	250	400	575	—
1754P q	—	125	200	325	475	—
1755P q	—	125	200	325	475	—
1756P q	—	125	200	325	475	—
1757P q	—	125	200	325	475	—
1758P q	—	125	200	325	475	—
1759P q	—	175	250	400	575	—
1760P q/Y	—	—	—	—	—	—
Note: Reported, not confirmed						
1760P q	—	175	250	400	575	—

KM# 44 4 REALES

13.5365 g., 0.9170 Silver 0.3991 oz. ASW **Ruler:** Philip V **Obv:** Cross of Jerusalem, castles and lions in quarters **Obv. Legend:** CAROLVS TERTIVS **Rev:** Crowned pillars of Hercules and waves, value at top center **Note:** Varieties exist w/assayer in position of mintmark.

Date	Mintage	Good	VG	F	VF	XF
ND(1760-73)P	—	60.00	85.00	140	200	—
Date off flan						
1760P V/Y	—	175	250	400	575	—
1760P V/Y Rare	—	—	—	—	—	—
1761P V/Y	—	125	200	325	475	—
1762P V/Y	—	125	200	325	475	—
1763P V/Y	—	100	175	275	375	—
1764P V/Y	—	100	175	275	375	—
1765P V/Y	—	100	175	275	375	—
1766P V/Y	—	100	175	275	375	—
1767P V/Y	—	100	175	275	375	—
1768P V/Y	—	100	175	275	375	—
1769P V/Y	—	100	175	275	375	—
1770P V/Y	—	175	250	400	575	—
1771/0P V/Y Rare	—	—	—	—	—	—
1771P V/Y	—	100	175	275	375	—
1772/1P V/Y Rare	—	—	—	—	—	—
1772P V/Y	—	100	175	275	375	—
1773/2P V/Y Rare	—	—	—	—	—	—
1773P V/Y	—	175	250	400	575	—

KM# 31 8 REALES

27.0730 g., 0.9310 Silver 0.8103 oz. ASW **Ruler:** Philip V **Obv:** Cross of Jerusalem, lions and castles in quarters **Obv. Legend:** PHILIPPVS V D.G.... **Rev:** Crowned pillars of Hercules and waves, value at top center **Rev. Legend:** POTOSI ANO (date) EL PERV

Date	Mintage	Good	VG	F	VF	XF
ND(1702-28)P	—	75.00	125	175	225	—
Date off flan						
1702P Y	—	100	200	300	420	—
1703P Y	—	100	200	300	420	—
1704P Y	—	100	200	300	420	—
1705P Y	—	100	200	300	420	—
1706/4P Y Rare	—	—	—	—	—	—
1706P Y	—	100	200	300	420	—
1707P Y	—	100	200	300	420	—
1708P Y	—	100	200	300	420	—
1709P Y	—	110	220	340	500	—
1710P Y	—	110	220	340	500	—
1711P Y	—	110	220	340	500	—
1712P Y	—	110	220	340	500	—
1713P Y	—	110	220	340	500	—
1714P Y	—	100	200	300	420	—
1715P Y	—	100	200	300	420	—
1716P Y	—	110	220	340	475	—
1717P Y	—	100	200	300	420	—
1718P Y	—	110	220	340	500	—
1719P Y	—	125	250	375	525	—
1720P Y	—	125	250	375	525	—
1721P Y	—	125	250	375	525	—
1722P Y	—	110	220	340	500	—
1723P Y	—	125	250	375	525	—
1724P Y	—	125	250	375	525	—
1728P M	—	100	200	300	420	—

KM# 31a 8 REALES

27.0674 g., 0.9170 Silver 0.7980 oz. ASW **Ruler:** Philip V **Obv:** Cross of Jerusalem, lions and castles in quarters **Obv. Legend:** PHILIPPVS V D.G.... **Rev:** Pillars of Hercules and waves, value at top center **Rev. Legend:** POTOSI ANO (date) EL PERV

Date	Mintage	Good	VG	F	VF	XF
ND(1729-47)P Date off flan	—	75.00	125	175	225	—
1729P M	—	100	200	325	475	—
1730P M	—	100	200	325	475	—
1731P M	—	100	200	325	475	—
1732P M	—	100	200	325	475	—
1732P YA	—	175	275	500	750	—
1733P YA	—	175	275	500	750	—
1733P E	—	110	220	340	500	—
1734P E	—	100	200	325	475	—
1735P E	—	100	200	325	475	—
1736P E	—	100	200	325	475	—
1737/5P E Rare, reported, not confirmed	—	—	—	—	—	—
1737P E Rare	—	—	—	—	—	—
1737P M/E Rare	—	—	—	—	—	—
1737P M	—	100	200	325	475	—
1738P M	—	100	200	325	475	—
1739P M	—	100	200	325	475	—
1740P M	—	100	200	325	475	—
1740P P	—	110	220	340	500	—
1741P P	—	100	200	325	475	—
1742P P	—	100	200	325	475	—
1742P C/P Rare	—	—	—	—	—	—
1742P C	—	100	200	325	475	—
1743P C	—	100	200	325	475	—
1744P C	—	100	200	325	475	—
1744P q	—	100	200	325	475	—
1745P q	—	100	200	325	475	—
1746P q	—	100	200	325	475	—
1747P q	—	100	200	325	475	—

Date	Mintage	Good	VG	F	VF	XF
1758P q	—	90.00	175	275	400	—
1759/8P q Rare	—	—	—	—	—	—
1759P q	—	90.00	175	275	400	—
1760P q	—	110	220	375	525	—
1760P q/Y Rare	—	—	—	—	—	—
1760P V/Y Rare	—	—	—	—	—	—

KM# 45 8 REALES

27.0730 g., 0.9170 Silver 0.7981 oz. ASW **Ruler:** Charles III **Obv:** Cross of Jerusalem, lions and castles in quarters **Obv. Legend:** CAROLVS TERTIVS **Rev:** Pillars of Hercules and waves, value at top center **Note:** Varieties exist with assayer in position of mintmark

Date	Mintage	Good	VG	F	VF	XF
ND(1760-78)P	—	60.00	90.00	130	200	—
Date off flan						
1760P Y/V Rare	—	—	—	—	—	—
1760P V/Y	—	110	220	340	500	—
1761P V/Y	—	90.00	175	275	385	—
1762P V/Y	—	90.00	175	275	385	—
1763/2P V/Y Rare	—	—	—	—	—	—
1763P V/Y	—	90.00	175	275	385	—
1764P V/Y	—	90.00	175	275	385	—
1765P V/Y	—	90.00	175	275	385	—
1766P V/Y	—	90.00	175	275	385	—
1767P V/Y	—	90.00	175	275	385	—
1768/7P V/Y Rare	—	—	—	—	—	—
1768P V/Y	—	90.00	175	275	385	—
1769/8P V/Y Rare	—	—	—	—	—	—
1769P V/Y	—	90.00	175	275	385	—
1770/69P V/Y Rare	—	—	—	—	—	—
1770P V/J	—	90.00	175	275	385	—
1770P V/Y Rare	—	—	—	—	—	—
1771/0P V/Y Rare	—	—	—	—	—	—
1771P V/Y	—	90.00	175	275	385	—
1772/1P V/Y	—	90.00	175	275	385	—
1772P V/Y	—	90.00	175	275	385	—
1773/2P V/Y Rare	—	—	—	—	—	—
1773P V/Y	—	110	225	375	575	—

ROYAL COINAGE

Struck on specially prepared round planchets using well centered dies in excellent condition to prove the quality of the minting to the Viceroy or even to the King

KM# 40 8 REALES

27.0730 g., 0.9170 Silver 0.7981 oz. ASW **Ruler:** Ferdinand VI **Obv:** Cross of Jerusalem, lions and castles in quarters **Obv. Legend:** FERDINANDVS VI **Rev:** Pillars of Hercules and waves, value at top center **Rev. Legend:** POTOSI....

Date	Mintage	Good	VG	F	VF	XF
ND(1747-60)P Date off flan	—	60.00	90.00	130	200	—
1747P q Rare, reported, not confirmed	—	—	—	—	—	—
1748P q	—	100	200	325	475	—
1749/8P q Rare	—	—	—	—	—	—
1749P q	—	100	200	325	475	—
1750P E	—	100	200	325	475	—
1750P q	—	100	200	325	475	—
1750P E/q Rare	—	—	—	—	—	—
1751P q	—	100	200	325	475	—
1751P q Rare	—	—	—	—	—	—
Note: Mint mark and assayer's initial transposed						
1751P E	—	110	220	375	575	—
1751P q/E Rare	—	—	—	—	—	—
1752P q	—	100	200	325	475	—
1752P q mm & assrimitial transposed, Rare	—	—	—	—	—	—
1753/2P q Rare	—	—	—	—	—	—
1753P q	—	100	200	325	475	—
1753P C/q Rare	—	—	—	—	—	—
1753P C	—	100	200	325	475	—
1754P q	—	100	200	325	475	—
1754P q/C Rare	—	—	—	—	—	—
1754P C/q	—	175	275	375	575	—
1754P C	—	110	220	340	475	—
1755P q	—	90.00	175	275	400	—
1756/5P q Rare	—	—	—	—	—	—
1756P q	—	100	200	300	400	—
1757P q	—	90.00	175	275	400	—

KM# 35 8 REALES

27.0730 g., 0.9170 Silver 0.7981 oz. ASW **Ruler:** Luis I **Obv:** Cross of Jerusalem, lions and castles in quarters **Obv. Legend:** LVIS PR **Rev:** Crowned pillars of Hercules and waves, value at top center

Date	Mintage	Good	VG	F	VF	XF
ND(1725-27)P	—	150	275	375	500	—
Date off flan						
1725P Y	—	250	750	1,500	2,500	—
1726P Y	—	220	575	750	1,250	—
1727P Y LUIS PR.	—	220	575	750	1,500	—

KM# R27 1/2 REAL

1.6917 g., 0.9310 Silver 0.0506 oz. ASW **Ruler:** Philip V **Obv:** Cross of Jerusalem, lions and castles in quarters **Rev:** PHILIPPVS monogram, date below

Date	Mintage	Good	VG	F	VF	XF
1713P Rare	—	—	—	—	—	—
1719P Rare	—	—	—	—	—	—

KM# R27a 1/2 REAL

1.6917 g., 0.9170 Silver 0.0499 oz. ASW **Ruler:** Philip V **Obv:** Cross of Jerusalem, lions and castles in quarters **Rev:** PHILIPPVS monogram, date below

Date	Mintage	Good	VG	F	VF	XF
1736P Rare	—	—	—	—	—	—

KM# R36 1/2 REAL

1.6921 g., 0.9170 Silver 0.0499 oz. ASW **Ruler:** Ferdinand VI **Obv:** Cross of Jerusalem, lions and castles in quarters **Rev:** FERDINANDVS monogram, date below

Date	Mintage	Good	VG	F	VF	XF
1753P Rare	—	—	—	—	—	—
1759P Rare	—	—	—	—	—	—

KM# R28 REAL

3.3834 g., 0.9310 Silver 0.1013 oz. ASW **Ruler:** Philip V **Obv:**

BOLIVIA

Cross of Jerusalem, castles and lions in quarters **Obv. Legend:** PHILIPVS V **Rev:** Pillars of Hercules and waves, value at top center

Date	Mintage	Good	VG	F	VF	XF
1702P Y Rare	—	—	—	—	—	—
1708P Y Rare	—	—	—	—	—	—
1710P Y Rare	—	—	—	—	—	—
1715P Y Rare	—	—	—	—	—	—
1722P Y Rare	—	—	—	—	—	—
1723P Y Rare	—	—	—	—	—	—

KM# R33 REAL

3.3834 g., 0.9170 Silver 0.0997 oz. ASW **Ruler:** Philip V **Obv. Legend:** LVIS PR

Date	Mintage	Good	VG	F	VF	XF
1726P Y Rare	—	—	—	—	—	—

KM# R28a REAL

3.3834 g., 0.9170 Silver 0.0997 oz. ASW **Ruler:** Philip V **Obv:** Cross of Jerusalem, castles and lions in quarters **Obv. Legend:** PHILIPVS V **Rev:** Pillars of Hercules and waves, value at top center

Date	Mintage	Good	VG	F	VF	XF
1733P YA Rare	—	—	—	—	—	—
1735P E Rare	—	—	—	—	—	—
1739P M Rare	—	—	—	—	—	—
1745P q Rare	—	—	—	—	—	—
1746P q Rare	—	—	—	—	—	—
1747 q Rare	—	—	—	—	—	—

KM# R37 REAL

3.3834 g., 0.9170 Silver 0.0997 oz. ASW **Ruler:** Ferdinand VI **Obv. Legend:** FERNANDVS VI

Date	Mintage	Good	VG	F	VF	XF
1751P q Rare	—	—	—	—	—	—

KM# R29 2 REALES

6.7668 g., 0.9310 Silver 0.2025 oz. ASW **Ruler:** Philip V **Obv:** Cross of Jerusalem, lions and castles in quarters **Obv. Legend:** PHILIPVS V D.G... **Rev:** Pillars of Hercules and waves, value at top center

Date	Mintage	Good	VG	F	VF	XF
1702P Y Rare	—	—	—	—	—	—
1715P Y Rare	—	—	—	—	—	—
1716P Y Rare	—	—	—	—	—	—
1721P Y Rare	—	—	—	—	—	—
1722P Y Rare	—	—	—	—	—	—

KM# R34 2 REALES

6.7668 g., 0.9170 Silver 0.1995 oz. ASW **Ruler:** Philip V **Obv. Legend:** LVIS PR

Date	Mintage	Good	VG	F	VF	XF
1725P Y Rare	—	—	—	—	—	—
1727P Y Rare	—	—	—	—	—	—

KM# R29a 2 REALES

6.7668 g., 0.9170 Silver 0.1995 oz. ASW **Ruler:** Philip V **Obv:** Cross of Jerusalem, lions and castles in quarters **Obv. Legend:** PHILIPVS V D.G... **Rev:** Pillars of Hercules and waves, value at top center

Date	Mintage	Good	VG	F	VF	XF
1729P M Rare	—	—	—	—	—	—
1741P Rare	—	—	—	—	—	—
1741/0P Rare	—	—	—	—	—	—
1742P C Rare	—	—	—	—	—	—
1746P q Rare	—	—	—	—	—	—
1747P q Rare	—	—	—	—	—	—

KM# R38 2 REALES

6.7668 g., 0.9170 Silver 0.1995 oz. ASW **Ruler:** Ferdinand VI **Obv:** Cross of Jerusalem, lions and castles in quarters **Obv. Legend:** FERNANDVS VI **Rev:** Pillars of Hercules and waves, value at top center

Date	Mintage	Good	VG	F	VF	XF
1748P q Rare	—	—	—	—	—	—
1749P q Rare	—	—	—	—	—	—

KM# R30 4 REALES

13.5337 g., 0.9310 Silver 0.4051 oz. ASW **Ruler:** Philip V **Obv. Legend:** PHILIPPVS V

Date	Mintage	Good	VG	F	VF	XF
1703 Rare	—	—	—	—	—	—
1709P Y Rare	—	—	—	—	—	—
1714P Y Rare	—	—	—	—	—	—

KM# R-A35 4 REALES

0.9310 g., Silver **Ruler:** Philip V **Obv:** Cross of Jerusalem, castles and lions in quarters **Obv. Legend:** LVIS PR... HISPA **Rev:** Crowned pillars and waves, inscriptions PLV-SVL-TRA **Rev. Legend:** POTOSI ANO...

Date	Mintage	Good	VG	F	VF	XF
1727/6P Y Rare	—	—	—	—	—	—
1727P Y Rare	—	—	—	—	—	—

KM# R30a 4 REALES

13.5337 g., 0.9170 Silver 0.3990 oz. ASW **Ruler:** Philip V **Obv:** Cross of Jerusalem, lions and castles in quarters **Obv. Legend:** PHILIPPVS V **Rev:** Pillars of Hercules and waves, value at top center

Date	Mintage	Good	VG	F	VF	XF
1731P M Rare	—	—	—	—	—	—
1738P M Rare	—	—	—	—	—	—

KM# R31 8 REALES

27.0674 g., 0.9130 Silver 0.7945 oz. ASW **Ruler:** Philip V **Obv:** Cross of Jerusalem, lions and castles in quarters **Obv. Legend:** PHILIPPVS V D.G... **Rev:** Pillars of Hercules and waves, value at top center **Rev. Legend:** POTOSI ANO (date) EL PERV

Date	Mintage	Good	VG	F	VF	XF
1702P Y	—	—	900	1,900	2,700	3,500
1703P Y	—	—	1,500	3,000	5,000	7,500
1704P Y	—	—	1,000	2,000	3,000	4,000
1704/3P Y Rare	—	—	—	—	—	—
1705P Y	—	—	900	1,900	2,700	3,500
1706P Y	—	—	1,000	2,000	3,000	4,000
1707P Y	—	—	1,100	2,200	3,300	5,000
1708P Y	—	—	900	1,900	2,700	3,500
1709P Y	—	—	800	1,800	2,400	3,000
1710P Y Rare	—	—	—	—	—	—
1711P Y	—	—	2,200	4,300	6,500	9,000
1712P Y	—	—	1,100	2,200	3,300	5,000
1713P Y	—	—	1,500	3,000	5,000	7,500
1714P Y	—	—	1,500	3,000	5,000	7,500
1715P Y	—	—	800	1,800	2,400	3,000
1716P Y	—	—	1,500	3,000	5,000	7,500
1717P Y	—	—	1,100	2,200	3,300	5,000
1718P Y	—	—	1,500	3,000	5,000	7,500
1719P Y	—	—	1,100	2,200	3,300	5,000
1720P Y	—	—	1,000	2,000	3,000	4,000
1721P Y	—	—	900	1,900	2,700	3,500
1722P Y	—	—	900	1,900	2,700	3,500
1723P Y	—	—	1,000	2,000	3,000	4,000
1724P Y	—	—	2,500	5,000	7,500	10,000
1728P M Rare	—	—	—	—	—	—

KM# R26 8 REALES

27.0674 g., 0.9310 Silver 0.8102 oz. ASW **Ruler:** Charles II **Obv:** Cross of Jerusalem, lions and castles in quarters **Obv. Legend:** CAROLVS II D.G. HISPANIA **Rev:** Pillars of Hercules and waves, value at top center

Date	Mintage	Good	VG	F	VF	XF
1701P F Rare	—	—	—	—	—	—

KM# R35 8 REALES

27.0674 g., 0.9170 Silver 0.7980 oz. ASW **Ruler:** Philip V **Obv:** Cross of Jerusalem, lions and castles in quarters **Obv. Legend:** LVIS PR **Rev:** Pillars of Hercules and waves, value at top center

Date	Mintage	Good	VG	F	VF	XF
1725P Y LVIS PRIMERO	—	—	5,000	7,500	10,000	15,000
1725P Y LVIS PR	—	—	15,000	20,000	20,000	25,000
1726+25P Y LVIS PRIMERO	—	—	7,500	11,250	15,000	20,000
1726P Y LVIS PRIMERO	—	—	2,500	5,000	7,500	10,000
1726P Y LVIS PR	—	—	3,250	6,250	8,750	12,500
1727P Y LVIS PR	—	—	3,250	6,250	8,750	12,500

BOLIVIA 121

KM# R31a 8 REALES
27.0674 g., 0.9170 Silver 0.7980 oz. ASW **Ruler:** Philip V **Obv:** Cross of Jerusalem, lions and castles in quarters **Obv. Legend:** PHILIPPVS V D.G... **Rev:** Pillars of Hercules and waves, value at top center **Rev. Legend:** POTOSI ANO (date) EL PERV

Date	Mintage	Good	VG	F	VF	XF
1729P M	—	—	900	1,900	2,700	3,500
1730P M Rare	—	—	—	—	—	—
1731P M	—	—	800	1,800	2,400	3,000
1733P YA	—	—	1,500	3,000	5,000	7,500
1734P E	—	—	1,500	3,000	5,000	7,500
1735P E	—	—	800	1,800	2,400	3,000
1736P E	—	—	1,000	2,000	3,000	4,000
1737P E Rare	—	—	—	—	—	—
1737P M/E	—	—	800	1,800	2,400	3,000
1737P M	—	—	800	1,800	2,400	3,000
1738P M	—	—	900	1,900	2,700	3,500
1739P M	—	—	800	1,800	2,400	3,000
1740P M	—	—	800	1,800	2,400	3,000
1740P P/M Rare	—	—	—	—	—	—
1741P P Rare	—	—	—	—	—	—
1742P P Rare	—	—	—	—	—	—
1742P C	—	—	1,300	2,600	4,500	6,000
1743P C	—	—	1,300	2,600	4,500	6,000
1744P C Rare	—	—	—	—	—	—
1744P q	—	—	1,300	2,600	4,500	6,000
1745P q	—	—	1,300	2,600	4,500	6,000
1746P q	—	—	900	1,900	2,700	3,500
1747P q Rare	—	—	—	—	—	—

KM# R40 8 REALES
27.0674 g., 0.9170 Silver 0.7980 oz. ASW **Ruler:** Ferdinand VI **Obv:** Cross of Jerusalem, lions and castles in quarters **Obv. Legend:** FERDINANDVS VI **Rev:** Pillars of Hercules and waves, value at top center **Rev. Legend:** POTOSI...

Date	Mintage	Good	VG	F	VF	XF
1748P q Rare	—	—	—	—	—	—
1749P q Rare	—	—	—	—	—	—
1750P E	—	—	2,500	5,000	7,500	10,000
1751P E	—	—	2,500	5,000	7,500	10,000
1752 q Rare	—	—	—	—	—	—
1753P C Rare	—	—	—	—	—	—
1755P q One known (pomegranate shape)	—	—	—	—	—	—
1756P q	—	—	5,000	7,500	10,000	15,000
1759P q Rare	—	—	—	—	—	—
1761P V /Y Rare	—	—	—	—	—	—
1773 V/Y Rare	—	—	—	—	—	—

MILLED COINAGE

KM# 82 1/4 REAL
0.8458 g., 0.8960 Silver 0.0244 oz. ASW **Ruler:** Charles IIII **Obv:** Castle **Rev:** Rampant lion left

Date	Mintage	VG	F	VF	XF	Unc
1796PTS	—	40.00	60.00	80.00	125	—
1797PTS	—	40.00	60.00	80.00	125	—
1798PTS	—	40.00	60.00	80.00	125	—
1799PTS	—	40.00	60.00	80.00	125	—
1800PTS	—	50.00	80.00	100	175	—

KM# 46 1/2 REAL
1.6917 g., 0.9170 Silver 0.0499 oz. ASW **Ruler:** Charles III **Obv:** Crowned arms **Obv. Legend:** CAR • III • D • G • HISP • ET • IND • R • **Rev:** Crowned globes **Rev. Legend:** VTRA QVE VNUM **Note:** Mint mark in monogram.

Date	Mintage	VG	F	VF	XF	Unc
1767PTS JR	48,000	60.00	80.00	100	175	—
1767PTS J.R Rare	Inc. above	—	—	—	—	—
1768PTS JR	71,000	50.00	70.00	100	100	—
1769PTS JR	92,000	45.00	60.00	90.00	125	—
1769PTS JR Rounded 9; Rare	Inc. above	—	—	—	—	—
1770PTS JR	201,000	45.00	60.00	90.00	125	—
1770PTS JR Rare	Inc. above	—	—	—	—	—

Note: Dot above mint mark

KM# 51 1/2 REAL
1.6917 g., 0.9030 Silver 0.0491 oz. ASW **Ruler:** Charles III **Obv:** Bust right **Obv. Legend:** CAROLUS III • DEI • GRATIA • **Rev:** Crowned arms between pillars **Rev. Legend:** • HISPAN • ET IND • REX • **Note:** Mint mark in monogram.

Date	Mintage	VG	F	VF	XF	Unc
1773PTS JR	—	22.50	45.50	75.00	125	—
1774PTS JR	—	19.00	38.50	65.00	110	—
1775PTS JR	—	14.00	27.50	50.00	90.00	—
1776PTS JR	—	35.00	70.00	120	195	—
1776PTS PR	—	22.50	45.50	75.00	125	—
1777PTS PR	—	19.00	38.50	65.00	110	—
1778/7PTS	—	25.00	49.00	85.00	140	—
1778PTS PR	—	25.00	49.00	85.00	140	—
1778PTS PR Error CROLUS	—	140	280	500	—	—
1779/7PTS PR	—	19.00	38.50	65.00	105	—
1779/8PTS PR	—	19.00	38.50	65.00	110	—
1779PTS PR	—	25.00	49.00	85.00	140	—
1780PTS PR	—	14.00	27.50	50.00	90.00	—
1781PTS PR	—	14.00	27.50	50.00	90.00	—
1782/1PTS PR	—	14.00	27.50	50.00	90.00	—
1782PTS PR	—	14.00	27.50	50.00	90.00	—
1783/2PTS PR	—	14.00	27.50	50.00	90.00	—
1783PTS PR	—	14.00	27.50	50.00	90.00	—
1784PTS PR	—	14.00	27.50	50.00	90.00	—
1785PTS PR	—	14.00	27.50	50.00	90.00	—

KM# 51a 1/2 REAL
1.6917 g., 0.8960 Silver 0.0487 oz. ASW **Ruler:** Charles III **Obv:** Bust right **Rev:** Crowned arms between pillars **Note:** Mint mark in monogram.

Date	Mintage	VG	F	VF	XF	Unc
1786PTS PR	—	14.00	27.50	49.00	85.00	—
1787/6PTS PR	—	19.00	38.50	65.00	105	—
1787PTS PR	—	19.00	38.50	65.00	105	—
1788PTS PR	—	25.00	49.00	85.00	140	—
1789PTS PR	—	19.00	38.50	65.00	105	—

KM# 60 1/2 REAL
1.6921 g., 0.8960 Silver 0.0487 oz. ASW **Ruler:** Charles IIII **Obv:** Bust right **Obv. Legend:** CAROLUS IV... **Note:** Mintmark in monogram.

Date	Mintage	VG	F	VF	XF	Unc
1789PTS PR	—	27.50	55.00	90.00	155	—
1790PTS PR	—	22.50	45.50	75.00	125	—
1791PTS PR	—	22.50	45.50	75.00	125	—

KM# 69 1/2 REAL
1.6917 g., 0.8960 Silver 0.0487 oz. ASW **Ruler:** Charles IIII **Obv:** Laureate bust right **Obv. Legend:** CAROLUS • IIII • DEI • GRATIA • **Rev:** Crowned arms between pillars **Note:** Mint mark in monogram.

Date	Mintage	VG	F	VF	XF	Unc
1791PTS PR large bust	—	25.00	49.00	85.00	140	—
1792PTS PR	—	25.00	49.00	85.00	140	—
1793PTS PR	—	25.00	49.00	85.00	140	—
1794PTS PR	—	25.00	49.00	85.00	140	—
1795PTS PR	—	38.50	75.00	125	210	—
1795PTS PP	—	14.00	27.50	55.00	100	—
1796PTS PP	—	14.00	27.50	55.00	100	—
1797PTS PP	—	14.00	27.50	55.00	100	—
1798PTS PP	—	14.00	27.50	55.00	100	—
1799PTS PP	—	14.00	27.50	55.00	100	—
1800PTS PP	—	14.00	27.50	55.00	100	—

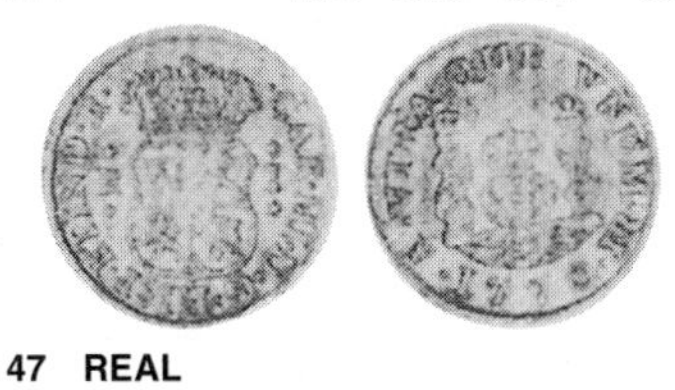

KM# 47 REAL
3.3834 g., 0.9170 Silver 0.0997 oz. ASW **Ruler:** Charles III **Obv:** Crowned arms **Obv. Legend:** CAR • III • D • G • HISP • ET • IND • R • **Rev:** Crowned globes **Rev. Legend:** VTRA QVE VNUM **Note:** Mint mark in monogram.

Date	Mintage	VG	F	VF	XF	Unc
1767PTS JR	61,000	42.00	85.00	140	245	—
1768PTS JR	96,000	30.00	60.00	100	190	—
1769PTS JR Fancy 9	99,000	30.00	60.00	100	190	—
1769PTS JR Rounded 9; Rare	Inc. above	—	—	—	—	—
1770PTS JR	212,000	25.00	55.00	90.00	170	—

Date	Mintage	VG	F	VF	XF	Unc
1770PTS	—	—	—	—	—	—

Note: Mint mark on both sides of date, no assayer's initial

KM# 52 REAL
3.3834 g., 0.9030 Silver 0.0982 oz. ASW **Ruler:** Charles III **Obv:** Laureate bust right **Obv. Legend:** CAROLUS • III • DEI • GRATIA • **Rev:** Crowned arms between pillars **Rev. Legend:** HISPAN • ET • IND • REX • **Note:** Mint mark in monogram.

Date	Mintage	VG	F	VF	XF	Unc
1773PTS JR	—	22.50	45.50	75.00	120	—
1774PTS JR	—	20.00	42.00	70.00	105	—
1775PTS JR	—	20.00	42.00	70.00	105	—
1776PTS JR	—	35.00	70.00	120	195	—
1776PTS PR	—	20.00	42.00	70.00	105	—
1776PTS PR/JR	—	35.00	70.00	120	195	—
1777PTS PR	—	20.00	42.00	70.00	105	—
1778/6PTS PR	—	20.00	42.00	70.00	105	—
1778/7PTS PR	—	20.00	42.00	70.00	105	—
1778PTS PR	—	20.00	42.00	70.00	105	—
1779/8PTS PR	—	20.00	42.00	70.00	105	—
1779PTS PR	—	20.00	42.00	70.00	105	—
1780/79PTS PR	—	31.50	65.00	105	175	—
1780PTS PR	—	20.00	42.00	70.00	105	—
1781PTS PR	—	20.00	42.00	70.00	105	—
1782/1PTS PR	—	20.00	42.00	70.00	105	—
1782PTS PR	—	20.00	42.00	70.00	105	—
1783/2PTS PR	—	20.00	42.00	70.00	105	—
1783PTS PR	—	20.00	42.00	70.00	105	—
1784/3PTS PR	—	20.00	42.00	70.00	105	—
1784PTS PR	—	20.00	42.00	70.00	105	—
1785PTS PR	—	25.00	55.00	85.00	140	—

KM# 52a REAL
3.3834 g., 0.8960 Silver 0.0975 oz. ASW **Ruler:** Charles III **Obv:** Laureate bust right **Rev:** Crowned arms between pillars **Note:** Mint mark in monogram.

Date	Mintage	VG	F	VF	XF	Unc
1786/5PTS PR	—	20.00	42.00	70.00	105	—
1786PTS PR	—	20.00	42.00	70.00	105	—
1787PTS PR	—	20.00	42.00	70.00	105	—
1788PTS PR	—	20.00	42.00	70.00	105	—
1789PTS PR	—	31.50	65.00	105	175	—

KM# 61 REAL
3.3841 g., 0.8960 Silver 0.0975 oz. ASW **Ruler:** Charles IIII **Obv:** Laureate bust right **Obv. Legend:** CAROLUS • IV • DEI • GRATIA • **Rev:** Crowned arms between pillars **Note:** Mint mark in monogram.

Date	Mintage	VG	F	VF	XF	Unc
1789PTS PR	—	25.00	49.00	85.00	140	—
1790/89PTS PR	—	20.00	42.00	70.00	120	—
1790PTS PR	—	20.00	42.00	70.00	120	—
1791/81PTS PR	—	19.00	38.50	65.00	105	—
1791PTS PR	—	25.00	49.00	85.00	140	—

KM# 70 REAL
3.3834 g., 0.8960 Silver 0.0975 oz. ASW **Ruler:** Charles IIII **Obv:** Laureate bust right **Obv. Legend:** CAROLUS • IIII • DEI • GRATIA • **Rev:** Crowned arms between pillars **Rev. Legend:** HISPAN • ET • IND • REX ... **Note:** Mint mark in monogram.

Date	Mintage	VG	F	VF	XF	Unc
1791PTS PR	—	18.00	35.00	60.00	100	450
1792/1PTS PR	—	12.00	25.00	49.00	85.00	—
1792PTS PR	—	12.00	25.00	42.00	70.00	—
1793PTS PR	—	12.00	25.00	49.00	85.00	—
1794PTS PR	—	18.00	35.00	65.00	125	—

122 BOLIVIA

Date	Mintage	VG	F	VF	XF	Unc
1795PTS PR	—	31.50	65.00	105	210	—
1795PTS PP	—	19.00	38.50	65.00	125	—
1796PTS PP	—	20.00	40.00	75.00	135	—
1797PTS PP	—	12.00	25.00	49.00	85.00	—
1798PTS PP	—	12.00	25.00	49.00	85.00	—
1799PTS PP	—	20.00	40.00	75.00	135	—
1800PTS PP	—	18.00	35.00	65.00	120	—

KM# 48 2 REALES

6.7668 g., 0.9170 Silver 0.1995 oz. ASW **Ruler:** Charles III **Obv:** Crowned arms **Obv. Legend:** CAR • III • D • G • HISP • ET • IND • R • **Rev:** Crowned globes between pillars **Rev. Legend:** VTRA QVE VNUM **Note:** Mint mark in monogram.

Date	Mintage	VG	F	VF	XF	Unc
1767PTS JR	—	70.00	130	195	350	—
1767PTS JR Rare						
	Note: No dot over mint mark					
1768PTS JR	—	60.00	115	170	300	—
1768PTS JR Rare						
	Note: Dot over mint mark					
1769/8PTS JR Fancy 9; Rare	—	—	—	—	—	—
1769PTS JR Fancy 9	—	60.00	115	170	300	—
1769PTS JR Rounded 9; Rare						
1770PTS JR	—	50.00	100	145	260	—
1770PTS JR Rare	—	—	—	—	—	—
	Note: No dot over mint mark					

KM# 53 2 REALES

6.7668 g., 0.9030 Silver 0.1964 oz. ASW **Ruler:** Charles III **Obv:** Bust right **Obv. Legend:** CAROLUS • III • DEI • GRATIA • **Rev:** Crowned arms between pillars **Rev. Legend:** • HISPAN • ETINDREX • ... **Note:** Mint mark in monogram.

Date	Mintage	VG	F	VF	XF	Unc
1773PTS JR	—	50.00	130	180	260	—
1773PTS JR GRATA (sic)	—	—	—	—	—	—
1774PTS JR	—	48.75	115	165	235	—
1775/3PTS JR	—	—	—	—	—	—
1775PTS JR	—	30.00	80.00	110	155	—
1776PTS JR	—	48.75	115	165	235	—
1776PTS PR	—	22.50	55.00	80.00	115	—
1777PTS PR	—	22.50	55.00	80.00	115	—
1778PTS PR	—	22.50	55.00	80.00	115	—
1779/8PTS PR	—	—	—	—	—	—
1779PTS PR	—	30.00	80.00	110	155	—
1780/79PTS PR	—	18.00	45.50	65.00	100	—
1780PTS PR	—	22.50	55.00	80.00	115	—
1781PTS PR	—	22.50	55.00	80.00	115	—
1782/1PTS PR	—	35.75	90.00	130	180	—
1782PTS PR	—	20.00	48.75	70.00	105	—
1783PTS PR	—	20.00	48.75	70.00	105	—
1784/3PTS PR	—	35.75	90.00	130	195	—
1784PTS PR	—	20.00	48.75	70.00	105	—
1785/3PTS PR	—	—	—	—	—	—
1785/4PTS PR	—	22.50	60.00	80.00	115	—
1785PTS PR	—	20.00	48.75	70.00	105	—
1786/1PTS PR	—	—	—	—	—	—
1786/4PTS PR	—	—	—	—	—	—
1786PTS PR	—	20.00	48.75	70.00	105	—
1787PTS PR	—	20.00	48.75	70.00	105	—
1788PTS PR	—	20.00	48.75	70.00	105	—
1789P PR	—	32.50	70.00	130	240	—

KM# 62 2 REALES

6.7668 g., 0.8960 Silver 0.1949 oz. ASW **Ruler:** Charles IIII **Obv:** Bust right **Obv. Legend:** CAROLUS IV • DEI • GRATIA • **Rev:** Crowned arms between pillars **Rev. Legend:** HISPAN • ET IND • REX • **Note:** Mint mark in monogram.

Date	Mintage	VG	F	VF	XF	Unc
1789PTS PR	—	35.00	87.50	125	175	—
1790/89PTS PR	—	35.00	87.50	125	175	—
1790PTS PR	—	35.00	87.50	125	175	—

KM# 71 2 REALES

6.7668 g., 0.8960 Silver 0.1949 oz. ASW **Ruler:** Charles IIII **Obv:** Bust right **Obv. Legend:** CAROLUS • IIII • DEI • GRATIA • **Rev:** Crowned arms between pillars **Rev. Legend:** HISPAN • ET IND • REX • **Note:** Mint mark in monogram.

Date	Mintage	VG	F	VF	XF	Unc
1791PTS PR	—	27.50	70.00	115	220	—
1792PTS PR	—	20.00	50.00	90.00	150	—
1793PTS PR	—	16.00	40.25	85.00	140	—
1794PTS PR	—	16.00	39.00	80.00	130	—
1795PTS PR	—	36.00	90.00	150	240	—
1795PTS PP	—	15.00	36.00	70.00	120	—
1795PTS PP/R	—	36.00	90.00	150	240	—
1796PTS PP	—	15.00	36.00	70.00	120	—
1797PTS PP	—	15.00	36.00	70.00	120	—
1798PTS PP	—	15.00	36.00	70.00	120	—
1799PTS PP	—	15.00	36.00	70.00	120	—
1800PTS PP	—	15.00	36.00	70.00	120	—

KM# 63 4 REALES

13.5337 g., 0.8960 Silver 0.3898 oz. ASW **Ruler:** Charles IIII **Obv:** Laureate bust right **Obv. Legend:** CAROLUS IV • DEI • GRATIA • **Rev:** Crowned arms between pillars **Rev. Legend:** HISPAN • ET IND • REX • **Note:** Mint mark in monogram.

Date	Mintage	VG	F	VF	XF	Unc
1789PTS PR	—	42.50	87.50	175	350	—
1790/89PTS PR	—	35.00	82.50	165	325	—
1790PTS PR	—	35.00	82.50	165	325	—

KM# 72 4 REALES

13.5337 g., 0.8960 Silver 0.3898 oz. ASW **Ruler:** Charles IIII **Obv:** Laureate bust right **Obv. Legend:** CAROLUS • IIII • DEI • GRATIA • **Rev:** Crowned arms between pillars **Rev. Legend:** HISPAN • ET IND • REX • **Note:** Mint mark in monogram.

Date	Mintage	VG	F	VF	XF	Unc
1791PTS PR	—	32.50	67.50	175	350	—
1792/1PTS PR	—	30.00	62.50	150	325	—
1792PTS PR	—	30.00	62.50	150	325	—
1793PTS PR	—	30.00	62.50	150	325	—
1794PTS PR	—	32.50	67.50	175	350	—
1795/4PTS PR	—	37.50	75.00	190	365	—
1795PTS PR	—	32.50	67.50	175	350	—
1795PTS PP	—	40.00	80.00	195	375	—
1796PTS PP	—	30.00	60.00	175	350	—
1797PTS PP	—	30.00	60.00	175	350	—
1798PTS PP	—	30.00	60.00	175	350	—
1799PTS PP	—	30.00	60.00	175	350	—
1800PTS PP	—	30.00	60.00	175	350	—

KM# 49 4 REALES

13.5365 g., 0.9170 Silver 0.3991 oz. ASW **Ruler:** Charles III **Obv:** Crowned arms **Obv. Legend:** CAROLUS • III • D • G • HISPAN • ET • IND • REX • **Rev:** Crowned globes between pillars **Rev. Legend:** VTRA QVE VNUM **Note:** Mint mark in monogram.

Date	Mintage	VG	F	VF	XF	Unc
1767PTS JR	—	150	250	400	800	—
1768/7PTS JR	—	125	210	350	600	—
1768PTS JR	—	100	175	300	400	—
1769/8PTS JR fancy 9	—	125	200	325	450	—
1769PTS JR fancy 9	—	100	175	300	400	—
1770/69PTS JR	—	—	—	—	—	—
1770PTS JR large	—	100	175	225	350	—
1770PTS JR small	—	100	175	225	350	—

KM# 54 4 REALES

13.5337 g., 0.9030 Silver 0.3929 oz. ASW **Ruler:** Charles III **Obv:** Laureate bust right **Obv. Legend:** CAROLUS • III • DEI • GRATIA • **Rev:** Crowned arms between pillars **Rev. Legend:** HISPAN • ETIND • REX • **Note:** Mint mark in monogram.

Date	Mintage	VG	F	VF	XF	Unc
1773PTS JR	—	60.00	100	160	325	—
1774PTS JR	—	39.00	65.00	110	215	—
1775PTS JR	—	39.00	65.00	110	215	—
1776PTS JR	—	42.00	70.00	120	240	—
1776PTS PR	—	48.00	80.00	130	270	—
1777PTS PR	—	39.00	65.00	110	215	—
1778PTS JR	—	210	350	725	1,450	—
	NEX Error					
1778/7PTS PR	—	42.00	70.00	120	240	—
1778PTS PR	—	39.00	65.00	110	215	—
1779/7PTS PR	—	45.00	75.00	125	250	—
1779PTS PR	—	39.00	65.00	110	215	—
1780PTS PR	—	39.00	65.00	110	215	—
1781PTS PR	—	39.00	65.00	110	215	—
1782/1PTS PR	—	39.00	65.00	110	215	—
1782PTS PR	—	39.00	65.00	110	215	—
1783PTS PR	—	39.00	65.00	110	215	—
1784/3PTS PR	—	42.00	70.00	120	240	—
1784PTS PR	—	42.00	70.00	120	240	—
1785/4PTS PR	—	55.00	90.00	150	300	—
1785PTS PR	—	48.00	80.00	130	270	—
1786/4PTS PR	—	55.00	90.00	150	300	—
1786PTS PR	—	48.00	80.00	130	270	—
1787PTS PR	—	42.00	70.00	120	240	—
1788PTS PR	—	42.00	70.00	120	240	—
1789PTS PR	—	150	300	475	775	—

KM# 50 8 REALES

27.0674 g., 0.9170 Silver 0.7980 oz. ASW **Ruler:** Charles III **Obv:** Crowned arms **Obv. Legend:** CAROLUS • III • D • G • HISPAN • ET IND • REX • **Rev:** Crowned globes between pillars **Rev. Legend:** VTRA QVE VNUM **Note:** Mint mark in monogram.

Date	Mintage	VG	F	VF	XF	Unc
1767PTS JR	—	650	1,250	2,500	5,500	—
	Note: 6-petalled rosette below shield					
1767PTS JR	—	650	1,250	2,500	5,500	—
	Note: 4-petalled rosette below shield					
1768PTS JR VRTA 4	—	3,500	4,500	7,500	—	—
	known					
	Note: Error in legend, 6-petalled rosette below shield					
1768PTS JR	—	150	275	400	850	—
	Note: 6-petalled rosette bleow shield					
1768PTS JR	—	150	275	400	950	—
	Note: 4-petalled rosette below shield					
1769PTS JR Fancy 9	—	150	275	400	850	—
	Note: Dot after "CAROLUS"					
1769PTS JR Round 9 over fancy 9	—	150	275	375	600	—
	Note: No dot after "CAROLUS"					
1769PTS JR Rounded 9	—	125	250	350	500	—
	Note: No dot after "CAROLUS"					
1770/69PTS JR	—	—	250	350	500	—
	Note: JR dot after "CAROLUS"					
1770PTS JR	—	60.00	120	220	400	—
	Note: JR dot after "CAROLUS"					
1770PTS JR	—	75.00	150	250	450	—
	Note: Without dot after "CAROLUS"					

BOLIVIA

KM# 55 8 REALES

27.0674 g., 0.9030 Silver 0.7858 oz. ASW **Ruler:** Charles III **Obv:** Laureate bust right **Obv. Legend:** CAROLUS • III • DEI • GRATIA • **Rev:** Crowned arms between pillars **Rev. Legend:** HISPAN • ET IND • REX • **Note:** Mint mark in monogram.

Date	Mintage	VG	F	VF	XF	Unc
1773PTS JR	—	80.00	135	225	375	—
1774PTS JR	—	55.00	85.00	145	240	—

Note: Prooflike UNC hoard speciments are available.

Date	Mintage	VG	F	VF	XF	Unc
1775PTS JR	—	42.00	70.00	120	200	—
1776PTS JR	—	90.00	150	250	425	—
1776PTS PR	—	55.00	85.00	145	240	—
1777PTS PR	—	42.00	70.00	120	210	—
1778PTS PR	—	42.00	70.00	120	210	—
1779PTS PR	—	65.00	110	180	300	—
1780/79PTS PR	—	140	230	375	625	—
1780PTS PR	—	42.00	70.00	120	210	—
1781/0PTS PR	—	42.00	70.00	120	210	—
1781PTS PR	—	42.00	70.00	120	210	—
1782/1PTS PR	—	55.00	85.00	145	240	—
1782PTS PR inverted A's	—	55.00	95.00	160	270	—
1782PTS PR	—	55.00	95.00	160	270	—
1783/1PTS PR	—	80.00	130	215	350	—
1783/78PTS PR	—	80.00	130	215	350	—
1783/2PTS PR	—	80.00	130	215	350	—
1783PTS PR	—	55.00	95.00	160	270	—
1784PTS PR	—	90.00	150	250	425	—
1785/4PTS PR	—	55.00	95.00	160	270	—
1785PTS PR	—	55.00	95.00	160	270	—
1786/5PTS PR	—	55.00	85.00	145	240	—
1786PTS PR	—	42.00	70.00	120	210	—
1787PTS PR	—	42.00	70.00	120	210	—
1788/7PTS PR	—	42.00	70.00	120	210	—
1788PTS PR	—	42.00	70.00	120	210	—
1789PTS PR	—	140	230	375	625	—

KM# 73 8 REALES

27.0674 g., 0.8960 Silver 0.7797 oz. ASW **Ruler:** Charles III **Obv:** Laureate bust right **Obv. Legend:** CAROLUS • IIII • DEI • GRATIA • **Rev:** Crowned arms between pillars **Rev. Legend:** HISPAN • ET IND • REX • **Note:** Mint mark in monogram. Prev. KM#73.1.

Date	Mintage	VG	F	VF	XF	Unc
1791PTS PR	—	55.00	95.00	160	295	—
1792PTS PR	—	50.00	85.00	145	270	—
1793PTS PR	—	39.00	65.00	115	220	—
1794PTS PR	—	39.00	65.00	115	220	—
1794PTS PR Without periods; Rare	—	—	—	—	—	—
1794PTS PP Without periods; Rare	—	—	—	—	—	—
1795/4PTS PR	—	70.00	120	200	325	—
1795PTS PR	—	80.00	130	215	350	—
1795PTS PP	—	39.00	65.00	115	220	—
1796PTS PP	—	39.00	65.00	115	220	—
1797PTS PP	—	39.00	65.00	115	220	—
1798PTS PP	—	39.00	65.00	115	220	—
1799PTS PP	—	39.00	65.00	115	220	—
1800PTS PP	—	39.00	65.00	115	220	1,000

KM# 74 ESCUDO

3.3834 g., 0.8750 Gold 0.0952 oz. AGW **Ruler:** Charles IIII **Obv:** Laureate bust **Obv. Legend:** CAROL IIII... **Note:** Mint mark in monogram

Date	Mintage	VG	F	VF	XF	Unc
1791PTS PR	—	400	700	1,350	2,500	—

KM# 57 2 ESCUDOS

6.7668 g., 0.9010 Gold 0.1967 oz. AGW **Ruler:** Charles III **Obv:** Armored bust right **Obv. Legend:** CAROL III • D • G • HISP • ET IND • R • **Rev:** Crowned arms in order chain **Rev. Legend:** IN • UTROQ • FELIX • AUSPICE • DEO • **Note:** Mint mark in monogram.

Date	Mintage	VG	F	VF	XF	Unc
1778PTS PR Rare	—	—	—	—	—	—
1779PTS PR	—	600	875	1,450	2,500	—
1780PTS PR	—	600	875	1,300	2,350	—
1781/0PTS PR	—	600	875	1,450	2,500	—
1781PTS PR	—	525	800	1,250	2,350	—
1782PTS PR	—	875	1,300	1,950	2,750	—
1783PTS PR	—	275	450	925	1,650	—
1784PTS PR	—	275	375	650	1,600	—
1785PTS PR	—	350	525	975	1,750	—
1786PTS PR	—	375	575	1,000	1,800	—
1787PTS PR	—	600	875	1,400	2,250	—
1788PTS PR	—	525	800	1,300	2,750	—

KM# 66 2 ESCUDOS

6.7668 g., 0.8750 Gold 0.1904 oz. AGW **Ruler:** Charles IIII **Obv:** Bust right **Obv. Legend:** CAROL IV•D•G•HISP•ET IND•R• **Note:** Mint mark in monogram.

Date	Mintage	VG	F	VF	XF	Unc
1789PTS PR	—	475	675	1,100	2,200	—
1790PTS PR	—	550	800	1,250	2,500	—

KM# 56 ESCUDO

3.3834 g., 0.9040 Gold 0.0983 oz. AGW **Ruler:** Charles III **Obv:** Armored bust right **Obv. Legend:** CAROL • III • D • G • HISP • ET IND • R • **Rev:** Crowned arms in order chain **Rev. Legend:** IN • UTROQ • FELIX • A • D • **Note:** Mint mark in monogram.

Date	Mintage	VG	F	VF	XF	Unc
1778PTS PR	—	175	225	350	750	—
1779PTS PR Rare	—	—	—	—	—	—
1780PTS PR	—	175	225	350	750	—
1781PTS PR	—	175	225	350	750	—
1782PTS PR	—	175	225	350	750	—
1783PTS PR	—	175	225	350	750	—
1784PTS PR	—	150	200	285	550	—
1785PTS PR	—	150	200	285	550	—
1786PTS PR	—	150	200	285	550	—
1787PTS PR	—	150	200	285	550	—
1788PTS PR Rare	—	—	—	—	—	—

KM# 65 ESCUDO

3.3834 g., 0.8750 Gold 0.0952 oz. AGW **Ruler:** Charles IIII **Obv:** Bust right **Obv. Legend:** CAROLUS • IV • D • G • HISP • ET IND • R • **Note:** Mint mark in monogram.

Date	Mintage	VG	F	VF	XF	Unc
1789PTS PR	—	175	250	450	850	—
1790PTS PR	—	175	225	350	800	—

KM# 75 2 ESCUDOS

6.7668 g., 0.8750 Gold 0.1904 oz. AGW **Ruler:** Charles IIII **Obv:** Laureate armored bust right **Obv. Legend:** CAROL • IIII • D • G • HISP • ET IND • R • **Rev:** Crowned arms within order chain **Rev. Legend:** IN • UTROQ • FELIX • AUSPICE • DEO • **Note:** Mint mark in monogram.

Date	Mintage	VG	F	VF	XF	Unc
1791PTS PR	—	800	1,500	2,500	4,750	—

KM# 78 ESCUDO

3.3834 g., 0.8750 Gold 0.0952 oz. AGW **Ruler:** Charles IIII **Obv:** Armored bust right **Obv. Legend:** CAROL • IIII • D • G • HISP • ET IND • R • **Rev:** Crowned arms within Order chain **Note:** Mint mark in monogram.

Date	Mintage	VG	F	VF	XF	Unc
1791PTS PR	—	175	225	300	575	—
1792PTS PR	—	175	225	300	575	—
1793PTS PR	—	175	225	300	525	—
1794PTS PR	—	175	225	300	650	—
1795PTS PP	—	175	225	300	525	—
1796PTS PP	—	175	225	300	525	—
1797PTS PP	—	175	225	300	525	—
1798PTS PP	—	175	225	300	525	—
1799PTS PP	—	150	200	275	525	—
1800PTS PP	—	150	200	275	525	—

KM# 64 8 REALES

27.0674 g., 0.8960 Silver 0.7797 oz. ASW **Ruler:** Charles IIII **Obv:** Laureate bust right **Obv. Legend:** CAROLUS • IV • DEI • GRATIA • **Rev:** Crowned arms between pillars **Rev. Legend:** HISPAN • ET IND • REX • **Note:** Mint mark in monogram.

Date	Mintage	VG	F	VF	XF	Unc
1789PTS PR	—	55.00	95.00	160	270	—
1790PTS PR	—	55.00	85.00	145	240	—

KM# 79 2 ESCUDOS

6.7668 g., 0.8750 Gold 0.1904 oz. AGW **Ruler:** Charles IIII **Obv:** Armored bust right **Obv. Legend:** CAROLUS • IIII • D • G • HISP • ET IND • R • **Rev:** Crowned arms within Order chain **Rev. Legend:** IN • UTROQ • FELIX • AUSPICE • DEO • **Note:** Mint mark in monogram.

Date	Mintage	VG	F	VF	XF	Unc
1793PTS PR	—	400	550	800	1,250	—
1794PTS PR	—	325	525	650	1,250	—
1795PTS PP	—	250	350	800	1,550	—
1796PTS PP	—	400	550	800	1,550	—
1797PTS PP	—	400	550	700	1,350	—
1798PTS PP	—	400	550	700	1,350	—
1799PTS PP	—	325	475	600	1,250	—
1800PTS PP	—	250	350	525	900	—

KM# 58 4 ESCUDOS

13.5337 g., 0.9040 Gold 0.3933 oz. AGW **Ruler:** Charles III **Obv:** Bust right **Obv. Legend:** CAROL • III • D•G• HISP •ET IND •R•**Rev:** Crowned arms in order chain **Rev. Legend:** IN • UTROQ • FELIX • AUSPICE • DEO **Note:** Mint mark in monogram.

Date	Mintage	VG	F	VF	XF	Unc
1778PTS PR	—	800	1,100	2,050	4,150	—
1779PTS PR	—	800	1,100	1,800	3,600	—
1780PTS PR	—	800	1,100	1,800	3,600	—
1781PTS PR	—	600	925	1,600	3,300	—
1782PTS PR	—	600	925	1,600	3,300	—
1783PTS PR	—	600	925	1,600	3,300	—
1784/3PTS PR	—	600	925	1,600	3,300	—
1784PTS PR	—	600	925	1,600	3,300	—
1785PTS PR	—	600	925	1,600	3,300	—
1786PTS PR	—	600	925	1,600	3,300	—

BOLIVIA

Date	Mintage	VG	F	VF	XF	Unc
1787PTS PR	—	600	925	1,600	3,300	—
1788PTS PR	—	600	925	1,600	3,300	—

KM# 67 4 ESCUDOS

13.5337 g., 0.8750 Gold 0.3807 oz. AGW **Ruler:** Charles IIII **Obv:** Armored bust right **Obv. Legend:** CAROL • IV • D • G • HISP • ET IND • R • **Rev:** Crowned arms within order chain **Rev. Legend:** IN • UTROQ • FELIX • AUSPICE • DEO • **Note:** Mint mark in monogram

Date	Mintage	VG	F	VF	XF	Unc
1789PTS PR Rare	—	—	—	—	—	—

Note: Sotheby's Geneva 5-90 almost VF realized $18,480

Date	Mintage	VG	F	VF	XF	Unc
1790PTS PR Rare	—	—	—	—	—	—

KM# 59 8 ESCUDOS

27.0674 g., 0.9040 Gold 0.7867 oz. AGW **Ruler:** Charles III **Obv:** Laureate armored bust right **Obv. Legend:** CAROL • III • D • G • HISP • ET IND • R • **Rev:** Crowned arms in Order chain **Rev. Legend:** IN • UTROQ • FELIX • AUSPICE • DEO • **Note:** Mint mark in monogram.

Date	Mintage	VG	F	VF	XF	Unc
1778PTS PR	—	—	BV	2,000	3,300	—
1779PTS PR	—	—	BV	1,600	2,200	—
1780PTS PR	—	—	BV	1,300	1,500	1,750
1781PTS PR	—	—	BV	1,300	1,500	1,750
1782PTS PR	—	—	BV	1,400	1,600	1,900
1783PTS PR	—	—	BV	1,400	1,600	1,900
1784/3PTS PR	—	—	BV	1,400	1,600	1,900
1784PTS PR	—	—	BV	1,400	1,600	1,900
1785PTS PR	—	—	BV	1,400	1,600	1,900
1786/5PTS PR	—	—	BV	1,400	1,600	1,900
1786PTS PR	—	—	BV	1,400	1,600	1,900
1787/6PTS PR	—	—	BV	1,400	1,600	1,900
1787PTS PR	—	—	BV	1,400	1,600	1,900
1788PTS	—	—	BV	1,300	1,500	1,750

KM# 77 8 ESCUDOS

27.0674 g., 0.8750 Gold 0.7614 oz. AGW **Ruler:** Charles IIII **Obv:** Laureate armored bust right **Obv. Legend:** CAROL • IIII • D • G • HISP • ET IND • R • **Rev:** Crowned arms within order chain **Rev. Legend:** IN • UTROQ • FELIX • AUSPICE • DEO • **Note:** Mint mark in monogram.

Date	Mintage	VG	F	VF	XF	Unc
1791PTS PR	—	1,500	2,000	3,500	6,500	—

KM# 76 4 ESCUDOS

13.5337 g., 0.8750 Gold 0.3807 oz. AGW **Ruler:** Charles IIII **Obv:** Laureate armored bust right **Obv. Legend:** CAROL • IIII • D • G • HISP • ET IND • R • **Rev:** Crowned arms within order chain **Rev. Inscription:** IN • UTROQ • FELIX • AUSPICE • DEO • **Note:** Mint mark in monogram.

Date	Mintage	VG	F	VF	XF	Unc
1791PTS PR	—	800	1,250	2,450	4,500	—

KM# 80 4 ESCUDOS

13.5337 g., 0.8750 Gold 0.3807 oz. AGW **Ruler:** Charles IIII **Obv:** Armored bust right **Obv. Legend:** CAROL • IIII • D • G • HISP • ET IND • R • **Rev:** Crowned arms within Order chain **Rev. Legend:** IN • UTROQ • FELIX • AUSPICE • DEO • **Note:** Mint mark in monogram.

Date	Mintage	VG	F	VF	XF	Unc
1791PTS PR Large bust	—	500	700	1,300	2,800	—
1792PTS PR Large bust	—	500	700	1,300	2,800	—
1793PTS PR	—	500	700	1,300	2,800	—
1794PTS PR	—	575	775	1,400	2,900	—
1795PTS PR	—	575	775	1,400	2,900	—
1795PTS PP	—	500	775	1,150	2,550	—
1796PTS PP	—	500	625	1,150	2,550	—
1797PTS PP	—	425	575	1,000	2,500	—
1798PTS PP	—	425	575	1,000	2,500	—
1799PTS PP	—	425	575	1,000	2,500	—
1800PTS PP	—	425	575	1,000	2,500	—

KM# 81 8 ESCUDOS

27.0674 g., 0.8750 Gold 0.7614 oz. AGW **Ruler:** Charles IIII **Obv:** Armored bust right **Obv. Legend:** CAROL • IIII • D • G • HISP • ET IND • R • **Rev:** Crowned arms within Order chain **Note:** Mint mark in monogram.

Date	Mintage	VG	F	VF	XF	Unc
1791PTS PR	—	—	BV	1,500	2,400	—
1792/1PTS PR	—	—	BV	1,400	1,600	—
1792PTS PR	—	—	BV	1,375	1,575	—
1793PTS PR	—	—	BV	1,375	1,575	—
1794PTS PR	—	—	BV	1,375	1,575	—
1795PTS PP	—	—	BV	1,375	1,575	—
1796PTS PP	—	—	BV	1,375	1,575	—
1797PTS PP	—	—	BV	1,375	1,575	—
1798PTS PP	—	—	BV	1,375	1,575	—
1799PTS PP	—	—	BV	1,375	1,575	—
1800PTS PP	—	—	BV	1,375	1,575	—

KM# 68 8 ESCUDOS

27.0674 g., 0.8750 Gold 0.7614 oz. AGW **Obv:** Armored bust right **Obv. Legend:** CAROL • IV • D • G • HISP • ET IND • R • **Rev:** Crowned arms within order chain **Note:** On 1789 and 1790/89 dates, IV can be seen re-engraved over III. Mint mark in monogram.

Date	Mintage	VG	F	VF	XF	Unc
1789PTS PR	—	BV	1,400	1,750	2,100	—
1790/89PTS PR	—	BV	1,350	1,700	2,000	—
1790PTS PR	—	BV	1,300	1,500	1,750	—

The Federative Republic of Brazil, which comprises half the continent of South America and is the only Latin American country deriving its culture and language from Portugal, has an area of 3,286,488 sq. mi. (8,511,965 sq. km.) and a population of *169.2 million. Capital: Brasilia. The economy of Brazil is as varied and complex as any in the developing world. Agriculture is a mainstay of the economy, while only 4 percent of the area is under cultivation. Known mineral resources are almost unlimited in variety and size of reserves. A large, relatively sophisticated industry ranges from basic steel and chemical production to finished consumer goods. Coffee, cotton, iron ore and cocoa are the chief exports.

Brazil was discovered and claimed for Portugal by Admiral Pedro Alvares Cabral in 1500. Portugal established a settlement in 1532 and proclaimed the area a royal colony in 1549. During the Napoleonic Wars, Dom Joao VI established the seat of Portuguese government in Rio de Janeiro. When he returned to Portugal, his son Dom Pedro I declared Brazil's independence on Sept. 7, 1822, and became emperor of Brazil. The Empire of Brazil was maintained until 1889 when the federal republic was established. The Federative Republic was established in 1946 by terms of a constitution drawn up by a constituent assembly. Following a coup in 1964 the armed forces retained overall control under a dictatorship until civilian government was restored on March 15, 1985. The current constitution was adopted in 1988.

RULERS

Portuguese
Pedro,
As Pedro II, 1683-1706
Joao VI, 1706-1750
Jose I, 1750-1777
Maria I and Pedro III, 1777-1786
Maria I, widow, 1786-1816
Joao, Prince Regent, 1799-1818

MINT MARKS

B - Bahia
R - Rio de Janeiro
W/o mint mark - Lisbon 1715-1805

MONETARY SYSTEM

(Until 1833)
120 Reis = 1 Real
6400 Reis 1 Peca (Dobra = Johannes (Joe) = 4 Escudos

PORTUGUESE COLONY

MILLED COINAGE

KM# 159 5 REIS

Copper **Ruler:** Joao VI **Obv:** Crowned value above date in inner circle **Obv. Legend:** JOHANNSS. V. D. G. P. ET. BRASIL. REX **Rev:** Globe **Mint:** Lisbon **Note:** Struck for Maranhao.

Date	Mintage	VG	F	VF	XF	Unc
1749	—	10.00	20.00	40.00	75.00	—

KM# 173.1 5 REIS

Copper **Ruler:** Jose I **Obv. Legend:** IOSEPHUS. I. D. G.. **Rev:** Thin parallels on globe **Mint:** Lisbon **Note:** Struck without mint mark.

Date	Mintage	VG	F	VF	XF	Unc
1752	—	50.00	90.00	175	450	—
1753	418,000	3.50	6.00	18.00	35.00	—

KM# 188 5 REIS

Copper **Ruler:** Jose I **Obv:** Crowned value above date, beaded circle surrounds **Obv. Legend:** JOSEPHUS • I • D • G • ... **Rev:** Thick parallels on globe **Mint:** Bahia

Date	Mintage	VG	F	VF	XF	Unc
1762B	—	2.50	5.50	10.00	27.00	—
1763B	—	3.00	7.00	13.00	35.00	—
1764B	—	2.00	4.50	8.00	22.00	—
1766B	—	2.00	4.50	8.00	22.00	—
1767B	—	2.00	4.50	8.00	22.00	—
1768B	—	2.00	4.50	8.00	22.00	—
1769B	—	2.00	4.50	8.00	22.00	—

KM# 173.2 5 REIS

Copper **Ruler:** Jose I **Obv:** Crowned value above date, beaded circle surrounds **Obv. Legend:** JOSEPHUS • I • D • G • .... **Rev:** Thin parallels on globe **Mint:** Rio de Janeiro

Date	Mintage	VG	F	VF	XF	Unc
1765R	—	2.50	5.50	15.00	32.00	—
1766R	—	2.50	5.50	15.00	32.00	—
1767R	69,000	6.00	14.00	35.00	90.00	—
1768R	7,702	60.00	120	200	350	—
1772R	47,000	4.00	9.00	25.00	55.00	—
1773R	69,000	3.00	7.00	18.00	45.00	—
1774R	125,000	2.50	5.50	15.00	40.00	—
1775R	78,000	2.50	5.50	15.00	40.00	—
1776R	78,000	6.00	14.00	35.00	90.00	—
1777R	62,000	6.00	14.00	35.00	90.00	—

KM# 173.3 5 REIS

Copper **Ruler:** Jose I **Mint:** Lisbon **Note:** Struck without mint mark.

Date	Mintage	VG	F	VF	XF	Unc
1768 PECUNIA	—	1.00	2.50	9.00	25.00	—
1768 PECUNIA	—	2.00	3.50	10.00	30.00	—
1773	660,000	1.00	2.50	9.00	25.00	—
1774	1,800,000	1.00	2.50	9.00	25.00	—

KM# 200 5 REIS

Copper **Ruler:** Maria I and Pedro III **Obv. Legend:** MARIA. I. E. PETRUS. III. D. G. P. E. **Rev:** Globe **Rev. Legend:** PECUNIA. TOTUM. CIRCUMIT... **Mint:** Bahia

Date	Mintage	VG	F	VF	XF	Unc
1778B	575,000	3.00	7.00	18.00	45.00	—
1781B	192,000	2.00	6.00	12.00	30.00	—
1782B	200,000	2.00	5.00	10.00	25.00	—
1784B	389,000	2.00	5.00	10.00	25.00	—
1785B	389,000	2.00	5.00	10.00	25.00	—

KM# 214.1 5 REIS

Copper **Ruler:** Maria I **Obv. Legend:** MARIA. I. D. G. P. ET. BRASILIAE... **Mint:** Bahia

Date	Mintage	VG	F	VF	XF	Unc
1786B	395,000	3.00	8.00	20.00	50.00	—
1787B	270,000	3.00	8.00	20.00	50.00	—
1790B	283,000	3.00	8.00	20.00	50.00	—
1791B	402,000	3.00	8.00	20.00	50.00	—
1797B	160,000	15.00	25.00	45.00	90.00	—

KM# 214.2 5 REIS

Copper **Ruler:** Maria I **Obv:** High full arch crown above V **Mint:** Bahia

Date	Mintage	VG	F	VF	XF	Unc
1786B	Inc. above	3.00	8.00	20.00	50.00	—
1787B	Inc. above	3.00	8.00	20.00	50.00	—
1790B	Inc. above	3.00	8.00	20.00	50.00	—
1791B	Inc. above	8.00	16.00	35.00	75.00	—

KM# 227 5 REIS

Copper **Ruler:** Joao **Mint:** Bahia **Note:** Reduced size.

Date	Mintage	VG	F	VF	XF	Unc
1799B	—	50.00	90.00	175	300	—

KM# 107 10 REIS

Copper **Ruler:** Joao VI **Obv:** Crowned value in inner circle **Obv. Legend:** JOHANNES. V. D. G. P. ET. BRASIL. REX. **Rev:** Globe **Mint:** Lisbon

Date	Mintage	VG	F	VF	XF	Unc
ND	—	65.00	125	200	350	—

KM# 108 10 REIS

4.0000 g., Copper, 21.5 mm. **Ruler:** Joao VI **Obv:** Crowned value and date in inner circle **Mint:** Lisbon

Date	Mintage	VG	F	VF	XF	Unc
1715	—	4.00	8.00	15.00	45.00	—
1718	—	4.00	8.00	15.00	45.00	—
1719	—	4.00	8.00	15.00	45.00	—
1720	—	4.50	9.00	18.00	50.00	—

KM# 142.1 10 REIS

Copper **Ruler:** Joao VI **Rev:** Globe **Rev. Legend:** PECVNIA **Mint:** Bahia

Date	Mintage	VG	F	VF	XF	Unc
1729B	—	5.00	7.00	12.00	35.00	—
1730B	—	5.00	7.00	12.00	35.00	—
1731B Rare	—	—	—	—	—	—
1747B	—	20.00	35.00	75.00	150	—
1748B	—	50.00	75.00	100	200	—

KM# 142.2 10 REIS

Copper **Ruler:** Joao VI **Rev. Legend:** PECUNIA **Mint:** Bahia

Date	Mintage	VG	F	VF	XF	Unc
1730B	—	6.00	9.00	22.00	45.00	—
1731B	—	5.00	7.00	12.00	35.00	—
1732B	—	5.00	7.00	12.00	35.00	—

KM# 142.3 10 REIS

Copper **Ruler:** Joao VI **Obv:** Crowned value and date between dots in inner circle **Rev:** Globe **Mint:** Lisbon

Date	Mintage	VG	F	VF	XF	Unc
1735	—	7.00	12.00	30.00	60.00	—
1736	—	12.00	28.00	60.00	110	—
1746	—	15.00	32.00	70.00	135	—

KM# 142.4 10 REIS

Copper **Ruler:** Joao VI **Obv:** Wthout dots at sides of date **Mint:** Lisbon

Date	Mintage	VG	F	VF	XF	Unc
1746	—	18.00	35.00	75.00	150	—

KM# 142.5 10 REIS

Copper **Ruler:** Joao VI **Obv:** Crowned value and date in inner circle **Mint:** Lisbon **Note:** Struck for Maranhao.

Date	Mintage	VG	F	VF	XF	Unc
1749	—	12.00	28.00	60.00	110	—

KM# 165.1 10 REIS

Copper **Ruler:** Jose I **Obv. Legend:** JOSEPHUS. I. D. G.. **Rev:** Thick parallels on globe **Mint:** Rio de Janeiro **Note:** Struck without mint mark.

Date	Mintage	VG	F	VF	XF	Unc
1751 BRASI	—	50.00	100	200	400	—
1751 BRAS	—	50.00	100	200	400	—

KM# 174.1 10 REIS

Copper **Ruler:** Jose I **Obv. Legend:** JOSEPHUS I. D. G.. **Rev:** Thin parallels on globe **Mint:** Lisbon **Note:** Struck without mint mark.

Date	Mintage	VG	F	VF	XF	Unc
1752	—	10.00	25.00	60.00	120	—
1753	700,000	6.00	15.00	28.00	60.00	—

KM# 165.2 10 REIS

Copper **Ruler:** Jose I **Obv. Legend:** JOSEPHUS. I. D. G.. **Rev:** Thick parallels on globe **Mint:** Bahia

Date	Mintage	VG	F	VF	XF	Unc
1762B	—	8.00	15.00	30.00	60.00	—

KM# 174.2 10 REIS

Copper **Ruler:** Jose I **Rev:** Thin parallels on globe

Date	Mintage	VG	F	VF	XF	Unc
1773	2,021,000	5.00	12.00	22.00	50.00	—
1774	Inc. above	3.00	7.50	15.00	35.00	—
1775	934,000	3.00	7.50	15.00	35.00	—
1776	608,000	3.00	7.50	15.00	35.00	—

KM# 201 10 REIS

Copper **Ruler:** Maria I and Pedro III **Obv. Legend:** MARIA. I. E. PETRUS III... **Rev:** Globe **Rev. Legend:** PECUNIA. TOTUM. CIRCUM. IT..

Date	Mintage	VG	F	VF	XF	Unc
1778	767,000	3.00	5.00	10.00	25.00	—
1781	312,000	5.00	8.00	12.50	30.00	—
1782	295,000	5.00	8.00	12.50	30.00	—
1784	189,000	10.00	14.00	20.00	45.00	—
1785	405,000	10.00	14.00	25.00	55.00	—

KM# 215.1 10 REIS

Copper **Ruler:** Joao **Obv:** Low flat arch crown above "x" **Obv. Legend:** MARIA. I. D. G. P. ET. BRASILIAE...

Date	Mintage	VG	F	VF	XF	Unc
1786	425,000	5.00	9.00	15.00	35.00	—
1787	314,000	5.00	9.00	15.00	35.00	—
1790	379,000	12.00	22.50	35.00	65.00	—
1796	260,000	15.00	30.00	60.00	120	—

KM# 215.2 10 REIS

Copper **Ruler:** Maria I **Obv:** High full arch crown above "x"

Date	Mintage	VG	F	VF	XF	Unc
1786	Inc. above	5.00	9.00	15.00	35.00	—
1787	Inc. above	10.00	20.00	40.00	80.00	—
1790	Inc. above	10.00	20.00	40.00	80.00	—

KM# 228 10 REIS

Copper **Note:** Reduced size.

Date	Mintage	VG	F	VF	XF	Unc
1799	—	5.00	7.50	12.50	35.00	—

KM# 109 20 REIS

Copper **Ruler:** Joao VI **Obv:** Crowned value and date in inner circle **Obv. Legend:** JOHANNES. V. D. G. P. ET. BRASIL. REX **Rev:** Globe **Mint:** Lisbon

Date	Mintage	VG	F	VF	XF	Unc
1715	—	8.00	16.00	35.00	60.00	—
1718	—	8.00	16.00	35.00	60.00	—
1719	—	5.00	10.00	20.00	35.00	—
1729	—	8.00	16.00	35.00	60.00	—

KM# 110 20 REIS

Copper **Ruler:** Joao VI **Obv:** Crowned arms. **Rev:** Value in wreath, date at top **Mint:** Lisbon **Note:** Struck for Minas Gerais.

Date	Mintage	VG	F	VF	XF	Unc
1722	—	6.00	12.00	25.00	45.00	—

126 BRAZIL

KM# 143.1 20 REIS

Copper **Ruler:** Joao VI **Obv:** Crowned value and date in inner circle **Rev:** Globe **Rev. Legend:** PECVNIA **Mint:** Bahia

Date	Mintage	VG	F	VF	XF	Unc
1729B	—	6.00	12.00	25.00	45.00	—
1730B	—	6.00	12.00	25.00	45.00	—
1731B	—	6.00	12.00	25.00	45.00	—
1748B	—	70.00	150	250	400	—

KM# 143.2 20 REIS

Copper **Ruler:** Joao VI **Rev. Legend:** PECUNIA **Mint:** Bahia

Date	Mintage	VG	F	VF	XF	Unc
1729B	—	6.00	12.00	25.00	45.00	—
1730B	—	6.00	12.00	25.00	45.00	—
1731B	—	7.00	14.00	28.00	55.00	—

KM# 143.3 20 REIS

Copper **Ruler:** Joao VI **Obv:** Crowned value and date between dots in inner circle **Rev:** Globe **Mint:** Lisbon

Date	Mintage	VG	F	VF	XF	Unc
1735	—	5.00	10.00	20.00	40.00	—
1736	—	5.00	10.00	20.00	40.00	—

KM# 143.4 20 REIS

Copper **Ruler:** Joao VI **Obv:** Crowned value and date between crosses in inner circle **Mint:** Lisbon

Date	Mintage	VG	F	VF	XF	Unc
1735	—	5.00	10.00	20.00	40.00	—
1736	—	5.00	10.00	20.00	40.00	—
1746	—	6.00	12.00	25.00	50.00	—

KM# 143.5 20 REIS

Copper **Ruler:** Joao VI **Obv:** Crowned value above date in inner circle **Mint:** Lisbon **Note:** Struck for Maranhao.

Date	Mintage	VG	F	VF	XF	Unc
1749	—	6.00	12.00	25.00	50.00	—

KM# 166.1 20 REIS

Copper **Ruler:** Jose I **Obv. Legend:** JOSEPHUS. I. D. G.. **Rev:** Thick parallels on globe **Mint:** Rio de Janeiro **Note:** Struck without mint mark.

Date	Mintage	VG	F	VF	XF	Unc
1751	—	45.00	90.00	175	350	—
1752	—	45.00	90.00	175	350	—

KM# 175.1 20 REIS

Copper **Ruler:** Jose I **Obv. Legend:** IOSEPHUS. I. D. G.. **Rev:** Thin parallels on globe **Mint:** Lisbon **Note:** Struck without mint mark.

Date	Mintage	VG	F	VF	XF	Unc
1752	—	6.00	12.00	20.00	50.00	—
1753	403,000	3.50	6.00	12.00	30.00	—

KM# 166.2 20 REIS

Copper **Ruler:** Jose I **Obv. Legend:** JOSEPHUS. I. D. G.. **Rev:** Thick parallels on globe **Mint:** Bahia

Date	Mintage	VG	F	VF	XF	Unc
1761B	—	25.00	55.00	120	200	—

KM# 175.2 20 REIS

Copper **Ruler:** Jose I **Rev:** Thin parallels on globe

Date	Mintage	VG	F	VF	XF	Unc
1773	1,594,000	2.50	5.00	10.00	25.00	—
1774	Inc. above	2.50	5.00	10.00	25.00	—
1775	995,000	2.50	5.00	10.00	25.00	—
1776	607,000	2.50	5.00	10.00	25.00	—

KM# 202 20 REIS

Copper **Ruler:** Maria I and Pedro III **Obv. Legend:** MARIA. I. E. PETRUS. III... **Rev:** Globe **Rev. Legend:** PECUNIA. TOTUM. CIRCUMIT...

Date	Mintage	VG	F	VF	XF	Unc
1778	567,000	3.50	6.00	12.00	30.00	—
1781	55,000	7.50	12.50	22.00	52.00	—
1782	371,000	2.50	5.00	9.00	22.00	—
1784	423,000	2.50	5.00	9.00	22.00	—

KM# 216.1 20 REIS

Copper **Ruler:** Maria I **Obv:** Low flat arch above "XX" **Obv. Legend:** MARIA. I. D. G. P. ET. BRASILIAE... **Mint:** Lisbon

Date	Mintage	VG	F	VF	XF	Unc
1786	301,000	2.50	5.00	10.00	25.00	—
1787	254,000	2.50	1.00	10.00	25.00	—
1790	348,000	20.00	40.00	90.00	175	—
1796	126,000	50.00	85.00	175	350	—
1799	198,000	50.00	85.00	175	350	—

KM# 216.2 20 REIS

Copper **Ruler:** Maria I **Obv:** High full arch crown above "XX"

Date	Mintage	VG	F	VF	XF	Unc
1786	Inc. above	3.50	6.00	12.00	30.00	—
1787	Inc. above	3.50	6.00	12.00	30.00	—
1790	Inc. above	35.00	65.00	125	250	—
1799	Inc. above	100	200	350	500	—

KM# 229 20 REIS

Copper **Mint:** Lisbon **Note:** Reduced size

Date	Mintage	VG	F	VF	XF	Unc
1799	—	5.00	7.50	12.00	30.00	—

KM# 111 40 REIS

Copper **Obv:** Crowned arms **Obv. Legend:** JOHANNES. V. D. G. P. ET . BRASIL. REX.. **Rev:** Value in wreath, date at top **Mint:** Lisbon **Note:** Struck for Minas Gerais.

Date	Mintage	VG	F	VF	XF	Unc
1722	—	6.00	12.00	25.00	45.00	—

KM# 184.1 40 REIS

Copper **Ruler:** Jose I **Obv. Legend:** IOSEPHUS. I. D. G.. **Rev:** Thin parallels on globe **Mint:** Lisbon **Note:** Struck without mint mark. Varieties exist.

Date	Mintage	VG	F	VF	XF	Unc
1753	121,000	3.00	6.00	12.00	25.00	—
1760	216,000	5.00	10.00	20.00	40.00	—

KM# 189 40 REIS

Copper **Ruler:** Jose I **Obv. Legend:** JOSEPHUS. I. D. G.. **Rev:** Thick parallels on globe **Mint:** Bahia **Note:** Varieties exist.

Date	Mintage	VG	F	VF	XF	Unc
1762B	—	7.00	15.00	30.00	50.00	—

KM# 184.2 40 REIS

Copper **Ruler:** Jose I **Obv. Legend:** JOSEPHUS. I. D. G.. **Rev:** Thin parallels on globe **Mint:** Lisbon **Note:** Struck without mint mark.

Date	Mintage	VG	F	VF	XF	Unc
1774	231,000	7.00	15.00	30.00	50.00	—

KM# 203 40 REIS

Copper **Ruler:** Maria I and Pedro III **Obv:** Crowned XL **Obv. Legend:** MARIA. I. E. PETRUS. III.. **Rev:** Globe **Rev. Legend:** PECUNIA. TOTUM. CIRCUMIT.. **Mint:** Lisbon

Date	Mintage	VG	F	VF	XF	Unc
1778	183,000	10.00	20.00	40.00	70.00	—
1781	92,000	10.00	20.00	40.00	70.00	—
1784	90,000	10.00	22.00	45.00	80.00	—

KM# 217.1 40 REIS

Copper **Ruler:** Maria I **Obv:** Low flat arch crown above "XL" **Obv. Legend:** MARIA. I. D. G.. **Mint:** Lisbon

Date	Mintage	VG	F	VF	XF	Unc
1786	100,000	10.00	20.00	40.00	70.00	—
1790	140,000	20.00	40.00	100	200	—
1791	53,000	25.00	50.00	120	250	—
1796	101,000	20.00	40.00	100	200	—

KM# 217.2 40 REIS

Copper **Ruler:** Maria I **Obv:** High full arch crown above "XL" **Mint:** Lisbon

Date	Mintage	VG	F	VF	XF	Unc
1786	Inc. above	15.00	30.00	50.00	90.00	—
1787	79,000	10.00	20.00	40.00	70.00	—
1790	Inc. above	50.00	100	200	450	—
1791	Inc. above	75.00	150	300	550	—

KM# 230 40 REIS

Copper **Mint:** Lisbon **Note:** Reduced size

Date	Mintage	VG	F	VF	XF	Unc
1799	—	6.00	12.00	25.00	45.00	—

KM# 176.1 75 REIS

2.2648 g., 0.9170 Silver 0.0668 oz. ASW **Ruler:** Jose I **Obv:** Crowned "J", florals at right, value at left **Rev:** Globe on cross with "B" at center **Rev. Legend:** SIGN NATA STAB SVBQ **Mint:** Bahia

Date	Mintage	Good	VG	F	VF	XF
1752B	—	150	300	500	850	—
1753B	—	50.00	90.00	185	350	—
1754B	—	50.00	90.00	185	350	—

KM# 176.2 75 REIS

2.2648 g., 0.9170 Silver 0.0668 oz. ASW **Ruler:** Jose I **Obv:** Crowned "J", florals at right, value at left **Rev:** Globe on cross with "R" at center **Rev. Legend:** SIGN • NATA • STAB • SVBQ **Mint:** Rio de Janeiro

Date	Mintage	Good	VG	F	VF	XF
1754R	—	25.00	40.00	75.00	150	—
1755R	—	25.00	40.00	75.00	150	—
1760R	—	60.00	100	200	400	—

KM# 87.2 80 REIS

2.2400 g., 0.9170 Silver 0.0660 oz. ASW **Ruler:** Pedro **Obv:** Crowned arms **Obv. Legend:** PETRVS • II • D • G • ... **Rev:** Globe on cross with "P" at center **Rev. Legend:** SIGN NATA STAB SVBQ **Mint:** Pernambuco **Note:** Varieties exist.

Date	Mintage	Good	VG	F	VF	XF
1701P	—	40.00	80.00	160	350	—

KM# 160 80 REIS

2.2400 g., 0.9170 Silver 0.0660 oz. ASW **Ruler:** Joao VI **Obv. Legend:** JOHANNES. V. D. G. PORT. REX. E. B. D **Mint:** Lisbon **Note:** Struck at Lisbon for Maranhao.

Date	Mintage	VG	F	VF	XF	Unc
1749	—	7.50	15.00	30.00	60.00	—

KM# 167 80 REIS

2.4158 g., 0.9170 Silver 0.0712 oz. ASW **Ruler:** Jose I **Obv. Legend:** JOSEPHUS. I. D. G.. **Rev. Legend:** STAB. SUBQ.. **Mint:** Rio de Janeiro

Date	Mintage	VG	F	VF	XF	Unc
1751R	—	7.50	15.00	30.00	60.00	—

KM# 190.2 80 REIS

2.2254 g., 0.9170 Silver 0.0656 oz. ASW **Ruler:** Jose I **Rev. Legend:** STAB. SUBG.. **Mint:** Lisbon

Date	Mintage	VG	F	VF	XF	Unc
1768	Inc. above	3.75	7.50	12.50	25.00	—
1770	25,000	3.75	7.50	12.50	25.00	—
1771	Inc. above	3.75	7.50	12.50	25.00	—

KM# 190.1 80 REIS

2.2254 g., 0.9170 Silver 0.0656 oz. ASW **Ruler:** Jose I **Rev. Legend:** STAB. SVBG... **Mint:** Lisbon **Note:** Struck without mint mark.

Date	Mintage	VG	F	VF	XF	Unc
1768	100,000	12.00	25.00	45.00	85.00	—
1771	202,000	7.00	15.00	25.00	50.00	—

Note: 1771 has reverse legend starting at 4 o'clock instead of the normal 10 o'clock

KM# 204 80 REIS

2.2254 g., 0.9170 Silver 0.0656 oz. ASW **Ruler:** Maria I and Pedro III **Obv:** Crowned arms **Obv. Legend:** MARIA. I. E. PETRUS. III **Rev:** Globe **Rev. Legend:** SUBG. SIGN. NATA. STAB..

Date	Mintage	VG	F	VF	XF	Unc
1778	12,000	5.00	10.00	20.00	45.00	—
1779	25,000	3.50	6.50	12.50	30.00	—
1780	30,000	3.50	6.50	12.50	30.00	—
1781	29,000	4.00	7.50	15.00	30.00	—
1782	52,000	4.00	7.50	15.00	30.00	—
1785	20,000	5.00	10.00	20.00	45.00	—
1786	24,000	4.00	7.50	15.00	30.00	—

KM# 219.1 80 REIS

2.2254 g., 0.9170 Silver 0.0656 oz. ASW **Ruler:** Maria I **Obv:** Crowned arms divide crosses at right from value at left **Obv. Legend:** MARIA • I • D • G • PORT • REGINA • ... **Rev:** Globe on cross **Rev. Legend:** SIGN • NATA • STAB • SVBQ •

Date	Mintage	VG	F	VF	XF	Unc
1787	21,000	3.00	7.00	12.00	25.00	—
1788	45,000	4.00	8.00	15.00	30.00	—
1790	92,000	5.00	10.00	17.50	30.00	—
1796	73,000	3.00	7.00	12.00	25.00	—

KM# 219.2 80 REIS

2.2254 g., 0.9170 Silver 0.0656 oz. ASW **Ruler:** Maria I **Obv:** High crown **Rev:** Globe on cross

Date	Mintage	VG	F	VF	XF	Unc
1787	—	4.00	7.50	15.00	30.00	—
1788	—	5.00	10.00	20.00	45.00	—
1790	—	3.00	7.00	12.00	25.00	—

KM# 177 150 REIS

4.5296 g., 0.9170 Silver 0.1335 oz. ASW **Ruler:** Jose I **Obv:** Crown above "J", crosses at left, value at right **Rev:** Globe on cross, "B" at center **Rev. Legend:** SIGN • NATA STAB • SVBQ **Mint:** Bahia

Date	Mintage	VG	F	VF	XF	Unc
1752B	—	250	400	750	1,200	—
1753B	—	40.00	65.00	100	175	—
1754B	—	35.00	55.00	85.00	140	—
1756B	—	125	225	350	600	—
1768B Rare	—	—	—	—	—	—

KM# 185 150 REIS

4.5296 g., 0.9170 Silver 0.1335 oz. ASW **Ruler:** Jose I **Obv:** Crown above "J", florals at right, value at left **Rev:** Curved parallels on globe **Rev. Legend:** SIGN • NATA STAB • SVBQ **Mint:** Rio de Janeiro

Date	Mintage	VG	F	VF	XF	Unc
1754R	—	30.00	50.00	75.00	125	—

Date	Mintage	VG	F	VF	XF	Unc
1754R	—	35.00	55.00	85.00	140	—
Note: Reverse ATAN NGIS						
1755R	—	35.00	55.00	85.00	140	—
1758R	—	35.00	55.00	85.00	140	—
1760R	—	60.00	120	180	300	—

KM# 195 150 REIS

4.5296 g., 0.9170 Silver 0.1335 oz. ASW **Ruler:** Jose I **Rev:** Straight parallels on globe **Mint:** Rio de Janeiro

Date	Mintage	VG	F	VF	XF	Unc
1771R	3,468	40.00	70.00	125	200	—

KM# 88.2 160 REIS

Silver **Ruler:** Pedro **Obv:** Crowned arms divide value at left from crosses at right **Obv. Legend:** PETRVS • II • D • G • P • R • E .... **Rev:** Globe on cross with "P" at center **Rev. Legend:** SIGN NATA STAB SVBQ **Mint:** Pernambuco **Note:** Varieties exist.

Date	Mintage	Good	VG	F	VF	XF
1701P	—	6.00	10.00	20.00	45.00	—
1702P Rare	—	—	—	—	—	—

KM# 156.1 160 REIS

4.8315 g., 0.9170 Silver 0.1424 oz. ASW **Ruler:** Joao VI **Obv:** Crowned arms divide date, value at left **Obv. Legend:** JOANNES. V. D. G. P. REX. E. BRAS. D **Rev:** Round globe on cross **Mint:** Rio de Janeiro

Date	Mintage	VG	F	VF	XF	Unc
1748R	—	5.00	8.00	15.00	35.00	—

KM# 156.2 160 REIS

4.8315 g., 0.9170 Silver 0.1424 oz. ASW **Ruler:** Joao VI **Rev:** Oval globe on cross **Mint:** Rio de Janeiro

Date	Mintage	VG	F	VF	XF	Unc
1748R	—	5.00	8.00	15.00	35.00	—
1749R	—	6.00	12.00	30.00	60.00	—

KM# 156.5 160 REIS

4.8315 g., 0.9170 Silver 0.1424 oz. ASW **Ruler:** Joao VI **Mint:** Lisbon **Note:** Struck for Maranhao.

Date	Mintage	VG	F	VF	XF	Unc
1749	—	5.00	8.00	15.00	35.00	—

KM# 156.3 160 REIS

4.8315 g., 0.9170 Silver 0.1424 oz. ASW **Rev:** Small globe on cross **Mint:** Rio de Janeiro

Date	Mintage	VG	F	VF	XF	Unc
1750R	—	6.00	12.00	30.00	60.00	—

KM# 156.4 160 REIS

4.8315 g., 0.9170 Silver 0.1424 oz. ASW **Ruler:** Jose I **Rev:** Large globe on cross **Mint:** Rio de Janeiro

Date	Mintage	VG	F	VF	XF	Unc
1750R	—	5.00	10.00	20.00	40.00	—

KM# 168.1 160 REIS

4.8315 g., 0.9170 Silver 0.1424 oz. ASW **Obv. Legend:** JOSEPHUS. I. D. G.. **Rev. Legend:** STAB. SUBG.. **Mint:** Rio de Janeiro

Date	Mintage	VG	F	VF	XF	Unc
1751R	—	7.50	15.00	25.00	50.00	—

KM# 168.2 160 REIS

4.8315 g., 0.9170 Silver 0.1424 oz. ASW **Ruler:** Jose I **Obv. Legend:** IOSEPHUS I. D. G.. **Mint:** Lisbon **Note:** Struck without mint mark.

Date	Mintage	VG	F	VF	XF	Unc
1752 PORT. REX	—	4.50	6.50	20.00	50.00	—
1756 P. REX	—	35.00	70.00	200	400	—

KM# 168.3 160 REIS

4.8315 g., 0.9170 Silver 0.1424 oz. ASW **Ruler:** Jose I **Rev. Legend:** STAB. SVGQ **Mint:** Bahia

Date	Mintage	VG	F	VF	XF	Unc
1757B Rare	—	—	—	—	—	—

KM# 168.4 160 REIS

4.8315 g., 0.9170 Silver 0.1424 oz. ASW **Ruler:** Jose I **Obv. Legend:** JOSEPHUS. I. D. G..

Date	Mintage	VG	F	VF	XF	Unc
1758B	—	6.00	10.00	17.50	35.00	—

KM# 191.1 160 REIS

4.8315 g., 0.9170 Silver 0.1424 oz. ASW **Ruler:** Jose I **Mint:** Lisbon **Note:** Struck without mint mark.

Date	Mintage	VG	F	VF	XF	Unc
1768	94,000	4.50	6.50	12.00	25.00	—

KM# 191.2 160 REIS

4.8315 g., 0.9170 Silver 0.1424 oz. ASW **Ruler:** Jose I **Rev. Legend:** STAB. SUBQ.. **Note:** Struck without mint mark.

Date	Mintage	VG	F	VF	XF	Unc
1768	Inc. above	4.50	6.50	12.00	25.00	—
1771	47,000	4.50	6.50	12.00	25.00	—
1773	101,000	4.50	6.50	12.00	25.00	—
1776	17,000	5.00	10.00	20.00	40.00	—

KM# 205 160 REIS

4.8315 g., 0.9170 Silver 0.1424 oz. ASW **Ruler:** Maria I and Pedro III **Obv. Legend:** MARIA. I. E. PETRUS. III.. **Rev. Legend:** SUBQ. SIGN. NATA. STAB.. **Mint:** Lisbon

Date	Mintage	VG	F	VF	XF	Unc
1778	9,007	4.50	6.50	12.00	25.00	—
1779	25,000	4.50	6.50	12.00	25.00	—
1780	26,000	4.50	6.50	12.00	25.00	—
1781	41,000	5.00	7.50	15.00	30.00	—
1783	37,000	6.50	12.50	20.00	35.00	—
1784	21,000	6.00	12.00	18.00	30.00	—
1785	36,000	25.00	50.00	100	200	—
1786	24,000	9.00	18.00	35.00	75.00	—

KM# 220.1 160 REIS

4.8315 g., 0.9170 Silver 0.1424 oz. ASW **Ruler:** Maria I **Obv. Legend:** MARIA. I. D. G. PORT. REGINA.. **Mint:** Lisbon

Date	Mintage	VG	F	VF	XF	Unc
1787	66,000	4.50	6.50	12.00	25.00	—
1790	62,000	4.50	6.50	12.00	25.00	—
1795	29,000	4.50	6.50	12.00	25.00	—
1797	13,000	6.00	12.00	25.00	50.00	—

KM# 220.2 160 REIS

4.8315 g., 0.9170 Silver 0.1424 oz. ASW **Ruler:** Maria I **Obv:** High crown **Mint:** Lisbon

Date	Mintage	VG	F	VF	XF	Unc
1787	—	4.50	6.50	12.00	25.00	—
1788 Rare	—	—	—	—	—	—
1790	—	4.50	6.50	12.00	25.00	—

KM# 178 300 REIS

9.0591 g., 0.9170 Silver 0.2671 oz. ASW **Ruler:** Jose I **Rev:** Curved parallels on globe **Mint:** Bahia

Date	Mintage	VG	F	VF	XF	Unc
1752B	—	45.00	90.00	150	300	—
1753B	—	30.00	60.00	100	200	—
1754B	—	30.00	60.00	100	200	—
1756B	—	45.00	80.00	135	275	—
1757B	—	60.00	115	125	350	—
1758B Rare	—	—	—	—	—	—

KM# 186 300 REIS

9.0591 g., 0.9170 Silver 0.2671 oz. ASW **Ruler:** Jose I **Rev:** Curved parallels on globe **Mint:** Rio de Janeiro

Date	Mintage	VG	F	VF	XF	Unc
1754R	—	20.00	35.00	50.00	100	—
1755R	—	20.00	35.00	55.00	110	—
1756R	—	22.50	40.00	55.00	100	—
1757R	—	22.50	40.00	65.00	135	—
1758R	—	22.50	40.00	65.00	135	—
1764R	—	20.00	35.00	55.00	110	—

KM# 196 300 REIS

9.0591 g., 0.9170 Silver 0.2671 oz. ASW **Ruler:** Jose I **Rev:** Straight parallels on globe **Mint:** Rio de Janeiro

Date	Mintage	VG	F	VF	XF	Unc
1771R	26,000	27.50	45.00	75.00	145	—

KM# 89.2 320 REIS

8.9600 g., 0.9170 Silver 0.2641 oz. ASW **Ruler:** Pedro **Obv:** Crowned arms divide date, value at left **Obv. Legend:** PETRVS • II • D • G • PORT • .... **Rev:** Round globe on cross **Rev. Legend:** SIGN • NATA STAB • SVBQ **Mint:** Pernambuco

Date	Mintage	VG	F	VF	XF	Unc
1701P	—	12.00	18.00	36.00	90.00	—
1702P	—	100	200	400	750	—

KM# 157.1 320 REIS

9.6631 g., 0.9170 Silver 0.2849 oz. ASW **Ruler:** Joao VI **Obv. Legend:** JOHANNES. V. D. G. PORT. REX. E. BRAS. D. **Mint:** Rio de Janeiro **Note:** Varieties exist.

Date	Mintage	VG	F	VF	XF	Unc
1748R	—	10.00	20.00	35.00	80.00	—
1749R	—	6.00	12.00	25.00	45.00	—
1750R	—	6.00	12.00	25.00	45.00	—

KM# 157.2 320 REIS

9.6631 g., 0.9170 Silver 0.2849 oz. ASW **Ruler:** Joao VI **Mint:** Lisbon **Note:** Struck for Maranhao.

Date	Mintage	VG	F	VF	XF	Unc
1749	—	6.00	12.00	25.00	45.00	—

KM# 169.1 320 REIS

9.6631 g., 0.9170 Silver 0.2849 oz. ASW **Ruler:** Jose I **Obv. Legend:** JOSEPHUS. I. D. G.. **Rev. Legend:** STAB. SUBQ.. **Mint:** Rio de Janeiro **Note:** There are several varieties of abbreviations for "BRASIL".

Date	Mintage	VG	F	VF	XF	Unc
1751R	—	8.00	15.00	30.00	65.00	—
1753R	—	8.00	15.00	30.00	65.00	—
1755R	—	10.00	20.00	40.00	85.00	—

KM# 169.2 320 REIS

9.6631 g., 0.9170 Silver 0.2849 oz. ASW **Ruler:** Jose I **Obv. Legend:** IOSEPHUS. E. D. G... **Rev. Legend:** STAB. SVBQ... **Mint:** Lisbon **Note:** Struck without mint mark.

Date	Mintage	VG	F	VF	XF	Unc
1752	—	60.00	120	250	450	—
1756	—	8.00	15.00	30.00	65.00	—

KM# 169.3 320 REIS

9.6631 g., 0.9170 Silver 0.2849 oz. ASW **Ruler:** Jose I **Obv. Legend:** JOSEPHUS. I. D. G.. **Mint:** Bahia

Date	Mintage	VG	F	VF	XF	Unc
1757B	—	35.00	70.00	150	300	—
1758/7B	—	15.00	30.00	65.00	125	—

KM# 192.2 320 REIS

8.9018 g., 0.9170 Silver 0.2624 oz. ASW **Ruler:** Jose I **Obv:** Crowned arms divide value at left from florals at right and date above **Obv. Legend:** JOSEPHUS • I • D • G • PORT • REX • ... **Rev. Legend:** SIGN • NATA • STAB • SVBQ •

Date	Mintage	VG	F	VF	XF	Unc
1768	Inc. above	8.00	12.00	20.00	40.00	—
1771 Rare	23,000	—	—	—	—	—
1773	75,000	8.00	12.00	20.00	40.00	—
1776	16,000	10.00	20.00	40.00	75.00	—

KM# 192.1 320 REIS

8.9018 g., 0.9170 Silver 0.2624 oz. ASW **Ruler:** Jose I **Mint:** Lisbon **Note:** Struck without mint mark.

Date	Mintage	VG	F	VF	XF	Unc
1768	47,000	65.00	125	275	500	—

KM# 206 320 REIS

8.9018 g., 0.9170 Silver 0.2624 oz. ASW **Ruler:** Maria I and Pedro III **Obv:** Crowned arms divides date **Obv. Legend:** MARIA • I • E • PETRUS • III • D • G • PORT • .... **Rev:** Globe on cross **Rev. Legend:** SIGN • NATA • STAB • SVBQ •

Date	Mintage	VG	F	VF	XF	Unc
1778	14,000	9.00	15.00	20.00	38.00	—
1779	19,000	9.00	15.00	20.00	38.00	—
1780	63,000	9.00	15.00	20.00	38.00	—
1782	16,000	9.00	15.00	20.00	38.00	—
1783	37,000	9.00	15.00	20.00	38.00	—
1784	23,000	9.00	15.00	20.00	38.00	—
1785	34,000	9.00	15.00	20.00	38.00	—
1786	19,000	9.00	15.00	22.00	45.00	—

KM# 221.1 320 REIS

8.9018 g., 0.9170 Silver 0.2624 oz. ASW **Ruler:** Maria I **Obv:** High crown **Obv. Legend:** MARIA • I • D • G • PORT • REGINA • ... **Rev:** Globe on cross **Rev. Legend:** SIGN • NATA • STAB • SVBQ •

Date	Mintage	VG	F	VF	XF	Unc
1787	43,000	10.00	17.50	25.00	50.00	—
1788	19,000	10.00	17.50	27.50	55.00	—
1790	37,000	17.50	35.00	45.00	75.00	—
1793	31,000	10.00	17.50	25.00	50.00	—
1797	10,000	10.00	17.50	30.00	60.00	—

KM# 221.2 320 REIS

8.9018 g., 0.9170 Silver 0.2624 oz. ASW **Ruler:** Maria I **Obv:** Low crown **Rev:** Globe on cross

Date	Mintage	VG	F	VF	XF	Unc
1787	—	10.00	17.50	25.00	50.00	—
1790	—	10.00	17.50	30.00	60.00	—
1793	—	10.00	17.50	27.50	55.00	—

KM# 221.3 320 REIS

8.9018 g., 0.9170 Silver 0.2624 oz. ASW **Obv:** Crowned denomination **Obv. Legend:** MARIA. I. D. G. PORT. REGINA.. **Rev:** Sash with initial crosses globe within cross **Mint:** Rio de Janeiro

Date	Mintage	VG	F	VF	XF	Unc
1800R	—	11.00	20.00	27.50	40.00	—

BRAZIL

KM# 118 400 REIS
0.8938 g., 0.9170 Gold 0.0264 oz. AGW **Ruler:** Joao VI **Obv:** Crown above name, value below **Obv. Legend:** IOAN V **Rev:** Maltese cross with "M" at angles **Mint:** Minas Gerais

Date	Mintage	VG	F	VF	XF	Unc
1725M	—	210	400	725	1,200	—
1726M	—	270	500	850	1,450	—

KM# 144 400 REIS
0.8938 g., 0.9170 Gold 0.0264 oz. AGW **Ruler:** Joao VI **Obv:** Cross with "R" in angles, date above **Mint:** Rio de Janeiro

Date	Mintage	VG	F	VF	XF	Unc
1730R	—	475	950	1,800	3,000	—

KM# 145 400 REIS
0.8938 g., 0.9170 Gold 0.0264 oz. AGW **Ruler:** Joao VI **Obv:** Laureate head right **Rev:** Crown above date **Rev. Legend:** IOAN • V • DE • REX **Mint:** Minas Gerais

Date	Mintage	VG	F	VF	XF	Unc
1730M	—	60.00	110	185	250	—
1732M	—	60.00	110	185	250	—
1733M	—	60.00	110	185	250	—
1734M	—	60.00	110	185	250	—

KM# 152 400 REIS
0.8938 g., 0.9170 Gold 0.0264 oz. AGW **Ruler:** Joao VI **Mint:** Rio de Janeiro

Date	Mintage	VG	F	VF	XF	Unc
1734R	—	60.00	110	185	250	—

KM# 194 600 REIS
18.1183 g., 0.9170 Silver 0.5341 oz. ASW **Ruler:** Jose I **Obv:** Crown above "J", florals at right, value at left, date below **Rev:** Straight parallels on globe **Rev. Legend:** SIGN • NATA • STAB • SVBQ **Mint:** Rio de Janeiro

Date	Mintage	VG	F	VF	XF	Unc
1770R	Inc. above	50.00	100	200	375	—
1771R	12,000	40.00	60.00	110	250	—
1774R	19,000	40.00	60.00	110	250	—
1774R Rare	Inc. above	—	—	—	—	—

Note: Retrograde N's on reverse

KM# 179 600 REIS
18.1183 g., 0.9170 Silver 0.5341 oz. ASW **Ruler:** Jose I **Obv:** Crown above "J", florals at right, value at left, date below **Rev:** Curved parallels on globe **Rev. Legend:** SIGN • NATA • STAB • SVBQ **Mint:** Bahia

Date	Mintage	VG	F	VF	XF	Unc
1752B	—	200	400	650	1,350	—
1754/3B	—	85.00	125	200	375	—
1756B	—	50.00	85.00	165	325	—
1757B	—	75.00	150	300	350	—
1758B	—	35.00	60.00	125	250	—
1760B	—	150	250	450	1,150	—
1768B Rare	—	—	—	—	—	—

KM# 187 600 REIS
18.1183 g., 0.9170 Silver 0.5341 oz. ASW **Ruler:** Jose I **Obv:** Crown above "J", florals at right, value at left, date below **Rev:** Curved parallels on globe **Rev. Legend:** SIGN • NATA • STAB • SVBQ **Mint:** Rio de Janeiro

Date	Mintage	VG	F	VF	XF	Unc
1754/8R	—	45.00	65.00	125	300	—
1754R	—	35.00	50.00	100	225	—
1755R	—	35.00	50.00	100	225	—
1756/5R	—	35.00	50.00	100	225	—
1756R	—	35.00	50.00	100	225	—
1758R	—	35.00	50.00	100	225	—
1760/58R Rare	—	—	—	—	—	—
1764/54R	—	35.00	50.00	100	225	—
1764R	—	35.00	50.00	100	225	—
1765R	—	85.00	165	300	550	—
1770R	13,000	45.00	65.00	125	300	—

KM# 90.2 640 REIS
17.9200 g., 0.9170 Silver 0.5283 oz. ASW **Ruler:** Pedro **Obv:** Crowned arms divide date above and value at left from florals at right **Obv. Legend:** PETRVS • II • D G • PORT • REX • ET • BRAS • DN • **Rev:** Globe on cross, thick, curved parallels **Rev. Legend:** SVBQ SIGN. NATA STAB. **Mint:** Pernambuco

Date	Mintage	VG	F	VF	XF	Unc
1701P	—	22.50	32.00	50.00	95.00	—
1702P	—	140	230	375	575	—

KM# 90.3 640 REIS
17.9200 g., 0.9170 Silver 0.5283 oz. ASW, 37.56 mm. **Ruler:** Pedro **Obv:** Crowned arms divide date above and value at left from florals at right **Obv. Legend:** PETRVS • II • DG • PORT • REX • E • BD **Rev:** Globe on cross, thick, curved parallels **Rev. Legend:** SVBQ SIGN. NATA STAB. **Edge:** Oblique milling **Mint:** Pernambuco

Date	Mintage	VG	F	VF	XF	Unc
1701P	—	16.00	60.00	100	200	—

KM# 158.1 640 REIS
19.3262 g., 0.9170 Silver 0.5698 oz. ASW **Ruler:** Joao VI **Obv:** Crowned arms divide date, value at left **Obv. Legend:** JOHANNES. V. D. G. PORT. REX. E. BRAS. D **Rev:** Oval globe on cross **Mint:** Rio de Janeiro

Date	Mintage	VG	F	VF	XF	Unc
1748R	—	20.00	35.00	65.00	125	—

KM# 158.2 640 REIS
19.3262 g., 0.9170 Silver 0.5698 oz. ASW **Ruler:** Joao VI **Obv:** Crowned arms divide date above and value at left from florals at right **Obv. Legend:** IOANNES • V • D • G • PORT • REX .... **Rev:** Round globe on cross **Rev. Legend:** SIGN • NATA • STAB • SVBQ **Mint:** Rio de Janeiro

Date	Mintage	VG	F	VF	XF	Unc
1748R	—	20.00	35.00	65.00	125	—
1749R	—	20.00	35.00	65.00	125	—
1750R	—	25.00	40.00	70.00	150	—

KM# 158.3 640 REIS
19.3262 g., 0.9170 Silver 0.5698 oz. ASW **Ruler:** Joao VI **Obv:** Crowned arms divide date above and value at left from florals at right **Rev:** Globe on cross **Mint:** Lisbon **Note:** Struck for Maranhao.

Date	Mintage	VG	F	VF	XF	Unc
1749	—	35.00	70.00	140	275	—

KM# 170.1 640 REIS
19.3262 g., 0.9170 Silver 0.5698 oz. ASW **Ruler:** Jose I **Obv:** Crowned arms divide date above and value at left from florals at right **Obv. Legend:** JOSEPHUS • I • D • G • P REX • ... **Rev:** Globe on cross, thick curved parallels **Rev. Legend:** SIGN • NATA • STAB • SVBQ **Mint:** Rio de Janeiro

Date	Mintage	VG	F	VF	XF	Unc
1751R BRAS.	—	20.00	30.00	50.00	100	—
1751R BRA.	—	30.00	45.00	70.00	135	—
1752R	—	35.00	45.00	90.00	175	—
1753R	—	75.00	150	300	550	—
1755R	—	60.00	100	200	400	—
1755 Without "R"	—	80.00	120	220	450	—

KM# 170.2 640 REIS
19.3262 g., 0.9170 Silver 0.5698 oz. ASW **Ruler:** Jose I **Obv:** Crowned arms divide date above and value at left from florals at right **Obv. Legend:** IOSEPHUS. I. D. G.. **Rev:** Globe on cross **Rev. Legend:** STAB. SVBQ.. **Mint:** Lisbon **Note:** Struck without mint mark.

Date	Mintage	VG	F	VF	XF	Unc
1752	—	55.00	100	200	375	—
1756	—	55.00	100	200	375	—

KM# 170.3 640 REIS
19.3262 g., 0.9170 Silver 0.5698 oz. ASW **Ruler:** Jose I **Obv:** Crowned arms divide date above and value at left from florals at right **Obv. Legend:** IOSEPHUS • D • G • PORT • REX • ET • BRAS • D • **Rev:** Globe on cross, thick curved parallels **Rev. Legend:** SIGN • NATA • STAB • SVBQ **Mint:** Bahia

Date	Mintage	VG	F	VF	XF	Unc
1757B	—	30.00	50.00	100	200	—
1758B	—	40.00	75.00	150	300	—

KM# 170.4 640 REIS
19.3262 g., 0.9170 Silver 0.5698 oz. ASW **Ruler:** Jose I **Obv. Legend:** JOSEPHUS. I. D. G.. **Mint:** Bahia

Date	Mintage	VG	F	VF	XF	Unc
1758B	—	45.00	85.00	185	350	—

KM# 193.1 640 REIS
17.8035 g., 0.9170 Silver 0.5249 oz. ASW **Ruler:** Jose I **Rev. Legend:** NATA. STAB. SVBQ.. **Mint:** Lisbon **Note:** Struck without mint mark.

Date	Mintage	VG	F	VF	XF	Unc
1768	63,000	20.00	30.00	40.00	80.00	—
1771	110,000	18.50	25.00	35.00	75.00	—

KM# 193.2 640 REIS
17.8035 g., 0.9170 Silver 0.5249 oz. ASW **Ruler:** Jose I **Obv:** Crowned arms divide date above and value at left from florals at right **Obv. Legend:** JOSEPHUS • I • D • G • PORT • REX • ET • BRAS • D • **Rev:** Globe on cross, thin straight parallels **Rev. Legend:** SIGN • NATA • STAB • SVBQ •

Date	Mintage	VG	F	VF	XF	Unc
1768	Inc. above	20.00	30.00	40.00	80.00	—
1771	Inc. above	18.50	25.00	35.00	75.00	—

Date	Mintage	VG	F	VF	XF	Unc
1744B	—	175	325	550	950	—
1747B	—	175	325	550	950	—
1749B	—	175	325	550	950	—
1750B	—	175	325	550	950	—

KM# 207.1 640 REIS

17.7600 g., 0.9170 Silver 0.5236 oz. ASW **Ruler:** Maria I and Pedro III **Obv:** Crowned arms divide date above and value at left from florals at right **Obv. Legend:** MARIA • I • ET • PETRUS • III • D • G • PORT •... **Rev:** Globe on cross, thin straight parallels **Rev. Legend:** SIGN • NATA • STAB • SVBQ **Mint:** Lisbon

Date	Mintage	VG	F	VF	XF	Unc
1778	19,750	22.50	30.00	40.00	75.00	—
1779	18,750	22.50	30.00	40.00	75.00	—
1780	39,000	22.50	30.00	40.00	75.00	—
1781	31,000	22.50	30.00	40.00	75.00	—
1782	16,250	35.00	65.00	185	250	—
1783	31,000	22.50	30.00	40.00	75.00	—

KM# 207.2 640 REIS

17.7600 g., 0.9170 Silver 0.5236 oz. ASW **Ruler:** Maria I and Pedro III **Obv:** High crown **Rev:** Globe on cross **Mint:** Lisbon

Date	Mintage	VG	F	VF	XF	Unc
1780	—	25.00	45.00	90.00	175	—
1781	—	22.50	35.00	60.00	125	—
1783	—	22.50	35.00	60.00	125	—
1784	25,000	22.50	35.00	60.00	125	—
1785	33,750	35.00	65.00	125	250	—
1786	18,750	35.00	65.00	125	250	—

KM# 231.2 640 REIS

17.7600 g., 0.9170 Silver 0.5236 oz. ASW **Ruler:** Maria I **Obv:** Crowned arms divide date above and value at left from florals at right **Obv. Legend:** MARIA • I • D • G • PORT • REGINA • ET • BRAS • D • **Rev:** Sash with initial "B" crosses globe within cross **Rev. Legend:** SIGN • NATA • STAB • SVBQ • **Mint:** Bahia

Date	Mintage	VG	F	VF	XF	Unc
1799B	—	25.00	35.00	50.00	90.00	—
1800B	—	18.50	25.00	40.00	75.00	—
1800B	—	25.00	35.00	50.00	90.00	—

KM# 153 800 REIS

1.7930 g., 0.9170 Gold 0.0529 oz. AGW **Ruler:** Joao VI **Obv:** Laureate head right **Obv. Legend:** IOANNES • V • D • G • PORT • ... **Rev:** Different crowned arms **Mint:** Rio de Janeiro

Date	Mintage	VG	F	VF	XF	Unc
1734R	—	85.00	165	275	450	—
1736R	—	85.00	165	275	450	—
1749R	—	85.00	165	275	450	—

KM# 119 800 REIS

1.7930 g., 0.9170 Gold 0.0529 oz. AGW **Ruler:** Joao VI **Obv:** Head right, date and mint mark below **Obv. Legend:** IOANNES • V • D • G • PORT •... **Rev:** First variety of crowned arms **Mint:** Bahia

Date	Mintage	VG	F	VF	XF	Unc
1727B	—	160	325	525	1,100	—
1729B	—	165	325	525	1,100	—
1731B	—	175	325	550	1,100	—

KM# 180.1 800 REIS

1.7930 g., 0.9170 Gold 0.0529 oz. AGW **Ruler:** Jose I **Obv:** Date and mint mark below head **Obv. Legend:** JOSEPHUS • I • D • G • PORT •.... **Rev:** Crowned arms **Mint:** Bahia

Date	Mintage	F	VF	XF	Unc	BU
1752B	—	225	425	700	1,150	—
1754B	—	125	250	425	600	—
1756B	—	125	250	425	600	—
1757B	—	150	300	500	750	—
1758B	—	125	250	425	600	—
1759B	—	125	250	425	600	—
1763B	—	125	250	600	850	—
1764B	—	125	250	425	600	—
1765B	—	125	250	425	600	—
1766B	—	125	250	425	600	—
1767B	—	125	250	425	600	—
1768B	—	225	425	700	1,150	—
1777B	—	225	425	700	1,150	—

KM# 120 800 REIS

1.7930 g., 0.9170 Gold 0.0529 oz. AGW **Ruler:** Joao VI **Obv:** Head right **Obv. Legend:** IOANNESS • V • D • G • PORT •... **Rev:** Crowned arms within cartouche **Mint:** Minas Gerais

Date	Mintage	VG	F	VF	XF	Unc
1727M	—	65.00	130	220	450	—
1728M	—	65.00	130	220	450	—
1729M	—	65.00	130	220	450	—
1730M	—	55.00	115	165	225	—
1731M	—	55.00	115	165	225	—
1732M	—	55.00	115	165	225	—
1733M	—	55.00	115	165	225	—
1734M	—	55.00	115	165	225	—

KM# 180.2 800 REIS

1.7930 g., 0.9170 Gold 0.0529 oz. AGW **Ruler:** Jose I **Obv:** Head right **Obv. Legend:** JOSEPHUS • I • D • G • PORT •... **Rev:** Crowned ornate arms **Mint:** Rio de Janeiro

Date	Mintage	F	VF	XF	Unc	BU
1752R	—	185	375	600	1,000	—
1763R	—	150	300	500	900	—

KM# 213 800 REIS

1.7930 g., 0.9170 Gold 0.0529 oz. AGW **Ruler:** Maria I and Pedro III **Obv:** Conjoined busts **Obv. Legend:** MARIA. I. ET. PETRUS. III **Rev:** Stylized arms **Mint:** Bahia

Date	Mintage	F	VF	XF	Unc	BU
1782B	—	650	1,250	2,150	3,200	—
1786B	—	650	1,250	2,150	3,200	—

KM# 222.1 640 REIS

17.7600 g., 0.9170 Silver 0.5236 oz. ASW **Ruler:** Maria I **Obv:** Crowned arms divide date above and value at left from florals at right **Obv. Legend:** MARIA • I • D • G • PORT • REGINA •... **Rev:** Globe on cross, thin straight parallels **Rev. Legend:** SIGN • NATA • STAB • SVBQ **Mint:** Lisbon

Date	Mintage	VG	F	VF	XF	Unc
1787	62,000	22.50	35.00	60.00	125	—
1790	19,000	135	275	500	900	—
1792	6,250	135	275	500	900	—
1793	6,250	30.00	50.00	70.00	135	—

KM# 222.3 640 REIS

17.7600 g., 0.9170 Silver 0.5236 oz. ASW **Ruler:** Maria I **Obv:** High crown **Mint:** Lisbon

Date	Mintage	VG	F	VF	XF	Unc
1787	—	20.00	40.00	80.00	150	—
1790	—	200	400	750	1,250	—
1795	22,000	225	450	800	1,350	—

KM# 222.2 640 REIS

17.7600 g., 0.9170 Silver 0.5236 oz. ASW **Ruler:** Maria I **Obv:** High crown above arms **Obv. Legend:** MARIA • I • D • G • PORT • REGINA • ET • BRAS • D • **Rev:** Sash with initial crosses globe within cross **Rev. Legend:** SIGN • NATA • STAB • SVBQ **Mint:** Rio de Janeiro

Date	Mintage	VG	F	VF	XF	Unc
1791R Rare	—	—	—	—	—	—
1792R	3,484,000	120	250	450	800	—
1793R	19,495,000	22.50	45.00	70.00	135	—
1794R	—	18.50	25.00	45.00	90.00	—
1795R	—	150	300	550	950	—
1800R	34,431,000	18.00	25.00	45.00	90.00	—

KM# 231.1 640 REIS

17.7600 g., 0.9170 Silver 0.5236 oz. ASW **Ruler:** Maria I **Rev. Legend:** SVBQ.. **Mint:** Bahia

Date	Mintage	VG	F	VF	XF	Unc
1799B	—	200	300	600	1,200	—

KM# 121 800 REIS

1.7930 g., 0.9170 Gold 0.0529 oz. AGW **Ruler:** Joao VI **Obv:** Laureate head right **Obv. Legend:** IOANNES • V • D • G • PORT • ... **Rev:** Crowned arms within cartouche **Mint:** Rio de Janeiro

Date	Mintage	VG	F	VF	XF	Unc
1727R	—	90.00	180	325	700	—
1730R	—	90.00	180	400	900	—

KM# 122 800 REIS

1.7930 g., 0.9170 Gold 0.0529 oz. AGW **Ruler:** Joao VI **Obv:** Laureate head right **Rev:** Second variety of crowned arms **Mint:** Bahia

Date	Mintage	VG	F	VF	XF	Unc
1727B	—	265	450	725	1,650	—
1729B	—	325	600	1,050	2,200	—

KM# 123 800 REIS

1.7930 g., 0.9170 Gold 0.0529 oz. AGW **Ruler:** Joao VI **Obv:** Laureate head right **Obv. Legend:** IOANNES • V • D • G • PORT • ... **Rev:** Fourth variety of crowned arms **Mint:** Bahia

Date	Mintage	VG	F	VF	XF	Unc
1727B	—	175	325	550	950	—
1732B	—	175	325	550	950	—
1736B	—	175	325	550	950	—
1740B	—	175	325	550	950	—
1743B	—	175	325	550	950	—

KM# 103 1000 REIS

2.6800 g., 0.9170 Gold 0.0790 oz. AGW **Ruler:** Joao VI **Obv:** Crowned arms divide crosses at right from value at left **Obv. Legend:** IOANNES • V • D • G • PORT • ... **Rev:** Cross with "R" in angles, date above **Rev. Legend:** IN HOC SIGNO VINCES **Mint:** Rio de Janeiro

Date	Mintage	VG	F	VF	XF	Unc
1708R	—	85.00	125	250	500	—
1726R	—	85.00	125	250	500	—

KM# 104 1000 REIS

2.6800 g., 0.9170 Gold 0.0790 oz. AGW **Ruler:** Joao VI **Obv:** Crowned arms divide crosses at right from value at left **Obv. Legend:** IOANNES • V • D • G • P •.... **Rev:** Cross with "B" in angles, date above **Rev. Legend:** IN HOC SIGNO VINCES **Mint:** Bahia

Date	Mintage	VG	F	VF	XF	Unc
1714B	—	140	275	550	1,000	—
1715B	—	100	200	325	650	—

130 BRAZIL

Date	Mintage	VG	F	VF	XF	Unc
1716B	—	100	220	550	1,000	—
1717B	—	140	275	550	1,000	—
1718B	—	100	220	450	875	—
1719B	—	100	200	325	650	—
1720B	—	100	220	450	875	—
1721B	—	100	220	450	875	—
1722B	—	100	200	325	650	—
1723B	—	100	200	325	650	—
1724B	—	100	200	325	650	—
1725B	—	100	200	325	650	—
1726B	—	100	200	325	650	—

KM# 113 1000 REIS
2.6800 g., 0.9170 Gold 0.0790 oz. AGW **Ruler:** Joao VI **Obv:** Crowned arms divide crosses at right from value at left **Obv. Legend:** IOANNES • V • D • G • P •... **Rev:** Cross with "R" in angles, date above **Rev. Legend:** IN HOC SIGNO VINCES **Mint:** Minas Gerais

Date	Mintage	VG	F	VF	XF	Unc
1724M	—	700	1,400	2,300	3,300	—
1725M	—	180	350	650	1,100	—
1726M	—	180	350	650	1,100	—
1727M	—	235	475	775	1,100	—

KM# 161 1000 REIS
2.0100 g., 0.9170 Gold 0.0593 oz. AGW **Ruler:** Joao VI **Obv:** Crowned arms divide crosses at right from value at left **Obv. Legend:** IOSEPHUS • I • D • G • PORT • REX • **Rev:** Cross within ornamented outline, lined circle surrounds all **Rev. Legend:** ET • BRASILIÆ • DOMINUS • ANNO • **Mint:** Lisbon **Note:** Struck without mint mark.

Date	Mintage	F	VF	XF	Unc	BU
1749	—	60.00	120	230	350	—
Note: Obverse reversed "D" in "D. G."
1749	—	60.00	120	230	350	—
Note: Obverse normal "D" in "D. G."

KM# 162.4 1000 REIS
2.0100 g., 0.9170 Gold 0.0593 oz. AGW **Ruler:** Joao VI **Rev. Legend:** DONINVS..

Date	Mintage	F	VF	XF	Unc	BU
1749	—	70.00	120	180	275	—

KM# 162.1 1000 REIS
2.0100 g., 0.9170 Gold 0.0593 oz. AGW **Ruler:** Jose I **Obv:** Crowned arms divide florals at right from value at left **Obv. Legend:** IOSEPUS • I • D • G • PORT • REX • **Rev:** Cross within ornamented outline, lined circle surrounds all **Rev. Legend:** ET • BRASILIÆ • DOMINUS • ANNO •

Date	Mintage	F	VF	XF	Unc	BU
1752	11,000	60.00	85.00	120	180	—
1771	23,000	60.00	85.00	120	180	—

KM# 162.3 1000 REIS
2.0100 g., 0.9170 Gold 0.0593 oz. AGW **Ruler:** Jose I **Obv:** Crowned arms divide crosses at right from value at left **Obv. Legend:** JOSEPHUS. I. D. G.. **Rev:** Cross within ornamented circle, lined circle surrounds all **Rev. Legend:** DOMINUS. ANNO..

Date	Mintage	F	VF	XF	Unc	BU
1771	Inc. above	60.00	85.00	120	180	—
1774	Inc. above	60.00	85.00	120	180	—

KM# 162.2 1000 REIS
2.0100 g., 0.9170 Gold 0.0593 oz. AGW, 16 mm. **Ruler:** Jose I **Obv:** Crowned arms divide florals at right from value at left **Obv. Legend:** JOSEPHUS • I • D • G • PORTUG • REX • **Rev:** Cross within ornamented outline, lined circle surrounds all **Rev. Legend:** ET • BRASILIÆ • DOMINVS • ANNO • **Note:** Reduced size.

Date	Mintage	F	VF	XF	Unc	BU
1771	Inc. above	60.00	85.00	120	180	—
1774	21,000	60.00	85.00	120	180	—

KM# 208 1000 REIS
2.0100 g., 0.9170 Gold 0.0593 oz. AGW **Ruler:** Maria I and Pedro III **Obv:** Crowned arms divide crosses at right from value at left **Obv. Legend:** MARIA • I • ET • PETRUS • III • D • G • PORTUG • REGES • **Rev:** Cross within ornamented outline, lined circle surrounds all **Rev. Legend:** ET • BRASILIÆ • DOMINI • ANNO • **Mint:** Lisbon **Note:** Struck without mint mark.

Date	Mintage	F	VF	XF	Unc	BU
1778	2,816	70.00	120	190	300	—
1779	3,000	70.00	120	190	300	—
1781	5,800	70.00	120	190	300	—
1782	—	145	300	600	850	—

KM# 223 1000 REIS
2.0100 g., 0.9170 Gold 0.0593 oz. AGW **Ruler:** Maria I **Obv:** Crowned arms divide florals at right from value at left **Obv. Legend:** MARIA • I • D • G • PORTUG • REGINA **Rev:** Cross within ornamented outline, lined circle surrounds all **Rev. Legend:** ET • BRASILIÆ • DOMINIA • ANNO • **Mint:** Lisbon **Note:** Struck without mint mark.

Date	Mintage	F	VF	XF	Unc	BU
1787	6,000	85.00	165	285	425	—

KM# 124 1600 REIS
3.5800 g., 0.9170 Gold 0.1055 oz. AGW **Ruler:** Joao VI **Obv:** Head right, date and mint mark below **Rev:** First variety of crowned arms **Mint:** Bahia

Date	Mintage	VG	F	VF	XF	Unc
1727B	—	250	550	1,100	2,200	—
1729B	—	220	450	875	1,650	—

KM# 125 1600 REIS
3.5800 g., 0.9170 Gold 0.1055 oz. AGW **Ruler:** Joao VI **Obv:** Head right **Obv. Legend:** IOANNES • V • D • G • PORT •... **Rev:** Crowned ornate arms **Mint:** Minas Gerais

Date	Mintage	VG	F	VF	XF	Unc
1727M	—	775	1,300	2,200	4,400	—
1728M	—	240	550	1,100	2,400	—
1729M	—	240	550	1,100	2,400	—
1730M	—	220	500	1,000	2,200	—
1731M	—	220	500	1,000	2,200	—
1732M	—	220	500	1,000	2,200	—
1733M	—	220	500	1,000	2,200	—

KM# 126 1600 REIS
3.5800 g., 0.9170 Gold 0.1055 oz. AGW **Ruler:** Joao VI **Obv:** Laureate head right **Obv. Legend:** IOANNES • V • D • G • PORT • ... **Rev:** Crowned arms within cartouche **Mint:** Rio de Janeiro

Date	Mintage	VG	F	VF	XF	Unc
1727R	—	200	450	1,000	2,000	—
1728R	—	200	450	1,000	2,000	—
1729R	—	200	450	1,000	2,000	—
1730R	—	200	450	1,000	2,000	—

KM# 127 1600 REIS
3.5800 g., 0.9170 Gold 0.1055 oz. AGW **Ruler:** Joao VI **Obv:** Second variety of crowned arms **Mint:** Bahia

Date	Mintage	VG	F	VF	XF	Unc
1727B	—	275	550	1,100	2,200	—
1729B	—	275	500	1,000	2,000	—

KM# 128 1600 REIS
3.5800 g., 0.9170 Gold 0.1055 oz. AGW **Ruler:** Joao VI **Obv:** Laureate head right **Obv. Legend:** IOANNES • V • D • G • PORT • ... **Rev:** Fourth variety of crowned arms

Date	Mintage	VG	F	VF	XF	Unc
1727B	—	275	550	875	1,450	—
1732B	—	165	325	550	1,100	—
1736B	—	250	475	775	1,300	—

Date	Mintage	VG	F	VF	XF	Unc
1740B	—	220	425	650	1,300	—
1741B Unique						
1743B	—	275	500	1,000	2,200	—
1744B	—	275	500	1,000	2,200	—
1747B	—	275	500	1,000	2,200	—
1749B	—	275	500	1,000	2,200	—
1750B	—	275	500	1,000	2,200	—

KM# 154 1600 REIS
3.5800 g., 0.9170 Gold 0.1055 oz. AGW **Ruler:** Joao VI **Obv:** Laureate head right **Obv. Legend:** IOANNES • V • D • G • PORT • ... **Rev:** Different crowned arms, ornate **Mint:** Rio de Janeiro

Date	Mintage	VG	F	VF	XF	Unc
1736R	—	450	875	1,750	2,850	—

KM# 181.1 1600 REIS
3.5800 g., 0.9170 Gold 0.1055 oz. AGW **Ruler:** Jose I **Obv:** Head right **Obv. Legend:** JOSEPHUS • I • D • G • PORT •... **Rev:** Crowned ornate arms **Mint:** Bahia

Date	Mintage	F	VF	XF	Unc	BU
1752B Rare	—	—	—	—	—	—
1754B	—	250	500	1,000	2,000	—
1756B	—	250	500	1,000	2,000	—
1757B	—	250	500	1,000	2,000	—
1758B	—	250	500	1,000	2,000	—
1759B	—	250	500	1,000	2,000	—
1760B	—	250	500	1,000	2,000	—
1764B	—	250	500	1,000	2,000	—
1765B	—	250	500	1,000	2,000	—
1766B	—	250	500	1,000	2,000	—
1767B	—	250	500	1,000	2,000	—
1768B	—	250	500	1,000	2,000	—
1772B	—	250	500	1,000	2,000	—
1774B	—	250	500	1,000	2,000	—
1.777B	—	250	500	1,000	2,000	—

KM# 181.2 1600 REIS
3.5800 g., 0.9170 Gold 0.1055 oz. AGW **Ruler:** Jose I **Obv:** Head right **Obv. Legend:** JOSEPHUS • I • D • G • PORT •.... **Rev:** Crowned ornate arms **Mint:** Rio de Janeiro

Date	Mintage	F	VF	XF	Unc	BU
1752R	—	220	425	850	1,650	—
1763R	—	200	400	775	1,450	—
1772R	1,732	210	425	825	1,550	—

KM# 211 1600 REIS
3.5800 g., 0.9170 Gold 0.1055 oz. AGW **Ruler:** Maria I and Pedro III **Obv:** Conjoined busts right **Obv. Legend:** MARIA • I • E • PETRUS • III • D • G • PORT •... **Rev:** Crowned arms within cartouche **Mint:** Bahia **Note:** Varieties exist with mint mark following date or below busts.

Date	Mintage	F	VF	XF	Unc	BU
1780B	—	700	1,400	2,300	3,300	—
1781B	—	700	1,400	2,650	4,200	—
1782B	—	700	1,400	2,650	4,200	—
1784B	—	750	1,500	2,800	4,600	—

KM# 100 2000 REIS
5.3700 g., 0.9170 Gold 0.1583 oz. AGW **Ruler:** Pedro **Obv:** Crowned arms, value at side **Rev:** Cross with "R" in angles, date above

Date	Mintage	VG	F	VF	XF	Unc
1703R	—	325	650	1,100	2,200	—

Date	Mintage	F	VF	XF	Unc	BU
1752	12,000	120	175	285	485	—
1754	1,000	125	200	325	550	—
1771	47,000	120	175	285	485	—

KM# 105 2000 REIS

5.3700 g., 0.9170 Gold 0.1583 oz. AGW **Ruler:** Joao VI **Obv:** Crowned arms divide florals at right from value at left **Obv. Legend:** IOANNES • V • D • G • PORT • ... **Rev:** Cross with "B" in angles, date at top **Rev. Legend:** IN HOC SIGNO VINCES

Date	Mintage	VG	F	VF	XF	Unc
1714B	—	180	350	525	1,050	—
1715B	—	180	350	525	1,050	—
1716B	—	180	350	525	1,050	—
1720B	—	180	350	525	1,200	—
1722B	—	225	400	575	1,350	—
1723B	—	180	350	525	1,200	—
1725B	—	225	400	575	1,350	—

KM# 112 2000 REIS

5.3700 g., 0.9170 Gold 0.1583 oz. AGW **Ruler:** Joao VI **Obv:** Crowned arms divide florals at right from value at left **Obv. Legend:** IOANNES • V • D • G • PORT • ... **Rev:** Cross with "R" in angles, date above **Rev. Legend:** IN HOC SIGNO VINCES

Date	Mintage	VG	F	VF	XF	Unc
1723R	—	180	350	600	1,200	—
1725R	—	160	325	450	750	—
1726R	—	160	325	450	750	—

KM# 114 2000 REIS

5.3700 g., 0.9170 Gold 0.1583 oz. AGW **Ruler:** Joao VI **Obv:** Crowned arms divide florals at right from value at left **Obv. Legend:** IOANNES • V • D • G • PORT • ... **Rev:** Cross with "M" in angles, date above **Rev. Legend:** IN HOC SIGNO VINCES

Date	Mintage	VG	F	VF	XF	Unc
1724M	—	1,050	2,250	3,350	5,400	—
1725M	—	600	1,800	2,150	3,350	—
1726M	—	600	1,800	2,150	3,350	—
1727M	—	750	2,400	3,000	4,800	—

KM# 163 2000 REIS

4.0342 g., 0.9170 Gold 0.1189 oz. AGW **Ruler:** Joao VI **Obv:** Crowned arms divide florals at right from value at left **Obv. Legend:** IOANNES • V • D • G • PORTVG • REX • **Rev:** Cross within ornamented outline, lined circle surrounds all **Rev. Legend:** ET • BRASILIÆ • DOMINVS • ANNO • **Mint:** Lisbon **Note:** Struck without mint mark.

Date	Mintage	VG	F	VF	XF	Unc
1749	—	150	265	500	750	—

KM# 182.1 2000 REIS

4.0342 g., 0.9170 Gold 0.1189 oz. AGW **Ruler:** Jose I **Obv:** Crowned arms divide florals at right from value at left **Obv. Legend:** IOSEPHUS • I • D • G PORTUG • REX • **Rev:** Cross within ornamented outline, lined circle surrounds all **Rev. Legend:** ET • BRASILIÆ • DOMINUS • ANNO •

KM# 182.2 2000 REIS

4.0342 g., 0.9170 Gold 0.1189 oz. AGW **Ruler:** Jose I **Obv:** Crowned arms divide florals at right from value at left **Obv. Legend:** JOSEPHUS • I • D • G • PONTUG • REX • **Rev:** Cross within ornamented outline, lined circle surrounds all **Rev. Legend:** ET • BRASILIÆ • DOMINUS • ANNO •

Date	Mintage	F	VF	XF	Unc	BU
1771	Inc. above	120	190	325	475	—

KM# 198 2000 REIS

4.0342 g., 0.9170 Gold 0.1189 oz. AGW, 19-20 mm. **Ruler:** Jose I **Obv:** Crowned arms divide florals at right from value at left **Obv. Legend:** JOSEPHUS • I • D • G • PORTUG • REX • **Rev:** Cross within ornamented outline, lined circle surrounds all **Rev. Legend:** ET • BRASILIÆ • DOMINUS • ANNO • **Note:** Reduced size, size varies.

Date	Mintage	F	VF	XF	Unc	BU
1771	Inc. above	120	190	325	475	—
1773	14,000	120	190	325	475	—

KM# 209 2000 REIS

4.0342 g., 0.9170 Gold 0.1189 oz. AGW **Ruler:** Maria I and Pedro III **Obv:** Crowned arms divide florals at right from value at left **Obv. Legend:** MARIA • I • ET • PETRUS • III • D • G • PORTUG • REGES **Rev:** Cross within ornamented outline, lined circle surrounds all **Rev. Legend:** ET • BRASILIÆ • DOMINI • ANNO • **Note:** Struck at Lisbon and Rio de Janeiro without mint mark.

Date	Mintage	F	VF	XF	Unc	BU
1778	7,800	120	240	475	775	—
1781	3,500	180	350	775	1,150	—
1782	—	170	325	650	1,100	—
1783	1,500	200	400	850	1,200	—

KM# 224 2000 REIS

4.0342 g., 0.9170 Gold 0.1189 oz. AGW **Ruler:** Maria I **Obv:** Crowned arms divide florals at right from value at left **Obv. Legend:** • MARIA • I • D • G • PORTUG • REGINA **Rev:** Cross within ornamented outline, lined circle surrounds all **Rev. Legend:** ET • BRASILIÆ • DOMINA • ANNO • **Mint:** Lisbon **Note:** Struck without mint mark.

Date	Mintage	F	VF	XF	Unc	BU
1787	1,500	180	350	725	1,200	—
1792	2,251	300	600	950	1,450	—
1793	1,500	300	600	950	1,450	—

KM# 129 3200 REIS

7.1718 g., 0.9170 Gold 0.2114 oz. AGW **Ruler:** Joao VI **Obv:** Laureate head right, date and mint mark below **Rev:** First variety of crowned arms **Mint:** Bahia

Date	Mintage	VG	F	VF	XF	Unc
1727B	—	725	1,700	3,600	7,200	—
1732B	—	725	1,700	3,600	7,200	—

KM# 130 3200 REIS

7.1718 g., 0.9170 Gold 0.2114 oz. AGW **Ruler:** Joao VI **Obv:** Laureate head right **Obv. Legend:** IOANNES • V • D • G • PORT • ET • ALG • REX • **Rev:** Crowned arms within cartouche **Mint:** Minas Gerais

Date	Mintage	VG	F	VF	XF	Unc
1727M Unique	—	—	—	—	—	—
1728M	—	950	2,050	4,200	6,000	—
1729M	—	950	2,050	4,200	6,000	—
1730M	—	950	2,050	4,200	6,000	—
1731M	—	950	2,050	4,200	6,000	—
1732M	—	950	2,050	4,200	6,000	—
1733M	—	950	2,050	4,200	6,000	—

KM# 131 3200 REIS

7.1718 g., 0.9170 Gold 0.2114 oz. AGW **Ruler:** Joao VI **Obv:** Laureate head right **Obv. Legend:** IOANNES • V • D • G • PORT • ET • ALG • REX • **Rev:** Crowned arms within cartouche **Mint:** Rio de Janeiro

Date	Mintage	VG	F	VF	XF	Unc
1727R	—	600	1,300	2,400	4,200	—
1729R	—	600	1,300	2,400	4,200	—

KM# 132 3200 REIS

7.1718 g., 0.9170 Gold 0.2114 oz. AGW **Ruler:** Joao VI **Rev:** Second variety of crowned arms **Mint:** Bahia

Date	Mintage	VG	F	VF	XF	Unc
1727B	—	950	2,400	4,550	7,200	—
1729B	—	950	2,400	4,550	7,200	—

KM# 133 3200 REIS

7.1718 g., 0.9170 Gold 0.2114 oz. AGW **Ruler:** Joao VI **Rev:** Fourth variety of crowned arms **Mint:** Bahia

Date	Mintage	VG	F	VF	XF	Unc
1727B	—	850	1,800	3,600	5,400	—
1729B	—	850	1,800	3,600	5,400	—
1740B	—	850	1,800	3,600	5,400	—
1744B	—	850	1,800	3,600	5,400	—
1747B	—	850	1,800	3,600	5,400	—
1749B	—	850	1,800	3,600	5,400	—
1750B	—	850	1,800	3,600	5,400	—

KM# 155 3200 REIS

7.1718 g., 0.9170 Gold 0.2114 oz. AGW **Ruler:** Joao VI **Obv:** Laureate head right **Obv. Legend:** IOANNES • V • D • G • PORT • ET • ALG • REX • **Rev:** Different crowned arms **Mint:** Rio de Janeiro

Date	Mintage	VG	F	VF	XF	Unc
1739R	—	475	850	1,800	3,600	—
1741R	—	475	850	1,800	3,600	—
1749R	—	475	850	1,800	3,600	—

BRAZIL

Legend: PETRVS • II • D • G • PORT • ET • ALG • REX **Rev:** Cross with R's in angles **Rev. Legend:** IN HOC SIGNO VINCES **Mint:** Rio de Janeiro

Date	Mintage	VG	F	VF	XF	Unc
1703R	—	450	975	2,050	3,250	—
1704R	—	450	900	1,950	3,000	—
1705R	—	450	900	1,950	3,000	—
1706R	—	450	900	1,950	3,000	—
1707R	—	450	1,050	2,250	3,600	—

Date	Mintage	VG	F	VF	XF	Unc
1724M Rare	—	—	—	—	—	—
1725M	—	450	1,500	3,000	4,500	—
1726M	—	450	1,500	3,000	4,500	—
1727M	—	500	1,800	3,900	7,500	—

KM# 183.1 3200 REIS

7.1718 g., 0.9170 Gold 0.2114 oz. AGW **Ruler:** Jose I **Obv:** Laureate head right **Obv. Legend:** JOSEPHUS • I • D • G • PORT • ET • ALG • REX **Rev:** Arms on crowned ornate shield **Mint:** Bahia

Date	Mintage	F	VF	XF	Unc	BU
1752B	—	2,400	4,200	6,000	8,400	—
1754B	—	2,400	4,200	6,000	8,400	—
1757B	—	2,400	4,200	6,000	8,400	—
1758B Rare	—	—	—	—	—	—
1759B Rare	—	—	—	—	—	—
1760B Unique	—	—	—	—	—	—
1761B Rare	—	—	—	—	—	—
1763B	—	2,400	4,200	6,000	8,400	—
1764B	—	2,400	4,200	6,000	8,400	—
1765B	—	2,400	4,200	6,000	8,400	—
1766B	—	2,400	4,200	6,000	8,400	—
1767B	—	2,400	4,200	6,000	8,400	—
1768B	—	2,400	4,200	6,000	8,400	—
1773B	—	2,400	4,200	6,000	8,400	—
1775B	—	2,400	4,200	6,000	8,400	—
1777B Rare	—	—	—	—	—	—

KM# 183.2 3200 REIS

7.1718 g., 0.9170 Gold 0.2114 oz. AGW **Ruler:** Jose I **Obv:** Laureate head right **Obv. Legend:** JOSEPHUS • I • D • G • PORT • ET • ALG • REX **Rev:** Crowned arms within cartouche **Mint:** Rio de Janeiro

Date	Mintage	F	VF	XF	Unc	BU
1755R	—	1,800	3,250	6,000	8,400	—
1756R	—	600	950	2,050	3,600	—
1760R	—	600	950	2,050	3,600	—
1766R	—	600	950	2,050	3,600	—
1772R	1,554	600	950	2,050	3,600	—
1773R	—	1,800	3,250	6,000	8,400	—

KM# 150 3200 REIS

7.1718 g., 0.9170 Gold 0.2114 oz. AGW **Ruler:** Maria I and Pedro III **Obv:** Conjoined busts right **Obv. Legend:** MARIA • I • ET • PETRUS • III • D • G • PORT • ET • ALG • REGES **Rev:** Crowned ornate arms **Mint:** Bahia **Note:** 2 varieties exist with mint mark following date or below busts.

Date	Mintage	F	VF	XF	Unc	BU
1780B	—	850	1,800	3,600	4,800	—
1781B	—	600	1,300	2,650	3,600	—
1782B	—	850	1,800	3,600	4,800	—
1783B	—	600	1,300	2,650	3,600	—
1784B	—	850	1,800	3,600	4,800	—
1785B	—	850	1,800	3,850	5,400	—
1786B	—	1,200	2,700	5,400	9,600	—

KM# 99 4000 REIS

10.7500 g., 0.9170 Gold 0.3169 oz. AGW **Ruler:** Pedro **Rev:** Cross in quatrefoil, P's in angles, date at top **Mint:** Pernambuco

Date	Mintage	VG	F	VF	XF	Unc
1702P	—	575	1,100	3,000	4,200	—

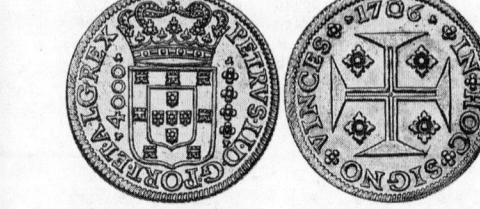

KM# 101 4000 REIS

10.7500 g., 0.9170 Gold 0.3169 oz. AGW **Ruler:** Pedro **Obv:** Crowned arms divide florals at right from value at left **Obv.**

KM# 102 4000 REIS

10.7500 g., 0.9170 Gold 0.3169 oz. AGW **Ruler:** Joao VI **Obv:** Crowned arms divide florals at right from value at left **Obv. Legend:** IOANNES • V • D • G • PORT • ET • ALG • REX **Rev:** Cross with R's in angle **Rev. Legend:** IN HOC SIGNO VINCES

Date	Mintage	VG	F	VF	XF	Unc
1707R Rare	—	—	—	—	—	—
1708R	—	500	750	1,800	3,000	—
1709R	—	500	750	1,350	2,100	—
1710R	—	500	750	1,350	2,100	—
1711R	—	500	750	1,350	2,100	—
1712R	—	400	575	975	1,350	—
1713R	—	300	450	800	1,150	—
1714R	—	300	450	800	1,050	—
1715R	—	300	450	800	1,050	—
1716R	—	300	450	800	1,050	—
1717R	—	300	450	800	1,050	—
1718R	—	300	450	800	1,050	—
1719R	—	300	450	800	1,050	—
1720R	—	300	450	800	1,050	—
1721R	—	300	450	800	1,050	—
1722R	—	300	450	800	1,050	—
1723R	—	300	450	800	1,050	—
1724R	—	300	450	800	1,050	—
1725R	—	300	450	800	1,050	—
1726R	—	300	450	800	1,050	—
1727R	—	300	450	900	1,200	—

KM# 106 4000 REIS

10.7500 g., 0.9170 Gold 0.3169 oz. AGW **Ruler:** Joao VI **Obv:** Crowned arms divide florals at right from value at left **Obv. Legend:** IOANNES • V • D • G • PORT • ET • ALG • REX • **Rev:** Cross with B's in angles **Rev. Legend:** IN HOC SIGNO VINCES

Date	Mintage	VG	F	VF	XF	Unc
1714B Rare	—	—	—	—	—	—
1715B	—	1,800	3,000	4,500	7,500	—
1716B	—	400	575	875	1,500	—
1717B	—	400	575	875	1,350	—
1718B	—	400	575	875	1,350	—
1719B	—	400	575	875	1,350	—
1720B	—	400	575	875	1,350	—
1721B	—	280	425	750	1,200	—
1722B	—	280	425	750	1,200	—
1723B	—	280	425	750	1,200	—
1724B	—	280	425	750	1,200	—
1725B	—	280	425	750	1,200	—
1726B	—	280	425	725	1,050	—
1727B	—	400	600	1,200	1,800	—

KM# 115 4000 REIS

10.7500 g., 0.9170 Gold 0.3169 oz. AGW **Ruler:** Joao VI **Obv:** Crowned arms divide florals at right from value at left **Obv. Legend:** IOANNES • V • D • G • PORT • ET • ALG • REX • **Rev:** Cross with M's in angles **Rev. Legend:** IN HOC SIGNO VINCES

KM# 164 4000 REIS

8.0683 g., 0.9170 Gold 0.2379 oz. AGW **Ruler:** Joao VI **Obv:** Crowned arms divide florals at right from value at left **Obv. Legend:** IOANNES • V • D • G • PORTVG • ET • ALG • REX **Rev:** Cross within ornamented outline, lined circle surrounds all **Rev. Legend:** ET • BRASILIÆ • DOMINVS • ANNO • **Mint:** Lisbon **Note:** Struck without mint mark.

Date	Mintage	VG	F	VF	XF	Unc
1749	—	250	500	825	1,200	—

KM# 171.1 4000 REIS

8.0683 g., 0.9170 Gold 0.2379 oz. AGW **Ruler:** Jose I **Obv:** Crowned arms divide florals at right from value at left **Obv. Legend:** IOSEPHUS • I • D • G • PORTUG • REX • **Rev:** Cross within ornamented outline, lined circle surrounds all **Rev. Legend:** ET • BRASILIÆ • DOMINVS • ANNO • **Mint:** Lisbon

Date	Mintage	F	VF	XF	Unc	BU
1751	—	225	350	600	900	—
1752	4,000	225	350	600	900	—
1753	22,000	270	450	750	975	—
1754/3	Inc. above	270	450	750	975	—
1754	6,248	270	450	750	975	—
1774	38,000	270	450	750	975	—
1775	56,000	270	450	750	975	—

KM# 171.2 4000 REIS

8.0683 g., 0.9170 Gold 0.2379 oz. AGW **Ruler:** Jose I **Obv:** Crowned arms divide florals at right from value at left **Obv. Legend:** JOSEPHUS • I • D • G • PORTUG • REX • **Rev:** Cross within ornamented outline, lined circle surrounds all **Rev. Legend:** ET • BRASILIÆ • DOMINVS • ANNO • **Mint:** Lisbon

Date	Mintage	F	VF	XF	Unc	BU
1751	—	225	300	500	750	—
1753	Inc. above	225	300	500	750	—
1756/5	—	270	375	575	800	—
1756	7,081	225	300	500	750	—
1758	—	225	300	500	750	—
1759	—	225	300	500	750	—
1760	—	225	300	500	750	—
1761	—	225	300	500	750	—
1762	—	225	300	500	750	—
1763	—	225	300	500	750	—
1764	—	225	300	500	750	—
1767	1,029	225	300	500	750	—
1769	24,000	225	300	500	750	—
1771	Inc. above	225	300	500	750	—
1773	25,000	225	300	500	750	—
1774	Inc. above	225	300	500	750	—
1775	Inc. above	225	300	500	750	—
1776	26,000	225	300	500	750	—

Date	Mintage	VG	F	VF	XF	Unc
1740R	—	400	600	1,050	1,500	—
1741R	—	400	600	1,050	1,500	—
1742R	—	400	600	1,050	1,500	—
1743R	—	400	600	1,050	1,500	—
1744R	—	400	600	1,050	1,500	—
1745R	—	400	600	1,050	1,500	—
1746R	—	400	600	1,050	1,500	—
1747R	—	400	600	1,050	1,500	—
1748R	—	400	600	1,050	1,500	—
1749R	—	400	600	1,050	1,500	—
1750R	—	400	600	1,100	1,800	—

KM# 171.3 4000 REIS

8.0683 g., 0.9170 Gold 0.2379 oz. AGW **Ruler:** Jose I **Obv:** Crowned arms divide florals at right from value at left **Obv. Legend:** IOSEPHUS • I • D • G • PORTUG • REX • **Rev:** Cross within ornamented outline, lined circle surrounds all **Rev. Legend:** ET • BRASILIÆ • DOMINUS • ANNO • **Mint:** Lisbon

Date	Mintage	F	VF	XF	Unc	BU
1753	Inc. above	225	300	500	750	—
1771	18,000	225	300	500	750	—

KM# 171.4 4000 REIS

8.0683 g., 0.9170 Gold 0.2379 oz. AGW **Ruler:** Jose I **Obv:** Crowned arms divide florals at right from value at left **Obv. Legend:** JOSEPHUS • I • DG • PORTUG • REX • **Rev:** Cross within ornamented outline, lined circle surrounds all **Rev. Legend:** ET • BRASILIÆ • DOMINVS • ANNO • **Mint:** Lisbon

Date	Mintage	F	VF	XF	Unc	BU
1763	—	225	300	500	750	—
1771	Inc. above	225	300	500	750	—
1772	4,000	225	300	500	750	—
1774	Inc. above	225	300	500	725	—
1775	Inc. above	225	300	500	725	—
1775 BRASILIE	Inc. above	225	300	500	725	—
1776	Inc. above	225	300	500	725	—
1777	54,000	225	300	500	725	—

KM# 210 4000 REIS

8.0683 g., 0.9170 Gold 0.2379 oz. AGW **Ruler:** Maria I and Pedro III **Obv:** Crowned arms divide florals at right from value at left **Obv. Legend:** MARIA • I • ET • PETRUS • III • D • G • PORTUG • REGES **Rev:** Cross within ornamented outline, lined circle surrounds all **Rev. Legend:** ET • BRASILIÆ • DOMINI • ANNO • **Note:** Struck at Lisbon and Rio de Janeiro without mint mark.

Date	Mintage	F	VF	XF	Unc	BU
1778	2,741	265	525	975	1,350	—
1779	5,150	300	575	975	1,350	—
1781	4,250	270	525	975	1,350	—
1783	2,000	270	525	975	1,350	—
1786	3,000	270	525	975	1,350	—

KM# 225.1 4000 REIS

8.0683 g., 0.9170 Gold 0.2379 oz. AGW **Ruler:** Maria I **Obv:** Crowned arms divide florals at right from value at left **Obv. Legend:** MARIA I • D • G • PORTUG • REGINA • **Rev:** Cross within ornamented outline, lined circle surrounds **Rev. Legend:** ET • BRASILIÆ • DOMINI • ANNO • **Note:** Struck at Lisbon and Rio de Janeiro without mint mark.

Date	Mintage	F	VF	XF	Unc	BU
1787	2,000	325	525	900	1,200	—
1790	1,250	270	425	750	1,350	—
1792	2,050	270	425	750	1,350	—

KM# 134 6400 REIS

14.3436 g., 0.9170 Gold 0.4229 oz. AGW **Ruler:** Joao VI **Obv:** Laureate head right **Obv. Legend:** IOANNES • V • D • G • PORT • ET • Al G • REX • **Rev:** First variety of crowned arms **Mint:** Bahia

Date	Mintage	VG	F	VF	XF	Unc
1727B Rare	—	—	—	—	—	—
1728B Rare	—	—	—	—	—	—
1729B Rare	—	—	—	—	—	—
1730B Rare	—	—	—	—	—	—

KM# 135 6400 REIS

14.3436 g., 0.9170 Gold 0.4229 oz. AGW **Ruler:** Joao VI **Obv:** Laureate head right, date and mint mark below **Rev:** Crowned arms **Mint:** Minas Gerais

Date	Mintage	VG	F	VF	XF	Unc
1727M Rare	—	—	—	—	—	—
1731M Unique	—	—	—	—	—	—
1732M Rare	—	—	—	—	—	—
1733M Rare	—	—	—	—	—	—
1734M Rare	—	—	—	—	—	—

KM# 136 6400 REIS

14.3436 g., 0.9170 Gold 0.4229 oz. AGW **Ruler:** Joao VI **Obv:** Laureate head right **Obv. Legend:** IOANNES • V • D • G • PORT • ET • ALG • REX • **Rev:** Crowned ornate arms **Mint:** Rio de Janeiro

Date	Mintage	VG	F	VF	XF	Unc
1727R Rare	—	—	—	—	—	—
1728R Rare	—	—	—	—	—	—
1729R Rare	—	—	—	—	—	—
1730R Rare	—	—	—	—	—	—
1731R Rare	—	—	—	—	—	—

KM# 137 6400 REIS

14.3436 g., 0.9170 Gold 0.4229 oz. AGW **Ruler:** Joao VI **Rev:** Second variety of crowned arms **Mint:** Bahia

Date	Mintage	VG	F	VF	XF	Unc
1727B Rare	—	—	—	—	—	—
1731B Rare	—	—	—	—	—	—
1732B Rare	—	—	—	—	—	—
1734B Rare	—	—	—	—	—	—

KM# 146 6400 REIS

14.3436 g., 0.9170 Gold 0.4229 oz. AGW **Ruler:** Joao VI **Rev:** Third variety of crowned arms

Date	Mintage	VG	F	VF	XF	Unc
1729B Rare	—	—	—	—	—	—
1730B Rare	—	—	—	—	—	—
1731B Rare	—	—	—	—	—	—
1732B Unique	—	—	—	—	—	—

KM# 149 6400 REIS

14.3436 g., 0.9170 Gold 0.4229 oz. AGW **Ruler:** Joao VI **Obv:** Head right **Obv. Legend:** JOANNES • V • D • G • PORT • ET • ALG • REX • **Rev:** Arms within crowned ornate frame **Mint:** Rio de Janeiro

Date	Mintage	VG	F	VF	XF	Unc
1731R Unique	—	—	—	—	—	—
1732R	—	500	1,000	4,000	6,000	—
1733R	—	500	1,000	3,000	5,600	—
1734R	—	500	1,000	3,000	5,600	—
1735R	—	500	1,000	3,000	5,600	—
1736R	—	500	1,000	3,000	5,600	—
1737R	—	400	600	1,050	1,500	—
1738R	—	400	600	1,050	1,500	—
1739R	—	500	700	1,200	1,600	—

KM# 151 6400 REIS

14.3436 g., 0.9170 Gold 0.4229 oz. AGW **Ruler:** Joao VI **Obv:** Head right, mint mark and date below head **Obv. Legend:** IOANNES • V • D • G • PORT • ET • ALG • REX • **Rev:** Fourth variety of crowned arms **Mint:** Bahia

Date	Mintage	VG	F	VF	XF	Unc
1732B Rare	—	—	—	—	—	—
1734B Rare	—	—	—	—	—	—
1735B	—	1,000	2,800	5,000	8,000	—
1736B	—	1,000	2,800	5,000	8,000	—
1737B	—	400	700	1,200	2,000	—
1738B	—	400	700	1,200	2,000	—
1739B	—	400	700	1,200	2,000	—
1740B	—	400	700	1,200	2,000	—
1741B	—	400	700	1,200	2,000	—
1742B	—	400	650	1,100	1,600	—
1743B	—	400	650	1,100	1,600	—
1744B	—	400	650	1,100	1,600	—
1745B	—	400	650	1,100	1,600	—
1746B	—	400	650	1,100	1,600	—
1747B	—	400	650	1,100	1,600	—
1748B	—	500	650	1,100	1,600	—
1749B	—	400	650	1,100	1,600	—
1750B	—	400	650	1,100	1,600	—

KM# 172.1 6400 REIS

14.3436 g., 0.9170 Gold 0.4229 oz. AGW **Ruler:** Jose I **Obv:** Head right, date and mint mark below **Obv. Legend:** JOSEPHUS • I • D • G • PORT • ET • ALG • REX • **Rev:** Arms within crowned ornate shield **Mint:** Bahia

Date	Mintage	F	VF	XF	Unc	BU
1751B	—	600	800	1,400	2,000	—
1751B/R	—	600	800	1,400	2,000	—
1752/1B	—	600	800	1,400	2,000	—
1752B/R	—	600	800	1,400	2,000	—
1753B	—	550	700	1,000	1,400	—
1754B	—	550	700	1,000	1,400	—
1755B	—	550	700	1,000	1,400	—
1756B	—	525	650	900	1,300	—
1757B	—	525	650	900	1,300	—
1758B	—	525	650	900	1,300	—
1759B	—	525	650	900	1,300	—
1760B	—	525	650	900	1,300	—
1761B	—	525	650	900	1,300	—
1762B	—	525	650	900	1,300	—
1763/2B	—	525	650	900	1,300	—
1763B	—	525	650	900	1,300	—
1764B	—	525	650	900	1,300	—
1765/4B	—	525	650	900	1,300	—
1765B	—	525	650	900	1,300	—
1766B	—	525	650	900	1,300	—
1767B	—	525	650	900	1,300	—
1768B	—	525	650	900	1,300	—
1769B	—	525	650	900	1,300	—
1770B	—	525	650	900	1,300	—
1771/0B	—	525	650	900	1,300	—
1771B	—	525	650	900	1,300	—
1772B	—	525	650	900	1,300	—
1773B	—	525	650	900	1,300	—
1774B	—	525	650	900	1,300	—
1775B	—	525	650	900	1,300	—
1776B	—	525	650	900	1,300	—
1777B	—	525	650	900	1,300	—

BRAZIL

Date	Mintage	F	VF	XF	Unc	BU
1778B '...PORT. ALG...'	—	525	900	1,200	1,500	—
1779B	—	525	900	1,200	1,500	—
1780B	19,000	525	900	1,200	1,500	—
1781B	34,000	525	900	1,200	1,500	—
1782B	60,000	525	900	1,200	1,500	—
1783B	30,000	525	900	1,200	1,500	—
1784B	24,000	525	900	1,200	1,500	—
1785B	23,000	525	900	1,200	1,500	—
1786B	20,000	525	900	1,200	1,500	—

KM# 172.2 6400 REIS

14.3436 g., 0.9170 Gold 0.4229 oz. AGW **Ruler:** Jose I **Obv:** Laureate head right, mint mark and date below **Obv. Legend:** JOSEPHUS • I • D • G • PORT • ET • ALG • REX • **Rev:** Arms on crowned ornate shield **Mint:** Rio de Janeiro

Date	Mintage	F	VF	XF	Unc	BU
1751R	610,000	600	800	1,400	2,200	—
1752R	567,000	600	800	1,400	2,200	—
1753/2R	—	600	800	1,400	2,000	—
1753R	475,000	600	800	1,400	2,000	—
1754R	326,000	600	800	1,400	2,000	—
1755R	757,000	525	700	1,000	1,500	—
1756R	—	525	700	1,000	1,500	—
1757R	495,000	525	700	1,000	1,500	—
1758R	309,000	525	700	1,000	1,500	—
1759R	355,000	525	700	1,000	1,300	—
1760R	586,000	525	700	1,000	1,300	—
1761R	563,000	525	700	1,000	1,300	—
1762/1R	—	525	700	1,000	1,300	—
1762R	475,000	525	700	1,000	1,300	—
1763R	418,000	525	700	900	1,200	—
1764R	367,000	525	700	900	1,200	—
1765R	330,000	500	650	900	1,200	—
1766R	572,000	500	650	900	1,200	—
1767R	476,000	500	650	900	1,200	—
1768R	424,000	500	650	900	1,200	—
1769R	368,000	500	650	900	1,200	—
1770R	365,000	500	650	900	1,200	—
1771R	404,000	500	650	900	1,200	—
1772R	378,000	500	650	900	1,200	—
1773R	404,000	500	650	900	1,200	—
1774R	363,000	500	650	800	1,200	—
1775R	338,000	500	650	800	1,200	—
1776R	390,000	500	650	800	1,200	—
1777R	347,000	500	650	800	1,200	—

KM# 199.2 6400 REIS

14.3436 g., 0.9170 Gold 0.4229 oz. AGW **Ruler:** Maria I and Pedro III **Obv:** Conjoined busts right **Obv. Legend:** MARIA • I • ET • PETRUS • III • D • G • PORT • ET • ALG • REGES **Rev:** Arms within crowned ornate shield **Mint:** Rio de Janeiro

Date	Mintage	F	VF	XF	Unc	BU
1777R Rare	—	—	—	—	—	—
1778R	378,000	500	600	900	1,300	—
1779R	408,000	500	600	900	1,300	—
1780R	343,000	500	600	900	1,300	—
1781R	375,000	500	600	900	1,300	—
1782R	324,000	500	600	900	1,300	—
1783R	322,000	500	600	900	1,300	—
1784R	327,000	500	600	900	1,300	—
1785R	282,000	500	600	900	1,300	—
1786R	294,000	500	600	900	1,300	—

KM# 199.1 6400 REIS

14.3436 g., 0.9170 Gold 0.4229 oz. AGW **Ruler:** Maria I and Pedro III **Obv:** Conjoined busts right **Obv. Legend:** MARIA • I • ET • PETRUS • III • D • G • PORT • ET • ALG • REGES **Rev:** Arms within crowned ornate shield **Mint:** Bahia **Note:** 2 varieties exist with mint mark following date or below busts.

Date	Mintage	F	VF	XF	Unc	BU
1777B Rare	—	—	—	—	—	—
1778B	—	525	900	1,200	1,500	—

KM# 218.1 6400 REIS

14.3436 g., 0.9170 Gold 0.4229 oz. AGW **Ruler:** Maria I **Obv:** Veiled bust right **Obv. Legend:** MARIA • I • D • G • PORT • ET • ALG • REGINA • **Rev:** Arms within crowned ornate shield

Date	Mintage	F	VF	XF	Unc	BU
1786R	Inc. above	600	1,000	1,600	2,000	—
1787R	276,000	500	650	900	1,500	—
1788/7R	—	500	650	900	1,500	—
1788R	263,000	500	650	900	1,500	—
1789R	247,000	500	650	900	1,500	—

KM# 218.2 6400 REIS

14.3436 g., 0.9170 Gold 0.4229 oz. AGW **Ruler:** Maria I **Obv:** Veiled bust right **Rev:** Arms within crowned ornate shield **Mint:** Bahia

Date	Mintage	F	VF	XF	Unc	BU
1787B	16,000	525	700	1,100	1,800	—
1788B	14,000	525	700	1,100	1,800	—
1789B	21,000	525	700	1,100	1,800	—
1790B	12,000	900	1,800	3,000	4,000	—

KM# 226.1 6400 REIS

14.3436 g., 0.9170 Gold 0.4229 oz. AGW **Ruler:** Maria I **Obv:** Bust right with bejeweled headdress **Obv. Legend:** MARIA • I • D • G • PORT • ET • ALG • REGINA • **Rev:** Crowned ornate arms **Mint:** Rio de Janeiro

Date	Mintage	F	VF	XF	Unc	BU
1789R	Inc. above	575	700	900	1,500	—
1790R	211,000	575	700	900	1,500	—
1791R	231,000	575	700	900	1,500	—
1792R	230,000	575	700	900	1,500	—
1793R	237,000	575	700	900	1,500	—
1794R	246,000	575	700	900	1,500	—
1795R	226,000	575	700	900	1,500	—
1796R	219,000	575	700	900	1,500	—
1797R	214,000	575	700	900	1,500	—
1798R	204,000	575	700	900	1,500	—
1799R	189,000	575	700	900	1,500	—
1800R	214,000	575	700	900	1,500	2,500

KM# 226.2 6400 REIS

14.3436 g., 0.9170 Gold 0.4229 oz. AGW **Ruler:** Maria I **Obv:** Bust right with jeweled headdress **Obv. Legend:** MARIA • I • D • G • PORT • ET • ALG • REGINA • **Rev:** Crowned ornate arms **Mint:** Bahia

Date	Mintage	F	VF	XF	Unc	BU
1790B	Inc. above	650	900	1,800	3,200	—
1791/0B	15,000	600	750	1,100	1,700	—
1791B	Inc. above	600	750	1,100	1,700	—
1792B	24,000	600	750	1,100	1,700	—
1793B	15,000	600	750	1,100	1,700	—
1794B	14,000	600	750	1,100	1,700	—
1795B	16,000	600	750	1,100	1,700	—
1796B	11,000	600	750	1,100	1,700	—
1797B	9,775	600	750	1,100	1,700	—
1798B	7,864	600	750	1,100	1,700	—
1799B	12,000	600	750	1,100	1,700	—
1800B	9,567	600	750	1,100	1,700	3,700

KM# 116 10000 REIS

26.8900 g., 0.9170 Gold 0.7927 oz. AGW **Ruler:** Joao VI **Obv:** Crowned arms divide floral chain at right from value at left **Obv. Legend:** IOANNES • V • D • G • PORT • ET • ALG • REX **Rev:** Maltese cross with "M" at angles **Rev. Legend:** IN HOC SIGNO VINCES

Date	Mintage	VG	F	VF	XF	Unc
1724 Rare	—	—	—	—	—	—
1725	—	1,200	1,900	2,400	3,900	—
1726	—	1,450	2,150	2,750	4,250	—
1727	—	2,050	3,000	3,600	5,000	—

KM# 138 12800 REIS

28.6800 g., 0.9170 Gold 0.8455 oz. AGW **Ruler:** Joao VI **Obv:** Laureate head right, date and mint mark below **Rev:** First variety of crowned arms **Mint:** Bahia

Date	Mintage	VG	F	VF	XF	Unc
1727B Rare	—	—	—	—	—	—
1728B Rare	—	—	—	—	—	—
1729B Rare	—	—	—	—	—	—

KM# 139 12800 REIS

28.6800 g., 0.9170 Gold 0.8455 oz. AGW **Ruler:** Joao VI **Obv:** Laureate head right **Obv. Legend:** IOANNES • V • D • G • PORT

• ET • ALG • REX **Rev:** Arms on crowned ornate shield **Mint:** Minas Gerais

Date	Mintage	VG	F	VF	XF	Unc
1727M	—	1,450	3,000	3,600	6,500	12,000
1728M	—	1,200	2,650	3,350	4,750	—
1729M	—	1,200	2,400	3,000	4,500	—
1730M	—	1,200	2,400	3,000	4,500	—
1731/0M	—	1,200	2,400	3,000	4,500	—
1731M	—	1,200	2,400	3,000	4,500	—
1732M	—	1,200	2,400	3,000	4,500	—
1733M	—	1,200	2,400	3,000	4,500	—

KM# 140 12800 REIS
28.6800 g., 0.9170 Gold 0.8455 oz. AGW **Ruler:** Joao VI **Mint:** Rio de Janeiro

Date	Mintage	VG	F	VF	XF	Unc
1727R	—	1,050	1,700	3,750	6,500	—
1728R	—	900	1,450	2,850	4,700	—
1729R	—	900	1,450	2,850	4,700	—
1730R	—	900	1,450	2,850	4,700	—
1731R	—	900	1,450	2,850	4,700	—

KM# 141 12800 REIS
28.6800 g., 0.9170 Gold 0.8455 oz. AGW **Ruler:** Joao VI **Rev:** Second variety of crowned arms **Mint:** Bahia

Date	Mintage	VG	F	VF	XF	Unc
1727B Rare	—	—	—	—	—	—
1729B Rare	—	—	—	—	—	—
1730B Rare	—	—	—	—	—	—

Note: Heritage Long Beach Sale, 5-09, choice EX realized approximately $26,000.

KM# 147 12800 REIS
28.6800 g., 0.9170 Gold 0.8455 oz. AGW **Ruler:** Joao VI **Rev:** Third variety of crowned arms **Mint:** Bahia

Date	Mintage	VG	F	VF	XF	Unc
1730B Rare	—	—	—	—	—	—

KM# A148 12800 REIS
28.6800 g., 0.9170 Gold 0.8455 oz. AGW **Ruler:** Joao VI **Rev:** Fourth variety of crowned arms **Mint:** Bahia

Date	Mintage	VG	F	VF	XF	Unc
1730B Rare	—	—	—	—	—	—
1732B Rare	—	—	—	—	—	—

KM# 148 12800 REIS
28.6800 g., 0.9170 Gold 0.8455 oz. AGW **Ruler:** Joao VI **Rev:** Different crowned arms **Mint:** Rio de Janeiro **Note:** Coins with cord edge command a premium.

Date	Mintage	VG	F	VF	XF	Unc
1731R	—	875	2,450	3,850	6,250	—
1732R	—	875	2,450	3,850	6,250	—
1733R Unique	—	—	—	—	—	—

Date	Mintage	Good	VG	F	VF	XF

Note: American Numismatic Rarities Eliasberg sale, 4-05, 1809 Vila Rica, EF realized $48,300; 1812 Villa Rica, EF realized $29,900; 1816 Villa Rica, EF realized $29,900. UBS Auction 48, 1-00, 1811 Vila Rica, XF realized $41,750

KM# 117 20000 REIS
53.7800 g., 0.9170 Gold 1.5855 oz. AGW **Ruler:** Joao VI **Obv:** Crowned shield **Obv. Legend:** IOANNES • V • D • G • PORT • ET • ALG • REX **Rev:** M's at angles **Rev. Legend:** IN HOC SIGNO VINCES **Mint:** Minas Gerais

Date	Mintage	VG	F	VF	XF	Unc
1724M	—	1,250	2,500	5,000	7,000	—
1725M	—	900	1,200	2,100	3,500	6,500
1726M	—	900	1,200	2,100	3,500	6,500
1727M	—	900	1,200	2,500	4,000	—

GOLD BARS

Goias

KM# GB2 NON-DENOMINATED
Gold **Counterstamp:** GOIAS in an incuse rectangle **Note:** Known dates: 1790, 1801, 1813, 1814, 1817, 1819, 1820, 1821, 1822, 1823. Actual bar size: 112x18mm.

Date	Mintage	Good	VG	F	VF	XF
(1790-1823)	—	—	—	—	—	—

Mato Grasso

KM# GB3 NON-DENOMINATED
Gold **Counterstamp:** MATO GROSSO above crown in branches **Note:** Known dates: 1784, 1800, 1811, 1812, 1813, 1815, 1816, 1817, 1818, 1819, 1820. Actual bar size: 83x17mm.

Date	Mintage	Good	VG	F	VF	XF
(1784-1820)	—	—	—	—	—	—

Rio Das Mortes

KM# Gb4 NON-DENOMINATED
Gold, 64x16 mm. **Counterstamp:** RIO DAS M. below crowned arms in branches **Note:** Known dates: 1796, 1800, 1804, 1817, 1818. Illustration reduced.

Date	Mintage	Good	VG	F	VF	XF
(1796-1818)	—	—	—	—	—	—

Sabara

KM# Gb5 NON-DENOMINATED
Gold, 78x20 mm. **Counterstamp:** "SABARA" or "V.DO SABARA" below or "V.DO-SAB" above crowned arms **Note:** Known dates: 1778, 1792, 1794, 1796, 1801, 1804-06, 1808-19, 1828, 1832, 1833.

Date	Mintage	Good	VG	F	VF	XF
(1778-1833)	—	—	—	—	—	—

Note: American Numismatic Rarities Eliasberg sale, 4-05, 1805 Sabara, EF realized $77,625. UBS auction 48, 1-00, 1815 Sabara, XF $34,430

Vila Rica

KM# Gb7 NON-DENOMINATED
Gold, 107x17 mm. **Countermark:** Script VCR monogram **Counterstamp:** Crowned arms or crowned arms with "V.-R." above **Note:** Known dates: 1786, 1796, 1799, 1802, 1804, 1807-18, 1828. Illustration reduced.

GOLD BAR RECEIPT

KM# GBR1 NON-DENOMINATED
Gold **Note:** Typical receipt for a gold bar.

Date	Mintage	Good	VG	F	VF	XF
ND	—	—	—	—	—	—

PATTERNS
Including off metal strikes

KM#	Date	Mintage	Identification	Mkt Val
PnA1	1722	—	4000 Reis. Copper. KM#106.	400
PnB1	1727	—	6400 Reis. Silver. KM#134.	—
PnC1	1728	—	6400 Reis. Copper. KM#134.	2,500
PnD1	1747	—	6400 Reis. Silver. KM#149.	2,250
PnE1	1747	—	6400 Reis. Bronze. KM#149.	1,500
Pn1	1753	—	6400 Reis. Silver. KM#172.2	2,000
Pn2	1771	—	6400 Reis. Copper. KM#172.2	1,400
Pn3	1772	—	6400 Reis. Silver. Arms of Maria; KM#172.2.	2,250
Pn4	1772	—	6400 Reis. Copper. KM#172.2	1,500
Pn6	1780	—	6400 Reis. Copper.	1,400
Pn7	1781	—	6400 Reis. Silver.	2,000
PnA8	1786	—	6400 Reis. Copper. KM#218.1	1,500
PnB8	1796	—	6400 Reis. Copper. KM#226.1	1,500

TRIAL STRIKES

KM#	Date	Mintage	Identification	Mkt Val
TS2	1772	—	6400 Reis. Copper. Uniface.	900
TS1	1772	—	6400 Reis. Silver. Uniface.	1,500

BRITISH VIRGIN ISLANDS

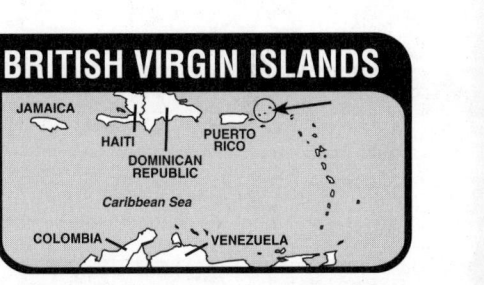

The Colony of the Virgin Islands, a British colony situated in the Caribbean Sea northeast of Puerto Rico and west of the Leeward Islands, has an area of 59 sq. mi. (155 sq. km.) and a population of 13,000. Capital: Road Town. The principal islands of the 36-island group are Tortola, Virgin Gorda, Anegada, and Jost Van Dyke. The chief industries are fishing and stock raising. Fish, livestock and bananas are exported.

The Virgin Islands were discovered by Columbus in 1493, and named by him, Las Virgienes, in honor of St. Ursula and her companions. The British Virgin Islands were formerly part of the administration of the Leeward Islands.

TORTOLA

Tortola, which has an area of about 24 sq. mi. (62 sq. km.), is the largest of 36 islands which comprise the British Virgin Islands. It was settled by the Dutch in 1648 and was occupied by the British in 1666. They have held it ever since.

MONETARY SYSTEM
8 Shillings, 3 Pence = 11 Bits = 8 Reales

LEEWARD ISLANDS ADMINISTRATION

PRIVATE COUNTERMARKED COINAGE

KM# 11 1-1/2 PENCE (Black Dog)
Billon **Countermark:** Small 3 millimeter incuse H **Note:** Countermark in square indent on French and French Guiana, Colony of Cayenne 2 Sous.

Date	Mintage	Good	VG	F	VF	XF
ND	—	7.00	12.50	25.00	45.00	95.00

KM# 12 1-1/2 PENCE (Black Dog)
Billon **Countermark:** Large 5mm incuse "H" **Note:** Countermark in square indent on French and French Guiana, Colony of Cayenne 2 Sous.

Date	Mintage	Good	VG	F	VF	XF
ND	—	12.00	22.50	40.00	80.00	—

CENTRAL ASIA

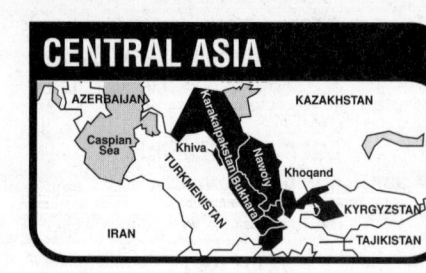

In the several centuries prior to 1500 which witnessed the breakup of the Mongol Empire and the subsequent rise of smaller successor states, no single power or dynasty was able to control the vast expanses of Western and Central Asia. The region known previously as Transoxiana, the land beyond the Oxus River (modern Amu Darya), became the domain of the Shaybanids, then the Janids. The territory ruled by these dynasties had no set borders, which rather expanded and contracted as the fortunes of the rulers ebbed and flowed. At their greatest extent, the khanate took in parts of what are now northern Iran and Afghanistan, as well as part or all of modern Turkmenistan, Uzbekistan, Kazakhstan, Tadzhikistan and Kyrgyzstan. Coins are known to have been struck by virtually every ruler, but some are quite scarce owing to short reigns or the ever-changing political and economic situation.

MINTS

ابیورد باورد (Abivard)

اخشی اخشیکات (Akhshi/Akhshikath)

اندجان اندگان (Andigan/Andijan)

اسفراین (Asfarayin/Isfarayin)

استرآباد (Astarabad)

اوبه (Awbah)

بدخشان (Badakhshan)

بلخ (Balkh)

بسطام (Bistam)

بخارا (Bukhara)

دامغان (Damghan)

هراة هرات (Herat)

حصن (Hisar)

کرمین (Karmin)

کش (Kish)

کوفن کوفین (Kufan/Kufin)

لنکر (Langar)

مرو (Marw)

مشهد (Mashhad)

نسف (Nasaf)

نیم نیمروز (Nimruz)

نسا (Nisa)

قرشی (Qarshi (copper only))

قاین (Qayin)

قندوز (Qunduz)

سبزوار (Sabzavar)

سمرقند (Samarqand)

تشکند (Tashkand (Tashkent))

ترمذ (Termez)

تون (Tun)

تربت (Turbat)

اردو (Urdu (camp mint))

یازر (Yazur)

NOTE: The numerals '0' and '5' have variant forms on the coins of Bukhara, Khiva and Khoqand. Note that the circle is used for 'zero,' not for 'five' in the Central Asia khanates.

RULERS
Shah Murad, AH1200-15/1785-1800AD
Haidar Tora, AH1215-42/1800-26AD

KHANATE

Abu'l Ghazi
AH1171-1200/1758-1758 AD

HAMMERED COINAGE

KM# 21 TENGA
Silver

Date	Mintage	Good	VG	F	VF	XF
AH1200	—	—	60.00	100	150	200

KM# 10 TILLA
Gold, 22-24 mm. **Note:** Struck posthumously in the name of the Janid ruler. Size varies.

Date	Mintage	VG	F	VF	XF	Unc
AH1201	—	120	150	220	325	—
AH1202	—	120	150	220	325	—
ND	—	120	150	220	325	—

Shah Murad
AH1200-1215/1785-1800AD

HAMMERED COINAGE

KM# 22 TENGA
Silver

Date	Mintage	VG	F	VF	XF	Unc
AH1204	—	—	—	—	—	—
AH1207/1206	—	—	—	—	—	—
AH1214	—	—	—	—	—	—

KM# 26 TILLA
Gold **Obv. Inscription:** "Amir Dauiyal"

Date	Mintage	VG	F	VF	XF	Unc
AH1214	—	—	—	—	—	—

Haidar Tora
AH1215-1242/1800-1826 AD

HAMMERED COINAGE

KM# 27 TILLA
Gold **Obv:** Teardrop **Rev:** Circle

Date	Mintage	Good	VG	F	VF	XF
AH1215	—	—	150	195	285	450

BUKHARA

Bukhara, a city and former emirate in southern Russian Turkestan, formed part (Sogdiana) of the Seleucid empire after the conquest of Alexander the Great and remained an important regional center, sometimes city state, until the 19th century.

The Manghits of Bukhara were successors to the Janids in Bukhara and Samarqand, with a sole mint at Bukhara. Except for some of the issues of Haidar Tora, Manghit coins lack the name of the current ruler, but cite a deceased hero of earlier times. Most issues can by assigned to a ruler only by date. Coins were usually dated on both obverse and reverse, so mismatched dates are very plentiful and common. All coins bear the mint name Bukhara. The gold and silver were generally well-struck until the AH1260s/1840s AD, but were gradually less carefully made, especially the silver coins after the AH1290s/1870s AD. Most copper coins were poorly made and rarely well-preserved.

The gold tilla weighed 4.6 grams and the silver tenga 3.2 grams throughout this coinage. The copper pul used a standard of 4.6 grams un AH1286/1869AD, but individual examples often weigh much less. After copper minting resumed in AH1319/1901AD, the pul weighed 2.6 grams. All the silver and gold coins from the reign of Nasrullah onwards were issued in the name of Amir Ma'sum and are only distinguished from issues prior to AH1242/1826AD by date and style. The later copper coins are always anonymous.

Bukhara, became a part of Russian Turkestan in AH1284/1867AD as a consequence of the Czarist invasion of 1866. Gradually it became a part of Uzbekistan S.S.R., now Uzbekistan, which see.

JANID

The Janids were the successors to the Shaybanid dynasty and they maintained coinage traditions similar to those of their predecessors. Janid silver coins are almost invariably poorly struck, rarely showing either mint or date. After about AH1090/1679AD, the alloy became increasingly debased and was mostly copper after the early AH1100s/1670s AD. By contrast, the gold coins of the Janids are found to be of high quality and alloy. The original silver tanka conformed to the 4.7 gram weight inherited from the Shaybanids, but sank to below 4 grams by the end of the dynasty. Mint names, when they are visible on the silver coins, have only been recorded for Balkh, Bukhara and Samarqand.

The dates of rule given for the Janid khans are rather tentative. The standard lists in the genealogical references to not agree with the dates found on the coins in all cases.

During the rule of the last Janid, Abu'l-Ghazi Khan in the late $13^{th}/18^{th}$ century, the territory was split into three smaller principalities: Bukhara, Khiva and Khoqand, which see.

RULERS
Yar Muhammad Khan, ca AH1007-08/1598-99AD
Jani Muhammad Khan, AH1007-10/1598-1601AD
Baqi Muhammad Khan, AH1010-14/1601-05AD
Wali Muhammad Khan, AH1014-27/1605-18AD
Imam Quli Khan, AH1027-54/1618-44AD
Nadr Muhammad Khan, AH1054-57/1644-47AD
Occupation by Mughal Shah Jahan I, at Balkh AH1056-57/1647AD
'Abd al-'Aziz Khan, AH1057-91/1647-80AD
Subhan Quli Khan, AH1091-1114/1680-1702AD
'Ubayd Allah Khan I, AH1114-17/1702-05AD
Abu'l-Fayz Khan, AH1117-60/1705-47AD
'Abd al-Mu'min Khan, AH1160-64/1747-51AD
Muhammad Rahim, AH1167-71/1753-58AD
'Abu'l-Ghazi Khan, AH1171-1200/1758-85AD

KHANATE

'Ubayd Allah Khan I
AH1114-1117

HAMMERED COINAGE

KM# 26 TANKA
4.2500 g., Billon **Mint:** no mint

Date	Mintage	Good	VG	F	VF	XF
ND(1705)	—	—	85.00	150	250	375

KM# 28 TILLA
4.6000 g., Gold **Mint:** Bukhara

Date	Mintage	Good	VG	F	VF	XF
AH1114	—	—	400	600	900	1,450

Abu'l-Fayz Khan
AH1117-1160

HAMMERED COINAGE

KM# 31 TANKA
4.2500 g., Billon **Mint:** no mint

Date	Mintage	Good	VG	F	VF	XF
ND(1747) Rare	—	—	—	—	—	—

KM# 33 TILLA
4.6000 g., Gold **Obv:** Ruler's names and titles in double circle **Rev:** Kalima in double circle with circle of pellets between **Mint:** no mint
Note: Normally undated, examples with dates are very rare.

Date	Mintage	Good	VG	F	VF	XF
AH1125	—	—	180	270	450	650
AH1131 No Mint	—	—	180	270	450	650
ND(1747) No Mint	—	—	120	210	300	450

'Abd al-Mu'min Khan
AH1160-1164

HAMMERED COINAGE

KM# 35 TILLA
4.6000 g., Gold **Obv:** Ruler's names and titles in scalloped boarder **Rev:** Kalima in large cartouche **Mint:** no mint **Note:** Always undated.

Date	Mintage	Good	VG	F	VF	XF
ND(1751)	—	—	210	350	550	850

Muhammad Rahim
AH1167-1171

HAMMERED COINAGE

KM# 37 TILLA
4.6000 g., Gold **Mint:** no mint

Date	Mintage	Good	VG	F	VF	XF
ND(1758)	—	—	210	350	550	850

Abu'l-Ghazi Khan
AH1171-1200

HAMMERED COINAGE

KM# 39.2 TANKA
Silver Wt. varies 2.5-3g **Obv:** Ruler's name and titles **Rev:** Mint and date **Mint:** no mint **Note:** Previous Bukhara KM# 21.

Date	Mintage	Good	VG	F	VF	XF
AH1194	—	—	70.00	115	165	225

KM# 39.1 TANKA
Silver Wt. varies 2.5-3g **Obv:** Ruler's name and titles **Rev:** Mint and date **Mint:** Bukhara **Note:** Previous Bukhara KM# 21.

Date	Mintage	Good	VG	F	VF	XF
AH1200	—	—	60.00	100	150	200

KM# 42.2 TILLA
4.6000 g., Gold **Obv:** Ruler's name, titles and date in ornamented circle **Rev:** Kallima in circle of pellets within two plain circles **Mint:** no mint **Note:** Previous Bukhara KM# 10.

Date	Mintage	Good	VG	F	VF	XF
AH1181	—	—	475	800	1,000	1,550

KM# 42.1 TILLA
4.6000 g., Gold, 22 mm. **Obv:** Ruler's name, titles and date in ornamented circle **Rev:** Kalima in circle of pellets within two plain circles **Mint:** Bukhara **Note:** Previous Bukhara KM# 10.

Date	Mintage	Good	VG	F	VF	XF
AH1200	—	—	475	800	1,000	1,550

TASHKAND

Tashkent
Hakimate

The city of Tashkand (modern Tashkent), north of Samarqand and Bukhara, became the capital of a short-lived principality ruled by *hakims*. Coins were minted at Tashkand during a short 'republican' period of its independence in AH1199-1223 / 1784-1808AD. Primarily, the government came under the joint rule of four municipal hakims (no coins known), until one of them, Muhammad Yunus Khwaja 'Umari, eliminated his partners by about AH1204/1789AD and replaced the tetrumvirate by his sole rule. At first, he was a vassal of Bukhara, but independent from AH1209/1794AD. Very rare copper puls (fulus) and extremely rare billon tengas are known struck with his name.

In AH1215/1801AD, Yunus Khwaja was dismissed from power by his own son. During the latter's rule, anonymous copper coins were issued. Several type of Tashkand copper coins with pictorial images (fancy beast, double fish, bird and others, some without inscriptions) are believed arbitrarily to date from the late Hakimate period. However, being undated and as such, anonymous, they may also belong to the earlier Janid period, so are not listed here.

In AH1223/1808AD, the city was seized by troops from Khoqand. From then until the Russian annexation in 1864, coins of Khoqand, Bukhara, as well as Russian currency, were in circulation in Tashkent.

RULERS
Joint rule of 4 hakims, AH1199-1204/1784-1789AD
Muhammad Yunus Khwaja 'Umari, sole ruler, AH1204-1215/1789-1801AD
Sultan Khwaja Ishan, AH1215-1223/1801-1808AD

MINTS
Tashkand
Shash

MINT EPITHET
The Glorious (city of) Tashkand

MONETARY SYSTEM
Supposedly as in contemporary Bukhara:
24-36 to 64 Pul = 1 Tenga, depending on size and weight of the pul.

NOTE: No gold coinage is known from Tashkand for this period.

HAKIMATE

Yunus Khwaja

HAMMERED COINAGE

KM# 3 PUL (FULUS)
Copper, 14-17 mm. **Obv:** Ruler's names **Obv. Inscription:** Muhammad/Yunus/Khwaja **Rev:** Mintname **Rev. Inscription:** zarb/Tashkand **Mint:** Tashkand

Date	Mintage	Good	VG	F	VF	XF
ND	—	70.00	125	200	—	—

KM# 4 PUL (FULUS)
Copper, 20-24 mm. **Obv:** Ruler's names **Obv. Inscription:** Muhammad/Yunus/Khwaja

Date	Mintage	Good	VG	F	VF	XF
AH1204 rare	—	—	—	—	—	—
ND	—	100	150	250	—	—

KM# 6 TENGA
3.8000 g., Billon, 22-27 mm. **Obv:** Ruler's names, reading from bottom to top **Obv. Inscription:** Muhammad/Yunus/Khwaja /'Umari **Rev:** Kalima

Date	Mintage	Good	VG	F	VF	XF
AH1204	—	250	400	600	—	—
ND	—	175	325	500	—	—

CEYLON

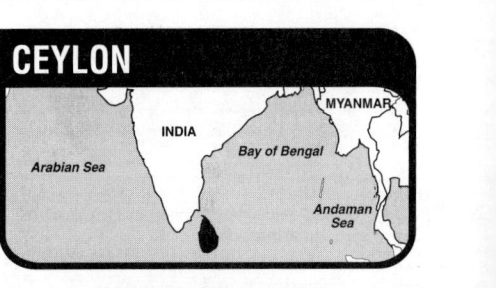

DUTCH COLONY

The Dutch first sighted Ceylon in 1602. They made a treaty with the king of Kandy for trading rights and the Dutch would have to expel the Portuguese. Between 1638 and 1658 the Dutch had accomplished their purpose. The Portuguese were gone from Ceylon.

As the Dutch trade with Ceylon prospered the coins in use were local coins and countermarked coins of the Portuguese colonies. It was not until sometime after 1660 that the Dutch began striking anonymous copper coins.

In the second third of the 1700's, copper duits of the Netherlands provinces were sent to the East and used widely there. The VOC monogram on these coins became a familiar sight to the merchants of the sub-continent and the East Indies.

Local coinage started again in 1783.

Netherlands United East India Company

MONETARY SYSTEM
4 Duiten = 1 Stuiver
4 Stuivers = 1 Fanam
4-1/2 Stuivers = 1 Shahi
9-1/2 Stuivers = 1 Larin

OCCUPATION COINAGE

KM# 23 1/8 DUIT
Tin **Obv:** 17/47 around central depression **Rev:** Value

Date	Mintage	VG	F	VF	XF	Unc
1747 Rare	—	—	—	—	—	—

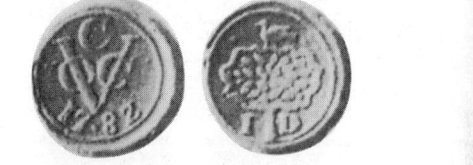

KM# 24.1 DUIT
Tin **Obv:** "C" above "VOC" monogram and date **Rev:** Bird on tree divides value, 1 D **Note:** Weight varies: 15-16g.

Date	Mintage	Good	VG	F	VF	XF
1782	—	60.00	125	185	300	—

KM# 24.2 DUIT
Tin **Note:** Reduced weight 9.00-11.00 grams.

Date	Mintage	Good	VG	F	VF	XF
1785	—	50.00	90.00	150	240	—
1786	—	50.00	90.00	150	240	—

KM# 33.1 DUIT
Lead **Obv:** "C" above "VOC" monogram **Rev:** Value 1 DT and date

Date	Mintage	Good	VG	F	VF	XF
1789	—	20.00	40.00	70.00	120	—
1790	—	35.00	60.00	100	165	—
1791 Rare	—	—	—	—	—	—

KM# 33.2 DUIT
Lead **Rev:** Value **Rev. Legend:** 1 DUIT

Date	Mintage	Good	VG	F	VF	XF
1792	—	35.00	60.00	100	165	—
1793	—	45.00	80.00	150	250	—

KM# 25 1/4 STUIVER
Copper **Obv:** "C" above "VOC" monogram **Rev:** Value **Mint:** Jaffna

Date	Mintage	Good	VG	F	VF	XF
ND(1783)	—	30.00	45.00	75.00	125	—

KM# 19.1 STUIVER
Copper **Obv:** Value "1 St" in wreath of leaves **Rev:** Value "1 St" in wreath of leaves **Mint:** Colombo

Date	Mintage	Good	VG	F	VF	XF
ND(ca. 1712)	—	20.00	30.00	55.00	80.00	—

CEYLON

KM# 26 STUIVER
Copper **Obv:** "C" above "VOC" monogram **Mint:** Colombo

Date	Mintage	Good	VG	F	VF	XF
1783	—	10.00	15.00	25.00	55.00	—
1784	—	12.00	18.00	30.00	65.00	—
1785	—	10.00	15.00	25.00	55.00	—
1786	—	10.00	15.00	25.00	55.00	—
1787	—	10.00	15.00	25.00	55.00	—
1788	—	12.00	18.00	30.00	65.00	—
1789	—	10.00	15.00	25.00	55.00	—
1790	—	10.00	15.00	25.00	55.00	—
1791	—	10.00	15.00	25.00	55.00	—
1792	—	9.00	15.00	25.00	55.00	—
1793	—	12.00	18.00	30.00	65.00	—
1794	—	10.00	15.00	25.00	55.00	—
1795	—	12.00	18.00	30.00	65.00	—

KM# 29 2 STUIVER
Copper **Obv:** "I" (J) above "VOC" monogram and value **Rev:** Date, value in Tamil **Mint:** Jaffna **Note:** Varieties exist

Date	Mintage	Good	VG	F	VF	XF
1783	—	30.00	60.00	120	170	—
1784	—	40.00	80.00	160	220	—
1786/3 Rare	—	—	—	—	—	—
1787 Rare	—	—	—	—	—	—
1788	—	30.00	60.00	120	170	—
1789 Rare	—	—	—	—	—	—
1792	—	30.00	60.00	120	170	—
1793	—	40.00	80.00	160	220	—

KM# 27 STUIVER
Copper **Obv:** "I" (J) above "VOC" monogram and value **Rev:** Date, value in Tamil **Mint:** Jaffna

Date	Mintage	Good	VG	F	VF	XF
1783	—	15.00	30.00	50.00	90.00	—
1786 Rare	—	—	—	—	—	—
1788	—	15.00	30.00	50.00	90.00	—
1790	—	15.00	30.00	50.00	90.00	—
1791	—	15.00	30.00	50.00	90.00	—
1792	—	15.00	30.00	50.00	90.00	—
1793	—	—	—	—	—	—

Note: Reported, not confirmed

KM# 28 STUIVER
Copper **Obv:** "G" above "VOC" monogram **Rev:** Value in Sinhalese **Mint:** Galle

Date	Mintage	Good	VG	F	VF	XF
1783	—	25.00	40.00	75.00	135	—
1787	—	25.00	40.00	75.00	135	—
1788	—	25.00	40.00	75.00	135	—
1789	—	25.00	40.00	75.00	135	—
1790	—	25.00	40.00	75.00	135	—
1792	—	25.00	40.00	75.00	135	—
1793	—	25.00	40.00	75.00	135	—

KM# 30 2 STUIVER
Copper **Obv:** "G" above "VOC" monogram **Mint:** Galle **Note:** Varieties exist.

Date	Mintage	Good	VG	F	VF	XF
1783	—	20.00	35.00	70.00	135	—
1787	—	20.00	35.00	70.00	135	—
1788	—	20.00	35.00	70.00	135	—
1789	—	20.00	35.00	70.00	135	—
1790	—	25.00	40.00	75.00	140	—
1791	—	25.00	40.00	75.00	140	—
1792	—	25.00	40.00	75.00	140	—

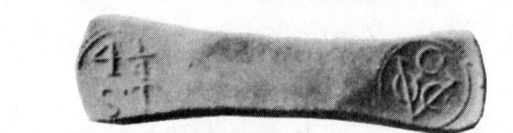

KM# 32 4-3/4 STUIVERS
Copper **Countermark:** "4-3/4 ST" and "C" above "VOC" monogram in stamps at end **Note:** Bonk (bar), length varies; 18 x 85mm to 58 to 105mm. Illustration reduced.

Date	Mintage	Good	VG	F	VF	XF
ND(1785)	—	150	200	300	450	—

KM# 21 6 STUIVERS
Copper **Countermark:** "VI" in wreath at one end, "St" in wreath at other end, repeated on both sides **Mint:** Colombo **Note:** Bonk (bar)varies in size: 98-127mm in length

Date	Mintage	Good	VG	F	VF	XF
ND(c1712)	—	—	—	—	—	—

KM# 34 STUIVER
Copper **Obv:** "T" above "VOC" monogram **Rev:** Value and date **Mint:** Trincomalee

Date	Mintage	Good	VG	F	VF	XF
1789	—	15.00	25.00	45.00	85.00	—
1790	—	15.00	25.00	45.00	85.00	—
1791	—	15.00	25.00	45.00	85.00	—
1792	—	15.00	25.00	45.00	85.00	—
1793	—	15.00	25.00	45.00	85.00	—

KM# 29a 2 STUIVER
Tin **Mint:** Jaffna

Date	Mintage	Good	VG	F	VF	XF
1783 Rare	—	—	—	—	—	—

KM# 22 6 STUIVERS
Copper **Countermark:** "VI" in wreath at both ends on one side, "ST" in wreath at both ends on other side **Note:** Illustration reduced.

Date	Mintage	Good	VG	F	VF	XF
ND(1712)	—	—	—	—	—	—

KM# 31.1 RUPEE
Silver **Obv:** Corrupted Arabic-Malay legend **Rev:** Same with date **Mint:** Colombo

Date	Mintage	Good	VG	F	VF	XF
1784	122,000	175	250	400	600	—
1786	1,636	175	250	400	600	—
1787	20,000	175	250	400	600	—

KM# 31.2 RUPEE
Silver **Mint:** Tuticorin

Date	Mintage	Good	VG	F	VF	XF
1788	66,000	175	250	400	600	—
1789	37,000	175	250	400	600	—

PATTERNS
Including off metal strikes

KM#	Date	Mintage	Identification	Mkt Val
Pn1	1794	—	1/48 Rupee. Bronze.	1,000
Pn2	1797	—	1/48 Rupee. Bronze.	1,000

CHILE

The Republic of Chile, a ribbon-like country on the Pacific coast of southern South America, has an area of 292,135 sq. mi. (756,950 sq. km.) and a population of *15.21 million. Capital: Santiago. Historically, the economic base of Chile has been the rich mineral deposits of its northern provinces. Copper has accounted for more than 75 percent of Chile's export earnings in recent years. Other important mineral exports are iron ore, iodine and nitrate of soda. Fresh fruits and vegetables, as well as wine are increasingly significant in inter-hemispheric trade.

Diego de Almagro was the first Spaniard to attempt to wrest Chile from the Incas and Araucanian tribes in 1536. He failed, and was followed by Pedro de Valdivia, a favorite of Pizarro, who founded Santiago in 1541. When the Napoleonic Wars involved Spain, leaving the constituent parts of the Spanish Empire to their own devices, Chilean patriots formed a national government and proclaimed the country's independence, Sept. 18, 1810. Independence however, was not secured until Feb. 12, 1818, after a bitter struggle led by Bernardo O'Higgins and San Martin. Despite a long steady history of monetary devaluation, reflected in declining weight and fineness in its currency, Chile developed a strong democracy. This was displaced when rampant inflation characterized chaotic and subsequently repressive governments in the mid to late 20th century.

RULER
Spanish until 1818

MINT MARK
So - Santiago

MINTMASTERS' INITIALS

Initial	Date	Name
A	1768-1801	Agustin de Infante y Prado
D	1773-99	Domingo Eizaguirre
DA	1772-99	Domingo Eizaguirre and Agustin de Infante y Prado
J	1749-67	Jose Larrañeta

MONETARY SYSTEM
16 Reales = 1 Escudo

COLONIAL MILLED COINAGE

KM# 43 1/4 REAL
0.8458 g., 0.8960 Silver 0.0244 oz. ASW **Ruler:** Carlos IV **Obv:** Head right **Obv. Legend:** CAROL IV **Rev:** Cross with castles and lions at quarters **Note:** Mint mark So.

Date	Mintage	VG	F	VF	XF	Unc
1790	322,000	40.00	85.00	125	185	—
1791/0	253,000	40.00	85.00	125	185	—
1791	Inc. above	40.00	80.00	120	175	—

CHILE 139

KM# 46 1/4 REAL

0.8458 g., 0.8960 Silver 0.0244 oz. ASW **Ruler:** Carlos IV **Obv:** Head right **Obv. Legend:** CAROL IIII... **Rev:** Cross with lions and castles at quarters **Note:** Mint mark So.

Date	Mintage	VG	F	VF	XF	Unc
1791	Inc. above	40.00	85.00	125	180	—
1792	229,000	40.00	80.00	120	175	—

KM# 55 1/4 REAL

0.8458 g., 0.8960 Silver 0.0244 oz. ASW **Ruler:** Carlos IV **Obv:** Head right **Obv. Legend:** CAROL IIII... **Note:** Mint mark So.

Date	Mintage	VG	F	VF	XF	Unc
1792	Inc. above	60.00	100	150	225	—

KM# 56 1/4 REAL

0.8458 g., 0.8960 Silver 0.0244 oz. ASW **Ruler:** Carlos IV **Obv:** Rampant lion left **Rev:** Castle above date **Note:** Without mint mark.

Date	Mintage	VG	F	VF	XF	Unc
1793	240,000	40.00	80.00	120	175	—

KM# 63 1/4 REAL

0.8458 g., 0.8960 Silver 0.0244 oz. ASW, 12 mm. **Ruler:** Carlos IV **Obv:** Rampant lion left **Rev:** Castle between denomination at right and mint mark at left, date below **Note:** Mint mark So.

Date	Mintage	VG	F	VF	XF	Unc
1796So	63,000	25.00	50.00	80.00	120	—
1797So	66,000	25.00	50.00	80.00	120	—
1798So	50,000	25.00	50.00	90.00	130	—
1799So	42,000	25.00	50.00	90.00	130	—
1800So	72,000	25.00	50.00	80.00	120	—

KM# 6 1/2 REAL

1.6917 g., 0.9170 Silver 0.0499 oz. ASW **Ruler:** Fernando VI **Obv:** Arms **Obv. Legend:** FRD VI D.G. HISP ETIND.R **Rev:** Pillars, date below **Note:** Mint mark So.

Date	Mintage	VG	F	VF	XF	Unc
1756 J Rare	—	—	—	—	—	—

KM# 15 1/2 REAL

1.6917 g., 0.9170 Silver 0.0499 oz. ASW **Ruler:** Carlos III **Obv:** Arms **Obv. Legend:** CLR III D.G.... **Rev:** Pillars, date below **Note:** Mint mark So.

Date	Mintage	VG	F	VF	XF	Unc
1760 J Rare	—	—	—	—	—	—

KM# 28 1/2 REAL

1.6917 g., 0.9030 Silver 0.0491 oz. ASW **Ruler:** Carlos III **Obv:** Bust **Obv. Legend:** CAROLUS III... **Rev:** Arms, pillars **Note:** Mint mark So.

Date	Mintage	VG	F	VF	XF	Unc
1773 DA	9,000	30.00	60.00	175	350	—
1775 DA	65,000	20.00	35.00	75.00	250	—
1776 DA	Inc. above	20.00	40.00	80.00	265	—
1775/3 DA	20,000	20.00	40.00	80.00	265	—
1777 DA	20,000	20.00	40.00	80.00	265	—
1778/6 DA	—	20.00	35.00	75.00	250	—
1778/7 DA	150,000	20.00	35.00	75.00	250	—
1778 DA	Inc. above	20.00	35.00	75.00	250	—
1779/8 DA	—	20.00	35.00	75.00	250	—
1779 DA	49,000	20.00	35.00	75.00	250	—
1780/79 DA	—	20.00	35.00	75.00	250	—
1780/79/8 DA	—	20.00	35.00	75.00	250	—
1780 DA	61,000	20.00	35.00	75.00	250	—
1781 DA	71,000	20.00	35.00	75.00	250	—
1782 DA	54,000	20.00	35.00	75.00	250	—
1783 DA	54,000	20.00	35.00	75.00	250	—
1784/2 DA	—	20.00	35.00	75.00	250	—
1784 DA	109,000	20.00	35.00	75.00	250	—
1785/4 DA	—	20.00	35.00	75.00	250	—
1785/80 DA	—	20.00	35.00	75.00	250	—
1785 DA	80,000	15.00	30.00	65.00	200	—
1786 DA	125,000	15.00	30.00	65.00	200	—
1787/6 DA	79,000	25.00	50.00	100	285	—
1787 DA	Inc. above	20.00	35.00	75.00	250	—
1788/7 DA	—	15.00	30.00	60.00	125	—
1788 DA	175,000	15.00	30.00	60.00	125	—
1789 DA	186,000	15.00	30.00	60.00	125	—

KM# 35 1/2 REAL

1.6917 g., 0.8960 Silver 0.0487 oz. ASW **Ruler:** Carlos IV **Obv:** Head right **Obv. Legend:** CAROLUS IV **Note:** Mint mark So.

Date	Mintage	VG	F	VF	XF	Unc
1789 DA	Inc. above	10.00	20.00	50.00	110	—
1790 DA	110,000	10.00	20.00	50.00	110	—
1791/0 DA	—	12.00	35.00	70.00	140	—
1791 DA	139,000	10.00	20.00	50.00	110	—

KM# 47 1/2 REAL

1.6917 g., 0.8960 Silver 0.0487 oz. ASW **Ruler:** Carlos IV **Obv:** Head right **Obv. Legend:** CAROLUS IIII... **Note:** Mint mark So.

Date	Mintage	VG	F	VF	XF	Unc
1791 DA	Inc. above	15.00	30.00	60.00	125	—

KM# 57 1/2 REAL

1.6917 g., 0.8960 Silver 0.0487 oz. ASW, 17 mm. **Ruler:** Carlos IV **Obv:** Laureate bust right **Obv. Legend:** CAROLUS IIII **Rev:** Crowned arms between columns **Note:** Mint mark So.

Date	Mintage	VG	F	VF	XF	Unc
1792 DA	74,000	8.00	18.00	45.00	100	—
1793 DA	163,000	8.00	18.00	45.00	100	—
1794/3 DA	207,000	8.00	20.00	60.00	120	—
1794 DA	Inc. above	8.00	18.00	45.00	100	—
1795/4 DA	—	15.00	30.00	70.00	140	—
1795 DA	94,000	15.00	30.00	70.00	140	—
1795 DA	—	15.00	30.00	70.00	140	—
Note: Inverted mint mark						
1796/5 DA	126,000	8.00	20.00	60.00	120	—
1796 DA	Inc. above	8.00	20.00	55.00	110	—
1797 DA	125,000	25.00	50.00	100	200	—
1797 DA Error: CAOLUS	—	20.00	40.00	85.00	190	—
1798 DA	109,000	8.00	20.00	45.00	100	—
1799 CA	61,000	8.00	20.00	45.00	100	—
1800 AJ	75,000	8.00	20.00	45.00	100	—

KM# 7 REAL

3.3834 g., 0.9170 Silver 0.0997 oz. ASW **Obv:** ARMS **Obv. Legend:** FERD VI DG HISPET IND **Rev:** Pillars, date below **Note:** Mint mark So.

Date	Mintage	VG	F	VF	XF	Unc
1758 Rare	—	—	—	—	—	—

KM# 29 REAL

3.3834 g., 0.9030 Silver 0.0982 oz. ASW **Ruler:** Carlos III **Obv:** Bust **Obv. Legend:** CAROLUS III... **Rev:** Arms, pillars **Note:** Mint mark So.

Date	Mintage	VG	F	VF	XF	Unc
1773 DA	14,000	30.00	70.00	150	375	—
1775 DA	27,000	35.00	75.00	160	400	—
1776/5 DA	—	45.00	85.00	170	425	—
1776 DA	10,000	45.00	85.00	170	425	—
1777 DA	20,000	30.00	70.00	150	375	—
1778/7 DA	95,000	22.00	55.00	120	250	—
1778 DA	Inc. above	22.00	55.00	120	250	—
1779 DA	42,000	28.00	65.00	135	300	—
1780 DA	31,000	28.00	65.00	135	300	—
1781 DA	68,000	25.00	60.00	130	285	—
1782 DA	32,000	28.00	65.00	135	300	—
1783 DA	27,000	28.00	65.00	135	300	—
1784 DA	54,000	25.00	60.00	130	285	—
1785/4 DA	—	25.00	60.00	125	225	—
1785 DA	48,000	25.00	60.00	125	225	—
1786 DA	Inc. above	25.00	60.00	125	225	—
1786/5 DA	102,000	25.00	60.00	125	225	—
1787 DA	60,000	25.00	60.00	125	225	—
1788/7 DA	112,000	25.00	60.00	125	225	—
1788 DA	Inc. above	20.00	50.00	110	200	—
1789 DA	109,000	25.00	60.00	125	225	—

KM# 36 REAL

3.3834 g., 0.8960 Silver 0.0975 oz. ASW **Ruler:** Carlos IV **Obv:** Bust **Obv. Legend:** CAROLUS IV... **Note:** Mint mark So.

Date	Mintage	VG	F	VF	XF	Unc
1789 DA	Inc. above	25.00	60.00	125	275	—
1790 DA	39,000	22.00	55.00	120	270	—
1791 DA	20,000	22.00	55.00	120	270	—

KM# 48 REAL

3.3834 g., 0.8960 Silver 0.0975 oz. ASW **Ruler:** Carlos IV **Obv:** Bust **Obv. Legend:** CAROLUS IIII... **Note:** Mint mark So.

Date	Mintage	VG	F	VF	XF	Unc
1791 DA	Inc. above	22.00	55.00	120	270	—

KM# 58 REAL

3.3834 g., 0.8960 Silver 0.0975 oz. ASW, 21 mm. **Ruler:** Carlos IV **Obv:** Laureate bust right **Obv. Legend:** CAROLUS IIII... **Rev:** Crowned arms between columns **Note:** Mint mark So.

Date	Mintage	VG	F	VF	XF	Unc
1792 DA	24,000	10.00	35.00	65.00	125	—
1793/2 DA	—	12.00	40.00	75.00	150	—
1793 DA	77,000	10.00	35.00	65.00	125	—
1794 DA	54,000	10.00	35.00	65.00	125	—
1795 DA	89,000	25.00	50.00	100	150	—
1796/4 DA	—	—	—	—	—	—
1796/5 DA	64,000	—	—	—	—	—
1796 DA	Inc. above	10.00	35.00	65.00	125	—
1797 DA	85,000	10.00	35.00	65.00	125	—
1798/6 DA	—	12.00	40.00	75.00	150	—
1798 DA	34,000	10.00	35.00	65.00	125	—
1799 DA	48,000	10.00	35.00	65.00	125	—
1800 AJ	48,000	10.00	35.00	65.00	125	—

KM# 8 2 REALES

6.7668 g., 0.9170 Silver 0.1995 oz. ASW **Ruler:** Fernando VI **Obv:** Arms **Obv. Legend:** FRD VI D. G. HISP ET IND REX **Rev:** Pillars, date below **Note:** Mint mark So.

Date	Mintage	VG	F	VF	XF	Unc
1758 J Rare	—	—	—	—	—	—

KM# 16 2 REALES

6.7682 g., 0.9170 Silver 0.1995 oz. ASW **Ruler:** Carlos III **Obv:** Arms **Rev:** Pillars, date below **Note:** Mint mark So.

Date	Mintage	VG	F	VF	XF	Unc
1760 J Rare	—	—	—	—	—	—

KM# 30 2 REALES

6.7668 g., 0.9030 Silver 0.1964 oz. ASW **Ruler:** Carlos III **Obv:** Bust **Obv. Legend:** CAROLUS III... **Rev:** Arms, pillars **Note:** Mint mark So.

Date	Mintage	VG	F	VF	XF	Unc
1773 DA	14,000	75.00	150	300	500	—
1775 DA	34,000	50.00	100	200	400	—
1776 DA	7,000	60.00	110	225	450	—
1777 DA	7,000	60.00	110	225	450	—
1778/6 DA	68,000	50.00	100	200	400	—
1778 DA	Inc. above	45.00	90.00	185	375	—
1779 DA	48,000	40.00	85.00	175	350	—
1780 DA	34,000	40.00	85.00	175	350	—
1781 DA	44,000	40.00	85.00	175	350	—
1782 DA	21,000	50.00	100	200	400	—
1783/2 DA	34,000	45.00	90.00	185	375	—
1783 DA	Inc. above	45.00	90.00	185	375	—
1784/1 DA	—	50.00	100	200	400	—
1784 DA	54,000	40.00	85.00	175	350	—
1785/4 DA	—	30.00	75.00	150	300	—
1785 DA	27,000	30.00	75.00	150	300	—
1786 DA	51,000	30.00	75.00	150	300	—
1787 DA	31,000	30.00	75.00	150	300	—
1788 DA	66,000	30.00	75.00	150	300	—
1789 DA	67,000	30.00	75.00	150	300	—

KM# 37 2 REALES

6.7668 g., 0.8960 Silver 0.1949 oz. ASW **Ruler:** Carlos IV **Obv:** Bust **Obv. Legend:** CAROLUS IV **Note:** Mint mark So.

Date	Mintage	VG	F	VF	XF	Unc
1789 DA	Inc. above	35.00	80.00	175	350	—
1790 DA	47,000	35.00	80.00	175	350	—
1791 DA	54,000	35.00	80.00	175	350	—

KM# 49 2 REALES

6.7668 g., 0.8960 Silver 0.1949 oz. ASW **Ruler:** Carlos IV **Obv:** Bust **Obv. Legend:** CAROLUS IIII **Note:** Mint mark So.

Date	Mintage	VG	F	VF	XF	Unc
1791 DA	Inc. above	40.00	85.00	185	365	—
1792 DA	14,000	40.00	85.00	185	365	—

KM# 59 2 REALES

6.7668 g., 0.8960 Silver 0.1949 oz. ASW, 28.5 mm. **Ruler:** Carlos IV **Obv:** Laureate bust right **Obv. Legend:** CAROLUS • IIII • DEI • GRATIA • **Rev:** Crowned arms between pillars **Rev. Legend:** HISPAN * ET • IND • REX • .... **Note:** Mint mark So.

Date	Mintage	VG	F	VF	XF	Unc
1792 DA	Inc. above	18.00	55.00	110	220	—
1793 DA	53,000	16.00	50.00	100	200	—
1794 DA	58,000	16.00	50.00	100	200	—
1795 DA	58,000	16.00	50.00	100	200	—
1796/5 DA	—	18.00	55.00	110	220	—
1796 DA	66,000	16.00	50.00	100	200	—
1797 DA	49,000	16.00	50.00	100	200	—
1798/7 DA	30,000	18.00	55.00	110	220	—
1798 DA	Inc. above	16.00	50.00	100	200	—
1799 DA	41,000	16.00	50.00	100	200	—
1799 DA	Inc. above	16.00	50.00	100	200	—
Note: Inverted mint mark						
1800 AJ	34,000	16.00	50.00	100	200	—

KM# 9 4 REALES

13.5337 g., 0.9170 Silver 0.3990 oz. ASW **Ruler:** Fernando VI **Obv:** Arms **Obv. Legend:** FERDINANDUS VI D. G. HISPAN ET IND REX **Rev:** Pillars, date below

Date	Mintage	VG	F	VF	XF	Unc
1758 J Rare	—	—	—	—	—	—

KM# 17 4 REALES

13.5337 g., 0.9170 Silver 0.3990 oz. ASW **Ruler:** Carlos III **Obv:** Arms **Obv. Legend:** CAROLUS III... **Rev:** Pillars, date below **Note:** Mint mark So.

Date	Mintage	VG	F	VF	XF	Unc
1760 2 known; Rare	—	—	—	—	—	—

Note: Renaissance Auction 12-00 XF realized $54,000

CHILE

KM# 34 4 REALES

13.5337 g., 0.9030 Silver 0.3929 oz. ASW **Ruler:** Carlos III **Obv:** Bust **Obv. Legend:** CAROLUS III... **Rev:** Arms, pillars **Note:** Mint mark So.

Date	Mintage	VG	F	VF	XF	Unc
1775 DA	3,000	350	500	650	1,450	—
1776 DA	3,000	350	500	650	1,450	—
1777 DA	3,000	350	500	650	1,450	—
1778 DA	15,000	300	400	500	1,250	—
1779 DA	10,000	300	400	500	1,250	—
1780 DA	9,000	300	400	500	1,250	—
1781 DA	14,000	300	400	500	1,250	—
1782 DA	7,000	300	400	500	1,250	—
1783 DA	10,000	300	400	500	1,250	—
1784 DA	40,000	300	400	500	1,250	—
1785 DA	30,000	300	400	500	950	—
1786 DA	36,000	300	400	500	950	—
1787 DA	25,000	300	400	500	950	—
1788 DA	41,000	300	400	500	950	—
1789 DA	Inc. above	300	400	500	950	—
1789/8 DA	45,000	300	400	500	950	—

KM# 5 8 REALES

27.0674 g., 0.9170 Silver 0.7980 oz. ASW **Ruler:** Fernando VI **Obv:** Crowned arms, ornaments at right and left **Obv. Legend:** FERDINANDVS • VI • D • G • HISPAN • ET IND • REX **Rev:** Crowned globes between crowned pillars **Rev. Legend:** ...QUE VNUM **Note:** Mint mark So.

Date	Mintage	VG	F	VF	XF	Unc
1751 J Unique	—	—	—	—	—	—

Note: Ponterio Amat Sale 3-91, Poor realized $5,500

Date	Mintage	VG	F	VF	XF	Unc
1753 J Rare	—	—	—	—	—	—
1755/1 J Rare	—	—	—	—	—	—
1757 J Rare	—	—	—	—	—	—
1758 J Rare	—	—	—	—	—	—

Note: Superior December Sale 12-90, VF realized $44,000

Date	Mintage	VG	F	VF	XF	Unc
1773 DA Rare	27,000	—	—	—	—	—
1775 DA Rare	8,500	—	—	—	—	—

Note: Ponterio Amat Sale 3-91, VF (only known example) realized $13,750

Date	Mintage	VG	F	VF	XF	Unc
1776/5 DA Rare	18,000	—	—	—	—	—
1777 DA	26,000	1,500	3,000	7,500	10,000	—
1778 DA Rare	74,000	—	—	—	—	—
1779/8 DA	99,000	1,500	3,000	4,500	8,000	—
1779 DA	Inc. above	1,500	3,000	4,500	8,000	—
1780 DA	75,000	1,500	3,000	4,500	8,000	—
1781 DA	105,000	1,500	3,000	4,500	8,000	—
1782 DA	60,000	1,500	3,000	4,500	8,000	—
1783/2 DA	74,000	1,500	3,000	4,500	8,000	—
1784 DA	128,000	500	1,250	2,000	3,500	—

Note: Small mint mark

Date	Mintage	VG	F	VF	XF	Unc
1784 DA	Inc. above	500	1,250	2,000	3,500	—

Note: Large mint mark

Date	Mintage	VG	F	VF	XF	Unc
1785/4 DA	130,000	500	1,250	2,000	3,500	—
1785 DA	Inc. above	500	1,250	2,000	3,500	—
1786 DA	149,000	500	1,250	2,000	3,500	—
1787 DA	183,000	500	1,250	2,000	3,500	—
1788 DA	187,000	400	1,000	1,600	2,750	—
1789/8 DA 3 known; Rare	—	—	—	—	—	—

KM# 39 8 REALES

27.0674 g., 0.9030 Silver 0.7858 oz. ASW **Ruler:** Carlos IV **Obv:** Bust right **Obv. Legend:** CAROLUS IV... **Note:** Mint mark So.

Date	Mintage	VG	F	VF	XF	Unc
1789 DA	Inc. above	350	600	1,450	2,350	—
1790 DA	147,000	350	600	1,350	2,150	—
1791 DA	167,000	350	600	1,450	2,350	—

KM# 38 4 REALES

13.5337 g., 0.8960 Silver 0.3898 oz. ASW **Ruler:** Carlos IV **Obv:** Bust right **Obv. Legend:** CAROLUS • IV • DEI • GRATIA • **Rev:** Crowned arms between pillars **Rev. Legend:** HISPAN • ET • IND • REX • ... **Note:** Mint mark So.

Date	Mintage	VG	F	VF	XF	Unc
1789 DA	Inc. above	300	400	500	950	—
1790 DA	9,000	300	400	500	900	—
1791/0 DA	—	325	450	550	1,250	—
1791 DA	8,000	325	450	550	1,250	—

KM# 50 4 REALES

13.5337 g., 0.8960 Silver 0.3898 oz. ASW **Ruler:** Carlos IV **Obv:** Bust right **Obv. Legend:** CAROLUS IIII... **Note:** Mint mark So.

Date	Mintage	VG	F	VF	XF	Unc
DA	—	—	—	—	—	—
1791 DA	Inc. above	300	400	550	1,000	—
1792 DA	4,000,000	300	400	525	950	—

KM# 18 8 REALES

27.0674 g., 0.9170 Silver 0.7980 oz. ASW **Ruler:** Carlos III **Obv:** Crowned arms **Obv. Legend:** CAROLUS • III • D • G • HISPAN • ETIND • REX **Rev:** Crowned globes between crowned pillars **Rev. Legend:** ...VNUM **Note:** Mint mark So.

Date	Mintage	VG	F	VF	XF	Unc
1760 J Rare	—	—	—	—	—	—
1762 J Rare	—	—	—	—	—	—

Note: 1762 J has a cross above the crown on pillar

Date	Mintage	VG	F	VF	XF	Unc
1764 J Rare	—	—	—	—	—	—
1765 J Rare	—	—	—	—	—	—
1767 J Rare	—	—	—	—	—	—
1768 A Rare	—	—	—	—	—	—

Note: Ponterio Amat Sale 3-91, VF/XF realized $27,500. Bonhams Pantheon sale 7-96, fine cleaned realized $3,300

Date	Mintage	VG	F	VF	XF	Unc
1769 A Rare	—	—	—	—	—	—
1770/69 A Rare	—	—	—	—	—	—

KM# 51 8 REALES

27.0674 g., 0.8960 Silver 0.7797 oz. ASW, 40 mm. **Ruler:** Carlos IV **Obv:** Laureate bust right **Obv. Legend:** CAROLUS • IIII • DEI • GRATIA • **Rev:** Crowned arms between columns **Rev. Legend:** • HISPAN • ET IND • REX • ... **Note:** Mint mark So.

Date	Mintage	VG	F	VF	XF	Unc
1791 DA	Inc. above	500	850	1,500	2,250	—
1792 DA	161,000	450	800	1,450	2,150	—
1793 DA	206,000	150	200	300	600	—
1794 DA	161,000	150	200	300	600	—
1795 DA	200,000	150	200	300	600	—
1796/5 DA	199,000	150	200	300	600	—
1796 DA C/RAROLUS	—	500	1,000	2,000	3,000	—
1796 DA	Inc. above	150	200	300	600	—
1797 DA	195,000	125	175	275	550	—
1797/6 DA	—	250	300	400	750	—
1798 DA	174,000	125	175	275	550	—
1799 DA	170,000	125	175	275	550	—
1800 AJ CROLUS (error)	—	—	3,000	5,500	—	—
1800 AJ	184,000	125	175	275	550	—

KM# 60 4 REALES

13.5337 g., 0.8960 Silver 0.3898 oz. ASW, 35 mm. **Ruler:** Carlos IV **Obv:** Laureate bust right **Obv. Legend:** CAROLUS • IIII • DEI • GRATIA • **Rev:** Crowned arms between columns **Rev. Legend:** HISPAN • ET • IND • REX • ... **Note:** Mint mark So.

Date	Mintage	VG	F	VF	XF	Unc
1792 DA	Inc. above	65.00	115	175	375	—
1793 DA	15,000	60.00	100	150	325	—
1794 DA	17,000	60.00	100	150	325	—
1795 DA	11,000	60.00	100	150	325	—
1796/5 DA	—	60.00	110	160	345	—
1796 DA	11,000	60.00	100	150	325	—
1797 DA	12,000	60.00	100	150	325	—
1798 DA	3,000	70.00	120	185	400	—
1799 DA	8,000	65.00	115	175	375	—
1800 AJ	5,000	65.00	115	175	375	—

KM# 31 8 REALES

27.0674 g., 0.9030 Silver 0.7858 oz. ASW **Ruler:** Carlos III **Obv:** Bust **Obv. Legend:** CAROLUS • III • DEI • GRATIA • **Rev:** Crowned arms between pillars **Rev. Legend:** • HISPAN • ET IND • REX • ... **Note:** Mint mark So.

KM# A6 ESCUDO

3.3834 g., 0.9170 Gold 0.0997 oz. AGW **Ruler:** Fernando VI **Obv:** Large head right **Obv. Legend:** FERDINANDVS VI and date **Rev:** Arms **Rev. Legend:** NOMINA MAGNA SEQUOR **Note:** Mint mark So.

Date	Mintage	VG	F	VF	XF	Unc
1754 J Rare	—	—	—	—	—	—

KM# 10 ESCUDO

3.3834 g., 0.9170 Gold 0.0997 oz. AGW **Ruler:** Fernando VI **Obv:** Small armored bust **Rev:** Arms **Rev. Legend:** NOMINA MAGNA SEQUOR **Note:** Mint mark So.

Date	Mintage	VG	F	VF	XF	Unc
1758 J	—	1,000	2,000	3,000	5,500	—
1759 J	—	1,000	2,000	3,000	5,500	—

KM# 19 ESCUDO

3.3834 g., 0.9170 Gold 0.0997 oz. AGW **Ruler:** Carlos III **Obv:** Bust right **Obv. Legend:** CRL•III•D•G•HISP•... **Rev:** 4-fold arms **Rev. Legend:** NOMINA MAGNA SEQUOR **Note:** Mint mark So.

Date	Mintage	VG	F	VF	XF	Unc
1761 J	—	200	425	750	1,600	—
1762 J	968	200	425	750	1,600	—

KM# 22 ESCUDO

3.3834 g., 0.9170 Gold 0.0997 oz. AGW **Ruler:** Carlos III **Obv:** Young bust right **Obv. Legend:** CAR. III... **Rev. Legend:** IN VTROQ FELIX **Note:** Mint mark So.

Date	Mintage	VG	F	VF	XF	Unc
1763 J	540	200	400	700	1,500	—
1764 J	—	200	400	700	1,500	—
1766 J	—	200	400	700	1,500	—

KM# 26 ESCUDO

3.3834 g., 0.9010 Gold 0.0980 oz. AGW **Ruler:** Carlos III **Obv:** Standard bust **Obv. Legend:** CAROL III... **Rev:** Arms, Order chain **Note:** Mint mark So.

Date	Mintage	VG	F	VF	XF	Unc
1772 DA	394	250	400	700	1,100	—
1773 DA	3,400	150	225	400	750	—
1774 DA	4,488	150	225	400	750	—
1775 DA	3,128	175	250	450	800	—
1776 DA	5,372	150	225	400	750	—
1777 DA	5,780	150	225	400	750	—
1778 DA	5,508	150	225	400	750	—
1779 DA	6,324	150	225	400	750	—
1780 DA	4,080	150	225	400	750	—
1781 DA	3,332	150	225	400	750	—
1782 DA	3,332	150	225	400	750	—
1783 DA	2,584	150	225	400	750	—
1784 DA	3,264	150	225	400	750	—
1785 DA	2,448	150	225	400	750	—
1786 DA	2,652	150	225	400	750	—
1787 DA	3,060	150	225	400	750	—
1788 DA	3,672	175	250	450	850	—

KM# 45 ESCUDO

3.3834 g., 0.9010 Gold 0.0980 oz. AGW **Ruler:** Carlos IV **Obv:** Bust right **Obv. Legend:** CAROL • IV • D • G • ... **Rev:** Arms in Order chain, crown above **Rev. Legend:** IN • UTROQ • FELIX • ... **Note:** Mint mark So.

Date	Mintage	VG	F	VF	XF	Unc
1789 DA	—	450	750	1,150	1,750	—
1790 DA	3,772	200	400	700	1,350	—
1790/89 DA	—	250	450	800	1,450	—

KM# 52 ESCUDO

3.3834 g., 0.9010 Gold 0.0980 oz. AGW **Ruler:** Carlos IV **Obv:** Bust right **Obv. Legend:** CAROL IV... **Rev:** Arms in Order chain **Note:** Mint mark So.

Date	Mintage	VG	F	VF	XF	Unc
1791 DA	16,000	450	750	1,150	1,750	—

KM# 61 ESCUDO

3.3834 g., 0.8750 Gold 0.0952 oz. AGW, 19 mm. **Ruler:** Carlos IV **Obv:** Laureate bust right **Obv. Legend:** CAROL IIII... **Rev:** Crowned arms in Order chain **Note:** Mint mark So.

Date	Mintage	VG	F	VF	XF	Unc
1792 DA	27,000	175	300	350	750	—
1793 DA	14,000	175	300	350	750	—
1794 DA	21,000	175	300	350	750	—
1795 DA	21,000	200	325	375	800	—
1796 DA	15,000	200	325	375	800	—
1797 DA	23,000	175	300	350	750	—
1798 DA	15,000	175	300	350	750	—
1799 DA	6,596	200	325	375	800	—
1800 DA	1,836	225	375	450	1,000	—
1800 AJ	—	—	—	—	—	—

KM# 11 2 ESCUDOS

6.7668 g., 0.9170 Gold 0.1995 oz. AGW **Ruler:** Fernando VI **Obv:** Bust right **Obv. Legend:** FERDINANDUS • VI • D • G • HISP • REX **Rev:** Crowned arms **Rev. Legend:** NOMINA MAGNA SEQUOR **Note:** Mint mark So.

Date	Mintage	VG	F	VF	XF	Unc
1758 J Rare	—	—	—	—	—	—

Note: Spink America Norweb Sale 3-97, holed, bent, VF realized $1,760

KM# 24 2 ESCUDOS

6.7682 g., 0.9170 Gold 0.1995 oz. AGW **Obv. Legend:** CAROLUS III... **Obv. Designer:** Bust right **Rev. Designer:** Arms within order chain

Date	Mintage	VG	F	VF	XF	Unc
1764 J	143	1,500	2,000	3,000	4,500	—

KM# 32 2 ESCUDOS

6.7682 g., 0.9040 Gold 0.1967 oz. AGW **Ruler:** Carlos III **Obv:** Bust **Obv. Legend:** CAROL. III. D. G.... **Rev:** Arms, Order chain **Note:** Mint mark So.

Date	Mintage	VG	F	VF	XF	Unc
1773 DA	850	350	550	750	1,350	—
1774 DA	3,026	300	450	600	1,000	—
1782 DA	1,632	300	450	650	1,100	—
1783 DA	1,292	500	900	1,200	2,000	—
1786 DA	1,394	300	450	600	1,000	—
1787 DA	1,768	300	450	600	1,000	—
1789 DA	2,380	500	900	1,200	2,000	—

KM# 40 2 ESCUDOS

6.7668 g., 0.8750 Gold 0.1904 oz. AGW **Ruler:** Carlos IV **Obv:** Bust **Obv. Legend:** CAROL. IV... **Rev:** Arms **Note:** Mint mark So.

Date	Mintage	VG	F	VF	XF	Unc
1789 DA	1,632	500	900	1,200	2,000	—
1790 DA	5,508	400	650	900	1,500	—

KM# 53 2 ESCUDOS

6.7668 g., 0.8750 Gold 0.1904 oz. AGW, 23 mm. **Ruler:** Carlos IV **Obv:** Laureate bust right **Obv. Legend:** CAROL. IIII... **Rev:** Crowned arms **Note:** Mint mark So.

Date	Mintage	VG	F	VF	XF	Unc
1791 DA	6,698	425	650	900	1,500	—
1792 DA	7,760	425	650	900	1,500	—
1793 DA	7,820	425	650	900	1,500	—
1794 DA	7,832	425	650	900	1,500	—
1795 DA	10,000	425	650	900	1,500	—
1796 DA	14,000	425	650	900	1,500	—
1797 DA	11,000	425	650	900	1,500	—
1798 DA	8,500	425	650	900	1,500	—
1799 DA	4,148	425	650	900	1,500	—
1800 AJ	986	450	700	1,000	1,650	—

KM# 2 4 ESCUDOS

13.5337 g., 0.9170 Gold 0.3990 oz. AGW **Ruler:** Fernando VI **Obv:** Bust right **Obv. Legend:** * FERDINANDUS • VI • D • G • HISP • REX * **Rev:** Crowned arms **Rev. Legend:** * NOMINA MAGNA SEQUOR * **Note:** Mint mark So.

Date	Mintage	VG	F	VF	XF	Unc
1749 J	—	425	650	1,100	1,600	—
1750/5 J	—	425	650	1,100	1,600	—
1750 J	—	425	650	1,100	1,600	—
1751 J	—	650	1,100	1,450	2,500	—
1752 J	—	650	1,100	1,450	2,500	—
1756 J	—	650	1,100	1,450	2,500	—
1757 J	—	650	1,100	1,450	2,500	—
1758 J	—	900	1,750	3,250	6,500	—

KM# 21 4 ESCUDOS

13.5337 g., 0.9170 Gold 0.3990 oz. AGW **Ruler:** Carlos III **Obv:** Bust **Obv. Legend:** CAROLUS III... **Note:** Mint mark So.

Date	Mintage	VG	F	VF	XF	Unc
1762 J	—	950	1,850	3,000	5,500	—
1763 J	—	900	1,750	2,750	5,000	—

KM# 23 4 ESCUDOS

13.5337 g., 0.9170 Gold 0.3990 oz. AGW **Ruler:** Carlos III **Obv:** Young bust right **Obv. Legend:** CAROLUS • III • D • G • HISP • ETIND • REX **Rev:** Crowned arms within Order chain **Rev. Legend:** IN • UTROQ • FELIX • AUSPICE •... **Note:** Mint mark So.

Date	Mintage	VG	F	VF	XF	Unc
1763 J	—	900	1,750	3,000	5,500	—
1764 J	372	850	1,600	2,650	5,000	—
1765 J	11,000	800	1,500	2,500	4,750	—

KM# 33 4 ESCUDOS

13.5337 g., 0.9010 Gold 0.3920 oz. AGW **Ruler:** Carlos III **Obv:** Standard bust **Obv. Legend:** CAROL • III • D • G • HISP • ET IND • R • **Rev:** Arms in Order chain **Rev. Legend:** IN • UTROQ • FELIX • AUSPICE • DEO •.. **Note:** Mint mark So.

Date	Mintage	VG	F	VF	XF	Unc
1773 DA	170	BV	750	1,200	1,900	—
1776 DA	1,815	BV	750	1,100	1,750	—
1781 DA	850	BV	750	1,150	1,850	—
1782 DA	901	BV	750	1,150	1,850	—
1783 DA	612	BV	750	1,150	1,850	—
1784 DA	816	BV	550	900	1,450	—
1785 DA	816	BV	550	900	1,450	—
1786 DA	697	BV	550	900	1,450	—
1787 DA	952	BV	550	900	1,450	—
1788 DA	1,020	BV	800	1,200	1,900	—

KM# 41.1 ESCUDOS

13.5337 g., 0.8750 Gold 0.3807 oz. AGW **Ruler:** Carlos IV **Obv:** Uniformed bust right **Obv. Legend:** CAROL • IV • D • G • HISP • ETIND • R • **Rev:** Arms in Order chain **Rev. Legend:** IN • UTROQ • FELIX • AUSPICE • DEO •.. **Note:** Mint mark So.

Date	Mintage	VG	F	VF	XF	Unc
1789 DA	Inc. above	BV	750	1,100	1,750	—
1790 DA	3,332	BV	750	1,100	1,750	—
1791 DA	4,879	650	1,100	1,400	2,500	—

KM# 41.2 4 ESCUDOS

13.5337 g., 0.8750 Gold 0.3807 oz. AGW **Ruler:** Carlos IV **Obv:** Armored bust right **Obv. Legend:** CAROL • IIII • D • G • HISP • ETIND • R • **Rev:** Arms in Order chain **Rev. Legend:** IN • UTROQ • FELIX • AUSPICE • DEO •.. **Note:** Mint mark So.

Date	Mintage	VG	F	VF	XF	Unc
1791 DA	Inc. above	625	1,100	1,450	2,500	—

KM# 62 4 ESCUDOS

13.5337 g., 0.8750 Gold 0.3807 oz. AGW, 30.5 mm. **Ruler:** Carlos IV **Obv:** Laureate bust right **Obv. Legend:** CAROL • IIII • D • G • HISP • ET IND • R • **Rev:** Crowned arms in Order chain **Rev. Legend:** IN • UTROQ • FELIX • AUSPICE • DEO • **Note:** Mint mark So.

Date	Mintage	VG	F	VF	XF	Unc
1792 DA	4,680	700	1,150	1,500	2,750	—
1793 DA	6,238	BV	800	1,200	2,000	—
1794 DA	7,140	BV	800	1,200	2,000	—
1795 DA	6,808	BV	800	1,200	2,000	—
1796 DA	6,970	BV	800	1,200	2,000	—
1797 DA	5,950	BV	800	1,200	2,000	—
1798 DA	4,471	BV	800	1,200	2,000	—
1799 DA	2,754	BV	800	1,200	2,000	—
1800 DA	—	750	1,200	1,600	3,000	—
1800 AJ	646	700	1,200	1,550	2,750	—

KM# 1 8 ESCUDOS

27.0730 g., 0.9170 Gold 0.7981 oz. AGW **Obv:** Bust left **Obv. Legend:** PHILIPV D.G. HISPAN ET IND REX **Rev:** Arms, legend around

Date	Mintage	VG	F	VF	XF	Unc
1744 6 known	—	—	—	—	—	—

CHILE

Date	Mintage	VG	F	VF	XF	Unc
1760 J	—	1,500	3,000	4,500	7,500	—
1761 J	—	BV	1,600	2,500	3,700	—
1762 J	32,000	BV	1,600	2,500	3,700	—
1763 J	Inc. above	BV	1,600	2,500	3,700	—
1763/2 J	41,000	BV	1,650	2,600	3,800	—

Date	Mintage	VG	F	VF	XF	Unc
1786 DA	34,000	1,350	1,750	2,500	3,750	—
1787 DA	37,000	BV	1,150	1,350	1,750	—
1788 DA	42,000	BV	1,150	1,350	1,750	—
1789 DA	41,000	BV	1,600	2,100	3,400	—

KM# 3 8 ESCUDOS

27.0674 g., 0.9170 Gold 0.7980 oz. AGW **Ruler:** Fernando VI **Obv:** Bust right **Obv. Legend:** FERDINANDUS • VI • D • G • HISP • REX **Rev:** Arms, Order chain, fleece above cross **Rev. Legend:** NOMINA MAGNA SEQUOR **Note:** Mint mark So.

Date	Mintage	VG	F	VF	XF	Unc
1750 J	—	—	BV	1,650	2,800	—
1751/0 J	—	—	BV	1,500	2,650	—
1751 J	—	—	BV	1,450	2,400	—
1752 J	—	BV	1,750	2,750	4,150	—
1753 J	—	BV	1,750	2,750	4,150	—
1754 J	—	BV	1,750	2,750	4,150	—
1755 J	—	BV	1,750	2,750	4,150	—
1756/5 J	—	BV	1,800	2,850	4,250	—
1756 J	—	BV	1,750	2,750	4,150	—
1757 J	—	BV	1,750	2,750	4,150	—
1758 J	—	1,500	2,500	3,850	6,300	—
1758/7 J	—	1,500	2,500	3,850	6,300	—

KM# 42 8 ESCUDOS

27.0674 g., 0.9010 Gold 0.7841 oz. AGW **Ruler:** Carlos IV **Obv:** Bust right **Obv. Legend:** CAROL • IV • D • G • HISP • ETIND • R • **Rev:** Arms in Order chain **Note:** Mint mark So.

Date	Mintage	VG	F	VF	XF	Unc
1789 DA	Inc. above	BV	1,300	1,500	2,000	—
1790 DA	42,000	BV	1,300	1,500	2,000	—
1790 DA	Inc. above	1,200	1,500	2,400	3,500	—

Note: Retrograde "E" in "DEO"

1791/0 DA	42,000	1,500	2,000	3,000	5,000	—
1791 DA	Inc. above	1,500	2,000	3,000	5,000	—

KM# 25 8 ESCUDOS

27.0674 g., 0.9170 Gold 0.7980 oz. AGW **Ruler:** Carlos III **Obv:** Young bust right **Obv. Legend:** CAROLUS • III • D • G • HISP • ET • IND • REX • **Rev:** Arms in Order chain **Rev. Legend:** IN • UTROQ • FELIX • AUSPICE • DEO • **Note:** Mint mark So.

Date	Mintage	VG	F	VF	XF	Unc
1764 J	36,000	1,200	2,000	3,250	5,000	—
1765 J	35,000	1,200	2,000	3,250	5,000	—
1766 J	23,000	1,200	2,000	3,250	5,000	—
1767 J	—	1,200	2,000	3,250	5,000	—
1767 Inverted A	—	1,500	3,000	5,000	8,250	—
1768 A	—	1,200	2,000	3,250	5,000	—
1768 Inverted A	—	1,250	2,100	3,450	5,200	—
1769 A	—	1,200	2,000	3,250	5,000	—
1770 A	—	1,350	2,250	3,500	6,000	—
1771 A	—	1,200	2,000	3,250	5,000	—
1772 A	Inc. above	1,500	3,000	5,000	7,500	—
1772/1 A	17,000	1,350	2,250	3,500	6,000	—

KM# 12 8 ESCUDOS

27.0674 g., 0.9170 Gold 0.7980 oz. AGW **Ruler:** Fernando VI **Obv:** Armored bust right **Obv. Legend:** FERDINANDUS • VI • D • G • HISP • REX **Rev:** Arms, Order chain, fleece below cross **Rev. Legend:** NOMINA MAGNA SEQUOR **Note:** Mint mark So.

Date	Mintage	VG	F	VF	XF	Unc
1758 J	—	BV	1,750	2,750	4,150	—
1759 J	—	BV	1,750	2,750	4,150	—

KM# 13 8 ESCUDOS

27.0730 g., 0.9170 Gold 0.7981 oz. AGW **Ruler:** Fernando VI **Obv:** Large bust, date **Obv. Legend:** FERDIND. VI. D. G. HISPAN ET IND REX **Note:** Mint mark So.

Date	Mintage	VG	F	VF	XF	Unc
1759 J	—	2,000	3,500	5,500	8,500	—
1760 J	—	BV	1,700	2,650	3,850	—
1760/59 J	—	BV	1,700	2,650	3,850	—

KM# 20 8 ESCUDOS

27.0674 g., 0.9170 Gold 0.7980 oz. AGW **Ruler:** Carlos III **Obv:** Bust right **Obv. Legend:** CAROLUS • III • D • G • HISPAN • ETIND • REX **Rev:** Arms in Order chain **Rev. Legend:** NOMINA MAGNA SEQUOR **Note:** Mint mark So.

KM# 54 8 ESCUDOS

27.0674 g., 0.8750 Gold 0.7614 oz. AGW, 37.5 mm. **Ruler:** Carlos IV **Obv:** Laureate bust right **Obv. Legend:** CAROL. IIII... **Rev:** Crowned arms in Order chain **Rev. Legend:** IN UTROQ FELIX AUSPICE DEO **Note:** Mint mark So.

Date	Mintage	VG	F	VF	XF	Unc
1791 DA	Inc. above	BV	1,300	1,500	1,950	—
1792 DA	38,000	BV	1,150	1,350	1,750	—
1793 DA	34,000	BV	1,150	1,350	1,750	—
1794 DA	40,000	BV	1,150	1,350	1,750	—
1795 DA	43,000	BV	1,150	1,350	1,750	—
1796 DA	44,000	BV	1,150	1,350	1,750	—
1797 DA	43,000	BV	1,150	1,350	1,750	—
1797 DA HSID in legend	Inc. above	BV	1,300	1,500	1,950	—
1798 DA	43,000	BV	1,150	1,350	1,750	—
1799 DA	41,000	BV	1,150	1,350	1,750	—
1800 DA	54,000	BV	1,350	1,600	2,300	—
1800 JA	Inc. above	BV	1,300	1,500	1,950	—
1800 AJ	Inc. above	BV	1,150	1,350	1,750	—

KM# 27 8 ESCUDOS

27.0674 g., 0.9010 Gold 0.7841 oz. AGW **Ruler:** Carlos III **Obv:** Bust right **Obv. Legend:** CAROL • III • D • G • HISP • ET IND • R • **Rev:** Arms in Order chain **Rev. Legend:** IN • UTROQ • FELIX • AUSPICE • DEO • **Note:** Mint mark So.

Date	Mintage	VG	F	VF	XF	Unc
1772 DA	Inc. above	—	BV	1,500	2,100	—
1773 DA	33,000	—	BV	1,350	1,900	—
1774 DA	42,000	—	BV	1,350	1,900	—
1775 DA	36,000	—	BV	1,350	1,900	—
1776/3 DA	41,000	—	BV	1,350	2,200	—
1776 DA	Inc. above	—	BV	1,350	1,900	—
1777/6 DA	41,000	—	BV	1,350	1,900	—
1777 DA	Inc. above	—	BV	1,350	1,900	—
1778 DA	42,000	—	BV	1,300	1,750	—
1778 DA ET in legend reversed	Inc. above	BV	1,500	2,000	3,400	—
1779 DA	44,000	BV	1,300	1,750	2,800	—
1780 DA	42,000	BV	1,200	1,400	1,800	—
1781/79 DA	43,000	BV	1,500	2,000	3,250	—
1781 DA	Inc. above	BV	1,200	1,400	1,800	—
1782/71 DA	—	BV	1,500	2,000	3,250	—
1782 DA	40,000	BV	1,200	1,400	1,800	—
1783 DA	34,000	BV	1,200	1,400	1,800	—
1784/3 DA	37,000	BV	1,350	1,850	3,000	—
1784 DA	Inc. above	BV	1,250	1,650	2,650	—
1785/4 DA	34,000	BV	1,400	1,850	3,000	—
1785 DA	Inc. above	BV	1,200	1,400	1,800	—

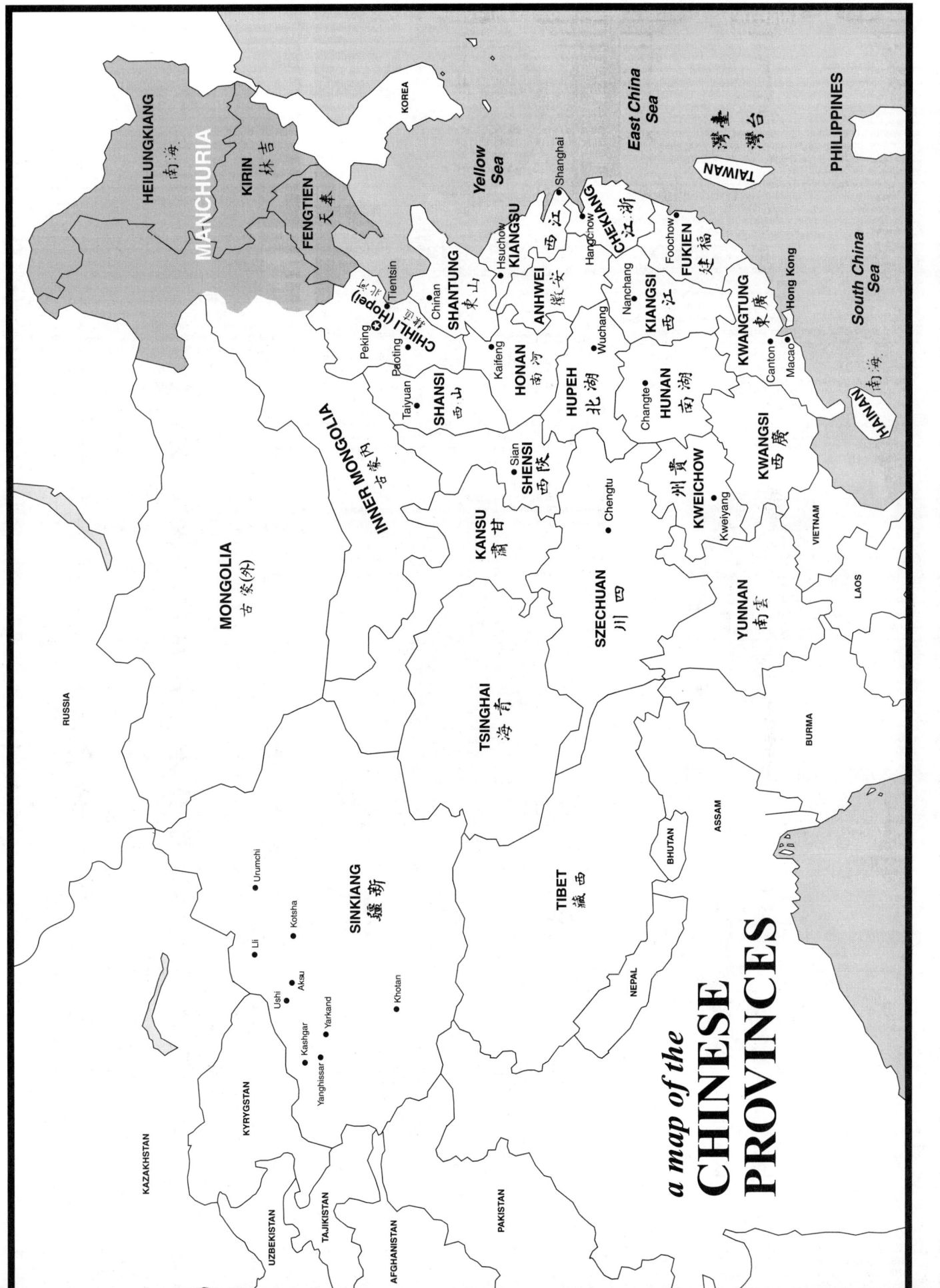

CHINA

EMPIRE

Before 1912, China was ruled by an imperial government. The republican administration which replaced it was itself supplanted on the Chinese mainland by a communist government in 1949, but it has remained in control of Taiwan and other offshore islands in the China Sea with a land area of approximately 14,000 square miles and a population of more than 14 million. The People's Republic of China administers some 3.7 million square miles and an estimated 1.19 billion people. This communist government, officially established on October 1, 1949, was admitted to the United Nations, replacing its nationalist predecessor, the Republic of China, in 1971.

Cast coins in base metals were used in China many centuries before the Christian era, but locally struck coinages of the western type in gold, silver, copper and other metals did not appear until 1888. In spite of the relatively short time that modern coins have been in use, the number of varieties is exceptionally large.

Both Nationalist and Communist China, as well as the pre-revolutionary Imperial government and numerous provincial or other agencies, including some foreign-administered agencies and governments, have issued coins in China. Most of these have been in dollar (yuan) or dollar-fraction denominations, based on the internationally used dollar system, but coins in tael denominations were issued in the 1920's and earlier. The striking of coins nearly ceased in the late 1930's through the 1940's due to the war effort and a period of uncontrollable inflation while vast amounts of paper currency were issued by the Nationalist, Communist and Japanese occupation institutions.

EMPERORS
Obverse Types

SHENG TSU
1662-1722

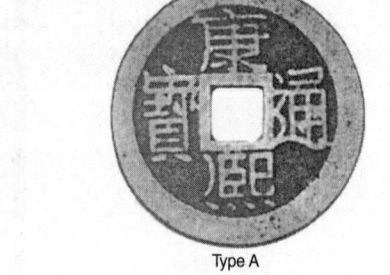

Type A

Reign title: K'ang-Hsi (Kangxi)

康 熙 通 寶

K'ang-hsi T'ung-pao

SHIH TSUNG
1723-1735

Type A

Reign title: Yung-chêng (Yongzheng)

雍 正 通 寶

Yung-chêng T'ung-pao

KAO TSUNG
1736-1795

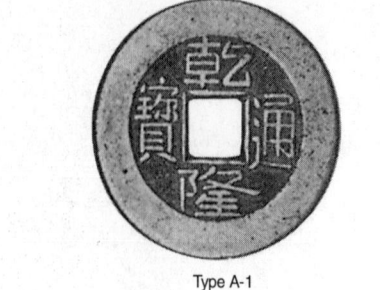

Type A-1

Reign title: Ch'ien-lung (Qianlong)

乾 隆 通 寶

Ch'ien-lung T'ung-pao

Ch'ien-lung - One of the longest ruling and most brilliant emperors in China's entire history. Born on September15, 1711, he ascended the throne on October 18, 1735, at age 24. He fathered 17 sons and 10 daughters by his concubines. Under Ch'ien-lung, China reached its widest limits, but bad management, extravagance and corruption marked the last two decades of Ch'ien-lung's reign and weakened the empire for some time to come. The role of Ch'ien-lung in the arts and letters of his time was a considerable one. He himself wrote prose as well as verse. In 1772 he ordered the making of the "Complete Library of the Four Branches of Literature." Seven handwritten series of the 36,275 volumes were distributed among palaces and libraries between 1782 and 1787. Architecture, painting, porcelain, and particularly jade and ivory-work flourished. After having reigned for 60 years, Ch'ien-lung, out of respect for K'ang-hsi, his near predecessor whose reign had lasted 61 years, announced on October 15, 1795, that he was designating his fifth son, Yung-yen, to succeed him. The aged emperor died February 7, 1799.

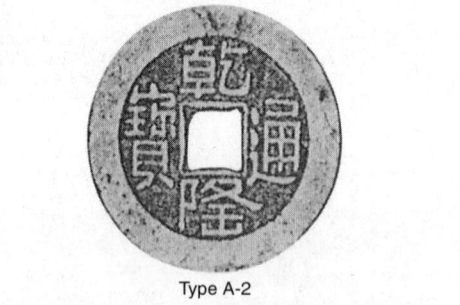

Type A-2

This variety of Ch'ien-lung issue has the bottom character written in a different style. This is commonly referred to as a "Shan Lung" commemorative issue. The term "Shan Lung" refers to the special form of the character "lung" appearing in these commemoratives.

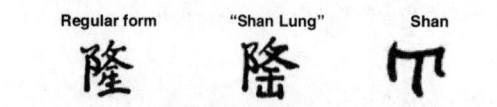

Regular form — **"Shan Lung"** — **Shan**

JEN TSUNG
1796-1820

Reign title: Chia-ch'ing (Jiaqing)

嘉 慶 通 寶

Chia-ch'ing T'ung-pao

Chia-ch'ing - Born November 13, 1760 in Peking. He was proclaimed emperor and assumed the reign title in 1796. The White Lotus Rebellion, 1796-1804, broke out in central and western China. Capable generals were appointed to quell the rebellion, but it took the depleted Ch'ing armies five years to put it down. Chia-ch'ing made efforts to restore the finances of the imperial treasury but corruption may have increased as a result of the practice of selling high office as a means of collecting more revenue. Chia-ch'ing died on September 2, 1820, as one of the most unpopular emperors of the Ch'ing dynasty.

ADDITIONAL CHARACTERS

The additional characters illustrated and defined below are found on the reverse of cast bronze cash coins, usually above the square center hole. In the period covered by this catalog the following mints produced cash coins with these additional marks: Board of Revenue and Board of Works in Peking, Kweichow, Aksu and Ili in Sinkiang, Shantung, Szechuan, and all three mints listed in Yunnan.

CHARACTERS

一	I, Yi	十	Shih I	心	Hsin
二	Erh	合	Ho	字	Yu
三	San	工	Kung	宙	Chou
四	Szu	主	Chu	來	Lai
五	Wu	川	Ch'uan	往	Wang
六	Liu	之	Chih	晋	Chin
七	Ch'i	正	Cheng	村	Ts'un
八	Pa	又	Yu	日	Jih
九	Chiu	山	Shan	列	Lieh
十	Shih	大	Ta	仁	Jen
主	Chung	中	Feng	手	Shang
順	Shun	云	Yun	手	Shou
天	Tien	利	Li	穴	Kung
分	Fen				

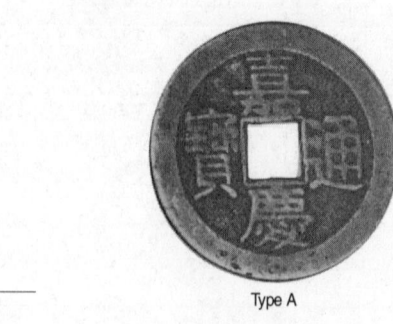

Type A

MINT MARK IDENTIFIER

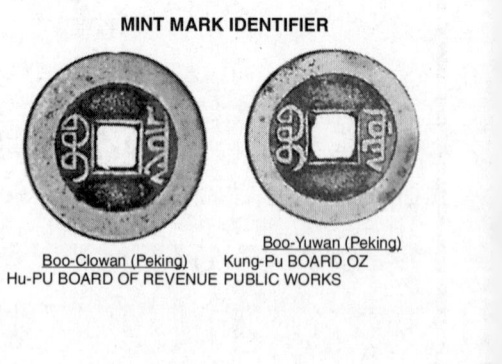

Boo-Clowan (Peking) — Boo-Yuwan (Peking)
Hu-PU BOARD OF REVENUE — Kung-Pu BOARD OZ PUBLIC WORKS

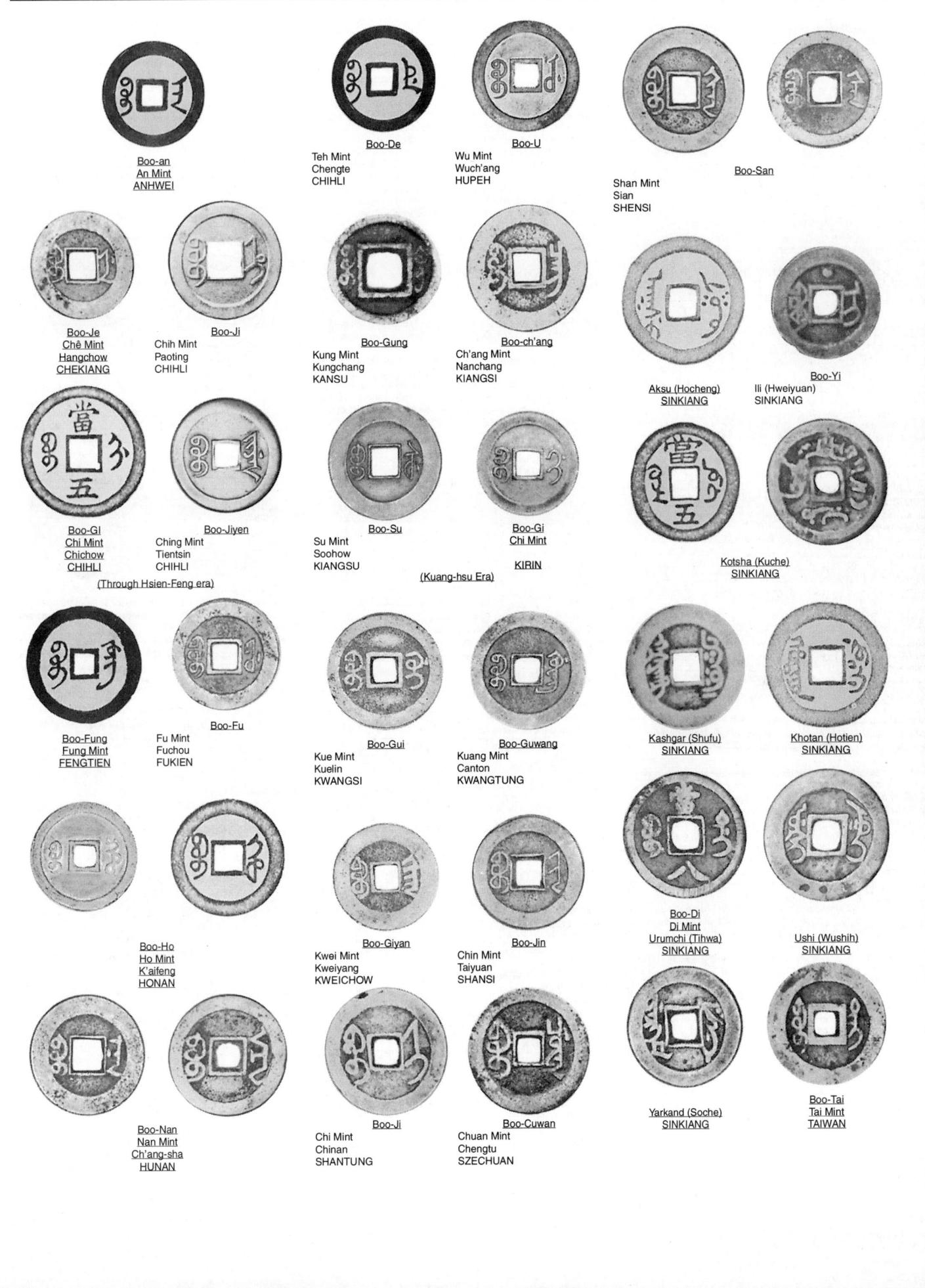

CHINA — EMPIRE

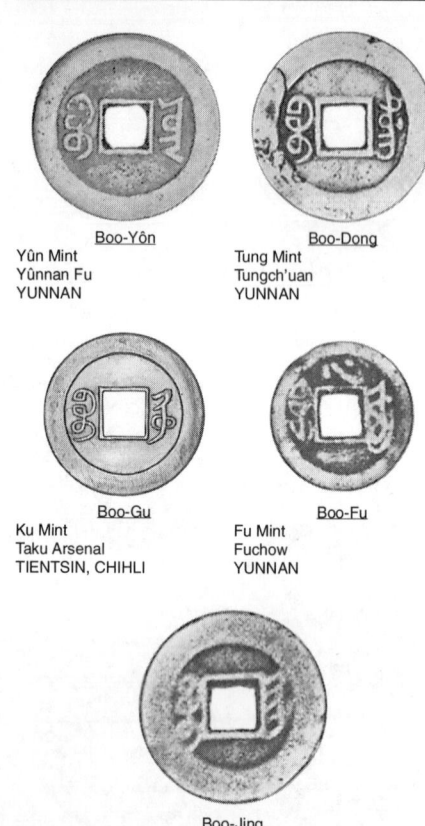

Boo-Yôn — Boo-Dong

Yûn Mint — Tung Mint
Yünnan Fu — Tungch'uan
YUNNAN — YUNNAN

Boo-Gu — Boo-Fu

Ku Mint — Fu Mint
Taku Arsenal — Fuchow
TIENTSIN, CHIHLI — YUNNAN

Boo-Jing

Ching Mint
Chingchow Fu
HUPEH

SYCEE (INGOTS)

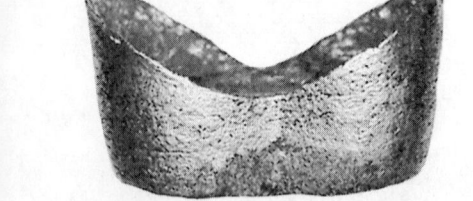

The ingots were cast in molds (giving them their characteristic shapes) and while the metal was still semi-liquid, the inscription was impressed. It was due to this procedure that the sides of some sycee are higher than the center. The manufacturers were usually silver firms, often referred to as lu fang's, and after the sycee was finished it was occasionally tested and marked by the kung ku (public assayer).

Sycee were not circulated as we understand it. One didn't usually carry a sycee to market and spend it. Usually the ingots were used as a means of carrying a large amount of money on trips (as we would carry $100 bills instead of $5 bills) or for storing wealth. Large transactions between merchants or banks were paid by means of crates of sycee - each containing 60 fifty tael ingots.

Sycee are known in a variety of shapes the most common of which are the shoe or boat shaped, drum shaped, and loaf shaped (rectangular or hourglass-shaped, with a generally flat surface). Other shapes include one that resembles a double headed axe (this is the oldest type known), one that is square and flat, and others that are "fancy" (in the form of fish, butterflies, leaves, etc.).

Sycee have no denominations as they were simply ingots that passed by weight. Most are in more or less standard weights, however, the most common being 1, 5, 10 and 50 taels. Other weights known include 1/10, 1/5, 1/4, 1/3, 1/2, 2/3, 72/100 (this is the weight of a dollar), 3/4, 2, 3, 4, 6, 7, 8 and 25 taels. Most of the pieces weighing less than 5 taels were used as gifts or souvenirs.

The actual weight of any given value of sycee varied considerably due to the fact that the tael was not a single weight but a general term for a wide range of local weight standards. The weight of the tael varied depending upon location and type of tael in question. For example in one town, the weight of a tael of rice, of silver and of stones may each be different. In addition, the fineness of silver also varied depending upon location and type of tael in question. It was not true, as westerners often wrote, that sycee were made of pure silver. For most purposes, a weight of 37 grams may be used for the tael.

Weights and Current Market Value of Sycee
(Weights are approximate)

1/2 Tael	17-19 grams	26.00
72/100 Tael	25-27 grams	36.00
1 Tael	35-38 grams	46.00
2 Taels	70-75 grams	70.00
3 Taels	100-140 grams	85.00
5 Taels	175-190 grams	110.00
7 Taels	240-260 grams	125.00
10 Taels	350-380 grams	250.00
25 Taels	895-925 grams	3500.00
50 Taels	1790-1850 grams	2000.00
50 Taels, square	1790-1850 grams	1600.00

REFERENCE

Catalog reference Schjöth #: Chinese Currency by Fredrik Schjöth c.1965 by Virgil Hancock, published by Krause Publications, Iola, Wisconsin, U.S.A.

CH'ING DYNASTY

K'ang-hsi 1662-1722, Kangxi

Prior to 1889 the general coinage issued by the Chinese government was the copper-alloy cash coin. Despite occasional shortlived experiments with silver and gold coinage, and disregarding paper money which tended to be unreliable, the government expected the people to get by solely with cash coins. This system worked well for individuals making purchases for themselves, but was unsatisfactory for trade and large business transactions, since a dollar's worth of cash coins weighed about four pounds. As a result, a private currency consisting of silver ingots, usually stamped by the firm which made them, came into use. These were the sycee ingots.

It is not known when these ingots first came into use. Some sources date them to the Yuan (Mongol) dynasty but they are certainly much older. Examples are known from as far back as the Han dynasty (206 BC - 220 AD) but prior to the Sung era (960 - 1280AD) they were used mainly for hoarding wealth. The development of commerce by the Sung dynasty, however, required the use of silver or gold to pay for large purchases. By the Mongol period (1280-1368) silver ingots and paper money had become the dominant currencies, especially for trade. The western explorers who traveled to China during this period (such as Marco Polo) mention both paper money and sycee but not a single one refers to cash coins.

During the Ming dynasty (1368-1644) trade fell off and the use of silver decreased. But toward the end of that dynasty, Dutch and British ships began a new China trade and sycee once again became common. During the 19th and early 20th centuries, the trade in sycee became enormous. Most of the sycee around today are from this period. In 1935 the Chinese government and in 1939 Sinkiang banned the use of sycee and it soon disappeared.

The word sycee (pronounced "sigh - see") is a western corruption of the Chinese word hsi-szu ("fine silk") or hsi yin ("fine silver") and is first known to have appeared in the English language in the late 1600's. By the early 1700's the word appeared regularly in the records of the British East India Company. Westerners also called these ingots "boat money" or "shoe money" owing to the fact that the most common type of ingot resembles a Chinese shoe. The Chinese, however, called the ingots by a variety of names, the most common of which were yuan pao, wen -yin (fine silver) and yin-ting (silver ingot).

CAST COINAGE

KM# 348.4 CASH
Cast Bronze **Obv. Inscription:** K'ang-hsi T'ung-pao with open "hsi" **Rev:** Manchu "Fu" at left, Chinese "Si" (6th) above **Mint:** Fuchou

Date	Mintage	Good	VG	F	VF	XF
ND(1662-1722)	—	200	400	600	800	—

KM# 348.7 CASH
Cast Bronze **Obv. Inscription:** K'ang-hsi T'ung-pao with open "hsi" **Rev:** Manchu "Fu" at left, Chinese "Shen" (9th) above **Mint:** Fuchou

Date	Mintage	Good	VG	F	VF	XF
ND(1662-1722)	—	200	400	600	800	—

KM# 348.8 CASH
Cast Bronze **Obv. Inscription:** K'ang-hsi T'ung-pao with open "hsi" **Rev:** Manchu "Fu" at left, Chinese "Yu" (10th) above **Mint:** Fuchou

Date	Mintage	Good	VG	F	VF	XF
ND(1662-1722)	—	200	400	600	800	—

KM# 348.9 CASH
Cast Bronze **Obv. Inscription:** K'ang-hsi T'ung-pao with open "hsi" **Rev:** Manchu "Fu" at left, Chinese "Hai" (12th) above **Mint:** Fuchou

Date	Mintage	Good	VG	F	VF	XF
ND(1662-1722)	—	250	500	750	1,000	—

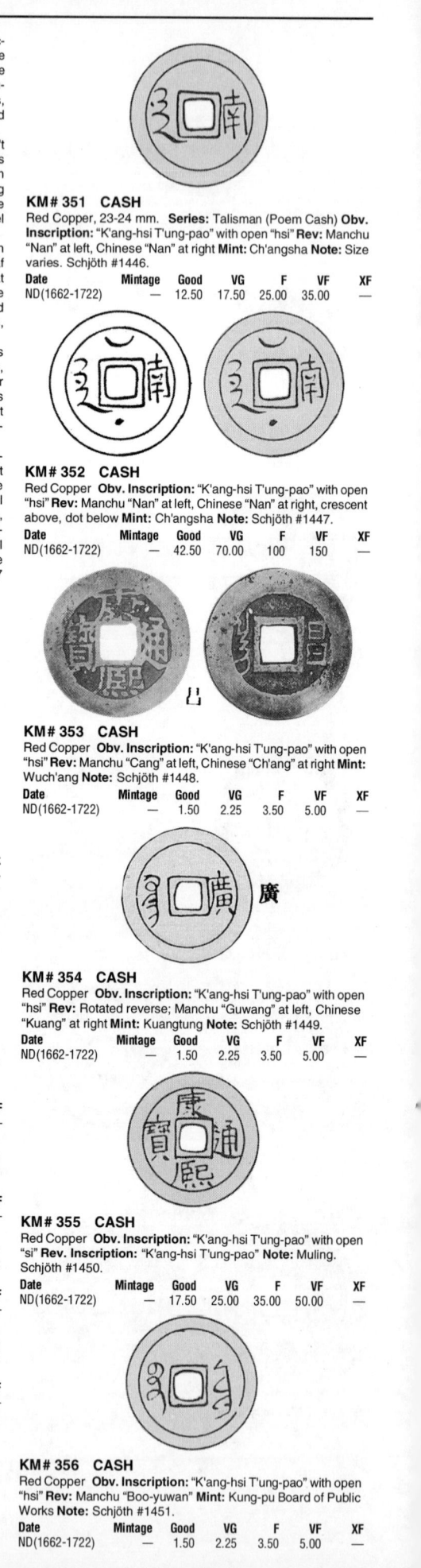

KM# 351 CASH
Red Copper, 23-24 mm. **Series:** Talisman (Poem Cash) **Obv. Inscription:** "K'ang-hsi T'ung-pao" with open "hsi" **Rev:** Manchu "Nan" at left, Chinese "Nan" at right **Mint:** Ch'angsha **Note:** Size varies. Schjöth #1446.

Date	Mintage	Good	VG	F	VF	XF
ND(1662-1722)	—	12.50	17.50	25.00	35.00	—

KM# 352 CASH
Red Copper **Obv. Inscription:** "K'ang-hsi T'ung-pao" with open "hsi" **Rev:** Manchu "Nan" at left, Chinese "Nan" at right, crescent above, dot below **Mint:** Ch'angsha **Note:** Schjöth #1447.

Date	Mintage	Good	VG	F	VF	XF
ND(1662-1722)	—	42.50	70.00	100	150	—

KM# 353 CASH
Red Copper **Obv. Inscription:** "K'ang-hsi T'ung-pao" with open "hsi" **Rev:** Manchu "Cang" at left, Chinese "Ch'ang" at right **Mint:** Wuch'ang **Note:** Schjöth #1448.

Date	Mintage	Good	VG	F	VF	XF
ND(1662-1722)	—	1.50	2.25	3.50	5.00	—

KM# 354 CASH
Red Copper **Obv. Inscription:** "K'ang-hsi T'ung-pao" with open "hsi" **Rev:** Rotated reverse; Manchu "Guwang" at left, Chinese "Kuang" at right **Mint:** Kuangtung **Note:** Schjöth #1449.

Date	Mintage	Good	VG	F	VF	XF
ND(1662-1722)	—	1.50	2.25	3.50	5.00	—

KM# 355 CASH
Red Copper **Obv. Inscription:** "K'ang-hsi T'ung-pao" with open "si" **Rev. Inscription:** "K'ang-hsi T'ung-pao" **Note:** Muling. Schjöth #1450.

Date	Mintage	Good	VG	F	VF	XF
ND(1662-1722)	—	17.50	25.00	35.00	50.00	—

KM# 356 CASH
Red Copper **Obv. Inscription:** "K'ang-hsi T'ung-pao" with open "hsi" **Rev:** Manchu "Boo-yuwan" **Mint:** Kung-pu Board of Public Works **Note:** Schjöth #1451.

Date	Mintage	Good	VG	F	VF	XF
ND(1662-1722)	—	1.50	2.25	3.50	5.00	—

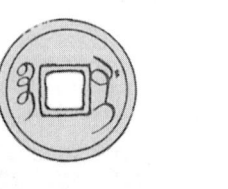

KM# 357 CASH
Red Copper, 19 mm. **Obv. Inscription:** K'ang-hsi T'ung-pao with open "hsi" **Rev:** Manchu "Boo-kuei" **Mint:** Kueilin **Note:** Reduced size. Schjöth #1451.

Date	Mintage	Good	VG	F	VF	XF
ND(1662-1722)	—	1.50	2.25	3.50	5.00	—

KM# 312.3 CASH
Cast Bronze, 26 mm. **Obv. Inscription:** "K'ang-hsi Tung-pao" with one dot T'ung **Rev:** Manchu "Boo-Yuwan" **Note:** Wide rims.

Date	Mintage	Good	VG	F	VF	XF
ND(1662-1722)	—	3.00	6.00	10.00	17.50	—

KM# 312.1a CASH
Cast Bronze **Obv:** One dot "T'ung" at right **Rev. Inscription:** Manchu Boo-Yuwan **Mint:** Kung-pu Board of Public Works **Note:** Reduced size, corrupt mint product.

Date	Mintage	Good	VG	F	VF	XF
ND(1662-1722)	—	0.15	0.35	0.55	1.00	—

KM# 312.2a CASH
Cast Bronze **Obv:** 2 dot "T'ung" at right **Rev. Inscription:** Manchu Boo-Yuwan **Mint:** Kung-pu Board of Public Works **Note:** Reduced size, corrupt mint product.

Date	Mintage	Good	VG	F	VF	XF
ND(1662-1722)	—	0.15	0.35	0.55	1.00	—

KM# A340 CASH
Cast Bronze **Series:** "Lo-han" **Obv. Inscription:** K'ang-hsi T'ung-pao **Rev:** Manchu "Yuwan" at left, Chinese "Yüan" at right **Mint:** T'aiyüan-fu **Note:** Similar to KM#324.

Date	Mintage	Good	VG	F	VF	XF
ND(1662-1722)	—	5.00	7.00	10.00	15.00	—

KM# B340 CASH
Cast Bronze **Series:** "Lo-han" **Obv. Inscription:** K'ang-hsi T'ung-pao **Rev:** Manchu "Su" at left, Chinese "Su" at right **Mint:** Soochou **Note:** Similar to KM#325.

Date	Mintage	Good	VG	F	VF	XF
ND(1662-1722)	—	5.00	7.00	10.00	15.00	—

KM# C340 CASH
Cast Bronze **Series:** "Lo-han" **Obv. Inscription:** K'ang-hsi T'ung-pao **Rev:** Manchu "Gi" at left, chinese "Chi" at right **Mint:** Chichou **Note:** Similar to KM#326.

Date	Mintage	Good	VG	F	VF	XF
ND(1662-1722)	—	5.00	7.00	10.00	15.00	—

KM# D340 CASH
Cast Bronze **Series:** "Lo-han" **Obv. Inscription:** K'ang-hsi T'ung-pao **Rev:** Manchu "Ning" at left, Chinese "Ning" at right **Mint:** Ningpo **Note:** Similar to KM#328.

Date	Mintage	Good	VG	F	VF	XF
ND(1662-1722)	—	5.00	7.00	10.00	15.00	—

KM# E340 CASH
Cast Bronze **Series:** "Lo-han" **Obv. Inscription:** K'ang-hsi T'ung-pao **Rev:** Manchu "Nan" at left, Chinese "Nan" at right **Mint:** Ch'angsha **Note:** Similar to KM#330.

Date	Mintage	Good	VG	F	VF	XF
ND(1662-1722)	—	5.00	7.00	10.00	15.00	—

KM# F340 CASH
Cast Bronze **Series:** "Lo-han" **Obv. Inscription:** K'ang-hsi T'ung-pao **Rev:** Manchu "Guwang" at left, Chinese "Kuang" at right **Mint:** Kuangchou **Note:** Similar to KM#331.

Date	Mintage	Good	VG	F	VF	XF
ND(1662-1722)	—	1.00	1.40	2.00	3.00	—

Yung-chên
Yongzheng 1723-1735
CAST COINAGE

KM# 367 CASH
Cast Bronze **Obv. Inscription:** Yung-cheng T'ung-pao **Rev:** Manchu "Boo-jin" **Mint:** T'aiyüan

Date	Mintage	Good	VG	F	VF	XF
ND(1723-1735)	—	5.00	8.00	15.00	25.00	—

KM# 377 CASH
Cast Brass Or Copper, 27 mm. **Rev:** Manchu "Boo-cuwan" **Mint:** Chengtu

Date	Mintage	Good	VG	F	VF	XF
ND(1723-35)	—	10.00	22.50	40.00	60.00	—

KM# 368 CASH
Cast Bronze, 26.5 mm. **Obv. Inscription:** Yung-cheng T'ung-pao **Rev:** Manchu "Boo-nan" **Mint:** Ch'angsha

Date	Mintage	Good	VG	F	VF	XF
ND(1723-1735)	—	9.00	15.00	21.00	30.00	—

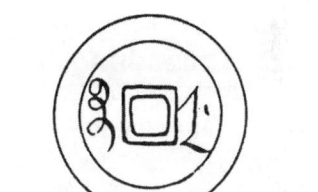

KM# 362 CASH
Cast Bronze **Obv. Inscription:** Yung-cheng T'ung-pao **Rev:** Manchu "Boo-yuwan" **Mint:** Kungpu **Note:** Schjöth #1454.

Date	Mintage	Good	VG	F	VF	XF
ND(1723-1735)	—	1.00	2.00	5.00	10.00	—

KM# 369 CASH
Cast Bronze **Obv. Inscription:** Yung-cheng T'ung-pao **Rev:** Manchu "Boo-u" **Mint:** Wuch'ang

Date	Mintage	Good	VG	F	VF	XF
ND(1723-1735)	—	4.00	7.00	10.00	15.00	—

KM# 363 CASH
Cast Bronze, 27 mm. **Obv. Inscription:** Yung-cheng T'ung-pao **Rev:** Manchu "Boo-je" **Mint:** Hangchou **Note:** Schjöth #1455.

Date	Mintage	Good	VG	F	VF	XF
ND(1723-1735)	—	3.00	5.00	7.00	10.00	—

KM# 370 CASH
Cast Bronze **Obv. Inscription:** Yung-cheng T'ung-pao **Rev:** Manchu "Boo-ji" **Mint:** Chinan-fu

Date	Mintage	Good	VG	F	VF	XF
ND(1723-1735)	—	5.00	10.00	15.00	30.00	—

KM# 364 CASH
Cast Bronze **Obv. Inscription:** Yung-cheng T'ung-pao **Rev:** Manchu "Boo-yôn" **Mint:** Yünnan-fu **Note:** Schjöth #1456.

Date	Mintage	Good	VG	F	VF	XF
ND(1723-1735)	—	1.25	2.50	4.00	10.00	—

KM# 366 CASH
Cast Bronze **Obv. Inscription:** Yung-cheng T'ung-pao **Rev:** Manchu "Boo-cang" **Mint:** Nanch'ang

Date	Mintage	Good	VG	F	VF	XF
ND(1723-1735)	—	4.00	6.00	12.00	20.00	—

KM# 371 CASH
Cast Bronze **Obv. Inscription:** Yung-cheng T'ung-pao **Rev:** Manchu "Boo-gung" **Mint:** Kungch'ang

Date	Mintage	Good	VG	F	VF	XF
ND(1723-1735)	—	4.00	7.00	10.00	15.00	—

KM# 365 CASH
Cast Bronze **Obv. Inscription:** Yung-cheng T'ung-pao **Rev:** Manchu "Boo-su" **Mint:** Soochou **Note:** Schjöth #1457.

Date	Mintage	Good	VG	F	VF	XF
ND(1723-1735)	—	3.00	5.00	7.00	10.00	—

KM# 372 CASH
Cast Bronze **Obv. Inscription:** Yung-cheng T'ung-pao **Rev:** "Boo-ho" **Mint:** K'aifeng

Date	Mintage	Good	VG	F	VF	XF
ND(1723-1735)	—	5.00	10.00	18.00	35.00	—

CHINA EMPIRE

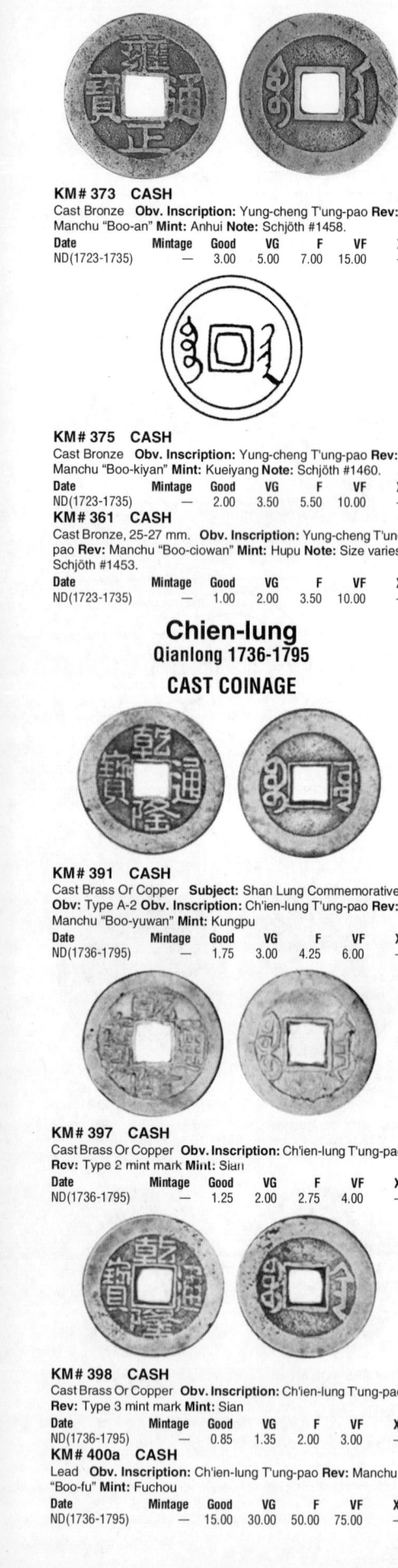

KM# 373 CASH
Cast Bronze **Obv. Inscription:** Yung-cheng T'ung-pao **Rev:** Manchu "Boo-an" **Mint:** Anhui **Note:** Schjöth #1458.

Date	Mintage	Good	VG	F	VF	XF
ND(1723-1735)	—	3.00	5.00	7.00	15.00	—

KM# 375 CASH
Cast Bronze **Obv. Inscription:** Yung-cheng T'ung-pao **Rev:** Manchu "Boo-kiyan" **Mint:** Kueiyang **Note:** Schjöth #1460.

Date	Mintage	Good	VG	F	VF	XF
ND(1723-1735)	—	2.00	3.50	5.50	10.00	—

KM# 361 CASH
Cast Bronze, 25-27 mm. **Obv. Inscription:** Yung-cheng T'ung-pao **Rev:** Manchu "Boo-ciowan" **Mint:** Hupu **Note:** Size varies. Schjöth #1453.

Date	Mintage	Good	VG	F	VF	XF
ND(1723-1735)	—	1.00	2.00	3.50	10.00	—

Chien-lung
Qianlong 1736-1795

CAST COINAGE

KM# 391 CASH
Cast Brass Or Copper **Subject:** Shan Lung Commemorative **Obv:** Type A-2 **Obv. Inscription:** Ch'ien-lung T'ung-pao **Rev:** Manchu "Boo-yuwan" **Mint:** Kungpu

Date	Mintage	Good	VG	F	VF	XF
ND(1736-1795)	—	1.75	3.00	4.25	6.00	—

KM# 397 CASH
Cast Brass Or Copper **Obv. Inscription:** Ch'ien-lung T'ung-pao **Rev:** Type 2 mint mark **Mint:** Sian

Date	Mintage	Good	VG	F	VF	XF
ND(1736-1795)	—	1.25	2.00	2.75	4.00	—

KM# 398 CASH
Cast Brass Or Copper **Obv. Inscription:** Ch'ien-lung T'ung-pao **Rev:** Type 3 mint mark **Mint:** Sian

Date	Mintage	Good	VG	F	VF	XF
ND(1736-1795)	—	0.85	1.35	2.00	3.00	—

KM# 400a CASH
Lead **Obv. Inscription:** Ch'ien-lung T'ung-pao **Rev:** Manchu "Boo-fu" **Mint:** Fuchou

Date	Mintage	Good	VG	F	VF	XF
ND(1736-1795)	—	15.00	30.00	50.00	75.00	—

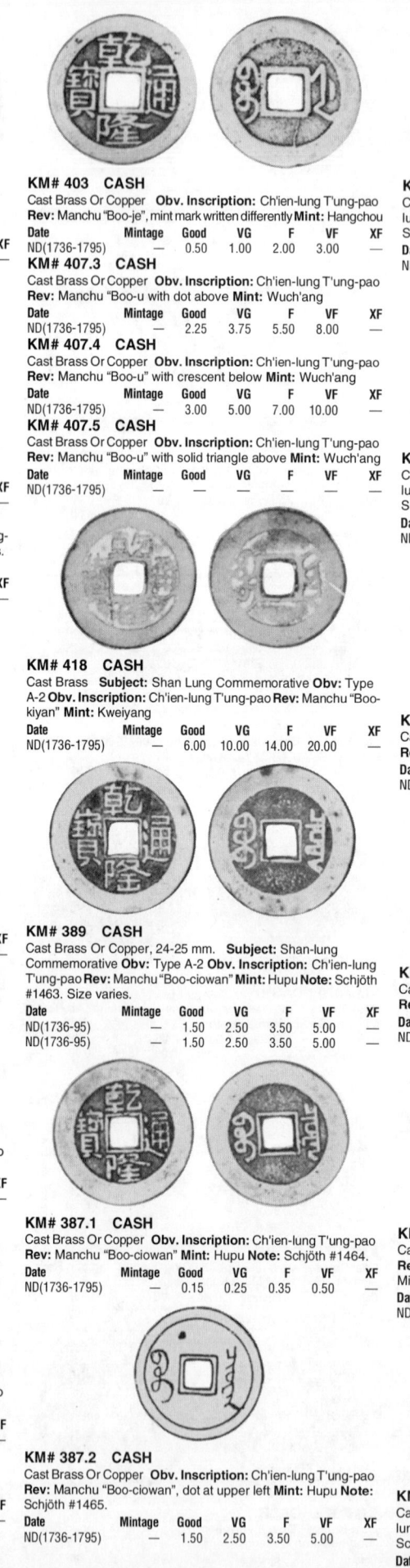

KM# 403 CASH
Cast Brass Or Copper **Obv. Inscription:** Ch'ien-lung T'ung-pao **Rev:** Manchu "Boo-je", mint mark written differently **Mint:** Hangchou

Date	Mintage	Good	VG	F	VF	XF
ND(1736-1795)	—	0.50	1.00	2.00	3.00	—

KM# 407.3 CASH
Cast Brass Or Copper **Obv. Inscription:** Ch'ien-lung T'ung-pao **Rev:** Manchu "Boo-u with dot above **Mint:** Wuch'ang

Date	Mintage	Good	VG	F	VF	XF
ND(1736-1795)	—	2.25	3.75	5.50	8.00	—

KM# 407.4 CASH
Cast Brass Or Copper **Obv. Inscription:** Ch'ien-lung T'ung-pao **Rev:** Manchu "Boo-u" with crescent below **Mint:** Wuch'ang

Date	Mintage	Good	VG	F	VF	XF
ND(1736-1795)	—	3.00	5.00	7.00	10.00	—

KM# 407.5 CASH
Cast Brass Or Copper **Obv. Inscription:** Ch'ien-lung T'ung-pao **Rev:** Manchu "Boo-u" with solid triangle above **Mint:** Wuch'ang

Date	Mintage	Good	VG	F	VF	XF
ND(1736-1795)	—	—	—	—	—	—

KM# 418 CASH
Cast Brass **Subject:** Shan Lung Commemorative **Obv:** Type A-2 **Obv. Inscription:** Ch'ien-lung T'ung-pao **Rev:** Manchu "Boo-kiyan" **Mint:** Kweiyang

Date	Mintage	Good	VG	F	VF	XF
ND(1736-1795)	—	6.00	10.00	14.00	20.00	—

KM# 389 CASH
Cast Brass Or Copper, 24-25 mm. **Subject:** Shan-lung Commemorative **Obv:** Type A-2 **Obv. Inscription:** Ch'ien-lung T'ung-pao **Rev:** Manchu "Boo-ciowan" **Mint:** Hupu **Note:** Schjöth #1463. Size varies.

Date	Mintage	Good	VG	F	VF	XF
ND(1736-95)	—	1.50	2.50	3.50	5.00	—
ND(1736-95)	—	1.50	2.50	3.50	5.00	—

KM# 387.1 CASH
Cast Brass Or Copper **Obv. Inscription:** Ch'ien-lung T'ung-pao **Rev:** Manchu "Boo-ciowan" **Mint:** Hupu **Note:** Schjöth #1464.

Date	Mintage	Good	VG	F	VF	XF
ND(1736-1795)	—	0.15	0.25	0.35	0.50	—

KM# 387.2 CASH
Cast Brass Or Copper **Obv. Inscription:** Ch'ien-lung T'ung-pao **Rev:** Manchu "Boo-ciowan", dot at upper left **Mint:** Hupu **Note:** Schjöth #1465.

Date	Mintage	Good	VG	F	VF	XF
ND(1736-1795)	—	1.50	2.50	3.50	5.00	—

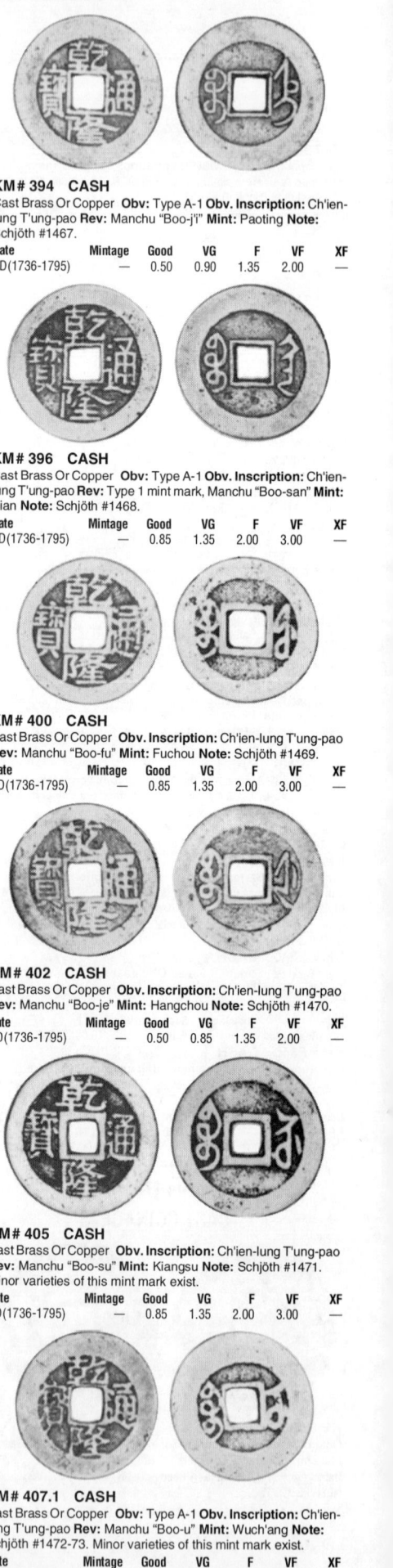

KM# 394 CASH
Cast Brass Or Copper **Obv:** Type A-1 **Obv. Inscription:** Ch'ien-lung T'ung-pao **Rev:** Manchu "Boo-jy" **Mint:** Paoting **Note:** Schjöth #1467.

Date	Mintage	Good	VG	F	VF	XF
ND(1736-1795)	—	0.50	0.90	1.35	2.00	—

KM# 396 CASH
Cast Brass Or Copper **Obv:** Type A-1 **Obv. Inscription:** Ch'ien-lung T'ung-pao **Rev:** Type 1 mint mark, Manchu "Boo-san" **Mint:** Sian **Note:** Schjöth #1468.

Date	Mintage	Good	VG	F	VF	XF
ND(1736-1795)	—	0.85	1.35	2.00	3.00	—

KM# 400 CASH
Cast Brass Or Copper **Obv. Inscription:** Ch'ien-lung T'ung-pao **Rev:** Manchu "Boo-fu" **Mint:** Fuchou **Note:** Schjöth #1469.

Date	Mintage	Good	VG	F	VF	XF
ND(1736-1795)	—	0.85	1.35	2.00	3.00	—

KM# 402 CASH
Cast Brass Or Copper **Obv. Inscription:** Ch'ien-lung T'ung-pao **Rev:** Manchu "Boo-je" **Mint:** Hangchou **Note:** Schjöth #1470.

Date	Mintage	Good	VG	F	VF	XF
ND(1736-1795)	—	0.50	0.85	1.35	2.00	—

KM# 405 CASH
Cast Brass Or Copper **Obv. Inscription:** Ch'ien-lung T'ung-pao **Rev:** Manchu "Boo-su" **Mint:** Kiangsu **Note:** Schjöth #1471. Minor varieties of this mint mark exist.

Date	Mintage	Good	VG	F	VF	XF
ND(1736-1795)	—	0.85	1.35	2.00	3.00	—

KM# 407.1 CASH
Cast Brass Or Copper **Obv:** Type A-1 **Obv. Inscription:** Ch'ien-lung T'ung-pao **Rev:** Manchu "Boo-u" **Mint:** Wuch'ang **Note:** Schjöth #1472-73. Minor varieties of this mint mark exist.

Date	Mintage	Good	VG	F	VF	XF
ND(1736-1795)	—	0.30	0.50	0.70	1.00	—

EMPIRE — CHINA

KM# 388 CASH
Cast Brass Or Copper, 28-30 mm. **Obv. Inscription:** Ch'ien-lung T'ung-pao **Rev:** Manchu "Boo-ciowan" **Mint:** Hupu **Note:** Size varies.

Date	Mintage	Good	VG	F	VF	XF
ND(1736-1795)	—	12.00	20.00	28.00	40.00	—

KM# 389a CASH
Cast Brass Or Copper, 28-30 mm. **Subject:** Shan-lung Commemorative **Obv:** Type A-2 **Obv. Inscription:** Ch'ien-lung T'ung-pao **Rev:** Manchu "Boo-ciowan" **Mint:** Hupu **Note:** Size varies. Posthumous issue.

Date	Mintage	Good	VG	F	VF	XF
ND(1736-95)	—	12.50	20.00	28.50	40.00	—

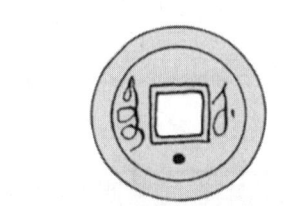

KM# 407.2 CASH
Cast Brass Or Copper **Obv. Inscription:** Ch'ien-lung T'ung-pao **Rev:** Manchu "Boo-u" with large dot below **Mint:** Wuch'ang **Note:** Schjöth #1474.

Date	Mintage	Good	VG	F	VF	XF
ND(1736-1795)	—	2.25	3.75	5.50	8.00	—

KM# 422 CASH
Cast Brass **Obv:** Type A-1 **Obv. Inscription:** Ch'ien-lung T'ung-pao **Rev:** Manchu "Boo-nan" **Mint:** Ch'angsha **Note:** Schjöth #1481.

Date	Mintage	Good	VG	F	VF	XF
ND(1736-1795)	—	0.85	1.35	2.00	3.00	—

KM# 390 CASH
Cast Brass Or Copper, 21-27 mm. **Obv:** Type A-1 **Obv. Inscription:** Ch'ien-lung T'ung-pao **Rev:** Manchu "Boo-yuwan" **Mint:** Kungpu **Note:** Size varies. Schjöth #1466.

Date	Mintage	Good	VG	F	VF	XF
ND(1736-1795)	—	0.15	0.25	0.35	0.50	—

KM# 409 CASH
Cast Brass Or Copper **Obv. Inscription:** Ch'ien-lung T'ung-pao **Rev:** Manchu "Boo-cang" **Mint:** Nanch'ang **Note:** Schjöth #1475.

Date	Mintage	Good	VG	F	VF	XF
ND(1736-1795)	—	0.50	0.90	1.35	2.00	—

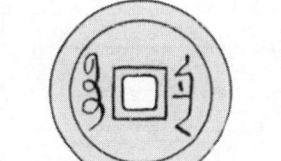

KM# 423 CASH
Cast Brass **Obv. Inscription:** Ch'ien-lung T'ung-pao **Rev:** Manchu "Boo" at left, long thin Manchu "nan" at right **Mint:** Ch'angsha **Note:** Schjöth #1482.

Date	Mintage	Good	VG	F	VF	XF
ND(1736-1795)	—	0.85	1.35	2.00	3.00	—

KM# 411 CASH
Cast Brass Or Copper **Obv. Inscription:** Ch'ien-lung T'ung-pao **Rev:** Manchu "Boo-gui" **Mint:** Kuelin **Note:** Schjöth #1476.

Date	Mintage	Good	VG	F	VF	XF
ND(1736-1795)	—	0.40	0.70	1.00	1.50	—

KM# 424 CASH
Cast Brass, 24 mm. **Obv. Inscription:** Ch'ien-lung T'ung-pao **Rev:** Manchu "Boo" at left, Manchu "nan" at right **Mint:** Ch'angsha **Note:** Schjöth #1483.

Date	Mintage	Good	VG	F	VF	XF
ND(1736-1795)	—	0.85	1.35	2.00	3.00	—

KM# 435 CASH
Cast Brass **Obv. Inscription:** Ch'ien-lung T'ung-pao **Rev:** Manchu "Boo-tai" **Mint:** Taiwan **Note:** Schjöth #1487. Mintage of 10 million cast at Fuchow for army pay on Taiwan.

Date	Mintage	Good	VG	F	VF	XF
ND(1739-1740)	—	10.00	20.00	40.00	60.00	—

KM# 413 CASH
Cast Brass Or Copper **Obv. Inscription:** Ch'ien-lung T'ung-pao **Rev:** Manchu "Boo-guang" **Mint:** Kuangtung **Note:** Schjöth #1477.

Date	Mintage	Good	VG	F	VF	XF
ND(1736-1795)	—	0.85	1.35	2.00	3.00	—

KM# 427 CASH
Cast Brass **Obv. Inscription:** Ch'ien-lung T'ung-pao **Rev:** Manchu "Boo-cuwan" **Mint:** Chengtu **Note:** Schjöth #1484.

Date	Mintage	Good	VG	F	VF	XF
ND(1736-1795)	—	0.40	0.70	1.00	1.50	—

Chia-ch'ing 1796-1820

CAST COINAGE

KM# 440.4 CASH
Cast Brass **Obv. Inscription:** Chia-ch'ing T'ung-pao **Rev:** Manchu inscription with dot above **Rev. Inscription:** Boo-ciowan **Mint:** Board of Revenue

Date	Mintage	Good	VG	F	VF	XF
ND(1796-1820)	—	2.00	3.00	4.00	5.00	6.00

KM# 415 CASH
Cast Brass Or Copper **Obv. Inscription:** Ch'ien-lung T'ung-pao **Rev:** Manchu "Boo-kian" **Mint:** Kweiyang **Note:** Schjöth #1478.

Date	Mintage	Good	VG	F	VF	XF
ND(1736-1795)	—	0.65	1.10	1.65	2.50	—

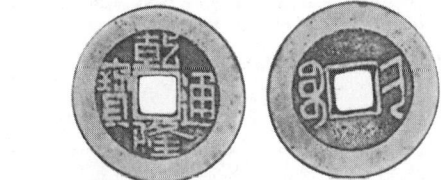

KM# 430 CASH
Cast Brass **Obv. Inscription:** Ch'ien-lung T'ung-pao **Rev:** Manchu "Boo-jin" **Mint:** T'aiyüan-fu **Note:** Schjöth #1485.

Date	Mintage	Good	VG	F	VF	XF
ND(1736-1795)	—	0.85	1.35	2.00	3.00	—

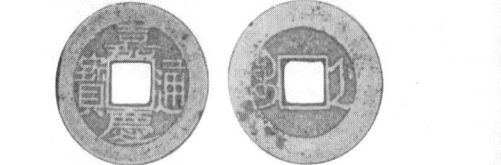

KM# 470.4 CASH
Cast Brass, 21.2 mm. **Obv. Inscription:** Chia-ch'ing T'ung-pao **Rev:** Manchu "Boo-je" **Mint:** Hangchow **Note:** Normal rims.

Date	Mintage	Good	VG	F	VF	XF
ND(1796-1820)	—	0.50	0.90	1.35	2.00	—

KM# 420 CASH
Cast Brass **Obv. Inscription:** Ch'ien-lung T'ung-pao **Rev:** Manchu "Boo-yôn" **Mint:** Yünnan-fu **Note:** Schjöth #1480.

Date	Mintage	Good	VG	F	VF	XF
ND(1736-1795)	—	0.40	0.70	1.00	1.50	—

KM# 433 CASH
Cast Brass **Obv. Inscription:** Ch'ien-lung T'ung-pao **Rev:** Manchu "Boo-j'i" **Mint:** Chinan-fu **Note:** Schjöth #1486.

Date	Mintage	Good	VG	F	VF	XF
ND(1736-1795)	—	7.50	12.50	17.50	25.00	—

KM# 470.3 CASH
Cast Brass, 23.5 mm. **Obv. Inscription:** Chia-ch'ing T'ung-pao **Rev:** Small mint mark, Manchu "Boo-je" **Mint:** Hangchow **Note:** Wide rims.

Date	Mintage	Good	VG	F	VF	XF
ND(1796-1820)	—	1.00	1.75	2.75	4.00	—

CHINA — EMPIRE

KM# 440.1 CASH
Cast Brass **Obv. Inscription:** Chia-ch'ing T'ung-pao **Rev:** Manchu "Boo-ciowan" **Mint:** Hu-pu Board of Revenue

Date	Mintage	Good	VG	F	VF	XF
ND(1796-1820)	—	0.20	0.35	0.50	0.75	—

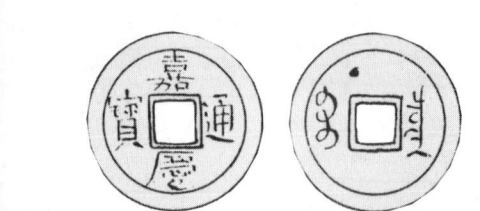

KM# 440.2 CASH
Cast Brass **Obv. Inscription:** Chia-ch'ing T'ung-pao **Rev:** Manchu Boo-ciowan" with dot at upper left **Mint:** Hupu **Note:** Schjöth #1489.

Date	Mintage	Good	VG	F	VF	XF
ND(1796-1820)	—	2.00	3.00	4.00	5.00	6.00

KM# 440.3 CASH
Cast Brass **Obv. Inscription:** Chia-ch'ing T'ung-pao **Rev:** Manchu "Boo-ciowan" with dot below **Mint:** Hu-pu Board of Revenue

Date	Mintage	Good	VG	F	VF	XF
ND(1796-1820)	—	2.00	3.00	4.00	5.00	6.00

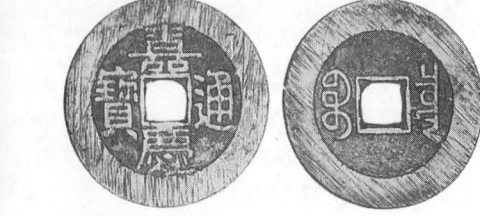

KM# 441 CASH
Cast Brass, 28-30 mm. **Obv. Inscription:** Chia-ch'ing T'ung-pao **Rev:** Manchu "Boo-ciowan" **Mint:** Hu-pu Board of Revenue **Note:** Size varies.

Date	Mintage	Good	VG	F	VF	XF
ND(1796-1820)	—	10.00	15.00	20.00	30.00	40.00

KM# 442.1 CASH
Cast Brass **Obv. Inscription:** Chia-ch'ing T'ung-pao **Rev:** Manchu "Boo-yuwan" **Mint:** Kungpu **Note:** Schjöth #1490.

Date	Mintage	Good	VG	F	VF	XF
ND(1796-1820)	—	0.20	0.30	0.50	0.75	1.00

KM# 442.2 CASH
Cast Brass, 24 mm. **Obv. Inscription:** Chia-ch'ing T'ung-pao **Rev:** Manchu "Boo-yuwan" with dot above **Mint:** Kungpu **Note:** Schjöth #1489.

Date	Mintage	Good	VG	F	VF	XF
ND(1796-1820)	—	2.00	3.00	4.00	5.00	6.00

KM# 442.3 CASH
Cast Brass **Obv. Inscription:** Chia-ch'ing T'ung-pao **Rev:** Manchu "Boo-yuwan" with dot below **Mint:** Kungpu **Note:** Schjöth #1491.

Date	Mintage	Good	VG	F	VF	XF
ND(1796-1820)	—	2.00	3.00	4.00	5.00	6.00

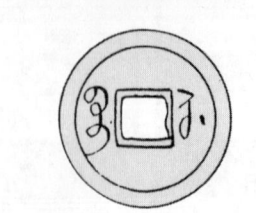

KM# 446 CASH
Cast Brass **Obv. Inscription:** Chia-ch'ing T'ung-pao **Rev:** Manchu "Boo-su" **Mint:** Soochow **Note:** Schjöth #1492.

Date	Mintage	Good	VG	F	VF	XF
ND(1796-1820)	—	0.85	1.35	2.00	3.00	—

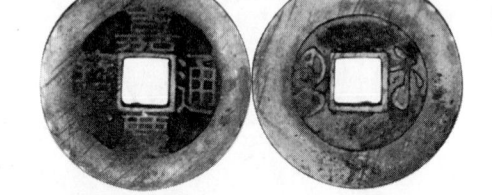

KM# 447a CASH
Cast Brass, 29 mm. **Obv. Inscription:** Chia-ch'ing T'ung-pao **Note:** Wide rims.

Date	Mintage	Good	VG	F	VF	XF
ND(1796-1820)	—	35.00	60.00	85.00	120	—

KM# 449 CASH
Cast Brass **Obv. Inscription:** Chia-ch'ing T'ung-pao **Rev:** Manchu "Boo-guwang" **Mint:** Kuangtung **Note:** Schjöth #1493.

Date	Mintage	Good	VG	F	VF	XF
ND(1796-1820)	—	0.85	1.35	2.00	3.00	—

KM# 449a CASH
Iron **Obv. Inscription:** Chia-ch'ing T'ung-pao **Rev:** Manchu "Boo-guwang" **Mint:** Kuang

Date	Mintage	Good	VG	F	VF	XF
ND(1796-1820) Rare	—	—	—	—	—	—

KM# 451 CASH
Cast Brass **Obv. Inscription:** Chia-ch'ing T'ung-pao **Rev:** Manchu "Boo-nan" **Mint:** Ch'angsha **Note:** Schjöth #1494.

Date	Mintage	Good	VG	F	VF	XF
ND(1796-1820)	—	1.50	2.50	3.50	5.00	—

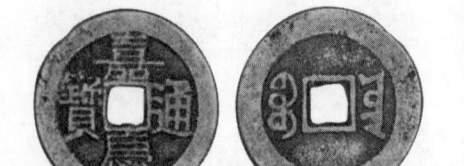

KM# 453.1 CASH
Cast Brass **Obv:** Type A **Obv. Inscription:** Chia-ch'ing T'ung-pao **Rev:** Manchu "Boo-yön" **Mint:** Yünnan-fu **Note:** Schjöth #1495.

Date	Mintage	Good	VG	F	VF	XF
ND(1796-1820)	—	0.40	0.70	1.00	1.50	—

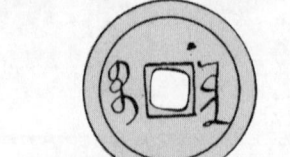

KM# 453.2 CASH
Cast Brass **Obv. Inscription:** Chia-ch'ing T'ung-pao **Rev:** Manchu "Boo-yön" with dot at upper right **Mint:** Yünnan-fu **Note:** Schjöth #1496.

Date	Mintage	Good	VG	F	VF	XF
ND(1796-1820)	—	1.25	2.00	2.75	4.00	—

KM# 453.3 CASH
Cast Brass **Obv. Inscription:** Chia-ch'ing T'ung-pao **Rev:** Manchu "Boo-yön" with crescent above **Mint:** Yünnan-fu **Note:** Schjöth #1497.

Date	Mintage	Good	VG	F	VF	XF
ND(1796-1820)	—	1.75	3.00	4.25	6.00	—

KM# 455 CASH
Cast Brass **Obv:** Type A-1 **Obv. Inscription:** Chia-ch'ing T'ung-pao **Rev:** Type 1 mint mark, Manchu "Boo-dung" **Mint:** Tungch'uan **Note:** Schjöth #1498.

Date	Mintage	Good	VG	F	VF	XF
ND(1796-1820)	—	1.75	3.00	4.25	6.00	—

KM# 456 CASH
Cast Brass **Obv. Inscription:** Chia-ch'ing T'ung-pao **Rev:** Type 2 mint mark, Manchu "Boo-dung" **Mint:** Tungch'uan

Date	Mintage	Good	VG	F	VF	XF
ND(1796-1820)	—	10.00	17.50	25.00	35.00	—

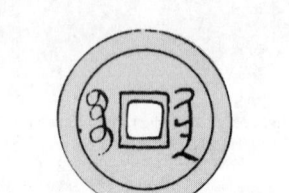

KM# 458.1 CASH
Cast Brass **Obv. Inscription:** Chia-ch'ing T'ung-pao **Rev:** Manchu "Boo-kiyan" **Mint:** Kweiyang **Note:** Schjöth #1499.

Date	Mintage	Good	VG	F	VF	XF
ND(1796-1820)	—	1.25	2.00	2.75	4.00	—

KM# 458.2 CASH
Cast Brass **Obv. Inscription:** Chia ch'ing T'ung-pao **Rev:** Manchu "Boo-kiyan" with dot above **Mint:** Kweiyang

Date	Mintage	Good	VG	F	VF	XF
ND(1796-1820)	—	1.50	2.50	3.50	5.00	—

KM# 460 CASH
Cast Brass **Obv. Inscription:** Chia-ch'ing T'ung-pao **Rev:** Manchu "Boo-kiyan" with Chinese "Êrh" **Mint:** Kweiyang

Date	Mintage	Good	VG	F	VF	XF
ND(1796-1820)	—	7.50	12.50	17.50	25.00	—

KM# 462 CASH
Cast Brass **Obv. Inscription:** Chia-ch'ing T'ung-pao **Rev:** Wide Manchu "Boo-fu" **Mint:** Foochou **Note:** Schjöth #1500.

Date	Mintage	Good	VG	F	VF	XF
ND(1796-1820)	—	0.85	1.35	2.00	3.00	—

EMPIRE — CHINA

KM# 463 CASH
Cast Brass **Obv. Inscription:** Chia-ch'ing T'ung-pao **Rev:** Thin Manchu "Boo-fu" at right **Mint:** Fuchou

Date	Mintage	Good	VG	F	VF	XF
ND(1796-1820)	—	1.75	3.00	4.25	6.00	—

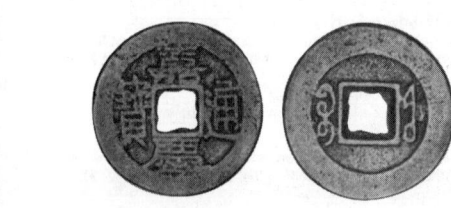

KM# 470.2 CASH
Cast Brass **Obv. Inscription:** Chia-ch'ing T'ung-pao **Rev:** Manchu "Boo-je" with dot at bottom **Mint:** Hangchow

Date	Mintage	Good	VG	F	VF	XF
ND(1796-1820)	—	3.50	6.00	8.50	12.00	—

KM# 470a CASH
Iron **Obv. Inscription:** Chia-ch'ing T'ung-pao **Rev:** Manchu "Boo-je" **Mint:** Hangchow

Date	Mintage	Good	VG	F	VF	XF
ND(1796-1820) Rare	—	—	—	—	—	—

KM# 478 CASH
Cast Brass **Obv. Inscription:** Chia-ch'ing T'ung-pao **Rev:** Manchu "Boo-qui" **Mint:** Kuelin **Note:** Schjöth #1509.

Date	Mintage	Good	VG	F	VF	XF
ND(1796-1820)	—	0.75	1.00	1.75	3.00	—

KM# 471 CASH
Cast Brass **Obv. Inscription:** Chia-ch'ing T'ung-pao **Rev:** Manchu "Boo-je" with small mint mark and wide rims **Mint:** Hangchow

Date	Mintage	Good	VG	F	VF	XF
ND(1796-1820)	—	0.50	0.90	1.35	2.00	—

KM# 464 CASH
Cast Brass **Obv. Inscription:** Chia-ch'ing T'ung-pao **Rev:** Different Manchu "Boo-fu" at right **Mint:** Fuchou

Date	Mintage	Good	VG	F	VF	XF
ND(1796-1820)	—	1.50	2.50	3.50	5.00	—

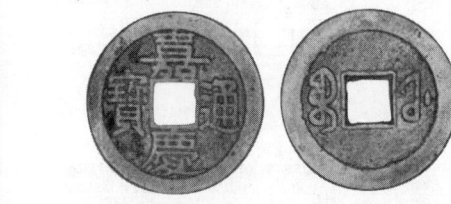

KM# 480 CASH
Cast Brass **Obv. Inscription:** Chia-ch'ing T'ung-pao **Rev:** Manchu "Boo-cuwan" **Mint:** Chengtu **Note:** Schjöth #1510.

Date	Mintage	Good	VG	F	VF	XF
ND(1796-1820)	—	1.00	1.75	3.00	4.00	—

KM# 474.1 CASH
Cast Brass **Obv. Inscription:** Chia-ch'ing T'ung-pao **Rev:** Manchu "Boo-u" **Mint:** Wuch'ang **Note:** Schjöth #1504.

Date	Mintage	Good	VG	F	VF	XF
ND(1796-1820)	—	1.75	3.00	4.25	6.00	—

KM# 474.2 CASH
Cast Brass **Obv. Inscription:** Chia-ch'ing T'ung-pao **Rev:** Manchu "Wu" with circle above **Mint:** Wuch'ang **Note:** Schjöth #1505.

Date	Mintage	Good	VG	F	VF	XF
ND(1796-1820)	—	4.00	6.50	9.00	12.00	—

KM# 465 CASH
Cast Brass, 25-26 mm. **Obv:** Type A **Obv. Inscription:** Chia-ch'ing T'ung-pao **Rev:** Manchu Boo-jiyen **Mint:** Chih **Note:** Size varies. Schjöth #1501.

Date	Mintage	Good	VG	F	VF	XF
ND(1796-1820)	—	0.85	1.35	2.00	3.00	—

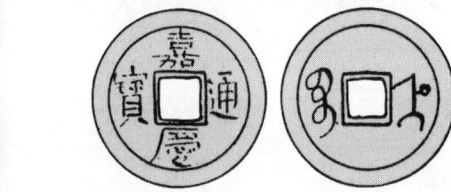

KM# 482 CASH
Cast Brass **Obv. Inscription:** Chia-ch'ing T'ung-pao **Rev:** Manchu "Boo-jin" **Mint:** T'aiyüan **Note:** Schjöth #1511.

Date	Mintage	Good	VG	F	VF	XF
ND(1796-1820)	—	1.25	2.00	2.75	4.00	—

PATTERNS
Including off metal castings

KM#	Date	Mintage Identification	Mkt Val

KM# 466 CASH
Cast Brass, 31 mm. **Obv. Inscription:** Chia-ch'ing T'ung-pao **Rev:** Manchu "Boo-ji" **Mint:** Chihli

Date	Mintage	Good	VG	F	VF	XF
ND(1796-1820)	—	2.25	3.75	5.50	8.00	—

KM# 474.3 CASH
Cast Brass **Obv. Inscription:** Chia-ch'ing T'ung-pao **Rev:** Manchu "Boo-u" with crescent above, dot below **Mint:** Wuch'ang **Note:** Schjöth #1506.

Date	Mintage	Good	VG	F	VF	XF
ND(1796-1820)	—	4.00	7.00	10.00	15.00	—

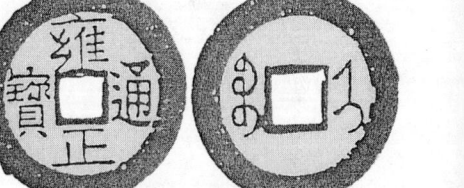

Pn16 ND(1723) — Cash. Cast Bronze. "Boo-ji". 300

KM# 468 CASH
Cast Brass **Obv:** Type A **Obv. Inscription:** Chia-ch'ing T'ung-pao **Rev:** Manchu "Boo-san" **Mint:** Sian **Note:** Schjöth #1502.

Date	Mintage	Good	VG	F	VF	XF
ND(1796-1820)	—	2.25	3.75	5.50	8.00	—

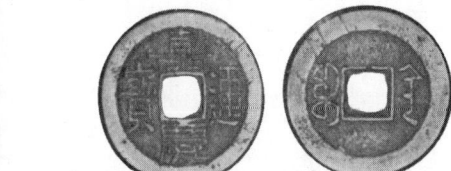

KM# 476.1 CASH
Cast Brass **Obv. Inscription:** Chia-ch'ing T'ung-pao **Rev:** Manchu "Boo-cang" **Mint:** Nanch'ang **Note:** Schjöth #1507.

Date	Mintage	Good	VG	F	VF	XF
ND(1796-1820)	—	0.50	0.90	1.35	2.00	—

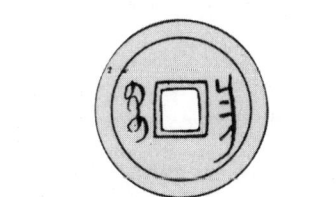

Pn17 ND(1723) — Cash. Cast Bronze. Manchu and Chinese "Ning". 400

KM# 470.1 CASH
Cast Brass, 25 mm. **Obv. Inscription:** Chia-ch'ing T'ung-pao **Rev:** Large mint mark, Manchu "Boo-je" **Mint:** Hangchow **Note:** Schjöth #1503.

Date	Mintage	Good	VG	F	VF	XF
ND(1796-1820)	—	0.50	0.90	1.35	2.00	—

KM# 476.2 CASH
Cast Brass **Obv. Inscription:** Chia-ch'ing T'ung-pao **Rev:** Manchu "Boo-cang" with dot in upper left corner **Mint:** Nanch'ang **Note:** Schjöth #1508 variation.

Date	Mintage	Good	VG	F	VF	XF
ND(1796-1820)	—	3.00	5.00	7.00	10.00	—

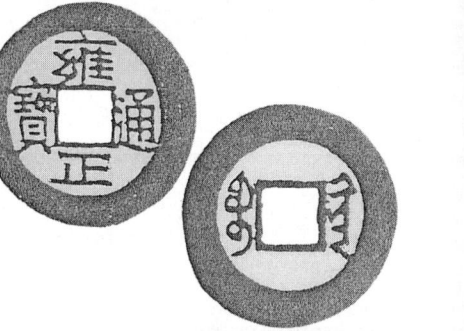

Pn18 ND(1723) — 2 Cash. Cast Bronze. "Boo-giyan". 500

CHINA

EMPIRE

KM#	Date	Mintage Identification	Mkt Val
Pn20	ND(1736)	— Cash. Cast Bronze. "Boo-gui".	80.00
Pn21	ND(1736)	— Cash. Cast Bronze. "Boo-ili" (by Hu-pu).	500
Pn22	ND(1736)	— Cash. Cast Bronze. Manchu and Turki "Aksu" (by Hu-pu).	500
Pn23	ND(1736)	— Cash. Cast Bronze. Manchu and Turki "Kashgar" (by Hu-pu). Cr#32-1.	1,000
Pn26	ND(1796)	— Cash. Cast Bronze. "Boo-ch'ang".	160
Pn28	ND(1796)	— Cash. Cast Bronze. Manchu and Turki "Aksu".	200
Pn27	ND(1796)	— Cash. Cast Bronze. Manchu and Turki "Aksu" (by Hu-pu).	400

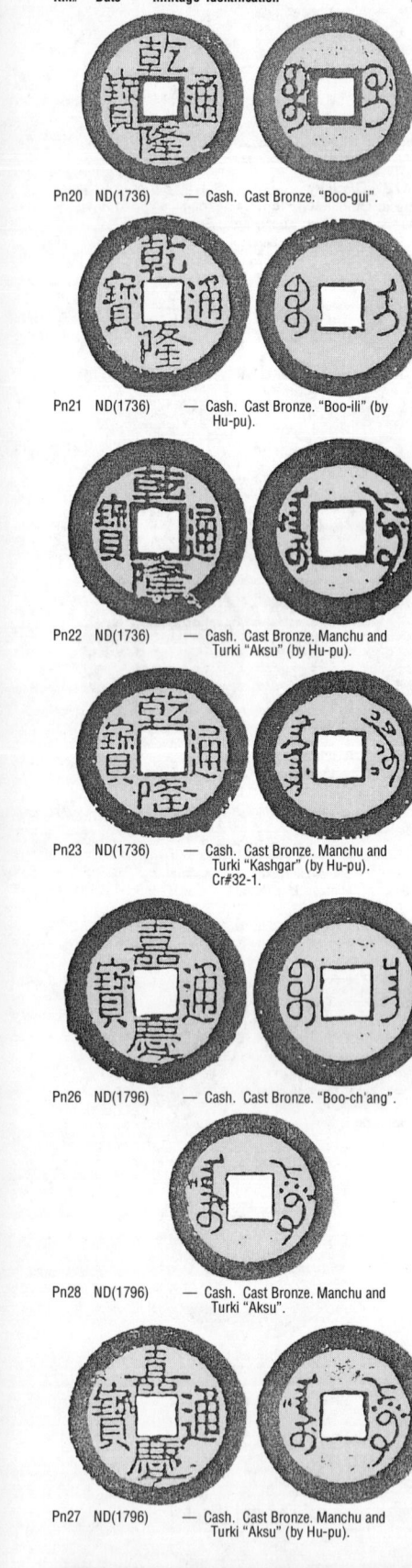

tions, including Genghis Khan. It became a province in 1884. China has made claim to Sinkiang (Xinjiang) for many, many years. This rule has been more nominal than actual. Sinkiang (Xinjiang) had eight imperial mints, only three of which were in operation toward the end of the reign of Kuang Hsü. Only two mints operated during the early years of the republic. In 1949, due to a drastic coin shortage and lack of confidence in the inflated paper money, it was planned to mint some dollars in Sinkiang (Xinjiang). These did not see much circulation, however, due to the defeat of the nationalists, though they have recently appeared in considerable numbers in today's market.

PATTERNS

NOTE: A number of previously listed cast coins of Sinkiang Province are now known to be patterns - "mother" cash or "seed" cash for which no circulating issues are known. The following coins are, therefore, no longer listed. Most were probably manufactured in Beijing. They are generally made of brass rather than the purer copper usual to Sinkiang. The following coins are, therefore, no longer listed here: Craig #30-9, 30-11a, 30-12a, 30-14, 30-15a, 30-16, 30-17, 28-4.1, 28-8a, 28-9a,28-9c, 28-10, 31-1a, 31-1v, 31-2, 32-4, 32-5, 33-12, 33-21, 34-2, 34-3, 35-5a and 35-6.

MONETARY SYSTEM

2 Pul = 1 Cash
2 Cash = 5 Li
4 Cash = 10 Li = 1 Fen
25 Cash = 10 Fen = 1 Miscal = 1 Ch'ien, Mace, Tanga
10 Miscals (Mace) = 1 Liang (Tael or Sar)
20 Miscals (Tangas) = 1 Tilla

LOCAL MINT NAMES AND MARKS

Mint	Chinese	Uyghur	Manchu
Aksu	阿克蘇	اقصو	ꡝ
Ili, now Yining	犁伊	ایل	ꡝ
Kashgar, now Kashi	什噶	كاشغر	ꡝ
Khotan, now Hotan	闐和	ختن	ꡝ
Kuche, now Kuqa	車庫	كوچ	ꡝ
Urumchi, now Urumqi	什烏	اورمچی	ꡝ
Ushi, now Wushi (Uqturpan)	羌額葉	اوش	ꡝ
Yangihissar, now Yengisar		ینگی حصار	
Yarkand, now Shache (Yarkant)		يار كند	

SINKIANG PROVINCE

Hsinkiang, Xinjiang
"New Dominion"

An autonomous region in western China, often referred to as Chinese Turkestan. High mountains surround 2000 ft. tableland on three sides with a large desert in center of this province. Many salt lakes, mining and some farming and oil. Inhabited by early man and was referred to as the "Silk Route" to the West. Sinkiang (Xinjiang) has been historically under the control of many fac-

---

EMPIRE

K'ang-hsi
1662-1722, Kangxi

CAST COINAGE

KM# 348.4 CASH
Cast Bronze **Obv. Inscription:** K'ang-hsi T'ung-pao with open "hsi" **Rev:** Manchu "Fu" at left, Chinese "Si" (6th) above **Mint:** Fuchou

Date	Mintage	Good	VG	F	VF	XF
ND(1662-1722)	—	200	400	600	800	—

KM# 348.7 CASH
Cast Bronze **Obv. Inscription:** K'ang-hsi T'ung-pao with open "hsi" **Rev:** Manchu "Fu" at left, Chinese "Shen" (9th) above **Mint:** Fuchou

Date	Mintage	Good	VG	F	VF	XF
ND(1662-1722)	—	200	400	600	800	—

KM# 348.8 CASH
Cast Bronze **Obv. Inscription:** K'ang-hsi T'ung-pao with open "hsi" **Rev:** Manchu "Fu" at left, Chinese "Yu" (10th) above **Mint:** Fuchou

Date	Mintage	Good	VG	F	VF	XF
ND(1662-1722)	—	200	400	600	800	—

KM# 348.9 CASH
Cast Bronze **Obv. Inscription:** K'ang-hsi T'ung-pao with open "hsi" **Rev:** Manchu "Fu" at left, Chinese "Hai" (12th) above **Mint:** Fuchou

Date	Mintage	Good	VG	F	VF	XF
ND(1662-1722)	—	250	500	750	1,000	—

KM# 351 CASH
Red Copper, 23-24 mm. **Series:** Talisman (Poem Cash) **Obv. Inscription:** "K'ang-hsi T'ung-pao" with open "hsi" **Rev:** Manchu "Nan" at left, Chinese "Nan" at right **Mint:** Ch'angsha **Note:** Size varies. Schjöth #1446.

Date	Mintage	Good	VG	F	VF	XF
ND(1662-1722)	—	12.50	17.50	25.00	35.00	—

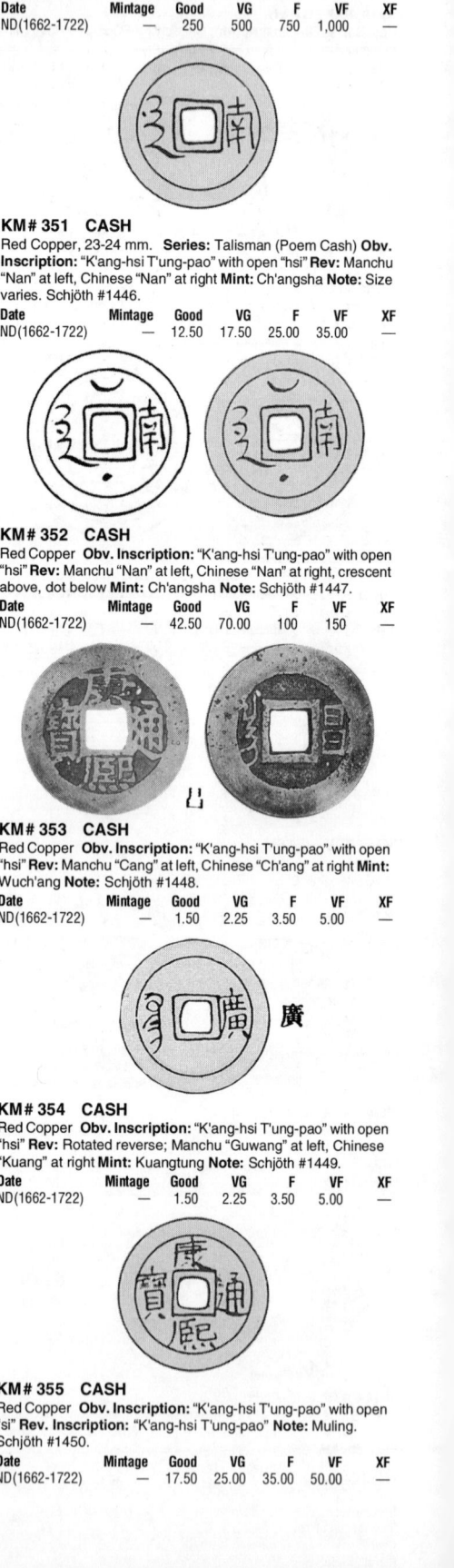

KM# 352 CASH
Red Copper **Obv. Inscription:** "K'ang-hsi T'ung-pao" with open "hsi" **Rev:** Manchu "Nan" at left, Chinese "Nan" at right, crescent above, dot below **Mint:** Ch'angsha **Note:** Schjöth #1447.

Date	Mintage	Good	VG	F	VF	XF
ND(1662-1722)	—	42.50	70.00	100	150	—

KM# 353 CASH
Red Copper **Obv. Inscription:** "K'ang-hsi T'ung-pao" with open "hsi" **Rev:** Manchu "Cang" at left, Chinese "Ch'ang" at right **Mint:** Wuch'ang **Note:** Schjöth #1448.

Date	Mintage	Good	VG	F	VF	XF
ND(1662-1722)	—	1.50	2.25	3.50	5.00	—

KM# 354 CASH
Red Copper **Obv. Inscription:** "K'ang-hsi T'ung-pao" with open "hsi" **Rev:** Rotated reverse; Manchu "Guwang" at left, Chinese "Kuang" at right **Mint:** Kuangtung **Note:** Schjöth #1449.

Date	Mintage	Good	VG	F	VF	XF
ND(1662-1722)	—	1.50	2.25	3.50	5.00	—

KM# 355 CASH
Red Copper **Obv. Inscription:** "K'ang-hsi T'ung-pao" with open "si" **Rev. Inscription:** "K'ang-hsi T'ung-pao" **Note:** Muling. Schjöth #1450.

Date	Mintage	Good	VG	F	VF	XF
ND(1662-1722)	—	17.50	25.00	35.00	50.00	—

SINKIANG PROVINCE CHINA 153

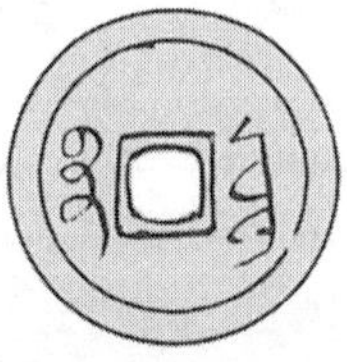

KM# 356 CASH

Red Copper **Obv. Inscription:** "K'ang-hsi T'ung-pao" with open "hsi" **Rev:** Manchu "Boo-yuwan" **Mint:** Kung-pu Board of Public Works **Note:** Schjöth #1451.

Date	Mintage	Good	VG	F	VF	XF
ND(1662-1722)	—	1.50	2.25	3.50	5.00	—

KM# 357 CASH

Red Copper, 19 mm. **Obv. Inscription:** K'ang-hsi T'ung-pao with open "hsi" **Rev:** Manchu "Boo-kuei" **Mint:** Kueilin **Note:** Reduced size. Schjöth #1451.

Date	Mintage	Good	VG	F	VF	XF
ND(1662-1722)	—	1.50	2.25	3.50	5.00	—

通

KM# 312.3 CASH

Cast Bronze, 26 mm. **Obv. Inscription:** "K'ang-hsi Tung-pao" with one dot T'ung **Rev:** Manchu "Boo-Yuwan" **Note:** Wide rims.

Date	Mintage	Good	VG	F	VF	XF
ND(1662-1722)	—	3.00	6.00	10.00	17.50	—

KM# 312.1a CASH

Cast Bronze **Obv:** One dot "T'ung" at right **Rev. Inscription:** Manchu Boo-Yuwan **Mint:** Kung-pu Board of Public Works **Note:** Reduced size, corrupt mint product.

Date	Mintage	Good	VG	F	VF	XF
ND(1662-1722)	—	0.15	0.35	0.55	1.00	—

KM# 312.2a CASH

Cast Bronze **Obv:** 2 dot "T'ung" at right **Rev. Inscription:** Manchu Boo-Yuwan **Mint:** Kung-pu Board of Public Works **Note:** Reduced size, corrupt mint product.

Date	Mintage	Good	VG	F	VF	XF
ND(1662-1722)	—	0.15	0.35	0.55	1.00	—

KM# A340 CASH

Cast Bronze **Series:** "Lo-han" **Obv. Inscription:** K'ang-hsi T'ung-pao **Rev:** Manchu "Yuwan" at left, Chinese "Yüan" at right **Mint:** T'aiyüan-fu **Note:** Similar to KM#324.

Date	Mintage	Good	VG	F	VF	XF
ND(1662-1722)	—	5.00	7.00	10.00	15.00	—

KM# B340 CASH

Cast Bronze **Series:** "Lo-han" **Obv. Inscription:** K'ang-hsi T'ung-pao **Rev:** Manchu "Su" at left, Chinese "Su" at right **Mint:** Soochou **Note:** Similar to KM#325.

Date	Mintage	Good	VG	F	VF	XF
ND(1662-1722)	—	5.00	7.00	10.00	15.00	—

KM# C340 CASH

Cast Bronze **Series:** "Lo-han" **Obv. Inscription:** K'ang-hsi T'ung-pao **Rev:** Manchu "Gi" at left, chinese "Chi" at right **Mint:** Chichou **Note:** Similar to KM#326.

Date	Mintage	Good	VG	F	VF	XF
ND(1662-1722)	—	5.00	7.00	10.00	15.00	—

KM# D340 CASH

Cast Bronze **Series:** "Lo-han" **Obv. Inscription:** K'ang-hsi T'ung-pao **Rev:** Manchu "Ning" at left, Chinese "Ning" at right **Mint:** Ningpo **Note:** Similar to KM#328.

Date	Mintage	Good	VG	F	VF	XF
ND(1662-1722)	—	5.00	7.00	10.00	15.00	—

KM# E340 CASH

Cast Bronze **Series:** "Lo-han" **Obv. Inscription:** K'ang-hsi T'ung-pao **Rev:** Manchu "Nan" at left, Chinese "Nan" at right **Mint:** Ch'angsha **Note:** Similar to KM#330.

Date	Mintage	Good	VG	F	VF	XF
ND(1662-1722)	—	5.00	7.00	10.00	15.00	—

KM# F340 CASH

Cast Bronze **Series:** "Lo-han" **Obv. Inscription:** K'ang-hsi T'ung-pao **Rev:** Manchu "Guwang" at left, Chinese "Kuang" at right **Mint:** Kuangchou **Note:** Similar to KM#331.

Date	Mintage	Good	VG	F	VF	XF
ND(1662-1722)	—	1.00	1.40	2.00	3.00	—

Khardan Chirin
1727-1745

CAST TRIBAL COINAGE

KM# 380 PUL

Cast Copper **Obv. Inscription:** *Khardan Chirin* **Rev. Inscription:** *Zarb Yarkand* **Mint:** Yarkand **Note:** Turki inscriptions. Prev. C36-7.2.

Date	Mintage	Good	VG	F	VF	XF
ND(1727-45)	—	10.00	15.00	25.00	40.00	—

KM# 382 PUL

3.1000 g., Silver, 16 mm. **Obv. Inscription:** *Khardan Chirin* **Rev. Inscription:** *Zarb Yarkand* **Mint:** Yarkand **Note:** Turki inscriptions. Prev. C36-9.

Date	Mintage	Good	VG	F	VF	XF
ND(1727-45)	—	100	140	200	275	—

Ch'ien-lung
Kao-tsung 1736-1795

LOCAL CAST COINAGE

C# 30-1.1 CASH

Cast Copper **Obv:** Type A-1 **Obv. Inscription:** Ch'ien-lung T'ung-pao **Rev:** Manchu mint mark at left, Turki at right **Mint:** Aksu

Date	Mintage	Good	VG	F	VF	XF
ND(1736-95)	—	1.00	3.00	5.00	10.00	—

C# 30-1.2 CASH

Cast Copper **Obv. Inscription:** Ch'ien-lung T'ung-pao **Rev:** Turki mint mark at right different **Mint:** Aksu

Date	Mintage	Good	VG	F	VF	XF
ND(1736-95)	—	1.00	3.00	5.00	10.00	—

C# 30-1.3 CASH

Cast Copper **Obv. Inscription:** Ch'ien-lung T'ung-pao **Rev:** Circle (sun) above **Mint:** Aksu

Date	Mintage	Good	VG	F	VF	XF
ND(1736-95)	—	3.00	5.00	7.50	15.00	—

C# 28-1 CASH

Cast Copper **Obv:** Type A-1 **Obv. Inscription:** Ch'ien-lung T'ung-pao **Rev:** Manchu "Boo-yi" **Mint:** Ili

Date	Mintage	Good	VG	F	VF	XF
ND(1736-95)	—	7.50	15.00	22.50	30.00	—

C# 28-1.1 CASH

Cast Copper **Obv. Inscription:** Ch'ien-lung T'ung-pao **Rev:** Manchu "Boo-yi" with dot above **Mint:** Ili

Date	Mintage	Good	VG	F	VF	XF
ND(1736-95)	—	18.50	37.50	55.00	75.00	—

C# 34-1a CASH

6.0000 g., Cast Copper, 25.2 mm. **Obv:** Type A-1 **Obv. Inscription:** "Ch'ien-lung T'ung-pao. **Rev:** Manchu mint mark at left, Turki at right. **Mint:** Ushi

Date	Mintage	Good	VG	F	VF	XF
ND(1736-95)	—	5.00	7.00	10.00	15.00	—

C# 31-1 CASH

Cast Copper **Subject:** Shan Lung Commemorative **Obv. Inscription:** Ch'ien-lung Tung-pao **Rev:** Manchu mint mark at left, Turki at right **Mint:** Khotan

Date	Mintage	Good	VG	F	VF	XF
ND(1736-95)	—	—	—	—	—	—

Ch'ien-lung Rare

C# 30-1.4 CASH

Cast Copper **Subject:** Shan-lung Commemorative **Obv:** Type A-2 **Obv. Inscription:** Ch'ien-lung T'ung-pao **Mint:** Aksu **Note:** Cast during the ninth year of the reign of Kuang-hsü (1883).

Date	Mintage	Good	VG	F	VF	XF
ND(1736-95)	—	4.00	6.00	8.00	16.00	—

C# 34-1 CASH

7.2000 g., Cast Copper, 26-28 mm. **Obv:** Type A-2 **Obv. Inscription:** "Ch'ien-lung T'ung-pao **Rev:** Manchu mint mark at left, Turki at right **Mint:** Ushi **Note:** Size varies. Weight varies: 6.70-7.40g.

Date	Mintage	Good	VG	F	VF	XF
ND(1736-95)	—	10.00	15.00	21.50	30.00	—

C# 33-1 CASH

Cast Copper **Obv. Inscription:** Ch'ien-lung T'ung-pao **Rev:** Manchu mint mark at left, Turki at right **Mint:** Kuche **Note:** This coin was cast during a later reign.

Date	Mintage	Good	VG	F	VF	XF
ND(1736-95)	—	5.00	7.50	10.00	17.50	—

C# 34-1b CASH

Cast Copper, 24.5-25.2 mm. **Obv:** Type A-2 **Obv. Inscription:** "Ch'ien-lung T'ung-pao **Rev:** Manchu mint mark at left, Turki at right **Mint:** Ushi **Note:** Weight varies: 3.60-5.20g. Size varies.

Date	Mintage	Good	VG	F	VF	XF
ND(1736-95)	—	1.50	2.25	3.50	5.00	—

C# 35-1 CASH

Cast Copper **Rev. Legend:** MANCHU YERKIM **Mint:** Yarkand

Date	Mintage	Good	VG	F	VF	XF
ND(1759-61)	—	11.00	18.00	30.00	42.50	—

C# 35-2 CASH

Cast Brass **Obv. Inscription:** "Ch'ien-lung T'ung-pao **Rev. Legend:** Manchu Yerkiyang at left, Turki at right **Mint:** Yarkand

Date	Mintage	Good	VG	F	VF	XF
ND(1761-95)	—	11.00	18.00	30.00	42.50	—

KM# 2 10 CASH

Cast Copper **Obv. Inscription:** "Ch'ien-lung T'ung-pao. **Rev:** Manchu "Boo-yuan" with Chinese "K'u" (for Kuche) above.

Date	Mintage	Good	VG	F	VF	XF
ND(1736-95)	—	10.00	20.00	40.00	60.00	—

C# 34-2 10 CASH

Cast Copper **Obv. Inscription:** "Ch'ien-lung T'ung-pao **Rev:** Manchu mint mark at left, Turki at right, Chinese "Shih"(ten) above **Mint:** Ushi

Date	Mintage	Good	VG	F	VF	XF
ND(1736-95)	—	14.00	20.00	28.50	40.00	—

C# 33-2 10 CASH

Cast Copper **Obv. Inscription:** "Ch'ien-lung T'ung-pao" **Rev. Inscription:** "Boo - kuce" **Mint:** Kuche **Note:** Cast during a later reign.

Date	Mintage	Good	VG	F	VF	XF
ND(1736-95)	—	3.00	7.50	15.00	25.00	—

C# 30-2.1 10 CASH

Cast Copper **Obv:** Type A-1 **Obv. Inscription:** "Ch'ien-lung T'ung-pao. **Rev:** Manchu mint mark at left, Turki at right. "Tang" above, "Shih"(ten) below. **Mint:** Aksu **Note:** Cast during the reign of Kuang-hsü (1875-1908).

Date	Mintage	Good	VG	F	VF	XF
ND(1736-95)	—	7.00	10.00	15.00	25.00	—

C# 30-2.2 10 CASH

Cast Copper **Obv. Inscription:** "Ch'ien-lung T'ung-pao. **Rev:** Chinese "K'a" (Kashgar) above, "Shih"(ten) below. **Mint:** Aksu **Note:** Cast during the reign of Kuang-hsü (1875-1908).

Date	Mintage	Good	VG	F	VF	XF
ND(1736-95)	—	1.75	3.50	4.50	9.00	—

C# 30-3 10 CASH

Cast Copper **Obv. Inscription:** "Ch'ien-lung T'ung-pao. **Rev:** Chinese "A" (for Aksu) above, "Shih"(ten) below. **Mint:** Aksu **Note:** Cast during the reign of Kuang-hsü (1875-1908).

Date	Mintage	Good	VG	F	VF	XF
ND(1736-95)	—	1.25	3.00	4.50	7.00	—

C# 33-3 10 CASH

Cast Copper **Obv. Inscription:** "Ch'ien-lung T'ung-pao" **Rev. Inscription:** "Ku" above "Boo-kuce" **Mint:** Kuche **Note:** Cast during a later reign.

Date	Mintage	Good	VG	F	VF	XF
ND(1736-95)	—	5.00	12.50	25.00	40.00	—

C# 33-5 10 CASH

Cast Copper **Obv. Inscription:** "Ch'ien-lung T'ung-pao" **Rev. Inscription:** "Ku" above "Boo-kuce", "Chu" below **Mint:** Kuche **Note:** Cast during a later reign.

Date	Mintage	Good	VG	F	VF	XF
ND(1736-95)	—	5.00	12.50	25.00	40.00	—

Atalyq Ghazi
1757

CAST TRIBAL COINAGE

KM# 437 PUL

Cast Copper **Obv. Inscription:** Atalyq Ghazi. **Rev. Inscription:** Zarb Yarkand. **Mint:** Yarkand **Note:** Turki inscriptions. Prev. C#36-11.

Date	Mintage	Good	VG	F	VF	XF
ND(ca.1757)	—	30.00	50.00	80.00	125	—

Chia-ch'ing
1796-1820

LOCAL CAST COINAGE

C# 30-5 CASH

Cast Copper **Obv:** Type A **Obv. Inscription:** Chia-ch'ing T'ung-pao **Mint:** Aksu

Date	Mintage	Good	VG	F	VF	XF
ND(1796-1820)	—	1.75	4.25	8.00	10.00	—

C# 28-2 CASH

Cast Copper **Obv. Inscription:** Chia-ch'ing T'ung-pao **Rev:** Manchu inscription **Mint:** Ili

Date	Mintage	Good	VG	F	VF	XF
ND(1796-1820)	—	15.00	30.00	55.00	100	—

CHINA SINKIANG PROVINCE

C# 28-2.1 CASH
Cast Copper **Obv. Inscription:** Chia-ch'ing T'ung-pao **Rev:** Silver **Ruler:** Ferdinand VI **Obv:** Castle **Rev:** Lion in laurel
Vertical line above and below **Mint:** Ili wreath

Date	Mintage	Good	VG	F	VF	XF
ND(1796-1820)	—	30.00	50.00	85.00	125	—

C# 28-2.2 CASH
Cast Copper **Obv. Inscription:** Chia-ch'ing T'ung-pao **Rev:**
Vertical line above **Mint:** Ili

Date	Mintage	Good	VG	F	VF	XF
ND(1796-1820)	—	7.50	15.00	30.00	60.00	—

COLOMBIA

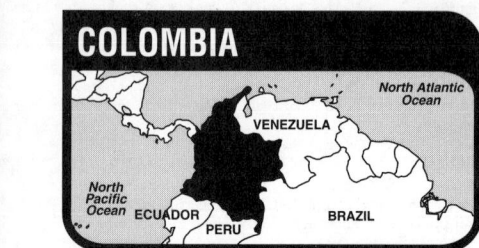

The Republic of Colombia, in the northwestern corner of South America, has an area of 440,831 sq. mi. (1,138,910 sq. km.) and a population of 42.3 million. Capital: Bogota. The economy is primarily agricultural with a mild, rich coffee being the chief crop. Colombia has the world's largest platinum deposits and important reserves of coal, iron ore, petroleum and limestone; other precious metals and emeralds are also mined. Coffee, crude oil, bananas, sugar and emeralds are exported.

The northern coast of present Colombia was one of the first parts of the American continent to be visited by Spanish navigators. At Darien in Panama is the site of the first permanent European settlement on the American mainland in 1510. New Granada, as Colombia was known until 1861, stemmed from the settlement of Santa Marta in 1525. New Granada was established as a Spanish colony in 1549. Independence was declared in 1810, and secured in 1819 when Simon Bolivar united Colombia, Venezuela, Panama and Ecuador as the Republic of Gran Colombia. Venezuela withdrew from the Republic in 1829; Ecuador in 1830; and Panama in 1903.

RULER
Spanish, until 1819

MINT MARKS
C, NER, NR, NRE, RN, S - Cartagena
B, F, FS, N, NR, S, SF - Nuevo Reino (Bogota)
A, M - Medellin (capital), Antioquia (state)
(m) - Medellin, w/o mint mark
P, PN, Pn - Popayan

ASSAYERS' INITIALS

Bogota Mint

Initial	Date	Name
A, ARC, ARCE, VA	1692-1721	Buena Ventura de Arce
J	1757-58	Joaquin de Burgos
J	1758-80	Juan de Chavez
J	1774-1800	Juan Rodriguez Uzguiano
J	1780-1803, 1810-22	Juan Jose Truxillo y Mutienx
M	1732-44	Miguel Molano
S, SAN	1722-32	Jose Sanchez de la Torre
S, SR	1744-57	Sebastian de Rivera (gold only)
V	1758-74	Victoriano del Valle

MONETARY SYSTEM
16 Reales = 1 Escudo

COLONIAL

COB COINAGE

Note: Values given for dated cobs are representative of average strikes with the last two digits of the date discernible. The esthetic appearance, quality of strike, and presence of date, mint mark and assayer initials all have an effect on the value of cobs.

Note: Colombian cob 1/4 Reales, which are all very rare, did not bear dates in their design, but can be dated at least approximately by virtue of the fact that the castle on the obverse and the lion on the reverse match exactly with the castles and lions in the shield of the 8 Reales struck in the same year or period.

Note: The cob 1/2 Reales of Colombia are distinguishable from other mints cob 1/2 Reales by virtue of the fact that the P and the S of the PHILIPPVS monogram touch at the top

KM# B7 1/4 REAL
0.8600 g., 0.9310 Silver 0.0257 oz. ASW **Ruler:** Philip V **Obv:** Castle **Rev:** Lion

Date	Mintage	Good	VG	F	VF	XF
ND(1702-03) Rare	—	—	—	—	—	—

KM# A29 1/4 REAL
Silver **Ruler:** Ferdinand VI **Obv:** Castle **Rev:** Lion in laurel wreath

Date	Mintage	Good	VG	F	VF	XF
ND(1755) Rare	—	—	—	—	—	—

Date	Mintage	Good	VG	F	VF	XF
1721 ARC Rare	—	—	—	—	—	—
1722 SAN at left Rare	—	—	—	—	—	—
1722 SAN at right Rare	—	—	—	—	—	—

KM# 20a 4 REALES
13.5337 g., 0.9170 Silver 0.3990 oz. ASW **Obv:** Arms **Obv. Legend:** PHILIPPVS V D. G. **Rev:** Pillars and waves, PLVS ULTRA within

Date	Mintage	Good	VG	F	VF	XF
ND(1732-44) M Rare	—	900	1,500	2,500	3,750	—

KM# B8 1/2 REAL
1.6917 g., 0.9310 Silver 0.0506 oz. ASW **Ruler:** Philip V **Obv:** Legend of Philip

Date	Mintage	Good	VG	F	VF	XF
ND(1702-26)	—	80.00	140	220	350	—
Date off flan						
1702 Rare	—	—	—	—	—	—
1726 Rare	—	—	—	—	—	—

KM# B15 REAL
3.3834 g., 0.9310 Silver 0.1013 oz. ASW **Ruler:** Philip V **Obv:** Half shield **Rev:** Letters between pillars of Hercules

Date	Mintage	Good	VG	F	VF	XF
1721 A Rare	—	—	—	—	—	—
1722 A Rare	—	—	—	—	—	—

KM# C15 REAL
3.3834 g., 0.9170 Silver 0.0997 oz. ASW **Obv:** Full quartered shield **Rev:** Letters between pillars of Hercules

Date	Mintage	Good	VG	F	VF	XF
ND M Rare	—	—	—	—	—	—

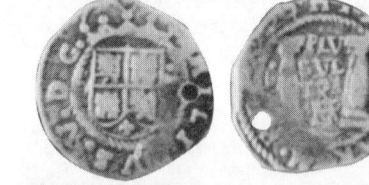

KM# 19 2 REALES
6.7668 g., 0.9310 Silver 0.2025 oz. ASW **Ruler:** Philip V **Obv:** Legend of Philip V, crowned arms **Rev:** Pillars and waves, mint mark within

Date	Mintage	Good	VG	F	VF	XF
ND(1722-25) Date off flan	—	250	350	475	1,000	—
1722 (ARCE) Rare	—	—	—	—	—	—
1725/4 FS Rare	—	—	—	—	—	—

KM# 12 8 REALES
27.0674 g., 0.9310 Silver 0.8102 oz. ASW **Ruler:** Philip V **Obv:** Arms within beaded circle, legend of Charles II **Rev:** Pillars, "PLVS VLTRA" and "MM" between

Date	Mintage	Good	VG	F	VF	XF
1702 VA Rare	—	—	—	—	—	—
1703 ARCE Rare	—	—	—	—	—	—

KM# 18 8 REALES
0.9310 Silver **Ruler:** Philip V **Obv:** Arms **Obv. Legend:** PHILIPPVS V DG **Rev:** Pillars, PLVS VLTRA within

Date	Mintage	Good	VG	F	VF	XF
1721 ARC Rare	—	—	—	—	—	—
1722 SAN Rare	—	—	—	—	—	—

KM# 18a 8 REALES
27.0674 g., 0.9170 Silver 0.7980 oz. ASW

Date	Mintage	Good	VG	F	VF	XF
1742 M Rare	—	—	—	—	—	—

KM# 11 4 REALES
13.5337 g., 0.9310 Silver 0.4051 oz. ASW **Obv:** Lions and castles, legend of Charles II **Rev:** Pillars and waves, PLVS VLTRA and mint mark within **Note:** Struck at the Bogota Mint.

Date	Mintage	Good	VG	F	VF	XF
1701 VA Rare	—	—	—	—	—	—

KM# 13 ESCUDO
3.3834 g., 0.9170 Gold 0.0997 oz. AGW **Ruler:** Philip V **Obv:** Arms **Rev:** Cross of Jerusalem

Date	Mintage	F	VF	XF	Unc	BU
1708 (ARCE) Rare	—	—	—	—	—	—
1713 Rare	—	—	—	—	—	—

KM# 20 4 REALES
13.5337 g., 0.9310 Silver 0.4051 oz. ASW **Ruler:** Philip V **Obv:** Arms **Obv. Legend:** PHILIPVS V D.G **Rev:** Pillars and waves, "PLVS VLTRA" within

KM# 22 ESCUDO
3.3834 g., 0.9170 Gold 0.0997 oz. AGW **Ruler:** Philip V **Obv:** Arms **Rev:** Cross of Jerusalem

Date	Mintage	F	VF	XF	Unc	BU
ND(1715-46) Date off flan	—	1,000	1,500	2,000	—	—
1715 (ARCE) Rare	—	—	—	—	—	—
1722 S Rare	—	—	—	—	—	—

Date	Mintage	F	VF	XF	Unc	BU
1728 S Rare	—	—	—	—	—	—
1735 M Rare	—	—	—	—	—	—
1736 M Rare	—	—	—	—	—	—
1740/39 M Rare	—	—	—	—	—	—
1740 M Rare	—	—	—	—	—	—
1741 M Rare	—	—	—	—	—	—
1746 S Rare	—	—	—	—	—	—

Date	Mintage	F	VF	XF	Unc	BU
1737 M	—	1,500	2,000	2,500	—	—
1738 M Rare	—	—	—	—	—	—
1739 M Rare	—	—	—	—	—	—
1740/39 M	—	1,500	2,000	2,500	—	—
1740 M Rare	—	—	—	—	—	—
1741/0 M Rare	—	—	—	—	—	—
1741 M	—	1,500	2,000	2,500	—	—
1742 M	—	1,500	2,000	2,500	—	—
1743/2 Rare	—	—	—	—	—	—
1743 M	—	1,500	2,000	2,500	—	—
1744 M Rare	—	—	—	—	—	—
1744 S Rare	—	—	—	—	—	—
1745 S Rare	—	—	—	—	—	—
1746 S	—	1,500	2,000	2,500	—	—

KM# A28 ESCUDO

3.3834 g., 0.9170 Gold 0.0997 oz. AGW **Ruler:** Luis I **Obv:** Arms **Rev:** Cross of Jerusalem

Date	Mintage	Good	VG	F	VF	XF
ND(1724-25) S Rare	—	—	—	—	—	—

KM# 28 ESCUDO

3.3834 g., 0.9170 Gold 0.0997 oz. AGW **Ruler:** Ferdinand VI **Obv:** Arms **Rev:** Cross of Jerusalem

Date	Mintage	F	VF	XF	Unc	BU
ND(1751-55) Date off flan	—	1,000	1,500	2,000	—	—
1751 S Rare	—	—	—	—	—	—
1753 S Rare	—	—	—	—	—	—
1754 S Rare	—	—	—	—	—	—
1755 S Rare	—	—	—	—	—	—
1756 S Rare	—	—	—	—	—	—

KM# 21 2 ESCUDOS

6.7668 g., 0.9170 Gold 0.1995 oz. AGW **Ruler:** Philip V **Obv:** Cross **Obv. Legend:** (P)HILI(PP). VS. V.. **Rev:** Shield **Rev. Legend:** CA.. **Note:** Mule of Phillippus and Carolus dies. Struck at the Bogota Mint.

Date	Mintage	F	VF	XF	Unc	BU
ND(1705-10) Date off flan; Rare	—	—	—	—	—	—

KM# A25 2 ESCUDOS

6.7668 g., 0.9170 Gold 0.1995 oz. AGW **Ruler:** Luis I

Date	Mintage	F	VF	XF	Unc	BU
1724 S Rare	—	—	—	—	—	—
1725 S Rare	—	—	—	—	—	—

KM# 14.2 2 ESCUDOS

6.7682 g., 0.9170 Gold 0.1995 oz. AGW **Ruler:** Philip V **Note:** No mint mark.

Date	Mintage	F	VF	XF	Unc	BU
1701 ARCE	—	1,750	2,250	2,750	—	—
1702 VA	—	1,750	2,250	2,750	—	—
1703	—	1,750	2,250	2,750	—	—
1704/3 Rare	—	—	—	—	—	—
1704 Rare	—	—	—	—	—	—
1705	—	1,750	2,250	2,750	—	—
1706	—	1,750	2,250	2,750	—	—
1707	—	1,750	2,250	2,750	—	—
1708 Rare	—	—	—	—	—	—
1709	—	1,750	2,250	2,750	—	—
1710	—	1,750	2,250	2,750	—	—
1711	—	1,750	2,250	2,750	—	—
1712	—	1,750	2,250	2,750	—	—
1713	—	1,750	2,250	2,750	—	—

KM# 17.1 2 ESCUDOS

6.7668 g., 0.9170 Gold 0.1995 oz. AGW **Ruler:** Philip V **Obv:** Arms **Rev:** Cross within ornamented double outline

Date	Mintage	F	VF	XF	Unc	BU
ND(1714-1716) Date off flan	—	1,100	1,450	1,750	—	—
1714	—	1,750	2,250	2,750	—	—
1715	—	2,000	2,500	3,000	—	—
1716	—	1,500	2,000	2,500	—	—

KM# 17.2 2 ESCUDOS

6.7668 g., 0.9170 Gold 0.1995 oz. AGW **Ruler:** Philip V **Obv:** Arms **Rev:** Cross within ornamented double outline **Note:** Mint mark: F, S

Date	Mintage	F	VF	XF	Unc	BU
ND(1717-46) Date off flan	—	1,100	1,450	1,750	—	—
1717 Rare	—	—	—	—	—	—
1718 Rare	—	—	—	—	—	—
1719 Rare	—	—	—	—	—	—
1720	—	1,500	2,000	2,500	—	—
1721 Rare	—	—	—	—	—	—
1722 Rare	—	—	—	—	—	—
1723 S Rare	—	—	—	—	—	—
1724 S Rare	—	—	—	—	—	—
1726 S Rare	—	—	—	—	—	—
1727/6 S Rare	—	—	—	—	—	—
1727 S Rare	—	—	—	—	—	—
1728/7 S Rare	—	—	—	—	—	—
1728 S Rare	—	—	—	—	—	—
1729 S Rare	—	—	—	—	—	—
1729/8 Rare	—	—	—	—	—	—
1730 S Rare	—	—	—	—	—	—
1731 S Rare	—	—	—	—	—	—
1732/1 Rare	—	—	—	—	—	—
1732 M	—	1,500	2,000	2,500	—	—
1732 S Rare	—	—	—	—	—	—
1733 M	—	1,500	2,000	2,500	—	—
1734/3 M	—	—	—	—	—	—
1734 M	—	1,500	2,000	2,500	—	—
1735 M	—	1,500	2,000	2,500	—	—
1736 M	—	1,500	2,000	2,500	—	—

KM# 25 2 ESCUDOS

6.7668 g., 0.9170 Gold 0.1995 oz. AGW **Ruler:** Ferdinand VI **Obv:** Arms **Rev:** Cross of Jerusalem

Date	Mintage	F	VF	XF	Unc	BU
ND(1747-56) Date off flan	—	1,000	1,250	1,500	—	—
1747 S	—	1,400	1,900	2,400	—	—
1748 S	—	1,400	1,900	2,400	—	—
1749 S Rare	—	—	—	—	—	—
1750 S	—	1,400	1,900	2,400	—	—
1751 S	—	1,400	1,900	2,400	—	—
1752 S Rare	—	—	—	—	—	—
1753 S Rare	—	—	—	—	—	—
1754 S	—	1,400	1,900	2,400	—	—
1755 S	—	1,400	1,900	2,400	—	—
1756/5 S Rare	—	—	—	—	—	—
1756 S Rare	—	—	—	—	—	—

KM# 23 4 ESCUDOS

13.5337 g., 0.9170 Gold 0.3990 oz. AGW **Ruler:** Philip V **Obv:** Arms **Rev:** Cross of Jerusalem **Note:** Mint mark: F, S

Date	Mintage	F	VF	XF	Unc	BU
ND(1743-46) Date off flan	—	3,000	3,500	4,500	—	—
1744 S Rare	—	—	—	—	—	—
1745 S Rare	—	—	—	—	—	—
1746 S Rare	—	—	—	—	—	—

KM# 27 4 ESCUDOS

13.5337 g., 0.9170 Gold 0.3990 oz. AGW **Ruler:** Ferdinand VI **Obv:** Arms **Rev:** Cross of Jerusalem

Date	Mintage	F	VF	XF	Unc	BU
ND(1747-56) Date off flan	—	3,000	3,500	4,500	—	—
1747 S Rare	—	—	—	—	—	—
1748 S Rare	—	—	—	—	—	—
1749 S Rare	—	—	—	—	—	—
1750 S Rare	—	—	—	—	—	—
1751 S Rare	—	—	—	—	—	—
1752 S Rare	—	—	—	—	—	—
1753 S Rare	—	—	—	—	—	—
1754 S Rare	—	—	—	—	—	—
1755 S Rare	—	—	—	—	—	—
1756 S Rare	—	—	—	—	—	—

KM# 24 8 ESCUDOS

27.0674 g., 0.9170 Gold 0.7980 oz. AGW **Ruler:** Philip V **Obv:** Arms **Rev:** Cross of Jerusalem **Note:** Mint mark: F, S

Date	Mintage	F	VF	XF	Unc	BU
ND(1743-46) Date off flan	—	3,500	4,000	5,000	—	—
1743 M Rare	—	—	—	—	—	—
1744 M Rare	—	—	—	—	—	—
1745 S Rare	—	—	—	—	—	—
1746 S Rare	—	—	—	—	—	—

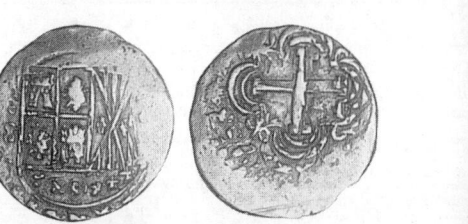

KM# 26 8 ESCUDOS

27.0674 g., 0.9170 Gold 0.7980 oz. AGW **Ruler:** Ferdinand VI **Obv:** Crowned arms **Obv. Legend:** Ferdnd VI D. G.. **Rev:** Cross within ornamented double outline **Note:** Mint mark: F, S

Date	Mintage	F	VF	XF	Unc	BU
ND(1747-56) Date off flan	—	3,500	4,000	5,000	—	—
1747 S Rare	—	—	—	—	—	—
1748 S Rare	—	—	—	—	—	—
1749 S Rare	—	—	—	—	—	—
1750 S Rare	—	—	—	—	—	—
1751 S Rare	—	—	—	—	—	—
1752 S Rare	—	—	—	—	—	—
1753 S Rare	—	—	—	—	—	—
1754 S Rare	—	—	—	—	—	—
1755 S Rare	—	—	—	—	—	—
1756 S Rare	—	—	—	—	—	—

MILLED COINAGE

KM# A30 1/4 REAL

0.8458 g., 0.9170 Silver 0.0249 oz. ASW **Ruler:** Ferdinand VI **Obv:** Castle **Rev:** Lion

Date	Mintage	VG	F	VF	XF	Unc
ND(1756-96)	—	20.00	40.00	80.00	160	200

KM# 63 1/4 REAL

0.8458 g., 0.8960 Silver 0.0244 oz. ASW **Obv:** Castle **Rev:** Lion

Date	Mintage	VG	F	VF	XF	Unc
1796NR	—	22.50	45.00	90.00	175	—
1797/6NR	—	25.00	60.00	120	250	—
1797NR	—	15.00	30.00	60.00	125	—
1798/7NR	—	20.00	40.00	75.00	150	—
1798NR	—	20.00	40.00	75.00	150	—
1799/8NR	—	20.00	40.00	75.00	150	—
1799NR	—	15.00	30.00	60.00	100	—
1800/799NR	—	15.00	30.00	60.00	100	—
1800NR	—	20.00	40.00	75.00	150	—

KM# A45 1/2 REAL

1.6917 g., 0.9030 Silver 0.0491 oz. ASW **Obv:** Crowned arms **Obv. Legend:** CRS • III • D • G • HISP • ET IND R • **Rev:** Pillars and worlds, mint mark, date **Rev. Legend:** VTRA QUE VNVM

Date	Mintage	VG	F	VF	XF	Unc
1760NR JV Rare	—	—	—	—	—	—

KM# 45.1 1/2 REAL

1.6917 g., 0.9030 Silver 0.0491 oz. ASW **Ruler:** Charles III **Obv:** Bust right **Obv. Legend:** CAROLUS • III • DEI • GRATIA • **Rev:** Arms between pillars

Date	Mintage	VG	F	VF	XF	Unc
1772NR VJ Rare	—	—	—	—	—	—
1773NR VJ Rare	—	—	—	—	—	—
1775NR JJ Rare	—	—	—	—	—	—
1776NR JJ Rare	—	—	—	—	—	—
1777NR JJ Rare	—	—	—	—	—	—
1781NR JJ Rare	—	—	—	—	—	—
1784NR JJ Rare	—	—	—	—	—	—

KM# 45.2 1/2 REAL

1.6917 g., 0.9030 Silver 0.0491 oz. ASW **Ruler:** Charles III **Obv:** Bust right **Rev:** Arms between pillars

Date	Mintage	VG	F	VF	XF	Unc
1774P JS	—	100	175	300	600	—

KM# 57 1/2 REAL

1.6917 g., 0.8960 Silver 0.0487 oz. ASW **Ruler:** Charles IV **Obv:** Bust right **Obv. Legend:** CAROLUS • IIII • DEI • GRATIA • **Rev:** Crowned arms between pillars

Date	Mintage	VG	F	VF	XF	Unc
1792NR JJ	—	125	250	400	600	—
1793NR JJ	—	125	250	400	600	—
1794NR JJ	—	125	250	400	600	—
1795NR JJ Rare	—	—	—	—	—	—

COLOMBIA

Date	Mintage	VG	F	VF	XF	Unc
1796NR JJ	—	125	250	400	600	—
1799NR JJ	—	125	250	400	600	—

Date	Mintage	VG	F	VF	XF	Unc
1798/7NR JJ	—	250	350	450	—	—
1798NR JJ	—	300	400	800	—	—

KM# 34 REAL
3.3834 g., 0.9170 Silver 0.0997 oz. ASW **Ruler:** Charles III **Obv:** Crowned arms **Obv. Legend:** CRS • III • D • G • HISP • ETIND • R • **Rev:** Pillars and worlds, mint mark and date **Rev. Legend:** VTRA QUE VNUM

Date	Mintage	VG	VF	XF	Unc
1760NR JV Rare	—	—	—	—	—

KM# 46.1 REAL
3.3834 g., 0.9030 Silver 0.0982 oz. ASW **Ruler:** Charles III **Obv:** Bust right **Rev:** Crowned arms between pillars

Date	Mintage	VG	F	VF	XF	Unc
1772NR VJ	—	100	150	350	500	—
1773NR VJ	—	40.00	75.00	150	300	—
1775NR JJ	—	60.00	100	250	450	—
1776NR JJ	—	60.00	100	250	450	—
1777NR JJ	—	60.00	100	250	450	—
1781NR JJ	—	90.00	150	400	650	—
1784NR JJ	—	60.00	100	250	450	—

KM# 46.2 REAL
3.3834 g., 0.9030 Silver 0.0982 oz. ASW **Ruler:** Charles III **Obv:** Bust right **Obv. Legend:** CAROLUS • III • DEI • GRATIA • **Rev:** Crowned arms between pillars

Date	Mintage	VG	F	VF	XF	Unc
1772P JS	—	200	350	700	1,000	—

KM# 58 REAL
3.3834 g., 0.8960 Silver 0.0975 oz. ASW **Ruler:** Charles IV **Obv:** Bust right **Obv. Legend:** CAROLUS • IIII • DEI • GRATIA • Rev: Crowned arms between pillars **Rev. Legend:** HISPAN • ET • IND • REX • ...

Date	Mintage	VG	F	VF	XF	Unc
1792NR JJ	—	50.00	100	150	300	—
1793NR JJ	—	50.00	100	150	350	—
1794/3NR JJ Rare	—	—	—	—	—	—
1795NR JJ	—	50.00	100	150	350	—
1796NR JJ	—	100	200	400	800	—
1797NR JJ	—	75.00	125	200	400	—
1798NR JJ	—	50.00	100	150	350	—
1799NR JJ	—	50.00	100	150	300	—

KM# 47 2 REALES
6.7668 g., 0.9030 Silver 0.1964 oz. ASW **Ruler:** Charles III **Obv:** Bust right **Obv. Legend:** CAROLUS • III • DEI • GRATIA • **Rev:** Crowned arms between pillars **Rev. Legend:** ...HISPAN • ET IND • REX •

Date	Mintage	VG	F	VF	XF	Unc
1772NR VJ	—	400	600	800	—	—
1773NR VJ Rare	—	—	—	—	—	—
1777NR JJ	—	200	300	400	—	—
1780 Rare	—	—	—	—	—	—
1784NR JJ	—	400	600	800	—	—

KM# 59 2 REALES
6.7668 g., 0.8960 Silver 0.1949 oz. ASW **Ruler:** Charles IV **Obv:** Bust right

Date	Mintage	VG	F	VF	XF	Unc
1792NR JJ Rare	—	—	—	285	—	—
1793NR JJ	—	200	300	400	—	—
1794/3NR JJ	—	200	300	400	—	—
1796NR JJ	—	300	400	500	—	—

KM# 33 8 REALES
27.0674 g., 0.9170 Silver 0.7980 oz. ASW **Ruler:** Ferdinand VI **Obv:** Crowned arms **Obv. Legend:** FERDIND • VI • D • G • HISPAN • ET IND • REX **Rev:** Crowned globes between crowned pillars **Rev. Legend:** VTRA QUE VNUM

Date	Mintage	VG	F	VF	XF	Unc
1759NR JV Rare	—	—	—	—	—	—

KM# 39 8 REALES
27.0674 g., 0.9170 Silver 0.7980 oz. ASW **Ruler:** Charles III **Obv:** Crowned arms **Obv. Legend:** CAROLUS III.. **Rev:** 2 Crowned hemispheres between pillars

Date	Mintage	VG	F	VF	XF	Unc
1762NR JV Rare	—	—	—	—	—	—
1770NR VJ Rare	—	—	—	—	—	—

KM# 29.1 ESCUDO
3.3834 g., 0.9170 Gold 0.0997 oz. AGW **Ruler:** Ferdinand VI **Obv:** Bust right **Rev:** Crowned arms

Date	Mintage	VG	F	VF	XF	Unc
1756NR S	—	450	600	1,000	1,500	—
1757NR J	—	450	550	700	1,000	—
1758NR J	—	400	500	650	850	—
1759NR JV	—	300	450	600	700	—

KM# 29.2 ESCUDO
3.3834 g., 0.9170 Gold 0.0997 oz. AGW **Ruler:** Ferdinand VI **Obv:** Bust right **Rev:** Crowned arms **Note:** Mint mark: PN

Date	Mintage	VG	F	VF	XF	Unc
1758 J	—	350	450	600	800	—
1759 J	—	250	350	450	600	—

KM# 35 ESCUDO
3.3834 g., 0.9170 Gold 0.0997 oz. AGW **Ruler:** Charles III **Obv:** Bust right **Obv. Legend:** CAROLS • III • D • G • HISP • E I IND • REX • **Rev:** Crowned arms **Rev. Legend:** NOMINA MAGNA SEQUOR

Date	Mintage	VG	F	VF	XF	Unc
1760PN J	—	160	265	500	800	—
1762P J	—	160	265	500	800	—
1767PN J	—	160	265	500	800	—
1769/7PN J	—	160	265	500	800	—

KM# 42 ESCUDO
3.3834 g., 0.9170 Gold 0.0997 oz. AGW **Ruler:** Charles III **Obv:** Young bust

Date	Mintage	VG	F	VF	XF	Unc
1763NR JV	—	200	350	700	1,200	—
1767NR JV	—	200	350	700	1,200	—
1771NR VJ	—	200	300	700	1,200	—

KM# 48.1 ESCUDO
3.3834 g., 0.9170 Gold 0.0997 oz. AGW **Ruler:** Charles III **Obv:** Bust right **Obv. Legend:** CAROL • III • D • G • HISP • ET IND • R • **Rev:** Arms within Order chain **Rev. Legend:** IN • UTROQ • FELIX • ...

Date	Mintage	VG	F	VF	XF	Unc
1772NR VJ	—	120	160	225	350	—
1773NR VJ	—	120	160	225	350	—
1774NR VJ	—	120	160	225	350	—
1774NR JJ	—	120	160	225	350	—
1775NR JJ	—	120	160	225	350	—
1776NR JJ	—	120	160	225	350	—
1776/5NR JJ	—	120	160	225	350	—
1777NR JJ	—	120	160	225	350	—
1777/6NR JJ	—	120	160	225	350	—
1778/7NR JJ	—	120	160	225	350	—
1779NR JJ	—	120	160	225	350	—
1780NR JJ	—	120	160	225	350	—
1781NR JJ	—	120	160	225	350	—
1782NR JJ	—	120	160	225	350	—
1783NR JJ	—	120	160	225	350	—
1784/3NR JJ	—	120	160	225	350	—
1784NR JJ	—	120	160	225	350	—

KM# 48.2 ESCUDO
3.3834 g., 0.9010 Gold 0.0980 oz. AGW **Ruler:** Charles III **Obv:** Bust right **Obv. Legend:** CAROL • III • D • G • HISP • ET IND • R • **Rev:** Arms within Order chain **Rev. Legend:** IN • UTROQ • FELIX • A • D •

Date	Mintage	VG	F	VF	XF	Unc
1772P JS	—	120	160	225	350	—
1774P JS	—	120	160	225	350	—
1776P SF	—	120	160	225	350	—
1777P SF	—	120	160	225	350	—
1778P SF	—	120	160	225	350	—
1779P SF	—	120	160	225	350	—
1780P SF	—	120	160	225	350	—
1781P SF	—	120	160	225	350	—
1782P SF	—	120	160	225	350	—
1783P SF	—	120	160	225	350	—
1784P SF	—	120	160	225	350	—

KM# 48.2a ESCUDO
3.3834 g., 0.8750 Gold 0.0952 oz. AGW **Ruler:** Charles III **Obv:** Bust right **Rev:** Arms within Order chain

Date	Mintage	VG	F	VF	XF	Unc
1785P SF	—	120	160	225	375	—
1786P SF	—	120	160	225	375	—
1787P SF	—	120	160	225	375	—
1788P SF	—	120	160	225	375	—
1789/8P SF	—	120	160	225	375	—

KM# 48.1a ESCUDO
3.3834 g., 0.8750 Gold 0.0952 oz. AGW **Ruler:** Charles III **Obv:** Bust right **Rev:** Arms within Order chain

Date	Mintage	VG	F	VF	XF	Unc
1785NR JJ	—	120	160	225	375	—
1786NR JJ	—	120	160	225	375	—
1787NR JJ	—	120	160	225	375	—
1788NR JJ	—	120	160	225	375	—

KM# 54.1 ESCUDO
3.3834 g., 0.8750 Gold 0.0952 oz. AGW **Ruler:** Charles IV **Obv:** Bust of Charles III right **Obv. Legend:** CAROL IV.. **Rev:** Arms within Order chain

Date	Mintage	VG	F	VF	XF	Unc
1789NR JJ	—	130	220	350	525	—
1790NR JJ	—	130	220	350	525	—
1791NR JJ	—	130	220	350	525	—

KM# 54.2 ESCUDO
3.3834 g., 0.8750 Gold 0.0952 oz. AGW **Ruler:** Charles IV **Obv:** Bust of Charles III right **Obv. Legend:** CAROLS • III • D • G • HISP • E I IND **Rev. Legend:** CAROL IV.. **Rev:** Arms within Order chain

Date	Mintage	VG	F	VF	XF	Unc
1789/8P SF	—	120	175	350	525	—
1790P SF	—	120	175	350	525	—

KM# 56.1 ESCUDO
3.3834 g., 0.8750 Gold 0.0952 oz. AGW **Ruler:** Charles IV **Obv:** Uniformed bust right **Rev:** Crowned arms within Order chain

Date	Mintage	VG	F	VF	XF	Unc
1792NR JJ	—	120	160	225	375	—
1793NR JJ	—	120	160	225	375	—
1794/3NR JJ	—	120	160	225	375	—
1794NR JJ	—	120	160	225	375	—
1795NR JJ	—	120	160	225	375	—
1796NR JJ	—	120	160	225	375	—
1797/6NR JJ	—	120	160	225	375	—
1797NR JJ	—	120	160	225	375	—
1798NR JJ	—	120	160	225	375	—
1799/8/7NR JJ	—	120	160	225	375	—
1799/88NR JJ	—	120	160	225	375	—
1799NR JJ	—	120	160	225	375	—
1800NR JJ	—	120	160	225	375	—

KM# 56.2 ESCUDO
3.3834 g., 0.8750 Gold 0.0952 oz. AGW **Ruler:** Charles IV **Obv:** Uniformed bust right **Obv. Legend:** CAROL • IIII • D • G • HISP • ... **Rev:** Crowned arms within Order chain **Rev. Legend:** IN • UTROQ • FELIX • A • D •

Date	Mintage	VG	F	VF	XF	Unc
1792P JF	—	120	160	225	375	—
1793P JF	—	120	160	225	375	—
1794/3P JF	—	120	160	225	375	—
1794P JF	—	120	160	225	375	—
1795/4P JF	—	120	160	225	375	—
1795P JF	—	120	160	225	375	—
1796P JF	—	120	160	225	375	—
1797P JF	—	120	160	225	375	—
1798P JF	—	120	160	225	375	—
1799P JF	—	120	160	225	375	—
1800P JF	—	120	160	225	375	—

Date	Mintage	VG	F	VF	XF	Unc
1760NR J	—	300	400	600	900	—
1760NR JV	—	300	400	600	900	—
1761NR JV	—	300	400	600	900	—
1762NR JV	—	400	600	900	1,500	—

KM# 36.2 2 ESCUDOS
6.7668 g., 0.9170 Gold 0.1995 oz. AGW **Ruler:** Charles III **Obv:** Bust of Ferdinand VI right **Obv. Legend:** CAROLS • III • D • G • HISP • ET IND • REX • **Rev:** Crowned arms **Rev. Legend:** NOMINA MAGNA SEQUOR

Date	Mintage	VG	F	VF	XF	Unc
1760PN J	—	250	350	550	800	—
1761PN J	—	250	350	550	800	—
1762PN J	—	250	350	550	800	—
1763PN J	—	250	350	600	1,000	—
1767N J	—	250	350	600	1,000	—
1768/7PN J	—	250	350	700	1,000	—
1768PN J	—	300	400	600	1,000	—
1769/7PN J	—	250	350	550	800	—
1769PN J	—	250	350	550	800	—
1770PN J	—	250	350	550	800	—
1771/0PN J	—	300	400	700	1,000	—
1771PN J	—	300	400	700	1,000	—

KM# 40 2 ESCUDOS
6.7668 g., 0.9170 Gold 0.1995 oz. AGW **Ruler:** Charles III **Obv:** Young bust right **Obv. Legend:** CAROLUS • III • D • G • HISP • ET IND • REX • **Rev:** Crowned arms **Rev. Legend:** IN • UTROQ • FELIX • AUSPICE • DEO •

Date	Mintage	VG	F	VF	XF	Unc
1762NR JV	—	325	625	1,000	1,500	—
1763NR JV	—	325	625	1,000	1,500	—
1764/3NR JV	—	325	625	1,000	1,400	—
1764NR JV	—	325	625	1,000	1,400	—
1765NR JV	—	325	625	1,000	1,400	—
1766/5NR JV	—	325	625	1,000	1,400	—
1766NR JV	—	325	625	1,000	1,400	—
1767NR JV	—	325	625	1,000	1,400	—
1768NR JV	—	325	625	1,000	1,400	—
1769NR V	—	475	925	1,500	2,000	—
1770NR VJ	—	300	450	600	800	—
1771NR VJ	—	325	625	1,000	1,400	—

KM# 30.1 2 ESCUDOS
6.7668 g., 0.9170 Gold 0.1995 oz. AGW **Ruler:** Ferdinand VI **Obv:** Bust right, date below **Obv. Legend:** FERDND • VI • D • G • HISPAN • ET IND • R • **Rev:** Crowned arms **Rev. Legend:** NOMINA MAGNA SEQUOR

Date	Mintage	VG	F	VF	XF	Unc
1756NR S	—	400	500	800	1,200	—
1757NR S	—	400	500	650	850	—
1757NR SJ	—	400	500	650	850	—
1757NR J	—	400	500	650	850	—
1758NR J	—	300	400	500	700	—
1759/8NR J	—	300	400	500	700	—
1759NR J	—	300	400	500	700	—
1760NR JV	—	400	500	700	900	—

KM# 30.2 2 ESCUDOS
6.7668 g., 0.9170 Gold 0.1995 oz. AGW **Ruler:** Ferdinand VI **Obv:** Bust right, date below **Obv. Legend:** FERDND • VI • D • G • HISPAN • ET IND • REX • **Rev:** Crowned arms **Rev. Legend:** NOMINA MAGNA SEQUOR **Note:** Mint mark: P, PN.

Date	Mintage	VG	F	VF	XF	Unc
1758 J	—	280	350	500	750	—
1759 J	—	280	350	500	750	—
1760 J	—	600	800	1,200	1,500	—

KM# 36.1 2 ESCUDOS
6.7668 g., 0.9170 Gold 0.1995 oz. AGW **Ruler:** Charles III **Obv:** Bust of Ferdinand VI right **Obv. Legend:** CAROLS • III • D • G • HISPAN • ET IND • REX • **Rev:** Crowned arms **Rev. Legend:** NOMINA MAGNA SEQUOR

KM# 49.2 2 ESCUDOS
6.7668 g., 0.9010 Gold 0.1960 oz. AGW **Ruler:** Charles III **Obv:** Normal bust right **Obv. Legend:** CAROL • III • D • G • HISP • ET IND • R • **Rev:** Arms, Order chain **Rev. Legend:** IN • UTROQ • FELIX • AUSPICE • DEO •

Date	Mintage	VG	F	VF	XF	Unc
1772P JS	—	200	300	450	600	—
1773/2P JS	—	200	300	450	600	—
1773P JS	—	200	300	450	600	—
1774P JS	—	200	300	450	600	—
1775/4P JS	—	200	300	450	600	—
1775P JS	—	200	300	450	600	—
1776P SF	—	200	300	450	600	—
1777P SF	—	200	300	450	600	—
1779P SF	—	200	300	450	600	—
1780/79P SF	—	200	300	450	600	—
1780P SF	—	200	300	450	600	—
1781/0P SF	—	200	300	450	600	—
1781P SF	—	200	300	450	600	—
1782/1P SF	—	200	300	450	600	—
1782P SF	—	200	300	450	600	—
1783/0P SF	—	200	300	450	600	—
1783P SF	—	200	300	450	600	—
1784P SF	—	200	300	450	600	—

KM# 49.2a 2 ESCUDOS
6.7668 g., 0.8750 Gold 0.1904 oz. AGW **Ruler:** Charles III **Obv:** Normal bust right **Obv. Legend:** CAROL.III.. **Rev:** Arms, IN UTROQ...AD, Order chain

Date	Mintage	VG	F	VF	XF	Unc
1785P SF	—	200	300	450	600	—
1785/4P SF	—	200	300	450	600	—
1786/5P SF	—	200	300	450	600	—
1786P SF	—	200	300	500	700	—
1787P SF	—	200	300	450	600	—
1788P SF	—	200	300	450	600	—

KM# 49.1a 2 ESCUDOS
6.7668 g., 0.8750 Gold 0.1904 oz. AGW **Ruler:** Charles III **Obv:** Normal bust right **Obv. Legend:** CAROL.III.. **Rev:** Arms, IN UTROQ...AD, Order chain

Date	Mintage	VG	F	VF	XF	Unc
1785/4NR JJ	—	200	300	450	600	—
1785NR JJ	—	200	300	450	600	1,200
1786NR JJ	—	200	300	500	700	1,350
1787NR JJ	—	200	300	450	600	1,200
1788NR JJ	—	200	300	450	600	1,200
1789NR JJ	—	200	300	500	700	1,350

KM# 49.1 2 ESCUDOS
6.7668 g., 0.9010 Gold 0.1960 oz. AGW **Ruler:** Charles III **Obv:** Normal bust right **Obv. Legend:** CAROL • III • D • G • HISP • ET IND • R • **Rev:** Arms, Order chain **Rev. Legend:** IN • UTROQ • FELIX • AUSPICE • DEO •

Date	Mintage	VG	F	VF	XF	Unc
1772NR VJ	—	200	300	450	600	—
1773/2NR VJ	—	200	265	450	600	—
1773NR VJ	—	200	265	450	600	—
1774NR VJ	—	200	350	600	800	—
1774NR JJ	—	200	265	450	600	—
1775/4NR JJ	—	200	265	450	600	—
1775NR JJ	—	200	265	450	600	—
1776NR JJ	—	200	265	450	600	—
1777/6NR JJ	—	200	265	450	600	—
1777NR JJ	—	200	265	450	600	—
1778/7NR JJ	—	200	265	450	600	—
1778NR JJ	—	200	265	450	600	—
1779NR JJ	—	200	265	450	600	—
1780NR JJ	—	200	265	450	600	—
1780/79NR JJ	—	200	350	600	800	—
1781NR JJ	—	200	265	450	600	—
1781/1NR JJ	—	200	265	450	600	—
1782NR JJ	—	200	265	450	600	—
1783/2NR JJ	—	200	265	450	600	—
1783NR JJ	—	200	265	450	600	—
1784NR JJ	—	200	265	450	600	—

KM# 51.1 2 ESCUDOS
6.7668 g., 0.8750 Gold 0.1904 oz. AGW **Ruler:** Charles IV **Obv:** Bust of Charles III right **Obv. Legend:** CAROL IV.. **Rev:** Arms, IN UTROQ...AD, Order chain

Date	Mintage	VG	F	VF	XF	Unc
1789/7NR JJ	—	225	350	500	750	—
1789NR JJ	—	225	350	500	750	—
1790/89NR JJ	—	225	350	500	750	—
1790NR JJ	—	225	350	500	750	—
1791NR JJ	—	225	350	500	750	—

KM# 51.2 2 ESCUDOS
6.7668 g., 0.8750 Gold 0.1904 oz. AGW **Ruler:** Charles IV **Obv:** Bust right **Obv. Legend:** CAROL • IV • D • G • HISP • ET IND • R • **Rev:** Arms, Order chain **Rev. Legend:** IN • UTROQ • FELIX • AUSPICE • DEO •

Date	Mintage	VG	F	VF	XF	Unc
1789/8NR SF	—	225	350	500	750	—
1789P SF	—	225	350	500	750	—
1790/89P SF	—	225	350	500	750	—
1790P SF	—	225	350	500	750	—
1791P SF	—	225	350	500	750	—

COLOMBIA

Obv: Bust of Ferdinand VI **Obv. Legend:** CAROLS • III • D • G • HISP • ET IND • REX **Rev:** Crowned arms **Rev. Legend:** NOMINA MAGNA SEQUOR

Date	Mintage	VG	F	VF	XF	Unc
1760PN J	—	500	750	1,500	2,500	—
1761PN J	—	800	1,250	2,000	3,000	—
1762PN J	—	500	750	1,500	2,500	—
1769PN J	—	500	750	1,250	2,000	—

KM# 60.1 2 ESCUDOS
6.7668 g., 0.8750 Gold 0.1904 oz. AGW **Ruler:** Charles IV **Obv:** Uniformed bust right **Rev:** Crowned arms within Order chain

Date	Mintage	VG	F	VF	XF	Unc
1791NR JJ	—	225	350	550	750	—
1792NR JJ	—	225	350	500	750	—
1793/2NR JJ	—	225	350	500	750	—
1793NR JJ	—	225	350	500	750	—
1794NR JJ	—	225	350	500	50.00	—
1795NR JJ	—	225	350	500	750	—
1796NR JJ	—	225	350	500	750	—
1797/6NR JJ	—	225	350	500	750	—
1797NR JJ	—	225	350	500	750	—
1798NR JJ	—	225	350	500	750	—
1799NR JJ	—	225	350	500	750	—
1800/7NR JJ	—	225	350	500	750	—
1800NR JJ	—	325	475	750	1,000	—

KM# 60.2 2 ESCUDOS
6.7668 g., 0.8750 Gold 0.1904 oz. AGW **Ruler:** Charles IV **Obv:** Uniformed bust right **Obv. Legend:** CAROL • IIII • D • G • HISP • ET IND • R • **Rev:** Crowned arms within Order chain **Rev. Legend:** IN • UTROQ • FELIX • AUSPICE • DEO •

Date	Mintage	VG	F	VF	XF	Unc
1791P SF	—	200	300	450	700	—
1793P JF/SF	—	200	300	450	700	—
1795P JF	—	200	300	450	700	—
1796P JF	—	200	300	450	700	—
1797P SF	—	200	300	450	700	—
1798P JF	—	200	300	450	700	—
1799P JF	—	200	300	450	700	—

KM# 31.1 4 ESCUDOS
13.5337 g., 0.9710 Gold 0.4225 oz. AGW **Ruler:** Ferdinand VI **Obv:** Uniformed bust right **Obv. Legend:** FERDND VI D.G. HISPAN ET IND REX **Rev:** Crowned arms

Date	Mintage	VG	F	VF	XF	Unc
1755 S Unique (Eliasberg)						
1756 S	—	2,000	3,000	4,000	5,750	—
1757 S	—	1,500	2,000	2,500	3,500	—
1757 SJ	—	1,500	2,000	2,500	3,500	—
1757 JS	—	2,500	3,000	3,500	4,750	—
1758 J	—	1,500	2,000	3,500	5,250	—
1759 J	—	2,500	3,000	3,500	4,750	—

KM# 31.2 4 ESCUDOS
13.5337 g., 0.9710 Gold 0.4225 oz. AGW **Ruler:** Ferdinand VI **Obv:** Uniformed bust right **Obv. Legend:** FERDND • VI • D • G • HISPAN • ET IND • REX **Rev:** Crowned arms **Rev. Legend:** NOMINA MAGNA SEQUOR

Date	Mintage	VG	F	VF	XF	Unc
1758PN J	—	600	1,000	2,000	3,000	—
1759PN J	—	600	1,000	2,000	3,000	—
1760PN J	—	600	1,000	2,000	3,000	—

KM# 37 4 ESCUDOS
13.5337 g., 0.9710 Gold 0.4225 oz. AGW **Ruler:** Charles III

KM# 43.1 4 ESCUDOS
13.5337 g., 0.9710 Gold 0.4225 oz. AGW **Ruler:** Charles III **Obv:** Young bust right **Obv. Legend:** CAROLUS • III • D • G • HISP • ET IND • REX **Rev:** Crowned arms within Order chain **Rev. Legend:** IN • UTROQ • FELIX • AUSPICE • DEO •

Date	Mintage	VG	F	VF	XF	Unc
1769NR VJ	—	600	1,000	2,000	3,500	—
1770/6NR VJ	—	600	1,000	2,000	3,500	—
1771,0NR VJ	—	600	1,000	2,000	3,500	—
1771NR VJ	—	600	1,000	2,000	3,500	—

KM# 44 4 ESCUDOS
13.5337 g., 0.9010 Gold 0.3920 oz. AGW **Ruler:** Charles III **Rev. Legend:** IN UTROQ...A.D

Date	Mintage	VG	F	VF	XF	Unc
1773P JS	—	500	750	1,000	1,500	—
1776P SF	—	750	1,000	1,250	2,000	—
1777P SF Rare	—	—	—	—	—	—
1778P SF	—	500	750	1,000	1,500	—
1779P SF	—	500	750	1,000	1,500	—
1780P SF	—	500	750	1,000	1,500	—
1782/1P SF	—	500	750	1,000	1,500	—
1782P SF	—	500	750	1,000	1,500	—
1783P SF	—	500	750	1,000	1,500	—

KM# 43.2 4 ESCUDOS
13.5337 g., 0.9010 Gold 0.3920 oz. AGW **Ruler:** Charles III **Obv:** Normal bust right **Obv. Legend:** CAROL • III • D • G • HISP • ET IND • R • **Rev:** Crowned arms within Order chain **Rev. Legend:** IN • UTROQ • FELIX • AUSPICE • DEO •

Date	Mintage	VG	F	VF	XF	Unc
1775NR JJ	—	500	750	1,000	1,500	—
1776NR VJ	—	750	1,000	1,250	2,000	—
1777NR JJ	—	500	750	1,000	1,500	—
1779NR JJ	—	500	750	1,000	1,500	—

KM# 44a 4 ESCUDOS
13.5337 g., 0.8750 Gold 0.3807 oz. AGW **Ruler:** Charles III **Rev. Legend:** IN UTROQ...A.D

Date	Mintage	VG	F	VF	XF	Unc
1786P SF	—	600	800	1,100	1,750	—

KM# 43.2a 4 ESCUDOS
13.5337 g., 0.8750 Gold 0.3807 oz. AGW **Ruler:** Charles III **Obv:** Normal bust right **Obv. Legend:** CAROL III.. **Rev:** Crowned arms within Order chain **Rev. Legend:** IN UTROQ...DEO

Date	Mintage	VG	F	VF	XF	Unc
1787NR JJ	—	600	900	1,300	2,500	—

KM# 52.1 4 ESCUDOS
13.5337 g., 0.8750 Gold 0.3807 oz. AGW **Ruler:** Charles IV **Obv:** Bust of Charles III **Obv. Legend:** CAROL IV.. **Rev:** Crowned arms within Order chain

Date	Mintage	VG	F	VF	XF	Unc
1789NR JJ	—	750	900	1,200	1,800	—
1789NR JJ/VJ	—	750	900	1,200	1,800	—

Note: Obverse legend with IV/III

| 1790NR JJ | — | 750 | 900 | 1,200 | 1,800 | — |

KM# 52.2 4 ESCUDOS
13.5337 g., 0.8750 Gold 0.3807 oz. AGW **Ruler:** Charles IV **Obv:** Bust of Charles III **Obv. Legend:** CAROL • IV • D • G • HISP • ET IND • R • **Rev:** Crowned arms within Order chain **Rev. Legend:** IN • UTROQ • FELIX • AUSPICE • DEO •

Date	Mintage	VG	F	VF	XF	Unc
1790P SF	—	550	750	1,000	1,500	—

KM# 61.1 4 ESCUDOS
13.5337 g., 0.8750 Gold 0.3807 oz. AGW **Ruler:** Charles IV **Obv:** Uniformed bust right **Obv. Legend:** CAROL • IIII • D • G • HISP • ET IND • R • **Rev:** Crowned arms within Order chain **Rev. Legend:** IN • UTROQ • FELIX • AUSPICE • DEO •

Date	Mintage	VG	F	VF	XF	Unc
1792NR JJ	—	500	800	1,100	1,600	—
1793NR JJ	—	500	800	1,100	1,600	—
1794NR JJ	—	500	800	1,100	1,600	—
1795NR JJ	—	500	800	1,100	1,600	—
1796NR JJ	—	500	800	1,100	1,600	—
1798NR JJ	—	750	900	1,200	1,800	—

KM# 61.2 4 ESCUDOS
13.5337 g., 0.8750 Gold 0.3807 oz. AGW **Ruler:** Charles IV **Obv:** Uniformed bust right **Obv. Legend:** CAROL • IIII • D • G • HISP • ET IND • R • **Rev:** Crowned arms within Order chain **Rev. Legend:** IN • UTROQ • FELIX • AUSPICE • DEO •

Date	Mintage	VG	F	VF	XF	Unc
1792P JF	—	500	700	950	1,500	—
1793P JF	—	500	700	950	1,500	—
1796/3P JF	—	800	700	950	1,500	—
1797P JF	—	500	700	950	1,500	—
1798/7P JF	—	500	700	950	1,500	—
1798P JF	—	500	700	950	1,500	—

KM# 32.1 8 ESCUDOS
27.0674 g., 0.9170 Gold 0.7980 oz. AGW **Ruler:** Ferdinand VI **Obv:** Bust right **Obv. Legend:** FERDND • VI • D • G • HISPAN • ET IND • REX **Rev:** Crowned arms, legend around **Rev. Legend:** NOMINA MAGNA SEQUOR

Date	Mintage	VG	F	VF	XF	Unc
1756NR S	—	2,500	3,000	4,750	7,000	—
1757NR S	—	2,500	3,000	4,500	6,500	—
1757NR SJ	—	2,000	2,500	3,250	4,000	—
1757NR J	—	2,000	2,500	3,500	4,250	—
1758NR J	—	2,000	2,500	3,000	3,750	—
1759NR J	—	3,000	3,500	4,000	6,000	—
1759NR JV	—	2,000	2,500	3,000	3,750	—
1760NR JV	—	1,500	2,000	2,500	3,000	—

KM# 32.2 8 ESCUDOS
27.0674 g., 0.9170 Gold 0.7980 oz. AGW **Ruler:** Ferdinand VI
Obv: Bust right **Obv. Legend:** FERDND VI D.G. HISPAN ET. IND REX **Rev:** Crowned arms, legend around

Date	Mintage	VG	F	VF	XF	Unc
1758PN J	—	1,500	2,000	2,500	3,500	—
1759PN J	—	1,500	2,000	2,500	3,500	—
1760PN J	—	1,500	2,000	2,500	3,500	—

KM# 38.1 8 ESCUDOS
27.0674 g., 0.9170 Gold 0.7980 oz. AGW **Ruler:** Charles III
Obv: Bust of Ferdinand VI **Obv. Legend:** CAROLS III.. **Rev:** Arms within Order chain

Date	Mintage	VG	F	VF	XF	Unc
1760NR JV	—	1,500	2,000	2,500	3,000	—
1761NR JV	—	1,500	2,000	2,500	3,000	—
1762NR JV	—	1,500	2,000	2,500	3,000	—

KM# 38.2 8 ESCUDOS
27.0674 g., 0.9170 Gold 0.7980 oz. AGW **Ruler:** Charles III
Obv: Bust of Ferdinand VI **Obv. Legend:** CAROLS • III • D • G • HISPAN • ET IND • REX **Rev:** Arms within Order chain **Rev. Legend:** NOMINA MAGNA SEQUOR

Date	Mintage	VG	F	VF	XF	Unc
1760PN J	—	1,350	1,600	2,000	2,500	—
1761/0PN J	—	1,350	1,600	2,000	2,500	—
1761PN J	—	1,350	1,600	2,000	2,500	—
1762PN J	—	1,350	1,600	2,000	2,500	—
1763/2PN J	—	1,350	1,600	2,000	2,500	—
1767PN J	—	1,350	1,600	2,000	2,500	—
1768/7PN J	—	1,350	1,600	2,000	2,500	—
1769/7PN J	—	1,350	1,600	2,000	2,500	—
1769PN J	—	1,350	1,600	2,000	2,500	—
1770PN J	—	1,350	1,600	2,000	2,500	—
1771PN J	—	1,350	1,600	2,000	2,500	—

KM# 50.1 8 ESCUDOS
27.0674 g., 0.9010 Gold 0.7841 oz. AGW **Ruler:** Charles III
Obv: Normal bust right **Obv. Legend:** CAROL • III • D • G • HISP • ET IND • R • **Rev:** Crowned arms within Order chain **Rev. Legend:** IN • ITROQ • FELIX • AUSPICE • DEO •

Date	Mintage	VG	F	VF	XF	Unc
1772NR VJ	—	1,000	1,250	1,500	2,000	—
1773NR VJ	—	1,000	1,250	1,500	2,000	—
1774NR JJ/VJ	—	1,000	1,250	1,500	2,000	—
1774NR VJ	—	1,000	1,250	1,500	2,000	—
1774NR JJ	—	1,000	1,250	1,500	2,000	—
NR VJ	—	1,000	1,250	1,500	2,000	—
1775NR JJ	—	1,000	1,250	1,500	2,000	—
1776NR JJ	—	1,250	1,500	2,000	3,000	—
1777/6NR JJ	—	1,000	1,250	1,500	2,000	—
1777NR JJ	—	1,000	1,250	1,500	2,000	—
1778/7NR JJ	—	1,000	1,250	1,500	2,000	—
1778NR JJ	—	1,000	1,250	1,500	2,000	—
1779NR JJ	—	1,000	1,250	1,500	2,000	—
1780/79NR JJ	—	1,000	1,250	1,500	2,000	—
1780NR JJ	—	1,000	1,250	1,500	2,000	—
1781/0NR JJ	—	1,000	1,250	1,500	1,900	—
1781/79NR JJ	—	1,000	1,250	1,500	2,000	—
1781NR JJ	—	1,000	1,250	1,500	1,900	—
1782NR JJ	—	1,000	1,250	1,500	1,900	—
1783/2NR JJ	—	1,000	1,250	1,500	1,900	—
1783NR JJ	—	1,000	1,250	1,500	1,900	—
1784NR JJ	—	1,000	1,250	1,500	1,900	—

Date	Mintage	VG	F	VF	XF	Unc
1785P SF	—	1,000	1,250	1,500	2,000	—
1786P SF	—	1,000	1,250	1,500	2,000	—
1787P SF	—	1,000	1,250	1,500	2,000	—
1788/7P SF	—	1,000	1,250	1,500	2,000	—
1788P SF	—	1,000	1,250	1,500	2,000	—
1789P SF	—	1,000	1,250	1,750	2,250	—
1789/8P SF	—	1,000	1,250	1,750	2,250	—

KM# 50.1a 8 ESCUDOS
27.0674 g., 0.8750 Gold 0.7614 oz. AGW **Ruler:** Charles IV
Obv: Normal bust of Charles III **Obv. Legend:** CAROL III..

Date	Mintage	VG	F	VF	XF	Unc
1785/4NR JJ	—	1,000	1,250	1,500	2,000	—
1785NR JJ	—	1,000	1,250	1,500	2,000	—
1786NR JJ	—	1,000	1,250	1,500	2,000	—
1787/6NR JJ	—	1,000	1,250	1,500	2,000	—
1787NR JJ	—	1,000	1,250	1,500	2,000	—
1788/7NR JJ	—	1,000	1,250	1,500	2,000	—
1788NR JJ	—	1,000	1,250	1,500	2,000	—
1789NR JJ	—	1,000	1,250	1,500	2,000	—

KM# 41 8 ESCUDOS
27.0674 g., 0.9170 Gold 0.7980 oz. AGW **Ruler:** Charles III
Obv: Uniformed bust right **Obv. Legend:** CAROLUS • III • D • G • HISP • ET IND • REX **Rev:** Arms within Order chain **Rev. Legend:** IN • UTROQ • FELIX • AUSPICE • DEO • **Note:** Many punctuation varieties exist within the assayer initials.

Date	Mintage	VG	F	VF	XF	Unc
1762NR JV	—	2,000	2,500	4,000	6,000	—
1763NR JV	—	1,500	2,000	3,000	4,500	—
1764NR JV	—	1,500	2,000	3,000	4,500	—
1765NR JV	—	1,500	2,000	3,000	4,500	—
1766/5NR JV	—	1,500	2,000	3,000	4,500	—
1766NR JV	—	1,500	2,000	3,000	4,500	—
1767NR JV	—	1,500	2,000	3,000	4,500	—
1768/7NR JV	—	1,500	2,000	3,000	4,500	—
1768NR JV	—	1,500	2,000	3,000	4,500	—
1769NR JV Rare	—	—	—	—	—	—
1769NR V	—	1,500	2,000	3,000	4,500	—
1770/69NR VJ	—	1,500	2,000	3,000	4,500	—
1770NR VJ	—	1,500	2,000	3,000	4,500	—
1771NR VJ Rare	—	—	—	—	—	—

KM# 50.2 8 ESCUDOS
27.0674 g., 0.9010 Gold 0.7841 oz. AGW **Ruler:** Charles III
Obv: Normal bust right **Obv. Legend:** CAROL • III • D • G • HISP • ET IND • R • **Rev:** Crowned arms within Order chain **Rev. Legend:** IN • ITROQ • FELIX • AUSPICE • DEO •

Date	Mintage	VG	F	VF	XF	Unc
1772P JS	—	1,000	1,250	1,500	2,000	—
1773P JS	—	1,000	1,250	1,500	2,000	—
1773/2P JS	—	1,000	1,250	1,500	2,000	—
1774P JS	—	1,000	1,250	1,500	2,000	—
1775/4P JS	—	1,000	1,250	1,500	2,000	—
1775P JS	—	1,000	1,250	1,500	2,000	—
1776P JS	—	1,250	1,500	2,000	3,500	—
1776P SF	—	1,250	1,500	2,000	3,500	—
1777P SF	—	1,000	1,250	1,500	2,000	—
1778P SF	—	1,000	1,250	1,500	2,000	—
1779P SF	—	1,000	1,250	1,500	2,000	—
1780P SF	—	1,000	1,250	1,500	2,000	—
1781P SF	—	1,000	1,250	1,500	2,000	—
1782P SF	—	1,000	1,250	1,500	2,000	—
1783P SF	—	1,000	1,250	1,500	2,000	—
1784P SF	—	1,000	1,250	1,500	2,000	—

KM# 50.2a 8 ESCUDOS
27.0674 g., 0.8750 Gold 0.7614 oz. AGW **Ruler:** Charles III
Obv: Normal bust right **Obv. Legend:** CAROL III.. **Rev:** Crowned arms within Order chain

KM# 53.1 8 ESCUDOS
27.0674 g., 0.8750 Gold 0.7614 oz. AGW **Ruler:** Charles IV
Obv: Bust right **Obv. Legend:** CAROL • IV • D • G • HISP • ET IND • R • **Rev:** Crowned arms within Order chain **Rev. Legend:** IN • ITROQ • FELIX • AUSPICE • DEO •

Date	Mintage	VG	F	VF	XF	Unc
1789NR JJ	—	1,000	1,250	1,750	2,250	—
1790NR JJ	—	1,000	1,250	1,750	2,250	—
1790/89NR JJ	—	1,000	1,250	1,750	2,250	—
1791NR JJ	—	1,000	1,250	1,750	2,250	—

KM# 53.2 8 ESCUDOS
27.0674 g., 0.8750 Gold 0.7614 oz. AGW **Ruler:** Charles IV
Obv: Bust of Charles III **Obv. Legend:** CAROL VI.. **Rev:** Crowned arms within Order chain

Date	Mintage	VG	F	VF	XF	Unc
1789P SF	—	1,000	1,250	1,750	2,250	—
1790P SF	—	1,000	1,250	1,750	2,250	—
1791P SF	—	1,000	1,250	1,750	2,250	—

COLOMBIA

KM# 62.1 8 ESCUDOS

27.0674 g., 0.8750 Gold 0.7614 oz. AGW **Ruler:** Charles IV
Obv: Uniformed bust right **Obv. Legend:** CAROL • IIII • D • G •
HISP • ET IND • R • **Rev:** Crowned arms within Order chain **Rev.
Legend:** IN • ITROQ • FELIX • AUSPICE • DEO •

Date	Mintage	VG	F	VF	XF	Unc
1791NR JJ	—	1,000	1,100	1,500	2,000	—
1792/1NR JJ	—	1,000	1,100	1,500	2,000	—
1792NR JJ	—	1,000	1,100	1,500	2,000	—
1793/2NR JJ	—	1,000	1,100	1,500	2,000	—
1793NR JJ	—	1,000	1,100	1,500	2,000	5,000
1793NR JJ ET ND	—	1,000	1,100	1,500	2,000	6,000
1794NR JJ	—	1,000	1,100	1,500	2,000	—
1795NR JJ	—	1,000	1,100	1,500	2,000	—
1796NR JJ	—	1,000	1,100	1,500	2,000	—
1796/5NR JJ	—	1,000	1,100	1,500	2,000	—
1797NR JJ	—	1,000	1,100	1,500	2,000	—
1798NR JJ	—	1,000	1,100	1,500	2,000	—
1799NR JJ	—	1,000	1,100	1,500	2,000	—
1800/0081NR JJ Rare	—	—	—	—	—	—
1800/799NR JJ	—	1,000	1,100	1,500	2,000	—
1800NR JJ	—	1,000	1,100	1,500	2,000	—

KM# 62.2 8 ESCUDOS

27.0674 g., 0.8750 Gold 0.7614 oz. AGW **Ruler:** Charles IV
Obv: Uniformed bust right **Obv. Legend:** CAROL • IIII • D • G •
HISP • ET ... **Rev:** Crowned arms within Order chain **Rev.
Legend:** IN • UTROQ • FELIX • AUSPICE • DEO •

Date	Mintage	VG	F	VF	XF	Unc
1791P SF	—	1,000	1,100	1,500	2,000	—
1792P JF	—	1,000	1,100	1,500	2,000	—
1792/1P SF	—	1,000	1,100	1,500	2,000	—
1793P JF	—	1,000	1,100	1,500	2,000	—
1794P JF	—	1,000	1,100	1,500	2,000	—
1795/4P JF	—	1,000	1,100	1,500	2,000	—
1795P JF	—	1,000	1,100	1,500	2,000	—
1796P JF	—	1,000	1,100	1,500	2,000	—
1797P JF	—	1,000	1,100	1,500	2,000	—
1798P JF	—	1,000	1,100	1,500	2,000	—
1799P JF	—	1,000	1,100	1,500	2,000	—
1800P JF	—	1,000	1,100	1,500	2,000	—

COURLAND

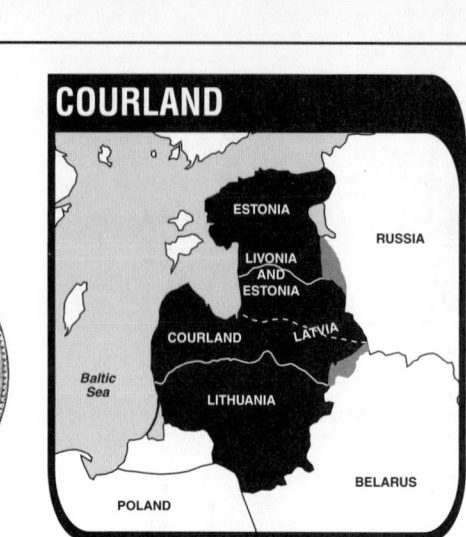

The people of Courland are of Aryan descent primarily from the German Order of Livonian Knights. They were nomadic tribesmen who settled along the Baltic prior to the 13th century. Ideally situated as a trade route and lacking a central government, they were conquered in 1561 by Poland and Sweden.

When the Livonian Order was dissolved in 1561 the then Master of the Order, Gotthard Kettler was made Duke of Courland. During the 17th century, Courland remained part of Poland, but went under Russia after Poland's division. When the Kettler line became extinct in 1737 Courland was awarded to Ernst Johann Biron, chief advisor and lover of Empress Anna of Russia. After her death he was exiled but returned in 1763. He abdicated in favor of his son Peter in 1769.

RULERS

Carl of Saxony, Poland, 1758-1763
Ernst Johann Biron, 1737-1740, 1762-1769
Peter Biron, 1769-1795

MINTMASTERS' INITIALS

Initials	Date	Name
ICS	1764-65	Justin Carl Schroder
IFS	1764-65	John Frederic Schmickert

DUCHY

STANDARD COINAGE

KM# 20 SOLIDUS

1.3000 g., Copper **Ruler:** Carl of Saxony, Poland **Obv:** Bust right
Obv. Legend: D • G • CAROL.... **Rev:** 2 crowned shields of arms

Date	Mintage	VG	F	VF	XF	Unc
1762	—	15.00	25.00	40.00	65.00	—

KM# 23 SOLIDUS

1.3000 g., Copper **Ruler:** Ernst Johann Biron **Subject:** Ernst Johann Biron **Obv:** Crowned "E J" monogram

Date	Mintage	VG	F	VF	XF	Unc
1763	—	10.00	15.00	25.00	40.00	—

KM# 28 SOLIDUS

1.3000 g., Copper **Ruler:** Ernst Johann Biron **Obv:** Bust right
Obv. Legend: D • G • ERNEST • IOH • DVX • **Rev:** Two crowned
shields of arms **Rev. Legend:** IN • LIV • CVRL • ...

Date	Mintage	VG	F	VF	XF	Unc
1764	—	15.00	25.00	40.00	65.00	—
1764 ICS	—	16.50	28.50	50.00	75.00	—
1764 IFS	—	15.00	25.00	40.00	65.00	—

KM# 21 GROSSUS (Grosz)

3.4000 g., Billon, 22 mm. **Ruler:** Carl of Saxony, Poland **Obv:** Bust right **Rev:** 2 crowned shields of arms

Date	Mintage	VG	F	VF	XF	Unc
1762	—	20.00	35.00	55.00	100	—
1763	—	20.00	35.00	55.00	100	—

KM# 24.1 GROSSUS (Grosz)

1.3000 g., Billon, 17 mm. **Ruler:** Ernst Johann Biron **Obv:** Crowned "E J" monogram **Rev:** Two crowned shields of arms
Rev. Legend: MON. ARGENT. DVC. CVRLAND

Date	Mintage	VG	F	VF	XF	Unc
1763	—	15.00	30.00	50.00	85.00	—
1763 ICS	—	15.00	30.00	50.00	85.00	—
1764 ICS	—	15.00	30.00	50.00	85.00	—

KM# 24.2 GROSSUS (Grosz)

1.3000 g., Billon **Ruler:** Ernst Johann Biron **Rev. Legend:** MON. ARGENTEA. DVC.CVRLAND

Date	Mintage	VG	F	VF	XF	Unc
1763 ICS	—	15.00	30.00	50.00	85.00	—
1764 ICS	—	15.00	30.00	50.00	85.00	—
1765	—	15.00	30.00	50.00	85.00	—

KM# 26 3 GROSZY

2.0000 g., Billon, 21 mm. **Ruler:** Ernst Johann Biron **Obv:** Bust right **Obv. Legend:** D • G • ERNEST • IOH • IN • .... **Rev:** 2 crowned shields of arms **Note:** Varieties exist.

Date	Mintage	VG	F	VF	XF	Unc
1763	—	22.50	37.50	60.00	110	—
1764 ICS	—	22.50	37.50	60.00	110	—
1764 IFS	—	22.50	37.50	60.00	110	—
1765 ICS	—	22.50	37.50	60.00	110	—

KM# 22 6 GROSZY

3.7000 g., Billon, 24 mm. **Ruler:** Carl of Saxony, Poland **Obv:** Bust right **Obv. Legend:** D • G • CAROL.... **Rev:** Two crowned shields of arms

Date	Mintage	VG	F	VF	XF	Unc
1762	—	30.00	50.00	85.00	150	—

KM# 27 6 GROSZY

Billon **Ruler:** Ernst Johann Biron **Obv:** Uniformed bust right
Obv. Legend: D • G • ERNEST • IOH • IN • LIV • ... **Rev:** Two crowned shields of arms **Rev. Legend:** MONETA • ARGENT •
DVC • ... **Note:** Varieties exist.

Date	Mintage	VG	F	VF	XF	Unc
1763 ICS	—	27.50	45.00	65.00	120	—
1764 ICS	—	27.50	45.00	65.00	120	—
1765	—	27.50	45.00	65.00	120	—

KM# 29 ORT (18 Grozy - 1 Timf)

6.1000 g., Billon, 28 mm. **Ruler:** Ernst Johann Biron **Obv:** Uniformed bust right **Obv. Legend:** D G ERNEST IOH IN LIV ...
Rev: Two crowned shields of arms **Rev. Legend:** MONETA •
ARGENT • DVC : CVRLAND •

Date	Mintage	VG	F	VF	XF	Unc
1764 ICS Rare	—	—	—	—	—	—

KM# 32 THALER

28.3000 g., Silver **Ruler:** Peter Biron **Subject:** Peter Biron **Obv:** Head right **Obv. Legend:** D • G • PETRUS IN LIV • CURL • ET SEMGAL • DUX **Rev:** Two crowned shields of arms **Rev. Legend:** MON • NOVA • ARG • DUC • CURL • ... **Note:** Dav. #1624.

Date	Mintage	VG	F	VF	XF	Unc
1780	—	65.00	125	250	450	700

TRADE COINAGE

KM# 30 DUCAT

3.5000 g., 0.9860 Gold 0.1109 oz. AGW **Ruler:** Ernst Johann Biron **Obv:** Small bust right **Rev:** 2 Crowned shields of arms

Date	Mintage	VG	F	VF	XF	Unc
1764 ICS	—	2,000	4,000	10,000	12,000	—

KM# 31 DUCAT

3.5000 g., 0.9860 Gold 0.1109 oz. AGW **Ruler:** Ernst Johann Biron **Obv:** Large bust right

Date	Mintage	VG	F	VF	XF	Unc
1764 ICS	—	2,500	5,000	12,000	20,000	—

KM# 33 DUCAT

3.5000 g., 0.9860 Gold 0.1109 oz. AGW **Ruler:** Peter Biron
Obv: Head right **Obv. Legend:** D • G • PETRUS IN LIV • CURL
• ... **Rev:** Two crowned shields of arms **Rev. Legend:** MON •
AUR • EA • DUC • CURL • ....

Date	Mintage	VG	F	VF	XF	Unc
1780	—	900	1,750	4,000	7,000	10,000

KM# 34 2 DUCAT

7.0000 g., 0.9860 Gold 0.2219 oz. AGW **Ruler:** Ernst Johann Biron

Date	Mintage	VG	F	VF	XF	Unc
1764 Rare	—	—	—	—	—	—

PATTERNS

Including off metal strikes

KM#	Date	Mintage	Identification	Mkt Val
Pn1	1764 ICS	—	3 Groszy. Gold. Uniformed bust right. Two crowned shields of arms.	—

TRIAL STRIKES

KM#	Date	Mintage	Identification	Mkt Val
TS1	ND(1764)	—	6 Groszy. Silver.	—
TS2	1764	—	Ort. Silver.	—

CRIMEA (KRIM)

The Crimea (ancient Tauris or Tauric Chersonese, Turkish Kirim or Krim, Russian Krym) is a peninsula of southern Russia extending into the Black Sea southwest of the Sea of Azov.

In ancient times, the Crimea was inhabited by the Gothsand Scythians, was colonized by the Greeks, and ranked, in part, as a tributary state of Rome. During the succeeding centuries, the Goths, Huns, Khazars, Byzantine Greeks, Kipchak Turks, and the Tatars of Batu Khan who founded the Tatar Khanate in Russia known as the Empire of the Golden Horde overran the Crimea. After the destruction of the Golden Horde by Tamerlane (Timur) in 1395, the Crimean Taters founded an independent khanate under Haji Ghirai which reigned first at Solkhat (Eski Kirim or Stary Krym). The Crimean khans ruled as tributary princes of the Ottoman empire from 1478 to 1777, when they became dependent upon Russia.

Catherine II annexed the Crimea to Russia on April 26,1783, and after a period as the Tavrida province, it was made an autonomous republic of the Russian federation in1921. The Tatars, however, remained fiercely nationalistic and during World War II collaborated with the German-Rumanian occupation force. Upon Russian re-conquest of the Crimea in May, 1944, the entire Tatar population was deported to Russia and Siberia. The autonomous Crimean republic was dissolved and reconstituted as a region of the Russian Soviet Federated Socialist Republic. On Feb. 14, 1954, this region was transferred to the Ukranian Soviet Socialist Republic, becoming its southernmost province.

KHANATE

RULERS

Giray bin Daulat, AH1171-1177/1758-1764AD
Sahib Geray II bin Ahmad Giray, AH1185-1189/1772-1775AD
Shahin Giray bin Ahmad Giray, AH1191-1197/1777-1783AD

MINT MARKS

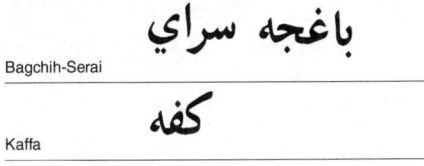

باغجه سراي

Bagchih-Serai

كفه

Kaffa

MONETARY SYSTEM

3 Manghir (Agcheh, Asper) – 1 Para
2 Para = 1 Ikilik
2-1/2 Ikilik = 1 Beshlik
2 Beshlik = 1 Onlik
2 Onlik = 1 Yirmilik = 1/2 Kurus
2 Yirmilik = 1 Kurus
1-1/2 Kurus = 1 Altmishlik

Russian Names	Turkish Names
2 Polushka = 1 Denga	= 2 Akche
2 Denga = 1 Kopek	= 3 Akche
5 Kopecks = 1 Kyrmis	= 15 Akche
2 Kyrmis = 1 Ishal (Tschal)	= 25 Akche

From AH1017-1169/1608-1756AD silver coins (akeches) and copper coins were struck in the names of 24 Khanate rulers. They are all very similar to the coin illustrated as C#125, usually with the obverse showing the ruler's and his father's names and the reverse with a toughra above *duribe* and the mintname.

HAMMERED COINAGE

KM# A14 AKCE

0.2000 g., Silver **Ruler:** Dawlat Giray II **Obv:** Ruler's name and titles **Rev:** Tamgha above mint and date

Date	Mintage	Good	VG	F	VF	XF
ND(date missing)	—	50.00	65.00	85.00	100	—

KM# 16 AKCE

Silver Weight varies: 0.15-0.18g **Ruler:** Qaplan Giray I 1st reign **Obv:** Ruler's name and title **Rev:** Mintname **Note:** Uniface examples exist.

Date	Mintage	Good	VG	F	VF	XF
ND(AH1119)	—	75.00	85.00	110	170	—

KM# 19 AKCE

0.2000 g., Silver **Ruler:** Sa'adat Giray III **Obv:** Ruler's name and titles **Rev:** Tamgha above mint and date

Date	Mintage	Good	VG	F	VF	XF
AH1129	—	85.00	100	150	250	—
ND(date missing)	—	75.00	85.00	125	200	—

KM# 20 AKCE

Silver Weight varies: 0.15-0.18g **Ruler:** Mengli Giray II **Obv:** Ruler's name and titles **Rev:** Tamgha above mint and date

Date	Mintage	Good	VG	F	VF	XF
AH1137	—	85.00	100	150	250	—
ND(date missing)	—	75.00	85.00	135	200	—

KM# 21 AKCE

Silver Weight varies: 0.15-0.18g **Ruler:** Qaplan Giray I 3rd reign **Obv:** Ruler's name and title **Rev:** Mint and date

Date	Mintage	Good	VG	F	VF	XF
AH1143	—	85.00	100	150	250	—
ND(date missing)	—	75.00	85.00	135	200	—

KM# A23 AKCE

0.1600 g., Silver **Ruler:** Mengli Giray II **Obv:** Ruler's name and title **Rev:** Mint and date

Date	Mintage	Good	VG	F	VF	XF
AH1150	—	85.00	100	150	250	—
ND(date missing)	—	75.00	85.00	135	200	—

KM# 27 AKCE

0.1700 g., Silver **Ruler:** Qrim Giray 1st reign **Obv:** Ruler's name and titles **Rev:** Mint and date

Date	Mintage	Good	VG	F	VF	XF
AH1172	—	50.00	65.00	85.00	125	—
ND(date missing)	—	40.00	50.00	70.00	90.00	—

KM# 27A PARA

Silver Weight varies: 0.44-0.53g **Ruler:** Qrim Giray 1st reign **Obv:** Ruler's name and title **Rev:** Mint and date **Note:** Possibly a pattern not adopted for general use until AH1192/1778AD.

Date	Mintage	Good	VG	F	VF	XF
AH1172 Rare	—	—	—	—	—	—

KM# 28 PARA

Billon Weight varies: 0.55-0.70g **Ruler:** Selim Giray III 1st reign **Obv:** Ruler's name and titles **Rev:** Tamgha above mint and date **Note:** Possibly a reduced-weight beshlik.

Date	Mintage	Good	VG	F	VF	XF
AH1177 (error for 1178)	—	20.00	30.00	40.00	50.00	—
AH1178	—	20.00	30.00	40.00	50.00	—
ND(date missing)	—	9.00	15.00	25.00	35.00	—

KM# 29 PARA

Billon Weight varies: 0.60-0.75g **Ruler:** Maqsud Giray **Obv:** Ruler's name and titles **Rev:** Tamgha within mintname, date below **Note:** Possibly a reduced-weight beshlik.

Date	Mintage	Good	VG	F	VF	XF
AH1181	—	30.00	40.00	50.00	60.00	—
ND(date missing)	—	7.00	12.00	20.00	30.00	—

KM# 31 PARA

Billon Weight varies: 0.50-0.66g **Ruler:** Dawlat Giray III **Obv:** Ruler's name and titles **Rev:** Tamgha above mint and date **Note:** Possibly a reduced-weight beshlik.

Date	Mintage	Good	VG	F	VF	XF
AH1182	—	30.00	40.00	50.00	60.00	—
ND(date missing)	—	10.00	20.00	30.00	40.00	—

KM# 32 PARA

0.8000 g., Billon **Ruler:** Qaplan Giray II **Obv:** Ruler's name and titles with tamgha in center **Rev:** Tamgha in oval above mint and date **Note:** Possibly a reduced-weight beshlik.

Date	Mintage	Good	VG	F	VF	XF
AH1183	—	30.00	40.00	50.00	60.00	—
ND(date missing)	—	10.00	20.00	30.00	40.00	—

KM# 33 PARA

Billon Weight varies: 0.55-0.70g **Ruler:** Selim Giray III 2nd reign **Obv:** Ruler's name and titles **Rev:** Tamgha above mint and date **Note:** Possibly a reduced-weight beshlik.

Date	Mintage	Good	VG	F	VF	XF
AH1184	—	25.00	35.00	45.00	60.00	—
ND(date missing)	—	10.00	20.00	30.00	40.00	—

KM# 34A PARA

Billon Weight varies: 0.60-0.75g **Ruler:** Maqsud Giray **Obv:** Ruler's name and titles **Rev:** Mint and date **Note:** Possibly a reduced-weight beshlik.

Date	Mintage	Good	VG	F	VF	XF
AH1185 Reported, not confirmed	—	—	—	—	—	—

KM# 35 PARA

Billon Weight varies: 0.60-0.70g **Ruler:** Sahib Giray II **Obv:** Ruler's name and title **Rev:** Mint and date **Note:** Possibly a reduced-weight beshlik.

Date	Mintage	Good	VG	F	VF	XF
AH1185	—	20.00	30.00	40.00	50.00	—
ND(date missing)	—	8.00	15.00	25.00	35.00	—

KM# 36 PARA

Billon Weight varies: 0.50-0.63g **Ruler:** Dawlat Giray III **Obv:** Ruler's name and title **Rev:** Mint and date **Note:** Possibly a reduced-weight beshlik.

Date	Mintage	Good	VG	F	VF	XF
AH1189	—	35.00	50.00	60.00	75.00	—
ND(date missing)	—	25.00	35.00	45.00	55.00	—

KM# A15 BESHLIK

1.0500 g., Silver **Ruler:** Selim Giray I **Obv:** Ruler's name and titles **Rev:** Tamgha above mint and date

Date	Mintage	Good	VG	F	VF	XF
AH1114	—	70.00	80.00	90.00	120	—
ND(date missing)	—	35.00	45.00	60.00	80.00	—

KM# 14 BESHLIK

Silver 0.96-1.05 **Ruler:** Dawlat Giray II **Obv:** Ruler's name and titles **Rev:** Tamgha above mint and date **Note:** Weight varies.

Date	Mintage	Good	VG	F	VF	XF
ND(date missing)	—	15.00	25.00	35.00	45.00	—

KM# 15 BESHLIK

Silver Weight varies: 0.95-1.13g **Ruler:** Ghazi Giray III **Obv:** Ruler's name and titles **Rev:** Tamgha above mint and date

Date	Mintage	Good	VG	F	VF	XF
AH1116	—	50.00	65.00	85.00	125	—
ND(date missing)	—	40.00	50.00	70.00	90.00	—

KM# 16A BESHLIK

Silver Weight varies: 0.89-1.04g **Ruler:** Qaplan Giray I 1st reign **Obv:** Ruler's name and titles **Rev:** Tamgha above mint and date

Date	Mintage	Good	VG	F	VF	XF
AH1119	—	45.00	55.00	75.00	100	—
ND(date missing)	—	20.00	30.00	40.00	50.00	—

KM# 17 BESHLIK

Silver Weight varies: 0.89-1.04g **Ruler:** Dawlat Giray II **Obv:** Ruler's name and titles **Rev:** Tamgha above mint and date

Date	Mintage	Good	VG	F	VF	XF
AH1121	—	30.00	45.00	60.00	75.00	—
ND(date missing)	—	15.00	25.00	35.00	45.00	—

KM# 18 BESHLIK

Silver Weight varies: 0.75-1.12g **Ruler:** Qaplan Giray I 2nd reign **Obv:** Ruler's name and titles **Rev:** Tamgha above mint and date

Date	Mintage	Good	VG	F	VF	XF
AH1125	—	40.00	50.00	60.00	70.00	—
ND(date missing)	—	15.00	25.00	35.00	45.00	—

KM# 19A BESHLIK

Silver Weight varies: 0.75-1.00g **Ruler:** Sa'adat Giray III **Obv:** Ruler's name and titles **Rev:** Tamgha above mint and date

Date	Mintage	Good	VG	F	VF	XF
AH1129	—	35.00	45.00	60.00	70.00	—
ND(date missing)	—	15.00	25.00	35.00	45.00	—

KM# 20A BESHLIK

Silver Weight varies: 0.75-0.88g **Ruler:** Mengli Giray II **Obv:** Ruler's name and titles **Rev:** Tamgha above mint and date

Date	Mintage	Good	VG	F	VF	XF
AH1137	—	35.00	45.00	60.00	70.00	—
ND(date missing)	—	15.00	25.00	35.00	45.00	—

KM# 21A BESHLIK

Silver Weight varies: 0.75-0.82g **Ruler:** Qaplan Giray I 3rd reign **Obv:** Ruler's name and titles **Rev:** Tamgha above mint and date

Date	Mintage	Good	VG	F	VF	XF
AH1143	—	40.00	50.00	60.00	70.00	—
ND(date missing)	—	15.00	25.00	35.00	45.00	—

KM# 22 BESHLIK

Silver Weight varies: 0.70-0.79g **Ruler:** Fath Giray II **Obv:** Ruler's name and titles **Rev:** Tamgha above mint and date

Date	Mintage	Good	VG	F	VF	XF
AH1149	—	50.00	65.00	85.00	125	—
ND(date missing)	—	40.00	50.00	70.00	90.00	—

KM# B23 BESHLIK

Silver Weight varies: 0.70-0.80g **Ruler:** Mengli Giray II **Obv:** Ruler's name and titles **Rev:** Tamgha above mint and date

Date	Mintage	Good	VG	F	VF	XF
AH1150	—	85.00	100	150	250	—
ND(date missing)	—	50.00	75.00	85.00	100	—

KM# 23 BESHLIK

Silver Weight varies: 0.60-0.80g **Ruler:** Salamat Giray II **Obv:** Ruler's name and titles **Rev:** Tamgha above mint and date

Date	Mintage	Good	VG	F	VF	XF
AH1152	—	30.00	40.00	50.00	60.00	—
ND(date missing)	—	12.00	20.00	30.00	40.00	—

KM# 24 BESHLIK

Silver Weight varies: 0.60-0.75g **Ruler:** Selim Giray II **Obv:** Ruler's name and titles **Rev:** Tamgha above mint and date

Date	Mintage	Good	VG	F	VF	XF
AH1156	—	30.00	40.00	50.00	60.00	—
ND(date missing)	—	12.00	20.00	30.00	40.00	—

KM# 25 BESHLIK

Silver Weight varies: 0.60-0.75g **Ruler:** Arslan Giray **Obv:** Ruler's name and titles **Rev:** Tamgha above mint and date

Date	Mintage	Good	VG	F	VF	XF
AH1161	—	25.00	35.00	45.00	55.00	—
ND(date missing)	—	9.00	15.00	25.00	35.00	—

KM# 26 BESHLIK

Silver Weight varies: 0.60-0.65g **Ruler:** Halim Giray **Obv:** Ruler's name and titles **Rev:** Tamgha above mint

Date	Mintage	Good	VG	F	VF	XF
ND(AH1169)	—	40.00	50.00	70.00	90.00	—

KM# 27B BESHLIK

Silver Weight varies: 0.85-1.05g **Ruler:** Qrim Giray 1st reign **Obv:** Ruler's name and titles **Rev:** Mint and date

Date	Mintage	Good	VG	F	VF	XF
AH1172	—	15.00	25.00	40.00	50.00	—
AH1172//2	—	15.00	25.00	40.00	50.00	—
AH1172//3	—	15.00	25.00	40.00	50.00	—
AH1172//4	—	15.00	25.00	40.00	50.00	—
AH1172//5	—	15.00	25.00	40.00	50.00	—
AH1172//6	—	15.00	25.00	40.00	50.00	—
ND(date missing)	—	9.00	18.00	28.00	38.00	—

KM# 30 BESHLIK

Billon Weight varies: 0.90-1.05g **Ruler:** Qrim Giray 2nd reign **Obv:** Ruler's name and titles **Rev:** Tamgha above mint and date

Date	Mintage	Good	VG	F	VF	XF
AH1182	—	25.00	35.00	45.00	55.00	—
ND(date missing)	—	10.00	20.00	30.00	40.00	—

CRIMEA (KRIM)

STANDARD COINAGE

KM# 34 MANGHIR
Copper **Ruler:** Sahib Giray II **Note:** Prev. KM# 10

Date	Mintage	Good	VG	F	VF	XF
AH185 (1771)	—	30.00	50.00	75.00	135	—

KM# 42 MANGHIR
0.2000 g., Billon **Ruler:** Shahin Giray **Obv:** Similar to 1 Para, KM#44 **Rev:** Similar to 1 Para, KM#44 **Note:** Prev. KM# 12

Date	Mintage	Good	VG	F	VF	XF
AH1191/2 (1777)	—	30.00	50.00	75.00	135	—

KM# 44 PARA
0.6000 g., Billon **Ruler:** Shahin Giray **Note:** Prev. KM# 14

Date	Mintage	Good	VG	F	VF	XF
AH1191//1 (1777)	—	30.00	50.00	75.00	135	—
AH1191/2 (1777)	—	30.00	50.00	75.00	135	—
AH1191/3 (1777)	—	30.00	50.00	75.00	135	—

KM# 46 IKILIK (2 Akce)
Billon, 11 mm. **Ruler:** Shahin Giray **Obv:** Similar to Yirmilik, KM#70 **Rev:** Similar to Yirmilik, KM#70 **Note:** Weight varies 1.30-1.55 grams. Prev. KM# 16

Date	Mintage	Good	VG	F	VF	XF
AH1191/4 (1777)	—	50.00	75.00	125	235	—
AH1191/5 (1777)	—	50.00	75.00	125	235	—

KM# 48 BESHLIK
Billon **Ruler:** Shahin Giray **Obv:** Similar to Polushka, KM#52 **Rev:** Similar to Polushka, KM#52 **Note:** Prev. KM# 18

Date	Mintage	Good	VG	F	VF	XF
AH1191/3 (1777)	—	50.00	75.00	125	235	—
AH1191/4 (1777)	—	50.00	75.00	125	235	—

KM# 50 ONLIK
3.0500 g., Silver **Ruler:** Shahin Giray **Note:** Prev. KM# 20

Date	Mintage	Good	VG	F	VF	XF
AH1191/3 (1777)	—	150	300	500	800	1,200

KM# 52 POLUSHKA (1 Akche)
Copper **Ruler:** Shahin Giray **Note:** Prev. KM# 22

Date	Mintage	Good	VG	F	VF	XF
AH1191/2 (1777)	—	30.00	60.00	120	185	—

KM# 54 DENGA (2 Akche)
Copper **Ruler:** Shahin Giray **Note:** Prev. KM# 24

Date	Mintage	Good	VG	F	VF	XF
AH1191/3 (1777)	—	35.00	70.00	140	220	—

KM# 56 DENGA (2 Akche)
Copper **Ruler:** Shahin Giray **Note:** Prev. KM# 26

Date	Mintage	Good	VG	F	VF	XF
AH1191/4 (1777)	—	35.00	70.00	140	220	—
AH1191/5 (1777)	—	35.00	70.00	140	220	—
AH1191/6 (1777)	—	35.00	70.00	140	220	—

KM# 58 KOPEK (3 Akche)
9.5000 g., Copper **Ruler:** Shahin Giray **Note:** Prev. KM# 28

Date	Mintage	Good	VG	F	VF	XF
AH1191/4(1777) Arabic	—	25.00	45.00	75.00	135	—

KM# 60 KOPEK (3 Akche)
9.5000 g., Copper **Ruler:** Shahin Giray **Note:** Prev. KM# 30

Date	Mintage	Good	VG	F	VF	XF
AH1191/4(1777) Persian	—	25.00	45.00	75.00	135	—

KM# 62 KOPEK (3 Akche)
9.5000 g., Copper **Ruler:** Shahin Giray **Rev:** Thinner wreath around legend **Note:** Previous KM# 32

Date	Mintage	Good	VG	F	VF	XF
AH1191/5 (1777)	—	25.00	45.00	75.00	135	—
AH1191/6 (1777)	—	25.00	45.00	75.00	135	—

KM# 64 KYRMIS (15 Akche)
16.0000 g., Copper **Ruler:** Shahin Giray **Obv:** Similar to KM#62 **Note:** Prev. KM# 34

Date	Mintage	Good	VG	F	VF	XF
AH1191/4(1777) Persian	—	70.00	125	225	350	—

KM# 66 KYRMIS (15 Akche)
16.0000 g., Copper **Ruler:** Shahin Giray **Note:** Prev. KM# 36

Date	Mintage	Good	VG	F	VF	XF
AH1191/5 (1777)	—	70.00	125	225	350	—
AH1191/6 (1777)	—	70.00	125	225	350	—

KM# 68 KYRMIS (15 Akche)
16.0000 g., Copper **Ruler:** Shahin Giray **Note:** Prev. KM# 38

Date	Mintage	Good	VG	F	VF	XF
AH1191/5 (1777)	—	70.00	125	225	350	—

KM# 70 YIRMILIK
8.0000 g., Silver **Ruler:** Shahin Giray **Note:** Prev. KM# 40.

Date	Mintage	VG	F	VF	XF	Unc
AH1191/4 (1777)	—	125	250	500	1,000	—
AH1191/5 (1777)	—	125	250	500	1,000	—

KM# 72 KURUS
14.4000 g., Silver, 34 mm. **Ruler:** Shahin Giray **Note:** Prev. KM 42.

Date	Mintage	VG	F	VF	XF	Unc
AH1191/4 (1777)	—	200	300	600	1,200	—

KM# 74 KURUS
16.0000 g., Silver, 35 mm. **Ruler:** Shahin Giray **Note:** Prev. KM 44.

Date	Mintage	VG	F	VF	XF	Unc
AH1191/5(1777)	—	200	300	600	1,200	—

KM# 76 ALTMISHLIK
Silver **Ruler:** Shahin Giray **Note:** Weight varies 19.80-22.80 grams. Prev. KM# 46.

Date	Mintage	VG	F	VF	XF	Unc
AH1191/2 (1777)	—	250	400	800	1,500	—
AH1191/4 (1777)	—	250	400	800	1,500	—
AH1191//5 (1777)	—	250	400	800	1,500	—
AH1191//6 (1777)	—	250	400	800	1,500	—

KM# 78 ALTILIK ALTIN
21.2000 g., Gold **Ruler:** Shahin Giray **Obv:** Toughra and flower **Rev:** Mintname within Seal of Solomon **Note:** Prev. KM# 48.

Date	Mintage	VG	F	VF	XF	Unc
AH1191//6 Rare	—	—	—	—	—	—

KM# 80.1 ISCHAL (25 Akche)
75.0000 g., Copper **Ruler:** Shahin Giray **Rev:** Similar to KM#80.2 **Note:** Prev. KM# 50.1.

Date	Mintage	VG	F	VF	XF	Unc
AH1191//5 (1777)	—	300	600	1,000	1,800	—

KM# 80.2 ISCHAL (25 Akche)
75.0000 g., Copper **Ruler:** Shahin Giray **Obv:** Modified design **Note:** Prev. KM# 50.2.

Date	Mintage	VG	F	VF	XF	Unc
AH1191//5(1777)	—	300	600	1,000	1,800	—

KM# 82 ISCHAL (30 Akche)
84.0000 g., Copper **Ruler:** Shahin Giray **Obv:** Flowers added **Note:** Prev. KM# 52.

Date	Mintage	VG	F	VF	XF	Unc
AH1191//6 (1777)	—	300	600	1,000	1,800	—

KM# 84 BESHLIK ALTIN
16.0000 g., Gold **Ruler:** Shahin Giray **Obv:** Toughra and flower **Rev:** Mint name within Seal of Solomon **Note:** Prev. KM# 54.

Date	Mintage	VG	F	VF	XF	Unc
AH1191//6 Rare	—	—	—	—	—	—

EMPIRE

RULER
Catherine II, 1783-1796

MINT MARK
TM – Feodosia Mint

MILLED COINAGE

KM# 86 2 KOPEKS
Silver **Ruler:** Catherine II **Obv:** Crowned EII monogram **Rev:** Value, with two dots **Note:** Prev. KM# 56

Date	Mintage	F	VF	XF	Unc	BU
1787TM Rare	—	—	—	—	—	—

KM# 88 5 KOPEKS
Silver **Ruler:** Catherine II **Obv:** Crowned "EII" monogram **Rev:** Value, with five dots **Note:** Prev. KM# 58.

Date	Mintage	F	VF	XF	Unc	BU
1787TM Rare	—	—	—	—	—	—

KM# 90.1 10 KOPEKS
Silver **Ruler:** Catherine II **Obv:** Crowned "EII" monogram **Rev:** Close 10, with ten dots **Note:** Prev. KM# 60.1.

Date	Mintage	F	VF	XF	Unc	BU
1787TM	—	175	350	550	950	—

KM# 90.2 10 KOPEKS
Silver **Ruler:** Catherine II **Obv:** Crowned "EII" monogram **Rev:** Wide 10, with ten dots **Note:** Prev. KM# 60.2.

Date	Mintage	F	VF	XF	Unc	BU
1787TM	—	175	350	550	950	—

KM# 92 20 KOPEKS
Silver **Ruler:** Catherine II **Obv:** Crowned "EII" monogram **Rev:** Value with twenty dots **Note:** Prev. KM# 62.

Date	Mintage	F	VF	XF	Unc	BU
1787TM	—	100	200	300	600	—

NOVODELS

KM#	Date	Mintage Identification	Mkt Val
N2	1787TM	— 20 Kopeks. KM#92.	—

Note: Restruck among other coins as Siberian coppers at St. Petersburg Mint for the All-Russian Fair at Nizhni Novgorod; Inward curl on upper stem of numeral 2

CUBA

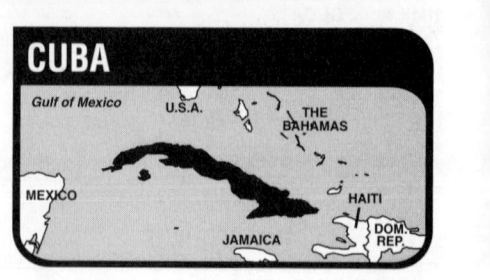

The Republic of Cuba, situated at the northern edge of the Caribbean Sea about 90 miles (145 km.) south of Florida, has an area of 42,804 sq. mi. (110,860 sq. km.) and a population of *11.2 million. Capital: Havana. The Cuban economy is based on the cultivation and refining of sugar, which provides 80 percent of export earnings.

Discovered by Columbus in 1492 and settled by Diego Velasquez in the early 1500s, Cuba remained a Spanish possession until 1898, except for a brief British occupation of Havana in 1762-63. Cuban attempts to gain freedom were crushed, even while Spain was granting independence to its other American possessions. Ten years of warfare, 1868-78, between Spanish troops and Cuban rebels exacted guarantees of rights which were never implemented. The final revolt, begun in 1895, evoked American sympathy, and with the aid of U.S. troops independence was proclaimed on May 20, 1902. Fulgencio Batista seized the government in 1952 and established a dictatorship. Opposition to Batista, led by Fidel Castro, drove him into exile on Jan. 1, 1959. A communist-type, 25-member collective leadership headed by Castro was inaugurated in March, 1962.

RULER
Spanish, until 1898

VICE-ROYALTY OF NEW SPAIN

Isla de Cuba

SIEGE COINAGE

KM# A1 8 C(UARTOS)
Copper **Obv:** Crowned lion arms divide "F.C/V8" **Rev:** Crowned castle arms divide date

Date	Mintage	Good	VG	F	VF	XF
1741 Rare	—	—	—	—	—	—

Note: Struck at Santiago de Cuba while under blockade of Admiral Vernon's ships

CURACAO

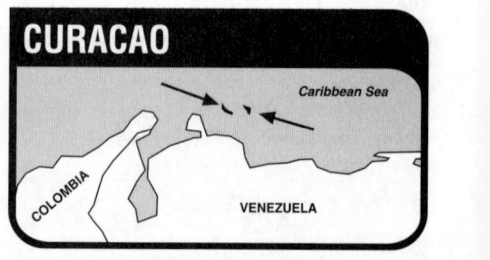

The island of Curacao, the largest of the Netherlands Antilles, which is an autonomous part of the Kingdom of the Netherlands located in the Caribbean Sea 40 miles off the coast of Venezuela. Curacao was discovered by Spanish navigator Alonso de Ojeda in 1499 and was settled by Spain in 1527. The Dutch West India Company took the island from Spain in 1634 and administered it until 1787, when it was surrendered to the United Netherlands. The Dutch held it thereafter except for two periods during the Napoleonic Wars, 1800-1803 and 1807-16, when it was occupied by the British. During World War II, Curacao refined 60 percent of the oil used by the Allies; the refineries were protected by U.S. troops after Germany invaded the Netherlands in 1940.

During the second occupation of the Napoleonic period, the British created an emergency coinage for Curacao by cutting the Spanish dollar into 5 equal segments and countermarking each piece with a rosette indent.

MONETARY SYSTEM
1 Cent (U.S.) = 2-1/2 Stuivers
6 Stuivers = 1 Reaal
8 Realen = 1 Peso, 1793-1801
7-1/2 Pesos = 1 Johannes (unmarked), 1793-99
6 Pesos = 1 Johannes (unmarked), 1799-1815
8 Pesos = 1 Johannes (c/m), 1799-1815

BATAVIAN REPUBLIC

COUNTERMARKED COINAGE

1799-1802

KM# 2.1 7 STUIVERS
Silver **Countermark:** 7 **Note:** 2.00-2.35 g; countermark in oval indent on French Livre.

CM Date	Host Date	Good	VG	F	VF	XF
ND	ND	75.00	100	145	200	250

KM# 3 7 STUIVERS

Silver **Countermark:** 7 **Note:** 2.00-2.35 g; countermark in oval indent on Spanish Colonial 1 Real.

CM Date	Host Date	Good	VG	F	VF	XF
ND	ND	100	135	185	245	300

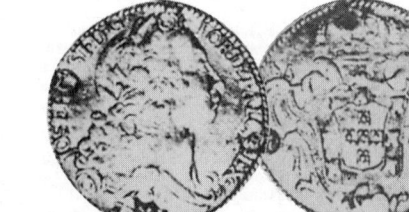

KM# 8 8 PESOS

Gold **Countermark:** W **Obv:** Countermark GI, L, MH and B at edges on a false Brazil 6400 Reis type of KM#172.2 **Rev:** Countermark.

CM Date	Host Date	Good	VG	F	VF	XF
ND(1799)	ND Unique	—	—	—	—	—

Note: A multiple island countermark example is known on Brazil KM#218

DANISH WEST INDIES

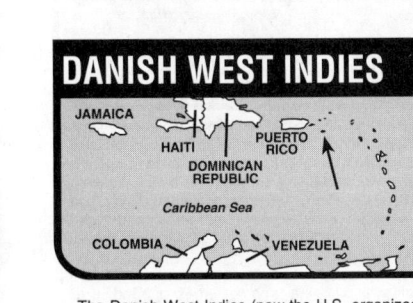

The Danish West Indies (now the U.S. organized unincorporated territory of the Virgin Islands of the United States) consisted of the islands of St. Thomas, St. John, St. Croix, and 62 islets in the Caribbean Sea roughly 40 miles (64 km.) east of Puerto Rico. The islands have a combined area of 133 sq. mi. (352 sq. km.) and a population of *106,000. Capital: Charlotte Amalie. Tourism is the principal industry. Watch movements, costume jewelry, pharmaceuticals, and rum are exported.

The Virgin Islands were discovered by Columbus in 1493, during his second voyage to America. During the 17th century, individual islands, actually the peaks of a submerged mountain range, were held by Spain, Holland, England, France and Denmark. These islands were also the favorite resorts of the buccaneers operating in the Caribbean and the coastal waters of eastern North America. Control of most of the 100-island group finally passed to Denmark, with England securing the easterly remainder. The Danish islands had their own coinage from the early 18th century, based on but unequal to, Denmark's homeland system. In the late 18th and early 19th centuries, Danish silver coinage augmented the islands currency. The Danish islands were purchased by the United States in 1917 for $25 million, mainly to forestall their acquisition by Germany and because they command the Anegada Passage into the Caribbean Sea, a strategic point on the defense perimeter of the Panama Canal.

RULER
Danish, until 1917

MINT MARKS
Three mints were used for coinage of the eighteenth century.

Mint mark	Mint	Description
(a)	Altona	Tall, widely spaced crown
(c)	Copenhagen	Symetrical crown
	Copenhagen	No mint marks but different crowns on 1767 coins
(k)	Kongsberg	Boxy crown

MONETARY SYSTEM

(Until 1849)

96 Skilling = 1 Daler

NOTE: Skilling denominated issues through 1799 are found on a broad range of planchet sizes and alloys, sometimes even for the same date(s). These "contemporary counterfeits" look to be either silvered copper, copper and are not uncommon. It has been reported that some of the 6, 12 and 24 Skillings, dated 1767, were struck in 1782, 1790, 1791, 1795, and 1800. 2 Skillings, Danish coins exported to the Danish West Indies, were minted in 1805.

NOTE: KM#1, 7 and 8 (Ducats) have been moved to Denmark.

DANISH COLONY

COLONIAL COINAGE

KM# 2 SKILLING

Copper **Obv:** Crowned double "C6" monogram **Obv. Inscription:** DAN • NORV • VANG • D • G • REX • **Rev:** Value, DANSKE, date within inner circle **Rev. Legend:** DE • DANSK • AMERIC • ....

Date	Mintage	VG	F	VF	XF	Unc
1740 C(h)W	24,000	360	725	1,550	2,800	—

KM# 3 2 SKILLING

Copper **Obv:** Crowned double "C6" monogram **Obv. Legend:** DAN • NORV • VANG • D • G • REX • **Rev:** Value, DANSKE, date within inner circle **Rev. Legend:** DE DANSK AMERIC .... **Note:** Varieties exist.

Date	Mintage	VG	F	VF	XF	Unc
1740	12,000	230	485	1,235	2,450	—

KM# 11 6 SKILLING

1.6240 g., 0.5000 Silver 0.0261 oz. ASW **Obv:** Crowned C7 monogram **Rev:** Ship within inner circle **Note:** Struck in 1782; fixed date of 1767.

Date	Mintage	VG	F	VF	XF	Unc
1767 Danske	192,000	70.00	160	340	640	—
1767 Daske (error)	Inc. above	80.00	10.00	380	700	—

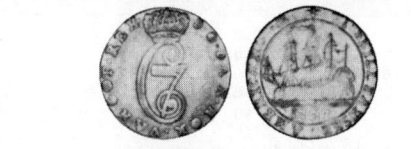

KM# 4 12 SKILLING

3.2480 g., 0.5000 Silver 0.0522 oz. ASW **Obv:** Crowned double C6 monogram **Rev:** Ship within inner circle **Note:** Varieties exist.

Date	Mintage	VG	F	VF	XF	Unc
1740	82,000	50.00	100	265	540	—

KM# 5 12 SKILLING

3.2480 g., 0.5000 Silver 0.0522 oz. ASW **Obv:** Laureate head right **Obv. Legend:** FRIDERICVS • V • D • G • REX • DAN • NOR • V • G • **Rev:** Ship within inner circle

Date	Mintage	VG	F	VF	XF	Unc
1748	51,000	55.00	110	280	560	—

KM# 6.1 12 SKILLING

3.2480 g., 0.5000 Silver 0.0522 oz. ASW **Obv:** Monogram **Rev:** Ship within inner circle **Rev. Legend:** ...DANSK AMERIC INSULER

Date	Mintage	VG	F	VF	XF	Unc
1748	51,000	55.00	110	280	550	—

KM# 6.2 12 SKILLING

3.2480 g., 0.5000 Silver 0.0522 oz. ASW **Obv:** Monogram **Obv. Legend:** D • G • DAN • NOR • VAN • GOT • REX • **Rev:** Ship within inner circle **Rev. Legend:** AMERICANSK • M • XXII • SKILL • DANSKE •

Date	Mintage	VG	F	VF	XF	Unc
1757	81,000	12.00	30.00	85.00	200	—
1763	160,000	16.00	35.00	95.00	215	—
1764	199,000	13.50	30.00	85.00	200	—
1765	46,000	25.00	60.00	115	280	—

KM# 12 12 SKILLING

3.2480 g., 0.5000 Silver 0.0522 oz. ASW **Obv:** Crowned monogram **Obv. Legend:** D • G • DAN • NOR • VAN • GOT • REX • **Rev:** Ship within inner circle **Rev. Legend:** AMERICANSK • M • XXII • SKILL • DANSKE •

Date	Mintage	VG	F	VF	XF	Unc
1767(a)	390,000	12.00	30.00	85.00	200	—

Note: Struck in 1795 and 1800

Date	Mintage	VG	F	VF	XF	Unc
1767(c)	80,000	15.00	35.00	110	250	—

Note: Struck in 1782

Date	Mintage	VG	F	VF	XF	Unc
1767(k)	240,000	12.50	30.00	80.00	195	—

Note: Struck in 1790 and 1791

KM# 9 24 SKILLING

6.4960 g., 0.5000 Silver 0.1044 oz. ASW **Obv:** Crowned monogram **Obv. Legend:** D • G • DAN • NOR • VAN • GOT • REX • **Rev:** Ship within inner circle **Rev. Legend:** AMERICANSK • M • XXIIII • SKILL • DANSKE •

Date	Mintage	VG	F	VF	XF	Unc
1763	64,000	15.00	35.00	95.00	250	—
1764	136,000	12.50	28.00	85.00	235	—
1765	31,000	22.50	70.00	160	410	—

KM# 10 24 SKILLING

6.4960 g., 0.5000 Silver 0.1044 oz. ASW **Obv:** Crowned monogram **Obv. Legend:** D • G • DAN • NOR • VAN • GOT • REX • **Rev:** Ship within inner circle **Rev. Legend:** AMERICANSK • M • XXIIII • SKILL • DANSKE •

Date	Mintage	VG	F	VF	XF	Unc
1766	57,000	27.50	70.00	150	385	—
1767(a)	75,000	20.00	60.00	135	350	—

Note: Struck in 1800; fixed date 1767

Date	Mintage	VG	F	VF	XF	Unc
1767(c)	12,000	27.50	75.00	160	425	—

PATTERNS

Including off metal strikes

KM#	Date	Mintage	Identification	Mkt Val
Pn1	1740 C(h)W	—	Skilling. Gold. KM#2	—
Pn2	1740	—	2 Skilling. Gold.	—
Pn3	1740	—	12 Skilling. Gold. KM#4	—

DANZIG

Danzig is an important seaport on the northern coast of Poland with access to the Baltic Sea. It has at different times belonged to the Teutonic Knights, Pomerania, Russia, and Prussia. It was part of the Polish Kingdom from 1587-1772.

Danzig (Gdansk) was a free city from 1919 to 1939 during which most of its modern coinage was made.

RULERS

August II (of Saxony), 1697-1733
August III (of Poland), 1733-1763
Stanislaus Augustus (of Poland), 1764-1772
Friedrich Wilhelm II (of Prussia), 1786-1797
Friedrich Wilhelm III (of Prussia), 1797-1840

MINT MARKS

A - Berlin

MINT OFFICIALS' INITIALS

Initials	Date	Name
CHS	1759-60	Conrad Heinrich Schwerdtner
III, JJJ	1755-68	Johan Jost Jaster
IS	1753, 1758-59	Johann Sievert
REOE	1754-67	Rudolph Ernst Oeckermann
WR	1753-54	Wilhelm Raths

MONETARY SYSTEM

3 Schilling (Szelag) = 1 Groschen (Grosz)

KINGDOM

STANDARD COINAGE

KM# 87 SOLIDUS

Billon **Ruler:** August II of Saxony **Obv:** Crowned monogram **Rev:** Legend, shield below

Date	Mintage	VG	F	VF	XF	Unc
1715	—	—	—	—	—	—

KM# 100 SOLIDUS

Copper **Ruler:** August III of Poland

Date	Mintage	VG	F	VF	XF	Unc
1753 IS	1,369,000	30.00	45.00	75.00	150	—
1753 WR	Inc. above	8.00	15.00	30.00	55.00	—
1753	Inc. above	15.00	22.50	37.50	75.00	—
1754 WR	Inc. above	11.00	18.00	33.00	70.00	—
1757	Inc. above	12.00	25.00	50.00	100	—
1757 WR	Inc. above	11.00	18.00	33.00	70.00	—
1760 WR	Inc. above	11.00	18.00	33.00	70.00	—
1761 REOE	Inc. above	8.00	15.00	22.50	45.00	—
1763 REOE	Inc. above	15.00	30.00	55.00	100	—

KM# 116 SOLIDUS

Copper **Ruler:** August III of Poland **Note:** Klippe.

Date	Mintage	VG	F	VF	XF	Unc
1761 REOE	—	60.00	100	175	250	—

KM# 122 SOLIDUS

Copper **Ruler:** Stanislaus Augustus of Poland **Obv:** Crowned "SAR" monogram

Date	Mintage	VG	F	VF	XF	Unc
1765 REOE	—	15.00	30.00	70.00	150	250
1766 FLS	—	12.00	20.00	50.00	100	200

KM# 130 SOLIDUS

Copper **Ruler:** Friedrich Wilhelm II of Prussia

Date	Mintage	VG	F	VF	XF	Unc
1793 CLM Rare	—	—	—	—	—	—

KM# 90 SZELAG (12 Danarii)

Silver **Ruler:** August II of Saxony **Obv:** Crowned "AR" monogram

Date	Mintage	VG	F	VF	XF	Unc
1715	—	80.00	160	220	—	—

KM# 101 3 GROSZE

Billon **Ruler:** August III of Poland **Obv:** Crowned "A3R" monogram

Date	Mintage	VG	F	VF	XF	Unc
1755	—	15.00	30.00	60.00	120	—

KM# 102 3 GROSZE

Billon **Ruler:** August III of Poland **Note:** Similar to KM#101 but "III" below arms.

Date	Mintage	VG	F	VF	XF	Unc
1755	1,500,000	17.50	35.00	75.00	150	750

KM# 103 3 GROSZE

Silver **Ruler:** August III of Poland **Note:** Klippe.

Date	Mintage	VG	F	VF	XF	Unc
1755 Rare	—	—	—	—	—	—

KM# 104 3 GROSZE

Billon **Ruler:** August III of Poland

Date	Mintage	VG	F	VF	XF	Unc
1758	—	15.00	30.00	60.00	120	375
1760 REOE	5,500,000	15.00	30.00	60.00	120	375
1763 REOE	Inc. above	15.00	30.00	60.00	120	375

KM# 111 3 GROSZE

Silver **Ruler:** August III of Poland **Note:** Octagonal klippe.

Date	Mintage	VG	F	VF	XF	Unc
1760 REOE Rare	—	—	—	—	—	—
1763 REOE Rare	1,000,000	—	—	—	—	—

KM# 110 3 GROSZE

Silver **Ruler:** August III of Poland **Note:** Square klippe.

Date	Mintage	VG	F	VF	XF	Unc
1760 REOE Rare	—	—	—	—	—	—

KM# 123 3 GROSZE

Billon **Ruler:** Stanislaus Augustus of Poland

Date	Mintage	VG	F	VF	XF	Unc
1765 REOE	—	15.00	30.00	65.00	125	—
1766 FLS	—	15.00	30.00	65.00	125	—

KM# 112 6 GROSZY

Billon **Ruler:** August III of Poland **Obv:** With inner circle

Date	Mintage	VG	F	VF	XF	Unc
1760 REOE	8,000,000	30.00	70.00	165	275	—

KM# 113 6 GROSZY

Billon **Ruler:** August III of Poland **Note:** Klippe.

Date	Mintage	VG	F	VF	XF	Unc
1760 REOE	—	—	—	1,650	2,850	—
1761 REOE	—	—	—	1,650	2,850	—

KM# 117 6 GROSZY

Billon **Ruler:** August III of Poland **Obv:** Without inner circle

Date	Mintage	VG	F	VF	XF	Unc
1761 REOE	Inc. above	20.00	35.00	75.00	150	—
1762 REOE	Inc. above	20.00	35.00	75.00	150	—
1763 REOE	Inc. above	20.00	35.00	75.00	150	—

KM# 120 6 GROSZY

Billon **Ruler:** Stanislaus Augustus of Poland

Date	Mintage	VG	F	VF	XF	Unc
1764 REOE	—	35.00	75.00	150	350	—
1765 REOE	—	35.00	75.00	150	350	—

KM# 105 18 GROSZY

6.1000 g., Silver **Ruler:** August III of Poland

Date	Mintage	VG	F	VF	XF	Unc
1758	—	35.00	55.00	120	250	—
1759	—	35.00	55.00	120	250	—
1759 CHS	—	75.00	150	250	450	850
1759 REOE	—	50.00	100	220	450	—
1760 REOE	—	50.00	100	220	450	—

KM# 114 18 GROSZY

6.1000 g., Silver **Ruler:** August III of Poland **Note:** Klippe.

Date	Mintage	VG	F	VF	XF	Unc
1760 REOE	—	65.00	125	225	400	—

KM# 118 30 GROSZY

9.8500 g., Silver **Ruler:** August III of Poland

Date	Mintage	VG	F	VF	XF	Unc
1762 REOE	—	60.00	125	250	550	1,000

KM# 119 30 GROSZY

9.8500 g., Silver **Ruler:** August III of Poland

Date	Mintage	VG	F	VF	XF	Unc
1763 REOE	—	50.00	110	225	450	900

KM# 119a 30 GROSZY

0.9600 Silver **Ruler:** August III of Poland

Date	Mintage	VG	F	VF	XF	Unc
1763 REOE	—	—	—	—	—	—

KM# 121 60 GROSZY

13.7600 g., Silver **Ruler:** Stanislaus Augustus of Poland **Obv:** Crowned bust right **Rev:** Supported arms above value

Date	Mintage	VG	F	VF	XF	Unc
1767	—	—	—	—	—	—

KM# 115 2 ZLOTE

Silver **Ruler:** August III of Poland **Obv:** Crowned bust of August III right **Rev:** Supported arms, value below

Date	Mintage	VG	F	VF	XF	Unc
1760 REOE	200,000	125	200	325	550	—
1760 REOE Restrike	—	—	—	—	—	—

TRADE COINAGE

KM# 95 DUCAT

3.5000 g., 0.9860 Gold 0.1109 oz. AGW **Ruler:** August III of Poland

Date	Mintage	VG	F	VF	XF	Unc
1734	—	1,200	2,250	4,500	7,500	—

KM# 124 DUCAT

3.5000 g., 0.9860 Gold 0.1109 oz. AGW **Ruler:** Stanislaus Augustus of Poland **Obv:** Crowned bust right **Rev:** Supported arms

Date	Mintage	VG	F	VF	XF	Unc
1765 Rare	—	—	—	—	—	—

PATTERNS

Including off metal strikes

KM#	Date	Mintage	Identification	Mkt Val
Pn9	1753 WR	—	Solidus. Silver. KM100.	1,000
Pn10	1753 WR	—	Solidus. Gold. KM100.	—
Pn11	1754 WR	—	Solidus. Silver. KM100.	1,350
Pn12	1754 WR	—	Solidus. Gold. KM#100.	—
Pn13	1755	—	3 Grosze. Gold. KM#102.	—
PnA14	1755	—	3 Grosze. Silver. KM#102	2,000
Pn14	1755	—	3 Grosze. Lead. KM103.	—
Pn15	1757 WR	—	Solidus. Gold. KM100.	—
Pn16	1758	—	3 Grosze. Silver. KM104.	75.00
Pn17	1760 REOE	—	3 Grosze. Gold. KM104.	—
PnA18	1760 REOE	—	6 Groszy. Gold. KM112.	—
Pn18	1760 REOE	—	18 Groszy. Gold. KM105.	—
Pn19	1760 REOE	—	2 Zlote. Lead. KM115.	850
Pn20	1761 WR	—	Solidus. Silver. KM100.	—
Pn21	1761 WR	—	Solidus. Gold. KM100.	—
Pn22	1761 REOE	—	6 Groszy. Gold. KM117.	—
PnA23	1762	—	Talar.	—
Pn23	1767 REOE	—	30 Groszy. Gold. KM118.	—
Pn24	1763 WR	—	Solidus. Silver. KM100.	—
PnA25	1763 REOE	—	Solidus. Silver. KM104.	650
Pn25	1763 REOE	—	3 Grosze. Gold. KM104.	—
Pn26	1763 REOE	—	6 Groszy. Silver. KM117.	—
Pn27	1763 REOE	—	6 Groszy. Gold. KM117.	—
Pn28	1763 REOE	—	18 Groszy. Gold. KM105.	—
PnA29	1763 REOE	—	30 Groszy. Gold. KM199.	—
Pn29	1764 REOE	—	6 Groszy. Silver. KM120.	1,350
Pn30	1765 REOE	—	6 Groszy. Gold. KM120.	—
Pn31	1766 FLS	—	Solidus. Gold. KM122.	—
Pn32	1766 360	—	3 Grosze. Gold. KM123.	1,350
Pn33	1793 CLM	—	Solidus. Silver. KM130.	375

DENMARK

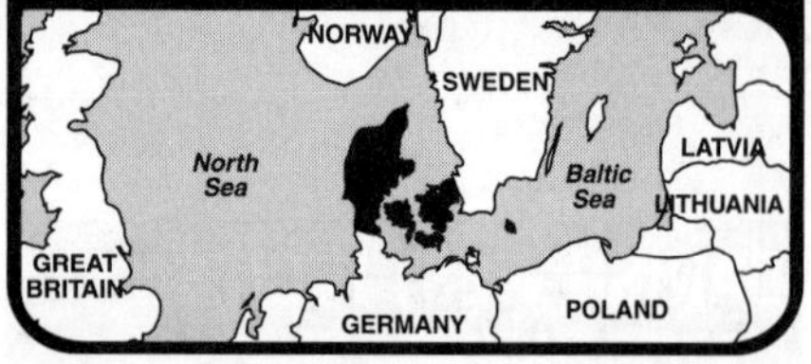

The Kingdom of Denmark (Danmark), a constitutional monarchy located at the mouth of the Baltic Sea, has an area of 16,639 sq. mi. (43,070 sq. km.) and a population of 5.2 million. Capital: Copenhagen. Most of the country is arable. Agriculture, is conducted by large farms served by cooperatives. The largest industries are food processing, iron and metal, and shipping. Machinery, meats (chiefly bacon), dairy products and chemicals are exported.

Denmark, a great power during the Viking period of the 9th-11th centuries, conducted raids on western Europe and England, and in the 11th century united England, Denmark and Norway under the rule of King Canute. Despite a struggle between the crown and the nobility (13th-14th centuries) which forced the King to grant a written constitution, Queen Margaret (Margrethe) (1387-1412) succeeded in uniting Denmark, Norway, Sweden, Finland and Greenland under the Danish crown, placing all of the Nordic countries under the rule of Denmark. An unwise alliance with Napoleon caused the loss of Norway to Sweden in 1814. In the following years a liberal movement was fostered, which succeeded in making Denmark a constitutional monarchy in 1849.

In 1864, Denmark lost Schleswig and Holstein to Prussia. In 1920, Denmark regained North-Schleswig by plebiscite.

The present decimal system of currency was introduced in 1874. As a result of a referendum held September 28, 2000, the currency of the European Monetary Union, the Euro, will not be introduced in Denmark in the foreseeable future.

RULERS

Frederik IV, 1699-1730
Christian VI, 1730-1746
Frederik V, 1746-1766
Christian VII, 1766-1808

MINT MARKS

Mark	Mint	Dates
	Copenhagen	No mint mark 1701-1800
	Altona	1771-1863, no mint mark 1771-1800
Nettle leaf	Gluckstadt	1623-1716, mint mark 1702-16
S	Rendsborg	1716-20, no mintmark
	Rethwisch	1768-69, no mint mark

MINTMASTERS' INITIALS

Altona Mint

Initial	Date	Name
CHL	1771-84	Casper Henrik Lyng
DCL	1784-86	Didrik Christian Liebst
MF	1786-1816	Michael Flor

Copenhagen Mint

Initials	Date	Name
CW, (heart), C(heart)W	1700-46	Christian Wineke, Jr.
	1746-49	Ingeborg Maria Wineke, widow of Christian
PNVH, VH	1749-61	Peter Nicholai van Haven
GWW, W	1761-64	Georg Wilhelm Wahl
K, HSK	1761-84	Hans Schierven Knoph
CHL	1784-97	Caspar Henrik Lyng
HIAB	1797-1810	Hans Jacob Arnold Branth

Glückstadt Mint

Initials	Date	Name
CW	1680-1716	Christian Woltereck

DENMARK 165

Rethwisch Mint

Initials	Date	Name
KSK	1768-69	Hans Schierven Knoph

Rendsborg Mint

Initials	Date	Name
BH	1716-1720	Bastian Hille

DIECUTTER'S INITIALS

Altona Mint

Initials	Dates	Name
M	1788-91	Mahrenz
PG	1787-88	Peter Leonard Gianelli
A, DIA	1787-88	Daniel Jensen Adzer
DI	1787-88	David Ahron Jacobsen
M	1799	John Milton, London
K	Ca.1800	Conrad Heinrich Küchler

Copenhagen Mint

Initials	Date	Name
W	(1731)-1749-61	Georg Wilhelm Wahl
A, AB, ARBIEN	1744-60	Magnus Gustavus Arbien
W, CW, PCW	1745-57	Peter Christian Winsløw
DIA, A	1764-65	Daniel Jensen Adzer
B	1763-99	Johan Ephraim Bauert
IHW, W, I, H, WOLFF, F	1760-88	Johan Henrik Wolff, engraver
PG	1800-1807	Peter Leonard Gianelli

MONETARY SYSTEM

(Until 1813)

4 Penning = 1 Huid = 1/4 Skilling
6 Penning = 1 Sosling = 1/2 Skilling
16 Skillings = 1 Mark
64 Skilling Danske = 4 Mark = 1 Krone
96 Skilling Danske = 6 Mark = 1 Daler Specie
12 Mark = 1 Ducat

KINGDOM

STANDARD COINAGE

Through 1813

KM# 512.1 1/2 SKILLING

3.6540 g., Copper **Ruler:** Frederik IV **Obv:** Crowned double "F4" monogram in branches **Rev:** Value and date, large lettering

Date	Mintage	VG	F	VF	XF	Unc
1719 CW	—	20.00	50.00	160	400	—

KM# 512.2 1/2 SKILLING

3.6400 g., Copper **Ruler:** Frederik IV **Obv:** Crowned double F4 monogram in branches **Rev:** Small lettering

Date	Mintage	VG	F	VF	XF	Unc
1719 CW Rare	—	—	—	—	—	—

KM# 545 1/2 SKILLING

Copper **Ruler:** Christian VI **Obv:** Crowned double "C6" monogram **Rev:** Value, "DANSKE", date

Date	Mintage	VG	F	VF	XF	Unc
1745 CW	—	20.00	50.00	130	300	—

KM# 577.1 1/2 SKILLING

Copper **Ruler:** Frederik V **Obv:** Crowned "F5" monogram **Rev:** Value above date

Date	Mintage	VG	F	VF	XF	Unc
1751 PNVH	—	18.00	40.00	100	220	—
1755 PNVH	—	14.00	30.00	90.00	200	—

KM# 577.2 1/2 SKILLING

Copper **Ruler:** Frederik V **Obv:** Crowned "F5" monogram **Rev:** Value above date

Date	Mintage	VG	F	VF	XF	Unc
1762 W	—	14.00	30.00	90.00	200	—

KM# 615.1 1/2 SKILLING

Copper **Ruler:** Christian VII **Obv:** Crowned "C7" monogram **Rev:** Value, "DANSKE K.M.", date **Note:** "C" in momogram 15mm high, "7" in monogram 10mm high, thick cross bar.

Date	Mintage	VG	F	VF	XF	Unc
1771	235,776	10.00	28.00	80.00	200	—

KM# 615.2 1/2 SKILLING

Copper **Ruler:** Christian VII **Note:** C in monogram 16mm high, 7 in monogram 9mm high, thin corssbar

Date	Mintage	VG	F	VF	XF	Unc
1771 (1773)	625,920	10.00	15.00	50.00	150	—

KM# 615.3 1/2 SKILLING

Copper **Ruler:** Christian VII **Note:** C in monogram 17mm high, 7 in monogram 12mm high

Date	Mintage	VG	F	VF	XF	Unc
1771 (1784)	1,894,272	8.00	12.00	45.00	140	—

KM# 501 SKILLING

0.9210 g., 0.1560 Silver 0.0046 oz. ASW **Ruler:** Frederik IV **Obv:** Crowned double 4F monogram **Rev:** Value, DANSKE, date

Date	Mintage	VG	F	VF	XF	Unc
1711 CW	—	30.00	60.00	125	280	—
1712 CW	—	22.50	55.00	115	280	—
1713 CW	—	20.00	40.00	90.00	240	—
1715 CW	—	20.00	40.00	90.00	240	—
1716 CW	—	50.00	90.00	200	380	—
1719 CW	—	20.00	40.00	90.00	220	—

KM# 520 SKILLING

0.9210 g., 0.1560 Silver 0.0046 oz. ASW **Ruler:** Frederik IV **Rev:** Crown shield divides value and date

Date	Mintage	VG	F	VF	XF	Unc
1720 CW	—	15.00	30.00	60.00	120	—
1721 CW	—	15.00	30.00	60.00	120	—
1722 CW	—	15.00	30.00	60.00	120	—
1723 CW	—	20.00	40.00	80.00	160	—

KM# 541 SKILLING

0.9210 g., 0.1560 Silver 0.0046 oz. ASW **Ruler:** Christian VI **Obv:** Crowned double "C6" monogram **Rev:** Value, "DANSKE", date

Date	Mintage	VG	F	VF	XF	Unc
1735 CW	—	25.00	60.00	120	400	—
1746 CW	—	30.00	70.00	160	300	—

KM# 578.1 SKILLING

0.7680 g., 0.1870 Silver 0.0046 oz. ASW **Ruler:** Frederik V **Obv:** Crowned arms **Rev:** Value above date

Date	Mintage	VG	F	VF	XF	Unc
1751 VH	—	15.00	30.00	60.00	120	—
1755 VH	—	10.00	20.00	45.00	110	—

KM# 578.2 SKILLING

0.7680 g., 0.1870 Silver 0.0046 oz. ASW **Ruler:** Frederik V **Obv:** Crowned arms **Rev:** Value above date

Date	Mintage	VG	F	VF	XF	Unc
1761 W	—	10.00	20.00	60.00	180	—
1762 W	—	10.00	20.00	60.00	180	—
1763 W	—	15.00	30.00	80.00	220	—
1764 W	—	10.00	20.00	60.00	180	—

KM# 616.1 SKILLING

Copper, 29 mm. **Ruler:** Christian VII **Obv:** Crowned double "C7" monogram **Rev:** Value, "DANSKE", date **Note:** Varieties in size of crown exist 27.05-31.45mm; weight varies 8.83-14.1 grams. Struck at Copenhagen, Altona and Kongberg. This type was struck during the period of 1771-85 with a frozen date and in large quantities. For further studies, the book "1 Skilling 1771" by Frank Pedersen, published by Numismatisk Forening in 1991 - Danish.

Date	Mintage	Good	VG	F	VF	XF
1771	54,757,104	5.00	10.00	20.00	60.00	250

KM# 616.2 SKILLING

Copper, 29 mm. **Ruler:** Christian VII **Obv:** Serif top "C"s **Rev:** Value, "DANSKE", date

Date	Mintage	Good	VG	F	VF	XF
1771	Inc. above	12.50	25.00	50.00	125	500

KM# 616.3 SKILLING

Copper, 29 mm. **Ruler:** Christian VII **Obv:** Large, thick "C"s **Rev:** Value, "DANSKE", date

Date	Mintage	Good	VG	F	VF	XF
1771	Inc. above	20.00	40.00	70.00	180	650

KM# 616.4 SKILLING

Copper, 27.05-31.45 mm. **Ruler:** Christian VII **Obv:** Crowned double "C7" monogram **Rev:** "DANKSE" instead of "DANSKE" **Note:** Size varies. Weight varies 8.83-14.1 grams. Struck at Copenhagen, Altona and Kongsberg.

Date	Mintage	Good	VG	F	VF	XF
1771	Inc. above	75.00	160	350	600	950

KM# 616.5 SKILLING

Copper, 27.05-31.45 mm. **Ruler:** Christian VII **Obv:** Crowned double "C7" monogram **Rev:** "DANAKE" instead of "DANSKE" **Note:** Size varies. Weight varies 8.83-14.1 grams. Struck at Copenhagen, Altona and Kongsberg.

Date	Mintage	Good	VG	F	VF	XF
1771	Inc. above	100	200	550	750	—

KM# 616.6 SKILLING

Copper, 27.05-31.45 mm. **Ruler:** Christian VII **Obv:** Crowned double "C7" monogram **Rev:** "DNASKE" instead of "DANSKE" **Note:** Size varies. Weight varies 8.83-14.1g. Struck at Copenhagen, Altona and Kongsberg.

Date	Mintage	Good	VG	F	VF	XF
1771	Inc. above	175	350	850	1,200	—

KM# 616.7 SKILLING

Copper, 27.05-31.45 mm. **Ruler:** Christian VII **Obv:** Crowned double "C7" monogram **Rev:** "SKILLING DANSKE M.K." instead of "SKILLING DANSKE K.M." **Note:** Size varies. Weight varies 8.83-14.1g.

Date	Mintage	Good	VG	F	VF	XF
1771	—	90.00	150	300	700	—

KM# 616.8 SKILLING

Copper, 27.05-31.45 mm. **Ruler:** Christian VII **Obv:** Crowned double "C7" monogram **Note:** Size varies. Weight varies 8.83-14.1g. Struck at Copenhagen, Altona and Kongsberg.

Date	Mintage	Good	VG	F	VF	XF
1779 (error for 1771)	Inc. above	250	500	800	1,200	—

KM# 636 SKILLING

0.7680 g., 0.1870 Silver 0.0046 oz. ASW, 16 mm. **Ruler:** Christian VII **Obv:** Crowned "C7" monogram **Rev:** Value, "DANSKE H.S.K.", date

Date	Mintage	VG	F	VF	XF	Unc
1779 HSK	—	6.00	20.00	42.50	75.00	—
1782 HSK	—	17.50	40.00	70.00	120	—

KM# 502 2 SKILLING

1.2990 g., 0.2810 Silver 0.0117 oz. ASW, 15 mm. **Ruler:** Frederik IV **Obv:** Crowned double "4F" monogram **Obv. Legend:** D G REX DAN & NOR **Rev:** "DANSKE", date C W flanks coat of arms **Rev. Legend:** II. SKILL. DANSKE. date

Date	Mintage	VG	F	VF	XF	Unc
1711 CW	—	40.00	90.00	200	430	—
1712 CW	—	20.00	45.00	110	275	—
1713 CW	—	25.00	55.00	120	325	—
1714 CW	—	35.00	75.00	150	400	—
1715 CW	—	32.50	70.00	130	350	—
1716 CW	—	32.50	70.00	130	350	—
1718 CW	—	140	275	500	1,000	—
1719 CW	—	60.00	130	220	450	—
1726 CW Unique	—	—	—	—	—	—

KM# 579.1 2 SKILLING

1.2180 g., 0.3430 Silver 0.0134 oz. ASW **Ruler:** Frederik V **Obv:** Crowned double "F5" monogram **Rev:** Value

Date	Mintage	VG	F	VF	XF	Unc
1750 PNVH	—	20.00	45.00	90.00	210	—
1756 PNVH	—	17.50	40.00	90.00	210	—

KM# 579.2 2 SKILLING

1.2180 g., 0.3430 Silver 0.0134 oz. ASW **Ruler:** Frederik V **Obv:** Crowned double "F5" monogram **Rev:** Value

Date	Mintage	VG	F	VF	XF	Unc
1761 HSK	—	17.50	40.00	90.00	210	—

KM# 579.3 2 SKILLING

1.2180 g., 0.3430 Silver 0.0134 oz. ASW **Ruler:** Frederik V **Obv:** Crowned double "F5" monogram **Rev:** Value

Date	Mintage	VG	F	VF	XF	Unc
1761 GWW	—	20.00	50.00	110	250	—

KM# 631.1 2 SKILLING

1.1810 g., 0.3430 Silver 0.0130 oz. ASW **Ruler:** Christian VII **Obv:** Crowned "C7" monogram within legend **Rev:** Crowned arms dividing date, value as legend

Date	Mintage	VG	F	VF	XF	Unc
1778 HSK	—	10.00	30.00	60.00	110	—
1782 HSK	—	10.00	30.00	60.00	110	—

KM# 631.2 2 SKILLING

1.1810 g., 0.3430 Silver 0.0130 oz. ASW **Ruler:** Christian VII **Obv:** Crowned "C7" monogram within legend **Obv. Legend:** D • G • DAN • NOR • VAN • GOT • REX • **Rev:** Crowned arms dividing date, value as legend

Date	Mintage	VG	F	VF	XF	Unc
1778 CHL	—	10.00	20.00	40.00	80.00	—
1779 CHL	—	10.00	20.00	40.00	80.00	—
1781 CHL	—	10.00	20.00	40.00	80.00	—
1782 CHL	—	10.00	20.00	40.00	80.00	—
1783 CHL	—	10.00	20.00	40.00	80.00	—
1784 CHL Rare	—	—	—	—	—	—

KM# 631.3 2 SKILLING

1.1810 g., 0.3430 Silver 0.0130 oz. ASW **Ruler:** Christian VII **Obv:** Crowned "C7" monogram within legend **Rev:** Crowned arms dividing date, value as legend

Date	Mintage	VG	F	VF	XF	Unc
1784 DCL	—	10.00	20.00	40.00	80.00	—
1785 DCL	—	10.00	20.00	40.00	80.00	—

KM# 526 4 SKILLING

2.7510 g., 0.3120 Silver 0.0276 oz. ASW **Ruler:** Frederik IV **Obv:** Crowned double "F4" monogram, legend around **Rev:** Value, "DANSKE", date

DENMARK

Date	Mintage	VG	F	VF	XF	Unc
1727 CW	—	10.00	22.50	45.00	80.00	—
1728 CW	—	10.00	22.50	45.00	80.00	—
1729 CW	—	15.00	30.00	55.00	90.00	—
1730 CW	—	10.00	22.50	45.00	80.00	—

KM# 598 4 SKILLING
2.7500 g., 0.3120 Silver 0.0276 oz. ASW Ruler: Frederik V Obv: Crowned "FV" monogram Obv. Legend: PRUDENTIA • E • T CONSTANTIA • Rev: Value above date

Date	Mintage	VG	F	VF	XF	Unc
1764 HSK	—	15.00	30.00	55.00	110	—

KM# 644 4 SKILLING
2.7500 g., 0.3120 Silver 0.0276 oz. ASW Ruler: Christian VII Obv: Crowned "C VII" monogram Rev: "III SKILLING", date

Date	Mintage	VG	F	VF	XF	Unc
1783	—	15.00	30.00	60.00	120	—

KM# 470 8 SKILLING
3.0570 g., 0.5620 Silver 0.0552 oz. ASW Ruler: Frederik IV Obv: Armored bust right Obv. Legend: FERD•IIII•DEI•GRATIA • Rev: Large crown divides value, heart divides date in legend below Rev. Legend: DAN • NOR • VAN • GOT • REX •

Date	Mintage	VG	F	VF	XF	Unc
1701	—	20.00	45.00	125	275	—
1702	—	20.00	45.00	125	275	—
1703	—	25.00	50.00	140	300	—
1704	—	25.00	50.00	140	300	—
1705	—	120	250	400	—	—

KM# 527 8 SKILLING
3.0570 g., 0.5620 Silver 0.0552 oz. ASW Ruler: Frederik IV Obv: Crowned double "F4" monogram, legend around Rev: Value, "DANSKE", date

Date	Mintage	VG	F	VF	XF	Unc
1728 CW	—	160	325	700	1,250	—

KM# 528 8 SKILLING
3.0570 g., 0.5620 Silver 0.0552 oz. ASW Ruler: Frederik IV Obv: Armored bust right

Date	Mintage	VG	F	VF	XF	Unc
1729 CW	—	20.00	45.00	90.00	210	—
1730 CW	—	25.00	55.00	110	235	—

KM# 595 8 SKILLING
3.0570 g., 0.5620 Silver 0.0552 oz. ASW Ruler: Frederik V Obv: Crowned double "F5" monogram Rev: Value above date

Date	Mintage	VG	F	VF	XF	Unc
1763 HSK	—	45.00	110	250	500	—

KM# 596 8 SKILLING
3.0570 g., 0.5620 Silver 0.0552 oz. ASW Ruler: Frederik V Obv: Crowned single "F5" monogram Note: C8a.

Date	Mintage	VG	F	VF	XF	Unc
1763	—	120	300	750	—	—

KM# 597 8 SKILLING
3.0570 g., 0.5620 Silver 0.0552 oz. ASW Ruler: Frederik V Obv: Crowned "FV" monogram Note: C8b.

Date	Mintage	VG	F	VF	XF	Unc
1763	—	60.00	160	375	850	—

KM# 626 8 SKILLING
3.0570 g., 0.5620 Silver 0.0552 oz. ASW Ruler: Christian VII Obv: Crowned "C7" monogram Rev: "VIII SKILLING", date

Date	Mintage	VG	F	VF	XF	Unc
1773 HSK	—	40.00	80.00	200	400	—
1783 HSK	—	17.50	35.00	80.00	210	—

KM# 642 8 SKILLING
3.0570 g., 0.5620 Silver 0.0552 oz. ASW Ruler: Christian VII Obv: Crowned monogram Obv. Legend: D • G • DAN • NOR • VAN • GOT • REX • Rev: Crowned oval arms

Date	Mintage	VG	F	VF	XF	Unc
1782 HSK Rare	—	—	—	—	—	—

KM# 495 12 SKILLING
3.8980 g., 0.5620 Silver 0.0704 oz. ASW Ruler: Frederik IV Obv: Crowned double "F4" monogram Rev: TOLF/SKILLING/DANSKE/date

Date	Mintage	VG	F	VF	XF	Unc
1710 CW	—	37.50	75.00	165	375	—
1711 CW	—	27.50	50.00	110	220	—

KM# 504 12 SKILLING
3.8980 g., 0.5620 Silver 0.0704 oz. ASW Ruler: Frederik IV Rev: XII/SKILLING

Date	Mintage	VG	F	VF	XF	Unc
1712 CW	—	37.50	90.00	170	—	—
1713 CW	—	20.00	42.50	90.00	220	—
1714/3 CW	—	22.50	47.50	100	235	—

Date	Mintage	VG	F	VF	XF	Unc
1714 CW	—	20.00	42.50	90.00	220	—
1715 CW	—	90.00	200	400	—	—
1716 CW	—	25.00	45.00	95.00	230	—
1717 CW	—	17.50	45.00	90.00	220	—
1718 CW	—	20.00	45.00	95.00	230	—
1719 CW	—	80.00	175	350	—	—

KM# 513 12 SKILLING
3.8980 g., 0.5620 Silver 0.0704 oz. ASW Ruler: Frederik IV Rev: Crowned rectangular shield, date in legend

Date	Mintage	VG	F	VF	XF	Unc
1719 CW	—	170	350	600	—	—

KM# 521 12 SKILLING
3.8980 g., 0.5620 Silver 0.0704 oz. ASW Ruler: Frederik IV Obv: Crowned double monogram Obv. Legend: DOMINUS • MIHI • ADIUTOR • Rev: Crowned shield, date in legend

Date	Mintage	VG	F	VF	XF	Unc
1720 CW	—	17.50	40.00	80.00	250	—
1721 CW	—	17.50	40.00	80.00	250	—
1722 CW	—	20.00	45.00	90.00	275	—

KM# 522 12 SKILLING
3.8980 g., 0.5620 Silver 0.0704 oz. ASW Ruler: Frederik IV Obv: Portrait right Rev: Crowned shield, date in legend

Date	Mintage	VG	F	VF	XF	Unc
1721 CW Rare	—	—	—	8,000	—	—

KM# 505 16 SKILLING
5.1970 g., 0.6250 Silver 0.1044 oz. ASW Ruler: Frederik IV Obv: Bust right Rev: Value, "DANSKE", date Note: Coins dated 1717, 1718 and 1719 are contemporary counterfeits originating in Holland.

Date	Mintage	VG	F	VF	XF	Unc
1713 CW	—	115	250	400	—	—
1714 CW	—	30.00	60.00	120	375	—
1715 CW	—	30.00	60.00	120	375	—
1716 CW	—	35.00	70.00	165	425	—

KM# 506 MARK (16 Skilling)
5.1970 g., 0.6250 Silver 0.1044 oz. ASW Ruler: Frederik IV Obv: Bust right Rev: Value: "1 MARCK DANSKE", date

Date	Mintage	VG	F	VF	XF	Unc
1713 CW Rare	—	—	—	10,000	—	—

KM# 536 24 SKILLING
9.1710 g., 0.5620 Silver 0.1657 oz. ASW Ruler: Christian VI Obv: Bust right Obv. Legend: CHRIST • VI • D • G • REX • DAN • •...Rev: Crowned arms divide date, value in legend right of crown

Date	Mintage	VG	F	VF	XF	Unc
1731 CW Heart on crossbar	—	90.00	200	400	600	—
1731 CW Without heart	—	60.00	160	350	550	—
1732 CW Without heart	—	50.00	140	325	500	—

Date	Mintage	VG	F	VF	XF	Unc
1742 CW	—	40.00	80.00	160	300	—
1743 CW	—	40.00	80.00	160	300	—

KM# 580 24 SKILLING
9.1710 g., 0.5620 Silver 0.1657 oz. ASW Ruler: Frederik V Obv: Head right Rev: Crowned arms divide date

Date	Mintage	VG	F	VF	XF	Unc
1750 PNVH	—	90.00	250	550	900	—
1751 PNVH	—	150	280	600	1,000	—

KM# 582.1 24 SKILLING
9.1710 g., 0.5620 Silver 0.1657 oz. ASW Ruler: Frederik V Obv: Crowned double "F5" monogram Rev: Crowned arms

Date	Mintage	VG	F	VF	XF	Unc
1750 PNVH	—	30.00	60.00	165	325	—
1753 PNVH	—	30.00	60.00	165	325	—
1756 PNVH	—	30.00	60.00	165	325	—
1757 PNVH	—	28.00	50.00	120	265	—
1758 PNVH	—	28.00	50.00	120	265	—
1759 PNVH	—	28.00	50.00	120	265	—

KM# 581 24 SKILLING
9.1710 g., 0.5620 Silver 0.1657 oz. ASW Ruler: Frederik V Obv: Armored bust right

Date	Mintage	VG	F	VF	XF	Unc
1751	—	80.00	225	500	875	—

KM# 582.2 24 SKILLING
9.1710 g., 0.5620 Silver 0.1657 oz. ASW Ruler: Frederik V

Date	Mintage	VG	F	VF	XF	Unc
1762 HSK	—	28.00	50.00	120	265	—
1763 HSK	—	26.00	40.00	110	250	—
1764 HSK	—	30.00	60.00	165	325	—

KM# 602 24 SKILLING
9.1710 g., 0.5620 Silver 0.1657 oz. ASW Ruler: Christian VII Obv: Crowned "C VII" monogram Rev: Crowned, round draped arms

Date	Mintage	VG	F	VF	XF	Unc
1767 HSK	—	500	775	1,250	2,500	—

KM# 635.1 24 SKILLING
9.1710 g., 0.5620 Silver 0.1657 oz. ASW Ruler: Christian VII Obv: Crowned "C7" monogram Note: Struck at Altona. Mintmasters' initials: CHL.

Date	Mintage	VG	F	VF	XF	Unc
1778	—	350	600	950	1,950	—
1782	—	200	350	750	950	—
1783	—	125	275	575	850	—

KM# 635.2 24 SKILLING
9.1710 g., 0.5620 Silver 0.1657 oz. ASW Ruler: Christian VII

Date	Mintage	VG	F	VF	XF	Unc
1779 HSK	—	225	425	775	1,000	—

KM# 643 24 SKILLING
9.1710 g., 0.5620 Silver 0.1657 oz. ASW Ruler: Christian VII Rev: Crowned oval arms, without drape

Date	Mintage	VG	F	VF	XF	Unc
1782	—	350	750	1,600	—	—

KM# 627 32 SKILLING
12.2280 g., 0.5620 Silver 0.2209 oz. ASW Ruler: Christian VII Obv: Bust right Rev: Arms

Date	Mintage	VG	F	VF	XF	Unc
1775 HSK	—	—	—	2,500	4,250	—

KM# 538 24 SKILLING
9.1710 g., 0.5620 Silver 0.1657 oz. ASW Ruler: Christian VI Obv: Crowned double C6 monogram Rev: Crowned arms divided date, value in legend right of crown

Date	Mintage	VG	F	VF	XF	Unc
1732 CW	—	70.00	140	325	500	—

Note: Legend reads counter-clockwise.

Date	Mintage	VG	F	VF	XF	Unc
1732 CW	—	42.50	85.00	170	300	—
1733 CW	—	40.00	80.00	160	300	—
1734 CW	—	40.00	80.00	160	300	—
1735 CW	—	100	210	375	600	—
1736 CW	—	40.00	80.00	160	300	—
1737 CW Rare	—	—	—	—	—	—
1740 CW	—	60.00	120	275	475	—
1741 CW	—	40.00	80.00	160	300	—

KM# 628 32 SKILLING
12.2280 g., 0.5620 Silver 0.2209 oz. ASW Ruler: Christian VII Obv: Bust left Obv. Legend: CHRISTIANVS • VII • D • G • DAN • NORV • G • REX • Rev: Crowned arms

Date	Mintage	VG	F	VF	XF	Unc
1775	—	—	3,000	6,000	—	—

KM# 507 MARK
248.0000 g., Copper Ruler: Frederik IV Shape: Square Note: Plate Money. Five stamps: Four cyphers in corners, value and date in center.

Date	Mintage	VG	F	VF	XF	Unc
1714 CW Unique	—	—	—	—	—	—

Obv: Horseman right **Obv. Legend:** FRIDERICUS • IIII • D • G • REX • DAN • NOR • V • G • **Rev:** Large crowned arms in double order chain **Rev. Legend:** DOMINUS • MI HI • ADIUTOR • **Note:** Dav. #A1290A.

Date	Mintage	VG	F	VF	XF	Unc
1723 CW	—	1,000	2,000	3,000	4,000	—

KM# 621 1/2 KRONE

8.9840 g., 0.8330 Silver 0.2409 oz. ASW **Ruler:** Christian VII **Subject:** Anniversary - Birth of Christian VII **Obv:** Bust right **Obv. Legend:** CHRIST • VII • D • G • REX • DAN • NOR • V • G • **Rev:** "DEN 29 JANUARII" within wreath **Rev. Inscription:** GLORIA • EX AMORE • PATRIAE •

Date	Mintage	VG	F	VF	XF	Unc
1771 K	—	300	400	1,000	2,000	—

KM# 479.1 6 MARK (Reise)

26.9830 g., 0.8330 Silver 0.7226 oz. ASW **Ruler:** Frederik IV **Obv:** Armored bust right **Obv. Legend:** FRID • IIII • D • G • REX • DAN • NOR •... **Rev:** Norwegian arms dividing "6-M", date below in inner circle **Note:** Dav. #1289.

Date	Mintage	VG	F	VF	XF	Unc
1704	—	800	1,600	3,500	5,500	—

KM# 479.2 6 MARK (Reise)

26.9830 g., 0.8330 Silver 0.7226 oz. ASW **Ruler:** Frederik IV **Obv:** Armored bust right **Obv. Legend:** FRIDEROC • IV • D • G • REX • DAN • NOR • V • G • **Rev:** Norwegian arms dividing "6-M", date below in inner circle

Date	Mintage	Good	VG	F	VF	XF
1704	—	—	900	1,800	4,250	6,250

KM# 448 KRONE (4 Mark)

17.9880 g., 0.8330 Silver 0.4817 oz. ASW **Ruler:** Frederik IV **Obv:** Bust right **Obv. Legend:** FRID • IIII • D • G • DAN • NOR • VA • GO • RE... **Rev:** Three crowned double "F4" monograms, arms between **Rev. Legend:** DOMINUS • MI HI • ADIUTOR • **Note:** Dav. #A1287.

Date	Mintage	VG	F	VF	XF	Unc
1701	—	700	1,250	2,500	3,750	—
1702	—	375	700	1,900	2,900	—

KM# 524 KRONE (4 Mark)

22.2720 g., 0.6710 Silver 0.4805 oz. ASW **Ruler:** Frederik IV **Obv:** Crowned "F4" monograms **Obv. Legend:** DOMINUS • MIHI • ADIUTOR • **Rev:** Crown in circle **Note:** Dav. #A1291.

Date	Mintage	VG	F	VF	XF	Unc
1724 CW	3,040	450	900	1,750	2,500	—
1726 CW	4,526	550	1,050	2,200	2,900	—

KM# 539 6 MARK (Reise)

26.9830 g., 0.8330 Silver 0.7226 oz. ASW **Ruler:** Christian VI **Obv:** Armored bust right **Obv. Legend:** CHRIST • VI • D • G • REX • DAN • NOR ... **Rev:** Crowned shield with Norwegian arms separating "6-M", date below **Note:** Dav. #1295.

Date	Mintage	VG	F	VF	XF	Unc
1732 Rare	4,534	—	—	—	—	—
1733	5,000	—	2,500	4,500	6,200	—

KM# 503 KRONE (4 Mark)

22.2720 g., 0.6710 Silver 0.4805 oz. ASW **Ruler:** Frederik IV **Obv:** Horseman to right **Obv. Legend:** FRIDERICVS • IIII • D • G • REX • DAN • NOR • ... **Rev:** Small crowned arms in double order chain with divided date below **Rev. Legend:** DOMINUS MI HI ADIUTOR • **Note:** Dav. #A1290.

Date	Mintage	VG	F	VF	XF	Unc
1711 CW	7,905	200	350	775	1,200	—

KM# 537 KRONE (4 Mark)

22.2720 g., 0.6710 Silver 0.4805 oz. ASW **Ruler:** Christian VI **Obv:** Armored bust right **Obv. Legend:** CHRIST • VI • D • G • REX • DAN • NORV • V • G • **Rev:** Crown above DEO ET POPVLO within circle **Note:** Dav. #A1294.

Date	Mintage	VG	F	VF	XF	Unc
1731 CW Small crown	90,000	250	525	875	1,200	—
1731 CW Large crown	Inc. above	150	300	700	1,050	—
1732 CW	9,836	250	525	875	1,200	—

KM# 575 6 MARK (Reise)

28.8930 g., 0.8750 Silver 0.8128 oz. ASW **Ruler:** Frederik V **Subject:** 300th Anniversary - Reign of House of Oldenburg in Denmark **Obv:** Laureate armored bust right **Obv. Legend:** FRIDERICUS •V•D•G•REX•DAN•NOR•V•G• **Note:** Dav. #1301.

Date	Mintage	VG	F	VF	XF	Unc
1749 PCW	5,008	800	1,600	2,750	4,750	—
1749 W	Inc. above	700	1,400	2,400	4,250	—

KM# 523 KRONE (4 Mark)

22.2720 g., 0.6710 Silver 0.4805 oz. ASW **Ruler:** Frederik IV

KM# 560 KRONE (4 Mark)

17.9980 g., 0.8330 Silver 0.4820 oz. ASW **Ruler:** Frederik V **Obv:** Modified bust **Obv. Legend:** FRIDERICVS • V • DEI • GRATIA • **Rev:** Crown, small heart divides date below **Rev. Legend:** DAN • NOR • VAN • GOT • REX **Edge:** Plain

Date	Mintage	VG	F	VF	XF	Unc
1747 A	—	275	500	950	1,750	—

DENMARK

REX • DAN • NOR • V • GO • **Rev:** Three arms crowned in order collar within circle of 15 shields, date below **Rev. Legend:** DITM • COM • OLD • .... **Note:** Dav. #1293.

Date	Mintage	VG	F	VF	XF	Unc
1726	86	—	—	8,000	14,000	—

KM# 559 KRONE (4 Mark)
17.9980 g., 0.8330 Silver 0.4820 oz. ASW **Ruler:** Frederik V **Obv:** Head right **Obv. Legend:** FRIDERICUS V DEI GRATIA • **Rev:** Crown, small heart divides date below **Rev. Legend:** DAN • NOR • VAN • GOT • REX **Edge:** Lettered, TIL ZIER OG FORSUAR **Note:** Dav. #1300A.

Date	Mintage	VG	F	VF	XF	Unc
1747 W	—	300	550	1,100	1,500	—

KM# 477 2 KRONE
35.9760 g., 0.8330 Silver 0.9635 oz. ASW **Ruler:** Frederik IV **Obv:** Bust right **Obv. Legend:** FRID • IIII • D • G • DAN • NOR • VA • GO • REX • **Rev:** Crowned "F4" monograms with arms between **Note:** Dav. #1287.

Date	Mintage	VG	F	VF	XF	Unc
1702 Unique	—	—	—	—	—	—

KM# 546 3 KRONE
45.2870 g., 0.9930 Silver 1.4458 oz. ASW **Ruler:** Frederik V **Subject:** Death of Christian VI and Accession of Frederik V **Obv:** Frederik V **Obv. Legend:** FRIDERICUS • V • D • G • REX • DAN • NORV • V • G • **Rev:** Christian VI **Rev. Legend:** CHRISTIANUS • VI • D • G • REX • DAN • NOR • V • G • **Note:** Dav. #1297.

Date	Mintage	VG	F	VF	XF	Unc
ND (1747)	500	900	1,500	3,000	5,250	—

KM# 652 1/15 SPECIE DALER
3.3700 g., 0.5000 Silver 0.0542 oz. ASW **Ruler:** Christian VII **Obv:** Crowned arms **Rev:** Value

Date	Mintage	VG	F	VF	XF	Unc
1796 MF	—	30.00	70.00	135	300	—
1797 MF	—	30.00	70.00	135	300	—
1799 MF	—	30.00	70.00	135	300	—

KM# 571 KRONE (4 Mark)
17.9980 g., 0.8330 Silver 0.4820 oz. ASW **Ruler:** Frederik V **Obv:** Laureate head right **Obv. Legend:** FRIDERICUS V DEI GRATIA • **Rev:** Crowned arms in sprays **Rev. Legend:** DAN NORV VAN GOTH REX

Date	Mintage	VG	F	VF	XF	Unc
1748 W	—	275	500	950	1,250	—

KM# 561 2 KRONE
35.9760 g., 0.8330 Silver 0.9635 oz. ASW **Ruler:** Frederik V **Obv:** Head right **Obv. Legend:** FRIDERICUS V DEI GRATIA • **Rev:** Crown with PRUDENTIA ET CONSTANTIA below **Rev. Legend:** DAN • NOR • VAN • GOT • REX **Note:** Dav. #1300.

Date	Mintage	VG	F	VF	XF	Unc
1747	—	600	925	2,000	3,500	—

KM# 604 1/4 SPECIEDALER
7.2240 g., 0.8750 Silver 0.2032 oz. ASW **Ruler:** Christian VII **Obv:** Crowned double "C7" monogram **Obv. Legend:** D • G • DAN • NOR • VAN • GOT • REX • **Rev:** Crowned round arms within ribbon **Rev. Legend:** GLORIA • EX • AMORE • PATRIÆ • **Note:** Struck at Rethwisch.

Date	Mintage	Good	VG	F	VF	XF
1769 HSK	—	200	400	600	900	1,500

KM# 653 1/3 SPECIEDALER
9.6310 g., 0.8750 Silver 0.2709 oz. ASW **Ruler:** Christian VII

Date	Mintage	Good	VG	F	VF	XF
1798 HIAB Rare	—	—	—	—	—	—

KM# 606 1/2 SPECIEDALER
14.4470 g., 0.8750 Silver 0.4064 oz. ASW, 36 mm. **Ruler:** Frederik III **Obv:** Crowned double "C7" monogram dividing value **Note:** Struck at Petwisch

Date	Mintage	Good	VG	F	VF	XF
1769	—	175	350	500	1,100	2,750

KM# 605 1/2 SPECIEDALER
14.4470 g., 0.8750 Silver 0.4064 oz. ASW, 31 mm. **Ruler:** Christian VII **Obv:** Crowned double "C7" monogram **Rev:** Crowned round arms within ribbons **Note:** Struck at Rethwisch.

Date	Mintage	Good	VG	F	VF	XF
1769 HSK	—	250	500	1,000	1,500	3,250

KM# 633.1 1/2 SPECIEDALER
14.4470 g., 0.8750 Silver 0.4064 oz. ASW **Ruler:** Christian VII **Obv:** Crowned oval arms between branches value

Date	Mintage	Good	VG	F	VF	XF
1777 CHL Unique	—	—	—	—	—	—

KM# 633.2 1/2 SPECIEDALER
14.4470 g., 0.8750 Silver 0.4064 oz. ASW **Ruler:** Christian VII

Date	Mintage	Good	VG	F	VF	XF
1786 DCL	—	200	350	700	1,500	3,000

KM# 572 KRONE (4 Mark)
17.9980 g., 0.8330 Silver 0.4820 oz. ASW **Ruler:** Frederik V **Obv:** Head right **Obv. Legend:** FRIDERICUS V DEI GRATIA **Rev:** Modified sprays with horizontal lines in ribbon sash below crowned arms **Rev. Legend:** DAN NORV VAN GOTH REX

Date	Mintage	VG	F	VF	XF	Unc
1748	—	275	500	950	1,250	—

KM# 622 KRONE (4 Mark)
17.9980 g., 0.8330 Silver 0.4820 oz. ASW **Ruler:** Christian VII **Obv:** Bust right **Obv. Legend:** CHRIST • VII • D • G • REX • DAN • NOR • VAN • GOT • **Rev:** "DEN 29 IANUARII" within wreath **Rev. Legend:** ... • AMORE • PATRIÆ •

Date	Mintage	VG	F	VF	XF	Unc
1771 K	—	325	500	1,150	2,500	—

KM# 525 3 KRONE
45.2870 g., 0.9930 Silver 1.4458 oz. ASW **Ruler:** Frederik IV **Obv:** Armored bust right **Obv. Legend:** FRIDER • IIII • D • G •

Obv: Laureate head right **Obv. Legend:** FRIDERICUS • V • D • G • DAN • NOR • V • G • REX • **Rev:** Crowned , oval arms in order chain within sprigs **Rev. Legend:** PRUDENTIA ET CONSTANTIA **Note:** Dav. #1302.

Date	Mintage	VG	F	VF	XF	Unc
1764 H • S • K • ; B/-	—	325	600	1,600	2,750	—
1765 H • S • K • ; B/- Rare	—	—	—	—	—	—

KM# 480.1 SPECIEDALER

28.8930 g., 0.8750 Silver 0.8128 oz. ASW **Ruler:** Frederik IV **Obv:** Armored bust right **Obv. Legend:** FRID • IIII • D • G • DAN • NOR • VAN • GOT • REX • **Rev:** Crowned arms in double chain within legend **Edge Lettering:** DOMINUS MIHI ADIVTOR ANNO REGNI QUINTO **Note:** Dav. #1288.

Date	Mintage	VG	F	VF	XF	Unc
1704	300	—	2,500	4,250	5,750	—

KM# 480.2 SPECIEDALER

28.8930 g., 0.8750 Silver 0.8128 oz. ASW **Ruler:** Frederik IV **Obv:** Armored bust right **Rev:** Crowned arms in double chain within legend **Note:** No edge inscription.

Date	Mintage	Good	VG	F	VF	XF
1704 Rare	Inc. above	—	—	—	—	—

KM# 600 SPECIEDALER

28.8930 g., 0.8750 Silver 0.8128 oz. ASW **Ruler:** Frederik V **Obv:** Laureate head right **Obv. Legend:** FRIDERICUS • V • D • G • DAN • NOR • VAN • GOT • REX • **Rev:** Crowned arms in Order chain and wreath **Rev. Legend:** PRUDENTIA ET CONSTANTIA **Note:** Dav. #1302A.

Date	Mintage	VG	F	VF	XF	Unc
1764 DIA/DIA	—	400	800	1,900	3,250	—
1764 DIA/- Rare	—	—	—	—	—	—
1764 DIA/IW Rare	—	450	850	1,700	3,000	—

KM# 603 SPECIEDALER

28.8930 g., 0.8750 Silver 0.8128 oz. ASW **Ruler:** Christian VII **Obv:** Crowned "C7" monograms **Obv. Legend:** D • G • DAN • NOR • VAN • GOT • REX • **Rev:** Crowned Norwegian arms, date below **Rev. Legend:** GLORIA • EX • AMORE • PATRIÆ • **Note:** Dav. #1304.

Date	Mintage	VG	F	VF	XF	Unc
1768 HSK	—	800	1,650	3,000	4,500	—
1769 HSK Rare	—	—	—	—	—	—

KM# 607 SPECIEDALER

28.8930 g., 0.8750 Silver 0.8128 oz. ASW **Ruler:** Christian VII **Obv:** Armored bust right **Obv. Legend:** CHRIST • VII • D • G • REX • DAN • NOR • VAN • GOT • **Rev:** Crowned round arms within ribbon **Rev. Legend:** GLORIA • EX AMORE • PATRIÆ : **Note:** Dav. #1305. Struck at Retwisch

Date	Mintage	VG	F	VF	XF	Unc
1769 HSK; B	51	2,000	3,000	5,250	8,000	—

KM# 562 SPECIEDALER

28.8930 g., 0.8750 Silver 0.8128 oz. ASW **Ruler:** Frederik V **Subject:** Coronation of King Frederick V **Obv:** Crowned, robed king standing below canopy **Obv. Legend:** FRIDERICUS V • D • G • REX • DAN • NOR • **Rev:** Crowned arms supported by wildmen **Rev. Legend:** PRUDENTIA ET CONSTANTIA • **Note:** Dav. #1299.

Date	Mintage	VG	F	VF	XF	Unc
1747 A	—	400	800	1,600	2,500	—

KM# 601 SPECIEDALER

28.8930 g., 0.8750 Silver 0.8128 oz. ASW **Ruler:** Frederik V **Obv:** Laureate head right **Obv. Legend:** FRIDERICUS V D • G • REX • DAN • NORV • VAND • G • **Rev:** Crowned arms within Order chain **Rev. Legend:** PRUDENTIA ET CONSTANTIA **Note:** Dav. #1302B.

Date	Mintage	VG	F	VF	XF	Unc
1764 IHW/IW	—	400	800	1,900	3,250	—
1765 IHW/- Rare	—	—	—	—	—	—

KM# 608 SPECIEDALER

28.8930 g., 0.8750 Silver 0.8128 oz. ASW **Ruler:** Christian VII **Obv:** Crowned double "C7" monogram **Obv. Legend:** D • G • DAN • NOR • VAN • GOT • REX • **Rev:** Crowned round arms within ribbon **Rev. Legend:** GLORIA • EX AMORE • PATRIÆ • **Note:** Dav. #1306.

Date	Mintage	VG	F	VF	XF	Unc
1769 HSK	—	100	200	475	950	—

KM# 623 SPECIEDALER

28.8930 g., 0.8750 Silver 0.8128 oz. ASW **Ruler:** Christian VII **Obv:** Smaller crown and thinner "C's" **Rev:** Smaller crown and sprays instead of ribbons **Note:** Dav. #1307.

Date	Mintage	VG	F	VF	XF	Unc
1771 HSK	—	200	375	750	1,150	—

KM# 599 SPECIEDALER

28.8930 g., 0.8750 Silver 0.8128 oz. ASW **Ruler:** Frederik V

170 DENMARK

KM# 632.1 SPECIEDALER
28.8930 g., 0.8750 Silver 0.8128 oz. ASW **Ruler:** Frederik V
Obv: Smaller crown, taller monogram **Obv. Legend:** D • G • DAN • NORV • VAND • GOTH • REX • **Rev:** Crowned oval arms between branches **Rev. Legend:** GLORIA • EX AMORE • PATRIÆ • **Note:** Dav. #1308.

Date	Mintage	VG	F	VF	XF	Unc
1776HSK	—	375	700	1,150	2,000	—
1780HSK	—	375	700	1,150	2,000	—

KM# 632.2 SPECIEDALER
28.8930 g., 0.8750 Silver 0.8128 oz. ASW **Ruler:** Christian VII

Date	Mintage	VG	F	VF	XF	Unc
1776 CHL	—	135	300	550	950	—

KM# 651.3 SPECIEDALER
28.8930 g., 0.8750 Silver 0.8128 oz. ASW **Ruler:** Christian VII

Date	Mintage	VG	F	VF	XF	Unc
1798 HIAB; B	—	120	275	500	750	—
1799 HIAB; B	—	120	300	525	900	—

KM# 645 SPECIEDALER (Rigsdaler Courant)
23.5820 g., 0.8750 Silver 0.6634 oz. ASW **Ruler:** Christian VII
Obv: Uniformed bust right **Obv. Legend:** CHRISTIAN DEN VII • DANMARKS OG NORGES KONGE **Rev:** Norwegian arms
Note: Dav. #1312.

Date	Mintage	VG	F	VF	XF	Unc
1788	—	1,000	2,000	4,000	6,750	—

KM# 634 SPECIEDALER
28.8930 g., 0.8750 Silver 0.8128 oz. ASW **Ruler:** Christian VII
Obv: Crowned C7 monogram **Obv. Legend:** D • G • REX • DAN • NOR • VAN • GO • DVX ... **Rev:** crowned, oval arms within sprigs
Rev. Legend: GLORIA EX AMORE PATRIÆ • **Note:** Dav. #1309.

Date	Mintage	VG	F	VF	XF	Unc
1777	—	150	275	575	900	—

KM# 654 SPECIEDALER
28.8930 g., 0.8750 Silver 0.8128 oz. ASW **Ruler:** Christian VII
Obv: Head right **Obv. Legend:** CHRISTIANUS • VII • D • G • DAN • NORV • V • G • REX • **Rev:** Crowned oval arms **Note:** Dav. 1315.

Date	Mintage	VG	F	VF	XF	Unc
1799 HIAB; PG	—	190	400	700	1,200	—

KM# 640.1 SPECIEDALER (Albertdaler)
28.0630 g., 0.8680 Silver 0.7831 oz. ASW **Ruler:** Christian VII
Obv: Wildman standing behind crowned arms **Rev:** Large crowned arms **Note:** Dav. #1310. 1786 date struck at Poppelbüttel, others struck at Altona.

Date	Mintage	VG	F	VF	XF	Unc
1781 Unique	—	—	—	—	—	—
Note: Club in left hand						
1781	—	700	1,400	2,100	3,500	—
1784	—	1,500	3,000	4,500	6,000	—
1786	10,601	800	1,500	2,250	3,750	—

KM# 563 2 SPECIEDALER
57.7860 g., 0.8750 Silver 1.6256 oz. ASW **Ruler:** Frederik V
Subject: Coronation of Frederik V **Obv:** Crowned, robed King standing under canopy **Obv. Legend:** FRIDERICVS • V • D • G • REX • DAN • NOR • **Rev:** Crowned arms supported by wildmen **Rev. Legend:** PRVDENTIA ET CONSTANTIA • **Note:** Dav. #1298

Date	Mintage	VG	F	VF	XF	Unc
1747 A	—	500	900	2,000	3,250	—

KM# 450 1/4 DUCAT
0.8730 g., 0.9790 Gold 0.0275 oz. AGW **Obv:** Equestrian figure of Frederik IV left **Rev:** Crowned F4 monograms

Date	Mintage	VG	F	VF	XF	Unc
ND(1702) Unique	—	—	—	—	—	—

KM# 451 1/2 DUCAT
1.7450 g., 0.9790 Gold 0.0549 oz. AGW **Obv:** Equestrian figure of Frederik IV left **Rev:** Three crowned arms and three crowned F4 monograms alternate in circle

Date	Mintage	VG	F	VF	XF	Unc
ND(1702) Rare	—	—	—	—	—	—

KM# 452 1/2 DUCAT
1.7450 g., 0.9790 Gold 0.0549 oz. AGW **Rev:** Crowned double F4 monogram

Date	Mintage	VG	F	VF	XF	Unc
ND(1702) Rare	—	—	—	—	—	—

KM# 651.1 SPECIEDALER
28.8930 g., 0.8750 Silver 0.8128 oz. ASW **Ruler:** Christian VII
Obv: Head right **Obv. Legend:** CHRISTIANUS • VII • D • G • DAN • NORV • V • G • REX • **Rev:** Crowned oval arms **Note:** Dav. #1313.

Date	Mintage	VG	F	VF	XF	Unc
1795 MF; B	—	175	300	500	800	—
1797 MF; B	—	150	275	400	700	—

KM# 651.2 SPECIEDALER
28.8930 g., 0.8750 Silver 0.8128 oz. ASW **Ruler:** Christian VII

Date	Mintage	VG	F	VF	XF	Unc
1796 CHL; B	—	150	300	450	775	—
1797 CHL; B	—	350	750	1,000	1,650	—

KM# 640.2 SPECIEDALER (Albertdaler)
28.0630 g., 0.8680 Silver 0.7831 oz. ASW **Obv:** Wildman standing behind crowned arms **Rev:** Small crowned arms **Note:** Dav. #1310.

Date	Mintage	VG	F	VF	XF	Unc
1796	—	675	1,300	1,800	3,000	—

TRADE COINAGE

Danish East India Co.

D.O.C. - Dansk Ostindisk Compagni

Originally formed in 1616 to develop trade and colonization in Asia and the East Indies under the protection of Christian IV. It was dissolved in 1634 and later reorganized in 1670 lasting until 1729 when it was closed due to its debts.

A few years later the company reorganized under the name, Danish Asiatic Company - D.A.C. Coins bearing these initials can be found listed under Tranquebar.

DENMARK

KM# 639.1 PIASTRE
26.9820 g., 0.9020 Silver 0.7824 oz. ASW **Ruler:** Christian VII **Issuer:** Danish Asiatic Company **Obv:** Crowned arms **Rev:** "ISLAND" in ribbon **Note:** Struck at Kongsberg. Three examples known to exist. Dav. #412.1.

Date	Mintage	VG	F	VF	XF	Unc
1777 Rare	50,000	—	—	—	—	—

KM# 510 1/2 DUCAT COURANT
1.4350 g., 0.8750 Gold 0.0404 oz. AGW **Ruler:** Frederik IV **Obv:** Bust right **Obv. Legend:** FRID • IIII • D • G • REX • DAN • NOR • V • G • **Rev:** Crown above date **Rev. Legend:** ...RIXDALER • COUR • MYNT •

Date	Mintage	VG	F	VF	XF	Unc
1715	598	800	1,200	2,000	2,800	—

KM# 637 PIASTRE
26.9820 g., 0.9020 Silver 0.7824 oz. ASW **Ruler:** Christian VII **Issuer:** Danish Asiatic Company (Danish East India Co. until 1729), Founded in 1732 to promote trade in Bengal India. The company handed over its property rights to the Danish government in 1777 but continued its trading activities until 1839 **Obv:** Large crowned arms **Obv. Legend:** CHRISTIANVS • VII • D • G • DAN • NOR • VAN • GOT • REX • **Rev:** Large crown above circular arms between pillars **Rev. Legend:** GLORIA • EX AMORE • PATRIÆ • **Note:** Five examples known to exist. Dav. #411.

Date	Mintage	VG	F	VF	XF	Unc
1771 Rare	543	—	—	—	—	—

Note: Peters sale 12-82 EF-AU realized $25,250; Peters I.N.S. sale 1-84 VF-XF realized $15,750

KM# 585 12 MARK (Ducat Courant)
3.1180 g., 0.8750 Gold 0.0877 oz. AGW **Ruler:** Frederik V **Obv:** Helmeted head right **Obv. Legend:** FRIDERICVS • V • D • G • DAN • NOR • V • G • REX • **Rev:** Large crown, value and date below **Rev. Legend:** PRUDENTIA ET CONSTANTIA

Date	Mintage	VG	F	VF	XF	Unc
1757 VH	—	400	600	900	1,200	—
1758	—	425	650	1,000	1,350	—

KM# 586.1 12 MARK (Ducat Courant)
3.1180 g., 0.8750 Gold 0.0877 oz. AGW **Ruler:** Frederik V **Obv:** Crowned "F5" and "V" in triangle **Obv. Legend:** D • G • DAN • NOR • VAN • GOT • REX • **Rev:** Crown, value and date below **Rev. Legend:** PRUDENTIA ET CONSTANTIA •

Date	Mintage	VG	F	VF	XF	Unc
1757 VH	—	300	500	875	1,150	—

Note: Two varieties known, with mintmaster initials "VH" dividing the date or placed below the date

KM# 587.1 12 MARK (Ducat Courant)
3.1180 g., 0.8750 Gold 0.0877 oz. AGW **Ruler:** Frederik V **Obv:** Bare head right, curl below **Obv. Legend:** FRIDERICVS • V • D • G • DAN • NOR • V • G • REX • **Rev:** Crown above value and date **Rev. Legend:** PRUDENTIA ET CONSTANTIA •

Date	Mintage	VG	F	VF	XF	Unc
1757 VH; AB Unique	—	—	—	—	—	—
1758 VH; AB	—	450	750	1,000	1,300	—

KM# 587.2 12 MARK (Ducat Courant)
3.1180 g., 0.8750 Gold 0.0877 oz. AGW **Ruler:** Frederik V **Obv:** Bare head right, curl below **Rev:** Crown above date

Date	Mintage	VG	F	VF	XF	Unc
1758 VH; A	—	550	800	1,150	1,600	—

KM# 587.3 12 MARK (Ducat Courant)
3.1180 g., 0.8750 Gold 0.0877 oz. AGW **Ruler:** Frederik V **Obv:** Bare head right, curl below **Rev:** Crown above value and date **Note:** 1759 date known without curl below.

Date	Mintage	VG	F	VF	XF	Unc
1758 VH; W	—	200	375	650	900	—
1759 VH; W	—	200	375	650	900	—
1760 VH; W	—	200	375	650	900	—
1761 VH; W	—	200	375	650	900	—

KM# 638 PIASTRE
26.9820 g., 0.9020 Silver 0.7824 oz. ASW **Ruler:** Christian VII **Issuer:** Danish Asiatic Co. (Danish East India Co. until 1729), Founded in 1732 to promote trade in Bengal India. The company handed over its property rights to the Danish government in 1777 but continued its trading activities until 1839 **Obv:** Small crowned arms **Obv. Legend:** CHRISTIANVS • VII • D • G • DAN • NOR • VAN • GOT • REX • **Rev:** Small crown above circular arms between pillars **Rev. Legend:** GLORIA • EX • AMORE • PATRIÆ **Note:** Twenty examples known to exist. Dav. #411A.

Date	Mintage	VG	F	VF	XF	Unc
1771(1774) Rare	45,000	—	—	—	48,000	—

KM# 587.4 12 MARK (Ducat Courant)
3.1180 g., 0.8750 Gold 0.0877 oz. AGW **Ruler:** Frederik V **Obv:** Bare head right, curl below **Rev:** Crown above value and date

Date	Mintage	VG	F	VF	XF	Unc
1761 W; W	—	200	375	650	900	—

KM# 639.2 PIASTRE
26.9820 g., 0.9020 Silver 0.7824 oz. ASW **Ruler:** Christian VII **Issuer:** Danish Asiatic Company **Obv:** Crowned arms **Rev:** ISLAN in ribbon **Note:** 21 examples known to exist. Dav. #412A. Struck at Kongsberg.

Date	Mintage	VG	F	VF	XF	Unc
1777 Rare	Inc. above	—	—	—	—	—

Note: Spink & Son Zurich Salvesen sale 10-88 XF realized $21,450

KM# 587.5 12 MARK (Ducat Courant)
3.1180 g., 0.8750 Gold 0.0877 oz. AGW **Ruler:** Frederik V **Obv:** Bare head right, curl below **Rev:** Crown above value and date

Date	Mintage	VG	F	VF	XF	Unc
1761 K; W	—	200	375	650	900	—
1762 K; W	—	200	375	650	900	—
1763 K; W	—	225	425	700	1,100	—

KM# 586.2 12 MARK (Ducat Courant)
3.1180 g., 0.8750 Gold 0.0877 oz. AGW **Ruler:** Frederik V **Obv:** Crowned "F5" and "V" in triangle

Date	Mintage	VG	F	VF	XF	Unc
1763 K	—	250	550	925	1,225	—

KM# 587.6 12 MARK (Ducat Courant)
3.1180 g., 0.8750 Gold 0.0877 oz. AGW **Ruler:** Frederik V **Obv:** Bare head right, curl below **Rev:** Crown above value and date

Date	Mintage	VG	F	VF	XF	Unc
1763 K; A	—	255	500	800	1,175	—

KM# 587.7 12 MARK (Ducat Courant)
3.1180 g., 0.8750 Gold 0.0877 oz. AGW **Ruler:** Frederik V **Obv:** Bare head right, curl below **Rev:** Crown above value and date

Date	Mintage	VG	F	VF	XF	Unc
1765 HSK; DIA	—	1,100	1,800	2,400	3,000	—

KM# 624 12 MARK (Ducat Courant)
3.1180 g., 0.8750 Gold 0.0877 oz. AGW **Ruler:** Christian VII **Obv:** Bust right **Rev:** "DEN 29 JANUARII" within wreath

Date	Mintage	VG	F	VF	XF	Unc
1771 K	—	1,500	2,750	4,500	7,500	—

KM# 641.1 12 MARK (Ducat Courant)
3.1180 g., 0.8750 Gold 0.0877 oz. AGW **Ruler:** Christian VII **Obv:** Moneyer's initial W below bust **Obv. Legend:** CHRISTIANUS • VII • D • G • REX • DAN • NOR • V • G • **Rev:** Crown above value **Rev. Legend:** GLORIA EX AMORE PATRIÆ •

Date	Mintage	F	VF	XF	Unc	BU
1781 CHL	—	500	1,000	1,800	2,700	—
1782 CHL	—	425	850	1,650	2,500	—
1783 CHL	—	425	850	1,650	2,500	—

KM# 641.2 12 MARK (Ducat Courant)
3.1180 g., 0.8750 Gold 0.0877 oz. AGW **Ruler:** Christian VII **Obv:** Moneyer's initial B below bust **Rev:** Crown above value

Date	Mintage	F	VF	XF	Unc	BU
1783 CHL	—	500	1,000	1,800	2,700	—

KM# 641.3 12 MARK (Ducat Courant)
3.1180 g., 0.8750 Gold 0.0877 oz. AGW **Ruler:** Christian VII **Obv:** Moneyer's initial B below bust **Rev:** Crown above value

Date	Mintage	F	VF	XF	Unc	BU
1783 HSK	—	650	1,150	2,000	3,250	—

KM# 641.4 12 MARK (Ducat Courant)
3.1180 g., 0.8750 Gold 0.0877 oz. AGW **Ruler:** Christian VII **Obv:** Moneyer's initial W below bust **Rev:** Crown above value

Date	Mintage	VF	XF	Unc	BU
1785 DCL	—	425	850	1,650	2,500	—

KM# 508 DUCAT COURANT
2.8700 g., 0.8750 Gold 0.0807 oz. AGW **Ruler:** Frederik IV **Obv:** Bust right **Obv. Legend:** FRID•IIII•D•G•REX•DAN•NOR•V•G • **Rev:** Crown above date **Rev. Legend:** RIXDALER • COUR • MYNT •

Date	Mintage	VG	F	VF	XF	Unc
1714	—	1,000	1,500	2,500	3,500	—
1715 CW	—	800	1,150	2,000	3,200	—
1716 CW	—	650	1,050	1,750	2,500	—

KM# 509 2 DUCAT COURANT
5.7400 g., 0.8750 Gold 0.1615 oz. AGW **Ruler:** Frederik IV **Obv:** Bust right **Rev:** Large crown above date

Date	Mintage	VG	F	VF	XF	Unc
1714 Unique	—	—	—	—	—	—

DENMARK

KM# 474 DUCAT
3.4900 g., 0.9790 Gold 0.1098 oz. AGW **Ruler:** Frederik IV **Rev:** Three-masted ship in harbor of Christiansborg fortress

Date	Mintage	VG	F	VF	XF	Unc
1701	—	2,000	3,500	5,500	7,500	—

KM# 478 DUCAT
3.4900 g., 0.9790 Gold 0.1098 oz. AGW **Ruler:** Frederik IV **Obv:** Figure left on rearing horse **Rev:** Three crowned arms and three crowned "F4" monograms alternate in circle

Date	Mintage	VG	F	VF	XF	Unc
1702	—	2,000	3,000	—	—	—
ND(1702)	—	1,000	2,000	3,000	4,000	—

KM# 497 DUCAT
3.4900 g., 0.9790 Gold 0.1098 oz. AGW **Ruler:** Frederik IV **Obv:** Figure left on rearing horse **Rev:** Crowned double F4 monogram

Date	Mintage	VG	F	VF	XF	Unc
ND(1702) Rare	—	—	—	—	—	—

KM# 481 DUCAT
3.4900 g., 0.9790 Gold 0.1098 oz. AGW **Ruler:** Frederik IV **Obv:** Large of bust right **Obv. Legend:** FRID • IIII • D • G • DAN • NOVG • REX • **Rev:** Christiansborg fortress in inner circle, "IN GUINEA" in exergue **Rev. Legend:** CHRISTIANSBORG • I • GUINEA •

Date	Mintage	VG	F	VF	XF	Unc
1704	—	1,000	2,000	3,000	4,000	—
ND(1704) Rare	—	1,000	2,000	3,000	4,000	—

KM# 484 DUCAT
3.4900 g., 0.9790 Gold 0.1098 oz. AGW **Ruler:** Frederik IV **Obv:** Small bust right **Obv. Legend:** FRID • IIII • D • G • REX • DAN • NOR • V • G • **Rev:** Christiansborg fortress in inner circle, date in exergue **Rev. Legend:** CHRISTIANSBORG • I • GUINEA •

Date	Mintage	VG	F	VF	XF	Unc
1708	—	800	1,400	1,900	2,800	—
1725	—	750	1,300	1,900	2,700	—

KM# 485 DUCAT
3.4900 g., 0.9790 Gold 0.1098 oz. AGW **Ruler:** Frederik IV **Obv:** Bust right with date below **Rev:** Three crowned arms and three crowned "F4" monograms alternate in circle

Date	Mintage	VG	F	VF	XF	Unc
1708	—	3,000	4,000	5,000	7,000	—
1709 Rare						

KM# 487 DUCAT
3.4900 g., 0.9790 Gold 0.1098 oz. AGW **Ruler:** Frederik IV **Obv:** Armored bust right **Obv. Legend:** FRID • IIII • D • G • REX • DANNOR • VG • **Rev:** Crowned arms in double Order collar **Rev. Legend:** DOMINUS • MI HI • ADIUTOR •

Date	Mintage	VG	F	VF	XF	Unc
1709	—	500	900	1,300	2,100	—
1723	—	500	850	1,200	2,100	—
1726	—	900	1,800	3,000	4,500	—

KM# 496 DUCAT
3.4900 g., 0.9790 Gold 0.1098 oz. AGW **Ruler:** Frederik IV **Obv:** Figure right on prancing horse, date in exergue **Obv. Legend:** FRID • IIII • D • G • REX • DAN • NOR • V • G • **Rev:** Crowned arms within double Order chain **Rev. Legend:** DOMINUS • MI HI • ADIUTOR •

Date	Mintage	VG	F	VF	XF	Unc
1710 Unique	—	—	—	—	—	—
1711	—	750	1,500	3,250	4,500	—

KM# 535 DUCAT
3.4900 g., 0.9790 Gold 0.1098 oz. AGW **Ruler:** Christian VI **Obv:** Crowned double "C6" monogram **Obv. Legend:** D • G • REX • DAN • NOR • VAN • GO • **Rev:** Fortress of Christiansborg in inner circle, two date in exergue **Rev. Legend:** CHRISTIANSBORG • I • GUINEA •

Date	Mintage	VG	F	VF	XF	Unc
1730	—	1,000	1,500	2,500	3,250	—

KM# 540 DUCAT
3.4900 g., 0.9790 Gold 0.1098 oz. AGW **Ruler:** Christian VI **Obv:** Uniformed bust right **Obv. Legend:** CHRIST • VI • D • G • REX • DAN • NORV • V • G • **Rev:** Christiansborg fortress **Rev. Legend:** DEO ET POPVIC

Date	Mintage	VG	F	VF	XF	Unc
1732	—	1,750	2,500	3,500	5,000	—

KM# 542 DUCAT
3.4900 g., 0.9790 Gold 0.1098 oz. AGW **Ruler:** Christian VI **Obv:** Crowned double C6 monogram **Obv. Legend:** D • G • REX • DAN • NORV • VAN • G • **Rev:** Fortress of Christiansborg in inner circle, date in exergue **Rev. Legend:** CHRISTIANSBORG • I • GUINEA •

Date	Mintage	VG	F	VF	XF	Unc
1738	—	1,000	1,500	2,700	3,500	—
1740	—	900	1,350	2,500	3,250	—

KM# 547 DUCAT
3.4900 g., 0.9790 Gold 0.1098 oz. AGW **Ruler:** Frederik V **Subject:** Death of Christian VI and Accession of Frederik V **Obv:** Bust of Frederik V right **Obv. Legend:** FRIDERICVS • V • D • G • REX • DAN • NOR • V • G • **Rev:** Bust of Christian VI right **Rev. Legend:** CHRISTIANVS • VI • D • G • REX • DAN • NOR • V • G •

Date	Mintage	VG	F	VF	XF	Unc
ND(1746) A-A	—	850	1,400	2,000	3,000	—

KM# 548 DUCAT
3.4900 g., 0.9790 Gold 0.1098 oz. AGW **Ruler:** Frederik V **Obv:** Armored bust right **Obv. Legend:** FRIDERICVS • V • D • G • REX • DAN • NOR • V • G • **Rev:** Crowned arms with "EX AURO SINICO" in exergue

Date	Mintage	VG	F	VF	XF	Unc
1746 A	—	1,000	2,100	3,500	5,500	—

KM# 549 DUCAT
3.4900 g., 0.9790 Gold 0.1098 oz. AGW **Ruler:** Frederik V **Obv:** Uniformed bust right **Obv. Legend:** FRIDERICVS • V • D • G • REX • DAN • NOR • V • G • **Rev:** Galley with "EX AURO SINICO" in exergue

Date	Mintage	VG	F	VF	XF	Unc
1746 A	—	1,750	2,750	4,250	5,750	—

KM# 550 DUCAT
3.4900 g., 0.9790 Gold 0.1098 oz. AGW **Ruler:** Frederik V **Obv:** Head right **Obv. Legend:** FRIDERICVS•V•D•G REX•DAN•NOR•V •G• **Rev:** Crowned arms with "EX AURO SINICO" in exergue

Date	Mintage	VG	F	VF	XF	Unc
1746	—	700	1,400	2,250	3,500	—

KM# 551 DUCAT
3.4900 g., 0.9790 Gold 0.1098 oz. AGW **Ruler:** Frederik V **Obv:** Head right **Rev:** Galley with "EX AURO SINICO" in exergue **Note:** EX AURO SINICO indicates "of Chinese gold" obtained by the Danish-Asiatic Trading Co.

Date	Mintage	VG	F	VF	XF	Unc
1746 Rare	—	—	—	—	—	—

KM# 552 DUCAT
3.4900 g., 0.9790 Gold 0.1098 oz. AGW **Ruler:** Frederik V **Obv:** Head right **Obv. Legend:** FRIDERICVS • V • D • G • REX • DAN • NOR • V • G • **Rev:** Christiansborg Fort (in Guinea) and ship **Note:** Made of gold from Guinea in Africa.

Date	Mintage	VG	F	VF	XF	Unc
1746	—	1,000	2,000	4,000	7,500	—

KM# 564 DUCAT
3.4900 g., 0.9790 Gold 0.1098 oz. AGW **Ruler:** Frederik V **Obv:** Bust right **Obv. Legend:** FRIDERICVS • V • D • G • REX • DAN • NORV • G • **Rev:** Crowned oval arms; date in exergue **Rev. Legend:** PRUDENTIA ET CONSTANTIA

Date	Mintage	VG	F	VF	XF	Unc
1747	—	1,150	1,800	2,500	3,750	—

KM# 565 DUCAT
3.4900 g., 0.9790 Gold 0.1098 oz. AGW **Ruler:** Frederik V **Obv:** Crowned, robed King standing looking right **Obv. Legend:** FRIDERICVS • V • D • G • REX • DAN • NOR • V • G • **Rev:** Crowned draped oval arms **Rev. Legend:** PRUDENTIA ET CONSTANTIA

Date	Mintage	VG	F	VF	XF	Unc
1747	—	1,500	2,250	3,250	4,500	—

KM# 566 DUCAT
3.4900 g., 0.9790 Gold 0.1098 oz. AGW **Ruler:** Frederik V **Obv:** Crowned, robed King standing looking right **Obv. Legend:** FRIDERICVS • V • D • G • REX • DAN • NOR • V • G • **Rev:** Fortress of Christiansborg in Guinea **Rev. Legend:** • CHRISTIANSBORG I GUINEA • **Note:** Made of gold from Guinea in Africa.

Date	Mintage	VG	F	VF	XF	Unc
1747	—	7,500	1,500	3,000	4,000	—

KM# 573 DUCAT
3.4900 g., 0.9790 Gold 0.1098 oz. AGW **Ruler:** Frederik V **Obv:**

King on horseback right **Rev:** Crowned double "F5" monogram
Note: Reduced diameter, greater thickness.

Date	Mintage	VG	F	VF	XF	Unc
1748	—	400	750	2,000	3,250	—

KM# 577 DUCAT
3.5000 g., 0.9860 Gold 0.1109 oz. AGW **Ruler:** Frederik V

Date	Mintage	VG	F	VF	XF	Unc
1749 VH	—	—	700	1,100	3,000	4,500

• NO • V • GOT • **Rev:** Fortress of Christiansborg in Guinea **Rev. Legend:** CHRISTIANS • BORG •

Date	Mintage	VG	F	VF	XF	Unc
1701	—	2,000	3,000	4,000	7,500	—
1704	—	2,000	3,000	4,000	7,500	—

KM# 499 2 DUCAT
6.9810 g., 0.9790 Gold 0.2197 oz. AGW **Ruler:** Frederik IV **Obv:** Figure on rearing horse facing left **Rev:** Crowned double "F4" monogram

Date	Mintage	VG	F	VF	XF	Unc
ND(1702) Rare	—	—	—	—	—	—

KM# 500 2 DUCAT
6.9810 g., 0.9790 Gold 0.2197 oz. AGW **Ruler:** Frederik IV **Obv:** Figure on rearing horse facing left **Rev:** Three crowned arms and three crowned "F4" monograms alternate in circle

Date	Mintage	VG	F	VF	XF	Unc
ND(1702) Unique	—	—	—	—	—	—

KM# 486 2 DUCAT
6.9810 g., 0.9790 Gold 0.2197 oz. AGW **Ruler:** Frederik IV **Obv:** Bust right with date below **Rev:** Three crowned arms and three crowned "F4" monograms alternate in circle

Date	Mintage	VG	F	VF	XF	Unc
1708 Rare	—	—	—	—	—	—
1709 Unique	—	—	—	—	—	—

KM# A488 2 DUCAT
6.9810 g., 0.9790 Gold 0.2197 oz. AGW **Ruler:** Frederik IV **Rev:** "SOC. IND. OCC" in exergue below ship

Date	Mintage	VG	F	VF	XF	Unc
1708	—	—	4,500	6,000	9,000	—

KM# 488 2 DUCAT
6.9810 g., 0.9790 Gold 0.2197 oz. AGW **Ruler:** Frederik IV **Rev:** Crowned arms in double Order collar

Date	Mintage	VG	F	VF	XF	Unc
1709 Rare	—	—	—	—	—	—

KM# 498 2 DUCAT
6.9810 g., 0.9790 Gold 0.2197 oz. AGW **Ruler:** Frederik IV **Obv:** Figure right on prancing horse, date in exergue

Date	Mintage	VG	F	VF	XF	Unc
1710 Rare	—	—	—	—	—	—
1711 Rare	—	—	—	—	—	—

KM# 568.2 2 DUCAT
6.9810 g., 0.9790 Gold 0.2197 oz. AGW **Obv:** Head of Frederik V right **Rev:** Without wings on left side of arms

Date	Mintage	VG	F	VF	XF	Unc
1747	—	2,500	3,500	4,500	6,500	—

KM# 568.1 2 DUCAT
6.9810 g., 0.9790 Gold 0.2197 oz. AGW **Ruler:** Frederik V **Obv:** Head right **Rev:** Wings on left side of arms

Date	Mintage	VG	F	VF	XF	Unc
1747	—	2,500	3,500	4,500	6,500	—

KM# 569 2 DUCAT
6.9810 g., 0.9790 Gold 0.2197 oz. AGW **Ruler:** Frederik V **Obv:** Crowned and robed King holding scepter, right **Rev:** Crowned arms, date in exergue

Date	Mintage	VG	F	VF	XF	Unc
1747	—	3,000	4,000	6,000	7,500	—
1747 Unique; Date on obverse	—	—	—	—	—	—

KM# 570 2 DUCAT
6.9810 g., 0.9790 Gold 0.2197 oz. AGW **Ruler:** Frederik V **Obv:** Crowned and robed King holding scepter, right **Rev:** Christiansberg Castle in Guinea

Date	Mintage	VG	F	VF	XF	Unc
1747	—	2,500	3,500	4,500	6,500	—

KM# 574 2 DUCAT
6.9810 g., 0.9790 Gold 0.2197 oz. AGW **Ruler:** Frederik V **Obv:** King on horseback right **Rev:** Crowned double "F5" monogram

Date	Mintage	VG	F	VF	XF	Unc
1748 Rare	—	—	—	—	—	—

KM# 576 2 DUCAT
Gold **Ruler:** Frederik V **Rev:** Crowned ornate arms with "DWC" on ribbon **Note:** Struck in Copenhagen for the Danish West Indies Company.

Date	Mintage	VG	F	VF	XF	Unc
1749 VH	—	—	—	5,000	7,500	—

KM# 584 2 DUCAT
6.9810 g., 0.9790 Gold 0.2197 oz. AGW **Ruler:** Frederik V **Obv:** Head right **Rev:** Three-masted ship left

Date	Mintage	VG	F	VF	XF	Unc
1753 Unique	—	—	—	—	—	—

KM# 583 DUCAT
3.4900 g., 0.9790 Gold 0.1098 oz. AGW **Ruler:** Frederik V **Obv:** Head right **Obv. Legend:** FRIDERICVS • V • D • G • REX • DAN • NOR • V • G • **Rev:** Three-masted ship left

Date	Mintage	VG	F	VF	XF	Unc
1753	—	800	1,500	2,900	5,250	—
1754	—	500	900	1,900	3,250	—
1756	—	725	1,150	2,100	3,500	—

KM# 588 DUCAT
3.4900 g., 0.9790 Gold 0.1098 oz. AGW **Ruler:** Frederik V **Obv:** Bust right **Obv. Legend:** FRIDERICVS • V • D • G • DAN • NORV • V • G • REX • **Rev:** Crowned arms with garland, "EBENEZER" below, date in exergue

Date	Mintage	VG	F	VF	XF	Unc
1758	—	750	1,400	2,750	5,000	—

KM# 625 DUCAT SPECIE
3.4900 g., 0.9790 Gold 0.1098 oz. AGW **Ruler:** Christian VII **Obv:** Wild man standing with shield **Rev:** Four-line legend in square tablet

Date	Mintage	F	VF	XF	Unc	BU
1771	341	2,000	3,000	4,000	7,500	—

KM# 553 2 DUCAT
6.9810 g., 0.9790 Gold 0.2197 oz. AGW **Ruler:** Frederik V **Subject:** Death of Christian VI and Accession of Frederik V **Obv:** Bust of Frederik V **Obv. Legend:** FRIDERICVS • V • D • G • REX • DAN • NORV • G • **Rev:** Bust of Christian VI **Rev. Legend:** CHRISTIANVS • VI • D • G • REX • DAN • NORV •

Date	Mintage	VG	F	VF	XF	Unc
ND(1746) A-A	—	1,750	3,500	5,750	9,500	—

KM# 554 2 DUCAT
6.9810 g., 0.9790 Gold 0.2197 oz. AGW **Ruler:** Frederik V **Obv:** Head of Frederik V **Rev:** Bust of Christian VI

Date	Mintage	VG	F	VF	XF	Unc
ND (1746) Unique	—	—	—	—	—	—

KM# 555 2 DUCAT
6.9810 g., 0.9790 Gold 0.2197 oz. AGW **Ruler:** Frederik V **Obv:** Armored bust right **Rev:** Crowned arms with "EX AURO SINICO" in exergue

Date	Mintage	VG	F	VF	XF	Unc
1746	—	3,000	4,500	7,000	9,500	—

KM# 556 2 DUCAT
6.9810 g., 0.9790 Gold 0.2197 oz. AGW **Rev:** Galley with "EX AURO SINICO" in exergue **Note:** "EX AURO SINICO" indicated "of Chinese gold" obtained by the Danish-Asiatic Trading Co.

Date	Mintage	VG	F	VF	XF	Unc
1746	—	2,500	4,000	6,000	9,000	—

KM# 650 DUCAT SPECIE
3.4900 g., 0.9790 Gold 0.1098 oz. AGW **Ruler:** Christian VII **Obv:** Standing wildman with shield and staff divides date **Obv. Legend:** MONETA AVREA DANICA • **Rev:** Five-line legend in square tablet

Date	Mintage	F	VF	XF	Unc	BU
1791	—	1,000	1,500	2,500	3,750	—
1792	—	1,000	1,500	2,500	3,750	—
1794	—	1,000	1,500	2,500	3,750	—

KM# 557 2 DUCAT
6.9810 g., 0.9790 Gold 0.2197 oz. AGW **Ruler:** Frederik V **Obv:** Head right **Obv. Legend:** FRIDERICVS•V•D•G•REX•DAN•NOR•V •G• **Rev:** Crowned arms with "EX AURO SINICO" in exergue

Date	Mintage	VG	F	VF	XF	Unc
1746 Unique	—	—	—	—	—	—

KM# 558 2 DUCAT
6.9810 g., 0.9790 Gold 0.2197 oz. AGW **Rev:** View of Christiansborg Fort (in Guinea) and ship at sea

Date	Mintage	VG	F	VF	XF	Unc
1746 Rare	—	—	—	—	—	—

KM# 567 2 DUCAT
6.9810 g., 0.9790 Gold 0.2197 oz. AGW **Ruler:** Frederik V **Obv:** Bust right **Rev:** Crowned oval arms, date in exergue

Date	Mintage	VG	F	VF	XF	Unc
1747 Rare	—	—	—	—	—	—

KM# 475 2 DUCAT
6.9810 g., 0.9790 Gold 0.2197 oz. AGW **Ruler:** Frederik IV **Obv:** Armored bust right, date below **Obv. Legend:** FRID • IIII • D • G • DAN • NO • V • G • REX • **Rev:** Crowned double "F4" monograms

Date	Mintage	VG	F	VF	XF	Unc
1701 Rare	—	—	—	—	—	—
1704 Rare	—	—	6,000	8,000	10,000	—

KM# 476 2 DUCAT
6.9810 g., 0.9790 Gold 0.2197 oz. AGW **Ruler:** Frederik IV **Obv:** Armored bust right **Obv. Legend:** FRID • IIII • D • G • REX • DAN

KM# 482 5 DUCAT
17.4520 g., 0.9790 Gold 0.5493 oz. AGW **Ruler:** Frederik IV **Obv:** Bust right **Obv. Legend:** FRIDERICVS • IIII • D • G • REX • DAN • NOR • VAN • GOT • **Rev:** Ship

Date	Mintage	VG	F	VF	XF	Unc
1704 Rare	251	—	—	—	22,000	—

Note: 133 10-Ducat pieces were struck with these dies but none survived

KM# 629 CHR(ISTIANS) D'OR
6.6810 g., 0.9030 Gold 0.1940 oz. AGW **Ruler:** Christian VII **Obv:** Head right, date below **Obv. Legend:** CHRIST • VII • D • G • REX • DAN • NORV • V • G • **Rev:** 3 crowned double "C7" monograms **Rev. Legend:** GLORIA EX AMORE PATRIÆ

Date	Mintage	F	VF	XF	Unc	BU
ND(1771) W	207	2,500	3,750	5,250	7,500	—
1775 W	22,721	2,400	3,250	4,250	5,500	—

PATTERNS
Including off metal strikes

KM#	Date	Mintage	Identification	Mkt Val
Pn42	1701	—	Ducat. Silver. KM#474	—
Pn43	1708	—	Ducat. Silver. KM#481	—
Pn44	1708	—	Ducat. Silver. KM#485	—
Pn45	1709	—	Ducat. Silver. KM#487	—
Pn46	1714	—	2 Ducat Courant. Silver. KM#509	—
PnA46	1747	—	Krone. Silver.	—
Pn47	1781	—	Daler. Silver. KM#640	—

DENMARK

GLUCKSTADT

DUCHY

STANDARD COINAGE

KM# 4 2 SKILLING
1.1060 g., 0.3290 Silver 0.0117 oz. ASW **Ruler:** Frederik IV

Date	Mintage	Good	VG	F	VF	XF
1714 CW	—	—	30.00	60.00	120	200
1715 CW	—	—	10.00	25.00	40.00	90.00

Note: Due to a damaged die, some 1715 coins may appear to be dated 1713, though none of this date exist

Date	Mintage	Good	VG	F	VF	XF
1716 CW	—	—	15.00	30.00	50.00	100

KM# 1 8 SKILLING
3.0570 g., 0.5620 Silver 0.0552 oz. ASW **Ruler:** Frederik IV

Date	Mintage	Good	VG	F	VF	XF
1702	—	—	20.00	50.00	100	225
1703	—	—	17.50	42.50	85.00	200
1704	—	—	17.50	42.50	85.00	200
1704 Error FRID VI	—	—	120	300	600	—
1705 Rare	—	—	—	—	—	—

KM# 3 8 SKILLING
3.0570 g., 0.5620 Silver 0.0552 oz. ASW **Ruler:** Frederik IV

Date	Mintage	Good	VG	F	VF	XF
1711	—	—	20.00	50.00	100	200
1712	—	—	50.00	85.00	200	350
1713	—	—	70.00	120	250	500

TRADE COINAGE

KM# 2.1 DUCAT
3.4900 g., 0.9790 Gold 0.1098 oz. AGW **Ruler:** Frederik IV **Rev:** Date

Date	Mintage	VG	F	VF	XF	Unc
1705 Rare	—	—	—	—	—	—

KM# 2.2 DUCAT
3.4900 g., 0.9790 Gold 0.1098 oz. AGW **Ruler:** Frederik IV **Obv:** Date

Date	Mintage	VG	F	VF	XF	Unc
1705 Rare	—	—	—	—	—	—
1706 Rare	—	—	—	—	—	—

KM# 8 DUCAT
3.4900 g., 0.9790 Gold 0.1098 oz. AGW

Date	Mintage	VG	F	VF	XF	Unc
1718 BH Rare	—	—	—	—	—	—
1719 BH	—	3,500	5,000	7,000	10,000	—

HOLSTEIN-GOTTORP-RENDSBORG

DUCHY

STANDARD COINAGE

KM# 5 SKILLING
0.7690 g., 0.1870 Silver 0.0046 oz. ASW

Date	Mintage	VG	F	VF	XF	Unc
1719 BH	—	10.00	20.00	40.00	80.00	—

Note: Small monogram

Date	Mintage	VG	F	VF	XF	Unc
1719 BH	—	20.00	40.00	60.00	100	—

Note: Large monogram

Date	Mintage	VG	F	VF	XF	Unc
1720 BH	—	25.00	50.00	75.00	115	—

Note: Large monogram

Date	Mintage	VG	F	VF	XF	Unc
1720 BH	—	15.00	25.00	50.00	90.00	—

Note: Small monogram

KM# 6 12 SKILLING
3.8980 g., 0.5620 Silver 0.0704 oz. ASW

Date	Mintage	VG	F	VF	XF	Unc
1716 BH	—	20.00	42.50	80.00	160	—
1717 BH	—	20.00	42.50	80.00	160	—
1718 BH	—	20.00	42.50	80.00	160	—
1719 BH	—	35.00	55.00	95.00	175	—
1720 BH	—	40.00	70.00	125	275	—

TRADE COINAGE

KM# 7 1/2 DUCAT
1.7450 g., 0.9790 Gold 0.0549 oz. AGW

Date	Mintage	VG	F	VF	XF	Unc
1719 BH	—	1,400	2,000	2,750	4,500	—

DOMINICA

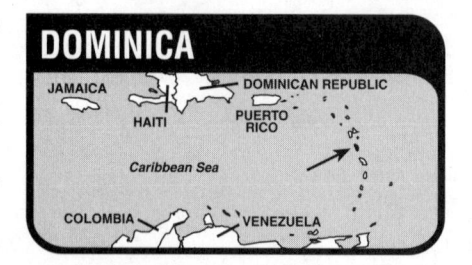

The Commonwealth of Dominica, situated in the Lesser Antilles midway between Guadeloupe to the north and Martinique to the south, has an area of 290 sq. mi. (750 sq. km.) and a population of 82,608. Capital: Roseau. Agriculture is the chief economic activity of the mountainous island. Bananas are the chief export.

Columbus discovered and named the island on Nov. 3, 1493. Spain neglected it and it was finally colonized by the French in 1632. The British drove the French from the island in 1756. Thereafter it changed hands between the French and British a dozen or more times before becoming permanently British in 1805. Around 1761, pierced or mutilated silver from Martinique was used on the island. A council in 1798 acknowledged and established value for these mutilated coins and ordered other cut and countermarked to be made in Dominica. These remained in use until 1862, when they were demonetized and sterling became the standard. Throughout the greater part of its British history, Dominica was a presidency of the Leeward Islands. In 1940 its administration was transferred to the Windward Islands and it was established as a separate colony with considerable local autonomy. From 1955, Dominica was a member of the currency board of the British Caribbean Territories (Eastern Group), which issued its own coins until 1965. Dominica became a West Indies associated state with a built in option for independence in 1967. Full independence was attained on Nov. 3, 1978. Dominica, which has a republican form of government, is a member of the Commonwealth of Nations.

RULER
British, until 1978

MONETARY SYSTEM

(Until 1798)
10 Bits = 7 Shillings 6 Pence = 1 Dollar
(From 1798 until 1813)
11 Bits = 8 Shillings 3 Pence = 1 Dollar

BRITISH COLONY

COUNTERMARKED COINAGE
1813

KM# 1 1-1/2 BITS (Moco)
Silver **Countermark:** Script "D" with rays and small star in the loop of the letter overstruck on crenated circular center plug of Spanish or Spanish Colonial 8 Reales **Note:** Varieties exist in the shape of the letter and the size and position of the star. Contemporary imitations and modern copies exist.

CM Date	Host Date	Good	VG	F	VF	XF
ND(1798)	ND(1772-89)	25.00	45.00	85.00	175	350

KM# 3.1 11 BITS
Silver **Obv:** Hole at center of laureate bust right **Rev:** Center hole between pillars, crown above **Note:** Crenated center hole in Mexico City 8 Reales, KM#106.

CM Date	Host Date	Good	VG	F	VF	XF
ND(1798)	ND(1772-89)	300	600	1,200	2,500	—

KM# 3.2 11 BITS
Silver **Obv:** Hole at center of laureate bust right **Rev:** Center hole between pillars, crown above **Note:** Crenated center hole in Mexico City 8 Reales, KM#107.

CM Date	Host Date	Good	VG	F	VF	XF
ND(1798)	ND(1789-90)	325	650	1,350	2,750	—

KM# 3.3 11 BITS
Silver **Obv:** Hole at center of laureate bust right **Rev:** Center hole between pillars, crown above **Note:** Crenated center hole in Mexico City 8 Reales, KM#109.

CM Date	Host Date	Good	VG	F	VF	XF
ND(1798)	ND(1781-1808)	325	650	1,350	2,750	—

KM# 3.4 11 BITS
Silver **Obv:** Hole at center of laureate bust right **Rev:** Center hole between pillars, crown above **Note:** Crenated center hole in Peru 8 Reales, KM#97. The center plug was used for the 1 1/2 Bits, KM#1.

CM Date	Host Date	Good	VG	F	VF	XF
ND(1798)	ND(1791-1800)	325	650	1,350	2,750	—

EGYPT

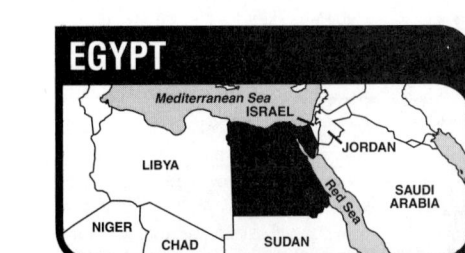

The Arab Republic of Egypt, located on the northeastern corner of Africa, has an area of 385,229 sq. mi. (1,1001,450 sq. km.) and a population of 62.4 million. Capital: Cairo. Although Egypt is an almost rainless expanse of desert, its economy is predominantly agricultural. Cotton, rice and petroleum are exported. Other main sources of income are revenues from the Suez Canal, remittances of Egyptian workers abroad and tourism.

Egyptian history dates back to about 3000 B.C. when the empire was established by uniting the upper and lower kingdoms. Following its 'Golden Age' (16th to 13th centuries B.C.), Egypt was conquered by Persia (525 B.C.) and Alexander the Great (332 B.C.). The Ptolemies, descended from one of Alexander's generals, ruled until the suicide of Cleopatra (30 B.C.) when Egypt became the private domain of the Roman emperor, and subsequently part of the Byzantine world. Various Muslim dynasties ruled Egypt from 641 on, including Ayyubid Sultans to 1250 and Mamluks to 1517, when it was conquered by the Ottoman Turks, interrupted by the occupation of Napoleon (1798-1801). A semi-independent dynasty was founded by Muhammad Ali in 1805 which lasted until 1952. Turkish rule became increasingly casual, permitting Great Britain to inject its influence by purchasing shares in the Suez Canal. British troops occupied Egypt in 1882, becoming the de facto rulers. On Dec. 14, 1914, Egypt was made a protectorate of Britain. British occupation ended on Feb. 28, 1922, when Egypt became a sovereign, independent kingdom. The monarchy was abolished and a republic proclaimed on June 18, 1953.

On Feb. 1, 1958, Egypt and Syria formed the United Arab Republic. Yemen joined on March 8 in an association known as the United Arab States. Syria withdrew from the United Arab Republic on Sept. 29, 1961, and on Dec. 26 Egypt dissolved its ties with Yemen in the United Arab States. On Sept. 2, 1971, Egypt finally shed the name United Arab Republic in favor of the Arab Republic of Egypt.

RULERS
Ottoman, until 1882
Ali Bey, rebel,
AH1183-1186, 1769-1772AD

MONETARY SYSTEM
40 Paras = 1 Qirsh (Piastre)

MINT MARKS
Egyptian coins issued prior to the advent of the British Protectorate series of Sultan Hussein Kamil introduced in 1916 were very similar to Turkish coins of the same period. They can best be distinguished by the presence of the Arabic word *Misr* Egypt) on the reverse, which generally appears immediately above the Muslim accession date of the ruler, which is presented in Arabic numerals. Each coin is individually dated according to the regnal years.

INITIAL LETTERS

INITIAL LETTERS, NUMERALS

Alif	ba	ha	ha	dal
i	ii	iii	iv	v
ra	sin	sad	(?) sm	ta
vi	vii	viii	ix	x
noon	noon w/o dot	ha	(?) ra	ah
xi	xii	xiii	xiv	xv
es	ba	bkr	ha	raa
xvi	xvii	xviii	xix	xx
ragib	sma	msi	'aa	gha
xxi	xxii	xxiii	xxiv	xxv
'ab	'abd	'ad	'an	md
xxvi	xxvii	xxviii	xxvix	xxx
mr	mk	mdm	mha	ha
xxxi	xxxii	xxxiii	xxxiv	xxxv
ya	42a	md6	6md	6mdm
xxxvi	xxxvii	xxxviii	xxxix	xl
xli	xlii	xliii	xliv	xlv

Letters, symbols and numerals were placed on coins during the reigns of Mustafa II (1695) until Selim III (1789). They have been observed in various positions but the most common position being over *binin* the third row of the obverse. In Egypt these letters and others used on the Paras (Medins) above the word *duribe* on the reverse during this period.

REGNAL YEAR IDENTIFICATION

4
Duriba fi

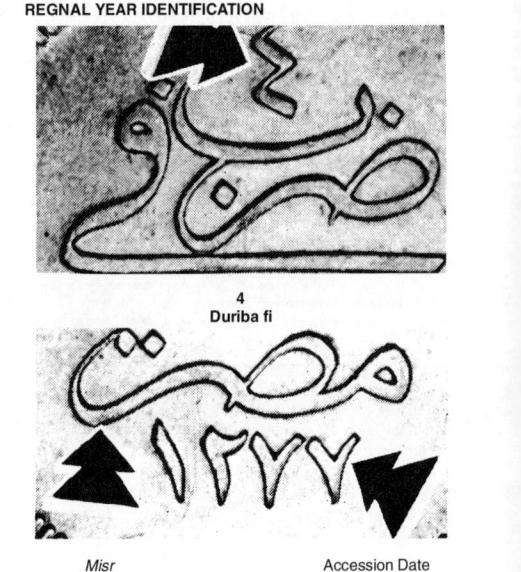

Misr — *Accession Date*

DENOMINATIONS

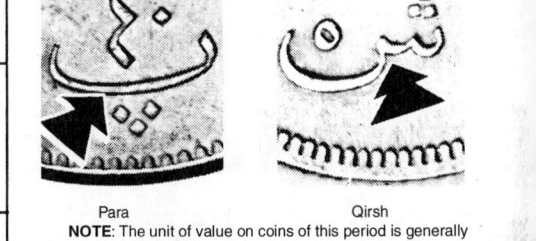

Para — *Qirsh*

NOTE: The unit of value on coins of this period is generally presented on the obverse immediately below the toughra, as shown in the illustrations above.

OTTOMAN EMPIRE
1595 - 1914AD

Mustafa II
AH1106-15/1695-1703AD
HAMMERED COINAGE

KM# 60 PARA
0.6500 g., Silver Mint: Misr

Date	Mintage	VG	F	VF	XF	Unc
AH1106	—	12.00	25.00	40.00	65.00	—

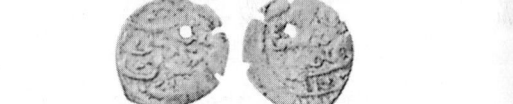

KM# 62 SHERIFI ALTIN
3.2000 g., Gold Mint: Misr

Date	Mintage	VG	F	VF	XF	Unc
AH1106	—	100	250	400	600	—

KM# 63 JEDID ESHREFI ALTIN
3.2500 g., Gold, 17-20 mm. **Obv:** Tughra **Rev:** Mint name **Mint:** Misr **Note:** Size varies.

Date	Mintage	VG	F	VF	XF	Unc
AH1109	—	75.00	150	250	400	—
AH1113	—	100	250	350	600	—

EGYPT

Ahmed III
AH1115-1143/1703-1730AD
HAMMERED COINAGE

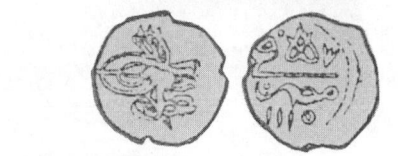

KM# 65 JEDID
3.1500 g., Copper Or Bronze, 17-20 mm. **Obv:** Toughra **Rev:** Mint name **Mint:** Misr **Note:** Varieties exist.

Date	Mintage	VG	F	VF	XF	Unc
AH1115	—	10.00	30.00	50.00	80.00	—

KM# 66 AKCE
Silver **Mint:** Misr **Note:** Weight varies 0.14-.016 grams.

Date	Mintage	VG	F	VF	XF	Unc
AH1115	—	6.00	12.00	20.00	40.00	—

KM# 68 PARA
0.4500 g., Silver **Obv:** Legends **Rev:** Legends **Mint:** Misr

Date	Mintage	VG	F	VF	XF	Unc
AH1115	—	8.00	15.00	25.00	45.00	—

KM# 69 PARA
0.6800 g., Silver **Obv:** Toughra **Rev:** Legends **Mint:** Misr

Date	Mintage	VG	F	VF	XF	Unc
AH1115	—	10.00	15.00	20.00	25.00	—

KM# 70 BESLIK
2.9600 g., Silver, 24 mm. **Obv:** Toughra **Rev:** Mint name **Mint:** Misr

Date	Mintage	VG	F	VF	XF	Unc
AH1115 Rare	—	—	—	—	—	—

KM# 71 1/2 ALTIN
1.7000 g., Gold **Obv:** Toughra **Rev:** Legend **Mint:** Misr **Note:** Similar to 1-1/2 Altin, KM#75.

Date	Mintage	VG	F	VF	XF	Unc
AH1115 Rare	—	—	—	—	—	—
ND iii (twice) Rare	—	—	—	—	—	—
ND xxxvi (twice) Rare	—	—	—	—	—	—

KM# 72 ESHREFI ALTIN
Gold **Obv:** Mint name below toughra **Rev:** Legend **Mint:** Misr **Note:** Weight varies: 3.30-3.45g.

Date	Mintage	VG	F	VF	XF	Unc
AH1115	—	100	200	300	400	—
ND xiv	—	100	200	300	400	—
ND xv	—	100	200	300	400	—
ND xviii	—	100	200	300	400	—
ND xxviii	—	100	200	300	400	—

KM# 75 1-1/2 ALTIN
5.0900 g., Gold **Obv:** Toughra **Rev:** Legends **Mint:** Misr **Note:** Weight varies, 4.87-5.09 grams

Date	Mintage	VG	F	VF	XF	Unc
AH1115	—	375	500	850	1,200	—
xxxvi (twice)	—	375	500	850	1,200	—

KM# 78 2 ALTIN
5.0900 g., Gold, 34 mm. **Obv:** Toughra above legends within inner circle **Rev:** Legend within inner circle **Mint:** Misr

Date	Mintage	VG	F	VF	XF	Unc
AH1115 Rare	—	—	—	—	—	—

KM# 77 2 ALTIN
5.0900 g., Gold, 28 mm. **Obv:** Toughra within beaded circle **Rev:** Legend, mint name and date within beaded circle **Mint:** Misr

Date	Mintage	VG	F	VF	XF	Unc
AH1115 Rare	—	—	—	—	—	—
ND xiv	—	—	—	—	—	—

Mahmud I
AH1143-1168/1730-1754AD
HAMMERED COINAGE

KM# 81 JEDID
2.0000 g., Copper Or Bronze, 16.7 mm. **Obv:** Legend **Rev.** **Legend:** Without Sanat

Date	Mintage	Good	VG	F	VF	XF
AH1143	—	15.00	30.00	50.00	75.00	—

KM# 80 JEDID
2.3000 g., Copper Or Bronze, 15.7-17 mm. **Obv:** Toughra **Rev.** **Legend:** With "SANAT" **Note:** Weight varies: 1.90-2.30g.

Date	Mintage	Good	VG	F	VF	XF
AH1143	—	15.00	30.00	50.00	75.00	—
AH1143 v	—	15.00	30.00	50.00	75.00	—

KM# 82.2 MEDIN
0.5000 g., Silver **Obv:** Toughra **Rev:** Legend **Note:** Without initial letters. Varieties exist.

Date	Mintage	VG	F	VF	XF	Unc
AH1143	—	5.00	10.00	15.00	28.00	—

KM# 82.1 MEDIN
0.5000 g., Silver **Obv:** Toughra **Rev:** Legend **Note:** With initial letters. Varieties exist.

Date	Mintage	VG	F	VF	XF	Unc
AH1143	—	5.00	10.00	15.00	28.00	—
AH1143 v	—	5.00	10.00	15.00	28.00	—
AH1143 vii	—	5.00	10.00	15.00	28.00	—
AH1143 xii	—	5.00	10.00	15.00	28.00	—
AH1143 xv	—	5.00	10.00	15.00	28.00	—
AH1143 xxxii	—	5.00	10.00	15.00	28.00	—

KM# 83 ZERI MAHBUB NISFIYE
1.2500 g., Gold **Obv:** Toughra **Rev:** Legend

Date	Mintage	VG	F	VF	XF	Unc
AH1143	—	50.00	100	180	250	—

Date	Mintage	VG	F	VF	XF	Unc
AH1143 xii	—	50.00	100	180	250	—
AH1143 xxv	—	50.00	100	180	250	—

KM# 84 ZERI MAHBUB NISFIYE
1.2500 g., Gold **Obv:** Legend with "Nisfiye" at lower right near toughra **Rev:** Legend

Date	Mintage	VG	F	VF	XF	Unc
AH1143	—	100	200	300	450	—
AH1143 xv and vii	—	100	200	300	450	—
AH1143 xx and xli	—	100	200	300	450	—

KM# 85 YARIM ZINJIRLI ALTIN
Gold, 14 mm. **Obv:** Toughra **Rev:** Legend **Note:** Weight varies 1.65-1.70 grams.

Date	Mintage	VG	F	VF	XF	Unc
AH1143	—	55.00	90.00	180	250	—
AH1143 vii and xvi	—	55.00	90.00	180	250	—

KM# A86 1/2 ZERI MAHBUB
Gold, 15-20 mm. **Obv:** Toughra above legend **Rev:** Legend **Note:** Weight varies 0.93-1.26 grams. Size varies.

Date	Mintage	VG	F	VF	XF	Unc
AH1143	—	40.00	70.00	180	220	—

KM# 89.1 ZERI MAHBUB
Gold **Obv:** Grape between two arrows at right of toughra **Rev:** Legend **Note:** Similar to KM#88 without initial letter.

Date	Mintage	VG	F	VF	XF	Unc
AH1143	—	50.00	80.00	150	220	—

KM# 90 ZERI MAHBUB
Gold **Obv:** Rose between 2 arrows **Rev:** Legend **Note:** Varieties exist.

Date	Mintage	VG	F	VF	XF	Unc
AH1143	—	65.00	95.00	180	220	—
AH1143 xxiv	—	65.00	95.00	180	220	—
AH1143 xxix	—	65.00	95.00	180	220	—

KM# 86 ZERI MAHBUB
Gold **Obv:** Small lotus at right of toughra **Rev:** Legend **Note:** Weight varies 2.50-2.60 grams. Variety with wider rim exists.

Date	Mintage	VG	F	VF	XF	Unc
AH1143	—	65.00	95.00	150	200	—
AH1143 vii	—	65.00	95.00	150	200	—
AH1143 xii Large	—	65.00	95.00	150	200	—
AH1143 xii Small	—	65.00	95.00	150	200	—
AH1143 xxv	—	65.00	95.00	150	200	—
AH1143 xxv + xii	—	65.00	95.00	150	200	—
AH1143 xxv + v Small	—	65.00	95.00	150	200	—
AH1143 xxv + v Large	—	65.00	95.00	150	200	—
AH1143 xxv + xvi	—	65.00	95.00	150	200	—

KM# 87 ZERI MAHBUB
Gold **Obv:** Rose branch at right of toughra **Rev:** Legend

Date	Mintage	VG	F	VF	XF	Unc
AH1143	—	65.00	95.00	150	200	—
AH1143 xv	—	65.00	95.00	150	200	—
AH1143 xv + v	—	65.00	95.00	150	200	—
AH1143 xii + xxv	—	65.00	95.00	150	200	—
AH1143 xii - xxv + xi	—	65.00	95.00	150	200	—

KM# 88 ZERI MAHBUB
Gold **Obv:** Grape between 2 arrows at right of toughra **Rev:** Legend "Rayheb" as initials

Date	Mintage	VG	F	VF	XF	Unc
AH1143	—	65.00	95.00	150	200	—
AH1143 xxvi	—	65.00	95.00	150	200	—

KM# 89.2 ZERI MAHBUB
Gold **Obv:** Toughra **Rev:** Legend **Note:** Similar to KM#88 with initial letter.

Date	Mintage	VG	F	VF	XF	Unc
AH1143	—	65.00	95.00	150	200	—
AH1143 xi	—	65.00	95.00	150	200	—

KM# 91 ZINJIRLI ALTIN
3.4500 g., Gold, 18 mm. **Obv:** Toughra **Rev:** Legend **Mint:** Misr
Note: Varieties exist.

Date	Mintage	VG	F	VF	XF	Unc
AH1143	—	65.00	95.00	180	240	—
AH1143 iii	—	65.00	95.00	180	240	—
AH1143 iii - xvi	—	65.00	95.00	180	240	—
AH1143 xvii	—	65.00	95.00	180	240	—

KM# 92 BIRBUCHUK TUGHRALI ALTIN
Gold **Obv:** Toughra above legend within inner circle, ornamental border **Rev:** Legend within inner circle, ornamental border **Note:** Weight varies 4.87-5.15 grams.

Date	Mintage	VG	F	VF	XF	Unc
AH1143	—	175	450	900	1,500	—

KM# 93 CHIFTE ZERI MAHBUB
5.0000 g., Gold, 33 mm.

Date	Mintage	VG	F	VF	XF	Unc
AH1143	—	165	350	600	1,150	—
AH1143 XXV	—	165	350	600	1,150	—
AH1143 v	—	165	350	600	1,150	—

Osman III
AH1168-1171/1754-1757AD
HAMMERED COINAGE

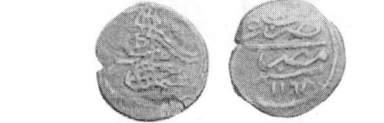

KM# 94 JEDID
0.8000 g., Copper, 15 mm. **Obv:** Toughra **Rev:** Legend

Date	Mintage	Good	VG	F	VF	XF
AH1168	—	27.50	55.00	75.00	100	—

KM# 95 PARA
0.5000 g., Billon, 15-16 mm. **Obv:** Toughra **Rev:** Legend **Note:** Weight varies 0.37-0.50 grams. Size varies.

Date	Mintage	Good	VG	F	VF	XF
AH1168 xii	—	6.00	12.50	25.00	40.00	—
AH1168 vii	—	6.00	12.50	25.00	40.00	—
AH1168 viii	—	6.00	12.50	25.00	40.00	—

KM# 96 1/2 ZERI MAHBUB
1.0500 g., Gold, 17-20 mm. **Obv:** Toughra above legend **Rev:** Legend **Note:** Weight varies 0.93-1.20 grams. Size varies. Similar to 1 Zeri Mahbub, KM#97.

Date	Mintage	VG	F	VF	XF	Unc
AH1168 vii	—	185	300	400	600	—
AH1168 viii	—	185	300	400	600	—

KM# 98 ZERI MAHBUB
Gold, 20-25 mm. **Obv:** Toughra above legend **Rev:** Legend **Note:** Weight varies 2.20-3.70 grams. Variety with wide rim exists. Size varies.

Date	Mintage	VG	F	VF	XF	Unc
AH1168 xii - viii	—	185	300	400	600	—

KM# 97 ZERI MAHBUB
Gold **Obv:** Toughra above legend **Rev:** Legend **Note:** Weight varies 2.20-2.60 grams.

Date	Mintage	VG	F	VF	XF	Unc
AH1168 xii - viii	—	80.00	200	300	500	—
AH1168 vii	—	80.00	200	300	500	—

KM# A99 1-1/2 ZERI MAHBUB
3.7500 g., Gold

Date	Mintage	VG	F	VF	XF	Unc
AH1168	—	350	500	700	1,000	—

KM# 99 2 ZERI MAHBUB
5.3000 g., Gold, 35 mm.

Date	Mintage	VG	F	VF	XF	Unc
AH1168 iii and viii	—	400	600	800	1,100	—

Mustafa III
AH1171-1187/1757-1774AD
HAMMERED COINAGE

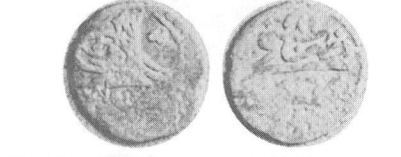

KM# 100 JEDID
Copper, 17-18 mm. **Obv:** Toughra **Rev:** Legend **Note:** Weight varies: 1.40-2.0g.

Date	Mintage	Good	VG	F	VF	XF
AH1171//81	—	20.00	32.50	50.00	75.00	—
AH1171//82	—	20.00	32.50	50.00	75.00	—
AH1171//83	—	20.00	32.50	50.00	75.00	—

KM# 101 PARA
Billon, 14-16 mm. **Obv:** Toughra **Rev:** Legend, value **Note:** Weight varies 0.32-0.50 grams. Size varies.

Date	Mintage	Good	VG	F	VF	XF
AH1171//1	—	2.00	4.00	8.00	12.00	—
AH1171 vii	—	2.00	4.00	8.00	12.00	—
AH1171 xxiv	—	2.00	4.00	8.00	12.00	—
AH1171 "mk"	—	2.00	4.00	8.00	12.00	—
AH1171 i	—	2.00	4.00	8.00	12.00	—
AH1171 xxxviii	—	2.00	4.00	8.00	12.00	—
AH1171 xliii	—	2.00	4.00	8.00	12.00	—
AH1171 xlvi	—	2.00	4.00	8.00	12.00	—
AH1171//4	—	2.00	4.00	8.00	12.00	—
AH1171//6	—	2.00	4.00	8.00	12.00	—
AH1171//8	—	2.00	4.00	8.00	12.00	—
AH1171//82	—	2.00	4.00	8.00	12.00	—
AH1171//86	—	2.00	4.00	8.00	12.00	—
AH1171//87	—	2.00	4.00	8.00	12.00	—

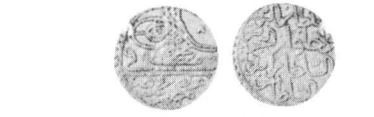

KM# 102 1/4 ZERI MAHBUB
0.6500 g., Gold, 13 mm. **Obv:** Toughra above legend **Rev:** Legend **Note:** Weight varies 0.62-0.65 grams.

Date	Mintage	VG	F	VF	XF	Unc
AH1171 xliv	—	110	200	300	400	—

KM# 103 1/2 ZERI MAHBUB
1.2400 g., Gold, 17-18 mm. **Obv:** Toughra above legend **Rev:** Legend **Note:** Size varies.

Date	Mintage	VG	F	VF	XF	Unc
AH1171 xxxviii	—	100	200	400	600	—

KM# 105.2 ZERI MAHBUB
2.5700 g., Gold **Obv:** Arabic "4" **Rev:** "Nun"

Date	Mintage	VG	F	VF	XF	Unc
AH1171 xvi	—	65.00	110	210	265	—

KM# 105.1 ZERI MAHBUB
2.6000 g., Gold **Obv:** Toughra above legend **Rev:** Legend

Date	Mintage	VG	F	VF	XF	Unc
AH1171 vii	—	65.00	180	220	280	—
AH1171 viii	—	65.00	180	220	280	—
AH1171 xlii	—	65.00	180	220	280	—
AH1171 xlii-xvi	—	65.00	180	220	280	—
AH1171 xliv Toughra I	—	65.00	180	220	280	—
AH1171 xliv Toughra II	—	65.00	180	220	280	—
AH1171 xiv (Twice)	—	65.00	180	220	280	—

KM# 106 ZERI MAHBUB
2.6000 g., Gold **Obv:** Toughra above legend **Rev:** Legend

Date	Mintage	VG	F	VF	XF	Unc
AH1171	—	110	200	300	350	—

KM# 107 ZERI MAHBUB
Gold, 21 mm. **Obv:** Legend **Rev:** Legend **Note:** Weight varies 2.40-2.59 grams.

Date	Mintage	VG	F	VF	XF	Unc
AH1171//9	—	85.00	180	250	350	—
AH1171/83	—	85.00	180	250	350	—
AH1171//86	—	85.00	180	250	350	—

KM# 108 ASHRAFI
Gold, 19 mm. **Obv:** Toughra **Rev:** Mint name above date **Note:** Weight varies: 3.44-3.45g.

Date	Mintage	VG	F	VF	XF	Unc
AH1171//81	—	400	600	1,200	1,800	—
AH1171//82	—	400	600	1,200	1,800	—
AH1171//83	—	400	600	1,200	1,800	—

EGYPT

KM# 111 2 ZERI MAHBUB
5.0900 g., Gold **Obv:** Toughra, legend **Rev:** Legend

Date	Mintage	VG	F	VF	XF	Unc
AH1171	—	500	750	1,200	2,000	—

KM# 109 2 ZERI MAHBUB
Gold, 29-32 mm. **Note:** Similar to Zeri Mahbub, KM#105. Weight varies: 4.90-5.15g. Size varies.

Date	Mintage	VG	F	VF	XF	Unc
AH1171 xviii	—	500	750	1,200	2,000	—
AH1171 xix	—	500	750	1,200	2,000	—

KM# 110 2 ZERI MAHBUB
5.2000 g., Gold, 34 mm. **Obv:** Legend is 3 lines **Rev:** Legend is 3 lines

Date	Mintage	VG	F	VF	XF	Unc
AH1171/9	—	500	750	1,200	2,000	—
AH1171//86	—	500	750	1,200	2,000	—

Ali Bey
AH1183-1185/1769-1771AD

NOTE: KM#112-113 and 118-119 have Mustafa's accession date AH1171 while KM#114-117 have Ali's accession date AH1183. All coins have toughra or name of Mustafa III, and all but KM#112 also have Ali's initial.

HAMMERED COINAGE

KM# 112 JEDID
0.8200 g., Copper, 18-19 mm. **Obv:** Toughra **Note:** Similar to Para, KM#101.

Date	Mintage	Good	VG	F	VF	XF
AH1171//87	—	30.00	40.00	50.00	75.00	—

KM# 113 PARA
Billon **Obv:** Toughra **Rev:** Legend **Note:** Similar to Para, KM#101 but with "A(li) Misr..." above date.

Date	Mintage	Good	VG	F	VF	XF
AH1171 (sic) xxix	—	10.00	15.00	25.00	40.00	—

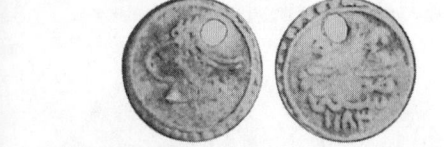

KM# 114 5 PARA
Silver, 18-20 mm. **Obv:** Toughra **Rev:** Legend **Note:** Weight varies: 1.60-2.10g.

Date	Mintage	Good	VG	F	VF	XF
AH1183 xxix	—	140	200	300	500	—

KM# 115 10 PARA
4.1500 g., Silver, 24 mm. **Obv:** Toughra **Rev:** Legend **Note:** Similar to 1 Para, KM#113.

Date	Mintage	Good	VG	F	VF	XF
AH1183 xxix	—	150	250	500	1,000	—

KM# 116 20 PARA
Silver, 29-30 mm. **Obv:** Toughra **Rev:** Legend **Note:** Weight varies: 6.80-7.80g.

Date	Mintage	Good	VG	F	VF	XF
AH1171//85	—	170	270	400	800	—
AH1183//85	—	170	270	400	800	—
AH1183 xxix	—	170	270	400	800	—
ND	—	170	270	400	800	—

KM# 117 PIASTRE
Silver, 35.5-37 mm. **Obv:** Toughra **Rev:** Legend **Note:** Weight varies: 11.50-16.5g.

Date	Mintage	Good	VG	F	VF	XF
AH1171//85	—	350	500	650	1,200	—
AH1183//85	—	350	500	650	1,200	—
AH1183 xxix	—	350	500	650	1,200	—
ND	—	—	—	—	—	—

Note: Reported, not confirmed

KM# 118 1/2 ZERI MAHBUB
Gold **Obv:** Legend **Rev:** Legend **Note:** Similar to 1 Zeri Mahbub, KM#119.

Date	Mintage	VG	F	VF	XF	Unc
AH1171//83	—	400	500	650	950	—

KM# 104 1/2 ZERI MAHBUB
Gold **Obv:** Legend **Rev:** Legend **Note:** Weight varies 1.10-1.30 grams.

Date	Mintage	VG	F	VF	XF	Unc
AH1171///(11)81	—	120	160	300	500	—
AH1171///(118)8	—	120	160	300	500	—
AH1171///(11)81	—	120	160	300	500	—
AH1171///(11)87	—	120	160	300	500	—
AH1171///(118)8	—	120	160	300	500	—

KM# 119 ZERI MAHBUB
Gold **Obv:** Legend **Rev:** Legend **Note:** Weight varies 2.20-2.60 grams.

Date	Mintage	VG	F	VF	XF	Unc
AH1171//80	—	150	320	550	900	—
AH1171//82	—	150	320	550	800	—
AH1171//83	—	100	250	450	600	—

Abdul Hamid I
AH1187-1203/1774-89AD

HAMMERED COINAGE

KM# A120 JEDID
Copper, 18 mm. **Obv:** Toughra **Rev:** Ornament

Date	Mintage	Good	VG	F	VF	XF
AH1187/1	—	30.00	50.00	75.00	100	—

KM# 120 PARA
Billon, 15 mm. **Obv:** First Toughra inscribed "Abdul Hamid Shah

bin Ahmad al Muzaffer da'ima" **Rev:** Legend **Note:** Weight varies 0.30-0.40 grams.

Date	Mintage	Good	VG	F	VF	XF
AH1187//1	—	15.00	22.50	32.50	50.00	—

KM# 121 PARA
Billon, 15-16 mm. **Obv:** Second Toughra inscribed "Han Abdul Hamid bin Ahamad" al Muzaffer da'ima **Rev:** Legend **Note:** Weight varies: 0.30-0.40g. Size varies.

Date	Mintage	Good	VG	F	VF	XF
AH1187//(118)8	—	2.00	4.00	8.00	12.00	—
AH1187//(1190)	—	2.00	4.00	8.00	12.00	—
AH1187//(119)1	—	2.00	4.00	8.00	12.00	—
AH1187//(119)2	—	2.00	4.00	8.00	12.00	—
AH1187//(119)3	—	2.00	4.00	8.00	12.00	—
AH1187//(119)4	—	2.00	4.00	8.00	12.00	—
AH1187//(119)5	—	2.00	4.00	8.00	12.00	—
AH1187//(119)6	—	2.00	4.00	8.00	12.00	—
AH1187//(119)7	—	2.00	4.00	8.00	12.00	—
AH1187//(1)200	—	2.00	4.00	8.00	12.00	—
AH1187//(1)201	—	—	—	—	—	—
AH1187//(1)201	—	4.00	8.00	12.00	16.00	—

KM# 122 5 PARA
1.4500 g., Billon

Date	Mintage	Good	VG	F	VF	XF
AH1187//(119)1	—	—	—	—	—	—

KM# 123 1/4 ZERI MAHBUB (Rubiya)
0.8600 g., Gold, 14 mm. **Obv:** Legend **Rev:** Legend

Date	Mintage	VG	F	VF	XF	Unc
AH1187///(118)9	—	100	200	340	580	—
AH1187///(119)2	—	100	200	340	580	—

KM# 124.1 1/2 ZERI MAHBUB
1.2500 g., Gold **Obv:** Toughra, legend **Rev:** Legend **Note:** First toughra inscribed. Prev. KM#124.

Date	Mintage	VG	F	VF	XF	Unc
AH1187 xxxii	—	100	150	300	450	—

KM# 124.2 1/2 ZERI MAHBUB
1.2500 g., Gold **Obv:** Toughra, legend **Rev:** Legend **Note:** Second Toughra inscribed.

Date	Mintage	VG	F	VF	XF	Unc
AH1187///(119)1-2 xxxii	—	120	200	400	550	—
AH1187///(119)1-2	—	175	300	450	650	—

KM# 125 1/2 ZERI MAHBUB
1.3000 g., Gold, 17-22 mm. **Obv:** Legend **Rev:** Legend **Note:** Size varies.

Date	Mintage	VG	F	VF	XF	Unc
AH1187///(118)8	—	100	150	200	300	—
AH1187///(119)2	—	60.00	100	150	225	—
AH1187///(119)3	—	60.00	100	150	225	—
AH1187///(119)7	—	60.00	100	150	225	—
AH1187///119(8)	—	120	170	250	400	—
AH1187///(119)9	—	120	170	250	400	—

KM# 126.1 ZERI MAHBUB
Gold **Obv:** Toughra, legend **Rev:** Legend **Note:** Weight varies 2.20-2.50 grams. First toughra inscribed as above.

Date	Mintage	VG	F	VF	XF	Unc
AH1187///(119)1	—	500	750	1,100	1,500	—

Date	Mintage	VG	F	VF	XF	Unc
AH1187//(119)2	—	—	—	—	—	—
AH1187//(119)3	—	350	700	1,250	1,750	—

Date	Mintage	Good	VG	F	VF	XF
AH1203/10	—	—	4.00	8.00	15.00	30.00
AH1203/11	—	—	4.00	8.00	15.00	30.00

KM# 126.2 ZERI MAHBUB
Gold Obv: Toughra, legend Rev: Legend

Date	Mintage	VG	F	VF	XF	Unc
AH1187//(119)2	—	70.00	90.00	135	200	—
AH1187//(119)15	—	70.00	90.00	150	250	—
xxxii						

KM# 134 PARA
0.3500 g., Billon Obv: Toughra Rev: Legend **Note:** For similar coins with regnal year 13 refer to French Occupation.

Date	Mintage	Good	VG	F	VF	XF
AH1203//2	—	5.00	7.50	12.50	20.00	—
AH1203//1	—	5.00	7.50	12.50	20.00	—
AH1203//3	—	5.00	7.50	12.50	20.00	—
AH1203//4	—	5.00	7.50	12.50	20.00	—
AH1203//5	—	5.00	7.50	12.50	20.00	—
AH1203//6	—	5.00	7.50	12.50	20.00	—
AH1203//7	—	5.00	7.50	12.50	20.00	—
AH1203//8	—	5.00	7.50	12.50	20.00	—
AH1203//9	—	5.00	7.50	12.50	20.00	—
AH1203//10	—	5.00	7.50	12.50	20.00	—
AH1203//11	—	5.00	7.50	12.50	20.00	—
AH1203//12	—	5.00	7.50	12.50	20.00	—

KM# 127 ZERI MAHBUB
Gold Obv: Legend Rev: Legend

Date	Mintage	VG	F	VF	XF	Unc
AH1187//(119)2	—	70.00	90.00	135	200	—
AH1187//(119)7	—	100	150	250	400	—
AH1187//(119)8	—	70.00	100	150	250	—

KM# A134 PARA
0.3500 g., Billon **Note:** First Toughra.

Date	Mintage	Good	VG	F	VF	XF
AH1203//1 (1789)	—	5.00	8.00	15.00	30.00	—

KM# 130 2 ZERI MAHBUB
Gold Obv: Toughra, legend within inner circle Rev: Legend within inner circle **Note:** Weight varies 4.90-5.10 grams.

Date	Mintage	VG	F	VF	XF	Unc
AH1187//(119)2	—	275	600	1,000	1,550	—
AH1187//(119)4	—	275	600	1,000	1,550	—

KM# 132 2 ZERI MAHBUB
4.8500 g., Gold, 31 mm. **Note:** Similar to Ashrafi, KM#129.

Date	Mintage	VG	F	VF	XF	Unc
AH1187//(119)7	—	350	700	1,250	1,750	—

KM# 135 5 PARA
1.6000 g., Billon Obv: Toughra Rev: Legend **Note:** For similar coins with regnal year 13, refer to French Occupation.

Date	Mintage	Good	VG	F	VF	XF
AH1203//12	—	—	—	—	—	—

KM# 128 ZERI MAHBUB
Gold Obv: Legend Rev: Legend **Note:** Initial letter "bkr".

Date	Mintage	VG	F	VF	XF	Unc
AH1187//(119)2	—	175	235	300	400	—

KM# A130 ALTIN
3.8200 g., Gold Obv: Toughra within inner circle, wreath surrounds Rev: Legend within inner circle, wreath surrounds

Date	Mintage	VG	F	VF	XF	Unc
AH1187/1 Rare	—	—	—	—	—	—
AH1187/1 Rare	—	—	—	—	—	—

KM# B130 1-1/2 FINDIK
5.0200 g., Gold, 35 mm.

Date	Mintage	VG	F	VF	XF	Unc
AH1187/7	—	200	300	400	500	—

KM# 139 1/4 ZERI MAHBUB (Rubiya)
Gold, 16 mm. Obv: Toughra Rev: Legend **Note:** Weight varies: .50-0.90 grams.

Date	Mintage	Good	VG	F	VF	XF
ND	—	60.00	100	180	250	—
AH1203//3	—	60.00	100	180	250	—
AH1203//7	—	60.00	100	220	350	600

KM# 129.1 ASHRAFI
3.4500 g., Gold Obv: Toughra Rev: Ornaments

Date	Mintage	VG	F	VF	XF	Unc
AH1187//(119)9	—	275	400	650	950	—

Selim III
First Reign AH1203-1212/1789-1798AD; Second Reign AH1216-1222/1801-1807AD

FIRST TOUGHRA SERIES

Heavy coinage based on a Piastre weighing approximately 19.20 g with first Toughra.

The first Toughra inscribed: *Han Selim bin-Mustafa al-Muzaffer Dai'ma.*

SECOND TOUGHRA SERIES

Light coinage based on a Piastre weighing approximately 12.80 g with second Toughra.

The second Toughra inscribed: *Selim Han bin-Mustafa al-Muzaffer Dai'ma.*

KM# 140 1/2 ZERI MAHBUB
Gold Obv: Toughra Rev: Legend **Note:** Weight varies: .95-1.30 grams.

Date	Mintage	VG	F	VF	XF	Unc
AH1203//2	—	50.00	100	200	400	—
AH1203//4	—	50.00	100	200	400	—
AH1203//5	—	50.00	100	200	400	—

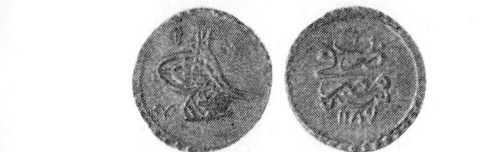

KM# 129.2 ASHRAFI
3.4500 g., Gold Obv: Toughra Rev: Without ornaments

Date	Mintage	VG	F	VF	XF	Unc
AH1187//(119)9	—	320	500	750	1,100	—

HAMMERED COINAGE

KM# 133 AKCE
0.1500 g., Billon

Date	Mintage	Good	VG	F	VF	XF
AH1203//1	—	—	4.00	8.00	15.00	30.00
AH1203//5	—	—	4.00	8.00	15.00	30.00
Note: Reported, not confirmed						
AH1203//9	—	—	4.00	8.00	15.00	30.00
Note: Reported, not confirmed						

KM# 141 ZERI MAHBUB
Gold Obv: Toughra Rev: Legend **Note:** Weight varies: 2.50-2.60 grams.

Date	Mintage	VG	F	VF	XF	Unc
AH1203 I and VII	—	70.00	120	200	275	—
AH1203 VIII	—	70.00	120	200	275	—
AH1203//1	—	70.00	120	200	275	—

KM# 131 2 ZERI MAHBUB
4.9600 g., Gold, 39 mm. Obv: Legend is 4 lines Rev: Legend is 4 lines

EGYPT

KM# 142 2 ZERI MAHBUB
Gold **Obv:** Toughra **Rev:** Legend **Note:** Weight varies: 3.76-5.00 grams.

Date	Mintage	VG	F	VF	XF	Unc
AH1203 i and vii	—	160	240	420	600	—

FRENCH OCCUPATION
AH1212-1216 / 1798-1801 AD

OCCUPATION COINAGE

KM# 145 PARA
0.2247 g., Billon, 16 mm. **Obv:** Toughra **Rev:** Legend

Date	Mintage	VG	F	VF	XF	Unc
AH1203//13	160,830,000	12.50	30.00	45.00	65.00	—

KM# 146 5 PARA
Billon **Obv:** Toughra **Rev:** Legend

Date	Mintage	VG	F	VF	XF	Unc
AH1203//13	—	275	375	500	600	—

KM# 147 10 PARA
3.5000 g., Billon, 20 mm.

Date	Mintage	VG	F	VF	XF	Unc
AH1203//13	—	300	600	1,000	1,400	—

KM# 148 20 PARA
6.1580 g., Billon, 28 mm. **Obv:** Toughra **Rev:** Legend

Date	Mintage	VG	F	VF	XF	Unc
AH1203//13	90,000	325	450	600	750	—

KM# 149 PIASTRE
12.3160 g., Billon **Obv:** Toughra **Rev:** Legend **Note:** Varieties exist with ornaments.

Date	Mintage	VG	F	VF	XF	Unc
AH1203//13	31,000	400	800	1,250	1,700	—

KM# 150 1/4 ZERI MAHBUB
0.6480 g., 0.6850 Gold 0.0143 oz. AGW, 17 mm. **Obv:** Toughra **Rev:** Legend **Note:** Initial letter was for Bonaparte.

Date	Mintage	VG	F	VF	XF	Unc
AH1203//13	—	100	150	250	350	—
AH1203 ii	—	150	250	350	450	—

KM# 152 ZERI MAHBUB
2.5920 g., 0.6850 Gold 0.0571 oz. AGW **Obv:** Toughra **Rev:** Legend **Note:** Initial letter was for Bonaparte.

Date	Mintage	VG	F	VF	XF	Unc
AH1203 ii	—	175	250	325	400	—
AH1203//13	—	100	150	200	250	—

PATTERNS
Including off metal strikes

KM#	Date	Mintage Identification	Mkt Val
Pn1	ND(1788)	— Para. Billon.	—

KM# 151 1/2 ZERI MAHBUB
1.2960 g., 0.6850 Gold 0.0285 oz. AGW, 19 mm. **Obv:** Toughra **Rev:** Legend **Note:** Initial letter was for Bonaparte.

Date	Mintage	VG	F	VF	XF	Unc
AH1203//13	—	275	350	425	500	—
AH1203 ii	—	350	425	500	575	—

ESSEQUIBO & DEMERARY

The original area of Essequibo and Demerary, which included present-day Suriname, French Guiana, and parts of Brazil and Venezuela was sighted by Columbus in 1498. The first European settlement was made late in the 16th century by the Dutch, however, the region was claimed for the British by Sir Walter Raleigh during the reign of Elizabeth I. For the next 150 years, possession alternated between the Dutch and the British, with a short interval of French control. The British exercised de facto control after 1796, although the area, which included the Dutch colonies of Essequibo, Demerary and Berbice, was not ceded to them by the Dutch until 1814. From 1803 to 1831, Essequibo and Demerary were administered separately from Berbice. The three colonies were united in the British Crown Colony of British Guiana in 1831. British Guiana won internal self-government in 1952 and full independence, under the traditional name of Guyana, on May 26, 1966. Guyana became a republic on Feb. 23, 1970. It is a member of the Commonwealth of Nations. The president is the Chief of State. The prime minister is the Head of Government.

MONETARY SYSTEM
(Until 1839)

20 Stiver = 1 Guilder (Gulden)
3 Guilders = 12 Bits = 5 Shillings = 1 Dollar
(Commencing 1839)
3-1/8 Guilders = 50 Pence

BRITISH COLONIAL
1798-1799 GOLD CONTROL COINAGE

KM# 3 22 GUILDER
Gold **Note:** Countermark ED in oval on false Brazil 6400 Reis, type KM#172.2; weight varies 10.24-10.67 grams.

Date	Mintage	VG	F	VF	XF	Unc
ND(1798-99) Rare	—	—	—	—	—	—

Note: NFA-Bank Leu 'Garrett Sale' 5-84 VF realized $5250

ETHIOPIA

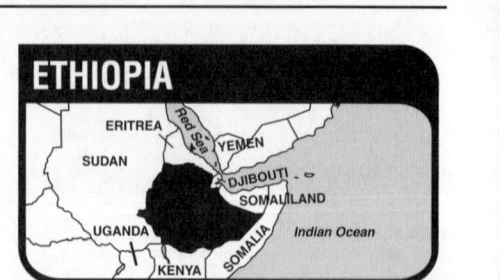

The People's Federal Republic of Ethiopia (formerly the Peoples Democratic Republic and the Empire of Ethiopia), Africa's oldest independent nation, faces the Red Sea in East-Central Africa. The country has an area of 424,214 sq. mi. (1,004,390 sq. km.) and a population of 56 million people who are divided among 40 tribes that speak some 270 languages and dialects. Capital: Addis Ababa. The economy is predominantly agricultural and pastoral. Gold and platinum are mined and petroleum fields are being developed. Coffee, oilseeds, hides and cereals are exported.

Legend claims that Menelik I, the son born to Solomon, King of Israel, by the Queen of Sheba, settled in Axum in North Ethiopia to establish the dynasty, which reigned with only brief interruptions until 1974. Modern Ethiopian history began with the reign of Emperor Menelik II (1889-1913) under whose guidance the country emerged from medieval isolation. Progress continued throughout the reigns of Menelik's daughter, Empress Zauditu, and her successor Emperor Haile Selassie I who was coronated in 1930. Ethiopia was invaded by Italy in 1935, and together with Italian Somaliland and Eritrea became part of Italian East Africa. Victor Emmanuel III, as declared by Mussolini, would be Ethiopia's emperor as well as a king of Italy. Liberated by British and Ethiopian troops in 1941, Ethiopia reinstated Haile Selassie I to the throne. The 225th consecutive Solomonic ruler was deposed by a military committee on Sept 12, 1974. In July 1976 Ethiopia's military provisional government referred to the country as Socialist Ethiopia. After establishing a new regime in 1991, Ethiopia became a federated state and is now the Federal Republic of Ethiopia. Following 2 years of provisional government, the province of Eritrea held a referendum on independence in May 1993 leading to the proclamation of its independence on May 24.

No coins, patterns or presentation pieces are known bearing Emperor Lij Yasu's likeness or titles. Coins of Menelik II were struck during this period with dates frozen.

HARAR

Harar, a province and city located in eastern Ethiopia, was founded by Arab immigrants from Yemen in the 7th century. The sultanate conquered Ethiopia in the mid-16th century, and was in turn conquered by Egypt in 1875 and by Ethiopia in 1887.

TITLE

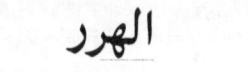

al-Harar

RULERS
Abd al-Shakur,
AH1197-1209/AD1783-1794
Ahmad II,
AH1209-1236/AD1794-1821

MONETARY SYSTEM
Not known; 22 Mahallak were said to be equal to one Ashrafi. In the late 18th and the 19th century the Ashrafi in Harar was a fictitious medium used in accounts, which varied in value against the Maria Theresa Dollar. In the 1st half of the 19th century, 3 Ashrafi were thought to be one Maria Theresa Dollar.

The brass coins are of various sizes, but were probably all called Mahallak'. The denominations of the billon and silver are unknown.

SULTANATE
BILLON COINAGE

KM# 1 MAHALLAK
Billon, 11-12 mm. **Ruler:** Abd al-Shakur AD1783-94 **Note:** Anonymous. Approx. 2.15-2.50g.

Date	Mintage	Good	VG	F	VF	XF
AH1197	—	20.00	35.00	70.00	150	—
AH1202	—	20.00	35.00	70.00	150	—
AH1204	—	20.00	35.00	70.00	150	—

KM# 2 MAHALLAK
Billon, 11-14 mm. **Ruler:** Abd al-Shakur AD1783-94 **Note:** Weight varies: 1.30-2.80g.

Date	Mintage	Good	VG	F	VF	XF
AH1203	—	25.00	45.00	90.00	185	—
AH1204	—	15.00	30.00	70.00	150	—
AH1205	—	20.00	35.00	70.00	150	—
AH1214	—	30.00	60.00	125	250	—

FRANCE

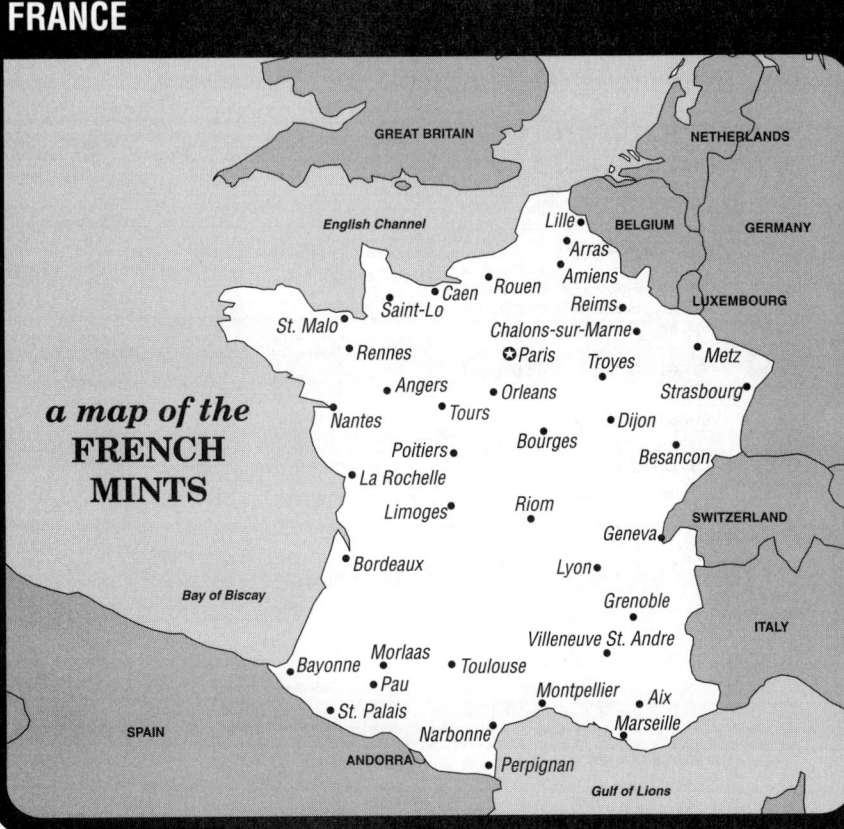

a map of the FRENCH MINTS

France, the Gaul of ancient times, emerged from the Renaissance as a modern centralized national state which reached its zenith during the reign of Louis XIV (1643-1715) when it became an absolute monarchy and the foremost power in Europe. Although his reign marks the golden age of French culture, the domestic abuses and extravagance of Louis XIV plunged France into a series of costly wars. This, along with a system of special privileges granted the nobility and other favored groups, weakened the monarchy and brought France to bankruptcy. This laid the way for the French Revolution of 1789-99 that shook Europe and affected the whole world.

The monarchy was abolished and the First Republic formed in 1793. The new government fell in 1799 to a coup led by Napoleon Bonaparte who, after declaring himself First Consul for life, in 1804 had himself proclaimed Emperor of France and King of Italy.

RULERS
Louis XIV, 1643-1715
Louis XV, 1715-1774
Louis XVI, 1774-1790
First Republic
Constituency, 1791-1792
Convention, 1793-1795
Directory, 1795-1799, L'an 4-7
Consulate, 1799-1803, L'an 8-11
Napoleon as First Consul, 1799-1804

MINT MARKS AND PRIVY MARKS

In addition to the date and mint mark which are customary on western civilization coinage, most coins manufactured by the French Mints contain two or three small 'Marks or Differents' as the French call them. These privy marks represent the men responsible for the dies which struck the coins. One privy mark is sometimes for the Engraver General (since 1880 the title is Chief Engraver). The other privy mark is the signature of the Mint Director of each mint; another one is the 'different' of the local engraver. Three other marks appeared at the end of Louis XIV's reign: one for the Director General of Mints, one for the General Engineer of Mechanical edge-marking, one identifying over struck coins in 1690-1705 and in 1715-1723. Equally amazing and unique is that sometimes the local assayer's or Judge-custody's 'different' or 'secret pellet' appears. Since 1880 this privy mark has represented the office rather than the personage of both the Administration of Coins & Medals and the Mint Director, and a standard privy mark has been used (cornucopia).

For most dates these privy marks are important though minor features for advanced collectors or local researchers. During some issue dates, however, the marks changed. To be even more accurate sometimes the marks changed when the date didn't, even though it should have. These coins can be attributed to the proper mintage report only by considering the privy marks. Previous references (before G. Sobin and F. Droulers) have by and large ignored these privy marks. It is entirely possible that unattributed varieties may exist for any privy mark transition. All transition years which may have two or three varieties or combinations of privy marks have the known attribution indicated after the date (if it has been confirmed).

MONETARY SYSTEM

1726-1794

6 Livres = 1 Ecu
1 Louis d'or = 24 Livres
4 Ecus = 1 Louis d'or
Permanent Equivalence Table
1 Livre = 20 Sols
1 Sol = 12 Deniers
1 Liard = 3 Deniers

ENGRAVER GENERALS' PRIVY MARKS

Mark	Desc.	Date	Name
	Sun (usually) or none	1682-1703	Joseph Roettiers
	Sun (usually) or none	1704-15	Norbert Roettiers
	None	1768-72	Charles Norbert Roettiers
	None	1774-91	Benjamin Duvivier
	Dupre or Dupree	1791-93	Augustus Dupre
	Bow shooting Artemise	1795-1803	Augustus Dupre

LOCAL ENGRAVERS' PRIVY MARKS

Engraver Generals' and local engravers' privy marks may appear on coins of mints which are dated as follows:

A – Paris

Mark	Desc.	Date	Name
		1694-1703	Joseph Roettiers
		1702	Unknown
	Flower	1704-48	George Roettiers
	Rowel	1726	
	Tower	1740-86	
	Scallop	1740-93	
	Lion's head	1742-88	
	Flower	1749-59	Joseph Roettiers de la Bertaiche
	Ermine	1750	
	Cross	1748-59	Joseph-Charles Roettiers de la Bertaiche
	Fleur-de-lised Cross	1760-72	Charles Norbert Roettiers
	Star	1772-73	Laurent Leonard
	Lyre	1774-93	Francois Bernier

AA – Metz

Mark	Desc.	Date	Name
	Bordered triangle	1701-03	Unknown
	Rowel	1704-05	Charles-Louis Durand
	Hermine	1705-13	Isaac Pantaleon
	Hermine	1716-20	Pierre Pantaleon
	Hermine	1720-49	Jean Pantaleon
	Hermine	1749-93	Charles-Augustus Pantaleon
	Hermine	ANII	Herbelet

B – Rouen

Mark	Desc.	Date	Name
	Root	1701-04	Pierre Racine de Boscherville
	Swan	1704-43	Pierre Racine de Boscherville
	Swan	1744-57	Alexander Racine de Boscherville
	Goat	1758-83	Nicolas Belin ?
	Scallop	1788-92	Jean-Jacques_Claude Jacques
		1792-94	Jacques, Jr.

BB – Strasbourg

Mark	Desc.	Date	Name
	Rowel	1701-04	Charles-Louis Durand
	Star	1716-17	Pierre de la Hay II
	Rowel	1717-60	Pierre l'Ecrivain
	Rowel	1760-86	Jean Guerin
	Rowel	1789-94	Christopher Guerin

C – Caen

Mark	Desc.	Date	Name
		1693-1703	Thomas Bernard III
	Chessboard rock	1709-11	Olivier-Laurent Rocque
		1711-15	Jean Pierrot
	Barred anchor	1716-40	Claude Rocque
	Triangle	1741	Jean Pierrot
		1742-53	Claude Rocque
	Barred chess-rock	1753-61	Thomas Bernard
	Hermine	1761-71	Fransoies Hue Du Noyer

D – Lyon

Mark	Desc.	Date	Name
	Eagle's head	1675-1709	Clair Jacquemin I
	Eagle's head	1709-42	Bertrand Jacquemin
	Eagle's head	1743-59	Clair Jacquemin III
	Eagle's head	1759-60	Clair Jacquemin IV
	Eagle's head	1760-82	Jean Hubert Bernavon

E - Tours

Mark	Desc.	Date	Name
	Cross	1699-1722	Charles Thomas II
	Open star	1722-32	Martin Petit
	Open star	1734-57	Francois Crette
	Star	1760-67	Jacques-Nicolaus Petit
	Star	1767-71	Jacques Petit

G – Poitiers

Mark	Desc.	Date	Name
	G or none	1705	Jean Grillaud
	Clover	1709-11	Jean Grillaud ?
	Stretched open hand	1711-15	Jean Grillaud
	Latin cross	1716-32	Jean Grillaud
	Pomegranate	1733-44	Pierre Grillet
	Heart	1744-61	Jean Ambroise Antoine Grillaud
	Pomegranate	1762-71	Pierre Grillet

H – La Rochelle

Mark	Desc.	Date	Name
	Acorn	1697-1704	Jacques Biollay

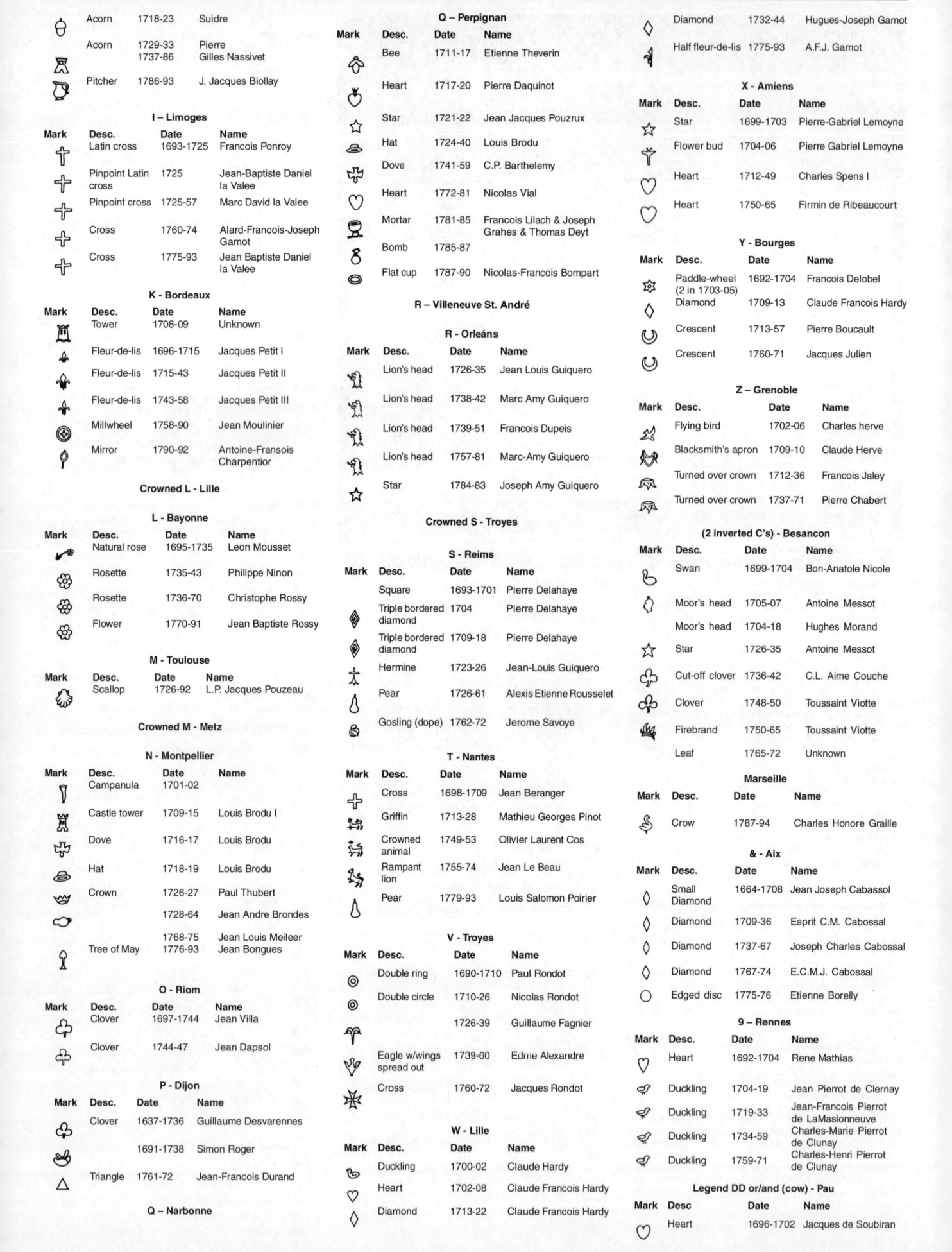

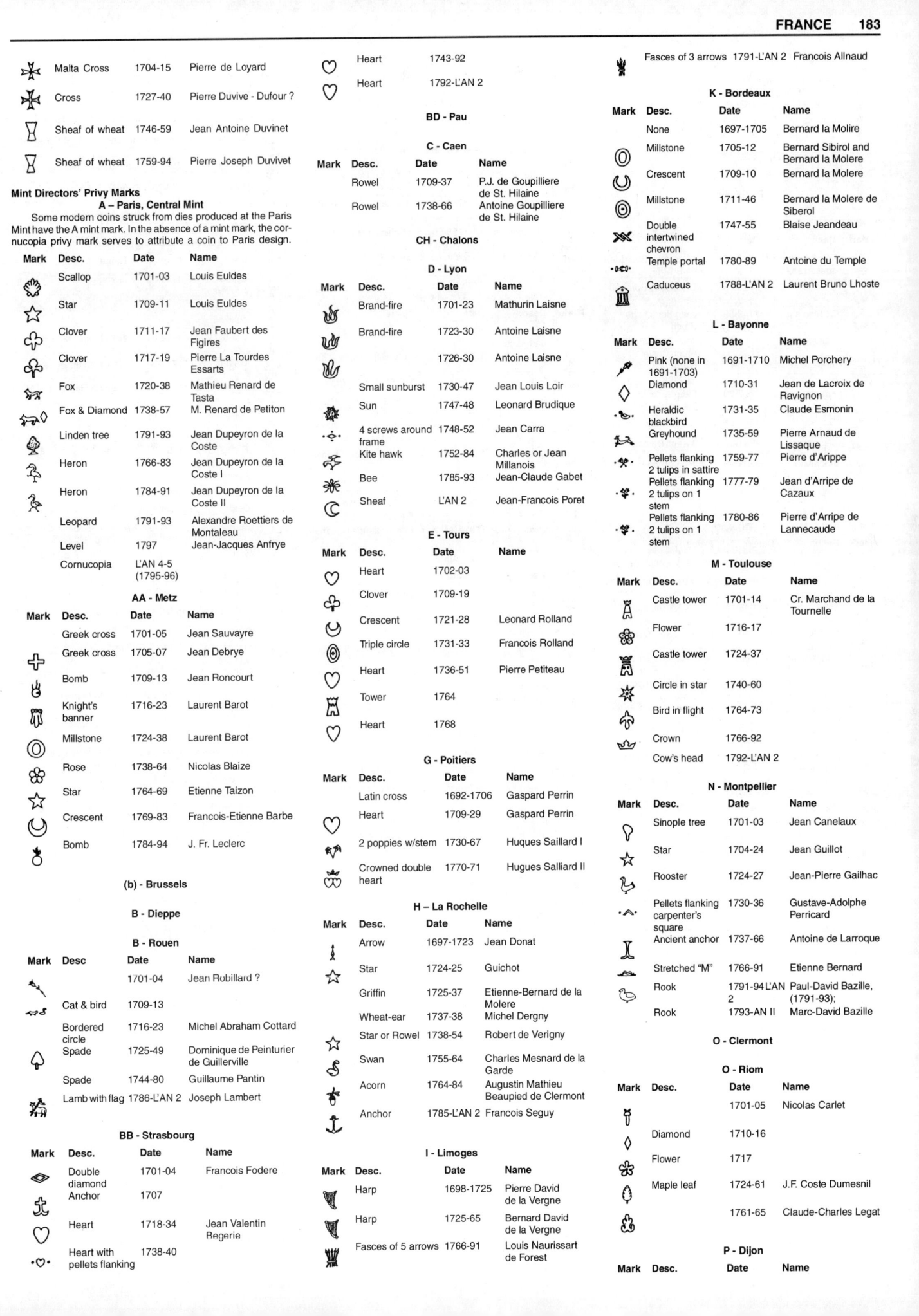

FRANCE

Mark	Desc.	Date	Name
	Malta Cross	1704-15	Pierre de Loyard
	Cross	1727-40	Pierre Duvive - Dufour ?
	Sheaf of wheat	1746-59	Jean Antoine Duvinet
	Sheaf of wheat	1759-94	Pierre Joseph Duvivet

Mint Directors' Privy Marks

A – Paris, Central Mint

Some modern coins struck from dies produced at the Paris Mint have the A mint mark. In the absence of a mint mark, the cornucopia privy mark serves to attribute a coin to Paris design.

Mark	Desc.	Date	Name
	Scallop	1701-03	Louis Euldes
	Star	1709-11	Louis Euldes
	Clover	1711-17	Jean Faubert des Figires
	Clover	1717-19	Pierre La Tourdes Essarts
	Fox	1720-38	Mathieu Renard de Tasta
	Fox & Diamond	1738-57	M. Renard de Petiton
	Linden tree	1791-93	Jean Dupeyron de la Coste
	Heron	1766-83	Jean Dupeyron de la Coste I
	Heron	1784-91	Jean Dupeyron de la Coste II
	Leopard	1791-93	Alexandre Roettiers de Montaleau
	Level	1797	Jean-Jacques Anfrye
	Cornucopia	L'AN 4-5 (1795-96)	

AA - Metz

Mark	Desc.	Date	Name
	Greek cross	1701-05	Jean Sauvayre
	Greek cross	1705-07	Jean Debrye
	Bomb	1709-13	Jean Roncourt
	Knight's banner	1716-23	Laurent Barot
	Millstone	1724-38	Laurent Barot
	Rose	1738-64	Nicolas Blaize
	Star	1764-69	Etienne Taizon
	Crescent	1769-83	Francois-Etienne Barbe
	Bomb	1784-94	J. Fr. Leclerc

(b) - Brussels

B - Dieppe

B - Rouen

Mark	Desc	Date	Name
		1701-04	Jean Robillard ?
	Cat & bird	1709-13	
	Bordered circle	1716-23	Michel Abraham Cottard
	Spade	1725-49	Dominique de Peinturier de Guillerville
	Spade	1744-80	Guillaume Pantin
	Lamb with flag	1786-L'AN 2	Joseph Lambert

BB - Strasbourg

Mark	Desc.	Date	Name
	Double diamond	1701-04	Francois Fodere
	Anchor	1707	
	Heart	1718-34	Jean Valentin Regerie
	Heart with pellets flanking	1738-40	

C - Caen

Mark	Desc.	Date	Name
	Rowel	1709-37	P.J. de Goupilliere de St. Hilaire
	Rowel	1738-66	Antoine Goupilliere de St. Hilaine

CH - Chalons

D - Lyon

Mark	Desc.	Date	Name
	Brand-fire	1701-23	Mathurin Laisne
	Brand-fire	1723-30	Antoine Laisne
		1726-30	Antoine Laisne
	Small sunburst	1730-47	Jean Louis Loir
	Sun	1747-48	Leonard Brudique
	4 screws around frame	1748-52	Jean Carra
	Kite hawk	1752-84	Charles or Jean Millanois
	Bee	1785-93	Jean-Claude Gabet
	Sheaf	L'AN 2	Jean-Francois Poret

E - Tours

Mark	Desc.	Date	Name
	Heart	1702-03	
	Clover	1709-19	
	Crescent	1721-28	Leonard Rolland
	Triple circle	1731-33	Francois Rolland
	Heart	1736-51	Pierre Petiteau
	Tower	1764	
	Heart	1768	

G - Poitiers

Mark	Desc.	Date	Name
	Latin cross	1692-1706	Gaspard Perrin
	Heart	1709-29	Gaspard Perrin
	2 poppies w/stem	1730-67	Huques Saillard I
	Crowned double heart	1770-71	Hugues Salliard II

H – La Rochelle

Mark	Desc.	Date	Name
	Arrow	1697-1723	Jean Donat
	Star	1724-25	Guichot
	Griffin	1725-37	Etienne-Bernard de la Molere
	Wheat-ear	1737-38	Michel Dergny
	Star or Rowel	1738-54	Robert de Verigny
	Swan	1755-64	Charles Mesnard de la Garde
	Acorn	1764-84	Augustin Mathieu Beaupied de Clermont
	Anchor	1785-L'AN 2	Francois Seguy

I - Limoges

Mark	Desc.	Date	Name
	Harp	1698-1725	Pierre David de la Vergne
	Harp	1725-65	Bernard David de la Vergne
	Fasces of 5 arrows	1766-91	Louis Naurissart de Forest

	Heart	1743-92	
	Heart	1792-L'AN 2	

BD - Pau

Fasces of 3 arrows 1791-L'AN 2 Francois Allnaud

K - Bordeaux

Mark	Desc.	Date	Name
	None	1697-1705	Bernard la Molire
	Millstone	1705-12	Bernard Siblrol and Bernard la Molere
	Crescent	1709-10	Bernard la Molere
	Millstone	1711-46	Bernard la Molere de Siberol
	Double intertwined chevron	1747-55	Blaise Jeandeau
	Temple portal	1780-89	Antoine du Temple
	Caduceus	1788-L'AN 2	Laurent Bruno Lhoste

L - Bayonne

Mark	Desc.	Date	Name
	Pink (none in 1691-1703)	1691-1710	Michel Porchery
	Diamond	1710-31	Jean de Lacroix de Ravignon
	Heraldic blackbird	1731-35	Claude Esmonin
	Greyhound	1735-59	Pierre Arnaud de Lissaque
	Pellets flanking 2 tulips in saltire	1759-77	Pierre d'Arippe
	Pellets flanking 2 tulips on 1 stem	1777-79	Jean d'Arripe de Cazaux
	Pellets flanking 2 tulips on 1 stem	1780-86	Pierre d'Arripe de Lannecaude

M - Toulouse

Mark	Desc.	Date	Name
	Castle tower	1701-14	Cr. Marchand de la Tournelle
	Flower	1716-17	
	Castle tower	1724-37	
	Circle in star	1740-60	
	Bird in flight	1764-73	
	Crown	1766-92	
	Cow's head	1792-L'AN 2	

N - Montpellier

Mark	Desc.	Date	Name
	Sinople tree	1701-03	Jean Canelaux
	Star	1704-24	Jean Guillot
	Rooster	1724-27	Jean-Pierre Gailhac
	Pellets flanking carpenter's square	1730-36	Gustave-Adolphe Perricard
	Ancient anchor	1737-66	Antoine de Larroque
	Stretched "M"	1766-91	Etienne Bernard
	Rook	1791-94 L'AN 2	Paul-David Bazille, (1791-93);
	Rook	1793-AN II	Marc-David Bazille

O - Clermont

O - Riom

Mark	Desc.	Date	Name
		1701-05	Nicolas Carlet
	Diamond	1710-16	
	Flower	1717	
	Maple leaf	1724-61	J.F. Coste Dumesnil
		1761-65	Claude-Charles Legat

P - Dijon

Mark	Desc.	Date	Name

FRANCE

Mark	Desc.	Date	Name
✓	Dagger	1711-14	Louis Jacquine
🕊	Holy Spirit dove	1715-22	
🌳	Tree of May	1722-28	Louis Verdet
⚓	Anchor	1728-64	Pierre Nardot
🔥	Ignited torch	1767-72	Michel Belot

P - Semur

Q - Perpignan

Mark	Desc.	Date	Name
	Top & bottom of scallop shell	1716-28	Christophe Bourdeau de Bruch
	Scallop shell	1729-43	Christophe Bordeau de Bruch
	Scallop shell	1743-59	Jean Bordeaude Bruch
	Scallop shell	1763-70	Jean Bordeau de Bruch Castera
	Triangle in circle	1770-77	Pierre-Martin-Charles-
	Fireworks grenade	1777-79	Pierre-Etienne Bezombes
	Cannon	1781-91	Jean Ribes
	Cannon	1791-92	Joseph Dastros
	Anchor	1792-93	Jean-Jacques Anfrye
	Grapes	L'AN 5-1795-96	Joseph Dastros

R - Orléans

Mark	Desc.	Date	Name
	Garden Lily	1718-24	Jacques-Joseph Benoist
	Axe head	1720-24	Jean-Baptiste de Voulges
	Star	1740-45	Pierre-Antoine Masson
	Pellets flanking star	1742-50	Louis-Nicolas Ternision
	Dog running right	1751-69	Jean-Baptiste Arnault
	Dog running right	1769-73	Gabriel Porcher des Rolands
	Dog running right	1773-77	Noell-Ythier Porcher des Rolands
	Dog walking left	1780-82	Mathieu-Pierre Combret
	Greyhound running left	1783-88	Mathieu-Pierre Combret
	Bordered triangle	1788-91	Louis Boyan Petit-Bois
	Dividers	1792-L'AN II	Charles-Pierre Delespine

S - Reims

Mark	Desc.	Date	Name
	Acorn	1696-1705	Jacques Lagoille
	Acorn inverted	1705-36	Jacques Lagoille
	Key	1740-43	Pierre-Etienne Clay de Coincy
	Poppy in full bloom	1743-72	Jean Baptiste Cliquot

T - Nantes

Mark	Desc.	Date	Name
	Sacred heart	1700-06	Pierre Manuez
	Sacred heart	1701-02	Monet
	Sacred heart	1702-06	Rene Griquet de la Lorgbine
	Heart	1707-12	Denis-Franson's Menard
	Heart	1712-27	Thomas Fachu
	Inverted garden lily	1727-39	Claude Chalumeau
	Tower	1739-52	Jacques Mathieu
	Tower	1752-82	Le Blond de Tour
	Greyhound seated	1782-L'AN 2	Marie-Joseph Francois

U - Turin

Mark	Desc.	Date	Name

V – Troyes (See also S)

Mark	Desc.	Date	Name
	Scallop	1701-05	Jean Baptiste de Mallerois
	Clover	1723-38	Matthieu Renard de Petition
	Tower	1738-39	J.M. le Blond de la Tour
	Linden tree	1739-55	Mathieu Tillet
	Dove	1767-72	Michel Grasson

W - Lille

Mark	Desc.	Date	Name
	None or barred cross	1701-05	Jean Simon
	Oblique bar	1706-23	Jean Baptiste de la Tour
	Bar	1724-34	P.F. Baret de Ferrand
	Bar	1735-47	Jean Baptiste Luc Baret d'Urchial
	Heron	1741-54	Jean Dupeyron de LaCoste
	Chevron	1755-73	David Francois Lepage
	Chevron	1773-84	Louis-Theophile Francois Lepage
	Star	1785-92	Louis-Theophile Francois
	Level	1793-L'AN 2	Pierre-Claude Chesnel

X - Amiens

Mark	Desc.	Date	Name
	Clover	1709-16	Martin Julliot
	Laid ear of wheat staff	1727-77	Nicolas Julli0ot
	Cut-off garden lily	1727-39	Francois Robert Lepicie
	Cut-off garden lily	1739-65-	Nicolas Jacques Pirlot
	Quickset hedge	1775	Charles-Nicolas La Haye

Y - Bourges

Mark	Desc.	Date	Name
	Gauntlet	1701-05	Francois Caron
	Elephant	1710-12	Pierre-Francois Baret de Ferrand
	She-duckling right	1726-30	Hugues Saillard
	Bird left	1730-71	Claude Nicolas Bertrand

Z - Grenoble

Mark	Desc.	Date	Name
	Pellets flanking dolphin	1702-10	Jean-Pierre Legay
	Double dolphin	1710-19	Raymond Amar
	Double dolphin	1719-51	Antoine Amar
	Dolphin	1757-60	Jean Amar
	Dolphin	1760-68	Jean-Baptiste Carny
	Dolphin	1757-60	Bruno Micou
	Dolphin	1770-71	Jacques Falquet du Planta

9 - Rennes

Mark	Desc.	Date	Name
	Lion rampant	1693-1709	Jean-Jacques Baraly
	Sheaf	1710-23	Gilles Gardin de Boishamont
	Axe	1724	Guy-Jacques L's Hermitte de la Feillaye
	Sheaf	1724-45	G. Gardin de Boishamont
	Hermine	1745-58	Joseph-Jacques Sebashien Garzon
	Lion rampant	1758-77	Joseph Leon

& - Aix

Mark	Desc.	Date	Name
	None	1692-1703	Marc Pielat du Pignet
	Heart	1704-36	Marc Pielat Du Pignet
	Anchor	1736-58	Gustave-Adolphe Perricard
	Lion left	1759-63	A.B. Tabaries de Granseignes
	Heart	1763-75	Cyprien Sabatier
	Horizontal bow	1775-77	Bernard Bernard

2 back to back C's - Besancon

Mark	Desc.	Date	Name
	Uprooted conifers	1701-02	Jean-Baptiste's Bonhomme
	Uprooted conifers	1703-12	Claude-Francois Arbilleur
	Lighted torch	1712-31	Jean Louis Loir
	Griffin?	1731-38	Francois Lawtal
	Eagle's head	1738-42	Francois Gallevier de Mierry
	Cock	1748-51	Jean Canbet
	Flying dove w/olive sprig in beak	1764-72	Jean-Charles Noe Fleur

M (MA) Monogram - Marseille

Mark	Desc.	Date	Name
	Star	AN II-1787-90	Jean-Baptiste-Casimer Prou Gaillard
	Star	1791	Cyprian Prou Gaillard
	Star	1792	Callonbou

Legend ending NARE and/or Cow - Pau

Mark	Desc.	Date	Name
	Hunting dog right	1709	Martin Courant
	Hunting dog right	1701-09	Jacques de Monaix
	Lion rampant right	1710-15	Jean de Monaix
	Lion rampant right	1716-23	Jean Jacques de Monaix
	Pellets flanking fleur-de-lis	1724-33	Roussel d'Inval de La Mothe Bussy
	Garden lily	1734-45	Francois de Vicq
	Tulip flanked by 2 pellets	1745-89	Pierre-Pascal d'Arripe de Sadiras
	Hand of Justice	1777-89	Michel Soulon
	Star	1789-L'an II	Jean Baptiste Souton

KINGDOM

MILLED COINAGE

KM# 284.1 LIARD

Copper Ruler: Louis XIV **Obv:** Older mailed bust right **Mint:** Paris

Date	Mintage	VG	F	VF	XF	Unc
1701A	—	18.00	40.00	110	350	700

KM# 284.22 LIARD

Copper Ruler: Louis XIV **Mint:** Lille **Note:** Mint mark: Crowned L.

Date	Mintage	VG	F	VF	XF	Unc
1701	—	17.00	40.00	100	350	750
1702	140,000	20.00	50.00	125	400	900

KM# 284.17 LIARD

Copper Ruler: Louis XIV **Mint:** Lille

Date	Mintage	VG	F	VF	XF	Unc
1707W	203,000	20.00	50.00	125	400	900

KM# 309 2 DENIERS

Copper Ruler: Louis XIV **Rev:** Crown above 3 fleur-de-lis **Mint:** Strasbourg

Date	Mintage	VG	F	VF	XF	Unc
1707BB	—	12.00	30.00	60.00	175	—
1708BB	—	8.00	20.00	40.00	125	—

KM# 310 4 DENIERS

Copper **Ruler:** Louis XIV **Obv:** Armored bust right **Rev:** Crown above 3 fleur-de-lis **Mint:** Strasbourg

Date	Mintage	VG	F	VF	XF	Unc
1702BB	—	15.00	35.00	80.00	230	—
1704BB	—	15.00	35.00	80.00	230	—
1705BB	—	15.00	35.00	85.00	245	500
1706BB	—	15.00	35.00	80.00	230	—
1707BB	—	8.00	20.00	55.00	145	—
1708BB	418,000	8.00	20.00	55.00	145	—

KM# 285.3 15 DENIERS

Billon **Ruler:** Louis XIV **Mint:** Rouen

Date	Mintage	VG	F	VF	XF	Unc
1701B	—	—	—	—	—	—
1703B	—	—	—	—	—	—

KM# 285.11 15 DENIERS

Billon **Ruler:** Louis XIV **Mint:** Toulouse

Date	Mintage	VG	F	VF	XF	Unc
1701M	—	—	—	—	—	—

KM# 285.15 15 DENIERS

Billon **Ruler:** Louis XIV **Mint:** Reims

Date	Mintage	VG	F	VF	XF	Unc
1701S	—	—	—	—	—	—
1702S	—	—	—	—	—	—

KM# 285.19 15 DENIERS

Billon **Ruler:** Louis XIV **Mint:** Bourges

Date	Mintage	VG	F	VF	XF	Unc
1701Y	—	—	—	—	—	—

KM# 285.22 15 DENIERS

Billon **Ruler:** Louis XIV **Obv:** Crowned double monograms form cross with fleur-de-lis at angles **Rev:** Crowned shield **Mint:** Lille **Note:** Mint mark: Crowned L.

Date	Mintage	VG	F	VF	XF	Unc
1701	—	15.00	35.00	75.00	220	—
1705	—	20.00	40.00	100	285	—

KM# 311 16 DENIERS

Billon **Ruler:** Louis XIV **Obv:** Crowned shield of France dividing value **Rev:** Fleur-de-lis at ends of outlined cross **Mint:** Strasbourg

Date	Mintage	VG	F	VF	XF	Unc
1701BB	797,000	10.00	25.00	50.00	160	—
1702BB	762,000	10.00	25.00	50.00	160	—
1703BB	333,000	12.00	30.00	60.00	185	—
1704BB	349,000	12.00	30.00	60.00	185	—
1705BB	384,000	12.00	30.00	60.00	185	—
1706BB	—	12.00	30.00	60.00	185	—
1707BB	340,000	12.00	30.00	60.00	185	—
1708BB	215,000	12.00	30.00	60.00	185	—
1710BB	65,000	15.00	40.00	80.00	225	—
1711BB	—	15.00	40.00	80.00	225	—
1712BB	—	15.00	40.00	80.00	225	—
1715BB	—	40.00	95.00	200	475	—

ECU COINAGE

KM# 407 LIARD

Copper **Ruler:** Louis XIV **Obv:** Head right **Mint:** Lille

Date	Mintage	VG	F	VF	XF	Unc
1713W	—	25.00	60.00	145	400	950
1714W	1,300,000	25.00	60.00	145	400	950
1715W	1,320,000	25.00	60.00	145	400	950

KM# 450.1 LIARD

Copper **Ruler:** Louis XV **Obv:** Boy head of Louis XV right **Rev:** Crowned square arms with date above **Mint:** Paris

Date	Mintage	VG	F	VF	XF	Unc
1720A	—	4.00	7.00	20.00	85.00	—
1721A	—	5.00	9.00	25.00	100	—

KM# 450.2 LIARD

Copper **Ruler:** Louis XV **Obv:** Boy head of Louis XV right **Rev:** Crowned square arms with date above **Mint:** Metz

Date	Mintage	VG	F	VF	XF	Unc
1720AA	—	5.00	9.00	25.00	100	—

KM# 450.3 LIARD

Copper **Ruler:** Louis XV **Obv:** Boy head of Louis XV right **Rev:** Crowned square arms with date above **Mint:** Strasbourg

Date	Mintage	VG	F	VF	XF	Unc
1720BB	—	3.00	5.00	14.00	75.00	—
1721BB	—	5.00	9.00	25.00	100	—

KM# 450.4 LIARD

Copper **Ruler:** Louis XV **Obv:** Boy head of Louis XV right **Rev:** Crowned square arms with date above **Mint:** Reims

Date	Mintage	VG	F	VF	XF	Unc
1721S	3,150,000	3.00	5.00	14.00	75.00	—

KM# 450.5 LIARD

Copper **Ruler:** Louis XV **Obv:** Boy head of Louis XV right **Rev:** Crowned square arms with date above **Mint:** Troyes

Date	Mintage	VG	F	VF	XF	Unc
1721V	—	5.00	9.00	25.00	100	—

KM# 450.6 LIARD

Copper **Ruler:** Louis XV **Obv:** Boy head of Louis XV right **Rev:** Crowned square arms with date above **Mint:** Besançon **Note:** Mint mark: Back to back C's.

Date	Mintage	VG	F	VF	XF	Unc
1720	—	4.00	7.00	20.00	85.00	—
1720 Ludouicus VX	—	10.00	20.00	50.00	200	—
1721	—	5.00	9.00	25.00	100	—

KM# 540 LIARD

Copper **Ruler:** Louis XV **Obv:** Older head of Louis XV right **Rev:** Crowned arms with rounded bottom, date above **Mint:** Aix **Note:** Mark mark: &.

Date	Mintage	VG	F	VF	XF	Unc
1767	—	4.00	10.00	25.00	110	—
1768	—	4.00	10.00	25.00	110	—
1769	—	4.00	10.00	25.00	110	—
1770	—	4.00	10.00	25.00	110	—
1771	—	4.00	10.00	25.00	110	—
1772	—	4.00	10.00	25.00	110	—

KM# 543.1 LIARD

Copper **Ruler:** Louis XV **Obv:** Old head of Louis XV right **Rev:** Crowned square arms with date above **Mint:** Paris

Date	Mintage	VG	F	VF	XF	Unc
1768A	—	3.00	7.00	18.00	75.00	—
1769A	—	3.00	7.00	18.00	75.00	—
1770A	—	3.00	7.00	18.00	75.00	—
1771A	—	3.00	7.00	18.00	75.00	—
1772A	—	3.00	7.00	18.00	75.00	—

KM# 543.2 LIARD

Copper **Ruler:** Louis XV **Obv:** Older head of Louis XV right **Rev:** Crowned square arms with date above **Mint:** Metz

Date	Mintage	VG	F	VF	XF	Unc
1769AA	—	4.00	10.00	25.00	85.00	—
1770AA	—	3.00	7.00	18.00	75.00	—
1771AA	—	3.00	7.00	18.00	75.00	—
1772AA	—	3.00	7.00	18.00	75.00	—
1773AA	—	3.00	7.00	18.00	75.00	—
1774AA	—	3.00	7.00	18.00	75.00	—

KM# 543.3 LIARD

Copper **Ruler:** Louis XV **Obv:** Older head of Louis XV right **Rev:** Crowned square arms with date above **Mint:** Strasbourg

Date	Mintage	VG	F	VF	XF	Unc
1770BB	—	3.00	7.00	18.00	75.00	—
1771BB	—	5.00	9.00	20.00	80.00	—
1773BB	—	5.00	9.00	20.00	80.00	—

KM# 543.4 LIARD

Copper **Ruler:** Louis XV **Obv:** Older head of Louis XV right **Rev:** Crwoned square arms with date above **Mint:** Lyon

Date	Mintage	VG	F	VF	XF	Unc
1770D	—	4.00	8.00	20.00	85.00	—
1771D	—	4.00	8.00	20.00	85.00	—
1772D	—	4.00	8.00	20.00	85.00	—

KM# 543.5 LIARD

Copper **Ruler:** Louis XV **Obv:** Older head of Louis XV right **Rev:** Crowned square arms with date above **Mint:** La Rochelle

Date	Mintage	VG	F	VF	XF	Unc
1771H	—	35.00	65.00	125	200	—
1774H	—	4.00	8.00	20.00	85.00	—

KM# 543.6 LIARD

Copper **Ruler:** Louis XV **Obv:** Older head of Louis XV right **Rev:** Crowned square arms with date above **Mint:** Limoges

Date	Mintage	VG	F	VF	XF	Unc
1773I	659,000	6.00	12.00	35.00	135	—
1774I	272,000	4.00	8.00	20.00	85.00	—

KM# 543.7 LIARD

Copper **Ruler:** Louis XV **Obv:** Older head of Louis XV right **Rev:** Crowned square arms with date above **Mint:** Toulouse

Date	Mintage	VG	F	VF	XF	Unc
1770M	—	6.00	12.00	35.00	135	—
1771M	—	6.00	12.00	35.00	135	—
1772M	—	6.00	12.00	35.00	135	—
1773M	288,000	6.00	12.00	35.00	135	—
1774M	—	4.00	8.00	20.00	85.00	—

KM# 543.8 LIARD

Copper **Ruler:** Louis XV **Obv:** Older head of Louis XV right **Rev:** Crowned square arms with date above **Mint:** Montpellier

Date	Mintage	VG	F	VF	XF	Unc
1770N	—	4.00	8.00	20.00	85.00	—
1771N	—	4.00	8.00	20.00	85.00	—
1772N	—	4.00	8.00	20.00	85.00	—

KM# 543.9 LIARD

Copper **Ruler:** Louis XV **Obv:** Older head of Louis XV right **Rev:** Crowned square arms with date above **Mint:** Reims

Date	Mintage	VG	F	VF	XF	Unc
1769S	—	2.50	5.00	15.00	65.00	—
1770S	—	2.50	5.00	15.00	65.00	—
1771S	—	3.00	7.00	18.00	75.00	—
1772S	—	3.00	7.00	18.00	75.00	—
1773S	—	4.00	10.00	25.00	85.00	—

KM# 543.10 LIARD

Copper **Ruler:** Louis XV **Obv:** Older head of Louis XV right **Rev:** Crowned square arms with date above **Mint:** Troyes

Date	Mintage	VG	F	VF	XF	Unc
1770V	—	3.00	7.00	18.00	75.00	—
1771V	268,000	3.00	7.00	18.00	75.00	—
1772V	—	3.00	7.00	18.00	75.00	—

KM# 543.11 LIARD

Copper **Ruler:** Louis XV **Obv:** Older head of Louis XV right **Rev:** Crowned square arms with date above **Mint:** Lille

Date	Mintage	VG	F	VF	XF	Unc
1769W	—	3.00	7.00	18.00	75.00	—
1770W	—	2.50	5.00	15.00	65.00	—
1771W	—	2.50	5.00	15.00	65.00	—
1773W	—	2.50	5.00	15.00	65.00	—
1774W	30,000	4.00	8.00	20.00	85.00	—

KM# 543.12 LIARD

Copper **Ruler:** Louis XV **Obv:** Older head of Louis XV right **Rev:** Crowned square arms with date above **Mint:** Besançon **Note:** Mint mark: Back to back C's.

Date	Mintage	VG	F	VF	XF	Unc
1769	—	3.00	7.00	18.00	75.00	—
1770	—	3.00	7.00	18.00	75.00	—
1771	—	3.00	7.00	18.00	75.00	—
1772	—	3.00	7.00	18.00	75.00	—

KM# 585.1 LIARD

Copper **Ruler:** Louis XVI **Obv:** Head left **Rev:** Crowned arms of France **Mint:** Paris

Date	Mintage	VG	F	VF	XF	Unc
1780A	164,000	3.00	6.00	20.00	50.00	—

KM# 585.2 LIARD

Copper **Ruler:** Louis XVI **Obv:** Head left **Rev:** Crowned arms of France **Mint:** Metz

Date	Mintage	VG	F	VF	XF	Unc
1782AA	1,317,000	2.00	4.00	10.00	40.00	—
1785AA	1,000,000	2.00	4.00	10.00	40.00	—
1786AA	—	2.00	4.00	10.00	40.00	—
1789AA	—	2.00	4.00	12.00	45.00	—

KM# 585.3 LIARD

Copper **Ruler:** Louis XVI **Obv:** Head left **Rev:** Crowned arms of France **Mint:** Rouen

Date	Mintage	VG	F	VF	XF	Unc
1785B	1,333,000	2.00	4.00	10.00	40.00	—
1786B	2,000,000	2.00	4.00	10.00	40.00	—
1788B	—	2.00	4.00	10.00	40.00	—
1790B	2,000,000	2.00	4.00	10.00	40.00	—
1791B	—	5.00	8.00	15.00	50.00	—

KM# 585.4 LIARD

Copper **Ruler:** Louis XVI **Obv:** Head left **Rev:** Crowned arms of France **Mint:** Strasbourg

Date	Mintage	VG	F	VF	XF	Unc
1784BB	1,333,000	—	—	—	—	—
Note: Reported, not confirmed						
1785BB	96,000	5.00	12.00	35.00	80.00	—

KM# 585.5 LIARD

Copper **Ruler:** Louis XVI **Obv:** Head left **Rev:** Crowned arms of France **Mint:** Lyon

Date	Mintage	VG	F	VF	XF	Unc
1784D	133,000	—	—	—	—	—
Note: Reported, not confirmed						
1786D	2,000,000	2.00	4.00	10.00	40.00	—
1788D	666,000	2.00	4.00	10.00	40.00	—
1790D	2,000,000	2.00	4.00	10.00	40.00	—
1791D	16,995,000	2.00	4.00	10.00	40.00	—

KM# 585.6 LIARD

Copper **Ruler:** Louis XVI **Obv:** Head left **Obv. Legend:** LUDOV • XVI • D • GRATIA • **Rev:** Crowned arms of France **Rev. Legend:** FRANC • ET NAVAR • REX • **Mint:** La Rochelle

Date	Mintage	VG	F	VF	XF	Unc
1777H	1,407,000	2.00	4.00	10.00	40.00	—
1779H	655,000	2.50	5.00	12.00	45.00	—
1781H	819,000	2.50	5.00	12.00	45.00	—
1782H	899,000	2.50	5.00	12.00	45.00	—
1791H	615,000	2.50	5.00	12.00	45.00	—

KM# 585.7 LIARD

Copper **Ruler:** Louis XVI **Obv:** Head left **Rev:** Crowned arms of France **Mint:** Limoges

Date	Mintage	VG	F	VF	XF	Unc
1784I	781,000	2.50	5.00	12.00	45.00	—
1791I	1,202,000	2.00	4.00	10.00	40.00	—

KM# 585.8 LIARD

Copper **Ruler:** Louis XVI **Obv:** Head left **Rev:** Crowned arms of France **Mint:** Bordeaux

Date	Mintage	VG	F	VF	XF	Unc
1791K	3,683,000	2.00	4.00	10.00	40.00	—

FRANCE

KM# 585.9 LIARD
Copper **Ruler:** Louis XVI **Obv:** Head left **Rev:** Crowned arms of France **Mint:** Bayonne

Date	Mintage	VG	F	VF	XF	Unc
1784L	8,614,000	2.00	4.00	10.00	40.00	—
1785L	1,244,000	2.00	4.00	10.00	40.00	—

KM# 585.10 LIARD
Copper **Ruler:** Louis XVI **Obv:** Head left **Rev:** Crowned arms of France **Mint:** Toulouse

Date	Mintage	VG	F	VF	XF	Unc
1783M	—	2.50	5.00	12.00	45.00	—
1784M	—	2.50	5.00	12.00	45.00	—
1789M	2,667,000	2.00	4.00	10.00	40.00	—
1790M	—	2.00	4.00	10.00	40.00	—

KM# 585.11 LIARD
Copper **Ruler:** Louis XVI **Obv:** Head left **Rev:** Crowned arms of France **Mint:** Montpellier

Date	Mintage	VG	F	VF	XF	Unc
1783N	—	3.00	10.00	20.00	60.00	—
1784N	955,000	2.50	5.00	12.00	45.00	—
1785N	280,000	2.50	5.00	15.00	50.00	—
1789N	2,667,000	2.00	4.00	10.00	40.00	—
1790N	—	2.00	4.00	10.00	40.00	—
1791N	—	2.00	4.00	10.00	40.00	—

KM# 585.12 LIARD
Copper **Ruler:** Louis XVI **Obv:** Head left **Rev:** Crowned arms of France **Mint:** Orléans

Date	Mintage	VG	F	VF	XF	Unc
1789R	—	2.00	4.00	10.00	40.00	—
1791R	—	2.00	4.00	10.00	40.00	—

KM# 585.13 LIARD
Copper **Ruler:** Louis XVI **Obv:** Head left **Rev:** Crowned arms of France **Mint:** Nantes

Date	Mintage	VG	F	VF	XF	Unc
1784T	1,427,000	2.50	5.00	12.00	45.00	—
1785T	592,000	2.50	5.00	12.00	45.00	—
1786T	—	2.00	4.00	10.00	40.00	—
1787T	—	2.00	4.00	10.00	40.00	—
1789T	1,000,000	2.00	4.00	10.00	40.00	—
1790T	—	2.00	4.00	10.00	40.00	—
1791T	579,000	2.00	4.00	10.00	40.00	—

KM# 585.14 LIARD
Copper **Ruler:** Louis XVI **Obv:** Head left **Rev:** Crowned arms of France **Mint:** Lille

Date	Mintage	VG	F	VF	XF	Unc
1777W	1,501,000	2.00	4.00	12.00	45.00	—
1778W	1,557,000	2.00	4.00	10.00	40.00	—
1779W	1,803,000	2.00	4.00	10.00	40.00	—
1781W	3,191,000	2.00	4.00	10.00	40.00	—
1782W	2,555,000	2.00	4.00	10.00	40.00	—
1783W	2,802,000	2.00	4.00	10.00	40.00	—
1785W	2,115,000	2.00	4.00	10.00	40.00	—
1786W	—	2.00	4.00	10.00	40.00	—
1788W	202,000	2.00	4.00	10.00	40.00	—
1789W	—	2.00	4.00	10.00	40.00	—
1790W	—	2.00	4.00	10.00	40.00	—

KM# 585.15 LIARD
Copper **Ruler:** Louis XVI **Obv:** Head left **Rev:** Crowned arms of France **Mint:** Aix **Note:** Mint mark: &. The dot appears below the third letter of the monarch's name and denotes second semester coinage.

Date	Mintage	VG	F	VF	XF	Unc
1778	2,678,000	2.00	4.00	10.00	40.00	—
1780	2,765,000	—	—	—	—	—
1781	—	2.00	4.00	10.00	40.00	—
1782	567,000	2.00	4.00	10.00	40.00	—
1784	566,000	2.00	4.00	10.00	40.00	—
1786	200,000	2.00	4.00	10.00	40.00	—

KM# 588 LIARD
Copper **Ruler:** Louis XVI **Rev. Legend:** ....RE.BD (ligate BD). **Mint:** Pau **Note:** Issued for Province of Bearn. Mint mark: Cow.

Date	Mintage	VG	F	VF	XF	Unc
1785	193,000	5.00	10.00	50.00	160	—

KM# 608.1 3 DENIERS (Liard)
Bronze **Obv:** LOUIS XVI ROI DES FRANCOIS **Rev:** Liberty cap above column dividing value, oak wreath in background **Rev. Legend:** LANATIONLA LOILEROI **Mint:** Lyon

Date	Mintage	VG	F	VF	XF	Unc
1792D	—	10.00	40.00	100	250	300

KM# 609 3 DENIERS (Liard)
Bronze **Obv:** Head of Louis XVI left **Obv. Legend:** LOUIS XVI ROI DES FRANCAIS **Rev:** Liberty cap above column dividing value, oak wreath in background **Rev. Legend:** LANATION LA LOILE ROI * **Mint:** Strasbourg

Date	Mintage	VG	F	VF	XF	Unc
1792BB	—	10.00	50.00	100	300	350

KM# 400.1 6 DENIERS
Copper **Ruler:** Louis XIV **Obv:** 3 crowned double L's forming triangle, mint mark at center **Rev:** Filigree cross with fleur-de-lis at ends **Mint:** La Rochelle

Date	Mintage	VG	F	VF	XF	Unc
1710H	—	18.00	35.00	70.00	200	440
1711H	—	18.00	35.00	70.00	200	440
1712H	—	18.00	35.00	70.00	200	—

KM# 400.2 6 DENIERS
Copper **Ruler:** Louis XIV **Mint:** Montpellier

Date	Mintage	VG	F	VF	XF	Unc
1710N	2,026,000	15.00	28.00	60.00	160	350
1711N	8,652,000	12.00	25.00	50.00	150	325
1712N	8,219,000	12.00	25.00	50.00	150	325

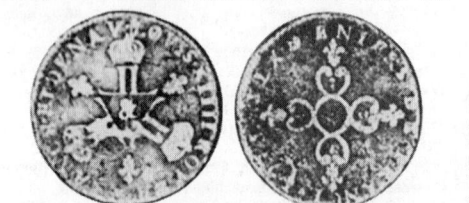

KM# 400.3 6 DENIERS
Copper **Ruler:** Louis XIV **Obv:** Crowned monograms form triangle, mint mark at center, fleur-de-lis at corners **Rev:** Filigree cross with fleur-de-lis at ends **Mint:** Aix **Note:** Mint mark: &.

Date	Mintage	VG	F	VF	XF	Unc
1710	—	15.00	30.00	60.00	180	400
1711	—	15.00	30.00	60.00	180	400
1712	—	15.00	30.00	60.00	180	400

KM# 610.1 6 DENIERS
Bronze **Obv:** LOUIS XVI ROI DES FRANCOIS **Rev:** Liberty cap above column dividing value, oak wreath in background **Rev. Legend:** LANATION LA LOI LE ROI **Mint:** Lyon **Note:** Similar to KM#611.

Date	Mintage	VG	F	VF	XF	Unc
1792D	—	10.00	30.00	80.00	200	440

KM# 611 6 DENIERS
Bronze **Obv:** LOUIS XVI ROI DES FRANCAIS **Rev:** Liberty cap above column dividing value, oak wreath in background **Rev. Legend:** LANATION LA LOI LE ROI **Mint:** Strasbourg

Date	Mintage	VG	F	VF	XF	Unc
1792BB	—	10.00	25.00	65.00	175	380
1793BB	—	20.00	50.00	140	300	650

KM# 600.1 12 DENIERS
Bronze **Obv:** LOUIS XVI ROI DES FRANCOIS **Rev:** Liberty cap above column dividing value, wreath surrounds **Rev. Legend:** LANATION LALOI LE ROI ; • 3• DELALIB•, below **Mint:** Paris

Date	Mintage	VG	F	VF	XF	Unc
1791A	—	2.50	5.00	20.00	120	260
1792A	—	2.50	5.00	20.00	120	260
1793A	—	4.00	10.00	30.00	150	320

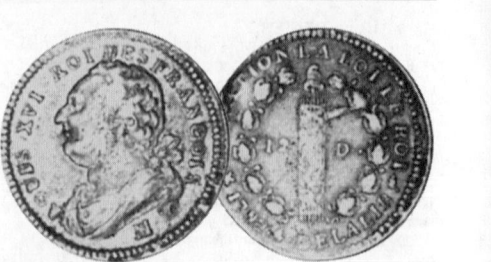

KM# 600.11 12 DENIERS
Bronze, 31.1 mm. **Obv:** Bust of Louis XVI left **Obv. Legend:** LOUIS XVI ROI DES FRANCOIS **Rev:** Liberty cap above column dividing value, wreath surrounds **Rev. Legend:** LANATION LA LOILE ROI **Mint:** Marseille

Date	Mintage	VG	F	VF	XF	Unc
1791MA	—	5.00	12.00	35.00	125	260
1792MA	—	4.00	10.00	30.00	135	290
1793MA	—	7.00	16.00	50.00	150	320

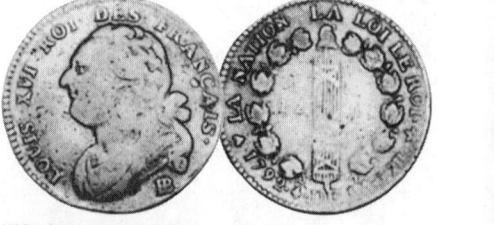

KM# 601 12 DENIERS
Bronze **Obv:** LOUIS XVI ROI DES FRANCAIS • **Rev:** Liberty cap above column dividing value, wreath surrounds **Rev. Legend:** LANATION LA LOI LE ROI * **Mint:** Strasbourg

Date	Mintage	VG	F	VF	XF	Unc
1791BB	—	7.00	16.00	50.00	175	380
1792BB	—	5.00	12.00	35.00	125	265
1793BB	—	7.00	16.00	50.00	175	380

KM# 401 15 DENIERS
Billon **Ruler:** Louis XIV **Obv:** Crowned double L **Rev:** Outlined cross with fleur-de-lis in angles **Mint:** Metz

Date	Mintage	VG	F	VF	XF	Unc
1710AA	—	20.00	50.00	100	250	550
1711AA	—	20.00	50.00	100	250	550
1712AA	—	20.00	50.00	100	250	550
1713AA	Est. 1,706,000	20.00	50.00	100	250	550

KM# 378.1 30 DENIERS
Billon **Ruler:** Louis XIV **Obv:** Crowned double monogram, three fleur-de-lis **Obv. Legend:** LVD • XIIII • FR • ET • NAV • REX • 1711 **Rev:** Outlined cross with fleur-de-lis at each angle **Mint:** Metz

Date	Mintage	VG	F	VF	XF	Unc
1709AA	465,000	20.00	50.00	100	275	580
1710AA	13,270,000	18.00	45.00	90.00	250	550
1711AA	17,612,000	18.00	45.00	90.00	250	550
1712AA	13,455,000	18.00	45.00	90.00	250	550
1713AA	10,360,000	18.00	45.00	90.00	250	550

KM# 378.2 30 DENIERS
Billon **Ruler:** Louis XIV **Mint:** Lyon

Date	Mintage	VG	F	VF	XF	Unc
1710D	16,664,000	18.00	45.00	90.00	250	550
1711D	13,807,000	18.00	45.00	90.00	250	550
1712D	26,720,000	16.00	40.00	80.00	225	550
1713D	10,381,000	18.00	45.00	90.00	250	550

KM# 451.1 1/2 SOL
Copper **Ruler:** Louis XV **Obv:** Boy head of Louis XV right **Obv. Legend:** LUDOVICUS • XV • DEI • GRATIA • **Rev:** Crowned square arms with date above **Mint:** Paris

Date	Mintage	VG	F	VF	XF	Unc
1720A	—	2.00	5.00	15.00	60.00	—
1721A	—	2.00	5.00	15.00	60.00	—

KM# 451.2 1/2 SOL
Copper **Ruler:** Louis XV **Mint:** Metz

Date	Mintage	VG	F	VF	XF	Unc
1719AA	—	5.00	15.00	45.00	135	290
1720AA	—	3.00	6.00	16.00	65.00	—
1721AA	—	5.00	15.00	45.00	150	—
1722AA	—	5.00	15.00	45.00	150	—

KM# 451.3 1/2 SOL
Copper **Ruler:** Louis XV **Mint:** Strasbourg

Date	Mintage	VG	F	VF	XF	Unc
1719BB	—	3.00	6.00	16.00	65.00	—
1720BB	—	3.00	6.00	16.00	65.00	—

KM# 451.4 1/2 SOL
Copper **Ruler:** Louis XV **Obv:** Boy head of Louis XV right **Rev:** Crowned square arms with date above **Mint:** La Rochelle

Date	Mintage	VG	F	VF	XF	Unc
1722H	—	6.00	20.00	60.00	165	—
1723H	—	6.00	20.00	60.00	145	320

KM# 451.5 1/2 SOL
Copper **Ruler:** Louis XV **Obv:** Boy head of Louis XV right **Rev:** Crowned square arms with date above **Mint:** Bordeaux

Date	Mintage	VG	F	VF	XF	Unc
1722K	—	6.00	20.00	60.00	145	—
1723K	—	6.00	20.00	60.00	145	—

KM# 451.6 1/2 SOL
Copper **Ruler:** Louis XV **Obv:** Boy head of Louis XV right **Rev:** Crowned square arms with date above **Mint:** Montpellier

Date	Mintage	VG	F	VF	XF	Unc
1724N Unique	—	—	—	—	—	—

KM# 451.7 1/2 SOL
Copper **Ruler:** Louis XV **Obv:** Boy head of Louis XV right **Rev:** Crowned square arms with date above **Mint:** Perpignan

Date	Mintage	VG	F	VF	XF	Unc
1723Q	—	4.00	8.00	20.00	80.00	—
1724Q Unique	—	—	—	—	—	—

KM# 451.8 1/2 SOL
Copper **Ruler:** Louis XV **Mint:** Reims

Date	Mintage	VG	F	VF	XF	Unc
1720S	—	3.00	6.00	16.00	65.00	—
1721S	3,881,000	4.00	8.00	18.00	75.00	—

KM# 541 1/2 SOL
Copper **Ruler:** Louis XV **Obv:** Older head of Louis XV right **Rev:** Crowned arms with rounded bottom, date below **Mint:** Aix **Note:** Mint mark: &.

Date	Mintage	VG	F	VF	XF	Unc
1767	—	3.00	7.00	35.00	160	—
1768	—	3.00	7.00	35.00	160	—
1770	—	5.00	10.00	50.00	180	275
1771	—	5.00	10.00	50.00	180	275
1773	—	5.00	10.00	50.00	180	275

KM# 544.1 1/2 SOL
Copper **Ruler:** Louis XV **Obv:** Older head right **Rev:** Crowned square arms with date below **Mint:** Paris

Date	Mintage	VG	F	VF	XF	Unc
1768A	—	3.00	6.00	20.00	80.00	—
1769A	—	3.00	6.00	20.00	80.00	—
1770A	—	6.00	15.00	40.00	100	290
1771A	—	6.00	15.00	40.00	100	—
1772A	—	6.00	15.00	40.00	100	—
1773A	—	4.00	8.00	25.00	90.00	190
1774A	70,000	4.00	8.00	25.00	90.00	190

KM# 544.2 1/2 SOL
Copper **Ruler:** Louis XV **Obv:** Older head right **Rev:** Crowned square arms with date below **Mint:** Metz

Date	Mintage	VG	F	VF	XF	Unc
1769AA	—	5.00	12.00	30.00	100	—
1770AA	—	3.00	8.00	25.00	90.00	240
1771AA	—	5.00	12.00	30.00	100	—
1772AA	—	5.00	12.00	30.00	100	—
1774AA	—	5.00	12.00	30.00	100	—

KM# 544.3 1/2 SOL
Copper **Ruler:** Louis XV **Obv:** Older head right **Rev:** Crowned square arms with date below **Mint:** Strasbourg

Date	Mintage	VG	F	VF	XF	Unc
1770BB	—	3.00	8.00	25.00	90.00	—
1771BB	—	3.00	8.00	25.00	90.00	—
1773BB	—	3.00	8.00	25.00	90.00	—

KM# 544.4 1/2 SOL
Copper **Ruler:** Louis XV **Obv:** Older head right **Rev:** Crowned square arms with date below **Mint:** Lyon

Date	Mintage	VG	F	VF	XF	Unc
1769D	—	3.00	6.00	20.00	80.00	—
1770D	—	3.00	6.00	20.00	80.00	—
1771D	—	4.00	8.00	25.00	90.00	190
1772D	—	4.00	8.00	25.00	90.00	—
1774D	—	4.00	8.00	25.00	90.00	190

KM# 544.5 1/2 SOL
Copper **Ruler:** Louis XV **Obv:** Older head right **Rev:** Crowned square arms with date below **Mint:** La Rochelle

Date	Mintage	VG	F	VF	XF	Unc
1774H	—	4.00	8.00	25.00	90.00	—

KM# 544.6 1/2 SOL
Copper **Ruler:** Louis XV **Obv:** Older head right **Rev:** Crowned square arms with date below **Mint:** Limoges

Date	Mintage	VG	F	VF	XF	Unc
1772	—	3.00	6.00	20.00	90.00	—
1773I	803,000	3.00	6.00	20.00	90.00	—
1774I	—	3.00	6.00	20.00	90.00	—

KM# 544.7 1/2 SOL
Copper **Ruler:** Louis XV **Obv:** Older head right **Rev:** Crowned square arms with date below **Mint:** Toulouse

Date	Mintage	VG	F	VF	XF	Unc
1769M	—	4.00	8.00	25.00	100	210
1770M	—	4.00	8.00	25.00	100	210
1771M	—	4.00	8.00	25.00	100	—
1772M	—	4.00	8.00	25.00	100	—

KM# 544.8 1/2 SOL
Copper **Ruler:** Louis XV **Obv:** Older head right **Rev:** Crowned square arms with date below **Mint:** Montpellier

Date	Mintage	VG	F	VF	XF	Unc
1769N	—	6.00	15.00	40.00	140	—
1770N	—	6.00	15.00	40.00	140	295
1771N	—	3.00	6.00	20.00	80.00	—
1772N	—	6.00	15.00	40.00	140	—
1773N	—	4.00	8.00	25.00	90.00	—

KM# 544.9 1/2 SOL
Copper **Ruler:** Louis XV **Obv:** Older head right **Rev:** Crowned square arms with date below **Mint:** Reims

Date	Mintage	VG	F	VF	XF	Unc
1769S	—	3.00	6.00	20.00	80.00	—
1770S	—	4.00	8.00	30.00	95.00	—
1771S	—	4.00	8.00	25.00	90.00	—
1772S	—	4.00	8.00	25.00	90.00	—
1773S	—	5.00	10.00	30.00	130	—

KM# 544.10 1/2 SOL
Copper **Ruler:** Louis XV **Obv:** Older head right **Rev:** Crowned square arms with date below **Mint:** Troyes

Date	Mintage	VG	F	VF	XF	Unc
1770V	—	4.00	8.00	25.00	90.00	—
1771V	195,000	4.00	8.00	25.00	90.00	—

KM# 544.11 1/2 SOL
Copper **Ruler:** Louis XV **Obv:** Older head right **Rev:** Crowned square arms with date below **Mint:** Lille

Date	Mintage	VG	F	VF	XF	Unc
1769W	—	4.00	8.00	25.00	90.00	—
1770W	—	4.00	8.00	25.00	90.00	—
1771W	—	4.00	10.00	35.00	110	240
1772W	—	10.00	20.00	50.00	100	320
1773W	—	10.00	20.00	50.00	100	—

KM# 544.12 1/2 SOL
Copper **Ruler:** Louis XV **Obv:** Older head right **Rev:** Crowned square arms with date below **Mint:** Besançon **Note:** Mint mark: Back to back C's.

Date	Mintage	VG	F	VF	XF	Unc
1769	—	3.00	6.00	20.00	80.00	—
1770	—	3.00	6.00	20.00	80.00	—
1771	—	4.00	8.00	25.00	90.00	—
1772	—	4.00	8.00	25.00	90.00	—

KM# 586.1 1/2 SOL
Copper **Ruler:** Louis XVI **Obv:** Head left **Obv. Legend:** LUDOV • XVI • D • GRATIA • **Rev:** Crowned arms of France **Rev. Legend:** FRANCIÆ ET NAVARRÆ • REX • **Mint:** Paris

Date	Mintage	VG	F	VF	XF	Unc
1779A	—	5.00	10.00	25.00	100	—
1780	—	4.00	8.00	20.00	80.00	—
Note: Mintage included in KM#585.1						
1781	164,000	6.00	12.00	40.00	135	290
1782	168,000	6.00	12.00	40.00	135	290
1783	124,000	7.00	15.00	50.00	175	380
1784/3	—	7.00	15.00	50.00	175	380
1784	97,000	8.00	20.00	60.00	195	420
1785	328,000	5.00	10.00	25.00	100	220
1789	—	3.00	6.00	18.00	65.00	—

KM# 586.2 1/2 SOL
Copper **Ruler:** Louis XVI **Obv:** Head left **Rev:** Crowned arms of France **Mint:** Metz

Date	Mintage	VG	F	VF	XF	Unc
1781AA	1,042,000	3.00	6.00	18.00	65.00	—
1782AA	—	3.00	6.00	18.00	65.00	—
1784AA	—	5.00	10.00	25.00	100	—
1785AA	1,000,000	—	—	—	—	—
Note: Reported, not confirmed						
1786AA	—	3.00	6.00	18.00	65.00	—
1787AA	—	3.00	6.00	18.00	65.00	—
1788AA	291,000	5.00	10.00	25.00	100	—
1789AA	—	5.00	10.00	25.00	100	—
1791AA	4,105,000	3.00	6.00	18.00	65.00	—

KM# 586.3 1/2 SOL
Copper **Ruler:** Louis XVI **Obv:** Head left **Rev:** Crowned arms of France **Mint:** Rouen

Date	Mintage	VG	F	VF	XF	Unc
1784B	—	4.00	8.00	20.00	80.00	—
1785B	673,000	4.00	8.00	20.00	80.00	—
1788B	800,000	—	—	—	—	—
Note: Reported, not confirmed						
1790B	1,000,000	4.00	8.00	20.00	80.00	—
1791B	16,995,000	2.00	5.00	12.00	60.00	—

KM# 586.4 1/2 SOL
Copper **Ruler:** Louis XVI **Obv:** Head left **Rev:** Crowned arms of France **Mint:** Strasbourg

Date	Mintage	VG	F	VF	XF	Unc
1784BB	667,000	4.00	8.00	20.00	80.00	—
1785BB	480,000	4.00	8.00	20.00	80.00	—

KM# 586.5 1/2 SOL
Copper **Ruler:** Louis XVI **Obv:** Head left **Rev:** Crowned arms of France **Mint:** Lyon

Date	Mintage	VG	F	VF	XF	Unc
1779D	4,196,000	—	—	—	—	—
1784D	667,000	—	—	—	—	—
Note: Reported, not confirmed						
1786D	500,000	4.00	8.00	20.00	80.00	—
1788D	—	4.00	8.00	20.00	80.00	—
Note: Mintage included in KM#585.5						
1790D	1,000,000	—	—	—	—	—
Note: Reported, not confirmed						

KM# 586.6 1/2 SOL
Copper **Ruler:** Louis XVI **Obv:** Head left **Rev:** Crowned arms of France **Mint:** La Rochelle

Date	Mintage	VG	F	VF	XF	Unc
1778H	—	3.00	6.00	18.00	65.00	—
1779H	—	3.00	6.00	18.00	65.00	—
1780H	773,000	3.00	6.00	18.00	65.00	—
1781H	—	3.00	6.00	18.00	65.00	—
1782H	—	4.00	8.00	20.00	80.00	—
1785H	—	4.00	8.00	20.00	80.00	—
1791H	—	4.00	8.00	20.00	80.00	—
Note: Mintage included In KM#585						

KM# 586.7 1/2 SOL
Copper **Ruler:** Louis XVI **Obv:** Head left **Rev:** Crowned arms of France **Mint:** Limoges

Date	Mintage	VG	F	VF	XF	Unc
1778I	—	3.00	8.00	20.00	70.00	—
1779I	—	3.00	8.00	20.00	70.00	—
1780I	—	3.00	8.00	20.00	70.00	—
1791I	—	3.00	6.00	18.00	65.00	—
Note: Mintage included In KM#585.7						

KM# 586.8 1/2 SOL
Copper **Ruler:** Louis XVI **Obv:** Head left **Rev:** Crowned arms of France **Mint:** Bordeaux

Date	Mintage	VG	F	VF	XF	Unc
1791K	—	3.00	6.00	18.00	65.00	—
Note: Mintage included in KM#585.8						

KM# 586.9 1/2 SOL
Copper **Ruler:** Louis XVI **Obv:** Head left **Rev:** Crowned arms of France **Mint:** Bayonne

Date	Mintage	VG	F	VF	XF	Unc
1785L	—	3.00	6.00	18.00	65.00	—
Note: Mintage included in KM#585.9						
1786L	—	3.00	6.00	18.00	65.00	—
1789L	—	4.00	8.00	20.00	80.00	—

KM# 586.10 1/2 SOL
Copper **Ruler:** Louis XVI **Obv:** Head left **Rev:** Crowned arms of France **Mint:** Toulouse

Date	Mintage	VG	F	VF	XF	Unc
1783M	1,175,000	3.00	6.00	18.00	65.00	—
1784M	799,000	5.00	9.00	20.00	80.00	—
1789M	1,333,000	3.00	6.00	18.00	65.00	—

KM# 586.11 1/2 SOL
Copper **Ruler:** Louis XVI **Obv:** Head left **Rev:** Crowned arms of France **Mint:** Marseille

Date	Mintage	VG	F	VF	XF	Unc
1788MA	1,375,000	3.00	6.00	18.00	65.00	—
1789MA	—	3.00	6.00	18.00	65.00	—
1791MA	2,121,000	3.00	6.00	18.00	65.00	—

KM# 586.12 1/2 SOL
Copper **Ruler:** Louis XVI **Obv:** Head left **Rev:** Crowned arms of France **Mint:** Montpellier

Date	Mintage	VG	F	VF	XF	Unc
1778/7N	—	5.00	10.00	25.00	100	225
1779N	1,232,000	3.00	6.00	18.00	65.00	—
1780N	187,000	5.00	10.00	25.00	100	225
1780/79N	Inc. above	5.00	10.00	25.00	100	225
1782N	—	4.00	8.00	20.00	80.00	—
1787N	—	3.00	6.00	18.00	65.00	—
1789N	1,333,000	3.00	6.00	18.00	65.00	—
1790N	—	4.00	8.00	20.00	80.00	—

KM# 586.13 1/2 SOL
Copper **Ruler:** Louis XVI **Obv:** Head left **Rev:** Crowned arms of France **Mint:** Orléans

Date	Mintage	VG	F	VF	XF	Unc
1789R	—	3.00	6.00	18.00	65.00	—

KM# 586.14 1/2 SOL
Copper **Ruler:** Louis XVI **Obv:** Head left **Rev:** Crowned arms of France **Mint:** Nantes

Date	Mintage	VG	F	VF	XF	Unc
1784T	—	4.00	8.00	20.00	80.00	—
1785T	—	4.00	8.00	20.00	80.00	—
Note: Mintage included in KM#585.11						
1786T	—	3.00	6.00	18.00	65.00	—
1787T	—	3.00	6.00	18.00	65.00	—
1788T	460,000	4.00	8.00	20.00	80.00	—
1789T	500,000	4.00	8.00	20.00	80.00	—
1790T	—	4.00	8.00	20.00	80.00	—
1791T	—	4.00	8.00	20.00	80.00	—

KM# 586.15 1/2 SOL

Copper **Ruler:** Louis XVI **Obv:** Head left **Rev:** Crowned arms of France **Mint:** Lille

Date	Mintage	VG	F	VF	XF	Unc
1777W	—	3.00	6.00	18.00	65.00	—
Note: Mintage included in KM#585.14						
1778W	—	3.00	6.00	18.00	65.00	—
Note: Mintage included in KM#585.14						
1781W	—	4.00	8.00	20.00	80.00	—
Note: Mintage included in KM#585.14						
1782W	—	4.00	8.00	20.00	80.00	—
1788W	—	4.00	8.00	20.00	80.00	—
Note: Mintage included in KM#585.14						
1789W	—	3.00	6.00	18.00	65.00	—
1790W	—	4.00	8.00	20.00	80.00	—
1791W	—	4.00	8.00	20.00	80.00	—

KM# 586.16 1/2 SOL

Copper **Ruler:** Louis XVI **Obv:** Head left **Rev:** Crowned arms of France **Mint:** Aix **Note:** Mint mark: Ampersand. The "dot" appears below the third letter of the monarch's name and denotes second semester coinage.

Date	Mintage	VG	F	VF	XF	Unc
1778	—	3.00	6.00	18.00	65.00	—
Note: Mintage included in KM#585.15						
1779	1,271,000	3.00	6.00	18.00	65.00	—
1780	—	3.00	6.00	18.00	65.00	—
Note: Mintage included in KM#585.15						
1781	636,000	4.00	8.00	20.00	80.00	—
1782	—	4.00	8.00	20.00	80.00	—
Note: Mintage included in KM#585.15						
1783	52,000	10.00	25.00	75.00	200	440
1784	500,000	—	—	—	—	—
Note: Reported, not confirmed						
1785	320,000	5.00	10.00	35.00	125	265
1786	500,000	4.00	8.00	20.00	80.00	—
1787	—	—	—	—	—	—
Note: Reported, not confirmed						

KM# 589 1/2 SOL

Copper **Ruler:** Louis XVI **Rev. Legend:** ....RE.BD (ligate BD). **Mint:** Pau **Note:** Issued for Province of Bearn. Mint mark: Cow.

Date	Mintage	VG	F	VF	XF	Unc
1785	—	8.00	15.00	55.00	250	340
1786	—	8.00	15.00	55.00	250	340

KM# 439.1 SOL

Copper **Ruler:** Louis XV **Obv:** Boy head of Louis XV right **Rev:** Crowned square arms with date above **Mint:** Paris

Date	Mintage	VG	F	VF	XF	Unc
1719A	—	4.00	10.00	25.00	90.00	—

KM# 439.2 SOL

Copper **Ruler:** Louis XV **Obv:** Boy head of Louis XV right **Rev:** Crowned square arms with date above **Mint:** Metz

Date	Mintage	VG	F	VF	XF	Unc
1719AA	—	4.00	10.00	25.00	90.00	—
1720AA	—	4.00	10.00	30.00	100	—
1721AA	—	5.00	15.00	35.00	150	—

KM# 439.3 SOL

Copper **Ruler:** Louis XV **Obv:** Boy head of Louis XV right **Rev:** Crowned square arms with date above **Mint:** Rouen

Date	Mintage	VG	F	VF	XF	Unc
1719B	—	4.00	10.00	25.00	90.00	—
1720B	—	4.00	10.00	30.00	100	—

KM# 439.4 SOL

Copper **Ruler:** Louis XV **Obv:** Boy head of Louis XV right **Rev:** Crowned square arms with date above **Mint:** Strasbourg

Date	Mintage	VG	F	VF	XF	Unc
1719BB	—	4.00	10.00	25.00	90.00	—
1720BB	—	4.00	10.00	30.00	100	—

KM# 439.5 SOL

Copper **Ruler:** Louis XV **Obv:** Boy head of Louis XV right **Rev:** Crowned square arms with date above **Mint:** La Rochelle

Date	Mintage	VG	F	VF	XF	Unc
1722H	—	4.00	10.00	30.00	100	—

KM# 439.6 SOL

Copper **Ruler:** Louis XV **Obv:** Boy head of Louis XV right **Rev:** Crowned square arms with date above **Mint:** Perpignan

Date	Mintage	VG	F	VF	XF	Unc
1722Q	—	4.00	10.00	25.00	90.00	—
1723Q	—	4.00	10.00	30.00	100	—
1724Q	—	5.00	15.00	40.00	150	300
1725Q	—	5.00	15.00	40.00	150	—
1726Q	—	5.00	15.00	40.00	150	—

KM# 439.7 SOL

Copper **Ruler:** Louis XV **Obv:** Boy head of Louis XV right **Rev:** Crowned square arms with date above **Mint:** Reims

Date	Mintage	VG	F	VF	XF	Unc
1719S	1,743,000	4.00	10.00	25.00	90.00	—
1720S	—	4.00	10.00	25.00	90.00	—

KM# 439.8 SOL

Copper **Ruler:** Louis XV **Obv:** Boy head of Louis XV right **Rev:** Crowned square arms with date above **Mint:** Troyes

Date	Mintage	VG	F	VF	XF	Unc
1721V	—	4.00	10.00	30.00	100	—

KM# 462 SOL

Copper **Ruler:** Louis XV **Obv:** Crowned double L's form triangle; fleur-de-lis at angles **Rev:** PRODUIT/DES MINES/DE/FRANCE in ornamental cartouche; date below **Mint:** Pau **Note:** Mining Sol issued for Province of Bearn. Mint mark: Cow.

Date	Mintage	VG	F	VF	XF	Unc
1721	—	20.00	60.00	175	400	900
1723	—	10.00	20.00	50.00	175	380
1724	—	8.00	16.00	45.00	160	350
1725	—	20.00	60.00	175	450	—
1727	—	7.50	15.00	40.00	150	330
1728	—	12.50	25.00	70.00	200	440

KM# 501.1 SOL

Billon **Ruler:** Louis XV **Obv:** Crowned L amid 3 fleur-de-lis **Rev:** Crowned floral double L monogram; date below **Mint:** Paris

Date	Mintage	VG	F	VF	XF	Unc
1739A	—	5.00	12.00	35.00	125	275
1740A	—	4.00	8.00	25.00	85.00	—
1746A	—	5.00	12.00	35.00	125	275
1748A	—	6.00	15.00	40.00	160	275

KM# 501.2 SOL

Billon **Ruler:** Louis XV **Obv:** Crowned L amid 3 fleur-de-lis **Rev:** Crowned floral double L monogram, date below **Mint:** Metz

Date	Mintage	VG	F	VF	XF	Unc
1740AA	—	4.00	8.00	20.00	80.00	—

KM# 501.3 SOL

Billon **Ruler:** Louis XV **Obv:** Crowned L amid 3 fleur-de-lis **Rev:** Crowned floral double L monogram, date below **Mint:** Strasbourg

Date	Mintage	VG	F	VF	XF	Unc
1740BB	—	4.00	8.00	20.00	80.00	—
1746BB	—	5.00	12.00	30.00	110	240

KM# 501.4 SOL

Billon **Ruler:** Louis XV **Obv:** Crowned L amid 3 fleur-de-lis **Rev:** Crowned floral double L monogram, date below **Mint:** Caen

Date	Mintage	VG	F	VF	XF	Unc
1739C	19,000	5.00	12.00	35.00	125	275

KM# 501.5 SOL

Billon **Ruler:** Louis XV **Obv:** Crowned L amid 3 fleur-de-lis **Rev:** Crowned floral double L monogram, date below **Mint:** Lyon

Date	Mintage	VG	F	VF	XF	Unc
1740D	715,000	4.00	8.00	20.00	80.00	—

KM# 501.6 SOL

Billon **Ruler:** Louis XV **Obv:** Crowned L amid 3 fleur-de-lis **Rev:** Crowned floral double L monogram, date below **Mint:** Poitiers

Date	Mintage	VG	F	VF	XF	Unc
1740G	86,000	6.00	12.00	25.00	90.00	—

KM# 501.7 SOL

Billon **Ruler:** Louis XV **Obv:** Crowned L amid 3 fleur-de-lis **Rev:** Crowned floral double L monogram, date below **Mint:** Limoges

Date	Mintage	VG	F	VF	XF	Unc
1739I	—	5.00	12.00	30.00	110	240
1740I	159,000	4.00	8.00	20.00	80.00	—

KM# 501.8 SOL

Billon **Ruler:** Louis XV **Obv:** Crowned L amid 3 fleur-de-lis **Rev:** Crowned floral double L monogram, date below **Mint:** Riom

Date	Mintage	VG	F	VF	XF	Unc
1740O	66,000	6.00	12.00	25.00	90.00	—

KM# 501.9 SOL

Billon **Ruler:** Louis XV **Obv:** Crowned L amid 3 fleur-de-lis **Rev:** Crowned floral double L monogram, date below **Mint:** Dijon

Date	Mintage	VG	F	VF	XF	Unc
1739P	64,000	4.00	8.00	20.00	80.00	—
1740P	64,000	4.00	8.00	20.00	80.00	—

KM# 501.10 SOL

Billon **Ruler:** Louis XV **Obv:** Crowned L amid 3 fleur-de-lis **Rev:** Crowned floral double L monogram, date below **Mint:** Nantes

Date	Mintage	VG	F	VF	XF	Unc
1740T	—	4.00	8.00	20.00	80.00	—

KM# 501.11 SOL

Billon **Ruler:** Louis XV **Obv:** Crowned L amid 3 fleur-de-lis **Rev:** Crowned floral double L monogram, date below **Mint:** Troyes

Date	Mintage	VG	F	VF	XF	Unc
1740V	12,000	8.00	20.00	45.00	160	275

KM# 501.12 SOL

Billon **Ruler:** Louis XV **Obv:** Crowned L amid 3 fleur-de-lis **Rev:** Crowned floral double L monogram, date below **Mint:** Lille

Date	Mintage	VG	F	VF	XF	Unc
1740W	—	4.00	8.00	20.00	80.00	—

KM# 501.13 SOL

Billon **Ruler:** Louis XV **Obv:** Crowned L amid 3 fleur-de-lis **Rev:** Crowned floral double L monogram, date below **Mint:** Amiens

Date	Mintage	VG	F	VF	XF	Unc
1740X	32,000	4.00	8.00	20.00	80.00	—

KM# 501.14 SOL

Billon **Ruler:** Louis XV **Obv:** Crowned L amid 3 fleur-de-lis **Rev:** Crowned floral double L monogram, date below **Mint:** Besançon **Note:** Mint mark: Back to back C's.

Date	Mintage	VG	F	VF	XF	Unc
1739	15,000	5.00	12.00	35.00	140	260

KM# 542 SOL

Copper **Ruler:** Louis XV **Obv:** Older head right **Obv. Legend:** LUDOV • XV • D • GRATIA • **Rev:** Crowned arms with round bottom, date above **Mint:** Aix **Note:** Mint mark: &.

Date	Mintage	VG	F	VF	XF	Unc
1766	—	7.00	15.00	35.00	140	—
1767	—	4.00	10.00	30.00	120	265
1768	—	3.00	9.00	25.00	110	240
1769	—	7.00	15.00	35.00	140	—
1770	—	4.00	10.00	30.00	120	265
1771	—	4.00	10.00	30.00	120	265
1772	—	7.00	15.00	35.00	140	300
1773	—	7.00	15.00	35.00	140	300

KM# 545.1 SOL

Copper **Ruler:** Louis XV **Obv:** Old head right **Obv. Legend:** LUDOV • XV • D • GRATIA • **Rev:** Crowned square arms with date above **Mint:** Paris

Date	Mintage	VG	F	VF	XF	Unc
1768A	—	3.00	6.00	18.00	85.00	—
1769A	—	3.00	6.00	18.00	85.00	—
1770A	—	3.00	6.00	18.00	85.00	—
1771A	—	3.00	6.00	18.00	85.00	—
1772A	—	3.00	6.00	18.00	85.00	—
1773A	43,000	5.00	10.00	25.00	100	—
1774A	—	3.00	6.00	18.00	85.00	—

KM# 545.2 SOL

Copper **Ruler:** Louis XV **Obv:** Older head right **Rev:** Crowned square arms with date above **Mint:** Metz

Date	Mintage	VG	F	VF	XF	Unc
1770AA	—	3.00	6.00	16.00	80.00	—
1771AA	—	3.00	6.00	16.00	80.00	—
1772AA	—	3.00	6.00	16.00	80.00	—
1773AA	—	3.00	6.00	16.00	80.00	—
1774AA	585,000	3.00	6.00	16.00	80.00	—

KM# 545.3 SOL

Copper **Ruler:** Louis XV **Obv:** Older head right **Rev:** Crowned square arms with date above **Mint:** Rouen

Date	Mintage	VG	F	VF	XF	Unc
1770B	—	3.00	6.00	20.00	90.00	—
1771B	—	3.00	6.00	20.00	90.00	—

KM# 545.4 SOL

Copper **Ruler:** Louis XV **Obv:** Older head right **Rev:** Crowned square arms with date above **Mint:** Strasbourg

Date	Mintage	VG	F	VF	XF	Unc
1770BB	—	3.00	6.00	14.00	70.00	—
1771BB	—	3.00	6.00	14.00	70.00	—
1772BB	—	3.00	6.00	14.00	75.00	—
1773BB	—	5.00	10.00	25.00	100	—
1774BB	1,351,000	3.00	6.00	14.00	70.00	—

KM# 545.5 SOL

Copper **Ruler:** Louis XV **Obv:** Older head right **Rev:** Crowned square arms with date above **Mint:** Lyon

Date	Mintage	VG	F	VF	XF	Unc
1770D	—	3.00	6.00	16.00	80.00	—
1771D	—	3.00	6.00	16.00	80.00	—
1772D	—	3.00	6.00	16.00	85.00	—
1773D	—	5.00	10.00	25.00	100	—
1774D	1,700,000	3.00	6.00	12.00	65.00	—

KM# 545.6 SOL

Copper **Ruler:** Louis XV **Obv:** Older head right **Rev:** Crowned square arms with date above **Mint:** La Rochelle

Date	Mintage	VG	F	VF	XF	Unc
1774H	1,828,000	3.00	6.00	14.00	70.00	—

KM# 545.7 SOL

Copper **Ruler:** Louis XV **Obv:** Older head right **Rev:** Crowned square arms with date above **Mint:** Limoges

Date	Mintage	VG	F	VF	XF	Unc
1772I	—	3.00	6.00	16.00	80.00	—
1773I	916,000	3.00	6.00	12.00	65.00	—
1773I FRANCAE (Error)	—	3.00	6.00	12.00	65.00	—
1774I	1,068,000	3.00	6.00	12.00	65.00	—

KM# 545.8 SOL

Copper **Ruler:** Louis XV **Obv:** Older head right **Rev:** Crowned square arms with date above **Mint:** Toulouse

Date	Mintage	VG	F	VF	XF	Unc
1769M	—	3.00	6.00	14.00	70.00	—
1770M	—	3.00	6.00	14.00	70.00	—
1774M	864,000	3.00	6.00	14.00	70.00	—

KM# 545.9 SOL

Copper **Ruler:** Louis XV **Obv:** Older head right **Rev:** Crowned square arms with date above **Mint:** Montpellier

Date	Mintage	VG	F	VF	XF	Unc
1770N	—	3.00	6.00	16.00	80.00	—
1771N	—	3.00	6.00	16.00	80.00	—
1772N	—	3.00	6.00	16.00	80.00	—
1773N	286,000	3.00	6.00	16.00	80.00	—

KM# 545.10 SOL

Copper **Ruler:** Louis XV **Obv:** Older head right **Rev:** Crowned square arms with date above **Mint:** Reims

Date	Mintage	VG	F	VF	XF	Unc
1769S	—	5.00	8.00	20.00	90.00	—
1770S	—	3.00	6.00	16.00	80.00	—
1771S	787,000	3.00	6.00	16.00	80.00	—
1772S	—	3.00	6.00	16.00	80.00	—
1773S	137,000	5.00	8.00	20.00	90.00	—

KM# 545.11 SOL

Copper **Ruler:** Louis XV **Obv:** Older head right **Rev:** Crowned square arms with date above **Mint:** Troyes

Date	Mintage	VG	F	VF	XF	Unc
1770V	—	3.00	6.00	16.00	80.00	—
1771V	—	3.00	6.00	16.00	80.00	—
1772V	560,000	3.00	6.00	16.00	80.00	—

KM# 545.12 SOL

Copper **Ruler:** Louis XV **Obv:** Older head right **Rev:** Crowned square arms with date above **Mint:** Lille

Date	Mintage	VG	F	VF	XF	Unc
1769W	—	5.00	8.00	20.00	90.00	—
1770W	—	3.00	6.00	16.00	80.00	—
1771W	—	3.00	6.00	16.00	80.00	—
1772W	—	3.00	6.00	16.00	80.00	—
1773W	323,000	3.00	6.00	16.00	80.00	—
1774W	2,339,000	3.00	6.00	12.00	60.00	—

KM# 545.13 SOL

Copper **Ruler:** Louis XV **Obv:** Older head right **Rev:** Crowned square arms with date above **Mint:** Besançon **Note:** Mint mark: Back to back C's.

Date	Mintage	VG	F	VF	XF	Unc
1769	—	5.00	8.00	20.00	90.00	—
1770	—	3.00	6.00	16.00	80.00	—
1771	—	3.00	6.00	16.00	80.00	—
1772	—	3.00	6.00	16.00	80.00	—

KM# 578.1 SOL

Copper **Ruler:** Louis XVI **Obv:** Head left **Obv. Legend:** LUDOV • XVI • D • GRATIA **Rev:** Crowned arms of France **Rev. Legend:** FRANCIÆ ET NAVARRÆ • REX • **Mint:** Paris

Date	Mintage	VG	F	VF	XF	Unc
1779A	51,000	—	—	—	—	—
1781A	—	4.00	8.00	20.00	80.00	—

Note: Mintage included in KM#586.1

Date	Mintage	VG	F	VF	XF	Unc
1783A	—	4.00	8.00	20.00	80.00	—

Note: Mintage included in KM#586.1

Date	Mintage	VG	F	VF	XF	Unc
1784A	—	4.00	8.00	20.00	80.00	—

Note: Mintage included in KM#586.1

Date	Mintage	VG	F	VF	XF	Unc
1785A	—	4.00	8.00	20.00	80.00	—

Note: Mintage included in KM#586.1

Date	Mintage	VG	F	VF	XF	Unc
1786A	—	2.50	5.00	15.00	65.00	—
1788A	349,000	—	—	—	—	—
1789A	—	2.50	5.00	15.00	65.00	—
1791A (he)	—	2.50	5.00	15.00	65.00	—
1791A (I)	—	2.50	5.00	15.00	65.00	—
1791A GRTIA (Error)	—	6.00	12.00	30.00	90.00	—

KM# 578.2 SOL

Copper **Ruler:** Louis XVI **Obv:** Head left **Rev:** Crowned arms of France **Mint:** Metz

Date	Mintage	VG	F	VF	XF	Unc
1780AA	497,000	2.50	7.00	15.00	65.00	—
1781AA	—	4.00	8.00	20.00	80.00	—
1782AA	—	2.50	5.00	13.00	60.00	—

Note: Mintage included in KM#585.2

Date	Mintage	VG	F	VF	XF	Unc
1783AA	165,000	4.00	8.00	20.00	80.00	—
1784AA	1,252,000	2.50	5.00	13.00	60.00	—
1785AA	892,000	2.50	5.00	13.00	60.00	—
1786AA	—	2.50	5.00	13.00	60.00	—
1788AA	—	4.00	8.00	20.00	80.00	—

Note: Mintage included in KM#586.2

Date	Mintage	VG	F	VF	XF	Unc
1790AA	—	2.50	5.00	13.00	60.00	—
1791AA	—	2.00	4.00	10.00	50.00	—

Note: Mintage included in KM#586.2

KM# 578.3 SOL

Copper **Ruler:** Louis XVI **Obv:** Head left **Rev:** Crowned arms of France **Mint:** Rouen

Date	Mintage	VG	F	VF	XF	Unc
1785B	—	2.50	5.00	13.00	60.00	—

Note: Mintage included in KM#586.3

Date	Mintage	VG	F	VF	XF	Unc
1787B	1,600,000	—	—	—	—	—

Note: Reported, not confirmed

Date	Mintage	VG	F	VF	XF	Unc
1788B	—	2.50	5.00	13.00	60.00	—
1789B	—	2.50	5.00	13.00	60.00	—
1790B	3,000,000	2.50	5.00	13.00	60.00	—
1791B	—	2.00	4.00	10.00	50.00	—

Note: Mintage included in KM#586.3

KM# 578.4 SOL

Copper **Ruler:** Louis XVI **Obv:** Head left **Rev:** Crowned arms of France **Mint:** Strasbourg

Date	Mintage	VG	F	VF	XF	Unc
1783BB	—	2.50	5.00	13.00	60.00	—
1784BB	—	2.50	5.00	13.00	60.00	—

Note: Mintage included in KM#586.4

Date	Mintage	VG	F	VF	XF	Unc
1785BB	720,000	2.50	5.00	13.00	60.00	—
1791BB	—	2.50	5.00	13.00	60.00	—

KM# 578.5 SOL

Copper **Ruler:** Louis XVI **Obv:** Head left **Rev:** Crowned arms of France **Mint:** Lyon

Date	Mintage	VG	F	VF	XF	Unc
1779D	—	2.50	5.00	13.00	60.00	—

Note: Mintage included in KM#586.5

Date	Mintage	VG	F	VF	XF	Unc
1784D	1,712,000	2.50	5.00	13.00	60.00	—
1785D	—	2.50	5.00	13.00	60.00	—
1786D	250,000	2.50	5.00	13.00	60.00	—
1787D	—	2.50	5.00	13.00	60.00	—
1788D	—	25.00	5.00	13.00	60.00	—
1790D	3,000,000	2.50	5.00	13.00	60.00	—
1791D	—	2.50	5.00	13.00	60.00	—
1791D	—	2.50	5.00	13.00	60.00	—

KM# 578.6 SOL

Copper **Ruler:** Louis XVI **Obv:** Head left **Rev:** Crowned arms of France **Mint:** La Rochelle

Date	Mintage	VG	F	VF	XF	Unc
1777H	—	4.00	8.00	20.00	80.00	—

Note: Mintage included in KM#585.6

Date	Mintage	VG	F	VF	XF	Unc
1778H	89,000	4.00	8.00	20.00	80.00	—
1779H	—	4.00	8.00	20.00	80.00	—

Note: Mintage included in KM#585.6

Date	Mintage	VG	F	VF	XF	Unc
1780H	—	2.50	5.00	13.00	60.00	—
1781H	—	4.00	8.00	20.00	80.00	—

Note: Mintage included in KM#585.6

Date	Mintage	VG	F	VF	XF	Unc
1783H	84,000	4.00	8.00	20.00	80.00	—
1784H	533,000	2.50	5.00	13.00	60.00	—
1785H	—	2.50	5.00	13.00	60.00	—
1786H	—	2.50	5.00	13.00	60.00	—
1787H	—	2.50	5.00	13.00	60.00	—
1788H	42,000	—	—	—	—	—
1789H	—	2.50	5.00	13.00	60.00	—
1791H	—	2.50	5.00	13.00	60.00	—

Note: Mintage included in KM#585.6

KM# 578.7 SOL

Copper **Ruler:** Louis XVI **Obv:** Head left **Rev:** Crowned arms of France **Mint:** Limoges

Date	Mintage	VG	F	VF	XF	Unc
1778I	—	—	—	—	—	—
1779I	764,000	2.50	5.00	13.00	60.00	—
1780I	1,024,000	2.50	5.00	13.00	60.00	—
1781I	—	3.00	8.00	16.00	70.00	—
1783I	205,000	2.50	5.00	13.00	60.00	—
1784I	—	2.50	5.00	13.00	60.00	—

Note: Mintage included in KM#585.7

Date	Mintage	VG	F	VF	XF	Unc
1785I	757,000	2.50	5.00	13.00	60.00	—
1786I	—	3.00	8.00	16.00	70.00	—
1787I	—	2.50	5.00	13.00	60.00	—
1791I	—	3.00	8.00	16.00	70.00	—

Note: Mintage included in KM#585.7

KM# 578.8 SOL

Copper **Ruler:** Louis XVI **Obv:** Head left **Rev:** Crowned arms of France **Mint:** Bordeaux

Date	Mintage	VG	F	VF	XF	Unc
1783K	396,000	2.50	5.00	13.00	60.00	—
1784K	1,108,000	2.50	5.00	13.00	60.00	—
1785K	79,000	4.00	8.00	20.00	80.00	—
1786K	—	2.50	5.00	13.00	60.00	—
1787K	—	2.50	5.00	13.00	60.00	—
1788K	—	2.50	5.00	13.00	60.00	—
1789K	—	2.50	5.00	13.00	60.00	—
1790K	120,000	4.00	8.00	20.00	80.00	—
1791K	—	2.50	5.00	13.00	60.00	—

Note: Mintage included in KM#585.8

KM# 578.9 SOL

Copper **Ruler:** Louis XVI **Obv:** Head left **Rev:** Crowned arms of France **Mint:** Bayonne

Date	Mintage	VG	F	VF	XF	Unc
1783L	1,000,000	5.00	10.00	25.00	80.00	—
1784L Rare	1,000,000	5.00	10.00	25.00	80.00	—
1785L	—	5.00	10.00	25.00	80.00	—

KM# 578.10 SOL

Copper **Ruler:** Louis XVI **Obv:** Head left **Rev:** Crowned arms of France **Mint:** Toulouse

Date	Mintage	VG	F	VF	XF	Unc
1783M	—	2.50	5.00	13.00	60.00	—

Note: Mintage included in KM#586.10

Date	Mintage	VG	F	VF	XF	Unc
1784M	—	2.50	5.00	13.00	60.00	—

Note: Mintage included in KM#586.10

Date	Mintage	VG	F	VF	XF	Unc
1785M	—	3.00	6.00	15.00	70.00	—
1786M	—	3.00	6.00	15.00	70.00	—
1789M	667,000	2.50	5.00	13.00	60.00	—
1790M	—	2.50	5.00	13.00	60.00	—
1791M	2,192,000	2.50	5.00	13.00	60.00	—

KM# 578.11 SOL

Copper **Ruler:** Louis XVI **Obv:** Head left **Rev:** Crowned arms of France **Mint:** Marseille

Date	Mintage	VG	F	VF	XF	Unc
1787MA	—	2.50	5.00	20.00	70.00	—
1788MA	—	2.50	5.00	20.00	70.00	—

Note: Mintage included in KM#586.11

Date	Mintage	VG	F	VF	XF	Unc
1789MA	—	2.50	5.00	20.00	70.00	—
1790MA	—	3.00	5.00	20.00	70.00	—
1791MA	—	2.50	5.00	20.00	70.00	—

Note: Mintage included in KM#586.11

KM# 578.12 SOL

Copper **Ruler:** Louis XVI **Obv:** Head left **Rev:** Crowned arms of France **Mint:** Montpellier

Date	Mintage	VG	F	VF	XF	Unc
1777N	127,000	—	—	—	—	—
1778N	—	4.00	8.00	20.00	80.00	—
1779N	—	2.50	5.00	13.00	60.00	—

Note: Mintage included in KM#586.12

Date	Mintage	VG	F	VF	XF	Unc
1780N	—	4.00	8.00	20.00	80.00	—

Note: Mintage included in KM#586.11

Date	Mintage	VG	F	VF	XF	Unc
1783N	855,000	2.50	5.00	13.00	60.00	—
1784N	—	2.50	5.00	13.00	60.00	—

Note: Mintage included in KM#585.11

Date	Mintage	VG	F	VF	XF	Unc
1785N	—	2.50	5.00	13.00	60.00	—

Note: Mintage included in KM#585.11

Date	Mintage	VG	F	VF	XF	Unc
1789N	667,000	2.50	5.00	13.00	60.00	—
1790N	—	2.50	5.00	13.00	60.00	—
1791N	1,101,000	2.50	5.00	13.00	60.00	—

KM# 578.13 SOL

Copper **Ruler:** Louis XVI **Obv:** Head left **Rev:** Crowned arms of France **Mint:** Perpignan

Date	Mintage	VG	F	VF	XF	Unc
1791Q	Inc. above	4.00	8.00	15.00	65.00	—

KM# 578.14 SOL

Copper **Ruler:** Louis XVI **Obv:** Head left **Rev:** Crowned arms of France **Mint:** Orléans

Date	Mintage	VG	F	VF	XF	Unc
1777R	400,000	—	—	—	—	—

Note: Reported, not confirmed

Date	Mintage	VG	F	VF	XF	Unc
1782R	181,000	4.00	8.00	20.00	80.00	—
1783R	61,000	5.00	10.00	25.00	100	—
1784R	155,000	4.00	8.00	20.00	80.00	—
1785R	73,000	4.00	8.00	20.00	80.00	—
1786R	—	2.50	5.00	13.00	60.00	—
1787R	—	2.50	5.00	13.00	60.00	—
1788R	9,480	10.00	20.00	50.00	165	—
1789R	—	2.50	5.00	13.00	60.00	—
1790R	—	2.50	5.00	13.00	60.00	—
1791R	Inc. above	2.00	4.00	10.00	50.00	—
1791R	5,039,000	2.00	4.00	10.00	50.00	—
1791R LUDOV XIV (Error)	—	7.00	15.00	35.00	100	—

KM# 578.15 SOL

Copper **Ruler:** Louis XVI **Obv:** Head left **Rev:** Crowned arms of France **Mint:** Nantes

Date	Mintage	VG	F	VF	XF	Unc
1784T Rare	2,000,000	4.00	10.00	22.00	80.00	—
1785T	—	3.00	9.00	20.00	70.00	—

Note: Mintage included in KM#585.13

Date	Mintage	VG	F	VF	XF	Unc
1786T	—	3.00	9.00	20.00	70.00	—
1787T	—	3.00	9.00	20.00	70.00	—
1788T	—	4.00	10.00	22.00	80.00	—

Date	Mintage	VG	F	VF	XF	Unc
Note: Mintage included in KM#586.14						
1789T	500,000	4.00	10.00	22.00	80.00	—
Note: Reported, not confirmed						
1791T	—	2.50	5.00	13.00	60.00	—
Note: Mintage included in KM#585.13						

KM# 578.16 SOL

Copper **Ruler:** Louis XVI **Obv:** Head left **Rev:** Crowned arms of France **Mint:** Lille

Date	Mintage	VG	F	VF	XF	Unc
1777W	—	2.50	5.00	13.00	60.00	—
Note: Mintage included in KM#585.14						
1778W	—	2.50	5.00	13.00	60.00	—
Note: Mintage included in KM#585.14						
1779W	—	2.50	5.00	13.00	60.00	—
Note: Mintage included in KM#585.14						
1780W	1,426,000	2.50	5.00	13.00	60.00	—
1781W	—	2.50	5.00	13.00	60.00	—
Note: Mintage included in KM#585.14						
1782W	—	2.50	5.00	13.00	60.00	—
Note: Mintage included in KM#585.14						
1783W	—	2.50	5.00	13.00	60.00	—
Note: Mintage included in KM#585.14						
1784W	2,424,000	2.50	5.00	13.00	60.00	—
1785W	—	2.50	5.00	13.00	60.00	—
Note: Mintage included in KM#585.14						
1786W	—	2.50	5.00	13.00	60.00	—
1787W	—	2.50	5.00	13.00	60.00	—
1788W	—	4.00	8.00	20.00	80.00	—
1789W	—	2.50	5.00	13.00	60.00	—
1790W	—	2.50	5.00	13.00	60.00	—
1791W	451,000	2.50	5.00	13.00	60.00	—
1791W	Inc. above	2.50	5.00	13.00	60.00	—

KM# 578.17 SOL

Copper **Ruler:** Louis XVI **Obv:** Head left **Rev:** Crowned arms of France **Mint:** Aix **Note:** Mint mark: &.

Date	Mintage	VG	F	VF	XF	Unc
1778	—	2.50	5.00	13.00	60.00	—
Note: Mintage included in KM#585.15						
1779	—	2.50	5.00	13.00	60.00	—
Note: Mintage included in KM#586.16						
1780	—	2.50	5.00	13.00	60.00	—
Note: Mintage included in KM#585.15						
1781	—	4.00	8.00	20.00	80.00	—
Note: Mintage included in KM#585.16						
1782	—	4.00	8.00	20.00	80.00	—
Note: Mintage included in KM#585.15						
1783	—	4.00	8.00	20.00	80.00	—
Note: Mintage included in KM#586.16						
1784	—	4.00	8.00	20.00	80.00	—
Note: Mintage included in KM#585.15						
1785	—	4.00	8.00	20.00	80.00	—
Note: Mintage included in KM#586.16						
1786	250,000	2.50	5.00	13.00	60.00	—

KM# 579 SOL

Copper **Ruler:** Louis XVI **Rev:** Legend ends: ...RE: BD (ligate BD) **Mint:** Pau **Note:** Mint mark: Cow. Issued for Province of Bearn.

Date	Mintage	VG	F	VF	XF	Unc
1779	3,214,000	2.50	5.00	13.00	60.00	—
1780	2,923,000	2.50	5.00	13.00	60.00	—
1783	162,000	4.00	8.00	20.00	80.00	—
1784	412,000	4.00	8.00	20.00	80.00	—
1785	573,000	4.00	8.00	20.00	80.00	—
1787	—	4.00	8.00	20.00	80.00	—
1788	817,000	4.00	8.00	20.00	80.00	—
1789	—	4.00	8.00	20.00	90.00	—
1791	—	4.00	8.00	20.00	90.00	—

KM# 602.1 SOL

Copper **Ruler:** Louis XVI **Mint:** Metz **Note:** The "dot" appears below the third letter of the monarch's name and denotes second semester coinage.

Date	Mintage	VG	F	VF	XF	Unc
1791AA	—	4.00	8.00	20.00	80.00	—
Note: Mintage included in KM#586.2						

KM# 602.2 SOL

Copper **Ruler:** Louis XVI **Mint:** Lyon

Date	Mintage	VG	F	VF	XF	Unc
1791D	—	4.00	8.00	20.00	80.00	—

KM# 602.3 SOL

Copper **Ruler:** Louis XVI **Mint:** Limoges **Note:** The "dot" appears below the third letter of the monarch's name and denotes second semester coinage.

Date	Mintage	VG	F	VF	XF	Unc
1791I	—	6.00	10.00	24.00	90.00	—
Note: Mintage included in KM#586.2						

KM# 602.4 SOL

Copper **Ruler:** Louis XVI **Mint:** Perpignan **Note:** The "dot" appears below the third letter of the monarch's name and denotes second semester coinage.

Date	Mintage	VG	F	VF	XF	Unc
1791Q	—	4.00	8.00	20.00	80.00	—
Note: Mintage included in KM#578.13						

KM# 500.1 2 SOLS

Billon **Ruler:** Louis XV **Obv:** Crowned L with 3 fleur-de-lis **Obv. Legend:** LUD • XV • D • G • FR • ET NAV • REX **Rev:** Crowned floral double L monogram, date above **Rev. Legend:** SIT NOM • DOM • H BENEDICTUM **Mint:** Paris

Date	Mintage	VG	F	VF	XF	Unc
1738A	2,771,000	2.00	4.00	12.00	30.00	—
1739A	8,069,000	2.00	4.00	10.00	25.00	—
1740A	1,090,000	2.00	4.00	12.00	30.00	—
1741A	—	3.00	5.00	14.00	35.00	—
1742A	—	3.00	5.00	14.00	35.00	—
1743A	436,000	3.00	5.00	14.00	35.00	—
1744A	—	3.00	5.00	14.00	35.00	—
1745A	293,000	3.00	5.00	14.00	35.00	—
1746A	467,000	3.00	5.00	14.00	35.00	—
1747A	327,000	3.00	5.00	14.00	35.00	—
1748A	—	3.00	5.00	14.00	35.00	—
1749A	—	3.00	5.00	14.00	35.00	—
1750A	266,000	3.00	5.00	14.00	35.00	—
1751A	234,000	2.00	4.00	12.00	30.00	—
1752A	92,000	3.00	5.00	14.00	35.00	—
1753A	115,000	3.00	5.00	14.00	35.00	—
1754A	—	3.00	5.00	14.00	35.00	—
1755A	—	3.00	5.00	14.00	35.00	—
1756A	129,000	3.00	5.00	14.00	35.00	—
1757A	—	3.00	5.00	14.00	35.00	—
1758A	—	3.00	5.00	14.00	35.00	—
1759A	—	3.00	5.00	14.00	35.00	—
1760A	—	3.00	5.00	14.00	35.00	—
1761A	—	3.00	5.00	14.00	35.00	—
1762A	—	3.00	5.00	14.00	35.00	—
1763A	—	3.00	5.00	14.00	35.00	—
1764A	—	2.00	4.00	12.00	30.00	—

KM# 500.2 2 SOLS

Billon **Ruler:** Louis XV **Obv:** Crowned L with 3 fleur-de-lis **Rev:** Crowned floral double L monogram, date above **Mint:** Metz

Date	Mintage	VG	F	VF	XF	Unc
1738AA	—	3.00	5.00	14.00	35.00	—
1739AA	1,787,000	2.00	4.00	12.00	30.00	—
1740AA	—	3.00	5.00	14.00	35.00	—
1741AA	—	3.00	5.00	14.00	35.00	—
1742AA	—	3.00	5.00	14.00	35.00	—
1743AA	—	3.00	5.00	14.00	35.00	—
1744AA	—	3.00	5.00	14.00	35.00	—
1745AA	—	3.00	5.00	14.00	35.00	—
1746AA	—	2.00	4.00	12.00	30.00	—
1747AA	—	3.00	5.00	14.00	35.00	—
1748AA	—	3.00	5.00	14.00	35.00	—
1749AA	—	3.00	5.00	14.00	35.00	—
1750AA	—	3.00	5.00	14.00	35.00	—
1762AA	—	4.00	7.00	16.00	45.00	—

KM# 500.3 2 SOLS

Billon **Ruler:** Louis XV **Obv:** Crowned L with 3 fleur-de-lis **Rev:** Crowned floral double L monogram, date above **Mint:** Rouen

Date	Mintage	VG	F	VF	XF	Unc
1738B	367,000	3.00	5.00	14.00	35.00	—
1739B	2,462,000	2.00	4.00	12.00	30.00	—
1740B	—	3.00	5.00	14.00	35.00	—
1741B	—	3.00	5.00	14.00	35.00	—
1742B	80,000	4.00	7.00	16.00	45.00	—

KM# 500.4 2 SOLS

Billon **Ruler:** Louis XV **Obv:** Crowned L with 3 fleur-de-lis **Rev:** Crowned floral double L monogram, date above **Mint:** Strasbourg

Date	Mintage	VG	F	VF	XF	Unc
1738BB	442,000	2.00	4.00	12.00	30.00	—
1739BB	911,000	2.00	4.00	12.00	30.00	—
1740BB	198,000	2.00	4.00	12.00	30.00	—
1741BB	—	2.00	4.00	12.00	30.00	—
1742BB	—	2.00	4.00	12.00	30.00	—
1743BB	—	2.00	4.00	12.00	30.00	—
1744BB	327,000	2.00	4.00	12.00	30.00	—
1745BB	—	2.00	4.00	12.00	30.00	—
1746BB	—	2.00	4.00	12.00	30.00	—
1747BB	—	2.00	4.00	12.00	30.00	—
1748BB	—	2.00	4.00	12.00	30.00	—
1749BB	—	2.00	4.00	12.00	30.00	—
1750BB	—	2.00	4.00	12.00	30.00	—
1756BB	47,000	3.00	6.00	15.00	40.00	—
1757BB	—	2.00	4.00	12.00	30.00	—
1758BB	—	2.00	4.00	12.00	30.00	—
1759BB	—	2.00	4.00	12.00	30.00	—
1760BB	—	2.00	4.00	12.00	30.00	—
1761BB	—	2.00	4.00	12.00	30.00	—
1762BB	—	2.00	4.00	10.00	25.00	—

KM# 500.5 2 SOLS

Billon **Ruler:** Louis XV **Obv:** Crowned L with 3 fleur-de-lis **Rev:** Crowned floral double L monogram, date above **Mint:** Caen

Date	Mintage	VG	F	VF	XF	Unc
1739C	1,581,000	2.00	4.00	12.00	30.00	—
1740C	598,000	2.00	4.00	12.00	30.00	—
1741C	310,000	2.00	4.00	12.00	30.00	—
1742C	195,000	2.00	4.00	12.00	30.00	—
1743C	168,000	2.00	4.00	12.00	30.00	—
1744C	116,000	2.00	4.00	12.00	30.00	—
1745C	100,000	3.00	6.00	15.00	40.00	—
1746C	98,000	3.00	6.00	15.00	40.00	—
1747C	71,000	3.00	6.00	15.00	40.00	—
1748C	79,000	3.00	6.00	15.00	40.00	—
1749C	68,000	3.00	6.00	15.00	40.00	—
1750C	82,000	3.00	6.00	15.00	40.00	—
1751C	59,000	3.00	6.00	15.00	40.00	—

KM# 500.6 2 SOLS

Billon **Ruler:** Louis XV **Obv:** Crowned L with 3 fleur-de-lis **Rev:** Crowned floral double L monogram, date above **Mint:** Lyon

Date	Mintage	VG	F	VF	XF	Unc
1739D	2,771,000	2.00	4.00	12.00	30.00	—
1740D	678,000	3.00	5.00	14.00	35.00	—
1741D	394,000	3.00	5.00	14.00	35.00	—

KM# 500.7 2 SOLS

Billon **Ruler:** Louis XV **Mint:** Tours

Date	Mintage	VG	F	VF	XF	Unc
1738E	21,000	4.00	7.00	20.00	55.00	—
1739E	1,029,000	2.00	4.00	12.00	30.00	—
1740E	511,000	3.00	5.00	14.00	35.00	—
1741E	210,000	3.00	5.00	14.00	35.00	—
1742E	88,000	4.00	7.00	16.00	45.00	—
1743E	62,000	4.00	7.00	16.00	45.00	—
1744E	63,000	4.00	7.00	16.00	45.00	—
1745E	26,000	5.00	9.00	18.00	55.00	—
1746E	54,000	4.00	7.00	16.00	45.00	—

KM# 500.8 2 SOLS

Billon **Ruler:** Louis XV **Mint:** Poitiers

Date	Mintage	VG	F	VF	XF	Unc
1738G	115,000	3.00	5.00	14.00	35.00	—
1739G	581,000	3.00	5.00	14.00	35.00	—
1740G	170,000	3.00	5.00	14.00	35.00	—
1741G	—	3.00	5.00	14.00	35.00	—
1742G	76,000	4.00	7.00	16.00	45.00	—

KM# 500.9 2 SOLS

Billon **Ruler:** Louis XV **Obv:** Crowned L with 3 fleur-de-lis **Rev:** Crowned floral double L monogram, date above **Mint:** La Rochelle

Date	Mintage	VG	F	VF	XF	Unc
1739H	668,000	3.00	5.00	14.00	35.00	—
1740H	218,000	3.00	5.00	14.00	35.00	—
1741H	—	3.00	5.00	14.00	35.00	—
1742H	26,000	5.00	9.00	18.00	55.00	—
1743H	26,000	5.00	9.00	18.00	55.00	—
1744H	23,000	5.00	9.00	18.00	55.00	—
1745H	23,000	5.00	9.00	18.00	55.00	—
1746H	28,000	5.00	9.00	18.00	55.00	—
1747H	67,000	4.00	7.00	16.00	45.00	—
1748H	—	3.00	5.00	14.00	35.00	—
1749H	—	3.00	5.00	14.00	35.00	—
1750H	—	3.00	5.00	14.00	35.00	—
1751H	63,000	4.00	7.00	16.00	45.00	—

KM# 500.10 2 SOLS

Billon **Ruler:** Louis XV **Obv:** Crowned L with 3 fleur-de-lis **Rev:** Crowned floral double L monogram, date above **Mint:** Limoges

Date	Mintage	VG	F	VF	XF	Unc
1739I	631,000	3.00	5.00	14.00	35.00	—
1740I	602,000	3.00	5.00	14.00	35.00	—
1741I	—	3.00	5.00	14.00	35.00	—
1742I	104,000	3.00	5.00	14.00	35.00	—

KM# 500.11 2 SOLS

Billon **Ruler:** Louis XV **Obv:** Crowned L with 3 fleur-de-lis **Rev:** Crowned floral double L monogram, date above **Mint:** Bordeaux

Date	Mintage	VG	F	VF	XF	Unc
1739K	1,283,000	2.00	4.00	12.00	30.00	—
1740K	522,000	3.00	5.00	14.00	35.00	—
1741K	—	3.00	5.00	14.00	35.00	—
1742K	—	3.00	5.00	14.00	35.00	—
1743K	87,000	4.00	7.00	16.00	45.00	—
1744K	143,000	3.00	5.00	14.00	35.00	—

KM# 500.12 2 SOLS

Billon **Ruler:** Louis XV **Obv:** Crowned L with 3 fleur-de-lis **Rev:** Crowned floral double L monogram, date above **Mint:** Bayonne

Date	Mintage	VG	F	VF	XF	Unc
1739L	—	3.00	5.00	14.00	35.00	—
1740L	129,000	3.00	5.00	14.00	35.00	—
1741L	75,000	4.00	7.00	16.00	45.00	—
1742L	17,000	5.00	9.00	18.00	55.00	—
1743L	—	3.00	5.00	14.00	35.00	—
1744L	—	3.00	5.00	14.00	35.00	—
1745L	—	3.00	5.00	14.00	35.00	—
1746L	—	3.00	5.00	14.00	35.00	—
1747L	—	3.00	5.00	14.00	35.00	—
1748L	—	3.00	5.00	14.00	35.00	—
1749L	—	3.00	5.00	14.00	35.00	—
1750L	—	3.00	5.00	14.00	35.00	—
1751L	—	4.00	7.00	16.00	45.00	—

KM# 500.13 2 SOLS

Billon **Ruler:** Louis XV **Obv:** Crowned L with 3 fleur-de-lis **Rev:** Crowned floral double L monogram, date above **Mint:** Toulouse

Date	Mintage	VG	F	VF	XF	Unc
1739M	2,005,000	2.00	4.00	10.00	25.00	—
1740M	665,000	3.00	5.00	14.00	35.00	—
1741M	292,000	3.00	5.00	14.00	35.00	—
1742M	246,000	3.00	5.00	14.00	35.00	—

KM# 500.14 2 SOLS
Billon **Ruler:** Louis XV **Obv:** Crowned L with 3 fleur-de-lis **Rev:** Crowned floral double L monogram, date above **Mint:** Montpellier

Date	Mintage	VG	F	VF	XF	Unc
1739N	1,091,000	2.00	4.00	12.00	30.00	—
1740N	401,000	3.00	5.00	14.00	35.00	—
1741N	103,000	3.00	5.00	14.00	35.00	—
1742N	—	3.00	5.00	14.00	35.00	—

KM# 500.15 2 SOLS
Billon **Ruler:** Louis XV **Obv:** Crowned L with 3 fleur-de-lis **Rev:** Crowned floral double L monogram, date above **Mint:** Riom

Date	Mintage	VG	F	VF	XF	Unc
1739O	1,756,000	2.00	4.00	12.00	30.00	—
1740O	419,000	3.00	5.00	14.00	35.00	—
1743O	136,000	3.00	5.00	14.00	35.00	—

KM# 500.16 2 SOLS
Billon **Ruler:** Louis XV **Obv:** Crowned L with 3 fleur-de-lis **Rev:** Crwoned floral double L monogram, date above **Mint:** Dijon

Date	Mintage	VG	F	VF	XF	Unc
1738P	212,000	3.00	5.00	14.00	35.00	—
1739P	1,383,000	2.00	4.00	12.00	30.00	—
1740P	326,000	3.00	5.00	14.00	35.00	—
1741P	—	3.00	5.00	14.00	35.00	—
1742P	130,000	3.00	5.00	14.00	35.00	—
1743P	163,000	3.00	5.00	14.00	35.00	—
1744P	168,000	3.00	5.00	14.00	35.00	—

KM# 500.17 2 SOLS
Billon **Ruler:** Louis XV **Obv:** Crowned L with 3 fleur-de-lis **Rev:** Crowned floral double L monogram, date above **Mint:** Perpignan

Date	Mintage	VG	F	VF	XF	Unc
1739Q	—	4.00	7.00	16.00	45.00	—
1740Q	329,000	3.00	5.00	14.00	35.00	—
1744Q	—	6.00	12.00	40.00	95.00	—

KM# 500.18 2 SOLS
Billon **Ruler:** Louis XV **Obv:** Crowned L with 3 fleur-de-lis **Rev:** Crowned floral double L monogram, date above **Mint:** Orléans

Date	Mintage	VG	F	VF	XF	Unc
1738R	22,000	4.00	7.00	16.00	45.00	—
1739R	875,000	3.00	5.00	14.00	35.00	—
1740R	—	3.00	5.00	14.00	35.00	—
1741R	—	3.00	5.00	14.00	35.00	—

KM# 500.19 2 SOLS
Billon **Ruler:** Louis XV **Obv:** Crowned L with 3 fleur-de-lis **Rev:** Crowned floral double L monogram, date above **Mint:** Reims

Date	Mintage	VG	F	VF	XF	Unc
1738S	285,000	3.00	5.00	14.00	35.00	—
1739S	1,681,000	2.00	4.00	12.00	30.00	—
1740S	408,000	3.00	5.00	14.00	35.00	—

KM# 500.20 2 SOLS
Billon **Ruler:** Louis XV **Obv:** Crowned L with 3 fleur-de-lis **Rev:** Crowned floral double L monogram, date above **Mint:** Nantes

Date	Mintage	VG	F	VF	XF	Unc
1739T	442,000	3.00	5.00	14.00	35.00	—
1740T	—	3.00	5.00	14.00	35.00	—
1743T	—	3.00	5.00	14.00	35.00	—

KM# 500.21 2 SOLS
Billon **Ruler:** Louis XV **Obv:** Crowned L with 3 fleur-de-lis **Rev:** Crowned floral double L monogram, date above **Mint:** Troyes

Date	Mintage	VG	F	VF	XF	Unc
1738V	122,000	3.00	5.00	14.00	35.00	—
1739V	987,000	3.00	5.00	14.00	35.00	—
1740V	240,000	3.00	5.00	14.00	35.00	—
1741V	92,000	4.00	7.00	16.00	45.00	—
1742V	32,000	4.00	7.00	16.00	45.00	—
1755V	—	4.00	7.00	16.00	45.00	—

KM# 500.22 2 SOLS
Billon **Ruler:** Louis XV **Obv:** Crowned L with 3 fleur-de-lis **Rev:** Crowned floral double L monogram, date above **Mint:** Lille

Date	Mintage	VG	F	VF	XF	Unc
1738W	340,000	3.00	5.00	14.00	35.00	—
1739W	6,475,000	1.50	3.00	8.00	22.00	—
1740W	405,000	3.00	5.00	14.00	35.00	—
1741W	—	3.00	5.00	14.00	35.00	—
1742W	—	3.00	5.00	14.00	35.00	—
1743W	175,000	3.00	5.00	14.00	35.00	—
1744W	354,000	3.00	5.00	14.00	35.00	—
1745W	152,000	3.00	5.00	14.00	35.00	—
1746W	119,000	3.00	5.00	14.00	35.00	—
1747W	169,000	3.00	5.00	14.00	35.00	—
1748W	—	3.00	5.00	14.00	35.00	—
1749W	—	3.00	5.00	14.00	35.00	—

KM# 500.23 2 SOLS
Billon **Ruler:** Louis XV **Obv:** Crowned L with 3 fleur-de-lis **Rev:** Crowned floral double L monogram, date above **Mint:** Amiens

Date	Mintage	VG	F	VF	XF	Unc
1738X	172,000	3.00	5.00	14.00	35.00	80.00
1739X	1,742,000	2.00	4.00	12.00	30.00	80.00

KM# 500.24 2 SOLS
Billon **Ruler:** Louis XV **Obv:** Crowned L with 3 fleur-de-lis **Rev:** Crowned floral double L monogram, date above **Mint:** Bourges

Date	Mintage	VG	F	VF	XF	Unc
1739Y	685,000	3.00	5.00	14.00	35.00	—
1740Y	231,000	3.00	5.00	14.00	35.00	—

KM# 500.25 2 SOLS
Billon **Ruler:** Louis XV **Obv:** Crowned L with 3 fleur-de-lis **Rev:** Crowned floral double L monogram, date above **Mint:** Grenoble

Date	Mintage	VG	F	VF	XF	Unc
1739Z	269,000	4.00	7.00	16.00	45.00	—
1740Z	149,000	4.00	7.00	16.00	45.00	—

KM# 500.27 2 SOLS
Billon **Ruler:** Louis XV **Obv:** Crowned L with 3 fleur-de-lis **Rev:** Crowned floral double L monogram, date above **Mint:** Aix **Note:** Mint mark: &.

Date	Mintage	VG	F	VF	XF	Unc
1739	—	3.00	5.00	14.00	35.00	—

KM# 500.26 2 SOLS
Billon **Ruler:** Louis XV **Obv:** Crowned L with 3 fleur-de-lis **Rev:** Crowned floral double L monogram, date above **Mint:** Rennes **Note:** Mint mark: 9.

Date	Mintage	VG	F	VF	XF	Unc
1739	607,000	3.00	5.00	14.00	35.00	—
1740	801,000	3.00	5.00	14.00	35.00	—
1741	—	3.00	5.00	14.00	35.00	—
1742	109,000	3.00	5.00	14.00	35.00	—

KM# 500.28 2 SOLS
Billon **Ruler:** Louis XV **Obv:** Crowned L with 3 fleur-de-lis **Rev:** Crowned floral double L monogram, date above **Mint:** Besançon **Note:** Mint mark: Back to back C's.

Date	Mintage	VG	F	VF	XF	Unc
1739	1,761,000	2.00	4.00	10.00	25.00	—
1740	213,000	3.00	5.00	14.00	35.00	—
1741	—	3.00	5.00	14.00	35.00	—

KM# 500.29 2 SOLS
Billon **Ruler:** Louis XV **Obv:** Crowned L with 3 fleur-de-lis **Rev:** Crowned floral double L monogram, date above **Mint:** Pau **Note:** Mint mark: Cow.

Date	Mintage	VG	F	VF	XF	Unc
1743	20,000	5.00	10.00	30.00	90.00	—

KM# 603.1 2 SOLS
Bronze **Obv:** Bust left **Obv. Legend:** LOUIS XVI ROI DES FRANCOIS • **Rev:** Liberty cap above fasces, oak wreath in background **Rev. Legend:** LANATION LA LOI LE ROI • 3 DE LA LIBERTE, below **Mint:** Paris

Date	Mintage	VG	F	VF	XF	Unc
1791A	—	3.00	7.00	25.00	100	240
1792A	—	3.00	7.00	25.00	100	240
1793A	—	6.00	14.00	40.00	150	240

KM# 337.1 5 SOLS (1/16 ECU)
1.6960 g., 0.7980 Silver 0.0435 oz. ASW **Ruler:** Louis XIV **Obv:** Draped bust right **Rev:** Crown above, crossed scepter and hand of Justice, fleur-de-lis in angles **Mint:** Paris

Date	Mintage	VG	F	VF	XF	Unc
1702A	17,926	4.00	10.00	20.00	50.00	—
1703A	1,903,000	—	—	40.00	95.00	230

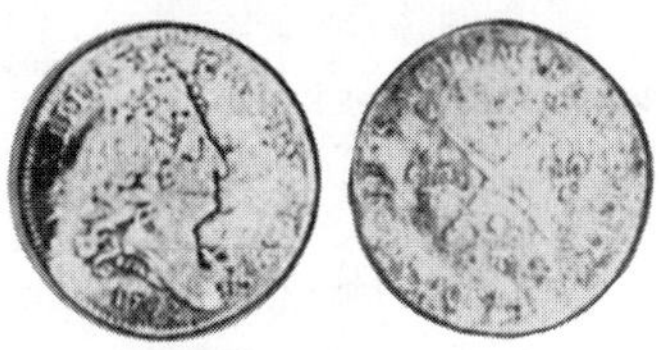

KM# 337.2 5 SOLS (1/16 ECU)
1.6960 g., 0.7980 Silver 0.0435 oz. ASW **Ruler:** Louis XIV **Obv:** Draped bust right **Rev:** Crown above crossed sceptre, hand of Justice and 3 fleur-de-lis **Mint:** Metz

Date	Mintage	VG	F	VF	XF	Unc
1702AA	889,000	—	—	—	—	—

KM# 337.3 5 SOLS (1/16 ECU)
1.6960 g., 0.7980 Silver 0.0435 oz. ASW **Ruler:** Louis XIV **Obv:** Draped bust right **Rev:** Crown above, crossed sceptre and hand of Justice, fleur-de-lis in angles **Mint:** Rouen

Date	Mintage	VG	F	VF	XF	Unc
1702B	4,727,000	5.00	12.00	25.00	65.00	—

KM# 337.4 5 SOLS (1/16 ECU)
1.6960 g., 0.7980 Silver 0.0435 oz. ASW **Ruler:** Louis XIV **Obv:** Draped bust right **Rev:** Crown above, crossed sceptre and hand of Justice, fleur-de-lis in angles **Mint:** Strasbourg

Date	Mintage	VG	F	VF	XF	Unc
1702BB	1,544,000	5.00	12.00	25.00	65.00	—
1703BB	—	4.00	10.00	20.00	50.00	—
1704BB	—	4.00	10.00	20.00	50.00	—

KM# 337.5 5 SOLS (1/16 ECU)
1.6960 g., 0.7980 Silver 0.0435 oz. ASW **Ruler:** Louis XIV **Obv:** Draped bust right **Rev:** Crown above, crossed sceptre and hand of Justice, fleur-de-lis in angles **Mint:** Caen

Date	Mintage	VG	F	VF	XF	Unc
1702C	2,832,000	6.00	15.00	30.00	75.00	—

KM# 337.6 5 SOLS (1/16 ECU)
1.6960 g., 0.7980 Silver 0.0435 oz. ASW **Ruler:** Louis XIV **Obv:** Draped bust right **Rev:** Crown above, crossed sceptre and hand of Justice, fleur-de-lis in angles **Mint:** Lyon

Date	Mintage	VG	F	VF	XF	Unc
1702D	3,642,000	5.00	12.00	25.00	65.00	—
1703D	—	6.00	15.00	30.00	75.00	—

KM# 337.7 5 SOLS (1/16 ECU)
1.6960 g., 0.7980 Silver 0.0435 oz. ASW **Ruler:** Louis XIV **Obv:** Draped bust right **Rev:** Crown above, crossed sceptre and hand of Justice, fleur-de-lis in angles **Mint:** Tours

Date	Mintage	VG	F	VF	XF	Unc
1702E	1,697,000	5.00	12.00	25.00	65.00	—
1703E	—	6.00	15.00	30.00	75.00	—

KM# 337.8 5 SOLS (1/16 ECU)
1.6960 g., 0.7980 Silver 0.0435 oz. ASW **Ruler:** Louis XIV **Obv:** Draped bust right **Rev:** Crown above, crossed sceptre and hand of Justice, fleur-de-lis in angles **Mint:** Poitiers

Date	Mintage	VG	F	VF	XF	Unc
1702G	979,000	7.00	16.00	32.00	80.00	—

KM# 337.9 5 SOLS (1/16 ECU)
1.6960 g., 0.7980 Silver 0.0435 oz. ASW **Ruler:** Louis XIV **Obv:** Draped bust right **Rev:** Crown above, crossed sceptre and hand of Justice, fleur-de-lis in angles **Mint:** La Rochelle

Date	Mintage	VG	F	VF	XF	Unc
1702H	1,281,000	5.00	12.00	25.00	65.00	—

KM# 337.10 5 SOLS (1/16 ECU)
1.6960 g., 0.7980 Silver 0.0435 oz. ASW **Ruler:** Louis XIV **Obv:** Draped bust right **Rev:** Crown above, crossed sceptre and hand of Justice, fleur-de-lis in angles **Mint:** Limoges

Date	Mintage	VG	F	VF	XF	Unc
1702I	1,023,000	—	—	—	—	—

KM# 337.11 5 SOLS (1/16 ECU)
1.6960 g., 0.7980 Silver 0.0435 oz. ASW **Ruler:** Louis XIV **Obv:** Draped bust right **Rev:** Crown above, crossed sceptre and hand of Justice, fleur-de-lis in angles **Mint:** Bordeaux

Date	Mintage	VG	F	VF	XF	Unc
1702K	1,435,000	6.00	15.00	30.00	75.00	—

KM# 337.12 5 SOLS (1/16 ECU)
1.6960 g., 0.7980 Silver 0.0435 oz. ASW **Ruler:** Louis XIV **Obv:** Draped bust right **Rev:** Crown above, crossed sceptre and hand of Justice, fleur-de-lis in angles **Mint:** Bayonne

Date	Mintage	VG	F	VF	XF	Unc
1702L	162,000	—	—	—	—	—

KM# 337.13 5 SOLS (1/16 ECU)
1.6960 g., 0.7980 Silver 0.0435 oz. ASW **Ruler:** Louis XIV **Obv:** Draped bust right **Rev:** Crown above, crossed sceptre and hand of Justice, fleur-de-lis in angles **Mint:** Toulouse

Date	Mintage	VG	F	VF	XF	Unc
1702M	2,574,000	5.00	12.00	25.00	65.00	—
1703M	—	6.00	15.00	30.00	75.00	—

KM# 337.14 5 SOLS (1/16 ECU)
1.6960 g., 0.7980 Silver 0.0435 oz. ASW **Ruler:** Louis XIV **Obv:** Draped bust right **Rev:** Crown above, crossed sceptre and hand of Justice, fleur-de-lis in angles **Mint:** Montpellier

Date	Mintage	VG	F	VF	XF	Unc
1702N	1,754,000	5.00	12.00	25.00	65.00	—
1703N	152,000	—	—	—	—	—

KM# 337.15 5 SOLS (1/16 ECU)
1.6960 g., 0.7980 Silver 0.0435 oz. ASW **Ruler:** Louis XIV **Obv:** Draped bust right **Rev:** Crown above, crossed sceptre and hand of Justice, fleur-de-lis in angles **Mint:** Riom

Date	Mintage	VG	F	VF	XF	Unc
1702O	1,431,000	10.00	20.00	45.00	85.00	—

KM# 337.16 5 SOLS (1/16 ECU)
1.6960 g., 0.7980 Silver 0.0435 oz. ASW **Ruler:** Louis XIV **Obv:** Draped bust right **Rev:** Crown above, crossed sceptre and hand of Justice, fleur-de-lis in angles **Mint:** Dijon

Date	Mintage	VG	F	VF	XF	Unc
1702P	1,446,000	6.00	14.00	28.00	70.00	—

KM# 337.17 5 SOLS (1/16 ECU)
1.6960 g., 0.7980 Silver 0.0435 oz. ASW **Ruler:** Louis XIV **Obv:** Draped bust right **Rev:** Crown above, crossed sceptre and hand of Justice, fleur-de-lis in angles **Mint:** Troyes

Date	Mintage	VG	F	VF	XF	Unc
1702S	1,203,000	—	—	—	—	—

KM# 337.18 5 SOLS (1/16 ECU)
1.6960 g., 0.7980 Silver 0.0435 oz. ASW **Ruler:** Louis XIV **Obv:** Draped bust right **Rev:** Crown above, crossed sceptre and hand of Justice, fleur-de-lis in angles **Mint:** Nantes

Date	Mintage	VG	F	VF	XF	Unc
1702T	1,660,000	6.00	14.00	28.00	70.00	—

KM# 337.19 5 SOLS (1/16 ECU)
1.6960 g., 0.7980 Silver 0.0435 oz. ASW **Ruler:** Louis XIV **Obv:** Draped bust right **Rev:** Crown above, crossed sceptre and hand of Justice, fleur-de-lis in angles **Mint:** Troyes

Date	Mintage	VG	F	VF	XF	Unc
1702V	781,000	—	—	—	—	—

KM# 337.20 5 SOLS (1/16 ECU)
1.6960 g., 0.7980 Silver 0.0435 oz. ASW **Ruler:** Louis XIV **Obv:** Draped bust right **Rev:** Crown above, crossed sceptre and hand of Justice, fleur-de-lis in angles **Mint:** Lille

Date	Mintage	VG	F	VF	XF	Unc
1702W	4,019,000	6.00	14.00	28.00	70.00	—
1703W	56,000	—	—	—	—	—

192 FRANCE

KM# 337.21 5 SOLS (1/16 ECU)

1.6960 g., 0.7980 Silver 0.0435 oz. ASW **Ruler:** Louis XIV **Obv:** Draped bust right **Rev:** Crown above, crossed sceptre and hand of Justice, fleur-de-lis in angles **Mint:** Amiens

Date	Mintage	VG	F	VF	XF	Unc
1702X	1,140,000	—	—	—	—	—

KM# 337.22 5 SOLS (1/16 ECU)

1.6960 g., 0.7980 Silver 0.0435 oz. ASW **Ruler:** Louis XIV **Obv:** Draped bust right **Rev:** Crown above, crossed sceptre and hand of Justice, fleur-de-lis in angles **Mint:** Bourges

Date	Mintage	VG	F	VF	XF	Unc
1702Y	795,000	—	—	—	—	—

KM# 337.23 5 SOLS (1/16 ECU)

1.6960 g., 0.7980 Silver 0.0435 oz. ASW **Ruler:** Louis XIV **Obv:** Draped bust right **Rev:** Crown above, crossed sceptre and hand of Justice, fleur-de-lis in angles **Mint:** Grenoble

Date	Mintage	VG	F	VF	XF	Unc
1702Z	339,000	—	—	—	—	—

KM# 337.24 5 SOLS (1/16 ECU)

1.6960 g., 0.7980 Silver 0.0435 oz. ASW **Ruler:** Louis XIV **Obv:** Draped bust right **Rev:** Crown above, crossed sceptre and hand of Justice, fleur-de-lis in angles **Mint:** Aix **Note:** Mint mark: &.

Date	Mintage	VG	F	VF	XF	Unc
1702	1,754,000	6.00	14.00	28.00	70.00	—

KM# 337.25 5 SOLS (1/16 ECU)

1.6960 g., 0.7980 Silver 0.0435 oz. ASW **Ruler:** Louis XIV **Obv:** Draped bust right **Rev:** Crown above, crossed sceptre and hand of Justice, fleur-de-lis in angles **Mint:** Rennes **Note:** Mint mark: 9.

Date	Mintage	VG	F	VF	XF	Unc
1702	3,467,000	6.00	14.00	28.00	70.00	—

KM# 337.26 5 SOLS (1/16 ECU)

1.6960 g., 0.7980 Silver 0.0435 oz. ASW **Ruler:** Louis XIV **Obv:** Draped bust right **Rev:** Crown above, crossed sceptre and hand of Justice, fleur-de-lis in angles **Mint:** Besançon **Note:** Mint mark: Back to back C's.

Date	Mintage	VG	F	VF	XF	Unc
1702	1,088,000	7.00	16.00	32.00	80.00	—

KM# 337.27 5 SOLS (1/16 ECU)

1.6960 g., 0.7980 Silver 0.0435 oz. ASW **Ruler:** Louis XIV **Obv:** Draped bust right **Rev:** Crown above, crossed sceptre and hand of Justice, fleur-de-lis in angles **Mint:** Pau **Note:** Mint mark: Cow.

Date	Mintage	VG	F	VF	XF	Unc
1702	65,000	50.00	95.00	190	480	1,100

KM# 416.1 6 SOLS (1/20 ECU)

1.5290 g., 0.9170 Silver 0.0451 oz. ASW **Ruler:** Louis XV **Obv:** Young bust of Louis XV right **Rev:** Crowned circular arms **Mint:** Paris

Date	Mintage	VG	F	VF	XF	Unc
1716A	—	60.00	110	450	1,000	2,250

KM# 416.2 6 SOLS (1/20 ECU)

1.5290 g., 0.9170 Silver 0.0451 oz. ASW **Ruler:** Louis XV **Obv:** Young bust of Louis XV right **Rev:** Crowned circular arms **Mint:** Bordeaux

Date	Mintage	VG	F	VF	XF	Unc
1716K	—	75.00	400	800	1,200	2,250

KM# 416.3 6 SOLS (1/20 ECU)

1.5290 g., 0.9170 Silver 0.0451 oz. ASW **Ruler:** Louis XV **Obv:** Young bust of Louis XV right **Rev:** Crowned circular arms **Mint:** Lille

Date	Mintage	VG	F	VF	XF	Unc
1716W	—	75.00	150	475	1,000	2,250

KM# 416.4 6 SOLS (1/20 ECU)

1.5290 g., 0.9170 Silver 0.0451 oz. ASW **Ruler:** Louis XV **Obv:** Young bust of Louis XV right **Rev:** Crowned circular arms **Mint:** Rennes **Note:** Mint mark: 9.

Date	Mintage	VG	F	VF	XF	Unc
1717	—	75.00	400	800	1,200	2,250

KM# 416.5 6 SOLS (1/20 ECU)

1.5290 g., 0.9170 Silver 0.0451 oz. ASW **Ruler:** Louis XV **Obv. Designer:** Young bust of Louis XV right **Rev. Designer:** Crowned circular arms **Mint:** Rouen

Date	Mintage	VG	F	VF	XF	Unc
1716B	—	—	400	800	1,200	—

KM# 416.6 6 SOLS (1/20 ECU)

1.5290 g., 0.9170 Silver 0.0451 oz. ASW **Ruler:** Louis XV **Obv:** Young bust of Louis XV right **Rev:** Crowned circular arms **Mint:** Besançon

Date	Mintage	VG	F	VF	XF	Unc
1716	—	—	400	800	1,200	—

KM# 417 6 SOLS (1/20 ECU)

1.5290 g., 0.9170 Silver 0.0451 oz. ASW **Ruler:** Louis XV **Obv:** Young bust of Louis XV right, legend ends with ligate BD **Rev:** Crowned circular arms **Mint:** Pau **Note:** Issued for Province of Bearn. Mint mark: Cow.

Date	Mintage	VG	F	VF	XF	Unc
1716	—	75.00	400	800	1,200	2,750

KM# 480.1 6 SOLS (1/20 ECU)

1.4740 g., 0.9170 Silver 0.0435 oz. ASW **Ruler:** Louis XV **Obv:** Young bust left **Obv. Legend:** LUD • XV • D • G • FR • ET • NAV • REX • **Rev:** Crowned oval arms within wreath **Rev. Legend:** SIT NOMEN DOMINI BENEDICTUM **Mint:** Paris

Date	Mintage	VG	F	VF	XF	Unc
1726A	—	6.00	15.00	35.00	90.00	—
1727A	—	6.00	15.00	35.00	90.00	—
1729A	—	6.00	15.00	35.00	90.00	—
1730A	—	6.00	15.00	35.00	90.00	—
1732A	—	6.00	15.00	35.00	90.00	—
1736A	—	6.00	15.00	35.00	90.00	—
1737A	—	10.00	25.00	60.00	150	330

KM# 480.2 6 SOLS (1/20 ECU)

1.4740 g., 0.9170 Silver 0.0435 oz. ASW **Ruler:** Louis XV **Obv:** Young bust left **Rev:** Crowned oval arms within wreath **Mint:** Metz

Date	Mintage	VG	F	VF	XF	Unc
1727AA	—	6.00	15.00	38.00	95.00	—

KM# 480.3 6 SOLS (1/20 ECU)

1.4740 g., 0.9170 Silver 0.0435 oz. ASW **Ruler:** Louis XV **Obv:** Young bust left **Rev:** Crowned oval arms within wreath **Mint:** Rouen

Date	Mintage	VG	F	VF	XF	Unc
1727B	—	8.00	20.00	45.00	110	240

KM# 480.4 6 SOLS (1/20 ECU)

1.4740 g., 0.9170 Silver 0.0435 oz. ASW **Ruler:** Louis XV **Obv:** Young bust left **Rev:** Crowned oval arms within wreath **Mint:** Strasbourg

Date	Mintage	VG	F	VF	XF	Unc
1727BB	—	6.00	15.00	35.00	90.00	—
1729BB	—	8.00	20.00	45.00	110	240
1730BB	—	8.00	20.00	45.00	110	240

KM# 480.5 6 SOLS (1/20 ECU)

1.4740 g., 0.9170 Silver 0.0435 oz. ASW **Ruler:** Louis XV **Obv:** Young bust left **Rev:** Crowned oval arms within wreath **Mint:** Caen

Date	Mintage	VG	F	VF	XF	Unc
1727C	44,000	8.00	20.00	45.00	110	240
1729C	226,000	6.00	15.00	35.00	90.00	—

KM# 480.6 6 SOLS (1/20 ECU)

1.4740 g., 0.9170 Silver 0.0435 oz. ASW **Ruler:** Louis XV **Obv:** Young bust left **Rev:** Crowned oval arms within wreath **Mint:** Lyon

Date	Mintage	VG	F	VF	XF	Unc
1727D	—	6.00	15.00	35.00	90.00	—
1728D	—	6.00	15.00	35.00	90.00	—

KM# 480.7 6 SOLS (1/20 ECU)

1.4740 g., 0.9170 Silver 0.0435 oz. ASW **Ruler:** Louis XV **Obv:** Young bust left **Rev:** Crowned oval arms within wreath **Mint:** Tours

Date	Mintage	VG	F	VF	XF	Unc
1727E	—	6.00	15.00	35.00	90.00	—

KM# 480.8 6 SOLS (1/20 ECU)

1.4740 g., 0.9170 Silver 0.0435 oz. ASW **Ruler:** Louis XV **Obv:** Young bust right **Rev:** Crowned oval arms within wreath **Mint:** Poitiers

Date	Mintage	VG	F	VF	XF	Unc
1727G	—	8.00	20.00	45.00	110	240
1729G	—	8.00	20.00	45.00	110	240

KM# 480.9 6 SOLS (1/20 ECU)

1.4740 g., 0.9170 Silver 0.0435 oz. ASW **Ruler:** Louis XV **Obv:** Young bust left **Rev:** Crowned oval arms within wreath **Mint:** Limoges

Date	Mintage	VG	F	VF	XF	Unc
1729I	—	6.00	15.00	35.00	90.00	—
1730I	—	8.00	20.00	45.00	110	240
1731I	—	6.00	15.00	35.00	90.00	—

KM# 480.10 6 SOLS (1/20 ECU)

1.4740 g., 0.9170 Silver 0.0435 oz. ASW **Ruler:** Louis XV **Obv:** Young bust left **Rev:** Crowned oval arms within wreath **Mint:** Bordeaux

Date	Mintage	VG	F	VF	XF	Unc
1728K	890,000	6.00	15.00	35.00	90.00	—

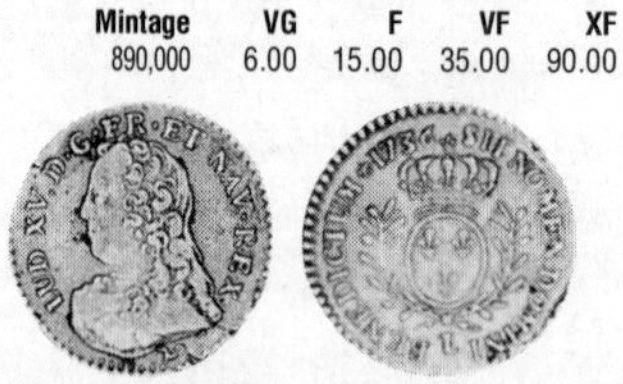

KM# 480.11 6 SOLS (1/20 ECU)

1.4740 g., 0.9170 Silver 0.0435 oz. ASW **Ruler:** Louis XV **Obv:** Young bust left **Obv. Legend:** LVD • XV • D • G • FR • ET • NAV • REX • **Rev:** Crowned oval arms within wreath **Rev. Legend:** SIT NOMEN DOMINI BENEDICTUM **Mint:** Bayonne

Date	Mintage	VG	F	VF	XF	Unc
1728L	—	6.00	15.00	35.00	90.00	—
1730L	—	6.00	15.00	35.00	90.00	—
1736L	—	15.00	35.00	100	240	500

KM# 480.12 6 SOLS (1/20 ECU)

1.4740 g., 0.9170 Silver 0.0435 oz. ASW **Ruler:** Louis XV **Obv:** Young bust left **Rev:** Crowned oval arms within wreath **Mint:** Toulouse

Date	Mintage	VG	F	VF	XF	Unc
1730M	—	6.00	15.00	35.00	90.00	—
1740M	—	8.00	20.00	55.00	140	300

KM# 480.13 6 SOLS (1/20 ECU)

1.4740 g., 0.9170 Silver 0.0435 oz. ASW **Ruler:** Louis XV **Obv:** Young bust left **Rev:** Crowned oval arms within wreath **Mint:** Montpellier

Date	Mintage	VG	F	VF	XF	Unc
1727N	47,000	8.00	20.00	45.00	110	240
1740N	—	8.00	20.00	50.00	130	285

KM# 480.14 6 SOLS (1/20 ECU)

1.4740 g., 0.9170 Silver 0.0435 oz. ASW **Ruler:** Louis XV **Obv:** Young bust left **Rev:** Crowned oval arms within wreath **Mint:** Riom

Date	Mintage	VG	F	VF	XF	Unc
1728O	—	8.00	20.00	45.00	110	240
1740O	—	15.00	35.00	90.00	220	485

KM# 480.15 6 SOLS (1/20 ECU)

1.4740 g., 0.9170 Silver 0.0435 oz. ASW **Ruler:** Louis XV **Mint:** Dijon

Date	Mintage	VG	F	VF	XF	Unc
1740P	5,789	15.00	35.00	80.00	200	450

KM# 480.16 6 SOLS (1/20 ECU)

1.4740 g., 0.9170 Silver 0.0435 oz. ASW **Ruler:** Louis XV **Obv:** Young bust left **Rev:** Crowned oval arms within wreath **Mint:** Perpignan

Date	Mintage	VG	F	VF	XF	Unc
1733Q	—	6.00	15.00	35.00	90.00	—

KM# 480.17 6 SOLS (1/20 ECU)

1.4740 g., 0.9170 Silver 0.0435 oz. ASW **Ruler:** Louis XV **Obv:** Young bust left **Rev:** Crowned oval arms within wreath **Mint:** Orléans

Date	Mintage	VG	F	VF	XF	Unc
1727R	44,000	8.00	20.00	45.00	110	240

KM# 480.18 6 SOLS (1/20 ECU)

1.4740 g., 0.9170 Silver 0.0435 oz. ASW **Ruler:** Louis XV **Obv:** Young bust left **Rev:** Crowned oval arms within wreath **Mint:** Reims

Date	Mintage	VG	F	VF	XF	Unc
1727S	—	8.00	20.00	50.00	130	285
1728S	—	8.00	20.00	50.00	130	—

KM# 480.19 6 SOLS (1/20 ECU)

1.4740 g., 0.9170 Silver 0.0435 oz. ASW **Ruler:** Louis XV **Obv:** Young bust left **Rev:** Crowned oval arms within wreath **Mint:** Nantes

Date	Mintage	VG	F	VF	XF	Unc
1727T	—	6.00	15.00	35.00	90.00	—
1728T	—	6.00	15.00	35.00	90.00	—
1729T	—	6.00	15.00	35.00	90.00	—
1730T	—	10.00	25.00	65.00	160	—
1731T	—	10.00	25.00	65.00	160	—
1733T	—	10.00	25.00	65.00	160	350
1734T	—	10.00	25.00	65.00	160	—
1735T	—	10.00	25.00	65.00	160	—
1737T	—	8.00	20.00	45.00	120	265

KM# 480.20 6 SOLS (1/20 ECU)

1.4740 g., 0.9170 Silver 0.0435 oz. ASW **Ruler:** Louis XV **Obv:** Young bust left **Rev:** Crowned oval arms within wreath **Mint:** Troyes

Date	Mintage	VG	F	VF	XF	Unc
1728V	15,000	8.00	20.00	50.00	130	280
1730V	—	8.00	20.00	50.00	130	280

KM# 480.21 6 SOLS (1/20 ECU)

1.4740 g., 0.9170 Silver 0.0435 oz. ASW **Ruler:** Louis XV **Obv:** Young bust left **Rev:** Crowned oval arms within wreath **Mint:** Lille

Date	Mintage	VG	F	VF	XF	Unc
1727W	—	6.00	15.00	35.00	90.00	—
1728W	90,000	8.00	20.00	45.00	110	240
1730W	138,000	8.00	20.00	45.00	110	240

KM# 480.22 6 SOLS (1/20 ECU)

1.4740 g., 0.9170 Silver 0.0435 oz. ASW **Ruler:** Louis XV **Obv:** Young bust left **Rev:** Crowned oval arms within wreath **Mint:** Amiens

Date	Mintage	VG	F	VF	XF	Unc
1727X	—	6.00	15.00	35.00	90.00	—
1728X	—	8.00	20.00	45.00	110	240
1729X	—	8.00	20.00	45.00	110	—

KM# 480.23 6 SOLS (1/20 ECU)

1.4740 g., 0.9170 Silver 0.0435 oz. ASW **Ruler:** Louis XV **Obv:** Young bust left **Rev:** Crowned oval arms within wreath **Mint:** Bourges

Date	Mintage	VG	F	VF	XF	Unc
1727Y	—	6.00	15.00	35.00	90.00	—
1729Y	—	6.00	15.00	35.00	90.00	—

KM# 480.24 6 SOLS (1/20 ECU)

1.4740 g., 0.9170 Silver 0.0435 oz. ASW **Ruler:** Louis XV **Obv:** Young bust left **Rev:** Crowned oval arms within wreath **Mint:** Grenoble

Date	Mintage	VG	F	VF	XF	Unc
1727Z	—	6.00	15.00	35.00	90.00	—

KM# 480.25 6 SOLS (1/20 ECU)

1.4740 g., 0.9170 Silver 0.0435 oz. ASW **Ruler:** Louis XV **Obv:** Young bust left **Rev:** Crowned oval arms within wreath **Mint:** Rennes **Note:** Mint mark: 9.

Date	Mintage	VG	F	VF	XF	Unc
1727	—	12.00	30.00	75.00	195	—
1728	—	12.00	30.00	75.00	195	400
1729	—	8.00	20.00	45.00	110	240
1730	—	8.00	20.00	50.00	130	280
1731	—	8.00	20.00	45.00	110	240
1732	—	15.00	35.00	85.00	200	420
1740	—	15.00	35.00	80.00	200	—

KM# 480.26 6 SOLS (1/20 ECU)

1.4740 g., 0.9170 Silver 0.0435 oz. ASW **Ruler:** Louis XV **Obv:** Young bust left **Rev:** Crowned oval arms within wreath **Mint:** Besançon **Note:** Mint mark: Back to back C's.

Date	Mintage	VG	F	VF	XF	Unc
1728	—	8.00	20.00	45.00	110	240

FRANCE 193

KM# 510.1 6 SOLS (1/20 ECU)
1.4740 g., 0.9170 Silver 0.0435 oz. ASW **Ruler:** Louis XV **Obv:** Mature bust left **Obv. Legend:** LUD • XV • D • G • FR • ET • NAV • REX **Rev:** Crowned oval arms within wreath **Rev. Legend:** SIT NOMEN DOMINI BENEDICTUM **Mint:** Paris

Date	Mintage	VG	F	VF	XF	Unc
1740A	26,000	6.00	15.00	35.00	100	220
1740A Proof	—	Value: 425				
1741A	—	5.00	12.00	30.00	80.00	—
1743A	31,000	5.00	12.00	30.00	80.00	—
1744A	70,000	5.00	12.00	30.00	80.00	—
1746A	9,540	6.00	15.00	40.00	100	220
1747A	9,240	6.00	15.00	40.00	100	220
1749A	4,520	10.00	20.00	45.00	120	260
1750A	12,000	6.00	15.00	35.00	100	220
1752A	4,117	10.00	20.00	45.00	120	260
1756A	8,578	10.00	20.00	45.00	120	260
1759A	—	6.00	15.00	35.00	100	220
1760A	—	5.00	12.00	30.00	80.00	—
1765A	—	5.00	12.00	30.00	80.00	—
1766A	—	5.00	12.00	30.00	80.00	—

KM# 510.2 6 SOLS (1/20 ECU)
1.4740 g., 0.9170 Silver 0.0435 oz. ASW **Ruler:** Louis XV **Obv:** Head left **Rev:** Crowned oval arms within wreath **Mint:** Metz

Date	Mintage	VG	F	VF	XF	Unc
1744AA	—	15.00	35.00	80.00	200	440
1748AA	—	6.00	15.00	35.00	100	210
1760AA	—	5.00	12.00	30.00	80.00	—
1769AA	—	5.00	10.00	30.00	70.00	—

KM# 510.3 6 SOLS (1/20 ECU)
1.4740 g., 0.9170 Silver 0.0435 oz. ASW **Ruler:** Louis XV **Obv:** Head left **Rev:** Crowned oval arms within wreath **Mint:** Strasbourg

Date	Mintage	VG	F	VF	XF	Unc
1743BB	—	5.00	12.00	30.00	80.00	—

KM# 510.4 6 SOLS (1/20 ECU)
1.4740 g., 0.9170 Silver 0.0435 oz. ASW **Ruler:** Louis XV **Obv:** Head left **Rev:** Crowned oval arms within wreath **Mint:** Caen

Date	Mintage	VG	F	VF	XF	Unc
1743C	87,000	5.00	12.00	30.00	80.00	—

KM# 510.5 6 SOLS (1/20 ECU)
1.4740 g., 0.9170 Silver 0.0435 oz. ASW **Ruler:** Louis XV **Obv:** Head left **Rev:** Crowned oval arms within wreath **Mint:** Lyon

Date	Mintage	VG	F	VF	XF	Unc
1750D	—	6.00	18.00	45.00	100	225

KM# 510.6 6 SOLS (1/20 ECU)
1.4740 g., 0.9170 Silver 0.0435 oz. ASW **Ruler:** Louis XV **Obv:** Head left **Rev:** Crowned oval arms within wreath **Mint:** Riom

Date	Mintage	VG	F	VF	XF	Unc
1743O	90,000	5.00	12.00	30.00	80.00	—
1747O	49,000	5.00	12.00	30.00	80.00	—
1748O	201,000	5.00	12.00	30.00	80.00	—

KM# 510.7 6 SOLS (1/20 ECU)
1.4740 g., 0.9170 Silver 0.0435 oz. ASW **Ruler:** Louis XV **Obv:** Mature bust left **Rev:** Crowned oval arms within wreath **Mint:** La Rochelle

Date	Mintage	VG	F	VF	XF	Unc
1741H	—	6.00	15.00	35.00	100	210

KM# 510.8 6 SOLS (1/20 ECU)
1.4740 g., 0.9170 Silver 0.0435 oz. ASW **Ruler:** Louis XV **Obv:** Mature bust left **Rev:** Crowned oval arms within wreath **Mint:** Bayonne

Date	Mintage	VG	F	VF	XF	Unc
1743L	—	5.00	12.00	30.00	80.00	—
1766L	—	5.00	12.00	30.00	80.00	—
1769L	—	5.00	12.00	30.00	80.00	—

KM# 510.9 6 SOLS (1/20 ECU)
1.4740 g., 0.9170 Silver 0.0435 oz. ASW **Ruler:** Louis XV **Obv:** Mature bust left **Rev:** Crowned oval arms within wreath **Mint:** Montpellier

Date	Mintage	VG	F	VF	XF	Unc
1740N	—	6.00	15.00	35.00	100	220
1748N	—	6.00	15.00	35.00	100	220
1769N	—	5.00	12.00	30.00	80.00	170

KM# 510.10 6 SOLS (1/20 ECU)
1.4740 g., 0.9170 Silver 0.0435 oz. ASW **Ruler:** Louis XV **Obv:** Head left **Obv. Legend:** LUD • XV • D • G • FR • ET NAV • REX • **Rev:** Crowned oval arms within wreath **Rev. Legend:** SIT NOMEN DOMINI BENEDICTUM **Mint:** Riom

Date	Mintage	VG	F	VF	XF	Unc
1743O	—	10.00	20.00	40.00	120	260
1748O	—	18.00	45.00	150	400	900

KM# 510.11 6 SOLS (1/20 ECU)
1.4740 g., 0.9170 Silver 0.0435 oz. ASW **Ruler:** Louis XV **Obv:** Mature bust left **Rev:** Crowned oval arms within wreath **Mint:** Dijon

Date	Mintage	VG	F	VF	XF	Unc
1741P	—	5.00	12.00	30.00	80.00	—

KM# 510.12 6 SOLS (1/20 ECU)
1.4740 g., 0.9170 Silver 0.0435 oz. ASW **Ruler:** Louis XV **Obv:** Mature bust left **Rev:** Crowned oval arms within wreath **Mint:** Orléans

Date	Mintage	VG	F	VF	XF	Unc
1740R	11,000	6.00	15.00	35.00	100	220
1749R	—	6.00	15.00	35.00	100	220

KM# 510.13 6 SOLS (1/20 ECU)
1.4740 g., 0.9170 Silver 0.0435 oz. ASW **Ruler:** Louis XV **Obv:** Mature bust left **Rev:** Crowned oval arms within wreath **Mint:** Reims

Date	Mintage	VG	F	VF	XF	Unc
1740S	—	6.00	15.00	35.00	100	220
1741S	—	6.00	15.00	35.00	100	220
1744S	—	8.00	17.00	45.00	125	275
1752S	44,000	6.00	15.00	35.00	100	220

KM# 510.14 6 SOLS (1/20 ECU)
1.4740 g., 0.9170 Silver 0.0435 oz. ASW **Ruler:** Louis XV **Obv:** Mature bust left **Rev:** Crowned oval arms within wreath **Mint:** Nantes

Date	Mintage	VG	F	VF	XF	Unc
1741T	—	5.00	12.00	30.00	80.00	—

KM# 510.15 6 SOLS (1/20 ECU)
1.4740 g., 0.9170 Silver 0.0435 oz. ASW **Ruler:** Louis XV **Obv:** Head left **Rev:** Crowned oval arms within wreath **Mint:** Troyes

Date	Mintage	VG	F	VF	XF	Unc
1743V	12,000	6.00	15.00	35.00	100	210
1744V	10,000	6.00	15.00	35.00	100	210
1752V	—	6.00	15.00	35.00	100	210

KM# 510.16 6 SOLS (1/20 ECU)
1.4740 g., 0.9170 Silver 0.0435 oz. ASW **Ruler:** Louis XV **Obv:** Mature bust left **Rev:** Crowned oval arms within wreath **Mint:** Lille

Date	Mintage	VG	F	VF	XF	Unc
1741W	—	5.00	12.00	30.00	80.00	—
1743W	—	5.00	12.00	30.00	80.00	—
1744W	—	5.00	12.00	30.00	80.00	—
1745W	13,000	6.00	15.00	40.00	100	210
1747W	170,000	5.00	12.00	30.00	80.00	—
1748W	142,000	5.00	12.00	30.00	80.00	—
1749W	71,000	5.00	12.00	30.00	80.00	—
1750W	42,000	6.00	15.00	35.00	100	210
1753W	22,000	6.00	15.00	35.00	100	210

KM# 510.17 6 SOLS (1/20 ECU)
1.4740 g., 0.9170 Silver 0.0435 oz. ASW **Ruler:** Louis XV **Obv:** Mature bust left **Rev:** Crowned oval arms within wreath **Mint:** Amiens

Date	Mintage	VG	F	VF	XF	Unc
1740X	8,508	10.00	30.00	55.00	125	280

KM# 531 6 SOLS (1/20 ECU)
1.4740 g., 0.9170 Silver 0.0435 oz. ASW **Ruler:** Louis XV **Obv:** Similar to KM#510.1 but legend ends with ligate BD **Obv. Legend:** LUDXV DG FR ET NA BD **Rev:** Crowned oval arms within wreath **Rev. Legend:** SIT NOMEN DOMINI BENEDICTUM **Mint:** Pau **Note:** Mint mark: Cow. Issued for Province of Bearn.

Date	Mintage	VG	F	VF	XF	Unc
1741	—	8.00	15.00	40.00	120	—
1747	—	8.00	15.00	40.00	120	—
1754	15,000	8.00	15.00	40.00	120	265
1755	—	8.00	15.00	40.00	120	—
1762	30,000	8.00	15.00	35.00	110	240
1764	58,000	8.00	15.00	35.00	110	240
1766	84,000	8.00	15.00	35.00	110	240
1770	24,000	8.00	15.00	35.00	110	240

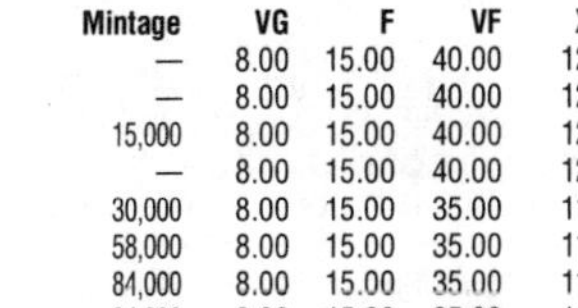

KM# 552.1 6 SOLS (1/20 ECU)
1.4740 g., 0.9170 Silver 0.0435 oz. ASW **Ruler:** Louis XV **Obv:** Old laureate head left **Obv. Legend:** LUD • XV • D • G • FR • ET NAV • REX • **Rev:** Crowned oval arms within wreath **Rev. Legend:** SIT NOMEN DOMINI BENEDICTUM **Mint:** Paris **Note:** Posthumous issue.

Date	Mintage	VG	F	VF	XF	Unc
1771A	—	12.00	30.00	70.00	175	390
1773A	—	12.00	30.00	70.00	175	390
1779A	176,000	5.00	11.00	30.00	60.00	130

KM# 552.2 6 SOLS (1/20 ECU)
1.4740 g., 0.9170 Silver 0.0435 oz. ASW **Ruler:** Louis XV **Obv:** Old laureate head left **Rev:** Crowned oval arms within wreath **Mint:** Strasbourg

Date	Mintage	VG	F	VF	XF	Unc
1773BB	—	12.00	30.00	70.00	175	390

KM# 552.3 6 SOLS (1/20 ECU)
1.4740 g., 0.9170 Silver 0.0435 oz. ASW **Ruler:** Louis XV **Obv:** Old laureate head left **Rev:** Crowned oval arms within wreath **Mint:** Limoges

Date	Mintage	VG	F	VF	XF	Unc
1773I	—	15.00	35.00	75.00	180	400
1774I	—	15.00	35.00	75.00	180	400

KM# 552.4 6 SOLS (1/20 ECU)
1.4740 g., 0.9170 Silver 0.0435 oz. ASW **Ruler:** Louis XV **Obv:** Old laureate head left **Rev:** Crowned oval arms within wreath **Mint:** Bayonne

Date	Mintage	VG	F	VF	XF	Unc
1773L	—	12.00	30.00	70.00	175	380

KM# 552.5 6 SOLS (1/20 ECU)
1.4740 g., 0.9170 Silver 0.0435 oz. ASW **Ruler:** Louis XV **Obv:** Old laureate head left **Rev:** Crowned oval arms within wreath **Mint:** Pau **Note:** Mint mark: Cow.

Date	Mintage	VG	F	VF	XF	Unc
1773	—	20.00	50.00	220	500	675

KM# 587 6 SOLS (1/20 ECU)
1.4740 g., 0.9170 Silver 0.0435 oz. ASW **Ruler:** Louis XV **Obv:** Bust left **Obv. Legend:** LUD • XVI • D • G • FR • ETN • REX • **Rev:** Crowned oval arms within oak leaf wreath **Rev. Legend:** SIT NOMEN DOMINI BENEDICTUM **Mint:** Paris **Note:** The "dot" appears below the third letter of the monarch's name and denotes second semester coinage.

Date	Mintage	VG	F	VF	XF	Unc
1782/79A Without dot	—	12.00	30.00	60.00	150	330
1782A	22,000	15.00	35.00	75.00	175	380
1783A	53,000	10.00	20.00	50.00	125	270

KM# 348.1 10 SOLS-1/8 ECU
3.3920 g., 0.7980 Silver 0.0870 oz. ASW **Ruler:** Louis XIV **Obv:** Draped bust right **Rev:** 4 crowns and 3 fleur-de-lis at center **Rev. Legend:** DOMINE • SALVVM • FAC • REGEM • **Mint:** Metz

Date	Mintage	VG	F	VF	XF	Unc
1704AA	—	—	—	—	—	—
1705AA	—	10.00	20.00	50.00	145	320
1706AA	—	10.00	20.00	50.00	145	320
1707AA	—	10.00	20.00	50.00	145	320

KM# 348.2 10 SOLS-1/8 ECU
3.3920 g., 0.7980 Silver 0.0870 oz. ASW **Ruler:** Louis XIV **Obv:** Draped bust right **Rev:** 4 Crowns and 3 fleur-de-lis at center **Mint:** Strasbourg

Date	Mintage	VG	F	VF	XF	Unc
1702BB	—	15.00	35.00	75.00	220	485
1703BB	—	12.00	30.00	65.00	200	485
1704BB	—	12.00	30.00	65.00	200	485
1705BB	—	15.00	35.00	75.00	220	485
1706BB	—	15.00	35.00	75.00	220	485

KM# 349.1 10 SOLS-1/8 ECU
3.2630 g., 0.7980 Silver 0.0837 oz. ASW **Ruler:** Louis XIV **Obv:** Draped bust right **Obv. Legend:** LVD • XIIII • D • G • FR • ET • NAV • REX • **Rev:** Crown above crossed scepter and hand of Justice, 3 fleur-de-lis in angles **Rev. Legend:** DOMINE SALVVM FAC REGEM **Mint:** Paris

Date	Mintage	VG	F	VF	XF	Unc
1703A	—	9.00	22.00	45.00	120	270
1704A	—	9.00	22.00	45.00	120	270
1705A	—	9.00	22.00	45.00	120	270
1706A	—	9.00	22.00	45.00	120	270
1707A	—	9.00	22.00	45.00	120	270

KM# 349.2 10 SOLS-1/8 ECU
3.2630 g., 0.7980 Silver 0.0837 oz. ASW **Ruler:** Louis XIV **Obv:** Draped bust right **Rev:** Crown above crossed sceptre and hand of Justice, 3 fleur-de-lis in angles **Mint:** Rouen

Date	Mintage	VG	F	VF	XF	Unc
1703B	—	12.00	30.00	60.00	150	330
1704B	—	15.00	35.00	65.00	160	350
1705B	—	15.00	35.00	65.00	160	350
1706B	—	20.00	45.00	95.00	175	385
1707B	—	12.00	30.00	60.00	150	330

KM# 349.3 10 SOLS-1/8 ECU

3.2630 g., 0.7980 Silver 0.0837 oz. ASW **Ruler:** Louis XIV **Obv:** Draped bust right **Obv. Legend:** LVD • XIIII • D • G • FR • ET • NAV • REX • **Rev:** Crown above crossed sceptre and hand of Justice, 3 fleur-de-lis in angles **Rev. Legend:** DOMINE • SALVVM * FAC • REGEM • **Mint:** Lyon

Date	Mintage	VG	F	VF	XF	Unc
1703D	—	15.00	35.00	65.00	160	350
1704D	—	9.00	22.00	45.00	120	270
1705D	—	9.00	22.00	45.00	120	270
1706D	—	9.00	22.00	45.00	120	270
1707D	—	9.00	22.00	45.00	120	270

KM# 349.4 10 SOLS-1/8 ECU

3.2630 g., 0.7980 Silver 0.0837 oz. ASW **Ruler:** Louis XIV **Obv:** Draped bust right **Rev:** Crown above crossed sceptre and hand of Justice, 3 fleur-de-lis in angles **Mint:** La Rochelle

Date	Mintage	VG	F	VF	XF	Unc
1703H	—	12.00	30.00	60.00	150	330
1704H	—	10.00	25.00	50.00	135	300
1705H	—	—	—	—	—	—
1706H	—	10.00	25.00	50.00	135	300
1707H	—	9.00	22.00	45.00	120	270

KM# 349.5 10 SOLS-1/8 ECU

3.2630 g., 0.7980 Silver 0.0837 oz. ASW **Ruler:** Louis XIV **Obv:** Draped bust right **Rev:** Crown above crossed sceptre and hand of Justice, 3 fleur-de-lis in angles **Mint:** Bordeaux

Date	Mintage	VG	F	VF	XF	Unc
1703K	—	12.00	30.00	60.00	150	330
1704K	—	10.00	22.00	50.00	135	300
1705K	—	17.00	40.00	75.00	185	400
1706K	—	12.00	30.00	60.00	150	330
1707K	—	9.00	22.00	45.00	120	270

KM# 349.6 10 SOLS-1/8 ECU

3.2630 g., 0.7980 Silver 0.0837 oz. ASW **Ruler:** Louis XIV **Obv:** Draped bust right **Rev:** Crown above crossed sceptre and hand of Justice, 3 fleur-de-lis in angles **Mint:** Bayonne

Date	Mintage	VG	F	VF	XF	Unc
1707L	—	9.00	22.00	45.00	120	260

KM# 349.7 10 SOLS-1/8 ECU

3.2630 g., 0.7980 Silver 0.0837 oz. ASW **Ruler:** Louis XIV **Obv:** Draped bust right **Rev:** Crown above crossed sceptre and hand of Justice, 3 fleur-de-lis in angles **Mint:** Toulouse

Date	Mintage	VG	F	VF	XF	Unc
1704M	—	10.00	22.00	50.00	135	300
1705M	—	—	—	—	—	—
1706M	—	—	—	—	—	—
1707M	—	—	—	—	—	—
1708M	—	—	—	—	—	—

KM# 349.8 10 SOLS-1/8 ECU

3.2630 g., 0.7980 Silver 0.0837 oz. ASW **Ruler:** Louis XIV **Obv:** Draped bust right **Rev:** Crown above crossed sceptre and hand of Justice, 3 fleur-de-lis in angles **Mint:** Reims

Date	Mintage	VG	F	VF	XF	Unc
1706S	—	—	—	—	—	—

KM# 349.9 10 SOLS-1/8 ECU

3.2630 g., 0.7980 Silver 0.0837 oz. ASW **Ruler:** Louis XIV **Obv:** Draped bust right **Rev:** Crown above crossed sceptre and hand of Justice, 3 fleur-de-lis in angles **Mint:** Nantes

Date	Mintage	VG	F	VF	XF	Unc
1705T	—	—	—	—	—	—
1706T	—	9.00	22.00	45.00	120	260
1707T	—	9.00	22.00	45.00	120	260

KM# 349.10 10 SOLS-1/8 ECU

3.2630 g., 0.7980 Silver 0.0837 oz. ASW **Ruler:** Louis XIV **Obv:** Draped bust right **Rev:** Crown above crossed sceptre and hand of Justice, 3 fleur-de-lis in angles **Mint:** Troyes

Date	Mintage	VG	F	VF	XF	Unc
1705V	—	—	—	—	—	—
1707V	—	15.00	35.00	65.00	160	350

KM# 349.11 10 SOLS-1/8 ECU

3.2630 g., 0.7980 Silver 0.0837 oz. ASW **Ruler:** Louis XIV **Obv:** Draped bust right **Rev:** Crown above crossed sceptre and hand of Justice, 3 fleur-de-lis in angles **Mint:** Lille

Date	Mintage	VG	F	VF	XF	Unc
1706W	—	20.00	45.00	85.00	200	450
1707W	—	—	—	—	—	—

KM# 349.12 10 SOLS-1/8 ECU

3.2630 g., 0.7980 Silver 0.0837 oz. ASW **Ruler:** Louis XIV **Obv:** Draped bust right **Rev:** Crown above crossed sceptre and hand of Justice, 3 fleur-de-lis in angles **Mint:** Rennes **Note:** Mint mark: 9.

Date	Mintage	VG	F	VF	XF	Unc
1703	—	10.00	20.00	60.00	150	330
1704	—	10.00	20.00	50.00	135	300
1705	—	8.00	20.00	40.00	100	210
1706	—	8.00	20.00	40.00	100	210
1707	—	8.00	20.00	40.00	100	210
1708	—	10.00	20.00	60.00	150	—

KM# 349.13 10 SOLS-1/8 ECU

3.2630 g., 0.7980 Silver 0.0837 oz. ASW **Ruler:** Louis XIV **Obv:** Draped bust right **Rev:** Crown above crossed sceptre and hand of Justice, 3 fleur-de-lis in angles **Mint:** Aix **Note:** Mint mark: &.

Date	Mintage	VG	F	VF	XF	Unc
1703	—	—	—	—	—	—
1706	—	20.00	45.00	85.00	200	440
1707	—	10.00	20.00	50.00	135	300

KM# 349.14 10 SOLS-1/8 ECU

3.2630 g., 0.7980 Silver 0.0837 oz. ASW **Ruler:** Louis XIV **Obv:** Draped bust right **Rev:** Crown above crossed sceptre and hand of Justice, 3 fleur-de-lis in angles **Mint:** Besançon **Note:** Mint mark: Back to back C's.

Date	Mintage	VG	F	VF	XF	Unc
1707	—	—	—	—	—	—

KM# 375 10 SOLS-1/8 ECU

3.2630 g., 0.7980 Silver 0.0837 oz. ASW **Ruler:** Louis XIV **Mint:** Pau **Note:** Mint mark: Cow.

Date	Mintage	VG	F	VF	XF	Unc
1707	—	20.00	45.00	85.00	145	400

KM# 402 10 SOLS-1/8 ECU

3.0980 g., 0.7980 Silver 0.0795 oz. ASW **Ruler:** Louis XIV **Obv:** Mailed bust right **Obv. Legend:** LVD • XIIII • D • G • FR • ET • NAV • REX • **Rev:** Crowned shield of France dividing date **Rev. Legend:** ARGENTINENSIS MONETA NOVA **Mint:** Strasbourg

Date	Mintage	VG	F	VF	XF	Unc
1710BB	—	25.00	65.00	135	280	600
1711BB	—	30.00	75.00	150	350	770
1712BB	—	50.00	135	275	600	1,400

KM# 442 10 SOLS-1/8 ECU

2.0400 g., 0.9170 Silver 0.0601 oz. ASW **Ruler:** Louis XV **Mint:** Pau **Note:** Mint mark: Cow. Issued for Province of Bearn. Similar to KM#441.1 but obverse legend ends with ligate BD.

Date	Mintage	VG	F	VF	XF	Unc
1718	—	10.00	100	300	500	—

KM# 441.1 10 SOLS-1/8 ECU

2.0400 g., 0.9170 Silver 0.0601 oz. ASW **Ruler:** Louis XV **Obv:** Young bust of Louis XV right **Rev:** Crowned arms of France and Navarre quartered divide value (X-S) **Mint:** Paris

Date	Mintage	VG	F	VF	XF	Unc
1719A	—	5.00	10.00	30.00	60.00	—

KM# 441.2 10 SOLS-1/8 ECU

2.0400 g., 0.9170 Silver 0.0601 oz. ASW **Ruler:** Louis XV **Mint:** Metz

Date	Mintage	VG	F	VF	XF	Unc
1719AA	—	5.00	10.00	35.00	75.00	—

KM# 441.3 10 SOLS-1/8 ECU

2.0400 g., 0.9170 Silver 0.0601 oz. ASW **Ruler:** Louis XV **Mint:** Rouen

Date	Mintage	VG	F	VF	XF	Unc
1719B	560,000	5.00	10.00	35.00	75.00	—

KM# 441.4 10 SOLS-1/8 ECU

2.0400 g., 0.9170 Silver 0.0601 oz. ASW **Ruler:** Louis XV **Mint:** Caen

Date	Mintage	VG	F	VF	XF	Unc
1719C	167,000	5.00	10.00	35.00	75.00	—

KM# 441.5 10 SOLS-1/8 ECU

2.0400 g., 0.9170 Silver 0.0601 oz. ASW **Ruler:** Louis XV **Mint:** Lyon

Date	Mintage	VG	F	VF	XF	Unc
1719D	—	5.00	10.00	35.00	75.00	—

KM# 441.6 10 SOLS-1/8 ECU

2.0400 g., 0.9170 Silver 0.0601 oz. ASW **Ruler:** Louis XV **Mint:** Poitiers

Date	Mintage	VG	F	VF	XF	Unc
1719G	341,000	5.00	10.00	35.00	75.00	—

KM# 441.7 10 SOLS-1/8 ECU

2.0400 g., 0.9170 Silver 0.0601 oz. ASW **Ruler:** Louis XV **Mint:** La Rochelle

Date	Mintage	VG	F	VF	XF	Unc
1719H	117,000	5.00	10.00	35.00	75.00	—

KM# 441.8 10 SOLS-1/8 ECU

2.0400 g., 0.9170 Silver 0.0601 oz. ASW **Ruler:** Louis XV **Mint:** Montpellier

Date	Mintage	VG	F	VF	XF	Unc
1719N	—	10.00	20.00	50.00	110	240

KM# 441.9 10 SOLS-1/8 ECU

2.0400 g., 0.9170 Silver 0.0601 oz. ASW **Ruler:** Louis XV **Mint:** Riom

Date	Mintage	VG	F	VF	XF	Unc
1719O	—	8.00	18.00	45.00	100	210

KM# 441.10 10 SOLS-1/8 ECU

2.0400 g., 0.9170 Silver 0.0601 oz. ASW **Ruler:** Louis XV **Mint:** Dijon

Date	Mintage	VG	F	VF	XF	Unc
1719P	—	8.00	18.00	45.00	100	210

KM# 441.11 10 SOLS-1/8 ECU

2.0400 g., 0.9170 Silver 0.0601 oz. ASW **Ruler:** Louis XV **Mint:** Perpignan

Date	Mintage	VG	F	VF	XF	Unc
1719Q	—	10.00	20.00	50.00	110	240

KM# 441.12 10 SOLS-1/8 ECU

2.0400 g., 0.9170 Silver 0.0601 oz. ASW **Ruler:** Louis XV **Mint:** Orléans

Date	Mintage	VG	F	VF	XF	Unc
1719R	250,000	5.00	10.00	35.00	75.00	—

KM# 441.13 10 SOLS-1/8 ECU

2.0400 g., 0.9170 Silver 0.0601 oz. ASW **Ruler:** Louis XV **Mint:** Troyes

Date	Mintage	VG	F	VF	XF	Unc
1719V	390,000	5.00	10.00	35.00	75.00	—

KM# 441.14 10 SOLS-1/8 ECU

2.0400 g., 0.9170 Silver 0.0601 oz. ASW **Ruler:** Louis XV **Obv:** Laureate bust right **Obv. Legend:** LUD • XV • D • G • FR • ET • NA • REX • **Rev:** Crowned quartered arms divide value **Rev. Legend:** SIT NOMEN DOMINI BENEDICTVM **Mint:** Lille

Date	Mintage	VG	F	VF	XF	Unc
1719W	631,000	5.00	10.00	35.00	75.00	—

KM# 441.15 10 SOLS-1/8 ECU

2.0400 g., 0.9170 Silver 0.0601 oz. ASW **Ruler:** Louis XV **Obv:** Laureate bust right **Rev:** Crowned quartered arms divide value **Mint:** Bourges

Date	Mintage	VG	F	VF	XF	Unc
1719Y	528,000	8.00	12.00	40.00	80.00	—

KM# 441.16 10 SOLS-1/8 ECU

2.0400 g., 0.9170 Silver 0.0601 oz. ASW **Ruler:** Louis XV **Obv:** Laureate bust right **Rev:** Crowned quartered arms divide value **Mint:** Rennes **Note:** Mint mark: 9.

Date	Mintage	VG	F	VF	XF	Unc
1719	732,000	5.00	10.00	35.00	75.00	—

KM# 441.17 10 SOLS-1/8 ECU

2.0400 g., 0.9170 Silver 0.0601 oz. ASW **Ruler:** Louis XV **Obv:** Laureate bust right **Rev:** Crowned quartered arms divide value **Mint:** Besançon **Note:** Mint mark: Back to back C's.

Date	Mintage	VG	F	VF	XF	Unc
1719	—	5.00	10.00	35.00	75.00	—

KM# 418.1 12 SOLS (1/10 ECU)

3.0590 g., 0.9170 Silver 0.0902 oz. ASW **Ruler:** Louis XV **Obv:** Young bust of Louis XV right **Rev:** Crowned circular arms **Mint:** Paris

Date	Mintage	VG	F	VF	XF	Unc
1716A	—	5.00	10.00	30.00	90.00	—

KM# 418.2 12 SOLS (1/10 ECU)

3.0590 g., 0.9170 Silver 0.0902 oz. ASW **Ruler:** Louis XV **Obv:** Young bust of Louis XV right **Rev:** Crowned circular arms **Mint:** Strasbourg

Date	Mintage	VG	F	VF	XF	Unc
1716BB	1,299,000	5.00	10.00	30.00	90.00	—
1718BB	—	5.00	10.00	30.00	90.00	—

KM# 418.3 12 SOLS (1/10 ECU)

3.0590 g., 0.9170 Silver 0.0902 oz. ASW **Ruler:** Louis XV **Obv:** Young bust right **Rev:** Crowned circular arms **Mint:** Caen

Date	Mintage	VG	F	VF	XF	Unc
1716C	—	7.00	15.00	45.00	140	300

KM# 418.4 12 SOLS (1/10 ECU)

3.0590 g., 0.9170 Silver 0.0902 oz. ASW **Ruler:** Louis XV **Obv:** Young bust of Louis XV right **Rev:** Crowned circular arms **Mint:** Lyon

Date	Mintage	VG	F	VF	XF	Unc
1716D	531,000	6.00	13.00	40.00	120	260
1717D	91,000	7.00	15.00	45.00	140	300

KM# 418.5 12 SOLS (1/10 ECU)

3.0590 g., 0.9170 Silver 0.0902 oz. ASW **Ruler:** Louis XV **Obv:** Young bust of Louis XV right **Rev:** Crowned circular arms **Mint:** Tours

Date	Mintage	VG	F	VF	XF	Unc
1716E	—	7.00	15.00	45.00	140	300

KM# 418.6 12 SOLS (1/10 ECU)

3.0590 g., 0.9170 Silver 0.0902 oz. ASW **Ruler:** Louis XV **Obv:** Young bust of Louis XV right **Rev:** Crowned circular arms **Mint:** Poitiers

Date	Mintage	VG	F	VF	XF	Unc
1716G	—	8.00	18.00	45.00	140	300
1717G	99,000	8.00	18.00	45.00	140	300

KM# 418.7 12 SOLS (1/10 ECU)

3.0590 g., 0.9170 Silver 0.0902 oz. ASW **Ruler:** Louis XV **Obv:** Young bust of Louis XV right **Rev:** Crowned circular arms **Mint:** La Rochelle

Date	Mintage	VG	F	VF	XF	Unc
1716H	—	7.00	15.00	45.00	140	300

KM# 418.8 12 SOLS (1/10 ECU)

3.0590 g., 0.9170 Silver 0.0902 oz. ASW **Ruler:** Louis XV **Obv:** Young bust of Louis XV right **Rev:** Crowned circular arms **Mint:** Limoges

Date	Mintage	VG	F	VF	XF	Unc
1716I	—	7.00	15.00	45.00	140	300

KM# 418.9 12 SOLS (1/10 ECU)
3.0590 g., 0.9170 Silver 0.0902 oz. ASW **Ruler:** Louis XV **Obv:** Young bust of Louis XV right **Rev:** Crowned circular arms **Mint:** Bordeaux

Date	Mintage	VG	F	VF	XF	Unc
1716K	—	10.00	30.00	70.00	200	440

KM# 418.10 12 SOLS (1/10 ECU)
3.0590 g., 0.9170 Silver 0.0902 oz. ASW **Ruler:** Louis XV **Obv:** Young bust of Louis XV right **Rev:** Crowned circular arms **Mint:** Toulouse

Date	Mintage	VG	F	VF	XF	Unc
1716M	—	6.00	12.00	35.00	100	220
1717M	—	7.00	15.00	45.00	140	300

KM# 418.11 12 SOLS (1/10 ECU)
3.0590 g., 0.9170 Silver 0.0902 oz. ASW **Ruler:** Louis XV **Obv:** Young bust of Louis XV right **Rev:** Crowned circular arms **Mint:** Montpellier

Date	Mintage	VG	F	VF	XF	Unc
1716N	—	7.00	15.00	45.00	140	300

KM# 418.12 12 SOLS (1/10 ECU)
3.0590 g., 0.9170 Silver 0.0902 oz. ASW **Ruler:** Louis XV **Obv:** Young bust of Louis XV right **Rev:** Crowned circular arms **Mint:** Dijon

Date	Mintage	VG	F	VF	XF	Unc
1716P	—	5.00	10.00	30.00	90.00	170

KM# 418.13 12 SOLS (1/10 ECU)
3.0590 g., 0.9170 Silver 0.0902 oz. ASW **Ruler:** Louis XV **Obv:** Young bust of Louis XV right **Obv. Legend:** LVD • XV • D • G • FR • ET • NAV • REX • **Rev:** Crowned circular arms **Rev. Legend:** SIT NOMEN DOMINI BENEDICTVM **Mint:** Perpignan

Date	Mintage	VG	F	VF	XF	Unc
1717Q	—	40.00	85.00	250	600	1,325

KM# 418.14 12 SOLS (1/10 ECU)
3.0590 g., 0.9170 Silver 0.0902 oz. ASW **Ruler:** Louis XV **Obv:** Young bust of Louis XV right **Rev:** Crowned circular arms **Mint:** Reims

Date	Mintage	VG	F	VF	XF	Unc
1716S	—	7.00	15.00	45.00	140	300

KM# 418.15 12 SOLS (1/10 ECU)
3.0590 g., 0.9170 Silver 0.0902 oz. ASW **Ruler:** Louis XV **Obv:** Young bust of Louis XV right **Rev:** Crowned circular arms **Mint:** Nantes

Date	Mintage	VG	F	VF	XF	Unc
1716T	—	7.00	15.00	45.00	140	300

KM# 418.16 12 SOLS (1/10 ECU)
3.0590 g., 0.9170 Silver 0.0902 oz. ASW **Ruler:** Louis XV **Obv:** Young bust of Louis XV right **Rev:** Crowned circular arms **Mint:** Troyes

Date	Mintage	VG	F	VF	XF	Unc
1716V	—	7.00	15.00	45.00	140	300

KM# 418.17 12 SOLS (1/10 ECU)
3.0590 g., 0.9170 Silver 0.0902 oz. ASW **Ruler:** Louis XV **Obv:** Young bust of Louis XV right **Rev:** Crowned circular arms **Mint:** Lille

Date	Mintage	VG	F	VF	XF	Unc
1716W	—	5.00	10.00	30.00	100	220
1717W	—	5.00	10.00	35.00	110	240
1718W	—	7.00	15.00	45.00	140	300

KM# 418.18 12 SOLS (1/10 ECU)
3.0590 g., 0.9170 Silver 0.0902 oz. ASW **Ruler:** Louis XV **Obv:** Young bust of Louis XV right **Rev:** Crowned circular arms **Mint:** Amiens

Date	Mintage	VG	F	VF	XF	Unc
1716X	—	7.00	15.00	45.00	140	300
1717X	—	7.00	15.00	45.00	140	300

KM# 418.19 12 SOLS (1/10 ECU)
3.0590 g., 0.9170 Silver 0.0902 oz. ASW **Ruler:** Louis XV **Obv:** Young bust of Louis XV right **Rev:** Crowned circular arms **Mint:** Bourges

Date	Mintage	VG	F	VF	XF	Unc
1717Y	—	10.00	18.00	48.00	145	325

KM# 418.20 12 SOLS (1/10 ECU)
3.0590 g., 0.9170 Silver 0.0902 oz. ASW **Ruler:** Louis XV **Obv:** Young bust of Louis XV right **Rev:** Crowned circular arms **Mint:** Grenoble

Date	Mintage	VG	F	VF	XF	Unc
1716Z	65,000	7.00	15.00	45.00	140	300

KM# 418.21 12 SOLS (1/10 ECU)
3.0590 g., 0.9170 Silver 0.0902 oz. ASW **Ruler:** Louis XV **Obv:** Young bust of Louis XV right **Rev:** Crowned circular arms **Mint:** Rennes **Note:** Mint mark: 9.

Date	Mintage	VG	F	VF	XF	Unc
1716	—	7.00	15.00	45.00	140	300
1718	—	7.00	15.00	50.00	200	—

KM# 418.22 12 SOLS (1/10 ECU)
3.0590 g., 0.9170 Silver 0.0902 oz. ASW **Ruler:** Louis XV **Obv:** Young bust of Louis XV right **Rev:** Crowned circular arms **Mint:** Aix **Note:** Mint mark: &.

Date	Mintage	VG	F	VF	XF	Unc
1716	—	5.00	10.00	30.00	90.00	—
1717	—	5.00	10.00	30.00	90.00	—

KM# 418.23 12 SOLS (1/10 ECU)
3.0590 g., 0.9170 Silver 0.0902 oz. ASW **Ruler:** Louis XV **Obv:** Young bust of Louis XV right **Rev:** Crowned circular arms **Mint:** Besançon **Note:** Mint mark: Back to back C's.

Date	Mintage	VG	F	VF	XF	Unc
1716	—	10.00	30.00	70.00	200	440
1718	—	7.00	15.00	45.00	140	300

KM# 418.24 12 SOLS (1/10 ECU)
3.0590 g., 0.9170 Silver 0.0902 oz. ASW **Ruler:** Louis XV **Obv:** Young bust of Louis XV right **Rev:** Crowned circular arms **Mint:** Pau

Date	Mintage	VG	F	VF	XF	Unc
1716	—	—	250	500	1,000	—
1717	—	—	250	500	1,000	—

KM# 431 12 SOLS (1/10 ECU)
3.0590 g., 0.9170 Silver 0.0902 oz. ASW **Ruler:** Louis XV **Mint:** Pau **Note:** Mint mark: Cow. Similar to KM#418.1 but obverse legend with ligate BD.

Date	Mintage	VG	F	VF	XF	Unc
1718	—	10.00	30.00	70.00	200	440

KM# 432.1 12 SOLS (1/10 ECU)
2.4470 g., 0.9170 Silver 0.0721 oz. ASW **Ruler:** Louis XV **Mint:** Paris **Note:** Issued for Navarre. Similar to 10 Sols, KM#441.1, but without value.

Date	Mintage	VG	F	VF	XF	Unc
1718A	—	10.00	30.00	80.00	220	490

KM# 432.2 12 SOLS (1/10 ECU)
2.4470 g., 0.9170 Silver 0.0721 oz. ASW **Ruler:** Louis XV **Mint:** Metz

Date	Mintage	VG	F	VF	XF	Unc
1718AA	—	10.00	30.00	80.00	220	485

KM# 432.3 12 SOLS (1/10 ECU)
2.4470 g., 0.9170 Silver 0.0721 oz. ASW **Ruler:** Louis XV **Mint:** Strasbourg

Date	Mintage	VG	F	VF	XF	Unc
1718BB	—	9.00	22.00	48.00	125	275
1719BB	155,000	9.00	22.00	48.00	125	275

KM# 432.4 12 SOLS (1/10 ECU)
2.4470 g., 0.9170 Silver 0.0721 oz. ASW **Ruler:** Louis XV **Mint:** Lyon

Date	Mintage	VG	F	VF	XF	Unc
1718D	392,000	7.00	18.00	45.00	120	265

KM# 432.5 12 SOLS (1/10 ECU)
2.4470 g., 0.9170 Silver 0.0721 oz. ASW **Ruler:** Louis XV **Mint:** Montpellier

Date	Mintage	VG	F	VF	XF	Unc
1718N	—	10.00	30.00	85.00	220	485

KM# 432.6 12 SOLS (1/10 ECU)
2.4470 g., 0.9170 Silver 0.0721 oz. ASW **Ruler:** Louis XV **Mint:** Nantes

Date	Mintage	VG	F	VF	XF	Unc
1718T	—	8.00	25.00	65.00	180	400

KM# 432.7 12 SOLS (1/10 ECU)
2.4470 g., 0.9170 Silver 0.0721 oz. ASW **Ruler:** Louis XV **Mint:** Amiens

Date	Mintage	VG	F	VF	XF	Unc
1718X	—	15.00	45.00	120	275	550

KM# 432.8 12 SOLS (1/10 ECU)
2.4470 g., 0.9170 Silver 0.0721 oz. ASW **Ruler:** Louis XV **Obv:** Laureate bust right **Obv. Legend:** LVDXV • D • G • FR • ET • NAV • REX **Rev:** Crowned quartered arms **Rev. Legend:** SIT • NOMEN • DOMINI • BENEDICTVM **Mint:** Grenoble

Date	Mintage	VG	F	VF	XF	Unc
1718Z	99,000	8.00	25.00	65.00	180	400
1719Z	—	8.00	25.00	65.00	180	400

KM# 432.9 12 SOLS (1/10 ECU)
2.4470 g., 0.9170 Silver 0.0721 oz. ASW **Ruler:** Louis XV **Mint:** Rennes **Note:** Mint mark: 9.

Date	Mintage	VG	F	VF	XF	Unc
1719	21,000	10.00	30.00	80.00	220	460

KM# 481.1 12 SOLS (1/10 ECU)
2.9480 g., 0.9170 Silver 0.0869 oz. ASW **Ruler:** Louis XV **Obv:** Young bust left **Obv. Legend:** LUD • XV • D • G • FR • ET NAV • REX • **Rev:** Crowned oval arms within wreath **Rev. Legend:** SIT NOMEN DOMINI BENEDICTUM **Mint:** Paris

Date	Mintage	VG	F	VF	XF	Unc
1726A	—	5.00	10.00	25.00	75.00	—
1728A	—	5.00	10.00	25.00	75.00	—
1729A	—	6.00	12.00	35.00	100	210
1730A	—	6.00	12.00	35.00	100	210
1731A	—	5.00	10.00	25.00	75.00	—
1732A	—	5.00	10.00	25.00	75.00	—
1733A	—	6.00	12.00	35.00	100	210
1734A	—	5.00	10.00	30.00	85.00	—

KM# 481.2 12 SOLS (1/10 ECU)
2.9480 g., 0.9170 Silver 0.0869 oz. ASW **Ruler:** Louis XV **Obv:** Young bust left **Rev:** Crowned oval arms within wreath **Mint:** Metz

Date	Mintage	VG	F	VF	XF	Unc
1728AA	—	5.00	10.00	25.00	75.00	—
1729AA	—	6.00	12.00	35.00	100	210
1730AA	—	6.00	12.00	35.00	100	210

KM# 481.3 12 SOLS (1/10 ECU)
2.9480 g., 0.9170 Silver 0.0869 oz. ASW **Ruler:** Louis XV **Obv:** Young bust left **Rev:** Crowned oval arms within wreath **Mint:** Rouen

Date	Mintage	VG	F	VF	XF	Unc
1726B	—	5.00	10.00	25.00	75.00	—

KM# 481.4 12 SOLS (1/10 ECU)
2.9480 g., 0.9170 Silver 0.0869 oz. ASW **Ruler:** Louis XV **Obv:** Young bust left **Rev:** Crowned oval arms within wreath **Mint:** Strasbourg

Date	Mintage	VG	F	VF	XF	Unc
1726BB	—	5.00	10.00	25.00	75.00	—
1727BB	—	6.00	12.00	35.00	100	210

KM# 481.5 12 SOLS (1/10 ECU)
2.9480 g., 0.9170 Silver 0.0869 oz. ASW **Ruler:** Louis XV **Obv:** Young bust left **Rev:** Crowned oval arms within wreath **Mint:** Caen

Date	Mintage	VG	F	VF	XF	Unc
1727C	78,000	7.00	14.00	40.00	120	260

KM# 481.6 12 SOLS (1/10 ECU)
2.9480 g., 0.9170 Silver 0.0869 oz. ASW **Ruler:** Louis XV **Obv:** Young bust left **Rev:** Crowned oval arms within wreath **Mint:** Lyon

Date	Mintage	VG	F	VF	XF	Unc
1726D	—	5.00	10.00	25.00	75.00	—
1727D	—	5.00	10.00	25.00	75.00	—
1728D	—	6.00	12.00	35.00	100	210
1730D	—	6.00	12.00	35.00	100	210
1738D	—	6.00	12.00	35.00	100	210

KM# 481.7 12 SOLS (1/10 ECU)
2.9480 g., 0.9170 Silver 0.0869 oz. ASW **Ruler:** Louis XV **Obv:** Young bust left **Rev:** Crowned oval arms within wreath **Mint:** Tours

Date	Mintage	VG	F	VF	XF	Unc
1726E	250,000	6.00	12.00	35.00	100	210
1727E	66,000	6.00	12.00	35.00	100	210

KM# 481.8 12 SOLS (1/10 ECU)
2.9480 g., 0.9170 Silver 0.0869 oz. ASW **Ruler:** Louis XV **Obv:** Young bust left **Rev:** Crowned oval arms within wreath **Mint:** Poitiers

Date	Mintage	VG	F	VF	XF	Unc
1726G	—	6.00	12.00	35.00	100	210
1727G	—	6.00	12.00	35.00	100	210
1731G	—	7.00	15.00	55.00	160	350

KM# 481.9 12 SOLS (1/10 ECU)
2.9480 g., 0.9170 Silver 0.0869 oz. ASW **Ruler:** Louis XV **Obv:** Young bust left **Rev:** Crowned oval arms within wreath **Mint:** La Rochelle

Date	Mintage	VG	F	VF	XF	Unc
1730H	—	6.00	12.00	35.00	100	210

KM# 481.10 12 SOLS (1/10 ECU)
2.9480 g., 0.9170 Silver 0.0869 oz. ASW **Ruler:** Louis XV **Obv:** Young bust left **Rev:** Crowned oval arms within wreath **Mint:** Limoges

Date	Mintage	VG	F	VF	XF	Unc
1730I	—	10.00	25.00	60.00	175	385

KM# 481.11 12 SOLS (1/10 ECU)
2.9480 g., 0.9170 Silver 0.0869 oz. ASW **Ruler:** Louis XV **Obv:** Young bust left **Rev:** Crowned oval arms within wreath **Mint:** Bordeaux

Date	Mintage	VG	F	VF	XF	Unc
1729K	—	6.00	12.00	35.00	100	210

KM# 481.12 12 SOLS (1/10 ECU)
2.9480 g., 0.9170 Silver 0.0869 oz. ASW **Ruler:** Louis XV **Obv:** Young bust left **Rev:** Crowned oval arms within wreath **Mint:** Bayonne

Date	Mintage	VG	F	VF	XF	Unc
1730L	—	6.00	12.00	35.00	100	210

KM# 481.13 12 SOLS (1/10 ECU)
2.9480 g., 0.9170 Silver 0.0869 oz. ASW **Ruler:** Louis XV **Obv:** Young bust left **Rev:** Crowned oval arms within wreath **Mint:** Toulouse

Date	Mintage	VG	F	VF	XF	Unc
1726M	—	12.00	35.00	100	300	675
1730M	—	12.00	35.00	100	300	675
1740M	—	7.00	14.00	40.00	130	285

KM# 481.14 12 SOLS (1/10 ECU)
2.9480 g., 0.9170 Silver 0.0869 oz. ASW **Ruler:** Louis XV **Obv:** Young bust left **Rev:** Crowned oval arms within wreath **Mint:** Montpellier

Date	Mintage	VG	F	VF	XF	Unc
1726N	331,000	8.00	16.00	45.00	140	280
1727N	41,000	7.00	14.00	40.00	120	260
1730N	—	6.00	12.00	35.00	100	210
1740N	—	7.00	14.00	40.00	130	290

KM# 481.15 12 SOLS (1/10 ECU)

2.9480 g., 0.9170 Silver 0.0869 oz. ASW **Ruler:** Louis XV **Obv:** Young bust left **Rev:** Crowned oval arms within wreath **Mint:** Dijon

Date	Mintage	VG	F	VF	XF	Unc
1726P	—	10.00	30.00	85.00	225	500
1731P	—	6.00	12.00	35.00	100	210
1732P	—	8.00	18.00	55.00	160	350
1740P	—	10.00	30.00	85.00	225	500

KM# 481.16 12 SOLS (1/10 ECU)

2.9480 g., 0.9170 Silver 0.0869 oz. ASW **Ruler:** Louis XV **Obv:** Young bust left **Rev:** Crowned oval arms within wreath **Mint:** Perpignan

Date	Mintage	VG	F	VF	XF	Unc
1726Q	—	6.00	12.00	35.00	100	210
1728Q	—	12.00	35.00	100	300	650
1730Q	—	7.00	15.00	45.00	135	300
1740Q	—	15.00	40.00	125	400	900

KM# 481.17 12 SOLS (1/10 ECU)

2.9480 g., 0.9170 Silver 0.0869 oz. ASW **Ruler:** Louis XV **Obv:** Young bust left **Rev:** Crowned oval arms within wreath **Mint:** Orléans

Date	Mintage	VG	F	VF	XF	Unc
1726R	940,000	7.00	14.00	40.00	130	285

KM# 481.18 12 SOLS (1/10 ECU)

2.9480 g., 0.9170 Silver 0.0869 oz. ASW **Ruler:** Louis XV **Obv:** Young bust left **Rev:** Crowned oval arms within wreath **Mint:** Reims

Date	Mintage	VG	F	VF	XF	Unc
1726S	91,000	6.00	12.00	35.00	100	210
1728S	51,000	6.00	12.00	35.00	100	210
1731S	—	7.00	15.00	45.00	135	285

KM# 481.19 12 SOLS (1/10 ECU)

2.9480 g., 0.9170 Silver 0.0869 oz. ASW **Ruler:** Louis XV **Obv:** Young bust left **Rev:** Crowned oval arms within wreath **Mint:** Nantes

Date	Mintage	VG	F	VF	XF	Unc
1726T	—	5.00	10.00	25.00	75.00	—
1728T	—	5.00	10.00	25.00	75.00	—
1729T	—	6.00	12.00	35.00	100	210
1731T	—	6.00	12.00	35.00	100	210
1732T	—	6.00	12.00	35.00	100	210
1733T	—	6.00	12.00	35.00	100	210
1736T	—	6.00	12.00	35.00	100	210

KM# 481.20 12 SOLS (1/10 ECU)

2.9480 g., 0.9170 Silver 0.0869 oz. ASW **Ruler:** Louis XV **Obv:** Young bust left **Rev:** Crowned oval arms within wreath **Mint:** Troyes

Date	Mintage	VG	F	VF	XF	Unc
1726V	119,000	6.00	12.00	35.00	100	210

KM# 481.21 12 SOLS (1/10 ECU)

2.9480 g., 0.9170 Silver 0.0869 oz. ASW **Ruler:** Louis XV **Obv:** Young bust left **Rev:** Crowned oval arms within wreath **Mint:** Lille

Date	Mintage	VG	F	VF	XF	Unc
1726W	—	6.00	12.00	35.00	100	210
1729W	75,000	6.00	12.00	35.00	100	210

KM# 481.22 12 SOLS (1/10 ECU)

2.9480 g., 0.9170 Silver 0.0869 oz. ASW **Ruler:** Louis XV **Obv:** Young bust left **Rev:** Crowned oval arms within wreath **Mint:** Bourges

Date	Mintage	VG	F	VF	XF	Unc
1726Y	—	7.00	14.00	40.00	130	285
1727Y	—	7.00	14.00	40.00	130	285

KM# 481.23 12 SOLS (1/10 ECU)

2.9480 g., 0.9170 Silver 0.0869 oz. ASW **Ruler:** Louis XV **Obv:** Young bust left **Rev:** Crowned oval arms within wreath **Mint:** Grenoble

Date	Mintage	VG	F	VF	XF	Unc
1726Z	47,000	7.00	14.00	40.00	130	285

KM# 481.24 12 SOLS (1/10 ECU)

2.9480 g., 0.9170 Silver 0.0869 oz. ASW **Ruler:** Louis XV **Obv:** Young bust left **Rev:** Crowned oval arms within wreath **Mint:** Rennes **Note:** Mint mark: 9.

Date	Mintage	VG	F	VF	XF	Unc
1729	—	6.00	12.00	35.00	100	210
1730	—	8.00	16.00	45.00	140	210
1731	—	8.00	16.00	45.00	140	300
1733	—	8.00	18.00	55.00	160	350

KM# 481.25 12 SOLS (1/10 ECU)

2.9480 g., 0.9170 Silver 0.0869 oz. ASW **Ruler:** Louis XV **Mint:** Aix **Note:** Mint mark: &.

Date	Mintage	VG	F	VF	XF	Unc
1726	—	6.00	12.00	35.00	100	210
1729	148,000	6.00	12.00	35.00	100	210
1731	—	6.00	12.00	35.00	100	210

KM# 481.26 12 SOLS (1/10 ECU)

2.9480 g., 0.9170 Silver 0.0869 oz. ASW **Ruler:** Louis XV **Obv:** Young bust left **Rev:** Crowned oval arms within wreath **Mint:** Besançon **Note:** Mint mark: Back to back C's.

Date	Mintage	VG	F	VF	XF	Unc
1727	—	10.00	25.00	75.00	200	440
1728	—	6.00	12.00	35.00	100	210
1729	—	6.00	12.00	35.00	100	210
1730	—	6.00	12.00	35.00	100	210

KM# 481.27 12 SOLS (1/10 ECU)

2.9480 g., 0.9170 Silver 0.0869 oz. ASW **Ruler:** Louis XV **Mint:** Pau **Note:** Mint mark: Cow.

Date	Mintage	VG	F	VF	XF	Unc
1740	—	35.00	100	285	650	1,430

KM# 511.1 12 SOLS (1/10 ECU)

2.9480 g., 0.9170 Silver 0.0869 oz. ASW **Ruler:** Louis XV **Obv:** Mature head with head band left **Obv. Legend:** LUD • XV • D • G • FR • ET NAV • REX **Rev:** Crowned oval arms within wreath **Rev. Legend:** SIT NOMEN DOMINI BENEDICTUM **Mint:** Paris

Date	Mintage	VG	F	VF	XF	Unc
1740A	91,000	5.00	9.00	25.00	70.00	—
1740A Proof	—	Value: 525				
1741A	—	5.00	9.00	25.00	70.00	—
1743A	125,000	5.00	9.00	25.00	70.00	—
1744A	447,000	5.00	9.00	25.00	70.00	—
1745A	519,000	5.00	9.00	25.00	70.00	—
1746A	456,000	5.00	9.00	25.00	70.00	—
1747A	435,000	5.00	9.00	25.00	70.00	—
1748A	315,000	5.00	9.00	25.00	70.00	—
1749A	350,000	5.00	9.00	25.00	70.00	—
1750A	—	5.00	9.00	25.00	70.00	—
1751A	—	5.00	9.00	25.00	70.00	—
1752A	—	5.00	9.00	25.00	70.00	—
1753A	—	7.00	13.00	35.00	100	210
1756A	145,000	5.00	9.00	25.00	70.00	—
1758A	—	5.00	9.00	25.00	70.00	—
1761A	—	6.00	11.00	30.00	80.00	—
1764A	—	6.00	11.00	30.00	80.00	—
1765A	—	5.00	9.00	25.00	70.00	—
1766A	—	5.00	9.00	25.00	70.00	—
1767A	—	5.00	9.00	25.00	70.00	—
1768A	—	5.00	9.00	25.00	70.00	—
1769A	—	5.00	9.00	25.00	70.00	—
1770A	—	5.00	9.00	25.00	70.00	—

KM# 511.2 12 SOLS (1/10 ECU)

2.9480 g., 0.9170 Silver 0.0869 oz. ASW **Ruler:** Louis XV **Obv:** Mature head with headband left **Rev:** Crowned oval arms within wreath **Mint:** Metz

Date	Mintage	VG	F	VF	XF	Unc
1741AA	—	5.00	9.00	25.00	70.00	—
1748AA	—	5.00	9.00	25.00	70.00	—
1749AA	—	6.00	11.00	30.00	80.00	—
1750AA	—	7.00	13.00	35.00	100	210
1769AA	—	5.00	9.00	25.00	70.00	—

KM# 511.3 12 SOLS (1/10 ECU)

2.9480 g., 0.9170 Silver 0.0869 oz. ASW **Ruler:** Louis XV **Obv:** Mature head with headband left **Rev:** Crowned oval arms within wreath **Mint:** Rouen

Date	Mintage	VG	F	VF	XF	Unc
1741B	—	5.00	9.00	25.00	70.00	—
1742B	102,000	6.00	11.00	30.00	80.00	—

KM# 511.4 12 SOLS (1/10 ECU)

2.9480 g., 0.9170 Silver 0.0869 oz. ASW **Ruler:** Louis XV **Obv:** Mature head with headband left **Rev:** Crowned oval arms within wreath **Mint:** Strasbourg

Date	Mintage	VG	F	VF	XF	Unc
1741BB	—	5.00	9.00	25.00	70.00	—

KM# 511.5 12 SOLS (1/10 ECU)

2.9480 g., 0.9170 Silver 0.0869 oz. ASW **Ruler:** Louis XV **Obv:** Mature head with headband left **Rev:** Crowned oval arms within wreath **Mint:** Caen

Date	Mintage	VG	F	VF	XF	Unc
1741C	126,000	5.00	9.00	25.00	70.00	—
1743C	211,000	5.00	9.00	25.00	70.00	—

KM# 511.6 12 SOLS (1/10 ECU)

2.9480 g., 0.9170 Silver 0.0869 oz. ASW **Ruler:** Louis XV **Mint:** Lyon

Date	Mintage	VG	F	VF	XF	Unc
1740D	87,000	5.00	9.00	25.00	70.00	—
1741D	101,000	5.00	9.00	25.00	70.00	—
1744D	48,000	6.00	11.00	30.00	80.00	—
1746D	113,000	5.00	9.00	25.00	70.00	—
1755D	—	7.00	13.00	35.00	100	210
1756D	—	5.00	9.00	25.00	70.00	—
1757D	—	5.00	9.00	25.00	70.00	—
1758D	—	6.00	11.00	30.00	80.00	—
1765D	—	5.00	9.00	25.00	70.00	—
1767D	—	5.00	9.00	25.00	70.00	—
1768D	—	5.00	9.00	25.00	70.00	—
1769D	—	8.00	15.00	40.00	120	—

KM# 511.7 12 SOLS (1/10 ECU)

2.9480 g., 0.9170 Silver 0.0869 oz. ASW **Ruler:** Louis XV **Obv:** Mature head with headband left **Rev:** Crowned oval arms within wreath **Mint:** Tours

Date	Mintage	VG	F	VF	XF	Unc
1741E	—	7.00	13.00	38.00	95.00	—

KM# 511.8 12 SOLS (1/10 ECU)

2.9480 g., 0.9170 Silver 0.0869 oz. ASW **Ruler:** Louis XV **Mint:** Poitiers

Date	Mintage	VG	F	VF	XF	Unc
1740G	190,000	5.00	9.00	25.00	70.00	—
1741G	59,000	6.00	11.00	30.00	80.00	—
1745G	—	7.00	13.00	38.00	95.00	—
1749G	163,000	5.00	9.00	25.00	70.00	—
1750G	103,000	5.00	9.00	25.00	70.00	—
1754G	—	6.00	11.00	30.00	80.00	—

KM# 511.9 12 SOLS (1/10 ECU)

2.9480 g., 0.9170 Silver 0.0869 oz. ASW **Ruler:** Louis XV **Mint:** La Rochelle

Date	Mintage	VG	F	VF	XF	Unc
1740H	—	7.00	13.00	35.00	100	210
1743H	12,000	8.00	15.00	40.00	120	265
1769H	—	7.00	13.00	35.00	100	210
1770H	—	7.00	13.00	35.00	100	210

KM# 511.10 12 SOLS (1/10 ECU)

2.9480 g., 0.9170 Silver 0.0869 oz. ASW **Ruler:** Louis XV **Obv:** Mature head with headband left **Rev:** Crowned oval arms within wreath **Mint:** Limoges

Date	Mintage	VG	F	VF	XF	Unc
1741I	—	6.00	11.00	30.00	80.00	—

KM# 511.11 12 SOLS (1/10 ECU)

2.9480 g., 0.9170 Silver 0.0869 oz. ASW **Ruler:** Louis XV **Obv:** Mature head with headband left **Rev:** Crowned oval arms within wreath **Mint:** Bordeaux

Date	Mintage	VG	F	VF	XF	Unc
1741K	—	5.00	9.00	25.00	70.00	—

KM# 511.12 12 SOLS (1/10 ECU)

2.9480 g., 0.9170 Silver 0.0869 oz. ASW **Ruler:** Louis XV **Obv:** Mature head with headband left **Rev:** Crowned oval arms within wreath **Mint:** Bayonne

Date	Mintage	VG	F	VF	XF	Unc
1741L	—	7.00	11.00	30.00	80.00	—
1750L	—	5.00	9.00	25.00	70.00	—
1766L	—	5.00	9.00	25.00	70.00	—
1769L	—	5.00	9.00	25.00	70.00	—

KM# 511.13 12 SOLS (1/10 ECU)

2.9480 g., 0.9170 Silver 0.0869 oz. ASW **Ruler:** Louis XV **Obv:** Mature head with headband left **Rev:** Crowned oval arms within wreath **Mint:** Toulouse

Date	Mintage	VG	F	VF	XF	Unc
1741M	143,000	5.00	9.00	25.00	70.00	—
1745M	42,000	6.00	11.00	30.00	80.00	—
1747M	38,000	7.00	13.00	35.00	100	210
1754M	36,000	7.00	13.00	35.00	100	210
1759M	—	5.00	9.00	25.00	70.00	—
1760M	—	5.00	9.00	25.00	70.00	—
1764M	—	6.00	11.00	30.00	80.00	—
1767M	—	6.00	11.00	30.00	80.00	—
1769M	—	5.00	9.00	25.00	70.00	—

KM# 511.14 12 SOLS (1/10 ECU)

2.9480 g., 0.9170 Silver 0.0869 oz. ASW **Ruler:** Louis XV **Mint:** Montpellier

Date	Mintage	VG	F	VF	XF	Unc
1740N	—	7.00	13.00	35.00	100	210
1741N	—	6.00	11.00	30.00	80.00	—
1745N	—	5.00	9.00	25.00	70.00	—
1746N	—	8.00	15.00	40.00	120	265
1748N	—	5.00	9.00	25.00	70.00	—
1753N	—	5.00	9.00	25.00	70.00	—
1759N	—	6.00	11.00	30.00	80.00	—
1761N	—	7.00	13.00	35.00	100	210
1763N	—	7.00	13.00	35.00	100	210
1764N	—	6.00	11.00	30.00	80.00	—
1765N	—	6.00	11.00	30.00	80.00	—
1766N	—	5.00	9.00	25.00	70.00	—
1768N	—	6.00	11.00	30.00	80.00	—
1769N	—	6.00	11.00	30.00	80.00	—

KM# 511.15 12 SOLS (1/10 ECU)

2.9480 g., 0.9170 Silver 0.0869 oz. ASW **Ruler:** Louis XV **Mint:** Riom

Date	Mintage	VG	F	VF	XF	Unc
1740O	18,000	7.00	13.00	35.00	100	210
1741O	—	6.00	11.00	30.00	80.00	—
1747O	—	5.00	9.00	25.00	70.00	—

KM# 511.16 12 SOLS (1/10 ECU)

2.9480 g., 0.9170 Silver 0.0869 oz. ASW **Ruler:** Louis XV **Obv:** Mature head with headband left **Rev:** Crowned oval arms within wreath **Mint:** Dijon

Date	Mintage	VG	F	VF	XF	Unc
1741P	—	5.00	9.00	25.00	70.00	—
1743P	15,000	7.00	13.00	35.00	100	210
1744P	28,000	7.00	13.00	35.00	100	210
1746P	20,000	7.00	13.00	35.00	100	210
1747P	36,000	7.00	13.00	35.00	100	210
1748P	48,000	6.00	11.00	30.00	80.00	200
1750P	12,000	8.00	15.00	40.00	120	265
1753P	13,000	8.00	15.00	40.00	120	265
1756P	26,000	7.00	13.00	35.00	100	210
1758P	—	6.00	11.00	30.00	80.00	—
1764P	—	8.00	15.00	40.00	120	265

KM# 511.17 12 SOLS (1/10 ECU)

2.9480 g., 0.9170 Silver 0.0869 oz. ASW **Ruler:** Louis XV **Obv:** Mature head with headband left **Rev:** Crowned oval arms within wreath **Mint:** Perpignan

Date	Mintage	VG	F	VF	XF	Unc
1744Q	—	5.00	9.00	25.00	70.00	—
1771Q	—	8.00	15.00	40.00	120	260

KM# 511.18 12 SOLS (1/10 ECU)

2.9480 g., 0.9170 Silver 0.0869 oz. ASW **Ruler:** Louis XV **Mint:** Orléans

Date	Mintage	VG	F	VF	XF	Unc
1740R	31,000	7.00	13.00	35.00	100	210
1756R	8,190	9.00	17.00	55.00	145	320

Date	Mintage	VG	F	VF	XF	Unc
1762R	—	6.00	11.00	30.00	80.00	—
1763R	—	6.00	11.00	30.00	85.00	—
1766R	—	7.00	13.00	35.00	100	210
1767R	—	9.00	17.00	55.00	145	320

KM# 511.19 12 SOLS (1/10 ECU)

2.9480 g., 0.9170 Silver 0.0869 oz. ASW **Ruler:** Louis XV **Obv:** Mature head with headband left **Rev:** Crowned oval arms within wreath **Mint:** Reims

Date	Mintage	VG	F	VF	XF	Unc
1748S	40,000	6.00	11.00	30.00	80.00	—
1761S	—	6.00	11.00	30.00	80.00	—
1764S	—	6.00	11.00	30.00	80.00	—
1767S	—	7.00	13.00	35.00	100	210

KM# 511.20 12 SOLS (1/10 ECU)

2.9480 g., 0.9170 Silver 0.0869 oz. ASW **Ruler:** Louis XV **Obv:** Mature head with headband left **Rev:** Crowned oval arms within wreath **Mint:** Nantes

Date	Mintage	VG	F	VF	XF	Unc
1741T	—	5.00	9.00	25.00	70.00	—
1743T	25,000	7.00	13.00	35.00	100	210
1745T	21,000	7.00	13.00	35.00	100	210
1746T	68,000	6.00	11.00	30.00	80.00	—
1764T	—	6.00	11.00	30.00	80.00	—

KM# 511.21 12 SOLS (1/10 ECU)

2.9480 g., 0.9170 Silver 0.0869 oz. ASW **Ruler:** Louis XV **Obv:** Mature head with headband left **Rev:** Crowned oval arms within wreath **Mint:** Troyes

Date	Mintage	VG	F	VF	XF	Unc
1757V	—	6.00	11.00	30.00	80.00	—

KM# 511.22 12 SOLS (1/10 ECU)

2.9480 g., 0.9170 Silver 0.0869 oz. ASW **Ruler:** Louis XV **Obv:** Mature head with headband left **Rev:** Crowned oval arms within wreath **Mint:** Lille

Date	Mintage	VG	F	VF	XF	Unc
1743W	28,000	7.00	13.00	35.00	100	210
1746W	64,000	6.00	11.00	30.00	80.00	—
1747W	89,000	6.00	11.00	30.00	80.00	—
1748W	75,000	6.00	11.00	30.00	80.00	—
1749W	32,000	7.00	13.00	35.00	100	210
1750W	71,000	5.00	9.00	25.00	70.00	—
1753W	30,000	7.00	13.00	35.00	100	210
1758W	—	5.00	9.00	25.00	70.00	—

KM# 511.23 12 SOLS (1/10 ECU)

2.9480 g., 0.9170 Silver 0.0869 oz. ASW **Ruler:** Louis XV **Obv:** Mature head with headband left **Rev:** Crowned oval arms within wreath **Mint:** Amiens

Date	Mintage	VG	F	VF	XF	Unc
1741X	—	5.00	9.00	25.00	70.00	—

KM# 511.24 12 SOLS (1/10 ECU)

2.9480 g., 0.9170 Silver 0.0869 oz. ASW **Ruler:** Louis XV **Obv:** Mature head with headband left **Rev:** Crowned oval arms within wreath **Mint:** Grenoble

Date	Mintage	VG	F	VF	XF	Unc
1747Z	29,000	7.00	13.00	35.00	100	210
1749Z	—	10.00	25.00	65.00	185	400
1754Z	18,000	8.00	15.00	40.00	120	260
1756Z	38,000	7.00	13.00	35.00	100	210
1759Z	18,000	—	—	—	—	—
1762Z	12,000	8.00	15.00	40.00	120	260

KM# 511.25 12 SOLS (1/10 ECU)

2.9480 g., 0.9170 Silver 0.0869 oz. ASW **Ruler:** Louis XV **Obv:** Mature head with headband left **Rev:** Crowned oval arms within wreath **Mint:** Rennes **Note:** Mint mark: 9.

Date	Mintage	VG	F	VF	XF	Unc
1741	196,000	5.00	9.00	25.00	70.00	—

KM# 511.26 12 SOLS (1/10 ECU)

2.9480 g., 0.9170 Silver 0.0869 oz. ASW **Ruler:** Louis XV **Obv:** Mature head with headband left **Rev:** Crowned oval arms within wreath **Mint:** Aix **Note:** Mint mark: &.

Date	Mintage	VG	F	VF	XF	Unc
1741	—	6.00	11.00	30.00	80.00	—
1750	—	8.00	15.00	40.00	120	260
1755	—	6.00	11.00	30.00	80.00	—
1760	—	7.00	13.00	35.00	100	210
1764	—	6.00	11.00	30.00	80.00	—
1765	—	6.00	11.00	30.00	80.00	—

KM# 511.27 12 SOLS (1/10 ECU)

2.9480 g., 0.9170 Silver 0.0869 oz. ASW **Ruler:** Louis XV **Obv:** Mature head with headband left **Rev:** Crowned oval arms within wreath **Mint:** Besançon **Note:** Mint mark: Back to back C's.

Date	Mintage	VG	F	VF	XF	Unc
1740	43,000	6.00	11.00	30.00	80.00	—
1743	—	6.00	11.00	30.00	80.00	—
1771	—	8.00	15.00	40.00	120	—

KM# 520 12 SOLS (1/10 ECU)

2.9480 g., 0.9170 Silver 0.0869 oz. ASW **Ruler:** Louis XV **Obv:** Head with headband left **Obv. Legend:** LUD • XV • D • G • FR • ET NA • .. **Rev:** Crowned oval arms within wreath **Rev. Legend:** SIT NOMEN DOMINI BENEDICTUM **Mint:** Pau **Note:** Mint mark: Cow. Issued for Province of Bearn. Similar to KM#511.1 but obverse legend ends with ligate BD.

Date	Mintage	VG	F	VF	XF	Unc
1741	—	—	—	—	—	—
1743	46,000	7.00	13.00	35.00	100	210
1746	44,000	7.00	13.00	35.00	100	210
1756	24,000	9.00	17.00	45.00	135	300
1760	33,000	7.00	13.00	35.00	100	210
1764	24,000	8.00	15.00	40.00	120	260
1767	25,000	8.00	15.00	40.00	120	260

KM# 550.1 12 SOLS (1/10 ECU)

2.9480 g., 0.9170 Silver 0.0869 oz. ASW **Ruler:** Louis XV **Obv:** Laureate head left **Obv. Legend:** LUD XV D G FR ET NAV REX **Rev:** Crowned oval arms within oak leaf wreath **Rev. Legend:** SIT NOMEN DOMINI BENEDICTUM • **Mint:** Paris

Date	Mintage	VG	F	VF	XF	Unc
1770/69A	—	10.00	30.00	90.00	230	500
1771A	—	10.00	30.00	85.00	210	460
1772A	—	10.00	30.00	85.00	210	460
1773A	—	10.00	30.00	85.00	210	460

KM# 550.2 12 SOLS (1/10 ECU)

2.9480 g., 0.9170 Silver 0.0869 oz. ASW **Ruler:** Louis XV **Obv:** Laureate head left **Rev:** Crowned oval arms within oak leaf wreath **Mint:** Metz

Date	Mintage	VG	F	VF	XF	Unc
1773AA	—	12.00	40.00	100	260	—

KM# 550.3 12 SOLS (1/10 ECU)

2.9480 g., 0.9170 Silver 0.0869 oz. ASW **Ruler:** Louis XV **Obv:** Laureate head left **Rev:** Crowned oval arms within oak leaf wreath **Mint:** Strasbourg

Date	Mintage	VG	F	VF	XF	Unc
1773BB	—	10.00	30.00	90.00	230	—

KM# 550.4 12 SOLS (1/10 ECU)

2.9480 g., 0.9170 Silver 0.0869 oz. ASW **Ruler:** Louis XV **Obv:** Laureate head left **Rev:** Crowned oval arms within oak leaf wreath **Mint:** Limoges

Date	Mintage	VG	F	VF	XF	Unc
1772I	—	10.00	30.00	90.00	230	—
1773I	—	10.00	30.00	85.00	210	—

KM# 550.5 12 SOLS (1/10 ECU)

2.9480 g., 0.9170 Silver 0.0869 oz. ASW **Ruler:** Louis XV **Obv:** Laureate head left **Rev:** Crowned oval arms within oak leaf wreath **Mint:** Bayonne

Date	Mintage	VG	F	VF	XF	Unc
1772L	—	10.00	30.00	90.00	230	—

KM# 550.6 12 SOLS (1/10 ECU)

2.9480 g., 0.9170 Silver 0.0869 oz. ASW **Ruler:** Louis XV **Obv:** Laureate head left **Rev:** Crowned oval arms within oak leaf wreath **Mint:** Perpignan

Date	Mintage	VG	F	VF	XF	Unc
1772Q	—	10.00	30.00	90.00	230	—

KM# 550.7 12 SOLS (1/10 ECU)

2.9480 g., 0.9170 Silver 0.0869 oz. ASW **Ruler:** Louis XV **Obv:** Laureate head left **Rev:** Crowned oval arms within oak leaf wreath **Mint:** Pau **Note:** Mint mark: Cow.

Date	Mintage	VG	F	VF	XF	Unc
1773	—	12.00	40.00	150	300	—

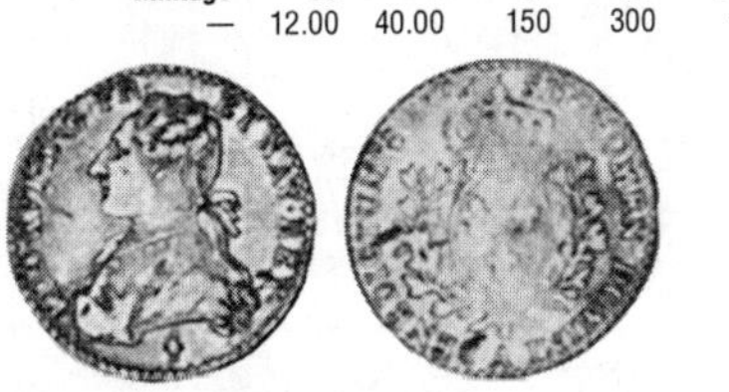

KM# 568.1 12 SOLS (1/10 ECU)

2.9480 g., 0.9170 Silver 0.0869 oz. ASW **Ruler:** Louis XVI **Obv:** Bust left **Obv. Legend:** LUD • XVI • D • G • FR • ETNAV • REX • **Rev:** Crowned arms of France within branches **Rev. Legend:** SIT NOMEN DOMINI BENEDICTUM **Mint:** Paris

Date	Mintage	VG	F	VF	XF	Unc
1775A	16,000	5.00	15.00	40.00	110	240
1776A	35,000	5.00	15.00	40.00	110	240
1777A	12,000	5.00	15.00	40.00	110	240
1778/7A	111,000	4.00	10.00	25.00	70.00	—
1778A	Inc. above	4.00	10.00	25.00	70.00	—
1778A	Inc. above	4.00	10.00	25.00	70.00	—
1779A	111,000	4.00	10.00	25.00	70.00	—
1780A	33,000	5.00	15.00	40.00	110	240
1780A	Inc. above	5.00	15.00	40.00	110	240
1781A	33,000	5.00	15.00	40.00	110	240
1782A	117,000	4.00	10.00	25.00	70.00	—
1783A	70,000	4.00	12.00	35.00	85.00	—
1784A	47,000	4.00	12.00	35.00	85.00	—
1784A LVD. XV (error)	—	8.00	20.00	55.00	150	340
1785A	90,000	4.00	10.00	25.00	70.00	—
1785/4A LVD. XV (error)	—	8.00	20.00	55.00	150	340
1786A	—	4.00	10.00	25.00	70.00	—
1786A LVD. XV (error)	—	8.00	20.00	65.00	175	400
1787A	—	—	—	—	—	—

Note: Reported, not confirmed

Date	Mintage	VG	F	VF	XF	Unc
1788A	—	—	—	—	—	—

Note: Reported, not confirmed

Date	Mintage	VG	F	VF	XF	Unc
1789A	—	4.00	10.00	30.00	85.00	—
1790A	—	—	—	—	—	—

Note: Reported, not confirmed

KM# 568.2 12 SOLS (1/10 ECU)

2.9480 g., 0.9170 Silver 0.0869 oz. ASW **Ruler:** Louis XVI **Obv:** Bust left **Rev:** Crowned arms of France within branches **Mint:** Metz

Date	Mintage	VG	F	VF	XF	Unc
1779AA	40,000	5.00	15.00	40.00	100	210
1782AA	15,000	5.00	15.00	40.00	100	210
1784AA	38,000	5.00	15.00	40.00	100	210

KM# 568.3 12 SOLS (1/10 ECU)

2.9480 g., 0.9170 Silver 0.0869 oz. ASW **Ruler:** Louis XVI **Obv:** Bust left **Rev:** Crowned arms of France within branches **Mint:** Lyon

Date	Mintage	VG	F	VF	XF	Unc
1780D	38,000	5.00	15.00	40.00	100	210
1787D	17,000	5.00	15.00	40.00	100	210
1788D	—	5.00	15.00	40.00	100	210

KM# 568.4 12 SOLS (1/10 ECU)

2.9480 g., 0.9170 Silver 0.0869 oz. ASW **Ruler:** Louis XVI **Obv:** Bust left **Rev:** Crowned arms of France within branches **Mint:** La Rochelle

Date	Mintage	VG	F	VF	XF	Unc
1788H	11,000	9.00	20.00	50.00	125	275

KM# 568.5 12 SOLS (1/10 ECU)

2.9480 g., 0.9170 Silver 0.0869 oz. ASW **Ruler:** Louis XVI **Obv:** Bust left **Rev:** Crowned arms of France within branches **Mint:** Limoges

Date	Mintage	VG	F	VF	XF	Unc
1775I	42,000	5.00	15.00	40.00	100	—
1778I	124,000	4.00	10.00	25.00	70.00	—
1779I	57,000	8.00	20.00	55.00	140	—
1780I	115,000	8.00	20.00	55.00	140	—
1781I	32,000	10.00	25.00	60.00	150	—
1784I	70,000	4.00	10.00	25.00	70.00	—
1785I	50,000	4.00	12.00	35.00	80.00	—
1788I	32,000	5.00	15.00	40.00	100	—

KM# 568.6 12 SOLS (1/10 ECU)

2.9480 g., 0.9170 Silver 0.0869 oz. ASW **Ruler:** Louis XVI **Obv:** Bust left **Rev:** Crowned arms of France within branches **Mint:** Bayonne

Date	Mintage	VG	F	VF	XF	Unc
1777L	29,000	8.00	20.00	55.00	140	300
1780L	14,000	8.00	20.00	55.00	140	300
1783L	16,000	5.00	15.00	40.00	100	210
1790L	—	5.00	15.00	40.00	100	210

KM# 568.7 12 SOLS (1/10 ECU)

2.9480 g., 0.9170 Silver 0.0869 oz. ASW **Ruler:** Louis XVI **Obv:** Bust left **Rev:** Crowned arms of France within branches **Mint:** Toulouse

Date	Mintage	VG	F	VF	XF	Unc
1778M	25,000	5.00	15.00	40.00	100	210
1779M	51,000	4.00	10.00	25.00	75.00	—
1789M	200,000	3.00	6.00	20.00	60.00	—

KM# 568.8 12 SOLS (1/10 ECU)

2.9480 g., 0.9170 Silver 0.0869 oz. ASW **Ruler:** Louis XVI **Obv:** Bust left **Rev:** Crowned arms of France within branches **Mint:** Marseille

Date	Mintage	VG	F	VF	XF	Unc
1788MA	92,000	4.00	12.00	35.00	80.00	170

KM# 568.9 12 SOLS (1/10 ECU)

2.9480 g., 0.9170 Silver 0.0869 oz. ASW **Ruler:** Louis XVI **Obv:** Bust left **Rev:** Crowned arms of France within branches **Mint:** Montpellier

Date	Mintage	VG	F	VF	XF	Unc
1775N	19,000	8.00	20.00	55.00	140	—
1777N	36,000	5.00	15.00	40.00	100	—
1782N	16,000	5.00	15.00	40.00	100	—
1788N	13,000	5.00	15.00	40.00	100	—
1789N	—	5.00	15.00	40.00	100	—

KM# 568.10 12 SOLS (1/10 ECU)

2.9480 g., 0.9170 Silver 0.0869 oz. ASW **Ruler:** Louis XVI **Obv:** Bust left **Rev:** Crowned arms of France within branches **Mint:** Perpignan

Date	Mintage	VG	F	VF	XF	Unc
1777Q	22,000	8.00	20.00	55.00	140	300
1779Q	35,000	5.00	15.00	40.00	100	210
1780Q	28,000	5.00	15.00	40.00	100	210
1785Q	20,000	5.00	15.00	40.00	100	210
1786Q	26,000	5.00	15.00	40.00	100	210

KM# 568.11 12 SOLS (1/10 ECU)

2.9480 g., 0.9170 Silver 0.0869 oz. ASW **Ruler:** Louis XVI **Obv:** Bust left **Rev:** Crowned arms of France within branches **Mint:** Orléans

Date	Mintage	VG	F	VF	XF	Unc
1784R	13,000	5.00	15.00	40.00	100	210
1786R	21,000	5.00	15.00	40.00	100	210
1787R	375,000	3.00	6.00	20.00	60.00	130

KM# 568.12 12 SOLS (1/10 ECU)

2.9480 g., 0.9170 Silver 0.0869 oz. ASW **Ruler:** Louis XVI **Obv:** Bust left **Rev:** Crowned arms of France within branches **Mint:** Aix **Note:** Mint mark: &. The "dot" appears below the third letters of the monarch's name and denotes second semester coinage.

Date	Mintage	VG	F	VF	XF	Unc
1775	14,000	—	25.00	60.00	150	—
1776	7,934	—	25.00	60.00	150	—
1779	—	—	25.00	60.00	150	—

KM# 576 12 SOLS (1/10 ECU)

2.9480 g., 0.9170 Silver 0.0869 oz. ASW **Ruler:** Louis XVI **Obv. Legend:** ....RE.BD (ligate BD). **Mint:** Pau **Note:** Mint mark: Cow. Issued for Province of Bearn.

Date	Mintage	VG	F	VF	XF	Unc
1777	12,000	12.00	40.00	110	250	385

KM# 475.1 15 SOLS (1/8 ECU)

2.9480 g., 0.9170 Silver 0.0869 oz. ASW **Ruler:** Louis XV **Obv:** Laureate armored bust right **Obv. Legend:** LUD • XV • D • G • FR • ET NAV • REX • **Rev:** 4 Fleur-de-lis form square at center, 4 crowns divided by back to back L's surround **Rev. Legend:** SIT NOMEN DOMINI BENEDICT • 1723 * **Mint:** Paris

Date	Mintage	VG	F	VF	XF	Unc
1725A	—	25.00	70.00	200	450	1,000

KM# 475.2 15 SOLS (1/8 ECU)

2.9480 g., 0.9170 Silver 0.0869 oz. ASW **Ruler:** Louis XV **Obv:** Laureate armored bust right **Rev:** 4 Fleur-de-lis form square at center, 4 crowns divided by back to back L's surround **Mint:** Strasbourg

Date	Mintage	VG	F	VF	XF	Unc
1725BB	—	25.00	70.00	200	450	1,000

KM# 475.3 15 SOLS (1/8 ECU)

2.9480 g., 0.9170 Silver 0.0869 oz. ASW **Ruler:** Louis XV **Obv:** Laureate armored bust right **Rev:** 4 Fleur-de-lis form square at center, 4 crowns divided by back to back L's surround **Mint:** Caen

Date	Mintage	VG	F	VF	XF	Unc
1725C	14,000	30.00	80.00	225	550	1,200

KM# 475.4 15 SOLS (1/8 ECU)

2.9480 g., 0.9170 Silver 0.0869 oz. ASW **Ruler:** Louis XV **Mint:** Tours

Date	Mintage	VG	F	VF	XF	Unc
1725E	8,066	50.00	100	320	700	1,540

KM# 475.5 15 SOLS (1/8 ECU)

2.9480 g., 0.9170 Silver 0.0869 oz. ASW **Ruler:** Louis XV **Mint:** Montpellier

Date	Mintage	VG	F	VF	XF	Unc
1725N	261,000	25.00	70.00	200	450	1,000

KM# 475.6 15 SOLS (1/8 ECU)

2.9480 g., 0.9170 Silver 0.0869 oz. ASW **Ruler:** Louis XV **Mint:** Reims

Date	Mintage	VG	F	VF	XF	Unc
1725S	—	30.00	80.00	225	550	1,200

KM# 475.7 15 SOLS (1/8 ECU)

2.9480 g., 0.9170 Silver 0.0869 oz. ASW **Ruler:** Louis XV **Mint:** Troyes

Date	Mintage	VG	F	VF	XF	Unc
1725V	21,000	30.00	80.00	225	550	1,200

KM# 475.8 15 SOLS (1/8 ECU)

2.9480 g., 0.9170 Silver 0.0869 oz. ASW **Ruler:** Louis XV **Mint:** Aix **Note:** Mint mark: &.

Date	Mintage	VG	F	VF	XF	Unc
1725	—	30.00	80.00	225	550	1,200

KM# 475.9 15 SOLS (1/8 ECU)

2.9480 g., 0.9170 Silver 0.0869 oz. ASW **Ruler:** Louis XV **Mint:** Besançon **Note:** Mint mark: Back to back C's.

Date	Mintage	VG	F	VF	XF	Unc
1725	—	30.00	80.00	225	550	1,200

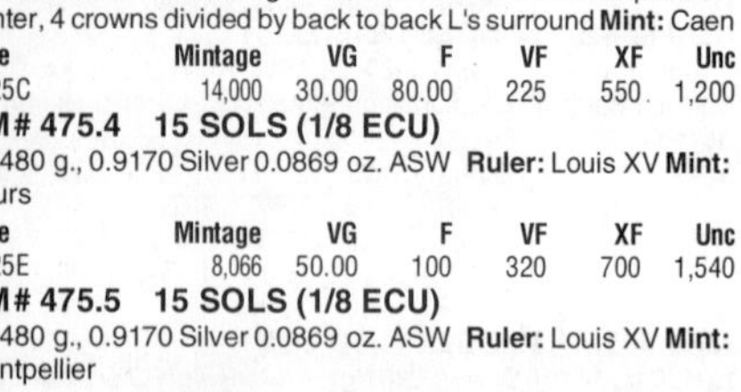

KM# 604.1 15 SOLS (1/8 ECU)

5.0000 g., 0.6660 Silver 0.1071 oz. ASW **Obv:** Head of Louis XVI left **Obv. Legend:** LOUIS XVI ROI DES FRANCOIS **Rev:** Standing Genius writing the Constitution **Rev. Legend:** REGNE DE LALOI • **Mint:** Paris

Date	Mintage	VG	F	VF	XF	Unc
1791A	494,000	6.00	18.00	50.00	140	300
1792A	—	6.00	18.00	50.00	140	300

KM# 605.1 15 SOLS (1/8 ECU)

5.0000 g., 0.6660 Silver 0.1071 oz. ASW **Obv:** Legend ends: ...FRANCAIS **Mint:** Metz

Date	Mintage	VG	F	VF	XF	Unc
1791AA	206,000	15.00	40.00	100	300	660

KM# 440.1 20 SOLS (1/6 ECU)

4.0790 g., 0.9170 Silver 0.1203 oz. ASW **Ruler:** Louis XV **Obv:** Young bust right **Obv. Legend:** LVD XV D G FR ET NAV REX **Rev:** Crowned arms of France and Navarre quartered divide value **Rev. Legend:** SIT NOMEN DOMINI BENEDICTUM **Mint:** Paris

Date	Mintage	VG	F	VF	XF	Unc
1719A	—	10.00	20.00	35.00	100	210

KM# 440.2 20 SOLS (1/6 ECU)

4.0790 g., 0.9170 Silver 0.1203 oz. ASW **Ruler:** Louis XV **Obv:** Young bust right **Rev:** Crowned arms of France and Navarre quartered divide value **Mint:** Metz

Date	Mintage	VG	F	VF	XF	Unc
1719AA	237,000	10.00	20.00	35.00	100	210
1720AA	—	12.00	25.00	55.00	150	330

KM# 440.3 20 SOLS (1/6 ECU)

4.0790 g., 0.9170 Silver 0.1203 oz. ASW **Ruler:** Louis XV **Obv:** Young bust right **Rev:** Crowned arms of France and Navarre quartered divide value **Mint:** Rouen

Date	Mintage	VG	F	VF	XF	Unc
1719B	—	10.00	20.00	35.00	100	210
1720B	1,798,000	10.00	20.00	35.00	100	210

KM# 440.4 20 SOLS (1/6 ECU)

4.0790 g., 0.9170 Silver 0.1203 oz. ASW **Ruler:** Louis XV **Mint:** Strasbourg

Date	Mintage	VG	F	VF	XF	Unc
1720BB	433,000	10.00	20.00	35.00	100	210

KM# 440.5 20 SOLS (1/6 ECU)

4.0790 g., 0.9170 Silver 0.1203 oz. ASW **Ruler:** Louis XV **Mint:** Caen

Date	Mintage	VG	F	VF	XF	Unc
1719C	418,000	12.00	25.00	45.00	135	300
1720C	997,000	10.00	20.00	35.00	100	210

KM# 440.6 20 SOLS (1/6 ECU)

4.0790 g., 0.9170 Silver 0.1203 oz. ASW **Ruler:** Louis XV **Mint:** Lyon

Date	Mintage	VG	F	VF	XF	Unc
1719D	—	10.00	20.00	35.00	100	210
1720D	—	10.00	20.00	35.00	100	210

KM# 440.7 20 SOLS (1/6 ECU)

4.0790 g., 0.9170 Silver 0.1203 oz. ASW **Ruler:** Louis XV **Mint:** Tours

Date	Mintage	VG	F	VF	XF	Unc
1719E	—	10.00	20.00	35.00	100	210
1720E	426,000	10.00	20.00	35.00	100	210

KM# 440.8 20 SOLS (1/6 ECU)

4.0790 g., 0.9170 Silver 0.1203 oz. ASW **Ruler:** Louis XV **Mint:** Poitiers

Date	Mintage	VG	F	VF	XF	Unc
1719G	586,000	10.00	20.00	35.00	100	210

KM# 440.9 20 SOLS (1/6 ECU)

4.0790 g., 0.9170 Silver 0.1203 oz. ASW **Ruler:** Louis XV **Mint:** La Rochelle

Date	Mintage	VG	F	VF	XF	Unc
1719H	—	10.00	20.00	35.00	110	240
1720H	736,000	10.00	20.00	35.00	100	210

KM# 440.10 20 SOLS (1/6 ECU)

4.0790 g., 0.9170 Silver 0.1203 oz. ASW **Ruler:** Louis XV **Mint:** Limoges

Date	Mintage	VG	F	VF	XF	Unc
1719I	—	20.00	60.00	150	375	825

KM# 440.11 20 SOLS (1/6 ECU)

4.0790 g., 0.9170 Silver 0.1203 oz. ASW **Ruler:** Louis XV **Mint:** Bordeaux

Date	Mintage	VG	F	VF	XF	Unc
1719K	—	10.00	20.00	35.00	100	210
1720K	—	10.00	20.00	35.00	100	210

KM# 440.12 20 SOLS (1/6 ECU)

4.0790 g., 0.9170 Silver 0.1203 oz. ASW **Ruler:** Louis XV **Mint:** Bayonne

Date	Mintage	VG	F	VF	XF	Unc
1719	—	10.00	20.00	35.00	100	210
1720	—	10.00	20.00	35.00	100	210

KM# 440.13 20 SOLS (1/6 ECU)

4.0790 g., 0.9170 Silver 0.1203 oz. ASW **Ruler:** Louis XV **Mint:** Montpellier

Date	Mintage	VG	F	VF	XF	Unc
1719N	394,000	10.00	20.00	35.00	100	210
1720N	17,000	12.00	25.00	50.00	150	330

KM# 440.14 20 SOLS (1/6 ECU)

4.0790 g., 0.9170 Silver 0.1203 oz. ASW **Ruler:** Louis XV **Mint:** Riom

Date	Mintage	VG	F	VF	XF	Unc
1720O	140,000	10.00	20.00	35.00	100	210

KM# 440.15 20 SOLS (1/6 ECU)

4.0790 g., 0.9170 Silver 0.1203 oz. ASW **Ruler:** Louis XV **Obv:** Young bust right **Obv. Legend:** LVD • XV • D • G • FR • ET • NAV • REX **Rev:** Crowned arms of France and Navarre quartered divide value **Rev. Legend:** SIT • NOMEN • DOMINI BENEDICTVM • **Mint:** Dijon

Date	Mintage	VG	F	VF	XF	Unc
1719P	—	10.00	20.00	35.00	100	210
1720P	—	15.00	45.00	110	275	600

KM# 440.16 20 SOLS (1/6 ECU)

4.0790 g., 0.9170 Silver 0.1203 oz. ASW **Ruler:** Louis XV **Obv:** Young bust right **Rev:** Crowned arms of France and Navarre quartered divide value **Mint:** Perpignan

Date	Mintage	VG	F	VF	XF	Unc
1719Q	—	10.00	20.00	35.00	100	210

KM# 440.17 20 SOLS (1/6 ECU)

4.0790 g., 0.9170 Silver 0.1203 oz. ASW **Ruler:** Louis XV **Obv:** Young bust right **Rev:** Crowned arms of France and Navarre quartered divide value **Mint:** Orléans

Date	Mintage	VG	F	VF	XF	Unc
1719R	—	10.00	20.00	35.00	100	210
1720R	719,000	10.00	20.00	35.00	100	210

KM# 440.18 20 SOLS (1/6 ECU)

4.0790 g., 0.9170 Silver 0.1203 oz. ASW **Ruler:** Louis XV **Obv:** Young bust right **Rev:** Crowned arms of France and Navarre quartered divide value **Mint:** Reims

Date	Mintage	VG	F	VF	XF	Unc
1719S	1,187,000	10.00	20.00	35.00	100	210
1720S	404,000	10.00	20.00	35.00	100	210

KM# 440.19 20 SOLS (1/6 ECU)

4.0790 g., 0.9170 Silver 0.1203 oz. ASW **Ruler:** Louis XV **Obv:** Young bust right **Rev:** Crowned arms of France and Navarre quartered divide value **Mint:** Nantes

Date	Mintage	VG	F	VF	XF	Unc
1719T	—	10.00	20.00	35.00	100	210
1720T	368,000	10.00	20.00	35.00	100	210

KM# 440.20 20 SOLS (1/6 ECU)

4.0790 g., 0.9170 Silver 0.1203 oz. ASW **Ruler:** Louis XV **Obv:** Young bust right **Rev:** Crowned arms of France and Navarre quartered divide value **Mint:** Troyes

Date	Mintage	VG	F	VF	XF	Unc
1719V	97,000	10.00	30.00	70.00	175	385

KM# 440.21 20 SOLS (1/6 ECU)

4.0790 g., 0.9170 Silver 0.1203 oz. ASW **Ruler:** Louis XV **Obv:** Young bust right **Rev:** Crowned arms of France and Navarre quartered divide value **Mint:** Lille

Date	Mintage	VG	F	VF	XF	Unc
1719W	810,000	10.00	20.00	35.00	100	210
1720W	679,000	10.00	20.00	35.00	100	210

KM# 440.22 20 SOLS (1/6 ECU)

4.0790 g., 0.9170 Silver 0.1203 oz. ASW **Ruler:** Louis XV **Obv:** Young bust right **Rev:** Crowned arms of France and Navarre quartered divide value **Mint:** Amiens

Date	Mintage	VG	F	VF	XF	Unc
1719X	—	10.00	20.00	35.00	100	210
1720X	380,000	10.00	20.00	35.00	100	210

KM# 440.23 20 SOLS (1/6 ECU)

4.0790 g., 0.9170 Silver 0.1203 oz. ASW **Ruler:** Louis XV **Obv:** Young bust right **Rev:** Crowned arms of France and Navarre quartered divide value **Mint:** Bourges

Date	Mintage	VG	F	VF	XF	Unc
1719Y	—	10.00	20.00	35.00	100	210

KM# 440.24 20 SOLS (1/6 ECU)

4.0790 g., 0.9170 Silver 0.1203 oz. ASW **Ruler:** Louis XV **Mint:** Grenoble

Date	Mintage	VG	F	VF	XF	Unc
1720Z	90,000	10.00	30.00	75.00	175	350

KM# 440.25 20 SOLS (1/6 ECU)

4.0790 g., 0.9170 Silver 0.1203 oz. ASW **Ruler:** Louis XV **Obv:** Young bust right **Rev:** Crowned arms of France and Navarre quartered divide value **Mint:** Aix **Note:** Mint mark: &.

Date	Mintage	VG	F	VF	XF	Unc
1719	—	12.00	25.00	45.00	135	300
1720	—	12.00	25.00	45.00	135	300

KM# 440.26 20 SOLS (1/6 ECU)
4.0790 g., 0.9170 Silver 0.1203 oz. ASW **Ruler:** Louis XV **Obv:** Young bust right **Rev:** Crowned arms of France and Navarre quartered divide value **Mint:** Besançon **Note:** Mint mark:)(.

Date	Mintage	VG	F	VF	XF	Unc
1719	—	10.00	20.00	35.00	100	210
1720	—	10.00	20.00	35.00	100	210

KM# 452 20 SOLS (1/6 ECU)
4.0790 g., 0.9170 Silver 0.1203 oz. ASW **Ruler:** Louis XV **Mint:** Pau **Note:** Mint mark: Cow. Issued for Province of Bearn. Similar to KM#440.1 but obverse legend ends with ligate BD.

Date	Mintage	VG	F	VF	XF	Unc
1720	—	15.00	35.00	120	300	350

KM# 453 20 SOLS (1/6 ECU)
Silver **Ruler:** Louis XV **Obv:** Young bust right **Obv. Legend:** LUD • XV • D • G • FR • ET • NAV • REX • **Rev:** Crowned double L monogram **Rev. Legend:** SIT NOMEN DOMINI BENEDICTUM **Mint:** Paris **Note:** Livre de la Compagnie des Indes.

Date	Mintage	VG	F	VF	XF	Unc
1720A	6,919,000	20.00	60.00	145	250	550

KM# 454.1 20 SOLS (1/6 ECU)
4.0790 g., 0.9170 Silver 0.1203 oz. ASW **Ruler:** Louis XV **Obv:** Young laureate bust right **Obv. Legend:** LUD • XV • D • G • FR • ET • NAV • REX • **Rev:** Crowned arms of France **Rev. Legend:** SIT NOMEN DOMINI BENEDICTUM

Date	Mintage	VG	F	VF	XF	Unc
1720	—	8.00	16.00	40.00	110	240
1721	—	8.00	16.00	40.00	110	240

KM# 454.2 20 SOLS (1/6 ECU)
4.0790 g., 0.9170 Silver 0.1203 oz. ASW **Ruler:** Louis XV **Obv:** Young laureate bust right **Rev:** Crowned arms of France **Mint:** Metz

Date	Mintage	VG	F	VF	XF	Unc
1721AA	—	8.00	16.00	40.00	110	240
1722AA	—	8.00	16.00	40.00	110	240

KM# 454.3 20 SOLS (1/6 ECU)
4.0790 g., 0.9170 Silver 0.1203 oz. ASW **Ruler:** Louis XV **Obv:** Young laureate bust right **Rev:** Crowned arms of France **Mint:** Rouen

Date	Mintage	VG	F	VF	XF	Unc
1721B	—	8.00	16.00	40.00	110	240
1722B	—	8.00	16.00	40.00	110	240
1723B	—	10.00	18.00	55.00	140	300

KM# 454.4 20 SOLS (1/6 ECU)
4.0790 g., 0.9170 Silver 0.1203 oz. ASW **Ruler:** Louis XV **Obv:** Young laureate bust right **Rev:** Crowned arms of France **Mint:** Strasbourg

Date	Mintage	VG	F	VF	XF	Unc
1721BB	—	12.00	25.00	65.00	160	350

KM# 454.5 20 SOLS (1/6 ECU)
4.0790 g., 0.9170 Silver 0.1203 oz. ASW **Ruler:** Louis XV **Obv:** Young laureate bust right **Rev:** Crowned arms of France **Mint:** Caen

Date	Mintage	VG	F	VF	XF	Unc
1721C	—	10.00	18.00	55.00	140	300

KM# 454.6 20 SOLS (1/6 ECU)
4.0790 g., 0.9170 Silver 0.1203 oz. ASW **Ruler:** Louis XV **Mint:** Lyon

Date	Mintage	VG	F	VF	XF	Unc
1720D	449,000	8.00	16.00	40.00	110	230
1721D	1,190,000	7.00	15.00	35.00	100	210
1722D	400,000	8.00	16.00	40.00	110	230
1723D	—	10.00	18.00	55.00	140	300

KM# 454.7 20 SOLS (1/6 ECU)
4.0790 g., 0.9170 Silver 0.1203 oz. ASW **Ruler:** Louis XV **Obv:** Young laureate bust right **Rev:** Crowned arms of France **Mint:** Tours

Date	Mintage	VG	F	VF	XF	Unc
1721E	—	8.00	16.00	40.00	110	240
1722E	142,000	8.00	16.00	40.00	110	240

KM# 454.8 20 SOLS (1/6 ECU)
4.0790 g., 0.9170 Silver 0.1203 oz. ASW **Ruler:** Louis XV **Mint:** Poitiers

Date	Mintage	VG	F	VF	XF	Unc
1720G	—	8.00	16.00	40.00	110	240
1721G	—	8.00	16.00	40.00	110	240
1723G	—	12.00	25.00	65.00	160	350

KM# 454.9 20 SOLS (1/6 ECU)
4.0790 g., 0.9170 Silver 0.1203 oz. ASW **Ruler:** Louis XV **Obv:** Young laureate bust right **Rev:** Crowned arms of France **Mint:** La Rochelle

Date	Mintage	VG	F	VF	XF	Unc
1721H	—	8.00	16.00	40.00	110	240

KM# 454.10 20 SOLS (1/6 ECU)
4.0790 g., 0.9170 Silver 0.1203 oz. ASW **Ruler:** Louis XV **Mint:** Limoges

Date	Mintage	VG	F	VF	XF	Unc
1720I	—	8.00	16.00	40.00	110	240
1721I	—	8.00	16.00	40.00	110	240

KM# 454.11 20 SOLS (1/6 ECU)
4.0790 g., 0.9170 Silver 0.1203 oz. ASW **Ruler:** Louis XV **Obv:** Young laureate bust right **Rev:** Crowned arms of France **Mint:** Bordeaux

Date	Mintage	VG	F	VF	XF	Unc
1721K	903,000	8.00	16.00	40.00	110	—

KM# 454.12 20 SOLS (1/6 ECU)
4.0790 g., 0.9170 Silver 0.1203 oz. ASW **Ruler:** Louis XV **Obv:** Young laureate bust right **Rev:** Crowned arms of France **Mint:** Toulouse

Date	Mintage	VG	F	VF	XF	Unc
1721M	—	8.00	16.00	40.00	110	240

KM# 454.13 20 SOLS (1/6 ECU)
4.0790 g., 0.9170 Silver 0.1203 oz. ASW **Ruler:** Louis XV **Obv:** Young laureate bust right **Rev:** Crowned arms of France **Mint:** Montpellier

Date	Mintage	VG	F	VF	XF	Unc
1721N	—	8.00	16.00	40.00	110	240
1722N	—	8.00	16.00	40.00	110	240

KM# 454.14 20 SOLS (1/6 ECU)
4.0790 g., 0.9170 Silver 0.1203 oz. ASW **Ruler:** Louis XV **Obv:** Young laureate bust right **Rev:** Crowned arms of France **Mint:** Riom

Date	Mintage	VG	F	VF	XF	Unc
1721O	—	12.00	25.00	75.00	175	380
1722O	—	10.00	18.00	60.00	150	340

KM# 454.15 20 SOLS (1/6 ECU)
4.0790 g., 0.9170 Silver 0.1203 oz. ASW **Ruler:** Louis XV **Mint:** Dijon

Date	Mintage	VG	F	VF	XF	Unc
1720P	—	8.00	16.00	40.00	110	240
1721P	—	8.00	16.00	40.00	110	240

KM# 454.16 20 SOLS (1/6 ECU)
4.0790 g., 0.9170 Silver 0.1203 oz. ASW **Ruler:** Louis XV **Mint:** Orléans

Date	Mintage	VG	F	VF	XF	Unc
1720R	162,000	8.00	16.00	40.00	110	240
1721R	635,000	8.00	16.00	40.00	110	240
1722R	—	8.00	16.00	40.00	110	240

KM# 454.17 20 SOLS (1/6 ECU)
4.0790 g., 0.9170 Silver 0.1203 oz. ASW **Ruler:** Louis XV **Mint:** Reims

Date	Mintage	VG	F	VF	XF	Unc
1720S	—	8.00	16.00	40.00	110	240
1721S	—	8.00	16.00	40.00	110	240

KM# 454.18 20 SOLS (1/6 ECU)
4.0790 g., 0.9170 Silver 0.1203 oz. ASW **Ruler:** Louis XV **Mint:** Nantes

Date	Mintage	VG	F	VF	XF	Unc
1720T	—	8.00	16.00	40.00	110	240
1721T	—	8.00	16.00	40.00	110	240
1722T	—	8.00	16.00	40.00	110	240

KM# 454.19 20 SOLS (1/6 ECU)
4.0790 g., 0.9170 Silver 0.1203 oz. ASW **Ruler:** Louis XV **Obv:** Young laureate bust right **Rev:** Crowned arms of France **Mint:** Troyes

Date	Mintage	VG	F	VF	XF	Unc
1722V	—	10.00	18.00	55.00	140	300

KM# 454.20 20 SOLS (1/6 ECU)
4.0790 g., 0.9170 Silver 0.1203 oz. ASW **Ruler:** Louis XV **Mint:** Lille

Date	Mintage	VG	F	VF	XF	Unc
1720W	—	8.00	16.00	40.00	110	230
1721W	—	7.00	15.00	35.00	100	210

KM# 454.21 20 SOLS (1/6 ECU)
4.0790 g., 0.9170 Silver 0.1203 oz. ASW **Ruler:** Louis XV **Mint:** Amiens

Date	Mintage	VG	F	VF	XF	Unc
1720X	—	8.00	16.00	40.00	110	230
1721X	—	8.00	16.00	40.00	110	230
1722X	—	10.00	18.00	55.00	140	300

KM# 454.22 20 SOLS (1/6 ECU)
4.0790 g., 0.9170 Silver 0.1203 oz. ASW **Ruler:** Louis XV **Mint:** Bourges

Date	Mintage	VG	F	VF	XF	Unc
1720Y	—	8.00	16.00	40.00	110	230
1721Y	—	8.00	16.00	40.00	110	230
1722Y	—	8.00	16.00	40.00	110	230

KM# 454.23 20 SOLS (1/6 ECU)
4.0790 g., 0.9170 Silver 0.1203 oz. ASW **Ruler:** Louis XV **Obv:** Young laureate bust right **Rev:** Crowned arms of France **Mint:** Grenoble

Date	Mintage	VG	F	VF	XF	Unc
1721Z	261,000	10.00	18.00	55.00	140	300
1722Z	70,000	12.00	25.00	65.00	160	350

KM# 454.24 20 SOLS (1/6 ECU)
4.0790 g., 0.9170 Silver 0.1203 oz. ASW **Ruler:** Louis XV **Obv:** Young laureate bust right **Rev:** Crowned arms of France **Mint:** Rennes **Note:** Mint mark: 9.

Date	Mintage	VG	F	VF	XF	Unc
1721	—	8.00	16.00	40.00	110	240

KM# 454.25 20 SOLS (1/6 ECU)
4.0790 g., 0.9170 Silver 0.1203 oz. ASW, 24 mm. **Ruler:** Louis XV **Obv:** Young laureate bust right **Rev:** Crowned arms of France **Mint:** Aix **Note:** Mint mark: &.

Date	Mintage	VG	F	VF	XF	Unc
1723	—	8.00	18.00	43.00	115	250

KM# 454.26 20 SOLS (1/6 ECU)
4.0790 g., 0.9170 Silver 0.1203 oz. ASW **Ruler:** Louis XV **Obv:** Young laureate bust right **Rev:** Crowned arms of France **Mint:** Besançon **Note:** Mint mark: Back to back C's.

Date	Mintage	VG	F	VF	XF	Unc
1721	—	10.00	18.00	55.00	140	300
1722	—	12.00	25.00	65.00	160	350

KM# 454.27 20 SOLS (1/6 ECU)
4.0790 g., 0.9170 Silver 0.1203 oz. ASW **Ruler:** Louis XV **Mint:** Pau **Note:** Mint mark: Cow.

Date	Mintage	VG	F	VF	XF	Unc
1720	—	12.00	25.00	120	300	350

KM# 454.28 20 SOLS (1/6 ECU)
4.0790 g., 0.9170 Silver 0.1203 oz. ASW, 24 mm. **Ruler:** Louis XV **Obv:** Young laureate bust right **Rev:** Crowned arms of France **Mint:** Pau

Date	Mintage	VG	F	VF	XF	Unc
1720	—	—	250	500	1,000	—
1722	—	—	250	500	1,000	—

KM# 482.1 24 SOLS (1/5 ECU)
5.5850 g., 0.9170 Silver 0.1647 oz. ASW **Ruler:** Louis XV **Obv:** Bust left **Obv. Legend:** LUD • XV • D • G • FR • ET • NAV • REX **Rev:** Crowned arms of France within wreath **Rev. Legend:** SIT NOMEN DOMINI BENEDICTUM **Mint:** Paris

Date	Mintage	VG	F	VF	XF	Unc
1726A	—	7.00	15.00	45.00	145	320
1727A	—	7.00	15.00	45.00	145	320
1728A	—	10.00	25.00	80.00	225	500
1729A	—	8.00	17.00	50.00	165	360
1730A	—	8.00	17.00	50.00	165	360
1731A	—	8.00	17.00	50.00	165	360
1737A	—	10.00	22.00	70.00	210	465

KM# 482.2 24 SOLS (1/5 ECU)
5.5850 g., 0.9170 Silver 0.1647 oz. ASW **Ruler:** Louis XV **Obv:** Bust left **Rev:** Crowned arms of France within wreath **Mint:** Metz

Date	Mintage	VG	F	VF	XF	Unc
1727AA	—	10.00	22.00	70.00	210	460
1728AA	—	10.00	22.00	70.00	210	460

KM# 482.3 24 SOLS (1/5 ECU)
5.5850 g., 0.9170 Silver 0.1647 oz. ASW **Ruler:** Louis XV **Obv:** Bust left **Rev:** Crowned arms of France within wreath **Mint:** Rouen

Date	Mintage	VG	F	VF	XF	Unc
1727B	—	8.00	17.00	50.00	165	360
1728B	—	20.00	45.00	125	300	650
1729B	—	15.00	35.00	95.00	250	540
1730B	—	10.00	22.00	70.00	210	460

KM# 482.4 24 SOLS (1/5 ECU)
5.5850 g., 0.9170 Silver 0.1647 oz. ASW **Ruler:** Louis XV **Obv:** Bust left **Rev:** Crowned arms of France within wreath **Mint:** Strasbourg

Date	Mintage	VG	F	VF	XF	Unc
1726BB	—	8.00	17.00	50.00	165	370
1729BB	—	8.00	17.00	50.00	165	370

KM# 482.5 24 SOLS (1/5 ECU)
5.5850 g., 0.9170 Silver 0.1647 oz. ASW **Ruler:** Louis XV **Obv:** Bust right **Rev:** Crowned arms of France within wreath **Mint:** Lyon

Date	Mintage	VG	F	VF	XF	Unc
1726D	200,000	8.00	17.00	50.00	165	360
1727D	403,000	7.00	15.00	45.00	145	320
1728D	520,000	7.00	15.00	45.00	145	320
1729D	63,000	10.00	22.00	70.00	210	460
1730D	—	10.00	22.00	70.00	210	460

KM# 482.6 24 SOLS (1/5 ECU)
5.5850 g., 0.9170 Silver 0.1647 oz. ASW **Ruler:** Louis XV **Obv:** Bust left **Rev:** Crowned arms of France within wreath **Mint:** Tours

Date	Mintage	VG	F	VF	XF	Unc
1728E	90,000	10.00	19.00	55.00	175	385

KM# 482.7 24 SOLS (1/5 ECU)
5.5850 g., 0.9170 Silver 0.1647 oz. ASW **Ruler:** Louis XV **Obv:** Bust left **Rev:** Crowned arms of France within wreath **Mint:** La Rochelle

Date	Mintage	VG	F	VF	XF	Unc
1727H	—	8.00	17.00	50.00	165	360
1729H	—	8.00	17.00	50.00	165	360

KM# 482.8 24 SOLS (1/5 ECU)
5.5850 g., 0.9170 Silver 0.1647 oz. ASW **Ruler:** Louis XV **Obv:** Bust left **Rev:** Crowned arms of France within wreath **Mint:** Limoges

Date	Mintage	VG	F	VF	XF	Unc
1727I	—	8.00	17.00	50.00	165	360

KM# 482.9 24 SOLS (1/5 ECU)
5.5850 g., 0.9170 Silver 0.1647 oz. ASW **Ruler:** Louis XV **Obv:** Bust left **Rev:** Crowned arms of France within wreath **Mint:** Bordeaux

Date	Mintage	VG	F	VF	XF	Unc
1726K	—	7.00	15.00	45.00	145	320
1727K	—	10.00	22.00	70.00	210	460

KM# 482.10 24 SOLS (1/5 ECU)
5.5850 g., 0.9170 Silver 0.1647 oz. ASW **Ruler:** Louis XV **Obv:** Bust left **Rev:** Crowned arms of France within wreath **Mint:** Bayonne

Date	Mintage	VG	F	VF	XF	Unc
1726L	—	8.00	17.00	50.00	165	360
1728L	—	7.00	15.00	45.00	145	320
1729L	149,000	8.00	17.00	50.00	165	360

KM# 482.11 24 SOLS (1/5 ECU)
5.5850 g., 0.9170 Silver 0.1647 oz. ASW **Ruler:** Louis XV **Obv:** Bust left **Rev:** Crowned arms of France within wreath **Mint:** Toulouse

Date	Mintage	VG	F	VF	XF	Unc
1726M	—	10.00	22.00	70.00	210	465
1728M	—	10.00	22.00	70.00	210	465
1729M	57,000	10.00	22.00	70.00	210	465

KM# 482.12 24 SOLS (1/5 ECU)
5.5850 g., 0.9170 Silver 0.1647 oz. ASW **Ruler:** Louis XV **Obv:** Bust left **Rev:** Crowned arms of France within wreath **Mint:** Montpellier

Date	Mintage	VG	F	VF	XF	Unc
1726N	228,000	7.00	15.00	45.00	145	320
1728N	183,000	8.00	17.00	50.00	165	360

KM# 482.13 24 SOLS (1/5 ECU)
5.5850 g., 0.9170 Silver 0.1647 oz. ASW **Ruler:** Louis XV **Obv:** Bust left **Rev:** Crowned arms of France within wreath **Mint:** Dijon

Date	Mintage	VG	F	VF	XF	Unc
1726P	—	8.00	17.00	50.00	165	360
1727P	—	12.00	30.00	90.00	270	580

KM# 482.14 24 SOLS (1/5 ECU)
5.5850 g., 0.9170 Silver 0.1647 oz. ASW **Ruler:** Louis XV **Obv:** Bust left **Rev:** Crowned arms of France within wreath **Mint:** Perpignan

Date	Mintage	VG	F	VF	XF	Unc
1728Q	—	—	—	—	—	—

KM# 482.15 24 SOLS (1/5 ECU)
5.5850 g., 0.9170 Silver 0.1647 oz. ASW **Ruler:** Louis XV **Obv:** Bust left **Rev:** Crowned arms of France within wreath **Mint:** Orléans

Date	Mintage	VG	F	VF	XF	Unc
1726R	—	10.00	22.00	70.00	210	465
1727R	39,000	8.00	17.00	50.00	165	360

KM# 482.16 24 SOLS (1/5 ECU)
5.5850 g., 0.9170 Silver 0.1647 oz. ASW **Ruler:** Louis XV **Obv:** Bust left **Rev:** Crowned arms of France within wreath **Mint:** Reims

Date	Mintage	VG	F	VF	XF	Unc
1726S	26,000	12.00	30.00	100	290	600
1727S	—	12.00	30.00	100	290	600
1729S	—	12.00	30.00	100	290	600

KM# 482.17 24 SOLS (1/5 ECU)
5.5850 g., 0.9170 Silver 0.1647 oz. ASW **Ruler:** Louis XV **Obv:** Bust left **Rev:** Crowned arms of France within wreath **Mint:** Nantes

Date	Mintage	VG	F	VF	XF	Unc
1726T	—	7.00	15.00	45.00	145	320
1727T	—	8.00	17.00	50.00	165	360
1728T	25,000	10.00	22.00	70.00	210	460

KM# 482.18 24 SOLS (1/5 ECU)
5.5850 g., 0.9170 Silver 0.1647 oz. ASW **Ruler:** Louis XV **Obv:** Bust left **Rev:** Crowned arms of France within wreath **Mint:** Troyes

Date	Mintage	VG	F	VF	XF	Unc
1726V	16,000	10.00	22.00	70.00	210	460
1729V	—	10.00	22.00	70.00	210	460

KM# 482.19 24 SOLS (1/5 ECU)
5.5850 g., 0.9170 Silver 0.1647 oz. ASW **Ruler:** Louis XV **Obv:** Bust left **Rev:** Crowned arms of France within wreath **Mint:** Lille

Date	Mintage	VG	F	VF	XF	Unc
1726W	—	7.00	15.00	45.00	145	320
1727W	—	8.00	17.00	50.00	165	360
1728W	21,000	10.00	22.00	70.00	210	460
1730W	—	10.00	22.00	70.00	210	460

KM# 482.20 24 SOLS (1/5 ECU)
5.5850 g., 0.9170 Silver 0.1647 oz. ASW **Ruler:** Louis XV **Obv:** Bust left **Obv. Legend:** LUD XV D G FR ET NAV REX **Rev:** Crowned arms of France within wreath **Rev. Legend:** SIT NOMEN DOMINI BENEDICTUM **Mint:** Amiens

Date	Mintage	VG	F	VF	XF	Unc
1726X	—	8.00	17.00	50.00	165	360
1727X	—	18.00	35.00	100	325	700
1730X	—	10.00	22.00	70.00	210	460

KM# 482.21 24 SOLS (1/5 ECU)
5.5850 g., 0.9170 Silver 0.1647 oz. ASW **Ruler:** Louis XV **Obv:** Bust left **Rev:** Crowned arms of France within wreath **Mint:** Bourges

Date	Mintage	VG	F	VF	XF	Unc
1726Y	—	8.00	17.00	50.00	165	360
1727Y	—	10.00	22.00	70.00	210	460

KM# 482.22 24 SOLS (1/5 ECU)
5.5850 g., 0.9170 Silver 0.1647 oz. ASW **Ruler:** Louis XV **Obv:** Bust left **Rev:** Crowned arms of France within wreath **Mint:** Grenoble

Date	Mintage	VG	F	VF	XF	Unc
1727Z	—	8.00	17.00	50.00	165	360
1728Z	—	10.00	22.00	70.00	210	460

KM# 482.23 24 SOLS (1/5 ECU)
5.5850 g., 0.9170 Silver 0.1647 oz. ASW **Ruler:** Louis XV **Obv:** Bust left **Rev:** Crowned arms of France within wreath **Mint:** Rennes **Note:** Mint mark: 9.

Date	Mintage	VG	F	VF	XF	Unc
1726	—	10.00	22.00	70.00	210	460
1728	120,000	8.00	17.00	50.00	165	360
1729	—	10.00	22.00	70.00	210	460
1730	—	10.00	22.00	70.00	210	460
1732	—	10.00	22.00	70.00	210	460

KM# 482.24 24 SOLS (1/5 ECU)
5.5850 g., 0.9170 Silver 0.1647 oz. ASW **Ruler:** Louis XV **Obv:** Bust left **Rev:** Crowned arms of France within wreath **Mint:** Aix **Note:** Mint mark: &.

Date	Mintage	VG	F	VF	XF	Unc
1726	—	7.00	15.00	45.00	145	320
1728	—	7.00	15.00	45.00	145	320

KM# 482.25 24 SOLS (1/5 ECU)
5.5850 g., 0.9170 Silver 0.1647 oz. ASW **Ruler:** Louis XV **Mint:** Besançon **Note:** Mint mark: Back to back C's.

Date	Mintage	VG	F	VF	XF	Unc
1729	—	10.00	22.00	70.00	210	460

KM# 483 24 SOLS (1/5 ECU)
5.5850 g., 0.9170 Silver 0.1647 oz. ASW **Ruler:** Louis XV **Mint:** Pau **Note:** Mint mark: Cow. Issued for Province of Bearn. Similar to KM#482.1 but obverse legend ends with ligate BD.

Date	Mintage	VG	F	VF	XF	Unc
1726	—	14.00	35.00	100	300	650
1729	—	14.00	35.00	100	300	650

KM# 530 24 SOLS (1/5 ECU)
5.5850 g., 0.9170 Silver 0.1647 oz. ASW **Ruler:** Louis XV **Obv:** Head left **Obv. Legend:** LUD • XV • D • G • FR • ET • NA • RE • .. **Rev:** Crowned arms of France within wreath **Rev. Legend:** SIT NOMEN DOMINI BENEDICTUM **Mint:** Pau **Note:** Mint mark: Cow. Issued for Province of Bearn. Similar to KM#515.1. Obverse legend ends with ligate BD.

Date	Mintage	VG	F	VF	XF	Unc
1741	—	—	25.00	85.00	300	—
1744	—	—	25.00	85.00	300	—
1746	—	—	25.00	85.00	300	—
1747	—	—	25.00	85.00	300	—
1750	—	12.00	25.00	85.00	280	600
1752	1,405	25.00	45.00	120	375	820
1757	—	—	25.00	85.00	300	—
1759	18,000	12.00	25.00	85.00	280	600
1760	—	—	25.00	85.00	300	—
1764	—	—	25.00	85.00	300	—
1765	—	—	25.00	85.00	300	—
1766	43,000	10.00	20.00	75.00	200	420
1767	27,000	12.00	25.00	85.00	280	600
1769	—	—	25.00	85.00	300	—
1770	13,000	12.00	25.00	85.00	280	600

KM# 515.1 24 SOLS (1/5 ECU)
5.5850 g., 0.9170 Silver 0.1647 oz. ASW **Ruler:** Louis XV **Obv:** Head left **Obv. Legend:** LUD • XV • D • G • FR • ET • NAV • REX • **Rev:** Crowned arms of France within wreath **Rev. Legend:** SIT • NOMEN • DOMINI • BENEDICTUM * **Mint:** Paris

Date	Mintage	VG	F	VF	XF	Unc
1741A	—	8.00	15.00	40.00	160	350
1750A	—	—	—	—	—	—
1753A	—	9.00	18.00	45.00	190	400
1757A	—	9.00	18.00	45.00	190	400
1763A	—	9.00	18.00	45.00	190	400
1764A	—	9.00	18.00	45.00	190	400
1765A	—	9.00	18.00	45.00	190	400
1766A	—	9.00	18.00	45.00	190	400
1768A	—	9.00	18.00	45.00	190	400
1770A	—	—	—	—	—	—

KM# 515.2 24 SOLS (1/5 ECU)
5.5850 g., 0.9170 Silver 0.1647 oz. ASW **Ruler:** Louis XV **Obv:** Head left **Rev:** Crowned arms of France within wreath **Mint:** Metz

Date	Mintage	VG	F	VF	XF	Unc
1741AA	—	14.00	30.00	100	315	660

KM# 515.3 24 SOLS (1/5 ECU)
5.5850 g., 0.9170 Silver 0.1647 oz. ASW **Ruler:** Louis XV **Obv:** Head left **Rev:** Crowned arms of France within wreath **Mint:** Rouen

Date	Mintage	VG	F	VF	XF	Unc
1741B	—	9.00	18.00	60.00	200	425
1742B	98,000	9.00	18.00	60.00	200	425

KM# 515.4 24 SOLS (1/5 ECU)
5.5850 g., 0.9170 Silver 0.1647 oz. ASW **Ruler:** Louis XV **Obv:** Head left **Rev:** Crowned arms of France within wreath **Mint:** Strasbourg

Date	Mintage	VG	F	VF	XF	Unc
1741BB	135,000	9.00	18.00	60.00	200	425

KM# 515.5 24 SOLS (1/5 ECU)
5.5850 g., 0.9170 Silver 0.1647 oz. ASW **Ruler:** Louis XV **Obv:** Head left **Rev:** Crowned arms of France within wreath **Mint:** Caen

Date	Mintage	VG	F	VF	XF	Unc
1741C	36,000	15.00	30.00	100	280	600

KM# 515.6 24 SOLS (1/5 ECU)
5.5850 g., 0.9170 Silver 0.1647 oz. ASW **Ruler:** Louis XV **Obv:** Head left **Rev:** Crowned arms of France within wreath **Mint:** Lyon

Date	Mintage	VG	F	VF	XF	Unc
1749D	—	10.00	20.00	75.00	250	540
1756D	—	12.00	25.00	90.00	270	600

KM# 515.7 24 SOLS (1/5 ECU)
5.5850 g., 0.9170 Silver 0.1647 oz. ASW **Ruler:** Louis XV **Obv:** Head left **Rev:** Crowned arms of France within wreath **Mint:** La Rochelle

Date	Mintage	VG	F	VF	XF	Unc
1769H	—	9.00	18.00	60.00	200	420
1770H	—	9.00	18.00	60.00	200	420

KM# 515.8 24 SOLS (1/5 ECU)
5.5850 g., 0.9170 Silver 0.1647 oz. ASW **Ruler:** Louis XV **Obv:** Head left **Rev:** Crowned arms of France within wreath **Mint:** Bordeaux

Date	Mintage	VG	F	VF	XF	Unc
1741K	—	9.00	18.00	60.00	200	450
1755K	—	10.00	20.00	75.00	250	540

KM# 515.9 24 SOLS (1/5 ECU)
5.5850 g., 0.9170 Silver 0.1647 oz. ASW **Ruler:** Louis XV **Obv:** Head left **Rev:** Crowned arms of France within wreath **Mint:** Bayonne

Date	Mintage	VG	F	VF	XF	Unc
1759L	—	10.00	20.00	75.00	250	540
1762L	—	9.00	18.00	60.00	200	420
1766L	—	9.00	18.00	60.00	200	420
1769L	—	9.00	18.00	60.00	200	420

KM# 515.10 24 SOLS (1/5 ECU)
5.5850 g., 0.9170 Silver 0.1647 oz. ASW **Ruler:** Louis XV **Obv:** Head left **Rev:** Crowned arms of France within wreath **Mint:** Toulouse

Date	Mintage	VG	F	VF	XF	Unc
1766M	—	15.00	35.00	110	300	650

KM# 515.11 24 SOLS (1/5 ECU)
5.5850 g., 0.9170 Silver 0.1647 oz. ASW **Ruler:** Louis XV **Obv:** Head left **Rev:** Crowned arms of France within wreath **Mint:** Montpellier

Date	Mintage	VG	F	VF	XF	Unc
1759N	—	10.00	20.00	75.00	250	540

KM# 515.12 24 SOLS (1/5 ECU)
5.5850 g., 0.9170 Silver 0.1647 oz. ASW **Ruler:** Louis XV **Obv:** Head left **Rev:** Crowned arms of France within wreath **Mint:** Dijon

Date	Mintage	VG	F	VF	XF	Unc
1741P	—	10.00	20.00	75.00	250	540
1758P	—	10.00	20.00	75.00	250	540

KM# 515.13 24 SOLS (1/5 ECU)
5.5850 g., 0.9170 Silver 0.1647 oz. ASW **Ruler:** Louis XV **Obv:** Head left **Rev:** Crowned arms of France within wreath **Mint:** Riom

Date	Mintage	VG	F	VF	XF	Unc
1741O	—	20.00	45.00	145	375	825

KM# 515.14 24 SOLS (1/5 ECU)
5.5850 g., 0.9170 Silver 0.1647 oz. ASW **Ruler:** Louis XV **Obv:** Head left **Rev:** Crowned arms of France within wreath **Mint:** Perpignan

Date	Mintage	VG	F	VF	XF	Unc
1744Q	—	9.00	18.00	60.00	200	420
1764Q	—	10.00	20.00	75.00	250	540

KM# 515.15 24 SOLS (1/5 ECU)
5.5850 g., 0.9170 Silver 0.1647 oz. ASW **Ruler:** Louis XV **Obv:** Head left **Rev:** Crowned arms of France within wreath **Mint:** Orléans

Date	Mintage	VG	F	VF	XF	Unc
1741R	—	9.00	18.00	60.00	200	420
1753R	6,314	10.00	20.00	75.00	260	570
1759R	—	10.00	20.00	75.00	250	540
1760R	—	9.00	18.00	60.00	200	420
1764R	—	10.00	20.00	75.00	250	540
1766R	—	9.00	18.00	60.00	200	420

KM# 515.16 24 SOLS (1/5 ECU)
5.5850 g., 0.9170 Silver 0.1647 oz. ASW **Ruler:** Louis XV **Obv:** Head left **Rev:** Crowned arms of France within wreath **Mint:** Reims

Date	Mintage	VG	F	VF	XF	Unc
1741S	—	9.00	18.00	60.00	200	420
1750S	35,000	9.00	18.00	60.00	200	420
1759S	—	10.00	20.00	75.00	250	540

KM# 515.17 24 SOLS (1/5 ECU)
5.5850 g., 0.9170 Silver 0.1647 oz. ASW **Ruler:** Louis XV **Obv:** Head left **Rev:** Crowned arms of France within wreath **Mint:** Nantes

Date	Mintage	VG	F	VF	XF	Unc
1741T	—	9.00	18.00	60.00	200	420

KM# 515.18 24 SOLS (1/5 ECU)
5.5850 g., 0.9170 Silver 0.1647 oz. ASW **Ruler:** Louis XV **Obv:** Head left **Rev:** Crowned arms of France within wreath **Mint:** Troyes

Date	Mintage	VG	F	VF	XF	Unc
1741V	19,000	9.00	18.00	60.00	200	420

KM# 515.19 24 SOLS (1/5 ECU)
5.5850 g., 0.9170 Silver 0.1647 oz. ASW **Ruler:** Louis XV **Obv:** Head left **Rev:** Crowned arms of France within wreath **Mint:** Lille

Date	Mintage	VG	F	VF	XF	Unc
1741W	17,000	9.00	18.00	60.00	200	420

KM# 515.20 24 SOLS (1/5 ECU)
5.5850 g., 0.9170 Silver 0.1647 oz. ASW **Ruler:** Louis XV **Obv:** Head left **Rev:** Crowned arms of France within wreath **Mint:** Grenoble

Date	Mintage	VG	F	VF	XF	Unc
1760Z	—	12.00	25.00	85.00	280	600
1762Z	—	12.00	25.00	85.00	280	600

KM# 515.21 24 SOLS (1/5 ECU)
5.5850 g., 0.9170 Silver 0.1647 oz. ASW **Ruler:** Louis XV **Obv:** Head left **Rev:** Crowned arms of France within wreath **Mint:** Rennes **Note:** Mint mark: 9.

Date	Mintage	VG	F	VF	XF	Unc
1741	26,000	9.00	18.00	60.00	200	425
1742	6,377	15.00	32.00	110	300	650

KM# 515.23 24 SOLS (1/5 ECU)
5.5850 g., 0.9170 Silver 0.1647 oz. ASW **Ruler:** Louis XV **Obv:** Head left **Rev:** Crowned arms of France within wreath **Mint:** Besançon **Note:** Mint mark: Back to back C's.

Date	Mintage	VG	F	VF	XF	Unc
1756	15,000	12.00	25.00	85.00	280	600
1759	—	12.00	25.00	85.00	280	600
1770	—	12.00	25.00	85.00	280	600

KM# 515.22 24 SOLS (1/5 ECU)
5.5850 g., 0.9170 Silver 0.1647 oz. ASW **Ruler:** Louis XV **Obv:** Head left **Rev:** Crowned arms of France within wreath **Mint:** Aix **Note:** Mint mark: &.

Date	Mintage	VG	F	VF	XF	Unc
1766	—	12.00	25.00	85.00	280	600

KM# 553.1 24 SOLS (1/5 ECU)
5.5850 g., 0.9170 Silver 0.1647 oz. ASW **Ruler:** Louis XV **Obv:** Laureate head left **Obv. Legend:** LUD • XV • D • G • FR • ET • NAV • REX • **Rev:** Crowned arms of France within wreath **Rev. Legend:** SIT NOMEN DOMINI BENEDICTUM **Mint:** Paris **Note:** Similar to 12 Sols, KM#550.1.

Date	Mintage	VG	F	VF	XF	Unc
1771A	—	40.00	80.00	200	525	1,150
1772A	—	40.00	80.00	200	525	1,150
1773A	—	40.00	80.00	200	525	1,150

KM# 553.2 24 SOLS (1/5 ECU)
5.5850 g., 0.9170 Silver 0.1647 oz. ASW **Ruler:** Louis XV **Obv:** Laureate head left **Rev:** Crowned arms of France within wreath **Mint:** Strasbourg

Date	Mintage	VG	F	VF	XF	Unc
1774BB	—	30.00	60.00	150	400	880

KM# 553.3 24 SOLS (1/5 ECU)
5.5850 g., 0.9170 Silver 0.1647 oz. ASW **Ruler:** Louis XV **Obv:** Laureate head left **Rev:** Crowned arms of France within wreath **Mint:** Bayonne

Date	Mintage	VG	F	VF	XF	Unc
1772L	—	30.00	60.00	150	400	880

KM# 560 24 SOLS (1/5 ECU)
5.5850 g., 0.9170 Silver 0.1647 oz. ASW **Ruler:** Louis XV **Obv:** Legend ends with ligate BD **Obv. Legend:** LUD • XV • D • G • FR • ET • NA • RE • ... **Rev:** Crowned arms of France within wreath **Rev. Legend:** SIT NOMEN DOMINI BENEDICTUM **Mint:** Pau **Note:** Mint mark: Cow. Issued for Province of Bearn.

Date	Mintage	VG	F	VF	XF	Unc
1773	—	40.00	80.00	200	550	1,150
1774	—	40.00	80.00	200	550	—

KM# 569.1 24 SOLS (1/5 ECU)
5.8350 g., 0.9170 Silver 0.1720 oz. ASW **Ruler:** Louis XVI **Obv:** Bust left **Obv. Legend:** LVD • XVI • D • G • FR • ET NAV • REX • **Rev:** Crowned arms of France within branches **Rev. Legend:** SIT NOMEN DOMINI H BENEDICTUM **Mint:** Paris

Date	Mintage	VG	F	VF	XF	Unc
1775A	11,000	10.00	30.00	80.00	180	390
1776A	7,515	12.00	35.00	85.00	190	410
1777A	5,010	—	—	—	—	—
1778A	Inc. above	7.00	20.00	70.00	160	350
1778A	36,000	7.00	20.00	70.00	160	350
1779A	—	—	—	—	—	—
Note: Reported, not confirmed						
1780A	8,270	—	—	—	—	—
1781A	8,880	10.00	30.00	80.00	180	390
1782A	60,000	7.00	15.00	60.00	140	300
1783A	28,000	7.00	20.00	70.00	160	350
1784A	13,000	7.00	20.00	70.00	160	350
1785A	26,000	7.00	20.00	70.00	160	350
1786A	—	7.00	15.00	60.00	140	300
1789A	—	7.00	15.00	30.00	100	225
1790A	—	7.00	20.00	70.00	160	350

KM# 569.2 24 SOLS (1/5 ECU)
5.8350 g., 0.9170 Silver 0.1720 oz. ASW **Ruler:** Louis XVI **Obv:** Bust left **Rev:** Crowned arms of France within branches **Mint:** Metz

Date	Mintage	VG	F	VF	XF	Unc
1779AA	—	7.00	20.00	70.00	160	350

KM# 569.3 24 SOLS (1/5 ECU)
5.8350 g., 0.9170 Silver 0.1720 oz. ASW **Ruler:** Louis XVI **Obv:** Bust left **Rev:** Crowned arms of France within branches **Mint:** Lyon

Date	Mintage	VG	F	VF	XF	Unc
1787D	7,398	10.00	30.00	80.00	180	350

KM# 569.4 24 SOLS (1/5 ECU)
5.8350 g., 0.9170 Silver 0.1720 oz. ASW **Ruler:** Louis XVI **Obv:** Bust left **Rev:** Crowned arms of France within branches **Mint:** La Rochelle

Date	Mintage	VG	F	VF	XF	Unc
1786H	—	—	—	—	—	—
Note: Reported, not confirmed						
1788H	21,000	7.00	20.00	70.00	160	350

KM# 569.5 24 SOLS (1/5 ECU)
5.8350 g., 0.9170 Silver 0.1720 oz. ASW **Ruler:** Louis XVI **Obv:** Bust left **Rev:** Crowned arms of France within branches **Mint:** Limoges

Date	Mintage	VG	F	VF	XF	Unc
1776I	16,000	7.00	20.00	70.00	160	350
1780I	20,000	7.00	20.00	70.00	160	—
1781I	15,000	7.00	20.00	70.00	160	—
1784I	36,000	7.00	20.00	70.00	160	—
1785I	29,000	7.00	20.00	70.00	160	350
1788I	18,000	7.00	20.00	70.00	160	350

KM# 569.6 24 SOLS (1/5 ECU)
5.8350 g., 0.9170 Silver 0.1720 oz. ASW **Ruler:** Louis XVI **Obv:** Bust left **Rev:** Crowned arms of France within branches **Mint:** Bordeaux

Date	Mintage	VG	F	VF	XF	Unc
1781K	4,600	15.00	40.00	90.00	200	445

KM# 569.7 24 SOLS (1/5 ECU)
5.8350 g., 0.9170 Silver 0.1720 oz. ASW **Ruler:** Louis XVI **Obv:** Bust left **Rev:** Crowned arms of France within branches **Mint:** Bayonne

Date	Mintage	VG	F	VF	XF	Unc
1775L	17,000	7.00	20.00	70.00	160	350
1777L	21,000	7.00	20.00	70.00	160	350
1780L	13,000	7.00	20.00	70.00	160	35.00
1783L	7,645	10.00	20.00	80.00	180	—
1790L	—	7.00	20.00	70.00	160	350

KM# 569.8 24 SOLS (1/5 ECU)
5.8350 g., 0.9170 Silver 0.1720 oz. ASW **Ruler:** Louis XVI **Obv:** Bust left **Rev:** Crowned arms of France within branches **Mint:** Toulouse

Date	Mintage	VG	F	VF	XF	Unc
1778M	46,000	7.00	20.00	70.00	160	350
1788M	13,000	7.00	20.00	70.00	160	350

KM# 569.9 24 SOLS (1/5 ECU)
5.8350 g., 0.9170 Silver 0.1720 oz. ASW **Ruler:** Louis XVI **Obv:** Bust left **Rev:** Crowned arms of France within branches **Mint:** Marseille

Date	Mintage	VG	F	VF	XF	Unc
1788MA	32,000	7.00	20.00	70.00	150	350

KM# 569.10 24 SOLS (1/5 ECU)
5.8350 g., 0.9170 Silver 0.1720 oz. ASW **Ruler:** Louis XVI **Obv:** Bust left **Rev:** Crowned arms of France within branches **Mint:** Montpellier

Date	Mintage	VG	F	VF	XF	Unc
1776N	25,000	7.00	20.00	70.00	160	350
1782N	4,790,000	7.00	20.00	70.00	160	—
1786N	15,000	7.00	20.00	70.00	160	—
1787N	—	7.00	20.00	70.00	160	350

KM# 569.11 24 SOLS (1/5 ECU)
5.8350 g., 0.9170 Silver 0.1720 oz. ASW **Ruler:** Louis XVI **Obv:** Bust left **Rev:** Crowned arms of France within branches **Mint:** Perpignan

Date	Mintage	VG	F	VF	XF	Unc
1780Q	8,800	7.00	20.00	70.00	160	—
1785Q	32,000	7.00	20.00	70.00	160	350
1786Q	29,000	7.00	20.00	70.00	160	350

KM# 569.12 24 SOLS (1/5 ECU)
5.8350 g., 0.9170 Silver 0.1720 oz. ASW **Ruler:** Louis XVI **Obv:** Bust left **Obv. Legend:** LUD • XVI • D • G • FR • ET NAV • REX • **Rev:** Crowned arms of France within branches **Rev. Legend:** SIT NOMEN DOMINI BENEDICTUM * **Mint:** Orléans

Date	Mintage	VG	F	VF	XF	Unc
1784R	30,000	7.00	20.00	70.00	160	350
1786R	87,000	7.00	15.00	30.00	100	225
1787R	26,000	7.00	20.00	70.00	160	350

KM# 569.13 24 SOLS (1/5 ECU)
5.8350 g., 0.9170 Silver 0.1720 oz. ASW **Ruler:** Louis XVI **Obv:** Bust left **Rev:** Crowned arms of France within branches **Mint:** Lille

Date	Mintage	VG	F	VF	XF	Unc
1788W	27,000	7.00	20.00	70.00	160	350
1789W	—	7.00	20.00	70.00	160	300

KM# 569.14 24 SOLS (1/5 ECU)
5.8350 g., 0.9170 Silver 0.1720 oz. ASW **Ruler:** Louis XVI **Obv:** Bust left **Rev:** Crowned arms of France within branches **Mint:** Aix **Note:** Mint mark: &. The "dot" appears below the third letter of the monarch's name and denotes second semester coinage.

Date	Mintage	VG	F	VF	XF	Unc
1775	24,000	7.00	20.00	70.00	160	350
1776	7,119	15.00	40.00	90.00	200	450
1782	6,609	15.00	40.00	90.00	200	450

KM# 570 24 SOLS (1/5 ECU)
5.8350 g., 0.9170 Silver 0.1720 oz. ASW **Ruler:** Louis XVI **Obv. Legend:** ....RE.BD (ligate BD). **Mint:** Pau **Note:** Mint mark: Cow. Issued for Province of Bearn.

Date	Mintage	VG	F	VF	XF	Unc
1775	14,000	15.00	40.00	120	300	450
1777	32,000	10.00	30.00	120	300	390

KM# 410.1 30 SOLS (1/4 ECU)
7.6480 g., 0.9170 Silver 0.2255 oz. ASW **Ruler:** Louis XV **Obv:** Young bust of Louis XV right **Rev:** 3 crowns from triangle with fleur-de-lis in angles **Mint:** Paris

Date	Mintage	VG	F	VF	XF	Unc
1715A Rare	3,620	—	—	—	—	—

KM# 410.2 30 SOLS (1/4 ECU)
7.6480 g., 0.9170 Silver 0.2255 oz. ASW **Ruler:** Louis XV **Mint:** Aix **Note:** Mint mark: &.

Date	Mintage	VG	F	VF	XF	Unc
1715 Rare	—	—	—	—	—	—

KM# 419.1 30 SOLS (1/4 ECU)
7.6480 g., 0.9170 Silver 0.2255 oz. ASW **Ruler:** Louis XV **Obv:** Young bust right **Obv. Legend:** LUD • XV • D • G • FR • ET • NAV • REX • **Rev:** Crowned circular arms **Rev. Legend:** SIT NOMEN • DOMINI • BENEDICTUM **Mint:** Paris

Date	Mintage	VG	F	VF	XF	Unc
1716A	—	17.00	55.00	110	300	650

KM# 419.2 30 SOLS (1/4 ECU)
7.6480 g., 0.9170 Silver 0.2255 oz. ASW **Ruler:** Louis XV **Obv:** Young bust of Louis XV right **Rev:** Crowned circular arms **Mint:** Metz

Date	Mintage	VG	F	VF	XF	Unc
1716AA	—	22.50	65.00	130	350	775

KM# 419.3 30 SOLS (1/4 ECU)
7.6480 g., 0.9170 Silver 0.2255 oz. ASW **Ruler:** Louis XV **Obv:** Young bust of Louis XV right **Rev:** Crowned circular arms **Mint:** Rouen

Date	Mintage	VG	F	VF	XF	Unc
1716B	—	22.50	65.00	130	350	775

KM# 419.4 30 SOLS (1/4 ECU)
7.6480 g., 0.9170 Silver 0.2255 oz. ASW **Ruler:** Louis XV **Obv:** Young bust of Louis XV right **Rev:** Crowned circular arms **Mint:** Caen

Date	Mintage	VG	F	VF	XF	Unc
1716C	—	27.50	95.00	185	450	975
1717C	—	27.50	95.00	185	450	975

KM# 419.5 30 SOLS (1/4 ECU)
7.6480 g., 0.9170 Silver 0.2255 oz. ASW **Ruler:** Louis XV **Obv:** Young bust of Louis XV right **Rev:** Crowned circular arms **Mint:** Lyon

Date	Mintage	VG	F	VF	XF	Unc
1716D	345,000	22.50	65.00	130	350	775

KM# 419.6 30 SOLS (1/4 ECU)
7.6480 g., 0.9170 Silver 0.2255 oz. ASW **Ruler:** Louis XV **Obv:** Young bust of Louis XV right **Rev:** Crowned circular arms **Mint:** Tours

Date	Mintage	VG	F	VF	XF	Unc
1716E	—	22.50	65.00	130	350	775
1717E	80,000	27.50	95.00	185	450	975

KM# 419.7 30 SOLS (1/4 ECU)
7.6480 g., 0.9170 Silver 0.2255 oz. ASW **Ruler:** Louis XV **Obv:** Young bust of Louis XV right **Rev:** Crowned circular arms **Mint:** Poitiers

Date	Mintage	VG	F	VF	XF	Unc
1716G	—	27.50	95.00	185	450	975
1717G	—	27.50	95.00	185	450	975

KM# 419.8 30 SOLS (1/4 ECU)
7.6480 g., 0.9170 Silver 0.2255 oz. ASW **Ruler:** Louis XV **Obv:** Young bust of Louis XV right **Rev:** Crowned circular arms **Mint:** La Rochelle

Date	Mintage	VG	F	VF	XF	Unc
1716H	—	22.50	65.00	130	350	775

KM# 419.9 30 SOLS (1/4 ECU)
7.6480 g., 0.9170 Silver 0.2255 oz. ASW **Ruler:** Louis XV **Obv:** Young bust of Louis XV right **Rev:** Crowned circular arms **Mint:** Limoges

Date	Mintage	VG	F	VF	XF	Unc
1716I	—	22.50	65.00	130	350	775

KM# 419.10 30 SOLS (1/4 ECU)
7.6480 g., 0.9170 Silver 0.2255 oz. ASW **Ruler:** Louis XV **Obv:** Young bust of Louis XV right **Rev:** Crowned circular arms **Mint:** Bordeaux

Date	Mintage	VG	F	VF	XF	Unc
1716K	—	22.50	65.00	130	350	775
1717K	144,000	22.50	65.00	130	350	775

KM# 419.11 30 SOLS (1/4 ECU)
7.6480 g., 0.9170 Silver 0.2255 oz. ASW **Ruler:** Louis XV **Obv:** Young bust of Louis XV right **Rev:** Crowned circular arms **Mint:** Toulouse

Date	Mintage	VG	F	VF	XF	Unc
1716M	—	22.50	65.00	130	350	775

KM# 419.12 30 SOLS (1/4 ECU)
7.6480 g., 0.9170 Silver 0.2255 oz. ASW **Ruler:** Louis XV **Obv:** Young bust of Louis XV right **Rev:** Crowned circular arms **Mint:** Montpellier

Date	Mintage	VG	F	VF	XF	Unc
1716N	—	22.50	65.00	130	350	775
1718N	—	27.50	95.00	185	450	975

KM# 419.13 30 SOLS (1/4 ECU)
7.6480 g., 0.9170 Silver 0.2255 oz. ASW **Ruler:** Louis XV **Obv:** Young bust of Louis XV right **Rev:** Crowned circular arms **Mint:** Riom

Date	Mintage	VG	F	VF	XF	Unc
1716O	—	22.50	65.00	130	350	775

KM# 419.14 30 SOLS (1/4 ECU)
7.6480 g., 0.9170 Silver 0.2255 oz. ASW **Ruler:** Louis XV **Obv:** Young bust of Louis XV right **Rev:** Crowned circular arms **Mint:** Dijon

Date	Mintage	VG	F	VF	XF	Unc
1716P	—	22.50	65.00	130	350	775
1717P	—	27.50	95.00	185	450	975

KM# 419.15 30 SOLS (1/4 ECU)
7.6480 g., 0.9170 Silver 0.2255 oz. ASW **Ruler:** Louis XV **Obv:** Young bust of Louis XV right **Rev:** Crowned circular arms **Mint:** Reims

Date	Mintage	VG	F	VF	XF	Unc
1716S	—	22.50	65.00	130	350	775

KM# 419.16 30 SOLS (1/4 ECU)
7.6480 g., 0.9170 Silver 0.2255 oz. ASW **Ruler:** Louis XV **Obv:** Young bust of Louis XV right **Rev:** Crowned circular arms **Mint:** Nantes

Date	Mintage	VG	F	VF	XF	Unc
1716T	—	22.50	65.00	130	350	775
1718T	—	27.50	95.00	185	450	975

KM# 419.17 30 SOLS (1/4 ECU)
7.6480 g., 0.9170 Silver 0.2255 oz. ASW **Ruler:** Louis XV **Obv:** Young bust of Louis XV right **Rev:** Crowned circular arms **Mint:** Troyes

Date	Mintage	VG	F	VF	XF	Unc
1716V	—	22.50	65.00	130	350	775

KM# 419.18 30 SOLS (1/4 ECU)
7.6480 g., 0.9170 Silver 0.2255 oz. ASW **Ruler:** Louis XV **Obv:** Young bust of Louis XV right **Rev:** Crowned circular arms **Mint:** Lille

Date	Mintage	VG	F	VF	XF	Unc
1716W	—	22.50	65.00	130	350	775
1717W	—	22.50	65.00	130	350	775
1718W	—	22.50	65.00	130	375	—

KM# 419.19 30 SOLS (1/4 ECU)
7.6480 g., 0.9170 Silver 0.2255 oz. ASW **Ruler:** Louis XV **Obv:** Young bust of Louis XV right **Rev:** Crowned circular arms **Mint:** Amiens

Date	Mintage	VG	F	VF	XF	Unc
1716X	—	22.50	65.00	130	350	775

KM# 419.20 30 SOLS (1/4 ECU)
7.6480 g., 0.9170 Silver 0.2255 oz. ASW **Ruler:** Louis XV **Obv:** Young bust of Louis XV right **Rev:** Crowned circular arms **Mint:** Bourges

Date	Mintage	VG	F	VF	XF	Unc
1716Y	—	22.50	65.00	130	350	775

KM# 419.21 30 SOLS (1/4 ECU)
7.6480 g., 0.9170 Silver 0.2255 oz. ASW **Ruler:** Louis XV **Obv:** Young bust right **Obv. Legend:** LVD • XV • D • G • FR • ET • NAV • REX **Rev:** Crowned circular arms **Rev. Legend:** SIT NOMEN • DOMINI • BENEDICTVM **Mint:** Grenoble

Date	Mintage	VG	F	VF	XF	Unc
1716Z	77,000	22.50	65.00	130	350	775

KM# 419.22 30 SOLS (1/4 ECU)
7.6480 g., 0.9170 Silver 0.2255 oz. ASW **Ruler:** Louis XV **Mint:** Rennes **Note:** Mint mark: 9.

Date	Mintage	VG	F	VF	XF	Unc
1716	—	22.50	65.00	130	350	775
1717	—	22.50	65.00	130	350	775

KM# 419.23 30 SOLS (1/4 ECU)
7.6480 g., 0.9170 Silver 0.2255 oz. ASW **Ruler:** Louis XV **Mint:** Aix **Note:** Mint mark: &.

Date	Mintage	VG	F	VF	XF	Unc
1716	—	22.50	65.00	130	350	775
1717	—	27.50	95.00	185	450	975

KM# 419.24 30 SOLS (1/4 ECU)
7.6480 g., 0.9170 Silver 0.2255 oz. ASW **Ruler:** Louis XV **Obv:** Young bust of Louis XV right **Rev:** Crowned circular arms **Mint:** Pau

Date	Mintage	VG	F	VF	XF	Unc
1716	—	—	325	650	1,300	—

KM# 433.1 30 SOLS (1/4 ECU)
6.1180 g., 0.9170 Silver 0.1804 oz. ASW **Ruler:** Louis XV **Obv:** Young laureate armored bust right **Obv. Legend:** LUD • XV • D • G • FR • ET • NAV • REX • **Rev:** Crowned arms of France and Navarre quartered **Rev. Legend:** SIT NOMEN • DOMINI • BENEDICTVM **Mint:** Paris **Note:** Issued for Navarre.

Date	Mintage	VG	F	VF	XF	Unc
1718A	—	35.00	80.00	200	500	1,100

KM# 433.2 30 SOLS (1/4 ECU)
6.1180 g., 0.9170 Silver 0.1804 oz. ASW **Ruler:** Louis XV **Mint:** Metz

Date	Mintage	VG	F	VF	XF	Unc
1718AA	—	35.00	80.00	200	500	1,100

KM# 433.3 30 SOLS (1/4 ECU)
6.1180 g., 0.9170 Silver 0.1804 oz. ASW **Ruler:** Louis XV **Mint:** Rouen

Date	Mintage	VG	F	VF	XF	Unc
1718B	48,000	35.00	80.00	200	500	1,100
1719B	—	40.00	95.00	225	600	1,320

KM# 433.4 30 SOLS (1/4 ECU)
6.1180 g., 0.9170 Silver 0.1804 oz. ASW **Ruler:** Louis XV **Mint:** Strasbourg

Date	Mintage	VG	F	VF	XF	Unc
1718BB	—	35.00	80.00	200	500	1,100

KM# 433.5 30 SOLS (1/4 ECU)
6.1180 g., 0.9170 Silver 0.1804 oz. ASW **Ruler:** Louis XV **Mint:** Lyon

Date	Mintage	VG	F	VF	XF	Unc
1718D	—	35.00	80.00	200	500	1,100
1719D	—	40.00	95.00	225	600	1,320

KM# 433.6 30 SOLS (1/4 ECU)
6.1180 g., 0.9170 Silver 0.1804 oz. ASW **Ruler:** Louis XV **Mint:** Poitiers

Date	Mintage	VG	F	VF	XF	Unc
1718G	—	40.00	95.00	225	600	1,320

KM# 433.7 30 SOLS (1/4 ECU)
6.1180 g., 0.9170 Silver 0.1804 oz. ASW **Ruler:** Louis XV **Mint:** La Rochelle

Date	Mintage	VG	F	VF	XF	Unc
1718H	—	35.00	80.00	200	500	1,100

KM# 433.8 30 SOLS (1/4 ECU)
6.1180 g., 0.9170 Silver 0.1804 oz. ASW **Ruler:** Louis XV **Mint:** Reims

Date	Mintage	VG	F	VF	XF	Unc
1718S	—	35.00	80.00	200	500	1,100

KM# 433.9 30 SOLS (1/4 ECU)
6.1180 g., 0.9170 Silver 0.1804 oz. ASW **Ruler:** Louis XV **Mint:** Nantes

Date	Mintage	VG	F	VF	XF	Unc
1718T	—	35.00	80.00	200	500	1,100

KM# 433.10 30 SOLS (1/4 ECU)
6.1180 g., 0.9170 Silver 0.1804 oz. ASW **Ruler:** Louis XV **Obv:** Young bust right **Obv. Legend:** LVD • XV • D • G • FR • ET • NAV • REX **Rev:** Crowned arms of France and Navarre quartered **Rev. Legend:** SIT NOMEN DOMINI BENEDICTVM **Mint:** Troyes

Date	Mintage	VG	F	VF	XF	Unc
1718V	229,000	35.00	80.00	200	500	1,100

KM# 433.11 30 SOLS (1/4 ECU)
6.1180 g., 0.9170 Silver 0.1804 oz. ASW **Ruler:** Louis XV **Obv:** Young bust of Louis XV right **Rev:** Crowned arms of France and Navarre quartered **Mint:** Lille

Date	Mintage	VG	F	VF	XF	Unc
1718W	—	35.00	80.00	200	500	1,100

KM# 433.12 30 SOLS (1/4 ECU)
6.1180 g., 0.9170 Silver 0.1804 oz. ASW **Ruler:** Louis XV **Obv:** Young bust of Louis XV right **Rev:** Crowned arms of France and Navarre quartered **Mint:** Amiens

Date	Mintage	VG	F	VF	XF	Unc
1718X	—	35.00	80.00	200	500	1,100

KM# 433.13 30 SOLS (1/4 ECU)
6.1180 g., 0.9170 Silver 0.1804 oz. ASW **Ruler:** Louis XV **Obv:** Young bust of Louis XV right **Rev:** Crowned arms of France and Navarre quartered **Mint:** Grenoble

Date	Mintage	VG	F	VF	XF	Unc
1718Z	30,000	40.00	95.00	225	600	1,320

KM# 433.14 30 SOLS (1/4 ECU)
6.1180 g., 0.9170 Silver 0.1804 oz. ASW **Ruler:** Louis XV **Obv:** Young bust of Louis XV right **Rev:** Crowned arms of France and Navarre quartered **Mint:** Besançon **Note:** Mint mark: Back to back C's.

Date	Mintage	VG	F	VF	XF	Unc
1718	—	40.00	95.00	225	600	1,320

KM# 433.15 30 SOLS (1/4 ECU)
6.1180 g., 0.9170 Silver 0.1804 oz. ASW **Ruler:** Louis XV **Obv:** Young bust of Louis XV right **Rev:** Crowned arms of France and Navarre quartered **Mint:** Pau

Date	Mintage	VG	F	VF	XF	Unc
1718	—	—	550	1,000	1,800	—

KM# 476.1 30 SOLS (1/4 ECU)
5.8950 g., 0.9170 Silver 0.1738 oz. ASW **Ruler:** Louis XV **Obv:** Young armored bust of Louis XV right **Rev:** 8 L's cruciform with crowns in angles **Mint:** Paris

Date	Mintage	VG	F	VF	XF	Unc
1725A	—	40.00	100	250	600	1,320

KM# 476.2 30 SOLS (1/4 ECU)
5.8950 g., 0.9170 Silver 0.1738 oz. ASW **Ruler:** Louis XV **Obv:** Young armored bust of Louis XV right **Rev:** 8 L's cruciform with crowns in angles **Mint:** Metz

Date	Mintage	VG	F	VF	XF	Unc
1725AA	—	45.00	110	275	675	1,480

KM# 476.3 30 SOLS (1/4 ECU)
5.8950 g., 0.9170 Silver 0.1738 oz. ASW **Ruler:** Louis XV **Obv:** Young armored bust of Louis XV right **Rev:** 8 L's cruciform with crowns in angles **Mint:** Rouen

Date	Mintage	VG	F	VF	XF	Unc
1725B	—	45.00	110	275	675	1,480

KM# 476.4 30 SOLS (1/4 ECU)
5.8950 g., 0.9170 Silver 0.1738 oz. ASW **Ruler:** Louis XV **Obv:** Young armored bust of Louis XV right **Rev:** 8 L's cruciform with crowns in angles **Mint:** Strasbourg

Date	Mintage	VG	F	VF	XF	Unc
1725BB	—	45.00	110	275	675	1,480

KM# 476.5 30 SOLS (1/4 ECU)
5.8950 g., 0.9170 Silver 0.1738 oz. ASW **Ruler:** Louis XV **Obv:** Young armored bust of Louis XV right **Rev:** 8 L's cruciform with crowns in angles **Mint:** Lyon

Date	Mintage	VG	F	VF	XF	Unc
1725D	251,000	45.00	110	275	675	1,480

KM# 476.6 30 SOLS (1/4 ECU)
5.8950 g., 0.9170 Silver 0.1738 oz. ASW **Ruler:** Louis XV **Obv:** Young armored bust of Louis XV right **Rev:** 8 L's cruciform with crowns in angles **Mint:** Poitiers

Date	Mintage	VG	F	VF	XF	Unc
1725G	42,000	45.00	110	275	675	1,480

KM# 476.7 30 SOLS (1/4 ECU)
5.8950 g., 0.9170 Silver 0.1738 oz. ASW **Ruler:** Louis XV **Obv:** Young armored bust of Louis XV right **Rev. Designer:** 8 L's cruciform with crowns in angles **Mint:** Montpellier

Date	Mintage	VG	F	VF	XF	Unc
1725N	544,000	40.00	100	250	600	1,320

KM# 476.8 30 SOLS (1/4 ECU)
5.8950 g., 0.9170 Silver 0.1738 oz. ASW **Ruler:** Louis XV **Obv:** Young armored bust of Louis XV right **Rev:** 8 L's cruciform with crowns in angles **Mint:** Lille

Date	Mintage	VG	F	VF	XF	Unc
1725W	—	45.00	110	275	675	1,480

KM# 476.9 30 SOLS (1/4 ECU)
5.8950 g., 0.9170 Silver 0.1738 oz. ASW **Ruler:** Louis XV **Obv:** Young armored bust of Louis XV right **Rev:** 8 L's cruciform with crowns in angles **Mint:** Amiens

Date	Mintage	VG	F	VF	XF	Unc
1725X	—	45.00	110	275	675	1,480

KM# 606.1 30 SOLS
10.0000 g., 0.6660 Silver 0.2141 oz. ASW **Obv:** Head left **Obv. Legend:** LOUIS XVI ROI DES FRANCOIS **Rev:** Standing Genius writing the Constitution **Rev. Legend:** REGNE DE LA LOI • **Mint:** Paris

Date	Mintage	VG	F	VF	XF	Unc
1791A	1,125,000	10.00	25.00	75.00	175	380
1792A	—	10.00	25.00	75.00	175	380

KM# 607.1 30 SOLS
10.0000 g., 0.6660 Silver 0.2141 oz. ASW **Obv:** Legend ends: FRANCAIS **Mint:** Strasbourg

Date	Mintage	VG	F	VF	XF	Unc
1791BB	18,000	30.00	80.00	200	400	875
1792BB	—	25.00	60.00	150	350	770
1793BB	—	30.00	80.00	200	400	875

KM# 371 33 SOLS
9.2950 g., 0.8330 Silver 0.2489 oz. ASW **Ruler:** Louis XIV **Obv:** Sceptre with hand of Justice crosses sword, 3 fleur-de-lis, crown in angles **Obv. Legend:** ARGENTINENSIS MONETA NOVA **Rev:** Crowned circular shield of France, palms at side **Rev. Legend:** BENEDICTUM 1705 SIT • NOMEN • DOMINI **Mint:** Strasbourg

Date	Mintage	VG	F	VF	XF	Unc
1705BB	—	40.00	90.00	185	275	600
1706BB	—	55.00	125	250	400	875
1707BB	—	45.00	100	200	300	650
1708BB	—	65.00	160	325	500	1,100

KM# 408.1 1/20 ECU
1.5240 g., 0.9170 Silver 0.0449 oz. ASW **Ruler:** Louis XIV **Obv:** Mailed bust right **Rev:** 3 crowns, 3 fleur-de-lis, mint mark at center **Mint:** Paris

Date	Mintage	VG	F	VF	XF	Unc
1713A	—	150	300	500	950	2,000

KM# 408.2 1/20 ECU
1.5240 g., 0.9170 Silver 0.0449 oz. ASW **Ruler:** Louis XIV **Obv:** Mailed bust right **Rev:** 3 Crowns, 3 fleur-de-lis, mint mark at center **Mint:** Rouen

Date	Mintage	VG	F	VF	XF	Unc
1712B	—	125	275	450	900	1,980

KM# 408.3 1/20 ECU
1.5240 g., 0.9170 Silver 0.0449 oz. ASW **Ruler:** Louis XIV **Obv:** Mailed bust right **Rev:** 3 Crowns, 3 fleur-de-lis, mint mark at center **Mint:** Lyon

Date	Mintage	VG	F	VF	XF	Unc
1710D	—	125	275	450	900	1,875
1711D	—	175	350	600	1,200	2,600

KM# 408.4 1/20 ECU
1.5240 g., 0.9170 Silver 0.0449 oz. ASW **Ruler:** Louis XIV **Obv:** Mailed bust right **Rev:** 3 Crowns, 3 fleur-de-lis, mint mark at center **Mint:** Tours

Date	Mintage	VG	F	VF	XF	Unc
1711E	—	175	350	575	1,150	2,550
1712E	—	—	—	—	—	—
1713E	—	—	—	—	—	—

KM# 408.5 1/20 ECU
1.5240 g., 0.9170 Silver 0.0449 oz. ASW **Ruler:** Louis XIV **Obv:** Mailed bust right **Rev:** 3 Crowns, 3 fleur-de-lis, mint mark at center **Mint:** Poitiers

Date	Mintage	VG	F	VF	XF	Unc
1711G	—	150	300	500	950	2,000

KM# 408.6 1/20 ECU
1.5240 g., 0.9170 Silver 0.0449 oz. ASW **Ruler:** Louis XIV **Obv:** Mailed bust right **Rev:** 3 Crowns, 3 fleur-de-lis, mint mark at center **Mint:** La Rochelle

Date	Mintage	VG	F	VF	XF	Unc
1715H	—	225	450	750	1,500	3,250

KM# 408.7 1/20 ECU
1.5240 g., 0.9170 Silver 0.0449 oz. ASW **Ruler:** Louis XIV **Obv:** Mailed bust right **Rev:** 3 Crowns, 3 fleur-de-lis, mint mark at center **Mint:** Limoges

Date	Mintage	VG	F	VF	XF	Unc
1711I	—	175	350	575	1,150	2,500

KM# 408.8 1/20 ECU
1.5240 g., 0.9170 Silver 0.0449 oz. ASW **Ruler:** Louis XIV **Obv:** Mailed bust right **Rev:** 3 Crowns, 3 fleur-de-lis, mint mark at center **Mint:** Toulouse

Date	Mintage	VG	F	VF	XF	Unc
1710M	—	—	—	—	—	—
1712M	—	125	275	450	900	1,875
1713M	—	150	300	500	950	2,000

KM# 408.9 1/20 ECU
1.5240 g., 0.9170 Silver 0.0449 oz. ASW **Ruler:** Louis XIV **Obv:** Mailed bust right **Rev:** 3 Crowns, 3 fleur-de-lis, mint mark at center **Mint:** Montpellier

Date	Mintage	VG	F	VF	XF	Unc
1710N	—	125	275	450	900	1,875
1711N	—	150	300	500	950	2,000

KM# 408.10 1/20 ECU
1.5240 g., 0.9170 Silver 0.0449 oz. ASW **Ruler:** Louis XIV **Obv:** Mailed bust right **Rev:** 3 Crowns, 3 fleur-de-lis, mint mark at center **Mint:** Nantes

Date	Mintage	VG	F	VF	XF	Unc
1712T	—	125	275	450	900	1,980

KM# 408.11 1/20 ECU
1.5240 g., 0.9170 Silver 0.0449 oz. ASW **Ruler:** Louis XIV **Obv:** Mailed bust right **Rev:** 3 Crowns, 3 fleur-de-lis, mint mark at center **Mint:** Aix **Note:** Mint mark: &.

Date	Mintage	VG	F	VF	XF	Unc
1711	—	175	350	575	1,150	2,500

KM# 408.12 1/20 ECU
1.5240 g., 0.9170 Silver 0.0449 oz. ASW **Ruler:** Louis XIV **Obv:** Mailed bust right **Rev:** 3 Crowns, 3 fleur-de-lis, mint mark at center **Mint:** Rennes **Note:** Mint mark: 9.

Date	Mintage	VG	F	VF	XF	Unc
1711	—	125	275	450	900	1,980
1713	—	—	—	—	—	—
1715	—	—	—	—	—	—

KM# 408.13 1/20 ECU
1.5240 g., 0.9170 Silver 0.0449 oz. ASW **Ruler:** Louis XIV **Obv:** Mailed bust right **Rev:** 3 Crowns, 3 fleur-de-lis, mint mark at center **Mint:** Pau **Note:** Mint mark: Cow.

Date	Mintage	VG	F	VF	XF	Unc
1711	—	250	500	900	1,800	3,900

KM# 320 1/16 ECU
2.3500 g., 0.8570 Silver 0.0647 oz. ASW **Ruler:** Louis XIV **Rev:** Crowned quartered shield, crossed scepters, hand of Justice behind **Note:** Flandre

Date	Mintage	VG	F	VF	XF	Unc
1701W	—	200	800	1,800	—	—
1702W	—	200	800	1,800	—	—
1703	—	—	—	—	—	—

Note: No examples of this date are known

KM# 372 1/16 ECU
2.3500 g., 0.8570 Silver 0.0647 oz. ASW **Ruler:** Louis XIV **Mint:** Lille **Note:** Flandre

Date	Mintage	VG	F	VF	XF	Unc
1705W	—	225	800	1,850	—	—

KM# 477.6 1/16 ECU
1.4740 g., 0.9170 Silver 0.0435 oz. ASW **Ruler:** Louis XV **Obv:** Laureate bust right **Rev:** 4 Fleur-de-lis form square at center, 4 crowns separated by back to back L's surround **Mint:** Besançon **Note:** Mint mark: Back to back C's.

Date	Mintage	VG	F	VF	XF	Unc
1725	—	25.00	80.00	225	500	1,100

KM# 477.1 1/16 ECU
1.4740 g., 0.9170 Silver 0.0435 oz. ASW **Ruler:** Louis XV **Obv:** Young armored bust of Louis XV right **Rev:** 8 L's cruciform with crowns in angles **Mint:** Paris

Date	Mintage	VG	F	VF	XF	Unc
1725A	—	35.00	100	250	600	1,300

KM# 477.2 1/16 ECU
1.4740 g., 0.9170 Silver 0.0435 oz. ASW **Ruler:** Louis XV **Obv:** Laureate bust right **Obv. Legend:** LUD • XV • D • G • FR • ET • NAV • REX • **Rev:** 4 Fleur-de-lis form square at center, 4 crowns separated by back to back L's surround **Rev. Legend:** SIT NOMEN DOMINI BENEDICT • **Mint:** Metz

Date	Mintage	VG	F	VF	XF	Unc
1725AA	—	50.00	175	425	900	1,980

KM# 477.3 1/16 ECU
1.4740 g., 0.9170 Silver 0.0435 oz. ASW **Ruler:** Louis XV **Obv:** Laureate bust right **Rev:** 4 Fleur-de-lis form square at center, 4 crowns separated by back to back L's surround **Mint:** Caen

Date	Mintage	VG	F	VF	XF	Unc
1725C	23,000	35.00	100	250	600	1,300

KM# 477.4 1/16 ECU
1.4740 g., 0.9170 Silver 0.0435 oz. ASW **Ruler:** Louis XV **Obv:** Laureate bust right **Rev:** 4 Fleur-de-lis form square at center, 4 crowns separated by back to back L's surround **Mint:** Montpellier

Date	Mintage	VG	F	VF	XF	Unc
1725N	—	35.00	100	250	600	1,300

KM# 477.5 1/16 ECU

1.4740 g., 0.9170 Silver 0.0435 oz. ASW **Ruler:** Louis XV **Obv:** Laureate bust right **Rev:** 4 Fleur-de-lis form square at center, 4 crowns separated by back to back L's surround **Mint:** Orléans

Date	Mintage	VG	F	VF	XF	Unc
1725R	15,000	40.00	125	325	700	1,590

KM# 290.19 1/12 ECU (10 Sols)

2.2610 g., 0.9170 Silver 0.0667 oz. ASW **Ruler:** Louis XIV **Obv:** Mailed bust right **Rev:** Palm branches below crowned circular shield of France **Mint:** Besançon **Note:** Mint mark: Back-to-back C's.

Date	Mintage	VG	F	VF	XF	Unc
1701	—	100	200	400	850	1,870

KM# 321.1 1/12 ECU (10 Sols)

2.2610 g., 0.9170 Silver 0.0667 oz. ASW **Ruler:** Louis XIV **Obv:** Mailed bust right **Rev:** Crowned circular shield of France, crossed scepters and hand of Justice behind **Mint:** Paris

Date	Mintage	VG	F	VF	XF	Unc
1701A	—	45.00	110	225	575	1,260
1702A	—	—	—	175	385	840
1703A	—	45.00	110	225	575	1,260

KM# 321.2 1/12 ECU (10 Sols)

2.2610 g., 0.9170 Silver 0.0667 oz. ASW **Ruler:** Louis XIV **Obv:** Mailed bust right **Rev:** Crowned circular shield of France, crossed sceptres and hand of Justice behind **Mint:** Metz

Date	Mintage	VG	F	VF	XF	Unc
1702AA	—	50.00	125	260	750	1,650

KM# 321.3 1/12 ECU (10 Sols)

2.2610 g., 0.9170 Silver 0.0667 oz. ASW **Ruler:** Louis XIV **Obv:** Mailed bust right **Rev:** Crowned circular shield of France, crossed sceptres and hand of Justice behind **Mint:** Rouen

Date	Mintage	VG	F	VF	XF	Unc
1702B	—	45.00	110	225	575	1,260

KM# 321.4 1/12 ECU (10 Sols)

2.2610 g., 0.9170 Silver 0.0667 oz. ASW **Ruler:** Louis XIV **Obv:** Mailed bust right **Rev:** Crowned circular shield of France, crossed sceptres and hand of Justice behind **Mint:** Caen

Date	Mintage	VG	F	VF	XF	Unc
1702C	—	45.00	110	225	575	1,260

KM# 321.5 1/12 ECU (10 Sols)

2.2610 g., 0.9170 Silver 0.0667 oz. ASW **Ruler:** Louis XIV **Obv:** Mailed bust right **Rev:** Crowned circular shield of France, crossed sceptres and hand of Justice behind **Mint:** Lyon

Date	Mintage	VG	F	VF	XF	Unc
1702D	—	40.00	100	200	500	1,100
1703D	—	50.00	125	250	625	1,350
1704D	—	75.00	185	375	900	1,980

KM# 321.6 1/12 ECU (10 Sols)

2.2610 g., 0.9170 Silver 0.0667 oz. ASW **Ruler:** Louis XIV **Obv:** Mailed bust right **Rev:** Crowned circular shield of France, crossed sceptres and hand of Justice behind **Mint:** Tours

Date	Mintage	VG	F	VF	XF	Unc
1702E	—	45.00	110	225	575	1,260
1703E	—	60.00	150	300	750	1,650

KM# 321.7 1/12 ECU (10 Sols)

2.2610 g., 0.9170 Silver 0.0667 oz. ASW **Ruler:** Louis XIV **Obv:** Mailed bust right **Obv. Legend:** LVD • XIIII • D • G • FR • ET • NAV • REX • **Rev:** Crowned circular shield of France, crossed sceptres and hand of Justice behind **Rev. Legend:** BENEDICTVM SIT NOMEN DOMINI **Mint:** Poitiers

Date	Mintage	VG	F	VF	XF	Unc
1703G	—	50.00	125	250	625	1,350

KM# 321.8 1/12 ECU (10 Sols)

2.2610 g., 0.9170 Silver 0.0667 oz. ASW **Ruler:** Louis XIV **Obv:** Mailed bust right **Rev:** Crowned circular shield of France, crossed sceptres and hand of Justice behind **Mint:** La Rochelle

Date	Mintage	VG	F	VF	XF	Unc
1702H	—	50.00	125	250	625	1,350

KM# 321.9 1/12 ECU (10 Sols)

2.2610 g., 0.9170 Silver 0.0667 oz. ASW **Ruler:** Louis XIV **Obv:** Mailed bust right **Rev:** Crowned circular shield of France, crossed sceptres and hand of Justice behind **Mint:** Limoges

Date	Mintage	VG	F	VF	XF	Unc
1702I	—	50.00	125	250	625	1,350

KM# 321.10 1/12 ECU (10 Sols)

2.2610 g., 0.9170 Silver 0.0667 oz. ASW **Ruler:** Louis XIV **Obv:** Mailed bust right **Rev:** Crowned circular shield of France, crossed sceptres and hand of Justice behind **Mint:** Toulouse

Date	Mintage	VG	F	VF	XF	Unc
1703M	—	75.00	185	375	900	1,980

KM# 321.11 1/12 ECU (10 Sols)

2.2610 g., 0.9170 Silver 0.0667 oz. ASW **Ruler:** Louis XIV **Obv:** Mailed bust right **Rev:** Crowned circular shield of France, crossed sceptres and hand of Justice behind **Mint:** Montpellier

Date	Mintage	VG	F	VF	XF	Unc
1702N	204,000	45.00	110	225	575	1,260
1703N	20,000	—	—	—	—	—

KM# 321.12 1/12 ECU (10 Sols)

2.2610 g., 0.9170 Silver 0.0667 oz. ASW **Ruler:** Louis XIV **Obv:** Mailed bust right **Rev:** Crowned circular shield of France, crossed sceptres and hand of Justice behind **Mint:** Dijon

Date	Mintage	VG	F	VF	XF	Unc
1702P	—	40.00	100	200	500	1,100

KM# 321.13 1/12 ECU (10 Sols)

2.2610 g., 0.9170 Silver 0.0667 oz. ASW **Ruler:** Louis XIV **Obv:** Mailed bust right **Rev:** Crowned circular shield of France, crossed sceptres and hand of Justice behind **Mint:** Troyes

Date	Mintage	VG	F	VF	XF	Unc
1702S	—	50.00	125	250	625	1,350

KM# 321.14 1/12 ECU (10 Sols)

2.2610 g., 0.9170 Silver 0.0667 oz. ASW **Ruler:** Louis XIV **Obv:** Mailed bust right **Rev:** Crowned circular shield of France, crossed sceptres and hand of Justice behind **Mint:** Nantes

Date	Mintage	VG	F	VF	XF	Unc
1702T	—	50.00	125	250	625	1,350

KM# 321.15 1/12 ECU (10 Sols)

2.2610 g., 0.9170 Silver 0.0667 oz. ASW **Ruler:** Louis XIV **Obv:** Mailed bust right **Rev:** Crowned circular shield of France, crossed sceptres and hand of Justice behind **Mint:** Troyes

Date	Mintage	VG	F	VF	XF	Unc
1702V	91,000	50.00	125	250	625	1,350
1703V	910,000	—	—	—	—	—

KM# 321.16 1/12 ECU (10 Sols)

2.2610 g., 0.9170 Silver 0.0667 oz. ASW **Ruler:** Louis XIV **Obv:** Mailed bust right **Rev:** Crowned circular shield of France, crossed sceptres and hand of Justice behind **Mint:** Lille

Date	Mintage	VG	F	VF	XF	Unc
1702W	481,000	40.00	100	200	500	1,100
1703W	17,000	—	—	—	—	—

KM# 321.17 1/12 ECU (10 Sols)

2.2610 g., 0.9170 Silver 0.0667 oz. ASW **Ruler:** Louis XIV **Obv:** Mailed bust right **Rev:** Crowned circular shield of France, crossed sceptres and hand of Justice behind **Mint:** Amiens

Date	Mintage	VG	F	VF	XF	Unc
1702X	—	60.00	150	300	750	1,650
1703X	—	75.00	185	375	900	1,980

KM# 321.18 1/12 ECU (10 Sols)

2.2610 g., 0.9170 Silver 0.0667 oz. ASW **Ruler:** Louis XIV **Obv:** Mailed bust right **Rev:** Crowned circular shield of France, crossed sceptres and hand of Justice behind **Mint:** Bourges

Date	Mintage	VG	F	VF	XF	Unc
1702Y	—	60.00	150	300	750	1,650

KM# 321.19 1/12 ECU (10 Sols)

2.2610 g., 0.9170 Silver 0.0667 oz. ASW **Ruler:** Louis XIV **Obv:** Mailed bust right **Rev:** Crowned circular shield of France, crossed sceptres and hand of Justice behind **Mint:** Rennes **Note:** Mint mark: 9.

Date	Mintage	VG	F	VF	XF	Unc
1702	—	50.00	125	250	625	1,350

KM# 321.20 1/12 ECU (10 Sols)

2.2610 g., 0.9170 Silver 0.0667 oz. ASW **Ruler:** Louis XIV **Mint:** Aix **Note:** Mint mark: &.

Date	Mintage	VG	F	VF	XF	Unc
1702	—	50.00	125	250	625	1,350

KM# 321.21 1/12 ECU (10 Sols)

2.2610 g., 0.9170 Silver 0.0667 oz. ASW **Ruler:** Louis XIV **Obv:** Mailed bust right **Rev:** Crowned circular shield of France, crossed sceptres and hand of Justice behind **Mint:** Besançon **Note:** Mint mark: Back to back C's.

Date	Mintage	VG	F	VF	XF	Unc
1702	—	60.00	150	300	750	1,650

KM# 322 1/12 ECU (10 Sols)

2.2610 g., 0.9170 Silver 0.0667 oz. ASW **Ruler:** Louis XIV **Rev:** Crowned circular shield of France, Navarre and Bearn crossed scepters and hand of Justice behind **Mint:** Pau **Note:** Mint mark: Cow.

Date	Mintage	VG	F	VF	XF	Unc
1701 Rare	—	—	—	—	—	—

KM# 339 1/12 ECU (10 Sols)

2.2610 g., 0.9170 Silver 0.0667 oz. ASW **Ruler:** Louis XIV **Rev:** Crowned circular shield of Dauphine **Mint:** Grenoble

Date	Mintage	VG	F	VF	XF	Unc
1702Z	—	1,000	2,000	3,500	5,000	—
1703Z	—	1,200	2,200	4,000	6,000	—

KM# 350.1 1/12 ECU (10 Sols)

2.2610 g., 0.9170 Silver 0.0667 oz. ASW **Ruler:** Louis XIV **Obv:** Armored bust right **Rev:** 8 crowned L's cruciform, fleur-de-lis in angles **Mint:** Paris

Date	Mintage	VG	F	VF	XF	Unc
1704A	1,647,000	50.00	135	300	750	1,600
1705A	—	50.00	135	300	750	1,600

KM# 350.2 1/12 ECU (10 Sols)

2.2610 g., 0.9170 Silver 0.0667 oz. ASW **Ruler:** Louis XIV **Obv:** Armored bust right **Rev:** 8 Crowned L's cruciform, fleur-de-lis in angles **Mint:** Rouen

Date	Mintage	VG	F	VF	XF	Unc
1704B	—	80.00	200	425	950	2,100

KM# 350.3 1/12 ECU (10 Sols)

2.2610 g., 0.9170 Silver 0.0667 oz. ASW **Ruler:** Louis XIV **Obv:** Armored bust right **Rev:** 8 Crowned L's cruciform, fleur-de-lis in angles **Mint:** Caen

Date	Mintage	VG	F	VF	XF	Unc
1704C	—	80.00	200	425	950	2,100
1705C	—	80.00	200	425	950	2,100

KM# 350.4 1/12 ECU (10 Sols)

2.2610 g., 0.9170 Silver 0.0667 oz. ASW **Ruler:** Louis XIV **Obv:** Armored bust right **Rev:** 8 Crowned L's cruciform, fleur-de-lis in angles **Mint:** Lyon

Date	Mintage	VG	F	VF	XF	Unc
1704D	83,000	80.00	200	425	950	2,100
1705D	18,000	—	—	—	—	—

KM# 350.5 1/12 ECU (10 Sols)

2.2610 g., 0.9170 Silver 0.0667 oz. ASW **Ruler:** Louis XIV **Obv:** Armored bust right **Rev:** 8 Crowned L's cruciform, fleur-de-lis in angles **Mint:** La Rochelle

Date	Mintage	VG	F	VF	XF	Unc
1704H	—	80.00	200	425	950	2,100

KM# 350.6 1/12 ECU (10 Sols)

2.2610 g., 0.9170 Silver 0.0667 oz. ASW **Ruler:** Louis XIV **Obv:** Armored bust right **Rev:** 8 Crowned L's cruciform, fleur-de-lis in angles **Mint:** Limoges

Date	Mintage	VG	F	VF	XF	Unc
1704I	—	80.00	200	425	950	2,100

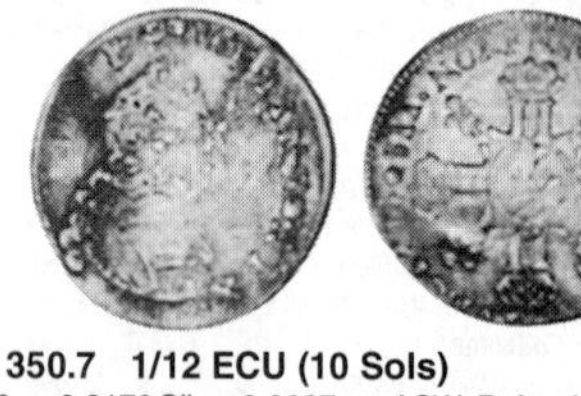

KM# 350.7 1/12 ECU (10 Sols)

2.2610 g., 0.9170 Silver 0.0667 oz. ASW **Ruler:** Louis XIV **Obv:** Armored bust right **Rev:** 8 Crowned L's cruciform, fleur-de-lis in angles **Mint:** Bordeaux

Date	Mintage	VG	F	VF	XF	Unc
1704K	—	—	—	—	—	—
1705K	—	80.00	200	425	950	2,100

KM# 350.8 1/12 ECU (10 Sols)

2.2610 g., 0.9170 Silver 0.0667 oz. ASW **Ruler:** Louis XIV **Obv:** Armored bust right **Rev:** 8 Crowned L's cruciform, fleur-de-lis in angles **Mint:** Toulouse

Date	Mintage	VG	F	VF	XF	Unc
1704M	—	80.00	200	425	950	2,100
1705M	—	100	220	450	1,000	2,400

KM# 350.9 1/12 ECU (10 Sols)

2.2610 g., 0.9170 Silver 0.0667 oz. ASW **Ruler:** Louis XIV **Obv:** Armored right **Rev:** 8 Crowned L's cruciform, fleur-de-lis in angles **Mint:** Montpellier

Date	Mintage	VG	F	VF	XF	Unc
1704N	27,000	—	—	—	—	—
1705N	59,000	—	—	—	—	—

KM# 350.10 1/12 ECU (10 Sols)

2.2610 g., 0.9170 Silver 0.0667 oz. ASW **Ruler:** Louis XIV **Obv:** Armored bust right **Rev:** 8 Crowned L's cruciform, fleur-de-lis in angles **Mint:** Dijon

Date	Mintage	VG	F	VF	XF	Unc
1704P	—	80.00	200	425	950	2,100

KM# 350.11 1/12 ECU (10 Sols)

2.2610 g., 0.9170 Silver 0.0667 oz. ASW **Ruler:** Louis XIV **Obv:** Armored bust right **Rev:** 8 Crowned L's cruciform, fleur-de-lis in angles **Mint:** Riom

Date	Mintage	VG	F	VF	XF	Unc
1705O	—	100	200	450	1,000	2,400

KM# 350.12 1/12 ECU (10 Sols)

2.2610 g., 0.9170 Silver 0.0667 oz. ASW **Ruler:** Louis XIV **Obv:** Armored bust right **Rev:** 8 Crowned L's cruciform, fleur-de-lis in angles **Mint:** Troyes

Date	Mintage	VG	F	VF	XF	Unc
1704S	—	80.00	200	425	950	2,000
1705S	—	—	—	—	—	—

KM# 350.13 1/12 ECU (10 Sols)

2.2610 g., 0.9170 Silver 0.0667 oz. ASW **Ruler:** Louis XIV **Obv:** Armored bust right **Rev:** 8 Crowned L's cruciform, fleur-de-lis in angles **Mint:** Nantes

Date	Mintage	VG	F	VF	XF	Unc
1704T	—	—	—	—	—	—
1705T	—	100	220	450	1,000	2,400

KM# 350.14 1/12 ECU (10 Sols)

2.2610 g., 0.9170 Silver 0.0667 oz. ASW **Ruler:** Louis XIV **Obv:** Armored bust right **Rev:** 8 Crowned L's cruciform, fleur-de-lis in angles **Mint:** Troyes

Date	Mintage	VG	F	VF	XF	Unc
1704V	89,000	—	—	—	—	—
1705V	89,000	—	—	—	—	—

KM# 350.15 1/12 ECU (10 Sols)

2.2610 g., 0.9170 Silver 0.0667 oz. ASW **Ruler:** Louis XIV **Obv:** Armored bust right **Rev:** 8 Crowned L's cruciform, fleur-de-lis in angles **Mint:** Lille

Date	Mintage	VG	F	VF	XF	Unc
1704W	420,000	75.00	185	400	900	1,980
1705W	—	—	—	—	—	—

KM# 350.16 1/12 ECU (10 Sols)

2.2610 g., 0.9170 Silver 0.0667 oz. ASW **Ruler:** Louis XIV **Obv:** Armored bust right **Rev:** 8 Crowned L's cruciform, fleur-de-lis in angles **Mint:** Amiens

Date	Mintage	VG	F	VF	XF	Unc
1704X	—	80.00	200	425	950	2,100

KM# 350.17 1/12 ECU (10 Sols)
2.2610 g., 0.9170 Silver 0.0667 oz. ASW **Ruler:** Louis XIV **Obv:** Armored bust right **Rev:** 8 Crowned L's cruciform, fleur-de-lis in angles **Mint:** Bourges

Date	Mintage	VG	F	VF	XF	Unc
1705Y	—	80.00	200	425	950	2,100

KM# 350.18 1/12 ECU (10 Sols)
2.2610 g., 0.9170 Silver 0.0667 oz. ASW **Ruler:** Louis XIV **Obv:** Armored bust right **Rev:** 8 Crowned L's cruciform, fleur-de-lis in angles **Mint:** Grenoble

Date	Mintage	VG	F	VF	XF	Unc
1704Z	—	80.00	200	425	950	2,100

KM# 350.19 1/12 ECU (10 Sols)
2.2610 g., 0.9170 Silver 0.0667 oz. ASW **Ruler:** Louis XIV **Obv:** Armored bust right **Rev:** 8 Crowned L's cruciform, fleur-de-lis in angles **Mint:** Aix **Note:** Mint mark: &.

Date	Mintage	VG	F	VF	XF	Unc
1704	—	—	—	—	—	—
1705	—	—	—	—	—	—

KM# 350.20 1/12 ECU (10 Sols)
2.2610 g., 0.9170 Silver 0.0667 oz. ASW **Ruler:** Louis XIV **Obv:** Armored bust right **Rev:** 8 Crowned L's cruciform, fleur-de-lis in angles **Mint:** Rennes **Note:** Mint mark: 9.

Date	Mintage	VG	F	VF	XF	Unc
1704	—	80.00	200	425	950	2,000
1705	—	100	220	500	1,000	2,400

KM# 351 1/12 ECU (10 Sols)
2.2610 g., 0.9170 Silver 0.0667 oz. ASW **Ruler:** Louis XIV **Obv:** Laureate head right **Mint:** Amiens

Date	Mintage	VG	F	VF	XF	Unc
1704X	—	250	500	1,000	—	—
1705X	—	250	500	1,000	—	—

KM# 463.1 1/12 ECU (10 Sols)
2.2610 g., 0.9170 Silver 0.0667 oz. ASW **Ruler:** Louis XV **Obv:** Young laureate bust right **Rev:** Crowned arms in square shield **Mint:** Paris

Date	Mintage	VG	F	VF	XF	Unc
1721A	—	4.00	7.00	25.00	65.00	140
1722A	—	6.00	14.00	40.00	100	210

KM# 463.2 1/12 ECU (10 Sols)
2.2610 g., 0.9170 Silver 0.0667 oz. ASW **Ruler:** Louis XV **Obv:** Young laureate bust right **Rev:** Crowned arms of France **Mint:** Rouen

Date	Mintage	VG	F	VF	XF	Unc
1721B	—	6.00	14.00	40.00	100	210
1722B	—	6.00	14.00	40.00	100	210

KM# 463.3 1/12 ECU (10 Sols)
2.2610 g., 0.9170 Silver 0.0667 oz. ASW **Ruler:** Louis XV **Mint:** Caen

Date	Mintage	VG	F	VF	XF	Unc
1720C	92,000	6.00	14.00	40.00	100	210
1721C	6,676,000	4.00	7.00	25.00	65.00	140

KM# 463.4 1/12 ECU (10 Sols)
2.2610 g., 0.9170 Silver 0.0667 oz. ASW **Ruler:** Louis XV **Obv:** Young laureate bust right **Rev:** Crowned arms of France **Mint:** Lyon

Date	Mintage	VG	F	VF	XF	Unc
1722D	105,000	6.00	14.00	40.00	100	210

KM# 463.5 1/12 ECU (10 Sols)
2.2610 g., 0.9170 Silver 0.0667 oz. ASW **Ruler:** Louis XV **Obv:** Young laureate bust right **Rev:** Crowned arms of France **Mint:** Tours

Date	Mintage	VG	F	VF	XF	Unc
1722E	—	6.00	14.00	40.00	100	210

KM# 463.6 1/12 ECU (10 Sols)
2.2610 g., 0.9170 Silver 0.0667 oz. ASW **Ruler:** Louis XV **Obv:** Young laureate bust right **Rev:** Crowned arms of France **Mint:** Poitiers

Date	Mintage	VG	F	VF	XF	Unc
1722G	—	6.00	14.00	40.00	100	210

KM# 463.7 1/12 ECU (10 Sols)
2.2610 g., 0.9170 Silver 0.0667 oz. ASW **Ruler:** Louis XV **Obv:** Young laureate bust right **Rev:** Crowned arms of France **Mint:** Limoges

Date	Mintage	VG	F	VF	XF	Unc
1721I	—	9.00	20.00	55.00	120	210

KM# 463.8 1/12 ECU (10 Sols)
2.2610 g., 0.9170 Silver 0.0667 oz. ASW **Ruler:** Louis XV **Obv:** Young laureate bust right **Rev:** Crowned arms of France **Mint:** Bayonne

Date	Mintage	VG	F	VF	XF	Unc
1723L	—	6.00	14.00	40.00	100	210

KM# 463.9 1/12 ECU (10 Sols)
2.2610 g., 0.9170 Silver 0.0667 oz. ASW **Ruler:** Louis XV **Obv:** Young laureate bust right **Rev:** Crowned arms of France **Mint:** Dijon

Date	Mintage	VG	F	VF	XF	Unc
1721P	—	8.00	16.00	42.00	100	210

KM# 463.10 1/12 ECU (10 Sols)
2.2610 g., 0.9170 Silver 0.0667 oz. ASW **Ruler:** Louis XV **Mint:** Perpignan

Date	Mintage	VG	F	VF	XF	Unc
1720Q	—	6.00	14.00	40.00	100	210

KM# 463.11 1/12 ECU (10 Sols)
2.2610 g., 0.9170 Silver 0.0667 oz. ASW **Ruler:** Louis XV **Obv:** Young laureate bust right **Obv. Legend:** LUD • XV • D • G • FR • ET • NAV • REX • **Rev:** Crowned arms of France **Rev. Legend:** SIT NOMEN DOMINI BENEDICTUM **Mint:** Orléans

Date	Mintage	VG	F	VF	XF	Unc
1720R	18,000	8.00	20.00	55.00	140	300
1721R	128,000	6.00	14.00	40.00	100	210

KM# 463.12 1/12 ECU (10 Sols)
2.2610 g., 0.9170 Silver 0.0667 oz. ASW **Ruler:** Louis XV **Obv:** Young laureate bust right **Rev:** Crowned arms of France **Mint:** Reims

Date	Mintage	VG	F	VF	XF	Unc
1721S	—	6.00	14.00	40.00	100	210
1722S	—	6.00	14.00	40.00	100	210

KM# 463.13 1/12 ECU (10 Sols)
2.2610 g., 0.9170 Silver 0.0667 oz. ASW **Ruler:** Louis XV **Obv:** Young laureate bust right **Rev:** Crowned arms of France **Mint:** Nantes

Date	Mintage	VG	F	VF	XF	Unc
1721T	—	6.00	16.00	42.00	100	210

KM# 463.14 1/12 ECU (10 Sols)
2.2610 g., 0.9170 Silver 0.0667 oz. ASW **Ruler:** Louis XV **Obv:** Young laureate bust right **Rev:** Crowned arms of France **Mint:** Troyes

Date	Mintage	VG	F	VF	XF	Unc
1721V	—	6.00	14.00	40.00	100	210
1722V	—	6.00	14.00	40.00	100	210

KM# 463.15 1/12 ECU (10 Sols)
2.2610 g., 0.9170 Silver 0.0667 oz. ASW **Ruler:** Louis XV **Obv:** Young laureate bust right **Rev:** Crowned arms of France **Mint:** Lille

Date	Mintage	VG	F	VF	XF	Unc
1721W	—	6.00	14.00	40.00	100	210
1722W	—	6.00	14.00	40.00	100	210

KM# 463.16 1/12 ECU (10 Sols)
2.2610 g., 0.9170 Silver 0.0667 oz. ASW **Ruler:** Louis XV **Obv:** Young laureate bust right **Rev:** Crowned arms of France **Mint:** Amiens

Date	Mintage	VG	F	VF	XF	Unc
1721X	—	6.00	14.00	40.00	100	210

KM# 463.17 1/12 ECU (10 Sols)
2.2610 g., 0.9170 Silver 0.0667 oz. ASW **Ruler:** Louis XV **Obv:** Young laureate bust right **Rev:** Crowned arms of France **Mint:** Bourges

Date	Mintage	VG	F	VF	XF	Unc
1720Y	—	6.00	14.00	40.00	100	210
1721Y	—	6.00	14.00	40.00	100	210

KM# 463.18 1/12 ECU (10 Sols)
2.2610 g., 0.9170 Silver 0.0667 oz. ASW **Ruler:** Louis XV **Obv:** Young laureate bust right **Rev:** Crowned arms of France **Mint:** Rennes **Note:** Mint mark: 9.

Date	Mintage	VG	F	VF	XF	Unc
1721	—	6.00	14.00	40.00	100	210
1723	—	6.00	14.00	40.00	100	210

KM# 464 1/12 ECU (10 Sols)
2.2610 g., 0.9170 Silver 0.0667 oz. ASW **Ruler:** Louis XV **Mint:** Pau **Note:** Mint mark: Cow. Similar to KM#463.3 but obverse legend ends with ligate BD.

Date	Mintage	VG	F	VF	XF	Unc
1721	—	10.00	30.00	75.00	170	360

KM# 379.1 1/10 ECU
3.0490 g., 0.9170 Silver 0.0899 oz. ASW **Ruler:** Louis XIV **Obv:** Mailed bust right **Rev:** 3 Crowns and 3 fleur-de-lis in angles **Mint:** Paris

Date	Mintage	VG	F	VF	XF	Unc
1709A	—	12.00	30.00	65.00	150	330
1710A	—	12.00	30.00	65.00	150	330
1711A	—	12.50	32.00	70.00	165	365
1712A	—	12.50	32.00	70.00	165	365
1713A	—	12.00	30.00	65.00	150	330
1715A	—	—	—	—	—	—

KM# 379.2 1/10 ECU
3.0490 g., 0.9170 Silver 0.0899 oz. ASW **Ruler:** Louis XIV **Obv:** Mailed bust right **Rev:** 3 Crowns and 3 fleur-de-lis in angles **Mint:** Rouen

Date	Mintage	VG	F	VF	XF	Unc
1710B	—	15.00	35.00	80.00	175	385
1711B	—	12.50	32.00	75.00	170	375
1712B	—	—	—	—	—	—
1713B	—	40.00	85.00	165	375	825
1715B	—	—	—	—	—	—

KM# 379.3 1/10 ECU
3.0490 g., 0.9170 Silver 0.0899 oz. ASW **Ruler:** Louis XIV **Obv:** Mailed bust right **Rev:** 3 Crowns and 3 fleur-de-lis in angles **Mint:** Caen

Date	Mintage	VG	F	VF	XF	Unc
1710C	—	15.00	35.00	80.00	175	385
1711C	—	12.00	30.00	65.00	145	320
1712C	—	—	—	—	—	—
1713C	—	—	—	—	—	—
1715C	—	—	—	—	—	—

KM# 379.4 1/10 ECU
3.0490 g., 0.9170 Silver 0.0899 oz. ASW **Ruler:** Louis XIV **Obv:** Mailed bust right **Rev:** 3 Crowns and 3 fleur-de-lis in angles **Mint:** Lyon

Date	Mintage	VG	F	VF	XF	Unc
1710D	—	12.50	32.00	70.00	160	350
1711D	—	12.00	30.00	65.00	145	320
1715D	—	—	—	—	—	—

KM# 379.5 1/10 ECU
3.0490 g., 0.9170 Silver 0.0899 oz. ASW **Ruler:** Louis XIV **Obv:** Mailed bust right **Rev:** 3 Crowns and 3 fleur-de-lis in angles **Mint:** Tours

Date	Mintage	VG	F	VF	XF	Unc
1710E	—	—	—	—	—	—
1711E	—	20.00	45.00	100	225	500
1712E	—	—	—	—	—	—
1713E	—	—	—	—	—	—
1714E	—	—	—	—	—	—
1715E	—	15.00	35.00	80.00	175	385

KM# 379.6 1/10 ECU
3.0490 g., 0.9170 Silver 0.0899 oz. ASW **Ruler:** Louis XIV **Obv:** Mailed bust right **Rev:** 3 Crowns and 3 fleur-de-lis in angles **Mint:** Poitiers

Date	Mintage	VG	F	VF	XF	Unc
1710G	—	27.00	60.00	135	300	650
1711G	—	12.50	32.00	75.00	170	375
1712G	—	30.00	65.00	150	325	710
1713G	—	20.00	45.00	100	225	500
1714G	—	27.00	60.00	135	300	650
1715G	—	15.00	35.00	80.00	175	385

KM# 379.7 1/10 ECU
3.0490 g., 0.9170 Silver 0.0899 oz. ASW **Ruler:** Louis XIV **Obv:** Mailed bust right **Rev:** 3 Crowns and 3 fleur-de-lis in angles **Mint:** La Rochelle

Date	Mintage	VG	F	VF	XF	Unc
1710H	—	—	—	—	—	—
1711H	—	12.50	32.00	75.00	170	375
1715H	—	27.00	60.00	135	300	650

KM# 379.8 1/10 ECU
3.0490 g., 0.9170 Silver 0.0899 oz. ASW **Ruler:** Louis XIV **Obv:** Mailed bust right **Rev:** 3 Crowns and 3 fleur-de-lis in angles **Mint:** Limoges

Date	Mintage	VG	F	VF	XF	Unc
1710I	—	—	—	—	—	—
1711I	—	30.00	65.00	150	325	710
1712I	—	—	—	—	—	—

KM# 379.9 1/10 ECU
3.0490 g., 0.9170 Silver 0.0899 oz. ASW **Ruler:** Louis XIV **Obv:** Mailed bust right **Rev:** 3 Crowns and 3 fleur-de-lis in angles **Mint:** Bordeaux

Date	Mintage	VG	F	VF	XF	Unc
1710K	—	20.00	45.00	100	225	500
1711K	—	12.00	30.00	65.00	145	310
1712K	—	12.50	32.00	70.00	160	350
1713K	—	15.00	35.00	80.00	175	380
1714K	—	20.00	45.00	100	225	500
1715K	—	12.50	32.00	70.00	160	350

KM# 379.10 1/10 ECU
3.0490 g., 0.9170 Silver 0.0899 oz. ASW **Ruler:** Louis XIV **Obv:** Mailed bust right **Rev:** 3 Crowns and 3 fleur-de-lis in angles **Mint:** Bayonne

Date	Mintage	VG	F	VF	XF	Unc
1711L	—	12.50	32.00	75.00	170	375
1714L	—	20.00	45.00	100	225	500
1715L	—	27.00	60.00	135	300	650

KM# 379.11 1/10 ECU
3.0490 g., 0.9170 Silver 0.0899 oz. ASW **Ruler:** Louis XIV **Obv:** Mailed bust right **Rev:** 3 Crowns and 3 fleur-de-lis in angles **Mint:** Toulouse

Date	Mintage	VG	F	VF	XF	Unc
1710M	—	—	—	—	—	—
1711M	—	12.50	32.00	70.00	165	360
1712M	—	—	—	—	—	—
1714M	—	—	—	—	—	—
1715M	—	—	—	—	—	—

KM# 379.12 1/10 ECU
3.0490 g., 0.9170 Silver 0.0899 oz. ASW **Ruler:** Louis XIV **Obv:** Mailed bust right **Rev:** 3 Crowns and 3 fleur-de-lis in angles **Mint:** Montpellier

Date	Mintage	VG	F	VF	XF	Unc
1710N	—	20.00	45.00	100	225	500
1711N	—	12.50	32.00	70.00	160	350
1712N	—	20.00	45.00	100	225	500
1713N	—	12.50	32.00	70.00	160	500
1715N	—	—	—	—	—	—

KM# 379.13 1/10 ECU
3.0490 g., 0.9170 Silver 0.0899 oz. ASW **Ruler:** Louis XIV **Obv:** Mailed bust right **Rev:** 3 Crowns and 3 fleur-de-lis in angles **Mint:** Riom

Date	Mintage	VG	F	VF	XF	Unc
1711O	—	—	—	—	—	—

KM# 379.14 1/10 ECU
3.0490 g., 0.9170 Silver 0.0899 oz. ASW **Ruler:** Louis XIV **Obv:** Mailed bust right **Rev:** 3 Crowns and 3 fleur-de-lis in angles **Mint:** Dijon

Date	Mintage	VG	F	VF	XF	Unc
1710P	—	12.00	30.00	65.00	145	320
1711P	—	15.00	35.00	80.00	175	385

KM# 379.15 1/10 ECU
3.0490 g., 0.9170 Silver 0.0899 oz. ASW **Ruler:** Louis XIV **Obv:** Mailed bust right **Rev:** 3 Crowns and 3 fleur-de-lis in angles **Mint:** Perpignan

Date	Mintage	VG	F	VF	XF	Unc
1711Q	—	35.00	75.00	175	400	850
1713Q	—	65.00	145	325	750	1,600

KM# 379.16 1/10 ECU
3.0490 g., 0.9170 Silver 0.0899 oz. ASW **Ruler:** Louis XIV **Obv:** Mailed bust right **Rev:** 3 Crowns and 3 fleur-de-lis in angles **Mint:** Troyes

Date	Mintage	VG	F	VF	XF	Unc
1709S	—	15.00	35.00	80.00	175	380
1710S	—	12.50	32.00	75.00	170	370
1711S	—	12.50	32.00	75.00	170	370
1715S	—	27.00	60.00	135	300	650

KM# 379.17 1/10 ECU
3.0490 g., 0.9170 Silver 0.0899 oz. ASW **Ruler:** Louis XIV **Obv:** Mailed bust right **Rev:** 3 Crowns and 3 fleur-de-lis in angles **Mint:** Nantes

Date	Mintage	VG	F	VF	XF	Unc
1710T	—	12.50	32.00	70.00	160	350
1711T	—	12.00	30.00	65.00	145	310
1712T	—	12.00	30.00	65.00	145	310
1713T	—	—	—	—	—	—
1714T	—	30.00	65.00	150	350	770
1715T	—	27.00	60.00	135	300	665

KM# 379.18 1/10 ECU
3.0490 g., 0.9170 Silver 0.0899 oz. ASW **Ruler:** Louis XIV **Obv:** Mailed bust right **Rev:** 3 Crowns and 3 fleur-de-lis in angles **Mint:** Troyes

Date	Mintage	VG	F	VF	XF	Unc
1710V	—	—	—	—	—	—
1711V	—	20.00	45.00	100	225	500
1713V	—	—	—	—	—	—
1715V	—	—	—	—	—	—

KM# 379.19 1/10 ECU
3.0490 g., 0.9170 Silver 0.0899 oz. ASW **Ruler:** Louis XIV **Obv:** Mailed bust right **Rev:** 3 Crowns and 3 fleur-de-lis in angles **Mint:** Lille

Date	Mintage	VG	F	VF	XF	Unc
1713W	—	15.00	35.00	80.00	175	380
1715W	—	10.00	27.00	60.00	135	290

KM# 379.20 1/10 ECU
3.0490 g., 0.9170 Silver 0.0899 oz. ASW **Ruler:** Louis XIV **Obv:** Mailed bust right **Rev:** 3 Crowns and 3 fleur-de-lis in angles **Mint:** Amiens

Date	Mintage	VG	F	VF	XF	Unc
1710X	—	20.00	45.00	100	225	500
1711X	—	12.00	30.00	65.00	145	310
1712X	—	12.50	32.00	70.00	160	350
1713X	—	15.00	35.00	80.00	175	380
1714X	—	15.00	35.00	80.00	175	380
1715X	—	—	—	—	—	—

KM# 379.21 1/10 ECU
3.0490 g., 0.9170 Silver 0.0899 oz. ASW **Ruler:** Louis XIV **Obv:** Mailed bust right **Obv. Legend:** LVD • XIIII • D • G • FR • ET • NAV • REX • **Rev:** 3 Crowns and 3 fleur-de-lis in angles **Rev. Legend:** BENEDICTVM 1715 SIT • NOMEN • DOMINI **Mint:** Bourges

Date	Mintage	VG	F	VF	XF	Unc
1711Y	—	20.00	45.00	100	225	500
1712Y	—	20.00	45.00	100	225	500
1713Y	—	—	—	—	—	—
1715Y	—	15.00	35.00	80.00	175	380

KM# 379.22 1/10 ECU
3.0490 g., 0.9170 Silver 0.0899 oz. ASW **Ruler:** Louis XIV **Obv:** Mailed bust right **Rev:** 3 Crowns and 3 fleur-de-lis in angles **Mint:** Grenoble

Date	Mintage	VG	F	VF	XF	Unc
1711Z	—	20.00	45.00	100	225	500
1712Z	—	40.00	90.00	200	450	1,000
1713Z	—	—	—	—	—	—
1715Z	—	—	—	—	—	—

KM# 379.23 1/10 ECU
3.0490 g., 0.9170 Silver 0.0899 oz. ASW **Ruler:** Louis XIV **Obv:** Mailed bust right **Rev:** 3 Crowns and 3 fleur-de-lis in angles **Mint:** Rennes **Note:** Mint mark: 9.

Date	Mintage	VG	F	VF	XF	Unc
1710	—	12.00	30.00	65.00	145	310
1711	—	12.00	30.00	65.00	145	310
1712	—	12.00	30.00	65.00	145	310
1713	—	27.00	60.00	135	300	650
1714	—	20.00	45.00	100	225	500
1715	—	40.00	85.00	165	375	825

KM# 379.24 1/10 ECU
3.0490 g., 0.9170 Silver 0.0899 oz. ASW **Ruler:** Louis XIV **Obv:** Mailed bust right **Rev:** 3 Crowns and 3 fleur-de-lis in angles **Mint:** Aix **Note:** Mint mark: &.

Date	Mintage	VG	F	VF	XF	Unc
1710	—	15.00	35.00	80.00	175	380
1711	—	15.00	35.00	80.00	175	380
1712	—	40.00	90.00	200	450	1,000
1714	—	40.00	90.00	200	450	1,000

KM# 379.25 1/10 ECU
3.0490 g., 0.9170 Silver 0.0899 oz. ASW **Ruler:** Louis XIV **Obv:** Mailed bust right **Rev:** 3 Crowns and 3 fleur-de-lis in angles **Mint:** Besançon **Note:** Mint mark: Back to back C's.

Date	Mintage	VG	F	VF	XF	Unc
1710	Est. 120,000	15.00	35.00	80.00	175	385
1711	276,000	12.50	32.00	70.00	160	350
1712	64,000	—	—	—	—	—
1713	166,000	—	—	—	—	—
1715	50,000	27.00	60.00	135	300	650

KM# 379.26 1/10 ECU
3.0490 g., 0.9170 Silver 0.0899 oz. ASW **Ruler:** Louis XIV **Obv:** Mailed bust right **Rev:** 3 Crowns and 3 fleur-de-lis in angles **Mint:** Pau **Note:** Mint mark: Cow.

Date	Mintage	VG	F	VF	XF	Unc
1710	—	27.00	60.00	135	300	650
1711	—	27.00	60.00	135	300	650
1712	—	27.00	60.00	135	300	650
1713	—	27.00	60.00	135	300	650
1714	—	30.00	65.00	145	350	770
1715	—	27.00	60.00	135	300	650

KM# 373.1 1/8 ECU
4.7000 g., 0.8570 Silver 0.1295 oz. ASW **Ruler:** Louis XIV **Obv:** Draped bust right **Rev:** Crowned circular shield, crossed scepters and hand of Justice behind **Mint:** Bayonne

Date	Mintage	VG	F	VF	XF	Unc
1705L	—	—	—	—	—	—

KM# 373.2 1/8 ECU
4.7000 g., 0.8570 Silver 0.1295 oz. ASW **Ruler:** Louis XIV **Obv:** Draped bust right **Rev:** Crowned circular shield, crossed sceptres and hand of Justice behind **Mint:** Lille

Date	Mintage	VG	F	VF	XF	Unc
1701W	—	275	600	1,350	2,750	—
1702W	—	275	600	1,350	2,750	—
1705W	—	—	—	—	—	—

KM# 324.1 1/4 ECU
6.7460 g., 0.9170 Silver 0.1989 oz. ASW **Ruler:** Louis XIV **Obv:** Mailed bust right **Rev:** Crowned circular shield of France, crossed scepters and hand of Justice behind **Mint:** Paris

Date	Mintage	VG	F	VF	XF	Unc
1701A	—	85.00	165	360	600	1,300
1702A	—	75.00	150	310	540	1,200

KM# 324.2 1/4 ECU
6.7460 g., 0.9170 Silver 0.1989 oz. ASW **Ruler:** Louis XIV **Obv:** Mailed bust right **Rev:** Crowned circular shield of France, crossed sceptres and hand of Justice behind **Mint:** Rouen

Date	Mintage	VG	F	VF	XF	Unc
1701B	—	100	200	400	700	1,500
1702B	—	100	200	400	700	1,500

KM# 324.3 1/4 ECU
6.7460 g., 0.9170 Silver 0.1989 oz. ASW **Ruler:** Louis XIV **Mint:** Caen

Date	Mintage	VG	F	VF	XF	Unc
1702C	—	100	200	400	700	1,500

KM# 324.4 1/4 ECU
6.7460 g., 0.9170 Silver 0.1989 oz. ASW **Ruler:** Louis XIV **Mint:** Lyon

Date	Mintage	VG	F	VF	XF	Unc
1702D	—	100	200	400	700	1,500

KM# 324.5 1/4 ECU
6.7460 g., 0.9170 Silver 0.1989 oz. ASW **Ruler:** Louis XIV **Mint:** Tours

Date	Mintage	VG	F	VF	XF	Unc
1702E	—	110	215	425	745	1,600

KM# 324.6 1/4 ECU
6.7460 g., 0.9170 Silver 0.1989 oz. ASW **Ruler:** Louis XIV **Mint:** Poitiers

Date	Mintage	VG	F	VF	XF	Unc
1702G	—	100	200	400	700	1,500

KM# 324.7 1/4 ECU
6.7460 g., 0.9170 Silver 0.1989 oz. ASW **Ruler:** Louis XIV **Mint:** Bordeaux

Date	Mintage	VG	F	VF	XF	Unc
1702K	—	90.00	180	360	630	1,350
1703K	280,000	—	—	—	—	—

KM# 324.8 1/4 ECU
6.7460 g., 0.9170 Silver 0.1989 oz. ASW **Ruler:** Louis XIV **Obv:** Mailed bust right **Rev:** Crowned circular shield of France, crossed sceptres and hand of Justice behind **Mint:** Bayonne

Date	Mintage	VG	F	VF	XF	Unc
1701L	Est. 2,448	—	—	—	—	—
1702L	—	110	215	425	745	1,600

KM# 324.9 1/4 ECU
6.7460 g., 0.9170 Silver 0.1989 oz. ASW **Ruler:** Louis XIV **Obv:** Mailed bust right **Rev:** Crowned circular shield of France, crossed sceptres and hand of Justice behind **Mint:** Montpellier

Date	Mintage	VG	F	VF	XF	Unc
1701N	28,000	—	—	—	—	—
1702N	177,000	85.00	165	330	580	1,275
1703N	12,000	—	—	—	—	—

KM# 324.10 1/4 ECU
6.7460 g., 0.9170 Silver 0.1989 oz. ASW **Ruler:** Louis XIV **Obv:** Mailed bust right **Rev:** Crowned circular shield of France, crossed sceptres and hand of Justice behind **Mint:** Riom

Date	Mintage	VG	F	VF	XF	Unc
1701O	—	110	215	425	745	1,600

KM# 324.11 1/4 ECU
6.7460 g., 0.9170 Silver 0.1989 oz. ASW **Ruler:** Louis XIV **Obv:** Mailed bust right **Obv. Legend:** LVD • XIIII • D • G • FR • ET • NAV • REX • **Rev:** Crowned circular shield of France with crossed sceptre and hand of Justice behind **Rev. Legend:** BENEDICTVM • SIT • NOMEN • DOMINI **Mint:** Dijon

Date	Mintage	VG	F	VF	XF	Unc
1702P	—	90.00	180	360	630	1,380

KM# 324.12 1/4 ECU
6.7460 g., 0.9170 Silver 0.1989 oz. ASW **Ruler:** Louis XIV **Mint:** Nantes

Date	Mintage	VG	F	VF	XF	Unc
1702T	—	90.00	180	360	630	1,380

KM# 324.13 1/4 ECU
6.7460 g., 0.9170 Silver 0.1989 oz. ASW **Ruler:** Louis XIV **Obv:** Mailed bust right **Rev:** Crowned circular shield of France, crossed sceptres and hand of Justice behind **Mint:** Troyes

Date	Mintage	VG	F	VF	XF	Unc
1701V	—	110	215	425	745	1,600
1702V	Est. 90,000	—	—	—	—	—
1703V	—	—	—	—	—	—

KM# 324.14 1/4 ECU
6.7460 g., 0.9170 Silver 0.1989 oz. ASW **Ruler:** Louis XIV **Mint:** Amiens

Date	Mintage	VG	F	VF	XF	Unc
1702X	—	90.00	180	360	630	1,380

KM# 324.15 1/4 ECU
6.7460 g., 0.9170 Silver 0.1989 oz. ASW **Ruler:** Louis XIV **Mint:** Bourges

Date	Mintage	VG	F	VF	XF	Unc
1703Y	—	110	215	425	745	1,630

KM# 324.16 1/4 ECU
6.7460 g., 0.9170 Silver 0.1989 oz. ASW **Ruler:** Louis XIV **Obv:** Mailed bust right **Obv. Legend:** LVD • XIIII • D • G • FR • ET • NAV • REX • **Rev:** Sceptre with hand of Justice crosses sword, fleur-de-lis at angles, crown above **Rev. Legend:** DOMINE • SALVVM • FAC • REGEM • **Mint:** Rennes **Note:** Mint mark: 9.

Date	Mintage	VG	F	VF	XF	Unc
1701	—	90.00	180	360	630	1,380
1702	—	85.00	165	330	580	1,275

KM# 324.17 1/4 ECU
6.7460 g., 0.9170 Silver 0.1989 oz. ASW **Ruler:** Louis XIV **Obv:** Mailed bust right **Rev:** Crowned circular shield of France, crossed sceptres and hand of Justice behind **Mint:** Aix **Note:** Mint mark: &.

Date	Mintage	VG	F	VF	XF	Unc
1701	—	90.00	180	360	630	1,380
1702	—	90.00	180	360	630	1,380

KM# 324.18 1/4 ECU
6.7460 g., 0.9170 Silver 0.1989 oz. ASW **Ruler:** Louis XIV **Mint:** Besançon **Note:** Mint mark: Back to back C's.

Date	Mintage	VG	F	VF	XF	Unc
1701	—	100	200	400	700	1,500
1702	—	110	215	425	745	1,550

KM# 340.1 1/4 ECU

6.7460 g., 0.9170 Silver 0.1989 oz. ASW **Ruler:** Louis XIV **Obv:** Mailed bust right **Mint:** Lyon

Date	Mintage	VG	F	VF	XF	Unc
1702D	—	90.00	180	360	630	1,380

KM# 340.2 1/4 ECU

6.7460 g., 0.9170 Silver 0.1989 oz. ASW **Ruler:** Louis XIV **Mint:** Lille

Date	Mintage	VG	F	VF	XF	Unc
1701W	—	90.00	180	360	630	1,380
1702W	120,000	85.00	165	330	580	1,275
1703W	860	—	—	—	—	—

KM# 341 1/4 ECU

6.7460 g., 0.9170 Silver 0.1989 oz. ASW **Ruler:** Louis XIV **Obv:** Mailed bust right **Rev:** Crowned circular shield of France, Navarre and Bearn, crossed scepters and hand of Justice behind **Mint:** Pau **Note:** Mint mark: Cow.

Date	Mintage	VG	F	VF	XF	Unc
1701	—	750	1,500	3,000	5,000	—
1702	—	750	1,500	3,000	5,000	—

KM# 342 1/4 ECU

9.4800 g., 0.8570 Silver 0.2612 oz. ASW **Ruler:** Louis XIV **Rev:** Crowned circular shield of France, Navarre, Old and New Burgundy with crossed scepters and hand of Justice behind **Mint:** Lille **Note:** Flandre

Date	Mintage	VG	F	VF	XF	Unc
1701W	—	500	850	1,800	3,000	—
1702W	—	500	850	1,800	3,000	—
1703W Rare	—	—	—	—	—	—

KM# 343 1/4 ECU

6.7460 g., 0.9170 Silver 0.1989 oz. ASW **Ruler:** Louis XIV **Rev:** Round circular shield of Dauphine, crossed scepters and hand of Justice behind **Mint:** Grenoble

Date	Mintage	VG	F	VF	XF	Unc
1702Z Rare	—	—	—	—	—	—

KM# 344 1/4 ECU

6.7460 g., 0.9170 Silver 0.1989 oz. ASW **Ruler:** Louis XIV **Obv:** Large fleur-de-lis **Rev:** Crowned circular shield of France, crossed scepters and hand of Justice behind **Mint:** Strasbourg

Date	Mintage	VG	F	VF	XF	Unc
1702BB	—	425	850	1,650	2,800	—

KM# 352.1 1/4 ECU

6.7460 g., 0.9170 Silver 0.1989 oz. ASW **Ruler:** Louis XIV **Obv:** Mailed bust right **Rev:** 8 Crowned L's back to back, shield of France at center **Mint:** Paris

Date	Mintage	VG	F	VF	XF	Unc
1704A	1,536,000	—	—	—	—	—

KM# 352.2 1/4 ECU

6.7460 g., 0.9170 Silver 0.1989 oz. ASW **Ruler:** Louis XIV **Obv:** Mailed bust right **Rev:** 8 Crowned L's back to back, shield of France at center **Mint:** Rouen

Date	Mintage	VG	F	VF	XF	Unc
1704B	—	100	200	400	700	1,500
1705B	—	100	200	400	700	1,500

KM# 352.3 1/4 ECU

6.7460 g., 0.9170 Silver 0.1989 oz. ASW **Ruler:** Louis XIV **Obv:** Mailed bust right **Rev:** 8 Crowned L's back to back, shield of France at center **Mint:** Caen

Date	Mintage	VG	F	VF	XF	Unc
1704C	—	—	—	—	—	—

KM# 352.4 1/4 ECU

6.7460 g., 0.9170 Silver 0.1989 oz. ASW **Ruler:** Louis XIV **Obv:** Mailed bust right **Rev:** 8 Crowned L's back to back, shield of France at center **Mint:** Tours

Date	Mintage	VG	F	VF	XF	Unc
1704E	—	—	—	—	—	—
1705E	—	100	200	400	700	1,500

KM# 352.5 1/4 ECU

6.7460 g., 0.9170 Silver 0.1989 oz. ASW **Ruler:** Louis XIV **Obv:** Mailed bust right **Rev:** 8 Crowned L's back to back, shield of France at center **Mint:** La Rochelle

Date	Mintage	VG	F	VF	XF	Unc
1704H	—	85.00	165	330	580	1,270

KM# 352.6 1/4 ECU

6.7460 g., 0.9170 Silver 0.1989 oz. ASW **Ruler:** Louis XIV **Obv:** Mailed bust right **Rev:** 8 Crowned L's back to back, shield of France at center **Mint:** Limoges

Date	Mintage	VG	F	VF	XF	Unc
1705I	—	75.00	150	250	500	1,100

KM# 352.7 1/4 ECU

6.7460 g., 0.9170 Silver 0.1989 oz. ASW **Ruler:** Louis XIV **Obv:** Mailed bust right **Rev:** 8 Crowned L's back to back, shield of France at center **Mint:** Bordeaux

Date	Mintage	VG	F	VF	XF	Unc
1704K	—	100	200	400	700	1,500

KM# 352.8 1/4 ECU

6.7460 g., 0.9170 Silver 0.1989 oz. ASW **Ruler:** Louis XIV **Obv:** Mailed bust right **Rev:** 8 Crowned L's back to back, shield of France at center **Mint:** Toulouse

Date	Mintage	VG	F	VF	XF	Unc
1704M	—	100	200	400	700	1,500

KM# 352.9 1/4 ECU

6.7460 g., 0.9170 Silver 0.1989 oz. ASW **Ruler:** Louis XIV **Obv:** Mailed bust right **Rev:** 8 Crowned L's back to back, shield of France at center **Mint:** Montpellier

Date	Mintage	VG	F	VF	XF	Unc
1704N	74,000	—	—	—	—	—
1705N	41,000	—	—	—	—	—

KM# 352.10 1/4 ECU

6.7460 g., 0.9170 Silver 0.1989 oz. ASW **Ruler:** Louis XIV **Obv:** Mailed bust right **Rev:** 8 Crowned L's back to back, shield of France at center **Mint:** Riom

Date	Mintage	VG	F	VF	XF	Unc
1704O	—	100	200	400	700	1,500

KM# 352.11 1/4 ECU

6.7460 g., 0.9170 Silver 0.1989 oz. ASW **Ruler:** Louis XIV **Obv:** Mailed bust right **Rev:** 8 Crowned L's back to back, shield of France at center **Mint:** Nantes

Date	Mintage	VG	F	VF	XF	Unc
1704T	89,000	—	—	—	—	—
1705T	43,000	100	200	400	700	1,500

KM# 352.12 1/4 ECU

6.7460 g., 0.9170 Silver 0.1989 oz. ASW **Ruler:** Louis XIV **Obv:** Mailed bust right **Rev:** 8 Crowned L's back to back, shield of France at center **Mint:** Troyes

Date	Mintage	VG	F	VF	XF	Unc
1704V	77,000	100	200	400	700	1,500
1705V	—	100	200	400	700	1,500

KM# 352.13 1/4 ECU

6.7460 g., 0.9170 Silver 0.1989 oz. ASW **Ruler:** Louis XIV **Obv:** Mailed bust right **Rev:** 8 Crowned L's back to back, shield of France at center **Mint:** Amiens

Date	Mintage	VG	F	VF	XF	Unc
1704X	—	100	200	400	700	1,500

KM# 352.14 1/4 ECU

6.7460 g., 0.9170 Silver 0.1989 oz. ASW **Ruler:** Louis XIV **Obv:** Mailed bust right **Rev:** 8 Crowned L's back to back, shield of France at center **Mint:** Bourges

Date	Mintage	VG	F	VF	XF	Unc
1705Y	—	—	—	—	—	—

KM# 352.15 1/4 ECU

6.7460 g., 0.9170 Silver 0.1989 oz. ASW **Ruler:** Louis XIV **Obv:** Mailed bust right **Rev:** 8 Crowned L's back to back, shield of France at center **Mint:** Grenoble

Date	Mintage	VG	F	VF	XF	Unc
1704Z	—	—	—	—	—	—

KM# 352.16 1/4 ECU

6.7460 g., 0.9170 Silver 0.1989 oz. ASW **Ruler:** Louis XIV **Obv:** Mailed bust right **Rev:** 8 Crowned L's back to back, shield of France at center **Mint:** Rennes **Note:** Mint mark: 9.

Date	Mintage	VG	F	VF	XF	Unc
1704	—	100	200	400	700	1,500
1705	—	—	—	400	—	—
1709	20,000	140	280	550	900	2,000

KM# 352.17 1/4 ECU

6.7460 g., 0.9170 Silver 0.1989 oz. ASW **Ruler:** Louis XIV **Obv:** Mailed bust right **Rev:** 8 Crowned L's back to back, shield of France at center **Mint:** Aix **Note:** Mint mark: &.

Date	Mintage	VG	F	VF	XF	Unc
1704	—	100	200	400	700	1,500

KM# 353.1 1/4 ECU

6.7460 g., 0.9170 Silver 0.1989 oz. ASW **Ruler:** Louis XIV **Obv:** Bust right **Rev:** 8 Crowned L's back to back, fleur-de-lis at angles **Mint:** Lyon

Date	Mintage	VG	F	VF	XF	Unc
1704D	—	85.00	165	330	580	1,270
1705D	19,000	110	215	425	745	1,640

KM# 353.2 1/4 ECU

6.7460 g., 0.9170 Silver 0.1989 oz. ASW **Ruler:** Louis XIV **Obv:** Bust right **Rev:** 8 Crowned L"s back to back, fleur-de-lis at angles **Mint:** Lille

Date	Mintage	VG	F	VF	XF	Unc
1704W	122,000	85.00	165	330	580	1,270
1705W	—	110	215	425	745	1,640

KM# 354 1/4 ECU

6.7460 g., 0.9170 Silver 0.1989 oz. ASW **Ruler:** Louis XIV **Obv:** Mailed bust right **Rev:** 8 crowned L's back to back, shield of France, Navarre and Bearn at center **Mint:** Pau **Note:** Mint mark: Cow.

Date	Mintage	VG	F	VF	XF	Unc
1704	—	1,100	2,200	4,200	7,000	—

KM# 374 1/4 ECU

9.6100 g., 0.8570 Silver 0.2648 oz. ASW **Ruler:** Louis XIV **Rev:** Crossed scepters **Mint:** Lille **Note:** Flandre

Date	Mintage	VG	F	VF	XF	Unc
1705W Unique	—	—	—	—	—	—

KM# 376.1 1/4 ECU

6.1960 g., 0.7980 Silver 0.1590 oz. ASW **Ruler:** Louis XIV **Obv:** Mailed bust right **Rev:** Crown above crossed scepters, 3 fleur-de-lis in angles **Mint:** Paris

Date	Mintage	VG	F	VF	XF	Unc
1707A	—	16.00	32.00	65.00	115	250
1708A	—	16.00	32.00	65.00	115	250

KM# 376.2 1/4 ECU

6.1960 g., 0.7980 Silver 0.1590 oz. ASW **Ruler:** Louis XIV **Obv:** Mailed bust right **Rev:** Crown above crossed sceptres, 3 fleur-de-lis in angles **Mint:** Rouen

Date	Mintage	VG	F	VF	XF	Unc
1707B	—	18.00	35.00	70.00	125	270
1708B	—	18.00	35.00	75.00	135	300

KM# 376.3 1/4 ECU

6.1960 g., 0.7980 Silver 0.1590 oz. ASW **Ruler:** Louis XIV **Obv:** Mailed bust right **Rev:** Crown above crossed sceptres, 3 fleur-de-lis in angles **Mint:** Lyon

Date	Mintage	VG	F	VF	XF	Unc
1707D	—	25.00	50.00	100	175	380
1708D	—	16.00	32.00	65.00	115	250

KM# 376.4 1/4 ECU

6.1960 g., 0.7980 Silver 0.1590 oz. ASW **Ruler:** Louis XIV **Obv:** Mailed bust right **Rev:** Crown above crossed sceptres, 3 fleur-de-lis in angles **Mint:** La Rochelle

Date	Mintage	VG	F	VF	XF	Unc
1707H	—	28.00	55.00	110	185	400
1708H	—	16.00	32.00	70.00	125	275

KM# 376.5 1/4 ECU

6.1960 g., 0.7980 Silver 0.1590 oz. ASW **Ruler:** Louis XIV **Obv:** Mailed bust right **Rev:** Crown above crossed sceptres, 3 fleur-de-lis in angles **Mint:** Bordeaux

Date	Mintage	VG	F	VF	XF	Unc
1707K	—	25.00	50.00	100	175	380
1708K	—	25.00	50.00	100	175	380

KM# 376.6 1/4 ECU

6.1960 g., 0.7980 Silver 0.1590 oz. ASW **Ruler:** Louis XIV **Obv:** Mailed bust right **Rev:** Crown above crossed sceptres, 3 fleur-de-lis in angles **Mint:** Bayonne

Date	Mintage	VG	F	VF	XF	Unc
1707L	—	—	—	—	—	—
1708L	—	35.00	75.00	150	250	500

KM# 376.7 1/4 ECU

6.1960 g., 0.7980 Silver 0.1590 oz. ASW **Ruler:** Louis XIV **Obv:** Mailed bust right **Rev:** Crown above crossed sceptres, 3 fleur-de-lis in angles **Mint:** Toulouse

Date	Mintage	VG	F	VF	XF	Unc
1707M	—	—	—	—	—	—
1708M	—	—	—	—	—	—

KM# 376.8 1/4 ECU

6.1960 g., 0.7980 Silver 0.1590 oz. ASW **Ruler:** Louis XIV **Obv:** Mailed bust right **Rev:** Crown above crossed sceptres, 3 fleur-de-lis in angles **Mint:** Nantes

Date	Mintage	VG	F	VF	XF	Unc
1707T	—	20.00	40.00	80.00	140	300
1708T	—	16.00	32.00	70.00	125	275

KM# 376.9 1/4 ECU

6.1960 g., 0.7980 Silver 0.1590 oz. ASW **Ruler:** Louis XIV **Obv:** Mailed bust right **Rev:** Crown above crossed sceptres, 3 fleur-de-lis in angles **Mint:** Lille

Date	Mintage	VG	F	VF	XF	Unc
1707W	—	—	—	—	—	—
1708W	—	—	—	—	—	—

KM# 376.10 1/4 ECU

6.1960 g., 0.7980 Silver 0.1590 oz. ASW **Ruler:** Louis XIV **Obv:** Mailed bust right **Rev:** Crown above crossed sceptres, 3 fleur-de-lis in angles **Mint:** Rennes **Note:** Mint mark: 9.

Date	Mintage	VG	F	VF	XF	Unc
1707	—	18.00	35.00	70.00	125	270
1709	—	18.00	35.00	70.00	125	270

KM# 376.11 1/4 ECU

6.1960 g., 0.7980 Silver 0.1590 oz. ASW **Ruler:** Louis XIV **Obv:** Mailed bust right **Rev:** Crown above crossed sceptres, 3 fleur-de-lis in angles **Mint:** Aix **Note:** Mint mark: &.

Date	Mintage	VG	F	VF	XF	Unc
1707	—	—	—	—	—	—
1708	—	—	—	—	—	—

KM# 376.12 1/4 ECU

6.1960 g., 0.7980 Silver 0.1590 oz. ASW **Ruler:** Louis XIV **Obv:** Mailed bust right **Rev:** Crown above crossed sceptres, 3 fleur-de-lis in angles **Mint:** Amiens

Date	Mintage	VG	F	VF	XF	Unc
1707X	—	20.00	40.00	80.00	140	300
1708X	—	—	—	—	—	—

KM# 377 1/4 ECU

6.1960 g., 0.7980 Silver 0.1590 oz. ASW **Ruler:** Louis XIV **Mint:** Pau **Note:** Mint mark: Cow.

Date	Mintage	VG	F	VF	XF	Unc
1707	—	35.00	75.00	150	250	500
1708	—	—	—	—	—	—

KM# 380.1 1/4 ECU

7.5950 g., 0.9170 Silver 0.2239 oz. ASW **Ruler:** Louis XIV **Obv:** Mailed bust right **Rev:** 3 Crowns, fleur-de-lis in openings **Mint:** Paris

Date	Mintage	VG	F	VF	XF	Unc
1709A	—	60.00	125	250	400	850
1710A	—	60.00	125	250	400	850
1711A	—	40.00	80.00	165	275	600
1712A	—	50.00	100	200	350	750
1714A	—	70.00	140	280	450	970
1715A	—	90.00	190	375	625	1,275

KM# 380.2 1/4 ECU

7.5950 g., 0.9170 Silver 0.2239 oz. ASW **Ruler:** Louis XIV **Obv:** Mailed bust right **Obv. Legend:** LVD • XIIII • D • G • FR • ET • NAV • REX • **Rev:** 3 Crowns, fleur-de-lis in openings **Rev. Legend:** BENEDICTVM 1710 SIT • NOMEN • DOMINI **Mint:** Rouen

Date	Mintage	VG	F	VF	XF	Unc
1709B	—	85.00	165	330	580	1,200
1710B	—	85.00	165	330	580	1,200
1711B	—	75.00	150	300	525	1,100
1712B	—	—	—	—	—	—
1713B	—	90.00	190	375	630	—
1714B	—	90.00	190	375	630	—
1715B	—	70.00	140	280	450	910

KM# 380.3 1/4 ECU

7.5950 g., 0.9170 Silver 0.2239 oz. ASW **Ruler:** Louis XIV **Obv:** Mailed bust right **Rev:** 3 Crowns, fleur-de-lis in openings **Mint:** Caen

Date	Mintage	VG	F	VF	XF	Unc
1709C	—	—	—	—	—	—
1710C	—	70.00	190	375	630	—
1711C	—	70.00	190	375	630	—
1712C	—	—	—	—	—	—
1713C	—	—	—	—	—	—
1715C	—	—	—	—	—	—

KM# 380.4 1/4 ECU

7.5950 g., 0.9170 Silver 0.2239 oz. ASW **Ruler:** Louis XIV **Obv:** Mailed bust right **Rev:** 3 Crowns, fleur-de-lis in openings **Mint:** Lyon

Date	Mintage	VG	F	VF	XF	Unc
1709D	—	45.00	90.00	180	300	620
1710D	—	60.00	125	250	400	850
1711D	—	45.00	90.00	180	300	620
1712D	—	60.00	125	250	400	850

KM# 380.5 1/4 ECU

7.5950 g., 0.9170 Silver 0.2239 oz. ASW **Ruler:** Louis XIV **Obv:** Mailed bust right **Rev:** 3 Crowns, fleur-de-lis in openings **Mint:** Tours

Date	Mintage	VG	F	VF	XF	Unc
1709E	—	—	—	—	—	—
1710E	—	—	—	—	—	—
1711E	—	90.00	190	315	630	—
1712E	—	—	—	—	—	—
1713E	—	—	—	—	—	—
1714E	—	—	—	—	—	—
1715E	—	90.00	190	375	630	1,100

KM# 380.6 1/4 ECU

7.5950 g., 0.9170 Silver 0.2239 oz. ASW **Ruler:** Louis XIV **Obv:** Mailed bust right **Rev:** 3 Crowns, fleur-de-lis in openings **Mint:** Poitiers

Date	Mintage	VG	F	VF	XF	Unc
1710G	—	—	—	—	—	—
1711G	—	75.00	150	300	525	1,100
1712G	—	60.00	125	250	400	860
1713G	—	—	—	—	—	—
1714G	—	—	—	—	—	—
1715G	—	—	—	—	—	—

KM# 380.7 1/4 ECU

7.5950 g., 0.9170 Silver 0.2239 oz. ASW **Ruler:** Louis XIV **Obv:** Mailed bust right **Rev:** 3 Crowns, fleur-de-lis in openings **Mint:** La Rochelle

Date	Mintage	VG	F	VF	XF	Unc
1710H	—	—	—	—	—	—
1711H	—	90.00	180	360	630	1,350
1715H	—	—	—	—	—	—

KM# 380.8 1/4 ECU

7.5950 g., 0.9170 Silver 0.2239 oz. ASW **Ruler:** Louis XIV **Obv:** Mailed bust right **Rev:** 3 Crowns, fleur-de-lis in openings **Mint:** Limoges

Date	Mintage	VG	F	VF	XF	Unc
1709I	—	—	—	—	—	—
1710I	—	—	—	—	—	—
1711I	—	—	—	—	—	—
1712I	—	—	—	—	—	—
1713I	—	—	—	—	—	—
1714I	—	—	—	—	—	—
1715I	—	—	—	—	—	—

KM# 380.9 1/4 ECU

7.5950 g., 0.9170 Silver 0.2239 oz. ASW **Ruler:** Louis XIV **Obv:** Mailed bust right **Rev:** 3 Crowns, fleur-de-lis in openings **Mint:** Bordeaux

Date	Mintage	VG	F	VF	XF	Unc
1710K	—	85.00	165	330	580	—
1711K	—	85.00	165	330	580	1,200
1712K	—	—	—	—	—	—
1713K	—	85.00	165	330	580	1,200

KM# 380.10 1/4 ECU

7.5950 g., 0.9170 Silver 0.2239 oz. ASW **Ruler:** Louis XIV **Obv:** Mailed bust right **Rev:** 3 Crowns, fleur-de-lis in openings **Mint:** Bayonne

Date	Mintage	VG	F	VF	XF	Unc
1710L	—	65.00	135	270	450	1,000
1711L	—	65.00	135	270	450	1,000
1715L	—	85.00	165	330	580	1,200

KM# 380.11 1/4 ECU

7.5950 g., 0.9170 Silver 0.2239 oz. ASW **Ruler:** Louis XIV **Obv:** Mailed bust right **Rev:** 3 Crowns, fleur-de-lis in openings **Mint:** Toulouse

Date	Mintage	VG	F	VF	XF	Unc
1709M	—	—	—	—	—	—
1710M	—	75.00	150	300	525	—
1711M	—	90.00	180	360	630	—
1712M	—	75.00	150	300	525	1,100
1713M	—	—	—	—	—	—
1715M	—	—	—	—	—	—

KM# 380.12 1/4 ECU

7.5950 g., 0.9170 Silver 0.2239 oz. ASW **Ruler:** Louis XIV **Obv:** Mailed bust right **Rev:** 3 Crowns, fleur-de-lis in openings **Mint:** Montpellier

Date	Mintage	VG	F	VF	XF	Unc
1709N	—	—	—	—	—	—
1710N	—	75.00	150	300	525	—
1711N	—	65.00	135	270	450	1,000
1712N	—	75.00	150	300	525	1,100
1713N	—	—	—	—	—	—
1715N	—	—	—	—	—	—

KM# 380.13 1/4 ECU

7.5950 g., 0.9170 Silver 0.2239 oz. ASW **Ruler:** Louis XIV **Obv:** Mailed bust right **Rev:** 3 Crowns, fleur-de-lis in openings **Mint:** Riom

Date	Mintage	VG	F	VF	XF	Unc
1710O	—	—	—	—	—	—
1711O	—	—	—	—	—	—
1715O	—	—	—	—	—	—

KM# 380.14 1/4 ECU

7.5950 g., 0.9170 Silver 0.2239 oz. ASW **Ruler:** Louis XIV **Obv:** Mailed bust right **Rev:** 3 Crowns, fleur-de-lis in openings **Mint:** Dijon

Date	Mintage	VG	F	VF	XF	Unc
1709P	—	80.00	160	300	550	—
1710P	—	40.00	80.00	165	275	600
1711P	—	65.00	135	270	450	1,000
1712P	—	—	—	—	—	—

KM# 380.15 1/4 ECU

7.5950 g., 0.9170 Silver 0.2239 oz. ASW **Ruler:** Louis XIV **Obv:** Mailed bust right **Rev:** 3 Crowns, fleur-de-lis in openings **Mint:** Perpignan

Date	Mintage	VG	F	VF	XF	Unc
1711Q	—	—	—	—	—	—
1712Q	—	—	—	—	—	—

KM# 380.16 1/4 ECU

7.5950 g., 0.9170 Silver 0.2239 oz. ASW **Ruler:** Louis XIV **Obv:** Mailed bust right **Rev:** 3 Crowns, fleur-de-lis in openings **Mint:** Troyes

Date	Mintage	VG	F	VF	XF	Unc
1709S	—	75.00	150	300	525	1,100
1710S	—	75.00	150	300	525	—
1711S	—	65.00	135	270	450	1,000
1715S	—	—	—	—	—	—

KM# 380.17 1/4 ECU

7.5950 g., 0.9170 Silver 0.2239 oz. ASW **Ruler:** Louis XIV **Obv:** Mailed bust right **Rev:** 3 Crowns, fleur-de-lis in openings **Mint:** Nantes

Date	Mintage	VG	F	VF	XF	Unc
1709T	—	75.00	150	300	525	1,100
1710T	—	90.00	180	360	630	—
1711T	—	90.00	180	360	630	—
1712T	—	—	—	—	—	—
1715T	—	—	—	—	—	—

KM# 380.18 1/4 ECU

7.5950 g., 0.9170 Silver 0.2239 oz. ASW **Ruler:** Louis XIV **Obv:** Mailed bust right **Rev:** 3 Crowns, fleur-de-lis in openings **Mint:** Troyes

Date	Mintage	VG	F	VF	XF	Unc
1710V	—	75.00	150	300	525	1,100
1711V	—	65.00	135	270	450	1,000
1712V	—	85.00	165	330	580	1,200
1713V	—	—	—	—	—	—

KM# 380.19 1/4 ECU

7.5950 g., 0.9170 Silver 0.2239 oz. ASW **Ruler:** Louis XIV **Obv:** Mailed bust right **Rev:** 3 Crowns, fleur-de-lis in openings **Mint:** Lille

Date	Mintage	VG	F	VF	XF	Unc
1713W	—	85.00	165	330	580	1,200
1715W	—	90.00	180	360	630	1,350

KM# 380.20 1/4 ECU

7.5950 g., 0.9170 Silver 0.2239 oz. ASW **Ruler:** Louis XIV **Obv:** Mailed bust right **Rev:** 3 Crowns, fleur-de-lis in openings **Mint:** Amiens

Date	Mintage	VG	F	VF	XF	Unc
1709X	—	90.00	180	360	630	1,350
1710X	—	75.00	150	300	525	1,100
1711X	—	60.00	125	250	400	850
1712X	—	65.00	135	270	450	1,000
1713X	—	75.00	150	300	525	1,100
1714X	—	—	—	—	—	—
1715X	—	85.00	165	330	580	—

KM# 380.21 1/4 ECU

7.5950 g., 0.9170 Silver 0.2239 oz. ASW **Ruler:** Louis XIV **Obv:** Mailed bust right **Rev:** 3 Crowns, fleur-de-lis in openings **Mint:** Bourges

Date	Mintage	VG	F	VF	XF	Unc
1710Y	—	90.00	180	360	630	1,350
1711Y	—	90.00	180	360	630	1,350
1715Y	—	85.00	165	330	580	1,200

KM# 380.22 1/4 ECU

7.5950 g., 0.9170 Silver 0.2239 oz. ASW **Ruler:** Louis XIV **Obv:** Mailed bust right **Rev:** 3 Crowns, fleur-de-lis in openings **Mint:** Grenoble

Date	Mintage	VG	F	VF	XF	Unc
1711Z	—	—	—	—	—	—
1712Z	—	—	—	—	—	—
1713Z	—	100	200	400	800	—

KM# 380.23 1/4 ECU

7.5950 g., 0.9170 Silver 0.2239 oz. ASW **Ruler:** Louis XIV **Obv:** Mailed bust right **Rev:** 3 Crowns, fleur-de-lis in openings **Mint:** Rennes **Note:** Mint mark: 9.

Date	Mintage	VG	F	VF	XF	Unc
1709	—	—	—	—	—	—
1710	—	65.00	135	270	450	970
1711	—	60.00	125	250	400	850
1712	—	65.00	135	270	450	—
1713	—	65.00	135	270	450	—
1714	—	65.00	135	270	450	970
1715	—	—	—	—	—	—

KM# 380.24 1/4 ECU

7.5950 g., 0.9170 Silver 0.2239 oz. ASW **Ruler:** Louis XIV **Obv:** Mailed bust right **Rev:** 3 Crowns, fleur-de-lis in openings **Mint:** Aix **Note:** Mint mark: &.

Date	Mintage	VG	F	VF	XF	Unc
1710	—	65.00	135	270	450	1,000
1711	—	65.00	135	220	450	—
1712	—	65.00	135	270	450	1,000
1713	—	90.00	180	360	630	—

KM# 380.25 1/4 ECU

7.5950 g., 0.9170 Silver 0.2239 oz. ASW **Ruler:** Louis XIV **Obv:** Mailed bust right **Rev:** 3 Crowns, fleur-de-lis in openings **Mint:** Besançon **Note:** Mint mark: Back to back C's.

Date	Mintage	VG	F	VF	XF	Unc
1709	—	—	—	—	—	—
1710	—	65.00	135	270	450	970
1711	—	135	270	400	550	—

KM# 380.26 1/4 ECU

7.5950 g., 0.9170 Silver 0.2239 oz. ASW **Ruler:** Louis XIV **Obv:** Mailed bust right **Rev:** 3 Crowns, fleur-de-lis in openings **Mint:** Pau **Note:** Mint mark: Cow.

Date	Mintage	VG	F	VF	XF	Unc
1709	—	—	—	—	—	—
1710	—	110	230	450	750	—
1711	—	110	225	450	750	1,600
1712	—	110	230	450	750	—
1715	—	110	230	450	750	—

KM# 404 1/4 ECU

6.1960 g., 0.8330 Silver 0.1659 oz. ASW **Ruler:** Louis XIV **Rev:** Crowned shield of France **Mint:** Strasbourg

Date	Mintage	VG	F	VF	XF	Unc
1710BB	—	45.00	90.00	180	300	640
1711BB	—	50.00	100	200	350	760
1712BB	—	60.00	125	250	400	860

KM# 455.1 1/3 ECU

8.1580 g., 0.9170 Silver 0.2405 oz. ASW **Ruler:** Louis XV **Obv:** Young laureate bust right **Obv. Legend:** LUD • XV • D • G • FR • ET • NAV • REX • **Rev:** Crowned back to back L's in cruciform, fleur-de-lis at angles **Rev. Legend:** CHRS • REGN • VINC • IMP * **Mint:** Paris

Date	Mintage	VG	F	VF	XF	Unc
1720A	11,031,000	10.00	15.00	45.00	140	280

KM# 455.2 1/3 ECU

8.1580 g., 0.9170 Silver 0.2405 oz. ASW **Ruler:** Louis XV **Obv:** Young laureate bust right **Rev:** Crowned back to back L's in cruciform, fleur-de-lis at angles **Mint:** Metz

Date	Mintage	VG	F	VF	XF	Unc
1720AA	188,000	12.00	25.00	70.00	185	400

KM# 455.3 1/3 ECU

8.1580 g., 0.9170 Silver 0.2405 oz. ASW **Ruler:** Louis XV **Obv:** Young laureate bust right **Rev:** Crowned back to back L's in cruciform, fleur-de-lis at angles **Mint:** Rouen

Date	Mintage	VG	F	VF	XF	Unc
1720B	3,363,000	10.00	15.00	55.00	160	350

KM# 455.4 1/3 ECU

8.1580 g., 0.9170 Silver 0.2405 oz. ASW **Ruler:** Louis XV **Obv:** Young laureate bust right **Rev:** Crowned back to back L's in cruciform, fleur-de-lis at angles **Mint:** Strasbourg

Date	Mintage	VG	F	VF	XF	Unc
1720BB	837,000	10.00	15.00	55.00	160	350

KM# 455.5 1/3 ECU

8.1580 g., 0.9170 Silver 0.2405 oz. ASW **Ruler:** Louis XV **Obv:** Young laureate bust right **Rev:** Crowned back to back L's in cruciform, fleur-de-lis at angles **Mint:** Caen

Date	Mintage	VG	F	VF	XF	Unc
1720C	930,000	10.00	15.00	55.00	160	350

KM# 455.6 1/3 ECU

8.1580 g., 0.9170 Silver 0.2405 oz. ASW **Ruler:** Louis XV **Obv:** Young laureate bust right **Rev:** Crowned back to back L's in cruciform, fleur-de-lis at angles **Mint:** Lyon

Date	Mintage	VG	F	VF	XF	Unc
1720D	409,000	10.00	15.00	55.00	160	350

KM# 455.7 1/3 ECU

8.1580 g., 0.9170 Silver 0.2405 oz. ASW **Ruler:** Louis XV **Obv:** Young laureate bust right **Rev:** Crowned back to back L's in cruciform, fleur-de-lis at angles **Mint:** Poitiers

Date	Mintage	VG	F	VF	XF	Unc
1720G	596,000	10.00	20.00	65.00	180	390

KM# 455.8 1/3 ECU

8.1580 g., 0.9170 Silver 0.2405 oz. ASW **Ruler:** Louis XV **Obv:** Young laureate bust right **Rev:** Crowned back to back L's in cruciform, fleur-de-lis at angles **Mint:** La Rochelle

Date	Mintage	VG	F	VF	XF	Unc
1720H	752,000	10.00	20.00	65.00	180	390

KM# 455.9 1/3 ECU

8.1580 g., 0.9170 Silver 0.2405 oz. ASW **Ruler:** Louis XV **Obv:** Young laureate bust right **Rev:** Crowned back to back L's in cruciform, fleur-de-lis at angles **Mint:** Limoges

Date	Mintage	VG	F	VF	XF	Unc
1720I	506,000	10.00	15.00	55.00	160	350

KM# 455.10 1/3 ECU

8.1580 g., 0.9170 Silver 0.2405 oz. ASW **Ruler:** Louis XV **Obv:** Young laureate bust right **Rev:** Crowned back to back L's in cruciform, fleur-de-lis at angles **Mint:** Bordeaux

Date	Mintage	VG	F	VF	XF	Unc
1720K	2,733,000	10.00	15.00	55.00	160	330

KM# 455.11 1/3 ECU

8.1580 g., 0.9170 Silver 0.2405 oz. ASW **Ruler:** Louis XV **Obv:** Young laureate bust right **Obv. Legend:** LVD • XV • D • G • FR • ET • NAU • REX • **Rev:** Crowned back to back L's in cruciform, fleur-de-lis at angles **Rev. Legend:** CHRS • REGN • VINC • IMP * **Mint:** Toulouse

Date	Mintage	VG	F	VF	XF	Unc
1720M	—	20.00	30.00	75.00	190	390

KM# 455.12 1/3 ECU

8.1580 g., 0.9170 Silver 0.2405 oz. ASW **Ruler:** Louis XV **Obv:** Young laureate bust right **Rev:** Crowned back to back L's in cruciform, fleur-de-lis at angles **Mint:** Montpellier

Date	Mintage	VG	F	VF	XF	Unc
1720N	1,076,000	10.00	15.00	55.00	160	350

KM# 455.13 1/3 ECU

8.1580 g., 0.9170 Silver 0.2405 oz. ASW **Ruler:** Louis XV **Obv:** Young laureate bust right **Rev:** Crowned back to back L's in cruciform, fleur-de-lis at angles **Mint:** Riom

Date	Mintage	VG	F	VF	XF	Unc
1720O	—	30.00	60.00	125	375	800

KM# 455.14 1/3 ECU

8.1580 g., 0.9170 Silver 0.2405 oz. ASW **Ruler:** Louis XV **Obv:** Young laureate bust right **Rev:** Crowned back to back L's in cruciform, fleur-de-lis at angles **Mint:** Orléans

Date	Mintage	VG	F	VF	XF	Unc
1720R	477,000	10.00	20.00	65.00	180	375

KM# 455.15 1/3 ECU

8.1580 g., 0.9170 Silver 0.2405 oz. ASW **Ruler:** Louis XV **Obv:** Young laureate bust right **Rev:** Crowned back to back L's in cruciform, fleur-de-lis at angles **Mint:** Reims

Date	Mintage	VG	F	VF	XF	Unc
1720S	—	18.00	30.00	75.00	190	400

KM# 455.16 1/3 ECU

8.1580 g., 0.9170 Silver 0.2405 oz. ASW **Ruler:** Louis XV **Obv:** Young laureate bust right **Rev:** Crowned back to back L's in cruciform, fleur-de-lis at angles **Mint:** Nantes

Date	Mintage	VG	F	VF	XF	Unc
1720T	1,556,000	10.00	15.00	55.00	160	350

KM# 455.17 1/3 ECU

8.1580 g., 0.9170 Silver 0.2405 oz. ASW **Ruler:** Louis XV **Obv:** Young laureate bust right **Rev:** Crowned back to back L's in cruciform, fleur-de-lis at angles **Mint:** Troyes

Date	Mintage	VG	F	VF	XF	Unc
1720V	89,000	18.00	32.00	80.00	200	410

KM# 455.18 1/3 ECU

8.1580 g., 0.9170 Silver 0.2405 oz. ASW **Ruler:** Louis XV **Obv:** Young laureate bust right **Rev:** Crowned back to back L's in cruciform, fleur-de-lis at angles **Mint:** Lille

Date	Mintage	VG	F	VF	XF	Unc
1720W	816,000	10.00	15.00	55.00	160	350
1720W REGNA	—	10.00	15.00	55.00	160	350

KM# 455.19 1/3 ECU

8.1580 g., 0.9170 Silver 0.2405 oz. ASW **Ruler:** Louis XV **Obv:** Young laureate bust right **Rev:** Crowned back to back L's in cruciform, fleur-de-lis at angles **Mint:** Amiens

Date	Mintage	VG	F	VF	XF	Unc
1720X	669,000	10.00	15.00	55.00	160	350

KM# 455.20 1/3 ECU

8.1580 g., 0.9170 Silver 0.2405 oz. ASW **Ruler:** Louis XV **Obv:** Young laureate bust right **Rev:** Crowned back to back L's in cruciform, fleur-de-lis at angles **Mint:** Bourges

Date	Mintage	VG	F	VF	XF	Unc
1720Y	610,000	10.00	20.00	65.00	180	390

KM# 455.21 1/3 ECU

8.1580 g., 0.9170 Silver 0.2405 oz. ASW **Ruler:** Louis XV **Obv:** Young laureate bust right **Rev:** Crowned back to back L's in cruciform, fleur-de-lis at angles **Mint:** Grenoble

Date	Mintage	VG	F	VF	XF	Unc
1720Z	98,000	15.00	30.00	80.00	200	410

KM# 455.22 1/3 ECU

8.1580 g., 0.9170 Silver 0.2405 oz. ASW **Ruler:** Louis XV **Mint:** Rennes **Note:** Mint mark: 9.

Date	Mintage	VG	F	VF	XF	Unc
1720	422,000	10.00	15.00	55.00	160	350

KM# 455.23 1/3 ECU

8.1580 g., 0.9170 Silver 0.2405 oz. ASW **Ruler:** Louis XV **Mint:** Aix **Note:** Mint mark: &.

Date	Mintage	VG	F	VF	XF	Unc
1720	—	15.00	30.00	80.00	200	410

KM# 455.24 1/3 ECU

8.1580 g., 0.9170 Silver 0.2405 oz. ASW **Ruler:** Louis XV **Mint:** Besançon **Note:** Mint mark: Back to back C's.

Date	Mintage	VG	F	VF	XF	Unc
1720	138,000	10.00	20.00	65.00	180	370

KM# 456 1/3 ECU

8.1580 g., 0.9170 Silver 0.2405 oz. ASW **Ruler:** Louis XV **Obv. Legend:** ....RE.BD (ligate BD). **Mint:** Pau **Note:** Mint mark: Cow. Issued for Province of Bearn.

Date	Mintage	VG	F	VF	XF	Unc
1720	—	50.00	200	400	800	680

KM# 457.1 1/3 ECU

8.1580 g., 0.9170 Silver 0.2405 oz. ASW **Ruler:** Louis XV **Obv:** Young laureate bust right **Obv. Legend:** LUD • XV • D • G • FR • ET • NAV • REX • **Rev:** Crowned arms of France **Rev. Legend:** SIT NOMEN DOMINI BENEDICTUM * **Mint:** Paris

Date	Mintage	VG	F	VF	XF	Unc
1720A	8,374,000	8.00	15.00	50.00	150	320
1721A	7,299,000	8.00	15.00	45.00	125	270
1722A	—	8.00	20.00	60.00	180	390
1723A	—	8.00	25.00	75.00	225	480

KM# 457.2 1/3 ECU

8.1580 g., 0.9170 Silver 0.2405 oz. ASW **Ruler:** Louis XV **Obv:** Young laureate bust right **Rev:** Crowned arms of France **Mint:** Metz

Date	Mintage	VG	F	VF	XF	Unc
1720AA	—	10.00	25.00	75.00	225	500
1722AA	—	10.00	25.00	75.00	225	500

KM# 457.3 1/3 ECU

8.1580 g., 0.9170 Silver 0.2405 oz. ASW **Ruler:** Louis XV **Obv:** Young laureate bust right **Rev:** Crowned arms of France **Mint:** Rouen

Date	Mintage	VG	F	VF	XF	Unc
1720B	294,000	10.00	20.00	60.00	180	390
1721B	1,879,000	10.00	20.00	60.00	180	390
1722B	—	10.00	25.00	75.00	225	500
1723B	—	15.00	30.00	90.00	275	600

KM# 457.4 1/3 ECU

8.1580 g., 0.9170 Silver 0.2405 oz. ASW **Ruler:** Louis XV **Obv:** Young laureate bust right **Rev:** Crowned arms of France **Mint:** Strasbourg

Date	Mintage	VG	F	VF	XF	Unc
1721BB	187,000	10.00	20.00	60.00	180	370
1722BB	—	10.00	25.00	75.00	225	500
1723BB	—	15.00	35.00	110	325	680

KM# 457.5 1/3 ECU

8.1580 g., 0.9170 Silver 0.2405 oz. ASW **Ruler:** Louis XV **Obv:** Young laureate bust right **Rev:** Crowned arms of France **Mint:** Caen

Date	Mintage	VG	F	VF	XF	Unc
1721C	694,000	10.00	20.00	60.00	180	370
1722C	561,000	8.00	20.00	60.00	180	370
1723C	173,000	10.00	25.00	75.00	225	500

KM# 457.6 1/3 ECU

8.1580 g., 0.9170 Silver 0.2405 oz. ASW **Ruler:** Louis XV **Obv:** Young laureate bust right **Rev:** Crowned arms of France **Mint:** Lyon

Date	Mintage	VG	F	VF	XF	Unc
1720D	72,000	15.00	30.00	90.00	275	600
1721D	520,000	8.00	20.00	60.00	180	390
1722D	528,000	8.00	25.00	75.00	225	500
1723D	49,000	15.00	30.00	90.00	275	600

KM# 457.7 1/3 ECU

8.1580 g., 0.9170 Silver 0.2405 oz. ASW **Ruler:** Louis XV **Obv:** Young laureate bust right **Rev:** Crowned arms of France **Mint:** Tours

Date	Mintage	VG	F	VF	XF	Unc
1720E	47,000	15.00	30.00	90.00	275	600
1721E	129,000	10.00	20.00	60.00	180	390
1722E	63,000	15.00	30.00	90.00	275	600
1723E	—	10.00	25.00	75.00	225	500

KM# 457.8 1/3 ECU

8.1580 g., 0.9170 Silver 0.2405 oz. ASW **Ruler:** Louis XV **Obv:** Young laureate bust right **Rev:** Crowned arms of France **Mint:** Poitiers

Date	Mintage	VG	F	VF	XF	Unc
1720G	88,000	10.00	25.00	75.00	225	500
1721G	375,000	10.00	20.00	60.00	180	390
1722G	266,000	10.00	25.00	75.00	225	500
1723G	121,000	10.00	25.00	75.00	225	500

KM# 457.9 1/3 ECU

8.1580 g., 0.9170 Silver 0.2405 oz. ASW **Ruler:** Louis XV **Obv:** Young laureate bust right **Rev:** Crowned arms of France **Mint:** La Rochelle

Date	Mintage	VG	F	VF	XF	Unc
1720H	84,000	10.00	25.00	75.00	225	500
1721H	698,000	10.00	20.00	60.00	180	390
1722H	—	10.00	25.00	75.00	225	500
1723H	—	15.00	30.00	90.00	275	600

KM# 457.10 1/3 ECU

8.1580 g., 0.9170 Silver 0.2405 oz. ASW **Ruler:** Louis XV **Obv:** Young laureate bust right **Rev:** Crowned arms of France **Mint:** Limoges

Date	Mintage	VG	F	VF	XF	Unc
1720I	78,000	10.00	25.00	75.00	225	500
1722I	—	15.00	35.00	100	300	650

KM# 457.11 1/3 ECU

8.1580 g., 0.9170 Silver 0.2405 oz. ASW **Ruler:** Louis XV **Obv:** Young laureate bust right **Rev:** Crowned arms of France **Mint:** Bordeaux

Date	Mintage	VG	F	VF	XF	Unc
1720K	388,000	10.00	20.00	60.00	180	390
1721K	904,000	10.00	20.00	60.00	180	390
1722K	—	10.00	20.00	60.00	180	390

KM# 457.12 1/3 ECU

8.1580 g., 0.9170 Silver 0.2405 oz. ASW **Ruler:** Louis XV **Obv:** Young laureate bust right **Rev:** Crowned arms of France **Mint:** Bayonne

Date	Mintage	VG	F	VF	XF	Unc
1721L	—	10.00	25.00	75.00	225	500
1722L	—	10.00	25.00	75.00	225	500

KM# 457.13 1/3 ECU

8.1580 g., 0.9170 Silver 0.2405 oz. ASW **Ruler:** Louis XV **Obv:** Young laureate bust right **Rev:** Crowned arms of France **Mint:** Toulouse

Date	Mintage	VG	F	VF	XF	Unc
1721M	—	10.00	20.00	60.00	180	370

KM# 457.14 1/3 ECU

8.1580 g., 0.9170 Silver 0.2405 oz. ASW **Ruler:** Louis XV **Obv:** Young laureate bust right **Rev:** Crowned arms of France **Mint:** Montpellier

Date	Mintage	VG	F	VF	XF	Unc
1720N	106,000	10.00	25.00	75.00	225	500

KM# 457.15 1/3 ECU

8.1580 g., 0.9170 Silver 0.2405 oz. ASW **Ruler:** Louis XV **Obv:** Young laureate bust right **Rev:** Crowned arms of France **Mint:** Riom

Date	Mintage	VG	F	VF	XF	Unc
1720O	—	15.00	30.00	90.00	275	600
1721O	469,000	10.00	20.00	60.00	180	390
1722O	263,000	10.00	25.00	75.00	225	500

KM# 457.16 1/3 ECU

8.1580 g., 0.9170 Silver 0.2405 oz. ASW **Ruler:** Louis XV **Obv:** Young laureate bust right **Rev:** Crowned arms of France **Mint:** Dijon

Date	Mintage	VG	F	VF	XF	Unc
1720P	68,000	15.00	30.00	90.00	275	600
1721P	287,000	10.00	25.00	75.00	225	500
1722P	—	10.00	20.00	60.00	180	390

KM# 457.17 1/3 ECU

8.1580 g., 0.9170 Silver 0.2405 oz. ASW **Ruler:** Louis XV **Obv:** Young laureate bust right **Rev:** Crowned arms of France **Mint:** Perpignan

Date	Mintage	VG	F	VF	XF	Unc
1720Q	—	10.00	25.00	75.00	225	500
1722Q	—	10.00	25.00	75.00	225	500
1723Q	—	10.00	25.00	75.00	225	500

KM# 457.18 1/3 ECU
8.1580 g., 0.9170 Silver 0.2405 oz. ASW **Ruler:** Louis XV **Obv:** Young laureate bust right **Rev:** Crowned arms of France **Mint:** Orléans

Date	Mintage	VG	F	VF	XF	Unc
1720R	202,000	10.00	20.00	60.00	180	390
1721R	672,000	10.00	20.00	60.00	180	390
1722R	407,000	10.00	25.00	75.00	225	500

KM# 457.19 1/3 ECU
8.1580 g., 0.9170 Silver 0.2405 oz. ASW **Ruler:** Louis XV **Obv:** Young laureate bust right **Rev:** Crowned arms of France **Mint:** Reims

Date	Mintage	VG	F	VF	XF	Unc
1720S	—	10.00	20.00	60.00	180	390
1721S	435,000	8.00	20.00	60.00	180	390
1722S	—	15.00	30.00	90.00	275	600
1723S	—	15.00	30.00	90.00	275	600

KM# 457.20 1/3 ECU
8.1580 g., 0.9170 Silver 0.2405 oz. ASW **Ruler:** Louis XV **Obv:** Young laureate bust right **Obv. Legend:** LUD • XV • D • G • FR • ET • NAV • REX • **Rev:** Crowned arms of France **Rev. Legend:** SIT NOMEN DOMINI BENEDICTUM **Mint:** Nantes

Date	Mintage	VG	F	VF	XF	Unc
1720T	268,000	10.00	20.00	60.00	180	390
1721T	1,144,000	8.00	20.00	60.00	180	390
1722T	—	10.00	20.00	60.00	180	390
1723T	—	10.00	15.00	50.00	150	320

KM# 457.21 1/3 ECU
8.1580 g., 0.9170 Silver 0.2405 oz. ASW **Ruler:** Louis XV **Obv:** Young laureate bust right **Rev:** Crowned arms of France **Mint:** Troyes

Date	Mintage	VG	F	VF	XF	Unc
1720V	257,000	8.00	20.00	60.00	180	370
1722V	—	15.00	30.00	90.00	275	600

KM# 457.22 1/3 ECU
8.1580 g., 0.9170 Silver 0.2405 oz. ASW **Ruler:** Louis XV **Obv:** Young laureate bust right **Rev:** Crowned arms of France **Mint:** Lille

Date	Mintage	VG	F	VF	XF	Unc
1720W	—	10.00	20.00	60.00	180	370
1721W	742,000	8.00	20.00	60.00	180	370
1722W	133,000	10.00	25.00	75.00	225	500

KM# 457.23 1/3 ECU
8.1580 g., 0.9170 Silver 0.2405 oz. ASW **Ruler:** Louis XV **Obv:** Young laureate bust right **Rev:** Crowned arms of France **Mint:** Amiens

Date	Mintage	VG	F	VF	XF	Unc
1720X	82,000	15.00	30.00	90.00	275	600
1721X	536,000	8.00	20.00	60.00	180	370
1722X	—	10.00	20.00	60.00	180	370

KM# 457.24 1/3 ECU
8.1580 g., 0.9170 Silver 0.2405 oz. ASW **Ruler:** Louis XV **Obv:** Young laureate bust right **Rev:** Crowned arms of France **Mint:** Bourges

Date	Mintage	VG	F	VF	XF	Unc
1720Y	44,000	15.00	30.00	90.00	275	600
1721Y	271,000	10.00	25.00	75.00	225	500
1722Y	—	10.00	25.00	75.00	225	500

KM# 457.25 1/3 ECU
8.1580 g., 0.9170 Silver 0.2405 oz. ASW **Ruler:** Louis XV **Obv:** Young laureate bust right **Rev:** Crowned arms of France **Mint:** Grenoble

Date	Mintage	VG	F	VF	XF	Unc
1720Z	61,000	15.00	30.00	90.00	275	600
1721Z	140,000	10.00	25.00	75.00	225	500
1722Z	31,000	15.00	30.00	90.00	275	600

KM# 457.26 1/3 ECU
8.1580 g., 0.9170 Silver 0.2405 oz. ASW **Ruler:** Louis XV **Obv:** Young laureate bust right **Rev:** Crowned arms of France **Mint:** Rennes **Note:** Mint mark: 9.

Date	Mintage	VG	F	VF	XF	Unc
1720	1,703,000	8.00	20.00	60.00	180	370
1721	2,958,000	8.00	15.00	50.00	150	315
1722	2,495,000	8.00	15.00	50.00	150	315
1723	1,990,000	8.00	20.00	60.00	180	370

KM# 457.27 1/3 ECU
8.1580 g., 0.9170 Silver 0.2405 oz. ASW **Ruler:** Louis XV **Obv:** Young laureate bust right **Rev:** Crowned arms of France **Mint:** Aix **Note:** Mint mark: &.

Date	Mintage	VG	F	VF	XF	Unc
1721	—	10.00	25.00	75.00	225	500
1722	—	15.00	35.00	110	325	680

KM# 457.28 1/3 ECU
8.1580 g., 0.9170 Silver 0.2405 oz. ASW **Ruler:** Louis XV **Obv:** Young laureate bust right **Rev:** Crowned arms of France **Mint:** Besançon

Date	Mintage	VG	F	VF	XF	Unc
1721	157,000	10.00	25.00	75.00	225	500
1722	—	15.00	35.00	100	300	640

KM# 458 1/3 ECU
8.1580 g., 0.9170 Silver 0.2405 oz. ASW **Ruler:** Louis XV **Obv. Legend:** ....RE.BD (ligate BD). **Mint:** Pau **Note:** Mint mark: Cow. Issued for Province of Bearn.

Date	Mintage	VG	F	VF	XF	Unc
1720	—	15.00	60.00	200	400	—
1721	185,000	15.00	60.00	200	400	—
1722	82,000	15.00	60.00	200	400	—

KM# 308 1/2 ECU
15.3340 g., 0.8330 Silver 0.4107 oz. ASW **Ruler:** Louis XIV **Obv:** Large fleur-de-lis **Rev:** Crowned shield of France **Mint:** Strasbourg

Date	Mintage	VG	F	VF	XF	Unc
1701BB	—	100	225	625	1,000	—
1702BB	—	120	250	700	1,200	—

KM# 295.21 1/2 ECU
13.5440 g., 0.9170 Silver 0.3993 oz. ASW **Ruler:** Louis XIV **Mint:** Lille

Date	Mintage	VG	F	VF	XF	Unc
1701W	—	—	—	—	—	—
1702W	—	—	—	—	—	—

KM# 357 1/2 ECU (40 Sols)
13.5440 g., 0.9170 Silver 0.3993 oz. ASW **Ruler:** Louis XIV **Obv:** Armored bust right **Rev:** 8 L's back to back, shield of France, Navarre and Bearn at center **Mint:** Pau **Note:** Mint mark: Cow.

Date	Mintage	VG	F	VF	XF	Unc
1704	—	850	1,750	3,450	5,750	—
1705	—	900	2,000	4,000	6,000	—

KM# 325.1 1/2 ECU (43 Sols)
13.5440 g., 0.9170 Silver 0.3993 oz. ASW **Ruler:** Louis XIV **Obv:** Mailed bust right **Rev:** Crowned circular shield of France, crossed scepters and hand of Justice behind **Edge Lettering:** DOMINE SALVUM FAC REGEM **Mint:** Paris

Date	Mintage	VG	F	VF	XF	Unc
1701A	—	50.00	100	250	435	1,000
1702A	—	—	—	—	—	—
1703A	—	55.00	110	275	490	1,100

KM# 325.2 1/2 ECU (43 Sols)
13.5440 g., 0.9170 Silver 0.3993 oz. ASW **Ruler:** Louis XIV **Obv:** Mailed bust right **Rev:** Crowned circular shield of France, crossed sceptres and hand of Justice behind **Mint:** Metz

Date	Mintage	VG	F	VF	XF	Unc
1702AA	—	65.00	135	330	575	1,250

KM# 325.3 1/2 ECU (43 Sols)
13.5440 g., 0.9170 Silver 0.3993 oz. ASW **Ruler:** Louis XIV **Obv:** Mailed bust right **Rev:** Crowned circular shield of France, crossed sceptres and hand of Justice behind **Mint:** Rouen

Date	Mintage	VG	F	VF	XF	Unc
1701B	—	55.00	110	275	480	1,100
1703B	—	65.00	135	330	575	1,250

KM# 325.4 1/2 ECU (43 Sols)
13.5440 g., 0.9170 Silver 0.3993 oz. ASW **Ruler:** Louis XIV **Obv:** Mailed bust right **Rev:** Crowned circular shield of France, crossed sceptres and hand of Justice behind **Mint:** Caen

Date	Mintage	VG	F	VF	XF	Unc
1701C	—	—	—	275	480	1,000
1702C	—	65.00	135	330	575	1,250

KM# 325.5 1/2 ECU (43 Sols)
13.5440 g., 0.9170 Silver 0.3993 oz. ASW **Ruler:** Louis XIV **Obv:** Mailed bust right **Rev:** Crowned circular shield of France, crossed sceptres and hand of Justice behind **Mint:** Lyon

Date	Mintage	VG	F	VF	XF	Unc
1702D	—	55.00	110	275	480	1,000

KM# 325.6 1/2 ECU (43 Sols)
13.5440 g., 0.9170 Silver 0.3993 oz. ASW **Ruler:** Louis XIV **Obv:** Mailed bust right **Rev:** Crowned circular shield of France, crossed sceptres and hand of Justice behind **Mint:** Tours

Date	Mintage	VG	F	VF	XF	Unc
1701E	—	65.00	135	330	575	1,250
1702E	—	55.00	110	275	480	1,000

KM# 325.7 1/2 ECU (43 Sols)
13.5440 g., 0.9170 Silver 0.3993 oz. ASW **Ruler:** Louis XIV **Obv:** Mailed bust right **Rev:** Crowned circular shield of France, crossed sceptres and hand of Justice behind **Mint:** Poitiers

Date	Mintage	VG	F	VF	XF	Unc
1702G	—	65.00	135	330	575	1,250

KM# 325.8 1/2 ECU (43 Sols)
13.5440 g., 0.9170 Silver 0.3993 oz. ASW **Ruler:** Louis XIV **Obv:** Mailed bust right **Rev:** Crowned circular shield of France, crossed sceptres and hand of Justice behind **Mint:** La Rochelle

Date	Mintage	VG	F	VF	XF	Unc
1702H	—	65.00	135	330	575	1,250

KM# 325.9 1/2 ECU (43 Sols)
13.5440 g., 0.9170 Silver 0.3993 oz. ASW **Ruler:** Louis XIV **Obv:** Mailed bust right **Rev:** Crowned circular shield of France, crossed sceptres and hand of Justice behind **Mint:** Limoges

Date	Mintage	VG	F	VF	XF	Unc
1702I	—	65.00	135	330	575	1,250

KM# 325.10 1/2 ECU (43 Sols)
13.5440 g., 0.9170 Silver 0.3993 oz. ASW **Ruler:** Louis XIV **Obv:** Mailed bust right **Rev:** Crowned circular shield of France, crossed sceptres and hand of Justice behind **Mint:** Bordeaux

Date	Mintage	VG	F	VF	XF	Unc
1701K	—	65.00	135	330	575	1,250
1702K	—	65.00	135	330	575	1,250
1703K	—	65.00	135	330	575	1,250

KM# 325.11 1/2 ECU (43 Sols)
13.5440 g., 0.9170 Silver 0.3993 oz. ASW **Ruler:** Louis XIV **Obv:** Mailed bust right **Rev:** Crowned circular shield of France, crossed sceptres and hand of Justice behind **Mint:** Bayonne

Date	Mintage	VG	F	VF	XF	Unc
1701L	—	135	275	675	1,200	—
1702L	—	65.00	135	330	575	1,250
1703L	57,000	—	—	—	—	—

KM# 325.12 1/2 ECU (43 Sols)
13.5440 g., 0.9170 Silver 0.3993 oz. ASW **Ruler:** Louis XIV **Obv:** Mailed bust right **Rev:** Crowned circular shield of France, crossed sceptres and hand of Justice behind **Mint:** Toulouse

Date	Mintage	VG	F	VF	XF	Unc
1702M	—	65.00	135	330	575	1,250

KM# 325.13 1/2 ECU (43 Sols)
13.5440 g., 0.9170 Silver 0.3993 oz. ASW **Ruler:** Louis XIV **Obv:** Mailed bust right **Rev:** Crowned circular shield of France, crossed sceptres and hand of Justice behind **Mint:** Montpellier

Date	Mintage	VG	F	VF	XF	Unc
1701N	—	—	—	—	—	—
1702N	529,000	55.00	110	275	480	1,000
1703N	38,000	—	—	—	—	—

KM# 325.14 1/2 ECU (43 Sols)
13.5440 g., 0.9170 Silver 0.3993 oz. ASW **Ruler:** Louis XIV **Obv:** Mailed bust right **Rev:** Crowned circular shield of France, crossed sceptres and hand of Justice behind **Mint:** Riom

Date	Mintage	VG	F	VF	XF	Unc
1701O	—	65.00	135	330	575	1,250
1702O	—	65.00	135	330	575	1,250

KM# 325.15 1/2 ECU (43 Sols)
13.5440 g., 0.9170 Silver 0.3993 oz. ASW **Ruler:** Louis XIV **Obv:** Mailed bust right **Rev:** Crowned circular shield of France, crossed sceptres and hand of Justice behind **Mint:** Dijon

Date	Mintage	VG	F	VF	XF	Unc
1701P	—	65.00	135	330	575	1,250
1702P	—	65.00	135	330	575	1,250
1703P	—	65.00	135	330	575	1,250

KM# 325.16 1/2 ECU (43 Sols)
13.5440 g., 0.9170 Silver 0.3993 oz. ASW **Ruler:** Louis XIV **Obv:** Mailed bust right **Rev:** Crowned circular shield of France, crossed sceptres and hand of Justice behind **Mint:** Perpignan

Date	Mintage	VG	F	VF	XF	Unc
1701Q	—	65.00	135	330	575	1,250

KM# 325.17 1/2 ECU (43 Sols)
13.5440 g., 0.9170 Silver 0.3993 oz. ASW **Ruler:** Louis XIV **Obv:** Mailed bust right **Rev:** Crowned circular shield of France, crossed sceptres and hand of Justice behind **Mint:** Troyes

Date	Mintage	VG	F	VF	XF	Unc
1701S	—	65.00	135	330	575	1,250
1702S	—	65.00	135	330	575	1,250

KM# 325.18 1/2 ECU (43 Sols)
13.5440 g., 0.9170 Silver 0.3993 oz. ASW **Ruler:** Louis XIV **Obv:** Mailed bust right **Rev:** Crowned circular shield of France, crossed sceptres and hand of Justice behind **Mint:** Nantes

Date	Mintage	VG	F	VF	XF	Unc
1702T	—	65.00	135	330	575	1,250

KM# 325.19 1/2 ECU (43 Sols)
13.5440 g., 0.9170 Silver 0.3993 oz. ASW **Ruler:** Louis XIV **Obv:** Mailed bust right **Rev:** Crowned circular shield of France, crossed sceptres and hand of Justice behind **Mint:** Troyes

Date	Mintage	VG	F	VF	XF	Unc
1701V	—	65.00	135	330	575	1,250
1702V	298,000	65.00	135	330	575	1,250
1703V	—	—	—	—	—	—

KM# 325.20 1/2 ECU (43 Sols)
13.5440 g., 0.9170 Silver 0.3993 oz. ASW **Ruler:** Louis XIV **Obv:** Mailed bust right **Rev:** Crowned circular shield of France, crossed sceptres and hand of Justice behind **Mint:** Amiens

Date	Mintage	VG	F	VF	XF	Unc
1702X	—	—	140	330	575	—

KM# 325.21 1/2 ECU (43 Sols)
13.5440 g., 0.9170 Silver 0.3993 oz. ASW **Ruler:** Louis XIV **Obv:** Mailed bust right **Rev:** Crowned circular shield of France, crossed sceptres and hand of Justice behind **Mint:** Bourges

Date	Mintage	VG	F	VF	XF	Unc
1702Y	—	65.00	140	330	575	1,250

KM# 325.22 1/2 ECU (43 Sols)
13.5440 g., 0.9170 Silver 0.3993 oz. ASW **Ruler:** Louis XIV **Obv:** Mailed bust right **Rev:** Crowned circular shield of France, crossed sceptres and hand of Justice behind **Mint:** Rennes **Note:** Mint mark: 9.

Date	Mintage	VG	F	VF	XF	Unc
1701	—	60.00	115	285	500	1,100
1702	—	—	—	285	500	1,100
1703	—	65.00	135	330	575	1,250

KM# 325.23 1/2 ECU (43 Sols)
13.5440 g., 0.9170 Silver 0.3993 oz. ASW **Ruler:** Louis XIV **Obv:** Mailed bust right **Rev:** Crowned circular shield of France, crossed sceptres and hand of Justice behind **Mint:** Aix **Note:** Mint mark: &.

Date	Mintage	VG	F	VF	XF	Unc
1701	—	65.00	135	330	575	1,250
1702	—	65.00	135	330	575	1,250

KM# 326.1 1/2 ECU (43 Sols)
13.5440 g., 0.9170 Silver 0.3993 oz. ASW **Ruler:** Louis XIV **Obv:** Bust right **Rev:** Crowned circular shield of France, crossed scepters, hand of Justice behind **Edge Lettering:** DOMINE SALVUM FAC REGEM **Mint:** Lyon

Date	Mintage	VG	F	VF	XF	Unc
1701D	—	60.00	115	285	500	1,100
1702D	—	60.00	115	285	500	1,100

KM# 326.2 1/2 ECU (43 Sols)
13.5440 g., 0.9170 Silver 0.3993 oz. ASW **Ruler:** Louis XIV **Mint:** Lille

Date	Mintage	VG	F	VF	XF	Unc
1701W	—	60.00	115	285	500	1,100
1702W	—	60.00	115	285	500	1,100
1703W	—	—	—	—	—	—
1704W	—	—	—	—	—	—

KM# 327 1/2 ECU (43 Sols)
13.5440 g., 0.9170 Silver 0.3993 oz. ASW **Ruler:** Louis XIV **Obv:** Mailed bust right **Rev:** Crowned circular shield of France, Navarre and Bearn, crossed scepters, hand of Justice behind **Mint:** Pau **Note:** Mint mark: Cow.

Date	Mintage	VG	F	VF	XF	Unc
1701	—	725	1,450	2,850	4,750	—
1702	—	725	1,450	3,000	5,000	—
1703	—	—	—	—	—	—

KM# 409.1 1/2 ECU (44 Sols)
12.3920 g., 0.8330 Silver 0.3319 oz. ASW **Ruler:** Louis XIV **Obv:** Mailed bust right **Rev:** Crowned shield of France divides date **Mint:** Paris

Date	Mintage	VG	F	VF	XF	Unc
1713A	—	65.00	135	350	650	1,400
1714A	—	—	—	—	—	—

KM# 409.2 1/2 ECU (44 Sols)
12.3920 g., 0.8330 Silver 0.3319 oz. ASW **Ruler:** Louis XIV **Obv:** Mailed bust right **Obv. Legend:** LVD • XIIII • D • G • FR • ET • NAV • REX • **Rev:** Crowned shield of France divides date **Rev. Legend:** ARGENTINENSIS MONETA NOVA **Mint:** Strasbourg

Date	Mintage	VG	F	VF	XF	Unc
1709BB	—	55.00	115	280	500	1,100
1710BB	—	65.00	135	330	575	1,250
1711BB	—	80.00	170	425	750	1,600
1712BB	—	80.00	170	425	750	1,600
1713BB	—	95.00	190	475	825	1,800
1714BB	—	110	220	530	925	2,000

KM# 411 1/2 ECU (44 Sols)
15.2960 g., 0.9170 Silver 0.4509 oz. ASW **Ruler:** Louis XV **Obv:** Young bust of Louis XV right **Rev:** 3 Crowns form triangle with fleur-de-lis in angles **Mint:** Paris

Date	Mintage	VG	F	VF	XF	Unc
1715A	—	—	—	—	—	—

Note: Existance of this type is in doubt.

KM# 420.1 1/2 ECU (44 Sols)
15.2960 g., 0.9170 Silver 0.4509 oz. ASW **Ruler:** Louis XV **Obv:** Young bust right **Obv. Legend:** LVD • XV • D • G • FR • ET • NAV • REX • **Rev:** Crowned round arms of France **Rev. Legend:** SIT • NOMEN • DOMINI • BENEDICTUM **Mint:** Paris

Date	Mintage	VG	F	VF	XF	Unc
1716A	—	20.00	45.00	125	300	660
1717A	—	20.00	50.00	140	325	700

KM# 420.2 1/2 ECU (44 Sols)
15.2960 g., 0.9170 Silver 0.4509 oz. ASW **Ruler:** Louis XV **Obv:** Young bust right **Rev:** Crowned round arms of France **Mint:** Rouen

Date	Mintage	VG	F	VF	XF	Unc
1716B	—	30.00	70.00	160	375	825

KM# 420.3 1/2 ECU (44 Sols)
15.2960 g., 0.9170 Silver 0.4509 oz. ASW **Ruler:** Louis XV **Obv:** Young bust right **Rev:** Crowned round arms of France **Mint:** Strasbourg

Date	Mintage	VG	F	VF	XF	Unc
1716BB	—	30.00	70.00	160	375	825

KM# 420.4 1/2 ECU (44 Sols)
15.2960 g., 0.9170 Silver 0.4509 oz. ASW **Ruler:** Louis XV **Obv:** Young bust right **Rev:** Crowned round arms of France **Mint:** Caen

Date	Mintage	VG	F	VF	XF	Unc
1716C	—	30.00	70.00	160	375	825
1718C	—	30.00	80.00	180	400	880

KM# 420.5 1/2 ECU (44 Sols)
15.2960 g., 0.9170 Silver 0.4509 oz. ASW **Ruler:** Louis XV **Obv:** Young bust right **Rev:** Crowned round arms of France **Mint:** Lyon

Date	Mintage	VG	F	VF	XF	Unc
1716D	493,000	30.00	70.00	160	375	825

KM# 420.6 1/2 ECU (44 Sols)
15.2960 g., 0.9170 Silver 0.4509 oz. ASW **Ruler:** Louis XV **Obv:** Young bust right **Rev:** Crowned round arms of France **Mint:** Tours

Date	Mintage	VG	F	VF	XF	Unc
1716E	352,000	30.00	70.00	160	375	825

KM# 420.7 1/2 ECU (44 Sols)
15.2960 g., 0.9170 Silver 0.4509 oz. ASW **Ruler:** Louis XV **Obv:** Young bust right **Rev:** Crowned round arms of France **Mint:** Poitiers

Date	Mintage	VG	F	VF	XF	Unc
1716G	—	30.00	70.00	160	375	825

KM# 420.8 1/2 ECU (44 Sols)
15.2960 g., 0.9170 Silver 0.4509 oz. ASW **Ruler:** Louis XV **Obv:** Young bust right **Rev:** Crowned round arms of France **Mint:** La Rochelle

Date	Mintage	VG	F	VF	XF	Unc
1716H	289,000	30.00	70.00	160	375	825
1718H	—	50.00	150	350	575	1,250

KM# 420.9 1/2 ECU (44 Sols)
15.2960 g., 0.9170 Silver 0.4509 oz. ASW **Ruler:** Louis XV **Obv:** Young bust right **Rev:** Crowned round arms of France **Mint:** Limoges

Date	Mintage	VG	F	VF	XF	Unc
1716I	—	30.00	70.00	160	375	800

KM# 420.10 1/2 ECU (44 Sols)
15.2960 g., 0.9170 Silver 0.4509 oz. ASW **Ruler:** Louis XV **Obv:** Young bust right **Rev:** Crowned round arms of France **Mint:** Bordeaux

Date	Mintage	VG	F	VF	XF	Unc
1716K	—	30.00	70.00	160	375	800

KM# 420.11 1/2 ECU (44 Sols)
15.2960 g., 0.9170 Silver 0.4509 oz. ASW **Ruler:** Louis XV **Obv:** Young bust right **Rev:** Crowned round arms of France **Mint:** Bayonne

Date	Mintage	VG	F	VF	XF	Unc
1716L	—	30.00	70.00	160	375	800

KM# 420.12 1/2 ECU (44 Sols)
15.2960 g., 0.9170 Silver 0.4509 oz. ASW **Ruler:** Louis XV **Obv:** Young bust right **Rev:** Crowned round arms of France **Mint:** Toulouse

Date	Mintage	VG	F	VF	XF	Unc
1716M	—	30.00	70.00	160	375	800

KM# 420.13 1/2 ECU (44 Sols)
15.2960 g., 0.9170 Silver 0.4509 oz. ASW **Ruler:** Louis XV **Obv:** Young bust right **Rev:** Crowned round arms of France **Mint:** Montpellier

Date	Mintage	VG	F	VF	XF	Unc
1716N	—	30.00	70.00	160	375	800

KM# 420.14 1/2 ECU (44 Sols)
15.2960 g., 0.9170 Silver 0.4509 oz. ASW **Ruler:** Louis XV **Obv:** Young bust right **Rev:** Crowned round arms of France **Mint:** Riom

Date	Mintage	VG	F	VF	XF	Unc
1716O	—	40.00	100	200	525	1,100

KM# 420.15 1/2 ECU (44 Sols)
15.2960 g., 0.9170 Silver 0.4509 oz. ASW **Ruler:** Louis XV **Obv:** Young bust right **Rev:** Crowned round arms of France **Mint:** Dijon

Date	Mintage	VG	F	VF	XF	Unc
1716P	—	30.00	70.00	160	375	800

KM# 420.16 1/2 ECU (44 Sols)
15.2960 g., 0.9170 Silver 0.4509 oz. ASW **Ruler:** Louis XV **Obv:** Young bust right **Rev:** Crowned round arms of France **Mint:** Reims

Date	Mintage	VG	F	VF	XF	Unc
1716S	—	30.00	70.00	160	375	800
1718S	—	30.00	80.00	180	400	850

KM# 420.17 1/2 ECU (44 Sols)
15.2960 g., 0.9170 Silver 0.4509 oz. ASW **Ruler:** Louis XV **Obv:** Young bust right **Rev:** Crowned round arms of France **Mint:** Nantes

Date	Mintage	VG	F	VF	XF	Unc
1716T	—	30.00	70.00	160	375	800
1717T	—	20.00	50.00	140	325	700

KM# 420.18 1/2 ECU (44 Sols)
15.2960 g., 0.9170 Silver 0.4509 oz. ASW **Ruler:** Louis XV **Obv:** Young bust right **Rev:** Crowned round arms of France **Mint:** Troyes

Date	Mintage	VG	F	VF	XF	Unc
1716V	—	30.00	70.00	160	375	800
1717V	—	30.00	70.00	160	375	800

KM# 420.19 1/2 ECU (44 Sols)
15.2960 g., 0.9170 Silver 0.4509 oz. ASW **Ruler:** Louis XV **Obv:** Young bust right **Rev:** Crowned round arms of France **Mint:** Lille

Date	Mintage	VG	F	VF	XF	Unc
1716W	—	30.00	70.00	160	375	800

KM# 420.20 1/2 ECU (44 Sols)
15.2960 g., 0.9170 Silver 0.4509 oz. ASW **Ruler:** Louis XV **Obv:** Young bust right **Rev:** Crowned round arms of France **Mint:** Amiens

Date	Mintage	VG	F	VF	XF	Unc
1716X	—	30.00	70.00	160	375	800
1717X	—	30.00	80.00	180	400	850

KM# 420.21 1/2 ECU (44 Sols)
15.2960 g., 0.9170 Silver 0.4509 oz. ASW **Ruler:** Louis XV **Obv:** Young bust right **Rev:** Crowned round arms of France **Mint:** Bourges

Date	Mintage	VG	F	VF	XF	Unc
1716Y	—	30.00	70.00	160	375	800
1717Y	—	30.00	70.00	160	375	800

KM# 420.22 1/2 ECU (44 Sols)
15.2960 g., 0.9170 Silver 0.4509 oz. ASW **Ruler:** Louis XV **Obv:** Young bust right **Rev:** Crowned round arms of France **Mint:** Rennes **Note:** Mint mark: 9.

Date	Mintage	VG	F	VF	XF	Unc
1716	—	30.00	70.00	160	375	800

KM# 420.23 1/2 ECU (44 Sols)
15.2960 g., 0.9170 Silver 0.4509 oz. ASW **Ruler:** Louis XV **Obv:** Young bust right **Rev:** Crowned round arms of France **Mint:** Aix **Note:** Mint mark: &.

Date	Mintage	VG	F	VF	XF	Unc
1716	—	30.00	70.00	160	375	800

KM# 420.24 1/2 ECU (44 Sols)
15.2960 g., 0.9170 Silver 0.4509 oz. ASW **Ruler:** Louis XV **Obv:** Young bust right **Rev:** Crowned round arms of France **Mint:** Besançon **Note:** Mint mark: Back to back C's.

Date	Mintage	VG	F	VF	XF	Unc
1716	—	20.00	45.00	125	275	600
1717	—	30.00	80.00	180	400	850

KM# 421 1/2 ECU (44 Sols)
15.2960 g., 0.9170 Silver 0.4509 oz. ASW **Ruler:** Louis XV **Obv:** Legend ends with ligate BD **Mint:** Pau **Note:** Mint mark: Cow.

Date	Mintage	VG	F	VF	XF	Unc
1716	—	40.00	100	400	1,300	—

KM# 422 1/2 ECU (44 Sols)
12.3920 g., 0.8330 Silver 0.3319 oz. ASW **Ruler:** Louis XV **Rev:** Crowned arms divide date **Mint:** Strasbourg

Date	Mintage	VG	F	VF	XF	Unc
1716BB	—	45.00	90.00	180	400	850
1718BB Rare	—	—	—	—	—	—

KM# 434.1 1/2 ECU (44 Sols)
12.2370 g., 0.9170 Silver 0.3608 oz. ASW **Ruler:** Louis XV **Obv:** Laureate, draped young bust right **Obv. Legend:** LVD • XV • D • G • FR • ET • NAV • REX **Rev:** Crowned arms of France and Navarre quartered **Rev. Legend:** SIT • NOMEN • DOMINI • BENEDICTUM **Mint:** Metz

Date	Mintage	VG	F	VF	XF	Unc
1718AA	23,000	160	300	800	1,800	3,250

KM# 434.2 1/2 ECU (44 Sols)
12.2370 g., 0.9170 Silver 0.3608 oz. ASW **Ruler:** Louis XV **Obv:**

Laureate, draped young bust right **Rev:** Crowned, quartered arms of France and Navarre **Mint:** Lyon

Date	Mintage	VG	F	VF	XF	Unc
1718D	411,000	160	300	800	1,800	3,250
1719D	—	160	300	800	1,800	3,250

KM# 434.3 1/2 ECU (44 Sols)
12.2370 g., 0.9170 Silver 0.3608 oz. ASW **Ruler:** Louis XV **Obv:** Laureate, draped young bust right **Rev:** Crowned, quartered arms of France and Navarre **Mint:** La Rochelle

Date	Mintage	VG	F	VF	XF	Unc
1719H	—	160	300	800	1,800	3,250

KM# 434.4 1/2 ECU (44 Sols)
12.2370 g., 0.9170 Silver 0.3608 oz. ASW **Ruler:** Louis XV **Obv:** Laureate, draped young bust right **Rev:** Crowned, quartered arms of France and Navarre **Mint:** Bordeaux

Date	Mintage	VG	F	VF	XF	Unc
1719K	—	160	300	800	1,800	3,250

KM# 434.5 1/2 ECU (44 Sols)
12.2370 g., 0.9170 Silver 0.3608 oz. ASW **Ruler:** Louis XV **Obv:** Laureate, draped young bust right **Rev:** Crowned, quartered arms of France and Navarre **Mint:** Montpellier

Date	Mintage	VG	F	VF	XF	Unc
1718N	—	160	300	800	1,800	3,250

KM# 434.6 1/2 ECU (44 Sols)
12.2370 g., 0.9170 Silver 0.3608 oz. ASW **Ruler:** Louis XV **Obv:** Laureate, draped young bust right **Rev:** Crowned, quartered arms of France and Navarre **Mint:** Perpignan

Date	Mintage	VG	F	VF	XF	Unc
1719Q	—	160	300	800	1,800	3,250

KM# 434.7 1/2 ECU (44 Sols)
12.2370 g., 0.9170 Silver 0.3608 oz. ASW **Ruler:** Louis XV **Obv:** Laureate, draped young bust right **Rev:** Crowned, quartered arms of France and Navarre **Mint:** Orléans

Date	Mintage	VG	F	VF	XF	Unc
1719R	—	160	300	800	1,800	3,250

KM# 434.8 1/2 ECU (44 Sols)
12.2370 g., 0.9170 Silver 0.3608 oz. ASW **Ruler:** Louis XV **Obv:** Laureate, draped young bust right **Rev:** Crowned, quartered arms of France and Navarre **Mint:** Reims

Date	Mintage	VG	F	VF	XF	Unc
1719S	183,000	160	300	800	1,800	3,250

KM# 434.9 1/2 ECU (44 Sols)
12.2370 g., 0.9170 Silver 0.3608 oz. ASW **Ruler:** Louis XV **Obv:** Laureate, draped young bust right **Rev:** Crowned, quartered arms of France and Navarre **Mint:** Troyes

Date	Mintage	VG	F	VF	XF	Unc
1718V	—	160	300	800	1,800	3,250

KM# 434.10 1/2 ECU (44 Sols)
12.2370 g., 0.9170 Silver 0.3608 oz. ASW **Ruler:** Louis XV **Obv:** Laureate, draped young bust right **Rev:** Crowned, quartered arms of France and Navarre **Mint:** Lille

Date	Mintage	VG	F	VF	XF	Unc
1718W	—	160	300	800	1,800	3,250
1719W	—	160	300	800	1,800	3,250

KM# 434.11 1/2 ECU (44 Sols)
12.2370 g., 0.9170 Silver 0.3608 oz. ASW **Ruler:** Louis XV **Obv:** Laureate, draped young bust right **Rev:** Crowned, quartered arms of France and Navarre **Mint:** Amiens

Date	Mintage	VG	F	VF	XF	Unc
1718X	—	160	300	800	1,800	3,250
1719X	—	160	300	800	1,800	3,250

KM# 434.12 1/2 ECU (44 Sols)
12.2370 g., 0.9170 Silver 0.3608 oz. ASW **Ruler:** Louis XV **Obv:** Laureate, draped young bust right **Rev:** Crowned, quartered arms of France and Navarre **Mint:** Grenoble

Date	Mintage	VG	F	VF	XF	Unc
1718Z	80,000	160	300	800	1,800	3,250

KM# 434.13 1/2 ECU (44 Sols)
12.2370 g., 0.9170 Silver 0.3608 oz. ASW **Ruler:** Louis XV **Obv:** Laureate, draped young bust right **Rev:** Crowned, quartered arms of France and Navarre **Mint:** Rennes **Note:** Mint mark: 9.

Date	Mintage	VG	F	VF	XF	Unc
1719	—	160	300	800	1,800	3,250

KM# 434.14 1/2 ECU (44 Sols)
12.2370 g., 0.9170 Silver 0.3608 oz. ASW **Ruler:** Louis XV **Obv:** Laureate, draped young bust right **Rev:** Crowned, quartered arms of France and Navarre **Mint:** Aix **Note:** Mint mark: &.

Date	Mintage	VG	F	VF	XF	Unc
1719	—	160	300	800	1,800	3,250

KM# 465.1 1/2 ECU (44 Sols)
12.2370 g., 0.9170 Silver 0.3608 oz. ASW **Ruler:** Louis XV **Rev:** Crowned arms in square shield **Mint:** Paris

Date	Mintage	VG	F	VF	XF	Unc
1721A	—	200	400	1,000	2,400	4,150
1722A	—	200	500	1,300	3,000	5,200

KM# 465.2 1/2 ECU (44 Sols)
12.2370 g., 0.9170 Silver 0.3608 oz. ASW **Ruler:** Louis XV **Mint:** Rouen

Date	Mintage	VG	F	VF	XF	Unc
1722B	—	200	400	1,000	2,400	4,150

KM# 465.3 1/2 ECU (44 Sols)
12.2370 g., 0.9170 Silver 0.3608 oz. ASW **Ruler:** Louis XV **Mint:** Caen

Date	Mintage	VG	F	VF	XF	Unc
1721C	—	200	500	1,300	3,000	5,200

KM# 465.4 1/2 ECU (44 Sols)
12.2370 g., 0.9170 Silver 0.3608 oz. ASW **Ruler:** Louis XV **Mint:** Lyon

Date	Mintage	VG	F	VF	XF	Unc
1723D	—	200	400	1,000	2,400	4,150

KM# 465.5 1/2 ECU (44 Sols)
12.2370 g., 0.9170 Silver 0.3608 oz. ASW **Ruler:** Louis XV **Mint:** Bordeaux

Date	Mintage	VG	F	VF	XF	Unc
1721K	44,000	200	400	1,000	2,400	4,150

KM# 465.6 1/2 ECU (44 Sols)
12.2370 g., 0.9170 Silver 0.3608 oz. ASW **Ruler:** Louis XV **Mint:** Toulouse

Date	Mintage	VG	F	VF	XF	Unc
1721M	—	200	400	1,000	2,400	4,150

KM# 465.7 1/2 ECU (44 Sols)
12.2370 g., 0.9170 Silver 0.3608 oz. ASW **Ruler:** Louis XV **Mint:** Montpellier

Date	Mintage	VG	F	VF	XF	Unc
1721N	—	200	400	1,000	2,400	4,150
1723N	—	200	400	1,000	2,400	4,150

KM# 465.8 1/2 ECU (44 Sols)
12.2370 g., 0.9170 Silver 0.3608 oz. ASW **Ruler:** Louis XV **Mint:** Riom

Date	Mintage	VG	F	VF	XF	Unc
1721O	—	200	500	1,300	3,000	5,000

KM# 465.9 1/2 ECU (44 Sols)
12.2370 g., 0.9170 Silver 0.3608 oz. ASW **Ruler:** Louis XV **Mint:** Orléans

Date	Mintage	VG	F	VF	XF	Unc
1721R	40,000	200	600	1,400	3,200	5,500
1723R	—	200	500	1,100	2,500	4,350

KM# 465.10 1/2 ECU (44 Sols)
12.2370 g., 0.9170 Silver 0.3608 oz. ASW **Ruler:** Louis XV **Mint:** Reims

Date	Mintage	VG	F	VF	XF	Unc
1724S	—	300	600	1,500	3,500	6,000

KM# 465.11 1/2 ECU (44 Sols)
12.2370 g., 0.9170 Silver 0.3608 oz. ASW **Ruler:** Louis XV **Mint:** Nantes

Date	Mintage	VG	F	VF	XF	Unc
1721T	—	200	400	1,000	2,400	4,150

KM# 465.12 1/2 ECU (44 Sols)
12.2370 g., 0.9170 Silver 0.3608 oz. ASW **Ruler:** Louis XV **Mint:** Troyes

Date	Mintage	VG	F	VF	XF	Unc
1721V	—	200	400	1,000	2,400	4,150

KM# 465.13 1/2 ECU (44 Sols)
12.2370 g., 0.9170 Silver 0.3608 oz. ASW **Ruler:** Louis XV **Mint:** Lille

Date	Mintage	VG	F	VF	XF	Unc
1720W	—	200	500	1,300	2,500	4,250
1721W	—	200	400	1,000	1,900	3,350
1722W	—	200	400	1,050	2,000	3,500

KM# 465.14 1/2 ECU (44 Sols)
12.2370 g., 0.9170 Silver 0.3608 oz. ASW **Ruler:** Louis XV **Mint:** Rennes **Note:** Mint mark: 9.

Date	Mintage	VG	F	VF	XF	Unc
1721	—	200	400	1,000	2,400	4,150

KM# 478.1 1/2 ECU (44 Sols)
11.7900 g., 0.9170 Silver 0.3476 oz. ASW **Ruler:** Louis XV **Obv:** Laureate armored bust right **Obv. Legend:** LUD • XV • D • G • FR • ET • NAV • REX • **Rev:** 4 Fleur-de-lis form square at center, 4 crowns separated by back to back L's surround **Rev. Legend:** SIT • NOMEN • DOMINI • BENEDICTUM **Mint:** Paris

Date	Mintage	VG	F	VF	XF	Unc
1725A	—	100	250	600	1,200	2,600

KM# 478.2 1/2 ECU (44 Sols)
11.7900 g., 0.9170 Silver 0.3476 oz. ASW **Ruler:** Louis XV **Obv:** Laureate armored bust right **Rev:** 4 Fleur-de-lis form square at center, 4 crowns separated by back to back L's surround **Mint:** Metz

Date	Mintage	VG	F	VF	XF	Unc
1725AA	—	100	250	600	1,200	2,600

KM# 478.3 1/2 ECU (44 Sols)
11.7900 g., 0.9170 Silver 0.3476 oz. ASW **Ruler:** Louis XV **Obv:** Laureate armored bust right **Rev:** 4 Fleur-de-lis form square at center, 4 crowns separated by back to back L's surround **Mint:** Rouen

Date	Mintage	VG	F	VF	XF	Unc
1725B	—	100	250	600	1,200	2,600

KM# 478.4 1/2 ECU (44 Sols)
11.7900 g., 0.9170 Silver 0.3476 oz. ASW **Ruler:** Louis XV **Obv:** Laureate armored bust right **Rev:** 4 Fleur-de-lis form square at center, 4 crowns separated by back to back L's surround **Mint:** Lyon

Date	Mintage	VG	F	VF	XF	Unc
1725D	—	100	250	600	1,200	2,600

KM# 478.5 1/2 ECU (44 Sols)
11.7900 g., 0.9170 Silver 0.3476 oz. ASW **Ruler:** Louis XV **Obv:** Laureate armored bust right **Rev:** 4 Fleur-de-lis form square at center, 4 crowns separated by back to back L's surround **Mint:** Poitiers

Date	Mintage	VG	F	VF	XF	Unc
1725G	—	100	250	600	1,200	2,600

KM# 478.6 1/2 ECU (44 Sols)
11.7900 g., 0.9170 Silver 0.3476 oz. ASW **Ruler:** Louis XV **Obv:** Laureate armored bust right **Rev:** 4 Fleur-de-lis form square at center, 4 crowns separated by back to back L's surround **Mint:** Montpellier

Date	Mintage	VG	F	VF	XF	Unc
1725N	362,000	100	250	600	1,200	2,600

KM# 478.7 1/2 ECU (44 Sols)
11.7900 g., 0.9170 Silver 0.3476 oz. ASW **Ruler:** Louis XV **Obv:** Laureate armored bust right **Rev:** 4 Fleur-de-lis form square at center, 4 crowns separated by back to back L's surround **Mint:** Dijon

Date	Mintage	VG	F	VF	XF	Unc
1725P	—	100	250	600	1,200	2,600

KM# 478.8 1/2 ECU (44 Sols)
11.7900 g., 0.9170 Silver 0.3476 oz. ASW **Ruler:** Louis XV **Obv:** Laureate armored bust right **Rev:** 4 Fleur-de-lis form square at center, 4 crowns separated by back to back L's surround **Mint:** Orléans

Date	Mintage	VG	F	VF	XF	Unc
1725R	—	100	250	600	1,200	2,600

KM# 478.9 1/2 ECU (44 Sols)
11.7900 g., 0.9170 Silver 0.3476 oz. ASW **Ruler:** Louis XV **Obv:** Laureate armored bust right **Rev:** 4 Fleur-de-lis form square at center, 4 crowns separated by back to back L's surround **Mint:** Reims

Date	Mintage	VG	F	VF	XF	Unc
1725S	—	100	250	600	1,200	2,600

KM# 478.10 1/2 ECU (44 Sols)
11.7900 g., 0.9170 Silver 0.3476 oz. ASW **Ruler:** Louis XV **Obv:** Laureate armored bust right **Rev:** 4 Fleur-de-lis form square at center, 4 crowns separated by back to back L's surround **Mint:** Lille

Date	Mintage	VG	F	VF	XF	Unc
1725W	—	100	250	600	1,200	2,600

KM# 478.11 1/2 ECU (44 Sols)
11.7900 g., 0.9170 Silver 0.3476 oz. ASW **Ruler:** Louis XV **Obv:** Laureate armored bust right **Rev:** 4 Fleur-de-lis form square at center, 4 crowns separated by back to back L's surround **Mint:** Amiens

Date	Mintage	VG	F	VF	XF	Unc
1725X	—	100	250	600	1,200	2,600

KM# 478.12 1/2 ECU (44 Sols)
11.7900 g., 0.9170 Silver 0.3476 oz. ASW **Ruler:** Louis XV **Obv:** Laureate armored bust right **Rev:** 4 Fleur-de-lis form square at center, 4 crowns separated by back to back L's surround **Mint:** Rennes **Note:** Mint mark: 9.

Date	Mintage	VG	F	VF	XF	Unc
1725	78,000	100	250	600	1,200	2,600

KM# 478.13 1/2 ECU (44 Sols)
11.7900 g., 0.9170 Silver 0.3476 oz. ASW **Ruler:** Louis XV **Obv:** Laureate armored bust right **Rev:** 4 Fleur-de-lis form square at center, 4 crowns separated by back to back L's surround **Mint:** Besançon **Note:** Mint mark: Back to back C's.

Date	Mintage	VG	F	VF	XF	Unc
1725	—	100	250	600	1,200	2,600

KM# 484.1 1/2 ECU (44 Sols)
14.7440 g., 0.9170 Silver 0.4347 oz. ASW **Ruler:** Louis XV **Obv:** Young bust left **Obv. Legend:** LUD • XV • D • G • FR • ET • NAV • REX • **Rev:** Crowned oval arms of France within wreath **Rev. Legend:** SIT NOMEN DOMINI BENEDICTUM **Mint:** Paris

Date	Mintage	VG	F	VF	XF	Unc
1726A	—	10.00	20.00	50.00	175	350
1728A	—	10.00	20.00	50.00	175	350
1730A	—	10.00	20.00	50.00	175	350

KM# 484.2 1/2 ECU (44 Sols)
14.7440 g., 0.9170 Silver 0.4347 oz. ASW **Ruler:** Louis XV **Obv:** Young bust left **Rev:** Crowned oval arms of France within wreath **Mint:** Metz

Date	Mintage	VG	F	VF	XF	Unc
1726AA	—	15.00	25.00	75.00	250	550
1728AA	—	10.00	20.00	50.00	175	350

KM# 484.3 1/2 ECU (44 Sols)
14.7440 g., 0.9170 Silver 0.4347 oz. ASW **Ruler:** Louis XV **Obv:** Young bust left **Rev:** Crowned oval arms of France within wreath **Mint:** Rouen

Date	Mintage	VG	F	VF	XF	Unc
1726B	—	10.00	20.00	50.00	175	385
1728B	—	15.00	25.00	75.00	250	550
1729B	—	10.00	20.00	50.00	175	380
1730B	—	15.00	25.00	75.00	250	550
1731B	—	15.00	25.00	75.00	250	550
1732B	—	15.00	25.00	75.00	250	550
1739B	—	15.00	25.00	75.00	250	550
1740B	—	15.00	30.00	100	325	700

KM# 484.4 1/2 ECU (44 Sols)
14.7440 g., 0.9170 Silver 0.4347 oz. ASW **Ruler:** Louis XV **Obv:** Young bust left **Rev:** Crowned oval arms of France within wreath **Mint:** Strasbourg

Date	Mintage	VG	F	VF	XF	Unc
1726BB	—	15.00	25.00	75.00	250	550
1727BB	—	15.00	25.00	75.00	250	550

Date	Mintage	VG	F	VF	XF	Unc
1728BB	603,000	10.00	20.00	50.00	175	380
1729BB	—	15.00	25.00	75.00	250	550
1731BB	—	15.00	25.00	75.00	250	550
1733BB	—	15.00	30.00	100	325	700
1738BB	194,000	10.00	20.00	50.00	175	380
1739BB	31,000	15.00	30.00	100	325	700
1740BB	201,000	15.00	25.00	75.00	250	500

KM# 484.5 1/2 ECU (44 Sols)

14.7440 g., 0.9170 Silver 0.4347 oz. ASW **Ruler:** Louis XV **Obv:** Young bust left **Rev:** Crowned oval arms of France within wreath **Mint:** Caen

Date	Mintage	VG	F	VF	XF	Unc
1726C	134,000	15.00	25.00	75.00	250	500
1728C	105,000	10.00	20.00	50.00	175	380
1729C	262,000	10.00	20.00	50.00	175	380
1730C	241,000	10.00	20.00	50.00	175	380
1731C	278,000	10.00	20.00	50.00	175	380
1733C	219,000	10.00	20.00	50.00	175	380
1734C	147,000	10.00	20.00	50.00	175	380
1735C	—	12.00	25.00	60.00	190	395
1736C	169,000	10.00	20.00	50.00	175	380
1737C	156,000	10.00	20.00	50.00	175	380

KM# 484.6 1/2 ECU (44 Sols)

14.7440 g., 0.9170 Silver 0.4347 oz. ASW **Ruler:** Louis XV **Obv:** Young bust left **Rev:** Crowned oval arms of France within wreath **Mint:** Lyon

Date	Mintage	VG	F	VF	XF	Unc
1726D	1,255,000	10.00	20.00	50.00	175	380
1727D	368,000	10.00	20.00	50.00	175	380
1728D	373,000	10.00	20.00	50.00	175	380
1729D	190,000	10.00	20.00	50.00	175	380

KM# 484.7 1/2 ECU (44 Sols)

14.7440 g., 0.9170 Silver 0.4347 oz. ASW **Ruler:** Louis XV **Obv:** Young bust left **Rev:** Crowned oval arms of France within wreath **Mint:** Tours

Date	Mintage	VG	F	VF	XF	Unc
1726E	191,000	15.00	25.00	75.00	250	550
1728E	164,000	10.00	20.00	50.00	175	380
1729E	529,000	10.00	20.00	50.00	175	380
1730E	431,000	10.00	20.00	50.00	175	380
1731E	150,000	10.00	20.00	50.00	175	380

KM# 484.8 1/2 ECU (44 Sols)

14.7440 g., 0.9170 Silver 0.4347 oz. ASW **Ruler:** Louis XV **Obv:** Young bust left **Rev:** Crowned oval arms of France within wreath **Mint:** Poitiers

Date	Mintage	VG	F	VF	XF	Unc
1726G	—	15.00	30.00	100	325	700
1729G	—	15.00	30.00	100	325	700
1730G	—	15.00	30.00	100	325	700
1731G	—	15.00	25.00	80.00	265	570

KM# 484.9 1/2 ECU (44 Sols)

14.7440 g., 0.9170 Silver 0.4347 oz. ASW **Ruler:** Louis XV **Obv:** Young bust left **Rev:** Crowned oval arms of France within wreath **Mint:** La Rochelle

Date	Mintage	VG	F	VF	XF	Unc
1726H	—	15.00	25.00	75.00	250	550
1727H	—	15.00	25.00	75.00	250	550
1728H	—	15.00	25.00	75.00	250	550

KM# 484.10 1/2 ECU (44 Sols)

14.7440 g., 0.9170 Silver 0.4347 oz. ASW **Ruler:** Louis XV **Mint:** Bordeaux

Date	Mintage	VG	F	VF	XF	Unc
1728K	134,000	15.00	25.00	75.00	250	550
1729K	—	15.00	25.00	75.00	250	550
1730K	—	15.00	25.00	75.00	250	550

KM# 484.11 1/2 ECU (44 Sols)

14.7440 g., 0.9170 Silver 0.4347 oz. ASW **Ruler:** Louis XV **Obv:** Young bust left **Rev:** Crowned oval arms of France within wreath **Mint:** Bayonne

Date	Mintage	VG	F	VF	XF	Unc
1726L	—	15.00	25.00	75.00	250	550
1729L	786,000	10.00	20.00	50.00	175	380
1730L	—	10.00	20.00	50.00	175	380
1733L	—	15.00	30.00	100	325	715
1735L	—	15.00	25.00	75.00	250	550
1738L	71,000	15.00	30.00	85.00	300	660
1739L	—	15.00	30.00	100	325	715

KM# 484.12 1/2 ECU (44 Sols)

14.7440 g., 0.9170 Silver 0.4347 oz. ASW **Ruler:** Louis XV **Obv:** Young bust left **Rev:** Crowned oval arms of France within wreath **Mint:** Toulouse

Date	Mintage	VG	F	VF	XF	Unc
1726M	—	10.00	20.00	50.00	175	380
1728M	—	15.00	30.00	100	325	700
1729M	532,000	10.00	20.00	50.00	175	380
1730M	—	10.00	20.00	50.00	175	380

KM# 484.13 1/2 ECU (44 Sols)

14.7440 g., 0.9170 Silver 0.4347 oz. ASW **Ruler:** Louis XV **Obv:** Young bust left **Rev:** Crowned oval arms of France within wreath **Mint:** Montpellier

Date	Mintage	VG	F	VF	XF	Unc
1726N	548,000	10.00	20.00	50.00	175	380
1727N	31,000	15.00	30.00	100	325	700
1729N	256,000	10.00	20.00	50.00	175	380
1730N	57,000	15.00	30.00	100	325	700

KM# 484.14 1/2 ECU (44 Sols)

14.7440 g., 0.9170 Silver 0.4347 oz. ASW **Ruler:** Louis XV **Obv:** Young bust left **Rev:** Crowned oval arms of France within wreath **Mint:** Riom

Date	Mintage	VG	F	VF	XF	Unc
1726O	—	15.00	25.00	75.00	250	550
1728O	—	15.00	25.00	75.00	250	550
1729O	299,000	10.00	20.00	50.00	175	380
1730O	169,000	10.00	20.00	50.00	175	380
1731O	78,000	15.00	30.00	100	325	700

KM# 484.15 1/2 ECU (44 Sols)

14.7440 g., 0.9170 Silver 0.4347 oz. ASW **Ruler:** Louis XV **Obv:** Young bust left **Rev:** Crowned oval arms of France within wreath **Mint:** Dijon

Date	Mintage	VG	F	VF	XF	Unc
1726P	—	15.00	25.00	75.00	250	550
1727P	—	15.00	25.00	75.00	250	550
1730P	—	15.00	30.00	100	325	700
1731P	—	15.00	25.00	75.00	250	550

KM# 484.16 1/2 ECU (44 Sols)

14.7440 g., 0.9170 Silver 0.4347 oz. ASW **Ruler:** Louis XV **Obv:** Young bust left **Rev:** Crowned oval arms of France within wreath **Mint:** Perpignan

Date	Mintage	VG	F	VF	XF	Unc
1726Q	—	15.00	25.00	75.00	250	550

KM# 484.17 1/2 ECU (44 Sols)

14.7440 g., 0.9170 Silver 0.4347 oz. ASW **Ruler:** Louis XV **Obv:** Young bust left **Rev:** Crowned oval arms of France within wreath **Mint:** Orléans

Date	Mintage	VG	F	VF	XF	Unc
1726R	—	15.00	25.00	75.00	250	550
1728R	—	15.00	25.00	75.00	250	550
1729R	—	15.00	30.00	100	325	700
1730R	—	15.00	30.00	100	325	700

KM# 484.18 1/2 ECU (44 Sols)

14.7440 g., 0.9170 Silver 0.4347 oz. ASW **Ruler:** Louis XV **Obv:** Young bust left **Rev:** Crowned oval arms of France within wreath **Mint:** Reims

Date	Mintage	VG	F	VF	XF	Unc
1726S	—	15.00	30.00	100	325	700
1728S	—	15.00	30.00	100	325	700

KM# 484.19 1/2 ECU (44 Sols)

14.7440 g., 0.9170 Silver 0.4347 oz. ASW **Ruler:** Louis XV **Obv:** Young bust left **Rev:** Crowned oval arms of France within wreath **Mint:** Nantes

Date	Mintage	VG	F	VF	XF	Unc
1726T	—	15.00	25.00	75.00	250	550
1727T	—	15.00	25.00	75.00	250	550
1728T	—	15.00	25.00	75.00	250	550
1730T	—	15.00	25.00	75.00	250	550
1732T	—	15.00	25.00	75.00	250	550
1733T	—	15.00	25.00	75.00	250	550
1735T	—	15.00	25.00	75.00	250	550

KM# 484.20 1/2 ECU (44 Sols)

14.7440 g., 0.9170 Silver 0.4347 oz. ASW **Ruler:** Louis XV **Obv:** Young bust left **Rev:** Crowned oval arms of France within wreath **Mint:** Troyes

Date	Mintage	VG	F	VF	XF	Unc
1726V	141,000	15.00	25.00	75.00	250	550
1727V	—	15.00	25.00	75.00	250	550
1728V	16,000	20.00	40.00	125	400	830
1730V	52,000	15.00	30.00	100	325	700
1732V	26,000	15.00	30.00	100	325	700
1734V	11,000	20.00	40.00	150	425	930

KM# 484.21 1/2 ECU (44 Sols)

14.7440 g., 0.9170 Silver 0.4347 oz. ASW **Ruler:** Louis XV **Obv:** Young bust left **Rev:** Crowned oval arms of France within wreath **Mint:** Lille

Date	Mintage	VG	F	VF	XF	Unc
1726W	—	10.00	20.00	50.00	175	380
1728W	203,000	10.00	20.00	50.00	175	380
1729W	160,000	10.00	20.00	50.00	175	380

KM# 484.22 1/2 ECU (44 Sols)

14.7440 g., 0.9170 Silver 0.4347 oz. ASW **Ruler:** Louis XV **Obv:** Young bust left **Rev:** Crowned oval arms of France within wreath **Mint:** Amiens

Date	Mintage	VG	F	VF	XF	Unc
1726X	—	15.00	25.00	75.00	250	550
1727X	—	15.00	25.00	75.00	250	550
1728X	—	15.00	30.00	100	325	550
1729X	—	15.00	25.00	75.00	250	550
1730X	—	15.00	30.00	100	325	700
1740X	7,451	20.00	40.00	150	425	910

KM# 484.23 1/2 ECU (44 Sols)

14.7440 g., 0.9170 Silver 0.4347 oz. ASW **Ruler:** Louis XV **Obv:** Young bust left **Rev:** Crowned oval arms of France within wreath **Mint:** Bourges

Date	Mintage	VG	F	VF	XF	Unc
1727Y	—	15.00	25.00	75.00	250	550
1728Y	120,000	15.00	25.00	75.00	250	550
1729Y	—	15.00	25.00	75.00	250	550
1730Y	71,000	15.00	30.00	100	325	550

KM# 484.24 1/2 ECU (44 Sols)

14.7440 g., 0.9170 Silver 0.4347 oz. ASW **Ruler:** Louis XV **Obv:** Young bust left **Obv. Legend:** LUD • XV • D • G • FR • ET • NAV • REX • **Rev:** Crowned oval arms of France within wreath **Rev. Legend:** SIT NOMEN DOMINI BENEDICTUM **Mint:** Grenoble

Date	Mintage	VG	F	VF	XF	Unc
1726Z	53,000	15.00	30.00	100	300	650
1727Z	—	15.00	30.00	100	300	650
1728Z	—	15.00	30.00	100	300	650

KM# 484.25 1/2 ECU (44 Sols)

14.7440 g., 0.9170 Silver 0.4347 oz. ASW **Ruler:** Louis XV **Obv:** Young bust left **Rev:** Crowned oval arms of France within wreath **Mint:** Rennes **Note:** Mint mark: 9.

Date	Mintage	VG	F	VF	XF	Unc
1727	—	15.00	25.00	75.00	250	550
1728	673,000	10.00	20.00	50.00	175	380
1729	—	15.00	25.00	75.00	250	550
1731	—	15.00	30.00	100	325	700
1732	—	10.00	20.00	50.00	175	380

KM# 484.26 1/2 ECU (44 Sols)

14.7440 g., 0.9170 Silver 0.4347 oz. ASW **Ruler:** Louis XV **Mint:** Aix **Note:** Mint mark: &.

Date	Mintage	VG	F	VF	XF	Unc
1726	—	10.00	20.00	50.00	175	350
1727	—	10.00	20.00	50.00	175	350
1728	—	15.00	25.00	75.00	250	550
1729	519,000	10.00	20.00	50.00	175	350
1730	—	10.00	20.00	50.00	175	350
1731	—	10.00	20.00	50.00	175	350
1733	—	10.00	20.00	50.00	175	350
1735	—	15.00	25.00	75.00	250	550

KM# 484.27 1/2 ECU (44 Sols)

14.7440 g., 0.9170 Silver 0.4347 oz. ASW **Ruler:** Louis XV **Mint:** Besançon **Note:** Mint mark: Back to back C's.

Date	Mintage	VG	F	VF	XF	Unc
1726	—	15.00	30.00	100	300	650
1727	—	15.00	30.00	100	300	650
1728	—	15.00	30.00	100	300	650

KM# 485 1/2 ECU (44 Sols)

14.7440 g., 0.9170 Silver 0.4347 oz. ASW **Ruler:** Louis XV **Obv. Legend:** ....RE.BD (ligate BD). **Mint:** Pau **Note:** Mint mark: Cow. Issued for Province of Bearn.

Date	Mintage	VG	F	VF	XF	Unc
1726	47,000	15.00	30.00	110	350	760
1727	36,000	15.00	30.00	110	350	760
1730	86,000	25.00	60.00	200	500	1,100
1735	70,000	15.00	30.00	110	350	760
1736	37,000	15.00	30.00	110	350	760
1738	68,000	15.00	30.00	110	350	760
1739	—	15.00	30.00	110	350	760

KM# 516.1 1/2 ECU (44 Sols)

14.7440 g., 0.9170 Silver 0.4347 oz. ASW **Ruler:** Louis XV **Obv:** Laureate head left **Obv. Legend:** LUD • XV • D • G • FR • ET • NAV • REX • **Rev:** Crowned oval arms of France within wreath **Rev. Legend:** SIT NOMEN DOMINI BENEDICTUM **Mint:** Paris

Date	Mintage	VG	F	VF	XF	Unc
1741A	—	10.00	25.00	100	300	—
1741A Proof	—	Value: 7,500				
1744A	8,568	20.00	40.00	140	400	820
1756A	—	10.00	25.00	100	300	650
1759A	—	15.00	30.00	125	350	550
1761A	—	15.00	30.00	125	350	720
1763A	—	15.00	30.00	125	350	720
1765A	—	15.00	30.00	125	350	720
1766A	—	15.00	30.00	125	350	720
1767A	—	15.00	30.00	125	350	720
1768A	—	10.00	25.00	100	300	650

KM# 516.2 1/2 ECU (44 Sols)

14.7440 g., 0.9170 Silver 0.4347 oz. ASW **Ruler:** Louis XV **Obv:** Head with headband left **Rev:** Crowned oval arms of France within wreath **Mint:** Metz

Date	Mintage	VG	F	VF	XF	Unc
1742AA	17,000	20.00	40.00	140	400	850

KM# 516.3 1/2 ECU (44 Sols)

14.7440 g., 0.9170 Silver 0.4347 oz. ASW **Ruler:** Louis XV **Mint:** Rouen

Date	Mintage	VG	F	VF	XF	Unc
1741B	—	10.00	25.00	100	300	660
1742B	97,000	10.00	25.00	100	300	660

KM# 516.4 1/2 ECU (44 Sols)

14.7440 g., 0.9170 Silver 0.4347 oz. ASW **Ruler:** Louis XV **Mint:** Strasbourg

Date	Mintage	VG	F	VF	XF	Unc
1741BB	—	10.00	20.00	60.00	200	440
1742BB	60,000	15.00	30.00	125	350	760
1757BB	—	20.00	40.00	140	400	820

KM# 516.5 1/2 ECU (44 Sols)

14.7440 g., 0.9170 Silver 0.4347 oz. ASW **Ruler:** Louis XV **Mint:** Caen

Date	Mintage	VG	F	VF	XF	Unc
1741C	56,000	15.00	30.00	125	350	760

KM# 516.6 1/2 ECU (44 Sols)

14.7440 g., 0.9170 Silver 0.4347 oz. ASW **Ruler:** Louis XV **Mint:** Lyon

Date	Mintage	VG	F	VF	XF	Unc
1741D	53,000	15.00	30.00	125	350	760
1745D	44,000	15.00	30.00	125	350	760
1747D	51,000	15.00	30.00	125	350	760
1767D	—	15.00	30.00	125	350	760

KM# 516.7 1/2 ECU (44 Sols)

14.7440 g., 0.9170 Silver 0.4347 oz. ASW **Ruler:** Louis XV **Mint:** Tours

Date	Mintage	VG	F	VF	XF	Unc
1741E	—	15.00	30.00	125	350	760
1742E	15,000	15.00	30.00	125	350	760

KM# 516.8 1/2 ECU (44 Sols)

14.7440 g., 0.9170 Silver 0.4347 oz. ASW **Ruler:** Louis XV **Mint:** Poitiers

Date	Mintage	VG	F	VF	XF	Unc
1741G	—	15.00	30.00	125	350	760
1750G	—	15.00	30.00	125	350	760
1767G	—	20.00	40.00	140	400	825

KM# 516.9 1/2 ECU (44 Sols)

14.7440 g., 0.9170 Silver 0.4347 oz. ASW **Ruler:** Louis XV **Mint:** La Rochelle

Date	Mintage	VG	F	VF	XF	Unc
1741H	—	10.00	25.00	100	300	660
1751H	—	25.00	50.00	150	450	1,000
1758H	—	15.00	30.00	125	350	760
1760H	—	20.00	40.00	140	400	820
1762H	—	15.00	30.00	125	350	760
1763H	—	15.00	30.00	125	350	760
1764H	—	15.00	30.00	125	350	760
1765H	—	15.00	30.00	125	350	760
1766H	—	15.00	30.00	125	350	720
1770H	—	20.00	40.00	140	400	820
1772H	—	20.00	45.00	150	450	1,000

KM# 516.10 1/2 ECU (44 Sols)

14.7440 g., 0.9170 Silver 0.4347 oz. ASW **Ruler:** Louis XV **Obv:** Head with headband left **Rev:** Crowned oval arms of France within wreath **Mint:** Limoges

Date	Mintage	VG	F	VF	XF	Unc
1744I	8,046	20.00	40.00	140	400	820
1745I	7,306	20.00	40.00	140	400	820
1746I	7,120	20.00	40.00	140	400	820
1747I	9,284	20.00	40.00	140	400	820
1763I	—	35.00	75.00	225	675	1,450
1768I	—	20.00	40.00	140	400	820

KM# 516.11 1/2 ECU (44 Sols)

14.7440 g., 0.9170 Silver 0.4347 oz. ASW **Ruler:** Louis XV **Obv:** Head with headband left **Rev:** Crowned oval arms of France within wreath **Mint:** Bayonne

Date	Mintage	VG	F	VF	XF	Unc
1742L	—	15.00	30.00	125	350	720
1750L	—	15.00	30.00	125	350	720
1751L	—	15.00	30.00	125	350	720
1756L	—	10.00	25.00	100	300	650
1757L	—	15.00	30.00	125	350	720
1761L	—	15.00	30.00	125	350	720
1763L	—	15.00	30.00	125	350	720
1764L	—	15.00	30.00	125	350	720
1765L	—	15.00	30.00	125	350	720
1766L	—	15.00	30.00	125	350	720
1767L	—	15.00	30.00	125	350	720

KM# 516.12 1/2 ECU (44 Sols)

14.7440 g., 0.9170 Silver 0.4347 oz. ASW **Ruler:** Louis XV **Obv:** Head with headband left **Rev:** Crowned oval arms of France within wreath **Mint:** Toulouse

Date	Mintage	VG	F	VF	XF	Unc
1746M	67,000	15.00	30.00	125	350	740

KM# 516.13 1/2 ECU (44 Sols)

14.7440 g., 0.9170 Silver 0.4347 oz. ASW **Ruler:** Louis XV **Obv:** Head with headband left **Rev:** Crowned oval arms of France within wreath **Mint:** Montpellier

Date	Mintage	VG	F	VF	XF	Unc
1742N	—	15.00	30.00	125	350	720
1749N	—	15.00	30.00	125	350	720
1750N	—	20.00	40.00	140	400	820
1756N	—	15.00	30.00	125	350	720

KM# 516.14 1/2 ECU (44 Sols)

14.7440 g., 0.9170 Silver 0.4347 oz. ASW **Ruler:** Louis XV **Obv:** Head with headband left **Rev:** Crowned oval arms of France within wreath **Mint:** Riom

Date	Mintage	VG	F	VF	XF	Unc
1744O	27,000	15.00	30.00	125	350	720
1745O	—	15.00	30.00	125	350	720
1748O	25,000	15.00	30.00	125	350	720
1749O	25,000	15.00	30.00	125	350	720
1750O	23,000	15.00	30.00	125	350	720
1753O	24,000	15.00	30.00	125	350	720
1754O	9,486	20.00	40.00	150	425	930

KM# 516.15 1/2 ECU (44 Sols)

14.7440 g., 0.9170 Silver 0.4347 oz. ASW **Ruler:** Louis XV **Obv:** Head with headband left **Rev:** Crowned oval arms of France within wreath **Mint:** Dijon

Date	Mintage	VG	F	VF	XF	Unc
1751P	13,000	15.00	30.00	125	350	740
1759P	—	25.00	50.00	150	450	1,000
1761P	—	15.00	30.00	125	350	760
1763P	—	20.00	40.00	140	400	820
1767P	—	20.00	40.00	140	400	820
1768P	—	20.00	40.00	140	400	820
1769P	—	20.00	40.00	140	400	820
1770P	—	20.00	40.00	140	400	820

KM# 516.16 1/2 ECU (44 Sols)

14.7440 g., 0.9170 Silver 0.4347 oz. ASW **Ruler:** Louis XV **Obv:** Head with headband left **Rev:** Crowned oval arms of France within wreath **Mint:** Perpignan

Date	Mintage	VG	F	VF	XF	Unc
1744Q	—	15.00	30.00	125	350	720
1753Q	—	15.00	30.00	125	350	720
1754Q	—	15.00	30.00	125	350	720
1765Q	—	15.00	30.00	125	350	720
1772Q	—	20.00	45.00	150	450	1,000

KM# 516.17 1/2 ECU (44 Sols)

14.7440 g., 0.9170 Silver 0.4347 oz. ASW **Ruler:** Louis XV **Obv:** Head with headband left **Obv. Legend:** LUD • XV • D • G • FR • ET • NAV • REX • **Rev:** Crowned oval arms of France within wreath **Rev. Legend:** SIT NOMEN DOMINI BENEDICTUM **Mint:** Orléans

Date	Mintage	VG	F	VF	XF	Unc
1741R	—	15.00	30.00	125	350	720
1743R	6,998	20.00	40.00	140	400	840
1758R	—	20.00	40.00	140	400	840
1761R	—	30.00	70.00	250	675	1,450

KM# 516.18 1/2 ECU (44 Sols)

14.7440 g., 0.9170 Silver 0.4347 oz. ASW **Ruler:** Louis XV **Obv:** Head with headband left **Rev:** Crowned oval arms of France within wreath **Mint:** Reims

Date	Mintage	VG	F	VF	XF	Unc
1744S	39,000	15.00	30.00	125	350	720
1747S	21,000	15.00	30.00	125	350	720
1748S	12,000	15.00	30.00	125	350	720
1753S	9,430	20.00	40.00	150	460	1,000
1756S	15,000	15.00	30.00	125	350	720
1762S	—	15.00	30.00	125	350	720

KM# 516.19 1/2 ECU (44 Sols)

14.7440 g., 0.9170 Silver 0.4347 oz. ASW **Ruler:** Louis XV **Obv:** Head with headband left **Rev:** Crowned oval arms of France within wreath **Mint:** Nantes

Date	Mintage	VG	F	VF	XF	Unc
1741T	—	12.00	25.00	100	300	650
1742T	48,000	12.00	25.00	100	300	650
1765T	—	20.00	40.00	140	400	820
1766T	—	20.00	45.00	150	450	1,000
1768T	—	15.00	30.00	125	350	720
1770T	—	20.00	40.00	140	400	820
1772T	—	—	—	—	—	—

KM# 516.20 1/2 ECU (44 Sols)

14.7440 g., 0.9170 Silver 0.4347 oz. ASW **Ruler:** Louis XV **Obv:** Head with headband left **Rev:** Crowned oval arms of France within wreath **Mint:** Troyes

Date	Mintage	VG	F	VF	XF	Unc
1741V	8,724	20.00	40.00	140	400	820

KM# 516.21 1/2 ECU (44 Sols)

14.7440 g., 0.9170 Silver 0.4347 oz. ASW **Ruler:** Louis XV **Obv:** Head with headband left **Rev:** Crowned oval arms of France within wreath **Mint:** Lille

Date	Mintage	VG	F	VF	XF	Unc
1741W	58,000	10.00	25.00	100	300	650
1742W	126,000	10.00	20.00	80.00	250	540
1743W	419,000	10.00	20.00	80.00	250	540
1744W	12,000	15.00	30.00	125	350	720
1745W	20,000	15.00	30.00	125	350	720
1746W	453,000	10.00	20.00	80.00	250	540
1747W	369,000	10.00	20.00	80.00	250	540
1748W	492,000	10.00	20.00	80.00	250	540
1749W	146,000	10.00	25.00	90.00	275	600
1750W	52,000	12.00	25.00	100	300	640
1751W	21,000	15.00	30.00	125	350	720
1754W	26,000	15.00	30.00	125	350	720
1755W	37,000	15.00	30.00	125	350	720
1756W	22,000	15.00	30.00	125	350	720
1757W	42,000	15.00	30.00	125	350	720
1759W	156,000	10.00	25.00	90.00	275	600
1760W	7,138	20.00	40.00	140	400	840
1761W	12,000	15.00	35.00	130	360	800
1762W	5,644	20.00	40.00	140	400	840
1763W	7,334	20.00	40.00	140	400	840
1766W	16,000	15.00	30.00	125	350	720
1774W	66,000	20.00	40.00	140	400	840

KM# 516.22 1/2 ECU (44 Sols)

14.7440 g., 0.9170 Silver 0.4347 oz. ASW **Ruler:** Louis XV **Obv:** Head with headband left **Rev:** Crowned oval arms of France within wreath **Mint:** Amiens

Date	Mintage	VG	F	VF	XF	Unc
1741X	—	15.00	30.00	125	350	720
1742X	8,020	20.00	40.00	140	400	840
1744X	40,000	15.00	30.00	125	350	720
1755X	—	20.00	40.00	140	400	840

KM# 516.23 1/2 ECU (44 Sols)

14.7440 g., 0.9170 Silver 0.4347 oz. ASW **Ruler:** Louis XV **Obv:** Head with headband left **Rev:** Crowned oval arms of France within wreath **Mint:** Bourges

Date	Mintage	VG	F	VF	XF	Unc
1750Y	—	20.00	40.00	140	400	820

KM# 516.24 1/2 ECU (44 Sols)

14.7440 g., 0.9170 Silver 0.4347 oz. ASW **Ruler:** Louis XV **Mint:** Grenoble

Date	Mintage	VG	F	VF	XF	Unc
1741Z	10,000	20.00	40.00	150	450	1,000

KM# 516.25 1/2 ECU (44 Sols)

14.7440 g., 0.9170 Silver 0.4347 oz. ASW **Ruler:** Louis XV **Mint:** Besançon **Note:** Mint mark: Back to back C's.

Date	Mintage	VG	F	VF	XF	Unc
1741	—	50.00	120	300	800	1,760
1755	—	15.00	30.00	125	350	720
1765	—	15.00	30.00	125	350	720

KM# 521 1/2 ECU (44 Sols)

14.7440 g., 0.9170 Silver 0.4347 oz. ASW **Ruler:** Louis XV **Obv. Legend:** ....RE.BD (ligate BD). **Mint:** Pau **Note:** Mint mark: Cow. Issued for Province of Bearn.

Date	Mintage	VG	F	VF	XF	Unc
1745	37,000	15.00	30.00	125	350	720
1746	52,000	15.00	30.00	125	350	720
1750	—	15.00	30.00	125	350	720

Date	Mintage	VG	F	VF	XF	Unc
1751	3,758	25.00	50.00	175	500	1,100
1752	5,499	25.00	50.00	175	500	1,100
1753	13,000	25.00	50.00	175	500	1,100
1754	23,000	20.00	40.00	140	400	820
1755	12,000	20.00	40.00	140	400	820
1756	46,000	15.00	30.00	125	350	720
1761	18,000	20.00	40.00	140	400	820
1766	30,000	25.00	50.00	175	500	1,100
1767	25,000	20.00	40.00	140	400	820
1769	59,000	40.00	100	250	750	1,600

KM# 554.1 1/2 ECU (44 Sols)

14.7440 g., 0.9170 Silver 0.4347 oz. ASW **Ruler:** Louis XV **Mint:** Paris

Date	Mintage	VG	F	VF	XF	Unc
1771A	—	125	300	850	1,400	—
1771A Proof	—	Value: 10,000				
1772A	—	125	300	850	1,400	—

KM# 554.2 1/2 ECU (44 Sols)

14.7440 g., 0.9170 Silver 0.4347 oz. ASW **Ruler:** Louis XV **Mint:** La Rochelle

Date	Mintage	VG	F	VF	XF	Unc
1773H	—	150	400	1,100	1,800	—

KM# 554.3 1/2 ECU (44 Sols)

14.7440 g., 0.9170 Silver 0.4347 oz. ASW **Ruler:** Louis XV **Mint:** Limoges

Date	Mintage	VG	F	VF	XF	Unc
1772I	—	125	325	950	1,600	—
1773I	—	125	325	950	1,600	—

KM# 554.4 1/2 ECU (44 Sols)

14.7440 g., 0.9170 Silver 0.4347 oz. ASW **Ruler:** Louis XV **Mint:** Bayonne

Date	Mintage	VG	F	VF	XF	Unc
1772L	—	125	325	950	1,600	—
1774L	6,873	125	325	950	1,600	—

KM# 554.5 1/2 ECU (44 Sols)

14.7440 g., 0.9170 Silver 0.4347 oz. ASW **Ruler:** Louis XV **Mint:** Perpignan

Date	Mintage	VG	F	VF	XF	Unc
1772Q	—	125	325	950	1,600	—
1773Q	—	125	325	950	1,600	—

KM# 554.6 1/2 ECU (44 Sols)

14.7440 g., 0.9170 Silver 0.4347 oz. ASW **Ruler:** Louis XV **Mint:** Nantes

Date	Mintage	VG	F	VF	XF	Unc
1772/1T	—	125	300	850	1,400	—
1772T	—	125	300	850	1,400	—
1773T	—	125	300	850	1,400	—
1774T	2,888	150	400	1,100	1,800	—

KM# 561 1/2 ECU (44 Sols)

14.7440 g., 0.9170 Silver 0.4347 oz. ASW **Ruler:** Louis XV **Obv. Legend:** ....RE.BD (ligate BD). **Mint:** Pau **Note:** Mint mark: Cow. Issued for Province of Bearn.

Date	Mintage	VG	F	VF	XF	Unc
1774	4,563	150	400	1,100	1,800	—

KM# 562.1 1/2 ECU (44 Sols)

14.7440 g., 0.9170 Silver 0.4347 oz. ASW **Ruler:** Louis XVI **Obv:** Uniformed bust left **Obv. Legend:** LUD • XVI • D • G • FR • ET NAV • REX • **Rev:** Crowned arms of France within branches **Rev. Legend:** SIT NOMEN DOMINI BENEDICTUM **Mint:** Paris

Date	Mintage	VG	F	VF	XF	Unc
1774A	5,102	50.00	125	250	600	1,320
1775A	18,000	30.00	70.00	140	350	720
1776A	10,000	30.00	70.00	140	350	720
1777A	2,970	—	—	—	—	—
1778A	2,724	—	—	—	—	—
1779A	10,000	—	—	—	—	—
1780A	8,202	30.00	70.00	140	350	720
1781A	10,000	30.00	70.00	140	350	720
1782A	15,000	30.00	70.00	140	350	720
1783A	123,000	15.00	40.00	80.00	200	440
1784A	Inc. above	15.00	40.00	80.00	200	440
1784A	402,000	15.00	40.00	80.00	200	440
1785A	29,000	25.00	50.00	120	300	650
1788A	—	25.00	50.00	120	300	650
1789A	7,789	30.00	70.00	140	350	720
1790A	—	15.00	35.00	70.00	175	320
1791A (.L)	Inc. above	12.50	30.00	60.00	150	320
1791A (he)	Inc. above	12.50	30.00	60.00	150	320
1791A (he)	778,000	12.50	30.00	60.00	150	320
1791A (I)	Inc. above	12.50	30.00	60.00	150	320
1792A	—	30.00	70.00	140	350	720

KM# 562.2 1/2 ECU (44 Sols)

14.7440 g., 0.9170 Silver 0.4347 oz. ASW **Ruler:** Louis XVI **Obv:** Uniformed bust left **Rev:** Crowned arms of France within branches **Mint:** Metz

Date	Mintage	VG	F	VF	XF	Unc
1790AA	—	30.00	70.00	140	350	740

KM# 562.3 1/2 ECU (44 Sols)

14.7440 g., 0.9170 Silver 0.4347 oz. ASW **Ruler:** Louis XVI **Obv:** Uniformed bust left **Rev:** Crowned arms of France within branches **Mint:** Strasbourg

Date	Mintage	VG	F	VF	XF	Unc
1775BB	7,018	—	—	—	—	—
1779BB	4,783	—	—	—	—	—
1780BB	3,789	30.00	80.00	160	400	820
1781BB	4,706	—	—	—	—	—
1790BB	—	30.00	80.00	160	400	820

KM# 562.4 1/2 ECU (44 Sols)

14.7440 g., 0.9170 Silver 0.4347 oz. ASW **Ruler:** Louis XVI **Obv:** Uniformed bust left **Rev:** Crowned arms of France within branches **Mint:** La Rochelle

Date	Mintage	VG	F	VF	XF	Unc
1775H	1,922	40.00	100	200	500	1,100
1776H	780	60.00	160	330	750	1,600
1777H	834	60.00	160	330	750	1,600
1778H	1,940	40.00	100	200	500	1,100
1779H	2,632	35.00	90.00	180	450	1,000
1780H	2,370	35.00	90.00	180	450	1,000
1781H	1,952	40.00	100	200	500	1,100
1782H	3,164	30.00	80.00	160	400	820
1783H	724	60.00	150	320	750	1,600
1784H	—	50.00	125	210	550	1,200
1790H	—	35.00	90.00	180	450	1,000

KM# 562.5 1/2 ECU (44 Sols)

14.7440 g., 0.9170 Silver 0.4347 oz. ASW **Ruler:** Louis XVI **Obv:** Uniformed bust left **Rev:** Crowned arms of France within branches **Mint:** Limoges

Date	Mintage	VG	F	VF	XF	Unc
1775I	20,000	30.00	65.00	125	350	760
1780I	12,000	30.00	70.00	140	350	760
1781I	8,430	—	—	—	—	—

KM# 562.6 1/2 ECU (44 Sols)

14.7440 g., 0.9170 Silver 0.4347 oz. ASW **Ruler:** Louis XVI **Obv:** Uniformed bust left **Rev:** Crowned arms of France within branches **Mint:** Bordeaux

Date	Mintage	VG	F	VF	XF	Unc
1781K	1,952	—	—	—	—	—

KM# 562.7 1/2 ECU (44 Sols)

14.7440 g., 0.9170 Silver 0.4347 oz. ASW **Ruler:** Louis XVI **Obv:** Uniformed bust left **Rev:** Crowned arms of France within branches **Mint:** Bayonne

Date	Mintage	VG	F	VF	XF	Unc
1775L	7,415	—	—	—	—	—
1776L	6,782	—	—	—	—	—
1777L	20,000	—	—	—	—	—
1778L	4,799	35.00	80.00	160	400	820
1779L	2,927	—	—	—	—	—
1780L	7,280	30.00	70.00	140	350	760
1781L	9,433	—	—	—	—	—
1782L	50,000	25.00	60.00	120	300	640
1783L	34,000	25.00	60.00	120	300	640
1786L	5,395	—	—	—	—	—
1788L	7,789	—	—	—	—	—
1789L	—	30.00	70.00	140	350	760

KM# 562.8 1/2 ECU (44 Sols)

14.7440 g., 0.9170 Silver 0.4347 oz. ASW **Ruler:** Louis XVI **Obv:** Uniformed bust left **Rev:** Crowned arms of France within branches **Mint:** Marseille

Date	Mintage	VG	F	VF	XF	Unc
1790MA	—	40.00	100	200	500	1,100

KM# 562.9 1/2 ECU (44 Sols)

14.7440 g., 0.9170 Silver 0.4347 oz. ASW **Ruler:** Louis XVI **Obv:** Uniformed bust left **Rev:** Crowned arms of France within branches **Mint:** Montpellier

Date	Mintage	VG	F	VF	XF	Unc
1775N	6,512	30.00	80.00	160	400	820

KM# 562.10 1/2 ECU (44 Sols)

14.7440 g., 0.9170 Silver 0.4347 oz. ASW **Ruler:** Louis XVI **Obv:** Uniformed bust left **Rev:** Crowned arms of France within branches **Mint:** Perpignan

Date	Mintage	VG	F	VF	XF	Unc
1775Q	10,000	—	—	—	—	—
1776Q	13,000	30.00	70.00	140	350	740
1778Q	21,000	—	—	—	—	—
1779Q	21,000	25.00	60.00	140	350	740
1781Q	10,000	—	—	—	—	—
1782Q	11,000	—	—	—	—	—
1784Q	17,000	—	—	—	—	—
1785Q	20,000	30.00	70.00	140	350	740
1786Q	41,000	25.00	60.00	120	300	650
1787Q	16,000	30.00	70.00	140	350	740
1790Q	5,050	—	—	—	—	—

KM# 562.11 1/2 ECU (44 Sols)

14.7440 g., 0.9170 Silver 0.4347 oz. ASW **Ruler:** Louis XVI **Obv:** Uniformed bust left **Rev:** Crowned arms of France within branches **Mint:** Orléans

Date	Mintage	VG	F	VF	XF	Unc
1780R	548	—	—	—	—	—
1781R	484	—	—	—	—	—
1783R	5,212	—	—	—	—	—
1784R	20,000	—	—	—	—	—

KM# 562.12 1/2 ECU (44 Sols)

14.7440 g., 0.9170 Silver 0.4347 oz. ASW **Ruler:** Louis XVI **Obv:** Uniformed bust left **Rev:** Crowned arms of France within branches **Mint:** Nantes

Date	Mintage	VG	F	VF	XF	Unc
1775T	1,644	—	—	—	—	—
1777T	9,145	30.00	70.00	140	350	720
1778T	3,189	—	—	—	—	—
1779T	1,688	—	—	—	—	—
1780T	1,637	—	—	—	—	—
1781T	1,363	—	—	—	—	—
1782T	2,237	—	—	—	—	—
1783T	1,641	40.00	100	200	500	1,100
1784T	5,037	30.00	70.00	140	350	720
1785T	2,194	—	—	—	—	—
1787T	1,924	35.00	90.00	180	450	1,000
1789T	—	30.00	70.00	140	350	720
1790T	—	30.00	70.00	140	350	720
1791T	4,217	30.00	70.00	140	350	720

KM# 562.13 1/2 ECU (44 Sols)

14.7440 g., 0.9170 Silver 0.4347 oz. ASW **Ruler:** Louis XVI **Obv:** Uniformed bust left **Rev:** Crowned arms of France within branches **Mint:** Lille

Date	Mintage	VG	F	VF	XF	Unc
1779W	155,000	15.00	40.00	80.00	200	420
1780W	147,000	15.00	40.00	80.00	200	420
1787W	2,822	—	—	—	—	—
1791W	117,000	—	—	—	—	—

KM# 562.14 1/2 ECU (44 Sols)

14.7440 g., 0.9170 Silver 0.4347 oz. ASW **Ruler:** Louis XVI **Obv:** Uniformed bust left **Rev:** Crowned arms of France within branches **Mint:** Aix **Note:** Mint mark: &. The "dot" appears below the third letter of the monarch's name and denotes second semester coinage.

Date	Mintage	VG	F	VF	XF	Unc
1775	18,000	30.00	70.00	140	350	760
1776	19,000	—	—	—	—	—
1777	35,000	25.00	60.00	120	300	660
1778	3,993	—	—	—	—	—

KM# 571 1/2 ECU (44 Sols)

14.7440 g., 0.9170 Silver 0.4347 oz. ASW **Ruler:** Louis XVI **Obv:** Uniformed bust left **Obv. Legend:** ....RE.BD. (ligate BD). **Rev:** Crowned arms of France within branches **Rev. Legend:** SIT NOMEN DOMINI BENEDICTUM **Mint:** Pau **Note:** Mint mark: Cow. Province of Bearn.

Date	Mintage	VG	F	VF	XF	Unc
1775	4,681	—	—	—	—	—
1785	5,436	40.00	100	200	500	1,100

KM# 346 1/2 ECU (45 Sols)

15.3340 g., 0.8330 Silver 0.4107 oz. ASW **Ruler:** Louis XIV **Obv:** Fleur-de-lis fleuree **Rev:** Crowned circular shield of France, crossed scepters behind **Mint:** Strasbourg

Date	Mintage	VG	F	VF	XF	Unc
1701BB	—	1,100	2,250	4,200	7,000	—
1702BB	—	1,100	2,250	4,200	7,000	—
1703BB	—	1,600	3,150	5,800	9,500	—

KM# 328 1/2 ECU (45 Sols)

18.8200 g., 0.8570 Silver 0.5185 oz. ASW **Ruler:** Louis XIV **Rev:** Crowned circular shield of France, Navarre, Old and New Burgundy with crossed scepters and hand of Justice behind **Mint:** Lille

Date	Mintage	VG	F	VF	XF	Unc
1701W	—	550	1,100	2,200	3,750	—
1702W	—	625	1,250	2,500	4,250	—

KM# 345 1/2 ECU (45 Sols)
13.5440 g., 0.9170 Silver 0.3993 oz. ASW **Ruler:** Louis XIV
Rev: Crowned circular shield of Dauphine **Mint:** Grenoble

Date	Mintage	VG	F	VF	XF	Unc
1702Z	—	3,500	6,000	10,000	17,500	—

KM# 355.1 1/2 ECU (45 Sols)
13.5440 g., 0.9170 Silver 0.3993 oz. ASW **Ruler:** Louis XIV
Obv: Mailed bust right **Rev:** 8 L's back to back, ends crowned, fleur-de-lis in angles **Mint:** Paris

Date	Mintage	VG	F	VF	XF	Unc
1704A	8,670,000	60.00	115	285	500	1,100
1705A	—	65.00	135	330	575	1,260

KM# 355.2 1/2 ECU (45 Sols)
13.5440 g., 0.9170 Silver 0.3993 oz. ASW **Ruler:** Louis XIV
Obv: Mailed bust right **Rev:** 8 L's back to back, ends crowned, fleur-de-lis in angles **Mint:** Rouen

Date	Mintage	VG	F	VF	XF	Unc
1704B	—	85.00	175	425	750	1,600

KM# 355.3 1/2 ECU (45 Sols)
13.5440 g., 0.9170 Silver 0.3993 oz. ASW **Ruler:** Louis XIV
Obv: Mailed bust right **Rev:** 8 L's back to back, ends crowned, fleur-de-lis in angles **Mint:** Caen

Date	Mintage	VG	F	VF	XF	Unc
1704C	—	85.00	175	425	750	1,600
1705C	—	85.00	175	425	750	1,600

KM# 355.4 1/2 ECU (45 Sols)
13.5440 g., 0.9170 Silver 0.3993 oz. ASW **Ruler:** Louis XIV
Obv: Mailed bust right **Rev:** 8 L's back to back, ends crowned, fleur-de-lis in angles **Mint:** Lyon

Date	Mintage	VG	F	VF	XF	Unc
1704D	—	75.00	150	380	670	1,460

KM# 355.5 1/2 ECU (45 Sols)
13.5440 g., 0.9170 Silver 0.3993 oz. ASW **Ruler:** Louis XIV
Obv: Mailed bust right **Obv. Legend:** LVD • XIIII • D • G • FR • ET • NAV • REX • **Rev:** 8 L's back to back, ends crowned, fleur-de-lis in angles **Rev. Legend:** BENEDICTUM SIT NOMEN DOMINI **Mint:** Tours

Date	Mintage	VG	F	VF	XF	Unc
1704E	—	85.00	175	425	750	1,600
1705E	—	85.00	175	425	750	1,600

KM# 355.6 1/2 ECU (45 Sols)
13.5440 g., 0.9170 Silver 0.3993 oz. ASW **Ruler:** Louis XIV
Obv: Mailed bust right **Rev:** 8 L's back to back, ends crowned, fleur-de-lis in angles **Mint:** La Rochelle

Date	Mintage	VG	F	VF	XF	Unc
1704H	—	85.00	175	425	750	1,600

KM# 355.7 1/2 ECU (45 Sols)
13.5440 g., 0.9170 Silver 0.3993 oz. ASW **Ruler:** Louis XIV
Obv: Mailed bust right **Rev:** 8 L's back to back, ends crowned, fleur-de-lis in angles **Mint:** Limoges

Date	Mintage	VG	F	VF	XF	Unc
1704I	—	65.00	135	330	575	1,260

KM# 355.8 1/2 ECU (45 Sols)
13.5440 g., 0.9170 Silver 0.3993 oz. ASW **Ruler:** Louis XIV
Obv: Mailed bust right **Rev:** 8 L's back to back, ends crowned, fleur-de-lis in angles **Mint:** Bayonne

Date	Mintage	VG	F	VF	XF	Unc
1704L	—	—	—	—	—	—

KM# 355.9 1/2 ECU (45 Sols)
13.5440 g., 0.9170 Silver 0.3993 oz. ASW **Ruler:** Louis XIV
Obv: Mailed bust right **Rev:** 8 L's back to back, ends crowned, fleur-de-lis in angles **Mint:** Toulouse

Date	Mintage	VG	F	VF	XF	Unc
1704M	—	85.00	175	425	750	1,600

KM# 355.10 1/2 ECU (45 Sols)
13.5440 g., 0.9170 Silver 0.3993 oz. ASW **Ruler:** Louis XIV
Obv: Mailed bust right **Rev:** 8 L's back to back, ends crowned, fleur-de-lis in angles **Mint:** Montpellier

Date	Mintage	VG	F	VF	XF	Unc
1704N	345,000	65.00	135	330	575	1,260
1705N	138,000	—	—	—	—	—

KM# 355.11 1/2 ECU (45 Sols)
13.5440 g., 0.9170 Silver 0.3993 oz. ASW **Ruler:** Louis XIV
Obv: Mailed bust right **Rev:** 8 L's back to back, ends crowned, fleur-de-lis in angles **Mint:** Riom

Date	Mintage	VG	F	VF	XF	Unc
1704O	—	85.00	175	425	750	1,600

KM# 355.12 1/2 ECU (45 Sols)
13.5440 g., 0.9170 Silver 0.3993 oz. ASW **Ruler:** Louis XIV
Obv: Mailed bust right **Rev:** 8 L's back to back, ends crowned, fleur-de-lis in angles **Mint:** Dijon

Date	Mintage	VG	F	VF	XF	Unc
1704P	—	75.00	150	380	670	1,460

KM# 355.13 1/2 ECU (45 Sols)
13.5440 g., 0.9170 Silver 0.3993 oz. ASW **Ruler:** Louis XIV
Obv: Mailed bust right **Rev:** 8 L's back to back, ends crowned, fleur-de-lis in angles **Mint:** Troyes

Date	Mintage	VG	F	VF	XF	Unc
1704S	—	—	—	—	—	—

KM# 355.14 1/2 ECU (45 Sols)
13.5440 g., 0.9170 Silver 0.3993 oz. ASW **Ruler:** Louis XIV
Obv: Mailed bust right **Rev:** 8 L's back to back, ends crowned, fleur-de-lis in angles **Mint:** Nantes

Date	Mintage	VG	F	VF	XF	Unc
1704T	433,000	75.00	150	380	670	1,460
1705T	154,000	—	—	—	—	—

KM# 355.15 1/2 ECU (45 Sols)
13.5440 g., 0.9170 Silver 0.3993 oz. ASW **Ruler:** Louis XIV
Obv: Mailed bust right **Rev:** 8 L's back to back, ends crowned, fleur-de-lis in angles **Mint:** Troyes

Date	Mintage	VG	F	VF	XF	Unc
1704V	274,000	—	—	—	—	—
1705V	—	—	—	—	—	—

KM# 355.16 1/2 ECU (45 Sols)
13.5440 g., 0.9170 Silver 0.3993 oz. ASW **Ruler:** Louis XIV
Obv: Mailed bust right **Rev:** 8 L's back to back, ends crowned, fleur-de-lis in angles **Mint:** Amiens

Date	Mintage	VG	F	VF	XF	Unc
1704X	—	75.00	150	380	670	1,460

KM# 355.17 1/2 ECU (45 Sols)
13.5440 g., 0.9170 Silver 0.3993 oz. ASW **Ruler:** Louis XIV
Obv: Mailed bust right **Rev:** 8 L's back to back, ends crowned, fleur-de-lis in angles **Mint:** Bourges

Date	Mintage	VG	F	VF	XF	Unc
1704Y	—	75.00	150	380	670	1,460
1707Y	—	100	200	500	875	1,900

KM# 355.18 1/2 ECU (45 Sols)
13.5440 g., 0.9170 Silver 0.3993 oz. ASW **Ruler:** Louis XIV
Obv: Mailed bust right **Rev:** 8 L's back to back, ends crowned, fleur-de-lis in angles **Mint:** Grenoble

Date	Mintage	VG	F	VF	XF	Unc
1704Z	—	95.00	190	475	825	1,900

KM# 355.19 1/2 ECU (45 Sols)
13.5440 g., 0.9170 Silver 0.3993 oz. ASW **Ruler:** Louis XIV
Obv: Mailed bust right **Rev:** 8 L's back to back, ends crowned, fleur-de-lis in angles **Mint:** Rennes **Note:** Mint mark: 9.

Date	Mintage	VG	F	VF	XF	Unc
1704	29,000	70.00	140	350	620	1,320
1705	—	95.00	190	475	825	1,760
1708	—	95.00	190	475	825	1,760
1709	49,000	165	325	825	1,450	—

KM# 355.20 1/2 ECU (45 Sols)
13.5440 g., 0.9170 Silver 0.3993 oz. ASW **Ruler:** Louis XIV
Obv: Mailed bust right **Rev:** 8 L's back to back, ends crowned, fleur-de-lis in angles **Mint:** Aix **Note:** Mint mark: &.

Date	Mintage	VG	F	VF	XF	Unc
1704	—	75.00	150	380	670	1,480

KM# 355.21 1/2 ECU (45 Sols)
13.5440 g., 0.9170 Silver 0.3993 oz. ASW **Ruler:** Louis XIV
Obv: Mailed bust right **Rev:** 8 L's back to back, ends crowned, fleur-de-lis in angles **Mint:** Besançon **Note:** Mint mark: Back to back C's.

Date	Mintage	VG	F	VF	XF	Unc
1704	—	85.00	175	425	750	1,650

KM# 356.1 1/2 ECU (45 Sols)
13.5440 g., 0.9170 Silver 0.3993 oz. ASW **Ruler:** Louis XIV
Obv: Bust right **Mint:** Lyon

Date	Mintage	VG	F	VF	XF	Unc
1704D	1,201,000	65.00	135	330	575	1,260
1705D	913,000	85.00	175	425	750	1,650

KM# 356.2 1/2 ECU (45 Sols)
13.5440 g., 0.9170 Silver 0.3993 oz. ASW **Ruler:** Louis XIV
Mint: Lille

Date	Mintage	VG	F	VF	XF	Unc
1704W	127,000	65.00	135	330	575	1,480
1705W	—	95.00	190	475	825	1,900

KM# 358 1/2 ECU (51 Sols = 4 Deniers)
18.8200 g., 0.8570 Silver 0.5185 oz. ASW **Ruler:** Louis XIV
Obv: Mailed bust right **Rev:** Crowned flat top quartered shield of France, Old and New Burgundy, crossed sceptres behind **Mint:** Lille **Note:** Flandre

Date	Mintage	VG	F	VF	XF	Unc
1704W	6,000	1,600	3,100	6,000	9,750	—
1705W	—	1,700	3,350	6,500	11,000	—

KM# 359 1/2 ECU (36 Sols = 6 Deniers)
15.3340 g., 0.8330 Silver 0.4107 oz. ASW **Ruler:** Louis XIV
Obv: Large fleur-de-lis **Rev:** 8 L's back to back, crowned ends, fleur-de-lis in angles **Mint:** Strasbourg

Date	Mintage	VG	F	VF	XF	Unc
1704BB	—	900	1,800	3,500	5,800	—

KM# 382.1 1/2 ECU (36 Sols = 6 Deniers)
15.2440 g., 0.9170 Silver 0.4494 oz. ASW **Ruler:** Louis XIV
Obv: Mailed bust right **Obv. Legend:** LVD • XIIII • D • G • FR • ET • NAV • REX • **Rev:** 3 Crowns, fleur-de-lis in angles **Rev. Legend:** BENEDICTVM SIT NOMEN DOMINI **Mint:** Paris

Date	Mintage	VG	F	VF	XF	Unc
1709A	—	42.00	85.00	215	375	825
1710A	—	32.00	65.00	165	285	600
1711A	—	40.00	80.00	200	350	770
1712A	—	40.00	80.00	200	350	770
1713A	—	42.00	85.00	215	375	825
1714A	—	42.00	85.00	215	375	825
1715A	—	75.00	145	365	640	1,410

KM# 382.2 1/2 ECU (36 Sols = 6 Deniers)
15.2440 g., 0.9170 Silver 0.4494 oz. ASW **Ruler:** Louis XIV
Obv: Mailed bust right **Rev:** 3 Crowns, fleur-de-lis in angles **Mint:** Rouen

Date	Mintage	VG	F	VF	XF	Unc
1709B	—	55.00	115	280	500	1,100
1710B	—	—	—	—	—	—
1711B	—	75.00	145	365	640	1,410
1712B	—	—	—	—	—	—
1714B	—	—	—	—	—	—

KM# 382.3 1/2 ECU (36 Sols = 6 Deniers)
15.2440 g., 0.9170 Silver 0.4494 oz. ASW **Ruler:** Louis XIV
Obv: Mailed bust right **Rev:** 3 Crowns, fleur-de-lis in angles **Mint:** Caen

Date	Mintage	VG	F	VF	XF	Unc
1709C	—	55.00	115	280	500	1,100
1710C	—	65.00	135	330	575	1,260
1711C	—	—	—	—	—	—
1712C	—	65.00	135	330	575	1,260
1713C	—	75.00	145	365	640	1,410

KM# 382.4 1/2 ECU (36 Sols = 6 Deniers)
15.2440 g., 0.9170 Silver 0.4494 oz. ASW **Ruler:** Louis XIV
Obv: Mailed bust right **Rev:** 3 Crowns, fleur-de-lis in angles **Mint:** Lyon

Date	Mintage	VG	F	VF	XF	Unc
1709D	—	40.00	80.00	200	350	770
1710D	—	—	—	—	—	—
1712D	—	65.00	135	330	575	1,260

KM# 382.5 1/2 ECU (36 Sols = 6 Deniers)
15.2440 g., 0.9170 Silver 0.4494 oz. ASW **Ruler:** Louis XIV
Obv: Mailed bust right **Rev:** 3 Crowns, fleur-de-lis in angles **Mint:** Tours

Date	Mintage	VG	F	VF	XF	Unc
1709E	—	65.00	135	330	575	1,260
1710E	—	75.00	145	365	640	1,430
1711E	—	—	—	—	—	—
1712E	—	85.00	175	435	765	—
1713E	—	—	—	—	—	—
1714E	—	—	—	—	—	—
1715E	—	—	—	—	—	—

KM# 382.6 1/2 ECU (36 Sols = 6 Deniers)
15.2440 g., 0.9170 Silver 0.4494 oz. ASW **Ruler:** Louis XIV
Obv: Mailed bust right **Rev:** 3 Crowns, fleur-de-lis in angles **Mint:** Poitiers

Date	Mintage	VG	F	VF	XF	Unc
1709G	—	—	—	—	—	—
1710G	—	—	—	—	—	—
1711G	—	—	—	—	—	—
1712G	—	—	—	—	—	—
1713G	—	—	—	—	—	—
1714G	—	—	—	—	—	—

KM# 382.7 1/2 ECU (36 Sols = 6 Deniers)
15.2440 g., 0.9170 Silver 0.4494 oz. ASW **Ruler:** Louis XIV
Obv: Mailed bust right **Rev:** 3 Crowns, fleur-de-lis in angles **Mint:** La Rochelle

Date	Mintage	VG	F	VF	XF	Unc
1709H	—	—	—	—	—	—
1710H	—	—	—	—	—	—
1711H	—	75.00	145	365	640	1,430
1714H	—	—	—	—	—	—
1715H	—	—	—	—	—	—

KM# 382.8 1/2 ECU (36 Sols = 6 Deniers)
15.2440 g., 0.9170 Silver 0.4494 oz. ASW **Ruler:** Louis XIV
Obv: Mailed bust right **Rev:** 3 Crowns, fleur-de-lis in angles **Mint:** Limoges

Date	Mintage	VG	F	VF	XF	Unc
1709I	—	—	—	—	—	—
1710I	—	—	—	—	—	—
1711I	—	—	—	—	—	—
1712I	—	—	—	—	—	—
1713I	—	—	—	—	—	—
1714I	—	—	—	—	—	—

KM# 382.9 1/2 ECU (36 Sols = 6 Deniers)
15.2440 g., 0.9170 Silver 0.4494 oz. ASW **Ruler:** Louis XIV
Obv: Mailed bust right **Rev:** 3 Crowns, fleur-de-lis in angles **Mint:** Bordeaux

Date	Mintage	VG	F	VF	XF	Unc
1709K	—	—	—	—	—	—
1710K	—	55.00	115	280	500	1,100
1711K	—	—	—	—	—	—

KM# 382.10 1/2 ECU (36 Sols = 6 Deniers)
15.2440 g., 0.9170 Silver 0.4494 oz. ASW **Ruler:** Louis XIV
Obv: Mailed bust right **Rev:** 3 Crowns, fleur-de-lis in angles **Mint:** Bayonne

Date	Mintage	VG	F	VF	XF	Unc
1710L	—	55.00	115	280	500	1,100

KM# 382.11 1/2 ECU (36 Sols = 6 Deniers)
15.2440 g., 0.9170 Silver 0.4494 oz. ASW **Ruler:** Louis XIV
Obv: Mailed bust right **Rev:** 3 Crowns, fleur-de-lis in angles **Mint:** Toulouse

Date	Mintage	VG	F	VF	XF	Unc
1709M	—	75.00	145	365	640	1,430
1710M	—	—	—	—	—	—
1711M	—	65.00	135	330	575	1,260
1712M	—	65.00	135	330	575	1,260
1713M	—	—	—	—	—	—

KM# 382.12 1/2 ECU (36 Sols = 6 Deniers)
15.2440 g., 0.9170 Silver 0.4494 oz. ASW **Ruler:** Louis XIV
Obv: Mailed bust right **Rev:** 3 Crowns, fleur-de-lis in angles **Mint:** Montpellier

Date	Mintage	VG	F	VF	XF	Unc
1709N	—	—	—	—	—	—
1710N	—	65.00	135	330	575	1,260
1711N	—	—	—	—	—	—
1712N	—	65.00	135	330	575	1,260
1713N	—	65.00	135	330	575	1,260
1714N	—	—	—	—	—	—

KM# 382.13 1/2 ECU (36 Sols = 6 Deniers)
15.2440 g., 0.9170 Silver 0.4494 oz. ASW **Ruler:** Louis XIV **Obv:** Mailed bust right **Rev:** 3 Crowns, fleur-de-lis in angles **Mint:** Riom

Date	Mintage	VG	F	VF	XF	Unc
1710O	—	65.00	135	330	575	1,210
1711O	—	65.00	135	330	575	1,210
1712O	—	—	—	—	—	—
1713O	—	—	—	—	—	—
1714O	—	—	—	—	—	—

KM# 382.14 1/2 ECU (36 Sols = 6 Deniers)
15.2440 g., 0.9170 Silver 0.4494 oz. ASW **Ruler:** Louis XIV
Obv: Mailed bust right **Rev:** 3 Crowns, fleur-de-lis in angles **Mint:** Dijon

Date	Mintage	VG	F	VF	XF	Unc
1709P	—	75.00	145	365	640	1,410
1710P	—	42.00	85.00	215	375	810
1711P	—	50.00	100	250	435	930
1712P	—	—	—	—	—	—
1713P	—	—	—	—	—	—
1714P	—	—	—	—	—	—

KM# 382.15 1/2 ECU (36 Sols = 6 Deniers)
15.2440 g., 0.9170 Silver 0.4494 oz. ASW **Ruler:** Louis XIV
Obv: Mailed bust right **Rev:** 3 Crowns, fleur-de-lis in angles **Mint:** Perpignan

Date	Mintage	VG	F	VF	XF	Unc
1711Q	—	—	—	—	—	—
1712Q	—	—	—	—	—	—

KM# 382.16 1/2 ECU (36 Sols = 6 Deniers)
15.2440 g., 0.9170 Silver 0.4494 oz. ASW **Ruler:** Louis XIV
Obv: Mailed bust right **Rev:** 3 Crowns, fleur-de-lis in angles **Mint:** Reims

Date	Mintage	VG	F	VF	XF	Unc
1709S	—	50.00	100	250	435	930
1710S	—	—	—	—	—	—
1711S	—	50.00	100	250	435	930

KM# 382.17 1/2 ECU (36 Sols = 6 Deniers)
15.2440 g., 0.9170 Silver 0.4494 oz. ASW **Ruler:** Louis XIV
Obv: Mailed bust right **Rev:** 3 Crowns, fleur-de-lis in angles **Mint:** Nantes

Date	Mintage	VG	F	VF	XF	Unc
1709T	—	55.00	115	280	500	1,100
1710T	—	—	—	—	—	—
1711T	—	55.00	115	280	500	1,100
1712T	—	75.00	145	365	640	1,410
1713T	—	75.00	145	365	640	1,410
1715T	—	—	—	—	—	—

KM# 382.18 1/2 ECU (36 Sols = 6 Deniers)
15.2440 g., 0.9170 Silver 0.4494 oz. ASW **Ruler:** Louis XIV
Obv: Mailed bust right **Obv. Legend:** LVD • XIIII • D • G • FR • ET • NAV • REX • **Rev:** 3 Crowns, fleur-de-lis in angles **Rev. Legend:** BENEDICTUM SIT NOMEN DOMINI **Mint:** Troyes

Date	Mintage	VG	F	VF	XF	Unc
1709V	—	75.00	145	365	640	1,410
1710V	—	—	—	—	—	—
1711V	—	50.00	100	250	435	930
1712V	—	55.00	115	280	500	1,100
1713V	—	75.00	145	365	640	1,410
1714V	—	—	—	—	—	—
1715V	—	—	—	—	—	—

KM# 382.19 1/2 ECU (36 Sols = 6 Deniers)
15.2440 g., 0.9170 Silver 0.4494 oz. ASW **Ruler:** Louis XIV
Obv: Mailed bust right **Rev:** 3 Crowns, fleur-de-lis in angles **Mint:** Lille

Date	Mintage	VG	F	VF	XF	Unc
1713W	—	55.00	115	280	500	1,100
1714W	—	50.00	100	250	435	960

KM# 382.20 1/2 ECU (36 Sols = 6 Deniers)
15.2440 g., 0.9170 Silver 0.4494 oz. ASW **Ruler:** Louis XIV
Obv: Mailed bust right **Rev:** 3 Crowns, fleur-de-lis in angles **Mint:** Amiens

Date	Mintage	VG	F	VF	XF	Unc
1709X	—	55.00	115	280	500	1,100
1710X	—	75.00	145	365	640	1,410
1711X	—	50.00	100	250	435	920
1712X	—	55.00	115	280	500	1,100
1713X	—	75.00	145	365	640	1,410
1714X	—	65.00	135	330	575	1,210
1715X	—	80.00	170	425	750	1,650

KM# 382.21 1/2 ECU (36 Sols = 6 Deniers)
15.2440 g., 0.9170 Silver 0.4494 oz. ASW **Ruler:** Louis XIV
Obv: Mailed bust right **Rev:** 3 Crowns, fleur-de-lis in angles **Mint:** Bourges

Date	Mintage	VG	F	VF	XF	Unc
1711Y	—	—	—	—	—	—
1712Y	—	—	—	—	—	—
1713Y	—	—	—	—	—	—

KM# 382.22 1/2 ECU (36 Sols = 6 Deniers)
15.2440 g., 0.9170 Silver 0.4494 oz. ASW **Ruler:** Louis XIV
Obv: Mailed bust right **Rev:** 3 Crowns, fleur-de-lis in angles **Mint:** Grenoble

Date	Mintage	VG	F	VF	XF	Unc
1710Z	—	65.00	135	330	575	1,210
1711Z	—	—	—	—	—	—
1712Z	—	—	—	—	—	—
1713Z	—	—	—	—	—	—

KM# 382.23 1/2 ECU (36 Sols = 6 Deniers)
15.2440 g., 0.9170 Silver 0.4494 oz. ASW **Ruler:** Louis XIV
Obv: Mailed bust right **Rev:** 3 Crowns, fleur-de-lis in angles **Mint:** Rennes **Note:** Mint mark: 9.

Date	Mintage	VG	F	VF	XF	Unc
1709	—	50.00	100	250	435	930
1710	—	42.00	85.00	215	375	810
1711	—	42.00	85.00	215	375	810
1712	—	—	—	—	—	—
1713	—	—	—	—	—	—

KM# 382.24 1/2 ECU (36 Sols = 6 Deniers)
15.2440 g., 0.9170 Silver 0.4494 oz. ASW **Ruler:** Louis XIV
Obv: Mailed bust right **Rev:** 3 Crowns, fleur-de-lis in angles **Mint:** Aix **Note:** Mint mark: &.

Date	Mintage	VG	F	VF	XF	Unc
1709	—	55.00	115	280	500	1,100
1710	—	42.00	85.00	215	375	810
1711	—	55.00	115	280	500	1,100
1712	—	55.00	115	280	500	1,100

KM# 382.25 1/2 ECU (36 Sols = 6 Deniers)
15.2440 g., 0.9170 Silver 0.4494 oz. ASW **Ruler:** Louis XIV
Obv: Mailed bust right **Rev:** 3 Crowns, fleur-de-lis in angles **Mint:** Besançon **Note:** Mint mark: Back to back C's.

Date	Mintage	VG	F	VF	XF	Unc
1709	—	65.00	135	330	575	1,210
1710	—	—	—	—	—	—
1711	—	65.00	135	330	575	1,210
1713	—	—	—	—	—	—
1715	—	—	—	—	—	—

KM# 382.26 1/2 ECU (36 Sols = 6 Deniers)
15.2440 g., 0.9170 Silver 0.4494 oz. ASW **Ruler:** Louis XIV
Obv: Mailed bust right **Rev:** 3 Crowns, fleur-de-lis in angles **Mint:** Pau **Note:** Mint mark: Cow.

Date	Mintage	VG	F	VF	XF	Unc
1709	—	—	—	—	—	—
1710	—	55.00	115	380	800	1,100
1711	—	55.00	115	380	800	—
1712	—	55.00	115	380	800	1,100
1713	—	55.00	115	380	800	—

Genius writing the Constitution **Rev. Legend:** REGNE DE LALOI • **Mint:** Paris

Date	Mintage	VG	F	VF	XF	Unc
1792A	—	75.00	185	350	700	1,540
1793A	—	90.00	210	400	800	1,760

KM# 614 1/2 ECU (3 Livres)
15.0000 g., 0.9170 Silver 0.4422 oz. ASW **Obv:** Head left **Obv. Legend:** LOUIS XVI ROI DES FRANCAIS • **Rev:** Standing Genius writing the Constitution **Rev. Legend:** REGNE DE LA LOI • **Mint:** Strasbourg

Date	Mintage	VG	F	VF	XF	Unc
1792BB	—	275	600	1,200	2,500	5,600

KM# 298.21 ECU
Silver **Ruler:** Louis XIV **Mint:** Amiens

Date	Mintage	VG	F	VF	XF	Unc
1701X	—	—	—	—	—	—
1701X	—	—	—	—	—	—

KM# 329.1 ECU
Silver **Ruler:** Louis XIV **Obv:** Armored bust right **Obv. Legend:** LVD • XIIII • D • G • FR • ET • NAV • REX • **Rev:** Crowned arms of France with sceptre and hand of Justice behind **Rev. Legend:** BENEDICTVS • SIT • NOMEN • DOMINI • **Mint:** Paris **Note:** Dav. #1316.

Date	Mintage	VG	F	VF	XF	Unc
1701A	—	60.00	120	240	425	930
1702A	—	60.00	120	240	425	930
1703A	—	60.00	120	240	425	930
1704A	—	70.00	200	500	1,000	1,200

KM# 613.1 1/2 ECU (3 Livres)
15.0000 g., 0.9170 Silver 0.4422 oz. ASW **Obv:** Head left **Obv. Legend:** LOUIS XVI ROI DES FRANCOIS • **Rev:** Standing

FRANCE

KM# 329.2 ECU
Silver **Ruler:** Louis XIV **Obv:** Armored bust right **Rev:** Crowned arms of France with sceptre and hand of Justice behind **Mint:** Metz

Date	Mintage	VG	F	VF	XF	Unc
1701AA	—	70.00	150	300	550	1,210
1702AA	—	120	180	350	650	1,430
1703AA	—	—	—	—	—	—

KM# 329.3 ECU
Silver **Ruler:** Louis XIV **Obv:** Armored bust right **Rev:** Crowned arms of France with sceptre and hand of Justice behind **Mint:** Rouen

Date	Mintage	VG	F	VF	XF	Unc
1701B	—	65.00	135	275	475	1,000
1702B	—	75.00	160	325	600	1,320
1703B	—	110	225	465	850	1,870

KM# 329.4 ECU
Silver **Ruler:** Louis XIV **Obv:** Armored bust right **Rev:** Crowned arms of France with sceptre and hand of Justice behind **Mint:** Strasbourg

Date	Mintage	VG	F	VF	XF	Unc
1701BB	—	65.00	135	275	475	1,000
1702BB	—	90.00	180	350	650	1,430

KM# 329.5 ECU
Silver **Ruler:** Louis XIV **Obv:** Armored bust right **Rev:** Crowned arms of France with sceptre and hand of Justice behind **Mint:** Caen

Date	Mintage	VG	F	VF	XF	Unc
1701C	—	70.00	150	300	550	1,210
1702C	—	75.00	160	325	600	1,320

KM# 329.6 ECU
Silver **Ruler:** Louis XIV **Obv:** Armored bust right **Rev:** Crowned arms of France with sceptre and hand of Justice behind **Mint:** Lyon

Date	Mintage	VG	F	VF	XF	Unc
1701D	—	60.00	120	240	425	935
1702D	—	75.00	160	325	600	1,320
1703D	—	110	225	465	850	1,870

KM# 329.7 ECU
Silver **Ruler:** Louis XIV **Obv:** Armored bust right **Rev:** Crowned arms of France with sceptre and hand of Justice behind **Mint:** Tours

Date	Mintage	VG	F	VF	XF	Unc
1701E	—	70.00	150	300	550	1,210
1702E	—	70.00	150	300	550	1,210
1703E	—	110	225	465	850	1,870

KM# 329.8 ECU
Silver **Ruler:** Louis XIV **Obv:** Armored bust right **Rev:** Crowned arms of France with sceptre and hand of Justice behind **Mint:** Poitiers

Date	Mintage	VG	F	VF	XF	Unc
1701G	—	75.00	160	325	600	1,320
1702G	—	90.00	180	350	650	1,430
1703G	—	110	225	465	850	1,870

KM# 329.9 ECU
Silver **Ruler:** Louis XIV **Obv:** Armored bust right **Rev:** Crowned arms of France with sceptre and hand of Justice behind **Mint:** La Rochelle

Date	Mintage	VG	F	VF	XF	Unc
1701H	—	90.00	180	350	650	1,430
1702H	—	70.00	150	300	550	1,210
1703H	—	65.00	135	275	475	1,000

KM# 329.10 ECU
Silver **Ruler:** Louis XIV **Obv:** Armored bust right **Rev:** Crowned arms of France with sceptre and hand of Justice behind **Mint:** Limoges

Date	Mintage	VG	F	VF	XF	Unc
1701I	—	65.00	135	275	475	935
1702I	—	90.00	180	350	650	1,430
1703I	—	110	225	465	850	1,870

KM# 329.11 ECU
Silver **Ruler:** Louis XIV **Obv:** Armored bust right **Rev:** Crowned arms of France with sceptre and hand of Justice behind **Mint:** Bordeaux

Date	Mintage	VG	F	VF	XF	Unc
1701K	—	70.00	150	300	550	1,210
1702K	—	90.00	180	350	650	1,430
1703K	—	—	—	—	—	—

KM# 329.12 ECU
Silver **Ruler:** Louis XIV **Obv:** Armored bust right **Rev:** Crowned arms of France with sceptre and hand of Justice behind **Mint:** Bayonne

Date	Mintage	VG	F	VF	XF	Unc
1701L	—	75.00	160	325	600	1,320
1702L	—	65.00	135	275	475	935
1703L	—	—	—	—	—	—
1704L	—	—	—	—	—	—

KM# 329.13 ECU
Silver **Ruler:** Louis XIV **Obv:** Armored bust right **Rev:** Crowned arms of France with sceptre and hand of Justice behind **Mint:** Toulouse

Date	Mintage	VG	F	VF	XF	Unc
1701M	—	60.00	120	240	425	935
1702M	—	60.00	120	240	425	935
1703M	—	90.00	180	350	650	1,430

KM# 329.14 ECU
Silver **Ruler:** Louis XIV **Obv:** Armored bust right **Rev:** Crowned arms of France with sceptre and hand of Justice behind **Mint:** Montpellier

Date	Mintage	VG	F	VF	XF	Unc
1701N	—	60.00	120	240	425	935
1702N	—	70.00	150	300	550	1,210
1703N	—	—	—	—	—	—

KM# 329.15 ECU
Silver **Ruler:** Louis XIV **Obv:** Armored bust right **Rev:** Crowned arms of France with sceptre and hand of Justice behind **Mint:** Riom

Date	Mintage	VG	F	VF	XF	Unc
1701O	—	90.00	180	350	650	1,430
1702O	—	75.00	160	325	600	1,320
1703O	—	125	275	500	900	1,960

KM# 329.16 ECU
Silver **Ruler:** Louis XIV **Obv:** Armored bust right **Rev:** Crowned arms of France with sceptre and hand of Justice behind **Mint:** Dijon

Date	Mintage	VG	F	VF	XF	Unc
1701P	—	60.00	120	240	425	935
1702P	—	65.00	135	275	475	1,000
1703P	—	90.00	180	350	650	1,430

KM# 329.17 ECU
Silver **Ruler:** Louis XIV **Obv:** Armored bust right **Rev:** Crowned arms of France with sceptre and hand of Justice behind **Mint:** Troyes

Date	Mintage	VG	F	VF	XF	Unc
1701S	—	70.00	150	300	550	1,210
1702S	—	110	220	460	785	1,710
1703S	—	90.00	180	350	650	1,430

KM# 329.18 ECU
Silver **Ruler:** Louis XIV **Obv:** Armored bust right **Obv. Legend:** LVD • XIIII • D • G • FR • ET • NAV • REX **Rev:** Crowned arms of France with sceptre and hand of Justice behind **Rev. Legend:** BENEDICTUM SIT NOMEN DOMINI **Mint:** Nantes

Date	Mintage	VG	F	VF	XF	Unc
1701T	—	75.00	160	325	600	1,320
1702T	—	65.00	135	275	475	1,000
1703T	—	70.00	150	300	550	1,210

KM# 329.19 ECU
Silver **Ruler:** Louis XIV **Obv:** Armored bust right **Rev:** Crowned arms of France with sceptre and hand of Justice behind **Mint:** Troyes

Date	Mintage	VG	F	VF	XF	Unc
1701V	—	65.00	135	275	475	1,000
1702V	—	90.00	180	350	650	1,430
1703V Reported, not confirmed						

KM# 329.20 ECU
Silver **Ruler:** Louis XIV **Obv:** Armored bust right **Rev:** Crowned arms of France with sceptre and hand of Justice behind **Mint:** Lille

Date	Mintage	VG	F	VF	XF	Unc
1701W	—	60.00	120	240	425	935
1702W	—	60.00	120	240	425	935
1703W	—	110	225	465	850	1,870

KM# 329.21 ECU
Silver **Ruler:** Louis XIV **Obv:** Armored bust right **Rev:** Crowned arms of France with sceptre and hand of Justice behind **Mint:** Amiens

Date	Mintage	VG	F	VF	XF	Unc
1701X	—	90.00	180	350	650	1,430
1702X	—	90.00	180	350	650	1,430
1703X	—	—	—	—	—	—

KM# 329.22 ECU
Silver **Ruler:** Louis XIV **Obv:** Armored bust right **Rev:** Crowned arms of France with sceptre and hand of Justice behind **Mint:** Bourges

Date	Mintage	VG	F	VF	XF	Unc
1701Y	—	90.00	180	350	650	1,430
1702Y	—	90.00	180	350	650	1,430
1703Y	—	90.00	180	350	650	1,430

KM# 329.23 ECU
Silver **Ruler:** Louis XIV **Obv:** Armored bust right **Rev:** Crowned arms of France with sceptre and hand of Justice behind **Mint:** Rennes **Note:** Mint mark: 9.

Date	Mintage	VG	F	VF	XF	Unc
1701	—	60.00	120	240	425	930
1702	—	60.00	120	240	425	930
1703	—	75.00	160	325	600	1,320

KM# 329.24 ECU
Silver **Ruler:** Louis XIV **Obv:** Armored bust right **Rev:** Crowned arms of France with sceptre and hand of Justice behind **Mint:** Besançon **Note:** Mint mark: &.

Date	Mintage	VG	F	VF	XF	Unc
1701	—	75.00	160	325	600	1,320
1702	—	65.00	135	275	475	1,000
1703	—	110	220	460	785	1,710

KM# 329.25 ECU
Silver **Ruler:** Louis XIV **Obv:** Armored bust right **Rev:** Crowned arms of France with sceptre and hand of Justice behind **Mint:** Besançon

Date	Mintage	VG	F	VF	XF	Unc
1701	—	65.00	135	275	475	1,000
1702	—	—	—	—	—	—
1703	—	90.00	180	350	650	1,430

KM# 330 ECU
Silver **Ruler:** Louis XIV **Obv:** Smaller bust **Rev:** Crowned 4-part round arms of France, Old and New Burgundy and Navarre on crossed sceptres **Mint:** Toulouse **Note:** Dav. #1317.

Date	Mintage	VG	F	VF	XF	Unc
1701M	—	1,650	3,000	5,000	8,000	—
1702M	—	2,000	3,500	6,000	9,500	—
1703M	—	—	—	—	—	—

KM# 331 ECU
Silver **Ruler:** Louis XIV **Obv:** Taller bust **Obv. Legend:** LVD • XIIII • D • G • FR • ET .. **Rev:** Crowned 3-part round arms of France, Navarre and Bearn on crossed scepters **Rev. Legend:** BENEDICTVS SIT • NOMEN • DOMINI • **Mint:** Pau **Note:** Issued for Provinces of Navarre and Bearn. Dav. #1318. Mint mark: Cow.

Date	Mintage	VG	F	VF	XF	Unc
1701	—	1,200	2,200	4,000	6,500	—
1702	—	1,200	2,200	4,000	6,500	—
1703	—	1,350	2,500	4,500	7,500	—

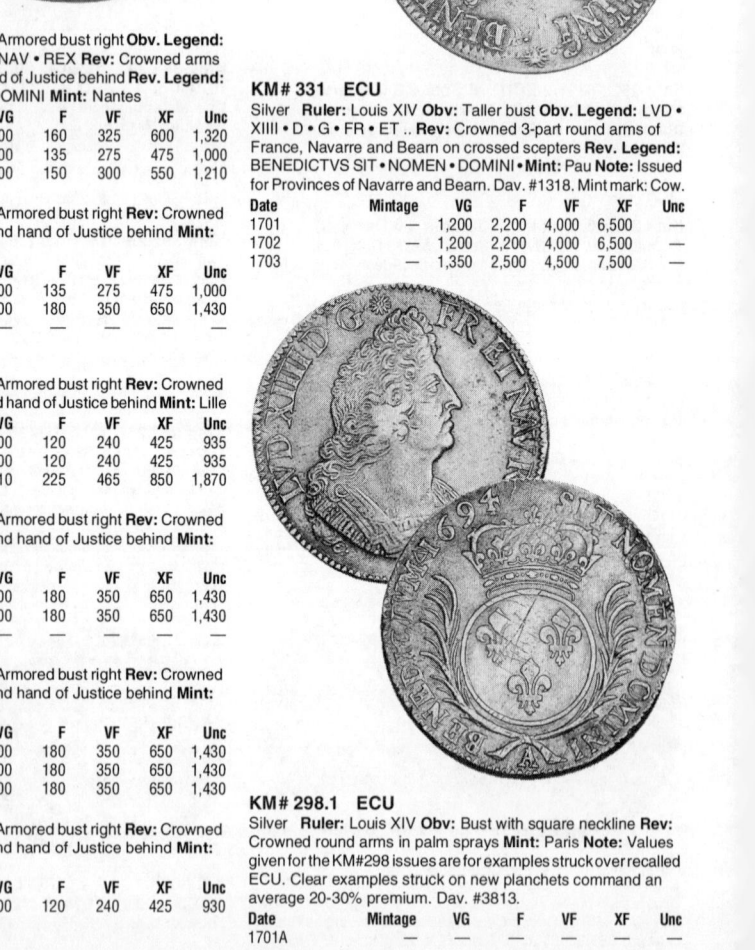

KM# 298.1 ECU
Silver **Ruler:** Louis XIV **Obv:** Bust with square neckline **Rev:** Crowned round arms in palm sprays **Mint:** Paris **Note:** Values given for the KM#298 issues are for examples struck over recalled ECU. Clear examples struck on new planchets command an average 20-30% premium. Dav. #3813.

Date	Mintage	VG	F	VF	XF	Unc
1701A	—	—	—	—	—	—

KM# 347 ECU
Silver **Ruler:** Louis XIV **Rev:** Crowned arms of France and Dauphine **Mint:** Grenoble **Note:** Issued for Province of Dauphine. Dav. #1319.

Date	Mintage	VG	F	VF	XF	Unc
1702Z Rare	—	—	—	—	—	—

KM# 361 ECU
Silver **Ruler:** Louis XIV **Obv:** Armored bust right **Obv. Legend:** LVD XIV BENEDICRVМ ... **Rev:** 3-part arms of France, Navarre and Bearn in center of crowned L's **Rev. Legend:** BENEDICTVМ SIT NOMEN DOMINI **Mint:** Pau **Note:** Mint mark: Cow. Dav. #1321.

Date	Mintage	VG	F	VF	XF	Unc
1704	—	1,000	2,000	3,500	5,500	—
1705	—	1,350	2,500	4,500	7,500	—
1706	—	—	—	—	—	—
1707	—	—	—	—	—	—
1708	—	—	—	—	—	—
1709	—	1,650	3,000	5,000	8,000	—

KM# 360.1 ECU
Silver **Ruler:** Louis XIV **Obv:** Armored bust right **Obv. Legend:** LVD • XIIII • D • G • FR • ET • NAV • REX • **Rev:** Crowned double L's in cruciform, fleur-de-lis in angles, arms of France in center **Rev. Legend:** BENEDICTVМ SIT NOMEN DOMINI **Mint:** Paris **Note:** Dav. #1320.

Date	Mintage	VG	F	VF	XF	Unc
1704A	—	50.00	100	200	350	770
1705A	—	60.00	125	250	450	1,000

KM# 360.2 ECU
Silver **Ruler:** Louis XIV **Obv:** Armored bust right **Rev:** Crowned double L's in cruciform, fleur-de-lis in angles, arms of France in center **Mint:** Metz

Date	Mintage	VG	F	VF	XF	Unc
1704AA	—	100	225	425	750	1,650
1705AA	—	—	—	—	—	—

KM# 360.3 ECU
Silver **Ruler:** Louis XIV **Obv:** Armored bust right **Rev:** Crowned double L's in cruciform, fleur-de-lis in angles, arms of France in center **Mint:** Rouen

Date	Mintage	VG	F	VF	XF	Unc
1704B	—	90.00	190	385	700	1,540
1705B	—	100	225	425	750	1,650
1708B	—	—	—	—	—	—

KM# 360.4 ECU
Silver **Ruler:** Louis XIV **Obv:** Armored bust right **Rev:** Crowned double L's in cruciform, fleur-de-lis in angles, arms of France in center **Mint:** Strasbourg

Date	Mintage	VG	F	VF	XF	Unc
1704BB	—	100	225	425	750	1,650

KM# 360.5 ECU
Silver **Ruler:** Louis XIV **Obv:** Armored bust right **Rev:** Crowned double L's in cruciform, fleur-de-lis in angles, arms of France in center **Mint:** Caen

Date	Mintage	VG	F	VF	XF	Unc
1704C	—	100	225	425	750	1,650
1705C	—	90.00	185	375	650	1,430

KM# 360.6 ECU
Silver **Ruler:** Louis XIV **Obv:** Armored bust right **Rev:** Crowned double L's in cruciform, fleur-de-lis in angles, arms of France in center **Mint:** Lyon

Date	Mintage	VG	F	VF	XF	Unc
1704D	—	75.00	150	300	550	1,200
1705D	—	90.00	185	375	650	1,430
1706D	—	65.00	135	275	500	1,100
1707D	—	200	500	800	1,500	1,650
1708D	—	90.00	185	375	650	1,430
1709D	—	100	225	425	750	1,650

KM# 360.7 ECU
Silver **Ruler:** Louis XIV **Obv:** Armored bust right **Rev:** Crowned double L's in cruciform, fleur-de-lis in angles, arms of France in center **Mint:** Tours

Date	Mintage	VG	F	VF	XF	Unc
1704E	—	90.00	185	375	650	1,430
1705E	—	100	225	425	750	1,650
1707E	—	—	—	—	—	—

Note: Reported, not confirmed

KM# 360.8 ECU
Silver **Ruler:** Louis XIV **Obv:** Armored bust right **Rev:** Crowned double L's in cruciform, fleur-de-lis in angles, arms of France in center **Mint:** Poitiers

Date	Mintage	VG	F	VF	XF	Unc
1705G	—	100	225	425	750	1,600
1706G	—	—	—	—	—	—

KM# 360.9 ECU
Silver **Ruler:** Louis XIV **Obv:** Armored bust right **Rev:** Crowned double L's in cruciform, fleur-de-lis in angles, arms of France in center **Mint:** La Rochelle

Date	Mintage	VG	F	VF	XF	Unc
1704H	—	100	225	425	750	1,650
1705H	—	90.00	185	375	650	1,430
1706H	—	90.00	185	375	650	1,430
1707H	—	200	500	800	1,500	2,000
1708H	—	90.00	185	375	650	1,430
1709H	—	—	—	—	—	—

KM# 360.10 ECU
Silver **Ruler:** Louis XIV **Obv:** Armored bust right **Rev:** Crowned double L's in cruciform, fleur-de-lis in angles, arms of France in center **Mint:** Limoges

Date	Mintage	VG	F	VF	XF	Unc
1704I	—	90.00	190	385	700	1,500
1705I	—	90.00	190	385	700	1,500

KM# 360.11 ECU
Silver **Ruler:** Louis XIV **Obv:** Armored bust right **Rev:** Crowned double L's in cruciform, fleur-de-lis in angles, arms of France in center **Mint:** Bordeaux

Date	Mintage	VG	F	VF	XF	Unc
1704K	—	90.00	185	375	650	1,400
1705K	—	125	250	450	800	1,760
1708K	—	90.00	185	375	650	1,400
1709K	—	125	250	450	800	1,760

KM# 360.12 ECU
Silver **Ruler:** Louis XIV **Obv:** Armored bust right **Rev:** Crowned double L's in cruciform, fleur-de-lis in angles, arms of France in center **Mint:** Bayonne

Date	Mintage	VG	F	VF	XF	Unc
1704L	—	125	250	450	800	1,760
1705L	—	—	—	—	—	—
1708L	—	90.00	185	375	650	1,400

KM# 360.13 ECU
Silver **Ruler:** Louis XIV **Obv:** Armored bust right **Rev:** Crowned double L's in cruciform, fleur-de-lis in angles, arms of France in center **Mint:** Toulouse

Date	Mintage	VG	F	VF	XF	Unc
1704M	—	90.00	190	385	700	1,500
1707M	—	175	325	550	900	2,000

KM# 360.14 ECU
Silver **Ruler:** Louis XIV **Obv:** Armored bust right **Rev:** Crowned double L's in cruciform, fleur-de-lis in angles, arms of France in center **Mint:** Montpellier

Date	Mintage	VG	F	VF	XF	Unc
1704N	—	65.00	135	275	500	1,100
1705N	—	90.00	185	375	650	1,400
1709N	—	—	—	—	—	—

KM# 360.15 ECU
Silver **Ruler:** Louis XIV **Obv:** Armored bust right **Rev:** Crowned double L's in cruciform, fleur-de-lis in angles, arms of France in center **Mint:** Riom

Date	Mintage	VG	F	VF	XF	Unc
1704O	—	90.00	185	375	650	1,400
1705O	—	100	225	425	750	1,650

KM# 360.16 ECU
Silver **Ruler:** Louis XIV **Obv:** Armored bust right **Rev:** Crowned double L's in cruciform, fleur-de-lis in angles, arms of France in center **Mint:** Dijon

Date	Mintage	VG	F	VF	XF	Unc
1704P	—	90.00	185	375	650	1,400
1705P	—	100	225	425	750	1,650
1706P	—	175	325	550	900	2,000
1707P	—	—	—	—	—	—

KM# 360.17 ECU
Silver **Ruler:** Louis XIV **Obv:** Armored bust right **Rev:** Crowned double L's in cruciform, fleur-de-lis in angles, arms of France in center **Mint:** Troyes

Date	Mintage	VG	F	VF	XF	Unc
1704V	—	90.00	185	375	650	1,430
1705V	—	100	225	425	750	1,650

KM# 360.18 ECU
Silver **Ruler:** Louis XIV **Obv:** Armored bust right **Rev:** Crowned double L's in cruciform, fleur-de-lis in angles, arms of France in center **Mint:** Nantes

Date	Mintage	VG	F	VF	XF	Unc
1704T	—	75.00	150	300	550	1,200
1705T	—	90.00	185	375	650	1,400
1708T	—	175	325	550	900	2,000
1709T	—	—	—	—	—	—

KM# 360.19 ECU
Silver **Ruler:** Louis XIV **Obv:** Armored bust right **Rev:** Crowned double L's in cruciform, fleur-de-lis in angles, arms of France in center **Mint:** Troyes

Date	Mintage	VG	F	VF	XF	Unc
1704V	—	90.00	185	375	650	1,400

KM# 360.20 ECU
Silver **Ruler:** Louis XIV **Obv:** Armored bust right **Rev:** Crowned double L's in cruciform, fleur-de-lis in angles, arms of France in center **Mint:** Lille

Date	Mintage	VG	F	VF	XF	Unc
1704W	—	60.00	125	250	450	1,000
1705W	—	90.00	185	375	650	1,400

KM# 360.21 ECU
Silver **Ruler:** Louis XIV **Obv:** Armored bust right **Rev:** Crowned double L's in cruciform, fleur-de-lis in angles, arms of France in center **Mint:** Amiens

Date	Mintage	VG	F	VF	XF	Unc
1704X	—	75.00	150	300	550	1,200
1705X	—	100	225	425	750	1,600
1706X	—	100	225	425	750	1,600

KM# 360.22 ECU
Silver **Ruler:** Louis XIV **Obv:** Armored bust right **Rev:** Crowned double L's in cruciform, fleur-de-lis in angles, arms of France in center **Mint:** Bourges

Date	Mintage	VG	F	VF	XF	Unc
1704Y	—	90.00	190	385	700	1,500

KM# 360.23 ECU
Silver **Ruler:** Louis XIV **Obv:** Armored bust right **Rev:** Crowned double L's in cruciform, fleur-de-lis in angles, arms of France in center **Mint:** Grenoble

Date	Mintage	VG	F	VF	XF	Unc
1704Z	—	100	225	425	750	1,600
1705Z	—	175	325	550	900	2,000

KM# 360.24 ECU
Silver **Ruler:** Louis XIV **Obv:** Armored bust right **Rev:** Crowned double L's in cruciform, fleur-de-lis in angles, arms of France in center **Mint:** Rennes **Note:** Mint mark: 9.

Date	Mintage	VG	F	VF	XF	Unc
1704	—	75.00	150	300	550	1,200
1705	—	60.00	125	260	475	1,000
1707	—	75.00	150	300	550	1,200
1708	—	90.00	185	375	650	1,430
1709	—	125	250	450	800	1,760

KM# 360.25 ECU
Silver **Ruler:** Louis XIV **Obv:** Armored bust right **Rev:** Crowned double L's in cruciform, fleur-de-lis in angles, arms of France in center **Mint:** Aix **Note:** Mint mark: &.

Date	Mintage	VG	F	VF	XF	Unc
1704	—	90.00	185	375	650	1,430
1705	—	90.00	185	375	650	1,430
1706	—	100	225	425	750	1,650
1707	—	175	325	550	900	2,000
1708	—	175	325	550	900	2,000
1709	—	—	—	—	—	—

KM# 360.26 ECU
Silver **Ruler:** Louis XIV **Obv:** Armored bust right **Rev:** Crowned double L's in cruciform, fleur-de-lis in angles, arms of France in center **Mint:** Besançon **Note:** Mint mark: Back to back C's.

Date	Mintage	VG	F	VF	XF	Unc
1704	—	125	250	450	800	1,760
1705	—	100	225	425	750	1,650
1708	—	—	—	—	—	—
1709	—	—	—	—	—	—

FRANCE

KM# 362.1 ECU
Silver **Ruler:** Louis XIV **Obv:** Draped bust right **Obv. Legend:** LVD • XIIII • D • G • FR • ET • NAV • REX • **Rev:** Crowned back to back L's form center square holding round arms of France **Rev. Legend:** BENEDICTVM SIT • NOMEN DOMINI **Mint:** Paris **Note:** Dav. #1322.

Date	Mintage	VG	F	VF	XF	Unc
1704A	—	475	950	1,750	3,000	—
1705A	—	500	1,000	2,000	3,500	—

KM# 362.2 ECU
Silver **Ruler:** Louis XIV **Obv:** Draped bust right **Rev:** Crowned back to back L's form center square holding round arms of France **Mint:** Nantes

Date	Mintage	VG	F	VF	XF	Unc
1708/7T	—	750	1,500	2,750	4,500	—
1709T	—	800	2,000	3,500	7,500	—

KM# 385 ECU
Silver **Ruler:** Louis XIV **Obv:** Bust right **Rev:** Crowned square shield with arms of France and Old and New Burgundy **Mint:** Lille **Note:** Issued for Province Flanders. Dav. #1323. Flandre

Date	Mintage	VG	F	VF	XF	Unc
1705W Rare	—	10,000	30,000	40,000	—	—

KM# 386.1 ECU
Silver **Ruler:** Louis XIV **Obv:** Armored bust right **Obv. Legend:** LVD • XIIII • D • G • FR • ET • NAV • REX • **Rev:** 3 Crowns, fleur-de-lis in angles **Rev. Legend:** BENEDICTVS SIT • NOMEN • DOMINI **Mint:** Paris **Note:** Dav. #1324.

Date	Mintage	VG	F	VF	XF	Unc
1709A	—	45.00	90.00	180	325	700
1710A	—	50.00	95.00	200	350	730
1711A	—	50.00	95.00	200	350	730
1712A	—	50.00	95.00	200	350	730
1713A	—	50.00	95.00	200	350	730
1714A	—	90.00	180	350	650	1,400
1715A	—	60.00	120	240	425	900

KM# 386.2 ECU
Silver **Ruler:** Louis XIV **Obv:** Armored bust right **Rev:** 3 Crowns, fleur-de-lis in angles **Mint:** Rouen

Date	Mintage	VG	F	VF	XF	Unc
1709B	—	50.00	95.00	200	350	740
1710B	—	55.00	100	210	385	800
1711B	—	60.00	120	240	425	940
1712B	—	120	270	500	900	2,000
1713B	—	80.00	160	330	600	1,300
1714B	—	120	270	500	900	2,000
1715B	—	—	—	—	—	—

KM# 386.3 ECU
Silver **Ruler:** Louis XIV **Obv:** Armored bust right **Rev:** 3 Crowns, fleur-de-lis in angles **Mint:** Caen

Date	Mintage	VG	F	VF	XF	Unc
1709C	—	65.00	135	270	475	1,000
1710C	—	80.00	160	330	600	1,300
1711C	—	65.00	135	270	475	1,000
1712C	—	110	220	450	775	1,700
1713C	—	120	270	500	900	2,000
1714C	—	—	—	—	—	—

KM# 384.1 ECU
Silver **Ruler:** Louis XIV **Obv:** Armored bust right **Obv. Legend:** LVD • XIIII • D • G • FR • ET • NAV • REX • **Rev:** Crowned back to back L's form center square holding round arms of France **Rev. Legend:** BENEDICTUS SIT • NOMEN • DOMINI **Mint:** Paris **Note:** Dav. #1322A.

Date	Mintage	VG	F	VF	XF	Unc
1708A	—	4,000	8,000	15,000	—	—
1709A Rare	—	3,000	6,000	12,000	—	—

KM# 384.3 ECU
Silver **Ruler:** Louis XIV **Obv:** Armored bust right **Rev:** Crowned back to back L's form center square holding round arms of France **Mint:** Bayonne

Date	Mintage	VG	F	VF	XF	Unc
1709L Rare	—	—	3,000	6,000	12,000	—

KM# 386.4 ECU
Silver **Ruler:** Louis XIV **Obv:** Armored bust right **Rev:** 3 Crowns, fleur-de-lis in angles **Mint:** Lyon

Date	Mintage	VG	F	VF	XF	Unc
1709D	—	80.00	160	330	600	1,300
1710D	—	50.00	95.00	200	350	770
1711D	—	65.00	135	270	475	1,000

Date	Mintage	VG	F	VF	XF	Unc
1712D	—	70.00	150	300	550	1,200
1713D	—	90.00	180	350	650	1,400
1714D	—	150	300	550	950	2,000
1715D	—	65.00	135	270	475	1,000

KM# 386.5 ECU
Silver **Ruler:** Louis XIV **Obv:** Armored bust right **Rev:** 3 Crowns, fleur-de-lis in angles **Mint:** Tours

Date	Mintage	VG	F	VF	XF	Unc
1709E	—	65.00	135	270	475	1,000
1710E	—	110	220	450	775	1,700
1711E	—	110	220	450	775	1,700
1712E	—	90.00	180	350	650	1,400
1713E	—	110	220	450	775	1,700
1714E	—	110	220	450	775	1,700
1715E	—	120	270	500	900	2,000

KM# 386.6 ECU
Silver **Ruler:** Louis XIV **Obv:** Armored bust right **Rev:** 3 Crowns, fleur-de-lis in angles **Mint:** Poitiers

Date	Mintage	VG	F	VF	XF	Unc
1709G	—	90.00	180	350	650	1,400
1710G	—	—	—	—	—	—
1711G	—	—	—	—	—	—
1712G	—	120	270	500	900	2,000
1713G	—	200	400	650	1,100	1,400
1714G	—	—	—	—	—	—

KM# 386.7 ECU
Silver **Ruler:** Louis XIV **Obv:** Armored bust right **Rev:** 3 Crowns, fleur-de-lis in angles **Mint:** La Rochelle

Date	Mintage	VG	F	VF	XF	Unc
1709H	—	90.00	180	350	650	1,400
1710H	—	50.00	95.00	200	350	700
1711H	—	60.00	120	240	425	900
1712H	—	75.00	160	330	600	1,300
1713H	—	90.00	180	350	650	1,400
1714H	—	—	—	—	—	—
1715H	—	110	220	450	775	1,700

KM# 386.8 ECU
Silver **Ruler:** Louis XIV **Obv:** Armored bust right **Rev:** 3 Crowns, fleur-de-lis in angles **Mint:** Limoges

Date	Mintage	VG	F	VF	XF	Unc
1709I	—	150	300	550	1,000	2,250
1710I	—	120	270	500	900	2,000
1711I	—	120	270	500	900	2,000
1712I	—	110	220	450	775	1,700
1713I	—	120	270	500	900	2,000
1714I	—	120	270	500	900	2,000

KM# 386.9 ECU
Silver **Ruler:** Louis XIV **Obv:** Armored bust right **Rev:** 3 Crowns, fleur-de-lis in angles **Mint:** Bordeaux

Date	Mintage	VG	F	VF	XF	Unc
1709K	—	60.00	120	240	425	900
1710K	—	55.00	100	200	400	840
1711K	—	65.00	135	270	475	1,000
1712K	—	90.00	180	350	650	1,400
1713K	—	90.00	180	350	650	1,400
1714K	—	120	270	500	900	2,000
1715K	—	—	—	—	—	—

KM# 386.10 ECU
Silver **Ruler:** Louis XIV **Obv:** Armored bust right **Rev:** 3 Crowns, fleur-de-lis in angles **Mint:** Bayonne

Date	Mintage	VG	F	VF	XF	Unc
1709L	—	65.00	135	270	475	1,000
1710L	—	75.00	160	330	600	1,300
1711L	—	75.00	160	330	600	1,300
1712L	—	110	220	450	775	1,700
1713L	—	110	220	450	775	1,700
1715L	—	120	270	500	900	2,000

KM# 386.11 ECU
Silver **Ruler:** Louis XIV **Obv:** Armored bust right **Rev:** 3 Crowns, fleur-de-lis in angles **Mint:** Toulouse

Date	Mintage	VG	F	VF	XF	Unc
1709M	—	65.00	135	270	475	1,000
1710M	—	110	220	450	775	1,700
1711M	—	90.00	180	350	650	1,400
1712M	—	120	270	500	900	2,000
1713M	—	—	—	—	—	—
1714M	—	120	270	500	900	2,000
1715M	—	—	—	—	—	—

KM# 386.12 ECU
Silver **Ruler:** Louis XIV **Obv:** Armored bust right **Rev:** 3 Crowns, fleur-de-lis in angles **Mint:** Montpellier

Date	Mintage	VG	F	VF	XF	Unc
1709N	—	65.00	135	270	475	1,000
1710N	—	70.00	150	300	550	1,210
1711N	—	90.00	180	350	650	1,400
1712N	—	—	—	—	—	—
Reported, not confirmed						

Date	Mintage	VG	F	VF	XF	Unc
1714X	—	110	220	450	775	1,700
1715X	—	120	270	500	900	2,000

KM# 386.25 ECU

Silver **Ruler:** Louis XIV **Obv:** Armored bust right **Rev:** 3 Crowns, fleur-de-lis in angles **Mint:** Besançon **Note:** Mint mark:)(.

Date	Mintage	VG	F	VF	XF	Unc
1709	—	80.00	160	330	600	1,300
1710	—	80.00	160	330	600	1,300
1711	—	110	220	450	775	1,700
1712	—	150	300	550	950	2,000
1713	—	210	400	650	1,100	2,400
1714	7,000	350	700	1,400	2,000	—

KM# 386.13 ECU

Silver **Ruler:** Louis XIV **Obv:** Armored bust right **Rev:** 3 Crowns, fleur-de-lis in angles **Mint:** Riom

Date	Mintage	VG	F	VF	XF	Unc
1709O	—	120	270	500	900	2,000
1710O	—	90.00	180	350	650	1,400
1711O	—	120	270	500	900	2,000
1712O	—	160	325	660	1,200	2,600
1713O	—	215	400	250	1,450	3,000

KM# 386.14 ECU

Silver **Ruler:** Louis XIV **Obv:** Armored bust right **Rev:** 3 Crowns, fleur-de-lis in angles **Mint:** Dijon

Date	Mintage	VG	F	VF	XF	Unc
1709P	—	65.00	135	270	475	1,000
1710P	—	75.00	160	330	600	1,300
1713P	—	200	375	650	1,100	2,400
1714P	—	—	—	—	—	—
1715P	—	—	—	—	—	—

KM# 386.15 ECU

Silver **Ruler:** Louis XIV **Obv:** Armored bust right **Rev:** 3 Crowns, fleur-de-lis in angles **Mint:** Perpignan

Date	Mintage	VG	F	VF	XF	Unc
1712Q	—	150	300	550	950	2,100
1713Q	—	—	—	—	—	—
1714Q	—	—	—	—	—	—

KM# 386.16 ECU

Silver **Ruler:** Louis XIV **Obv:** Armored bust right **Rev:** 3 Crowns, fleur-de-lis in angles **Mint:** Reims

Date	Mintage	VG	F	VF	XF	Unc
1709S	—	50.00	95.00	200	350	700
1710S	—	55.00	100	210	385	825
1711S	—	70.00	150	300	550	1,200
1712S	—	—	—	—	—	—
1713S	—	—	—	—	—	—

KM# 386.17 ECU

Silver **Ruler:** Louis XIV **Obv:** Armored bust right **Rev:** 3 Crowns, fleur-de-lis in angles **Mint:** Nantes

Date	Mintage	VG	F	VF	XF	Unc
1709T	—	55.00	95.00	210	390	840
1710T	—	60.00	120	240	425	1,000
1711T	—	65.00	135	270	475	1,000
1712T	—	50.00	95.00	200	350	700
1713T	—	65.00	135	270	475	1,000
1714T	—	110	220	450	775	1,700
1715T	—	90.00	180	350	650	1,400

KM# 386.18 ECU

Silver **Ruler:** Louis XIV **Obv:** Armored bust right **Rev:** 3 Crowns, fleur-de-lis in angles **Mint:** Troyes

Date	Mintage	VG	F	VF	XF	Unc
1709V	—	70.00	150	300	550	1,200
1710V	—	90.00	180	350	650	1,400
1711V	—	120	270	500	900	2,000
1713V	—	—	—	—	—	—

KM# 386.19 ECU

Silver **Ruler:** Louis XIV **Obv:** Armored bust right **Rev:** 3 Crowns, fleur-de-lis in angles **Mint:** Lille

Date	Mintage	VG	F	VF	XF	Unc
1713W	—	110	220	450	775	1,700

KM# 386.20 ECU

Silver **Ruler:** Louis XIV **Obv:** Armored bust right **Rev:** 3 Crowns, fleur-de-lis in angles **Mint:** Amiens

Date	Mintage	VG	F	VF	XF	Unc
1709X	—	50.00	95.00	200	350	700
1710X	—	60.00	120	240	425	1,000
1711X	—	60.00	120	240	425	1,000
1712X	—	110	220	450	775	1,700
1713X	—	90.00	180	350	650	1,400

KM# 386.21 ECU

Silver **Ruler:** Louis XIV **Obv:** Armored bust right **Rev:** 3 Crowns, fleur-de-lis in angles **Mint:** Bourges

Date	Mintage	VG	F	VF	XF	Unc
1709Y	—	—	—	—	—	—
1710Y	—	80.00	160	330	600	1,300
1711Y	—	110	220	450	775	1,700
1712Y	—	120	270	500	900	2,000
1713Y	—	120	270	500	900	2,000
1714Y	—	—	—	—	—	—

KM# 386.22 ECU

Silver **Ruler:** Louis XIV **Obv:** Armored bust right **Rev:** 3 Crowns, fleur-de-lis in angles **Mint:** Grenoble

Date	Mintage	VG	F	VF	XF	Unc
1709Z	—	185	375	675	1,200	2,500
1710Z	—	150	335	635	1,150	2,450
1711Z	—	—	—	—	—	—
1712Z	—	270	400	935	1,850	4,000
1713Z	—	—	—	—	—	—
1714Z	—	—	—	—	—	—

KM# 386.23 ECU

Silver **Ruler:** Louis XIV **Obv:** Armored bust right **Rev:** 3 Crowns, fleur-de-lis in angles **Mint:** Rennes **Note:** Mint mark: 9.

Date	Mintage	VG	F	VF	XF	Unc
1709	—	50.00	95.00	200	350	730
1710	—	50.00	95.00	200	350	730
1711	—	50.00	95.00	200	350	730
1712	—	50.00	95.00	200	350	730
1713	—	65.00	135	270	475	1,000
1714	—	80.00	160	330	600	1,300
1715	—	50.00	95.00	200	350	730

KM# 386.24 ECU

Silver **Ruler:** Louis XIV **Obv:** Armored bust right **Rev:** 3 Crowns, fleur-de-lis in angles **Mint:** Aix **Note:** Mint mark: &.

Date	Mintage	VG	F	VF	XF	Unc
1709	—	90.00	180	350	650	1,400
1710	—	80.00	160	330	600	1,300
1712	—	120	270	500	900	2,000
1713	—	120	270	500	900	2,000

KM# 387 ECU

Silver **Ruler:** Louis XIV **Obv:** Bust right **Obv. Legend:** LVD • XIIII • D • G • FR • ET • NA • RE • B • **Rev:** 3 Crowns, fleur-de-lis in angles **Rev. Legend:** BENEDICTVS SIT • NOMEN • DOMINI • **Mint:** Pau **Note:** Mint mark: Cow. Issued for Province of Bearn. Dav. #A1324.

Date	Mintage	VG	F	VF	XF	Unc
1709	—	120	240	475	850	1,800
1710	—	120	240	475	850	1,800
1711	—	125	300	550	975	2,100
1712	—	130	350	600	1,200	2,100
1713	—	150	400	700	1,500	—

KM# 412.1 ECU

30.5940 g., 0.9170 Silver 0.9019 oz. ASW, 41 mm. **Ruler:** Louis XV **Obv:** Young draped bust right **Rev:** Three crowns form triangle, fleur-de-lis in angles **Rev. Legend:** SIT.NOMEN.DOMINI.BENEDICIVM **Edge:** Lettered **Edge Lettering:** DOMINE SALVVM FAC REGEM **Mint:** Paris **Note:** Dav. #1325.

Date	Mintage	VG	F	VF	XF	Unc
1715A	Est. 20,000	8,000	16,000	28,500	47,500	—

KM# 412.2 ECU

30.5940 g., 0.9170 Silver 0.9019 oz. ASW, 41 mm. **Ruler:** Louis XV **Obv:** Young draped bust right **Obv. Legend:** LUD.XV.D.G.FR.ET.NAV.REX. **Rev:** Three crowns form triangle, fleur-de-lis in angles **Rev. Legend:** SIT.NOMEN.DOMINI.BENEDICIVM **Edge:** Lettered **Edge Lettering:** DOMINE SALVVM FAC REGEM **Mint:** La Rochelle

Date	Mintage	VG	F	VF	XF	Unc
1715H Rare	5,184	—	—	—	—	—

KM# 412.3 ECU

30.5940 g., 0.9170 Silver 0.9019 oz. ASW, 41 mm. **Ruler:** Louis XV **Obv:** Young draped bust right **Obv. Legend:** LUD.XV.D.G.FR.ET.NAV.REX. **Rev:** Three crowns form triangle, fleur-de-lis in angles **Rev. Legend:** SIT.NOMEN.DOMINI.BENEDICIVM **Edge:** Lettered **Edge Lettering:** DOMINE SALVVM FAC REGEM **Mint:** Rennes **Note:** Mint mark: 9.

Date	Mintage	VG	F	VF	XF	Unc
1715 Rare	—	—	—	—	—	—

KM# 412.4 ECU

30.5940 g., 0.9170 Silver 0.9019 oz. ASW, 41 mm. **Ruler:** Louis XV **Obv:** Young draped bust right **Obv. Legend:** LUD.XV.D.G.FR.ET.NAV.REX. **Rev:** Three Crowns form triangle, fleur-de-lis in angles **Rev. Legend:** SIT.NOMEN.DOMINI.BENEDICIVM **Edge:** Lettered **Edge Lettering:** DOMINE SALVVM FAC REGEM **Mint:** Lille

Date	Mintage	VG	F	VF	XF	Unc
1715W	27,540	7,500	15,000	27,000	45,000	—

Note: Maison Palombo Auction 5, 6-08, VF-XF realized approximately $50,350. Heritage World Coins Auction #3004, 1-09, AU50 realized $46,000.

222 FRANCE

KM# 414.1 ECU

30.5990 g., 0.9170 Silver 0.9021 oz. ASW **Ruler:** Louis XV **Obv:** Draped young bust right **Obv. Legend:** LVD • XV • D • G • FR • ET • NAV • REX * **Rev:** Crowned round arms of France **Rev. Legend:** SIT NOMEN DOMINI BENEDICTUM **Mint:** Paris **Note:** Dav. #1326.

Date	Mintage	VG	F	VF	XF	Unc
1715A	107,000	50.00	100	300	600	1,300
1716A	4,235,000	40.00	80.00	200	400	820
1717A	525,000	40.00	80.00	650	400	820
1718A	—	40.00	80.00	200	400	820

KM# 414.2 ECU

30.5990 g., 0.9170 Silver 0.9021 oz. ASW **Ruler:** Louis XV **Obv:** Draped young bust right **Rev:** Crowned round arms of France **Mint:** Metz

Date	Mintage	VG	F	VF	XF	Unc
1716AA	—	85.00	175	525	1,225	—

KM# 414.3 ECU

30.5990 g., 0.9170 Silver 0.9021 oz. ASW **Ruler:** Louis XV **Obv:** Draped young bust right **Rev:** Crowned round arms of France **Mint:** Rouen

Date	Mintage	VG	F	VF	XF	Unc
1716B	600,000	85.00	175	525	1,225	—
1717B	196,000	85.00	175	525	1,225	—
1718B	86,000	130	265	700	1,575	—

KM# 414.4 ECU

30.5990 g., 0.9170 Silver 0.9021 oz. ASW **Ruler:** Louis XV **Obv:** Draped young bust right **Rev:** Crowned round arms of France **Mint:** Strasbourg

Date	Mintage	VG	F	VF	XF	Unc
1716BB	—	130	265	620	1,320	—
1718BB	—	220	435	1,150	2,350	—

KM# 414.5 ECU

30.5990 g., 0.9170 Silver 0.9021 oz. ASW **Ruler:** Louis XV **Obv:** Draped young bust right **Rev:** Crowned round arms of France **Mint:** Caen

Date	Mintage	VG	F	VF	XF	Unc
1716C	188,000	85.00	175	525	1,150	—
1717C	98,000	130	265	700	1,575	—

KM# 414.6 ECU

30.5990 g., 0.9170 Silver 0.9021 oz. ASW **Ruler:** Louis XV **Obv:** Draped young bust right **Rev:** Crowned round arms of France **Mint:** Lyon

Date	Mintage	VG	F	VF	XF	Unc
1716D	1,496,000	130	265	620	1,320	—
1717D	91,000	130	265	700	1,575	—

KM# 414.7 ECU

30.5990 g., 0.9170 Silver 0.9021 oz. ASW **Ruler:** Louis XV **Obv:** Draped young bust right **Rev:** Crowned round arms of France **Mint:** Tours

Date	Mintage	VG	F	VF	XF	Unc
1716E	852,000	85.00	175	525	1,150	—
1717E	—	85.00	175	525	1,150	—
1718E	925,000	85.00	175	525	1,150	—

KM# 414.8 ECU

30.5990 g., 0.9170 Silver 0.9021 oz. ASW **Ruler:** Louis XV **Obv:** Draped young bust right **Rev:** Crowned round arms of France **Mint:** Poitiers

Date	Mintage	VG	F	VF	XF	Unc
1716G	—	85.00	175	525	1,150	—
1717G	—	85.00	175	525	1,150	—

KM# 414.9 ECU

30.5990 g., 0.9170 Silver 0.9021 oz. ASW **Ruler:** Louis XV **Obv:** Draped young bust right **Rev:** Crowned round arms of France **Mint:** La Rochelle

Date	Mintage	VG	F	VF	XF	Unc
1716H	312,000	130	265	620	1,320	—
1717H	—	130	265	620	1,320	—

KM# 414.10 ECU

30.5990 g., 0.9170 Silver 0.9021 oz. ASW **Ruler:** Louis XV **Obv:** Draped young bust right **Rev:** Crowned round arms of France **Mint:** Limoges

Date	Mintage	VG	F	VF	XF	Unc
1716I	—	84.00	175	525	1,150	—
1718I	—	130	265	700	1,575	—

KM# 414.11 ECU

30.5990 g., 0.9170 Silver 0.9021 oz. ASW **Ruler:** Louis XV **Obv:** Draped young bust right **Rev:** Crowned round arms of France **Mint:** Bordeaux

Date	Mintage	VG	F	VF	XF	Unc
1716K	—	85.00	175	435	875	1,900
1717K	—	85.00	175	435	875	1,900

KM# 414.12 ECU

30.5990 g., 0.9170 Silver 0.9021 oz. ASW **Ruler:** Louis XV **Obv:** Draped young bust right **Rev:** Crowned round arms of France **Mint:** Bayonne

Date	Mintage	VG	F	VF	XF	Unc
1716L	—	85.00	175	435	875	1,900
1717L	—	85.00	175	435	875	1,900

KM# 414.13 ECU

30.5990 g., 0.9170 Silver 0.9021 oz. ASW **Ruler:** Louis XV **Obv:** Draped young bust right **Rev:** Crowned round arms of France **Mint:** Toulouse

Date	Mintage	VG	F	VF	XF	Unc
1716M	89,000	85.00	175	525	1,150	—
1717M	—	85.00	175	525	1,150	—

KM# 414.14 ECU

30.5990 g., 0.9170 Silver 0.9021 oz. ASW **Ruler:** Louis XV **Obv:** Draped young bust right **Rev:** Crowned round arms of France **Mint:** Montpellier

Date	Mintage	VG	F	VF	XF	Unc
1716N	124,000	85.00	175	350	700	1,500
1717N	69,000	85.00	175	350	700	1,500
1718N	18,000	175	350	875	1,750	—

KM# 414.15 ECU

30.5990 g., 0.9170 Silver 0.9021 oz. ASW **Ruler:** Louis XV **Obv:** Draped young bust right **Rev:** Crowned round arms of France **Mint:** Riom

Date	Mintage	VG	F	VF	XF	Unc
1716O	—	85.00	175	435	875	1,900
1717O	—	85.00	175	435	875	1,900
1718O	—	130	265	700	1,575	—

KM# 414.16 ECU

30.5990 g., 0.9170 Silver 0.9021 oz. ASW **Ruler:** Louis XV **Obv:** Draped young bust right **Rev:** Crowned round arms of France **Mint:** Dijon

Date	Mintage	VG	F	VF	XF	Unc
1716P	—	85.00	175	435	875	1,900
1717P	20,000	115	300	700	1,250	—

KM# 414.17 ECU

30.5990 g., 0.9170 Silver 0.9021 oz. ASW **Ruler:** Louis XV **Obv:** Draped young bust right **Rev:** Crowned round arms of France **Mint:** Perpignan

Date	Mintage	VG	F	VF	XF	Unc
1716Q	—	85.00	175	435	875	1,900
1717Q	—	85.00	175	525	1,150	—
1718Q	—	85.00	175	435	875	1,900

KM# 414.18 ECU

30.5990 g., 0.9170 Silver 0.9021 oz. ASW **Ruler:** Louis XV **Obv:** Draped young bust right **Rev:** Crowned round arms of France **Mint:** Reims

Date	Mintage	VG	F	VF	XF	Unc
1716S	—	130	265	650	1,575	—
1717S	36,000	175	350	875	1,950	—
1718S	—	175	350	875	1,950	—

KM# 414.19 ECU

30.5990 g., 0.9170 Silver 0.9021 oz. ASW **Ruler:** Louis XV **Obv:** Draped young bust right **Rev:** Crowned round arms of France **Mint:** Nantes

Date	Mintage	VG	F	VF	XF	Unc
1716T	—	85.00	175	525	1,150	—
1717T	218,000	85.00	175	525	1,150	—
1718T	—	175	350	875	1,950	—

KM# 414.20 ECU

30.5990 g., 0.9170 Silver 0.9021 oz. ASW **Ruler:** Louis XV **Obv:** Draped young bust right **Rev:** Crowned round arms of France **Mint:** Troyes

Date	Mintage	VG	F	VF	XF	Unc
1716V	85,000	175	350	700	1,750	—
1717V	—	175	350	700	1,750	—

KM# 414.21 ECU

30.5990 g., 0.9170 Silver 0.9021 oz. ASW **Ruler:** Louis XV **Obv:** Draped young bust right **Rev:** Crowned round arms of France **Mint:** Lille

Date	Mintage	VG	F	VF	XF	Unc
1716W	439,000	85.00	175	525	1,150	—
1717W	140,000	85.00	175	525	1,150	—
1718W	—	130	265	600	1,400	—

KM# 414.22 ECU

30.5990 g., 0.9170 Silver 0.9021 oz. ASW **Ruler:** Louis XV **Obv:** Draped young bust right **Rev:** Crowned round arms of France **Mint:** Amiens

Date	Mintage	VG	F	VF	XF	Unc
1716X	—	175	350	875	1,850	—
1717X	61,000	175	350	875	1,850	—
1718X	—	175	350	875	1,850	—

KM# 414.23 ECU

30.5990 g., 0.9170 Silver 0.9021 oz. ASW **Ruler:** Louis XV **Obv:** Draped young bust right **Rev:** Crowned round arms of France **Mint:** Bourges

Date	Mintage	VG	F	VF	XF	Unc
1716Y	9,908	130	265	700	1,575	—
1717Y	39,000	130	265	700	1,575	—
1718Y	—	130	265	700	1,575	—

KM# 414.24 ECU

30.5990 g., 0.9170 Silver 0.9021 oz. ASW **Ruler:** Louis XV **Obv:** Draped young bust right **Rev:** Crowned round arms of France **Mint:** Grenoble

Date	Mintage	VG	F	VF	XF	Unc
1716Z	192,000	220	435	965	2,650	—
1717Z	16,000	265	525	1,225	2,850	—

KM# 414.25 ECU

30.5990 g., 0.9170 Silver 0.9021 oz. ASW **Ruler:** Louis XV **Obv:** Draped young bust right **Rev:** Crowned round arms of France **Mint:** Rennes **Note:** Mint mark: 9.

Date	Mintage	VG	F	VF	XF	Unc
1716	2,024,000	50.00	200	500	900	2,000
1717	1,296,000	50.00	200	500	900	2,000
1718	871,000	50.00	200	500	900	2,000

KM# 414.26 ECU

30.5990 g., 0.9170 Silver 0.9021 oz. ASW **Ruler:** Louis XV **Obv:** Draped young bust right **Rev:** Crowned round arms of France **Mint:** Aix **Note:** Mint mark: &.

Date	Mintage	VG	F	VF	XF	Unc
1716	—	85.00	175	525	1,150	2,400
1717	—	85.00	175	435	875	1,900
1718	—	175	350	875	1,750	3,800

KM# 414.27 ECU

30.5990 g., 0.9170 Silver 0.9021 oz. ASW **Ruler:** Louis XV **Obv:** Draped young bust right **Rev:** Crowned round arms of France **Mint:** Besançon **Note:** Mint mark: Back to back C's. Varieties exist.

Date	Mintage	VG	F	VF	XF	Unc
1716	—	85.00	175	525	1,150	—
1717	86,000	130	265	700	1,575	—
1718	—	265	525	1,225	3,000	—

KM# 423 ECU

30.5990 g., 0.9170 Silver 0.9021 oz. ASW **Ruler:** Louis XV **Obv. Legend:** ....RE.BD (ligate BD). **Mint:** Pau **Note:** Mint mark: Cow. Issued for Province of Bearn. Dav. #A1326.

Date	Mintage	VG	F	VF	XF	Unc
1716	—	265	525	1,225	2,750	—
1717	20,000	265	525	1,225	2,750	—

KM# 435.1 ECU

24.4750 g., 0.9170 Silver 0.7215 oz. ASW **Ruler:** Louis XV **Obv:** Laureate armored young bust right **Obv. Legend:** LVD • XV • D • G • FR • ET • NAV • REX **Rev:** Crowned quartered arms of France and Navarre **Rev. Legend:** SIT • NOMEN • DOMINI • BENEDICTUM **Mint:** Paris **Note:** Dav. #1327. Issued for Province of Navarre.

Date	Mintage	VG	F	VF	XF	Unc
1718A	7,443,000	30.00	75.00	175	500	1,100
1719A	—	30.00	75.00	175	550	1,100

KM# 435.2 ECU

24.4750 g., 0.9170 Silver 0.7215 oz. ASW **Ruler:** Louis XV **Mint:** Metz

Date	Mintage	VG	F	VF	XF	Unc
1718AA	—	50.00	125	300	700	1,500

KM# 435.3 ECU

24.4750 g., 0.9170 Silver 0.7215 oz. ASW **Ruler:** Louis XV **Mint:** Rouen

Date	Mintage	VG	F	VF	XF	Unc
1718B	1,513,000	35.00	85.00	250	650	1,400
1719B	—	50.00	125	300	750	1,600

KM# 435.4 ECU

24.4750 g., 0.9170 Silver 0.7215 oz. ASW **Ruler:** Louis XV **Mint:** Strasbourg

Date	Mintage	VG	F	VF	XF	Unc
1718BB	—	80.00	200	400	900	2,000

KM# 435.5 ECU

24.4750 g., 0.9170 Silver 0.7215 oz. ASW **Ruler:** Louis XV **Mint:** Caen

Date	Mintage	VG	F	VF	XF	Unc
1718C	—	50.00	125	300	800	1,700
1719C	591,000	50.00	125	300	800	1,700

KM# 435.6 ECU

24.4750 g., 0.9170 Silver 0.7215 oz. ASW **Ruler:** Louis XV **Mint:** Lyon

Date	Mintage	VG	F	VF	XF	Unc
1718D	1,760,000	30.00	75.00	225	550	1,200
1719D	—	35.00	85.00	250	600	1,300

KM# 435.7 ECU

24.4750 g., 0.9170 Silver 0.7215 oz. ASW **Ruler:** Louis XV **Mint:** Tours

Date	Mintage	VG	F	VF	XF	Unc
1718E	88,000	50.00	125	300	800	1,700
1719E	614,000	30.00	75.00	175	500	1,100

KM# 435.8 ECU

24.4750 g., 0.9170 Silver 0.7215 oz. ASW **Ruler:** Louis XV **Mint:** Poitiers

Date	Mintage	VG	F	VF	XF	Unc
1718G	177,000	45.00	85.00	250	600	1,300
1719G	69,000	80.00	200	400	900	2,000

KM# 435.9 ECU

24.4750 g., 0.9170 Silver 0.7215 oz. ASW **Ruler:** Louis XV **Mint:** La Rochelle

Date	Mintage	VG	F	VF	XF	Unc
1718H	—	75.00	175	450	1,200	—
1719H	—	50.00	125	300	800	1,800

KM# 435.10 ECU

24.4750 g., 0.9170 Silver 0.7215 oz. ASW **Ruler:** Louis XV **Mint:** Limoges

Date	Mintage	VG	F	VF	XF	Unc
1718I	—	50.00	125	300	800	1,800
1719I	—	80.00	200	400	900	2,000

KM# 435.11 ECU

24.4750 g., 0.9170 Silver 0.7215 oz. ASW **Ruler:** Louis XV **Mint:** Bordeaux

Date	Mintage	VG	F	VF	XF	Unc
1718K	—	30.00	75.00	175	500	1,100
1719K	—	35.00	85.00	250	600	1,300

KM# 435.12 ECU

24.4750 g., 0.9170 Silver 0.7215 oz. ASW **Ruler:** Louis XV **Mint:** Bayonne

Date	Mintage	VG	F	VF	XF	Unc
1718L	—	35.00	85.00	250	650	1,400

KM# 435.13 ECU

24.4750 g., 0.9170 Silver 0.7215 oz. ASW **Ruler:** Louis XV **Mint:** Toulouse

Date	Mintage	VG	F	VF	XF	Unc
1718M	—	50.00	125	300	725	1,600
1719M	—	50.00	125	300	725	1,600

KM# 435.14 ECU

24.4750 g., 0.9170 Silver 0.7215 oz. ASW **Ruler:** Louis XV **Mint:** Montpellier

Date	Mintage	VG	F	VF	XF	Unc
1718N	902,000	35.00	85.00	250	600	1,300
1719N	567,000	35.00	85.00	250	600	1,300

KM# 435.15 ECU

24.4750 g., 0.9170 Silver 0.7215 oz. ASW **Ruler:** Louis XV **Obv:** Laureate armored young bust right **Rev:** Crowned quartered arms of France and Navarre **Mint:** Riom

Date	Mintage	VG	F	VF	XF	Unc
1719O	—	50.00	125	300	700	1,500

KM# 435.16 ECU

24.4750 g., 0.9170 Silver 0.7215 oz. ASW **Ruler:** Louis XV **Mint:** Dijon

Date	Mintage	VG	F	VF	XF	Unc
1718P	—	50.00	125	300	800	1,800
1719P	—	50.00	125	300	800	1,800

KM# 435.17 ECU

24.4750 g., 0.9170 Silver 0.7215 oz. ASW **Ruler:** Louis XV **Mint:** Perpignan

Date	Mintage	VG	F	VF	XF	Unc
1718Q	—	35.00	85.00	250	600	1,300
1719Q	—	50.00	125	300	700	1,600

KM# 435.18 ECU

24.4750 g., 0.9170 Silver 0.7215 oz. ASW **Ruler:** Louis XV **Mint:** Orléans

Date	Mintage	VG	F	VF	XF	Unc
1718R	—	50.00	125	300	800	1,800
1719R	—	50.00	125	300	800	1,800

KM# 435.19 ECU

24.4750 g., 0.9170 Silver 0.7215 oz. ASW **Ruler:** Louis XV **Mint:** Reims

Date	Mintage	VG	F	VF	XF	Unc
1718S	—	35.00	85.00	250	650	1,400
1719S	—	35.00	85.00	250	650	1,400

KM# 435.20 ECU

24.4750 g., 0.9170 Silver 0.7215 oz. ASW **Ruler:** Louis XV **Mint:** Nantes

Date	Mintage	VG	F	VF	XF	Unc
1718T	—	35.00	85.00	250	650	1,400
1719T	—	35.00	85.00	300	700	1,500

KM# 435.21 ECU

24.4750 g., 0.9170 Silver 0.7215 oz. ASW **Ruler:** Louis XV **Mint:** Troyes

Date	Mintage	VG	F	VF	XF	Unc
1718V	—	35.00	85.00	250	600	1,300
1719V	—	35.00	85.00	250	650	1,400

KM# 435.22 ECU

24.4750 g., 0.9170 Silver 0.7215 oz. ASW **Ruler:** Louis XV **Mint:** Lille

Date	Mintage	VG	F	VF	XF	Unc
1718W	—	30.00	75.00	225	550	1,200
1719W	26,000	80.00	200	400	900	2,000

KM# 435.23 ECU

24.4750 g., 0.9170 Silver 0.7215 oz. ASW **Ruler:** Louis XV **Mint:** Amiens

Date	Mintage	VG	F	VF	XF	Unc
1718X	—	30.00	75.00	175	500	1,100
1719X	—	30.00	75.00	175	525	1,100

KM# 435.24 ECU

24.4750 g., 0.9170 Silver 0.7215 oz. ASW **Ruler:** Louis XV **Mint:** Bourges

Date	Mintage	VG	F	VF	XF	Unc
1718Y	—	50.00	125	300	800	1,400

KM# 435.25 ECU

24.4750 g., 0.9170 Silver 0.7215 oz. ASW **Ruler:** Louis XV **Mint:** Grenoble

Date	Mintage	VG	F	VF	XF	Unc
1718Z	233,000	35.00	85.00	250	650	—

KM# 435.26 ECU

24.4750 g., 0.9170 Silver 0.7215 oz. ASW **Ruler:** Louis XV **Obv:** Laureate armored young bust right **Rev:** Crowned quartered arms of France and Navarre **Mint:** Rennes **Note:** Mint mark: 9.

Date	Mintage	VG	F	VF	XF	Unc
1718	1,772,000	30.00	75.00	200	500	1,100
1719	1,794,000	30.00	75.00	200	500	1,100

KM# 435.27 ECU

24.4750 g., 0.9170 Silver 0.7215 oz. ASW **Ruler:** Louis XV **Obv:** Laureate armored young bust right **Rev:** Crowned quartered arms of France and Navarre **Mint:** Aix **Note:** Mint mark: &.

Date	Mintage	VG	F	VF	XF	Unc
1718	—	35.00	85.00	250	650	1,400
1719	—	35.00	85.00	250	650	1,400

KM# 435.28 ECU

24.4750 g., 0.9170 Silver 0.7215 oz. ASW **Ruler:** Louis XV **Obv:** Laureate armored young bust right **Rev:** Crowned quartered arms of France and Navarre **Mint:** Besançon **Note:** Mint mark: Back to back C's.

Date	Mintage	VG	F	VF	XF	Unc
1718	—	35.00	85.00	250	650	1,400

KM# 436 ECU

24.4750 g., 0.9170 Silver 0.7215 oz. ASW **Ruler:** Louis XV **Obv:** Legend ends: ...RE. BD. (ligate BD) **Obv. Legend:** ....RE.BD (ligate BD). **Mint:** Pau **Note:** Mint mark: Cow. Issued for Province of Bearn.

Date	Mintage	VG	F	VF	XF	Unc
1718	—	90.00	200	400	1,000	2,200
1719	—	90.00	200	400	1,000	2,200

KM# 459.1 ECU

24.4750 g., 0.9170 Silver 0.7215 oz. ASW **Ruler:** Louis XV **Obv:** Draped laureate young bust right **Obv. Legend:** LUD • XV • D • G • FR • ET • NAV • REX **Rev:** Crowned arms of France **Rev. Legend:** SIT NOMEN DOMINI • BENEDICTUM **Mint:** Paris

Date	Mintage	VG	F	VF	XF	Unc
1720A	—	60.00	175	400	875	1,900
1721A	—	60.00	175	450	975	2,100
1722A	—	70.00	220	525	1,200	—
1723A	—	90.00	265	625	1,350	—
1724A	—	70.00	220	525	1,150	—

KM# 459.2 ECU

24.4750 g., 0.9170 Silver 0.7215 oz. ASW **Ruler:** Louis XV **Obv:** Draped laureate young bust right **Rev:** Crowned arms of France **Mint:** Metz

Date	Mintage	VG	F	VF	XF	Unc
1720AA	—	70.00	220	525	1,100	—
1721AA	—	90.00	265	625	1,300	—
1722AA	—	70.00	220	525	1,100	—
1723AA	—	160	450	750	1,750	—

KM# 459.3 ECU

24.4750 g., 0.9170 Silver 0.7215 oz. ASW **Ruler:** Louis XV **Obv:** Draped laureate young bust right **Rev:** Crowned arms of France **Mint:** Rouen

Date	Mintage	VG	F	VF	XF	Unc
1720B	—	130	400	800	1,600	—
1721B	—	90.00	265	625	1,300	—
1722B	—	90.00	265	625	1,300	—
1723B	—	165	475	975	1,950	—
1724B	—	90.00	265	625	1,300	—

KM# 459.4 ECU

24.4750 g., 0.9170 Silver 0.7215 oz. ASW **Ruler:** Louis XV **Obv:** Draped laureate young bust right **Rev:** Crowned arms of France **Mint:** Strasbourg

Date	Mintage	VG	F	VF	XF	Unc
1722BB	—	125	350	700	1,600	—
1723BB	—	125	350	700	1,600	—
1724BB	—	125	350	700	1,600	—

KM# 459.5 ECU

24.4750 g., 0.9170 Silver 0.7215 oz. ASW **Ruler:** Louis XV **Obv:** Draped laureate young bust right **Rev:** Crowned arms of France **Mint:** Caen

Date	Mintage	VG	F	VF	XF	Unc
1721/0	—	90.00	265	625	1,300	—
1721	756,000	60.00	220	525	875	1,900
1722	187,000	90.00	265	625	1,300	—
1723	63,000	90.00	265	625	1,300	—

KM# 459.6 ECU

24.4750 g., 0.9170 Silver 0.7215 oz. ASW **Ruler:** Louis XV **Obv:** Draped laureate young bust right **Rev:** Crowned arms of France **Mint:** Lyon

Date	Mintage	VG	F	VF	XF	Unc
1720D	—	70.00	220	525	1,150	—
1721D	250,000	70.00	220	525	1,150	—
1722D	123,000	90.00	265	625	1,300	—
1723D	—	90.00	265	625	1,300	—

KM# 459.7 ECU

24.4750 g., 0.9170 Silver 0.7215 oz. ASW **Ruler:** Louis XV **Obv:** Draped laureate young bust right **Rev:** Crowned arms of France **Mint:** Tours

Date	Mintage	VG	F	VF	XF	Unc
1720E	—	70.00	220	525	1,150	—
1721E	—	90.00	265	625	1,300	—
1722E	81,000	125	350	700	1,400	—

KM# 459.8 ECU

24.4750 g., 0.9170 Silver 0.7215 oz. ASW **Ruler:** Louis XV **Obv:** Draped laureate young bust right **Rev:** Crowned arms of France **Mint:** Poitiers

Date	Mintage	VG	F	VF	XF	Unc
1721G	—	90.00	265	625	1,300	—
1722G	—	90.00	265	625	1,300	—

KM# 459.9 ECU

24.4750 g., 0.9170 Silver 0.7215 oz. ASW **Ruler:** Louis XV **Obv:** Draped laureate young bust right **Rev:** Crowned arms of France **Mint:** La Rochelle

Date	Mintage	VG	F	VF	XF	Unc
1720H	—	90.00	265	625	1,300	—
1721H	—	130	400	800	1,600	—
1723H	—	130	400	800	1,600	—
1724H	—	90.00	265	625	1,300	—

KM# 459.10 ECU

24.4750 g., 0.9170 Silver 0.7215 oz. ASW **Ruler:** Louis XV **Obv:** Draped laureate young bust right **Rev:** Crowned arms of France **Mint:** Limoges

Date	Mintage	VG	F	VF	XF	Unc
1720I	—	90.00	265	625	1,300	—
1721I	—	90.00	265	625	1,300	—

KM# 459.13 ECU

24.4750 g., 0.9170 Silver 0.7215 oz. ASW **Ruler:** Louis XV **Obv:** Draped laureate young bust right **Rev:** Crowned arms of France **Mint:** Montpellier

Date	Mintage	VG	F	VF	XF	Unc
1720N	—	70.00	220	525	1,150	—
1721N	—	70.00	220	525	1,150	—
1722N	—	70.00	220	525	1,150	—
1724N	35,000	160	450	750	1,750	—

KM# 459.14 ECU

24.4750 g., 0.9170 Silver 0.7215 oz. ASW **Ruler:** Louis XV **Obv:** Draped laureate young bust right **Rev:** Crowned arms of France **Mint:** Riom

Date	Mintage	VG	F	VF	XF	Unc
1720O	—	90.00	265	625	1,300	—
1721O	—	90.00	265	625	1,300	—
1723O	17,000	160	450	750	1,750	—

KM# 459.15 ECU

24.4750 g., 0.9170 Silver 0.7215 oz. ASW **Ruler:** Louis XV **Obv:** Draped laureate young bust right **Rev:** Crowned arms of France **Mint:** Dijon

Date	Mintage	VG	F	VF	XF	Unc
1721P	—	90.00	265	625	1,300	—
1722P	—	90.00	265	625	1,300	—
1723P	73,000	90.00	265	625	1,300	—
1724P	—	90.00	265	625	1,300	—

KM# 459.16 ECU

24.4750 g., 0.9170 Silver 0.7215 oz. ASW **Ruler:** Louis XV **Obv:** Draped laureate young bust right **Rev:** Crowned arms of France **Mint:** Perpignan

Date	Mintage	VG	F	VF	XF	Unc
1721Q	—	90.00	265	625	1,300	—
1722Q	—	90.00	265	625	1,300	—

KM# 459.17 ECU

24.4750 g., 0.9170 Silver 0.7215 oz. ASW **Ruler:** Louis XV **Obv:** Draped laureate young bust right **Rev:** Crowned arms of France **Mint:** Orléans

Date	Mintage	VG	F	VF	XF	Unc
1720R	22,000	90.00	265	625	1,300	—
1721R	159,000	90.00	265	625	1,300	—
1722R	—	90.00	265	625	1,300	—
1724R	—	90.00	265	625	1,300	—

KM# 459.18 ECU

24.4750 g., 0.9170 Silver 0.7215 oz. ASW **Ruler:** Louis XV **Obv:** Draped laureate young bust right **Rev:** Crowned arms of France **Mint:** Reims

Date	Mintage	VG	F	VF	XF	Unc
1723/2S	—	70.00	220	525	1,150	2,500
1723S	—	160	450	750	1,750	—

KM# 459.19 ECU

24.4750 g., 0.9170 Silver 0.7215 oz. ASW **Ruler:** Louis XV **Obv:** Draped laureate young bust right **Rev:** Crowned arms of France **Mint:** Nantes

Date	Mintage	VG	F	VF	XF	Unc
1721T	—	70.00	220	525	1,150	—
1723T	—	90.00	265	625	1,300	—
1724T	—	90.00	265	625	1,300	—

KM# 459.20 ECU

24.4750 g., 0.9170 Silver 0.7215 oz. ASW **Ruler:** Louis XV **Obv:** Draped laureate young bust right **Rev:** Crowned arms of France **Mint:** Troyes

Date	Mintage	VG	F	VF	XF	Unc
1721V	—	90.00	265	625	1,300	—
1723V	64,000	160	450	875	1,950	—
1724V	61,000	160	450	875	1,950	—

KM# 459.21 ECU

24.4750 g., 0.9170 Silver 0.7215 oz. ASW **Ruler:** Louis XV **Obv:** Draped laureate young bust right **Rev:** Crowned arms of France **Mint:** Lille

Date	Mintage	VG	F	VF	XF	Unc
1720W	85,000	70.00	220	525	1,150	—
1721W	189,000	70.00	220	525	1,150	—
1722W	—	60.00	175	400	875	1,900
1723W	15,000	160	450	750	1,750	—
1724W	—	70.00	220	525	1,150	—

KM# 459.22 ECU

24.4750 g., 0.9170 Silver 0.7215 oz. ASW **Ruler:** Louis XV **Obv:** Draped laureate young bust right **Rev:** Crowned arms of France **Mint:** Amiens

Date	Mintage	VG	F	VF	XF	Unc
1720X	—	70.00	220	525	1,150	—
1721X	—	60.00	175	400	875	1,900
1722X	—	175	350	1,050	2,100	—
1723X	—	160	450	750	1,750	—
1724X	—	125	350	700	1,400	—

KM# 459.23 ECU

24.4750 g., 0.9170 Silver 0.7215 oz. ASW **Ruler:** Louis XV **Obv:** Draped laureate young bust right **Rev:** Crowned arms of France **Mint:** Bourges

Date	Mintage	VG	F	VF	XF	Unc
1721Y	—	160	450	875	1,950	—

KM# 459.24 ECU

24.4750 g., 0.9170 Silver 0.7215 oz. ASW **Ruler:** Louis XV **Obv:** Draped laureate young bust right **Rev:** Crowned arms of France **Mint:** Grenoble

Date	Mintage	VG	F	VF	XF	Unc
1720Z	408,000	60.00	175	400	875	1,900
1721Z	79,000	90.00	265	625	1,300	—
1722Z	26,000	220	625	1,600	3,000	—

KM# 459.25 ECU

24.4750 g., 0.9170 Silver 0.7215 oz. ASW **Ruler:** Louis XV **Obv:** Draped laureate young bust right **Rev:** Crowned arms of France **Mint:** Rennes **Note:** Mint mark: 9.

Date	Mintage	VG	F	VF	XF	Unc
1720	554,000	70.00	220	525	1,150	—
1721	—	60.00	175	400	875	2,000
1723	127,000	70.00	220	475	975	2,150
1724	728,000	70.00	220	525	1,150	—

KM# 459.26 ECU

24.4750 g., 0.9170 Silver 0.7215 oz. ASW **Ruler:** Louis XV **Obv:** Draped laureate young bust right **Rev:** Crowned arms of France **Mint:** Aix **Note:** Mint mark: &.

Date	Mintage	VG	F	VF	XF	Unc
1721	—	125	350	700	1,600	—
1722	—	125	350	700	1,600	—
1723	—	125	350	700	1,600	—

KM# 459.27 ECU

24.4750 g., 0.9170 Silver 0.7215 oz. ASW **Ruler:** Louis XV **Obv:** Draped laureate young bust right **Rev:** Crowned arms of France **Mint:** Besançon **Note:** Mint mark: Back to back C's.

Date	Mintage	VG	F	VF	XF	Unc
1721	—	90.00	265	625	1,300	—
1723	—	—	—	—	—	—

KM# 467 ECU

24.4750 g., 0.9170 Silver 0.7215 oz. ASW **Ruler:** Louis XV **Obv. Legend:** ....RE.BD (ligate BD). **Mint:** Pau **Note:** Mint mark: Cow. Issued for Province of Bearn.

Date	Mintage	VG	F	VF	XF	Unc
1723 Rare	9,046	—	—	—	—	—

KM# 472.1 ECU

23.5900 g., 0.9170 Silver 0.6955 oz. ASW **Ruler:** Louis XV **Obv:** Laureate armored bust right **Obv. Legend:** LUD • XV D • G • FR • ET NAV • REX • **Rev:** 4 Fleur-de-lis form square at center, 4 crowns separated by back to back L's surround **Rev. Legend:** SIT NOMEN DOM • BENEDICTUM **Mint:** Paris **Note:** Dav. #1329.

Date	Mintage	VG	F	VF	XF	Unc
1724A	—	135	350	600	1,350	—
1725A	—	135	350	600	1,350	—

KM# 472.2 ECU

23.5900 g., 0.9170 Silver 0.6955 oz. ASW **Ruler:** Louis XV **Obv:** Laureate armored bust right **Rev:** 4 Fleur-de-lis form square at center, 4 crowns separated by back to back L's surround **Mint:** Metz

Date	Mintage	VG	F	VF	XF	Unc
1724AA	27,000	135	350	600	1,350	—
1725AA	181,000	135	350	600	1,350	—

KM# 472.3 ECU

23.5900 g., 0.9170 Silver 0.6955 oz. ASW **Ruler:** Louis XV **Obv:** Laureate armored bust right **Rev:** 4 Fleur-de-lis form square at center, 4 crowns separated by back to back L's surround **Mint:** Rouen

Date	Mintage	VG	F	VF	XF	Unc
1724B	—	135	350	600	1,350	—
1725B	—	110	265	500	1,150	—

KM# 472.4 ECU

23.5900 g., 0.9170 Silver 0.6955 oz. ASW **Ruler:** Louis XV **Obv:** Laureate armored bust right **Rev:** 4 Fleur-de-lis form square at center, 4 crowns separated by back to back L's surround **Mint:** Strasbourg

Date	Mintage	VG	F	VF	XF	Unc
1725BB	—	150	375	675	1,500	—

KM# 472.5 ECU

23.5900 g., 0.9170 Silver 0.6955 oz. ASW **Ruler:** Louis XV **Mint:** Caen

Date	Mintage	VG	F	VF	XF	Unc
1724C	102,000	135	350	600	1,350	—
1725C	—	110	265	500	1,150	—

KM# 472.6 ECU

23.5900 g., 0.9170 Silver 0.6955 oz. ASW **Ruler:** Louis XV **Mint:** Lyon

Date	Mintage	VG	F	VF	XF	Unc
1724D	313,000	135	350	525	1,300	—
1725D	839,000	135	350	525	1,300	—

KM# 472.7 ECU

23.5900 g., 0.9170 Silver 0.6955 oz. ASW **Ruler:** Louis XV **Mint:** Tours

Date	Mintage	VG	F	VF	XF	Unc
1724E	—	190	450	825	1,800	—
1725E	882,000	190	450	825	1,800	—

KM# 472.8 ECU

23.5900 g., 0.9170 Silver 0.6955 oz. ASW **Ruler:** Louis XV **Mint:** Poitiers

Date	Mintage	VG	F	VF	XF	Unc
1724G	18,000	190	450	825	1,800	—
1725G	228,000	135	350	525	1,300	—

KM# 472.9 ECU

23.5900 g., 0.9170 Silver 0.6955 oz. ASW **Ruler:** Louis XV **Mint:** La Rochelle

Date	Mintage	VG	F	VF	XF	Unc
1724H	—	90.00	225	425	975	2,100
1725H	—	190	525	975	2,100	—

KM# 472.10 ECU

23.5900 g., 0.9170 Silver 0.6955 oz. ASW **Ruler:** Louis XV **Mint:** Limoges

Date	Mintage	VG	F	VF	XF	Unc
1724I	—	135	350	600	1,350	—
1725I	—	90.00	225	425	975	2,100

KM# 472.11 ECU

23.5900 g., 0.9170 Silver 0.6955 oz. ASW **Ruler:** Louis XV **Obv:** Laureate armored bust right **Obv. Legend:** LUD • XV D • G • FR • ET NAV • REX • **Rev:** 4 Fleur-de-lis form square at center, 4 crowns separated by back to back L's surround **Rev. Legend:** SITNOMENDOM • BENEDICTUM **Mint:** Bordeaux

Date	Mintage	VG	F	VF	XF	Unc
1724K	—	150	375	675	1,500	—
1725K	—	150	375	675	1,500	—

KM# 472.12 ECU

23.5900 g., 0.9170 Silver 0.6955 oz. ASW **Ruler:** Louis XV **Obv:** Laureate armored bust right **Rev:** 4 Fleur-de-lis form square at center, 4 crowns separated by back to back L's surround **Mint:** Bayonne

Date	Mintage	VG	F	VF	XF	Unc
1725L	—	135	350	575	1,300	—

KM# 472.13 ECU

23.5900 g., 0.9170 Silver 0.6955 oz. ASW **Ruler:** Louis XV **Obv:** Laureate armored bust right **Rev:** 4 Fleur-de-lis form square at center, 4 crowns separated by back to back L's surround **Mint:** Toulouse

Date	Mintage	VG	F	VF	XF	Unc
1725M	—	135	350	575	1,300	—

KM# 472.14 ECU

23.5900 g., 0.9170 Silver 0.6955 oz. ASW **Ruler:** Louis XV **Obv:** Laureate armored bust right **Rev:** 4 Fleur-de-lis form square at center, 4 crowns separated by back to back L's surround **Mint:** Montpellier

Date	Mintage	VG	F	VF	XF	Unc
1724N	304,000	135	350	600	1,350	—
1725N	477,000	110	200	500	1,150	—

KM# 472.15 ECU

23.5900 g., 0.9170 Silver 0.6955 oz. ASW **Ruler:** Louis XV **Obv:** Laureate armored bust right **Rev:** 4 Fleur-de-lis form square at center, 4 crowns separated by back to back L's surround **Mint:** Riom

Date	Mintage	VG	F	VF	XF	Unc
1724O	42,000	150	375	675	1,500	—
1725O	415,000	130	300	575	1,450	—

KM# 472.16 ECU

23.5900 g., 0.9170 Silver 0.6955 oz. ASW **Ruler:** Louis XV **Obv:** Laureate armored bust right **Rev:** 4 Fleur-de-lis form square at center, 4 crowns separated by back to back L's surround **Mint:** Dijon

Date	Mintage	VG	F	VF	XF	Unc
1724P	—	135	350	600	1,350	—

KM# 472.17 ECU

23.5900 g., 0.9170 Silver 0.6955 oz. ASW **Ruler:** Louis XV **Obv:** Laureate armored bust right **Rev:** 4 Fleur-de-lis form square at center, 4 crowns separated by back to back L's surround **Mint:** Perpignan

Date	Mintage	VG	F	VF	XF	Unc
1725Q	—	135	350	600	1,350	—

KM# 472.18 ECU

23.5900 g., 0.9170 Silver 0.6955 oz. ASW **Ruler:** Louis XV **Obv:** Laureate armored bust right **Rev:** 4 Fleur-de-lis form square at center, 4 crowns separated by back to back L's surround **Mint:** Orléans

Date	Mintage	VG	F	VF	XF	Unc
1725R	—	135	350	600	1,350	—

KM# 472.19 ECU

23.5900 g., 0.9170 Silver 0.6955 oz. ASW **Ruler:** Louis XV **Obv:** Laureate armored bust right **Rev:** 4 Fleur-de-lis form square at center, 4 crowns separated by back to back L's surround **Mint:** Reims

Date	Mintage	VG	F	VF	XF	Unc
1724S	—	135	350	525	1,300	—
1725S	—	135	350	525	1,300	—

KM# 472.20 ECU

23.5900 g., 0.9170 Silver 0.6955 oz. ASW **Ruler:** Louis XV **Obv:** Laureate armored bust right **Rev:** 4 Fleur-de-lis form square at center, 4 crowns separated by back to back L's surround **Mint:** Nantes

Date	Mintage	VG	F	VF	XF	Unc
1724T	—	135	350	525	1,300	—
1725T	—	190	450	825	1,800	—

KM# 472.21 ECU

23.5900 g., 0.9170 Silver 0.6955 oz. ASW **Ruler:** Louis XV **Obv:** Laureate armored bust right **Rev:** 4 Fleur-de-lis form square at center, 4 crowns separated by back to back L's surround **Mint:** Troyes

Date	Mintage	VG	F	VF	XF	Unc
1725V	319,000	135	350	525	1,300	—

KM# 472.22 ECU

23.5900 g., 0.9170 Silver 0.6955 oz. ASW **Ruler:** Louis XV **Obv:** Laureate armored bust right **Rev:** 4 Fleur-de-lis form square at center, 4 crowns separated by back to back L's surround **Mint:** Lille

Date	Mintage	VG	F	VF	XF	Unc
1724W	—	135	350	600	1,350	—
1725W	—	150	375	675	1,500	—

KM# 472.23 ECU

23.5900 g., 0.9170 Silver 0.6955 oz. ASW **Ruler:** Louis XV **Obv:** Laureate armored bust right **Rev:** 4 Fleur-de-lis form square at center, 4 crowns separated by back to back L's surround **Mint:** Amiens

Date	Mintage	VG	F	VF	XF	Unc
1724X	—	135	350	600	1,350	—
1725X	—	110	265	500	1,150	—

KM# 472.24 ECU

23.5900 g., 0.9170 Silver 0.6955 oz. ASW **Ruler:** Louis XV **Obv:** Laureate armored bust right **Rev:** 4 Fleur-de-lis form square at center, 4 crowns separated by back to back L's surround **Mint:** Bourges

Date	Mintage	VG	F	VF	XF	Unc
1725Y	—	135	350	600	1,350	—

KM# 472.25 ECU

23.5900 g., 0.9170 Silver 0.6955 oz. ASW **Ruler:** Louis XV **Obv:** Laureate armored bust right **Rev:** 4 Fleur-de-lis form square at center, 4 crowns separated by back to back L's surround **Mint:** Grenoble

Date	Mintage	VG	F	VF	XF	Unc
1724Z	51,000	135	350	525	1,300	—
1725Z	258,000	110	265	500	1,300	—

KM# 472.26 ECU

23.5900 g., 0.9170 Silver 0.6955 oz. ASW **Ruler:** Louis XV **Mint:** Rennes **Note:** Mint mark: 9.

Date	Mintage	VG	F	VF	XF	Unc
1724	311,000	135	350	600	1,300	—
1725	2,431,000	110	265	500	1,150	2,500

KM# 472.27 ECU

23.5900 g., 0.9170 Silver 0.6955 oz. ASW **Ruler:** Louis XV **Mint:** Aix **Note:** Mint mark: &.

Date	Mintage	VG	F	VF	XF	Unc
1724	—	135	350	600	1,300	—
1725	—	110	265	500	1,150	2,500

KM# 472.28 ECU

23.5900 g., 0.9170 Silver 0.6955 oz. ASW **Ruler:** Louis XV **Mint:** Besançon **Note:** Mint mark: Back to back C's.

Date	Mintage	VG	F	VF	XF	Unc
1724	—	135	350	600	1,300	—
1725	—	135	350	600	1,300	—

KM# 479 ECU

23.5900 g., 0.9170 Silver 0.6955 oz. ASW **Ruler:** Louis XV **Obv. Legend:** ....RE.BD (ligate BD). **Mint:** Pau **Note:** Mint mark: Cow. Issued for Province of Bearn.

Date	Mintage	VG	F	VF	XF	Unc
1725	364,000	125	700	1,500	3,000	2,200
1726	—	700	1,500	3,000	5,000	—

KM# 487 ECU

29.4880 g., 0.9170 Silver 0.8693 oz. ASW **Ruler:** Louis XV **Obv. Legend:** ....RE.BD (ligate BD). **Mint:** Pau **Note:** Mint mark: Cow. Issued for Province of Bearn. Dav. #A1330.

Date	Mintage	VG	F	VF	XF	Unc
1726	424,000	25.00	35.00	55.00	160	330
1727	187,000	25.00	45.00	75.00	200	440
1728	—	25.00	45.00	75.00	200	440
1729	301,000	25.00	45.00	75.00	200	440
1730	416,000	25.00	35.00	55.00	160	330
1731	—	40.00	75.00	150	400	820
1732	446,000	25.00	45.00	75.00	200	440
1733	246,000	25.00	45.00	75.00	200	440
1734	—	25.00	45.00	75.00	200	440
1735	304,000	25.00	45.00	75.00	200	440
1736	158,000	25.00	45.00	75.00	200	440
1738	246,000	25.00	45.00	75.00	200	440
1739	—	30.00	50.00	100	300	650
1740	78,000	40.00	75.00	160	450	1,000

KM# 486.1 ECU

29.4880 g., 0.9170 Silver 0.8693 oz. ASW **Ruler:** Louis XV **Obv:** Bust left **Obv. Legend:** LUD • XV • D • G • FR • ET • NAV • REX • **Rev:** Crowned round arms of France within sprays **Rev. Legend:** SIT NOMEN DOMINI BENEDICTUM **Mint:** Paris **Note:** Dav. #1330.

Date	Mintage	VG	F	VF	XF	Unc
1726A	—	25.00	35.00	45.00	140	300
1727A	—	25.00	35.00	45.00	140	300
1728A	—	25.00	35.00	45.00	140	300
1729A	—	25.00	35.00	45.00	140	320
1730/29A	—	25.00	35.00	45.00	140	320
1730A	—	25.00	35.00	45.00	150	330
1731A	—	30.00	45.00	85.00	225	500
1732A	398,000	25.00	35.00	45.00	150	330
1733A	—	25.00	35.00	45.00	150	330
1734A	—	25.00	35.00	45.00	150	330
1735A	—	25.00	35.00	45.00	140	320
1736A	—	25.00	35.00	45.00	150	330
1737A	—	25.00	35.00	45.00	150	330
1738A	307,000	25.00	35.00	45.00	150	330
1739A	145,000	30.00	45.00	80.00	225	500

KM# 486.2 ECU

29.4880 g., 0.9170 Silver 0.8693 oz. ASW **Ruler:** Louis XV **Mint:** Metz

Date	Mintage	VG	F	VF	XF	Unc
1726AA	—	25.00	35.00	55.00	140	320
1727AA	—	25.00	35.00	55.00	140	320
1728AA	45,000	30.00	50.00	100	300	650
1729AA	—	25.00	45.00	75.00	200	420
1730/29AA	—	25.00	35.00	55.00	140	320
1730AA	—	25.00	45.00	75.00	200	420
1731AA	—	25.00	45.00	75.00	200	420
1732AA	—	25.00	45.00	75.00	200	420
1733AA	—	25.00	45.00	75.00	200	420
1734AA	—	25.00	45.00	75.00	200	420
1735/4AA	—	30.00	50.00	100	300	650
1735AA	—	30.00	50.00	100	300	650
1736AA	—	25.00	45.00	75.00	200	420
1737AA	—	25.00	45.00	75.00	200	420
1739AA	—	25.00	45.00	75.00	200	420

KM# 486.3 ECU

29.4880 g., 0.9170 Silver 0.8693 oz. ASW **Ruler:** Louis XV **Mint:** Rouen

Date	Mintage	VG	F	VF	XF	Unc
1726B	477,000	25.00	35.00	45.00	140	320
1727B	—	25.00	35.00	55.00	150	330
1728B	676,000	25.00	35.00	55.00	150	330
1732B	—	30.00	45.00	75.00	200	420
1733B	—	30.00	45.00	75.00	200	420
1734B	—	25.00	45.00	75.00	200	420
1735B	—	25.00	35.00	55.00	150	330
1736B	—	25.00	45.00	75.00	200	420
1737B	—	25.00	45.00	75.00	200	420
1738B	429,000	25.00	35.00	55.00	150	330
1739B	170,000	25.00	35.00	55.00	160	340
1740B	122,000	25.00	45.00	75.00	200	420

KM# 486.4 ECU

29.4880 g., 0.9170 Silver 0.8693 oz. ASW **Ruler:** Louis XV **Mint:** Strasbourg

Date	Mintage	VG	F	VF	XF	Unc
1726BB	—	25.00	35.00	55.00	150	330
1727BB	—	30.00	45.00	75.00	200	420
1728BB	—	30.00	45.00	75.00	200	420
1729BB	—	30.00	45.00	75.00	200	420
1730BB	—	30.00	45.00	75.00	200	420
1732BB	—	30.00	45.00	75.00	200	420
1733BB	—	30.00	45.00	75.00	200	420
1737BB	—	25.00	35.00	55.00	150	330
1738BB	518,000	25.00	35.00	55.00	150	330
1739BB	238,000	25.00	35.00	55.00	150	330
1740BB	81,000	30.00	45.00	75.00	200	420

KM# 486.5 ECU

29.4880 g., 0.9170 Silver 0.8693 oz. ASW **Ruler:** Louis XV **Mint:** Caen

Date	Mintage	VG	F	VF	XF	Unc
1726C	1,277,000	30.00	50.00	100	300	650
1727C	—	35.00	55.00	125	350	740
1728C	252,000	30.00	50.00	100	300	650
1738C	—	25.00	35.00	55.00	150	330
1740C	—	40.00	75.00	150	400	820

KM# 486.6 ECU

29.4880 g., 0.9170 Silver 0.8693 oz. ASW **Ruler:** Louis XV **Mint:** Lyon

Date	Mintage	VG	F	VF	XF	Unc
1726D	—	25.00	35.00	45.00	140	300
1727D	—	25.00	35.00	45.00	140	300
1728/7D	—	25.00	35.00	55.00	150	320
1728D	—	25.00	35.00	55.00	150	320
1729D	577,000	25.00	35.00	45.00	140	300
1730D	—	30.00	45.00	75.00	200	420
1731D	76,000	30.00	45.00	75.00	200	420
1732D	—	25.00	35.00	55.00	150	320
1733/2D	—	30.00	45.00	75.00	200	420
1733D	—	30.00	45.00	75.00	200	420
1734D	—	30.00	45.00	75.00	200	420
1736D	133,000	30.00	45.00	75.00	200	420
1737D	186,000	30.00	45.00	75.00	200	420
1738D	301,000	25.00	35.00	55.00	150	320
1739D	31,000	30.00	50.00	100	300	650
1740D	33,000	30.00	50.00	100	300	650

KM# 486.7 ECU

29.4880 g., 0.9170 Silver 0.8693 oz. ASW **Ruler:** Louis XV **Mint:** Tours

Date	Mintage	VG	F	VF	XF	Unc
1726E	834,000	30.00	45.00	75.00	200	420
1727E	476,000	30.00	45.00	75.00	200	420

226 FRANCE

Date	Mintage	VG	F	VF	XF	Unc
1728E	263,000	30.00	45.00	75.00	200	420
1731E	15,000	30.00	45.00	75.00	200	420
1732E	153,000	30.00	50.00	100	300	650
1733E	145,000	30.00	50.00	100	300	650
1734E	113,000	30.00	50.00	100	300	650
1735E	135,000	30.00	50.00	100	300	650
1736/5E	—	30.00	50.00	100	300	650
1736E	109,000	30.00	50.00	100	300	650
1737E	80,000	30.00	50.00	100	300	650
1738E	213,000	25.00	35.00	55.00	150	320
1739E	—	30.00	50.00	100	300	650
1740E	75,000	30.00	45.00	75.00	200	420

KM# 486.8 ECU

29.4880 g., 0.9170 Silver 0.8693 oz. ASW **Ruler:** Louis XV
Mint: Poitiers

Date	Mintage	VG	F	VF	XF	Unc
1726G	427,000	25.00	35.00	55.00	150	320
1727G	—	30.00	50.00	100	300	650
1728G	47,000	30.00	45.00	75.00	200	420
1736G	—	30.00	45.00	75.00	200	420
1737G	—	30.00	45.00	75.00	200	420
1738G	23,000	30.00	50.00	100	300	650
1739G	29,000	30.00	50.00	100	300	650
1740G	12,000	30.00	55.00	125	350	700

KM# 486.9 ECU

29.4880 g., 0.9170 Silver 0.8693 oz. ASW **Ruler:** Louis XV
Mint: La Rochelle

Date	Mintage	VG	F	VF	XF	Unc
1726H	—	30.00	45.00	75.00	200	420
1727H	—	30.00	45.00	75.00	200	420
1728H	—	30.00	45.00	75.00	200	420
1729H	—	30.00	45.00	75.00	200	420
1730H	—	30.00	45.00	75.00	200	420
1731H	—	30.00	45.00	75.00	200	420
1732H	150,000	30.00	45.00	75.00	200	420
1733H	—	30.00	45.00	75.00	200	420
1734H	—	30.00	45.00	75.00	200	420
1735H	—	30.00	45.00	75.00	200	420
1736H	—	35.00	55.00	125	350	710
1737H	—	35.00	55.00	125	350	710
1738H	205,000	30.00	45.00	75.00	200	420
1739H	85,000	30.00	45.00	75.00	200	420
1740H	88,000	30.00	45.00	75.00	200	420

KM# 486.10 ECU

29.4880 g., 0.9170 Silver 0.8693 oz. ASW **Ruler:** Louis XV
Mint: Limoges

Date	Mintage	VG	F	VF	XF	Unc
1726I	—	25.00	35.00	55.00	150	320
1727I	—	30.00	45.00	75.00	200	420
1728I	—	30.00	45.00	75.00	200	420
1729I	—	30.00	45.00	75.00	200	420
1730I	—	30.00	45.00	75.00	200	420
1731I	—	30.00	45.00	75.00	200	420
1732I	—	30.00	45.00	75.00	200	420
1733I	—	30.00	45.00	75.00	200	420
1734I	—	30.00	45.00	75.00	200	420
1735I	—	30.00	45.00	75.00	200	420
1736I	—	30.00	45.00	75.00	200	420
1737I	—	30.00	45.00	75.00	200	420
1738I	—	30.00	45.00	75.00	200	420
1739I	—	30.00	50.00	100	300	650
1740I	—	30.00	45.00	75.00	200	420

KM# 486.11 ECU

29.4880 g., 0.9170 Silver 0.8693 oz. ASW **Ruler:** Louis XV
Mint: Bordeaux

Date	Mintage	VG	F	VF	XF	Unc
1726K	—	25.00	35.00	45.00	140	310
1727K	—	25.00	35.00	55.00	150	320
1728K	693,000	25.00	35.00	55.00	150	320
1729K	—	30.00	45.00	75.00	200	420
1730K	—	30.00	45.00	75.00	200	420
1731K	—	30.00	45.00	75.00	200	420
1732K	337,000	30.00	45.00	75.00	200	420
1733K	—	30.00	45.00	75.00	200	420
1734K	—	25.00	35.00	45.00	140	310
1735K	—	25.00	35.00	55.00	150	320
1737K	—	25.00	35.00	55.00	150	320
1738K	130,000	30.00	45.00	75.00	200	420
1739K	77,000	30.00	45.00	75.00	200	420
1740K	90,000	30.00	45.00	75.00	200	420

KM# 486.12 ECU

29.4880 g., 0.9170 Silver 0.8693 oz. ASW **Ruler:** Louis XV
Mint: Bayonne

Date	Mintage	VG	F	VF	XF	Unc
1726L	—	25.00	35.00	45.00	140	310
1727L	—	30.00	45.00	75.00	200	420
1728L	—	25.00	35.00	55.00	150	320
1731L	—	25.00	35.00	55.00	150	320
1732L	—	25.00	35.00	55.00	150	320
1733L	—	25.00	35.00	55.00	150	320
1734L	—	25.00	35.00	55.00	150	320
1735L	—	25.00	35.00	55.00	150	320
1736L	—	25.00	35.00	55.00	150	320
1737L	—	25.00	35.00	55.00	150	320
1738L	—	25.00	35.00	55.00	150	320
1739L	469,000	25.00	35.00	55.00	150	320
1740L	441,000	30.00	45.00	75.00	200	430
1741/0L	—	30.00	50.00	100	300	650
1741L	—	30.00	50.00	100	300	650

KM# 486.13 ECU

29.4880 g., 0.9170 Silver 0.8693 oz. ASW **Ruler:** Louis XV
Mint: Toulouse

Date	Mintage	VG	F	VF	XF	Unc
1726M	—	25.00	35.00	55.00	150	320
1727M	—	25.00	35.00	55.00	150	320
1728M	—	30.00	45.00	75.00	200	430
1731M	—	30.00	45.00	75.00	200	430
1732M	—	25.00	35.00	55.00	150	320
1733M	—	30.00	45.00	75.00	200	430
1734M	86,000	30.00	45.00	75.00	200	430
1735M	—	30.00	45.00	75.00	200	430
1736M	—	30.00	45.00	75.00	200	430
1737M	—	30.00	50.00	100	300	430
1738M	54,000	30.00	45.00	75.00	200	430
1739M	44,000	30.00	45.00	75.00	200	430
1740M	48,000	30.00	45.00	75.00	200	430

KM# 486.14 ECU

29.4880 g., 0.9170 Silver 0.8693 oz. ASW **Ruler:** Louis XV
Mint: Montpellier

Date	Mintage	VG	F	VF	XF	Unc
1726N	679,000	25.00	35.00	55.00	140	310
1727N	143,000	25.00	35.00	55.00	150	320
1728N	157,000	30.00	45.00	75.00	200	430
1730N	50,000	30.00	45.00	75.00	200	430
1732N	—	25.00	35.00	55.00	150	320
1733N	—	30.00	45.00	75.00	200	430
1734N	131,000	25.00	35.00	55.00	150	320
1735/4N	—	25.00	35.00	55.00	150	320
1735N	—	25.00	35.00	55.00	150	320
1736N	—	30.00	45.00	75.00	200	430
1737N	—	30.00	45.00	75.00	200	430
1738N	—	25.00	35.00	55.00	150	320
1739N	17,000	35.00	55.00	125	350	740
1740/39N	—	35.00	55.00	125	350	740
1740N	15,000	35.00	55.00	125	350	740

KM# 486.15 ECU

29.4880 g., 0.9170 Silver 0.8693 oz. ASW **Ruler:** Louis XV
Mint: Riom

Date	Mintage	VG	F	VF	XF	Unc
1726O	—	25.00	35.00	55.00	150	320
1727O	—	30.00	45.00	75.00	200	430
1728O	—	25.00	35.00	55.00	150	320
1730O	—	25.00	35.00	55.00	150	320
1731O	77,000	30.00	45.00	75.00	200	430
1732O	88,000	30.00	45.00	75.00	200	430
1733/2O	—	30.00	45.00	75.00	200	430
1733O	—	25.00	35.00	55.00	150	320
1734O	59,000	30.00	45.00	75.00	200	420
1735O	60,000	30.00	45.00	75.00	200	420
1736O	—	30.00	45.00	75.00	200	420
1737O	44,000	30.00	50.00	100	300	640
1739O	28,000	30.00	50.00	100	300	640
1740O	33,000	30.00	50.00	100	300	640

KM# 486.16 ECU

29.4880 g., 0.9170 Silver 0.8693 oz. ASW **Ruler:** Louis XV
Mint: Dijon

Date	Mintage	VG	F	VF	XF	Unc
1726P	—	25.00	35.00	55.00	150	320
1727P	—	25.00	35.00	55.00	150	320
1728P	—	30.00	45.00	75.00	200	410
1729P	—	30.00	50.00	100	300	640
1730P	—	30.00	45.00	75.00	200	410
1731P	—	30.00	45.00	75.00	200	410
1732P	—	25.00	35.00	55.00	150	320
1733P	—	30.00	50.00	100	300	650
1735P	—	30.00	45.00	75.00	200	410
1736P	—	35.00	60.00	125	375	810
1737P	—	30.00	45.00	75.00	200	410
1738P	15,000	30.00	45.00	75.00	200	410

KM# 486.17 ECU

29.4880 g., 0.9170 Silver 0.8693 oz. ASW **Ruler:** Louis XV
Mint: Perpignan

Date	Mintage	VG	F	VF	XF	Unc
1726Q	—	25.00	35.00	55.00	150	320
1727Q	—	30.00	45.00	75.00	200	410
1728Q	—	30.00	45.00	75.00	200	410
1729Q	89,000	25.00	35.00	55.00	150	320
1730Q	—	30.00	45.00	75.00	200	410
1731Q	—	30.00	50.00	100	300	650
1732Q	—	30.00	45.00	75.00	200	410
1733Q	—	30.00	45.00	75.00	200	410
1734Q	—	30.00	45.00	75.00	200	410
1735Q	—	25.00	35.00	45.00	140	300
1736Q	—	30.00	45.00	75.00	200	410
1737Q	—	30.00	45.00	75.00	200	410
1738Q	—	30.00	50.00	100	300	640
1739Q	4,917	55.00	125	375	650	1,400
1740Q	11,000	40.00	75.00	150	400	840

KM# 486.18 ECU

29.4880 g., 0.9170 Silver 0.8693 oz. ASW **Ruler:** Louis XV
Mint: Orléans

Date	Mintage	VG	F	VF	XF	Unc
1726R	—	25.00	35.00	55.00	150	320
1727R	—	30.00	45.00	75.00	200	410
1728R	—	25.00	35.00	55.00	150	320
1730R	—	30.00	45.00	75.00	200	410
1731R	—	30.00	45.00	75.00	200	410
1732R	88,000	30.00	45.00	75.00	200	410
1733R	—	30.00	45.00	75.00	200	410
1734R	—	30.00	45.00	75.00	200	410
1735R	—	30.00	45.00	75.00	200	410
1736R	—	30.00	45.00	75.00	200	410
1737R	—	30.00	45.00	75.00	200	410
1738R	45,000	30.00	45.00	75.00	200	410
1739R	40,000	30.00	45.00	75.00	200	410

KM# 486.19 ECU

29.4880 g., 0.9170 Silver 0.8693 oz. ASW **Ruler:** Louis XV
Mint: Reims

Date	Mintage	VG	F	VF	XF	Unc
1726S	—	30.00	50.00	100	300	640
1727S	—	25.00	35.00	55.00	150	320
1728S	—	30.00	45.00	75.00	200	410
1729S	—	25.00	35.00	55.00	150	320
1730S	—	25.00	35.00	55.00	150	320
1731/0S	—	30.00	45.00	75.00	200	410
1731S	—	30.00	45.00	75.00	200	410
1732S	—	30.00	45.00	75.00	200	410
1733/2S	—	30.00	45.00	75.00	200	410
1733S	—	30.00	45.00	75.00	200	410
1735S	—	30.00	45.00	75.00	200	410
1736S	—	30.00	50.00	100	300	640
1737S	—	30.00	45.00	75.00	200	410
1739S	16,000	30.00	50.00	100	300	640
1741S	—	40.00	75.00	150	400	820

KM# 486.20 ECU

29.4880 g., 0.9170 Silver 0.8693 oz. ASW **Ruler:** Louis XV
Mint: Nantes

Date	Mintage	VG	F	VF	XF	Unc
1726T	—	25.00	35.00	45.00	140	310
1727T	—	25.00	35.00	55.00	150	320
1728/7T	—	25.00	35.00	55.00	150	320
1728T	—	30.00	45.00	75.00	200	410
1729/8T	—	30.00	45.00	75.00	200	410
1729T	—	30.00	45.00	75.00	200	410
1730T	—	25.00	35.00	55.00	150	320
1731T	—	25.00	35.00	55.00	150	320
1732T	—	25.00	35.00	55.00	150	320
1733T	—	30.00	45.00	75.00	200	410
1734T	—	25.00	35.00	55.00	150	320
1735T	—	25.00	35.00	55.00	150	320
1736T	—	25.00	35.00	55.00	150	320
1737T	—	30.00	45.00	75.00	200	410
1738T	—	30.00	45.00	75.00	200	410
1739T	101,000	30.00	45.00	75.00	200	410
1740T	106,000	25.00	35.00	45.00	140	310

KM# 486.21 ECU

29.4880 g., 0.9170 Silver 0.8693 oz. ASW **Ruler:** Louis XV
Mint: Troyes

Date	Mintage	VG	F	VF	XF	Unc
1726V	596,000	25.00	35.00	55.00	150	320
1727V	194,000	30.00	45.00	75.00	200	410
1728V	137,000	30.00	45.00	75.00	215	420
1729V	64,000	30.00	50.00	100	300	640
1730V	54,000	30.00	50.00	100	300	640
1731V	22,000	30.00	50.00	100	300	640
1732/1V	—	30.00	45.00	75.00	200	410
1732V	35,000	30.00	50.00	100	300	640
1734V	33,000	40.00	75.00	150	400	820
1735V	36,000	40.00	75.00	150	400	820
1736V	34,000	40.00	75.00	150	400	820
1738V	19,000	40.00	75.00	150	400	820
1739V	17,000	30.00	50.00	100	300	650
1740V	22,000	35.00	55.00	125	350	740

KM# 486.22 ECU

29.4880 g., 0.9170 Silver 0.8693 oz. ASW **Ruler:** Louis XV
Mint: Lille

Date	Mintage	VG	F	VF	XF	Unc
1726W	—	25.00	35.00	55.00	150	320
1727W	567,000	25.00	35.00	55.00	150	320
1728W	126,000	25.00	35.00	55.00	150	320
1729W	77,000	30.00	45.00	75.00	200	410
1730W	88,000	30.00	45.00	75.00	200	410
1731W	82,000	30.00	45.00	75.00	200	410
1733W	42,000	30.00	45.00	75.00	200	410
1734W	31,000	30.00	45.00	75.00	200	410
1735W	82,000	30.00	45.00	75.00	200	410
1736W	25,000	30.00	45.00	75.00	200	410
1737W	34,000	30.00	45.00	75.00	200	410
1738W	64,000	30.00	45.00	75.00	200	410
1739W	17,000	30.00	50.00	100	300	650
1740W	28,000	30.00	50.00	100	300	650

KM# 486.23 ECU

29.4880 g., 0.9170 Silver 0.8693 oz. ASW **Ruler:** Louis XV
Mint: Amiens

Date	Mintage	VG	F	VF	XF	Unc
1726X	—	30.00	45.00	75.00	200	410
1727X	—	30.00	45.00	75.00	200	410
1728X	—	30.00	45.00	75.00	200	410
1729X	—	30.00	45.00	75.00	200	410
1730X	—	30.00	45.00	75.00	200	410
1731X	—	30.00	45.00	75.00	200	410
1732X	119,000	30.00	50.00	100	300	650
1733X	—	30.00	50.00	75.00	200	410
1734X	—	30.00	50.00	75.00	200	410
1735X	—	30.00	50.00	75.00	200	410
1736X	—	30.00	50.00	75.00	200	410
1737X	—	30.00	50.00	100	300	650
1738X	60,000	30.00	45.00	75.00	200	410
1739X	39,000	30.00	50.00	100	300	650

KM# 486.24 ECU

29.4880 g., 0.9170 Silver 0.8693 oz. ASW **Ruler:** Louis XV
Mint: Bourges

Date	Mintage	VG	F	VF	XF	Unc
1726Y	—	25.00	35.00	55.00	150	320
1727Y	—	30.00	45.00	75.00	200	410
1730/28Y	—	30.00	50.00	100	300	650
1730Y	27,000	30.00	50.00	100	300	650
1731Y	—	30.00	50.00	100	300	650
1732Y	27,000	30.00	50.00	100	300	650
1733Y	—	30.00	45.00	75.00	200	410
1734Y	—	30.00	45.00	75.00	200	410
1735Y	—	30.00	45.00	75.00	200	410
1737Y	—	30.00	45.00	75.00	200	410
1738Y	21,000	35.00	55.00	125	350	740
1739Y	20,000	35.00	55.00	125	350	740
1740Y	20,000	35.00	55.00	125	350	740

KM# 486.25 ECU

29.4880 g., 0.9170 Silver 0.8693 oz. ASW **Ruler:** Louis XV
Mint: Grenoble

Date	Mintage	VG	F	VF	XF	Unc
1726Z	721,000	30.00	45.00	75.00	200	410
1727Z	—	30.00	45.00	75.00	200	410
1728Z	—	40.00	75.00	150	400	820
1729Z	52,000	30.00	45.00	75.00	200	410
1730Z	—	30.00	45.00	75.00	200	410
1731Z	—	30.00	45.00	75.00	200	410
1732Z	30,000	30.00	45.00	75.00	200	410
1733Z	35,000	30.00	45.00	75.00	200	410
1734Z	106,000	30.00	45.00	75.00	200	410
1735Z	27,000	30.00	50.00	100	300	640
1736/5Z	—	35.00	55.00	125	350	760
1736Z	28,000	35.00	55.00	125	350	760
1737Z	22,000	35.00	55.00	125	350	760
1738Z	25,000	40.00	75.00	150	400	820
1739Z	46,000	30.00	50.00	100	300	640
1740Z	—	40.00	75.00	150	400	820
1741Z	—	40.00	75.00	150	400	820

KM# 486.26 ECU

29.4880 g., 0.9170 Silver 0.8693 oz. ASW **Ruler:** Louis XV
Mint: Rennes **Note:** Mint mark: 9.

Date	Mintage	VG	F	VF	XF	Unc
1726	2,630,000	25.00	35.00	45.00	140	320
1727	—	25.00	35.00	45.00	140	320
1728	727,000	25.00	35.00	55.00	160	330
1729	—	25.00	35.00	55.00	160	330
1730	—	25.00	35.00	45.00	140	320
1731	—	30.00	45.00	75.00	200	420
1732	—	25.00	35.00	55.00	160	330
1733	—	30.00	45.00	75.00	200	420
1734	—	25.00	35.00	45.00	140	320
1735	—	25.00	35.00	55.00	160	330
1736	—	25.00	45.00	75.00	200	420
1737	—	25.00	45.00	75.00	200	420
1738	164,000	25.00	35.00	55.00	160	320
1739	89,000	30.00	50.00	100	300	650
1740	81,000	30.00	50.00	100	300	650

KM# 486.27 ECU

29.4880 g., 0.9170 Silver 0.8693 oz. ASW **Ruler:** Louis XV
Mint: Aix **Note:** Mint mark: &.

Date	Mintage	VG	F	VF	XF	Unc
1726	—	25.00	35.00	55.00	150	330
1727	191,000	25.00	35.00	55.00	150	330
1728	156,000	30.00	45.00	75.00	200	420
1729	215,000	30.00	45.00	75.00	200	420
1730	—	30.00	45.00	75.00	200	420
1731	—	30.00	45.00	75.00	200	420
1732	—	25.00	35.00	55.00	150	330
1733	—	25.00	35.00	55.00	150	330
1734	—	25.00	35.00	55.00	150	330
1735	—	25.00	35.00	55.00	150	330
1736	—	30.00	50.00	100	300	650
1737	—	25.00	45.00	75.00	200	420
1738/7	—	25.00	35.00	45.00	140	320
1738	—	25.00	35.00	45.00	140	320
1739	—	25.00	45.00	75.00	200	420
1740/39	—	25.00	45.00	75.00	200	420
1740	63,000	25.00	45.00	75.00	200	420
1740	—	25.00	45.00	75.00	200	420
1741	—	40.00	75.00	150	400	840

KM# 486.28 ECU

29.4880 g., 0.9170 Silver 0.8693 oz. ASW **Ruler:** Louis XV
Mint: Besançon **Note:** Mint mark: Back to back C's.

Date	Mintage	VG	F	VF	XF	Unc
1726	—	30.00	45.00	75.00	200	440
1727	—	30.00	45.00	75.00	200	440
1731	—	30.00	45.00	75.00	200	440
1732	—	30.00	45.00	75.00	200	440
1733	—	30.00	45.00	75.00	200	440
1735	—	30.00	45.00	75.00	200	440
1736	—	30.00	50.00	100	300	650
1737	—	50.00	90.00	200	500	1,200
1739	—	50.00	90.00	200	500	1,100

KM# 512.1 ECU

29.4880 g., 0.9170 Silver 0.8693 oz. ASW **Ruler:** Louis XV **Obv:** Head with headband left **Obv. Legend:** LUD • XV • D • G • FR • ET NAV • REX **Rev:** Crowned round arms of France within sprays **Rev. Legend:** SIT NOMEN DOMINI BENEDICTUM **Mint:** Paris **Note:** Dav. #1331.

Date	Mintage	VG	F	VF	XF	Unc
1740A	153,000	35.00	55.00	125	400	820
1740A	—	Value: 12,000				
1741A	—	25.00	35.00	75.00	200	410
1742A	115,000	25.00	35.00	75.00	200	410
1743/2A	—	25.00	35.00	75.00	200	410
1743A	122,000	25.00	35.00	75.00	200	410
1744A	103,000	30.00	45.00	100	300	640
1745/4A	—	30.00	45.00	100	300	640
1745A	76,000	30.00	45.00	100	300	640
1746/5A	—	25.00	35.00	75.00	200	410
1746A	390,000	25.00	35.00	75.00	200	410
1747/6A	—	30.00	45.00	100	300	640
1747A	50,000	30.00	45.00	100	300	640
1748A	55,000	30.00	45.00	100	300	640
1750/48A	—	35.00	55.00	125	400	820
1750A	55,000	30.00	45.00	100	300	640
1751A	—	30.00	45.00	100	300	640
1752A	39,000	30.00	45.00	100	300	640
1753A	41,000	30.00	45.00	100	300	640
1754A	—	30.00	45.00	100	300	640
1755A	—	30.00	45.00	100	300	640
1756A	180,000	25.00	35.00	75.00	200	410
1757A	—	25.00	35.00	75.00	200	410
1758A	—	25.00	35.00	75.00	200	410
1759A	—	25.00	35.00	75.00	200	410
1760A	—	25.00	35.00	75.00	200	410
1761/0A	—	25.00	35.00	75.00	200	410
1761A	—	25.00	35.00	75.00	200	410
1762A	—	25.00	35.00	75.00	200	410
1763A	—	25.00	35.00	75.00	200	410
1764A	—	25.00	35.00	75.00	200	410
1765A	—	25.00	35.00	75.00	200	410
1766A	—	25.00	35.00	75.00	200	410
1767A	—	25.00	35.00	75.00	200	410
1768A	—	25.00	35.00	75.00	200	410
1769A	—	25.00	35.00	75.00	200	410
1770A	—	25.00	35.00	75.00	200	410
1772A	—	25.00	45.00	100	300	640

KM# 512.2 ECU

29.4880 g., 0.9170 Silver 0.8693 oz. ASW **Ruler:** Louis XV
Mint: Metz

Date	Mintage	VG	F	VF	XF	Unc
1742/0AA	—	35.00	55.00	125	400	820
1742AA	—	35.00	55.00	125	400	820
1743AA	—	35.00	55.00	125	400	820
1750AA	—	35.00	55.00	125	400	820
1751AA	—	35.00	55.00	125	400	820
1752AA	—	35.00	55.00	125	400	820
1753AA	—	35.00	55.00	125	400	820
1754AA	—	35.00	55.00	125	400	820
1756AA	9,262	35.00	55.00	125	400	820
1759AA	—	35.00	55.00	125	400	820
1760AA	—	35.00	55.00	125	400	820
1762AA	—	35.00	55.00	125	400	820
1764AA	—	35.00	55.00	125	400	820
1765AA	—	35.00	55.00	125	400	820
1766AA	—	35.00	55.00	125	400	820
1767AA	—	35.00	55.00	125	400	820
1769AA	—	35.00	55.00	125	400	820

KM# 512.3 ECU

29.4880 g., 0.9170 Silver 0.8693 oz. ASW **Ruler:** Louis XV **Obv:** Head with headband left **Rev:** Crowned round arms of France within sprays **Mint:** Rouen

Date	Mintage	VG	F	VF	XF	Unc
1741B	—	35.00	55.00	125	400	820
1742B	123,000	30.00	45.00	100	300	640
1743B	190,000	25.00	35.00	75.00	200	420
1744B	100,000	30.00	45.00	100	300	640
1747B	27,000	35.00	55.00	125	400	820
1748B	41,000	35.00	55.00	125	400	820
1749B	25,000	35.00	55.00	125	400	820
1750/48B	—	35.00	55.00	125	400	820
1750B	28,000	35.00	55.00	125	400	820
1751B	65,000	30.00	45.00	100	300	640
1752B	12,000	35.00	55.00	125	400	820
1753B	—	30.00	45.00	100	300	640
1754B	—	35.00	55.00	125	400	820
1756B	18,000	35.00	55.00	125	400	820
1759B	—	30.00	45.00	100	300	640
1760B	—	45.00	75.00	175	400	820
1763B	—	30.00	45.00	100	300	640
1764B	—	30.00	45.00	100	300	640
1767B	—	30.00	45.00	100	300	640
1769B	—	30.00	45.00	100	300	640
1770B	—	30.00	45.00	100	300	640
1771B	—	30.00	45.00	100	300	640

KM# 512.4 ECU

29.4880 g., 0.9170 Silver 0.8693 oz. ASW **Ruler:** Louis XV **Obv:** Head with headband left **Rev:** Crowned round arms of France within sprays **Mint:** Strasbourg

Date	Mintage	VG	F	VF	XF	Unc
1741BB	—	35.00	55.00	125	400	820
1742BB	28,000	35.00	55.00	125	400	820
1743BB	22,000	35.00	55.00	125	400	820
1744BB	22,000	35.00	55.00	125	400	820
1745BB	47,000	35.00	55.00	125	400	820
1746BB	21,000	35.00	55.00	125	400	820
1748BB	41,000	35.00	55.00	125	400	820
1750BB	8,589	50.00	85.00	220	560	1,200
1753BB	5,710	45.00	75.00	175	500	1,100
1754BB	—	30.00	45.00	100	300	640
1757BB	—	30.00	45.00	100	300	640
1758BB	—	30.00	45.00	100	300	640
1759BB	—	25.00	35.00	75.00	200	410
1762BB	—	30.00	45.00	100	300	640
1767BB	—	30.00	45.00	100	300	640
1770BB	—	30.00	45.00	100	300	640
1772BB	—	45.00	75.00	175	500	1,100

KM# 512.5 ECU

29.4880 g., 0.9170 Silver 0.8693 oz. ASW **Ruler:** Louis XV
Mint: Caen

Date	Mintage	VG	F	VF	XF	Unc
1742C	23,000	35.00	55.00	125	400	820
1743C	21,000	35.00	55.00	125	400	820
1744C	46,000	35.00	55.00	125	400	820
1745C	34,000	35.00	55.00	125	400	820
1746C	32,000	35.00	55.00	125	400	820
1748C	34,000	35.00	55.00	125	400	820
1749C	23,000	35.00	55.00	125	400	820
1750C	26,000	35.00	55.00	125	400	820
1751C	16,000	35.00	55.00	125	400	820
1753C	15,000	35.00	55.00	125	400	820
1754C	15,000	35.00	55.00	125	400	820
1757C	11,000	35.00	55.00	125	400	820
1760C	90,000	25.00	40.00	85.00	300	620
1761C	10,000	35.00	55.00	125	400	820
1762C	11,000	35.00	55.00	125	400	820
1763C	11,000	35.00	55.00	125	400	820
1766C	6,514	45.00	75.00	175	500	1,100
1768/7C	—	65.00	125	300	750	1,600
1768C	6,008	55.00	100	225	625	1,370
1770C	6,256	55.00	100	225	625	1,370
1772C	—	65.00	125	300	750	1,600

KM# 512.6 ECU

29.4880 g., 0.9170 Silver 0.8693 oz. ASW **Ruler:** Louis XV **Obv:**

Head left **Rev:** Crowned round arms of France within branches **Mint:** Lyon

Date	Mintage	VG	F	VF	XF	Unc
1744D	17,000	35.00	55.00	125	400	820
1745D	5,795	45.00	75.00	175	500	1,100
1746D	—	30.00	45.00	100	300	620
1748D	31,000	30.00	45.00	100	300	620
1752D	98,000	30.00	45.00	100	300	620
1753D	17,000	35.00	55.00	125	400	820
1754D	163,000	25.00	35.00	75.00	200	410
1755D	47,000	35.00	55.00	125	400	820
1756D	—	25.00	35.00	75.00	200	410
1757D	—	35.00	55.00	125	400	820
1758D	—	35.00	55.00	125	400	820
1759D	—	25.00	35.00	75.00	200	410
1760D	—	35.00	55.00	125	400	820
1762D	—	35.00	55.00	125	400	820
1763D	—	25.00	35.00	75.00	200	410
1764D	—	25.00	35.00	75.00	200	410
1765D	—	25.00	35.00	75.00	200	410
1766D	—	25.00	35.00	75.00	200	410
1767D	—	30.00	45.00	100	300	620
1768D	—	35.00	55.00	125	400	820
1769D	—	25.00	35.00	75.00	200	410
1770D	—	35.00	55.00	125	400	820

KM# 512.7 ECU

29.4880 g., 0.9170 Silver 0.8693 oz. ASW **Ruler:** Louis XV **Obv:** Head with headband left **Rev:** Crowned round arms of France within sprays **Mint:** Tours

Date	Mintage	VG	F	VF	XF	Unc
1741E	15,000	45.00	75.00	175	500	1,100
1742E	38,000	35.00	55.00	125	400	820
1743E	43,000	30.00	45.00	100	300	640
1744E	37,000	45.00	75.00	175	500	1,100
1745E	41,000	30.00	45.00	100	300	640
1746E	—	45.00	75.00	190	525	1,150
1747E	32,000	35.00	55.00	125	400	820
1748E	37,000	35.00	55.00	125	400	820
1749E	18,000	35.00	55.00	125	400	820
1750E	18,000	35.00	55.00	125	400	820
1751E	15,000	45.00	75.00	175	500	1,100
1753E	12,000	45.00	75.00	175	500	1,100
1754E	9,492	45.00	75.00	175	500	1,100
1757E	5,212	45.00	75.00	175	500	1,100
1760E	28,000	35.00	55.00	125	400	820
1763E	—	35.00	55.00	125	400	820
1764E	—	35.00	55.00	125	400	820
1768E	—	35.00	55.00	125	400	820

KM# 512.8 ECU

29.4880 g., 0.9170 Silver 0.8693 oz. ASW **Ruler:** Louis XV **Obv:** Head left **Rev:** Crowned round arms of France within branches **Mint:** Poitiers

Date	Mintage	VG	F	VF	XF	Unc
1742G	3,351	45.00	75.00	175	500	1,100
1744G	4,078	35.00	55.00	125	400	820
1745G	13,000	35.00	55.00	125	400	820
1746G	2,937	35.00	55.00	125	400	820
1747G	2,505	35.00	55.00	125	400	820
1748G	2,832	55.00	100	225	625	1,370
1749G	—	65.00	135	300	800	1,760
1750G	—	35.00	55.00	125	400	820
1751G	1,765	55.00	100	225	625	1,370
1754G	—	35.00	55.00	125	400	820
1757G	—	35.00	55.00	125	400	820
1760G	—	35.00	55.00	125	400	820
1762G	—	35.00	55.00	125	400	820
1765G	—	35.00	55.00	125	400	820
1771G	—	65.00	135	300	800	1,760

KM# 512.9 ECU

29.4880 g., 0.9170 Silver 0.8693 oz. ASW **Ruler:** Louis XV **Obv:** Head with headband left **Rev:** Crowned round arms of France within sprays **Mint:** La Rochelle

Date	Mintage	VG	F	VF	XF	Unc
1741H	—	30.00	45.00	100	300	640
1742H	370,000	25.00	35.00	55.00	150	310
1743H	312,000	25.00	35.00	75.00	200	410
1744H	46,000	30.00	45.00	100	300	640
1745H	35,000	30.00	45.00	100	300	640
1746H	111,000	30.00	45.00	100	300	640
1747H	70,000	30.00	45.00	100	300	640
1748H	68,000	30.00	45.00	100	300	640
1749H	103,000	30.00	45.00	100	300	640
1750H	—	30.00	45.00	100	300	640
1752H	29,000	30.00	45.00	100	300	640
1754H	—	30.00	45.00	100	300	640
1755H	—	30.00	45.00	100	300	640
1756H	—	30.00	45.00	100	300	640
1757H	—	30.00	45.00	100	300	640
1759H	—	30.00	45.00	100	300	640
1760H	—	30.00	45.00	100	300	640
1761H	—	30.00	45.00	100	300	640
1763H	—	30.00	45.00	100	300	640
1764H	—	30.00	45.00	100	300	640
1765H	—	30.00	45.00	100	300	640
1766H	—	30.00	45.00	100	300	640
1767H	—	30.00	45.00	100	300	640
1769H	—	30.00	45.00	100	300	640
1770H	—	30.00	45.00	100	300	640

KM# 512.10 ECU

29.4880 g., 0.9170 Silver 0.8693 oz. ASW **Ruler:** Louis XV **Obv:** Head with headband left **Rev:** Crowned round arms of France within sprays **Mint:** Limoges

Date	Mintage	VG	F	VF	XF	Unc
1741I	—	35.00	55.00	125	400	820
1742I	8,556	35.00	55.00	125	400	820
1743I	13,000	35.00	55.00	125	400	820
1744I	16,000	35.00	55.00	125	400	820
1745I	19,000	35.00	55.00	125	400	820
1746I	13,000	35.00	55.00	125	400	820
1747I	14,000	35.00	55.00	125	400	820
1749I	4,450	45.00	75.00	175	500	1,100
1750I	—	35.00	55.00	125	400	820
1754I	—	35.00	55.00	125	400	820
1755I	—	35.00	55.00	125	400	820
1757I	—	35.00	55.00	125	400	820
1758I	—	35.00	55.00	125	400	820
1761I	—	35.00	55.00	125	400	820
1762I	—	35.00	55.00	125	400	820
1763I	—	35.00	55.00	125	400	820
1764I	—	30.00	45.00	100	300	640
1765I	—	30.00	45.00	100	300	640
1767I	—	25.00	35.00	75.00	200	410
1768I	—	30.00	45.00	100	300	640
1769I	—	30.00	45.00	100	300	640
1770I	—	25.00	35.00	75.00	200	410

KM# 512.11 ECU

29.4880 g., 0.9170 Silver 0.8693 oz. ASW **Ruler:** Louis XV **Obv:** Head left **Rev:** Crowned round arms of France within branches **Mint:** Bordeaux

Date	Mintage	VG	F	VF	XF	Unc
1742K	168,000	30.00	45.00	100	300	640
1743K	85,000	35.00	55.00	125	400	810
1744K	69,000	35.00	55.00	125	400	810
1745K	54,000	35.00	55.00	125	400	810
1746K	53,000	35.00	55.00	125	400	810
1748K	57,000	35.00	55.00	125	400	810
1749K	99,000	35.00	55.00	125	400	810
1750K	136,000	30.00	45.00	100	300	640
1751K	106,000	30.00	45.00	100	300	640
1752K	33,000	30.00	45.00	100	300	640
1753K	37,000	35.00	55.00	125	400	810
1754K	—	35.00	55.00	125	400	810
1755/4K	—	30.00	45.00	100	300	640
1755K	—	30.00	45.00	100	300	640
1757K	—	45.00	75.00	175	500	1,100
1758K	—	35.00	55.00	125	400	810
1759K	—	35.00	55.00	125	400	810
1761/0K	—	35.00	55.00	125	400	810
1761K	—	35.00	55.00	125	400	810
1763K	—	25.00	35.00	75.00	200	410
1764K	—	25.00	35.00	75.00	200	410
1765/4K	—	25.00	35.00	75.00	200	410
1765K	—	25.00	35.00	75.00	200	410
1766K	—	25.00	35.00	75.00	200	410
1767K	—	25.00	35.00	75.00	200	410
1768K	—	25.00	35.00	75.00	200	410
1769K	—	25.00	35.00	75.00	200	410
1770K	—	25.00	35.00	75.00	200	410

KM# 512.12 ECU

29.4880 g., 0.9170 Silver 0.8693 oz. ASW **Ruler:** Louis XV **Obv:** Head with headband left **Rev:** Crowned round arms of France within sprays **Mint:** Bayonne

Date	Mintage	VG	F	VF	XF	Unc
1741L	—	25.00	35.00	75.00	200	410
1742L	316,000	25.00	35.00	75.00	200	410
1743L	538,000	25.00	35.00	75.00	200	410
1744L	—	25.00	35.00	75.00	200	410
1745L	—	25.00	35.00	75.00	200	410
1746L	342,000	25.00	35.00	75.00	200	410
1748L	—	30.00	45.00	100	300	640
1749L	100,000	25.00	35.00	75.00	200	410
1750L	—	25.00	35.00	75.00	200	410
1751L	—	25.00	35.00	75.00	200	410
1752L	—	25.00	35.00	75.00	200	410
1753L	—	30.00	45.00	100	300	640
1754L	118,000	25.00	35.00	75.00	200	410
1755L	—	30.00	45.00	100	300	640
1756L	—	25.00	35.00	75.00	200	410
1757/6L	—	25.00	35.00	75.00	200	410
1757L	—	25.00	35.00	75.00	200	410
1758L	—	30.00	45.00	100	300	640
1759L	—	30.00	45.00	100	300	640
1760L	—	30.00	45.00	100	300	640
1761L	—	25.00	35.00	75.00	200	410
1762L	—	25.00	35.00	75.00	200	410
1763/2L	—	25.00	35.00	75.00	200	410
1763L	—	25.00	35.00	75.00	200	410
1764L	—	25.00	35.00	55.00	150	320
1765L	—	25.00	35.00	55.00	150	320
1766L	—	25.00	35.00	55.00	150	320
1767L	—	25.00	35.00	75.00	200	410
1768L	—	25.00	35.00	55.00	150	320
1769L	—	25.00	35.00	55.00	150	320
1770L	—	25.00	35.00	75.00	200	410
1771L	—	25.00	35.00	55.00	150	320

KM# 512.13 ECU

29.4880 g., 0.9170 Silver 0.8693 oz. ASW **Ruler:** Louis XV **Obv:** Head with headband left **Rev:** Crowned round arms of France within sprays **Mint:** Toulouse

Date	Mintage	VG	F	VF	XF	Unc
1741M	16,000	35.00	55.00	125	400	810
1742M	32,000	35.00	55.00	125	400	810
1744M	51,000	35.00	55.00	125	400	810
1745M	30,000	35.00	55.00	125	400	810
1747M	159,000	30.00	45.00	100	300	640
1748M	27,000	35.00	55.00	125	400	810
1750M	27,000	35.00	55.00	125	400	810
1751M	19,000	35.00	55.00	125	400	810
1752M	33,000	35.00	55.00	125	400	810
1754/3M	—	35.00	55.00	125	400	810
1754M	61,000	30.00	45.00	100	300	640
1755M	55,000	30.00	45.00	100	300	640
1756M	337,000	30.00	45.00	100	300	640
1757M	—	30.00	45.00	100	300	640
1758M	—	30.00	45.00	100	300	640
1759M	—	30.00	45.00	100	300	640
1760M	—	30.00	45.00	100	300	640
1762/0M	—	35.00	55.00	125	400	810
1763M	—	30.00	45.00	100	300	640
1764M	—	30.00	45.00	100	300	640
1765/4M	—	30.00	45.00	100	300	640
1765M	—	30.00	45.00	100	300	640
1766M	—	30.00	45.00	100	300	640
1767M	—	25.00	35.00	75.00	200	410
1768M	—	30.00	45.00	100	300	640
1769M	—	30.00	45.00	100	300	640
1770M	—	30.00	45.00	100	300	640

KM# 512.14 ECU

29.4880 g., 0.9170 Silver 0.8693 oz. ASW **Ruler:** Louis XV **Obv:** Head left **Rev:** Crowned round arms of France within branches **Mint:** Montpellier

Date	Mintage	VG	F	VF	XF	Unc
1742N	—	45.00	75.00	175	500	1,100
1743N	11,000	45.00	75.00	175	500	1,100
1744N	—	25.00	35.00	75.00	200	410
1747N	—	25.00	35.00	75.00	200	410
1748/7N	—	25.00	35.00	75.00	200	410
1748N	—	25.00	35.00	75.00	200	410
1752/48N	—	30.00	45.00	100	300	620
1752N	—	35.00	55.00	125	400	820
1753/48N	—	30.00	45.00	100	300	620
1753N	—	35.00	55.00	125	400	810
1759N	—	35.00	55.00	125	400	810
1763N	—	30.00	45.00	100	300	620
1764N	—	25.00	35.00	75.00	200	410
1765N	—	30.00	45.00	100	300	620
1766/5N	—	25.00	35.00	75.00	200	410
1766N	—	30.00	45.00	100	300	620
1767N	—	30.00	45.00	100	300	620
1768N	—	25.00	35.00	75.00	200	410
1769N	—	25.00	35.00	75.00	200	410
1770N	—	25.00	35.00	75.00	200	410

KM# 512.15 ECU

29.4880 g., 0.9170 Silver 0.8693 oz. ASW **Ruler:** Louis XV **Obv:** Head left **Rev:** Crowned round arms of France within branches **Mint:** Riom

Date	Mintage	VG	F	VF	XF	Unc
1743O	23,000	55.00	100	225	625	1,370
1746O	18,000	65.00	125	300	750	1,650
1747O	16,000	55.00	100	225	625	1,370
1760O	—	65.00	125	300	750	1,650
1762O	—	55.00	100	225	625	1,370
1763O	—	45.00	75.00	175	500	1,100
1764O	—	45.00	75.00	175	500	1,100

KM# 512.16 ECU

29.4880 g., 0.9170 Silver 0.8693 oz. ASW **Ruler:** Louis XV **Obv:** Head left **Rev:** Crowned round arms of France within branches **Mint:** Dijon

Date	Mintage	VG	F	VF	XF	Unc
1743P	18,000	55.00	100	225	625	1,370
1746P	9,077	55.00	100	225	625	1,370

Date	Mintage	VG	F	VF	XF	Unc
1749P	—	60.00	125	300	750	1,650
1752P	3,527	65.00	125	300	750	1,650
1760P	—	45.00	75.00	175	500	1,650

Date	Mintage	VG	F	VF	XF	Unc
1759R	—	25.00	35.00	75.00	200	410
1760R	—	30.00	45.00	100	300	640
1761R	—	30.00	45.00	100	300	640
1762R	—	30.00	45.00	100	300	640
1763R	—	25.00	35.00	55.00	150	320
1764R	—	30.00	45.00	100	300	640
1765R	—	25.00	35.00	75.00	200	410
1766R	—	25.00	35.00	75.00	200	410
1767R	—	30.00	45.00	100	300	640
1768/7R	—	30.00	45.00	100	300	640
1768R	—	35.00	55.00	125	400	820
1769R	—	30.00	45.00	100	300	640
1770R	—	45.00	70.00	165	475	1,000
1773R Rare	—	—	—	—	—	—

KM# 512.19 ECU

29.4880 g., 0.9170 Silver 0.8693 oz. ASW **Ruler:** Louis XV **Obv:** Head with headband left **Rev:** Crowned round arms of France within sprays **Mint:** Reims

Date	Mintage	VG	F	VF	XF	Unc
1741S	—	35.00	55.00	125	400	820
1742S	—	55.00	100	275	650	1,400
1743S	10,000	35.00	55.00	125	400	820
1745S	—	25.00	35.00	75.00	200	410
1754S	—	45.00	75.00	175	500	1,100
1754/49S	—	65.00	125	300	750	1,150
1755S	—	45.00	75.00	175	500	1,100
1760S	—	30.00	45.00	100	300	640
1763S	—	45.00	75.00	175	500	1,100
1768/7S	—	75.00	145	350	825	1,850

KM# 512.17 ECU

29.4880 g., 0.9170 Silver 0.8693 oz. ASW **Ruler:** Louis XV **Obv:** Head with headband left **Rev:** Crowned round arms of France within sprays **Mint:** Perpignan

Date	Mintage	VG	F	VF	XF	Unc
1741Q	8,305	45.00	75.00	175	500	1,100
1742Q	14,000	35.00	55.00	125	400	820
1743Q	32,000	35.00	55.00	125	400	820
1745Q	—	35.00	55.00	125	400	820
1746Q	64,000	30.00	45.00	100	300	640
1747Q	—	30.00	45.00	100	300	640
1748Q	—	30.00	45.00	100	300	640
1750Q	—	30.00	45.00	100	300	640
1751Q	—	—	—	—	—	—
1752Q	—	—	—	—	—	—
1753Q	—	30.00	45.00	100	300	640
1754Q	—	30.00	45.00	100	300	640
1755Q	—	30.00	45.00	100	300	640
1756Q	—	30.00	45.00	100	300	640
1757Q	—	30.00	45.00	100	300	640
1758Q	—	30.00	45.00	100	300	640
1759Q	—	30.00	45.00	100	300	640
1763Q	—	25.00	35.00	75.00	200	410
1764Q	—	25.00	35.00	75.00	200	410
1766/5Q	—	25.00	35.00	75.00	200	410
1766Q	—	30.00	45.00	100	300	640
1767Q	—	30.00	45.00	100	300	640
1768Q	—	25.00	35.00	75.00	200	410
1769Q	—	25.00	35.00	75.00	200	410
1770Q	—	30.00	45.00	100	300	640
1771Q	—	30.00	45.00	100	300	640

KM# 512.20 ECU

29.4880 g., 0.9170 Silver 0.8693 oz. ASW **Ruler:** Louis XV **Obv:** Head with headband left **Rev:** Crowned round arms of France within sprays **Mint:** Nantes

Date	Mintage	VG	F	VF	XF	Unc
1741T	—	25.00	35.00	75.00	200	410
1742T	302,000	25.00	35.00	75.00	200	410
1743T	172,000	25.00	35.00	75.00	200	410
1744T	431,000	25.00	35.00	75.00	200	410
1745T	229,000	30.00	45.00	100	300	640
1746T	105,000	25.00	35.00	75.00	200	410
1747T	69,000	40.00	60.00	125	400	820
1748T	46,000	40.00	60.00	125	400	820
1749T	117,000	30.00	45.00	100	300	640
1750T	156,000	30.00	45.00	100	300	640
1751T	125,000	30.00	45.00	100	300	640
1753T	26,000	45.00	75.00	175	500	1,100
1755T	—	25.00	35.00	75.00	200	410
1756T	26,000	40.00	60.00	125	400	820
1757T	—	30.00	55.00	110	320	680
1758/6T	—	30.00	55.00	110	320	680
1758T	—	30.00	55.00	110	320	680
1760T	—	30.00	55.00	110	320	680
1761T	—	30.00	55.00	110	320	680
1763T	—	30.00	55.00	110	320	680
1764T	—	30.00	55.00	110	320	680
1765T	—	30.00	55.00	110	320	680
1766T	—	30.00	55.00	110	320	680
1767T	—	30.00	55.00	110	320	680
1768/7T	—	30.00	55.00	110	320	680
1768T	—	30.00	55.00	110	320	680
1769T	—	30.00	55.00	110	320	680

KM# 512.21 ECU

29.4880 g., 0.9170 Silver 0.8693 oz. ASW **Ruler:** Louis XV **Mint:** Troyes

Date	Mintage	VG	F	VF	XF	Unc
1742V	8,311	65.00	125	300	750	1,600
1746V	12,000	65.00	125	300	750	1,600
1747V	11,000	45.00	75.00	175	500	—
1748V	7,156	65.00	125	300	750	1,600
1753V	3,998	65.00	125	300	750	1,600
1754V	4,069	65.00	125	300	750	1,600
1755V	2,592	65.00	125	300	750	1,600
1756V	11,000	65.00	125	300	750	1,600
1758V	2,744	45.00	75.00	175	500	1,100
1759V	2,025	65.00	125	300	750	1,600
1760V	13,000	35.00	55.00	125	400	820
1763V	4,061	55.00	100	225	625	1,370
1767V	5,373	45.00	75.00	175	500	1,100

KM# 512.22 ECU

29.4880 g., 0.9170 Silver 0.8693 oz. ASW **Ruler:** Louis XV **Mint:** Lille

Date	Mintage	VG	F	VF	XF	Unc
1742W	23,000	30.00	45.00	100	300	640
1743W	15,000	35.00	55.00	125	400	820
1745W	—	35.00	55.00	125	400	820
1746W	70,000	30.00	45.00	100	300	640
1748W	204,000	25.00	35.00	75.00	200	420
1749W	59,000	35.00	55.00	125	400	820
1759W	105,000	35.00	55.00	125	400	820
1760W	154,000	30.00	45.00	100	300	640
1761W	42,000	35.00	55.00	125	400	820
1762W	33,000	45.00	75.00	175	500	1,100
1763W	25,000	45.00	75.00	175	500	1,100
1764W	13,000	45.00	75.00	175	500	1,100
1765W	20,000	45.00	75.00	175	500	1,100
1767W	8,383	45.00	75.00	175	500	1,100
1768W	11,000	45.00	75.00	175	500	1,100
1770/69W	—	45.00	75.00	175	500	1,100
1770W	9,299	45.00	75.00	175	500	1,100
1772W	21,000	55.00	100	225	625	1,300

KM# 512.23 ECU

29.4880 g., 0.9170 Silver 0.8693 oz. ASW **Ruler:** Louis XV **Obv:** Head left **Obv. Legend:** LUD • XV • D • G • FR • ET • NAV • REX • **Rev:** Crowned round arms of France within branches **Rev. Legend:** SIT NOMEN DOMINI BENEDICTUM **Mint:** Amiens

Date	Mintage	VG	F	VF	XF	Unc
1742X	7,336	55.00	100	225	625	1,300
1745X	32,000	45.00	75.00	175	500	1,100
1746X	—	45.00	75.00	175	500	1,100
1747X	—	35.00	55.00	125	400	820
1748/7X	—	35.00	55.00	125	400	820
1748X	—	35.00	55.00	125	400	820
1749X	—	30.00	45.00	100	300	640
1751X	18,000	35.00	55.00	125	400	820
1752X	18,000	35.00	55.00	125	400	820
1753X	11,000	35.00	55.00	125	400	820
1755X	—	75.00	150	375	850	1,800
1756X	17,000	35.00	55.00	125	400	820
1760X	—	30.00	45.00	100	300	640
1765X	—	35.00	55.00	125	400	820
1765X BENEDITUM	—	65.00	125	320	775	1,700
1767X	—	45.00	75.00	175	500	1,100
1770X	—	45.00	75.00	175	500	1,100

KM# 512.24 ECU

29.4880 g., 0.9170 Silver 0.8693 oz. ASW **Ruler:** Louis XV **Obv:** Head left **Rev:** Crowned round arms of France within branches **Mint:** Bourges

Date	Mintage	VG	F	VF	XF	Unc
1742Y	18,000	45.00	75.00	175	500	1,100
1743Y	12,000	45.00	75.00	175	500	1,100
1744Y	19,000	45.00	75.00	175	500	1,100
1745Y	13,000	45.00	75.00	175	500	1,100
1746Y	11,000	45.00	75.00	175	500	1,100
1747Y	15,000	45.00	75.00	175	500	1,100
1749Y	12,000	45.00	75.00	175	500	1,100
1750Y	12,000	45.00	75.00	175	500	1,100
1751/0Y	—	45.00	75.00	175	500	1,100
1751Y	12,000	45.00	75.00	175	500	1,100
1752Y	—	35.00	55.00	125	400	820
1753Y	5,701	45.00	75.00	175	500	1,100
1754Y	—	45.00	75.00	175	500	1,100
1755Y	—	45.00	75.00	175	500	1,100
1756Y	—	30.00	45.00	100	300	640
1757Y	—	45.00	75.00	175	500	1,100
1760Y	—	35.00	55.00	125	400	820
1763Y	—	45.00	75.00	175	500	1,100
1766/5Y	—	75.00	145	350	800	1,700
1767Y	—	45.00	75.00	175	500	1,100

KM# 523.18 ECU

29.4880 g., 0.9170 Silver 0.8693 oz. ASW **Ruler:** Louis XV **Mint:** Orléans

Date	Mintage	VG	F	VF	XF	Unc
1741/0R	—	40.00	65.00	150	450	1,000
1742/1R	—	30.00	45.00	100	300	640
1742R	26,000	35.00	55.00	125	400	820
1743R	31,000	35.00	55.00	125	400	820
1746R	12,000	35.00	55.00	125	400	820
1748R	17,000	35.00	55.00	125	400	820
1751R	4,214	45.00	75.00	175	500	1,100
1755R	—	35.00	55.00	125	400	820
1756R	232,000	25.00	35.00	75.00	200	410
1757R	—	35.00	55.00	125	400	820
1758R	—	35.00	55.00	125	400	820

KM# 512.25 ECU

29.4880 g., 0.9170 Silver 0.8693 oz. ASW **Ruler:** Louis XV **Obv:** Head left **Rev:** Crowned round arms of France within branches **Mint:** Grenoble

Date	Mintage	VG	F	VF	XF	Unc
1742Z	13,000	55.00	100	225	625	1,370
1743Z	4,666	55.00	100	225	625	1,370
1744Z	43,000	55.00	100	225	625	1,370
1745Z	43,000	55.00	100	225	625	1,370
1746Z	13,000	55.00	100	225	625	1,370
1748Z	2,230	65.00	125	300	750	1,700
1749Z	4,481	55.00	100	225	625	1,370
1760Z	28,000	55.00	100	225	625	1,370
1762Z	1,686	65.00	125	300	750	1,700
1765Z	2,471	55.00	100	225	625	1,370
1767Z	—	55.00	100	225	625	1,370

FRANCE

KM# 512.26 ECU

29.4880 g., 0.9170 Silver 0.8693 oz. ASW **Ruler:** Louis XV **Obv:** Head with headband left **Rev:** Crowned round arms of France within sprays **Mint:** Aix **Note:** Mint mark: &.

Date	Mintage	VG	F	VF	XF	Unc
1741	18,000	45.00	75.00	175	500	1,100
1742	82,000	35.00	55.00	125	400	810
1743	82,000	35.00	55.00	125	400	810
1744	—	25.00	45.00	100	300	640
1745	—	25.00	35.00	75.00	200	410
1746/5	—	25.00	35.00	75.00	200	410
1746	—	25.00	35.00	75.00	200	410
1747	310,000	30.00	45.00	100	300	640
1748	—	30.00	45.00	100	300	640
1751	—	30.00	45.00	100	300	640
1753	—	35.00	55.00	125	400	810
1754	—	30.00	45.00	100	300	640
1755	—	30.00	45.00	100	300	640
1756	—	25.00	35.00	75.00	200	410
1759	—	35.00	55.00	125	400	810
1760	—	30.00	45.00	100	300	640
1761	—	35.00	55.00	125	400	810
1764	—	25.00	35.00	75.00	200	410
1765	—	30.00	45.00	100	300	640
1766	—	25.00	35.00	75.00	200	410
1767	—	25.00	35.00	75.00	200	410
1768	—	25.00	35.00	75.00	200	410
1769	—	25.00	35.00	75.00	200	410
1770	—	25.00	35.00	75.00	200	410
1771	—	25.00	35.00	75.00	200	410
1772	—	65.00	125	300	750	1,600

KM# 518 ECU

29.4880 g., 0.9170 Silver 0.8693 oz. ASW **Ruler:** Louis XV **Obv:** Head left **Obv. Legend:** ...RE.BD (ligate BD) **Rev:** Crowned round arms of France within branches **Rev. Legend:** SIT NOMEN DOMINI BENEDICTUM **Mint:** Pau **Note:** Mint mark: Cow. Issued for Province of Bearn. Dav. #A1331.

Date	Mintage	VG	F	VF	XF	Unc
1742	130,000	25.00	45.00	85.00	300	620
1745	40,000	35.00	65.00	175	500	—
1746	237,000	25.00	45.00	85.00	300	620
1747	147,000	25.00	45.00	85.00	300	620
1748	194,000	25.00	45.00	85.00	300	620
1749	139,000	25.00	45.00	85.00	300	620
1750	99,000	30.00	55.00	150	425	900
1751	—	30.00	55.00	150	425	900
1752	65,000	30.00	55.00	150	425	900
1753	115,000	25.00	45.00	85.00	300	620
1754	202,000	25.00	35.00	75.00	250	550
1755	207,000	—	—	—	—	—
1756	749,000	25.00	35.00	75.00	250	550
1757	454,000	25.00	35.00	75.00	250	550
1758/7	—	25.00	35.00	75.00	250	550
1758	317,000	25.00	35.00	75.00	250	550
1759	295,000	—	—	—	—	—
1760	299,000	25.00	35.00	75.00	250	550
1761	1,219,000	25.00	35.00	55.00	200	410
1762	1,139,000	25.00	35.00	55.00	200	410
1763	1,298,000	25.00	35.00	55.00	200	410
1764	1,724,000	25.00	35.00	55.00	200	410
1765	2,819,000	25.00	35.00	50.00	150	320
1766	1,560,000	25.00	35.00	55.00	200	410
1767	1,927,000	25.00	35.00	55.00	200	410
1768	1,388,000	25.00	35.00	55.00	200	410
1769	—	25.00	35.00	55.00	200	410
1770	1,122,000	25.00	35.00	55.00	200	410
1771	821,000	25.00	35.00	65.00	225	450

KM# 512.27 ECU

29.4880 g., 0.9170 Silver 0.8693 oz. ASW **Ruler:** Louis XV **Obv:** Head with headband left **Rev:** Crowned round arms of France within sprays **Mint:** Rennes **Note:** Mint mark: 9.

Date	Mintage	VG	F	VF	XF	Unc
1742	89,000	35.00	55.00	125	400	820
1743	77,000	45.00	75.00	175	500	1,100
1744	—	30.00	45.00	100	300	620
1746	—	25.00	35.00	75.00	200	410
1747	—	30.00	45.00	100	300	620
1749	24,000	35.00	55.00	125	400	820
1751	27,000	35.00	55.00	125	400	820
1753/1	—	35.00	55.00	125	400	820
1753	19,000	35.00	55.00	125	400	820
1754	—	35.00	55.00	125	400	820
1755	—	35.00	55.00	125	400	820
1756	—	30.00	45.00	100	300	620
1757	—	30.00	45.00	100	300	620
1759	—	35.00	55.00	125	400	820
1762	—	35.00	55.00	125	400	820
1763	—	35.00	55.00	125	400	820
1764	—	35.00	55.00	125	400	820
1765	—	35.00	55.00	125	400	820
1766	—	35.00	55.00	125	400	820
1769	—	35.00	55.00	125	400	820

KM# 512.28 ECU

29.4880 g., 0.9170 Silver 0.8693 oz. ASW **Ruler:** Louis XV **Obv:** Head with headband left **Rev:** Crowned round arms of France within sprays **Mint:** Besançon **Note:** Mint mark: Back to back C's.

Date	Mintage	VG	F	VF	XF	Unc
1742	3,167	65.00	125	300	750	1,600
1752	2,565	65.00	125	300	750	1,600
1760	—	55.00	100	225	625	1,370
1765/4	—	55.00	100	225	625	1,370
1765	—	55.00	100	225	625	1,370

KM# 551.1 ECU

29.4880 g., 0.9170 Silver 0.8693 oz. ASW **Ruler:** Louis XV **Obv:** Laureate head left **Obv. Legend:** LUD • XV • D • G • FR • ET • NAV • REX • **Rev:** Crowned round arms of France within branches **Rev. Legend:** SIT NOMEN DOMINI BENEDICTUM **Mint:** Paris **Note:** Dav. #1332.

Date	Mintage	VG	F	VF	XF	Unc
1770A	—	40.00	70.00	250	600	1,320
1770A Proof	—	Value: 2,500				
1771A	—	25.00	35.00	125	400	820
1771A Proof	—	Value: 15,000				
1772A	—	25.00	35.00	125	400	820
1773A	37,000	30.00	50.00	175	500	1,100
1774A	1,740,000	25.00	35.00	125	400	820

KM# 551.2 ECU

29.4880 g., 0.9170 Silver 0.8693 oz. ASW **Ruler:** Louis XV **Obv:** Laureate head left **Rev:** Crowned round arms of France within branches **Mint:** Metz

Date	Mintage	VG	F	VF	XF	Unc
1771AA	—	40.00	70.00	250	600	1,320
1773AA	—	45.00	85.00	300	800	1,760

KM# 551.3 ECU

29.4880 g., 0.9170 Silver 0.8693 oz. ASW **Ruler:** Louis XV **Obv:** Laureate head left **Rev:** Crowned round arms of France within branches **Mint:** Rouen

Date	Mintage	VG	F	VF	XF	Unc
1772B	—	40.00	70.00	250	600	1,320
1773B	—	30.00	50.00	175	500	1,100
1774B	51,000	30.00	50.00	175	500	1,100

KM# 551.4 ECU

29.4880 g., 0.9170 Silver 0.8693 oz. ASW **Ruler:** Louis XV **Obv:** Laureate head left **Rev:** Crowned round arms of France within branches **Mint:** Caen

Date	Mintage	VG	F	VF	XF	Unc
1771C	—	40.00	70.00	250	600	1,320

KM# 551.5 ECU

29.4880 g., 0.9170 Silver 0.8693 oz. ASW **Ruler:** Louis XV **Obv:** Laureate head left **Rev:** Crowned round arms of France within branches **Mint:** Lyon

Date	Mintage	VG	F	VF	XF	Unc
1771D	—	30.00	50.00	175	500	1,100
1772D	—	45.00	85.00	300	800	1,760
1773D	91,000	30.00	50.00	175	500	1,100
1774D	260,000	25.00	35.00	125	400	820

KM# 551.6 ECU

29.4880 g., 0.9170 Silver 0.8693 oz. ASW **Ruler:** Louis XV **Obv:** Laureate head left **Rev:** Crowned round arms of France within branches **Mint:** La Rochelle

Date	Mintage	VG	F	VF	XF	Unc
1771H	—	40.00	70.00	250	600	1,320
1772H	—	40.00	70.00	250	600	1,320
1773H	—	30.00	50.00	175	500	1,100

KM# 551.7 ECU

29.4880 g., 0.9170 Silver 0.8693 oz. ASW **Ruler:** Louis XV **Obv:** Laureate head left **Rev:** Crowned round arms of France within branches **Mint:** Limoges

Date	Mintage	VG	F	VF	XF	Unc
1771I	—	25.00	35.00	125	400	820
1772I	—	30.00	50.00	175	500	1,100
1773I	—	30.00	50.00	175	500	1,100
1774I	224,000	25.00	35.00	125	400	820

KM# 551.8 ECU

29.4880 g., 0.9170 Silver 0.8693 oz. ASW **Ruler:** Louis XV **Obv:** Laureate head left **Rev:** Crowned round arms of France within branches **Mint:** Bordeaux

Date	Mintage	VG	F	VF	XF	Unc
1771K	—	25.00	35.00	125	400	820
1772K	—	30.00	50.00	175	500	1,100
1773K	88,000	30.00	50.00	175	500	1,100
1774K	27,000	40.00	70.00	250	600	1,320

KM# 551.9 ECU

29.4880 g., 0.9170 Silver 0.8693 oz. ASW **Ruler:** Louis XV **Obv:** Laureate head left **Rev:** Crowned round arms of France within branches **Mint:** Bayonne

Date	Mintage	VG	F	VF	XF	Unc
1771L	—	30.00	50.00	175	500	1,100
1772L	—	30.00	50.00	175	500	1,100
1773L	—	25.00	35.00	125	400	820
1774L	2,428,000	25.00	35.00	125	400	820

KM# 551.10 ECU

29.4880 g., 0.9170 Silver 0.8693 oz. ASW **Ruler:** Louis XV **Obv:** Laureate head left **Rev:** Crowned round arms of France within branches **Mint:** Toulouse

Date	Mintage	VG	F	VF	XF	Unc
1771M	—	45.00	85.00	300	800	1,760
1772M	—	30.00	50.00	175	500	1,100
1773M	77,000	45.00	85.00	300	800	1,760
1774M	99,000	30.00	50.00	175	500	1,100

FRANCE 231

KM# 551.11 ECU
29.4880 g., 0.9170 Silver 0.8693 oz. ASW **Ruler:** Louis XV **Obv:** Laureate head left **Rev:** Crowned round arms of France within branches **Mint:** Montpellier

Date	Mintage	VG	F	VF	XF	Unc
1771N	—	30.00	50.00	175	500	1,100
1772N	—	40.00	80.00	275	700	1,540
1773N	—	30.00	50.00	175	500	1,100
1774N	49,000	40.00	70.00	250	600	1,320

KM# 551.12 ECU
29.4880 g., 0.9170 Silver 0.8693 oz. ASW **Ruler:** Louis XV **Obv:** Laureate head left **Rev:** Crowned round arms of France within branches **Mint:** Dijon

Date	Mintage	VG	F	VF	XF	Unc
1772P	—	45.00	85.00	300	800	1,760

KM# 551.13 ECU
29.4880 g., 0.9170 Silver 0.8693 oz. ASW **Ruler:** Louis XV **Obv:** Laureate head left **Obv. Legend:** LUD • XV • D • G • FR • ET • NAV • REX • **Rev:** Crowned round arms of France within branches **Rev. Legend:** SIT • NOMEN • DOMINI BENEDICTUM **Mint:** Perpignan

Date	Mintage	VG	F	VF	XF	Unc
1771Q	—	40.00	70.00	250	600	1,320
1772Q	—	30.00	50.00	175	500	1,100
1773Q	—	30.00	50.00	175	500	1,100
1774Q	506,000	25.00	35.00	125	400	820

KM# 551.14 ECU
29.4880 g., 0.9170 Silver 0.8693 oz. ASW **Ruler:** Louis XV **Obv:** Laureate head left **Rev:** Crowned round arms of France within branches **Mint:** Orléans

Date	Mintage	VG	F	VF	XF	Unc
1774R	3,188	85.00	200	450	1,200	2,640

KM# 551.15 ECU
29.4880 g., 0.9170 Silver 0.8693 oz. ASW **Ruler:** Louis XV **Obv:** Laureate head left **Rev:** Crowned round arms of France within branches **Mint:** Reims

Date	Mintage	VG	F	VF	XF	Unc
1771S	—	45.00	85.00	300	800	1,760
1772S	—	45.00	85.00	300	800	1,760

KM# 551.16 ECU
29.4880 g., 0.9170 Silver 0.8693 oz. ASW **Ruler:** Louis XV **Obv:** Laureate head left **Rev:** Crowned round arms of France within branches **Mint:** Nantes

Date	Mintage	VG	F	VF	XF	Unc
1771/69T	—	25.00	35.00	125	400	820
1771T	—	25.00	35.00	125	400	820
1772T	—	25.00	35.00	125	400	820
1773T	—	25.00	35.00	125	400	820
1774T	12,000	30.00	50.00	175	500	1,100

KM# 551.17 ECU
29.4880 g., 0.9170 Silver 0.8693 oz. ASW **Ruler:** Louis XV **Obv:** Laureate head left **Rev:** Crowned round arms of France within branches **Mint:** Lille

Date	Mintage	VG	F	VF	XF	Unc
1771W	—	40.00	70.00	250	600	1,320
1772W	21,000	30.00	50.00	175	500	1,100
1773W	—	30.00	50.00	175	500	1,100
1774W	388,000	25.00	35.00	125	400	820

KM# 551.18 ECU
29.4880 g., 0.9170 Silver 0.8693 oz. ASW **Ruler:** Louis XV **Obv:** Laureate head left **Rev:** Crowned round arms of France within branches **Mint:** Rennes **Note:** Mint mark: 9.

Date	Mintage	VG	F	VF	XF	Unc
1771	—	40.00	70.00	250	600	1,320

KM# 551.19 ECU
29.4880 g., 0.9170 Silver 0.8693 oz. ASW **Ruler:** Louis XV **Obv:** Laureate head left **Rev:** Crowned round arms of France within branches **Mint:** Aix **Note:** Mint mark: &.

Date	Mintage	VG	F	VF	XF	Unc
1772	—	30.00	50.00	175	500	1,100

Date	Mintage	VG	F	VF	XF	Unc
1773	—	40.00	70.00	250	600	1,320
1774	581,000	30.00	50.00	175	500	1,100

KM# 555 ECU
29.4880 g., 0.9170 Silver 0.8693 oz. ASW **Ruler:** Louis XV **Obv:** Cow. Issued for Province of Bearn. Dav. #A1332.
Legend ends: ...RE. BD. (ligate BD) **Mint:** Pau **Note:** Mint mark:

Date	Mintage	VG	F	VF	XF	Unc
1771	—	30.00	50.00	175	500	1,100
1772	1,311,000	30.00	50.00	175	500	1,100
1773	529,000	30.00	50.00	175	500	1,100
1774	601,000	30.00	50.00	175	500	1,100

Date	Mintage	VG	F	VF	XF	Unc
1785	571,000	30.00	45.00	110	240	520
1786	5,797	—	—	—	—	—
1787	11,000	48.00	80.00	210	425	935
1788	439,000	30.00	45.00	110	240	520
1789	Inc. above	36.00	55.00	120	240	520
1789	—	—	—	—	—	—
1790	Inc. above	30.00	45.00	65.00	180	385
1790	3,086,000	30.00	45.00	65.00	180	385
1791 (he)	Inc. above	30.00	45.00	110	240	520
1791 (he)	1,756,000	30.00	50.00	120	250	550
1791 (l)	Inc. above	100	200	450	1,200	2,640
1792	—	150	375	700	1,500	3,300

KM# 564.2 ECU
29.4880 g., 0.9170 Silver 0.8693 oz. ASW **Ruler:** Louis XVI **Mint:** Metz

Date	Mintage	VG	F	VF	XF	Unc
1775AA	10,000	50.00	100	210	425	935
1776AA	7,246	50.00	100	210	425	935
1777AA	3,118	—	—	—	—	—
1778AA	3,652	60.00	110	240	550	1,200
1780AA	2,501	65.00	130	300	600	1,320
1781AA	4,639	60.00	110	240	475	1,000
1782AA	3,142	—	—	—	—	—
1785AA	5,491	55.00	110	240	550	1,200
1789AA	83,000	30.00	60.00	180	350	720
1790AA	—	30.00	50.00	120	270	600
Note: Mintage include in C#77.13
1791AA	39,000	48.00	90.00	180	350	720

KM# 564.3 ECU
29.4880 g., 0.9170 Silver 0.8693 oz. ASW **Ruler:** Louis XVI **Obv:** Uniformed bust left **Rev:** Crowned arms of France within branches **Mint:** Rouen

Date	Mintage	VG	F	VF	XF	Unc
1775B	16,000	—	—	—	—	—
1776B	8,602	50.00	100	210	425	900
1777B	8,525	50.00	100	210	425	900
1778B	7,135	—	—	—	—	—
1779B	4,532	60.00	110	240	475	1,000
1780B	10,000	45.00	95.00	210	425	900
1781B	2,680	—	—	—	—	—
1783B	55,000	30.00	65.00	170	325	700
1784B	13,000	—	—	—	—	—
1785B	9,379	50.00	100	210	425	900
1786B	3,823	60.00	110	240	550	1,200
1787B	7,821	50.00	100	210	425	900
1788B	73,000	30.00	65.00	150	325	700
1789B	235,000	30.00	50.00	120	270	600
1790B	139,000	30.00	50.00	120	270	600
1791B	1,736	80.00	150	400	900	2,000

KM# 563 ECU
29.4880 g., 0.9170 Silver 0.8693 oz. ASW **Ruler:** Louis XVI **Obv:** Head left **Obv. Legend:** LUD • XV • D • G • FR • ET NAV REX • **Rev:** Crowned arms of France within branches **Rev. Legend:** SIT NOMEN DOMINI A BENEDICTUM **Mint:** Paris
Note: Posthumous Issue. Louis XV died on May 1, 1774, consequently any second semester issues are posthumous.

Date	Mintage	VG	F	VF	XF	Unc
1774A	—	55.00	100	275	625	1,370

KM# 564.1 ECU
29.4880 g., 0.9170 Silver 0.8693 oz. ASW **Ruler:** Louis XVI **Obv:** Ornamental stitching on uniform **Obv. Legend:** LUD • XVI • D • G • FR • ET NAV REX **Rev:** Crowned arms of France within branches **Rev. Legend:** SIT NOMEN DOMINI A BENEDICTUM

Date	Mintage	VG	F	VF	XF	Unc
1774 Proof	—	Value 15,000				
1775	Inc. above	30.00	50.00	110	240	520
1775	365,000	30.00	50.00	110	240	520
1776	Inc. above	30.00	50.00	110	240	520
1776	513,000	30.00	50.00	110	240	520
1777	239,000	36.00	55.00	125	275	600
1778	4,464	—	—	—	—	—
1779	30,000	42.00	70.00	170	350	770
1780	15,000	55.00	95.00	210	425	935
1781	Inc. above	30.00	50.00	120	270	600
1781	200,000	30.00	50.00	120	270	600
1782	Inc. above	30.00	48.00	110	240	520
1782	369,000	30.00	48.00	110	240	520
1783	Inc. above	30.00	45.00	65.00	180	385
1783	2,889,000	30.00	45.00	65.00	180	385
1784	Inc. above	30.00	45.00	65.00	180	385
1784/74	4,791,000	65.00	120	180	350	770
1784	Inc. above	30.00	45.00	65.00	180	385

KM# 564.4 ECU
29.4880 g., 0.9170 Silver 0.8693 oz. ASW **Ruler:** Louis XVI **Obv:** Uniformed bust left **Obv. Legend:** LUD • XVI • D • G • F H • ET NAV • REX **Rev:** Crowned arms of France within branches **Rev. Legend:** SIT NOMEN DOMINI BENEDICTUM **Mint:** Strasbourg

Date	Mintage	VG	F	VF	XF	Unc
1775BB	3,347	60.00	110	240	475	1,000
1778BB	3,009	65.00	120	270	550	1,200
1779BB	4,783	60.00	110	240	475	1,000
1784BB	—	—	—	—	—	—
Note: Reported, not confirmed
1790BB	65,000	36.00	65.00	180	325	700
1791BB	23,000	48.00	90.00	180	350	770

KM# 564.5 ECU
29.4880 g., 0.9170 Silver 0.8693 oz. ASW **Ruler:** Louis XVI **Obv:** Uniformed bust left **Rev:** Crowned arms of France within branches **Mint:** Lyon

Date	Mintage	VG	F	VF	XF	Unc
1775D	171,000	30.00	50.00	120	270	600
1776D	5,165	55.00	110	240	475	1,000
1777D	33,000	42.00	65.00	150	325	700
1778D	63,000	36.00	55.00	130	300	660
1782D	36,000	42.00	65.00	150	325	700
1789D	40,000	42.00	65.00	150	325	700
1790D	96,000	42.00	65.00	150	325	700
1791D	3,208	60.00	110	270	575	1,260

232 FRANCE

Date	Mintage	VG	F	VF	XF	Unc
1787I	123,000	30.00	48.00	120	270	600
1788I	499,000	30.00	42.00	110	240	510
1789I	15,000	42.00	95.00	210	425	930
1790I	2,430,000	30.00	42.00	80.00	210	430
1791I	1,629,000	36.00	48.00	85.00	210	430

Date	Mintage	VG	F	VF	XF	Unc
1787N	3,739	—	—	—	—	—
1789N	—	55.00	110	240	475	1,000
1790N	223,000	30.00	48.00	120	270	600
1791N	27,000	42.00	90.00	180	400	840

KM# 564.8 ECU

29.4880 g., 0.9170 Silver 0.8693 oz. ASW Ruler: Louis XVI
Obv: Uniformed bust left Rev: Crowned arms of France within branches Mint: Bordeaux

Date	Mintage	VG	F	VF	XF	Unc
1775K	613,000	30.00	42.00	95.00	210	430
1776K	692,000	30.00	42.00	95.00	210	430
1777K	447,000	30.00	42.00	110	240	510
1778K	59,000	42.00	65.00	150	325	700
1779K	8,064	48.00	100	210	425	930
1780K	5,315	55.00	110	240	475	1,000
1781K	34,000	42.00	65.00	180	325	700
1782K	16,000	42.00	95.00	210	425	930
1783K	99,000	36.00	55.00	130	300	660
1784K	304,000	30.00	42.00	110	240	510
1784K Reversed K	Inc. above	60.00	110	240	550	1,210
1785K	185,000	30.00	48.00	120	270	600
1787K	4,195	48.00	110	240	475	1,000
1788K	—	42.00	90.00	180	400	850
1789K	42,000	42.00	65.00	150	325	700
1790K	105,000	30.00	48.00	120	270	600
1791K	3,652	60.00	110	260	550	1,210

KM# 564.13 ECU

29.4880 g., 0.9170 Silver 0.8693 oz. ASW Ruler: Louis XVI
Mint: Perpignan

Date	Mintage	VG	F	VF	XF	Unc
1775Q	429,000	30.00	45.00	110	240	510
1776Q	533,000	30.00	42.00	100	210	420
1777Q	262,000	30.00	48.00	120	270	600
1778Q	346,000	30.00	45.00	110	240	510
1779Q	108,000	30.00	45.00	110	240	510
1780Q	6,244	48.00	100	210	425	920
1781Q	1,006,999	30.00	42.00	95.00	210	420
1782Q	843,000	30.00	42.00	95.00	210	420
1783Q	495,000	30.00	42.00	95.00	240	510
1784Q	748,000	30.00	42.00	95.00	210	420
1785Q	963,000	30.00	42.00	95.00	210	420
1786Q	779,000	30.00	42.00	95.00	210	420
1786Q LUD. XI.	—	90.00	180	325	600	1,320
(Error)						
1787Q	415,000	30.00	45.00	110	240	510
1788Q	672,000	30.00	45.00	110	240	510
1789Q	905,000	30.00	42.00	95.00	210	420
1790Q	166,000	30.00	48.00	120	270	600
1791Q	5,050	60.00	130	240	475	1,000

KM# 564.9 ECU

29.4880 g., 0.9170 Silver 0.8693 oz. ASW Ruler: Louis XVI
Obv: Uniformed bust left Rev: Crowned arms of France within branches Mint: Bayonne

Date	Mintage	VG	F	VF	XF	Unc
1775L	833,000	30.00	42.00	95.00	210	420
1776L	1,039,000	30.00	42.00	90.00	210	420
1777/6L	944,000	30.00	48.00	110	210	420
1777L	Inc. above	30.00	42.00	95.00	210	420
1778L	287,000	30.00	48.00	120	270	600
1779L	760,000	30.00	42.00	100	210	420
1780L	368,000	30.00	42.00	110	240	510
1781L	178,000	30.00	48.00	120	300	660
1782L	419,000	30.00	42.00	110	240	510
1783L	963,000	30.00	42.00	100	210	420
1784L	1,906,000	30.00	42.00	80.00	180	375
1785L	2,005,000	30.00	42.00	80.00	180	375
1786L	2,314,000	30.00	42.00	80.00	180	375
1787L	1,211,000	30.00	42.00	90.00	210	420
1788L	2,038,000	30.00	42.00	80.00	180	375
1789L	—	30.00	42.00	100	210	420
1790L	500,000	30.00	42.00	110	240	510
1791L	11,000	48.00	100	210	425	930

KM# 564.6 ECU

29.4880 g., 0.9170 Silver 0.8693 oz. ASW Ruler: Louis XVI
Obv: Uniformed bust left Rev: Crowned arms of France within branches Mint: La Rochelle

Date	Mintage	VG	F	VF	XF	Unc
1775H	7,261	48.00	100	210	425	900
1776H	6,763	50.00	110	240	450	1,000
1777H	5,627	—	—	—	—	—
1778H	3,950	60.00	110	240	550	1,200
1779H	5,172	55.00	110	240	475	1,000
1780H	4,659	—	—	—	—	—
1781H	4,206	60.00	110	240	550	1,100
1782H	7,936	48.00	100	210	425	930
1783H	3,481	—	—	—	—	—
1784H	13,000	45.00	95.00	210	400	840
1785H	4,969	60.00	110	240	550	1,210
1786H	2,148	70.00	130	300	600	1,320
1787H	5,562	55.00	110	240	475	1,000
1788H	1,411	80.00	150	325	650	1,400
1789H	15,000	50.00	110	240	450	1,000
1790H	—	45.00	95.00	210	425	930

Note: Mintage included in KM#562.2

| 1791H | 12,000 | 45.00 | 95.00 | 210 | 425 | 930 |

KM# 564.10 ECU

29.4880 g., 0.9170 Silver 0.8693 oz. ASW Ruler: Louis XVI
Obv: Uniformed bust left Rev: Crowned arms of France within branches Mint: Toulouse

Date	Mintage	VG	F	VF	XF	Unc
1775M	132,000	30.00	48.00	120	300	660
1776M	88,000	36.00	55.00	130	300	660
1777M	355,000	30.00	42.00	110	240	510
1778M	299,000	30.00	48.00	120	300	660
1779M	334,000	30.00	42.00	110	240	510
1780M	326,000	30.00	42.00	110	240	510
1781M	264,000	30.00	48.00	120	300	660
1782M	203,000	30.00	48.00	120	300	660
1783M	200,000	30.00	48.00	120	300	660
1784M	614,000	30.00	42.00	100	210	420
1785M	1,205,000	30.00	42.00	90.00	210	420
1786M	1,715,000	30.00	42.00	80.00	180	380
1787M	539,000	30.00	42.00	110	240	510
1788M	1,343,000	30.00	42.00	90.00	210	420
1789M	1,200,000	30.00	42.00	90.00	210	420
1790M	147,000	30.00	48.00	120	300	660
1791M	35,000	42.00	90.00	180	350	750
1792M	—	165	345	850	2,000	4,500

KM# 564.14 ECU

29.4880 g., 0.9170 Silver 0.8693 oz. ASW Ruler: Louis XVI
Mint: Orléans

Date	Mintage	VG	F	VF	XF	Unc
1775R	1,301	120	270	500	1,000	—
1776R	2,086	—	—	—	—	—
1777R	789	—	—	—	—	—
1778R	3,564	60.00	120	270	550	1,200
1781R	2,322	—	—	—	—	—
1782R	2,693	—	—	—	—	—
1783R	212,000	30.00	48.00	120	270	600
1784R	478,000	30.00	45.00	110	240	500
1785R	1,742,000	30.00	42.00	80.00	210	420
1786R	306,000	30.00	45.00	110	240	500
1787R	842,000	30.00	42.00	95.00	210	420
1788R	7,715	—	—	—	—	—
1789R	596,000	30.00	45.00	110	240	500
1790R	58,000	42.00	65.00	150	350	760
1791R	8,740	55.00	110	240	475	1,000

KM# 564.11 ECU

29.4880 g., 0.9170 Silver 0.8693 oz. ASW Ruler: Louis XVI
Obv: Uniformed bust left Rev: Crowned arms of France within branches Mint: Marseille

Date	Mintage	VG	F	VF	XF	Unc
1787MA	—	—	—	—	—	—

Note: Reported, not confirmed

1788MA	30,000	—	—	—	—	—
1789MA	—	60.00	110	240	550	1,210
1790MA	243,000	36.00	80.00	150	400	820
1791MA	40,000	60.00	110	240	550	1,200

KM# 564.15 ECU

29.4880 g., 0.9170 Silver 0.8693 oz. ASW Ruler: Louis XVI
Mint: Nantes

Date	Mintage	VG	F	VF	XF	Unc
1775T	15,000	42.00	90.00	180	400	840
1776T	12,000	—	—	—	—	—
1777T	18,000	42.00	90.00	180	400	840
1778T	10,000	—	—	—	—	—
1779T	10,000	42.00	95.00	210	425	920
1780T	7,752	48.00	100	210	425	920
1781T	11,000	42.00	95.00	180	400	840
1782T	16,000	42.00	95.00	180	400	840
1783T	15,000	42.00	95.00	180	400	840
1784T	20,000	42.00	95.00	180	400	840
1785T	7,992	48.00	110	240	475	1,000
1787T	18,000	42.00	95.00	180	400	840
1788T	5,729	—	—	—	—	—
1789T	—	42.00	95.00	180	400	840
1790T	—	42.00	65.00	150	325	700
1791T	19,000	42.00	95.00	180	400	840

KM# 564.7 ECU

29.4880 g., 0.9170 Silver 0.8693 oz. ASW Ruler: Louis XVI
Obv: Uniformed bust left Rev: Crowned arms of France within branches Mint: Limoges

Date	Mintage	VG	F	VF	XF	Unc
1775I	265,000	30.00	48.00	120	270	600
1776I	109,000	30.00	48.00	120	270	600
1777I	89,000	36.00	55.00	130	300	660
1778I	18,000	42.00	90.00	210	425	930
1779I	172,000	30.00	48.00	120	270	600
1780I	81,000	36.00	55.00	130	300	660
1781I	54,000	42.00	65.00	150	325	700
1782I	149,000	30.00	48.00	120	270	600
1783I	257,000	30.00	48.00	120	270	600
1784I	3,012,000	30.00	42.00	70.00	180	600
1785I	1,255,000	30.00	42.00	90.00	210	430
1786I	124,000	30.00	48.00	120	270	600

KM# 564.12 ECU

29.4880 g., 0.9170 Silver 0.8693 oz. ASW Ruler: Louis XVI
Mint: Montpellier

Date	Mintage	VG	F	VF	XF	Unc
1775N	190,000	30.00	48.00	120	300	650
1775N Inverted N	Inc. above	30.00	48.00	120	300	650
1776N	42,000	42.00	65.00	180	325	700
1777N	20,000	—	—	—	—	—
1778N	25,000	—	—	—	—	—
1779N	30,000	42.00	70.00	180	325	700
1780N	81,000	36.00	55.00	130	300	650
1781N	20,000	—	—	—	—	—
1782N	2,382	65.00	130	270	575	1,260
1783N	3,996	60.00	110	240	475	1,000
1784N	62,000	42.00	65.00	150	325	700
1785N	7,231	—	—	—	—	—

Date	Mintage	VG	F	VF	XF	Unc
1785 (p)	1,857,000	20.00	30.00	50.00	140	280
1786 (p)	2,254,000	20.00	30.00	50.00	125	260
1787 (p)	646,000	20.00	30.00	60.00	150	320
1788 (p)	682,000	20.00	30.00	60.00	150	320
1789 (p)	3,122	55.00	95.00	225	475	1,000
1790 (p)	5,339	55.00	95.00	225	475	1,000
1791 (p)	1,690	80.00	125	300	650	1,430

KM# 564.16 ECU

29.4880 g., 0.9170 Silver 0.8693 oz. ASW **Ruler:** Louis XVI **Mint:** Lille

Date	Mintage	VG	F	VF	XF	Unc
1775W	1,336,000	30.00	42.00	90.00	210	420
1775W Inverted W Inc. above	30.00	42.00	90.00	210	420
1776W	450,000	30.00	42.00	110	240	420
1777W	261,000	30.00	48.00	130	270	420
1778W	60,000	42.00	55.00	130	300	650
1779W	40,000	42.00	65.00	150	325	700
1780W	8,715	—	—	—	—	—
1781W	12,000	42.00	95.00	210	425	920
1782W	2,822	—	—	—	—	—
1783W	114,000	30.00	48.00	120	270	420
1784W	8,051	48.00	100	210	425	920
1785W	2,739	65.00	130	270	575	1,260
1786W	—	42.00	90.00	180	400	840
1787W	2,822	65.00	130	270	575	1,260
1788W	203,000	30.00	48.00	120	270	600
1789W	—	36.00	60.00	150	325	700
1790W	104,000	30.00	48.00	120	270	600
1791W	26,000	42.00	90.00	180	400	840

KM# 564.17 ECU

29.4880 g., 0.9170 Silver 0.8693 oz. ASW **Ruler:** Louis XVI **Mint:** Aix **Note:** Mint mark: &. The "dot" appears below the third letter of the monarch's name and denotes second semester coinage.

Date	Mintage	VG	F	VF	XF	Unc
1775	480,000	30.00	45.00	110	240	510
1776	5,951	—	—	—	—	—
1777	137,000	30.00	50.00	125	270	600
1778	5,685	—	—	—	—	—
1779	6,018	—	—	—	—	—
1780	5,327	—	—	—	—	—
1783	5,128	—	—	—	—	—
1784	3,181	—	—	—	—	—

KM# 572 ECU

29.4880 g., 0.9170 Silver 0.8693 oz. ASW **Ruler:** Louis XVI **Obv:** Uniformed bust left **Obv. Legend:** ....RE.BD. (ligate BD). **Rev:** Crowned arms of France within branches **Rev. Legend:** SIT NOMEN DOMINI BENEDICTUM **Mint:** Pau **Note:** Mint mark: Cow. Issued for Province of Bearn. Dav. #1334.

Date	Mintage	VG	F	VF	XF	Unc
1775 (p)	184,000	25.00	40.00	100	225	490
1776 (p)	136,000	30.00	45.00	100	250	550
1777 (p)	241,000	25.00	40.00	100	225	490
1778 (p)	708,000	25.00	35.00	75.00	175	385
1779 (p)	1,948,000	20.00	30.00	50.00	140	280
1780 (p)	1,557,000	20.00	30.00	50.00	140	280
1781 (p)	1,141,000	20.00	30.00	50.00	140	280
1782 (p)	694,000	20.00	30.00	50.00	140	280
1783 (p)	811,000	20.00	30.00	50.00	140	280
1784 (p)	1,530,000	20.00	30.00	50.00	140	280

KM# 615.1 ECU (6 Livres)

30.0000 g., 0.9170 Silver 0.8844 oz. ASW **Obv:** Head left **Obv. Legend:** LOUIS XVI ROI DES FRANCOIS • **Rev:** Standing Genius writing the Constitution **Rev. Legend:** REGNE DE LALOI • **Mint:** Paris **Note:** Dav. #1335.

Date	Mintage	VG	F	VF	XF	Unc
1792A	—	35.00	75.00	125	250	540
1793A	—	35.00	75.00	125	250	540

KM# 616 ECU (6 Livres)

30.0000 g., 0.9170 Silver 0.8844 oz. ASW **Obv:** Legend ends: ...FRANCAIS **Mint:** Strasbourg **Note:** Weak strikes and adjustment filing marks are quite common for this series. Specimens fully struck without adjustment marks command a premium. Dav. #1335A.

Date	Mintage	VG	F	VF	XF	Unc
1792BB	—	175	325	725	1,750	—
1793BB	—	200	425	900	2,250	—

KM# 617.1 24 LIVRES

7.6000 g., 0.9000 Gold 0.2199 oz. AGW **Ruler:** Louis XVI **Obv:** Head left **Obv. Legend:** LOUIS XVI ROI DES FRANCOIS **Rev:** Standing Genius writing the Constitution **Rev. Legend:** REGNE DE LA LOI • **Mint:** Paris

Date	Mintage	VG	F	VF	XF	Unc
1792A	—	600	1,250	3,050	5,400	—
1793A	—	800	1,750	3,600	6,000	—

KM# 617.2 24 LIVRES

7.6000 g., 0.9000 Gold 0.2199 oz. AGW **Ruler:** Louis XVI **Obv:** Head left **Rev:** Standing Genius writing the Constitution **Mint:** Toulouse

Date	Mintage	VG	F	VF	XF	Unc
1793M	—	1,250	2,500	4,400	7,800	—

KM# 332.1 1/2 LOUIS D'OR

3.3500 g., 0.9170 Gold 0.0988 oz. AGW **Ruler:** Louis XIV **Obv:** Laureate head of Louis XIV **Rev:** 8 "L's" cruciform with crown at end of each arm; batons in angles, mint mark at center **Mint:** Paris

Date	Mintage	VG	F	VF	XF	Unc
1701A	—	240	425	600	1,300	—
1702A	—	240	425	600	1,250	—
1704A	—	300	550	775	1,500	—

KM# 332.2 1/2 LOUIS D'OR

3.3500 g., 0.9170 Gold 0.0988 oz. AGW **Ruler:** Louis XIV **Mint:** Rouen

Date	Mintage	VG	F	VF	XF	Unc
1702B	—	240	425	600	1,250	—

KM# 332.3 1/2 LOUIS D'OR

3.3500 g., 0.9170 Gold 0.0988 oz. AGW **Ruler:** Louis XIV **Mint:** Caen

Date	Mintage	VG	F	VF	XF	Unc
1702C	—	240	425	600	1,100	—

KM# 332.4 1/2 LOUIS D'OR

3.3500 g., 0.9170 Gold 0.0988 oz. AGW **Ruler:** Louis XIV **Mint:** Lyon

Date	Mintage	VG	F	VF	XF	Unc
1702D	—	240	425	600	1,250	—

KM# 332.5 1/2 LOUIS D'OR

3.3500 g., 0.9170 Gold 0.0988 oz. AGW **Ruler:** Louis XIV **Mint:** Bordeaux

Date	Mintage	VG	F	VF	XF	Unc
1701K	—	240	425	600	1,250	—

KM# 332.6 1/2 LOUIS D'OR

3.3500 g., 0.9170 Gold 0.0988 oz. AGW **Ruler:** Louis XIV **Mint:** Toulouse

Date	Mintage	VG	F	VF	XF	Unc
1702M	—	240	425	600	1,250	—

KM# 332.7 1/2 LOUIS D'OR

3.3500 g., 0.9170 Gold 0.0988 oz. AGW **Ruler:** Louis XIV **Mint:** Montpellier

Date	Mintage	VG	F	VF	XF	Unc
1701N	—	240	425	675	1,300	—
1702N Rare	—	—	—	—	—	—
1703N Rare	—	—	—	—	—	—

KM# 332.8 1/2 LOUIS D'OR

3.3500 g., 0.9170 Gold 0.0988 oz. AGW **Ruler:** Louis XIV **Mint:** Riom

Date	Mintage	VG	F	VF	XF	Unc
1701O	—	350	475	775	1,600	—
1702O	—	270	450	650	1,400	—

KM# 332.9 1/2 LOUIS D'OR

3.3500 g., 0.9170 Gold 0.0988 oz. AGW **Ruler:** Louis XIV **Mint:** Dijon

Date	Mintage	VG	F	VF	XF	Unc
1702P	—	240	425	600	1,250	—

KM# 332.10 1/2 LOUIS D'OR

3.3500 g., 0.9170 Gold 0.0988 oz. AGW **Ruler:** Louis XIV **Mint:** Nantes

Date	Mintage	VG	F	VF	XF	Unc
1702T	—	240	425	600	1,250	—
1704T Rare	—	—	—	—	—	—

KM# 332.11 1/2 LOUIS D'OR

3.3500 g., 0.9170 Gold 0.0988 oz. AGW **Ruler:** Louis XIV **Mint:** Troyes

Date	Mintage	VG	F	VF	XF	Unc
1702V Rare	—	—	—	—	—	—
1703V Rare	—	—	—	—	—	—

KM# 332.12 1/2 LOUIS D'OR

3.3500 g., 0.9170 Gold 0.0988 oz. AGW **Ruler:** Louis XIV **Mint:** Lille

Date	Mintage	VG	F	VF	XF	Unc
1702W Rare	—	—	—	—	—	—
1703W Rare	—	—	—	—	—	—

KM# 332.13 1/2 LOUIS D'OR

3.3500 g., 0.9170 Gold 0.0988 oz. AGW **Ruler:** Louis XIV **Mint:** Amiens

Date	Mintage	VG	F	VF	XF	Unc
1702X	—	240	425	600	1,250	—

KM# 332.14 1/2 LOUIS D'OR

3.3500 g., 0.9170 Gold 0.0988 oz. AGW **Ruler:** Louis XIV **Mint:** Bourges

Date	Mintage	VG	F	VF	XF	Unc
1702Y	—	270	450	650	1,400	—

KM# 332.15 1/2 LOUIS D'OR

3.3500 g., 0.9170 Gold 0.0988 oz. AGW **Ruler:** Louis XIV **Mint:** Rennes **Note:** Mint mark: 9.

Date	Mintage	VG	F	VF	XF	Unc
1701	—	240	425	600	1,250	—

KM# 332.16 1/2 LOUIS D'OR

3.3500 g., 0.9170 Gold 0.0988 oz. AGW **Ruler:** Louis XIV **Mint:** Aix **Note:** Mint mark: &.

Date	Mintage	VG	F	VF	XF	Unc
1701	—	240	425	600	1,250	—

KM# 332.17 1/2 LOUIS D'OR

3.3500 g., 0.9170 Gold 0.0988 oz. AGW **Ruler:** Louis XIV **Mint:** Besançon **Note:** Mint mark: Back to back C's.

Date	Mintage	VG	F	VF	XF	Unc
1701	—	240	425	600	1,250	—

KM# 333 1/2 LOUIS D'OR

3.3500 g., 0.9170 Gold 0.0988 oz. AGW **Ruler:** Louis XIV **Obv. Legend:** ... RE • BD (ligate BD) **Mint:** Pau **Note:** Mint mark: Cow. Issued for Province of Bearn.

Date	Mintage	VG	F	VF	XF	Unc
1701	—	240	425	600	1,250	—

KM# 363.1 1/2 LOUIS D'OR

3.3500 g., 0.9170 Gold 0.0988 oz. AGW **Ruler:** Louis XIV **Rev:** Alternate batons and crowned fleur-de-lis, mm at center **Mint:** Paris

Date	Mintage	VG	F	VF	XF	Unc
1704A	—	400	725	950	1,700	—
1705A	—	400	725	950	1,700	—
1709A Rare	—	—	—	—	—	—

KM# 363.2 1/2 LOUIS D'OR

3.3500 g., 0.9170 Gold 0.0988 oz. AGW **Ruler:** Louis XIV **Mint:** Metz

Date	Mintage	VG	F	VF	XF	Unc
1704AA	—	475	850	1,100	1,750	—

KM# 363.3 1/2 LOUIS D'OR

3.3500 g., 0.9170 Gold 0.0988 oz. AGW **Ruler:** Louis XIV **Mint:** Rouen

Date	Mintage	VG	F	VF	XF	Unc
1704B	—	475	850	900	1,750	—
1705B	—	475	850	900	1,750	—

234 FRANCE

KM# 363.4 1/2 LOUIS D'OR

3.3500 g., 0.9170 Gold 0.0988 oz. AGW **Ruler:** Louis XIV **Mint:** Strasbourg

Date	Mintage	VG	F	VF	XF	Unc
1704BB	—	475	850	1,100	1,800	—

KM# 363.5 1/2 LOUIS D'OR

3.3500 g., 0.9170 Gold 0.0988 oz. AGW **Ruler:** Louis XIV **Mint:** Caen

Date	Mintage	VG	F	VF	XF	Unc
1704C	—	475	850	1,100	1,750	—

KM# 363.6 1/2 LOUIS D'OR

3.3500 g., 0.9170 Gold 0.0988 oz. AGW **Ruler:** Louis XIV **Mint:** Lyon

Date	Mintage	VG	F	VF	XF	Unc
1704D Rare	—	—	—	—	—	—

KM# 363.7 1/2 LOUIS D'OR

3.3500 g., 0.9170 Gold 0.0988 oz. AGW **Ruler:** Louis XIV **Mint:** Poitiers

Date	Mintage	VG	F	VF	XF	Unc
1706G	—	475	850	1,100	1,750	—

KM# 363.8 1/2 LOUIS D'OR

3.3500 g., 0.9170 Gold 0.0988 oz. AGW **Ruler:** Louis XIV **Mint:** La Rochelle

Date	Mintage	VG	F	VF	XF	Unc
1704H	—	475	850	1,100	1,750	—
1705H	—	475	850	1,100	1,750	—

KM# 363.9 1/2 LOUIS D'OR

3.3500 g., 0.9170 Gold 0.0988 oz. AGW **Ruler:** Louis XIV **Mint:** Bayonne

Date	Mintage	VG	F	VF	XF	Unc
1704L	—	—	—	—	—	—

Note: Reported, not confirmed

KM# 363.10 1/2 LOUIS D'OR

3.3500 g., 0.9170 Gold 0.0988 oz. AGW **Ruler:** Louis XIV **Mint:** Toulouse

Date	Mintage	VG	F	VF	XF	Unc
1704M	—	475	850	1,100	1,750	—

KM# 363.11 1/2 LOUIS D'OR

3.3500 g., 0.9170 Gold 0.0988 oz. AGW **Ruler:** Louis XIV **Mint:** Montpellier

Date	Mintage	VG	F	VF	XF	Unc
1704N Rare	—	—	—	—	—	—
1705N Rare	—	—	—	—	—	—

KM# 363.12 1/2 LOUIS D'OR

3.3500 g., 0.9170 Gold 0.0988 oz. AGW **Ruler:** Louis XIV **Mint:** Riom

Date	Mintage	VG	F	VF	XF	Unc
1704O	—	475	850	1,100	1,800	—

KM# 363.13 1/2 LOUIS D'OR

3.3500 g., 0.9170 Gold 0.0988 oz. AGW **Ruler:** Louis XIV **Mint:** Troyes

Date	Mintage	VG	F	VF	XF	Unc
1704S	—	475	850	1,100	1,800	—

KM# 363.14 1/2 LOUIS D'OR

3.3500 g., 0.9170 Gold 0.0988 oz. AGW **Ruler:** Louis XIV **Mint:** Nantes

Date	Mintage	VG	F	VF	XF	Unc
1704T Rare	—	—	—	—	—	—
1705T Rare	—	—	—	—	—	—

KM# 363.15 1/2 LOUIS D'OR

3.3500 g., 0.9170 Gold 0.0988 oz. AGW **Ruler:** Louis XIV **Mint:** Troyes

Date	Mintage	VG	F	VF	XF	Unc
1704V Rare	—	—	—	—	—	—
1705V Rare	—	—	—	—	—	—

KM# 363.16 1/2 LOUIS D'OR

3.3500 g., 0.9170 Gold 0.0988 oz. AGW **Ruler:** Louis XIV **Mint:** Lille

Date	Mintage	VG	F	VF	XF	Unc
1704W Rare	—	—	—	—	—	—
1705W	—	—	—	—	—	—

Note: Reported, not confirmed

KM# 363.17 1/2 LOUIS D'OR

3.3500 g., 0.9170 Gold 0.0988 oz. AGW **Ruler:** Louis XIV **Mint:** Bourges

Date	Mintage	VG	F	VF	XF	Unc
1704Y	—	475	850	1,100	1,750	—

KM# 363.18 1/2 LOUIS D'OR

3.3500 g., 0.9170 Gold 0.0988 oz. AGW **Ruler:** Louis XIV **Mint:** Grenoble

Date	Mintage	VG	F	VF	XF	Unc
1704Z	—	—	—	—	—	—

Note: Reported, not confirmed

KM# 363.19 1/2 LOUIS D'OR

3.3500 g., 0.9170 Gold 0.0988 oz. AGW **Ruler:** Louis XIV **Mint:** Rennes **Note:** Mint mark: 9.

Date	Mintage	VG	F	VF	XF	Unc
1704	—	475	850	1,100	1,750	—
1705	—	475	850	1,100	1,750	—

KM# 363.20 1/2 LOUIS D'OR

3.3500 g., 0.9170 Gold 0.0988 oz. AGW **Ruler:** Louis XIV **Mint:** Besançon **Note:** Mint mark: Back to back C's.

Date	Mintage	VG	F	VF	XF	Unc
1704	—	475	850	1,100	1,750	—

KM# 364 1/2 LOUIS D'OR

3.3500 g., 0.9170 Gold 0.0988 oz. AGW **Ruler:** Louis XIV **Obv:** Laureate head right **Obv. Legend:** LVD • XIIII • D • G • FR • ET • NA • RE • B • **Rev:** Crossed hand of Justice and sceptre with crowned fleur-de-lis at angles **Rev. Legend:** CHRS • REGN • VINC • IMP **Mint:** Pau **Note:** Mint mark: Cow. Issued for Province of Bearn.

Date	Mintage	VG	F	VF	XF	Unc
1704	—	475	850	1,100	1,750	—
1705	—	475	850	1,100	1,750	—

KM# 388.1 1/2 LOUIS D'OR

3.3500 g., 0.9170 Gold 0.0988 oz. AGW **Ruler:** Louis XIV **Obv:** Date and mint mark below head **Obv. Legend:** LVD • XIIII • D • G • ... **Rev:** Crowned back to back L's in cruciform, fleur-de-lis at angles **Rev. Legend:** CHRS • REGN • VINC • IMP **Mint:** Paris

Date	Mintage	VG	F	VF	XF	Unc
1709A	—	475	850	1,200	1,900	3,200
1710A	—	550	950	1,300	2,150	3,820
1711A	—	550	950	1,300	2,150	3,820
1712A Rare	—	—	—	—	—	—
1713A Rare	—	—	—	—	—	—
1715A Rare	—	—	—	—	—	—

KM# 388.2 1/2 LOUIS D'OR

3.3500 g., 0.9170 Gold 0.0988 oz. AGW **Ruler:** Louis XIV **Obv:** Laureate head right **Rev:** Crowned back to back L's in cruciform, fleur-de-lis at angles **Mint:** Rouen

Date	Mintage	VG	F	VF	XF	Unc
1710B	—	550	950	1,300	2,150	—
1711B Rare	—	—	—	—	—	—

KM# 388.3 1/2 LOUIS D'OR

3.3500 g., 0.9170 Gold 0.0988 oz. AGW **Ruler:** Louis XIV **Obv:** Laureate head right **Rev:** Crowned back to back L's in cruciform, fleur-de-lis at angles **Mint:** Caen

Date	Mintage	VG	F	VF	XF	Unc
1710C Rare	—	—	—	—	—	—
1711C Rare	—	—	—	—	—	—
1712C Rare	—	—	—	—	—	—

KM# 388.4 1/2 LOUIS D'OR

3.3500 g., 0.9170 Gold 0.0988 oz. AGW **Ruler:** Louis XIV **Obv:** Laureate head right **Rev:** Crowned back to back L's in cruciform, fleur-de-lis at angles **Mint:** Lyon

Date	Mintage	VG	F	VF	XF	Unc
1709D	—	550	950	1,300	2,150	—
1710D	—	550	950	1,300	2,150	—
1711D	—	475	850	1,200	1,900	—
1713D	—	550	950	1,300	2,150	—

KM# 388.5 1/2 LOUIS D'OR

3.3500 g., 0.9170 Gold 0.0988 oz. AGW **Ruler:** Louis XIV **Obv:** Laureate head right **Rev:** Crowned back to back L's in cruciform, fleur-de-lis at angles **Mint:** Tours

Date	Mintage	VG	F	VF	XF	Unc
1709E Rare	—	—	—	—	—	—
1710E Rare	—	—	—	—	—	—
1711E Rare	—	—	—	—	—	—
1712E Rare	—	—	—	—	—	—

KM# 388.6 1/2 LOUIS D'OR

3.3500 g., 0.9170 Gold 0.0988 oz. AGW **Ruler:** Louis XIV **Obv:** Laureate head right **Rev:** Crowned back to back L's in cruciform, fleur-de-lis at angles **Mint:** Poitiers

Date	Mintage	VG	F	VF	XF	Unc
1711G Rare	—	—	—	—	—	—
1712G Rare	—	—	—	—	—	—

KM# 388.7 1/2 LOUIS D'OR

3.3500 g., 0.9170 Gold 0.0988 oz. AGW **Ruler:** Louis XIV **Obv:** Laureate head right **Rev:** Crowned back to back L's in cruciform, fleur-de-lis at angles **Mint:** La Rochelle

Date	Mintage	VG	F	VF	XF	Unc
1710H Rare	—	—	—	—	—	—
1711H Rare	—	—	—	—	—	—
1712H Rare	—	—	—	—	—	—

KM# 388.8 1/2 LOUIS D'OR

3.3500 g., 0.9170 Gold 0.0988 oz. AGW **Ruler:** Louis XIV **Obv:** Laureate head right **Rev:** Crowned back to back L's in cruciform, fleur-de-lis at angles **Mint:** Limoges

Date	Mintage	VG	F	VF	XF	Unc
1709I Rare	—	—	—	—	—	—
1711I Rare	—	—	—	—	—	—
1712I Rare	—	—	—	—	—	—

KM# 388.9 1/2 LOUIS D'OR

3.3500 g., 0.9170 Gold 0.0988 oz. AGW **Ruler:** Louis XIV **Obv:** Laureate head right **Rev:** Crowned back to back L's in cruciform, fleur-de-lis at angles **Mint:** Bordeaux

Date	Mintage	VG	F	VF	XF	Unc
1709K	—	550	1,100	1,450	2,750	—
1710K Rare	—	—	—	—	—	—

KM# 388.10 1/2 LOUIS D'OR

3.3500 g., 0.9170 Gold 0.0988 oz. AGW **Ruler:** Louis XIV **Obv:** Laureate head right **Rev:** Crowned back to back L's in cruciform, fleur-de-lis at angles **Mint:** Toulouse

Date	Mintage	VG	F	VF	XF	Unc
1709M	—	475	950	1,300	2,150	—
1710M	—	475	950	1,300	2,150	—
1711M Rare	—	—	—	—	—	—
1712M Rare	—	—	—	—	—	—

KM# 388.11 1/2 LOUIS D'OR

3.3500 g., 0.9170 Gold 0.0988 oz. AGW **Ruler:** Louis XIV **Obv:** Laureate head right **Rev:** Crowned back to back L's in cruciform, fleur-de-lis at angles **Mint:** Montpellier

Date	Mintage	VG	F	VF	XF	Unc
1709N Rare	—	—	—	—	—	—
1710N Rare	—	—	—	—	—	—
1711N	320,000	475	950	1,300	2,150	—
1712N	—	475	950	1,300	2,150	—
1713N	—	475	950	1,300	2,150	—

KM# 388.12 1/2 LOUIS D'OR

3.3500 g., 0.9170 Gold 0.0988 oz. AGW **Ruler:** Louis XIV **Obv:** Laureate head right **Rev:** Crowned back to back L's in cruciform, fleur-de-lis at angles **Mint:** Riom

Date	Mintage	VG	F	VF	XF	Unc
1712O	—	550	1,100	1,450	2,750	—

KM# 388.13 1/2 LOUIS D'OR

3.3500 g., 0.9170 Gold 0.0988 oz. AGW **Ruler:** Louis XIV **Obv:** Laureate head right **Rev:** Crowned back to back L's in cruciform, fleur-de-lis at angles **Mint:** Dijon

Date	Mintage	VG	F	VF	XF	Unc
1710P	—	475	950	1,300	2,150	—
1711P	—	475	950	1,300	2,150	—
1712P Rare	—	—	—	—	—	—

KM# 388.14 1/2 LOUIS D'OR

3.3500 g., 0.9170 Gold 0.0988 oz. AGW **Ruler:** Louis XIV **Obv:** Laureate head right **Rev:** Crowned back to back L's in cruciform, fleur-de-lis at angles **Mint:** Perpignan

Date	Mintage	VG	F	VF	XF	Unc
1711Q Rare	—	—	—	—	—	—

KM# 388.15 1/2 LOUIS D'OR

3.3500 g., 0.9170 Gold 0.0988 oz. AGW **Ruler:** Louis XIV **Obv:** Laureate head right **Rev:** Crowned back to back L's in cruciform, fleur-de-lis at angles **Mint:** Troyes

Date	Mintage	VG	F	VF	XF	Unc
1711S	—	475	950	1,300	2,150	—

KM# 388.16 1/2 LOUIS D'OR

3.3500 g., 0.9170 Gold 0.0988 oz. AGW **Ruler:** Louis XIV **Obv:** Laureate head right **Rev:** Crowned back to back L's in cruciform, fleur-de-lis at angles **Mint:** Nantes

Date	Mintage	VG	F	VF	XF	Unc
1715T	—	550	1,100	1,450	2,750	—

KM# 388.17 1/2 LOUIS D'OR

3.3500 g., 0.9170 Gold 0.0988 oz. AGW **Ruler:** Louis XIV **Obv:** Laureate head right **Rev:** Crowned back to back L's in cruciform, fleur-de-lis at angles **Mint:** Troyes

Date	Mintage	VG	F	VF	XF	Unc
1710V Rare	—	—	—	—	—	—
1712V	—	475	950	1,300	2,150	—

KM# 388.18 1/2 LOUIS D'OR

3.3500 g., 0.9170 Gold 0.0988 oz. AGW **Ruler:** Louis XIV **Obv:** Laureate head right **Rev:** Crowned back to back L's in cruciform, fleur-de-lis at angles **Mint:** Amiens

Date	Mintage	VG	F	VF	XF	Unc
1710X	—	550	1,100	1,450	2,750	—
1711X	—	475	1,000	1,400	2,200	—
1712X Rare	—	—	—	—	—	—

KM# 388.19 1/2 LOUIS D'OR

3.3500 g., 0.9170 Gold 0.0988 oz. AGW **Ruler:** Louis XIV **Mint:** Grenoble

Date	Mintage	VG	F	VF	XF	Unc
1711Z Rare	—	—	—	—	—	—
1712Z Rare	—	—	—	—	—	—
1713Z Rare	—	—	—	—	—	—

KM# 388.20 1/2 LOUIS D'OR

3.3500 g., 0.9170 Gold 0.0988 oz. AGW **Ruler:** Louis XIV **Obv:** Laureate head right **Rev:** Crowned back to back L's in cruciform, fleur-de-lis at angles **Mint:** Rennes **Note:** Mint mark: 9.

Date	Mintage	VG	F	VF	XF	Unc
1710 Rare	—	—	—	—	—	—

KM# 388.21 1/2 LOUIS D'OR

3.3500 g., 0.9170 Gold 0.0988 oz. AGW **Ruler:** Louis XIV **Obv:** Laureate head right **Rev:** Crowned back to back L's in cruciform, fleur-de-lis at angles **Mint:** Aix **Note:** Mint mark: &.

Date	Mintage	VG	F	VF	XF	Unc
1709	—	475	950	1,300	2,150	—
1710	662	475	950	1,300	2,150	—
1711	—	475	950	1,300	2,150	—
1712 Rare	—	—	—	—	—	—

KM# 388.22 1/2 LOUIS D'OR
3.3500 g., 0.9170 Gold 0.0988 oz. AGW **Ruler:** Louis XIV **Obv:** Laureate head right **Rev:** Crowned back to back L's in cruciform, fleur-de-lis at angles **Mint:** Besançon **Note:** Mint mark: Back to back C's.

Date	Mintage	VG	F	VF	XF	Unc
1709	—	475	950	1,300	2,150	—
1710 Rare	—	—	—	—	—	—
1711	—	475	950	1,300	2,150	—

KM# 389 1/2 LOUIS D'OR
3.3500 g., 0.9170 Gold 0.0988 oz. AGW **Ruler:** Louis XIV **Obv. Legend:** ....RE.BD (ligate BD). **Mint:** Pau **Note:** Mint mark: Cow. Issued for Province of Bearn.

Date	Mintage	VG	F	VF	XF	Unc
1709	—	475	1,100	1,800	2,700	—

KM# 424.1 1/2 LOUIS D'OR
4.0790 g., 0.9170 Gold 0.1203 oz. AGW **Ruler:** Louis XV **Mint:** Metz **Note:** Similar to 1 Louis D'or KM#425.

Date	Mintage	VG	F	VF	XF	Unc
1716AA	—	1,000	2,250	3,600	7,200	—

KM# 424.2 1/2 LOUIS D'OR
4.0790 g., 0.9170 Gold 0.1203 oz. AGW **Ruler:** Louis XV **Mint:** Caen

Date	Mintage	VG	F	VF	XF	Unc
1716C	—	1,000	2,250	3,600	7,200	—

KM# 424.3 1/2 LOUIS D'OR
4.0790 g., 0.9170 Gold 0.1203 oz. AGW **Ruler:** Louis XV **Mint:** Tours

Date	Mintage	VG	F	VF	XF	Unc
1716E	5,994	1,000	2,250	3,600	7,200	—

KM# 424.4 1/2 LOUIS D'OR
4.0790 g., 0.9170 Gold 0.1203 oz. AGW **Ruler:** Louis XV **Mint:** La Rochelle

Date	Mintage	VG	F	VF	XF	Unc
1716H	—	1,000	2,250	3,600	7,200	—

KM# 424.5 1/2 LOUIS D'OR
4.0790 g., 0.9170 Gold 0.1203 oz. AGW **Ruler:** Louis XV **Mint:** Montpellier

Date	Mintage	VG	F	VF	XF	Unc
1716N	—	1,000	2,250	3,600	7,200	—

KM# 424.6 1/2 LOUIS D'OR
4.0790 g., 0.9170 Gold 0.1203 oz. AGW **Ruler:** Louis XV **Mint:** Reims

Date	Mintage	VG	F	VF	XF	Unc
1716S	—	1,000	2,250	3,600	7,200	—

KM# 424.7 1/2 LOUIS D'OR
4.0790 g., 0.9170 Gold 0.1203 oz. AGW **Ruler:** Louis XV **Mint:** Nantes

Date	Mintage	VG	F	VF	XF	Unc
1716T	—	1,000	2,250	3,600	7,200	—

KM# 424.8 1/2 LOUIS D'OR
4.0790 g., 0.9170 Gold 0.1203 oz. AGW **Ruler:** Louis XV **Mint:** Troyes

Date	Mintage	VG	F	VF	XF	Unc
1716V	4,374	1,000	2,250	3,600	7,200	—

KM# 424.9 1/2 LOUIS D'OR
4.0790 g., 0.9170 Gold 0.1203 oz. AGW **Ruler:** Louis XV **Mint:** Lille

Date	Mintage	VG	F	VF	XF	Unc
1716W	—	1,000	2,250	3,600	7,200	—

KM# 424.10 1/2 LOUIS D'OR
4.0790 g., 0.9170 Gold 0.1203 oz. AGW **Ruler:** Louis XV **Mint:** Grenoble

Date	Mintage	VG	F	VF	XF	Unc
1716Z	5,025	1,000	2,250	3,600	7,200	—

KM# 424.11 1/2 LOUIS D'OR
4.0790 g., 0.9170 Gold 0.1203 oz. AGW **Ruler:** Louis XV **Mint:** Besançon **Note:** Mint mark: Back to back C's.

Date	Mintage	VG	F	VF	XF	Unc
1716	—	1,000	2,250	3,600	7,200	—

KM# 429.1 1/2 LOUIS D'OR
3.0590 g., 0.9170 Gold 0.0902 oz. AGW **Ruler:** Louis XV **Mint:** Paris **Note:** Similar to 1 Louis D'or, KM#430.1.

Date	Mintage	VG	F	VF	XF	Unc
1717A	70,000	900	2,000	3,300	6,000	—

KM# 429.2 1/2 LOUIS D'OR
3.0590 g., 0.9170 Gold 0.0902 oz. AGW **Ruler:** Louis XV **Mint:** Rouen

Date	Mintage	VG	F	VF	XF	Unc
1718B Rare	—	—	—	—	—	—

KM# 437.1 1/2 LOUIS D'OR
4.8350 g., 0.9170 Gold 0.1425 oz. AGW **Ruler:** Louis XV **Mint:** Paris **Note:** Similar to 1 Louis D'or, KM#438.1.

Date	Mintage	VG	F	VF	XF	Unc
1718A	—	1,250	2,500	4,700	9,000	—
1719A	—	1,250	2,500	4,700	9,000	—

KM# 437.2 1/2 LOUIS D'OR
4.8350 g., 0.9170 Gold 0.1425 oz. AGW **Ruler:** Louis XIV **Mint:** Strasbourg

Date	Mintage	VG	F	VF	XF	Unc
1719BB	49,000	1,250	2,500	4,700	9,000	—

KM# 437.3 1/2 LOUIS D'OR
4.8350 g., 0.9170 Gold 0.1425 oz. AGW **Ruler:** Louis XV **Mint:** Lyon

Date	Mintage	VG	F	VF	XF	Unc
1718D	—	1,250	2,500	4,700	9,000	—
1719D	—	—	—	—	—	—

KM# 437.4 1/2 LOUIS D'OR
4.8350 g., 0.9170 Gold 0.1425 oz. AGW **Ruler:** Louis XV **Mint:** Montpellier

Date	Mintage	VG	F	VF	XF	Unc
1719N	—	1,250	2,500	4,700	9,000	—

KM# 437.5 1/2 LOUIS D'OR
4.8350 g., 0.9170 Gold 0.1425 oz. AGW **Ruler:** Louis XV **Mint:** Lille

Date	Mintage	VG	F	VF	XF	Unc
1720W	7,880	1,250	2,500	4,700	9,000	—

KM# 437.6 1/2 LOUIS D'OR
4.8350 g., 0.9170 Gold 0.1425 oz. AGW **Ruler:** Louis XV **Mint:** Aix **Note:** Mint mark: &.

Date	Mintage	VG	F	VF	XF	Unc
1719	—	1,250	2,500	4,700	9,000	—

KM# 437.7 1/2 LOUIS D'OR
4.8350 g., 0.9170 Gold 0.1425 oz. AGW **Ruler:** Louis XV **Mint:** Grenoble

Date	Mintage	VG	F	VF	XF	Unc
1720Z Rare	—	—	—	—	—	—

KM# 460.1 1/2 LOUIS D'OR
4.8950 g., 0.9170 Gold 0.1443 oz. AGW **Ruler:** Louis XV **Mint:** Paris **Note:** Similar to 1 Louis D'or, KM#461.1.

Date	Mintage	VG	F	VF	XF	Unc
1720A	11,000	900	1,650	3,150	6,300	—
1721A	5,530	1,000	1,900	3,850	7,200	—
1722A	15,000	1,000	1,800	3,500	6,900	—
1723A Rare	21,000	—	—	—	—	—

KM# 460.2 1/2 LOUIS D'OR
4.8950 g., 0.9170 Gold 0.1443 oz. AGW **Ruler:** Louis XV **Mint:** Strasbourg

Date	Mintage	VG	F	VF	XF	Unc
1723BB	800	950	1,750	3,300	6,600	—

KM# 460.3 1/2 LOUIS D'OR
4.8950 g., 0.9170 Gold 0.1443 oz. AGW **Ruler:** Louis XV **Mint:** Lyon

Date	Mintage	VG	F	VF	XF	Unc
1721D	5,843	950	1,750	3,300	6,600	—
1722D	—	950	1,750	3,300	6,600	—
1723D	1,036	1,000	1,850	3,850	7,500	—

KM# 460.4 1/2 LOUIS D'OR
4.8950 g., 0.9170 Gold 0.1443 oz. AGW **Ruler:** Louis XV **Mint:** Bordeaux

Date	Mintage	VG	F	VF	XF	Unc
1721K Rare	426	—	—	—	—	—
1722K	—	950	1,750	3,300	6,600	—

KM# 460.5 1/2 LOUIS D'OR
4.8950 g., 0.9170 Gold 0.1443 oz. AGW **Ruler:** Louis XV **Mint:** Lille

Date	Mintage	VG	F	VF	XF	Unc
1723W	—	950	1,750	3,300	6,600	—

KM# 460.6 1/2 LOUIS D'OR
4.8950 g., 0.9170 Gold 0.1443 oz. AGW **Ruler:** Louis XV **Mint:** Amiens

Date	Mintage	VG	F	VF	XF	Unc
1723X	—	950	1,750	3,300	6,600	—

KM# 460.7 1/2 LOUIS D'OR
4.8950 g., 0.9170 Gold 0.1443 oz. AGW **Ruler:** Louis XV **Mint:** Caen

Date	Mintage	VG	F	VF	XF	Unc
1722C Rare	608	—	—	—	—	—
1723C Rare	—	—	—	—	—	—

KM# 460.8 1/2 LOUIS D'OR
4.8950 g., 0.9170 Gold 0.1443 oz. AGW **Ruler:** Louis XV **Mint:** Bayonne

Date	Mintage	VG	F	VF	XF	Unc
1722L	—	1,000	1,850	3,850	7,500	—

KM# 460.9 1/2 LOUIS D'OR
4.8950 g., 0.9170 Gold 0.1443 oz. AGW **Ruler:** Louis XV **Mint:** Orléans

Date	Mintage	VG	F	VF	XF	Unc
1721R Rare	159	—	—	—	—	—

KM# 460.10 1/2 LOUIS D'OR
4.8950 g., 0.9170 Gold 0.1443 oz. AGW **Ruler:** Louis XV **Mint:** Grenoble

Date	Mintage	VG	F	VF	XF	Unc
1721Z Rare	225	—	—	—	—	—
1722Z Rare	193	—	—	—	—	—
1723Z Rare	85	—	—	—	—	—

KM# 460.11 1/2 LOUIS D'OR
4.8950 g., 0.9170 Gold 0.1443 oz. AGW **Ruler:** Louis XV **Mint:** Rennes **Note:** Mint mark: 9.

Date	Mintage	VG	F	VF	XF	Unc
1720 Rare	—	—	—	—	—	—

KM# 473.1 1/2 LOUIS D'OR
3.2630 g., 0.9170 Gold 0.0962 oz. AGW **Ruler:** Louis XV **Mint:** Paris

Date	Mintage	VG	F	VF	XF	Unc
1723A Rare	—	—	—	—	—	—
1724A	—	2,000	3,500	7,500	12,000	—
1725A	—	2,000	3,500	7,500	12,000	—

KM# 473.2 1/2 LOUIS D'OR
3.2630 g., 0.9170 Gold 0.0962 oz. AGW **Ruler:** Louis XV **Mint:** Lyon

Date	Mintage	VG	F	VF	XF	Unc
1724D Rare	—	—	—	—	—	—

KM# 488.1 1/2 LOUIS D'OR
4.0790 g., 0.9170 Gold 0.1203 oz. AGW **Ruler:** Louis XV **Obv:** Draped bust left **Obv. Legend:** LUD • XV • D • G • FR • ET • NAV • REX • **Rev:** Crown above two oval arms **Rev. Legend:** CHRS • REGN • VINC • IMPER **Mint:** Paris

Date	Mintage	VG	F	VF	XF	Unc
1726A	—	125	200	300	600	1,320
1728A	—	150	225	350	700	1,540
1729A	—	125	200	300	600	1,320
1730A	—	125	200	300	600	1,320
1731A	—	125	200	300	600	1,320
1732A	—	125	200	300	600	1,320
1733A	—	150	225	350	700	1,540
1736A	—	150	225	350	—	—
1737A	—	150	225	350	700	1,540
1739A	—	150	225	350	700	1,540

KM# 488.2 1/2 LOUIS D'OR
4.0790 g., 0.9170 Gold 0.1203 oz. AGW **Ruler:** Louis XV **Obv:** Draped bust left **Rev:** Crown above two oval arms **Mint:** Rouen

Date	Mintage	VG	F	VF	XF	Unc
1727B	—	125	200	300	600	1,320
1730B	—	150	225	350	700	1,540

KM# 488.3 1/2 LOUIS D'OR
4.0790 g., 0.9170 Gold 0.1203 oz. AGW **Ruler:** Louis XV **Obv:** Draped bust left **Rev:** Crown above two oval arms **Mint:** Strasbourg

Date	Mintage	VG	F	VF	XF	Unc
1726BB	—	125	200	300	600	1,320
1730BB	—	150	225	350	700	1,540
1734BB	—	150	225	350	700	1,540

KM# 488.4 1/2 LOUIS D'OR
4.0790 g., 0.9170 Gold 0.1203 oz. AGW **Ruler:** Louis XV **Obv:** Draped bust left **Rev:** Crown above two oval arms **Mint:** Caen

Date	Mintage	VG	F	VF	XF	Unc
1726C	1,429	150	225	350	700	1,540
1730C	6,078	150	225	350	700	1,540
1731C	—	150	225	350	700	1,540

KM# 488.5 1/2 LOUIS D'OR
4.0790 g., 0.9170 Gold 0.1203 oz. AGW **Ruler:** Louis XV **Obv:** Draped bust left **Rev:** Crown above two oval arms **Mint:** Poitiers

Date	Mintage	VG	F	VF	XF	Unc
1726G	—	150	225	350	700	1,540
1727G	—	125	200	300	600	1,320

KM# 488.6 1/2 LOUIS D'OR
4.0790 g., 0.9170 Gold 0.1203 oz. AGW **Ruler:** Louis XV **Obv:** Draped bust left **Rev:** Crown above two oval arms **Mint:** Limoges

Date	Mintage	VG	F	VF	XF	Unc
1729I	34,000	125	200	300	600	1,320
1730I	—	125	200	300	600	1,320
1731I	—	150	225	350	700	1,540
1732I	—	150	225	350	700	1,540
1733I	1,926	150	225	350	700	1,540

KM# 488.7 1/2 LOUIS D'OR
4.0790 g., 0.9170 Gold 0.1203 oz. AGW **Ruler:** Louis XV **Obv:** Draped bust left **Rev:** Crown above two oval arms **Mint:** Bayonne

Date	Mintage	VG	F	VF	XF	Unc
1726L	—	150	225	350	700	1,540
1727L	—	150	225	350	700	1,540
1728L	—	150	225	350	700	1,540
1730L	—	150	225	350	700	1,540
1735L	—	175	275	400	875	1,925

KM# 488.8 1/2 LOUIS D'OR
4.0790 g., 0.9170 Gold 0.1203 oz. AGW **Ruler:** Louis XV **Obv:** Draped bust left **Rev:** Crown above two oval arms **Mint:** Toulouse

Date	Mintage	VG	F	VF	XF	Unc
1730M	—	125	200	300	600	1,320

KM# 488.9 1/2 LOUIS D'OR
4.0790 g., 0.9170 Gold 0.1203 oz. AGW **Ruler:** Louis XV **Obv:** Draped bust left **Rev:** Crown above two oval arms **Mint:** Montpellier

Date	Mintage	VG	F	VF	XF	Unc
1726N	22,000	150	225	350	700	1,540

KM# 488.10 1/2 LOUIS D'OR
4.0790 g., 0.9170 Gold 0.1203 oz. AGW **Ruler:** Louis XV **Obv:** Draped bust left **Rev:** Crown above two oval arms **Mint:** Riom

Date	Mintage	VG	F	VF	XF	Unc
1726O	—	150	225	350	700	1,540
1729O	—	150	225	350	700	1,540
1730O	—	175	275	400	875	1,925

KM# 488.11 1/2 LOUIS D'OR
4.0790 g., 0.9170 Gold 0.1203 oz. AGW **Ruler:** Louis XV **Obv:** Draped bust left **Rev:** Crown above two oval arms **Mint:** Dijon

Date	Mintage	VG	F	VF	XF	Unc
1726P	—	150	225	350	700	1,540
1731P	—	150	225	350	700	1,540

KM# 488.12 1/2 LOUIS D'OR
4.0790 g., 0.9170 Gold 0.1203 oz. AGW **Ruler:** Louis XV **Obv:** Draped bust left **Rev:** Crown above two oval arms **Mint:** Reims

Date	Mintage	VG	F	VF	XF	Unc
1726S	—	150	225	350	700	1,540
1727S	—	150	225	350	700	1,540

KM# 488.13 1/2 LOUIS D'OR
4.0790 g., 0.9170 Gold 0.1203 oz. AGW **Ruler:** Louis XV **Obv:** Draped bust left **Rev:** Crown above two oval arms **Mint:** Lille

Date	Mintage	VG	F	VF	XF	Unc
1726W	—	125	200	300	600	1,320

KM# 488.14 1/2 LOUIS D'OR
4.0790 g., 0.9170 Gold 0.1203 oz. AGW **Ruler:** Louis XV **Obv:** Draped bust left **Rev:** Crown above two oval arms **Mint:** Amiens

Date	Mintage	VG	F	VF	XF	Unc
1728X	—	150	225	350	700	1,540
1729X	—	150	225	350	700	1,540
1730X	—	150	225	350	700	1,540

KM# 488.15 1/2 LOUIS D'OR
4.0790 g., 0.9170 Gold 0.1203 oz. AGW **Ruler:** Louis XV **Obv:** Draped bust left **Rev:** Crown above two oval arms **Mint:** Rennes **Note:** Mint mark: 9.

Date	Mintage	VG	F	VF	XF	Unc
1726	3,156	150	225	375	750	1,650
1727	—	150	225	375	750	1,650
1729	—	150	225	375	750	1,650
1730	—	150	225	375	750	1,650
1731	—	150	225	375	750	1,650
1732	—	150	225	375	750	1,650
1733	—	175	275	425	875	1,925
1734	—	150	225	375	750	1,650

KM# 488.16 1/2 LOUIS D'OR
4.0790 g., 0.9170 Gold 0.1203 oz. AGW **Ruler:** Louis XV **Obv:** Draped bust left **Rev:** Crown above two oval arms **Mint:** Besançon **Note:** Mint mark: Back to back C's.

Date	Mintage	VG	F	VF	XF	Unc
1727	—	150	225	300	600	1,320
1728	—	150	225	300	600	1,320
1729	—	150	225	300	600	1,320

KM# 517.1 1/2 LOUIS D'OR
4.0790 g., 0.9170 Gold 0.1203 oz. AGW **Ruler:** Louis XV **Obv:** Head left **Obv. Legend:** LUD • XV • D • G • FR • ET • NAV • REX • **Rev:** Crown above arms of France and Navarre **Rev. Legend:** CHRS • REGN • VINC • IMPER **Mint:** Paris

Date	Mintage	VG	F	VF	XF	Unc
1741A	—	200	400	600	1,100	2,400
1742A	—	200	400	600	1,100	2,400
1743A	2,231	200	400	600	1,100	2,400
1744A	300	250	550	900	1,650	3,500
1745A	1,739	200	400	600	1,100	2,400
1746A	—	200	400	600	1,100	2,400
1747A	878	275	500	800	1,400	3,100
1749A	1,130	200	400	600	1,100	2,400
1750A	—	200	400	600	1,100	2,400
1751A	—	200	400	600	1,100	2,400
1753A	—	200	400	600	1,100	2,400
1755A	—	200	400	600	1,100	2,400
1768A	—	200	400	600	1,100	2,400
1769A	—	225	450	650	1,150	2,475

KM# 517.2 1/2 LOUIS D'OR
4.0790 g., 0.9170 Gold 0.1203 oz. AGW **Ruler:** Louis XV **Obv:** Head left **Rev:** Crown above arms of France and Navarre **Mint:** Limoges

Date	Mintage	VG	F	VF	XF	Unc
1753I	—	200	400	650	1,300	—

KM# 517.3 1/2 LOUIS D'OR
4.0790 g., 0.9170 Gold 0.1203 oz. AGW **Ruler:** Louis XV **Obv:** Head left **Rev:** Crown above arms of France and Navarre **Mint:** Bayonne

Date	Mintage	VG	F	VF	XF	Unc
1742L	4,904	200	375	600	1,100	2,400

KM# 517.4 1/2 LOUIS D'OR
4.0790 g., 0.9170 Gold 0.1203 oz. AGW **Ruler:** Louis XV **Obv:** Head left **Rev:** Crown above arms of France and Navarre **Mint:** Toulouse

Date	Mintage	VG	F	VF	XF	Unc
1755M	—	225	400	725	1,400	—

KM# 517.5 1/2 LOUIS D'OR
4.0790 g., 0.9170 Gold 0.1203 oz. AGW **Ruler:** Louis XV **Obv:** Head left **Rev:** Crown above arms of France and Navarre **Mint:** Montpellier

Date	Mintage	VG	F	VF	XF	Unc
1755N	30,000	200	400	650	1,300	—

KM# 517.6 1/2 LOUIS D'OR
4.0790 g., 0.9170 Gold 0.1203 oz. AGW **Ruler:** Louis XV **Obv:** Head left **Rev:** Crown above arms of France and Navarre **Mint:** Riom

Date	Mintage	VG	F	VF	XF	Unc
1742O	1,495	200	400	600	1,100	2,400

KM# 517.7 1/2 LOUIS D'OR
4.0790 g., 0.9170 Gold 0.1203 oz. AGW **Ruler:** Louis XV **Obv:** Head left **Rev:** Crown above arms of France and Navarre **Mint:** Reims

Date	Mintage	VG	F	VF	XF	Unc
1746S	5,940	200	400	650	1,300	—
1752S	2,810	200	400	650	1,300	—
1753S	3,735	200	400	650	1,300	—
1755S	3,136	200	400	650	1,300	—
1763S	1,186	200	400	650	1,300	—
1766S	—	225	450	725	1,400	—
1768S	2,454	200	400	650	1,300	—

KM# 517.8 1/2 LOUIS D'OR
4.0790 g., 0.9170 Gold 0.1203 oz. AGW **Ruler:** Louis XV **Obv:** Head left **Rev:** Crown above arms of France and Navarre **Mint:** Troyes

Date	Mintage	VG	F	VF	XF	Unc
1752V	1,936	200	400	650	1,300	—

KM# 517.9 1/2 LOUIS D'OR
4.0790 g., 0.9170 Gold 0.1203 oz. AGW **Ruler:** Louis XV **Obv:** Head left **Rev:** Crown above arms of France and Navarre **Mint:** Lille

Date	Mintage	VG	F	VF	XF	Unc
1743W	2,660	200	400	600	1,100	2,400
1754W	—	200	400	600	1,100	2,400

KM# 517.10 1/2 LOUIS D'OR
4.0790 g., 0.9170 Gold 0.1203 oz. AGW **Ruler:** Louis XV **Obv:** Head left **Rev:** Crown above arms of France and Navarre **Mint:** Rennes **Note:** Mint mark: 9.

Date	Mintage	VG	F	VF	XF	Unc
1763	7,640	200	400	650	1,300	—

KM# 517.11 1/2 LOUIS D'OR
4.0790 g., 0.9170 Gold 0.1203 oz. AGW **Ruler:** Louis XV **Mint:** Aix **Note:** Mint mark: &.

Date	Mintage	VG	F	VF	XF	Unc
1741	—	225	450	650	1,150	2,530
1742	4,340	200	400	600	1,100	2,530

KM# 558 1/2 LOUIS D'OR
4.0790 g., 0.9170 Gold 0.1203 oz. AGW **Ruler:** Louis XV **Obv:** Old head of Louis XV left **Mint:** Paris

Date	Mintage	VG	F	VF	XF	Unc
1772A	—	3,900	5,900	9,800	—	—

KM# 573.1 1/2 LOUIS D'OR
4.0790 g., 0.9170 Gold 0.1203 oz. AGW **Ruler:** Louis XVI **Obv:** Uniformed bust left **Obv. Legend:** LUD • XVI • D • G • FR • ET NAV • REX • **Rev:** Crowned arms of France and Navarre in ovals **Rev. Legend:** CHRS • REGN • VINC • IMPER * **Mint:** Paris

Date	Mintage	VG	F	VF	XF	Unc
1775A	585	900	1,700	3,600	7,800	—
1777A	—	1,000	2,000	4,150	9,000	—
1784A	766	900	1,700	3,600	7,800	—

KM# 573.2 1/2 LOUIS D'OR
4.0790 g., 0.9170 Gold 0.1203 oz. AGW **Ruler:** Louis XVI **Obv:** Uniformed bust left **Rev:** Crowned arms of France and Navarre in ovals **Mint:** Limoges

Date	Mintage	VG	F	VF	XF	Unc
1777I	2,241	600	1,100	3,050	7,200	—

KM# 573.3 1/2 LOUIS D'OR
4.0790 g., 0.9170 Gold 0.1203 oz. AGW **Ruler:** Louis XVI **Obv:** Uniformed bust left **Rev:** Crowned arms of France and Navarre in ovals **Mint:** Bayonne

Date	Mintage	VG	F	VF	XF	Unc
1776L	683	900	1,600	3,600	7,800	—

KM# 302.4 LOUIS D'OR
6.6900 g., 0.9170 Gold 0.1972 oz. AGW **Ruler:** Louis XIV **Obv:** Older laureate head of Lois XIV **Rev:** 4 L's around mint mark **Mint:** Strasbourg

Date	Mintage	VG	F	VF	XF	Unc
1701BB Rare	—	—	—	—	—	—

KM# 302.6 LOUIS D'OR
6.6900 g., 0.9170 Gold 0.1972 oz. AGW **Ruler:** Louis XIV **Mint:** Lyon

Date	Mintage	VG	F	VF	XF	Unc
1701D Rare	—	—	—	—	—	—

KM# 302.9 LOUIS D'OR
6.6900 g., 0.9170 Gold 0.1972 oz. AGW **Ruler:** Louis XIV **Mint:** La Rochelle

Date	Mintage	VG	F	VF	XF	Unc
1701H Rare	—	—	—	—	—	—

KM# 302.11 LOUIS D'OR
6.6900 g., 0.9170 Gold 0.1972 oz. AGW **Ruler:** Louis XIV **Mint:** Bordeaux

Date	Mintage	VG	F	VF	XF	Unc
1701K Rare	—	—	—	—	—	—

KM# 302.12 LOUIS D'OR
6.6900 g., 0.9170 Gold 0.1972 oz. AGW **Ruler:** Louis XIV **Mint:** Bayonne

Date	Mintage	VG	F	VF	XF	Unc
1701L Rare	—	—	—	—	—	—

KM# 302.17 LOUIS D'OR
6.6900 g., 0.9170 Gold 0.1972 oz. AGW **Ruler:** Louis XIV **Mint:** Reims

Date	Mintage	VG	F	VF	XF	Unc
1701S Rare	—	—	—	—	—	—

KM# 302.20 LOUIS D'OR
6.6900 g., 0.9170 Gold 0.1972 oz. AGW **Ruler:** Louis XIV **Mint:** Lille

Date	Mintage	VG	F	VF	XF	Unc
1701W Rare	—	—	—	—	—	—

KM# 302.24 LOUIS D'OR
6.6900 g., 0.9170 Gold 0.1972 oz. AGW **Ruler:** Louis XIV **Mint:** Rennes **Note:** Mint mark: 9.

Date	Mintage	VG	F	VF	XF	Unc
1701	—	240	350	600	1,600	3,200
1701	—	270	375	600	1,600	3,500

KM# 334.1 LOUIS D'OR
6.6900 g., 0.9170 Gold 0.1972 oz. AGW **Ruler:** Louis XIV **Obv:** Laureate head right **Obv. Legend:** LVD • XIIII • D • G FR • ET • NAV • REX • **Rev:** Crowned back to back L's, Hand of Justice and sceptre cross at center **Rev. Legend:** CHRS • REGN • VINC • IMP **Mint:** Paris

Date	Mintage	VG	F	VF	XF	Unc
1701A	—	270	425	650	1,500	3,300
1701A	—	270	425	650	1,500	3,300
1702A	—	270	425	650	1,500	3,300
1703A	—	270	425	650	1,500	3,300
1704A Rare	—	—	—	—	—	—

KM# 334.2 LOUIS D'OR
6.6900 g., 0.9170 Gold 0.1972 oz. AGW **Ruler:** Louis XIV **Mint:** Metz

Date	Mintage	VG	F	VF	XF	Unc
1701AA	—	475	650	1,200	2,000	4,400

KM# 334.3 LOUIS D'OR
6.6900 g., 0.9170 Gold 0.1972 oz. AGW **Ruler:** Louis XIV **Mint:** Rouen

Date	Mintage	VG	F	VF	XF	Unc
1701B	—	270	450	575	1,300	2,850
1702B	—	270	425	475	1,100	2,400
1703B	—	270	450	575	1,300	2,850

KM# 334.4 LOUIS D'OR

6.6900 g., 0.9170 Gold 0.1972 oz. AGW **Ruler:** Louis XIV **Mint:** Strasbourg

Date	Mintage	VG	F	VF	XF	Unc
1701BB	—	270	375	475	1,100	2,400
1702BB	—	270	375	475	1,100	2,400

KM# 334.5 LOUIS D'OR

6.6900 g., 0.9170 Gold 0.1972 oz. AGW **Ruler:** Louis XIV **Mint:** Caen

Date	Mintage	VG	F	VF	XF	Unc
1702C	—	270	375	475	1,100	2,400
1703C	—	270	425	575	1,300	2,850

KM# 334.6 LOUIS D'OR

6.6900 g., 0.9170 Gold 0.1972 oz. AGW **Ruler:** Louis XIV **Mint:** Lyon

Date	Mintage	VG	F	VF	XF	Unc
1701D	—	270	375	475	1,100	2,400
1702D	—	270	375	475	1,100	2,400
1703D Rare	—	—	—	—	—	—

KM# 334.7 LOUIS D'OR

6.6900 g., 0.9170 Gold 0.1972 oz. AGW **Ruler:** Louis XIV **Mint:** Tours

Date	Mintage	VG	F	VF	XF	Unc
1701E	—	270	375	475	1,100	2,400
1702E Rare	—	—	—	—	—	—
1703E	—	270	425	575	1,250	2,750

KM# 334.8 LOUIS D'OR

6.6900 g., 0.9170 Gold 0.1972 oz. AGW **Ruler:** Louis XIV **Mint:** Poitiers

Date	Mintage	VG	F	VF	XF	Unc
1702G	—	270	375	475	1,100	2,400

KM# 334.9 LOUIS D'OR

6.6900 g., 0.9170 Gold 0.1972 oz. AGW **Ruler:** Louis XIV **Mint:** La Rochelle

Date	Mintage	VG	F	VF	XF	Unc
1701H	—	270	375	475	1,100	2,400
1702H	—	270	375	475	1,100	2,400
1703H	—	270	425	550	1,200	2,650

KM# 334.10 LOUIS D'OR

6.6900 g., 0.9170 Gold 0.1972 oz. AGW **Ruler:** Louis XIV **Mint:** Limoges

Date	Mintage	VG	F	VF	XF	Unc
1702I	—	270	450	575	1,300	2,850
1703I Rare	—	—	—	—	—	—

KM# 334.11 LOUIS D'OR

6.6900 g., 0.9170 Gold 0.1972 oz. AGW **Ruler:** Louis XIV **Mint:** Bordeaux

Date	Mintage	VG	F	VF	XF	Unc
1701K	—	270	425	550	1,200	2,650
1702K	—	270	425	550	1,200	2,650
1703K	—	270	425	550	1,200	2,650

KM# 334.12 LOUIS D'OR

6.6900 g., 0.9170 Gold 0.1972 oz. AGW **Ruler:** Louis XIV **Mint:** Bayonne

Date	Mintage	VG	F	VF	XF	Unc
1701L	—	270	425	550	1,200	2,650
1703L Rare	—	—	—	—	—	—
1704L Rare	—	—	—	—	—	—

KM# 334.13 LOUIS D'OR

6.6900 g., 0.9170 Gold 0.1972 oz. AGW **Ruler:** Louis XIV **Mint:** Toulouse

Date	Mintage	VG	F	VF	XF	Unc
1701M	—	270	375	475	1,100	2,400
1702M	—	380	575	950	1,650	—

KM# 334.14 LOUIS D'OR

6.6900 g., 0.9170 Gold 0.1972 oz. AGW **Ruler:** Louis XIV **Mint:** Montpellier

Date	Mintage	VG	F	VF	XF	Unc
1701N	—	270	375	475	1,100	2,400
1702N	—	270	375	475	1,100	2,400
1703N Rare	—	—	—	—	—	—

KM# 334.15 LOUIS D'OR

6.6900 g., 0.9170 Gold 0.1972 oz. AGW **Ruler:** Louis XIV **Mint:** Riom

Date	Mintage	VG	F	VF	XF	Unc
1701O	—	270	375	475	1,100	2,400
1702O	—	270	375	475	1,100	2,400

KM# 334.16 LOUIS D'OR

6.6900 g., 0.9170 Gold 0.1972 oz. AGW **Ruler:** Louis XIV **Mint:** Dijon

Date	Mintage	VG	F	VF	XF	Unc
1701P	—	270	375	475	1,100	2,400
1702P	—	270	375	475	1,100	2,400
1703P	—	270	425	550	1,200	2,650

KM# 334.18 LOUIS D'OR

6.6900 g., 0.9170 Gold 0.1972 oz. AGW **Ruler:** Louis XIV **Mint:** Reims

Date	Mintage	VG	F	VF	XF	Unc
1701S Rare	—	—	—	—	—	—
1702S	—	270	375	475	1,100	2,400

KM# 334.19 LOUIS D'OR

6.6900 g., 0.9170 Gold 0.1972 oz. AGW **Ruler:** Louis XIV **Mint:** Nantes

Date	Mintage	VG	F	VF	XF	Unc
1702T	—	200	300	400	900	1,800
1704T Rare	—	—	—	—	—	—

KM# 334.20 LOUIS D'OR

6.6900 g., 0.9170 Gold 0.1972 oz. AGW **Ruler:** Louis XIV **Mint:** Troyes

Date	Mintage	VG	F	VF	XF	Unc
1702V	—	270	375	475	1,100	2,400

KM# 334.21 LOUIS D'OR

6.6900 g., 0.9170 Gold 0.1972 oz. AGW **Ruler:** Louis XIV **Mint:** Lille

Date	Mintage	VG	F	VF	XF	Unc
1701W	—	270	425	600	1,450	3,100
1702W	—	270	375	550	1,300	2,850
1703W Rare	—	—	—	—	—	—

KM# 334.22 LOUIS D'OR

6.6900 g., 0.9170 Gold 0.1972 oz. AGW **Ruler:** Louis XIV **Mint:** Amiens

Date	Mintage	VG	F	VF	XF	Unc
1701X	—	270	425	600	1,450	3,100
1702X	—	270	375	550	1,300	2,850

KM# 334.23 LOUIS D'OR

6.6900 g., 0.9170 Gold 0.1972 oz. AGW **Ruler:** Louis XIV **Mint:** Bourges

Date	Mintage	VG	F	VF	XF	Unc
1702Y	—	270	375	475	1,100	2,400

KM# 334.24 LOUIS D'OR

6.6900 g., 0.9170 Gold 0.1972 oz. AGW **Ruler:** Louis XIV **Mint:** Grenoble

Date	Mintage	VG	F	VF	XF	Unc
1703Z Rare	—	—	—	—	—	—

KM# 334.25 LOUIS D'OR

6.6900 g., 0.9170 Gold 0.1972 oz. AGW **Ruler:** Louis XIV **Mint:** Rennes **Note:** Mint mark: 9.

Date	Mintage	VG	F	VF	XF	Unc
1701	—	270	375	475	1,100	2,400
1702	—	270	375	475	1,100	2,400

KM# 334.26 LOUIS D'OR

6.6900 g., 0.9170 Gold 0.1972 oz. AGW **Ruler:** Louis XIV **Mint:** Aix **Note:** Mint mark: &.

Date	Mintage	VG	F	VF	XF	Unc
1701	—	270	375	475	1,100	2,400
1702	—	270	425	575	1,300	2,850
1703 Rare	—	—	—	—	—	—

KM# 334.27 LOUIS D'OR

6.6900 g., 0.9170 Gold 0.1972 oz. AGW **Ruler:** Louis XIV **Mint:** Besançon **Note:** Mint mark: Back to back C's.

Date	Mintage	VG	F	VF	XF	Unc
1701	—	270	450	650	1,300	2,850
1702 Rare	—	—	—	—	—	—

KM# 365.1 LOUIS D'OR

6.6900 g., 0.9170 Gold 0.1972 oz. AGW **Ruler:** Louis XIV **Obv:** Laureate head right **Obv. Legend:** LVD • XIIII • D • G • ... **Rev:** Crossed sceptres with crowned fleur-de-lis at angles, circle at center **Rev. Legend:** CHRS • REGN • VINC • IMP **Mint:** Paris

Date	Mintage	VG	F	VF	XF	Unc
1704A	—	240	275	500	1,100	2,400
1705A	—	245	300	525	1,100	2,400
1706A	—	245	325	650	1,500	2,750
1707A	—	245	325	650	1,500	2,750
1708A Rare	—	245	325	650	1,500	2,750
1709A Rare	—	245	325	650	1,500	2,750

KM# 365.2 LOUIS D'OR

6.6900 g., 0.9170 Gold 0.1972 oz. AGW **Ruler:** Louis XIV **Obv:** Laureate head right **Rev:** Crossed sceptres with crowned fleur-de-lis at angles, circle at center **Mint:** Rouen

Date	Mintage	VG	F	VF	XF	Unc
1704B	—	245	325	450	1,100	2,400
1705B	—	245	325	450	1,100	2,400
1706B Rare	—	—	—	—	—	—

KM# 365.3 LOUIS D'OR

6.6900 g., 0.9170 Gold 0.1972 oz. AGW **Ruler:** Louis XIV **Obv:** Laureate head right **Rev:** Crossed sceptres with crowned fleur-de-lis at angles, circle at center **Mint:** Strasbourg

Date	Mintage	VG	F	VF	XF	Unc
1704BB	—	260	375	500	1,200	2,650
1705BB Rare	—	—	—	—	—	—
1706BB	—	260	375	500	1,200	2,650

KM# 365.4 LOUIS D'OR

6.6900 g., 0.9170 Gold 0.1972 oz. AGW **Ruler:** Louis XIV **Obv:** Laureate head right **Rev:** Crossed sceptres with crowned fleur-de-lis at angles, circle at center **Mint:** Caen

Date	Mintage	VG	F	VF	XF	Unc
1704C	—	245	325	450	1,100	2,400

KM# 365.5 LOUIS D'OR

6.6900 g., 0.9170 Gold 0.1972 oz. AGW **Ruler:** Louis XIV **Obv:** Laureate head right **Rev:** Crossed sceptres with crowned fleur-de-lis at angles, circle at center **Mint:** Lyon

Date	Mintage	VG	F	VF	XF	Unc
1704D	—	245	325	450	1,100	2,400
1705D	—	260	375	500	1,200	2,650
1706D Rare	—	—	—	—	—	—

KM# 365.6 LOUIS D'OR

6.6900 g., 0.9170 Gold 0.1972 oz. AGW **Ruler:** Louis XIV **Obv:** Laureate head right **Rev:** Crossed sceptres with crowned fleur-de-lis at angles, circle at center **Mint:** Tours

Date	Mintage	VG	F	VF	XF	Unc
1704E	—	260	375	500	1,200	2,650
1705E Rare	—	—	—	—	—	—
1709E Rare	—	—	—	—	—	—

KM# 365.7 LOUIS D'OR

6.6900 g., 0.9170 Gold 0.1972 oz. AGW **Ruler:** Louis XIV **Obv:** Laureate head right **Rev:** Crossed sceptres with crowned fleur-de-lis at angles, circle at center **Mint:** Poitiers

Date	Mintage	VG	F	VF	XF	Unc
1704G	—	260	375	500	1,200	2,650

KM# 365.8 LOUIS D'OR

6.6900 g., 0.9170 Gold 0.1972 oz. AGW **Ruler:** Louis XIV **Obv:** Laureate head right **Rev:** Crossed sceptres with crowned fleur-de-lis at angles, circle at center **Mint:** La Rochelle

Date	Mintage	VG	F	VF	XF	Unc
1704H	—	245	325	450	1,100	2,400

KM# 365.9 LOUIS D'OR

6.6900 g., 0.9170 Gold 0.1972 oz. AGW **Ruler:** Louis XIV **Obv:** Laureate head right **Rev:** Crossed sceptres with crowned fleur-de-lis at angles, circle at center **Mint:** Limoges

Date	Mintage	VG	F	VF	XF	Unc
1704I	—	245	325	450	1,100	2,400
1705I Rare	—	—	—	—	—	—

KM# 365.10 LOUIS D'OR

6.6900 g., 0.9170 Gold 0.1972 oz. AGW **Ruler:** Louis XIV **Obv:** Laureate head right **Rev:** Crossed sceptres with crowned fleur-de-lis at angles, circle at center **Mint:** Bordeaux

Date	Mintage	VG	F	VF	XF	Unc
1704K	—	245	300	400	1,100	2,400
1705K	—	245	325	450	1,100	2,400

KM# 365.11 LOUIS D'OR

6.6900 g., 0.9170 Gold 0.1972 oz. AGW **Ruler:** Louis XIV **Obv:** Laureate head right **Rev:** Crossed sceptres with crowned fleur-de-lis at angles, circle at center **Mint:** Bayonne

Date	Mintage	VG	F	VF	XF	Unc
1704L	—	245	325	500	1,200	2,650
1705L Rare	—	—	—	—	—	—

KM# 365.12 LOUIS D'OR

6.6900 g., 0.9170 Gold 0.1972 oz. AGW **Ruler:** Louis XIV **Obv:** Laureate head right **Rev:** Crossed sceptres with crowned fleur-de-lis at angles, circle at center **Mint:** Toulouse

Date	Mintage	VG	F	VF	XF	Unc
1704M	—	260	375	500	1,200	2,650
1707M Rare	—	—	—	—	—	—

238 FRANCE

KM# 365.13 LOUIS D'OR

6.6900 g., 0.9170 Gold 0.1972 oz. AGW **Ruler:** Louis XIV **Obv:** Laureate head right **Rev:** Crossed sceptres with crowned fleur-de-lis at angles, circle at center **Mint:** Montpellier

Date	Mintage	VG	F	VF	XF	Unc
1704N	—	245	325	450	1,100	2,400
1705N Rare	—	—	—	—	—	—
1706N	—	245	325	450	1,100	2,400

KM# 365.14 LOUIS D'OR

6.6900 g., 0.9170 Gold 0.1972 oz. AGW **Ruler:** Louis XIV **Obv:** Laureate head right **Rev:** Crossed sceptres with crowned fleur-de-lis at angles, circle at center **Mint:** Riom

Date	Mintage	VG	F	VF	XF	Unc
17040	—	245	325	450	1,100	2,400
17050 Rare	—	—	—	—	—	—

KM# 365.15 LOUIS D'OR

6.6900 g., 0.9170 Gold 0.1972 oz. AGW **Ruler:** Louis XIV **Obv:** Laureate head right **Rev:** Crossed sceptres with crowned fleur-de-lis at angles, circle at center **Mint:** Dijon

Date	Mintage	VG	F	VF	XF	Unc
1704P	—	245	325	450	1,100	2,400
1705P	—	245	325	450	1,100	2,400
1708P	—	245	325	450	1,100	2,400

KM# 365.16 LOUIS D'OR

6.6900 g., 0.9170 Gold 0.1972 oz. AGW **Ruler:** Louis XIV **Obv:** Laureate head right **Rev:** Crossed sceptres with crowned fleur-de-lis at angles, circle at center **Mint:** Villeneuve St. André

Date	Mintage	VG	F	VF	XF	Unc
1704R	—	275	500	750	1,400	3,050
1705R	—	275	500	750	1,400	3,050

KM# 365.17 LOUIS D'OR

6.6900 g., 0.9170 Gold 0.1972 oz. AGW **Ruler:** Louis XIV **Mint:** Troyes **Note:** Mint mark: Crowned S.

Date	Mintage	VG	F	VF	XF	Unc
1704	—	245	325	450	1,100	2,650
1705 Rare	—	—	—	—	—	—

KM# 365.18 LOUIS D'OR

6.6900 g., 0.9170 Gold 0.1972 oz. AGW **Ruler:** Louis XIV **Obv:** Laureate head right **Rev:** Crossed sceptres with crowned fleur-de-lis at angles, circle at center **Mint:** Nantes

Date	Mintage	VG	F	VF	XF	Unc
1704T	—	245	325	450	1,100	2,400
1705T Rare	—	—	—	—	—	—
1709T Rare	—	—	—	—	—	—

KM# 365.19 LOUIS D'OR

6.6900 g., 0.9170 Gold 0.1972 oz. AGW **Ruler:** Louis XIV **Obv:** Laureate head right **Rev:** Crossed sceptres with crowned fleur-de-lis at angles, circle at center **Mint:** Troyes

Date	Mintage	VG	F	VF	XF	Unc
1704V Rare	—	—	—	—	—	—
1705V Rare	—	—	—	—	—	—

KM# 365.20 LOUIS D'OR

6.6900 g., 0.9170 Gold 0.1972 oz. AGW **Ruler:** Louis XIV **Obv:** Laureate head right **Rev:** Crossed sceptres with crowned fleur-de-lis at angles, circle at center **Mint:** Lille

Date	Mintage	VG	F	VF	XF	Unc
1704W	—	260	375	500	1,200	2,650
1705W	—	245	325	450	1,100	2,400
1706W Rare	—	—	—	—	—	—

KM# 365.21 LOUIS D'OR

6.6900 g., 0.9170 Gold 0.1972 oz. AGW **Ruler:** Louis XIV **Obv:** Laureate head right **Rev:** Crossed sceptres with crowned fleur-de-lis at angles, circle at center **Mint:** Amiens

Date	Mintage	VG	F	VF	XF	Unc
1704X	—	245	375	500	1,200	2,650
1705X	—	260	450	700	1,300	2,850

KM# 365.22 LOUIS D'OR

6.6900 g., 0.9170 Gold 0.1972 oz. AGW **Ruler:** Louis XIV **Obv:** Laureate head right **Rev:** Crossed sceptres with crowned fleur-de-lis at angles, circle at center **Mint:** Bourges

Date	Mintage	VG	F	VF	XF	Unc
1704Y	—	245	325	450	1,100	2,400
1705Y Rare	—	—	—	—	—	—

KM# 365.23 LOUIS D'OR

6.6900 g., 0.9170 Gold 0.1972 oz. AGW **Ruler:** Louis XIV **Obv:** Laureate head right **Rev:** Crossed sceptres with crowned fleur-de-lis at angles, circle at center **Mint:** Grenoble

Date	Mintage	VG	F	VF	XF	Unc
1704Z	—	260	375	500	1,200	2,950
1709Z Rare	—	—	—	—	—	—

KM# 365.24 LOUIS D'OR

6.6900 g., 0.9170 Gold 0.1972 oz. AGW **Ruler:** Louis XIV **Mint:** Aix **Note:** Mint mark: &.

Date	Mintage	VG	F	VF	XF	Unc
1704	—	245	300	425	1,100	2,400
1705	—	245	325	450	1,100	2,400
1707	—	245	325	450	1,100	2,400

KM# 365.25 LOUIS D'OR

6.6900 g., 0.9170 Gold 0.1972 oz. AGW **Ruler:** Louis XIV **Mint:** Rennes **Note:** Mint mark: 9.

Date	Mintage	VG	F	VF	XF	Unc
1704	—	245	325	450	1,100	2,400
1707	—	245	325	450	1,100	2,400
1708 Rare	—	—	—	—	—	—
1709 Rare	—	—	—	—	—	—

KM# 365.26 LOUIS D'OR

6.6900 g., 0.9170 Gold 0.1972 oz. AGW **Ruler:** Louis XIV **Mint:** Besançon **Note:** Mint mark: Back to back C's.

Date	Mintage	VG	F	VF	XF	Unc
1704	—	245	325	450	1,100	2,650

KM# 366 LOUIS D'OR

6.6900 g., 0.9170 Gold 0.1972 oz. AGW **Ruler:** Louis XIV **Obv:** Laureate head right **Obv. Legend:** ....RE.BD (ligate BD). **Rev:** Crossed sceptres with crowned fleur-de-lis at angles, circle at center **Rev. Legend:** CHRS REGN VINC IMP **Mint:** Pau **Note:** Mint mark: Cow. Issued for Province of Bearn.

Date	Mintage	VG	F	VF	XF	Unc
1704	—	265	500	850	1,650	3,600
1705 Rare	—	—	—	—	—	—

KM# 367 LOUIS D'OR

6.6900 g., 0.9170 Gold 0.1972 oz. AGW **Ruler:** Louis XIV **Obv:** Laureate bust with longer hair right **Obv. Legend:** LVD • XIIII • D • G • FR • ET • NAV • REX • **Rev:** Crossed sceptres with crowned fleur-de-lis at angles, circle at center **Rev. Legend:** CHRS REGN VINC IMP **Mint:** Paris

Date	Mintage	VG	F	VF	XF	Unc
1704A	—	275	600	900	1,650	3,600
1705A	—	275	600	900	1,650	3,600
1707A	—	275	600	900	1,650	3,600
1709A	—	275	600	900	1,650	3,600

KM# 390.1 LOUIS D'OR

8.1300 g., 0.9170 Gold 0.2397 oz. AGW **Ruler:** Louis XIV **Obv:** Laureate head right **Obv. Legend:** LVD • XIIII • D • G • FR • ET • NAV • REX **Rev:** Crowned back to back L's with flower in center square, fleur-de-lis at angles **Rev. Legend:** CHRS • REGN • VINC • IMP **Mint:** Paris

Date	Mintage	VG	F	VF	XF	Unc
1709A	—	300	425	600	1,300	2,850
1710A	—	300	425	600	1,300	2,850
1711A	—	300	425	600	1,300	2,850
1712A	—	300	425	600	1,300	2,850
1713A	—	300	425	600	1,300	2,850
1714A	—	350	475	750	1,650	3,600
1715A	—	400	525	900	1,850	4,150

KM# 390.2 LOUIS D'OR

8.1300 g., 0.9170 Gold 0.2397 oz. AGW **Ruler:** Louis XIV **Obv:** Laureate head right **Rev:** Crowned back to back L's with flower in center square, fleur-de-lis at angles **Mint:** Rouen

Date	Mintage	VG	F	VF	XF	Unc
1709B	—	300	425	600	1,300	2,850
1710B	—	350	475	750	1,650	3,600
1711B	—	350	475	750	1,650	3,600
1712B Rare	—	—	—	—	—	—
1713B	—	350	475	750	1,650	3,600
1714B	—	300	425	600	1,300	2,850
1715B	—	350	475	750	1,650	3,600

KM# 390.3 LOUIS D'OR

8.1300 g., 0.9170 Gold 0.2397 oz. AGW **Ruler:** Louis XIV **Obv:** Laureate head right **Rev:** Crowned back to back L's with flower in center square, fleur-de-lis at angles **Mint:** Caen

Date	Mintage	VG	F	VF	XF	Unc
1709C Rare	—	—	—	—	—	—
1710C Rare	—	—	—	—	—	—
1711C Rare	—	—	—	—	—	—
1712C Rare	—	—	—	—	—	—
1713C Rare	—	—	—	—	—	—
1714C Rare	—	—	—	—	—	—
1715C Rare	—	—	—	—	—	—

KM# 390.4 LOUIS D'OR

8.1300 g., 0.9170 Gold 0.2397 oz. AGW **Ruler:** Louis XIV **Obv:** Laureate head right **Rev:** Crowned back to back L's with flower in center square, fleur-de-lis at angles **Mint:** Lyon

Date	Mintage	VG	F	VF	XF	Unc
1709D	—	300	425	600	1,300	2,850
1710D	—	300	425	600	1,300	2,850
1711D	—	300	425	600	1,300	2,850
1712D Rare	—	—	—	—	—	—
1713D	—	350	475	750	1,650	3,600
1714D	—	350	475	750	1,650	3,600
dD Rare	—	—	—	—	—	—

KM# 390.5 LOUIS D'OR

8.1300 g., 0.9170 Gold 0.2397 oz. AGW **Ruler:** Louis XIV **Obv:** Laureate head right **Rev:** Crowned back to back L's with flower in center square, fleur-de-lis at angles **Mint:** Tours

Date	Mintage	VG	F	VF	XF	Unc
1709E Rare	—	—	—	—	—	—
1710E Rare	—	—	—	—	—	—
1711E	—	350	475	900	1,850	4,150
1712E Rare	—	—	—	—	—	—
1713E Rare	—	—	—	—	—	—
1714E Rare	—	—	—	—	—	—
1715E Rare	—	—	—	—	—	—

KM# 390.6 LOUIS D'OR

8.1300 g., 0.9170 Gold 0.2397 oz. AGW **Ruler:** Louis XIV **Obv:** Laureate head right **Rev:** Crowned back to back L's with flower in center square, fleur-de-lis at angles **Mint:** Poitiers

Date	Mintage	VG	F	VF	XF	Unc
1709G Rare	—	—	—	—	—	—
1710G Rare	—	—	—	—	—	—
1711G Rare	—	—	—	—	—	—
1712G Rare	—	—	—	—	—	—
1713G	—	400	550	950	1,850	4,150
1714G Rare	—	—	—	—	—	—
1715G Rare	—	—	—	—	—	—

KM# 390.7 LOUIS D'OR

8.1300 g., 0.9170 Gold 0.2397 oz. AGW **Ruler:** Louis XIV **Obv:** Laureate head right **Rev:** Crowned back to back L's with flower in center square, fleur-de-lis at angles **Mint:** La Rochelle

Date	Mintage	VG	F	VF	XF	Unc
1709H	—	350	475	750	1,650	3,600
1710H	—	350	475	750	1,650	3,600
1711H	—	350	475	750	1,650	3,600
1712H Rare	—	—	—	—	—	—
1713H Rare	—	—	—	—	—	—
1714H	—	400	550	950	1,850	4,150

KM# 390.8 LOUIS D'OR

8.1300 g., 0.9170 Gold 0.2397 oz. AGW **Ruler:** Louis XIV **Obv:** Laureate head right **Rev:** Crowned back to back L's with flower in center square, fleur-de-lis at angles **Mint:** Limoges

Date	Mintage	VG	F	VF	XF	Unc
1709I Rare	—	—	—	—	—	—
1710I Rare	—	—	—	—	—	—
1711I Rare	—	—	—	—	—	—
1712I Rare	—	—	—	—	—	—
1713I	—	400	550	950	1,850	4,150
1714I Rare	—	—	—	—	—	—
1715I Rare	—	—	—	—	—	—

KM# 390.9 LOUIS D'OR

8.1300 g., 0.9170 Gold 0.2397 oz. AGW **Ruler:** Louis XIV **Obv:** Laureate head right **Rev:** Crowned back to back L's with flower in center square, fleur-de-lis at angles **Mint:** Bordeaux

Date	Mintage	VG	F	VF	XF	Unc
1709K Rare	—	—	—	—	—	—
1710K	—	300	425	600	1,300	2,850
1711K	340,000	300	425	600	1,300	2,850

KM# 390.10 LOUIS D'OR

8.1300 g., 0.9170 Gold 0.2397 oz. AGW **Ruler:** Louis XIV **Obv:** Laureate head right **Rev:** Crowned back to back L's with flower in center square, fleur-de-lis at angles **Mint:** Bayonne

Date	Mintage	VG	F	VF	XF	Unc
1709L	—	400	550	950	1,950	4,250
1710L	—	300	425	600	1,300	2,850

KM# 390.11 LOUIS D'OR

8.1300 g., 0.9170 Gold 0.2397 oz. AGW **Ruler:** Louis XIV **Obv:** Laureate head right **Rev:** Crowned back to back L's with flower in center square, fleur-de-lis at angles **Mint:** Toulouse

Date	Mintage	VG	F	VF	XF	Unc
1709M	—	300	400	600	1,300	2,850
1710M	—	350	450	750	1,650	3,600
1711M Rare	—	—	—	—	—	—
1712M Rare	—	—	—	—	—	—
1713M Rare	—	—	—	—	—	—
1714M Rare	—	—	—	—	—	—
1715M Rare	—	—	—	—	—	—

KM# 390.12 LOUIS D'OR

8.1300 g., 0.9170 Gold 0.2397 oz. AGW **Ruler:** Louis XIV **Obv:** Laureate head right **Mint:** Montpellier

Date	Mintage	VG	F	VF	XF	Unc
1709N Rare	—	—	—	—	—	—
1710N	—	300	425	600	1,300	2,850
1711N Rare	—	—	—	—	—	—
1712N	—	400	550	950	2,000	4,400
1713N Rare	—	—	—	—	—	—
1715N	—	350	475	750	1,650	3,600

KM# 390.13 LOUIS D'OR

8.1300 g., 0.9170 Gold 0.2397 oz. AGW **Ruler:** Louis XIV **Obv:** Laureate head right **Rev:** Crowned back to back L's with flower in center square, fleur-de-lis at angles **Mint:** Riom

Date	Mintage	VG	F	VF	XF	Unc
17090 Rare	—	—	—	—	—	—
17100 Rare	—	—	—	—	—	—
17110 Rare	—	—	—	—	—	—
17120 Rare	—	—	—	—	—	—
17130 Rare	—	—	—	—	—	—
17140 Rare	—	—	—	—	—	—
17150 Rare	—	—	—	—	—	—

KM# 390.14 LOUIS D'OR
8.1300 g., 0.9170 Gold 0.2397 oz. AGW **Ruler:** Louis XIV **Obv:** Laureate head right **Rev:** Crowned back to back L's with flower in center square, fleur-de-lis at angles **Mint:** Dijon

Date	Mintage	VG	F	VF	XF	Unc
1709P	—	350	475	750	1,650	3,600
1710P	—	350	475	750	1,650	3,600
1711P	—	350	475	750	1,650	3,600
1712P Rare	—	—	—	—	—	—
1713P Rare	—	—	—	—	—	—

KM# 390.15 LOUIS D'OR
8.1300 g., 0.9170 Gold 0.2397 oz. AGW **Ruler:** Louis XIV **Obv:** Laureate head right **Rev:** Crowned back to back L's with flower in center square, fleur-de-lis at angles **Mint:** Perpignan

Date	Mintage	VG	F	VF	XF	Unc
1711Q	—	350	475	750	1,650	3,600
1712Q	—	400	525	1,000	2,000	4,400

KM# 390.17 LOUIS D'OR
8.1300 g., 0.9170 Gold 0.2397 oz. AGW **Ruler:** Louis XIV **Mint:** Troyes **Note:** Mint mark: Crowned S.

Date	Mintage	VG	F	VF	XF	Unc
1709	—	300	425	600	1,300	2,850
1710	560,000	300	425	600	1,300	2,850
1711	—	300	425	600	1,300	2,850
1712 Rare	—	—	—	—	—	—
1713 Rare	—	—	—	—	—	—
1715 Rare	—	—	—	—	—	—

KM# 390.18 LOUIS D'OR
8.1300 g., 0.9170 Gold 0.2397 oz. AGW **Ruler:** Louis XIV **Mint:** Nantes

Date	Mintage	VG	F	VF	XF	Unc
1709T Rare	—	—	—	—	—	—
1710T Rare	—	—	—	—	—	—
1711T Rare	—	—	—	—	—	—
1712T	—	350	475	750	1,650	3,600
1713T Rare	—	—	—	—	—	—
1714T Rare	—	—	—	—	—	—
1715T	—	350	475	750	1,650	3,600

KM# 390.19 LOUIS D'OR
8.1300 g., 0.9170 Gold 0.2397 oz. AGW **Ruler:** Louis XIV **Mint:** Troyes

Date	Mintage	VG	F	VF	XF	Unc
1709V	—	250	450	750	1,650	3,250
1710V Rare	—	—	—	—	—	—
1711V Rare	—	—	—	—	—	—
1712V Rare	—	—	—	—	—	—
1713V Rare	—	—	—	—	—	—
1714V Rare	—	—	—	—	—	—
1715V Rare	—	—	—	—	—	—

KM# 390.20 LOUIS D'OR
8.1300 g., 0.9170 Gold 0.2397 oz. AGW **Ruler:** Louis XIV **Obv:** Laureate head right **Rev:** Crowned back to back L's with flower in center square, fleur-de-lis at angles **Mint:** Lille

Date	Mintage	VG	F	VF	XF	Unc
1711W	—	350	475	750	1,650	3,600
1713W Rare	—	—	—	—	—	—
1714W Rare	—	—	—	—	—	—
1715W Rare	—	—	—	—	—	—

KM# 390.21 LOUIS D'OR
8.1300 g., 0.9170 Gold 0.2397 oz. AGW **Ruler:** Louis XIV **Mint:** Amiens

Date	Mintage	VG	F	VF	XF	Unc
1709X	—	350	475	750	1,650	3,600
1710X	—	300	425	600	1,300	2,900
1711X	—	300	425	600	1,300	2,900
1712X	—	400	525	900	1,850	4,150
1713X Rare	—	—	—	—	—	—
1714X Rare	—	—	—	—	—	—
1715X Rare	—	—	—	—	—	—

KM# 390.22 LOUIS D'OR
8.1300 g., 0.9170 Gold 0.2397 oz. AGW **Ruler:** Louis XIV **Mint:** Bourges

Date	Mintage	VG	F	VF	XF	Unc
1709Y	—	400	550	1,000	2,000	4,400
1710Y	—	300	450	700	1,200	2,650
1711Y Rare	—	—	—	—	—	—
1712Y Rare	—	—	—	—	—	—
1713Y Rare	—	—	—	—	—	—
1714Y Rare	—	—	—	—	—	—
1715Y Rare	—	—	—	—	—	—

KM# 390.23 LOUIS D'OR
8.1300 g., 0.9170 Gold 0.2397 oz. AGW **Ruler:** Louis XIV **Mint:** Grenoble

Date	Mintage	VG	F	VF	XF	Unc
1709Z Rare	—	—	—	—	—	—
1710Z Rare	—	—	—	—	—	—
1711Z Rare	—	—	600	1,100	2,200	—
1712Z Rare	—	—	600	1,100	2,200	—
1713Z Rare	—	—	800	1,500	2,800	—
1714Z Rare	—	—	—	—	—	—
1715Z Rare	—	—	—	—	—	—

KM# 390.24 LOUIS D'OR
8.1300 g., 0.9170 Gold 0.2397 oz. AGW **Ruler:** Louis XIV **Mint:** Rennes **Note:** Mint mark: 9.

Date	Mintage	VG	F	VF	XF	Unc
1709	—	275	450	750	1,650	3,600
1710	—	275	450	750	1,650	3,600
1711 Rare	—	—	—	—	—	—
1712 Rare	—	—	—	—	—	—
1713	—	275	475	850	1,800	3,950
1714 Rare	—	—	—	—	—	—
1715 Rare	—	—	—	—	—	—

KM# 390.25 LOUIS D'OR
8.1300 g., 0.9170 Gold 0.2397 oz. AGW **Ruler:** Louis XIV **Mint:** Aix **Note:** Mint mark: &.

Date	Mintage	VG	F	VF	XF	Unc
1709	—	300	425	600	1,300	2,850
1710	—	350	475	750	1,650	3,600

KM# 390.26 LOUIS D'OR
8.1300 g., 0.9170 Gold 0.2397 oz. AGW **Ruler:** Louis XIV **Mint:** Besançon **Note:** Mint mark: Back to back C's.

Date	Mintage	VG	F	VF	XF	Unc
1709	—	300	425	600	1,300	2,850
1710	—	300	425	600	1,300	2,850
1711 Rare	—	—	—	—	—	—
1712	—	400	525	900	1,850	4,150
1713 Rare	—	—	—	—	—	—
1714 Rare	—	—	—	—	—	—
1715 Rare	—	—	—	—	—	—

KM# 391 LOUIS D'OR
8.1300 g., 0.9170 Gold 0.2397 oz. AGW **Ruler:** Louis XIV **Obv. Legend:** ... RE • BD • (ligate BD) **Mint:** Pau **Note:** Mint mark: Cow. Issued for Province of Bearn.

Date	Mintage	VG	F	VF	XF	Unc
1709	—	300	425	600	1,300	2,850
1710	—	350	475	750	1,650	3,600
1711	—	350	475	750	1,650	3,600
1712	—	300	425	600	1,300	2,850
1713	—	350	475	750	1,650	3,600
1714	—	400	600	900	2,000	4,400
1715	—	350	475	775	1,800	3,950

KM# 415.1 LOUIS D'OR
8.1580 g., 0.9170 Gold 0.2405 oz. AGW **Ruler:** Louis XV **Obv:** Boy head of Louis XV right; date and mint mark below **Rev:** Crowned double L's cruciform with fleur-de-lis in angles **Mint:** Montpellier

Date	Mintage	VG	F	VF	XF	Unc
1715N	3,265	6,000	11,000	20,000	40,000	—

KM# 415.2 LOUIS D'OR
8.1580 g., 0.9170 Gold 0.2405 oz. AGW **Ruler:** Louis XV **Mint:** Aix **Note:** Mint mark: &.

Date	Mintage	VG	F	VF	XF	Unc
1715	—	7,500	15,000	25,000	50,000	—

KM# 425.1 LOUIS D'OR
8.1580 g., 0.9170 Gold 0.2405 oz. AGW **Ruler:** Louis XV **Obv:** Young head right **Obv. Legend:** LVD • XV • D • G • FR • ET • NAV • REX • **Rev:** Crowned arms of France **Rev. Legend:** CHRS • REGN • N • VINC IMP * **Mint:** Paris

Date	Mintage	VG	F	VF	XF	Unc
1716A	—	650	2,000	3,300	7,200	—

KM# 425.2 LOUIS D'OR
8.1580 g., 0.9170 Gold 0.2405 oz. AGW **Ruler:** Louis XV **Obv:** Young head right **Rev:** Crowned arms of France **Mint:** Rouen

Date	Mintage	VG	F	VF	XF	Unc
1716B	—	725	2,200	3,500	7,800	—

KM# 425.3 LOUIS D'OR
8.1580 g., 0.9170 Gold 0.2405 oz. AGW **Ruler:** Louis XV **Obv:** Young head right **Rev:** Crowned arms of France **Mint:** Lyon

Date	Mintage	VG	F	VF	XF	Unc
1716D	25,000	725	2,200	3,500	7,800	—

KM# 425.4 LOUIS D'OR
8.1580 g., 0.9170 Gold 0.2405 oz. AGW **Ruler:** Louis XV **Obv:** Young head right **Rev:** Crowned arms of France **Mint:** Tours

Date	Mintage	VG	F	VF	XF	Unc
1716E	—	650	2,000	3,300	7,200	—

KM# 425.5 LOUIS D'OR
8.1580 g., 0.9170 Gold 0.2405 oz. AGW **Ruler:** Louis XV **Obv:** Young head right **Rev:** Crowned arms of France **Mint:** Poitiers

Date	Mintage	VG	F	VF	XF	Unc
1716G	—	725	2,200	3,500	7,800	—

KM# 425.6 LOUIS D'OR
8.1580 g., 0.9170 Gold 0.2405 oz. AGW **Ruler:** Louis XV **Obv:** Young head right **Rev:** Crowned arms of France **Mint:** La Rochelle

Date	Mintage	VG	F	VF	XF	Unc
1716H	—	725	2,200	3,500	7,800	—

KM# 425.7 LOUIS D'OR
8.1580 g., 0.9170 Gold 0.2405 oz. AGW **Ruler:** Louis XV **Obv:** Young head right **Rev:** Crowned arms of France **Mint:** Bordeaux

Date	Mintage	VG	F	VF	XF	Unc
1716K	—	975	3,000	4,950	11,000	—

KM# 425.8 LOUIS D'OR
8.1580 g., 0.9170 Gold 0.2405 oz. AGW **Ruler:** Louis XV **Obv:** Young head right **Rev:** Crowned arms of France **Mint:** Bayonne

Date	Mintage	VG	F	VF	XF	Unc
1716L	—	725	2,200	3,500	7,800	—

KM# 425.9 LOUIS D'OR
8.1580 g., 0.9170 Gold 0.2405 oz. AGW **Ruler:** Louis XV **Obv:** Young head right **Rev:** Crowned arms of France **Mint:** Toulouse

Date	Mintage	VG	F	VF	XF	Unc
1716M	28,000	725	2,200	3,500	7,800	—

KM# 425.10 LOUIS D'OR
8.1580 g., 0.9170 Gold 0.2405 oz. AGW **Ruler:** Louis XV **Obv:** Young head right **Rev:** Crowned arms of France **Mint:** Montpellier

Date	Mintage	VG	F	VF	XF	Unc
1716N	72,000	975	3,000	4,950	11,000	—

KM# 425.11 LOUIS D'OR
8.1580 g., 0.9170 Gold 0.2405 oz. AGW **Ruler:** Louis XV **Obv:** Young head right **Rev:** Crowned arms of France **Mint:** Perpignan

Date	Mintage	VG	F	VF	XF	Unc
1716Q	—	975	3,000	4,950	11,000	—

KM# 425.12 LOUIS D'OR
8.1580 g., 0.9170 Gold 0.2405 oz. AGW **Ruler:** Louis XV **Obv:** Young head right **Rev:** Crowned arms of France **Mint:** Reims

Date	Mintage	VG	F	VF	XF	Unc
1716S	—	725	2,200	3,500	7,800	—

KM# 425.13 LOUIS D'OR
8.1580 g., 0.9170 Gold 0.2405 oz. AGW **Ruler:** Louis XV **Obv:** Young head right **Rev:** Crowned arms of France **Mint:** Nantes

Date	Mintage	VG	F	VF	XF	Unc
1716T	—	725	2,200	3,500	7,800	—

KM# 425.14 LOUIS D'OR
8.1580 g., 0.9170 Gold 0.2405 oz. AGW **Ruler:** Louis XV **Obv:** Young head right **Rev:** Crowned arms of France **Mint:** Troyes

Date	Mintage	VG	F	VF	XF	Unc
1716V	—	725	2,200	3,500	7,800	—

KM# 425.15 LOUIS D'OR
8.1580 g., 0.9170 Gold 0.2405 oz. AGW **Ruler:** Louis XV **Obv:** Young head right **Rev:** Crowned arms of France **Mint:** Lille

Date	Mintage	VG	F	VF	XF	Unc
1716W	—	775	2,400	3,850	8,400	—

KM# 425.16 LOUIS D'OR
8.1580 g., 0.9170 Gold 0.2405 oz. AGW **Ruler:** Louis XV **Obv:** Young head right **Rev:** Crowned arms of France **Mint:** Amiens

Date	Mintage	VG	F	VF	XF	Unc
1716X	3,649	725	2,200	3,500	7,800	—

KM# 425.17 LOUIS D'OR
8.1580 g., 0.9170 Gold 0.2405 oz. AGW **Ruler:** Louis XV **Obv:** Young head right **Rev:** Crowned arms of France **Mint:** Grenoble

Date	Mintage	VG	F	VF	XF	Unc
1716Z	13,000	725	2,200	3,500	7,800	—

KM# 425.18 LOUIS D'OR
8.1580 g., 0.9170 Gold 0.2405 oz. AGW **Ruler:** Louis XV **Mint:** Rennes **Note:** Mint mark: 9.

Date	Mintage	VG	F	VF	XF	Unc
1716	—	775	2,400	3,750	8,400	—

KM# 425.19 LOUIS D'OR
8.1580 g., 0.9170 Gold 0.2405 oz. AGW **Ruler:** Louis XV **Mint:** Aix **Note:** Mint mark: &.

Date	Mintage	VG	F	VF	XF	Unc
1716	—	725	2,200	3,500	7,800	—

KM# 430.1 LOUIS D'OR
6.1180 g., 0.9170 Gold 0.1804 oz. AGW **Ruler:** Louis XV **Obv:** Crowned head left **Obv. Legend:** LVD • XV • D • G • FR • ET • NAV • REX • **Rev:** Crowned arms of France and Navarre in cruciform, fleur-de-lis at angles **Rev. Legend:** CHRS • REGN • VINC • IMP • **Mint:** Paris **Note:** Issued for Noailles.

Date	Mintage	VG	F	VF	XF	Unc
1717A	447,000	1,000	1,750	2,750	4,200	6,600

KM# 430.2 LOUIS D'OR
6.1180 g., 0.9170 Gold 0.1804 oz. AGW **Ruler:** Louis XV **Mint:** Metz

Date	Mintage	VG	F	VF	XF	Unc
1717AA	4,000	—	—	—	—	—

Note: Reported, not confirmed

KM# 438.1 LOUIS D'OR
9.7900 g., 0.9170 Gold 0.2886 oz. AGW **Ruler:** Louis XV **Obv:** Young laureate bust right **Obv. Legend:** LVD • XV • D • G • FR • ST • NAV • REX • **Rev:** Round arms of France at center of 8-pointed cross **Rev. Legend:** CHRISTVS REGNAT VINCIT IMPERAT **Mint:** Paris

Date	Mintage	VG	F	VF	XF	Unc
1718A	—	360	450	700	1,800	3,950
1719A	—	365	525	800	2,050	4,400

KM# 438.2 LOUIS D'OR

9.7900 g., 0.9170 Gold 0.2886 oz. AGW **Ruler:** Louis XV **Obv:** Young laureate head right **Rev:** Round arms of France at center of 8-pointed cross **Mint:** Metz

Date	Mintage	VG	F	VF	XF	Unc
1718AA	—	375	650	1,100	2,600	5,700

KM# 438.3 LOUIS D'OR

9.7900 g., 0.9170 Gold 0.2886 oz. AGW **Ruler:** Louis XV **Obv:** Young laureate head right **Rev:** Round arms of France at center of 8-pointed cross **Mint:** Rouen

Date	Mintage	VG	F	VF	XF	Unc
1718B	23,000	375	650	1,100	2,600	5,700

KM# 438.4 LOUIS D'OR

9.7900 g., 0.9170 Gold 0.2886 oz. AGW **Ruler:** Louis XV **Obv:** Young laureate head right **Rev:** Round arms of France at center of 8-pointed cross **Mint:** Strasbourg

Date	Mintage	VG	F	VF	XF	Unc
1718BB	—	375	650	1,100	2,600	5,700

KM# 438.5 LOUIS D'OR

9.7900 g., 0.9170 Gold 0.2886 oz. AGW **Ruler:** Louis XV **Obv:** Young laureate head right **Rev:** Round arms of France at center of 8-pointed cross **Mint:** Caen

Date	Mintage	VG	F	VF	XF	Unc
1718C	—	375	650	1,100	2,600	5,700
1719C	16,000	375	650	1,100	2,600	5,700

KM# 438.6 LOUIS D'OR

9.7900 g., 0.9170 Gold 0.2886 oz. AGW **Ruler:** Louis XV **Obv:** Young laureate head right **Rev:** Round arms of France at center of 8-pointed cross **Mint:** Lyon

Date	Mintage	VG	F	VF	XF	Unc
1718D	—	325	650	1,100	2,600	5,700
1719D	—	450	750	1,250	3,050	6,800

KM# 438.7 LOUIS D'OR

9.7900 g., 0.9170 Gold 0.2886 oz. AGW **Ruler:** Louis XV **Obv:** Young laureate head right **Rev:** Round arms of France at center of 8-pointed cross **Mint:** Tours

Date	Mintage	VG	F	VF	XF	Unc
1718E	7,338	375	650	1,100	2,600	5,700
1719E	14,000	375	650	1,100	2,600	5,700

KM# 438.8 LOUIS D'OR

9.7900 g., 0.9170 Gold 0.2886 oz. AGW **Ruler:** Louis XV **Obv:** Young laureate head right **Rev:** Round arms of France at center of 8-pointed cross **Mint:** Bordeaux

Date	Mintage	VG	F	VF	XF	Unc
1718K	32,000	375	650	1,100	2,600	5,700

KM# 438.9 LOUIS D'OR

9.7900 g., 0.9170 Gold 0.2886 oz. AGW **Ruler:** Louis XV **Obv:** Young laureate head right **Rev:** Round arms of France at center of 8-pointed cross **Mint:** Bayonne

Date	Mintage	VG	F	VF	XF	Unc
1718L	—	375	650	1,100	2,600	5,700
1719L	—	450	750	1,250	3,050	6,800

KM# 438.10 LOUIS D'OR

9.7900 g., 0.9170 Gold 0.2886 oz. AGW **Ruler:** Louis XV **Obv:** Young laureate head right **Rev:** Round arms of France at center of 8-pointed cross **Mint:** Toulouse

Date	Mintage	VG	F	VF	XF	Unc
1718M	—	375	650	1,100	2,600	5,700
1719M	—	450	750	1,250	3,050	6,800

KM# 438.11 LOUIS D'OR

9.7900 g., 0.9170 Gold 0.2886 oz. AGW **Ruler:** Louis XV **Obv:** Young laureate head right **Rev:** Round arms of France at center of 8-pointed cross **Mint:** Montpellier

Date	Mintage	VG	F	VF	XF	Unc
1718N	41,000	375	650	1,100	2,600	5,700
1719N	57,000	375	650	1,100	2,600	5,700

KM# 438.12 LOUIS D'OR

9.7900 g., 0.9170 Gold 0.2886 oz. AGW **Ruler:** Louis XV **Obv:** Young laureate head right **Rev:** Round arms of France at center of 8-pointed cross **Mint:** Riom

Date	Mintage	VG	F	VF	XF	Unc
1718O	—	450	750	1,250	3,050	6,800

KM# 438.13 LOUIS D'OR

9.7900 g., 0.9170 Gold 0.2886 oz. AGW **Ruler:** Louis XV **Obv:** Young laureate head right **Rev:** Round arms of France at center of 8-pointed cross **Mint:** Dijon

Date	Mintage	VG	F	VF	XF	Unc
1718P	—	375	650	1,100	2,600	5,700
1719P	—	450	750	1,250	3,050	6,800

KM# 438.14 LOUIS D'OR

9.7900 g., 0.9170 Gold 0.2886 oz. AGW **Ruler:** Louis XV **Obv:** Young laureate head right **Rev:** Round arms of France at center of 8-pointed cross **Mint:** Perpignan

Date	Mintage	VG	F	VF	XF	Unc
1718Q	—	375	650	1,100	2,600	5,700
1719Q	—	450	750	1,250	3,050	6,800

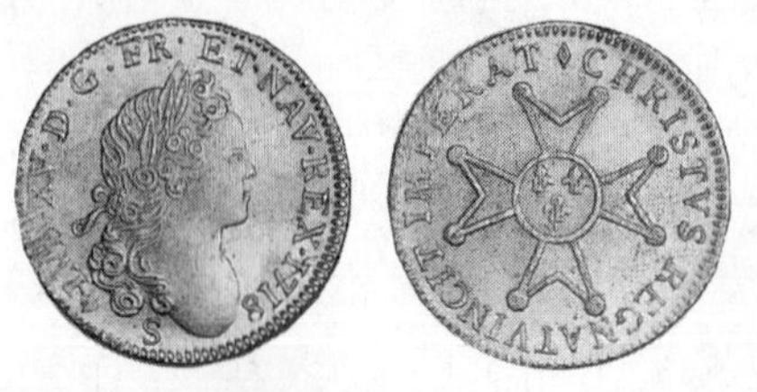

KM# 438.15 LOUIS D'OR

9.7900 g., 0.9170 Gold 0.2886 oz. AGW **Ruler:** Louis XV **Obv:** Young laureate head right **Rev:** Round arms of France at center of 8-pointed cross **Mint:** Reims

Date	Mintage	VG	F	VF	XF	Unc
1718S	—	375	650	1,100	2,600	5,700

KM# 438.16 LOUIS D'OR

9.7900 g., 0.9170 Gold 0.2886 oz. AGW **Ruler:** Louis XV **Obv:** Young laureate head right **Rev:** Round arms of France at center of 8-pointed cross **Mint:** Nantes

Date	Mintage	VG	F	VF	XF	Unc
1718T	—	375	650	1,100	2,600	5,700
1719T	—	375	650	1,100	2,600	5,700

KM# 438.17 LOUIS D'OR

9.7900 g., 0.9170 Gold 0.2886 oz. AGW **Ruler:** Louis XV **Obv:** Young laureate head right **Rev:** Round arms of France at center of 8-pointed cross **Mint:** Troyes

Date	Mintage	VG	F	VF	XF	Unc
1718V	—	375	650	1,100	2,600	5,700
1719V	—	375	650	1,100	2,600	5,700

KM# 438.18 LOUIS D'OR

9.7900 g., 0.9170 Gold 0.2886 oz. AGW **Ruler:** Louis XV **Obv:** Young laureate head right **Rev:** Round arms of France at center of 8-pointed cross **Mint:** Lille

Date	Mintage	VG	F	VF	XF	Unc
1718W	—	375	650	1,100	2,600	5,700
1719W	—	375	650	1,100	2,600	5,700

KM# 438.19 LOUIS D'OR

9.7900 g., 0.9170 Gold 0.2886 oz. AGW **Ruler:** Louis XV **Obv:** Young laureate head right **Rev:** Round arms of France at center of 8-pointed cross **Mint:** Amiens

Date	Mintage	VG	F	VF	XF	Unc
1718X	—	375	650	1,100	2,600	5,700
1719X	—	375	650	1,100	2,600	5,700

KM# 438.20 LOUIS D'OR

9.7900 g., 0.9170 Gold 0.2886 oz. AGW **Ruler:** Louis XV **Obv:** Young laureate head right **Rev:** Round arms of France at center of 8-pointed cross **Mint:** Bourges

Date	Mintage	VG	F	VF	XF	Unc
1718Y	—	450	750	1,250	3,050	6,800

KM# 438.21 LOUIS D'OR

9.7900 g., 0.9170 Gold 0.2886 oz. AGW **Ruler:** Louis XV **Obv:** Young laureate head right **Rev:** Round arms of France at center of 8-pointed cross **Mint:** Grenoble

Date	Mintage	VG	F	VF	XF	Unc
1718Z	49,000	450	750	1,250	3,050	6,800
1719Z	7,593	450	750	1,250	3,050	6,800

KM# 438.22 LOUIS D'OR

9.7900 g., 0.9170 Gold 0.2886 oz. AGW **Ruler:** Louis XV **Obv:** Young laureate head right **Rev:** Round arms of France at center of 8-pointed cross **Mint:** Rennes **Note:** Mint mark: 9.

Date	Mintage	VG	F	VF	XF	Unc
1719	—	—	—	—	—	—

KM# 438.23 LOUIS D'OR

9.7900 g., 0.9170 Gold 0.2886 oz. AGW **Ruler:** Louis XV **Mint:** Aix **Note:** Mint mark: &.

Date	Mintage	VG	F	VF	XF	Unc
1718	—	450	750	1,250	3,050	6,800
1719	—	500	900	1,600	3,500	7,700

KM# 438.24 LOUIS D'OR

9.7900 g., 0.9170 Gold 0.2886 oz. AGW **Ruler:** Louis XV **Mint:** Besançon **Note:** Mint mark:Back to back C's.

Date	Mintage	VG	F	VF	XF	Unc
1718	—	375	650	1,100	2,600	5,700

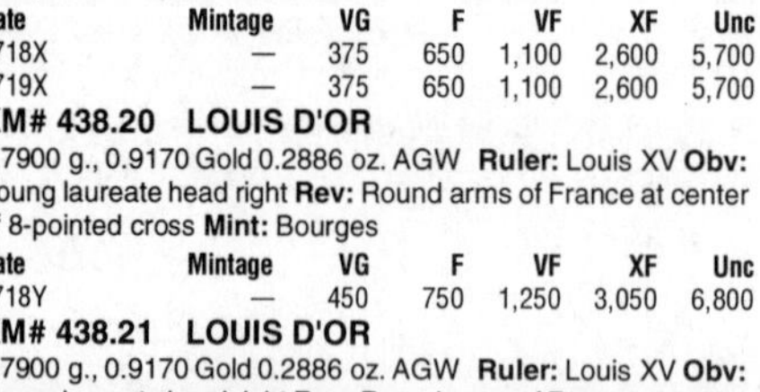

KM# 461.1 LOUIS D'OR

9.7900 g., 0.9170 Gold 0.2886 oz. AGW **Ruler:** Louis XV **Obv:** Laureate head right **Obv. Legend:** LUD • XV • D • G • FR • ET • NAV • REX • **Rev:** Crowned double L monogram with 3 fleur-de-lis **Rev. Legend:** CHRISTUS REGNAT VINCIT IMPERAT **Mint:** Paris

Date	Mintage	VG	F	VF	XF	Unc
1720A	—	375	600	1,000	2,350	5,200
1721A	—	375	600	1,000	2,350	5,200
1722A	—	375	600	1,000	2,350	5,200
1723A	—	375	600	1,000	2,350	5,200

KM# 461.2 LOUIS D'OR

9.7900 g., 0.9170 Gold 0.2886 oz. AGW **Ruler:** Louis XV **Obv:** Laureate head right **Rev:** Crowned double L monogram with 3 fleur-de-lis **Mint:** Metz

Date	Mintage	VG	F	VF	XF	Unc
1721AA	—	375	600	1,000	2,350	5,200

KM# 461.3 LOUIS D'OR

9.7900 g., 0.9170 Gold 0.2886 oz. AGW **Ruler:** Louis XV **Obv:** Laureate head right **Rev:** Crowned double L monogram with 3 fleur-de-lis **Mint:** Rouen

Date	Mintage	VG	F	VF	XF	Unc
1721B	20,000	350	600	1,000	2,350	5,200

KM# 461.4 LOUIS D'OR

9.7900 g., 0.9170 Gold 0.2886 oz. AGW **Ruler:** Louis XV **Obv:** Laureate head right **Rev:** Crowned double L monogram with 3 fleur-de-lis **Mint:** Strasbourg

Date	Mintage	VG	F	VF	XF	Unc
1720BB	667	675	1,250	2,600	5,400	—
1721BB	55,000	375	600	1,000	2,350	5,200
1722BB	—	375	600	1,000	2,350	5,200

KM# 461.5 LOUIS D'OR

9.7900 g., 0.9170 Gold 0.2886 oz. AGW **Ruler:** Louis XV **Obv:** Laureate head right **Rev:** Crowned double L monogram with 3 fleur-de-lis **Mint:** Caen

Date	Mintage	VG	F	VF	XF	Unc
1721C	6,128	375	600	1,000	2,350	5,200

KM# 461.6 LOUIS D'OR

9.7900 g., 0.9170 Gold 0.2886 oz. AGW **Ruler:** Louis XV **Obv:** Laureate head right **Rev:** Crowned double L monogram with 3 fleur-de-lis **Mint:** Lyon

Date	Mintage	VG	F	VF	XF	Unc
1720D	29,000	375	600	1,000	2,350	5,200
1721D	—	375	600	1,000	2,350	5,200

KM# 461.7 LOUIS D'OR

9.7900 g., 0.9170 Gold 0.2886 oz. AGW **Ruler:** Louis XV **Obv:** Laureate head right **Rev:** Crowned double L monogram with 3 fleur-de-lis **Mint:** Tours

Date	Mintage	VG	F	VF	XF	Unc
1722E	4,261	425	700	1,250	2,950	6,300

KM# 461.8 LOUIS D'OR

9.7900 g., 0.9170 Gold 0.2886 oz. AGW **Ruler:** Louis XV **Obv:** Laureate head right **Rev:** Crowned double L monogram with 3 fleur-de-lis **Mint:** Poitiers

Date	Mintage	VG	F	VF	XF	Unc
1722G	4,115	375	600	1,000	2,350	5,200

KM# 461.9 LOUIS D'OR

9.7900 g., 0.9170 Gold 0.2886 oz. AGW **Ruler:** Louis XV **Obv:** Laureate head right **Rev:** Crowned double L monogram with 3 fleur-de-lis **Mint:** La Rochelle

Date	Mintage	VG	F	VF	XF	Unc
1720H	23,000	350	600	1,000	2,350	5,200
1721H	37,000	350	600	1,000	2,350	5,200
1723H	—	475	700	1,250	2,950	6,300

KM# 461.10 LOUIS D'OR

9.7900 g., 0.9170 Gold 0.2886 oz. AGW **Ruler:** Louis XV **Obv:** Laureate head right **Rev:** Crowned double L monogram with 3 fleur-de-lis **Mint:** Limoges

Date	Mintage	VG	F	VF	XF	Unc
1720I	3,620	375	600	1,000	2,350	5,200

KM# 461.11 LOUIS D'OR

9.7900 g., 0.9170 Gold 0.2886 oz. AGW **Ruler:** Louis XV **Obv:** Laureate head right **Rev:** Crowned double L monogram with 3 fleur-de-lis **Mint:** Bayonne

Date	Mintage	VG	F	VF	XF	Unc
1720L	803	575	1,150	2,400	5,200	—
1721L	—	375	600	1,000	2,350	5,200
1722L	—	375	600	1,000	2,350	5,200

KM# 461.12 LOUIS D'OR

9.7900 g., 0.9170 Gold 0.2886 oz. AGW **Ruler:** Louis XV **Obv:** Laureate head right **Rev:** Crowned double L monogram with 3 fleur-de-lis **Mint:** Toulouse

Date	Mintage	VG	F	VF	XF	Unc
1721M	—	375	600	1,000	2,350	5,200

KM# 461.13 LOUIS D'OR

9.7900 g., 0.9170 Gold 0.2886 oz. AGW **Ruler:** Louis XV **Obv:** Laureate head right **Rev:** Crowned double L monogram with 3 fleur-de-lis **Mint:** Montpellier

Date	Mintage	VG	F	VF	XF	Unc
1721N	31,000	375	600	1,000	2,350	5,200
1722N	15,000	475	800	1,300	2,950	6,300

KM# 461.14 LOUIS D'OR

9.7900 g., 0.9170 Gold 0.2886 oz. AGW **Ruler:** Louis XV **Obv:** Laureate head right **Rev:** Crowned double L monogram with 3 fleur-de-lis **Mint:** Reims

Date	Mintage	VG	F	VF	XF	Unc
1723S	—	550	1,000	2,000	5,000	—

KM# 461.15 LOUIS D'OR

9.7900 g., 0.9170 Gold 0.2886 oz. AGW **Ruler:** Louis XV **Obv:** Laureate head right **Rev:** Crowned double L monogram with 3 fleur-de-lis **Mint:** Nantes

Date	Mintage	VG	F	VF	XF	Unc
1720T	500	575	1,000	2,000	4,800	—

KM# 461.16 LOUIS D'OR

9.7900 g., 0.9170 Gold 0.2886 oz. AGW **Ruler:** Louis XV **Obv:** Laureate head right **Rev:** Crowned double L monogram with 3 fleur-de-lis **Mint:** Troyes

Date	Mintage	VG	F	VF	XF	Unc
1720V	—	375	600	1,000	2,350	5,200

KM# 461.17 LOUIS D'OR

9.7900 g., 0.9170 Gold 0.2886 oz. AGW **Ruler:** Louis XV **Obv:** Laureate head right **Rev:** Crowned double L monogram with 3 fleur-de-lis **Mint:** Lille

Date	Mintage	VG	F	VF	XF	Unc
1720W	19,000	375	600	1,000	2,350	5,200
1721W	139,000	375	600	1,000	2,350	5,200
1722W	51,000	375	600	1,000	2,350	5,200

KM# 461.18 LOUIS D'OR

9.7900 g., 0.9170 Gold 0.2886 oz. AGW **Ruler:** Louis XV **Obv:** Laureate head right **Rev:** Crowned double L monogram with 3 fleur-de-lis **Mint:** Amiens

Date	Mintage	VG	F	VF	XF	Unc
1721X	9,621	375	600	1,000	2,350	5,200

KM# 461.19 LOUIS D'OR

9.7900 g., 0.9170 Gold 0.2886 oz. AGW **Ruler:** Louis XV **Obv:** Laureate head right **Rev:** Crowned double L monogram with 3 fleur-de-lis **Mint:** Bourges

Date	Mintage	VG	F	VF	XF	Unc
1722Y	3,346	375	600	1,000	2,350	5,200

KM# 461.20 LOUIS D'OR

9.7900 g., 0.9170 Gold 0.2886 oz. AGW **Ruler:** Louis XV **Obv:** Laureate head right **Rev:** Crowned double L monogram with 3 fleur-de-lis **Mint:** Rennes **Note:** Mint mark: 9.

Date	Mintage	VG	F	VF	XF	Unc
1721	45,000	375	600	1,000	2,350	5,200
1722	69,000	375	600	1,000	2,350	5,200
1723	—	375	600	1,000	2,350	5,200

KM# 461.21 LOUIS D'OR

9.7900 g., 0.9170 Gold 0.2886 oz. AGW **Ruler:** Louis XV **Obv:** Laureate head right **Rev:** Crowned double L monogram with 3 fleur-de-lis **Mint:** Aix **Note:** Mint mark: &.

Date	Mintage	VG	F	VF	XF	Unc
1721	—	475	800	1,300	2,950	6,300

KM# 466 LOUIS D'OR

9.7900 g., 0.9170 Gold 0.2886 oz. AGW **Ruler:** Louis XV **Obv. Legend:** ....RE.BD (ligate BD). **Mint:** Pau **Note:** Mint mark: Cow. Issued for Province of Bearn.

Date	Mintage	VG	F	VF	XF	Unc
1722	65,000	575	1,000	2,000	4,500	—
1723	—	675	1,200	2,500	6,000	—

KM# 468.1 LOUIS D'OR

6.5250 g., 0.9170 Gold 0.1924 oz. AGW **Ruler:** Louis XV **Obv:** Laureate head right **Obv. Legend:** LUD • XV • D • G • FR • ET • NAV • REX **Rev:** Crowned double L monogram within palms **Rev. Legend:** CHRS • REGN • VINC • IMP • **Mint:** Paris

Date	Mintage	VG	F	VF	XF	Unc
1723A	—	250	375	525	1,200	2,650

KM# 468.2 LOUIS D'OR

6.5250 g., 0.9170 Gold 0.1924 oz. AGW **Ruler:** Louis XV **Obv:** Laureate head right **Rev:** Crowned double L monogram within palms **Mint:** Rouen

Date	Mintage	VG	F	VF	XF	Unc
1723B	—	250	425	625	1,250	2,750

KM# 468.3 LOUIS D'OR

6.5250 g., 0.9170 Gold 0.1924 oz. AGW **Ruler:** Louis XV **Obv:** Laureate head right **Rev:** Crowned double L monogram within palms **Mint:** Strasbourg

Date	Mintage	VG	F	VF	XF	Unc
1723BB	—	300	525	825	1,750	3,850

KM# 468.4 LOUIS D'OR

6.5250 g., 0.9170 Gold 0.1924 oz. AGW **Ruler:** Louis XV **Obv:** Laureate head right **Rev:** Crowned double L monogram within palms **Mint:** Caen

Date	Mintage	VG	F	VF	XF	Unc
1723C	—	300	425	675	1,550	3,500

KM# 468.5 LOUIS D'OR

6.5250 g., 0.9170 Gold 0.1924 oz. AGW **Ruler:** Louis XV **Obv:** Laureate head right **Rev:** Crowned double L monogram within palms **Mint:** Lyon

Date	Mintage	VG	F	VF	XF	Unc
1723D	2,980	300	525	875	2,000	4,400

KM# 468.6 LOUIS D'OR

6.5250 g., 0.9170 Gold 0.1924 oz. AGW **Ruler:** Louis XV **Obv:** Laureate head right **Rev:** Crowned double L monogram within palms **Mint:** Toulouse

Date	Mintage	VG	F	VF	XF	Unc
1723M	43,000	275	425	675	1,550	3,500

KM# 468.7 LOUIS D'OR

6.5250 g., 0.9170 Gold 0.1924 oz. AGW **Ruler:** Louis XV **Obv:** Laureate head right **Rev:** Crowned double L monogram within palms **Mint:** La Rochelle

Date	Mintage	VG	F	VF	XF	Unc
1723H	—	275	425	675	1,550	3,500

KM# 468.8 LOUIS D'OR

6.5250 g., 0.9170 Gold 0.1924 oz. AGW **Ruler:** Louis XV **Obv:** Laureate head right **Rev:** Crowned double L monogram within palms **Mint:** Bordeaux

Date	Mintage	VG	F	VF	XF	Unc
1723K	—	300	525	825	1,750	3,850

KM# 468.9 LOUIS D'OR

6.5250 g., 0.9170 Gold 0.1924 oz. AGW **Ruler:** Louis XV **Obv:** Laureate head right **Rev:** Crowned double L monogram within palms **Mint:** Bayonne

Date	Mintage	VG	F	VF	XF	Unc
1723L	—	275	425	675	1,550	3,500

KM# 468.10 LOUIS D'OR

6.5250 g., 0.9170 Gold 0.1924 oz. AGW **Ruler:** Louis XV **Obv:** Laureate head right **Rev:** Crowned double L monogram within palms **Mint:** Toulouse

Date	Mintage	VG	F	VF	XF	Unc
1723M	—	275	425	675	1,550	3,500

KM# 468.11 LOUIS D'OR

6.5250 g., 0.9170 Gold 0.1924 oz. AGW **Ruler:** Louis XV **Obv:** Laureate head right **Rev:** Crowned double L monogram within palms **Mint:** Montpellier

Date	Mintage	VG	F	VF	XF	Unc
1723N	179,000	275	425	725	1,650	3,600

KM# 468.12 LOUIS D'OR

6.5250 g., 0.9170 Gold 0.1924 oz. AGW **Ruler:** Louis XV **Obv:** Laureate head right **Rev:** Crowned double L monogram within palms **Mint:** Dijon

Date	Mintage	VG	F	VF	XF	Unc
1723P	—	275	425	675	1,550	3,500

KM# 468.13 LOUIS D'OR

6.5250 g., 0.9170 Gold 0.1924 oz. AGW **Ruler:** Louis XV **Obv:** Laureate head right **Rev:** Crowned double L monogram within palms **Mint:** Perpignan

Date	Mintage	VG	F	VF	XF	Unc
1723Q	—	275	425	675	1,550	3,500

KM# 468.14 LOUIS D'OR

6.5250 g., 0.9170 Gold 0.1924 oz. AGW **Ruler:** Louis XV **Obv:** Laureate head right **Rev:** Crowned double L monogram within palms **Mint:** Orléans

Date	Mintage	VG	F	VF	XF	Unc
1723R	70,000	275	425	675	1,550	3,500

KM# 468.15 LOUIS D'OR

6.5250 g., 0.9170 Gold 0.1924 oz. AGW **Ruler:** Louis XV **Obv:** Laureate head right **Rev:** Crowned double L monogram within palms **Mint:** Reims

Date	Mintage	VG	F	VF	XF	Unc
1723S	—	300	525	825	1,750	3,850

KM# 468.16 LOUIS D'OR

6.5250 g., 0.9170 Gold 0.1924 oz. AGW **Ruler:** Louis XV **Obv:** Laureate head right **Rev:** Crowned double L monogram within palms **Mint:** Nantes

Date	Mintage	VG	F	VF	XF	Unc
1723T	—	275	425	675	1,550	3,500

KM# 468.17 LOUIS D'OR

6.5250 g., 0.9170 Gold 0.1924 oz. AGW **Ruler:** Louis XV **Obv:** Laureate head right **Rev:** Crowned double L monogram within palms **Mint:** Troyes

Date	Mintage	VG	F	VF	XF	Unc
1723V	52,000	275	425	675	1,550	3,500

KM# 468.18 LOUIS D'OR

6.5250 g., 0.9170 Gold 0.1924 oz. AGW **Ruler:** Louis XV **Obv:** Laureate head right **Rev:** Crowned double L monogram within palms **Mint:** Lille

Date	Mintage	VG	F	VF	XF	Unc
1723W	59,000	275	425	675	1,550	3,500

KM# 468.19 LOUIS D'OR

6.5250 g., 0.9170 Gold 0.1924 oz. AGW **Ruler:** Louis XV **Obv:** Laureate head right **Rev:** Crowned double L monogram within palms **Mint:** Amiens

Date	Mintage	VG	F	VF	XF	Unc
1723X	—	275	425	675	1,550	3,500

KM# 468.20 LOUIS D'OR

6.5250 g., 0.9170 Gold 0.1924 oz. AGW **Ruler:** Louis XV **Mint:** Rennes **Note:** Mint mark: 9.

Date	Mintage	VG	F	VF	XF	Unc
1723	—	275	425	675	1,550	3,300

KM# 468.21 LOUIS D'OR

6.5250 g., 0.9170 Gold 0.1924 oz. AGW **Ruler:** Louis XV **Mint:** Aix **Note:** Mint mark: &.

Date	Mintage	VG	F	VF	XF	Unc
1723	—	275	425	675	1,550	3,300

KM# 469 LOUIS D'OR

6.5250 g., 0.9170 Gold 0.1924 oz. AGW **Ruler:** Louis XV **Obv. Legend:** ....RE.BD (ligate BD). **Mint:** Pau **Note:** Mint mark: Cow. Issued for Province of Bearn.

Date	Mintage	VG	F	VF	XF	Unc
1723	27,000	300	525	825	1,800	3,850

KM# 470.1 LOUIS D'OR

6.5250 g., 0.9170 Gold 0.1924 oz. AGW **Ruler:** Louis XV **Obv:** Young laureate head right **Obv. Legend:** LUD • XV • D • G • FR • ET • NAV • REX **Rev:** Crowned double L monogram within palms **Rev. Legend:** CHRS • REGN • VINC • IMP • **Mint:** Paris

Date	Mintage	VG	F	VF	XF	Unc
1723A	—	300	525	825	1,500	3,300
1724A	—	270	475	725	1,200	2,650
1725A	—	270	475	725	1,200	2,650

KM# 470.2 LOUIS D'OR

6.5250 g., 0.9170 Gold 0.1924 oz. AGW **Ruler:** Louis XV **Obv:** Young laureate head right **Rev:** Crowned double L monogram within palms **Mint:** Rouen

Date	Mintage	VG	F	VF	XF	Unc
1724B	27,000	300	525	825	1,500	3,300

KM# 470.3 LOUIS D'OR

6.5250 g., 0.9170 Gold 0.1924 oz. AGW **Ruler:** Louis XV **Obv:** Young laureate head right **Rev:** Crowned double L monogram within palms **Mint:** Strasbourg

Date	Mintage	VG	F	VF	XF	Unc
1724BB	—	350	625	1,025	1,800	3,950

KM# 470.4 LOUIS D'OR

6.5250 g., 0.9170 Gold 0.1924 oz. AGW **Ruler:** Louis XV **Obv:** Young laureate head right **Rev:** Crowned double L monogram within palms **Mint:** Caen

Date	Mintage	VG	F	VF	XF	Unc
1724C	100,000	300	525	825	1,500	3,300
1725C	35,000	300	325	825	1,500	3,300

KM# 470.5 LOUIS D'OR

6.5250 g., 0.9170 Gold 0.1924 oz. AGW **Ruler:** Louis XV **Obv:** Young laureate head right **Rev:** Crowned double L monogram within palms **Mint:** Lyon

Date	Mintage	VG	F	VF	XF	Unc
1724D	8,229	350	625	1,025	2,100	4,700

KM# 470.6 LOUIS D'OR

6.5250 g., 0.9170 Gold 0.1924 oz. AGW **Ruler:** Louis XV **Obv:** Young laureate head right **Rev:** Crowned double L monogram within palms **Mint:** Tours

Date	Mintage	VG	F	VF	XF	Unc
1724E	62,000	300	525	825	1,500	3,300

KM# 470.7 LOUIS D'OR

6.5250 g., 0.9170 Gold 0.1924 oz. AGW **Ruler:** Louis XV **Obv:** Young laureate head right **Rev:** Crowned double L monogram within palms **Mint:** Poitiers

Date	Mintage	VG	F	VF	XF	Unc
1724G	45,000	300	525	825	1,500	3,300

KM# 470.8 LOUIS D'OR

6.5250 g., 0.9170 Gold 0.1924 oz. AGW **Ruler:** Louis XV **Mint:** La Rochelle

Date	Mintage	VG	F	VF	XF	Unc
1723H	—	350	625	1,050	2,200	4,600
1724H	—	300	525	825	1,550	3,300
1725H	—	300	525	825	1,550	3,300

KM# 470.9 LOUIS D'OR

6.5250 g., 0.9170 Gold 0.1924 oz. AGW **Ruler:** Louis XV **Obv. Designer:** Young laureate head right **Rev:** Crowned double L monogram within palms **Mint:** Limoges

Date	Mintage	VG	F	VF	XF	Unc
1724I	—	300	525	825	1,500	3,300
1725I	—	300	525	825	1,500	3,300

KM# 470.10 LOUIS D'OR

6.5250 g., 0.9170 Gold 0.1924 oz. AGW **Ruler:** Louis XV **Obv:** Young laureate head right **Rev:** Crowned double L monogram within palms **Mint:** Bordeaux

Date	Mintage	VG	F	VF	XF	Unc
1724K	—	275	475	725	1,250	2,650
1725K	—	300	525	825	1,550	3,300

KM# 470.11 LOUIS D'OR

6.5250 g., 0.9170 Gold 0.1924 oz. AGW **Ruler:** Louis XV **Obv:** Young laureate head right **Rev:** Crowned double L monogram within palms **Mint:** Bayonne

Date	Mintage	VG	F	VF	XF	Unc
1724L	—	300	525	825	1,500	3,300
1725L	—	300	525	825	1,500	3,300

KM# 470.12 LOUIS D'OR

6.5250 g., 0.9170 Gold 0.1924 oz. AGW **Ruler:** Louis XV **Obv:** Young laureate head right **Rev:** Crowned double L monogram within palms **Mint:** Toulouse

Date	Mintage	VG	F	VF	XF	Unc
1724M	—	300	525	825	1,500	3,300

KM# 470.13 LOUIS D'OR

6.5250 g., 0.9170 Gold 0.1924 oz. AGW **Ruler:** Louis XV **Obv:** Young laureate head right **Rev:** Crowned double L monogram within palms **Mint:** Montpellier

Date	Mintage	VG	F	VF	XF	Unc
1724N	253,000	275	475	725	1,200	2,650
1725N	185,000	275	475	725	1,200	2,650

KM# 470.14 LOUIS D'OR

6.5250 g., 0.9170 Gold 0.1924 oz. AGW **Ruler:** Louis XV **Obv:** Young laureate head right **Rev:** Crowned double L monogram within palms **Mint:** Riom

Date	Mintage	VG	F	VF	XF	Unc
1724O	101,000	300	525	825	1,500	3,300
1725O	36,000	300	525	825	1,500	3,300

KM# 470.15 LOUIS D'OR

6.5250 g., 0.9170 Gold 0.1924 oz. AGW **Ruler:** Louis XV **Obv:** Young laureate head right **Rev:** Crowned double L monogram within palms **Mint:** Dijon

Date	Mintage	VG	F	VF	XF	Unc
1724P	—	300	525	825	1,500	3,300

KM# 470.16 LOUIS D'OR

6.5250 g., 0.9170 Gold 0.1924 oz. AGW **Ruler:** Louis XV **Obv:** Young laureate head right **Rev:** Crowned double L monogram within palms **Mint:** Perpignan

Date	Mintage	VG	F	VF	XF	Unc
1724Q	—	300	525	825	1,500	3,300
1725Q	—	350	625	1,000	2,100	4,700

KM# 470.17 LOUIS D'OR

6.5250 g., 0.9170 Gold 0.1924 oz. AGW **Ruler:** Louis XV **Obv:** Young laureate head right **Rev:** Crowned double L monogram within palms **Mint:** Orléans

Date	Mintage	VG	F	VF	XF	Unc
1724R	125,000	300	525	825	1,500	3,300

KM# 470.18 LOUIS D'OR

6.5250 g., 0.9170 Gold 0.1924 oz. AGW **Ruler:** Louis XV **Obv:** Young laureate head right **Rev:** Crowned double L monogram within palms **Mint:** Reims

Date	Mintage	VG	F	VF	XF	Unc
1724S	36,000	300	525	825	1,500	3,300
1725S	—	300	525	825	1,500	3,300

KM# 470.19 LOUIS D'OR

6.5250 g., 0.9170 Gold 0.1924 oz. AGW **Ruler:** Louis XV **Obv:** Young laureate head right **Rev:** Crowned double L monogram within palms **Mint:** Nantes

Date	Mintage	VG	F	VF	XF	Unc
1724T	—	300	525	825	1,500	3,300

KM# 470.20 LOUIS D'OR

6.5250 g., 0.9170 Gold 0.1924 oz. AGW **Ruler:** Louis XV **Obv:** Young laureate head right **Rev:** Crowned double L monogram within palms **Mint:** Troyes

Date	Mintage	VG	F	VF	XF	Unc
1725V	21,000	300	525	825	1,500	3,300

KM# 470.21 LOUIS D'OR

6.5250 g., 0.9170 Gold 0.1924 oz. AGW **Ruler:** Louis XV **Obv:** Young laureate head right **Rev:** Crowned double L monogram within palms **Mint:** Lille

Date	Mintage	VG	F	VF	XF	Unc
1724W	—	300	525	825	1,500	3,300
1725W	—	300	525	825	1,500	3,300

KM# 470.22 LOUIS D'OR

6.5250 g., 0.9170 Gold 0.1924 oz. AGW **Ruler:** Louis XV **Obv:** Young laureate head right **Rev:** Crowned double L monogram within palms **Mint:** Amiens

Date	Mintage	VG	F	VF	XF	Unc
1724X	—	300	525	825	1,500	3,300
1725X	—	300	525	825	1,500	3,300

KM# 470.23 LOUIS D'OR

6.5250 g., 0.9170 Gold 0.1924 oz. AGW **Ruler:** Louis XV **Obv:** Young laureate head right **Rev:** Crowned double L monogram within palms **Mint:** Bourges

Date	Mintage	VG	F	VF	XF	Unc
1724Y	—	300	525	825	1,500	3,300

KM# 470.24 LOUIS D'OR

6.5250 g., 0.9170 Gold 0.1924 oz. AGW **Ruler:** Louis XV **Obv:** Young laureate head right **Rev:** Crowned double L monogram within palms **Mint:** Grenoble

Date	Mintage	VG	F	VF	XF	Unc
1724Z	97,000	300	525	825	1,500	3,300
1725Z	22,000	300	525	825	1,500	3,300

KM# 470.25 LOUIS D'OR

6.5250 g., 0.9170 Gold 0.1924 oz. AGW **Ruler:** Louis XV **Obv:** Young laureate head right **Rev:** Crowned double L monogram within palms **Mint:** Rennes **Note:** Mint mark: 9.

Date	Mintage	VG	F	VF	XF	Unc
1724	233,000	250	425	625	1,200	2,650

KM# 470.26 LOUIS D'OR

6.5250 g., 0.9170 Gold 0.1924 oz. AGW **Ruler:** Louis XV **Obv:** Young laureate head right **Rev:** Crowned double L monogram within palms **Mint:** Aix **Note:** Mint mark: &.

Date	Mintage	VG	F	VF	XF	Unc
1724	—	300	525	825	1,600	3,600

KM# 474 LOUIS D'OR

6.5250 g., 0.9170 Gold 0.1924 oz. AGW **Ruler:** Louis XV **Obv. Legend:** ... RE • BD (ligate BD) **Mint:** Pau **Note:** Mint mark: Cow. Issued for Province of Bearn.

Date	Mintage	VG	F	VF	XF	Unc
1724	—	350	625	1,000	1,700	3,700
1725	51,000	350	625	1,000	1,700	3,700

KM# 489.1 LOUIS D'OR

8.1580 g., 0.9170 Gold 0.2405 oz. AGW **Ruler:** Louis XV **Obv:** Draped bust left **Obv. Legend:** LUD • XV • D • G • FR • ET • NAV • REX • **Rev:** Crown above arms of France and Navarre **Rev. Inscription:** CHRS • REGN • VINC • IMPER • **Mint:** Paris

Date	Mintage	VG	F	VF	XF	Unc
1726A	—	300	350	375	575	1,650
1727A	—	300	350	375	575	1,650
1728A	—	300	350	375	575	1,650
1729A	—	300	350	375	575	1,650
1730A	—	300	350	375	575	1,650
1731A	—	300	350	375	575	1,650
1732A	180,000	300	350	375	575	1,650
1733A	—	300	350	375	575	1,650
1734A	—	300	350	375	575	1,650
1735A	—	300	350	400	700	2,000
1736A	—	300	350	400	700	2,000
1737A	—	300	350	400	700	2,000
1738A	90,000	300	350	400	700	2,000
1739A	74,000	300	350	425	800	2,200

KM# 489.2 LOUIS D'OR

8.1580 g., 0.9170 Gold 0.2405 oz. AGW **Ruler:** Louis XV **Obv:** Draped bust left **Rev:** Crown above arms of France and Navarre **Mint:** Metz

Date	Mintage	VG	F	VF	XF	Unc
1726AA	—	300	245	400	650	1,950
1727AA	—	300	245	400	650	1,950
1728AA	—	300	245	400	650	1,950
1729AA	—	300	245	400	650	1,950
1731AA	20,000	300	245	400	650	1,950
1734AA	—	300	245	425	775	2,200
1737AA	—	350	450	550	1,050	3,050

KM# 489.3 LOUIS D'OR

8.1580 g., 0.9170 Gold 0.2405 oz. AGW **Ruler:** Louis XV **Obv:** Draped bust left **Rev:** Crown above arms of France and Navarre **Mint:** Rouen

Date	Mintage	VG	F	VF	XF	Unc
1726B	—	300	350	425	675	1,950
1727B	—	300	350	425	675	1,950
1728B	80,000	300	350	425	675	1,950
1729B	65,000	300	350	425	675	1,950
1730B	53,000	300	350	425	675	1,950
1731B	48,000	300	350	425	675	1,950
1732B	37,000	300	350	425	675	1,950
1733B	34,000	300	350	425	675	1,950
1734B	27,000	300	350	425	675	1,950
1735B	31,000	300	350	425	675	1,950
1736B	23,000	300	350	425	675	1,950
1737B	22,000	300	350	425	675	1,950
1738B	20,000	300	350	425	675	1,950
1739B	14,000	300	350	425	675	1,950
1740B	7,350	325	375	500	925	2,950

KM# 489.4 LOUIS D'OR

8.1580 g., 0.9170 Gold 0.2405 oz. AGW **Ruler:** Louis XV **Obv:** Draped bust left **Rev:** Crown above arms of France and Navarre **Mint:** Strasbourg

Date	Mintage	VG	F	VF	XF	Unc
1726BB	—	300	350	400	650	1,950
1727BB	—	300	350	400	650	1,950
1729BB	—	300	350	400	650	1,950
1730BB	—	300	350	400	650	1,950
1734BB	—	325	375	450	775	2,200
1737BB	9,968	325	375	450	775	2,200
1740BB	2,061	325	375	450	800	2,200

KM# 489.5 LOUIS D'OR

8.1580 g., 0.9170 Gold 0.2405 oz. AGW **Ruler:** Louis XV **Obv:** Draped bust left **Rev:** Crown above arms of France and Navarre **Mint:** Caen

Date	Mintage	VG	F	VF	XF	Unc
1726C	122,000	300	350	375	575	1,650
1727C	54,000	300	350	400	650	1,950
1728C	29,000	300	350	400	650	1,950
1729C	27,000	300	350	400	650	1,950
1730C	20,000	300	350	400	650	1,950
1731C	22,000	300	350	400	650	1,950
1732C	16,000	300	350	400	650	1,950
1733C	15,000	300	350	400	650	1,950
1734C	8,764	325	375	450	775	2,200
1735C	13,000	300	350	400	650	1,950
1736C	12,000	300	350	400	650	1,950
1737C	10,000	300	350	400	650	1,950
1738C	9,840	325	375	450	775	2,200

KM# 489.6 LOUIS D'OR

8.1580 g., 0.9170 Gold 0.2405 oz. AGW **Ruler:** Louis XV **Obv:** Draped bust left **Rev:** Crown above arms of France and Navarre
Mint: Lyon

Date	Mintage	VG	F	VF	XF	Unc
1726D	480,000	300	350	375	575	1,650
1727D	115,000	300	350	400	650	1,950
1728D	51,000	300	350	400	650	1,950
1729D	42,000	300	350	375	575	1,650
1730D	35,000	300	350	400	650	1,950
1731D	28,000	300	350	400	650	1,950
1732D	23,000	300	350	400	650	1,950
1733D	24,000	300	350	400	650	1,950
1734D	20,000	300	350	400	650	1,950
1736D	17,000	300	350	400	650	1,950
1737D	17,000	300	350	400	650	1,950
1738D	27,000	300	350	400	650	1,950
1739D	11,000	300	350	400	650	1,950

KM# 489.7 LOUIS D'OR

8.1580 g., 0.9170 Gold 0.2405 oz. AGW **Ruler:** Louis XV **Obv:** Draped bust left **Rev:** Crown above arms of France and Navarre
Mint: Tours

Date	Mintage	VG	F	VF	XF	Unc
1726E	114,000	300	350	375	575	1,650
1727E	50,000	300	350	400	650	1,950
1728E	37,000	300	350	400	650	1,950
1729E	29,000	300	350	400	650	1,950
1730E	24,000	300	350	400	650	1,950
1731E	26,000	300	350	400	650	1,950
1732E	19,000	300	350	400	650	1,950
1733E	18,000	300	350	400	650	1,950
1734E	17,000	300	350	400	650	1,950
1735E	19,000	300	350	400	650	1,950
1736E	12,000	300	350	400	650	1,950
1737E	13,000	300	350	400	650	1,950
1738E	23,000	300	350	400	650	1,950
1739E	10,000	300	350	400	650	1,950
1740E	3,397	325	375	450	800	2,350

KM# 489.8 LOUIS D'OR

8.1580 g., 0.9170 Gold 0.2405 oz. AGW **Ruler:** Louis XV **Obv:** Draped bust left **Rev:** Crown above arms of France and Navarre
Mint: Poitiers

Date	Mintage	VG	F	VF	XF	Unc
1726G	—	300	245	400	650	1,950
1728G	12,000	300	245	400	650	1,950
1729G	7,842	325	375	450	775	2,200
1730G	4,976	325	375	450	775	2,200
1731G	9,336	325	375	450	775	2,200

KM# 489.9 LOUIS D'OR

8.1580 g., 0.9170 Gold 0.2405 oz. AGW **Ruler:** Louis XV **Obv:** Draped bust left **Rev:** Crown above arms of France and Navarre
Mint: La Rochelle

Date	Mintage	VG	F	VF	XF	Unc
1726H	—	300	350	400	650	1,950
1727H	—	300	350	400	650	1,950
1728H	37,000	300	350	400	650	1,950
1730H	29,000	300	350	400	650	1,950
1731H	27,000	300	350	400	650	1,950
1732H	22,000	300	350	400	650	1,950
1734H	17,000	300	350	400	650	1,950
1735H	21,000	300	350	400	650	1,950
1736H	22,000	300	350	400	650	1,950
1737H	22,000	300	350	400	650	1,950
1738H	16,000	300	350	400	650	1,950

KM# 489.10 LOUIS D'OR

8.1580 g., 0.9170 Gold 0.2405 oz. AGW **Ruler:** Louis XV **Obv:** Draped bust right **Rev:** Crown above arms of France and Navarre
Mint: Limoges

Date	Mintage	VG	F	VF	XF	Unc
1726I	—	300	245	400	650	1,950
1727I	—	300	245	400	650	1,950
1730I	16,000	300	245	400	650	1,950
1734I	10,000	300	245	400	650	1,950
1736I	9,308	325	350	450	775	2,200
1739I	6,717	325	350	450	775	2,200

KM# 489.11 LOUIS D'OR

8.1580 g., 0.9170 Gold 0.2405 oz. AGW **Ruler:** Louis XV **Obv:** Draped bust left **Rev:** Crown above arms of France and Navarre
Mint: Bordeaux

Date	Mintage	VG	F	VF	XF	Unc
1726K	—	300	350	400	650	1,950
1727K	—	300	350	400	650	1,950
1728K	64,000	300	350	400	650	1,950
1729K	49,000	300	350	400	650	1,950
1730K	42,000	300	350	400	650	1,950
1731K	36,000	300	350	400	650	1,950
1732K	31,000	300	350	400	650	1,950
1733K	27,000	300	350	400	650	1,950
1735K	20,663	300	350	400	650	1,950
1736K	20,000	300	350	400	650	1,950
1738K	25,000	300	350	400	650	1,950
1740K	3,420	325	375	450	775	2,200

KM# 489.12 LOUIS D'OR

8.1580 g., 0.9170 Gold 0.2405 oz. AGW **Ruler:** Louis XV **Obv:** Draped bust left **Obv. Legend:** LUD • XV • D • G • FR • ET • NAV • REX • **Rev:** Crown above arms of France and Navarre **Rev. Legend:** CHRS • REGN • VINC • IMPER • **Mint:** Bayonne

Date	Mintage	VG	F	VF	XF	Unc
1726L	—	300	350	400	650	1,950
1727L	—	300	350	400	650	1,950
1728L	—	300	350	400	650	1,950
1729L	17,000	300	350	400	650	1,950
1730L	—	300	350	400	650	1,950
1731L	—	325	375	450	775	2,200
1732L	—	325	375	450	775	2,200
1733L	—	300	350	400	650	1,950
1735L	—	325	375	450	775	2,200
1738L	20,000	300	350	400	650	1,950

KM# 489.13 LOUIS D'OR

8.1580 g., 0.9170 Gold 0.2405 oz. AGW **Ruler:** Louis XV **Obv:** Draped bust left **Rev:** Crown above arms of France and Navarre
Mint: Toulouse

Date	Mintage	VG	F	VF	XF	Unc
1726M	193,000	300	350	375	575	1,650
1727M	101,000	300	350	400	650	1,950
1728M	71,000	300	350	400	650	1,950
1729M	43,000	300	350	400	650	1,950
1730M	37,000	300	350	400	650	1,950
1731M	27,000	300	350	400	650	1,950
1732M	21,000	300	350	400	650	1,950
1733M	18,000	300	350	400	650	1,950
1734M	17,000	300	350	400	650	1,950
1735M	16,000	300	350	400	650	1,950
1738M	13,000	300	350	400	650	1,950
1739M	10,000	300	350	400	650	1,950
1740M	4,218	325	375	450	775	2,200

KM# 489.14 LOUIS D'OR

8.1580 g., 0.9170 Gold 0.2405 oz. AGW **Ruler:** Louis XV **Obv:** Draped bust left **Rev:** Crown above arms of France and Navarre
Mint: Montpellier

Date	Mintage	VG	F	VF	XF	Unc
1726N	305,000	300	375	425	575	1,650
1727N	86,000	300	375	450	650	1,950
1728N	49,000	300	375	450	650	1,950
1729N	28,000	300	375	450	650	1,950
1730N	21,000	300	375	450	650	1,950
1731N	18,000	300	375	450	650	1,950
1732N	14,000	300	375	450	650	1,950
1733N	13,000	300	375	450	650	1,950
1734N	12,000	300	375	450	650	1,950
1735N	12,000	300	375	450	650	1,950
1738N	7,815	325	400	525	775	2,200

KM# 489.15 LOUIS D'OR

8.1580 g., 0.9170 Gold 0.2405 oz. AGW **Ruler:** Louis XV **Obv:** Draped bust left **Rev:** Crown above arms of France and Navarre
Mint: Riom

Date	Mintage	VG	F	VF	XF	Unc
1726O	115,000	300	350	375	575	1,650
1727O	49,000	300	350	400	650	1,950
1728O	36,000	300	350	400	650	1,950
1729O	25,000	300	350	400	650	1,950
1730O	25,000	300	350	400	650	1,950
1731O	18,000	300	350	400	650	1,950
1732O	16,000	300	350	400	650	1,950
1733O	14,000	300	350	400	650	1,950
1734O	11,000	300	350	400	650	1,950
1735O	13,000	300	350	400	650	1,950
1740O	1,839	375	450	550	975	2,750

KM# 489.16 LOUIS D'OR

8.1580 g., 0.9170 Gold 0.2405 oz. AGW **Ruler:** Louis XV **Obv:** Draped bust left **Rev:** Crown above arms of France and Navarre
Mint: Dijon

Date	Mintage	VG	F	VF	XF	Unc
1726P	—	300	350	400	650	1,950
1727P	—	300	350	400	650	1,950
1730P	—	300	350	400	650	1,950
1731P	6,730	300	350	450	775	2,200
1732P	16,000	300	350	400	650	1,950
1733P	8,519	300	350	450	775	2,200
1734P	6,334	300	350	450	775	2,200
1738P	4,725	325	375	450	775	2,200
1739P	4,072	325	375	450	775	2,200
1740P	916	425	475	700	1,550	4,400

KM# 489.17 LOUIS D'OR

8.1580 g., 0.9170 Gold 0.2405 oz. AGW **Ruler:** Louis XV **Obv:** Draped bust left **Rev:** Crown above arms of France and Navarre
Mint: Perpignan

Date	Mintage	VG	F	VF	XF	Unc
1726Q	38,000	300	350	400	650	1,950
1727Q	13,000	300	350	400	650	1,950
1728Q	7,680	325	375	450	775	2,200
1730Q	4,028	325	375	450	775	2,200
1731Q	3,139	325	375	450	775	2,200
1733Q	1,995	375	450	550	1,050	3,050
1734Q	3,008	325	375	450	775	2,200
1737Q	2,910	325	375	450	775	2,200
1738Q	13,000	300	350	400	650	1,950
1739Q	5,954	325	375	450	775	2,200
1740Q	1,967	375	450	550	1,050	3,050

KM# 489.18 LOUIS D'OR

8.1580 g., 0.9170 Gold 0.2405 oz. AGW **Ruler:** Louis XV **Obv:** Draped bust left **Rev:** Crown above arms of France and Navarre
Mint: Orléans

Date	Mintage	VG	F	VF	XF	Unc
1726R	116,000	300	350	375	575	1,650
1727R	50,000	300	350	400	650	1,950
1728R	36,000	300	350	400	650	1,950
1729R	27,000	300	350	400	650	1,950
1730R	27,000	300	350	400	650	1,950
1732R	15,000	300	350	400	650	1,950
1733R	12,000	300	350	400	650	1,950
1736R	9,323	325	375	450	775	2,200
1739R	7,408	325	375	450	775	2,200

KM# 489.19 LOUIS D'OR

8.1580 g., 0.9170 Gold 0.2405 oz. AGW **Ruler:** Louis XV **Obv:** Draped bust left **Rev:** Crown above arms of France and Navarre
Mint: Reims

Date	Mintage	VG	F	VF	XF	Unc
1726S	—	300	350	400	650	1,950
1727S	—	300	350	400	650	1,950
1728S	40,000	300	350	400	650	1,950
1729S	24,000	300	350	400	650	1,950
1730S	20,000	300	350	400	650	1,950
1731S	18,000	300	350	400	650	1,950
1732S	16,000	300	350	400	650	1,950
1733S	13,000	300	350	400	650	1,950
1737S	5,693	325	375	425	775	2,200

KM# 489.20 LOUIS D'OR

8.1580 g., 0.9170 Gold 0.2405 oz. AGW **Ruler:** Louis XV **Obv:** Draped bust left **Rev:** Crown above arms of France and Navarre
Mint: Nantes

Date	Mintage	VG	F	VF	XF	Unc
1726T	91,000	400	350	400	650	1,950
1727T	58,000	400	350	400	650	1,950
1728T	55,000	400	350	400	650	1,950
1729T	49,000	400	350	400	650	1,950
1730T	47,000	400	350	400	650	1,950
1731T	43,000	400	350	400	650	1,950
1732T	48,000	400	350	400	650	1,950
1733T	46,000	400	350	400	650	1,950
1734T	42,000	400	350	400	650	1,950
1735T	52,000	400	350	400	650	1,950
1736T	48,000	400	350	400	650	1,950
1737T	41,000	400	350	400	650	1,950
1738T	31,000	400	350	400	650	1,950
1739T	22,000	400	350	400	650	1,950
1740T	2,649	525	475	550	1,050	3,050

244 FRANCE

KM# 489.21 LOUIS D'OR
8.1580 g., 0.9170 Gold 0.2405 oz. AGW **Ruler:** Louis XV **Obv:** Draped bust left **Rev:** Crown above arms of France and Navarre **Mint:** Troyes

Date	Mintage	VG	F	VF	XF	Unc
1726V	91,000	300	350	400	650	1,950
1727V	41,000	300	350	400	650	1,950
1728V	25,000	300	350	400	650	1,950
1730V	16,000	300	350	400	650	1,950
1731V	9,900	325	375	450	775	2,200
1732V	8,735	325	375	450	775	2,200
1733V	8,708	325	375	450	775	2,200
1734V	4,575	325	375	450	775	2,200
1736V	5,814	325	375	450	775	2,200

KM# 489.22 LOUIS D'OR
8.1580 g., 0.9170 Gold 0.2405 oz. AGW **Ruler:** Louis XV **Obv:** Draped bust left **Rev:** Crown above arms of France and Navarre **Mint:** Lille

Date	Mintage	VG	F	VF	XF	Unc
1726W	—	300	350	375	575	1,650
1727W	113,000	300	350	375	575	1,650
1728W	63,000	300	350	400	650	1,950
1729W	40,000	300	350	375	575	1,650
1730W	1,368	375	450	600	1,100	3,150
1731W	19,000	300	350	400	650	1,950
1733W	7,484	325	375	450	775	2,200
1734W	6,786	325	375	450	775	2,200
1736W	4,973	325	375	450	775	2,200
1737W	23,000	300	350	400	650	1,950
1738W	20,000	300	350	400	650	1,950
1739W	2,339	325	375	450	775	2,200

KM# 489.23 LOUIS D'OR
8.1580 g., 0.9170 Gold 0.2405 oz. AGW **Ruler:** Louis XV **Obv:** Draped bust left **Rev:** Crown above arms of France and Navarre **Mint:** Amiens

Date	Mintage	VG	F	VF	XF	Unc
1726X	—	300	350	375	575	1,650
1727X	—	300	350	400	650	1,950
1728X	35,000	300	350	400	650	1,950
1729X	32,000	300	350	400	650	1,950
1731X	15,000	300	350	400	650	1,950
1732X	12,000	300	350	400	650	1,950
1733X	10,000	300	350	400	650	1,950
1734X	8,284	325	375	450	775	2,200
1735X	9,364	325	375	460	775	2,200
1738X	5,847	325	375	450	775	2,200
1740X	—	325	375	450	775	2,200

KM# 489.24 LOUIS D'OR
8.1580 g., 0.9170 Gold 0.2405 oz. AGW **Ruler:** Louis XV **Obv:** Draped bust left **Rev:** Crown above arms of France and Navarre **Mint:** Bourges

Date	Mintage	VG	F	VF	XF	Unc
1726Y	7,328	325	375	450	775	2,200
1727Y	20,000	300	350	400	650	1,950
1728Y	1,911	375	450	550	1,050	3,050
1730Y	—	375	450	550	1,050	3,050
1732Y	7,958	325	375	450	775	2,200
1733Y	8,982	325	375	450	775	2,200

KM# 489.25 LOUIS D'OR
8.1580 g., 0.9170 Gold 0.2405 oz. AGW **Ruler:** Louis XV **Obv:** Draped bust left **Rev:** Crown above arms of France and Navarre **Mint:** Grenoble

Date	Mintage	VG	F	VF	XF	Unc
1726Z	91,000	300	350	400	650	1,950
1727Z	30,000	300	350	400	650	1,950
1728Z	14,000	300	350	400	650	1,950
1729Z	14,000	300	350	400	650	1,950
1730Z	12,000	300	350	400	650	1,950
1731Z	8,794	325	375	450	775	2,200
1732Z	7,119	325	375	450	775	2,200
1734Z	4,980	300	350	400	650	1,950
1736Z	5,839	300	350	400	650	1,950
1737Z	5,016	300	350	400	650	1,950
1738Z	4,231	300	350	400	650	1,950
1739Z	3,833	300	350	400	650	1,950

KM# 489.26 LOUIS D'OR
8.1580 g., 0.9170 Gold 0.2405 oz. AGW **Ruler:** Louis XV **Obv:** Draped bust left **Rev:** Crown above arms of France and Navarre **Mint:** Rennes **Note:** Mint mark: 9.

Date	Mintage	VG	F	VF	XF	Unc
1726	117,000	300	350	375	575	1,650
1727	—	300	350	400	650	1,950
1728	61,000	300	350	400	650	1,950
1729	—	300	350	400	650	1,950
1730	24,000	300	350	400	650	1,950
1731	—	300	350	400	650	1,950
1732	36,000	300	350	400	650	1,950
1733	—	300	350	400	650	1,950
1734	32,000	300	350	400	650	1,950
1735	23,000	300	350	400	650	1,950
1736	27,000	300	350	400	650	1,950
1737	18,000	300	350	400	650	1,950
1738	16,000	300	350	400	650	1,950

KM# 489.27 LOUIS D'OR
8.1580 g., 0.9170 Gold 0.2405 oz. AGW **Ruler:** Louis XV **Obv:** Draped bust left **Rev:** Crown above arms of France and Navarre **Mint:** Aix **Note:** Mint mark: &.

Date	Mintage	VG	F	VF	XF	Unc
1726	285,000	300	350	375	575	1,650
1727	105,000	300	350	375	575	1,650
1728	59,000	300	350	400	650	1,950
1729	57,000	300	350	375	575	1,650
1730	35,000	300	350	400	650	1,950
1731	24,000	300	350	400	650	1,950
1732	24,000	300	350	400	650	1,950
1733	26,000	300	350	400	650	1,950
1734	18,000	300	350	400	650	1,950
1735	22,000	300	350	400	650	1,950
1736	18,000	300	350	400	650	1,950
1737	41,000	300	350	400	650	1,950
1738	45,000	300	350	400	650	1,950
1739	36,000	300	350	400	650	1,950

KM# 489.28 LOUIS D'OR
8.1580 g., 0.9170 Gold 0.2405 oz. AGW **Ruler:** Louis XV **Obv:** Draped bust left **Rev:** Crown above arms of France and Navarre **Mint:** Besançon **Note:** Mint mark: Back to back C's.

Date	Mintage	VG	F	VF	XF	Unc
1726	—	300	350	400	650	1,950
1727	—	300	350	400	650	1,950
1728	15,000	300	350	400	650	1,950
1730	11,000	300	350	400	650	1,950
1731	2,914	325	375	450	775	2,200
1733	4,323	325	375	450	775	2,200
1734	2,858	325	375	450	775	2,200

KM# 490 LOUIS D'OR
8.1580 g., 0.9170 Gold 0.2405 oz. AGW **Ruler:** Louis XV **Mint:** Pau **Note:** Mint mark: Cow. Issued for Province of Bearn.

Date	Mintage	VG	F	VF	XF	Unc
1726	45,000	325	375	450	775	2,200
1727	28,000	325	375	450	775	2,200
1728	37,000	325	375	450	775	2,200
1729	14,000	325	375	450	950	2,750
1730	9,303	325	375	450	950	2,750
1733	5,643	350	400	500	1,050	3,050
1734	—	350	400	500	1,050	3,050
1735	4,903	350	400	500	1,050	3,050

KM# 513.1 LOUIS D'OR
8.1580 g., 0.9170 Gold 0.2405 oz. AGW **Ruler:** Louis XV **Obv:** Head left **Obv. Legend:** LUD * XV * D * G * FR * ET NAV * REX * **Rev:** Crown above arms of France and Navarre **Rev. Legend:** CHRS * REGN * VINC * IMPER **Mint:** Paris

Date	Mintage	VG	F	VF	XF	Unc
1740A	104,000	300	325	375	600	1,650
1741A	—	300	325	375	600	1,650
1742A	66,000	300	325	375	600	1,650
1743A	75,000	300	325	375	600	1,650
1744A	14,000	325	375	450	775	2,150
1745A	13,000	325	375	450	775	2,150
1746A	21,000	325	375	450	775	2,150
1747A	32,000	325	375	450	775	2,150
1748A	26,000	325	375	450	775	2,150
1749A	27,000	325	375	450	775	2,150
1750A	—	325	375	450	775	2,150
1751A	—	325	375	450	775	2,150
1752A	20,000	325	375	450	775	2,150
1753A	—	300	325	375	600	1,650
1754A	50,000	300	325	375	600	1,650
1755A	77,000	300	325	375	600	1,650
1756A	27,000	325	375	450	775	2,150
1757A	—	300	325	375	600	1,650
1758A	47,000	300	325	375	600	1,650
1759A	29,000	325	375	450	775	2,150
1761A	—	325	375	450	775	2,150
1766A	17,000	325	375	450	775	2,150
1768A	—	325	375	450	775	2,150
1769A	—	325	375	450	775	2,150
1770A	—	325	375	450	775	2,150

KM# 513.3 LOUIS D'OR
8.1580 g., 0.9170 Gold 0.2405 oz. AGW **Ruler:** Louis XV **Obv:** Head left **Rev:** Crown above arms of France and Navarre **Mint:** Rouen

Date	Mintage	VG	F	VF	XF	Unc
1740B	5,904	325	375	475	775	2,150
1741B	—	300	325	375	600	1,650
1742B	3,102	325	375	475	775	2,150
1743B	2,190	325	375	475	775	2,150
1761B	1,099	325	375	475	775	2,150

KM# 513.4 LOUIS D'OR
8.1580 g., 0.9170 Gold 0.2405 oz. AGW **Ruler:** Louis XV **Obv:** Head left **Rev:** Crown above arms of France and Navarre **Mint:** Strasbourg

Date	Mintage	VG	F	VF	XF	Unc
1740BB	6,795	325	400	525	950	2,650
1742BB	4,540	325	375	475	775	2,150
1744BB	30,000	325	375	475	775	2,150
1745BB	11,000	325	375	475	775	2,150
1746BB	33,000	325	375	475	775	2,150
1747BB	50,000	300	325	375	600	1,650
1750BB	2,606	325	425	525	950	2,650
1751BB	—	325	375	475	775	2,150
1752BB	4,180	325	375	475	775	2,150
1753BB	3,693	325	375	475	775	2,150
1754BB	—	325	375	475	775	2,150
1755BB	—	325	375	475	775	2,150
1761BB	315,000	300	325	375	600	1,650
1762BB	—	300	325	375	600	1,650

KM# 513.5 LOUIS D'OR
8.1580 g., 0.9170 Gold 0.2405 oz. AGW **Ruler:** Louis XV **Obv:** Head left **Rev:** Crown above arms of France and Navarre **Mint:** Caen

Date	Mintage	VG	F	VF	XF	Unc
1742C	4,406	325	375	475	775	2,150
1744C	5,659	325	375	475	775	2,150
1750C	3,183	325	375	475	775	2,150
1763C	1,370	325	375	550	1,000	2,750

KM# 513.6 LOUIS D'OR
8.1580 g., 0.9170 Gold 0.2405 oz. AGW **Ruler:** Louis XV **Obv:** Head left **Rev:** Crown above arms of France and Navarre **Mint:** Lyon

Date	Mintage	VG	F	VF	XF	Unc
1741D	24,000	325	375	475	775	2,150
1742D	9,368	325	375	475	775	2,150
1743D	13,000	325	375	475	775	2,150
1747D	9,102	325	375	475	775	2,150
1750D	4,052	325	375	475	775	2,150
1753D	412	525	725	1,100	1,900	—
1754D	26,000	325	375	475	775	2,150
1758D	11,000	325	375	475	775	2,150
1766D	7,609	325	375	475	775	2,150

KM# 513.7 LOUIS D'OR
8.1580 g., 0.9170 Gold 0.2405 oz. AGW **Ruler:** Louis XV **Obv:** Head left **Rev:** Crown above arms of France and Navarre **Mint:** Tours

Date	Mintage	VG	F	VF	XF	Unc
1740E	5,517	325	400	525	950	2,650
1741E	9,563	325	375	475	775	2,150
1746E	2,780	325	400	550	1,100	3,050

KM# 513.8 LOUIS D'OR
8.1580 g., 0.9170 Gold 0.2405 oz. AGW **Ruler:** Louis XV **Obv:** Head left **Rev:** Crown above arms of France and Navarre **Mint:** Poitiers

Date	Mintage	VG	F	VF	XF	Unc
1743G	6,019	325	375	475	775	2,150
1747G	4,421	325	375	475	775	2,150
1760G	1,204	325	425	550	1,000	2,750
1765G	1,159	325	425	550	1,000	2,750

KM# 513.9 LOUIS D'OR
8.1580 g., 0.9170 Gold 0.2405 oz. AGW **Ruler:** Louis XV **Obv:** Head left **Rev:** Crown above arms of France and Navarre **Mint:** La Rochelle

Date	Mintage	VG	F	VF	XF	Unc
1741H	14,000	325	375	475	775	2,150
1742H	14,000	325	375	475	775	2,150
1743H	8,213	325	375	475	775	2,150
1747H	6,998	325	375	475	775	2,150
1751H	9,900	325	375	475	775	2,150
1752H	6,361	325	375	475	775	2,150
1757H	3,582	325	375	475	775	2,150
1761H	3,577	325	375	475	775	2,150
1763H	3,972	325	375	475	775	2,150
1764H	6,132	325	375	475	775	2,150
1765H	3,413	325	375	475	775	2,150

KM# 513.10 LOUIS D'OR
8.1580 g., 0.9170 Gold 0.2405 oz. AGW **Ruler:** Louis XV **Obv:** Head left **Rev:** Crown above arms of France and Navarre **Mint:** Limoges

Date	Mintage	VG	F	VF	XF	Unc
1742I	6,799	325	375	550	775	2,150
1743I	3,217	325	425	650	1,000	2,750

KM# 513.11 LOUIS D'OR
8.1580 g., 0.9170 Gold 0.2405 oz. AGW **Ruler:** Louis XV **Obv:** Head left **Rev:** Crown above arms of France and Navarre **Mint:** Bordeaux

Date	Mintage	VG	F	VF	XF	Unc
1742K	20,000	325	375	475	775	2,150
1747K	—	325	375	475	775	2,150
1749K	4,830	325	375	475	775	2,150
1755K	—	325	375	475	775	2,150

KM# 513.12 LOUIS D'OR
8.1580 g., 0.9170 Gold 0.2405 oz. AGW **Ruler:** Louis XV **Obv:** Head left **Rev:** Crown above arms of France and Navarre **Mint:** Bayonne

Date	Mintage	VG	F	VF	XF	Unc
1740L	42,000	300	325	375	600	1,650
1741L	76,000	300	325	375	600	1,650
1742L	39,000	300	325	375	600	1,650
1770L	—	325	375	475	725	2,000

KM# 513.13 LOUIS D'OR
8.1580 g., 0.9170 Gold 0.2405 oz. AGW **Ruler:** Louis XV **Obv:** Head left **Rev:** Crown above arms of France and Navarre **Mint:** Toulouse

Date	Mintage	VG	F	VF	XF	Unc
1742M	4,335	325	375	475	775	2,750
1751M	1,639	325	400	550	1,000	2,750

KM# 513.14 LOUIS D'OR
8.1580 g., 0.9170 Gold 0.2405 oz. AGW **Ruler:** Louis XV **Obv:** Head left **Rev:** Crown above arms of France and Navarre **Mint:** Montpellier

Date	Mintage	VG	F	VF	XF	Unc
1740N	9,007	325	375	475	775	2,150
1743N	16,000	325	375	475	775	2,150
1744N	—	325	375	475	775	2,150
1747N	—	325	375	475	775	2,150
1757N	—	325	375	475	775	2,150
1758N	8,464	325	375	475	775	2,150
1759N	3,226	325	375	475	775	2,150

KM# 513.15 LOUIS D'OR
8.1580 g., 0.9170 Gold 0.2405 oz. AGW **Ruler:** Louis XV **Obv:** Head left **Rev:** Crown above arms of France and Navarre **Mint:** Riom

Date	Mintage	VG	F	VF	XF	Unc
1741O	7,215	325	375	475	775	2,150
1743O	2,150	325	400	550	1,000	2,750
1749O	3,766	325	375	475	775	2,150
1750O	4,864	325	375	475	775	2,150
1751O	2,944	325	400	550	1,000	2,750

KM# 513.16 LOUIS D'OR
8.1580 g., 0.9170 Gold 0.2405 oz. AGW **Ruler:** Louis XV **Obv:** Head left **Rev:** Crown above arms of France and Navarre **Mint:** Dijon

Date	Mintage	VG	F	VF	XF	Unc
1745P	4,343	325	375	475	775	2,150
1746P	6,181	325	375	475	775	2,150
1747P	5,491	325	375	475	775	2,150
1748P	1,738	325	375	550	1,000	2,750

KM# 513.17 LOUIS D'OR
8.1580 g., 0.9170 Gold 0.2405 oz. AGW **Ruler:** Louis XV **Obv:** Head left **Rev:** Crown above arms of France and Navarre **Mint:** Perpignan

Date	Mintage	VG	F	VF	XF	Unc
1740Q	4,408	325	400	525	1,000	2,650
1741Q	4,300	325	375	475	825	2,150
1742Q	12,000	325	375	475	825	2,150
1743Q	2,699	325	400	550	1,150	3,050

KM# 513.18 LOUIS D'OR
8.1580 g., 0.9170 Gold 0.2405 oz. AGW **Ruler:** Louis XV **Obv:** Head left **Rev:** Crown above arms of France and Navarre **Mint:** Orléans

Date	Mintage	VG	F	VF	XF	Unc
1742R	5,456	325	375	475	775	2,150
1743R	2,950	325	400	525	950	2,650
1745R	1,334	325	400	525	950	2,650
1766R	—	325	375	475	775	2,150
1767R	—	325	375	475	775	2,150
1768R	—	325	375	475	775	2,150

KM# 513.19 LOUIS D'OR
8.1580 g., 0.9170 Gold 0.2405 oz. AGW **Ruler:** Louis XV **Obv:** Head left **Rev:** Crown above arms of France and Navarre **Mint:** Reims

Date	Mintage	VG	F	VF	XF	Unc
1741S	4,541	325	375	475	775	2,150
1744S	4,639	325	375	475	775	2,150
1747S	6,468	325	375	475	775	2,150
1749S	6,552	325	375	475	775	2,150
1756S	1,304	325	400	550	1,100	3,050
1770S	615	375	525	675	1,300	3,600

KM# 513.20 LOUIS D'OR
8.1580 g., 0.9170 Gold 0.2405 oz. AGW **Ruler:** Louis XV **Obv:** Head left **Rev:** Crown above arms of France and Navarre **Mint:** Nantes

Date	Mintage	VG	F	VF	XF	Unc
1740T	36,000	300	325	375	600	1,650
1741T	51,000	300	325	375	600	1,650
1742T	24,000	300	325	375	600	1,650

KM# 513.21 LOUIS D'OR
8.1580 g., 0.9170 Gold 0.2405 oz. AGW **Ruler:** Louis XV **Obv:** Head left **Rev:** Crown above arms of France and Navarre **Mint:** Troyes

Date	Mintage	VG	F	VF	XF	Unc
1741V	3,450	325	400	525	950	2,650
1742V	2,329	325	400	525	950	2,650
1744V	1,650	325	400	525	950	2,650
1751V	1,112	325	400	550	1,000	2,750

KM# 513.22 LOUIS D'OR
8.1580 g., 0.9170 Gold 0.2405 oz. AGW **Ruler:** Louis XV **Obv:** Head left **Obv. Legend:** LUD • XV • D • G • FR • ETNAV • REX • **Rev:** Crown above arms of France and Navarre **Rev. Legend:** CHRS • REGN • VINC • IMPER • **Mint:** Lille

Date	Mintage	VG	F	VF	XF	Unc
1740W	6,401	400	425	500	775	2,150
1741W	23,000	400	425	500	775	2,150
1742W	70,000	375	375	400	600	1,650
1743W	1,306	400	450	550	950	2,650
1744W	375,000	375	375	400	600	1,650
1745W	296,000	375	375	400	600	1,650
1746W	474,000	375	375	400	600	1,650
1747W	327,000	375	375	400	600	1,650
1748W	210,000	375	375	400	600	1,650
1749W	171,000	375	375	400	600	1,650
1750W	12,000	400	425	500	775	2,150
1751W	4,065	400	425	500	775	2,150
1753W	4,875	400	425	500	775	2,150
1755W	3,780	400	450	575	1,000	2,750
1770W	75,000	375	375	400	600	1,650
1771W	—	400	425	500	775	2,150

KM# 513.23 LOUIS D'OR
8.1580 g., 0.9170 Gold 0.2405 oz. AGW **Ruler:** Louis XV **Mint:** Amiens

Date	Mintage	VG	F	VF	XF	Unc
1740X	—	325	400	525	950	2,650
1741X	16,000	325	375	475	775	2,150
1742X	62,000	300	325	375	600	1,650
1747X	45,000	300	325	375	600	1,650
1748X	25,000	325	375	475	775	2,150
1757X	1,365	350	425	600	1,100	2,950

KM# 513.24 LOUIS D'OR
8.1580 g., 0.9170 Gold 0.2405 oz. AGW **Ruler:** Louis XV **Obv:** Head left **Rev:** Crown above arms of France and Navarre **Mint:** Bourges

Date	Mintage	VG	F	VF	XF	Unc
1746Y	3,314	325	400	525	950	2,650
1747Y	2,001	325	400	525	950	2,650
1748Y	2,916	325	400	525	950	2,650
1751Y	3,577	325	375	475	775	2,150
1769Y	304	525	775	1,450	3,000	—

KM# 513.25 LOUIS D'OR
8.1580 g., 0.9170 Gold 0.2405 oz. AGW **Ruler:** Louis XV **Obv:** Head left **Rev:** Crown above arms of France and Navarre **Mint:** Grenoble

Date	Mintage	VG	F	VF	XF	Unc
1742Z	—	325	370	525	950	2,650
1743Z	7,175	325	370	525	950	2,650

KM# 513.26 LOUIS D'OR
8.1580 g., 0.9170 Gold 0.2405 oz. AGW **Ruler:** Louis XV **Mint:** Rennes **Note:** Mint mark: 9.

Date	Mintage	VG	F	VF	XF	Unc
1740	8,202	250	325	450	775	1,950
1741	21,000	250	325	450	775	1,950
1744	—	225	270	350	600	1,500

KM# 513.27 LOUIS D'OR
8.1580 g., 0.9170 Gold 0.2405 oz. AGW **Ruler:** Louis XV **Obv:** Head left **Rev:** Crown above arms of France and Navarre **Mint:** Aix **Note:** Mint mark: &.

Date	Mintage	VG	F	VF	XF	Unc
1740	—	—	—	—	—	—
1741	—	325	425	600	1,200	3,300
1742	69,000	300	325	375	600	1,650
1743	161,000	300	325	375	600	1,650
1744	—	300	325	375	600	1,650
1745	65,000	300	325	375	600	1,650
1746	30,000	300	350	450	725	2,000
1747	18,000	300	350	450	725	2,000
1748	5,940	300	350	450	725	2,000
1751	4,257	325	375	475	775	2,150
1752	—	325	375	475	775	2,150
1753	9,229	325	375	475	775	2,150
1755	14,000	325	425	600	1,200	3,300
1756	59,000	300	325	375	600	1,650
1757	7,069	325	375	475	775	2,150
1767	3,090	325	400	525	950	2,650
1769	—	375	450	725	1,300	3,300
1771	—	375	450	725	1,300	3,300
1772	—	425	550	825	1,500	3,500
1773	—	425	550	825	1,500	3,500
1774	—	425	550	825	1,500	3,500

KM# 513.28 LOUIS D'OR
8.1580 g., 0.9170 Gold 0.2405 oz. AGW **Ruler:** Louis XV **Obv:** Head left **Rev:** Crown above arms of France and Navarre **Mint:** Besançon **Note:** Mint mark: Back to back C's.

Date	Mintage	VG	F	VF	XF	Unc
1749	2,169	325	400	525	950	2,650
1756	5,372	325	375	475	775	2,150

KM# 514 LOUIS D'OR
8.1580 g., 0.9170 Gold 0.2405 oz. AGW **Ruler:** Louis XV **Obv. Legend:** ... RE • BD (ligate BD) **Mint:** Pau **Note:** Mint mark: Cow. Issued for Province of Bearn.

Date	Mintage	VG	F	VF	XF	Unc
1740	21,000	325	375	550	950	2,650
1746	2,978	350	450	600	1,200	3,300
1750	1,846	350	450	600	1,150	3,150
1753	—	350	450	600	1,150	3,150
1754	691	350	450	600	1,150	3,150
1755	1,292	350	450	600	1,150	3,150
1756	708,000	350	450	600	1,150	3,150
1763	165,000	325	375	525	900	2,500
1764	45,000	325	375	525	900	2,500
1766	90,000	325	375	525	900	2,500
1767	160,000	325	375	525	900	2,500
1768	129,000	325	375	525	900	2,500
1769	—	325	375	525	900	2,500
1770	67,000	325	375	525	900	2,500

KM# 556.1 LOUIS D'OR
8.1580 g., 0.9170 Gold 0.2405 oz. AGW **Ruler:** Louis XV **Mint:** Paris

Date	Mintage	VG	F	VF	XF	Unc
1771A	—	650	1,300	1,900	3,200	6,100
1772A	—	650	1,300	1,900	3,200	6,100
1773A	—	650	1,300	1,900	3,200	6,100
1774A	—	650	1,300	1,900	3,200	6,100

KM# 556.2 LOUIS D'OR
8.1580 g., 0.9170 Gold 0.2405 oz. AGW **Ruler:** Louis XV **Mint:** La Rochelle

Date	Mintage	VG	F	VF	XF	Unc
1774H	2,887	725	1,450	2,200	4,800	8,800

KM# 556.3 LOUIS D'OR
8.1580 g., 0.9170 Gold 0.2405 oz. AGW **Ruler:** Louis XV **Mint:** Montpellier

Date	Mintage	VG	F	VF	XF	Unc
1773N	1,701	725	1,450	2,200	4,600	8,800
1774N	5,767	725	1,450	2,200	4,600	8,800

KM# 565 LOUIS D'OR

8.1580 g., 0.9170 Gold 0.2405 oz. AGW **Ruler:** Louis XVI **Obv:** Uniformed bust left **Obv. Legend:** LUD • XVI • D • G • FR • ET NAV • REX • **Rev:** Crowned arms of France within branches **Rev. Legend:** CHRS • REGN • VINC • IMPER **Mint:** Paris

Date	Mintage	VG	F	VF	XF	Unc
1774A	—	900	1,650	3,000	6,000	11,000

KM# 566 LOUIS D'OR

8.1580 g., 0.9170 Gold 0.2405 oz. AGW **Ruler:** Louis XVI **Rev:** Date above crown

Date	Mintage	VG	F	VF	XF	Unc
1774	—	—	—	6,000	12,000	22,000

KM# 567.1 LOUIS D'OR

8.1580 g., 0.9170 Gold 0.2405 oz. AGW **Ruler:** Louis XVI **Obv:** Uniformed bust left **Obv. Legend:** LUD • XVI • D • G • FR • ET NAV • REX • **Rev:** Crowned arms of France and Navarre in ovals **Rev. Legend:** CHRS • REGN • VINC • IMPER **Mint:** Paris

Date	Mintage	VG	F	VF	XF	Unc
1774A	490,000	400	650	1,000	2,650	4,950
1775A	221,000	400	650	1,000	2,650	4,950
1776A	133,000	400	650	1,000	2,650	4,950
1777A	104,000	400	650	1,000	2,650	4,950
1778A	48,000	400	650	1,000	2,650	4,950
1779A	6,899	600	1,100	2,000	5,400	9,900
1780A	2,895	700	1,300	2,250	6,000	11,000
1781A	6,333	600	1,100	2,000	5,400	9,900
1782A	255,000	400	650	1,000	2,650	4,950
1783A	Inc. above	400	650	1,000	2,650	4,950
1783A	90,000	400	650	1,000	2,650	4,950
1784A	16,000	400	650	1,000	2,650	4,950

KM# 567.2 LOUIS D'OR

8.1580 g., 0.9170 Gold 0.2405 oz. AGW **Ruler:** Louis XVI **Mint:** Rouen

Date	Mintage	VG	F	VF	XF	Unc
1785B	13,000	—	—	—	—	—

KM# 567.3 LOUIS D'OR

8.1580 g., 0.9170 Gold 0.2405 oz. AGW **Ruler:** Louis XVI **Obv:** Uniformed bust left **Rev:** Crowned arms of France and Navarre in ovals **Mint:** Strasbourg

Date	Mintage	VG	F	VF	XF	Unc
1775BB	604	800	1,500	2,600	6,000	11,000
1780BB	391	—	—	—	—	—
1781BB	394	1,000	1,750	2,750	6,900	12,500
1785BB	541	1,050	1,900	3,200	7,200	13,000

KM# 567.4 LOUIS D'OR

8.1580 g., 0.9170 Gold 0.2405 oz. AGW **Ruler:** Louis XVI **Obv:** Uniformed bust left **Rev:** Crowned arms of France and Navarre in ovals **Mint:** Lyon

Date	Mintage	VG	F	VF	XF	Unc
1775D	13,000	600	1,100	2,000	4,800	8,800

KM# 567.5 LOUIS D'OR

8.1580 g., 0.9170 Gold 0.2405 oz. AGW **Ruler:** Louis XVI **Obv:** Uniformed bust left **Rev:** Crowned arms of France and Navarre in ovals **Mint:** La Rochelle

Date	Mintage	VG	F	VF	XF	Unc
1775H	5,315	525	1,000	2,000	4,800	8,800
1776H	2,443	525	1,000	2,000	4,800	8,800
1777H	3,156	525	1,000	2,000	4,800	8,800
1778H	2,680	525	1,000	2,000	4,800	8,800
1779H	4,880	525	1,000	2,000	4,800	8,800
1780H	2,779	525	1,000	2,000	4,800	8,800
1781H	2,325	—	—	—	—	—
1782H	3,863	525	1,000	2,000	4,800	8,800
1783H	3,061	525	1,000	2,000	4,800	8,800
1784H	1,166	—	—	—	—	—
1785H	747	—	—	—	—	—

KM# 567.6 LOUIS D'OR

8.1580 g., 0.9170 Gold 0.2405 oz. AGW **Ruler:** Louis XVI **Obv:** Uniformed bust left **Rev:** Crowned arms of France and Navarre in ovals **Mint:** Limoges

Date	Mintage	VG	F	VF	XF	Unc
1775I	2,397	525	1,000	2,000	4,800	8,800

KM# 567.7 LOUIS D'OR

8.1580 g., 0.9170 Gold 0.2405 oz. AGW **Ruler:** Louis XVI **Obv:** Uniformed bust left **Rev:** Crowned arms of France and Navarre in ovals **Mint:** Bordeaux

Date	Mintage	VG	F	VF	XF	Unc
1775K	934	—	—	—	—	—
1780K	—	700	1,300	2,250	5,400	9,900

KM# 567.8 LOUIS D'OR

8.1580 g., 0.9170 Gold 0.2405 oz. AGW **Ruler:** Louis XVI **Obv:** Uniformed bust left **Rev:** Crowned arms of France and Navarre in ovals **Mint:** Bayonne

Date	Mintage	VG	F	VF	XF	Unc
1775L	24,000	—	—	—	—	—
1776L	11,000	—	—	—	—	—
1777L	813	—	—	—	—	—

KM# 567.9 LOUIS D'OR

8.1580 g., 0.9170 Gold 0.2405 oz. AGW **Ruler:** Louis XVI **Obv:** Uniformed bust left **Rev:** Crowned arms of France and Navarre in ovals **Mint:** Toulouse

Date	Mintage	VG	F	VF	XF	Unc
1775M	8,491	600	1,100	2,000	4,800	8,800
1783M	1,173	—	—	—	—	—
1784M	1,525	—	—	—	—	—

KM# 567.10 LOUIS D'OR

8.1580 g., 0.9170 Gold 0.2405 oz. AGW **Ruler:** Louis XVI **Obv:** Uniformed bust left **Rev:** Crowned arms of France and Navarre in ovals **Mint:** Montpellier

Date	Mintage	VG	F	VF	XF	Unc
1775N	19,000	600	1,100	2,000	4,800	8,800
1776N	13,000	600	1,100	2,000	4,800	8,800
1778N	2,664	700	1,300	2,250	5,400	9,900
1779N	2,208	700	1,300	2,250	5,400	9,900
1780N	340	—	—	—	—	—
1781N	1,116	—	—	—	—	—
1782N	1,897	—	—	—	—	—
1783N	1,746	—	—	—	—	—
1784N	354	—	—	—	—	—
1785N	414	—	—	—	—	—

KM# 567.11 LOUIS D'OR

8.1580 g., 0.9170 Gold 0.2405 oz. AGW **Ruler:** Louis XVI **Obv:** Uniformed bust left **Rev:** Crowned arms of France and Navarre in ovals **Mint:** Perpignan

Date	Mintage	VG	F	VF	XF	Unc
1775Q	1,220	—	—	—	—	—

KM# 567.12 LOUIS D'OR

8.1580 g., 0.9170 Gold 0.2405 oz. AGW **Ruler:** Louis XVI **Obv:** Uniformed bust left **Rev:** Crowned arms of France and Navarre in ovals **Mint:** Orléans

Date	Mintage	VG	F	VF	XF	Unc
1776R	431	—	—	—	—	—
1780R Reported, not confirmed	—	—	—	—	—	—
1782R	226	—	—	—	—	—

KM# 567.14 LOUIS D'OR

8.1580 g., 0.9170 Gold 0.2405 oz. AGW **Ruler:** Louis XVI **Obv:** Uniformed bust left **Rev:** Crowned arms of France and Navarre in ovals **Mint:** Nantes

Date	Mintage	VG	F	VF	XF	Unc
1779T	—	700	1,300	2,250	5,400	9,900

KM# 567.15 LOUIS D'OR

8.1580 g., 0.9170 Gold 0.2405 oz. AGW **Ruler:** Louis XVI **Obv:** Uniformed bust left **Rev:** Crowned arms of France and Navarre in ovals **Mint:** Lille

Date	Mintage	VG	F	VF	XF	Unc
1775W	91,000	500	850	1,500	3,600	6,600

KM# 567.16 LOUIS D'OR

8.1580 g., 0.9170 Gold 0.2405 oz. AGW **Ruler:** Louis XVI **Mint:** Aix **Note:** Mint mark: &.

Date	Mintage	VG	F	VF	XF	Unc
1775	37,000	500	950	1,600	4,200	7,700
1776	19,000	600	1,100	2,000	4,800	8,800
1777	13,000	600	1,100	2,000	4,800	8,800
1778	8,255	—	—	—	—	—
1779	3,352	—	—	—	—	—
1780	1,266	—	—	—	—	—
1781	517	950	1,700	3,250	7,800	14,000
1782	1,272	—	—	—	—	—
1783	2,802	—	—	—	—	—
1784	—	—	—	—	—	—
1784	274	—	—	—	—	—

KM# 574 LOUIS D'OR

8.1580 g., 0.9170 Gold 0.2405 oz. AGW **Ruler:** Louis XVI **Obv. Legend:** ....RE.BD. (ligate BD). **Mint:** Pau **Note:** Mint mark: Cow. Issued for Province of Bearn.

Date	Mintage	VG	F	VF	XF	Unc
1775 (p)	15,000	600	1,100	2,000	4,800	8,800
1776 (p)	13,000	600	1,100	2,000	4,800	8,800
1777 (p)	11,000	600	1,100	2,000	4,800	8,800

KM# 590 LOUIS D'OR

7.6490 g., 0.9170 Gold 0.2255 oz. AGW **Ruler:** Louis XVI **Obv:** Head of Louis XVI left **Mint:** Paris

Date	Mintage	VG	F	VF	XF	Unc
1785A Rare	7	—	—	—	—	—

KM# 591.1 LOUIS D'OR

7.6490 g., 0.9170 Gold 0.2255 oz. AGW **Ruler:** Louis XVI **Obv:** Head left **Obv. Legend:** LUD • XVI • D • G • FR • ET NAV • REX • **Rev:** Crowned arms of France and Navarre in shields **Rev. Legend:** CHRS • REGN • VINC • IMPER **Mint:** Paris

Date	Mintage	VG	F	VF	XF	Unc
1785A	50,000	BV	285	375	675	1,800
1786A	Inc. above	—	BV	285	375	1,100
1786A	5,370,000	—	BV	285	375	1,100
1787A	Inc. above	—	BV	285	375	1,100
1787A	1,927,000	—	BV	285	375	1,100
1788A	837,000	—	BV	285	375	1,100
1789A	—	—	BV	285	375	1,100
1790A	164,000	BV	285	320	450	1,200
1792A	—	285	425	550	800	2,200

KM# 591.2 LOUIS D'OR

7.6490 g., 0.9170 Gold 0.2255 oz. AGW **Ruler:** Louis XVI **Obv:** Head left **Rev:** Crowned arms of France and Navarre in shields **Mint:** Metz

Date	Mintage	VG	F	VF	XF	Unc
1785AA	597,000	285	325	425	675	1,800
1786AA	Inc. above	—	BV	250	400	1,100
1787AA	193,000	—	BV	300	450	1,200
1788AA	73,000	BV	285	350	475	1,300
1789AA Reported, not confirmed	—	—	—	—	—	—
1790AA	13,000	285	325	425	700	1,950

KM# 591.3 LOUIS D'OR

7.6490 g., 0.9170 Gold 0.2255 oz. AGW **Ruler:** Louis XVI **Obv:** Head left **Rev:** Crowned arms of France and Navarre in shields **Mint:** Rouen

Date	Mintage	VG	F	VF	XF	Unc
1786B	419,000	—	BV	300	450	1,200
1787B	99,000	—	BV	300	450	1,200
1788B	30,000	—	BV	350	500	1,400
1789B	—	BV	325	350	500	1,400
1790B	24,000	—	BV	400	600	1,650

KM# 591.4 LOUIS D'OR

7.6490 g., 0.9170 Gold 0.2255 oz. AGW **Ruler:** Louis XVI **Obv:** Head left **Rev:** Crowned arms of France and Navarre in shields **Mint:** Strasbourg

Date	Mintage	VG	F	VF	XF	Unc
1786BB	248,000	BV	285	350	650	1,750
1786BB	—	325	625	1,000	1,500	3,650

Note: Horn on head

KM# 591.5 LOUIS D'OR

7.6490 g., 0.9170 Gold 0.2255 oz. AGW **Ruler:** Louis XVI **Obv:** Head left **Rev:** Crowned arms of France and Navarre in shields **Mint:** Lyon

Date	Mintage	VG	F	VF	XF	Unc
1785D	58,000	BV	285	350	600	1,650
1786D	Inc. above	—	BV	285	400	1,100
1786D	899,000	—	BV	285	400	1,100
1787D	Inc. above	—	BV	285	400	1,100
1787D	424,000	—	BV	285	400	1,100
1788/7D	—	—	BV	285	400	1,100
1788D	256,000	—	BV	285	400	1,100
1789D	89,000	—	BV	325	475	1,300
1790D	41,000	BV	285	375	525	1,450
1791D	—	285	375	525	950	2,600
1792D	—	285	475	675	1,200	—

KM# 591.6 LOUIS D'OR

7.6490 g., 0.9170 Gold 0.2255 oz. AGW **Ruler:** Louis XVI **Obv:** Head left **Rev:** Crowned arms of France and Navarre in shields **Mint:** La Rochelle

Date	Mintage	VG	F	VF	XF	Unc
1786H	Inc. above	—	BV	285	400	1,100
1786H	367,000	—	BV	285	400	1,100
1787H	65,000	BV	285	350	550	1,500

Date	Mintage	VG	F	VF	XF	Unc
1788H	23,000	BV	285	350	550	1,500
1789H	17,000	BV	285	350	550	1,500
1790H	7,530	285	350	450	725	2,000
1791H	3,113	285	350	500	900	2,500

KM# 591.7 LOUIS D'OR

7.6490 g., 0.9170 Gold 0.2255 oz. AGW **Ruler:** Louis XVI **Obv:** Head left **Rev:** Crowned arms of France and Navarre in shields **Mint:** Limoges

Date	Mintage	VG	F	VF	XF	Unc
1785I	751,000	285	325	425	650	1,750
1786I	Inc. above	—	BV	285	400	1,100
1787I	109,000	—	BV	285	400	1,100
1788I	Inc. above	BV	285	350	525	1,450
1788I	36,000	BV	285	350	525	1,450
1789I	22,000	BV	285	350	525	1,450
1790I	7,622	285	425	500	800	2,200
1791I	—	285	425	500	800	2,200

KM# 591.8 LOUIS D'OR

7.6490 g., 0.9170 Gold 0.2255 oz. AGW **Ruler:** Louis XVI **Obv:** Head left **Rev:** Crowned arms of France and Navarre in shields **Mint:** Bordeaux

Date	Mintage	VG	F	VF	XF	Unc
1785K	38,000	BV	285	350	650	1,750
1786K	504,000	—	BV	285	400	1,100
1787K	19,000	—	—	—	—	—
1789K	—	BV	285	325	475	1,300

KM# 591.9 LOUIS D'OR

7.6490 g., 0.9170 Gold 0.2255 oz. AGW **Ruler:** Louis XVI **Obv:** Head left **Rev:** Crowned arms of France and Navarre in shields **Mint:** Toulouse

Date	Mintage	VG	F	VF	XF	Unc
1789M	19,000	BV	300	450	650	1,750
1792M	—	BV	425	650	1,000	2,750

KM# 591.10 LOUIS D'OR

7.6490 g., 0.9170 Gold 0.2255 oz. AGW **Ruler:** Louis XVI **Obv:** Head left **Rev:** Crowned arms of France and Navarre in shields **Mint:** Marseille

Date	Mintage	VG	F	VF	XF	Unc
1787MA	—	BV	300	450	700	1,950
1789MA	—	BV	300	450	700	1,950
1790MA	13,000	—	—	—	—	—
1791MA	2,073	285	425	600	1,100	2,700

KM# 591.11 LOUIS D'OR

7.6490 g., 0.9170 Gold 0.2255 oz. AGW **Ruler:** Louis XVI **Obv:** Head left **Rev:** Crowned arms of France and Navarre in shields **Mint:** Montpellier

Date	Mintage	VG	F	VF	XF	Unc
1786N	Inc. above	—	BV	285	400	1,100
1786N	284,000	—	BV	285	400	1,100
1787N	44,000	BV	285	350	500	1,400
1788N	29,000	BV	285	350	500	1,400
1789N	17,000	BV	285	360	525	1,450
1790N	9,683	—	—	—	—	—
1791N	1,389	285	425	625	1,150	2,850

KM# 591.12 LOUIS D'OR

7.6490 g., 0.9170 Gold 0.2255 oz. AGW **Ruler:** Louis XVI **Obv:** Head left **Rev:** Crowned arms of France and Navarre in shields **Mint:** Perpignan

Date	Mintage	VG	F	VF	XF	Unc
1789Q	20,000	—	—	—	—	—

KM# 591.13 LOUIS D'OR

7.6490 g., 0.9170 Gold 0.2255 oz. AGW **Ruler:** Louis XVI **Obv:** Head left **Rev:** Crowned arms of France and Navarre in shields **Mint:** Orléans

Date	Mintage	VG	F	VF	XF	Unc
1787R	—	BV	300	450	700	1,950
1789R	10,000	BV	300	450	700	1,950
1790R	6,819	BV	300	450	750	2,050
1791R	4,359	—	—	—	—	—

KM# 591.14 LOUIS D'OR

7.6490 g., 0.9170 Gold 0.2255 oz. AGW **Ruler:** Louis XVI **Obv:** Head left **Rev:** Crowned arms of France and Navarre in shields **Mint:** Nantes

Date	Mintage	VG	F	VF	XF	Unc
1785T	—	285	325	450	800	2,200
1786T	830,000	—	BV	285	400	1,650
1786T	Inc. above	—	BV	285	400	1,650

Note: The "dot" appears below the third letter of the monarch's name and denotes second semester coinage

Date	Mintage	VG	F	VF	XF	Unc
1787T	221,000	—	BV	285	400	1,650
1788T	50,000	BV	285	325	475	1,300
1789T	59,000	—	—	—	—	—
1790T	22,000	—	—	—	—	—
1791T	—	—	500	1,000	2,000	6,600
1792T	—	—	1,000	2,000	4,000	8,800

KM# 591.15 LOUIS D'OR

7.6490 g., 0.9170 Gold 0.2255 oz. AGW **Ruler:** Louis XVI **Obv:** Head left **Rev:** Crowned arms of France and Navarre in shields **Mint:** Lille

Date	Mintage	VG	F	VF	XF	Unc
1785W	1,299,000	BV	285	350	650	1,750
1786W	Inc. above	—	BV	285	425	1,100
1786W	Inc. above	—	BV	285	425	1,100

Note: The "dot" appears below the third letter of the monarch's name and denotes second semester coinage

Date	Mintage	VG	F	VF	XF	Unc
1787W	304,000	—	BV	285	425	1,100
1788W	174,000	—	BV	285	425	1,100

Note: The "dot" appears below the third letter of the monarch's name and denotes second semester coinage

Date	Mintage	VG	F	VF	XF	Unc
1789W	104,000	—	BV	285	450	1,200
1790W	133,000	—	—	—	—	—
1791W	2,562	285	425	600	1,000	2,750
1792W	1,983	—	—	—	—	—

KM# 335.1 2 LOUIS D'OR

13.3900 g., 0.9170 Gold 0.3948 oz. AGW **Ruler:** Louis XIV **Obv:** Laureate head right **Obv. Legend:** LVD • XIIII • D • G FR • ET • NAV • REX **Rev:** Crowned back to back L's with sceptre and hand of Justice crossed at center behind circle **Rev. Legend:** CHRS REGN VINC IMP **Mint:** Paris

Date	Mintage	VG	F	VF	XF	Unc
1701A	—	700	1,400	2,500	5,500	—
1702A	—	700	1,400	2,500	5,500	—
1703A	—	700	1,400	2,500	5,500	—
1704A Rare	—	—	—	—	—	—

KM# 335.2 2 LOUIS D'OR

13.3900 g., 0.9170 Gold 0.3948 oz. AGW **Ruler:** Louis XIV **Obv:** Laureate head right **Rev:** Crowned back to back L's with sceptre and hand of Justice crossed at center behind circle **Mint:** Metz

Date	Mintage	VG	F	VF	XF	Unc
1702AA Rare	—	—	—	—	—	—
1703AA Rare	—	—	—	—	—	—

KM# 335.3 2 LOUIS D'OR

13.3900 g., 0.9170 Gold 0.3948 oz. AGW **Ruler:** Louis XIV **Obv:** Laureate head right **Rev:** Crowned back to back L's with sceptre and hand of Justice crossed at center behind circle **Mint:** Rouen

Date	Mintage	VG	F	VF	XF	Unc
1702B	—	700	1,400	2,500	5,500	—

KM# 335.4 2 LOUIS D'OR

13.3900 g., 0.9170 Gold 0.3948 oz. AGW **Ruler:** Louis XIV **Mint:** Strasbourg

Date	Mintage	VG	F	VF	XF	Unc
1701BB	—	700	1,400	2,500	5,500	—
1702BB	—	700	1,400	2,500	5,500	—
1704BB Rare	—	—	—	—	—	—

KM# 335.5 2 LOUIS D'OR

13.3900 g., 0.9170 Gold 0.3948 oz. AGW **Ruler:** Louis XIV **Mint:** Lyon

Date	Mintage	VG	F	VF	XF	Unc
1701D	—	700	1,400	2,500	5,500	—
1702D	—	700	1,400	2,500	5,500	—
1703D Rare	—	—	—	—	—	—

KM# 335.6 2 LOUIS D'OR

13.3900 g., 0.9170 Gold 0.3948 oz. AGW **Ruler:** Louis XIV **Mint:** La Rochelle

Date	Mintage	VG	F	VF	XF	Unc
1701H	—	750	1,600	3,000	6,000	—
1702H	—	700	1,400	2,500	5,500	—
1703H	—	750	1,600	3,000	6,000	—
1704H Rare	—	—	—	—	—	—

KM# 335.7 2 LOUIS D'OR

13.3900 g., 0.9170 Gold 0.3948 oz. AGW **Ruler:** Louis XIV **Obv:** Laureate head right **Rev:** Crowned back to back L's with sceptre and hand of Justice crossed at center behind circle **Mint:** Limoges

Date	Mintage	VG	F	VF	XF	Unc
1702I	—	750	1,600	3,000	6,000	—
1703I	—	700	1,400	2,500	5,500	—

KM# 335.8 2 LOUIS D'OR

13.3900 g., 0.9170 Gold 0.3948 oz. AGW **Ruler:** Louis XIV **Obv:** Larueate head right **Rev:** Crowned back to back L's with sceptre and hand of Justice crossed at center behind circle **Mint:** Bordeaux

Date	Mintage	VG	F	VF	XF	Unc
1702K	—	700	1,400	2,500	5,500	—
1703K	—	700	1,400	2,500	5,500	—

KM# 335.9 2 LOUIS D'OR

13.3900 g., 0.9170 Gold 0.3948 oz. AGW **Ruler:** Louis XIV **Obv:** Laureate head right **Rev:** Crowned back to back L's with sceptre and hand of Justice crossed at center behind circle **Mint:** Bayonne

Date	Mintage	VG	F	VF	XF	Unc
1702L	—	750	1,600	3,000	6,000	—

KM# 335.10 2 LOUIS D'OR

13.3900 g., 0.9170 Gold 0.3948 oz. AGW **Ruler:** Louis XIV **Mint:** Toulouse

Date	Mintage	VG	F	VF	XF	Unc
1701M	—	750	1,600	3,000	6,000	—
1702M	—	700	1,400	2,500	5,500	—
1703M	—	700	1,400	2,500	5,500	—

KM# 335.11 2 LOUIS D'OR

13.3900 g., 0.9170 Gold 0.3948 oz. AGW **Ruler:** Louis XIV **Obv:** Laureate head right **Rev:** Crowned back to back L's with sceptre and hand of Justice crossed at center behind circle **Mint:** Montpellier

Date	Mintage	VG	F	VF	XF	Unc
1702N	—	700	1,400	2,500	5,500	—
1703N Rare	—	—	—	—	—	—
1704N Rare	—	—	—	—	—	—

KM# 335.12 2 LOUIS D'OR

13.3900 g., 0.9170 Gold 0.3948 oz. AGW **Ruler:** Louis XIV **Obv:** Laureate head right **Rev:** Crowned back to back L's with sceptre and hand of Justice crossed at center behind circle **Mint:** Riom

Date	Mintage	VG	F	VF	XF	Unc
1702O Rare	—	—	—	—	—	—

KM# 335.13 2 LOUIS D'OR

13.3900 g., 0.9170 Gold 0.3948 oz. AGW **Ruler:** Louis XIV **Obv:** Laureate head right **Rev:** Crowned back to back L's with sceptre and hand of Justice crossed at center behind circle **Mint:** Dijon

Date	Mintage	VG	F	VF	XF	Unc
1702P	—	700	1,400	2,500	5,500	—
1703P Rare	—	—	—	—	—	—

KM# 335.14 2 LOUIS D'OR

13.3900 g., 0.9170 Gold 0.3948 oz. AGW **Ruler:** Louis XIV **Obv:** Laureate head right **Rev:** Crowned back to back L's with sceptre and hand of Justice crossed at center behind circle **Mint:** Reims

Date	Mintage	VG	F	VF	XF	Unc
1702S	—	700	1,400	2,500	5,500	—

KM# 335.15 2 LOUIS D'OR

13.3900 g., 0.9170 Gold 0.3948 oz. AGW **Ruler:** Louis XIV **Obv:** Laureate head right **Rev:** Crowned back to back L's with sceptre and hand of Justice crossed at center behind circle **Mint:** Nantes

Date	Mintage	VG	F	VF	XF	Unc
1702T Rare	—	—	—	—	—	—
1704T Rare	—	—	—	—	—	—

KM# 335.16 2 LOUIS D'OR

13.3900 g., 0.9170 Gold 0.3948 oz. AGW **Ruler:** Louis XIV **Obv:** Laureate head right **Rev:** Crowned back to back L's with sceptre and hand of Justice crossed at center behind circle **Mint:** Troyes

Date	Mintage	VG	F	VF	XF	Unc
1702V	—	750	1,500	3,000	6,000	—

KM# 335.17 2 LOUIS D'OR

13.3900 g., 0.9170 Gold 0.3948 oz. AGW **Ruler:** Louis XIV **Obv:** Laureate head right **Rev:** Crowned back to back L's with sceptre and hand of Justice crossed at center behind circle **Mint:** Lille

Date	Mintage	VG	F	VF	XF	Unc
1702W	—	750	1,500	3,000	6,000	—
1703W Rare	—	—	—	—	—	—

KM# 335.18 2 LOUIS D'OR

13.3900 g., 0.9170 Gold 0.3948 oz. AGW **Ruler:** Louis XIV **Obv:** Laureate head right **Rev:** Crowned back to back L's with sceptre and hand of Justice crossed at center behind circle **Mint:** Amiens

Date	Mintage	VG	F	VF	XF	Unc
1703X	—	700	1,400	2,500	5,500	—

KM# 335.19 2 LOUIS D'OR

13.3900 g., 0.9170 Gold 0.3948 oz. AGW **Ruler:** Louis XIV **Obv:** Laureate head right **Rev:** Crowned back to back L's with sceptre and hand of Justice crossed at center behind circle **Mint:** Grenoble

Date	Mintage	VG	F	VF	XF	Unc
1702Z	—	700	1,400	2,500	5,500	—
1703Z	—	750	1,500	3,000	6,000	—

KM# 335.20 2 LOUIS D'OR

13.3900 g., 0.9170 Gold 0.3948 oz. AGW **Ruler:** Louis XIV **Obv:** Larueate head right **Rev:** Crowned back to back L's with sceptre and hand of Justice crossed at center behind circle **Mint:** Rennes **Note:** Mint mark: 9.

Date	Mintage	VG	F	VF	XF	Unc
1701	—	700	1,400	2,500	5,500	—
1702	—	700	1,400	2,500	5,500	—

248 FRANCE

Date	Mintage	VG	F	VF	XF	Unc
1703 Rare	—	—	—	—	—	—
1704 Rare	—	—	—	—	—	—

KM# 335.21 2 LOUIS D'OR

13.3900 g., 0.9170 Gold 0.3948 oz. AGW **Ruler:** Louis XIV **Obv:** Laureate head right **Rev:** Crowned back to back L's with sceptre and hand of Justice crossed at center behind circle **Mint:** Aix **Note:** Mint mark: &.

Date	Mintage	VG	F	VF	XF	Unc
1701	—	700	1,400	2,500	5,500	—
1703 Rare	—	—	—	—	—	—

KM# 335.22 2 LOUIS D'OR

13.3900 g., 0.9170 Gold 0.3948 oz. AGW **Ruler:** Louis XIV **Obv:** Laureate head right **Rev:** Crowned back to back L's with sceptre and hand of Justice crossed at center behind circle **Mint:** Besançon **Note:** Mint mark: Back to back C's.

Date	Mintage	VG	F	VF	XF	Unc
1701	—	700	1,400	2,500	5,500	—
1702	—	700	1,400	2,500	5,500	—
1703 Rare	—	—	—	—	—	—

KM# 336 2 LOUIS D'OR

13.3900 g., 0.9170 Gold 0.3948 oz. AGW **Ruler:** Louis XIV **Obv:** Legend ends: ...RE. BD. (ligate BD) **Mint:** Pau **Note:** Mint mark: Cow. Issued for Province of Bearn.

Date	Mintage	VG	F	VF	XF	Unc
1701	—	600	1,200	2,650	5,200	—
1703	—	600	1,200	2,650	5,200	—

KM# 368.1 2 LOUIS D'OR

13.3900 g., 0.9170 Gold 0.3948 oz. AGW **Ruler:** Louis XIV **Obv:** Laureate head right **Obv. Legend:** LVD • XIIII • D • G • FR • ET • NAV • REX **Rev:** Sceptre and hand of Justice crossed back of center circle, crowned fleur-de-lis at angles **Rev. Legend:** CHRS • REGN • VINC • IMP **Mint:** Paris

Date	Mintage	VG	F	VF	XF	Unc
1704A	—	550	1,100	2,400	4,850	—
1705A	—	550	1,100	2,400	4,850	—
1706A	—	550	1,100	2,650	5,100	—
1707A Rare	—	—	—	—	—	—

KM# 368.2 2 LOUIS D'OR

13.3900 g., 0.9170 Gold 0.3948 oz. AGW **Ruler:** Louis XIV **Obv:** Laureate head right **Rev:** Sceptre and hand of Justice crossed back of center circle, crowned fleur-de-lis at angles **Mint:** Metz

Date	Mintage	VG	F	VF	XF	Unc
1704AA Rare	—	—	—	—	—	—
1705AA	—	550	1,100	2,650	5,100	—

KM# 368.3 2 LOUIS D'OR

13.3900 g., 0.9170 Gold 0.3948 oz. AGW **Ruler:** Louis XIV **Obv:** Laureate head right **Rev:** Sceptre and hand of Justice crossed back of center circle, crowned fleur-de-lis at angles **Mint:** Strasbourg

Date	Mintage	VG	F	VF	XF	Unc
1704BB	—	550	1,200	2,900	5,400	—

KM# 368.4 2 LOUIS D'OR

13.3900 g., 0.9170 Gold 0.3948 oz. AGW **Ruler:** Louis XIV **Obv:** Laureate head right **Rev:** Sceptre and hand of Justice crossed back of center circle, crowned fleur-de-lis at angles **Mint:** Caen

Date	Mintage	VG	F	VF	XF	Unc
1705C	—	600	1,200	3,000	6,200	—

KM# 368.5 2 LOUIS D'OR

13.3900 g., 0.9170 Gold 0.3948 oz. AGW **Ruler:** Louis XIV **Obv:** Laureate head right **Rev:** Sceptre and hand of Justice crossed back of center circle, crowned fleur-de-lis at angles **Mint:** Lyon

Date	Mintage	VG	F	VF	XF	Unc
1704D	—	550	1,100	2,650	5,100	—
1705D	—	550	1,100	2,650	5,100	—
1707D Rare	—	—	—	—	—	—
1708D Rare	—	—	—	—	—	—

KM# 368.6 2 LOUIS D'OR

13.3900 g., 0.9170 Gold 0.3948 oz. AGW **Ruler:** Louis XIV **Obv:** Laureate head right **Rev:** Sceptre and hand of Justice crossed back of center circle, crowned fleur-de-lis at angles **Mint:** Poitiers

Date	Mintage	VG	F	VF	XF	Unc
1704G	—	550	1,100	2,650	5,100	—
1705G Rare	—	—	—	—	—	—

KM# 368.7 2 LOUIS D'OR

13.3900 g., 0.9170 Gold 0.3948 oz. AGW **Ruler:** Louis XIV **Obv:** Laureate head right **Rev:** Sceptre and hand of Justice crossed back of center circle, crowned fleur-de-lis at angles **Mint:** La Rochelle

Date	Mintage	VG	F	VF	XF	Unc
1704H Rare	—	—	—	—	—	—
1705H Rare	—	—	—	—	—	—
1706H	—	550	1,100	2,650	5,100	—
1707H Rare	—	—	—	—	—	—
1708H Rare	—	—	—	—	—	—
1709H Rare	—	—	—	—	—	—

KM# 368.8 2 LOUIS D'OR

13.3900 g., 0.9170 Gold 0.3948 oz. AGW **Ruler:** Louis XIV **Obv:** Laureate head right **Rev:** Sceptre and hand of Justice crossed back of center circle, crowned fleur-de-lis at angles **Mint:** Bordeaux

Date	Mintage	VG	F	VF	XF	Unc
1704K Rare	—	—	—	—	—	—
1705K Rare	—	—	—	—	—	—
1706K Rare	—	—	—	—	—	—
1707K Rare	—	—	—	—	—	—
1708K Rare	—	—	—	—	—	—
1709K Rare	—	—	—	—	—	—

KM# 368.9 2 LOUIS D'OR

13.3900 g., 0.9170 Gold 0.3948 oz. AGW **Ruler:** Louis XIV **Obv:** Laureate head right **Rev:** Sceptre and hand of Justice crossed back of center circle, crowned fleur-de-lis at angles **Mint:** Bayonne

Date	Mintage	VG	F	VF	XF	Unc
1704L	—	550	1,100	2,650	5,100	—
1705L	—	550	1,100	2,650	5,100	—
1706L	19	1,200	2,400	4,800	9,700	—
1707L Rare	—	—	—	—	—	—
1708L	—	600	1,200	3,000	6,200	—

KM# 368.10 2 LOUIS D'OR

13.3900 g., 0.9170 Gold 0.3948 oz. AGW **Ruler:** Louis XIV **Obv:** Laureate head right **Rev:** Sceptre and hand of Justice crossed back of center circle, crowned fleur-de-lis at angles **Mint:** Toulouse

Date	Mintage	VG	F	VF	XF	Unc
1704M	—	550	1,100	2,650	5,100	—
1705M	—	600	1,200	3,000	6,200	—

KM# 368.11 2 LOUIS D'OR

13.3900 g., 0.9170 Gold 0.3948 oz. AGW **Ruler:** Louis XIV **Obv:** Laureate head right **Rev:** Sceptre and hand of Justice crossed back of center circle, crowned fleur-de-lis at angles **Mint:** Montpellier

Date	Mintage	VG	F	VF	XF	Unc
1704N	—	550	1,100	2,650	5,100	—
1705N Rare	—	—	—	—	—	—

KM# 368.12 2 LOUIS D'OR

13.3900 g., 0.9170 Gold 0.3948 oz. AGW **Ruler:** Louis XIV **Obv:** Laureate head right **Rev:** Sceptre and hand of Justice crossed back of center circle, crowned fleur-de-lis at angles **Mint:** Riom

Date	Mintage	VG	F	VF	XF	Unc
1705O	—	550	1,100	2,650	5,100	—

KM# 368.13 2 LOUIS D'OR

13.3900 g., 0.9170 Gold 0.3948 oz. AGW **Ruler:** Louis XIV **Obv:** Laureate head right **Rev:** Sceptre and hand of Justice crossed back of center circle, crowned fleur-de-lis at angles **Mint:** Dijon

Date	Mintage	VG	F	VF	XF	Unc
1704P	—	725	1,450	3,600	7,600	—
1705P Rare	—	—	—	—	—	—
1706P Rare	—	—	—	—	—	—

KM# 368.14 2 LOUIS D'OR

13.3900 g., 0.9170 Gold 0.3948 oz. AGW **Ruler:** Louis XIV **Obv:** Laureate head right **Rev:** Sceptre and hand of Justice crossed back of center circle, crowned fleur-de-lis at angles **Mint:** Troyes **Note:** Mint mark: Crowned S.

Date	Mintage	VG	F	VF	XF	Unc
1704	—	550	1,100	2,650	5,100	—

KM# 368.15 2 LOUIS D'OR

13.3900 g., 0.9170 Gold 0.3948 oz. AGW **Ruler:** Louis XIV **Obv:** Laureate head right **Rev:** Sceptre and hand of Justice crossed back of center circle, crowned fleur-de-lis at angles **Mint:** Nantes

Date	Mintage	VG	F	VF	XF	Unc
1704T Rare	—	—	—	—	—	—
1705T Rare	—	—	—	—	—	—

KM# 368.16 2 LOUIS D'OR

13.3900 g., 0.9170 Gold 0.3948 oz. AGW **Ruler:** Louis XIV **Obv:** Laureate head right **Rev:** Sceptre and hand of Justice crossed back of center circle, crowned fleur-de-lis at angles **Mint:** Lille

Date	Mintage	VG	F	VF	XF	Unc
1704W Rare	—	—	—	—	—	—
1707W Rare	—	—	—	—	—	—

KM# 368.17 2 LOUIS D'OR

13.3900 g., 0.9170 Gold 0.3948 oz. AGW **Ruler:** Louis XIV **Obv:** Laureate head right **Rev:** Sceptre and hand of Justice crossed back of center circle, crowned fleur-de-lis at angles **Mint:** Grenoble

Date	Mintage	VG	F	VF	XF	Unc
1704Z Rare	—	—	—	—	—	—
1705Z Rare	—	—	—	—	—	—
1706Z Rare	—	—	—	—	—	—
1707Z Rare	—	—	—	—	—	—
1709Z Rare	—	—	—	—	—	—

KM# 368.18 2 LOUIS D'OR

13.3900 g., 0.9170 Gold 0.3948 oz. AGW **Ruler:** Louis XIV **Obv:** Laureate head right **Rev:** Sceptre and hand of Justice crossed back of center circle, crowned fleur-de-lis at angles **Mint:** Rennes **Note:** Mint mark: 9.

Date	Mintage	VG	F	VF	XF	Unc
1704	—	600	1,200	3,000	6,200	—
1705 Rare	—	—	—	—	—	—
1706 Rare	—	—	—	—	—	—
1707 Rare	—	—	—	—	—	—
1709	—	725	1,450	3,600	7,600	—

KM# 368.19 2 LOUIS D'OR

13.3900 g., 0.9170 Gold 0.3948 oz. AGW **Ruler:** Louis XIV **Obv:** Laureate head right **Rev:** Sceptre and hand of Justice crossed back of center circle, crowned fleur-de-lis at angles **Mint:** Aix **Note:** Mint mark: &.

Date	Mintage	VG	F	VF	XF	Unc
1704	—	600	1,200	3,000	6,200	—
1705 Rare	—	—	—	—	—	—
1706	—	600	1,200	3,000	6,200	—

KM# 368.20 2 LOUIS D'OR

13.3900 g., 0.9170 Gold 0.3948 oz. AGW **Ruler:** Louis XIV **Obv:** Laureate head right **Rev:** Sceptre and hand of Justice crossed back of center circle, crowned fleur-de-lis at angles **Mint:** Besançon **Note:** Mint mark: Back to back C'S.

Date	Mintage	VG	F	VF	XF	Unc
1705 Rare	—	—	—	—	—	—
1706 Rare	—	—	—	—	—	—

KM# 369 2 LOUIS D'OR

13.3900 g., 0.9170 Gold 0.3948 oz. AGW **Ruler:** Louis XIV **Obv:** Laureate head right **Obv. Legend:** ....RE.BD (ligate BD). **Rev:** Sceptre and hand of Justice crossed back of center circle, crowned fleur-de-lis at angles **Rev. Legend:** CHRS REGN VINC IMP **Mint:** Pau **Note:** Mint mark: Cow. Issued for Province of Bearn.

Date	Mintage	VG	F	VF	XF	Unc
1704	—	725	1,300	3,250	6,600	—
1705	—	725	1,300	2,900	6,200	—
1706 Rare	—	—	—	—	—	—
1707 Rare	—	—	—	—	—	—
1708 Rare	—	—	—	—	—	—
1709 Rare	—	—	—	—	—	—

KM# 370 2 LOUIS D'OR

13.3900 g., 0.9170 Gold 0.3948 oz. AGW **Ruler:** Louis XIV **Obv:** Laureate head with longer hair right **Mint:** Paris

Date	Mintage	VG	F	VF	XF	Unc
1704A Rare	—	—	—	—	—	—
1705A	—	550	1,100	2,650	5,100	—
1706A	—	550	1,100	2,650	5,100	—
1707A	—	550	1,200	3,000	5,500	—

KM# 405.1 2 LOUIS D'OR

16.2500 g., 0.9170 Gold 0.4791 oz. AGW **Ruler:** Louis XIV **Obv:** Laureate head right **Obv. Legend:** LVD • XIIII • D • G • FR • ET • NAV • REX • **Rev:** Crowned back to back L's, fleur-de-lis at angles **Rev. Legend:** CHRS • REGN • VINC • IMP

Date	Mintage	VG	F	VF	XF	Unc
1712	144,000	775	1,950	4,250	7,600	—
1713 Rare	12,000	—	—	—	—	—
1715 Rare	1,179	—	—	—	—	—

KM# 405.2 2 LOUIS D'OR

16.2500 g., 0.9170 Gold 0.4791 oz. AGW **Ruler:** Louis XIV **Mint:** Rouen

Date	Mintage	VG	F	VF	XF	Unc
1709B	—	1,150	2,250	4,750	8,300	—
1710B Rare	14,000	—	—	—	—	—
1711B	13,000	1,150	2,250	4,750	8,300	—

KM# 405.3 2 LOUIS D'OR

16.2500 g., 0.9170 Gold 0.4791 oz. AGW **Ruler:** Louis XIV **Mint:** Caen

Date	Mintage	VG	F	VF	XF	Unc
1710C	3,828	1,150	2,250	4,750	8,300	—
1711C Rare	8,377	—	—	—	—	—
1712C	2,444	1,150	2,250	4,750	8,300	—
1713C Rare	4,218	—	—	—	—	—

KM# 405.4 2 LOUIS D'OR

16.2500 g., 0.9170 Gold 0.4791 oz. AGW **Ruler:** Louis XIV **Mint:** Lyon

Date	Mintage	VG	F	VF	XF	Unc
1710D	147,000	775	1,950	4,250	7,500	—
1715D Rare	16,000	—	—	—	—	—

KM# 405.5 2 LOUIS D'OR

16.2500 g., 0.9170 Gold 0.4791 oz. AGW **Ruler:** Louis XIV **Obv:** Laureate head right **Rev:** Crowned back to back L's, fleur-de-lis at angles **Mint:** Tours

Date	Mintage	VG	F	VF	XF	Unc
1713E Rare	3,908	—	—	—	—	—

Date	Mintage	VG	F	VF	XF	Unc
1714E Rare	3,724	—	—	—	—	—
1715E Rare	2,368	—	—	—	—	—

KM# 405.6 2 LOUIS D'OR
16.2500 g., 0.9170 Gold 0.4791 oz. AGW **Ruler:** Louis XIV **Mint:** La Rochelle

Date	Mintage	VG	F	VF	XF	Unc
1710H Rare	4,770	—	—	—	—	—
1711H	5,218	1,300	2,600	5,200	11,500	—
1712H Rare	4,159	—	—	—	—	—
1713H Rare	4,458	—	—	—	—	—

KM# 405.7 2 LOUIS D'OR
16.2500 g., 0.9170 Gold 0.4791 oz. AGW **Ruler:** Louis XIV **Mint:** Bordeaux

Date	Mintage	VG	F	VF	XF	Unc
1712K	8,212	1,150	2,250	4,750	8,300	—
1713K	24,000	1,150	2,250	4,750	8,300	—
1714K Rare	4,515	—	—	—	—	—
1715K Rare	18,000	—	—	—	—	—

KM# 405.8 2 LOUIS D'OR
16.2500 g., 0.9170 Gold 0.4791 oz. AGW **Ruler:** Louis XIV **Mint:** Bayonne

Date	Mintage	VG	F	VF	XF	Unc
1710L	—	1,150	2,250	4,750	8,300	—
1712L	—	1,150	2,250	4,750	8,300	—

KM# 405.9 2 LOUIS D'OR
16.2500 g., 0.9170 Gold 0.4791 oz. AGW **Ruler:** Louis XIV **Mint:** Toulouse

Date	Mintage	VG	F	VF	XF	Unc
1710M	16,000	1,150	2,250	4,750	8,300	—
1711M	11,000	1,150	2,250	4,750	8,300	—
1712M Rare	10,000	—	—	—	—	—
1713M Rare	10,000	—	—	—	—	—
1715M Rare	4,628	—	—	—	—	—

KM# 405.10 2 LOUIS D'OR
16.2500 g., 0.9170 Gold 0.4791 oz. AGW **Ruler:** Louis XIV **Mint:** Montpellier

Date	Mintage	VG	F	VF	XF	Unc
1710N	20,000	1,150	2,250	4,750	8,300	—
1711N Rare	6,005	—	—	—	—	—
1712N Rare	8,227	—	—	—	—	—
1713N Rare	4,432	—	—	—	—	—
1714N Rare	1,015	—	—	—	—	—
1715N Rare	3,324	—	—	—	—	—

KM# 405.11 2 LOUIS D'OR
16.2500 g., 0.9170 Gold 0.4791 oz. AGW **Ruler:** Louis XIV **Mint:** Riom

Date	Mintage	VG	F	VF	XF	Unc
1711O Rare	862	—	—	—	—	—

KM# 405.12 2 LOUIS D'OR
16.2500 g., 0.9170 Gold 0.4791 oz. AGW **Ruler:** Louis XIV **Mint:** Dijon

Date	Mintage	VG	F	VF	XF	Unc
1710P	9,025	1,150	2,250	4,750	8,300	—

KM# 405.13 2 LOUIS D'OR
16.2500 g., 0.9170 Gold 0.4791 oz. AGW **Ruler:** Louis XIV **Mint:** Perpignan

Date	Mintage	VG	F	VF	XF	Unc
1711Q Rare	28,000	—	—	—	—	—
1712Q	17,000	1,150	2,250	4,750	8,300	—
1713Q Rare	14,000	—	—	—	—	—
1714Q Rare	3,413	—	—	—	—	—

KM# 405.14 2 LOUIS D'OR
16.2500 g., 0.9170 Gold 0.4791 oz. AGW **Ruler:** Louis XIV **Mint:** Troyes **Note:** Mint mark: Crowned S.

Date	Mintage	VG	F	VF	XF	Unc
1710	91,000	775	1,950	4,250	7,500	—

KM# 405.15 2 LOUIS D'OR
16.2500 g., 0.9170 Gold 0.4791 oz. AGW **Ruler:** Louis XIV **Obv:** Laureate head right **Rev:** Crowned back to back L's, fleur-de-lis at angles **Mint:** Nantes

Date	Mintage	VG	F	VF	XF	Unc
1713T	7,194	1,150	2,250	4,750	8,300	—
1714T Rare	1,313	—	—	—	—	—
1715T	765	1,300	2,600	5,200	11,500	—

KM# 405.16 2 LOUIS D'OR
16.2500 g., 0.9170 Gold 0.4791 oz. AGW **Ruler:** Louis XIV **Mint:** Troyes

Date	Mintage	VG	F	VF	XF	Unc
1710V	—	1,150	2,250	4,750	8,300	—

KM# 405.17 2 LOUIS D'OR
16.2500 g., 0.9170 Gold 0.4791 oz. AGW **Ruler:** Louis XIV **Obv:** Laureate head right **Rev:** Crowned back to back L's, fleur-de-lis at angles **Mint:** Lille

Date	Mintage	VG	F	VF	XF	Unc
1714W Rare	—	—	—	—	—	—

KM# 405.18 2 LOUIS D'OR
16.2500 g., 0.9170 Gold 0.4791 oz. AGW **Ruler:** Louis XIV **Mint:** Amiens

Date	Mintage	VG	F	VF	XF	Unc
1710X Rare	—	—	—	—	—	—

KM# 405.19 2 LOUIS D'OR
16.2500 g., 0.9170 Gold 0.4791 oz. AGW **Ruler:** Louis XIV **Mint:** Grenoble

Date	Mintage	VG	F	VF	XF	Unc
1711Z Rare	—	—	—	—	—	—
1712Z Rare	244	—	—	—	—	—
1713Z Rare	501	—	—	—	—	—

KM# 405.20 2 LOUIS D'OR
16.2500 g., 0.9170 Gold 0.4791 oz. AGW **Ruler:** Louis XIV **Mint:** Rennes **Note:** Mint mark: 9.

Date	Mintage	VG	F	VF	XF	Unc
1710 Rare	2,935	—	—	—	—	—
1711 Rare	2,299	—	—	—	—	—
1712 Rare	6,440	—	—	—	—	—
1713 Rare	4,170	—	—	—	—	—
1715 Rare	1,247	—	—	—	—	—

KM# 405.21 2 LOUIS D'OR
16.2500 g., 0.9170 Gold 0.4791 oz. AGW **Ruler:** Louis XIV **Mint:** Aix **Note:** Mint mark: &.

Date	Mintage	VG	F	VF	XF	Unc
1711	—	1,150	2,250	4,750	8,300	—

KM# 405.22 2 LOUIS D'OR
16.2500 g., 0.9170 Gold 0.4791 oz. AGW **Ruler:** Louis XIV **Mint:** Besançon **Note:** Mint mark: Back to back C's.

Date	Mintage	VG	F	VF	XF	Unc
1710	8,610	1,150	2,250	4,750	8,300	—
1711	21,000	1,150	2,250	4,750	8,300	—
1713 Rare	—	—	—	—	—	—

KM# 406 2 LOUIS D'OR
16.2500 g., 0.9170 Gold 0.4791 oz. AGW **Ruler:** Louis XIV **Obv. Legend:** ....RE.BD (ligate BD). **Mint:** Pau **Note:** Mint mark: Cow. Issued for Province of Bearn.

Date	Mintage	VG	F	VF	XF	Unc
1711 Rare	—	—	—	—	—	—
1712 Rare	—	—	—	—	—	—
1713 Rare	—	—	—	—	—	—
1714 Rare	—	—	—	—	—	—

KM# 426.1 2 LOUIS D'OR
16.3160 g., 0.9170 Gold 0.4810 oz. AGW **Ruler:** Louis XV **Mint:** Paris **Note:** Similar to 1 Louis D'or, KM#425.

Date	Mintage	VG	F	VF	XF	Unc
1716A	—	1,400	3,500	7,900	12,500	—

KM# 426.2 2 LOUIS D'OR
16.3160 g., 0.9170 Gold 0.4810 oz. AGW **Ruler:** Louis XV **Mint:** Metz

Date	Mintage	VG	F	VF	XF	Unc
1716AA	—	1,850	4,500	9,750	16,500	—

KM# 426.3 2 LOUIS D'OR
16.3160 g., 0.9170 Gold 0.4810 oz. AGW **Ruler:** Louis XV **Mint:** Strasbourg

Date	Mintage	VG	F	VF	XF	Unc
1716BB	—	1,750	4,400	9,600	14,500	—

KM# 426.4 2 LOUIS D'OR
16.3160 g., 0.9170 Gold 0.4810 oz. AGW **Ruler:** Louis XV **Mint:** Caen

Date	Mintage	VG	F	VF	XF	Unc
1716C	—	1,850	4,500	9,750	16,500	—

KM# 426.5 2 LOUIS D'OR
16.3160 g., 0.9170 Gold 0.4810 oz. AGW **Ruler:** Louis XV **Mint:** Lyon

Date	Mintage	VG	F	VF	XF	Unc
1716D	—	1,850	4,500	9,750	16,500	—

KM# 426.6 2 LOUIS D'OR
16.3160 g., 0.9170 Gold 0.4810 oz. AGW **Ruler:** Louis XV **Mint:** Limoges

Date	Mintage	VG	F	VF	XF	Unc
1716I	1,887	1,850	4,500	9,750	16,500	—

KM# 426.7 2 LOUIS D'OR
16.3160 g., 0.9170 Gold 0.4810 oz. AGW **Ruler:** Louis XV **Mint:** Bordeaux

Date	Mintage	VG	F	VF	XF	Unc
1716K	—	1,850	4,500	9,750	16,500	—

KM# 426.8 2 LOUIS D'OR
16.3160 g., 0.9170 Gold 0.4810 oz. AGW **Ruler:** Louis XV **Mint:** Bayonne

Date	Mintage	VG	F	VF	XF	Unc
1716L	—	1,850	4,500	9,750	16,500	—

KM# 426.9 2 LOUIS D'OR
16.3160 g., 0.9170 Gold 0.4810 oz. AGW **Ruler:** Louis XV **Mint:** Perpignan

Date	Mintage	VG	F	VF	XF	Unc
1716Q	—	1,850	4,500	9,750	16,500	—

KM# 426.10 2 LOUIS D'OR
16.3160 g., 0.9170 Gold 0.4810 oz. AGW **Ruler:** Louis XV **Mint:** Troyes

Date	Mintage	VG	F	VF	XF	Unc
1716S	—	1,850	4,500	9,750	16,500	—

KM# 426.11 2 LOUIS D'OR
16.3160 g., 0.9170 Gold 0.4810 oz. AGW **Ruler:** Louis XV **Mint:** Nantes

Date	Mintage	VG	F	VF	XF	Unc
1716T	—	1,750	4,400	9,600	14,500	—

KM# 426.12 2 LOUIS D'OR
16.3160 g., 0.9170 Gold 0.4810 oz. AGW **Ruler:** Louis XV **Mint:** Besançon **Note:** Mint mark: Back to back C's.

Date	Mintage	VG	F	VF	XF	Unc
1716	—	1,750	4,400	9,600	14,500	—

KM# 427 2 LOUIS D'OR
16.3160 g., 0.9170 Gold 0.4810 oz. AGW **Ruler:** Louis XV **Obv. Legend:** ....RE. BD. (ligate BD) **Mint:** Pau **Note:** Mint mark: Cow. Issued for Province of Bearn.

Date	Mintage	VG	F	VF	XF	Unc
1716	—	3,000	6,000	10,000	15,000	—

KM# 428.1 2 LOUIS D'OR
12.2350 g., 0.9170 Gold 0.3607 oz. AGW **Ruler:** Louis XV **Obv:** Crowned young head left **Obv. Legend:** LVD • XV • D • G • FR • ET • NAV • REX **Rev:** Crowned arms of France and Navarre in cruciform with fleur-de-lis at angles **Rev. Legend:** CHRS • REGN • VINC • IMP • **Mint:** Paris

Date	Mintage	VG	F	VF	XF	Unc
1716A	—	850	1,500	2,750	5,000	—
1717A	376,000	500	900	2,000	3,600	5,500
1718/7A	—	600	1,100	2,450	4,500	—
1718A	—	600	1,100	2,450	4,500	—

KM# 428.2 2 LOUIS D'OR
12.2350 g., 0.9170 Gold 0.3607 oz. AGW **Ruler:** Louis XV **Obv:** Crowned young head left **Rev:** Crowned arms of France and Navarre in cruciform with fleur-de-lis at angles **Mint:** Strasbourg

Date	Mintage	VG	F	VF	XF	Unc
1718BB	—	600	1,100	2,450	4,500	—

KM# 428.3 2 LOUIS D'OR
12.2350 g., 0.9170 Gold 0.3607 oz. AGW **Ruler:** Louis XV **Obv:** Crowned young head left **Rev:** Crowned arms of France and Navarre in cruciform with fleur-de-lis at angles **Mint:** Lyon

Date	Mintage	VG	F	VF	XF	Unc
1718D	—	600	1,100	2,450	4,500	—

KM# 428.4 2 LOUIS D'OR
12.2350 g., 0.9170 Gold 0.3607 oz. AGW **Ruler:** Louis XV **Obv:** Crowned young head left **Rev:** Crowned arms of France and Navarre in cruciform with fleur-de-lis at angles **Mint:** Villeneuve St. André

Date	Mintage	VG	F	VF	XF	Unc
1718R	—	600	1,100	2,450	4,500	—

KM# 428.5 2 LOUIS D'OR
12.2350 g., 0.9170 Gold 0.3607 oz. AGW **Ruler:** Louis XV **Obv:** Crowned young head left **Rev:** Crowned arms of France and Navarre in cruciform with fleur-de-lis at angles **Mint:** Troyes

Date	Mintage	VG	F	VF	XF	Unc
1718S	—	600	1,100	2,450	4,500	—

KM# 428.6 2 LOUIS D'OR
12.2350 g., 0.9170 Gold 0.3607 oz. AGW **Ruler:** Louis XV **Obv:** Crowned young head left **Rev:** Crowned arms of France and Navarre in cruciform with fleur-de-lis at angles **Mint:** Lille

Date	Mintage	VG	F	VF	XF	Unc
1718W	30,000	600	1,100	2,450	4,500	—

KM# 471 2 LOUIS D'OR
13.0500 g., 0.9170 Gold 0.3847 oz. AGW **Ruler:** Louis XV **Mint:** Paris **Note:** Similar to 1 Louis D'or, KM#468.1.

Date	Mintage	VG	F	VF	XF	Unc
1723A	—	2,250	4,500	8,000	12,000	—
1724A	—	2,000	4,000	7,000	11,000	—

KM# 519.1 2 LOUIS D'OR
16.3160 g., 0.9170 Gold 0.4810 oz. AGW **Ruler:** Louis XV **Obv:** Head with headband left **Obv. Legend:** LUD • XV • D • G • FR • ET • NAV • REX **Rev:** Crown above arms of France and Navarre **Rev. Legend:** CHRS • REGN • VINC • IMPE • **Mint:** Paris

Date	Mintage	VG	F	VF	XF	Unc
1742	16,000	600	700	850	1,300	2,500
1743	5,946	600	750	1,100	1,750	3,500
1744	21,000	600	700	850	1,300	2,500
1745	—	600	700	850	1,300	2,500
1751	—	600	750	1,100	1,750	3,500
1768	—	600	750	1,100	1,750	3,500
1769	—	600	700	850	1,300	2,500
1770	—	600	700	850	1,300	2,500

KM# 519.2 2 LOUIS D'OR

16.3160 g., 0.9170 Gold 0.4810 oz. AGW **Ruler:** Louis XV **Obv:** Head with headband left **Rev:** Crown above arms of France and Navarre **Mint:** Metz

Date	Mintage	VG	F	VF	XF	Unc
1744AA	—	600	750	1,100	1,750	3,500
1751AA	—	600	750	1,100	1,750	3,500
1752AA	—	600	750	1,100	1,750	3,500
1753AA	—	600	700	850	1,300	2,500
1754AA	—	600	700	850	1,300	2,500
1755AA	—	600	700	850	1,300	2,500
1756AA	60,000	600	700	850	1,300	2,500
1757AA	—	600	700	850	1,300	2,500

KM# 519.3 2 LOUIS D'OR

16.3160 g., 0.9170 Gold 0.4810 oz. AGW **Ruler:** Louis XV **Obv:** Head with headband left **Rev:** Crown above arms of France and Navarre **Mint:** Rouen

Date	Mintage	VG	F	VF	XF	Unc
1742B	2,630	600	750	1,100	1,750	3,500
1743B	3,485	600	750	1,100	1,750	3,500
1744B	1,093	650	900	1,450	2,300	4,500
1745B	2,619	600	750	1,100	1,750	3,500
1746B	1,552	650	900	1,450	2,300	4,500
1747B	1,097	650	900	1,450	2,300	4,500
1748B	2,613	600	750	1,100	1,750	3,500
1750B	1,812	600	750	1,100	1,750	3,500
1751B	2,214	600	750	1,100	1,750	3,500
1756B	1,419	650	900	1,450	2,300	4,500
1757B	1,250	650	900	1,450	2,300	4,500
1768B	827	675	1,000	1,600	3,050	6,000
1773B	1,496	650	900	1,450	2,550	5,000
1774B	244	750	1,050	1,700	3,200	6,250

KM# 519.4 2 LOUIS D'OR

16.3160 g., 0.9170 Gold 0.4810 oz. AGW **Ruler:** Louis XV **Obv:** Head with headband left **Rev:** Crown above arms of France and Navarre **Mint:** Strasbourg

Date	Mintage	VG	F	VF	XF	Unc
1743BB	80,000	600	700	850	1,300	2,500
1744BB	93,000	600	700	850	1,300	2,500
1745BB	183,000	600	650	775	1,200	2,250
1746BB	93,000	600	700	850	1,300	2,500
1747BB	181,000	600	650	775	1,200	2,250
1748BB	180,000	600	650	775	1,200	2,250
1749BB	60,000	600	700	850	1,300	2,500
1751BB	—	600	700	850	1,300	2,500
1756BB	68,000	600	700	850	1,300	2,500
1757BB	29,000	600	700	850	1,300	2,500
1758BB	407,000	600	650	775	1,200	2,250
1759BB	343,000	600	650	775	1,200	2,250
1760BB	200,000	600	650	775	1,200	2,250
1761BB	—	600	700	850	1,300	2,500
1762BB	22,000	600	700	850	1,300	2,500

KM# 519.5 2 LOUIS D'OR

16.3160 g., 0.9170 Gold 0.4810 oz. AGW **Ruler:** Louis XV **Obv:** Head with headband left **Rev:** Crown above arms of France and Navarre **Mint:** Lyon

Date	Mintage	VG	F	VF	XF	Unc
1743D	7,828	600	750	1,100	1,750	3,500
1744D	4,893	600	750	1,100	1,750	3,500
1745D	2,437	600	750	1,100	1,750	3,500
1753D	206	1,000	1,400	2,900	5,100	—
1755D	6,960	600	750	1,100	1,750	3,500
1756D	78,000	600	700	850	1,300	2,500
1757D	13,000	600	750	1,100	1,750	3,500
1759D	608	750	950	1,850	3,250	7,100
1761D	4,461	600	750	1,100	1,750	3,500
1770D	2,419	600	750	1,100	1,800	3,600

KM# 519.6 2 LOUIS D'OR

16.3160 g., 0.9170 Gold 0.4810 oz. AGW **Ruler:** Louis XV **Obv:** Head with headband left **Rev:** Crown above arms of France and Navarre **Mint:** Tours

Date	Mintage	VG	F	VF	XF	Unc
1742E	1,770	600	750	1,100	1,850	3,750
1743E	4,683	600	750	1,100	1,850	3,750
1744E	3,874	600	750	1,100	1,850	3,750
1745E	2,294	600	750	1,100	1,850	3,750
1747E	1,890	600	750	1,100	1,850	3,750
1750E	1,372	650	900	1,450	2,300	4,500
1751E	1,278	650	900	1,450	2,300	4,500
1753E	1,809	600	750	1,100	1,850	3,750

KM# 519.7 2 LOUIS D'OR

16.3160 g., 0.9170 Gold 0.4810 oz. AGW **Ruler:** Louis XV **Obv:** Head with headband left **Rev:** Crown above arms of France and Navarre **Mint:** La Rochelle

Date	Mintage	VG	F	VF	XF	Unc
1743H	3,298	600	750	1,100	1,750	3,500
1748H	—	600	750	1,100	1,750	3,500
1759H	10,000	600	750	1,100	1,750	3,500

KM# 519.8 2 LOUIS D'OR

16.3160 g., 0.9170 Gold 0.4810 oz. AGW **Ruler:** Louis XV **Obv:** Head with headband left **Rev:** Crown above arms of France and Navarre **Mint:** Limoges

Date	Mintage	VG	F	VF	XF	Unc
1744I	2,680	600	750	1,100	1,750	3,500
1745I	2,537	600	750	1,100	1,750	3,500
1749I	2,256	600	750	1,100	1,750	3,500
1754I	1,439	650	900	1,450	2,300	4,500
1756I	1,080	650	900	1,450	2,300	4,500
1763I	940	675	925	1,550	2,650	5,000
1769I	9,014	600	750	1,100	1,750	3,500

KM# 519.9 2 LOUIS D'OR

16.3160 g., 0.9170 Gold 0.4810 oz. AGW **Ruler:** Louis XV **Obv:** Head with headband left **Rev:** Crown above arms of France and Navarre **Mint:** Bordeaux

Date	Mintage	VG	F	VF	XF	Unc
1744K	8,940	600	750	1,100	1,750	3,500
1745K	6,585	600	750	1,100	1,750	3,500
1747K	8,595	600	750	1,100	1,750	3,500
1748K	5,970	600	750	1,100	1,750	3,500
1750K	8,670	600	750	1,100	1,750	3,500
1751K	5,730	600	750	1,100	1,750	3,500
1752K	3,990	600	750	1,100	1,750	3,500
1753K	44,000	600	700	850	1,300	2,500
1754K	20,000	600	700	850	1,300	2,500
1757K	3,885	600	750	1,100	1,750	3,500
1758K	2,659	600	750	1,100	1,750	3,500
1760K	5,782	600	750	1,100	1,750	3,500
1762K	5,250	600	750	1,100	1,750	3,500
1764K	11,000	600	750	1,100	1,750	3,500
1766K	32,000	600	700	850	1,300	2,500
1767K	38,000	600	700	850	1,300	2,500
1768K	6,272	600	750	1,100	1,750	3,500

KM# 519.10 2 LOUIS D'OR

16.3160 g., 0.9170 Gold 0.4810 oz. AGW **Ruler:** Louis XV **Obv:** Head with headband left **Rev:** Crown above arms of France and Navarre **Mint:** Bayonne

Date	Mintage	VG	F	VF	XF	Unc
1742L	23,000	600	700	850	1,300	2,500
1743L	35,000	600	700	850	1,300	2,500
1745L	18,000	600	700	850	1,300	2,500
1754L	9,399	600	750	1,100	1,750	3,500
1755L	15,000	600	700	850	1,300	2,500
1756L	14,000	600	700	850	1,300	2,500
1757L	15,000	600	700	850	1,300	2,500
1758L	19,000	600	700	850	1,300	2,500
1763L	56,000	600	700	850	1,300	2,500

KM# 519.11 2 LOUIS D'OR

16.3160 g., 0.9170 Gold 0.4810 oz. AGW **Ruler:** Louis XV **Obv:** Head with headband left **Rev:** Crown above arms of France and Navarre **Mint:** Toulouse

Date	Mintage	VG	F	VF	XF	Unc
1743M	7,034	600	750	1,100	1,750	3,500
1745M	6,357	600	750	1,100	1,750	3,500
1749M	1,842	600	750	1,250	1,950	4,000
1753M	5,012	600	750	1,100	1,750	3,500
1755M	7,609	600	750	1,100	1,750	3,500
1756M	10,022	600	750	1,100	1,750	3,500
1759M	5,241	600	750	1,100	1,750	3,500
1760M	6,863	600	750	1,100	1,750	3,500
1763M	2,869	600	750	1,100	1,750	3,500
1765M	4,665	600	750	1,100	1,750	3,500
1767M	8,342	600	750	1,100	1,750	3,500
1773M	8,595	600	750	1,100	1,750	3,500
1774M	—	600	750	1,100	1,750	3,500

KM# 519.12 2 LOUIS D'OR

16.3160 g., 0.9170 Gold 0.4810 oz. AGW **Ruler:** Louis XV **Obv:** Head with headband left **Rev:** Crown above arms of France and Navarre **Mint:** Montpellier

Date	Mintage	VG	F	VF	XF	Unc
1742N	2,687	600	750	1,100	1,750	3,500
1743N	18,000	600	700	850	1,300	2,500
1746N	—	600	750	1,100	1,750	3,500
1747N	3,270	600	750	1,100	1,750	3,500
1749N	—	600	750	1,100	1,750	3,500
1750N	1,446	650	900	1,450	2,300	4,500
1755N	2,075	600	750	1,100	1,750	3,500

KM# 519.13 2 LOUIS D'OR

16.3160 g., 0.9170 Gold 0.4810 oz. AGW **Ruler:** Louis XV **Obv:** Head with headband left **Rev:** Crown above arms of France and Navarre **Mint:** Riom

Date	Mintage	VG	F	VF	XF	Unc
1742O	1,527	650	900	1,450	2,300	4,500
1743O	1,369	650	900	1,450	2,300	4,500

KM# 519.14 2 LOUIS D'OR

16.3160 g., 0.9170 Gold 0.4810 oz. AGW **Ruler:** Louis XV **Obv:** Head with headband left **Rev:** Crown above arms of France and Navarre **Mint:** Perpignan

Date	Mintage	VG	F	VF	XF	Unc
1743Q	7,665	600	750	1,100	1,750	3,500
1744Q	11,000	600	750	1,100	1,750	3,500
1745Q	11,000	600	750	1,100	1,750	3,500
1746Q	5,268	600	750	1,100	1,750	3,500
1747Q	3,495	600	750	1,100	1,750	3,500
1748Q	3,038	600	750	1,100	1,750	3,500
1750Q	2,029	600	750	1,100	1,750	3,500
1751Q	3,199	600	750	1,100	1,750	3,500
1752Q	2,183	600	750	1,100	1,750	3,500
1754Q	4,252	600	750	1,100	1,750	3,500
1756Q	22,000	600	700	850	1,300	2,500
1763Q	8,018	600	750	1,100	1,750	3,500
1767Q	1,140	650	900	1,450	2,550	5,000
1768Q	1,653	600	750	1,250	1,950	4,000

KM# 519.15 2 LOUIS D'OR

16.3160 g., 0.9170 Gold 0.4810 oz. AGW **Ruler:** Louis XV **Obv:** Head with headband left **Rev:** Crown above arms of France and Navarre **Mint:** Orléans

Date	Mintage	VG	F	VF	XF	Unc
1742R	1,381	650	900	1,450	2,300	4,500
1743R	1,258	650	900	1,450	2,300	4,500
1766R	59,000	600	750	850	1,300	2,500
1767R	93,000	600	750	850	1,300	2,500
1768R	40,000	600	750	850	1,300	2,500

KM# 519.16 2 LOUIS D'OR

16.3160 g., 0.9170 Gold 0.4810 oz. AGW **Ruler:** Louis XV **Obv:** Head with headband left **Rev:** Crown above arms of France and Navarre **Mint:** Nantes

Date	Mintage	VG	F	VF	XF	Unc
1742T	6,086	600	750	1,100	1,750	3,500
1743T	20,000	600	700	850	1,300	2,500
1744T	31,000	600	700	850	1,300	2,500
1745T	10,000	600	750	1,100	1,750	3,500
1747T	8,600	600	750	1,100	1,750	3,500
1749T	4,165	600	750	1,100	1,750	3,500
1751T	9,471	600	750	1,100	1,750	3,500
1753T	9,333	600	750	1,100	1,750	3,500
1755T	2,948	600	750	1,100	1,750	3,500
1756T	1,580	600	750	1,250	1,950	4,000
1759T	21,000	600	700	850	1,300	2,500
1760T	2,474	600	750	1,100	1,750	3,500
1770T	797	650	825	1,400	2,450	4,750

KM# 519.17 2 LOUIS D'OR

16.3160 g., 0.9170 Gold 0.4810 oz. AGW **Ruler:** Louis XV **Obv:** Head with headband left **Rev:** Crown above arms of France and Navarre **Mint:** Troyes

Date	Mintage	VG	F	VF	XF	Unc
1743V	767	750	950	1,700	2,800	5,500
1747V	1,187	650	860	1,400	2,050	4,000

KM# 519.18 2 LOUIS D'OR

16.3160 g., 0.9170 Gold 0.4810 oz. AGW **Ruler:** Louis XV **Obv:** Head with headband left **Rev:** Crown above arms of France and Navarre **Mint:** Lille

Date	Mintage	VG	F	VF	XF	Unc
1742W	1,754	600	750	1,250	1,950	4,000
1744W	24,000	600	750	850	1,300	2,500
1745W	1,755	600	750	1,250	1,950	4,000

KM# 519.19 2 LOUIS D'OR
16.3160 g., 0.9170 Gold 0.4810 oz. AGW **Ruler:** Louis XV **Obv:** Head with headband left **Rev:** Crown above arms of France and Navarre **Mint:** Amiens

Date	Mintage	VG	F	VF	XF	Unc
1743X	2,318	600	750	1,100	1,750	3,500
1744X	12,000	600	750	1,100	1,750	3,500
1745X	12,000	600	750	1,100	1,750	3,500
1746X	1,250	650	900	1,450	2,300	4,500

KM# 519.20 2 LOUIS D'OR
16.3160 g., 0.9170 Gold 0.4810 oz. AGW **Ruler:** Louis XV **Obv:** Head with headband left **Rev:** Crown above arms of France and Navarre **Mint:** Grenoble

Date	Mintage	VG	F	VF	XF	Unc
1742Z	20,000	600	700	850	1,300	2,500
1743Z	41,000	600	700	850	1,300	2,500
1744Z	29,000	600	700	850	1,300	2,500
1746Z	1,568	600	750	1,250	1,950	4,000

KM# 519.21 2 LOUIS D'OR
16.3160 g., 0.9170 Gold 0.4810 oz. AGW **Ruler:** Louis XV **Obv:** Head with headband left **Rev:** Crown above arms of France and Navarre **Mint:** Rennes **Note:** Mint mark: 9.

Date	Mintage	VG	F	VF	XF	Unc
1743	8,984	600	750	1,100	1,750	3,500
1744	4,043	600	750	1,100	1,750	3,500
1746	7,514	600	750	1,100	1,750	3,500
1748	3,546	600	750	1,100	1,750	3,500
1760	33,000	600	700	850	1,300	2,500
1765	1,367	650	900	1,450	2,300	4,500

KM# 519.22 2 LOUIS D'OR
16.3160 g., 0.9170 Gold 0.4810 oz. AGW **Ruler:** Louis XV **Obv:** Head left **Obv. Legend:** LUD • XV • D • G • FR • ETNAV • REX • **Rev:** Crown above arms of France and Navarre **Rev. Legend:** CHRS • REGN • VINC • IMPE • **Mint:** Aix **Note:** Mint mark: &

Date	Mintage	VG	F	VF	XF	Unc
1742	35,000	600	700	850	1,300	2,500
1743	—	600	750	1,100	1,750	3,500
1744	—	600	700	850	1,300	2,500

KM# 557.1 2 LOUIS D'OR
16.3160 g., 0.9170 Gold 0.4810 oz. AGW **Ruler:** Louis XV **Obv:** Laureate head left **Obv. Legend:** LUD • XV • D • G • FR • ET NAV • REX • **Rev:** Crown above arms of France and Navarre **Rev. Legend:** CHRS • REGN • VINC • IMPE **Mint:** Paris

Date	Mintage	VG	F	VF	XF	Unc
1771A	—	800	1,500	3,300	5,600	—

KM# 557.2 2 LOUIS D'OR
16.3160 g., 0.9170 Gold 0.4810 oz. AGW **Ruler:** Louis XV **Obv:** Laureate head left **Rev:** Crown above arms of France and Navarre **Mint:** Lyon

Date	Mintage	VG	F	VF	XF	Unc
1772D	13,000	725	1,500	3,650	6,000	—
1773D	9,595	725	1,500	3,650	6,000	—
1774D	13,000	725	1,500	3,650	6,000	—

KM# 557.3 2 LOUIS D'OR
16.3160 g., 0.9170 Gold 0.4810 oz. AGW **Ruler:** Louis XV **Mint:** Limoges

Date	Mintage	VG	F	VF	XF	Unc
1771I	38,000	725	1,500	3,300	5,600	—
1772I	34,000	725	1,500	3,300	5,600	—
1773I	4,694	800	1,750	3,950	6,800	—
1774I	484	925	2,150	5,000	8,600	—

KM# 557.4 2 LOUIS D'OR
16.3160 g., 0.9170 Gold 0.4810 oz. AGW **Ruler:** Louis XV **Obv:** Laureate head left **Rev:** Crown above arms of France and Navarre **Mint:** Bordeaux

Date	Mintage	VG	F	VF	XF	Unc
1772K	—	725	1,500	3,650	6,000	—
1773K	13,000	725	1,500	3,650	6,000	—

KM# 557.5 2 LOUIS D'OR
16.3160 g., 0.9170 Gold 0.4810 oz. AGW **Ruler:** Louis XV **Obv:** Laureate head left **Rev:** Crown above arms of France and Navarre **Mint:** Bayonne

Date	Mintage	VG	F	VF	XF	Unc
1774L	39,000	725	1,500	3,300	5,600	—

KM# 557.6 2 LOUIS D'OR
16.3160 g., 0.9170 Gold 0.4810 oz. AGW **Ruler:** Louis XV **Obv:** Laureate head left **Rev:** Crown above arms of France and Navarre **Mint:** Toulouse

Date	Mintage	VG	F	VF	XF	Unc
1773M	—	725	1,500	3,650	6,000	—

KM# 557.7 2 LOUIS D'OR
16.3160 g., 0.9170 Gold 0.4810 oz. AGW **Ruler:** Louis XV **Obv:** Laureate head left **Rev:** Crown above arms of France and Navarre **Mint:** Nantes

Date	Mintage	VG	F	VF	XF	Unc
1772T	—	925	2,150	4,950	8,300	—
1773T	1,575	875	1,850	4,600	7,800	—
1775T	—	925	2,150	4,950	8,300	—

Note: Coins dated 1775 are engraver's errors

KM# 557.8 2 LOUIS D'OR
16.3160 g., 0.9170 Gold 0.4810 oz. AGW **Ruler:** Louis XV **Mint:** Lille

Date	Mintage	VG	F	VF	XF	Unc
1771W	30,000	725	1,500	3,300	5,600	—
1772W	90,000	725	1,500	3,300	5,600	—
1773W	—	725	1,500	3,300	5,600	—
1774W	34,000	725	1,500	3,300	5,600	—

KM# 559 2 LOUIS D'OR
16.3160 g., 0.9170 Gold 0.4810 oz. AGW **Ruler:** Louis XV **Obv. Legend:** ....RE.BD (ligate BD). **Mint:** Pau **Note:** Mint mark: Cow. Issued for Province of Bearn.

Date	Mintage	VG	F	VF	XF	Unc
1772	3,897	875	1,850	4,600	7,800	—
1774	2,796	925	2,150	4,950	8,300	—

KM# 575.1 2 LOUIS D'OR
16.3160 g., 0.9170 Gold 0.4810 oz. AGW **Ruler:** Louis XVI **Obv:** Uniformed bust left **Obv. Legend:** LUD • XVI • D • G • FR • ET NAV • REX • **Rev:** Crowned arms of France and Navarre in ovals **Rev. Legend:** CHRS • REGN • VINC • IMPER **Mint:** Paris

Date	Mintage	VG	F	VF	XF	Unc
1775A	10,000	600	1,200	2,300	4,250	7,750
1776A	9,662	650	1,200	2,300	4,250	7,750
1777A	275	—	—	—	—	—
1783A	1,870	—	—	—	—	—
1784A	623	—	—	—	—	—

KM# 575.2 2 LOUIS D'OR
16.3160 g., 0.9170 Gold 0.4810 oz. AGW **Ruler:** Louis XVI **Obv:** Uniformed bust left **Rev:** Crowned arms of France and Navarre in ovals **Mint:** Metz

Date	Mintage	VG	F	VF	XF	Unc
1775AA	678	—	—	—	—	—
1776AA	269	—	—	—	—	—
1777AA	525	—	—	—	—	—
1778AA	259	—	—	—	—	—
1779AA	307	—	—	—	—	—
1781AA	487	—	—	—	—	—
1782AA	123	—	—	—	—	—
1783AA	279	—	—	—	—	—
1784AA	324	—	—	—	—	—
1785AA	324	—	—	—	—	—

KM# 575.3 2 LOUIS D'OR
16.3160 g., 0.9170 Gold 0.4810 oz. AGW **Ruler:** Louis XVI **Obv:** Uniformed bust left **Rev:** Crowned arms of France and Navarre in ovals **Mint:** Rouen

Date	Mintage	VG	F	VF	XF	Unc
1775B	4,853	700	1,300	2,800	4,500	9,000
1776B	5,724	—	—	—	—	—
1777B	6,828	700	1,300	2,800	4,500	9,000
1778B	2,902	—	—	—	—	—
1779B	682	—	—	—	—	—
1780B	443	—	—	—	—	—
1781B	130	1,100	2,200	4,300	6,000	12,000
1783B	1,956	—	—	—	—	—
1784B	1,444	—	—	—	—	—
1785B	280	—	—	—	—	—

KM# 575.4 2 LOUIS D'OR
16.3160 g., 0.9170 Gold 0.4810 oz. AGW **Ruler:** Louis XVI **Obv:** Uniformed bust left **Rev:** Crowned arms of France and Navarre in ovals **Mint:** Strasbourg

Date	Mintage	VG	F	VF	XF	Unc
1775BB	5,378	—	—	—	—	—
1776BB	4,423	—	—	—	—	—
1777BB	2,498	—	—	—	—	—
1779BB	179	—	—	—	—	—

KM# 575.5 2 LOUIS D'OR
16.3160 g., 0.9170 Gold 0.4810 oz. AGW **Ruler:** Louis XVI **Obv:** Uniformed bust left **Rev:** Crowned arms of France and Navarre in ovals **Mint:** Lyon

Date	Mintage	VG	F	VF	XF	Unc
1775D	64,000	600	950	1,675	2,950	5,500
1776D	79,000	600	950	1,675	2,950	5,500
1777D	53,000	600	950	1,675	2,950	5,500
1778D	19,000	600	950	1,675	2,950	5,500

KM# 575.6 2 LOUIS D'OR
16.3160 g., 0.9170 Gold 0.4810 oz. AGW **Ruler:** Louis XVI **Obv:** Uniformed bust left **Rev:** Crowned arms of France and Navarre in ovals **Mint:** La Rochelle

Date	Mintage	VG	F	VF	XF	Unc
1778H	4,154	—	—	—	—	—

KM# 575.7 2 LOUIS D'OR
16.3160 g., 0.9170 Gold 0.4810 oz. AGW **Ruler:** Louis XVI **Obv:** Uniformed bust left **Rev:** Crowned arms of France and Navarre in ovals **Mint:** Limoges

Date	Mintage	VG	F	VF	XF	Unc
1775I	39,000	600	950	1,675	2,950	5,500
1776I	35,000	600	950	1,675	2,950	5,500
1777I	32,000	600	950	1,675	2,950	5,500
1778I	1,960	675	1,450	2,750	4,500	9,000
1779I	—	675	1,450	2,750	4,950	5,500
1780I	841	675	1,450	2,750	4,950	5,500
1781I	261	—	—	—	—	—

KM# 522 2 LOUIS D'OR
16.3160 g., 0.9170 Gold 0.4810 oz. AGW **Ruler:** Louis XV **Obv. Legend:** ....RE.BD (ligate BD). **Mint:** Pau **Note:** Mint mark: Cow. Issued for Province of Bearn.

Date	Mintage	VG	F	VF	XF	Unc
1745	258	800	1,050	1,800	3,050	6,700
1751	2,350	600	750	1,100	1,850	3,750
1752	2,417	600	750	1,100	1,850	3,750
1753	9,181	600	750	1,050	1,700	3,250
1754	12,000	600	750	1,050	1,700	3,250
1755	8,746	600	750	1,050	1,700	3,250
1756	22,000	600	700	825	1,250	2,500
1757	8,275	600	750	1,050	1,700	3,250
1758	14,000	600	750	1,050	1,700	3,250
1759	51,000	600	700	825	1,250	2,500
1760	77,000	600	700	825	1,250	2,500
1761	71,000	600	700	825	1,250	2,500
1762	29,000	600	700	825	1,250	2,500
1763	69,000	600	700	825	1,250	2,500
1764	123,000	600	700	825	1,250	2,500
1765	74,000	600	700	825	1,250	2,500
1766	32,000	600	700	850	1,250	2,500
1767	17,000	600	700	850	1,250	2,500
1769	—	600	750	1,050	1,700	3,250

KM# 575.8 2 LOUIS D'OR

16.3160 g., 0.9170 Gold 0.4810 oz. AGW **Ruler:** Louis XVI **Obv:** Uniformed bust left **Rev:** Crowned arms of France and Navarre in ovals **Mint:** Bordeaux

Date	Mintage	VG	F	VF	XF	Unc
1775K	38,000	600	950	1,700	2,950	5,500
1776K	73,000	600	950	1,700	2,950	5,500
1777K	39,000	600	950	1,700	2,950	5,500
1778K	1,850	—	—	—	—	—
1779K	779	—	—	—	—	—
1781K	404	—	—	—	—	—
1782K	910	800	1,600	3,000	5,500	10,000
1783K	1,006	800	1,600	3,000	5,500	10,000
1784K	234	—	—	—	—	—

KM# 575.9 2 LOUIS D'OR

16.3160 g., 0.9170 Gold 0.4810 oz. AGW **Ruler:** Louis XVI **Obv:** Uniformed bust left **Rev:** Crowned arms of France and Navarre in ovals **Mint:** Bayonne

Date	Mintage	VG	F	VF	XF	Unc
1775L	18,000	600	1,000	1,850	3,450	6,250
1776L	15,000	600	1,000	1,850	3,450	6,250

KM# 575.10 2 LOUIS D'OR

16.3160 g., 0.9170 Gold 0.4810 oz. AGW **Ruler:** Louis XVI **Obv:** Uniformed bust left **Rev:** Crowned arms of France and Navarre in ovals **Mint:** Toulouse

Date	Mintage	VG	F	VF	XF	Unc
1775M	1,328	700	1,450	2,750	4,950	9,000
1776M	4,332	650	1,300	2,400	4,400	8,000
1777M	4,560	—	—	—	—	—
1778M	6,273	650	1,300	2,400	4,400	8,000
1779M	3,225	650	1,300	2,400	4,400	8,000
1780M	233	—	—	—	—	—
1781M	770	—	—	—	—	—
1782M	499	—	—	—	—	—
1783M	499	—	—	—	—	—

KM# 575.11 2 LOUIS D'OR

16.3160 g., 0.9170 Gold 0.4810 oz. AGW **Ruler:** Louis XVI **Obv:** Uniformed bust left **Rev:** Crowned arms of France and Navarre in ovals **Mint:** Montpellier

Date	Mintage	VG	F	VF	XF	Unc
1776N	5,027	700	1,450	2,750	4,950	9,000
1777N	5,347	700	1,450	2,750	4,950	9,000

KM# 575.12 2 LOUIS D'OR

16.3160 g., 0.9170 Gold 0.4810 oz. AGW **Ruler:** Louis XVI **Obv:** Uniformed bust left **Rev:** Crowned arms of France and Navarre in ovals **Mint:** Perpignan

Date	Mintage	VG	F	VF	XF	Unc
1775Q	1,220	—	—	—	—	—
1776Q	14,000	—	—	—	—	—
1777Q	3,586	—	—	—	—	—
1778Q	1,074	—	—	—	—	—
1784Q	368	—	—	—	—	—

KM# 575.13 2 LOUIS D'OR

16.3160 g., 0.9170 Gold 0.4810 oz. AGW **Ruler:** Louis XVI **Obv:** Uniformed bust left **Rev:** Crowned arms of France and Navarre in ovals **Mint:** Nantes

Date	Mintage	VG	F	VF	XF	Unc
1775T	12,000	625	1,150	2,050	3,750	6,750
1776T	7,737	625	1,150	2,050	3,750	6,750
1777T	9,890	625	1,150	2,050	3,750	6,750
1778T	8,749	625	1,150	2,050	3,750	6,750
1779T	2,849	700	1,300	2,750	4,950	9,000
1780T	2,660	—	—	—	—	—
1781T	1,637	—	—	—	—	—
1782T	5,644	625	1,150	2,050	3,750	6,750
1783T	5,683	—	—	—	—	—
1784T	4,536	—	—	—	—	—

KM# 575.14 2 LOUIS D'OR

16.3160 g., 0.9170 Gold 0.4810 oz. AGW **Ruler:** Louis XVI **Obv:** Uniformed bust left **Rev:** Crowned arms of France and Navarre in ovals **Mint:** Lille

Date	Mintage	VG	F	VF	XF	Unc
1775W	68,000	600	950	1,700	3,100	5,500
1776W	49,000	600	950	1,700	3,100	5,500
1777W	96,000	600	950	1,700	3,100	5,500
1778W	42,000	600	950	1,700	3,100	5,500
1779W	13,000	625	1,150	2,050	3,750	6,750
1780W	9,240	625	1,150	2,050	3,750	6,750
1781W	8,100	625	1,150	2,050	3,750	6,750
1782W	24,000	—	—	—	—	—
1783W	27,000	600	950	1,700	3,100	5,500
1784W	13,000	625	1,150	2,050	3,750	6,750

KM# 575.15 2 LOUIS D'OR

16.3160 g., 0.9170 Gold 0.4810 oz. AGW **Ruler:** Louis XVI **Obv:** Uniformed bust left **Rev:** Crowned arms of France and Navarre in ovals **Mint:** Aix **Note:** Mint mark: &.

Date	Mintage	VG	F	VF	XF	Unc
1775	67,000	600	1,050	1,850	3,500	6,250
1776	29,000	—	—	—	—	—
1777	14,000	650	1,200	2,150	4,050	7,250
1778	5,905	—	—	—	—	—

KM# 577 2 LOUIS D'OR

16.3160 g., 0.9170 Gold 0.4810 oz. AGW **Ruler:** Louis XVI **Obv:** Uniformed bust left **Obv. Legend:** ....RE.BD. (ligate BD). **Rev:** Crowned arms of France and Navarre in ovals **Rev. Legend:** CHRS • REGN • VINC • IMPER **Mint:** Pau **Note:** Mint mark: Cow. Issued for Province of Bearn.

Date	Mintage	VG	F	VF	XF	Unc
1777 (p)	21,000	650	1,300	2,400	4,400	8,000
1778 (p)	25,000	650	1,300	2,400	4,400	8,000
1781 (p)	1,054	—	—	—	—	—
1782 Rare	544	—	—	—	—	—

KM# 592.1 2 LOUIS D'OR

15.2970 g., 0.9170 Gold 0.4510 oz. AGW **Ruler:** Louis XVI **Obv:** Head left **Obv. Legend:** LUD • XVI • D • G • FR • ET NAV • REX • **Rev:** Crowned arms of France and Navarre in shields **Rev. Legend:** CHRS • REGN • VINC • IMP ... **Mint:** Paris

Date	Mintage	VG	F	VF	XF	Unc
1785A	27,000	BV	650	1,000	1,850	3,500
1786A	2,350,000	BV	575	675	1,050	2,000
1787A	—	BV	600	775	1,200	2,250
1788A	—	BV	600	775	1,200	2,250
1790A	—	BV	600	775	1,200	2,250
1791A	34,000	BV	600	775	1,200	2,250
1791A	Inc. above	BV	600	775	1,200	2,250

Note: The "dot" appears below the third letter of the monarch's name and denotes second semester coinage

Date	Mintage	VG	F	VF	XF	Unc
1792A	—	BV	700	1,100	1,650	3,000
1792A	—	BV	750	1,350	2,300	2,500

Note: The "dot" appears below the third letter of the monarch's name and denotes third semester coinage

KM# 592.2 2 LOUIS D'OR

15.2970 g., 0.9170 Gold 0.4510 oz. AGW **Ruler:** Louis XVI **Obv:** Head left **Rev:** Crowned arms of France and Navarre in shields **Mint:** Metz

Date	Mintage	VG	F	VF	XF	Unc
1786AA	307,000	BV	575	675	1,050	2,000
1786AA	Inc. above	BV	575	675	1,050	2,000

Note: The "dot" appears below the third letter of the monarch's name and denotes second semester coinage

Date	Mintage	VG	F	VF	XF	Unc
1787AA	155,000	BV	575	675	1,050	2,000
1788AA	153,000	BV	575	675	1,050	2,000
1789AA	—	BV	600	775	1,200	2,250
1790AA	—	BV	600	775	1,200	2,250
1791AA	1,150	—	—	—	—	—

KM# 592.3 2 LOUIS D'OR

15.2970 g., 0.9170 Gold 0.4510 oz. AGW **Ruler:** Louis XVI **Obv:** Head left **Rev:** Crowned arms of France and Navarre in shields **Mint:** Rouen

Date	Mintage	VG	F	VF	XF	Unc
1786B	251,000	BV	415	575	1,000	2,000
1787B	87,000	BV	415	575	1,000	2,000
1788B	19,000	—	—	—	—	—
1789B	—	BV	450	675	1,150	2,250
1790B	—	BV	500	900	1,750	3,500
1791B	1,072	—	—	—	—	—

KM# 592.4 2 LOUIS D'OR

15.2970 g., 0.9170 Gold 0.4510 oz. AGW **Ruler:** Louis XVI **Obv:** Head left **Rev:** Crowned arms of France and Navarre in shields **Mint:** Strasbourg

Date	Mintage	VG	F	VF	XF	Unc
1786BB	139,000	BV	600	900	1,250	2,250
1790BB	—	BV	650	1,000	1,650	3,000
1791BB	4,230	BV	650	1,000	1,650	3,000
1792BB	—	BV	800	1,900	3,350	4,500

KM# 592.5 2 LOUIS D'OR

15.2970 g., 0.9170 Gold 0.4510 oz. AGW **Ruler:** Louis XVI **Obv:** Head left **Rev:** Crowned arms of France and Navarre in shields **Mint:** Lyon

Date	Mintage	VG	F	VF	XF	Unc
1785D	—	BV	700	1,150	2,100	4,000
1786D	1,072,000	BV	575	725	1,050	2,000
1786D	Inc. above	BV	575	725	1,050	2,000

Note: The "dot" appears below the third letter of the monarch's name and denotes second semester coinage

Date	Mintage	VG	F	VF	XF	Unc
1787D	109,000	BV	575	725	1,050	2,000
1788D	—	BV	600	825	1,100	2,000

KM# 592.6 2 LOUIS D'OR

15.2970 g., 0.9170 Gold 0.4510 oz. AGW **Ruler:** Louis XVI **Obv:** Head left **Rev:** Crowned arms of France and Navarre in shields **Mint:** La Rochelle

Date	Mintage	VG	F	VF	XF	Unc
1786H	43,000	BV	600	775	1,100	2,000
1787H	12,000	BV	650	1,000	1,650	3,000

KM# 592.7 2 LOUIS D'OR

15.2970 g., 0.9170 Gold 0.4510 oz. AGW **Ruler:** Louis XVI **Obv:** Head left **Rev:** Crowned arms of France and Navarre in shields **Mint:** Limoges

Date	Mintage	VG	F	VF	XF	Unc
1785I	—	BV	700	775	2,100	7,000
1786I	208,000	BV	600	675	1,050	2,000
1787I	10,000	BV	600	675	1,050	2,000

KM# 592.8 2 LOUIS D'OR

15.2970 g., 0.9170 Gold 0.4510 oz. AGW **Ruler:** Louis XVI **Obv:** Head left **Rev:** Crowned arms of France and Navarre in shields **Mint:** Bordeaux

Date	Mintage	VG	F	VF	XF	Unc
1786K	492,000	BV	575	675	950	1,750
1786K	Inc. above	BV	575	675	950	1,750

Note: The "dot" appears below the third letter of the monarch's name and denotes second semester coinage

Date	Mintage	VG	F	VF	XF	Unc
1787K	42,000	BV	575	675	950	1,750
1788K	18,000	BV	500	800	1,200	2,250
1789K	23,000	BV	600	775	1,100	2,000
1790K	7,381	BV	650	1,000	1,650	3,000
1791K	903	BV	650	1,000	1,800	3,500

KM# 592.9 2 LOUIS D'OR

15.2970 g., 0.9170 Gold 0.4510 oz. AGW **Ruler:** Louis XVI **Obv:** Head left **Rev:** Crowned arms of France and Navarre in shields **Mint:** Toulouse

Date	Mintage	VG	F	VF	XF	Unc
1790M	—	BV	600	775	1,100	2,000
1791M	8,921	BV	650	1,000	1,650	3,000
1791M	Inc. above	BV	650	1,000	1,650	3,000

Note: The "dot" appears below the third letter of the monarch's name and denotes second semester coinage

KM# 592.10 2 LOUIS D'OR

15.2970 g., 0.9170 Gold 0.4510 oz. AGW **Ruler:** Louis XVI **Obv:** Head left **Rev:** Crowned arms of France and Navarre in shields **Mint:** Marseille

Date	Mintage	VG	F	VF	XF	Unc
1789MA	—	BV	650	1,000	1,675	3,000
1790MA	—	BV	650	1,000	1,675	3,000

KM# 592.11 2 LOUIS D'OR

15.2970 g., 0.9170 Gold 0.4510 oz. AGW **Ruler:** Louis XVI **Obv:** Head left **Rev:** Crowned arms of France and Navarre in shields **Mint:** Montpellier

Date	Mintage	VG	F	VF	XF	Unc
1786N	217,000	BV	575	675	950	1,750
1787N	27,000	BV	600	775	1,100	2,000

KM# 592.12 2 LOUIS D'OR

15.2970 g., 0.9170 Gold 0.4510 oz. AGW **Ruler:** Louis XVI **Obv:** Head left **Rev:** Crowned arms of France and Navarre in shields **Mint:** Perpignan

Date	Mintage	VG	F	VF	XF	Unc
1789Q	—	BV	600	775	1,100	2,000
1790Q	2,944	—	—	—	—	—

KM# 592.13 2 LOUIS D'OR

15.2970 g., 0.9170 Gold 0.4510 oz. AGW **Ruler:** Louis XVI **Obv:** Head left **Rev:** Crowned arms of France and Navarre in shields **Mint:** Orléans

Date	Mintage	VG	F	VF	XF	Unc
1787R	—	BV	650	1,000	1,675	3,000

KM# 592.14 2 LOUIS D'OR

15.2970 g., 0.9170 Gold 0.4510 oz. AGW **Ruler:** Louis XVI **Obv:** Head left **Rev:** Crowned arms of France and Navarre in shields **Mint:** Nantes

Date	Mintage	VG	F	VF	XF	Unc
1785T	650	BV	1,000	1,900	3,500	—
1786T	396,000	BV	575	675	1,050	2,000
1786T	Inc. above	BV	575	675	1,050	2,000
Note: The "dot" appears below the third letter of the monarch's name and denotes second semester coinage						
1787T	3,073	BV	650	1,000	1,650	3,000
1788T	7,233	BV	650	1,000	1,650	3,000
1789T	—	BV	575	675	1,050	2,000
1790T	667	BV	850	1,600	2,700	5,000
1791T	667	BV	850	1,600	2,850	5,500

KM# 592.15 2 LOUIS D'OR

15.2970 g., 0.9170 Gold 0.4510 oz. AGW **Ruler:** Louis XVI **Obv:** Head left **Rev:** Crowned arms of France and Navarre in shields **Mint:** Lille

Date	Mintage	VG	F	VF	XF	Unc
1785W	3,960	BV	750	1,250	2,250	4,250
1786W	239,000	BV	575	675	950	1,750
1786W	Inc. above	BV	575	675	950	1,750
Note: The "dot" appears below the third letter of the monarch's name and denotes second semester coinage						
1787W	—	BV	600	775	1,100	2,000
1788W	—	BV	600	775	1,100	2,000
1789W	—	BV	600	800	1,200	2,350
1790W	—	BV	650	1,000	1,650	3,000
1791W	7,959	BV	650	900	1,550	3,000

FIRST REPUBLIC

1793-1794, L'An 2

ECU COINAGE

KM# 608.2 3 DENIERS (Liard)

Bronze **Obv:** Head of Louis XVI left **Rev:** Liberty cap above column dividing value, oak wreath in background **Mint:** Limoges

Date	Mintage	VG	F	VF	XF	Unc
1792I	—	10.00	25.00	70.00	175	385
1792I Bell metal	—	10.00	20.00	50.00	150	320

KM# 610.2 6 DENIERS

Bronze **Obv:** Head of Louis XVI left **Rev:** Liberty cap above column dividing value, oak wreath in background **Mint:** Limoges

Date	Mintage	VG	F	VF	XF	Unc
1792I	—	10.00	20.00	60.00	160	350

KM# 610.3 6 DENIERS

Bronze **Obv:** Head of Louis XVI left **Rev:** Liberty cap above column dividing value, oak wreath in background **Mint:** Bordeaux

Date	Mintage	VG	F	VF	XF	Unc
1793K	—	20.00	45.00	110	275	—

KM# 610.4 6 DENIERS

Bronze **Obv:** Head of Louis XVI left **Rev:** Liberty cap above column dividing value, oak wreath in background **Mint:** Marseille

Date	Mintage	VG	F	VF	XF	Unc
1792MA	—	20.00	45.00	110	275	600

KM# 610.5 6 DENIERS

Bronze **Obv:** Head of Louis XVI left **Rev:** Liberty cap above column dividing value, oak wreath in background **Mint:** Nantes

Date	Mintage	VG	F	VF	XF	Unc
1792T	—	10.00	20.00	60.00	150	—
1793T	—	10.00	30.00	80.00	200	—

KM# 600.2 12 DENIERS

Bronze **Obv:** Bust of Louis XVI left **Rev:** Liberty cap above column dividing value, wreath surrounds **Mint:** Metz

Date	Mintage	VG	F	VF	XF	Unc
1791AA	—	4.00	10.00	30.00	120	—
1792AA	—	5.00	12.00	35.00	115	—

KM# 600.3 12 DENIERS

Bronze **Obv:** Bust of Louis XVI left **Rev:** Liberty cap above column dividing value, wreath surrounds **Mint:** Rouen

Date	Mintage	VG	F	VF	XF	Unc
1791B	—	2.50	5.00	20.00	120	—
1792B	—	4.00	10.00	30.00	135	—
1793B	—	5.00	12.00	40.00	160	—

KM# 600.4 12 DENIERS

Bronze **Obv:** Bust of Louis XVI left **Rev:** Liberty cap above column dividing value, wreath surrounds **Mint:** Strasbourg

Date	Mintage	VG	F	VF	XF	Unc
1791BB	—	7.00	16.00	50.00	200	—
1792BB	—	2.50	5.00	25.00	120	—

KM# 600.5 12 DENIERS

Bronze **Obv:** Bust of Louis XVI left **Rev:** Liberty cap above column dividing value, wreath surrounds **Mint:** Lyon

Date	Mintage	VG	F	VF	XF	Unc
1791	—	5.00	12.00	35.00	140	—
1792D	—	6.00	15.00	45.00	150	—
1792D .	—	6.00	15.00	45.00	150	—
1793D	—	8.00	18.00	50.00	165	—
1793D .	—	8.00	18.00	50.00	165	—

KM# 600.6 12 DENIERS

Bronze **Obv:** Bust of Louis XVI left **Rev:** Liberty cap above column dividing value, wreath surrounds **Mint:** La Rochelle

Date	Mintage	VG	F	VF	XF	Unc
1792H	—	8.00	18.00	50.00	165	—

KM# 600.7 12 DENIERS

Bronze **Mint:** Limoges

Date	Mintage	VG	F	VF	XF	Unc
1791I	—	5.00	12.00	40.00	125	270
1792I	—	4.00	10.00	30.00	100	220

KM# 600.8 12 DENIERS

Bronze **Mint:** Bordeaux

Date	Mintage	VG	F	VF	XF	Unc
1791K	—	4.00	10.00	30.00	100	—
1792K	—	4.00	10.00	30.00	100	—
1793K	—	4.00	10.00	40.00	150	—

KM# 600.9 12 DENIERS

Bronze **Mint:** Bayonne

Date	Mintage	VG	F	VF	XF	Unc
1791L	—	5.00	12.00	35.00	135	—
1792L	—	4.00	10.00	30.00	115	—
1793L	—	5.00	12.00	35.00	135	—

KM# 600.10 12 DENIERS

Bronze **Mint:** Toulouse

Date	Mintage	VG	F	VF	XF	Unc
1791M	—	5.00	12.00	35.00	115	—
1792M	—	4.00	10.00	30.00	100	—
1793M	—	5.00	12.00	35.00	125	—

KM# 600.12 12 DENIERS

Bronze **Obv:** Bust of Louis XVI left **Rev:** Liberty cap above column dividing value, wreath surrounds **Mint:** Montpellier

Date	Mintage	VG	F	VF	XF	Unc
1791N	—	5.00	12.00	35.00	100	—
1792N	—	5.00	12.00	35.00	115	—
1793N	—	5.00	12.00	35.00	125	—

KM# 600.13 12 DENIERS

Bronze **Obv:** Bust of Louis XVI left **Rev:** Liberty cap above column dividing value, wreath surrounds **Mint:** Perpignan

Date	Mintage	VG	F	VF	XF	Unc
1791Q	—	5.00	12.00	50.00	200	—
1792Q	—	5.00	12.00	35.00	150	—

KM# 600.14 12 DENIERS

Bronze **Obv:** Bust of Louis XVI left **Rev:** Liberty cap above column dividing value, wreath surrounds **Mint:** Orléans

Date	Mintage	VG	F	VF	XF	Unc
1791R	—	4.00	10.00	30.00	100	—
1792R	—	4.00	10.00	30.00	100	—
1793R	—	10.00	25.00	60.00	200	—

KM# 600.15 12 DENIERS

Bronze **Obv:** Bust of Louis XVI left **Rev:** Liberty cap above column dividing value, wreath surrounds **Mint:** Nantes

Date	Mintage	VG	F	VF	XF	Unc
1791T	—	5.00	12.00	35.00	125	—
1792T	—	4.00	10.00	30.00	110	—
1793T	—	4.00	10.00	30.00	110	—

KM# 600.16 12 DENIERS

Bronze **Obv:** Bust of Lois XVI left **Rev:** Liberty cap above column dividing value, wreath surrounds **Mint:** Lille

Date	Mintage	VG	F	VF	XF	Unc
1792W	—	5.00	12.00	40.00	135	—
1793W	—	5.00	12.00	35.00	125	—

KM# 600.17 12 DENIERS

Bronze **Obv:** Bust of Louis XVI left **Rev:** Liberty cap above column dividing value, wreath surrounds **Mint:** Pau **Note:** Mint mark: Cow.

Date	Mintage	VG	F	VF	XF	Unc
1792	—	10.00	20.00	65.00	225	—
1793	—	12.00	25.00	75.00	250	—

KM# 618.1 1/2 SOL

Bronze **Mint:** La Rochelle

Date	Mintage	VG	F	VF	XF	Unc
LAN II//1793H	—	35.00	100	250	600	1,300
LAN II//1793H Restrike	—	40.00	125	300	700	1,500

KM# 618.2 1/2 SOL

Bronze **Mint:** Limoges

Date	Mintage	VG	F	VF	XF	Unc
LAN II//1793I Rare	—	—	—	—	—	—

KM# 619.1 SOL

Bronze **Obv:** Inscription within rectangle **Rev:** Wreath hung around liberty cap at center of scales **Mint:** Paris

Date	Mintage	VG	F	VF	XF	Unc
LAN II//1793A	—	20.00	50.00	130	450	1,000

KM# 619.2 SOL

Bronze **Obv:** Inscription on rectangle **Rev:** Wreath hung around liberty cap at center of scales **Mint:** Metz

Date	Mintage	VG	F	VF	XF	Unc
LAN II//1793AA	—	10.00	30.00	100	260	—

KM# 619.3 SOL

Bronze **Obv:** Inscription within rectangle **Rev:** Wreath hung around liberty cap at center of scales **Mint:** Rouen

Date	Mintage	VG	F	VF	XF	Unc
LAN II//1793B	—	15.00	50.00	150	400	—

KM# 619.4 SOL

Bronze **Obv:** Inscription within rectangle **Rev:** Wreath hung around liberty cap at center of scales **Mint:** Strasbourg

Date	Mintage	VG	F	VF	XF	Unc
LAN II//1793BB	—	12.00	32.50	110	275	—

KM# 619.5 SOL

Bronze **Obv:** Inscription within rectangle **Rev:** Wreath hung around liberty cap at center of scales **Mint:** Lyon

Date	Mintage	VG	F	VF	XF	Unc
LAN II//1793D	—	15.00	35.00	110	275	—
LAN II//1793D	—	20.00	40.00	125	300	—
Note: Eagle's head left						

KM# 619.6 SOL

Bronze **Obv:** Inscription within rectangle **Rev:** Wreath hung around liberty cap at center of scales **Mint:** La Rochelle

Date	Mintage	VG	F	VF	XF	Unc
LAN II//1793H	—	20.00	50.00	125	375	—

KM# 619.7 SOL

Bronze **Obv:** Inscription within rectangle **Rev:** Wreath hung around liberty cap at center of scales **Mint:** Limoges

Date	Mintage	VG	F	VF	XF	Unc
LAN II//1793I	—	15.00	35.00	120	300	—

KM# 619.8 SOL

Bronze **Obv:** Inscriptions within rectangle **Rev:** Wreath hung around liberty cap at center of scales **Mint:** Bayonne

Date	Mintage	VG	F	VF	XF	Unc
LAN II//1793L	—	12.00	32.50	110	275	—

KM# 619.9 SOL

Bronze **Obv:** Inscription within rectangle **Rev:** Wreath hung around liberty cap at center of scales **Mint:** Marseille

Date	Mintage	VG	F	VF	XF	Unc
LAN II//1793MA	20,000	25.00	60.00	175	460	—

KM# 619.10 SOL

Bronze **Obv:** Inscription within rectangle **Rev:** Wreath hung around liberty cap at center of scales **Mint:** Montpellier

Date	Mintage	VG	F	VF	XF	Unc
LAN II//1793N	—	15.00	35.00	110	300	—

KM# 619.11 SOL

Bronze **Obv:** Inscription within rectangle **Rev:** Wreath hung around liberty cap at center of scales **Mint:** Nantes

Date	Mintage	VG	F	VF	XF	Unc
LAN II//1793T	200,000	12.00	32.50	110	275	—

KM# 619.12 SOL

Bronze **Obv:** Inscription within rectangle **Rev:** Wreath hung around liberty cap at center of scales **Mint:** Lille

Date	Mintage	VG	F	VF	XF	Unc
LAN II//1793W	—	12.00	32.50	110	275	—

KM# 620.1 SOL

Bronze **Obv:** Inscription within rectangle **Obv. Legend:** REPUBLIQUE FRANCIOSE **Rev:** Wreath hung around liberty cap at center of scales **Rev. Legend:** LIBERTE E'GALITE **Mint:** Metz **Note:** Without A.D. date.

Date	Mintage	VG	F	VF	XF	Unc
LAN II (1793-94)AA	—	20.00	50.00	150	375	—

KM# 620.2 SOL

Bronze **Obv:** Inscription within rectangle **Rev:** Wreath hung around liberty cap at center of scales **Mint:** Rouen **Note:** Without A.D. date.

Date	Mintage	VG	F	VF	XF	Unc
LAN II (1793-94)B Reported, not confirmed	—	—	—	—	—	—

KM# 620.3 SOL

Bronze **Obv:** Inscription within rectangle **Rev:** Wreath hung around liberty cap at center of scales **Mint:** Strasbourg **Note:** Without A.D. date.

Date	Mintage	VG	F	VF	XF	Unc
LAN II (1793-94)BB	—	20.00	60.00	175	400	—

KM# 620.4 SOL

Bronze **Obv:** Inscription within rectangle **Rev:** Wreath hung around liberty cap at center of scales **Mint:** Lyon **Note:** Without A.D. date.

Date	Mintage	VG	F	VF	XF	Unc
LAN II (1793-94)D Rare	—	—	—	—	—	—

KM# 620.5 SOL

Bronze **Obv:** Inscription within rectangle **Rev:** Wreath hung around liberty cap at center of scales **Mint:** Limoges **Note:** Without A.D. date.

Date	Mintage	VG	F	VF	XF	Unc
LAN II (1793-94)I	—	20.00	60.00	175	400	—

KM# 620.6 SOL

Bronze **Obv:** Inscription within rectangle **Rev:** Wreath hung around liberty cap at center of scales **Mint:** Marseille **Note:** Without A.D. date.

Date	Mintage	VG	F	VF	XF	Unc
LAN II (1793-94)MA	—	30.00	80.00	225	500	—

KM# 620.7 SOL

Bronze **Obv:** Inscription within rectangle **Rev:** Wreath hung around liberty cap at center of scales **Mint:** Montpellier **Note:** Without A.D. date.

Date	Mintage	VG	F	VF	XF	Unc
LAN II (1793-94)N	—	30.00	80.00	225	500	—

KM# 620.8 SOL

Bronze **Obv:** Inscription within rectangle **Rev:** Wreath hung around liberty cap at center of scales **Mint:** Pau **Note:** Without A.D. date. Mint mark: Cow.

Date	Mintage	VG	F	VF	XF	Unc
LAN II (1793-94)	—	35.00	90.00	275	650	—

KM# 603.2 2 SOLS

Bronze **Obv:** Bust of Louis XVI left **Rev:** Liberty cap above fasces, oak wreath in background **Mint:** Metz

Date	Mintage	VG	F	VF	XF	Unc
1791AA	—	4.00	10.00	35.00	125	—
1792AA	—	4.00	10.00	35.00	125	—
1793AA	—	7.00	18.00	50.00	175	—

KM# 603.3 2 SOLS

Bronze **Obv:** Bust of Louis XVI left **Rev:** Liberty cap above fasces, oak wreath in background **Mint:** Rouen

Date	Mintage	VG	F	VF	XF	Unc
1791B	—	4.00	10.00	35.00	125	—
1792B	—	6.00	14.00	40.00	150	—
1793B	—	6.00	14.00	40.00	150	—

KM# 603.4 2 SOLS

Bronze **Obv:** Bust of Louis XVI left **Rev:** Liberty cap above fasces, oak wreath in background **Mint:** Strasbourg

Date	Mintage	VG	F	VF	XF	Unc
1791BB	—	7.00	18.00	50.00	175	—
1792BB	—	6.00	14.00	40.00	150	—
1793BB	—	7.00	18.00	50.00	175	—

KM# 603.5 2 SOLS

Bronze **Obv:** Bust of Louis XVI left **Rev:** Liberty cap above fasces, oak wreath in background **Mint:** Lyon

Date	Mintage	VG	F	VF	XF	Unc
1792D	—	6.00	14.00	40.00	150	—
1793D	—	7.00	18.00	50.00	175	—

KM# 603.6 2 SOLS

Bronze **Obv:** Bust of Louis XVI left **Rev:** Liberty cap above fasces, oak wreath in background **Mint:** La Rochelle

Date	Mintage	VG	F	VF	XF	Unc
1791H	—	6.00	14.00	40.00	150	—
1792H	—	6.00	14.00	40.00	150	—

KM# 603.7 2 SOLS

Bronze **Obv:** Bust of Louis XVI left **Rev:** Liberty cap above fasces, oak wreath in background **Mint:** Limoges

Date	Mintage	VG	F	VF	XF	Unc
1792I	—	6.00	14.00	40.00	150	—

KM# 603.8 2 SOLS

Bronze **Obv:** Bust of Louis XVI left **Rev:** Liberty cap above fasces, oak wreath in background **Mint:** Bordeaux

Date	Mintage	VG	F	VF	XF	Unc
1791K	—	6.00	14.00	40.00	150	—
1792K	—	7.00	18.00	50.00	175	—

KM# 603.9 2 SOLS

Bronze **Obv:** Bust of Louis XVI left **Rev:** Liberty cap above fasces, oak wreath in background **Mint:** Bayonne

Date	Mintage	VG	F	VF	XF	Unc
1791L	—	7.00	18.00	50.00	175	—
1792L	—	7.00	18.00	50.00	175	—
1793L	—	7.00	18.00	50.00	175	—

KM# 603.10 2 SOLS

Bronze **Obv:** Bust of Louis XVI left **Rev:** Liberty cap above fasces, oak wreath in background **Mint:** Toulouse

Date	Mintage	VG	F	VF	XF	Unc
1791M	—	6.00	14.00	40.00	150	—
1792M	—	6.00	14.00	40.00	150	—

KM# 603.11 2 SOLS

Bronze **Obv:** Bust of Louis XVI left **Rev:** Liberty cap above fasces, oak wreath in background **Mint:** Marseille

Date	Mintage	VG	F	VF	XF	Unc
1792MA	—	6.00	14.00	40.00	150	—
1793MA	—	6.00	14.00	40.00	150	—

KM# 603.12 2 SOLS

Bronze **Obv:** Bust of Louis XVI left **Rev:** Liberty cap above fasces, oak wreath in background **Mint:** Montpellier

Date	Mintage	VG	F	VF	XF	Unc
1792N	—	6.00	14.00	40.00	150	—
1793N	—	7.00	18.00	50.00	175	—

KM# 603.13 2 SOLS

Bronze **Obv:** Bust of Louis XVI left **Rev:** Liberty cap above fasces, oak wreath in background **Mint:** Perpignan

Date	Mintage	VG	F	VF	XF	Unc
1792Q	—	6.00	14.00	40.00	150	—
1793Q	—	8.00	20.00	60.00	200	—

KM# 603.14 2 SOLS

Bronze **Mint:** Orléans

Date	Mintage	VG	F	VF	XF	Unc
1791R	—	7.00	18.00	50.00	185	400
1792R	—	6.00	14.00	40.00	150	330
1793R	—	7.00	18.00	50.00	175	385

KM# 603.15 2 SOLS

Bronze **Mint:** Nantes

Date	Mintage	VG	F	VF	XF	Unc
1791T	—	8.00	20.00	60.00	210	—
1792T	—	4.00	10.00	35.00	125	—
1793T	—	6.00	14.00	40.00	150	—

KM# 603.16 2 SOLS

Bronze **Mint:** Lille

Date	Mintage	VG	F	VF	XF	Unc
1791W	—	8.00	20.00	60.00	200	—
1792W	—	6.00	14.00	40.00	150	—
1793W	—	6.00	14.00	40.00	150	—

KM# 603.17 2 SOLS

Bronze **Obv:** Bust of Louis XVI left **Rev:** Liberty cap above fasces, oak wreath in background **Mint:** Pau **Note:** Mint mark: Cow.

Date	Mintage	VG	F	VF	XF	Unc
1792	—	10.00	35.00	75.00	225	—
1793	—	10.00	35.00	75.00	225	—

KM# 612 2 SOLS

Bronze **Obv:** Bust left **Obv. Legend:** LOUIS XIV ROI DES FRANCAIS • **Rev:** Liberty cap above fasces, oak wreath surrounds **Rev. Legend:** LANATION LA LOI LE ROI • * DE LA LIBERTE, below **Mint:** Strasbourg

Date	Mintage	VG	F	VF	XF	Unc
1792//LAN 4BB	—	10.00	20.00	60.00	225	—
1793//LAN 4BB	—	15.00	30.00	80.00	265	—
1793//LAN 5BB	—	15.00	30.00	80.00	265	—

KM# 621.1 2 SOLS

Bronze **Obv:** Inscription within rectangle **Rev:** Wreath hung around liberty cap at center of scales **Rev. Legend:** LIBERTE E'GALITE • **Mint:** Paris

Date	Mintage	VG	F	VF	XF	Unc
1793//LAN IIA	—	—	—	—	—	—

Note: Reported, not confirmed

KM# 621.2 2 SOLS

Bronze **Obv:** Inscription within rectangle **Rev:** Wreath hung around liberty cap at center of scales **Mint:** Metz

Date	Mintage	VG	F	VF	XF	Unc
1793//LAN IIAA	—	15.00	40.00	100	325	—

KM# 621.3 2 SOLS

Bronze **Obv:** Inscription within rectangle **Rev:** Wreath hung around liberty cap at center of scales **Mint:** Rouen

Date	Mintage	VG	F	VF	XF	Unc
1793//LAN IIB	—	15.00	45.00	120	350	—
1793//LAN IIB Restrike	—	—	—	—	525	—

KM# 621.4 2 SOLS

Bronze **Obv:** Inscription within rectangle **Rev:** Wreath hung around liberty cap at center of scales **Mint:** Strasbourg

Date	Mintage	VG	F	VF	XF	Unc
1793//LAN IIBB	—	15.00	40.00	110	325	—

KM# 621.5 2 SOLS

Bronze **Obv:** Inscription within rectangle **Rev:** Wreath hung around liberty cap at center of scales **Mint:** Lyon

Date	Mintage	VG	F	VF	XF	Unc
1793//LAN IID Rare	—	—	—	—	—	—

KM# 621.6 2 SOLS

Bronze **Obv:** Inscription within rectangle **Rev:** Wreath hung around liberty cap at center of scales **Mint:** La Rochelle

Date	Mintage	VG	F	VF	XF	Unc
1793//LAN IIH	—	20.00	60.00	150	425	—

KM# 621.7 2 SOLS

Bronze **Obv:** Inscription within rectangle **Rev:** Wreath hung around liberty cap at center of scales **Mint:** Limoges

Date	Mintage	VG	F	VF	XF	Unc
1793//LAN III	—	20.00	60.00	150	400	—

KM# 621.8 2 SOLS

Bronze **Obv:** Inscription within rectangle **Rev:** Wreath hung around liberty cap at center of scales **Mint:** Bayonne

Date	Mintage	VG	F	VF	XF	Unc
1793//LAN IIL	—	20.00	60.00	150	400	—

KM# 621.9 2 SOLS

Bronze **Obv:** Inscription within rectangle **Rev:** Wreath hung around liberty cap at center of scales **Mint:** Marseille

Date	Mintage	VG	F	VF	XF	Unc
1793//LAN IIMA	—	20.00	60.00	150	425	—

KM# 621.10 2 SOLS

Bronze **Obv:** Inscription within rectangle **Rev:** Wreath hung around liberty cap at center of scales **Mint:** Montpellier

Date	Mintage	VG	F	VF	XF	Unc
1793//LAN IIN	—	15.00	45.00	120	350	—

KM# 621.11 2 SOLS

Bronze **Obv:** Inscription within rectangle **Rev:** Wreath hung around liberty cap at center of scales **Mint:** Orléans

Date	Mintage	VG	F	VF	XF	Unc
1793//LAN IIR	—	20.00	50.00	125	350	—

KM# 621.12 2 SOLS

Bronze **Obv:** Inscription within rectangle **Rev:** Wreath hung around liberty cap at center of scales **Mint:** Nantes

Date	Mintage	VG	F	VF	XF	Unc
1793//LAN IIT	70,000	25.00	70.00	175	500	—

KM# 621.13 2 SOLS

Bronze **Obv:** Inscription within rectangle **Rev:** Wreath hung around liberty cap at center of scales **Mint:** Lille

Date	Mintage	VG	F	VF	XF	Unc
1793//LAN IIW	—	25.00	70.00	160	450	—

KM# 621.14 2 SOLS

Bronze **Obv:** Inscription within rectangle **Rev:** Wreath hung around liberty cap at center of scales **Mint:** Pau **Note:** Mint mark: Cow.

Date	Mintage	VG	F	VF	XF	Unc
1793//LAN II	—	35.00	85.00	225	600	—

KM# 622 2 SOLS

Bronze **Edge Lettering:** BON. POUR. BORD. MARSEILLE. LYON. ROUEN. NANT. ET. STRSB **Mint:** Rouen

Date	Mintage	VG	F	VF	XF	Unc
1793B	—	—	—	—	—	—

KM# 623.1 2 SOLS

Bronze **Obv:** Inscription within rectangle **Obv. Legend:** REPUBLIQUE FRANCOISE • **Rev:** Wreath hung around liberty cap at center of scales **Rev. Legend:** LIBERTE E'GALITE • **Mint:** Strasbourg **Note:** Without A.D. date.

Date	Mintage	VG	F	VF	XF	Unc
LAN II (1793-94)BB	—	30.00	100	250	650	—

KM# 623.2 2 SOLS

Bronze **Obv:** Inscription within rectangle **Rev:** Wreath hung around liberty cap at center of scales **Mint:** Limoges **Note:** Without A.D. date.

Date	Mintage	VG	F	VF	XF	Unc
LAN II (1793-94)I	—	25.00	90.00	225	600	—

KM# 623.3 2 SOLS

Bronze **Obv:** Inscription within rectangle **Rev:** Wreath hung around liberty cap at center of scales **Mint:** Montpellier **Note:** Without A.D. date.

Date	Mintage	VG	F	VF	XF	Unc
LAN II (1793-94)N	—	35.00	140	300	700	—

KM# 623.4 2 SOLS

Bronze **Obv:** Inscription within rectangle **Rev:** Wreath hung around liberty cap at center of scales **Mint:** Orléans **Note:** Without A.D. date.

Date	Mintage	VG	F	VF	XF	Unc
LAN II (1793-94)R	—	30.00	100	250	650	—

KM# 623.5 2 SOLS

Bronze **Obv:** Inscription within rectangle **Rev:** Wreath hung around liberty cap at center of scales **Mint:** Lille **Note:** Without A.D. date.

Date	Mintage	VG	F	VF	XF	Unc
LAN II (1793-94)W	—	35.00	120	275	675	—

KM# 623.6 2 SOLS

Bronze **Obv:** Inscription within rectangle **Rev:** Wreath hung around liberty cap at center of scales **Mint:** Pau **Note:** Without A.D. date. Mint mark: Cow.

Date	Mintage	VG	F	VF	XF	Unc
LAN II (1793-94)	—	40.00	150	320	750	—

KM# 604.2 15 SOLS (1/8 ECU)

5.0000 g., 0.6660 Silver 0.1071 oz. ASW **Obv:** Head of Louis XVI left **Rev:** Standing Genius writing the Constitution **Mint:** Rouen

Date	Mintage	VG	F	VF	XF	Unc
1791B	23,000	15.00	50.00	125	300	—
1792B	—	10.00	30.00	70.00	200	—

KM# 604.3 15 SOLS (1/8 ECU)

5.0000 g., 0.6660 Silver 0.1071 oz. ASW **Obv:** Head of Louis XVI left **Rev:** Standing Genius writing the Constitution **Mint:** Lyon

Date	Mintage	VG	F	VF	XF	Unc
1791D	272,000	6.00	18.00	50.00	140	—

KM# 604.4 15 SOLS (1/8 ECU)

5.0000 g., 0.6660 Silver 0.1071 oz. ASW **Obv:** Head of Louis XVI left **Rev:** Standing Genius writing the Constitution **Mint:** La Rochelle

Date	Mintage	VG	F	VF	XF	Unc
1791H	90,000	10.00	30.00	70.00	200	—
1792H	—	6.00	18.00	50.00	140	—

KM# 604.5 15 SOLS (1/8 ECU)

5.0000 g., 0.6660 Silver 0.1071 oz. ASW **Obv:** Head of Louis XVI left **Obv. Legend:** LOUIS XVI ROI DES FRANCOIS **Rev:** Standing Genius writing the Constitution **Rev. Legend:** REGNE DE LA LOI **Mint:** Limoges

Date	Mintage	VG	F	VF	XF	Unc
1791I	4,000,000	4.00	12.00	35.00	85.00	175
1792I	—	5.00	15.00	40.00	100	225

KM# 604.6 15 SOLS (1/8 ECU)

5.0000 g., 0.6660 Silver 0.1071 oz. ASW **Obv:** Head of Louis XVI left **Rev:** Standing Genius writing the Constitution **Mint:** Bordeaux

Date	Mintage	VG	F	VF	XF	Unc
1791K	29,000	15.00	50.00	125	300	—
1792K	—	10.00	30.00	70.00	200	—

KM# 604.7 15 SOLS (1/8 ECU)

5.0000 g., 0.6660 Silver 0.1071 oz. ASW **Obv:** Head of Louis XVI left **Rev:** Standing Genius writing the Constitution **Mint:** Bayonne

Date	Mintage	VG	F	VF	XF	Unc
1792L	—	12.00	40.00	100	250	—

KM# 604.8 15 SOLS (1/8 ECU)

5.0000 g., 0.6660 Silver 0.1071 oz. ASW **Mint:** Toulouse

Date	Mintage	VG	F	VF	XF	Unc
1791M	193,000	10.00	30.00	70.00	175	—
1792M	—	10.00	30.00	70.00	175	—

KM# 604.9 15 SOLS (1/8 ECU)

5.0000 g., 0.6660 Silver 0.1071 oz. ASW **Mint:** Marseille

Date	Mintage	VG	F	VF	XF	Unc
1791MA	63,000	15.00	50.00	120	300	—
1792MA	—	10.00	30.00	70.00	175	—

KM# 604.10 15 SOLS (1/8 ECU)

5.0000 g., 0.6660 Silver 0.1071 oz. ASW **Mint:** Montpellier

Date	Mintage	VG	F	VF	XF	Unc
1791N	157,000	10.00	30.00	70.00	175	—
1792N	—	10.00	30.00	70.00	175	—

KM# 604.11 15 SOLS (1/8 ECU)

5.0000 g., 0.6660 Silver 0.1071 oz. ASW **Mint:** Perpignan

Date	Mintage	VG	F	VF	XF	Unc
1791Q	—	25.00	75.00	175	400	—
1792Q	—	10.00	30.00	70.00	175	—

KM# 604.12 15 SOLS (1/8 ECU)

5.0000 g., 0.6660 Silver 0.1071 oz. ASW **Mint:** Orléans

Date	Mintage	VG	F	VF	XF	Unc
1791R	157,000	10.00	30.00	70.00	175	—
1792R	—	10.00	30.00	70.00	175	—

KM# 604.13 15 SOLS (1/8 ECU)

5.0000 g., 0.6660 Silver 0.1071 oz. ASW **Mint:** Nantes

Date	Mintage	VG	F	VF	XF	Unc
1791T	25,000	12.00	40.00	95.00	240	—
1792T	—	12.00	40.00	95.00	240	—

KM# 604.14 15 SOLS (1/8 ECU)

5.0000 g., 0.6660 Silver 0.1071 oz. ASW **Mint:** Lille

Date	Mintage	VG	F	VF	XF	Unc
1791W	169,000	6.00	18.00	50.00	140	—
1792W	—	6.00	18.00	50.00	140	—

KM# 604.15 15 SOLS (1/8 ECU)

5.0000 g., 0.6660 Silver 0.1071 oz. ASW **Mint:** Pau **Note:** Mint mark: Cow.

Date	Mintage	VG	F	VF	XF	Unc
1791	24,000	12.00	40.00	95.00	240	—
1792	—	15.00	50.00	125	300	—
1793	—	20.00	75.00	175	475	—

KM# 605.2 15 SOLS (1/8 ECU)

5.0000 g., 0.6660 Silver 0.1071 oz. ASW **Mint:** Strasbourg

Date	Mintage	VG	F	VF	XF	Unc
1791BB	88,000	15.00	50.00	120	350	—
1792BB	—	10.00	30.00	80.00	250	—

KM# 605.3 15 SOLS (1/8 ECU)

5.0000 g., 0.6660 Silver 0.1071 oz. ASW **Mint:** Lyon

Date	Mintage	VG	F	VF	XF	Unc
1791D	—	10.00	30.00	80.00	250	—
1792D	—	10.00	30.00	80.00	250	—

KM# 605.4 15 SOLS (1/8 ECU)

5.0000 g., 0.6660 Silver 0.1071 oz. ASW **Mint:** Bordeaux

Date	Mintage	VG	F	VF	XF	Unc
1791K	—	15.00	50.00	120	350	—
1792K	—	15.00	50.00	120	350	—

KM# 605.5 15 SOLS (1/8 ECU)

5.0000 g., 0.6660 Silver 0.1071 oz. ASW **Mint:** Marseille

Date	Mintage	VG	F	VF	XF	Unc
1791MA	—	15.00	50.00	120	350	—
1792MA	—	12.00	35.00	100	250	—

KM# 606.2 30 SOLS

10.0000 g., 0.6660 Silver 0.2141 oz. ASW **Obv:** Head of Louis XVI left **Rev:** Standing Genius writing the Constitution **Mint:** Metz

Date	Mintage	VG	F	VF	XF	Unc
1792AA	—	15.00	35.00	90.00	225	—

KM# 606.3 30 SOLS

10.0000 g., 0.6660 Silver 0.2141 oz. ASW **Obv:** Head of Louis XVI left **Rev:** Standing Genius writing the Constitution **Mint:** Rouen

Date	Mintage	VG	F	VF	XF	Unc
1792B	—	15.00	35.00	90.00	225	—

KM# 606.4 30 SOLS

10.0000 g., 0.6660 Silver 0.2141 oz. ASW **Mint:** Strasbourg

Date	Mintage	VG	F	VF	XF	Unc
1791BB	18,000	20.00	100	200	500	—
1792BB	—	30.00	150	300	700	—

KM# 606.5 30 SOLS

10.0000 g., 0.6660 Silver 0.2141 oz. ASW **Mint:** Lyon

Date	Mintage	VG	F	VF	XF	Unc
1791D	—	15.00	35.00	90.00	225	—
1792D	—	15.00	35.00	90.00	225	—
1793D	—	15.00	35.00	95.00	250	—

KM# 606.6 30 SOLS

10.0000 g., 0.6660 Silver 0.2141 oz. ASW **Mint:** La Rochelle

Date	Mintage	VG	F	VF	XF	Unc
1791H	—	15.00	35.00	90.00	225	—
1792H	—	15.00	35.00	90.00	225	—

KM# 606.7 30 SOLS

10.0000 g., 0.6660 Silver 0.2141 oz. ASW **Mint:** Limoges

Date	Mintage	VG	F	VF	XF	Unc
1791I	1,711,000	10.00	25.00	75.00	175	—
1792I	—	10.00	25.00	75.00	175	—

KM# 606.8 30 SOLS

10.0000 g., 0.6660 Silver 0.2141 oz. ASW **Mint:** Bordeaux

Date	Mintage	VG	F	VF	XF	Unc
1791K	19,000	15.00	40.00	100	275	—
1792K	—	15.00	40.00	100	275	—
1793K	—	20.00	50.00	140	325	—

KM# 606.9 30 SOLS

10.0000 g., 0.6660 Silver 0.2141 oz. ASW **Obv:** Head of Louis XVI left **Obv. Legend:** • LOUIS XVI ROI DES FRANCOIS • **Rev:** Standing Genius writing the Constitution **Rev. Legend:** REGNE DE LA LOI • **Mint:** Bayonne

Date	Mintage	VG	F	VF	XF	Unc
1792L	—	30.00	80.00	200	500	—

KM# 606.10 30 SOLS

10.0000 g., 0.6660 Silver 0.2141 oz. ASW **Obv:** Head of Louis XVI left **Rev:** Standing Genius writing the Constitution **Mint:** Toulouse

Date	Mintage	VG	F	VF	XF	Unc
1793M	—	20.00	50.00	135	325	—

KM# 606.11 30 SOLS

10.0000 g., 0.6660 Silver 0.2141 oz. ASW **Obv:** Head of Louis XVI left **Rev:** Standing Genius writing the Constitution **Mint:** Marseille

Date	Mintage	VG	F	VF	XF	Unc
1792MA	—	15.00	40.00	100	275	—
1793MA	—	15.00	40.00	100	285	—

KM# 606.12 30 SOLS

10.0000 g., 0.6660 Silver 0.2141 oz. ASW **Obv:** Head of Louis XVI left **Rev:** Standing Genius writing the Constitution **Mint:** Montpellier

Date	Mintage	VG	F	VF	XF	Unc
1791N	1,253	40.00	100	250	600	1,350
1792N	—	15.00	40.00	100	275	—
1793N	—	30.00	80.00	200	500	—

KM# 606.13 30 SOLS

10.0000 g., 0.6660 Silver 0.2141 oz. ASW **Obv:** Head of Louis XVI left **Rev:** Standing Genius writing the Constitution **Mint:** Perpignan

Date	Mintage	VG	F	VF	XF	Unc
1792Q	—	15.00	35.00	90.00	225	—
1793Q	—	15.00	35.00	90.00	235	—

KM# 606.14 30 SOLS

10.0000 g., 0.6660 Silver 0.2141 oz. ASW **Obv:** Head of Louis XVI left **Rev:** Standing Genius writing the Constitution **Mint:** Orléans

Date	Mintage	VG	F	VF	XF	Unc
1792R	—	20.00	50.00	125	300	—

KM# 606.15 30 SOLS

10.0000 g., 0.6660 Silver 0.2141 oz. ASW **Obv:** Head of Louis XVI left **Rev:** Standing Genius writing the Constitution **Mint:** Nantes

Date	Mintage	VG	F	VF	XF	Unc
1791T	29,000	15.00	40.00	100	275	—
1792T	—	15.00	40.00	100	275	—

KM# 606.16 30 SOLS

10.0000 g., 0.6660 Silver 0.2141 oz. ASW **Obv:** Head of Louis XVI left **Rev:** Standing Genius writing the Constitution **Mint:** Lille

Date	Mintage	VG	F	VF	XF	Unc
1791W	117,000	15.00	35.00	90.00	225	—
1792W	—	15.00	35.00	90.00	225	—
1793W	—	15.00	35.00	95.00	250	—

KM# 606.17 30 SOLS

10.0000 g., 0.6660 Silver 0.2141 oz. ASW **Obv:** Head of Louis XVI left **Rev:** Standing Genius writing the Constitution **Mint:** Pau **Note:** Mint mark: Cow.

Date	Mintage	VG	F	VF	XF	Unc
1791	—	—	—	—	—	—
1792	—	20.00	50.00	125	300	—
1793	—	20.00	50.00	135	345	—

FRANCE

KM# 607.2 30 SOLS
10.0000 g., 0.6660 Silver 0.2141 oz. ASW Mint: Marseille

Date	Mintage	VG	F	VF	XF	Unc
1792MA	—	40.00	100	225	500	—

KM# 613.2 1/2 ECU (3 Livres)
15.0000 g., 0.9170 Silver 0.4422 oz. ASW Obv: Head left Rev: Standing Genius writing the Constitution Mint: Bordeaux

Date	Mintage	VG	F	VF	XF	Unc
1792K	—	150	300	700	1,500	—

KM# 613.3 1/2 ECU (3 Livres)
15.0000 g., 0.9170 Silver 0.4422 oz. ASW Obv: Head left Rev: Standing Genius writing the Constitution Mint: Montpellier

Date	Mintage	VG	F	VF	XF	Unc
1792N	—	125	250	500	1,200	—

KM# 613.4 1/2 ECU (3 Livres)
15.0000 g., 0.9170 Silver 0.4422 oz. ASW Obv: Head left Rev: Standing Genius writing the Constitution Mint: Nantes

Date	Mintage	VG	F	VF	XF	Unc
1792T	—	150	300	700	1,500	—

KM# 615.2 ECU (6 Livres)
30.0000 g., 0.9170 Silver 0.8844 oz. ASW Mint: Metz

Date	Mintage	VG	F	VF	XF	Unc
1792AA	—	75.00	200	400	775	—
1793AA	—	65.00	150	325	650	—

KM# 615.3 ECU (6 Livres)
30.0000 g., 0.9170 Silver 0.8844 oz. ASW Mint: Rouen

Date	Mintage	VG	F	VF	XF	Unc
1792B	—	40.00	90.00	175	425	—
1793B	—	65.00	150	325	675	—

KM# 615.4 ECU (6 Livres)
30.0000 g., 0.9170 Silver 0.8844 oz. ASW Mint: Lyon

Date	Mintage	VG	F	VF	XF	Unc
1792D	—	65.00	150	325	650	—
1793D	—	65.00	150	275	650	—

KM# 615.5 ECU (6 Livres)
30.0000 g., 0.9170 Silver 0.8844 oz. ASW Mint: La Rochelle

Date	Mintage	VG	F	VF	XF	Unc
1792H	—	50.00	150	300	650	—

KM# 615.13 ECU (6 Livres)
30.0000 g., 0.9170 Silver 0.8844 oz. ASW Mint: Nantes

Date	Mintage	VG	F	VF	XF	Unc
1792T	—	80.00	200	350	750	—
1793T	—	80.00	200	425	900	1,800

KM# 624.10 6 LIVRES
30.0000 g., 0.9170 Silver 0.8844 oz. ASW Mint: Lille

Date	Mintage	VG	F	VF	XF	Unc
1793/LAN IIW	—	75.00	200	375	800	—

KM# 615.14 ECU (6 Livres)
30.0000 g., 0.9170 Silver 0.8844 oz. ASW Mint: Lille

Date	Mintage	VG	F	VF	XF	Unc
1792W	—	50.00	125	225	550	—
1793W	—	65.00	150	275	700	—

KM# 615.6 ECU (6 Livres)
30.0000 g., 0.9170 Silver 0.8844 oz. ASW Mint: Limoges

Date	Mintage	VG	F	VF	XF	Unc
1792I	—	35.00	75.00	125	270	500
1792I FRANCOIS (Error)	—	70.00	250	400	850	—
1793I	—	90.00	225	350	850	—

KM# 615.7 ECU (6 Livres)
30.0000 g., 0.9170 Silver 0.8844 oz. ASW Mint: Bordeaux

Date	Mintage	VG	F	VF	XF	Unc
1792K	—	50.00	125	250	600	—
1793K	—	50.00	125	225	675	—

KM# 615.8 ECU (6 Livres)
30.0000 g., 0.9170 Silver 0.8844 oz. ASW Mint: Bayonne

Date	Mintage	VG	F	VF	XF	Unc
1792L	—	75.00	200	400	850	—
1793L	—	40.00	100	200	475	—

KM# 615.9 ECU (6 Livres)
30.0000 g., 0.9170 Silver 0.8844 oz. ASW Mint: Toulouse

Date	Mintage	VG	F	VF	XF	Unc
1792M	—	50.00	125	225	550	—
1793M	—	40.00	100	185	475	—

KM# 615.10 ECU (6 Livres)
30.0000 g., 0.9170 Silver 0.8844 oz. ASW Mint: Marseille

Date	Mintage	VG	F	VF	XF	Unc
1792MA	—	80.00	200	350	750	—
1793MA	—	50.00	125	250	750	—

KM# 615.11 ECU (6 Livres)
30.0000 g., 0.9170 Silver 0.8844 oz. ASW Mint: Montpellier

Date	Mintage	VG	F	VF	XF	Unc
1792N	—	75.00	175	350	750	—
1793N	—	65.00	150	275	675	—

KM# 615.12 ECU (6 Livres)
30.0000 g., 0.9170 Silver 0.8844 oz. ASW Mint: Orléans

Date	Mintage	VG	F	VF	XF	Unc
1792R	—	50.00	125	250	600	—
1793R	—	50.00	125	200	550	—

KM# 624.1 6 LIVRES
30.0000 g., 0.9170 Silver 0.8844 oz. ASW Obv: With A.D. date Mint: Paris Note: Dav. #1336.

Date	Mintage	VG	F	VF	XF	Unc
1793/LAN IIA	—	50.00	100	175	465	—

KM# 624.2 6 LIVRES
30.0000 g., 0.9170 Silver 0.8844 oz. ASW Mint: Metz

Date	Mintage	VG	F	VF	XF	Unc
1793/LAN IIAA	—	75.00	200	425	975	—

KM# 624.3 6 LIVRES
30.0000 g., 0.9170 Silver 0.8844 oz. ASW Mint: Rouen

Date	Mintage	VG	F	VF	XF	Unc
1793/LAN IIB	—	125	300	450	1,350	—

KM# 624.4 6 LIVRES
30.0000 g., 0.9170 Silver 0.8844 oz. ASW Mint: Strasbourg

Date	Mintage	VG	F	VF	XF	Unc
1793/LAN IIBB	—	125	300	450	1,350	—

KM# 624.5 6 LIVRES
30.0000 g., 0.9170 Silver 0.8844 oz. ASW Mint: Rouen

Date	Mintage	VG	F	VF	XF	Unc
1793/LAN II	—	75.00	200	350	850	—

KM# 624.6 6 LIVRES
30.0000 g., 0.9170 Silver 0.8844 oz. ASW Mint: Bayonne

Date	Mintage	VG	F	VF	XF	Unc
1793/LAN IIL	—	75.00	200	400	900	—

KM# 624.7 6 LIVRES
30.0000 g., 0.9170 Silver 0.8844 oz. ASW Mint: Marseille

Date	Mintage	VG	F	VF	XF	Unc
1793/LAN IIMA	—	100	250	450	1,100	—

KM# 624.8 6 LIVRES
30.0000 g., 0.9170 Silver 0.8844 oz. ASW Mint: Montpellier

Date	Mintage	VG	F	VF	XF	Unc
1793/LAN IIN	—	125	300	450	1,200	—

KM# 624.9 6 LIVRES
30.0000 g., 0.9170 Silver 0.8844 oz. ASW Mint: Nantes

Date	Mintage	VG	F	VF	XF	Unc
1793/LAN IIT	—	150	350	650	1,500	—

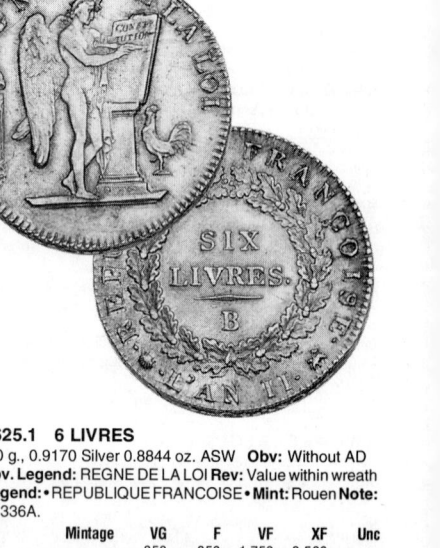

KM# 625.1 6 LIVRES
30.0000 g., 0.9170 Silver 0.8844 oz. ASW Obv: Without AD date Obv. Legend: REGNE DE LA LOI Rev: Value within wreath Rev. Legend: • REPUBLIQUE FRANCOISE • Mint: Rouen Note: Dav. #1336A.

Date	Mintage	VG	F	VF	XF	Unc
LAN IIB	—	350	850	1,750	3,500	—

KM# 625.2 6 LIVRES
30.0000 g., 0.9170 Silver 0.8844 oz. ASW Mint: Strasbourg

Date	Mintage	VG	F	VF	XF	Unc
LAN IIBB	—	400	1,000	2,000	4,500	—

KM# 625.3 6 LIVRES
30.0000 g., 0.9170 Silver 0.8844 oz. ASW Mint: Marseille

Date	Mintage	VG	F	VF	XF	Unc
LAN IIMA	—	800	1,200	2,500	6,000	—

KM# 625.4 6 LIVRES
30.0000 g., 0.9170 Silver 0.8844 oz. ASW Mint: Lille

Date	Mintage	VG	F	VF	XF	Unc
LAN IIW	—	350	850	1,750	3,500	—

KM# 626.1 24 LIVRES
7.6000 g., 0.9000 Gold 0.2199 oz. AGW Obv: Standing Genius writing the Constitution Obv. Legend: • REGNE DE LA LOI • Rev: Value within wreath Rev. Legend: • REPUBLIQUE FRANCOISE • Mint: Paris

Date	Mintage	VG	F	VF	XF	Unc
1793A	—	500	1,000	2,500	4,950	9,000

KM# 626.2 24 LIVRES
7.6000 g., 0.9000 Gold 0.2199 oz. AGW Obv: Standing Genius writing the Constitution Rev: Value within wreath Mint: Strasbourg

Date	Mintage	VG	F	VF	XF	Unc
1793BB	—	1,000	2,000	4,000	7,700	14,500

KM# 626.3 24 LIVRES
7.6000 g., 0.9000 Gold 0.2199 oz. AGW Obv: Standing Genius writing the Constitution Rev: Value within wreath Mint: Rouen

Date	Mintage	VG	F	VF	XF	Unc
1793	—	600	1,250	2,750	5,800	11,000

KM# 626.4 24 LIVRES

7.6000 g., 0.9000 Gold 0.2199 oz. AGW **Obv:** Standing Genius writing the Constitution **Rev:** Value within wreath **Mint:** Montpellier

Date	Mintage	VG	F	VF	XF	Unc
1793N	—	—	—	—	9,400	17,000

KM# 626.5 24 LIVRES

7.6000 g., 0.9000 Gold 0.2199 oz. AGW **Obv:** Standing Genius writing the Constitution **Rev:** Value within wreath **Mint:** Lille

Date	Mintage	VG	F	VF	XF	Unc
1793W	—	600	1,250	2,650	5,200	9,500

DECIMAL COINAGE

KM# 646 CENTIME

2.0000 g., Bronze, 18 mm. **Obv:** Liberty head left **Obv. Legend:** REPUBLIQUE FRANCAISE • **Rev:** Value within beaded circle **Mint:** Paris

Date	Mintage	VG	F	VF	XF	Unc
LAN 6 (1797-98)A	100,083,000	2.00	5.00	20.00	90.00	—
LAN 7 (1798-99)A	Inc. above	3.00	6.00	25.00	100	—
LAN 8 (1799-1800)A	Inc. above	20.00	40.00	65.00	175	385

KM# 635.1 5 CENTIMES

5.0000 g., Bronze, 23 mm. **Obv:** Liberty head left **Obv. Legend:** REPUBLIQUE FRANCAISE • **Rev:** Value **Mint:** Paris

Date	Mintage	VG	F	VF	XF	Unc
LAN 4/3 (1795)A	12,308,000	5.00	10.00	20.00	70.00	—
LAN 4 (1795-96)A	Inc. above	5.00	10.00	20.00	70.00	—
LAN 5 (1796)A	Inc. above	15.00	30.00	75.00	185	—

KM# 635.2 5 CENTIMES

5.0000 g., Bronze **Obv:** Liberty head left **Rev:** Value **Mint:** Limoges

Date	Mintage	VG	F	VF	XF	Unc
LAN 4 (1795-96)I	780,000	8.00	20.00	50.00	135	—
LAN 5 (1796)I	Inc. above	35.00	75.00	150	350	720

KM# 635.3 5 CENTIMES

5.0000 g., Bronze **Obv:** Liberty head left **Rev:** Value **Mint:** Nantes

Date	Mintage	VG	F	VF	XF	Unc
LAN 4 (1795-96)T	—	200	500	1,000	1,500	—
LAN 5 (1796)T	Inc. above	260	700	1,500	2,000	—

KM# 635.4 5 CENTIMES

5.0000 g., Bronze **Obv:** Liberty head left **Rev:** Value **Mint:** Lille

Date	Mintage	VG	F	VF	XF	Unc
LAN 4 (1795-96)W	Inc. above	200	450	900	1,400	—
LAN 5 (1796)W	Inc. above	250	550	1,100	1,800	—

KM# 640.1 5 CENTIMES

10.0000 g., Bronze, 28 mm. **Obv:** Liberty head left **Obv. Legend:** REPUBLIQUE FRANCAISE • * **Rev:** Value within oak wreath **Edge:** plain **Mint:** Paris

Date	Mintage	VG	F	VF	XF	Unc
LAN 5 (1796-97)A	26,880,000	3.00	6.00	15.00	65.00	—
LAN 5 (1796-97)A CNIQ (error)	Inc. above	35.00	75.00	150	275	—
LAN 6 (1797-98)A	Inc. above	7.00	20.00	40.00	150	—
LAN 7/5 (1798-99)A	Inc. above	4.00	8.00	20.00	85.00	—
LAN 7/5 A/R (1798-99)A	Inc. above	4.00	8.00	20.00	85.00	—
LAN 7/6 (1798-99)A	Inc. above	4.00	8.00	20.00	85.00	—

Date	Mintage	VG	F	VF	XF	Unc
LAN 7 (1798-99)A	Inc. above	4.00	8.00	20.00	85.00	—
LAN 8/5 (1799-1800)A	37,323,000	5.00	10.00	30.00	100	—
LAN 8/7 (1799-1800)A	Inc. above	4.00	8.00	20.00	85.00	—
LAN 8/7 A/R (1799-1800)A	Inc. above	3.00	6.00	17.50	110	—
LAN 8 (1799-1800)A	Inc. above	3.00	6.00	15.00	60.00	—
LAN 9 (1800-01)A	Inc. above	6.00	15.00	35.00	135	—

KM# 640.2 5 CENTIMES

10.0000 g., Bronze **Obv:** Liberty head left **Rev:** Value within oak wreath **Mint:** Metz

Date	Mintage	VG	F	VF	XF	Unc
LAN 5 (1796-97)AA	2,230,000	4.00	8.00	20.00	100	—
LAN 6 (1797-98)AA	Inc. above	15.00	35.00	75.00	200	—
LAN 8/6 (1799-1800)AA	20,002,000	4.00	8.00	20.00	100	—
LAN 8 (1799-1800)AA	Inc. above	3.00	6.00	15.00	85.00	—
LAN 9 (1800-01)AA	Inc. above	15.00	35.00	75.00	250	—

KM# 640.3 5 CENTIMES

10.0000 g., Bronze **Obv:** Liberty head left **Rev:** Value within oak wreath **Mint:** Rouen

Date	Mintage	VG	F	VF	XF	Unc
LAN 5 (1796-97)B	3,026,000	4.00	8.00	25.00	125	—
LAN 6 (1797-98)B	Inc. above	15.00	45.00	100	250	—

KM# 640.4 5 CENTIMES

10.0000 g., Bronze, 28 mm. **Obv:** Liberty head left **Rev:** Value within oak wreath **Edge:** diagonial reeding **Mint:** Strasbourg

Date	Mintage	VG	F	VF	XF	Unc
LAN 5 (1796-97)BB	3,660,000	4.00	8.00	20.00	100	—
LAN 6/5 (1797-98)BB	Inc. above	15.00	40.00	70.00	225	—
LAN 6 (1797-98)BB	Inc. above	12.50	32.50	60.00	200	—
LAN 7/5 (1798-99)BB	Inc. above	4.00	8.00	20.00	100	—
LAN 7 (1798-99)BB	Inc. above	4.00	8.00	20.00	100	—
LAN 8/7 (1799-1800)BB	7,984,000	4.00	8.00	20.00	100	—
LAN 8 (1799-1800)BB CNIQ (error)	Inc. above	50.00	100	200	350	—
LAN 8 (1799-1800)BB	Inc. above	4.00	8.00	20.00	100	—
LAN 9 (1800-01)BB	Inc. above	6.00	15.00	35.00	135	—

KM# 640.5 5 CENTIMES

10.0000 g., Bronze **Obv:** Liberty head left **Rev:** Value within oak wreath **Mint:** Lyon

Date	Mintage	VG	F	VF	XF	Unc
LAN 5 (1796-97)D	1,475,000	6.00	15.00	35.00	150	—
LAN 6 (1797-98)D	Inc. above	20.00	50.00	100	225	—
LAN 7 (1798-99)D	Inc. above	15.00	30.00	90.00	200	—
LAN 8 (1799-1800)D	691,000	20.00	50.00	115	225	—
LAN 9 (1800-01)D	Inc. above	15.00	40.00	100	225	—

KM# 640.7 5 CENTIMES

10.0000 g., Bronze **Obv:** Liberty head left **Rev:** Value within oak wreath **Mint:** Limoges

Date	Mintage	VG	F	VF	XF	Unc
LAN 5 (1796-97)I	9,608,000	4.00	8.00	20.00	100	—
LAN 5 (1796-97)I CNIQ (error)	Inc. above	35.00	75.00	150	275	—
LAN 6 (1797-98)I	Inc. above	15.00	40.00	90.00	200	—
LAN 8 (1799-1800)I	4,582,000	4.00	8.00	25.00	125	—
LAN 8 (1799-1800)I CNIQ (error)	Inc. above	50.00	100	200	350	—
LAN 9 (1800-01)I	Inc. above	10.00	30.00	60.00	175	—

KM# 640.8 5 CENTIMES

10.0000 g., Bronze **Obv:** Liberty head left **Rev:** Value within oak wreath **Mint:** Bordeaux

Date	Mintage	VG	F	VF	XF	Unc
LAN 5 (1796-97)K	1,997,000	—	—	—	—	—
Note: Reported, not confirmed						
LAN 6 (1797-98)K	Inc. above	15.00	40.00	90.00	200	—
LAN 7 (1798-99)K	Inc. above	6.00	15.00	35.00	125	—
LAN 8 (1799-1800)K	4,639,000	4.00	8.00	25.00	125	—
LAN 9 (1800-01)K	Inc. above	10.00	25.00	50.00	175	—

KM# 640.9 5 CENTIMES

10.0000 g., Bronze **Obv:** Liberty head left **Rev:** Value within oak wreath **Mint:** Orléans

Date	Mintage	VG	F	VF	XF	Unc
LAN 5 (1796-97)R	5,667,000	5.00	10.00	25.00	125	—

KM# 640.10 5 CENTIMES

10.0000 g., Bronze **Obv:** Liberty head left **Rev:** Value within oak wreath **Mint:** Nantes

Date	Mintage	VG	F	VF	XF	Unc
LAN 5 (1796-97)T	18,000	40.00	80.00	150	325	—

KM# 640.11 5 CENTIMES

10.0000 g., Bronze **Obv:** Liberty head left **Obv. Legend:** REPUBLIQUE FRANCAISE • * **Rev:** Value within oak wreath **Mint:** Lille

Date	Mintage	VG	F	VF	XF	Unc
LAN 5 (1796-97)W	2,743,000	4.00	8.00	20.00	100	—
LAN 6 (1797-98)W	Inc. above	15.00	40.00	90.00	200	—
LAN 7/5 (1798-99)W	Inc. above	5.00	10.00	20.00	100	—
LAN 7 (1798-99)W	Inc. above	5.00	10.00	20.00	100	—

Date	Mintage	VG	F	VF	XF	Unc
LAN 8/5 (1799-1800)W	12,738,000	—	—	—	—	—
LAN 8 (1799-1800)W	12,738,000	4.00	8.00	20.00	100	—
LAN 9 (1800-01)W	Inc. above	10.00	25.00	50.00	150	—

KM# 642.1 5 CENTIMES

10.0000 g., Bronze **Obv:** Liberty head left **Obv. Legend:** REPUBLIQUE FRANCAISE • * **Rev:** Value within oak wreath **Mint:** Paris **Note:** KM#640 struck over Un Decime, KM#636.

Date	Mintage	Good	VG	F	VF	XF
LAN 5 (1796-97)A	Inc. above	—	—	—	—	—
Note: Reported, not confirmed						
LAN 6 (1797-98)A	Inc. above	12.00	30.00	80.00	200	—
LAN 7 (1798-99)A	Inc. above	12.00	30.00	80.00	200	—
LAN 8 (1799-1800A	Inc. above	—	—	—	—	—
Note: Reported, not confirmed						

KM# 642.2 5 CENTIMES

10.0000 g., Bronze **Mint:** Metz

Date	Mintage	Good	VG	F	VF	XF
LAN 5 (1796-97)AA	Inc. above	12.00	30.00	80.00	200	—
LAN 6 (1797-98)AA	Inc. above	—	—	—	—	—
Note: Reported, not confirmed						

KM# 642.3 5 CENTIMES

10.0000 g., Bronze **Mint:** Rouen

Date	Mintage	Good	VG	F	VF	XF
LAN 5 (1796-97)B	Inc. above	13.50	32.00	85.00	220	—
LAN 6 (1797-98)B	Inc. above	—	—	—	—	—
Note: Reported, not confirmed						

KM# 642.4 5 CENTIMES

10.0000 g., Bronze **Mint:** Strasbourg

Date	Mintage	Good	VG	F	VF	XF
LAN 5 (1796-97)BB	Inc. above	—	—	—	—	—
Note: Reported, not confirmed						

KM# 642.5 5 CENTIMES

10.0000 g., Bronze **Mint:** Lyon

Date	Mintage	Good	VG	F	VF	XF
LAN 5 (1796-97)D	Inc. above	13.50	32.00	85.00	220	—
LAN 6 (1797-98)D	Inc. above	—	—	—	—	—
Note: Reported, not confirmed						

KM# 642.6 5 CENTIMES

10.0000 g., Bronze **Obv:** Liberty head left **Rev:** Value within oak wreath **Mint:** Limoges

Date	Mintage	Good	VG	F	VF	XF
LAN 5 (1796-97)I	Inc. above	13.50	32.00	85.00	220	—
LAN 6 (1797-98)I	Inc. above	—	—	—	—	—
Note: Reported, not confirmed						
LAN 8 (1799-1800)I	Inc. above	—	—	—	—	—
Note: Reported, not confirmed						

KM# 642.6a 5 CENTIMES

Bell Metal **Obv:** Liberty head left **Rev:** Value within oak wreath **Mint:** Limoges

Date	Mintage	Good	VG	F	VF	XF
LAN 8 (1799-1800)I	—	—	—	—	—	—

KM# 642.7 5 CENTIMES

10.0000 g., Bronze **Mint:** Orléans

Date	Mintage	Good	VG	F	VF	XF
LAN 5 (1797-97)R	—	—	—	—	—	—
Note: Reported, not confirmed						

KM# 642.8 5 CENTIMES

10.0000 g., Bronze **Mint:** Nantes

Date	Mintage	Good	VG	F	VF	XF
LAN 5 (1796-97)T	—	—	—	—	—	—
Note: Reported, not confirmed						

KM# 642.9 5 CENTIMES

10.0000 g., Bronze **Mint:** Lille

Date	Mintage	Good	VG	F	VF	XF
LAN 5 (1796-97)W	—	—	—	—	—	—
Note: Reported, not confirmed						
LAN 6 (1797-98)W	—	16.00	40.00	100	250	—
LAN 7 (1798-99)W	—	—	—	—	—	—
LAN 8 (1799-1800)W	—	—	—	—	—	—

KM# 640.6 5 CENTIMES

10.0000 g., Bronze **Mint:** Geneva

Date	Mintage	VG	F	VF	XF	Unc
LAN 8 (1799-1800)G	2,005,000	10.00	20.00	50.00	150	—
LAN 9 (1800-01)G	Inc. above	15.00	35.00	60.00	160	—

KM# 645.1 DECIME
20.0000 g., Bronze, 31 mm. **Obv:** Liberty head left **Obv. Legend:** REPUBLIQUE FRANCAISE • * **Rev:** Value within oak wreath **Mint:** Paris **Note:** KM#644 overstruck on 2 Decimes, KM#638.

Date	Mintage	Good	VG	F	VF	XF
LAN 4 (1795-96)A	—	10.00	25.00	60.00	150	—
LAN 5 (1796-97)A	—	12.00	30.00	80.00	200	—
LAN 6 (1797-98)A	—	12.00	30.00	80.00	200	—
LAN 8 (1799-1800)A	—	16.00	40.00	100	250	—

KM# 645.6 DECIME
20.0000 g., Bronze **Mint:** Limoges

Date	Mintage	Good	VG	F	VF	XF
LAN 4 (1795-96)I	—	12.00	30.00	80.00	200	—
LAN 5 (1796-97)I	—	16.00	40.00	100	250	—
LAN 6 (1797-98)I	—	—	—	—	—	—
Note: Reported, not confirmed						
LAN 7 (1799-1800)I	—	—	—	—	—	—
Note: Reported, not confirmed						

KM# 636.1 DECIME
10.0000 g., Bronze, 28 mm. **Obv:** Liberty head left **Obv. Legend:** REPUBLIQUE FRANCAISE • * **Rev:** Value within oak wreath **Rev. Legend:** DECIME **Mint:** Paris

Date	Mintage	VG	F	VF	XF	Unc
LAN 4 (1795-96)A	3,606,000	15.00	25.00	80.00	195	—
LAN 5 (1796)A	Inc. above	30.00	75.00	150	300	—

KM# 636.2 DECIME
10.0000 g., Bronze **Obv:** Liberty head left **Rev:** Value within oak wreath **Mint:** Lyon

Date	Mintage	VG	F	VF	XF	Unc
LAN 4 (1795-96)D	255,000	30.00	75.00	150	300	—
LAN 5 (1796)D	Inc. above	40.00	80.00	175	375	825

KM# 636.3 DECIME
10.0000 g., Bronze **Obv:** Liberty head left **Rev:** Value within oak wreath **Mint:** Limoges

Date	Mintage	VG	F	VF	XF	Unc
LAN 4 (1795-96)I	694,000	20.00	60.00	150	300	—
LAN 5 (1796)I	Inc. above	65.00	160	275	650	1,400

KM# 636.4 DECIME
10.0000 g., Bronze **Obv:** Liberty head left **Rev:** Value within oak wreath **Mint:** Bordeaux

Date	Mintage	VG	F	VF	XF	Unc
LAN 4 (1795-96)K Rare	—	—	—	—	—	—

KM# 637.1 DECIME
20.0000 g., Bronze, 31 mm. **Obv:** Liberty head left **Obv. Legend:** REPUBLIQUE FRANCAISE • * **Rev:** Value within oak wreath **Mint:** Paris **Note:** UN countermarked over obliterated 2 and 5 obliterated from DECIMES, KM#638.

Date	Mintage	VG	F	VF	XF	Unc
LAN 4 (1795-96)A	—	12.50	25.00	75.00	200	—
LAN 5 (1796-97)A	—	30.00	75.00	150	400	—

KM# 637.2 DECIME
20.0000 g., Bronze **Mint:** Lyon

Date	Mintage	VG	F	VF	XF	Unc
LAN 4 (1795-96)D	—	—	—	—	—	—
Note: Reported, not confirmed						

KM# 637.3 DECIME
20.0000 g., Bronze **Mint:** Limoges

Date	Mintage	VG	F	VF	XF	Unc
LAN 4 (1795-96)I	—	20.00	50.00	150	400	—

KM# 637.4 DECIME
20.0000 g., Bronze **Obv:** Liberty head left **Rev:** Value within oak wreath **Rev. Legend:** UN DECIME **Mint:** Lyon

Date	Mintage	VG	F	VF	XF	Unc
LAN 5 (1796-97)D	—	—	—	—	—	—
Note: Reported, not confirmed						

KM# 637.5 DECIME
20.0000 g., Bronze **Obv:** Liberty head left **Rev:** Value within oak wreath **Mint:** Limoges

Date	Mintage	VG	F	VF	XF	Unc
LAN 5 (1796-97)I Rare	—	—	—	—	—	—

KM# 644.1 DECIME
20.0000 g., Bronze, 32 mm. **Obv:** Liberty head left **Obv. Legend:** REPUBLIQUE FRANCAISE • * **Rev:** Value within oak wreath **Mint:** Paris

Date	Mintage	VG	F	VF	XF	Unc
LAN 5 (1796-97)A	46,581,000	5.00	10.00	25.00	100	—
LAN 6 (1797-98)A	Inc. above	15.00	30.00	75.00	175	—
LAN 7 (1798-99)A	Inc. below	5.00	10.00	25.00	100	—
LAN 7/5 (1798-99)A	Inc. below	5.00	10.00	25.00	100	—
LAN 8 (1799-1800)A	22,951,000	5.00	10.00	25.00	100	—
LAN 9 (1800-01)A	—	7.50	15.00	30.00	125	—

KM# 644.2 DECIME
20.0000 g., Bronze, 32 mm. **Obv:** Liberty head left **Rev:** Value within oak wreath **Edge:** Incuse diamonds in a grid pattern **Mint:** Metz

Date	Mintage	VG	F	VF	XF	Unc
LAN 5 (1796-97)AA	224,000	15.00	40.00	100	250	—
LAN 6 (1797-98)AA	Inc. above	20.00	50.00	150	350	—
LAN 7 (1798-99)AA	—	10.00	20.00	50.00	150	—
LAN 8 (1799-1800)AA	9,996,000	5.00	10.00	25.00	100	—
LAN 8/5AA	—	—	30.00	—	—	—

KM# 644.3 DECIME
20.0000 g., Bronze **Obv:** Liberty head left **Rev:** Value within oak wreath **Mint:** Rouen

Date	Mintage	VG	F	VF	XF	Unc
LAN 5 (1796-97)B	2,041,000	10.00	20.00	50.00	150	—
LAN 6 (1797-98)B	567,000	15.00	40.00	100	250	—

KM# 644.4 DECIME
20.0000 g., Bronze **Obv:** Liberty head left **Rev:** Value within oak wreath **Mint:** Strasbourg

Date	Mintage	VG	F	VF	XF	Unc
LAN 5 (1796-97)BB	418,000	15.00	30.00	75.00	200	—
LAN 6 (1797-98)BB	Inc. above	20.00	50.00	125	250	—
LAN 7 (1798-99)BB	Inc. below	10.00	20.00	50.00	150	—
LAN 8 (1799-1800)BB	3,786,000	7.50	15.00	35.00	175	—
LAN 9 (1800-01)BB	Inc. above	10.00	20.00	50.00	150	—

KM# 644.5 DECIME
20.0000 g., Bronze **Obv:** Liberty head left **Rev:** Value within oak wreath **Mint:** Lyon

Date	Mintage	VG	F	VF	XF	Unc
LAN 5 (1796-97)D	4,826,000	7.50	15.00	35.00	150	—
LAN 6 (1797-98)D	255,000	25.00	50.00	125	325	—
LAN 7 (1798-99)D	Inc. below	15.00	30.00	75.00	200	—
LAN 8 (1799-1800)D	1,676,000	10.00	20.00	55.00	175	—
LAN 9 (1800-01)D	Inc. above	15.00	30.00	75.00	200	—

KM# 644.6 DECIME
20.0000 g., Bronze **Obv:** Liberty head left **Rev:** Value within oak wreath **Mint:** Geneva

Date	Mintage	VG	F	VF	XF	Unc
LAN 8 (1799-1800)G	1,000,000	25.00	50.00	100	225	—
LAN 9 (1800-01)G	Inc. above	15.00	30.00	75.00	150	—

KM# 644.7 DECIME
20.0000 g., Bronze **Obv:** Liberty head left **Rev:** Value within oak wreath **Mint:** Limoges

Date	Mintage	VG	F	VF	XF	Unc
LAN 5 (1796-97)I	3,800,000	7.50	15.00	35.00	150	—
LAN 6 (1797-98)I	Inc. above	15.00	40.00	100	250	—
LAN 8 (1799-1800)I	3,424,000	7.50	15.00	35.00	140	—
LAN 9 (1800-01)I	Inc. above	10.00	20.00	50.00	150	—

KM# 644.8 DECIME
20.0000 g., Bronze **Obv:** Liberty head left **Rev:** Value within oak wreath **Mint:** Bordeaux

Date	Mintage	VG	F	VF	XF	Unc
LAN 7 (1798-99)K	Inc. below	10.00	20.00	50.00	175	—
LAN 8 (1799-1800)K	3,816,000	7.50	15.00	35.00	150	—
LAN 9 (1800-01)K	Inc. above	10.00	20.00	50.00	175	—

KM# 644.9 DECIME
20.0000 g., Bronze **Obv:** Liberty head left **Rev:** Value within oak wreath **Mint:** Orléans

Date	Mintage	VG	F	VF	XF	Unc
LAN 5 (1796-97)R	1,980,000	10.00	20.00	50.00	175	—

KM# 644.10 DECIME
20.0000 g., Bronze **Obv:** Liberty head left **Rev:** Value within oak wreath **Mint:** Nantes

Date	Mintage	VG	F	VF	XF	Unc
LAN 5 (1796-97)T	84,000	50.00	100	250	625	—

KM# 644.11 DECIME
20.0000 g., Bronze **Obv:** Liberty head left **Rev:** Value within oak wreath **Mint:** Lille

Date	Mintage	VG	F	VF	XF	Unc
LAN 5 (1796-97)W	3,948,000	7.50	15.00	35.00	150	—
LAN 6 (1797-98)W	Inc. above	40.00	100	215	600	—
LAN 7 (1798-99)W	Inc. below	5.00	10.00	30.00	125	—
LAN 8 (1799-1800)W	6,004,000	5.00	10.00	30.00	135	—
LAN 9 (1800-01)W	Inc. above	10.00	20.00	50.00	175	—

KM# 645.2 DECIME
20.0000 g., Bronze **Mint:** Metz

Date	Mintage	Good	VG	F	VF	XF
LAN 5 (1796-97)AA	—	12.00	30.00	80.00	200	—
LAN 6 (1797-98)AA	—	—	—	—	—	—
Note: Reported, not confirmed						
LAN 8 (1799-1800)AA	—	16.00	40.00	100	250	—

KM# 645.3 DECIME
20.0000 g., Bronze **Mint:** Rouen

Date	Mintage	Good	VG	F	VF	XF
LAN 5 (1796-97)B	—	14.00	35.00	900	225	—
LAN 6 (1797-98)B	—	—	—	—	—	—
Note: Reported, not confirmed						

KM# 645.4 DECIME
20.0000 g., Bronze **Mint:** Strasbourg

Date	Mintage	Good	VG	F	VF	XF
LAN 5 (1796-97)BB	—	—	—	—	—	—
Note: Reported, not confirmed						

KM# 645.5 DECIME
20.0000 g., Bronze **Mint:** Lyon

Date	Mintage	Good	VG	F	VF	XF
LAN 5 (1796-97)D	—	16.00	40.00	100	250	—
LAN 6 (1797-98)D	—	—	—	—	—	—
Note: Reported, not confirmed						

KM# 645.7 DECIME
20.0000 g., Bronze **Mint:** Orléans

Date	Mintage	Good	VG	F	VF	XF
LAN 5 (1796-97)R	—	16.00	40.00	100	250	—

KM# 645.8 DECIME
20.0000 g., Bronze **Mint:** Nantes

Date	Mintage	Good	VG	F	VF	XF
LAN 5 (1796-97)T	—	16.00	40.00	100	250	—

KM# 645.9 DECIME
20.0000 g., Bronze **Mint:** Lille

Date	Mintage	Good	VG	F	VF	XF
LAN 5 (1796-97)W	—	16.00	40.00	100	250	—
LAN 6 (1797-98)W	—	—	—	—	—	—
Note: Reported, not confirmed						
LAN 7 (1798-99)W	—	16.00	40.00	100	250	—

KM# 638.1 2 DECIMES
20.0000 g., Bronze, 31 mm. **Obv:** Liberty head left **Obv. Legend:** REPUBLIQUE FRANCAISE • * **Rev:** Value within oak wreath **Mint:** Paris

Date	Mintage	VG	F	VF	XF	Unc
LAN 4 (1795-96)A	15,166,000	25.00	65.00	150	300	—
LAN 5 (1796-97)A	Inc. above	50.00	125	600	1,000	—

KM# 638.2 2 DECIMES
20.0000 g., Bronze **Obv:** Liberty head left **Rev:** Value within oak wreath **Mint:** Lyon

Date	Mintage	VG	F	VF	XF	Unc
LAN 4 (1795-96)D	—	250	600	1,100	1,800	—
LAN 5 (1796-97)D	2,428	300	700	1,300	2,000	—

KM# 638.3 2 DECIMES
20.0000 g., Bronze **Obv:** Liberty head left **Rev:** Value within oak wreath **Mint:** Limoges

Date	Mintage	VG	F	VF	XF	Unc
LAN 4 (1795-96)I	1,209,000	40.00	210	400	600	—
LAN 5 (1796-97)I	Inc. above	65.00	260	500	1,200	—

KM# 638.4 2 DECIMES

20.0000 g., Bronze **Obv:** Liberty head left **Rev:** Value within oak wreath **Mint:** Bordeaux

Date	Mintage	VG	F	VF	XF	Unc
LAN 4 (1795-96)K	—	200	500	900	1,800	—

KM# 639.2 5 FRANCS

25.0000 g., 0.9000 Silver 0.7234 oz. ASW **Obv:** Hercules group **Rev:** Value within oak wreath **Mint:** Strasbourg

Date	Mintage	VG	F	VF	XF	Unc
LAN 5 (1796-97)BB	25,000	60.00	125	475	1,400	—
LAN 6 (1797-98)BB	65,000	50.00	100	325	1,200	—
LAN 7 (1798-99)BB	7,306	75.00	125	425	2,150	4,700
LAN 8 (1799-1800)BB	3,803	—	—	—	—	—
	Note: Reported, not confirmed					
LAN 9 (1800-01)BB	1,086	—	—	—	—	—
	Note: Reported, not confirmed					

KM# 639.3 5 FRANCS

25.0000 g., 0.9000 Silver 0.7234 oz. ASW **Obv:** Hercules group **Rev:** Value within oak wreath **Mint:** Lyon

Date	Mintage	VG	F	VF	XF	Unc
LAN 8 (1799-1800)D	3,049	—	—	—	—	—
	Note: Reported, not confirmed					
LAN 9 (1800-01)D	24,000	60.00	125	350	1,250	2,000

KM# 639.10 5 FRANCS

25.0000 g., 0.9000 Silver 0.7234 oz. ASW **Obv:** Hercules group **Rev:** Value within oak wreath **Mint:** Lille

Date	Mintage	VG	F	VF	XF	Unc
LAN 6 (1797-98)W	70,000	50.00	100	275	1,000	—
LAN 8 (1799-1800)W	9,884	75.00	135	375	1,500	—

TOKEN ISSUES

KM# Tn4 18 DENIERS

Billon **Issuer:** Caisse Metallique, Paris **Obv:** Liberty cap on pole above crossed fasces **Rev:** 4-line inscription; date in exergue

Date	Mintage	VG	F	VF	XF	Unc
1792	—	10.00	20.00	40.00	90.00	—

KM# Tn4a 18 DENIERS

Copper **Issuer:** Caisse Metallique, Paris

Date	Mintage	VG	F	VF	XF	Unc
1792	—	10.00	20.00	40.00	90.00	—

KM# Tn5 18 DENIERS

Billon **Issuer:** Caisse Metallique, Paris **Obv:** Epee and branch replace crossed fasces

Date	Mintage	VG	F	VF	XF	Unc
1792	—	10.00	25.00	50.00	90.00	—

KM# Tn5a 18 DENIERS

Silver **Issuer:** Caisse Metallique, Paris

Date	Mintage	VG	F	VF	XF	Unc
1792 Rare	—	—	—	—	—	—

KM# Tn6 18 DENIERS

Billon **Issuer:** Caisse Populaire, Paris **Obv:** Liberty cap on pole above crossed fasces in outside legend **Rev:** 5-line inscription in circle; legend around border

Date	Mintage	VG	F	VF	XF	Unc
1792	—	15.00	40.00	75.00	125	270

KM# Tn22 SOL

Bronze **Issuer:** Monneron Freres, Paris **Obv:** Hercules **Obv. Legend:** LES FRANCAIS UNIS SONT INVINCIBLES **Rev:** Inscription within inner circle **Rev. Legend:** REVOLUTION FRANCAISE **Note:** Hercules. No original strikings exist. Probably struck in the 1850s.

Date	Mintage	VG	F	VF	XF	Unc
1792	—	—	40.00	75.00	125	270

KM# Tn1 1 SOL 6 DENIERS

Billon **Issuer:** Boyere, Paris **Obv:** Liberty cap on pole above crossed fasces **Rev:** 6-line inscription date in outside legend

Date	Mintage	VG	F	VF	XF	Unc
1792	—	180	300	500	750	—

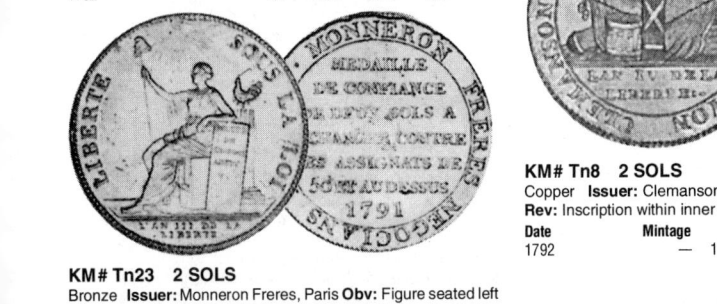

KM# Tn23 2 SOLS

Bronze **Issuer:** Monneron Freres, Paris **Obv:** Figure seated left **Obv. Legend:** LIBERTE SOUS LA LOI **Rev:** Six line inscription and date within inner circle **Rev. Legend:** ...MONNERON FRERES NEGOCIANS

Date	Mintage	VG	F	VF	XF	Unc
1791	—	5.00	10.00	20.00	50.00	—

KM# Tn23a 2 SOLS

Silver **Issuer:** Monneron Freres, Paris

Date	Mintage	VG	F	VF	XF	Unc
1791	—	—	400	750	1,250	—

KM# Tn24 2 SOLS

Bronze **Issuer:** Monneron Freres, Paris **Obv:** High relief M.B. at base of column

Date	Mintage	VG	F	VF	XF	Unc
1791	—	—	—	500	800	—

KM# Tn37 2 SOLS 6 DENIERS

Copper **Issuer:** Caisse de Bonne Foy, Paris **Obv:** Legend reads small NGE in EXCHANGE **Obv. Legend:** PAYABLEENECHANGE D'ASSIGNATS **Rev:** Hands holding pole with liberty cap at top

Date	Mintage	VG	F	VF	XF	Unc
1791	—	12.50	20.00	40.00	75.00	—

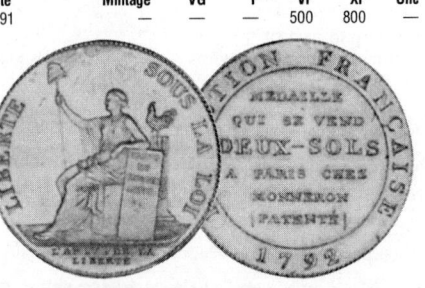

KM# Tn25 2 SOLS

Bronze **Issuer:** Monneron Freres, Paris **Obv:** Figure seated left **Obv. Legend:** LIBERTE SOUS LA LOI **Rev:** Six line inscription within inner circle **Rev. Legend:** REVOLUTION FRANCAISE

Date	Mintage	VG	F	VF	XF	Unc
1792	—	5.00	10.00	20.00	50.00	—

KM# Tn25a 2 SOLS

Silver **Issuer:** Monneron Freres, Paris

Date	Mintage	VG	F	VF	XF	Unc
1792	—	—	—	—	—	—

KM# Tn26 2 SOLS

Bronze **Issuer:** Monneron Freres, Paris **Rev:** No brackets on PATENTE

Date	Mintage	VG	F	VF	XF	Unc
1792	—	2.50	5.00	17.50	50.00	—

KM# Tn36 2 SOLS

Silver **Issuer:** Monnoye D'Urgence **Obv:** 7-line inscription **Rev:** Outer legend around circle

Date	Mintage	VG	F	VF	XF	Unc
1792	—	200	350	750	1,250	—

KM# Tn38 2 SOLS 6 DENIERS

Copper **Issuer:** Caisse de Bonne Foy, Paris **Obv:** Legend is uniform size letters in EXCHANGE **Rev:** Inscription

Date	Mintage	VG	F	VF	XF	Unc
1791	—	200	350	750	1,250	—

KM# Tn44 3 SOLS

Bronze **Issuer:** Caisse de Bonne Foy, Paris **Obv:** Figure facing **Obv. Legend:** PAYABLE ENE CHANGE D'ASSIGNATS **Rev:** Hands holding pole with liberty cap at top

Date	Mintage	VG	F	VF	XF	Unc
LAN III (1791)	—	30.00	60.00	100	150	340

KM# Tn44a 3 SOLS

Silver **Issuer:** Caisse de Bonne Foy, Paris

Date	Mintage	VG	F	VF	XF	Unc
LAN III (1791)	—	—	—	—	—	—
	Note: Reported, not confirmed					

KM# Tn27 2 SOLS

Bronze **Issuer:** Monneron Freres, Paris **Obv:** Hercules **Obv. Legend:** LE SAGE SSE GUIDE SA FORCE **Rev:** Six line inscription within inner circle **Rev. Legend:** REVOLUTION FRANCAISE **Note:** Hercules. No original strikings exist. Probably struck in the 1850s.

Date	Mintage	VG	F	VF	XF	Unc
1792	—	—	40.00	100	250	—

KM# Tn7 2 SOLS

Copper **Issuer:** Clemanson, et Comp., Lyon **Obv:** Fasces topped by liberty cap in circle, no flags, legend around border **Rev:** 9-line inscription in circle; legend around border

Date	Mintage	VG	F	VF	XF	Unc
1792	—	300	500	750	1,250	—

KM# Tn29 5 SOLS

Bronze **Issuer:** Monneron Freres, Paris **Rev:** 6-line inscription in circle, without date in outer legend

Date	Mintage	VG	F	VF	XF	Unc
1791	—	10.00	25.00	50.00	125	—

KM# Tn12 5 SOLS

Copper **Issuer:** V. Givry **Obv:** Lis in circle; outer legend **Rev:** 4-line inscription

Date	Mintage	VG	F	VF	XF	Unc
ND(1791)	—	200	450	750	1,350	—

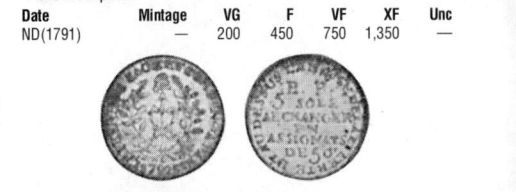

KM# Tn8 2 SOLS

Copper **Issuer:** Clemanson, et Comp., Lyon **Obv:** With flags **Rev:** Inscription within inner circle

Date	Mintage	VG	F	VF	XF	Unc
1792	—	10.00	20.00	40.00	100	—

KM# Tn15 5 SOLS

Silver **Issuer:** Lefevre, Lesage et Comp., Paris **Obv:** Liberty cap at top of pole within wreath **Rev:** Large 5 in 50

Date	Mintage	VG	F	VF	XF	Unc
1792	—	15.00	30.00	50.00	75.00	—

KM# Tn16 5 SOLS

Silver **Issuer:** Lefevre, Lesage et Comp., Paris **Obv:** Liberty cap at top of pole within wreath **Rev:** Small 5 in 50

Date	Mintage	VG	F	VF	XF	Unc
1792	—	15.00	25.00	40.00	75.00	—

KM# Tn17 5 SOLS

Silver **Issuer:** Lefevre, Lesage et Comp., Paris **Rev:** Without space after 50

Date	Mintage	VG	F	VF	XF	Unc
1792	—	15.00	30.00	50.00	75.00	—

FRANCE

Legend: LES FRANCAIS UNIS SONT INVINCIBLES **Rev:** Inscription within inner circle **Rev. Legend:** REVOLUTION FRANCAISE •

Date	Mintage	VG	F	VF	XF	Unc
1792	—	30.00	50.00	85.00	150	—

KM# Tn35a 5 SOLS
Silver **Issuer:** Monneron Freres, Paris

Date	Mintage	VG	F	VF	XF	Unc
1792 Rare	—	—	—	—	—	—

KM# Tn32 5 SOLS
Silver **Issuer:** Potter, Paris

Date	Mintage	VG	F	VF	XF	Unc
1792	—	15.00	35.00	75.00	125	—

KM# Tn39 5 SOLS
Silver **Issuer:** Potter, Paris **Obv:** 5-line legend within outside legend

Date	Mintage	VG	F	VF	XF	Unc
1792	—	15.00	30.00	45.00	85.00	—

KM# Tn34 5 SOLS
Bronze **Issuer:** Monneron Freres, Paris **Note:** Edge legend ends: ...DEPARTEMENS.

Date	Mintage	VG	F	VF	XF	Unc
1792	—	—	—	40.00	75.00	—

KM# Tn28 5 SOLS
Bronze **Issuer:** Monneron Freres, Paris **Obv:** Allegiance scene; Roman numeral date in exergue **Rev:** 6-line legend and date in exergue; legend around border

Date	Mintage	VG	F	VF	XF	Unc
1792	—	10.00	25.00	50.00	125	—

KM# Tn30 5 SOLS
Bronze **Issuer:** Monneron Freres, Paris **Obv:** Allegiance scene; Arabic date in exergue **Rev:** 7-line inscription; LAN III in inner circle; legend around border

Date	Mintage	VG	F	VF	XF	Unc
1792/LAN III	—	7.50	15.00	50.00	100	—

KM# Tn30a 5 SOLS
Silver **Issuer:** Monneron Freres, Paris

Date	Mintage	VG	F	VF	XF	Unc
1792/LAN III	—	—	900	1,500	—	—

KM# Tn31 5 SOLS
Bronze **Issuer:** Monneron Freres, Paris **Obv:** Allegiance scene **Obv. Legend:** VIVRE LIBRES OU MOURIR **Rev:** LAN IV is date in inner circle **Rev. Legend:** ...NAGOCIANS A PARIS •

Date	Mintage	VG	F	VF	XF	Unc
1792	—	5.00	10.00	20.00	50.00	—

KM# Tn35 5 SOLS
Bronze **Issuer:** Monneron Freres, Paris **Obv:** Hercules **Obv.**

KM# Tn33 5 SOLS
Bronze **Issuer:** Monneron Freres, Paris **Rev:** Inscription within circle **Rev. Legend:** REVOLUTION FRANCAISE **Note:** Edge legend ends: ...DEPARTEMENTS.

Date	Mintage	VG	F	VF	XF	Unc
1792	—	—	20.00	50.00	100	—

KM# Tn40 7 SOLS
Silver **Issuer:** Potter, Paris **Obv:** 8-line inscription **Rev:** 6-line inscription

Date	Mintage	VG	F	VF	XF	Unc
1792	—	20.00	40.00	75.00	125	—

KM# Tn9 10 SOLS
Bell Metal **Issuer:** Dairolanl **Obv:** Bust of Mirabeau left within legend **Rev:** 8 line inscription within ornamented border

Date	Mintage	VG	F	VF	XF	Unc
1792	—	300	500	750	1,250	—

KM# Tn13 10 SOLS
Silver **Issuer:** Le Clech et Comp., Clermont **Obv:** 5-line inscription in wreath; legend around border **Rev:** 6-line inscription, legend around border

Date	Mintage	VG	F	VF	XF	Unc
1792	—	50.00	100	400	700	—

KM# Tn14 10 SOLS
Silver **Issuer:** Le Clech et Comp., Clermont **Rev:** Value in center of outside legend

Date	Mintage	VG	F	VF	XF	Unc
LAN 4 (1792)	—	50.00	100	400	700	—

KM# Tn18 10 SOLS
Silver **Issuer:** Lefevre, Lesage et Comp., Paris **Obv:** Standing figure **Rev:** Inscription, legend around outer rim

Date	Mintage	VG	F	VF	XF	Unc
1792	—	15.00	25.00	50.00	75.00	—

KM# Tn41 10 SOLS
Silver **Issuer:** Potter, Paris **Obv:** 8-line inscription **Rev:** 6-line inscription **Rev. Legend:** 10 SOLS...

Date	Mintage	VG	F	VF	XF	Unc
1792	—	15.00	30.00	60.00	100	—

KM# Tn42 10 SOLS
Silver **Issuer:** Potter, Paris **Rev:** 6-line inscription **Rev. Legend:** B. P. 10 SOLS.. **Note:** Values given here are for later strikings from the 19th Century. Original strikings are very rare.

Date	Mintage	VG	F	VF	XF	Unc
1792	—	15.00	30.00	60.00	100	—

KM# Tn19 10 SOLS
Silver **Issuer:** Lefevre, Lesage et Comp., Paris **Obv:** Seated figure **Rev:** Inscription, legend around outer rim

Date	Mintage	VG	F	VF	XF	Unc
1792	—	15.00	25.00	50.00	75.00	—

KM# Tn3 15 SOLS
Billon **Issuer:** Brun **Obv:** 4-line inscription above branches **Rev:** 2-line inscription within outside legend

Date	Mintage	VG	F	VF	XF	Unc
AN 4 (1795)	—	200	350	600	850	—

KM# Tn2 18 SOLS
Billon **Issuer:** Brun **Obv:** Rooster left below banner **Rev:** 7-line inscription within outside legend

Date	Mintage	VG	F	VF	XF	Unc
ND(1792)	—	200	350	600	850	—

KM# Tn20 20 SOLS
Silver **Issuer:** Lefevre, Lesage et Comp., Paris **Obv:** Seated figure **Rev:** Inscription, legend around outer rim

Date	Mintage	VG	F	VF	XF	Unc
1792	—	20.00	30.00	65.00	100	—

KM# Tn43 20 SOLS
Silver **Issuer:** Potter, Paris **Obv:** Inscription, legend around outer rim **Rev:** Inscription within inner circle, legend around outer rim

Date	Mintage	VG	F	VF	XF	Unc
1792	—	20.00	30.00	50.00	80.00	—

KM# Tn43a 20 SOLS
Silver **Issuer:** Potter, Paris

Date	Mintage	VG	F	VF	XF	Unc
1972 Error	—	35.00	60.00	100	175	—

KM# Tn21 20 SOLS
Silver **Issuer:** Lefevre, Lesage et Comp., Paris **Obv:** Seated figure **Rev:** Inscription within inner circle, legend around outer rim

Date	Mintage	VG	F	VF	XF	Unc
1792	—	20.00	30.00	65.00	100	—

KM# Tn11 5 CENTIMES
Copper **Issuer:** Fabrique du Vast, Cherbourg **Rev:** Value

Date	Mintage	VG	F	VF	XF	Unc
ND(1794)	—	15.00	20.00	30.00	50.00	—

KM# Tn45 10 CENTIMES
Copper **Issuer:** Fabrique du Vast, Cherbourg

Date	Mintage	VG	F	VF	XF	Unc
ND(1794)	—	15.00	25.00	35.00	65.00	—

CONSULSHIP
Napoleon as First Consul
DECIMAL COINAGE

KM# 639.1 5 FRANCS
25.0000 g., 0.9000 Silver 0.7234 oz. ASW **Obv:** Hercules group **Obv. Legend:** UNION ET FORCE * **Rev:** Value within oak wreath **Rev. Legend:** REPUBLIQUE FRANCAISE **Edge Lettering:** GARANTIE NATIONALE **Mint:** Paris **Note:** Dav. #1337.

Date	Mintage	VG	F	VF	XF	Unc
LAN 4 (1795-96)A	7,471,000	25.00	50.00	125	375	825
LAN 5/4 (1796)A	Inc. above	40.00	75.00	175	425	900
LAN 5 (1796-97)A	Inc. above	22.00	45.00	100	350	770
LAN 6 (1797-98)A	1,452,000	22.00	45.00	100	400	800
LAN 7 (1798-99)A	2,656,000	15.00	40.00	100	350	770
LAN 8 (1799-1800)A	1,079,000	25.00	45.00	125	450	980
LAN 9 (1800-01)A	196,000	22.00	45.00	120	400	800

KM# 639.4 5 FRANCS
25.0000 g., 0.9000 Silver 0.7234 oz. ASW **Obv:** Hercules group **Rev:** Value within oak wreath **Mint:** Poitiers

Date	Mintage	VG	F	VF	XF	Unc
LAN 9 (1799-1800)G	6,985	100	250	500	2,000	4,400

Obv. Legend: UNION ET FORCE **Rev:** Value within oak wreath **Rev. Legend:** REPUBLIQUE FRANCAISE **Mint:** Bayonne

Date	Mintage	VG	F	VF	XF	Unc
LAN 5 (1796-97)L	—	100	275	550	2,000	4,400
LAN 6 (1797-98)L	181,000	35.00	90.00	275	750	1,650
LAN 7 (1798-99)L	419,000	20.00	60.00	175	485	1,000
LAN 8 (1799-1800)L	395,000	20.00	60.00	175	485	1,000
LAN 9 (1800-01)L	311,000	20.00	60.00	150	400	840

KM# 639.7 5 FRANCS
25.0000 g., 0.9000 Silver 0.7234 oz. ASW **Obv:** Hercules group **Rev:** Value within oak wreath **Mint:** Marseille

Date	Mintage	VG	F	VF	XF	Unc
LAN 9 (1800-01)MA	2,201	—	—	—	—	—

KM# 639.8 5 FRANCS
25.0000 g., 0.9000 Silver 0.7234 oz. ASW **Obv:** Hercules group **Rev:** Value within oak wreath **Mint:** Perpignan

Date	Mintage	VG	F	VF	XF	Unc
LAN 5 (1796-97)Q	537,000	30.00	60.00	165	425	720
LAN 6 (1797-98)Q	478,000	45.00	90.00	220	450	900
LAN 7 (1798-99)Q	616,000	30.00	60.00	200	425	860
LAN 8 (1799-1800)Q	1,160,000	22.50	45.00	150	400	800
LAN 9 (1800-01)Q	174,000	35.00	90.00	225	450	850

KM# 639.9 5 FRANCS
25.0000 g., 0.9000 Silver 0.7234 oz. ASW **Obv:** Hercules group **Rev:** Value within oak wreath **Mint:** Nantes

Date	Mintage	VG	F	VF	XF	Unc
LAN 5 (1796-97)T	19,000	85.00	180	500	1,800	3,800
LAN 6 (1797-98)T	49,000	75.00	175	425	1,650	3,600
LAN 7 (1798-99)T	35,000	75.00	175	425	1,650	3,600
LAN 8 (1799-1800)T	47,000	75.00	175	425	1,650	3,600
LAN 9 (1800-01)T	20,000	85.00	195	500	1,750	3,800

ESSAIS
Standard metals unless otherwise noted

KM#	Date	Mintage	Identification	Mkt Val
E3	1740 (a)	—	Ecu. Gold. KM#512.1.	35,000
E4	1741	—	1/2 Ecu. Silver. KM#516.1.	—

PATTERNS
Including off metal strikes

KM#	Date	Mintage	Identification	Mkt Val
Pn12	1740A	—	1/20 Ecu. 6 Sols.	—
Pn13	1740A	—	1/10 Ecu.	—
Pn14	1740A	—	Ecu. au Bandeau.	—
Pn15	1740A	—	Ecu. Gold. au Bandeau.	—
Pn16	1741A	—	1/2 Ecu.	—
Pn17	1770A	—	Ecu.	—
Pn18	1771A	—	1/2 Ecu.	—
Pn19	1771A	—	Ecu.	—
PnA20	LAN 3 (1794)	—	10 Centimes. Copper.	1,000
PnB20	1793//LAN 5	—	24 Livres. Copper.	2,600

KM# 639.5 5 FRANCS
25.0000 g., 0.9000 Silver 0.7234 oz. ASW **Obv:** Hercules group **Rev:** Value within oak wreath **Mint:** Bordeaux

Date	Mintage	VG	F	VF	XF	Unc
LAN 5 (1796-97)K	228,000	30.00	80.00	220	550	1,200
LAN 6 (1797-98)K	89,000	30.00	80.00	220	800	1,700
LAN 7 (1798-99)K	64,000	40.00	100	250	850	1,500
LAN 8 (1799-1800)K	74,000	50.00	120	280	875	1,625
LAN 9 (1800-01)K	28,000	50.00	120	280	850	1,500

PIEFORTS WITH ESSAI
Double thickness; standard metals unless otherwise noted

KM#	Date	Mintage	Identification	Mkt Val
P80	1710	—	6 Deniers. Lettered edge, DENIER FORT.	—

TRIAL STRIKES

KM#	Date	Mintage	Identification	Mkt Val
TS1	ND(1796-87)	—	Ecu. Uniface.	—

KM# 639.6 5 FRANCS
25.0000 g., 0.9000 Silver 0.7234 oz. ASW **Obv:** Hercules group

---

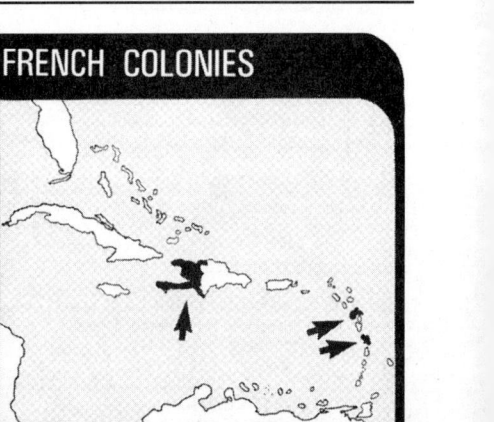

The coins catalogued under this heading were not issued for use in any particular colony but were intended for general use in the West Indies, particularly Martinique, Guadeloupe, and Saint-Dominique (western Hispaniola) until it attained independence as Haiti in 1804.

RULER
French

MINT MARKS
A - Paris
H – LaRochelle

MONETARY SYSTEM
100 Centimes = 1 Franc

COLONIAL
MILLED COINAGE

KM# 3 6 DENIERS
Bronze **Obv:** Head right **Obv. Legend:** LVD • XV • D • G • ... **Rev:** Value, date

Date	Mintage	Good	VG	F	VF	XF
1717Q Rare	—	—	—	—	—	—

KM# 8 6 DENIERS (2 Sols)
1.9000 g., Billon **Obv:** Double L monogram **Rev:** Value within decorative circle **Note:** Similar to 3 Sous, KM#9.

Date	Mintage	VG	F	VF	XF	Unc
1786A	—	30.00	60.00	120	325	700

KM# 5.1 9 DENIERS
Copper **Obv:** Crowned monogram **Obv. Legend:** SIT • NOMEN • DOMINI • BENEDICTUM • **Rev:** Value, date **Rev. Legend:** COLONIES FRANCOISES

Date	Mintage	Good	VG	F	VF	XF
1721B	—	15.00	30.00	100	225	450
1722B	—	8.00	15.00	60.00	125	270

KM# 5.2 9 DENIERS
Copper **Obv:** Crowned monogram **Rev:** Value, date **Mint:** La Rochelle

Date	Mintage	Good	VG	F	VF	XF
1721H	—	10.00	25.00	75.00	200	400
1722/1H	—	15.00	35.00	95.00	225	450
1722H	—	10.00	25.00	75.00	200	400

KM# 4 12 DENIERS (Sol)
Bronze **Obv:** Young bust of Louis XV right **Rev:** Value and date

Date	Mintage	Good	VG	F	VF	XF
1717Q Rare	—	—	—	—	—	—

Note: Heritage ANA sale 8-90, F-15 realized $29,000

FRENCH COLONIES

KM# 6 12 DENIERS (Sol)
Bronze **Obv:** Arms of France within crowned wreath **Obv. Legend:** SIT NOMEN DOMINI BENEDICTUM **Rev:** Crossed sceptres divide monogram **Rev. Legend:** COLONIES FRANCOISES **Mint:** Paris

Date	Mintage	Good	VG	F	VF	XF
1767A	—	18.00	40.00	90.00	285	600

KM# 7 3 SOLS (Trois Sous)
1.9000 g., Billon **Obv:** Crowned Lis within legend **Rev:** Value and date within legend **Mint:** Paris

Date	Mintage	VG	F	VF	XF	Unc
1781A	—	10.00	20.00	50.00	100	210

KM# 9 3 SOLS (Trois Sous)
1.9000 g., Billon **Obv:** Double L monogram **Obv. Legend:** LUD • XVI • D • G • FR • ET NAV • REX • **Rev:** Value and date within decorative circle

Date	Mintage	VG	F	VF	XF	Unc
1787I	—	20.00	50.00	100	300	500

COUNTERMARKED COINAGE
1763

KM# 1.1 STAMPEE
Billon **Countermark:** Large (12mm) crowned C. **Note:** Countermark on France 2 Sols, KM#500.1.

CM Date	Host Date	Good	VG	F	VF	XF
ND(1763)	ND	6.00	12.00	25.00	50.00	—

KM# 1.2 STAMPEE
Billon **Countermark:** Small (7mm) crowned C. **Note:** Countermark on France 2 Sols, KM#500.1.

CM Date	Host Date	Good	VG	F	VF	XF
ND(1763)	ND	6.50	12.50	30.00	65.00	—

COUNTERSTAMPED COINAGE
1779

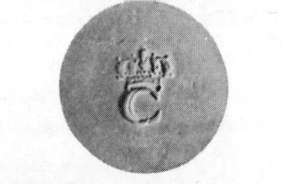

KM# 2 STAMPEE
Billon **Counterstamp:** Large (12mm) crowned C **Note:** Counterstamp on blank planchet.

CS Date	Host Date	Good	VG	F	VF	XF
ND(1779)	ND	6.00	12.00	20.00	45.00	—

ESSAIS

Standard metals unless otherwise noted

KM#	Date	Mintage	Identification	Mkt Val
E2	1781R	—	3 Sols. Billon. Monogram Ls.	500
E1	1781A	—	3 Sols. Silver. Denomination.	600

FRENCH GUIANA

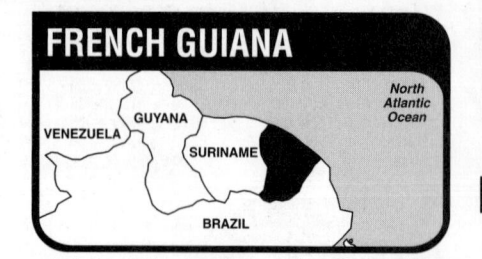

In the late eighteenth century, a series of 2 sous coins was struck for the colony. It is probable that contemporary imitations of these issues, many emanating from Birmingham, England, outnumber the originals. These, both genuine and bogus, host coins for many West Indies counterstamps. As an Overseas Department, Guiana now uses the coins of metropolitan France, however, the franc used in the former colony was always distinct in value from that of the homeland as well as that used in the islands of the French West Indies.

RULER
French

MINT MARK
A – Paris

MONETARY SYSTEM

4 Liards = 1 Sol (Sou) (until 1794)
20 Sols (Sous) = Livre

(Commencing 1794)
100 Centimes = 10 Decimes = 1 Franc

COLONY OF CAYENNE

COLONIAL COINAGE

KM# 1 2 SOUS
Billon, 23 mm. **Obv:** Flat base crown **Note:** Coins dated 1780, 1781, 1783 and 1786 are regarded by many authorities as spurious. Coins with curved base crown are contemporary forgeries, mostly of brass and originating in Birmingham. Many die varieties exist, notably with Roman and Arabic 1's for the first numeral in the date and in numerous metals.

Date	Mintage	VG	F	VF	XF	Unc
1780A	—	5.00	12.50	35.00	110	240
1781A	—	8.00	22.00	60.00	125	385
1782A	—	5.00	10.00	30.00	95.00	200
1783A	—	10.00	25.00	65.00	145	320
1786A	—	10.00	25.00	65.00	145	320
1787A	—	10.00	25.00	65.00	145	320
1788A	—	12.00	30.00	75.00	165	350
1789A	—	2.00	5.00	12.50	35.00	80.00
1790A	—	15.00	35.00	85.00	225	500

KM# 1a 2 SOUS
Silver

Date	Mintage	VG	F	VF	XF	Unc
1789	—	30.00	60.00	150	325	700

KM# 2a 3 SOUS
Copper

Date	Mintage	VG	F	VF	XF	Unc
1781	—	—	—	—	—	—

Note: Reported, not confirmed

PIEFORTS

KM#	Date	Mintage	Identification	Mkt Val
P1	1789A	—	10 Centimes.	650

FRENCH STATES

AIRE

(Aire-sur-la-lys, Artois)

A town in north France on the Lys, lies in a low and marshy area at the junction of 3 canals. Population: 4,879. Aire has considerable trade in agricultural produce.

In the middle ages, Aire belonged to the counts of Flanders and a charter of 1188 is still extant. It was given to France by the Peace of Utrecht in 1713. In World War I, it was one of the headquarters of the British Army Expeditionary Forces.

RULER
French, 1713-

NOTE: See also Spanish Netherlands-Artois.

COUNTY

SIEGE COINAGE
1710

Issued by the governor, M. de Goesbriant under Allied siege

KM# 15.1 25 SOLS
Silver **Obv:** Crowned circular shield, date below **Note:** Uniface diamond klippe.

Date	Mintage	VG	F	VF	XF	Unc
1710	—	150	300	600	1,000	2,000

KM# 15.2 25 SOLS
Silver **Obv:** Crowned circular shield, date below **Note:** Uniface octagonal klippe.

Date	Mintage	VG	F	VF	XF	Unc
1710	—	125	250	500	750	1,500

KM# 16.1 50 SOLS
Silver **Obv:** Crowned circular shield divides date **Note:** Uniface diamond klippe

Date	Mintage	VG	F	VF	XF	Unc
1710	—	200	400	800	1,500	3,000

GEORGIA

GEORGIA

KM# 16.2 50 SOLS
Silver **Obv:** Crowned circular shield divides date **Note:** Uniface octagonal klippe.

Date	Mintage	VG	F	VF	XF	Unc
1710	—	175	350	750	1,250	2,500

LILLE

A city located 130 miles northeast of Paris with a population of 190,546. Manufactures textiles, iron, steel, machinery and chemicals and operates sugar refineries, breweries and distilleries.

Founded ca.1030, the city was the medieval capital of Flanders but was a possession of Austria and Spain until it was recaptured by Louis XIV. Lille was captured in 1708 and coins were struck while the city was beseiged. It was later restored to France in 1713.

The Germans occupied the city from 1914-1918 and it was an important link in the Hindenburg Line during WWI. In 1940 the Germans once again occupied the city and remained until towards the end of WWII in 1944.

CITY SIEGE COINAGE

Issued under the Authority of Marshal Louis Francois Booflers during a three month resistance of the allied English forces under Marlborough and Austrian under Eugene.

KM# 5 5 SOLS
Copper **Obv:** Crowned circular shield, crossed sceptres behind **Rev:** Inscription

Date	Mintage	VG	F	VF	XF	Unc
1708	—	15.00	25.00	50.00	85.00	160

KM# 6 10 SOLS
Copper **Obv:** Similar to 5 Sols, KM#5 **Rev:** Similar to 20 Sols, KM#7

Date	Mintage	VG	F	VF	XF	Unc
1708	—	20.00	30.00	55.00	110	200

KM# 7 20 SOLS
Copper **Obv:** Crowned circular shield on crossed pikes, Order chain in background **Rev:** Inscription

Date	Mintage	VG	F	VF	XF	Unc
1708	—	20.00	35.00	65.00	125	250

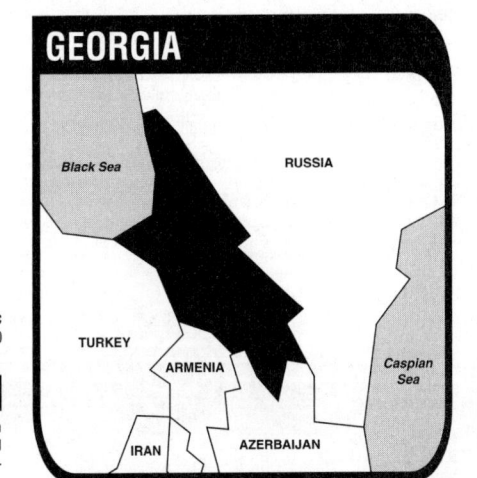

Georgia (formerly the Georgian Social Democratic Republic under the U.S.S.R.), is bounded by the Black Sea to the west and by Turkey, Armenia and Azerbaijan. It occupies the western part of Transcaucasia covering an area of 26,900 sq. mi. (69,700 sq. km.) and a population of 5.7 million. Capital: Tbilisi. Hydro-electricity, minerals, forestry and agriculture are the chief industries.

The Georgian dynasty first emerged after the Macedonian victory over the Achaemenid Persian Empire in the 4th century B.C. Roman "friendship" was imposed in 65 B.C. after Pompey's victory over Mithradates. The Georgians embraced Christianity in the 4th century A.D. During the next three centuries Georgia was involved in the ongoing conflicts between the Byzantine and Persian empires. The latter developed control until Georgia regained its independence in 450-503 A.D. but then it reverted to a Persian province in 533 A.D., then restored as a kingdom by the Byzantines in 562 A.D. It was established as an Arab emirate in the 8th century. The Seljuk Turks invaded but the crusades thwarted their interests. Over the following centuries, Turkish and Persian rivalries along with civil strife divided the area under the two influences.

Through significant contributions of Georgian kings (King David the Builder 1089-1124 and King Tamara 1136-1224), Georgia reached its peak of political, economic, and military development from the XI - to the XIII century. During these centuries the significant architectural and literary masterpieces that had won international recognition were created. Georgia had also regained territories that had been invaded by Islamic countries.

Czarist Russian interests increased and a treaty of alliance was signed on July 24, 1773 whereby Russia guaranteed Georgian independence and it acknowledged Russian suzerainty. Persia invaded again in 1795 leaving Tiflis in ruins. Russia slowly took over annexing piece-by-piece and soon developed total domination. After the Russian Revolution the Georgians, Armenians, and Azerbaijanis formed the short-lived Transcaucasian Federal Republic on Sept. 20, 1917, which broke up into three independent republics on May 26, 1918. A Germano-- Georgian treaty was signed on May 28, 1918, followed by a Turko-Georgian peace treaty on June 4. The end of WW I and the collapse of the central powers allowed free elections.

On May 20, 1920, Soviet Russia concluded a peace treaty, recognizing its independence, but later invaded on Feb. 11, 1921 and a soviet republic was proclaimed. On March 12, 1922 Stalin included Georgia in a newly formed Transcaucasian Soviet Federated Socialist Republic. On Dec. 5, 1936 the T.S.F.S.R. was dissolved and Georgia became a direct member of the U.S.S.R. The collapse of the U.S.S.R. allowed full transition to independence and on April 9, 1991 a unanimous vote declared the republic an independent state based on its original treaty of independence of May 1918.

RULERS

Ottoman
Ahmad III, AH1115-1143/1703-1730AD
Mahmud II, AH1143-1148/1730-1735AD

Iranian
T'eimuraz II, Alone, AH1157-1166/1744-1752AD
With Erekle II, AH1166-1176/1752-1762AD
Erekle II, AH1176-1213/1762-1798AD

Local
Giorgi XII, AH1213-1215/1798-1800AD

MINT NAME

تفلیس

Tiflis

MONETARY SYSTEM

5 Dinar = 1 Puli (Kazbegi)
4 Puli = 1 Bisti
2-1/2 Bisti = 1 Shahi
1/4 Abazi (Abassi) = 4 Para
1/2 Abazi = 8 Para
8 Para = 1 Beslik
4 Shahi = 1 Abazi
1 Abazi = 16 Para
16 Para = 1 Onluk
5 Abazi = 1 Rouble

KINGDOM

OTTOMAN COINAGE

KM# 15.2 FALUS
Copper **Ruler:** Ahmad III **Obv:** Peacock left

Date	Mintage	Good	VG	F	VF	XF
AH1130	—	—	—	—	—	—

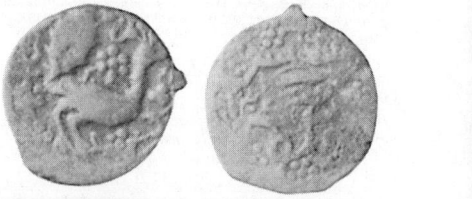

KM# 15.1 FALUS
Copper **Ruler:** Ahmad III **Obv:** Peacock right

Date	Mintage	Good	VG	F	VF	XF
AH1130	—	15.00	25.00	45.00	75.00	—
AH1131	—	15.00	25.00	45.00	75.00	—

KM# 5 1/4 ABBASI
Silver **Ruler:** Ahmad III **Obv:** Toughra **Note:** Weight varies 1.18-1.31 grams. 15-16mm.

Date	Mintage	Good	VG	F	VF	XF
AH1115	—	—	—	—	—	—

KM# 20 1/4 ABBASI
1.3000 g., Silver, 13 mm. **Ruler:** Mahmud I **Obv:** Toughra

Date	Mintage	Good	VG	F	VF	XF
AH1143	—	250	400	600	900	—

KM# 6 1/2 ABBASI
Silver, 16-20 mm. **Ruler:** Ahmad III **Obv:** Toughra **Rev:** Inscription **Note:** Weight varies: 2.20-2.65g. Size varies.

Date	Mintage	Good	VG	F	VF	XF
AH1115	—	150	200	400	600	—

KM# 21 1/2 ABBASI
2.5000 g., Silver, 16 mm. **Ruler:** Mahmud I **Obv:** Toughra

Date	Mintage	Good	VG	F	VF	XF
AH1143	—	200	300	450	750	—

KM# 7 ABBASI
Silver, 23-26 mm. **Ruler:** Ahmad III **Obv:** Toughra **Rev:** Inscription **Note:** Weight varies: 4.49-5.32g. Size varies.

Date	Mintage	Good	VG	F	VF	XF
AH1115	—	15.00	30.00	55.00	90.00	—

Note: Overstrikes on Safavid Abbasis exist.

KM# 8 CEDID CINCIRLI
Gold, 18-19 mm. **Ruler:** Ahmad III **Obv:** Toughra **Rev:** Inscription **Note:** Weight varies: 3.30-3.47g. Size varies.

Date	Mintage	Good	VG	F	VF	XF
AH1115	—	—	750	1,250	2,000	—

KM# 9 TEK ESHREFI
3.0600 g., Gold, 29-30 mm. **Ruler:** Ahmad III **Obv:** Toughra
Note: Size varies.

Date	Mintage	Good	VG	F	VF	XF
AH1115 Rare	—	—	—	—	—	—

GEORGIA

Date	Mintage	VG	F	VF	XF	Unc
AH1166	—	20.00	30.00	45.00	65.00	—

Note: With inverted 9's (error)

Date	Mintage	VG	F	VF	XF	Unc
AH1201	—	20.00	30.00	45.00	65.00	—
AH1202	—	20.00	30.00	45.00	65.00	—
AH1203	—	20.00	30.00	45.00	65.00	—
AH1204	—	20.00	30.00	45.00	65.00	—
AH1205	—	20.00	30.00	45.00	65.00	—
AH1206	—	20.00	30.00	45.00	65.00	—
AH1207	—	20.00	30.00	45.00	65.00	—
AH1208	—	20.00	30.00	45.00	65.00	—
AH1209	—	20.00	30.00	45.00	65.00	—
AH1210	—	20.00	30.00	45.00	65.00	—
AH1211	—	20.00	30.00	45.00	65.00	—

KM# 10 ALTUN

Gold **Ruler:** Ahmad III **Obv:** Toughra **Rev:** Inscription **Note:** Weight varies 6.08-6.75 grams. Size varies 31-32mm.

Date	Mintage	Good	VG	F	VF	XF
AH1115	—	1,000	2,250	3,000	3,750	—

KM# 22 ONLUK (Abbasi = 16 Para)

5.2800 g., Silver, 21-22 mm. **Ruler:** Mahmud I **Obv:** Toughra **Rev:** Arabic legend, "Duriba Fi Tiflis" **Note:** Weight varies: 5.05-5.44g. Size varies.

Date	Mintage	Good	VG	F	VF	XF
AH1143	—	—	150	225	375	650

Note: Overstrikes on Safavid Abbasis exist

LOCAL COINAGE

KM# 67 ABAZI

2.9500 g., Silver **Ruler:** Giorgi XII **Obv:** Legend **Rev:** Legend **Note:** Anonymous issues.

Date	Mintage	Good	VG	F	VF	XF
AH1213	—	25.00	45.00	80.00	150	—

KM# 45 3 ABAZI

8.9000 g., Silver **Ruler:** Erekle (Heracles) II **Note:** Anonymous issues. Similar to Abazi, KM#39.

Date	Mintage	VG	F	VF	XF	Unc
AH1182	—	—	—	—	—	—

KM# 46 1/2 ABAZI

1.5000 g., Silver **Ruler:** Erekle (Heracles) II **Obv:** Legend **Rev:** Legend **Note:** Anonymous issues.

Date	Mintage	VG	F	VF	XF	Unc
AH1183	—	18.50	30.00	55.00	95.00	—
AH1206	—	18.50	30.00	55.00	95.00	—
AH1211	—	18.50	30.00	55.00	95.00	—

KM# 25 PULI

4.2700 g., Copper **Ruler:** T'eimuraz II, alone **Obv:** Lion left **Rev:** Legend

Date	Mintage	Good	VG	F	VF	XF
AH1160	—	15.00	25.00	45.00	75.00	—
AH1162	—	15.00	25.00	45.00	75.00	—
AH1163	—	15.00	25.00	45.00	75.00	—

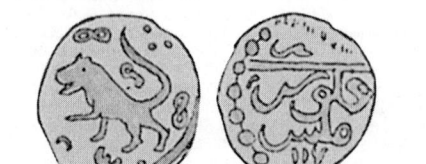

KM# 17 ABAZI

3.0200 g., Silver **Ruler:** T'eimuraz II, with Erekle II **Obv:** Legend **Rev:** Legend **Note:** Anonymous issue.

Date	Mintage	Good	VG	F	VF	XF
AH1166	—	—	20.00	35.00	05.00	120

KM# 33 ABAZI

3.1000 g., Silver **Ruler:** T'eimuraz II, with Erekle II **Note:** Anonymous issue.

Date	Mintage	VG	F	VF	XF	Unc
AH1168	—	20.00	35.00	65.00	120	—

KM# 35 PULI

4.7600 g., Copper **Ruler:** Erekle (Heracles) II **Obv:** Crowned scales over orb between swords **Rev:** 3 Georgian letters in cartouche mint name below

Date	Mintage	Good	VG	F	VF	XF
AH1178	—	12.00	20.00	35.00	65.00	—
AH1179	—	12.00	20.00	35.00	65.00	—

KM# 39 ABAZI

3.1000 g., Silver **Ruler:** Erekle (Heracles) II **Obv:** Legend **Rev:** Legend **Note:** Anonymous issues.

Date	Mintage	VG	F	VF	XF	Unc
AH1179	—	20.00	30.00	45.00	65.00	—
AH1180	—	20.00	30.00	45.00	65.00	—
AH1182	—	20.00	30.00	45.00	65.00	—
AH1183	—	20.00	30.00	45.00	65.00	—
AH1184	—	20.00	30.00	45.00	65.00	—
AH1190	—	20.00	30.00	45.00	65.00	—
AH1192	—	20.00	30.00	45.00	65.00	—
AH1193	—	20.00	30.00	45.00	65.00	—
AH1194	—	20.00	30.00	45.00	65.00	—
AH1195	—	20.00	30.00	45.00	65.00	—
AH1196	—	20.00	30.00	45.00	65.00	—
AH1197	—	20.00	30.00	45.00	65.00	—
AH1198	—	20.00	30.00	45.00	65.00	—

KM# 50 PULI

Copper **Ruler:** Erekle (Heracles) II **Obv:** Fish between floral designs **Rev:** Legend **Note:** Weight varies 5.90-5.94 grams

Date	Mintage	Good	VG	F	VF	XF
AH1190	—	12.00	20.00	35.00	65.00	—
AH1195	—	12.00	20.00	35.00	65.00	—

KM# 55 PULI

4.5000 g., Copper **Ruler:** Erekle (Heracles) II **Note:** Similar to Bisti, KM#47.

Date	Mintage	Good	VG	F	VF	XF
AH1201 (1787)	—	—	—	—	—	—

KM# 63 PULI

4.4000 g., Copper **Ruler:** Giorgi XII **Obv:** Fish between floral designs **Rev:** Legends **Note:** Similar to 2 Puli, KM#64.

Date	Mintage	Good	VG	F	VF	XF
AH1213	—	15.00	25.00	45.00	75.00	—

KM# 32 2 PULI

Copper **Ruler:** T'eimuraz II, with Erekle II **Obv:** Falcon striking heron **Rev:** Legend

Date	Mintage	Good	VG	F	VF	XF
AH1165	—	15.00	25.00	45.00	75.00	—
AH1166	—	15.00	25.00	45.00	75.00	—
AH1169	—	15.00	25.00	45.00	75.00	—

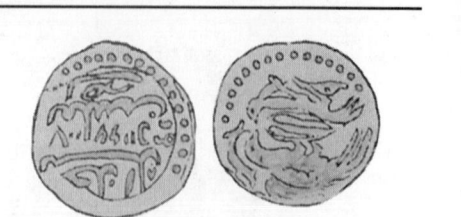

KM# 36 2 PULI

Copper **Ruler:** Erekle (Heracles) II **Obv:** Crown above orb at center of scales **Rev:** 3 Letters within design **Note:** Weight varies 8.00-9.00 grams.

Date	Mintage	Good	VG	F	VF	XF
AH1178	—	15.00	28.00	55.00	85.00	—
AH1179	—	15.00	28.00	55.00	85.00	—

KM# 51 2 PULI

11.0000 g., Copper **Ruler:** Erekle (Heracles) II **Obv:** Fish between floral designs **Rev:** Legend

Date	Mintage	Good	VG	F	VF	XF
AH1190	—	15.00	28.00	55.00	85.00	—
AH1195	—	15.00	28.00	55.00	85.00	—

KM# 56 2 PULI

Copper **Ruler:** Erekle (Heracles) II **Obv:** Double-headed eagle **Rev:** Legend **Note:** Weight varies 8.00-9.00 grams.

Date	Mintage	Good	VG	F	VF	XF
AH1201 (1787) Error 1787	—	15.00	28.00	55.00	85.00	—

KM# 64 2 PULI

Copper **Ruler:** Giorgi XII **Obv:** Fish between floral designs **Rev:** Legends **Note:** Weight varies 9.00-10.00 grams.

Date	Mintage	Good	VG	F	VF	XF
AH1213	—	15.00	28.00	50.00	80.00	—
AH1215	—	15.00	28.00	50.00	80.00	—

KM# 66 SHAHI

0.7400 g., Billon **Ruler:** Giorgi XII **Obv:** Legend **Rev:** Legend **Note:** Anonymous issues. Some authorities believe this coin to possibly be a counterfeit 1/2 Abazi.

Date	Mintage	Good	VG	F	VF	XF
AH1213	—	—	—	—	—	—

KM# 60 BISTI

Copper **Ruler:** Erekle (Heracles) II **Obv:** Eagle with orb and

sword divides date below **Rev:** Legend within beaded circle **Note:** Weight varies 19.00-22.00 grams.

Date	Mintage	Good	VG	F	VF	XF
AH1201 (1786)	—	15.00	25.00	45.00	75.00	—
AH1210 (1796)	—	15.00	25.00	45.00	75.00	—

KM# 57 BISTI

16.6000 g., Copper **Ruler:** Erekle (Heracles) II **Obv:** Double-headed eagle **Rev:** Legend

Date	Mintage	Good	VG	F	VF	XF
AH1201 (1787) Error	—	50.00	70.00	120	170	—
AH1202 (1788)	—	12.00	20.00	35.00	65.00	—

KM# 68 BISTI

Copper **Ruler:** David, as Regent **Obv:** Peacock **Rev. Legend:** "TPLS" (TIFLIS)

Date	Mintage	Good	VG	F	VF	XF
AH1215 Rare	—	—	—	—	—	—

KM# 62 BISTI (4 Puli)

19.4400 g., Copper **Ruler:** Erekle (Heracles) II **Obv:** Fish between floral designs **Rev:** Legend

Date	Mintage	Good	VG	F	VF	XF
AH1213 (1798)	—	—	—	—	—	—

COUNTERMARKED COINAGE

Countermark: Monogram of Erekle II in square

KM# 37 PULI

4.7600 g., Copper **Ruler:** Erekle (Heracles) II **Countermark:** Monogram of Erekle II in square; monogram of Puli, KM#35

CM Date	Host Date	Good	VG	F	VF	XF
ND(1796-98)	AH1178	18.00	30.00	50.00	80.00	—
ND(1796-98)	AH1179	18.00	30.00	50.00	80.00	—

KM# 38 2 PULI

Copper **Ruler:** Erekle (Heracles) II **Countermark:** Monogram on 2 Puli, KM#36 **Note:** Weight varies 8.00-9.00 grams.

CM Date	Host Date	Good	VG	F	VF	XF
ND(1796-98)	AH1178	20.00	35.00	60.00	90.00	—
ND(1796-98)	AH1179	20.00	35.00	60.00	90.00	—

KM# 58 BISTI

16.6000 g., Copper **Ruler:** Erekle (Heracles) II **Countermark:** Monogram on Bisti, KM#57

CM Date	Host Date	Good	VG	F	VF	XF
ND(1796-98)	AH1201	18.00	30.00	50.00	80.00	—
ND(1796-98)	AH1202	18.00	30.00	50.00	80.00	—

KM# 61 BISTI

Copper **Ruler:** Erekle (Heracles) II **Countermark:** Monogram on Bisti, KM#60 **Note:** Weight varies 19.00-22.00 grams.

CM Date	Host Date	Good	VG	F	VF	XF
ND(1796-98)	AH1210	15.00	25.00	45.00	75.00	—

GERMAN STATES

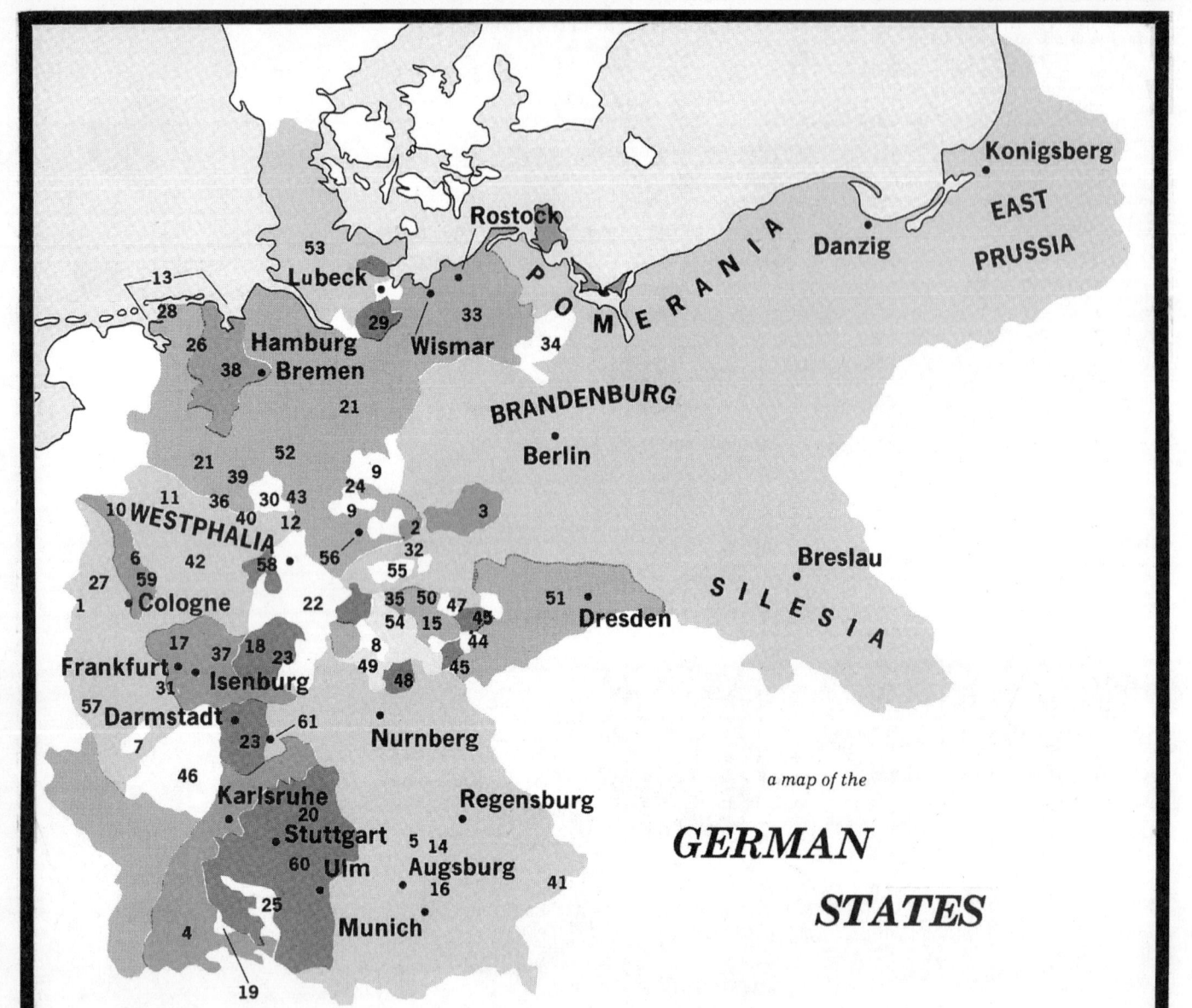

a map of the

GERMAN

STATES

1 Aachen	21 Hannover	43 Pyrmont
2 Anhalt-Bernburg	22 Hesse-Cassel	44 Reuss-Greiz
3 Anhalt-Dessau	23 Hesse-Darmstadt	45 Reuss-Schleiz
4 Baden	24 Hildesheim	46 Rhein-Pfalz
5 Bavaria	25 Hohenzollern	47 Saxe-Altenburg
6 Berg	26 Jever	48 Saxe-Coburg-Gotha
7 Birkenfeld	27 Julich	49 Saxe-Meiningen
8 Brandenburg-Ansbach Bayreuth	28 Knyphausen	50 Saxe-Weimar-Eisenach
9 Brunswick-Luneburg & Wolfenbuttel	29 Lauenburg	51 Saxony
10 Cleve	30 Lippe-Detmold	52 Schaumberg-Hessen & Lippe
11 Coesfeld	31 Mainz	53 Schleswig-Holstein
12 Corvey	32 Mansfeld	54 Schwarzburg-Rudolstadt
13 East Friesland	33 Mecklenburg-Schwerin	55 Schwarzburg Sonderhausen
14 Eichstadt	34 Mecklenburg-Strelitz	56 Stolberg-Wernigerode
15 Erfurt	35 Muhlhausen	57 Trier
16 Freising	36 Munster	58 Wallmoden-Pyrmont
17 Friedberg	37 Nassau	59 Wallmoden-Gimborn
18 Fulda	38 Oldenburg	60 Wurttemberg
19 Furstenberg	39 Osnabruck	61 Wurzburg
20 Halle	40 Paderborn	
	41 Passau	
	42 Prussia	

AACHEN

GERMAN STATES

Although the origin of the German Empire can be traced to the Treaty of Verdun that ceded Charlemagne's lands east of the Rhine to German Prince Louis, it was for centuries little more than a geographic expression, consisting of hundreds of effectively autonomous big and little states. Nominally the states owed their allegiance to the Holy Roman Emperor, who was also a German king, but as the Emperors exhibited less and less concern for Germany the actual power devolved on the lords of the individual states. The fragmentation of the empire climaxed with the tragic denouement of the Thirty Years War, 1618-48, which devastated much of Germany, destroyed its agriculture and medieval commercial eminence and ended the attempt of the Hapsburgs to unify Germany. Deprived of administrative capacity by a lack of resources, the imperial authority became utterly powerless. At this time Germany contained an estimated 1,800 individual states, some with a population of as little as 300. The German Empire of recent history (the creation of Bismarck) was formed on April 14, 1871, when the king of Prussia became German Emperor William I. The new empire comprised 4 kingdoms, 6 grand-duchies, 12 duchies and principalities, 3 free cities and the non-autonomous province of Alsace-Lorraine. The states had the right to issue gold and silver coins of higher value than 1 Mark; coins of 1 Mark and under were general issues of the empire.

MINT MARKS
A - Amberg (Bavaria), 1763-1794
B - Bayreuth, Franconia (Prussia), 1796-1804
B - Breslau (Prussia, Silesia), 1750-1826
C - Dresden (Saxony), 1779-1804
D - Aurich (East Friesland under Prussia), 1750-1806
G - Stettin In Pomerania (Prussia), 1750-1806
P.R. - Dusseldorf (Julich-Berg), 1783-1804

MONETARY SYSTEM
Until 1871 the Mark (Marck) was a measure of weight.

North German States until 1837
2 Heller = 1 Pfennig
8 Pfennige = 1 Mariengroschen
12 Pfennige = 1 Groschen
24 Groschen = 1 Thaler
2 Gulden = 1-1/3 Reichsthaler
1 Speciesthaler (before 1753)
1 Convention Thaler (after 1753)

South German States until 1837
8 Heller = 4 Pfennige = 1 Kreuzer
24 Kreuzer Landmunze = 20 Kreuzer Convention Munze
120 Convention Kreuzer = 2 Convention Gulden = 1 Convention Thaler

Date	Mintage	VG	F	VF	XF	Unc
1734	150,000	6.00	13.00	27.00	55.00	—
1737	300,000	6.00	13.00	27.00	55.00	—
1738	350,000	6.00	13.00	27.00	55.00	—
1741	120,000	6.00	13.00	27.00	55.00	—
1742	120,000	6.00	13.00	27.00	55.00	—
1743	800,000	6.00	13.00	27.00	55.00	—
1744	800,000	6.00	13.00	27.00	55.00	—
1745	600,000	6.00	13.00	27.00	55.00	—
1751	800,000	6.00	13.00	27.00	55.00	—
1752	200,000	6.00	13.00	27.00	55.00	—
1753	200,000	6.00	13.00	27.00	55.00	—
1754	500,000	6.00	13.00	27.00	55.00	—
1757	300,000	6.00	13.00	27.00	55.00	—
1758	300,000	6.00	13.00	27.00	55.00	—
1759	150,000	6.00	13.00	27.00	55.00	—

KM# 33 2 MARCK
Silver **Obv:** Titles of Joseph I **Rev:** Charlemagne above arms

Date	Mintage	VG	F	VF	XF	Unc
(17)07	—	18.00	37.00	75.00	150	—

KM# 39 2 MARCK
Silver **Obv:** Titles of Karl VI

Date	Mintage	VG	F	VF	XF	Unc
1727	—	12.00	25.00	50.00	100	—
1728	—	12.00	25.00	50.00	100	—

KM# 52 4 HELLER
Copper **Obv:** Arms divide date **Rev:** Value above legend **Rev. Inscription:** IIII / REICHS / STAT.ACH

Date	Mintage	VG	F	VF	XF	Unc
1763	—	4.00	8.00	17.00	35.00	—
1765 IK	185,000	4.00	8.00	17.00	35.00	—
1767 IK Upside down	460,000	4.00	8.00	17.00	35.00	—
1790	—	4.00	8.00	17.00	35.00	—
1791	—	4.00	8.00	17.00	35.00	—
1792	400,000	4.00	8.00	17.00	35.00	—
1793	600,000	4.00	8.00	17.00	35.00	—
1795	—	4.00	8.00	17.00	35.00	—
1798	—	15.00	25.00	35.00	55.00	—

KM# 48 2 MARCK
Silver **Obv:** Titles of Francis I **Rev:** Charlemagne and shield within inner circle

Date	Mintage	VG	F	VF	XF	Unc
1753	—	15.00	30.00	60.00	180	—

KM# 34 3 MARCK
Silver **Obv:** Value, titles of Joseph I **Obv. Inscription:** III / MARCK / ACH **Rev:** 1/2-length figure of Charlemagne, date

Date	Mintage	VG	F	VF	XF	Unc
(17)07	—	30.00	60.00	125	250	—

KM# 41 3 MARCK
Silver **Obv:** Titles of Karl VI

Date	Mintage	VG	F	VF	XF	Unc
1728	—	18.00	37.00	75.00	150	—

AACHEN

FREE CITY

(Achen, Urbs Aquensis, Aquis Grani)

This city, at the meeting point of Germany, Belgium and the Netherlands, 39 miles (65 Kilometers) west-southwest of Cologne, was founded by the Romans. It is the traditional birthplace of Charlemagne and served as the site for imperial coronations from his time until the early part of the 16th century. An imperial mint was established in Aachen in 1166 and continued in use until the early 14th century, at which time the city was raised to free status and began producing its own coinage. The city coinage came to an end in 1798, just prior to French annexation in 1801. Prussia gained control of Aachen at the end of the Napoleonic Wars and made it part of its western provinces in 1815.

ARMS
Crowned eagle

CROSS REFERENCES
M = Julius Menadier, *Die Aachener Münzen*, Berlin, 1913.
F = Gisela Förschner, *Deutsche Münzen Mittelalter bis Neuzeit*, v. 1 – *Aachen bis Augsburg*, Melsungen, 1984.

MINT OFFICIALS' INITIALS

Initials	Date	Name
GS	1797-99?	Godefried Stanislaus
IK	1764-67, 1790?	Johann Kohl
MR	1758-61	Rensonet

MONETARY SYSTEM
24 Heller = 1 Marck
48 Marck = 1 Reichsthaler

STANDARD COINAGE

KM# 51 12 HELLER
Copper **Obv:** Arms divide date **Rev:** Value above legend **Note:** Many varieties exist.

Date	Mintage	VG	F	VF	XF	Unc
1757	—	5.00	8.00	17.00	35.00	—
1758	1,874,000	5.00	8.00	17.00	35.00	—
1758 MR	Inc. above	5.00	8.00	17.00	35.00	—
1759	1,713,000	5.00	8.00	17.00	35.00	—
1759 MR	Inc. above	5.00	8.00	17.00	35.00	—
1760	1,900,000	5.00	8.00	17.00	35.00	—
1760 MR	Inc. above	5.00	8.00	17.00	35.00	—
1761 MR	300,000	5.00	8.00	17.00	35.00	—
1764 IK	150,000	5.00	8.00	17.00	35.00	—
1765 IK	1,200,000	5.00	8.00	17.00	35.00	—
1767 IK	1,248,000	5.00	8.00	17.00	35.00	—
1790	1,400,000	5.00	8.00	17.00	35.00	—
1791	—	5.00	8.00	17.00	35.00	—
1791 IK	Inc. above	5.00	8.00	17.00	35.00	—
1791 IK Upside down	Inc. above	5.00	8.00	17.00	35.00	—
1792	1,750,000	5.00	8.00	17.00	35.00	—
1793	350,000	5.00	8.00	17.00	35.00	—
1794	1,260,000	5.00	8.00	17.00	35.00	—
1797	408,000	5.00	8.00	17.00	35.00	—
1797 GS	Inc. above	5.00	8.00	17.00	35.00	—
1798	—	15.00	25.00	40.00	80.00	—

KM# 32 MARCK
Silver **Obv:** Value **Obv. Inscription:** I / MARCK / ACH **Rev:** Charlemagne above arms, date

Date	Mintage	VG	F	VF	XF	Unc
(17)07	—	30.00	60.00	125	250	—

KM# 38 MARCK
Silver **Obv:** Without date **Rev:** Date in center, titles of Karl VI

Date	Mintage	VG	F	VF	XF	Unc
1727	—	25.00	55.00	110	225	—
1728	—	25.00	55.00	110	225	—

KM# 47 MARCK
Silver **Obv:** Titles of Francis I

Date	Mintage	VG	F	VF	XF	Unc
1753	—	20.00	40.00	100	225	—

KM# 50 3 MARCK
Silver **Obv:** Titles of Francis I **Rev:** Charlemagne and shield within inner circle

Date	Mintage	VG	F	VF	XF	Unc
1754	—	25.00	75.00	225	450	—

KM# 35 8 MARCK
Silver **Obv:** Eagle with 8 on breast, double legends **Rev:** Woman with wine ladle divides date **Note:** Varieties exist.

Date	Mintage	VG	F	VF	XF	Unc
1708	—	40.00	75.00	150	300	—

KM# 42 8 MARCK
Silver **Obv:** Eagle with 8 on breast, double legends **Rev:** Imperial crown above date within inner circle, legend surrounds

Date	Mintage	VG	F	VF	XF	Unc
1752	—	85.00	175	350	700	—
1753	—	85.00	175	350	700	—

KM# 36 16 MARCK
Silver **Obv:** Eagle with 16 on breast, double legends **Rev:** Woman with wine ladle divides date

Date	Mintage	VG	F	VF	XF	Unc
(1708)	—	60.00	110	225	450	—

KM# 37 16 MARCK
Silver **Rev:** Imperial crown, double legends, date in chronogram

Date	Mintage	VG	F	VF	XF	Unc
1711	—	45.00	85.00	175	350	—

KM# 31 4 HELLER
Copper **Obv:** Arms divide date **Rev:** Legend above value **Rev. Inscription:** REICHS / STAT. ACH / IIII

Date	Mintage	VG	F	VF	XF	Unc
1713	40,000	6.00	13.00	27.00	55.00	—
1713	40,000	6.00	13.00	27.00	55.00	—
1715	50,000	6.00	13.00	27.00	55.00	—
1716	200,000	6.00	13.00	27.00	55.00	—
1732	20,000	6.00	13.00	27.00	55.00	—

GERMAN STATES

AACHEN

A town on the Kocher River, ten miles south of Ellwangen in Swabia, joining other Swabian towns and cities in 1423 to form a local monetary union, but only an issue of the 17th century is known.

TOWN

REGULAR COINAGE

KM# 43 16 MARCK
Silver **Obv:** Eagle with 16 on breast, double legends **Rev:** Imperial crown above date within inner circle, legend surrounds

Date	Mintage	VG	F	VF	XF	Unc
1752	—	85.00	175	350	700	—
1756	—	85.00	175	350	700	—

KM# 44 32 MARCK
Silver **Obv:** 32 within small center circle, double legends **Rev:** Crossed sword and scepter divide imperial crown above from frame below

Date	Mintage	VG	F	VF	XF	Unc
ND(1752-56)	—	125	275	550	1,150	—
1755	—	125	275	550	1,150	—

TRADE COINAGE

KM# 55 DUCAT
3.5000 g., 0.9860 Gold 0.1109 oz. AGW **Obv:** Uniformed bust right **Rev:** Justice seated right

Date	Mintage	VG	F	VF	XF	Unc
1748	—	300	500	900	2,700	—

KM# 49 DUCAT
3.5000 g., 0.9860 Gold 0.1109 oz. AGW **Obv:** Crowned standing figure 1/4 right **Rev:** Inscription within square, wreath surrounds **Note:** Fr. #11.

Date	Mintage	VG	F	VF	XF	Unc
1753	—	400	800	2,000	4,200	7,000

PATTERNS
Including off metal strikes

KM#	Date	Mintage	Identification	Mkt Val
Pn1	(17)07	—	Marck. Gold. KM#32.	1,250
Pn2	1711	—	16 Marck. Gold. KM#37.	—
Pn3	1713	—	4 Heller. Gold. KM#31.	—
Pn4	1728	—	Marck. Gold. Klippe, KM#38.	—
Pn5	1728	—	2 Marck. Gold. KM#39.	—
Pn6	1738	—	4 Heller. Silver. KM#31.	—
Pn7	1741	—	4 Heller. Silver. KM#31.	—
Pn8	1742	—	4 Heller. Silver. KM#31.	—
Pn9	1743	—	4 Heller. Silver. KM#31.	—
PnA10	1748	—	Ducat. Silver. KM#55.	375
Pn10	1751	—	4 Heller. Silver. KM#31.	—
Pn11	1752	—	8 Marck. Gold. KM#42.	—
Pn12	1753	—	Ducat. Silver. KM#49.	375
Pn13	1754	—	3 Marck. Gold. KM#50.	—
Pn14	1758	—	12 Heller. Silver. KM#51.	—

TRIAL STRIKES

KM#	Date	Mintage	Identification	Mkt Val
TS1	1751	—	4 Heller. Copper. Large flan.	—
TS2	1753	—	4 Heller. Copper. Large flan.	—
TS3	1765	—	4 Heller. Copper. Large flan.	—
TS4	1767	—	4 Heller. Copper. Uniface, reverse.	—
TS5	1793	—	4 Heller. Copper. Large flan.	—

KM# 1 PFENNIG
Copper **Obv:** Crowned eel in shield (arms) below I-P **Obv. Legend:** AALEN S M. **Note:** Uniface.

Date	Mintage	Good	VG	F	VF	XF
ND17xx Rare	—	—	—	—	—	—

ANHALT-BERNBURG

Located in north-central Germany. Appeared as part of the patrimony of Albrecht the Bear of Brandenburg in 1170. Bracteates were first made in the 12th century. It was originally in the inheritance of Heinrich the Fat in 1252 and became extinct in 1468. The division of 1603, among the sons of Joachim Ernst, revitalized Anhalt-Bernburg. Bernburg passed to Dessau after the death of Alexander Carl in 1863.

RULERS
Viktor I Amadeus, 1656-1718
Karl Friedrich, 1718-1721
Viktor II Friedrich, 1721-1765
Friedrich Albrecht, 1765-1796
Alexius Friedrich Christian, 1796-1834

MINT OFFICIALS' INITIALS

Initials	Date	Name
HCAS, HSS, S	1767-94	Heinrich Christian, Andreas Siegel
HCRF	1744-49	Heinrich Christian, Rudolf Friese
HS	1795-1821	Hans Schluter
IGS	1753-67	Johann Gottfried Siegel
HS, IHA	1744-53	Johann Heinrich Siegel
IIG	1727-28, 1747	Johann Jeremias Grundler

DUCHY

REGULAR COINAGE

KM# 12 PFENNIG
Billon **Ruler:** Viktor II Friedrich **Obv:** VF monogram **Rev:** Value

Date	Mintage	VG	F	VF	XF	Unc
1744 IHS	—	16.00	32.00	65.00	135	—
1745 IHS	—	16.00	32.00	65.00	135	—

KM# 25.1 PFENNIG
Copper **Ruler:** Viktor II Friedrich **Obv:** Crowned bear walking left on wall **Rev:** Value above legend and date **Rev. Inscription:** • I • / PFENNING / SCHEIDE MVNZE

Date	Mintage	VG	F	VF	XF	Unc
1/46 HCRF	—	3.00	7.00	15.00	30.00	—
1748 HCRF	—	3.00	7.00	15.00	30.00	—
1748 IHS	—	3.00	7.00	15.00	30.00	—
1750 IHS	—	3.00	7.00	15.00	30.00	—
1751 IHS	—	3.00	7.00	15.00	30.00	—
1752 IHS	—	3.00	7.00	15.00	30.00	—
1753 IHS	—	3.00	7.00	15.00	30.00	—
1754	—	3.00	7.00	15.00	30.00	—
1755	—	3.00	7.00	15.00	30.00	—
1757	—	3.00	7.00	15.00	30.00	—

KM# 25.2 PFENNIG
Copper **Ruler:** Viktor II Friedrich **Obv:** Bear on wall **Rev:** Value above legend and date **Rev. Inscription:** I / PFENNIG

Date	Mintage	VG	F	VF	XF	Unc
1757	—	3.00	7.00	15.00	30.00	—
1758	—	3.00	7.00	15.00	30.00	—
1760	—	3.00	7.00	15.00	30.00	—

KM# 55 PFENNIG
Copper **Ruler:** Friedrich Albrecht **Obv:** Crowned bear left walking on wall **Rev:** Value above date **Note:** Varieties exist.

Date	Mintage	VG	F	VF	XF	Unc
1776 S	—	4.00	10.00	20.00	40.00	—
1777 S	—	4.00	10.00	20.00	40.00	—
1793	—	4.00	10.00	20.00	40.00	—
1794	—	4.00	10.00	20.00	40.00	—
1795	—	4.00	10.00	20.00	40.00	—

KM# 61 PFENNIG
Copper **Ruler:** Alexius Friedrich Christian **Obv:** Crowned AFC monogram **Rev. Inscription:** Value and date in five lines

Date	Mintage	F	VF	XF	Unc	BU
1796	—	15.00	30.00	70.00	200	—
1797	—	15.00	30.00	70.00	200	—

KM# 62.1 PFENNIG
Copper **Ruler:** Alexius Friedrich Christian **Obv:** Crowned bear walking on wall **Rev:** Value and date **Rev. Inscription:** PFENN

Date	Mintage	F	VF	XF	Unc	BU
1796	—	15.00	30.00	60.00	185	—

KM# 62.2 PFENNIG
Copper **Ruler:** Alexius Friedrich Christian **Rev. Inscription:** I / PFENNIG / SCHEIDE / MÜNZE

Date	Mintage	F	VF	XF	Unc	BU
1796	—	10.00	20.00	40.00	90.00	—

KM# 62.3 PFENNIG
Copper **Ruler:** Alexius Friedrich Christian **Obv:** Crowned bear walking left on wall **Rev:** Value above legend and date **Rev. Inscription:** * I * / PFENNIG / SCHEIDE / MUNTZ

Date	Mintage	F	VF	XF	Unc	BU
1797	—	10.00	20.00	40.00	90.00	—
1799	—	10.00	20.00	40.00	90.00	—

KM# 62.4 PFENNIG
Copper **Ruler:** Alexius Friedrich Christian **Obv:** Crowned bear on wall **Rev:** Value, legend and date **Rev. Inscription:** ... SCHEIDE / MUNTZ

Date	Mintage	F	VF	XF	Unc	BU
1797	—	10.00	20.00	40.00	90.00	—

KM# 32 1-1/2 PFENNIG
Copper **Ruler:** Viktor II Friedrich **Obv:** Crowned bear walking on wall **Rev. Inscription:** 1-1/2 / PFENNIG / F • A • B • S • M

Date	Mintage	VG	F	VF	XF	Unc
1747 HCRF	—	6.00	12.00	25.00	50.00	—

KM# 56 1-1/2 PFENNIG
Copper **Ruler:** Friedrich Albrecht **Obv:** Crowned bear walking left on wall **Rev:** Value, date and legend within scalloped circle **Rev. Inscription:** 1-1/2 / PFENNIG / F • A • B • S • M

Date	Mintage	VG	F	VF	XF	Unc
1776 S	—	13.00	27.00	55.00	110	—

KM# 13 2 PFENNIG
Billon **Ruler:** Viktor II Friedrich **Obv:** VF monogram **Rev:** Value

Date	Mintage	VG	F	VF	XF	Unc
1744 IHS	—	30.00	80.00	225	550	—
1745	—	30.00	80.00	225	550	—

KM# 14 3 PFENNIG
Billon **Ruler:** Viktor II Friedrich **Obv:** VF monogram **Rev:** Value

Date	Mintage	VG	F	VF	XF	Unc
1744 IHS	—	9.00	18.00	37.00	75.00	—
1744 HS	—	9.00	18.00	37.00	75.00	—
1745 IHS	—	9.00	18.00	37.00	75.00	—

KM# 35 3 PFENNIG
Billon **Ruler:** Viktor II Friedrich **Obv:** Crowned bear walking left on wall **Rev:** Value and date **Rev. Inscription:** * 3 * / GUTE / PFENN

Date	Mintage	VG	F	VF	XF	Unc
1749 IHS	—	8.00	17.00	35.00	70.00	150

ANHALT-BERNBURG

Date	Mintage	VG	F	VF	XF	Unc
1749 IHS	—	8.00	20.00	40.00	80.00	—
1750 IHS	—	8.00	20.00	40.00	80.00	—
1761	—	8.00	20.00	40.00	80.00	—

KM# 5 6 MARIENGROSCHEN
Silver **Ruler:** Viktor II Friedrich **Obv:** Crowned bear walking on wall **Rev:** Value

Date	Mintage	VG	F	VF	XF	Unc
1727 IIG	—	35.00	75.00	135	270	—

KM# 6 12 MARIENGROSCHEN
Silver **Ruler:** Viktor II Friedrich **Obv:** Crowned bear walking on wall **Rev. Inscription:** XII / MARIENGROS

Date	Mintage	VG	F	VF	XF	Unc
1727 IIG	—	25.00	60.00	100	160	—

KM# 38.1 3 PFENNIG
Copper **Ruler:** Viktor II Friedrich **Obv:** Crowned bear walking left on wall **Obv. Legend:** PERRVMPENDVM **Rev:** Value, date and legend **Rev. Inscription:** * 3 * / PFENNIG / F • A • B • L • M

Date	Mintage	VG	F	VF	XF	Unc
1753	—	5.00	11.00	22.00	45.00	80.00

KM# 38.2 3 PFENNIG
Copper **Ruler:** Viktor II Friedrich **Obv:** Crowned bear on wall **Rev:** Value, date and legend **Rev. Inscription:** 3 / PFENNIG

Date	Mintage	VG	F	VF	XF	Unc
1760	—	5.00	11.00	22.00	45.00	80.00

KM# 15 4 PFENNIG
Billon **Ruler:** Viktor II Friedrich **Obv:** VF monogram **Rev:** Value

Date	Mintage	VG	F	VF	XF	Unc
1744 HS	—	10.00	20.00	40.00	80.00	—
1745 HS	—	10.00	20.00	40.00	80.00	—

KM# 26 4 PFENNIG
Billon **Ruler:** Viktor II Friedrich **Obv:** Crowned bear walking on wall **Rev. Inscription:** IIII / PFENNING

Date	Mintage	VG	F	VF	XF	Unc
1746 HSRF	—	9.00	18.00	37.00	75.00	—

KM# 33 4 PFENNIG
Billon **Ruler:** Viktor II Friedrich **Rev. Inscription:** 4/PFENNING

Date	Mintage	VG	F	VF	XF	Unc
1747 HCRF	—	10.00	20.00	40.00	80.00	175
1748 HCRF	—	10.00	20.00	40.00	80.00	175
1749 IHS	—	10.00	20.00	40.00	80.00	175

KM# 16 6 PFENNIG
Billon **Ruler:** Viktor II Friedrich **Obv:** Crowned bear walking on wall **Rev:** Value

Date	Mintage	VG	F	VF	XF	Unc
1744 HS	—	10.00	22.00	45.00	90.00	—
1745 HS	—	10.00	22.00	45.00	90.00	—
1746 HCRF	—	10.00	22.00	45.00	90.00	—
1747 HCRF	—	10.00	22.00	45.00	90.00	—
1749 HCRF	—	10.00	22.00	45.00	90.00	—
1749 IHS	—	10.00	22.00	45.00	90.00	—
1750 IHS	—	10.00	22.00	45.00	90.00	—
1751 HS	—	10.00	22.00	45.00	90.00	—
1752 IHS	—	10.00	22.00	45.00	90.00	—
1753 IHS	—	10.00	22.00	45.00	90.00	—
1753	—	10.00	22.00	45.00	90.00	—
1754 IHS	—	10.00	22.00	45.00	90.00	—
1755	—	10.00	22.00	45.00	90.00	—
1756	—	10.00	22.00	45.00	90.00	—
1757	—	10.00	22.00	45.00	90.00	—
1758	—	10.00	22.00	45.00	90.00	—

KM# 17 MARIENGROSCHEN
Billon **Ruler:** Viktor II Friedrich **Obv:** Crowned bear walking left on wall **Rev. Legend:** FURSTL. ANHALT BERNB. LAND MUNTZ **Rev. Inscription:** *I*/MARIEN/GROS:

Date	Mintage	VG	F	VF	XF	Unc
1744 HS	—	8.00	20.00	40.00	80.00	—
1744 IHS	—	8.00	20.00	40.00	80.00	—
1746 HCRF	—	8.00	20.00	40.00	80.00	—

KM# 7 24 MARIENGROSCHEN (2/3 Thaler)
Silver **Ruler:** Viktor II Friedrich **Obv:** Value and inscription within inner circle, legend surrounds **Obv. Legend:** VICTOR • FRIDERICVS • D • G • P • A • DVX... **Rev:** Crowned bear walking left on wall **Rev. Legend:** PERRUMPENDUM

Date	Mintage	VG	F	VF	XF	Unc
1727 IIG	—	50.00	100	210	450	—

KM# 63 24 MARIENGROSCHEN (2/3 Thaler)
13.0800 g., 0.9860 Silver 0.4146 oz. ASW **Ruler:** Alexius Friedrich Christian **Obv:** Value, date and inscription **Obv. Legend:** ALEXIUS FRIEDRICH CHRISTIAN... **Rev:** Crowned bear walking left on wall

Date	Mintage	F	VF	XF	Unc	BU
1796 HS	—	30.00	55.00	110	225	—
1797 HS	—	30.00	55.00	110	225	—

KM# 64 24 MARIENGROSCHEN (2/3 Thaler)
13.0800 g., 0.9860 Silver 0.4146 oz. ASW **Ruler:** Alexius Friedrich Christian **Obv:** Value, date within beaded inner circle, legend surrounds **Rev:** Crowned bear walking left on wall

Date	Mintage	F	VF	XF	Unc	BU
1796 HS	—	55.00	110	225	450	—

KM# 65 24 MARIENGROSCHEN (2/3 Thaler)
13.0800 g., 0.9860 Silver 0.4146 oz. ASW **Ruler:** Alexius Friedrich Christian **Obv. Inscription:** XXIIII / MARIENGROSCHEN

Date	Mintage	F	VF	XF	Unc	BU
1796 HS	—	30.00	55.00	85.00	165	—

KM# 66 24 MARIENGROSCHEN (2/3 Thaler)
13.0800 g., 0.9860 Silver 0.4146 oz. ASW **Ruler:** Alexius Friedrich Christian **Obv:** 2/3 in oval within gate of wall

Date	Mintage	F	VF	XF	Unc	BU
1796 HS	—	85.00	175	325	650	—

KM# 42.1 8 GUTE GROSCHEN
Silver **Ruler:** Viktor II Friedrich **Obv:** Head right **Obv. Legend:** V.FRID.D.G.P.A.DVX.S.A.&.W.CA... **Rev:** Small GUTE, value and date **Rev. Inscription:** * 8 * / GUTE / GROSCHEN

Date	Mintage	VG	F	VF	XF	Unc
1758	—	30.00	55.00	110	225	—
1759	—	30.00	55.00	110	225	—

KM# 42.2 8 GUTE GROSCHEN
Silver **Ruler:** Viktor II Friedrich **Obv:** Head right **Rev:** Large GUTE, value and date **Rev. Inscription:** * 8 * / GUTE / GROSCHEN

Date	Mintage	VG	F	VF	XF	Unc
1758	—	30.00	55.00	110	225	—

KM# 50 8 GUTE GROSCHEN
Silver **Ruler:** Viktor II Friedrich **Obv:** Crowned VF monogram **Rev:** Value **Rev. Legend:** 60 EINE FEINE MARK

Date	Mintage	VG	F	VF	XF	Unc
1760	—	35.00	60.00	120	240	—

KM# 51 8 GUTE GROSCHEN
Silver **Ruler:** Viktor II Friedrich **Rev:** Crowned arms, value **Rev. Legend:** 60 EINE FEINE MARK; 8 GUTE GROSCHEN

Date	Mintage	VG	F	VF	XF	Unc
1760	—	35.00	60.00	120	240	—

KM# 52 1/48 THALER
Billon **Ruler:** Viktor II Friedrich **Obv. Inscription:** * 48 * / EINEN / THALER **Rev:** Crowned bear walking left on wall

Date	Mintage	VG	F	VF	XF	Unc
1760	—	6.00	15.00	30.00	60.00	—
1761	—	6.00	15.00	30.00	60.00	—

KM# 57 1/48 THALER
0.9700 g., 0.2500 Silver 0.0078 oz. ASW **Ruler:** Friedrich Albrecht **Obv:** Crowned FA monogram **Rev:** Inscription, date **Rev. Inscription:** 48 / EINEN / THALER / **Note:** Varieties exist.

Date	Mintage	VG	F	VF	XF	Unc
1793	—	5.00	11.00	22.00	45.00	75.00
1794	—	5.00	11.00	22.00	45.00	75.00
1795	—	5.00	11.00	22.00	45.00	75.00
1796	—	5.00	11.00	22.00	45.00	75.00

KM# A60 1/48 THALER
Billon **Ruler:** Friedrich Albrecht **Obv:** Crowned FA (block letters) monogram **Rev. Inscription:** 48 / EINEN / THALER

Date	Mintage	VG	F	VF	XF	Unc
1794	—	5.00	11.00	22.00	45.00	—

KM# 18 1/24 THALER
Billon **Ruler:** Viktor II Friedrich **Obv:** Crowned bear walking on wall **Rev:** Value **Rev. Legend:** NACH DEM..

Date	Mintage	VG	F	VF	XF	Unc
1744 HS	—	10.00	22.00	45.00	90.00	—
1746 HCRF	—	10.00	22.00	45.00	90.00	—
1750 IHS	—	10.00	22.00	45.00	90.00	—

KM# 40 1/24 THALER
Billon **Ruler:** Viktor II Friedrich **Obv. Legend:** FVRSTL. ANHALT. BERNVBRG. LANDMVNTZ

Date	Mintage	VG	F	VF	XF	Unc
1757 IGS	—	6.00	15.00	30.00	60.00	—

KM# 43 1/24 THALER
Billon **Ruler:** Viktor II Friedrich **Obv:** Crown above VF monogram

Date	Mintage	VG	F	VF	XF	Unc
1758	—	15.00	32.00	65.00	135	—

GERMAN STATES — ANHALT-BERNBURG

KM# 48 1/24 THALER
Billon **Ruler:** Viktor II Friedrich **Obv. Inscription:** * 24 * / EINEN / THALER / date **Rev:** Crowned bear walking left on wall

Date	Mintage	VG	F	VF	XF	Unc
1759	—	7.00	18.00	37.00	75.00	—
1760	—	7.00	18.00	37.00	75.00	—
1761	—	7.00	18.00	37.00	75.00	—

KM# 39 1/6 THALER
Silver **Ruler:** Viktor II Friedrich **Obv:** Head right **Obv. Legend:** V. FRID D G ... **Rev. Inscription:** * VI * / EINEN / THALER

Date	Mintage	VG	F	VF	XF	Unc
1754	—	9.00	22.00	45.00	90.00	—
1758	—	9.00	22.00	45.00	90.00	—
1760	—	9.00	22.00	45.00	90.00	—

KM# 44 1/6 THALER
Silver **Ruler:** Viktor II Friedrich **Subject:** Birthday of Friedrich Albrecht **Rev. Legend:** FR. ALBR. P. A. B. NAT..

Date	Mintage	VG	F	VF	XF	Unc
1758	—	—	—	—	—	—

KM# 19 1/12 THALER
Billon **Ruler:** Viktor II Friedrich **Obv:** Crowned bear walking on wall **Obv. Legend:** PERRVMPENDVM **Rev:** Value **Rev. Legend:** NACH DEM..

Date	Mintage	VG	F	VF	XF	Unc
1744 HS	—	12.50	30.00	60.00	120	300
1746 HCRF	—	12.50	30.00	60.00	120	300
1750	—	12.50	30.00	60.00	120	300
1750 IHS	—	12.50	30.00	60.00	120	300

KM# 41 1/12 THALER
Billon **Ruler:** Viktor II Friedrich **Obv. Legend:** FVRSTL. ANHALT. BERNVRG. LANDMVNTZ

Date	Mintage	VG	F	VF	XF	Unc
1757 IGS	—	9.00	22.00	45.00	90.00	—

KM# 53 1/12 THALER
Billon **Ruler:** Viktor II Friedrich **Rev:** Value

Date	Mintage	VG	F	VF	XF	Unc
1760	—	16.00	37.00	75.00	150	—

KM# 68 1/12 THALER
Billon **Ruler:** Alexius Friedrich Christian **Obv:** Value and date within inner circle, legend surrounds **Rev:** Crowned bear walking left on wall

Date	Mintage	F	VF	XF	Unc	BU
1799 HS	—	20.00	45.00	90.00	180	—

KM# 45 1/6 THALER
Silver **Ruler:** Viktor II Friedrich **Obv:** Crowned VF monogram **Rev:** Value

Date	Mintage	VG	F	VF	XF	Unc
1758	—	25.00	60.00	120	240	—
1759	—	25.00	60.00	120	240	—

KM# 46 1/6 THALER
Silver **Ruler:** Viktor II Friedrich **Obv:** Head right **Rev:** Value

Date	Mintage	VG	F	VF	XF	Unc
1758	—	12.00	30.00	60.00	120	—
1759	—	12.00	30.00	60.00	120	—

KM# 28 1/3 THALER
Silver **Ruler:** Viktor II Friedrich **Obv:** Crowned bear walking on wall **Rev. Legend:** NACH DEN LIEPZ. FUS

Date	Mintage	VG	F	VF	XF	Unc
1746 HCRF	—	30.00	85.00	175	350	—

KM# 36 1/3 THALER
Silver **Ruler:** Viktor II Friedrich **Obv:** Bust **Obv. Legend:** NACH DEN LIEPZ. FUS

Date	Mintage	VG	F	VF	XF	Unc
1750 IHS	—	30.00	85.00	175	350	—

KM# 47 1/3 THALER
Silver **Ruler:** Viktor II Friedrich **Subject:** Birthday of Prince **Obv:** Crowned VF monogram **Obv. Legend:** NATUS 20 * SEPT * 1700... **Rev:** Crowned bear walking on wall **Rev. Legend:** PERRVMPENDVM

Date	Mintage	VG	F	VF	XF	Unc
1758	—	60.00	150	300	650	—

KM# 49 1/3 THALER
Silver **Ruler:** Viktor II Friedrich **Obv:** Bust right **Rev:** Value

Date	Mintage	VG	F	VF	XF	Unc
1759	—	35.00	85.00	175	350	—

KM# 70 1/3 THALER
7.0200 g., 0.8330 Silver 0.1880 oz. ASW **Ruler:** Alexius Friedrich Christian **Obv:** Value and date within inner circle **Obv. Legend:** ALEXIUS FRIEDR... **Rev:** Crowned bear walking left on wall

Date	Mintage	F	VF	XF	Unc	BU
1799	—	60.00	150	325	650	850
1799 HS	—	60.00	150	325	650	850

KM# 69 1/6 THALER
5.4000 g., 0.5410 Silver 0.0939 oz. ASW **Ruler:** Alexius Friedrich Christian **Obv:** Crowned bear walking left on wall **Rev:** Value and date within inner circle **Rev. Inscription:** • VI • / EINEN / THALER

Date	Mintage	F	VF	XF	Unc	BU
1799 HS	—	12.00	30.00	60.00	120	—

KM# 8 1/6 THALER
Silver **Ruler:** Viktor II Friedrich **Obv:** Crowned arms with value "1/6" at bottom **Obv. Legend:** VICTOR • FRIEDERICUS • D • G • P ... **Rev:** Crowned bear walking left on wall **Rev. Legend:** PERRUMPENDUM

Date	Mintage	VG	F	VF	XF	Unc
1727 IIG	—	20.00	45.00	90.00	180	—
1730 IIG	—	20.00	45.00	90.00	180	—
1733 IIG	—	20.00	45.00	90.00	180	—
1742 IIG	—	20.00	45.00	90.00	180	—
1744 HS	—	20.00	45.00	90.00	180	—
1744 IHS	—	20.00	45.00	90.00	180	—

KM# 27 1/6 THALER
Silver **Ruler:** Viktor II Friedrich **Obv. Legend:** NACH DEN LIEPZ. FVS

Date	Mintage	VG	F	VF	XF	Unc
1746 HCRF	—	20.00	45.00	120	225	—
1750 IHS	—	20.00	45.00	120	225	—
1752 IHS	—	20.00	45.00	120	225	—

KM# 9 1/3 THALER
Silver **Ruler:** Viktor II Friedrich **Obv:** Crowned shield with value below divides date **Obv. Legend:** VICT FRID • DG P ANH DUX... **Rev:** Crowned bear walking left on wall **Rev. Legend:** PERRVMPENDVM

Date	Mintage	VG	F	VF	XF	Unc
1727 IIG	—	30.00	85.00	175	350	—
1730 IIG	—	30.00	85.00	175	350	—
1733 IIG	—	30.00	85.00	175	350	—
1742 IIG	—	30.00	85.00	175	350	—
1747 HCRF	—	30.00	85.00	175	350	—
1750 IHS	—	30.00	85.00	175	350	—

KM# 20 1/3 THALER
Silver **Ruler:** Viktor II Friedrich **Obv:** Bust **Rev:** Arms

Date	Mintage	VG	F	VF	XF	Unc
1744 HS	—	60.00	150	300	650	—
1750 IHS	—	60.00	150	300	650	—

KM# 10.1 2/3 THALER
Silver **Ruler:** Viktor II Friedrich **Obv:** Crowned shield with value below divides date **Obv. Legend:** VICTOR FRIDERICVS D • G • P • A •... **Rev:** Crowned bear walking left on wall with archway **Rev. Legend:** PERRVMPENDVM

Date	Mintage	VG	F	VF	XF	Unc
1727 IIG	—	50.00	100	180	350	—
1729 IIG	—	50.00	100	180	350	—
1730 IIG	—	75.00	175	270	525	—
1733 IIG	—	60.00	150	350	700	—
1742 IIG	—	50.00	100	180	350	—
1744 HS	—	50.00	100	180	350	—
1747 HCRF	—	50.00	120	225	450	—
1750 IHS	—	50.00	100	180	350	—

ANHALT-BERNBURG

FURSTL (rosette) ANHALT (rosette)BERNB•... **Rev:** Inscription within sprays **Rev. Inscription:** XX / EINEFEINE / MARCK

Date	Mintage	VG	F	VF	XF	Unc
1793	—	50.00	100	175	375	—

KM# 10.2 2/3 THALER

Silver **Ruler:** Viktor II Friedrich **Obv:** Crowned shield with value below divides date **Obv. Legend:** * VICTOR * FRIDERICUS * D * G * P * A... **Rev:** Crowned bear walking on wall without archway **Rev. Legend:** PERRUMPENDUM

Date	Mintage	VG	F	VF	XF	Unc
1727 IIG	—	50.00	100	180	350	—

KM# 71 2/3 THALER

14.0300 g., 0.8330 Silver 0.3757 oz. ASW **Ruler:** Alexius Friedrich Christian **Obv:** Value and date, legend surrounds **Obv. Legend:** ALEXIUS FRIEDRICH CHRISTIAN... **Rev:** Crowned bear walking left on wall

Date	Mintage	F	VF	XF	Unc	BU
1799 HS	—	50.00	120	200	400	—

KM# 37 THALER

Silver **Ruler:** Viktor II Friedrich **Obv:** Armored bust left **Obv. Legend:** VICT • FRID • D • G • P • ANH • DVX • S • A • & W • C • ASC. D • B • & S • **Rev:** Crowned arms **Rev. Legend:** NACH DEM REICHS SHROT VND KORN **Note:** Dav. #1904.

Date	Mintage	VG	F	VF	XF	Unc
1750 IHS	—	400	900	2,000	3,750	—

KM# 21 2/3 THALER

Silver **Ruler:** Viktor II Friedrich **Obv:** Crowned shield with value below divides date **Obv. Legend:** VICT • FRID • D G P ANH DUX... **Rev:** Bear walking left on wall

Date	Mintage	VG	F	VF	XF	Unc
1744 HS	—	50.00	120	250	525	—
1750 IHS	—	50.00	120	250	525	—

KM# 29 2/3 THALER

Silver **Ruler:** Viktor II Friedrich

Date	Mintage	VG	F	VF	XF	Unc
1746 HCRF	—	50.00	100	180	350	—

KM# 3 THALER

Silver **Ruler:** Viktor I Amadeus **Obv:** 16-line inscription, date in Roman numerals **Rev:** Crowned bear leaning on tree, counting house in background **Note:** Dav. #2921. Mining Thaler.

Date	Mintage	VG	F	VF	XF	Unc
1711	—	1,200	2,500	5,000	7,500	—

KM# 59 THALER

28.0600 g., 0.8330 Silver 0.7515 oz. ASW **Ruler:** Friedrich Albrecht **Obv:** Bust left with medal on chest **Obv. Legend:** FRIED: ALBRECHT FURST ZU ANHALT BERNB: **Rev:** Crowned circular arms in Order chain **Rev. Legend:** X EINE FEINE MARK **Note:** Convention Thaler. Dav. #1905.

Date	Mintage	F	VF	XF	Unc	BU
1793	—	250	550	1,200	2,500	—
1794	—	300	700	1,500	3,000	—

KM# 60 THALER

28.0600 g., 0.8330 Silver 0.7515 oz. ASW **Ruler:** Friedrich Albrecht **Obv:** Bust left with medal on chest **Obv. Legend:** FRIED • ALBRECHT • FURST • ZU • ANHALT • BERNB • **Rev:** Crowned oval arms in sprays **Rev. Legend:** X EINE FEINE MARCK **Note:** Dav. #1906.

Date	Mintage	F	VF	XF	Unc	BU
1795 HS	—	225	450	950	1,900	—
1796 HS	—	225	450	950	1,900	—

KM# 58.1 2/3 THALER

14.0300 g., 0.8330 Silver 0.3757 oz. ASW **Ruler:** Friedrich Albrecht **Obv:** Crowned bear walking left on wall **Obv. Legend:** (rosette) ANHALT (rosette) BERNB: (rosette) CONV:M.... **Rev:** Inscription in sprays **Rev. Inscription:** XX / EINE FEINE / MARK

Date	Mintage	VG	F	VF	XF	Unc
1793	—	65.00	150	350	750	—

KM# 4 THALER

Silver **Ruler:** Viktor I Amadeus **Rev:** Miner standing with pick and ore trough, date **Note:** Dav. #2922.

Date	Mintage	VG	F	VF	XF	Unc
1711	—	1,000	2,000	4,000	6,500	9,500

KM# 22 THALER

Silver **Ruler:** Viktor II Friedrich **Obv:** Bust left **Obv. Legend:** VICT • FRID • D.G.P.ANH... **Rev:** Crowned arms **Rev. Legend:** NACH REICHS SCHROT VND KORN **Note:** Dav. #1901.

Date	Mintage	VG	F	VF	XF	Unc
1744 HS Rare	—	—	—	—	—	—

KM# 30 THALER

Silver **Ruler:** Viktor II Friedrich **Obv:** Crowned bear walking left on wall **Obv. Legend:** PERRVMPENDVM **Rev:** Crowned shield **Rev. Legend:** VICT. FRID. D: G. P. ANH... **Note:** Dav. #1902.

Date	Mintage	VG	F	VF	XF	Unc
1746 HCRF Rare	—	—	—	—	—	—

KM# 34 THALER

Silver **Ruler:** Viktor II Friedrich **Obv:** Crowned arms supported by bears **Obv. Legend:** VICT • FRID • D • G • P • ANH... **Rev:** Mining scene **Note:** Dav. #1903. Mining Thaler.

Date	Mintage	VG	F	VF	XF	Unc
1747 HCRF	—	500	1,000	2,250	4,250	—

KM# 23 2-1/2 THALER

3.3200 g., 0.9000 Gold 0.0961 oz. AGW **Ruler:** Viktor II Friedrich **Obv:** Bust right **Rev:** Crowned arms **Note:** Fr.#22.

Date	Mintage	VG	F	VF	XF	Unc
1744 HS	—	750	1,500	2,750	5,400	—

KM# 24 5 THALER

6.6500 g., 0.9000 Gold 0.1924 oz. AGW **Ruler:** Viktor II Friedrich **Obv:** Bust right **Rev:** Crowned arms **Note:** Fr#21.

Date	Mintage	VG	F	VF	XF	Unc
1744 HS	—	1,000	2,000	3,250	6,600	—

KM# 58.2 2/3 THALER

14.0300 g., 0.8330 Silver 0.3757 oz. ASW **Ruler:** Friedrich Albrecht **Obv:** Crowned bear walking left on wall **Obv. Legend:**

KM# 67 5 THALER

6.6500 g., 0.9000 Gold 0.1924 oz. AGW **Ruler:** Alexius Friedrich Christian **Obv:** Armored bust left **Rev:** Crowned arms within palms **Rev. Legend:** H - S/5. THALER/1796 **Note:** Fr.#24.

Date	Mintage	F	VF	XF	Unc	BU
1796 HS	—	600	1,200	2,500	4,500	—

GERMAN STATES — ANHALT-BERNBURG

TRADE COINAGE

KM# 11 DUCAT
3.5000 g., 0.9860 Gold 0.1109 oz. AGW **Ruler:** Viktor II Friedrich **Obv:** Crowned arms **Obv. Legend:** VICTOR FRID DG... **Rev:** Crowned bear walking left on wall **Rev. Legend:** PERRVMPNDVM **Note:** Fr. #20.

Date	Mintage	VG	F	VF	XF	Unc
1730 IIG	—	300	550	1,100	2,450	—
1733 IIG	—	300	550	1,100	2,450	—
1741 IIG	—	300	550	1,100	2,450	—
1744 HS	—	300	550	1,100	2,450	—
1750 IHS	—	300	550	1,100	2,450	—
1761 IGS	—	300	550	1,100	2,450	—

KM# 31 DUCAT
3.5000 g., 0.9860 Gold 0.1109 oz. AGW **Ruler:** Viktor II Friedrich **Rev. Legend:** PERRVMPENDVM (on banner)

Date	Mintage	VG	F	VF	XF	Unc
1746 HCRF	—	350	550	1,200	2,200	—
1747 HCRF	—	350	550	1,200	2,200	—

KM# 54 DUCAT
3.5000 g., 0.9860 Gold 0.1109 oz. AGW **Ruler:** Viktor II Friedrich **Obv:** Legend around arms **Obv. Legend:** SENIOR DOMVS **Rev:** PERRVMPENDVM (on banner)

Date	Mintage	VG	F	VF	XF	Unc
1761 IGS	—	450	850	2,000	3,600	—

PATTERNS

Including off metal strikes

KM#	Date	Mintage Identification	Mkt Val
Pn1	1744 HS	— Ducat. Silver. KM#11.	450
Pn2	1747 HCRF	— Ducat. Copper. KM#31.	—
Pn3	1758	— 1/6 Thaler. Gold. KM#44.	—
Pn4	1758	— 1/3 Thaler. Gold. KM#47.	—

ANHALT-BERNBURG-SCHAUMBURG-HOYM

The title to Schaumburg was inherited through marriage by a branch of Anhalt-Bernburg in 1692. The separate line of Anhalt-Bernburg-Schaumburg-Hoym was founded in 1707 and became extinct in 1812, the title then falling to Austria by marriage.

RULERS
Lebrecht, 1707-1727
Victor Amadeus Adolph, 1727-1772
Karl Ludwig, 1772-1806

MINT OFFICIALS' INITIALS

Initials	Date	Name
B(F)N	1764-90	Philipp Christian Bunsen, in Frankfurt am Main and
	1763-77	Georg Neumeister, warden in Frankfurt
S	1767-94	Heinrich Christian Andreas Siegel in Bernburg

DUCHY

REGULAR COINAGE

KM# 1 1/2 THALER (Convention)
11.7700 g., 0.9860 Silver 0.3731 oz. ASW **Ruler:** Karl Ludwig **Obv:** Inscription within inner circle, legend surrounds **Obv. Legend:** * CARL LUDWIG FURST ZU ANHALT SCHAUMBURG **Obv. Inscription:** GOTT / SEGNE FERNER / DAS HOLZAPPELER / BERGWERCK / FEIN SILBER / 1774 / .B.(F).N. **Rev:** Sun above mining camp and hills **Rev. Legend:** AN GOTTES SEGEN...

Date	Mintage	F	VF	XF	Unc	BU
1774 B(F)N/S	—	500	800	1,500	2,900	—

KM# 2 THALER (Convention)
23.5500 g., 0.9860 Silver 0.7465 oz. ASW **Ruler:** Karl Ludwig **Obv:** Inscription within inner circle, legend surrounds **Obv. Legend:** CARL LUDWIG FURST ZU ANHALT SCHAUMBURG * **Obv. Inscription:** GOTT / SEGNE FERNER / DAS HOLZAPPELER / BERGWERCK / FEIN SILBER / 1774 / .B.(F).N. **Rev:** Sun above mining camp and hills **Rev. Legend:** AN GOTTES SEGEN * 1ST ALLES GELEGEN * **Note:** Dav. #1907.

Date	Mintage	F	VF	XF	Unc	BU
1774 B(F)N/S	—	225	500	1,250	2,000	—

ANHALT-KOTHEN

Köthen has a checkered history after the patrimony of Heinrich the Fat in 1252. It was often ruled with other segments of the House of Anhalt. Founded as a separate line in 1603, became extinct in 1665 and passed to Plötzkau which changed the name to Köthen. It passed to Dessau after the death of Heinrich in 1847.

RULERS
Emanuel Lebrecht, 1671-1704
Leopold, 1704-1728
August Ludwig, 1728-1755

MINT OFFICIALS' INITIALS

Initials	Date	Name
AW	1750-51	Alexius Wegelin
CW	1688-1739	Christian Wermuth, die-cutter in Gotha

DUCHY

REGULAR COINAGE

KM# 30 3 PFENNIG
Billon **Ruler:** August Ludwig **Obv:** Arms **Rev:** 3 in orb

Date	Mintage	VG	F	VF	XF	Unc
1751 AW	—	35.00	100	200	350	—

KM# 31 4 PFENNIG
Billon **Ruler:** August Ludwig **Obv:** Arms **Rev:** Value

Date	Mintage	VG	F	VF	XF	Unc
1751 AW	—	70.00	200	450	750	—

KM# 32 6 PFENNIG
Billon **Ruler:** August Ludwig **Obv:** Arms **Rev:** Value

Date	Mintage	VG	F	VF	XF	Unc
1751 AW	—	20.00	60.00	150	300	500

KM# 33 1/24 THALER
Billon **Ruler:** August Ludwig **Obv:** Crowned AL monogram **Rev:** Value in wreath

Date	Mintage	VG	F	VF	XF	Unc
1751 AW	—	30.00	100	225	525	—

KM# 34 1/24 THALER
Billon **Ruler:** August Ludwig **Rev. Legend:** NACH DEM LEIPZIGER FVS

Date	Mintage	VG	F	VF	XF	Unc
1751 AW	—	10.00	25.00	55.00	110	—

KM# 35 1/12 THALER
Billon **Ruler:** August Ludwig **Obv:** Crowned AL monogram **Rev:** Value in wreath

Date	Mintage	VG	F	VF	XF	Unc
1751 AW	—	30.00	100	225	450	—

KM# 36 1/12 THALER
Billon **Ruler:** August Ludwig **Rev. Legend:** NACH DEM LEIPZIGER FUS

Date	Mintage	VG	F	VF	XF	Unc
1751 AW	—	10.00	25.00	50.00	100	—

KM# 28 1/3 THALER
Silver **Ruler:** August Ludwig **Obv:** Crowned shield above value **Obv. Legend:** D • G • AVGVST • LVDOVIC • P • ANH... **Rev:** Crowned bear walking left on wall **Rev. Legend:** INVIA NVLLA •

Date	Mintage	VG	F	VF	XF	Unc
1750 AW	—	40.00	110	225	450	—

KM# 24 2/3 THALER
Silver **Ruler:** August Ludwig **Obv:** Crowned shield with bear supporters, value below **Obv. Legend:** D.G. AVGVSTVS LVDOVICVS PRINCEPS AMHALT * **Rev:** Bear holding shield at left

Date	Mintage	VG	F	VF	XF	Unc
1747 IIG	—	75.00	200	400	800	—
1750 AW	—	75.00	200	400	800	—

KM# 23 THALER
Silver **Ruler:** August Ludwig **Subject:** Death of Emanuel Lebrecht **Obv:** Bust right, date **Rev:** Helmeted arms, VT FERT...

Date	Mintage	VG	F	VF	XF	Unc
1704 CW Rare	—	—	—	—	—	—

KM# 37 THALER (Reichsthaler)
Silver **Ruler:** August Ludwig **Obv:** Bust right **Rev:** Bear holding shield **Note:** Dav. #1910.

Date	Mintage	VG	F	VF	XF	Unc
1751 AW	—	200	425	850	1,750	—

KM# 25 4/3 REICHSTHALER
Silver **Ruler:** August Ludwig **Obv:** Crowned arms supported by bears **Obv. Legend:** D • G • AUGUSTUS LUDOVICUS PRINCEPS ANHALT **Rev:** Bear holding shield **Rev. Legend:** DVX SAX • ANGR • ET WESTPH... **Note:** Dav. #1908.

Date	Mintage	VG	F	VF	XF	Unc
1747 AW	—	350	900	1,800	3,000	—

KM# 26 1-1/3 REICHSTHALER
Silver **Ruler:** August Ludwig **Obv:** Armored bust right **Obv. Legend:** D • G • AVGVSTVS LVDOVICVS PRINCEPS ANHALT **Rev:** Bear holding shield **Rev. Legend:** DVX SAX • ANGR • ET WESTPH • COM • ASCAN • DOM • B • ET S * **Note:** Dav. #1909.

Date	Mintage	VG	F	VF	XF	Unc
1747 AW	—	250	650	1,250	2,500	—

TRADE COINAGE

KM# 27.1 DUCAT
3.5000 g., 0.9860 Gold 0.1109 oz. AGW **Ruler:** August Ludwig **Obv:** Crowned arms supported by bears **Obv. Legend:** D G • AVGVSTVS LVDOVICVS PRINCEPS ANHALT **Rev:** Bear holding shield **Note:** Fr.#26.

Date	Mintage	VG	F	VF	XF	Unc
1747 IIG	—	350	750	1,750	3,300	—
1751 AW	—	350	750	1,750	3,300	—

KM# 27.2 DUCAT
3.5000 g., 0.9860 Gold 0.1109 oz. AGW **Ruler:** August Ludwig **Obv:** Crowned arms with bear supporters **Rev:** Date in Roman numerals

Date	Mintage	VG	F	VF	XF	Unc
1747 IIG	—	500	1,000	2,000	4,500	—

KM# 38 DUCAT
3.5000 g., 0.9860 Gold 0.1109 oz. AGW **Ruler:** August Ludwig **Obv:** Head right **Rev:** Bear holding shield **Note:** Fr.#27.

Date	Mintage	VG	F	VF	XF	Unc
1751 AW	—	1,000	2,000	4,250	8,500	

TRIAL STRIKES

KM#	Date	Mintage	Identification	Mkt Val
TS1	1750	—	Ducat. Copper. Script AL monogram. Bear walking on wall. RECTO GRADU.	—

ANHALT-ZERBST

Zerbst was one of the major parts of the division of 1252. It was divided into Zerbst and Dessau in 1396 and absorbed Bernburg in 1486. Zerbst ceded to Dessau in 1508 and was given to the 4th son of Joachim Ernst in the division of 1603. It became extinct in 1793 and was divided between Dessau, Bernburg and Köthen.

RULERS
Carl Wilhelm, 1667-1718
Johann August, 1718-1742
Johann Ludwig and Christian August, 1742-1746
Christian August, alone, 1746-1747
Johanna Elisabeth von Holstein-Gottorp, Dowager
    Princess Regent, 1747-1752, died 1760
Friedrich August, 1747-1793

MINT OFFICIALS' INITIALS

Initials	Date	Name
GW	1701	
HCRF	1744-53	Heinrich Christian Rudolf Friese
HS, IHS	1744-53	Johann Heinrich Siegel in Harzgerode
IGS	1753-67	Johann Gottfried Siegel in Harzgerode
IIG, JJG	1727-28, 1747	Johann Jeremias Grundler in Stolberg

DUCHY
REGULAR COINAGE

KM# 49 HELLER
Copper **Ruler:** Friedrich August **Obv:** Bust right **Obv. Legend:** D • G • F •- A • P • A • **Rev:** Arms divide date, value below **Rev. Legend:** F • A • Z • L • M •, below; I. PFENNING

Date	Mintage	VG	F	VF	XF	Unc
1766	—	8.00	12.50	30.00	70.00	—

KM# 50 PFENNING
Copper, 24 mm. **Ruler:** Friedrich August **Obv:** Armored bust right **Obv. Legend:** D • G • F •- A • P • A • **Rev:** Arms divide date, value below **Rev. Legend:** F • A • Z • L • M •, below; I • PFENNING

Date	Mintage	VG	F	VF	XF	Unc
1766	—	8.00	12.50	30.00	70.00	—

KM# 51 PFENNING
Copper, 20 mm. **Ruler:** Friedrich August **Obv:** Armored bust right **Obv. Legend:** D • G • F •- A • P • A • **Rev:** Arms divide date, value below **Rev. Legend:** F • A • Z • L • M •, below; I • PFENNING

Date	Mintage	VG	F	VF	XF	Unc
1766	—	8.00	12.50	30.00	70.00	—

KM# 38 4 PFENNIG
1.5200 g., 0.1600 Silver 0.0078 oz. ASW **Ruler:** Johanna Elisabeth Died 1760 **Obv:** Crowned IEFA monogram **Rev:** Value, F. A. Z. L. M

Date	Mintage	VG	F	VF	XF	Unc
1749 HCRF	—	12.00	25.00	55.00	110	275
1749	—	12.00	25.00	55.00	110	275

KM# 53 4 PFENNIG
1.5200 g., 0.1600 Silver 0.0078 oz. ASW **Ruler:** Friedrich August **Obv:** Arms **Rev:** Value and date in circle, F. A. Z. L. M. across center

Date	Mintage	VG	F	VF	XF	Unc
1767	—	18.00	32.00	55.00	110	275

KM# 54 4 PFENNIG
1.5200 g., 0.1600 Silver 0.0078 oz. ASW **Ruler:** Friedrich August **Rev:** Without F. A. Z. L. M

Date	Mintage	VG	F	VF	XF	Unc
1767	—	20.00	35.00	60.00	120	300

KM# 39 6 PFENNIG (Sechser)
Billon **Ruler:** Friedrich August **Obv:** Crowned IEFA monogram **Rev:** Value, F. A. Z. L. M

Date	Mintage	VG	F	VF	XF	Unc
1749 HCRF	—	9.00	20.00	45.00	90.00	150
1749	—	9.00	20.00	45.00	90.00	150

KM# 46 16 PFENNIGE (4 Groschen)
2.4100 g., 0.4100 Silver 0.0318 oz. ASW **Ruler:** Friedrich August **Obv:** Armored bust right within wreath of laurel and palm **Rev:** Arms within sprays

Date	Mintage	VG	F	VF	XF	Unc
1764	—	40.00	65.00	110	225	325

KM# 47 32 PFENNIGE (10 Kreuzer)
3.9000 g., 0.5000 Silver 0.0627 oz. ASW **Ruler:** Friedrich August **Obv:** Bust right, date below **Rev:** Arms and value

Date	Mintage	Good	VG	F	VF	XF
1764	—	40.00	65.00	110	225	—

KM# 56.1 4 GROSCHEN
5.4000 g., 0.5410 Silver 0.0939 oz. ASW **Ruler:** Friedrich August **Obv. Inscription:** IV / GROSCHEN / F • A • Z • L • M **Rev:** Legend **Rev. Inscription:** LXXX/ E • F • MARCK / AD • NORMAM / CONVENTIO / NIS

Date	Mintage	F	VF	XF	Unc	BU
1767	—	15.00	60.00	135	275	—

KM# 56.2 4 GROSCHEN
5.4000 g., 0.5410 Silver 0.0939 oz. ASW **Ruler:** Friedrich August **Obv:** Legend and date **Obv. Legend:** F • A • F • Z • A • **Obv. Inscription:** IV / GROSCHEN / F • A • Z • L • M **Rev:** Legend **Rev. Inscription:** * LXXX * / E • F • MARCK / AD • NORMAM / CONVENTI / ONIS

Date	Mintage	F	VF	XF	Unc	BU
1767	—	15.00	60.00	135	275	—

KM# 41 8 GUTE GROSCHEN
Silver **Ruler:** Friedrich August **Obv:** Head right **Rev:** Value and date

Date	Mintage	VG	F	VF	XF	Unc
1758	—	12.00	30.00	60.00	120	—

KM# 36 GULDEN (2/3 Thaler)
Silver **Ruler:** Johann Ludwig and Christian August **Subject:** Death of Johann Ludwig

Date	Mintage	VG	F	VF	XF	Unc
1746	—	50.00	110	225	450	—

KM# 37 GULDEN (2/3 Thaler)
Silver **Ruler:** Christian August alone **Subject:** Death of Friedrich August's Father

Date	Mintage	VG	F	VF	XF	Unc
1747	—	50.00	110	225	450	—

KM# 44 GULDEN (2/3 Thaler)
Silver **Ruler:** Friedrich August **Subject:** Death of Johanna Eliszbeth **Obv:** Bust right **Rev:** 7-line inscription

Date	Mintage	VG	F	VF	XF	Unc
1760	—	50.00	110	225	450	—

KM# 42 1/48 THALER
Billon **Ruler:** Friedrich August **Obv:** Crowned FA monogram **Rev:** Value

Date	Mintage	VG	F	VF	XF	Unc
1758	—	10.00	20.00	40.00	80.00	—

KM# 55 16 PFENNIGE (4 Groschen)
2.4100 g., 0.4100 Silver 0.0318 oz. ASW **Ruler:** Friedrich August **Obv:** Arms **Rev:** Value and date in circle, value in Roman numerals

Date	Mintage	VG	F	VF	XF	Unc
1767	—	32.50	50.00	100	200	—

KM# 40 1/24 THALER (Groschen)
Billon **Ruler:** Friedrich August **Obv:** Crowned IEFA monogram **Rev:** Value, F. A. Z. L. M

Date	Mintage	VG	F	VF	XF	Unc
1749 HCRF	—	10.00	30.00	60.00	120	—
1749	—	10.00	30.00	60.00	120	—

KM# 43 1/12 THALER (Doppelgroschen)
Billon **Ruler:** Friedrich August

Date	Mintage	VG	F	VF	XF	Unc
1758	—	12.00	25.00	60.00	125	—

GERMAN STATES

ANHALT-ZERBST

KM# 52 1/6 THALER
Silver **Ruler:** Friedrich August **Obv:** Crowned monogram within branches **Obv. Legend:** AD. NORMAM · CONVENTIONIS **Rev:** Value and date within beaded circle, legend surrounds

Date	Mintage	F	VF	XF	Unc	BU
1766	—	50.00	110	225	450	—

KM# 31 2/3 THALER
Silver **Ruler:** Johann August **Obv:** Crowned monogram **Rev:** Crowned arms

Date	Mintage	VG	F	VF	XF	Unc
1728 JJG	—	100	200	400	675	—

KM# 32 2/3 THALER
Silver **Ruler:** Johann August **Obv:** Conjoined busts of Johann Ludwig and Christian August right **Obv. Legend:** D • G • IOH • LVD • & CHR • AVG • ANH • D • S • A • & W • C • A • D •... **Rev:** Crowned arms divide date

Date	Mintage	VG	F	VF	XF	Unc
1742	—	75.00	125	240	475	—

KM# 34 2/3 THALER
Silver **Ruler:** Johann Ludwig and Christian August **Subject:** Marriage of Johann Ludwig and Sophie Augustas **Obv:** Conjoined busts right **Obv. Legend:** D • G • IOAN • LVD • & • CHR • AVG • PR • ANH • D • SAX • CONCORDIA **Rev:** Date in chronogram

Date	Mintage	VG	F	VF	XF	Unc
1745	—	150	275	550	1,150	—

KM# 45.1 2/3 THALER
12.1000 g., 0.8750 Silver 0.3404 oz. ASW **Ruler:** Friedrich August **Obv:** Armored bust right **Rev:** Date in Roman numerals

Date	Mintage	F	VF	XF	Unc	BU
1763	—	300	500	900	1,800	—

KM# 45.2 2/3 THALER
12.1000 g., 0.8750 Silver 0.3404 oz. ASW **Ruler:** Friedrich August **Obv:** Armored bust right **Rev:** Date in Arabic numerals **Note:** Varieties exist.

Date	Mintage	F	VF	XF	Unc	BU
1767	—	300	500	900	1,800	—

KM# 58 THALER
Silver **Ruler:** Carl Wilhelm **Obv:** Bust right **Rev:** Helmeted arms, date in Roman numerals **Note:** Varieties exist. Dav. #1912

Date	Mintage	VG	F	VF	XF	Unc
1701 Rare	—	—	—	—	—	—
1701 GW Rare	—	—	—	—	—	—

KM# 57 THALER
28.0600 g., 0.8330 Silver 0.7515 oz. ASW **Ruler:** Friedrich August **Obv:** Armored bust right **Obv. Legend:** D • G • FRID • AUGUST • P • ANHALT+ D • S • A • & W • C • A • D • S • V • I • & • D • **Rev:** Helmeted arms with supporters **Rev. Legend:** ' DOMINI • GRATIA • SIT • NOBISCUM ', below arms: X • E • F • M • S •' F • A • Z • L • M • 1767 AD • NORMAM • CONVENTIONIS • **Note:** Dav. #1913.

Date	Mintage	VG	F	VF	XF	Unc
1767 Rare	—	—	—	—	—	—

KM# 30 2 THALER
Silver **Ruler:** Carl Wilhelm **Obv:** Bust right **Rev:** Helmeted arms, date in Roman numerals **Note:** Dav. #1911.

Date	Mintage	VG	F	VF	XF	Unc
1701 Rare	—	—	—	—	—	—

TRADE COINAGE

KM# 21 1/2 DUCAT
1.7500 g., 0.9860 Gold 0.0555 oz. AGW **Ruler:** Carl Wilhelm **Obv:** Head right **Rev:** Crowned monogram

Date	Mintage	VG	F	VF	XF	Unc
ND	—	350	800	1,750	3,800	—

KM# 33 DUCAT
3.5000 g., 0.9860 Gold 0.1109 oz. AGW **Ruler:** Johann Ludwig and Christian August **Obv:** Conjoined busts of Johann Ludwig and Christian August right **Rev:** Crowned arms divide date

Date	Mintage	VG	F	VF	XF	Unc
1742	—	250	550	1,350	2,750	—

KM# 35 DUCAT
3.5000 g., 0.9860 Gold 0.1109 oz. AGW **Ruler:** Johann Ludwig and Christian August **Subject:** Wedding of Sophia Augusta Frederika and Karl Peter Ulric **Obv:** Wedding inscription

Date	Mintage	VG	F	VF	XF	Unc
1745	—	525	1,050	1,750	2,700	—

KM# 48 DUCAT
3.5000 g., 0.9860 Gold 0.1109 oz. AGW **Ruler:** Friedrich August **Obv:** Bust right **Rev:** Arms and date

Date	Mintage	F	VF	XF	Unc	BU
1764	—	800	1,750	2,600	4,750	—
1767	—	700	1,450	2,300	4,400	—

PATTERNS
Including off metal strikes

KM#	Date	Mintage	Identification	Mkt Val
Pn4	1745	—	2/3 Thaler. Gold. KM#34.	—
Pn5	1767	—	16 Pfennige. Copper. KM#55.	175
Pn6	1767	—	4 Groschen. Copper. KM#56.1.	—
Pn7	1767	—	Thaler. Copper. KM#57.	—

ARENBERG

A small principality with lands between the present-day Belgian border and the Rhine, west of Koblenz. The earliest lords of Arenberg are mentioned in the 12th century. The title and lands passed in marriage to the countship of Mark from where a new line of Arenberg lords began in the 14th century. At the end of the 15th century branch lines were founded in Sedan, Lumain and Rochefort. The male line of Arenberg became extinct in 1541 and passed by marriage to Ligne-Barbancon in 1547. The new line was raised to the rank of count in 1549, to prince in 1576 and to that of duke in 1644. The right to mint coins was granted in 1570. Philipp Franz issued Arenberg's only 17th century thaler. The lands on the left bank of the Rhine were lost to France in 1801 and the remaining possessions were mediatized in 1810.

RULERS
Leopold Philipp Karl, 1691-1754
Under regency of Maria Henrietta, 1691-1706
Alone, 1706-1754
Karl Leopold, 1754-1778
Ludwig Engelbert, 1778-1803

PRINCIPALITY

REGULAR COINAGE

KM# 7 THALER
Silver **Ruler:** Ludwig Engelbert **Obv:** Bust right **Rev:** Crowned, mantled and supported arms, date below **Note:** Dav. #1914. Convention Thaler.

Date	Mintage	VG	F	VF	XF	Unc
1783	—	1,500	3,000	5,000	8,000	—

KM# 9 THALER
Silver **Ruler:** Ludwig Engelbert **Obv:** Bust right **Obv. Legend:** LVD • ENG • D • G • DVX • ARENBERGAE • S • R • I • P • **Rev:** Crowned and mantled arms **Rev. Legend:** X • EINE * MARCK • F • **Note:** Dav. #1915.

Date	Mintage	VG	F	VF	XF	Unc
1785	—	475	700	1,200	2,000	—

TRADE COINAGE

KM# 8 DUCAT
3.5000 g., 0.9860 Gold 0.1109 oz. AGW **Ruler:** Ludwig Engelbert **Obv:** Bust right **Obv. Legend:** SVD • ENG • D • G • DVX • ARENBERGAE • S • R • I • P • **Rev:** Crowned and mantled arms **Note:** Fr. #39.

Date	Mintage	VG	F	VF	XF	Unc
1783	—	2,250	3,750	7,000	11,500	—

PATTERNS
Including off metal strikes

KM#	Date	Mintage	Identification	Mkt Val
Pn1	1783	—	Ducat. Bronze. KM#8.	—

AUGSBURG

BISHOPRIC

Founded in the late 9th century in the city of Augsburg, the bishopric eventually extended as far as the Bavarian frontier on the north and east, to Tyrol on the south and to Upper Swabia on the west. The earliest episcopal coinage dates from the mid-10th century and issues continued through each of the next eight and one-half centuries. The bishopric was secularized in 1803 and was absorbed by Bavaria.

AUGSBURG — GERMAN STATES

RULERS
Alexander Sigismund von Pfalz-Neuburg, 1690-1737
Johann Franz von Stauffenberg, 1737-1740
Josef von Hessen-Darmstadt, 1740-1768
Clemens Wenzel, Prince of Poland and Saxony, Bishop, 1768-1803

MINT OFFICIALS' INITIALS

Initials	Date	Name
M	1717-41	Christian Ernst Muller
PHM	d.1718	Philipp Heinrich Muller, die-cutter and medailleur

REFERENCE
F = Gisela Förschner, Deutsche Münzen Mittelalter bis Neuzeit, v. 1 – Aachen bis Augsburg, Melsungen, 1984.

REGULAR COINAGE

KM# 21 HELLER
Copper **Ruler:** Clemens Wenzel **Obv:** Crowned arms **Rev:** Value and date

Date	Mintage	VG	F	VF	XF	Unc
1773	—	7.00	15.00	30.00	60.00	—

KM# 22 1/4 KREUZER
Copper **Ruler:** Clemens Wenzel **Obv:** Crowned arms, legend around border **Rev:** Value and date

Date	Mintage	VG	F	VF	XF	Unc
1773	—	7.00	15.00	30.00	60.00	—

KM# 23 1/2 KREUZER
Copper **Ruler:** Clemens Wenzel **Obv:** Crowned arms, legend around border **Rev:** Value and date

Date	Mintage	VG	F	VF	XF	Unc
1773	—	7.00	15.00	30.00	60.00	—

KM# 24 KREUZER
Copper **Ruler:** Clemens Wenzel **Obv:** Crowned arms, legend around border **Rev:** Value and date

Date	Mintage	VG	F	VF	XF	Unc
1773	—	7.00	15.00	30.00	60.00	—
1774	—	7.00	15.00	30.00	60.00	—
1775	—	7.00	15.00	30.00	60.00	—

KM# 25 10 KREUZER
Silver **Ruler:** Clemens Wenzel **Obv:** Bust right **Rev:** Crowned arms

Date	Mintage	VG	F	VF	XF	Unc
1773	—	16.00	37.00	65.00	135	—
1774	—	16.00	37.00	65.00	135	—
1775	—	16.00	37.00	65.00	135	—

KM# 26 20 KREUZER
Silver **Ruler:** Clemens Wenzel

Date	Mintage	VG	F	VF	XF	Unc
1773	—	20.00	55.00	110	225	—

KM# 27 1/48 THALER (2-1/2 Kreuzer)
Silver **Ruler:** Clemens Wenzel **Obv:** Crowned arms, legend around border **Rev:** Value and date

Date	Mintage	VG	F	VF	XF	Unc
1773	—	9.00	18.00	37.00	75.00	—

KM# 28 1/24 THALER (5 Kreuzer)
Silver **Ruler:** Clemens Wenzel **Obv:** Crowned arms, legend around border **Rev:** Value and date

Date	Mintage	VG	F	VF	XF	Unc
1773	—	12.00	25.00	55.00	110	—

KM# 17 1/4 THALER
Silver **Ruler:** Josef **Obv:** Mantles bust to right with cross on chest **Rev:** 2 adjacent crowned oval shields of arms in baroque frame, mitre above, date divided below **Rev. Legend:** URGET PLEBIS AMOR **Note:** Species.

Date	Mintage	VG	F	VF	XF	Unc
1744 M	—	250	600	1,200	2,400	—

KM# 18 1/2 THALER
Silver **Ruler:** Josef **Obv:** Bust right with cross on chest **Obv. Legend:** IOSEPH • D • G • EP • AUGUST • S • R • I • PR • LANDG • HASS • **Rev:** Mitre divides two crowned shields **Note:** Species.

Date	Mintage	VG	F	VF	XF	Unc
1744 M	—	140	275	550	1,150	—

KM# 19 THALER
Silver **Ruler:** Josef **Obv:** Mantled bust right with cross on chest **Obv. Legend:** IOSEPH • D • G • EP • AUGUST S • R • I • PR • LANDGR • HASS • **Rev:** Two adjacent crowned oval shields of arms in baroque frame, mitre above, date divided at bottom **Rev. Legend:** AUGUSTANO SACERDOTIO ORNATO ET AUCTO **Note:** Species. Dav. #1916.

Date	Mintage	VG	F	VF	XF	Unc
1744 M	—	100	250	600	1,500	3,500

TRADE COINAGE

KM# 15 DUCAT
3.5000 g., 0.9860 Gold 0.1109 oz. AGW **Ruler:** Alexander Sigismund **Obv:** Head to right, date below **Obv. Legend:** ALEX • SIG • D • G • EPISC • AVG • **Rev:** Large crown above 2 adjacent oval shields of arms in baroque frame **Rev. Legend:** C • P • R • B • I • C • - & • M • D • P • M • &c **Note:** Fr. 115.

Date	Mintage	VG	F	VF	XF	Unc
1708	—	600	1,250	2,850	4,500	—

KM# 20 DUCAT
3.5000 g., 0.9860 Gold 0.1109 oz. AGW **Ruler:** Josef **Obv:** Mantled bust right with cross on chest **Obv. Legend:** IOSEPH. D. G. EP. AUG. ... **Rev:** Two adjacent crowned oval shields of arms in baroque frame, mitre above, date divided below **Rev. Legend:** SPENDOR ET AUXILIUM. **Note:** Fr. 116.

Date	Mintage	VG	F	VF	XF	Unc
1744	—	450	1,000	2,250	4,200	—

KM# 16 2 DUCAT
7.0000 g., 0.9860 Gold 0.2219 oz. AGW **Ruler:** Alexander Sigismund **Obv:** Head right, date below **Obv. Legend:** ALEX • SIG • D • G • EPISC • AVG • **Rev:** Large crown above 2 adjacent oval shields of arms in baroque frame **Rev. Legend:** C • P • R • B • I • C • - & • M • D • P • M • &c **Note:** Fr. 114.

Date	Mintage	VG	F	VF	XF	Unc
1708	—	2,500	5,000	9,500	16,500	—

FREE CITY

Founded by the Romans about 15B.C. and named Augusta Vindelicorum in honor of the Emperor Augustus, the city was the site of a German imperial mint for several centuries from about the year 1000. In 1276, Augsburg was made a free imperial city, but did not receive the right to strike its own coins until 1521. Earlier date issues were produced under the office of the Imperial Chamberlain. Augsburg's coinage came to an end in 1805 and the city followed the bishopric into Bavarian envelopment in the following year.

MINT OFFICIALS' INITIALS

Initials	Date	Name
B	1731-56	Konrad Borer, die-cutter
CM, M	1714-41	Christian Ernst Müller, die-cutter
FH, F(A)H	1761-66	Frings, mint warden and Johann Christian Holeisen
FT	1758	Frings, mint warden and Thiebaud, die-cutter
PHM, M or *	1677-1718	Philipp Heinrich Müller, die-cutter
T, IT	1740-69	Jonas Peter Thiebaud, die-cutter
* or **	1775-82	Peter Neuss

REFERENCE
F = Albert von Forster, *Die Erzeugnisse der Stempelschneidekunst in Augsburg und Ph. H. Müller's nach meiner Sammlung beschrieben und die Augsburger Stadtmünzen,* Leipzig, 1910.

REGULAR COINAGE

KM# A23 HELLER
Copper **Obv:** Pine cone in cartouche divides date **Rev:** Cross in quatrefoil **Note:** Struck on rhomboid flan. Varieties exist.

Date	Mintage	VG	F	VF	XF	Unc
1701	—	6.00	20.00	35.00	65.00	—
1702	—	6.00	20.00	35.00	65.00	—
1703	—	6.00	20.00	35.00	65.00	—
1704	—	6.00	20.00	35.00	65.00	—
1705	—	6.00	20.00	35.00	65.00	—
1706	—	6.00	20.00	35.00	65.00	—
1707	—	6.00	20.00	35.00	65.00	—
1708	—	6.00	20.00	35.00	65.00	—

KM# 128 HELLER
Copper **Obv:** Pine cone divides date **Rev:** Eight-armed cross with rosette in center **Note:** Struck on octagonal flan. Varieties exist.

Date	Mintage	VG	F	VF	XF	Unc
1715	—	5.00	10.00	20.00	40.00	—
1718	—	5.00	10.00	20.00	40.00	—
1719	—	5.00	10.00	20.00	40.00	—
1721	—	5.00	10.00	20.00	40.00	—
1722	—	5.00	10.00	20.00	40.00	—
1723	—	5.00	10.00	20.00	40.00	—
1726	—	5.00	10.00	20.00	40.00	—
1728	—	5.00	10.00	20.00	40.00	—
1729	—	5.00	10.00	20.00	40.00	—
1730	—	5.00	10.00	20.00	40.00	—
1731	—	5.00	10.00	20.00	40.00	—
1733	—	5.00	10.00	20.00	40.00	—
1734	—	5.00	10.00	20.00	40.00	—
1735	—	5.00	10.00	20.00	40.00	—
1736	—	5.00	10.00	20.00	40.00	—
1737	—	5.00	10.00	20.00	40.00	—
1738	—	5.00	10.00	20.00	40.00	—
1739	—	5.00	10.00	20.00	40.00	—
1740	—	5.00	10.00	20.00	40.00	—

276 GERMAN STATES AUGSBURG

KM# 144 HELLER
Copper **Obv:** Pine cone in cartouche divides date **Rev:** Maltese cross in cartouche **Note:** Struck on octagonal flan. Varieties exist.

Date	Mintage	VG	F	VF	XF	Unc
1740	—	6.00	12.00	25.00	50.00	—
1741	—	6.00	12.00	25.00	50.00	—
1742	—	6.00	12.00	25.00	50.00	—
1743	—	6.00	12.00	25.00	50.00	—

KM# 150 HELLER
Copper **Obv:** Small pine cone in cartouche **Rev:** Cross divides date

Date	Mintage	VG	F	VF	XF	Unc
1744	—	5.00	11.00	22.00	45.00	—
1745	—	5.00	11.00	22.00	45.00	—
1746	—	5.00	11.00	22.00	45.00	—
1747	—	5.00	11.00	22.00	45.00	—

KM# 151 HELLER
Copper **Obv:** Larger pine cone in branches **Rev:** Cross divides date

Date	Mintage	VG	F	VF	XF	Unc
1744	—	5.00	11.00	22.00	45.00	—
1745	—	5.00	11.00	22.00	45.00	—
1747	—	5.00	11.00	22.00	45.00	—
1748	—	5.00	11.00	22.00	45.00	—
1749	—	5.00	11.00	22.00	45.00	—
1750	—	5.00	11.00	22.00	45.00	—
1751	—	5.00	11.00	22.00	45.00	—
1752	—	5.00	11.00	22.00	45.00	—
1753	—	5.00	11.00	22.00	45.00	—
1754	—	5.00	11.00	22.00	45.00	—
1755	—	5.00	11.00	22.00	45.00	—
1757	—	5.00	11.00	22.00	45.00	—
1758	—	5.00	11.00	22.00	45.00	—
1759	—	5.00	11.00	22.00	45.00	—
1775	—	5.00	11.00	22.00	45.00	—
1776	—	5.00	11.00	22.00	45.00	—

KM# 170 HELLER
Copper **Obv:** Pine cone in cartouche **Rev:** Cross divides date

Date	Mintage	VG	F	VF	XF	Unc
1760	—	5.00	11.00	22.00	45.00	—
1761	—	5.00	11.00	22.00	45.00	—
1763	—	5.00	11.00	22.00	45.00	—
1764	—	5.00	11.00	22.00	45.00	—
1765	—	5.00	11.00	22.00	45.00	—
1766	—	5.00	11.00	22.00	45.00	—
1769	—	5.00	11.00	22.00	45.00	—
1770	—	5.00	11.00	22.00	45.00	—
1771	—	5.00	11.00	22.00	45.00	—
1772	—	5.00	11.00	22.00	45.00	—
1773	—	5.00	11.00	22.00	45.00	—
1774	—	5.00	11.00	22.00	45.00	—
1775	—	5.00	11.00	22.00	45.00	—

KM# 188 HELLER
Copper **Obv:** Crowned arms **Rev:** Value, date

Date	Mintage	VG	F	VF	XF	Unc
1780	—	5.00	10.00	20.00	40.00	—
1782	—	5.00	10.00	20.00	40.00	—
1786	—	5.00	10.00	20.00	40.00	—
1788	—	5.00	10.00	20.00	40.00	—
1793	—	5.00	10.00	20.00	40.00	—
1796	—	5.00	10.00	20.00	40.00	—
1797	—	5.00	10.00	20.00	40.00	—
1798	—	5.00	10.00	20.00	40.00	—

KM# 129 PFENNIG
Copper **Obv:** Pine cone in circle **Rev. Inscription:** I / PFENNING / STATT / MYNZ / date

Date	Mintage	Good	VG	F	VF	XF
1715	—	6.00	10.00	20.00	40.00	—

KM# 164 PFENNIG
Copper **Obv:** Pine cone in branches **Rev:** Value and date

Date	Mintage	VG	F	VF	XF	Unc
1758 FT	—	7.00	15.00	30.00	60.00	—

KM# 168 PFENNIG
Copper **Obv:** Pine cone within cartouche **Rev:** Value and date

Date	Mintage	VG	F	VF	XF	Unc
1759	—	6.00	12.00	25.00	50.00	—
1761	—	6.00	12.00	25.00	50.00	—
1762	—	6.00	12.00	25.00	50.00	—
1763	—	6.00	12.00	25.00	50.00	—
1780	—	6.00	12.00	25.00	50.00	—

KM# 181 PFENNIG
Copper **Rev:** Legend without STADTMYNZ

Date	Mintage	VG	F	VF	XF	Unc
1764	—	6.00	12.00	25.00	50.00	—
1765	—	6.00	12.00	25.00	50.00	—
1766	—	6.00	12.00	25.00	50.00	—

KM# 189 PFENNIG
Copper **Obv:** Pine cone within shield **Rev:** Value, inscription and date **Rev. Inscription:** STADTMYNZ

Date	Mintage	VG	F	VF	XF	Unc
1780	—	6.00	12.00	25.00	50.00	—
1781	—	6.00	12.00	25.00	50.00	—
1782	—	6.00	12.00	25.00	50.00	—
1786	—	6.00	12.00	25.00	50.00	—
1789	—	6.00	12.00	25.00	50.00	—
1796	—	6.00	12.00	25.00	50.00	—
1797	—	6.00	12.00	25.00	50.00	—
1798	—	6.00	12.00	25.00	50.00	—
1799	—	6.00	12.00	25.00	50.00	—
1800	—	6.00	12.00	25.00	50.00	—

KM# 135 2 PFENNIG
Copper **Obv:** Pine cone within branches **Rev. Inscription:** II / PFENNIG / STADTMUNTZ / date

Date	Mintage	Good	VG	F	VF	XF
1725	—	6.00	11.00	22.00	45.00	—

KM# 165 2 PFENNIG
Copper **Obv:** Pine cone within branches **Rev:** Value, inscription and date

Date	Mintage	VG	F	VF	XF	Unc
1758 FT	—	5.00	11.00	22.00	45.00	—
1759	—	5.00	11.00	22.00	45.00	—

KM# 169 2 PFENNIG
Copper **Obv:** Pine cone within cartouche **Rev:** Value and date

Date	Mintage	VG	F	VF	XF	Unc
1759	—	6.00	12.00	25.00	50.00	—
1762	—	6.00	12.00	25.00	50.00	—
1763	—	6.00	12.00	25.00	50.00	—
1764	—	6.00	12.00	25.00	50.00	—
1765	—	6.00	12.00	25.00	50.00	—
1780 Star	—	6.00	12.00	25.00	50.00	—

KM# 182 2 PFENNIG
Copper **Rev:** Legend without STADMYNZ

Date	Mintage	VG	F	VF	XF	Unc
1764	—	6.00	12.00	25.00	50.00	—
1765	—	6.00	12.00	25.00	50.00	—
1766	—	6.00	12.00	25.00	50.00	—
1769	—	6.00	12.00	25.00	50.00	—

KM# 109 KREUZER
Silver **Obv:** Pine cone divides date within circle **Rev:** Crowned imperial eagle with 1 in orb circle, titles of Leopold **Note:** Varieties exist.

Date	Mintage	VG	F	VF	XF	Unc
1702	—	12.00	20.00	35.00	65.00	—
1703	—	12.00	20.00	35.00	65.00	—

KM# 116 KREUZER
Silver **Obv:** Pine cone divides date within circle **Rev:** Crowned imperial eagle with 1 in orb on breast, titles of Joseph I

Date	Mintage	VG	F	VF	XF	Unc
1706	—	—	—	—	—	—

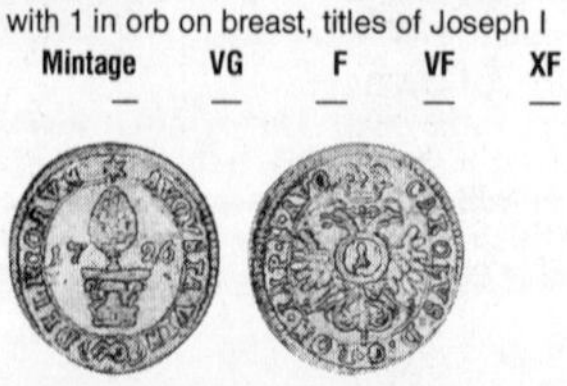

KM# 137 KREUZER
Silver **Obv:** Pine cone on pedestal divides date **Rev:** Crowned imperial eagle with 1 in orb on breast, titles of Karl VI **Note:** Varieties exist.

Date	Mintage	VG	F	VF	XF	Unc
1726	—	7.00	20.00	40.00	60.00	—

KM# 185 KREUZER
Billon **Obv:** Pine cone on pedestal divides date **Rev:** Crowned imperial eagle with 1 in orb on breast, titles of Joseph II

Date	Mintage	VG	F	VF	XF	Unc
1766 FH	—	18.00	37.00	75.00	150	—

KM# 166 2-1/2 KREUZER
Billon **Obv:** Pine cone in pot divides date **Rev:** Crowned double-headed imperial eagle, value below

Date	Mintage	VG	F	VF	XF	Unc
1758	—	30.00	60.00	125	260	—

KM# 167 5 KREUZER
Billon **Obv:** Pine cone on pedestal divides date and SW **Rev:** Crowned imperial eagle, value '5.K' below

Date	Mintage	VG	F	VF	XF	Unc
1758	—	22.00	45.00	90.00	185	—
1759	—	22.00	45.00	90.00	185	—

KM# 186 5 KREUZER
Billon

Date	Mintage	VG	F	VF	XF	Unc
1766 FH	—	17.50	37.00	75.00	150	—

KM# 171 10 KREUZER
Billon **Obv:** Pine cone on pedestal with value '10' **Rev:** Crowned imperial eagle with shield of oval arms on breast

Date	Mintage	VG	F	VF	XF	Unc
1760 T	—	18.00	37.00	75.00	150	—

KM# 176 10 KREUZER
Billon **Obv:** Pine cone on pedestal with value '10' between laurel and palm branches **Rev:** Crowned imperial eagle with oval shield of arms on breast

Date	Mintage	VG	F	VF	XF	Unc
1761 T-F(A)H	—	11.00	22.00	45.00	90.00	—
1763 T-F(A)H	—	11.00	22.00	45.00	90.00	—
1764 T-F(A)H	—	11.00	22.00	45.00	90.00	—
1765 T-F(A)H	—	11.00	22.00	45.00	90.00	—

KM# 172 20 KREUZER
Billon **Obv:** Pine cone on pedestal with value '20' **Rev:** Crowned imperial eagle

Date	Mintage	VG	F	VF	XF	Unc
1760 T	—	25.00	55.00	110	225	—

KM# 177 20 KREUZER
Billon **Obv:** Pine cone on pedestal within branches **Rev:** Crowned double-headed imperial eagle with shield on breast

Date	Mintage	VG	F	VF	XF	Unc
1761 T-F(A)H	—	18.00	37.00	75.00	150	—
1763 T-F(A)H	—	18.00	37.00	75.00	150	—
1764 T-F(A)H	—	18.00	37.00	75.00	150	—
1765 T-F(A)H	—	18.00	37.00	75.00	150	—

KM# 130 1/32 THALER
Silver **Obv:** Pine cone divides date within circle, XXXII EINEN... **Rev:** Crowned imperial eagle

Date	Mintage	VG	F	VF	XF	Unc
1715	—	85.00	175	350	675	—

KM# 131 1/16 THALER
Silver **Obv:** Pine cone divides date within circle, XVI EINEN... **Rev:** Crowned imperial eagle

Date	Mintage	VG	F	VF	XF	Unc
1715	—	75.00	150	300	600	—

KM# 117 1/8 THALER
Silver **Obv:** Pine cone between two river gods, crowned imperial eagle above, date below **Rev:** Bust of Josef I to right

Date	Mintage	VG	F	VF	XF	Unc
1708	—	—	—	—	—	—

KM# 125 1/8 THALER
Silver **Obv:** Pine cone between two branches, date above, '1/8' below **Rev:** Bust of Karl VI to right

Date	Mintage	VG	F	VF	XF	Unc
1713	—	—	—	—	—	—

KM# 136 1/8 THALER
Silver **Obv:** Pine cone between two branches, date above **Rev:** Crowned imperial eagle, orb with '1/8' on breast

Date	Mintage	VG	F	VF	XF	Unc
1725	—	200	550	1,100	2,250	—

KM# 118 1/4 THALER
Silver **Obv:** Pine cone on pedestal between two river gods, date below **Rev:** Bust of Josef I to right

Date	Mintage	VG	F	VF	XF	Unc
1708	—	—	—	—	—	—

KM# 126 1/4 THALER
Silver **Obv:** Crowned imperial eagle with pine cone in oval shield on breast, 1/4 below, date above **Rev:** Bust of Karl VI to right

Date	Mintage	VG	F	VF	XF	Unc
1713	—	—	—	—	—	—

AUGSBURG

exergue **Obv. Legend:** AVGVSTA - VINDELICORVM **Rev:** Laureate head to right **Rev. Legend:** FRANCISCVS. I. D. G. R. I. S. - A. GER. IER. REX. L. G. M. H. D.

Date	Mintage	VG	F	VF	XF	Unc
MDCCLXIII (1763)	—	150	300	600	1,200	—

KM# 120 THALER
Silver **Obv:** Crowned imperial eagle above pine cone supported by two river gods, date below **Rev:** Bust of Josef I right **Note:** Dav. #1917.

Date	Mintage	VG	F	VF	XF	Unc
1708	—	700	1,200	2,000	3,500	—

KM# 122.1 THALER
Silver **Obv:** Without orb on eagle's breast **Rev:** Karl VI **Note:** Dav. #1918.

Date	Mintage	VG	F	VF	XF	Unc
1711	—	700	1,200	2,000	3,500	—

KM# 154 1/4 THALER
Silver **Obv:** City view, R.N. date in cartouche below **Obv. Legend:** AUGUSTA VINDELICORUM **Rev:** Laureate armored bust to right **Rev. Legend:** FRANCISCUS I. - D. G. ROM. IMP. S. A.

Date	Mintage	VG	F	VF	XF	Unc
MDCCXLV (1745) T	—	135	275	550	1,100	—

KM# 155 1/4 THALER
Silver **Obv:** Large pine cone in baroque frame, R.N. date divided at bottom **Obv. Legend:** FRANCISCUS • I • - D • G • ROM • IMP • S • A • **Rev:** Armored bust of Franz I to right

Date	Mintage	VG	F	VF	XF	Unc
MDCCXLV (1745) T	—	125	250	500	1,000	—

KM# 119 1/2 THALER
Silver **Obv:** Crowned imperial eagle above pine cone supported by two river gods, date below **Rev:** Bust to right, titles of Josef I

Date	Mintage	VG	F	VF	XF	Unc
1708	—	700	1,400	2,200	4,000	—

KM# 127 1/2 THALER
Silver **Obv:** Crowned imperial eagle above pine cone supported by two river gods, date below **Rev:** Bust to right, titles of Karl VI

Date	Mintage	VG	F	VF	XF	Unc
1713	—	—	—	—	—	—
1725	—	—	—	—	—	—

KM# 156 1/2 THALER
Silver **Obv:** Pine cone on pedestal, AUGUSTA upwards on left, VINDEL downwwards on right, all in large ornate frame, large crown above **Rev:** Crowned imperial eagle, shield of arms on breast, holding sword and orb in claws **Rev. Legend:** FRANCISCUS. I. D.G. ROM. - IMP. SEMP. AUGUSTUS.

Date	Mintage	VG	F	VF	XF	Unc
1745 T	—	150	300	650	1,350	—

- DELICORUM • **Rev:** Laureate armored bust to right **Rev. Legend:** CAROLUS VII • D • - G • ROM • IMP • S • A • * **Note:** Dav. #1922.

Date	Mintage	F	VF	XF	Unc	BU
1743 IT	—	500	850	1,350	2,250	—

KM# 122.2 THALER
Silver **Obv:** Imperial eagle with orb on breast above large pine cone on pedestal, date in exergue **Obv. Legend:** AVGVSTA VIN - DELICORVM **Rev:** Bust to right **Rev. Legend:** CAROL • VI • D • G • R • - I • S • A • G • H • H • B • REX • **Note:** Dav. #1919.

Date	Mintage	VG	F	VF	XF	Unc
1725	—	200	350	600	1,000	—

Note: Coin illustrated is one inserted in a jewelry bezel

KM# 152 THALER
Silver **Obv:** City view beneath "all seeing eye of God," R.N. date in exergue **Obv. Legend:** AUGUSTA VINDELICORUM **Rev:** Laureate armored bust to right **Rev. Legend:** CAROLUS VII • D • - G • ROM • IMP • S • A • * **Note:** Dav. #1924.

Date	Mintage	F	VF	XF	Unc	BU
MDCCXLIV (1744) IT	—	400	750	1,250	2,200	—

KM# 157 THALER
Silver **Obv:** Seated figure with pine cone left **Obv. Legend:** AUGUSTA - VINDELIC • **Rev:** Laureate bust to right **Rev. Legend:** FRANCISCUS • I • D • - G • ROM • IMP • SEMP • AUG • **Note:** Dav. #1925.

Date	Mintage	VG	F	VF	XF	Unc
1745 IT	—	200	400	700	1,100	—
1745 T	—	200	400	700	1,100	—

KM# 173 1/2 THALER
Silver **Obv:** Pine cone on pedestal within crowned baroque frame, value 'XX. 1 F.M.' in cartouche below, date at end of legend **Rev:** Head to right, titles of Franz I **Rev. Legend:** FRANCISCVS I • D • G • R • I • S • A • GER • IER • REX • L • B • M • H • D •

Date	Mintage	VG	F	VF	XF	Unc
1760 T	—	75.00	150	300	600	—

KM# 145 THALER
Silver **Obv:** Large pine cone flanked by several river gods on each side, city view in upper background, Roman numeral date in cartouche at bottom **Obv. Legend:** AUGUSTA VINDELICORUM **Rev:** Armored laureate bust to right **Rev. Legend:** CAROLUS VI • D • G • - R • I • S • A • G • H • H • B • REX • **Note:** Dav. #1921.

Date	Mintage	F	VF	XF	Unc	BU
1740 IT	—	750	1,250	2,500	4,000	—

KM# 179 1/2 THALER
Silver **Subject:** Peace of Hubertusburg **Obv:** Full-length standing figure, pine cone on pedestal at right, R.N. date in

KM# 148 THALER
Silver **Obv:** Crowned imperial eagle, shield of pine cone arms on breast, date divided at bottom **Obv. Legend:** AVGVSTA • VIN

GERMAN STATES — AUGSBURG

KM# 174 THALER
Silver **Obv:** Crowned double-headed imperial eagle with arms on breast **Obv. Legend:** FRANCISCUS I • D • - G • ROM • IMP • SEMP • AUG **Rev:** Draped laureate bust of Franz I right **Rev. Legend:** AUGUSTA VINDELIC • - AD NORM • CONVENT • **Note:** Dav. #1926.

Date	Mintage	VG	F	VF	XF	Unc
1760	—	100	125	175	300	—

KM# 175 THALER
Silver **Obv:** Pine cone and river gods **Note:** Dav. #1927.

Date	Mintage	VG	F	VF	XF	Unc
1760	—	150	225	350	700	—

KM# 180 THALER
Silver **Obv:** Imperial eagle above city arms on pedestal with river gods at sides **Obv. Legend:** AUGUST: VIND • - AD NORM: CONV • **Rev:** Armored bust of Franz I right **Rev. Legend:** FRANCISCUS I • D: G • - ROM • IMP • SEMP • AUG • **Note:** Dav. #1928.

Date	Mintage	VG	F	VF	XF	Unc
1763 F(A)H	—	175	250	375	750	—

KM# 183 THALER
Silver **Obv:** Armored laureate bust of Franz I right **Obv. Legend:** AUGUSTA VINDELICOR: - AD NORM: CONVENTIO: **Rev:** Armored laureate bust of Franz I right **Rev. Legend:** FRANCISCUS I • D: G • - ROM • IMP • SEMP • AUG * **Note:** Dav. #1929.

Date	Mintage	VG	F	VF	XF	Unc
1764 T-F(A)H	—	75.00	100	150	225	—

KM# 184 THALER
Silver **Obv:** Crowned arms within branches **Obv. Legend:** AUGUSTA VINDELICOR • AD NORM • CONVENT • , X. EINE FEINE MARCK below **Rev:** Laureate head of Franz I right **Rev. Legend:** FRANCISCUS I • D • G • ROM • IMP • SEM • AUG • **Note:** Dav. #1930.

Date	Mintage	VG	F	VF	XF	Unc
1765 IT-F(A)H	—	75.00	100	150	225	—

of Karl VI **Rev. Legend:** D: G: CAROLUS VI: - ROM: IMP: S: AUGUSTUS • **Note:** Dav. #1920.

Date	Mintage	VG	F	VF	XF	Unc
1740 IT	—	1,450	2,250	3,500	5,000	—

KM# 153 2 THALER
Silver **Obv:** City view **Rev:** Crowned arms in branches with river gods at sides **Note:** Similar to 1 Thaler, KM#152. Dav. #1920.

Date	Mintage	VG	F	VF	XF	Unc
1744 IT Rare	—	—	—	—	—	—

TRADE COINAGE

KM# 132 1/2 DUCAT
1.7500 g., 0.9860 Gold 0.0555 oz. AGW **Obv:** Pine cone on pedestal, female figure seated at right, date in exergue **Obv. Legend:** AVGVSTA VINDELICORVM. **Rev:** Laureate head to right **Rev. Legend:** CAR. VI. D.G. R. - I. S. A. G. R. H. & B. R. **Note:** Fr. 90.

Date	Mintage	VG	F	VF	XF	Unc
1717	—	400	650	950	2,100	—

KM# 163 1/2 DUCAT
1.7500 g., 0.9860 Gold 0.0555 oz. AGW **Subject:** Celebrating the Middle of the Eighteenth Century **Obv:** Bust of Janus on pedestal within which is a pine cone **Rev:** Two oval arms in baroque frame, date in Roman numerals above **Note:** Fr, 105.

Date	Mintage	VG	F	VF	XF	Unc
1750	—	150	300	550	1,150	—

KM# 110 DUCAT
3.5000 g., 0.9860 Gold 0.1109 oz. AGW **Obv:** Pine cone between river gods, date divided at bottom **Obv. Legend:** AVGVSTA VINDELICOR. **Rev:** Bust to right **Rev. Legend:** LEOPOLDVS - D.G. R. I. S. A. P. F. **Note:** Fr. 75.

Date	Mintage	VG	F	VF	XF	Unc
1701	—	300	500	900	2,200	—

KM# 114 DUCAT
3.5000 g., 0.9860 Gold 0.1109 oz. AGW **Obv:** Figure seated left holding pine cone, R.N. date in exergue **Obv. Legend:** AVGVSTA VIN DELICOR. **Rev:** Laureate bust to right **Rev. Legend:** LEOPOLD - D.G. R. I. S. A. P. F. **Note:** Fr. 76.

Date	Mintage	VG	F	VF	XF	Unc
MDCCI (1701)	—	300	500	800	1,800	—
MDCCII (1702)	—	300	500	800	1,800	—

KM# 115 DUCAT
3.5000 g., 0.9860 Gold 0.1109 oz. AGW **Obv:** Figure seated left holding pine cone, R.N. date in exergue **Obv. Legend:** AVGVSTA VINDE - LICORVM. **Rev:** Laureate armored bust to right **Rev. Legend:** IOSEPH. D. - G. R. I. S. A. P. F. **Note:** Fr.

Date	Mintage	VG	F	VF	XF	Unc
MDCCV (1705)	—	300	500	800	1,800	—
MDCCVII (1707)	—	300	500	800	1,800	—

KM# 121 DUCAT
3.5000 g., 0.9860 Gold 0.1109 oz. AGW **Obv:** Pine cone between river gods, date in exergue **Rev:** Laureate bust to right **Note:** Fr, 83.

Date	Mintage	VG	F	VF	XF	Unc
1708	—	250	350	600	1,500	—
1711	—	250	350	600	1,500	—

KM# 124 DUCAT
3.5000 g., 0.9860 Gold 0.1109 oz. AGW **Subject:** Coronation of Karl VI **Obv:** Crowned eagle flying to left towards sun above, date in exergue divided by small pine cone and 2 horseshoes **Obv. Legend:** VIRTUTE - PATRUM. **Rev:** Laureate armored bust to right **Rev. Legend:** CAROL. VI. D.G. R. I. S. A. H. E. B. REX. **Note:** Fr. 84.

Date	Mintage	VG	F	VF	XF	Unc
1711	—	—	900	1,400	2,800	—

KM# 123 DUCAT
3.5000 g., 0.9860 Gold 0.1109 oz. AGW **Obv:** Crowned imperial eagle above large pine cone between 2 river gods, date in exergue **Obv. Legend:** AVGVSTA VIN - DELICORVM **Rev:** Laureate armored bust to right **Rev. Legend:** CAR • VI • D • G • R • I • S • A • G • H • H • & • B • RX • **Note:** Fr. 85-86.

Date	Mintage	VG	F	VF	XF	Unc
1711	—	250	350	600	1,500	—
1714	—	250	350	600	1,500	—
1715	—	250	350	600	1,500	—

KM# 133 DUCAT
3.5000 g., 0.9860 Gold 0.1109 oz. AGW **Subject:** 200th Anniversary of the Reformation **Obv:** Radiant sun above and left of sailboat **Rev:** 9-line inscription **Note:** Fr. 87.

Date	Mintage	VG	F	VF	XF	Unc
1717	—	—	300	600	1,400	—

KM# 134 DUCAT
3.5000 g., 0.9860 Gold 0.1109 oz. AGW **Subject:** Bicentennial of the Reformation and the evangelical school students **Obv:** 7-line inscription with date, small pine cone below **Obv. Inscription:** ZWEY / HUNDERT / AHRIGES IUBEL / GED/ECHTNVS / FUR DIE EVANGEL. / SCHUL IUGENT / (date) **Rev:** Angel flying with Bible **Rev. Legend:** FURCHTET GOTT VND GEBT IHM DIE EHRE.

Date	Mintage	VG	F	VF	XF	Unc
1717 Rare	—	—	—	—	—	—

KM# 138 DUCAT
3.5000 g., 0.9860 Gold 0.1109 oz. AGW **Obv:** Arms left of standing figure, date divided below **Obv. Legend:** AVGVSTA VINDELICORVM • **Rev:** bust of Karl VI right **Rev. Legend:** CAROL • VI • - D • G • ROM • IMP • S • A •

Date	Mintage	VG	F	VF	XF	Unc
1726 B	—	250	350	600	1,500	—

KM# 139 DUCAT
3.5000 g., 0.9860 Gold 0.1109 oz. AGW **Subject:** 200th Anniversary of Augsburg Confession **Obv:** Harbor scene **Rev:** Date in chronogram

Date	Mintage	VG	F	VF	XF	Unc
1730	—	—	250	500	1,400	—

KM# 140 DUCAT
3.5000 g., 0.9860 Gold 0.1109 oz. AGW **Obv:** Book on table, figure at each side, pine cone at lower left, date below **Rev:** Six-line inscription

Date	Mintage	VG	F	VF	XF	Unc
1730	—	—	200	400	1,000	—

KM# 146 2 THALER
Silver **Obv:** Crowned arms in branches with river gods at sides **Obv. Legend:** LIB: S: R: I: CIVIT: AUGUSTA VINDEL: **Rev:** Titles

AUGSBURG

Date	Mintage	VG	F	VF	XF	Unc
1762 T-F(A)H	—	600	1,250	2,250	3,900	—
1763 T-F(A)H	—	500	1,100	2,000	3,600	—

KM# 141 DUCAT
3.5000 g., 0.9860 Gold 0.1109 oz. AGW **Obv:** Inscription beneath arabesque design **Rev:** Opened book with date on pages in front of menorah, pine cone below

Date	Mintage	VG	F	VF	XF	Unc
1730	—	—	250	500	1,200	—

KM# 142 DUCAT
3.5000 g., 0.9860 Gold 0.1109 oz. AGW **Obv:** Pine cone between river gods, date divided below **Obv. Legend:** AVGVSTA VINDELIC **Rev:** Bust of Karl VI right **Rev. Legend:** CAROL • VI • D • G • ROM • IMP • S • A •

Date	Mintage	VG	F	VF	XF	Unc
1737 M	—	300	500	800	1,800	—
1737 B	—	300	500	800	1,800	—
1738 B	—	300	500	800	1,800	—

KM# 147 DUCAT
3.5000 g., 0.9860 Gold 0.1109 oz. AGW **Subject:** Karl VII **Obv:** Seated figure holding pine cone left **Obv. Legend:** AUGUSTA - VINDELIC • **Rev:** Laureate bust right **Rev. Legend:** CAROLUS • VII • D • G • ROM • IMP • S • A •

Date	Mintage	VG	F	VF	XF	Unc
1742 IT	—	250	350	600	1,500	—

KM# 149 DUCAT
3.5000 g., 0.9860 Gold 0.1109 oz. AGW **Obv:** Castles above arms within cartouche **Obv. Legend:** CAROLUS VII • D • G • ROM • IMP • S • A • **Rev:** Armored bust of Karl VII right **Rev. Legend:** CAROLUS VII • D • G • ROM • IMP • S • A •

Date	Mintage	VG	F	VF	XF	Unc
1743 IT	—	300	550	1,000	2,100	—

KM# 158 DUCAT
3.5000 g., 0.9860 Gold 0.1109 oz. AGW **Subject:** Franz I **Obv:** Crowned double-headed imperial eagle above city arms on pedestal flanked by river gods **Obv. Legend:** AUGUSTA • VIN - DELICORUM • **Rev:** Laureate bust right **Rev. Legend:** FRANCISCUS I • - D • G • ROM • IMP • SEM • AV •

Date	Mintage	VG	F	VF	XF	Unc
1745 T	—	400	800	1,300	2,400	—

KM# 178 DUCAT
3.5000 g., 0.9860 Gold 0.1109 oz. AGW **Obv:** Pine cone on pedestal, branch curling around top **Obv. Legend:** AVGVSTA VIN - DELICORVM * **Rev:** Head of Franz I right **Rev. Legend:** FRANC•I•D•G•R•I•S•A•GER•IER•REX•L•B•M•H•D•

KM# 187 DUCAT
3.5000 g., 0.9860 Gold 0.1109 oz. AGW **Subject:** Josef II **Obv:** Crowned arms within ornate frame **Obv. Legend:** AUGUSTA VINDELIC • **Rev:** Armored bust right **Rev. Legend:** IOSEPHUS II • - D • G • RO • IMP • S • A •

Date	Mintage	F	VF	XF	Unc	BU
1767 T		600	1,000	1,800	3,300	—

KM# 143 2 DUCAT
7.0000 g., 0.9860 Gold 0.2219 oz. AGW **Obv:** Pine cone between 2 river gods, date in exergue **Rev:** Laureate bust of Karl VI right **Note:** Fr. 91.

Date	Mintage	VG	F	VF	XF	Unc
1738 B Rare	—	—	—	—	—	—

KM# A158 2 DUCAT
7.0000 g., 0.9860 Gold 0.2219 oz. AGW **Obv:** City view, R.N. date in cartouche below **Obv. Legend:** AUGUSTA VINDELICORUM **Rev:** Laureate armored bust to right **Rev. Legend:** FRANCISCUS I. - D. G. ROM. IMP. S. A. **Note:** Struck with 1/4 Thaler dies, KM#154. Fr. 102.

Date	Mintage	VG	F	VF	XF	Unc
MDCCXLV (1745) T	—	2,200	4,400	7,200	12,000	—

KM# B158 2 DUCAT
7.0000 g., 0.9860 Gold 0.2219 oz. AGW **Obv:** Pine cone in baroque frame with city wall and towers above, R.N. date divided at bottom **Obv. Legend:** AUGUSTA VIN - DELICORUM **Rev:** Laureate armored bust to right **Rev. Legend:** FRANCISCUS I. - D. G. ROM. IMP. S. A. **Note:** Struck with 1/4 Thaler dies, KM#155. Fr. 100.

Date	Mintage	VG	F	VF	XF	Unc
MDCCXLV (1745) T	—	2,200	4,400	7,200	12,000	—

KM# C158 3 DUCAT
10.5000 g., 0.9860 Gold . 0.3328 oz. AGW **Obv:** City view, Roman numeral date in cartouche below **Obv. Legend:** AUGUSTA VINDELICORUM **Rev:** Laureate armored bust to right **Rev. Legend:** FRANCISCUS I. - D. G. ROM. IMP. S. A. **Note:** Struck with 1/4 Thaler dies, KM#154. Fr. 101.

Date	Mintage	VG	F	VF	XF	Unc
MDCCXLV (1745) T	—	3,300	6,100	10,500	17,500	—

KM# D158 3 DUCAT
10.5000 g., 0.9860 Gold . 0.3328 oz. AGW **Obv:** Pine cone in baroque frame, city walls and gates above, R.N. date divided at bottom **Obv. Legend:** AUGUSTA VI - DELICORUM **Rev:** Laureate armored bust to right **Rev. Legend:** FRANCISCUS I. - D. G. ROM. IMP. S. A. **Note:** Struck with 1/4 Thaler dies, KM#155. Fr. 99.

Date	Mintage	VG	F	VF	XF	Unc
MDCCXLV (1745) T	—	3,300	6,100	10,500	17,500	—

KM# A176 6 DUCAT
21.0000 g., 0.9860 Gold . 0.6657 oz. AGW **Obv:** Pine cone in baroque frame, city walls and towers above, date at end of legend **Obv. Legend:** AVGUSTA VINDEL. AD - NORM. CONVENT. **Rev:** Laureate head to right **Rev. Legend:** FRANCISCVS. I. D. G. R. I. S. A. GER. IER. REX. L. B. M. H. D. **Note:** Struck with 1/2 Thaler dies, KM#173. Fr. 106.

Date	Mintage	VG	F	VF	XF	Unc
1760 T Rare	—	—	—	—	—	—

KM# A181 6 DUCAT
21.0000 g., 0.9860 Gold . 0.6657 oz. AGW **Subject:** Peace of Hubertusburg **Obv:** Full-length facing figure, pine cone on pedestal to right, R.N. date in exergue **Obv. Legend:** AVGVSTA - VINDELICORVM **Rev:** Laureate head to right **Rev. Legend:** FRANCISCVS I. D. G. R. I. S. - A. GER. IER. REX. L. B. M. H. D. **Note:** Struck with 1/2 Thaler dies, KM#179. Fr. 108.

Date	Mintage	VG	F	VF	XF	Unc
MDCCLXIII (1763) T	—	—	—	17,500	27,500	—

KM# A149 10 DUCAT
35.0000 g., 0.9860 Gold 1.1095 oz. AGW **Obv:** Crowned imperial eagle, pine cone in shield on breast, date divided at bottom **Obv. Legend:** AUGUSTA. VIN - DELICORUM. **Rev:** Laureate armored bust to right **Rev. Legend:** CAROLUS. VII. D. - G. ROM. IMP. S. A. **Note:** Struck with Thaler dies, KM#148. Fr. 95.

Date	Mintage	VG	F	VF	XF	Unc
1743 IT Rare	—	—	—	—	—	—

KM# A154 10 DUCAT
35.0000 g., 0.9860 Gold 1.1095 oz. AGW **Obv:** Large city view, R.N. date in exergue **Obv. Legend:** AUGUSTA VINDELICORUM **Rev:** Laureate armored bust to right **Rev. Legend:** CAROLUS VII. D. - G. ROM. IMP. S. A. **Note:** Struck with Thaler dies, KM#152. Fr. 97.

Date	Mintage	VG	F	VF	XF	Unc
MDCCXLIV (1744) IT Rare	—	—	—	—	—	—

KM# A147 12 DUCAT
42.0000 g., 0.9860 Gold 1.3314 oz. AGW **Obv:** Large pine cone flanked by several river gods on each side, city view in upper background, R.N. date in cartouche at bottom **Obv. Legend:** AUGUSTA VINDELICORUM **Rev:** Laureate armored bust to right **Rev. Legend:** CAROLUS. VI. D. G. - R. I. S. A. G. H. H. B. REX. **Note:** Struck with Thaler dies, KM#145. Fr. 93.

Date	Mintage	VG	F	VF	XF	Unc
MDCCXL (1740) IT Rare	—	—	—	—	—	—

KM# E158 12 DUCAT
42.0000 g., 0.9860 Gold 1.3314 oz. AGW **Obv:** Seated female figure holding pine cone to left **Obv. Legend:** AUGUSTA - VINDELIC. **Rev:** Laureate armored bust to right **Rev. Legend:** FRANCISCUS. I. D. - G. ROM. IMP. SEMP. AUG. **Note:** Struck with Thaler dies, KM#157. Fr. 103.

Date	Mintage	VG	F	VF	XF	Unc
1745 T Rare	—	—	—	—	—	—

PATTERNS
Including off metal strikes

KM#	Date	Mintage	Identification	Mkt Val
Pn8	1702	—	Heller. Silver. KM#23	85.00
Pn9	1707	—	Heller. Gold. KM#23	750
Pn1	1708	—	2 Ducat. Silver. KM#16	150
Pn11	1717	—	Ducat. Silver. KM#134	120
Pn10	1717	—	Ducat. Silver. KM#133	135
Pn12	1730	—	Ducat. Silver. KM#139	150
Pn13	1730	—	Ducat. Silver. KM#140	100
Pn14	1730	—	Ducat. Silver. KM#141	120
Pn15	1731	—	Heller. Silver. KM#128	120
Pn16	1731	—	Heller. Gold. KM#128	850
Pn17	1734	—	Heller. Gold. KM#128	850
Pn18	1735	—	Heller. Silver. KM#128	120
Pn19	1736	—	Heller. Silver. KM#128	120
Pn20	1736	—	Heller. Gold. KM#128	850
Pn21	1737	—	Heller. Silver. KM#128	120
Pn22	1737	—	Heller. Gold. KM#128	850
Pn23	1738	—	Heller. Silver. KM#128	120
Pn24	1738	—	Heller. Gold. KM#128	850
Pn25	1739	—	Heller. Silver. KM#128	120
Pn26	1739	—	Heller. Gold. KM#128	850

KM#	Date	Mintage	Identification	Mkt Val
Pn28	1740	—	Heller. Silver. KM#144	90.00
Pn27	1740	—	Heller. Silver. KM#128	120
Pn30	1742	—	Heller. Silver. KM#144	90.00
Pn31	1742	—	Heller. Gold. KM#144	850
Pn32	1743	—	Heller. Silver. KM#144	90.00
Pn33	1743	—	Heller. Gold. KM#144	850
Pn35	1744	—	Heller. Gold. KM#150	—
Pn36	1744	—	Heller. Silver. KM#151	—
Pn34	1744	—	Heller. Silver. KM#150	—
Pn37	1744 IT	—	Thaler. Gold. KM#152	—
Pn38	1745	—	Heller. Gold. KM#150	—
Pn39	1745	—	Heller. Silver. KM#151	—
Pn45	1749	—	Heller. Silver. KM#151	—
Pn46	1749	—	Heller. Gold. KM#151	—
Pn47	1750	—	1/2 Ducat. Silver. KM#163	—
Pn48	1752	—	Heller. Silver. KM#151	—

GERMAN STATES

AUGSBURG

KM#	Date	Mintage	Identification	Mkt Val
Pn49	1752	—	Heller. Gold. KM#151	—
Pn50	1753	—	Heller. Gold. KM#151	—
Pn51	1754	—	Heller. Silver. KM#151	—
Pn52	1756	—	Heller. Silver. KM#151	—
Pn53	1756	—	Heller. Gold. KM#151	—
Pn54	1757	—	Heller. Gold. KM#151	—
Pn55	1759	—	Pfennig. Silver. KM#168	—
Pn56	1760	—	Heller. Silver. KM#170	—
Pn59	1764	—	Heller. Gold. KM#170	—
Pn60	1775	—	Heller. Gold. KM#151	—
Pn61	1775	—	Heller. Gold. KM#170	—
Pn62	1776	—	Heller. Gold. KM#151	—
Pn63	1786	—	Heller. Silver. KM#188	—
Pn64	1796	—	Heller. Silver. KM#188	—

BADEN

The earliest rulers of Baden, in the southwestern part of Germany along the Rhine, descended from the dukes of Zähringen in the late 11th century. The first division of the territory occurred in 1190, when separate lines of margraves were established in Baden and in Hachberg. Immediately prior to its extinction in 1418, Hachberg was sold back to Baden, which underwent several minor divisions itself during the next century. Baden acquired most of the Countship of Sponheim from Electoral Pfalz near the end of the 15th century. In 1515, the most significant division of the patrimony took place, in which the Baden-Baden and Baden-(Pforzheim) Durlach lines were established.

ARMS

Baden – diagonal bar from upper left to lower right
Sponheim – checkerboard

The usual arrangement is 4-fold arms of Baden quartered with Sponheim.

REFERENCE

W = Friedrich Wielandt, *Badische Münzen- und Geldgeschichte*, 3rd edn., Karlsruhe, 1979

BADEN-BADEN LINE
Margraviate

RULERS

Ludwig Wilhelm, 1677-1707
Ludwig Georg, 1707-1761
Under Regency of his Mother, Francisca Sibylla until 1727
August Georg, 1761-1771

ARMS

Baden – diagonal bar from upper left to lower right
The usual arrangement is shield of 4-fold arms of Baden quartered with Sponheim

MINT OFFICIALS' INITIALS

Initials	Date	Name
IPB	Ca.1704	Johann Peter Bischof in Würzburg

REGULAR COINAGE

KM# 18 60 KREUZER (Gulden)
Silver **Ruler:** Ludwig Wilhelm **Obv:** Bust right, value 60 (kreuzer) below **Rev:** Crowned arms, date left, initials right, surrounded by Order of the Golden Fleece

Date	Mintage	VG	F	VF	XF	Unc
1704 IPB	—	200	400	750	1,500	—

TRADE COINAGE

KM# 19 DUCAT
3.5000 g., 0.9860 Gold 0.1109 oz. AGW **Ruler:** Ludwig Georg
Subject: Peace of Rastatt **Obv:** Conjoined busts of Francisca Sibylla and Ludwig Georg right **Rev. Designer:** Crown above two oval arms

Date	Mintage	VG	F	VF	XF	Unc
1714	—	450	850	1,500	2,500	—

KM# 20 2 DUCAT
7.0000 g., 0.9860 Gold 0.2219 oz. AGW **Ruler:** Ludwig Georg
Subject: Marriage of Ludwig Georg to Marianne von Schwarzenberg **Obv:** Two oval arms in cartouche **Rev:** 9-line inscription, date in R.N.

Date	Mintage	VG	F	VF	XF	Unc
MDCCXXI (1721) Rare	—	—	—	—	—	—

BADEN-DURLACH LINE

Although Baden-Durlach was founded upon the division of Baden in 1515, the youngest son of Christoph I did not begin ruling in his own right until the demise of his father. This part of Baden was called Pforzheim until 1565, when the margrave moved his seat from the former to Durlach, located to the west and nearer the Rhine. After the male line of Baden-Baden failed in 1771 and the two parts of Baden were reunited, the fortunes of the margraviate continued to grow. Karlsruhe, near Durlach, was developed into a well-planned capital city. The ruler was given the rank of elector in 1803, only to be raised to grand duke three years later. The monarchy came to an end in 1918, but had by this time become one of the largest states in Germany.

RULERS

Friedrich VII Magnus, 1677-1709
Karl IV Wilhelm, 1709-1738
Karl Friedrich, 1738-1811, under guardianship of grandmother Magdalena

Wilhelmine and uncle Karl August, 1738-1745
Margrave in all Baden, 1771-1803

MINT OFFICIALS' INITIALS

Initials	Date	Name
B	1778-1808	Johann Martin Buckle
B, HB	1790-1812	Johann Heinrich Boltschauser, die-cutter and mint warden
BC, CC, CBC	1742-51	Carl Benedikt von Carben
BG		
BIB	1707-33	Balthasar Johann Bethmann in Darmstadt
CS, S	1761-1811	Ernst Christoph Steinhauser, mint warden
GW, W	1760-79	Johann Georg Worscheler
H	1740-69	Johann Jakob Handmann, die-cutter
Gm HG	1769-79	Johann Jakob Hauter
IT	1740-69	Jonas Thiebaud (Thibaud), die-cutter in Augsburg
MS	1740-?	Martin Sorberg
S	1744-99	Anton Schaeffer
S	1763-70	Johann Christoph Schepp, die-cutter and engraver

Grand Duchy
REGULAR COINAGE

KM# 112 1/4 KREUZER
Copper **Obv:** Crowned arms **Rev:** Value and date within cartouche

Date	Mintage	VG	F	VF	XF	Unc
1766 S-W	—	12.00	30.00	60.00	120	—

KM# 70 1/2 KREUZER
Silver **Ruler:** Karl IV Wilhelm **Note:** Uniface. Crowned arms between two branches, value divides date below.

Date	Mintage	VG	F	VF	XF	Unc
1733	87,000	35.00	75.00	150	300	—

KM# 87 1/2 KREUZER
Silver **Note:** Crowned oval arms in ornate frame divides date.

Date	Mintage	VG	F	VF	XF	Unc
1741 Rare	228,000	—	—	—	—	—

KM# 97 1/2 KREUZER
Billon **Ruler:** Karl Friedrich **Note:** Uniface. Value in branches; date below.

Date	Mintage	VG	F	VF	XF	Unc
1749	60,000	6.00	15.00	40.00	100	—
1750	452,000	6.00	15.00	40.00	100	—

KM# 113 1/2 KREUZER
Copper **Ruler:** Karl Friedrich **Obv:** Crowned arms between two branches **Rev:** Value and date within cartouche

Date	Mintage	VG	F	VF	XF	Unc
ND	—	6.00	15.00	40.00	90.00	—
1766 S W	—	6.00	15.00	40.00	90.00	—

KM# 124 1/2 KREUZER
Copper **Obv:** Crowned arms between two branches **Rev:** Value within cartouche

Date	Mintage	VG	F	VF	XF	Unc
1772 S H	—	6.00	15.00	40.00	90.00	—

KM# 65 KREUZER
Silver **Ruler:** Karl IV Wilhelm **Obv:** Crowned arms between two branches **Rev:** Crowned double-C monogram divides value I-K, date below **Note:** Varieties exist.

Date	Mintage	VG	F	VF	XF	Unc
1732	—	12.00	30.00	60.00	120	—
1733	1,871,000	12.00	30.00	60.00	120	—
1734	25,000	12.00	30.00	60.00	120	—

KM# 78 KREUZER
Silver **Ruler:** Karl IV Wilhelm **Obv:** Crowned and mantled three-fold oval arms **Rev:** Inscription in wreath **Rev. Inscription:** I / KREU / TZER / date

Date	Mintage	VG	F	VF	XF	Unc
1736	1,389,000	8.00	20.00	45.00	100	—

KM# 98 KREUZER
Billon **Ruler:** Karl Friedrich **Obv:** Crowned arms within cartouche
Rev: Value and date within cartouche

Date	Mintage	VG	F	VF	XF	Unc
1749 BC Rare	34,000	—	—	—	—	—

KM# 101 KREUZER
Billon **Ruler:** Karl Friedrich **Obv:** Crowned monogram **Rev:** Value and date within cartouche

Date	Mintage	VG	F	VF	XF	Unc
1751 BC	1,235,000	8.00	20.00	45.00	100	—

KM# 114 KREUZER
Copper **Ruler:** Karl Friedrich **Obv:** Crowned arms between branches **Rev:** Value and date within cartouche

Date	Mintage	VG	F	VF	XF	Unc
1766 W	—	6.00	15.00	40.00	90.00	—

KM# 125 KREUZER
Copper **Obv:** Crowned arms between two branches **Rev:** Value and date within cartouche

Date	Mintage	VG	F	VF	XF	Unc
1772 H	—	6.00	15.00	40.00	90.00	—

KM# 99 ALBUS (2 Kreuzer)
Billon **Ruler:** Karl Friedrich **Obv:** Crowned monogram **Rev:** Value and date within cartouche **Note:** Coinage for Sponheim

Date	Mintage	VG	F	VF	XF	Unc
1749 BC	1,484,000	6.00	15.00	30.00	60.00	—
1750 BC	2,633,000	6.00	15.00	30.00	60.00	—
1751 BC	583,000	6.00	15.00	30.00	60.00	—
1751 BG	Inc. above	6.00	15.00	30.00	60.00	—

BADEN

KM# 80 2 KREUZER (1/2 Batzen)

Silver **Ruler:** Karl IV Wilhelm **Obv:** Crowned arms **Rev:** Value and date within wreath

Date	Mintage	VG	F	VF	XF	Unc
1737	2,324,000	15.00	32.00	65.00	135	—

KM# 81 2 KREUZER (1/2 Batzen)

Silver **Ruler:** Karl IV Wilhelm **Obv:** Crowned and mantled oval arms in cartouche **Rev:** 2 / KREU / ZER / date in cartouche

Date	Mintage	VG	F	VF	XF	Unc
1737	Inc. above	15.00	32.00	65.00	135	—

KM# 67 10 KREUZER (Zehner)

Silver **Ruler:** Karl IV Wilhelm **Obv:** Crowned eight-fold arms **Rev:** Value, date in four lines within circle **Note:** Varieties exist.

Date	Mintage	VG	F	VF	XF	Unc
1732	17,000	—	—	—	—	—

KM# 72 10 KREUZER (Zehner)

Silver **Ruler:** Karl IV Wilhelm **Rev:** In cartouche

Date	Mintage	VG	F	VF	XF	Unc
1733	7,770	—	—	—	—	—

KM# 88 2 KREUZER (1/2 Batzen)

Silver **Obv:** Arms within crowned mantle **Rev:** Value and date within cartouche

Date	Mintage	VG	F	VF	XF	Unc
1742	—	—	—	—	—	—
1742 BC	224,000	8.00	22.00	45.00	90.00	—
1743 BC	1,222,000	8.00	22.00	45.00	90.00	—

KM# 71 2-1/2 KREUZER

Silver **Ruler:** Karl IV Wilhelm **Obv:** Crowned monogram divides value **Rev:** Crowned arms within cartouche **Note:** Similar to 5 Kreuzer, KM#66 but value: 2-1/2 KR.

Date	Mintage	VG	F	VF	XF	Unc
1733	57,000	—	—	—	—	—

KM# 118 5 KREUZER

Billon **Ruler:** Karl Friedrich **Obv:** Head with armor right **Rev:** Crowned three-fold arms within branches

Date	Mintage	VG	F	VF	XF	Unc	BU
1767 S	174,000	25.00	60.00	130	260	—	—
1768 S	—	25.00	60.00	130	260	—	—
1768 S H	188,000	25.00	60.00	130	260	—	—
1772 S H	196,000	25.00	60.00	130	260	—	—
1775 S H	97,000	25.00	60.00	130	260	—	—

KM# 110 10 KREUZER (Zehner)

Silver **Ruler:** Karl Friedrich **Obv:** Head without armor right **Rev:** Crowned three-part arms in branches

Date	Mintage	VG	F	VF	XF	Unc
1765 S W	296,000	25.00	60.00	120	240	—

KM# 121 2-1/2 KREUZER

Billon **Ruler:** Karl Friedrich **Obv:** Crowned arms within branches **Rev:** Inscription within palms **Rev. Inscription:** BADEN / DURLACH / date

Date	Mintage	VG	F	VF	XF	Unc
1768 W	255,000	8.00	22.00	50.00	110	—

KM# 119 10 KREUZER (Zehner)

Silver **Ruler:** Karl Friedrich **Obv:** Head with armor right **Rev:** Crowned three-fold arms within branches

Date	Mintage	VG	F	VF	XF	Unc
1767 S W	105,000	20.00	50.00	100	210	—
1767 H W	Inc. above	20.00	50.00	100	210	—
1768 H W	56,000	20.00	50.00	100	210	—

KM# 106 3 KREUZER (1 Groschen)

Billon **Ruler:** Karl Friedrich **Obv:** Crowned arms within cartouche **Rev:** Value and date within cartouche

Date	Mintage	VG	F	VF	XF	Unc
1764 GW	—	6.00	15.00	30.00	60.00	—

KM# 122 10 KREUZER (Zehner)

Silver **Ruler:** Karl Friedrich **Obv:** Small head with armor right **Rev:** Crowned three-fold arms within branches

Date	Mintage	VG	F	VF	XF	Unc
1769 H W	—	16.00	40.00	85.00	175	—
1770 H W	—	16.00	40.00	85.00	175	—
1772 H W	37,000	16.00	40.00	85.00	175	—
1774 H W	34,000	16.00	40.00	85.00	175	—
1775 H W	49,000	16.00	40.00	85.00	175	—

KM# 66 5 KREUZER

Silver **Ruler:** Karl IV Wilhelm **Obv:** Crowned monogram within inner circle **Rev:** Crowned arms within cartouche

Date	Mintage	VG	F	VF	XF	Unc
1732	107,000	17.00	37.00	75.00	150	—
1733	464,000	17.00	37.00	75.00	150	—
1734	234,000	17.00	37.00	75.00	150	—
1735	120,000	17.00	37.00	75.00	150	—

KM# 77 5 KREUZER

Silver **Ruler:** Karl IV Wilhelm **Obv:** Crowned and mantled three-fold arms **Rev:** Value, date in five lines within wreath

Date	Mintage	VG	F	VF	XF	Unc
1735	Inc. above	17.00	37.00	75.00	150	—
1736	106,000	17.00	37.00	75.00	150	—

KM# 109 5 KREUZER

Billon **Ruler:** Karl Friedrich **Obv:** Head without armor right **Rev:** Crowned arms in branches

Date	Mintage	F	VF	XF	Unc	BU
1765 S W	170,000	30.00	70.00	150	300	—
1766 S W	—	30.00	70.00	150	300	—

KM# 91 12 KREUZER (3 Batzen)

Silver **Ruler:** Karl Friedrich **Obv:** Crowned three-fold arms **Rev:** Value and date within cartouche

Date	Mintage	F	VF	XF	Unc	BU
1746 CBC	236,000	35.00	75.00	150	300	—

KM# 92 12 KREUZER (3 Batzen)

Silver **Ruler:** Karl Friedrich **Obv:** Crowned three-fold arms within mantle **Rev:** Value, legend and date within cartouche

Date	Mintage	F	VF	XF	Unc	BU
1747 CBC	978,000	45.00	100	200	450	—
1747 BC	Inc. above	45.00	100	200	450	—
1748 BC	1,061,000	45.00	100	200	450	—
1750 BC	374,000	45.00	100	200	450	—

KM# 100 12 KREUZER (3 Batzen)

Silver **Ruler:** Karl Friedrich **Obv:** Crowned shield of multiple arms **Rev:** Value, legend and date within cartouche

Date	Mintage	F	VF	XF	Unc	BU
1750 BC Rare	Inc. above	—	—	—	—	—

KM# 89 12 KREUZER (Kipper)

Silver **Obv:** Arms within crowned mantle **Rev:** Value, legend and date within ornate circle

Date	Mintage	F	VF	XF	Unc	BU
ND1745 CC-MS	60,000	100	225	450	900	—

KM# 68 20 KREUZER

Silver **Obv:** Crowned oval three-fold arms in baroque frame **Rev:** Value, date in five lines within cartouche

Date	Mintage	VG	F	VF	XF	Unc
1732	18,000	25.00	55.00	110	225	—

KM# 90 12 KREUZER (3 Batzen)

Silver **Obv:** Crowned three-fold arms within Order chain **Rev:** Value, legend and date within cartouche

Date	Mintage	F	VF	XF	Unc	BU
1745 CBC	—	60.00	130	275	575	—
1745 BC	Inc. above	60.00	130	275	575	—

KM# 103 20 KREUZER

Silver **Ruler:** Karl Friedrich **Obv:** Head right **Obv. Legend:** CAROLUS FRID: D.G. MARCHIO BAD & H. **Rev:** Crowned arms on pedestal with value **Rev. Legend:** LX EINE FEINE - MARCK

Date	Mintage	VG	F	VF	XF	Unc
1763 S W	74,000	25.00	60.00	130	260	—

GERMAN STATES — BADEN

MARCHIO BAD & HOCH: **Rev:** Crowned three-fold arms **Rev. Legend:** AD NORMAM • CONVENTIONIS •, X.EINE FEINE MARCK. below **Note:** Dav. #1931.

Date	Mintage	VG	F	VF	XF	Unc
1763 S GW	4,659	100	150	225	475	—

KM# 107 20 KREUZER
Silver **Ruler:** Karl Friedrich **Obv:** Head right **Rev:** Crowned arms on pedestal with value

Date	Mintage	VG	F	VF	XF	Unc
1764 S W	—	25.00	60.00	120	245	—

KM# 93 1/2 THALER
Silver **Ruler:** Karl Friedrich **Obv:** Armored bust right **Obv. Legend:** CAR•FRID: D: G•MARCH•BAAD & H•**Rev:** Crowned and mantled arms

Date	Mintage	F	VF	XF	Unc	BU
1747 S BC	5,496	200	450	900	1,800	—

KM# 123 20 KREUZER
Silver **Ruler:** Karl Friedrich **Obv:** Head right **Obv. Legend:** CAROLUS FRID: D • G • MARCHIO BAD & H • **Rev:** Crowned three-fold arms within branches, value below **Rev. Inscription:** LX EINE FEINE MARCK

Date	Mintage	VG	F	VF	XF	Unc
1771 H W	43,000	20.00	50.00	100	210	—
1773 H W	167,000	20.00	50.00	100	210	—
1774 H W	37,000	35.00	75.00	150	300	—

KM# 115 1/2 THALER (1 Gulden)
14.0300 g., 0.8330 Silver 0.3757 oz. ASW **Ruler:** Karl Friedrich **Obv:** Armored bust right **Obv. Legend:** CAROLUS FRID: D.G. MARCHIO BAD & H. **Rev:** Crowned arms with griffin supporters **Rev. Legend:** ADNORMAM CONVENTIONIS •

Date	Mintage	VG	F	VF	XF	Unc
1766 S W	14,000	80.00	130	275	575	—

KM# 116 1/2 THALER (1 Gulden)
14.0300 g., 0.8330 Silver 0.3757 oz. ASW **Ruler:** Karl Friedrich **Rev:** Crowned arms with griffin supporters

Date	Mintage	VG	F	VF	XF	Unc
1766 S W	Inc. above	75.00	110	225	450	—
1767 S W	18,000	75.00	110	225	450	—
1768 S W	9,439	75.00	110	225	450	—

KM# 105 THALER (Convention)
28.6000 g., 0.8330 Silver 0.7659 oz. ASW **Ruler:** Karl Friedrich **Obv:** Head right **Obv. Legend:** CAROLUS FRIDERICUS • D.G. MARCHIO BAD & HOCHB • **Rev:** Crowned arms within branches **Note:** Dav. #1932.

Date	Mintage	VG	F	VF	XF	Unc
1763	Inc. above	125	200	300	550	—

KM# 108 THALER (Convention)
28.6000 g., 0.8330 Silver 0.7659 oz. ASW **Ruler:** Karl Friedrich **Obv:** Armored bust right **Obv. Legend:** CAROLUS FRID: D.G. MARCHIO BAD • ET H. **Rev:** Crowned arms with griffin supporters **Rev. Legend:** AD NORMAM CONVENTIONIS **Note:** Dav. #1933.

Date	Mintage	VG	F	VF	XF	Unc
1764 S W	17,000	90.00	135	225	475	—
1765 S W	520,000	90.00	135	225	475	—
1766 S W	367,000	90.00	135	225	475	—

KM# 130 20 KREUZER
Silver **Ruler:** Karl Friedrich **Obv:** Head right **Obv. Legend:** CAROLUS FR: D • G•MARCHIO BAD & H • **Rev:** Crowned three-fold arms within branches, value below **Rev. Legend:** LX EINE FEINE MARCK

Date	Mintage	VG	F	VF	XF	Unc
1779 H S	14,000	35.00	75.00	150	300	—

KM# 69 30 KREUZER (1/2 Gulden)
Silver **Ruler:** Karl IV Wilhelm **Obv:** Head right **Rev:** Crowned and mantled three-fold oval arms, value around, date divided below

Date	Mintage	VG	F	VF	XF	Unc
1733	4,440	45.00	80.00	150	300	—
1734	39,000	45.00	80.00	150	300	—
1735	446,000	45.00	80.00	150	300	—
1736	750,000	45.00	80.00	150	300	—

KM# 73 60 KREUZER
Silver **Ruler:** Karl IV Wilhelm **Obv:** Bust right **Rev:** Crowned oval eight-fold arms in baroque frame, date below

Date	Mintage	VG	F	VF	XF	Unc
1733	—	—	—	—	—	—

KM# 126 1/2 THALER (1 Gulden)
14.0300 g., 0.8330 Silver 0.3757 oz. ASW **Ruler:** Karl Friedrich **Obv:** Head right **Obv. Legend:** CAROLUS FRID • D: G • MARCHIO BAD • & H • **Rev:** Crowned arms within branches

Date	Mintage	VG	F	VF	XF	Unc
1774 H W	—	75.00	150	300	600	—
1778 H W	5,209	75.00	150	300	600	—
1779 S W	697	75.00	150	300	600	—

KM# 117 THALER (Convention)
28.6000 g., 0.8330 Silver 0.7659 oz. ASW **Ruler:** Karl Friedrich **Obv:** Armored bust right **Obv. Legend:** CAROLUS FRID: D • G • MARCHIO BAD • ET • H • **Rev:** Crowned arms with griffin supporters **Rev. Legend:** AD NORMAM - CONVENTIONIS, • X • EINE F • MARCK • **Note:** Dav. #1934.

Date	Mintage	VG	F	VF	XF	Unc
1766 S W	Inc. above	70.00	110	185	450	1,250
1767 S W	219,000	70.00	110	185	450	1,250
1768/7 S W	31,000	70.00	110	185	450	1,250
1768 H W	Inc. above	70.00	110	185	450	1,250
1772 H W	7,680	70.00	110	185	450	1,250

KM# 129.1 THALER (Convention)
28.6000 g., 0.8330 Silver 0.7659 oz. ASW **Ruler:** Karl Friedrich **Obv:** Head right **Obv. Legend:** CAROLUS FRID • D: G • MARCHIO BAD • & H • **Rev:** S below shield **Rev. Legend:** X EINE FEINE MARCK **Note:** Dav. #1935.

Date	Mintage	VG	F	VF	XF	Unc
1778 H//W	7,921	120	180	285	500	—
1778 IH//W	14,000	120	180	285	500	—
1779 H//S	2,677	120	180	285	500	—

KM# 86 60 KREUZER (Gulden)
Silver **Ruler:** Karl Friedrich **Obv:** Crowned and mantled arms **Rev:** Crowned 8-pointed cross with linked C's at angles

Date	Mintage	F	VF	XF	Unc	BU
1740 H	6,432	175	300	600	1,200	—

KM# 104 THALER (Convention)
28.6000 g., 0.8330 Silver 0.7659 oz. ASW **Ruler:** Karl Friedrich **Obv:** Head right **Obv. Legend:** CAROLUS FRID: D.G.

BAMBERG

KM# 79 DUCAT
3.5000 g., 0.9860 Gold 0.1109 oz. AGW Ruler: Karl IV Wilhelm
Rev: Crowned and mantled arms, date below

Date	Mintage	VG	F	VF	XF	Unc
1736 Rare	—	—	—	—	—	—

KM# 127 DUCAT
3.6500 g., 0.9350 Gold 0.1097 oz. AGW Ruler: Karl Friedrich
Subject: Birth of Twin Princesses Obv: Amalie Frederika of Hesse right Obv. Legend: AMAL • FRID • PRINC • HER • BAD • H • L • HASS • Rev: Crown above two shields of arms

Date	Mintage	F	VF	XF	Unc	BU
1776	—	500	1,000	1,650	3,300	—

KM# 83 DUCAT
3.5000 g., 0.9860 Gold 0.1109 oz. AGW Ruler: Karl IV Wilhelm
Obv: Value and date in circle with garlands in border Rev: Crowned arms with griffin supporters

Date	Mintage	VG	F	VF	XF	Unc
1737 IT	12,000	350	750	1,650	3,000	—

KM# 129.2 THALER (Convention)
28.6000 g., 0.8330 Silver 0.7659 oz. ASW Ruler: Karl Friedrich
Obv: Head right Obv. Legend: CAROLUS FRID • D • G •
MARCHIO BAD • & H • Rev: W below shield Rev. Legend: X EINE FEINE MARCK

Date	Mintage	VG	F	VF	XF	Unc
1778 IH/W	—	120	180	285	500	—

TRADE COINAGE

KM# 75 1/2 CAROLIN
4.8500 g., 0.7700 Gold 0.1201 oz. AGW Ruler: Karl IV Wilhelm
Obv: Armored bust right Rev: Four shields cruciform with linked C's in angles and Baden shield at center

Date	Mintage	VG	F	VF	XF	Unc
1734	—	708	650	1,200	2,500	5,400	—

KM# 74 CAROLIN
9.7000 g., 0.7700 Gold 0.2401 oz. AGW Ruler: Karl IV Wilhelm
Obv: Armored bust right Rev: Four shields cruciform with linked C's in angles and Baden shield at center

Date	Mintage	VG	F	VF	XF	Unc
1733	—	400	750	1,850	3,600	—
1734	—	400	750	1,850	3,600	—

KM# 76 CAROLIN
9.7000 g., 0.7700 Gold 0.2401 oz. AGW Ruler: Karl IV Wilhelm
Obv: Large armored bust right Rev: Crowned and mantled round arms, date below

Date	Mintage	VG	F	VF	XF	Unc
1734	—	400	750	1,850	3,600	—
1735	3,776	400	750	1,850	3,600	—

KM# 85 DUCAT
3.5000 g., 0.9860 Gold 0.1109 oz. AGW Obv: Crowned arms with griffin supporters Rev: Value and date in cartouche

Date	Mintage	VG	F	VF	XF	Unc
1738	177	300	675	1,150	2,200	—

KM# 128 DUCAT
3.6500 g., 0.9350 Gold 0.1097 oz. AGW Ruler: Karl Friedrich
Subject: Birth of Twin Princesses Obv: Heads facing each other
Rev: Inscription

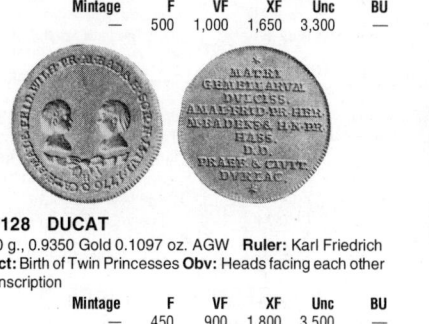

Date	Mintage	F	VF	XF	Unc	BU
1776	—	450	900	1,800	3,500	—

KM# 96 DUCAT
3.5000 g., 0.9860 Gold 0.1109 oz. AGW Ruler: Karl Friedrich
Obv: Armored bust right Rev: Crowned and mantled arms

Date	Mintage	VG	F	VF	XF	Unc
1747 BC	—	325	700	1,250	2,400	—

KM# 131 DUCAT
3.6500 g., 0.9350 Gold 0.1097 oz. AGW Ruler: Karl Friedrich
Subject: Birth of Prince Charles Obv: Bust right Obv. Legend: CAR • FRID • D • G • MARCH • BAD • Rev: Crowned and mantled arms

Date	Mintage	F	VF	XF	Unc	BU
1786 CS-B	—	500	950	1,900	3,750	—

KM# 84 2 DUCAT
7.0000 g., 0.9860 Gold 0.2219 oz. AGW Ruler: Karl IV Wilhelm
Obv: Value and date in ornamental tablet Rev: Crowned and mantled arms

Date	Mintage	VG	F	VF	XF	Unc
1737	—	1,000	1,850	3,850	7,500	—

KM# 94 1/4 DUCAT
0.8750 g., 0.9860 Gold 0.0277 oz. AGW Ruler: Karl Friedrich
Obv: Crowned arms

Date	Mintage	VG	F	VF	XF	Unc
1747	—	150	300	525	1,050	—

KM# 63 1/2 DUCAT
1.7500 g., 0.9860 Gold 0.0555 oz. AGW Ruler: Karl IV Wilhelm
Obv: Armored bust right Rev: Crowned arms with griffin supporters, date below

Date	Mintage	VG	F	VF	XF	Unc
1721 BIB	—	300	550	1,000	1,850	—

KM# 82 1/2 DUCAT
1.7500 g., 0.9860 Gold 0.0555 oz. AGW Ruler: Karl IV Wilhelm
Obv: Crowned arms with griffin supporters Rev: Value and date in cartouche

Date	Mintage	VG	F	VF	XF	Unc
1737	—	250	500	900	1,750	—

KM# 102 DUCAT
3.5000 g., 0.9860 Gold 0.1109 oz. AGW Ruler: Karl Friedrich
Obv: Armored bust right Rev: Crowned and mantled arms within Order chain

Date	Mintage	VG	F	VF	XF	Unc
1751 S-BC	500	500	1,000	1,750	3,550	—

PATTERNS
Including off metal strikes

KM#	Date	Mintage	Identification	Mkt Val
Pn3	1704 IPB	—	60 Kreuzer. Tin. KM#18.	—
Pn4	1714	—	Ducat. Silver. KM#19.	200
PnA5	1732	—	Kreuzer. Gold. KM#65.	—
Pn5	1721	—	2 Ducat. Silver. KM#20.	225
Pn6	1736	—	Kreuzer. Copper. KM#78.	—
Pn7	1737	—	2 Kreuzer. Copper. KM#80.	—
Pn8	1738	—	Ducat. Silver. KM#85.	—
Pn9	1740 H	—	Gulden. Lead. KM#86.	—
Pn10	1742 BC	—	2 Kreuzer. Copper. KM#88.	—
Pn11	1747 S BC	—	Gulden. Lead. KM#93.	—
Pn12	1751 BC	—	Albus. Copper. KM#99.	—
Pn13	1751 S GW	—	Thaler. Lead. KM#104.	—
Pn14	1763 S GW	—	Thaler. Lead. KM#105.	—
Pn15	1765 S W	—	Thaler. Lead. KM#108.	—
Pn16	1766 S W	—	Thaler. Lead. KM#117.	—
Pn17	1772 H W	—	Thaler. Lead. KM#117.	—
Pn18	1776	—	Ducat. Silver. KM#127.	—
Pn19	1778 H W	—	Thaler. Lead. KM#129.1.	—
Pn20	1786 CS-B	—	Ducat. Silver. KM#131.	—

KM# 95 1/2 DUCAT
1.7500 g., 0.9860 Gold 0.0555 oz. AGW Ruler: Karl Friedrich
Obv: Armored bust right Rev: Crowned three-fold arms

Date	Mintage	VG	F	VF	XF	Unc
1747 BC	—	200	425	800	1,600	—

KM# 64 DUCAT
3.5000 g., 0.9860 Gold 0.1109 oz. AGW Ruler: Karl IV Wilhelm
Obv: Armored bust right Rev: Crowned arms with griffin supporters, date below

Date	Mintage	VG	F	VF	XF	Unc
1721 BIB	300	450	900	1,900	3,400	—

KM# 111 DUCAT
3.5000 g., 0.9860 Gold 0.1109 oz. AGW Ruler: Karl Friedrich
Obv: Bust right Rev: Crowned arms with griffin supporters

Date	Mintage	VG	F	VF	XF	Unc
1765 S-W	1,406	500	1,000	1,700	3,400	—

KM# 120 DUCAT
3.5000 g., 0.9860 Gold 0.1109 oz. AGW Ruler: Karl Friedrich
Obv: Head right Rev: Crowned arms with griffin supporters

Date	Mintage	VG	F	VF	XF	Unc
1767 W	—	500	1,000	1,700	3,400	—
1768 W	—	500	1,000	1,700	3,400	—

TRIAL STRIKES
Durlach Line

KM#	Date	Mintage	Identification	Mkt Val
TS1	1784	—	Ducat. Copper. Crowned and mantled arms.	—
TS2	ND(1784)	—	Ducat. Copper. Crowned arms in baroque frame.	—

BAMBERG
BISHOPRIC

The bishopric was founded in 1007 by Emperor Heinrich II (1002-24) in the town of Bamberg, 32 miles (53 kilometers) north-northwest of Nürnberg. The bishops began issuing their own coinage almost from the beginning and were given the rank of Prince of the Empire by the emperor about 1250. The bishopric was secularized in 1801 and was incorporated into Bavaria the following year.

RULERS
Lothar Franz, Freiherr von Schönborn, 1693-1729
Friedrich Karl, Graf von Schönborn, 1729-1746
Johann Philipp Anton, Freiherr von Frankenstein, 1746-1753

GERMAN STATES — BAMBERG

Franz Konrad, Graf von Stadion, 1753-1757
Adam Friedrich, Graf von Seinsheim, 1757-1779
Franz Ludwig, Freiherr von Erthal, 1779-1795
Christoph Franz, Freiherr von Buseck, 1795-1801 (d. 1807)
ARMS: Lion rampant left over which superimposed a diagonal band from upper left to lower right.

MINT MARKS
B - Bamberg Mint
F - Fürth Mint

MINT OFFICIALS' INITIALS

Initials	Date	Name
CGL	1746-55	Carl Gottlieb Laufer
F	1755-64	Johann martin Forster
F(N)S	1760-64	Johann Martin Forster and Siegmund Scholz
GFN or +	1682-1724	Georg Friedrich Nurnberger, die-cutter and mintmaster in Nurnberg
GN	1754-62	Georg Neumeister, warden
ILO, OE	1740-87	Johann Leonhard Oexlein, die-cutter
MP	1762-90	Johann Nikolaus Martinengo and Franz Hermann Pranghe, warden
PPW	1771	Peter Paul Werner, die-cutter
R	1764-93	George Nikolaus Riedner
S(N)R	1760-74	Siegmund Scholz, warden and G.N. Riedner
VBW	1685, 1695-1729	Ulrich Buckhard Wildering in Mainz

REGULAR COINAGE

KM# 127 HELLER
Copper **Ruler:** Adam Friedrich **Obv:** Arms **Rev:** Value and date

Date	Mintage	VG	F	VF	XF	Unc
1761	—	4.00	9.00	20.00	45.00	—
1762	—	4.00	9.00	20.00	45.00	—

KM# 133 HELLER
Copper **Ruler:** Adam Friedrich **Obv:** Arms **Rev:** Value "1 HELLER" and date

Date	Mintage	VG	F	VF	XF	Unc
1772	—	4.00	9.00	20.00	45.00	—
1780	—	4.00	9.00	20.00	45.00	—
1786	—	4.00	9.00	20.00	45.00	—

KM# 97 PFENNIG
Silver **Ruler:** Lother Franz **Obv:** Three shields of arms, lower one divides date, value 1 above **Note:** Uniface.

Date	Mintage	VG	F	VF	XF	Unc
1710	—	7.00	17.00	35.00	75.00	—
1712	—	7.00	17.00	35.00	75.00	—
1713	—	7.00	17.00	35.00	75.00	—
1717	—	7.00	17.00	35.00	75.00	—

KM# 128 PFENNIG
Copper **Ruler:** Adam Friedrich **Obv:** Arms **Rev:** Value and date

Date	Mintage	VG	F	VF	XF	Unc
1761	—	5.00	12.00	25.00	50.00	—

KM# 129 1/2 KREUZER
Copper **Ruler:** Adam Friedrich **Obv:** Arms **Rev:** Value and date

Date	Mintage	VG	F	VF	XF	Unc
1762	—	7.00	15.00	35.00	75.00	—
1763	—	7.00	15.00	35.00	75.00	—

KM# A131 KREUZER
Billon **Ruler:** Adam Friedrich **Obv:** Arms **Rev:** Value and date

Date	Mintage	VG	F	VF	XF	Unc
1763 F	—	10.00	20.00	45.00	90.00	—
1765 MP	—	10.00	20.00	45.00	90.00	—
1766 R	—	10.00	20.00	45.00	90.00	—

KM# 142 KREUZER
Billon **Ruler:** Franz Ludwig **Obv:** Arms **Rev:** Value above date

Date	Mintage	VG	F	VF	XF	Unc
1786	—	10.00	20.00	45.00	90.00	—

KM# 131 2-1/2 KREUZER
Billon **Ruler:** Adam Friedrich **Obv:** Crowned half-figure facing with cross and staff **Rev:** Value and date within scalloped circle
Note: Similar to 5 Kreuzer, KM#132.

Date	Mintage	VG	F	VF	XF	Unc
1766 S(N)R	—	10.00	25.00	55.00	110	—

KM# 98 3 KREUZER
Silver **Ruler:** Friedrich Karl **Subject:** Death of Lothar Franz **Obv:** Crowned and mantled oval arms **Rev:** Ten-line inscription with date, imperial orb with 3 below

Date	Mintage	VG	F	VF	XF	Unc
1729	—	25.00	40.00	90.00	185	—

KM# 118 3 KREUZER
Silver **Ruler:** Franz Conrad **Subject:** Death of Johann Philipp Anton **Obv:** Helmeted arms **Rev:** Inscription

Date	Mintage	VG	F	VF	XF	Unc
1753	—	18.00	40.00	90.00	180	—

KM# 120 3 KREUZER
Silver **Ruler:** Adam Friedrich **Subject:** Death of Franz Conrad **Obv:** Helmeted arms **Obv. Legend:** FRANCISCUS CONRADUS... **Rev:** Inscription

Date	Mintage	VG	F	VF	XF	Unc
1757	—	18.00	40.00	90.00	180	—

KM# 134 3 KREUZER
Billon **Ruler:** Franz Ludwig **Subject:** Death of Adam Friedrich **Obv:** Helmeted arms **Rev:** Inscription

Date	Mintage	VG	F	VF	XF	Unc
1779	—	18.50	30.00	65.00	135	—

KM# 144 3 KREUZER
Silver **Ruler:** Christoph Franz **Subject:** Death of Franz Ludwig **Obv:** Helmeted arms **Rev:** Nine-line inscription

Date	Mintage	VG	F	VF	XF	Unc
1795	—	15.00	40.00	90.00	185	—

KM# 85 4 KREUZER (Batzen)
Silver, 23 mm. **Ruler:** Lother Franz **Obv:** Crowned oval 6-fold arms with central shield of Bamberg, superimposed on crossed sword and crozier, between 2 palm branches, date divided at top **Obv. Legend:** LOTHAR. FRANC. D. G. A. & E. M. E. BAMB. **Rev:** Facing 1/3-length crowned and robed figure of St. Heinrich holding scepter and orb with value 4 **Rev. Legend:** S. HEINRICVS. IMPERATOR.

Date	Mintage	VG	F	VF	XF	Unc
1716 GFN	—	16.00	35.00	65.00	130	—

KM# 132 5 KREUZER
Billon **Ruler:** Adam Friedrich **Obv:** Crowned arms within crowned mantle **Rev:** Value and date within scalloped circle

Date	Mintage	VG	F	VF	XF	Unc
1766 S(N)R	—	8.00	18.00	35.00	75.00	—

KM# 143 20 KREUZER
Silver **Ruler:** Franz Ludwig **Obv:** Bust right **Rev:** Quartered arms

Date	Mintage	F	VF	XF	Unc	BU
1788 MF	—	30.00	65.00	135	270	—

Note: Refer also to Wurzburg listings

KM# 148 20 KREUZER
Silver **Ruler:** Christoph Franz **Obv:** Crowned arms within crowned mantle **Rev:** Value within Order chain dividing date, legend below **Note:** Convention 20 Kreuzer.

Date	Mintage	F	VF	XF	Unc	BU
1800	—	25.00	60.00	135	300	—

KM# 149 1/2 THALER
Silver **Ruler:** Christoph Franz **Obv:** Bust right **Obv. Legend:** CHRISTOPH FRANZ B: ZU • BAMB: D • H • R • R • FURST **Rev:** Value within oval above city scene, date below **Rev. Legend:** NACH DEM CONVENTIONSFUSE; XX EINEFEINE MARK in wreath

Date	Mintage	F	VF	XF	Unc	BU
1800	—	125	250	450	900	—

KM# 150 1/2 THALER
Silver **Ruler:** Christoph Franz **Obv:** Fuller bust right **Obv. Legend:** CHRISTOPH FRANZ B: ZU BAMB: D • H • R • R • FURST **Rev:** Value within oval above city scene **Rev. Legend:** NACH DEM CONVENTIONSFUSE; XX EINEFEINE MARK in wreath

Date	Mintage	F	VF	XF	Unc	BU
1800	—	100	180	375	750	—

BAMBERG

KM# 152 THALER
Silver **Ruler:** Christoph Franz **Obv:** Crowned arms with small mantle, divided date in upper field **Obv. Legend:** CHRISTOPH FRANZ BISCHOF ZU BAMBERG DES • G • R • FÜRST **Rev:** Value within oval above city scene **Rev. Legend:** NACH DEM CONVENTIONSFUSE; X EINEFEINE MARK in oval; BAMBERG in frame below **Note:** Dav. #1941.

Date	Mintage	F	VF	XF	Unc	BU
1800	—	125	250	500	1,000	—

KM# 153 THALER
Silver **Ruler:** Christoph Franz **Obv:** Crowned arms within small crowned mantle **Obv. Legend:** CHRISTOPH FRANZ BISCHOF ZU BAMBERG DES • H • R • R • FURST • **Rev:** Value within oval above city scene **Rev. Legend:** NACH DEM BONVENTIONSFUSE; BAMBERG in exergue below **Rev. Inscription:** X EINEFEINE / MARK **Note:** Mule. Dav. #1941A.

Date	Mintage	F	VF	XF	Unc	BU
1800	—	125	250	500	1,000	—

KM# 116 THALER
Silver **Ruler:** Johann Philip Anton **Obv:** Bust with cross on chest right **Obv. Legend:** IOANN • PHILIPP • ANTON • D • G • EPISCOP • BAMB • S • R • I • PRINCEPS • **Rev:** Helmeted arms with cross, sword and mace behind **Rev. Legend:** INVIOLATA FIDES PAX ET CONCORDIA FIRMANT **Note:** Dav. #1937.

Date	Mintage	VG	F	VF	XF	Unc
1750 CGL	—	200	350	650	1,250	2,500

KM# 108.1 2-1/2 GULDEN (1/4 Carolin)
Gold **Ruler:** Friederich Karl **Obv:** Bust right **Rev:** Crowned and mantled arms, date above, value 2 1/2 Gul below

Date	Mintage	VG	F	VF	XF	Unc
1735	—	650	1,150	2,000	4,200	—

KM# 109.1 2-1/2 GULDEN (1/4 Carolin)
Gold **Ruler:** Friederich Karl **Rev:** Crowned and mantled shield with CF monogram, date above, value 2 1/2 Gul below

Date	Mintage	VG	F	VF	XF	Unc
1735	—	650	1,150	2,000	4,200	—

KM# 108.2 2-1/2 GULDEN (1/4 Carolin)
Gold **Ruler:** Friederich Karl **Rev:** Value 2 1/2 G

Date	Mintage	VG	F	VF	XF	Unc
1736	—	650	1,150	2,000	4,200	—

KM# 109.2 2-1/2 GULDEN (1/4 Carolin)
Gold **Ruler:** Friederich Karl **Rev:** Value 2 1/2 G

Date	Mintage	VG	F	VF	XF	Unc
1736	—	650	1,150	2,000	4,200	—

KM# 110 5 GULDEN (1/2 Carolin)
Gold **Ruler:** Friederich Karl **Obv:** Bust right **Rev:** Crowned and mantled arms, date above, value 5 G below

Date	Mintage	VG	F	VF	XF	Unc
1735	—	1,000	1,750	3,250	6,000	—

KM# 111 5 GULDEN (1/2 Carolin)
Gold **Ruler:** Friederich Karl **Rev:** Crowned and mantled shield with CF monogram, date above, value 5 Gul below

Date	Mintage	VG	F	VF	XF	Unc
1735	—	1,000	1,750	3,250	6,000	—
1736	—	1,000	1,750	3,250	6,000	—

KM# 113.1 10 GULDEN (Carolin)
Gold **Ruler:** Friederich Karl **Rev:** Crowned and mantled shield with CF monogram, date above, value 10 Gl below

Date	Mintage	VG	F	VF	XF	Unc
1730	—	1,350	2,500	3,750	6,600	—
1735	—	1,350	2,500	3,750	6,600	—

KM# 113.2 10 GULDEN (Carolin)
Gold **Ruler:** Friederich Karl **Rev:** Value 10 Gul

Date	Mintage	VG	F	VF	XF	Unc
1735	—	1,350	2,500	3,750	6,600	—
1736	—	1,350	2,500	3,750	6,600	—

KM# 112.1 10 GULDEN (Carolin)
Gold **Ruler:** Friederich Karl **Obv:** Bust right **Rev:** Crowned and mantled arms, date above, value 10 Guld below

Date	Mintage	VG	F	VF	XF	Unc
1735	—	1,350	2,500	3,750	6,600	—

KM# 112.2 10 GULDEN (Carolin)
Gold **Ruler:** Friederich Karl **Rev:** Value 10 Gul

Date	Mintage	VG	F	VF	XF	Unc
1735	—	1,350	2,500	3,750	6,600	—
1736	—	1,350	2,500	3,750	6,600	—

KM# 113.3 10 GULDEN (Carolin)
Gold **Ruler:** Friederich Karl **Rev:** Value 10 GULD

Date	Mintage	VG	F	VF	XF	Unc
1736	—	1,350	2,500	3,750	6,600	—

TRADE COINAGE

KM# 100 1/2 DUCAT
1.7500 g., 0.9860 Gold 0.0555 oz. AGW **Ruler:** Friederich Karl **Obv:** Crowned oval arms in cartouche **Rev:** Crowned and mantled oval shield with FC monogram, date below

Date	Mintage	VG	F	VF	XF	Unc
1729	—	600	1,000	1,750	3,300	—
ND	—	—	—	—	—	—

KM# 101 DUCAT
3.5000 g., 0.9860 Gold 0.1109 oz. AGW **Ruler:** Friederich Karl **Obv:** Crowned oval arms supported by two lions **Rev:** Crowned and mantled oval shield with FC monogram, date below

Date	Mintage	VG	F	VF	XF	Unc
1729	—	700	1,150	2,000	4,200	—
1730	—	700	1,150	2,000	4,200	—
1731	—	700	1,150	2,000	4,200	—

KM# 102 DUCAT
3.5000 g., 0.9860 Gold 0.1109 oz. AGW **Ruler:** Friederich Karl **Obv:** Bust right

Date	Mintage	VG	F	VF	XF	Unc
1729	—	700	1,150	2,000	4,200	—

KM# 146 THALER
Silver **Ruler:** Franz Ludwig **Obv:** Crowned arms within crowned mantle **Obv. Legend:** FRANZ • LUDWIG • B • ZU • BAMBERG • U • WURZB • D • H • R • R • FURST • HERZOG • Z • FRANKEN • **Rev:** Legend within wreath, date divided **Rev. Legend:** ZUM BESTEN DES VATERLANDS in wreath, BAM - BERG above, ZEHN EINE FEINE MARK below **Note:** Contribution Thaler. Dav. #1939.

Date	Mintage	VG	F	VF	XF	Unc
1795	—	90.00	145	225	375	—

Note: Made from the silver service of the Bishop

KM# 151 THALER
Silver **Ruler:** Christoph Franz **Obv:** Crowned arms with large mantle, divided date in lower field **Obv. Legend:** CHRISTOPH FRANZ BISCHOF ZU BAMBERG DES • H • R • R • FÜRST **Rev:** Value within oval above city scene **Rev. Legend:** NACH DEM CONVENTIONSFUSE; X EINEFEINE MARK in oval; BAMBERG in exergue **Note:** Dav. #1940.

Date	Mintage	F	VF	XF	Unc	BU
1800	—	175	300	600	1,200	—

KM# 103 DUCAT
3.5000 g., 0.9860 Gold 0.1109 oz. AGW **Ruler:** Friederich Karl **Rev:** Crowned and helmeted arms, supported by two lions, date

Date	Mintage	VG	F	VF	XF	Unc
1729	—	700	1,150	2,000	4,200	—

KM# 107 DUCAT
3.5000 g., 0.9860 Gold 0.1109 oz. AGW **Ruler:** Friederich Karl **Obv:** Bust right **Rev:** Crowned and mantled arms, date above **Note:** Varieties exist.

Date	Mintage	VG	F	VF	XF	Unc
1731	—	700	1,150	2,000	4,200	—
1732	—	700	1,150	2,000	4,200	—
1733	—	700	1,150	2,000	4,200	—
1734	—	700	1,150	2,000	4,200	—

KM# 114 DUCAT
3.5000 g., 0.9860 Gold 0.1109 oz. AGW **Subject:** Homage of the City of Bamberg **Obv:** Five helmets, crown and cross above complex arms **Rev:** Knight standing holding banner and shield **Note:** Fr. #169.

Date	Mintage	F	VF	XF	Unc	BU
1746	—	500	1,000	2,150	3,900	—

KM# 117 DUCAT
3.5000 g., 0.9860 Gold 0.1109 oz. AGW **Ruler:** Johann Philip Anton **Obv:** Bust right **Rev:** Crowned arms **Note:** Fr. #170.

Date	Mintage	F	VF	XF	Unc	BU
1750 CGL	—	550	1,100	2,250	4,200	—

KM# 119 DUCAT
3.5000 g., 0.9860 Gold 0.1109 oz. AGW **Ruler:** Franz Conrad **Subject:** Homage of the City of Bamberg **Obv:** Bust left **Rev:** Helmeted arms, date in choronogram **Note:** Fr. #171.

Date	Mintage	F	VF	XF	Unc	BU
1753 PPW/CGL	—	450	950	2,150	3,250	—

KM# 121 DUCAT
3.5000 g., 0.9860 Gold 0.1109 oz. AGW **Subject:** Homage of Bamberg **Obv:** Bust right above inscription **Rev:** Standing knight with shield and banner **Note:** Fr. #172.

Date	Mintage	F	VF	XF	Unc	BU
1757	—	450	950	2,150	3,900	—

KM# 135 DUCAT
3.5000 g., 0.9860 Gold 0.1109 oz. AGW **Subject:** Homage of

Bamberg **Obv:** Bust right above inscription **Rev:** Figure with shield right of triangular design **Note:** Fr. #173.

Date	Mintage	F	VF	XF	Unc	BU
1779	—	400	800	1,650	3,100	—

KM# 147 DUCAT

3.5000 g., 0.9860 Gold 0.1109 oz. AGW **Subject:** Homage of Bamberg **Obv:** Bust left **Rev:** Figure with shield standing left of crowned stone at right **Note:** Fr. #174.

Date	Mintage	F	VF	XF	Unc	BU
1795	—	400	750	1,250	2,500	—

KM# 104 2 DUCAT

7.0000 g., 0.9860 Gold 0.2219 oz. AGW **Ruler:** Friederich Karl **Obv:** Bust right **Rev:** Crowned and helmeted arms supported by two lions, date

Date	Mintage	F	VF	XF	Unc	BU
1729 Rare	—	—	—	—	—	—
1730 Rare	—	—	—	—	—	—
1731 Rare	—	—	—	—	—	—

KM# 105 4 DUCAT

14.0000 g., 0.9860 Gold 0.4438 oz. AGW **Ruler:** Friederich Karl **Obv:** Bust right **Rev:** Crowned and helmeted arms supported by two lions, date

Date	Mintage	F	VF	XF	Unc	BU
ND Rare	—	—	—	—	—	—

KM# 106 7-1/2 DUCAT

0.9890 g., Gold **Ruler:** Lother Franz **Obv:** Bust right **Rev:** Crowned and helmeted arms supported by 2 lions, date

Date	Mintage	Good	VG	F	VF	XF
ND Rare	—	—	—	—	—	—

PATTERNS

Including off metal strikes

KM#	Date	Mintage	Identification	Mkt Val
Pn4	ND(1729)	—	7-1/2 Ducat. Silver. KM#106	—
Pn5	ND(1729)	—	7-1/2 Ducat. Copper. KM#106	—
Pn6	1746	—	Ducat. Silver. 3.9000 g. KM#114	—
Pn7	1746	—	Ducat. Silver. 7.8000 g. KM#114	—
Pn8	1753	—	Ducat. Silver. 2.9300 g. KM#119	—
Pn9	1779	—	Ducat. Silver. KM#135	150
Pn10	1795	—	Ducat. Silver. 3.9000 g. KM#147	—

BAVARIA

(Bayern)

One of the largest states in Germany, Bavaria was a duchy from earliest times, ruled by the Agilholfingen dynasty from 553 until it was suppressed by Charlemagne in 788. Bavaria remained a territory of the Carolingian Empire from that time until 911, when the son of the Count of Scheyern was made duke and began a new line of rulers there. A number of dukes during the next century and a half were elected emperor, but when the male line became extinct, Empress Agnes gave Bavaria to the Counts of Nordheim in 1061. His descendant, Heinrich XII the Lion, fell out of favor with the emperor and was deposed. The duchy was then entrusted to Otto VI von Wittelsbach, Count of Scheyern and descendant of the counts who had ruled from the early 10th century. Duke Otto I, as he was known from 1180 on, was the ancestor of the dynasty which ruled in Bavaria until 1918 and, from the late 13th century, in the Rhine Palatinate as well (see Electoral Pfalz). The first of several divisions took place in 1255 when lines in Upper and Lower Bavaria were established. The line in Lower Bavaria became extinct in 1340 and the territory reverted to Upper Bavaria. Meanwhile, the division of Upper Bavaria and the Palatinate took place and was confirmed by treaty in 1329, although the electoral vote residing with the Wittelsbachs was to be held jointly by the two branches. In 1347, Bavaria and all other holdings of the family in Brandenburg, the Tyrol and Holland were divided among six brothers. Munich had become the chief city of the duchy by this time. In 1475, Duke Stephen I, who had reunited most of the family's holdings in Bavaria, died and left three sons who promptly divided their patrimony once again. The lines of Ingolstadt, Landshut and Munich were founded, but as the other lines died out, the one seated in Munich regained control of all of Bavaria. Duke Albrecht IV instituted primogeniture in 1506 and from that time on, Bavaria remained united. When Elector Friedrich V of the Palatinate (Pfalz) was elected King of Bohemia in 1618, an event which helped precipitate the Thirty Years' War, Duke Maximilian I of Bavaria sided with the emperor against his kinsman. The electoral dignity had been given to the Pfalz branch of the Wittelsbachs by the Golden Bull of 1356, a fact which was a source of contention with the Bavarian branch of the family. With the ouster of Friedrich V, Maximilian I obtained the electoral right and control of the Palatinate in 1623, then also ruled over the Upper Palatinate (Oberpfalz) from 1628 until the conclusion of the war and the Peace of Westphalia. The Bavarian Wittelsbachs became extinct in 1777 and the line in Electoral Pfalz acquired Bavaria, thus uniting the two main territories of the dynasty under a single ruler for the first time since the early 14th century. When Napoleon abolished the Holy Roman Empire in 1806, bringing an end to the electoral system, the ruler of Bavaria was raised to the rank of king. The 19th century saw tragedy upon tragedy visit the royal family. Because of his opposition to the parliamentary reform movement, Ludwig I was forced to abdicate in 1848. His grandson, Ludwig II, inspired by his upbringing to spend his fortune building the fairy tale castle of Neuschwanstein, was forcibly removed by court nobles and died under mysterious circumstances in 1886. His younger brother, Otto, was declared insane and the kingdom was ruled by his uncle, the beloved Prince Luitpold, as prince regent. Ludwig II, the last King of Bavaria, was forced to abdicate at the end of World War I.

RULERS

Maximilian II Emanuel, 1679-1726
Karl Albrecht, 1726-1745
Maximilian III Josef, 1745-1777
Karl Theodor, 1777-1799
Maximilian IV Josef, Elector 1799-1806

MINT OFFICIALS' INITIALS

Amberg Mint

Initials	Date	Name
	1763	Johann Michael Beutelhauser, mint director
	1763	Johann König, mint contractor
	1763-80	Johann Dominikus Kimprunn, mintmaster
	Ca.1763-94	Karl Jacob Pucher, warden
	1763-80	Johann Georg Wissger, die-cutter
	1766-69	Johann Joseph Promoli, warden

Mannheim Mint

Initials	Date	Name
AS	1778-95	Anton Schaeffer

Munich Mint

Initials	Date	Name
	1701-05	Friedrich Canzler, warden
	1705-14	Moritz Angermayr, mintmaster
	1705	Johann Gregor Faeschler, warden
	Ca.1705	Adam Kolb, die-cutter
	1719	Franz Ferdinand Müller, warden
	1719-38	Franz Moritz Angermayr, warden
	1724	Franz Heinrich Schrettinger, die-cutter
	1725	Franz Ferdinand Müllere, mintmaster
	1726-45	Kaspar Zaller, die-cutter
	1737-45	Maximilian Rigart, warden
FAS	1738-87	Franz Andreas Schega, die-cutter and medailleur
	1745-66	Andreas Cammerloher, warden
	1748	Kaspar Gregor Lachenmayr, mint director
	1748-52	Franz Michael Grimm, warden
	1751-93	Sigmund Graf von Haimhausen, mintmaster
	1753	Georg Friedrich Jaster, mintmaster
	1761-85	Joseph Oecker, warden
	1763-94	Karl Jakob Pucker, warden
	1764	Michael Hammer, die-cutter
ST, HST	Ca.1767-82	Heinrich Straub, die-cutter and medailleur
IS, IIS, ISF, I. SCH. F, IVS	1768-1804	Joseph Ignatz von Schäufel, die-cutter (d.1812)
	1769-?	Johann Joseph Promoli, warden
	1775	Michael Dimler, die-cutter
CD, CDF	1784-1804	Cajetan Destouches, die-cutter
	1787-93	Joseph Heinrich Le Prieur
	1793-1837	Joseph Heinrich Le Prieur, mint director

ARMS

Wittelsbach and Bavaria – field of lozenges (diamond shapes); Pfalz – rampant lion, usually to the left

MINT MARKS

A – Amberg, 1763-95
M – Munich

REFERENCES

B = Josef P. Beierlein, ***Die Medaillen und Münzen des Gesammthauses Wittelsbach***, vol. 1, ***Bayerische Linie***, 2 parts, Munich, 1879-1901

JB = Josef P. Beierlein, ***Die Bayerischen Münzen des Hauses Wittelsbach von dem Ende des Zwölften bis zur Mitte des Sechzehten Jahrhunderts (1180-1550)***, Munich, 1868

G = Erich Götz, ***Die Münzprägung der Oberpfalz.*** Nürnberg, 1992.

H = W.R.O. Hahn, ***Typenkatalog der Münzen der Bayerischen Herzöge und Kurfürsten 1506-1805***, Braunschweig, 1971.

ELECTORATE

REGULAR COINAGE

KM# 521 HELLER

Copper, 13.5 mm. **Ruler:** Maximilian III, Josef **Obv:** Shield of Wittelsbach arms divide date in rhombus **Rev:** 3-line inscription in rhombus **Rev. Inscription:** 1 / HEL(=) / LER **Mint:** Munich **Note:** Ref. H#283; JB-2206, 2208. Prev. KM#236.

Date	Mintage	VG	F	VF	XF	Unc
1761	—	9.00	18.00	37.00	75.00	—
1765	—	9.00	18.00	37.00	75.00	—

KM# 520 HELLER

Copper, 15 mm. **Ruler:** Maximilian III, Josef **Obv:** Ornately shaped shield of Wittelsbach arms divides date, value '1 H.' above **Mint:** Munich **Note:** Ref. H#282; JB-2207. Uniface. Prev. KM#235.

Date	Mintage	VG	F	VF	XF	Unc
1761	—	45.00	90.00	180	375	—

KM# 534 HELLER

Copper, 15 mm. **Ruler:** Maximilian III, Josef **Obv:** Shield of Wittelsbach arms divides C-B, date above **Rev:** 4-line inscription in rhombus **Rev. Inscription:** 1 / HEL= / LER / A **Mint:** Amberg **Note:** Ref. H#317; JB-2223a. Uniface. Prev. KM#242.

Date	Mintage	VG	F	VF	XF	Unc
1765 A	—	11.00	22.00	45.00	90.00	—

KM# 535 HELLER

Copper, 15 mm. **Ruler:** Maximilian III, Josef **Obv:** Shield of Wittelsbach arms divide CB, date above **Rev:** 4-line inscription with date **Rev. Inscription:** 1 / HELLER / (date) / A **Mint:** Amberg **Note:** Ref. H#316; JB-2223. Prev. KM#243.

Date	Mintage	VG	F	VF	XF	Unc
1765//1765 A	—	9.00	18.00	37.00	75.00	—

KM# 576 HELLER

Copper, 14 mm. **Ruler:** Karl Theodor **Obv:** Shield of Wittelsbach arms divide date in rhombus **Rev:** 3-line inscription in rhombus **Rev. Inscription:** 1 / HEL / LER **Mint:** Munich **Note:** Ref. H#333; JB-2381. Prev. KM#266.

Date	Mintage	VG	F	VF	XF	Unc
1780	—	6.00	12.00	25.00	50.00	—
1781	—	6.00	12.00	25.00	50.00	—
1782	—	6.00	12.00	25.00	50.00	—
1783	—	6.00	12.00	25.00	50.00	—
1785	—	6.00	12.00	25.00	50.00	—
1786	—	6.00	12.00	25.00	50.00	—
1787	—	6.00	12.00	25.00	50.00	—
1788	—	6.00	12.00	25.00	50.00	—
1789	—	6.00	12.00	25.00	50.00	—
1790	—	6.00	12.00	25.00	50.00	—
1791	—	6.00	12.00	25.00	50.00	—
1792	—	6.00	12.00	25.00	50.00	—
1793	—	6.00	12.00	25.00	50.00	—
1795	—	6.00	12.00	25.00	50.00	—
1796	—	6.00	12.00	25.00	50.00	—
1798	—	6.00	12.00	25.00	50.00	—
1799	—	6.00	12.00	25.00	50.00	—

KM# 577 HELLER

Copper, 14 mm. **Ruler:** Karl Theodor **Obv:** Shield of Wittelsbach arms divides date in rhombus **Rev:** 4-line inscription in rhombus **Rev. Inscription:** 1 / HEL / LER / A **Mint:** Amberg **Note:** Ref. H#372; JB-2414. Prev. KM#267.

Date	Mintage	VG	F	VF	XF	Unc
1780	—	6.00	12.00	25.00	50.00	—
1783	—	6.00	12.00	25.00	50.00	—

KM# 612 HELLER

Copper, 13.5-15 mm. **Ruler:** Karl Theodor **Obv:** Oval 3-fold arms of Pfalz, Bavaria and imperial orb between 2 palm branches, electoral hat above divides date, mint mark at bottom **Rev:** 3-line inscription in rhombus **Rev. Inscription:** 1 / HEL= / LER **Mint:** Amberg **Note:** Ref. H#373; JB-2414. Prev. KM#287.

Date	Mintage	VG	F	VF	XF	Unc
1793 A	—	22.00	45.00	90.00	180	—
1794 A	—	22.00	45.00	90.00	180	—

BAVARIA — GERMAN STATES

KM# 630 HELLER
Copper, 13 mm. **Ruler:** Maximilian IV, Josef **Obv:** Ornately shaped shield of Wittelsbach arms divides date in rhombus **Rev.** Inscription: 1 / HEL(=) / LER. **Mint:** Munich **Note:** Ref. H#408; JB-2580. Prev. KM#305.

Date	Mintage	F	VF	XF	Unc	BU
1799	—	25.00	60.00	130	260	425
1800	—	25.00	60.00	130	260	425

KM# 466 PFENNIG
Billon, 10-11 mm. **Ruler:** Karl Albrecht **Obv:** Crowned imperial eagle, round shield of Wittelsbach arms on breast, date divided below **Mint:** Munich **Note:** Ref. H#273; JB-1968. Uniface. Prev. KM#199. Issued during reign of Karl Albrecht as Emperor Karl VII.

Date	Mintage	VG	F	VF	XF	Unc
1744	—	9.00	22.00	45.00	90.00	—

Note: An example in XF-AU realized approximately $335 in June 2009 Künker auction.

Date	Mintage	VG	F	VF	XF	Unc
1787	—	2.00	5.00	10.00	22.00	—
1788	—	2.00	5.00	10.00	22.00	—
1789	—	2.00	5.00	10.00	22.00	—
1790	—	2.00	5.00	10.00	22.00	—
1792	—	2.00	5.00	10.00	22.00	—
1793	—	2.00	5.00	10.00	22.00	—
1794	—	2.00	5.00	10.00	22.00	—
1795	—	2.00	5.00	10.00	22.00	—
1796	—	2.00	5.00	10.00	22.00	—
1797	—	2.00	5.00	10.00	22.00	—
1798	—	2.00	5.00	10.00	22.00	—
1799	—	2.00	5.00	10.00	22.00	—

KM# 335 PFENNIG
Billon, 10-11 mm. **Ruler:** Maximilian II, Emanuel **Obv:** Shield of Wittelsbach arms between palm branches, date divided by 'C' above **Mint:** Munich **Note:** Ref. H#182; JB-1703. Uniface. Prev. KM#112.

Date	Mintage	VG	F	VF	XF	Unc
1701	—	7.00	15.00	30.00	60.00	—
1702	—	7.00	15.00	30.00	60.00	—
1703	—	7.00	15.00	30.00	60.00	—
1704	—	7.00	15.00	30.00	60.00	—
1705	—	7.00	15.00	30.00	60.00	—

KM# 470 PFENNIG
Silver, 10 mm. **Ruler:** Maximilian III, Josef **Obv:** Ornate shield of Wittelsbach arms, date divided by 'C' above **Mint:** Munich **Note:** Ref. H#284; JB-2203. Uniface. Prev. KM#205.

Date	Mintage	VG	F	VF	XF	Unc
1745	—	7.00	15.00	30.00	60.00	—
1746	—	7.00	15.00	30.00	60.00	—
1748	—	7.00	15.00	30.00	60.00	—
1749	—	7.00	15.00	30.00	60.00	—
1751	—	7.00	15.00	30.00	60.00	—
1752	—	7.00	15.00	30.00	60.00	—
1753	—	7.00	15.00	30.00	60.00	—
1754	—	7.00	15.00	30.00	60.00	—
1755	—	7.00	15.00	30.00	60.00	—
1757	—	7.00	15.00	30.00	60.00	—
1758	—	7.00	15.00	30.00	60.00	—
1759	—	7.00	15.00	30.00	60.00	—
1762	—	7.00	15.00	30.00	60.00	—
1763	—	7.00	15.00	30.00	60.00	—
1764	—	7.00	15.00	30.00	60.00	—
1765	—	7.00	15.00	30.00	60.00	—

KM# 581.1 PFENNIG
Copper, 18 mm. **Ruler:** Karl Theodor **Obv:** Shield of Wittelsbach arms in baroque frame **Rev:** 5-line inscription with date and mintmark **Rev. Inscription:** 1 / PFEN= / NING / (date) / A **Mint:** Amberg **Note:** Ref. H#374; JB-2411. Prev. KM#237.

Date	Mintage	VG	F	VF	XF	Unc
1782 A	—	20.00	55.00	110	225	—

Note: An example in VF realized approximately $215 in June 2009 Künker auction.

1783 A	—	20.00	55.00	110	225	—
1793 A	—	20.00	55.00	110	225	—

KM# 378.1 PFENNIG
Billon, 11 mm. **Ruler:** Maximilian II, Emanuel **Obv:** Crowned imperial eagle with value '1' on breast, date divided below **Mint:** Munich **Note:** Ref. H#226. Uniface. Austrian Administration. Prev. KM#136.

Date	Mintage	VG	F	VF	XF	Unc
1705	—	7.00	15.00	30.00	60.00	—

Note: An example in AU realized approximately $525 in June 2009 Künker auction.

1706	—	7.00	15.00	30.00	60.00	—
1707	—	7.00	15.00	30.00	60.00	—
1708	—	7.00	15.00	30.00	60.00	—
1709	—	7.00	15.00	30.00	60.00	—
1710	—	7.00	15.00	30.00	60.00	—

KM# 378.2 PFENNIG
Billon, 10-11 mm. **Ruler:** Maximilian II, Emanuel **Obv:** Crowned imperial eagle with value '1' on breast, date divided by crown at top **Mint:** Munich **Note:** Ref. H#226. Uniface. Austrian Administration. Prev. KM#136.

Date	Mintage	VG	F	VF	XF	Unc
1710	—	7.00	15.00	30.00	60.00	—
1711	—	7.00	15.00	30.00	60.00	—
1712	—	7.00	15.00	30.00	60.00	—
1713	—	7.00	15.00	30.00	60.00	—
1714	—	7.00	15.00	30.00	60.00	—

KM# 381 PFENNIG
Billon, 10-11 mm. **Ruler:** Maximilian II, Emanuel **Obv:** Shield of Wittelsbach arms between palm branches, date divided by 'C' above **Mint:** Munich **Note:** Ref. H#182; JB-1703. Prev. KM#147.

Date	Mintage	VG	F	VF	XF	Unc
1715	—	7.00	15.00	30.00	60.00	—
1717	—	7.00	15.00	30.00	60.00	—
1718	—	7.00	15.00	30.00	60.00	—
1719	—	7.00	15.00	30.00	60.00	—
1720	—	7.00	15.00	30.00	60.00	—
1721	—	7.00	15.00	30.00	60.00	—
1722	—	7.00	15.00	30.00	60.00	—
1723	—	7.00	15.00	30.00	60.00	—
1724	—	7.00	15.00	30.00	60.00	—
1725	—	7.00	15.00	30.00	60.00	—
1726	—	7.00	15.00	30.00	60.00	—

KM# 518 PFENNIG
Silver, 11-12 mm. **Ruler:** Maximilian III, Josef **Obv:** Ornate shield of Wittelsbach arms, date divided by 'C' above **Rev:** 3-line inscription in laurel wreath **Rev. Inscription:** 1 / PFEN / NING **Mint:** Munich **Note:** Ref. H#285. Prev. KM#232.

Date	Mintage	VG	F	VF	XF	Unc
1759	—	7.00	15.00	30.00	60.00	—
1760	—	7.00	15.00	30.00	60.00	—
1761	—	7.00	15.00	30.00	60.00	—

KM# 523.1 PFENNIG
Copper, 18 mm. **Ruler:** Maximilian III, Josef **Obv:** Shield of Wittelsbach arms in baroque frame **Rev:** 4-line inscription with date **Rev. Inscription:** 1 / PFEN= / NING / (date) **Mint:** Munich **Note:** Ref. H#286; JB-2205. Prev. KM#237.

Date	Mintage	VG	F	VF	XF	Unc
1761	—	4.00	7.00	15.00	30.00	—
1762	—	4.00	7.00	15.00	30.00	—
1763	—	4.00	7.00	15.00	30.00	—
1764	—	4.00	7.00	15.00	30.00	—
1765	—	4.00	7.00	15.00	30.00	—
1766	—	4.00	7.00	15.00	30.00	—
1767	—	4.00	7.00	15.00	30.00	—
1768	—	4.00	7.00	15.00	30.00	—
1771	—	4.00	7.00	15.00	30.00	—
1772	—	4.00	7.00	15.00	30.00	—
1773	—	4.00	7.00	15.00	30.00	—
1776	—	4.00	7.00	15.00	30.00	—
1777	—	4.00	7.00	15.00	30.00	—

KM# 581.2 PFENNIG
Copper, 18 mm. **Ruler:** Karl Theodor **Obv:** Shield of Wittelsbach arms in baroque frame **Rev:** 5-line inscription with date and mintmark **Rev. Inscription:** 1 / PFEN= / NING / (date) / A **Mint:** Amberg **Note:** Ref. H#374; JB-2411. Prev. KM#237.

Date	Mintage	VG	F	VF	XF	Unc
1782 A	—	20.00	55.00	110	225	—

Note: An example in VF realized approximately $215 in June 2009 Künker auction.

1783 A	—	20.00	55.00	110	225	—
1793 A	—	20.00	55.00	110	225	—

KM# 614 PFENNIG
Copper, 17 mm. **Ruler:** Karl Theodor **Obv:** Oval 3-fold arms of Pfalz, Bavaria and imperial orb between 2 palm branches, crown above **Rev:** 5-line inscription with date and mintmark **Rev. Inscription:** 1 / PFEN= / NING / (date) / A **Mint:** Amberg **Note:** Ref. H#375; JB-2412. Prev. KM#288

Date	Mintage	VG	F	VF	XF	Unc
1793	—	22.00	45.00	90.00	180	—
1794	—	22.00	45.00	90.00	180	—

KM# 398 PFENNIG
Billon, 11 mm. **Ruler:** Karl Albrecht **Obv:** Shield of Wittelsbach arms between 2 palm branches, date divided by 'C' above **Mint:** Munich **Note:** Ref. H#238; JB-1948. Prev. KM#165.

Date	Mintage	VG	F	VF	XF	Unc
1726	—	7.00	15.00	30.00	60.00	—
1727	—	7.00	15.00	30.00	60.00	—
1728	—	7.00	15.00	30.00	60.00	—
1730	—	7.00	15.00	30.00	60.00	—
1732	—	7.00	15.00	30.00	60.00	—
1733	—	7.00	15.00	30.00	60.00	—
1734	—	7.00	15.00	30.00	60.00	—
1735	—	7.00	15.00	30.00	60.00	—
1736	—	7.00	15.00	30.00	60.00	—
1737	—	7.00	15.00	30.00	60.00	—
1738	—	7.00	15.00	30.00	60.00	—
1739	—	7.00	15.00	30.00	60.00	—
1740	—	7.00	15.00	30.00	60.00	—
1741	—	7.00	15.00	30.00	60.00	—

KM# 523.2 PFENNIG
Copper, 18 mm. **Ruler:** Maximilian III, Josef **Obv:** Shield of Wittelsbach arms in baroque frame **Rev:** 5-line inscription with date and mintmark **Rev. Inscription:** 1 / PFEN= / NING / (date) / A **Mint:** Amberg **Note:** Ref. H#318; JB-2222. Prev. KM#237.

Date	Mintage	VG	F	VF	XF	Unc
1764 A	—	20.00	55.00	110	225	—
1765 A	—	20.00	55.00	110	225	—
1766 A	—	20.00	55.00	110	225	—

KM# 615 PFENNIG
Copper, 18 mm. **Ruler:** Karl Theodor **Obv:** Oval 3-fold arms of Pfalz, Bavaria and imperial orb, Order of Golden Fleece around, crown above **Rev:** 5-line inscription with date and mintmark **Rev. Inscription:** 1 / PFEN= / NING / (date) / A **Mint:** Amberg **Note:** Ref. H#376; JB-2413. Prev. KM#289.

Date	Mintage	VG	F	VF	XF	Unc
1793 A	—	22.00	45.00	90.00	180	—
1794 A	—	22.00	45.00	90.00	180	—

KM# 632 PFENNIG
Copper, 17-18 mm. **Ruler:** Maximilian IV, Josef **Obv:** Shield of Wittelsbach arms in baroque frame **Rev:** 4-line inscription with date **Rev. Inscription:** 1 / PFEN= / NING / (date) **Mint:** Munich **Note:** Ref. H#409; JB-2579. Prev. KM#306.

Date	Mintage	F	VF	XF	Unc	BU
1799	—	27.00	55.00	110	225	450
1800	—	27.00	55.00	110	225	450

KM# 538.1 2 PFENNIG
Copper, 20 mm. **Ruler:** Maximilian III, Josef **Obv:** Shield of Wittelsbach arms divides C-B **Rev:** 4-line inscription with date **Rev. Inscription:** II / PFEN= / NING / (date) **Mint:** Munich **Note:** Ref. H#288; JB-2204. Prev. KM#245 and 246.

Date	Mintage	VG	F	VF	XF	Unc
1766	—	6.00	11.00	22.00	45.00	—
1767	—	9.00	20.00	45.00	90.00	—

KM# 538.2 2 PFENNIG
Copper, 21 mm. **Ruler:** Maximilian III, Josef **Obv:** Shield of Wittelsbach arms divides C-B, mintmark above **Rev:** 4-line inscription with date **Rev. Inscription:** II / PFEN= / NING / (date) **Mint:** Amberg **Note:** Ref. H#320; JB-2221. Prev. KM#245 and 246.

Date	Mintage	VG	F	VF	XF	Unc
1766 A	—	40.00	90.00	185	375	—

KM# 582 2 PFENNIG
Copper, 20 mm. **Ruler:** Karl Theodor **Obv:** Shield of Wittelsbach arms divides C-B **Rev:** 4-line inscription with date **Rev.**

288 GERMAN STATES BAVARIA

Inscription: II / PFEN= / NING / (date) **Mint:** Munich **Note:** Ref. H#335; JB-2379. Prev. KM#269.

Date	Mintage	VG	F	VF	XF	Unc
1786	—	4.00	10.00	20.00	40.00	—
1790	—	4.00	10.00	20.00	40.00	—
1793	—	4.00	10.00	20.00	40.00	—
1795	—	4.00	10.00	20.00	40.00	—
1796	—	4.00	10.00	20.00	40.00	—

KM# 616 2 PFENNIG

Copper, 21-22 mm. **Ruler:** Karl Theodor **Obv:** Crowned oval shield of 3-fold arms of Pfalz, Bavaria and imperial orb between 2 palm branches **Rev:** 5-line inscription with date and mintmark **Rev. Inscription:** II / PFEN= / NING / (date) / A **Mint:** Amberg **Note:** Ref. H#377; JB-2410. Prev. KM#290.

Date	Mintage	VG	F	VF	XF	Unc
1793	—	25.00	50.00	100	200	—

KM# 634 2 PFENNIG

Copper, 20 mm. **Ruler:** Maximilian IV, Josef **Obv:** Shield of Wittelsbach arms in plain field **Rev:** 4-line inscription with date **Rev. Inscription:** II / PFEN= / NING / (date) **Mint:** Munich **Note:** Ref. H#410; JB-2578. Prev. KM#307. Varieties exist

Date	Mintage	F	VF	XF	Unc	BU
1799	—	40.00	90.00	185	375	—
1800	—	40.00	90.00	185	375	—

KM# 504.1 10 PFENNIG

Silver, 18 mm. **Ruler:** Maximilian III, Josef **Obv:** Crowned shield of Wittelsbach arms, with central shield of imperial orb **Rev:** 3-line inscription with date, arabesque above **Rev. Inscription:** LAND / MUNZ / (date) **Mint:** Munich **Note:** Ref. H#291; JB-2199. Prev. KM#225. Landmünze or 2-1/2 Kreuzer.

Date	Mintage	VG	F	VF	XF	Unc
1754	—	27.00	55.00	110	225	—

KM# 504.2 10 PFENNIG

Silver, 18 mm. **Ruler:** Maximilian III, Josef **Obv:** Small shield of Wittelsbach arms, with central shield of imperial orb, between 2 palm branches **Rev:** 3-line inscription with date, arabesque above **Rev. Inscription:** LAND / MUNZ / (date) **Mint:** Munich **Note:** Ref. JB-2200. Landmünze or 2-1/2 Kreuzer.

Date	Mintage	VG	F	VF	XF	Unc
1754	—	27.00	55.00	110	225	—

KM# 379 1/2 KREUZER

Silver, 13 mm. **Ruler:** Maximilian II, Emanuel **Obv:** Crowned imperial eagle, value 1/2 in circle on breast, date divided by star below **Mint:** Munich **Note:** Ref. H#227. Uniface. Austrian administration.

Date	Mintage	VG	F	VF	XF	Unc
1707	—	5.00	11.00	22.00	45.00	—
1709	—	5.00	11.00	22.00	45.00	—

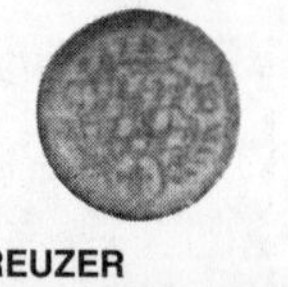

KM# 396 1/2 KREUZER

Silver, 14 mm. **Ruler:** Maximilian II, Emanuel **Obv:** Shield of Wittelsbach arms with scalloped sides divides C-B, value (1/2) in oval inset at bottom of shield, date above **Mint:** Munich **Note:** Ref. H#183; JB-1702. Uniface. Prev. KM#159.

Date	Mintage	VG	F	VF	XF	Unc
1725	—	11.00	22.00	45.00	90.00	—

KM# 440 1/2 KREUZER

Billon, 13 mm. **Ruler:** Karl Albrecht **Obv:** Shield of Wittelsbach arms with scalloped sides divides C-B, value (1/2) in oval inset at bottom of shield, date above **Mint:** Munich **Note:** Ref. H#239; JB-1947. Prev. KM#185.

Date	Mintage	VG	F	VF	XF	Unc
1740	—	7.00	15.00	30.00	60.00	—

KM# 485.1 1/2 KREUZER

Silver, 13 mm. **Ruler:** Maximilian III, Josef **Obv:** Shield of Wittlesbach arms divides C-B, date at top, value (1/2) in oval at bottom **Mint:** Munich **Note:** Ref. H#287; JB-2202. Uniface. Prev. KM#213.

Date	Mintage	VG	F	VF	XF	Unc
1746	—	5.00	8.00	17.00	37.00	—
1753	—	5.00	8.00	17.00	37.00	—
1755	—	5.00	8.00	17.00	37.00	—
1757	—	5.00	8.00	17.00	37.00	—
1758	—	5.00	8.00	17.00	37.00	—
1761	—	5.00	8.00	17.00	37.00	—
1762	—	5.00	8.00	17.00	37.00	—
1763	—	5.00	8.00	17.00	37.00	—
1764	—	5.00	8.00	17.00	37.00	—

Note: An example in VF realized approximately $400 in June 2009 Künker auction.

Date	Mintage	VG	F	VF	XF	Unc
1765	—	5.00	8.00	17.00	37.00	—
1767	—	5.00	8.00	17.00	37.00	—

KM# 485.2 1/2 KREUZER

Silver, 13.5 mm. **Ruler:** Maximilian III, Josef **Obv:** Shield of Wittelsbach arms divides C-B, date above, value (1/2) in oval at bottom, mintmark at lower left **Mint:** Amberg **Note:** Ref. H#319; JB-2220. Uniface. Prev. KM#213.

Date	Mintage	VG	F	VF	XF	Unc
1764 A	—	12.00	30.00	65.00	135	—
1765 A	—	12.00	30.00	65.00	135	—

KM# 366 KREUZER

Silver, 15 mm. **Ruler:** Maximilian II, Emanuel **Obv:** Draped bust to right **Obv. Legend:** MAX. EM. - H. I. B. C. &. **Rev:** Crowned oval shield of Wittelsbach arms, with central shield of imperial orb, in baroque frame, value '1' in cartrouche at bottom, date in legend **Rev. Legend:** ANN(O) - (date) **Mint:** Munich **Note:** Ref. H#184; JB-1700. Prev. KM#120. Varieties exist.

Date	Mintage	VG	F	VF	XF	Unc
1701	—	10.00	20.00	35.00	60.00	—
1702	—	10.00	20.00	35.00	60.00	—
1703	—	—	—	—	—	—

KM# 382 KREUZER

Silver, 15 mm. **Ruler:** Maximilian II, Emanuel **Obv:** Head to right **Obv. Legend:** MAX. EM(A). - H. I. B. C. &. **Rev:** Crowned round shield of Wittelsbach arms, with central shield of imperial orb, in baroque frame, value '1' below divides date, no legend **Mint:** Munich **Note:** Ref. H#185; JB-1701. Prev. KM#148. Varieties exist.

Date	Mintage	VG	F	VF	XF	Unc
1715	—	7.00	15.00	30.00	60.00	—
1717	—	7.00	15.00	30.00	60.00	—
1718	—	7.00	15.00	30.00	60.00	—
1719	—	7.00	15.00	30.00	60.00	—
1720	—	7.00	15.00	30.00	60.00	—
1721	—	7.00	15.00	30.00	60.00	—
1722	—	7.00	15.00	30.00	60.00	—
1723	—	7.00	15.00	30.00	60.00	—
1724	—	7.00	15.00	30.00	60.00	—

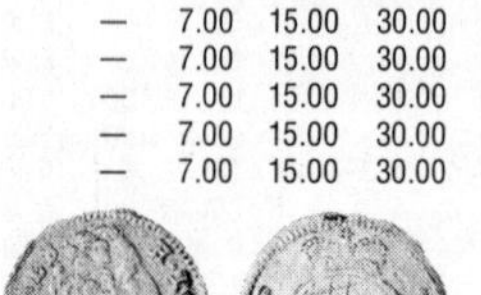

KM# 399 KREUZER

Silver, 15 mm. **Ruler:** Karl Albrecht **Obv:** Head to right **Obv. Legend:** CAR. ALB. - H. I. B. C. &. **Rev:** Crowned round shield of Wittelsbach arms, with central shield of imperial orb, in baroque frame, value '1' in cartouche below divides date, no legend **Mint:** Munich **Note:** Ref. H#240; JB-1946. Prev. KM#166.

Date	Mintage	VG	F	VF	XF	Unc
1726	—	7.00	15.00	30.00	60.00	—
1727	—	7.00	15.00	30.00	60.00	—
1731	—	7.00	15.00	30.00	60.00	—
1732	—	7.00	15.00	30.00	60.00	—
1734	—	7.00	15.00	30.00	60.00	—
1735	—	7.00	15.00	30.00	60.00	—
1736	—	7.00	15.00	30.00	60.00	—
1737	—	7.00	15.00	30.00	60.00	—

KM# 414 KREUZER

Silver, 15 mm. **Ruler:** Karl Albrecht **Obv:** Draped bust to right **Obv. Legend:** CAR. ALB. - H. I. B. C. &. **Rev:** Crowned round shield of Wittelsbach arms, with central shield of imperial orb, in baroque frame, value '1' in cartouche below divides date, no legend **Mint:** Munich **Note:** Ref. H#241; JB-1946. Prev. KM#173.

Date	Mintage	VG	F	VF	XF	Unc
1732	—	5.00	8.00	17.00	37.00	—

KM# 468 KREUZER

Silver, 15 mm. **Ruler:** Karl Albrecht **Obv:** Laureate bust to right **Obv. Legend:** CAROL. VII. - D. G. R. I. S. A. **Rev:** Crowned imperial eagle, crowned oval shield of Wittelsbach arms, surrounded by Order of Golden Fleece, value '1' in oval at bottom divides date **Mint:** Munich **Note:** Ref. H#274; JB-1967. Prev. KM#200.

Date	Mintage	VG	F	VF	XF	Unc
1744	—	6.00	15.00	30.00	60.00	—
1745	—	6.00	15.00	30.00	60.00	—

KM# 472 KREUZER

Silver, 15.5 mm. **Ruler:** Maximilian III, Josef **Obv:** Bust to right **Obv. Legend:** D. G. M. I. U. B. D. A. &. E. PROV. & VIC. IMP. **Rev:** Imperial eagle, crowned oval shield of Wittelsbach arms, Order of Golden Fleece around, value '1' below divides date **Mint:** Munich **Note:** Ref. H#278; JB-2153. Vicariat issue. Prev. KM#206.

Date	Mintage	VG	F	VF	XF	Unc
1745	—	80.00	150	375	750	—

KM# 474 KREUZER

Silver, 14 mm. **Ruler:** Maximilian III, Josef **Obv:** Bust to right **Obv. Legend:** MAX. IOS. - H. I. B. C. &. **Rev:** Crowned round shield of Wittelsbach arms, small central shield with imperial orb, in baroque frame, value '1' below divides date **Mint:** Munich **Note:** Ref. H#289; JB-2201. Prev. KM#207. Varieties exist.

Date	Mintage	VG	F	VF	XF	Unc
1745	—	5.00	11.00	22.00	45.00	—
1746	—	5.00	11.00	22.00	45.00	—
1747	—	5.00	11.00	22.00	45.00	—
1748	—	5.00	11.00	22.00	45.00	—
1749	—	5.00	11.00	22.00	45.00	—
1751	—	5.00	11.00	22.00	45.00	—
1752	—	5.00	11.00	22.00	45.00	—
1753	—	5.00	11.00	22.00	45.00	—
1754	—	5.00	11.00	22.00	45.00	—
1755	—	5.00	11.00	22.00	45.00	—
1756	—	5.00	11.00	22.00	45.00	—
1757	—	5.00	11.00	22.00	45.00	—
1758	—	5.00	11.00	22.00	45.00	—
1759	—	5.00	11.00	22.00	45.00	—
1760	—	5.00	11.00	22.00	45.00	—
1761	—	5.00	11.00	22.00	45.00	—
1762	—	5.00	11.00	22.00	45.00	—
1763	—	5.00	11.00	22.00	45.00	—
1764	—	5.00	11.00	22.00	45.00	—
1765	—	5.00	11.00	22.00	45.00	—
1766	—	5.00	11.00	22.00	45.00	—
1767	—	5.00	11.00	22.00	45.00	—
1769	—	5.00	11.00	22.00	45.00	—

KM# 522 KREUZER

Silver, 14 mm. **Ruler:** Maximilian III, Josef **Obv:** Bust to right, mintmark below **Obv. Legend:** MAX. IOS. - H. I. B. C. &. **Rev:** Crowned round shield of Wittelsbach arms, small central shield with imperial orb, in baroque frame, value '1' below divides date **Mint:** Amberg **Note:** Ref. H#321; JB-2219. Prev. KM#207.

Date	Mintage	VG	F	VF	XF	Unc
1763 A	—	22.00	45.00	90.00	180	—
1764 A	—	22.00	45.00	90.00	180	—
1765 A	—	22.00	45.00	90.00	180	—
1766 A	—	22.00	45.00	90.00	180	—
1767 A	—	22.00	45.00	90.00	180	—
1768 A	—	22.00	45.00	90.00	180	—

KM# 620 KREUZER

0.7700 g., 0.1870 Silver 0.0046 oz. ASW, 15 mm. **Ruler:** Karl Theodor **Obv:** Head to right **Obv. Legend:** CAR. TH. - P. B. R. H. I. B. C. &. **Rev:** Crowned oval shield of Wittelsbach arms, with central shield of imperial orb, between 2 palm branches, value '1' divides date below **Mint:** Munich **Note:** Ref. H#336; JB-2376. Prev. KM#294.

Date	Mintage	VG	F	VF	XF	Unc
1794	—	6.00	15.00	30.00	60.00	—
1798	—	6.00	15.00	30.00	60.00	—

KM# 628 KREUZER

0.7700 g., 0.1870 Silver 0.0046 oz. ASW, 15 mm. **Ruler:** Karl Theodor **Obv:** Head to right **Obv. Legend:** CAR. TH. -P. B. R.

H. I. B. C. &. **Rev:** Crowned oval shield of Wittelsbach arms, with central shield of imperial orb, between 2 branches, date divided below **Mint:** Munich **Note:** Ref. H#337; JB-2377. Prev. KM#298.

Date	Mintage	VG	F	VF	XF	Unc
1795	—	6.00	15.00	30.00	60.00	—
1796	—	6.00	15.00	30.00	60.00	—
1797	—	6.00	15.00	30.00	60.00	—

KM# 636 KREUZER

0.7700 g., 0.1870 Silver 0.0046 oz. ASW, 15 mm. **Ruler:** Maximilian IV, Josef **Obv:** Head to right **Obv. Legend:** MAX. IOS. - P. B. R. H. B. C. &. **Rev:** Crowned oval shield of Wittelsbach arms, with central shield of imperial orb, between 2 branches, date divided below **Mint:** Munich **Note:** Ref. H#411; JB-2575. Prev. KM#308.

Date	Mintage	F	VF	XF	Unc	BU
1799	—	45.00	110	225	450	675
1800	—	45.00	110	225	450	675

KM# 649 KREUZER

0.7700 g., 0.1870 Silver 0.0046 oz. ASW, 15 mm. **Ruler:** Maximilian IV, Josef **Obv:** Head to right **Obv. Legend:** MAX. IOS. - H. I. B. C. &. **Rev:** Crowned oval shield of Wittelsbach arms, with central shield of imperial orb, between 2 branches, date divided below **Mint:** Munich **Note:** Ref. H#413; JB-2576. Prev. KM#315.

Date	Mintage	F	VF	XF	Unc	BU
1800	—	45.00	110	225	450	675

KM# 496 2 KREUZER (1/2 Batzen)

Silver, 18 mm. **Ruler:** Maximilian III, Josef **Obv:** Ornately shaped shield of Wittelsbach arms **Obv. Legend:** * M. I. U. B. & P. S. D. C. P. R. I. A. & E. L. L. **Rev:** Imperial orb with value 'Z,' date below in margin **Rev. Legend:** SOLI DEO - GLORIA **Mint:** Munich **Note:** Ref. H#290; JB-2198. Prev. KM#220.

Date	Mintage	VG	F	VF	XF	Unc
1753	—	16.00	37.00	75.00	150	400
1754	—	16.00	37.00	75.00	150	400

KM# 373.1 3 KREUZER (Groschen)

Silver, 20 mm. **Ruler:** Maximilian II, Emanuel **Obv:** Large draped bust to right in partial circle **Obv. Legend:** MAX. EM - H. I. B. C. &. **Rev:** Crowned oval shield of 4-fold arms of Bavaria and Pfalz, with central shield of imperial orb, in baroque frame, within circle, value (3) in cartouche below divides date **Rev. Legend:** LAND - GROSCH. **Mint:** Munich **Note:** Ref. H#189; JB-1687, 1689. Prev. KM#132.

Date	Mintage	VG	F	VF	XF	Unc
1701	—	12.00	25.00	50.00	100	—
1705	—	12.00	25.00	50.00	100	—

KM# 373.2 3 KREUZER (Groschen)

Silver, 20 mm. **Ruler:** Maximilian II, Emanuel **Obv:** Large draped bust to right **Obv. Legend:** MAX. EM - H. I. B. C. &. **Rev:** Crowned oval shield of 4-fold arms of Bavaria and Pfalz, with central shield of imperial orb, in baroque frame, value (3) i cartouche below divides date **Rev. Legend:** LAND - GROSCH. **Mint:** Munich **Note:** Ref. H#189; JB-1688, 1689. Prev. KM#132.

Date	Mintage	VG	F	VF	XF	Unc
1702	—	12.00	25.00	50.00	100	—
1705	—	12.00	25.00	50.00	100	—

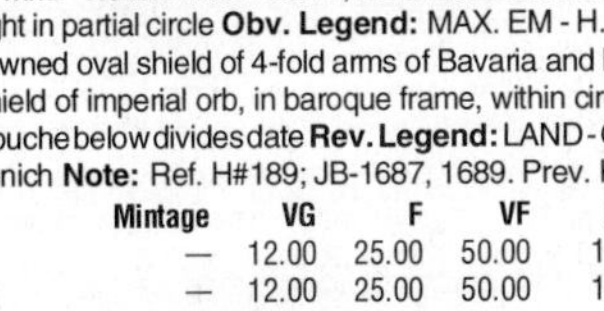

KM# 376 3 KREUZER (Groschen)

Silver, 20 mm. **Ruler:** Maximilian II, Emanuel **Obv:** Laureate armored bust to right, value '3' in cartouche by shoulder **Obv. Legend:** IOSEPH. D. G. - R. I. S. A.G.H.B.R. **Rev:** Crowned imperial eagle, shield of Austro-Burgundian arms on breast, date divided by cross at top **Rev. Legend:** ARCHIDVX - AVSTRIÆ &. **Mint:** Munich **Note:** Ref. H#278. Austrian occupation. Prev. KM#138.

Date	Mintage	Good	VG	F	VF	XF
1705	—	—	15.00	30.00	60.00	120
1706	—	—	15.00	30.00	60.00	120
1707	—	—	15.00	30.00	60.00	120
1708	—	—	15.00	30.00	60.00	120
1709	—	—	15.00	30.00	60.00	120
1710	—	—	15.00	30.00	60.00	120
1711	—	—	15.00	30.00	60.00	120

KM# A380 3 KREUZER (Groschen)

Silver, 20 mm. **Ruler:** Maximilian II, Emanuel **Obv:** Laureate armored bust to right, value '3' in cartouche by shoulder **Obv. Legend:** CAR.VI.D.G.R.I. - S.A.G.H. H. B.R. **Rev:** Crowned imperial eagle, shield of Austro-Burgundian arms on breast, date divided by crown at top **Rev. Legend:** ARCHIDVX - AVSTRIÆ &. **Mint:** Munich **Note:** Ref. H#231. Austrian occupation. Prev. KM#143.

Date	Mintage	Good	VG	F	VF	XF
1712	—	—	17.00	37.00	75.00	150
1713	—	—	17.00	37.00	75.00	150
1714	—	—	17.00	37.00	75.00	150

KM# 383 3 KREUZER (Groschen)

Silver, 20 mm. **Ruler:** Maximilian II, Emanuel **Obv:** Large bust to right **Obv. Legend:** MAX. EMA. - H. I. B. C. &. **Rev:** Crowned oval shield of 4-fold arms of Bavaria and Pfalz, with central shield of imperial orb, in baroque frame, value (3) in cartouche below divides date **Rev. Legend:** LAND - GROSCH. **Mint:** Munich **Note:** Ref. H#190; JB#1690-2. Prev. KM#149. Varieties exist.

Date	Mintage	VG	F	VF	XF	Unc
1715	—	8.00	17.00	37.00	75.00	—
1716	—	8.00	17.00	37.00	75.00	—
1717	—	8.00	17.00	37.00	75.00	—
1718	—	8.00	17.00	37.00	75.00	—
1719	—	8.00	17.00	37.00	75.00	—
1720	—	8.00	17.00	37.00	75.00	—
1721	—	8.00	17.00	37.00	75.00	—
1722	—	8.00	17.00	37.00	75.00	—
1723	—	8.00	17.00	37.00	75.00	—
1724	—	8.00	17.00	37.00	75.00	—
1725	—	8.00	17.00	37.00	75.00	—
1726	—	8.00	17.00	37.00	75.00	—

KM# 400 3 KREUZER (Groschen)

Silver, 20 mm. **Ruler:** Karl Albrecht **Obv:** Head to right **Obv. Legend:** CAR. ALB. - H. I. B. C. &. **Rev:** Crowned oval shield of 4-fold arms of Bavaria and Pfalz, with central shield of imperial orb, in baroque frame, value (3) in cartouche below divides date **Rev. Legend:** LAND - GROSCH. **Mint:** Munich **Note:** Ref. H#242; JB-1944. Prev. KM#167.

Date	Mintage	VG	F	VF	XF	Unc
1726	—	16.00	37.00	75.00	150	—
1727	—	16.00	37.00	75.00	150	—
1728	—	16.00	37.00	75.00	150	—
1730	—	16.00	37.00	75.00	150	—
1731	—	16.00	37.00	75.00	150	—
1732	—	16.00	37.00	75.00	150	—
1733	—	16.00	37.00	75.00	150	—

KM# 426 3 KREUZER (Groschen)

Silver, 19-20 mm. **Ruler:** Karl Albrecht **Obv:** Armored bust to right **Obv. Legend:** CAR. ALB. - H. I. B. C. &. **Rev:** Crowned oval shield of 4-fold arms of Bavaria and Pfalz, with central shield of imperial orb, 2 chains of orders around, value (3) in cartouche divides date below **Rev. Legend:** LAND - GROSCH. **Mint:** Munich **Note:** Ref. H#243; JB-1945. Prev. KM#179.

Date	Mintage	VG	F	VF	XF	Unc
1733	—	11.00	22.00	45.00	90.00	—
1734	—	11.00	22.00	45.00	90.00	—
1736	—	11.00	22.00	45.00	90.00	—
1737	—	11.00	22.00	45.00	90.00	—

KM# 427 3 KREUZER (Groschen)

Silver, 20-21 mm. **Ruler:** Karl Albrecht **Obv:** Draped bust to right **Obv. Legend:** CAR. ALB. - H. I. B. C. &. **Rev:** Crowned oval shield of 4-fold arms of Bavaria and Pfalz, with central shield of imperial orb, 2 chains of orders around, value (3) in cartouche divides date below **Rev. Legend:** LAND - GROSCH. **Mint:** Munich **Note:** Ref. H#243a. Prev. KM#180.

Date	Mintage	VG	F	VF	XF	Unc
1733	—	11.00	22.00	45.00	90.00	—
1736	—	11.00	22.00	45.00	90.00	—

KM# 442 3 KREUZER (Groschen)

Silver, 19-20 mm. **Ruler:** Karl Albrecht **Obv:** Armored bust to right **Obv. Legend:** (D.G.) CAR. ALB. (D.G.) U. B. DUX ARCHID. & EL(ECT). **Rev:** Imperial eagle, crowned oval 4-fold arms of Bavaria and Pfalz, with central shield of imperial orb, date at end of legend, value 3 - K divided by eagle's tail **Rev. Legend:** VICARIUS & PROVISOR IMPERY (& C). **Mint:** Munich **Note:** Ref. H#262; JB-1961, 1962. Vicariat issue. Prev. KM#186. Varieties exist.

Date	Mintage	VG	F	VF	XF	Unc
1740	—	22.00	45.00	90.00	185	—

KM# 469 3 KREUZER (Groschen)

Silver, 20 mm. **Ruler:** Karl Albrecht **Obv:** Laureate draped bust to right **Obv. Legend:** CAR. VII. - D. G. R. I. S. A. **Rev:** Crowned imperial eagle, crown divides date above oval shield of 4-fold arms of Bavaria and Pfalz, with central shield of imperial orb, 2 chains of orders around sides and bottom, value 3 - K divided by eagle's tail **Rev. Legend:** LAND - MINZ. **Mint:** Munich **Note:** Ref. H#275; JB-1966. Prev. KM#201.

Date	Mintage	VG	F	VF	XF	Unc
1744	—	37.00	75.00	150	300	—
1745	—	37.00	75.00	150	300	—

KM# 477 3 KREUZER (Groschen)

Silver, 19 mm. **Ruler:** Maximilian III, Josef **Obv:** Draped bust to right **Obv. Legend:** MAX. IOS. - H. I. B. C. &. **Rev:** Crowned oval shield of 4-fold arms of Bavaria and Pfalz, with central shield of imperial orb, 2 chains of orders around, value (3) below divides date **Rev. Legend:** LAND - M(I)(U)(Ü)NZ. **Mint:** Munich **Note:** Ref. H#292; JB-2197. Prev. KM#209. Varieties exist.

Date	Mintage	VG	F	VF	XF	Unc
1745	—	5.00	11.00	22.00	45.00	—
1747	—	5.00	11.00	22.00	45.00	—
1748	—	5.00	11.00	22.00	45.00	—
1751	—	5.00	11.00	22.00	45.00	—
1752	—	5.00	11.00	22.00	45.00	—
1754	—	5.00	11.00	22.00	45.00	—
1763	—	5.00	11.00	22.00	45.00	—
1764	—	5.00	11.00	22.00	45.00	—
1765	—	5.00	11.00	22.00	45.00	—
1766	—	5.00	11.00	22.00	45.00	—
1767	—	5.00	11.00	22.00	45.00	—

KM# 476 3 KREUZER (Groschen)

Silver, 19 mm. **Ruler:** Maximilian III, Josef **Obv:** Draped bust to right **Obv. Legend:** D. G. MAX. IOS. U. B. - DUX. ARCHID. & EL. **Rev:** Crowned imperial eagle, crowned oval shield of 4-fold arms of Bavaria and Pfalz, with central shield of imperial orb, 2 chains of orders around sides and bottom, value 3-K diided by tail, date at end

290 GERMAN STATES BAVARIA

of legend **Rev. Legend:** PROVISOR & VICARIUS IMPERII. **Mint:** Munich **Note:** Ref. H#279; JB-2152. Vicariat issue. Prev. KM#208.

Date	Mintage	VG	F	VF	XF	Unc
1745	—	32.00	65.00	130	260	—

KM# 524 3 KREUZER (Groschen)

Silver, 19 mm. **Ruler:** Maximilian III, Josef **Obv:** Draped bust to right, mintmark below **Obv. Legend:** MAX. IOS. - H. I. B. C. &. **Rev:** Crowned oval shield of 4-fold arms of Bavaria and Pfalz, with central shield of imperial orb, 2 chains of orders around, value (3) below divides date **Rev. Legend:** LAND - MUNZ. **Mint:** Amberg **Note:** Ref. H#322; JB-2218. Prev. KM#238.

Date	Mintage	VG	F	VF	XF	Unc
1763 A	—	8.00	22.00	45.00	90.00	—
1764 A	—	8.00	22.00	45.00	90.00	—
1765 A	—	8.00	22.00	45.00	90.00	—
1766 A	—	8.00	22.00	45.00	90.00	—
1767 A	—	8.00	22.00	45.00	90.00	—

KM# 621 3 KREUZER (Groschen)

1.3500 g., 0.3330 Silver 0.0145 oz. ASW, 18 mm. **Ruler:** Karl Theodor **Obv:** Head to right **Obv. Legend:** CAR. TH. - P. B. R. H. I. B. C. &. **Rev:** Crowned oval shield of 3-fold arms of Pfalz, Bavaria and imperial orb, with Order of Golden Fleece around, divides 3-K, date divided below **Rev. Legend:** LAND - MUNZ. **Mint:** Munich **Note:** Ref. H#339; JB-2375. Prev. KM#295.

Date	Mintage	VG	F	VF	XF	Unc
1794	—	10.00	25.00	50.00	100	—
1795	—	10.00	25.00	50.00	100	—
1796	—	10.00	25.00	50.00	100	—
1797	—	10.00	25.00	50.00	100	—
1798	—	10.00	25.00	50.00	100	—

KM# 637 3 KREUZER (Groschen)

1.3500 g., 0.3330 Silver 0.0145 oz. ASW, 19 mm. **Ruler:** Maximilian IV, Josef **Obv:** Head to right **Obv. Legend:** MAX. IOS. - P. B. R. H. I. B. C. &. **Rev:** Crowned oval shield of 3-fold arms of Pfalz, Bavaria and imperial orb, palm branches at left and right, divides 3-K, date divided below **Rev. Legend:** LAND - MUNZ. **Mint:** Munich **Note:** Ref. H#416; JB-2572. Prev. KM#309. Varieties exist.

Date	Mintage	F	VF	XF	Unc	BU
1799	—	60.00	125	275	550	825
1800	—	60.00	125	275	550	825

KM# 444 6 KREUZER

Silver, 24 mm. **Ruler:** Karl Albrecht **Obv:** Armored and draped bust to right **Obv. Legend:** (S.G.) CAR. ALB. (D.G.) U. B. - DUX ARCHID. & EL. **Rev:** Imperial eagle, crowned oval shield of 4-fold arms of Bavaria and Pfalz, with central shield of imperial orb, on breast, date at end of legend, value 6-K divided by eagle's tail **Rev. Legend:** VICARIUS (&)(ET) PROVISOR IMPERY & C. **Mint:** Munich **Note:** Ref. H#263; JB-1960. Vicariat issue. Prev. KM#187. Varieties exist.

Date	Mintage	VG	F	VF	XF	Unc
1740	—	32.00	65.00	130	260	—

KM# 462 6 KREUZER

Silver, 22.5 mm. **Ruler:** Karl Albrecht **Obv:** Laureate draped bust to right **Obv. Legend:** CAROL. VII. - D. G. R. I. S. A. **Rev:** Crowned imperial eagle, oval shield of 4-fold arms of Bavaria and Pfalz, with central shield of imperial orb, 2 chains of orders around, on breast, crown above arms divides date, value 6-K divided by eagle's tail **Rev. Legend:** LAND - MINZ. **Mint:** Munich **Note:** Ref. H#276; JB-1965. Prev. KM#197.

Date	Mintage	VG	F	VF	XF	Unc
1742	—	37.00	75.00	150	300	—
1744	—	37.00	75.00	150	300	—
1745	—	37.00	75.00	150	300	—

KM# 479 6 KREUZER

Silver, 22 mm. **Ruler:** Maximilian III, Josef **Obv:** Draped bust to right **Obv. Legend:** MAX. IOS. - H. I. B. C. &. **Rev:** Crowned oval shield of 4-fold arms of Bavaria and Pfalz, with central shield of imperial orb, 2 chains of orders around, divides 6-K, date divided below **Rev. Legend:** LAND - M(I)(U)NZ. **Mint:** Munich **Note:** Ref. H#293; JB-2195, 2196. Prev. KM#211.

Date	Mintage	VG	F	VF	XF	Unc
1745	—	16.00	22.00	45.00	90.00	—
1746	—	16.00	22.00	45.00	90.00	—
1747	—	16.00	22.00	45.00	90.00	—
1748	—	16.00	22.00	45.00	90.00	—
1749	—	16.00	22.00	45.00	90.00	—
1750	—	16.00	22.00	45.00	90.00	—
1751	—	16.00	22.00	45.00	90.00	—
1752	—	16.00	22.00	45.00	90.00	—
1766	—	16.00	22.00	45.00	90.00	—
1767	—	16.00	22.00	45.00	90.00	—

KM# 478 6 KREUZER

Silver, 22 mm. **Ruler:** Maximilian III, Josef **Obv:** Draped bust to right **Obv. Legend:** D. G. MAX. IOS. U. B. - DUX. ARCHID. & EL. **Rev:** Imperial eagle, crowned oval shield of 4-fold arms of Bavaria and Pfalz, with central shield of imperial orb, 2 chains of orders around, date at end of legend, value 6-K divided by eagle's tail **Rev. Legend:** PROVISOR & VICARIUS IMPERII &c. **Mint:** Munich **Note:** Ref. H#280; JB-2151. Vicariat issue. Prev. KM#210.

Date	Mintage	VG	F	VF	XF	Unc
1745	—	25.00	55.00	110	225	—

KM# 542 6 KREUZER

Silver, 23 mm. **Ruler:** Maximilian III, Josef **Obv:** Draped bust to right, mintmark below **Obv. Legend:** MAX. IOS. - H. I. B. C. &. **Rev:** Crowned oval shield of 4-fold arms of Bavaria and Pfalz, with central shield of imperial orb, 2 chains of orders around, divides 6-K, date divided below **Rev. Legend:** LAND - MUNZ. **Mint:** Amberg **Note:** Ref. H#323; JB-2217. Prev. KM#247.

Date	Mintage	VG	F	VF	XF	Unc
1766 A	—	25.00	55.00	110	225	—
1767 A	—	25.00	55.00	110	225	—

KM# 622 6 KREUZER

2.7000 g., 0.3330 Silver 0.0289 oz. ASW, 22 mm. **Ruler:** Karl Theodor **Obv:** Draped bust to right **Obv. Legend:** CAR. TH. - P. B. R. H. I. B. C. &. **Rev:** Crowned oval shield of 3-fold arms of Pfalz, Bavaria and imperial orb, Order of Golden Fleece around, divides 6-K, date divided below. **Rev. Legend:** LAND - MUNZ. **Mint:** Munich **Note:** Ref. H#340; JB-2374. Prev. KM#296.

Date	Mintage	VG	F	VF	XF	Unc
1794	—	25.00	55.00	110	225	—
1795	—	25.00	55.00	110	225	—
1796	—	25.00	55.00	110	225	—
1797	—	25.00	55.00	110	225	—
1798	—	25.00	55.00	110	225	—

KM# 639 6 KREUZER

2.7000 g., 0.3330 Silver 0.0289 oz. ASW, 22 mm. **Ruler:** Maximilian IV, Josef **Obv:** Head to right **Obv. Legend:** MAX. IOS - P. B. R. H. I. B. C. (-) &. **Rev:** Crowned oval shield of 3 fold arms of Pfalz, Bavaria and imperial orb, between 2 palm branches, divides 6-K. date divided below **Rev. Legend:** LAND - MÜNZ. **Mint:** Munich **Note:** Ref. H#419; JB-2569. Prev. KM#310. Varieties exist.

Date	Mintage	F	VF	XF	Unc	BU
1799	—	50.00	150	300	600	1,000
1800	—	50.00	150	300	600	1,000

KM# 505 10 KREUZER

Silver, 26 mm. **Ruler:** Maximilian III, Josef **Obv:** Draped bust to right within laurel wreath **Obv. Legend:** D. G. MAX. IOS. U. B. & P. - S. D. C. P. R. S. R. I. A. & E. L. L. **Rev:** Seated Madonna with Child on pedestal with value '10,' which divides date, laurel and palm branches at left and right **Rev. Legend:** PATRONA - BAVARIAE. **Mint:** Munich **Note:** Ref. H#294; JB-2192. Prev. KM#226.

Date	Mintage	VG	F	VF	XF	Unc
1754	—	25.00	65.00	130	260	—
1755	—	25.00	65.00	130	260	—
1756	—	25.00	65.00	130	260	—
1757	—	25.00	65.00	130	260	—
1758	—	25.00	65.00	130	260	—

KM# 526.2 10 KREUZER

Silver, 27 mm. **Ruler:** Maximilian III, Josef **Obv:** Draped bust to right within laurel wreath, mintmark below bust **Obv. Legend:** D. G. MAX. IOS. U. B. & (-) P. (-) S. D. C. P. R. S. R. I. A. & E. L. L. **Rev:** Crowned oval shield of 4-fold arms of Bavaria and Pfalz, with central shield of imperial orb, in baroque frame, 2 chains of orders around, on pedestal with value '10,' which divides date, laurel and palm branches to left and right **Rev. Legend:** IN DEO - CONSILIUM. **Mint:** Amberg **Note:** Ref. H#324; JB-2216. Prev. KM#239. Varieties exist.

Date	Mintage	VG	F	VF	XF	Unc
1763 A	—	15.00	32.00	65.00	135	—
1764 A	—	15.00	32.00	65.00	135	—
1767 A	—	15.00	32.00	65.00	135	—
1768 A	—	15.00	32.00	65.00	135	—
1769 A	—	15.00	32.00	65.00	135	—
1770 A	—	15.00	32.00	65.00	135	—

KM# 526.1 10 KREUZER

Silver, 25.5 mm. **Ruler:** Maximilian III, Josef **Obv:** Draped bust to right within laurel wreath **Obv. Legend:** D. G. MAX. IOS. . B. & P. - S. D. C. P. R. S. R. I. A. & E. L. L. **Rev:** Crowned oval shield of 4-fold arms of Bavaria and Pfalz, with central shield of imperial orb, in baroque frame, 2 chains of orders arond, on pedestal with value '10,' which divides date, laurel and palm branches at left and right **Rev. Legend:** IN DEO - CONSILIUM. **Mint:** Munich **Note:** Ref. H#295; JB-2193. Prev. KM#239.

Date	Mintage	VG	F	VF	XF	Unc
1764	—	7.00	15.00	30.00	60.00	—
1766	—	7.00	15.00	30.00	60.00	—
1767	—	7.00	15.00	30.00	60.00	—
1768	—	7.00	15.00	30.00	60.00	—
1769	—	7.00	15.00	30.00	60.00	—
1770	—	7.00	15.00	30.00	60.00	—
1771	—	7.00	15.00	30.00	60.00	—
1772	—	7.00	15.00	30.00	60.00	—
1773	—	7.00	15.00	30.00	60.00	—
1774	—	7.00	15.00	30.00	60.00	—
1775	—	7.00	15.00	30.00	60.00	—
1776	—	7.00	15.00	30.00	60.00	—
1777	—	7.00	15.00	30.00	60.00	—

KM# 555.1 10 KREUZER (Convention)

Silver, 25.5 mm. **Ruler:** Karl Theodor **Obv:** Bust to right in laurel wreath **Obv. Legend:** CAR. THEOD. D. G. C. P. R. - (U)(V). B. D. S. R. I. A. & EL. D. I. C. (&) M. (&.) **Rev:** Madonna seated with Child on pedestal with value 10, which divides date, branches at sides **Rev. Legend:** PATRONA - BAVARIAE. **Mint:** Munich **Note:** Ref. H#341; JB-2373. Prev. KM#255. Varieties exist.

Date	Mintage	F	VF	XF	Unc	BU
1778	—	27.00	55.00	110	225	—
1779	—	27.00	55.00	110	225	—
1780	—	27.00	55.00	110	225	—
1781	—	27.00	55.00	110	225	—
1782	—	27.00	55.00	110	225	—
1783	—	27.00	55.00	110	225	—
1784	—	27.00	55.00	110	225	—

Date	Mintage	F	VF	XF	Unc	BU
1784 Error PARONA rev	—	27.00	55.00	110	225	—
1785	—	27.00	55.00	110	225	—
1786	—	27.00	55.00	110	225	—
1787	—	27.00	55.00	110	225	—
1788	—	27.00	55.00	110	225	—
1789	—	27.00	55.00	110	225	—
1790	—	27.00	55.00	110	225	—
1791	—	27.00	55.00	110	225	—
1792	—	27.00	55.00	110	225	—
1793	—	27.00	55.00	110	225	—
1794	—	27.00	55.00	110	225	—
1795	—	27.00	55.00	110	225	—
1796	—	27.00	55.00	110	225	—
1797	—	27.00	55.00	110	225	—
1798	—	27.00	55.00	110	225	—

KM# 555.2 10 KREUZER (Convention)

Silver, 25.5 mm. **Ruler:** Karl Theodor **Obv:** Bust to right in laurel wreath **Obv. Legend:** CAR. THEOD. D. G. C. P. R. (-) U. (-) B. D. S. R. I. A. & EL. D. I. C. M. **Rev:** Madonna seated with Child on pedestal with value 10, which divides date, branches at sides **Rev. Legend:** PATRONA - BAVARIAE. **Mint:** Amberg **Note:** Ref. H#378; JB-2409. Varieties exist.

Date	Mintage	F	VF	XF	Unc	BU
1780A	—	25.00	50.00	125	175	—
1781A	—	25.00	50.00	125	175	—
1782A	—	25.00	50.00	125	175	—

KM# 586 10 KREUZER (Convention)

Silver, 25 mm. **Ruler:** Karl Theodor **Obv:** Draped bust to right **Obv. Legend:** * C. TH. D. G. C. P. R. V. B. D. S. R. I. A. D. & E. &. I. P. R. S. &. I. F. PRO. &.. VIC. **Rev:** Imperial eagle, crowned Spanish shield of 3-fold arms of Pfalz, Bavaria and imperial orb on breast, 2 chains of orders around sides and bottom, value '10' in cartouche with floral sprays divides date below **Rev. Legend:** I. C M. D. L. L. P. M. M. M. A. Z. C. V. S. . &. R. D. I. N. R. **Mint:** Munich **Note:** Vicariat issue. Ref. H#356; JB-2398. Prev. KM#272.

Date	Mintage	F	VF	XF	Unc	BU
1790	—	45.00	90.00	180	375	—

KM# 602 10 KREUZER (Convention)

Silver, 25 mm. **Ruler:** Karl Theodor **Obv:** Head to right **Obv. Legend:** C. TH. D. G. C. P. R. V. B. D. S. R. I. A. &. E. &. I. P. R. S. &. I. F. PR. &. VIC. **Rev:** Imperial eagle, crowned oval shield of 3-fold arms of Pfalz, Bavaria and imperial orb, 2 chains of orders around, value (10) below, date at end of legend **Rev. Legend:** I. C. &. M. D. L. L. P. M. M. M. A. Z. C. V. S. M. &. R. D. I. R. **Mint:** Munich **Note:** Vicariat issue. Ref. H#364; JB-2399. Prev. KM#282.

Date	Mintage	F	VF	XF	Unc	BU
1792	—	45.00	90.00	180	375	—

KM# 650 10 KREUZER (Convention)

3.9000 g., 0.5000 Silver 0.0627 oz. ASW, 26 mm. **Ruler:** Maximilian IV, Josef **Obv:** Head to right within laurel wreath **Obv. Legend:** D. G. MAX. IOS. C. P. R. V. B. D. S. R. I. A. & EL. D. I. C. &. M. **Rev:** Crowned oval shield of 3-fold arms of Pfalz, Bavaria and imperial orb, between 2 palm branches, value (10) divides date below **Rev. Legend:** PRO DEO - ET POPULO. **Mint:** Munich **Note:** Ref. H#422; JB-2568. Prev. KM#316.

Date	Mintage	F	VF	XF	Unc	BU
1800	—	150	300	600	1,200	2,100

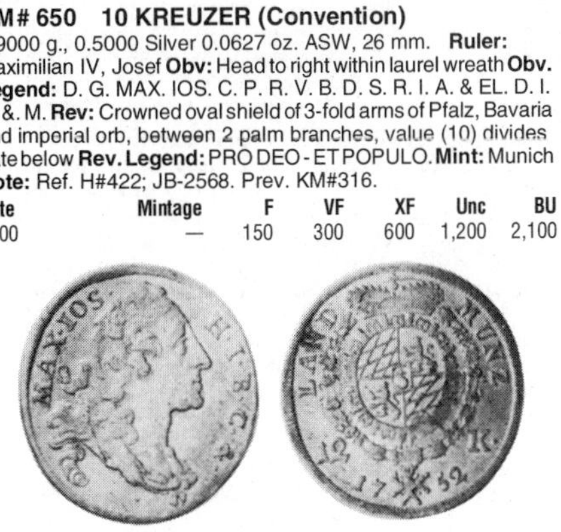

KM# 488.1 12 KREUZER (4 Groschen)

Silver, 24-25 mm. **Ruler:** Maximilian III, Josef **Obv:** Draped bust to right **Obv. Legend:** MAX • IOS • - H • I • B • C • & • **Rev:** Crowned round shield of 4-fold arms of Bavaria and Pfalz, with central shield of imperial orb, 2 chains of orders around, value 12-K. divided near bottom, date divided below **Rev. Legend:** LAND - MUNZ. **Mint:** Munich **Note:** Ref. H#296; JB-2191. Prev. KM#215. Varieties exist.

Date	Mintage	VG	F	VF	XF	Unc
1747	—	9.00	18.00	37.00	75.00	—
1748	—	9.00	18.00	37.00	75.00	—
1749	—	9.00	18.00	37.00	75.00	—
1750	—	9.00	18.00	37.00	75.00	—
1751	—	9.00	18.00	37.00	75.00	—
1752	—	9.00	18.00	37.00	75.00	—
1763	—	9.00	18.00	37.00	75.00	—
1764	—	9.00	18.00	37.00	75.00	—
1765	—	9.00	18.00	37.00	75.00	—

KM# 488.2 12 KREUZER (4 Groschen)

Silver, 25 mm. **Ruler:** Maximilian III, Josef **Obv:** Draped bust to right, mintmark below **Obv. Legend:** MAX. IOS. - H. I. B. C. &. **Rev:** Crowned round shield of 4-fold arms of Bavaria and Pfalz, with central shield of imperial orb, 2 chains of orders around, value 12-K. divided near bottom, date divided below **Rev. Legend:** LAND - MUNZ. **Mint:** Amberg **Note:** Ref. H#325; JB-2215. Prev. KM#215.

Date	Mintage	VG	F	VF	XF	Unc
1763 A	—	16.00	37.00	75.00	150	—
1764 A	—	16.00	37.00	75.00	150	—

KM# 369.2 15 KREUZER (1/4 Gulden)

Silver, 29 mm. **Ruler:** Maximilian II, Emanuel **Obv:** Draped bust to right in partial beaded circle **Obv. Legend:** MAX. EM. - H. I. B. C. &. **Rev:** Crowned oval shield of 4-fold arms of Bavaria and Pfalz, with central shield of imperial orb, in baroque frame, in partial beaded circle, value (XV) in cartouche divides date below **Rev. Legend:** LAND - MINZ. **Mint:** Munich **Note:** Ref. H#192; JB#1673-7. Prev. KM#129.2. Varieties exist.

Date	Mintage	VG	F	VF	XF	Unc
1701	—	30.00	55.00	110	225	—
1702	—	30.00	55.00	110	225	—
1703	—	30.00	55.00	110	225	—

KM# 369.3 15 KREUZER (1/4 Gulden)

Silver, 28 mm. **Ruler:** Maximilian II, Emanuel **Obv:** Draped bust to right, small pinecone below, in partial linear circle **Obv. Legend:** MAX. EM. - H. I B. C. &. **Rev:** Crowned oval shield of 4-fold arms of Bavaria and Pfalz, with central shield of imperial orb, in baroque frame, in partial beaded circle, value (XV) in cartouche divides date below **Rev. Legend:** LAND - MINZ. **Mint:** Augsburg **Note:** Ref. H#208; JB-1678. Prev. KM#129.3.

Date	Mintage	VG	F	VF	XF	Unc
1704	—	27.00	55.00	110	225	—

KM# 384 15 KREUZER (1/4 Gulden)

Silver, 25 mm. **Ruler:** Maximilian II, Emanuel **Obv:** Draped bust to right **Obv. Legend:** MAX • EMA • - H • I • B • C • & • **Rev:** Large rampant lion to left, holding sword and crowned oval shield of 4-fold arms of Bavaria and Pfalz, with central shield of imperial orb, Order of Golden Fleece around, value (15) divides date below **Rev. Legend:** LAND - M (-) I (-) NZ. &. **Mint:** Munich **Note:** Ref. H#193; JB#1679-81. Prev. KM#150. Varieties exist.

Date	Mintage	VG	F	VF	XF	Unc
1715	—	22.00	45.00	90.00	180	—
1717	—	22.00	45.00	90.00	180	—
1718	—	22.00	45.00	90.00	180	—

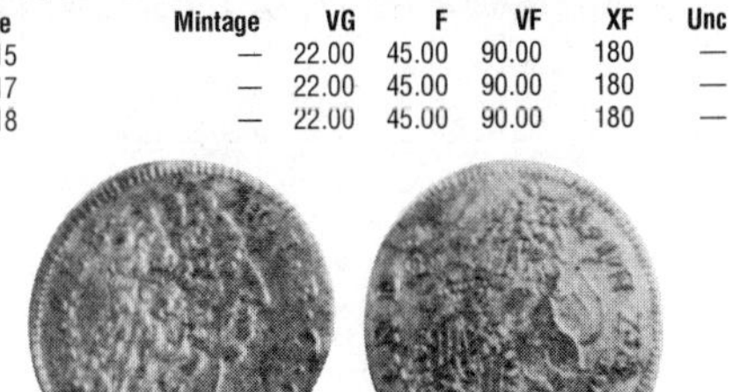

KM# 410 15 KREUZER (1/4 Gulden)

Silver, 23-24 mm. **Ruler:** Karl Albrecht **Obv:** Head to right **Obv. Legend:** CAR. ALB. - H. I. B. C. &. **Rev:** Large rampant lion to left, holding sword and crowned oval shield of 4-fold arms of Bavaria and Pfalz, with central shield of imperial orb, Order of Golden Fleece around, value (15) divides date below **Rev. Legend:** LAND - MINZ. (&). **Mint:** Munich **Note:** Ref. H#244; JB-1942. Prev. KM#172.

Date	Mintage	VG	F	VF	XF	Unc
1727	—	45.00	95.00	190	375	—
1729	—	45.00	95.00	190	375	—
1731	—	45.00	95.00	190	375	—

KM# 416 15 KREUZER (1/4 Gulden)

Silver, 25 mm. **Ruler:** Karl Albrecht **Obv:** Draped bust to right **Obv. Legend:** CAR. ALB. - H. I. B. C. &. **Rev:** Large rampant lion to left, holding sword and crowned oval shield of 4-fold arms of Bavaria and Pfalz, with central shield of imperial orb, 2 chains of orders around, value '15' in cartouche divides date below **Rev. Legend:** LAND - MINZ. &. **Mint:** Munich **Note:** Ref. H#245; JB-1943. Prev. KM#174.

Date	Mintage	VG	F	VF	XF	Unc
1732	—	55.00	110	225	450	—

KM# 498 20 KREUZER

Silver, 29-30 mm. **Ruler:** Maximilian III, Josef **Obv:** Draped bust to right in laurel wreath **Obv. Legend:** D. G. MAX. IOS. U. B. & P. - S. D. C. P. R. S. R. I. A. & E. L. L. **Rev:** Seated Madonna with Child on pedestal with value '20,' which divides date, laurel and palm branches to left and right **Rev. Legend:** PATRONA - BAVARIAE. **Mint:** Munich **Note:** Ref. H#298; JB-2186. Prev. KM#221.

Date	Mintage	VG	F	VF	XF	Unc
1753	—	30.00	60.00	125	250	—
1754	—	30.00	60.00	125	250	—
1755	—	30.00	60.00	125	250	—
1756	—	30.00	60.00	125	250	—
1757	—	30.00	60.00	125	250	—
1758	—	30.00	60.00	125	250	—
1763	—	30.00	60.00	125	250	—

KM# 528.1 20 KREUZER

Silver, 27-28 mm. **Ruler:** Maximilian III, Josef **Obv:** Draped bust to right in laurel wreath **Obv. Legend:** D • G • MAX • IOS • U • B • & • P • (-) S • (-) D • C • P • R • S • R • I • A • & • E (•) L • L • **Rev:** Crowned elongated oval shield of 4-fold arms of Bavaria and Pfalz, with central shield of imperial orb, 2 chains of orders around, all in baroque frame and placed on pedestal with value '20,' laurel and palm branches and date divided to left and righ **Rev. Legend:** IN DEO - CONSILIUM. **Mint:** Munich **Note:** Ref. H#299; JB-2187. Prev. KM#240. Varieties exist.

Date	Mintage	VG	F	VF	XF	Unc
1763	—	8.00	15.00	30.00	60.00	—
1764	—	8.00	15.00	30.00	60.00	—
1766	—	8.00	15.00	30.00	60.00	—
1767	—	8.00	15.00	30.00	60.00	—
1768	—	8.00	15.00	30.00	60.00	—
1769	—	8.00	15.00	30.00	60.00	—
1770	—	8.00	15.00	30.00	60.00	—
1771	—	8.00	15.00	30.00	60.00	—
1772	—	8.00	15.00	30.00	60.00	—
1773	—	8.00	15.00	30.00	60.00	—
1774	—	8.00	15.00	30.00	60.00	—
1776	—	8.00	15.00	30.00	60.00	—
1777	—	8.00	15.00	30.00	60.00	—

KM# 528.2 20 KREUZER

Silver, 29 mm. **Ruler:** Maximilian III, Josef **Obv:** Draped bust to right in laurel wreath, mintmark below **Obv. Legend:** D. G. MAX. IOS. U. B. & (-) P. (-) S. (-) D. C. P. R. S. R. I. A. & E. L. L. **Rev:** Crowned elongated oval shield of 4-fold arms of Bavaria and Pfalz, with central shield of imperial orb, 2 chains of orders around, all in baroque frame and resting on pedestal with value '20,' laurel and palm branches and date divided to left and rig **Rev. Legend:** IN DEO - CONSILIUM. **Mint:** Amberg **Note:** Ref. H#327; JB-2213. Prev. KM#240. Varieties exist.

Date	Mintage	VG	F	VF	XF	Unc
1763 A	—	15.00	30.00	65.00	135	—
1764 A	—	15.00	30.00	65.00	135	—
1765 A	—	15.00	30.00	65.00	135	—
1766 A	—	15.00	30.00	65.00	135	—
1767 A	—	15.00	30.00	65.00	135	—
1768 A	—	15.00	30.00	65.00	135	—
1769 A	—	15.00	30.00	65.00	135	—
1770 A	—	15.00	30.00	65.00	135	—
1774 A	—	15.00	30.00	65.00	135	—
1776 A	—	15.00	30.00	65.00	135	—

KM# 549.1 20 KREUZER

Silver, 28-29 mm. **Ruler:** Maximilian III, Josef **Obv:** Draped bust to right in rhombus, legend divided into 4 segments, value '20' in exergue **Obv. Legend:** MAX. IOS. - BAV. DVX. - ARCHID. & - ELECTOR. **Rev:** Madonna with Child, clouds and rays around, in rhombus, legend divided into 4 segments with date at end **Rev. Legend:** IN DEO - CONSI - LIUM. - (date). **Mint:** Munich **Note:** Ref. H#300; JB-2188. Prev. KM#250.

Date	Mintage	VG	F	VF	XF	Unc
1770	—	25.00	55.00	110	225	—

292 GERMAN STATES BAVARIA

Date	Mintage	VG	F	VF	XF	Unc
1772	—	25.00	55.00	110	225	—
1773	—	25.00	55.00	110	225	—

KM# 550.1 20 KREUZER

Silver, 29 mm. **Ruler:** Maximilian III, Josef **Obv:** Draped bust to right in rhombus, legend divided into 4 segments, value '20' in exergue **Obv. Legend:** MAX. IOS. - BAV. DVX. - ARCHID. & - ELECTOR. **Rev:** Crowned oval shield of 4-fold arms of Bavaria and Pfalz, with central shield of imperial orb, 2 chains of orders around, in baroque frame and supported by 2 lions, all in rhombus, legend divided into 4 segments, date at end **Rev. Legend:** IN DEO - CONSI - LIUM. - (date). **Mint:** Munich **Note:** Ref. H#301; JB-2190. Prev. KM#251.

Date	Mintage	VG	F	VF	XF	Unc
1770	—	60.00	120	250	500	—
1772	—	60.00	120	250	500	—
1773	—	60.00	120	250	500	—
1776	—	60.00	120	250	500	—
1777	—	60.00	120	250	500	—

KM# 549.2 20 KREUZER

Silver, 29 mm. **Ruler:** Maximilian III, Josef **Obv:** Draped bust to right in rhombus, legend divided into 4 segments, value '20' in exergue **Obv. Legend:** MAX. IOS. - BAV. DVX - ARCHID. & - ELECTOR. **Rev:** Madonna with Child, clouds and rays around, in rhombus, legend divided into 4 segments, mintmark before date in last segment **Rev. Legend:** IN DEO - CONSI - LIUM. - A (date). **Mint:** Amberg **Note:** Ref. H#328. Prev. KM#250.

Date	Mintage	VG	F	VF	XF	Unc
1772	—	25.00	55.00	110	225	—
1776	—	25.00	55.00	110	225	—

KM# 550.2 20 KREUZER

Silver, 29 mm. **Ruler:** Maximilian III, Josef **Obv:** Draped bust to right in rhombus, legend divided into 4 segments, value in exergue **Obv. Legend:** MAX. IOS. - BAV. DVX. - ARCHID. & - ELECTOR. **Rev:** Crowned oval shield of 4-fold arms of Bavaria and Pfalz, with central shield of imperial orb, 2 chains of orders around, in baroque frame, supported by 2 lions, all in rhombus, legend divided into 4 segments, mintmark before date in last segment **Rev. Legend:** IN DEO - CONSI - LIUM. - A (date). **Mint:** Amberg

Date	Mintage	VG	F	VF	XF	Unc
1772 A	—	150	375	900	1,800	—

KM# 551 20 KREUZER

Silver, 29.5 mm. **Ruler:** Maximilian III, Josef **Obv:** Draped bust to right in laurel wreath, mintmark below **Obv. Legend:** D. G. MAX. IOS. U. B. & P. - S. D. C. P. R. S. R. I. A. & E. L. L. **Rev:** Seated Madonna with Child on pedestal with value '20,' which divides date, laurel and palm branches to left and right **Rev. Legend:** PATRONA - BAVARIAE. **Mint:** Amberg **Note:** Ref. H#326; JB-2214.

Date	Mintage	VG	F	VF	XF	Unc
1774 A	—	45.00	90.00	190	375	—

KM# 557.2 20 KREUZER

Silver, 29.5 mm. **Ruler:** Karl Theodor **Obv:** Head to right in laurel wreath, mintmark either below head or below wreath **Obv. Legend:** CAR. THEOD. D. G. C. P. R(.) (-) U. (-) B. D. S. R. I. A. & EL. D. I. C. (&) M. **Rev:** Seated Madonna with Child on pedestal with value '20,' which divides date, laurel and palm branches to left and right **Rev. Legend:** PATRONA - BAVARIAE. **Mint:** Amberg **Note:** Ref. H#379; JB-2406, 1407. Prev. KM#256. Varieties exist.

Date	Mintage	VG	F	VF	XF	Unc
1778 A	—	25.00	60.00	130	265	—
1779 A	—	25.00	60.00	130	265	—
1780 A	—	25.00	60.00	130	265	—
1781 A	—	25.00	60.00	130	265	—
1782 A	—	25.00	60.00	130	265	—
1783 A	—	25.00	60.00	130	265	—

KM# 557.1 20 KREUZER

Silver, 29 mm. **Ruler:** Karl Theodor **Obv:** Head to right in laurel wreath **Obv. Legend:** CAR • THEOD • D • G • C • P • R • (-) (U)(V) (-) • B • D • S • R • I • A • & EL • D • I • C • M • **Rev:** Seated Madonna with Child on pedestal with value '20,' which divides date, laurel and palm branches to left and right **Rev. Legend:** PATRONA - BAVARIAE. **Mint:** Munich **Note:** Ref. H#342; JB-2372. Prev. KM#256. Varieties exist.

Date	Mintage	F	VF	XF	Unc	BU
1778	—	15.00	30.00	65.00	135	—
1779 HS	—	15.00	30.00	65.00	135	—
1780	—	15.00	30.00	65.00	135	—
1781	—	15.00	30.00	65.00	135	—
1782	—	15.00	30.00	65.00	135	—
1783	—	15.00	30.00	65.00	135	—
1784	—	15.00	30.00	65.00	135	—
1785	—	15.00	30.00	65.00	135	—
1786	—	15.00	30.00	65.00	135	—
1787	—	15.00	30.00	65.00	135	—
1788	—	15.00	30.00	65.00	135	—
1789	—	15.00	30.00	65.00	135	—
1790	—	15.00	30.00	65.00	135	—
1791	—	15.00	30.00	65.00	135	—
1792	—	15.00	30.00	65.00	135	—
1793	—	15.00	30.00	65.00	135	—
1794	—	15.00	30.00	65.00	135	—
1795	—	15.00	30.00	65.00	135	—
1796	—	15.00	30.00	65.00	135	—
1797	—	15.00	30.00	65.00	135	—
1798	—	15.00	30.00	65.00	135	—
1799	—	15.00	30.00	65.00	135	—

KM# 588 20 KREUZER

Silver, 29 mm. **Ruler:** Karl Theodor **Obv:** Draped bust to right, die-cutter's initials below shoulder **Obv. Legend:** C. TH. D. G. C. P. R. V. B. D. S. R. I. A. D. &. E. &. I. P. R. S. &. I. F. PRO. &. VIC. **Rev:** Imperial eagle, crowned Spanish shield of 3-fold arms of Pfalz, Bavaria and imperial orb on breast, several chains of orders around sides and bottom, value '20' in cartouche with floral sprays divides date **Rev. Legend:** I. C. &. M. D. L. L. P. M. M. M. A. Z. C. V. S. M. &. R. D. IN. R. **Mint:** Munich **Note:** Vicariat issue. Ref. H#357; JB-2396. Prev. KM#273.

Date	Mintage	VG	F	VF	XF	Unc
1790 ISF	—	60.00	125	250	450	—

KM# 604 20 KREUZER

Silver, 28.5 mm. **Ruler:** Karl Theodor **Obv:** Draped bust to right **Obv. Legend:** CAR. TH. D. G. C. P. R. V. B. D. S. R. I. A. D. &. I. P. R. S. &. I. F. PRO. &. VIC. **Rev:** Imperial eagle, crowned squarish shield of 9-fold arms on breast, with central shield of 4-fold arms of Bavaria and Pfalz, and small central shield of imperial orb, several chains of orders around sides and bottom, value (20) in cartouche, divides da **Rev. Legend:** I. C. &. M. D. L. L. P. M. M. M. A. Z. C. V. S. M. &. R. D. I. N. R. **Mint:** Munich **Note:** Vicariat issue. Ref. H#365; JB-2397. Prev. KM#283.

Date	Mintage	VG	F	VF	XF	Unc
1792	—	60.00	120	240	475	—

KM# 618 20 KREUZER

Silver, 29 mm. **Ruler:** Karl Theodor **Obv:** Head to right, mintmark below, all in laurel wreath **Obv. Legend:** CAR. THEOD. D. G. C. P. R. U. (-) B. D. S. R. I. A. & EL. D. I. C. & M. **Rev:** Crowned oval shield of 3-fold arms of Pfalz, Bavaria and imperial orb between 2 palm branches, value '20' divides date below **Rev. Legend:** AD NORMAM - CONVENTION. **Mint:** Amberg **Note:** Ref. H#380; JB-2408. Prev. KM#291. Varieties exist.

Date	Mintage	VG	F	VF	XF	Unc
1793 A	—	90.00	190	375	750	—
1794 A	—	90.00	190	375	750	—

KM# 640 20 KREUZER

6.6800 g., 0.5830 Silver 0.1252 oz. ASW, 28 mm. **Ruler:** Maximilian IV, Josef **Obv:** Head to right in laurel wreath **Obv. Legend:** D • G • MAX • IOS • C • P • R • V • B • D • S • R • I • A • & • EL • D • I (•) C • & • M • **Rev:** Crowned oval shield of 3-fold arms of Pfalz, Bavaria and imperial orb between 2 palm branches, value (20) divides date below **Rev. Legend:** PRO DEO - ET POPULO. **Mint:** Munich **Note:** Ref. H#423; JB-2566. Prev. KM#311.

Date	Mintage	F	VF	XF	Unc	BU
1799	—	90.00	190	375	750	1,100
1800	—	90.00	190	375	750	1,100

KM# 489 24 KREUZER

Silver, 31-32 mm. **Ruler:** Maximilian III, Josef **Obv:** Draped bust to right **Obv. Legend:** MAX. IOS. - H. I. B. C. &. **Rev:** Crowned round shield of 4-fold arms of Bavaria and Pfalz, with central shield of imperial orb, 2 chains of orders around, value 24-K. divided to lower left and right, date divided below **Rev. Legend:** LAND - MUNZ. **Mint:** Munich **Note:** Ref. H#302; JB-2185. Prev. KM#216.

Date	Mintage	VG	F	VF	XF	Unc
1747	—	130	260	525	1,050	—

KM# 385 30 KREUZER (1/2 Gulden)

Silver, 29 mm. **Ruler:** Maximilian II, Emanuel **Obv:** Draped bust to right **Obv. Legend:** MAX. EMA - H. I. B. C. & * **Rev:** Rampant lion to left, holding sword and crowned oval shield of 4-fold arms of Bavaria and Pfalz, with central shield of imperial orb, Order of Golden Fleece around, value (30) in cartouche divides date below **Rev. Legend:** LAND - M (-) I (-) NZ. &. **Mint:** Munich **Note:** Ref. H#196; JB-1654, 1655. Prev. KM#151. Varieties exist.

Date	Mintage	VG	F	VF	XF	Unc
1715	—	30.00	60.00	120	240	—
1718	—	30.00	60.00	120	240	—
1719	—	30.00	60.00	120	240	—

KM# 391 30 KREUZER (1/2 Gulden)

Silver, 29 mm. **Ruler:** Maximilian II, Emanuel **Obv:** Draped bust to right **Obv. Legend:** MAX. EMA. - H. I. B. C. &. **Rev:** Rampant lion to left, holding sword and crowned oval shield of 4-fold arms of Bavaria and Pfalz, with central shield of imperial orb, Order of Golden Fleece around, value (30) in cartouche divides date below **Rev. Legend:** LAND(.) - M (-) I (-) NZ(.) &. **Mint:** Munich **Note:** Ref. H#196; JB#1656-9. Prev. KM#156. Varieties exist.

Date	Mintage	VG	F	VF	XF	Unc
1720	—	30.00	60.00	120	240	—
1721	—	30.00	60.00	120	240	—
1724	—	30.00	60.00	120	240	—
1726	—	30.00	60.00	120	240	—

KM# 402 30 KREUZER (1/2 Gulden)

Silver, 29 mm. **Ruler:** Karl Albrecht **Obv:** Draped bust to right **Obv. Legend:** CAR • ALB • - H • I • B • C • & • **Rev:** Rampant lion to left, holding sword and crowned oval shield of 4-fold arms of Bavaria and Pfalz, with central shield of imperial orb, Order of Golden Fleece around, value (30) in cartouche divides date below **Rev. Legend:** LAND - MINZ • **Mint:** Munich **Note:** Ref. H#246; JB-1940. Prev. KM#168.

Date	Mintage	VG	F	VF	XF	Unc
1726	—	25.00	50.00	100	210	—
1727	—	25.00	50.00	100	210	—
1728	—	25.00	50.00	100	210	—
1729	—	25.00	50.00	100	210	—
1730	—	25.00	50.00	100	210	—
1731	—	25.00	50.00	100	210	—
1732	—	25.00	50.00	100	210	—

BAVARIA

draped bust to right **Obv. Legend:** D. G. MAX. IOS. U. B. - D. S. R. I. A. & EL. L. L. **Rev:** Seated Madonna with Child, upturned crescent and clouds below, rays around, date at bottom **Rev. Legend:** PATRONA - BAVARIAE. **Mint:** Munich **Note:** Ref. H#305; JB-2181. Prev. KM#222.

Date	Mintage	VG	F	VF	XF	Unc
1753	—	40.00	80.00	165	335	—
1754	—	40.00	80.00	165	335	—
1759	—	40.00	80.00	165	335	—
1761	—	40.00	80.00	165	335	—
1762	—	40.00	80.00	165	335	—
1765	—	40.00	80.00	165	335	—
1768	—	40.00	80.00	165	335	—
1769	—	40.00	80.00	165	335	—
1770	—	40.00	80.00	165	335	—
1772	—	40.00	80.00	165	335	—
1773	—	40.00	80.00	165	335	—
1774	—	40.00	80.00	165	335	—
1775	—	40.00	80.00	165	335	—
1777	—	40.00	80.00	165	335	—

KM# 418.2 30 KREUZER (1/2 Gulden)
Silver, 27-28 mm. **Ruler:** Karl Albrecht **Obv:** Draped bust to right **Obv. Legend:** CAR • ALB • - H • I • B • C • & • **Rev:** Rampant lion to left, holding sword and crowned oval shield of 4-fold arms of Bavaria and Pfalz, with central shield of imperial orb, 2 chains of orders around, value (30) in cartouche divides small date below **Rev. Legend:** LAND - M (·) I (·) NZ. & **Mint:** Munich **Note:** Ref. H#247; JB-1941. Prev. KM#175.2. Varieties exist.

Date	Mintage	VG	F	VF	XF	Unc
1732	—	25.00	50.00	100	210	—
1733	—	25.00	50.00	100	210	—
1734	—	25.00	50.00	100	210	—
1735	—	25.00	50.00	100	210	—

KM# 418.1 30 KREUZER (1/2 Gulden)
Silver, 28.5 mm. **Ruler:** Karl Albrecht **Obv:** Draped bust to right **Obv. Legend:** CAR • ALB • - H • I • B • C • & • **Rev:** Rampant lion to left, holding sword and crowned oval shield of 4-fold arms of Bavaria and Pfalz, with central shield of imperial orb, 2 chains of orders around, value (30) in cartouche divides large date below **Rev. Legend:** LAND - M (·) I (·) NZ. & **Mint:** Munich **Note:** Ref. H#247; JB-1941. Prev. KM#175.1. Varieties exist.

Date	Mintage	VG	F	VF	XF	Unc
1732	—	25.00	50.00	100	210	—

KM# 487 30 KREUZER (1/2 Gulden)
Silver, 28 mm. **Ruler:** Maximilian III, Josef **Obv:** Draped bust to right **Obv. Legend:** MAX. IOS. - H. I. B. C. & **Rev:** Crowned oval shield of 4-fold arms of Bavaria and Pfalz, with central shield of imperial orb, 2 chains of orders around, value 30-K. divided to lower left and right, date divided near bottom **Rev. Legend:** LAND - MINZ. **Mint:** Munich **Note:** Ref. H#303; JB-2182. Prev. KM#214.

Date	Mintage	VG	F	VF	XF	Unc
1746	—	125	300	750	1,500	—

KM# 507.1 30 KREUZER (1/2 Gulden)
Silver, 30 mm. **Ruler:** Maximilian III, Josef **Obv:** Draped bust to right in rhombus, value '30' in exergue, legend divided into 4 segments **Obv. Legend:** D. G. MAX. - IOS. U. B. - D. S. R. I. A. - & EL. L. L. **Rev:** Madonna with Child, resting on upturned crescent, rays around, all in rhombus, legend divided into segments, ending with date **Rev. Legend:** S. MARIA - PATRONA - BAVARIÆ. - (date). **Mint:** Munich **Note:** Ref. H#304; JB-2183. Prev. KM#227.

Date	Mintage	VG	F	VF	XF	Unc
1754	—	125	300	750	1,500	—
1756	—	125	300	750	1,500	—

KM# 507.2 30 KREUZER (1/2 Gulden)
Silver **Ruler:** Maximilian III, Josef **Obv:** Draped bust to right in rhombus, value '30' in exergue, legend divided into segments **Obv. Legend:** D. G. MAX. - IOS. U. B. - D. S. R. I. A. - & EL. L. L. **Rev:** Madonna with Child, resting on upturned crescent, rays around, all in rhombus, legend divided in segments, ending with date **Rev. Legend:** S. MARIA - PATRONA - BAVARIÆ. - (date) **Mint:** Munich **Note:** Klippe. Ref. JB-2184.

Date	Mintage	VG	F	VF	XF	Unc
1754 Rare	—	—	—	—	—	—

KM# 544 4 GROSCHEN
Silver, 27 mm. **Ruler:** Maximilian III, Josef **Obv:** Crowned elongated oval shield of 4-fold arms of Bavaria and Pfalz, with central shield of imperial orb, 2 chains of orders around, supported by 2 lions, all resting on ornamented table **Obv. Legend:** LAND - MUNZ. **Rev:** 3-line inscription with date within laurel wreath **Rev. Inscription:** *4 / GROSCHEN / (date) **Mint:** Munich **Note:** Ref. H#297; JB-2194. Prev. KM#248.

Date	Mintage	VG	F	VF	XF	Unc
1766	—	40.00	85.00	170	340	—
1767	—	40.00	85.00	170	340	—

KM# 446 1/4 THALER
7.2900 g., Silver, 30 mm. **Ruler:** Karl Albrecht **Obv:** Accolated busts of Karl Albrecht and Karl III Philipp of the Pfalz to right **Obv. Legend:** D. G. C. ALB. & C. PHIL. ELECT. PROV. &. VICARII. **Rev:** Imperial eagle, 2 adjacent crowned oval shields of arms of Bavaria and Pfalz on breast, date at end of legend **Rev. Legend:** IN. PART. RHENI. SUEV. ET IUR. FRANCON. **Mint:** Mannheim **Note:** Vicariat issue. Ref. H#270; JB-1959. Prev. KM#188.

Date	Mintage	VG	F	VF	XF	Unc
1740	—	275	600	1,500	3,000	—

KM# 380 1/2 THALER
Silver, 32 mm. **Ruler:** Maximilian II, Emanuel **Obv:** Armored and draped bust to right **Obv. Legend:** CAROL. VI. D. G. ROM - IMP. C. A. G. H. H. B. REX. **Rev:** Crowned imperial eagle, crowned shield of Austrian arms on breast, date at end of legend **Rev. Legend:** ARCHIDUX. AUSTRIÆ - DUX. BURG. COM. TYR. **Mint:** Augsburg **Note:** Ref. H#236. Prev. KM#144. Mintmark 'A' between 2 horseshoes.

Date	Mintage	Good	VG	F	VF	XF
1713A	—	—	800	1,500	3,750	7,500

KM# 530 1/2 THALER
Silver, 34 mm. **Ruler:** Maximilian III, Josef **Obv:** Armored and draped bust to right, mintmark below **Obv. Legend:** D • G • MAX • IOS • U • B • - D • S • R • I • A • & EL • L • L • **Rev:** Madonna and child **Rev. Legend:** PATRONA - BAVARIAE • **Mint:** Amberg **Note:** Ref. H#329; JB-2212. Prev. KM#241.

Date	Mintage	VG	F	VF	XF	Unc
1763 A	—	55.00	110	225	550	—
1764 A	—	55.00	110	225	550	—
1768 A	—	55.00	110	225	550	—
1774 A	—	55.00	110	225	550	—

KM# 448 1/2 THALER
14.5900 g., Silver, 35 mm. **Ruler:** Karl Albrecht **Obv:** Accolated armored busts of Karl Albrecht and Karl III Philipp of the Pfalz to right **Obv. Legend:** D. G. C. ALB. & C. PHIL. ELECT. PROV. &. VICARII. **Rev:** Imperial eagle, 2 adjacent crowned oval shields of arms of Bavaria and Pfalz on breast, date at end of legend **Rev. Legend:** IN. PART. RHENI. SUEV. ET IUR. FRANCON. **Mint:** Mannheim **Note:** Ref. H#271; JB-1958. Prev. KM#189.

Date	Mintage	VG	F	VF	XF	Unc
1740	—	275	600	1,500	3,000	—

KM# 558 1/2 THALER
14.0300 g., 0.8330 Silver 0.3757 oz. ASW, 34 mm. **Ruler:** Karl Theodor **Obv:** Bust to right **Obv. Legend:** CAR. THEODOR. D. G. - C. P. R. TR. BAV. DUX. **Rev:** Crowned oval shield of 3-fold arms of Pfalz, Bavaria and imperial orb between 2 palm branches, date below **Rev. Legend:** S. R. I. ARCHID. & • EL(.) D(U)(V)X. I. C(I). & M. (&). **Mint:** Munich **Note:** Ref. H#344; JB-2368. Prev. KM#257. Varieties exist.

Date	Mintage	VG	F	VF	XF	Unc
1778	—	75.00	150	300	600	—
1779	—	75.00	150	300	600	—
1780	—	75.00	150	300	600	—
1781	—	75.00	150	300	600	—
1784	—	75.00	150	300	600	—
1786	—	75.00	150	300	600	—
1787	—	75.00	150	300	600	—
1788	—	75.00	150	300	600	—
1789	—	75.00	150	300	600	—
1790	—	75.00	150	300	600	—
1791	—	75.00	150	300	600	—
1792	—	75.00	150	300	600	—
1793	—	75.00	150	300	600	—
1794	—	75.00	150	300	600	—
1795	—	75.00	150	300	600	—
1796	—	75.00	150	300	600	—
1797	—	75.00	150	300	600	—
1798	—	75.00	150	300	600	—

KM# 570 1/2 THALER
14.0300 g., 0.8330 Silver 0.3757 oz. ASW, 34-35 mm. **Ruler:** Karl Theodor **Obv:** Bust to right **Obv. Legend:** CAR. THEODOR. D. G. - C. P. R. UTR. BAV. DVX. **Rev:** Seated Madonna with Child, upturned crescent and clouds below, rays around, date at bottom **Rev. Legend:** PATRONA - BAVARIAE. **Mint:** Munich **Note:** Ref. H#343; JB-2369. Prev. KM#262.

Date	Mintage	VG	F	VF	XF	Unc
1779	—	250	550	1,100	2,250	—
1782	—	250	550	1,100	2,250	—

KM# 499 1/2 THALER
Silver, 35 mm. **Ruler:** Maximilian III, Josef **Obv:** Armored and

KM# 590.1 1/2 THALER

14.0300 g., 0.8330 Silver 0.3757 oz. ASW, 34 mm. **Ruler:** Karl Theodor **Obv:** Draped bust to right **Obv. Legend:** * C. TH. D. G. C. P. R. V. B. D. S. R. I. A. & E. & I. P. RH. SV. &. I. FR. PRO. &. VIC. **Rev:** Imperial eagle, crowned oval shield of 3-fold arms of Pfalz, Bavaria and imperial orb, four chains of orders around, on breast, date at end of legend **Rev. Legend:** IUL. CL. &. MONT. D. L. L. P. M. M. M. A. Z. C. V. S. M. &. R. D. I. R. **Mint:** Munich **Note:** Vicariat issue. Ref. H#358; JB-2393. Prev. KM#274.

Date	Mintage	VG	F	VF	XF	Unc
1790	—	110	225	450	900	—

KM# 590.2 1/2 THALER

Silver, 34 mm. **Ruler:** Karl Theodor **Obv:** Draped bust to right, die-cutter's initials below **Obv. Legend:** * C. TH. D. G. C. P. R. V. B. D. S. R. I. A D. & E. E. I. P. R. S. &. I. F. PRO. &. VIC. **Rev:** imperial eagle, crowned oval shield of 3-fold arms of Pfalz, Bavaria and imperial orb, four chains of orders around, on breast, date divided below **Rev. Legend:** I. C. &. M. D. L. L. P. M. M. M. A. Z. C. V. S. M. &. R. D. I N. R. **Mint:** Munich **Note:** Ref. JB-2394.

Date	Mintage	VG	F	VF	XF	Unc
1790 I.SCH.F. Rare	—	—	—	—	—	—

KM# 606 1/2 THALER

14.0300 g., 0.8330 Silver 0.3757 oz. ASW, 34 mm. **Ruler:** Karl Theodor **Obv:** Bust to right, die-cutter's initial below **Obv. Legend:** * C. TH. D. G. C. P. R. V. B. D. S. R. I. A. D. & E. & I. P. R. S. &. I. F. PRO. &. VIC. **Rev:** Imperial eagle, crowned squarish shield of 9-fold arms, with central shield of 4-fold arms of Bavaria and Pfalz, and central shield of imperial orb, on breast, 4 chains of orders around and hanging from wings, date divided below **Rev. Legend:** I. C. &. M. D. L. L. P. M. M. M. A. Z. C. V. S. H. &. R. D. I. N. R. **Mint:** Munich **Note:** Vicariat issue. Ref. H#366; JB-2395. Prev. KM#284.

Date	Mintage	VG	F	VF	XF	Unc
1792 IVS	—	125	250	500	1,000	—

KM# 624.1 1/2 THALER

Silver, 35 mm. **Ruler:** Karl Theodor **Obv:** Armored and draped bust to right, mintmark below **Obv. Legend:** CAR. TH. D. G. C. P. R. V. - B. D. S. R. I. A. & EL. D. I. C. M. **Rev:** Crowned oval shield of 3-fold arms of Pfalz, Bavaria and imperial orb between 2 palm branches, date below **Rev. Legend:** ZWANZIG EINE - FEINE MARK. **Mint:** Amberg **Note:** Ref. H#381; JB-2403.

Date	Mintage	VG	F	VF	XF	Unc
1793 A	—	350	750	1,800	3,600	—

KM# 624.2 1/2 THALER

Silver, 37 mm. **Ruler:** Karl Theodor **Obv:** Armored and draped bust to right, mintmark below **Obv. Legend:** CAR. TH. D. G. C. P. R. V. - B. D. S. R. I. A. &. EL. D. I. C. M. **Rev:** Large crown above 3 adjacent shields of arms, Pfalz left, imperial orb in center, Bavaria right, date at end of legend **Rev. Legend:** ZWANZ. EINE FEINE MARK **Mint:** Amberg **Note:** Ref. JB#2404.

Date	Mintage	VG	F	VF	XF	Unc
1793 A Rare	—	—	—	—	—	—

KM# 627 1/2 THALER

Silver, 34.5 mm. **Ruler:** Karl Theodor **Obv:** Bust to right, mintmark below **Obv. Legend:** CAR. TH. D. G. C. P. R. U. B. - D. S. R. I. A. & EL. D. I. C. & M. **Rev:** Crowned oval shield of 3-fold arms of Pfalz, Bavaria and imperial orb between 2 palm branches, date below **Rev. Legend:** ZWANZIG EINE - FEINE MARK. **Mint:** Amberg **Note:** Ref. H#382; JB-2405.

Date	Mintage	VG	F	VF	XF	Unc
1794 A	—	350	750	1,800	3,600	—

KM# 642 1/2 THALER

14.0300 g., 0.8330 Silver 0.3757 oz. ASW, 34-35 mm. **Ruler:** Maximilian IV, Josef **Obv:** Head to right **Obv. Legend:** D. G. MAX. IOS. C. P. R. V. B. D. S. R. I. A. & EL. D. I. C. & M. **Rev:** Crowned oval shield of 3-fold arms of Pfalz, Bavaria and imperial orb between 2 palm branches, date below **Rev. Legend:** PRO DEO - ET POPULO. **Mint:** Munich **Note:** Ref. H#425; JB-2564. Prev. KM#312.

Date	Mintage	F	VF	XF	Unc	BU
1799	—	600	1,250	2,500	5,000	9,000
1800	—	600	1,250	2,500	5,000	9,000

KM# 438 THALER

Silver, 42 mm. **Ruler:** Karl Albrecht **Obv:** Armored bust to right, legend broken at top **Obv. Legend:** C. A. D. G. V. B. & P. S. D. - C. P. R. S. R. I. A. & E. L. L. **Rev:** Seated Madonna, heard turned slightly to left, with Child, small crowned oval shield of 4-fold arms of Bavaria and Pfalz, with central shield of imperial orb, in baroque frame, 2 chains of orders below, at lower right, date in exergue **Rev. Legend:** CLYPEVS OMNIBVS IN TE SPERANTIBVS. **Mint:** Munich **Note:** Dav. #1942; JB-1938; H-248. Prev. KM#A190.

Date	Mintage	VG	F	VF	XF	Unc
1738	—	—	—	5,500	8,500	—

Note: WAG Auction 43 9-07, XF+ realized approximately $11,275

KM# 451 THALER

Silver, 42 mm. **Ruler:** Karl Albrecht **Obv:** Armored bust to right **Obv. Legend:** D: G: CAR: ALB: S: & INF: BAV: AC SUP: PAL: DUX CO: PAL: R: S: R: I: A: & EL: **Rev:** Imperial eagle, crowned oval shield of 4-fold arms of Bavaria and Pfalz, with central shield of imperial orb, on breast, 2 chains of orders suspended below, date at end of legend **Rev. Legend:** EIUSQUE IN P: RH: SUEV: ET FR(A): IUR: CONPROV: ET VICARIUS L: L. **Mint:** Munich **Note:** Vicariat issue. Dav. #1943; JB-1954; H-265. Prev. KM#191.

Date	Mintage	VG	F	VF	XF	Unc
1740 FAS	—	325	650	1,500	3,000	—

KM# 452 THALER

29.2000 g., Silver, 41-42 mm. **Ruler:** Karl Albrecht **Obv:** Two accolated armored busts to right **Obv. Legend:** D. G. C. ALB. & C. PHIL. ELECT. PROV. &. VICARII. **Rev:** Imperial eagle, crowned oval shield of 4-fold arms of Bavaria and Pfalz, with central shield of imperial orb, on breast, 2 chains of orders suspended below, date at end of legend **Rev. Legend:** IN. PART. RHENI. SUEV. ET IUR. FRANCON. **Mint:** Mannheim **Note:** Vicariat issue. Dav. #2530; JB-1957; H-272. Prev. KM#192.

Date	Mintage	VG	F	VF	XF	Unc
1740	—	200	450	900	1,850	—

KM# 464 THALER

Silver, 40-41 mm. **Ruler:** Karl Albrecht **Obv:** Armored, draped and laureate bust to right **Obv. Legend:** CAR • VII • D • G • R • I • S • A • - GERM • ET • BOH • REX **Rev:** Crowned imperial eagle, oval shield of 4-fold arms of Bavaria and Pfalz, with central shield of imperial orb, on breast, crown above arms divides date, 2 chains of orders suspended below **Rev. Legend:** UTR: BAV: ET PAL: SUP: DUX COM: - PAL: RH: ARCHID: AUST: S: R: I: E: L. L. **Mint:** Munich **Note:** Dav. #1947; JB-1964; H-277. Prev. KM#198. Karl Albrecht as Emperor Karl VII.

Date	Mintage	VG	F	VF	XF	Unc
1743	—	175	350	700	1,500	—

KM# 450.1 THALER

Silver, 43 mm. **Ruler:** Karl Albrecht **Obv:** Two accolated armored busts to right **Obv. Legend:** D: G: CAR: ALB: & CAR: PHIL: S: R: I: ELECTORES EIUSQ: **Rev:** Imperial eagle, 2 crowned oval shields of arms of Bavaria and Pfalz on breast, date at end of legend **Rev. Legend:** IN PART: RHENI SUEV: ET IUR: FRANCON: VICARIORUM. **Mint:** Munich **Note:** Vicariat issue. Dav. #1945; JB-1955; H-264. Prev. KM#190.

Date	Mintage	VG	F	VF	XF	Unc
1740	—	200	450	900	1,850	—

KM# 450.2 THALER

Silver, 40-42 mm. **Ruler:** Karl Albrecht **Obv:** Two accolated draped busts to right **Obv. Legend:** D: G: CAR: ALB: & CAR: PHIL: S: R: I: ELECTORES EIUSQ: **Rev:** Imperial eagle, 2 crowned oval shields of arms of Bavaria and Pfalz on breast, date at end of legend. **Rev. Legend:** IN PART. RHEN SVEV. & FRANC. IUR. PROVISORES ET VICARY. **Mint:** Munich **Note:** Vicariat issue. Ref. Dav. 1946; JB-1956; H-264.

Date	Mintage	VG	F	VF	XF	Unc
1740	—	300	550	1,400	2,800	—

KM# 501 THALER

Silver, 41-43 mm. **Ruler:** Maximilian III, Josef **Obv:** Draped bust to right, continuous legend not broken at top **Obv. Legend:** D • G • MAX • IOS • U • B • & P • S • D • C • P • R • S • R • I • A • & EL • L • L • **Rev:** Crowned ornate shield of 4-fold arms of Bavaria and Pfalz, with central shield of imperial orb, 2 chains of orders around, supported by 2 lions, date divided at bottom, no legend **Mint:** Munich **Note:** Dav. #1948; JB-2161, 2163, 2165, 2167, 2169, 2171, 2173; H-308. Prev. KM#224.

Date	Mintage	VG	F	VF	XF	Unc
1753	—	30.00	60.00	120	200	—
1754	—	30.00	60.00	120	200	—
1755	—	30.00	60.00	120	200	—
1756	—	30.00	60.00	120	200	—
1757	—	30.00	60.00	120	200	—
1758	—	30.00	60.00	120	200	—
1759	—	30.00	60.00	120	200	—

BAVARIA

KM# 500.1 THALER
Silver, 42 mm. **Ruler:** Maximilian III, Josef **Obv:** Draped bust to right **Obv. Legend:** D • G • MAX • IOS • U • B • & P • S • D • C • P • R • S • R • I • A • & EL • L • L • **Rev:** Seated Madonna with Child in plain field, upturned crescent moon and clouds below, date at bottom **Rev. Legend:** PATRONA - BAVARIAE **Mint:** Munich **Note:** Dav. #A1952; JB-2160; H-306. Prev. KM#223.1.

Date	Mintage	VG	F	VF	XF	Unc
1753	—	30.00	60.00	120	200	—

KM# 519.1 THALER
Silver, 40-42 mm. **Ruler:** Maximilian III, Josef **Obv:** Draped bust to right, head breaks legend at top **Obv. Legend:** D • G • MAX • IOS • U • (-) B • (-) D • S • R • I • A • & EL • L • L • **Rev:** Seated Madonna with Child, upturned crescent moon and clouds below, rays around behind, date at bottom **Rev. Legend:** PATRONA - BAVARIAE **Edge Lettering:** IN. - DEO. - CONSILIUM. **Mint:** Munich **Note:** Dav. #1953; JB-2175, 2177; H-307. Prev. KM#234.1.

Date	Mintage	VG	F	VF	XF	Unc
1760	—	30.00	60.00	120	200	—
1761	—	30.00	60.00	120	200	—
1762	—	30.00	60.00	120	200	—
1763	—	30.00	60.00	120	200	—
1764	—	30.00	60.00	120	200	—
1765	—	30.00	60.00	120	200	—
1766	—	30.00	60.00	120	200	—
1767	—	30.00	60.00	120	200	—
1768	—	30.00	60.00	120	200	—
1769	—	30.00	60.00	120	200	—
1770	—	30.00	60.00	120	200	—
1771	—	30.00	60.00	120	200	—
1772	—	30.00	60.00	120	200	—
1773	—	30.00	60.00	120	200	—
1774	—	30.00	60.00	120	200	—
1775	—	30.00	60.00	120	200	—
1776	—	30.00	60.00	120	200	—
1777	—	30.00	60.00	120	200	—

KM# 502.2 THALER
Silver, 40-42 mm. **Ruler:** Maximilian III, Josef **Obv:** Draped bust to right, mintmark below, legend broken at top **Obv. Legend:** D • G • MAX • IOS • U • B • - D • S • R • I • A • & • EL • L • L • **Rev:** Crowned ornate shield of 4-fold arms of Bavaria and Pfalz, with central shield of imperial orb, 2 chains of orders around, supported by 2 lions, date divided at bottom, no legend **Edge Lettering:** IN. - DEO. - CONSILIUM. **Mint:** Amberg **Note:** Dav. #1950; JB-2210; H-331. Prev. KM#233.2.

Date	Mintage	VG	F	VF	XF	Unc
1763 A	—	75.00	150	350	700	—
1767 A	—	50.00	100	200	500	—
1768 A	—	50.00	100	200	500	—

KM# 536 THALER
Silver, 41-43 mm. **Ruler:** Maximilian III, Josef **Obv:** Draped bust to right, head breaks legend at top **Obv. Legend:** D • G • MAX • IOS • U • (-) B • (-) D • S • R • I • A • & EL • L • L • **Rev:** Facing rampant lion at right, holding sword and ornate crowned oval shield of 4-fold arms of Bavaria and Pfalz, with central shield of imperial orb, 2 chains of orders suspended underneath, date in cartouche below lion, no legend **Edge Lettering:** IN. - DEO. - CONSILIUM. **Mint:** Munich **Note:** Dav. #1955; JB-2179, 2180; H-310. Prev. KM#244. Issued for use in trade with the Levant.

Date	Mintage	VG	F	VF	XF	Unc
1765	—	250	600	1,500	2,750	—

KM# 519.2 THALER
Silver, 40-43 mm. **Ruler:** Maximilian III, Josef **Obv:** Draped bust to right, mintmark below, head breaks legend at top **Obv. Legend:** D • G • MAX • IOS • (-) U • (-) B • (-) D • S • R • I • A • & E(L) • L • L • **Rev:** Seated Madonna with Child, upturned crescent moon and clouds below, rays around behind, date at bottom **Rev. Legend:** PATRONA - BAVARIAE **Edge Lettering:** IN. - DEO. - CONSILIU(M). **Mint:** Amberg **Note:** Dav. #1954; JB-2209; H-330. Prev. KM#234.2.

Date	Mintage	VG	F	VF	XF	Unc
1763A	—	30.00	60.00	120	200	—
1764A	—	30.00	60.00	120	200	—
1765A	—	30.00	60.00	120	200	—
1766A	—	30.00	60.00	120	200	—
1767A	—	30.00	60.00	120	200	—
1768A	—	30.00	60.00	120	200	—
1769A	—	30.00	60.00	120	200	—
1770A	—	30.00	60.00	120	200	—
1771A	—	30.00	60.00	120	200	—
1772A	—	30.00	60.00	120	200	—
1773A	—	30.00	60.00	120	200	—
1774A	—	30.00	60.00	120	200	—
1775A	—	30.00	60.00	120	200	—
1776A	—	30.00	60.00	120	200	—
1777A	—	30.00	60.00	120	200	—

KM# 500.2 THALER
Silver, 43 mm. **Ruler:** Maximilian III, Josef **Obv:** Draped bust to right **Obv. Legend:** D • G • MAX • IOS • U • B • & P • S • D • C • P • R • S • R • I • A • & EL • L • L • **Rev:** Seated Madonna with Child, upturned crescent moon and clouds below, rays around behind, date at bottom **Rev. Legend:** PATRONA - BAVARIAE **Mint:** Munich **Note:** Dav. #1952; JB-2162, 2164, 2166, 2168, 2170, 2172; H-306. Prev. KM#223.2.

Date	Mintage	VG	F	VF	XF	Unc
1754	—	30.00	60.00	120	200	—
1755	—	30.00	60.00	120	200	—
1756	—	30.00	60.00	120	200	—
1757	—	30.00	60.00	120	200	—
1758	—	30.00	60.00	120	200	—
1759	—	30.00	60.00	120	200	—

KM# 502.1 THALER
Silver, 40-41 mm. **Ruler:** Maximilian III, Josef **Obv:** Draped bust to right, legend broken at top **Obv. Legend:** D • G • MAX • IOS • U • B • - D • S • R • I • A • & EL • L • L • **Rev:** Crowned ornate shield of 4-fold arms of Bavaria and Pfalz, with central shield of imperial orb, 2 chains of orders around, supported by 2 lions, date divided at bottom, no legend **Edge Lettering:** IN. - DEO. - CONSILIUM. **Mint:** Munich **Note:** Dav. #1949; JB-2174, 2176, 2178; H-309. Prev. KM#233.1.

Date	Mintage	VG	F	VF	XF	Unc
1759	—	30.00	60.00	120	200	—
1760	—	30.00	60.00	120	200	—
1761	—	30.00	60.00	120	200	—
1763	—	30.00	60.00	120	200	—
1768	—	30.00	60.00	120	200	—

KM# 547 THALER
Silver, 41-42 mm. **Ruler:** Maximilian III, Josef **Obv:** Rampant lion at right, head turned to right, holding sword and ornate crowned oval shield of 4-fold arms of Bavaria and Pfalz, with central shield of imperial orb, 2 chains of orders suspended underneath **Obv. Legend:** D • G • MAX • IOS • UT • B - AV • & P • S • D • CO • PA • R • **Rev:** 5-line inscription with date and mintmark enclosed in palm and laurel wreath **Rev. Legend:** SAC • ROM • IMP • ARCHID • & ELECT • LAND • LEUCHT • **Rev. Inscription:** AD / NORMAM / CONVENT. / (date) / A **Edge Lettering:** IN. - DEO. - CONSILIUM. **Mint:** Amberg **Note:** Dav. #1956; JB-2211; H-332. Prev. KM#249.

Date	Mintage	VG	F	VF	XF	Unc
1768 A	—	200	450	900	1,750	2,800

GERMAN STATES — BAVARIA

KM# 502.3 THALER

Silver, 43 mm. **Ruler:** Maximilian III, Josef **Obv:** Large draped bust to right **Obv. Legend:** D. G. MAX. IOS. U. - B. D. S. R. I. A. & EL. L. **Rev:** Small crowned ornate shield of 4-fold arms of Bavaria and Pfalz, with central shield of imperial orb, 2 chains of orders around, supported by 2 small lions, date divided at bottom, no legend **Edge Lettering:** IN. - DEO. - CONSILIUM. **Mint:** Munich **Note:** Dav. #1951; JB-2178; H-309. Prev. KM#233.3.

Date	Mintage	VG	F	VF	XF	Unc
1768	—	50.00	100	200	500	—

Date	Mintage	F	VF	XF	Unc	BU
1781 AS	—	175	350	700	1,200	—
1782 AS	—	175	350	700	1,200	—
1783 AS	—	175	350	700	1,200	—
1784 AS	—	175	350	700	1,200	—
1785 AS	—	175	350	700	1,200	—
1786 AS	—	175	350	700	1,200	—
1787 AS	—	175	350	700	1,200	—
1788 AS	—	175	350	700	1,200	—
1789 AS	—	175	350	700	1,200	—
1790 AS	—	175	350	700	1,200	—
1791 AS	—	175	350	700	1,200	—
1792 AS	—	175	350	700	1,200	—
1793 AS	—	175	350	700	1,200	—
1794 AS	—	175	350	700	1,200	—
1795 AS	—	175	350	700	1,200	—

Date	Mintage	F	VF	XF	Unc	BU
1793 I.SCH	—	40.00	80.00	170	850	—
1794 I.SCH	—	40.00	80.00	170	850	—

KM# 562 THALER

28.0600 g., 0.8330 Silver 0.7515 oz. ASW, 42 mm. **Ruler:** Karl Theodor **Obv:** Draped bust to right, hair tied in queue, H.ST. on shoulder **Obv. Legend:** CAR. TH. D. G. C. P. R. (U)(V). (-) B. (-) D. S. R. I. A. & EL. D. I. C. & M. (7). **Rev:** Seated Madonna with Child, upturned crescent moon and clouds below, rays around behind, date below **Rev. Legend:** PATRONA - BAVARIAE. **Edge Lettering:** CONFIDO IN - DOMINO. **Mint:** Munich **Note:** Dav. #1963; JB-2347, 2350, 2353, 2356, 2358; H-345. Prev. KM#259. Varieties exist.

Date	Mintage	F	VF	XF	Unc	BU
1778 H.ST	—	60.00	120	220	875	—
1779 H.ST	—	60.00	120	220	875	—
1780 H.ST	—	60.00	120	220	875	—
1781 H.ST	—	60.00	120	220	875	—
1782 H.ST	—	60.00	120	220	875	—

KM# 560.1 THALER

28.0600 g., 0.8330 Silver 0.7515 oz. ASW, 41-42 mm. **Ruler:** Karl Theodor **Obv:** Bust to right, hair tied in queue, H. S. on truncation **Obv. Legend:** CAR • THEODOR • D • G • C • P • R • (U)(V)TR • BAV • DUX • **Rev:** Crowned oval shield of 3-fold arms of Pfalz, Bavaria and imperial orb between 2 palm branches, date below **Rev. Legend:** S • R • I • ARCHID • & - EL • DUX I • C(L) • & M • (&) **Edge Lettering:** CONFIDO IN - DOMINO. **Mint:** Munich **Note:** Dav. #1957; JB-2346, 2349, 2352; H-348. Prev. KM#258.1. Varieties exist.

Date	Mintage	F	VF	XF	Unc	BU
1778 HS	—	400	675	1,200	2,000	—
1779 HS	—	400	675	1,200	2,000	—
1780 HS	—	400	675	1,200	2,000	—
1781 HS	—	400	675	1,200	2,000	—

KM# 560.2 THALER

28.0600 g., 0.8330 Silver 0.7515 oz. ASW, 42 mm. **Ruler:** Karl Theodor **Obv:** Bust to right, hair tied in queue **Obv. Legend:** CAR. THEODOR. D. G. C. P. R. UTR. BAV. DUX. **Rev:** Crowned Crowned oval shield of 3-fold arms of Pfalz, Bavaria and imperial orb between 2 palm branches, date divided by mintmaster's initials below **Rev. Legend:** S. R. I. ARCHID. & - ELECTOR. D. I. C. M. **Mint:** Munich **Note:** Dav. #1958; JB-2354; H-348. Prev. KM#258.2

Date	Mintage	F	VF	XF	Unc	BU
1780 HS	—	500	850	1,500	2,500	—
1781 HS	—	500	850	1,500	2,500	—

KM# 563.2 THALER

28.0600 g., 0.8330 Silver 0.7515 oz. ASW, 41-43 mm. **Ruler:** Karl Theodor **Obv:** Draped bust to right, hair tied in queue, mintmark below **Obv. Legend:** CAR. TH. D. G. C. P. R. U. - B. D. S. R. I. A. & EL. D. I. C. & M. **Rev:** Seated Madonna with Child, upturned crescent moon and clouds below, rays around behind, date below **Rev. Legend:** PATRONA - BAVARIAE. **Edge Lettering:** CONFIDO IN - DOMINO. **Mint:** Amberg **Note:** Dav. #1967; JB-2400; H-383. Prev. KM#260.2.

Date	Mintage	F	VF	XF	Unc	BU
1778 A-H.ST.	—	75.00	155	300	1,150	—
1779 A-H.ST.	—	80.00	165	325	1,250	—

KM# 580 THALER

28.0600 g., 0.8330 Silver 0.7515 oz. ASW, 41-42 mm. **Ruler:** Karl Theodor **Obv:** Armored and draped bust to right **Obv. Legend:** CAR. THODOR. D. G. C. P. R. V. B. D. S. R. I. A. D. & EL. **Rev:** Crowned oval 3-fold arms of Pfalz, Bavaria and imperial orb between laurel and palm branches, mintmaster's initials divide date below **Rev. Legend:** AD NORMAM - CONVENTION. **Mint:** Mannheim **Note:** Dav. #1960; JB-2415; H-394. Prev. KM#277.

Date	Mintage	F	VF	XF	Unc	BU
1781 HS	—	200	400	850	1,500	—

KM# 563.1 THALER

28.0600 g., 0.8330 Silver 0.7515 oz. ASW **Ruler:** Karl Theodor **Obv:** Draped bust to right, hair tied in queue, H.ST. on shoulder **Obv. Legend:** CAR • TH • D • G • C • P • R • V • - B • D • S • R • I • A • & EL • D • I • C • M • **Rev:** Seated Madonna with Child, upturned crescent moon and clouds below, rays around behind, date below **Rev. Legend:** PATRONA - BAVARIAE. **Edge Lettering:** CONFIDO IN - DOMINO. **Mint:** Munich **Note:** Dav. #1964; H-345. Prev. KM#260.1.

Date	Mintage	F	VF	XF	Unc	BU
1778 H.ST	—	50.00	110	190	800	—
1779 H.ST	—	50.00	110	190	800	—
1780 H.ST	—	50.00	110	190	800	—
1781 H.ST	—	50.00	110	190	800	—
1782 H.ST	—	50.00	110	190	800	—
1783 H.ST	—	55.00	115	200	825	—

KM# 563.3 THALER

28.0600 g., 0.8330 Silver 0.7515 oz. ASW, 41-43 mm. **Ruler:** Karl Theodor **Obv:** Draped bust to right, hair tied in queue, I.SCH. on shoulder **Obv. Legend:** CAR • TH • D • G • C • P • R • (U)(V) • (-) B (-) D • S • R • I • A • & EL • D • I • C • (&) M • **Rev:** Seated Madonna with Child, upturned crescent moon and clouds below, rays around behind, date below **Rev. Legend:** PATRONA - BAVARIAE **Edge Lettering:** CONFIDO IN - DOMINO. **Mint:** Munich **Note:** Dav. #1965; JB-2348, 2351, 2357, 2359-65; H-346. Prev. KM#260.3. Varieties exist.

Date	Mintage	F	VF	XF	Unc	BU
1778 I.SCH	—	40.00	80.00	170	850	—
1779 I.SCH	—	40.00	80.00	170	850	—
1780 I.SCH	—	40.00	80.00	170	850	—
1781 I.SCH	—	40.00	80.00	170	850	—
1782 I.SCH	—	40.00	80.00	170	850	—
1783 I.SCH	—	40.00	80.00	170	850	—
1784 I.SCH	—	40.00	80.00	170	850	—
1786 I.SCH	—	40.00	80.00	170	850	—
1787 I.SCH	—	40.00	80.00	170	850	—
1788 I.SCH	—	40.00	80.00	170	850	—
1789 I.SCH	—	40.00	80.00	170	850	—
1790 I.SCH	—	40.00	80.00	170	850	—
1791 I.SCH	—	40.00	80.00	170	850	—
1792 I.SCH	—	40.00	80.00	170	850	—

KM# 560.3 THALER

28.0600 g., 0.8330 Silver 0.7515 oz. ASW, 41-42 mm. **Ruler:** Karl Theodor **Obv:** Bust to right, hair tied in queue **Obv. Legend:** CAR • THEODOR • D • G • C • P • R • V • B • D • S • R • I • A • D • & EL • **Rev:** Crowned oval shield of 3-fold arms of Pfalz, Bavaria and imperial orb, between crossed laurel and palm branches, date divided by mintmaster's initial below **Rev. Legend:** AD NORMAM - CONVENTION **Mint:** Mannheim **Note:** Dav. #1959; JB-2415; H-393. Prev. KM#258.3. Varieties exist.

Date	Mintage	F	VF	XF	Unc	BU
1778 AS	—	175	350	700	1,200	—
1779 AS	—	175	350	700	1,200	—
1780 AS	—	175	350	700	1,200	—

KM# 560.4 THALER

28.0600 g., 0.8330 Silver 0.7515 oz. ASW, 41 mm. **Ruler:** Karl Theodor **Obv:** Draped bust to right, hair loose and untied **Obv. Legend:** CAR. THEODOR. D. G. C. P. R. V. B. D. S. R. I. A. (D.) & EL. **Rev:** Crowned oval 3-fold arms of Pfalz, Bavaria and imperial orb between laurel and palm branches, mintmaster's initials divide date below **Rev. Legend:** AD NORMAM - CONVENTION. **Mint:** Mannheim **Note:** Dav. #1961; JB-2415; H-393. Prev. KM#258.4.

Date	Mintage	F	VF	XF	Unc	BU
1790 AS	—	200	425	875	2,800	—
1791 AS	—	200	425	875	2,800	—
1792 AS	—	200	425	875	2,800	—
1793 AS	—	200	425	875	2,800	—

BAVARIA

Child, upturned crescent moon and clouds below, rays around behind, date below **Rev. Legend:** PATRONA · BAVARIAE. **Edge Lettering:** CONFIDO IN - DOMINO. **Mint:** Munich **Note:** Dav. #1966; JB-2366; H-347. Prev. KM#281.1.

Date	Mintage	F	VF	XF	Unc	BU
1791	—	50.00	85.00	350	1,100	—
1792	—	50.00	85.00	350	1,100	—
1793	—	50.00	85.00	350	1,100	—
1794	—	50.00	85.00	350	1,100	—

KM# 600.2 THALER

28.0600 g., 0.8330 Silver 0.7515 oz. ASW, 42-43 mm. **Ruler:** Karl Theodor **Obv:** Armored and draped bust to right **Obv. Legend:** CAR. TH. D. G. C. P. R. V. B. D. S. R. I. A. & EL. D. I. C. & M. **Rev:** Seated Madonna with Child, upturned crescent moon and clouds below, rays around behind, date below **Rev. Legend:** PATRONA - BAVARIÆ. **Edge Lettering:** CONFIDO IN - DOMINO. **Mint:** Munich **Note:** Dav. #1966A; JB-2366; H-347. Prev. KM#281.2.

Date	Mintage	F	VF	XF	Unc	BU
1795	—	45.00	75.00	300	1,000	—
1796	—	45.00	75.00	300	1,000	—
1797	—	45.00	75.00	300	1,000	—
1798	—	45.00	75.00	300	1,000	—
1799	—	45.00	75.00	300	1,000	—
1799	—	45.00	75.00	300	1,000	—

Note: Edge inscription: ZEHEN - EINE - FEINE - MARK.

KM# 629 THALER

28.0600 g., 0.8330 Silver 0.7515 oz. ASW, 42 mm. **Ruler:** Karl Theodor **Obv:** Armored and draped bust to right, 3 concentric legends **Obv. Legend:** Outer: CAR. TH. D. G. C. P. R. V. B. D. S. R. I. A. & EL. D. I. C. & M. Middle: EX. VASIS. SACR. - ET. PROF(AN). MON. S. EMMER. R. Inner: OB MET (-) V(I)UM (-) EXERC. GALLIC. **Rev:** Seated Madonna with Child, upturned crescent moon and clouds below, rays around behind, date below divides short legend **Rev. Legend:** Upper: PATRONA - BAVARIÆ. Lower: (ANNO -) M. (-) A(V)(U)G. **Mint:** Regensburg **Note:** Dav. #1968; JB-2367; H-347 (note). Prev. KM#299. Issued b the abbot of St. Emmeram monastery at Regensburg by leave of Karl Theodor, in commemoration of the contribution of the abbey silver for the war against France.

Date	Mintage	VG	F	VF	XF	Unc
1796 Rare	—	—	—	—	—	—

KM# 593 THALER

28.0600 g., 0.8330 Silver 0.7515 oz. ASW **Ruler:** Karl Theodor **Obv:** Armored bust to right with script C.D. below **Obv. Legend:** CAR • TH • D • G • C • P • R • V • B • D • S • R • I • A • & • E • & • I • P • RH • SVEV • & • I • FRANC • PROV • & • VIC • **Rev:** Imperial eagle with crowned oval 3-fold arms of Pfalz, Bavaria and imperial orb, 4 chains of orders around, on breast, date at end of legend **Rev. Legend:** IVL • CL • & • MONT • D • L • L • P • M • M • M • A • Z • C • V • S • M • & • R • D • I • R • **Edge Lettering:** CONFIDO IN - DOMINO. **Mint:** Munich **Note:** Vicariat issue. Dav. #1969; JB-2389; H-359. Prev. KM#275. Edge inscription not present on all examples.

Date	Mintage	F	VF	XF	Unc	BU
1790 CD	—	225	375	700	1,250	—

KM# 594 THALER

28.0600 g., 0.8330 Silver 0.7515 oz. ASW, 40-42 mm. **Ruler:** Karl Theodor **Obv:** Draped bust to right, script C.D. below **Obv. Legend:** CAR. TH. D. G. C. P. R. V. B. D. S. R. I. A. & E. & I. P. RH. SVEV. & I. FRANC. PROV. & VIC. **Rev:** Imperial eagle with crowned oval 3-fold arms of Pfalz, Bavaria and imperial orb, 4 chains of orders around, on breast, date at end of legend **Rev. Legend:** IVL. CL. & MONT. D. L. L. P. M. M. M. A. Z. C. V. S. M. & R. D. I. R. **Edge Lettering:** CONFIDO - IN - DOMINO. **Mint:** Munich **Note:** Vicariat issue. Dav. #1970; JB-2390; H-360. Prev. KM#276. Edge inscription not present on some examples.

Date	Mintage	F	VF	XF	Unc	BU
1790 CD	—	350	600	1,000	1,850	—

KM# 596 THALER

28.0600 g., 0.8330 Silver 0.7515 oz. ASW, 41-42 mm. **Ruler:** Karl Theodor **Obv:** Armored bust to left, C.D. below **Obv. Legend:** CAR. TH. D. G. C. P. R. V. B. D. S. R. I. A. & E. & I. P. RH. SVEV. & I. FRANC. PROV. & VIC. **Rev:** Imperial eagle with crowned oval 3-fold arms of Pfalz, Bavaria and imperial orb, 4 chains of orders around, on breast, date at end of legend **Rev. Legend:** IVL. CL. &. MONT. D. L. L. P. M. M. M. A. Z. C. V. S. M. & R. D. IN. R. **Mint:** Munich **Note:** Vicariat issue. Dav. #1971; JB-2391. Prev. KM#A292.

Date	Mintage	F	VF	XF	Unc	BU
1790 CD Rare	—	—	—	—	—	—

KM# 607 THALER

28.0600 g., 0.8330 Silver 0.7515 oz. ASW, 40-41 mm. **Ruler:** Karl Theodor **Obv:** Bust to right, CD on truncation **Obv. Legend:** C • TH • D • G • C • P • R • V • B • D • S • R • I • A • & • E • & • I • P • RH • SVEV • & • I • FR • PROV • & • VIC • **Rev:** Imperial eagle with crowned Spanish shield of 9-fold arms, 4 chains of orders suspended on sides and below, on breast, date divided at bottom **Rev. Legend:** IVL • CL • & • M • D • L • L • P • M • M • M • A • Z • C • V • S • M • & • R • D • I • R • **Mint:** Munich **Note:** Vicariat issue. Dav. #1973; JB-2392; H-367. Prev. KM#285.

Date	Mintage	F	VF	XF	Unc	BU
1792 CD	—	250	425	700	1,150	—

KM# 608 THALER

28.0600 g., 0.8330 Silver 0.7515 oz. ASW, 40-41 mm. **Ruler:** Karl Theodor **Obv:** Large bust right, AS below **Obv. Legend:** CAR • THEOD(OR) • D: G • C • P • R • V • B • D • S • R • I • A • D • & EL • PROV • & VICAR **Rev:** Round 3-part arms on breast of eagle **Rev. Legend:** IN•PART•RHENI•SVEV•ET•IVR•FRANCON• **Mint:** Mannheim **Note:** Vicariat issue. Dav. #1974; JB-2424; H-403. Prev. KM#292.

Date	Mintage	F	VF	XF	Unc	BU
1792 AS	—	250	425	700	1,150	—

KM# 644 THALER

28.0000 g., 0.8330 Silver 0.7499 oz. ASW, 42 mm. **Ruler:** Maximilian IV, Josef **Obv:** Bust to right **Obv. Legend:** D • G • MAX • IOS • C • P • R • V • B • D • S • R • I • A • & • EL • D • I • C • & • M • **Rev:** Crowned oval shield of 3-fold arms of Pfalz, Bavaria and imperial orb between 2 palm branches, date below **Rev. Legend:** PRO DEO - ET POPULO **Mint:** Munich **Note:** Dav. #1975; JB-2557; H-427. Prev. KM#313.

Date	Mintage	F	VF	XF	Unc	BU
1799 CD	—	85.00	150	285	550	750
1800	—	85.00	150	285	550	750

KM# 454 2 THALER

Silver, 45 mm. **Ruler:** Karl Albrecht **Obv:** Two accolated armored busts to right **Obv. Legend:** D: G: CAR: ALB: & CAR: PHIL: S: R: I: ELECTORES EIUSQ: **Rev:** Imperial eagle, 2 crowned oval shields of arms of Bavaria and Pfalz on breast, date at end of legend **Rev. Legend:** IN PART: RHENI SUEV: ET IUR: FRANCON: VICARIORUM. **Mint:** Munich **Note:** Vicariat issue. Dav. #1944; JB-1955; H-266. Prev. KM#193.

Date	Mintage	VG	F	VF	XF	Unc
1740 Rare	—	—	—	—	—	—

TRADE COINAGE

KM# 595 THALER

28.0600 g., 0.8330 Silver 0.7515 oz. ASW, 41-43 mm. **Ruler:** Karl Theodor **Obv:** Bust to right, AS below **Obv. Legend:** CAR • THEODOR • D: G • C • P • R • V • B • D • S • R • I • A • D • & EL • PROV • & VICAR • **Rev:** Imperial eagle with crowned Spanish shield of 9-fold arms, 4 chains of orders suspended on sides and below, on breast, date divided at bottom **Rev. Legend:** * IN • PART • RHENI • SVEV • ET • IVR • FRANCON • **Mint:** Mannheim **Note:** Vicariat issue. Dav. #1972; JB-2423; H-399. Prev. KM#A285.

Date	Mintage	F	VF	XF	Unc	BU
1790 AS	—	250	450	800	1,350	—

KM# 600.1 THALER

28.0600 g., 0.8330 Silver 0.7515 oz. ASW, 42-43 mm. **Ruler:** Karl Theodor **Obv:** Armored and draped older bust to right, continuous legend **Obv. Legend:** CAR. TH. D. G. C. P. R. V. B. D. S. R. I. A. & EL. D. I. C. & M. **Rev:** Seated Madonna with

KM# 625 THALER

28.0600 g., 0.8330 Silver 0.7515 oz. ASW, 41-42 mm. **Ruler:** Karl Theodor **Obv:** Armored and draped bust to right, mintmark below **Obv. Legend:** CAR. TH. D. G. C. P. R. U. - B. D. S. R. I. A. & EL. D. I. C. & M. **Rev:** Crowned oval shield of 3-fold arms of Pfalz, Bavaria and imperial orb between 2 palm branches, date below **Rev. Legend:** ZEHEN EINE - FEINE MARK. **Mint:** Amberg **Note:** Dav. #1962; JB-2402; H-385. Prev. KM#293.

Date	Mintage	VG	F	VF	XF	Unc
1793 A Rare	—	—	—	—	—	—
1794 A	—	175	475	1,200	2,000	—

KM# 350 GOLDGULDEN

3.5000 g., 0.9860 Gold 0.1109 oz. AGW **Ruler:** Maximilian III, Josef **Obv:** Draped bust right **Rev:** Date divided by Madonna and child above and arms below **Note:** First reign. Fr. #219/220. Prev. KM#119.

Date	Mintage	VG	F	VF	XF	Unc
1701	—	400	800	1,200	2,000	—
1702	—	400	800	1,200	2,000	—
1703	—	400	800	1,200	2,000	—
1704	—	400	800	1,200	2,000	—
1715	—	400	800	1,200	2,000	—

GERMAN STATES — BAVARIA

Date	Mintage	VG	F	VF	XF	Unc
1726	—	175	325	600	1,150	—
1727	—	175	325	600	1,150	—
1728/7	—	250	500	1,000	1,800	—
1728	—	175	325	600	1,150	—
1729	—	175	325	600	1,150	—
1730	—	175	325	600	1,150	—
1731	—	175	325	600	1,150	—

KM# 377 GOLDGULDEN
3.5000 g., 0.9860 Gold 0.1109 oz. AGW **Ruler:** Maximilian II, Emanuel **Subject:** Occupation of Augsburg **Obv:** Pine cone below bust **Rev:** Date divided by Madonna and child above and arms below **Note:** Prev. KM#135.

Date	Mintage	VG	F	VF	XF	Unc
1704	—	400	800	1,350	3,000	—

KM# 422 1/2 CAROLIN
4.8500 g., 0.7700 Gold 0.1201 oz. AGW **Ruler:** Karl Albrecht **Obv:** Older head right **Rev:** Madonna and child with arms below **Note:** Fr.#233. Prev. KM#177.

Date	Mintage	VG	F	VF	XF	Unc
1732	—	175	325	600	1,150	—
1733	—	175	325	600	1,150	—
1735	—	175	325	600	1,150	—
1736	—	175	325	600	1,150	—

KM# 456 GOLDGULDEN
3.5000 g., 0.9860 Gold 0.1109 oz. AGW **Ruler:** Karl Albrecht **Obv:** Head right **Rev:** Double-headed Imperial eagle with crowned arms on breast **Note:** Vicariat issue. Fr. #239. Prev. KM#194.

Date	Mintage	VG	F	VF	XF	Unc
1740	—	300	600	1,150	2,700	—

KM# 458 2 GOLDGULDEN
7.0000 g., 0.9860 Gold 0.2219 oz. AGW **Ruler:** Karl Albrecht **Obv:** Head right **Rev:** Imperial eagle with Bavarian arms on breast, date in legend **Note:** Vicariat issue. Fr. #238. Prev. KM#195.

Date	Mintage	VG	F	VF	XF	Unc
1740	—	2,200	4,400	8,300	12,500	—

KM# 404 1/4 CAROLIN
2.4250 g., 0.7700 Gold 0.0600 oz. AGW **Ruler:** Karl Albrecht **Obv:** Young head right **Rev:** Madonna and child with arms below **Mint:** Munich **Note:** Fr.#231. Prev. KM#169.

Date	Mintage	VG	F	VF	XF	Unc
1726	—	200	500	800	1,500	—
1727	—	150	300	500	1,100	—
1728	—	150	300	500	1,100	—
1729	—	150	300	500	1,100	—
1730	—	150	300	500	1,100	—
1731	—	150	300	500	1,100	—

KM# 420 1/4 CAROLIN
2.4250 g., 0.7700 Gold 0.0600 oz. AGW **Ruler:** Karl Albrecht **Obv:** Older head right **Rev:** Madonna and child with arms below **Note:** Fr.#234. Prev. KM#176.

Date	Mintage	VG	F	VF	XF	Unc
1732	—	200	400	750	1,450	—
1733	—	200	400	750	1,450	—
1734	—	200	400	750	1,450	—
1735	—	200	400	750	1,450	—

KM# 406 1/2 CAROLIN
4.8500 g., 0.7700 Gold 0.1201 oz. AGW **Ruler:** Karl Albrecht **Obv:** Young head right **Rev:** Madonna and child with arms below **Mint:** Munich **Note:** Fr.#230. Prev. KM#170.

KM# 429 1/2 CAROLIN
4.8500 g., 0.7700 Gold 0.1201 oz. AGW **Ruler:** Karl Albrecht **Obv:** Armored bust right **Note:** Fr.#233. Prev. KM#181.

Date	Mintage	VG	F	VF	XF	Unc
1734	—	250	450	750	1,500	—
1737	—	250	450	750	1,500	—

KM# 408 CAROLIN
9.7000 g., 0.7700 Gold 0.2401 oz. AGW **Ruler:** Karl Albrecht **Obv:** Young head of Karl Albrecht **Rev:** Madonna and child with arms below **Mint:** Munich **Note:** Fr.#229. Prev. KM#171.

Date	Mintage	VG	F	VF	XF	Unc
1726	—	275	500	950	1,600	—
1727	—	275	500	950	1,600	—
1728	—	275	500	950	1,600	—
1729	—	275	500	950	1,600	—
1730	—	275	500	950	1,600	—
1731	—	275	500	950	1,600	—
1732	—	275	500	950	1,600	—

KM# 424 CAROLIN
9.7000 g., 0.7700 Gold 0.2401 oz. AGW **Ruler:** Karl Albrecht **Obv:** Draped bust right **Rev:** Madonna and child with arms below **Note:** Fr.#232. Prev. KM#178.

Date	Mintage	VG	F	VF	XF	Unc
1732	—	300	600	1,000	1,800	—
1733	—	300	600	1,000	1,800	—
1734	—	300	600	1,000	1,800	—
1735	—	300	600	1,000	1,800	—

KM# 432 CAROLIN
9.7000 g., 0.7700 Gold 0.2401 oz. AGW **Ruler:** Karl Albrecht

Obv: Cuirassed bust right **Rev:** Madonna and child with arms below **Note:** Fr.#232. Prev. KM#182.

Date	Mintage	VG	F	VF	XF	Unc
1734	—	300	600	1,000	1,800	—
1737	—	300	600	1,000	1,800	—

KM# 412 2 CAROLIN
19.8000 g., Gold, 30 mm. **Ruler:** Karl Albrecht **Subject:** Foundation of the Order of St. George **Obv:** Accolated busts of Karl Albrecht and Maria Amalia to right **Obv. Legend:** C. A. V. B. D. E. 8. " M. A. E. B. A. A. & **Rev:** Crowned round shield of 4-fold arms of Bavaria and Pfalz, with central shield, Orders of Golden Fleece and of St. George below, supported by 2 lions, view of Munich at bottom, R.N. date at top **Mint:** Munich **Note:** Fr. #228; JB-1867; H-261.

Date	Mintage	VG	F	VF	XF	Unc
MDCCXXVIIII(1729)	—	—	8,000	13,000	22,500	—

KM# 140 DUCAT
3.4900 g., 0.9860 Gold 0.1106 oz. AGW **Ruler:** Maximilian II, Emanuel **Subject:** Austrian Administration **Obv:** Armored and laureate bust of Josef I right **Rev:** Crowned Imperial eagle with oval arms on breast, crown divides date

Date	Mintage	VG	F	VF	XF	Unc
1705	—	400	900	1,600	3,000	—
1706	—	400	900	1,600	3,000	—
1707	—	400	900	1,600	3,000	—
1708	—	400	900	1,600	3,000	—
1709	—	400	900	1,600	3,000	—
1710	—	400	900	1,600	3,000	—

KM# 386 DUCAT
3.4900 g., 0.9860 Gold 0.1106 oz. AGW **Ruler:** Maximilian II, Emanuel **Rev:** Heart shaped arms on breast

Date	Mintage	VG	F	VF	XF	Unc
1712 Rare						

KM# 392 DUCAT
3.4900 g., 0.9860 Gold 0.1106 oz. AGW **Ruler:** Maximilian II, Emanuel **Subject:** Wedding of Karl Albrecht **Obv:** AB monogram **Rev:** Wedding inscription **Note:** Fr. #241. Prev. KM#157.

Date	Mintage	VG	F	VF	XF	Unc
1722	—	400	900	1,600	3,000	—

KM# 434 DUCAT
3.4900 g., 0.9860 Gold 0.1106 oz. AGW **Ruler:** Karl Albrecht **Obv:** Armored bust right **Rev:** Crowned arms in Order collar with lion supporters, date in exergue **Note:** Only dies are known to exist, not any coins. Prev. KM#183.

Date	Mintage	VG	F	VF	XF	Unc
1737	—	—	—	—	—	—

KM# 435 DUCAT
3.4900 g., 0.9860 Gold 0.1106 oz. AGW **Ruler:** Karl Albrecht **Obv:** 4-fold arms of Bavaria and Pfalz with central shield, in oval baroque frame, supported by 2 lions, electoral crown above, divides date, Order of Golden Fleece curved below **Obv. Legend:** CAR. ALB. D. G. V. B. & P. S. D. C. P. R. S. R. I. A. & E. L. L. **Rev:** Seated facing Madonna with child on clouds, rays around **Rev. Legend:** CLYPEVS OMNIBVS IN TE SPERANTIBVS **Mint:** Munich **Note:** Fr. #236; JB-1931, 1933. Prev. KM#184.

Date	Mintage	VG	F	VF	XF	Unc
1737	—	400	800	1,500	3,350	—
1739	—	400	800	1,500	3,350	—

KM# 460 DUCAT
3.4900 g., 0.9860 Gold 0.1106 oz. AGW **Ruler:** Karl Albrecht **Obv:** Head right **Rev:** Imperial eagle with Bavarian arms on breast, date in legend **Note:** Vicariat issue. Fr. #240. Prev. KM#196.

Date	Mintage	VG	F	VF	XF	Unc
1740	—	850	1,650	3,500	7,800	—

KM# 482 DUCAT
3.4900 g., 0.9860 Gold 0.1106 oz. AGW **Ruler:** Maximilian III,

Josef **Obv:** Head right **Rev:** Double-headed imperial eagle with crowned arms in Order chain on breast **Mint:** Munich **Note:** Vicariat issue. Prev. KM#212.

Date	Mintage	VG	F	VF	XF	Unc
1745	—	900	1,750	3,650	8,100	—

KM# 491 DUCAT

3.4900 g., 0.9860 Gold 0.1106 oz. AGW **Ruler:** Maximilian III, Josef **Subject:** Marriage of Maximilian III Josef and Marie Anne **Obv:** Conjoined busts of Maximilian III Josef and Marie Anne right **Note:** Fr. #243. Prev. KM#217.

Date	Mintage	VG	F	VF	XF	Unc
1747	—	200	500	1,000	2,000	—

KM# 514 DUCAT

3.4900 g., 0.9860 Gold 0.1106 oz. AGW **Ruler:** Maximilian III, Josef **Obv:** Bust right **Rev:** Isar river god **Note:** Struck with gold from Isar River area. Fr. #248. Prev. KM#230.

Date	Mintage	VG	F	VF	XF	Unc
MDCCLVI (1756)	—	850	1,650	4,250	9,400	—
MDCCLX (1760)	—	850	1,650	4,250	9,400	—
MDCCLXII (1762)	—	850	1,650	4,250	9,400	—

KM# 512 DUCAT

3.4900 g., 0.9860 Gold 0.1106 oz. AGW **Ruler:** Maximilian III, Josef **Obv:** Bust right **Rev:** Crowned arms in Order chain with lion supporters **Note:** Fr. #249. Prev. KM#228.

Date	Mintage	VG	F	VF	XF	Unc
1755	—	400	900	1,800	3,600	—
1756	—	150	400	800	1,500	—
1757	—	150	400	800	1,500	—
1758	—	150	400	800	1,500	—
1759	—	150	400	800	1,500	—
1760	—	150	400	800	1,500	—
1761	—	150	400	800	1,500	—
1762	—	150	400	800	1,500	—
1763	—	150	400	800	1,500	—
1764	—	250	600	1,250	2,700	—
1765	—	250	600	1,250	2,700	—
1766	—	150	400	800	1,500	—
1767	—	250	600	1,250	2,700	—
1768	—	150	400	800	1,500	—
1769	—	150	400	800	1,500	—
1770	—	150	400	800	1,500	—
1771	—	150	400	800	1,500	—
1772	—	150	400	800	1,500	—
1773	—	150	400	800	1,500	—
1774	—	150	400	800	1,500	—
1775	—	200	600	1,200	2,650	—

KM# 568 DUCAT

3.4900 g., 0.9860 Gold 0.1106 oz. AGW **Ruler:** Karl Theodor **Obv:** Head right **Rev:** Crowned 3-fold arms within branches **Note:** Fr. #255. Prev. KM#261.

Date	Mintage	F	VF	XF	Unc	BU
1778	—	450	850	1,500	3,000	—
1779	—	450	850	1,500	3,000	—
1780	—	450	850	1,500	3,000	—
1781	—	450	850	1,500	3,000	—
1782	—	450	850	1,500	3,000	—
1784	—	450	850	1,500	3,000	—
1786	—	450	850	1,500	3,000	—
1787	—	450	850	1,500	3,000	—
1788	—	450	850	1,500	3,000	—
1789	—	450	850	1,500	3,000	—
1791	—	450	850	1,500	3,000	—
1792	—	450	850	1,500	3,000	—
1793	—	450	850	1,500	3,000	—

KM# 597 DUCAT

3.4900 g., 0.9370 Gold 0.1051 oz. AGW **Ruler:** Karl Theodor **Obv:** Large head right **Rev:** Double-headed eagle with crowned arms in Order chain on breast **Note:** Vicariat issue. Fr. #258. Prev. KM#278.

Date	Mintage	F	VF	XF	Unc	BU
1790	—	900	1,750	4,500	9,900	—
1792	—	950	1,800	4,700	10,500	—

KM# 610 DUCAT

3.4900 g., 0.9370 Gold 0.1051 oz. AGW **Ruler:** Karl Theodor **Obv:** Small head **Note:** Fr. #261. Prev. KM#286.

Date	Mintage	F	VF	XF	Unc	BU
1792	—	950	1,800	4,700	10,500	—

KM# 626 DUCAT

3.4900 g., 0.9370 Gold 0.1051 oz. AGW **Ruler:** Karl Theodor **Obv:** Head right **Rev:** Crowned 3-fold arms within branches **Note:** Prev. KM#297.

Date	Mintage	F	VF	XF	Unc	BU
1794	—	450	850	1,500	3,000	—
1795	—	450	850	1,500	3,000	—
1796	—	450	850	1,500	3,000	—
1797	—	450	850	1,500	3,000	—
1798	—	450	850	1,500	3,000	—

KM# 572 DUCAT

3.4900 g., 0.9370 Gold 0.1051 oz. AGW **Ruler:** Karl Theodor **Subject:** Danube River **Obv:** Head right **Rev:** River god seated left **Note:** Fr. #250. Prev. KM#263.

Date	Mintage	F	VF	XF	Unc	BU
MDCCLXXIX (1779)	—	850	1,650	4,250	9,400	—
MDCCLXXX (1780)	—	850	1,650	4,250	9,400	—
MDCCXCIII (1793)	—	850	1,650	4,250	9,400	—

KM# 646.2 DUCAT

3.4900 g., 0.9370 Gold 0.1051 oz. AGW **Ruler:** Maximilian IV, Josef **Obv:** Head right **Obv. Legend:** D • G • MAXIM • IOSEPH • C • P • R • V • B • D • S • R • I • A • & • EL • **Rev:** Crowned three-fold arms within branches **Rev. Legend:** PRO DEO ET POPULO **Note:** Prev. KM#314.2.

Date	Mintage	F	VF	XF	Unc	BU
1799	—	1,000	1,500	2,500	3,600	—
1800	—	1,000	1,500	2,500	3,600	—

KM# 513 DUCAT

3.4900 g., 0.9860 Gold 0.1106 oz. AGW **Ruler:** Maximilian III, Josef **Obv:** Bust right **Rev:** Danube river god **Note:** Struck with gold from Danube River area. Fr. #246. Prev. KM#229.

Date	Mintage	VG	F	VF	XF	Unc
MDCCLVI (1756)	—	850	1,650	4,250	9,400	—
MDCCLX (1760)	—	850	1,650	4,250	9,400	—
MDCCLXII (1762)	—	850	1,650	4,250	9,400	—

KM# 573 DUCAT

3.4900 g., 0.9370 Gold 0.1051 oz. AGW **Ruler:** Karl Theodor **Subject:** Inn River **Obv:** Head right **Rev:** River god seated right **Note:** Fr. #251. Prev. KM#264.

Date	Mintage	F	VF	XF	Unc	BU
MDCCLXXIX (1779)	—	900	1,750	4,500	9,900	—
MDCCLXXX (1780)	—	900	1,750	4,500	9,900	—
MDCCXCIII (1793)	—	900	1,750	4,500	9,900	—
MDCCXCVIII (1798)	—	900	1,750	4,500	9,900	—

KM# 646.1 DUCAT

3.4900 g., 0.9370 Gold 0.1051 oz. AGW **Ruler:** Maximilian IV, Josef **Obv:** Head right **Obv. Legend:** D • G • MAX • IOS • C • P • R • V • B • D • S • R • I • A • & • EL • D • I • C • & • M • **Rev:** Crowned three-fold arms within branches **Rev. Legend:** PRO DEO ET POPULO **Note:** Fr. #262. Prev. KM#314.1.

Date	Mintage	F	VF	XF	Unc	BU
1799	—	1,250	1,750	2,750	4,000	—
1800	—	750	1,250	2,250	3,400	—

KM# 515 DUCAT

3.4900 g., 0.9860 Gold 0.1106 oz. AGW **Ruler:** Maximilian III, Josef **Obv:** Bust right **Rev:** Inn river god seated right **Note:** Struck with gold from Inn River area. Fr. #247. Prev. KM#231.

Date	Mintage	VG	F	VF	XF	Unc
MDCCLVI (1756)	—	900	1,750	4,500	9,900	—
MDCCLX (1760)	—	900	1,750	4,500	9,900	—
MDCCLXII (1762)	—	900	1,750	4,500	9,900	—

KM# 574 DUCAT

3.4900 g., 0.9370 Gold 0.1051 oz. AGW **Ruler:** Karl Theodor **Subject:** Isar River **Obv:** Head right **Rev:** Isar river god with water jug **Note:** Fr. #252. Prev. KM#265.

Date	Mintage	F	VF	XF	Unc	BU
MDCCLXXIX (1779)	—	850	1,650	4,250	9,400	—
MDCCLXXX (1780)	—	850	1,650	4,250	9,400	—
MDCCXCIII (1793)	—	850	1,650	4,250	9,400	—
MDCCXCVIII (1798)	—	850	1,650	4,250	9,400	—

KM# 375 2 DUCAT

Gold **Ruler:** Maximilian II, Emanuel **Subject:** Return of Maximilian II Emanuel from the Netherlands **Obv:** Sun shining on garden with lozenge designs **Obv. Legend:** POST NVBILA FVLGET · PATRIÆ NOVA GERMINA PROFERT. **Rev:** 9-line inscription with date **Rev. Inscription:** REDE= / VNTIBVS IN / PATRIAM SERE= / NISSIMIS CONIV= / GIBVS APPLAV= / DVNT DEVOTIS= / SIMI STATVS / PROV: / (date) **Mint:** Munich **Note:** Fr. 223; JB-1553.

Date	Mintage	VG	F	VF	XF	Unc
1701	—	900	1,500	3,800	7,500	—

KM# 436 2 DUCAT

Gold **Ruler:** Karl Albrecht **Obv:** 4-fold arms of Bavaria and Pfalz, with central shield, in oval baroque frame, supported by 2 lions, electoral crown above divides date, Order of Golden Fleece curved below **Obv. Legend:** CAR. ALB. D. G. V. B. & P. S. D. C. P. R. S. R. I. A. & E. L. L. **Rev:** Seated facing Madonna with Child on clouds, rays around **Rev. Legend:** CLYPEVS OMNIBVS IN TE SPERANTIBVS. **Mint:** Munich **Note:** Fr. 235; JB-1924; H-252.

Date	Mintage	VG	F	VF	XF	Unc
1737 Rare	—	—	—	—	—	—

GERMAN STATES — BAVARIA

KM# 583 2 DUCAT
7.0000 g., 0.9860 Gold 0.2219 oz. AGW **Ruler:** Karl Theodor
Obv: Head right **Rev:** Crowned 3-fold arms in spray, date below
Note: Fr. #254. Prev. KM#270.

Date	Mintage	F	VF	XF	Unc	BU
1787	—	3,500	5,500	8,800	15,000	—

KM# 598 2 DUCAT
7.0000 g., 0.9860 Gold 0.2219 oz. AGW **Ruler:** Karl Theodor
Rev: Eagle with 3-fold arms on breast, value below **Note:** Vicariat issue. Fr. #257/260. Prev. KM#279.

Date	Mintage	F	VF	XF	Unc	BU
1790	—	2,500	5,000	8,300	14,000	—
1792	—	2,500	5,000	8,300	14,000	—

KM# 584 3 DUCAT
10.5000 g., 0.9860 Gold 0.3328 oz. AGW **Ruler:** Karl Theodor
Obv: Head right **Obv. Legend:** CAR • THEOD • D • G • C • P •
R • VTR • B • D • **Rev:** Crowned 3-fold arms within branches, value below **Rev. Legend:** S • R • I • ARCH • & EL • DVX • I • CL
• & • M • **Note:** Fr. #253. Prev. KM#271.

Date	Mintage	F	VF	XF	Unc	BU
1787	—	4,000	6,500	11,000	16,500	—

KM# 599 3 DUCAT
10.5000 g., 0.9860 Gold 0.3328 oz. AGW **Ruler:** Karl Theodor
Obv: Head right **Obv. Legend:** C • TH • D • G • C • P • R • V • B
• D • S • R • I • A • & • E • & • I • P • R • S • & • I • F • PRO • & • VIC
* **Rev:** Double-headed eagle with crowned complex arms on breast **Note:** Vacariat issue. Fr. #256. Prev. KM#280.

Date	Mintage	F	VF	XF	Unc	BU
1790	—	4,500	7,500	12,500	19,500	—
1792	—	5,000	8,000	15,000	20,500	—

KM# 461 5 DUCAT
17.5000 g., Gold, 35 mm. **Ruler:** Karl Albrecht **Obv:** Accolated armored busts of Karl Albrecht and Karl III Philipp of the Pfalz to right
Obv. Legend: D. G. ALB. &. C. PHIL. ELECT. PROV. &. VICARII.
Rev: Imperial eagle, 2 adjacent crowned oval shields of arms of Bavaria and Pfalz on breast, date at end of legend **Rev. Legend:**
IN. PART. RHENI. SUEV. ET IUR. FRANCON. **Mint:** Mannheim
Note: Ref. JB-1959. Struck from 1/2 Thaler dies, KM#448.

Date	Mintage	VG	F	VF	XF	Unc
1740 Rare	—	—	—	—	—	—

KM# 493 5 DUCAT
17.5000 g., 0.9860 Gold 0.5547 oz. AGW **Ruler:** Maximilian III, Josef **Subject:** Marriage of Maximilian III Josef and Marie Anne
Obv: Conjoined busts right **Rev:** Inscription on large stone at right, figure at left **Note:** Fr. #245. Prev. KM#218.

Date	Mintage	VG	F	VF	XF	Unc
1747	—	—	2,400	4,700	8,400	—

KM# 387 1/2 MAXIMILIAN D'OR
3.3200 g., 0.9000 Gold 0.0961 oz. AGW **Ruler:** Maximilian II, Emanuel **Obv:** Head right **Rev:** Madonna and child with arms below **Mint:** Munich **Note:** Fr. #227. Prev. KM#153.

Date	Mintage	VG	F	VF	XF	Unc
1715	—	150	300	500	1,100	—
1716	—	150	300	500	1,100	—
1717	—	150	300	500	1,100	—
1718	—	150	300	500	1,100	—
1719	—	150	300	500	1,100	—
1720	—	150	300	500	1,100	—
1721	—	150	300	500	1,100	—
1722	—	150	300	500	1,100	—
1723	—	150	300	500	1,100	—
1724	—	150	300	500	1,100	—
1725	—	150	300	500	1,100	—

KM# 395 1/2 MAXIMILIAN D'OR
3.3200 g., 0.9000 Gold 0.0961 oz. AGW **Ruler:** Maximilian II, Emanuel **Obv:** Draped bust right **Rev:** Madonna and child with arms below **Note:** Prev. KM#158.

Date	Mintage	VG	F	VF	XF	Unc
1722	—	150	300	525	1,150	—
1723	—	150	300	525	1,150	—

KM# 388 MAXIMILIAN D'OR
6.6500 g., 0.9000 Gold 0.1924 oz. AGW **Ruler:** Maximilian II, Emanuel **Obv:** Head right **Rev:** Madonna and child with arms below **Mint:** Munich **Note:** Fr. #226. Prev. KM#154.

Date	Mintage	VG	F	VF	XF	Unc
1715	—	195	325	550	1,200	—
1716	—	195	325	550	1,200	—
1717	—	195	325	550	1,200	—
1718	—	195	325	550	1,200	—
1719	—	195	325	550	1,200	—
1720	—	195	325	550	1,200	—
1721	—	195	325	550	1,200	—
1722	—	195	325	550	1,200	—
1723	—	195	325	550	1,200	—
1724	—	195	325	550	1,200	—
1725	—	195	325	550	1,200	—
1726	—	195	325	550	1,200	—

KM# 495 MAXIMILIAN D'OR
6.6500 g., 0.9000 Gold 0.1924 oz. AGW **Ruler:** Maximilian III, Josef **Obv:** Head right **Rev:** Madonna and child with arms below **Note:** Fr. #242. Prev. KM#219.

Date	Mintage	VG	F	VF	XF	Unc
1747	—	200	550	1,150	2,400	—
1751	—	200	550	1,150	2,400	—
1752	—	200	550	1,150	2,400	—
1767	—	300	650	1,450	2,700	—

KM# 389 2 MAXIMILIAN D'OR
13.3000 g., 0.9000 Gold 0.3848 oz. AGW **Ruler:** Maximilian II, Emanuel **Obv:** Head right **Rev:** Madonna and child, shield of arms at lower right **Mint:** Munich **Note:** Fr. #225. Prev. KM#155.

Date	Mintage	VG	F	VF	XF	Unc
1717	—	1,300	2,750	4,400	8,400	—

PATTERNS
Including off metal strikes

KM#	Date	Mintage	Identification	Mkt Val
Pn1	1742	—	2 Ducat.	—
PnA2	1747	—	Ducat. Silver. KM#217	—

BENTHEIM-TECKLENBURG-RHEDA

The countship of Tecklenburg was located about halfway between the cities of Münster and Osnabrück in Westphalia and was acquired by Bentheim through marriage during the first half of the 13th century and the separate line of Bentheim-Tecklenburg was founded in 1269. The lordship of Rheda, to the southeast of Tecklenburg, was acquired by marriage in the mid-14th century. After the reunification of the 16th century, a new line of Bentheim-Tecklenburg-Rheda was founded in 1606. The county of Tecklenburg was lost to Solms in 1696, then sold to Prussia in 1707. Rheda was mediatized in 1805.

RULERS
Johann Adolf, 1674-1701
Friedrich Moritz, 1701-1710
Moritz Kasimir I, 1710-1768
Moritz Kasimir II, 1768-1805

MINT OFFICIALS' INITIALS

Initials	Date	Name
ILC		Johann Schitzkey of Liegnitz, die-cutter for Cologne, initials read Johann Liegnitz Coloniensis
IS, JS		Johann (Wilhelm) Salter

COUNTY / LORDSHIP

REGULAR COINAGE

KM# 151 PFENNING
Copper **Obv:** Crowned MC monogram **Rev:** G. B. T. RHEDA..., value, date **Note:** Varieties exist.

Date	Mintage	VG	F	VF	XF	Unc
1760	—	10.00	20.00	45.00	90.00	—

KM# 152 3 PFENNING (Dreier)
Copper **Ruler:** Moritz Kasimir I **Obv:** Crowned script MC monogram **Rev:** 3-Line inscription with value and date in circle
Rev. Inscription: III / PFENNING / 1760 **Note:** Varieties exist.

Date	Mintage	VG	F	VF	XF	Unc
1760	—	10.00	25.00	50.00	100	—

KM# 153 6 PFENNING (1/42 Thaler)
Copper **Ruler:** Moritz Kasimir I **Obv:** Crowned MC monogram
Rev: G. B. T. RHEDA...,value, date **Note:** Varieties exist.

Date	Mintage	VG	F	VF	XF	Unc
1760 IS	—	10.00	25.00	55.00	110	—
1760	—	10.00	25.00	55.00	110	—
1761 IS	—	10.00	25.00	55.00	110	—
1761	—	10.00	25.00	55.00	110	—

BIBERACH

Located in Württemberg 22 miles to the southwest of Ulm, Biberach became a free imperial city in 1312. The city came under the control of Baden in 1803 and then of Württemberg in 1806.

MINT OFFICIALS' INITIALS

Initials	Date	Name
IB	1730	Johann Bohringer, die-cutter
S	1730-57	Johann Christoph Schaupp, die-cutter

BRANDENBURG-ANSBACH

FREE CITY

REGULAR COINAGE

KM# 15 GROSCHEN
Silver **Subject:** 200th Anniversary of the Augsburg Confession **Obv:** Temple on rock, lightning from clouds above **Rev:** Six-line inscription with date

Date	Mintage	VG	F	VF	XF	Unc
1730 S	—	25.00	65.00	125	275	—

TRADE COINAGE

KM# 10 DUCAT
3.5000 g., 0.9860 Gold 0.1109 oz. AGW **Subject:** 200th Anniversary of the Reformation **Obv:** Bible on table, dove above, BIBERACH/date below **Rev:** Flying angel with trumpet and snake in shape of ring

Date	Mintage	VG	F	VF	XF	Unc
1717	—	—	3,000	5,500	9,500	—

KM# 16 DUCAT
3.5000 g., 0.9860 Gold 0.1109 oz. AGW **Subject:** 200th Anniversary of the Augsburg Confession **Obv:** Church on rock divides date, lightning from clouds above **Rev:** Seven-line inscription

Date	Mintage	VG	F	VF	XF	Unc
1730 IB	—	—	3,500	6,000	10,000	—

PATTERNS

Including off metal strikes

KM#	Date	Mintage Identification	Mkt Val

| Pn1 | 1717 | — Ducat. Silver. KM#10 | 550 |
| Pn2 | 1730 IB | — Ducat. Silver. KM#16 | 600 |

BLANKENBURG

A small countship centered on the town of the same name 8 miles (13.5 kilometers) southwest of Halberstadt, just on the northern flank of the Harz Mountains. The line of counts which had ruled from the late 1st century fell extinct in 1368. Lands and titles passed to the counts of Regenstein who also died out in 1599 (see Regenstein). Blankenburg and Regenstein were divided among Brunswick and Brandenburg. In the first half of the 18th century, a rather scarce and short-lived coinage was struck in the vicinity of the mines of the Brunswick portion which had been placed under the control of Duke Ludwig Rudolf of Brunswick-Wolfenbüttel and made a sovereign principality for him from 1714 to 1731.

MINT OFFICIAL

Initial	Date	Name
W		Christian Wermuth, die-cutter in Gotha

COUNTSHIP

STANDARD COINAGE

KM# 1 PFENNIG
Copper **Obv:** Crowned 'LR' monogram **Rev:** Date at end of inscription **Rev. Inscription:** ★ I ★ / PFENNIG / F. BLANCK. B. / BERGW. SCHEIDE / MUNTZ • **Mint:** Gotha

Date	Mintage	VG	F	VF	XF	Unc
1722 W Rare	—	—	—	—	—	—

BOCHOLT

This provincial town in the bishopric of Munster is located near the Dutch border. It had a local copper coinage from 1615-1762. Bocholt passed to Salm-Salm in 1803 and later went to Prussia.

MONETARY SYSTEM
21 Heller = 6 Pfennig = 1/60 Thaler

PROVINCIAL TOWN

REGULAR COINAGE

KM# 26.1 10-1/2 HELLER
Copper **Obv:** Uprooted beechtree with beam across trunk, STADT BOCHOLT..., date **Rev:** Value XH

Date	Mintage	VG	F	VF	XF	Unc
1762	—	15.00	30.00	65.00	135	—

KM# 26.2 10-1/2 HELLER
Copper **Obv:** Uprooted beech tree with beam across trunk within shield **Rev:** Value X

Date	Mintage	VG	F	VF	XF	Unc
1762	—	12.00	30.00	60.00	120	—

KM# 25 21 HELLER
Copper **Obv:** Uprooted beech tree with beam across trunk within circle **Rev:** Value XXI within circle

Date	Mintage	VG	F	VF	XF	Unc
1761	—	10.00	20.00	45.00	90.00	—
1762	—	10.00	20.00	45.00	90.00	—

BRANDENBURG

The territory which was to become Brandenburg was inhabited by various Slavic tribes in the early Middle Ages. Charlemagne managed to diminish their power to some extent, but they regained their control after his passing. The Slav capital at Brennibor was captured by Emperor Heinrich I (918-36) and from that place Brandenburg takes its name. A series of margraves more or less continued to press the Slav tribes, but some were so ineffectual that the Slavs regained much of their former domains, especially after the death of Emperor Otto I (973). The early 12th century saw the return to active warfare against the Slavs. In 1134, the conquered lands were divided into the Altmark (Old or North Mark), west of the Elbe River, the Mittelmark (Middle Mark), between the Elbe and the Oder, and the Neumark (New Mark), east of the Oder River. Duke Lothar of Saxony appointed Albrecht the Bear of Ballenstadt as Margrave of the Nordmark (Altmark) and his long reign until 1170 brought stability to the lands under his control. The Ascanian rulers consolidated their power in Brandenburg and eventually obtained the electoral dignity in the 13th century. When the dynasty in Brandenburg became extinct, the title passed to Emperor Ludwig III of Bavaria (1314-47), who made his eldest son ruler there. The margraviate continued to be ruled by members of the various imperial families or their appointees until the early 15th century. The Hohenzollerns of Swabia, who had been hereditary burgraves of Nurnberg since the late 12th century, acquired a mortgage on Brandenburg from the perpetually impecunious Emperor. In a stroke, Friedrich VI of Nürnberg became Elector Friedrich I of Brandenburg in 1415, thus placing the family into position to become rulers of the future most powerful state of the Empire.

Several of the Electors' sons ruled in the Hohenzollern possessions of Franconia (see Brandenburg in Franconia) and two founded the lines of Brandenburg-Ansbach and Brandenburg-Bayreuth (which see). Elector Johann Sigismund inherited the Duchy of Prussia in 1618 and the electorate was known henceforth as Brandenburg-Prussia. The Electorate sided with the Protestant cause during the Thirty Years' War, having submitted to the Reformation in 1539. The lessons of the war brought about the build-up of military power and territorial expansion under Friedrich Wilhelm, the Great Elector, which formed the basis of the Hohenzollerns' rise as a leading power in Europe. Johann Sigismund's great grandson assumed the title of King in Prussia in 1701 and the old margraviate of Brandenburg became just a province of the Kingdom. See Prussia for subsequent history and coin issues.

RULERS
Friedrich III, 1688-1701
  As Friedrich I, King of Prussia,
  1701-1713
Friedrich Wilhelm I, 1713-1740

MINT OFFICIALS' INITIALS

Königsberg

Initials	Date	Name
CG	1699-1728	Caspar Geelhaar, the Younger

Magdeburg

Initials	Date	Name
HFH	1698-1719	Heinrich Friedrich Halter

Minden

Initials	Date	Name
BH	1682-1713	Bastian Hille
GM	1689-1711	Gottfried Metelles as die-cutter

ARMS
Berlin – bear, usually rampant to right
Brandenburg – eagle
Frankfurt am Oder – rooster
Hohenzollern – quartered shield, upper right and lower left usually shaded
Kölln – eagle
Krossen – double lily

REFERENCE
B = Emil Bahrfeldt, *Das Münzwesen der Mark Brandenburg unter den Hohenzollern bis zum grossen Kurfürsten, von 1415 bis 1640*, Berlin 1895.
D = Kurt Dost, *Münzen im Preussenland – Herzogtum Preussen und Provinz Ostpreussen im Königreich 1525-1821*, Essen, 1990.
N = Erich Neumann, *Münzprägungen des Kurfürstentums Brandenburg und des Königreichs Preussen*, 1, Band, *Hohenzollern 1415-1701*, Cologne, 1998. *Die Münzen des Kurfürstentums Brandenburg unter der Herrschaft der Hohenzollern 1415-1701*, Cologne, 1998.

ELECTORATE AND MARGRAVIATE

REGULAR COINAGE

KM# 592 6 PFENNIG
Silver **Mint:** Berlin

Date	Mintage	VG	F	VF	XF	Unc
1711 LCS	—	9.00	15.00	35.00	70.00	—

BRANDENBURG-ANSBACH

Located in northern Bavaria. The first coins appeared ca. 1150. This area was given and sold to many individuals, usually with some relationship to the elector of Brandenburg. It was sold to Prussia in 1791 and was ceded to Bavaria in 1806.

RULERS
Georg Friedrich II, 1692-1703
Wilhelm Friedrich, 1703-1723
Karl Wilhelm Friedrich, 1723-1757
  under regency of his mother
  Christine Charlotte until 1729
Alexander, 1757-1791

MINT MARKS
(c) - Crailsheim, pot hook
(d) - Dachsbach, lily
F - Furth
(f) - Furth, cloverleaf
(k) - Kitzingen, crenellated tower top
O - Onolzbach (Ansbach)
(r) - Roth, rosette
R - Roth
(s) - Schwabach, four-petaled flower
S - Schwabach

MINT OFFICIALS' INITIALS

Initials	Date	Name
AV, V	d.1754	Andreas Vestner, die-cutter in Nurnberg
G, IGS	1750-91	Johann Samuel Gotzinger, die-cutter
G		Unknown, but not Gotzinger
GH	1683-1711	Georg Hautsch, die-cutter in Nurnberg
ICE	1765-68	Johann Christian E. Berhard
K-E	1748-65	Johann Bernhard Kern, warden and Johann Jacob Ebenauer, mintmaster in Schwabach
PG		Unknown
PHM-(*)	d.1718	Philipp Heinrich Muller, medailleur in Nurnberg & Augsburg
PPW	d.1771	Peter Paul Werner, die-cutter in Nurnberg
V	d.1740	Georg Wilhelm Vestner, die-cutter in Nurnberg
W-E	1769-81	Westphal and Ebenauer
W-K	1768-81	Westphal and Kern
WH		Unknown

MARGRAVIATE

REGULAR COINAGE

KM# 130 HELLER
Copper **Ruler:** Georg Friedrich II **Obv:** Crowned arms **Rev:** 1/HEL/LER/date

Date	Mintage	VG	F	VF	XF	Unc
1701	—	9.00	16.00	27.00	50.00	—

302 GERMAN STATES BRANDENBURG-ANSBACH

KM# 140 HELLER

Copper **Ruler:** Wilhelm Friedrich **Obv:** Crowned arms **Rev:** Value and date **Note:** Similar to KM#130.

Date	Mintage	VG	F	VF	XF	Unc
1710	—	7.00	12.00	25.00	50.00	—
1711	—	7.00	12.00	25.00	50.00	—
1712	—	7.00	12.00	25.00	50.00	—
1713	—	7.00	12.00	25.00	50.00	—
1714	—	7.00	12.00	25.00	50.00	—
1715	—	7.00	12.00	25.00	50.00	—
1716	—	7.00	12.00	25.00	50.00	—

KM# 210 HELLER

Copper **Ruler:** Karl Wilhelm Friedrich **Obv:** Crowned oval arms **Rev:** 1/HELLER/date

Date	Mintage	VG	F	VF	XF	Unc
1751	—	8.00	20.00	40.00	80.00	—

KM# 135 PFENNING

Billon **Ruler:** Wilhelm Friedrich **Obv:** Two oval arms, value 1 divides date above **Note:** Uniface. Varieties exist.

Date	Mintage	VG	F	VF	XF	Unc
1703	—	6.00	10.00	25.00	50.00	—
1704	—	6.00	10.00	25.00	50.00	—
1705	—	6.00	10.00	25.00	50.00	—
1707	—	6.00	10.00	25.00	50.00	—
1708	—	6.00	10.00	25.00	50.00	—
1709	—	6.00	10.00	25.00	50.00	—
1710	—	6.00	10.00	25.00	50.00	—
1711	—	6.00	10.00	25.00	50.00	—
1712	—	6.00	10.00	25.00	50.00	—
1713	—	6.00	10.00	25.00	50.00	—
1714	—	6.00	10.00	25.00	50.00	—
1715	—	6.00	10.00	25.00	50.00	—
1716	—	6.00	10.00	25.00	50.00	—
1717	—	6.00	10.00	25.00	50.00	—
1718	—	6.00	10.00	25.00	50.00	—
1719	—	6.00	10.00	25.00	50.00	—
1722	—	6.00	10.00	25.00	50.00	—

KM# 160 PFENNING

Billon **Ruler:** Karl Wilhelm Friedrich

Date	Mintage	VG	F	VF	XF	Unc
1729	—	6.00	10.00	25.00	50.00	—
1730	—	6.00	10.00	25.00	50.00	—
1731	—	6.00	10.00	25.00	50.00	—
1732	—	6.00	10.00	25.00	50.00	—
1733	—	6.00	10.00	25.00	50.00	—
1734	—	6.00	10.00	25.00	50.00	—
1735	—	6.00	10.00	25.00	50.00	—
1736	—	6.00	10.00	25.00	50.00	—
1737	—	6.00	10.00	25.00	50.00	—
1739	—	6.00	10.00	25.00	50.00	—
1740	—	6.00	10.00	25.00	50.00	—
1741	—	6.00	10.00	25.00	50.00	—
1742	—	6.00	10.00	25.00	50.00	—
1743	—	6.00	10.00	25.00	50.00	—
1744	—	6.00	10.00	25.00	50.00	—
1745	—	6.00	10.00	25.00	50.00	—
1746	—	6.00	10.00	25.00	50.00	—
1747	—	6.00	10.00	25.00	50.00	—
1748	—	6.00	10.00	25.00	50.00	—
1749	—	6.00	10.00	25.00	50.00	—
1750	—	6.00	10.00	25.00	50.00	—
1751	—	6.00	10.00	25.00	50.00	—
1752	—	6.00	10.00	25.00	50.00	—
1753	—	6.00	10.00	25.00	50.00	—

KM# 180 PFENNING

Billon **Ruler:** Karl Wilhelm Friedrich **Obv:** Two shields, Brandenburg eagle on left, Hohenzollern arms on right, date above

Date	Mintage	VG	F	VF	XF	Unc
1731	—	6.00	10.00	25.00	50.00	—
1733	—	6.00	10.00	25.00	50.00	—

KM# 211 PFENNING

Copper **Ruler:** Karl Wilhelm Friedrich **Obv:** Crowned Brandenburg eagle with Hohenzollern arms on breast, B-O at top **Rev:** Value and date

Date	Mintage	VG	F	VF	XF	Unc
1752	—	5.00	10.00	22.00	45.00	—
1753	—	5.00	10.00	22.00	45.00	—

KM# 221 PFENNING

Billon **Ruler:** Karl Wilhelm Friedrich **Obv:** Two oval arms in cartouche, date above

Date	Mintage	VG	F	VF	XF	Unc
1754	—	8.00	15.00	35.00	75.00	—
1756	—	8.00	15.00	35.00	75.00	—
1757	—	8.00	15.00	35.00	75.00	—

KM# 232 PFENNING

Copper **Ruler:** Alexander **Obv:** Crowned arms **Rev:** Value in cartouche

Date	Mintage	VG	F	VF	XF	Unc
1757	—	4.00	7.00	15.00	30.00	—

KM# 257 PFENNING

Billon **Ruler:** Alexander **Obv:** Two shields of arms, date above **Rev:** Blank

Date	Mintage	VG	F	VF	XF	Unc
1763	—	4.00	7.00	15.00	30.00	—

KM# 272 PFENNING

Copper **Ruler:** Alexander **Obv:** Arms above branches, S below **Rev:** Value and date

Date	Mintage	VG	F	VF	XF	Unc
1766	—	4.00	7.00	15.00	30.00	—

KM# 290 PFENNING

Billon **Ruler:** Alexander **Obv:** Arms **Rev:** Value above date

Date	Mintage	VG	F	VF	XF	Unc
1770-90	—	4.00	7.00	15.00	30.00	—

KM# 327 PFENNING

Billon **Ruler:** Alexander **Obv:** Hohenzollern arms **Rev:** Eagle dividing value

Date	Mintage	VG	F	VF	XF	Unc
1781	—	4.00	7.00	15.00	30.00	—

KM# 340 PFENNING

Billon **Ruler:** Alexander **Rev:** Value on eagle's breast

Date	Mintage	VG	F	VF	XF	Unc
1791	—	4.00	7.00	15.00	30.00	—

KM# 212 1-1/2 PFENNING

Copper **Ruler:** Karl Wilhelm Friedrich **Obv:** Crowned Brandenburg eagle with Hohenzollern arms on breast, B-O at top **Rev:** Value, date in cartouche

Date	Mintage	VG	F	VF	XF	Unc
1752	—	7.50	17.00	35.00	70.00	—

KM# 213 2 PFENNING

Copper **Ruler:** Karl Wilhelm Friedrich **Obv:** Crowned Brandenburg eagle with Hohenzollern arms on breast, B-O at top **Rev:** Value, date in cartouche

Date	Mintage	VG	F	VF	XF	Unc
1752	—	10.00	20.00	50.00	100	—

KM# 233 2 PFENNING

Copper **Ruler:** Alexander **Obv:** Crowned arms **Rev:** Value in cartouche

Date	Mintage	VG	F	VF	XF	Unc
1757	—	4.00	10.00	22.00	45.00	—

KM# 214 4 PFENNING

Copper, 26 mm. **Ruler:** Karl Wilhelm Friedrich **Obv:** Crowned Brandenburg eagle with Hohenzollern arms on breast, B-O at top **Rev:** Value, date in cartouche

Date	Mintage	VG	F	VF	XF	Unc
1752	—	20.00	40.00	90.00	175	—

KM# 273 4 PFENNING

Billon **Ruler:** Alexander **Obv:** Arms **Rev:** Value and date

Date	Mintage	VG	F	VF	XF	Unc
1764	—	5.00	10.00	25.00	50.00	—
1766	—	5.00	10.00	25.00	50.00	—
1768	—	5.00	10.00	25.00	50.00	—
1774	—	5.00	10.00	25.00	50.00	—
1775	—	5.00	10.00	25.00	50.00	—
1777	—	5.00	10.00	25.00	50.00	—
1778	—	5.00	10.00	25.00	50.00	—
1779	—	5.00	10.00	25.00	50.00	—
1780	—	5.00	10.00	25.00	50.00	—
1781	—	5.00	10.00	25.00	50.00	—
1782	—	5.00	10.00	25.00	50.00	—
1783	—	5.00	10.00	25.00	50.00	—
1789	—	5.00	10.00	25.00	50.00	—

KM# 116 KREUZER (4 Pfennig)

Silver **Ruler:** Georg Friedrich II **Obv:** Bust right **Rev:** Crowned eagle with I on breast, date divided above **Note:** Similar to KM#136.

Date	Mintage	VG	F	VF	XF	Unc
1701	—	10.00	20.00	40.00	65.00	—
1702	—	10.00	20.00	40.00	65.00	—

KM# 136 KREUZER (4 Pfennig)

Silver **Ruler:** Wilhelm Friedrich **Obv:** Armored bust right **Rev:** Crowned eagle with shield on breast within circle **Note:** Varieties exist.

Date	Mintage	VG	F	VF	XF	Unc
1703	—	7.00	15.00	30.00	60.00	—
1704	—	7.00	15.00	30.00	60.00	—
1707	—	7.00	15.00	30.00	40.00	—
1708	—	7.00	15.00	30.00	60.00	—
1709	—	7.00	15.00	30.00	60.00	—
1710	—	7.00	15.00	30.00	60.00	—
1711	—	7.00	15.00	30.00	60.00	—
1714	—	7.00	15.00	30.00	60.00	—
1715	—	7.00	15.00	30.00	60.00	—
1716	—	7.00	15.00	30.00	60.00	—
1717	—	7.00	15.00	30.00	60.00	—
1719	—	7.00	15.00	30.00	60.00	—
1720	—	7.00	15.00	30.00	60.00	—
1721	—	7.00	15.00	30.00	60.00	—
1722	—	7.00	15.00	30.00	60.00	—

KM# 154 KREUZER (4 Pfennig)

Silver **Ruler:** Karl Wilhelm Friedrich **Obv:** Crowned double-C monogram divides date **Rev:** Eagle with Hohenzollern arms on breast, value I below

Date	Mintage	VG	F	VF	XF	Unc
1726	—	20.00	37.00	75.00	150	—

KM# 181 KREUZER (4 Pfennig)

Silver **Ruler:** Karl Wilhelm Friedrich **Obv:** Bust **Obv. Legend:** CAR. WILH. FR... **Rev:** Eagle, 1 on breast

Date	Mintage	VG	F	VF	XF	Unc
1732	—	7.00	15.00	30.00	60.00	—
1733	—	7.00	15.00	30.00	60.00	—
1734	—	7.00	15.00	30.00	60.00	—
1735	—	7.00	15.00	30.00	60.00	—
1736	—	7.00	15.00	30.00	60.00	—
1737	—	7.00	15.00	30.00	60.00	—
1740	—	7.00	15.00	30.00	60.00	—
1741	—	7.00	15.00	30.00	60.00	—
1742	—	7.00	15.00	30.00	60.00	—
1743	—	7.00	15.00	30.00	60.00	—
1744	—	7.00	15.00	30.00	60.00	—
1745	—	7.00	15.00	30.00	60.00	—

KM# 222 KREUZER (4 Pfennig)

Silver **Ruler:** Karl Wilhelm Friedrich **Obv:** Bust right **Rev:** Crowned eagle with value 1 on breast

Date	Mintage	VG	F	VF	XF	Unc
1754	—	7.00	15.00	30.00	65.00	—

KM# 254 KREUZER (4 Pfennig)

Billon **Ruler:** Alexander **Obv:** Head right **Rev:** Crowned eagle divides date, value on breast

Date	Mintage	VG	F	VF	XF	Unc
1759	—	5.00	10.00	20.00	45.00	—
1760	—	5.00	10.00	20.00	45.00	—
1761	—	5.00	10.00	20.00	45.00	—
1763	—	5.00	10.00	20.00	45.00	—
ND	—	5.00	10.00	20.00	45.00	—

KM# 263 KREUZER (4 Pfennig)

Billon **Ruler:** Alexander **Obv:** Eagle in diamond **Rev:** Value and date in diamond

Date	Mintage	VG	F	VF	XF	Unc
1765S	—	5.00	10.00	20.00	45.00	—

KM# 325 KREUZER (4 Pfennig)

Billon **Ruler:** Alexander **Obv:** Crowned arms **Rev:** Value above date

Date	Mintage	VG	F	VF	XF	Unc
1780	—	4.00	10.00	20.00	40.00	—
1784	—	4.00	10.00	20.00	40.00	—

BRANDENBURG-ANSBACH — GERMAN STATES

KM# 330 KREUZER (4 Pfennig)
Billon **Ruler:** Alexander **Obv:** Crowned and mantled arms **Rev:** Value and date within cartouche

Date	Mintage	VG	F	VF	XF	Unc
1780	—	4.00	10.00	20.00	40.00	—
1784	—	4.00	10.00	20.00	40.00	—
1785	—	4.00	10.00	20.00	40.00	—
1786	—	4.00	10.00	20.00	40.00	—
1787	—	4.00	10.00	20.00	40.00	—
1788	—	4.00	10.00	20.00	40.00	—
1789	—	4.00	10.00	20.00	40.00	—
1790	—	4.00	10.00	20.00	40.00	—
1791	—	4.00	10.00	20.00	40.00	—

KM# 250 2 KREUZER (1/2 Batzen)
Billon **Ruler:** Alexander **Obv:** Arms **Rev:** Eagle

Date	Mintage	VG	F	VF	XF	Unc
1760	—	12.00	27.00	55.00	110	—

KM# 277 2-1/2 KREUZER
Billon **Ruler:** Alexander **Obv:** Crowned round arms **Rev:** Value and date **Note:** Convention 2-1/2 Kreuzer

Date	Mintage	VG	F	VF	XF	Unc
1767-79	—	7.00	15.00	30.00	60.00	—

KM# 309 2-1/2 KREUZER
Billon **Ruler:** Alexander **Obv:** Armored bust right **Rev:** Crowned eagle with shield on breast

Date	Mintage	VG	F	VF	XF	Unc
1779	—	10.00	25.00	50.00	105	—
1785	—	10.00	25.00	50.00	105	—

KM# 333 2-1/2 KREUZER
Billon **Ruler:** Alexander **Obv:** Armored bust right **Rev:** Crowned eagle with shield on breast

Date	Mintage	VG	F	VF	XF	Unc
1786	—	10.00	22.00	45.00	90.00	—

KM# 192 3 KREUZER (Groschen)
Silver **Ruler:** Karl Wilhelm Friedrich **Obv:** Bust right **Rev:** Crowned oval arms in baroque frame, value (3) divides date below

Date	Mintage	VG	F	VF	XF	Unc
1735	—	10.00	20.00	45.00	95.00	—

KM# 141 4 KREUZER (Batzen)
2.4000 g., Silver, 22.6 mm. **Ruler:** Wilhelm Friedrich **Obv:** Two oval arms in baroque frame **Rev:** Crowned eagle, value 4 on breast, date divided above

Date	Mintage	VG	F	VF	XF	Unc
1715	—	12.00	35.00	75.00	150	—

KM# 251 4 KREUZER (Batzen)
Billon **Ruler:** Alexander **Obv:** Arms **Rev:** Hohenzollern arms

Date	Mintage	VG	F	VF	XF	Unc
1760	—	15.00	35.00	75.00	150	—

KM# 202 6 KREUZER
Silver **Ruler:** Karl Wilhelm Friedrich **Obv:** Armored bust right **Rev:** Crowned arms in baroque frame, value 6 divides date at bottom

Date	Mintage	VG	F	VF	XF	Unc
1745	—	8.00	16.00	37.00	75.00	—
1746	—	8.00	22.00	45.00	90.00	—
1747	—	8.00	22.00	45.00	90.00	—
1748	—	8.00	16.00	37.00	75.00	—
1749	—	8.00	16.00	37.00	75.00	—
1750	—	8.00	16.00	37.00	75.00	—
1751	—	8.00	16.00	37.00	75.00	—
1752	—	8.00	22.00	45.00	90.00	—
1753	—	8.00	22.00	45.00	90.00	—

KM# 223 6 KREUZER
Silver **Ruler:** Karl Wilhelm Friedrich **Rev:** Crowned arms smaller, less ornate shield separates date, value VI. KR. below

Date	Mintage	VG	F	VF	XF	Unc
1754	—	8.00	16.00	37.00	75.00	—

KM# 243 6 KREUZER
Silver **Ruler:** Alexander **Obv:** Armored bust right **Rev:** Crowned arms within baroque frame

Date	Mintage	VG	F	VF	XF	Unc
1758	—	16.00	37.00	75.00	150	—

KM# 274 6 KREUZER
Billon **Ruler:** Alexander **Obv:** Shield on pedestal **Rev:** Value, date

Date	Mintage	VG	F	VF	XF	Unc
1766	—	15.00	30.00	65.00	135	—
1784	—	15.00	30.00	65.00	135	—

KM# 328 6 KREUZER
Billon **Ruler:** Alexander **Obv:** Bust in wreath **Rev:** Crowned arms on pedestal, value below

Date	Mintage	VG	F	VF	XF	Unc
1781	—	20.00	45.00	90.00	185	—

KM# 264 10 KREUZER
Silver **Ruler:** Alexander **Obv:** Head right in sprays **Rev:** Crowned arms on pedestal, date below **Note:** Convention 10 Kreuzer.

Date	Mintage	VG	F	VF	XF	Unc
1765	—	18.00	40.00	85.00	175	—
1780	—	18.00	40.00	85.00	175	—

KM# 186 15 KREUZER
Silver **Ruler:** Karl Wilhelm Friedrich **Obv:** Bust right **Rev:** Crowned oval arms in baroque frame, value (15) divides date below

Date	Mintage	VG	F	VF	XF	Unc
1734	—	20.00	40.00	80.00	165	—
1735	—	20.00	40.00	80.00	165	—

KM# 230 20 KREUZER
Silver **Ruler:** Karl Wilhelm Friedrich **Obv:** Bust right **Rev:** Crowned eagle on pedestal with value between two branches, date below

Date	Mintage	VG	F	VF	XF	Unc
1756	—	20.00	45.00	90.00	180	—

KM# 246 20 KREUZER
Silver **Ruler:** Alexander **Obv:** Bust right within wreath **Rev:** Crowned eagle on pedestal with value between 2 branches

Date	Mintage	VG	F	VF	XF	Unc
1759	—	7.00	16.00	37.00	75.00	—
1760	—	7.00	16.00	37.00	75.00	—
1761	—	7.00	16.00	37.00	75.00	—
1762	—	7.00	16.00	37.00	75.00	—

KM# 255.2 20 KREUZER
Silver **Ruler:** Alexander **Obv:** Smaller head right within wreath **Rev:** Arms in baroque frame, value within pedestal below flanked by branches

Date	Mintage	VG	F	VF	XF	Unc
1764S	—	9.00	12.00	45.00	90.00	—

KM# 331 20 KREUZER
Silver **Ruler:** Alexander **Obv:** Head right within wreath **Obv. Legend:** ALEXANDER • D • G • - MARCH: BRAND: **Rev:** Crowned arms on pedestal holding value, branches flank **Rev. Legend:** LX • ST • EINE - FEINE • MARK

Date	Mintage	VG	F	VF	XF	Unc
1765	—	8.00	18.00	37.00	75.00	—
1784 WK	—	8.00	18.00	37.00	75.00	—
1785 WK	—	8.00	18.00	37.00	75.00	—

KM# 255.1 20 KREUZER
Silver **Ruler:** Alexander **Obv:** Head right within wreath **Rev:** Arms in baroque frame, value within pedestal below flanked by branches **Note:** Convention 20 Kreuzer. Varieties exist.

Date	Mintage	VG	F	VF	XF	Unc
1765S	—	9.00	22.00	45.00	90.00	—
1773S	—	9.00	22.00	45.00	90.00	—
1774S	—	9.00	22.00	45.00	90.00	—
1775S	—	9.00	22.00	45.00	90.00	—
1781S	—	9.00	22.00	45.00	90.00	—
1783S	—	9.00	22.00	45.00	90.00	—
1784S WK	—	9.00	22.00	45.00	90.00	—
1785S WK	—	9.00	22.00	45.00	90.00	—
1787S WK	—	9.00	22.00	45.00	90.00	—

KM# 288 20 KREUZER
Silver **Ruler:** Alexander **Obv:** Bust to right with S in exergue, all in rhombus **Obv. Legend:** ALEXANDER - MARCH: - BRAND: - DVX BOR: **Rev:** Crowned Prussian eagle, 4-fold arms of Hohenzollern on breast, divides date, value 20 in exergue, all in rhombus **Rev. Legend:** SECHZIG. - EINE - FEINE - MARK. **Mint:** Schwabach

Date	Mintage	Good	VG	F	VF	XF
1770S	—	10.00	25.00	55.00	110	185

KM# 289 20 KREUZER
Silver **Ruler:** Alexander **Obv:** Head right, 's' below, all within rhombus **Obv. Legend:** ALEXANDER - MARCH: - BRAND: - DVX BOR: **Rev:** Crowned quartered arms with eagle supporters, value below, all within rhombus

Date	Mintage	VG	F	VF	XF	Unc
1772S	—	16.00	37.00	75.00	150	—

KM# 310 20 KREUZER
Silver **Ruler:** Alexander **Obv:** Bust right **Rev:** Quartered arms supported

Date	Mintage	VG	F	VF	XF	Unc
1779	—	15.00	35.00	75.00	150	—

GERMAN STATES — BRANDENBURG-ANSBACH

Date	Mintage	VG	F	VF	XF	Unc
1757S	—	12.00	30.00	60.00	120	—

KM# 311 20 KREUZER
Silver **Ruler:** Alexander **Obv:** Head right, value below, rhombus surrounds **Rev:** Eagle shield on Hohenzollern shield on imperial eagle, rhombus surrounds

Date	Mintage	VG	F	VF	XF	Unc
1779	—	15.00	35.00	75.00	150	—

KM# 312 20 KREUZER
Silver **Ruler:** Alexander **Rev:** Eagle shield on imperial eagle

Date	Mintage	VG	F	VF	XF	Unc
1779	—	20.00	45.00	90.00	185	—

KM# 322 20 KREUZER
Silver **Ruler:** Alexander **Obv:** Bust right, value below, rhombus surrounds **Obv. Legend:** ALEXANDER • D • G • MARCH • BRAND • **Rev:** Hohenzollern shield on imperial eagle, rhombus surrounds **Rev. Legend:** ZEHEN EINE - FEINE • MARK

Date	Mintage	VG	F	VF	XF	Unc
1780	—	35.00	75.00	150	300	—

KM# 190 30 KREUZER
Silver **Ruler:** Karl Wilhelm Friedrich **Obv:** Bust **Rev:** Arms

Date	Mintage	VG	F	VF	XF	Unc
1735	—	12.50	25.00	55.00	110	—
1735G	—	12.50	25.00	55.00	110	—

KM# 191 30 KREUZER
Silver **Ruler:** Karl Wilhelm Friedrich **Obv:** Bust right **Rev:** Crowned oval arms and eagle in Order chain, date below

Date	Mintage	VG	F	VF	XF	Unc
1735	—	20.00	45.00	90.00	180	—
1735 WH	—	20.00	45.00	90.00	180	—
1736	—	20.00	45.00	90.00	180	—

KM# 224 30 KREUZER
Silver **Ruler:** Karl Wilhelm Friedrich **Obv:** Bust right **Rev:** Eagle in rhombus

Date	Mintage	VG	F	VF	XF	Unc
1754 S	—	25.00	60.00	130	260	—

KM# 150 GROSCHEN (1/24 Thaler)
Silver **Ruler:** Karl Wilhelm Friedrich **Subject:** Death of Wilhelm Friedrich **Obv:** Bust right **Rev:** Inscription with date

Date	Mintage	VG	F	VF	XF	Unc
1723	—	40.00	85.00	150	300	—

KM# 161 GROSCHEN (1/24 Thaler)
Billon **Ruler:** Karl Wilhelm Friedrich **Subject:** Accession Commemorative **Obv:** Bust **Rev:** Inscription within wreath **Rev. Inscription:** SIS / FELIX

Date	Mintage	VG	F	VF	XF	Unc
1729	—	7.00	15.00	30.00	60.00	—

KM# 194 GROSCHEN (1/24 Thaler)
Billon **Ruler:** Karl Wilhelm Friedrich **Subject:** School Prize **Obv:** Eagle with Hohenzollern arms **Rev:** Inscription

Date	Mintage	VG	F	VF	XF	Unc
1737	—	9.00	22.00	45.00	90.00	—

KM# 216 GROSCHEN (1/24 Thaler)
Billon **Ruler:** Karl Wilhelm Friedrich **Obv:** Eagle with arms on breast **Rev:** Imperial orb

Date	Mintage	VG	F	VF	XF	Unc
1753	—	7.00	15.00	30.00	60.00	—

KM# 225 GROSCHEN (1/24 Thaler)
Billon **Ruler:** Karl Wilhelm Friedrich **Obv:** Bust **Rev:** Eagle with arms on breast

Date	Mintage	VG	F	VF	XF	Unc
1754	—	7.00	15.00	30.00	60.00	—

KM# 234 GROSCHEN (1/24 Thaler)
Billon **Ruler:** Alexander **Obv:** Crowned eagle, arms in baroque frame, date below **Rev:** Value **Mint:** Schwabach

KM# 162 2 GROSCHEN (1/12 Thaler)
Silver **Ruler:** Karl Wilhelm Friedrich **Subject:** Accession Commemorative **Obv:** Armored bust right **Rev:** Inscription within wreath

Date	Mintage	VG	F	VF	XF	Unc
1729	—	10.00	25.00	50.00	100	—

KM# 229 1/12 THALER (Doppelgroschen)
Silver **Ruler:** Karl Wilhelm Friedrich **Obv:** Bust right **Rev:** Inscription and value

Date	Mintage	VG	F	VF	XF	Unc
ND	—	10.00	22.00	45.00	90.00	—
1755 S	—	10.00	22.00	45.00	90.00	—
1756 S	—	10.00	22.00	45.00	90.00	—
ND	—	10.00	22.00	45.00	90.00	—

KM# 235 1/12 THALER (Doppelgroschen)
Silver **Ruler:** Alexander **Obv:** Crowned arms within baroque frame **Rev:** Value **Mint:** Schwabach

Date	Mintage	VG	F	VF	XF	Unc
1757S	—	10.00	25.00	50.00	100	—

KM# 231 1/6 THALER (1/4 Gulden)
Silver **Ruler:** Karl Wilhelm Friedrich **Subject:** Seven Year War **Obv:** Bust **Rev:** Value

Date	Mintage	VG	F	VF	XF	Unc
1755 S	—	20.00	45.00	90.00	180	—
1756 S	—	20.00	45.00	90.00	180	—

KM# 151 1/6 THALER (1/4 Gulden)
Silver **Ruler:** Karl Wilhelm Friedrich **Obv:** Bust to right **Obv. Legend:** C. W. FRIDERIC. M. B. D. BORUS. &. SIL. **Rev:** 4-line inscription, date divided by mintmark in exergue **Rev. Inscription:** VI / EINEN / REICHS / THALER **Mint:** Schwabach

Date	Mintage	VG	F	VF	XF	Unc
1756S	—	20.00	45.00	115	225	—
ND(1756)S	—	20.00	45.00	115	225	—

KM# 236 1/6 THALER (1/4 Gulden)
Silver **Ruler:** Karl Wilhelm Friedrich **Subject:** Death of Ruler **Obv:** Armored bust right **Rev:** 9-Line inscription

Date	Mintage	VG	F	VF	XF	Unc
1757	—	25.00	55.00	110	225	—

KM# 237 1/6 THALER (1/4 Gulden)
Silver **Ruler:** Alexander **Obv:** Crowned CFCA monogram **Rev. Inscription:** * VI * / EINEN / THALER / B.O.S.L.M.

Date	Mintage	VG	F	VF	XF	Unc
1757	—	25.00	55.00	110	225	—

KM# 158 1/4 THALER
Silver **Ruler:** Karl Wilhelm Friedrich **Obv:** Bust of Christine Charlotte left **Rev:** Entwined crowned C's in cruciform **Note:** Similar to 1/2 Thaler, KM#155.

Date	Mintage	VG	F	VF	XF	Unc
1727	—	60.00	100	210	425	—

KM# 163 1/4 THALER
Silver **Ruler:** Karl Wilhelm Friedrich **Subject:** Accession Commemorative **Obv:** Armored bust left **Rev:** Crowned arms within cartouche

Date	Mintage	VG	F	VF	XF	Unc
1729	—	100	200	450	900	—

KM# 164 1/4 THALER
Silver **Ruler:** Karl Wilhelm Friedrich **Obv:** Bust right

Date	Mintage	VG	F	VF	XF	Unc
1729	—	100	200	450	900	—

KM# 182 1/4 THALER
Silver **Ruler:** Karl Wilhelm Friedrich **Obv:** Bust right **Rev:** Crowned arms in baroque frame, date below

Date	Mintage	VG	F	VF	XF	Unc
1732	—	100	200	450	900	—

KM# 193 1/4 THALER
Silver **Ruler:** Karl Wilhelm Friedrich **Subject:** Inauguration of New Anhalt Gymnasium **Obv:** Armored bust right **Rev:** Gymnasium above inscription

Date	Mintage	VG	F	VF	XF	Unc
1736	—	25.00	55.00	110	225	—

KM# 195 1/4 THALER
Silver **Ruler:** Karl Wilhelm Friedrich **Subject:** Death of Wilhelmine Karoline, Daughter of Johann Friedrich **Obv:** Bust left, 4-line inscription below **Rev:** 18-line inscription with date

Date	Mintage	VG	F	VF	XF	Unc
1737 Rare	—	—	—	—	—	—

KM# A252 1/4 THALER
Silver **Ruler:** Karl Wilhelm Friedrich **Subject:** Death of Karl Wilhelm Friedrich. **Obv:** Bust to right **Rev:** 9-line inscription

Date	Mintage	VG	F	VF	XF	Unc
1757	—	—	—	—	—	—

KM# 252 1/4 THALER
Silver **Ruler:** Alexander **Note:** Convention 1/4 Thaler.

Date	Mintage	F	VF	XF	Unc	BU
1760	—	35.00	75.00	150	300	—
1763	—	35.00	75.00	150	300	—

KM# 265 1/4 THALER
Silver **Ruler:** Alexander **Obv:** Margrave on horseback, roman date below **Rev:** Eagle with lion shield, flags at left and right

Date	Mintage	F	VF	XF	Unc	BU
1765	—	100	200	425	750	—

KM# 278 1/4 THALER
Silver **Ruler:** Alexander **Obv:** Armored bust right **Rev:** Three buildings in horseshoe form

Date	Mintage	F	VF	XF	Unc	BU
1767	—	150	250	550	1,000	—

BRANDON-ANSBACH

KM# 166 1/2 THALER
Silver **Ruler:** Karl Wilhelm Friedrich **Subject:** Accession Commemorative **Obv:** Armored bust left **Rev:** Crowned arms within cartouche **Note:** Similar to 1/4 Thaler, KM#163.

Date	Mintage	VG	F	VF	XF	Unc
1729 V	—	110	225	450	900	—

KM# 175.2 1/2 THALER
Silver **Ruler:** Karl Wilhelm Friedrich **Obv:** Armored bust right **Rev:** Justice seated **Note:** Double thick flan.

Date	Mintage	VG	F	VF	XF	Unc
1730 V	—	500	900	1,800	3,750	—

KM# 281 1/4 THALER
Silver **Ruler:** Alexander **Subject:** Acquisition of Bayreuth **Obv:** Busts facing above inscription **Rev:** Shielded arms flank podium with open book

Date	Mintage	F	VF	XF	Unc	BU
1769	—	130	225	450	900	—

KM# 298 1/4 THALER
Silver **Ruler:** Alexander **Obv:** Bust right **Rev:** Arms

Date	Mintage	VG	F	VF	XF	Unc
1775	—	50.00	110	225	450	—

KM# 313 1/4 THALER
Silver **Ruler:** Alexander **Subject:** Peace of Teschen **Obv:** Sun rays above figure standing left of shield of arms and podium **Rev:** Inscription within wreath

Date	Mintage	VG	F	VF	XF	Unc
1779	—	45.00	100	200	425	—

KM# 334 1/4 THALER
Silver **Ruler:** Alexander **Subject:** 100th Anniversary of Neustadt-Erlangen **Obv:** City view above inscription **Rev:** Inscription

Date	Mintage	VG	F	VF	XF	Unc
1786	—	25.00	55.00	110	225	—

KM# 175.1 1/2 THALER
Silver **Ruler:** Karl Wilhelm Friedrich **Subject:** Consecration of New Ansbach Justice Board **Obv:** Armored bust right **Rev:** Justice seated

Date	Mintage	VG	F	VF	XF	Unc
1730 V	—	225	450	900	1,800	—

KM# 183 1/2 THALER
Silver **Ruler:** Karl Wilhelm Friedrich **Obv:** Bust right **Rev:** Crowned and mantled oval arms, without inscription, date below

Date	Mintage	VG	F	VF	XF	Unc
1732	—	100	250	450	900	—

KM# 196 1/2 THALER
Silver **Ruler:** Karl Wilhelm Friedrich **Subject:** Death of Wilhelmine Karoline, Daughter of Johann Friedrich **Obv:** Bust left, four-line inscription below **Rev:** Eighteen-line inscription with date

Date	Mintage	VG	F	VF	XF	Unc
1737 Rare	—	—	—	—	—	—

KM# 203.1 1/2 THALER
Silver **Ruler:** Karl Wilhelm Friedrich **Obv:** Armored bust right **Rev:** Crowned complex arms within mantle

Date	Mintage	VG	F	VF	XF	Unc
1746 PPW	—	150	325	675	1,350	—
1747 PPW	—	150	325	675	1,350	—

KM# 203.2 1/2 THALER
Silver **Ruler:** Karl Wilhelm Friedrich **Obv:** Legend without D. G. **Rev:** Crowned complex arms within mantle

Date	Mintage	VG	F	VF	XF	Unc
1746 PPW	—	150	325	675	1,350	—

KM# 155 1/2 THALER
Silver **Ruler:** Karl Wilhelm Friedrich **Obv:** Bust of Christine Charlotte left **Rev:** Entwined crowned C's in cruciform

Date	Mintage	VG	F	VF	XF	Unc
1726	—	200	400	800	1,600	—

KM# 165 1/2 THALER
Silver **Ruler:** Karl Wilhelm Friedrich **Subject:** Wedding of Karl Wilhelm Friedrich and Frederika Louise **Obv:** Busts facing each other **Rev:** Plumes top ribboned pillar

Date	Mintage	VG	F	VF	XF	Unc
1729 V	—	175	375	750	1,500	—
1729 WH	—	175	375	750	1,500	—

KM# 253 1/2 THALER
Silver **Ruler:** Alexander **Obv:** Draped bust right **Obv. Legend:** ALEXANDER • M • B • D • B • **Rev:** Crowned A's in cruciform, arms at center **Note:** Convention 1/2 Thaler.

Date	Mintage	F	VF	XF	Unc	BU
1760 G	—	110	225	450	900	—

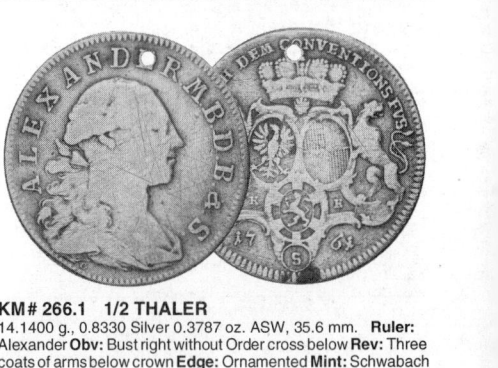

KM# 266.1 1/2 THALER
14.1400 g., 0.8330 Silver 0.3787 oz. ASW, 35.6 mm. **Ruler:** Alexander **Obv:** Bust right without Order cross below **Rev:** Three coats of arms below crown **Edge:** Ornamented **Mint:** Schwabach

Date	Mintage	F	VF	XF	Unc	BU
1761G-KES one known	—	—	—	—	—	—

KM# 261 1/2 THALER
Silver **Ruler:** Alexander

Date	Mintage	F	VF	XF	Unc	BU
1764	—	75.00	150	300	600	—

KM# 266.2 1/2 THALER
Silver, 35 mm. **Ruler:** Alexander **Obv:** Bust to right with order cross below **Rev:** Three oval shields of arms, 2 over 1, in baroque frame with lion supporters, large crown above, mintmark in oval below **Rev. Legend:** NACH DEM CONVENTIONS FUS **Mint:** Schwabach

Date	Mintage	F	VF	XF	Unc	BU
1765 S	—	90.00	150	300	600	—

KM# 267 1/2 THALER
Silver **Ruler:** Alexander **Obv:** Margrave on horseback **Rev:** Eagle with lion shield

Date	Mintage	F	VF	XF	Unc	BU
1765	—	155	225	550	1,100	—

KM# 279 1/2 THALER
Silver **Ruler:** Alexander **Obv:** Armored bust right **Obv. Legend:** ALEXANDER • D • G • MARCH: BRAND • D • B • & • S • **Rev:** Three buildings in horseshoe form

Date	Mintage	F	VF	XF	Unc	BU
1767	—	75.00	150	300	600	—

KM# 299 1/2 THALER
Silver **Ruler:** Alexander **Obv:** Armored bust right **Obv. Legend:** ALEXANDER • D • G • MARCH • BRAND • **Rev:** Crowned quartered arms with eagle supporters

Date	Mintage	F	VF	XF	Unc	BU
1775 G//S-WK	—	110	225	450	900	—

KM# 341 2/3 THALER
12.5100 g., Silver, 35.3 mm. **Ruler:** Alexander **Obv:** Bust right Legend begins "ALEXANDER" **Rev:** Crowned arms between two eagles and above value divided date **Edge:** Ornamented **Mint:** Schwabach **Note:** Dav. #314.

Date	Mintage	F	VF	XF	Unc	BU
1757 G	—	260	525	—	—	—

GERMAN STATES — BRANDENBURG-ANSBACH

KM# 342 2/3 THALER
Silver **Ruler:** Alexander **Obv:** Bust right, legend begins "C.F.C." **Rev:** Crowned arms same as KM#341 **Edge:** Ornamented **Mint:** Schwabach **Note:** Dav. #315.

Date	Mintage	F	VF	XF	Unc	BU
1757 G(s)	—	50.00	110	225	450	—

KM# 217 2/3 THALER (Gulden)
Silver **Ruler:** Karl Wilhelm Friedrich **Obv:** Armored bust right **Obv. Legend:** CAROLUS WILH • FRID • D • G • M • B • D • P • & • S • B • N • C • S • **Rev:** Value divides date in exergue **Note:** Varieties exist.

Date	Mintage	F	VF	XF	Unc	BU
1752	—	50.00	110	225	450	—
1753	—	50.00	110	225	450	—
1753 G	—	50.00	110	225	450	—
1753 ISG	—	50.00	110	225	450	—

KM# 159 THALER
Silver **Ruler:** Karl Wilhelm Friedrich **Obv:** Bust of Christine Charlotte left **Obv. Legend:** CHRIST: CAR: TVTRIX: REG: BRAND: ONOLD: **Rev:** Arms of Brandenburg and Wurttemberg-Oels **Note:** Dav. #1977.

Date	Mintage	F	VF	XF	Unc	BU
1727 V	—	625	1,250	2,500	4,500	—

KM# 176 THALER
Silver **Ruler:** Karl Wilhelm Friedrich **Subject:** 200th Anniversary of Augsburg Confession **Obv:** Armored bust right **Obv. Legend:** CAROLVS WILH: FR: - M. BR: D. BOR: B: BOR.; below AVGVST • CONF • SVSTINET •/MDCCXXX. **Rev:** Armored bust of George IV right **Rev. Legend:** GEORGIVS•MARCH•- BRAND•ONOLDINVS •; below AVGVST CONF • EXHIBET •/MDXXX **Note:** Dav. #1980.

Date	Mintage	F	VF	XF	Unc	BU
1730 V	—	600	1,200	2,500	4,000	—

KM# 218 2/3 THALER (Gulden)
Silver **Ruler:** Karl Wilhelm Friedrich **Obv:** Armored bust right **Rev:** Value divides date within scrollwork **Note:** Varieties exist.

Date	Mintage	F	VF	XF	Unc	BU
1753	—	55.00	110	225	450	—
1753 G	—	55.00	110	225	450	—
1753 ISG	—	55.00	110	225	450	—

KM# 167 THALER
Silver **Ruler:** Karl Wilhelm Friedrich **Subject:** Wedding of Karl Wilhelm Friedrich and Frederika Louise **Obv:** Busts facing each other **Obv. Legend:** CARL • WILH • FRID • MARCH • FR • T FRID • LVDOVICA • PR • BOR •; SAC • NVPT • CELEB • BEROL • /A • CIOIOCCXXVIII/V • **Rev:** A smoking altar **Rev. Legend:** PERPETVO •; VOTA PVBLICA • below **Note:** Dav. #1978.

Date	Mintage	F	VF	XF	Unc	BU
1729 V	—	—	—	2,750	4,750	—

KM# 177 THALER
Silver **Ruler:** Karl Wilhelm Friedrich **Subject:** 200th Anniversary of Augsburg Confession **Obv:** Armored bust right **Obv. Legend:** CAROLVS WILH: FR: - M. BR: D. BOR: B. NOR.; below AVGVST• CONF•SVSTINET•MDCCXXX **Rev:** Figure with cross seated left **Rev. Legend:** ILLAE SUNT QVAE TESTIFICANTUR DE ME; in exergue FELICITAS• SEC•II•/AVG•CONF•/V• **Note:** Dav. #1981.

Date	Mintage	F	VF	XF	Unc	BU
1730 V	—	425	875	1,750	3,250	—

KM# 142 THALER
Silver **Ruler:** Wilhelm Friedrich **Obv:** Armored bust right **Obv. Legend:** WILHELMVS FRID: D: G: MARCH: BRAND: **Rev:** Helmeted complex arms, ornaments flank **Rev. Legend:** RECTE FACIENDO - NEMINEM TIMEAS **Note:** Dav. #1976.

Date	Mintage	VG	F	VF	XF	Unc
1715	—	—	—	2,500	4,500	8,500
1715(r) Rare	—	—	—	—	—	—

Note: Peus Auction 385, 11-05, VF-XF realized approx. $11,995

KM# 156 THALER
Silver **Ruler:** Karl Wilhelm Friedrich **Obv:** Bust of Christine Charlotte left **Rev:** Entwined crowned C's in cruciform **Note:** Similar to 1/2 Thaler KM#155 but struck on thick flan.

Date	Mintage	VG	F	VF	XF	Unc
1726 Rare	—	—	—	—	—	—

KM# 168 THALER
Silver **Ruler:** Karl Wilhelm Friedrich **Subject:** Accession Commemorative **Obv:** Bust left **Rev:** Crowned and mantled arms **Note:** Dav. #1979.

Date	Mintage	F	VF	XF	Unc	BU
1729 V	—	1,250	2,500	4,500	8,000	—

KM# 178 THALER
Silver **Ruler:** Karl Wilhelm Friedrich **Note:** Mule. Reverses of KM#176 and 177. Dav. #1981A.

Date	Mintage	F	VF	XF	Unc	BU
ND(1730)	—	—	—	5,500	9,500	—

Note: Peus Auction 395, 5-08, XF-Unc realized approx. $8,550

BRANDON-ANSBACH — GERMAN STATES

• B • N • C • S • **Rev:** Eagle with shield on breast divides date **Rev. Legend:** ZEHEN EINE - FEINE MARK; SCHWABACH/K. & E. below **Note:** Convention Thaler. Dav. #1985.

Date	Mintage	F	VF	XF	Unc	BU
1754	—	100	225	450	1,000	—
1754 ISG//K-E	—	100	225	450	1,000	—
1754 PPW//K-E	—	100	225	450	1,000	—

KM# 184 THALER

Silver **Ruler:** Karl Wilhelm Friedrich **Obv:** Armored bust right **Obv. Legend:** CAR. WILH. - FRID. M. B. D. P. **Rev:** Nine helmets above shield **Rev. Legend:** SALVS PVBLICA - SALVS MEA • **Note:** Dav. #1982.

Date	Mintage	F	VF	XF	Unc	BU
1732	—	850	1,650	3,000	—	—
1732 V	—	850	1,650	3,000	—	—

KM# 204 THALER

Silver **Ruler:** Karl Wilhelm Friedrich **Obv:** Armored bust right **Obv. Legend:** CAR • GVILH • FRID • M • BR • P • S • D • B • N • **Rev:** Thirteen helmets above shield **Rev. Legend:** SALVS PVBLICA SALVS MEA **Note:** Dav. #1983.

Date	Mintage	F	VF	XF	Unc	BU
ND1746 P P WERNER	—	300	650	1,200	2,000	—

KM# A240 THALER

Silver **Ruler:** Karl Wilhelm Friedrich **Subject:** Falcon Hunting **Obv:** Armored bust right **Obv. Legend:** CAROLUS WILH • FRID • D • G • M • B • D • P • & • S • B • N • C • S • **Rev:** Falconer on horseback, with falcon flying above **Rev. Legend:** OBLECTAMINA PRINCIPIS **Note:** Dav. #2926

Date	Mintage	F	VF	XF	Unc	BU
ND	—	750	1,500	2,500	4,250	—

KM# 239 THALER

Silver **Ruler:** Karl Wilhelm Friedrich **Subject:** Death of Ruler **Obv:** Armored bust right **Obv. Legend:** CAR • WILH • FRID • D • G • M • BR • D • PR • & S • B • N • COM • SAYN • **Rev:** Inscription in 9 lines **Rev. Inscription:** NATUS/ XII. MAY. MDCCXII./ DESPONSATUS/ XXX.MAY MDCCXXIX/ DENATUS/ III.AUG.MDCCLVII./ ANN/ REGIM:XXIIX./ AET: XLV. **Note:** Dav. #1988.

Date	Mintage	F	VF	XF	Unc	BU
1757 PPW	—	700	1,500	3,000	5,000	—

KM# 241 THALER

Silver **Ruler:** Alexander **Obv:** Small armored bust right **Obv. Legend:** C • F • C • ALEXANDER • D • G • M • B • D • & • S • L • N • C • S • **Rev:** Crowned and mantled arms with Order chain **Rev. Legend:** EIN REICHS - THALER **Note:** Dav. #1989. There are two varieties of busts known for this type.

Date	Mintage	F	VF	XF	Unc	BU
1757 G	—	120	250	500	950	—

KM# 215 THALER

Silver **Ruler:** Karl Wilhelm Friedrich **Obv:** Armored bust right **Obv. Legend:** CAROLUS WILH • FRID • D • G • M • B • D • P • & S • B • N • C • S • **Rev:** Arms within crowned mantle **Rev. Legend:** EIN REICHS - THALER **Note:** Reichs Thaler. Dav. #1984.

Date	Mintage	F	VF	XF	Unc	BU
1752 G	—	275	550	1,100	—	—
1752 ISG	—	275	550	1,100	—	—

KM# 240 THALER

Silver **Ruler:** Karl Wilhelm Friedrich **Subject:** Falcon Hunting **Obv:** Armored bust right **Obv. Legend:** CAROLUS WILH • FRID • D • G • M • B • D • P • & • S • B • N • C • S • **Rev:** Hooded falcon, standing **Rev. Legend:** ELATUS TENDETIN ALTUM **Note:** Dav. #2926.

Date	Mintage	F	VF	XF	Unc	BU
ND	—	725	1,350	2,250	4,000	—

KM# 244 THALER

Silver, 42 mm. **Ruler:** Alexander **Obv:** Cloaked armored bust right **Obv. Legend:** C•F•C•ALEXANDER•D•G•M•B•D•B• & •S•B•N•C•S• **Rev:** Crowned supported arms **Note:** Dav. #1990.

Date	Mintage	F	VF	XF	Unc	BU
1758 G//KE Rare	—	—	—	—	—	—

KM# 245 THALER

Silver **Ruler:** Alexander **Obv:** Large bust with Order right **Rev:** Crowned supported arms **Mint:** Schwabach **Note:** Dav. #1991.

Date	Mintage	F	VF	XF	Unc	BU
1758 G//K-E Rare	—	—	—	—	—	—
1759 G//K-E Rare	—	—	—	—	—	—
1760 G//K-E Rare	—	—	—	—	—	—

KM# 226 THALER

Silver **Ruler:** Karl Wilhelm Friedrich **Obv:** Armored bust right **Obv. Legend:** CAR • WILH • FRID • D • G • M • B • D • P • & • S

KM# 238 THALER

Silver **Ruler:** Karl Wilhelm Friedrich **Obv:** Bust right **Rev:** Crowned arms supported by lions, date below **Note:** Dav. #1987.

Date	Mintage	F	VF	XF	Unc	BU
1757 PPW	—	20.00	450	1,000	2,000	—

KM# 258 THALER

Silver **Ruler:** Alexander **Obv:** Cloaked bust right **Obv. Legend:** ALEXANDER. D. G. M. B. D. B. &. S. B. N. **Rev:** Crowned complex arms with lion supporters and Order chain **Rev. Legend:** ZEHEN EINE FEINE MARK **Note:** Dav. #1992.

Date	Mintage	F	VF	XF	Unc	BU
1763 ISG//K-E	—	400	850	1,650	—	—

GERMAN STATES — BRANDENBURG-ANSBACH

below **Obv. Legend:** ALEXANDER. D. G. MARCH: BRAND: D. B. &. S. **Rev:** Three shields of arms within crowned cartouche with lion supporters **Rev. Legend:** ZEHEN EINE FEINE MARK; K-K below **Note:** Varieties exist with lions looking to outer edges. Dav. #1995.

Date	Mintage	F	VF	XF	Unc	BU
1765 G//S-K-E	—	110	225	450	900	—
1766 G//S-KK	—	110	225	450	900	—

KM# 275 THALER

Silver **Ruler:** Alexander **Obv:** Large bust right without Order cross extending below truncation **Note:** Dav. #1997.

Date	Mintage	F	VF	XF	Unc	BU
1766 G//S-KK	—	125	250	525	1,000	—

KM# 262 THALER

Silver **Ruler:** Alexander **Obv:** Armored cloaked bust right **Obv. Legend:** ALEXANDER • D • G • M • B • D • B • & • S • B • N • **Rev:** Crowned complex arms with lion supporters **Rev. Legend:** ZEHEN EINE FEINE MARK **Note:** Dav. #1993.

Date	Mintage	F	VF	XF	Unc	BU
1764 S-K-E	—	125	250	450	850	—

KM# 280.1 THALER

27.8500 g., Silver **Ruler:** Alexander **Obv:** Curl below sharp pointed bust truncation **Obv. Legend:** ALEXANDER • D • G • MARCH: BRAND: D. B. &. S. **Rev. Legend:** ZEHEN EINE FEINE MARK **Rev. Designer:** Lions tails end below the first and last words of legend **Note:** Dav. #1998.

Date	Mintage	F	VF	XF	Unc	BU
1767 G//S-KK	—	125	250	500	950	—
1768 G//S-KK	—	125	250	500	950	—

KM# 280.2 THALER

27.7200 g., Silver **Ruler:** Alexander **Obv:** Hanging curl below bust with notched truncation **Rev:** Lions tails end before and after the legend ends **Mint:** Schwabach

Date	Mintage	F	VF	XF	Unc	BU
1768 G//S-KKS	—	110	225	475	950	—

KM# 268 THALER

Silver **Ruler:** Alexander **Obv:** Large bust right **Note:** Dav. #1994.

Date	Mintage	F	VF	XF	Unc	BU
1765 G//S-K-E	—	1,400	2,800	5,000	—	—

KM# 284.1 THALER

Silver **Ruler:** Alexander **Obv:** Large head right **Obv. Legend:** ALEXANDER • D • G • MARGH: BRAND: D • B • & • S: B: N: **Rev:** Crowned complex arms with supporters, flags and cannons below **Rev. Legend:** ZEHEN EINE FEINE MARK **Note:** Dav. #A2001.

Date	Mintage	F	VF	XF	Unc	BU
1769 G//S-WK	—	125	250	450	900	—

KM# 270 THALER

Silver **Ruler:** Alexander **Obv:** Margrave on horseback left **Obv. Legend:** ALEXANDER. D. G. M. B. D. B. &. S. B. N. CIRC: FRANC: CAPITANEUS. **Obv. Inscription:** MDCCLXV / SCHWABACH **Rev:** Eagle with lion shield, flags at left and right **Note:** Dav. #1996.

Date	Mintage	F	VF	XF	Unc	BU
1765 KK	—	200	450	950	1,750	—

KM# 269 THALER

Silver **Ruler:** Alexander **Obv:** Smaller bust right with Order cross

KM# 282 THALER

Silver **Ruler:** Alexander **Subject:** Acquisition of Bayreuth **Obv:** Two facing busts with MDLVII and MDCCLXIX beneath them **Obv. Legend:** GEORG: FRID: & ALEXANDER • MARCH: BRAND: **Obv. Inscription:** BURGGRAVII NORIMBERG: / SVPERIORIS & INFERIORIS / PRINCIPATVS • / S **Rev:** Open book on altar with shields at right and left **Rev. Legend:** PROVIDENTIA ET PACTIS. **Rev. Inscription:** IN MEMORIAM

CONIVNCTIONIS / VTRIVSQUE BURGGRAVIATVS / NORICI / D XX IAN MDCCLXIX **Note:** Dav. #1999.

Date	Mintage	F	VF	XF	Unc	BU
MDCCLXIX (1769) S//G	—	200	375	750	1,450	—

KM# 283 THALER

Silver **Ruler:** Alexander **Subject:** Acquisition of Bayreuth **Obv:** Head right **Obv. Legend:** ALEXANDER • D • G • MARCH: BRAND: D • B • & • S • B • N • **Rev:** Inscription within circle of ribbon, shields at left and right, eagle above **Rev. Legend:** FELIX CONIVNCTION. **Rev. Inscription:** M / DCC / LXIX **Note:** Dav. #2000.

Date	Mintage	F	VF	XF	Unc	BU
MDCCLXIX (1769) G//S	—	200	350	650	1,100	—

KM# 284.2 THALER

Silver **Ruler:** Alexander **Obv:** Small head right **Obv. Legend:** ALEXANDER • D • G • MARCH: BRAND: D • B • & • S • B • N • **Rev:** Crowned complex arms with supporters, flags and cannons below **Rev. Legend:** ZEHEN EINE FEINE MARK **Note:** Dav. #2001.

Date	Mintage	F	VF	XF	Unc	BU
1771 G//S-WK	—	145	275	475	950	—

KM# 284.3 THALER

Silver **Ruler:** Alexander **Obv:** Small head right **Obv. Legend:** ALEXANDER • D: G: MARCH: BR: D: B: &: S: B: N: **Rev:** Crowned complex arms with supporters, flags and cannons below **Rev. Legend:** ZEHEN EINE FEINE MARK **Note:** Dav. #2001A.

Date	Mintage	F	VF	XF	Unc	BU
1771 G//S-WK	—	125	250	450	900	—

KM# 291 THALER

Silver **Ruler:** Alexander **Obv:** Head right **Obv. Legend:** ALEXANDER • D: G: MARCH: BRAND: **Rev:** Rampant lion left with shield **Rev. Legend:** ZEHEN EINE FEINE MARK; in exergue SCHWABACH 1773 **Note:** Dav. #2003.

Date	Mintage	F	VF	XF	Unc	BU
1773 G//WK	—	650	1,250	2,500	4,250	—

KM# 293 THALER

Silver **Ruler:** Alexander **Obv:** Armored bust right **Note:** Dav. #2004.

Date	Mintage	F	VF	XF	Unc	BU
1773 G//WK	—	250	500	900	1,750	—

BRANDENBURG-ANSBACH — GERMAN STATES

KM# 292 THALER
Silver **Ruler:** Alexander **Obv:** Head right **Obv. Legend:** ALEXANDER • D: G: MARCH: BRAND: **Rev:** Eagle holding crowned arms **Rev. Legend:** ZEHEN EINE FEINE MARK; in exergue SCHWABACH 1773 **Note:** Dav. #2005.

Date	Mintage	F	VF	XF	Unc	BU
1773 G//WK	—	225	425	775	1,400	—

KM# 297 THALER
Silver **Ruler:** Alexander **Obv:** Armored bust right with Order cross below **Obv. Legend:** ALEXANDER • D: G: MARCH: BRAND: **Rev:** Large fir tree at center, small trees in fenced background **Rev. Legend:** SYLVARVM CVL - TVRAE PRAEMIVM **Note:** Forestry Prize Thaler. Dav. #2009.

Date	Mintage	F	VF	XF	Unc	BU
1774 G	—	—	—	6,500	11,500	—

KM# 302 THALER
Silver **Ruler:** Alexander **Obv:** Without Order star below bust **Rev:** Shield without support **Note:** Varieties exist. Dav. #2013.

Date	Mintage	F	VF	XF	Unc	BU
1775 G//S-WK	—	85.00	175	325	600	—
1776 G//S-WK	—	85.00	175	325	600	—

KM# 303 THALER
Silver **Ruler:** Alexander **Obv:** Head right as KM#291 **Rev:** Crowned quartered arms with eagle supporters as KM#301 **Note:** Dav. #2012.

Date	Mintage	F	VF	XF	Unc	BU
1775 G//S	—	600	1,200	2,200	4,000	—

KM# 294 THALER
Silver **Ruler:** Alexander **Obv:** Head right **Obv. Legend:** ALEXANDER • D: G: MARCH: BRAND: **Rev:** Hohenzollern arms, lion at right **Rev. Legend:** ZEHEN EINE FEINE MARK; in exergue SCHWABACH 1774 **Note:** Dav. #2006.

Date	Mintage	F	VF	XF	Unc	BU
1774 G//WK	—	100	200	400	750	—

KM# 295 THALER
Silver **Ruler:** Alexander **Obv:** Head right **Rev:** Lion holds crowned shield of four coats of arms on military trophies **Note:** Dav. #2007.

Date	Mintage	F	VF	XF	Unc	BU
1774 G//WK	—	125	250	475	850	—

KM# 300 THALER
Silver **Ruler:** Alexander **Obv:** Armored bust right with Order cross below **Obv. Legend:** ALEXANDER • D: G: MARCH: BRAND: **Rev:** Inscription and date **Rev. Inscription:** BELOHNUNG / WEGEN DES / FLEISIG GETRIBENEN / KLEE • BAVES / 1775 **Note:** Clover Cultivation Prize Thaler. Dav. #2010.

Date	Mintage	F	VF	XF	Unc	BU
1775 G	—	1,000	2,000	4,000	6,500	—

KM# 304 THALER
Silver **Ruler:** Alexander **Obv:** Bust right, order below **Obv. Legend:** ALEXANDER • D: G: MARCH: BRAND: **Rev:** Multiple helmets above many divided shield in Order chain **Rev. Legend:** ZEHEN - EINE FEINE - MARK. **Note:** Dav. #2014. Prev. KM#304.1.

Date	Mintage	F	VF	XF	Unc	BU
1777 G	—	135	375	550	900	—

KM# 296 THALER
Silver **Ruler:** Alexander **Obv:** Armored bust right, Order chain below **Obv. Legend:** ALEXANDER • D: G: MARCH: BRAND: **Rev:** Lion holding crowned shield of arms, flags and cannons below **Rev. Legend:** ZEHEN EINE FEINE MARK; in exergue SCHWABACH 1774 **Note:** Dav. #2008.

Date	Mintage	F	VF	XF	Unc	BU
1774 G//WK	—	100	200	375	675	—

KM# 301 THALER
Silver **Ruler:** Alexander **Obv:** Similar to KM#296 with Order star below bust **Obv. Legend:** ALEXANDER • D: G: MARCH: BRAND: **Rev:** Crowned quartered arms with eagle supporters **Rev. Legend:** ZEHEN EINE FEINE MARK **Note:** Varieties exist. Dav. #2011.

Date	Mintage	F	VF	XF	Unc	BU
1775 G//S	—	125	225	425	800	—

KM# 306 THALER
Silver **Ruler:** Alexander **Rev:** Crowned shield of arms in double Order chain **Note:** Dav. #2015.

Date	Mintage	F	VF	XF	Unc	BU
1778 G//WK	—	400	1,000	3,500	7,500	10,000

GERMAN STATES — BRANDENBURG-ANSBACH

KM# 307 THALER
Silver **Ruler:** Alexander **Obv:** Armored bust right **Obv. Legend:** ALEXANDER • D • G • MARCH: BRAND: **Rev:** Crowned quartered arms with eagle supporters, double Order chain below **Note:** Dav. #2016.

Date	Mintage	F	VF	XF	Unc	BU
1778 G//WK	—	150	325	650	1,000	—

KM# 308 THALER
Silver **Ruler:** Alexander **Obv:** Armored bust right with Order cross below **Obv. Legend:** ALEXANDER • D: G: MARCH: BRAND: **Rev:** Crowned arms on war trophies, inscription in exergue **Rev. Legend:** AD NORMAM CONVENTIONIS **Rev. Inscription:** X • EINE FEINE MARK / SCHWABACH / 1776 **Note:** Dav. #2017.

Date	Mintage	F	VF	XF	Unc	BU
1778 G//WK	—	150	325	650	1,000	—

KM# 315 THALER
Silver **Ruler:** Alexander **Obv:** Armored bust right with Order cross below **Obv. Legend:** ALEXANDER • D • G • MARCH • BRAND • **Rev:** Eagle with arms divides date within two rings of 32 shields **Note:** Dav. #2019.

Date	Mintage	F	VF	XF	Unc	BU
1779 G	—	200	400	800	1,350	—

KM# 318 THALER
Silver **Ruler:** Alexander **Subject:** Peace of Teschen **Obv:** Standing female left of shield and altar, inscription in exergue **Obv. Legend:** DEO CONSERVATORI PACIS **Obv. Inscription:** GERMANIA VOTI COMPOS / MDCCLXXVIIII / D. XIII. MAY. **Rev:** Inscription within wreath **Rev. Inscription:** IN MEMORIAM / PACIS / TESCHINENSIS **Note:** Dav. #2023.

Date	Mintage	F	VF	XF	Unc	BU
1779	—	300	550	1,000	2,000	—

KM# 316 THALER
Silver **Ruler:** Alexander **Obv:** Armored bust right **Obv. Legend:** ALEXANDER • D: G: MARCH: BRAND: **Rev:** SCHWABACH and date in exergue **Rev. Legend:** ZEHEN EINE FEINE MARK; SCHWABACH and W 1779 E below **Note:** Dav. #2021.

Date	Mintage	F	VF	XF	Unc	BU
1779 G//WK	—	450	900	1,750	3,000	—

KM# 326 THALER
Silver **Ruler:** Alexander **Obv:** Armored bust right **Obv. Legend:** ALEXANDER • D • G • MARCH • BRAND • **Rev:** Crowned and mantled arms, S below, date at sides **Rev. Legend:** ZEHEN EINE FEINE MARK **Note:** Dav. #2024.

Date	Mintage	F	VF	XF	Unc	BU
1780 G//S-WK	—	150	325	750	1,500	3,000

KM# 314 THALER
Silver **Ruler:** Alexander **Subject:** Revival of the Order of the Red Eagle **Obv:** Armored draped bust right **Obv. Legend:** ALEXANDER • D • G • MARCH: BRAND: **Rev:** Eagle and motto at center of radiant star within crowned circle, Order chain surrounds **Note:** Dav. #2018.

Date	Mintage	F	VF	XF	Unc	BU
1779 G	—	175	375	750	1,250	—

KM# 317 THALER
Silver **Ruler:** Alexander **Subject:** Peace of Teschen **Obv:** Inscription in 9 lines **Obv. Inscription:** DOM/ PRO INSTAVRATA / GERMANIAE PACE / CHRIST. FRIED. CAROL. / ALEXANDER. / MARCHIO BRANDENBVRG / GRATIARVM MONVMENTVM / FIERI FECIT. / MDCCLXXVIIII. **Rev:** Standing female with shield below, inscription in exergue **Rev. Legend:** VIRTVTE ET AEQVITATE PACATA GERMANIA **Rev. Inscription:** TESCHINAE / G **Note:** Dav. #2022.

Date	Mintage	F	VF	XF	Unc	BU
1779 G	—	350	650	1,250	2,250	—

KM# 329 THALER
Silver **Ruler:** Alexander **Obv:** Head right with G below **Obv. Legend:** ALEXANDER • D • G • MARCH • BRAND • **Rev:** Arms within crowned mantle **Rev. Legend:** ZEHEN EINE FEINE MARK **Note:** Dav. #2026.

Date	Mintage	F	VF	XF	Unc	BU
1784 G//S-WK	—	175	300	550	1,200	—

KM# 332 THALER
Silver **Ruler:** Alexander **Obv:** Larger head with G below **Obv. Legend:** ALEXANDER • D • G • MARCH • BRAND • **Rev:** Arms within crowned mantle **Rev. Legend:** ZEHEN EINE - FEINE • MARK **Note:** Dav. #2027.

Date	Mintage	F	VF	XF	Unc	BU
1785 G//S-WK	—	225	425	850	1,750	3,500

TRADE COINAGE

KM# 187 1/2 CAROLIN

4.8500 g., 0.7700 Gold 0.1201 oz. AGW **Ruler:** Karl Wilhelm Friedrich **Obv:** Armored bust right **Obv. Legend:** CAR • WILH • - FRID • M • B • D • P • **Rev:** Crowned arms **Rev. Legend:** SALVS PVBLICA - SALVS MEA •

Date	Mintage	F	VF	XF	Unc	BU
1734	—	500	1,200	2,500	4,500	—
1735	—	500	1,200	2,500	4,500	—

KM# 188 CAROLIN

9.7000 g., 0.7700 Gold 0.2401 oz. AGW **Ruler:** Karl Wilhelm Friedrich **Obv:** Armored bust right **Obv. Legend:** CAR • WILH • - FRID • M • B • D • P • **Rev:** Crowned arms within Order chain, date divided below **Rev. Legend:** SALVS PVBLICA - SALVS MEA •

Date	Mintage	F	VF	XF	Unc	BU
1734	—	550	1,250	2,600	4,700	—
1735	—	550	1,250	2,600	4,700	—

KM# 276 CAROLIN

9.7000 g., 0.7700 Gold 0.2401 oz. AGW **Ruler:** Alexander **Obv:** Bust right

Date	Mintage	F	VF	XF	Unc	BU
1766	—	750	1,500	3,500	7,500	—

KM# 144 1/4 DUCAT

0.8750 g., 0.9860 Gold 0.0277 oz. AGW **Ruler:** Wilhelm Friedrich **Obv:** Bust right **Rev:** Two crowned shields of arms

Date	Mintage	VG	F	VF	XF	Unc
1717	—	150	300	600	1,100	—
1718	—	150	300	600	1,100	—

KM# 179 DUCAT

3.5000 g., 0.9860 Gold 0.1109 oz. AGW **Ruler:** Karl Wilhelm Friedrich **Subject:** 200th Anniversary of Augsburg Confession **Obv:** Bust right **Rev:** Confession on altar, date

Date	Mintage	VG	F	VF	XF	Unc
1730 Rare	—	—	—	—	—	—

KM# 189 DUCAT

3.5000 g., 0.9860 Gold 0.1109 oz. AGW **Ruler:** Karl Wilhelm Friedrich **Obv:** Bust right **Rev:** Crowned manifold arms, date

Date	Mintage	VG	F	VF	XF	Unc
1734	—	350	750	1,500	3,300	—

KM# 200 DUCAT

3.5000 g., 0.9860 Gold 0.1109 oz. AGW **Ruler:** Karl Wilhelm Friedrich **Rev:** Two crowned shields of arms

Date	Mintage	VG	F	VF	XF	Unc
1740	—	1,000	2,000	4,250	7,500	—
1747	—	1,000	2,000	4,250	7,500	—
1750	—	1,000	2,000	4,250	7,500	—

KM# 201 DUCAT

3.5000 g., 0.9860 Gold 0.1109 oz. AGW **Ruler:** Karl Wilhelm Friedrich **Rev:** Eagle holding shield of arms

Date	Mintage	VG	F	VF	XF	Unc
1744	—	700	1,500	3,000	5,000	—

KM# 143 DUCAT

3.5000 g., 0.9860 Gold 0.1109 oz. AGW **Ruler:** Wilhelm Friedrich **Obv:** Armored bust right **Rev:** Crowned complex arms

Date	Mintage	VG	F	VF	XF	Unc
1715	—	500	1,000	2,000	3,500	—

KM# 145 DUCAT

3.5000 g., 0.9860 Gold 0.1109 oz. AGW **Ruler:** Wilhelm Friedrich **Obv:** Bust right **Rev:** Two crowned and mantled oval arms, date divided above

Date	Mintage	VG	F	VF	XF	Unc
1718	—	—	2,000	3,500	5,500	—

KM# 152 DUCAT

3.5000 g., 0.9860 Gold 0.1109 oz. AGW **Ruler:** Karl Wilhelm Friedrich **Subject:** Death of Wilhelm Friedrich **Obv:** Bust right **Rev:** Eight-line inscription with date

Date	Mintage	VG	F	VF	XF	Unc
1723 Rare	—	—	—	—	—	—

KM# 157 DUCAT

3.5000 g., 0.9860 Gold 0.1109 oz. AGW **Ruler:** Karl Wilhelm Friedrich **Obv:** Bust of Christine Charlotte left **Obv. Legend:** CHRIST: CAR: TVTRIX: REG: BR: ON: **Rev:** Crowned monogram above date **Rev. Legend:** GLORIA • DEI - CVRA • MEA •

Date	Mintage	VG	F	VF	XF	Unc
1726	—	300	650	1,250	2,400	—

KM# 169 DUCAT

3.5000 g., 0.9860 Gold 0.1109 oz. AGW **Ruler:** Karl Wilhelm Friedrich **Obv:** Bust right **Rev:** Displayed eagle with arms on breast

Date	Mintage	VG	F	VF	XF	Unc
1729	—	500	1,000	2,000	3,500	—

KM# 219 DUCAT

3.5000 g., 0.9860 Gold 0.1109 oz. AGW **Ruler:** Karl Wilhelm Friedrich **Obv:** Armored bust right **Obv. Legend:** FRIEDR. WILHELM II KOENIG VON PREUSSEN **Rev:** Eagle above arms **Rev. Legend:** ZEHN EINE FEINE MARK

Date	Mintage	VG	F	VF	XF	Unc
1753	—	350	900	1,800	3,600	—

KM# 220 DUCAT

3.5000 g., 0.9860 Gold 0.1109 oz. AGW **Ruler:** Karl Wilhelm Friedrich **Obv:** Hunting scene with horseman, attacking falcon above **Rev:** Hooded falcon in landscape with dove flying above

Date	Mintage	VG	F	VF	XF	Unc
ND(1753)	—	300	800	1,600	3,350	—

KM# 227 DUCAT

3.5000 g., 0.9860 Gold 0.1109 oz. AGW **Ruler:** Karl Wilhelm Friedrich **Subject:** Wedding of Alexander **Obv:** Two shields of arms **Rev:** Four-line inscription

Date	Mintage	VG	F	VF	XF	Unc
1754	—	150	325	700	1,400	—

KM# 242 DUCAT

3.5000 g., 0.9860 Gold 0.1109 oz. AGW **Ruler:** Alexander **Obv:** Armored bust right **Rev:** Brandenburg eagle in arms

Date	Mintage	VG	F	VF	XF	Unc
1757	—	250	400	1,800	3,000	—

KM# 256 DUCAT

3.5000 g., 0.9860 Gold 0.1109 oz. AGW **Ruler:** Alexander **Obv:** Armored bust right **Rev:** Arms

Date	Mintage	F	VF	XF	Unc	BU
1762	—	800	1,700	3,500	6,000	—

KM# 260 DUCAT

3.5000 g., 0.9860 Gold 0.1109 oz. AGW **Ruler:** Alexander **Obv:** Armored bust right **Rev:** Three shields of arms within cartouche

Date	Mintage	F	VF	XF	Unc	BU
1763 S	—	600	1,250	2,750	4,500	—

KM# 271 DUCAT

3.5000 g., 0.9860 Gold 0.1109 oz. AGW **Ruler:** Alexander **Obv:** Margrave on horseback left **Rev:** Eagle with lion shield

Date	Mintage	F	VF	XF	Unc	BU
1765	—	500	1,250	2,250	3,900	—

KM# 285 DUCAT

3.5000 g., 0.9860 Gold 0.1109 oz. AGW **Ruler:** Alexander **Subject:** Acquisition of Bayreuth **Obv:** Head right **Rev:** Date within ribbon, shields at right and left, eagle above

Date	Mintage	F	VF	XF	Unc	BU
1769 G//S	—	500	1,250	2,250	3,900	—

KM# 286 DUCAT

3.5000 g., 0.9860 Gold 0.1109 oz. AGW **Ruler:** Alexander **Subject:** Acquisition of Bayreuth **Obv:** Facing busts of Georg Friedrich and Alexander **Rev:** Altar with book on top and crowned shield on each side **Mint:** Schwabach

Date	Mintage	F	VF	XF	Unc	BU
1769 S	—	350	800	1,750	3,300	—

KM# 287 DUCAT

3.5000 g., 0.9860 Gold 0.1109 oz. AGW **Ruler:** Alexander **Obv:** Armored figure right of altar **Rev:** Inscription

Date	Mintage	F	VF	XF	Unc	BU
1769	—	250	650	1,250	2,700	—

KM# 305 DUCAT

3.5000 g., 0.9860 Gold 0.1109 oz. AGW **Ruler:** Alexander **Obv:** Bust right **Rev:** Crown above three shields of arms, value below, date at sides

Date	Mintage	F	VF	XF	Unc	BU
1777	—	450	900	2,000	3,600	—

KM# 319 DUCAT

3.5000 g., 0.9860 Gold 0.1109 oz. AGW **Ruler:** Alexander **Subject:** Revival of the Order of the Red Eagle **Rev:** Crowned Order star in collar of the Order, date below

Date	Mintage	F	VF	XF	Unc	BU
1779 G	—	600	1,250	2,250	3,600	—

KM# 153 2 DUCAT

7.0000 g., 0.9860 Gold 0.2219 oz. AGW **Ruler:** Karl Wilhelm Friedrich **Subject:** Death of Wilhelm Friedrich **Obv:** Bust right **Rev:** Eight-line inscription with date

Date	Mintage	VG	F	VF	XF	Unc
1723	—	—	525	800	1,600	—

GERMAN STATES

BRANDENBURG-ANSBACH

KM# 170.1 2 DUCAT
7.0000 g., 0.9860 Gold 0.2219 oz. AGW **Ruler:** Karl Wilhelm Friedrich **Obv:** Bust right **Rev:** Displayed eagle with arms on breast

Date	Mintage	VG	F	VF	XF	Unc
1729	—	500	1,000	2,000	3,900	—

KM# 170.2 2 DUCAT
7.0000 g., 0.9860 Gold 0.2219 oz. AGW **Ruler:** Karl Wilhelm Friedrich **Obv:** Armored bust right **Rev:** Eagle with arms on breast **Note:** Double thick flan.

Date	Mintage	VG	F	VF	XF	Unc
1729	—	700	1,500	3,000	6,000	—

KM# 185 2 DUCAT
7.0000 g., 0.9860 Gold 0.2219 oz. AGW **Ruler:** Karl Wilhelm Friedrich **Subject:** Passage of Salzburg Emigrants **Obv:** Bust right **Rev:** Three-line inscription between branches, SALIZB. EMIGR/ date below

Date	Mintage	VG	F	VF	XF	Unc
1732 Rare	—	—	—	—	—	—

KM# 197 2 DUCAT
7.0000 g., 0.9860 Gold 0.2219 oz. AGW **Ruler:** Karl Wilhelm Friedrich **Obv:** Bust right **Rev:** Open book, ORA LABORA SPERA, date around

Date	Mintage	VG	F	VF	XF	Unc
1737 Rare	—	—	—	—	—	—

KM# 228 2 DUCAT
7.0000 g., 0.9860 Gold 0.2219 oz. AGW **Ruler:** Karl Wilhelm Friedrich **Subject:** Wedding of Alexander **Obv:** Cherubs above two shielded arms **Rev:** Inscription with date below

Date	Mintage	VG	F	VF	XF	Unc
1754	—	650	1,350	2,750	4,750	—

KM# A179 4 DUCAT
14.0000 g., 0.9860 Gold 0.4438 oz. AGW **Ruler:** Karl Wilhelm Friedrich **Obv:** Bust left **Rev:** Crowned and mantled arms **Note:** Similar to 1 Thaler, KM#168.

Date	Mintage	VG	F	VF	XF	Unc
1729 Rare	—	—	—	—	—	—

KM# A180 4 DUCAT
14.0000 g., 0.9860 Gold 0.4438 oz. AGW **Ruler:** Karl Wilhelm Friedrich **Obv:** Bust right **Rev:** Confession on altar, date **Note:** Similar to 1 Ducat, KM#179.

Date	Mintage	VG	F	VF	XF	Unc
1730 Rare	—	—	—	—	—	—

KM# B179 6 DUCAT
21.0000 g., 0.9860 Gold 0.6657 oz. AGW **Ruler:** Karl Wilhelm Friedrich

Date	Mintage	VG	F	VF	XF	Unc
1729 Rare	—	—	—	—	—	—

KM# B180 10 DUCAT (Portugalöser)
35.0000 g., 0.9860 Gold 1.1095 oz. AGW **Ruler:** Karl Wilhelm Friedrich **Subject:** 200th Anniversary of Augsburg Confession **Note:** Struck with Thaler dies, KM#176.

Date	Mintage	VG	F	VF	XF	Unc
1730 V Rare	—	—	—	—	—	—

KM# C179 12 DUCAT
42.0000 g., 0.9860 Gold 1.3314 oz. AGW **Ruler:** Karl Wilhelm Friedrich **Note:** Struck with Thaler dies, KM#168.

Date	Mintage	VG	F	VF	XF	Unc
1729 Rare	—	—	—	—	—	—

PATTERNS
Including off metal strikes

KM#	Date	Mintage	Identification	Mkt Val
Pn2	1717	—	Kreuzer. Gold. KM#136	600
Pn3	1723	—	6 Kreuzer. Copper. KM#202	—
Pn4	1723	—	Ducat. Silver. KM#152	150
Pn5	1723	—	2 Ducat. Silver. KM#153	175
Pn6	1730	—	Ducat. Silver. KM#179	150
Pn7	1732	—	2 Ducat. Silver. KM#185	250
Pn8	1736	—	1/4 Thaler. Gold. KM#193	—
Pn9	1737	—	2 Ducat. Silver. KM#197	150
Pn10	1774	—	Thaler. Zinc. KM#297.	225

BRANDENBURG-ANSBACH-BAYREUTH

Held by Prussia from 1791 to 1805 and then given to Bavaria.

RULERS
Friedrich Wilhelm II of Prussia, 1791-1797
Friedrich Wilhelm III of Prussia, 1797-1805

MARGRAVIATE

REGULAR COINAGE

KM# 5 PFENNIG
0.2000 g., 0.1180 Silver 0.0008 oz. ASW **Ruler:** Friedrich Wilhelm II **Obv:** Crowned Prussian eagle **Rev:** Crown above monogram divides date

Date	Mintage	VG	F	VF	XF	Unc
1792S	—	3.00	7.00	10.00	20.00	—
1793S	—	3.00	7.00	10.00	20.00	—
1794S	—	3.00	7.00	10.00	20.00	—
1795S	—	3.00	7.00	10.00	20.00	—
1796B	—	3.00	7.00	10.00	20.00	—

KM# 12 PFENNIG
0.2600 g., 0.1110 Silver 0.0009 oz. ASW **Ruler:** Friedrich Wilhelm II **Obv:** Crown above monogram divides date **Rev:** Value

Date	Mintage	VG	F	VF	XF	Unc
1796B	—	3.00	5.00	11.00	22.00	—
1797B	—	3.00	5.00	11.00	22.00	—

KM# 17 PFENNIG
0.2600 g., 0.1110 Silver 0.0009 oz. ASW **Ruler:** Friedrich Wilhelm III **Obv:** Crowned FWR monogram **Rev:** Denomination

Date	Mintage	F	VF	XF	Unc	BU
1799B	534,000	20.00	45.00	90.00	180	270

KM# 6 KREUZER
0.7600 g., 0.1630 Silver 0.0040 oz. ASW **Ruler:** Friedrich Wilhelm II **Obv:** Crowned eagle with monogram on breast **Rev:** Value and date within cartouche

Date	Mintage	VG	F	VF	XF	Unc
1792S	—	3.00	5.00	11.00	22.00	—
1793S	—	3.00	5.00	11.00	22.00	—
1794S	—	3.00	5.00	11.00	22.00	—
1796B	—	3.00	5.00	11.00	22.00	—
1797B	—	3.00	5.00	11.00	22.00	—

KM# 14 KREUZER
0.7600 g., 0.1630 Silver 0.0040 oz. ASW **Ruler:** Friedrich Wilhelm III **Obv:** Crowned Prussian eagle **Rev:** Value and date within cartouche

Date	Mintage	F	VF	XF	Unc	BU
1798B	310,000	8.00	16.00	40.00	90.00	—
1799B	415,000	8.00	16.00	40.00	90.00	—
1800B	533,000	8.00	16.00	40.00	90.00	—

KM# 10 3 KREUZER
1.1300 g., 0.3430 Silver 0.0125 oz. ASW **Ruler:** Friedrich Wilhelm II **Obv:** Crowned Prussian eagle above date **Rev:** Value

Date	Mintage	VG	F	VF	XF	Unc
1794S	—	4.00	10.00	22.00	45.00	—
1795S	—	4.00	10.00	22.00	45.00	—

KM# 10a 3 KREUZER
1.0500 g., 0.3360 Silver 0.0113 oz. ASW **Ruler:** Friedrich Wilhelm II **Obv:** Crowned Prussian eagle **Rev:** Value **Note:** Varieties exist.

Date	Mintage	VG	F	VF	XF	Unc
1796B	—	4.00	10.00	22.00	45.00	—
1797B	—	4.00	10.00	22.00	45.00	—

KM# 15 3 KREUZER
1.0500 g., 0.3360 Silver 0.0113 oz. ASW **Ruler:** Friedrich Wilhelm III **Obv:** Crowned Prussian eagle **Rev:** Value above spray

Date	Mintage	F	VF	XF	Unc	BU
1798B	559,000	18.00	40.00	80.00	185	270
1799B	1,114,000	15.00	35.00	65.00	170	240
1800B	1,076,000	15.00	35.00	65.00	170	240

KM# 13 6 KREUZER
2.4400 g., 0.3750 Silver 0.0294 oz. ASW **Obv:** Crowned Prussian eagle within oval, branches surround **Rev:** Value and date

Date	Mintage	VG	F	VF	XF	Unc
1797B	—	7.00	15.00	30.00	60.00	—

KM# 16 6 KREUZER
2.4400 g., 0.3750 Silver 0.0294 oz. ASW **Ruler:** Friedrich Wilhelm III **Obv:** Crowned Prussian eagle within oval, wreath surrounds **Rev:** Value

Date	Mintage	F	VF	XF	Unc	BU
1798B	759,000	15.00	35.00	75.00	150	210
1799B	537,000	15.00	35.00	75.00	150	210
1800B	383,000	20.00	40.00	80.00	165	225

KM# 7 GULDEN
14.8500 g., 0.7500 Silver 0.3581 oz. ASW **Ruler:** Friedrich Wilhelm II **Obv:** Large bust right **Obv. Legend:** FRIED • WILHELM KOENIG VON PREUSSEN **Rev:** Short and stocky eagle in arms with supporters

Date	Mintage	VG	F	VF	XF	Unc
1792S	—	40.00	75.00	150	325	—
1794S	—	40.00	75.00	150	325	—

KM# 8 GULDEN
14.8500 g., 0.7500 Silver 0.3581 oz. ASW **Ruler:** Friedrich Wilhelm II **Obv:** Smaller bust **Obv. Legend:** FRIED • WILHELM • KOENIG VON • PREUSSEN • **Rev:** Eagle in arms is tall and thin

Date	Mintage	VG	F	VF	XF	Unc
1792S	—	40.00	75.00	150	325	—

KM# 9 GULDEN
14.8500 g., 0.7500 Silver 0.3581 oz. ASW **Ruler:** Friedrich Wilhelm II **Obv:** Medium bust

Date	Mintage	VG	F	VF	XF	Unc
1792S	—	40.00	75.00	150	325	—

KM# 11 THALER
28.0600 g., 0.8330 Silver 0.7515 oz. ASW **Ruler:** Friedrich Wilhelm II **Obv:** Armored bust right with Order cross below **Obv. Legend:** FRIEDR. WILHELM II KOENIG VON PREUSSEN **Rev:** Crowned arms within branches **Rev. Legend:** ZEHN EINE FEINE MARK **Note:** Convention Thaler. Dav. #2600.

Date	Mintage	VG	F	VF	XF	Unc
1794	—	100	150	300	500	—
1795	—	100	150	300	500	—
1796	—	100	150	300	500	—

BRANDENBURG-BAYREUTH

Located in northern Bavaria. Became the property of the first Hohenzollern Elector of Brandenburg, Friedrich I. Bayreuth, passed to several individuals and became extinct in 1769 with the lands passing to Ansbach.

RULERS
Christian Ernst, 1655-1712
Georg Wilhelm, 1712-1726
Georg Friedrich Karl, 1726-1735
Friedrich, 1735-1763
Friedrich Christian, 1763-69
  Christian Friedrich Karl
  Alexander, 1769-1791

MINT MARKS
B - Bayersdorf
(b) - Bayreuth
C(c), (cu) - heart, (K) - Kulmbach
(cr) urn - Creussen
(d) bee - Dachsbach
(e) half-moon - Erlangen
F - Furth

MINT OFFICIALS' INITIALS

Initials	Date	Name
CLR	1742-68	Christoph Lorenz Ruckdeschel
ES	1765-66	Eberhard & Schmiedhammer
G	1750-95	Johann Samuel Gotzinger (Ansbach)
GFN	1682-1724	Georg Friedrich Nurnberger, die-cutter and mintmaster in Nürnberg
GFN	1682-1710	Georg Friedrich Nurnberger, mintmaster of the Franconian Circle
H, IAH	-1776	Johann Adam Hanf, die-cutter in Bayreuth
HZ		Unknown
IAP	1695-1718	Johann Adam Poppendick, mintmaster in Bayreuth
ICE		Unknown
ILR, LR	1726-40	Johann Lorenz Ruckdeschel
OEXLEIN	1740-87	Johann Leonhard Oexlein, die-cutter in Nurnberg
PPW	-1771	Peter Paul Werner, die-cutter in Nurnberg
RE	1766-68	Ruckdeschel & Eberhard
SK		Unknown

MARGRAVIATE

REGULAR COINAGE

KM# 109 HELLER
Copper **Ruler:** Christian Ernst **Obv:** Crowned oval Hohenzollern arms in baroque frame **Rev. Inscription:** 1 / HEL / LER / date

Date	Mintage	VG	F	VF	XF	Unc
1701	—	9.00	16.00	33.00	65.00	—
1702	—	9.00	16.00	33.00	65.00	—
1703	—	9.00	16.00	33.00	65.00	—
1704	—	9.00	16.00	33.00	65.00	—
1705	—	9.00	16.00	33.00	65.00	—
1706	—	9.00	16.00	33.00	65.00	—
1707	—	9.00	16.00	33.00	65.00	—
1710	—	9.00	16.00	33.00	65.00	—
1711	—	9.00	16.00	33.00	65.00	—
1712	—	9.00	16.00	33.00	65.00	—
ND	—	9.00	16.00	33.00	65.00	—

KM# 120 HELLER
Copper **Ruler:** Georg Wilhelm **Obv:** Crowned Hohenzollern arms

Date	Mintage	VG	F	VF	XF	Unc
1712	—	8.00	20.00	40.00	80.00	—
1716	—	8.00	20.00	40.00	80.00	—

KM# 144 HELLER
Copper **Ruler:** Georg Wilhelm **Obv:** Crowned GW monogram **Rev:** Value

Date	Mintage	VG	F	VF	XF	Unc
1722	—	6.00	10.00	22.00	45.00	—
1723	—	6.00	10.00	22.00	45.00	—
1724	—	6.00	10.00	22.00	45.00	—

KM# 170 HELLER
Copper **Ruler:** Georg Friedrich Karl **Obv:** Crowned GFC monogram between two palm branches **Rev. Inscription:** 1 / BAYREV / THER / HELLER / date

Date	Mintage	VG	F	VF	XF	Unc
1730	—	20.00	40.00	75.00	150	—

KM# 184 HELLER
Copper **Ruler:** Friedrich **Obv:** Crowned F monogram with star **Rev:** Value and date

Date	Mintage	VG	F	VF	XF	Unc
1738	—	4.00	10.00	22.00	45.00	—
1739	—	4.00	10.00	22.00	45.00	—
1740	—	4.00	10.00	22.00	45.00	—
1742	—	4.00	10.00	22.00	45.00	—
1743	—	4.00	10.00	22.00	45.00	—
1744	—	4.00	10.00	22.00	45.00	—
1745	—	4.00	10.00	22.00	45.00	—

KM# 205 HELLER
Copper **Ruler:** Friedrich **Obv:** Crowned F monogram with star **Rev:** Value and date **Note:** Exists without star on reverse.

Date	Mintage	VG	F	VF	XF	Unc
1749	—	4.00	10.00	22.00	45.00	—
1750	—	4.00	10.00	22.00	45.00	—
1751	—	4.00	10.00	22.00	45.00	—
1752	—	4.00	10.00	22.00	45.00	—
1753	—	4.00	10.00	22.00	45.00	—
1755	—	4.00	10.00	22.00	45.00	—
1758	—	4.00	10.00	22.00	45.00	—

KM# 253 HELLER
Copper **Ruler:** Friedrich Christian **Obv:** FC script monogram **Rev:** Three-line value and date

Date	Mintage	VG	F	VF	XF	Unc
1767	—	6.00	12.00	25.00	50.00	100

KM# 254 HELLER
Copper **Ruler:** Friedrich Christian **Obv:** Crowned FC monogram **Rev:** Value and date

Date	Mintage	VG	F	VF	XF	Unc
1767	—	10.00	22.00	45.00	90.00	—

KM# 122 PFENNIG
Billon **Ruler:** Georg Wilhelm **Obv:** Crown above two oval arms in baroque frame **Rev:** Crowned eagle divides date

Date	Mintage	VG	F	VF	XF	Unc
1712 IAP	—	5.00	12.00	25.00	50.00	—
1713 IAP	—	5.00	12.00	25.00	50.00	—
1714 IAP	—	5.00	12.00	25.00	50.00	—
1715 IAP	—	5.00	12.00	25.00	50.00	—
1716 IAP	—	5.00	12.00	25.00	50.00	—
1717 IAP	—	5.00	12.00	25.00	50.00	—
1718 IAP	—	5.00	12.00	25.00	50.00	—
1719	—	5.00	12.00	25.00	50.00	—
1720	—	5.00	12.00	25.00	50.00	—
1721	—	5.00	12.00	25.00	50.00	—
1722	—	5.00	12.00	25.00	50.00	—
1723	—	5.00	12.00	25.00	50.00	—
1724	—	5.00	12.00	25.00	50.00	—
1725	—	5.00	12.00	25.00	50.00	—
1726	—	5.00	12.00	25.00	50.00	—

KM# 161 PFENNIG
Billon **Ruler:** Georg Friedrich Karl **Obv:** Crowned two oval arms in baroque frame **Rev:** Crowned eagle divides date **Note:** Similar to KM#122.

Date	Mintage	VG	F	VF	XF	Unc
1727 ILR	—	4.00	10.00	22.00	45.00	—
1728 ILR	—	4.00	10.00	22.00	45.00	—
1729 ILR	—	4.00	10.00	22.00	45.00	—
1730 ILR	—	4.00	10.00	22.00	45.00	—
1731 ILR	—	4.00	10.00	22.00	45.00	—
1732 ILR	—	4.00	10.00	22.00	45.00	—
1733 ILR	—	4.00	10.00	22.00	45.00	—
1734 ILR	—	4.00	10.00	22.00	45.00	—
1735 ILR	—	4.00	10.00	22.00	45.00	—

KM# 180 PFENNIG
Billon **Ruler:** Friedrich **Obv:** Two oval arms in crowned baroque frame **Rev:** Orb with value divides date

Date	Mintage	VG	F	VF	XF	Unc
1735 ILR	—	4.00	10.00	22.00	45.00	—
1736 ILR	—	4.00	10.00	22.00	45.00	—
1737 ILR	—	4.00	10.00	22.00	45.00	—
1738 ILR	—	4.00	10.00	22.00	45.00	—
1739 ILR	—	4.00	10.00	22.00	45.00	—
1740 ILR	—	4.00	10.00	22.00	45.00	—
1741	—	4.00	10.00	22.00	45.00	—
1742 CLR	—	4.00	10.00	22.00	45.00	—
1743 CLR	—	4.00	10.00	22.00	45.00	—
1744 CLR	—	4.00	10.00	22.00	45.00	—
1745 CLR	—	4.00	10.00	22.00	45.00	—
1746 CLR	—	4.00	10.00	22.00	45.00	—
1747 CLR	—	4.00	10.00	22.00	45.00	—
1748 CLR	—	4.00	10.00	22.00	45.00	—
1749 CLR	—	4.00	10.00	22.00	45.00	—
1750 CLR	—	4.00	10.00	22.00	45.00	—

KM# 198 PFENNIG
Billon **Ruler:** Friedrich **Note:** Uniface.

Date	Mintage	VG	F	VF	XF	Unc
1747	—	4.00	10.00	22.00	45.00	—
1748	—	4.00	10.00	22.00	45.00	—
1749	—	4.00	10.00	22.00	45.00	—
1750	—	4.00	10.00	22.00	45.00	—
1751	—	4.00	10.00	22.00	45.00	—
1752	—	4.00	10.00	22.00	45.00	—
1753	—	4.00	10.00	22.00	45.00	—
1754	—	4.00	10.00	22.00	45.00	—

KM# 206 PFENNIG
Billon **Ruler:** Friedrich **Obv:** Crowned eagle divides date **Rev:** Crowned and mantled arms above value

Date	Mintage	VG	F	VF	XF	Unc
1751 CLR	—	8.00	14.00	30.00	60.00	—
1752 CLR	—	8.00	14.00	30.00	60.00	—
1753 CLR	—	8.00	14.00	30.00	60.00	—
1758 CLR	—	8.00	14.00	30.00	60.00	—
1759 CLR	—	8.00	14.00	30.00	60.00	—
1763 CLR	—	8.00	14.00	30.00	60.00	—

KM# 230 PFENNIG
Billon **Ruler:** Friedrich Christian **Obv:** Two shields and date **Note:** Uniface

Date	Mintage	VG	F	VF	XF	Unc
1763	—	4.00	10.00	22.00	45.00	—
1764	—	4.00	10.00	22.00	45.00	—
1765	—	4.00	10.00	22.00	45.00	—
1766	—	4.00	10.00	22.00	45.00	—
1767	—	4.00	10.00	22.00	45.00	—

KM# 244 PFENNIG
Billon **Ruler:** Friedrich Christian **Obv:** Crowned eagle **Rev:** Crowned and mantled arms

Date	Mintage	VG	F	VF	XF	Unc
1764	—	4.00	10.00	22.00	45.00	—

KM# 265 PFENNIG
Billon **Ruler:** Christian Friedrich Karl Alexander **Obv:** Hohenzollern arms **Rev:** Value with B and date below

Date	Mintage	VG	F	VF	XF	Unc
1780	—	4.00	10.00	22.00	45.00	—
1781	—	4.00	10.00	22.00	45.00	—
1782	—	4.00	10.00	22.00	45.00	—
1783	—	4.00	10.00	22.00	45.00	—

GERMAN STATES — BRANDENBURG-BAYREUTH

KM# 207 2 PFENNIG
Billon **Ruler:** Friedrich **Obv:** Crowned eagle **Rev:** Value and date

Date	Mintage	VG	F	VF	XF	Unc
1751 CLR	—	4.00	10.00	22.00	45.00	—
1752 CLR	—	4.00	10.00	22.00	45.00	—

KM# 171 3 PFENNIG (Dreier)
Silver **Ruler:** Georg Friedrich Karl **Obv:** Crowned eagle divides date **Rev:** Crowned and mantled Hohenzollern arms, value 3 below

Date	Mintage	VG	F	VF	XF	Unc
1732 ILR	—	10.00	25.00	50.00	100	—

KM# 181 3 PFENNIG (Dreier)
Billon **Ruler:** Friedrich **Obv:** Crowned eagle **Rev:** Arms

Date	Mintage	VG	F	VF	XF	Unc
1736 ILR	—	8.00	18.00	37.00	50.00	—
1737 ILR	—	8.00	18.00	37.00	50.00	—
1741	—	8.00	18.00	37.00	50.00	—
1749 CLR	—	8.00	18.00	37.00	50.00	—

KM# 191 3 PFENNIG (Dreier)
Billon **Ruler:** Friedrich **Obv:** Crowned arms **Rev:** Value: 3 GUTE PFEN..., date

Date	Mintage	VG	F	VF	XF	Unc
1745 CLR	—	8.00	18.00	37.00	75.00	—

KM# 260 4 PFENNIG
Billon **Ruler:** Christian Friedrich Karl Alexander **Obv:** Eagle and B **Rev:** Value and date

Date	Mintage	VG	F	VF	XF	Unc
1778	—	10.00	22.00	45.00	90.00	—
1779	—	10.00	22.00	45.00	90.00	—

KM# 266 4 PFENNIG
Billon **Ruler:** Christian Friedrich Karl Alexander **Obv:** Hohenzollern arms **Rev:** Value with B and date below

Date	Mintage	VG	F	VF	XF	Unc
1780	—	10.00	22.00	45.00	90.00	—

KM# 116 6 PFENNIG
Silver **Ruler:** Christian Ernst **Obv:** Crowned oval arms between branches divide date **Rev:** Eagle, value 6 on breast

Date	Mintage	VG	F	VF	XF	Unc
1702 IAP	—	15.00	37.00	75.00	150	—
1703 IAP	—	15.00	37.00	75.00	150	—
1704 IAP	—	15.00	37.00	75.00	150	—

KM# 174 6 PFENNIG
Billon **Ruler:** Friedrich **Obv:** Crowned eagle **Rev:** Value and B above sprays

Date	Mintage	VG	F	VF	XF	Unc
ND	—	4.00	10.00	22.00	45.00	—

KM# 208 1/2 KREUZER
Copper **Ruler:** Friedrich **Obv:** Crowned F monogram, date below **Rev:** Value above inscription

Date	Mintage	VG	F	VF	XF	Unc
1752	—	20.00	45.00	120	250	—

KM# 115 KREUZER
Silver **Ruler:** Christian Ernst **Obv:** Bust right **Obv. Legend:**

EINEN CREVZER **Rev:** Crowned eagle, Hohenzollern arms on breast, date in legend

Date	Mintage	VG	F	VF	XF	Unc
1701	—	13.00	25.00	45.00	110	—
1702 IAP	—	13.00	25.00	45.00	110	—
1704 IAP	—	13.00	25.00	45.00	110	—
1705 IAP	—	13.00	25.00	45.00	110	—
1706 IAP	—	13.00	25.00	45.00	110	—
1707 IAP	—	13.00	25.00	45.00	110	—
1708 IAP	—	13.00	25.00	45.00	110	—
1709 IAP	—	13.00	25.00	45.00	110	—
1710 IAP	—	13.00	25.00	45.00	110	—

KM# 121 KREUZER
Silver **Ruler:** Christian Ernst **Obv:** Bust right **Rev:** Crowned eagle, value 1 on breast, date in legend

Date	Mintage	VG	F	VF	XF	Unc
1711	—	10.00	18.00	45.00	95.00	—
1712	—	10.00	18.00	45.00	95.00	—

KM# 123 KREUZER
Silver **Ruler:** Georg Wilhelm **Rev:** Crowned eagle with value on breast

Date	Mintage	VG	F	VF	XF	Unc
1712 IAP	—	10.00	20.00	45.00	95.00	—
1713 IAP	—	10.00	20.00	45.00	95.00	—
1714 IAP	—	10.00	20.00	45.00	95.00	—
1715 IAP	—	10.00	20.00	45.00	95.00	—
1716 IAP	—	10.00	20.00	45.00	95.00	—
1717 IAP	—	10.00	20.00	45.00	95.00	—
1718 IAP	—	10.00	20.00	45.00	95.00	—
1719	—	10.00	20.00	45.00	95.00	—
1720	—	10.00	20.00	45.00	95.00	—
1721	—	10.00	20.00	45.00	95.00	—
1722	—	10.00	20.00	45.00	95.00	—
1723	—	10.00	20.00	45.00	95.00	—
1724	—	10.00	20.00	45.00	95.00	—

KM# 172 KREUZER
Silver **Ruler:** Georg Friedrich Karl **Obv:** Crowned eagle divides date **Rev:** Crowned and mantled Hohenzollern arms, value below

Date	Mintage	VG	F	VF	XF	Unc
1732 ILR	—	12.00	30.00	60.00	125	—

KM# 190 KREUZER
Billon **Ruler:** Friedrich

Date	Mintage	VG	F	VF	XF	Unc
1741	—	4.00	10.00	22.00	45.00	—
1742 CLR	—	4.00	10.00	22.00	45.00	—
1743 CLR	—	4.00	10.00	22.00	45.00	—
1744 CLR	—	4.00	10.00	22.00	45.00	—

KM# 192 KREUZER
Billon **Ruler:** Friedrich **Obv:** Armored bust right **Rev:** Crowned eagle with value on breast

Date	Mintage	VG	F	VF	XF	Unc
1745 CLR	—	4.00	9.00	18.00	37.00	—
1746 CLR	—	4.00	9.00	18.00	37.00	—
1747 CLR	—	4.00	9.00	18.00	37.00	—
1748 CLR	—	4.00	9.00	18.00	37.00	—
1749 CLR	—	4.00	9.00	18.00	37.00	—
1750 CLR	—	4.00	9.00	18.00	37.00	—
1751 CLR	—	4.00	9.00	18.00	37.00	—
1752 CLR	—	4.00	9.00	18.00	37.00	—
1753 CLR	—	4.00	9.00	18.00	37.00	—

KM# 194 KREUZER
Billon **Ruler:** Friedrich **Obv:** Arms **Rev:** 1 in imperial orb, date

Date	Mintage	VG	F	VF	XF	Unc
1746 CLR	—	4.00	10.00	22.00	45.00	—

KM# 209 KREUZER
Copper **Ruler:** Friedrich **Obv:** Crowned F monogram, date below **Rev:** Value above inscription

Date	Mintage	VG	F	VF	XF	Unc
1752	—	30.00	60.00	150	300	—

KM# 228 KREUZER
Copper **Ruler:** Friedrich **Obv:** Armored bust right **Rev:** Crowned eagle with value on breast **Note:** Similar to KM#192.

Date	Mintage	VG	F	VF	XF	Unc
1762	—	5.00	12.00	25.00	50.00	—

KM# 245 KREUZER
Billon **Ruler:** Friedrich Christian **Obv:** Bust right **Rev:** Value on eagle

Date	Mintage	VG	F	VF	XF	Unc
1764	—	7.00	15.00	30.00	60.00	—
1765 CLR	—	7.00	15.00	30.00	60.00	—
1766	—	7.00	15.00	30.00	60.00	—
1767	—	7.00	15.00	30.00	60.00	—

KM# 271 KREUZER
Billon **Ruler:** Christian Friedrich Karl Alexander **Obv:** Hohenzollern arms **Rev:** Value with B and date below

Date	Mintage	VG	F	VF	XF	Unc
1785B	—	7.00	18.00	37.00	75.00	—
1786B	—	7.00	18.00	37.00	75.00	—

KM# 275 KREUZER
Billon **Ruler:** Christian Friedrich Karl Alexander **Obv:** Crowned shield **Rev:** Value and date within cartouche

Date	Mintage	VG	F	VF	XF	Unc
1789S	—	10.00	22.00	45.00	90.00	—

KM# 193 2 KREUZER (1/2 Batzen)
Silver **Ruler:** Friedrich **Obv:** Bust right **Rev:** Crowned eagle, value 2 on breast, date in legend

Date	Mintage	VG	F	VF	XF	Unc
1745 CLR	—	7.00	15.00	30.00	65.00	—

KM# 247 2-1/2 KREUZER
Billon **Ruler:** Friedrich Christian **Obv:** FC monogram **Rev:** Crowned arms **Note:** Convention 2-1/2 Kreuzer.

Date	Mintage	VG	F	VF	XF	Unc
1765	—	7.00	15.00	30.00	60.00	—
1766	—	7.00	15.00	30.00	60.00	—
1767	—	7.00	15.00	30.00	60.00	—
1768	—	7.00	15.00	30.00	60.00	—

KM# 261 2-1/2 KREUZER
Billon **Ruler:** Christian Friedrich Karl Alexander **Obv:** Bust right **Rev:** Eagle

Date	Mintage	VG	F	VF	XF	Unc
1779	—	5.00	10.00	22.00	45.00	—

KM# 267 2-1/2 KREUZER
Billon **Ruler:** Christian Friedrich Karl Alexander **Obv:** Arms **Rev:** Three-line inscription with date below

Date	Mintage	VG	F	VF	XF	Unc
1779	—	3.00	7.00	15.00	30.00	—
1780	—	3.00	7.00	15.00	30.00	—
1781	—	3.00	7.00	15.00	30.00	—
1783	—	3.00	7.00	15.00	30.00	—
1785	—	3.00	7.00	15.00	30.00	—
1786	—	3.00	7.00	15.00	30.00	—

KM# 117 4 KREUZER (Batzen)
Silver **Ruler:** Christian Ernst **Obv:** Eagle, Hohenzollern arms on breast, tail divides date **Rev:** Imperial orb with value 4

Date	Mintage	VG	F	VF	XF	Unc
1704 GFN	—	28.00	50.00	90.00	185	—

BRANDENBURG-BAYREUTH GERMAN STATES

KM# 229 4 KREUZER (Batzen)
Billon **Ruler:** Friedrich

Date	Mintage	VG	F	VF	XF	Unc
1762	—	—	—	—	—	—
1763	—	15.00	35.00	75.00	185	—

KM# 231 4 KREUZER (Batzen)
Billon **Ruler:** Friedrich Christian **Obv:** Crowned eagle shield on pedestal **Rev:** Value and date **Mint:** Bayersdorf

Date	Mintage	VG	F	VF	XF	Unc
1763B	—	10.00	30.00	70.00	175	300

KM# 232 5 KREUZER
Billon **Ruler:** Friedrich Christian **Note:** Convention 5 Kreuzer.

Date	Mintage	VG	F	VF	XF	Unc
1763	—	7.00	18.00	37.00	75.00	—
1764	—	7.00	18.00	37.00	75.00	—
1765	—	7.00	18.00	37.00	75.00	—
1766	—	7.00	18.00	37.00	75.00	—
1767	—	7.00	18.00	37.00	75.00	—
1768	—	7.00	18.00	37.00	75.00	—

KM# 233 10 KREUZER
Silver **Ruler:** Friedrich Christian **Obv:** Bust right in wreath **Rev:** Crowned eagle on pedestal showing value **Note:** Convention 10 Kreuzer.

Date	Mintage	VG	F	VF	XF	Unc
1763	—	10.00	25.00	50.00	105	—
1765	—	10.00	25.00	50.00	105	—

KM# 249 10 KREUZER
Silver **Ruler:** Friedrich Christian **Obv:** Head right within branches **Rev:** Eagle arms on pedestal showing value

Date	Mintage	VG	F	VF	XF	Unc
1765 ES	—	10.00	25.00	50.00	105	—
1766 ES	—	10.00	25.00	50.00	105	—
1768 CLR	—	10.00	25.00	50.00	105	—

KM# 268 10 KREUZER
Silver **Ruler:** Christian Friedrich Karl Alexander **Obv:** Bust right **Rev:** Eagle shield on pedestal

Date	Mintage	F	VF	XF	Unc	BU
1780	—	28.50	50.00	100	200	—

KM# 107.1 15 KREUZER
Silver, 26 mm. **Ruler:** Christian Ernst **Obv:** Armored bust to right, value (XV) below **Obv. Legend:** CHRISTIAN. ERNST. D: G: M: BRANDENB. **Rev:** Brandenburg eagle, oval shield of Hohenzollern arms on breast, neck divides date, legs divide mintmaster's initials **Rev. Legend:** NACH. CHVR. SACHS. V: BRAND. KORN: V: SCHROT.

Date	Mintage	VG	F	VF	XF	Unc
1702 IAP	—	—	—	—	—	—

KM# 124 15 KREUZER
Silver **Ruler:** Georg Wilhelm **Subject:** Death of Christian Ernst **Obv:** Bust right **Rev:** Eight-line inscription with date, value XV below

Date	Mintage	VG	F	VF	XF	Unc
1712	—	225	450	950	1,600	—

KM# 132 15 KREUZER
Silver **Ruler:** Georg Wilhelm **Subject:** 200th Anniversary of Reformation **Obv:** Bust right, value XV below **Rev:** Altar with open Bible divides date, sun shining down through clouds

Date	Mintage	VG	F	VF	XF	Unc
1717 SK	—	200	350	750	1,500	—

KM# 133 15 KREUZER
Silver **Ruler:** Georg Wilhelm **Obv:** Without indication of value

Date	Mintage	VG	F	VF	XF	Unc
1717 SK	—	200	300	750	1,500	—

KM# 234 15 KREUZER
Silver **Ruler:** Friedrich Christian **Note:** Convention 15 Kreuzer.

Date	Mintage	VG	F	VF	XF	Unc
1763	—	35.00	90.00	185	375	—

KM# 225 20 KREUZER
Silver **Ruler:** Friedrich **Obv:** Head right within wreath **Rev:** Eagle arms on pedestal showing value

Date	Mintage	VG	F	VF	XF	Unc
1760 CLR	—	10.00	22.00	45.00	90.00	—
1761 CLR	—	10.00	22.00	45.00	90.00	—
1762 CLR	—	10.00	22.00	45.00	90.00	—
1763	—	10.00	22.00	45.00	90.00	—

KM# 236 20 KREUZER
Silver **Ruler:** Friedrich Christian **Obv:** Bust right within wreath **Rev:** Eagle arms on pedestal showing value

Date	Mintage	VG	F	VF	XF	Unc
1763 CLR	—	10.00	25.00	55.00	110	—
1764 CLR	—	10.00	25.00	55.00	110	—
1765 CLR	—	10.00	25.00	55.00	110	—

KM# 235 20 KREUZER
Silver **Ruler:** Friedrich Christian **Subject:** Death of Friedrich **Obv:** Bust **Rev:** Date after legend **Rev. Legend:** NATVS... **Note:** Convention 20 Kreuzer.

Date	Mintage	VG	F	VF	XF	Unc
1763 CLR	—	25.00	55.00	110	225	—

KM# 269 20 KREUZER
Silver **Ruler:** Christian Friedrich Karl Alexander **Obv:** Head right **Rev:** Crowned arms within branches on pedestal showing value and dividing date

Date	Mintage	F	VF	XF	Unc	BU
1780	—	25.00	55.00	110	225	—
1782	—	25.00	55.00	110	225	—

KM# 272.1 20 KREUZER
Silver **Ruler:** Christian Friedrich Karl Alexander **Obv:** Wreath without ribbon below bust **Rev:** Crowned arms within branches on pedestal showing value and dividing date

Date	Mintage	F	VF	XF	Unc	BU
1784 EB	—	25.00	55.00	110	225	—

KM# 272.2 20 KREUZER
Silver **Ruler:** Christian Friedrich Karl Alexander **Obv:** Wreath with ribbon below bust **Rev:** Crowned arms within branches on pedestal showing value and dividing date

Date	Mintage	F	VF	XF	Unc	BU
1785 EB	—	40.00	90.00	185	275	—

KM# 250 20 KREUZER
Silver **Ruler:** Friedrich Christian **Obv:** Head right within wreath **Rev:** Crowned arms within branches on pedestal showing value and dividing date

Date	Mintage	VG	F	VF	XF	Unc
1766 ES	—	11.00	27.00	55.00	110	—
1766 CLR	—	11.00	27.00	55.00	110	—
1768 CLR	—	11.00	27.00	55.00	110	—

KM# 274 20 KREUZER
Silver **Ruler:** Friedrich Christian **Obv:** Head right within wreath **Rev:** Crowned arms on pedestal within branches showing value and dividing date

Date	Mintage	F	VF	XF	Unc	BU
1787	—	40.00	85.00	175	350	—

KM# 175 30 KREUZER
Silver **Ruler:** Friedrich **Obv:** Armored bust right **Rev:** Crowned arms within ornate shield, cross below

Date	Mintage	VG	F	VF	XF	Unc
1735	—	10.00	25.00	55.00	110	—

GERMAN STATES — BRANDENBURG-BAYREUTH

Date	Mintage	VG	F	VF	XF	Unc
1736	—	12.00	30.00	65.00	130	—
1737	—	12.00	30.00	65.00	130	—

KM# 255 30 KREUZER
Silver **Ruler:** Friedrich Christian **Note:** Convention 30 Kreuzer.

Date	Mintage	F	VF	XF	Unc	BU
1767	—	75.00	120	235	475	—

KM# 134 GROSCHEN (1/24 Thaler)
Silver **Ruler:** Georg Wilhelm **Subject:** 200th Anniversary of Reformation **Obv:** Two oval arms in crowned cartouche **Rev:** Six-line inscription, date in chronogram, value below

Date	Mintage	VG	F	VF	XF	Unc
1717 SK	—	15.00	35.00	75.00	150	—

KM# 162 GROSCHEN (1/24 Thaler)
Silver **Ruler:** Georg Friedrich Karl **Subject:** Accession of Georg Friedrich Karl **Obv:** Bust right **Rev:** Crowned complex arms

Date	Mintage	VG	F	VF	XF	Unc
1727	—	50.00	90.00	165	335	—

KM# 173 1/48 THALER
Silver **Ruler:** Georg Friedrich Karl **Obv:** Crowned eagle divides date **Rev:** Crowned and mantled Hohenzollern arms, value below

Date	Mintage	VG	F	VF	XF	Unc
1732 ILR	—	10.00	22.00	45.00	90.00	—

KM# 182 1/48 THALER
Billon **Ruler:** Friedrich **Obv:** Eagle **Rev:** Hohenzollern arms, value below

Date	Mintage	VG	F	VF	XF	Unc
1736 ILR	—	7.00	15.00	30.00	65.00	100
1737 ILR	—	7.00	15.00	30.00	65.00	100
1738 ILR	—	7.00	15.00	30.00	65.00	100
1739 ILR	—	7.00	15.00	30.00	65.00	100
1740 ILR	—	7.00	15.00	30.00	65.00	100
1741	—	7.00	15.00	30.00	65.00	100
1744 CLR	—	7.00	15.00	30.00	65.00	100
1745 CLR	—	7.00	15.00	30.00	65.00	100
1746 CLR	—	7.00	15.00	30.00	65.00	100

KM# 200 1/48 THALER
Billon **Ruler:** Friedrich **Obv:** Eagle with Hohenzollern arms on breast **Rev:** Value

Date	Mintage	VG	F	VF	XF	Unc
1748 CLR	—	7.00	15.00	30.00	65.00	—
1750 CLR	—	7.00	15.00	30.00	65.00	—
1751 CLR	—	7.00	15.00	30.00	65.00	—

KM# 90 1/24 THALER (Groschen)
Silver **Ruler:** Christian Ernst **Obv:** Orb with value within inner circle, legend surrounds **Rev:** Eagle with shield on breast within inner circle **Note:** Similar to KM#125.

Date	Mintage	VG	F	VF	XF	Unc
1702 IAP	—	13.00	27.00	55.00	110	—
1703 IAP	—	13.00	27.00	55.00	110	—
1704 IAP	—	13.00	27.00	55.00	110	—
1705 IAP	—	13.00	27.00	55.00	110	—
1706 IAP	—	13.00	27.00	55.00	110	—
1707 IAP	—	13.00	27.00	55.00	110	—
1708 IAP	—	13.00	27.00	55.00	110	—
1709 IAP	—	13.00	27.00	55.00	110	—
1710 IAP	—	13.00	27.00	55.00	110	—
1711 IAP	—	13.00	27.00	55.00	110	—

KM# 125 1/24 THALER (Groschen)
Silver **Ruler:** Georg Wilhelm **Obv:** Orb with value within inner circle, legend surrounds **Rev:** Eagle with shield on breast within inner circle

Date	Mintage	VG	F	VF	XF	Unc
1712 IAP	—	10.00	25.00	50.00	100	—
1713 IAP	—	10.00	25.00	50.00	100	—
1714 IAP	—	10.00	25.00	50.00	100	—
1715 IAP	—	10.00	25.00	50.00	100	—
1716 IAP	—	10.00	25.00	50.00	100	—
1717 IAP	—	10.00	25.00	50.00	100	—
1718 IAP	—	10.00	25.00	50.00	100	—
1719 IAP	—	10.00	25.00	50.00	100	—
1720 IAP	—	10.00	25.00	50.00	100	—
1721 IAP	—	10.00	25.00	50.00	100	—
1722 IAP	—	10.00	25.00	50.00	100	—
1723 IAP	—	10.00	25.00	50.00	100	—
1724 IAP	—	10.00	25.00	50.00	100	—
1725 IAP	—	10.00	25.00	50.00	100	—
1726 IAP	—	10.00	25.00	50.00	100	—

KM# 152 1/24 THALER (Groschen)
Silver **Ruler:** Georg Friedrich Karl **Subject:** Death of Georg Wilhelm **Obv:** Armored bust right **Rev:** Value 24 below inscription

Date	Mintage	VG	F	VF	XF	Unc
1726 LR	—	20.00	45.00	90.00	185	—

KM# 153 1/24 THALER (Groschen)
Silver **Ruler:** Georg Friedrich Karl **Rev:** Without indication of value

Date	Mintage	VG	F	VF	XF	Unc
1726 ILR	—	20.00	45.00	90.00	185	—

KM# 163 1/24 THALER (Groschen)
Silver **Ruler:** Georg Friedrich Karl

Date	Mintage	VG	F	VF	XF	Unc
1727 ILR	—	8.00	18.00	37.00	75.00	—
1728 ILR	—	8.00	18.00	37.00	75.00	—
1729 ILR	—	8.00	18.00	37.00	75.00	—
1730 ILR	—	8.00	18.00	37.00	75.00	—
1731 ILR	—	8.00	18.00	37.00	75.00	—
1732 ILR	—	8.00	18.00	37.00	75.00	—
1733 ILR	—	8.00	18.00	37.00	75.00	—
1734 ILR	—	8.00	18.00	37.00	75.00	—

KM# 176 1/24 THALER (Groschen)
Silver **Ruler:** Friedrich **Subject:** Death of Georg Friedrich Karl **Obv:** Armored bust right **Rev:** Seven-line inscription, value 24 below

Date	Mintage	VG	F	VF	XF	Unc
1735 ILR	—	20.00	35.00	65.00	135	—

KM# 177 1/24 THALER (Groschen)
Billon **Ruler:** Friedrich **Subject:** Accession Commemorative **Obv:** Bust right **Rev:** Arms **Rev. Legend:** IN MEMOR...

Date	Mintage	VG	F	VF	XF	Unc
1735 ILR	—	10.00	25.00	50.00	100	—

KM# 183 1/24 THALER (Groschen)
Billon **Ruler:** Friedrich **Obv:** Orb with value **Rev:** Eagle with arms on breast divides date

Date	Mintage	VG	F	VF	XF	Unc
1735 ILR	—	7.00	15.00	30.00	65.00	—
1736 ILR	—	7.00	15.00	30.00	65.00	—
1737 ILR	—	7.00	15.00	30.00	65.00	—

KM# 185 1/24 THALER (Groschen)
Billon **Ruler:** Friedrich **Obv:** Eagle with arms on breast divides date **Rev:** Orb with value **Note:** Similar to KM#183.

Date	Mintage	VG	F	VF	XF	Unc
1738 ILR	—	7.00	15.00	30.00	65.00	—
1740 ILR	—	7.00	15.00	30.00	65.00	—

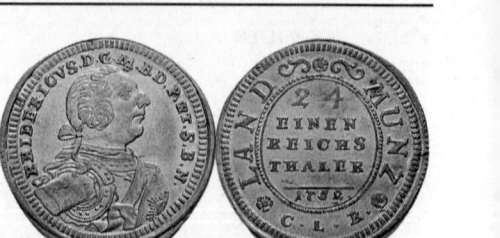

KM# 210 1/24 THALER (Groschen)
Billon **Ruler:** Friedrich **Obv:** Bust right **Rev:** Value: 24 EINEN REICHS THALER

Date	Mintage	VG	F	VF	XF	Unc
1752	—	7.00	15.00	30.00	65.00	—

KM# 211 1/24 THALER (Groschen)
Billon **Ruler:** Friedrich **Obv:** Crowned eagle with arms on breast divides date **Rev:** Orb with value

Date	Mintage	VG	F	VF	XF	Unc
1752 CLR	—	7.00	15.00	30.00	65.00	125
1753 CLR	—	7.00	15.00	30.00	65.00	125

KM# 218 1/24 THALER (Groschen)
Billon **Ruler:** Friedrich **Obv:** Orb with value **Rev:** Crowned eagle with arms on breast divides date, complete legend

Date	Mintage	VG	F	VF	XF	Unc
1756 CLR	—	7.00	15.00	30.00	65.00	—
1758 CLR	—	7.00	15.00	30.00	65.00	—
1759 CLR	—	7.00	15.00	30.00	65.00	—
1760 CLR	—	7.00	15.00	30.00	65.00	—
1763 CLR	—	7.00	15.00	30.00	65.00	—

KM# 226 1/24 THALER (Groschen)
Billon **Ruler:** Friedrich **Obv:** Crowned legend with name of ruler **Rev:** Value

Date	Mintage	VG	F	VF	XF	Unc
1760	—	7.00	15.00	30.00	65.00	—

KM# A237 1/24 THALER (Groschen)
Silver, 20 mm. **Ruler:** Friedrich Christian **Obv:** Crowned eagle with shield of Hohenzollern arms on breast, pedestal with value 320 below **Obv. Legend:** EINE FEINE MARK SILBER. **Rev:** 4-line inscription with date, mintmaster's initials divided by mintmark below **Rev. Legend:** CONVENTIONS MUNZ. **Rev. Inscription:** 24 / EINEN / THALER / (date) **Mint:** Bayersdorf

Date	Mintage	VG	F	VF	XF	Unc
1763B LR	—	225	475	1,200	2,400	—

KM# 248 1/24 THALER (Groschen)
Silver **Ruler:** Friedrich Christian **Subject:** Homage of the former estate of Altenplos **Obv:** Armored bust to right **Obv. Legend:** FRID. CHRIST. M. B. DVX. BOR. ET. SIL. **Rev:** 6-line inscription with date, value (24) in cartouche below **Rev. Inscription:** IN / MEMOR: / HOMAGII. AQUES / PL / D. 25 APRIL / 1765

Date	Mintage	VG	F	VF	XF	Unc
1765	—	35.00	60.00	125	250	—

BRANDENBURG-BAYREUTH GERMAN STATES

KM# 103 1/12 THALER (2 Groschen)
Silver **Ruler:** Christian Ernst **Obv:** Crowned two oval arms in baroque frame **Rev:** 12/EINEN/THAL/ date

Date	Mintage	VG	F	VF	XF	Unc
1702 IAP	—	16.00	33.00	60.00	110	—
1706 IAP	—	16.00	33.00	60.00	110	—
1707 IAP	—	16.00	33.00	60.00	110	—
1710 IAP	—	16.00	33.00	60.00	110	—
1711 IAP	—	16.00	33.00	60.00	110	—
1712 IAP	—	16.00	33.00	60.00	110	—

KM# 126 1/12 THALER (2 Groschen)
Silver **Ruler:** Georg Wilhelm **Subject:** Death of Christian Ernst **Obv:** Altar with orb on top **Rev:** Inscription

Date	Mintage	VG	F	VF	XF	Unc
1712	—	50.00	80.00	130	260	—

KM# 127 1/12 THALER (2 Groschen)
Silver **Ruler:** Georg Wilhelm **Obv:** Crowned two oval arms in baroque frame **Rev:** 12/EINEN/THAL/ date

Date	Mintage	VG	F	VF	XF	Unc
1712 IAP	—	10.00	20.00	40.00	80.00	—
1714 IAP	—	10.00	20.00	40.00	80.00	—
1719 IAP	—	10.00	20.00	40.00	80.00	—
1719 SR	—	10.00	20.00	40.00	80.00	—
1720 IAP	—	10.00	20.00	40.00	80.00	—

KM# 135 1/12 THALER (2 Groschen)
Silver **Ruler:** Georg Wilhelm **Subject:** 200th Anniversary of Reformation **Obv:** Bust right **Rev:** Five-line inscription, date in chronogram, value below

Date	Mintage	VG	F	VF	XF	Unc
1717	—	20.00	45.00	90.00	180	—

KM# 136 1/12 THALER (2 Groschen)
Silver **Ruler:** Georg Wilhelm **Rev:** Six-line inscription

Date	Mintage	VG	F	VF	XF	Unc
1717 SK	—	20.00	45.00	90.00	180	—

KM# 154 1/12 THALER (2 Groschen)
3.8000 g., Silver, 28.9 mm. **Ruler:** Georg Friedrich Karl **Subject:** Death of Georg Wilhelm **Obv:** Seven-line inscription with date, value 12 below **Rev:** Orange tree in tub

Date	Mintage	VG	F	VF	XF	Unc
1726 ILR	—	25.00	55.00	110	225	450

KM# 155 1/12 THALER (2 Groschen)
Silver **Ruler:** Georg Friedrich Karl **Subject:** Death of Georg Wilhelm **Obv:** Without indication of value

Date	Mintage	VG	F	VF	XF	Unc
1726 ILR	—	25.00	55.00	110	225	—

KM# 178 1/12 THALER (2 Groschen)
Silver **Ruler:** Friedrich **Subject:** Death of Georg Friedrich Karl **Obv:** Inscription **Rev:** Dove flying towards sun at left, globe at right

Date	Mintage	VG	F	VF	XF	Unc
1735 ILR	—	25.00	50.00	100	210	—

KM# 195 1/12 THALER (2 Groschen)
Silver **Ruler:** Friedrich **Note:** Reichs 1/12 Thaler.

Date	Mintage	VG	F	VF	XF	Unc
1746 CLR	—	10.00	20.00	37.00	75.00	—
1747 CLR	—	10.00	20.00	37.00	75.00	—
1753 CLR	—	10.00	20.00	37.00	75.00	—

KM# 199 1/12 THALER (2 Groschen)
Silver **Ruler:** Friedrich **Obv:** Bust right **Rev:** LAND MUNZ, value, date

Date	Mintage	VG	F	VF	XF	Unc
1747 CLR	—	12.00	30.00	65.00	135	—
1752 CLR	—	12.00	30.00	65.00	135	—
1753 CLR	—	12.00	30.00	65.00	135	—
1756 CLR	—	12.00	30.00	65.00	135	—
1757 CLR	—	12.00	30.00	65.00	135	—
1758 CLR	—	12.00	30.00	65.00	135	—
1759 CLR	—	12.00	30.00	65.00	135	—

KM# 237 1/12 THALER (2 Groschen)
Silver **Ruler:** Friedrich Christian

Date	Mintage	VG	F	VF	XF	Unc
1763 CLR	—	35.00	75.00	150	300	—

KM# 212 1/6 THALER
Silver **Ruler:** Friedrich **Obv:** Head right **Obv. Legend:** 72 EINE FEINE MARCK **Rev:** Date in center **Rev. Legend:** VI EINEN REICHS CONSTITUTIONS MAESIGEN THALER, 63 EINEN 14 LOTHIGE MARCK in margin

Date	Mintage	VG	F	VF	XF	Unc
1752	—	280	400	650	1,300	—

KM# 213 1/6 THALER
Silver **Ruler:** Friedrich **Obv:** Bust right **Rev:** Value and date **Note:** Reichs 1/6 Thaler.

Date	Mintage	VG	F	VF	XF	Unc
1752	—	—	—	—	—	—

Note: Reported, not confirmed

Date	Mintage	VG	F	VF	XF	Unc
1757 B	—	12.00	30.00	60.00	120	—
1759 B	—	12.00	30.00	60.00	120	—

KM# 219 1/6 THALER
Silver **Ruler:** Friedrich **Obv:** Monogram **Rev:** Value

Date	Mintage	VG	F	VF	XF	Unc
1758	—	15.00	37.00	65.00	135	—

KM# 238 1/6 THALER
Silver **Ruler:** Friedrich Christian **Obv:** Bust right **Rev:** Value and date

Date	Mintage	VG	F	VF	XF	Unc
1763		30.00	65.00	130	260	—

KM# 156 1/4 THALER
Silver **Ruler:** Georg Wilhelm **Subject:** Bird Shooting Commemorative **Obv:** Eagle standing on column base, wreath in beak, date below **Rev:** Shooting scene on lake **Shape:** Square **Note:** Klippe.

Date	Mintage	VG	F	VF	XF	Unc
1726	—	200	375	750	1,500	—

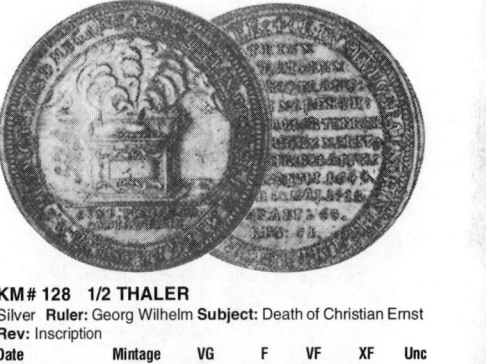

KM# 128 1/2 THALER
Silver **Ruler:** Georg Wilhelm **Subject:** Death of Christian Ernst **Rev:** Inscription

Date	Mintage	VG	F	VF	XF	Unc
1712	—	150	280	500	1,000	—

KM# 137 1/2 THALER
Silver **Ruler:** Georg Wilhelm **Subject:** Bird Shooting Commemorative **Obv:** Crowned oval arms (eagle with Hohenzollern arms on breast), GW monogram at each corner **Rev:** Bird stand, GW monogram in corner, bottom one divides date **Note:** Klippe.

Date	Mintage	VG	F	VF	XF	Unc
1718	—	—	325	550	1,100	—
1720	—	—	325	550	1,100	—
1721	—	—	325	550	1,100	—

KM# 145 1/2 THALER
Silver **Ruler:** Georg Wilhelm **Obv:** Crowned monogram, ornaments in corners **Rev:** Shooting plaza, date below

Date	Mintage	VG	F	VF	XF	Unc
1722	—	—	475	800	2,100	—

KM# 146 1/2 THALER
Silver **Ruler:** Georg Wilhelm **Obv:** Suspended Order above two arms connected by branches **Rev:** Shooting scene on lake, date below

Date	Mintage	VG	F	VF	XF	Unc
1723	—	—	475	800	2,100	—

KM# 147 1/2 THALER
Silver **Ruler:** Georg Wilhelm **Subject:** Target Shooting

GERMAN STATES — BRANDENBURG-BAYREUTH

Commemorative **Obv:** Crowned monogram within two branches, date below **Rev:** Eagle holding wreath in beak and rifle in claw **Shape:** Square **Note:** Klippe.

Date	Mintage	VG	F	VF	XF	Unc
1724	—	—	600	1,000	2,500	—

KM# 148 1/2 THALER
Silver **Ruler:** Georg Wilhelm **Subject:** Bird Shooting Commemorative **Obv:** Monogram within branches, crowned Order below **Rev:** Shooting scene, date **Note:** Klippe.

Date	Mintage	VG	F	VF	XF	Unc
1724	—	—	325	550	1,100	—

KM# 150 1/2 THALER
Silver **Ruler:** Georg Wilhelm **Obv:** Palm tree with monogram on trunk, date along one side **Rev:** Bird stand, inscription along four sides

Date	Mintage	VG	F	VF	XF	Unc
1725	—	—	450	850	1,900	—

KM# 157.2 1/2 THALER
Silver **Ruler:** Georg Wilhelm **Note:** Struck on normal size flan.

Date	Mintage	VG	F	VF	XF	Unc
1726	—	—	375	675	1,350	—

KM# 157.1 1/2 THALER
Silver **Ruler:** Georg Wilhelm **Obv:** Eagle standing on column base, wreath in beak, date below **Rev:** Shooting scene on lake **Note:** Struck on thick flan.

Date	Mintage	VG	F	VF	XF	Unc
1726	—	450	900	1,800	—	—

KM# 215 1/2 THALER
Silver **Ruler:** Friedrich **Obv:** Bust **Rev:** Arms, value ZWANZIG EINE... **Note:** Convention 1/4 Thaler.

Date	Mintage	VG	F	VF	XF	Unc
1754 IAH	—	25.00	50.00	125	250	—
1755	—	—	—	—	—	—

KM# 227 1/2 THALER
Silver **Ruler:** Friedrich **Rev:** Value: XX EINE...

Date	Mintage	VG	F	VF	XF	Unc
1760	—	—	—	—	—	—

Wilhelm **Obv:** Armored bust right **Obv. Legend:** GEORGIVS GVILELMVS. D.G. MARG. BRAND. B.M.ST.P.M.&c: DVX. **Rev:** Helmeted ornate complex arms **Rev. Legend:** IN MEM: REGIMI: D • X • MAII • MDCCXII • - SVSCEPTI • QVOD • FELIX • FAVSTVMQ • SIT * **Note:** Dav. #2031.

Date	Mintage	VG	F	VF	XF	Unc
1712 PPW-SR Rare	—	—	—	—	—	—

Note: Peus Auction 397, 11-08, Unc realized approx. $12,970

KM# 142 THALER
Silver **Ruler:** Georg Wilhelm **Subject:** Bird Shooting Commemorative **Obv:** Crowned oval arms (eagle with Hohenzollern arms on breast), GW monogram in each corner **Rev:** Bird stand, GW monogram in each corner, bottom one divides date **Note:** Klippe. Dav. #2927.

Date	Mintage	VG	F	VF	XF	Unc
1718	—	—	—	2,250	4,500	7,500
1721	—	—	—	2,250	4,500	7,500
1722	—	—	—	2,250	4,500	7,500
1723	—	—	—	2,250	4,500	7,500
1724	—	—	—	2,250	4,500	7,500

KM# 118 THALER
Silver **Ruler:** Christian Ernst **Obv:** Bust right **Rev:** Arms **Note:** Dav. #2029.

Date	Mintage	VG	F	VF	XF	Unc
1704 GFN	—	900	1,750	3,500	7,500	—

Note: UBS Auctions, 9-02, nearly FDC realized approx. $12,025

KM# 239 1/2 THALER
Silver **Ruler:** Friedrich Christian **Subject:** Death of Friedrich **Obv:** Armored bust right **Rev:** Inscription

Date	Mintage	VG	F	VF	XF	Unc
1763 CLR	—	100	225	450	900	—
1763 OEXLEIN-CLR	—	100	225	450	900	—

KM# 240 1/2 THALER
Silver **Ruler:** Friedrich Christian **Obv:** Armored bust right **Rev:** Crowned arms

Date	Mintage	F	VF	XF	Unc	BU
1763	—	125	250	500	1,000	—
1766	—	125	225	500	1,000	—
1767	—	125	225	500	1,000	—

KM# 129 THALER
Silver **Ruler:** Georg Wilhelm **Subject:** Death of Christian Ernst **Obv:** Bust right **Rev:** Eleven-line inscription with date **Note:** Dav. #2030.

Date	Mintage	VG	F	VF	XF	Unc
1712	—	800	1,600	3,250	6,500	—

KM# 130 THALER
Silver **Ruler:** Christian Ernst **Subject:** Death of Christian Ernst **Rev:** Twelve-line inscription with date **Note:** Dav. #2030A.

Date	Mintage	VG	F	VF	XF	Unc
1712	—	800	1,600	3,250	6,500	—

KM# 149 THALER
Silver **Ruler:** Georg Wilhelm **Obv:** Monogram within branches, crowned order below **Rev:** Shooting scene, date **Note:** Dav. #2927.

Date	Mintage	VG	F	VF	XF	Unc
1724	—	—	—	2,250	4,500	7,500

KM# 151 THALER
Silver **Ruler:** Georg Wilhelm **Obv:** Palm tree with monogram on trunk, date along one side **Rev:** Bird stand, inscription on four sides **Note:** Struck on thick flan. Dav. #2927.

Date	Mintage	VG	F	VF	XF	Unc
1725	—	—	—	2,250	4,500	7,500

KM# 220 2/3 THALER (Gulden)
Silver **Ruler:** Friedrich **Obv:** Armored bust right **Rev:** Crowned complex arms with supporters

Date	Mintage	VG	F	VF	XF	Unc
1758	—	35.00	80.00	160	325	—

KM# 131 THALER
Silver **Ruler:** Georg Wilhelm **Subject:** Accession of Georg

BRANDENBURG-BAYREUTH — GERMAN STATES

KM# 158 THALER
Silver **Ruler:** Georg Wilhelm **Obv:** Eagle standing on column base, wreath in beak, date below **Rev:** Shooting scene on lake **Note:** Struck on thick flan. Dav. #2927.

Date	Mintage	VG	F	VF	XF	Unc
1726	—	—	—	2,250	4,500	7,500

KM# 216.3 THALER
Silver **Ruler:** Friedrich **Obv:** Armored bust right **Obv. Legend:** FRIDERICVS D•G•M•B•D•P•ET S•B•N• **Rev:** Crowned complex arms, flags and cannons below **Rev. Legend:** ZEHEN EINE - FEINE MARCK, BAYREUTH/ C•L•R• below **Note:** Dav. #2037.

Date	Mintage	VG	F	VF	XF	Unc
1760 CLR	—	85.00	175	350	750	—

KM# 216.4 THALER
Silver **Ruler:** Friedrich **Obv:** OEXLEIN below bust **Rev:** Crowned complex arms, flags and cannons below **Note:** Dav. #2037A.

Date	Mintage	VG	F	VF	XF	Unc
1760 OEXLEIN-CLR	—	100	200	375	800	—

KM# 242 THALER
Silver **Ruler:** Friedrich Christian **Obv:** Armored bust right **Obv. Legend:** FRID • CHRIST • D • G • M • B • D • P • ET S • B • N • **Rev:** Crowned complex arms divide date below **Rev. Legend:** ZEHEN EINE - FEINE MARK, BAYREUTH/C•L•R• below **Note:** Dav. #2040.

Date	Mintage	F	VF	XF	Unc	BU
1763 CLR	—	1,250	2,500	4,750	—	—

KM# 214.1 THALER
Silver **Ruler:** Friedrich **Obv:** Armored bust right **Obv. Legend:** FRIDERICVS. D. G. M. B. D. P. ET S. B. N. **Rev:** Eagle above arms, flags at left and right **Rev. Legend:** EIN REICHS THALER **Note:** Reichs Thaler. Dav. #2032.

Date	Mintage	VG	F	VF	XF	Unc
1752 PPW-CLR	—	50.00	100	200	375	—
1752 IAH-CLR	—	50.00	100	200	375	—
1752 H-CLR	—	40.00	85.00	175	350	—
1752 CLR	—	40.00	85.00	175	350	—

KM# 216.1 THALER
Silver **Ruler:** Friedrich **Rev:** Arms, branches with flags and cannons, date and BAYREUTH below **Note:** Convention Thaler. Dav. #2033.

Date	Mintage	VG	F	VF	XF	Unc
1754 IAH	—	175	350	700	1,500	—
1755 IAH	—	175	350	700	1,500	—

KM# 216.2 THALER
Silver **Ruler:** Friedrich **Rev:** Hatted arms in branches, flags and cannons dividing date, BAYREUTH and CLR below **Note:** Dav. #2034.

Date	Mintage	VG	F	VF	XF	Unc
1755 H//CLR	—	100	200	400	900	—

KM# 217.1 THALER
Silver **Ruler:** Friedrich **Obv:** Bust right, E below **Rev:** Crowned arms supported by lions, date below **Note:** Dav. #2035.

Date	Mintage	VG	F	VF	XF	Unc
1755 E-CLR	—	90.00	180	350	850	—

KM# 217.2 THALER
Silver **Ruler:** Friedrich **Obv:** Without E below bust **Rev:** Crowned arms with lion supporters **Note:** Dav. #2038.

Date	Mintage	VG	F	VF	XF	Unc
1760 CLR	—	175	350	700	1,600	—

KM# 251 THALER
Silver **Ruler:** Friedrich Christian **Obv:** Armored bust right **Obv. Legend:** FRID • CHRIST • D • G • M • B • D • P • ET S • B • N • **Rev:** Crowned complex arms divide date below **Rev. Legend:** ZEHEN EINE - FEINE MARK, BAYREUTH/E*S below **Note:** Dav. #2041.

Date	Mintage	F	VF	XF	Unc	BU
1766 ES	—	100	150	300	600	—

KM# 214.2 THALER
Silver, 36 mm. **Ruler:** Friedrich **Note:** Smaller size. Dav. #2036.

Date	Mintage	VG	F	VF	XF	Unc
1757 CLR	—	55.00	110	225	400	—

KM# 241 THALER
Silver **Ruler:** Friedrich Christian **Subject:** Death of Friedrich **Obv:** Armored bust right **Obv. Legend:** FRIDERICVS D • G • M • B: D • P • ET S • B • N • **Rev. Inscription:** PRINCEPS / PIVS SAPIENS / MAGNANIMVS CLEMENS / LIBERALIS STATOR LITTERARVM / NATUS / WEVERLINGAE D. XC. MAY MDCCXI / PRIMIS NUPTIIS ADPARATIS / BEROLINI D. XX. NOV. MDCCXXX / GVBERNACVLA SVSCEPIT / BARVT **Note:** Dav. #2039.

Date	Mintage	VG	F	VF	XF	Unc
1763 CLR	—	150	300	600	1,250	—

KM# 252 THALER
Silver **Ruler:** Friedrich Christian **Obv:** Armored bust right **Obv.**

GERMAN STATES

BRANDENBURG-BAYREUTH

Legend: FRID • CHRIST • D • G • M • B • D • P • ET S • B • N •
Rev: B in cartouche below arms dividing date and E - S Rev.
Legend: ZEHEN EINE - FEINE MARK **Note:** Dav. #2042.

Date	Mintage	F	VF	XF	Unc	BU
1766 ES	—	75.00	135	225	450	—
1768 RE	—	120	250	350	700	—

KM# 257 THALER

Silver **Ruler:** Friedrich Christian **Subject:** Friedrich Christian **Obv:** Armored bust right **Obv. Legend:** FRID: CHRISTIAN • MARCH: BRAND: D • B • & S • **Rev:** Inscription **Rev. Inscription:** PRINCEPS/PIVS. IVSTVS. CLEMENS./NATVS./17. IVL. 1708./OBIIT./20. JAN. 1769./AETATIS./LX./S. **Note:** Dav. #2043.

Date	Mintage	F	VF	XF	Unc	BU
1769 G/S	—	500	1,000	2,000	3,000	—

KM# 262 THALER

Silver **Ruler:** Christian Friedrich Karl Alexander **Obv:** Armored bust right **Obv. Legend:** ALEXANDER • D • G • MARCH: BRAND: **Rev:** Lion holding arms at left **Rev. Legend:** ZEHEN EINE FEINE MARK, BAY - REUTH,/17 - 79 below **Note:** Dav. #2020.

Date	Mintage	F	VF	XF	Unc	BU
1779	—	175	375	650	1,250	—
1779 ICE	—	175	375	650	1,250	—
1779 W//ED	—	150	300	600	1,150	—

KM# 264 THALER

Silver **Ruler:** Christian Friedrich Karl Alexander **Obv:** Armored bust right **Obv. Legend:** ALEXANDER. D.G. MARCH. BRAND. **Rev:** Lion holding arms within Order chain **Rev. Legend:** ZEHEN EINE FEINE MARK •, BAY - REUTH below **Note:** Dav. #2025.

Date	Mintage	F	VF	XF	Unc	BU
1782 ED	—	150	300	600	1,150	—
1783 EP	—	150	300	600	1,150	—

KM# 273 THALER

Silver **Ruler:** Christian Friedrich Karl Alexander **Obv:** Bust right **Rev:** Crowned and mantled arms, with supporters, divided date with B in circle and E-B below **Note:** Dav. #2028.

Date	Mintage	F	VF	XF	Unc	BU
1786	—	250	750	1,750	3,500	—

KM# 196 5 THALER

6.6500 g., 0.9000 Gold 0.1924 oz. AGW **Ruler:** Friedrich **Obv:** Bust **Rev:** Arms, monogram

Date	Mintage	F	VF	XF	Unc	BU
1746	—	1,000	2,000	3,500	6,600	—

TRADE COINAGE

KM# 143 1/2 DUCAT

1.7500 g., 0.9860 Gold 0.0555 oz. AGW **Ruler:** Christian Ernst **Obv:** Bust right **Rev:** Crowned cross of Order, date in legend

Date	Mintage	VG	F	VF	XF	Unc
1721	—	900	1,800	3,000	6,000	—

KM# 72 DUCAT

3.5000 g., 0.9860 Gold 0.1109 oz. AGW **Ruler:** Christian Ernst **Obv:** Bust right **Rev:** Arms in inner circle

Date	Mintage	VG	F	VF	XF	Unc
1708	—	1,000	2,000	3,500	6,500	—
ND	—	1,000	2,000	3,500	6,500	—

KM# 140 DUCAT

3.5000 g., 0.9860 Gold 0.1109 oz. AGW **Ruler:** Georg Wilhelm **Obv:** Bust right

Date	Mintage	VG	F	VF	XF	Unc
1720	—	1,500	3,000	6,000	10,000	—
1721	—	1,500	3,000	6,000	10,000	—
1722	—	1,500	3,000	6,000	10,000	—

KM# 159 DUCAT

3.5000 g., 0.9860 Gold 0.1109 oz. AGW **Ruler:** Georg Friedrich Karl **Subject:** Death of Georg Wilhelm **Rev:** Six-line inscription

Date	Mintage	VG	F	VF	XF	Unc
1726	—	—	—	2,250	5,000	—

KM# 164 DUCAT

3.5000 g., 0.9860 Gold 0.1109 oz. AGW **Ruler:** Georg Friedrich Karl **Obv:** Swan before tree **Rev:** 11-line inscription

Date	Mintage	VG	F	VF	XF	Unc
1727	—	250	500	1,000	2,000	—

KM# 179 DUCAT

3.5000 g., 0.9860 Gold 0.1109 oz. AGW **Ruler:** Friedrich **Obv:** Bust right **Rev:** Crowned and mantled arms

Date	Mintage	F	VF	XF	Unc	BU
1735	—	1,000	2,000	3,500	7,000	—
1746	—	1,000	2,000	3,500	7,000	—

KM# 197 DUCAT

3.5000 g., 0.9860 Gold 0.1109 oz. AGW **Ruler:** Friedrich **Obv:** Equestrian figure left, date below **Rev:** Order star

Date	Mintage	F	VF	XF	Unc	BU
1746	—	500	1,200	2,000	4,000	—

KM# 243 DUCAT

3.5000 g., 0.9860 Gold 0.1109 oz. AGW **Ruler:** Friedrich Christian **Obv:** Bust right

Date	Mintage	F	VF	XF	Unc	BU
1763	—	700	1,500	2,750	4,250	—

KM# 246 DUCAT

3.5000 g., 0.9860 Gold 0.1109 oz. AGW **Ruler:** Friedrich Christian **Subject:** Birthday of Friedrich Christian **Obv:** Bust right **Rev:** Crowned Bible, sword and scales

Date	Mintage	F	VF	XF	Unc	BU
1764	—	600	1,100	1,600	3,000	—

KM# 256 DUCAT

3.5000 g., 0.9860 Gold 0.1109 oz. AGW **Ruler:** Friedrich Christian **Obv:** Man on horse rearing right, date below **Rev:** Crowned Order star

Date	Mintage	F	VF	XF	Unc	BU
1767	—	500	950	1,500	2,650	—

KM# 141 2 DUCAT

7.0000 g., 0.9860 Gold 0.2219 oz. AGW **Ruler:** Georg Wilhelm **Obv:** Bust right **Rev:** Arms in inner circle

Date	Mintage	VG	F	VF	XF	Unc
1720 Rare	—	—	—	—	—	—

KM# 160 2 DUCAT

7.0000 g., 0.9860 Gold 0.2219 oz. AGW **Ruler:** Georg Friedrich Karl **Subject:** Death of Georg Wilhelm **Rev:** Six-line inscription

Date	Mintage	VG	F	VF	XF	Unc
1726	—	1,250	2,500	4,500	8,500	—

KM# A119 10 DUCAT (Portugalöser)

35.0000 g., 0.9860 Gold 1.1095 oz. AGW **Ruler:** Christian Ernst **Note:** Struck with 1 Thaler dies, KM#118.

Date	Mintage	VG	F	VF	XF	Unc
1704 GFN Rare	—	—	—	—	—	—

PATTERNS

Including off metal strikes

KM#	Date	Mintage	Identification	Mkt Val
Pn4	1702 IAP	—	1/24 Thaler. Copper. KM#90	—
Pn5	1704	—	4 Kreuzer. Copper. KM#117	—
Pn6	1704 GFN	—	Thaler. Gold. KM#118	—
Pn7	1715 IAP	—	1/24 Thaler. Copper. KM#125	120
Pn8	1717 IAP	—	1/24 Thaler. Copper. KM#125	120
Pn9	1719 IAP	—	1/24 Thaler. Copper. KM#125	120
Pn10	1721	—	1/2 Ducat. Silver. KM#143	—
Pn11	1722 IAP	—	1/24 Thaler. Copper. KM#125	120
Pn12	1726 ILR	—	1/24 Thaler. Gold. KM#153	2,500
Pn13	1727	—	Groschen. Gold. KM#162	—
Pn14	1727	—	Ducat. Silver. KM#164	—
Pn15	1745 CLR	—	Pfennig. Copper. KM#180	—

BRAUNAU

A city on the Inn River (in Austria), on the border of present-day Germany, about halfway between Munich and Enns, Austria. The Austrian army besieged Bavarian forces under the command of Duke Ludwig Friedrich of Saxe-Hildburghausen, there in 1743 during which time siege coinage was issued.

AUSTRIAN MILITARY OCCUPATION

SIEGE COINAGE

1743

KM# 1 KREUZER

Lead Or Tin **Obv:** Crowned oval Saxon arms between two palm branches, BRAVNAV above, date divided below by 1 **Shape:** Octagonal **Note:** Uniface

Date	Mintage	Good	VG	F	VF	XF
1743	—	100	200	450	750	—

KM# 2 3 KREUZER

Lead Or Tin **Obv:** Crowned oval Saxon arms between two palm branches, 3 below, date divided above, BRAVNAV at left, LFH at right **Shape:** Octagonal **Note:** Uniface

Date	Mintage	Good	VG	F	VF	XF
1743	—	150	325	650	1,150	—

KM# 3 15 KREUZER (1/4 Gulden)

Lead Or Tin **Obv:** 15 below arms divides IM-VF. **Shape:** Octagonal **Note:** Uniface

Date	Mintage	Good	VG	F	VF	XF
1743	—	200	400	800	1,500	—

BREMEN

KM# 4 30 KREUZER (1/2 Gulden)
Lead Or Tin **Obv:** Crowned oval Saxon arms between two palm branches, 30 below divides IM-VF, BRAVNAV above date **Shape:** Octagonal **Note:** Uniface

Date	Mintage	Good	VG	F	VF	XF
1743	—	350	700	1,500	2,500	—

KM# 11 DUCAT
3.5000 g., 0.9860 Gold 0.1109 oz. AGW **Obv:** Crowned Saxon arms in palm branches, crown divides date **Shape:** Octagonal **Note:** Uniface

Date	Mintage	VG	F	VF	XF	Unc
1743	—	—	—	6,000	9,500	—

Date	Mintage	VG	F	VF	XF	Unc
1781 DB	219,000	3.00	7.00	15.00	33.00	—
1797 DB	220,000	3.00	7.00	15.00	33.00	—

KM# 215 SCHWAREN
Copper **Obv:** Key divides date **Rev:** Value with ornaments **Note:** Klippe.

Date	Mintage	VG	F	VF	XF	Unc
1781 DB	—	—	—	175	275	—

KM# 220 2-1/2 SCHWAREN
Copper **Rev:** D. B. in exergue

Date	Mintage	F	VF	XF	Unc	BU
1797	154,000	8.00	18.00	37.00	75.00	90.00

KM# 12 2 DUCAT
7.0000 g., 0.9860 Gold 0.2219 oz. AGW **Obv:** Crowned Saxon arms in palm branches, crown divides date **Shape:** Octagonal **Note:** Uniface

Date	Mintage	VG	F	VF	XF	Unc
1743	—	—	—	10,000	15,000	—

BREMEN

Established at about the same time as the bishopric in 787, Bremen was under the control of the bishops and archbishops until joining the Hanseatic League in 1276. Archbishop Albrecht II granted the mint right to the city in 1369, but this was not formalized by imperial decree until 1541. In 1646, Bremen was raised to free imperial status and continued to strike its own coins into the early 20th century. The city lost its free imperial status in 1803 and was controlled by France from 1806 until 1813. Regaining it independence in 1815, Bremen joined the North German Confederation in 1867 and the German Empire in 1871.

MINT OFFICIALS' INITIALS

Initials	Date	Name
	1720	Johann Grevenstein, mintmaster
	1723	Heinrich Christoph Hille, mintmaster
	1737-43	Matthias Meyer, warden
	1743-56	Matthias Meyer, mintmaster
	1742-7	Johann Stadtlander, die-cutter
	1743-47	Martin Fischer, die-cutter
	1744	Christoph Hoffmann, die-cutter
	1745-46	Paul Goekte, die-cutter
JGB, IGB	1747-61	Johann Gottlieb Bringmann (Brinkmann), die-cutter and mintmaster
	1780-1811	Eberhard Christian Poppe, warden

ARMS
Key, often in shield

REFERENCE
J = Hermann Jungk, *Die Bremischen Münzen – Münzen und Medaillen des Erzbisthums und der Stadt Bremen*, Bremen, 1875.

FREE CITY
REGULAR COINAGE

KM# 5 GULDEN (60 Kreuzer)
Lead Or Tin **Obv:** 1 below arms divides IM-VF **Shape:** Octagonal **Note:** Uniface

Date	Mintage	Good	VG	F	VF	XF
1743	—	300	700	1,500	3,000	5,000

KM# 6 1/16 THALER
Silver **Obv:** Crowned oval Saxon arms between two palm branches, BRAVNAV above, date divided by 9/MAY **Shape:** Octagonal **Note:** Uniface

Date	Mintage	VG	F	VF	XF	Unc
1743	—	400	800	1,650	2,750	—

KM# 7 1/8 THALER
Silver **Obv:** Crowned oval Saxon arms between two palm branches, 9/MAY below, date divided above, BRAVNAV at left, LFHZS at right **Shape:** Octagonal **Note:** Uniface

Date	Mintage	VG	F	VF	XF	Unc
1743	—	450	900	1,750	3,000	—

KM# 8 1/4 THALER
Silver **Obv:** 9/MAY divides IM-VF below arms **Shape:** Octagonal **Note:** Uniface

Date	Mintage	VG	F	VF	XF	Unc
1743	—	450	900	1,750	3,000	—

KM# 9 1/2 THALER
Silver **Obv:** Crowned oval Saxon arms between two palm branches, 9/MAY divides IM-VF below, BRAVNAV above **Shape:** Octagonal **Note:** Uniface

Date	Mintage	VG	F	VF	XF	Unc
1743	—	825	1,650	3,250	5,500	—

TRADE COINAGE

KM# 10 1/2 DUCAT
1.7500 g., 0.9860 Gold 0.0555 oz. AGW **Obv:** Crowned Saxon arms in palm branches, date divided near bottom **Shape:** Octagonal **Note:** Uniface

Date	Mintage	VG	F	VF	XF	Unc
1743	—	—	—	3,000	5,000	—

KM# 155 SCHWAREN
Billon **Obv:** Key with date in legend **Rev:** St. Peter in circle

Date	Mintage	VG	F	VF	XF	Unc
1708	—	15.00	30.00	55.00	125	—

KM# 166 SCHWAREN
Copper **Obv:** Key divides date **Rev:** Value with ornaments

Date	Mintage	VG	F	VF	XF	Unc
1719	—	3.00	7.00	15.00	33.00	—
1720	155,000	3.00	7.00	15.00	33.00	—
1726	105,000	3.00	7.00	15.00	33.00	—
1730	217,000	3.00	7.00	15.00	33.00	—
1731	78,000	3.00	7.00	15.00	33.00	—
1732	65,000	3.00	7.00	15.00	33.00	—
1740	155,000	3.00	7.00	15.00	33.00	—
1741	Inc. above	3.00	7.00	15.00	33.00	—
1768 DB	193,000	3.00	7.00	15.00	33.00	—

KM# 100.1 1/2 GROTEN
Billon **Obv:** Key divides date in circle **Rev:** Cross in circle **Note:** Varieties exist.

Date	Mintage	VG	F	VF	XF	Unc
1708 R	—	20.00	50.00	125	250	—
1731 IP	31,000	12.00	25.00	50.00	100	—
1732 IP	48,000	12.00	25.00	50.00	100	—
1733 IP	—	25.00	60.00	150	350	—

KM# 100.2 1/2 GROTEN
Billon **Obv:** Without circles **Rev:** Without circles

Date	Mintage	VG	F	VF	XF	Unc
1741 GLC	—	8.00	15.00	30.00	65.00	—
1742 GLC	—	8.00	15.00	30.00	65.00	—
1750	316,000	8.00	15.00	30.00	65.00	—
1752	—	8.00	15.00	30.00	65.00	—

KM# 208 1/2 GROTEN
Billon **Obv:** Crowned key divides date **Rev:** Legend in quatrefoil

Date	Mintage	VG	F	VF	XF	Unc
1765 RDDB	287,000	5.00	10.00	20.00	45.00	—

KM# 209 1/2 GROTEN
Billon **Rev:** Legend in palm wreath

Date	Mintage	VG	F	VF	XF	Unc
1768 DB	85,000	8.00	15.00	30.00	65.00	—

KM# 210 1/2 GROTEN
Copper **Rev:** Legend in laurel wreath

Date	Mintage	VG	F	VF	XF	Unc
1771 DB	139,000	6.00	12.00	25.00	50.00	—
1772 DB	91,000	8.00	15.00	30.00	65.00	—

KM# 211 1/2 GROTEN
Copper **Note:** Klippe.

Date	Mintage	VG	F	VF	XF	Unc
1771 DB	—	—	—	200	300	—

KM# 216 1/2 GROTEN
0.7300 g., 0.1660 Silver 0.0039 oz. ASW **Obv:** Crowned key **Rev:** Value and date

Date	Mintage	VG	F	VF	XF	Unc
1781 OHK	288,000	4.00	10.00	20.00	45.00	95.00

GERMAN STATES — BREMEN

KM# 217 1/2 GROTEN
Billon **Obv:** Key divides date **Rev:** Value

Date	Mintage	VG	F	VF	XF	Unc
1789 DB	182,000	4.00	10.00	20.00	45.00	—

KM# 160 GROTEN
Silver **Obv:** Key within shield **Rev:** Titles of Joseph I

Date	Mintage	VG	F	VF	XF	Unc
1708	413,000	8.00	15.00	30.00	65.00	—
1709	Inc. above	8.00	15.00	30.00	65.00	—

KM# 175 GROTEN
Silver **Obv:** Key within shield **Rev:** Titles of Charles VI

Date	Mintage	VG	F	VF	XF	Unc
1733 IP	—	12.00	25.00	50.00	100	—
1734 IP	—	12.00	25.00	50.00	100	—

KM# 176 GROTEN
Silver **Obv:** Key within shield **Rev:** Without circles, 1 in oval on eagle's breast

Date	Mintage	VG	F	VF	XF	Unc
1737 GL	578,000	8.00	20.00	40.00	80.00	—
1738 GLC	Inc. above	8.00	20.00	40.00	80.00	—
1739 GLC	—	8.00	20.00	40.00	80.00	—
1740 GLC	413,000	8.00	20.00	40.00	80.00	—

KM# A180 GROTEN
Silver **Obv:** Key within shield **Rev:** Without circles, 1 in oval on ealge's breast **Note:** Klippe

Date	Mintage	VG	F	VF	XF	Unc
1737 GL	—	—	2,250	3,750	—	—

KM# 180 GROTEN
Silver **Obv:** Key within shield **Rev:** Titles of Charles VII

Date	Mintage	VG	F	VF	XF	Unc
1742 GLC	1,105,000	7.00	15.00	30.00	60.00	100

KM# 196 GROTEN
Silver **Obv:** Key within shield

Date	Mintage	VG	F	VF	XF	Unc
1743	1,393,000	7.00	15.00	30.00	60.00	—

KM# 197 GROTEN
Silver **Obv:** Key within shield

Date	Mintage	VG	F	VF	XF	Unc
1743	—	12.00	28.00	55.00	95.00	—
1744	1,500,000	7.00	15.00	30.00	60.00	—

KM# 198 GROTEN
Silver **Obv:** Key within shield **Rev:** Spanish shield ornamented on top and sides

Date	Mintage	VG	F	VF	XF	Unc
1743	Inc. above	7.00	15.00	30.00	60.00	—
1744	Inc. above	7.00	15.00	30.00	60.00	—

KM# 199 GROTEN
Silver **Obv:** Key within shield **Rev:** Crowned imperial eagle

Date	Mintage	VG	F	VF	XF	Unc
1745	2,146,000	4.00	10.00	22.00	45.00	—

KM# 188 GROTEN
Silver **Rev:** Oval ornamented shield

Date	Mintage	VG	F	VF	XF	Unc
1745	Inc. above	3.00	7.00	15.00	30.00	—

KM# 201 GROTEN
Silver **Note:** Varieties exist.

Date	Mintage	VG	F	VF	XF	Unc
1745	Inc. above	3.00	7.00	15.00	30.00	—

KM# 202 GROTEN
Silver **Obv:** Plain shield **Rev:** Crowned double-headed eagle with value on breast

Date	Mintage	VG	F	VF	XF	Unc
1746	2,456,000	3.00	7.00	15.00	30.00	—
1747	2,621,000	3.00	7.00	15.00	30.00	—
1748	2,447,000	3.00	7.00	15.00	30.00	—
1752	2,696,000	3.00	7.00	15.00	30.00	—

KM# 203 GROTEN
Silver **Obv:** Key within ornate shield

Date	Mintage	VG	F	VF	XF	Unc
1746	Inc. above	3.00	7.00	15.00	30.00	—

KM# 212 GROTEN
Silver **Obv:** Key within ornate shield

Date	Mintage	VG	F	VF	XF	Unc
1746	Inc. above	3.00	7.00	15.00	32.00	75.00
1753	2,588,000	3.00	7.00	15.00	32.00	75.00

KM# 213 GROTEN
Silver **Rev:** Spanish shield

Date	Mintage	VG	F	VF	XF	Unc
1747	Inc. above	—	—	—	—	—
1748	Inc. above	—	—	—	—	—
1752	Inc. above	—	—	—	—	—
1754	2,938,000	3.00	7.00	15.00	30.00	—
1755	1,915,000	3.00	7.00	15.00	30.00	—
1763	1,275,000	8.00	16.00	35.00	75.00	—

KM# 214 GROTEN
Silver **Obv:** Ornamentation on top

Date	Mintage	VG	F	VF	XF	Unc
1749	2,350,000	3.00	7.00	15.00	30.00	—

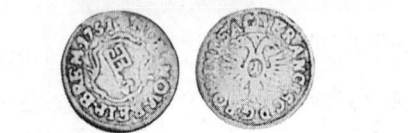

KM# 218 GROTEN
Silver **Obv:** More ornamentation at top **Rev:** Double-headed eagle with value on breast

Date	Mintage	VG	F	VF	XF	Unc
1750	2,382,000	3.00	7.00	15.00	30.00	—
1751	2,575,000	3.00	7.00	15.00	30.00	—

KM# 219 GROTEN
Silver **Obv:** Key on shield with crosses at top and sides **Rev:** Crowned imperial eagle, titles of Francis I

Date	Mintage	VG	F	VF	XF	Unc
1763	—	3.00	7.00	15.00	30.00	—

KM# 222 GROTEN
Silver **Obv:** Shield with divides initials, crown above, crosses at sides

Date	Mintage	VG	F	VF	XF	Unc
1763 RDDB	1,275,000	3.00	7.00	15.00	30.00	—

KM# 223 GROTEN
Silver **Obv:** Star above Key on open shield

Date	Mintage	VG	F	VF	XF	Unc
1763	Inc. above	3.00	7.00	15.00	30.00	—

KM# 224 GROTEN
Silver **Obv:** Key within wreath of oak and laurel, crown above

Date	Mintage	VG	F	VF	XF	Unc
1763	Inc. above	3.00	7.00	15.00	30.00	60.00
1764	Inc. above	3.00	7.00	15.00	30.00	60.00
1764 RDDB	203,000	3.00	7.00	15.00	30.00	60.00

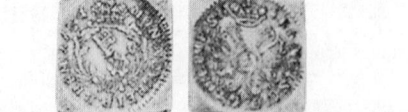

KM# 204 GROTEN
Silver **Obv:** Crowned key within wreath **Rev:** Crowned double-headed imperial eagle with value on breast **Note:** Klippe.

Date	Mintage	VG	F	VF	XF	Unc
1764	—	—	—	—	—	—

Note: Multiple legend and punctuation varieties exist for each date and type

KM# 161 2 GROTE (1/36 Thaler)
Silver **Obv:** Oval arms in ornamented shield, date in legend **Rev:** Titles of Joseph I

Date	Mintage	VG	F	VF	XF	Unc
1709	711,000	9.00	20.00	40.00	80.00	—

BREMEN

GERMAN STATES

KM# 177 2 GROTE (1/36 Thaler)
Silver **Obv:** Arms in oval baroque frame, 36 above, date in legend **Rev:** Crowned double-headed imperial eagle, titles of Charles VI

Date	Mintage	VG	F	VF	XF	Unc
1738 GLC	578,000	10.00	25.00	50.00	100	—
1739 GLC	Est. 1	10.00	25.00	50.00	100	—

Date	Mintage	F	VF	XF	Unc	BU
1747 MF	—	100	150	325	675	—
1748	1,190	100	150	325	675	—

KM# 192 1/2 THALER
Silver **Obv:** Similar to KM#191 but arms rest on ornate pedestal **Rev:** Crowned double-headed imperial eagle

Date	Mintage	F	VF	XF	Unc	BU
1748	Inc. above	100	150	325	675	—

KM# 193 1/2 THALER
Silver **Obv:** Crowned and supported arms on ornate pedestal **Rev:** Crowned double-headed imperial eagle **Note:** Similar to KM#192 but with thicker planchet.

Date	Mintage	F	VF	XF	Unc	BU
1748	50	—	—	3,500	6,000	—

KM# 170 THALER
Silver **Obv:** Crowned and supported arms, R.N. date below **Obv. Legend:** MONETA NOVA REIPUB: BREMENSIS * **Rev:** Crowned imperial eagle, large orb on breast, titles of Charles VI **Rev. Legend:** CAROL. VI. D.G.ROM. IMP. SEMP. AUG. HISP. HUNG. & BOH. REX **Note:** Dav. #2045.

Date	Mintage	F	VF	XF	Unc	BU
MDCCXXIII (1723)	—	275	550	1,100	1,850	—

KM# 185 THALER
Silver **Obv:** Crowned and supported oval arms, date in panel below **Obv. Legend:** MON • LIB • REIP • BREMENS •, M.F. at bottom **Rev:** Crowned double-headed imperial eagle, titles of Charles VII **Rev. Legend:** CAROLUS • VI • • D • G • ROM • IMP • S • A • **Note:** Dav. #2051.

Date	Mintage	F	VF	XF	Unc	BU
1744 MF	109	650	1,150	2,250	3,500	—

KM# 186 THALER
Silver **Obv:** Crowned and supported oval arms, date in panel below **Rev:** Crowned imperial eagle holds orb and scepter, titles of Charles VII **Note:** Klippe. Dav. #2051A.

Date	Mintage	F	VF	XF	Unc	BU
1744 MF Rare	—	—	—	—	—	—

KM# 205 6 GROTE / 1/12 THALER
Silver **Obv:** Crowned key in baroque frame, date below legend **Rev:** Crowned double imperial eagle, value **Rev. Legend:** N • D • R • FUS

Date	Mintage	VG	F	VF	XF	Unc
1763	61,000	8.00	18.00	37.00	75.00	—
1764	—	10.00	22.00	45.00	90.00	—

KM# 206 6 GROTE / 1/12 THALER
Silver **Obv:** Key within crowned ornate shield **Rev:** Crowned double-headed imperial eagle with value on breast **Note:** Klippe.

Date	Mintage	VG	F	VF	XF	Unc
1764	—	—	—	—	—	—

KM# 207 6 GROTE / 1/12 THALER
Silver **Obv:** Without N. D. R., date in legend **Rev:** Crowned double-headed imperial eagle **Note:** Similar to KM#205.

Date	Mintage	VG	F	VF	XF	Unc
1764 RDDB	—	8.00	18.00	37.00	75.00	—
1764 DB	—	8.00	18.00	37.00	75.00	—
1764 RDBD Error	—	8.00	18.00	37.00	75.00	—

KM# 195 24 GROTE (1/3 Thaler)
Silver **Obv:** Crowned shielded arms **Rev:** Crowned double-headed imperial eagle, titles of Francis I

Date	Mintage	VG	F	VF	XF	Unc
1749	1,890	35.00	75.00	150	300	—

KM# 194 THALER
Silver **Obv:** Crowned and supported oval arms **Rev:** Crowned imperial eagle **Note:** Struck from 1/2 Thaler dies. Thick flan. Dav. #2052.

Date	Mintage	F	VF	XF	Unc	BU
1748 Rare	50	—	—	10,000	18,000	—

Note: Wag Auction 35, 2-06, XF-Unc realized approximately $16,680

KM# 181 THALER
Silver **Obv:** Crowned and supported oval arms, R.N. date below **Rev:** Crowned imperial eagle, titles of Charles VII and date in legend **Note:** Dav. #2047.

Date	Mintage	F	VF	XF	Unc	BU
MDCCXLII (1742) GLC	783	2,000	4,000	7,000	10,000	—

KM# 200 48 GROTE (2/3 Thaler)
Silver **Obv:** Crowned and supported arms **Rev:** Crowned double-headed imperial eagle, titles of Francis I

Date	Mintage	VG	F	VF	XF	Unc
1753	1,242	40.00	100	210	425	—

KM# 183 THALER
Silver **Obv:** Crowned arms with supporters **Obv. Legend:** MONETA • NOVA • REIPUBL: BREMENSIS • **Rev:** Crowned double-headed imperial eagle with orb on breast **Rev. Legend:** CAROL: VII • D•G•ROM: IMP: SEMP: AUG • 1743 **Note:** Dav. #2049.

Date	Mintage	F	VF	XF	Unc	BU
1743 MF	Inc. above	250	500	900	1,650	—

KM# 171 2 THALER
Silver **Obv:** Crowned supported shield, date in R.N. **Obv. Legend:** MONETA NOVA REIPUB: BREMENSIS * **Rev:** Crowned imperial eagle, titles of Charles VI **Rev. Legend:** CAROL. VI. D. G. ROM. IMP. SEMP. AUG. HISP. HUNG. & BOH. REX **Note:** Dav. #2044.

Date	Mintage	VG	F	VF	XF	Unc
MDCCXXIII (1723) Rare	—	—	—	—	—	—

KM# 182 2 THALER
Silver **Obv:** Crowned and supported oval arms in legend **Rev:** Crowned imperial eagle, titles of Charles VII and date in legend **Note:** Dav. #2046.

Date	Mintage	VG	F	VF	XF	Unc
1742 GLC Rare	51	—	—	—	—	—

KM# 191 1/2 THALER
Silver **Obv:** Crowned and supported arms **Rev:** Crowned double-headed imperial eagle, titles of Francis I

GERMAN STATES

BREMEN

KM# 190 2 DUCAT
7.0000 g., 0.9860 Gold 0.2219 oz. AGW **Obv:** Crowned arms with lion supporters in inner circle **Obv. Legend:** • MONETA AUG • LIB • REIPUBL • BREMENSIS • **Rev:** Crowned imperial eagle, titles of Francis I **Rev. Legend:** FRANCISCUS • D • G •• ROM • IMPERAT • S • A •

Date	Mintage	VG	F	VF	XF	Unc
1746	—	1,000	2,000	3,750	7,500	—

PATTERNS
Including off metal strikes

KM#	Date	Mintage	Identification	Mkt Val
Pn13	1708	—	Schwaren. Gold. KM#155	2,000
Pn14	1708	—	Groten. Gold. KM#160	—
Pn15	1730	—	Schwaren. Silver. KM#166	200
Pn16	1731	—	Schwaren. Gold. KM#166	—
Pn17	1733 IP	—	Schwaren. Gold. KM#175	—
PnA18	1742 GLC	—	1/2 Groten. Gold. KM#100.2	1,750
Pn18	1742 GLC	—	Thaler. Gold. KM#181	—
Pn19	1743	—	Groten. Gold. KM#180	—
Pn20	1744 MF	—	Thaler. Gold. KM#185	—
Pn21	1747 MF	—	1/12 Thaler. Gold. KM#191	—
Pn22	1748	—	1/12 Thaler. Gold. KM#191	—
Pn23	1748	—	1/12 Thaler. Gold. KM#192	—
Pn24	1763	—	6 Grote / 1/12 Thaler. Gold. KM#205	—
Pn25	1764 RDDB	—	Groten. Gold. KM#224	2,750
Pn26	1764	—	6 Grote / 1/12 Thaler. Gold. KM#207	—
Pn27	1765 RDDB	—	1/2 Groten. Gold. KM#208	—
PnA28	1768	—	Schwaren. Gold. KM#166	—
Pn28	1768	—	Schwaren. Silver. KM#166	225
Pn29	1768 DB	—	1/2 Groten. Gold. KM#209	—
Pn30	1771 DB	—	1/2 Groten. Gold. KM#210	—
Pn32	1781	—	Schwaren. Silver. Klippe; KM#215	—
Pn33	1781 OHK	24	1/2 Groten. Gold. KM#216	—
PnA31	1781	—	Schwaren. Gold. KM#166	—
Pn31	1781	—	Schwaren. Silver. KM#166	200
Pn34	1782	—	Schwaren. Silver. KM#166	—
Pn35	1789	—	1/2 Groten. Silver. KM#167; thick flan.	—
PnA36	1789	—	1/2 Groten. Gold. KM#217; weight of 1 Ducat.	—
PnC36	1797	—	Schwaren. Gold. KM#166	—
PnB36	1797	—	Schwaren. Silver. KM#166; 25 milimeter flan	200
Pn36	1789 DB	—	1/2 Groten. Gold. KM#217; weight of 1/2 Ducat.	1,500
PnA37	1789	—	1/2 Groten. Gold. KM#217, weight of 1 Ducat.	—
PnB37	1781	—	Schwaren. Copper. KM166.	—
Pn37	1797	—	2-1/2 Schwaren. Silver. KM#220	225

KM# 184 2 THALER
Silver **Obv:** Crowned supported arms **Obv. Legend:** MONETA. NOVA. REIPUBL: BREMENSIS. **Rev:** Crowned imperial eagle, titles of Charles VII **Rev. Legend:** CAROLUS. VII. - D.G. ROM. IMP. S. A. **Note:** Dav. #2048.

Date	Mintage	VG	F	VF	XF	Unc
1743 MF	Inc above	1,250	2,500	4,500	7,500	—

KM# 187 2 THALER
Silver **Obv:** Crowned and supported oval arms, date in panel below **Rev:** Crowned double-headed imperial eagle holds scepter and orb **Note:** Dav. #2050.

Date	Mintage	VG	F	VF	XF	Unc
1744 MF	78	1,200	2,500	4,500	7,500	—

TRADE COINAGE

KM# 165 DUCAT
3.5000 g., 0.9860 Gold 0.1109 oz. AGW **Obv:** Crowned arms with lion supporters in inner circle, date in legend **Rev:** Crowned imperial eagle in inner circle, titles of Josef I **Note:** Fr. #415.

Date	Mintage	VG	F	VF	XF	Unc
1710 GCR	—	900	2,000	3,250	6,000	—

KM# 172 DUCAT
3.5000 g., 0.9860 Gold 0.1109 oz. AGW **Obv:** Crowned arms with lion supporters, Roman numeral date below **Obv. Legend:** MONETA NOVA REIPUB: BREMENSIS **Rev:** Crowned double-headed imperial eagle in inner circle, titles of Karl VI **Rev. Legend:** CAROL. VI. D.G. ROM. IMP. SEMP. AUG. HISP. HUNG. ET. BOH. REX **Note:** Fr. #417.

Date	Mintage	VG	F	VF	XF	Unc
MDCCXXIII (1723)	470	350	750	1,500	3,000	—

KM# 189 DUCAT
3.5000 g., 0.9860 Gold 0.1109 oz. AGW **Obv:** Crowned arms with lion supporters **Obv. Legend:** MONETA AUG • LIB • REIPUBL • BREMENSIS **Rev:** Imperial double eagle, titles of Francis I **Rev. Legend:** FRANCISCUS • D • G • ROM • IMPERAT • S • A • **Note:** Fr. #424.

Date	Mintage	VG	F	VF	XF	Unc
1745	141	500	1,000	1,750	3,300	—
1746	823	300	600	1,200	2,650	—

BRESLAU

BISHOPRIC

One of the chief cities of Silesia, Breslau is the present day Wroclaw in Poland, 135 miles (225 kilometers) east of Dresden and 200 miles (330 kilometers) southwest of Warsaw. The site was settled in the early 10th century and a bishopric was soon established in close proximity to the town. The bishop was made a Prince of the Empire in 1290 and he obtained the right to coin money at the same time. The fortunes of the bishopric closely followed those of the city. The portion of territory which came into the possession of Prussia was liquidated in 1810.

RULERS
Franz Ludwig, Pfalzgraf von Neuburg, 1683-1732
Philipp Ludwig, Graf von Sinzendorf, 1732-47
Philipp Gotthard, Graf von Schaffgotsch, 1747-95
Josef Christian, Fürst von Hohenlohe-Waldenburg-Bartenstein, 1795-1810 (1823)

MINT OFFICIALS' INITIALS

Initials	Date	Name
LPH/(backwards 1678-1701		Leonhard Paul Haller, warden and
R)H		mintmaster
SS	1701-17	Siegmund Strasser, warden
B	1702-43	Philipp Christoph Becker, die-cutter in Vienna
DG	1714-44	Antonio DeGennaro, die-cutter in Vienna
D/D	1776-1803	Ignaz Donner, die-cutter in Vienna
K	1776-1805	Anton Friedrich König, die-cutter in Breslau

ARMS
Breslau/Neisse – one to six lilies
Austria – horizontal shaded bar across middle of shield
Silesia – eagle, crescent moon on breast

NOTE: The arms of Neisse, a principality acquired by the bishops, are usually found on the episcopal coinage of Breslau, being practically identical, one with the other.

REFERENCES
F/S = Ferdinand Friedensburg and Hans Seger, *Schlesiens Münzen und Medaillen der neueren Zeit*, Breslau, 1901 (reprint Frankfurt/Main, 1976.

J/M = Norbert Jaschke and Fritz P. Maercker, *Schlesische Münzen und Medaillen*, Ihringen, 1985.

S = Hugo Frhr. Von Saurma-Jeltsch, *Die Saurmasche Münzsammlung Deutscher, Schweizerischer und Polnischer Gepräge von etwa dem Beginn der Groschenzeit bis zur Kipperperiode*, Berlin, 1892.

S/S = Hugo Frhr. Von Saurma-Jeltsch, *Schlesische Münzen und Medaillen*, Breslau, 1883.

Sch = Wolfgang Schulten, *Deutsche Münzen aus der Zeit Karls V*, Frankfurt am Main, 1974.

REGULAR COINAGE

KM# 212 GROSCHEN
Silver **Ruler:** Franz Ludwig **Subject:** Death of Franz Ludwig **Obv:** Oval 4-fold arms in baroque frame on which superimposed a cross with shield in center containing imperial eagle with shield on breast at center has wheel of Mainz, titles of Franz Ludwig, no date **Rev:** 9-line inscription with dates **Note:** Ref. J/M#207.

Date	Mintage	VG	F	VF	XF	Unc
1732	—	—	—	—	—	—

KM# 180 1/2 KREUZER
Silver **Ruler:** Franz Ludwig **Obv:** Oval 6-fold arms with central shield of Pfalz, '1/2' in small oval in lower half, all in baroque frame, miter above divides date **Note:** Ref. F/S#2738, 2753. Uniface.

Date	Mintage	VG	F	VF	XF	Unc
1701	—	12.00	28.00	40.00	70.00	175

KM# 191 KREUZER
Silver, 16 mm. **Ruler:** Franz Ludwig **Obv:** Bust right, value '1' in oval below, titles of Franz Ludwig **Rev:** Spanish shield in which 8-fold arms with central shield of Pfalz divides date, crown above, titles cont. **Note:** Ref. F/S#2746-47, 2751.

Date	Mintage	VG	F	VF	XF	Unc
1701 SS	—	12.00	28.00	40.00	70.00	—

KM# 194 KREUZER
Silver **Ruler:** Franz Ludwig **Obv:** Bust right, value '1' in oval below, titles of Franz Ludwig **Rev:** Spanish shield in which 8-fold arms with central shield of Pfalz divides date, crown above, titles cont. **Note:** Ref. F/S#2752. Klippe.

Date	Mintage	VG	F	VF	XF	Unc
1701 SS	—	12.00	28.00	40.00	70.00	—

KM# 218 15 KREUZER (1/4 Gulden; 1/6 Thaler)
Silver **Ruler:** Philipp Ludwig **Obv:** Bust right, 'XV' below, titles of Philipp **Rev:** 4-fold arms with 2-fold central shield, miter and crown above, cardinal's hat over all, titles cont. and date **Note:** Ref. F/S#2774.

Date	Mintage	VG	F	VF	XF	Unc
1735	—	40.00	75.00	150	300	—

KM# 206 1/2 THALER
Silver **Ruler:** Franz Ludwig **Obv:** Bust right, titles of Franz Ludwig **Rev:** Oval 4-fold arms in baroque frame on which superimposed a cross with shield in center containing imperial eagle with cross in shield on breast, large crown above divides date, mantle hanging from crown and draped behind arms, titles cont. **Note:** Ref. F/S#2761.

Date	Mintage	VG	F	VF	XF	Unc
1722 Rare	—	—	—	—	—	—

KM# 213 1/2 THALER
Silver **Ruler:** Franz Ludwig **Obv:** Bust right, titles of Franz Ludwig **Rev:** Oval 4-fold arms in baroque frame on which superimposed a cross with shield in center containing imperial eagle with wheel of Mainz on breast, large crown above divides date, mantle hanging from crown and draped behind arms, titles cont. **Note:** Ref. F/S#2768.

Date	Mintage	VG	F	VF	XF	Unc
1732 Rare	—	—	—	—	—	—
1732 B Rare	—	—	—	—	—	—

above crowned and mantled arms with supporters **Note:** Octagonal klippe. Convention 1/2 Thaler. Prev. C-5b.

Date	Mintage	Good	VG	F	VF	XF
1796 K	—	—	—	—	1,500	2,500

KM# 196 THALER

Silver Ruler: Franz Ludwig **Obv:** Bust right, date below, titles of Franz Ludwig **Rev:** Crowned 8-fold arms with central shield of Pfalz, date divided by bottom shield of arms in cruciform and legend of continued titles **Note:** Ref. J/M#204.

Date	Mintage	VG	F	VF	XF	Unc
1701 LPH Rare	—	—	—	—	—	—

KM# 202 THALER

Silver Ruler: Franz Ludwig **Obv:** Bust right, titles of Franz Ludwig **Rev:** 2 adjacent oval arms in baroque frame, crown above, date below, titles cont. **Note:** Ref. F/S#2754.

Date	Mintage	VG	F	VF	XF	Unc
1714 SS Rare	—	—	—	—	—	—

KM# 207 THALER

Silver Ruler: Franz Ludwig **Obv:** Bust right, titles of Franz Ludwig **Rev:** Oval 4-fold arms in baroque frame, 2 crowned lion supporters at sides of arms, superimposed a cross with shield in center containing imperial eagle with cross in shield on breast, date divided at bottom of arms **Note:** Ref. F/S#2760.

Date	Mintage	VG	F	VF	XF	Unc
1722 B Rare	—	—	—	—	—	—

KM# 217 1/2 THALER

Silver Ruler: Philipp Ludwig **Obv:** Bust right, titles of Philipp **Rev:** 4-fold arms with 2-fold central shield, miter and crown above, cardinal's hat over all, titles cont. and date **Note:** Ref. F/S#2773.

Date	Mintage	VG	F	VF	XF	Unc
1733 B	—	80.00	140	250	500	—

KM# 227 1/2 THALER

Silver Ruler: Philipp Gotthard **Obv:** Bust right, titles of Philipp Gotthard **Rev:** Ornate crowned and mantled arms, titles cont. and date **Note:** Prev. C-1. (J/M-215 for 1774 date)

Date	Mintage	VG	F	VF	XF	Unc
1754 D	—	75.00	175	375	750	—
1770	—	75.00	175	375	750	—
1774	—	—	—	—	—	—
1777	—	75.00	175	375	750	—

KM# 229 1/2 THALER

Silver Ruler: Josef Christian **Obv:** Bust right, titles of Josef Christian **Obv. Legend:** * IOSEPH . D.G. PRIN. AB HOHENLOHE WALD. BART. **Rev:** Crowned and mantled ornate arms supported by 2 lions, cardinal's hat above, titles cont. and date **Note:** Ref. F/S#2788. Convention 1/2 Thaler. Prev. C-5.

Date	Mintage	VG	F	VF	XF	Unc
1796 K	—	75.00	175	335	675	—

KM# 230 1/2 THALER

Silver Ruler: Josef Christian **Obv:** Bust right **Rev:** Cardinals hat above crowned and mantled arms with supporters **Note:** Square klippe. Convention 1/2 Thaler. Prev. C-5a.

Date	Mintage	Good	VG	F	VF	XF
1796 K	—	—	—	—	1,250	2,250

KM# 231 1/2 THALER

Silver Ruler: Josef Christian **Obv:** Bust right **Rev:** Cardinals hat

KM# 225 THALER

Silver Ruler: Philipp Gotthard **Obv:** Bust right, titles of Philipp Gotthard **Obv. Legend:** PHIL • GOTTHARD • D • G • PR • DE • SCHAFFGOTSCH • **Rev:** Ornate crowned and mantled arms, titles cont. and date **Rev. Legend:** EPISC: WRATISL: PR: NISS: · ET • DUX • GROTTKOV • **Note:** Dav. #2053. Ref. F/S#2779, 2782-82a, 2785; J/M#214. Convention thaler.

Date	Mintage	VG	F	VF	XF	Unc
1753 D	—	200	450	750	1,500	—
1770	—	—	—	—	—	—
1770 D	—	175	350	600	1,250	—
1773 D	—	175	350	600	1,250	—
1773/53 D	—	—	—	—	—	—
1777	—	175	350	600	1,250	—

TRADE COINAGE

KM# 189 DUCAT

Gold Ruler: Franz Ludwig **Obv:** Bust right, date below, titles of Franz Ludwig **Rev:** Crowned 8-fold arms with central shield of Pfalz, 4 small shield of arms around in cruciform **Note:** Fr. #524. Ref. F/S#2742, 2750.

Date	Mintage	VG	F	VF	XF	Unc
1701 LPH	—	2,000	3,500	6,000	10,000	—

KM# 175 DUCAT

3.5000 g., 0.9860 Gold 0.1109 oz. AGW **Ruler:** Franz Ludwig **Obv:** Bust right, titles of Franz Ludwig **Rev:** 4-fold arms in oval, slightly heart-shaped baroque frame, 4-fold central shield with inner shield of Pfalz, miter above divides date **Note:** Fr. 523. Ref. F/S#2730, 2732.

Date	Mintage	VG	F	VF	XF	Unc
1702	—	725	1,600	2,700	5,200	—
1707	—	725	1,600	2,700	5,200	—
1711	—	725	1,600	2,700	5,200	—
1715	—	725	1,600	2,700	5,200	—
1720	—	725	1,600	2,700	5,200	—
1723	—	725	1,600	2,700	5,200	—
1726	—	725	1,600	2,700	5,200	—
1727	—	725	1,600	2,700	5,200	—
1730	—	725	1,600	2,700	5,200	—
1731	—	725	1,600	2,700	5,200	—
1732	—	725	1,600	2,700	5,200	—

KM# 200 DUCAT

3.5000 g., 0.9860 Gold 0.1109 oz. AGW **Ruler:** Franz Ludwig **Obv:** Bust right **Rev:** Elaborate arms topped by mitre dividing date **Note:** Fr. 583.

Date	Mintage	VG	F	VF	XF	Unc
1702	—	700	1,500	2,700	5,000	—
1707	—	700	1,500	2,700	5,000	—
1711	—	700	1,500	2,700	5,000	—
1715	—	700	1,500	2,700	5,000	—
1720	—	700	1,500	2,700	5,000	—
1723	—	700	1,500	2,700	5,000	—
1726	—	700	1,500	2,700	5,000	—
1727	—	700	1,500	2,700	5,000	—
1730	—	700	1,500	2,700	5,000	—
1731	—	700	1,500	2,700	5,000	—
1732	—	700	1,500	2,700	5,000	—

KM# 204 DUCAT

Gold Ruler: Franz Ludwig **Obv:** Bust right, titles of Franz Ludwig **Rev:** Oval 4-fold arms in baroque frame, on which superimposed a cross with shield in center containing imperial eagle with cross in shield on breast, large crown above divides date, mantle hanging from crown and draped behind arms, titles cont. **Note:** Fr. #525. Ref. F/S#2758, 2764, 2766-67.

Date	Mintage	VG	F	VF	XF	Unc
1720	—	850	1,750	3,200	6,000	—
1730	—	850	1,750	3,200	6,000	—
1731	—	850	1,750	3,200	6,000	—
1732	—	850	1,750	3,200	6,000	—

KM# 205 DUCAT

Gold Ruler: Franz Ludwig **Obv:** Bust right, titles of Franz Ludwig **Rev:** Lion walking right looking up and back, hand from clouds holding leash, DEO - DUCE above, date in exergue **Note:** Ref. F/S#2759; S/S#217.

Date	Mintage	VG	F	VF	XF	Unc
1721	—	—	—	—	—	—

KM# 219 DUCAT

3.5000 g., 0.9860 Gold 0.1109 oz. AGW **Ruler:** Philipp Ludwig **Obv:** Bust right, titles of Philipp **Rev:** 4-fold arms with 2-fold central shield, miter and crown above, cardinal's hat over all, titles cont. and date **Note:** Fr. 528. Ref. F/S#2775; S/S#234; J/M#211.

Date	Mintage	VG	F	VF	XF	Unc
1738 DG	—	375	900	1,750	2,800	—

KM# 220 DUCAT

Ruler: Philipp Ludwig **Obv:** Bust right **Rev:** Cardinals hat arms **Note:** Fr. 587.

Date	Mintage	VG	F	VF	XF	Unc
1738	—	375	900	1,800	3,000	—

KM# 222 DUCAT

3.5000 g., 0.9860 Gold 0.1109 oz. AGW **Ruler:** Philipp Gotthard **Obv:** Bust right **Rev:** Helmeted arms with chain of order below, within crowned mantle **Note:** Prev. C-3.1.

Date	Mintage	VG	F	VF	XF	Unc
1748	—	525	750	1,500	2,800	—
1752 D	—	525	750	1,500	2,800	—
1753	—	525	750	1,500	2,800	—

KM# 228 DUCAT

3.5000 g., 0.9860 Gold 0.1109 oz. AGW **Ruler:** Philipp Gotthard **Obv:** Bust right **Rev:** Helmeted arms with chain of order below within crowned mantle **Note:** Prev. C-3.2.

GERMAN STATES

BRESLAU

Date	Mintage	VG	F	VF	XF	Unc
1770	—	525	750	1,350	2,650	—
1777	—	525	750	1,350	2,650	—

KM# 232 DUCAT
3.5000 g., 0.9860 Gold 0.1109 oz. AGW **Ruler:** Josef Christian **Obv:** Bust right **Rev:** Helmeted arms with Order chain below within crowned mantle **Note:** Prev. C-6.

Date	Mintage	VG	F	VF	XF	Unc
1796	—	675	975	1,900	4,500	—

KM# 203 2 DUCAT
Gold **Ruler:** Franz Ludwig **Subject:** Birth of Archduke Leopold **Obv:** Two eagles flying from earth below to Eye of God above **Obv. Legend:** FIRMAMENTO · IMPERII **Rev:** 9-line inscription with R.N. date **Note:** F/S-2757.

Date	Mintage	VG	F	VF	XF	Unc
MDCCXVI (1716)	—	1,000	2,000	3,500	—	—

KM# 223 5 DUCAT (1/2 Portugalöser)
17.5000 g., 0.9860 Gold 0.5547 oz. AGW **Ruler:** Philipp Gotthard **Obv:** Bust right **Rev:** Helmeted arms with chain of order below within crowned mantle **Note:** Prev. C-4.

Date	Mintage	VG	F	VF	XF	Unc
1748 Rare	—	—	—	—	—	—

KM# 209 6 DUCAT
21.0000 g., 0.9860 Gold 0.6657 oz. AGW **Ruler:** Franz Ludwig **Obv:** Bust right, titles of Franz Ludwig **Rev:** Oval 4-fold arms in baroque frame on which superimposed a cross with shield in center containing imperial eagle with cross in shield on breast, large crown above divides date, mantle hanging from crown and draped behind arms, titles cont. **Note:** Fr. 521. Ref. F/S#2763.

Date	Mintage	VG	F	VF	XF	Unc
1730 Rare	—	—	—	—	—	—

KM# 215 6 DUCAT
Gold **Ruler:** Franz Ludwig **Obv:** Bust right, titles of Franz Ludwig **Rev:** Oval 4-fold arms in baroque frame on which superimposed a cross with shield in center containing wheel of Mainz, large crown above divides date, mantle hanging from crown and draped behind arms, titles cont. **Note:** Ref. J/M#206. Struck from same dies as 1/2 Thaler, KM#213.

Date	Mintage	VG	F	VF	XF	Unc
1732 B Rare	—	—	—	—	—	—

KM# 216 8 DUCAT
Gold **Ruler:** Philipp Ludwig **Obv:** Bust right, value below, titles of Philipp **Rev:** 4-fold arms with 2-fold central shield, miter and crown above, cardinal's hat over all, titles cont. and date **Note:** Fr. #527. Ref. F/S#2772. Struck from same dies as 1/2 Thaler, KM#217.

Date	Mintage	VG	F	VF	XF	Unc
1733 B Rare	—	—	—	—	—	—

KM# 198 10 DUCAT (Portugalöser)
35.0000 g., 0.9860 Gold 1.1095 oz. AGW **Ruler:** Franz Ludwig **Obv:** Bust right, date below, titles of Franz Ludwig **Rev:** Crowned 8-fold arms with central shield of Pfalz, date divided by bottom shield of arms in cruciform and legend of cont. titles **Note:** Fr. 519. Ref. F/S#2749. Struck from same dies as Thaler, KM#196.

Date	Mintage	VG	F	VF	XF	Unc
1701 LPH Rare	—	—	—	—	—	—

KM# 210 10 DUCAT (Portugalöser)
Gold **Ruler:** Franz Ludwig **Obv:** Bust right **Rev:** Oval 4-fold arms in baroque frame on which superimposed a cross with shield in center containing imperial eagle with cross in shield on breast, large crown above divides date, mantle hanging from crown and draped behind arms, titles cont. **Note:** Fr. #520.

Date	Mintage	VG	F	VF	XF	Unc
1730 Rare	—	—	—	—	—	—

CITY

After its founding in the early 10th century, Breslau was subject to Poland until it became the capital of the Duchy of Middle Silesia in 1163. Duke Heinrich VI gave the already semi-autonomous city the mint right in 1318. Breslau came under the rule of Bohemia in 1360 and for most of the time up until 1526 maintained some semblance of independence. In that year, all of Bohemia and Silesia became Habsburg domains, but as a result of a war with Prussia, Breslau was ceded to the latter in 1741. A city coinage was struck until about the early 18th century, and a Prussian mint operated in Breslau from about 1750 until the late 19th century.

MINT OFFICIALS' INITIALS

Initial	Date	Name
IGK/K/KITTEL	1656-1740	Johann Gottlieb Kittel, die-cutter
	1702-1738	Johann Gottlieb Kittel, die-cutter

REFERENCES

F/S = Ferdinand Friedensburg and Hans Seger, *Schlesisches Münzen und Medaillen der neueren Zeit,* Breslau, 1901 (reprint Frankfurt/Main, 1976.

J/M = Norbert Jaschke and Fritz P. Maercker, *Schlesische Münzen und Medaillen,* Ihringen, 1985.

S = Hugo Frhr. Von Saurma-Jeltsch, *Die Saurmasche Münzsammlung Deutscher, Schweizerischer und Polnischer*

Gepräge von etwa dem Beginn der Groschenzeit bis zur Kipperperiode, Berlin, 1892.

S/S = Hugo Frhr. Von Saurma-Jeltsch, *Schlesische Münzen und Medaillen,* Breslau, 1883.

Sch = Wolfgang Schulten, *Deutsche Münzen aus der Zeit Karls V,* Frankfurt am Main, 1974.

REGULAR COINAGE

KM# 311 1/2 THALER
Silver **Obv:** 4-fold arms with central shield, ornate helmet above **Obv. Legend:** PRÆMIUM DILIGENTIÆ PRO GYMNASIIS S. P. Q. WRATISLAVIEN. **Rev:** Laureate bust right, titles of Karl VI **Note:** Ref. F/S#3526-27.

Date	Mintage	VG	F	VF	XF	Unc
ND(1711-14)	—	85.00	150	225	450	—
ND(1711-14) IGK	—	85.00	150	225	450	—

KM# 312 THALER
Silver **Obv:** 4-fold arms with central shield, ornate helmet above **Obv. Legend:** PRÆMIUM DILGENTIÆ PRO GYMNASIIS S. P. Q. WRATISLAVIEN. **Rev:** Laureate bust right, titles of Karl VI **Note:** Ref. F/S#3525.

Date	Mintage	VG	F	VF	XF	Unc
ND(1711-14) IGK	—	200	400	850	2,250	4,250

KM# 314 THALER
Silver **Obv:** 4-fold arms with central shield, ornate helmet above, date at end of legend **Obv. Legend:** MON. NOV. ... **Rev:** Armored bust right, titles of Karl VI **Note:** Ref. S/S#136.

Date	Mintage	VG	F	VF	XF	Unc
1723 IGK Rare	—	—	—	—	—	—

TRADE COINAGE

KM# 315 DUCAT
Gold **Obv:** 4-fold arms with central shield, ornate helmet above, 3-line inscription with date in exergue **Obv. Legend:** MON. AVR ...
Rev: Armored laureate bust right, titles of Karl VI **Note:** Ref. S/S#137.

Date	Mintage	VG	F	VF	XF	Unc
1723 Rare	—	—	—	—	—	—

PATTERNS
Including off metal strikes

KM#	Date	Mintage	Identification		Mkt Val
Pn7	MDCCXVI (1716)	—	2 Ducat. Silver. 3.6000 g.		200
Pn8	1748	—	Ducat. Copper. KM#222 (Fr#530). Ref. J/M#213.		—

BRETZENHEIM

Located in the Rhineland. Purchased by Carl Theodor of Pfalz-Sulzbach in 1790. The principality was mediatized in 1803. Karl August was the only one to issue coins for Bretzenheim.

RULERS
Karl August, 1790-1803

PRINCIPALITY

REGULAR COINAGE

KM# 1 10 KREUZER
Silver **Ruler:** Karl August **Obv:** Draped bust right **Obv. Legend:** CAR • AVG • D • G • S • R • I • PRINC • DE • BREZENHEIM • **Rev:** Crowned arms on 8-pointed cross within Order chain, value divides date below **Rev. Legend:** AD • NORMAM CONVENTIONIS **Note:** Convention 10 Kreuzer

Date	Mintage	VG	F	VF	XF	Unc
1790	—	160	300	600	1,200	—

KM# 2 20 KREUZER
Silver **Ruler:** Karl August **Obv:** Draped bust right **Obv. Legend:** CAR • AVG • D • G • S • R • I • PRINC • DE • BREZENHEIM • **Rev:** Crowned arms on 8-pointed cross within Order chain, value divides date below **Rev. Legend:** AD NORMAM CONVENTIONIS **Note:** Convention 20 Kreuzer

Date	Mintage	VG	F	VF	XF	Unc
1790	—	145	250	500	1,000	—

KM# 3 1/2 THALER
Silver **Ruler:** Karl August **Obv:** Draped bust right **Obv. Legend:** CAR • AVG • D • G • S • R • I • PRINC • DE • BREZENHEIM • **Rev:** Crowned arms on 8-pointed cross within Order chain, date below **Rev. Legend:** AD NORMAM CONVENTIONIS **Note:** Convention 1/2 Thaler.

Date	Mintage	VG	F	VF	XF	Unc
1790 A.S.	—	300	625	1,250	2,500	—

KM# 4 THALER
Silver **Ruler:** Karl August **Obv:** Draped bust right **Obv. Legend:** CAR • AVGVST • D: G • S • R • I • PRINCEPS • D • E • BREZENHEIM • **Rev:** Crowned arms on 8-pointed cross within Order chain, Ostrich supporters **Rev. Legend:** AD NORMAM CONVENTIONIS **Note:** Convention Thaler. Dav. #2055.

Date	Mintage	VG	F	VF	XF	Unc
1790 A.S.	—	300	525	1,000	1,800	3,200

TRADE COINAGE

KM# 5 DUCAT
3.5000 g., 0.9860 Gold 0.1109 oz. AGW **Ruler:** Karl August **Obv:** Head right **Obv. Legend:** CAR • AVG • D • G • S • R • I • PRINC • DE • BREZENHEIM • **Rev:** Crowned arms on 8-pointed cross within Order chain, crown divides date above

Date	Mintage	F	VF	XF	Unc	BU
1790	—	1,650	2,750	4,800	7,800	—

BRUNSWICK-BLANKENBURG

A county located in the Harz Mountains to the southwest of Halberstadt, Blankenburg was established in the late 11th century. The line was divided into Blankenburg and Regenstein in 1162 and, when Blankenburg became extinct in 1368, its lands and titles reverted to Regenstein. In 1599, Regenstein itself became extinct and both titles fell to Brunswick. A short-lived separate line for Blankenburg was established from Brunswick-Wolfenbüttel in the early 18th century for which coins were issued.

RULERS
Ludwig Rudolf, 1714-1731

MINT OFFICIALS' INITIALS

Initials	Date	Name
CPS	1725-53	Christian Philipp Spangenberg in Clausthal
HCH	1669-1729	Heinrich Christoph Hille in Brunswick
W	1688-1739	Christian Wermuth, die-cutter in Gotha

W = Gerhard Welter, *Die Münzen der Welfen seit Heinrich dem Löwen*, 3 v., Braunschweig: Klinkhardt & Biermann, 1971-78.

REFERENCE

COUNTSHIP

REGULAR COINAGE

KM# 22 PFENNIG
Copper **Ruler:** Ludwig Rudolf **Obv:** Crowned script LR monogram **Rev:** 7-line inscription with date **Rev. Inscription:** I / PFENNIG / F. BLANCK. B. / BERGW. / SCHEIDE / MUNTZ / (date) **Mint:** Gotha **Note:** Ref. W-2489A. Mining Pfennig.

Date	Mintage	VG	F	VF	XF	Unc
1722 W	—	27.00	50.00	95.00	185	—

KM# 23 3 PFENNIG
Copper, 25 mm. **Ruler:** Ludwig Rudolf **Obv:** Crowned script LR monogram **Rev:** 7-line inscription **Rev. Inscription:** 3 / PFENNING / F. BLANCKENB. / BERGWERCK / SCHEIDE / MUNTZ / (date) **Mint:** Gotha **Note:** Mining 3 Pfennig.

Date	Mintage	VG	F	VF	XF	Unc
1722 W	—	30.00	55.00	110	200	—

KM# 5 12 MARIENGROSCHEN
7.3000 g., Silver, 30 mm. **Ruler:** Ludwig Rudolf **Obv:** 3-line inscription in circle **Obv. Legend:** LUDOVICUS RUDOLPHUS. D. G. DUX BRUNS. & LUN. **Obv. Inscription:** XII / MARIEN / GROSCH **Rev:** Leaping horse to left, Roman numeral date below **Rev. Legend:** VESTIGIA PREMO MANORUM. **Mint:** Braunschweig **Note:** Ref. W-2472.

Date	Mintage	VG	F	VF	XF	Unc
MDCCXV (1715) HCH	—	50.00	100	200	400	—
MDCCXVIII (1718) HCH	—	50.00	100	200	400	—
MDCCXX (1720) HCH	—	50.00	100	200	400	—

KM# 6 24 MARIENGROSCHEN
13.0000 g., Silver, 36 mm. **Ruler:** Ludwig Rudolf **Obv:** 3-line inscription in circle **Obv. Legend:** LUDOVICUS RUDOLPHUS. D. G. DUX BRUNS. ET LUNES. **Obv. Inscription:** XXIIII / MARIEN / GROSCH. **Rev:** Leaping horse to left, Roman numeral date below **Rev. Legend:** VESTIGIA PREMO MANORUM. **Mint:** Braunschweig **Note:** Ref. W-2470, Dav. 355.

Date	Mintage	VG	F	VF	XF	Unc
MDCCXV (1715) HCH	—	65.00	130	260	525	—
MDCCXX (1720) HCH	—	65.00	130	260	525	—
MDCCXXIII (1724) HCH	—	65.00	130	260	525	—

Rev: Leaping horse to left, Roman numeral date and mintmaster's initials in exergue **Rev. Legend:** VESTIGIA PREMO MAIORUM. **Mint:** Braunschweig **Note:** Ref. W-2460, Dav. 2133.

Date	Mintage	VG	F	VF	XF	Unc
MDCCXV (1715) HCH	—	250	500	900	1,600	—
MDCCXVI (1716) HCH	—	250	500	900	1,600	—
MDCCXVIII (1718) HCH	—	250	500	900	1,600	—
MDCCXIX (1719) HCH	—	250	500	900	1,600	—
MDCCXX (1720) HCH	—	250	500	900	1,600	—
MDCCXII (1722) HCH	—	250	500	900	1,600	—
MDCCXXIIII (1724) HCH	—	250	500	900	1,600	—
MDCCXXV (1725) HCH	—	250	500	900	1,600	—
MDCCXXVII (1727) HCH	—	250	500	900	1,600	—

KM# 25 THALER
29.0000 g., Silver, 44 mm. **Ruler:** Ludwig Rudolf **Obv:** Armored bust to right **Obv. Legend:** LUD. RUD. D. G. DUX BRUNS. ET LUN. **Rev:** Wildman, tree on right, mountains in background, Roman numeral date in exergue **Rev. Legend:** EX ADVERSO DECUS. **Mint:** Braunschweig **Note:** Ref. W-2459; Dav. 2134.

Date	Mintage	VG	F	VF	XF	Unc
MDCCXXVI (1726) HCH	—	500	950	1,850	3,000	—

KM# 33 THALER
29.5000 g., Silver, 45 mm. **Ruler:** Ludwig Rudolf **Obv:** Armored bust to right **Obv. Legend:** LVDOVIC9 RVDOLPH9 D • G • DVX BR • ET • LVNEB • **Rev:** Wildman with crowned shield of oval manifold arms on left, tree on right, Roman numeral date at end of legend **Rev. Legend:** EX ADVERSO DECVS. **Mint:** Braunschweig **Note:** Ref. W-2458; Dav. 2135.

Date	Mintage	VG	F	VF	XF	Unc
MDCCXXVII (1727) HCH	—	500	950	1,850	3,000	—

KM# 36 THALER
29.5000 g., Silver, 45 mm. **Ruler:** Ludwig Rudolf **Obv:** Armored bust to right **Obv. Legend:** LVDOVIC9 RVDOLPH9 D • G • DVX BR • ET • LVNEB • **Rev:** Small wildman, tree on right, large crowned round shield of manifold arms on left, Roman numeral date at end of legend **Rev. Legend:** EX - ADVERSO DECVS. **Mint:** Clausthal **Note:** Ref. W-2458; Dav. 2136.

Date	Mintage	VG	F	VF	XF	Unc
MDCCXXIX (1729) CPS	—	400	750	1,650	2,750	—

TRADE COINAGE

KM# 10 1/4 DUCAT
0.8750 g., 0.9860 Gold Weight varies: 0.86-0.90g. 0.0277 oz. AGW, 13 mm. **Ruler:** Ludwig Rudolf **Obv:** Crowned script LR monogram **Rev:** Leaping horse to left, date in exergue **Rev. Legend:** VESTIGIA PREMO MAIORUM. **Mint:** Braunschweig **Note:** Ref. W-2454.

Date	Mintage	VG	F	VF	XF	Unc
1717 HCH	—	100	200	400	775	1,500
1719 HCH	—	100	200	400	775	1,500
1720 HCH	—	100	200	400	775	1,500
1722 HCH	—	100	200	400	775	1,500
1723 HCH	—	100	200	400	775	1,500
1725 HCH	—	100	200	400	775	1,500

KM# 17 1/4 DUCAT
0.9000 g., Gold, 13 mm. **Ruler:** Ludwig Rudolf **Obv:** Crowned script LR monogram **Rev:** Wildman holding tree at right, no legend **Note:** Ref. W-2451.

Date	Mintage	VG	F	VF	XF	Unc
ND(1721)	—	—	—	—	—	—

KM# 18 1/4 DUCAT
0.9000 g., Gold, 12 mm. **Ruler:** Ludwig Rudolf **Obv:** Crowned script LR monogram **Rev:** Horse leaping to left, no legend **Note:** Ref. W-2453.

Date	Mintage	VG	F	VF	XF	Unc
ND(1721)	—	—	—	—	—	—

KM# 34 1/4 DUCAT
0.8750 g., 0.9860 Gold Weight varies: 0.85-0.88g. 0.0277 oz. AGW, 13 mm. **Ruler:** Ludwig Rudolf **Obv:** Crowned script LR monogram **Rev:** Leaping horse to left, date in exergue **Rev. Legend:** EX ADVERSO DECVS. **Mint:** Braunschweig **Note:** Ref. W-2455.

Date	Mintage	VG	F	VF	XF	Unc
1727 HCH	—	100	200	400	775	1,500

KM# 35 1/4 DUCAT
0.8750 g., 0.9860 Gold Weight varies: 0.85-0.90g. 0.0277 oz. AGW, 12 mm. **Ruler:** Ludwig Rudolf **Obv:** Crowned script LR monogram **Rev:** Wildman holding tree at right, legs divide date, mintmaster's initials in exergue **Rev. Legend:** EX ADVERSO DECVS. **Mint:** Braunschweig **Note:** Ref. W-2452.

Date	Mintage	VG	F	VF	XF	Unc
1728 HCH	—	100	200	400	775	1,500
ND	—	100	200	400	775	1,500

KM# 8 1/2 DUCAT
1.7500 g., 0.9860 Gold 0.0555 oz. AGW, 17 mm. **Ruler:** Ludwig Rudolf **Obv:** Crowned script LR monogram **Rev:** Horse leaping to left, Roman numeral date in exergue **Rev. Legend:** VESTIGIA PREMO MAIORVM. **Note:** Ref. W-2447.

Date	Mintage	VG	F	VF	XF	Unc
MDCCXV (1715)	—	200	400	750	1,400	2,750
MDCCXXVI (1726)	—	200	400	750	1,400	2,750

KM# 13 1/2 DUCAT
1.7500 g., 0.9860 Gold 0.0555 oz. AGW, 17 mm. **Ruler:** Ludwig Rudolf **Obv:** Crowned script LR monogram **Rev:** Wildman holding tree to right, date divided by legs, mintmaster's initials in exergue **Rev. Legend:** VIRTUS FORTIS VERA NON FERA. **Mint:** Braunschweig **Note:** Ref. W-2444.

Date	Mintage	VG	F	VF	XF	Unc
1718 HCH	—	125	250	450	1,000	2,000
1719 HCH	—	125	250	450	1,000	2,000
1720 HCH	—	125	250	450	1,000	2,000
1721 HCH	—	125	250	450	1,000	2,000
1723 HCH	—	125	250	450	1,000	2,000
1725 HCH	—	125	250	450	1,000	2,000
1728 HCH	—	125	250	450	1,000	2,000

KM# 14 1/2 DUCAT
1.6000 g., 0.9860 Gold 0.0507 oz. AGW, 14x14 mm. **Ruler:** Ludwig Rudolf **Obv:** Crowned script LR monogram **Rev:** Wildman holding tree at right, no legend **Note:** Ref. W-2446. Klippe.

Date	Mintage	VG	F	VF	XF	Unc
ND(1721)	—	—	—	2,750	4,500	7,500

KM# 27 1/2 DUCAT
1.6000 g., 0.9860 Gold 0.0507 oz. AGW, 15x15 mm. **Ruler:** Ludwig Rudolf **Obv:** Ornate script LR monogram, ornaments in corners **Rev:** Leaping horse left, no legend **Note:** Ref. W-2448. Klippe.

Date	Mintage	VG	F	VF	XF	Unc
ND(1721)	—	—	—	2,750	4,500	7,500

KM# 26 1/2 DUCAT
1.7500 g., 0.9860 Gold 0.0555 oz. AGW, 17 mm. **Ruler:** Ludwig Rudolf **Obv:** Crowned script LR monogram **Rev:** Ornate helmet with large leaping horse crest, date divided at bottom **Rev. Legend:** EX ADVERSO DECVS. **Note:** Ref. W-2449.

Date	Mintage	VG	F	VF	XF	Unc
1726	—	150	350	600	1,200	2,500
1727	—	150	350	600	1,200	2,500

KM# 37 1/2 DUCAT
1.7500 g., 0.9860 Gold 0.0555 oz. AGW, 17 mm. **Ruler:** Ludwig Rudolf **Obv:** Crowned script LR monogram **Rev:** Wildman holding tree to right, date divided by legs, mintmaster's initials in exergue **Rev. Legend:** EX * ADVERSO * DECUS *. **Mint:** Braunschweig **Note:** Ref. W-2445.

Date	Mintage	VG	F	VF	XF	Unc
1726 HCH	—	—	—	—	—	—
1727 HCH	—	—	—	—	—	—

KM# 9 DUCAT
3.5000 g., 0.9860 Gold 0.1109 oz. AGW, 21 mm. **Ruler:** Ludwig Rudolf **Obv:** Crowned script LR monogram **Rev:** Horse leaping to left, Roman numeral date in exergue **Rev. Legend:** VESTIGIA PREMO MAIORVM. **Mint:** Braunschweig **Note:** Ref. W-2439.

Date	Mintage	VG	F	VF	XF	Unc
MDCCXV (1715) HCH	—	300	650	1,150	2,200	4,500
MDCCXVIII (1718) HCH	—	300	650	1,150	2,200	4,500
MDCCXXIII (1723) HCH	—	300	650	1,150	2,200	4,500

KM# 7 THALER
29.0000 g., Silver, 42 mm. **Ruler:** Ludwig Rudolf **Obv:** Armored bust to right **Obv. Legend:** LUD: RUD: D.G. DUX BRUNS. ET LUN.

KM# 12 DUCAT
3.5000 g., 0.9860 Gold 0.1109 oz. AGW, 21 mm. **Ruler:** Ludwig Rudolf **Obv:** Crowned Spanish shield of 12-fold arms, chain of order around **Obv. Legend:** LVD. RVD. D. G. DVX. BR. ET LVN. **Rev:** Wildman holds tree to right in landscape, date divided by

feet, mintmaster's initials to right **Rev. Legend:** VIRTVS FORTIS VERA NON FERA. **Mint:** Braunschweig **Note:** Ref. W-2437.

Date	Mintage	VG	F	VF	XF	Unc
1717 HCH	—	325	650	1,300	2,950	6,000
1719 HCH	—	325	650	1,300	2,950	6,000
1720 HCH	—	325	650	1,300	2,950	6,000
1721 HCH	—	325	650	1,300	2,950	6,000
1722 HCH	—	650	1,300	2,550	5,900	12,000
1723 HCH	—	325	650	1,300	2,950	6,000
1726 HCH	—	325	650	1,300	2,950	6,000

KM# 11 DUCAT

3.5000 g., 0.9860 Gold 0.1109 oz. AGW, 21 mm. **Ruler:** Ludwig Rudolf **Subject:** Bicentennial of Reformation **Obv:** Armored bust right **Obv. Legend:** LVD. RVD. D. G. - DVX. BR. ET LVN. **Rev:** View of Blankenburg with angel flying above, 4-line inscription with Roman numeral date in eergue **Rev. Legend:** NON. TANQUAM. NOVUM. SED. QUOD. HABUTMUS. AB INITIO. **Rev. Inscription:** IUBIL. EVANG. RENOV / MEMOR. BLANKENB. / MDCCXVII / D. 31 OCT. **Note:** Ref. W-2426.

Date	Mintage	VG	F	VF	XF	Unc
MDCCXVII (1717)	—	475	1,100	2,250	3,850	7,600

KM# 20 DUCAT

3.5000 g., 0.9860 Gold 0.1109 oz. AGW **Ruler:** Ludwig Rudolf **Obv:** Head right **Rev:** View of Blankenburg with horse above

Date	Mintage	VG	F	VF	XF	Unc
1720	—	400	900	1,700	3,500	7,000

KM# 21 DUCAT

3.5000 g., 0.9860 Gold 0.1109 oz. AGW **Ruler:** Ludwig Rudolf **Obv:** Crowned script LR monogram **Rev:** Wildman holding tree to right, date divided by lower legs, mintmaster's initials in exergue **Rev. Legend:** VIRTUS FORTIS VERA NON FERA. **Mint:** Braunschweig

Date	Mintage	VG	F	VF	XF	Unc
1720 HCH	—	300	650	1,150	2,200	4,500

KM# 24 DUCAT

3.5000 g., 0.9860 Gold 0.1109 oz. AGW, 21 mm. **Ruler:** Ludwig Rudolf **Obv:** Bust to right **Obv. Legend:** LUD. RUD. D. G. DUX BR. ET LUN. **Rev:** Leaping horse to left, Roman numeral date in exergue **Rev. Legend:** VESTIGIA PREMO MAIORUM. **Mint:** Braunschweig **Note:** Ref. W-2430. The 1725 date is recut over 1722.

Date	Mintage	VG	F	VF	XF	Unc
MDCCXXII (1722) HCH	—	450	950	1,750	3,300	6,500
MDCCXXV (1725) HCH	—	450	950	1,750	3,300	6,500

KM# 28 DUCAT

3.5000 g., 0.9860 Gold 0.1109 oz. AGW, 21.5 mm. **Ruler:** Ludwig Rudolf **Obv:** Head to right **Obv. Legend:** LVDOV. RVDOL. D. - G. DVX. BR. ET. LUNEB. **Rev:** Ornate helmet with large horse crest, date divided below **Rev. Legend:** EX ADERSO DECVS. **Note:** Ref. W-2433.

Date	Mintage	VG	F	VF	XF	Unc
1726	—	250	450	900	1,900	3,850
1727	—	250	450	900	1,900	3,850
1728	—	250	450	900	1,900	3,850
1730	—	250	450	900	1,900	3,850

KM# 29 DUCAT

3.5000 g., 0.9860 Gold 0.1109 oz. AGW, 21 mm. **Ruler:** Ludwig Rudolf **Obv:** Head to right **Obv. Legend:** LVD. RVD. D. G. DVX BR. ET LVN. **Rev:** Starburst in circle of clouds, date in exergue **Rev. Legend:** DANT ADVERSA DECUS. **Note:** Ref. W-2435.

Date	Mintage	VG	F	VF	XF	Unc
1726	—	400	900	1,600	3,000	6,000
1730	—	400	900	1,600	3,000	6,000

KM# 32 DUCAT

3.5000 g., 0.9860 Gold 0.1109 oz. AGW, 21 mm. **Ruler:** Ludwig Rudolf **Obv:** Crowned shield of manifold arms, chain of order arund **Obv. Legend:** LUD. RUD. D. G. DUX BR. ET LUN. **Rev:** Wildman holding tree to right, date in exergue **Rev. Legend:** EX ADVERSO DECUS. **Mint:** Braunschweig **Note:** Ref. W-2438.

Date	Mintage	VG	F	VF	XF	Unc
1726 HCH	—	275	450	900	2,000	4,000
1727 HCH	—	275	450	900	2,000	4,000

KM# 30 DUCAT

3.5000 g., 0.9860 Gold 0.1109 oz. AGW, 20.5 mm. **Ruler:** Ludwig Rudolf **Obv:** Crowned script LR monogram **Rev:** Horse leaping to left over mining scene, date in exergue **Rev. Legend:** EX ADVERSO. DECVS. **Mint:** Braunschweig **Note:** Ref. W-2440. Mining Ducat.

Date	Mintage	VG	F	VF	XF	Unc
1726 HCH	—	450	950	1,750	3,300	6,500

KM# 31 DUCAT

3.5000 g., 0.9860 Gold 0.1109 oz. AGW, 21 mm. **Ruler:** Ludwig Rudolf **Obv:** Bust to right **Obv. Legend:** LUD. RUD. D. G. DUX BR. ET LUN. **Rev:** Leaping horse above mining district, date in exergue **Rev. Legend:** EX ADVERSO DECUS. **Mint:** Braunschweig **Note:** Ref. W-2427. Mining Ducat.

Date	Mintage	VG	F	VF	XF	Unc
1726 HCH	—	600	1,150	2,000	3,900	7,500

KM# A10 12 DUCAT

41.8000 g., 0.9860 Gold 1.3250 oz. AGW, 43 mm. **Ruler:** Ludwig Rudolf **Obv:** Armored bust to right **Obv. Legend:** LUD. RUD. D. G. DUX BRUNS. ET LUN. **Rev:** Leaping horse to left, Roman numeral date and mintmaster's initials in ex **Rev. Legend:** VESTIGIA PREMO MAIORUM. **Mint:** Braunschweig **Note:** Ref. W-2457. Struck from Thaler dies, KM#7.

Date	Mintage	VG	F	VF	XF	Unc
MDCCXV (1715) HCH Rare	—	—	—	—	—	—

BRUNSWICK-LUNEBURG-CALENBERG-HANNOVER

Located in north-central Germany. The first duke began his rule in 1235. The first coinage appeared c. 1175. There was considerable shuffling of territory until 1692 when Ernst August became the elector of Hannover. George Ludwig became George I of England in 1714. There was separate coinage for Lüneburg until during the reign of George III. The name was changed to Hannover in 1814.

RULERS

George Ludwig (George I of England), 1698-1727
George II August (George II of England), 1727-1760
George III, (King of Great Britain), 1760-1814
After 1814 see Kingdom of Hannover

MINT OFFICIALS' INITIALS

Celle Mint

Initials	Date	Name
III	1687-1705	Jobst Jakob Janisch

Clausthal Mint

Initials	Date	Name
C	1751-53, 1790-92, 1800-02	Commission
CPS, S	1725-53	Christian Philipp Spangenberg
HB	1675-1711	Heinrich Bonhorst
IWS, S	1753-90	Johann Wilhelm Schlemm
PLM	1792-1800	Philipp Ludwig Magius

Hannover Mint

Initials	Date	Name
Star, C, star	1763-68	Commission
IAS	1748-64	Johann anton Schrodor
IHZ	1769-82	Julius Heinrich Zwilgmeier

Zellerfeld Mint

Initials	Date	Name
B, HCB	1711-25	Heinrich Christian Bonhorst
C	1719-23, 31, 1778-79, 1786-91	Commission
CS, CES	1779-86	Christoph Engelhard Seidensticker
EPH	1723-31	Ernst Peter Hecht
HH	1712-19	Heinrich Horst
IAB	1731-39	Johann Albrecht Brauns
IAP	1763-73	Johann Anton Pfeffer
IBH	1739-63	Johann Benjamin Hecht
LCR	1773-78	Ludwig Christian Ruperti
RB	1676-1711	Rudolf Bornemann
***	1698-1715	Used instead of initials during this period

NOTE

From 1715 on, the titles are changed on the coinage to reflect the ruler's elevation to "King of Great Britain, France and Ireland" as well as elector and duke of Brunswick and Lüneburg.

REFERENCE

W = Gerhard Welter, ***Die Münzen der Welfen seit Heinrich dem Löwen***, 3 v., Braunschweig: Klinkhardt & Biermann, 1971-78.

ELECTORATE

REGULAR COINAGE

KM# 5 PFENNING

Silver **Ruler:** George Ludwig **Obv:** Horse leaping left, date below **Note:** Uniface, hohl-type.

Date	Mintage	VG	F	VF	XF	Unc
1704	—	5.00	9.00	15.00	28.00	—
1712	—	5.00	9.00	15.00	28.00	—

KM# 30 PFENNING

Silver **Ruler:** George Ludwig **Obv:** Crowned monogram, date **Note:** Uniface. hohl-type.

Date	Mintage	VG	F	VF	XF	Unc
1704 RB	—	7.00	15.00	30.00	60.00	—
1705 RB	—	7.00	15.00	30.00	60.00	—
1706 RB	—	7.00	15.00	30.00	60.00	—
1707 RB	—	7.00	15.00	30.00	60.00	—
1708 RB	—	7.00	15.00	30.00	60.00	—
1710 RB	—	7.00	15.00	30.00	60.00	—
1712 HH	—	7.00	15.00	30.00	60.00	—
1713 HH	—	7.00	15.00	30.00	60.00	—
1715 HH	—	7.00	15.00	30.00	60.00	—

KM# 24 PFENNING

Copper **Ruler:** George Ludwig **Obv:** Crowned GLC monogram **Rev:** Value, date

Date	Mintage	VG	F	VF	XF	Unc
1709	—	10.00	17.00	32.00	60.00	—

KM# 104.1 PFENNING

Silver **Ruler:** George Ludwig **Obv:** Crowned GR monogram divides date **Note:** Uniface, hohl-type.

Date	Mintage	VG	F	VF	XF	Unc
1716 HH	—	7.00	15.00	30.00	60.00	—
1717 HH	—	7.00	15.00	30.00	60.00	—
1718 HH	—	7.00	15.00	30.00	60.00	—
1723	—	7.00	15.00	30.00	60.00	—

KM# 104.2 PFENNING

Silver **Ruler:** George Ludwig **Note:** With halbert.

Date	Mintage	VG	F	VF	XF	Unc
1717 HH	—	6.00	12.00	25.00	50.00	—
1718 HH	—	6.00	12.00	25.00	50.00	—

KM# 116 PFENNING

Copper **Ruler:** George Ludwig **Obv:** Crowned GR monogram **Rev:** Value, date

Date	Mintage	VG	F	VF	XF	Unc
1717	—	6.00	12.00	25.00	50.00	—
1718	—	6.00	12.00	25.00	50.00	—
1719	—	6.00	12.00	25.00	50.00	—
1721	—	6.00	12.00	25.00	50.00	—
1722	—	6.00	12.00	25.00	50.00	—
1723 HCB	—	6.00	12.00	25.00	50.00	—
1726 CPS	—	6.00	12.00	25.00	50.00	—

KM# 161 PFENNING

Silver **Ruler:** George Ludwig **Obv:** Crowned GR monogram, date below **Note:** Uniface, hohl-type.

Date	Mintage	VG	F	VF	XF	Unc
1723	—	6.00	12.00	25.00	50.00	—

KM# 164 PFENNING

Copper **Ruler:** George Ludwig **Obv:** Wildman, tree in right hand **Rev:** Value, date

Date	Mintage	VG	F	VF	XF	Unc
1724 EPH	—	4.00	10.00	20.00	45.00	—
1725 EPH	—	4.00	10.00	20.00	45.00	—
1726 EPH	—	4.00	10.00	20.00	45.00	—

KM# 167 PFENNING

Copper **Ruler:** George Ludwig **Obv:** St. Andrew with cross **Rev:** Value, date

Date	Mintage	VG	F	VF	XF	Unc
1725	—	5.00	12.00	25.00	50.00	—
1726	—	5.00	12.00	25.00	50.00	—

KM# 204.1 PFENNING

Copper **Ruler:** George II August **Obv:** Crowned GR monogram, mintmaster's initials below **Rev:** Value, date

Date	Mintage	VG	F	VF	XF	Unc
1729 CPS	—	5.00	10.00	20.00	45.00	—
1734 CPS	—	5.00	10.00	20.00	45.00	—
1736 CPS	—	5.00	10.00	20.00	45.00	—
1737 CPS	—	5.00	10.00	20.00	45.00	—
1739 CPS	—	5.00	10.00	20.00	45.00	—
1740 CPS	—	5.00	10.00	20.00	45.00	—
1741 CPS	—	5.00	10.00	20.00	45.00	—
1742 S	—	5.00	10.00	20.00	45.00	—
1744 CPS	—	5.00	10.00	20.00	45.00	—
1745 CPS	—	5.00	10.00	20.00	45.00	—
1746 CPS	—	5.00	10.00	20.00	45.00	—
1747 CPS	—	5.00	10.00	20.00	45.00	—
1749 CPS	—	5.00	10.00	20.00	45.00	—
1750 CPS	—	5.00	10.00	20.00	45.00	—

BRUNSWICK-LUNEBURG-CALENBERG-HANNOVER

Date	Mintage	VG	F	VF	XF	Unc
1752 C	—	5.00	10.00	20.00	45.00	—
1752 S	—	5.00	10.00	20.00	45.00	—
1753 IWS	—	5.00	10.00	20.00	45.00	—
1753 S	—	5.00	10.00	20.00	45.00	—
1754 IWS	—	5.00	10.00	20.00	45.00	—
1754 S	—	5.00	10.00	20.00	45.00	—
1755 IWS	—	5.00	10.00	20.00	45.00	—
1756 IWS	—	5.00	10.00	20.00	45.00	—
1757 IWS	—	5.00	10.00	20.00	45.00	—
1758 IWS	—	5.00	10.00	20.00	45.00	—
1759 IWS	—	5.00	10.00	20.00	45.00	—

Date	Mintage	VG	F	VF	XF	Unc
1742 IBH	—	4.00	10.00	20.00	45.00	—
1743 IBH	—	4.00	10.00	20.00	45.00	—
1745 IBH	—	4.00	10.00	20.00	45.00	—
1747 IBH	—	4.00	10.00	20.00	45.00	—
1749 IBH	—	4.00	10.00	20.00	45.00	—
1750 IBH	—	4.00	10.00	20.00	45.00	—
1752 IBH	—	4.00	10.00	20.00	45.00	—
1753 IBH	—	4.00	10.00	20.00	45.00	—
1754 IBH	—	4.00	10.00	20.00	45.00	—
1755 IBH	—	4.00	10.00	20.00	45.00	—
1756 IBH	—	4.00	10.00	20.00	45.00	—
1758 IBH	—	4.00	10.00	20.00	45.00	—
1758/5 IBH	—	4.00	10.00	20.00	45.00	—
1759 IBH	—	4.00	10.00	20.00	45.00	—
1760 IBH	—	4.00	10.00	20.00	45.00	—

Date	Mintage	F	VF	XF	Unc	BU
1794 PLM	—	10.00	25.00	50.00	100	150
1795 PLM	—	10.00	25.00	50.00	100	150
1796 PLM	—	10.00	25.00	50.00	100	150
1797 PLM	—	10.00	25.00	50.00	100	150
1798 PLM	—	10.00	25.00	50.00	100	150
1799 PLM	—	10.00	25.00	50.00	100	150
1800/700 PLM	—	10.00	25.00	55.00	110	180
1800 PLM	—	10.00	25.00	50.00	100	150

KM# 380 PFENNING
Copper **Ruler:** George III **Obv:** Standing St. Andrew, cross **Rev:** Value, date

Date	Mintage	F	VF	XF	Unc	BU
1780 IWS	—	10.00	25.00	55.00	110	165
1781 IWS	—	10.00	25.00	55.00	110	165
1782 C	—	10.00	25.00	55.00	110	165
1782 IWS	—	10.00	25.00	55.00	110	165
1783 IWS	—	10.00	25.00	55.00	110	165
1784 IWS	—	10.00	25.00	55.00	110	165
1785 IWS	—	10.00	25.00	55.00	110	165
1786 IWS	—	10.00	25.00	55.00	110	165
1787 IWS	—	10.00	25.00	55.00	110	165
1788 IWS	—	10.00	25.00	55.00	110	165
1789 IWS	—	10.00	25.00	55.00	110	165
1793 PLM	—	10.00	25.00	55.00	110	165

KM# 205 PFENNING
Copper **Ruler:** George II August **Obv:** St. Andrew with cross **Rev:** Value, date

Date	Mintage	VG	F	VF	XF	Unc
1729	—	4.00	10.00	20.00	45.00	—
1732	—	4.00	10.00	20.00	45.00	—
1734	—	4.00	10.00	20.00	45.00	—
1736	—	4.00	10.00	20.00	45.00	—
1739	—	4.00	10.00	20.00	45.00	—

KM# 204.2 PFENNING
Copper **Ruler:** George II August **Obv:** Crowned GR monogram **Rev:** Value, date **Note:** Similar to KM#204.1 but without mintmaster's initials.

Date	Mintage	VG	F	VF	XF	Unc
1729	—	4.00	10.00	20.00	45.00	—
1732	—	4.00	10.00	20.00	45.00	—
1733	—	4.00	10.00	20.00	45.00	—
1734	—	4.00	10.00	20.00	45.00	—
1739	—	4.00	10.00	20.00	45.00	—
1740	—	4.00	10.00	20.00	45.00	—
1741	—	4.00	10.00	20.00	45.00	—
1742	—	4.00	10.00	20.00	45.00	—
1743	—	4.00	10.00	20.00	45.00	—
1744	—	4.00	10.00	20.00	45.00	—
1745	—	4.00	10.00	20.00	45.00	—
1746	—	4.00	10.00	20.00	45.00	—
1748	—	4.00	10.00	20.00	45.00	—
1749	—	4.00	10.00	20.00	45.00	—
1750	—	4.00	10.00	20.00	45.00	—
1753	—	4.00	10.00	20.00	45.00	—
1755	—	4.00	10.00	20.00	45.00	—

KM# 330.1 PFENNING
Copper **Ruler:** George III **Obv:** Wildman holding tree with branches on left side, trees in background **Rev:** Denomination lines close together

Date	Mintage	F	VF	XF	Unc	BU
1760 IBH	—	12.00	30.00	60.00	120	—
1762 IBH	—	12.00	30.00	60.00	120	—
1763 IAP	—	12.00	30.00	60.00	120	—
1764 IAP	—	12.00	30.00	60.00	120	—
1765 IAP	—	12.00	30.00	60.00	120	—
1766 IAP	—	12.00	30.00	60.00	120	—
1768 IAP	—	12.00	30.00	60.00	120	—
1769 IAP	—	12.00	30.00	60.00	120	—
1770 IAP	—	12.00	30.00	60.00	120	—
1772 IAP	—	12.00	30.00	60.00	120	—
1774 LCR	—	12.00	30.00	60.00	120	—
1776 LCR	—	12.00	30.00	60.00	120	—
1777 LCR	—	12.00	30.00	60.00	120	—
1778 LCR	—	12.00	30.00	60.00	120	—

KM# 330.2 PFENNING
Copper **Ruler:** George III **Obv:** Without small pine trees on flat ground **Rev:** Value, date

Date	Mintage	F	VF	XF	Unc	BU
1780 CES	—	12.00	30.00	60.00	120	—
1781 CES	—	12.00	30.00	60.00	120	—
1783 CES	—	12.00	30.00	60.00	120	—
1784 CES	—	12.00	30.00	60.00	120	—
1785 CES	—	12.00	30.00	60.00	120	—
1788 .C.	—	12.00	30.00	60.00	120	—

KM# 381 PFENNING
Copper **Ruler:** George III **Obv:** Cross below St. Andrew's right arm

Date	Mintage	F	VF	XF	Unc	BU
1782 S	—	10.00	25.00	50.00	100	—

KM# 337 PFENNING
Copper **Ruler:** George III **Obv:** Crowned GR monogram, initials below **Rev:** Value, date **Note:** Similar to KM#360 but denomination PFENNING.

Date	Mintage	F	VF	XF	Unc	BU
1761 IWS	—	5.00	12.00	25.00	60.00	—
1762 IWS	—	5.00	12.00	25.00	60.00	—
1763 IWS	—	5.00	12.00	25.00	60.00	—
1764 IWS	—	5.00	12.00	25.00	60.00	—
1765 IWS	—	5.00	12.00	25.00	60.00	—
1767 IWS	—	5.00	12.00	25.00	60.00	—
1768 IWS	—	5.00	12.00	25.00	60.00	—

KM# 330.3 PFENNING
Copper **Ruler:** George III **Obv:** Small hill and tiny trees **Rev:** Value, date

Date	Mintage	F	VF	XF	Unc	BU
1794 PLM	—	15.00	30.00	60.00	120	—
1795 PLM	—	15.00	30.00	60.00	120	—
1796 PLM	—	15.00	30.00	60.00	120	—

KM# 355 PFENNING
Billon Ruler: George III **Obv:** Crowned GR monogram divides date **Rev:** Blank

Date	Mintage	F	VF	XF	Unc	BU
1764	—	10.00	25.00	50.00	125	—

KM# 215.1 PFENNING
Copper **Ruler:** George II August **Obv:** Wildman with tree in right hand **Rev:** Value, date

Date	Mintage	VG	F	VF	XF	Unc
1730 EPH	—	4.00	10.00	20.00	45.00	—
1732 IAB	—	4.00	10.00	20.00	45.00	—
1737 CPS	—	4.00	10.00	20.00	45.00	—
1737 IAB	—	4.00	10.00	20.00	45.00	—

KM# 215.3 PFENNING
Copper **Ruler:** George II August **Obv:** Wildman holding tree in his right hand with forest in background **Rev:** Large letters, "MUNTZ" **Edge:** Plain

Date	Mintage	F	VF	XF	Unc	BU
1737 IAB	—	8.00	20.00	45.00	—	—

KM# 215.2 PFENNING
Copper **Ruler:** George II August **Obv:** Wildman holding tree in his right hand, forest in background **Rev:** Large letters in value, "MVNTZ"

Date	Mintage	VG	F	VF	XF	Unc
1741 IBH	—	4.00	10.00	20.00	45.00	—

KM# 360.1 PFENNING
Copper **Ruler:** George III **Obv:** Crowned GR monogram **Rev:** Denomination, PFENN

Date	Mintage	F	VF	XF	Unc	BU
1768 IWS	—	10.00	25.00	50.00	100	150
1769 IWS	—	10.00	25.00	50.00	100	150
1770 IWS	—	10.00	25.00	50.00	100	150
1771 IWS	—	10.00	25.00	50.00	100	150
1772 IWS	—	10.00	25.00	50.00	100	150
1773 IWS	—	10.00	25.00	50.00	100	150
1774 IWS	—	10.00	25.00	50.00	100	150
1775 IWS	—	10.00	25.00	50.00	100	150
1776 IWS	—	10.00	25.00	50.00	100	150
1777 IWS	—	10.00	25.00	50.00	100	150
1778 IWS	—	10.00	25.00	50.00	100	150
1779 IWS	—	10.00	25.00	50.00	100	150
1780 IWS	—	10.00	25.00	50.00	100	150
1781 IWS	—	10.00	25.00	50.00	100	150
1782 IWS	—	10.00	25.00	50.00	100	150
1783 IWS	—	10.00	25.00	50.00	100	150
1784 IWS	—	10.00	25.00	50.00	100	150
1785 IWS	—	10.00	25.00	50.00	100	150
1786 IWS	—	10.00	25.00	50.00	100	150
1787 IWS	—	10.00	25.00	50.00	100	150
1788 IWS	—	10.00	25.00	50.00	100	150
1789 IWS	—	10.00	25.00	50.00	100	150
1790 IWS	—	10.00	25.00	50.00	100	150
1790 .C.	—	10.00	25.00	50.00	100	150
1791 .C.	—	10.00	25.00	50.00	100	150
1792 .C.	—	10.00	25.00	50.00	100	150
1793 PLM	—	10.00	25.00	50.00	100	150

KM# 136 1-1/2 PFENNING
Copper **Ruler:** George Ludwig **Obv:** Crowned GR monogram **Rev:** Value, date

Date	Mintage	VG	F	VF	XF	Unc
1718	—	12.00	22.00	45.00	90.00	—
1721	—	12.00	22.00	45.00	90.00	—
1722	—	12.00	22.00	45.00	90.00	—

KM# 310 1-1/2 PFENNING
Copper **Ruler:** George II August **Obv:** Crowned GR monogram **Rev:** Value, date

Date	Mintage	VG	F	VF	XF	Unc
1750 S	—	7.00	14.00	28.00	55.00	—

330 GERMAN STATES BRUNSWICK-LUNEBERG-CALENBERG-HANNOVER

KM# 397 1-1/2 PFENNING

Copper **Ruler:** George III **Obv:** Crowned GR monogram **Rev:** Value, date

Date	Mintage	F	VF	XF	Unc	BU
1792 .C.	—	17.00	25.00	50.00	100	—
1792 PLM	—	17.00	25.00	50.00	100	—

KM# 268 2 PFENNING

Copper **Ruler:** George III **Obv:** Horse left **Rev:** Value, date

Date	Mintage	F	VF	XF	Unc	BU
1735 Rare	—	—	—	—	—	—

KM# 402 2 PFENNING

Copper **Ruler:** George III **Obv:** Crowned monogram **Rev:** Denomination, date

Date	Mintage	F	VF	XF	Unc	BU
1794 PLM	—	10.00	27.00	55.00	110	175
1795 PLM	—	10.00	27.00	55.00	110	175
1796 PLM	—	10.00	27.00	55.00	110	175
1797 PLM	—	10.00	27.00	55.00	110	175
1798 PLM	—	10.00	27.00	55.00	110	175
1799 PLM	—	10.00	27.00	55.00	110	175
1800 PLM	—	10.00	27.00	55.00	110	175

KM# 44 3 PFENNING (Dreier)

Billon **Ruler:** George Ludwig **Obv:** Crowned GL monogram **Rev:** Imperial orb with 3 divides date

Date	Mintage	VG	F	VF	XF	Unc
1704 RB	—	8.00	16.00	35.00	60.00	—
1705 RB	—	8.00	16.00	35.00	60.00	—
1706 RB	—	8.00	16.00	35.00	60.00	—
1707 RB	—	8.00	16.00	35.00	60.00	—
1708 RB	—	8.00	16.00	35.00	60.00	—
1710 RB	—	8.00	16.00	35.00	60.00	—
1712 HH	—	8.00	16.00	35.00	60.00	—
1713 HH	—	8.00	16.00	35.00	60.00	—

KM# 105 3 PFENNING (Dreier)

Billon **Ruler:** George Ludwig **Obv:** Crowned GR monogram

Date	Mintage	VG	F	VF	XF	Unc
1716 HH	—	8.00	15.00	28.00	55.00	—
1717 HCB	—	8.00	15.00	28.00	55.00	—
1717 HH	—	8.00	15.00	28.00	55.00	—
1718 HCB	—	8.00	15.00	28.00	55.00	—
1719 HCB	—	8.00	15.00	28.00	55.00	—
1721 HCB	—	8.00	15.00	28.00	55.00	—
1723 HCB	—	8.00	15.00	28.00	55.00	—
1724 EPH	—	8.00	15.00	28.00	55.00	—

KM# 117 3 PFENNING (Dreier)

Billon **Ruler:** George Ludwig **Obv:** Crowned GR monogram **Rev:** Value, date in 4 lines

Date	Mintage	VG	F	VF	XF	Unc
1717 HCB	—	12.00	25.00	40.00	75.00	—

KM# 162 3 PFENNING (Dreier)

Billon **Ruler:** George Ludwig **Obv:** 3 also near monogram

Date	Mintage	VG	F	VF	XF	Unc
1723 HCB	—	9.00	18.00	37.00	75.00	—
1724	—	9.00	18.00	37.00	75.00	—

KM# 239 3 PFENNING (Dreier)

Billon **Ruler:** George II August **Rev:** Imperial orb with 3 **Rev. Legend:** NACH DEM

Date	Mintage	VG	F	VF	XF	Unc
1731 C	—	9.00	18.00	37.00	75.00	—
1733 CPS	—	9.00	18.00	37.00	75.00	—
1740 CPS	—	9.00	18.00	37.00	75.00	—
1741 CPS	—	9.00	18.00	37.00	75.00	—
1742 CPS	—	9.00	18.00	37.00	75.00	—
1743 CPS	—	9.00	18.00	37.00	75.00	—
1744 CPS	—	9.00	18.00	37.00	75.00	—
1751 C	—	9.00	18.00	37.00	75.00	—

KM# 242 3 PFENNING (Dreier)

Billon **Ruler:** George II August **Rev:** Imperial orb with 3

Date	Mintage	VG	F	VF	XF	Unc
1732 CPS	—	9.00	18.00	37.00	75.00	—
1733 CPS	—	9.00	18.00	37.00	75.00	—

KM# 25 4 PFENNING

Billon **Ruler:** George Ludwig **Obv:** Horse leaping left **Rev:** Value, date **Note:** Varieties exist.

Date	Mintage	VG	F	VF	XF	Unc
1701 HB	—	12.00	25.00	40.00	80.00	—
1702 HB	—	12.00	25.00	40.00	80.00	—
1704 HB	—	12.00	25.00	40.00	80.00	—
1705 HB	—	12.00	25.00	40.00	80.00	—
1706 HB	—	12.00	25.00	40.00	80.00	—
1707 HB	—	12.00	25.00	40.00	80.00	—
1708 HB	—	12.00	25.00	40.00	80.00	—
1709 HB	—	12.00	25.00	40.00	80.00	—
1710 HB	—	12.00	25.00	40.00	80.00	—
1711 HB	—	12.00	25.00	40.00	80.00	—
1712 HCB	—	12.00	25.00	40.00	80.00	—
1713 HCB	—	12.00	25.00	40.00	80.00	—
1714 HCB	—	12.00	25.00	40.00	80.00	—
1715 HCB	—	12.00	25.00	40.00	80.00	—

KM# 36 4 PFENNING

Billon **Ruler:** George Ludwig **Obv:** Crowned GL monogram **Rev:** Value, with GVTE..., date in 4 lines **Note:** Gute 4 Pfenning.

Date	Mintage	VG	F	VF	XF	Unc
1702	—	—	—	—	—	—

KM# 45 4 PFENNING

Billon **Ruler:** George Ludwig **Rev:** Value with LAND MUNTZ

Date	Mintage	VG	F	VF	XF	Unc
1704 RB	—	10.00	20.00	35.00	60.00	—
1705 RB	—	10.00	20.00	35.00	60.00	—
1706 RB	—	10.00	20.00	35.00	60.00	—
1707 RB	—	10.00	20.00	35.00	60.00	—
1710 RB	—	10.00	20.00	35.00	60.00	—
1711 RB	—	10.00	20.00	35.00	60.00	—
1713 HH	—	10.00	20.00	35.00	60.00	—

KM# 118 4 PFENNING

Billon **Ruler:** George Ludwig **Obv:** Crowned GR monogram **Rev:** Value, date

Date	Mintage	VG	F	VF	XF	Unc
1717 HCB	—	12.00	25.00	40.00	80.00	—
1717 HH	—	12.00	25.00	40.00	80.00	—
1718 HH	—	12.00	25.00	40.00	80.00	—
1718 HCB	—	12.00	25.00	40.00	80.00	—
1719 HCB	—	12.00	25.00	40.00	80.00	—
1720 HCB	—	12.00	25.00	40.00	80.00	—
1723 HCB	—	12.00	25.00	40.00	80.00	—
1726 HCB	—	12.00	25.00	40.00	80.00	—
1727 CPS	—	12.00	25.00	40.00	80.00	—

KM# 206 4 PFENNING

Billon **Ruler:** George II August **Obv:** Crowned GR monogram **Rev:** Value, date

Date	Mintage	VG	F	VF	XF	Unc
1729	—	8.00	15.00	30.00	60.00	—
1729 EPH	—	8.00	15.00	30.00	60.00	—
1729 CPS	—	8.00	15.00	30.00	60.00	—
1731 CPS	—	8.00	15.00	30.00	60.00	—
1732 CPS	—	8.00	15.00	30.00	60.00	—
1733 CPS	—	8.00	15.00	30.00	60.00	—
1733 IAB	—	8.00	15.00	30.00	60.00	—
1735 CPS	—	8.00	15.00	30.00	60.00	—
1735 IAB	—	8.00	15.00	30.00	60.00	—
1738 CPS	—	8.00	15.00	30.00	60.00	—
1739 IBH	—	8.00	15.00	30.00	60.00	—
1744 IBH	—	8.00	15.00	30.00	60.00	—
1745 IBH	—	8.00	15.00	30.00	60.00	—
1746 IBH	—	8.00	15.00	30.00	60.00	—
1750 IBH	—	8.00	15.00	30.00	60.00	—
1752 IBH	—	8.00	15.00	30.00	60.00	—
1753 IBH	—	8.00	15.00	30.00	60.00	—
1754 IBH	—	8.00	15.00	30.00	60.00	—
1755 IBH	—	8.00	15.00	30.00	60.00	—
1756 IBH	—	8.00	15.00	30.00	60.00	—
1759 IBH	—	8.00	15.00	30.00	60.00	—
1760 IBH	—	8.00	15.00	30.00	60.00	—

KM# 265 4 PFENNING

Billon **Ruler:** George II August **Obv:** Crowned monogram **Rev:** Value, date

Date	Mintage	VG	F	VF	XF	Unc
1739 CPS	—	8.00	15.00	30.00	60.00	—
1740 CPS	—	8.00	15.00	30.00	60.00	—
1741 CPS	—	8.00	15.00	30.00	60.00	—
1742 CPS	—	8.00	15.00	30.00	60.00	—
1743 CPS	—	8.00	15.00	30.00	60.00	—

Date	Mintage	VG	F	VF	XF	Unc
1744 CPS	—	8.00	15.00	30.00	60.00	—
1745 CPS	—	8.00	15.00	30.00	60.00	—
1754 IWS	—	8.00	15.00	30.00	60.00	—
1755 IWS	—	8.00	15.00	30.00	60.00	—
1759 IWS	—	8.00	15.00	30.00	60.00	—

KM# 331 4 PFENNING

Billon **Ruler:** George III **Rev:** K. GR. BR.., value

Date	Mintage	F	VF	XF	Unc	BU
1760 IBH	—	6.00	12.00	28.00	60.00	—
1762 IBH	—	6.00	12.00	28.00	60.00	—
1763 IAP	—	6.00	12.00	28.00	60.00	—
1765 IAP	—	6.00	12.00	28.00	60.00	—
1766 IAP	—	6.00	12.00	28.00	60.00	—
1768 IAP	—	6.00	12.00	28.00	60.00	—
1770 IAP	—	6.00	12.00	28.00	60.00	—
1771 IAP	—	6.00	12.00	28.00	60.00	—
1772 IAP	—	6.00	12.00	28.00	60.00	—
1775 LCR	—	6.00	12.00	28.00	60.00	—
1777 LCR	—	6.00	12.00	28.00	60.00	—
1779 .C.	—	6.00	12.00	28.00	60.00	—

KM# 338 4 PFENNING

Billon **Ruler:** George III **Obv:** Crowned GR monogram **Rev:** Value **Rev. Legend:** NACH DEM LEIPZIGER FUS

Date	Mintage	F	VF	XF	Unc	BU
1761 IWS	—	15.00	28.00	55.00	110	—

KM# 344 4 PFENNING

Billon **Ruler:** George III **Obv:** Crowned GR monogram **Rev:** Value, date

Date	Mintage	F	VF	XF	Unc	BU
1762 IWS	—	13.00	25.00	50.00	100	150
1763 IWS	—	13.00	25.00	50.00	100	150
1764 IWS	—	13.00	25.00	50.00	100	150
1765 IWS	—	13.00	25.00	50.00	100	150
1767 IWS	—	13.00	25.00	50.00	100	150
1769 IWS	—	13.00	25.00	50.00	100	150
1771 IWS	—	13.00	25.00	50.00	100	150
1772 IWS	—	13.00	25.00	50.00	100	150
1774 IWS	—	13.00	25.00	50.00	100	150
1776 IWS	—	13.00	25.00	50.00	100	150
1777 IWS	—	13.00	25.00	50.00	100	150
1779 IWS	—	13.00	25.00	50.00	100	150
1780 IWS	—	13.00	25.00	50.00	100	150
1781 IWS	—	13.00	25.00	50.00	100	150
1782 IWS	—	13.00	25.00	50.00	100	150
1783 IWS	—	13.00	25.00	50.00	100	150
1784 IWS	—	13.00	25.00	50.00	100	150
1785 IWS	—	13.00	25.00	50.00	100	150
1787 IWS	—	13.00	25.00	50.00	100	150
1788 IWS	—	13.00	25.00	50.00	100	150
1791 .C.	—	13.00	25.00	50.00	100	150
1792 .C.	—	13.00	25.00	50.00	100	150
1793 PLM	—	13.00	25.00	50.00	100	150
1795 PLM	—	13.00	25.00	50.00	100	150
1797 PLM	—	13.00	25.00	50.00	100	150
1799 PLM	—	13.00	25.00	50.00	100	150

KM# 398 4 PFENNING

Copper **Ruler:** George III **Obv:** Standing St. Andrew, cross **Rev:** Value, date

Date	Mintage	F	VF	XF	Unc	BU
1792 .C.	—	15.00	37.00	75.00	150	—
1794 PLM	—	15.00	37.00	75.00	150	—

KM# 403 4 PFENNING

Copper **Ruler:** George III **Obv. Designer:** Crowned monogram **Rev:** Value, date

Date	Mintage	F	VF	XF	Unc	BU
1794 PLM	—	15.00	37.00	75.00	150	—

BRUNSWICK-LUNEBERG-CALENBERG-HANNOVER GERMAN STATES 331

Date	Mintage	F	VF	XF	Unc	BU
1795 PLM	—	15.00	37.00	75.00	150	—
1796 PLM	—	15.00	37.00	75.00	150	—

KM# 40 4-1/2 PFENNIG

Billon **Ruler:** George Ludwig **Obv:** Crowned GL monogram **Rev:** Value, date in 3 lines in circle

Date	Mintage	VG	F	VF	XF	Unc
1703	—	27.00	55.00	110	225	—

KM# 39 4-1/2 PFENNIG

Billon **Ruler:** George Ludwig **Obv:** Crowned GL monogram **Rev:** Value, date in 4 lines **Note:** Gute 4-1/2 Pfennig.

Date	Mintage	VG	F	VF	XF	Unc
1703	—	27.00	55.00	110	225	—
1703 RB	—	27.00	55.00	110	225	—

KM# 119 6 PFENNIG

Billon **Ruler:** George Ludwig **Obv:** Crowned GR monogram **Rev:** Value, date in 4 lines

Date	Mintage	VG	F	VF	XF	Unc
1717 HCB	—	18.00	30.00	60.00	120	—

KM# 120 6 PFENNIG

Billon **Ruler:** George Ludwig **Rev:** Imperial orb with VI divides date

Date	Mintage	VG	F	VF	XF	Unc
1717 HCB	—	13.00	27.00	55.00	110	—
1718 HCB	—	13.00	27.00	55.00	110	—
1719 HCB	—	13.00	27.00	55.00	110	—
1721 HCB	—	13.00	27.00	55.00	110	—
1722 HCB	—	13.00	27.00	55.00	110	—

KM# 137 6 PFENNIG

Billon **Ruler:** George Ludwig **Rev:** Value 6

Date	Mintage	VG	F	VF	XF	Unc
1718 HCB	—	18.00	30.00	60.00	120	—
1719 HCB	—	18.00	30.00	60.00	120	—

KM# 249 6 PFENNIG

Billon **Ruler:** George II August **Rev:** Imperial orb with VI

Date	Mintage	VG	F	VF	XF	Unc
1733 CPS	—	11.00	22.00	45.00	90.00	—
1735 CPS	—	11.00	22.00	45.00	90.00	—

KM# 270 6 PFENNIG

Billon **Ruler:** George II August **Rev. Legend:** NACH DEM

Date	Mintage	VG	F	VF	XF	Unc
1740 CPS	—	11.00	22.00	45.00	90.00	—
1751 C	—	11.00	22.00	45.00	90.00	—

KM# 350 6 PFENNIG

Billon **Ruler:** George III **Obv:** Crowned GR monogram **Rev:** VI in orb

Date	Mintage	F	VF	XF	Unc	BU
1763 IWS	—	19.00	45.00	90.00	185	—
1764 IWS	—	15.00	37.00	75.00	150	—

KM# 26.1 MARIENGROSCHEN

Silver, 17 mm. **Ruler:** George Ludwig **Obv:** 4-line inscription with date, mintmaster's initials below **Obv. Legend:** C. F. BR. LUN. LAND MUNTZ. **Obv. Inscription:** I / MARIEN / GROS: / (date) **Rev:** Full-length standing figure of Madonna holding Child in frame with rays around **Mint:** Clausthal

Date	Mintage	VG	F	VF	XF	Unc
1701 HB	—	8.00	15.00	30.00	60.00	—
1702 HB	—	8.00	15.00	30.00	60.00	—
1703 HB	—	8.00	15.00	30.00	60.00	—
1703 III	—	8.00	15.00	30.00	60.00	—
1704 HB	—	8.00	15.00	30.00	60.00	—
1705 HB	—	8.00	15.00	30.00	60.00	—
1706 HB	—	8.00	15.00	30.00	60.00	—
1707 HB	—	8.00	15.00	30.00	60.00	—
1708 HB	—	8.00	15.00	30.00	60.00	—
1709 HB	—	8.00	15.00	30.00	60.00	—
1710 HB	—	8.00	15.00	30.00	60.00	—
1711 HB	—	8.00	15.00	30.00	60.00	—
1712 HCB	—	8.00	15.00	30.00	60.00	—
1713 HCB	—	8.00	15.00	30.00	60.00	—
1714 HCB	—	8.00	15.00	30.00	60.00	—
1715 HCB	—	8.00	15.00	30.00	60.00	—

KM# 26.2 MARIENGROSCHEN

Silver, 17 mm. **Ruler:** George Ludwig **Obv:** 3-line inscription, mintmaster's initials below, date at end of legend **Obv. Legend:** C. U. F. B. LUN. LAND MUNTZE. **Obv. Inscription:** I / MARIEN / GROS: **Rev:** Full-length standing figure of Madonna holding Child, rays around **Mint:** Zellerfeld **Note:** Joint coinage with Anton Ulrich von Braunschweig-Wolfenbüttel.

Date	Mintage	VG	F	VF	XF	Unc
1706 RB	—	28.00	60.00	150	300	—
1707 RB	—	28.00	60.00	150	300	—

KM# 26.3 MARIENGROSCHEN

Silver, 17 mm. **Ruler:** George Ludwig **Obv:** 3-line inscription, mintmaster's initials below, date at end of legend **Obv. Legend:** C. U. F. B. LUN. CO. LAND MUNTZE. **Obv. Inscription:** I / MARIEN / GROS: **Rev:** Full-length standing figure of Madonna holding Child, rays around **Mint:** Zellerfeld **Note:** Joint coinage with Anton Ulrich von Braunschweig-Wolfenbüttel.

Date	Mintage	VG	F	VF	XF	Unc
1708 ***	—	25.00	50.00	125	250	—
1709 RB	—	25.00	50.00	125	250	—
1710 RB	—	25.00	50.00	125	250	—
1712 HH	—	25.00	50.00	125	250	—
1713 HH	—	25.00	50.00	125	250	—
1714 HH	—	25.00	50.00	125	250	—
1715 HH	—	25.00	50.00	125	250	—

KM# 106 MARIENGROSCHEN

Silver **Ruler:** George Ludwig **Obv:** Crowned GR monogram **Rev:** Value, date in 4 lines

Date	Mintage	VG	F	VF	XF	Unc
1716 HCB	—	9.00	18.00	37.00	75.00	—
1717 HCB	—	9.00	18.00	37.00	75.00	—
1718 HCB	—	9.00	18.00	37.00	75.00	—
1719 HCB	—	9.00	18.00	37.00	75.00	—
1720 HCB	—	9.00	18.00	37.00	75.00	—
1721 HCB	—	9.00	18.00	37.00	75.00	—
1722 HCB	—	9.00	18.00	37.00	75.00	—
1724	—	9.00	18.00	37.00	75.00	—
1724 EPH	—	9.00	18.00	37.00	75.00	—
1727 CPS	—	9.00	18.00	37.00	75.00	—

KM# 121 MARIENGROSCHEN

Silver **Ruler:** George Ludwig **Rev:** Without MARIEN

Date	Mintage	VG	F	VF	XF	Unc
1717 HCB	—	12.00	25.00	45.00	95.00	—

KM# 172 MARIENGROSCHEN

Billon **Ruler:** George II August **Obv:** Crowned monogram **Rev:** With MARIEN

Date	Mintage	VG	F	VF	XF	Unc
1727 CPS	—	7.00	14.00	27.00	55.00	—
1729 CPS	—	7.00	14.00	27.00	55.00	—
1730 CPS	—	7.00	14.00	27.00	55.00	—
1731 CPS	—	7.00	14.00	27.00	55.00	—
1733 CPS	—	7.00	14.00	27.00	55.00	—
1734 CPS	—	7.00	14.00	27.00	55.00	—
1735 CPS	—	7.00	14.00	27.00	55.00	—
1735 IAB	—	7.00	14.00	27.00	55.00	—
1736 CPS	—	7.00	14.00	27.00	55.00	—
1741 IBH	—	7.00	14.00	27.00	55.00	—
1744 IBH	—	7.00	14.00	27.00	55.00	—
1746 IBH	—	7.00	14.00	27.00	55.00	—
1747 IBH	—	7.00	14.00	27.00	55.00	—
1748 IBH	—	7.00	14.00	27.00	55.00	—
1749 IBH	—	7.00	14.00	27.00	55.00	—
1751 IBH	—	7.00	14.00	27.00	55.00	—
1752 IBH	—	7.00	14.00	27.00	55.00	—
1753 IBH	—	7.00	14.00	27.00	55.00	—
1754 IBH	—	7.00	14.00	27.00	55.00	—
1760 IBH	—	7.00	14.00	27.00	55.00	—

KM# 260 MARIENGROSCHEN

Billon **Ruler:** George II August **Rev:** Date in field **Rev. Legend:** NACH DEM

Date	Mintage	VG	F	VF	XF	Unc
1738 CPS	—	7.00	14.00	27.00	55.00	—
1739 CPS	—	7.00	14.00	27.00	55.00	—
1740 CPS	—	7.00	14.00	27.00	55.00	—
1741 CPS	—	7.00	14.00	27.00	55.00	—
1742 CPS	—	7.00	14.00	27.00	55.00	—
1751 C	—	7.00	14.00	27.00	55.00	—
1753 C	—	7.00	14.00	27.00	55.00	—
1753 IWS	—	7.00	14.00	27.00	55.00	—
1755 IWS	—	7.00	14.00	27.00	55.00	—
1758 IWS	—	7.00	14.00	27.00	55.00	—

KM# 278 MARIENGROSCHEN

Billon **Ruler:** George II August **Note:** Similar to KM#260 but date in legend.

Date	Mintage	VG	F	VF	XF	Unc
1741 CPS	—	7.00	14.00	27.00	55.00	—
1742 CPS	—	7.00	14.00	27.00	55.00	—
1743 CPS	—	7.00	14.00	27.00	55.00	—
1744 CPS	—	7.00	14.00	27.00	55.00	—
1745 CPS	—	7.00	14.00	27.00	55.00	—
1747 CPS	—	7.00	14.00	27.00	55.00	—

KM# 339 MARIENGROSCHEN

Billon **Ruler:** George III **Obv:** Crowned GR monogram **Rev:** Value **Rev. Legend:** NACH DEM LEIPZIGER FUS

Date	Mintage	F	VF	XF	Unc	BU
1761 IWS Rare	—	—	—	—	—	—

KM# 345 MARIENGROSCHEN

Billon **Ruler:** George III **Obv:** Crowned GR monogram **Rev:** Value, date

Date	Mintage	F	VF	XF	Unc	BU
1762 IWS	—	15.00	30.00	50.00	100	125
1763 IWS	—	15.00	30.00	50.00	100	125
1765 IWS	—	15.00	30.00	50.00	100	125
1766 IWS	—	15.00	30.00	50.00	100	125
1767 IWS	—	15.00	30.00	50.00	100	125
1768 IWS	—	15.00	30.00	50.00	100	125
1769 IWS	—	15.00	30.00	50.00	100	125
1770 IWS	—	15.00	30.00	50.00	100	125
1771 IWS	—	15.00	30.00	50.00	100	125
1773 IWS	—	15.00	30.00	50.00	100	125
1774 IWS	—	15.00	30.00	50.00	100	125
1775 IWS	—	15.00	30.00	50.00	100	125
1776 IWS	—	15.00	30.00	50.00	100	125
1777 IWS	—	15.00	30.00	50.00	100	125
1778 IWS	—	15.00	30.00	50.00	100	125
1779 IWS	—	15.00	30.00	50.00	100	125
1781 IWS	—	15.00	30.00	50.00	100	125
1782 IWS	—	15.00	30.00	50.00	100	125
1783 IWS	—	15.00	30.00	50.00	100	125
1784 IWS	—	15.00	30.00	50.00	100	125
1785 IWS	—	15.00	30.00	50.00	100	125
1787 IWS	—	15.00	30.00	50.00	100	125
1790 .C.	—	15.00	30.00	50.00	100	125
1791 .C.	—	15.00	30.00	50.00	100	125
1793 PLM	—	15.00	30.00	50.00	100	125
1797 PLM	—	15.00	30.00	50.00	100	125
1799 PLM	—	15.00	30.00	50.00	100	125

KM# 351 MARIENGROSCHEN

Billon **Ruler:** George III **Rev:** Value, K. GR. BR

Date	Mintage	F	VF	XF	Unc	BU
1763 IAP	—	9.00	18.00	37.00	75.00	—
1764 IAP	—	9.00	18.00	37.00	75.00	—
1765 IAP	—	9.00	18.00	37.00	75.00	—
1766 IAP	—	9.00	18.00	37.00	75.00	—
1768 IAP	—	9.00	18.00	37.00	75.00	—
1769 IWS	—	9.00	18.00	37.00	75.00	—
1770 IAP	—	9.00	18.00	37.00	75.00	—
1771 IAP	—	9.00	18.00	37.00	75.00	—
1775 LCR	—	9.00	18.00	37.00	75.00	—
1776 LCR	—	9.00	18.00	37.00	75.00	—

KM# 6 2 MARIENGROSCHEN

Silver **Ruler:** George Ludwig **Obv:** Value in 3 lines, date in legend **Rev:** Wildman, tree in right hand

Date	Mintage	VG	F	VF	XF	Unc
1701 ***	—	8.00	16.00	33.00	65.00	—
1702 ***	—	8.00	16.00	33.00	65.00	—
1703 ***	—	8.00	16.00	33.00	65.00	—
1704 ***	—	8.00	16.00	33.00	65.00	—
1707 ***	—	8.00	16.00	33.00	65.00	—
1708 ***	—	8.00	16.00	33.00	65.00	—
1709 ***	—	8.00	16.00	33.00	65.00	—
1710 ***	—	8.00	16.00	33.00	65.00	—
1711 C	—	8.00	16.00	33.00	65.00	—

KM# 31 2 MARIENGROSCHEN

Silver **Ruler:** George Ludwig **Obv:** Value and date within inner circle **Rev:** Horse leaping left within inner circle

Date	Mintage	VG	F	VF	XF	Unc
1702	—	8.00	17.00	35.00	65.00	—
1704	—	8.00	17.00	35.00	65.00	—
1705 HB	—	8.00	17.00	35.00	65.00	—

KM# 52 2 MARIENGROSCHEN

Silver **Ruler:** George Ludwig **Obv:** Value, date **Rev:** St. Andrew **Note:** Varieties exist.

Date	Mintage	VG	F	VF	XF	Unc
1706 HB	—	8.00	15.00	30.00	60.00	—
1708 HB	—	8.00	15.00	30.00	60.00	—
ND	—	8.00	15.00	30.00	60.00	—

KM# 84 2 MARIENGROSCHEN

Silver **Ruler:** George Ludwig **Obv:** Value, date in 4 lines **Rev:** Wildman, tree in right hand

Date	Mintage	VG	F	VF	XF	Unc
1712 HH	—	9.00	20.00	40.00	80.00	—
1713 HH	—	9.00	20.00	40.00	80.00	—
1714 HH	—	9.00	20.00	40.00	80.00	—
1715 HH	—	9.00	20.00	40.00	80.00	—

KM# 85 2 MARIENGROSCHEN

Silver **Ruler:** George Ludwig **Obv:** 6 lines with FEIN SILB

Date	Mintage	VG	F	VF	XF	Unc
1713 HH	—	7.00	13.00	25.00	55.00	—
1714 HH	—	7.00	13.00	25.00	55.00	—
1715 HH	—	7.00	13.00	25.00	55.00	—

KM# 83 2 MARIENGROSCHEN

Silver **Ruler:** George Ludwig **Obv:** Value, date **Rev:** Horse leaping left

Date	Mintage	VG	F	VF	XF	Unc
1713 HCB	—	7.00	13.00	25.00	55.00	—
1714 HCB	—	7.00	13.00	25.00	55.00	—

332 GERMAN STATES BRUNSWICK-LUNEBERG-CALENBERG-HANNOVER

KM# 122 2 MARIENGROSCHEN
Silver **Ruler:** George Ludwig **Obv:** Crowned GR monogram **Rev:** Value, date in 4 lines **Rev. Legend:** LAND MUNTZ

Date	Mintage	VG	F	VF	XF	Unc
1717 HCB	—	12.00	25.00	50.00	100	—
1718 HCB	—	12.00	25.00	50.00	100	—
1719 HCB	—	12.00	25.00	50.00	100	—
1720 HCB	—	12.00	25.00	50.00	100	—
1725 HCB	—	12.00	25.00	50.00	100	—
1727 CPS	—	12.00	25.00	50.00	100	—

KM# 123 2 MARIENGROSCHEN
Silver **Ruler:** George Ludwig **Rev:** Value, date in 4 lines, without legend

Date	Mintage	VG	F	VF	XF	Unc
1717 HCB	—	15.00	30.00	50.00	100	—

KM# 124 2 MARIENGROSCHEN
Silver **Ruler:** George Ludwig **Obv:** Crowned GR monogram **Rev:** Value, date **Rev. Legend:** VON FEINEM SILBER

Date	Mintage	VG	F	VF	XF	Unc
1717 HCB	—	25.00	50.00	95.00	180	—
1717 HH	—	25.00	50.00	95.00	180	—
1719 C	—	25.00	50.00	95.00	180	—
1720 C	—	25.00	50.00	95.00	180	—
1723	—	15.00	32.00	65.00	135	—
1724	—	15.00	32.00	65.00	135	—
1725 EPH	—	25.00	50.00	95.00	180	—
1726 EPH	—	25.00	50.00	95.00	180	—

KM# 168 2 MARIENGROSCHEN
Silver **Ruler:** George Ludwig **Obv:** Date below monogram **Rev:** Value in 3 lines

Date	Mintage	VG	F	VF	XF	Unc
1725	—	—	—	—	—	—

KM# 169 2 MARIENGROSCHEN
Silver **Ruler:** George Ludwig **Obv:** 2 in field

Date	Mintage	VG	F	VF	XF	Unc
1726 EPH	—	18.00	35.00	70.00	135	—

KM# 173 2 MARIENGROSCHEN
Silver **Ruler:** George II August **Obv:** Crowned GR monogram **Rev:** Value, date

Date	Mintage	F	VF	XF	Unc	BU
1727 CPS	—	13.00	27.00	55.00	110	—
1729 CPS	—	13.00	27.00	55.00	110	—
1731 CPS	—	13.00	27.00	55.00	110	—
1732 CPS	—	13.00	27.00	55.00	110	—
1734 CPS	—	13.00	27.00	55.00	110	—
1735 CPS	—	13.00	27.00	55.00	110	—
1737 CPS	—	13.00	27.00	55.00	110	—
1740 CPS	—	13.00	27.00	55.00	110	—

KM# 216 2 MARIENGROSCHEN
Silver **Ruler:** George II August **Obv:** Value, date **Rev:** Wildman

Date	Mintage	F	VF	XF	Unc	BU
1730 EPH	—	18.00	37.00	75.00	150	—
1731 IAB	—	18.00	37.00	75.00	150	—
1732 IAB	—	18.00	37.00	75.00	150	—
1733 IAB	—	18.00	37.00	75.00	150	—
1734 IAB	—	18.00	37.00	75.00	150	—
1735 IAB	—	18.00	37.00	75.00	150	—
1736 IAB	—	18.00	37.00	75.00	150	—
1737 IAB	—	18.00	37.00	75.00	150	—
1738 IAB	—	18.00	37.00	75.00	150	—
1739 C	—	18.00	37.00	75.00	150	—
1739 IAB	—	18.00	37.00	75.00	150	—
1739 IBH	—	18.00	37.00	75.00	150	—
1740 IBH	—	18.00	37.00	75.00	150	—
1741 IBH	—	18.00	37.00	75.00	150	—
1742 IBH	—	18.00	37.00	75.00	150	—
1743 IBH	—	18.00	37.00	75.00	150	—
1745 IBH	—	18.00	37.00	75.00	150	—
1746 IBH	—	18.00	37.00	75.00	150	—
1748 IBH	—	18.00	37.00	75.00	150	—
1750 IBH	—	18.00	37.00	75.00	150	—
1751 IBH	—	18.00	37.00	75.00	150	—
1753 IBH	—	18.00	37.00	75.00	150	—
1756 IBH	—	18.00	37.00	75.00	150	—
1758 IBH	—	18.00	37.00	75.00	150	—
1759 IBH	—	18.00	37.00	75.00	150	—
1760 IBH	—	18.00	37.00	75.00	150	—

KM# 271 2 MARIENGROSCHEN
Silver **Ruler:** George II August **Obv:** Crowned GR monogram **Rev:** Value, date

Date	Mintage	F	VF	XF	Unc	BU
1740 CPS	—	14.00	28.00	55.00	110	—
1741 CPS	—	14.00	28.00	55.00	110	—
1742 CPS	—	14.00	28.00	55.00	110	—
1744 CPS	—	14.00	28.00	55.00	110	—
1745 CPS	—	14.00	28.00	55.00	110	—
1747 CPS	—	14.00	28.00	55.00	110	—
1752 C	—	14.00	28.00	55.00	110	—
1753 IWS	—	14.00	28.00	55.00	110	—

KM# 279 2 MARIENGROSCHEN
Silver **Ruler:** George II August **Rev:** Date in field **Rev. Legend:** NACH DEM

Date	Mintage	F	VF	XF	Unc	BU
1741 CPS	—	14.00	27.00	55.00	110	—
1743 CPS	—	14.00	27.00	55.00	110	—
1748 CPS	—	14.00	27.00	55.00	110	—
1749 CPS	—	14.00	27.00	55.00	110	—
1750 CPS	—	14.00	27.00	55.00	110	—
1751 C	—	14.00	27.00	55.00	110	—
1757 IWS	—	14.00	27.00	55.00	110	—
1759 IWS	—	14.00	27.00	55.00	110	—
1760 IWS	—	14.00	27.00	55.00	110	—

KM# 332 2 MARIENGROSCHEN
Billon **Ruler:** George III **Obv:** Crowned GR monogram **Rev:** Value

Date	Mintage	F	VF	XF	Unc	BU
1760 IWS	—	18.00	37.00	75.00	150	—
1762 IWS	—	18.00	37.00	75.00	150	—

KM# 352 2 MARIENGROSCHEN
0.9930 Silver **Ruler:** George III **Obv:** Value **Rev:** Wildman

Date	Mintage	F	VF	XF	Unc	BU
1763 IAP	—	13.00	27.00	55.00	110	—
1766 IAP	—	13.00	27.00	55.00	110	—
1768 IAP	—	13.00	27.00	55.00	110	—
1769 IAP	—	13.00	27.00	55.00	110	—
1770 IAP	—	13.00	27.00	55.00	110	—
1771 IAP	—	13.00	27.00	55.00	110	—
1772 IAP	—	13.00	27.00	55.00	110	—
1773 IAP	—	13.00	27.00	55.00	110	—
1774 LCR	—	13.00	27.00	55.00	110	—
1775 LCR	—	13.00	27.00	55.00	110	—
1776 LCR	—	13.00	27.00	55.00	110	—
1778 LCR	—	13.00	27.00	55.00	110	—
1779 .C.	—	13.00	27.00	55.00	110	—
1780 CES	—	13.00	27.00	55.00	110	—
1781 CES	—	13.00	27.00	55.00	110	—
1782 CES	—	13.00	27.00	55.00	110	—
1783 CES	—	13.00	27.00	55.00	110	—
1785 CES	—	13.00	27.00	55.00	110	—

KM# 384 2 MARIENGROSCHEN
0.9930 Silver **Ruler:** George III **Rev:** Date in center legend

Date	Mintage	F	VF	XF	Unc	BU
1785 CES	—	13.00	27.00	55.00	110	—

KM# 125 3 MARIENGROSCHEN
Silver **Ruler:** George Ludwig **Obv:** Crowned 4-fold arms **Rev:** Value, date in 4 lines

Date	Mintage	VG	F	VF	XF	Unc
1717 HCB	—	14.00	28.00	60.00	115	—

KM# 126 3 MARIENGROSCHEN
Silver **Ruler:** George Ludwig **Obv:** Horse leaping left

Date	Mintage	VG	F	VF	XF	Unc
1717 HCB	—	14.00	28.00	60.00	115	—

KM# 127 3 MARIENGROSCHEN
Silver **Ruler:** George Ludwig **Obv:** Crowned GR monogram

Date	Mintage	VG	F	VF	XF	Unc
1717 HCB	—	13.00	25.00	50.00	100	—

KM# 32 4 MARIENGROSCHEN
Silver **Ruler:** George Ludwig **Obv:** Value in 3 lines, date in legend **Rev:** Wildman, tree in right hand

Date	Mintage	VG	F	VF	XF	Unc
1701 ***	—	11.00	22.00	45.00	90.00	—
1702 ***	—	11.00	22.00	45.00	90.00	—
1703 ***	—	11.00	22.00	45.00	90.00	—
1708 ***	—	11.00	22.00	45.00	90.00	—
1710 ***	—	11.00	22.00	45.00	90.00	—

KM# 33 4 MARIENGROSCHEN
2.0600 g., Silver Clausthal Mint - 1705, Zellerfeld Mint 1712-14., 21.17 mm. **Ruler:** George Ludwig **Obv:** Value in 4 lines **Obv. Legend:** GEORG: LVD: D•G•D•B•&•L•S•R•I•A•T•&•E' **Rev:** Horse leaping left, date below **Rev. Legend:** IN RECTO DECUS **Edge:** Plain **Note:** Varieties exist.

Date	Mintage	VG	F	VF	XF	Unc
1703 HB	—	8.00	17.00	35.00	70.00	—
1704 HB	—	8.00	17.00	35.00	70.00	—
1705 HB	—	8.00	17.00	35.00	70.00	—
1712 HCB	—	7.00	15.00	30.00	60.00	—
1713 HCB	—	7.00	15.00	30.00	60.00	—
1714 HCB	—	7.00	15.00	30.00	60.00	—

KM# 53 4 MARIENGROSCHEN
Silver **Ruler:** George Ludwig **Obv:** Value, date **Rev:** St. Andrew

Date	Mintage	VG	F	VF	XF	Unc
1706 HB	—	10.00	20.00	40.00	80.00	—
1707 HB	—	10.00	20.00	40.00	80.00	—
1708 HB	—	10.00	20.00	40.00	80.00	—

KM# 62 4 MARIENGROSCHEN
Silver **Ruler:** George Ludwig **Obv:** Value, date **Rev:** Wildman **Note:** Varieties exist.

Date	Mintage	VG	F	VF	XF	Unc
1711 HH	—	13.00	25.00	45.00	95.00	—
1712 HH	—	9.00	18.00	38.00	75.00	—
1714 HH	—	9.00	18.00	38.00	75.00	—

KM# 107 4 MARIENGROSCHEN
Silver **Ruler:** George Ludwig **Obv:** Crowned GR monogram **Rev:** Value, date in 4 lines **Rev. Legend:** VON FEINEM SILBER

Date	Mintage	VG	F	VF	XF	Unc
1716 HCB	—	25.00	45.00	90.00	180	—
1717 HCB	—	25.00	45.00	90.00	180	—
1717 HH	—	25.00	45.00	90.00	180	—
1719 C	—	25.00	45.00	90.00	180	—
1721 C	—	25.00	45.00	90.00	180	—
1725 EPH	—	25.00	45.00	90.00	180	—

KM# 128 4 MARIENGROSCHEN (1/9 Thaler)
Silver **Ruler:** George Ludwig **Obv:** 4 crowned arms in cruciform, 1/9 in center **Rev:** Value IIII, date in 4 lines

Date	Mintage	VG	F	VF	XF	Unc
1717 HCB	—	16.00	33.00	65.00	125	—

KM# 129 4 MARIENGROSCHEN (1/9 Thaler)
Silver **Ruler:** George Ludwig **Obv:** Crowned GR monogram **Rev:** Value, date in 4 lines **Rev. Legend:** LAND MUNTZ

Date	Mintage	VG	F	VF	XF	Unc
1717 HCB	—	22.00	45.00	90.00	180	—

KM# 138 4 MARIENGROSCHEN (1/9 Thaler)
Silver **Ruler:** George Ludwig **Obv:** Crowned arms **Rev:** Value, date

Date	Mintage	VG	F	VF	XF	Unc
1718 HCB	—	15.00	30.00	55.00	110	—
1719 HCB	—	15.00	30.00	55.00	110	—

KM# 155 4 MARIENGROSCHEN (1/9 Thaler)
Silver **Ruler:** George Ludwig **Rev:** Value, date in 4 lines

Date	Mintage	VG	F	VF	XF	Unc
1720 HCB	—	12.00	25.00	45.00	90.00	—
1721 HCB	—	12.00	25.00	45.00	90.00	—
1722 HCB	—	12.00	25.00	45.00	90.00	—
1723 HCB	—	12.00	25.00	45.00	90.00	—
1724 HCB	—	12.00	25.00	45.00	90.00	—

BRUNSWICK-LUNEBERG-CALENBERG-HANNOVER GERMAN STATES 333

Date	Mintage	VG	F	VF	XF	Unc
1726 CPS	—	12.00	25.00	45.00	90.00	—
1727 CPS	—	12.00	25.00	45.00	90.00	—

KM# 174 4 MARIENGROSCHEN (1/9 Thaler)

Silver **Ruler:** George II August **Rev:** Value, date

Date	Mintage	F	VF	XF	Unc	BU
1727 CPS	—	20.00	45.00	90.00	185	—
1728 CPS	—	20.00	45.00	90.00	185	—
1729 CPS	—	20.00	45.00	90.00	185	—
1730 CPS	—	20.00	45.00	90.00	185	—
1731 CPS	—	20.00	45.00	90.00	185	—
1733 CPS	—	20.00	45.00	90.00	185	—
1734 CPS	—	20.00	45.00	90.00	185	—
1735 CPS	—	20.00	45.00	90.00	185	—

KM# 175 4 MARIENGROSCHEN (1/9 Thaler)

Silver **Ruler:** George II August **Obv:** Crowned GR monogram **Rev:** Value, IIII

Date	Mintage	F	VF	XF	Unc	BU
1727 EPH	—	—	—	—	—	—
1729 EPH	—	—	—	—	—	—

KM# 217 4 MARIENGROSCHEN (1/9 Thaler)

Silver **Ruler:** George II August **Obv:** Value, date **Rev:** Wildman

Date	Mintage	F	VF	XF	Unc	BU
1730 EPH	—	15.00	37.00	75.00	150	—
1731 IAB	—	15.00	37.00	75.00	150	—
1732 IAB	—	15.00	37.00	75.00	150	—
1733 IAB	—	15.00	37.00	75.00	150	—
1734 IAB	—	15.00	37.00	75.00	150	—
1735 IAB	—	15.00	37.00	75.00	150	—
1736 IAB	—	15.00	37.00	75.00	150	—
1737 IAB	—	15.00	37.00	75.00	150	—
1738 IAB	—	15.00	37.00	75.00	150	—
1739 IAB	—	15.00	37.00	75.00	150	—
1739 C	—	15.00	37.00	75.00	150	—
1739 IBH	—	15.00	37.00	75.00	150	—
1740 IBH	—	15.00	37.00	75.00	150	—
1741 IBH	—	15.00	37.00	75.00	150	—
1742 IBH	—	15.00	37.00	75.00	150	—
1743 IBH	—	15.00	37.00	75.00	150	—
1744 IBH	—	15.00	37.00	75.00	150	—
1745 IBH	—	15.00	37.00	75.00	150	—
1746 IBH	—	15.00	37.00	75.00	150	—
1747 IBH	—	15.00	37.00	75.00	150	—
1748 IBH	—	15.00	37.00	75.00	150	—
1749 IBH	—	15.00	37.00	75.00	150	—
1750 IBH	—	15.00	37.00	75.00	150	—
1751 IBH	—	15.00	37.00	75.00	150	—
1753 IBH	—	15.00	37.00	75.00	150	—
1754 IBH	—	15.00	37.00	75.00	150	—
1755 IBH	—	15.00	37.00	75.00	150	—
1756 IBH	—	15.00	37.00	75.00	150	—
1758 IBH	—	15.00	37.00	75.00	150	—
1759 IBH	—	15.00	37.00	75.00	150	—
1760 IBH	—	15.00	37.00	75.00	150	—

KM# 261 4 MARIENGROSCHEN (1/9 Thaler)

Silver **Ruler:** George II August **Obv:** Crowned quartered arms **Obv. Legend:** N.D. LEIPZ. FVS

Date	Mintage	F	VF	XF	Unc	BU
1738 CPS	—	20.00	45.00	90.00	185	—

KM# 296 4 MARIENGROSCHEN (1/9 Thaler)

Silver **Ruler:** George II August **Rev. Legend:** NACH. DEM

Date	Mintage	F	VF	XF	Unc	BU
1746 CPS	—	37.00	75.00	150	300	—
1752 C	—	20.00	50.00	100	200	—

KM# 346 4 MARIENGROSCHEN (1/9 Thaler)

Silver **Ruler:** George III **Obv:** Value **Rev:** Wildman

Date	Mintage	F	VF	XF	Unc	BU
1762 IBH	—	9.00	20.00	45.00	100	—
1763 IAP	—	9.00	20.00	45.00	100	—
1764 IAP	—	9.00	20.00	45.00	100	—
1766 IAP	—	9.00	20.00	45.00	100	—
1767 IAP	—	9.00	20.00	45.00	100	—
1768 IAP	—	9.00	20.00	45.00	100	—
1769 IAP	—	9.00	20.00	45.00	100	—
1770 IAP	—	9.00	20.00	45.00	100	—
1771 IAP	—	9.00	20.00	45.00	100	—
1772 IAP	—	9.00	20.00	45.00	100	—
1773 LCR	—	9.00	20.00	45.00	100	—
1774 LCR	—	9.00	20.00	45.00	100	—
1775 LCR	—	9.00	20.00	45.00	100	—
1776 LCR	—	9.00	20.00	45.00	100	—
1777 LCR	—	9.00	20.00	45.00	100	—
1778 LCR	—	9.00	20.00	45.00	100	—
1779 .C.	—	9.00	20.00	45.00	100	—
1780 CES	—	9.00	20.00	45.00	100	—
1781 CES	—	9.00	20.00	45.00	100	—
1782 CES	—	9.00	20.00	45.00	100	—
1783 CES	—	9.00	20.00	45.00	100	—
1784 CES	—	9.00	20.00	45.00	100	—
1785 CES	—	9.00	20.00	45.00	100	—
1786 .C.	—	9.00	20.00	45.00	100	—

KM# 390 4 MARIENGROSCHEN (1/9 Thaler)

Silver **Ruler:** George III **Rev:** Date in center legend

Date	Mintage	F	VF	XF	Unc	BU
1787 .C.	—	9.00	20.00	45.00	100	—
1788 .C.	—	9.00	20.00	45.00	100	—

KM# 11 6 MARIENGROSCHEN

Silver **Ruler:** George Ludwig **Obv:** Value, date **Rev:** Wildman, tree in right hand

Date	Mintage	VG	F	VF	XF	Unc
1701 ***	—	16.00	32.00	60.00	125	—
1702 ***	—	16.00	32.00	60.00	125	—
1703 ***	—	16.00	32.00	60.00	125	—
1704 ***	—	16.00	32.00	60.00	125	—
1705 ***	—	16.00	32.00	60.00	125	—
1706 ***	—	16.00	32.00	60.00	125	—
1707 ***	—	16.00	32.00	60.00	125	—
1708 ***	—	16.00	32.00	60.00	125	—
1709 ***	—	16.00	32.00	60.00	125	—
1710 ***	—	16.00	32.00	60.00	125	—
1711 ***	—	16.00	32.00	60.00	125	—

KM# 12 6 MARIENGROSCHEN (1/6 Thaler)

Silver **Ruler:** George Ludwig **Obv:** Value VI..., date in circle **Rev:** Horse leaping left, value Y6 below in circle

Date	Mintage	VG	F	VF	XF	Unc
1701 HB	—	17.00	35.00	65.00	135	—
1702 HB	—	17.00	35.00	65.00	135	—
1704 HB	—	17.00	35.00	65.00	135	—
1705 HB	—	17.00	35.00	65.00	135	—
1706 HB	—	17.00	35.00	65.00	135	—
1707 HB	—	17.00	35.00	65.00	135	—

KM# 54 6 MARIENGROSCHEN (1/6 Thaler)

Silver **Ruler:** George Ludwig **Note:** Similar to KM#12 but without circle.

Date	Mintage	VG	F	VF	XF	Unc
1707	—	25.00	40.00	72.00	145	—

KM# 56 6 MARIENGROSCHEN (1/6 Thaler)

Silver **Ruler:** George Ludwig **Obv:** Value, date **Rev:** St. Andrew

Date	Mintage	VG	F	VF	XF	Unc
1708 HB	—	25.00	40.00	75.00	150	—
1709 HB	—	25.00	40.00	75.00	150	—

KM# 60 6 MARIENGROSCHEN (1/6 Thaler)

Silver **Ruler:** George Ludwig **Obv:** Date in legend **Rev:** St. Andrew

Date	Mintage	VG	F	VF	XF	Unc
1710 HB	—	25.00	40.00	75.00	150	—
1711 HB	—	25.00	40.00	75.00	150	—

KM# 63 6 MARIENGROSCHEN (1/6 Thaler)

Silver **Ruler:** George Ludwig **Obv:** Additional title of AR. TH. (Imperial Treasurer) **Rev:** St. Andrew

Date	Mintage	VG	F	VF	XF	Unc
1711 HCB	—	60.00	110	150	300	—
1712 HCB	—	60.00	110	150	300	—
1713 HCB	—	60.00	110	150	300	—

KM# 71 6 MARIENGROSCHEN (1/6 Thaler)

Silver **Ruler:** George Ludwig **Obv:** Value, date in 5 lines **Rev:** Similar to KM#11 but 6 to lower right

Date	Mintage	VG	F	VF	XF	Unc
1712 HH	—	11.00	22.00	45.00	90.00	—
1713 HH	—	11.00	22.00	45.00	90.00	—
1714 HH	—	11.00	22.00	45.00	90.00	—
1715 HH	—	11.00	22.00	45.00	90.00	—

KM# 86 6 MARIENGROSCHEN (1/6 Thaler)

Silver **Ruler:** George Ludwig **Rev:** Horse leaping left

Date	Mintage	VG	F	VF	XF	Unc
1713 HCB	—	12.00	25.00	50.00	100	—

KM# 91 6 MARIENGROSCHEN (1/6 Thaler)

Silver **Ruler:** George Ludwig **Obv:** Value, date **Obv. Legend:** * GEORG: LUD: D • G • D • B • & • L • S • R • I • AR • TH • & • EL **Rev:** Horse leaping left **Rev. Legend:** IN RECTO DECVS

Date	Mintage	VG	F	VF	XF	Unc
1714 HCB	—	40.00	85.00	150	300	—
1715 HCB	—	40.00	85.00	150	300	—

KM# 99 6 MARIENGROSCHEN (1/6 Thaler)

Silver **Ruler:** George Ludwig **Obv:** Value, date in legend

Date	Mintage	VG	F	VF	XF	Unc
1715 HH	—	12.00	25.00	45.00	90.00	—

KM# 284 8 GUTE GROSCHEN

Silver **Ruler:** George II August **Obv:** Bust **Rev:** Value

Date	Mintage	F	VF	XF	Unc	BU
1742	—	22.00	45.00	90.00	180	—

KM# 285 8 GUTE GROSCHEN

Silver **Ruler:** George II August **Obv:** Value, date in 5 lines **Rev:** Horse left

Date	Mintage	F	VF	XF	Unc	BU
1742 CPS	—	22.00	45.00	90.00	180	—

KM# 34 12 MARIENGROSCHEN

Silver **Ruler:** George Ludwig **Obv:** Value XII... in 3 lines, date in legend **Obv. Legend:** * GEORG: LUD: D: G: D: BR: & L: S: R: I: EL: **Rev:** Wildman, tree in right hand, 12 to right **Rev. Legend:** IN RECTO DECUS.

Date	Mintage	VG	F	VF	XF	Unc
1702 ***	—	22.00	45.00	90.00	180	—
1703 ***	—	22.00	45.00	90.00	180	—
1704 ***	—	22.00	45.00	90.00	180	—
1705 ***	—	22.00	45.00	90.00	180	—
1706 ***	—	22.00	45.00	90.00	180	—
1707 ***	—	22.00	45.00	90.00	180	—
1708 ***	—	22.00	45.00	90.00	180	—
1709 ***	—	22.00	45.00	90.00	180	—
1710 ***	—	22.00	45.00	90.00	180	—
1711 HH	—	22.00	45.00	90.00	180	—

KM# 37 12 MARIENGROSCHEN

Silver **Ruler:** George Ludwig **Obv:** Value, date **Obv. Legend:** GEORG: LVD • D • G • D • BR • & LUN: S • R • I • E • * **Rev:** Saint carrying cross **Rev. Legend:** SANCT. ANDREAS - REVIVISOENS

Date	Mintage	VG	F	VF	XF	Unc
1702 HB	—	55.00	100	160	300	—
1703 HB	—	55.00	100	160	300	—
1704 HB	—	55.00	100	160	300	—
1705 HB	—	55.00	100	160	300	—

GERMAN STATES — BRUNSWICK-LUNEBERG-CALENBERG-HANNOVER

KM# 64 12 MARIENGROSCHEN
Silver **Ruler:** George Ludwig **Obv:** Value, date **Rev:** Wildman, tree in right hand **Note:** Similar to KM#34, but V. FEIN. SILB added to value.

Date	Mintage	VG	F	VF	XF	Unc
1711 HH	—	20.00	40.00	75.00	150	—

KM# 72 12 MARIENGROSCHEN
Silver **Ruler:** George Ludwig **Obv:** Title of Imperial Treasurer added **Obv. Legend:** GEORG • LVD • D • G • D • BR • & S • R • I • AR • TH • & I • E • Rev: Wildman, tree in right hand, 12 at right **Rev. Legend:** IN RECTO DECUS

Date	Mintage	VG	F	VF	XF	Unc
1712 HH	—	16.00	32.00	65.00	125	—
1713 HH	—	16.00	32.00	65.00	125	—
1714 HH	—	16.00	32.00	65.00	125	—
1715 HH	—	16.00	32.00	65.00	125	—

KM# 92 12 MARIENGROSCHEN
Silver **Ruler:** George Ludwig **Rev:** Without V. FEIN. SILB

Date	Mintage	VG	F	VF	XF	Unc
1714 HH	—	40.00	80.00	150	250	—

KM# 15 24 MARIENGROSCHEN (Gulden)
Silver **Ruler:** George Ludwig **Obv:** Value, date in legend **Obv. Legend:** GEORG: LUD: D: G: D: BR: & L: S: R: I: ELECT: **Rev:** Wildman with tree in right hand, 24 at right **Rev. Legend:** IN RECTO DECUS

Date	Mintage	VG	F	VF	XF	Unc
1701 ***	—	35.00	70.00	140	350	—
1702 ***	—	35.00	70.00	140	350	—
1703 ***	—	35.00	70.00	140	350	—
1704 ***	—	35.00	70.00	140	350	—
1705 ***	—	35.00	70.00	140	350	—
1706 ***	—	35.00	70.00	140	350	—
1707 ***	—	35.00	70.00	140	350	—
1708 ***	—	35.00	70.00	140	350	—
1709 ***	—	35.00	70.00	140	350	—
1710 ***	—	35.00	70.00	140	350	—
1711 ***	—	35.00	70.00	140	350	—
1711 C	—	35.00	70.00	140	350	—
1711 HH	—	35.00	70.00	140	350	—

Date	Mintage	F	VF	XF	Unc	BU
1781 IWS	—	32.00	55.00	100	210	250
1782 IWS	—	32.00	55.00	100	210	250
1783 IWS	—	32.00	55.00	100	210	250
1784 IWS	—	32.00	55.00	100	210	250
1785 IWS	—	32.00	55.00	100	210	250
1786 IWS	—	32.00	55.00	100	210	250
1787 IWS	—	32.00	55.00	100	210	250
1788 IWS	—	32.00	55.00	100	210	250
1789 IWS	—	32.00	55.00	100	210	250
1790 .C.	—	32.00	55.00	100	210	250
1790 IWS	—	32.00	55.00	100	210	250
1791 .C.	—	32.00	55.00	100	210	250
1792 .C.	—	32.00	55.00	100	210	250
1792 PLM	—	32.00	55.00	100	210	250
1793 PLM	—	32.00	55.00	100	210	250
1794 PLM	—	32.00	55.00	100	210	250
1795 PLM	—	32.00	55.00	100	210	250
1796 PLM	—	32.00	55.00	100	210	250
1797 PLM	—	32.00	55.00	100	210	250
1798 PLM	—	32.00	55.00	100	210	250
1799 PLM	—	32.00	55.00	100	210	250
1800 .C.	—	32.00	55.00	100	210	250
1800 EC	—	32.00	55.00	100	210	250
1800 PLM	—	32.00	55.00	100	210	250

KM# 73 24 MARIENGROSCHEN (Gulden)
Silver **Ruler:** George Ludwig **Obv:** Title of Imperial Treasurer added **Rev:** Wildman with tree in right hand, 24 at right

Date	Mintage	VG	F	VF	XF	Unc
1712 HH	—	27.00	42.00	75.00	150	—
1713 HH	—	27.00	42.00	75.00	150	—
1714 HH	—	27.00	42.00	75.00	150	—
1715 HH	—	27.00	42.00	75.00	150	—

KM# 272 16 GUTE GROSCHEN (Gulden)
Silver **Ruler:** George II August **Obv:** Value **Rev:** Horse leaping left

Date	Mintage	F	VF	XF	Unc	BU
1740 CPS	—	60.00	115	210	425	—
1741 CPS	—	60.00	115	210	425	—
1742 CPS	—	60.00	115	210	425	—
1743 CPS	—	60.00	115	210	425	—
1752 C	—	60.00	115	210	425	—
1756 IWS	—	60.00	115	210	425	—

KM# 311 24 MARIENGROSCHEN (Gulden)
Silver **Ruler:** George II August **Obv:** Value XXIV GVTE **Rev:** Horse left

Date	Mintage	F	VF	XF	Unc	BU
1750	—	65.00	125	225	450	—

KM# 347 24 MARIENGROSCHEN (Gulden)
Silver **Ruler:** George III **Obv:** Crowned quartered arms, value below **Rev:** Wildman with tree in right hand, 24 at right

Date	Mintage	F	VF	XF	Unc	BU
1762 IBH	—	50.00	110	225	450	—
1763 IAP	—	50.00	110	225	450	—
1764 IAP	—	50.00	110	225	450	—
1765 IAP	—	50.00	110	225	450	—
1766 IAP	—	50.00	110	225	450	—
1767 IAP	—	50.00	110	225	450	—
1768 IAP	—	50.00	110	225	450	—
1769 IAP	—	50.00	110	225	450	—
1770 IAP	—	50.00	110	225	450	—
1771 IAP	—	50.00	110	225	450	—
1772 IAP	—	50.00	110	225	450	—
1773 IAP	—	50.00	110	225	450	—
1774 LCR	—	50.00	110	225	450	—
1775 LCR	—	50.00	110	225	450	—
1776 LCR	—	50.00	110	225	450	—
1777 LCR	—	50.00	110	225	450	—
1778 LCR	—	50.00	110	225	450	—
1779 .C.	—	50.00	110	225	450	—
1780 CES	—	50.00	110	225	450	—
1781 CES	—	50.00	110	225	450	—
1782 CES	—	50.00	110	225	450	—
1783 CES	—	50.00	110	225	450	—
1784 CES	—	50.00	110	225	450	—

KM# 280 16 GUTE GROSCHEN (Gulden)
Silver **Ruler:** George II August **Obv:** Laureate bust left

Date	Mintage	F	VF	XF	Unc	BU
1741 CPS	—	60.00	115	210	425	—
1742 CPS	—	60.00	115	210	425	—
1743 CPS	—	60.00	115	210	425	—
1756 IWS	—	60.00	115	210	425	—

KM# 281 16 GUTE GROSCHEN (Gulden)
Silver **Ruler:** George II August **Obv:** Crowned quartered arms **Rev:** Similar to KM#272 obverse

Date	Mintage	F	VF	XF	Unc	BU
1741 Rare	—	—	—	—	—	—
1742 Rare	—	—	—	—	—	—

KM# 340 16 GUTE GROSCHEN (Gulden)
Silver **Ruler:** George III **Obv:** Arms **Rev:** Value

Date	Mintage	F	VF	XF	Unc	BU
1761 IWS Rare	—	—	—	—	—	—
1763 IWS Rare	—	—	—	—	—	—

KM# 341 24 MARIENGROSCHEN (Gulden)
Silver **Ruler:** George III **Obv:** Crowned arms above 2/3 in oval **Rev:** Value above date

Date	Mintage	F	VF	XF	Unc	BU
1761 IWS	—	32.00	55.00	100	210	250
1762 IWS	—	32.00	55.00	100	210	250
1763 IWS	—	32.00	55.00	100	210	250
1764 IWS	—	32.00	55.00	100	210	250
1765 IWS	—	32.00	55.00	100	210	250
1766 IWS	—	32.00	55.00	100	210	250
1767 IWS	—	32.00	55.00	100	210	250
1768 IWS	—	32.00	55.00	100	210	250
1769 IWS	—	32.00	55.00	100	210	250
1770 IWS	—	32.00	55.00	100	210	250
1771 IWS	—	32.00	55.00	100	210	250
1772 IWS	—	32.00	55.00	100	210	250
1773 IWS	—	32.00	55.00	100	210	250
1774 IWS	—	32.00	55.00	100	210	250
1775 IWS	—	32.00	55.00	100	210	250
1776 IWS	—	32.00	55.00	100	210	250
1777 IWS	—	32.00	55.00	100	210	250
1778 IWS	—	32.00	55.00	100	210	250
1779 IWS	—	32.00	55.00	100	210	250
1780 IWS	—	32.00	55.00	100	210	250

KM# 385 24 MARIENGROSCHEN (Gulden)
Silver **Ruler:** George III **Obv:** Plain arms divide date, value below

Date	Mintage	F	VF	XF	Unc	BU
1785 CES	—	43.00	75.00	150	300	—
1786 .C.	—	43.00	75.00	150	300	—
1787 .C.	—	43.00	75.00	150	300	—
1788 .C.	—	43.00	75.00	150	300	—
1789 .C.	—	43.00	75.00	150	300	—

KM# 130 1/24 THALER (Groschen)
Silver **Ruler:** George Ludwig **Obv:** Crowned GR monogram **Rev:** Value, date in 4 lines

BRUNSWICK-LUNEBERG-CALENBERG-HANNOVER GERMAN STATES 335

Date	Mintage	VG	F	VF	XF	Unc
1717 HCB	—	16.00	32.00	65.00	140	—
1718 HCB	—	16.00	32.00	65.00	140	—
1719 HCB	—	16.00	32.00	65.00	140	—
1721 HCB	—	16.00	32.00	65.00	140	—
1722 HCB	—	16.00	32.00	65.00	140	—

KM# 250 1/24 THALER (Groschen)

Billon **Ruler:** George II August **Obv:** Horse left **Rev:** Value, date

Date	Mintage	F	VF	XF	Unc	BU
1733 CPS	—	14.00	27.00	55.00	130	—
1735 CPS	—	14.00	27.00	55.00	130	—

KM# 252 1/24 THALER (Groschen)

Billon **Ruler:** George II August **Obv:** Crowned GR monogram **Rev:** Value, date

Date	Mintage	F	VF	XF	Unc	BU
1735 CPS	—	14.00	30.00	60.00	130	—

KM# 282 1/24 THALER (Groschen)

Billon **Ruler:** George II August **Obv:** Crowned monogram **Rev:** Value

Date	Mintage	F	VF	XF	Unc	BU
1741 CPS	—	14.00	30.00	60.00	130	—
1746 CPOS	—	14.00	30.00	60.00	130	—
1748 CPS	—	14.00	30.00	60.00	130	—

KM# 314 1/24 THALER (Groschen)

Billon **Ruler:** George II August **Obv:** Horse leaping left **Rev:** Value **Rev. Legend:** NACH DEM....

Date	Mintage	F	VF	XF	Unc	BU
1751 C	—	14.00	30.00	60.00	130	—
1752 C	—	14.00	30.00	60.00	130	—
1754 IWS	—	14.00	30.00	60.00	130	—
1756 IWS	—	14.00	30.00	60.00	130	—

KM# 333 1/24 THALER (Groschen)

Billon **Ruler:** George III **Rev. Legend:** NACH DEM REICHS FUS

Date	Mintage	F	VF	XF	Unc	BU
1760 IWS	—	8.00	20.00	50.00	100	—
1760 IAS	—	8.00	20.00	50.00	100	—
1761 IAS	—	8.00	20.00	50.00	100	—
1762 IAS	—	8.00	20.00	50.00	100	—
1762 IWS	—	8.00	20.00	50.00	100	—
1764 IWS	—	8.00	20.00	50.00	100	—
1764 .C.	—	8.00	20.00	50.00	100	—
1768 .C.	—	8.00	20.00	50.00	100	—
1769 IHZ	—	8.00	20.00	50.00	100	—

KM# 334 1/24 THALER (Groschen)

Billon **Ruler:** George III **Rev:** Value **Rev. Legend:** NACH DEM LEIPZIGER FUS

Date	Mintage	F	VF	XF	Unc	BU
1760 IWS Rare	—	—	—	—	—	—

KM# 131 1/12 THALER (2 Groschen)

Silver **Ruler:** George Ludwig **Obv:** Value, date **Rev:** Horse leaping left **Note:** Varieties exist.

Date	Mintage	VG	F	VF	XF	Unc
1717 HCB	—	11.00	22.00	45.00	90.00	—
1719 HCB	—	11.00	22.00	45.00	90.00	—
1721 HCB	—	11.00	22.00	45.00	90.00	—

KM# 243 1/12 THALER (2 Groschen)

Silver **Ruler:** George II August **Obv:** Horse left **Rev:** Value, date

Date	Mintage	F	VF	XF	Unc	BU
1732 CPS	—	25.00	55.00	110	225	—
1734 CPS	—	25.00	55.00	110	225	—
1735 CPS	—	25.00	55.00	110	225	—
1736 CPS	—	25.00	55.00	110	225	—

KM# 262 1/12 THALER (2 Groschen)

Silver **Ruler:** George II August **Obv. Legend:** N.D. LEIPZ. FVS

Date	Mintage	F	VF	XF	Unc	BU
1738 CPS	—	25.00	55.00	110	225	—
1739 CPS	—	25.00	55.00	110	225	—
1740 CPS	—	25.00	55.00	110	225	—

KM# 283 1/12 THALER (2 Groschen)

Silver **Ruler:** George II August **Obv:** Horse leaping left **Rev:** Value, date

Date	Mintage	F	VF	XF	Unc	BU
1741 CPS	—	25.00	55.00	110	225	—
1742 CPS	—	25.00	55.00	110	225	—
1743 CPS	—	25.00	55.00	110	225	—
1744 CPS	—	25.00	55.00	110	225	—
1745 CPS	—	25.00	55.00	110	225	—
1746 CPS	—	25.00	55.00	110	225	—
1747 CPS	—	25.00	55.00	110	225	—
1748 CPS	—	25.00	55.00	110	225	—
1749 CPS	—	25.00	55.00	110	225	—
1750 CPS	—	25.00	55.00	110	225	—
1751 C	—	25.00	55.00	110	225	—
1752 C	—	25.00	55.00	110	225	—
1757 IWS	—	25.00	55.00	110	225	—

KM# 335 1/12 THALER (2 Groschen)

Billon **Ruler:** George III **Obv:** Horse **Rev:** Value **Rev. Legend:** NACH DEM LEIPZIGER FUS

Date	Mintage	F	VF	XF	Unc	BU
1760 IWS	—	10.00	20.00	50.00	110	—

KM# 336 1/12 THALER (2 Groschen)

Silver **Ruler:** George III **Obv:** Horse left **Rev:** Denomination

Date	Mintage	F	VF	XF	Unc	BU
1760 IAS	—	10.00	20.00	50.00	100	135
1760 IWS	—	10.00	20.00	50.00	100	135
1761 IAS	—	10.00	20.00	50.00	100	135
1761 IWS	—	10.00	20.00	50.00	100	135
1762 IAS	—	10.00	20.00	50.00	100	135
1762 IWS	—	10.00	20.00	50.00	100	135
1763 IAS	—	10.00	20.00	50.00	100	135
1763 IWS	—	10.00	20.00	50.00	100	135
1763 .C.	—	10.00	20.00	50.00	100	135
1764 IWS	—	10.00	20.00	50.00	100	135
1764 .C.	—	10.00	20.00	50.00	100	135
1765 .C.	—	10.00	20.00	50.00	100	135
1767 .C.	—	10.00	20.00	50.00	100	135
1768 IWS	—	10.00	20.00	50.00	100	135
1768 .C.	—	10.00	20.00	50.00	100	135
1769 IWS	—	10.00	20.00	50.00	100	135
1769 IHZ	—	10.00	20.00	50.00	100	135
1770 IWS	—	10.00	20.00	50.00	100	135
1771 IWS	—	10.00	20.00	50.00	100	135
1772 IWS	—	10.00	20.00	50.00	100	135
1772 IHZ	—	10.00	20.00	50.00	100	135
1773 IWS	—	10.00	20.00	50.00	100	135
1774 IWS	—	10.00	20.00	50.00	100	135
1775 IWS	—	10.00	20.00	50.00	100	135
1776 IWS	—	10.00	20.00	50.00	100	135
1777 IWS	—	10.00	20.00	50.00	100	135
1778 IWS	—	10.00	20.00	50.00	100	135
1779 IWS	—	10.00	20.00	50.00	100	135
1780 IWS	—	10.00	20.00	50.00	100	135
1781 IWS	—	10.00	20.00	50.00	100	135
1782 IWS	—	10.00	20.00	50.00	100	135
1783 IWS	—	10.00	20.00	50.00	100	135
1784 IWS	—	10.00	20.00	50.00	100	135
1785 IWS	—	10.00	20.00	50.00	100	135
1786 IWS	—	10.00	20.00	50.00	100	135
1787 IWS	—	10.00	20.00	50.00	100	135
1788 IWS	—	10.00	20.00	50.00	100	135
1789 IWS	—	10.00	20.00	50.00	100	135
1790 .C.	—	10.00	20.00	50.00	100	135
1791 .C.	—	10.00	20.00	50.00	100	135
1792 .C.	—	10.00	20.00	50.00	100	135
1792 PLM	—	10.00	20.00	50.00	100	135
1793 PLM	—	10.00	20.00	50.00	100	135
1794 PLM	—	10.00	20.00	50.00	100	135
1795 PLM	—	10.00	20.00	50.00	100	135
1796 PLM	—	10.00	20.00	50.00	100	135
1797 PLM	—	10.00	20.00	50.00	100	135
1798 PLM	—	10.00	20.00	50.00	100	135
1799 PLM	—	10.00	20.00	50.00	100	135
1800 PLM	—	7.00	18.00	37.00	75.00	100

KM# 41 1/8 THALER

Silver **Ruler:** George Ludwig **Note:** Similar to 2/3 Thaler, KM#17 but R. 1/8T below horse.

Date	Mintage	VG	F	VF	XF	Unc
1703 HB	—	35.00	75.00	150	300	—
1704 HB	—	35.00	75.00	150	300	—

KM# 93 1/8 THALER

Silver **Ruler:** George Ludwig **Note:** Death of Sophia von der Pfalz Mother of George I Ludwig.

Date	Mintage	VG	F	VF	XF	Unc
1714	—	45.00	80.00	150	300	—

KM# 139 1/8 THALER

Silver **Ruler:** George Ludwig **Obv:** 4 crowned arms in cruciform **Rev:** Horse leaping left, date in legend

Date	Mintage	VG	F	VF	XF	Unc
1718 HCB	—	35.00	75.00	150	300	—

KM# 156 1/8 THALER

Silver **Ruler:** George Ludwig **Note:** Similar to 1/4 Thaler, KM#157 but R. 1/8 T below.

Date	Mintage	VG	F	VF	XF	Unc
1720 HCB	—	35.00	75.00	150	300	—
1726 CPS	—	35.00	75.00	150	300	—

KM# 176 1/8 THALER

Silver **Ruler:** George Ludwig **Subject:** Death of George I Ludwig **Obv:** Bust right **Rev:** 10-line inscription with date

Date	Mintage	VG	F	VF	XF	Unc
1727 CPS	—	30.00	55.00	110	225	—

KM# 201 1/8 THALER

Silver **Ruler:** George II August **Obv:** Bust left, value below **Rev:** Crowned shields in cruciform

Date	Mintage	F	VF	XF	Unc	BU
1728 CPS	—	90.00	180	375	750	—

KM# 218 1/8 THALER

Silver **Ruler:** George II August **Obv:** Crowned quartered arms **Rev:** Horse left, value below

Date	Mintage	F	VF	XF	Unc	BU
1730 CPS	—	100	200	400	825	—

KM# 244 1/8 THALER

Silver **Ruler:** George II August **Rev:** Crowned quartered arms

Date	Mintage	F	VF	XF	Unc	BU
1732 CPS	—	100	200	400	825	—

KM# 108 1/6 THALER

Silver **Ruler:** George Ludwig **Subject:** George Ludwig **Obv:** Bust right **Rev:** Crowned shields in cruciform

Date	Mintage	VG	F	VF	XF	Unc
1716 B	—	17.00	35.00	65.00	180	—
1717 B	—	17.00	35.00	65.00	180	—
1718 B	—	17.00	35.00	65.00	180	—
1720 B	—	17.00	35.00	65.00	180	—
1721 B	—	17.00	35.00	65.00	180	—
1722 B	—	17.00	35.00	65.00	180	—
1723 B	—	17.00	35.00	65.00	180	—
1724 B	—	17.00	35.00	65.00	180	—
1726 CPS	—	17.00	35.00	65.00	180	—

KM# 109 1/6 THALER

Silver **Ruler:** George Ludwig **Obv:** Crowned shields in cruciform **Rev:** Wildman, tree in right hand, date in legend

Date	Mintage	VG	F	VF	XF	Unc
1716 B	—	25.00	50.00	90.00	185	—
1720 C	—	25.00	50.00	90.00	185	—
1721 C	—	25.00	50.00	90.00	185	—
1722 C	—	25.00	50.00	90.00	185	—

GERMAN STATES — BRUNSWICK-LUNEBERG-CALENBERG-HANNOVER

Date	Mintage	VG	F	VF	XF	Unc
1723 EPH	—	25.00	50.00	90.00	185	—
1724 EPH	—	25.00	50.00	90.00	185	—
1725 EPH	—	25.00	50.00	90.00	185	—

Date	Mintage	F	VF	XF	Unc	BU
1756 IBH	—	40.00	85.00	175	350	—
1757 IBH	—	40.00	85.00	175	350	—
1758 IBH	—	40.00	85.00	175	350	—
1759 IBH	—	40.00	85.00	175	350	—
1760 IBH	—	40.00	85.00	175	350	—

KM# 143 1/6 THALER
Silver **Ruler:** George Ludwig **Obv:** Crowned shields in cruciform **Rev:** Horse leaping left

Date	Mintage	VG	F	VF	XF	Unc
1719 HCB	—	20.00	40.00	75.00	150	—
1720 HCB	—	20.00	40.00	75.00	150	—
1721 HCB	—	20.00	40.00	75.00	150	—
1722 HCB	—	20.00	40.00	75.00	150	—
1724 HCB	—	20.00	40.00	75.00	150	—
1727 CPS	—	20.00	40.00	75.00	150	—

KM# 144 1/6 THALER
Silver **Ruler:** George Ludwig **Rev:** St. Andrew with cross, date in legend

Date	Mintage	VG	F	VF	XF	Unc
1719 B	—	20.00	40.00	75.00	150	—
1719 HCB	—	20.00	40.00	75.00	150	—
1721 HCB	—	20.00	40.00	75.00	150	—
1722 HCB	—	20.00	40.00	75.00	150	—
1724 HCB	—	20.00	40.00	75.00	150	—
1726 EPH	—	20.00	40.00	75.00	150	—

KM# 170 1/6 THALER
Silver **Ruler:** George Ludwig **Rev:** Wildman, tree in right hand, date in legend, 6 (mariengroschen) added in field

Date	Mintage	VG	F	VF	XF	Unc
1726 EPH	—	27.00	55.00	110	225	—

KM# 177 1/6 THALER
Silver **Ruler:** George II August **Obv:** Bust left, value below **Rev:** 4 crowned shields in cruciform, date

Date	Mintage	F	VF	XF	Unc	BU
1727 CPS	—	60.00	125	210	425	—
1758	—	—	—	—	—	—

Note: Reported, not confirmed

KM# 178 1/6 THALER
Silver **Ruler:** George II August **Obv:** 4 crowned shields in cruciform **Rev:** Horse left

Date	Mintage	F	VF	XF	Unc	BU
1727 CPS	—	55.00	105	185	375	—
1729	—	40.00	85.00	170	340	—

KM# 179 1/6 THALER
Silver **Ruler:** George II August **Rev:** Wildman with tree in right hand

Date	Mintage	F	VF	XF	Unc	BU
1727 EPH Rare	—	—	—	—	—	—

KM# 207 1/6 THALER
Silver **Ruler:** George II August **Obv:** Crowned shields in cruciform **Rev:** St. Andrew

Date	Mintage	F	VF	XF	Unc	BU
1729 CPS	—	35.00	75.00	150	300	—

KM# 219 1/6 THALER
Silver **Ruler:** George II August

Date	Mintage	F	VF	XF	Unc	BU
1730 CPS	—	60.00	125	250	500	—
1734 CPS	—	60.00	125	250	500	—
1736 CPS	—	60.00	125	250	500	—

KM# 220 1/6 THALER
Silver **Ruler:** George II August **Obv:** Crowned quartered arms **Rev:** Horse left

Date	Mintage	F	VF	XF	Unc	BU
1730 CPS	—	32.00	65.00	125	250	—
1732 CPS	—	32.00	65.00	125	250	—

KM# 221 1/6 THALER
Silver **Ruler:** George II August **Obv:** Crowned quartered arms **Rev:** St. Andrew

Date	Mintage	F	VF	XF	Unc	BU
1730 CPS	—	35.00	75.00	150	300	—
1731 CPS	—	35.00	75.00	150	300	—
1732 CPS	—	35.00	75.00	150	300	—

KM# 180 1/6 THALER
Silver **Ruler:** George II August **Obv:** Crowned quartered arms **Obv. Legend:** FEIN SILB **Rev:** Wildman with tree in right hand, 6 at right

Date	Mintage	F	VF	XF	Unc	BU
1727 EPH	—	40.00	85.00	175	350	—
1730 EPH	—	40.00	85.00	175	350	—
1731 C	—	40.00	85.00	175	350	—
1731 IAB	—	40.00	85.00	175	350	—
1732 IAB	—	40.00	85.00	175	350	—
1733 IAB	—	40.00	85.00	175	350	—
1734 IAB	—	40.00	85.00	175	350	—
1735 IAB	—	40.00	85.00	175	350	—
1736 IAB	—	40.00	85.00	175	350	—
1737 IAB	—	40.00	85.00	175	350	—
1738 IAB	—	40.00	85.00	175	350	—
1739 IAB	—	40.00	85.00	175	350	—
1739 C	—	40.00	85.00	175	350	—
1739 IBH	—	40.00	85.00	175	350	—
1740 IBH	—	40.00	85.00	175	350	—
1741 IBH	—	40.00	85.00	175	350	—
1742 IBH	—	40.00	85.00	175	350	—
1743 IBH	—	40.00	85.00	175	350	—
1744 IBH	—	40.00	85.00	175	350	—
1745 IBH	—	40.00	85.00	175	350	—
1746 IBH	—	40.00	85.00	175	350	—
1747 IBH	—	40.00	85.00	175	350	—
1748 IBH	—	40.00	85.00	175	350	—
1749 IBH	—	40.00	85.00	175	350	—
1750 IBH	—	40.00	85.00	175	350	—
1751 IBH	—	40.00	85.00	175	350	—
1753 IBH	—	40.00	85.00	175	350	—

KM# 266 1/6 THALER
Silver **Ruler:** George II August **Obv:** Armored bust left **Obv. Legend:** GEORGE II AUGUST LEIPZIGER FUSS **Rev:** Crowned quartered arms

Date	Mintage	F	VF	XF	Unc	BU
1739 CPS	—	65.00	140	275	525	—
1740 CPS	—	65.00	140	275	525	—

KM# 267 1/6 THALER
Silver **Ruler:** George II August **Obv:** Bust left **Rev:** Horse left

Date	Mintage	F	VF	XF	Unc	BU
1739 CPS Rare	—	—	—	—	—	—

KM# 297 1/6 THALER
Silver **Ruler:** George II August **Obv:** Bust left **Obv. Legend:** REICHS FUSS **Rev:** Crowned quartered arms

Date	Mintage	F	VF	XF	Unc	BU
1746 CPS	—	60.00	125	225	450	—

KM# 298 1/6 THALER
Silver **Ruler:** George II August **Obv:** Crowned quartered arms **Obv. Legend:** REICHS FUSS **Rev:** St. Andrew

Date	Mintage	F	VF	XF	Unc	BU
1746 CPS	—	35.00	75.00	150	300	—
1753 IWS	—	35.00	75.00	150	300	—
1756 IWS	—	35.00	75.00	150	300	—
1757 IWS	—	35.00	75.00	150	300	—
1759 IWS	—	35.00	75.00	150	300	—

KM# 342 1/6 THALER
Silver **Ruler:** George III **Obv:** Crowned arms, value below **Rev:** St. Andrew

Date	Mintage	F	VF	XF	Unc	BU
1761 IWS	—	35.00	75.00	150	300	—
1762 IWS	—	35.00	75.00	150	300	—
1764 IWS	—	35.00	75.00	150	300	—
1768 IWS	—	35.00	75.00	150	300	—
1769 IWS	—	35.00	75.00	150	300	—
1771 IWS	—	35.00	75.00	150	300	—
1780 IWS	—	35.00	75.00	150	300	—
1782 IWS	—	35.00	75.00	150	300	—
1785 IWS	—	35.00	75.00	150	300	—
1786 IWS	—	35.00	75.00	150	300	—
1789 IWS	—	35.00	75.00	150	300	—
1790 IWS	—	35.00	75.00	150	300	—
1790 .C.	—	35.00	75.00	150	300	—

KM# 348 1/6 THALER
Silver **Ruler:** George III **Obv:** Crowned quartered arms, value below **Rev:** Wildman with tree in right hand, 6 at right

Date	Mintage	F	VF	XF	Unc	BU
1762 IBH	—	18.00	40.00	80.00	175	—
1763 IAP	—	18.00	40.00	80.00	175	—
1764 IAP	—	18.00	40.00	80.00	175	—
1765/4 IAP	—	27.00	55.00	110	225	—
1765 IAP	—	18.00	40.00	80.00	175	—
1766 IAP	—	18.00	40.00	80.00	175	—
1767 IAP	—	18.00	40.00	80.00	175	—
1768 IAP	—	18.00	40.00	80.00	175	—
1769 IAP	—	18.00	40.00	80.00	175	—
1770 IAP	—	18.00	40.00	80.00	175	—
1771 IAP	—	18.00	40.00	80.00	175	—
1772 IAP	—	18.00	40.00	80.00	175	—
1773 IAP	—	18.00	40.00	80.00	175	—
1773 LCR	—	18.00	40.00	80.00	175	—
1774 LCR	—	18.00	40.00	80.00	175	—
1775 LCR	—	18.00	40.00	80.00	175	—
1776 LCR	—	18.00	40.00	80.00	175	—
1778 LCR	—	18.00	40.00	80.00	175	—
1779 C.	—	18.00	40.00	80.00	175	—
1780 CES	—	18.00	40.00	80.00	175	—
1781 CES	—	18.00	40.00	80.00	175	—
1782 CES	—	18.00	40.00	80.00	175	—
1783 CES	—	18.00	40.00	80.00	175	—
1784 CES	—	18.00	40.00	80.00	175	—

KM# 366 1/6 THALER
Silver **Ruler:** George III **Obv:** Head right **Rev:** Baroque arms

Date	Mintage	F	VF	XF	Unc	BU
1773 IWS	—	25.00	60.00	125	275	—
1780 IWS	—	25.00	60.00	125	275	—
1782 IWS	—	25.00	60.00	125	275	—

KM# 370 1/6 THALER
Silver **Ruler:** George III **Obv:** Mailed bust

Date	Mintage	F	VF	XF	Unc	BU
1776 IWS	—	35.00	75.00	170	340	—
1778 IWS	—	35.00	75.00	170	340	—
1779 IWS	—	35.00	75.00	170	340	—

BRUNSWICK-LUNEBERG-CALENBERG-HANNOVER

KM# 382 1/6 THALER
Silver **Ruler:** George III **Obv:** Head **Rev:** Plain arms

Date	Mintage	F	VF	XF	Unc	BU
1783 IWS	—	40.00	85.00	170	340	—
1784 IWS	—	40.00	85.00	170	340	—

KM# 386 1/6 THALER
Silver **Ruler:** George III **Obv:** Arms divide date **Rev:** Wildman

Date	Mintage	F	VF	XF	Unc	BU
1785 CES	—	25.00	55.00	110	225	—
1786 .C.	—	25.00	55.00	110	225	—
1787 .C.	—	25.00	55.00	110	225	—
1788 .C.	—	25.00	55.00	110	225	—
1789 .C.	—	25.00	55.00	110	225	—
1790 .C.	—	25.00	55.00	110	225	—
1791 .C.	—	25.00	55.00	110	225	—

KM# 389 1/6 THALER
Silver **Ruler:** George III **Obv:** Head right **Rev:** Arms within Order garter, crown above

Date	Mintage	F	VF	XF	Unc	BU
1786 IWS	—	25.00	55.00	110	225	—
1787 IWS	—	25.00	55.00	110	225	—
1789 IWS	—	25.00	55.00	110	225	—

KM# 395 1/6 THALER
Silver **Ruler:** George III **Obv:** Crowned quartered arms, value below **Obv. Legend:** N.D.R.F. added **Rev:** Wildman with tree in right hand, 6 at right

Date	Mintage	F	VF	XF	Unc	BU
1790 C.	—	25.00	55.00	110	225	—
1791 C.	—	25.00	55.00	110	225	—

KM# 400 1/6 THALER
Silver **Ruler:** George III **Obv:** Head right **Rev:** Crowned square quartered arms, value below

Date	Mintage	F	VF	XF	Unc	BU
1792 .C.	—	20.00	50.00	100	200	—
1794 PLM	—	20.00	50.00	100	200	—
1795/94 PLM	—	20.00	50.00	100	200	—
1795 PLM	—	20.00	50.00	100	200	—
1796 PLM	—	20.00	50.00	100	200	—
1797 PLM	—	20.00	50.00	100	200	—

KM# 401 1/6 THALER
Silver **Ruler:** George III **Obv:** Date in circular legend **Rev:** Wildman with tree in right hand, 6 at right

Date	Mintage	F	VF	XF	Unc	BU
1793 PLM	—	20.00	45.00	90.00	185	—
1794 PLM	—	20.00	45.00	90.00	185	—
1795 PLM	—	20.00	45.00	90.00	185	—
1797 PLM	—	20.00	45.00	90.00	185	—
1798 PL[M	—	20.00	45.00	90.00	185	—
1799 PLM	—	20.00	45.00	90.00	185	—
1800 PLM	—	20.00	45.00	90.00	185	—

KM# 404 1/6 THALER
Silver **Ruler:** George III **Obv:** Small head right **Rev:** Crowned quartered arms, value below

Date	Mintage	F	VF	XF	Unc	BU
1796 PLM	—	25.00	55.00	110	225	—
1798 PLM	—	25.00	55.00	110	225	—
1799 PLM	—	25.00	55.00	110	225	—
1800 .C.	—	25.00	55.00	110	225	—

KM# 42 1/4 THALER
Silver **Ruler:** George Ludwig **Obv:** Crowned arms divide date **Rev:** Horse leaping left, 1/4 below

Date	Mintage	VG	F	VF	XF	Unc
1703 HB	—	45.00	90.00	185	375	—

KM# 55 1/4 THALER
Silver **Ruler:** George Ludwig **Obv:** Date in legend

Date	Mintage	VG	F	VF	XF	Unc
1707 HB	—	55.00	125	250	500	—

KM# 94 1/4 THALER
Silver **Ruler:** George Ludwig **Subject:** Death of Sophia von der Pfalz, Mother of George I Ludwig **Obv:** Veiled bust right **Rev:** Inscription

Date	Mintage	VG	F	VF	XF	Unc
1714	—	40.00	90.00	185	375	—

KM# 140 1/4 THALER
Silver **Ruler:** George Ludwig **Obv:** Crowned shields in cruciform **Rev:** Horse leaping left, 1/4 below, date in legend

Date	Mintage	VG	F	VF	XF	Unc
1718 HCB	—	35.00	75.00	135	275	—

KM# 157 1/4 THALER
Silver **Ruler:** George Ludwig **Subject:** George Ludwig **Obv:** Bust right, value below **Rev:** Crowned shields in cruciform

Date	Mintage	VG	F	VF	XF	Unc
1720 HCB	—	35.00	75.00	135	275	—
1726 CPS	—	35.00	75.00	135	275	—

KM# 158 1/4 THALER
Silver **Ruler:** George Ludwig **Obv:** Without stated value

Date	Mintage	VG	F	VF	XF	Unc
1720 HCB Rare	—	—	—	—	—	—

KM# 159 1/4 THALER
Silver **Ruler:** George Ludwig **Obv:** Similar to reverse of 1/6 Thaler, KM#108, without value stated **Rev:** Wildman, tree in right hand, date in legend

Date	Mintage	VG	F	VF	XF	Unc
1720 C	—	35.00	75.00	135	275	—

KM# 160 1/4 THALER
Silver **Ruler:** George Ludwig **Obv:** Crowned and supported 4-fold arms in Order of the Garter **Rev:** Wildman, tree in right hand, value R. 1/4T. in field, date in legend

Date	Mintage	VG	F	VF	XF	Unc
1722 C Rare	—	—	—	—	—	—
1723 EPH Rare	—	—	—	—	—	—
1724 EPH Rare	—	—	—	—	—	—
1726 EPH	—	175	325	550	1,100	—

KM# 181 1/4 THALER
Silver **Ruler:** George II August **Subject:** Death of George I Ludwig **Obv:** Laureate draped bust right **Rev:** Inscription

Date	Mintage	VG	F	VF	XF	Unc
1727 CPS	—	70.00	150	300	600	—

KM# 202 1/4 THALER
Silver **Ruler:** George II August **Obv:** Bust left, value below **Rev:** 4 crowned shields in cruciform, date

Date	Mintage	F	VF	XF	Unc	BU
1728	—	37.00	75.00	150	300	—

KM# 222 1/4 THALER
Silver **Ruler:** George II August **Obv:** Crowned quartered arms, crown divides date **Rev:** Wildman with tree in right hand

Date	Mintage	F	VF	XF	Unc	BU
1730 EPH	—	275	600	1,200	2,400	—
1734 IAB	—	60.00	125	250	500	—
1739 IBH	—	60.00	125	250	500	—
1754 IBH	—	60.00	125	250	500	—

KM# 245 1/4 THALER
Silver **Ruler:** George II August **Obv:** Bust left, value below **Rev:** Crowned quartered arms

Date	Mintage	F	VF	XF	Unc	BU
1732 CPS	—	35.00	75.00	150	300	—

KM# 246 1/4 THALER
Silver **Ruler:** George II August **Obv:** Crowned quartered arms **Rev:** Horse left

Date	Mintage	F	VF	XF	Unc	BU
1732 CPS	—	60.00	125	250	500	—
1739 CPS	—	60.00	125	250	500	—

KM# 254 1/4 THALER
Silver **Ruler:** George II August **Subject:** Death of Wilhelmine Caroline **Obv:** Bust left, legend in 4 lines below **Rev:** 18-line inscription

Date	Mintage	F	VF	XF	Unc	BU
1737	—	70.00	150	300	600	—

KM# 38 1/3 THALER
Silver **Ruler:** George Ludwig **Obv:** Date divided just below ground under horse **Rev:** St. Andrew with cross

Date	Mintage	VG	F	VF	XF	Unc
1702 HB	—	40.00	70.00	150	300	—

KM# 46 1/3 THALER
Silver **Ruler:** George Ludwig **Obv:** Crowned complex arms divide date at top and initials below **Rev:** St. Andrew with cross

Date	Mintage	VG	F	VF	XF	Unc
1705 HB	—	30.00	60.00	120	240	—

GERMAN STATES BRUNSWICK-LUNEBERG-CALENBERG-HANNOVER

KM# 47 1/3 THALER
Silver **Ruler:** George Ludwig **Obv:** Date in legend **Rev:** St. Andrew with cross

Date	Mintage	VG	F	VF	XF	Unc
1705 HB	—	20.00	40.00	85.00	175	—
1706 HB	—	20.00	40.00	85.00	175	—
1707 HB	—	20.00	40.00	85.00	175	—
1708 HB	—	20.00	40.00	85.00	175	—
1709 HB	—	20.00	40.00	85.00	175	—
1710 HB	—	20.00	40.00	85.00	175	—
1711 HB	—	20.00	40.00	85.00	175	—

KM# 145 1/3 THALER
Silver **Ruler:** George Ludwig **Obv:** Crowned shields in cruciform **Rev:** St. Andrew

Date	Mintage	VG	F	VF	XF	Unc
1719 HCB	—	18.00	35.00	75.00	150	—
1721 HCB	—	18.00	35.00	75.00	150	—
1722 HCB	—	18.00	35.00	75.00	150	—
1724 HCB	—	18.00	35.00	75.00	150	—
1727 CPS	—	18.00	35.00	75.00	150	—

KM# 146 1/3 THALER
Silver **Ruler:** George Ludwig **Obv:** Similar to reverse of KM#108, but value 1/3 **Rev:** Horse leaping left, date in legend

Date	Mintage	VG	F	VF	XF	Unc
1719 HCB	—	18.00	35.00	75.00	150	—
1720 HCB	—	18.00	35.00	75.00	150	—
1721 HCB	—	18.00	35.00	75.00	150	—
1723 HCB	—	18.00	35.00	75.00	150	—
1725 HCB	—	18.00	35.00	75.00	150	—

KM# 240 1/3 THALER
Silver **Ruler:** George II August **Obv:** Crowned quartered arms, value below **Rev:** St. Andrew

Date	Mintage	F	VF	XF	Unc	BU
1731 CPS	—	60.00	130	260	525	—
1732 CPS	—	60.00	130	260	525	—
1734 CPS	—	60.00	130	260	525	—

KM# 247 1/3 THALER
Silver **Ruler:** George II August **Obv:** Crowned quartered arms **Rev:** Horse left

Date	Mintage	F	VF	XF	Unc	BU
1732 CPS	—	150	325	650	1,300	—
1734 CPS	—	150	325	650	1,300	—
1736 CPS	—	150	325	650	1,300	—

KM# 65 1/3 THALER
Silver **Ruler:** George Ludwig **Obv:** Title of Imperial Treasurer added **Rev:** St. Andrew with cross

Date	Mintage	VG	F	VF	XF	Unc
1711 HB	—	25.00	60.00	120	245	—
1711 HCB	—	25.00	60.00	120	245	—

KM# 66 1/3 THALER
Silver **Ruler:** George Ludwig **Obv:** Imperial crown in central shield of arms

Date	Mintage	VG	F	VF	XF	Unc
1711 HCB	—	30.00	65.00	130	265	—
1712 HCB	—	30.00	65.00	130	265	—
1713 HCB	—	30.00	65.00	130	265	—

KM# 74 1/3 THALER
Silver **Ruler:** George Ludwig **Obv:** Draped bust right **Rev:** Crowned complex arms **Note:** Similar to 2/3 Thaler, KM#76.

Date	Mintage	VG	F	VF	XF	Unc
1712 HCB	—	25.00	50.00	100	210	—
1713 HCB	—	25.00	50.00	100	210	—
1714 HCB	—	25.00	50.00	100	210	—
1715 HCB	—	25.00	50.00	100	210	—

KM# 163 1/3 THALER
Silver **Ruler:** George Ludwig **Obv:** Crowned shields in cruciform **Rev:** Wildman with tree in right hand, 12 at right **Note:** Similar to 2/3 Thaler, KM#112.2 but 12 (mariengroschen) added in field.

Date	Mintage	VG	F	VF	XF	Unc
1723 EPH	—	20.00	42.00	85.00	175	—
1724 EPH	—	20.00	42.00	85.00	175	—
1725 EPH	—	20.00	42.00	85.00	175	—
1726 EPH	—	20.00	42.00	85.00	175	—
1727 EPH	—	20.00	42.00	85.00	175	—

KM# 182 1/3 THALER
Silver **Ruler:** George II August **Obv:** Bust left, value below **Rev:** 4 crowned shields in cruciform, date

Date	Mintage	F	VF	XF	Unc	BU
1727 CPS	—	80.00	160	325	650	—
1728 CPS	—	80.00	160	325	650	—
1729 CPS	—	200	400	750	1,500	—

KM# 208 1/3 THALER
Silver **Ruler:** George II August **Obv:** 4 crowned shields in cruciform **Rev:** St. Andrew with cross

Date	Mintage	F	VF	XF	Unc	BU
1729 CPS	—	—	—	—	—	—

KM# 255 1/3 THALER
Silver **Ruler:** George II August **Obv:** Crowned quartered arms **Rev:** Wildman with tree in right hand, 12 at right

Date	Mintage	F	VF	XF	Unc	BU
1737 IAB	—	35.00	100	185	375	—
1738 IAB	—	35.00	100	185	375	—
1739 C	—	50.00	140	225	450	—
1740 IBH	—	35.00	100	185	375	—
1741 IBH	—	35.00	100	185	375	—
1742 IBH	—	35.00	100	185	375	—
1743 IBH	—	35.00	100	185	375	—
1744 IBH	—	35.00	100	185	375	—
1746 IBH	—	35.00	100	185	375	—
1747 IBH	—	35.00	100	185	375	—
1748 IBH	—	35.00	100	185	375	—
1749 IBH	—	35.00	100	185	375	—
1750 IBH	—	35.00	100	185	375	—
1751 IBH	—	35.00	100	185	375	—
1752 IBH	—	35.00	100	185	375	—
1754 IBH	—	35.00	100	185	375	—
1755 IBH	—	35.00	100	185	375	—
1756 IBH	—	35.00	100	185	375	—
1758 IBH	—	35.00	100	185	375	—
1759 IBH	—	35.00	100	185	375	—
1760 IBH	—	35.00	100	185	375	—

KM# 273 1/3 THALER
Silver **Ruler:** George II August **Obv. Legend:** N. D. LEIPZ. F **Rev:** St. Andrew with cross

Date	Mintage	F	VF	XF	Unc	BU
1740 CPS	—	—	—	—	—	—

KM# 110 1/3 THALER
Silver **Ruler:** George Ludwig **Subject:** George Ludwig **Obv:** Bust right **Rev:** Crowned shields in cruciform

Date	Mintage	VG	F	VF	XF	Unc
1716 HCB	—	75.00	150	200	425	—
1717 HCB	—	75.00	150	200	425	—
1718 HCB	—	75.00	150	200	425	—
1720 HCB	—	75.00	150	200	425	—
1721 HCB	—	75.00	150	200	425	—
1722 HCB	—	75.00	150	200	425	—
1724 HCB	—	75.00	150	200	425	—
1725 HCB	—	75.00	150	200	425	—
1726 CPS	—	75.00	150	200	425	—
1727 CPS	—	75.00	150	200	425	—

KM# 111 1/3 THALER
Silver **Ruler:** George Ludwig **Obv:** Similar to reverse of KM#108, but value 1/3 **Rev:** Wildman, tree in right hand, date in legend

Date	Mintage	VG	F	VF	XF	Unc
1716 HH	—	20.00	42.00	85.00	175	—
1718 HH	—	20.00	42.00	85.00	175	—
1719 HH	—	20.00	42.00	85.00	175	—
1720 C	—	20.00	42.00	85.00	175	—
1721 C	—	20.00	42.00	85.00	175	—
1722 C	—	20.00	42.00	85.00	175	—
1723 EPH	—	20.00	42.00	85.00	175	—

KM# 223 1/3 THALER
Silver **Ruler:** George II August **Subject:** George II August **Obv:** Bust left **Rev:** Crowned quartered arms

Date	Mintage	F	VF	XF	Unc	BU
1730 CPS	—	100	200	375	750	—
1736 CPS	—	100	200	375	750	—

KM# 224 1/3 THALER
Silver **Ruler:** George II August **Obv:** Bust left **Rev:** Horse left

Date	Mintage	F	VF	XF	Unc	BU
1730 CPS Rare	—	—	—	—	—	—
1736 CPS Rare	—	—	—	—	—	—

KM# 225 1/3 THALER
Silver **Ruler:** George II August **Obv:** Crowned quartered arms **Rev:** Wildman with tree in right hand

Date	Mintage	F	VF	XF	Unc	BU
1730 EPH	—	50.00	130	220	425	—
1731 C	—	35.00	100	175	350	—
1733 IAB	—	35.00	100	175	350	—
1734 IAB	—	35.00	100	175	350	—
1735 IAB	—	35.00	100	175	350	—
1736 IAB	—	35.00	100	175	350	—
1752/42	—	35.00	100	175	350	—

KM# 274 1/3 THALER
Silver **Ruler:** George II August **Obv:** Crowned quartered arms, value below **Obv. Legend:** N. D. REICHS. F. (1/3) FEIN SILB **Rev:** St. Andrew with cross

Date	Mintage	F	VF	XF	Unc	BU
1740 CPS	—	75.00	160	250	425	—
1743 CPS	—	75.00	160	250	425	—
1746 CPS	—	75.00	160	250	425	—
1749 CPS	—	35.00	70.00	140	280	—
1751 C	—	35.00	160	250	425	—

KM# 323 1/3 THALER
Silver **Ruler:** George II August **Obv. Legend:** N. D. REICHS **Rev:** Horse left

Date	Mintage	F	VF	XF	Unc	BU
1754 IWS	—	—	—	—	—	—

BRUNSWICK-LUNEBERG-CALENBERG-HANNOVER — GERMAN STATES

KM# 326 1/3 THALER
Silver **Ruler:** George II August **Obv:** Legend: ... (1/3) FEIN SILBER **Rev:** St. Andrew with cross

Date	Mintage	F	VF	XF	Unc	BU
1758 IWS	—	75.00	160	250	425	—

KM# 349 1/3 THALER
Silver **Ruler:** George III **Obv:** Crowned quartered arms, value below **Rev:** Wildman with tree in right hand, 12 at right

Date	Mintage	F	VF	XF	Unc	BU
1762 IBH	—	35.00	75.00	150	300	—
1764 IAP	—	35.00	75.00	150	300	—
1765 IAP	—	35.00	75.00	150	300	—
1766 IAP	—	35.00	75.00	150	300	—
1767 IAP	—	35.00	75.00	150	300	—
1768 IAP	—	35.00	75.00	150	300	—
1769 IAP	—	35.00	75.00	150	300	—
1770 IAP	—	35.00	75.00	150	300	—
1771 IAP	—	35.00	75.00	150	300	—
1772 LCR	—	35.00	75.00	150	300	—
1772 LCR	—	35.00	75.00	150	300	—
1773 LCR	—	35.00	75.00	150	300	—
1774 LCR	—	35.00	75.00	150	300	—
1775 LCR	—	35.00	75.00	150	300	—
1776 LCR	—	35.00	75.00	150	300	—
1777 LCR	—	35.00	75.00	150	300	—
1778 LCR	—	35.00	75.00	150	300	—
1779 .C.	—	35.00	75.00	150	300	—
1780 CES	—	35.00	75.00	150	300	—
1781 CES	—	35.00	75.00	150	300	—
1782 CES	—	35.00	75.00	150	300	—
1783 CES	—	35.00	75.00	150	300	—
1784 CES	—	35.00	75.00	150	300	—

KM# 356 1/3 THALER
Silver **Ruler:** George III **Obv:** Crowned quartered arms **Rev:** St. Andrew

Date	Mintage	F	VF	XF	Unc	BU
1764 IWS	—	60.00	125	250	500	—
1766 IWS	—	60.00	125	250	500	—
1770 IWS	—	60.00	125	250	500	—

KM# 358 1/3 THALER
Silver **Ruler:** George III **Obv:** Arms **Rev:** Horse

Date	Mintage	F	VF	XF	Unc	BU
1767 .C.	—	70.00	150	300	600	—

KM# 368 1/3 THALER
Silver **Ruler:** George III **Subject:** George III **Obv:** Head right **Rev:** Crowned quartered arms within ornate frame

Date	Mintage	F	VF	XF	Unc	BU
1774 IWS	—	60.00	120	250	500	—
1777 IWS	—	60.00	120	250	500	—

KM# 373 1/3 THALER

Silver **Ruler:** George III **Obv:** Head right **Rev:** Crowned quartered arms with supporters

Date	Mintage	F	VF	XF	Unc	BU
1778 IWS	—	50.00	100	225	450	—
1779 IWS	—	50.00	100	225	450	—

Date	Mintage	F	VF	XF	Unc	BU
1793 PLM	—	40.00	85.00	170	340	—
1794 PLM	—	40.00	85.00	170	340	—
1795 PLM	—	40.00	85.00	170	340	—
1796 PLM	—	40.00	85.00	170	340	—
1797 PLM	—	40.00	85.00	170	340	—
1798 PLM	—	40.00	85.00	170	340	—
1799 PLM	—	40.00	85.00	170	340	—
1800 PLM	—	40.00	85.00	170	340	—

KM# 43 1/2 THALER
Silver **Ruler:** George Ludwig **Obv:** Crowned complex arms divide date **Rev:** Horse leaping left **Note:** Similar to 2/3 Thaler, KM#17, but value 1/2.

Date	Mintage	VG	F	VF	XF	Unc
1703 HB	—	70.00	140	275	550	—

KM# 75 1/2 THALER
Silver **Ruler:** George Ludwig **Obv:** Imperial crown in central shield, date in legend

Date	Mintage	VG	F	VF	XF	Unc
1712 HCB	—	100	225	450	900	—

KM# 374 1/3 THALER
Silver **Ruler:** George III **Obv:** Crowned quartered arms on ornate shield, value below **Rev:** St. Andrew

Date	Mintage	F	VF	XF	Unc	BU
1779 IWS	—	40.00	85.00	170	340	—
1781 IWS	—	40.00	85.00	170	340	—
1783 IWS	—	40.00	85.00	170	340	—
1784 IWS	—	40.00	85.00	170	340	—
1788 IWS	—	40.00	85.00	170	340	—
1790 .C.	—	40.00	85.00	170	340	—
1793 PLM	—	40.00	85.00	170	340	—

KM# 87 1/2 THALER
Silver **Ruler:** George Ludwig **Rev:** Wildman, tree in right hand, without value shown

Date	Mintage	VG	F	VF	XF	Unc
1712	—	—	—	—	—	—
1713 HH	—	85.00	160	325	675	—

KM# 95 1/2 THALER
Silver **Ruler:** George Ludwig **Obv:** Imperial crown in central shield, date below **Rev:** Horse leaping left

Date	Mintage	VG	F	VF	XF	Unc
1714 HCB	—	45.00	90.00	165	335	—

KM# 387 1/3 THALER
Silver **Ruler:** George III **Obv:** Crowned quartered arms divide date, value below **Rev:** Wildman with tree in right hand

Date	Mintage	F	VF	XF	Unc	BU
1781	—	35.00	75.00	150	300	—
1785 .C.	—	35.00	75.00	150	300	—
1785 CES	—	35.00	75.00	150	300	—
1786 .C.	—	35.00	75.00	150	300	—
1787 .C.	—	35.00	75.00	150	300	—
1788 .C.	—	35.00	75.00	150	300	—
1789 .C.	—	35.00	75.00	150	300	—

KM# 96 1/2 THALER
Silver **Ruler:** George Ludwig **Subject:** Death of Sophia von der Pfalz, Mother of George I Ludwig **Obv:** Bust right **Rev:** 12-line inscription with date

Date	Mintage	VG	F	VF	XF	Unc
1714	—	110	225	450	900	—

KM# 141 1/2 THALER
Silver, 38 mm. **Ruler:** George Ludwig **Obv:** Crowned and supported 4-fold arms in Order of the Garter, date divided at top **Rev:** Horse leaping left, without indication of value

Date	Mintage	VG	F	VF	XF	Unc
1718 hh	—	40.00	85.00	170	340	—

KM# 388 1/3 THALER
Silver **Ruler:** George III **Obv:** Head right **Rev:** Crowned quartered arms, value below, date above

Date	Mintage	F	VF	XF	Unc	BU
1785 IWS	—	40.00	85.00	170	340	—
1786 IWS	—	40.00	85.00	170	340	—
1787 IWS	—	40.00	85.00	170	340	—
1788 IWS	—	40.00	85.00	170	340	—
1789 IWS	—	40.00	85.00	170	340	—
1790 IWS	—	40.00	85.00	170	340	—

KM# 391.1 1/3 THALER
Silver **Ruler:** George III **Obv:** Head right **Rev:** Crowned quartered arms, value below

Date	Mintage	F	VF	XF	Unc	BU
1789 IWS	—	40.00	85.00	170	340	—
1790 .C.	—	40.00	85.00	170	340	—
1791 .C.	—	40.00	85.00	170	340	—
1800 .C.	—	40.00	85.00	170	340	—

KM# 147 1/2 THALER
Silver, 38 mm. **Ruler:** George Ludwig **Rev:** Wildman, tree in right hand, without indication of value

Date	Mintage	VG	F	VF	XF	Unc
1718	—	—	—	—	—	—
1719	—	75.00	150	300	600	—
1723 EPH	—	75.00	150	—	600	—
1724 EPH	—	75.00	150	300	600	—
1727 EPH	—	75.00	150	300	600	—

KM# 184 1/2 THALER
Silver **Ruler:** George Ludwig **Subject:** Death of George I Ludwig **Obv:** Armored bust right **Rev:** Inscription

Date	Mintage	VG	F	VF	XF	Unc
1727 CPS	—	110	225	450	900	—

KM# 183 1/2 THALER
Silver **Ruler:** George Ludwig **Obv:** Bust right **Rev:** Crowned shields in cruciform **Note:** Similar to 1/4 Thaler, KM#157, but value 1/2 below.

Date	Mintage	VG	F	VF	XF	Unc
1727 CPS	—	40.00	90.00	185	375	—

KM# 241 1/2 THALER
Silver **Ruler:** George II August **Obv:** Crowned quartered arms **Rev:** Wildman with tree in right hand, 1/2 at lower right

Date	Mintage	F	VF	XF	Unc	BU
1731 C Rare	—	—	—	—	—	—
1735 IAB Rare	—	—	—	—	—	—

KM# 391.2 1/3 THALER
Silver **Ruler:** George III **Obv:** PLM below bust **Rev:** Crowned quartered arms, value below, crown divides date above

KM# 248 1/2 THALER
Silver **Ruler:** George II August **Obv:** Bust left, value below **Rev:** Crowned quartered arms

Date	Mintage	F	VF	XF	Unc	BU
1732 CPS Rare	—	—	—	—	—	—

KM# 256 1/2 THALER
Silver **Ruler:** George II August **Subject:** Death of Wilhelmine Caroline **Obv:** Bust left, 4-line legend below **Rev:** 8-line inscription

Date	Mintage	F	VF	XF	Unc	BU
1737 Rare	—	—	—	—	—	—

KM# 275 1/2 THALER
Silver **Ruler:** George II August **Obv:** Crowned quartered arms **Rev:** Horse left

Date	Mintage	F	VF	XF	Unc	BU
1740 CPS	—	70.00	150	300	600	—

KM# 17 2/3 THALER (Gulden)
Silver **Ruler:** George Ludwig **Obv:** Crowned complex arms divide date **Rev:** Horse leaping left, value below

Date	Mintage	VG	F	VF	XF	Unc
1701 HB	—	40.00	80.00	125	250	—
1702 HB	—	40.00	80.00	125	250	—
1703 HB	—	40.00	80.00	125	250	—
1704 HB	—	40.00	80.00	125	250	—
1705 HB	—	40.00	80.00	125	250	—

KM# 76 2/3 THALER (Gulden)
Silver **Ruler:** George Ludwig **Subject:** George Ludwig **Obv:** Armored bust right **Rev:** Crowned complex arms

Date	Mintage	VG	F	VF	XF	Unc
1712 HCB	—	35.00	75.00	150	300	—
1713 HCB	—	35.00	75.00	150	300	—

KM# A17 2/3 THALER (Gulden)
Silver **Ruler:** Ernst August **Obv:** Bust right **Rev:** Leaping horse left, value divides date below **Note:** Prev. Bruns.-Lune-Calenberg 2/3 Thaler, KM#381.

Date	Mintage	VG	F	VF	XF	Unc
1721	—	50.00	100	210	425	—

Note: Later restrike in low grade silver

KM# 48 2/3 THALER (Gulden)
Silver **Ruler:** George Ludwig **Obv:** Crowned complex arms **Obv. Legend:** GEORG: LUD: D • G • D • BR • & • LUN: S • R • I • ELECT: **Rev:** Horse leaping left, value below **Rev. Legend:** IN RECTO DECUS

Date	Mintage	VG	F	VF	XF	Unc
1705 HB	—	30.00	65.00	110	225	—
1706 HB	—	30.00	65.00	110	225	—
1707 HB	—	30.00	65.00	110	225	—
1708 HB	—	30.00	65.00	110	225	—
1709 HB	—	30.00	65.00	110	225	—
1710 HB	—	30.00	65.00	110	225	—
1711 HB	—	30.00	65.00	110	225	—
1711 HCB	—	30.00	65.00	110	225	—

KM# 100 2/3 THALER (Gulden)
Silver **Ruler:** George Ludwig **Obv:** Head right **Obv. Legend:** GEORGIVS • D • G • MAG • BRIT • FR • & HIB • REX • F • D • **Rev:** Crowned shield in cruciform, value at center

Date	Mintage	VG	F	VF	XF	Unc
1715 HCB	—	45.00	90.00	170	340	—
1716 HCB	—	45.00	90.00	170	340	—
1717 HCB	—	45.00	90.00	170	340	—
1718 HCB	—	45.00	90.00	170	340	—
1719 HCB	—	45.00	90.00	170	340	—
1720 HCB	—	45.00	90.00	170	340	—
1721 HCB	—	45.00	90.00	170	340	—
1722 HCB	—	45.00	90.00	170	340	—
1723 HCB	—	45.00	90.00	170	340	—
1724 HCB	—	45.00	90.00	170	340	—
1725 HCB	—	45.00	90.00	170	340	—
1726 CPS	—	45.00	90.00	170	340	—
1727 CPS	—	45.00	90.00	170	340	—

KM# 112.1 2/3 THALER (Gulden)
Silver **Ruler:** George Ludwig **Obv:** With 24 in field **Rev:** Horse leaping left

Date	Mintage	VG	F	VF	XF	Unc
1716 HH	—	20.00	45.00	90.00	185	—
1717 HH	—	20.00	45.00	90.00	185	—
1718 HH	—	20.00	45.00	90.00	185	—
1719 HH	—	20.00	45.00	90.00	185	—
1719 HH-C	—	20.00	45.00	90.00	185	—
1719 C	—	20.00	45.00	90.00	185	—
1720 C	—	20.00	45.00	90.00	185	—
1721 C	—	20.00	45.00	90.00	185	—

KM# 112.2 2/3 THALER (Gulden)
Silver **Ruler:** George Ludwig **Obv:** Without 24 in field **Rev:** Horse leaping left

Date	Mintage	VG	F	VF	XF	Unc
1722 C	—	20.00	45.00	90.00	185	—
1723 C	—	20.00	45.00	90.00	185	—
1723 EPH	—	20.00	45.00	90.00	185	—
1724 EPH	—	20.00	45.00	90.00	185	—
1725 EPH	—	20.00	45.00	90.00	185	—
1726 EPH	—	20.00	45.00	90.00	185	—
1727 EPH	—	20.00	45.00	90.00	185	—

KM# 67 2/3 THALER (Gulden)
Silver **Ruler:** George Ludwig **Obv:** Crowned complex arms divide initials **Rev:** Horse leaping left

Date	Mintage	VG	F	VF	XF	Unc
1711 hb	—	40.00	85.00	170	340	—

KM# 185 2/3 THALER (Gulden)
Silver **Ruler:** George II August **Subject:** George II August **Obv:** Laureate draped bust left **Obv. Legend:** GEORG • II • D • G • M • BRIT • FR • ET • HIB • REX • F • D • **Rev:** Crowned shields in cruciform, value at center

Date	Mintage	F	VF	XF	Unc	BU
1727 CPS	—	175	375	750	1,500	—
1728 CPS	—	175	375	750	1,500	—
1729 CPS	—	175	375	750	1,500	—

KM# 68 2/3 THALER (Gulden)
Silver **Ruler:** George Ludwig **Obv:** Imperial crown in central shield of arms **Rev:** Horse leaping left

Date	Mintage	VG	F	VF	XF	Unc
1711 HCB	—	40.00	85.00	170	340	—
1712 HCB	—	40.00	85.00	170	340	—
1713 HCB	—	40.00	85.00	170	340	—
1714 HCB	—	40.00	85.00	170	340	—
1715 HCB	—	40.00	85.00	170	340	—

KM# 148 2/3 THALER (Gulden)
Silver **Ruler:** George Ludwig **Obv:** Crowned shields in cruciform, value at center **Obv. Legend:** GEORGIVS - D • G • M • BR • II - FR • DT • HIB • - REX • F • D • - **Rev:** Horse leaping left

Date	Mintage	VG	F	VF	XF	Unc
1719 HCB	—	20.00	40.00	80.00	165	—
1720 HCB	—	20.00	40.00	80.00	165	—
1721 HCB	—	20.00	40.00	80.00	165	—
1722 HCB	—	20.00	40.00	80.00	165	—
1723 HCB	—	20.00	40.00	80.00	165	—
1724 HCB	—	20.00	40.00	80.00	165	—
1725 HCB	—	20.00	40.00	80.00	165	—
1726 CPS	—	20.00	40.00	80.00	165	—
1727 CPS	—	20.00	40.00	80.00	165	—

KM# 186 2/3 THALER (Gulden)
Silver **Ruler:** George II August **Obv:** Crowned shields in cruciform, value at center **Rev:** Horse leaping left **Rev. Legend:** NEC ASPERA TERRENI

Date	Mintage	F	VF	XF	Unc	BU
1727 CPS	—	90.00	185	375	750	—
1728 CPS	—	90.00	185	375	750	—
1729 CPS	—	90.00	185	375	750	—

BRUNSWICK-LUNEBERG-CALENBERG-HANNOVER — GERMAN STATES

KM# 187 2/3 THALER (Gulden)
Silver Ruler: George II August Obv: 4 crowned shields in cruciform, 2/3 in center Rev: Wildman with tree in right hand, 24 at lower right

Date	Mintage	F	VF	XF	Unc	BU
1727 EPH	—	90.00	185	375	750	—
1728 EPH	—	90.00	185	375	750	—
1729 EPH	—	90.00	185	375	750	—

KM# 226 2/3 THALER (Gulden)
Silver Ruler: George II August Obv: Bust left Rev: Crowned quartered arms

Date	Mintage	F	VF	XF	Unc	BU
1730 CPS	—	250	550	1,100	2,100	—
1731 CPS	—	250	550	1,100	2,100	—
1732 CPS	—	250	550	1,100	2,100	—
1736 CPS	—	250	550	1,100	2,100	—
1740 CPS	—	250	550	1,100	2,100	—

KM# 227 2/3 THALER (Gulden)
Silver Ruler: George II August Obv: Crowned quartered arms, value below Rev: Horse left

Date	Mintage	F	VF	XF	Unc	BU
1730 CPS	—	90.00	185	375	750	—
1731 CPS	—	90.00	185	375	750	—
1732 CPS	—	90.00	185	375	750	—
1733 CPS	—	90.00	185	375	750	—
1734 CPS	—	90.00	185	375	750	—
1735 CPS	—	90.00	185	375	750	—
1736 CPS	—	90.00	185	375	750	—
1737 CPS	—	90.00	185	375	750	—

KM# 228 2/3 THALER (Gulden)
Silver Ruler: George II August Rev: Horse left, value

Date	Mintage	F	VF	XF	Unc	BU
1730 EPH	—	200	450	900	1,800	—
1731 IAB	—	200	450	900	1,800	—
1732 IAB	—	200	450	900	1,800	—
1733 IAB	—	200	450	900	1,800	—
1735 IAB	—	200	450	900	1,800	—
1736 IAB	—	200	450	900	1,800	—
1737 IAB	—	200	450	900	1,800	—
1738 IAB	—	200	450	900	1,800	—
1740 IBH	—	200	450	900	1,800	—
1741 IBH	—	200	450	900	1,800	—
1742 IBH	—	200	450	900	1,800	—
1743 IBH	—	200	450	900	1,800	—
1749 IBH	—	200	450	900	1,800	—

KM# 277 2/3 THALER (Gulden)
Silver Ruler: George II August Obv: Crowned quartered arms, value below Obv. Legend: GEORG • II • D • G • M • B • F & H • REX • F • D • B • & L • DVX • S • B • I • A • T • & EL • N. D. REICHS. F below arms Rev: Horse leaping left Rev. Legend: NEC ASPERA TERRENT

Date	Mintage	F	VF	XF	Unc	BU
1740 CPS	—	90.00	210	425	850	—
1741 CPS	—	90.00	210	425	850	—
1742 CPS	—	90.00	210	425	850	—
1743 CPS	—	90.00	210	425	850	—
1744 CPS	—	90.00	210	425	850	—
1745 CPS	—	90.00	210	425	850	—
1746 CPS	—	90.00	210	425	850	—
1747 CPS	—	90.00	210	425	850	—
1748 CPS	—	90.00	210	425	850	—
1749 CPS	—	90.00	210	425	850	—
1750 CPS	—	90.00	210	425	850	—
1751 C	—	90.00	210	425	850	—
1752 C	—	90.00	210	425	850	—
1753 IWS	—	90.00	210	425	850	—
1754 IWS	—	90.00	210	425	850	—
1755 IWS	—	90.00	210	425	850	—
1757 IWS	—	90.00	210	425	850	—
1758 IWS	—	90.00	210	425	850	—
1759 IWS	—	90.00	210	425	850	—
1760 IWS	—	90.00	210	425	850	—

KM# 276 2/3 THALER (Gulden)
Silver Ruler: George II August Obv: Bust left Obv. Legend: REICHS FUSS Note: Crowned cruciform.

Date	Mintage	F	VF	XF	Unc	BU
1740 CPS	—	150	375	750	1,500	—
1741 CPS	—	150	375	750	1,500	—
1742 CPS	—	150	375	750	1,500	—
1743 CPS	—	150	375	750	1,500	—
1744 CPS	—	150	375	750	1,500	—
1746 CPS	—	150	375	750	1,500	—
1751 C	—	150	375	750	1,500	—
1752 C	—	150	375	750	1,500	—

KM# 290 2/3 THALER (Gulden)
Silver Ruler: George II August Obv: Crowned quartered arms in baroque shield Rev: Horse left

Date	Mintage	F	VF	XF	Unc	BU
1744 IBH	—	70.00	150	300	600	—
1745 IBH	—	70.00	150	300	600	—
1746 IBH	—	70.00	150	300	600	—
1747 IBH	—	70.00	150	300	600	—
1748 IBH	—	70.00	150	300	600	—
1749 IBH	—	70.00	150	300	600	—
1752 IBH	—	70.00	150	300	600	—
1753 IBH	—	70.00	150	300	600	—
1755 IBH	—	70.00	150	300	600	—
1758 IBH	—	70.00	150	300	600	—
1759 IBH	—	70.00	150	300	600	—
1760 IBH	—	70.00	150	300	600	—

KM# 229 2/3 THALER (Gulden)
Silver Ruler: George II August Obv: Crowned quartered arms, value below Rev: Wildman with tree in right hand

Date	Mintage	F	VF	XF	Unc	BU
1730 EPH	—	50.00	110	225	450	—
1731 IAB	—	50.00	110	225	450	—
1732 IAB	—	50.00	110	225	450	—
1733 IAB	—	50.00	110	225	450	—
1734 IAB	—	50.00	110	225	450	—
1735 IAB	—	50.00	110	225	450	—
1736 IAB	—	50.00	110	225	450	—
1737 IAB	—	50.00	110	225	450	—
1738 IAB	—	50.00	110	225	450	—
1739 C	—	50.00	110	225	450	—
1739 IBH	—	50.00	110	225	450	—
1740 IBH	—	50.00	110	225	450	—
1741 IBH	—	50.00	110	225	450	—
1742 IBH	—	50.00	110	225	450	—
1743 IBH	—	50.00	10	225	450	—

KM# 263 2/3 THALER (Gulden)
Silver Ruler: George II August Obv: Bust left Obv. Legend: LEIPZIGER FUSS Rev: Crowned cruciform

Date	Mintage	F	VF	XF	Unc	BU
1738 CPS	—	300	675	1,350	2,700	—
1739 CPS	—	300	675	1,350	2,700	—

KM# 264 2/3 THALER (Gulden)
Silver Ruler: George II August Obv: Crowned quartered arms Obv. Legend: N. D. LEIPZ. F Rev: Horse left, value

Date	Mintage	F	VF	XF	Unc	BU
1738 CPS	—	200	450	900	1,800	—
1739 CPS	—	200	450	900	1,800	—
1740 CPS	—	200	450	900	1,800	—

KM# 319 2/3 THALER (Gulden)
Silver Ruler: George II August Obv: Armored bust left Rev: Crowned quartered arms within ornate frame, value below

Date	Mintage	F	VF	XF	Unc	BU
1752 IAS	—	400	900	1,800	3,600	—
1754 IAS	—	400	900	1,800	3,600	—
1754 IWS	—	400	900	800	3,600	—

KM# 286 2/3 THALER (Gulden)
Silver Ruler: George II August Obv: Crowned quartered arms on ornate shield, value below Rev: Wildman with tree in right hand

Date	Mintage	F	VF	XF	Unc	BU
1743 IBH	—	60.00	125	250	525	—
1744 IBH	—	60.00	125	250	525	—
1745 IBH	—	60.00	125	250	525	—
1746 IBH	—	60.00	125	250	525	—
1747 IBH	—	60.00	125	250	525	—
1748 IBH	—	60.00	125	250	525	—
1749 IBH	—	60.00	125	250	525	—
1750 IBH	—	60.00	125	250	525	—
1751 IBH	—	60.00	125	250	525	—
1752 IBH	—	60.00	125	250	525	—
1753 IBH	—	60.00	125	250	525	—
1754 IBH	—	60.00	125	250	525	—
1755 IBH	—	60.00	125	250	525	—
1756 IBH	—	60.00	125	250	525	—
1757 IBH	—	60.00	125	250	525	—
1758 IBH	—	60.00	125	250	525	—
1759 IBH	—	60.00	125	250	525	—
1760 IBH	—	60.00	125	250	525	—

KM# 365 2/3 THALER (Gulden)
Silver Ruler: George III Subject: George III Obv: Head left Obv. Legend: GEORG • III • D • G • M • BRIT • FR • & • HIB • REX • FD • Rev: Crowned quartered arms on ornate shield, value below

Date	Mintage	F	VF	XF	Unc	BU
1772 IWS	—	70.00	140	275	550	—
1773 IWS	—	70.00	140	275	550	—
1774 IWS	—	70.00	140	275	550	—
1775 IWS	—	70.00	140	275	550	—
1776 IWS	—	70.00	140	275	550	—
1777 IWS	—	70.00	140	275	550	—
1779 IWS	—	70.00	140	275	550	—
1780 IWS	—	70.00	140	275	550	—
1781 IWS	—	70.00	140	275	550	—
1782 IWS	—	70.00	140	275	550	—
1783 IWS	—	70.00	140	275	550	—
1784 IWS	—	70.00	140	275	550	—
1785 IWS	—	70.00	140	275	550	—
1786 IWS	—	70.00	140	275	550	—
1787 IWS	—	70.00	140	275	550	—
1788 IWS	—	70.00	140	275	550	—
1789 IWS	—	70.00	140	275	550	—
1790 .C.	—	70.00	140	275	550	—
1791/0 .C.	—	75.00	150	300	600	—
1791 .C.	—	70.00	140	275	550	—
1792 PLM	—	70.00	140	275	550	—
1793 PLM	—	70.00	140	275	550	—
1794 PLM	—	70.00	140	275	550	—
1795 PLM	—	70.00	140	275	550	—
1796 PLM	—	70.00	140	275	550	—
1797 PLM	—	70.00	140	275	550	—
1798 PLM	—	70.00	140	275	550	—
1799 PLM	—	70.00	140	275	550	—

342 GERMAN STATES BRUNSWICK-LUNEBERG-CALENBERG-HANNOVER

Date	Mintage	F	VF	XF	Unc	BU
1800 PLM	—	70.00	140	275	550	—
1800 C.	—	70.00	140	275	550	—

KM# 371 2/3 THALER (Gulden)
Silver **Ruler:** George III **Obv:** Head right **Obv. Legend:** GEORG • III • D • G • M • BRIT • FR • & • HIB • REX • FD • **Rev:** Crowned quartered arms within Order chain with supporters

Date	Mintage	F	VF	XF	Unc	BU
1776 IWS	—	90.00	180	375	750	—
1778 IWS	—	90.00	180	375	750	—
1781 IWS	—	90.00	180	375	750	—

KM# 19 THALER
Silver **Ruler:** George Ludwig **Note:** Dav. #6654 and #2057.

Date	Mintage	F	VF	XF	Unc	BU
1701 HB	—	90.00	165	300	675	—
1702 HB	—	90.00	165	300	675	—
1703 HB	—	90.00	165	300	675	—
1704 HB	—	90.00	165	300	675	—
1705 HB	—	90.00	165	300	675	—

S • R • I • ELECT: **Rev:** Horse leaping left **Rev. Legend:** IN RECTO DECUS **Note:** Dav. #2058.

Date	Mintage	F	VF	XF	Unc	BU
1705 HB	—	90.00	175	335	775	—
1706 HB	—	90.00	175	335	775	—
1707 HB	—	90.00	175	335	775	—
1708 HB	—	90.00	175	335	775	—
1709 HB	—	90.00	175	335	775	—
1710 HB	—	90.00	175	335	775	—

KM# 20 THALER
Silver **Ruler:** George Ludwig **Note:** Dav. #6655 and #2061.

Date	Mintage	F	VF	XF	Unc	BU
1701 HB	—	125	225	375	800	—
1702 HB	—	125	225	375	800	—
1703 HB	—	125	225	375	800	—
1704 HB	—	125	225	375	800	—
1705 HB	—	125	225	375	800	—

KM# 51 THALER
Silver **Ruler:** George Ludwig **Obv:** Date in legend, large crown **Obv. Legend:** • * • GEORG: LUD: D • G • D • BR • ET LUN: S • R • I • ELECT: **Rev:** St. Andrew **Rev. Legend:** SANCTVS * ANDREAS * REVIVISCENS **Note:** Dav. #2062.

Date	Mintage	F	VF	XF	Unc	BU
1705 HB	—	70.00	125	235	575	—
1706 HB	—	70.00	125	235	575	—
1707 HB	—	70.00	125	235	575	—
1708 HB	—	70.00	125	235	575	—
1709 HB	—	70.00	125	235	575	—
1710 HB	—	70.00	125	235	575	—

KM# 69 THALER
Silver **Ruler:** George Ludwig **Note:** Similar to KM#19 but title of Imperial Treasurer added. Dav. #2059.

Date	Mintage	F	VF	XF	Unc	BU
1711 HB	—	90.00	175	325	775	—
1711 HCB	—	90.00	175	325	775	—
1712 HCB	—	90.00	175	325	775	—

KM# 70 THALER
Silver **Ruler:** George Ludwig **Note:** Similar to KM#20, but title of Imperial Treasurer added. Dav. #2063.

Date	Mintage	F	VF	XF	Unc	BU
1711 HB	—	90.00	125	235	575	—

KM# 78.1 THALER
Silver **Ruler:** George Ludwig **Note:** Similar to KM#70, but with initials HCB added. Dav. #2063A.

Date	Mintage	F	VF	XF	Unc	BU
1712 HB	—	90.00	125	235	575	—
1712 HCB	—	90.00	125	235	575	—
1713 HCB	—	90.00	125	235	575	—

KM# 35 THALER
Silver **Ruler:** George Ludwig **Obv:** Crowned complex arms within ornate frame **Obv. Legend:** GEORG: LUD: D: G: D: BR: & L: S: R: I: EL **Rev:** Wildman with tree in right hand, RB at right **Rev. Legend:** IN RECTO DECUS **Note:** Dav. #6653 and #2065.

Date	Mintage	F	VF	XF	Unc	BU
1701 RB	—	90.00	175	325	750	—
1702 RB	—	90.00	175	325	750	—
1703 RB	—	90.00	175	325	750	—
1704 RB	—	90.00	175	325	750	—
1705 RB	—	90.00	175	325	750	—
1706 RB	—	90.00	175	325	750	—
1707 RB	—	90.00	175	325	750	—
1708 RB	—	90.00	175	325	750	—
1709 RB	—	90.00	175	325	750	—
1710 RB	—	90.00	175	325	750	—
1711 RB	—	90.00	175	325	750	—

KM# 50 THALER
Silver **Ruler:** George Ludwig **Obv:** Date in legend, small crown **Rev:** St. Andrew

Date	Mintage	F	VF	XF	Unc	BU
1705 HB Rare	—	—	—	—	—	—

KM# 49 THALER
Silver **Ruler:** George Ludwig **Obv:** Crowned complex arms, date above **Obv. Legend:** GEORG: LUD: D • G • D • BR • & • LUN:

KM# 77 THALER
Silver **Ruler:** George Ludwig **Obv:** Crowned complex arms within ornate frame **Obv. Legend:** GEORG: LVD: D • G • D • BR • & L • S • R• I • A • THES • & EL • **Rev:** Wildman with tree in right hand **Rev. Legend:** IN RECTO DECUS, R•B at right **Note:** Dav. #2066.

Date	Mintage	F	VF	XF	Unc	BU
1712 HH	—	80.00	165	300	750	—
1713 HH	—	80.00	165	300	750	—
1714 HH	—	80.00	165	300	750	—
1715 HH	—	80.00	165	300	750	—

TH • & EL • **Rev:** Mintmaster's initials below horse **Rev. Legend:** IN RECTO DECUS **Note:** Dav. #2060A.

Date	Mintage	F	VF	XF	Unc	BU
1715 HCB	—	90.00	185	350	775	—

KM# 97 THALER
Silver **Ruler:** George Ludwig **Subject:** Death of Sophia von der Pfalz, Mother of George I Ludwig **Obv:** Veiled bust right **Obv. Legend:** * SOPHIA • D • G • EX • STIRTE • EL • PAL • ELECT • VID • BR • ET • LVN • MAG • BRIT • HAERES * **Rev:** Inscription **Rev. Inscription:** NATA / XIII. OCT. MDCXXX. / NVPTA MENSE SEPT: / MDCLVIII. / AD SVCCESSIONEM. M. BRIT / NOMINATA. MDCCI. / SVB VESPERAM. VIII. IVNII. / MDCCXIV. IN HORTIS / HERRENHAUSANIS ADHVC / VEGETO ET FIRMO PASSV / DE AMBVLANS SVBITA / ET PLACIDA MORTE / EREPTA * **Note:** Dav. #2069.

Date	Mintage	F	VF	XF	Unc	BU
1714	—	200	400	750	1,300	—

KM# 79 THALER
Silver **Ruler:** George Ludwig **Obv:** Armored draped bust right **Obv. Legend:** GEORGE: LUD: D • G • D • B • & • L • S • R • I • AR • TH • & • EL • **Rev:** Crowned arms encircled by Order of the Garter, date in legend **Rev. Legend:** IN RECTO DECUS **Note:** Dav. #2067. 1711 of this type is a pattern.

Date	Mintage	F	VF	XF	Unc	BU
1712 HCB	—	200	350	750	1,400	—
1714 HCB	—	200	350	750	1,400	—

KM# 80 THALER
Silver **Ruler:** George Ludwig **Rev:** Without Order of the Garter **Note:** Dav. #2068.

Date	Mintage	F	VF	XF	Unc	BU
1712 HCB	—	350	700	1,150	1,900	—
1713 HCB	—	350	700	1,150	1,900	—
1714 HCB	—	350	700	1,150	1,900	—

KM# 101.1 THALER
Silver **Ruler:** George Ludwig **Obv:** Laureate head right **Obv. Legend:** GEORGIUS • D • G • MAG • BRIT • FR • ET • HIB • REX • F • D • **Rev:** Arms within Order garter, supporters left and right, crown above **Rev. Legend:** BRUN • ET • LUN • DUX • S • R • I • A • THES • ET • HIB • REX • F • D • **Note:** Dav. #2078.

Date	Mintage	F	VF	XF	Unc	BU
1715 HCB	—	150	300	650	1,350	—
1716 HCB	—	200	400	850	1,750	—
1717 HCB	—	450	900	1,650	2,750	—

KM# 78.2 THALER
Silver **Ruler:** George Ludwig **Obv:** Crowned complex arms, date above **Obv. Legend:** GEORG: LUD: D • G • D • BR • & LUN: S • R • I • AR • TH • & EL • **Rev:** St. Andrew with cross behind **Rev. Legend:** SANCTVS * ANDREAS * REVIVISCENS **Note:** Dav. #2064.

Date	Mintage	F	VF	XF	Unc	BU
1714 HCB	—	90.00	145	260	625	—
1715 HCB	—	90.00	145	260	625	—

KM# 88.1 THALER
Silver **Ruler:** George Ludwig **Obv:** Crowned complex arms **Obv. Legend:** GFORG: LUD: D • G • D • BR • & LUN: S • R • I • AR • TH • & EL • **Rev:** Horse leaping left **Rev. Legend:** IN RECTO DECUS **Note:** Similar to KM#19 but imperial crown in central shield of arms. Dav. #2060.

Date	Mintage	F	VF	XF	Unc	BU
1713 HCB	—	90.00	190	350	775	—
1714 HCB	—	90.00	190	350	775	—
1715 HCB	—	90.00	190	350	775	—

KM# 114 THALER
Silver **Ruler:** George Ludwig **Obv:** Arms within Order garter, supporters left and right, crown above **Obv. Legend:** GEORGIUS • D • G • MAG • BRIT • FRANC • ET • HIB • REX • FID • D • **Rev:** Wildman with tree in right hand **Rev. Legend:** BRUN • & • LUN • DUX • S • R • I • A • R • THES • & EL • **Note:** Dav. #2076.

Date	Mintage	F	VF	XF	Unc	BU
1716 HH	—	90.00	205	375	825	—
1717 HH	—	90.00	205	375	825	—
1718 HH	—	90.00	205	375	825	—
1719 HH	—	90.00	205	375	825	—
1720 C	—	90.00	205	375	825	—
1721 C	—	90.00	205	375	825	—
1722 C	—	90.00	205	375	825	—
1723 C	—	90.00	205	375	825	—
1723 EPH	—	90.00	205	375	825	—
1724 EPH	—	90.00	205	375	825	—
1725 EPH	—	90.00	205	375	825	—
1726 EPH	—	90.00	205	375	825	—
1727 EPH	—	90.00	205	375	825	—

KM# 88.2 THALER
Silver **Ruler:** George Ludwig **Obv:** Crowned complex arms **Obv. Legend:** GEORG: LUD: D • G • D • BR • & LUN: S • R • I • AR •

GERMAN STATES — BRUNSWICK-LUNEBERG-CALENBERG-HANNOVER

KM# 113.1 THALER
Silver **Ruler:** George Ludwig **Note:** Dav. #2070.

Date	Mintage	F	VF	XF	Unc	BU
1716 HCB	—	150	300	600	1,250	—
1717 HCB	—	150	300	600	1,250	—
1718 HCB	—	90.00	165	320	725	—

KM# 132 THALER
Silver **Ruler:** George Ludwig **Obv:** 4 crowned arms in cruciform, date in legend **Rev:** Horse leaping left **Note:** Dav. #2071.

Date	Mintage	F	VF	XF	Unc	BU
1717 HCB	—	—	600	1,050	1,950	—

KM# 133.1 THALER
Silver **Ruler:** George Ludwig **Obv:** Arms within Order garter, supporters left and right, crown above **Rev:** St. Andrew **Note:** Dav. #2074.

Date	Mintage	F	VF	XF	Unc	BU
1717 HCB	—	90.00	165	300	700	—

KM# 135 THALER
Silver **Ruler:** George Ludwig **Obv:** Bust right **Rev:** 4 crowned arms in cruciform, date in legend **Note:** Dav. #2079.

Date	Mintage	F	VF	XF	Unc	BU
1717 HCB	—	250	450	800	1,700	—

KM# 101.2 THALER
Silver **Ruler:** George Ludwig **Obv:** Laureate head right **Rev:** Arms within Order garter, supporters left and right, crown above **Note:** Dav. #2080.

Date	Mintage	F	VF	XF	Unc	BU
1718 HCB	—	200	400	850	1,750	—

KM# 101.3 THALER
Silver **Ruler:** George Ludwig **Obv:** Armored bust right **Obv. Legend:** GEORGIVS • D • G • MAG • BRIT • FR • ET • HIB • REX • F • D • **Rev:** Arms within Order garter, supporters left and right, crown above **Rev. Legend:** BRVN • ET • LVN • DVX • S • R • I • A • TH(ES) • ET • EL • **Note:** Dav. #2081.

Date	Mintage	F	VF	XF	Unc	BU
1719 HCB	—	90.00	175	475	1,000	—
1720 HCB	—	90.00	175	475	1,000	—
1721 HCB	—	90.00	175	475	1,000	—
1722 HCB	—	90.00	175	475	1,000	—
1723 HCB	—	90.00	175	475	1,000	—
1724 HCB	—	90.00	175	475	1,000	—
1725 HCB	—	90.00	175	475	1,000	—
1726 CPS	—	90.00	175	475	1,000	—
1727 CPS	—	90.00	175	475	1,000	—

KM# 113.3 THALER
Silver **Ruler:** George Ludwig **Obv:** Arms within Order garter, supporters left and right, crown above **Rev:** Horse leaping left **Note:** Dav. #2073. Varieties exist.

Date	Mintage	F	VF	XF	Unc	BU
1725 HCB	—	90.00	165	320	725	—
1726 CPS	—	90.00	165	320	725	—
1727 CPS	—	90.00	165	320	725	—

KM# 134 THALER
Silver **Ruler:** George Ludwig **Obv:** Crowned shields in cruciform **Obv. Legend:** GEORGIUS - D • G • MAG • BR • - FR • ET • HIB • - REX • FID • D • **Rev:** Wildman with tree in right hand **Rev. Legend:** BRUN • & • LUN • DUX • S • R • I • A • R • THES • & EL • **Note:** Dav. #2077.

Date	Mintage	F	VF	XF	Unc	BU
1717 HH	—	90.00	205	375	825	—
1718 HH	—	90.00	205	375	825	—
1719 C	—	90.00	205	375	825	—
1719 HH	—	90.00	205	375	825	—
1719 HH-C	—	90.00	205	375	825	—
1720 C	—	90.00	205	375	825	—
1721 C	—	90.00	205	375	825	—
1722 C	—	90.00	205	375	825	—
1723 C	—	90.00	205	375	825	—
1723 EPH	—	90.00	205	375	825	—
1724 EPH	—	90.00	205	375	825	—
1725 EPH	—	90.00	205	375	825	—
1726 EPH	—	90.00	205	375	825	—
1727 EPH	—	90.00	205	375	825	—

KM# 133.2 THALER
Silver **Ruler:** George Ludwig **Obv:** Arms within Order garter, supporters left and right, crown above **Obv. Legend:** GEORGIVS • D • G • M • BRIT • FR • ET HIB • REX F • D • **Rev:** St. Andrew **Rev. Legend:** BRUN • ET • LUN • DUX • S • R • I • A • THES • ET • EL • **Note:** Dav. #2075.

Date	Mintage	F	VF	XF	Unc	BU
1718 HCB	—	90.00	165	300	700	—
1719 HCB	—	90.00	165	300	700	—
1720 HCB	—	90.00	165	300	700	—
1721 HCB	—	90.00	165	300	700	—
1722 HCB	—	90.00	165	300	700	—
1723 HCB	—	90.00	165	300	700	—
1724 HCB	—	90.00	165	300	700	—
1725 HCB	—	90.00	165	300	700	—
1726 CPS	—	90.00	165	300	700	—
1727 CPS	—	90.00	165	300	700	—

KM# 113.2 THALER
Silver **Ruler:** George Ludwig **Obv:** Arms within Order garter, supporters left and right, crown above **Obv. Legend:** GEORGIVS • D • G • MAG • BRIT • FR • ET • HIB • REX • F • D • **Rev:** Horse leaping left **Rev. Legend:** BRVNS • ET • LVN • DVX • S • R • I • A • THES • ET • EL(ECT) * **Note:** Dav. #2072.

Date	Mintage	F	VF	XF	Unc	BU
1718 HCB	—	90.00	175	320	725	—
1719 HCB	—	90.00	175	320	725	—
1720 HCB	—	90.00	175	320	725	—
1721 HCB	—	90.00	175	320	725	—
1722 HCB	—	90.00	175	320	725	—
1723 HCB	—	90.00	175	320	725	—
1724 HCB	—	90.00	175	320	725	—

KM# 188 THALER
Silver **Ruler:** George Ludwig **Subject:** Death of George I Ludwig **Obv:** Cloaked laureate bust right **Obv. Legend:** GEORGIVS • I • D • G • M • BRIT • FR • ET • HIB • REX • F • D • BR • ET • LVN • DVX • S • R • I • A • TH • ET • EL * **Rev:** Inscription **Rev. Inscription:** NAT • HANOVER • / VIII • IVN • MDCLX • SN • / SVSCEPIT REGIMEN / ELECTORATVS • IV • FEB • / MDCXCIIX • INTRODVCTCS / IN COLLEG • ELECTORALE / VII • SEPT • MDCCIIX • REX • M • / BRIT • XII • AUG • MDCCXIV • / **Note:** Dav. #2082.

Date	Mintage	F	VF	XF	Unc	BU
1727 CPS	—	150	275	550	1,200	—

KM# 190 THALER
Silver **Ruler:** George II August **Obv:** 4 crowned shields in cruciform, star in center **Rev:** Horse left, date in Arabic numerals **Note:** Dav. #2083.

Date	Mintage	F	VF	XF	Unc	BU
1727 EPH	—	135	250	500	1,000	—

KM# 191 THALER
Silver **Ruler:** George II August **Rev:** Date in Roman numerals **Note:** Dav. #2084.

Date	Mintage	F	VF	XF	Unc	BU
1727 EPH	—	135	250	500	1,000	—
1729 EPH	—	135	250	500	1,000	—

KM# 193 THALER
Silver **Ruler:** George II August **Obv:** Crowned arms supported by lion and unicorn within Order chain **Rev:** Horse left, date below **Note:** Dav. #2085.

Date	Mintage	F	VF	XF	Unc	BU
1727 CPS	—	135	250	500	1,000	—
1729 CPS	—	135	250	500	1,000	—

BRUNSWICK-LUNEBERG-CALENBERG-HANNOVER — GERMAN STATES

KM# 194.1 THALER

Silver **Ruler:** George II August **Obv:** Large crowned shield separates legend **Obv. Legend:** GEORG • II • D • G • M • B • R • F • & • H • REX • F • D • BR • & **Rev:** Arabic date **Rev. Legend:** NEC ASPERA TERRENT **Note:** Dav. #2086.

Date	Mintage	F	VF	XF	Unc	BU
1727 CPS	—	135	250	550	1,200	—
1730 CPS	—	90.00	170	375	850	—
1731 CPS	—	90.00	170	375	850	—
1732 CPS	—	90.00	170	375	850	—
1733 CPS	—	90.00	170	375	850	—
1734 CPS	—	90.00	170	375	850	—
1735 CPS	—	90.00	170	375	850	—
1736 CPS	—	90.00	170	375	850	—
1737 CPS	—	90.00	170	375	850	—
1738 CPS	—	90.00	170	375	850	—
1739 CPS	—	90.00	170	375	850	—
1740 CPS	—	90.00	170	375	850	—
1741 CPS	—	90.00	170	375	850	—
1742 CPS	—	90.00	170	375	850	—
1743 CPS	—	90.00	170	375	850	—
1744 CPS	—	90.00	170	375	850	—
1745 CPS	—	90.00	170	375	850	—
1746 CPS	—	90.00	170	375	850	—
1747 CPS	—	90.00	170	375	850	—
1748 CPS	—	90.00	170	375	850	—
1749 CPS	—	90.00	170	375	850	—

KM# 196 THALER

Silver **Ruler:** George II August **Note:** Dav. #2090.

Date	Mintage	F	VF	XF	Unc	BU
1727 EPH	—	90.00	165	325	750	—
1728 EPH	—	90.00	165	325	750	—
1729 EPH	—	90.00	165	325	750	—

KM# 197 THALER

Silver **Ruler:** George II August **Obv:** 4 crowned shields in cruciform, crowns break legend, star in center **Note:** Dav. #2091.

Date	Mintage	F	VF	XF	Unc	BU
1727 EPH	—	100	225	500	1,000	—
1729 EPH	—	100	225	500	1,000	—

KM# 195 THALER

Silver **Ruler:** George II August **Obv:** Crowned arms supported by lion and unicorn in Order chain, date **Rev:** St. Andrew with cross **Note:** Dav. #2088.

Date	Mintage	F	VF	XF	Unc	BU
1727 CPS	—	135	250	500	1,000	—
1729 CPS	—	135	250	500	1,000	—

KM# 231.1 THALER

Silver **Ruler:** George II August **Obv:** Small bust left **Rev:** Date above crown **Note:** Dav. #2095.

Date	Mintage	F	VF	XF	Unc	BU
1730 CPS	—	275	550	1,200	2,500	—
1732 CPS	—	275	550	1,200	2,500	—
1735 CPS	—	275	550	1,200	2,500	—
1736 CPS	—	275	550	1,200	2,500	—
1737 CPS	—	275	550	1,200	2,500	—
1738 CPS	—	275	550	1,200	2,500	—
1740 CPS	—	275	550	1,200	2,500	—
1748 CPS	—	275	550	1,200	2,500	—

KM# 233 THALER

Silver **Ruler:** George II August **Obv:** Shield with plain sides **Obv. Legend:** GEORG • II • D • G • MAG • BR: FR • ET • HIB • REX • F • D • **Rev:** Wildman with tree in right hand **Rev. Legend:** BRUN • & LUN • DUX • S • R • I • AR • THES • & EL •, E•P•H• in exergue **Note:** Dav. #2092.

Date	Mintage	F	VF	XF	Unc	BU
1730 EPH	—	200	425	775	1,400	—
1731 C	—	200	425	775	1,400	—
1731 IAB	—	200	425	775	1,400	—
1732 IAB	—	200	425	775	1,400	—
1733 IAB	—	200	425	775	1,400	—
1734 IAB	—	200	425	775	1,400	—
1735 IAB	—	200	425	775	1,400	—
1736 IAB	—	200	425	775	1,400	—
1737 IAB	—	200	425	775	1,400	—
1738 IAB	—	200	425	775	1,400	—
1739 IBH	—	200	425	775	1,400	—
1740 IBH	—	200	425	775	1,400	—
1741 IBH	—	200	425	775	1,400	—
1742 IBH	—	200	425	775	1,400	—
1743 IBH	—	200	425	775	1,400	—
1744 IBH	—	200	425	775	1,400	—

KM# 230 THALER

Silver **Ruler:** George II August **Obv:** Crowned quartered arms **Obv. Legend:** GEORG • II • D • G • M • BRIT • FR • & H • REX • F • D • BR • & • L • DVX • S • R • I • A • TH • & EL * **Rev:** Horse leaping left, Roman date **Rev. Legend:** NEC ASPERA TERRENT **Note:** Dav. #2087.

Date	Mintage	F	VF	XF	Unc	BU
1730 EPH	—	135	250	475	1,000	—
1731 C	—	135	250	475	1,000	—
1731 IAB	—	135	250	475	1,000	—
1733 IAB	—	135	250	475	1,000	—
1734 IAB	—	135	250	475	1,000	—
1735 IAB	—	135	250	475	1,000	—
1736 IAB	—	135	250	475	1,000	—
1737 IAB	—	135	250	475	1,000	—
1738 IAB	—	135	250	475	1,000	—
1739 IAB	—	135	250	475	1,000	—
1739 IBH	—	135	250	475	1,000	—
1740 IBH	—	135	250	475	1,000	—
1743 IBH	—	135	250	475	1,000	—
1745 IBH	—	135	250	475	1,000	—
1748 IBH	—	135	250	475	1,000	—
1753 IBH	—	135	250	475	1,000	—

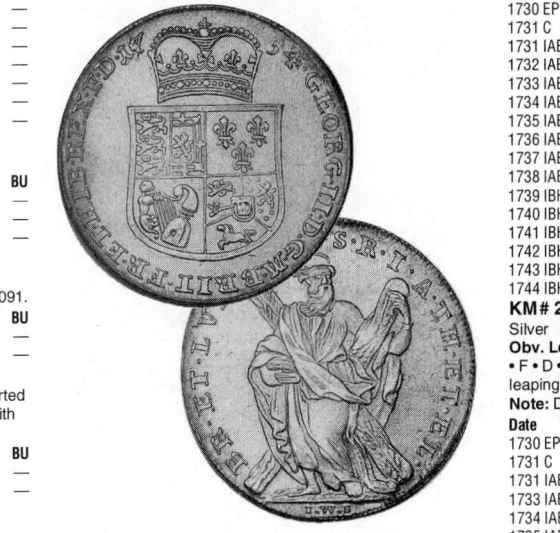

KM# 232.1 THALER

Silver **Ruler:** George II August **Obv:** Crowned quartered arms **Obv. Legend:** GEORGIVS • II • D • G • M • BRIT • F • & H • REX • F • D • **Rev:** St. Andrew with cross **Rev. Legend:** BR • ET • LVN • DVX • S • R • I • A • TH • ET • EL • **Note:** Dav. #2089.

Date	Mintage	F	VF	XF	Unc	BU
1730 CPS	—	90.00	165	300	700	—
1734 CPS	—	90.00	165	300	700	—
1735 CPS	—	90.00	165	300	700	—
1736 CPS	—	90.00	165	300	700	—
1737 CPS	—	90.00	165	300	700	—
1738 CPS	—	90.00	165	300	700	—
1740 CPS	—	90.00	165	300	700	—
1743 CPS	—	90.00	165	300	700	—
1744 CPS	—	90.00	165	300	700	—
1745 CPS	—	90.00	165	300	700	—
1746 CPS	—	90.00	165	300	700	—
1747 CPS	—	90.00	165	300	700	—
1748 CPS	—	90.00	165	300	700	—
1749 CPS	—	90.00	165	300	700	—
1750 CPS	—	90.00	165	300	700	—
1751 C	—	90.00	165	300	700	—
1752 C	—	90.00	165	300	700	—
1752 IWS	—	90.00	165	300	700	—
1753 IWS	—	90.00	165	300	700	—
1754 IWS	—	90.00	165	300	700	—
1755 IWS	—	90.00	165	300	700	—
1756 IWS	—	90.00	165	300	700	—
1757 IWS	—	90.00	165	300	700	—
1758 IWS	—	90.00	165	300	700	—
1759 IWS	—	90.00	165	300	700	—
1760 IWS	—	90.00	165	300	700	—

KM# 189 THALER

Silver **Ruler:** George II August **Obv:** Draped bust left **Obv. Legend:** GEORGIVS • II • D • G • M • BRIT • FR • ET • HIB • REX • F • D • **Rev:** Arms within Order garter, supporters left and right, crown above **Rev. Legend:** BRVNS • ET • LVN • DVX • S • R • I • A • THES • ET • EL • **Note:** Dav. #2093.

Date	Mintage	F	VF	XF	Unc	BU
1727 CPS	—	275	500	900	1,500	—
1728 CPS	—	275	500	900	1,500	—
1729 CPS	—	275	500	900	1,500	—

KM# 192 THALER

Silver **Ruler:** George II August **Obv:** Crowns above shields break legend **Note:** Dav. #2094.

Date	Mintage	F	VF	XF	Unc	BU
1727 EPH	—	135	250	500	1,000	—
1729 EPH	—	135	250	500	1,000	—

KM# 251 THALER

Silver **Ruler:** George II August **Obv:** Crowned arms supported by lion and unicorn within Order chain **Rev:** Horse left, date in Roman numerals below **Note:** Varieties exist.

Date	Mintage	F	VF	XF	Unc	BU
1733 CPS	—	135	250	450	1,000	—

KM# 257 THALER

Silver **Ruler:** George II August **Subject:** Death of Wilhelmina Caroline **Obv:** Bust left, 4-line legend below **Rev:** 18-line inscription **Note:** Dav. #2096.

Date	Mintage	F	VF	XF	Unc	BU
1737	—	300	750	1,500	2,500	—

KM# 287 THALER

Silver **Ruler:** George II August **Obv:** Crowned quartered arms in baroque shield **Rev:** Horse leaping left

Date	Mintage	F	VF	XF	Unc	BU
1743	—	135	250	475	1,000	—
1744	—	135	250	475	1,000	—
1745 IBH	—	135	250	475	1,000	—
1748 IBH	—	135	250	475	1,000	—

GERMAN STATES — BRUNSWICK-LUNEBERG-CALENBERG-HANNOVER

KM# 292 THALER
Silver **Ruler:** George II August **Subject:** Cronenburg's Luck Mine **Obv:** Crowned quartered arms on ornate shield **Obv. Legend:** GEORG • II • D • G • M • BRIT • FR • & H • REX • F • D • BR • & L • DVX • S • R • I • A • TH • & EL • * **Rev:** Arm with wreath above mining scene **Rev. Legend:** NON · MARCESCET, below in 5 lines: DIE GRVBE/CRONENBVRGS GLVCK/KAM IN AVSBEVT/IM QV: LVCIAE 1705/I.B.H. **Note:** Dav. #2098.

Date	Mintage	F	VF	XF	Unc	BU
1745 IBH	—	200	450	850	1,500	—
1749 IBH	—	200	450	850	1,500	—
1750 IBH	—	200	450	850	1,500	—
1752 IBH	—	200	450	850	1,500	—

KM# 288 THALER
Silver **Ruler:** George II August **Obv:** Shield with baroque frame **Obv. Legend:** GEORG • II • D • G • MAG • BR • FR • ET • HIB • REX • F • D • **Rev:** Wildman with tree in right hand **Rev. Legend:** BRUN • & LUN•DUX•S•RI•AR•THES• & EL • **Note:** Dav. #2092A.

Date	Mintage	F	VF	XF	Unc	BU
1743 IBH	—	200	425	775	1,400	—
1746 IBH	—	200	425	775	1,400	—
1748 IBH	—	200	425	775	1,400	—
1749 IBH	—	200	425	775	1,400	—
1750 IBH	—	200	425	775	1,400	—
1755 IBH	—	200	425	775	1,400	—

KM# 295 THALER
Silver **Ruler:** George II August **Subject:** Rainbow Mine **Obv:** Crowned quartered arms within ornate shield **Obv. Legend:** GEORG • II • D • G • M • BRIT • FR • & H • REX • F • D • BR • & L • DVX • S • R • I • A • TH • & EL • * **Rev:** Rainbow over mining scene **Rev. Legend:** LOBE DEN, DER IHN GEMACHT HAT. SYR. C. 43. **Rev. Inscription:** DIE GRVBE / REGENBOGEN / KAM WIED: IN AVSB. / IM Q: LVCI/E date / I.B.H **Note:** Dav. #2101.

Date	Mintage	F	VF	XF	Unc	BU
1745 IBH	—	300	600	1,250	2,250	—
1748 IBH	—	300	600	1,250	2,250	—
1749 IBH	—	300	600	1,250	2,250	—
1752 IBH	—	300	600	1,250	2,250	—

KM# 293 THALER
Silver **Ruler:** George II August **Subject:** Lautenthal's Luck Mine **Obv:** Crowned quartered arms on ornate shield **Obv. Legend:** GEORG • II • D • G • M • BRIT • FR • & H • REX • F • D • BR • & L • DVX • S • R • I • A • TH • EL • * **Rev:** Lute player in front of mining scene **Rev. Legend:** TV QVONDAM ABIECTAM REDDIS DEVS ALME SONORAM **Rev. Inscription:** DIE GRVBE / LAVTENTHALS GLVCK / KAM IN AVSBEVT / IM QV: REM 1685 / I.B.H. **Note:** Dav. #2099.

Date	Mintage	F	VF	XF	Unc	BU
1745 IBH	—	300	600	1,250	2,250	—
1749 IBH	—	300	600	1,250	2,250	—
1752 IBH	—	300	600	1,250	2,250	—
1756 IBH	—	300	600	1,250	2,250	—

KM# 312 THALER
Silver **Ruler:** George II August **Subject:** Bliefeld Mine **Obv:** Crowned quartered arms on ornate shield **Obv. Legend:** GEORG • II • D • G • M • BRIT • FR • & H • REX • F • D • BR • & L • DVX • S • R • I • A • TH • & EL • * **Rev:** Clouds above mining scene with column at center **Rev. Legend:** REDEVNT SATVRNIA REGNA **Rev. Inscription:** DIE GRVBE / H: AVG: FRIED: BLEYFELD: / KAM WIED: IN AVSB: / IM QV: REM: date / I.B.H. **Note:** Dav. #2102.

Date	Mintage	F	VF	XF	Unc	BU
1750 IBH	—	250	500	950	1,650	—
1752 IBH	—	250	500	950	1,650	—

KM# 291 THALER
Silver **Ruler:** George II August **Subject:** White Swan Mine **Obv:** Crowned quartered arms in ornate frame **Obv. Legend:** GEORG • II • D • G • M • BRIT • FR • & H • REX • F • D • BR • & L • DVX • S • R • I • A • TH • & EL • * **Rev:** Swan on lake amid hills, clouds above **Rev. Legend:** CANDIDVS HAEC PROFERT MONTANVS PRAEMIA CYGNVS, below in 5 lines: DIE GRVBE/WEISSER SCHWAN/KAM IN AVSBEVT/IM Q: LVCIAE 1732/I.B.H. **Note:** Mining Thaler. Dav. #2097.

Date	Mintage	F	VF	XF	Unc	BU
1744 IBH	—	250	500	900	1,750	—
1745 IBH	—	250	500	900	1,750	—
1748 IBH	—	250	500	900	1,750	—
1749 IBH	—	250	500	900	1,750	—
1750 IBH	—	250	500	900	1,750	—
1752 IBH	—	250	500	900	1,750	—
1756 IBH	—	250	500	900	1,750	—

KM# 294 THALER
Silver **Ruler:** George II August **Subject:** Goodness of the Lord Mine **Obv:** Crowned quartered arms within ornate shield **Obv. Legend:** GEORG • II • D • G • M • BRIT • FR • & H • REX • F • D • BR • & L • DVX • S • R • I • A • TH • & EL • * **Rev:** Mining scene with mountains and shining sun **Rev. Legend:** DIE ERDE IST VOLL GVTE DES HERRN **Rev. Inscription:** DIE GRVBE / GVTE DES HERRN / KAM IN AVSBEVT / IM QV: REM: 1740 / I.B.H. **Note:** Dav. #2100.

Date	Mintage	F	VF	XF	Unc	BU
1745 IBH	—	350	700	1,350	2,500	—
1749 IBH	—	350	700	1,350	2,500	—
1756 IBH	—	350	700	1,350	2,500	—

KM# 194.2 THALER
Silver **Ruler:** George II August **Obv:** Smaller crowned shield within continuous legend **Obv. Legend:** GEORG.II.D.G.M.B... **Rev:** Rosettes at sides of date **Rev. Legend:** NEC ASPERA TERRENT **Note:** Dav. #2086A.

Date	Mintage	F	VF	XF	Unc	BU
1751 C	—	90.00	170	375	850	—
1752 C	—	90.00	170	375	850	—
1753 IWS	—	90.00	170	375	850	—
1754 IWS	—	90.00	170	375	850	—
1755 IWS	—	90.00	170	375	850	—
1756 IWS	—	90.00	170	375	850	—
1757 IWS	—	90.00	170	375	850	—
1758 IWS	—	90.00	170	375	850	—

Note: Edge inscription varieties exist

Date	Mintage	F	VF	XF	Unc	BU
1759 IWS	—	90.00	170	375	850	—
1760 IWS	—	90.00	170	375	850	—

Note: Edge inscription varieties exist

BRUNSWICK-LUNEBERG-CALENBERG-HANNOVER — GERMAN STATES

Legend: GEORG • III • D • G • M • BRIT • FR • & • HIB • REX • F • D • **Rev:** St. Andrew with cross **Rev. Legend:** BR • & • LUN • DUX - S • - R • I • - A • TH • & • EL • **Note:** Dav. #2104.

Date	Mintage	F	VF	XF	Unc	BU
1761 IWS	—	90.00	170	375	850	—
1762 IWS	—	90.00	170	375	850	—
1763 IWS	—	90.00	170	375	850	—
1764 IWS	—	90.00	170	375	850	—
1765 IWS	—	90.00	170	375	850	—
1766 IWS	—	90.00	170	375	850	—
1767 IWS	—	90.00	170	375	850	—
1768 IWS	—	90.00	170	375	850	—
1769 IWS	—	90.00	170	375	850	—
1770 IWS	—	90.00	170	375	850	—
1771 IWS	—	90.00	170	375	850	—
1772 IWS	—	90.00	170	375	850	—
1773 IWS	—	90.00	170	375	850	—

KM# 354 THALER

Silver **Ruler:** George III **Rev:** Wildman and tree **Note:** Dav. #2105.

Date	Mintage	F	VF	XF	Unc	BU
1763 IAP	—	750	1,250	2,750	—	—
1764 IAP	—	750	1,250	2,750	—	—
1765 IAP	—	750	1,250	2,750	—	—
1770 IAP	—	750	1,250	2,750	—	—
1774 LCR	—	750	1,250	2,750	—	—
1775 LCR	—	750	1,250	2,750	—	—
1776 LCR	—	750	1,250	2,750	—	—
1784 CES	—	750	1,250	2,750	—	—

KM# 231.2 THALER

Silver **Ruler:** George II August **Obv:** Large bust left **Obv. Legend:** GEORG • II • D • G • M • BRIT • FR • ET • H • REX • F • D • **Rev:** Crown divides date **Rev. Legend:** BRVNS • ET • LVN • DVX • S • R • I • A • TH • ET • EL •

Date	Mintage	F	VF	XF	Unc	BU
1751 C	—	275	550	1,200	2,500	—

KM# 367 THALER

Silver **Ruler:** George III **Subject:** George III **Obv:** Armored bust right **Obv. Legend:** GEORG • III • D • G • M • BR • FR • & • HIB • REX • F • D • **Rev:** Crowned quartered arms on ornate shield **Rev. Legend:** BRUNS • & • LUN • DUX • S • R • I • A • TH • & • ELECT **Note:** Dav. #2106.

Date	Mintage	F	VF	XF	Unc	BU
1773 IWS	—	375	750	1,500	2,500	—
1774 IWS	—	375	750	1,500	2,500	—
1776 IWS	—	375	750	1,500	2,500	—
1779 IWS	—	375	750	1,500	2,500	—
1780 IWS	—	375	750	1,500	2,500	—
1782 IWS	—	375	750	1,500	2,500	—
1784 IWS	—	375	750	1,500	2,500	—
1786 IWS	—	375	750	1,500	2,500	—
1791 .C.	—	375	750	1,500	2,500	—
1792 PLM	—	375	750	1,500	2,500	—
1794 PLM	—	375	750	1,500	2,500	—
1797 PLM	—	375	750	1,500	2,500	—

KM# 369 THALER

Silver **Ruler:** George III **Obv:** Supported arms **Rev:** GUTE DES HERRN Mine **Note:** Dav. #2110.

Date	Mintage	F	VF	XF	Unc	BU
1774 LCR	—	1,000	2,000	3,500	5,000	—

KM# 320 THALER

Silver **Ruler:** George II August **Subject:** King Karl Mine **Rev:** 2 crowned columns in mining scene **Note:** Dav. #2103.

Date	Mintage	F	VF	XF	Unc	BU
1752 IBH Rare	—	—	—	—	—	—

KM# 232.2 THALER

Silver **Ruler:** George III **Obv:** Crowned quartered arms **Obv. Legend:** GEORG • II • D • G • M • BRIT • FR • ET • HIB • REX • F • D • **Rev:** St. Andrew with cross **Rev. Legend:** BR • & • LUN • DUX • S • - R • - I • A • TH • & EL **Note:** Dav. #2089A.

Date	Mintage	F	VF	XF	Unc	BU
1760 IWS	—	90.00	170	375	825	—
1761 IWS	—	90.00	170	375	825	—
1763 IWS	—	90.00	170	375	825	—

KM# 353 THALER

Silver **Ruler:** George III **Subject:** Lautenthal Mine **Obv:** Crowned quartered arms on ornate shield **Obv. Legend:** GEORG • III • D • G • M • BRIT • FR • & H • REX • S • R • I • A • TH • & EL * **Rev:** Lute player in front of mines **Rev. Legend:** TV QVONDAM ABIECTAM REDDIS DEVS ALME SONORAM **Rev. Inscription:** DIE GRVBE / LAVTENTHALS GLVCK / KAM IN AVSBEVT / IM QV: REM: date / I.A.P. **Note:** Dav. #2108.

Date	Mintage	F	VF	XF	Unc	BU
1763 IAP	—	275	600	1,150	2,000	—

KM# 372 THALER

Silver **Ruler:** George III **Obv:** Laureate draped bust right **Obv. Legend:** GEORG • III • D • G • M • BRIT • FR • & HIB • REX • F • D • **Rev:** Crowned arms within Order chain with supporters **Rev. Legend:** BRUNS • & • LUN • DUX • S • R • I • A • TH • & • ELECT **Note:** Dav. #2107.

Date	Mintage	F	VF	XF	Unc	BU
1777 IWS	—	375	750	1,500	2,500	—
1778 IWS	—	375	750	1,500	2,500	—

KM# 357 THALER

Silver **Ruler:** George III **Subject:** Segen Gottes Mine **Obv:** Crowned quartered arms on ornate shield **Obv. Legend:** GEORG • III • D • G • M • BRIT • FR • & H • REX • F • D • BR • & L • DVX • S • R • I • A • TH • & EL * **Rev:** View of mine **Rev. Legend:** AN GOTTES SEGEN IST ALLES GELEGEN **Rev. Inscription:** DIE GRVBE / SEGEN GOTTES / KAM IN AVSBEVT / IM Q: CRVC: date / I.A.P. **Note:** Dav. #2109.

Date	Mintage	F	VF	XF	Unc	BU
1765 IAP	—	285	650	1,350	3,000	—

KM# 327 5 THALER

6.6500 g., 0.9000 Gold 0.1924 oz. AGW **Ruler:** George II August **Obv:** Crowned quartered arms on ornate shield **Obv. Legend:** GEORG • II • D • G • M • B • F • ET • H • REX F • D • **Rev:** Value and date **Rev. Legend:** BRUNS • ET LUN • DUX S • R • I • A • H • ET ELECT • •

Date	Mintage	VG	F	VF	XF	Unc
1758 IAS	—	400	950	1,600	3,000	—

KM# 343 THALER

Silver **Ruler:** George III **Obv:** Crowned quartered arms **Obv.**

GERMAN STATES — BRUNSWICK-LUNEBERG-CALENBERG-HANNOVER

KM# 361 5 THALER
6.6500 g., 0.9000 Gold 0.1924 oz. AGW **Ruler:** George III
Subject: George III Obv: Head right **Rev:** Crowned quartered arms on ornate shield

Date	Mintage	F	VF	XF	Unc	BU
1768 C.	—	1,500	2,750	5,400	7,800	—

KM# 383 5 THALER
6.6500 g., 0.9000 Gold 0.1924 oz. AGW **Ruler:** George III

Date	Mintage	F	VF	XF	Unc	BU
1783	—	1,750	3,000	6,000	9,000	—

TRADE COINAGE

KM# 324 1/4 GOLDGULDEN (1/2 Thaler)
0.8750 g., 0.9860 Gold 0.0277 oz. AGW **Ruler:** George II August **Obv:** Laureate head left **Rev:** Value inside border legend, date at top

Date	Mintage	VG	F	VF	XF	Unc
1754 S	—	100	150	225	500	—
1756 S	—	100	150	225	500	—
1757 S	—	100	150	225	500	—

KM# 300 1/2 GOLDGULDEN (Thaler)
1.7500 g., 0.9860 Gold 0.0555 oz. AGW **Ruler:** George II August **Obv:** Laureate head left **Rev:** Value inside border legend, date at top

Date	Mintage	VG	F	VF	XF	Unc
1749 S	—	125	200	325	775	—
1750 S	—	125	200	325	775	—
1754 S	—	125	200	325	775	—
1754 IAS	—	125	200	325	775	—
1756 S	—	125	200	325	775	—

KM# 301 GOLDGULDEN (2 Thaler)
3.5000 g., 0.9860 Gold 0.1109 oz. AGW **Ruler:** George II August **Obv:** Head left **Rev:** Value and date

Date	Mintage	VG	F	VF	XF	Unc
1749 S	—	150	275	450	1,000	—
1750 S	—	150	275	450	1,000	—
1750 IAS	—	150	275	450	1,000	—
1751 S	—	150	275	450	1,000	—
1751 IAS	—	150	275	450	1,000	—
1752 S	—	150	275	450	1,000	—
1753 IAS	—	150	275	450	1,000	—
1754 IAS	—	150	275	450	1,000	—

KM# 315 GOLDGULDEN (2 Thaler)
3.5000 g., 0.9860 Gold 0.1109 oz. AGW **Ruler:** George II August **Obv:** Crowned quartered arms in baroque shield **Rev:** Value and date

Date	Mintage	VG	F	VF	XF	Unc
1751 S	—	150	275	450	1,050	—
1752 S	—	150	275	450	1,050	—
1752 IAS	—	150	275	450	1,050	—
1753 IAS	—	150	275	450	1,050	—
1754 S	—	150	275	450	1,050	—
1754 IAS	—	150	275	450	1,050	—
1755 S	—	150	275	450	1,050	—
1755 IAS	—	150	275	450	1,050	—
1756 IAS	—	150	275	450	1,050	—

KM# 322 GOLDGULDEN (2 Thaler)
3.5000 g., 0.9860 Gold 0.1109 oz. AGW **Ruler:** George II August **Obv:** Plainer shield with scalloped sides **Rev:** Value and date

Date	Mintage	VG	F	VF	XF	Unc
1753	—	125	250	400	875	—
1754 IAS	—	125	250	400	875	—
1755	—	125	250	400	875	—
1756	—	125	250	400	875	—

KM# 302 2 GOLDGULDEN (4 Thaler)
7.0000 g., 0.9860 Gold 0.2219 oz. AGW **Ruler:** George II August **Obv:** Head left **Rev:** Value and date

Date	Mintage	VG	F	VF	XF	Unc
1749 S	—	175	300	475	1,100	—
1750 IAS	—	175	300	475	1,100	—
1750 S	—	175	300	475	1,100	—
1751 IAS	—	175	300	475	1,100	—
1752 IAS	—	175	300	475	1,100	—
1753 IAS	—	175	300	475	1,100	—
1754 IAS	—	175	300	475	1,100	—

KM# 303 2 GOLDGULDEN (4 Thaler)
7.0000 g., 0.9860 Gold 0.2219 oz. AGW **Ruler:** George II August **Obv:** Crowned quartered arms **Rev:** Value and date

Date	Mintage	VG	F	VF	XF	Unc
1749 S	—	185	325	500	1,150	—
1750 S	—	185	325	500	1,150	—
1750 IAS	—	185	325	500	1,150	—
1751 IAS	—	185	325	500	1,150	—
1752 IAS	—	185	325	500	1,150	—
1753 IAS	—	185	325	500	1,150	—
1754 IAS	—	185	325	500	1,150	—
1755 IAS	—	185	325	500	1,150	—

KM# 304 4 GOLDGULDEN (8 Thaler)
14.0000 g., 0.9860 Gold 0.4438 oz. AGW **Ruler:** George II August **Obv:** Draped bust left **Rev:** Value and date

Date	Mintage	VG	F	VF	XF	Unc
1749 IAS	—	500	1,000	1,650	3,200	—
1750 IAS	—	500	1,000	1,650	3,200	—
1751 IAS	—	500	1,000	1,650	3,200	—
1752 IAS	—	500	1,000	1,650	3,200	—

KM# 313 4 GOLDGULDEN (8 Thaler)
14.0000 g., 0.9860 Gold 0.4438 oz. AGW **Ruler:** George II August **Obv:** Head left **Rev:** Value and date

Date	Mintage	VG	F	VF	XF	Unc
1750 IAS Rare	—	—	—	—	—	—

KM# 165 1/4 DUCAT
0.8750 g., 0.9860 Gold 0.0277 oz. AGW **Ruler:** George Ludwig **Obv:** Head right **Rev:** Horse left

Date	Mintage	VG	F	VF	XF	Unc
1724 B	—	125	225	550	1,600	—

KM# 234 1/4 DUCAT
0.8750 g., 0.9860 Gold 0.0277 oz. AGW **Ruler:** George II August **Obv:** Crowned monogram **Rev:** Horse left

Date	Mintage	VG	F	VF	XF	Unc
1730	—	100	200	400	1,200	—

KM# 258 1/4 DUCAT
0.8750 g., 0.9860 Gold 0.0277 oz. AGW **Ruler:** George II August **Obv:** Head left **Rev:** Horse left

Date	Mintage	VG	F	VF	XF	Unc
1737 S	—	100	200	500	1,300	—

KM# 259 1/4 DUCAT
0.8750 g., 0.9860 Gold 0.0277 oz. AGW **Ruler:** George II August **Rev:** Crowned arms

Date	Mintage	VG	F	VF	XF	Unc
1737	—	100	200	500	1,300	—

KM# 142 1/2 DUCAT
1.7500 g., 0.9860 Gold 0.0555 oz. AGW **Ruler:** George Ludwig **Obv:** Head right **Rev:** 4 crowned arms in cruciform, date divided at top

Date	Mintage	VG	F	VF	XF	Unc
1718	—	150	250	475	1,000	—

KM# 166 1/2 DUCAT
1.7500 g., 0.9860 Gold 0.0555 oz. AGW **Ruler:** George Ludwig **Obv:** Laureate bust of George I right, Bust of George Wilhelm right

Date	Mintage	VG	F	VF	XF	Unc
1724	—	100	200	350	850	—

KM# 235 1/2 DUCAT
1.7500 g., 0.9860 Gold 0.0555 oz. AGW **Ruler:** George II August **Obv:** Laureate bust left **Rev:** Crowned arms, crown divides date

Date	Mintage	VG	F	VF	XF	Unc
1730 S	—	100	150	300	725	—
1734 S	—	100	150	300	725	—
1737	—	100	150	300	725	—

KM# 21 DUCAT
3.5000 g., 0.9860 Gold 0.1109 oz. AGW **Ruler:** George Ludwig **Obv:** Crowned arms **Rev:** Horse leaping left

Date	Mintage	VG	F	VF	XF	Unc
1701 HB	—	600	1,050	2,000	3,750	—
1705 HB	—	600	1,050	2,000	3,750	—
1709	—	600	1,050	2,000	3,750	—
1712	—	600	1,050	2,000	3,750	—
1714	—	600	1,050	2,000	3,750	—

KM# 61 DUCAT
3.5000 g., 0.9860 Gold 0.1109 oz. AGW **Ruler:** George Ludwig **Subject:** Gold from Harz Mines **Obv:** Crowned arms **Rev:** AURB HERC added in exergue

Date	Mintage	VG	F	VF	XF	Unc
1710 HB	—	350	650	1,200	2,500	—
1713	—	350	650	1,200	2,500	—
1714	—	350	650	1,200	2,500	—
1715	—	350	650	1,200	2,500	—

BRUNSWICK-LUNEBERG-CALENBERG-HANNOVER GERMAN STATES 349

KM# 81 DUCAT
3.5000 g., 0.9860 Gold 0.1109 oz. AGW **Ruler:** George Ludwig **Obv:** Head right **Rev:** Crowned complex arms

Date	Mintage	VG	F	VF	XF	Unc
1712 HCB	—	300	525	1,000	2,200	—
1714 HCB	—	300	525	1,000	2,200	—
1715 HCB	—	300	525	1,000	2,200	—
1716 HCB	—	300	525	1,000	2,200	—
1717 B	—	300	525	1,000	2,200	—
1721 B	—	300	525	1,000	2,200	—
1723	—	300	525	1,000	2,200	—

KM# 82 DUCAT
3.5000 g., 0.9860 Gold 0.1109 oz. AGW **Ruler:** George Ludwig **Subject:** Gold from Harz Mines **Rev:** AURB. HERC added to legend

Date	Mintage	VG	F	VF	XF	Unc
1712 HCB	—	350	650	1,200	2,500	—
1713 HCB	—	350	650	1,200	2,500	—
1714 HCB	—	350	650	1,200	2,500	—

KM# 89 DUCAT
3.5000 g., 0.9860 Gold 0.1109 oz. AGW **Ruler:** George Ludwig **Obv:** Laureate head right

Date	Mintage	VG	F	VF	XF	Unc
1713 HCB	—	300	525	1,000	2,200	—

KM# 98 DUCAT
3.5000 g., 0.9860 Gold 0.1109 oz. AGW **Ruler:** George Ludwig **Obv:** Crowned arms with imperial crown in central shield **Rev:** Horse leaping left, date in legend

Date	Mintage	VG	F	VF	XF	Unc
1714 HCB	—	—	—	—	—	—

KM# 102.1 DUCAT
3.5000 g., 0.9860 Gold 0.1109 oz. AGW **Ruler:** George Ludwig **Obv:** Large bust right **Rev:** Crowned shields in cruciform, sceptres at angles

Date	Mintage	VG	F	VF	XF	Unc
1715 HCB	—	200	325	650	1,500	—
1716 HCB	—	200	325	650	1,500	—

KM# 103 DUCAT
3.5000 g., 0.9860 Gold 0.1109 oz. AGW **Ruler:** George Ludwig **Subject:** Gold from Harz Mines **Obv:** AURB. HERC added below bust **Rev:** Crowned shields in cruciform, sceptres in angles

Date	Mintage	VG	F	VF	XF	Unc
1715 HCB	—	350	650	1,200	2,500	—
1716 HCB	—	350	650	1,200	2,500	—
1717 B	—	350	650	1,200	2,500	—
1723 B	—	350	650	1,200	2,500	—
1727 S	—	350	650	1,200	2,500	—

KM# 102.2 DUCAT
3.5000 g., 0.9860 Gold 0.1109 oz. AGW **Ruler:** George Ludwig **Obv:** Small bust right **Rev:** Crowned shields in cruciform, sceptres in angles

Date	Mintage	VG	F	VF	XF	Unc
1717 B	—	200	325	650	1,500	—
1720 B	—	200	325	650	1,500	—
1721 B	—	200	325	650	1,500	—
1724 B	—	200	325	650	1,500	—
1727 S	—	200	325	650	1,500	—

KM# 171 DUCAT
3.5000 g., 0.9860 Gold 0.1109 oz. AGW **Ruler:** George Ludwig **Obv:** Cruciform arms with garter, star in center date divided at top **Rev:** Wildman with tree

Date	Mintage	VG	F	VF	XF	Unc
1725 EPH	—	350	650	1,200	2,500	—
1726 EPH	—	350	650	1,200	2,500	—

KM# 198 DUCAT
3.5000 g., 0.9860 Gold 0.1109 oz. AGW **Ruler:** George Ludwig **Subject:** Gold from Harz Mines **Obv:** 4 crowned shields in cruciform, star in center **Rev:** Rearing horse, AUR. HERC. added to legend

Date	Mintage	VG	F	VF	XF	Unc
1727 S	—	300	550	1,150	2,500	—

KM# 203 DUCAT
3.5000 g., 0.9860 Gold 0.1109 oz. AGW **Ruler:** George II August **Obv:** 4 crowned shields in cruciform, star in center **Rev:** Horse left

Date	Mintage	VG	F	VF	XF	Unc
1728 S	—	300	525	1,000	2,200	—
1730 S	—	300	525	1,000	2,200	—

KM# 209 DUCAT
3.5000 g., 0.9860 Gold 0.1109 oz. AGW **Ruler:** George II August **Subject:** Gold from Harz Mines **Obv:** Laureate bust left, AUR. HERC below **Rev:** Cruciform arms with scepters in angles, date divided

Date	Mintage	VG	F	VF	XF	Unc
1729 S	—	300	550	1,150	2,500	—

KM# 210 DUCAT
3.5000 g., 0.9860 Gold 0.1109 oz. AGW **Ruler:** George II August **Subject:** Harzgold **Rev. Legend:** EX. AUR. HERC

Date	Mintage	VG	F	VF	XF	Unc
1729 S	—	300	550	1,150	2,300	—

KM# 236 DUCAT
3.5000 g., 0.9860 Gold 0.1109 oz. AGW **Ruler:** George II August **Obv:** Head left **Rev:** Crowned quartered arms

Date	Mintage	VG	F	VF	XF	Unc
1730 S	—	300	525	1,000	2,200	—
1732 S	—	300	525	1,000	2,200	—

KM# 237 DUCAT
3.5000 g., 0.9860 Gold 0.1109 oz. AGW **Ruler:** George II August **Obv:** Crowned quartered arms **Rev:** Horse left, date below

Date	Mintage	VG	F	VF	XF	Unc
1730 S	—	200	325	650	1,500	—
1732 S	—	200	325	650	1,500	—
1733 S	—	200	325	650	1,500	—
1737 S	—	200	325	650	1,500	—

KM# 238 DUCAT
3.5000 g., 0.9860 Gold 0.1109 oz. AGW **Ruler:** George II August **Subject:** Gold from Harz Mines **Obv:** Crowned quartered arms **Rev:** Date in Arabic numerals **Rev. Legend:** AUR. HERC

Date	Mintage	VG	F	VF	XF	Unc
1730 S	—	300	550	1,100	2,250	—
1735 S	—	300	550	1,100	2,250	—
1736 S	—	300	550	1,100	2,250	—
1737 S	—	300	550	1,100	2,250	—
1739 S	—	300	550	1,100	2,250	—
1741 S	—	300	550	1,100	2,250	—
1746 S	—	300	550	1,100	2,250	—
1750 S	—	300	550	1,100	2,250	—
1756 IBH	—	300	550	1,100	2,250	—

KM# 289 DUCAT
3.5000 g., 0.9860 Gold 0.1109 oz. AGW **Ruler:** George II August **Rev. Legend:** EX. AUR. HERC. INF

Date	Mintage	VG	F	VF	XF	Unc
1743 S	—	300	525	1,000	2,200	—
1748 S	—	300	525	1,000	2,200	—

KM# 299 DUCAT
3.5000 g., 0.9860 Gold 0.1109 oz. AGW **Ruler:** George II August **Obv:** Bust left **Rev:** Crowned quartered arms, date **Rev. Legend:** AUR. HERC

Date	Mintage	VG	F	VF	XF	Unc
1747 S	—	400	650	1,200	2,500	—

KM# 316 DUCAT
3.5000 g., 0.9860 Gold 0.1109 oz. AGW **Ruler:** George II August **Obv:** Head left **Rev:** Value and date

Date	Mintage	VG	F	VF	XF	Unc
1751 IAS	—	250	500	1,000	2,200	—

KM# 317 DUCAT
3.5000 g., 0.9860 Gold 0.1109 oz. AGW **Ruler:** George II August **Obv:** Horse left **Rev:** Value, date

Date	Mintage	VG	F	VF	XF	Unc
1751 IAS	—	400	650	1,200	2,500	—

KM# 318 DUCAT
3.5000 g., 0.9860 Gold 0.1109 oz. AGW **Ruler:** George II August **Subject:** Gold from Harz Mines **Obv:** Legend in exergue **Obv. Legend:** EX AURO HERC

Date	Mintage	VG	F	VF	XF	Unc
1751 IAS	—	400	650	1,200	2,500	—

KM# 325 DUCAT
3.5000 g., 0.9860 Gold 0.1109 oz. AGW **Ruler:** George II August **Subject:** Gold from Harz Mines **Obv:** Crowned quartered arms **Rev:** Date in Roman numerals **Rev. Legend:** EX. AUR. HERCIN

Date	Mintage	VG	F	VF	XF	Unc
1755 IBH	—	300	525	1,000	2,200	—

KM# 359 DUCAT
3.5000 g., 0.9860 Gold 0.1109 oz. AGW **Ruler:** George III **Obv:** Crowned quartered arms **Rev:** Legend is below horse **Rev. Legend:** EX AURO HERC

Date	Mintage	F	VF	XF	Unc	BU
1767 IAP	—	300	550	1,000	2,000	—
1774 LCR	—	300	550	1,000	2,000	—
1776 LCR	—	300	550	1,000	2,000	—
1780 CES	—	300	550	1,000	2,000	—
1783 CES	—	300	550	1,000	2,000	—
1785 CES	—	300	550	1,000	2,000	—
1789 .C.	—	300	550	1,000	2,000	—

KM# 396 DUCAT
3.5000 g., 0.9860 Gold 0.1109 oz. AGW **Ruler:** George III **Obv:** Crowned quartered arms **Rev:** Horse left

Date	Mintage	F	VF	XF	Unc	BU
1791 .C.	—	300	550	1,000	2,000	—
1793 PLM	—	300	550	1,000	2,000	—
1795 PLM	—	300	550	1,000	2,000	—
1796 PLM	—	300	550	1,000	2,000	—
1797 PLM	—	200	450	900	1,850	—
1798 PLM	—	200	450	900	1,850	—
1799 PLM	—	200	450	900	1,850	—
1800 PLM	—	200	450	900	1,850	—

KM# 115 2 DUCAT
7.0000 g., 0.9860 Gold 0.2219 oz. AGW **Ruler:** George Ludwig **Obv:** Crowned arms **Rev:** Rearing horse, date in exergue

Date	Mintage	VG	F	VF	XF	Unc
1707 HB	—	450	1,000	2,250	6,000	—

KM# 90 2 DUCAT
7.0000 g., 0.9860 Gold 0.2219 oz. AGW **Ruler:** George Ludwig **Obv:** Bust right, titles of Imperial Treasurer added **Rev:** Horse leaping left

Date	Mintage	VG	F	VF	XF	Unc
1713 HCB	—	—	—	—	—	—

KM# 199 2 DUCAT
7.0000 g., 0.9860 Gold 0.2219 oz. AGW **Ruler:** George Ludwig **Subject:** Death of George I Ludwig **Rev:** 5-line inscription

Date	Mintage	VG	F	VF	XF	Unc
1727 CPS	—	800	1,650	3,000	6,500	—

KM# 200 4 DUCAT
14.0000 g., 0.9860 Gold 0.4438 oz. AGW **Ruler:** George II August **Subject:** Death of George I Ludwig **Obv:** Laureate bust of George I right **Rev:** 5-line inscription

Date	Mintage	VG	F	VF	XF	Unc
1727 CPS Rare	—	—	—	—	—	—

PATTERNS

Including off metal strikes

KM#	Date	Mintage	Identification	Mkt Val
Pn1	1726 EPH	—	Pfenning. Gold. KM#164.	1,450
Pn2	1726	—	Pfenning. Gold. KM#167.	1,250
Pn3	1729	—	Pfenning. Gold. KM#205.	1,950
Pn4	1730 S	—	Pfenning. Gold. KM#205.	1,950

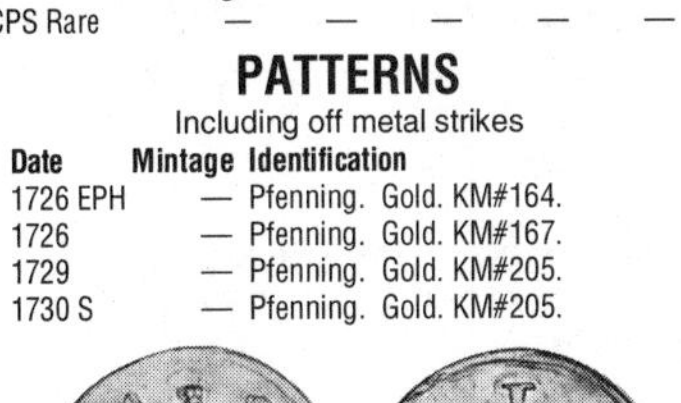

KM#	Date	Mintage	Identification	Mkt Val
Pn5	1732 S	—	Pfenning. Gold. KM#205.	1,850
Pn6	1732 CPS	—	Pfenning. Gold. KM#215.	1,650

GERMAN STATES

BRUNSWICK-LUNEBERG-CALENBERG-HANNOVER

KM#	Date	Mintage	Identification	Mkt Val
Pn7	1732 IAB	—	Pfenning. Gold. KM#215.	1,250
Pn8	1734 IAB	—	Pfenning. Gold. KM#215.	1,200
Pn9	1737 S	—	Pfenning. Gold. KM#205.	1,850
Pn10	ND	—	Pfenning. Gold. KM#205.	600
Pn11	1737 CPS	—	Pfenning. Gold. KM#215.	1,750
Pn12	1739 IBH	—	Pfenning. Gold. KM#215.	1,750
Pn13	1746 IBH	—	Pfenning. Gold. KM#215.	1,750
Pn14	1750 CPS	—	Pfenning. Gold. KM#215.	1,850
Pn15	1750 IBH	—	Pfenning. Gold. KM#215.	1,750
Pn16	ND CPS	—	Pfenning. Gold. KM#215.	1,750
Pn17	1753 IWS	—	Pfenning. Silver. KM#204.1.	—
Pn18	1753 IAS	—	1/2 Thaler. Gold.	—
Pn19	ND	—	2 Goldgulden. Silver. KM#302.	—

KM# 338.1 MARIENGROSCHEN

Silver **Ruler:** Georg II Wilhelm **Obv:** Value in 4 lines, date **Obv. Legend:** F: BR: L: LANDTMUNTZ **Rev:** Madonna and child

Date	Mintage	VG	F	VF	XF	Unc
1703 III	—	10.00	30.00	55.00	100	—

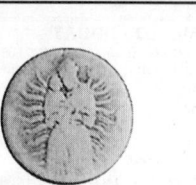

KM# 338.2 MARIENGROSCHEN

Silver **Ruler:** Georg II Wilhelm **Obv:** Value 1/MARIEN/GROS:, date, HB in inner circle **Obv. Legend:** C. F. BR. LUN. LANDTMUNTZ **Rev:** Madonna and child

Date	Mintage	VG	F	VF	XF	Unc
1706 HB	—	15.00	35.00	65.00	125	—

KM# 349 1/24 THALER (Groschen)

Silver **Ruler:** Georg II Wilhelm **Obv:** Latin titles and date below horse **Rev:** Imperial orb with 24

Date	Mintage	VG	F	VF	XF	Unc
1702 iii	—	11.00	22.00	45.00	90.00	—
1702 JJJ	—	11.00	22.00	45.00	90.00	—
1703 iii	—	11.00	22.00	45.00	90.00	—
1703 JJJ	—	11.00	22.00	45.00	90.00	—

KM# 368 1/4 THALER

Silver **Ruler:** Georg II Wilhelm **Subject:** Death of Georg II Wilhelm **Obv:** Bust right **Rev:** 10-line inscription with date

Date	Mintage	VG	F	VF	XF	Unc
1705	—	—	200	400	825	—

KM# 369 1/2 THALER

Silver **Ruler:** Georg II Wilhelm **Subject:** Death of Georg II Wilhelm **Obv:** Armored bust right **Obv. Legend:** GEORG: WILH: - D: G: D: BR: ET L: **Rev:** Inscription in 11 lines

Date	Mintage	VG	F	VF	XF	Unc
1705	—	—	300	450	825	—

BRUNSWICK-LUNEBURG-CELLE

This division of Brunswick-Lüneburg, centered in Celle (Zelle), about 20 miles northeast of the city of Hannover, was founded in 1521. The last duke died in 1705 and Celle passed to Brunswick-Lüneburg-Calenberg-Hannover.

RULERS
Georg II Wilhelm, 1665-1705

MINT MARKS
N - Nienburg Mint
*** - Zellerfeld Mint, 1698-1715

MINT OFFICIALS' INITIALS

Initials	Date	Name
HB	1675-1711	Heinrich Bonhorst in Clausthal
Iii/III/JJJ	1687-1705	Jobst Jakob Janisch in Celle

REFERENCE:
W = Gerhard Welter, *Die Münzen der Welfen seit Heinrich dem Löwen*, 3 v., Braunschweig: Klinkhardt & Biermann, 1971-78.

DUCHY

REGULAR COINAGE

KM# 360 PFENNIG

Copper **Ruler:** Georg II Wilhelm **Obv:** Horse leaping left in wreath, crowned GW; Similar to KM#318, but crowned GW monogram on horse's flank **Rev:** Value in 4 lines

Date	Mintage	VG	F	VF	XF	Unc
1701	—	3.00	6.00	12.00	25.00	—
1702	—	3.00	6.00	12.00	25.00	—
1703	—	3.00	6.00	12.00	25.00	—

KM# 361 PFENNIG

Copper **Ruler:** Georg II Wilhelm **Obv:** Horse left **Rev:** Date below value

Date	Mintage	VG	F	VF	XF	Unc
1701	—	4.00	8.00	15.00	30.00	—

KM# 363 PFENNIG

Copper **Ruler:** Georg II Wilhelm **Obv:** Horse leaping left **Rev:** Horse leaping right, without value **Rev. Legend:** FIDE. PUBLICA ...

Date	Mintage	VG	F	VF	XF	Unc
1703	—	4.00	8.00	15.00	30.00	—

KM# 366 PFENNIG

Copper **Ruler:** Georg II Wilhelm **Obv:** Horse leaping left **Rev:** Value, date in 3 lines

Date	Mintage	VG	F	VF	XF	Unc
1705	—	5.00	9.00	17.00	35.00	—

KM# 362 1-1/2 PFENNIG

Copper **Ruler:** Georg II Wilhelm **Obv:** Horse leaping left, no monogram above right **Obv. Legend:** G. W. D. G. D. B. & L. **Rev:** Value in 4 lines

Date	Mintage	VG	F	VF	XF	Unc
1701	—	5.00	10.00	17.00	35.00	—
1702	—	5.00	10.00	17.00	35.00	—
1703	—	5.00	10.00	17.00	35.00	—

KM# 329 3 PFENNIG

Silver **Ruler:** Georg II Wilhelm **Obv:** Crowned GW monogram divides date **Rev:** Imperial orb with 3

Date	Mintage	VG	F	VF	XF	Unc
1703 iiii	—	10.00	20.00	42.00	85.00	—

KM# 322 2 MARIENGROSCHEN

Silver **Ruler:** Georg II Wilhelm **Obv:** Crowned GW monogram, date in legend **Rev:** Value in 4 lines

Date	Mintage	VG	F	VF	XF	Unc
1702 JJJ	—	13.00	30.00	55.00	100	—
1703 JJJ	—	13.00	30.00	55.00	100	—

KM# 364 4 MARIENGROSCHEN

Silver **Ruler:** Georg II Wilhelm **Obv:** Horse leaping left **Rev:** Value

Date	Mintage	VG	F	VF	XF	Unc
1703 III	—	27.00	55.00	110	225	—
1703 iii	—	27.00	55.00	110	225	—
1704 III	—	27.00	55.00	110	225	—
1704 iii	—	27.00	55.00	110	225	—
1704 JJJ	—	27.00	55.00	110	225	—

KM# 367 HALB REICHSORT (1/8 Thaler)

Silver **Ruler:** Georg II Wilhelm **Subject:** Death of Georg II Wilhelm **Obv:** Armored bust right **Obv. Legend:** GEORG: WILH: - D: G: D: BR: ET L: **Rev:** Inscription in 8 lines

Date	Mintage	VG	F	VF	XF	Unc
1705	—	90.00	165	325	675	—

KM# 323 1/4 THALER (1/2 Groschen)

Silver **Ruler:** Georg II Wilhelm **Obv:** Crowned GW monogram **Rev:** Value, date **Rev. Legend:** F: BR. LANTMUNTZ

Date	Mintage	VG	F	VF	XF	Unc
1703	—	9.00	20.00	40.00	80.00	—
1703 iii	—	9.00	20.00	40.00	80.00	—
1704 iii	—	9.00	20.00	40.00	80.00	—

KM# 356 1/48 THALER (1/2 Groschen)

Silver **Ruler:** Georg II Wilhelm **Obv:** Monogram of ornate letters **Rev:** Value within orb

Date	Mintage	VG	F	VF	XF	Unc
1703	—	9.00	20.00	40.00	80.00	—
1704 iii	—	9.00	20.00	40.00	80.00	—

KM# 365 1/48 THALER (1/2 Groschen)

Silver **Ruler:** Georg II Wilhelm **Obv:** Crowned GW monogram, date below crown

Date	Mintage	VG	F	VF	XF	Unc
1704	—	9.00	18.00	37.00	75.00	—

KM# 370 THALER

Silver **Ruler:** Georg II Wilhelm **Subject:** Death of Georg Wilhelm **Obv:** Armored bust right **Obv. Legend:** GEORG: WILH: - D: G: D: BR: ET L: **Rev:** Inscription in 11 lines **Note:** Dav. #2056.

Date	Mintage	VG	F	VF	XF	Unc
1705	—	—	375	750	1,350	2,250

BRUNSWICK-WOLFENBUTTEL

(Braunschweig-Wolfenbüttel)

Located in north-central Germany. Wolfenbüttel was annexed to Brunswick in 1257. One of the five surviving sons of Albrecht II founded the first line in Wolfenbüttel in 1318. A further division in Wolfenbüttel and Lüneburg was undertaken in 1373. Another division occurred in 1495, but the Wolfenbüttel duchy survived in the younger line. Heinrich IX was forced out of his territory during the religious wars of the mid-sixteenth century by Duke Johann Friedrich I of Saxony and Landgrave Philipp of Hessen in 1542, but was restored to his possessions in 1547. Duke Friedrich Ulrich was forced to cede the Grubenhagen lands, which had been acquired by Wolfenbüttel in 1596, to Lüneburg in 1617. When the succession died out in 1634, the lands and titles fell to the cadet line in Dannenberg. The line became extinct once again and passed to Brunswick-Bevorn in 1735 from which a new succession of Wolfenbüttel dukes descended. The ducal family was beset by continual personal and political tragedy during the nineteenth century. Two of the dukes were killed in battles with Napoleon, the territories were occupied by the French and became part of the Kingdom of Westphalia, another duke was forced out by a revolt in 1823. From 1884 until 1913, Brunswick-Wolfenbüttel was governed by Prussia and then turned over to a younger prince of Brunswick who married a daughter of Kaiser Wilhelm II. His reign was short, however, as he was forced to abdicate at the end of World War I.

RULERS
Rudolf August, 1666-1704
Anton Ulrich, as joint ruler, 1685-1704
alone, 1704-1714
August Wilhelm, 1714-1731

BRUNSWICK-WOLFENBUTTEL

Ludwig Rudolph, 1731-1735
Ferdinand Albrecht II, 1735
Karl I, 1735-1780
Karl Wilhelm Ferdinand, 1780-1806

MINT OFFICIALS' INITIALS

Brunswick Mint

Initials	Date	Name
HCH	1689-1729	Heinrich Christoph Hille, mintmaster
IHT	1729-32	Hohann Heinrich Thiele, mintmaster
Bid, D	1732-42	Bernhard Julius Dedekind, mintmaster
EK	1742-50	Engelhard Johann Krull, mintmaster
M	1742-48	Mahrenholz, die-cutter
E	1750-66	Johann Christoph Ebeling, die-cutter
ACB	1751-59	Andreas Christoph Blechschmidt, mintmaster
IDB	1760-79	Johann David Biller, mintmaster
K	1766-1802	Christian Friedrich Krull, die-cutter
MC	1779-1806, Münz-Commission	
	1820	

Clausthal Mint

Initials	Date	Name
HB	1675-1711	Heinrich Bonhorst, mintmaster
CPS, S	1725-53	Christian Philipp Spangenberg

Goslar Mint

Initials	Date	Name
RB	1685-1704	Rudolf Bornemann, mintmaster

Zellerfeld Mint

Initials	Date	Name
RB	1676-1711	Rudolf Bornemann, mintmaster
***	1698-1715	Used in place of mintmasters' initials
C, star C star	1711-12,	Münz-Commission
	1719-23, 31	
HH	1712-19	Heinrich Horst, mintmaster
EPH	1723-31	Ernst Peter Hecht, mintmaster
IAB	1731-39	Johann Albrecht Brauns, mintmaster
IBH	1739-63	Johann Benjamin Hecht, mintmaster
CES, CS	1779-86	Christoph Engelhard Seidensticker, mintmaster

Miscellaneous

Initials	Date	Name
PHM	1650-1718	Philipp Heinrich Müller, goldsmith, die-cutter, medailleur in Nürnberg and Augsburg
GFN	1682-1724	Georg Friedrich Nürnberger, die-cutter, mintmaster in Nürnberg

REFERENCE

W = Gerhard Welter, *Die Münzen der Welfen seit Heinrich dem Löwen*, 3 v., Braunschweig: Klinkhardt & Biermann, 1971-78.

DUCHY

REGULAR COINAGE

Date	Mintage	VG	F	VF	XF	Unc
1704	—	6.00	12.00	25.00	50.00	—
1705	—	6.00	12.00	25.00	50.00	—
1706	—	6.00	12.00	25.00	50.00	—
1707	—	6.00	12.00	25.00	50.00	—
1708	—	6.00	12.00	25.00	50.00	—
1709	—	6.00	12.00	25.00	50.00	—
1710	—	6.00	12.00	25.00	50.00	—
1713	—	6.00	12.00	25.00	50.00	—

KM# 643 PFENNIG

Silver **Ruler:** Anton Ulrich **Obv:** Crowned cursive AU monogram divides date **Note:** Uniface

Date	Mintage	VG	F	VF	XF	Unc
1704 RB	—	10.00	20.00	42.00	85.00	—

KM# 679 PFENNIG

Copper **Ruler:** Anton Ulrich **Obv:** Crowned cursive AV monogram divides date

Date	Mintage	VG	F	VF	XF	Unc
1705 RB	—	16.00	35.00	70.00	135	—
1706 RB	—	16.00	35.00	70.00	135	—
1707 RB	—	16.00	35.00	70.00	135	—
1708 RB	—	16.00	35.00	70.00	135	—
1712 HH	—	16.00	35.00	70.00	135	—
1713 HH	—	16.00	35.00	70.00	135	—

KM# 642 PFENNIG

Copper **Ruler:** Anton Ulrich **Obv:** Horse leaping left **Rev:** Value, date in 5 lines

KM# 691 PFENNIG

Copper **Ruler:** Anton Ulrich **Obv:** Horse leaping left, date **Rev:** Value

Date	Mintage	Good	VG	F	VF	XF
1703	—	—	15.00	30.00	60.00	110
1706	—	—	15.00	30.00	60.00	110

KM# 948 DENIER

Copper **Ruler:** Karl I

Date	Mintage	F	VF	XF	Unc	BU
1758	—	10.00	20.00	45.00	100	—

KM# 725 PFENNIG

Copper **Ruler:** August Wilhelm **Obv:** Horse leaping left **Rev:** Value, date in 5 lines

Date	Mintage	VG	F	VF	XF	Unc
1714	—	6.00	12.00	25.00	50.00	—
1717	—	6.00	12.00	25.00	50.00	—
1718	—	6.00	12.00	25.00	50.00	—
1719	—	6.00	12.00	25.00	50.00	—
1722	—	6.00	12.00	25.00	50.00	—
1723	—	6.00	12.00	25.00	50.00	—
1724	—	6.00	12.00	25.00	50.00	—
1725	—	6.00	12.00	25.00	50.00	—
1729	—	6.00	12.00	25.00	50.00	—

KM# 724 PFENNIG

Copper **Ruler:** August Wilhelm **Note:** AW monogram, date.

Date	Mintage	VG	F	VF	XF	Unc
1714 HH	—	8.00	16.00	32.00	65.00	—
1715 HH	—	8.00	16.00	32.00	65.00	—
1716 HH	—	8.00	16.00	32.00	65.00	—
1717 HH	—	8.00	16.00	32.00	65.00	—
1718 HH	—	8.00	16.00	32.00	65.00	—

KM# 778 PFENNIG

Copper **Ruler:** August Wilhelm **Obv:** Wildman, tree in left hand **Rev:** Value, date

Date	Mintage	VG	F	VF	XF	Unc
1724 EPH	—	8.00	16.00	32.00	65.00	—
1725 FPH	—	8.00	16.00	32.00	65.00	—
1726 EPH	—	8.00	16.00	32.00	65.00	—
1729 EPH	—	8.00	16.00	32.00	65.00	—
1730 EPH	—	8.00	16.00	32.00	65.00	—

KM# 780 PFENNIG

Copper **Ruler:** August Wilhelm **Obv:** Horse leaping left in circle **Rev:** Value, date

Date	Mintage	VG	F	VF	XF	Unc
1725	—	6.00	12.00	25.00	50.00	—
1727	—	6.00	12.00	25.00	50.00	—
1729	—	6.00	12.00	25.00	50.00	—
1730	—	6.00	12.00	25.00	50.00	—
1731	—	6.00	12.00	25.00	50.00	—

KM# 803 PFENNIG

Copper **Ruler:** Ludwig Rudolph **Obv:** Crowned script LR monogram divides date **Rev:** Value in 4 lines

Date	Mintage	VG	F	VF	XF	Unc
1731	—	4.00	8.00	18.00	37.00	—
1732	—	4.00	8.00	18.00	37.00	—
1733	—	4.00	8.00	18.00	37.00	—

KM# 829 PFENNIG

Copper **Ruler:** Ludwig Rudolph **Obv:** Horse leaping left, date below

Date	Mintage	VG	F	VF	XF	Unc
1733	—	5.00	11.00	22.00	45.00	—
1734	—	5.00	11.00	22.00	45.00	—

KM# 830 PFENNIG

Copper **Ruler:** Ludwig Rudolph **Rev:** Date in legend

Date	Mintage	VG	F	VF	XF	Unc
1733	—	5.00	11.00	22.00	45.00	—
1734	—	5.00	11.00	22.00	45.00	—
1735	—	5.00	11.00	22.00	45.00	—

KM# 847 PFENNIG

Copper **Ruler:** Ludwig Rudolph **Obv:** Wildman, tree in left hand **Rev:** Value, date in 5 lines

Date	Mintage	VG	F	VF	XF	Unc
1734 Rare	—	—	—	—	—	—

KM# 851 PFENNIG

Copper **Ruler:** Ludwig Rudolph **Obv:** Horse leaping left **Rev:** Value I. . ., date in 5 lines

Date	Mintage	VG	F	VF	XF	Unc
1735	—	5.00	11.00	22.00	45.00	—

KM# 891 PFENNIG

Copper **Ruler:** Karl I **Obv:** Horse rearing left **Rev:** Value and date

Date	Mintage	F	VF	XF	Unc	BU
1736	—	5.00	12.00	30.00	75.00	—
1737	—	5.00	12.00	30.00	75.00	—
1738	—	5.00	12.00	30.00	75.00	—
1739	—	5.00	12.00	30.00	75.00	—
1741	—	5.00	12.00	30.00	75.00	—
1742	—	5.00	12.00	30.00	75.00	—
1743	—	5.00	12.00	30.00	75.00	—
1744	—	5.00	12.00	30.00	75.00	—
1745	—	5.00	12.00	30.00	75.00	—
1746	—	5.00	12.00	30.00	75.00	—
1747	—	5.00	12.00	30.00	75.00	—
1748	—	5.00	12.00	30.00	75.00	—
1749	—	5.00	12.00	30.00	75.00	—
1750	—	5.00	12.00	30.00	75.00	—
1751	—	5.00	12.00	30.00	75.00	—
1752	—	5.00	12.00	30.00	75.00	—
1753	—	5.00	12.00	30.00	75.00	—
1754	—	5.00	12.00	30.00	75.00	—
1755	—	5.00	12.00	30.00	75.00	—
1756	—	5.00	12.00	30.00	75.00	—
1757	—	5.00	12.00	30.00	75.00	—
1758	—	5.00	12.00	30.00	75.00	—
1759	—	5.00	12.00	30.00	75.00	—
1760	—	5.00	12.00	30.00	75.00	—
1761	—	5.00	12.00	30.00	75.00	—
1762	—	5.00	12.00	30.00	75.00	—
1763	—	5.00	12.00	30.00	75.00	—
1764	—	5.00	12.00	30.00	75.00	—
1765	—	5.00	12.00	30.00	75.00	—
1766	—	5.00	12.00	30.00	75.00	—
1767	—	5.00	12.00	30.00	75.00	—
1768	—	5.00	12.00	30.00	75.00	—
1769	—	5.00	12.00	30.00	75.00	—
1770	—	5.00	12.00	30.00	75.00	—
1771	—	5.00	12.00	30.00	75.00	—
1772	—	5.00	12.00	30.00	75.00	—
1773	—	5.00	12.00	30.00	75.00	—
1776	—	5.00	12.00	30.00	75.00	—
1777	—	5.00	12.00	30.00	75.00	—
1778	—	5.00	12.00	30.00	75.00	—
1779	—	5.00	12.00	30.00	75.00	—
ND MC	—	5.00	12.00	30.00	75.00	—

GERMAN STATES — BRUNSWICK-WOLFENBUTTEL

KM# 901.1 PFENNIG
Copper **Ruler:** Karl I **Obv:** Wildman with tree in left hand **Rev:** Value, date

Date	Mintage	F	VF	XF	Unc	BU
1737 IAB	—	10.00	20.00	45.00	90.00	—

KM# 901.2 PFENNIG
Copper **Ruler:** Karl I **Obv:** Wildman with tree in left hand **Rev:** Value, date

Date	Mintage	F	VF	XF	Unc	BU
1739 IBH	—	10.00	20.00	45.00	90.00	
1739/41 IBH	—	10.00	20.00	45.00	90.00	
1741 IBH	—	10.00	20.00	45.00	90.00	
1742 IBH	—	10.00	20.00	45.00	90.00	
1743 IBH	—	10.00	20.00	45.00	90.00	
1745 IBH	—	10.00	20.00	45.00	90.00	
1746 IBH	—	10.00	20.00	45.00	90.00	
1747 IBH	—	10.00	20.00	45.00	90.00	
1749 IBH	—	10.00	20.00	45.00	90.00	
1750 IBH	—	10.00	20.00	45.00	90.00	
1752 IBH	—	10.00	20.00	45.00	90.00	
1754 IBH	—	10.00	20.00	45.00	90.00	
1755 IBH	—	10.00	20.00	45.00	90.00	
1756 IBH	—	10.00	20.00	45.00	90.00	
1758 IBH	—	10.00	20.00	45.00	90.00	
1759 IBH	—	10.00	20.00	45.00	90.00	
1760 IBH	—	10.00	20.00	45.00	90.00	
1761 IBH	—	10.00	20.00	45.00	90.00	
1762 IBH	—	10.00	20.00	45.00	90.00	

KM# 901.3 PFENNIG
Copper **Ruler:** Karl I **Obv:** Wildman with tree in left hand **Rev:** Value, date

Date	Mintage	F	VF	XF	Unc	BU
1763 IAP	—	10.00	20.00	45.00	90.00	
1765 IAP	—	10.00	20.00	45.00	90.00	
1766 IAP	—	10.00	20.00	45.00	90.00	
1768 IAP	—	10.00	20.00	45.00	90.00	
1769 IAP	—	10.00	20.00	45.00	90.00	
1770 IAP	—	10.00	20.00	45.00	90.00	
1772 IAP	—	10.00	20.00	45.00	90.00	

KM# 901.4 PFENNIG
Copper **Ruler:** Karl I **Obv:** Wildman with tree **Rev:** Value, date

Date	Mintage	F	VF	XF	Unc	BU
1774 LCR	—	10.00	20.00	45.00	90.00	—
1776 LCR	—	10.00	20.00	45.00	90.00	—
1777 LCR	—	10.00	20.00	45.00	90.00	—
1778 LCR	—	10.00	20.00	45.00	90.00	—

KM# 901.5 PFENNIG
Copper **Ruler:** Karl I **Obv:** Wildman with tree **Rev:** Value, date

Date	Mintage	F	VF	XF	Unc	BU
1780 CES	—	10.00	20.00	45.00	90.00	—

KM# 995 PFENNIG
Copper **Ruler:** Karl Wilhelm Ferdinand **Obv:** Horse running left **Rev:** Denomination, legend and date

Date	Mintage	F	VF	XF	Unc	BU
1780 MC	—	6.00	15.00	30.00	60.00	90.00
1781 MC	—	6.00	15.00	30.00	60.00	90.00
1782 MC	—	6.00	15.00	30.00	60.00	90.00
1783 MC	—	6.00	15.00	30.00	60.00	90.00
1784 MC	—	6.00	15.00	30.00	60.00	90.00
1785 MC	—	6.00	15.00	30.00	60.00	90.00
1786 MC	—	6.00	15.00	30.00	60.00	90.00
1787 MC	—	6.00	15.00	30.00	60.00	90.00
1788 MC	—	6.00	15.00	30.00	60.00	90.00
1789 MC	—	6.00	15.00	30.00	60.00	90.00
1790 MC	—	6.00	15.00	30.00	60.00	90.00
1791 MC	—	6.00	15.00	30.00	60.00	90.00
1792 MC	—	6.00	15.00	30.00	60.00	90.00
1793 MC	—	6.00	15.00	30.00	60.00	90.00
1794 MC	—	6.00	15.00	30.00	60.00	90.00
1795 MC	—	6.00	15.00	30.00	60.00	90.00
1796 MC	—	6.00	15.00	30.00	60.00	90.00
1797 MC	—	6.00	15.00	30.00	60.00	90.00
1798 MC	—	6.00	15.00	30.00	60.00	90.00
1799 MC	—	6.00	15.00	30.00	60.00	90.00
1800 MC	—	6.00	15.00	30.00	60.00	90.00

KM# 996 PFENNIG
Copper **Ruler:** Karl Wilhelm Ferdinand **Obv:** Wildman with tree in left hand **Rev:** Value, date

Date	Mintage	F	VF	XF	Unc	BU
1780 CES	—	6.00	15.00	30.00	65.00	
1781 CES	—	6.00	15.00	30.00	65.00	
1783 CES	—	6.00	15.00	30.00	65.00	
1784 CES	—	6.00	15.00	30.00	65.00	
1785 CES	—	6.00	15.00	30.00	65.00	
1788 C	—	6.00	15.00	30.00	65.00	

KM# 925 1-1/2 PFENNIGE
Copper **Ruler:** Karl I **Obv:** Horse left **Rev:** Value, date

Date	Mintage	F	VF	XF	Unc	BU
1747	—	9.00	18.00	37.00	75.00	—
1767	—	9.00	18.00	37.00	75.00	—

KM# 644 2 PFENNIGE
Silver **Ruler:** Anton Ulrich **Subject:** Death of Rudolf August **Obv:** Crowned RA monogram **Rev:** 6-line inscription with date, value 2/PF below

Date	Mintage	F	VF	XF	Unc
1704 HCH	—	15.00	30.00	65.00	135

KM# 831 2 PFENNIGE
Silver **Ruler:** Ludwig Rudolph **Obv:** Crowned script LR monogram **Rev:** 2/PFEN/date

Date	Mintage	VG	F	VF	XF
1733	—	15.00	30.00	60.00	120
1735	—	15.00	30.00	60.00	120

KM# 852 2 PFENNIGE
Silver **Ruler:** Ludwig Rudolph **Obv:** Horse leaping left **Rev:** Value, date

Date	Mintage	VG	F	VF	XF	Unc
1735	—	10.00	20.00	40.00	80.00	—

KM# 892 2 PFENNIGE
Billon **Ruler:** Karl I **Obv:** Horse leaping left **Rev:** Value, date

Date	Mintage	F	VF	XF	Unc	BU
1736	—	12.00	25.00	55.00	110	
1776	—	12.00	25.00	55.00	110	

KM# 981 2 PFENNIGE
Copper **Ruler:** Karl I **Obv:** Horse left **Rev:** Value, date

Date	Mintage	F	VF	XF	Unc	BU
1772	—	10.00	20.00	40.00	100	

KM# 1040 2-1/2 PFENNIGE
Copper **Ruler:** Karl Wilhelm Ferdinand **Obv:** Horse leaping left **Rev:** Value, date

Date	Mintage	F	VF	XF	Unc	BU
1792 M.C.	—	10.00	20.00	60.00	120	—

KM# 557 3 PFENNIG
Silver **Ruler:** Rudolf August **Obv:** Crowned intertwined cursive RAV **Rev:** Imperial orb with 3 divides date

Date	Mintage	VG	F	VF	XF	Unc
1702 HCH	—	15.00	30.00	60.00	125	—

KM# 680 3 PFENNIG
Silver **Ruler:** Anton Ulrich **Obv:** Crowned AV monogram **Rev:** Imperial orb with 3 divides date

Date	Mintage	VG	F	VF	XF	Unc
1705 RB	—	20.00	50.00	100	200	—
1706 RB	—	20.00	50.00	100	200	—
1707 RB	—	20.00	50.00	100	200	—
1708 RB	—	20.00	50.00	100	200	—
1710 RB	—	20.00	50.00	100	200	—
1711 RB	—	20.00	50.00	100	200	—
1712 HH	—	20.00	50.00	100	200	—
1713 HH	—	20.00	50.00	100	200	—

KM# 722 3 PFENNIG
Silver **Ruler:** August Wilhelm **Obv:** Crowned AW monogram

Date	Mintage	VG	F	VF	XF	Unc
1713 HH	—	12.00	35.00	85.00	170	—
1714 HH	—	12.00	35.00	85.00	170	—
1715 HH	—	12.00	35.00	85.00	170	—
1716 HH	—	12.00	35.00	85.00	170	—
1718 HH	—	12.00	35.00	85.00	170	—

KM# 963 3 PFENNIG
Billon **Ruler:** Karl I **Obv:** *B*S.M. **Rev:** III PFENIG

Date	Mintage	F	VF	XF	Unc	BU
1761	—	—	—	—	—	—

Note: Reported, not confirmed

KM# 639 4 PFENNIGE
Silver **Ruler:** Anton Ulrich **Obv:** Crowned intertwined cursive RAV monogram **Rev:** Date below value 4

Date	Mintage	VG	F	VF	XF	Unc
1702	—	13.00	27.00	55.00	105	—

KM# 645 4 PFENNIGE
Silver **Ruler:** Anton Ulrich **Obv:** RAU monogram **Rev:** Value IIII. . , with date

Date	Mintage	VG	F	VF	XF	Unc
1704	—	13.00	27.00	55.00	105	—

KM# 646 4 PFENNIGE
Silver **Ruler:** Anton Ulrich **Obv:** Horse leaping left, date below **Rev:** Value IIII. . . in 4 lines

Date	Mintage	VG	F	VF	XF
1704 HCH	—	10.00	20.00	40.00	80.00
1705 HCH	—	10.00	20.00	40.00	80.00
1706 HCH	—	10.00	20.00	40.00	80.00

KM# 701 4 PFENNIGE
Silver **Ruler:** Anton Ulrich **Obv:** Crowned AV monogram **Rev:** Value IIII. . ., date in 3 lines

Date	Mintage	VG	F	VF	XF	Unc
1704 RB	—	10.00	20.00	40.00	80.00	—
1705 RB	—	10.00	20.00	40.00	80.00	—
1706 RB	—	10.00	20.00	40.00	80.00	—
1708 RB	—	10.00	20.00	40.00	80.00	—
1709 RB	—	10.00	20.00	40.00	80.00	—
1710 RB	—	10.00	20.00	40.00	80.00	—
1711 RB	—	10.00	20.00	40.00	80.00	—
1712 RB	—	10.00	20.00	40.00	80.00	—
1713 HH	—	10.00	20.00	40.00	80.00	—

KM# 705 4 PFENNIGE
Silver **Ruler:** Anton Ulrich **Rev:** Date below value

Date	Mintage	VG	F	VF	XF	Unc
1710 HB	—	11.00	22.00	45.00	90.00	—

KM# 726 4 PFENNIGE
Silver **Ruler:** August Wilhelm **Obv:** Crowned AV monogram **Rev:** Value IIII. . ., date in 4 lines

Date	Mintage	VG	F	VF	XF	Unc
1714 HH	—	11.00	22.00	45.00	95.00	—
1715 HH	—	11.00	22.00	45.00	95.00	—
1716 HH	—	11.00	22.00	45.00	95.00	—
1717 HH	—	11.00	22.00	45.00	95.00	—
1718 HH	—	11.00	22.00	45.00	95.00	—
1724 EPH	—	11.00	22.00	45.00	95.00	—
1726 EPH	—	11.00	22.00	45.00	95.00	—
1728 EPH	—	11.00	22.00	45.00	95.00	—

KM# 832 4 PFENNIGE
Silver **Ruler:** Ludwig Rudolph **Obv:** Crowned script LR monogram **Rev:** Value IIII/PFEN, date

Date	Mintage	VG	F	VF	XF	Unc
1733	—	10.00	20.00	40.00	80.00	—

BRUNSWICK-WOLFENBUTTEL GERMAN STATES 353

KM# 853 4 PFENNIGE
Silver **Ruler:** Ferdinand Ulbrecht II **Obv:** Crowned cursive FA monogram **Rev:** Value IIII. . ., date in 3 lines

Date	Mintage	VG	F	VF	XF	Unc
1735 IAB	—	10.00	20.00	35.00	65.00	—

KM# 893 4 PFENNIGE
Billon **Ruler:** Karl I **Obv:** Crowned C monogram **Rev:** Value, date **Rev. Legend:** F. Br. LVN. . .

Date	Mintage	F	VF	XF	Unc	BU
1736 IAB	—	11.00	22.00	45.00	90.00	—
1739 IAB	—	11.00	22.00	45.00	90.00	—
1742 IBH	—	11.00	22.00	45.00	90.00	—
1744 IBH	—	11.00	22.00	45.00	90.00	—
1749 IBH	—	11.00	22.00	45.00	90.00	—
1750 IBH	—	11.00	22.00	45.00	90.00	—
1751 IBH	—	11.00	22.00	45.00	90.00	—
1752 IBH	—	11.00	22.00	45.00	90.00	—
1753 IBH	—	11.00	22.00	45.00	90.00	—
1755 IBH	—	11.00	22.00	45.00	90.00	—
1759 IBH	—	11.00	22.00	45.00	90.00	—
1761 IBH	—	11.00	22.00	45.00	90.00	—
1762 IBH	—	11.00	22.00	45.00	90.00	—
1763 IAP	—	11.00	22.00	45.00	90.00	—
1765 IAP	—	11.00	22.00	45.00	90.00	—
1766 IAP	—	11.00	22.00	45.00	90.00	—
1768 IAP	—	11.00	22.00	45.00	90.00	—
1770 IAP	—	11.00	22.00	45.00	90.00	—
1771 IAO	—	11.00	22.00	45.00	90.00	—
1775 LCR	—	11.00	22.00	45.00	90.00	—
1777 LCR	—	11.00	22.00	45.00	90.00	—
1779 C	—	11.00	22.00	45.00	90.00	—

KM# 926 4 PFENNIGE
Billon **Ruler:** Karl I **Obv:** Horse left **Rev:** Value, L.M., date

Date	Mintage	F	VF	XF	Unc	BU
1747	—	14.00	27.00	55.00	110	—
1748	—	14.00	27.00	55.00	110	—
1750	—	14.00	27.00	55.00	110	—

KM# 933 4 PFENNIGE
Billon **Ruler:** Karl I **Rev. Legend:** FURSTL. BRAUNS. . .

Date	Mintage	F	VF	XF	Unc	BU
1748	—	11.00	22.00	45.00	95.00	—
1749	—	11.00	22.00	45.00	95.00	—
1750	—	11.00	22.00	45.00	95.00	—
1752	—	11.00	22.00	45.00	95.00	—
1753	—	11.00	22.00	45.00	95.00	—
1756	—	11.00	22.00	45.00	95.00	—
1757	—	11.00	22.00	45.00	95.00	—

KM# 960 4 PFENNIGE
Billon **Ruler:** Karl I **Obv:** *B*S.M. **Rev:** IIII PEFNIG, date

Date	Mintage	F	VF	XF	Unc	BU
1760 IDB	—	11.00	22.00	45.00	95.00	—
1761 IDB	—	11.00	22.00	45.00	95.00	—

KM# 965 4 PFENNIGE
Billon **Ruler:** Karl I **Obv:** Horse left, CAROLVS. . . **Rev:** Value, date, NACH DEM. . .

Date	Mintage	F	VF	XF	Unc	BU
1762 IDB	—	11.00	22.00	45.00	95.00	—

KM# 967 4 PFENNIGE
Billon **Ruler:** Karl I **Obv:** Horse left **Rev:** Value **Rev. Legend:** MVIII E.F. . .

Date	Mintage	F	VF	XF	Unc	BU
1764 IDB	—	11.00	22.00	45.00	95.00	—
1772 IDB	—	11.00	22.00	45.00	95.00	—

KM# 997 4 PFENNIGE
Billon **Ruler:** Karl Wilhelm Ferdinand **Obv:** Horse **Rev:** Denomination

Date	Mintage	F	VF	XF	Unc	BU
1780 MC	—	10.00	20.00	37.00	75.00	120
1787 MC	—	10.00	20.00	37.00	75.00	120
1788 MC	—	10.00	20.00	37.00	75.00	120
1790 MC	—	10.00	20.00	37.00	75.00	120
1792 MC	—	10.00	20.00	37.00	75.00	120
1793 MC	—	10.00	20.00	37.00	75.00	120
1795 MC	—	10.00	20.00	37.00	75.00	120
1796 MC	—	10.00	20.00	37.00	75.00	120
1797 MC	—	10.00	20.00	37.00	75.00	120
1798 MC	—	10.00	20.00	37.00	75.00	120
1799 MC	—	10.00	20.00	37.00	75.00	120
1800 MC	—	10.00	20.00	37.00	75.00	120

KM# 638 6 PFENNIGE
Silver **Ruler:** Anton Ulrich **Obv:** Horse leaping left **Rev:** Value VI in orb

Date	Mintage	VG	F	VF	XF	Unc
1701	—	11.00	22.00	45.00	95.00	—
1702	—	11.00	22.00	45.00	95.00	—

KM# 695 6 PFENNIGE
Silver **Ruler:** Anton Ulrich **Note:** Similar to KM#804.

Date	Mintage	VG	F	VF	XF	Unc
1707	—	13.00	27.00	55.00	110	—
1708	—	13.00	27.00	55.00	110	—
1709	—	13.00	27.00	55.00	110	—
1710	—	13.00	27.00	55.00	110	—
1711	—	13.00	27.00	55.00	110	—
1712	—	13.00	27.00	55.00	110	—
1713	—	13.00	27.00	55.00	110	—

KM# 742 6 PFENNIGE
Silver **Ruler:** August Wilhelm **Obv:** Horse rearing left **Rev:** Value within imperial orb

Date	Mintage	VG	F	VF	XF	Unc
1715	—	11.00	22.00	45.00	90.00	—
1720	—	11.00	22.00	45.00	90.00	—
1722	—	11.00	22.00	45.00	90.00	—
1723	—	11.00	22.00	45.00	90.00	—
1724	—	11.00	22.00	45.00	90.00	—
1725	—	11.00	22.00	45.00	90.00	—
1726	—	11.00	22.00	45.00	90.00	—
1727	—	11.00	22.00	45.00	90.00	—
1728	—	11.00	22.00	45.00	90.00	—
1729	—	11.00	22.00	45.00	90.00	—
1730	—	11.00	22.00	45.00	90.00	—

KM# 804 6 PFENNIGE
Silver **Ruler:** Ludwig Rudolph **Obv:** Horse rearing left **Rev:** Value within imperial orb

Date	Mintage	VG	F	VF	XF	Unc
1731	—	11.00	22.00	45.00	95.00	—
1732	—	11.00	22.00	45.00	95.00	—
1733	—	11.00	22.00	45.00	95.00	—
1734	—	11.00	22.00	45.00	95.00	—
1735	—	11.00	22.00	45.00	95.00	—

KM# 854 6 PFENNIGE
Silver **Obv:** Horse rearing left **Rev:** Value within imperial orb

Date	Mintage	VG	F	VF	XF	Unc
1735	—	11.00	22.00	45.00	95.00	—

KM# 855 6 PFENNIGE
Billon **Ruler:** Karl I **Obv:** Horse rearing left **Rev:** Value within imperial orb

Date	Mintage	F	VF	XF	Unc	BU
1735	—	11.00	22.00	45.00	90.00	—
1736	—	11.00	22.00	45.00	90.00	—
1737	—	11.00	22.00	45.00	90.00	—
1738	—	11.00	22.00	45.00	90.00	—
1739	—	11.00	22.00	45.00	90.00	—
1741	—	11.00	22.00	45.00	90.00	—
1742	—	11.00	22.00	45.00	90.00	—
1743	—	11.00	22.00	45.00	90.00	—
1744	—	11.00	22.00	45.00	90.00	—
1745	—	11.00	22.00	45.00	90.00	—
1746	—	11.00	22.00	45.00	90.00	—
1747	—	11.00	22.00	45.00	90.00	—
1748	—	11.00	22.00	45.00	90.00	—
1749	—	11.00	22.00	45.00	90.00	—
1750	—	11.00	22.00	45.00	90.00	—
1751	—	11.00	22.00	45.00	90.00	—
1752	—	11.00	22.00	45.00	90.00	—
1753	—	11.00	22.00	45.00	90.00	—
1755	—	11.00	22.00	45.00	90.00	—
1756	—	11.00	22.00	45.00	90.00	—
1759	—	11.00	22.00	45.00	90.00	—

KM# 968 6 PFENNIGE
Billon **Ruler:** Karl I **Rev. Legend:** DCLXXII E.F. . .

Date	Mintage	F	VF	XF	Unc	BU
1764 IDB	—	15.00	30.00	85.00	120	—
1772 IDB	—	15.00	30.00	85.00	120	—
1775 IDB	—	15.00	30.00	85.00	120	—

KM# 1019 6 PFENNIGE
Billon **Ruler:** Karl Wilhelm Ferdinand **Obv:** Horse **Rev:** Denomination

Date	Mintage	F	VF	XF	Unc	BU
1784 MC	—	22.00	45.00	90.00	185	240
1787 MC	—	22.00	45.00	90.00	185	240
1788 MC	—	22.00	45.00	90.00	185	240
1791 MC	—	22.00	45.00	90.00	185	240
1793 MC	—	22.00	45.00	90.00	185	240
1800 MC	—	22.00	45.00	90.00	185	240

KM# 763 MARIENGROSCHEN
Silver **Ruler:** August Wilhelm **Obv:** Crowned AW monogram **Rev:** Value I. . ., date in 4 lines

Date	Mintage	VG	F	VF	XF	Unc
1717 HH	—	13.00	27.00	55.00	110	—
1724 EPH	—	13.00	27.00	55.00	110	—
1727 EPH	—	13.00	27.00	55.00	110	—
1728 EPH	—	13.00	27.00	55.00	110	—
1730 EPH	—	13.00	27.00	55.00	110	—

KM# 805 MARIENGROSCHEN
Silver **Ruler:** Ludwig Rudolph **Obv:** Crowned script LR monogram **Rev:** Value I. . . in 4 lines

Date	Mintage	VG	F	VF	XF	Unc
1731 IAB	—	25.00	50.00	100	200	—

KM# 856 MARIENGROSCHEN
Silver **Ruler:** Ferdinand Ulbrecht II **Obv:** Crowned cursive FA monogram **Rev:** Value I. . . date in 4 lines

Date	Mintage	VG	F	VF	XF	Unc
1735 IAB	—	13.00	27.00	55.00	110	—

KM# 910 MARIENGROSCHEN
Billon **Ruler:** Karl I **Obv:** Crowned ornate "C" **Rev:** Value **Rev. Legend:** FVRSTL. BR. LVN. . .

Date	Mintage	F	VF	XF	Unc	BU
1741 IBH	—	15.00	30.00	60.00	120	—
1745 IBH	—	15.00	30.00	60.00	120	—
1749 IBH	—	15.00	30.00	60.00	120	—
1752 IBH	—	15.00	30.00	60.00	120	—
1754 IBH	—	15.00	30.00	60.00	120	—
1756 IBH	—	15.00	30.00	60.00	120	—
1757 IBH	—	15.00	30.00	60.00	120	—
1758 IBH	—	15.00	30.00	60.00	120	—
1760 IBH	—	15.00	30.00	60.00	120	—
1763 IAP	—	15.00	30.00	60.00	120	—
1764 IAP	—	15.00	30.00	60.00	120	—
1765 IAP	—	15.00	30.00	60.00	120	—
1766 IAP	—	15.00	30.00	60.00	120	—
1769 IAP	—	15.00	30.00	60.00	120	—
1770 IAP	—	15.00	30.00	60.00	120	—
1771 IAP	—	15.00	30.00	60.00	120	—
1774 LCR	—	15.00	30.00	60.00	120	—
1775 LCR	—	15.00	30.00	60.00	120	—
1776 LCR	—	15.00	30.00	60.00	120	—

KM# 934 MARIENGROSCHEN
Billon **Ruler:** Karl I **Rev. Legend:** FVRSTL. LUNEB. . .

Date	Mintage	F	VF	XF	Unc	BU
1748 EK	—	25.00	30.00	60.00	120	—
1749 EK	—	25.00	30.00	60.00	120	—
1750 EK	—	25.00	30.00	60.00	120	—
1751	—	25.00	30.00	60.00	120	—
1752	—	25.00	30.00	60.00	120	—
1755 ACB	—	25.00	30.00	60.00	120	—
1757	—	25.00	30.00	60.00	120	—
1758	—	25.00	30.00	60.00	120	—
1759	—	25.00	30.00	60.00	120	—

KM# 982 MARIENGROSCHEN
Billon **Ruler:** Karl I **Obv:** Value and date in 4 lines **Obv. Legend:** FVRSTL. BR. LVN. LAND. MVNTZ. . . **Rev:** Crowned C monogram

Date	Mintage	F	VF	XF	Unc	BU
1774 LCR	—	15.00	30.00	60.00	120	—

KM# 1031 MARIENGROSCHEN
Billon, 17 mm. **Ruler:** Karl Wilhelm Ferdinand **Obv:** Horse

354 GERMAN STATES BRUNSWICK-WOLFENBUTTEL

rearing left **Obv. Legend:** CAROLVS GVIL. FERD. D. G. DVX. BR. ET. LV. **Rev:** 4-line inscription with date **Rev. Legend:** DIV EINE FEINE MARK CONVENT. M. **Rev. Inscription:** I / MARIEN / GROSCH / (date)

Date	Mintage	F	VF	XF	Unc	BU
1787 MC	—	20.00	50.00	100	200	300
1788 MC	—	11.00	22.00	100	90.00	135
1789 MC	—	11.00	22.00	100	90.00	135
1790 MC	—	11.00	22.00	100	90.00	135
1791 MC	—	11.00	22.00	100	90.00	135
1792 MC	—	11.00	22.00	100	90.00	135
1793 MC	—	11.00	22.00	100	90.00	135
1799 MC	—	11.00	22.00	100	90.00	135
1800 MC	—	11.00	22.00	100	90.00	135

KM# 647 GROSCHEN (1/24 Thaler)

Silver **Ruler:** Anton Ulrich **Subject:** Death of Rudolf August **Obv:** Bust right **Rev:** 6-line legend with date, value 1/GG in oval below

Date	Mintage	VG	F	VF	XF	Unc
1704 HCH	—	20.00	40.00	80.00	165	—

KM# 784 GROSCHEN (1/24 Thaler)

Silver **Ruler:** August Wilhelm **Subject:** 200th Anniversary - Reformation of the City of Brunswick **Obv:** Horse leaping left **Rev:** 12-line legend with date, value 1. G. GR. below

Date	Mintage	VG	F	VF	XF	Unc
1728 HCH	—	25.00	50.00	90.00	185	—

KM# 568 2 MARIENGROSCHEN

Silver **Ruler:** Anton Ulrich **Obv:** Wildman holding tree with both hands to left **Rev:** Value II. . . in 3 lines, date in legend

Date	Mintage	VG	F	VF	XF	Unc
1701	—	16.00	33.00	60.00	120	—
1702	—	16.00	33.00	60.00	120	—

KM# 648 2 MARIENGROSCHEN

Silver **Ruler:** Anton Ulrich **Subject:** Death of Rudolf August **Obv:** Bust right **Rev:** 6-line inscription with date

Date	Mintage	VG	F	VF	XF	Unc
1704 HCH	—	20.00	45.00	95.00	185	—

KM# 649 2 MARIENGROSCHEN

Silver **Obv:** Wildman holding tree with both hands to his left **Rev:** Value II. . . in 3 lines, date in legend

Date	Mintage	VG	F	VF	XF	Unc
1704 ***	—	11.00	22.00	45.00	95.00	—

KM# 681 2 MARIENGROSCHEN

Silver **Ruler:** Anton Ulrich **Obv:** Value II. . . in 3 lines, date in legend **Rev:** Wildman holding tree with both hands to his left

Date	Mintage	VG	F	VF	XF	Unc
1705 ***	—	7.00	15.00	32.00	65.00	—
1706 ***	—	7.00	15.00	32.00	65.00	—
1707 ***	—	7.00	15.00	32.00	65.00	—
1708 ***	—	7.00	15.00	32.00	65.00	—
1709 ***	—	7.00	15.00	32.00	65.00	—
1710 ***	—	7.00	15.00	32.00	65.00	—
1711 ***	—	7.00	15.00	32.00	65.00	—

KM# 712 2 MARIENGROSCHEN

Silver **Ruler:** Anton Ulrich **Obv:** FEIN. SILB added below value

Date	Mintage	VG	F	VF	XF	Unc
1711 HH	—	8.00	17.00	35.00	75.00	—
1712 HH	—	8.00	17.00	35.00	75.00	—
1713 HH	—	8.00	17.00	35.00	75.00	—
1714 HH	—	8.00	17.00	35.00	75.00	—

KM# 727 2 MARIENGROSCHEN

Silver **Ruler:** August Wilhelm **Obv:** Value, date **Rev:** Wildman with tree at right **Note:** Similar to KM#779 without 2 at left of wildman.

Date	Mintage	VG	F	VF	XF	Unc
1714 HH	—	12.00	25.00	50.00	100	—
1717 HH	—	12.00	25.00	50.00	100	—
1718 HH	—	12.00	25.00	50.00	100	—
1719 C	—	12.00	25.00	50.00	100	—
1720 C	—	12.00	25.00	50.00	100	—
1722 C	—	12.00	25.00	50.00	100	—
1723 EPH	—	12.00	25.00	50.00	100	—
1724 EPH	—	12.00	25.00	50.00	100	—

KM# 752 2 MARIENGROSCHEN

Silver **Ruler:** August Wilhelm **Obv:** Crowned AW monogram **Rev:** Horse leaping left, value 2/M.G. dvides date below

Date	Mintage	VG	F	VF	XF	Unc
1716 HH	—	10.00	20.00	40.00	80.00	—
1718 HH	—	10.00	20.00	40.00	80.00	—
1719 HH	—	10.00	20.00	40.00	80.00	—
1719 C	—	10.00	20.00	40.00	80.00	—
1720 C	—	10.00	20.00	40.00	80.00	—
1721 C	—	10.00	20.00	40.00	80.00	—
1723 EPH	—	10.00	20.00	40.00	80.00	—
1724 EPH	—	10.00	20.00	40.00	80.00	—
1725 EPH	—	10.00	20.00	40.00	80.00	—
1727 EPH	—	10.00	20.00	40.00	80.00	—
1728 EPH	—	10.00	20.00	40.00	80.00	—
1730 EPH	—	10.00	20.00	40.00	80.00	—

KM# 779 2 MARIENGROSCHEN

Silver **Ruler:** August Wilhelm **Obv:** Value, date **Rev:** Wildman with tree at right, 2 at left

Date	Mintage	VG	F	VF	XF	Unc
1724 EPH	—	12.00	25.00	50.00	105	—
1725 EPH	—	12.00	25.00	50.00	105	—
1726 EPH	—	12.00	25.00	50.00	105	—
1727 EPH	—	12.00	25.00	50.00	105	—
1728 EPH	—	12.00	25.00	50.00	105	—
1729 EPH	—	12.00	25.00	50.00	105	—
1730 EPH	—	12.00	25.00	50.00	105	—

KM# 806 2 MARIENGROSCHEN

Silver **Ruler:** Ludwig Rudolph **Obv:** II/MARIEN/GROSCH/FEIN SILB, date in legend **Rev:** Wildman, tree in left hand, value 2 to left

Date	Mintage	VG	F	VF	XF	Unc
1731 IAB	—	12.00	25.00	45.00	95.00	—
1732 IAB	—	12.00	25.00	45.00	95.00	—
1733 IAB	—	12.00	25.00	45.00	95.00	—
1734 IAB	—	12.00	25.00	45.00	95.00	—

KM# 857 2 MARIENGROSCHEN

Silver **Obv:** Crowned cursive FA monogram **Rev:** Horse leaping left, 2 M.G. divides date below

Date	Mintage	VG	F	VF	XF	Unc
1735 IAB	—	12.00	25.00	55.00	105	—

KM# 858 2 MARIENGROSCHEN

Silver **Obv:** Value II etc. in 4 lines, date in legend **Rev:** Wildman, tree in left hand, 2 on left

Date	Mintage	VG	F	VF	XF	Unc
1735 IAB	—	—	—	—	—	—

KM# 859 2 MARIENGROSCHEN

Silver **Ruler:** Karl I **Obv:** Crowned ornate "C" **Rev:** Horse rearing left

Date	Mintage	F	VF	XF	Unc	BU
1735 IAB	—	10.00	22.00	55.00	115	—
1736 IAB	—	10.00	22.00	55.00	115	—
1737 IAB	—	10.00	22.00	55.00	115	—
1738 IAB	—	10.00	22.00	55.00	115	—
1739 IAB	—	10.00	22.00	55.00	115	—
1739 C	—	10.00	22.00	55.00	115	—
1739 IBH	—	10.00	22.00	55.00	115	—
1740 IBH	—	10.00	22.00	55.00	115	—
1741 IBH	—	10.00	22.00	55.00	115	—
1742 IBH	—	10.00	22.00	55.00	115	—
1743 IBH	—	10.00	22.00	55.00	115	—
1745 IBH	—	10.00	22.00	55.00	115	—
1747 IBH	—	10.00	22.00	55.00	115	—
1748 IBH	—	10.00	22.00	55.00	115	—
1750 IBH	—	10.00	22.00	55.00	115	—
1752 IBH	—	10.00	22.00	55.00	115	—
1755 IBH	—	10.00	22.00	55.00	115	—
1756 IBH	—	10.00	22.00	55.00	115	—
1757 IBH	—	10.00	22.00	55.00	115	—
1762 IBH	—	10.00	22.00	55.00	115	—
1765 IAP	—	10.00	22.00	55.00	115	—
1770 IAP	—	10.00	22.00	55.00	115	—
1780 CES	—	10.00	22.00	55.00	115	—

KM# 860 2 MARIENGROSCHEN

Silver **Ruler:** Karl I **Obv:** Value within circle **Rev:** Wildman with tree at right

Date	Mintage	F	VF	XF	Unc	BU
1735 IAB	—	10.00	22.00	55.00	115	—
1737 IAB	—	10.00	22.00	55.00	115	—
1739 IBH	—	10.00	22.00	55.00	115	—
1740 IBH	—	10.00	22.00	55.00	115	—
1742 IBH	—	10.00	22.00	55.00	115	—
1744 IBH	—	10.00	22.00	55.00	120	—
1745 IBH	—	10.00	22.00	55.00	120	—
1748 IBH	—	10.00	22.00	55.00	120	—
1749 IBH	—	10.00	22.00	55.00	120	—
1751 IBH	—	10.00	22.00	55.00	120	—
1752 IBH	—	10.00	22.00	55.00	120	—
1753 IBH	—	10.00	22.00	55.00	120	—
1755 IBH	—	10.00	22.00	55.00	120	—
1756 IBH	—	10.00	22.00	55.00	120	—
1757 IBH	—	10.00	22.00	55.00	120	—
1758 IBH	—	10.00	22.00	55.00	120	—
1761 IBH	—	10.00	22.00	55.00	120	—
1763 IAP	—	10.00	22.00	55.00	120	—
1766 IAP	—	10.00	22.00	55.00	120	—
1770 IAP	—	10.00	22.00	55.00	120	—
1771 IAP	—	10.00	22.00	55.00	120	—
1772 IAP	—	10.00	22.00	55.00	120	—
1774 LCR	—	10.00	22.00	55.00	120	—
1776 LCR	—	10.00	22.00	55.00	120	—
1777 LCR	—	10.00	22.00	55.00	120	—
1778 LCR	—	10.00	22.00	55.00	120	—
1780 CES	—	10.00	22.00	55.00	120	—

KM# 927 2 MARIENGROSCHEN

Silver **Ruler:** Karl I **Obv:** Crowned ornate 'C' monogram **Rev:** Value within circle

Date	Mintage	F	VF	XF	Unc	BU
1747 EK	—	11.00	20.00	40.00	95.00	—
1748 EK	—	11.00	20.00	40.00	95.00	—
1749 EK	—	11.00	20.00	40.00	95.00	—
1750 EK	—	11.00	20.00	40.00	95.00	—
1751 EK	—	11.00	20.00	40.00	95.00	—
1751	—	11.00	20.00	40.00	95.00	—
1752	—	11.00	20.00	40.00	95.00	—
1753	—	11.00	20.00	40.00	95.00	—
1754 ACB	—	11.00	20.00	40.00	95.00	—
1757 ACB	—	11.00	20.00	40.00	95.00	—
1758 ACB	—	11.00	20.00	40.00	95.00	—
1759 ACB	—	11.00	20.00	40.00	95.00	—

KM# 1004 2 MARIENGROSCHEN

Silver **Ruler:** Karl Wilhelm Ferdinand **Obv:** Crowned monogram **Rev:** Horse

Date	Mintage	F	VF	XF	Unc	BU
1781 CES	—	12.00	30.00	60.00	120	—
1783 CES	—	12.00	30.00	60.00	120	—
1784 CRS	—	12.00	30.00	60.00	120	—
1787 C	—	12.00	30.00	60.00	120	—

KM# 1005 2 MARIENGROSCHEN

Silver **Ruler:** Karl Wilhelm Ferdinand **Obv:** Value **Rev:** Wildman

Date	Mintage	F	VF	XF	Unc	BU
1781 CES	—	10.00	20.00	40.00	95.00	—
1782 CES	—	10.00	20.00	40.00	95.00	—
1783 CES	—	10.00	20.00	40.00	95.00	—
1784 CES	—	10.00	20.00	40.00	95.00	—
1786 C	—	10.00	20.00	40.00	95.00	—
1789 C	—	10.00	20.00	40.00	95.00	—

KM# 650 2 GUTE GROSCHEN

Silver **Subject:** Death of Rudolf August **Obv:** Bust right **Rev:** 6-line legend with date, value 2/GG in oval below

Date	Mintage	VG	F	VF	XF	Unc
1704 HCH	—	27.00	55.00	110	225	—

KM# 785 2 GUTE GROSCHEN

Silver **Ruler:** August Wilhelm **Subject:** 200th Anniversary of Reformation in the City of Brunswick **Obv:** Horse leaping left **Rev:** 12-line legend with date, value 2. G. GR. below

Date	Mintage	VG	F	VF	XF	Unc
1728 HCH	—	30.00	65.00	130	260	—

KM# 795 2 GUTE GROSCHEN

Silver **Ruler:** August Wilhelm **Subject:** 200th Anniversary of Augsburg Confession **Obv:** Horse leaping left **Rev:** 8-line legend with date

Date	Mintage	VG	F	VF	XF	Unc
1730 IHT	—	27.00	55.00	110	210	—

KM# 807 2 GUTE GROSCHEN

Silver **Ruler:** Ludwig Rudolph **Subject:** Homage of the City of Brunswick - 20 October 1731 **Obv:** Crowned LR monogram **Rev:** Inscription and value

Date	Mintage	VG	F	VF	XF	Unc
1731 IHT	—	27.00	55.00	110	210	—

BRUNSWICK-WOLFENBUTTEL GERMAN STATES 355

KM# 833 2 GUTE GROSCHEN

Silver **Ruler:** Ludwig Rudolph **Subject:** Marriage of Karl I and Philippine Charlotte of Prussia **Obv:** Crowned cursive mirror-image P CPC monogram **Rev:** 6-line legend with Roman numeral date, value II GG below

Date	Mintage	VG	F	VF	XF	Unc
1733 BID	—	30.00	65.00	135	275	—

KM# 834 2 GUTE GROSCHEN

Silver **Ruler:** Ludwig Rudolph **Subject:** Marriage of Karl I's Sister, Elisabeth Christine and Friedrich II of Prussia **Obv:** Crowned cursive mirror-image C monogram **Rev:** 9-line legend with Roman numeral date, value II GG below

Date	Mintage	VG	F	VF	XF	Unc
1733 BIC	—	30.00	65.00	135	275	—

KM# 808 3 GROSCHEN

Silver **Ruler:** Ludwig Rudolph **Subject:** Death of August Wilhelm **Obv:** Bust right **Rev:** 10-line legend with date

Date	Mintage	VG	F	VF	XF	Unc
1731 IHT	—	30.00	65.00	130	260	—

KM# 651 4 MARIENGROSCHEN

Silver **Obv:** Wildman holding tree with both hands to left, 4 left of wildman **Rev:** Value in 3 lines, date in legend

Date	Mintage	VG	F	VF	XF	Unc
1704 ***	—	7.00	17.00	37.00	75.00	—

KM# 652 4 MARIENGROSCHEN

Silver **Ruler:** Anton Ulrich **Obv:** Horse leaping left, 4 below **Rev:** Value IIII. . . in 3 lines, date in legend

Date	Mintage	VG	F	VF	XF	Unc
1704 HCH	—	13.00	27.00	55.00	110	—
1705 HCH	—	13.00	27.00	55.00	110	—

KM# 682 4 MARIENGROSCHEN

Silver **Ruler:** Anton Ulrich **Obv:** Value III. . . **Rev:** Wildman holding tree with both hands, 4 to left of wildman

Date	Mintage	VG	F	VF	XF	Unc
1705 ***	—	10.00	20.00	40.00	80.00	—
1706 ***	—	10.00	20.00	40.00	80.00	—
1709 ***	—	10.00	20.00	40.00	80.00	—
1710 ***	—	10.00	20.00	40.00	80.00	—

KM# 713 4 MARIENGROSCHEN

Silver **Ruler:** Anton Ulrich **Obv:** FEIN. DILB.. added

Date	Mintage	VG	F	VF	XF	Unc
1711 HH	—	11.00	22.00	45.00	90.00	—
1712 HH	—	11.00	22.00	45.00	90.00	—
1713 HH	—	11.00	22.00	45.00	90.00	—

KM# 728 4 MARIENGROSCHEN

Silver **Ruler:** August Wilhelm **Obv:** Value IIII. . . in 4 lines, date in legend **Rev:** Wildman, tree in left hand, 4 left of wildman

Date	Mintage	VG	F	VF	XF	Unc
1714 HH	—	13.00	27.00	55.00	110	—
1715 HH	—	13.00	27.00	55.00	110	—
1717 HH	—	13.00	27.00	55.00	110	—
1718 HH	—	13.00	27.00	55.00	110	—
1719 C	—	13.00	27.00	55.00	110	—
1721 C	—	13.00	27.00	55.00	110	—
1723 EPH	—	13.00	27.00	55.00	110	—
1724 EPH	—	13.00	27.00	55.00	110	—
1725 EPH	—	13.00	27.00	55.00	110	—
1727 EPH	—	13.00	27.00	55.00	110	—
1729 EPH	—	13.00	27.00	55.00	110	—
1730 EPH	—	13.00	27.00	55.00	110	—
1731 EPH	—	13.00	27.00	55.00	110	—
1732 EPH	—	13.00	27.00	55.00	110	—

KM# 764 4 MARIENGROSCHEN

Silver **Ruler:** August Wilhelm **Obv:** Crowned AW monogram **Rev:** Horse leaping left, value 4/M.G. divides date below

Date	Mintage	VG	F	VF	XF	Unc
1717 HH	—	13.00	27.00	55.00	110	—
1719 C	—	13.00	27.00	55.00	110	—
1721 C	—	13.00	27.00	55.00	110	—
1723 EPH	—	13.00	27.00	55.00	110	—

KM# 809 4 MARIENGROSCHEN

Silver **Ruler:** Ludwig Rudolph **Obv:** Date in legend **Obv. Inscription:** IIII / MARIEN / GROSCH / FEIN SILB **Rev:** Wildman, tree in left hand, value 4 to left

Date	Mintage	VG	F	VF	XF	Unc
1731 IAB	—	30.00	60.00	125	250	—
1732 IAB	—	30.00	60.00	125	250	—
1733 IAB	—	30.00	60.00	125	250	—
1734 IAB	—	30.00	60.00	125	250	—
1735 IAB	—	30.00	60.00	125	250	—

KM# 861 4 MARIENGROSCHEN

Silver **Ruler:** Ferdinand Ulbrecht II **Obv:** Crowned cursive FA monogram **Rev:** Horse leaping left, $.M.G. divides date below

Date	Mintage	VG	F	VF	XF	Unc
1735 IAB	—	17.00	35.00	70.00	140	—

KM# 862 4 MARIENGROSCHEN

Silver **Obv:** Value IIII. . . in 4 lines, date in legend **Rev:** Wildman, tree in left hand, 4 to left

Date	Mintage	VG	F	VF	XF	Unc
1735 IAB	—	22.00	45.00	90.00	180	—

KM# 863 4 MARIENGROSCHEN

Silver **Obv:** Value in 4 lines, date in legend **Rev:** Wildman, tree in right hand (die of George II) **Note:** Mule.

Date	Mintage	VG	F	VF	XF	Unc
1735 IAB Rare	—	—	—	—	—	—

KM# 864 4 MARIENGROSCHEN

Silver **Ruler:** Karl I **Obv:** Value in 4 lines, date in legend **Rev:** Wildman with tree in left hand

Date	Mintage	F	VF	XF	Unc	BU
1735 IAB	—	18.00	37.00	75.00	150	—
1736 IAB	—	18.00	37.00	75.00	150	—
1737 IAB	—	18.00	37.00	75.00	150	—
1738 IAB	—	18.00	37.00	75.00	150	—
1739 IAB	—	18.00	37.00	75.00	150	—
1740 IBH	—	18.00	37.00	75.00	150	—
1741 IBH	—	18.00	37.00	75.00	150	—
1742 IBH	—	18.00	37.00	75.00	150	—
1743 IBH	—	18.00	37.00	75.00	150	—
1745 IBH	—	18.00	37.00	75.00	150	—
1748 IBH	—	18.00	37.00	75.00	150	—
1749 IBH	—	18.00	37.00	75.00	150	—
1750 IBH	—	18.00	37.00	75.00	150	—
1752 IBH	—	18.00	37.00	75.00	150	—
1754 IBH	—	18.00	37.00	75.00	150	—
1756 IBH	—	18.00	37.00	75.00	150	—
1759 IBH	—	18.00	37.00	75.00	150	—
1762 IBH	—	18.00	37.00	75.00	150	—
1763 IAP	—	18.00	37.00	75.00	150	—
1764 IAP	—	18.00	37.00	75.00	150	—
1767 IAP	—	18.00	37.00	75.00	150	—
1768 IAP	—	18.00	37.00	75.00	150	—
1770 IAP	—	18.00	37.00	75.00	150	—
1771 IAP	—	18.00	37.00	75.00	150	—
1772 IAP	—	18.00	37.00	75.00	150	—
1773 IAP	—	18.00	37.00	75.00	150	—
1773 LCR	—	18.00	37.00	75.00	150	—
1775 LCR	—	18.00	37.00	75.00	150	—
1776 LCR	—	18.00	37.00	75.00	150	—
1777 LCR	—	18.00	37.00	75.00	150	—
1778 LCR	—	18.00	37.00	75.00	150	—
1779 C	—	18.00	37.00	75.00	150	—
1780 CES	—	18.00	37.00	75.00	150	—

KM# 894 4 MARIENGROSCHEN

Silver **Ruler:** Karl I **Obv:** Crowned C monogram **Rev:** Horse leaping left

Date	Mintage	F	VF	XF	Unc	BU
1736 IAB	—	20.00	45.00	90.00	185	—
1738 IAB	—	20.00	45.00	90.00	185	—
1739 C	—	20.00	45.00	90.00	185	—
1739 IAB	—	20.00	45.00	90.00	185	—
1739 IBH	—	20.00	45.00	90.00	185	—
1741 IBH	—	20.00	45.00	90.00	185	—
1742 IBH	—	20.00	45.00	90.00	185	—
1743 IBH	—	20.00	45.00	90.00	185	—
1747 IBH	—	20.00	45.00	90.00	185	—
1749 IBH	—	20.00	45.00	90.00	185	—
1751 IBH	—	20.00	45.00	90.00	185	—
1752 IBH	—	20.00	45.00	90.00	185	—
1753 IBH	—	20.00	45.00	90.00	185	—
1755 IBH	—	20.00	45.00	90.00	185	—
1758 IBH	—	20.00	45.00	90.00	185	—
1760 IBH	—	20.00	45.00	90.00	185	—
1762 IBH	—	20.00	45.00	90.00	185	—
1765 IAP	—	20.00	45.00	90.00	185	—
1768 IAP	—	20.00	45.00	90.00	185	—
1769 IAP	—	20.00	45.00	90.00	185	—
1770 IAP	—	20.00	45.00	90.00	185	—
1772 IAP	—	20.00	45.00	90.00	185	—
1774 LCR	—	20.00	45.00	90.00	185	—
1775 LCR	—	20.00	45.00	90.00	185	—
1778 LCR	—	20.00	45.00	90.00	185	—
1780 CES	—	20.00	45.00	90.00	185	—

KM# 1006 4 MARIENGROSCHEN

Silver **Ruler:** Karl Wilhelm Ferdinand **Obv:** Crowned CW monogram **Rev:** Horse leaping left

Date	Mintage	F	VF	XF	Unc	BU
1781 CES	—	14.00	30.00	60.00	120	—
1782 CES	—	14.00	30.00	60.00	120	—
1783 CES	—	14.00	30.00	60.00	120	—
1784 CES	—	14.00	30.00	60.00	120	—

KM# 1007 4 MARIENGROSCHEN

Silver **Ruler:** Karl Wilhelm Ferdinand **Obv:** Value in 4 lines, date in legend **Rev:** Wildman with tree in left hand

Date	Mintage	F	VF	XF	Unc	BU
1781 CES	—	11.00	25.00	50.00	100	—
1782 CES	—	11.00	25.00	50.00	100	—
1783 CES	—	11.00	25.00	50.00	100	—
1784 CES	—	11.00	25.00	50.00	100	—
1785 CES	—	11.00	25.00	50.00	100	—
1786 C	—	11.00	25.00	50.00	100	—

KM# 1028 4 MARIENGROSCHEN

Silver **Ruler:** Karl Wilhelm Ferdinand **Obv:** Date in center legend **Rev:** Wildman with tree in left hand

Date	Mintage	F	VF	XF	Unc	BU
1787 C	—	14.00	30.00	60.00	120	—
1788 C	—	14.00	30.00	60.00	120	—
1789 C	—	14.00	30.00	60.00	120	—

KM# 653 6 MARIENGROSCHEN (1/6 Thaler)

Silver **Ruler:** Anton Ulrich **Obv:** Wildman **Rev:** Value VI. . ., date in 4 lines **Note:** Similar to KM#569.

Date	Mintage	VG	F	VF	XF	Unc
1704 ***	—	16.00	32.00	65.00	125	—
1705 ***	—	16.00	32.00	65.00	125	—

KM# 683 6 MARIENGROSCHEN (1/6 Thaler)

Silver **Ruler:** Anton Ulrich **Obv:** Value VI. . . in 3 lines, date in legend **Rev:** Wildman hodling tree with both hands, 6 to left of wildman

Date	Mintage	VG	F	VF	XF	Unc
1705 ***	—	11.00	22.00	45.00	95.00	—
1706 ***	—	11.00	22.00	45.00	95.00	—
1707 ***	—	11.00	22.00	45.00	95.00	—
1708 ***	—	11.00	22.00	45.00	95.00	—
1709 ***	—	11.00	22.00	45.00	95.00	—
1710 ***	—	11.00	22.00	45.00	95.00	—
1711 ***	—	11.00	22.00	45.00	95.00	—

KM# 714 6 MARIENGROSCHEN (1/6 Thaler)

Silver **Ruler:** Anton Ulrich **Obv:** FEIN. SILB. added

Date	Mintage	VG	F	VF	XF	Unc
1711 HH	—	11.00	22.00	45.00	95.00	—
1712 HH	—	11.00	22.00	45.00	95.00	—
1713 HH	—	11.00	22.00	45.00	95.00	—
1714 HH	—	11.00	22.00	45.00	95.00	—

KM# 729 6 MARIENGROSCHEN (1/6 Thaler)

Silver **Ruler:** August Wilhelm **Obv:** Value in 4 lines, date in legend **Rev:** Wildman with tree in left hand **Note:** Similar to KM#753 but without 6 at left of wildman.

Date	Mintage	VG	F	VF	XF	Unc
1714 HH	—	16.00	32.00	65.00	125	—
1715 HH	—	16.00	32.00	65.00	125	—

KM# 753 6 MARIENGROSCHEN (1/6 Thaler)

Silver **Ruler:** August Wilhelm **Obv:** Value in 4 lines, date in legend **Rev:** Wildman with tree in left hand, 6 at left

Date	Mintage	VG	F	VF	XF	Unc
1716 HH	—	16.00	32.00	65.00	125	—
1717 HH	—	16.00	32.00	65.00	125	—
1718 HH	—	16.00	32.00	65.00	125	—
1719 C	—	16.00	32.00	65.00	125	—
1720 C	—	16.00	32.00	65.00	125	—
1721 C	—	16.00	32.00	65.00	125	—
1722 C	—	16.00	32.00	65.00	125	—
1723 EPH	—	16.00	32.00	65.00	125	—
1724 EPH	—	16.00	32.00	65.00	125	—
1725 EPH	—	16.00	32.00	65.00	125	—
1726 EPH	—	16.00	32.00	65.00	125	—
1727 EPH	—	16.00	32.00	65.00	125	—
1728 EPH	—	16.00	32.00	65.00	125	—
1729 EPH	—	16.00	32.00	65.00	125	—
1730 EPH	—	16.00	32.00	65.00	125	—

GERMAN STATES — BRUNSWICK-WOLFENBÜTTEL

KM# 810 6 MARIENGROSCHEN (1/6 Thaler)
Silver **Ruler:** Ludwig Rudolph **Obv:** Value in 4 lines, date in legend **Rev:** Wildman with tree in left hand, 6 at left

Date	Mintage	VG	F	VF	XF	Unc
1731 IAB	—	22.00	45.00	90.00	180	—
1732 IAB	—	22.00	45.00	90.00	180	—
1733 IAB	—	22.00	45.00	90.00	180	—
1734 IAB	—	22.00	45.00	90.00	180	—
1735 IAB	—	22.00	45.00	90.00	180	—
1737 IAB	—	22.00	45.00	90.00	180	—

KM# 872 6 MARIENGROSCHEN (1/6 Thaler)
Silver **Ruler:** Karl I **Obv:** Value in 4 lines, date in legend **Rev:** Wildman with tree in left hand, 6 at left

Date	Mintage	VG	F	VF	XF	Unc
1735 IAB	—	15.00	30.00	60.00	120	—
1736 IAB	—	15.00	30.00	60.00	120	—
1737 IAB	—	15.00	30.00	60.00	120	—
1738 IAB	—	15.00	30.00	60.00	120	—
1739 C	—	15.00	30.00	60.00	120	—
1739 IBH	—	15.00	30.00	60.00	120	—
1740 IBH	—	15.00	30.00	60.00	120	—
1741 IBH	—	15.00	30.00	60.00	120	—
1742 IBH	—	15.00	30.00	60.00	120	—
1744 IBH	—	15.00	30.00	60.00	120	—
1746 IBH	—	15.00	30.00	60.00	120	—
1748 IBH	—	15.00	30.00	60.00	120	—
1749 IBH	—	15.00	30.00	60.00	120	—
1750 IBH	—	15.00	30.00	60.00	120	—
1751 IBH	—	15.00	30.00	60.00	120	—
1753 IBH	—	15.00	30.00	60.00	120	—
1754 IBH	—	15.00	30.00	60.00	120	—
1755 IBH	—	15.00	30.00	60.00	120	—
1756 IBH	—	15.00	30.00	60.00	120	—
1757 IBH	—	15.00	30.00	60.00	120	—
1761 IBH	—	15.00	30.00	60.00	120	—
1763 IAP	—	15.00	30.00	60.00	120	—
1764 IAP	—	15.00	30.00	60.00	120	—
1765 IAP	—	15.00	30.00	60.00	120	—
1767 IAP	—	15.00	30.00	60.00	120	—
1767/6 IAP	—	15.00	30.00	60.00	120	—
1768 IAP	—	15.00	30.00	60.00	120	—
1769 IAP	—	15.00	30.00	60.00	120	—
1770 IAP	—	15.00	30.00	60.00	120	—
1771 IAP	—	15.00	30.00	60.00	120	—
1772 IAP	—	15.00	30.00	60.00	120	—
1773 LCR	—	15.00	30.00	60.00	120	—
1774 LCR	—	15.00	30.00	60.00	120	—
1775 LCR	—	15.00	30.00	60.00	120	—
1776 LCR	—	15.00	30.00	60.00	120	—
1777 LCR	—	15.00	30.00	60.00	120	—
1778 LCR	—	15.00	30.00	60.00	120	—
1779 C	—	15.00	30.00	60.00	120	—
1780 CES	—	15.00	30.00	60.00	120	—

KM# 865 6 MARIENGROSCHEN (1/6 Thaler)
Silver **Ruler:** Ferdinand Ulbrecht II **Note:** Ferdinand Albrecht II.

Date	Mintage	VG	F	VF	XF	Unc
1735 IAB	—	25.00	50.00	100	200	—

KM# 1008 6 MARIENGROSCHEN (1/6 Thaler)
Silver **Ruler:** Karl Wilhelm Ferdinand **Obv:** Value, mint mark **Rev:** Wildman

Date	Mintage	F	VF	XF	Unc	BU
1781 CES	—	20.00	45.00	90.00	185	—
1782 CES	—	20.00	45.00	90.00	185	—
1783 CES	—	20.00	45.00	90.00	185	—
1784 CES	—	20.00	45.00	90.00	185	—

KM# 1024 6 MARIENGROSCHEN (1/6 Thaler)
Silver **Ruler:** Karl Wilhelm Ferdinand **Rev:** Wildman, mint mark

Date	Mintage	F	VF	XF	Unc	BU
1785 C	—	20.00	45.00	90.00	185	—
1785 CES	—	20.00	45.00	90.00	185	—
1786 C	—	20.00	45.00	90.00	185	—
1787 C	—	20.00	45.00	90.00	185	—
1788 C	—	20.00	45.00	90.00	185	—

KM# 947 8 GUTE GROSCHEN
Silver **Ruler:** Karl I **Obv:** Crowned arms **Rev:** Value, date

Date	Mintage	F	VF	XF	Unc	BU
1756 ACB	—	25.00	60.00	130	260	—
1757 ACB	—	25.00	60.00	130	260	—
1758 ACB	—	25.00	60.00	130	260	—
1759 ACB	—	25.00	60.00	130	260	—

KM# 949 8 GUTE GROSCHEN
Silver **Ruler:** Karl I **Obv:** Horse left **Rev:** Value, date

Date	Mintage	F	VF	XF	Unc	BU
1758 ACB	—	25.00	55.00	110	225	—
1759 ACB	—	25.00	55.00	110	225	—

KM# 951 8 GUTE GROSCHEN
Silver **Ruler:** Karl I **Obv:** Crowned ornate monogram **Rev:** Value, date

Date	Mintage	F	VF	XF	Unc	BU
1759 ACB	—	25.00	60.00	130	260	—
1760 IDB	—	25.00	55.00	110	260	—
1761 IDB	—	25.00	55.00	110	260	—
1762 IDB	—	25.00	55.00	110	260	—

KM# 1017 8 GUTE GROSCHEN
Silver **Ruler:** Karl Wilhelm Ferdinand **Obv:** Crowned complex arms within ornate shield **Obv. Legend:** CAROLVS GVIL • FERD • D • G • DVX BRVNSV • ET • LVN * **Rev:** Value, date

Date	Mintage	F	VF	XF	Unc	BU
1783 MC	—	30.00	70.00	150	325	—
1784 MC	—	30.00	70.00	150	325	—

KM# 1026 8 GUTE GROSCHEN
Silver **Ruler:** Karl Wilhelm Ferdinand **Obv:** Crowned and mantled arms **Rev:** Denomination, date

Date	Mintage	F	VF	XF	Unc	BU
1786 MC	—	303	75.00	150	300	—
1787 MC	—	30.00	75.00	150	300	—
1788 MC	—	30.00	75.00	150	300	—
1791 MC	—	30.00	75.00	150	300	—
1793 MC	—	30.00	75.00	150	300	—
1794 MC	—	30.00	75.00	150	300	—
1796 MC	—	30.00	75.00	150	300	—
1797 MC	—	30.00	75.00	150	300	—
1798 MC	—	30.00	75.00	150	300	—
1799 MC	—	30.00	75.00	150	300	—

KM# 570 12 MARIENGROSCHEN (1/3 Thaler)
Silver **Ruler:** Anton Ulrich **Obv:** Wildman holding tree with two hands at left, 12 at left of wildman **Rev:** Value XII...in 3 lines, date in legend

Date	Mintage	VG	F	VF	XF	Unc
1701	—	25.00	45.00	75.00	155	—
1702	—	25.00	45.00	75.00	155	—
1703	—	25.00	45.00	75.00	155	—

KM# 654 12 MARIENGROSCHEN (1/3 Thaler)
Silver **Ruler:** Anton Ulrich **Obv:** Wildman with tree held in both hands at right, value at left **Rev:** Value, date in legend **Note:** Similar to KM#570.

Date	Mintage	VG	F	VF	XF	Unc
1704 ***	—	18.00	37.00	75.00	150	—
1705	—	18.00	37.00	75.00	150	—

KM# 684 12 MARIENGROSCHEN (1/3 Thaler)
Silver **Ruler:** Anton Ulrich **Obv:** Value, date in legend **Rev:** Wildman with tree held in both hands at right, value at left

Date	Mintage	VG	F	VF	XF	Unc
1705 ***	—	15.00	30.00	60.00	125	—
1706 ***	—	15.00	30.00	60.00	125	—
1707 ***	—	15.00	30.00	60.00	125	—
1708 ***	—	15.00	30.00	60.00	125	—
1709 ***	—	15.00	30.00	60.00	125	—
1710 ***	—	15.00	30.00	60.00	125	—
1711 ***	—	15.00	30.00	60.00	125	—
1711 *C*	—	15.00	30.00	60.00	125	—

KM# 715 12 MARIENGROSCHEN (1/3 Thaler)
Silver **Ruler:** Anton Ulrich **Obv:** FEIN. SILB. added

Date	Mintage	VG	F	VF	XF	Unc
1711 HH	—	22.00	45.00	90.00	180	—
1712 HH	—	22.00	45.00	90.00	180	—
1713 HH	—	22.00	45.00	90.00	180	—
1714 HH	—	22.00	45.00	90.00	180	—

KM# 730 12 MARIENGROSCHEN (1/3 Thaler)
Silver **Ruler:** August Wilhelm **Obv:** Value within inner circle, date in legend **Rev:** Wildman with tree in left hand, value at left

Date	Mintage	VG	F	VF	XF	Unc
1714 HH	—	22.00	45.00	95.00	185	—
1715 HH	—	22.00	45.00	95.00	185	—
1716 HH	—	22.00	45.00	95.00	185	—
1717 HH	—	22.00	45.00	95.00	185	—
1718 HH	—	22.00	45.00	95.00	185	—
1719 C	—	22.00	45.00	95.00	185	—
1719 HH	—	22.00	45.00	95.00	185	—
1720 C	—	22.00	45.00	95.00	185	—
1721 C	—	22.00	45.00	95.00	185	—
1722 C	—	22.00	45.00	95.00	185	—
1723 C	—	22.00	45.00	95.00	185	—
1723 EPH	—	22.00	45.00	95.00	185	—
1724 EPH	—	22.00	45.00	95.00	185	—
1725 EPH	—	22.00	45.00	95.00	185	—
1726 EPH	—	22.00	45.00	95.00	185	—
1727 EPH	—	22.00	45.00	95.00	185	—
1728 EPH	—	22.00	45.00	95.00	185	—
1729 EPH	—	22.00	45.00	95.00	185	—
1731 EPH	—	22.00	45.00	95.00	185	—

KM# 811 12 MARIENGROSCHEN (1/3 Thaler)
Silver **Ruler:** Ludwig Rudolph **Obv:** Value within inner circle, date in legend **Rev:** Wildman with tree in left hand, value at left

Date	Mintage	VG	F	VF	XF	Unc
1731 IAB	—	18.00	35.00	75.00	150	—
1732 IAB	—	18.00	35.00	75.00	150	—
1733 IAB	—	18.00	35.00	75.00	150	—
1734 IAB	—	18.00	35.00	75.00	150	—
1735 IAB	—	18.00	35.00	75.00	150	—

KM# 866 12 MARIENGROSCHEN (1/3 Thaler)
Silver **Ruler:** Ferdinand Ulbrecht II

Date	Mintage	VG	F	VF	XF	Unc
1735 IAB	—	37.00	75.00	150	300	—

KM# 1009 12 MARIENGROSCHEN (1/3 Thaler)
Silver **Ruler:** Karl Wilhelm Ferdinand **Obv:** Value, date in circular legend **Rev:** Wildman

Date	Mintage	F	VF	XF	Unc	BU
1781 CES	—	40.00	85.00	170	340	—
1782 CES	—	40.00	85.00	170	340	—
1783 CES	—	40.00	85.00	170	340	—
1784 CES	—	40.00	85.00	170	340	—
1785 CES	—	40.00	85.00	170	340	—

KM# 1027 12 MARIENGROSCHEN (1/3 Thaler)
Silver **Ruler:** Karl Wilhelm Ferdinand **Obv:** Date and mint mark in center inscription

Date	Mintage	F	VF	XF	Unc	BU
1786 C	—	40.00	85.00	170	340	—

KM# 1029 12 MARIENGROSCHEN (1/3 Thaler)
Silver **Ruler:** Karl Wilhelm Ferdinand **Rev:** Mint mark in exergue

Date	Mintage	F	VF	XF	Unc	BU
1787 C	—	40.00	85.00	170	340	—
1788 C	—	40.00	85.00	170	340	—
1789 C	—	40.00	85.00	170	340	—

KM# 559 24 MARIENGROSCHEN (2/3 Thaler)
Silver **Ruler:** Anton Ulrich **Obv:** Wildman with tree in both hands at right, value at left **Rev:** Value within inner circle, date in legend

Date	Mintage	VG	F	VF	XF	Unc
1701	—	33.00	65.00	110	225	—
1702	—	33.00	65.00	110	225	—
1703	—	33.00	65.00	110	225	—
1704	—	33.00	65.00	110	225	—

KM# 867 12 MARIENGROSCHEN (1/3 Thaler)
Silver **Ruler:** Karl I **Obv:** Value within inner circle, date in legend **Rev:** Wildman with tree in left hand

Date	Mintage	F	VF	XF	Unc	BU
1735 IAB	—	30.00	65.00	130	260	—
1736 IAB	—	30.00	65.00	130	260	—
1737 IAB	—	30.00	65.00	130	260	—
1738 IAB	—	30.00	65.00	130	260	—
1739 C	—	30.00	65.00	130	260	—
1739 IBH	—	30.00	65.00	130	260	—
1740 IBH	—	30.00	65.00	130	260	—
1741 IBH	—	30.00	65.00	130	260	—
1742 IBH	—	35.00	75.00	150	300	—
1743 IBH	—	30.00	65.00	130	260	—
1744 IBH	—	30.00	65.00	130	260	—
1745 IBH	—	30.00	65.00	130	260	—
1746 IBH	—	30.00	65.00	130	260	—
1747 IBH	—	30.00	65.00	130	260	—
1748 IBH	—	30.00	65.00	130	260	—
1749 IBH	—	30.00	65.00	130	260	—
1752 IBH	—	30.00	65.00	130	260	—
1753 IBH	—	30.00	75.00	150	300	—
1754 IBH	—	30.00	65.00	130	260	—
1755 IBH	—	30.00	65.00	130	260	—
1756 IBH	—	30.00	65.00	130	260	—
1757 IBH	—	30.00	65.00	130	260	—
1758 IBH	—	30.00	65.00	130	260	—
1759 IBH	—	30.00	65.00	130	260	—
1760 IBH	—	30.00	65.00	130	260	—
1761 IBH	—	30.00	65.00	130	260	—
1762 IBH	—	30.00	65.00	130	260	—
1763 IAP	—	30.00	65.00	130	260	—
1764 IAP	—	30.00	65.00	130	260	—
1765 IAP	—	30.00	65.00	130	260	—
1766 IAP	—	30.00	65.00	130	260	—
1768 IAP	—	30.00	65.00	130	260	—
1769 IAP	—	30.00	65.00	130	260	—
1770 IAP	—	30.00	65.00	130	260	—
1771 IAP	—	30.00	65.00	130	260	—
1772 IAP	—	30.00	65.00	130	260	—
1773 IAP	—	30.00	65.00	130	260	—
1773 LCR	—	30.00	65.00	130	260	—
1774 LCR	—	30.00	65.00	130	260	—
1775 LCR	—	30.00	65.00	130	260	—
1776 LCR	—	30.00	75.00	150	300	—
1777 LCR	—	30.00	65.00	130	260	—
1778 LCR	—	30.00	65.00	130	260	—
1779 C	—	30.00	65.00	130	260	—
1780 CES	—	55.00	110	225	450	—

KM# 998 16 GUTE GROSCHEN
Silver **Ruler:** Karl Wilhelm Ferdinand **Obv:** Crowned complex arms **Rev:** Value, date

Date	Mintage	F	VF	XF	Unc	BU
1780 MC	—	40.00	80.00	165	330	—
1781 MC	—	40.00	80.00	165	330	—
1782 MC	—	40.00	80.00	165	330	—
1783 MC	—	40.00	80.00	165	330	—
1784 MC	—	40.00	80.00	165	330	—

KM# 615 24 MARIENGROSCHEN (2/3 Thaler)
Silver **Ruler:** Anton Ulrich **Obv:** Horse leaping left, 2/3 in oval below

Date	Mintage	VG	F	VF	XF	Unc
1701 HCH	—	40.00	85.00	160	310	—
1702 HCH	—	40.00	85.00	160	310	—
1703 HCH	—	40.00	85.00	160	310	—
1704 HCH	—	40.00	85.00	160	310	—
1705 HCH	—	40.00	85.00	160	310	—

KM# 655 24 MARIENGROSCHEN (2/3 Thaler)
Silver **Obv:** Horse leaping left, value 2/3 below **Rev:** XXIIII. . . in 3 lines, date in legend

Date	Mintage	VG	F	VF	XF	Unc
1704 HCH	—	35.00	80.00	165	330	—

KM# 656 24 MARIENGROSCHEN (2/3 Thaler)
Silver **Ruler:** Anton Ulrich **Obv:** Wildman holding tree with both hands to his left, 24 on left **Rev:** 24. . . V. FEIN. SILB., date in legend

Date	Mintage	VG	F	VF	XF	Unc
1704 ***	—	30.00	60.00	120	240	—
1705 ***	—	30.00	60.00	120	240	—

KM# 1020 16 GUTE GROSCHEN
Silver **Ruler:** Karl Wilhelm Ferdinand **Obv:** Arms **Rev:** Denomination

Date	Mintage	F	VF	XF	Unc	BU
1784 MC	—	40.00	80.00	165	330	500
1785 MC	—	40.00	80.00	165	330	500
1786 MC	—	40.00	80.00	165	330	500
1787 MC	—	40.00	80.00	165	330	500
1788 MC	—	40.00	80.00	165	330	500
1789 MC	—	40.00	80.00	165	330	500
1790 MC	—	40.00	80.00	165	330	500
1791 MC	—	40.00	80.00	165	330	500
1792 MC	—	40.00	80.00	165	330	500
1793 MC	—	40.00	80.00	165	330	500
1794 MC	—	40.00	80.00	165	330	500
1795 MC	—	40.00	80.00	165	330	500
1796 MC	—	40.00	80.00	165	330	500
1797 MC	—	40.00	80.00	165	330	500
1798 MC	—	40.00	80.00	165	330	500
1799 MC	—	40.00	80.00	165	330	500

KM# 685 24 MARIENGROSCHEN (2/3 Thaler)
Silver **Ruler:** Anton Ulrich **Obv:** Value within inner circle, date in legend **Rev:** Wildman with tree held in both hands, value at left

Date	Mintage	VG	F	VF	XF	Unc
1705 ***	—	30.00	60.00	120	240	—
1706 ***	—	30.00	60.00	120	240	—
1707 ***	—	30.00	60.00	120	240	—
1708 ***	—	30.00	60.00	120	240	—
1709 ***	—	30.00	60.00	120	240	—
1710 ***	—	30.00	60.00	120	240	—
1711	—	30.00	60.00	120	240	—
1711 ***	—	30.00	60.00	120	240	—
1711 *C*	—	30.00	60.00	120	240	—
1711 HH	—	30.00	60.00	120	240	—
1712 HH	—	30.00	60.00	120	240	—
1713 HH	—	30.00	60.00	120	240	—
1714 HH	—	30.00	60.00	120	240	—

Note: Varieties exist

GERMAN STATES — BRUNSWICK-WOLFENBUTTEL

KM# 868 24 MARIENGROSCHEN (2/3 Thaler)
Silver **Obv:** Horse leaping left, value in oval below **Note:** Similar to KM#813.

Date	Mintage	VG	F	VF	XF	Unc
1735 IAB	—	40.00	80.00	140	250	—

KM# 731 24 MARIENGROSCHEN (2/3 Thaler)
Silver **Ruler:** August Wilhelm **Obv:** Value within inner circle, date in legend **Rev:** Wildman with tree in left hand, value at left

Date	Mintage	VG	F	VF	XF	Unc
1714 HH	—	32.00	65.00	130	260	—
1715 HH	—	32.00	65.00	130	260	—
1716 HH	—	32.00	65.00	130	260	—
1717 HH	—	32.00	65.00	130	260	—
1718 HH	—	32.00	65.00	130	260	—
1719 C	—	32.00	65.00	130	260	—
1720 C	—	32.00	65.00	130	260	—
1721 C	—	32.00	65.00	130	260	—
1722 C	—	32.00	65.00	130	260	—
1723 C	—	32.00	65.00	130	260	—
1723 EPH	—	32.00	65.00	130	260	—
1724 EPH	—	32.00	65.00	130	260	—
1725 EPH	—	32.00	65.00	130	260	—
1726 EPH	—	32.00	65.00	130	260	—
1727 EPH	—	32.00	65.00	130	260	—
1728 EPH	—	32.00	65.00	130	260	—
1729 EPH	—	32.00	65.00	130	260	—
1730 EPH	—	32.00	65.00	130	260	—

KM# A812 24 MARIENGROSCHEN (2/3 Thaler)
Silver **Ruler:** August Wilhelm

Date	Mintage	VG	F	VF	XF	Unc
1715 HCH	—	37.00	75.00	150	300	—
1720 HCH	—	37.00	75.00	150	300	—
1724 HCH	—	37.00	75.00	150	300	—

KM# 812 24 MARIENGROSCHEN (2/3 Thaler)
Silver **Ruler:** Ludwig Rudolph **Obv:** Value within inner circle, date in legend **Rev:** Wildman with tree in left hand, value at left

Date	Mintage	VG	F	VF	XF	Unc
1731 C	—	27.00	55.00	110	225	—
1731 IAB	—	27.00	55.00	110	225	—
1732 IAB	—	27.00	55.00	110	225	—
1733 IAB	—	27.00	55.00	110	225	—
1734 IAB	—	27.00	55.00	110	225	—
1735 IAB	—	27.00	55.00	110	225	—

KM# 813 24 MARIENGROSCHEN (2/3 Thaler)
Silver **Ruler:** Ludwig Rudolph **Obv:** Horse leaping left, value in oval below

Date	Mintage	VG	F	VF	XF	Unc
1731 C	—	37.00	75.00	150	300	—
1731 IAB	—	37.00	75.00	150	300	—
1734 IAB	—	37.00	75.00	150	300	—

KM# 869 24 MARIENGROSCHEN (2/3 Thaler)
Silver **Ruler:** Ferdinand Ulbrecht II **Obv:** Value within inner circle, date in legend **Rev:** Wildman with tree in left hand, value at left

Date	Mintage	VG	F	VF	XF	Unc
1735 IAB	—	45.00	95.00	190	375	—

KM# 870 24 MARIENGROSCHEN (2/3 Thaler)
Silver **Ruler:** Karl I **Obv:** Value within inner circle, date in legend **Rev:** Wildman with tree in left hand

Date	Mintage	F	VF	XF	Unc	BU
1735 IAB	—	37.00	75.00	150	300	—
1736 IAB	—	37.00	75.00	150	300	—
1737 IAB	—	37.00	75.00	150	300	—
1738 IAB	—	37.00	75.00	150	300	—
1739 IAB	—	37.00	75.00	150	300	—
1739 IBH	—	37.00	75.00	150	300	—
1739 C	—	37.00	75.00	150	300	—
1740 IBH	—	37.00	75.00	150	300	—
1741 IBH	—	37.00	75.00	150	300	—
1742 IBH	—	37.00	75.00	150	300	—
1743 IBH	—	37.00	75.00	150	300	—
1744 IBH	—	37.00	75.00	150	300	—
1745 IBH	—	37.00	75.00	150	300	—
1746 IBH	—	37.00	75.00	150	300	—
1747 IBH	—	37.00	75.00	150	300	—
1748 IBH	—	37.00	75.00	150	300	—
1749 IBH	—	37.00	75.00	150	300	—
1750 IBH	—	37.00	75.00	150	300	—
1751 IBH	—	37.00	75.00	150	300	—
1752 IBH	—	37.00	75.00	150	300	—
1753 IBH	—	37.00	75.00	150	300	—
1754 IBH	—	37.00	75.00	150	300	—
1755 IBH	—	37.00	75.00	150	300	—
1756 IBH	—	37.00	75.00	150	300	—
1757 IBH	—	37.00	75.00	150	300	—
1758 IBH	—	37.00	75.00	150	300	—
1759 IBH	—	37.00	75.00	150	300	—
1760 IBH	—	37.00	75.00	150	300	—
1761 IBH	—	37.00	75.00	150	300	—
1762 IBH	—	37.00	75.00	150	300	—
1763 IAP	—	37.00	75.00	150	300	—
1764 IAP	—	37.00	75.00	150	300	—
1765 IAP	—	37.00	75.00	150	300	—
1766 IAP	—	37.00	75.00	150	300	—
1767 IAP	—	37.00	75.00	150	300	—
1768 IAP	—	37.00	75.00	150	300	—
1769 IAP	—	37.00	75.00	150	300	—
1770 IAP	—	37.00	75.00	150	300	—
1771 IAP	—	37.00	75.00	150	300	—
1772 IAP	—	37.00	75.00	150	300	—
1773 IAP	—	37.00	75.00	150	300	—
1773 LCR	—	37.00	75.00	150	300	—
1774 LCR	—	37.00	75.00	150	300	—
1775 LCR	—	37.00	75.00	150	300	—
1776 LCR	—	37.00	75.00	150	300	—
1777 LCR	—	37.00	75.00	150	300	—
1778 LCR	—	37.00	75.00	150	300	—
1779 C	—	37.00	75.00	150	300	—
1780 CES	—	37.00	75.00	150	300	—

Date	Mintage	F	VF	XF	Unc	BU
1746 IBH	—	40.00	90.00	190	375	—
1747 IBH	—	40.00	90.00	190	375	—
1748 IBH	—	40.00	90.00	190	375	—
1749 IBH	—	40.00	90.00	190	375	—
1750 IBH	—	40.00	90.00	190	375	—
1751 IBH	—	40.00	90.00	190	375	—
1752 IBH	—	40.00	90.00	190	375	—
1753 IBH	—	40.00	90.00	190	375	—
1754 IBH	—	40.00	90.00	190	375	—
1755 IBH	—	40.00	90.00	190	375	—
1757 IBH	—	40.00	90.00	190	375	—
1758 IBH	—	40.00	90.00	190	375	—
1759 IBH	—	40.00	90.00	190	375	—
1760 IBH	—	75.00	150	300	600	—
1761 IBH	—	40.00	90.00	190	375	—
1762 IBH	—	40.00	90.00	190	375	—
1763 IDB	—	55.00	110	225	450	—
1763 IAP	—	40.00	90.00	190	375	—
1764 IAP	—	40.00	90.00	190	375	—
1765 IAP	—	40.00	90.00	190	375	—
1766 IAP	—	40.00	90.00	190	375	—
1767 IAP	—	40.00	90.00	190	375	—
1768 IAP	—	40.00	90.00	190	375	—
1769 IAP	—	40.00	90.00	190	375	—
1770 IAP	—	40.00	90.00	190	375	—
1771 IAP	—	40.00	90.00	190	375	—
1772 IAP	—	40.00	90.00	190	375	—
1773 IAP	—	40.00	90.00	190	375	—
1773 LCR	—	40.00	100	200	400	—
1774 LCR	—	40.00	90.00	190	375	—
1775 LCR	—	40.00	90.00	190	375	—
1776 LCR	—	40.00	90.00	190	375	—
1780 CES	—	40.00	90.00	190	375	—

KM# 1010 24 MARIENGROSCHEN (2/3 Thaler)
Silver **Ruler:** Karl Wilhelm Ferdinand **Obv:** Baroque arms **Rev:** Wildman

Date	Mintage	F	VF	XF	Unc	BU
1781 CES	—	130	275	550	1,125	—
1782 CES	—	130	275	550	1,125	—
1783 CES	—	130	275	550	1,125	—

KM# 1011 24 MARIENGROSCHEN (2/3 Thaler)
Silver **Ruler:** Karl Wilhelm Ferdinand **Obv:** Date in circular legend **Rev:** Wildman with tree in left hand, value at left

Date	Mintage	F	VF	XF	Unc	BU
1781 CES	—	80.00	175	350	725	—
1782 CES	—	80.00	175	350	725	—
1783 CES	—	80.00	175	350	725	—
1784 CES	—	80.00	175	350	725	—
1786 C	—	80.00	175	350	725	—

KM# 1012 24 MARIENGROSCHEN (2/3 Thaler)
Silver **Ruler:** Karl Wilhelm Ferdinand **Obv:** Value **Rev:** Horse

Date	Mintage	F	VF	XF	Unc	BU
1781 CES	—	100	200	425	850	—

KM# 1021 24 MARIENGROSCHEN (2/3 Thaler)
Silver **Ruler:** Karl Wilhelm Ferdinand **Obv:** Plain arms

Date	Mintage	F	VF	XF	Unc	BU
1784 CES	—	100	200	425	850	—
1786 C	—	100	200	425	850	—

KM# 1022 24 MARIENGROSCHEN (2/3 Thaler)
Silver **Ruler:** Karl Wilhelm Ferdinand **Obv:** Date below value in center **Rev:** Wildman with tree in left hand, value at left

Date	Mintage	F	VF	XF	Unc	BU
1784 CES	—	80.00	175	350	700	—
1785 CES	—	80.00	175	350	700	—
1786 C	—	80.00	175	350	700	—
1786 CES	—	80.00	175	350	700	—
1787 C	—	80.00	175	350	700	—
1788 C	—	80.00	175	350	700	—
1789 C	—	80.00	175	350	700	—

KM# 895 24 MARIENGROSCHEN (2/3 Thaler)
Silver **Ruler:** Karl I **Obv:** Value within inner circle, date in legend

Date	Mintage	F	VF	XF	Unc	BU
1736 IAB	—	40.00	90.00	190	375	—
1737 IAB	—	40.00	90.00	190	375	—
1738 IAB	—	40.00	90.00	190	375	—
1739 IAB	—	40.00	90.00	190	375	—
1739 C	—	40.00	90.00	190	375	—
1739 IBH	—	40.00	90.00	190	375	—
1740 IBH	—	40.00	90.00	190	375	—
1741 IBH	—	40.00	90.00	190	375	—
1743 IBH	—	40.00	90.00	190	375	—
1744 IBH	—	40.00	90.00	190	375	—
1745 IBH	—	40.00	90.00	190	375	—

BRUNSWICK-WOLFENBUTTEL GERMAN STATES 359

KM# 1033 24 MARIENGROSCHEN (2/3 Thaler)

Silver **Ruler:** Karl Wilhelm Ferdinand **Obv:** Horse leaping left

Date	Mintage	F	VF	XF	Unc	BU
1789 MC	—	50.00	100	225	450	650
1790 MC	—	50.00	100	225	450	650
1795 MC	—	50.00	100	225	450	650
1796 MC	—	50.00	100	225	450	650
1797 MC	—	50.00	100	225	450	650
1798 MC	—	50.00	100	225	450	650
1799 MC	—	50.00	100	225	450	650
1800 MC	—	50.00	100	225	450	650

Note: Varieties exist

KM# 1034 24 MARIENGROSCHEN (2/3 Thaler)

Silver **Ruler:** Karl Wilhelm Ferdinand

Date	Mintage	F	VF	XF	Unc	BU
1789 MC	—	50.00	115	235	475	650
1790 MC	—	50.00	115	235	475	650
1791 MC	—	50.00	115	235	475	650
1792 MC	—	50.00	115	235	475	650
1793 MC	—	50.00	115	235	475	650
1794 MC	—	50.00	115	235	475	650
1795 MC	—	50.00	115	235	475	650
1796 MC	—	50.00	115	235	475	650
1797 MC	—	50.00	115	235	475	650
1798 MC	—	50.00	115	235	475	650
1799 MC	—	50.00	115	235	475	650
1800 MC	—	50.00	115	235	475	650

KM# 961 1/48 THALER

Billon **Ruler:** Karl I **Obv:** B at top, S at left, M at right **Rev:** Value, date

Date	Mintage	F	VF	XF	Unc	BU
1760 IDB	—	10.00	22.00	45.00	90.00	—
1761 IDB	—	10.00	22.00	45.00	90.00	—

KM# 657 1/24 THALER (Groschen)

2.3000 g., Silver, 19.6 mm. **Ruler:** Anton Ulrich **Subject:** Death of Anton Ulrich's Wife, Elisabeth Juliane **Obv:** Head right **Obv. Legend:** ELIS. IVL..., value 24 below **Rev:** 9-line inscrption with Roman numeral date

Date	Mintage	VG	F	VF	XF	Unc
1704 HCH	—	30.00	60.00	110	225	—

KM# 765 1/24 THALER (Groschen)

Silver **Ruler:** August Wilhelm **Obv:** Horse leaping left **Rev:** Imperial orb with 24 divides date

Date	Mintage	VG	F	VF	XF	Unc
1717 HCH	—	12.00	25.00	50.00	100	—

KM# 928 1/24 THALER (Groschen)

Billon **Ruler:** Karl I **Obv:** Horse left **Obv. Legend:** CAROLUS. . . **Rev:** Value

Date	Mintage	F	VF	XF	Unc	BU
1747 EK	—	10.00	27.00	45.00	90.00	—
1748 EK	—	10.00	27.00	45.00	90.00	—
1751	—	10.00	27.00	45.00	90.00	—
1753	—	10.00	27.00	45.00	90.00	—
1755 ACB	—	10.00	27.00	45.00	90.00	—
1757 ACB	—	10.00	27.00	45.00	90.00	—

KM# 962 1/24 THALER (Groschen)

Billon **Ruler:** Karl I **Rev:** Value

Date	Mintage	F	VF	XF	Unc	BU
1760	—	10.00	22.00	45.00	90.00	—
1760 IDB	—	10.00	22.00	45.00	90.00	—
1761 IDB	—	10.00	22.00	45.00	90.00	—
1762 IDB	—	10.00	22.00	45.00	90.00	—

KM# 969 1/24 THALER (Groschen)

Billon **Ruler:** Karl I **Rev. Legend:** CCCXX. . ., value

Date	Mintage	F	VF	XF	Unc	BU
1764 IDB	—	10.00	22.00	45.00	90.00	—
1772 IDB	—	10.00	22.00	45.00	90.00	—
1776 IDB	—	10.00	22.00	45.00	90.00	—
1777 IDB	—	10.00	22.00	45.00	90.00	—

KM# 999 1/24 THALER (Groschen)

Billon **Ruler:** Karl Wilhelm Ferdinand **Obv:** Horse **Rev:** Denomination

Date	Mintage	F	VF	XF	Unc	BU
1780 MC	—	10.00	22.00	45.00	90.00	—
1781 MC	—	10.00	22.00	45.00	90.00	—
1786 MC	—	10.00	22.00	45.00	90.00	—
1787 MC	—	10.00	22.00	45.00	90.00	—
1788 MC	—	10.00	22.00	45.00	90.00	—
1790 MC	—	10.00	22.00	45.00	90.00	—
1797 MC	—	10.00	22.00	45.00	90.00	—
1798 MC	—	10.00	22.00	45.00	90.00	—

KM# 658 1/18 THALER

Silver **Ruler:** Anton Ulrich **Subject:** Death of Anton Ulrich's Wife, Elisabeth Julianne **Obv:** Head right,18 below **Obv. Legend:** ELIS. IVL. . . . **Rev:** 9-line inscription with Roman numeral date

Date	Mintage	VG	F	VF	XF	Unc
1704 HCH	—	35.00	70.00	136	260	—

KM# 743 1/18 THALER

Silver **Ruler:** August Wilhelm **Obv:** Crowned AW monogram, date in legend **Rev:** Horse leaping left, 1/18 in oval below

Date	Mintage	VG	F	VF	XF	Unc
1715 HH	—	12.00	25.00	55.00	110	—
1716 HH	—	12.00	25.00	55.00	110	—

KM# 626 1/12 THALER (2 Groschen)

Silver **Ruler:** Anton Ulrich **Rev:** Date below value

Date	Mintage	VG	F	VF	XF	Unc
1701 HCH	—	16.00	33.00	65.00	130	—
1702 HCH	—	16.00	33.00	65.00	130	—
1703 HCH	—	16.00	33.00	65.00	130	—

KM# 616 1/12 THALER (2 Groschen)

Silver **Ruler:** Anton Ulrich **Obv. Legend:** NACH DEN..., Horse leaping left, date below horse **Rev:** Value 12. . ., LANDMUNTZ IN 5 lines

Date	Mintage	VG	F	VF	XF	Unc
1703	—	16.00	33.00	65.00	130	—
1704	—	16.00	33.00	65.00	130	—

Note: Varieties exist

KM# 659 1/12 THALER (2 Groschen)

Silver **Obv:** Horse leaping left, date below **Rev:** Value in 3 lines

Date	Mintage	VG	F	VF	XF	Unc
1704 HCH	—	13.00	27.00	55.00	110	—

KM# 660 1/12 THALER (2 Groschen)

Silver **Ruler:** Anton Ulrich **Rev:** Date in legend

Date	Mintage	VG	F	VF	XF	Unc
1704 HCH	—	13.00	27.00	55.00	110	—
1705 HCH	—	13.00	27.00	55.00	110	—
1706 HCH	—	13.00	27.00	55.00	110	—
1707 HCH	—	13.00	27.00	55.00	110	—
1708 HCH	—	13.00	27.00	55.00	110	—
1709 HCH	—	13.00	27.00	55.00	110	—
1710 HCH	—	13.00	27.00	55.00	110	—
1711 HCH	—	13.00	27.00	55.00	110	—
1712 HCH	—	13.00	27.00	55.00	110	—
1713 HCH	—	13.00	27.00	55.00	110	—
1714 HCH	—	13.00	27.00	55.00	110	—

KM# 661 1/12 THALER (2 Groschen)

Silver **Ruler:** Anton Ulrich **Subject:** Death of Anton Ulrich's wife, Elisabeth Juliane **Obv. Legend:** ELIS. IVL. . ., head right, 12 below **Rev:** 9-line legend with roman numeral date

Date	Mintage	VG	F	VF	XF	Unc
1704 HCH	—	40.00	80.00	150	300	—

KM# 732 1/12 THALER (2 Groschen)

Silver **Ruler:** August Wilhelm **Obv:** Horse leaping left **Rev:** 12/EINEN/THALER, date in legend

Date	Mintage	VG	F	VF	XF	Unc
1714 HCH	—	15.00	30.00	60.00	125	—
1715 HCH	—	15.00	30.00	60.00	125	—
1716 HCH	—	15.00	30.00	60.00	125	—
1717 HCH	—	15.00	30.00	60.00	125	—
1718 HCH	—	15.00	30.00	60.00	125	—
1719 HCH	—	15.00	30.00	60.00	125	—
1720 HCH	—	15.00	30.00	60.00	125	—
1721 HCH	—	15.00	30.00	60.00	125	—
1722 HCH	—	15.00	30.00	60.00	125	—
1723 HCH	—	15.00	30.00	60.00	125	—
1724 HCH	—	15.00	30.00	60.00	125	—
1725 HCH	—	15.00	30.00	60.00	125	—
1726 HCH	—	15.00	30.00	60.00	125	—
1727 HCH	—	15.00	30.00	60.00	125	—
1728 HCH	—	15.00	30.00	60.00	125	—
1729 IHT	—	15.00	30.00	60.00	125	—
1730 IHT	—	15.00	30.00	60.00	125	—
1731 IHT	—	15.00	30.00	60.00	125	—

KM# 814 1/12 THALER (2 Groschen)

Silver **Ruler:** Ludwig Rudolph **Rev:** 12/EINEN/THALER **Rev. Legend:** NACH DEN. . ., date

Date	Mintage	VG	F	VF	XF	Unc
1731 IHT	—	11.00	22.00	45.00	90.00	—
1732 HT	—	11.00	22.00	45.00	90.00	—

KM# 835 1/12 THALER (2 Groschen)

Silver **Ruler:** Ludwig Rudolph **Obv:** Date below horse

Date	Mintage	VG	F	VF	XF	Unc
1733 BID	—	10.00	20.00	40.00	80.00	—
1734 BID	—	10.00	20.00	40.00	80.00	—

KM# 871 1/12 THALER (2 Groschen)

Silver **Rev:** Date below value

Date	Mintage	VG	F	VF	XF	Unc
1735 BID	—	20.00	45.00	80.00	165	—

KM# 902 1/12 THALER (2 Groschen)

Silver **Ruler:** Karl I **Obv:** Horse leaping left **Rev:** Value, date **Rev. Legend:** NACH DEM. . .

Date	Mintage	F	VF	XF	Unc	BU
1737 BID	—	15.00	30.00	60.00	120	—
1740 BID	—	15.00	30.00	60.00	120	—
1762 IDB	—	15.00	30.00	60.00	120	—
1764 IDB	—	15.00	30.00	60.00	120	—

KM# 929 1/12 THALER (2 Groschen)

Silver **Ruler:** Karl I **Rev:** Without NACH DEM. . .

Date	Mintage	F	VF	XF	Unc	BU
1747 EK	—	7.50	15.00	30.00	60.00	—
1748 EK	—	7.50	15.00	30.00	60.00	—
1749 EK	—	7.50	15.00	30.00	60.00	—
1750 EK	—	7.50	15.00	30.00	60.00	—
1751	—	7.50	15.00	30.00	60.00	—
1752	—	7.50	15.00	30.00	60.00	—
1753	—	7.50	15.00	30.00	60.00	—
1754 ACB	—	7.50	15.00	30.00	60.00	—
1756 ACB	—	7.50	15.00	30.00	60.00	—
1757 ACB	—	7.50	15.00	30.00	60.00	—
1758 ACB	—	7.50	15.00	30.00	60.00	—

KM# 970 1/12 THALER (2 Groschen)

Silver **Ruler:** Karl I **Obv:** Horse leaping left **Rev:** Value, date, CLS...

Date	Mintage	F	VF	XF	Unc	BU
1764 IDB	—	11.00	22.00	45.00	90.00	—
1765 IDB	—	11.00	22.00	45.00	90.00	—
1766 IDB	—	11.00	22.00	45.00	90.00	—
1767 IDB	—	11.00	22.00	45.00	90.00	—
1768 IDB	—	11.00	22.00	45.00	90.00	—
1769 IDB	—	11.00	22.00	45.00	90.00	—
1770 IDB	—	11.00	22.00	45.00	90.00	—
1771 IDB	—	11.00	22.00	45.00	90.00	—
1772 IDB	—	11.00	22.00	45.00	90.00	—
1773 IDB	—	11.00	22.00	45.00	90.00	—
1774 IDB	—	11.00	22.00	45.00	90.00	—
1775 IDB	—	11.00	22.00	45.00	90.00	—
1776 IDB	—	11.00	22.00	45.00	90.00	—
1777 IDB	—	11.00	22.00	45.00	90.00	—
1778 IDB	—	11.00	22.00	45.00	90.00	—
1779 IDB	—	11.00	22.00	45.00	90.00	—
1779 MC	—	11.00	22.00	45.00	90.00	—
1780 MC	—	11.00	22.00	45.00	90.00	—

KM# 1000 1/12 THALER (2 Groschen)

Billon **Ruler:** Karl Wilhelm Ferdinand **Obv:** Rearing horse left **Rev:** Denomination and date, F.R. below, within circle

Date	Mintage	F	VF	XF	Unc	BU
1780 MC	—	10.00	30.00	60.00	110	180
1781 MC	—	10.00	30.00	60.00	110	180
1782 MC	—	10.00	30.00	60.00	110	180
1783 MC	—	10.00	30.00	60.00	110	180
1784 MC	—	10.00	30.00	60.00	110	180
1787 MC	—	10.00	30.00	60.00	110	180
1788 MC	—	10.00	30.00	60.00	110	180
1789 MC	—	10.00	30.00	60.00	110	180
1790 MC	—	10.00	30.00	60.00	110	180
1791 MC	—	10.00	30.00	60.00	110	180
1792 MC	—	10.00	30.00	60.00	110	180
1793 MC	—	10.00	30.00	60.00	110	180
1794 MC	—	10.00	30.00	60.00	110	180
1795 MC	—	10.00	30.00	60.00	110	180
1796 MC	—	10.00	30.00	60.00	110	180
1797 MC	—	10.00	30.00	60.00	110	180
1798 MC	—	10.00	30.00	60.00	110	180
1799 MC	—	10.00	30.00	60.00	110	180
1800 MC	—	8.00	25.00	60.00	110	180

KM# 744 1/9 THALER

Silver **Ruler:** August Wilhelm **Obv:** Crowned AW monogram, date in legend **Rev:** Horse leaping left, value in oval below

Date	Mintage	VG	F	VF	XF	Unc
1715 HH	—	32.00	65.00	135	275	—

GERMAN STATES — BRUNSWICK-WOLFENBUTTEL

KM# 745 1/9 THALER
Silver **Ruler:** August Wilhelm **Rev:** Date divided by value at bottom

Date	Mintage	VG	F	VF	XF	Unc
1715 HH	—	32.00	65.00	135	275	—

KM# 662 1/8 THALER
Silver **Ruler:** Anton Ulrich **Subject:** Death of Rudolf August **Obv:** Armored bust right **Rev:** Inscription

Date	Mintage	VG	F	VF	XF	Unc
1704 HCH	—	30.00	65.00	130	260	—

KM# 733 1/8 THALER
Silver **Obv:** Helmeted 11-fold arms divide date **Rev:** Wildman holding tree with both hands to his left **Note:** (Species).

Date	Mintage	VG	F	VF	XF	Unc
1714 HH	—	90.00	160	310	625	—

KM# 746 1/8 THALER
Silver **Ruler:** August Wilhelm **Obv:** Helmeted complex arms **Rev:** Wildman with tree in left hand

Date	Mintage	VG	F	VF	XF	Unc
1715 HH	—	25.00	50.00	100	200	—
1720 C	—	25.00	50.00	100	200	—
1723 EPH	—	25.00	50.00	100	200	—

KM# 796 1/8 THALER
Silver **Ruler:** August Wilhelm **Subject:** 200th Anniversary of Augsburg Confession **Obv:** Horse rearing left **Rev:** Inscription

Date	Mintage	VG	F	VF	XF	Unc
1730 IHT	—	40.00	80.00	165	330	—

KM# 747 1/6 THALER
Silver **Ruler:** August Wilhelm **Obv:** Crowned AW monogram, date in legend **Rev:** Horse leaping left, 1/6 below

Date	Mintage	VG	F	VF	XF	Unc
1715 HH	—	25.00	50.00	100	210	—
1717 HH	—	25.00	50.00	100	210	—

KM# 754 1/6 THALER
Silver **Ruler:** August Wilhelm **Obv:** Crowned monogram **Rev:** Date divided by value

Date	Mintage	VG	F	VF	XF	Unc
1716 HH	—	20.00	40.00	85.00	170	—
1717 HH	—	20.00	40.00	85.00	170	—
1719 C	—	20.00	40.00	85.00	170	—
1721 C	—	20.00	40.00	85.00	170	—
1723 EPH	—	20.00	40.00	85.00	170	—
1724 EPH	—	20.00	40.00	85.00	170	—
1725 EPH	—	20.00	40.00	85.00	170	—
1729 EPH	—	20.00	40.00	85.00	170	—

KM# 930 1/6 THALER
Silver **Ruler:** Karl I **Obv:** Horse rearing left **Rev:** Value, date

Date	Mintage	F	VF	XF	Unc	BU
1747 EK	—	15.00	30.00	60.00	120	—
1748 EK	—	15.00	30.00	60.00	120	—
1751	—	15.00	30.00	60.00	120	—
1752	—	15.00	30.00	60.00	120	—
1753	—	15.00	30.00	60.00	120	—
1754 ACB	—	15.00	30.00	60.00	120	—
1755 ACB	—	15.00	30.00	60.00	120	—
1755 IDB	—	15.00	30.00	60.00	120	—
1756 ACB	—	15.00	30.00	60.00	120	—
1757 ACB	—	15.00	30.00	60.00	120	—
1758 ACB	—	15.00	30.00	60.00	120	—
1759 ACB	—	15.00	30.00	60.00	120	—

KM# 952 1/6 THALER
Silver **Ruler:** Karl I **Obv:** Crowned C monogram **Rev:** Value, date

Date	Mintage	F	VF	XF	Unc	BU
1759 ACB	—	33.00	37.00	75.00	150	—
1760 IDB	—	33.00	37.00	75.00	150	—
1761 IDB	—	33.00	37.00	75.00	150	—
1762 IDB	—	33.00	37.00	75.00	150	—

KM# 971 1/6 THALER
Silver **Ruler:** Karl I **Obv:** Horse left **Rev:** Value date, LXXX...

Date	Mintage	F	VF	XF	Unc	BU
1764 IDB	—	18.00	37.00	75.00	150	—
1765 IDB	—	18.00	37.00	75.00	150	—
1766 IDB	—	18.00	37.00	75.00	150	—
1767 IDB	—	18.00	37.00	75.00	150	—
1768 IDB	—	18.00	37.00	75.00	150	—
1769 IDB	—	18.00	37.00	75.00	150	—
1770 IDB	—	18.00	37.00	75.00	150	—
1771 IDB	—	18.00	37.00	75.00	150	—
1772 IDB	—	18.00	37.00	75.00	150	—
1773 IDB	—	18.00	37.00	75.00	150	—
1774 IDB	—	18.00	37.00	75.00	150	—
1775 IDB	—	18.00	37.00	75.00	150	—
1777 IDB	—	18.00	37.00	75.00	150	—
1778 IDB	—	18.00	37.00	75.00	150	—
1779 IDB	—	18.00	37.00	75.00	150	—
1779 MC	—	18.00	37.00	75.00	150	—
1780 MC	—	18.00	37.00	75.00	150	—

KM# 1001 1/6 THALER
Silver **Ruler:** Karl Wilhelm Ferdinand **Obv:** Rearing horse left **Rev:** Denomination and date within circle

Date	Mintage	F	VF	XF	Unc	BU
1780 MC	—	12.00	30.00	65.00	135	—
1781 MC	—	12.00	30.00	65.00	135	—
1782 MC	—	12.00	30.00	65.00	135	—
1783 MC	—	12.00	30.00	65.00	135	—
1784 MC	—	12.00	30.00	65.00	135	—
1785 MC	—	12.00	30.00	65.00	135	—
1786 MC	—	12.00	30.00	65.00	135	—
1787 MC	—	12.00	30.00	65.00	135	—
1788 MC	—	12.00	30.00	65.00	135	—
1789 MC	—	12.00	30.00	65.00	135	—
1790 MC	—	12.00	30.00	65.00	135	—
1791 MC	—	12.00	30.00	65.00	135	—
1792 MC	—	12.00	30.00	65.00	135	—
1793 MC	—	12.00	30.00	65.00	135	—
1794 MC	—	12.00	30.00	65.00	135	—
1795 MC	—	12.00	30.00	65.00	135	—
1797 MC	—	12.00	30.00	65.00	135	—
1798 MC	—	12.00	30.00	65.00	135	—
1799 MC	—	12.00	30.00	65.00	135	—

KM# 592 1/4 THALER
Silver **Ruler:** Anton Ulrich **Mint:** Zellerfeld

Date	Mintage	VG	F	VF	XF	Unc
1702 RB	—	40.00	80.00	160	300	—

KM# 663 1/4 THALER
Silver **Ruler:** Anton Ulrich **Subject:** Death of Rudolf August **Obv:** Bust right **Rev:** 14-line inscription with date

Date	Mintage	VG	F	VF	XF	Unc
1704 HCH	—	35.00	80.00	165	330	—

KM# 664 1/4 THALER
Silver **Obv:** Helmeted 11-fold arms

Date	Mintage	VG	F	VF	XF	Unc
1704 ***	—	35.00	80.00	165	330	—

KM# 723 1/4 THALER
Silver **Ruler:** Anton Ulrich **Obv:** Helmeted complex arms **Rev:** Wildman holding tree with both hands at right, value in oval between wildman and tree **Note:** Similar to KM#748 but wildman holding tree with both hands to his left, 1/4 oval between wildman and tree.

Date	Mintage	VG	F	VF	XF	Unc
1713 HH	—	175	300	600	1,200	—

KM# 748 1/4 THALER
Silver **Ruler:** August Wilhelm **Obv:** Helmeted complex arms **Rev:** Wildman with tree in his left hand

Date	Mintage	VG	F	VF	XF	Unc
1715 HH	—	35.00	75.00	150	300	—
1716 HH	—	35.00	75.00	150	300	—
1717 HH	—	35.00	75.00	150	300	—
1719 C	—	35.00	75.00	150	300	—
1719 C-HH	—	35.00	75.00	150	300	—
1721 C	—	35.00	75.00	150	300	—

KM# 776 1/4 THALER
Silver **Ruler:** August Wilhelm **Rev:** R. T. with value **Note:** Reichs.

Date	Mintage	VG	F	VF	XF	Unc
1723 EPH	—	45.00	90.00	180	375	—
1724 EPH	—	45.00	90.00	180	375	—
1727 EPH	—	45.00	90.00	180	375	—

KM# 826 1/4 THALER
Silver **Ruler:** Ludwig Rudolph **Obv:** Helmeted 12-fold arms, date in legend **Rev:** Wildman, tree in left hand, R. 1/4T. to left

Date	Mintage	VG	F	VF	XF	Unc
1732 IAB	—	45.00	90.00	180	375	—
1733 IAB	—	45.00	90.00	180	375	—
1734 IAB	—	45.00	90.00	180	375	—

KM# 873 1/4 THALER
Silver **Ruler:** Ferdinand Ulbrecht II

Date	Mintage	VG	F	VF	XF	Unc
1735 IAB	—	27.00	55.00	110	225	—

KM# 896 1/4 THALER
Silver **Ruler:** Karl I **Obv:** Arms in shield, helmets above **Rev:** Wildman with tree in left hand, value at lower left

Date	Mintage	F	VF	XF	Unc	BU
1736 IAB	—	45.00	90.00	180	375	—
1738 IAB	—	45.00	90.00	180	375	—
1739 IBH	—	45.00	90.00	180	375	—
1742 IBH	—	45.00	90.00	180	375	—
1748 IBH	—	45.00	90.00	180	375	—
1750 IBH	—	45.00	90.00	180	375	—

BRUNSWICK-WOLFENBUTTEL

Date	Mintage	F	VF	XF	Unc	BU
1771 E/IDB	—	27.00	55.00	110	225	—
1773 E/IDB	—	27.00	55.00	110	225	—
1775 E/IDB	—	40.00	90.00	185	375	—
1776 E/IDB	—	37.00	75.00	150	300	—
1777 E/IDB	—	27.00	55.00	110	225	—
1779 K/MC	—	27.00	55.00	110	225	—

KM# 635 1/2 THALER

Silver **Ruler:** Anton Ulrich **Obv:** Crowned 11-fold arms **Rev:** Wildman holding tree to his left with 2 hands, date in legend

Date	Mintage	VG	F	VF	XF	Unc
1701 RB	—	70.00	140	200	475	—

KM# 575 1/2 THALER

Silver **Ruler:** Anton Ulrich **Obv:** Crowned 11-fold arms, date divided below **Rev:** 2 wildman holding 2 intertwined trees **Note:** Similar to 1 Thaler, KM#571.

Date	Mintage	VG	F	VF	XF	Unc
1702 RB	—	55.00	110	175	325	—

KM# 935 1/4 THALER

Silver **Ruler:** Karl I **Obv:** Crowned arms with crossed sceptres **Rev:** Rampant lion left within shield **Note:** Albertus.

Date	Mintage	F	VF	XF	Unc	BU
1748 EK	—	90.00	185	375	750	—

KM# 665 1/2 THALER

Silver **Ruler:** Anton Ulrich **Subject:** Death of Rudolf August **Obv:** Helmeted 11-fold arms **Rev:** 14-line inscription with date

Date	Mintage	VG	F	VF	XF	Unc
1704 RB	—	150	275	550	1,125	—

KM# 692 1/2 THALER

Silver **Ruler:** Anton Ulrich **Obv:** Head right **Rev:** Helmeted 11-fold arms

Date	Mintage	VG	F	VF	XF	Unc
1706 HCH	—	90.00	185	375	775	—

KM# 734 1/2 THALER

Silver **Obv:** Helmeted 14-fold arms, date in legend **Rev:** Wildman holding tree with both hands to his left, 1/2 S.R.T. left **Note:** Species-Reichs 1/2 Thaler.

Date	Mintage	VG	F	VF	XF	Unc
1714 HH	—	125	225	400	825	—

KM# 756 1/2 THALER

Silver **Ruler:** August Wilhelm **Obv:** Crowned AW monogram **Rev:** Horse leaping left, Roman numeral date below

Date	Mintage	VG	F	VF	XF	Unc
1716 HH	—	45.00	90.00	180	365	—

KM# 837 1/2 THALER

Silver **Ruler:** Ludwig Rudolph **Subject:** Marraige of Karl (I)'s Sister, Elisabeth Christine and Friedrich (II) of Prussia **Obv:** Crowned cursive mirror-image EC monogram **Rev:** 9-line legend with Roman numeral date, value below

Date	Mintage	VG	F	VF	XF	Unc
1733 BID	—	—	190	375	750	1,500	—

Note: Date in ancient Roman numerals

KM# 874 1/2 THALER

Silver **Ruler:** Ferdinand Ulbrecht II **Obv:** Helmeted 12-fold arms, date in legend **Rev:** Wildman, tree in left hand, R 1/2 T to left

Date	Mintage	VG	F	VF	XF	Unc
1735 IAB	—	37.00	75.00	150	300	—

KM# 897 1/2 THALER

Silver **Ruler:** Karl I **Obv:** Arms in shield, helmets above **Rev:** Wildman with tree in left hand, value at lower left

Date	Mintage	F	VF	XF	Unc	BU
1736 IAB	—	125	250	525	1,050	—
1737 IAB	—	125	250	525	1,050	—

KM# 749 1/3 THALER

Silver **Ruler:** August Wilhelm **Obv:** Crowned monogram **Obv. Legend:** VON FEINEM SILBER... **Rev:** Horse leaping left above value

Date	Mintage	VG	F	VF	XF	Unc
1715 HH	—	45.00	90.00	175	350	—
1716 HH	—	45.00	90.00	175	350	—

KM# 755 1/3 THALER

Silver **Ruler:** August Wilhelm **Obv:** Crowned monogram **Obv. Legend:** D. G. DUX. BRUNSVIG. ET LUNEBURG **Rev:** Horse leaping left above value

Date	Mintage	VG	F	VF	XF	Unc
1716 HH	—	22.00	45.00	90.00	185	—
1717 HH	—	22.00	45.00	90.00	185	—
1719 HH	—	22.00	45.00	90.00	185	—
1721 C	—	22.00	45.00	90.00	185	—
1723 EPH	—	22.00	45.00	90.00	185	—
1727 EPH	—	22.00	45.00	90.00	185	—
1730 EPH	—	22.00	45.00	90.00	185	—

KM# 766 1/2 THALER

Silver **Ruler:** August Wilhelm **Subject:** 200th Anniversary of Reformation **Obv:** Armored bust right **Rev:** Inscription

Date	Mintage	VG	F	VF	XF	Unc
1717 HCH	—	200	325	675	1,350	—

Note: Date in ancient Roman numerals

KM# 767 1/2 THALER

Silver **Ruler:** August Wilhelm **Obv:** Helmeted complex arms **Rev:** Wildman with tree in left hand **Note:** Similar to 1/4 Thaler, KM#748.

Date	Mintage	VG	F	VF	XF	Unc
1717 HH	—	45.00	90.00	180	365	—
1721 C	—	45.00	90.00	180	365	—

KM# 777 1/2 THALER

Silver **Ruler:** August Wilhelm **Obv:** Armored draped bust right **Rev:** Helmeted complex arms with ornaments **Note:** Reichs 1/2 Thaler.

Date	Mintage	VG	F	VF	XF	Unc
1723 EPH	—	55.00	110	225	450	—
1724 EPH	—	55.00	110	225	450	—
1725 EPH	—	55.00	110	225	450	—

KM# 827 1/2 THALER

Silver **Ruler:** Ludwig Rudolph **Obv:** Helmeted 12-fold arms, date in legend **Rev:** Wildman, tree in left hand, R. 1/2 T. to left

Date	Mintage	VG	F	VF	XF	Unc
1732 IAB	—	45.00	90.00	180	365	—
1733 IAB	—	45.00	90.00	180	365	—
1735 IAB	—	45.00	90.00	180	365	—

KM# 836 1/2 THALER

Silver **Ruler:** Ludwig Rudolph **Subject:** Marriage of Karl (I) and Philippine Charlotte of Prussia **Obv:** Crowned cursive mirror-image P CPC monogram **Rev:** 6-line legend with Roman numeral date, value below

Date	Mintage	VG	F	VF	XF	Unc
1733 BID	—	150	275	575	1,125	—

KM# 931 1/2 THALER

Silver **Ruler:** Karl I **Obv:** Crowned complex arms with crossed sceptres **Rev:** Rampant lion left within shield **Note:** Albertus.

Date	Mintage	F	VF	XF	Unc	BU
1747 EK	—	100	200	375	750	—
1748 EK	—	75.00	150	260	525	—

KM# 985 1/2 THALER

Silver **Ruler:** Karl I **Obv:** Head **Rev:** Horse left, XX EINE FEINE. . below **Note:** Convention 1/2 Thaler.

Date	Mintage	F	VF	XF	Unc	BU
1776 IDB	—	90.00	185	375	750	—

KM# 972 1/3 THALER

Silver **Ruler:** Karl I **Obv:** Bust right **Rev:** Horse leaping left **Note:** Convention 1/3 Thaler.

Date	Mintage	F	VF	XF	Unc	BU
1764 IDB	—	27.00	55.00	110	225	—
1765 IDB	—	27.00	55.00	110	225	—
1765 E/IDB	—	27.00	55.00	110	225	—
1766 IDB	—	27.00	55.00	110	225	—
1768/6 IDB	—	27.00	55.00	110	225	—
1768 IDB	—	30.00	65.00	135	300	—
1770 IDB	—	27.00	55.00	110	225	—

KM# 980 1/3 THALER

Silver **Ruler:** Karl I **Obv:** Bust right **Rev:** Horse leaping right

KM# 627 2/3 THALER

Silver **Ruler:** Anton Ulrich **Obv:** Crowned 14-fold arms divide date **Rev:** Horse leaping left, value 2/3 below

Date	Mintage	VG	F	VF	XF	Unc
1702 HCH	—	70.00	140	250	525	—

KM# 636 2/3 THALER

Silver **Ruler:** Anton Ulrich **Rev:** Date divided by value below horse

Date	Mintage	VG	F	VF	XF	Unc
1704 HCH	—	30.00	65.00	130	260	—
1705 HCH	—	30.00	65.00	130	260	—
1706 HCH	—	30.00	65.00	130	260	—
1707 HCH	—	30.00	65.00	130	260	—
1708 HCH	—	30.00	65.00	130	260	—
1709 HCH	—	30.00	65.00	130	260	—
1710 HCH	—	30.00	65.00	130	260	—
1711 HCH	—	30.00	65.00	130	260	—

KM# 666 2/3 THALER

Silver **Obv:** Crowned complex arms divide date **Rev:** Horse leaping left, value below **Note:** Similar to KM#627.

Date	Mintage	VG	F	VF	XF	Unc
1704 HCH	—	40.00	75.00	155	310	—

GERMAN STATES — BRUNSWICK-WOLFENBUTTEL

KM# 717 2/3 THALER
Silver **Ruler:** Anton Ulrich **Obv:** Bust right **Rev:** Similar to KM#636

Date	Mintage	VG	F	VF	XF	Unc
1711 HCH	—	60.00	140	275	550	—
1712 HCH	—	60.00	140	275	550	—

KM# 735 2/3 THALER
Silver **Ruler:** August Wilhelm **Obv:** Crowned AW monogram, date in legend **Rev:** Horse leaping left, value 2/3 below

Date	Mintage	VG	F	VF	XF	Unc
1714 HH	—	90.00	185	275	550	—
1715 HH	—	90.00	185	275	550	—
1716 HH	—	90.00	185	275	550	—

KM# 736 2/3 THALER
Silver **Ruler:** August Wilhelm **Obv:** Bust right **Rev:** Horse leaping left, value divides date below

Date	Mintage	VG	F	VF	XF	Unc
1714 HCH	—	35.00	75.00	125	250	—
1715 HCH	—	35.00	75.00	125	250	—

KM# 757 2/3 THALER
Silver **Ruler:** August Wilhelm **Obv:** Crowned monogram **Rev:** Horse leaping left

Date	Mintage	VG	F	VF	XF	Unc
1716 HH	—	37.00	75.00	150	300	—
1717 HH	—	37.00	75.00	150	300	—
1718 HH	—	37.00	75.00	150	300	—
1719 C	—	37.00	75.00	150	300	—
1720 C	—	37.00	75.00	150	300	—
1721 C	—	37.00	75.00	150	300	—
1722 C	—	37.00	75.00	150	300	—
1723 EPH	—	37.00	75.00	150	300	—
1724 EPH	—	37.00	75.00	150	300	—
1725 EPH	—	37.00	75.00	150	300	—
1726 EPH	—	37.00	75.00	150	300	—
1727 EPH	—	37.00	75.00	150	300	—
1728 EPH	—	37.00	75.00	150	300	—
1729 EPH	—	37.00	75.00	150	300	—
1730 EPH	—	37.00	75.00	150	300	—

KM# 768 2/3 THALER
Silver **Ruler:** August Wilhelm **Obv:** Crowned 14-fold arms

Date	Mintage	VG	F	VF	XF	Unc
1717 HCH	—	40.00	80.00	160	320	—
1720 HCH	—	40.00	80.00	160	320	—
1724 HCH	—	40.00	80.00	160	320	—

KM# 815 2/3 THALER
Silver **Ruler:** Ludwig Rudolph **Obv:** Bust right **Rev:** Horse leaping left, Roman numeral date and value below

Date	Mintage	VG	F	VF	XF	Unc
1731 IHT	—	40.00	80.00	160	330	—
1735 BID	—	40.00	80.00	160	330	—

KM# 875 2/3 THALER
Silver **Obv:** Head right **Rev:** Without value

Date	Mintage	VG	F	VF	XF	Unc
1735 BID	—	550	1,000	1,350	2,750	—

KM# 876 2/3 THALER
Silver **Rev:** FEIN SILB:, date and value at bottom

Date	Mintage	VG	F	VF	XF	Unc
1735	—	225	400	750	1,500	—

KM# 877 2/3 THALER
Silver **Obv:** Bust right **Rev:** Without value

Date	Mintage	VG	F	VF	XF	Unc
1735	—	125	250	500	1,000	—

KM# 898 2/3 THALER
Silver **Ruler:** Karl I **Obv:** Armored bust right **Rev:** Horse leaping left **Note:** Similar to KM#903 but without 2/3 below horse.

Date	Mintage	F	VF	XF	Unc	BU
1736 BID	—	90.00	190	375	750	—
1737 BID	—	90.00	190	375	750	—
1740 BID	—	90.00	190	375	750	—

KM# 903 2/3 THALER
Silver **Ruler:** Karl I **Obv:** Armored bust right **Obv. Legend:**

CAROLVS D • G • DVX • BRUNS • ET • LVNEB • **Rev:** Horse leaping left, value below divides date **Rev. Legend:** NVNQNAM RETRORSVM

Date	Mintage	F	VF	XF	Unc	BU
1737 BID	—	90.00	190	375	750	—
1740 BID	—	90.00	190	375	750	—

KM# 973.1 2/3 THALER
Silver **Ruler:** Karl I **Obv:** Armored draped bust right **Obv. Legend:** CAROLVS D • G • DVX BR • ET • LVN • **Rev:** Horse leaping left, value divides date below **Rev. Legend:** NVNQVAM RETRORSVM **Note:** 2/3 Thaler Convention.

Date	Mintage	F	VF	XF	Unc	BU
1764 IDB	—	40.00	90.00	180	375	—
1765 E/IDB	—	40.00	90.00	180	375	—
1764 E/IDB	—	40.00	90.00	180	375	—
1765 IDB	—	40.00	90.00	180	375	—
1766 IDB	—	40.00	90.00	180	375	—
1768 IDB	—	40.00	90.00	180	375	—
1770 IDB	—	40.00	90.00	180	375	—
1771 IDB	—	40.00	90.00	180	375	—
1773 IDB	—	40.00	90.00	180	375	—
1775 IDB	—	40.00	90.00	180	375	—
1779 MC	—	40.00	90.00	180	375	—

KM# 973.2 2/3 THALER
Silver **Ruler:** Karl I **Obv:** Legend broken by head **Obv. Legend:** CAROLVS - D • G • DVX BR ET LV **Rev:** Horse leaping left, value divides date below **Rev. Legend:** NVNQNAM RETRORSVM

Date	Mintage	F	VF	XF	Unc	BU
1775 G//IDB	—	40.00	90.00	180	375	—

KM# 983.1 2/3 THALER
Silver **Ruler:** Karl I **Obv:** Head right **Rev:** Horse leaping left

Date	Mintage	F	VF	XF	Unc	BU
1775 G/IDB	—	40.00	90.00	180	375	—
1775 E/IDB	—	40.00	90.00	180	375	—
1776 E/IDB	—	40.00	90.00	180	375	—
1777 K/IDB	—	40.00	90.00	180	375	—
1777 KR/IDB	—	40.00	90.00	180	375	—
1779 K/IDB	—	40.00	90.00	180	375	—
1779 K/MC	—	40.00	90.00	180	375	—

KM# 983.2 2/3 THALER
Silver **Ruler:** Karl I **Obv:** Smaller bust right **Obv. Legend:** CAROLVS D • G • DVX BR • ET LVNEB • **Rev:** Horse leaping left, value divides date below **Rev. Legend:** NVNQNAM RETRORSVM

Date	Mintage	F	VF	XF	Unc	BU
1779 K/MC	—	37.00	90.00	180	375	—

KM# A577 THALER
Silver **Ruler:** Anton Ulrich **Obv:** Bust of 2 Dukes right within inner circle **Note:** Dav. #2111.

Date	Mintage	F	VF	XF	Unc	BU
1701 RB	—	100	200	350	750	—
1702	—	100	200	350	750	—
1703	—	100	200	350	750	—

KM# A637 THALER
Silver **Ruler:** Anton Ulrich **Obv:** Helmeted 11-fold arms, date in legend **Rev:** Wildman holding tree with both hands to his left **Note:** Dav. #2112

Date	Mintage	F	VF	XF	Unc	BU
1701 RB	—	75.00	145	300	650	—
1702 RB	—	75.00	145	300	650	—
1703 RB	—	75.00	145	300	650	—
1704 RB	—	75.00	145	300	650	—

KM# 640 THALER
Silver **Ruler:** Anton Ulrich **Subject:** Dissolution of Brotherly Agreement **Obv:** Horses pulling ball in opposite directions, unicorn and eagle with lightning bolt in background **Obv. Legend:** QVOD VI NON POTVIT **Rev:** Broken orb with monogram on column, hand above at right, clouds in background **Rev. Legend:** DISIECTVМ EST ARTE MINISTRA on band at top, numeral date at bottom **Note:** Dav. #2930.

Date	Mintage	F	VF	XF	Unc	BU
1702	—	1,000	1,750	3,250	5,500	—

KM# 641 THALER
Silver **Ruler:** Anton Ulrich **Obv:** Lightning from cloud instead of eagle, NON-VI in and to either side of cloud **Rev:** Band: SED ARTE **Note:** Dav. #2931.

Date	Mintage	F	VF	XF	Unc	BU
1702	—	1,000	1,750	3,250	5,500	—

KM# 667 THALER
Silver **Ruler:** Anton Ulrich **Subject:** Death of August **Obv:** Armored draped bust right **Obv. Legend:** RUDOLPHUS • AUGUSTUS • D • G • DUX • BR: ET • L: **Rev:** Inscription **Rev. Inscription:** PRINCEPS / PIVS. IVSTVS. PACIFICVS / CVIVS / HONOS. NOMEM. LAVDESQVE / PER. OMNE. MANEBVNT. AEVVM / GVBERNACVLVM. SVMSIT. A. MDCLXVI / FRATRE. REGIMINIS. PARTICIPE. FEC: / A. MDCLXXXV / ET SIC / CVRSV / QVEM. DEDERAT. FORTVNA / REMIGIO ALTISSIMI / STRENVE. PERACTO / IN AETE **Note:** Dav. #2113.

Date	Mintage	F	VF	XF	Unc	BU
1704 HCH	—	250	500	1,000	2,500	3,750

KM# 668 THALER
Silver **Ruler:** Anton Ulrich **Obv:** Larger bust **Rev:** 13-line inscription **Note:** Dav. #2114.

Date	Mintage	F	VF	XF	Unc	BU
1704 RB	—	300	650	1,350	2,750	—

KM# 669 THALER
Silver **Ruler:** Anton Ulrich **Obv:** Helmeted complex arms within ornate frame **Obv. Legend:** D: G: ANTHON ULRICH DUX BR: & LU: **Rev:** Wildman with tree at right, forest of small trees in background **Rev. Legend:** LABORE ET CONSTANTIA **Note:** Dav. #2115.

Date	Mintage	F	VF	XF	Unc	BU
1704 RB	—	125	250	450	750	—
1705 RB	—	125	250	450	750	—

KM# 670 THALER
Silver **Ruler:** Anton Ulrich **Obv:** Date in legend **Note:** Dav. #2115A.

Date	Mintage	F	VF	XF	Unc	BU
1704 RB	—	125	250	450	750	—
1705 RB	—	125	250	450	750	—

KM# 671 THALER
Silver **Subject:** Death of Anton Ulrich's Wife, Elisabeth Juliane **Obv:** Bust of Duchess right, dates below **Obv. Legend:** DIVA ELISAB. IVLIA. D.G. DVC. BRVN. ET LVN, below: .NATA 1634.DENATA 1704. **Rev:** Figure on cloud above Salzdahlum Palace, crown on cushion **Rev. Legend:** DESERVISSE IVVAT **Note:** Dav. #2122.

Date	Mintage	F	VF	XF	Unc	BU
1704	—	350	700	1,500	2,850	3,750
1704 HCH	—	350	700	1,500	2,850	3,750

KM# 672 THALER
Silver **Obv:** Dates to right in legend **Obv. Legend:** DIVA • ELIS • IVL • D • G • D • BR • ET - LVN: NATA 1634. DENATA 1704. **Rev:** Figure on cloud above Salzdahlum Palace, crown on cushion **Rev. Legend:** DESERVISSE IVVAT **Note:** Dav. #2123.

Date	Mintage	F	VF	XF	Unc	BU
1704	—	575	1,150	2,450	4,500	—
1704 HCH	—	575	1,150	2,450	4,500	—

KM# 706 THALER
Silver **Subject:** Conversion of Anton Ulrich to Catholicism **Obv:** Bust right **Rev:** Rock in sea, SEMPER IDEM above, CONSTANTER below **Note:** Dav. #2121.

Date	Mintage	F	VF	XF	Unc	BU
ND	—	—	1,000	1,850	2,750	—

KM# 686.2 THALER
Silver **Ruler:** Anton Ulrich **Obv:** Helmeted complex arms with ornaments **Obv. Legend:** D • G • ANTONI9 ULRIC9 DUX BR • & LUN • **Rev:** Cruder image of wildman **Rev. Legend:** CONSTANTER **Note:** Dav. #2117.

Date	Mintage	F	VF	XF	Unc	BU
1712 HH	—	125	250	450	750	—

KM# 686.1 THALER
Silver **Ruler:** Anton Ulrich **Obv:** Helmeted complex arms with ornaments **Obv. Legend:** D: G: ANTHON. ULRICH DUX BR: & LU: **Rev:** Wildman with tree at right, R.B at left **Rev. Legend:** CONSTANTER **Note:** Dav. #2116

Date	Mintage	F	VF	XF	Unc	BU
1705 RB	—	125	250	450	750	—
1706 RB	—	125	250	450	750	—
1707 RB	—	125	250	450	750	—
1708 RB	—	125	250	450	750	—
1709 RB	—	125	250	450	750	—
1710 RB	—	125	250	450	750	—
1711 RB	—	125	250	450	750	—

KM# 687 THALER
Silver **Ruler:** Anton Ulrich **Subject:** Visit of Anton Ulrich to Zellerfeld Mint **Obv:** Salzdahlum place, sundial suspended at upper left, sun shinning from upper left **Rev:** 2 miners in mine, CONSTANTER on ribbon above, date below **Note:** Dav. #2932.

Date	Mintage	F	VF	XF	Unc	BU
1705	—	1,150	2,000	3,250	—	—

KM# 686.3 THALER
Silver **Ruler:** Anton Ulrich **Obv:** Helmeted complex arms **Rev:** Wildman **Note:** Dav. #2118.

Date	Mintage	F	VF	XF	Unc	BU
1713 HH	—	125	250	450	750	—
1714 HH	—	125	250	450	750	—

KM# 737 THALER
Silver **Ruler:** August Wilhelm **Subject:** Death of Anton Ulrich **Obv:** Bust right **Rev:** 16-line inscription with Roman numeral date **Note:** Dav. #2124.

Date	Mintage	F	VF	XF	Unc	BU
1714 HCH	—	450	950	1,750	3,250	—

KM# 693.1 THALER
Silver **Ruler:** Anton Ulrich **Obv:** Armored draped bust right **Obv. Legend:** ANTONIUS ULRICUS. D: G: DUX BR: ET LUN: **Rev:** Helmeted complex arms with ornaments **Rev. Legend:** CONSTANTER **Note:** Dav. #2119.

Date	Mintage	F	VF	XF	Unc	BU
1706 HCH	—	375	750	1,350	2,750	—

KM# 693.2 THALER
Silver **Ruler:** Anton Ulrich **Obv:** Armored draped bust right **Obv. Legend:** ANTONIUS ULRIC: - D.G. DUX. BR: ET LUNEB: **Rev:** Helmeted complex arms with ornaments **Rev. Legend:** CONSTANTER **Note:** Dav. #2120.

Date	Mintage	F	VF	XF	Unc	BU
1710 HCH	—	350	650	1,150	2,500	—
1711 HCH	—	350	650	1,150	2,500	—
1712 HCH	—	350	650	1,150	2,500	—

KM# 738 THALER
Silver **Ruler:** August Wilhelm **Obv:** Armored draped bust right **Obv. Legend:** AUGUSTUS WILH. - D.G. DUX. BR. ET. LUN. **Rev:** Helmeted arms with ornaments **Rev. Legend:** PARTA TUERI **Note:** Dav. #2125.

Date	Mintage	F	VF	XF	Unc	BU
1714 HCH	—	850	1,650	3,000	5,000	—

GERMAN STATES — BRUNSWICK-WOLFENBUTTEL

KM# 769 THALER
Silver **Ruler:** August Wilhelm **Subject:** 200th Anniversary of Reformation **Obv:** Armored draped bust right **Obv. Legend:** AUGUSTUS. WILH. - D.G. DUX. BR. ET. LUN. **Rev:** Inscription **Rev. Inscription:** IN MEMORIAM / IVBILAEI.II / OB / VER. DOCTRINAM. CHRIST / ANTE. HOS. CC. ANNOS / A. CORRVPTELIS / VANISQ. PONTIFICIOR. COMMENTIS / AVSPICE DEO / VINDICE D. M. LVTHERO / FELICITER. REPVRGATAM / M D CCXVII / PR. KAL. ET. KAL. NOV. / IN. TERRIS. BR. WOLFFEN. / CELEBRATI / H.C.H **Note:** Dav.#2128

Date	Mintage	F	VF	XF	Unc	BU
1717 HCH	—	675	1,350	2,700	4,500	5,500

KM# 739 THALER
Silver **Ruler:** August Wilhelm **Obv:** Helmeted complex arms with ornaments **Obv. Legend:** D.G. AVGVSTVS. WILHELMVS. DVX. BR. & LVN. **Rev:** Wildman, tree in left hand **Rev. Legend:** PARTA TVERI **Note:** Dav. #2126.

Date	Mintage	F	VF	XF	Unc	BU
1714 HH	—	125	250	450	750	—
1715 HH	—	125	250	450	750	—
1716 HH	—	125	250	450	750	—
1717 HH	—	125	250	450	750	—
1718 HH	—	125	250	450	750	—
1719 HH	—	125	250	450	750	—
1719 C-HH	—	125	250	450	750	—
1720 C	—	125	250	450	750	—
1721 C	—	125	250	450	750	—
1722 C	—	125	250	450	750	—
1723 EPH	—	125	250	450	750	—
1724 EPH	—	125	250	450	750	—
1725 EPH	—	125	250	450	750	—
1726 EPH	—	125	250	450	750	—
1727 EPH	—	125	250	450	750	—
1728 EPH	—	125	250	450	750	—
1729 EPH	—	125	250	450	750	—
1730 EPH	—	125	250	450	750	—

KM# 758 THALER
Silver **Ruler:** August Wilhelm **Obv:** Crowned AW monogram **Obv. Legend:** D•G•DUX•BRUNSVIC•- ET LUNEBURG•**Rev:** Horse leaping left **Rev. Legend:** PARTA TVERI **Note:** Dav. #2127.

Date	Mintage	F	VF	XF	Unc	BU
1716 HH	—	135	275	475	800	—
1717 HH	—	135	275	475	800	—
1718 HH	—	135	275	475	800	—
1719 C	—	135	275	475	800	—
1720 C	—	135	275	475	800	—
1721 C	—	135	275	475	800	—
1722 C	—	135	275	475	800	—
1723 EPH	—	135	275	475	800	—
1724 EPH	—	135	275	475	800	—
1725 EPH	—	135	275	475	800	—
1727 EPH	—	135	275	475	800	—
1728 EPH	—	135	275	475	800	—
1729 EPH	—	135	275	475	800	—
1730 EPH	—	135	275	475	800	—

KM# 816 THALER
Silver **Subject:** Death of August Wilhelm **Obv:** Draped bust right **Obv. Legend:** AUGUSTUS. WILH. - D.G. DUX. BR. ET. LUN. **Rev:** Inscription in 13 lines **Note:** Dav.#2132.

Date	Mintage	F	VF	XF	Unc	BU
1731 IHT	—	900	1,800	3,250	6,500	—

KM# 817 THALER
Silver **Ruler:** Ludwig Rudolph **Obv:** Helmeted complex arms with ornaments **Obv. Legend:** D • G • LVDOVICVS • RVDOLPHVS • DVX • BR • & LVN • **Rev:** Wildman with tree in left hand **Rev. Legend:** EX ADVERSO DECVS. **Note:** Dav.#2137.

Date	Mintage	F	VF	XF	Unc	BU
1731 C	—	125	250	450	750	—
1731 IAB	—	125	250	450	750	—
1732 IAB	—	125	250	450	750	—
1733 IAB	—	125	250	450	750	—
1734 IAB	—	125	250	450	750	—

KM# 818 THALER
Silver **Ruler:** Ludwig Rudolph **Rev:** Horse leaping left **Note:** Dav.#2138.

Date	Mintage	F	VF	XF	Unc	BU
1731 C	—	375	750	1,350	—	—
1733 IAB	—	375	750	1,350	—	—
1734 IAB	—	375	750	1,350	—	—
1735 IAB	—	375	750	1,350	—	—

KM# 878.1 THALER
Silver **Obv:** Bust right **Rev:** Horse leaping left, Roman numeral date below **Note:** Dav.#2139.

Date	Mintage	F	VF	XF	Unc	BU
1735 BID Rare	—	—	—	—	—	—

KM# 878.2 THALER
Silver **Obv. Legend:** LVDOVICVS. RVDOLPHVS. D. G. DVS. BR. ET. LVNEB:. **Note:** Dav.#2140.

Date	Mintage	F	VF	XF	Unc	BU
1735 D-BID Rare	—	—	—	—	—	—

KM# 879 THALER
Silver **Subject:** Death of Ludwig Rudolph **Obv:** Bust right **Rev:** 13-line inscription with R.N. date **Note:** Dav.#2141.

Date	Mintage	F	VF	XF	Unc	BU
1735	—	1,000	2,000	3,500	—	—

KM# 880 THALER
Silver **Obv:** Helmeted 12-fold arms, date in legend **Rev:** Horse leaping left **Note:** Dav.#2142.

Date	Mintage	F	VF	XF	Unc	BU
1735 IAB	—	800	1,650	2,000	—	—

KM# 881 THALER
Silver **Ruler:** Ferdinand Ulbrecht II **Rev:** Wildman, tree in left hand **Note:** Dav.#2143

Date	Mintage	F	VF	XF	Unc	BU
1735 IAB	—	350	650	1,250	—	—

KM# 838 THALER
Silver **Ruler:** August Wilhelm **Obv:** Large head right **Rev:** Wildman, tree in left hand, right hand holding crowned arms **Note:** Dav.#2135, Dav.#2136

Date	Mintage	F	VF	XF	Unc	BU
1727 HCH	—	850	1,650	2,750	—	—
1729 CPS	—	850	1,650	2,750	—	—
1733 D-BID	—	850	1,650	2,750	—	—

KM# 786 THALER
Silver **Ruler:** August Wilhelm **Subject:** 200th Anniversary of Reformation in the City of Brunswick **Obv:** Bust right **Rev:** 10-line legend with R.N. date **Note:** Dav.#2129.

Date	Mintage	F	VF	XF	Unc	BU
1728 HCH	—	675	1,350	2,500	5,750	—

KM# 798 THALER
Silver **Ruler:** August Wilhelm **Subject:** 200th Anniversary of Augsburg Confession **Obv:** Armored draped bust right **Obv. Legend:** AUGUSTUS. WILH. - D.G. DUX. BR. ET. LUN. **Rev:** I.H.T. below palm leaves **Rev. Inscription:** • CHRISTO • / PURIORIS RELIGIONIS / CONSERVATORI / ECCLESIA TERRARUM BRUNSVICO WOLFFENB. / DIVINITUS ACCEPTI CC. AB HINC ANNIS / CORROBORATA PER CONFESSIONEM AUGUSTANAM / EVANGELICA DOCTRINA: / BENEFICII MEMOR. / DEBITAS PERSOLVIT GRATIAS / M D CCXXX. XXV. IUNII. **Note:** Dav.#2130.

Date	Mintage	F	VF	XF	Unc	BU
1730 IHT	—	400	600	1,000	1,700	—

KM# 882 THALER
Silver **Ruler:** Ferdinand Ulbrecht II **Subject:** Death of Ferdinand Albrecht II **Obv:** Armored bust right **Obv. Legend:** FERDINAND • ALBERT • - D • G • DVX • BR • ET • LVN: **Rev:** Inscription in 12 lines **Rev. Inscription:** PRINCEPS / IVSTVS CONSTANS / IN BELLO AB IPSO / AETATIS FLORE / IMPERTERRITVS / D. XIX MART. M D CLXXX NATVS / TERRARVM BRVNSV. WOLFENB. / GVERNACVLVM VI TANTVM MENSES / GLORIOSE MODERATVS / D. III SEPTEMBR. MDCCXXXV / EX SALINA VALLE / TVTISSIMVM INTRAVIT / PORTVM / * / B.I **Note:** Dav.#2144.

Date	Mintage	F	VF	XF	Unc	BU
1735 BID	—	—	—	6,500	10,000	—

BRUNSWICK-WOLFENBUTTEL — GERMAN STATES

KM# 884 THALER

Silver **Ruler:** Karl I **Obv:** Helmeted complex arms with ornaments **Obv. Legend:** D • G • CAROLVS • DVX • BRVNSVIC • & LVNEBVRG • **Rev:** Horse leaping left, value below **Rev. Legend:** NVNQNAM RETRORSVM, below: I.A.P. **Note:** Dav.#2146.

Date	Mintage	F	VF	XF	Unc	BU
1735 IAB	—	325	650	1,200	2,000	—
1736 IAB	—	325	650	1,200	2,000	—
1748 IBH	—	325	650	1,200	2,000	—
1750 IBH	—	325	650	1,200	2,000	—
1755 IBH	—	325	650	1,200	2,000	—
1760 IBH	—	325	650	1,200	2,000	—
1763 IAP	—	325	650	1,200	2,000	—
1770 IAP	—	325	650	1,200	2,000	—

KM# 883 THALER

Silver **Ruler:** Karl I **Obv. Legend:** D • G • CAROLVS • DVX • BRVNSVIC • & LVNEB • **Rev:** Helmeted complex arms with ornaments **Rev. Legend:** NVNQNAM RETRORSVM **Note:** Dav. #2145.

Date	Mintage	F	VF	XF	Unc	BU
1735 IAB	—	200	400	750	1,250	—
1736 IAB	—	200	400	750	1,250	—
1737 IAB	—	200	400	750	1,250	—
1738 IAB	—	200	400	750	1,250	—
1739 IBH	—	200	400	750	1,250	—
1740 IBH	—	200	400	750	1,250	—
1741 IBH	—	200	400	750	1,250	—
1742 IBH	—	200	400	750	1,250	—
1744 IBH	—	200	400	750	1,250	—
1746 IBH	—	200	400	750	1,250	—
1748 IBH	—	200	400	750	1,250	—
1750 IBH	—	200	400	750	1,250	—
1755 IBH	—	200	400	750	1,250	—
1758 IBH	—	200	400	750	1,250	—
1760 IBH	—	200	400	750	1,250	—
1763 IBH	—	200	400	750	1,250	—
1775 LCR	—	200	400	750	1,250	—

KM# 911 THALER

Silver **Ruler:** Karl I **Obv:** Bust right **Rev:** Horse left, date below **Note:** Dav.#2147.

Date	Mintage	F	VF	XF	Unc	BU
1742 K Rare	—	—	—	—	—	—

KM# 920 THALER

Silver **Ruler:** Karl I **Subject:** Goodness of the Lord Mine **Obv:** Crowned complex arms with wildmen supporters **Obv. Legend:** D • G • CAROLVS - DVX • BRVNSVIC • - LVNEB • **Rev:** View of the mines **Rev. Legend:** DIE ERDE IST VOLL GVTE DES HERRN **Rev. Inscription:** DIE GRVBE / GVTE DES HERRN / KAM IN AVSBEVT / IM Q REM: date / I.B.H. **Note:** Mining Thaler. Dav.#2163.

Date	Mintage	F	VF	XF	Unc	BU
1743 IBH	—	325	650	1,200	2,000	—
1745 IBH	—	325	650	1,200	2,000	—
1747 IBH	—	325	650	1,200	2,000	—
1748 IBH	—	325	650	1,200	2,000	—

KM# 921 THALER

Silver **Ruler:** Karl I **Subject:** White Swan Mine **Obv:** Crowned complex arms with wildmen supporters **Obv. Legend:** D • G • CAROLVS - DVX • BRVNSVIC • - LVNEB • **Rev:** Swan and view of mine **Rev. Legend:** CANDIDVS HAEC PROFERT MONTANVS PRAEMIA CYGNVS **Rev. Inscription:** DIE GRVBE / WEISSER SCHWAN / KAM IN AVSBEVT / IM Q: LVCIAE date / I.B.H. **Note:** Dav.#2156.

Date	Mintage	F	VF	XF	Unc	BU
1744 IBH	—	325	650	1,200	2,000	—
1745 IBH	—	325	650	1,200	2,000	—
1747 IBH	—	325	650	1,200	2,000	—
1748 IBH	—	325	650	1,200	2,000	—

KM# 922.1 THALER

Silver **Ruler:** Karl I **Subject:** Cronenburg's Luck Mine **Obv:** Crowned complex arms with wildmen supporters **Rev:** View of the mine **Note:** Dav.#2158.

Date	Mintage	F	VF	XF	Unc	BU
1744 IBH	—	450	900	1,650	2,850	—

KM# 922.2 THALER

Silver **Ruler:** Karl I **Note:** Dav.#2159.

Date	Mintage	F	VF	XF	Unc	BU
1745 IBH	—	450	900	1,650	2,850	—
1748 IBH	—	450	900	1,650	2,850	—

KM# 923.1 THALER

Silver **Ruler:** Karl I **Subject:** Lautenthal's Luck Mine **Obv:** Crowned complex arms with wildmen supporters **Obv. Legend:** D.G. CAROLVS - DVX • BRVNSVIC • - LVNEB • **Rev:** View of the mine **Rev. Legend:** TV QVONDAM ABIECTAM REDDIS DEVS ALME SONORAM **Rev. Inscription:** DIE GREVBE / LAVTENTHALS GLVCK / KAM IN AVSBEVT / IM QV: REM: date / I.B.H. **Note:** Dav.#2161.

Date	Mintage	F	VF	XF	Unc	BU
1745 IBH	—	675	1,350	2,250	—	—
1748 IBH	—	675	1,350	2,250	—	—

KM# 924 THALER

Silver **Ruler:** Karl I **Subject:** Rainbow Mine **Obv:** Crowned complex arms with wildmen supporters **Rev:** Mine view **Note:** Dav.#2165.

Date	Mintage	F	VF	XF	Unc	BU
1745 IBH	—	400	900	1,750	3,000	—
1746 IBH	—	400	900	1,750	3,000	—
1748 IBH	—	400	900	1,750	3,000	—

KM# 932 THALER

Silver **Ruler:** Karl I **Obv:** Crowned arms with Burgundian cross **Rev:** Arms with rampant lion **Note:** Albertus Thaler. Dav.#2148.

Date	Mintage	F	VF	XF	Unc	BU
1747 EK	—	250	500	900	1,500	—

GERMAN STATES — BRUNSWICK-WOLFENBUTTEL

KM# 942 THALER

Silver **Ruler:** Karl I **Subject:** Bleifeld Mine **Obv:** Crowned complex oval arms with wildmen supporters **Obv. Legend:** D.G. CAROLVS • DVX • BRVNSVIC • - LVNEB • **Rev:** Tower and mine view **Rev. Legend:** REDEVNT SATVRNIA REGNA **Rev. Inscription:** DIE GRVBE / H: AVG: FRIED. BLEYFELD. / KAM WIED: IN AVSB: / IM QV: REM: date / I.B.H. **Note:** Mining Thaler. Dav.#2167.

Date	Mintage	F	VF	XF	Unc	BU
1750 IBH	—	350	750	1,500	2,750	—
1752 IBH	—	350	750	1,500	2,750	—

KM# 943 THALER

Silver **Ruler:** Karl I **Subject:** Goodness of the Lord Mine **Obv:** Crowned complex oval arms with wildmen supporters **Obv. Legend:** D.G. CAROLVS • - DVX • BRVNSVIC • - LVNEB • **Rev:** Mine view **Rev. Legend:** DIE ERDE IST VOLL GVTE DES HERRN **Rev. Inscription:** DIE GRVBE / GVTE DES HERRN / KAM IN AVSBEVT / IM Q REM: date / I.B.H. **Note:** Dav.#2164.

Date	Mintage	F	VF	XF	Unc	BU
1752 IBH	—	300	600	1,000	2,000	—

KM# 953 THALER

Silver **Ruler:** Karl I **Obv:** Crowned ornate 'C' monogram **Rev:** Value and date within wreath **Rev. Inscription:** '1' / THALER / HZ. BR. L.L.M. / * 1759 * / A.C.B. **Note:** Dav.#2150.

Date	Mintage	F	VF	XF	Unc	BU
1759 ACB	—	125	265	475	775	—

KM# 941 THALER

Silver **Ruler:** Karl I **Subject:** Cronenburg's Luck Mine **Obv:** Crowned complex arms with wildmen supporters **Rev:** Mine view **Rev. Legend:** NON - MARCESCET **Rev. Inscription:** DIE GRVBE / CRONENBVRGS GLVCK / KAM IN AVSBEVT / IM QV: LVCIAE date / I.B.H. **Note:** Dav.#2160.

Date	Mintage	F	VF	XF	Unc	BU
1750 IBH	—	350	750	1,500	2,750	—
1752 IBH	—	350	750	1,500	2,750	—

KM# 945 THALER

Silver **Ruler:** Karl I **Subject:** Rainbow Mine **Obv:** Crowned complex oval arms with wildmen supporters **Obv. Legend:** D.G. CAROLVS • - DVX • BRVNSVIC • - LVNEB • **Rev:** Mine view with rainbow **Rev. Legend:** LOBE DEN, DER IHN GEMACHT HAT. SYR. C. 43 **Rev. Inscription:** DIE GRUBE / REGENBOGEN / KAM WIED. IN. AVSB: / IM Q: LVCIÆ date / I.B.H. **Note:** Dav.#2166.

Date	Mintage	F	VF	XF	Unc	BU
1752 IBH	—	300	650	1,250	2,350	—

KM# 964 THALER

Silver **Ruler:** Karl I **Subject:** Blessing of God Mine **Obv:** Crowned complex oval arms with wildmen supporters **Obv. Legend:** D.G. CAROLVS • DVX • BRVNSVIC • LVNEB • **Rev:** View of the mine **Rev. Legend:** AN GOTTES SEGEN IST ALLES GELEGEN **Rev. Inscription:** DIE GRVBE / SEGEN GOTTES / KAM IN AVSBEVT / IM Q: CRVC: date / I.A.P. **Note:** Dav.#2169.

Date	Mintage	F	VF	XF	Unc	BU
1761 IBH	—	475	950	1,750	2,850	—

KM# 940 THALER

Silver **Ruler:** Karl I **Subject:** White Swan Mine **Obv:** Crowned complex arms with wildmen supporters **Obv. Legend:** D.G. CAROLVS - DVX • BRVNSVIC • - LVNEB • **Rev:** Swan on lake, clouds above mine scene **Rev. Legend:** CANDIDVS HAEC PROFERT MONTANVS PRAEMIA CYGNVS **Rev. Inscription:** DIE GRVBE / WEISSER SCHWAN / KAM IN AVSBEVT / IM Q: LVCIAE date / I.B.H. **Note:** Dav.#2157.

Date	Mintage	F	VF	XF	Unc	BU
1750 IBH	—	400	800	1,650	3,000	—
1752 IBH	—	400	800	1,650	3,000	—

KM# 923.2 THALER

Silver **Ruler:** Karl I **Mint:** Zellerfeld **Note:** Dav.#2162.

Date	Mintage	F	VF	XF	Unc	BU
1752 IBH	—	325	675	1,350	2,500	—
1761 IBH	—	325	675	1,350	2,500	—

KM# 946 THALER

Silver **Ruler:** Karl I **Subject:** King Karl Mine **Obv:** Crowned complex oval arms with wildmen supporters **Obv. Legend:** D.G. CAROLVS • - DVX • BRVNSVIC • - LVNEB • **Rev:** View of the mine **Rev. Legend:** PLVS VLTRA on banner **Rev. Inscription:** DIE GRVBE / KONIG CARL / KAM IN AVSBEVT / IM QV: REM: date / I.B.H. **Note:** Dav.#2168.

Date	Mintage	F	VF	XF	Unc	BU
1752 IBH	—	450	900	1,750	3,000	—

KM# 950 THALER

Silver **Ruler:** Karl I **Obv:** Bust right **Rev:** Horse left, date in legend **Note:** Dav.#2149.

Date	Mintage	F	VF	XF	Unc	BU
1758 ACB	—	200	400	800	1,500	—
1759 ACB	—	200	400	800	1,500	—

KM# 966.1 THALER

Silver **Ruler:** Karl I **Obv:** Armored bust right **Obv. Legend:** CAROLVS D • G • DVX BRVNSVIC • ET LVNEB • **Rev:** Horse leaping left **Rev. Legend:** NVNQVAM RETRORSVМ • date **Rev. Inscription:** X • EINE FEINE MARCK / CONVENT • M • / I.D.B. **Note:** Convention Thaler. Dav.#2151.

Date	Mintage	F	VF	XF	Unc	BU
1763 E-IDB	—	120	250	475	950	—
1764 E-IDB	—	120	250	475	950	—
1765 E-IDB	—	120	250	475	950	—

KM# 975.1 THALER

Silver **Ruler:** Karl I **Obv:** Armored bust right, E below **Obv. Legend:** . . . BRVNS. ET LVN. **Rev:** Crowned 12-fold arms in baroque frame **Note:** Dav.#2152.

Date	Mintage	F	VF	XF	Unc	BU
1768 E-IDB Rare	—	—	—	—	—	—

KM# 975.2 THALER

Silver **Ruler:** Karl I **Obv:** Armored bust right **Obv. Legend:** . . . BRVNSVIC. ET LUNES. **Rev:** Crowned complex arms in baroque frame **Note:** Dav.#2153.

Date	Mintage	F	VF	XF	Unc	BU
1769 E-IDB Rare	—	—	—	—	—	—

KM# 966.2 THALER

Silver **Ruler:** Karl I **Obv:** Draped bust right, E below **Obv. Legend:** . . . BRVNS. ET LVN. **Rev:** Horse left **Note:** Dav.#2154.

Date	Mintage	F	VF	XF	Unc	BU
1776 E-IDB	—	100	200	350	650	—

KM# 988 THALER

Silver **Ruler:** Karl I **Obv:** Head right **Obv. Legend:** CAROLVS D • G • DVX BRVNSV • ET LVN • **Rev:** Horse left **Rev. Legend:** NVNQVAM RETRORSVМ • date **Rev. Inscription:** X. EINE FEINE MARK / CONVENT.M. / M.C. **Note:** Dav.#2155.

Date	Mintage	F	VF	XF	Unc	BU
1779 K-MC	—	100	200	350	650	—

KM# 1016 THALER
Silver **Ruler:** Karl Wilhelm Ferdinand **Obv:** Arms **Rev:** Value **Note:** Species Thaler. Dav.#2171.

Date	Mintage	F	VF	XF	Unc	BU
1782 MC	—	90.00	175	325	600	—
1783 MC	—	90.00	175	325	600	—

KM# 1018 THALER
Silver **Ruler:** Karl Wilhelm Ferdinand **Obv:** Head right, K below **Obv. Legend:** CAROLVS GVIL • FERD • D • G • DVX BR • ET • LVN • **Rev:** Crowned complex arms within Order chain **Rev. Legend:** X EINE FEINE MARK CONVENTIONS M. 1783 **Note:** Dav.#2172.

Date	Mintage	F	VF	XF	Unc	BU
1783 MC	—	300	700	1,250	2,250	—

KM# 1030 THALER
Silver **Ruler:** Karl Wilhelm Ferdinand **Obv:** Small arms **Obv. Legend:** * CAROLVS GVIL • FERD • D • G • DVX BRVNSV • ET LVN • **Rev:** Denomination, date **Rev. Legend:** * X EINE FEINE MARK CONVENTIONS M. **Note:** Dav.#2173.

Date	Mintage	F	VF	XF	Unc	BU
1787 MC	—	40.00	75.00	140	275	—
1788 MC	—	40.00	75.00	140	275	—
1789 MC	—	40.00	75.00	140	275	—
1790 MC	—	40.00	75.00	140	275	—
1792 MC	—	40.00	75.00	140	275	—
1794 MC	—	40.00	75.00	140	275	—
1795 MC	—	40.00	75.00	140	275	—
1796 MC	—	40.00	75.00	140	275	—

KM# 688 1-1/4 THALER
Silver **Ruler:** Anton Ulrich **Subject:** Visit of Anton Ulrich to Zellerfeld Mint **Obv:** Salzdahlum Palace, sundial suspended at upper left, sun shining from upper left **Rev:** 2 miners in mine, CONSTANTER on ribbon above, date below **Note:** 1-1/4 Mining Thaler. Dav.#2932.

Date	Mintage	VG	F	VF	XF	Unc
1705	—	900	1,500	2,300	3,900	—

KM# 689 1-1/2 THALER
Silver **Ruler:** Anton Ulrich **Subject:** Visit of Anton Ulrich to Zellerfeld Mint **Obv:** Salzdahlum Palace, sundial suspended at upper left, sun shining from upper right **Obv. Legend:** AUGENTER VITA DIESQUE, below: ARDENTIB ' VOTIS • **Rev:** 2 miners in mine, CONSTANTER on ribbon above, date below **Note:** 1-1/2 Mining Thaler. Dav.#A2932.

Date	Mintage	VG	F	VF	XF	Unc
1705	—	—	—	1,450	2,200	—

KM# 707 1-1/2 THALER
43.5000 g., Silver **Subject:** Conversion of Anton Ulrich to Catholicism **Obv:** Bust right **Rev:** Rock in sea, SEMPER IDEM above, CONSTANTER below **Note:** Struck from 1 Thaler dies. Dav.#2121A.

Date	Mintage	VG	F	VF	XF	Unc
ND Rare	—	—	—	—	—	—

KM# 787 1-1/2 THALER
43.5000 g., Silver **Ruler:** August Wilhelm **Subject:** 200th Anniversary of Reformation in the City of Brunswick **Obv:** Bust right **Rev:** Altar with Bible and date, EX SINCERITATE

Date	Mintage	VG	F	VF	XF	Unc
1728	—	—	—	1,900	3,000	—

KM# 708 2 THALER
Silver **Ruler:** Anton Ulrich **Obv:** Armored draped bust right **Obv. Legend:** ANTONIUS ULRICUS. D: G: DUX BR: ET LUNEBURG. **Rev:** Horse leaping left in front of Roman-syle racecourse **Rev. Legend:** ALIORUM. ABSUMOH. IN. USUS

Date	Mintage	VG	F	VF	XF	Unc
ND(ca. 1710)	—	1,200	2,000	3,400	5,700	—

KM# 819 2 THALER
Silver **Ruler:** Ludwig Rudolph **Subject:** Death of August Wilhelm **Obv:** Bust right **Rev:** 12-line inscription with Roman numeral date **Note:** Dav.#2131.

Date	Mintage	VG	F	VF	XF	Unc
1731 IHT Rare	—	—	—	—	—	—

KM# A947 2 THALER
57.5300 g., Silver **Note:** 2 Reise Thaler. Similar to 1 Thaler, KM#946. Dav. #6356.

Date	Mintage	VG	F	VF	XF	Unc
ND Rare	—	—	—	—	—	—

KM# 912 2-1/2 THALER
3.3200 g., 0.9000 Gold 0.0961 oz. AGW **Ruler:** Karl I **Obv:** Bust right **Rev:** Crowned 12-fold arms

Date	Mintage	F	VF	XF	Unc	BU
1742 EK	—	450	875	1,600	3,250	—

KM# 913 2-1/2 THALER
3.3200 g., 0.9000 Gold 0.0961 oz. AGW **Ruler:** Karl I **Subject:** Carl **Obv:** Armored bust with sash crossing chest right **Rev:** Horse leaping left

Date	Mintage	F	VF	XF	Unc	BU
1742 EK/M	—	220	375	625	1,400	—
1743 EK/M	—	220	375	625	1,400	—
1744 EK/M	—	220	375	625	1,400	—
1746 EK/M	—	220	375	625	1,400	—
1747 EK/M	—	220	375	625	1,400	—
1748 EK/M	—	220	375	625	1,400	—
1749 EK/M	—	220	375	625	1,400	—
1750 EK/M	—	220	375	625	1,400	—
1751 M	—	220	375	625	1,400	—
1754	—	220	375	625	1,400	—
1757 E/ACB	—	220	375	625	1,400	—
1759 E/ACB	—	220	375	625	1,400	—
1760 E/IDB	—	325	550	1,000	1,900	—
1761 E/IDB	—	220	375	625	1,400	—
1762 E-IDB	—	220	375	625	1,400	—
1763 E/IDB	—	220	375	625	1,400	—
1764 E/IDB	—	220	375	625	1,400	—
1765 E/IDB	—	220	375	625	1,400	—
1766 E/IDB	—	220	375	625	1,400	—
1767 E/IDB	—	220	375	625	1,400	—
1768 E/IDB	—	220	375	625	1,400	—
1769 E/IDB	—	450	875	1,600	3,250	—
1770 E/IDB	—	220	375	625	1,400	—
1771	—	220	375	625	1,400	—
1773	—	220	375	625	1,400	—
1774 E/IDB	—	325	550	1,000	1,900	—
1775 E/IDB	—	220	375	625	1,400	—

KM# 986 2-1/2 THALER
3.3200 g., 0.9000 Gold 0.0961 oz. AGW **Ruler:** Karl I **Obv:** Bust right **Rev:** Running horse left

Date	Mintage	F	VF	XF	Unc	BU
1777 IDB	—	250	500	1,200	2,450	—

KM# 1013 2-1/2 THALER
3.3200 g., 0.9000 Gold 0.0961 oz. AGW **Ruler:** Karl Wilhelm Ferdinand **Obv:** Arms **Rev:** Value

Date	Mintage	F	VF	XF	Unc	BU
1781 MC	—	275	550	1,300	2,450	—
1782 MC	—	300	600	1,450	2,700	—

KM# 1032 2-1/2 THALER
3.3200 g., 0.9000 Gold 0.0961 oz. AGW **Ruler:** Karl Wilhelm Ferdinand **Obv:** Arms change **Rev:** Value and date

Date	Mintage	F	VF	XF	Unc	BU
1788 MC	—	300	600	1,450	2,700	—
1789 MC	—	275	550	1,300	2,450	—
1791 MC	—	300	600	1,450	2,700	—
1793 MC	—	300	600	1,450	2,700	—
1794 MC	—	275	550	1,300	2,450	—
1796 MC	—	275	550	1,300	2,450	—
1800 MC	—	275	550	1,300	2,450	—

KM# 709 3 THALER
Silver **Ruler:** Anton Ulrich **Subject:** Conversion of Anton Ulrich to Catholicism **Obv:** Bust right **Rev:** Rock in sea, SEMPER IDEM above, CONSTANTER below **Note:** Dav. #2121.

Date	Mintage	VG	F	VF	XF	Unc
ND(1710) Rare	—	—	—	—	—	—

KM# 914 5 THALER
6.6500 g., 0.9000 Gold 0.1924 oz. AGW **Ruler:** Karl I **Obv:** Armored bust right **Rev:** Crowned arms with value below, date in legend

Date	Mintage	F	VF	XF	Unc	BU
1742	—	500	1,200	2,100	3,400	—
1742 EK	—	500	1,200	2,100	3,400	—

KM# 915 5 THALER
6.6500 g., 0.9000 Gold 0.1924 oz. AGW **Ruler:** Karl I **Obv:** Armored bust right **Rev:** Horse leaping left

Date	Mintage	F	VF	XF	Unc	BU
1742 EK/M	—	250	475	1,100	2,250	—
1743 EK/M	—	250	475	1,100	2,250	—

GERMAN STATES

BRUNSWICK-WOLFENBUTTEL

Date	Mintage	F	VF	XF	Unc	BU
1744 EK/M	—	250	475	1,100	2,250	—
1744 EK	—	250	475	1,100	2,250	—
1745 EK/M	—	250	475	1,100	2,250	—
1746 EK/M	—	250	475	1,100	2,250	—
1747 EK/M	—	250	475	1,100	2,250	—
1748 EK/M	—	250	450	1,300	2,000	3,750
1749 EK/M	—	250	475	1,100	2,250	—
1750 EK/M	—	250	475	1,100	2,250	—
1751	—	250	475	1,100	2,250	—
1752	—	250	475	1,100	2,250	—
1753	—	250	475	1,100	2,250	—
1757 E/ACB	—	250	475	1,100	2,250	—
1758 E/ACB	—	250	475	1,100	2,250	—
1759 E/ACB	—	250	475	1,100	2,250	—
1760 E/IDB	—	250	475	1,100	2,250	—
1761 E/IDB	—	250	475	1,100	2,250	—
1762 E/IDB	—	250	475	1,100	2,250	—
1763 E/IDB	—	250	475	1,100	2,250	—
1764 E/IDB	—	250	475	1,100	2,250	—
1765 E/IDB	—	250	475	1,100	2,250	—
1766 E/IDB	—	250	450	1,300	2,000	3,750
1767 E/IDB	—	250	475	1,100	2,250	—
1768 E/IDB	—	250	475	1,100	2,250	—
1770 E/IDB	—	250	475	1,100	2,250	—
1772 E/IDB	—	250	475	1,100	2,250	—
1773 E/IDB	—	250	475	1,100	2,250	—
1775 E/IDB	—	250	475	1,100	2,250	—

Date	Mintage	F	VF	XF	Unc	BU
1743 EK/M	—	500	950	2,000	3,350	—
1744 EK/M	—	500	950	2,000	3,350	—
1745 EK/M	—	500	950	2,000	3,350	—
1746 EK/M	—	500	950	2,000	3,350	—
1747 EK/M	—	500	950	2,000	3,350	—
1748 EK/M	—	500	950	2,000	3,350	—
1750	—	500	950	2,000	3,350	—
1753	—	500	950	2,000	3,350	—
1756	—	500	950	2,000	3,350	—
1758	—	500	950	2,000	3,350	—
1760 E/IDB	—	500	950	2,000	3,350	—
1761 E/IDB	—	500	950	2,000	3,350	—
1762/1 E/IDB	—	500	950	2,000	3,350	—
1762 E/IDB	—	500	950	2,000	3,350	—
1763 E/IDB	—	450	850	1,850	3,350	—
1764 E/IDB	—	450	850	1,850	3,350	—

TRADE COINAGE

KM# 673 1/4 DUCAT
0.8750 g., 0.9860 Gold 0.0277 oz. AGW **Subject:** Death of Rudolf August **Obv:** Bust of Rudolf August right **Rev:** Four-line inscription

Date	Mintage	VG	F	VF	XF	Unc
1704	—	250	400	700	1,450	—

KM# 759 1/4 DUCAT
0.8750 g., 0.9860 Gold 0.0277 oz. AGW **Ruler:** August Wilhelm **Obv:** Crowned cursive AW monogram **Rev:** Horse leaping left, Arabic date below

Date	Mintage	VG	F	VF	XF	Unc
1716 HH	—	200	350	550	950	2,000
1717 HH	—	200	350	550	950	2,000

KM# 770 1/4 DUCAT
0.8750 g., 0.9860 Gold 0.0277 oz. AGW **Ruler:** August Wilhelm **Obv:** Crowned AW monogram **Rev:** Rearing horse, Roman numeral date in exergue

Date	Mintage	VG	F	VF	XF	Unc
1717 HCH	—	100	175	300	600	1,200
1718 HCH	—	100	175	300	600	1,200

KM# 850 1/4 DUCAT
0.8750 g., 0.9860 Gold 0.0277 oz. AGW **Ruler:** Ludwig Rudolph **Obv:** Crowned cursive monogram **Rev:** Horse rearing left, date below

Date	Mintage	VG	F	VF	XF	Unc
1734	—	150	275	475	900	1,800

KM# 699 1/2 DUCAT
1.7500 g., 0.9860 Gold 0.0555 oz. AGW **Ruler:** Anton Ulrich **Obv:** Bust of Anton Ulrich right **Rev:** Rearing horse, date in exergue

Date	Mintage	VG	F	VF	XF	Unc
1708 HCH	—	100	200	500	1,100	—
1709 HCH	—	100	200	500	1,100	—

KM# 700 1/2 DUCAT
1.7500 g., 0.9860 Gold 0.0555 oz. AGW **Ruler:** Anton Ulrich **Obv:** Crowned ornate monogram **Rev:** Horse rearing left

Date	Mintage	VG	F	VF	XF	Unc
1708 HCH	—	100	175	350	650	1,350
1709 HCH	—	100	175	350	650	1,350

KM# 987.1 10 THALER
13.3000 g., 0.9000 Gold 0.3848 oz. AGW **Ruler:** Karl I **Obv:** Head right **Obv. Legend:** CAROLVS D • G • DVX BR • ET LVN **Rev:** Horse leaping left

Date	Mintage	F	VF	XF	Unc	BU
1775 IDB	—	—	—	—	—	—

KM# 984 5 THALER
6.6500 g., 0.9000 Gold 0.1924 oz. AGW **Ruler:** Karl I **Obv:** Head right **Rev:** Running horse left

Date	Mintage	F	VF	XF	Unc	BU
1775 IDB	—	500	1,350	2,350	3,700	—
1776 IDB	—	500	1,350	2,350	3,700	—
1777 IDB	—	500	1,350	2,350	3,700	—
1778 IDB	—	500	1,350	2,350	3,700	—

KM# 1002 5 THALER
6.6500 g., 0.9000 Gold 0.1924 oz. AGW **Ruler:** Karl Wilhelm Ferdinand **Obv:** Arms **Rev:** Value

Date	Mintage	F	VF	XF	Unc	BU
1780 MC	—	375	675	1,300	2,250	—
1781 MC	—	375	675	1,300	2,250	—
1782 MC	—	375	675	1,300	2,250	—
1783 MC	—	375	675	1,300	2,250	—

KM# 987.2 10 THALER
13.3000 g., 0.9000 Gold 0.3848 oz. AGW **Ruler:** Karl I **Obv:** Head right **Obv. Legend:** CAROLVS D • G • DVX BRVNS • ET LVN • Rev **Rev:** Horse leaping left

Date	Mintage	F	VF	XF	Unc	BU
1777 IDB	—	750	1,250	2,100	3,700	—

KM# 750 1/2 DUCAT
1.7500 g., 0.9860 Gold 0.0555 oz. AGW **Ruler:** August Wilhelm **Obv:** Crowned AW monogram **Rev:** Arabic date

Date	Mintage	VG	F	VF	XF	Unc
1715 HH	—	125	250	550	950	2,000
1716 HH	—	125	250	550	950	2,000

KM# 760 1/2 DUCAT
1.7500 g., 0.9860 Gold 0.0555 oz. AGW **Ruler:** August Wilhelm **Rev:** R.N. date

Date	Mintage	VG	F	VF	XF	Unc
1716 HCH	—	275	450	750	1,500	—
1718 HCH	—	275	450	750	1,500	—
1721 HCH	—	275	450	750	1,500	—

KM# 1025 5 THALER
6.6500 g., 0.9000 Gold 0.1924 oz. AGW **Ruler:** Karl Wilhelm Ferdinand **Obv:** Crowned arms within Order chain **Obv. Legend:** CAROLVS GVILIELMVS FERDINANDVS **Rev:** Value, date

Date	Mintage	F	VF	XF	Unc	BU
1785 MC	—	350	650	1,300	2,250	—
1786 MC	—	350	650	1,300	2,250	—
1790 MC	—	350	650	1,300	2,250	—
1795 MC	—	350	650	1,300	2,250	—
1796 MC	—	350	650	1,300	2,250	—
1797 MC	—	350	650	1,300	2,250	—
1798 MC	—	350	650	1,300	2,250	—
1799 MC	—	350	650	1,300	2,250	—
1800 MC	—	450	750	1,400	2,500	—

KM# 916 10 THALER
13.3000 g., 0.9000 Gold 0.3848 oz. AGW **Obv:** Armored bust of Carl right **Rev:** Crowned arms with value below, date in legend

Date	Mintage	F	VF	XF	Unc	BU
1742	—	750	1,350	2,650	4,750	—

KM# 1014 10 THALER
13.3000 g., 0.9000 Gold 0.3848 oz. AGW **Ruler:** Karl Wilhelm Ferdinand

Date	Mintage	F	VF	XF	Unc	BU
1781 MC	—	800	1,350	2,400	4,050	—
1782 MC	—	800	1,350	2,400	4,050	—
1783 MC	—	800	1,350	2,400	4,050	—
1784 MC	—	800	1,350	2,400	4,050	—

KM# 674 3/4 DUCAT
2.6250 g., 0.9860 Gold 0.0832 oz. AGW **Ruler:** Anton Ulrich **Subject:** Death of Rudolf August **Obv:** Bust of Rudolf August right **Rev:** Five-line inscription

Date	Mintage	VG	F	VF	XF	Unc
1704	—	175	350	700	1,400	—

KM# 625 DUCAT
3.5000 g., 0.9860 Gold 0.1109 oz. AGW **Ruler:** Anton Ulrich **Obv:** Dust of Rudolf August right **Rev:** Bust of Anton Ulrich right **Note:** Varieties exist.

Date	Mintage	VG	F	VF	XF	Unc
1701 HCH	—	900	2,000	4,600	8,000	—
ND HCH	—	900	2,000	4,600	8,000	—

KM# 1041 10 THALER
13.3000 g., 0.9000 Gold 0.3848 oz. AGW **Ruler:** Karl Wilhelm Ferdinand **Obv:** Change in arms **Obv. Legend:** CAROLVS GVILIELMVS FERDINANDVS **Rev:** Value, date

Date	Mintage	F	VF	XF	Unc	BU
1794 MC	—	800	1,350	2,400	4,050	—
1795 MC	—	800	1,350	2,400	4,050	—
1796 MC	—	800	1,350	2,400	4,050	—
1797 MC	—	800	1,350	2,400	4,050	—
1799 MC	—	800	1,350	2,400	4,050	—
1800 MC	—	675	1,150	2,400	4,050	—

KM# 917 10 THALER
13.3000 g., 0.9000 Gold 0.3848 oz. AGW **Ruler:** Karl I **Obv:** Armored bust right **Rev:** Horse leaping left

Date	Mintage	F	VF	XF	Unc	BU
1742 EK/M	—	500	950	2,000	3,350	—

KM# 675 DUCAT
3.5000 g., 0.9860 Gold 0.1109 oz. AGW **Ruler:** Anton Ulrich **Subject:** Death of Rudolf August **Rev:** Eight-line inscription

Date	Mintage	VG	F	VF	XF	Unc
1704 HCH	—	200	500	1,150	2,400	—

KM# 676 DUCAT
3.5000 g., 0.9860 Gold 0.1109 oz. AGW **Subject:** Death of Elisabeth Juliane, Wife of Anton Ulrich **Obv:** Bust of Elisabeth Juliane right

Date	Mintage	VG	F	VF	XF	Unc
1704 HCH	—	350	650	1,250	2,400	—

BRUNSWICK-WOLFENBUTTEL

KM# 690 DUCAT
3.5000 g., 0.9860 Gold 0.1109 oz. AGW **Ruler:** Anton Ulrich
Obv: Bust right **Rev:** Crowned arms

Date	Mintage	VG	F	VF	XF	Unc
1705	—	200	400	900	1,800	—

KM# 696 DUCAT
3.5000 g., 0.9860 Gold 0.1109 oz. AGW **Ruler:** Anton Ulrich
Obv: Bust right **Rev:** Rearing horse, Arabic date in exergue

Date	Mintage	VG	F	VF	XF	Unc
1707 HCH	—	200	400	900	1,800	—

KM# 697 DUCAT
3.5000 g., 0.9860 Gold 0.1109 oz. AGW **Ruler:** Anton Ulrich
Obv: Crowned AU monogram

Date	Mintage	VG	F	VF	XF	Unc
1707 HCH	—	200	400	900	1,800	—

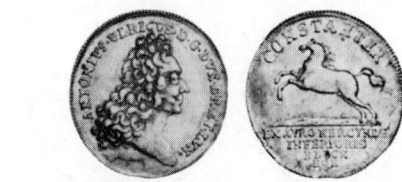

KM# 710 DUCAT
3.5000 g., 0.9860 Gold 0.1109 oz. AGW **Ruler:** Anton Ulrich
Subject: Gold From Harz Mountains **Obv:** Head right **Note:** Varieties exist.

Date	Mintage	VG	F	VF	XF	Unc
1710 HCH	—	350	700	1,500	3,000	—

KM# 711 DUCAT
3.5000 g., 0.9860 Gold 0.1109 oz. AGW **Ruler:** Anton Ulrich
Obv: Crowned AU monogram

Date	Mintage	VG	F	VF	XF	Unc
1710 HCH	—	300	600	1,200	2,150	—

KM# 718 DUCAT
3.5000 g., 0.9860 Gold 0.1109 oz. AGW **Ruler:** Anton Ulrich
Obv: Bust right **Rev:** Horse leaping left, R.N. date below **Note:** Varieties exist.

Date	Mintage	VG	F	VF	XF	Unc
1711 HCH	—	625	925	1,275	2,300	—
1712 HCH	—	625	925	1,275	2,300	—

KM# 719 DUCAT
3.5000 g., 0.9860 Gold 0.1109 oz. AGW **Ruler:** Anton Ulrich
Obv: Crowned AU monogram

Date	Mintage	VG	F	VF	XF	Unc
1711 HCH	—	550	800	1,125	2,100	—

KM# 740 DUCAT
3.5000 g., 0.9860 Gold 0.1109 oz. AGW **Ruler:** August Wilhelm
Obv: Draped bust right **Rev:** Horse leaping left **Note:** Varieties exist.

Date	Mintage	VG	F	VF	XF	Unc
1714 HCH	—	150	300	650	1,200	2,500
1716 HCH	—	150	300	650	1,200	2,500
1719 HCH	—	150	300	650	1,200	2,500
1722 HCH	—	150	300	650	1,200	2,500
1723 HCH	—	150	300	650	1,200	2,500
1728 HCH	—	150	300	650	1,200	2,500

KM# 761 DUCAT
3.5000 g., 0.9860 Gold 0.1109 oz. AGW **Ruler:** August Wilhelm
Obv: Crowned AW monogram

Date	Mintage	VG	F	VF	XF	Unc
1716	—	225	450	1,000	1,900	—

KM# 771 DUCAT
3.5000 g., 0.9860 Gold 0.1109 oz. AGW **Ruler:** August Wilhelm
Subject: Bicentennial of the Reformation **Obv:** Head right **Rev:** Inscription

Date	Mintage	VG	F	VF	XF	Unc
1717 HCH	—	225	450	1,000	1,900	—

KM# 772 DUCAT
3.5000 g., 0.9860 Gold 0.1109 oz. AGW **Ruler:** August Wilhelm
Subject: Gold from Harz Mountains

Date	Mintage	VG	F	VF	XF	Unc
1719	—	200	500	1,100	2,100	—
1721	—	200	500	1,100	2,100	—
1728	—	200	500	1,100	2,100	—
1729	—	200	500	1,100	2,100	—
1730	—	200	500	1,100	2,100	—

KM# 782 DUCAT
3.5000 g., 0.9860 Gold 0.1109 oz. AGW **Ruler:** August Wilhelm
Obv: Crowned 11-fold arms, date in legend **Rev:** Wildman, tree in left hand

Date	Mintage	VG	F	VF	XF	Unc
1725 EPH	—	600	875	1,200	2,200	—
1728	—	600	875	1,200	2,200	—

KM# 781 DUCAT
3.5000 g., 0.9860 Gold 0.1109 oz. AGW **Ruler:** August Wilhelm

Date	Mintage	VG	F	VF	XF	Unc
1728 HCH	—	225	450	1,000	1,900	—

KM# 788 DUCAT
3.5000 g., 0.9860 Gold 0.1109 oz. AGW **Ruler:** August Wilhelm
Subject: Lower Harz Gold **Obv:** Helmeted arms **Rev:** Horse leaping left, R.N. date below

Date	Mintage	VG	F	VF	XF	Unc
1729	—	550	800	1,125	2,100	—
1730	—	550	800	1,125	2,100	—

KM# 799 DUCAT
3.5000 g., 0.9860 Gold 0.1109 oz. AGW **Ruler:** August Wilhelm
Subject: Bicentennial of Augsburg Confession **Obv:** Bust right **Rev:** Inscription

Date	Mintage	VG	F	VF	XF	Unc
1730 IHT	—	325	750	1,400	2,700	—

KM# 800 DUCAT
3.5000 g., 0.9860 Gold 0.1109 oz. AGW **Ruler:** August Wilhelm
Subject: Gold from Harz Mountains **Obv:** Crowned arms **Rev:** Rearing horse, date in exergue

Date	Mintage	VG	F	VF	XF	Unc
1730 IHT	—	325	650	1,250	2,400	—

Date	Mintage	VG	F	VF	XF	Unc
1731	—	300	650	1,200	2,400	4,750
1732	—	300	650	1,200	2,400	4,750
1733	—	300	650	1,200	2,400	4,750

KM# 828 DUCAT
3.5000 g., 0.9860 Gold 0.1109 oz. AGW **Subject:** Gold from Harz Mountains

Date	Mintage	VG	F	VF	XF	Unc
1732	—	300	650	1,200	2,400	4,750
1733	—	300	650	1,200	2,400	4,750
1734	—	300	650	1,200	2,400	4,750

KM# 839 DUCAT
3.5000 g., 0.9860 Gold 0.1109 oz. AGW **Subject:** Marriage of Karl (I) and Philippine Charlotte of Prussia **Obv:** Crowned cursive mirror-image 9 PC monogram **Rev:** 6-line legend with R.N. date, value below

Date	Mintage	VG	F	VF	XF	Unc
1733 BIC	—	600	900	1,200	2,200	—

KM# 840 DUCAT
3.5000 g., 0.9860 Gold 0.1109 oz. AGW **Subject:** Marriage of Karl (I)'s Sister, Elisabeth Christine and Friedrich (II) of Prussia **Obv:** Crowned cursive mirror-image EC monogram **Rev:** 9-line inscription with R.N. date, value below

Date	Mintage	VG	F	VF	XF	Unc
1733 BIC	—	600	900	1,200	2,200	—

KM# 841 DUCAT
3.5000 g., 0.9860 Gold 0.1109 oz. AGW **Ruler:** Ludwig Rudolph
Obv: Head right **Rev:** Starburst in circle of clouds, date in exergue

Date	Mintage	VG	F	VF	XF	Unc
1733	—	300	700	1,400	2,700	—

KM# 842 DUCAT
3.5000 g., 0.9860 Gold 0.1109 oz. AGW **Obv:** Rearing horse, date below **Rev:** Wildman holding tree and arms, date

Date	Mintage	VG	F	VF	XF	Unc
1733	—	200	450	1,000	1,900	—

KM# 820 DUCAT
3.5000 g., 0.9860 Gold 0.1109 oz. AGW **Subject:** Death of August Wilhelm **Obv:** Bust of August Wilhelm right **Rev:** Five-line inscription

Date	Mintage	VG	F	VF	XF	Unc
1731 IHT	—	225	450	1,000	1,900	—

KM# 821 DUCAT
3.5000 g., 0.9860 Gold 0.1109 oz. AGW **Ruler:** Ludwig Rudolph
Subject: Gold from Harz Mountains **Obv:** Head right **Rev:** Helmet with plumes and horse divides date

Date	Mintage	VG	F	VF	XF	Unc
1731 S	—	350	700	1,500	3,000	—
1732 S	—	350	700	1,500	3,000	—

KM# 822 DUCAT
3.5000 g., 0.9860 Gold 0.1109 oz. AGW **Ruler:** Ludwig Rudolph
Obv: Head right **Rev:** Horse rearing left

Date	Mintage	VG	F	VF	XF	Unc
1731	—	150	300	600	1,200	2,500
1732	—	150	300	600	1,200	2,500
1734	—	150	300	600	1,200	2,500

KM# 843 DUCAT
3.5000 g., 0.9860 Gold 0.1109 oz. AGW **Ruler:** Ludwig Rudolph
Obv: Head right **Rev:** Wildman with tree in left hand and arms in right

Date	Mintage	VG	F	VF	XF	Unc
1733	—	200	300	600	1,200	2,500

KM# 844 DUCAT
3.5000 g., 0.9860 Gold 0.1109 oz. AGW, 21 mm. **Ruler:** Ludwig Rudolph **Rev:** Date in legend

Date	Mintage	VG	F	VF	XF	Unc
1733 D-BIU	—	200	400	1,000	1,900	—

KM# 845 DUCAT
3.5000 g., 0.9860 Gold 0.1109 oz. AGW **Ruler:** Ludwig Rudolph
Rev: Wildman without crowned arms

Date	Mintage	VG	F	VF	XF	Unc
1733	—	200	400	1,000	1,900	—

KM# 885 DUCAT
3.5000 g., 0.9860 Gold 0.1109 oz. AGW **Subject:** Death of Ludwig Rudolf **Obv:** Head right **Rev:** Inscription

Date	Mintage	VG	F	VF	XF	Unc
1735 BID	—	200	400	1,000	1,900	—

KM# 823 DUCAT
3.5000 g., 0.9860 Gold 0.1109 oz. AGW **Ruler:** Ludwig Rudolph
Obv: Head right **Rev:** Horse left within crowned shield

GERMAN STATES — BRUNSWICK-WOLFENBUTTEL

KM# 886 DUCAT
3.5000 g., 0.9860 Gold 0.1109 oz. AGW Ruler: Ferdinand Ulbrecht II Obv: Bust right Rev: Horse leaping left

Date	Mintage	VG	F	VF	XF	Unc
1735 S	—	300	600	1,300	2,650	—

KM# 887 DUCAT
3.5000 g., 0.9860 Gold 0.1109 oz. AGW Subject: Gold from Harz Mountains

Date	Mintage	VG	F	VF	XF	Unc
1735	—	300	600	1,300	2,200	—

KM# 888 DUCAT
3.5000 g., 0.9860 Gold 0.1109 oz. AGW Ruler: Ferdinand Ulbrecht II Obv: Crowned FA monogram

Date	Mintage	VG	F	VF	XF	Unc
1735 BID	—	300	600	1,300	2,650	—

KM# 889 DUCAT
3.5000 g., 0.9860 Gold 0.1109 oz. AGW Obv: Crowned arms

Date	Mintage	VG	F	VF	XF	Unc
1735	—	300	600	1,300	2,650	—

KM# 890 DUCAT
3.5000 g., 0.9860 Gold 0.1109 oz. AGW Subject: Death of Ferdinand Albrecht II Obv: Head of Ferdinand Albrecht II right Rev: 8-line inscription

Date	Mintage	VG	F	VF	XF	Unc
1735 BID	—	300	600	1,300	2,650	—

KM# 899 DUCAT
3.5000 g., 0.9860 Gold 0.1109 oz. AGW Ruler: Karl I Obv: Armored bust left Rev: Date below horse in R.N. Rev. Legend: EX. AVR. HERC. INF.

Date	Mintage	F	VF	XF	Unc	BU
1736 S	—	500	1,200	2,000	3,600	—

KM# 900 DUCAT
3.5000 g., 0.9860 Gold 0.1109 oz. AGW Ruler: Karl I Obv: Armored bust left Rev: Date in Arabic numerals

Date	Mintage	F	VF	XF	Unc	BU
1736 BID	—	200	500	1,200	2,400	—

KM# 904 DUCAT
3.5000 g., 0.9860 Gold 0.1109 oz. AGW Ruler: Karl I Obv: Head right Rev: Horse leaping left

Date	Mintage	F	VF	XF	Unc	BU
1737 BID	—	300	600	1,000	2,400	4,750
1738 BID	—	300	600	1,000	2,400	4,750
1739 BID	—	300	600	1,000	2,400	4,750
1742 BID	—	300	600	1,000	2,400	4,750

KM# 905 DUCAT
3.5000 g., 0.9860 Gold 0.1109 oz. AGW Ruler: Karl I Obv: Bust right

Date	Mintage	F	VF	XF	Unc	BU
1739 S	—	400	900	2,000	3,600	—

KM# 918 DUCAT
3.5000 g., 0.9860 Gold 0.1109 oz. AGW Ruler: Karl I Obv: Bust right

Date	Mintage	F	VF	XF	Unc	BU
1742 EK Rare	—	—	—	—	—	—

KM# 919 DUCAT
3.5000 g., 0.9860 Gold 0.1109 oz. AGW Ruler: Karl I Rev: Value: DVCAT

Date	Mintage	F	VF	XF	Unc	BU
1742 EK Rare	—	—	—	—	—	—

KM# 936 DUCAT
3.5000 g., 0.9860 Gold 0.1109 oz. AGW Ruler: Karl I Rev. Legend: EX AVR. HERC.

Date	Mintage	F	VF	XF	Unc	BU
1749	—	400	900	2,000	3,600	—

KM# 974 DUCAT
3.5000 g., 0.9860 Gold 0.1109 oz. AGW Ruler: Karl I Obv: Unadorned bust right

Date	Mintage	F	VF	XF	Unc	BU
1765 E-IDB	—	—	—	—	—	—

KM# 1003 DUCAT
3.5000 g., 0.9860 Gold 0.1109 oz. AGW Obv: Crowned complex arms Rev: Value and date

Date	Mintage	F	VF	XF	Unc	BU
1780 MC	—	450	750	1,500	3,000	—

KM# 1015 DUCAT
3.5000 g., 0.9860 Gold 0.1109 oz. AGW Ruler: Karl Wilhelm Ferdinand

Date	Mintage	F	VF	XF	Unc	BU
1781 MC	—	450	750	1,500	3,000	—
1782 MC	—	450	750	1,500	3,000	—
1783 MC	—	450	750	1,500	3,000	—
1784 MC	—	450	750	1,500	3,000	—

KM# 1023 DUCAT
3.5000 g., 0.9860 Gold 0.1109 oz. AGW Ruler: Karl Wilhelm Ferdinand Obv: Crowned arms Rev: Value, date

Date	Mintage	F	VF	XF	Unc	BU
1784 MC	—	450	750	1,500	3,000	—
1785 MC	—	450	750	1,500	3,000	—
1786 MC	—	450	750	1,500	3,000	—
1787 MC	—	450	750	1,500	3,000	—
1788 MC	—	450	750	1,500	3,000	—
1789 MC	—	450	750	1,500	3,000	—
1792 MC	—	450	750	1,500	3,000	—
1794 MC	—	750	1,000	2,100	4,000	—
1797 MC	—	450	750	1,500	3,000	—
1798 MC	—	450	750	1,500	3,000	—
1800 MC	—	600	1,000	2,000	4,000	—

KM# 677 2 DUCAT
7.0000 g., 0.9860 Gold 0.2219 oz. AGW Subject: Death of Anton Ulrich's Wife, Elisabeth Juliane Obv: Bust right Rev: 6-line inscription with R.N. date

Date	Mintage	VG	F	VF	XF	Unc
1704 ***	—	750	1,500	3,000	6,600	—

KM# 678 2 DUCAT
7.0000 g., 0.9860 Gold 0.2219 oz. AGW Subject: Death of Elisabeth Juliane, Wife of Anton Ulrich Obv: Bust of Elisabeth Juliane right Rev: Salzdahlum Palace with reclining figure above

Date	Mintage	VG	F	VF	XF	Unc
1704 HCH	—	750	1,500	3,000	6,600	—

KM# 698 2 DUCAT
7.0000 g., 0.9860 Gold 0.2219 oz. AGW Ruler: Anton Ulrich Obv: Bust right

Date	Mintage	VG	F	VF	XF	Unc
1707 HCH	—	450	1,000	1,800	4,500	—

KM# 720 2 DUCAT
7.0000 g., 0.9860 Gold 0.2219 oz. AGW Ruler: Anton Ulrich Obv: Bust right Rev: Horse leaping left, R.N. date below

Date	Mintage	VG	F	VF	XF	Unc
1711 HCH	—	550	1,125	2,000	4,800	—

KM# 721 2 DUCAT
7.0000 g., 0.9860 Gold 0.2219 oz. AGW Ruler: Anton Ulrich Subject: Gold from Harz Mountains

Date	Mintage	VG	F	VF	XF	Unc
1712 HCH	—	850	1,650	3,500	7,200	—

KM# 741 2 DUCAT
7.0000 g., 0.9860 Gold 0.2219 oz. AGW Ruler: August Wilhelm Subject: Death of Anton Ulrich Obv: Duke in cradle Rev: Inscription with date

Date	Mintage	VG	F	VF	XF	Unc
1714	—	500	1,100	1,850	4,800	—

KM# 762 2 DUCAT
7.0000 g., 0.9860 Gold 0.2219 oz. AGW Ruler: August Wilhelm Obv: Crowned arms within Order chain Rev: Value and date Note: Varieties exist.

Date	Mintage	VG	F	VF	XF	Unc
1716 HCH	—	325	750	1,500	3,000	—
1718 HCH	—	325	750	1,500	3,000	—

Date	Mintage	VG	F	VF	XF	Unc
1722 HCH	—	325	750	1,500	3,000	—
1728	—	325	750	1,500	3,000	—

KM# 783 2 DUCAT
7.0000 g., 0.9860 Gold 0.2219 oz. AGW Ruler: August Wilhelm Obv: Crowned AW monogram

Date	Mintage	VG	F	VF	XF	Unc
1727 Rare	—	—	—	—	—	—

KM# 801 2 DUCAT
7.0000 g., 0.9860 Gold 0.2219 oz. AGW Ruler: August Wilhelm Obv: Bust right Rev: Six-line inscription

Date	Mintage	VG	F	VF	XF	Unc
1730 IHT	—	450	1,000	2,100	4,300	—

KM# 802 2 DUCAT
7.0000 g., 0.9860 Gold 0.2219 oz. AGW Ruler: August Wilhelm Subject: The Duke's Birthday Obv: Wildman with tree at right and crowned arms at left Rev: Inscription

Date	Mintage	VG	F	VF	XF	Unc
1730 IHT	—	400	1,000	2,100	3,000	—

KM# 824 2 DUCAT
7.0000 g., 0.9860 Gold 0.2219 oz. AGW Ruler: Ludwig Rudolph Obv: Head right

Date	Mintage	VG	F	VF	XF	Unc
1732 BID	—	550	1,300	2,850	5,100	—
1733 BID	—	550	1,300	2,850	5,100	—

KM# A679 3 DUCAT
10.5000 g., 0.9860 Gold 0.3328 oz. AGW Subject: Death of Elisabeth Juliana Obv: Bust of Elisabeth Juliana Rev: Salzdahlum Castle with reclining figure

Date	Mintage	VG	F	VF	XF	Unc
1704 Rare	—	—	—	—	—	—

KM# A694 6 DUCAT
21.0000 g., 0.9860 Gold 0.6657 oz. AGW Ruler: Anton Ulrich Obv: Bust right Rev: Arms

Date	Mintage	VG	F	VF	XF	Unc
1706 Rare	—	—	—	—	—	—

KM# 751 6 DUCAT
21.0000 g., 0.9860 Gold 0.6657 oz. AGW Ruler: August Wilhelm Subject: 53rd Birthday of August Wilhelm Obv: Bust right Rev: Allegorical figure of Brunswick commonwealth, Roman numeral date below

Date	Mintage	VG	F	VF	XF	Unc
1715 Rare	—	—	—	—	—	—

KM# A676 10 DUCAT (Portugalöser)
35.0000 g., 0.9860 Gold 1.1095 oz. AGW Ruler: Anton Ulrich Subject: Death of Rudolf August Rev: Multiple line inscription

Date	Mintage	VG	F	VF	XF	Unc
1704 Rare	—	—	—	—	—	—

KM# 694 10 DUCAT (Portugalöser)
35.0000 g., 0.9860 Gold 1.1095 oz. AGW Ruler: Anton Ulrich Obv: Bust right Rev: Helmeted 14-fold arms divide date Note: Struck with 1 Thaler dies, KM#693.

Date	Mintage	VG	F	VF	XF	Unc
1706 HCH	—	4,950	7,200	9,400	14,000	—

KM# 773 10 DUCAT (Portugalöser)
35.0000 g., 0.9860 Gold 1.1095 oz. AGW Ruler: August

Wilhelm **Obv:** Armored bust right **Obv. Legend:** AUGUSTUS. WILH. - D.G. DUX. BR. ET. LUN. **Rev:** Helmeted arms **Note:** Similar to 1 Thaler, KM#738.

Date	Mintage	VG	F	VF	XF	Unc
1720 HCH	—	4,950	7,200	9,400	14,000	—

PATTERNS

Including off metal strikes

KM#	Date	Mintage	Identification	Mkt Val
Pn6	1702	—	Thaler. Gold. KM#641	12,500
Pn8	1713	—	6 Pfennige. Copper. KM#695	—
Pn10	1726 EPH	—	Pfennig. Gold. KM#778	1,200
Pn11	1728 HCH	—	Groschen. Gold. KM#784	—
Pn12	1730	—	Ducat. Copper. KM#788	—
Pn13	1730 IHT	—	Ducat. Copper. KM#799	—
Pn14	1732	—	2 Ducat. Copper. KM#824	—
Pn15	1734	—	Pfennig. Gold. KM#803	1,250
Pn16	1734 IAB	—	Pfennig. Gold. Similar to KM#847.	1,150
Pn17	1734	—	2 Pfennige. Gold. Horse. Orb.	—
Pn18	1735	—	Pfennig. Gold. KM#830	1,200
Pn19	1735	—	2 Pfennige. Gold. KM#852	1,250
Pn20	1735	—	6 Pfennige. Gold. KM#854	1,500
Pn21	1736	—	2 Pfennige. Gold. KM#892	—
Pn22	1737	—	Pfennig. Gold. KM#891	—
Pn23	1738	—	6 Pfennige. Gold. KM#855	—
Pn24	1739 IBH	—	Pfennig. Gold. KM#901	—
Pn25	1742 IBH	—	Pfennig. Gold. KM#901	—
Pn26	1742 K	—	Thaler. Copper. KM#911	—
Pn27	1743	—	Pfennig. Gold. KM#891	—
Pn28	1746 IBH	—	Pfennig. Gold. KM#901	—
Pn29	1749 IBH	—	Pfennig. Gold. KM#901	—
Pn30	1750 IBH	—	Pfennig. Gold. KM#901	—
Pn31	1752 IBH	—	Pfennig. Gold. KM#901	—
Pn32	1752	—	1/12 Thaler. Gold. KM#929	—
Pn33	1754	—	Pfennig. Gold. KM#891	—
Pn34	1754 IBH	—	Pfennig. Gold. KM#901	—
Pn35	1758	—	Pfennig. Gold. KM#891	—
Pn36	1758 ACB	—	1/6 Thaler. Gold. KM#930	—
Pn37	1758 ACB	—	5 Thaler. Silver. KM#915	950
PnA38	1763 IAP	—	Pfennig. Gold.	2,750
Pn38	1769 IAP	—	Pfennig. Gold. KM#901	—
Pn39	1771 IDB	—	2/3 Thaler. Copper. KM#973.1	—
Pn40	1772 IAP	—	Pfennig. Gold. KM#901	—
Pn41	1776 LCR	—	Pfennig. Gold. KM#901	—
Pn42	1779 MC	—	2/3 Thaler. Copper. KM#973.1	—

TRIAL STRIKES

KM#	Date	Mintage	Identification	Mkt Val
TS1	1736	—	6 Pfennige. Uniface.	—
TS2	ND	—	1/24 Thaler. Uniface, KM#928.	—
TS3	ND(1758)	—	Denier. Uniface.	—

BUCHHORN

Located on the northeast shore of Lake Constance, Buchhorn became the smallest imperial city in 1274. In 1802 it passed to Bavaria, then to Württemberg in 1810. The following year the name of the city was changed to Friedrichshafen, which it has retained until the present time.

FREE CITY

REGULAR COINAGE

KM# 1 PFENNIG

Copper **Obv:** City arms (beechtree left, hunting horn right) **Note:** Uniface two varieties exist

Date	Mintage	VG	F	VF	XF	Unc
ND(ca.1700)	—	25.00	60.00	125	250	—

KM# 2 PFENNIG

Obv: Vertical line divides beech tree and hunting horn

Date	Mintage	VG	F	VF	XF	Unc
ND(ca.1700)	—	20.00	40.00	100	200	—

KM# 3 2 PFENNIG (1/2 Kreuzer)

Billon **Obv:** 3 Shields, 1 at top divides date, 2 at bottom between 2 lower shields **Note:** Uniface

Date	Mintage	VG	F	VF	XF	Unc
1704	—	45.00	85.00	175	350	—

KM# 4 KREUZER

Silver **Obv:** Crowned Imperial eagle with value "1" on breast, titles of Leopold I in legend **Rev:** City arms in oval, 8-armed cross behind, date in legend **Note:** Varieties exist.

Date	Mintage	VG	F	VF	XF	Unc
1704	—	30.00	65.00	135	275	—

KM# 5 ALBUS (2 Kreuzer)

Silver **Obv:** Crowned Imperial eagle, 2 on breast, titles of Leopold I **Rev:** Value, date in 3 lines

Date	Mintage	VG	F	VF	XF	Unc
1704	—	55.00	100	200	400	—

CLEVES

(Cleve, Kleve)

The countship, later duchy, of Cleves, located on both sides of the Rhine at the Dutch border, had its beginnings in the early 11th century. It passed in marriage to the counts of Mark in 1368, who were raised to the rank of duke in Cleves in 1417. In 1511 Jülich, Berg and Ravensberg were obtained by marriage. The last duke died in 1609 without a male heir, causing a great struggle for the various territories between Pfalz-Neuburg, Brandenburg-Prussia and Saxony. (See Jülich-Cleves-Berg for coinage to 1609). Eventually, the first two won out and made a pact to divide the territories between them. Brandenburg-Prussia obtained Cleves, Mark and Ravensberg, while Pfalz-Neuburg received Jülich and Berg. Saxony refused to give up its claims and, though never managing to obtain any territory, the dukes continued to place the arms of Cleves on their coinage throughout the rest of the 17th century. The rulers of Brandenburg-Prussia and Pfalz-Neuburg struck a joint coinage in the disputed territories until the formal division in 1624. The special coinage of Brandenburg-Prussia for Mark and Ravensberg are included under those place names.

RULERS

Friedrich I, King of Prussia, 1701-1713
Friedrich Wilhelm I of Prussia, 1713-1740
Friedrich II (The Great) of Prussia, 1740-1786

MINT MARKS

C - Cleves

MINT OFFICIALS" INITIALS

Initial	Date	Name
AGP	1742	Anton Gottfried Pott
GK	1741-55	Georg Kuster

ARMS

Cleves – 8 rods (scepters) with lilies at tip, arranged as spokes in a wheel, small shield in center
Mark – Horizontal band of checkerboard design across center

MONETARY SYSTEM

8 Duit = 1 Stüber
60 Stüber = 1 Reichsthaler
5 Reichsthaler = 1 Friedrich d'Or

DUCHY

REGULAR COINAGE

KM# 45 DUIT

Copper **Ruler:** Friedrich II **Obv:** Crowned arms with supporters **Rev:** Value, date

Date	Mintage	VG	F	VF	XF	Unc
1749	—	4.00	10.00	22.00	45.00	—
1750	—	4.00	10.00	22.00	45.00	—

KM# 53 DUIT

Copper **Ruler:** Friedrich II **Obv:** Crowned arms with supporters **Rev:** Value, date

Date	Mintage	VG	F	VF	XF	Unc
1752	—	4.00	10.00	22.00	45.00	—
1753	—	4.00	10.00	22.00	45.00	—

KM# 55 1/4 STüBER

Copper **Ruler:** Friedrich II **Obv:** Crowned arms with supporters, square shield **Rev:** Value, date **Mint:** Cleves

Date	Mintage	VG	F	VF	XF	Unc
1753C	—	5.00	15.00	30.00	60.00	—
1754C	—	5.00	15.00	30.00	60.00	—
1755C	—	5.00	15.00	30.00	60.00	—

KM# 50 STüBER (21 Heller)

Billon **Ruler:** Friedrich II **Obv:** Crowned arms within branches **Rev:** Value, date **Mint:** Cleves

Date	Mintage	VG	F	VF	XF	Unc
1751C	—	5.00	15.00	30.00	60.00	—
1752C	—	5.00	15.00	30.00	60.00	—

KM# 60 STüBER (21 Heller)

Billon **Ruler:** Friedrich II **Obv:** Crowned monogram divides date **Rev:** Value above sprays **Mint:** Cleves

Date	Mintage	VG	F	VF	XF	Unc
1764C	641,000	7.00	18.00	37.00	75.00	—

KM# 51 2 STüBER

Billon **Ruler:** Friedrich II **Obv:** Crowned arms within branches **Rev:** Value, date **Mint:** Cleves

Date	Mintage	VG	F	VF	XF	Unc
1751C	—	4.00	10.00	22.00	45.00	—
1752C	—	4.00	10.00	22.00	45.00	—
1753C	—	4.00	10.00	22.00	45.00	—
1754C	—	4.00	10.00	22.00	45.00	—
1755C	—	4.00	10.00	22.00	45.00	—
1756C	—	4.00	10.00	22.00	45.00	—

KM# 57 4 KREUZER (Batzen)

Silver **Ruler:** Friedrich II **Obv:** Eagle in crowned cartouche, date divided above **Rev:** Legend in cartouche **Rev. Inscription:** 4 / KREU / ZER / C

Date	Mintage	VG	F	VF	XF	Unc
1754	1,718,000	40.00	90.00	185	375	—
1755	Inc. above	40.00	90.00	185	375	—

KM# 61 5 STüBER (1/12 Thaler)

Silver **Ruler:** Friedrich II **Subject:** Friedrich II **Obv:** Laureate head right **Rev:** Value, date **Mint:** Cleves

Date	Mintage	VG	F	VF	XF	Unc
1765C	—	30.00	75.00	150	300	—

KM# 64 5 STüBER (1/12 Thaler)

Silver **Ruler:** Friedrich II **Obv:** Laureate head right **Obv. Legend:** FRIDERICUS BORUSSORUM REX **Rev:** Value, date **Mint:** Cleves

Date	Mintage	VG	F	VF	XF	Unc
1766C	—	25.00	65.00	130	260	—
1767C	—	25.00	65.00	130	260	—

KM# 62 10 STüBER (1/6 Thaler)

Silver **Ruler:** Friedrich II **Obv:** Laureate head right **Obv. Legend:** FRIDERICUS BORUSSORUM REX. **Rev:** Value, date **Mint:** Cleves

Date	Mintage	VG	F	VF	XF	Unc
1765C	—	90.00	200	400	825	—

KM# 63 60 STüBER (Reichsthaler)

Silver **Ruler:** Friedrich II **Obv:** Laureate head right **Obv. Legend:** FRIDERICUS BORUSSORUM REX. **Rev:** Crowned eagle within flags and cannons **Mint:** Cleves

Date	Mintage	VG	F	VF	XF	Unc
1765C	—	100	225	450	900	—

TRADE COINAGE

KM# 56 1/2 FRIEDRICH D'OR

3.3408 g., 0.9030 Gold 0.0970 oz. AGW **Ruler:** Friedrich II **Subject:** Friedrich II **Obv:** Armored bust right **Rev:** Crowned eagle within flags and cannons **Mint:** Cleves

Date	Mintage	VG	F	VF	XF	Unc
1753C	—	650	1,250	2,500	5,400	—

KM# 52 FRIEDRICH D'OR

6.6815 g., 0.9030 Gold 0.1940 oz. AGW **Ruler:** Friedrich II **Subject:** Friedrich II **Obv:** Armored bust right **Rev:** Crowned eagle withih flags and cannons **Mint:** Cleves

Date	Mintage	VG	F	VF	XF	Unc
1751C	—	1,000	2,000	4,000	7,800	—
1752C	—	1,000	2,000	4,000	7,800	—
1753C	—	1,000	2,000	4,000	7,800	—

KM# 58 FRIEDRICH D'OR

6.6815 g., 0.9030 Gold 0.1940 oz. AGW **Ruler:** Friedrich II **Obv:** Head of Friedrich right **Rev:** Eagle in shield on trophies of arms, date below **Mint:** Cleves

Date	Mintage	VG	F	VF	XF	Unc
1754C	—	1,200	2,250	4,500	8,400	—
1755C	—	1,200	2,250	4,500	8,400	—

KM# 54 2 FRIEDRICH D'OR

13.3630 g., 0.9030 Gold 0.3879 oz. AGW **Ruler:** Friedrich II **Subject:** Friedrich II **Mint:** Cleves

Date	Mintage	VG	F	VF	XF	Unc
1752C	—	2,500	4,500	6,500	12,000	—
1753C	—	2,500	4,500	6,500	12,000	—

GERMAN STATES — CLEVES

PATTERNS

Inlcuding off metal strikes

KM#	Date	Mintage Identification	Mkt Val
Pn1	1751C	— Friedrich D'Or. Gold.	—
Pn2	1755	— 4 Kreuzer. Copper. KM#57.	—

COESFELD

(Cosveldt)

The town of Coesfeld in Westphalia is located on the Berkel River some 19 miles (32 kilometers) west of Münster. Although Coesfeld belonged to the bishops of Münster, it was permitted to issue a local minor coinage from the late 16th century until 1763. When the bishopric was secularized in 1802, Coesfeld was acquired by the Rhinegraves of Salm. The latter's territories were soon mediatized in 1806 and became a part of Joachim Murat's grand duchy of Berg. Coesfeld finally passed to Prussia along with the rest of Berg at the conclusion of the Napoleonic Wars.

REFERENCE

H = Wolf Holtmann, "Beschreibung der Coesfelder Kupfermünzen", *Geschichtsblätter des Kreises Coesfeld*, 1 (1979), pp. 51-71.

PROVINCIAL TOWN REGULAR COINAGE

KM# 11 PFENNIG

Copper **Obv:** Facing steer's head within circle **Obv. Legend:** STADT. COSVELT **Rev:** Value '1' within ornamented square **Note:** Varieties exist.

Date	Mintage	VG	F	VF	XF	Unc
1708	—	8.00	16.00	35.00	75.00	—
1713	127,000	8.00	16.00	35.00	75.00	—

KM# 13 2 PFENNIG

Copper **Obv:** Facing steer's head within beaded circle **Obv. Legend:** STADT. COSVELT **Rev:** Value 'II' within ornamented square

Date	Mintage	VG	F	VF	XF	Unc
1708	—	30.00	75.00	150	300	—

KM# 5 2 PFENNIG

Copper **Obv:** Facing steer's head in shield, within circle **Obv. Legend:** STADT. COSVEL(D)T. **Rev:** Value 'II' within ornamented square **Note:** Varieties exist.

Date	Mintage	VG	F	VF	XF	Unc
1713	212,000	9.00	20.00	40.00	85.00	—

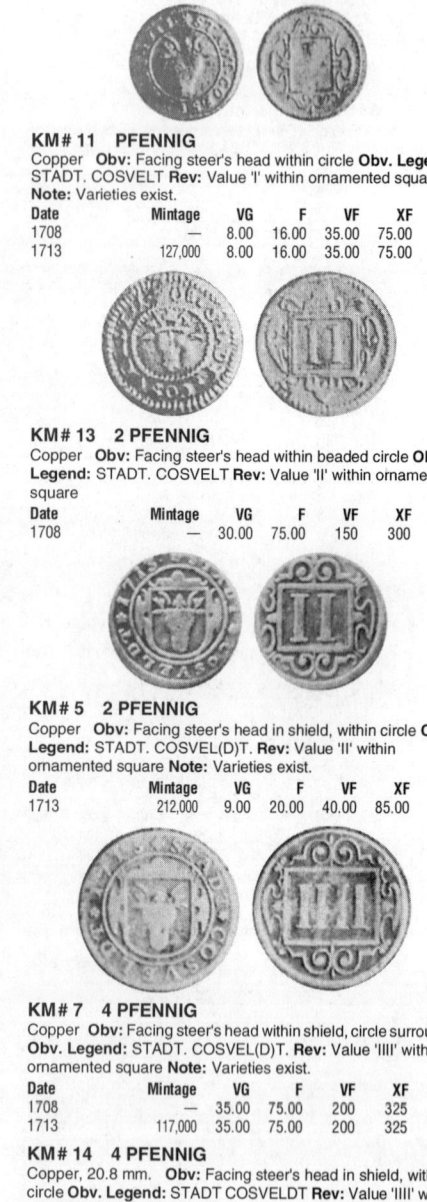

KM# 7 4 PFENNIG

Copper **Obv:** Facing steer's head within shield, circle surrounds **Obv. Legend:** STADT. COSVEL(D)T. **Rev:** Value 'IIII' within ornamented square **Note:** Varieties exist.

Date	Mintage	VG	F	VF	XF	Unc
1708	—	35.00	75.00	200	325	—
1713	117,000	35.00	75.00	200	325	—

KM# 14 4 PFENNIG

Copper, 20.8 mm. **Obv:** Facing steer's head in shield, within circle **Obv. Legend:** STADT COSVELDT **Rev:** Value 'IIII' within ornamented square

Date	Mintage	VG	F	VF	XF	Unc
1763	—	7.00	15.00	30.00	65.00	—

KM# 9 8 PFENNIG

Copper **Obv:** Facing steer's head in shield, within circle **Obv. Legend:** STADT. COSVEL(D)T. **Rev:** Value 'VIII' within ornamented square **Note:** Varieties exist.

Date	Mintage	VG	F	VF	XF	Unc
1713	93,000	15.00	30.00	55.00	100	—

COLOGNE

ARCHBISHOPRIC

(Köln)

A bishopric was established in the city of Roman foundation in 313 and transformed into an archbishopric by Charlemagne in 785. Joint issues of coinage by the archbishops and the emperors began in the mid-10th century and the first independent ecclesiastic issues appeared in the late 11th century. Upon the breakup of the old duchy of Saxony in 1180, the archbishop obtained the duchy of Westphalia. The archbishops became Electors of the Empire by the Gold Bull of 1356 and continued to gain power and territory during the ensuing centuries. In 1801, Cologne was secularized and its lands west of the Rhine were taken by France. Several principalities divided Cologne's territories east of the Rhine, the largest portions having been taken by Hesse-Darmstadt and Nassau.

RULERS

Josef Clemens, Herzog von Bayern, 1688-1723
Clemens August, Herzog von Bayern, 1723-1761
Sede Vacante, 1761
Maximilian Friedrich, Graf von Königsegg-Rothenfels, 1761-84
Maximilian Franz von Österreich, 1784-1801
NOTE: For issues struck by electors/archbishops of Cologne as dukes of Westphalia, see Westphalia.

MINT OFFICIALS' INITIALS

Initials	Years	Officials
EG, EGF, G	1750-75	Elias Gervais, die-cutter in Neuweid and Coblenz
FW	1698-1728	Friedrich Wendeis, in Bonn
ICS	1776-1801	J. Christian Stockicht
IH	1733-38	Johann Hittorff, in Bonn
IK, K	1739-ca.1776	Jacob Kohlhass, in Bonn
M	1735-57	Johann Konrad Marme
NR	1672-1725	Norbert Roettiers, die-cutter in Bruxelles
S	1748-99	Anton Schaffer, in Mannheim
W	1764-66	Eberhard Wyon, die-cutter

ARMS

Archbishopric - cross

REGULAR COINAGE

KM# 80 2 HELLER (Pfennig)

Silver **Ruler:** Josef Clemens **Obv:** Crowned 4-fold arms of Bavaria-Pfalz divide 2-H

Date	Mintage	VG	F	VF	XF	Unc
1717 FW	—	27.00	55.00	100	165	—

KM# 123 2 HELLER (Pfennig)

Silver **Ruler:** Clemens August **Note:** Without indication of value.

Date	Mintage	VG	F	VF	XF	Unc
1726 FW	—	6.00	15.00	30.00	65.00	—

KM# 83 8 HELLER (4 Pfennig)

Silver **Ruler:** Josef Clemens **Obv:** Arms of Bavaria in circle **Rev:** Arms of Cologne (cross) in circle, date at top in legend

Date	Mintage	VG	F	VF	XF	Unc
1701 FW	—	9.00	18.00	35.00	65.00	—

KM# 90 8 HELLER (4 Pfennig)

Silver **Ruler:** Josef Clemens **Obv:** Arms of Cologne (cross) in circle, date in legend at top **Rev:** Value VIII in center

Date	Mintage	VG	F	VF	XF	Unc
1705	—	10.00	20.00	40.00	80.00	—
1715 FW	—	10.00	20.00	40.00	80.00	—

KM# 91 8 HELLER (4 Pfennig)

Silver **Ruler:** Josef Clemens **Obv:** Crowned arms of Bavaria divide date in circle **Rev:** Arms of Cologne (cross) in circle

Date	Mintage	VG	F	VF	XF	Unc
1715 FW	—	10.00	20.00	40.00	80.00	—

KM# 92 8 HELLER (4 Pfennig)

Silver **Ruler:** Josef Clemens **Obv:** Arms not in circle **Rev:** Arms not in circle, date in legend

Date	Mintage	VG	F	VF	XF	Unc
1715 FW	—	10.00	20.00	40.00	80.00	—
1716 FW	—	10.00	20.00	40.00	80.00	—
ND	—	10.00	20.00	40.00	80.00	—

KM# 103 8 HELLER (4 Pfennig)

Silver **Ruler:** Josef Clemens **Rev:** Arms in circle

Date	Mintage	VG	F	VF	XF	Unc
1717 FW	—	10.00	20.00	40.00	80.00	—

KM# 104 8 HELLER (4 Pfennig)

Silver **Ruler:** Josef Clemens **Obv:** Arms in circle **Note:** Varieties exist.

Date	Mintage	VG	F	VF	XF	Unc
1717 FW	—	10.00	20.00	40.00	80.00	—
1722 FW	—	12.00	25.00	45.00	90.00	—

KM# 110 8 HELLER (4 Pfennig)

Silver **Ruler:** Josef Clemens **Rev:** Date divided by shield

Date	Mintage	VG	F	VF	XF	Unc
1719 FW	—	10.00	20.00	40.00	80.00	—

KM# 118 8 HELLER (4 Pfennig)

Silver **Ruler:** Josef Clemens **Obv:** Crowned 4-fold arms of Bavaria-Pfalz in circle **Rev:** Arms of Cologne (cross) in circle, date in legend

Date	Mintage	VG	F	VF	XF	Unc
1722 FW	—	12.00	25.00	45.00	80.00	—

KM# 122 8 HELLER (4 Pfennig)

Billon **Ruler:** Clemens August **Obv:** Quartered arms of Bavaria and Pfalz **Rev:** Arms of Cologne, date

Date	Mintage	VG	F	VF	XF	Unc
1724 FW	—	5.00	10.00	22.00	45.00	—
1726 FW	—	5.00	10.00	22.00	45.00	—

KM# 119 1/4 STÜBER

Copper **Ruler:** Josef Clemens **Obv:** Crowned cursive JC monogram **Rev:** Date in legend **Rev. Inscription:** 1/4 / STUBER

Date	Mintage	VG	F	VF	XF	Unc
1722 FW	—	7.00	20.00	40.00	80.00	—

KM# 135.1 1/4 STÜBER

Copper **Ruler:** Clemens August **Obv:** Crowned CAC monogram **Rev:** Value, date

Date	Mintage	VG	F	VF	XF	Unc
1736	—	3.00	7.00	15.00	30.00	—
1737	225,000	3.00	7.00	15.00	30.00	—
1739	—	3.00	7.00	15.00	30.00	—
1740	—	3.00	7.00	15.00	30.00	—
1741	—	3.00	7.00	15.00	30.00	—
1742	—	3.00	7.00	15.00	30.00	—
1743	—	3.00	7.00	15.00	30.00	—
1745	672,000	3.00	7.00	15.00	30.00	—
1746	Inc. above	3.00	7.00	15.00	30.00	—
1747	Inc. above	3.00	7.00	15.00	30.00	—
1748	—	3.00	7.00	15.00	30.00	—
1749	—	3.00	7.00	15.00	30.00	—
1750	—	3.00	7.00	15.00	30.00	—
1756	—	3.00	7.00	15.00	30.00	—
1759	—	3.00	7.00	15.00	30.00	—
1760	—	3.00	7.00	15.00	30.00	—

KM# 135.2 1/4 STÜBER

Copper **Ruler:** Clemens August **Obv:** Crowned CAC monogram **Rev:** Retrograde 4 in 1/4

Date	Mintage	VG	F	VF	XF	Unc
1759	—	3.00	7.00	15.00	30.00	—

KM# 161 1/4 STÜBER

Copper **Ruler:** Maximilian Friedrich **Obv:** Crowned monogram **Rev:** Value and date within cartouche **Note:** Many major die varieties exist.

Date	Mintage	VG	F	VF	XF	Unc
1763	—	4.00	10.00	20.00	45.00	—
1764	—	4.00	10.00	20.00	45.00	—
1765	—	4.00	10.00	20.00	45.00	—
1765 EG	—	—	—	—	—	—
1766 EG-IK	—	4.00	10.00	20.00	45.00	—
1767 IK	—	6.00	15.00	30.00	60.00	—
1767 EG-IK	—	6.00	15.00	30.00	60.00	—

KM# 175 1/4 STÜBER

Billon **Ruler:** Maximilian Friedrich **Obv:** Bust right **Rev:** Value and date

Date	Mintage	VG	F	VF	XF	Unc
1776 G	—	8.00	20.00	45.00	95.00	—

KM# 138 STÜBER

Billon **Ruler:** Clemens August **Obv:** Crowned CA monogram **Rev:** Value, date

Date	Mintage	VG	F	VF	XF	Unc
1739 IK	—	5.00	12.00	25.00	50.00	—
1741	—	5.00	12.00	25.00	50.00	—
1743	7,680,000	5.00	12.00	25.00	50.00	—
1744	Inc. above	5.00	12.00	25.00	50.00	—
1748 IK	985,000	5.00	12.00	25.00	50.00	—
1749 IK	Inc. above	5.00	12.00	25.00	50.00	—

COLOGNE

KM# 176 STüBER
Billon **Ruler:** Maximilian Friedrich **Obv:** Armored bust right **Rev:** Value, date within circle

Date	Mintage	VG	F	VF	XF	Unc
1776 G	—	6.00	15.00	30.00	60.00	—
1777 G	—	6.00	15.00	30.00	60.00	—

KM# 141 2 STüBER
Billon **Ruler:** Clemens August **Obv:** Crowned CAC monogram **Rev:** Value II STUBER, date

Date	Mintage	VG	F	VF	XF	Unc
1749 IK	480,000	12.00	30.00	60.00	120	—

KM# 142 2 STüBER
Billon **Ruler:** Clemens August **Rev:** Value **Rev. Legend:** 2 STUBER

Date	Mintage	VG	F	VF	XF	Unc
1749 IK	Inc. above	10.00	22.00	45.00	90.00	—

KM# 165 2-1/2 STüBER
Billon **Ruler:** Maximilian Friedrich **Obv:** Cologne cross with Konigsegg arms in center **Rev:** Value and date

Date	Mintage	VG	F	VF	XF	Unc
1765	—	28.50	45.00	90.00	180	—

KM# 143 3 STüBER
Billon **Ruler:** Clemens August **Obv:** Crowned ornate arms of Bavaria-Pfalz and Cologne **Rev:** Value, date

Date	Mintage	VG	F	VF	XF	Unc
1749 IK	545,000	6.00	15.00	30.00	65.00	—
1750 IK	Inc. above	6.00	15.00	30.00	65.00	—
1750 K	275,000	6.00	15.00	30.00	65.00	—

KM# 162 6 STüBER
Billon **Ruler:** Maximilian Friedrich **Obv:** Crowned ornate arms **Rev:** Value, date within circle

Date	Mintage	VG	F	VF	XF	Unc
1764	—	15.00	25.00	55.00	110	—
1765 W	—	15.00	25.00	55.00	110	—

KM# 166 6 STüBER
Billon **Ruler:** Maximilian Friedrich **Obv:** Crowned oval arms **Rev:** Value, date within branches of laurel and palm

Date	Mintage	VG	F	VF	XF	Unc
1765 IK	—	15.00	30.00	60.00	125	—
1766 EG-IK	—	15.00	30.00	60.00	125	—
1766 W-IK	—	20.00	37.00	75.00	150	—

KM# 107 2 ALBUS
Silver **Ruler:** Josef Clemens **Obv:** Arms of Cologne (cross) in circle **Rev:** Crowned arms of Bavaria in circle, date divided below, 2.ALB at bottom

Date	Mintage	VG	F	VF	XF	Unc
1718 FW	—	15.00	30.00	55.00	110	—
1719 FW	—	15.00	30.00	55.00	110	—

KM# 115 2 ALBUS
Silver **Ruler:** Josef Clemens **Obv:** Date divided by arms, without circles

Date	Mintage	VG	F	VF	XF	Unc
1720	—	20.00	35.00	75.00	150	—
1721	—	20.00	35.00	75.00	150	—

KM# 116 2 ALBUS
Silver **Ruler:** Josef Clemens **Rev:** Crowned 4-fold arms of Bavaria-Pfalz

Date	Mintage	VG	F	VF	XF	Unc
1721	—	20.00	35.00	75.00	150	—

KM# 105 4 ALBUS (Blaffert)
Silver **Ruler:** Josef Clemens **Obv:** Crowned oval arms **Rev:** Date **Rev. Legend:** IIII/ALBVS/COLSCH

Date	Mintage	VG	F	VF	XF	Unc
1717	—	—	—	—	—	—

KM# 108 4 ALBUS (Blaffert)
Silver **Ruler:** Josef Clemens **Obv:** Ornate arms of Cologne (cross) **Rev:** Crowned 4-fold arms of Bavaria-Pfalz divide date, 4.ALB. below

Date	Mintage	VG	F	VF	XF	Unc
1718 FW	—	12.00	30.00	65.00	135	—

KM# 109 4 ALBUS (Blaffert)
Silver **Ruler:** Josef Clemens **Obv:** Ornate arms of Cologne (cross) divide date **Rev:** Crowned ornate 4-fold arms divide FW

Date	Mintage	VG	F	VF	XF	Unc
1718 FW	—	12.00	25.00	50.00	100	—
1719 FW	—	12.00	25.00	50.00	100	—
1720 FW	—	12.00	25.00	50.00	100	—
1721	—	12.00	25.00	50.00	100	—
1721 FW	—	12.00	25.00	50.00	100	—
1722 FW	—	10.00	20.00	45.00	90.00	—
1723 FW	—	10.00	20.00	45.00	90.00	—

KM# 124 4 ALBUS (Blaffert)
Billon **Ruler:** Clemens August **Obv:** Quartered arms of Bavaria and Pfalz **Rev:** Arms of Cologne, date, value 4 ALB

Date	Mintage	VG	F	VF	XF	Unc
1726 FW	—	20.00	45.00	90.00	180	—

KM# 137 4 ALBUS (Blaffert)
Billon **Ruler:** Clemens August **Obv:** Crowned arms of Cologne with quartered arms of Bavaria-Pfalz at center **Rev:** Value and date **Rev. Legend:** IIII ALBUS

Date	Mintage	VG	F	VF	XF	Unc
1739 IK	—	35.00	75.00	150	300	—

KM# 136 8 ALBUS
Silver **Ruler:** Clemens August **Obv:** Crowned oval arms of Cologne (cross) with central shield of Bavaria-Pfalz all in baroque frame **Rev:** Date **Rev. Legend:** VIII/ALBUS

Date	Mintage	VG	F	VF	XF	Unc
1737 IH	—	—	—	—	—	—

Note: Reported, not confirmed

| 1739 IK Rare | — | — | — | — | — | — |

KM# 130 10 KREUZER
Billon **Ruler:** Clemens August **Obv:** 7 crowned arms in oval shields **Rev:** Value, date within circular ornate frame

Date	Mintage	VG	F	VF	XF	Unc
1735 IH	—	30.00	75.00	150	300	—
1736 IH	—	30.00	75.00	150	300	—

KM# 134 20 KREUZER
Silver **Ruler:** Clemens August **Obv:** 7 Oval arms within crowned shield **Rev:** Value, date within ornate circular frame

Date	Mintage	VG	F	VF	XF	Unc
1735 IH	—	25.00	55.00	110	225	—
1736 IH	—	25.00	55.00	110	225	—

KM# 148 6 MARIENGROSCHEN
Silver **Ruler:** Clemens August **Obv:** Crowned complex arms **Rev:** Value, date within circle

Date	Mintage	VG	F	VF	XF	Unc
1754 IK	—	12.00	30.00	60.00	125	—

KM# 93 1/12 THALER (2 Groschen)
Silver **Ruler:** Josef Clemens **Obv:** Crowned arms of Cologne (cross) with central shield of Bavaria-Pfalz divides date **Rev. Inscription:** 12 / EINEN / REICHS / THAL **Note:** Varieties exist.

Date	Mintage	VG	F	VF	XF	Unc
1715 FW	—	12.00	30.00	60.00	125	—
1717 FW	—	12.00	30.00	60.00	125	—
1718 FW	—	12.00	30.00	60.00	125	—
1720 FW	—	12.00	30.00	60.00	125	—
1722 FW	—	12.00	30.00	60.00	125	—

KM# 106 1/12 THALER (2 Groschen)
Silver **Ruler:** Josef Clemens **Rev:** Oval arms and date below value

Date	Mintage	VG	F	VF	XF	Unc
1717 FW	—	15.00	35.00	70.00	140	—

KM# 139 1/12 THALER (2 Groschen)
Billon **Ruler:** Clemens August **Obv:** Crowned ornate arms of Bavaria-Pfalz and Cologne **Rev:** Value, date **Rev. Legend:** 12 EINEN REICHS THAL

Date	Mintage	VG	F	VF	XF	Unc
1739 IH	—	20.00	45.00	90.00	180	—

KM# 150 1/8 THALER
Silver **Ruler:** Clemens August **Obv:** Crowned monogram **Rev:** Date above inscription **Note:** Mining 1/8 Thaler.

Date	Mintage	VG	F	VF	XF	Unc
1759	—	200	400	800	1,500	—

KM# 156 1/8 THALER (12 Stüber)
Silver **Ruler:** Clemens August **Obv:** St. Peter above shield **Rev:** 4-line inscription and date **Note:** Sede vacante issue.

Date	Mintage	VG	F	VF	XF	Unc
1761	—	90.00	185	375	750	—

KM# 163 1/8 THALER (12 Stüber)
Silver **Ruler:** Maximilian Friedrich **Obv:** Complex coat of arms **Rev:** Weight "80 EINE MARCK FEIN" and date in wreath

Date	Mintage	VG	F	VF	XF	Unc
1764 W-K	—	15.00	25.00	55.00	110	—
1764 W-IK	—	20.00	30.00	65.00	135	—
1765 W-IK	—	15.00	25.00	55.00	110	—
1765 EG-IK	—	20.00	30.00	65.00	135	—
1766 EG-IK	—	15.00	25.00	55.00	110	—

KM# 94 1/6 THALER (1/4 Gulden)
Silver **Ruler:** Josef Clemens **Obv:** Bust right **Rev:** Crowned complex arms **Note:** Similar to KM#95 but date in legend and reverse.

Date	Mintage	VG	F	VF	XF	Unc
1715 FW	—	20.00	45.00	90.00	185	—
1715 NR-FW	—	20.00	45.00	90.00	185	—

KM# 95 1/6 THALER (1/4 Gulden)
Silver **Ruler:** Josef Clemens **Obv:** Bust right **Rev:** Crowned complex arms divides date and FW **Note:** Varieties exist.

Date	Mintage	VG	F	VF	XF	Unc
1715 FW	—	25.00	60.00	125	250	—
1716 FW	—	25.00	60.00	125	250	—
1721 FW	—	25.00	60.00	125	250	—

KM# 149 1/6 THALER (1/4 Gulden)
Silver **Ruler:** Clemens August **Obv:** Crowned complex arms **Rev:** Value, date within circle

Date	Mintage	VG	F	VF	XF	Unc
1754 IK	—	12.00	30.00	60.00	120	—
1755 IK	—	12.00	30.00	60.00	120	—
1756 IK	—	12.00	30.00	60.00	120	—

KM# 151 1/4 THALER
Silver **Ruler:** Clemens August **Obv:** Crowned complex arms with supporters **Rev:** Date above legend, mining scene below **Note:** Mining 1/4 Thaler.

Date	Mintage	F	VF	XF	Unc	BU
1759	—	275	500	950	1,850	—

GERMAN STATES — COLOGNE

KM# 158 1/4 THALER (24 Stüber)
Silver **Ruler:** Clemens August **Obv:** St. Peter oval shield **Rev:** Madonna, child and wise men **Note:** Sede vacante issue.

Date	Mintage	F	VF	XF	Unc	BU
1761	—	350	650	1,250	2,500	—

KM# 167 1/4 THALER (24 Stüber)
Silver **Ruler:** Maximilian Friedrich **Subject:** Maximilian Friedrich

Date	Mintage	F	VF	XF	Unc	BU
1765 W-IK	—	90.00	150	300	625	—
1765 EG-IK	—	—	—	—	—	—
1766 EG-IK	—	90.00	150	300	625	—

KM# 96 1/3 THALER (1/2 Gulden)
Silver **Ruler:** Josef Clemens **Obv:** Bust right **Rev:** Crowned arms with central shield of Bavaria-Pfalz, 1/3 in oval at bottom, date in legend

Date	Mintage	VG	F	VF	XF	Unc
1715 FW	—	500	900	1,600	3,000	—

KM# 101 THALER
Silver **Ruler:** Josef Clemens **Obv:** Bust right **Rev:** Crowned II's in cruciform, double C in angles, round Bavarian arms in center, date in legend **Note:** Dav. #2174.

Date	Mintage	F	VF	XF	Unc	BU
1715	—	5,000	9,500	15,000	—	—

KM# 152 1/2 THALER
Silver **Ruler:** Clemens August **Obv:** Bust of archbishop right, date **Rev:** Mining scene within legend **Note:** Mining 1/2 Thaler.

Date	Mintage	F	VF	XF	Unc	BU
1759	—	500	900	1,600	3,000	—

KM# 168 1/2 THALER
Silver **Ruler:** Maximilian Friedrich **Obv:** Bust right **Rev:** Crowned arms with supporters

Date	Mintage	F	VF	XF	Unc	BU
1765 EG-IK	—	225	400	800	1,500	—

KM# 87 2/3 THALER (Gulden)
Silver **Ruler:** Josef Clemens **Obv:** Bust right **Rev:** Ornate 12-fold arms arranged differently

Date	Mintage	VG	F	VF	XF	Unc
1701 FW	—	800	1,400	2,500	4,500	—

KM# 88 2/3 THALER (Gulden)
Silver **Ruler:** Josef Clemens **Rev:** Date in legend

Date	Mintage	VG	F	VF	XF	Unc
1701 FW	—	800	1,400	2,500	4,500	—

KM# 97 2/3 THALER (Gulden)
Silver **Ruler:** Josef Clemens **Obv:** Bust right **Rev:** Crowned II's in cruciform, double C's in angles, round Bavarian arms in center, date in legend

Date	Mintage	VG	F	VF	XF	Unc
1715 NR	—	800	1,400	2,500	4,500	—

KM# 98 2/3 THALER (Gulden)
Silver **Ruler:** Josef Clemens **Obv:** Capped bust right **Rev:** Similar to KM#76 but 14-fold arms **Rev. Legend:** RECTE.CONSTANTER

Date	Mintage	VG	F	VF	XF	Unc
1715 FW	—	50.00	110	225	450	—

KM# 99 2/3 THALER (Gulden)
Silver **Ruler:** Josef Clemens **Rev:** Arms in ornate shield

Date	Mintage	VG	F	VF	XF	Unc
1715 NR-FW	—	50.00	110	225	450	—

KM# 100 2/3 THALER (Gulden)
Silver **Ruler:** Josef Clemens **Rev. Legend:** MONETA. NOVA

Date	Mintage	VG	F	VF	XF	Unc
1715 FW	—	50.00	110	225	450	—

KM# 117 2/3 THALER (Gulden)
Silver **Ruler:** Josef Clemens **Rev:** Ornate arms within Order chain

Date	Mintage	VG	F	VF	XF	Unc
1721	—	80.00	180	375	750	—

KM# 160 THALER
Silver **Ruler:** Maximilian Friedrich **Obv:** Bust left, date below **Rev:** Crowned and supported arms; value below **Note:** Dav. #2177.

Date	Mintage	F	VF	XF	Unc	BU
1762 EGF Rare	—	—	—	—	—	—

KM# 164 THALER
Silver **Ruler:** Maximilian Friedrich **Obv:** Bust right **Obv. Legend:** MAX • FRID • D • G • AR • EP & EL • COL • E & P • M • W • & A • D • **Rev:** Crowned complex arms with supporters **Rev. Legend:** IUSTITIA ET MANSUETUDINE, 10 EINE MARCK FEIN in cartouche below **Note:** Dav. #2178.

Date	Mintage	F	VF	XF	Unc	BU
1764 IK-W	—	1,000	2,000	5,000	—	—
1765 IK-W	—	1,750	3,000	6,000	—	—

KM# 169 THALER
Silver **Ruler:** Maximilian Friedrich **Rev:** Crowned and supported oval arms; value below **Note:** Dav. #2180.

Date	Mintage	F	VF	XF	Unc	BU
1766 IK-EG	—	900	1,850	3,750	—	—

KM# 153 THALER
Silver **Ruler:** Clemens August **Subject:** Clemens Augustus **Obv:** Bust right **Obv. Legend:** CLeMens AVgVstVs BaVarlae et. **Rev:** Mining scene within legend **Rev. Legend:** WestphaLlae DBX IVre InstaVrbat, in exergue: ARGENT.PUR. E. FOD./WESTP. **Note:** Mining Thaler. Dav. #2175.

Date	Mintage	F	VF	XF	Unc	BU
1759 EGF	—	—	7,500	12,500	19,500	—

KM# 159 THALER
Silver **Ruler:** Clemens August **Obv:** Radiant figure with shield facing **Obv. Legend:** CAPIT • ECCLES • METROPOLIT • COLON • SEDE • VACANTE • **Rev:** Nativity **Rev. Legend:** CASPAR MELCHIOR BALTHASAR 1761 **Note:** Sede vacante issue. Dav. #2176.

Date	Mintage	F	VF	XF	Unc	BU
1761	—	400	1,000	2,500	4,000	—

KM# 177 THALER
Silver **Ruler:** Maximilian Friedrich **Obv:** Larger bust right, date below **Obv. Legend:** MAXIMILIAN FRID: D: G: ARCH: EP: & ELECT: COL. **Rev:** Crowned complex arms with supporters **Rev. Legend:** IUSTITIA ET MANSUETUDINE, X EINE FEINE MARK below **Note:** Dav. #2181.

Date	Mintage	F	VF	XF	Unc	BU
1777 EG-ICS	—	250	450	950	1,750	—

TRADE COINAGE

KM# 131 1/2 CAROLIN
4.8500 g., 0.7700 Gold 0.1201 oz. AGW **Ruler:** Clemens August **Obv:** Bust right **Rev:** Date above 7 shields of arms on crowned mantle

Date	Mintage	VG	F	VF	XF	Unc
1735 IH	—	400	900	1,650	3,250	—
1736 IH	—	400	900	1,650	3,250	—

KM# 132 CAROLIN
9.7000 g., 0.7700 Gold 0.2401 oz. AGW **Ruler:** Clemens August **Subject:** Clemens August **Obv:** Bust right **Rev:** 7 Oval arms within crowned mantle

Date	Mintage	VG	F	VF	XF	Unc
1735 IH	—	500	1,200	2,150	3,850	—

KM# 133 CAROLIN
9.7000 g., 0.7700 Gold 0.2401 oz. AGW **Ruler:** Clemens August **Obv:** Bust left **Rev:** Madonna, arms, date below

Date	Mintage	VG	F	VF	XF	Unc
1735 IH	—	500	1,200	2,150	3,850	—

KM# 102 DUCAT
3.5000 g., 0.9860 Gold 0.1109 oz. AGW **Ruler:** Josef Clemens **Obv:** Bust right in skull cap **Rev:** Nativity scene **Note:** Varieties exist.

Date	Mintage	VG	F	VF	XF	Unc
1715 FW	—	450	800	1,500	3,600	—

KM# 120 DUCAT
3.5000 g., 0.9860 Gold 0.1109 oz. AGW **Ruler:** Josef Clemens **Obv:** Capped bust right **Rev:** Crowned 7-fold ornately-shaped arms with central shield of 4-fold arms of Bavaria-Pfalz surrounded by Order chain divide date

Date	Mintage	VG	F	VF	XF	Unc
1722 FW	—	450	800	1,500	3,600	—

COLOGNE

KM# 121 DUCAT
3.5000 g., 0.9860 Gold 0.1109 oz. AGW Ruler: Josef Clemens
Obv: Bust left Rev: Adoration of the Magi, date in Roman numerals

Date	Mintage	VG	F	VF	XF	Unc
1723 FW	—	350	700	1,500	3,600	—

KM# 125 DUCAT
3.5000 g., 0.9860 Gold 0.1109 oz. AGW Ruler: Clemens August
Obv: Bust right Rev: Date in Roman numerals

Date	Mintage	VG	F	VF	XF	Unc
1726 FW	—	400	900	1,700	3,600	—

KM# 140 DUCAT
3.5000 g., 0.9860 Gold 0.1109 oz. AGW Ruler: Clemens August
Obv: Older bust Rev: Date in Arabic numerals

Date	Mintage	VG	F	VF	XF	Unc
1742 IK	—	350	800	1,600	3,350	—
1744 IK	—	350	800	1,600	3,350	—

KM# 145 DUCAT
3.5000 g., 0.9860 Gold 0.1109 oz. AGW Ruler: Clemens August
Rev: Seated Madonna and child with crowned arms at right Rev.
Legend: TUO PRAESIDIO

Date	Mintage	VG	F	VF	XF	Unc
1750 IK-S	—	300	700	1,200	2,400	—
1750 IK-M	—	300	700	1,200	2,400	—

KM# 146 DUCAT
3.5000 g., 0.9860 Gold 0.1109 oz. AGW Ruler: Clemens August
Obv: Bust 3/4 right Rev: Legend within radiant circle

Date	Mintage	VG	F	VF	XF	Unc
1750 IK-M	—	300	700	1,250	2,400	—

KM# 147 DUCAT
3.5000 g., 0.9860 Gold 0.1109 oz. AGW Ruler: Clemens August
Obv: Bust right Rev: Legend within radiant circle

Date	Mintage	VG	F	VF	XF	Unc
1750 IK-M	—	300	700	1,250	2,400	—
1750 M	—	300	700	1,250	2,400	—

CATHEDRAL CHAPTER

When archbishop-elector Josef Clemens was forced to flee to Liege during the War of the Spanish Succession in 1702, the cathedral chapter assumed the responsibility of minting in his absence until his return in 1715.

REGULAR COINAGE

KM# 204 8 HELLER
Silver Obv: Arms within circle Rev: Value within circle Note: Mule.

Date	Mintage	VG	F	VF	XF	Unc
1705/1701	—	20.00	40.00	75.00	150	—
1705/1705	—	20.00	40.00	75.00	150	—

KM# 201 8 HELLER
Silver Obv: Arms within circle Rev: Value within circle Note: Varieties exist.

Date	Mintage	VG	F	VF	XF	Unc
1703 FW	—	10.00	25.00	50.00	100	—
1704 FW	—	10.00	25.00	50.00	100	—
1704/3 FW	—	10.00	25.00	50.00	100	—

KM# 203 8 HELLER
Silver Obv: Date above arms Rev: Value within circle

Date	Mintage	VG	F	VF	XF	Unc
1705 FW	—	25.00	55.00	110	225	—
1711	—	25.00	55.00	110	225	—
1712 FW	—	25.00	55.00	110	225	—

KM# 202 1/12 THALER (2 Groschen)
Silver

Date	Mintage	VG	F	VF	XF	Unc
1704 FW	—	20.00	50.00	100	200	—
1707 FW	—	20.00	50.00	100	200	—
1708 FW	—	20.00	50.00	100	200	—
1710 FW	—	20.00	50.00	100	200	—
1711 FW	—	20.00	50.00	100	200	—

KM# 205 1/12 THALER (2 Groschen)
Silver Obv: Larger arms surrounded by arabesques in circle
Rev: Value, date within circle

Date	Mintage	VG	F	VF	XF	Unc
1707 FW	—	25.00	50.00	90.00	175	—

PATTERNS
Including off metal strikes

KM#	Date	Mintage	Identification	Mkt Val
Pn4	1701 FW	—	8 Heller, Gold, KM#83.	—
Pn21	ND(1716)	—	Heller, Gold, KM#410.	—
Pn22	1768	—	4 Heller, Silver, KM#440.	150
Pn23	1789	—	4 Heller, Silver, KM#440.	150
Pn24	ND(1792)	—	Heller, Gold, KM#445.	750
Pn25	1793	—	8 Heller, Silver, KM#446.	—

FREE CITY

(Köln)
Free City

One of the oldest cities in Europe, Cologne on the Rhine was founded as the Roman colony of Colonia Agrippinensis in 50 A.D. The town grew in importance after becoming the site of a bishopric and later an archbishopric. For two centuries beginning about the mid-10th century, Cologne contained an imperial mint. The archbishops had nominal control of the city until the 12th century. In 1201, Cologne joined the Hanseatic League and gained the right to govern itself in 1288. As the commercial importance of Cologne rose through membership in the League, it finally gained the mint right in 1474 and was soon striking its own coinage. The city remained in the Catholic fold after the Reformation, but its importance as a commercial center waned during the next several centuries. The French occupied Cologne in 1794 and annexed it three years later. At the end of the Napoleonic Wars in 1815, it was acquired by Prussia.

RULERS
Josef Clemens von Bayern, 1688-1723
Clemens August von Bayern, 1723-1761
Sede Vacante, 1761
Maximilian Friedrich, Graf von Konigsegg-Rothenfels, 1761-1784
Maximilian Franz von Osterreich, 1784-1801
Anton Victor von Osterreich, 1801
NOTE: For issues struck by electors/archbishops of Cologne as dukes of Westphalia, see Westphalia.

MINT OFFICIALS' INITIALS

LETTER	DATE	NAME
TB	ca.1678-1717	Tobias Bernard, die-cutter in Paris
S	1748-99	Anton Schäffer, die-cutter in Mannheim
	1752-72	Johann Josef Langenberg, warden
W	1764-66	Eberhard Wyon, die-cutter
IGH	1765-97; 1775-97	Johann Gerhard Hüls, mintmaster; warden
P	1685-1702	Johann Post, warden
NL	1699-1700	Nikolaus Longerich, mintmaster
IAL	1700-05	Johann Adam Longerich, mintmaster
FHH	1702-19; 1705-13	Franz Hermann Hermanns, warden; mintmaster
LC/LCl	1708-37	Gabriel le Clerc, die-cutter in Berlin
IH/IIH	1713-22?	Johann Josef Hermanns, mintmaster
	1720-52	Johann Jacob Hüls, warden
	1723	Johann Rütgers, mintmaster
HK	1723-35	Heinrich Kippers, mintmaster
VL/V/LON	1726-64	Franz Anton van Loon, die-cutter
GH	1735-65	Gerhard Hüls, mintmaster
WYON	1740-50	Peter Wyon, die-cutter

ARMS
Divided horizontally, 3 crowns in upper half, lower half shaded, usually with cross-hatching, but sometimes with other devices.

REGULAR COINAGE

KM# 410 HELLER
Silver **Note:** Spikes on crowns tall and thin.

Date	Mintage	VG	F	VF	XF	Unc
ND(1716)	—	8.00	18.00	37.00	75.00	—

KM# 445 HELLER
Silver **Note:** 11 small flames below crowns.

Date	Mintage	VG	F	VF	XF	Unc
ND(1792)	—	6.00	15.00	32.00	60.00	—

KM# 440 4 HELLER
Copper Obv: Crowned double-headed imperial eagle with city arms on breast Rev: Value and date

Date	Mintage	VG	F	VF	XF	Unc
1750	48,000	3.00	8.00	16.00	37.00	—
1760	48,000	3.00	8.00	16.00	37.00	—
1768/6	—	5.00	11.00	22.00	45.00	—
1768/7	—	5.00	12.00	25.00	35.00	—
1768	—	3.00	8.00	16.00	37.00	—
1788	—	3.00	8.00	16.00	37.00	—
1789	—	3.00	8.00	16.00	37.00	—
1792	—	3.00	8.00	16.00	37.00	—

KM# 446 8 HELLER (Fettmännchen)
Copper Obv: Crowned arms and eagle Rev: Value and date

Date	Mintage	VG	F	VF	XF	Unc
1793	—	12.00	30.00	65.00	135	—

KM# 416 2 ALBUS
Silver Obv: Crowned imperial eagle with orb on breast, titles of Karl VI Rev: Oval city arms (3 crowns above 11 flames) in baroque frame, date in legend, 2. ALB below arms

Date	Mintage	VG	F	VF	XF	Unc
1717 IH	—	8.00	18.00	37.00	75.00	—
1718 IIH	—	8.00	18.00	37.00	75.00	—
1720 IH	—	8.00	18.00	37.00	75.00	—

KM# 430 4 ALBUS (Blaffert)
Silver Obv: Date in legend Obv. Legend: III/ALB./COLN Rev: Crowned imperial eagle, city arms on breast, titles of Karl VI

Date	Mintage	VG	F	VF	XF	Unc
1732 HK	—	12.00	25.00	50.00	100	—

KM# 431 8 ALBUS
Silver Obv: Crowned imperial eagle, city arms on breast, titles of Karl VI Rev: Date in legend Rev. Legend: VIII/ALB. COLN

Date	Mintage	VG	F	VF	XF	Unc
1733 HK	—	15.00	30.00	65.00	135	250
1734 HK	—	15.00	30.00	65.00	135	250
1735 GH	—	15.00	30.00	65.00	135	250

GERMAN STATES — COLOGNE

KM# 411 1/6 THALER (1/4 Gulden)
Silver **Obv:** Crowned double-headed imperial eagle with arms on breast **Rev:** City arms within ornate frame divide date above, circle surrounds

Date	Mintage	VG	F	VF	XF	Unc
1716 IIH	—	15.00	30.00	65.00	135	—
1717 IIH	—	15.00	30.00	65.00	135	—
1720 IIH	—	15.00	30.00	65.00	135	—
1721 IIH	—	15.00	30.00	65.00	135	—
1722 IIH	—	15.00	30.00	65.00	135	—

KM# 412 1/3 THALER (1/2 Gulden)
Silver **Obv:** Crowned double-headed imperial eagle with arms on breast **Rev:** City arms within ornate frame **Note:** Similar to 1/6 Thaler, KM#411, but value 1/3.

Date	Mintage	VG	F	VF	XF	Unc
1716 IIH	—	65.00	150	300	600	—

KM# 417 1/2 THALER
Silver **Subject:** Homage to Karl VI **Obv:** Laureate bust right **Rev:** Sun shining through clouds, crescent moon in lower left, HOMAG COLON/date below

Date	Mintage	VG	F	VF	XF	Unc
1717 IIH	—	750	1,300	2,500	4,750	—

KM# 418 1/2 THALER
Silver **Obv:** Crowned imperial eagle, orb on breast, titles of Karl VI

Date	Mintage	VG	F	VF	XF	Unc
1717	—	500	900	1,750	3,500	—

KM# 419 1/2 THALER
Silver **Obv:** Crown above 2 flagstaffs **Rev:** Laureate bust right

Date	Mintage	VG	F	VF	XF	Unc
1717 IIH	—	—	—	—	10,500	17,500

KM# 402 THALER
Silver **Subject:** Homage to Josef I **Obv:** City view, REICHS 8/9 FVES and divided date **Obv. Legend:** VIDI • LVNAM • ADORARE • ME • **Rev:** Laureate bust right, titles of Josef I **Rev. Legend:** IOSEPHUS • I • D: G • ROM. - IMPERATOR • SEMP • AVG • **Note:** Dav. #2183.

Date	Mintage	F	VF	XF	Unc	BU
1705	—	1,200	2,000	3,500	5,000	—
ND	—	1,200	2,000	3,500	5,000	—

KM# 421 THALER
Silver **Obv:** Sun shining through clouds, crescent moon in lower left, date below **Obv. Legend:** CONCESSO • LVMINE • FVLGET •, below: HOMAG: COLON: **Rev:** Armored bust of Karl VI right **Rev. Legend:** CAR • VI • D • G •- ROM • IMP • S • AVG • **Note:** Dav. #2186.

Date	Mintage	F	VF	XF	Unc	BU
1717 IH-LCf	—	1,000	2,000	3,500	6,000	—

KM# 426.1 THALER
Silver **Rev:** Similar to KM#398, but without fraction at bottom, date in legend, BURG. HK. FUES in cartouche **Note:** Dav. #2187.

Date	Mintage	VG	F	VF	XF	Unc
1726 V. LON-HK	—	1,500	2,500	4,500	7,500	—

KM# 426.2 THALER
Silver **Rev:** HK in cartouche divides BURG. FUES **Note:** Dav. #2188.

Date	Mintage	VG	F	VF	XF	Unc
1727 V. LON-HK	—	850	1,400	2,000	3,250	—

KM# 426.3 THALER
Silver **Obv:** Larger armored bust breaking the legend **Obv. Legend:** CAROL • VI • D • G • R • I • S • A •- GER • HIS • HUN • BO • REX • **Rev:** Helmeted arms with lion and griffin supporters **Rev. Legend:** MON. NOvA. LIB. REIPUB: COLONIENSIS. 1727, below: BURG.(HK)FUES. **Note:** Dav. #2188A.

Date	Mintage	VG	F	VF	XF	Unc
1727 V. LON-HK	—	850	1,400	2,000	3,250	—

KM# 426.4 THALER
Silver **Obv:** Bust right **Obv. Legend:** CAROLUS. VI **Rev:** Arms with supporters **Note:** Dav. #2188B.

Date	Mintage	VG	F	VF	XF	Unc
1727 V. LON-HK	—	850	1,400	2,000	3,250	—

KM# 426.5 THALER
Silver **Obv:** Without name below head **Rev:** Arms with supporters **Note:** Dav. #2188C. Varieties exist.

Date	Mintage	VG	F	VF	XF	Unc
1727 HK	—	850	1,400	2,000	3,250	—

KM# 413 2/3 THALER (Gulden)
Silver **Obv:** City arms within ornate frame, value below **Rev:** Crowned double-headed imperial eagle with orb on breast

Date	Mintage	VG	F	VF	XF	Unc
1716 IIH	—	750	1,300	2,500	4,500	—

KM# 414 2/3 THALER (Gulden)
Silver **Rev:** Laureate bust right

Date	Mintage	VG	F	VF	XF	Unc
1716 IIH	—	900	1,500	2,500	4,200	—

KM# 403 THALER
Silver **Obv:** Eagle with sword and scepter flying above city view **Obv. Legend:** SOLIS. ALES. ME. PROTEGET. ALIS **Rev:** Armored bust right **Rev. Legend:** IOSEPHVS. I D.G. - ROM. IMPERATOR. S. A. **Note:** Dav. #2184.

Date	Mintage	F	VF	XF	Unc	BU
1705 FHH	—	750	1,250	2,250	3,500	—

KM# 420 THALER
Silver **Subject:** Homage to Karl VI **Obv:** Bust and titles of Karl VI **Rev:** Date below city view **Rev. Legend:** HOMAG. COLON **Note:** Dav. #2185.

Date	Mintage	F	VF	XF	Unc	BU
1717 TB	—	900	1,500	2,750	4,500	—

KM# 398 THALER
Silver **Obv:** Crowned imperial eagle with orb on breast divide date **Rev:** Helmeted arms supported by lion and griffin **Note:** Dav. #5173. Varieties exist.

Date	Mintage	F	VF	XF	Unc	BU
1701 IAL	—	350	700	1,200	2,000	—
1702 IAL	—	350	700	1,200	2,000	—

KM# 435 THALER
Silver **Subject:** Homage to Karl VII **Obv:** Helmeted and supported by lion and griffon, twooval shields of Cologne and Wurzburg **Obv. Legend:** MONETA NOVA LIB •- ET IMPER • CIVIT • COLON • 1742 **Rev:** Laureate bust right, titles of Karl VII **Rev. Legend:** CAROLVS VII • D •- G • ROM • IMP • SEMP • AVG • **Note:** Dav. #2189.

Date	Mintage	F	VF	XF	Unc	BU
1742 GH-WYON	—	1,000	1,850	3,500	5,500	—

CONSTANCE

TOKEN COINAGE

KM# Tn1 BRODT RATION PENNING (Bread)
Copper **Obv:** Crowned double-headed imperial eagle with city arms on breast **Rev:** Value divides date

Date	Mintage	VG	F	VF	XF	Unc
1789	—	5.00	13.50	35.00	80.00	—

KM# Tn1a BRODT RATION PENNING (Bread)
Silver **Obv:** Crowned double-headed imperial eagle with city arms on breast **Rev:** Value divides date

Date	Mintage	VG	F	VF	XF	Unc
1789	—	125	200	300	500	—

KM# Tn2 BRODT RATION PENNING (Bread)
Copper **Obv:** Crowned double-headed imperial eagle with city arms on breast **Rev:** Value

Date	Mintage	VG	F	VF	XF	Unc
ND(1789)	—	3.50	10.00	18.50	35.00	—

TRADE COINAGE

KM# 404 DUCAT
3.5000 g., 0.9860 Gold 0.1109 oz. AGW **Obv:** Bust right **Rev:** Helmeted arms with griffon and lion supporters

Date	Mintage	VG	F	VF	XF	Unc
1705	—	300	700	1,500	2,800	—
1708	—	300	700	1,500	2,800	—

KM# 405 DUCAT
3.5000 g., 0.9860 Gold 0.1109 oz. AGW **Obv:** Imperial eagle

Date	Mintage	VG	F	VF	XF	Unc
1705	—	300	700	1,500	2,800	—

KM# 422 DUCAT
3.5000 g., 0.9860 Gold 0.1109 oz. AGW **Obv:** Helmeted oval arms in baroque frame, griffin and lion supporters, date at end of legend **Obv. Legend:** DVCATVS. CIVIT. COLON. **Rev:** Armored laureate bust right, legend begins at upper right **Rev. Legend:** CAR. VI. D.G. R. I. S. — A. HI. HV. BO. REX. **Note:** Variety of Fr# 772.

Date	Mintage	VG	F	VF	XF	Unc
1717 IIH	—	300	600	1,200	2,400	—
1717 IIH-LC	—	400	800	1,400	2,700	—
1718 IIH-LC	—	400	800	1,400	2,700	—

KM# 424.1 DUCAT
3.5000 g., 0.9860 Gold .1109 oz. AGW 0.1109 oz. AGW **Obv:** Helmeted oval arms in baroque frame, griffin and lion supporters **Obv. Legend:** DUCAT. CIVIT. COLON. **Rev:** Draped laureate bust to right, legend begins at lower left, date at end **Rev. Legend:** CAROL. VI. D.G. R. I. S. A. GER. HI. HU. BO. REX. **Note:** Variety of Fr# 772.

Date	Mintage	VG	F	VF	XF	Unc
1736 GH	—	400	800	1,400	2,700	—

KM# 424.2 DUCAT
3.5000 g., 0.9860 Gold .1109 oz. AGW 0.1109 oz. AGW **Obv:** Helmeted oval arms in baroque frame, griffin and lion supporters **Obv. Legend:** DUCAT. CIVIT. COLON. **Rev:** Draped laureate bust to right, date below shoulder, legend begins at lower left **Rev. Legend:** CAR. VI. D.G. R. I. — S. A. GE. HI. HU. B. REX. **Note:** Variety of Fr# 772.

Date	Mintage	VG	F	VF	XF	Unc
1739 GH	—	300	600	1,200	2,400	—

KM# 428 DUCAT
3.5000 g., 0.9860 Gold 0.1109 oz. AGW **Obv:** Bust right **Obv. Legend:** CAROL+VI+DG... **Rev:** Helmeted supported arms

Date	Mintage	VG	F	VF	XF	Unc
ND (ca.1740) GH-W	—	225	400	1,000	2,000	—

KM# 436 DUCAT
3.5000 g., 0.9860 Gold 0.1109 oz. AGW **Obv:** Laureate bust right, titles of Karl VII **Rev:** 2 oval arms of Cologne and Wurzburg, plumed helmet above, supported by lion and griffin, date below

Date	Mintage	VG	F	VF	XF	Unc
1742 GH-W	—	2,000	3,000	5,000	8,000	—

KM# 441 DUCAT
3.5000 g., 0.9860 Gold 0.1109 oz. AGW **Subject:** Franz I **Rev:** Bust right **Rev. Legend:** FRANC • D G...

Date	Mintage	VG	F	VF	XF	Unc
1750 GH-S	—	200	350	950	1,900	—
1753 GH-S	—	200	350	950	1,900	—
ND GH-W	—	200	350	950	1,900	—

KM# 442 DUCAT
3.5000 g., 0.9860 Gold 0.1109 oz. AGW **Obv:** Laureate bust of Josef II right

Date	Mintage	VG	F	VF	XF	Unc
1767 IGH-S	—	400	1,000	2,200	4,200	—

KM# 427 12 DUCAT
42.0000 g., 0.9860 Gold 1.3314 oz. AGW **Obv:** Crowned imperial eagle, orb on breast **Rev:** Helmeted arms supported by lion and griffin, date in legend

Date	Mintage	VG	F	VF	XF	Unc
1727 HK-V. LON	—	—	—	—	30,000	—

KM# 425 DUCAT
3.5000 g., 0.9860 Gold 0.1109 oz. AGW **Obv:** Crowned imperial eagle with Cologne arms on breast **Rev:** Laureate armored bust right

Date	Mintage	VG	F	VF	XF	Unc
1724 HK-LC	—	200	400	800	1,850	—
1724 HK-VL	—	200	400	800	1,850	—

KM# 423.1 DUCAT
3.5000 g., 0.9860 Gold .1109 oz. AGW 0.1109 oz. AGW **Obv:** Helmeted oval arms in baroque frame, griffin and lion supporters, date at end of legend **Obv. Legend:** DVCAT. CIVIT. — COLONIEN. **Rev:** Draped laureate bust right, legend begins at lower left **Rev. Legend:** CAROL. VI. D.G. R. I. S. A. GER. HI. HU. BO. REX.

Date	Mintage	VG	F	VF	XF	Unc
1726 HK	—	300	600	1,200	2,400	—

KM# 423.2 DUCAT
3.5000 g., 0.9860 Gold .1109 oz. AGW 0.1109 oz. AGW **Obv:** Helmeted oval arms in baroque frame, griffin and lion supporters, date divided below **Obv. Legend:** DUCAT. CIVIT. COLON. **Rev:** Draped bust to right, legend begins at lower left **Rev. Legend:** CAROL. VI. D.G. R. I. S. A. GER. HI. HU. BO. REX. **Note:** Variety of Fr# 772.

Date	Mintage	VG	F	VF	XF	Unc
1727 HK-VL	—	300	650	1,200	2,200	—
1731 HK	—	300	600	1,200	2,400	—

MINT MARKS
G = Gunzburg Mint

MINT OFFICIALS' INITIALS

Initials	Date	Name
FH	1760-94	Friedrich Heuglin, warden in Stuttgart

REGULAR COINAGE

KM# 25 1/2 KREUZER
Copper **Ruler:** Franz Conrad **Obv:** Arms **Rev:** Value above date and mint **Mint:** Gunzburg

Date	Mintage	VG	F	VF	XF	Unc
1772G	—	10.00	18.00	37.00	75.00	—

KM# 26 KREUZER
Copper **Ruler:** Franz Conrad **Obv:** Cardinal's hat and mitre above quartered arms within mantle **Rev:** Value and date **Mint:** Gunzburg

Date	Mintage	VG	F	VF	XF	Unc
1772G	—	10.00	20.00	45.00	90.00	—

KM# 16 20 KREUZER
Silver **Ruler:** Franz Conrad **Obv:** Bust left **Rev:** Crowned arms, value below

Date	Mintage	VG	F	VF	XF	Unc
1761 FH	—	20.00	35.00	75.00	150	—

KM# 27 1/48 THALER
Billon **Ruler:** Franz Conrad **Obv:** Arms **Rev:** Value above date and mint

Date	Mintage	VG	F	VF	XF	Unc
1772	—	10.00	22.00	45.00	90.00	—

KM# 28 1/24 THALER
Billon **Ruler:** Franz Conrad **Obv:** Cardinal's hat and mitre above quartered arms within mantle **Rev:** Value and date

Date	Mintage	VG	F	VF	XF	Unc
1772	—	15.00	37.00	75.00	150	—

KM# A18 1/4 THALER
Silver **Ruler:** Franz Conrad **Obv:** Bust left **Rev:** Cardinal's hat and crown above quartered arms within mantle

Date	Mintage	VG	F	VF	XF	Unc
1761 FH	—	45.00	100	200	425	—

CONSTANCE BISHOPRIC

(Konstanz, Kostnitz, Costnitz)

This bishopric, which is centered on the city of the same name, was transferred to that location from Vindinissa in Aargau late in the 6th century. The first episcopal coinage was produced at the end of the 9th century and minting continued intermittently during the next 850 years. By the time of the Protestant Reformation, the bishop had become a Prince of the Empire and ruled over a large expanse of territory encompassing much of what is now southwest Germany and northern Switzerland. In 1527, Bishop Hugo refused to submit to the Reformation and was forced to flee the city. He went to Meersburg, across the lake on the north shore, and it became the bishop's residence until the diocese was secularized in 1802. It was acquired by Baden along with the city at that time.

RULERS
Markwart Rudolf von Rodt, 1689-1704
Johann Franz II, Schenk von Staufenberg, ¬¬1704-1740
Damian Hugo von Schoenborn, 1740-1743
Casimir Heinrich Anton von Sickingen, ¬¬1743-1750
Franz Conrad von Rodt, 1750-1775
Maximillian Christoph von Rodt, 1775-1800

KM# 17 1/2 THALER
Silver **Ruler:** Franz Conrad **Obv:** Bust left **Rev:** Cardinal's hat and crown above quartered arms within mantle **Note:** Similar to 1 Thaler, KM#18.

Date	Mintage	VG	F	VF	XF	Unc
1761 FH	—	60.00	125	250	525	—

KM# 18 THALER
Silver **Ruler:** Franz Conrad **Subject:** Franz Conrad **Obv:** Bust left **Obv. Legend:** FRAN: CON: TIT: S: MA: DE POP: CARD: DE RODT: EPIS: CONST: S: R: I: PRIN: **Rev:** Cardinal's hat and crown above quartered arms within mantle **Rev. Legend:** PRO ECCLESIA ET PRO PATRIA. **Note:** Dav. #2190.

Date	Mintage	VG	F	VF	XF	Unc
1761 FH	—	175	275	425	800	—

GERMAN STATES

CONSTANCE

TRADE COINAGE

KM# 10 DUCAT

3.5000 g., 0.9860 Gold 0.1109 oz. AGW **Ruler:** Johann Franz II **Obv:** 2 shields of arms topped by mitre and crown, date at bottom **Rev:** Arms in ornamental cartouche

Date	Mintage	VG	F	VF	XF	Unc
1737	—	750	1,500	3,000	7,200	—

KM# 19 DUCAT

3.5000 g., 0.9860 Gold 0.1109 oz. AGW **Ruler:** Franz Conrad **Subject:** Franz Conrad **Obv:** Bust left **Rev:** Cardinal's hat and crown above quartered arms within mantle

Date	Mintage	VG	F	VF	XF	Unc
1761	—	350	700	1,200	2,850	—

KM# 11 2 DUCAT

7.0000 g., 0.9860 Gold 0.2219 oz. AGW **Ruler:** Johann Franz II **Obv:** 2 shields of arms topped by mitre and crown, date at bottom **Rev:** Arms in ornamental cartouche

Date	Mintage	VG	F	VF	XF	Unc
1737	—	3,000	4,500	6,500	12,000	—

FREE CITY

Located at the western end of the Bodensee (Lake Constance) and on the German-Swiss border, Constance stands on the site of the late Roman fortress of Constantia. When the bishopric in Aargau was transferred to the place shortly before 600, the town began to grow in importance. An Imperial mint was established in Constance at the beginning of the 11th century and it functioned until about 1250. Constance became an Imperial free city in either 1192 or 1255, but the bishop controlled most of its affairs at least until the Protestant Reformation. The city joined the League of Schmalkalden in 1530, but was the lone Protestant holdout in the region after 1547. Karl V took Constance in 1548 and incorporated it into his Austrian realm. The city retained its coinage rights, however, and continued minting until about 1733. Constance became part of Baden in 1803.

ARMS

Cross, horizontal bar usually shaded, often a single-headed eagle above.

REGULAR COINAGE

KM# 194 1/4 KREUZER

Billon **Obv:** Oval city arms in cartouche, date above **Rev:** C above 1/4

Date	Mintage	VG	F	VF	XF	Unc
1703	—	20.00	45.00	90.00	185	—

KM# 191 1/2 KREUZER

Billon **Obv:** Oval city arms in cartouche, 1/2 below, date in legend **Note:** Uniface. Varieties exist.

Date	Mintage	VG	F	VF	XF	Unc
1702	—	25.00	50.00	100	200	—
1723	—	25.00	50.00	100	200	—

KM# 192 KREUZER

Billon **Obv:** Crowned double-headed imperial eagle **Rev:** Bishops facing each other, arms below **Note:** Similar to KM#200, but titles of Leopold I.

Date	Mintage	VG	F	VF	XF	Unc
1702	—	8.00	20.00	40.00	80.00	—

KM# 201 KREUZER

Billon **Obv:** Oval city arms in baroque shield, value 1 below

Date	Mintage	VG	F	VF	XF	Unc
ND(1711-1733)	—	6.00	15.00	30.00	65.00	—

KM# 200 KREUZER

Billon **Obv:** Titles of Karl VI in legend **Rev:** Arms at center

Date	Mintage	VG	F	VF	XF	Unc
1715	—	6.00	15.00	30.00	65.00	—
1717	—	6.00	15.00	30.00	65.00	—
1723	—	6.00	15.00	30.00	65.00	—
1724	—	6.00	15.00	30.00	65.00	—

KM# 193 4 KREUZER (1 Batzen)

Silver **Obv:** Oval city arms in baroque frame, date in legend **Rev:** Crowned imperial eagle, 4 in orb on breast, titles of Leopold I

Date	Mintage	VG	F	VF	XF	Unc
1702	—	55.00	115	235	475	—

KM# 202 15 KREUZER

Silver **Obv:** Date above saints **Rev:** Titles of Karl VI in legend

Date	Mintage	VG	F	VF	XF	Unc
1715	—	50.00	100	210	425	—

KM# 210 THALER

Silver **Obv:** City view, CONSTANTIA below **Rev:** City arms in center with 4 oval arms around divide date, all surrounded by 20 small oval arms **Note:** Regiments Thaler. Dav. #2192.

Date	Mintage	VG	F	VF	XF	Unc
1724	—	1,750	3,500	6,500	10,000	—

KM# 211 2 THALER

Silver **Obv:** City view, CONSTANTIA below **Rev:** City arms in center with 4 oval arms around divide date, all surrounded by 20 small oval arms **Note:** Dav. #2191.

Date	Mintage	F	VF	XF	Unc	BU
1724	—	5,500	8,000	12,000	—	—

COUNTERMARKED COINAGE

1723

KM# 203 15 KREUZER

Silver **Countermark:** Constance City arms **Note:** Countermark on 15 Kreuzer, KM#202.

CM Date	Host Date	Good	VG	F	VF	XF
ND(ca.1716) 1715		—	135	200	325	500

CORVEY

(Corvei-Corbie-Corbey-Curbei)

Located on the Weser River just east of Höxter in Westphalia, the Benedictine abbey of Corvey was founded in 820 at the instigation of Emperor Ludwig the Pious (814-40) by monks from the monastery of Corbeil in Picardy. Not long after it was established, the new abbey received the mint right as stated in the surviving document dated 1 June 833. Over the next several decades, Corvey also received the right to mint coins in several nearby towns including Marsberg and Meppen. Except for a long period between about 1370 and 1500, Corvey produced a long series of coinage. In 1793, the abbey was transformed into a bishopric, but did not long remain an independent entity. Corvey was secularized in 1803 and its territory was acquired by Nassau-Dietz the same year. After having been incorporated into the Kingdom of Westphalia (1807-13) during the Napoleonic Wars, Corvey was absorbed by Prussia in 1813. Corvey struck some joint issues with Höxter and these are included here.

RULERS

Florenz von der Velde, 1696-1714
Maximilian von Horrich, 1714-1721
Karl von Plittersdorf, 1722-1737
Kaspar II von Böselager-Hohneburg, 1737-1758
Philip, Freiherr Spiegel von Disenberg, 1758-1776
Theodor von Brabeck, 1776-1794, Bishop 1793
Ferdinand, Freiherr von Lünig, 1794-1803

MINT OFFICIALS' INITIALS

Initials	Date	Name
HO or HLO	1703-04	Heinrich Laurenz Odendahl, mintmaster in Osnabrück
(i)= ※	1713, 1723-24	Heinrich Christoph Hille, mintmaster in Braunschweig
or HCH		
AP	1715-21	Anton Gottfried Pott, mintmaster in Neuhaus and Münster
	1739	Bernhard Julius Dedekind, mintmaster in Braunschweig
	1743-ca. 1753	Christian Philipp Spangenberg, mintmaster in Clausthal
	1753, 1758-59	Johann Wilhelm Schlemm, mintmaster in Clausthal
	1765	Johann David Biller, mintmaster in Braunschweig
	1787	Mint Commission in Braunschweig

Various Mints

ARMS

2-fold divided horizontally, lower half usually shaded by various devices.

REFERENCES

I/S = Peter Ilisch and Arnold Schwede, *Das Münzwesen im Stift Corvey, 1541-1794*, Paderborn, 2007.
W = Joseph Weingärtner, *Die Gold= und Silber=Münzen der Abtei Corvey*, Münster, 1883.

BENEDICTINE ABBEY

REGULAR COINAGE

KM# 110 PFENNIG

Copper, 18 mm. **Ruler:** Florenz **Obv:** Round 4-fold arms, date at end of legend **Obv. Legend:** FLORENT. D. G. AB. C. S. R. I. S. **Rev:** 3-line inscription **Rev. Legend:** FURSTL. CORVEY. LAND. MUNTZ. **Rev. Inscription:** I / SCHWER / PFEN. **Mint:** Osnabrück **Note:** Ref. I/S-339. Schwerer (heavy) issue.

Date	Mintage	VG	F	VF	XF	Unc
1703	—	—	—	—	—	—

KM# 116 PFENNIG

Copper, 17 mm. **Ruler:** Florenz **Obv:** Crowned oval shield of 4-fold arms, date at end of legend **Obv. Legend:** FLORENT. D. G. AB. C. S. R. I. P. **Rev:** 2-line inscription in circle **Rev. Legend:** LAND. MUNTZ. **Rev. Inscription:** I / PFEN **Mint:** Osnabrück **Note:** Ref. I/S-342; W-730.

Date	Mintage	VG	F	VF	XF	Unc
1704	—	10.00	22.00	45.00	90.00	—

KM# 126 PFENNIG

Copper, 16 mm. **Ruler:** Maximilian **Obv:** Crowned oval shield of 4-fold arms **Obv. Legend:** MAXIM(IL): - D. G. A(BB). (C. S. R. I. P.) **Rev:** 2-line inscription in circle, date at end of legend **Rev. Legend:** FURSTL. CORVEY. LAD. MUNTZ. **Rev. Inscription:** I / PFEN **Mint:** Neuhaus **Note:** Ref. I/S-351; W-733.

Date	Mintage	VG	F	VF	XF	Unc
1715	—	6.00	15.00	30.00	65.00	—

KM# 111 2 PFENNIG

Copper, 20 mm. **Ruler:** Florenz **Obv:** Round 4-fold arms, date at end of legend **Obv. Legend:** FLORENT. D. G. AB. C. S. R. I. P. **Rev:** 3-line inscription **Rev. Legend:** FURSTL. CORVEY. LAND. MUNTZ. **Rev. Inscription:** II / SCHWER / PFEN **Mint:** Osnabrück **Note:** Ref. I/S-338. Schwerer (heavy) issue.

Date	Mintage	VG	F	VF	XF	Unc
1703 Rare	—	700	1,250	2,000	—	—

KM# 117 2 PFENNIG

Copper, 19-20 mm. **Ruler:** Florenz **Obv:** Crowned oval shield of 4-fold arms, date at end of legend **Obv. Legend:** FLORENT. D. G. AB. C. S. R. I. P. **Rev:** 2-line inscription in circle **Rev. Legend:** FURSTL. CORVEY. LAND. MUNTZ. **Rev. Inscription:** II / PFEN **Mint:** Osnabrück **Note:** Ref. I/S-341; W-729.

Date	Mintage	VG	F	VF	XF	Unc
1704	—	6.00	15.00	30.00	65.00	—

KM# 127 2 PFENNIG

Copper, 18-19 mm. **Ruler:** Maximilian **Obv:** Crowned oval shield of 4-fold arms superimposed on crossed sword and crozier **Obv. Legend:** MAXIMIL: - D. G. A(BBAS) (C. S. R. I. P.) **Rev:** 2-line inscription in circle, date at end of legend **Rev. Legend:** FURSTL. CORVEY. LAND. MUNTZ **Rev. Inscription:** II / PFEN **Mint:** Neuhaus **Note:** Ref. I/S-350, 354; W-732.

Date	Mintage	VG	F	VF	XF	Unc
1715	—	6.00	15.00	30.00	65.00	—
1717	72,000	10.00	22.00	45.00	95.00	—

KM# 170 2 PFENNIG

Copper, 18 mm. **Ruler:** Theodor **Obv:** Crowned Spanish shield of 4-fold arms in garlanded frame superimposed on crossed sword and crozier **Obv. Legend:** THEODOR: - D. G. A. C. S. R. I. P. **Rev:** 3-line inscription with date in circle **Rev. Legend:** FURSTL. CORVEY. LAND. MUNTZ. **Rev. Inscription:** II / PFEN / (date) **Mint:** Braunschweig **Note:** Ref. I/S-375; W-735.

Date	Mintage	VG	F	VF	XF	Unc
1787	—	5.00	12.00	25.00	50.00	—

CORVEY — GERMAN STATES

KM# 112 4 PFENNIG
1.0820 g., 0.1667 Silver Weight varies: 0.75-1.12g. 0.0058 oz. ASW, 17 mm. **Ruler:** Florenz **Obv:** Crowned oval shield of 4-fold arms superimposed on crossed sword and crozier, date at end of legend **Obv. Legend:** FLORENT. D. G. AB. C. S. R. I. P. **Rev:** 3-line inscription in circle **Rev. Legend:** FURSTL. CORVEY. LAND. MUNTZ. **Rev. Inscription:** IIII / GUTE / PF. **Mint:** Osnabrück **Note:** Ref. I/S-337; W-178.

Date	Mintage	VG	F	VF	XF	Unc
1703	—	75.00	135	250	525	—

KM# 128 MARIENGROSCHEN
Silver Weight varies: 1.00-1.45g., 18 mm. **Ruler:** Maximilian **Obv:** Crowned oval shield of 4-fold arms in baroque frame, superimposed on crossed sword and crozier **Obv. Legend:** MAXIMIL: - D. G. ABBAS. **Rev:** 4-line inscription with mintmaster's initials, date at end of legend **Rev. Legend:** FURSTL. CORVEY. LAND. MUNTZ. **Rev. Inscription:** I / MARIEN / GROS / (initials) **Mint:** Neuhaus **Note:** Ref. I/S-348. 1/36 Thaler.

Date	Mintage	VG	F	VF	XF	Unc
1715 AGP	—	70.00	150	300	625	—

KM# 115 1/12 THALER
Silver Weight varies: 3.19-3.56g., 24-25 mm. **Ruler:** Florenz **Obv:** Crowned oval shield of 4-fold arms in baroque frame, superimposed on crossed sword and crozier **Obv. Legend:** FLORENTIUS. D. G. AB. CORB. S. R. I. PRIN. **Rev:** 5-line inscription with mintmaster's initials, date at end of legend **Rev. Legend:** NACH. DEM. LEIPZIGER. FUES. **Rev. Inscription:** 12 / EINEN / REICHS / THAL / (initials) **Mint:** Osnabrück **Note:** Ref. I/S-333, 340; W-174. 2 Groschen = 3 Mariengroschen.

Date	Mintage	VG	F	VF	XF	Unc
1703 HLO	—	45.00	100	200	425	—
1704 HLO	—	45.00	100	200	425	—

KM# 130 1/12 THALER
Silver Weight varies: 2.75-3.70g., 24.5 mm. **Ruler:** Maximilian **Obv:** Crowned oval shield of 4-fold arms in baroque frame, superimposed on crossed sword and crozier **Obv. Legend:** MAXIMILIAN. - D. G. ABBAS. **Rev:** 5-line inscription with mintmaster's initials in circle, date at end of legend **Rev. Legend:** CORBEIENSIS. S. R. I. PRINCEPS. **Rev. Inscription:** 12 / EINEN / REICHS / THAL / (initials) **Mint:** Neuhaus **Note:** Ref. I/S-347; W-182. 2 Groschen = 3 Mariengroschen.

Date	Mintage	VG	F	VF	XF	Unc
1715 AGP	—	40.00	85.00	170	340	—

KM# 131 4 PFENNIG
Copper, 23 mm. **Ruler:** Maximilian **Obv:** Crowned oval shield of 4-fold arms superimposed on crossed sword and crozier **Obv. Legend:** MAXIMIL: - D. G. A. C. S. R. I. P. **Rev:** 3-line inscription with date in circle **Rev. Legend:** FURSTL. CORVEY. LAND. MUNTZ. **Rev. Inscription:** IIII / PFEN / (date) **Mint:** Neuhaus **Note:** Ref. I/S-353; W-731.

Date	Mintage	VG	F	VF	XF	Unc
1717	—	6.00	15.00	30.00	65.00	—

KM# 114 24 MARIENGROSCHEN (Gulden)
17.3230 g., 0.7500 Silver Weight varies: 17.14-17.30g. 0.4177 oz. ASW, 35.5 mm. **Ruler:** Florenz **Obv:** Crowned oval shield of 4-fold arms in baroque frame, superimposed on crossed sword and crozier **Obv. Legend:** FLORENTUS. D. G. ABBAS. C. S. R. I. PRIN. **Rev:** 4-line inscription with mintmaster's initials, date at end of legend **Rev. Legend:** NACH DEM LEIPZIGEER FUES. **Rev. Inscription:** XXIIII / MARIEN / GROSCH / (initials) **Mint:** Osnabrück **Note:** Ref. I/S-332; Dav. 499.

Date	Mintage	VG	F	VF	XF	Unc
1703 HLO Rare	—	—	—	—	—	—

Note: A VF+ example realized approximately $13,300 in a June 2004 Künker auction.

KM# 165 4 PFENNIG
Silver Weight varies: 0.88-1.17g., 16 mm. **Ruler:** Philipp **Obv:** Crowned script PPC monogram **Rev:** 3-line inscription with date **Rev. Legend:** MVIII. E. F. MARCK. CONV. M. **Rev. Inscription:** IIII / PFEN / (date) **Mint:** Braunschweig **Note:** Ref. I/S-373; W-200A.

Date	Mintage	VG	F	VF	XF	Unc
1765	—	40.00	90.00	185	375	—

KM# 139 1/12 THALER
Silver Weight varies: 2.90-3.44g., 23.5 mm. **Ruler:** Karl **Obv:** Crowned ornately-shaped shield of 4-fold arms **Obv. Legend:** CAROL. D. G. ABBAS. CORB. S. R. I. PR. **Rev:** 4-line inscription, date at end of legend **Rev. Legend:** NACH DEM LEIPZIGER FUS. **Rev. Inscription:** 12 / EINEN / REICHS / THALER **Mint:** Braunschweig **Note:** Ref. I/S-359; W-186. 2 Groschen = 3 Mariengroschen.

Date	Mintage	VG	F	VF	XF	Unc
1725	—	40.00	85.00	170	340	—

KM# 171 4 PFENNIG
Copper, 23 mm. **Ruler:** Theodor **Obv:** Crowned Spanish shield of 4-fold arms in garlanded frame superimposed on crossed sword and crozier **Obv. Legend:** THEODOR. - D. G. A. C. S. R. I. P. **Rev:** 3-line inscription with date **Rev. Legend:** FURSTL. CORVEY. LAND. MUNTZ. **Rev. Inscription:** IIII / PFEN / (date) **Mint:** Braunschweig **Note:** Ref. I/S-374; W-734.

Date	Mintage	VG	F	VF	XF	Unc
1787	—	6.00	15.00	30.00	60.00	—

KM# 118 6 PFENNIG
1.2370 g., 0.2500 Silver Weight varies: 1.13-1.34g. 0.0099 oz. ASW, 18 mm. **Ruler:** Florenz **Obv:** Crowned script intertwined FAPC monogram in oval, superimposed on crossed sword and crozier, divides date and mintmaster's initials **Rev:** 3-line inscription in circle **Rev. Legend:** FURSTL. CORVEY. LAND. MUNTZ. **Rev. Inscription:** VI / SCHWER / PFEN **Mint:** Osnabrück **Note:** Ref. I/S-335; W-177. Schwerer (heavy) issue.

Date	Mintage	VG	F	VF	XF	Unc
1703 HLO	—	—	—	—	—	—

KM# 157 24 MARIENGROSCHEN (Gulden)
Silver Weight varies: 12.80-13.30g., 35 mm. **Ruler:** Kaspar II **Obv:** Ornate shield of 4-fold arms, superimposed on crossed sword and crozier, 3 ornate helmets and mitre above **Obv. Legend:** D. G. CASPARVS. PRINCEPS. ET. ABBAS. CORBEIENSIS. **Rev:** Full-length figure of St. Vitus, with palm branch, book and bird, divides 24 - M.G.R., S. VITVS. P. in exergue **Rev. Legend:** DA PACEM DOMINE IN DIEBVS NOSTRIS. **Mint:** Clausthal **Note:** Ref. I/S-367; W-194; Dav. 500. Schaugulden.

Date	Mintage	VG	F	VF	XF	Unc
ND(1753)	—	65.00	150	300	600	—

KM# 109 1/48 THALER
1.2180 g., 0.2500 Silver 0.0098 oz. ASW **Ruler:** Florenz **Obv:** Crowned script intertwined FAPC monogram divides date **Rev:** 3-line inscription in circle **Rev. Inscription:** 48 / I / RTHLR. **Mint:** Osnabrück **Note:** Ref. I/S-336. 6 (light) Pfennig = 1/2 Guter Groschen.

Date	Mintage	VG	F	VF	XF	Unc
1703	—	—	—	—	—	—

KM# 166 1/12 THALER
Silver Weight varies: 2.88-3.63g., 22 mm. **Ruler:** Philipp **Obv:** Ornate oval shield of 4-fold arms in baroque frame, superimposed on crowned mantle and crossed sword and crozier **Obv. Legend:** PHILIPPUS. D. G. S. R. I. PRINCEPS. ET. ABB. CORBEI. **Rev:** 4-line inscription with date in circle **Rev. Legend:** CLX. EINE FEINE MARCK CONVENT. M. **Rev. Inscription:** 12 / EINEN / THALER / (date) **Mint:** Braunschweig **Note:** Ref. I/S-372; W-200. 3 Mariengroschen = 1/16 Konventionsthaler.

Date	Mintage	VG	F	VF	XF	Unc
1765	—	15.00	37.00	75.00	150	—

KM# 113 MARIENGROSCHEN
1.6240 g., 0.2500 Silver Weight varies: 1.27-1.56g. 0.0131 oz. ASW, 20 mm. **Ruler:** Florenz **Obv:** Crowned oval shield of 4-fold arms, superimposed on crossed sword and crozier, divides mintmaster's initials, date at end of legend **Obv. Legend:** FLORENTUS. D. G. AB. C. S. R. I. P. **Rev:** 3-line inscription in circle **Rev. Legend:** FURSTL. CORVEY. LAND(T). MUNTZ. **Rev. Inscription:** I / MARIEN / GROS **Mint:** Osnabrück **Note:** Ref. I/S-334; W-176. 1/36 Thaler.

Date	Mintage	VG	F	VF	XF	Unc
1703 HLO	—	50.00	110	225	450	—

KM# 129 1/48 THALER
Silver Weight varies: 0.76-1.04g., 17 mm. **Ruler:** Maximilian **Obv:** Crowned oval shield of 4-fold arms superimposed on crossed sword and crozier **Obv. Legend:** MAXIM: - D. G. ABBAS. **Rev:** 5-line inscription with mintmaster's initials, date at end of legend **Rev. Legend:** FURSTL. CORVEY. LAND. MUNTZ. **Rev. Inscription:** 48 / I / REICHS / TH / (initials) **Mint:** Neuhaus **Note:** Ref. I/S-349; W-183. 1/2 Groschen.

Date	Mintage	VG	F	VF	XF	Unc
1715 AGP	—	60.00	125	250	525	—

KM# 167 1/6 THALER
Silver Weight varies: 4.81-5.18g., 24 mm. **Ruler:** Philipp **Obv:** Ornate oval shield of 4-Fold arms in baroque frame, superimposed on crowned mantle and crossed sword and crozier **Obv. Legend:** PHILIPPUS. D. G. S. R. I. PRINCEPS. ET. ABB. CORBEI. **Rev:** 4-line inscription with date in circle **Rev. Legend:** LXXX. EINE FEINE MARCK CONVENT. M. **Rev. Inscription:** VI / EINEN / THALER / (date) **Mint:** Braunschweig **Note:** Ref. I/S-371; W-199. 6 Mariengroschen = 1/8 Konventionsthaler.

Date	Mintage	VG	F	VF	XF	Unc
1765	—	75.00	140	225	325	—

KM# 155.1 2/3 THALER (Gulden)
Silver Weight varies: 12.85-13.24g., 34 mm. **Ruler:** Kaspar II **Obv:** Crowned ornate shield of 4-fold arms, superimposed on crossed sword and crozier, date divided at bottom **Obv. Legend:** D. G. CASPARVS. PRINCEPTS. ET. ABBAS. CORBEIENSIS. **Rev:** Full-length figure of St. Vitus with palm branch, book and bird, S. VITVS. P. in exergue **Rev. Legend:** POSVIT FINES -

GERMAN STATES — CORVEY

TVOS PACEM. PS. 147. **Mint:** Clausthal **Note:** Ref. I/S-364; W-192a; Dav. 500A. Schaugulden.

Date	Mintage	VG	F	VF	XF	Unc
1753	—	100	225	450	900	—

KM# 155.2 2/3 THALER (Gulden)
Silver, 35 mm. **Ruler:** Kaspar II **Obv:** Crowned ornate shield of 4-fold arms, superimposed on crossed sword and crozier, date divided at bottom **Obv. Legend:** D. G. CASPARVS. PRINCEPS. ET. ABBAS. CORBEIENSIS. **Rev:** Full-length of St. Vitus with palm branch, book and bird, S. VITVS. P. in exergue, no legend **Mint:** Clausthal **Note:** Ref. I/S-365; W-192b.

Date	Mintage	VG	F	VF	XF	Unc
1753	—	—	—	—	—	—

KM# 156 2/3 THALER (Gulden)
Silver Weight varies: 12.99-13.35g., 35 mm. **Ruler:** Kaspar II **Obv:** Ornate shield of 4-fold arms, superimposed on crossed sword and crozier, 3 ornate helmets and mitre above **Obv. Legend:** D. G. CASPARVS. PRINCEPS. ET. ABBAS. CORBEIENSIS. **Rev:** Full-length figure of St. Vitus with palm branch, book and bird, S. VITVS. P. in exergue **Rev. Legend:** POSVIT FINES TVOS PACEM. PS. 147. **Mint:** Clausthal **Note:** Ref. I/S-366; W-193; Dav. 500A.

Date	Mintage	VG	F	VF	XF	Unc
ND(1753)	—	90.00	185	375	750	—

KM# 119.1 THALER
Silver Weight varies: 29.02-29.21g., 41 mm. **Ruler:** Florenz **Obv:** Squarish shield of 4-fold arms, superimposed on crossed sword and crozier, 3 ornate helmets and mitre above, date divided below **Obv. Legend:** FLORENTIUS. D. G. ABBAS. CORBEIENSIS. S. R. I. PRIN. **Rev:** Full-length figure of St. Vitus with palm branch, book and bird, lion recumbent behind, mintmaster's initials below saint's feet **Rev. Legend:** SANCTVS. VITVS. PATRONVS. CORBEIENSIS. **Mint:** Braunschweig **Note:** Ref. I/S-343; W-171; Dav. 2193.

Date	Mintage	F	VF	XF	Unc	BU
1706 HCH(j)	—	400	800	1,500	2,500	—

KM# 119.2 THALER
Silver Weight varies: 28.67-29.31g., 42-43 mm. **Ruler:** Florenz **Obv:** Squarish shield of 4-fold arms, superimposed on crossed sword and crozier, 3 ornate helmets and mitre above, mintmaster's initials and symbol below **Obv. Legend:** FLORENTIUS. D: G: ABBAS. CORBEIENSIS. S: R: I: PRINC: **Rev:** Full-length figure of St. Vitus with palm branch, book and bird, date divided to left and right of recumbent lion behind **Rev. Legend:** SANCTVS: VITVS PATRONVS CORBEIENSIS **Mint:** Braunschweig **Note:** Ref. I/S-344; W-172; Dav. 2194.

Date	Mintage	F	VF	XF	Unc	BU
1709 HCH(j)	—	300	600	1,000	2,000	—

Subject: 70th Birthday of Florenz **Obv:** Squarish shield of 4-fold arms, superimposed on crossed sword and crozier, 3 ornate helmets and mitre above **Obv. Legend:** SOLEMNI RITV IVBILÆVM CELEBRABAT REV • ET • CELS • PR • D • FLOREN • ABBAS • CORBIENS • S • R • I • PR • XX AP • **Rev:** 6 crowns and a laurel wreath with inscriptions and/or dates, in chronogram **Rev. Legend:** * AN: QUO PRÆ SENT * REV • ET CEL • PR • D • FRANC • ARNOL • EP • MON • ET PAD • AC • SER • PR • D • ANT • VLR • D • BR • ET LUN • **Mint:** Braunschweig **Note:** Ref. I/S-346; W-173; Dav. 2195.

Date	Mintage	F	VF	XF	Unc	BU
1713	—	1,000	2,000	3,500	—	—

KM# 132.1 THALER
Silver **Ruler:** Maximilian **Obv:** Oval shield of 4-fold arms in baroque frame, superimposed on crossed sword and crozier, 3 ornate helmets and mitre above **Obv. Legend:** MAXIMILIANVS. D. G. ABBAS. CORBEIENSIS. S. R. I. PRINCEPS. **Rev:** Full-length figure of St. Vitus with palm branch, book and bird, recumbent lion behind, Roman numeral date in exergue **Rev. Legend:** SANCTVS VITVS PATRONVS CORBEIENSIS. **Mint:** Neuhaus **Note:** Ref. I/S-352; W-179; Dav. 2196.

Date	Mintage	VG	F	VF	XF	Unc
MDCCXVII (1717)	—	125	250	550	850	1,600

KM# 133 THALER
Silver **Ruler:** Maximilian **Rev:** Arabic date **Note:** Dav. #2196A.

Date	Mintage	F	VF	XF	Unc	BU
1718	—	—	—	—	—	—

Note: Reported, not confirmed.

KM# 125 THALER
Silver Weight varies: 28.86-29.37g., 44 mm. **Ruler:** Florenz

KM# 132.2 THALER
Silver Weight varies: 28.14-29.37g., 43-44 mm. **Ruler:** Maximilian **Obv:** Squarish shield of 4-fold arms in baroque frame, superimposed on crossed sword and crozier, 3 ornate helmets and mitre above **Obv. Legend:** MAXIMILIANUS. D. G. ABBAS. CORBEIENSIS. S. R. I. PRINCEPS. **Rev:** Full-length figure of St. Vitus with palm branch, book and bird, recumbent lion behind, Roman numeral date in exergue **Rev. Legend:** SANCTVS VITVS PATRONVS CORBEIENSIS. **Mint:** Münster & Neuhaus **Note:** Ref. I/S-355; W-180; Dav. 2196.

Date	Mintage	F	VF	XF	Unc	BU
MDCCXVIII (1718)	—	250	550	1,000	1,650	—

MAXIMILIANUS D • G • ABBAS CORBEIENSIS S • R • I • PRINCEPS. **Rev:** Full-length figure of St. Vitus with palm branch, book and bird, date divided to left and right of recumbent lion behind **Rev. Legend:** SANCTVS. VITVS. PATRONVS. CORBEIENSIS. **Mint:** Münster **Note:** Ref. I/S-356; W-181; Dav. 2197.

Date	Mintage	F	VF	XF	Unc	BU
1721 AP	—	400	850	1,650	2,750	—

KM# 137 THALER
Silver Weight varies: 28.03-29.65g., 42-44 mm. **Ruler:** Karl **Obv:** Ornate shield of 4-fold arms, superimposed on crossed sword and crozier, 3 ornate helmets and large mitre above **Obv. Legend:** CAROLUS D. G. ABBAS CORBEIENSIS S. R. I. PRINCEPS **Rev:** Full-length facing figure of St. Vitus with palm branch, book and bird, recumbent lion behind, Roman numeral date in exergue **Rev. Legend:** SANCTVS VITVS PATRONVS CORBEIENSIS **Mint:** Braunschweig **Note:** Ref. I/S-357; W-185b; Dav. 2199.

Date	Mintage	F	VF	XF	Unc	BU
MDCCXXIII (1723)	—	350	700	1,250	2,000	—

KM# 145 THALER
Silver Weight varies: 28.82-30.58g., 42-44 mm. **Ruler:** Kaspar II **Obv:** Ornate shield of 4-fold arms, superimposed on crossed sword and crozier, 3 ornate helmets and large mitre above, date at end of legend **Obv. Legend:** CASPARUS D. G. ABBAS CORBEIENSIS S. R. I. PRINCEPS. **Rev:** Full-length facing figure of St. Vitus with palm branch, book and bird, recumbent lion behind **Rev. Legend:** SANCTVS VITVS PATRONVS CORBEIENSIS **Mint:** Braunschweig **Note:** Ref. I/S-361; W-190; Dav. 2200.

Date	Mintage	F	VF	XF	Unc	BU
1739	—	250	650	1,350	2,250	—

KM# 135 THALER
Silver Weight varies: 27.95-29.20g., 44 mm. **Ruler:** Maximilian **Obv:** Squarish shield of 4-fold arms in baroque frame, superimposed on crossed sword and crozier, 3 ornate helmets and mitre above, mintmaster's initials below **Obv. Legend:**

KM# 158 THALER
Silver Weight varies: 28.69-29.52g., 40 mm. **Ruler:** Kaspar II **Obv:** Round shield of 4-fold arms in baroque frame, superimposed on crossed sword and crozier, 3 ornate helmets and large mitre above, date at end of legend **Obv. Legend:** PHILIPPUS D • G • ABBAS CORBEIENSIS S • R • I • PRINCEPS. **Rev:** Full-length facing figure of St. Vitus with palm branch, book and bird, recumbent lion behind **Rev. Legend:** SANCTUS VITUS PATRONUS CORBEIENSIS **Mint:** Clausthal **Note:** Ref. I/S-369; W-198; Dav. 2201. Also struck with same date at Braunschweig in 1765, but diameter of 42mm.

Date	Mintage	F	VF	XF	Unc	BU
1758	—	350	750	1,600	2,500	—

DORTMUND

TRADE COINAGE

KM# 124 DUCAT
3.5000 g., 0.9860 Gold Weight varies: 3.29-3.47g. 0.1109 oz. AGW, 22 mm. **Ruler:** Florenz **Obv:** Squarish shield of 4-fold arms, superimposed on crossed sword and crozier, 3 ornate helmets and mitre above **Obv. Legend:** FLORENTIUS. D. G. ABBAS. CORBEIENSIS. S. R. I. PRIN. **Rev:** Full-length standing figure of St. Vitus, with palm branch, book and bird, divides date, lion recumbent behind **Rev. Legend:** SANCTVS. VITVS. PATRONVS. CORBEIENSIS. **Mint:** Braunschweig **Note:** Ref. I/S-345.

Date	Mintage	VG	F	VF	XF	Unc
1713						

KM# 138 DUCAT
3.5000 g., 0.9860 Gold Weight varies: 3.47-3.48g. 0.1109 oz. AGW, 22 mm. **Ruler:** Karl **Obv:** Ornate shield of 4-fold arms, superimposed on crossed sword and crozier, 3 ornate helmets and mitre above **Obv. Legend:** CAROL(U)(V)S. D. G. ABBAS. CORBEIENSIS. S. R. I. PRINCEPS. **Rev:** Full-length standing figure of St. Vitus, with palm branch, book and bird, lion recumbent behind, date in exergue **Rev. Legend:** SANCTVS. VITVS. PATRONVS. CORBEIENSIS. **Mint:** Braunschweig **Note:** Ref. I/S-358, 360; W-184; Fr. 848.

Date	Mintage	VG	F	VF	XF	Unc
1724	—	900	1,750	3,000	6,000	—
ND	—	900	1,750	3,000	6,000	—

KM# 150 DUCAT
3.5000 g., 0.9860 Gold Weight varies: 3.38-3.48g. 0.1109 oz. AGW, 22 mm. **Ruler:** Kaspar II **Obv:** Crowned ornate shield of 4-fold arms in baroque frame, superimposed on crossed sword and crozier, date below **Obv. Legend:** CASPAR(U)(V)S. D. G. ABBAS. CORBEIENSIS. S. R. I. PRIN. **Rev:** Full-length standing figure of St. Vitus, with palm branch, book and bird, lion recumbent behind **Rev. Legend:** SANCT(U)(V)S. VIT(U)(V)S. PATRON(U)(V)S. CORBEIENSIS. **Mint:** Clausthal **Note:** Ref. I/S-362, 363; W-187, 189; Fr. 849. Varieties exist. The 1748 date does not exist.

Date	Mintage	VG	F	VF	XF	Unc
1743	—	500	1,000	2,000	4,500	6,500
1753	—	500	1,000	2,000	4,500	6,500

KM# 159 DUCAT
3.5000 g., 0.9860 Gold Weight varies: 3.38-3.43g 0.1109 oz. AGW, 22 mm. **Ruler:** Philipp **Obv:** Ornate shield of 4-fold arms in baroque frame, superimposed on crowned mantle and crossed sword and crozier, date below **Obv. Legend:** PHILIPPUS. D. G. ABBAS. CORBEIENSIS. S. R. I. PRIN. **Rev:** Full-length standing figure of St. Vitus, with palm branch, book and bird, lion recumbent behind **Rev. Legend:** SANCTVS. VITVS. PATRONVS. CORBEIENSIS. **Mint:** Clausthal **Note:** Ref. I/S-368; W-195; Fr. 850.

Date	Mintage	VG	F	VF	XF	Unc
1758	—	900	1,750	3,000	6,000	—

KM# 160 DUCAT
3.5000 g., 0.9860 Gold Weight varies: 3.38-3.43g. 0.1109 oz. AGW, 22 mm. **Ruler:** Philipp **Obv:** Bust to right **Obv. Legend:** PHILIPPUS. D. G. S. R. I. PRINC. & ABB. CORB. **Rev:** Oval shield of 4-fold arms in baroque frame, superimposed on crowned mantle and crossed sword and crozier, date divided by crown **Rev. Legend:** IUSTITIA. &. -PRUDENTIA. **Mint:** Clausthal **Note:** Ref. I/S-370; W-196; Fr. 850.

Date	Mintage	VG	F	VF	XF	Unc
1759	—	750	1,500	2,500	5,700	—

PATTERNS
Including off metal strikes

KM#	Date	Mintage Identification	Mkt Val
Pn1	1632	— Thaler. Tin. KM#32.1.	125
Pn2	1683	— Thaler. Tin. KM#92.1.	125

Pn3	1759	— Ducat. Silver. KM#160.	175

CRAILSHEIM

IMPERIAL BARONY

The barony of Crailsheim was located in Franconia, about mid-way between Hall in Swabia and Ansbach. The family was one of the oldest Franconian noble lines, first mentioned in 1386. They were raised to the rank of imperial baron in 1701 and took part in the governmental and military affairs of Brandenburg-Ansbach. It was absorbed by Württemberg early in the 19th century.

RULER
Albrecht Ernst Friedrich, 1728-1794

REGULAR COINAGE

KM# 1 6 KREUZER
Silver **Ruler:** Albrecht Ernst Friedrich **Obv:** Bust right **Rev:** Helmeted arms (crown above bar), order ribbon suspended below. **Rev. Legend:** S: CA & REB: APOST...

Date	Mintage	VG	F	VF	XF	Unc
ND(ca.1759) Rare	—	—	—	—	—	—

DORTMUND

Tremoniensis)

Dortmund is located in Westphalia, 50 miles east of Düsseldorf. It was the site of an imperial mint from the 10th to early 16th century and later had its own city coinage, dated pieces being known from 1553 to 1760. In 1803 Dortmund was annexed to Nassau-Dillenburg and passed to Prussia in 1815.

MINT OFFICIALS' INITIALS

Initials	Date	Name
GH	1735-65	Gerhard Huls, city of Cologne
HS	1752-58	Heinrich Schwarze
IAL	1705-07	Johann Adam Longerich
IIH	1713-22	Johann Joseph Hermann, city of Cologne
LC, LCf	1708-37	Gabriel LeClerc, die-cutter in Berlin

ARMS
Eagle with wings spread, head usually turned to left.

CITY

REGULAR COINAGE

Date	Mintage	VG	F	VF	XF	Unc
1756 HS	—	35.00	75.00	160	350	—
1757 HS	—	35.00	80.00	175	400	—
1758 HS	—	35.00	80.00	175	400	—

KM# 110 1/12 THALER
Silver **Obv:** Arms divide HS **Rev:** Value, date

Date	Mintage	VG	F	VF	XF	Unc
1758 HS	—	50.00	110	225	450	—
1759 HS	—	50.00	110	225	450	—

KM# 105 1/4 STUBER
Copper **Obv:** Crowned arms within shield **Rev:** Value, date

Date	Mintage	VG	F	VF	XF	Unc
1752	—	15.00	30.00	60.00	125	—
1753 HS	—	15.00	30.00	60.00	125	—
1754	—	15.00	30.00	60.00	125	—
1754 HS	—	15.00	30.00	60.00	125	—
1755 HS	—	15.00	30.00	60.00	125	—
1756 HS	—	15.00	30.00	60.00	125	—

KM# 111 1/6 THALER
Silver **Obv:** Bust of Franz I right **Rev:** Value, eagle divides date at bottom

Date	Mintage	VG	F	VF	XF	Unc
1758 HS	—	275	675	1,450	3,000	—

KM# 80 THALER
Silver **Obv:** Laureate bust of Josef I right, titles around **Obv. Legend:** IOSEPHVS • I • D: G • ROM • - IMPERATOR• SEMP • AVG • **Rev:** Eagle, head left, in circle, divides date **Rev. Legend:** " MONETA " NOVA: CIVIT: IMPER: TREMONIENSIS *, in circle: DA * PACEM * D: OMINE **Note:** Dav. #2204.

Date	Mintage	VG	F	VF	XF	Unc
1705 IAL	—	5,000	7,000	9,000	12,000	—

KM# 109 1/4 STUBER
Copper **Obv:** Eagle in shield without crown **Rev:** Value, date within circle

Date	Mintage	VG	F	VF	XF	Unc
1758 HS	—	5.00	10.00	25.00	50.00	—
1759 HS	—	5.00	10.00	25.00	50.00	—
1760 HS	—	5.00	10.00	25.00	50.00	—

KM# 106 6 PFENNING (1/2 Schilling)
Billon **Obv:** Eagle, DORTMUND in banner below **Rev:** Imperial orb with value divides date

Date	Mintage	VG	F	VF	XF	Unc
1754 HS	—	15.00	30.00	80.00	175	300
1755 HS	—	15.00	30.00	80.00	175	300
1756 HS	—	15.00	30.00	80.00	175	300

KM# 108 4 KREUZER
Billon **Obv:** Eagle **Rev:** Value, date in three lines

Date	Mintage	VG	F	VF	XF	Unc
1757 HS	—	8.00	20.00	40.00	80.00	—

KM# 107 1/24 THALER
Billon **Obv:** Arms divide HS **Rev:** Value, date

Date	Mintage	VG	F	VF	XF	Unc
1754 HS	—	35.00	75.00	160	350	—

KM# 85 THALER
Silver **Subject:** Homage to Karl VI **Obv:** Eagle, head left, inscription in exergue below **Obv. Legend:** MON: HOMAG: CIVIT: I. TREMON:, in exergue below: DOM•CONS•NOS•IN•/17•PACE•17•**Obv. Inscription:** CAR • VI • D • G •- ROM • IMP • S • AVG • **Rev:** Laureate bust of Karl VI, titles around **Note:** Dav. #2205.

Date	Mintage	VG	F	VF	XF	Unc
1717 LCf-IIH	—	3,250	5,000	7,500	10,000	—

KM# 86 THALER
Silver **Note:** Struck on smaller, thicker flan. Dav. #2205B.

Date	Mintage	VG	F	VF	XF	Unc
1717 LCf-IIH	—	5,000	7,500	9,000	11,500	—

382 GERMAN STATES DORTMUND

KM# 95 THALER
Silver **Subject:** Homage to Karl VII **Obv:** Bust and titles of Karl VII **Note:** Dav. #2206.

Date	Mintage	VG	F	VF	XF	Unc
1742 GH	—	5,000	7,500	9,500	13,500	—

KM# 87 2 THALER
Silver **Obv:** Laureate bust of Karl VI right, titles around **Rev:** Eagle, head left, below DOM. CONS. IN. /17. PACE. 17.

Date	Mintage	VG	F	VF	XF	Unc
1717 LCf-IIH Rare	—	—	—	—	—	—

KM# 88 2 THALER
Silver **Note:** Octagonal klippe. Dav. #2205A.

Date	Mintage	VG	F	VF	XF	Unc
1717 LCf-IIH	—	2,000	3,500	6,500	10,000	—

KM# 97 2 THALER
Silver **Note:** Octagonal klippe. Dav. #2206B.

Date	Mintage	VG	F	VF	XF	Unc
1742 GH	—	2,250	4,000	7,500	11,000	—

KM# 96 2 THALER
Silver **Subject:** Homage to Karl VII **Obv:** Bust and titles of Karl VII **Note:** Klippe. Dav. #2206A.

Date	Mintage	VG	F	VF	XF	Unc
1742 GH	—	2,000	3,500	6,500	10,000	—

TRADE COINAGE

KM# 89 DUCAT
3.5000 g., 0.9860 Gold 0.1109 oz. AGW **Subject:** Homage to Karl VI **Obv:** Laureate bust of Karl VI right **Rev:** Displayed eagle, date in legend

Date	Mintage	VG	F	VF	XF	Unc
1717 LC-IIH	—	1,500	2,750	5,000	10,000	—

KM# 98 DUCAT
3.5000 g., 0.9860 Gold 0.1109 oz. AGW **Subject:** Homage to Karl VII **Obv:** Laureate bust of Karl VII right **Rev:** Displayed eagle, date in legend

Date	Mintage	VG	F	VF	XF	Unc
1742 GH	—	1,350	2,500	4,750	9,600	—

KM# 99 DUCAT
3.5000 g., 0.9860 Gold 0.1109 oz. AGW **Note:** Klippe.

Date	Mintage	VG	F	VF	XF	Unc
1742 GH	—	1,500	2,750	5,000	10,000	—

KM# 90 2 DUCAT
7.0000 g., 0.9860 Gold 0.2219 oz. AGW **Subject:** Homage to Karl VI **Obv:** Laureate bust of Karl VI right **Rev:** Displayed eagle, date in legend **Note:** Klippe. Struck on square flan.

Date	Mintage	VG	F	VF	XF	Unc
1717 LC-IIH	—	4,500	6,500	10,000	16,000	—

KM# 100 2 DUCAT
7.0000 g., 0.9860 Gold 0.2219 oz. AGW **Subject:** Homage to Karl VII **Obv:** Bust of Karl VII right **Rev:** Displayed eagle, date in legend **Note:** Klippe.

Date	Mintage	VG	F	VF	XF	Unc
1742 GH	—	4,000	6,000	8,500	14,500	—

PATTERNS

Including off metal strikes

KM#	Date	Mintage	Identification	Mkt Val
Pn1	1752 HS	—	1/4 Stuber. Silver. KM#105	350

EAST FRIESLAND

(Ostfriesland)

The countship, and later principality, of East Friesland was located along the North Sea coast between the Rivers Ems and Weser. By the late 14th and early 15th centuries, several powerful families controlled various areas of what was to become the countship. The Cirksena family of Greetsyl managed to emerge during this period as a leading force in the region through astute marriages and sometimes by armed might. Ulrich I Cirksena was created the first count of East Friesland in 1454. This confirmed his line as the ruling dynasty with the capital at Aurich. In 1654, the count was raised to the rank of prince. In 1744, the Cirksenas became extinct and East Friesland passed to Prussia, which maintained the mint at Aurich for the new province. East Friesland became part of Hannover at the end of the Napoleonic Wars in 1815, but returned to Prussian control when Hannover itself was absorbed by Prussia in 1866.

RULERS

Christian Eberhard, 1665-1708
Georg Albrecht, 1708-1734
Karl Edward, 1734-1744
Friedrich II (The Great) of Prussia, 1740-1786
Friedrich Wilhelm II (of Prussia), 1786-1797
Friedrich Wilhelm III (of Prussia), 1797-1807

MINT MARKS

A - Berlin
B - Breslau
D - Aurich
F - Magdeburg
Star - Dresden

MINT OFFICIALS' INITIALS

Initials	Date	Name
OA	Ca.1713-18	Unknown
K	Ca.1723	Unknown
ICG	1730-46	Johann Christian Gittermann, mintmaster
BID	1747-49	Bernhard Julius Dedekind, mintmaster

ARMS

East Friesland, a combination of the old arms of the two foremost families, the crowned harpy of Cirksena and four 6-pointed stars of Idzinga. The stars are usually placed two on the harpy's shoulders and one each to lower left and right of legs and/or tail.

Groningen, horizontal bar across center.

MONETARY SYSTEM

Witte = 4 Hohlpfennig = 1/3 Schilling = 1/20 Schaf = 1/10 Stüber
Ciffert = 6 Witten
Stüber = 10 Witten = 1/30 Reichstaler
Schaf = 20 Witten = 2 Stüber
Flindrich = 3 Stüber
Schilling = 6 Stüber
288 Pfennige = 54 Stüber = 36 Mariengroschen = 1 Reichsthaler

PRINCIPALITY

REGULAR COINAGE

KM# 148 1/4 STüBER (2-1/2 Witten)
Billon **Obv:** Titles of Georg Albrecht

Date	Mintage	VG	F	VF	XF	Unc
ND	—	8.00	20.00	40.00	80.00	—

KM# 174 1/4 STüBER (2-1/2 Witten)
Billon **Obv:** Titles of Charles Edward

Date	Mintage	VG	F	VF	XF	Unc
ND	—	12.00	30.00	65.00	135	—

KM# 196 1/4 STüBER (2-1/2 Witten)
Billon **Ruler:** Friedrich II **Obv:** Crowned monogram **Rev:** Value, date

Date	Mintage	VG	F	VF	XF	Unc
1746 ICG	58,000	30.00	75.00	150	300	—

KM# 201 1/4 STüBER (2-1/2 Witten)
Billon **Ruler:** Friedrich II **Obv:** Crowned monogram **Rev:** Value, date

Date	Mintage	VG	F	VF	XF	Unc
1747 BID	97,000	15.00	37.00	75.00	150	—

KM# 212 1/4 STüBER (2-1/2 Witten)
Billon **Ruler:** Friedrich II **Obv:** Crowned floral script FR monogram, date below **Rev:** Value and mint mark in wreath **Mint:** Aurich

Date	Mintage	VG	F	VF	XF	Unc
1752D	—	25.00	60.00	125	300	—

KM# 213 1/4 STüBER (2-1/2 Witten)
Billon **Ruler:** Friedrich II **Obv:** Crowned monogram **Rev:** Value above date **Mint:** Aurich

Date	Mintage	VG	F	VF	XF	Unc
1752D	—	25.00	55.00	110	275	—

KM# 219 1/4 STüBER (2-1/2 Witten)
Copper **Ruler:** Friedrich II **Obv:** Crowned monogram **Rev:** Value, date **Mint:** Aurich

Date	Mintage	VG	F	VF	XF	Unc
1753D	—	4.00	11.00	22.00	45.00	—
1754D	—	4.00	11.00	22.00	45.00	—

KM# 234 1/4 STüBER (2-1/2 Witten)
Copper **Ruler:** Friedrich II **Obv:** Crowned script FR monogram **Rev:** Value and date, D below **Mint:** Aurich

Date	Mintage	VG	F	VF	XF	Unc
1764D	—	5.00	15.00	30.00	60.00	—
1765D	—	5.00	15.00	30.00	60.00	—
1767D	233,000	5.00	15.00	30.00	60.00	—

KM# 250 1/4 STüBER (2-1/2 Witten)
Copper **Ruler:** Friedrich II **Rev:** A below date **Mint:** Berlin

Date	Mintage	VG	F	VF	XF	Unc
1777A	562,000	5.00	15.00	30.00	60.00	—
1778A	Inc. above	5.00	15.00	30.00	60.00	—
1779A	—	5.00	15.00	30.00	60.00	—
1781A	—	5.00	15.00	30.00	60.00	—
1784A	108,000	5.00	15.00	30.00	60.00	—

KM# 261 1/4 STüBER (2-1/2 Witten)
Copper **Ruler:** Friedrich Wilhelm II **Obv:** Crowned monogram **Rev:** Value, date **Mint:** Berlin

Date	Mintage	VG	F	VF	XF	Unc
1787A	86,000	4.00	11.00	22.00	45.00	—

KM# 270 1/4 STüBER (2-1/2 Witten)
Copper **Ruler:** Friedrich Wilhelm II **Obv:** Crowned monogram **Rev:** Value, date **Mint:** Berlin **Note:** Mint mark between asterisks.

Date	Mintage	VG	F	VF	XF	Unc
1792A	120,000	5.00	15.00	30.00	60.00	—

KM# 271 1/4 STüBER (2-1/2 Witten)
Copper **Ruler:** Friedrich Wilhelm II **Obv:** Crowned monogram **Rev:** Value, date **Mint:** Berlin

Date	Mintage	VG	F	VF	XF	Unc
1794A	—	5.00	15.00	30.00	60.00	—

KM# 272 1/4 STüBER (2-1/2 Witten)
Copper **Ruler:** Friedrich Wilhelm III **Obv:** Crowned monogram **Rev:** Value, date **Mint:** Berlin

Date	Mintage	F	VF	XF	Unc	BU
1799A	216,000	10.00	25.00	55.00	110	—

KM# 147 1/2 STüBER
Silver **Ruler:** Christian Eberhard **Obv:** Helmeted harpy arms divide date **Rev. Legend:** IN DEO SPE MEA

Date	Mintage	VG	F	VF	XF	Unc
1706	—	15.00	35.00	75.00	150	—
1707	—	15.00	35.00	75.00	150	—
ND	—	15.00	35.00	75.00	150	—

KM# 155 1/2 STüBER
Silver **Ruler:** Georg Albrecht

Date	Mintage	VG	F	VF	XF	Unc
1712	—	10.00	25.00	50.00	100	—
1713	—	10.00	25.00	50.00	100	—
1715	—	10.00	25.00	50.00	100	—
1716	—	10.00	25.00	50.00	100	—

KM# 156 1/2 STüBER
Silver **Ruler:** Georg Albrecht **Obv:** Crowned harpy arms **Rev:** Shield at center of cross with O F H S in angles

Date	Mintage	VG	F	VF	XF	Unc
1713 OA	—	12.00	30.00	65.00	135	—
1716 OA	—	12.00	30.00	65.00	135	—
1717 OA	—	12.00	30.00	65.00	135	—
1718 OA	—	12.00	30.00	65.00	135	—

KM# 247 1/2 STüBER
Billon **Ruler:** Friedrich II **Obv:** Crowned script FR monogram, A below **Rev:** Value and date **Mint:** Berlin

Date	Mintage	VG	F	VF	XF	Unc
1772A	—	12.00	30.00	60.00	120	—
1781A	108,000	12.00	30.00	60.00	120	—

KM# 260 1/2 STüBER
Billon **Ruler:** Friedrich II **Obv:** Crowned arms divide date, in inner circle **Rev:** Floreated cross with O F H S in angels **Mint:** Berlin

Date	Mintage	VG	F	VF	XF	Unc
1781A	54,000	30.00	75.00	150	300	—
1782A	Inc. above	30.00	75.00	150	300	—

KM# A231 3 PFENNIG
4.0000 g., Copper, 26 mm. **Ruler:** Friedrich II **Obv:** Crowned ornate script FR monogram **Rev:** 4-line inscription of value, date divided by mint mark at bottom **Rev. Inscription:** 3 / PFEN: / SCHEIDE / MUNZ. **Mint:** Aurich **Note:** Former Prussia KM#291.

Date	Mintage	VG	F	VF	XF	Unc
1763D	—	15.00	30.00	60.00	125	—

KM# 195 4 PFENNIG
Billon **Ruler:** Friedrich II **Obv:** Crowned monogram **Rev:** Value, date

Date	Mintage	VG	F	VF	XF	Unc
1746 ICG	12,000	125	250	450	900	—

KM# 200 4 PFENNIG
Billon **Ruler:** Friedrich II **Obv:** Crowned monogram **Rev:** Value, date

Date	Mintage	VG	F	VF	XF	Unc
1747 BID	222,000	30.00	75.00	150	300	—
1748 BID	Inc. above	30.00	75.00	150	300	—

EAST FRIESLAND

KM# 210 4 PFENNIG
Billon **Ruler:** Friedrich II **Obv:** Crowned script FR monogram in branches **Rev:** Value, date **Mint:** Aurich

Date	Mintage	VG	F	VF	XF	Unc
1752D	—	20.00	45.00	90.00	185	—

KM# 211 4 PFENNIG
Billon **Ruler:** Friedrich II **Obv:** Crowned monogram **Rev:** Value, date

Date	Mintage	VG	F	VF	XF	Unc
1752D	—	20.00	45.00	90.00	185	—
1752F	—	20.00	45.00	90.00	185	—
1753D	—	20.00	45.00	90.00	185	—
1753F	—	20.00	45.00	90.00	185	—

KM# 231 4 PFENNIG
Billon **Ruler:** Friedrich II **Obv:** Crowned script FR monogram **Rev:** Value, D divides date **Mint:** Aurich

Date	Mintage	VG	F	VF	XF	Unc
1764D	1,482,000	9.00	25.00	50.00	100	—
1765D	335,000	10.00	27.00	55.00	110	—
1766D	539,000	9.00	25.00	50.00	105	—
1767D	1,227,000	9.00	22.00	45.00	95.00	—
1768D	22,000	20.00	45.00	90.00	180	—

KM# 232 4 PFENNIG
Billon **Ruler:** Friedrich II **Rev:** F below date

Date	Mintage	VG	F	VF	XF	Unc
1764 F	180,000	12.00	30.00	60.00	120	—

KM# 233 4 PFENNIG
Billon **Ruler:** Friedrich II **Obv:** Crowned block FR monogram divides date **Rev:** Value with Arabic 4, A below **Mint:** Berlin

Date	Mintage	VG	F	VF	XF	Unc
1764A	1,092,000	6.00	15.00	30.00	65.00	—
1766A	269,000	7.00	17.00	35.00	75.00	—

KM# 249 4 PFENNIG
Billon **Ruler:** Friedrich II **Obv:** Crowned block FR monogram in cartouche **Rev:** Value with Roman 4, date and A below **Mint:** Berlin

Date	Mintage	VG	F	VF	XF	Unc
1774A	—	14.00	30.00	60.00	125	—

KM# 245 STüBER
Billon **Ruler:** Friedrich II **Obv:** Laureate head right **Obv. Legend:** FRIDERIC: BORUSS: REX • **Rev:** Crowned imperial eagle above value and date **Mint:** Berlin

Date	Mintage	VG	F	VF	XF	Unc
1771A	3,697,000	6.00	16.00	37.00	75.00	—
1772A	199,000	20.00	45.00	90.00	185	—
1775A	—	6.00	16.00	37.00	75.00	—
1776A	—	6.00	16.00	37.00	75.00	—
1777A	—	6.00	16.00	37.00	75.00	—
1781A	—	6.00	16.00	37.00	75.00	—
1783A Rare	—	—	—	—	—	—

KM# 248 2 STüBER
Billon **Ruler:** Friedrich II **Obv:** Laureate head right **Rev:** Crowned flying eagle above value, A divides date **Mint:** Berlin

Date	Mintage	VG	F	VF	XF	Unc
1772A	—	35.00	75.00	150	300	—
1773A	—	15.00	40.00	80.00	165	—
1775A	—	15.00	40.00	80.00	165	—

KM# 175 MARIENGROSCHEN (1/36 Thaler)
Silver **Ruler:** Georg Albrecht **Obv:** Crowned GA monogram **Rev:** Value, date in five lines

Date	Mintage	VG	F	VF	XF	Unc
1730	—	15.00	30.00	60.00	125	—
1733	—	15.00	30.00	60.00	125	—
1734	—	15.00	30.00	60.00	125	—

KM# 183 MARIENGROSCHEN (1/36 Thaler)
Silver **Ruler:** Karl Edward **Obv:** Crowned script CE monogram **Rev:** Value in four lines, date in legend

Date	Mintage	VG	F	VF	XF	Unc
1735	—	15.00	35.00	75.00	150	—
1736	—	15.00	35.00	75.00	150	—
1737	—	15.00	35.00	75.00	150	—

KM# 197 MARIENGROSCHEN (1/36 Thaler)
Billon **Ruler:** Friedrich II **Obv:** Crowned monogram **Rev:** Value, date

Date	Mintage	VG	F	VF	XF	Unc
1746 ICG	—	125	250	525	1,100	—

KM# 202 MARIENGROSCHEN (1/36 Thaler)
Billon **Ruler:** Friedrich II **Obv:** Crowned monogram **Rev:** Value, date

Date	Mintage	VG	F	VF	XF	Unc
1747 BID	139,000	80.00	175	450	1,750	—
1748 BID	Inc. above	80.00	175	450	1,750	—

KM# 214 MARIENGROSCHEN (1/36 Thaler)
Billon **Ruler:** Friedrich II **Obv:** Crowned arms, eagle in arms holds sword and scepter **Rev:** Value, date **Mint:** Aurich

Date	Mintage	VG	F	VF	XF	Unc
1752D	—	10.00	20.00	45.00	90.00	—

KM# 215 MARIENGROSCHEN (1/36 Thaler)
Billon **Ruler:** Friedrich II **Obv:** Crowned arms, eagle in arms holds scepter and orb **Rev:** Value, date

Date	Mintage	VG	F	VF	XF	Unc
1752F	—	15.00	37.00	75.00	150	—
1753D	—	8.00	18.00	37.00	75.00	—
1754D	3,800,000	8.00	18.00	37.00	75.00	—
1755D	—	8.00	18.00	37.00	75.00	—
1756D	—	8.00	18.00	37.00	75.00	—

KM# 230 MARIENGROSCHEN (1/36 Thaler)
Billon **Ruler:** Friedrich II **Obv:** Crowned arms within ornate shield **Rev:** Value, date **Mint:** Aurich

Date	Mintage	VG	F	VF	XF	Unc
1761D	—	10.00	22.00	50.00	100	—

KM# 235 MARIENGROSCHEN (1/36 Thaler)
Billon **Ruler:** Friedrich II **Obv:** Crowned script FR monogram in cartouche **Rev:** Value above date, F below **Mint:** Magdeburg

Date	Mintage	VG	F	VF	XF	Unc
1764F	426,000	15.00	37.00	75.00	150	—

KM# 237 MARIENGROSCHEN (1/36 Thaler)
Billon **Ruler:** Friedrich II **Rev:** D below date **Mint:** Aurich

Date	Mintage	VG	F	VF	XF	Unc
1767D	1,221,000	10.00	22.00	45.00	90.00	—
1768D	Inc. above	10.00	22.00	45.00	90.00	—

KM# 246 MARIENGROSCHEN (1/36 Thaler)
Billon **Ruler:** Friedrich II **Rev:** Value and date, A below **Mint:** Berlin

Date	Mintage	VG	F	VF	XF	Unc
1771A	—	12.00	30.00	60.00	120	—
1774A	108,000	12.00	30.00	60.00	120	—
1775A	Inc. above	12.00	30.00	60.00	120	—

KM# 176 2 MARIENGROSCHEN (1/18 Thaler)
Silver **Ruler:** Georg Albrecht **Obv:** Crowned monogram **Rev:** Value, date within circle

Date	Mintage	VG	F	VF	XF	Unc
1730	—	30.00	65.00	135	275	—
1731	—	30.00	65.00	135	275	—
1733	—	30.00	65.00	135	275	—
1734	—	30.00	65.00	135	275	—

KM# 184 2 MARIENGROSCHEN (1/18 Thaler)
Silver **Ruler:** Karl Edward **Obv:** Crowned script CE monogram **Rev:** Value in four lines, date in legend

Date	Mintage	VG	F	VF	XF	Unc
1735	—	15.00	37.00	75.00	150	—
1736	—	15.00	37.00	75.00	150	—
1737	—	15.00	37.00	75.00	150	—
1738	—	15.00	37.00	75.00	150	—

KM# 198 2 MARIENGROSCHEN (1/18 Thaler)
Billon **Ruler:** Friedrich II **Obv:** Crowned monogram **Rev:** Value, date

Date	Mintage	VG	F	VF	XF	Unc
1746 ICG	7,830	65.00	150	300	600	—

KM# 216 2 MARIENGROSCHEN (1/18 Thaler)
Billon **Ruler:** Friedrich II **Obv:** Crowned arms **Rev:** Value, date **Mint:** Aurich

Date	Mintage	VG	F	VF	XF	Unc
1752D	—	200	300	550	1,100	—

KM# 236 2 MARIENGROSCHEN (1/18 Thaler)
Billon **Ruler:** Friedrich II **Obv:** Crowned script FR monogram in cartouche **Rev:** Value and date, D below **Mint:** Magdeburg

Date	Mintage	VG	F	VF	XF	Unc
1764F	230,000	12.00	30.00	60.00	120	—

KM# 221 4 MARIENGROSCHEN
Billon **Ruler:** Friedrich II **Obv:** Crowned arms, no shield **Rev:** Value, date **Mint:** Aurich

Date	Mintage	VG	F	VF	XF	Unc
1756D	—	20.00	45.00	90.00	185	—
1757D	—	20.00	45.00	90.00	185	—

KM# 222 6 MARIENGROSCHEN
Billon **Ruler:** Friedrich II **Obv:** Head right **Rev:** Value and date within palm branches **Mint:** Dresden

Date	Mintage	VG	F	VF	XF	Unc
1758Star	—	30.00	75.00	150	300	—

KM# 223 12 MARIENGROSCHEN
Billon **Ruler:** Friedrich II **Obv:** Head right **Obv. Legend:** FRIDERICUS BORUSSORUM REX **Rev:** Value and date within palm branches **Mint:** Dresden

Date	Mintage	VG	F	VF	XF	Unc
1758Star	—	25.00	50.00	100	200	—

KM# A220.1 8 GUTE GROSCHEN
8.6600 g., 0.6250 Silver 0.1740 oz. ASW **Ruler:** Friedrich II **Obv:** Bust to right **Obv. Legend:** FRIDERICUS - BORUSSORUM REX **Rev:** Crowned eagle with war flags and trophies, 3-line inscription above, date divided by mint mark below **Rev. Inscription:** 8 / GUTE / GROSCHEN **Mint:** Aurich

Date	Mintage	VG	F	VF	XF	Unc
1754D	56,925	80.00	150	280	575	900

KM# A220.2 8 GUTE GROSCHEN
8.6600 g., 0.6250 Silver 0.1740 oz. ASW **Ruler:** Friedrich II **Obv:** Bust to right **Obv. Legend:** FRIDERICUS BORUSSORUM REX **Rev:** Crowned eagle with war flags and trophies, 4-line inscription with date above, mint mark below **Rev. Inscription:** 8 / GUTE / GROSCHEN / (date) **Mint:** Aurich

Date	Mintage	VG	F	VF	XF	Unc
1754D	Inc. above	80.00	150	280	575	900

GERMAN STATES — EAST FRIESLAND

KM# A220.3 8 GUTE GROSCHEN
8.6600 g., 0.6250 Silver 0.1740 oz. ASW **Ruler:** Friedrich II **Obv:** Bust to right **Obv. Legend:** FRIDERICUS BORUSSORUM REX **Rev:** 4-line inscription with date and mint mark above crowned eagle with flags and trophies **Rev. Inscription:** 8 / GUTE / GROSCHEN / 17 D 55 **Mint:** Aurich

Date	Mintage	VG	F	VF	XF	Unc
1755D	—	80.00	150	250	575	900

KM# A220.4 8 GUTE GROSCHEN
8.6600 g., 0.6250 Silver 0.1740 oz. ASW **Ruler:** Friedrich II **Obv:** Bust to right **Obv. Legend:** FRIDERICUS BORUSSORUM REX **Rev:** 4-line inscription with date above flags, drum and cannon, mint mark below **Rev. Inscription:** 8 / GUTE / GROSCHEN / (date) **Mint:** Aurich

Date	Mintage	VG	F	VF	XF	Unc
1754D	Inc. above	80.00	150	280	575	900

KM# A220.5 8 GUTE GROSCHEN
8.6600 g., 0.6250 Silver 0.1740 oz. ASW **Ruler:** Friedrich II **Obv:** Bust to right **Obv. Legend:** FRIDERICUS BORUSSORUM REX **Rev:** 4-line inscription with date above flags and trophies, mint mark at bottom **Rev. Inscription:** 8 / GUTE / GROSCHEN / (date) **Mint:** Aurich

Date	Mintage	VG	F	VF	XF	Unc
1756D	—	80.00	150	280	575	900

KM# 199 1/24 THALER
Billon **Ruler:** Friedrich II **Obv:** Crowned monogram **Rev:** Value, date

Date	Mintage	VG	F	VF	XF	Unc
1746 ICG	21,000	54.00	100	200	425	—

KM# 203 1/24 THALER
Billon **Ruler:** Friedrich II **Obv:** Crowned monogram within cartouche **Rev:** Value, date

Date	Mintage	VG	F	VF	XF	Unc
1748 BID	71,000	35.00	75.00	150	300	—

KM# 166 1/12 THALER (2 Groschen)
Silver **Obv:** Crowned GA monogram **Rev:** Similar to KM#185

Date	Mintage	VG	F	VF	XF	Unc
1729	—	30.00	60.00	120	245	—
1730	—	30.00	60.00	120	245	—
1733	—	30.00	60.00	120	245	—
1734	—	30.00	60.00	120	245	—

KM# 185 1/12 THALER (2 Groschen)
Silver **Ruler:** Karl Edward **Obv:** Crowned monogram **Rev:** Value within circle, date in legend

Date	Mintage	VG	F	VF	XF	Unc
1736 ICG	—	25.00	45.00	90.00	185	—
1738 ICG	—	25.00	45.00	90.00	185	—
1739 ICG	—	25.00	45.00	90.00	185	—
1740 ICG	—	25.00	45.00	90.00	185	—
1741 ICG	—	25.00	45.00	90.00	185	—
1742 ICG	—	25.00	45.00	90.00	185	—
1743 ICG	—	25.00	45.00	90.00	185	—
1747 ICG	—	25.00	45.00	90.00	185	—

KM# A237 1/12 THALER (2 Groschen)
3.7100 g., 0.3750 Silver 0.0447 oz. ASW, 22 mm. **Ruler:** Friedrich II **Obv:** Head to right **Obv. Legend:** FRIDERICUS BORUSSORUM REX **Rev:** 4-line inscription of value, date divided by mint mark at bottom **Rev. Inscription:** 12 / EINEN / REICHS / THALER **Mint:** Aurich

Date	Mintage	VG	F	VF	XF	Unc
1764D	—	9.00	22.00	45.00	90.00	—

KM# C237 1/12 THALER (2 Groschen)
3.7100 g., 0.3750 Silver 0.0447 oz. ASW, 22 mm. **Ruler:** Friedrich II **Obv:** Head to right of Berlin type **Obv. Legend:** FRIDERICUS BORUSSORUM REX **Rev:** 4-line inscription of value, dated divided by mint mark below **Rev. Inscription:** 12 / EINEN / REICHS / THALER **Mint:** Aurich

Date	Mintage	VG	F	VF	XF	Unc
1765D	—	9.00	22.00	45.00	90.00	—
1766D	—	9.00	22.00	45.00	90.00	—
1767D	—	9.00	22.00	45.00	90.00	—
1768D	—	9.00	22.00	45.00	90.00	—

KM# 220 1/9 THALER (4 Mariengroschen)
Billon **Ruler:** Friedrich II **Mint:** Aurich

Date	Mintage	VG	F	VF	XF	Unc
1755D	—	125	275	550	1,100	—

KM# 177 1/6 THALER
Silver **Ruler:** Georg Albrecht **Obv:** Armored bust right **Rev:** Crowned 6-fold oval arms within ornate frame

Date	Mintage	VG	F	VF	XF	Unc
1730	—	275	500	1,000	2,000	—

KM# 186 1/6 THALER
Silver **Ruler:** Karl Edward **Rev:** Crowned six-fold arms, value 1/6 below divides date

Date	Mintage	VG	F	VF	XF	Unc
1736 ICG	—	125	275	575	1,250	—
1737 ICG	—	125	275	575	1,250	—

KM# 217 1/6 THALER
5.4700 g., 0.5000 Silver 0.0879 oz. ASW, 26 mm. **Ruler:** Friedrich II **Obv:** Draped bust right **Obv. Inscription:** FRIDERICUS BORUSSORUM REX **Rev:** 4-line inscription of value, date divided by mintmark below **Rev. Inscription:** VI / EINEN / REICHS / THALER **Mint:** Aurich

Date	Mintage	VG	F	VF	XF	Unc
1752D	—	10.00	25.00	55.00	110	—
1753D	—	10.00	25.00	55.00	110	—
1754D	—	10.00	25.00	55.00	110	—

KM# B237.1 1/6 THALER
5.3400 g., 0.5208 Silver 0.0894 oz. ASW, 27 mm. **Ruler:** Friedrich II **Obv:** Head right **Obv. Legend:** FRIDERICUS BORUSSORUM REX **Rev:** 5-line inscription of value and date, mint mark below **Rev. Inscription:** 6 / EINEN / REICHS / THALER / (date) **Mint:** Aurich

Date	Mintage	VG	F	VF	XF	Unc
1764D	—	20.00	45.00	90.00	185	—

KM# B237.2 1/6 THALER
5.3400 g., 0.5208 Silver 0.0894 oz. ASW, 27 mm. **Ruler:** Friedrich II **Obv:** Berlin-type head right **Obv. Legend:** FRIDERICUS BORUSSORUM REX **Rev:** 5-line inscription of value and date, mint mark below **Rev. Inscription:** 6 / EINEN / REICHS / THALER / (date) **Mint:** Aurich

Date	Mintage	VG	F	VF	XF	Unc
1765D	—	20.00	45.00	90.00	185	—
1767D	—	20.00	45.00	90.00	185	—

KM# 165 1/3 THALER
Silver **Ruler:** Georg Albrecht **Subject:** Death of Christina Ludovica of Nassau, Wife of Georg Albrecht **Obv:** Inscription **Rev:** Grains growing from skull

Date	Mintage	VG	F	VF	XF	Unc
1723 K	—	75.00	160	325	675	—

KM# 178 2/3 THALER (Gulden)
Silver **Ruler:** Georg Albrecht **Obv:** Bust right **Rev:** Crowned ornate six-fold arms, date

Date	Mintage	VG	F	VF	XF	Unc
1730 ICG	—	700	1,200	2,000	3,750	—

KM# 180 2/3 THALER (Gulden)
Silver **Obv:** Armored bust riht **Rev:** Crowned 6-fold arms

Date	Mintage	VG	F	VF	XF	Unc
1734 ICG	—	500	800	1,400	2,250	—

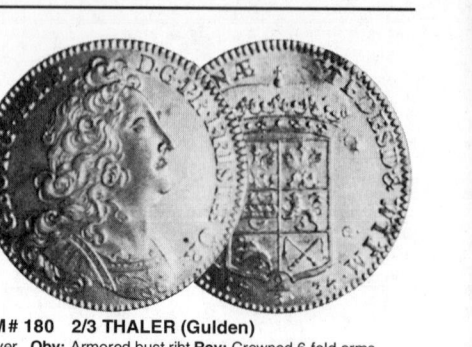

KM# 188 2/3 THALER (Gulden)
Silver **Ruler:** Karl Edward

Date	Mintage	VG	F	VF	XF	Unc
1738 ICG	—	800	1,200	1,800	3,300	—

KM# 179 THALER
Silver **Ruler:** Georg Albrecht **Obv:** Bust right **Rev:** Crowned six-fold arms, date divided below **Note:** Dav. #2506.

Date	Mintage	VG	F	VF	XF	Unc
1730 ICG	—	825	1,900	3,000	4,500	—

KM# 181 THALER
Silver **Ruler:** Georg Albrecht **Obv:** Armored bust right **Obv. Legend:** GEORGIVS ALBERTVS D.G. PRINC. FRISIAE OR • **Rev:** Date connected below arms **Rev. Legend:** DOMINVS ESEN • - STEDESD • & WITM • **Note:** Dav. #2507.

Date	Mintage	VG	F	VF	XF	Unc
1734 ICG Rare	—	—	—	—	—	—

Note: Künker Auction 138, 3-08, XF realized approximately $18,450

KM# 182 THALER
Silver **Ruler:** Karl Edward **Obv:** Bust right **Note:** Dav. #2508.

Date	Mintage	VG	F	VF	XF	Unc
1734 Rare	—	—	—	—	—	—

TRADE COINAGE

KM# 146 DUCAT
3.5000 g., 0.9860 Gold 0.1109 oz. AGW **Ruler:** Christian Eberhard **Obv:** Bust right **Rev:** Crowned arms

Date	Mintage	VG	F	VF	XF	Unc
1702	—	1,750	3,500	6,500	—	—

KM# 157 DUCAT
3.5000 g., 0.9860 Gold 0.1109 oz. AGW **Ruler:** Georg Albrecht **Obv:** Bust right **Rev:** Crowned arms

Date	Mintage	VG	F	VF	XF	Unc
1715 OA	—	650	1,250	2,750	6,600	12,000
1730 ICG	—	650	1,250	2,750	6,600	12,000
1731 ICG	—	650	1,250	2,750	6,600	12,000

KM# 187 DUCAT
3.5000 g., 0.9860 Gold 0.1109 oz. AGW **Ruler:** Karl Edward **Obv:** Bust right **Obv. Legend:** CAROLVS EDZARDVS D • G •

PR • FRIS • OR **Rev:** Crowned arms **Rev. Legend:** DOMINVS ES • ST • ET WITM •

Date	Mintage	VG	F	VF	XF	Unc
1737 ICG	—	500	1,000	2,500	5,400	9,500

KM# 67 KREUZER
Billon **Ruler:** Johann Anton II **Obv:** Crowned, quartered arms of Eichstätt and Freyburg **Rev:** Value, date in cartouche

Date	Mintage	VG	F	VF	XF	Unc
1755 NML	—	35.00	75.00	150	300	—

KM# 80 KREUZER
Billon **Ruler:** Raimund Anton **Obv:** Crowned arms

Date	Mintage	VG	F	VF	XF	Unc
1763 Rare	—	—	—	—	—	—

KM# 68 2-1/2 KREUZER
Billon **Ruler:** Johann Anton II **Obv:** Crowned, quartered arms of Eichstätt and Freyburg **Rev:** LAND MUNZ., date

Date	Mintage	VG	F	VF	XF	Unc
1755 NML	—	20.00	45.00	90.00	180	—

KM# 218 FRIEDRICH D'OR
6.6800 g., 0.9060 Gold 0.1946 oz. AGW **Ruler:** Friedrich II **Mint:** Aurich

Date	Mintage	VG	F	VF	XF	Unc
1752D	—	2,500	4,500	7,000	12,000	—
1753D	—	2,500	4,500	7,000	12,000	—

PATTERNS
Including off metal strikes

KM#	Date	Mintage Identification	Mkt Val
Pn1	ND (i)	— Ciffert. Gold And Silver. Klippe. KM#16.	—
Pn2	ND (k)	— Flindrich. Gold. KM#67.	—
Pn3	1659 HS	— Thaler. Lead. KM#89.	—
Pn4	1723 K	— Ciffert. Gold. Klippe. KM#165.	—

Pn5	1755 D	— 1/9 Thaler. Billon. KM#220.	—
Pn6	1771 A	— Mariengroschen. Billon. FR monogram in branches.	75.00
Pn7	1771 A	— Mariengroschen. Billon. FR monogram in cartouche.	75.00

EICHSTATT

(Eichstädt)

A bishopric in central Bavaria, which was founded in 745. The imperial mint was established about 908 and episcopal coinage began in the 11th century. Eichstätt was secularized in 1802 and given to Salzburg. It passed to Bavaria in 1805.

RULERS
Johann Martin von Eyb, 1697-1704
Johann Anton I Knebel von Katzenellenbogen, 1705-1725
Sede Vacante, April 27-July 3, 1725
Franz Ludwig, Schenk von Castell, 1725-1736
Johann Anton II von Freiberg-Hopferau, 1736-1757
Raimund Anton Graf von Strasoldo, 1757-1781
Sede Vacante, 1781
Johann Anton III, Freiherr von Zehmen, 1781-1790
Sede Vacante, 1790
Josef, Graf von Stübenerg, 1790-1802

MINT OFFICIALS' INITIALS

Initials	Date	Name
(c), GFN	1682-1724	Georg Friedrich Nürnberger, mintmaster and die-cutter in Nürnberg
CD	1784-1807	Cajetan Destouches
F	1755-64	Johann Martin Forster
FSN		Johann Martin Forster, and Siegmund Scholz in Nürnberg
IOS, IS, SCH	1768-1812	Ignaz Joseph Schaufel
KR	1781	Georg Knoll, warden and George Nikolaus Riedner
MF	1755-57	Georg Michael Mann, warden and Johann Martin Forster in Nürnberg
NML	1746-55	Georg Michael Mann in Nürnberg and Carl Gottlieb Laufer
NSR, SRN	1746-55	Siegmund Scholz and George Nikolaus Riedner in Nürnberg
OE, I.L. OEXLEIN	1740-87	Johann Leonhard Oexlein, die-cutter in Nürnberg
R	1764-93	Georg Nikolaus Riedner
S	1760-74	Siegmund Scholz
W	1761-90	Johann Peter Werner

ARMS
A bishop's crozier.

BISHOPRIC
REGULAR COINAGE

KM# 50 1/2 KREUZER
Silver **Ruler:** Johann Martin **Obv:** Two oval shields of Eichstätt and Eyb arms, value 1/2 in oval above divides date **Note:** Uniface

Date	Mintage	VG	F	VF	XF	Unc
1701 Two known	—	—	—	—	—	—

KM# 84 2-1/2 KREUZER
Billon **Ruler:** Raimund Anton **Obv:** Two shields of arms **Rev:** Value and date

Date	Mintage	VG	F	VF	XF	Unc
1764 NSR	—	12.00	25.00	55.00	110	—

KM# 70 20 KREUZER
Silver **Ruler:** Johann Anton II **Obv:** Crowned, quartered arms of Eichstätt and Freyburg, 20 K divided at bottom **Rev:** 60 EINE...

Date	Mintage	VG	F	VF	XF	Unc
1755 NML	—	35.00	75.00	150	300	—

KM# 83 20 KREUZER
Silver **Ruler:** Raimund Anton **Obv:** Crowned, quartered arms of Eichstätt and Freyburg **Rev:** Value within wreath

Date	Mintage	VG	F	VF	XF	Unc
1763 FSN	—	40.00	90.00	185	375	—
1765 SRN	—	40.00	90.00	185	375	—

KM# 65 3 KREUZER (Groschen)
Billon **Ruler:** Johann Anton II **Obv:** Crowned, quartered arms of Eichstätt and Freyburg divide 3 K **Rev:** St. Willibald seated on throne

Date	Mintage	VG	F	VF	XF	Unc
ND(1750-55) NML	—	50.00	125	350	750	—

KM# 71 30 KREUZER
Silver **Ruler:** Johann Anton II **Obv:** Bust right above value within rhombus **Rev:** Crowned, quartered arms of Eichstätt and Freyburg divide date within rhombus

Date	Mintage	VG	F	VF	XF	Unc
1755 OE-NML	—	40.00	100	200	425	1,000

KM# 66 5 KREUZER
Billon **Ruler:** Johann Anton II **Obv:** Crowned, quartered arms of Eichstätt and Freyburg divide 5 K **Rev:** St. Willibald seated on throne

Date	Mintage	VG	F	VF	XF	Unc
ND(1750-55)	—	22.00	55.00	110	225	425

KM# 81 5 KREUZER
Silver **Ruler:** Raimund Anton **Obv:** Crowned arms, date below **Rev:** Value

Date	Mintage	VG	F	VF	XF	Unc
1763 FSN	—	20.00	50.00	100	200	—
1765 SRN	—	50.00	100	200	400	—

KM# 85 30 KREUZER
Silver **Ruler:** Raimund Anton **Obv:** Bust right **Rev:** Crowned arms, value below; R.N. date to right

Date	Mintage	VG	F	VF	XF	Unc
MDCCLXIV (1764) NSR	—	75.00	165	375	675	—

KM# 69 10 KREUZER
Silver **Ruler:** Johann Anton II **Obv:** Crowned, quartered arms of Eichstatt and Freyburg, 20 KR divided above **Rev:** Value and date within palm branches

Date	Mintage	VG	F	VF	XF	Unc
1755 NML	—	30.00	75.00	150	300	—

KM# 82 10 KREUZER
Silver **Ruler:** Raimund Anton **Obv:** Crowned arms, date below **Rev:** Value

Date	Mintage	VG	F	VF	XF	Unc
1763 FSN	—	22.00	55.00	110	225	—
1765 SRN	—	22.00	55.00	110	225	—

KM# 72 1/2 THALER
Silver **Ruler:** Johann Anton II **Obv:** Bust right **Rev:** Crowned arms divide date, 20 EINE... below

Date	Mintage	F	VF	XF	Unc	BU
1755 I.L. OEXLEIN-NML	—	250	500	1,000	2,250	—

GERMAN STATES - EICHSTATT

KM# 86 1/2 THALER
Silver **Ruler:** Raimund Anton **Obv:** Bust right **Rev:** Quartered arms of Eichstatt and Freyburg, mitre, crown and helmet above

Date	Mintage	F	VF	XF	Unc	BU
1764 NSR	—	225	400	750	1,400	—

KM# 75 THALER
Silver **Subject:** Sede Vacante Issue **Obv:** Shield within center, date below, 15 oval arms surround **Obv. Legend:** CAPITULUM REGNANS SEDE VACANTE, in center: FORTIS CONCORDIA NEXUS, 10 EINE FEINE MARCK at bottom **Rev:** Radiant symbol above figures, shield lower center **Rev. Legend:** HIC PLANTAVIT: DEUS INCREMENTUM DEDIT: HAEC RIGAVIT:, I. L. OEXLEIN fec. at bottom **Note:** Dav. #2208.

Date	Mintage	F	VF	XF	Unc	BU
1757 MF-I.L. OEXLEIN	—	250	450	850	1,650	—

KM# 92 THALER
Silver **Ruler:** Johann Anton III **Obv:** Bust right **Obv. Legend:** IOANN • ANTON III • D • G • EP • EYSTETTENSIS S • R • I • P • **Rev:** Helmeted ornate arms **Rev. Legend:** 10 EINE FEINE MARCK. **Note:** Dav. #2211.

Date	Mintage	F	VF	XF	Unc	BU
1783 IOS SCH	—	175	325	650	1,200	—

KM# 91 1/2 THALER
Silver **Note:** Convention 1/2 Thaler.

Date	Mintage	F	VF	XF	Unc	BU
1783 IS	—	100	225	400	775	—

KM# 96 1/2 THALER
Silver **Obv:** Bust right **Rev:** Date in chronogram

Date	Mintage	F	VF	XF	Unc	BU
1796 CD	—	100	200	350	750	—

KM# 87 THALER
Silver **Ruler:** Raimund Anton **Subject:** Raimund Anton **Obv:** Bust right **Obv. Legend:** RAIM • ANTONIUS - D • G • EP • EYST • S • R • I • P • **Rev:** Crowned, quartered ornate arms **Rev. Legend:** X EINE - FEINE - MARCK - MDCCLXIV, below: INTIMA CANDENT • **Note:** Dav. #2209.

Date	Mintage	F	VF	XF	Unc	BU
1764 NSF	—	135	275	700	1,350	2,500

KM# 97 THALER
Silver **Ruler:** Josef **Subject:** Joseph **Obv:** Bust right **Obv. Legend:** IOSEPHVS • D • G • EPISC • EVSTETTENSIS S • R • I • P • **Rev:** Date in chronogram **Rev. Legend:** VasCVLIs aVLar argenteIs patriae InDIgentI MInIstraVIt aVXILIa. **Note:** Dav. #2213.

Date	Mintage	F	VF	XF	Unc	BU
1796 CD	—	125	250	500	975	—

KM# 73 THALER
Silver **Ruler:** Johann Anton II **Obv:** Bust right **Obv. Legend:** IOANN: ANTON: D: G: EP: EYSTETTENSIS S: R: I: P:, I.L. OXLEIN F. on arm **Rev:** Crowned arms divide date, 10 EINE... below **Rev. Legend:** 10 EINE FEINE MARCK • below **Note:** Dav. #2207.

Date	Mintage	F	VF	XF	Unc	BU
1755 I.L. OEXLEIN-NML	—	350	650	1,250	2,750	4,500

KM# 90 THALER
Silver **Subject:** Sede Vacante Issue **Obv:** 13 oval arms form circle with 3 shields of arms and date within ornate frame at center **Obv. Legend:** CAPITULUM REGNANS SEDE VACANTE., 10 EINE FEINE MARCK. below **Rev:** City view **Rev. Legend:** HAC SUB TUTELA **Note:** Convention Thaler. Dav. #2210.

Date	Mintage	F	VF	XF	Unc	BU
1781 KR/OE	—	200	350	775	1,450	—

KM# 95 2 THALER
Silver **Subject:** Sede Vacante Issue **Obv:** Saints above vacant throne **Obv. Legend:** CAPITULUM EYSTETTENSE -

REGNANS SEDE VACANTE, below: 17.V EINE FEINE MARK. **Rev:** Tree with 15 shields in branches, one shield below trunk, abbey and lands in background **Rev. Legend:** EX UNO OMNIS NOSTRA SALUS, below: WILLIBALDS-BURG. in band **Note:** Convention 2 Thaler. Dav. #2212.

Date	Mintage	F	VF	XF	Unc	BU
1790 W	—	400	800	1,600	2,500	—

COUNTERSTAMPED COINAGE

KM# 55 2 THALER

Silver **Counterstamp:** Two shields of Eichstätt and unknown arms **Obv:** Bust of Leopold I right, two counterstamps, date above and Cathedral chapter arms with CRE above (Capitulum Regnans Eystettense) **Rev:** Crowned imperial eagle, date 1692 divided above **Note:** Sede vacante issue.

CS Date	Host Date	Good	VG	F	VF	XF
1725	1691 Unique	—	—	—	—	—

TRADE COINAGE

KM# 60 DUCAT

3.4900 g., 0.9860 Gold 0.1106 oz. AGW **Obv:** Helmeted and mitred arms **Rev:** St. Willibald standing

Date	Mintage	VG	F	VF	XF	Unc
1738	—	240	450	850	1,450	2,750

KM# 61 DUCAT

3.4900 g., 0.9860 Gold 0.1106 oz. AGW **Ruler:** Johann Anton II **Obv:** Helmeted and mitred arms **Rev:** St. Walburga standing

Date	Mintage	VG	F	VF	XF	Unc
1738	—	220	350	750	1,150	2,500

KM# 74 DUCAT

3.4700 g., 0.9860 Gold 0.1100 oz. AGW **Ruler:** Johann Anton II **Obv:** Bust right **Rev:** Crowned arms divide date

Date	Mintage	VG	F	VF	XF	Unc
1755 LL. OE-MNL	—	775	1,650	3,300	7,200	—

EINBECK

(Eimbeck)

The town of Einbeck, near the confluence of the Leine and Ilme Rivers, 38 miles (65 kilometers) south of Hannover, was associated early on with the nearby monastery of St. Alexander which was founded about 1080. Its first mention as a town came in 1274 and soon thereafter it was the location of a mint for the dukes of Brunswick-Grubenhagen. At some point during the 15th century, Einbeck obtained the mint right and began striking its own local coinage in 1498. By an edict of Johann Friedrich, Duke of Brunswick-Lüneburg-Calenberg (1665-79) in 1674, the minting of silver coinage was halted, but the town continued striking undated copper pfennigs until 1717.

Arms:

Large Gothic 'E', later in 17th century, a Latin 'E'

Reference:

B = Heinrich Buck, *Die Münzen der Stadt Einbeck.* Hildesheim and Leipzig, 1939.

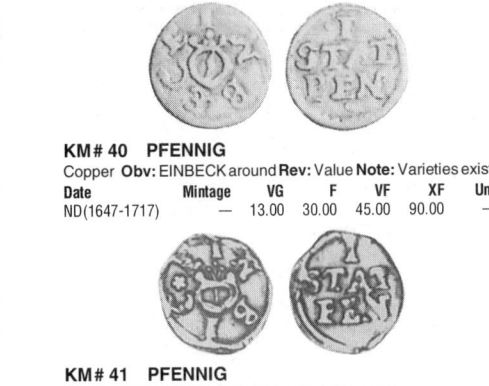

KM# 40 PFENNIG

Copper **Obv:** EINBECK around **Rev:** Value **Note:** Varieties exist.

Date	Mintage	VG	F	VF	XF	Unc
ND(1647-1717)	—	13.00	30.00	45.00	90.00	—

KM# 41 PFENNIG

Copper **Obv:** With rosette **Note:** Varieties exist.

Date	Mintage	VG	F	VF	XF	Unc
ND(1647-1717)	—	13.00	30.00	45.00	90.00	—

ELLWANGEN

Founded as a Benedictine Abbey about 764 but not recognized as a town until about 1229, Ellwangen is located in northern Württemberg about 18 miles northwest of Nördlingen. The Abbey was reorganized as a college in 1460. The mint right was obtained in 1555. The town was mediatized and the properties given to Württemberg in 1803.

RULERS

Wolfgang von Hausen, 1584-1603
Johann Christoph I von Westerstetten, 1603-1613
Johann Christoph II von Freyberg-Eisenberg, 1613-1620
Johann Jakob Blarer von Wartensee, 1621-1654
Johann Rudolf von Rechberg, 1654-1660
Johann Christoph III von Freyberg-Eisenberg, 1660-1674
Johann Christoph IV Adelmann von Adelmannsfelden, 1674-1687
Heinrich Christoph von Wolframsdorf, 1687-1689
Ludwig Anton, Pfalzgraf bei Rhein und zu Neuburg, 1689-1694
Franz Ludwig von der Pfalz, 1694-1732

MINT OFFICIALS' INITIALS

Initials	Date	Name
(a) horseshoe	Ca.1620-68	Johann Bartholomaus Holeisen der Altere in Augsburg
(b) horseshoe	1668-97	Johann Christoph Holeisen in Augsburg
CIL	1683-1707	Christoph Jakob Leherr, die-cutter in Augsburg
GFN	1682-1704	George Friedrich Nurnberger in Nüremberg

PROVOSTSHIP
Abbey
REGULAR COINAGE

KM# 20 1/2 THALER

Silver **Ruler:** Anton Ignaz **Obv:** EG below bust **Rev:** Arms within crowned mantle

Date	Mintage	VG	F	VF	XF	Unc
1765 EG-GM	—	150	325	675	1,350	—

KM# 21 THALER

Silver **Ruler:** Anton Ignaz **Obv:** EG below bust **Obv. Legend:** ANT • IGN• D: G: S • R • I • PRINCEPS • PRAEP • AC DOM • ELVANCENSIS *1765* **Rev:** Arms within crowned mantle **Rev. Legend:** AD NORMAM - CONVENTIONIS, below: X EINE MARK FEIN SILBER **Note:** Dav. #2214.

Date	Mintage	VG	F	VF	XF	Unc
1765 EG-GM	—	300	650	1,400	2,250	—

ERBACH

The lords of Erbach, located in the Odenwalde about 20 miles to the southeast of Darmstadt, are known from the early 12th century. Beginning in the early 13th century and lasting until 1806, the rulers of Erbach held the office of hereditary cupbearer to the elector-counts palatine of the Rhine. The rank of count was obtained from the emperor in 1532. The countship was divided by the four sons of Georg IV in 1605, although they struck a joint coinage. The family patrimony was further divided during the later 17th and early 18th centuries. Only some rulers of the several branches struck coins. Erbach was mediatized and its lands went to Hesse-Darmstadt in 1806.

RULERS

Philipp Ludwig, 1693-1720
Friedrich Karl, 1720-1731
Georg Wilhelm, 1731-1757

COUNTSHIP
REGULAR COINAGE

KM# 20 THALER

Silver **Obv:** Large cloverleaf in foreground of landscape, castle to left, rising sun right, Roman numeral date below **Obv. Legend:** ICH SELBST BELONE AM BESTEN **Rev. Inscription:** FUR DIE BEREIT/WILLIGE BEFOLGUNG/GUT GEMEINTER/LEHREN

Date	Mintage	VG	F	VF	XF	Unc
1793	—	—	3,500	6,500	10,000	—

ERFURT

(Erfordia)

The city of Erfurt is located in northern Thuringia (Thüringen), about 12.5 miles (21 kilometers) west of Weimar. It was a place of some importance as early as 741 when it became a branch bishopric of Mainz. The archbishops of the latter city remained very much involved in the affairs of Erfurt throughout the High Middle Ages and even located one of their mints there from the 11th through the 13th centuries. An imperial mint also produced coinage in Erfurt during the 12th century. By the mid-13th century, however, the town gained enough power to force the archbishop to grant it self-governing rights. Erfurt was given the right to mint its own coins in 1341 and 1354, and a long series of coins began which lasted until the beginning of the 19th century. Having joined the Hanseatic League during the early 15th century, Erfurt was at the height of its power and prestige, but events began to cause the decline of the city. Saxony managed to wrest control of Erfurt away from Mainz in 1483. During the Thirty Years' War, the city was seized and occupied by Swedish forces in 1631. The treaties which ended the war in 1648 gave control of Erfurt back to Mainz, but the good citizens refused to submit. The city held out until 1664 when it was captured by the archbishop's forces. It remained under Mainz until 1803, when the archbishopric was secularized, and then passed to Prussia.

RULERS

Emerich Josef, Freiherr von Brielbach Buresheim, 1763-1774
Friedrich Carl Josef, Freiherr von und zu Erthal, Archbishop, 1774-1802

MINT OFFICIALS' INITIALS

Initials	Date	Name
W	1732-62	Johann Heinrich Werner, die-cutter
A	Ca.1770	Unknown
B	Ca.1770-01	Unknown
D	Ca.1773	Unknown
	1773-76	Johann Zacharias Schröter, mint director
F	1776-?	Jonas Fischer, warden
C	1779-1804	Julianus Eberhard Volkmar Claus, mint director
E	ca.1781-98	Unknown

ARMS

6-spoked wheel of Mainz, sometimes in 2-fold shield, half of which is 3 vertical bars (Capellendorf).

REFERENCE

L = Johann Jakob Leitzmann, *Das Münzwesen und die Münzen Erfurts,* Weissensee in Thüringen, 1862.

CITY
REGULAR COINAGE

KM# 105 HELLER

Copper **Obv:** Crowned arms in baroque frame **Rev:** Value, date **Note:** Prev. KM#95.

Date	Mintage	VG	F	VF	XF	Unc
1756	—	3.00	7.00	16.00	37.00	—
1756 W	—	3.00	7.00	16.00	37.00	—
1757	—	3.00	7.00	16.00	37.00	—
1758	—	3.00	7.00	16.00	37.00	—
1758 W	—	3.00	7.00	16.00	37.00	—
1759	—	3.00	7.00	16.00	37.00	—
1760	—	3.00	7.00	16.00	37.00	—

GERMAN STATES

ERFURT

KM# 106 HELLER
Copper **Rev:** Date in floral sprays **Note:** Prev. KM#96.

Date	Mintage	VG	F	VF	XF	Unc
1756	—	3.00	7.00	16.00	37.00	—

KM# 107 HELLER
Copper **Rev:** Value and date in cartouche **Note:** Prev. KM#97.

Date	Mintage	VG	F	VF	XF	Unc
1756	—	3.00	7.00	16.00	37.00	—

KM# 108 HELLER
Copper **Obv:** Crowned and mantled arms **Rev:** Value, date **Note:** Prev. KM#98.

Date	Mintage	VG	F	VF	XF	Unc
1759	—	3.00	7.00	16.00	37.00	—

KM# 109 HELLER
Copper **Obv:** Crowned arms between branches **Note:** Prev. KM#99.

Date	Mintage	VG	F	VF	XF	Unc
1760	—	3.00	7.00	16.00	37.00	—

KM# 104 HELLER
Copper **Ruler:** Emerich Josef **Obv:** EJ monogram above wheel **Rev:** Value, date

Date	Mintage	VG	F	VF	XF	Unc
1769	—	2.00	6.00	13.00	27.00	—

KM# 113 HELLER
Copper **Ruler:** Emerich Josef **Obv:** Arms in sprays **Rev:** Value and date **Note:** Prev. KM#103.

Date	Mintage	VG	F	VF	XF	Unc
1769	—	3.00	7.00	15.00	30.00	—

KM# 114 HELLER
Copper **Ruler:** Emerich Josef **Obv:** EJ monogram above wheel **Note:** Prev. KM#104.

Date	Mintage	VG	F	VF	XF	Unc
1769	—	2.00	6.00	13.00	27.00	—

KM# 135 3 PFENNIG (Dreier)
5.5600 g., Copper, 24.6 mm. **Obv:** Crown above wheel in wreath **Obv. Legend:** "I.F.C.D.G.S.S.M.A.E.-.R.I.P.G.A.C.P.-.E.E.W." **Rev:** Inscription in wreath **Rev. Inscription:** 3 PFENNIG / S.M / 1760 **Note:** This is not Mainz KM-331.

Date	Mintage	F	VF	XF	Unc	BU
1760	—	15.00	32.00	65.00	—	—

KM# 115 3 PFENNIG (Dreier)
Billon **Ruler:** Emerich Josef **Obv:** Wheel of Mainz within palm branches, crown and E I above **Rev:** Value, date in cartouche **Note:** Prev. KM#105.

Date	Mintage	F	VF	XF	Unc	BU
1770	—	25.00	95.00	110	225	—
1771	—	25.00	95.00	110	225	—

KM# 116 1/48 THALER
Billon **Ruler:** Emerich Josef **Obv:** Note: Prev. KM#106.

Date	Mintage	F	VF	XF	Unc	BU
1770 A	—	10.00	25.00	50.00	105	—
1770 B	—	10.00	25.00	50.00	105	—
1771 B	—	10.00	25.00	50.00	105	—
1773 D	—	10.00	25.00	50.00	105	—

KM# 117 1/48 THALER
Billon **Ruler:** Emerich Josef **Obv:** Oval wheel **Note:** Prev. KM#107.

Date	Mintage	F	VF	XF	Unc	BU
1770 B	—	10.00	25.00	50.00	105	—

KM# 120 1/48 THALER
Billon **Ruler:** Friedrich Carl Josef **Note:** Prev. KM#110.

Date	Mintage	F	VF	XF	Unc	BU
1781 E	—	10.00	30.00	60.00	125	—

KM# 121 1/48 THALER
Billon **Ruler:** Friedrich Carl Josef **Note:** Prev. KM#111.

Date	Mintage	F	VF	XF	Unc	BU
1784 C	—	10.00	30.00	60.00	125	—

KM# 122 1/48 THALER
Billon **Ruler:** Friedrich Carl Josef **Note:** Prev. KM#112.

Date	Mintage	F	VF	XF	Unc	BU
1788 E	—	10.00	30.00	60.00	125	—
1789 E	—	10.00	30.00	60.00	125	—
1790 E	—	10.00	30.00	60.00	125	—
1791 E	—	10.00	30.00	60.00	125	—
1793 E	240,000	10.00	30.00	60.00	125	—
1794 E	—	10.00	30.00	60.00	125	—

KM# 125 1/48 THALER
Billon **Ruler:** Friedrich Carl Josef **Note:** Prev. KM#115.

Date	Mintage	F	VF	XF	Unc	BU
1798 E	—	8.00	18.00	37.00	75.00	—

KM# 130 1/48 THALER
Billon **Ruler:** Friedrich Carl Josef **Obv:** Arms in long shield **Note:** Prev. KM#120.

Date	Mintage	F	VF	XF	Unc	BU
1800 C	—	10.00	25.00	50.00	100	—

KM# 131 1/24 THALER
Billon **Ruler:** Friedrich Carl Josef **Obv:** Arms in long shield **Note:** Prev. KM#121.

Date	Mintage	F	VF	XF	Unc	BU
1800 C	—	10.00	25.00	50.00	105	—

PATTERNS
Including off metal strikes

KM#	Date	Mintage	Identification	Mkt Val
Pn1	1631	—	2 Thaler. Silver. A Domino, Klippe.	—
Pn2	1631	—	2 Thaler. Silver. A Domino, Klippe.	—
Pn3	1631	—	3 Thaler. Silver. A Domino, Klippe.	—
Pn4	1632	—	Ducat. Silver. KM#63.	—
Pn5	1632	—	10 Ducat. Silver. KM#68, weight of 1/2 Thaler.	—
Pn6	1646	—	2 Ducat. Silver. KM#92, weight of 1/2 Thaler.	—
Pn7	1800 C	—	1/24 Thaler. Gold. KM#191.	600
Pn8	1801	—	6 Pfennig. Copper. KM#122.	375

ESSEN

The city of Essen lies in the Ruhr Valley, about 18 miles (30 kilometers) northeast of Düsseldorf and about the same distance west of Dortmund. A Benedictine abbey for women was founded in the place during the first half of the 9th century and the town of Essen grew up around the religious institution. The earliest coinage was of the imperial type pfennigs dating from the first half of the 11th century. The abbess attained the distinction as a princess of the Empire in 1275 and it is from that time that coinage of the abbesses themselves first dates. In the general secularization of the Empire in 1802-03, Essen was given to Prussia, but passed to Berg in 1806. Prussia regained possession of the monastery and city at the end of the Napoleonic Wars in 1815. There was no coinage during the 16th century.

RULERS

Bernhardine Sophie, Grafin von Ostfriesland-Ritberg, 1691-1726
Francesca Christine, Grafin von Pfalz-Sulzbach, 1726-1776
Maria Kunigunde, Grafin von Sachsen, 1776-1803

ABBEY

TRADE COINAGE

KM# 35 DUCAT
3.5000 g., 0.9860 Gold 0.1109 oz. AGW **Ruler:** Francesca Christine **Obv:** Crowned arms in cartouche, crossed

sword and crozier behind dividing date below **Rev:** Madonna standing holding Child **Note:** Varieties exist. Fr.933.

Date	Mintage	VG	F	VF	XF	Unc
1753 Rare	—	—	—	—	—	—
1754	—	600	1,200	2,500	5,500	9,500

ESSLINGEN

FREE CITY

A city located 9 miles southeast of Stuttgart in Württemberg, known to have existed before the end of the 8th century. An imperial mint was established there during the 11th century and it received the status of free imperial city in 1209. The only known modern coinage of Esslingen dates from the first quarter of the 18th century. The city passed to Württemberg in 1802.

REGULAR COINAGE

KM# 5 1/2 THALER
Silver **Subject:** Homage to Josef I **Obv:** Representation of the Biblical Joseph dreaming **Rev:** Inscription with date

Date	Mintage	VG	F	VF	XF	Unc
1705	—	125	250	475	875	1,500

KM# 12 1/2 THALER
Silver **Subject:** 200th Anniversary of the Reformation **Obv:** Rays from God's eye radiating over city view of Esslingen, date in legend **Rev:** Bust of Martin Luther 1/2 right, double legends

Date	Mintage	VG	F	VF	XF	Unc
1717	—	125	250	500	1,050	—

TRADE COINAGE

KM# 13 2 DUCAT
7.0000 g., 0.9860 Gold 0.2219 oz. AGW **Subject:** 200th Anniversary of the Reformation **Note:** Fr.#934. Struck with 1/2 Thaler dies, KM#12.

Date	Mintage	VG	F	VF	XF	Unc
1717	—	—	2,750	5,000	8,500	—

KM# 14 5 DUCAT (1/2 Portugalöser)
17.5000 g., 0.9860 Gold 0.5547 oz. AGW **Subject:** 200th Anniversary of the Reformation **Note:** Fr. #934a. Struck with 1/2 Thaler dies, KM#12.

Date	Mintage	VG	F	VF	XF	Unc
1717 Rare	—	—	—	—	—	—

Note: UBS Auction 50, 1-01, XF realized approximately $16,595

KM# 15 6 DUCAT
21.0000 g., 0.9860 Gold 0.6657 oz. AGW **Subject:** 200th Anniversary of the Reformation **Note:** Fr. #935. Struck with 1/2 Thaler dies, KM#12.

Date	Mintage	VG	F	VF	XF	Unc
1717 Rare	—	—	—	—	—	—

FRANCONIAN CIRCLE

(Frankischer Kreis)

The Holy Roman Empire was divided into six administrative circles in 1500, the number being raised to ten in 1512. The Franconian Circle was one of these and comprised about the same territory as the ancient division of Franconia, north of Bavaria. Under the imperial coinage reforms of 1559 and 1566, the Franconian Circle was permitted to have only four mints at Nüremberg, Schwabach, Wertheim and Würzburg, although others were opened at various times. During the 17th and 18th centuries a sporadic coinage of the Franconian Circle was produced at one or another of these mints. The circle also counterstamped coins from other territories entering its jurisdiction.

MINT MARKS
F - Furth Mint
N - Nüremberg Mint
S - Schwabach Mint

MINT OFFICIALS' INITIALS

Initials	Date	Name
GFN	1682-1710	Georg Friedrich Nurnberger

NOTE: The usual design of most coins of the Franconian Circle incorporates the four arms of Bamberg, Brandenburg-Ansbach, Brandenburg-Bayreuth and Nuremberg.

IMPERIAL CIRCLE

REGULAR COINAGE

KM# 25 15 KREUZER (1/4 Gulden)
Silver **Obv:** Inscription within laurel branches **Rev:** Date at center of 4 crowned shields on branches

Date	Mintage	VG	F	VF	XF	Unc
1726N	—	25.00	45.00	75.00	125	250
1726S	—	60.00	125	250	525	—

PATTERNS

Including off metal strikes

KM#	Date	Mintage Identification	Mkt Val
Pn1	1726S	— 15 Kreuzer. Tin. KM#25	65.00

FRANKFURT AM MAIN

One of the largest cities of modern Germany, Frankfurt is located on the north bank of the Main River about 25 miles (42 kilometers) upstream from where it joins the Rhine at Mainz. It was the site of a Roman camp in the first century. Frankfurt was a commercial center from the early Middle Ages and became a favored location for imperial councils during the Carolingian period because of its central location. An imperial mint operated from early times and had a large production during the 12th to 14th centuries. Local issues were produced from at least the mid-14th century, but it was not until 1428 that the city was officially granted the right to coin its own money. In establishing the seven permanent electors of the Empire in 1356, the Golden Bull also made Frankfurt the site of those elections and increased the prestige of the city even further. Frankfurt remained a free city until 1806 and then was the capital of the Grand Duchy of Frankfurt from 1810 until 1814, only to regain its free status in 1815. The city chose the wrong side in the Austro-Prussian War of 1866 and thus was absorbed by victorious Prussia in the latter year.

MINT MARKS
F - Frankfurt

MINT OFFICIALS' INITIALS

Frankfurt Mint

Initials	Date	Name
ARW	1742-84	Adam Rudolf Werner, die-cutter and engraver in Stuttgart
B(F)N	1764-89	Bunsen & Neumeister
BIB	1738-42	Balthasar Johann Bengeradt
EK, EIK	1742	Engelhard Johann Krail
G.B., I.G.B.	1790-1825	Johann Georg Bunsen
GH	1798-1816	Georg Hille, warden
GN	1764-89	Georg Neumeister, warden
H.G.B.H.	1790-98	Hille & Bunsen
IF, IIF	1690-1737	Johann Jeremias Freytag
IH, HH	1790-98	Heinrich Hille
IIE	1740-70	Johann Jacob Enke in Hanau
I.L.OE., OE	1740-87	Johann Leonard Oexlein, die-cutter-medailleur in Nüremberg
IT, IOT	1762-64	Johann Otto Trumer
PB, PCB	1764-90	Philipp Christian Bunsen

Darmstadt Mint

Initials	Date	Name
GCF	1741-48, 1752-66	Georg Conrad Fehr

NOTE: In some instances old dies were used with initials beyond the date range of the man that held the position.

ARMS
Crowned eagle, usually in circle.

REFERENCE
J/F = Paul Joseph and Eduard Fellner, **Die Münzen von Frankfurt am Main**, Frankfurt am Main, 1896, Supplementband, 1903.

FREE CITY

REGULAR COINAGE

KM# 247 HELLER
Copper **Obv:** Crowned displayed eagle with F on breast **Rev:** Value above date

Date	Mintage	VG	F	VF	XF	Unc
1767 PCB	—	3.00	7.00	15.00	30.00	—
1773 PCB	—	3.00	7.00	15.00	30.00	—

KM# 252 HELLER
Copper **Obv:** Crowned displayed eagle; P(F)B below **Rev:** Value and date

Date	Mintage	VG	F	VF	XF	Unc
1773 Without dot after B	—	5.00	11.00	22.00	45.00	—
1773 Dot after B	—	5.00	11.00	22.00	45.00	—
1782	—	5.00	11.00	22.00	45.00	—

KM# 247a HELLER
Silver **Obv:** Without F on breast **Rev:** Value, date

Date	Mintage	VG	F	VF	XF	Unc
1774 PCB	—	15.00	37.00	75.00	150	—

KM# 268 PFENNIG
Copper **Obv:** Eagle **Rev.** Inscription: *1* / PFENNIG / (date)
/* Mint: Frankfurt **Note:** Varieties exist.

Date	Mintage	F	VF	XF	Unc	BU
1786F PB	—	4.00	10.00	22.00	45.00	—
1787F PB	—	4.00	10.00	22.00	45.00	—
1788F PB	—	4.00	10.00	22.00	45.00	—
1789F PB	—	4.00	10.00	22.00	45.00	—
1790F GB	—	4.00	10.00	22.00	45.00	—
1790F PB	—	4.00	10.00	22.00	45.00	—
1791F GB	—	4.00	10.00	22.00	45.00	—
1792F GB	—	4.00	10.00	22.00	45.00	—
1793F GB	—	4.00	10.00	22.00	45.00	—
1794F GB	—	4.00	10.00	22.00	45.00	—
1794F PB	—	4.00	10.00	22.00	45.00	—
1795F GB	—	4.00	10.00	22.00	45.00	—
1795F PB	—	4.00	10.00	22.00	45.00	—
1796F GB	—	4.00	10.00	22.00	45.00	—
1797F GB	—	4.00	10.00	22.00	45.00	—
1797F PB	—	4.00	10.00	22.00	45.00	—
1798F GB	—	4.00	10.00	2.00	45.00	—
1799F GB	—	4.00	10.00	22.00	45.00	—
1800F GB	—	4.00	10.00	22.00	45.00	—

KM# 287 2 PFENNIG
Copper **Obv:** Crowned displayed eagle **Rev:** Value above date

Date	Mintage	F	VF	XF	Unc	BU
1795 G(F)B	—	12.00	27.00	55.00	110	—

KM# 210 1/4 KREUZER
Copper **Obv:** Date above crowned eagle **Rev:** Fraction

Date	Mintage	VG	F	VF	XF	Unc
1750	—	25.00	60.00	120	240	—
1751	—	25.00	60.00	120	240	—
1752	—	25.00	60.00	120	240	—
1754	—	25.00	60.00	120	240	—
1756	—	25.00	60.00	120	240	—
1758	—	25.00	60.00	120	240	—

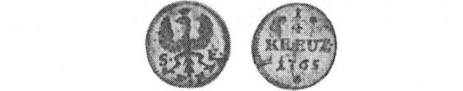

KM# 240 1/4 KREUZER
Copper **Obv:** Crowned displayed eagle divides S-F **Rev:** Value above date

Date	Mintage	VG	F	VF	XF	Unc
1765 BN	—	25.00	60.00	120	240	—

KM# 223 KREUZER
Billon **Obv:** Crowned displayed eagle with flowers at side **Obv. Legend:** FRANCFURT **Rev:** Value above date on ornamental shield

Date	Mintage	VG	F	VF	XF	Unc
1763 OT	—	12.00	35.00	75.00	150	—
1763 IT	—	12.00	35.00	75.00	150	—

KM# 228.1 KREUZER
Billon **Obv:** Without flowers **Obv. Legend:** FRANCFURT **Rev:** Value above date in cinquefoil cartouche

Date	Mintage	VG	F	VF	XF	Unc
1764 G*P.C.B*N	—	6.00	15.00	30.00	65.00	—
1765 G PCB N	—	6.00	15.00	30.00	65.00	—
1773 G PCB N	—	6.00	15.00	30.00	65.00	—
1774 G PCB N	—	6.00	15.00	30.00	65.00	—
1775 G PCB N	—	6.00	15.00	30.00	65.00	—
1776 G PCB N	—	6.00	15.00	30.00	65.00	—
1778 G PCB N	—	6.00	15.00	30.00	65.00	—

KM# 253 KREUZER
Billon **Obv:** Crowned eagle divides value **Rev:** City view above date

Date	Mintage	VG	F	VF	XF	Unc
1773 BN	—	6.00	15.00	30.00	65.00	—
1773 B.N.	—	6.00	15.00	30.00	65.00	—

KM# 257.1 KREUZER
Billon **Obv:** 3-line inscription **Obv. Legend:** FRANCFURT **Rev:** Value and date

Date	Mintage	VG	F	VF	XF	Unc
1778 G PCB N	—	8.00	18.00	37.00	75.00	—
1788 G PCB N	—	8.00	18.00	37.00	75.00	—
1789 G PCB N	—	8.00	18.00	37.00	75.00	—

KM# 228.2 KREUZER
Billon **Obv. Legend:** FRANKFURT **Note:** Varieties of style of eagle exist.

Date	Mintage	VG	F	VF	XF	Unc
1778 G PCB N	—	6.00	15.00	32.00	65.00	—

KM# 265.1 KREUZER
Billon **Obv:** Crowned displayed eagle, FRANKFURT on 1 line **Rev:** Value and date in wreath

Date	Mintage	VG	F	VF	XF	Unc
1780 G PCB N	—	8.00	18.00	37.00	75.00	—

KM# 265.2 KREUZER
0.5000 g., Billon, 14.8 mm. **Obv. Legend:** FRANCKFURT

Date	Mintage	VG	F	VF	XF	Unc
1782 G PCB N	—	8.00	18.00	37.00	75.00	—

KM# 265.3 KREUZER
Billon **Obv. Legend:** FRANCFURT

Date	Mintage	VG	F	VF	XF	Unc
1783 G PCB N	—	8.00	18.00	37.00	75.00	—

KM# 267 KREUZER
Billon **Obv:** FRANKFURT on two lines **Rev:** Value and date in wreath

Date	Mintage	VG	F	VF	XF	Unc
1784 G PCB N	—	10.00	25.00	50.00	100	—
1786 G PCB N	—	10.00	25.00	50.00	100	—
1787 G PCB N	—	10.00	25.00	50.00	100	—
1788 G PCB N	—	10.00	25.00	50.00	100	—
1789 G PCB N	—	10.00	25.00	50.00	100	—

KM# 257.2 KREUZER
Billon **Obv. Legend:** FRANKFURT

Date	Mintage	VG	F	VF	XF	Unc
1788 G PCB N	—	8.00	18.00	37.00	75.00	—

KM# 211 4 KREUZER
Billon **Obv:** Displayed eagle **Rev:** Value and date

Date	Mintage	VG	F	VF	XF	Unc
1757 HS Rare	—	—	—	—	—	—

KM# 215 5 KREUZER
Silver **Obv:** Crowned displayed eagle on pedestal, 240 in pedestal **Rev:** Cross with arm ends joined in garlands

Date	Mintage	VG	F	VF	XF	Unc
1762 IOT	—	20.00	50.00	110	210	—

GERMAN STATES — FRANKFURT AM MAIN

KM# 241 5 KREUZER
Silver **Obv:** Crowned displayed eagle in diamond divides S-F **Rev:** 240 and date in diamond, value at sides

Date	Mintage	VG	F	VF	XF	Unc
1765 G PCB N	—	20.00	50.00	100	215	—

KM# 258 5 KREUZER
Silver **Obv:** Crowned displayed eagle in diamond, date below **Rev:** Value in wreath, mural crown above

Date	Mintage	VG	F	VF	XF	Unc
1778 G PCB N	—	15.00	40.00	80.00	165	—
1779 G PCB N	—	15.00	40.00	80.00	165	—
1785 G PCB N	—	25.00	55.00	110	225	—

KM# 137.2 TURNOSGROSCHEN
Silver **Rev:** Large cross with flourishes

Date	Mintage	VG	F	VF	XF	Unc
1710 IIF	—	50.00	110	230	475	—
1710 IIF	—	50.00	110	230	475	—

KM# 170 TURNOSGROSCHEN
Silver **Note:** Klippe.

Date	Mintage	VG	F	VF	XF	Unc
1710 IIF	—	—	—	—	—	—

KM# 217 20 KREUZER
Silver **Obv:** Crowned displayed eagle on pedestal, 60 in pedestal **Rev:** Cross with arm ends joined by garlands

Date	Mintage	VG	F	VF	XF	Unc
1762 IOT	—	25.00	60.00	125	250	—

KM# 218 20 KREUZER
Silver **Rev.** Legend: NOMEN DOMINI TURRIS FORTISSIMA **Note:** Varieties exist.

Date	Mintage	VG	F	VF	XF	Unc
1762 IOT	—	80.00	180	375	725	—

Date	Mintage	VG	F	VF	XF	Unc
1766 G PCB N	—	25.00	60.00	125	250	—
1767 G PCB N	—	25.00	60.00	125	250	—
1768 G PCB N	—	25.00	60.00	125	250	—
1770 G PCB N	—	25.00	60.00	125	250	—
1771 G PCB N	—	25.00	60.00	125	250	—
1772 G PCB N	—	25.00	60.00	125	250	—

KM# 255 20 KREUZER
Silver **Obv:** Crowned eagle **Rev:** Value within wreath, small towers above

Date	Mintage	VG	F	VF	XF	Unc
1776 G PCB N	—	30.00	65.00	135	270	—

KM# 216.1 10 KREUZER
Silver **Obv:** Crowned displayed eagle on pedestal, 120 in pedestal **Rev:** Cross with arm ends joined in garland, legend in German

Date	Mintage	VG	F	VF	XF	Unc
1762 IOT	—	45.00	100	200	400	—

KM# 216.2 10 KREUZER
Silver **Obv:** Crowned eagle on pedestal **Rev:** Cross

Date	Mintage	VG	F	VF	XF	Unc
1762 IOT	—	50.00	110	225	450	—

KM# 224 10 KREUZER
Silver **Obv:** Crowned displayed eagle on pedestal, value 10 in pedestal

Date	Mintage	VG	F	VF	XF	Unc
1763 IOT	—	50.00	160	225	450	—

KM# 242 10 KREUZER
Silver **Rev:** Cross without enclosing circle

Date	Mintage	VG	F	VF	XF	Unc
1765 G PCB N	—	30.00	75.00	150	300	—

KM# 250.1 10 KREUZER
Silver **Obv:** Eagle with hanging wings **Rev:** Value within wreath, small towers above

Date	Mintage	VG	F	VF	XF	Unc
1776 G PCB N	—	22.00	55.00	110	225	—

KM# 250.2 10 KREUZER
Silver **Obv:** Displayed eagle **Rev:** Value within wreath, small towers above

Date	Mintage	VG	F	VF	XF	Unc
1778 G PCB N	—	25.00	60.00	120	240	—
1779 G PCB N	—	45.00	110	225	450	—

KM# 226 20 KREUZER
Silver **Obv:** Displayed eagle on pedestal with value **Rev:** Ornate cross with joining garlands at angles **Note:** Varieties exist.

Date	Mintage	VG	F	VF	XF	Unc
1763 IOT	—	25.00	60.00	125	250	—
1764 IOT	—	25.00	60.00	125	250	—

KM# 225 20 KREUZER
Silver **Obv:** Crowned eagle on pedestal with value **Rev:** Date and denomination, cross with arm ends joined by garlands **Rev. Legend:** NOMEN DOMINI TURRIS FORTISSIMA

Date	Mintage	VG	F	VF	XF	Unc
1763 IOT	—	25.00	60.00	125	250	—

KM# 227 20 KREUZER
Silver **Obv:** Crowned displayed eagle on pedestal, FRANCFURT above, AD NORMAM CONVENTIONIS at sides and below

Date	Mintage	VG	F	VF	XF	Unc
1763 IOT	—	60.00	100	180	350	—

KM# 229 20 KREUZER
Silver **Obv:** Crowned displayed eagle on pedestal, value in pedestal, FRANCFVRT below **Rev:** Cross with flourishes

Date	Mintage	VG	F	VF	XF	Unc
1764 IOT	—	35.00	75.00	150	300	—
1764 B(F)N	—	35.00	80.00	160	325	—

KM# 230.1 20 KREUZER
Silver **Rev:** Cross in inner circle without flourishes between arms

Date	Mintage	VG	F	VF	XF	Unc
1764 B(F)N	—	40.00	90.00	180	360	—

KM# 230.2 20 KREUZER
Silver **Obv:** Without FRANCFURT below pedestal

Date	Mintage	VG	F	VF	XF	Unc
1764 G PCB N	—	25.00	60.00	125	250	—
1765 G PCB N	—	25.00	60.00	125	250	—

KM# 230.3 20 KREUZER
Silver **Rev:** With ornamentation between arms

Date	Mintage	VG	F	VF	XF	Unc
1766 G PCB N	—	55.00	120	235	475	—

KM# 244.1 20 KREUZER
Silver **Obv:** Initials below pedestal in line **Rev:** Ornate cross

Date	Mintage	VG	F	VF	XF	Unc
1766 G PCB N	—	15.00	37.00	75.00	150	—
1767 G PCB N	—	25.00	60.00	125	250	—

KM# 266 20 KREUZER
Silver **Obv:** Crowned eagle arms in cartouche **Rev:** Value equivalent with date, 20 below

Date	Mintage	VG	F	VF	XF	Unc
1781 G PCB N	—	35.00	75.00	150	300	—
1784 G PCB N	—	25.00	60.00	125	250	—

KM# 275 20 KREUZER
Silver **Obv:** Displayed eagle within crowned cartouche, value below **Rev:** Value and date

Date	Mintage	VG	F	VF	XF	Unc
1790 I PCB H	—	30.00	60.00	125	250	—

KM# 269.1 10 KREUZER
Silver **Obv:** Crowned oval arms, denomination in cartouche **Rev:** 4-line German inscription and date

Date	Mintage	VG	F	VF	XF	Unc
1788 G PCB N	—	20.00	45.00	90.00	180	—

KM# 269.2 10 KREUZER
Silver **Obv:** Crowned oval arms, value within cartouche **Rev:** Inscription in Latin

Date	Mintage	VG	F	VF	XF	Unc
1788 G PCB N	—	15.00	37.00	75.00	150	—

KM# 212 6 ALBUS (12 Kreuzer)
Silver **Obv:** Crowned displayed eagle, date above **Rev:** Value in inner circle **Note:** Presumably a private pattern of the mintmaster, Georg Conrad Fehr at Darmstadt.

Date	Mintage	VG	F	VF	XF	Unc
1758 GCF Rare	—	—	—	—	—	—

KM# 219 30 KREUZER
Silver **Obv:** Displayed eagle within circle **Rev:** Ornate cross with joining garlands at angles, circle surrounds **Note:** Convention 30 Kreuzer.

Date	Mintage	VG	F	VF	XF	Unc
1762 IOT	—	55.00	125	250	525	—

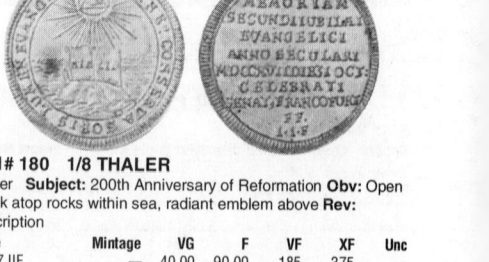

KM# 180 1/8 THALER
Silver **Subject:** 200th Anniversary of Reformation **Obv:** Open book atop rocks within sea, radiant emblem above **Rev:** Inscription

Date	Mintage	VG	F	VF	XF	Unc
1717 IIF	—	40.00	90.00	185	375	—

KM# 244.2 20 KREUZER
Silver **Obv:** Initials follow coin curvature **Rev:** Ornate cross

FRANKFURT AM MAIN — GERMAN STATES

KM# 174 1/4 THALER
Silver **Subject:** Election of Karl VI **Obv:** Eagle flying above city view, crown at top **Rev:** 12-line inscription with date

Date	Mintage	VG	F	VF	XF	Unc
1711 IIF	—	50.00	100	225	525	—

KM# 182 1/2 THALER
Silver **Subject:** 200th Anniversary of Reformation

Date	Mintage	VG	F	VF	XF	Unc
1717 IIF	—	300	450	750	1,450	—

KM# 245 1/2 THALER
Silver **Obv:** Crowned eagle **Rev:** Ornate cross, date in legend

Date	Mintage	VG	F	VF	XF	Unc
1766 G PCB N	—	90.00	200	425	850	—

KM# 179 THALER
Silver **Subject:** Shooting Festival **Obv:** Crowned eagle **Obv. Legend:** MONETA NOVA REIPUBLICAE FRANCOFURTENSIS **Rev:** Inscription **Rev. Inscription:** IM / 1716 * / DES THEUREN ERZHERZOGS / VON OESTERREICH. U. PRIN / ZENS VON ASTURIEN / LEOPOLDI / GEBURTHS IAHR / DIESER FUNFFZIG UND EIN / BEYM HIESIGEN STUCK: / SCHIESSEN DAS BESTE / WAR **Note:** Dav. #2217.

Date	Mintage	VG	F	VF	XF	Unc
1716 IIF	—	—	2,200	3,200	5,000	7,500

KM# 280 1/2 THALER
Silver **Obv:** Crowned eagle **Rev:** Value and date within wreath of palm and laurel branches

Date	Mintage	VG	F	VF	XF	Unc
1791	—	70.00	160	230	475	—

KM# 220.2 1/2 THALER
Silver **Obv:** Crowned eagle within cartouche **Rev:** Cross with florals at angles

Date	Mintage	VG	F	VF	XF	Unc
1762 IOT	—	75.00	160	330	675	—
1764 BFN	—	75.00	160	325	650	—

KM# 171 THALER
Silver **Obv:** Crowned eagle within circle **Obv. Legend:** .MONETA NOVA ARGENTEA. REIP • FRANCOFURTENSIS. **Rev:** Ornate cross with joining garlands at angles, circle surrounds **Rev. Legend:** NOMEN. DOMINI. TURRIS. FORTISSIMA. **Note:** Dav. #2215.

Date	Mintage	VG	F	VF	XF	Unc
1710 IIF	—	—	1,750	3,250	6,000	—
1716/0 IIF	—	—	1,850	3,500	7,000	—

KM# 183 THALER
Silver **Subject:** 200th Anniversary of Reformation **Obv:** Open book atop rocks within sea, all seeing eye above **Obv. Legend:** * DOMINE ! CONSERVA NOBIS LUMEN EVANGELII **Rev:** Inscription **Rev. Inscription:** * IN * / MEMORIAM / SECUNDI IUBILÆI / EVANGELICI / ANNO SECULARI / MDCCXVII DIE 31 OCT:/CELEBRATI / SENAT, FRANCOFURT: / *FF* / I.I.F. **Note:** Dav. #2218. Varieties exist.

Date	Mintage	VG	F	VF	XF	Unc
1717 IIF	—	200	400	700	1,250	2,500

KM# 220.1 1/2 THALER
Silver **Obv:** Crowned eagle within circle **Rev:** Ornate cross with joining garlands at angles **Note:** Convention 1/2 Thaler. Varieties of style of eagle exist.

Date	Mintage	VG	F	VF	XF	Unc
1762 IOT	—	90.00	180	375	750	—

KM# 231 1/2 THALER
Silver

Date	Mintage	VG	F	VF	XF	Unc
1764 G PCB N	—	50.00	110	225	450	—

KM# 232 1/2 THALER
Silver

Date	Mintage	VG	F	VF	XF	Unc
1764 G PCB N	—	60.00	135	275	550	—

KM# 175 THALER
Silver **Subject:** Coronation of Karl VI **Obv:** Hand bestowing crown on Karl VI's head **Obv. Legend:** qVIs haC IMperII Corona - DIgnIorte **Rev:** 10-line inscription, date below **Rev. Inscription:** VIVAT / CAROLVS SEXTVS / IMPERATOR CAESAR / AVGVSTVS / PIVS FELIX / LEOPOLDI MAGNI FILIVS / ET IPSE MAGNVS / ELECTVS ET CORONATVS / HIC FRANCOFVRTI AD MOENVM / ANNO 1711 / I.I.F. **Note:** Dav. #2216.

Date	Mintage	VG	F	VF	XF	Unc
1711 IIF	—	—	—	10,000	13,500	18,500

KM# 243 1/2 THALER
Silver **Obv:** Crowned eagle **Rev:** Ornate cross

Date	Mintage	VG	F	VF	XF	Unc
1765 G PCB N	—	80.00	180	375	750	—

KM# 221 THALER
Silver **Obv:** Crowned eagle **Obv. Legend:** * AD NORMAM CONVENTIONIS X • E • F • MARK • **Rev:** Ornate cross with joining garlands at angles **Rev. Legend:** * NOMEN DOMINI TURRIS FORTISSIMA **Note:** Convention Thaler. Dav. #2219. Many varieties of the imperial eagle exist.

Date	Mintage	VG	F	VF	XF	Unc
1762 IOT	—	120	220	450	900	—
1762 0=T	—	150	300	700	1,250	—
1763 IOT	—	175	275	850	1,600	—

KM# A233 THALER
Silver **Obv:** Similar to KM#233 **Rev:** Similar to KM#221 **Note:** Dav. #2220.

Date	Mintage	VG	F	VF	XF	Unc
1764 IOT	—	80.00	180	360	950	1,750
1764 BFN	—	120	220	450	1,000	—

GERMAN STATES — FRANKFURT AM MAIN

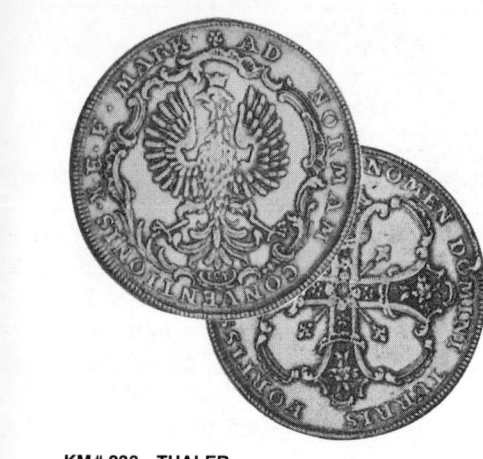

KM# 233 THALER
Silver **Obv:** Eagle in Roccoco cartouche **Obv. Legend:** * AD NORMAM CONVENTIONIS • X • E • F • MARK • **Rev:** Cross with flourishes **Rev. Legend:** * NOMEN DOMINI TURRIS FORTISSIMA **Note:** Dav. #2221. Varieties exist.

Date	Mintage	VG	F	VF	XF	Unc
1764 IOT	—	140	275	550	1,000	—

KM# 234.1 THALER
Silver **Obv:** Thin eagle in circle with G*P.C.B.*N. below **Obv. Legend:** * AD NORMAM CONVENTIONIS X • E • F • MARK • FRANCOFURTI **Rev:** Cross with flourishes **Rev. Legend:** * NOMEN DOMINI TURRIS FORTISSIMA **Note:** Dav. #2222.

Date	Mintage	VG	F	VF	XF	Unc
1764 G PCB N	—	120	250	500	900	—

KM# 234.2 THALER
Silver **Obv:** Crowned eagle **Obv. Legend:** * AD NORMAM CONVENTIONIS X • E • F • MARK • FRANCOFURTI • **Rev:** Cross without flourishes **Rev. Legend:** * NOMEN DOMINI TURRIS FORTISSIMA **Note:** Dav. #2223

Date	Mintage	VG	F	VF	XF	Unc
1764 G PCB N	—	100	160	280	550	—
1765 G PCB N	—	100	175	350	650	—

KM# 246 THALER
Silver **Obv:** No border, different eagle, and G.P.C.B.N. on a band under the eagle **Obv. Legend:** * AD NORMAM CONVENTIONIS X • E • F • MARK • FRANCOFURTI **Rev:** Ornate cross, no border **Rev. Legend:** * NOMEN DOMINI TURRIS FORTISSIMA **Note:** Dav. #2225.

Date	Mintage	VG	F	VF	XF	Unc
1766 G PCB N	—	200	500	1,000	2,000	—
1767 G PCB N	—	200	400	800	1,600	—

KM# 234.3 THALER
Silver **Obv:** Crowned eagle **Rev:** No inner circle

Date	Mintage	VG	F	VF	XF	Unc
1766 G PCB N	—	150	250	500	1,000	—

KM# 251 THALER
Silver **Obv:** Crowned eagle within cartouche **Obv. Legend:** MONETA REIPVBL • FRANCOFURT • AD LEGEM CONBENTIONIS, below: X • ST • EINE F • M • MDCCLXXII **Rev:** City view, caduceus with cornucopia in foreground **Rev. Legend:** * NOMEN DOMINI TURRIS FORTISSIMA **Note:** Dav. #2226. Reverse varieties exist.

Date	Mintage	VG	F	VF	XF	Unc
1772 PCB	—	75.00	160	325	550	—

KM# 256 THALER
Silver **Subject:** Opening of the Bridge at Hausen **Obv:** 3 figures and arms at waters edge **Obv. Legend:** A DEO ET - CAESARE, below: FRANCFURT **Rev:** Inscription within wreath with small towers above **Rev. Inscription:** X. EINE FEINE MARCK •, AD / NORMAM / CONVEN / TIONIS **Note:** Dav. #2227.

Date	Mintage	VG	F	VF	XF	Unc
1776 BN	—	90.00	220	385	650	—

KM# 286 THALER
Silver **Obv:** Crowned eagle **Obv. Legend:** STADT FRANCKFVRT, below: H•G•B•H• **Rev:** Value and date within laurel branches **Rev. Inscription:** X / EINE FEINE / MARK **Note:** Dav. #2228. Varieties exist.

Date	Mintage	VG	F	VF	XF	Unc
1793 HGBH	—	60.00	120	240	480	—
1796 HGBH	—	60.00	120	240	480	—

KM# 288 THALER
Silver **Obv:** Crowned eagle within beaded circle **Obv. Legend:** DER STADT FRANCKFURT H • G • B • H • **Rev:** Value and date within beaded circle **Rev. Legend:** * AUS DEN GEFAESEN DER KIRCHEN UND BURGER **Rev. Inscription:** *X* / EINE FEINE / MARK / 1796 **Note:** Contribution Thaler. Dav. #2229. Varieties of eagle and value exist.

Date	Mintage	F	VF	XF	Unc	BU
1796 HGBH	—	90.00	180	300	600	750

TOKEN COINAGE

KM# Tn14 THELER
Copper **Obv:** Crossed swords on shield, 3 circles above **Rev:** Value, date

Date	Mintage	F	VF	XF	Unc	BU
1703	—	5.00	11.00	22.50	60.00	—

TRADE COINAGE

KM# A176 1/4 DUCAT
0.8750 g., 0.9860 Gold 0.0277 oz. AGW **Subject:** Coronation of Karl VI **Obv:** Bust right **Rev:** Globe in circle of clouds

Date	Mintage	VG	F	VF	XF	Unc
1711	—	60.00	120	185	350	—

KM# B176 1/2 DUCAT
1.7500 g., 0.9860 Gold 0.0555 oz. AGW **Subject:** Coronation of Karl VI **Obv:** Bust right **Rev:** Globe in circle of clouds

Date	Mintage	VG	F	VF	XF	Unc
1711	—	90.00	175	300	600	—

KM# 195 1/2 DUCAT
1.7500 g., 0.9860 Gold 0.0555 oz. AGW **Obv:** Crowned displayed eagle **Rev:** Value and date

Date	Mintage	VG	F	VF	XF	Unc
1740 BIB	—	175	400	750	1,450	—

KM# 176 3/4 DUCAT
2.6250 g., 0.9860 Gold 0.0832 oz. AGW **Subject:** Coronation of Karl VI **Obv:** Glove in circle of clouds **Rev:** Crown above 7-line inscription and date

Date	Mintage	VG	F	VF	XF	Unc
1711	—	100	200	350	650	—

KM# 202 3/4 DUCAT
2.6250 g., 0.9860 Gold 0.0832 oz. AGW **Subject:** Coronation of Franz I **Obv:** Crown above inscription **Rev:** Coronation items on pedestal, all seeing eye above

Date	Mintage	VG	F	VF	XF	Unc
1745	—	95.00	165	285	550	—

KM# 236 3/4 DUCAT
2.6250 g., 0.9860 Gold 0.0832 oz. AGW **Subject:** Coronation of Josef II **Obv:** Crown above inscription **Rev:** Coronation items on altar, all seeing eye above

Date	Mintage	F	VF	XF	Unc	BU
1764	—	200	350	600	1,200	—

KM# 276 3/4 DUCAT
2.6250 g., 0.9860 Gold 0.0832 oz. AGW **Subject:** Coronation of Leopold II **Obv:** Inscription **Rev:** Coronation items

Date	Mintage	F	VF	XF	Unc	BU
1790	—	165	275	450	775	—

FRANKFURT AM MAIN

KM# 281 3/4 DUCAT
2.6250 g., 0.9860 Gold 0.0832 oz. AGW **Subject:** Coronation of Franz II **Obv:** Inscription **Rev:** Coronation items

Date	Mintage	F	VF	XF	Unc	BU
1792	—	220	400	750	1,200	—

KM# 165 DUCAT
3.5000 g., 0.9860 Gold 0.1109 oz. AGW **Obv:** Crowned eagle, head left, in oval baroque frame **Rev:** 6-line inscription with date in oval baroque frame

Date	Mintage	VG	F	VF	XF	Unc
1704 IIF	—	350	550	1,000	2,100	—

KM# 166 DUCAT
3.5000 g., 0.9860 Gold 0.1109 oz. AGW **Obv:** Crowned eagle, head left, in circle **Note:** Varieties exist.

Date	Mintage	VG	F	VF	XF	Unc
1705 IIF	—	400	600	1,200	2,400	—

KM# A172 DUCAT
3.5000 g., 0.9860 Gold 0.1109 oz. AGW **Obv:** Crowned eagle, head left **Rev:** Tower by sea

Date	Mintage	VG	F	VF	XF	Unc
1710 IF	—	450	800	1,500	3,000	—

KM# 172 DUCAT
3.5000 g., 0.9860 Gold 0.1109 oz. AGW **Obv:** Crowned eagle within circle **Rev:** Tower in sea during storm, all seeing eye above

Date	Mintage	VG	F	VF	XF	Unc
1710 IF	—	450	800	1,500	3,000	—
1711 IF	—	450	1,000	1,800	4,200	—

KM# 184 DUCAT
3.5000 g., 0.9860 Gold 0.1109 oz. AGW **Subject:** Bicentennial of the Reformation **Obv:** Inscription **Rev:** Open book atop rocks within sea, all seeing eye above

Date	Mintage	VG	F	VF	XF	Unc
1717 IIF	—	200	325	700	1,450	—

KM# 190.1 DUCAT
3.5000 g., 0.9860 Gold 0.1109 oz. AGW **Obv:** Crowned eagle with head left in oval baroque frame **Rev:** 6-line inscription with date in circle

Date	Mintage	VG	F	VF	XF	Unc
1725 IIF	—	250	400	850	1,800	—

KM# 190.2 DUCAT
3.5000 g., 0.9860 Gold 0.1109 oz. AGW **Obv:** Crowned eagle within circle **Rev:** Without flourish above text

Date	Mintage	VG	F	VF	XF	Unc
1742 EIK	—	200	350	750	1,600	—

KM# 196 DUCAT
3.5000 g., 0.9860 Gold 0.1109 oz. AGW **Subject:** Coronation of Karl VII **Obv:** Laureate bust of Karl VII right **Rev:** Bust of Maria Amalia right

Date	Mintage	VG	F	VF	XF	Unc
ND(1742) ILOE	—	140	225	500	1,150	—
ND(1742) OE	—	140	225	500	1,150	—
ND(1742) ILOE RW	—	140	225	500	1,150	—

KM# 197 DUCAT
3.5000 g., 0.9860 Gold 0.1109 oz. AGW **Subject:** Election fo Karl VII **Obv:** Bust right **Rev:** Open book with DECA/LOGVS on Ark of the Covenant

Date	Mintage	VG	F	VF	XF	Unc
1742	—	225	375	750	1,500	—

KM# 198 DUCAT
3.5000 g., 0.9860 Gold 0.1109 oz. AGW **Obv:** Head of Carl VII right **Rev:** Imperial crown, below ELECT. D. 24 IAN/1742 **Note:** Varieties exist.

Date	Mintage	VG	F	VF	XF	Unc
1742	—	300	650	1,350	2,400	—
1742 I.L. OE	—	300	650	1,350	2,400	—

KM# 199 DUCAT
3.5000 g., 0.9860 Gold 0.1109 oz. AGW **Subject:** Coronation of Karl VII **Obv:** Crowned eagle within circle **Rev:** Imperial crown above 7-line inscription with titles and date

Date	Mintage	VG	F	VF	XF	Unc
1742 EK	—	400	750	1,500	3,000	—

KM# 203 DUCAT
3.5000 g., 0.9860 Gold 0.1109 oz. AGW **Subject:** Election of Franz I as H.R. Emperor **Obv:** Bust right **Rev:** Royal regalia on draped table, date in exergue

Date	Mintage	VG	F	VF	XF	Unc
1745	—	125	250	550	1,150	—

KM# 204 DUCAT
3.5000 g., 0.9860 Gold 0.1109 oz. AGW **Subject:** Election of Franz I **Obv:** Crowned eagle **Rev:** 5-line inscription and date

Date	Mintage	VG	F	VF	XF	Unc
1745	—	125	225	500	1,100	—

KM# 206 DUCAT
3.5000 g., 0.9860 Gold 0.1109 oz. AGW **Obv:** Crowned eagle, head left **Rev:** 6-line inscription with date, initials

Date	Mintage	VG	F	VF	XF	Unc
1749 IIE	—	225	450	625	1,300	—

KM# 222 DUCAT
3.5000 g., 0.9860 Gold 0.1109 oz. AGW **Obv:** Crown displayed eagle **Rev:** Cross with ends joined by garlands

Date	Mintage	F	VF	XF	Unc	BU
1762 IOT	—	400	800	1,800	3,250	—

KM# 237 DUCAT
3.5000 g., 0.9860 Gold 0.1109 oz. AGW **Subject:** Coronation of Josef II **Obv:** Bust of Josef II **Rev:** Peace standing over fallen knight (War)

Date	Mintage	F	VF	XF	Unc	BU
1764	—	200	350	950	1,950	—

KM# 277 DUCAT
3.5000 g., 0.9860 Gold 0.1109 oz. AGW **Subject:** Coronation of Leopold II **Obv:** Head right **Rev:** Coronation items atop altar

Date	Mintage	F	VF	XF	Unc	BU
1790	—	150	250	650	1,250	—

KM# 282 DUCAT
3.5000 g., 0.9860 Gold 0.1109 oz. AGW **Subject:** Coronation of Franz II **Obv:** Head right **Rev:** Radiant altar with coronation items on top

Date	Mintage	F	VF	XF	Unc	BU
1792	—	200	350	950	2,300	—

KM# 283 DUCAT
3.5000 g., 0.9860 Gold 0.1109 oz. AGW **Obv:** Bust of Franz II **Rev:** 2 standing figures

Date	Mintage	F	VF	XF	Unc	BU
ND(1792)	—	400	800	1,500	2,950	—

KM# 289 DUCAT
3.5000 g., 0.9860 Gold 0.1109 oz. AGW **Subject:** Contribution Ducat - French Revolutionary Army **Obv:** Inscription within laurel wreath **Rev:** City view

Date	Mintage	F	VF	XF	Unc	BU
1796	—	150	275	550	975	—

KM# 290 DUCAT
3.5000 g., 0.9860 Gold 0.1109 oz. AGW **Obv:** Inscription within laurel wreath **Rev:** City view

Date	Mintage	F	VF	XF	Unc	BU
1796	—	125	175	325	750	—

GERMAN STATES

FRANKFURT AM MAIN

KM# 177 1-1/4 DUCAT
4.3750 g., 0.9860 Gold 0.1387 oz. AGW **Subject:** Coronation of Karl VI **Obv:** Globe in circle of clouds **Rev:** Crown above 7-line inscription and date

Date	Mintage	VG	F	VF	XF	Unc
1711	—	150	250	450	750	—

KM# 205 1-1/4 DUCAT
4.3750 g., 0.9860 Gold 0.1387 oz. AGW **Subject:** Coronation of Franz I **Obv:** Crown above inscription **Rev:** Coronation items on altar, all seeing eye above

Date	Mintage	VG	F	VF	XF	Unc
1745	—	175	275	500	900	—

KM# 284 1-1/4 DUCAT
4.3750 g., 0.9860 Gold 0.1387 oz. AGW **Subject:** Coronation of Franz II **Obv:** Regal insignia **Rev:** 8-line inscription

Date	Mintage	F	VF	XF	Unc	BU
1792	—	275	450	850	1,700	—

KM# 238 1-1/2 DUCAT
5.2500 g., 0.9860 Gold 0.1664 oz. AGW **Subject:** Coronation of Josef II **Obv:** Crown above 9-line inscription **Rev:** Globe with coronation items on top

Date	Mintage	F	VF	XF	Unc	BU
1764	—	200	400	600	1,250	—

KM# 278 1-1/2 DUCAT
5.2500 g., 0.9860 Gold 0.1664 oz. AGW **Subject:** Coronation of Leopold II **Obv:** Coronation items **Rev:** Inscription

Date	Mintage	F	VF	XF	Unc	BU
1790	—	250	400	650	1,200	—

KM# 167 2 DUCAT
7.0000 g., 0.9860 Gold 0.2219 oz. AGW **Obv:** Crowned displayed eagle divides date in inner circle **Rev:** Storm above city, all-seeing eye at top

Date	Mintage	VG	F	VF	XF	Unc
1705	—	400	1,000	2,500	4,800	—
1710	—	400	1,000	2,500	4,800	—

KM# 173 2 DUCAT
7.0000 g., 0.9860 Gold 0.2219 oz. AGW **Obv:** Crowned eagle within circle **Rev:** Tower in sea during storm

Date	Mintage	VG	F	VF	XF	Unc
1710	—	450	1,000	2,500	4,800	—

KM# 178 2 DUCAT
7.0000 g., 0.9860 Gold 0.2219 oz. AGW **Subject:** Coronation of Karl VI **Obv:** Inscription **Rev:** City of Sachsenhausen

Date	Mintage	VG	F	VF	XF	Unc
1711	—	400	800	1,500	3,000	6,000

KM# 200 2 DUCAT
7.0000 g., 0.9860 Gold 0.2219 oz. AGW **Subject:** Coronation of Karl VII **Obv:** Bust right **Rev:** Standing figure with arms at right, altar at left

Date	Mintage	VG	F	VF	XF	Unc
1742	—	350	700	1,250	2,650	5,250

KM# 239 2 DUCAT
7.0000 g., 0.9860 Gold 0.2219 oz. AGW **Subject:** Coronation of Josef II **Obv:** Bust of Josef II **Rev:** Peace standing above fallen knight (War)

Date	Mintage	F	VF	XF	Unc	BU
1764	—	650	1,500	3,000	5,400	—

KM# 279 2 DUCAT
7.0000 g., 0.9860 Gold 0.2219 oz. AGW **Subject:** Coronation of Leopold II **Obv:** Head of Leopold II **Rev:** Altar

Date	Mintage	F	VF	XF	Unc	BU
1790	—	300	600	1,450	2,700	—

KM# 285 2 DUCAT
7.0000 g., 0.9860 Gold 0.2219 oz. AGW **Subject:** Coronation of Franz II **Obv:** Head of Franz II **Rev:** Figure at altar

Date	Mintage	F	VF	XF	Unc	BU
1792	—	500	1,250	2,400	4,050	—

KM# 201 4 DUCAT
14.0000 g., 0.9860 Gold 0.4438 oz. AGW **Subject:** Coronation of Karl VII **Obv:** Laureate bust of Karl VII right **Rev:** Standing female figure with altar left, date in exergue

Date	Mintage	VG	F	VF	XF	Unc
1742 Rare	—	—	—	—	—	—

PATTERNS
Including off metal strikes

KM#	Date	Mintage	Identification	Mkt Val
Pn35	1710 IIF	—	Turnosgroschen. Gold. Klippe, KM#170.	—
Pn36	1711	—	3/4 Ducat. Silver. KM#176, Karl VI.	225
Pn37	1711	—	1-1/4 Ducat. Silver. KM#177, Karl VI.	210
Pn38	1742	—	Ducat. Silver. KM#196, Karl VII.	450
Pn39	1742	—	Ducat. Silver. KM#197, Karl VII.	400
Pn40	1742	—	Ducat. Silver. KM#198.	450
Pn41	1742	—	Ducat. Silver. KM#198.	450
Pn42	1742 EK	—	Ducat. Silver. KM#199, Karl VII.	400
Pn43	1742	—	2 Ducat. Silver. KM#200.	300
Pn44	1745	—	3/4 Ducat. Silver. KM#202, Franz I.	225
Pn45	1745	—	3/4 Ducat. Copper. KM#202, Franz I.	175
Pn46	1745 ILOE	—	Ducat. Silver. KM#203, Franz I.	450
Pn47	1745 ILOE	—	Ducat. Bronze. KM#203.	375
Pn48	1745	—	1-1/4 Ducat. Silver. KM#205, Franz I.	200
Pn49	1749 IIE	—	Ducat. Copper. KM#206.	450
Pn50	1764	—	3/4 Ducat. Silver. KM#236, Josef II.	195
Pn51	1764	—	Ducat. Silver. KM#237, Josef II.	195
Pn52	1764	—	1-1/2 Ducat. Silver. KM#238, Josef II.	210
Pn53	1764	—	2 Ducat. Silver. KM#239, Josef II.	225
Pn54	1765 BN	—	1/4 Kreuzer. Gold. KM#240.	—
Pn55	1773	—	Kreuzer. Gold. Crowned displayed eagle. KM#254.	—
Pn56	1774 PCB	—	Heller. Silver. KM#247.	250
Pn57	1774	—	Kreuzer. Gold. KM#228.1.	800

KM#	Date	Mintage	Identification	Mkt Val
Pn58	1774 BN	—	Kreuzer. Gold. KM#253.	—
Pn59	1790	—	3/4 Ducat. Silver. KM#276, Leopold II.	195
Pn60	1790	—	Ducat. Silver. KM#277, Leopold II.	195
Pn61	1790	—	1-1/2 Ducat. Silver. KM#278, Leopold II.	210
Pn62	1790	—	2 Ducat. Silver. KM#279, Leopold II.	225
Pn63	1792	—	3/4 Ducat. Silver. KM#281, Franz II.	375
Pn64	1792	—	Ducat. Silver. KM#282, Franz II.	130
Pn65	1792	—	1-1/2 Ducat. Silver. KM#284, Franz II.	140
Pn66	1792	—	2 Ducat. Silver. KM#285, Franz II.	200

FREIBURG IM BREISGAU CITY

Located in Baden about 35 miles north of Basel and east of the Rhine, Freiburg was a free city in the early 12th century. A century later the city lost its free status when it fell to the counts of Urach. In 1368, Freiburg became a Hapsburg possession and it remained so until 1803. In 1805 the city was united to Baden. Freiburg struck coins from the 14th century until 1739. As a member of the Rappenmünzbund from 1387 until 1584, Freiburg struck coins in accordance with the provisions of that monetary union of South German and Swiss entities.

ARMS
Raven's head, usually turned to the left.

REFERENCES
B = Udo Becker, *Freiburger Münzen*, Freiburg im Breisgau, 1970.

Sch = Wolfgang Schulten, *Deutsche Münzen aus der Zeit Karls V*, Frankfurt am Main, 1974

S = Hugo Frhr. Von Saurma-Jeltsch, *Die Saurmasche Münzsammlung deutscher, schweizerischer und polnischer Gepräge von etwa dem Beginn der Groschenzeit bis zur Kipperperiode*, Berlin, 1892.

REGULAR COINAGE

KM# 60 KREUZER
Silver **Obv:** Raven's head left in shield, 1 below, date in legend **Rev:** Cross in shield **Rev. Legend:** GLORIA IN..

Date	Mintage	VG	F	VF	XF	Unc
1706	—	12.00	30.00	65.00	135	—
1707	—	12.00	30.00	65.00	135	—

KM# 65 KREUZER
Silver **Obv:** Raven's head left in oval cartouche, I below, date in legend **Rev:** Cross in shield in round cartouche **Rev. Legend:** GLORIA IN..

Date	Mintage	VG	F	VF	XF	Unc
1710	—	12.00	30.00	65.00	135	—
1736	—	12.00	30.00	65.00	135	—

KM# 66 KREUZER
Silver **Obv:** Raven's head right

Date	Mintage	VG	F	VF	XF	Unc
1710	—	18.00	37.00	75.00	150	—

KM# 70 KREUZER
Silver **Obv:** Raven's head left in circle, 1 above, K below, date in legend **Rev:** Cross in ornamented shield in circle **Rev. Legend:** GLORIA IN..

Date	Mintage	VG	F	VF	XF	Unc
1712	—	10.00	25.00	55.00	110	—
1713	—	10.00	25.00	55.00	110	—

KM# 73 KREUZER
Silver **Obv:** Raven's head, date in legend **Rev:** Cross in shield, 1 above, K. below

Date	Mintage	VG	F	VF	XF	Unc
1713	—	15.00	37.00	75.00	150	—

KM# 75 KREUZER
Silver **Obv:** Raven's head left **Rev:** Arms within branches **Note:** Similar to KM#70 but branches around arms on reverse.

Date	Mintage	VG	F	VF	XF	Unc
1714	—	10.00	25.00	55.00	110	—
1715	—	10.00	25.00	55.00	110	—

KM# 77 KREUZER
Silver **Obv:** Raven's head left **Rev:** Arms **Note:** Similar to KM#70 without circles around obverse and reverse centers.

Date	Mintage	VG	F	VF	XF	Unc
1715	—	10.00	25.00	55.00	110	—

KM# 92 KREUZER
Silver **Obv:** Raven's head divides date, 1 above, K below **Rev:** Cross in ornamented shield

Date	Mintage	VG	F	VF	XF	Unc
1722	—	15.00	35.00	75.00	150	—

FREIBURG IM BREISGAU — GERMAN STATES

Date	Mintage	VG	F	VF	XF	Unc
1728	—	15.00	35.00	75.00	150	—
1731	—	15.00	35.00	75.00	150	—

KM# 95 KREUZER
Silver Obv: Raven's head in oval cartouche, date above, 1K in oval below Rev: Eagle Rev. Legend: DA.PAC.DO..

Date	Mintage	VG	F	VF	XF	Unc
1725	—	15.00	35.00	75.00	150	—

KM# 106 KREUZER
Silver Obv: Arms divide 1 - K, date in legend Rev: Eagle Rev. Legend: GLORIA IN..

Date	Mintage	VG	F	VF	XF	Unc
1733	—	10.00	25.00	50.00	100	—

KM# 67 2 KREUZER
Silver Obv: Raven's head divides date in cartouche, 2 above, K below Rev: Crowned eagle in circle

Date	Mintage	VG	F	VF	XF	Unc
1711	—	8.00	20.00	40.00	85.00	—

KM# 71 2 KREUZER
Silver Rev: Eagle in circle without crown

Date	Mintage	VG	F	VF	XF	Unc
1712	—	12.00	30.00	60.00	125	—
1713	—	12.00	30.00	60.00	125	—

KM# 78 2 KREUZER
Silver Obv: Raven's head in cartouche, 2 above, K below, date in legend Rev: Eagle, arabesque above head Rev. Legend: DA. PACEM..

Date	Mintage	VG	F	VF	XF	Unc
1715	—	10.00	25.00	55.00	110	—

KM# 79 2 KREUZER
Silver Obv: Raven's head, 2 above, K below, date in legend Rev: Eagle Rev. Legend: DA.PAC..

Date	Mintage	VG	F	VF	XF	Unc
1715	—	15.00	37.00	75.00	150	—
1716	—	15.00	37.00	75.00	150	—
1719	—	15.00	37.00	75.00	150	—

KM# 90 2 KREUZER
Silver Obv: Raven's head in oval cartouche, date above, 2 K. in oval below

Date	Mintage	VG	F	VF	XF	Unc
1720	—	12.00	30.00	60.00	125	—
1721	—	12.00	30.00	60.00	125	—
1723	—	12.00	30.00	60.00	125	—

KM# 93 2 KREUZER
Silver Obv: Raven's head divides date, 1 above, K below Rev: Cross in ornamented shield

Date	Mintage	VG	F	VF	XF	Unc
1722	—	15.00	37.00	75.00	150	—

KM# 99 2 KREUZER
Silver Obv: Raven's head divides date Rev: Cross in shield Rev. Legend: DA PACEM..

Date	Mintage	VG	F	VF	XF	Unc
1729	—	15.00	37.00	75.00	150	—
1732	—	15.00	37.00	75.00	150	—

KM# 100 2 KREUZER
Silver Obv: Raven's head divides 2 - K, date in legend Rev: Cross on shield

Date	Mintage	VG	F	VF	XF	Unc
1729	—	15.00	37.00	75.00	150	—
1732	—	15.00	7.00	75.00	150	—
1735	—	15.00	37.00	75.00	150	—

KM# 105 2 KREUZER
Silver Obv: Raven's head in cartouche with 2 above, K below

Date	Mintage	VG	F	VF	XF	Unc
1732	—	15.00	37.00	75.00	150	—

KM# 96 3 KREUZER (Groschen)
Silver Obv: Raven's head divides date, 3 above, K below Rev: Cross in shield Rev. Legend: DA.PACE..

Date	Mintage	VG	F	VF	XF	Unc
1726	—	15.00	37.00	75.00	150	—
1727	—	15.00	37.00	75.00	150	—

KM# 82 5 KREUZER
Silver Obv: Raven's head in oval baroque frame, angel's head above, date in legend Rev: Eagle, 5 above, KR below Rev. Legend: DOMINE CONSER..

Date	Mintage	VG	F	VF	XF	Unc
1717	—	—	—	—	—	—

KM# 107 5 KREUZER
Silver Obv: Cross in oval cartouche, date above, V. K in oval below Rev: Austrian arms in oval cartouche

Date	Mintage	VG	F	VF	XF	Unc
1733	—	25.00	55.00	110	225	—

KM# 80 10 KREUZER
Silver Obv: Raven's head in oval baroque frame, angel's head above, date in legend Rev: Eagle 10 above, KR below Rev. Legend: DOMINE CONSER..

Date	Mintage	VG	F	VF	XF	Unc
1716	—	45.00	90.00	180	400	—
1717	—	45.00	90.00	180	400	—
1718	—	45.00	90.00	180	400	—

KM# 110 10 KREUZER
Silver Obv: 2 oval arms in baroque frame Rev: Date in cartouche Rev. Inscription: X / KREV / ZER

Date	Mintage	VG	F	VF	XF	Unc
1735	—	—	65.00	135	275	550	—

KM# 81 20 KREUZER
Silver Obv: Raven's head in oval baroque frame, angel's head above, date in legend Rev: Eagle, 20 above, KR below Rev. Legend: DOMINE CONSER..

Date	Mintage	VG	F	VF	XF	Unc
1716	—	600	1,000	1,800	2,500	—
ND	—	600	1,000	1,800	2,500	—

KM# 55 THALER
Silver Obv: Raven's head left in oval baroque frame, angel's head above **Note:** Dav. #2230.

Date	Mintage	VG	F	VF	XF	Unc
ND Rare	—	—	—	—	—	—

KM# 68.1 THALER
Silver Obv: City view, inscription and date below Rev: Eagle with sword and 2 oval city arms on pedestal, large crown above **Note:** Dav. #2232.

Date	Mintage	VG	F	VF	XF	Unc
1711	—	1,850	3,750	7,500	12,500	—

KM# 68.2 THALER
Silver Obv: City view, inscription and date below Rev: Smaller crown above eagle **Note:** Dav. #2232A.

Date	Mintage	VG	F	VF	XF	Unc
1711	—	2,000	4,000	7,750	13,000	—

KM# 74 THALER
Silver Obv: City view, inscription and date in cartouche below Rev: Eagle with 2 swords and 2 oval city arms, crown above, branches below **Note:** Dav. #2233.

Date	Mintage	VG	F	VF	XF	Unc
1713	—	5,300	9,800	18,000	—	—

KM# 94 THALER
Silver Obv: Raven's head within oval baroque frame **Obv. Legend:** MON • NO • FRIBVRG - EN • BRISGOIAE 1723 • **Rev:** Eagle Rev. Legend: DA • PACEM • DOMINE - IN DIEB • NOSTRIS • **Note:** Dav. #2236.

Date	Mintage	VG	F	VF	XF	Unc
1723 Rare	—	1,500	3,000	6,000	10,000	—

KM# 97 THALER
Silver Obv: Raven's head within ornate cartouche **Obv. Legend:** MON • NOVA • FRI - BVRG • BRISGOIAE **Rev:** Eagle with sword and sceptre **Rev. Legend:** DA • PACEM • KOMINE • + • IN • DIEB • + NOSTRIS **Note:** Dav. #2237.

Date	Mintage	VG	F	VF	XF	Unc
1726	—	1,750	3,500	7,000	12,000	—

KM# 98 THALER
Silver Rev: Cross in baroque frame, angel's head above **Note:** Dav. #2238.

Date	Mintage	VG	F	VF	XF	Unc
1726 Rare	—	—	—	—	—	—

KM# 108 THALER
Silver Obv: Raven's head divides date **Note:** Dav. #2239.

Date	Mintage	VG	F	VF	XF	Unc
1733 Rare	—	—	—	—	—	—

KM# 109 THALER
Silver Rev: Eagle with head left, crown above **Note:** Dav. #2240.

Date	Mintage	VG	F	VF	XF	Unc
1733 Rare	—	—	—	—	—	—

KM# 76 THALER
Silver **Subject:** Peace of Badon **Obv. Legend:** SVB VMBRA ALA - RVM TVARVM **Rev:** City view, PAX in cartouche below **Rev. Legend:** CIVITAS • AC • MVNIMENTVM • / FRIBVRGEN • BRISGOJCVM • **Note:** Dav. #2234.

Date	Mintage	VG	F	VF	XF	Unc
ND(1714)	—	1,350	2,750	5,500	9,000	—

KM# 83 THALER
Silver Obv: Raven's head in oval baroque frame, eagle with wings extended above, date in legend **Rev:** Round cross in shield arms in baroque frame, angel's head above **Note:** Dav. #--.

Date	Mintage	VG	F	VF	XF	Unc
1717 Rare	—	—	—	—	—	—

KM# 91 THALER
Silver Obv: Raven's head in oval baroque frame, angel's head above **Rev:** Eagle, head left **Note:** Dav. #--.

Date	Mintage	VG	F	VF	XF	Unc
ND(1720)	—	—	—	—	—	—

KM# 111 THALER
Silver Obv: Date in chronogram **Obv. Legend:** LaMbertI aLeXanDrIqVe / aVXILIo fLorebIt (all capitals), in exergue: FRIBVRGVM/BRISGOIAE **Rev:** Two saints with arms **Rev. Legend:** S. LAMBERTVS - S. ALEXANDER, below: PROTECTORES CIVIT: FRIBVRG BRISG: **Note:** Dav. #2241.

Date	Mintage	VG	F	VF	XF	Unc
1735	—	1,750	3,500	7,000	11,500	—

GERMAN STATES

FREIBURG IM BREISGAU

KM# 112 THALER
Silver **Obv:** City view **Obv. Legend:** LAMBERTI ALEXANDRIQUE/AVXILIO FLOREBIT, below: FRIBVRGVM/BRISGOIAE **Rev:** Saints face forward, date above **Rev. Legend:** S. LAMBERTVS · S. ALEXANDER, below: PROTECTORES CIVIT: FRIBVRG BRISG. **Note:** Dav. #2245.

Date	Mintage	VG	F	VF	XF	Unc
1737	—	450	900	1,750	3,250	—
1739	—	450	900	1,750	3,250	—

KM# 113 THALER
Silver **Obv:** Raven's head within baroque frame **Obv. Legend:** • MON NOVA • FRIB - FRG • BRISGOIAE **Rev:** Eagle with sword and sceptre, arms on breast **Rev. Legend:** • DA • PACEM • DOMINE - IN • DIEB • NOSTRIS • **Note:** Dav. #2244.

Date	Mintage	VG	F	VF	XF	Unc
1738	—	1,250	2,000	6,500	10,000	—

KM# 69 2 THALER
Silver **Obv:** City view, inscription and date below **Rev:** Eagle with sword and 2 oval city arms on pedestal with large crown above **Note:** Dav. #2231.

Date	Mintage	VG	F	VF	XF	Unc
1711	—	1,500	2,500	5,500	—	—

KM# 114 2 THALER
Silver **Obv:** Raven's head left in baroque frame, date divided below **Rev:** Eagle with head left with large crown above, cross in shield on breast **Note:** Dav. #2243.

Date	Mintage	VG	F	VF	XF	Unc
1738	—	1,250	2,250	5,000	8,500	—

TRADE COINAGE

KM# 72 DUCAT
3.5000 g., 0.9860 Gold 0.1109 oz. AGW **Obv:** City view, 1 and date divided below **Rev:** St. Leopold standing

Date	Mintage	VG	F	VF	XF	Unc
1712 Rare	—	—	—	—	—	—

KM# 84 DUCAT
3.5000 g., 0.9860 Gold 0.1109 oz. AGW **Obv:** Large crown above eagle with head right, two shields of arms **Rev:** City view above date **Note:** Fr. 1029.

Date	Mintage	VG	F	VF	XF	Unc
1717	—	875	1,750	3,600	6,600	—

KM# 115 6 DUCAT
21.0000 g., 0.9860 Gold 0.6657 oz. AGW **Obv:** City view **Rev:** Two standing figures with shields **Note:** Fr. 1030. Struck with Thaler dies, KM#112.

Date	Mintage	VG	F	VF	XF	Unc
1739	—	—	—	15,000	24,000	—

FREISING

BISHOPRIC

A Bishopric located in central Bavaria, was founded in 724. It became the site of an Imperial Mint in the 11th century. Bracteates of the bishops appeared c. 1150. The bishops were made princes of the empire in the 17th century. It became secularized in 1802 with part of the territories going to Bavaria and the rest to Salzburg.

RULERS
Ernst, Herzog von Bayern, 1566-1612
Stephan von Sieboldsdorf, 1612-1618
Veit Adam von Gebeck, 1618-1651
Albert Sigismund, Herzog von Bayern, 1652-1685
Joseph Clemens, Herzog von Bayern, 1685-1694
Johann Franz Eckher Freiherr von Kapfing, 1695-1727
Johann Theodor von Bayern, 1727-1763
Clemens Wenzel von Sachsen, 1763-1768
Ludwig Joseph, Freiherr von Welden, 1769-1788
Josef Conrad, 1790-1803

MINT OFFICIALS' INITIALS

Initials	Date	Name
CM	1724-60	Christian Ernst Muller, medailleur in Augsburg
K. KORNLEIN	1758-1801	Johann Nikolaus Kornlein, medailleur in Regensburg
*, PHM	Ca.1685-1719	Philipp Heinrich Müller, medailleur in Augsburg

REGULAR COINAGE

KM# 15 THALER
Silver **Ruler:** Johann Franz **Subject:** Johann Franz **Obv:** Armored bust right **Obv. Legend:** IOANNES FRANCIS, D: G: EPISCOP, FRISING **Rev:** Helmeted and mitred four-fold arms, date in legend **Rev. Legend:** * SAC: ROM: IMP: - PRINCEPS * 1709 * **Note:** Dav. #2247.

Date	Mintage	F	VF	XF	Unc	BU
1709	—	350	700	1,250	2,000	—

KM# 32 THALER
Silver **Ruler:** Josef Conrad **Obv:** Draped bust right **Obv. Legend:** * IOS • CONR • D • G • EP • FRISING • & RATISB • PRAEP • BERCHTESG • S • R • I • PRINC • **Rev:** Crowned complex multi-arms within crowned mantle **Rev. Legend:** * X • EINE FEINE MARK * **Note:** Convention Thaler. Dav. #2248.

Date	Mintage	VG	F	VF	XF	Unc
1790 K	—	250	500	1,000	1,850	3,200

KM# 33 THALER
Silver **Ruler:** Josef Conrad **Obv:** Draped bust right **Obv. Legend:** * IOS • CONR • D • G • EP • FRISING • & RATISB • PRAEP • BERCHTESG • S • R • I • PRINC • **Rev:** Crowned complex multi-arms within crowned mantle **Rev. Legend:** * X • EINE FEINE MARK * **Note:** Dav. #2249.

Date	Mintage	VG	F	VF	XF	Unc
ND(1790) KORNLEIN	—	300	600	1,200	2,250	3,500

TRADE COINAGE

KM# 25 DUCAT
3.5000 g., 0.9860 Gold 0.1109 oz. AGW **Ruler:** Johann Theodor **Obv:** Bust left **Rev:** Crowned arms

Date	Mintage	VG	F	VF	XF	Unc
1749	—	2,250	4,500	9,000	15,000	—

KM# 30 DUCAT
3.5000 g., 0.9860 Gold 0.1109 oz. AGW **Ruler:** Clemens Wenzel **Obv:** Clemens Wenzel **Rev:** Mitre above crowned complex arms

Date	Mintage	VG	F	VF	XF	Unc
1765	—	1,500	3,000	6,000	10,000	—

KM# 31 DUCAT
3.5000 g., 0.9860 Gold 0.1109 oz. AGW **Ruler:** Clemens Wenzel **Rev:** Crowned arms

Date	Mintage	VG	F	VF	XF	Unc
1766	—	1,850	3,750	7,500	12,500	—

KM# 20 2 DUCAT
7.0000 g., 0.9860 Gold 0.2219 oz. AGW **Ruler:** Johann Franz **Obv:** Crowned arms in inner circle **Rev:** St. Corbinianus in inner circle

Date	Mintage	VG	F	VF	XF	Unc
1724 CM Rare	100	—	—	—	—	—

FRIEDBERG

(Burg Friedberg in der Wetterau)

The fortified town of Friedberg, located in Hesse about 15 miles (25 kilometers) north of Frankfurt am Main, dates from Roman times. It attained free status in 1211 and was the site of an imperial mint until the mid-13th century. In 1349 Friedberg passed to the countship of Schwarzburg, losing its free status shortly thereafter. Local nobles began electing one among themselves to the office of burgrave-for-life. The burgraves obtained the mint right in 1541 and recognized only the emperor as overlord. In 1802 Friedberg passed in fief to Hesse-Darmstadt and was mediatized in 1818.

RULERS
Adolf Johann Karl von Bettendorf, 1700-1705
Johann V Löw von Steinfurt, 1706-1710
Johann Erwin von Greiffenklau-Vollraths, 1710-1727
Hermann II von Riedesel zu Lauterbach, 1727-1745
Johann Eitel II von Diede zu Fürstenstein, 1745-1748
Ernst Ludwig von Breidenbach zu Breidenstein, 1749-1755
Franz Heinrich von Dalberg, 1755-1776
Johann Maria Rudolph von Waldbott-Bassenheim, 1777-1805

MINT OFFICIALS' INITIALS

Initials	Date	Name
CPS	1729-51	Christian Phillip Spangenberg, coinage director in Clausthal
GB(F)GH	1790-1833	Johann Georg Bunsen in Frankfurt
	1798-1816	Georg Hille, warden in Frankfurt
S(N)R	1760-74	Siegmund Scholz, warden in Nürnberg
	1764-93	Georg Nikolaus Riedner in Nürnberg
VBW	1684-1688, 1702-14	Ulrich Burkhard Willerding in Mainz

ARMS:
Wall with 3 towers, often with imperial eagle which has shield of Austrian arms on breast

REFERENCES:
L = Ernst Lejeune, "Die Münzen der reichsunmittelbaren Burg Friedberg i.d. Wetterau," **Berliner Münzblätter**, N.F., v. 24 (1903), pp. 336ff.
Sch = Wolfgang Schulten, ***Deutsche Münzen aus der Zeit Karls V***, Frankfurt am Main, 1974.

S = Hugo Frhr. Von Saurma-Jeltsch, ***Die Saurmasche Münzsammlung deutscher, schweizerischer und polnischer Gepräge von etwa dem Beginn der Groschenzeit bis zur Kipperperiode***, Berlin, 1892.

IMPERIAL CITY

REGULAR COINAGE

KM# 70 20 KREUZER
Silver **Ruler:** Franz Heinrich **Obv:** Towers on pedestal with

FULDA

value, laurel branch at left, palm branch at right **Rev:** Crowned double-headed eagle with two shields below and one on breast

Date	Mintage	F	VF	XF	Unc	BU
1766 S(N)R	—	60.00	130	260	525	—

FUGGER

A wealthy banking and commercial family of Augsburg, which first came into prominence about 1370 and became the bankers of the Hapsburgs by 1475. In 1500 they were given the county of Kirchberg and the lordship of Weissenborn (in Swabia) as security for a loan. The emperor made them hereditary counts of these areas and gave them the mint right in 1534. There was a complicated succession with many lines and few coin issuers. The land was mediatized to Bavaria and Württemberg in 1806.

FAMILY ARMS
2 lilies on adjacent fields

COUNTSHIP
JOINT COINAGE

KM# 71 1/2 THALER
Silver **Ruler:** Franz Heinrich **Obv:** Crowned double-headed eagle with two shields below and one on breast **Rev:** St. George standing on dragon, shields at left and right

Date	Mintage	F	VF	XF	Unc	BU
1766 S(N)R	—	100	180	375	750	—

KM# 65 2/3 THALER (60 Kreuzer)
Silver **Ruler:** Johann Eitel II **Obv:** Crowned double-headed eagle with two shields below and one on breast **Rev:** St. George standing on dragon, shields at left and right

Date	Mintage	VG	F	VF	XF	Unc
1747 CPS	—	60.00	110	225	450	—

KM# 1 THALER
Silver **Ruler:** Cajetan and Carl **Obv:** Helmeted four-fold arms **Obv. Legend:** * CAI • & CAR • COM • DE FVGGER • IN ZIN • & NORN • SEN • & ADM • FAM • **Rev:** Titles of Josef II **Rev. Legend:** IOSEPH • II • ROM • IMP • - SEMPER AVGVST • **Note:** Dav. #2252.

Date	Mintage	Good	VG	F	VF	XF
1781	—	—	350	550	950	1,850

FULDA

Located in central Germany, the abbey was founded in 744. The abbot became prince of the empire in the late 10th century. The first coins were struck in the 11th century. It became a bishopric in 1752 and in 1803, Fulda was secularized and passed successively to Orange-Nassau, Westphalia, Hesse-Cassel and Prussia.

RULERS
Adalbert I von Schleifras, 1700-1714
Konstantin von Buttlar, 1714-1726
Adolph von Dalberg, 1726-1737
Amandus Freiherr von Buseck, 1737-1756
as Bishop, 1752
Adalbert II von Walderdorf, 1757-1759
Heinrich VIII Freiherr von Bibra,
...1759-1788
Sede Vacante, 1788
Adalbert III von Harstall, 1788-1803

KM# 66 THALER
Silver **Ruler:** Johann Eitel II **Obv:** Titles of Francis I **Obv. Legend:** MONETA CASTRI - IMP. FRIDBERG. **Rev. Legend:** FRANCISCVS • D • G • - ROM • + IMP • S • A •, inner row: NACH DEM - REICHS FVS• **Note:** Dav. #2250.

Date	Mintage	F	VF	XF	Unc	BU
1747 CPS	—	350	550	950	1,750	2,500

MINT OFFICIALS' INITIALS

Initials	Date	Name
D, IND, ND	1727-64	Nicolaus Dittmar
HM	1765-70	Heinrich Meidinger, director
ICK, K	1706-42	Johann Christian Koch, die-cutter in Gotha
IFM	1758-69	Johann Friedrich Müller, die-cutter in Bayreuth
PPW	(d.1771)	Peter Paul Werner, die-cutter in Nürnberg
VH	1765-96	Von Hoven

ARMS
Plain cross, sometimes in shield divided vertically with 3 long-stemmed flowers of cathedral chapter.

ABBEY
REGULAR COINAGE

KM# 72 THALER
Silver **Ruler:** Franz Heinrich **Obv:** Crowned double-headed eagle with two shields below and one on breast **Obv. Legend:** MONETA - NOVA CASTRI IMP • FRIDBERG • IN - WETTER •, in exergue: X EINE FEINE MARK •/S• (N) R• **Rev:** St. George on horseback slaying the dragon, shields at left and right **Rev. Legend:** IOSEPHUS II • - D • G • - ROM • + - IMP • S • A • 1766 •, inner row: AD NORM • - CONVENT • **Note:** Dav. #2251.

Date	Mintage	F	VF	XF	Unc	BU
1766 S(N)R	—	350	550	950	1,650	2,250

KM# 45 PFENNIG
Billon **Ruler:** Konstantin **Obv:** Crowned oval 2-fold arms of Fulda and Buttlar **Rev:** Date in wreath **Rev. Legend:** I/PFEN/NING

Date	Mintage	VG	F	VF	XF	Unc
1723	—	15.00	37.00	75.00	150	—
1724	—	15.00	37.00	75.00	150	—
1726	—	15.00	37.00	75.00	150	—

KM# 47 PFENNIG
Billon **Ruler:** Konstantin **Rev. Legend:** PFEN/NIGE

Date	Mintage	VG	F	VF	XF	Unc
1724	—	10.00	25.00	50.00	100	—

KM# 60 PFENNIG
Billon **Ruler:** Adolph **Obv:** Crowned round arms in cartouche **Rev:** Date in wreath **Rev. Legend:** 1/PFEN/NING

Date	Mintage	VG	F	VF	XF	Unc
1726	—	5.00	10.00	20.00	40.00	—
1727	—	5.00	10.00	20.00	40.00	—

KM# 85 PFENNIG
0.2400 g., Billon **Ruler:** Amandus **Obv:** Crowned round ornamented arms **Rev:** Value, date

Date	Mintage	VG	F	VF	XF	Unc
1737	—	8.00	18.00	373	75.00	—
1738	—	8.00	18.00	37.00	75.00	—
1739	—	8.00	18.00	37.00	75.00	—
1744	—	10.00	25.00	55.00	110	—
1745	—	8.00	18.00	37.00	75.00	—
1746	—	8.00	18.00	37.00	75.00	—
1747	—	8.00	18.00	37.00	75.00	—
1748	—	8.00	18.00	37.00	75.00	—
1749	—	8.00	18.00	37.00	75.00	—

KM# 48 3 PFENNIG
Billon **Ruler:** Konstantin **Obv:** Crowned oval 2-fold arms of Fulda and Buttlar **Rev:** Date in wreath **Rev. Inscription:** III / PFEN / NING

Date	Mintage	VG	F	VF	XF	Unc
1724	—	6.00	15.00	30.00	65.00	—

KM# 49 4 PFENNIG
Silver **Ruler:** Konstantin **Obv:** Crowned round arms **Rev:** Value, date

Date	Mintage	VG	F	VF	XF	Unc
1724	—	7.00	15.00	30.00	65.00	—
1725	—	7.00	15.00	30.00	65.00	—

KM# 61 4 PFENNIG
Silver **Ruler:** Adolph **Obv:** Crowned round ornate arms **Rev:** Value and date within branches **Note:** Similar to 1 Pfennig KM#60, but value IIII.

Date	Mintage	VG	F	VF	XF	Unc
1726	—	20.00	50.00	100	200	—
1727	—	20.00	50.00	100	200	—
1728	—	20.00	50.00	100	200	—
1729	—	20.00	50.00	100	200	—

KM# 50 6 PFENNIG
Silver **Ruler:** Konstantin **Obv:** Crowned round arms **Rev:** Value and date within branches **Note:** Similar to 4 Pfennig KM#49, but value VI.

Date	Mintage	VG	F	VF	XF	Unc
1724	—	10.00	20.00	45.00	95.00	—
1726	—	10.00	20.00	45.00	95.00	—

KM# 62 6 PFENNIG
Silver **Ruler:** Adolph **Obv:** Crowned round arms within cartouche **Rev:** Value and date within wreath **Note:** Similar to 1 Pfennig KM#60, but value VI.

Date	Mintage	VG	F	VF	XF	Unc
1726	—	15.00	30.00	60.00	125	—
1727	—	15.00	30.00	60.00	125	—
1728	—	15.00	30.00	60.00	125	—

GERMAN STATES - FULDA

KM# 46 KREUZER
Billon **Ruler:** Konstantin **Obv:** Crowned round arms **Rev:** Value within cartouche

Date	Mintage	VG	F	VF	XF	Unc
1723	—	6.00	15.00	30.00	65.00	—
1724	—	6.00	15.00	30.00	65.00	—

KM# 95 3 KREUZER (Groschen)
Silver **Ruler:** Amandus **Obv:** Crowned oval 4-fold arms, value 3 in frame below divides date, LAND-MUNZ **Rev:** 1/2 length facing figure of St. Boniface

Date	Mintage	VG	F	VF	XF	Unc
1750 ND	—	9.00	20.00	40.00	80.00	—
1751 ND	—	9.00	20.00	40.00	80.00	—

KM# 71 10 KREUZER
Silver **Ruler:** Adolph **Obv:** Crowned shield divides date **Rev:** Value within branches **Note:** Similar to 20 Kreuzer, KM#82 but value 10 KR.

Date	Mintage	VG	F	VF	XF	Unc
1727 IND	—	—	—	—	—	—

KM# 82 20 KREUZER
Silver **Ruler:** Adolph **Obv:** Crowned 4-fold arms **Rev:** Value, date and legend within branches

Date	Mintage	VG	F	VF	XF	Unc
1735 IND	—	30.00	65.00	135	275	—
1736 IND	—	30.00	65.00	135	275	—

KM# 51 GROSCHEN (1/24 Thaler)
Silver **Ruler:** Konstantin **Obv:** Crowned round 4-fold arms **Rev:** Full figure of St. Boniface turned left divides date

Date	Mintage	VG	F	VF	XF	Unc
1724	—	10.00	25.00	50.00	110	—

KM# 52 GROSCHEN (1/24 Thaler)
Silver **Ruler:** Konstantin **Rev:** Full facing figure of standing St. Boniface

Date	Mintage	VG	F	VF	XF	Unc
1724	—	15.00	30.00	60.00	115	—

KM# 53 GROSCHEN (1/24 Thaler)
Silver **Ruler:** Konstantin **Obv:** Date divided below arms

Date	Mintage	VG	F	VF	XF	Unc
1724	—	10.00	25.00	50.00	110	—

KM# 59 GROSCHEN (1/24 Thaler)
Silver **Ruler:** Konstantin **Obv:** Date divided by arms

Date	Mintage	VG	F	VF	XF	Unc
1725	—	10.00	25.00	50.00	110	—
1726	—	10.00	25.00	50.00	110	—

KM# 63 GROSCHEN (1/24 Thaler)
Silver **Ruler:** Adolph **Obv:** Small oval central shield in arms **Rev:** Standing figure of Saint

Date	Mintage	VG	F	VF	XF	Unc
1726	—	10.00	25.00	50.00	110	—
1728	—	10.00	25.00	50.00	110	—
1735	—	10.00	25.00	50.00	110	—
1736	—	10.00	25.00	50.00	110	—

KM# 90 GROSCHEN (1/24 Thaler)
Silver **Ruler:** Amandus **Subject:** Millennium of Abbey **Obv:** Standing figure of Saint **Rev:** Inscription and date

Date	Mintage	VG	F	VF	XF	Unc
1744 D	—	20.00	50.00	100	200	—

KM# 54 BOHMISCH
Silver **Ruler:** Konstantin **Obv:** Crowned round 4-fold arms **Rev:** Value, date

Date	Mintage	VG	F	VF	XF	Unc
1724	—	10.00	25.00	50.00	100	—

KM# 55 2 BOHMISCH
Silver **Ruler:** Konstantin **Obv:** Crowned round 4-fold arms **Rev:** Value, date

Date	Mintage	VG	F	VF	XF	Unc
1724	—	10.00	25.00	50.00	100	—

KM# 56 1/2 KOPFSTUCK (10 Kreuzer)
Silver **Ruler:** Konstantin **Obv:** Crowned round arms **Rev:** Value, date

Date	Mintage	VG	F	VF	XF	Unc
1724	—	15.00	30.00	65.00	175	—

KM# 64 1/2 KOPFSTUCK (10 Kreuzer)
Silver **Ruler:** Adolph **Obv:** Crowned round 4-fold arms, small central shield **Rev:** Value, date

Date	Mintage	VG	F	VF	XF	Unc
1726	—	20.00	45.00	90.00	180	—
1727	—	20.00	45.00	90.00	180	—

KM# 57 KOPFSTUCK (20 Kreuzer)
Silver **Ruler:** Konstantin **Obv:** Crowned shielded 4-fold arms **Rev:** Value, date

Date	Mintage	VG	F	VF	XF	Unc
1724	—	20.00	50.00	100	200	—
1725	—	20.00	50.00	100	200	—

KM# 65 KOPFSTUCK (20 Kreuzer)
Silver **Ruler:** Adolph **Obv:** Crowned oval 4-fold arms, small central shield **Rev:** Value, date within laurel wreath

Date	Mintage	VG	F	VF	XF	Unc
1726	—	12.00	30.00	60.00	125	—
1727	—	12.00	30.00	60.00	125	—
1728	—	12.00	30.00	60.00	125	—

KM# 58 1/32 THALER (Schilling)
Silver **Ruler:** Konstantin **Obv:** Crowned oval 4-fold arms **Rev:** Value, date **Rev. Inscription:** 32 / EINEN / THALER

Date	Mintage	VG	F	VF	XF	Unc
1724	—	—	—	—	—	—

KM# 41 THALER
Silver **Ruler:** Konstantin **Obv:** Helmeted oval arms, crowned mantle behind, date below **Rev:** 2 ships in harbor entrance

Date	Mintage	VG	F	VF	XF	Unc
1718 Rare	—	—	—	—	—	—

KM# 66 THALER
Silver **Ruler:** Konstantin **Obv:** Bust of Abbot Konstantin right **Rev:** Helmeted arms in front of crowned mantle, date below **Rev. Legend:** CONSILIO ET CONSTANTIA

Date	Mintage	VG	F	VF	XF	Unc
1726 Rare	—	—	—	—	—	—

KM# 67 THALER
Silver **Ruler:** Konstantin **Obv:** Bust of Adolph right **Rev:** Helmeted oval 4-fold arms, crowned mantle behind, divide date **Note:** Dav. #2253.

Date	Mintage	VG	F	VF	XF	Unc
1726 Rare	—	—	—	—	—	—

KM# 68 THALER
Silver **Ruler:** Konstantin **Rev:** Crowned and mantled oval 4-fold arms with central shield divide date **Note:** Dav. #2254.

Date	Mintage	VG	F	VF	XF	Unc
1726 Rare	—	—	—	—	—	—

KM# 69 THALER
Silver **Ruler:** Konstantin **Rev:** Helmeted oval arms, date divided below **Note:** Dav. #2255.

Date	Mintage	VG	F	VF	XF	Unc
1726 ICK Rare	—	—	—	—	—	—

KM# 72 THALER
Silver **Ruler:** Adolph **Rev:** Helmeted 4-fold arms with central shield, date divided below **Note:** Dav. #2256.

Date	Mintage	VG	F	VF	XF	Unc
1728 K Rare	—	—	—	—	—	—

KM# 74.1 THALER
Silver **Ruler:** Adolph **Obv:** Cloaked bust right **Obv. Legend:** ADOLPHVS • D • G • S • R • I • PR • & • AB • FVLD • D • A • A • P • G • & G • P • **Rev:** Helmeted and mitred arms with small central shield **Rev. Legend:** CANDORE ET AMORE **Note:** Dav. #2257.

Date	Mintage	VG	F	VF	XF	Unc
1729	—	300	550	950	1,800	3,000

KM# 74.3 THALER
Silver **Ruler:** Adolph **Obv:** Larger bust, larger letters in legend **Rev:** Helmeted and mitred arms with small central shield **Note:** Dav. #2258.

Date	Mintage	VG	F	VF	XF	Unc
1729	—	300	550	900	1,650	2,850

KM# 74.2 THALER
Silver **Ruler:** Adolph **Obv:** Cloaked bust right **Obv. Legend:** ...PRINCE*++*ABB+FVLD **Rev:** Helmeted and mitred arms with small central shield **Note:** Dav. #2259.

Date	Mintage	VG	F	VF	XF	Unc
1737 PPW Rare	—	—	—	—	—	—

KM# 84 THALER
Silver **Ruler:** Adolph **Rev:** Crowned and mantled arms supported by 2 lions, date divided below **Note:** Dav. #2260.

Date	Mintage	VG	F	VF	XF	Unc
1737 Rare	—	—	—	—	—	—

KM# 86 THALER
Silver **Ruler:** Amandus **Obv:** Capped, draped bust right **Obv. Legend:** ANANDVS • D • G • S • R • I • PRINC • ET • ABB • FVLD • **Rev:** Helmeted ornate 4-fold arms, date below **Rev. Legend:** ...IVSTITIA •

Date	Mintage	VG	F	VF	XF	Unc
1738 ND	—	1,200	2,000	3,750	6,000	—

TRADE COINAGE

KM# 80 1/2 CAROLIN (5 Gulden)
4.8500 g., 0.7700 Gold 0.1201 oz. AGW **Ruler:** Adolph **Obv:** Bust of Adolph right **Rev:** Cruciform crowned monograms around value, date below

Date	Mintage	VG	F	VF	XF	Unc
1734	—	375	850	1,650	3,300	—
1735	—	375	850	1,650	3,300	—

FULDA

Date	Mintage	VG	F	VF	XF	Unc
1728	—	850	1,750	3,500	7,200	—
1730	—	900	1,850	3,750	7,800	—

KM# 75 8 DUCAT
28.0000 g., 0.9860 Gold 0.8876 oz. AGW **Ruler:** Adolph

Date	Mintage	VG	F	VF	XF	Unc
1729	—	—	—	19,500	28,500	—

KM# 88 8 DUCAT
28.0000 g., 0.9860 Gold 0.8876 oz. AGW **Ruler:** Amandus **Obv:** Capped, draped bust right **Rev:** Helmeted ornate 4-fold arms, date below **Note:** Struck with 1 Thaler dies, KM#86.

Date	Mintage	VG	F	VF	XF	Unc
1738 Rare	—	—	—	—	—	—

KM# 42 10 DUCAT (Portugalöser)
35.0000 g., 0.9860 Gold 1.1095 oz. AGW **Ruler:** Konstantin **Obv:** Helmeted oval arms, crowned mantle behind, date below **Rev:** 2 ships in harbor entrance **Note:** Struck with 1 Thaler dies, KM#41.

Date	Mintage	VG	F	VF	XF	Unc
1718 Rare	—	—	—	—	—	—

KM# 76 12 DUCAT
42.0000 g., 0.9860 Gold 1.3314 oz. AGW **Ruler:** Adolph **Obv:** Cloaked bust right **Rev:** Helmeted and mitred arms with small central shield **Note:** Struck with 1 Thaler dies, KM#74.

Date	Mintage	VG	F	VF	XF	Unc
1729 Rare	—	—	—	—	—	—

KM# 81 CAROLIN (10 Gulden)
9.7000 g., 0.7700 Gold 0.2401 oz. AGW **Ruler:** Adolph **Obv:** Bust right **Rev:** Crowned monograms in cruciform, value at center

Date	Mintage	VG	F	VF	XF	Unc
1734	—	250	450	1,000	2,400	—
1735	—	250	450	1,000	2,400	—

KM# 83 CAROLIN (10 Gulden)
9.7000 g., 0.7700 Gold 0.2401 oz. AGW **Ruler:** Adolph **Obv:** Bust right **Rev:** Crowned monograms in cruciform

Date	Mintage	VG	F	VF	XF	Unc
1735	—	250	450	1,000	2,400	—

KM# 40 DUCAT
3.5000 g., 0.9860 Gold 0.1109 oz. AGW **Ruler:** Konstantin **Obv:** Bust of Constantine right

Date	Mintage	VG	F	VF	XF	Unc
1715	—	450	1,200	2,250	5,100	—
1716	—	450	1,200	2,250	5,100	—
1717	—	450	1,200	2,250	5,100	—
1721	—	450	1,200	2,250	5,100	—
1726	—	450	1,200	2,250	5,100	—

KM# 70 DUCAT
3.5000 g., 0.9860 Gold 0.1109 oz. AGW **Ruler:** Adolph **Obv:** Bust right **Rev:** Arms topped by 4 helmets **Note:** Varieties exist.

Date	Mintage	VG	F	VF	XF	Unc
1726	—	325	750	1,650	3,600	—
1728	—	325	750	1,650	3,600	—
1730	—	350	800	1,750	3,850	—

KM# 87 DUCAT
3.5000 g., 0.9860 Gold 0.1109 oz. AGW **Ruler:** Amandus **Obv:** Bust right **Rev:** Helmeted 4-fold arms

Date	Mintage	VG	F	VF	XF	Unc
1738 ND	—	450	1,150	2,000	4,800	—

KM# 91 DUCAT
3.5000 g., 0.9860 Gold 0.1109 oz. AGW **Ruler:** Amandus **Subject:** 1000th Anniversary of the Abbey **Obv:** Bust right **Rev:** Radiant arms above inscription

Date	Mintage	VG	F	VF	XF	Unc
1744 ND	—	350	800	1,600	3,600	—

KM# 73 2 DUCAT
7.0000 g., 0.9860 Gold 0.2219 oz. AGW **Ruler:** Adolph **Obv:** Adolph

BISHOPRIC

REGULAR COINAGE

KM# 105 2 HELLER
Copper **Ruler:** Adalbert II **Obv:** Crowned AEF script monogram **Rev:** FFLM, value, date

Date	Mintage	VG	F	VF	XF	Unc
1759	—	5.00	11.00	22.00	45.00	—

KM# 134 PFENNIG
Copper **Ruler:** Heinrich VIII **Obv:** Crowned HEF monogram **Rev:** Value and date

Date	Mintage	VG	F	VF	XF	Unc
1769	—	6.00	15.00	30.00	65.00	—

KM# 135 2 PFENNIG
Billon **Ruler:** Heinrich VIII **Obv:** Crowned HEF monogram **Rev:** Value and date

Date	Mintage	VG	F	VF	XF	Unc
1769	—	30.00	65.00	150	275	—

KM# 106 3 PFENNIG
Billon **Ruler:** Adalbert II **Obv:** Crowned monogram **Rev:** Value 3 within orb **Note:** Similar to 6 Pfennig, KM#102.

Date	Mintage	VG	F	VF	XF	Unc
1759 Rare	—	—	—	—	—	—

KM# 124 4 PFENNIG
Billon **Ruler:** Heinrich VIII **Obv:** Crowned arms **Rev:** Value and date

Date	Mintage	VG	F	VF	XF	Unc
1763	—	30.00	60.00	125	250	—

KM# 102 6 PFENNIG
Billon **Ruler:** Adalbert II **Obv:** Crowned monogram **Rev:** Value within orb

Date	Mintage	VG	F	VF	XF	Unc
1758	—	7.00	16.00	30.00	65.00	—
1759	—	40.00	90.00	200	425	—

KM# 103 KREUZER
Billon **Ruler:** Adalbert II **Obv:** Bust right **Rev:** Value, date in cartouche

Date	Mintage	VG	F	VF	XF	Unc
1758	—	6.00	18.00	37.00	75.00	—
1759	—	6.00	18.00	37.00	75.00	—

KM# 107 KREUZER
Billon **Ruler:** Adalbert II **Obv:** Crowned monogram **Rev:** Value, date in cartouche, FFLM

Date	Mintage	VG	F	VF	XF	Unc
1759	—	6.00	18.00	37.00	75.00	—

KM# 128 KREUZER
Billon **Ruler:** Heinrich VIII **Obv:** Crowned arms **Rev:** Value and date **Note:** Varieties exist.

Date	Mintage	VG	F	VF	XF	Unc
1765 HM	—	10.00	25.00	50.00	105	—
1769 VH	—	10.00	25.00	50.00	105	—

KM# 96 4 KREUZER
Billon **Ruler:** Adalbert II **Obv:** FURST.FULD., 3 shields around **Rev:** LAND MUNZ, value, date

Date	Mintage	VG	F	VF	XF	Unc
1757 ND	—	10.00	25.00	55.00	110	—

KM# 97 4 KREUZER
Billon **Ruler:** Adalbert II **Obv:** F.F., 3 shields around **Rev:** Value within round frame

Date	Mintage	VG	F	VF	XF	Unc
1757 ND	—	12.00	25.00	50.00	100	—
1758 ND	—	12.00	25.00	50.00	100	—

KM# 125 5 KREUZER
Billon **Ruler:** Heinrich VIII **Obv:** Crowned arms in palm branches **Rev:** Value and date in ornamental border

Date	Mintage	VG	F	VF	XF	Unc
1763 ND	—	7.50	18.00	37.00	75.00	—
1764	—	7.50	18.00	37.00	75.00	—
1765	—	7.50	18.00	37.00	75.00	—

KM# 129 5 KREUZER
Billon **Ruler:** Heinrich VIII **Obv:** Crowned arms within ornate square **Rev:** Value and date within ornate square

Date	Mintage	VG	F	VF	XF	Unc
1765	—	9.00	22.00	45.00	90.00	—

KM# 130 5 KREUZER
Billon **Ruler:** Heinrich VIII **Obv:** Crowned monogram within ornate square **Rev:** Value, date within ornate square

Date	Mintage	VG	F	VF	XF	Unc
1765	—	15.00	30.00	60.00	135	—

KM# 108 6 KREUZER
Silver **Ruler:** Heinrich VIII **Obv:** Crowned monogram **Rev:** Value, date, mintmaster's initials in 5 lines

Date	Mintage	VG	F	VF	XF	Unc
1759 IFM Rare	—	—	—	—	—	—

KM# 120 10 KREUZER
Silver **Ruler:** Heinrich VIII **Obv:** Crowned arms **Rev:** Value and date

Date	Mintage	VG	F	VF	XF	Unc
1761	—	—	—	—	—	—

Note: Reported, not confirmed

KM# A131 10 KREUZER
Silver **Ruler:** Heinrich VIII **Note:** Similar to 20 Kreuzer, KM#A126.

Date	Mintage	VG	F	VF	XF	Unc
1763	—	30.00	75.00	150	300	—

KM# 131 10 KREUZER
Silver **Ruler:** Heinrich VIII **Obv:** Crowned 4-fold arms on pedestal with value **Rev:** Date within ornaments

Date	Mintage	VG	F	VF	XF	Unc
1765	—	12.00	30.00	60.00	120	—
1766	—	12.00	30.00	60.00	120	—

KM# 145 10 KREUZER
Silver **Ruler:** Heinrich VIII **Subject:** Death of the Bishop **Obv:** Helmeted 4-fold arms with ornaments **Rev:** Inscription

Date	Mintage	VG	F	VF	XF	Unc
1788	—	20.00	45.00	90.00	180	—

GERMAN STATES — FULDA

KM# 98 12 KREUZER
Silver **Ruler:** Adalbert II **Obv:** 3 crowned shields dividing date below **Rev:** Value in baroque frame **Rev. Legend:** FURST FULD LAND MUNZ

Date	Mintage	VG	F	VF	XF	Unc
1757 ND	—	45.00	80.00	150	300	—

KM# 109 12 KREUZER
Silver **Ruler:** Adalbert II **Obv:** 3 crowned ornate shields **Rev:** Value, date, mintmaster's initials in 5 lines

Date	Mintage	VG	F	VF	XF	Unc
1759 IFM	—	45.00	75.00	150	300	—

KM# 110 12 KREUZER
Silver **Ruler:** Adalbert II **Obv:** Crown above three shields of arms **Rev:** In cartouche

Date	Mintage	VG	F	VF	XF	Unc
1759 IFM	—	45.00	80.00	150	300	—

KM# 104 20 KREUZER
Silver **Ruler:** Adalbert II **Obv:** Bust right, inscription completely around **Rev:** NACH DEM... around 3 crowned shields, date **Note:** Convention 20 Kreuzer.

Date	Mintage	VG	F	VF	XF	Unc
1758	—	20.00	45.00	90.00	185	—

KM# 111 20 KREUZER
Silver **Ruler:** Adalbert II **Obv:** Inscription only part way around

Date	Mintage	VG	F	VF	XF	Unc
1759 IFM	—	—	—	—	—	—

KM# 122 GROSCHEN (1/24 Thaler)
Billon **Ruler:** Heinrich VIII **Obv:** F above arms **Rev:** Figure of St. Boniface

Date	Mintage	VG	F	VF	XF	Unc
1762	—	7.50	15.00	35.00	75.00	—
1763	—	7.50	15.00	35.00	75.00	—
1764	—	7.50	15.00	35.00	75.00	—

KM# 99 1/6 THALER
Silver **Ruler:** Adalbert II **Obv:** Bust right **Rev:** Value, date

Date	Mintage	VG	F	VF	XF	Unc
1757	—	20.00	45.00	90.00	185	—

KM# 100 1/6 THALER
Silver **Ruler:** Adalbert II **Obv:** 3 crowned shields **Rev:** Value, date

Date	Mintage	VG	F	VF	XF	Unc
1757	—	25.00	55.00	110	225	—

KM# 101 1/6 THALER
Silver **Ruler:** Adalbert II **Obv:** Crowned monogram **Rev:** Value, date

Date	Mintage	VG	F	VF	XF	Unc
1757 ND	—	20.00	35.00	75.00	150	—
1758 ND	—	20.00	35.00	75.00	150	—
1759 ND	—	20.00	35.00	75.00	150	—

KM# 153 1/2 THALER
Silver **Ruler:** Adalbert III **Obv:** Bust right **Rev:** Crowned 4-fold arms **Note:** Contribution 1/2 Thaler.

Date	Mintage	VG	F	VF	XF	Unc
1796	—	60.00	125	250	525	—

KM# 112 2/3 THALER (1/2 Conventionstaler)
Silver **Ruler:** Heinrich VIII **Obv:** Bust right, inscription completely around **Rev:** NACH DEM... around 3 crowned shields, date

Date	Mintage	VG	F	VF	XF	Unc
1759 IFM	—	30.00	75.00	150	300	—

KM# 127 THALER
Silver **Ruler:** Heinrich VIII **Obv:** Draped bust with cloak below right **Rev:** Crowned and helmeted arms, value in exergue, value stated X **Note:** Dav. #2261.

Date	Mintage	VG	F	VF	XF	Unc
1764 ND Rare	—	—	—	—	—	—

KM# 133 THALER
Silver **Ruler:** Heinrich VIII **Rev:** VH with date. **Note:** Dav. #2262A.

Date	Mintage	VG	F	VF	XF	Unc
1765 VH	—	500	1,000	2,000	3,750	6,500

KM# 121 20 KREUZER
Silver **Ruler:** Heinrich VIII **Obv:** Draped bust right **Rev:** Mitres and Cardinal's hat above 4-fold arms on pedestal with value

Date	Mintage	VG	F	VF	XF	Unc
1761	—	35.00	75.00	150	300	—
1762	—	35.00	75.00	150	300	—
1763	—	35.00	75.00	150	300	—
1764	—	35.00	75.00	150	300	—
1765	—	35.00	75.00	150	300	—
1766	—	35.00	75.00	150	300	—
1767	—	35.00	75.00	150	300	—
1768	—	35.00	75.00	150	300	—
1769	—	35.00	75.00	150	300	—
1770	—	35.00	75.00	150	300	—

KM# A126 20 KREUZER
Silver **Ruler:** Heinrich VIII

Date	Mintage	VG	F	VF	XF	Unc
1763	—	35.00	75.00	150	300	—

KM# 126 20 KREUZER
Silver **Ruler:** Heinrich VIII **Obv:** Crowned round arms within branches **Rev:** Vaue and date within ornate wreath

Date	Mintage	VG	F	VF	XF	Unc
1763	—	20.00	50.00	125	200	—

KM# 146 20 KREUZER
Silver **Ruler:** Heinrich VIII **Subject:** Death of the Bishop **Obv:** Helmeted 4-fold arms with ornaments **Rev:** Inscription

Date	Mintage	VG	F	VF	XF	Unc
1788	—	20.00	45.00	90.00	180	—

KM# 123 1/2 THALER
Silver **Ruler:** Heinrich VIII **Obv:** Draped bust right **Rev:** Crown, mitre and helmet above two shields **Note:** Convention 1/2 Thaler.

Date	Mintage	VG	F	VF	XF	Unc
1762	—	30.00	75.00	150	300	—

KM# 154 1/2 THALER
Silver **Ruler:** Adalbert III **Obv:** Crowned 4-fold arms **Rev:** Legend within wreath

Date	Mintage	VG	F	VF	XF	Unc
1796	—	35.00	80.00	160	325	—

KM# 132 THALER
Silver **Ruler:** Heinrich VIII **Obv:** Draped bust with cloak below right **Obv. Legend:** HENRICUS D • G • EPIS • ET ABB • FULD • S • R • I • PR • **Rev:** Crowned and helmeted arms, HM below exergue **Rev. Legend:** CONSILIO ET AEQUITATE, below: 10/EINE FEINE MARCK/HM• **Note:** Value stated "10". Dav. #2262.

Date	Mintage	VG	F	VF	XF	Unc
1765 HM	—	500	1,000	2,000	4,000	7,000

KM# 147 THALER
Silver **Ruler:** Heinrich VIII **Obv:** St. Boniface in ornamented frame **Obv. Legend:** MONETA CAPIT CATHEDR: FULD: SEDE VACANTE. 1788., X/E.F.M. in frame below **Rev:** Arms within crowned mantle, 15 shields surround **Note:** Sede vacante issue. Dav. #2263.

Date	Mintage	VG	F	VF	XF	Unc
1788	—	150	200	350	650	1,250

FURSTENBERG-STUHLINGEN

KM# 140 DUCAT
3.5000 g., 0.9860 Gold 0.1109 oz. AGW **Ruler:** Heinrich VIII **Obv:** Draped bust with cloak below right **Rev:** Helmeted 4-fold arms

Date	Mintage	F	VF	XF	Unc	BU
1779	—	450	900	1,500	3,000	—

KM# 141 DUCAT
3.5000 g., 0.9860 Gold 0.1109 oz. AGW **Ruler:** Heinrich VIII **Obv:** Bust right **Rev:** Inscription

Date	Mintage	F	VF	XF	Unc	BU
1779	—	450	900	1,250	2,800	—

KM# 142 DUCAT
3.5000 g., 0.9860 Gold 0.1109 oz. AGW **Ruler:** Heinrich VIII **Obv:** 3 helmeted arms **Rev:** 9-line inscription

Date	Mintage	F	VF	XF	Unc	BU
1779	—	600	1,200	2,250	3,750	—

KM# 113 2 DUCAT
7.0000 g., 0.9860 Gold 0.2219 oz. AGW **Ruler:** Adalbert II **Obv:** Bust right **Rev:** Crowned arms with lion supporters

Date	Mintage	F	VF	XF	Unc	BU
1759	—	1,750	3,500	7,500	12,500	—

KM# 150 THALER
Silver **Ruler:** Adalbert III **Obv:** Ruffed collar bust right **Obv. Legend:** ADALBERTUS D. G. EPIS: ET ABB: FULD: S. R. I. PR: **Rev:** Crowned 4-fold arms **Rev. Legend:** PRO DEO ET PATRIA, X EINE FEINE MARCK and date below **Note:** Contribution Thaler. Adalbert. Dav. #2264.

Date	Mintage	VG	F	VF	XF	Unc
1795	—	100	200	325	550	950
1796	—	75.00	150	275	450	850

PATTERNS

Including off metal strikes

KM#	Date	Mintage Identification	Mkt Val
Pn2	1726	— Ducat. Silver. KM#40, Constantine.	—
Pn3	1726	— Ducat. Lead. KM#70, Adolph.	—
Pn4	1726	— Ducat. Silver. KM#70.	—
Pn8	1738	— Ducat. Silver. KM#87, Amandus.	—
Pn9	1744	— Ducat. Silver. KM#91, Amandus.	150
Pn10	1758 ND	— 1/6 Thaler. Tin. KM#101.	—
Pn11	1759	— 2 Ducat. Silver. KM#113, Adalbert.	—
Pn12	1779	— Ducat. Silver. KM#140.	—

FURSTENBERG

A noble family with holdings in Baden and Württemberg. The lord of Fürstenberg assumed the title of Count in the 13th century, which was raised to the rank of Prince in 1664. The Fürstenberg possessions were mediatized in 1806.

FURSTENBERG-PURGLITZ

RULERS
Karl Egon I, 1762-1787
Philipp Maria Josef, 1787-1790
Karl Gabriel Maria, 1790-1799
Karl Egon II, 1799-1804

PRINCIPALITY TRADE COINAGE

KM# 5 DUCAT
3.5000 g., 0.9860 Gold 0.1109 oz. AGW **Ruler:** Karl Egon I **Obv:** Bust right **Rev:** Crowned and mantled arms

Date	Mintage	VG	F	VF	XF	Unc
1772	—	1,500	3,000	5,750	9,500	—

KM# 151 THALER
Silver **Ruler:** Adalbert III **Obv:** Helmeted 4-fold arms **Obv. Legend:** ADALBERTUS D. G. EPIS: ET ABB: FULD: S. R. I. PR: **Rev:** Legend and date within palm and laurel branches, value below **Rev. Legend:** PRO DEO/ET/PATRIA./1795., X/EINE F./MARCK. below **Note:** Dav. #2265.

Date	Mintage	VG	F	VF	XF	Unc
1795	—	90.00	180	300	550	950

KM# 152 THALER
Silver **Ruler:** Adalbert III **Obv:** Ruffed collar bust right **Obv. Legend:** ADALBERTUS D. G. EPIS: ET ABB: FULD: S. R. I. PR: **Rev:** Legend and date within palm and laurel branches, value below **Rev. Inscription:** PRO DEO / ET PATRIA. / 1795., X / EINE F: / MARCK. below **Note:** Dav. #2266.

Date	Mintage	VG	F	VF	XF	Unc
1795	—	115	225	375	750	1,150

TRADE COINAGE

FURSTENBERG-STUHLINGEN

RULERS
Prosper Ferdinand, 1681-1704
Josef Wilhelm Ernst, 1704-1762
Josef Wenzel, 1762-1783
Josef Maria Benedict, 1783-1796
Karl Joachim, 1796-1804

MINT MARKS
G - Günzburg

MINT OFFICIALS' INITIALS

Initials	Date	Name
ARW	1742-84	Adam Rudolph Werner, die-cutter in Stuttgart
CH	1784-1808	Christian Heugelin, warden in Stuttgart
ILW, W	1798-1845	Johann Ludwig Wagner, die-cutter in Stuttgart
V	?-1740	Georg Wilhelm Vestner, die-cutter in Nürnberg

PRINCIPALITY REGULAR COINAGE

KM# 25 1/2 KREUZER
Copper **Ruler:** Josef Wenzel **Obv:** Crowned arms **Rev:** Value, date

Date	Mintage	VG	F	VF	XF	Unc
1772	—	30.00	80.00	200	375	—

KM# 26 KREUZER
Copper **Ruler:** Josef Wenzel **Obv:** Crowned arms **Rev:** Value and date

Date	Mintage	VG	F	VF	XF	Unc
1772 G	—	25.00	60.00	150	275	—
1773 G	—	10.00	22.00	45.00	100	—

KM# 29 3 KREUZER (Groschen)
1.4200 g., 0.3120 Silver 0.0142 oz. ASW **Ruler:** Josef Wenzel

Date	Mintage	F	VF	XF	Unc	BU
1772	—	—	—	—	—	—

KM# 27 1/48 THALER
Billon **Ruler:** Josef Wenzel **Obv:** Crowned arms **Rev:** Value, date

Date	Mintage	VG	F	VF	XF	Unc
1772 G	—	35.00	80.00	160	325	—

KM# 28 1/24 THALER (Groschen)
Billon **Ruler:** Josef Wenzel **Obv:** Crowned arms **Rev:** Value, date

Date	Mintage	VG	F	VF	XF	Unc
1772 G	—	40.00	90.00	180	365	—

KM# 5 THALER
Silver **Ruler:** Josef Wilhelm Ernst **Obv:** Armored bust right **Obv. Legend:** IOS: WILH: ERN: S.R.I. PRINC. IN FURSTENBERG: LANDGRAV: IN BAAR & STUHLINGEN **Rev:** View of mines and valley with figures at work **Rev. Inscription:** AVSBEUT THALER VON S. IOSEPHS COBOLD / UND SILBER ZECHE. **Note:** Mining Thaler. Dav. #2267.

Date	Mintage	F	VF	XF	Unc	BU
1729 V	1,167	700	1,500	3,500	6,500	—

GERMAN STATES — FURSTENBERG-STUHLINGEN

Josef Wilhelm Ernst **Obv:** Armored bust right **Rev:** Arms within Order chain and crowned mantle

Date	Mintage	VG	F	VF	XF	Unc
1750	—	850	1,500	3,500	7,000	—
1751	—	850	1,500	3,500	7,000	—
1754	—	1,800	2,650	4,500	8,500	—

PATTERNS

Including off metal strikes

KM#	Date	Mintage	Identification	Mkt Val
Pn1	1729 V	—	Thaler. Tin. KM#5	175

FURTHER AUSTRIA

(Vorderösterreich)

Name given to imperial lands in South Swabia in the 18th century. In 1805 it was divided by Baden and Bavaria.

RULERS
Franz II (Austria), 1792-1805

MINT MARKS
A - Wien
F - Hall
G - Baia Mare (Nagybanya)
H - Günzburg

KM# 15 THALER

Silver **Ruler:** Josef Wilhelm Ernst **Obv:** Armored bust right **Obv. Legend:** IOSEPH WILH • ERNEST • S • R • I • PR • DE FURSTENBERG **Rev:** Crowned arms within Order chain and ornate frame **Rev. Inscription:** AD LEGEM CONVENTIONIS., in exergue: AUSBEUT THALER / VON S. SOPHIA KOBOLD / UND SILBER ZECHE / BEY WITICHEN / 1762 **Note:** Dav. #2268.

Date	Mintage	F	VF	XF	Unc	BU
1762	725	650	1,250	2,000	3,250	—

KM# 30 THALER

Silver **Ruler:** Josef Maria Benedict **Obv:** Armored bust left **Obv. Legend:** IOS • M • B • FURST ZU FURSTENBERG L • I • D • X B • U • Z • ST • H • Z • HAUSEN I • KINZ • THAL, in exergue: X EINE FEINE MARK **Rev:** View of the mines, inscription below **Rev. Legend:** MIT GOTT DURCH KUNST U • ARBEIT, in exergue: DIE GRUBE FRIED • CHRIST • GABS/ZUR AUSBEUT IM QUARTAL/CRUCIS •1790• **Note:** Dav. #2271.

Date	Mintage	F	VF	XF	Unc	BU
1790	806	700	1,450	2,750	4,500	—

KM# 18 3 THALER

Silver, 65 mm. **Ruler:** Josef Wenzel **Obv:** Large armored bust right **Obv. Legend:** IOSEPHUS WENCESLAUS • S • R • I • PRINCEPS • DE FURSTENBERG • **Rev:** Mining scene with St. Wenzel to right, legend and date in exergue **Rev. Legend:** SYDERA FAVENT INDUSTRIAE., in exergue; DIE GRUB S• WENCESLAUS:•/BEY WOLFFACH KAME IN AUS/BEUT IM QUARTAL REMI/NISCERE/•1767• **Note:** Dav. #LS277. Illustration reduced.

Date	Mintage	VG	F	VF	XF	Unc
1767 ARW	—	1,650	3,250	5,750	9,750	—

KM# 16 THALER

Silver **Ruler:** Josef Wenzel **Obv:** Armored bust right **Obv. Legend:** IOSEPHUS WENCESLAUS • S • R • I • PR • DE FURSTENBERG • **Rev:** Mining scene with St. Wenzel to right, legend and date in exergue **Rev. Legend:** AD LEGEM CONVENTIONIS **Rev. Inscription:** DIE. GRUB S. WENCESLAUS / BEY WOLFFACH KAME IN / AUSBEUTH IM QUAR / TAL REMINISCERE / • 1767 • **Note:** Dav. #2270.

Date	Mintage	F	VF	XF	Unc	BU
1767 ARW	500	900	1,750	3,000	5,500	—

KM# 19 4 THALER

Silver **Ruler:** Josef Wenzel **Obv:** Armored bust right **Rev:** Mining scene with St. Wenzel to right, legend and date in exergue **Note:** Dav. #LS276.

Date	Mintage	VG	F	VF	XF	Unc
1767 ARW Rare	150	3,500	7,000	12,500	—	—

Note: Heritage Long Beach Auction 441, 9-07, prooflike realized $38,750

KM# 20 8 THALER

Silver **Ruler:** Josef Wenzel **Obv:** Armored bust right **Rev:** Mining scene with St. Wenzel to right, legend and date in exergue

Date	Mintage	VG	F	VF	XF	Unc
1767 ARW Rare	—	—	—	—	—	—

TRADE COINAGE

KM# 17 THALER

Silver **Ruler:** Josef Wenzel **Obv:** Plainer armor breast plate **Obv. Legend:** IOSEPHUS WENCESLAUS • S • R • I • PR • DE FURSTENBERG **Rev:** Mining scene with St. Wenzel to right, legend and date in exergue **Rev. Inscription:** AD LEGEM CONVENTIONIS, in exergue: DIE. GRUB S. WENCESLAUS / BEY WOLFFACH KAME IN / AUSBEUTH IM QUAR / TAL REMINISCERE / • 1767 • **Note:** Dav. #2270A.

Date	Mintage	F	VF	XF	Unc	BU
1767 ARW	—	950	1,850	3,250	6,000	—

KM# 10 DUCAT

3.5000 g., 0.9860 Gold 0.1109 oz. AGW **Ruler:**

PROVINCE REGULAR COINAGE

KM# 5 HELLER

0.9000 g., Copper, 16.4 mm. **Ruler:** Josef II **Mint:** Gunzburg **Note:** Varieties exist with and without period after date.

Date	Mintage	VG	F	VF	XF	Unc
1783H	—	10.00	25.00	55.00	110	—
1784H	—	9.00	18.00	37.00	75.00	—
1785H	—	9.00	18.00	37.00	75.00	—
1787H	—	10.00	25.00	55.00	110	—
1788H	—	9.00	18.00	37.00	75.00	—
1789H	—	9.00	18.00	37.00	75.00	—
1790H	—	9.00	18.00	37.00	75.00	—
1791H	—	10.00	25.00	55.00	110	—
1792H	—	10.00	25.00	55.00	110	—

KM# 21 HELLER

Copper **Ruler:** Franz II **Mint:** Gunzburg **Note:** Varieties exist with and without period after date.

Date	Mintage	VG	F	VF	XF	Unc
1793H	—	10.00	22.00	45.00	120	—
1797H	—	10.00	22.00	45.00	120	—
1798H	—	—	—	—	—	—
1799H	—	12.00	30.00	60.00	185	—

KM# 6 1/4 KREUTZER

Copper **Ruler:** Josef II **Obv:** Crowned arms **Rev:** Value and date **Mint:** Gunzburg

Date	Mintage	VG	F	VF	XF	Unc
1783H	—	8.00	18.00	37.00	75.00	—
1784H	—	10.00	25.00	55.00	110	—
1789H	—	8.00	18.00	37.00	75.00	—
1790H	—	10.00	25.00	55.00	110	—

KM# 17 1/4 KREUTZER

1.9900 g., Copper **Ruler:** Franz II **Obv:** Crowned arms **Rev:** Value and date **Mint:** Gunzburg

Date	Mintage	VG	F	VF	XF	Unc
1792H Rare	—	—	—	—	—	—
1793H	—	25.00	55.00	110	225	—
1797H	—	25.00	55.00	110	225	—
1798H Rare	—	—	—	—	—	—
1799H Rare	—	—	—	—	—	—
1800H Rare	—	—	—	—	—	—

KM# 8 1/2 KREUTZER

Copper **Ruler:** Josef II **Obv:** Crowned arms, legend of Josef II **Rev:** Value and date in cartouche **Mint:** Gunzburg **Note:** Varieties exist.

Date	Mintage	VG	F	VF	XF	Unc
1784H	—	15.00	37.00	75.00	150	—
1789H	—	12.00	30.00	65.00	135	—

KM# 15 1/2 KREUTZER

Copper **Obv:** Crowned arms, legend of Leopold II **Mint:** Gunzburg

Date	Mintage	VG	F	VF	XF	Unc
1791H Rare	—	—	—	—	—	—
1792H Rare	—	—	—	—	—	—

KM# 18 1/2 KREUTZER

3.8800 g., Copper **Obv:** Crowned arms, legend of Leopold II **Mint:** Gunzburg

Date	Mintage	VG	F	VF	XF	Unc
1792H Rare	—	—	—	—	—	—
1793H	—	40.00	100	160	335	—
1795H	—	40.00	100	160	335	—
1797H Rare	—	—	—	—	—	—
1798H Rare	—	—	—	—	—	—
1799H Rare	—	—	—	—	—	—
1800H Rare	—	—	—	—	—	—

GOSLAR

KM# 7 KREUTZER
Copper **Ruler:** Josef II **Obv:** Crowned arms, legend of Josef II **Rev:** Value and date in cartouche

Date	Mintage	VG	F	VF	XF	Unc
1783	—	25.00	55.00	110	225	—
1784	—	25.00	60.00	120	240	—
1789	—	25.00	60.00	120	240	—

KM# 16 KREUTZER
Copper **Ruler:** Leopold II **Obv:** Legend of Leopold II **Mint:** Gunzburg

Date	Mintage	VG	F	VF	XF	Unc
1791H Rare	—	—	—	—	—	—
1792H	—	12.00	30.00	65.00	135	265

KM# 19 KREUTZER
7.7700 g., Copper **Ruler:** Franz II **Obv:** Crowned divided arms within ornate shield **Rev:** Value and date within cartouche **Mint:** Gunzburg

Date	Mintage	VG	F	VF	XF	Unc
1792H	—	8.00	18.00	37.00	75.00	—
1793H	—	8.00	18.00	37.00	75.00	—
1794H	—	8.00	18.00	37.00	75.00	—
1795H	—	8.00	18.00	37.00	75.00	—

KM# 9 3 KREUTZER
Billon **Ruler:** Josef II **Mint:** Gunzburg

Date	Mintage	VG	F	VF	XF	Unc
1786H	—	25.00	60.00	120	245	—
1787H	—	25.00	60.00	120	245	—
1791H	—	25.00	60.00	120	245	—
1792H	—	25.00	60.00	120	245	—

KM# 22 3 KREUTZER
1.5000 g., 0.3120 Silver 0.0150 oz. ASW, 19 mm. **Ruler:** Franz II

Date	Mintage	VG	F	VF	XF	Unc
1793A	—	25.00	60.00	135	275	—
1793H	—	25.00	60.00	135	275	—
1794H	—	25.00	55.00	110	225	—
1794A Rare	—	—	—	—	—	—
1795H	—	25.00	60.00	135	275	—
1796H	—	25.00	60.00	135	275	—
1797H	—	25.00	60.00	135	275	—
1799H Rare	—	—	—	—	—	—
1800H Rare	—	—	—	—	—	—

KM# 10 6 KREUTZER
Billon **Obv:** 3 Shields of arms, lower on divides date **Rev:** Value above sprays **Mint:** Gunzburg **Note:** Similar to KM#20.

Date	Mintage	VG	F	VF	XF	Unc
1786H	—	8.00	18.00	37.00	75.00	—
1787H	—	8.00	18.00	37.00	75.00	—
1788H	—	8.00	18.00	37.00	75.00	—
1792H	—	12.00	30.00	60.00	120	—

KM# 20 6 KREUTZER
2.4500 g., 0.3750 Silver 0.0295 oz. ASW **Ruler:** Franz II **Obv:** 3 Shields of arms, lower one divides date **Rev:** Value above sprays

Date	Mintage	VG	F	VF	XF	Unc
1792H	—	10.00	25.00	55.00	110	—
1793A	—	10.00	25.00	55.00	110	—
1793H	—	10.00	25.00	55.00	110	—
1794H	—	10.00	25.00	55.00	110	—
1794A Rare	—	—	—	—	—	—
1795H	—	10.00	25.00	55.00	110	—
1796H	—	10.00	25.00	55.00	110	—
1797H	—	10.00	25.00	55.00	110	—
1798H	—	10.00	25.00	55.00	110	—
1799H	—	10.00	25.00	55.00	110	—
1800H	—	10.00	25.00	55.00	110	—

GOSLAR FREE CITY

The small city of Goslar is located on the northern flank of the Harz Mountains, about 26 miles (44 kilometers) west of Halberstadt. It was founded as a free city by Emperor Heinrich I (918-936) about the year 920 and was later a royal residence, as well as the site of an imperial mint. Goslar was ideally situated close to mines in the Harz Mountains which produced an abundance of metals including copper and silver among others. The growing town became a member of the Hanseatic League in the mid-14th century and was soon producing its own coinage. The free imperial status of Goslar came to an end in 1802 when it passed to the rule of Prussia. It became a part of the Kingdom of Westphalia from 1807 until 1813, after which it was returned to Prussia for a short time. It was then assigned to Hannover in the peace which ended the Napoleonic Wars in 1815. When Hannover was annexed by Prussia in 1866, Goslar was once again in the Prussian fold.

MINT OFFICIALS' INITIALS

Initials	Date	Name
FRH	Ca.1717	Unknown
HAH	Ca.1716-18	Unknown
HCRF	1734-64	Heinrich Christoph Rudolph Friese
IAB	1705	Johann Albert Bar
IAH	Ca.1712-16	Unknown, possibly Johann Anselm Hallaicher

ARMS
Crowned eagle.

REFERENCES:
C = Heinrich Philipp Cappe, **Beschreibung der Münzen von Goslar,** Dresden, 1860.

Sch = Wolfgang Schulten, **Deutsche Münzen aus der Zeit Karls V,** Frankfurt am Main, 1976.

S = Hugo Frhr. Von Saurma-Jeltsch, **Die Saurmasche Münzsammlung deutscher, schweizerischer und polnischer Gepräge von etwa dem Beginn der Groschenzeit bis zur Kipperperiode,** Berlin, 1892.

REGULAR COINAGE

KM# 107 PFENNIG
Copper **Obv:** Madonna in rays, divides GOS-LAR, city arms below **Rev:** Value, date, mintmaster's initials in 6 lines

Date	Mintage	VG	F	VF	XF	Unc
1737 HCRF	—	5.00	12.00	25.00	50.00	—
1738 HCRF	—	5.00	12.00	25.00	50.00	—
1741 HCRF	—	5.00	12.00	25.00	50.00	—
1742 HCRF	—	5.00	12.00	25.00	50.00	—
1743 HCRF	—	5.00	12.00	25.00	50.00	—
1744 HCRF	—	5.00	12.00	25.00	50.00	—
1745 HCRF	—	5.00	12.00	25.00	50.00	—
1746 HCRF	—	5.00	12.00	25.00	50.00	—
1748 HCRF	—	5.00	12.00	25.00	50.00	—
1749 HCRF	—	5.00	12.00	25.00	50.00	—
1750 HCRF	—	5.00	12.00	25.00	50.00	—
1751 HCRF	—	5.00	12.00	25.00	50.00	—
1763 HCRF	—	5.00	12.00	25.00	50.00	—

KM# 120 PFENNIG
Copper **Obv:** Full-length Madonna in wide mantle **Obv. Legend:** MARIA MATER **Rev:** Value, date in 5 lines

Date	Mintage	VG	F	VF	XF	Unc
1752	—	4.00	10.00	22.00	45.00	—
1753	—	4.00	10.00	22.00	45.00	—

KM# 116 LEICHTER PFENNIG (Light Pfenning)
Copper **Obv:** Madonna with rays, GOSLAR below **Rev:** Value, date in 4 lines

Date	Mintage	VG	F	VF	XF	Unc
1749	—	5.00	10.00	22.00	45.00	—
1753	—	5.00	10.00	22.00	45.00	—
1757	—	5.00	10.00	22.00	45.00	—
1758	—	5.00	10.00	22.00	45.00	—

KM# 125 LEICHTER PFENNIG (Light Pfenning)
Copper **Obv:** Madonna in rays **Rev:** Value, date **Note:** Similar to KM#116.

Date	Mintage	VG	F	VF	XF	Unc
1763	—	6.00	12.00	25.00	50.00	—
1764	—	6.00	12.00	25.00	50.00	—

KM# 121 PFENNIG
Copper **Obv:** Madonna with narrow mantle **Rev:** Value, date

Date	Mintage	VG	F	VF	XF	Unc
1752	—	4.00	10.00	22.00	45.00	—
1753	—	4.00	10.00	22.00	45.00	—
1756	—	4.00	10.00	22.00	45.00	—
1759	—	4.00	10.00	22.00	45.00	—
1760	—	4.00	10.00	22.00	45.00	—

KM# 126 PFENNIG
Copper **Obv:** Rays on both sides of Madonna **Obv. Legend:** DOMINI MARIA MA.. **Rev:** Value, date

Date	Mintage	VG	F	VF	XF	Unc
1763 HCRF	—	4.00	10.00	22.00	45.00	—
1764 HCRF	—	4.00	10.00	22.00	45.00	—

KM# 61 PFENNIG
Billon **Obv:** GOS/ date **Note:** Uniface. Varieties exist.

Date	Mintage	VG	F	VF	XF	Unc
1707	—	33.00	60.00	110	190	—
1708	—	33.00	60.00	110	190	—

KM# 89 PFENNIG
Billon **Obv. Legend:** GOS/LAR **Rev:** Imperial orb divides date

Date	Mintage	VG	F	VF	XF	Unc
1716	—	10.00	20.00	40.00	80.00	—
1728	—	10.00	20.00	40.00	80.00	—

KM# 105 PFENNIG
Copper **Obv:** Eagle, GOSLAR on band below **Rev:** Value, date **Rev. Inscription:** I / PFENNIG / SCHEIDE / MUNTZ

Date	Mintage	VG	F	VF	XF	Unc
1734 HCRF	—	8.00	20.00	40.00	80.00	—
1735 HCRF	—	8.00	20.00	40.00	80.00	—

KM# 106 PFENNIG
Copper **Rev. Inscription:** I / PFENNING / ...

Date	Mintage	VG	F	VF	XF	Unc
1734 HCRF	—	5.00	12.00	25.00	50.00	—
1735 HCRF	—	5.00	12.00	25.00	50.00	—
1737 HCRF	—	5.00	12.00	25.00	50.00	—

KM# 85 2 PFENNIG (Gute)
Silver **Obv:** Eagle, GOSLAR in band below **Rev:** Date **Rev. Inscription:** II / GUTE / PFENNIG.

Date	Mintage	VG	F	VF	XF	Unc
1712	—	—	—	—	—	—

KM# 98 2 PFENNIG (Gute)
Silver **Obv:** Eagle **Rev. Legend:** II / GUTE / PFENNIGE / date

Date	Mintage	VG	F	VF	XF	Unc
1726	—	20.00	40.00	75.00	150	—
1749	—	20.00	40.00	75.00	150	—
1753	—	20.00	40.00	75.00	150	—
1754	—	20.00	40.00	75.00	150	—

KM# 109 2 PFENNIG (Gute)
Silver **Rev:** Date **Rev. Legend:** 2/PFENN

Date	Mintage	VG	F	VF	XF	Unc
1739	—	20.00	40.00	75.00	150	—
1740	—	20.00	40.00	75.00	150	—

KM# 77 3 PFENNIG (Dreier)
Silver **Obv. Legend:** GOS / LAR **Rev:** Imperial orb with 3 divides date

Date	Mintage	VG	F	VF	XF	Unc
1709	—	10.00	20.00	95.00	150	—
1710	—	10.00	20.00	95.00	150	—
1711	—	10.00	20.00	95.00	150	—
1716	—	10.00	20.00	95.00	150	—
1728	—	10.00	20.00	95.00	150	—
1735	—	10.00	20.00	95.00	150	—
1743	—	10.00	20.00	95.00	150	—

GERMAN STATES — GOSLAR

KM# 87 4 PFENNIG (Gute)
Billon **Obv:** Eagle **Rev:** Date **Rev. Inscription:** IIII / GUTE / PFEN **Note:** Mattier 4 Pfennig.

Date	Mintage	VG	F	VF	XF	Unc
1713	—	15.00	35.00	75.00	150	—
1714	—	15.00	35.00	75.00	150	—
1716	—	15.00	35.00	75.00	150	—
1718	—	15.00	35.00	75.00	150	—
1721	—	15.00	35.00	75.00	150	—
1722	—	15.00	35.00	75.00	150	—
1723	—	15.00	35.00	75.00	150	—
1725	—	15.00	35.00	75.00	150	—
1728	—	15.00	35.00	75.00	150	—
1733	—	15.00	35.00	75.00	150	—
1734	—	15.00	35.00	75.00	150	—

KM# 108 4 PFENNIG (Gute)
Billon, 16 mm. **Obv:** Eagle, GOSLAR in band below **Rev:** Date **Rev. Inscription:** IIII / GUTE / PFENN

Date	Mintage	VG	F	VF	XF	Unc
1734 HCRF	—	—	—	—	—	—
1738 HCRF	—	12.00	30.00	60.00	120	—
1741 HCRF	—	12.00	30.00	60.00	120	—
1742 HCRF	—	12.00	30.00	60.00	120	—
1744 HCRF	—	12.00	30.00	60.00	120	—
1745 HCRF	—	12.00	30.00	60.00	120	—
1746 HCRF	—	12.00	30.00	60.00	120	—
1748 HCRF	—	12.00	30.00	60.00	120	—
1752 HCRF	—	12.00	30.00	60.00	120	—

KM# 128 4 PFENNIG (Gute)
Billon **Obv:** Eagle above ribbon with GOSLAR imprinted **Rev:** Date and value in center **Rev. Legend:** NACH DEM

Date	Mintage	VG	F	VF	XF	Unc
1764 HCRF	—	25.00	35.00	75.00	150	300

KM# 78 6 PFENNIG
Silver **Obv:** Eagle, GOSLAR in band below **Rev:** Imperial orb with VI divides date **Note:** Varieties exist.

Date	Mintage	VG	F	VF	XF	Unc
1709	—	10.00	22.00	45.00	95.00	—
1710	—	10.00	22.00	45.00	90.00	—
1711	—	10.00	22.00	45.00	90.00	—
1712	—	10.00	22.00	45.00	90.00	—
1712 IAH	—	10.00	22.00	45.00	100	—
1713 IAH	—	10.00	22.00	45.00	100	—
1714 IAH	—	10.00	22.00	45.00	100	—
1715	—	10.00	22.00	45.00	100	—
1722	—	10.00	22.00	45.00	95.00	—
1723	—	10.00	22.00	45.00	95.00	—
1724	—	10.00	22.00	45.00	95.00	—
1725	—	10.00	22.00	45.00	95.00	—
1726	—	10.00	22.00	45.00	95.00	—
1727	—	10.00	22.00	45.00	95.00	—
1728	—	10.00	22.00	45.00	90.00	—
1734	—	10.00	22.00	45.00	100	—
1735	—	10.00	22.00	45.00	100	—
1736	—	10.00	22.00	45.00	100	—
1736 HCRF	—	10.00	22.00	45.00	90.00	—
1737 HCRF	—	10.00	22.00	45.00	90.00	—
1738 HCRF	—	10.00	22.00	45.00	90.00	—
1739 HCRF	—	10.00	22.00	45.00	90.00	—
1740 HCRF	—	10.00	22.00	45.00	90.00	—
1742 HCRF	—	10.00	22.00	45.00	90.00	—
1743 HCRF	—	10.00	22.00	45.00	90.00	—
1744 HCRF	—	10.00	22.00	45.00	90.00	—
1747 HCRF	—	10.00	22.00	45.00	90.00	—
1748 HCRF	—	10.00	22.00	45.00	90.00	—
1755	—	75.00	150	300	500	—

KM# 127 6 PFENNIG
Billon **Obv:** City arms, plumed helmet above, GOSLAR below **Rev:** Imperial orb with VI, date **Rev. Legend:** NACH DEM

Date	Mintage	VG	F	VF	XF	Unc
1763 HCRF	—	28.00	45.00	90.00	180	—
1764 HCRF	—	28.00	45.00	90.00	180	—

KM# 129 6 PFENNIG
Billon **Obv:** Eagle above ribbon with GOSLAR imprinted **Rev:** Imperial orb with value divides date

Date	Mintage	VG	F	VF	XF	Unc
1763 HCRF	—	8.00	18.00	37.00	80.00	175
1764 HCRF	—	8.00	18.00	37.00	80.00	175

KM# 88 MARIENGROSCHEN
Silver **Rev:** Date in legend at top

Date	Mintage	VG	F	VF	XF	Unc
1714 IAH	—	20.00	45.00	90.00	180	—
1715 IAH	—	20.00	45.00	90.00	180	—
1723	—	20.00	45.00	90.00	180	—
1738 HCRF	—	20.00	45.00	90.00	180	—

KM# 130 MARIENGROSCHEN
Billon **Obv:** Helmeted city arms, inscription around **Rev:** Value, date **Rev. Legend:** NACH DEM

Date	Mintage	VG	F	VF	XF	Unc
1764 HCRF	—	25.00	50.00	100	200	—

KM# 79 1/24 THALER (Groschen)
Silver **Rev. Legend:** IMPERIALIS GOSLARIENSIS

Date	Mintage	VG	F	VF	XF	Unc
1709	—	35.00	65.00	115	230	—
1714	—	35.00	65.00	115	230	—
1716 HAH	—	35.00	65.00	115	230	—
1717 FRH	—	35.00	65.00	115	230	—
1718 HAH	—	35.00	65.00	115	230	—
1722	—	35.00	65.00	115	230	—
1724	—	35.00	65.00	115	230	—
1725	—	35.00	65.00	115	230	—
1726	—	35.00	65.00	115	230	—
1727	—	20.00	40.00	75.00	150	—
1728	—	20.00	40.00	75.00	150	—
1729	—	20.00	40.00	75.00	150	—
1737 HCRF	—	20.00	40.00	75.00	150	—

KM# 115 1/24 THALER (Groschen)
Silver **Rev:** Date divided in legend at top

Date	Mintage	VG	F	VF	XF	Unc
1740 HCRF	—	20.00	40.00	75.00	150	—

KM# 131 1/24 THALER (Groschen)
Billon **Obv:** Helmeted city arms, inscription around **Rev:** Value, date **Rev. Legend:** NACH DEM..

Date	Mintage	VG	F	VF	XF	Unc
1764 HCRF	—	20.00	35.00	75.00	150	—

KM# 86 1/12 THALER (2 Groschen)
Silver **Obv:** Helmeted arms with plumes **Rev:** Value and date within inner circle **Rev. Inscription:** XII / EINEN / THALER

Date	Mintage	VG	F	VF	XF	Unc
1712 IAH	—	18.00	40.00	80.00	165	—
1713 IAH	—	18.00	40.00	80.00	165	—
1716 IAH	—	18.00	40.00	80.00	165	—

KM# 96 1/12 THALER (2 Groschen)
Silver **Obv:** Helmeted arms with plumes **Rev:** Value and date within inner circle

Date	Mintage	VG	F	VF	XF	Unc
1722	—	15.00	40.00	85.00	120	—
1724	—	15.00	40.00	85.00	120	—
1738	—	15.00	40.00	85.00	120	—

KM# 95 1/12 THALER (2 Groschen)
Silver **Obv:** Helmeted arms **Rev:** Value and date **Rev. Legend:** IMPERIALIS GOSLARIENSIS **Note:** Similar to KM#96, different reverse legend.

Date	Mintage	VG	F	VF	XF	Unc
ND(1723)	—	20.00	40.00	85.00	170	—

KM# 132 1/12 THALER (2 Groschen)
Silver **Obv:** Helmeted city arms, inscription around **Rev:** Value and date **Rev. Legend:** NACH DEM...

Date	Mintage	Good	VG	F	VF	XF
1764 HCRF	—	—	22.00	50.00	100	115

KM# 110 12 MARIENGROSCHEN (1/3 Thaler)
Silver **Obv:** Helmeted eagle arms, value 1/3 below **Rev:** Date in legend **Rev. Legend:** NACH DEM ... **Rev. Inscription:** XII / MARIEN / GROSCH

Date	Mintage	VG	F	VF	XF	Unc
1739 HCRF	—	90.00	200	400	825	—

KM# 75 1/2 THALER (12 Groschen)
Silver **Obv:** Radiant Madonna above arms **Rev:** Titles of Josef I

Date	Mintage	VG	F	VF	XF	Unc
1705 IAB	—	225	400	700	1,300	—

KM# 90 1/2 THALER (12 Groschen)
Silver **Obv:** Radiant Madonna above arms **Rev:** Titles of Karl VI

Date	Mintage	VG	F	VF	XF	Unc
1717	—	275	450	800	1,500	—

KM# 69 24 MARIENGROSCHEN (2/3 Thaler)
Silver **Obv:** Helmeted arms with plumes **Rev:** Value and date within inner circle **Note:** Similar to KM#99.

Date	Mintage	VG	F	VF	XF	Unc
1709	—	80.00	135	225	450	—
1713 IAH	—	80.00	135	225	450	—

KM# 99 24 MARIENGROSCHEN (2/3 Thaler)
Silver **Obv:** Without 2/3 **Rev:** Value and date within inner circle

Date	Mintage	VG	F	VF	XF	Unc
1727	—	60.00	100	210	425	—

KM# 97 2/3 THALER (Gulden)
Silver **Obv:** Helmeted arms with plumes **Rev:** Radiant Madonna

HALL

FREE CITY
REGULAR COINAGE

Date	Mintage	VG	F	VF	XF	Unc
1723	—	300	600	1,100	2,000	—
1725	—	300	600	1,100	2,000	—

KM# 7 PFENNIG
Silver, 13 mm. **Obv:** Two adjacent shields of arms, cross in left, hand in right, date below, imperial eagle rising up from behind above **Note:** Uniface. R-59.1.

Date	Mintage	VG	F	VF	XF	Unc
1712	—	5.00	13.00	30.00	70.00	—

KM# 43 PFENNIG
Billon **Obv:** Imperial double-headed eagle rising above two shields of arms **Note:** Uniface.

Date	Mintage	F	VF	XF	Unc	BU
1751	—	12.00	30.00	60.00	120	—
1754	—	12.00	30.00	60.00	120	—
1774	36,000	12.00	30.00	60.00	120	—
1798	—	12.00	30.00	60.00	120	—

KM# 16 1/2 KREUZER
Silver **Subject:** Coronation of Karl VI in 1711 **Obv:** Imperial double-headed eagle rising above two shields of arms **Rev:** 5-line inscription with date

Date	Mintage	VG	F	VF	XF	Unc
1712	—	15.00	37.00	75.00	150	—

KM# 30 1/2 THALER
Silver **Subject:** Francis I **Obv:** Bust right **Rev:** 3 Ornate shields, laurels flank top shield

Date	Mintage	VG	F	VF	XF	Unc
1746 CGL-P.P. WERNER	700	100	225	550	1,125	—

KM# 76.1 THALER
Silver **Obv:** Madonna and child divide RESP - GOSL, arms below **Obv. Legend:** SPES NOSTRA IESUS - DEI ET MARIAE FILIUS **Rev:** Titles of Josef I **Rev. Legend:** IOSEPHUS. I. D. G. ROM. IMPERATOR. SEMP. AUGUSTUS. **Note:** Dav. #2272.

Date	Mintage	VG	F	VF	XF	Unc
1705	—	300	600	1,200	2,500	3,750

KM# 76.2 THALER
Silver **Obv:** Madonna and child divide RESP - GOSL, arms below **Obv. Legend:** SPES NOSTRA IESUS - DEI ET MARIAE FILIUS **Rev:** Titles of Josef I, imperial eagle with orb on breast **Rev. Legend:** IOSEPHUS. I. D. G. ROM. IMPERATOR. SEMP. AUGUSTUS. **Note:** Dav. #2272A.

Date	Mintage	VG	F	VF	XF	Unc
1705 IAB	—	300	600	1,200	2,500	3,750

KM# 91 THALER
Silver **Obv:** Madonna and child divide RESP: - GOSL:, arms below **Obv. Legend:** SPES NOSTRA IESUS - DEI ET MARIAE FILIUS **Rev:** Titles of Karl VI **Rev. Legend:** CAROL • VI • D • G • ROM • IMP • SEMP • AUG • HISP • HUNG • & BOH • REX • **Note:** Dav. #2273.

Date	Mintage	VG	F	VF	XF	Unc
1717	—	350	650	1,350	2,750	4,000

KM# 15 1/2 KREUZER
Silver **Obv:** Imperial double-headed eagle rising above shields, 1/2 in oval below divides date **Note:** Uniface

Date	Mintage	VG	F	VF	XF	Unc
1712	—	5.00	12.00	25.00	50.00	—

KM# 36 KREUZER
Silver **Subject:** Centenary - Peace of Westphalia **Obv:** 2 Ornate shields in laurel wreath **Rev:** 5-Line inscription with date in laurel wreath

Date	Mintage	VG	F	VF	XF	Unc
1748	—	15.00	37.00	75.00	150	—

KM# 37 KREUZER
Silver **Note:** Klippe.

Date	Mintage	VG	F	VF	XF	Unc
1748	—	25.00	65.00	135	275	—

KM# 38 3 KREUZER
Silver **Subject:** Centenary - Peace of Westphalia **Obv:** 3 Ornate shields in laurel wreath **Rev:** 6-Line inscription with date in laurel wreath

Date	Mintage	VG	F	VF	XF	Unc
1748 L	—	25.00	60.00	120	240	—

KM# 39 3 KREUZER
Silver **Note:** Klippe.

Date	Mintage	VG	F	VF	XF	Unc
1748 L	—	30.00	75.00	150	300	—

KM# 22 1/2 THALER
Silver **Subject:** The Salzbrunnen (Saline Spring) at Hall **Obv:** View of the city church of St. Michael, date in chronogram from all inscriptions **Obv. Legend:** HALENSIS FVMANT CALIDIS PATRIAE IGNIBVS ARAE **Rev:** View of the water engine over the Salzbrunnen **Rev. Legend:** ISTIS LAETA DABVNT SVPERI INCREMENTA SALINIS **Rev. Inscription:** FA VSTA SALINARVM REPARA= / TIO PIE CONCELEBRATA / HALLIS COCHA= / RICIS. **Note:** Ref. R#123a.

Date	Mintage	VG	F	VF	XF	Unc
1716 MB	—	—	—	—	—	—

KM# 31 1/2 THALER
Silver **Obv:** Bust right **Rev:** 3 Ornate shields, laurels flank top shield **Note:** Klippe.

Date	Mintage	VG	F	VF	XF	Unc
1746 CGL-P.P.WERNER	—	950	1,700	3,200	5,500	—

KM# 46 1/2 THALER
Silver **Note:** Klippe.

Date	Mintage	VG	F	VF	XF	Unc
1777 OEXLEIN-K-R	—	—	—	—	—	—

KM# 45.2 1/2 THALER
Silver

Date	Mintage	F	VF	XF	Unc	BU
1777 OE-K-R	Inc. above	200	350	675	1,350	—

HALL

(Schwäbisch Hall)
(Hall am Kocher)

This city in Swabia, situated on the River Kocher 34 miles (56 kilometers) northeast of Stuttgart, was founded at an early date, probably because of the presence of natural salt in the area. Small silver coins struck beginning in the second half of the 12th century and called *haller* were the origin of both the denomination and its name which has come down over the centuries as *heller*. Hall was made a free imperial city in 1276 and was given the right to strike its own coins in 1396. The city soon began to mint hellers with an open hand on the obverse and a cross on the reverse. These coins became known as *handelshellers* and the hand became the symbol of the city. Hall produced some coins during each of the following centuries, but total mintages were never very high. Most coins issued during the 18th century were commemorative in nature and usually only struck in a single year. The last city coins were produced in 1798. Württemberg annexed the city in 1803 as part of Napoleon's consolidation plans for Germany.

MINT OFFICIALS' INITIALS

Initials	Date	Name
CGL, L	1746-55	Carl Gottlieb Laufer in Nürnberg
GFN, N	1709-21	Georg Friedrich Nürnberger in Nürnberg
K-R	1764-93	G. Knoll, warden and Georg Nikolaus Riedner in Nürnberg
MB	1659-1725	Martin Brunner
OE, OEXLEIN	1740-87	Johann Leonhard Oexlein, die-cutter in Nürnberg
PPW, P.P.WERNER	1711-71	Peter Paul Werner, die-cutter in Nürnberg

ARMS
Usually 2-fold, but also found in separate shields, Open-palmed hand with fingers pointed upwards or a cross.

REFERENCE:
R = Albert Raff, *Die Münzen und Medaillen der Stadt Schwäbisch Hall*, Freiburg im Breisgau, 1986.

KM# 25 1/2 THALER
Silver **Subject:** Charles VII **Obv:** Draped bust right **Rev:** 3 Ornate shields, laurels flank top shield

Date	Mintage	VG	F	VF	XF	Unc
1742 PGN-I.L. OE	400	550	1,150	2,200	4,000	—

KM# 45.1 1/2 THALER
Silver **Obv:** 3 ornate shields, laurels flank top shield **Rev:** Draped, laureate bust right **Note:** Convention 1/2 Thaler.

Date	Mintage	F	VF	XF	Unc	BU
1777 OEXLEIN-K-R	437	200	350	675	1,350	—

GERMAN STATES — HALL

KM# 10 THALER
Silver **Obv:** Joseph I right **Obv. Legend:** IOSEPHUS I • D • G • ROMANORVM IMPERATOR SEMPER AVG **Rev:** 3 Ornate shields **Rev. Legend:** MONETA NOVA REIPUBLICAE HALAE SUEVICAE * 1705 * **Note:** Dav. #2274.

Date	Mintage	F	VF	XF	Unc	BU
1705 GFN	400	750	1,250	2,250	4,750	—

KM# 17 THALER
Silver **Obv:** Charles VI right **Obv. Legend:** CAROLVS SI • D • G • - ROM • IMP • SEMP • AVG • **Rev. Legend:** MONETA NOVA REPUBLICAE HALAE SUEVICAE, G.F.N. at center **Rev.:** 3 Ornate shields, laurels flank top shield **Note:** Dav. #2276.

Date	Mintage	F	VF	XF	Unc	BU
1712 GFN	—	350	675	1,350	2,750	4,000

KM# 33 THALER
Silver **Obv:** 3 Ornate shields, laurels flank top shield **Obv. Legend:** MONETA NOVA REPUBLICAE HALAE SUEVICAE, G.C.L. at center **Rev:** Francis I right **Rev. Legend:** FRANCISCVS D • - G • ROM • IMP • SEMP • AVG • **Note:** Klippe. Dav. #2279A.

Date	Mintage	F	VF	XF	Unc	BU
1746 GCL-P.P. WERNER	—	2,000	3,200	6,500	1,000	—

KM# 48 THALER
Silver **Note:** Klippe. Dav. #2280A.

Date	Mintage	F	VF	XF	Unc	BU
1777 OEXLEIN-K-R Rare	—	—	—	—	—	—

KM# 18 2 THALER
Silver **Obv:** 3 shields of arms, date in legend **Obv. Legend:** MONETA NOVA REPUBLICAE HALAE SUEVICAE, G.F.N. at center **Rev:** Joseph I right **Rev. Legend:** CAROLVS VI • D • G • - ROM • IMP • SEMP • AVG • **Note:** Dav. #2275.

Date	Mintage	F	VF	XF	Unc	BU
1712 GFN Rare	—	—	—	—	—	—

Note: Hess-Divo Auction 303, 10-05, XF-Unc realized approximately $27,310

KM# 28 2 THALER
Silver **Obv:** Charles VII right **Rev:** 3 Ornate shields, laurels flank top shield **Note:** Similar to 1 Thaler, KM#26. Dav. #2277.

Date	Mintage	F	VF	XF	Unc	BU
1742 PGN-I.L. OE Rare	—	—	—	—	—	—

KM# 34 2 THALER
Silver **Obv:** Bust of Franz I **Rev:** 3 shields of arms, date in legend **Note:** Dav. #A2279.

Date	Mintage	F	VF	XF	Unc	BU
1746 CGL-P.P. WERNER Rare	—	—	—	—	—	—

TRADE COINAGE

KM# 20 1/4 DUCAT
0.8750 g., 0.9860 Gold 0.0277 oz. AGW **Subject:** Peace of Baden **Obv:** Two shields with laurels above **Rev:** Date within wreath **Note:** Fr#1079.

Date	Mintage	VG	F	VF	XF	Unc
1714 N	—	100	200	400	700	1,200

KM# 26 THALER
Silver **Obv:** 3 Ornate shields, laurels flank top shield **Obv. Legend:** MONETA NOVA REPUBLICAE HALAE SUEVICAE, P.G.N. at center **Rev:** Charles VII right **Rev. Legend:** CAROLVS VII• D • G • ROM • IMP • SEMP • AVG • **Note:** Dav. #2278.

Date	Mintage	F	VF	XF	Unc	BU
1742 PGN-I.L. OE	400	750	1,250	2,000	3,000	—

KM# 27 THALER
Silver **Rev:** 3 shields of arms, date in legend **Note:** Dav. #2278A.

Date	Mintage	F	VF	XF	Unc	BU
1742 GFN-I.L. OE	Inc. above	725	1,200	1,850	2,750	—

KM# 11 DUCAT
3.5000 g., 0.9860 Gold 0.1109 oz. AGW **Obv:** Three ornate shields **Rev:** Joseph I right **Note:** Fr#1076.

Date	Mintage	VG	F	VF	XF	Unc
1705	300	650	1,300	2,750	5,400	9,500

KM# 19 DUCAT
3.5000 g., 0.9860 Gold 0.1109 oz. AGW **Subject:** Charles VI **Note:** Fr.#1077.

Date	Mintage	VG	F	VF	XF	Unc
1712	—	450	1,000	1,800	3,500	6,500

KM# 47 THALER
Silver **Obv:** Joseph II right **Obv. Legend:** IOSEPHVS II. D.G. - ROM. IMP. SEMP. AVG., OEXLEIN. F. below **Rev:** 3 Ornate shields, laurels flank top shield **Rev. Legend:** MONETA NOVA REPUBLICAE HALAE SUEVICAE, E.(N)K. below shields **Note:** Convention Thaler. Dav. #2280.

Date	Mintage	F	VF	XF	Unc	BU
1777 OEXLEIN-K-R	406	200	450	950	1,750	—

KM# 21 DUCAT
3.5000 g., 0.9860 Gold 0.1109 oz. AGW **Subject:** Peace of Baden **Obv:** 3 Ornate shields, laurels flank top shield **Rev:** Inscription and date within wreath **Note:** Fr#1078.

Date	Mintage	VG	F	VF	XF	Unc
1714 N	—	325	775	1,300	2,600	4,500

KM# A24 DUCAT
Gold **Subject:** Reconstruction of the City Hall (Rathaus) **Obv:** View of building, legend in exergue, date at end of legend **Obv. Legend:** SCHW - HALL **Rev:** Arabesque after inscription, date in chronogram **Rev. Inscription:** WAS / VERZEHRET / FEVR VND BRAND / SCHENCKT / AVFS NEVE / GOTTES HAND **Note:** Ref. R#126.

Date	Mintage	VG	F	VF	XF	Unc
1735 Rare	—	—	—	—	—	—

KM# 32 THALER
Silver **Obv:** 3 Ornate shields, laurels flank top shield **Obv. Legend:** MONETA NOVA REPUBLICAE HALAE SUEVICAE, C.G.L. at center **Rev:** Francis I right **Rev. Legend:** FRANCISCVS D • - G • ROM • IMP • SEMP • AVG •, P.P. WERNER on arm **Note:** Dav. #2279.

Date	Mintage	F	VF	XF	Unc	BU
1746 CGL-P.P. WERNER	800	350	550	900	1,750	3,000

KM# 29 DUCAT

3.5000 g., 0.9860 Gold 0.1109 oz. AGW **Obv:** Bust of Charles VII right **Rev:** 3 Ornate shields, laurels flank top shield **Note:** Fr#1080.

Date	Mintage	VG	F	VF	XF	Unc
1742	200	450	1,000	1,800	3,500	6,500

KM# 35 DUCAT

3.5000 g., 0.9860 Gold 0.1109 oz. AGW **Obv:** 3 ornate shields, laurels flank top shield **Rev:** Bust of Francis I right **Note:** Fr#1082.

Date	Mintage	VG	F	VF	XF	Unc
1746 PPW-CGL	550	275	600	1,100	2,200	3,750

KM# 49 DUCAT

3.5000 g., 0.9860 Gold 0.1109 oz. AGW **Obv:** 3 ornate shields, laurels flank top shield **Rev:** Bust of Joseph II right **Note:** Fr#1083.

Date	Mintage	F	VF	XF	Unc	BU
1777 OE-K-R	402	325	775	1,300	2,600	4,500

KM# 24 2 DUCAT

Gold **Subject:** Bicentennial of the Reformation **Obv:** Bust of Martin Luther holding Bible, to right in circle, date in chronogram **Obv. Legend:** IVBILÆ. SECVNDI. SOLENNITAS. DIGNE. CELEBRATA. HALÆ. COCHARICÆ **Rev:** Ark afloat with rain from clouds above, date in exergue **Rev. Legend:** NVLLAS HIC METVIT VNDAS **Note:** Ref. R#124.

Date	Mintage	VG	F	VF	XF	Unc
1717 Rare	—	—	—	—	—	—

KM# 23 3 DUCAT

Gold **Subject:** The Salzbrunnen (Saline Spring) at Hall **Obv:** View of the city church of St. Michael, date in chronogram from all inscriptions **Obv. Legend:** HALENSIS FVANT CALIDIS PATRIAE IGNIBVS ARAE **Rev:** View of the water engine over the Salzbrunnen, inscription in exergue **Rev. Legend:** ISTIS LAETA DABVNT SVPERI INCREMENTA SALINIS **Rev. Inscription:** FAVSTA SALINARVM REPARA= / TIO PIE CONCELEBRATA / HALLIS COCHA= / RICIS. **Note:** Ref. R#123. Struck from same dies as KM#A22.

Date	Mintage	VG	F	VF	XF	Unc
1716 MB Rare	—	—	—	—	—	—

KM# A36 5 DUCAT (1/2 Portugalöser)

17.5000 g., 0.9860 Gold 0.5547 oz. AGW **Note:** Struck with 1/2 Thaler dies, KM#30.

Date	Mintage	VG	F	VF	XF	Unc
1746 CGL-P.P. Werner Rare	—	—	—	—	—	—

KM# A20 10 DUCAT (Portugalöser)

35.0000 g., 0.9860 Gold 1.1095 oz. AGW **Note:** Struck with 1 Thaler dies, KM#17.

Date	Mintage	VG	F	VF	XF	Unc
1712 GFN Rare	—	—	—	—	—	—

KM# B36 10 DUCAT (Portugalöser)

35.0000 g., 0.9860 Gold 1.1095 oz. AGW **Note:** Struck with 1 Thaler dies, KM#32.

Date	Mintage	VG	F	VF	XF	Unc
1746 CGL-P.P. Werner Rare	—	—	—	—	—	—

KM# A23 12 DUCAT

Gold **Subject:** The Salzbrunnen (Saline Spring) at Hall **Obv:** View of the city church of St. Michael, date in chronogram from all inscriptions **Obv. Legend:** HALENSIS FVMANT CALIDIS PATRIAE IGIBVS ARAE **Rev:** View of the water engine over the Salzbrunnen, inscription in exergue **Rev. Legend:** ISTIS LAETA DABVNT SVPERI INCREMENTA SALINAS **Rev. Inscription:** FAVSTA SALINARVM REPARA= / TIO PIE CONCELEBRATA / HALLIS COCHA= / RICIS. **Note:** Ref. R#123.

Date	Mintage	VG	F	VF	XF	Unc
1716 MB Rare	—	—	—	—	—	—

KM# C36 12 DUCAT

42.0000 g., 0.9860 Gold 1.3314 oz. AGW **Note:** Struck with 1 Thaler dies, KM#17.

Date	Mintage	VG	F	VF	XF	Unc
1746 CGL-P.P. Werner Rare	—	—	—	—	—	—

PATTERNS

Including off metal strikes

KM#	Date	Mintage	Identification	Mkt Val
Pn2	1712	—	1/2 Kreuzer. Copper. KM#15.	—
Pn3	1712	—	1/2 Kreuzer. Gold. KM#16.	1,000
Pn4	1712 GFN	—	Thaler. Gold. KM#17, Karl VI. Fr#1076a, 10 Ducat.	—
Pn6	1714 N	—	Ducat. Silver. KM#21.	125
Pn5	1714 N	—	1/4 Ducat. Silver. KM#20.	200
Pn8	1716 MB	—	1/2 Thaler. Tin. R#123c. KM#22.	—
Pn7	1716 MB	—	1/2 Thaler. Bronze. R#123b, KM#22.	250
Pn9	1717	—	2 Ducat. Silver. R#124a. KM#24.	—
Pn10	1717	—	2 Ducat. Silver. R#124b. KM#24. Klippe.	—
Pn12	1742	—	Ducat. Silver. KM#29.	—
Pn13	1748	—	Kreuzer. Gold. KM#36.	—

HAMBURG

The city of Hamburg is located on the Elbe River about 75 miles from the North Sea. It was founded by Charlemagne in the 9th century. In 1241 it joined Lübeck to form the Hanseatic League. The mint right was leased to the citizens in 1292. However, the first local halfpennies had been struck almost 50 years earlier. In 1510 Hamburg was formally made a Free City, though, in fact, it had been free for about 250 years. It was occupied by the French during the Napoleonic period. In 1866 it joined the North German Confederation and became a part of the German Empire in 1871. The Hamburg coinage is almost continuous up to the time of World War I.

MINT OFFICIALS' INITIALS

Initials	Date	Name
	1691-1718	Jacob Schroeder, warden
IR	1692-1724	Jochim Rustmeyer
	1718-29	Wichmann Schroeder, warden
IHL	1725-59	Johann Hinrich Löwe
	1729-72	Andreas Christoph Cramer, warden
OHK	1761-1805	Otto Heinrich Knorre
	1772-1806	Johann Joachim Struve, warden

CITY ARMS

A triple-turreted gate, often includes nettleleaf of Holstein.

REFERENCE:

G = Otto Christian Gaedechens, **Hamburgische Münzen und Medaillen**, 3 vols., Hamburg, 1843-76.

FREE CITY

REGULAR COINAGE

KM# 361 DREILING (3 Pfennig)

0.5100 g., 0.1870 Silver 0.0031 oz. ASW **Obv:** Castle with I•H•L below within branches **Rev:** Value and date within branches **Note:** Prev. KM#163.

Date	Mintage	VG	F	VF	XF	Unc
1726 IHL	269,000	4.00	9.00	18.00	37.00	—
1727 IHL	230,000	4.00	9.00	18.00	37.00	—
1728 IHL	158,000	4.00	9.00	18.00	37.00	—
1731 IHL	144,000	4.00	9.00	18.00	37.00	—
1734 IHL	227,000	4.00	9.00	18.00	37.00	—
1737 IHL	211,000	4.00	9.00	18.00	37.00	—
1742 IHL	339,000	4.00	9.00	18.00	37.00	—
1745 IHL	—	4.00	9.00	18.00	37.00	—
1746 IHL	443,000	4.00	9.00	18.00	37.00	—
1750 IHL	436,000	4.00	9.00	18.00	37.00	—
1752 IHL	298,000	4.00	9.00	18.00	37.00	—
1756 IHL	348,000	4.00	9.00	18.00	37.00	—
1758 IHL	—	4.00	9.00	18.00	37.00	—
1759 IHL	—	4.00	9.00	18.00	37.00	—
1761 OHK	—	4.00	9.00	18.00	37.00	—
1762 OHK	—	4.00	9.00	18.00	37.00	—
1763 OHK	—	4.00	9.00	18.00	37.00	—

KM# 438 DREILING (3 Pfennig)

0.5100 g., 0.1870 Silver 0.0031 oz. ASW **Rev:** Without wreath **Note:** Prev. KM#204.

Date	Mintage	VG	F	VF	XF	Unc
1765 OHK	—	6.00	15.00	30.00	65.00	—
1766 OHK	—	6.00	15.00	30.00	65.00	—

KM# 458 DREILING (3 Pfennig)

0.5100 g., 0.1870 Silver 0.0031 oz. ASW **Obv:** Castle with O.H.K. below **Rev:** "1" between rosettes **Note:** Prev. KM#220.

Date	Mintage	F	VF	XF	Unc	BU
1783 OHK	272,000	4.00	8.00	25.00	50.00	80.00
1786 OHK	394,000	4.00	8.00	25.00	50.00	80.00
1793 OHK	768,000	4.00	8.00	25.00	50.00	80.00
1794 OHK	Inc. above	4.00	8.00	25.00	50.00	80.00
1796 OHK	172,000	4.00	8.00	25.00	50.00	80.00
1797 OHK	529,000	4.00	8.00	25.00	50.00	80.00
1798 OHK	—	4.00	8.00	25.00	50.00	80.00
1800 OHK	656,000	4.00	8.00	25.00	50.00	80.00

KM# 363 SECHSLING (6 Pfennig)

0.7600 g., 0.2500 Silver 0.0061 oz. ASW **Obv:** Triple-towered city between legends **Obv. Legend:** HAMBURGER, HAMBURGER **Rev:** Value, date in wreath **Note:** Prev. KM#164.

Date	Mintage	VG	F	VF	XF	Unc
1726 IHL	336,000	4.00	9.00	18.00	37.00	—
1727 IHL	146,000	4.00	9.00	18.00	37.00	—
1728 IHL	—	4.00	9.00	18.00	37.00	—
1731 IHL	105,000	4.00	9.00	18.00	37.00	—
1751 IHL	—	4.00	9.00	18.00	37.00	—
1752 IHL	205,000	4.00	9.00	18.00	37.00	—
1756 IHL	244,000	4.00	9.00	18.00	37.00	—
1757 IHL	150,000	4.00	9.00	18.00	37.00	—
1759 IHL	—	4.00	9.00	18.00	37.00	—
1761 OHK	—	4.00	9.00	18.00	37.00	—
1762 OHK	—	4.00	9.00	18.00	37.00	—
1763 OHK	—	4.00	9.00	18.00	37.00	—
1764 OHK	—	4.00	9.00	18.00	37.00	—

KM# 454 SECHSLING (6 Pfennig)

0.7600 g., 0.2500 Silver 0.0061 oz. ASW **Obv:** Castle with O. H. K. below **Rev:** "I" between rosettes **Note:** Prev. KM#213.

Date	Mintage	F	VF	XF	Unc	BU
1778 OHK	259,000	8.00	20.00	37.00	75.00	110
1783 OHK	182,000	8.00	20.00	37.00	75.00	110
1794 OHK	256,000	8.00	20.00	37.00	75.00	110
1797 OHK	163,000	8.00	20.00	37.00	75.00	110
1800 OHK	227,000	8.00	20.00	37.00	75.00	110

KM# 354 SCHILLING (12 Pfennig)

1.0800 g., 0.3750 Silver 0.0130 oz. ASW **Obv:** Castle within branches **Rev:** Value, date and I•H•L below **Note:** Prev. KM#160.

Date	Mintage	VG	F	VF	XF	Unc
1725 IHL	—	4.00	10.00	20.00	40.00	—
1726 IHL	1,267,000	4.00	10.00	20.00	40.00	—
1727 IHL	1,308,000	4.00	10.00	20.00	40.00	—
1738 IHL	797,000	4.00	10.00	20.00	40.00	—
1749 IHL	288,000	4.00	10.00	20.00	40.00	—
1750 IHL	120,000	4.00	10.00	20.00	40.00	—
1752 IHL	827,000	4.00	10.00	20.00	40.00	—
1753 IHL	238,000	4.00	10.00	20.00	40.00	—
1754 IHL	558,000	4.00	10.00	20.00	40.00	—
1757 IHL	308,000	4.00	10.00	20.00	40.00	—
1758 IHL	—	4.00	10.00	20.00	40.00	—
1759 IHL	—	4.00	10.00	20.00	40.00	—
1762 OHK	—	4.00	10.00	20.00	40.00	—
1763 OHK	—	4.00	10.00	20.00	40.00	—
1765 OHK	—	4.00	10.00	20.00	40.00	—
1768 OHK	—	4.00	10.00	20.00	40.00	—

KM# 456 SCHILLING (12 Pfennig)

1.0800 g., 0.3750 Silver 0.0130 oz. ASW **Obv:** Castle with O. H. K. below **Rev:** "I" between rosettes **Note:** Prev. KM#214.

Date	Mintage	F	VF	XF	Unc	BU
1778 OHK	2,320,000	6.00	15.00	30.00	60.00	—
1790 OHK	570,000	6.00	15.00	30.00	60.00	—
1794 OHK	1,200,000	6.00	15.00	30.00	60.00	—
1795 OHK	664,000	6.00	15.00	30.00	60.00	—

KM# 357 2 SCHILLING (1/16 Thaler)

Silver **Obv:** City arms between two laurel branches, inscription in oval below, date **Rev:** Crowned imperial eagle, orb on breast, titles of Karl VI **Rev. Inscription:** II / SCHILL **Note:** Prev. KM#161.

Date	Mintage	VG	F	VF	XF	Unc
1725 IHL	60,000	12.00	30.00	60.00	125	—
1726 IHL	1,044,000	12.00	30.00	60.00	125	—
1727 IHL	1,380,000	12.00	30.00	60.00	125	—

KM# 419 2 SCHILLING (1/16 Thaler)

1.9600 g., 0.4370 Silver 0.0275 oz. ASW **Obv:** Crowned imperial eagle **Obv. Legend:** FRANCISCVS D. G... **Rev:** Three towers in wreath **Rev. Legend:** HAMBURGER COURANT **Note:** Prev. KM#197.

Date	Mintage	VG	F	VF	XF	Unc
1762 OHK	—	6.00	15.00	30.00	65.00	—
1763 OHK	—	6.00	15.00	30.00	65.00	—

GERMAN STATES - HAMBURG

KM# 330 4 SCHILLING
Silver **Obv:** Value between two branches, city arms in small shield below, date in legend **Obv. Inscription:** 4 / SCHIL / LING **Rev:** Crowned imperial double-headed eagle with value on breast **Note:** Prev. KM#141.

Date	Mintage	VG	F	VF	XF	Unc
1702 IR	—	20.00	45.00	90.00	180	—
1703 IR	—	20.00	45.00	90.00	180	—
1705 IR	—	20.00	45.00	90.00	180	—

KM# 367 8 SCHILLING (1/2 Mark)
Silver **Obv:** Castle within helmeted shield, value within oval below **Rev:** Crowned imperial double-headed eagle with orb on breast **Note:** Prev. KM#165.

Date	Mintage	VG	F	VF	XF	Unc
1726 IHL	162,000	12.50	30.00	65.00	135	—
1727 IHL	685,000	12.50	30.00	65.00	135	—
1728 IHL	273,000	12.50	30.00	65.00	135	—

KM# 369 16 SCHILLING (Mark)
Silver **Obv:** Helmeted arms above value within oval **Obv. Inscription:** 16. SCHIL **Rev:** Crowned imperial double-headed eagle with orb on breast **Note:** Prev. KM#166.

Date	Mintage	VG	F	VF	XF	Unc
1726 IHL	161,000	20.00	45.00	90.00	185	—
1727 IHL	93,000	20.00	45.00	90.00	185	—
1728 IHL	75,000	20.00	45.00	90.00	185	—

KM# 359.1 4 SCHILLING
Silver **Obv:** Crowned imperial double-headed eagle with orb on breast **Rev:** Castle within branches above value within circle **Note:** Prev. KM#162.1.

Date	Mintage	VG	F	VF	XF	Unc
1725 IHL	598,000	7.00	18.00	37.00	75.00	—
1727 IHL	1,248,000	7.00	18.00	37.00	75.00	—
1728 IHL	545,000	7.00	18.00	37.00	75.00	—

KM# 392 8 SCHILLING (1/2 Mark)
Silver **Obv:** City arms divide date, value inscription below **Obv. Inscription:** 8 • SCHIL • **Rev:** Crowned double-headed eagle, mintmasters' initials below **Note:** Prev. KM#174.

Date	Mintage	VG	F	VF	XF	Unc
1738 IHL	199,000	17.50	35.00	75.00	150	—

KM# 415 8 SCHILLING (1/2 Mark)
5.5000 g., 0.6250 Silver 0.1105 oz. ASW **Obv:** Crowned imperial eagle, date in legend **Obv. Legend:** FRANCISCVS... **Rev:** Arms **Rev. Legend:** HAMBURGER CURRENT GELD **Note:** Prev. KM#195.

Date	Mintage	VG	F	VF	XF	Unc
1761 OHK	—	90.00	200	425	850	—

KM# 425 8 SCHILLING (1/2 Mark)
5.5000 g., 0.6250 Silver 0.1105 oz. ASW **Obv:** Divided date below eagle **Note:** Prev. KM#199.

Date	Mintage	VG	F	VF	XF	Unc
1762 OHK	—	25.00	55.00	110	225	—
1763 OHK	—	25.00	55.00	110	225	—
1764 OHK	—	20.00	55.00	110	225	—

KM# 382 16 SCHILLING (Mark)
Silver **Obv:** City arms, mintmaster's initials **Obv. Inscription:** 16. SCHIL **Rev:** Crowned imperial eagle **Note:** Prev. KM#171.

Date	Mintage	VG	F	VF	XF	Unc
1731	135,000	20.00	45.00	90.00	185	—

KM# 430 16 SCHILLING (Mark)
9.1600 g., 0.7500 Silver 0.2209 oz. ASW **Obv:** City arms **Obv. Legend:** HAMBURGER CURRENT GELD **Rev:** Crowned imperial eagle, divided date below **Rev. Legend:** FRANCISCVS **Note:** Prev. KM#201.

Date	Mintage	VG	F	VF	XF	Unc
1762 OHK	—	50.00	90.00	185	375	—
1763 OHK	—	50.00	90.00	185	375	—
1764 OHK	—	50.00	90.00	185	375	—

KM# 359.2 4 SCHILLING
Silver **Obv:** Revised design **Rev:** Revised design **Note:** Prev. KM#162.2.

Date	Mintage	VG	F	VF	XF	Unc
1738 IHL	212,000	8.00	20.00	40.00	80.00	—

KM# 408 4 SCHILLING
3.0500 g., 0.5620 Silver 0.0551 oz. ASW **Obv:** Crowned imperial eagle **Obv. Legend:** FRANCISCVS D. G.... **Rev:** Three towers in wreath **Rev. Legend:** HAMBURGER COURANT **Note:** Prev. KM#186.

Date	Mintage	VG	F	VF	XF	Unc
1749 IHL	—	15.00	30.00	65.00	135	—
1761 OHK	—	15.00	30.00	65.00	135	—
1762 OHK	—	15.00	30.00	65.00	135	—
1765 OHK	—	15.00	30.00	65.00	135	—

KM# 463 16 SCHILLING (Mark)
9.1600 g., 0.7500 Silver 0.2209 oz. ASW **Obv:** City arms, helmets above **Rev:** Crowned imperial eagle, titles of Josef II **Note:** Prev. KM#222.

Date	Mintage	F	VF	XF	Unc	BU
1789 OHK	80,000	30.00	65.00	130	260	—

KM# 432 24 SCHILLING (1/2 Thaler)
14.6000 g., 0.8880 Silver 0.4168 oz. ASW **Obv:** Crowned imperial eagle, divided date below **Obv. Legend:** FRANCISCVS D. G. ... **Rev:** Value: 6 SCHILL SPEC in cartouche, arms supported by two lions **Rev. Legend:** MONETA NOVA HAMBVRGENSIS **Note:** Prev. KM#202.

Date	Mintage	VG	F	VF	XF	Unc
1762 OHK	—	700	1,200	2,250	4,500	—

KM# 512 4 SCHILLING
3.0500 g., 0.5620 Silver 0.0551 oz. ASW **Obv:** Crowned imperial double-headed eagle with orb on breast **Rev:** Castle above O.H.K. **Note:** Prev. KM#230.

Date	Mintage	F	VF	XF	Unc	BU
1797 OHK	236,000	15.00	37.00	75.00	150	—

KM# 515 8 SCHILLING (1/2 Mark)
5.6000 g., 0.6250 Silver 0.1125 oz. ASW, 28.1 mm. **Obv:** Castle above O.H.K. **Rev:** Crowned imperial double-headed eagle with orb on breast **Note:** Prev. KM#231.

Date	Mintage	F	VF	XF	Unc	BU
1797 OHK	206,000	25.00	55.00	115	235	—

KM# 516 8 SCHILLING (1/2 Mark)
5.5000 g., 0.6250 Silver 0.1105 oz. ASW **Obv:** Castle above O.H.K. **Rev:** Crowned imperial double-headed eagle with orb on breast **Note:** Prev. KM#232. Varieties exist.

Date	Mintage	F	VF	XF	Unc	BU
1797 OHK	Inc. above	25.00	55.00	110	235	—

KM# 428 12 SCHILLING (1/4 Thaler)
7.3000 g., 0.8880 Silver 0.2084 oz. ASW **Obv:** Crowned imperial eagle, divided date below **Obv. Legend:** FRANCISCUS D. G.... **Rev:** 12 SCHILL SPEC in cartouche, arms supported by two lions **Rev. Legend:** MONETA NOVA HAMBVRGENSIS **Note:** Prev. KM#200. Varieties exist.

Date	Mintage	VG	F	VF	XF	Unc
1762 OHK	—	300	550	850	1,500	—

KM# 422 6 SCHILLING (1/8 Thaler)
3.6500 g., 0.8880 Silver 0.1042 oz. ASW **Obv:** Value: 6 SCHILL SPEC in cartouche, arms supported by two lions **Obv. Legend:** MONETA NOVA HAMBVRGENSIS **Rev:** Crowned imperial eagle, divided date below **Rev. Legend:** FRANCISCVS D. G. ... **Note:** Prev. KM#198.

Date	Mintage	VG	F	VF	XF	Unc
1762 OHK	—	90.00	200	425	850	—

KM# 372 32 SCHILLING (2 Mark)
Silver **Obv:** Titles of Karl VI **Rev:** Crowned imperial double-headed eagle with orb on breast **Note:** Prev. KM#167.

Date	Mintage	VG	F	VF	XF	Unc
1726 IHL	188,000	30.00	65.00	135	270	—
1727 IHL	164,000	30.00	65.00	135	270	—
1728 IHL	39,000	30.00	65.00	135	270	—

KM# 384 32 SCHILLING (2 Mark)
Silver **Obv:** 32 SCHIL **Rev:** Mintmaster's initials **Note:** Prev. KM#172.

Date	Mintage	VG	F	VF	XF	Unc
1731 IHL	113,000	35.00	85.00	175	350	—
1733 IHL	110,000	35.00	85.00	175	350	—
1734 IHL	—	35.00	85.00	175	350	—
1737 IHL	110,000	35.00	85.00	175	350	—

HAMBURG — GERMAN STATES

KM# 402 32 SCHILLING (2 Mark)
18.3200 g., 0.7500 Silver 0.4417 oz. ASW **Obv:** Titles of Franz I **Rev:** Helmet with plumes above arms **Note:** Prev. KM#184.

Date	Mintage	VG	F	VF	XF	Unc
1748 IHL	55,000	25.00	55.00	110	225	—
1751 IHL	6,000	25.00	55.00	110	225	—
1752 IHL	54,000	25.00	55.00	110	225	—
1754 IHL	36,000	25.00	55.00	110	225	—
1755 IHL	34,000	25.00	55.00	110	225	—
1757 IHL	29,000	25.00	55.00	110	225	—
1758 IHL	—	25.00	55.00	110	225	—
1759 IHL	—	25.00	55.00	110	225	—
1761 OHK	—	25.00	55.00	110	225	—

KM# 346 1/2 THALER
Silver **Subject:** 200th Anniversary of the Reformation **Obv:** City scene **Obv. Legend:** SUB UMBRA ALARUM TUARUM, HAMBURG in cartouche below **Rev:** Date in Roman numerals **Rev. Legend:** IN / MEMORIAM / IUBILÆ EVANGE / LICI SECUNDI / CELEBRATI / ANNO SECLARI / MDCCXVII **Note:** Prev. KM#152.

Date	Mintage	VG	F	VF	XF	Unc
ND(1717) IR	—	175	330	750	1,500	—

KM# 348 1/2 THALER
Silver **Obv:** Facing bust of Martin Luther, date below **Rev:** Altar with Bible, storm raging about **Note:** Prev. KM#153.

Date	Mintage	VG	F	VF	XF	Unc
1717	—	75.00	140	275	550	—

KM# 417.1 48 SCHILLING (Thaler)
29.2000 g., 0.8880 Silver 0.8336 oz. ASW **Obv:** Medium-sized crown, orb and crowned imperial eagle **Obv. Legend:** FRANCISCVS D • G • ROM • IMP • SEMP • AVGVSTVS **Rev:** Large lions supporting ornate shield, large 48 **Rev. Legend:** MONETA NOVA - HAMBVRGENSIS, 48 SCHILL•SPEC/O.H.K. in frame below **Note:** Dav. #2285. Prev. KM#196.1.

Date	Mintage	VG	F	VF	XF	Unc
1761 OHK	—	65.00	125	250	400	—

KM# 417.2 48 SCHILLING (Thaler)
29.2000 g., 0.8880 Silver 0.8336 oz. ASW **Obv:** Large lions supporting ornate shield **Obv. Legend:** MONETA NOVA - HAMBVRGENSIS, 48 SCHILL • SPEC/O.H.K. below in frame **Rev:** Large crown, orb and crowned imperial eagle **Rev. Legend:** FRANCISCVS D • G • ROM • IMP • SEMP • AVGVSTVS **Note:** Dav. #2285A. Prev. KM#196.2.

Date	Mintage	VG	F	VF	XF	Unc
1763 OHK	—	50.00	100	200	350	—

KM# 417.3 48 SCHILLING (Thaler)
29.2000 g., 0.8880 Silver 0.8336 oz. ASW **Obv:** Small lions supporting plain shield **Obv. Legend:** MONETA NOVA - HAMBVRGENSIS, 48 SCHILL • SPEC/O.H.K. below in frame **Rev:** Medium-sized crown, orb and crowned imperial eagle **Rev. Legend:** FRANCISCVS D • G • ROM • IMP • SEMP • AVGVSTVS **Note:** Dav. #2285B. Prev. KM#196.3.

Date	Mintage	VG	F	VF	XF	Unc
1763 OHK	—	50.00	100	200	350	—

KM# 435 32 SCHILLING (2 Mark)
18.3200 g., 0.7500 Silver 0.4417 oz. ASW **Obv:** Crowned imperial double-headed eagle with orb on breast **Rev:** Helmeted arms **Note:** Prev. KM#203.

Date	Mintage	VG	F	VF	XF	Unc
1762 OHK	—	25.00	60.00	120	240	—
1763 OHK	—	25.00	60.00	120	240	—
1764 OHK	—	25.00	60.00	120	240	—

KM# 440 32 SCHILLING (2 Mark)
18.3200 g., 0.7500 Silver 0.4417 oz. ASW **Obv:** Crowned imperial double-headed eagle with orb on breast **Obv. Legend:** JOSEPHVS. II. D. G... **Rev:** Helmeted arms **Note:** Prev. KM#205. Similar to KM#229.

Date	Mintage	F	VF	XF	Unc	BU
1766 OHK	18,000	60.00	125	225	450	—
1767 OHK	—	60.00	125	225	450	—

KM# 460 32 SCHILLING (2 Mark)
18.3200 g., 0.7500 Silver 0.4417 oz. ASW **Obv:** Crowned imperial double-headed eagle with orb on breast **Rev:** Helmeted arms **Note:** Prev. KM#221.

Date	Mintage	F	VF	XF	Unc	BU
1788 OHK	60,000	50.00	80.00	150	300	—
1789 OHK	315,000	40.00	70.00	110	275	—

KM# 509 32 SCHILLING (2 Mark)
18.3200 g., 0.7500 Silver 0.4417 oz. ASW **Obv:** Titles of Franz II; Helmeted arms **Rev:** Crowned imperial eagle **Rev. Legend:** FRANCISCUS • II • D • G • ROM • IMP • SEMP • AUGUSTUS **Note:** Prev. KM#229.

Date	Mintage	F	VF	XF	Unc	BU
1794 OHK	130,000	30.00	60.00	100	265	—
1795 OHK	951,000	30.00	60.00	100	265	—
1796 OHK	1,138,000	30.00	60.00	100	265	—
1797 OHK	180,000	30.00	60.00	100	265	—

KM# 350 THALER
Silver **Subject:** 200th Anniversary of the Reformation **Obv:** City scene **Obv. Legend:** SUB UMBRA ALARUM TUARUM, HAMBURG in cartouche below **Note:** Dav. #2281. Prev. KM#154.

Date	Mintage	F	VF	XF	Unc	BU
ND(1717) IR	—	500	900	1,500	2,500	—

KM# 417.4 48 SCHILLING (Thaler)
29.2000 g., 0.8880 Silver 0.8336 oz. ASW **Obv:** Small lions supporting plain shild **Obv. Legend:** MONETA NOVA - HAMBVRGENSIS, 48 SCHILL • SPEC/O.H.K. below in frame **Rev:** Small crown, orb and crowned imperial eagle **Rev. Legend:** FRANCISCVS D • G • ROM • IMP • SEMP • AVGVSTVS **Note:** Dav. #2285C. Prev. KM#196.4.

Date	Mintage	VG	F	VF	XF	Unc
1764 OHK	—	60.00	125	275	450	—

KM# 379 THALER
Silver **Subject:** 200th Anniversary of the Augsburg Confession **Obv:** Titles of Karl VI **Obv. Legend:** CAROLVS VI. D.G. ROM. - IMP. SEMP. AVGVST. **Rev:** Helmeted arms on shield, branches at left and right **Rev. Legend:** MONET. NOV. CIVITAT. HAMBVRG. ANNO IVBIL. II. **Note:** Dav. #2282. Prev. KM#170.

Date	Mintage	F	VF	XF	Unc	BU
1730 IHL	5,000	110	225	375	650	850

GERMAN STATES — HAMBURG

Date	Mintage	VG	F	VF	XF	Unc
1701	—	475	800	2,000	3,700	—
1704	—	475	800	2,000	3,700	—
1705 IR	—	475	800	2,000	3,700	—

KM# 320 DUCAT
3.5000 g., 0.9860 Gold 0.1109 oz. AGW Rev: Madonna with shield of arms **Note:** Prev. KM#132.

Date	Mintage	VG	F	VF	XF	Unc
1702 IR	—	350	750	1,600	3,000	—

KM# 333 DUCAT
3.5000 g., 0.9860 Gold 0.1109 oz. AGW **Obv:** Castle within branches **Rev:** Bust of Josef I right **Note:** Prev. KM#142.

Date	Mintage	VG	F	VF	XF	Unc
1705 IR	—	625	1,000	2,450	4,850	—
1706 IR	—	625	1,000	2,450	4,850	—
1708 IR	—	625	1,000	2,450	4,850	—
1710 IR	—	625	1,000	2,450	4,850	—

KM# 339 DUCAT
3.5000 g., 0.9860 Gold 0.1109 oz. AGW **Obv:** Eage, titles of Josef I **Note:** Prev. KM#145.

Date	Mintage	VG	F	VF	XF	Unc
1706 IR	—	350	550	1,250	2,400	—
1707 IR	—	350	550	1,250	2,400	—
1708 IR	—	350	550	1,250	2,400	—
1710 IR	—	350	550	1,250	2,400	—
1711 IR	—	350	550	1,250	2,400	—

KM# 342 DUCAT
3.5000 g., 0.9860 Gold 0.1109 oz. AGW **Obv:** Castle within shield, lion supporters **Rev:** Titles of Karl VI **Note:** Prev. KM#150.

Date	Mintage	VG	F	VF	XF	Unc
1713 IR	—	225	450	900	1,750	—
1714 IR	—	225	450	900	1,750	—
1717 IR	—	225	450	900	1,750	—
1721	—	225	450	900	1,750	—
1726 IHL	1,700	225	450	900	1,750	—
1727 IHL	5,078	225	450	900	1,750	—
1728 IHL	3,798	225	450	900	1,750	—
1729 IHL	3,454	225	450	900	1,750	—
1730 IHL	2,429	225	450	900	1,750	—
1731 IHL	2,114	225	450	900	1,750	—
1732 IHL	5,171	225	450	900	1,750	—
1733 IHL	2,235	225	450	900	1,750	—
1734 IHL	3,184	225	450	900	1,750	—
1735 IHL	3,945	225	450	900	1,750	—
1736 IHL	4,215	225	450	900	1,750	—
1737 IHL	5,165	225	450	900	1,750	—
1738 IHL	1,947	225	450	900	1,750	—
1739 IHL	2,221	225	450	900	1,750	—
1740 IHL	4,942	225	450	900	1,750	—

KM# 394 DUCAT
3.5000 g., 0.9860 Gold 0.1109 oz. AGW **Obv:** Arms in cartouche **Rev:** Crowned imperial eagle, titles of Karl VII **Note:** Prev. KM#180.

Date	Mintage	VG	F	VF	XF	Unc
1742 IHL	4,506	350	600	1,300	2,400	—
1743 IHL	2,810	350	600	1,300	2,400	—
1744 IHL	5,343	350	600	1,300	2,400	—
1745 IHL	3,232	350	600	1,300	2,400	—

KM# 397 DUCAT
3.5000 g., 0.9860 Gold 0.1109 oz. AGW **Obv:** Arms within ornate frame **Rev:** Crowned imperial double-headed eagle with orb on breast **Note:** Prev. KM#182.

Date	Mintage	VG	F	VF	XF	Unc
1746 IHL	2,645	280	475	950	1,750	—
1747 IHL	2,529	280	475	950	1,750	—
1748 IHL	2,479	280	475	950	1,750	—
1749 IHL	3,749	280	475	950	1,750	—
1750 IHL	5,166	280	475	950	1,750	—
1751 IHL	2,114	280	475	950	1,750	—
1752 IHL	4,379	280	475	950	1,750	—
1753 IHL	4,866	280	475	950	1,750	—

KM# 386 THALER
Silver **Obv:** Helmeted arms with branches at left and right **Obv. Legend:** MONETA • NOVA • CIVITATIS • HAMBVRGENSIS • **Rev:** Crowned imperial double-headed eagle with orb on breast **Rev. Legend:** CAROLVS • VI • D• G • ROM • IMP • SEMP • AVGVST • **Note:** Dav. #2283. Prev. KM#173.

Date	Mintage	F	VF	XF	Unc	BU
1735 IHL	8,000	125	250	400	850	—

KM# 411 DUCAT
3.5000 g., 0.9860 Gold 0.1109 oz. AGW **Obv:** Shielded arms **Rev:** Crowned imperial double-headed eagle with orb on breast **Note:** Prev. KM#190.

Date	Mintage	VG	F	VF	XF	Unc
1754 IHL	5,047	240	450	925	1,750	—
1755 IHL	3,750	240	450	925	1,750	—
1756 IHL	15,000	240	450	925	1,750	—
1757 IHL	—	240	450	925	1,750	—
1758 IHL	—	240	450	925	1,750	—
1759 IHL	—	240	450	925	1,750	—
1760 IHL	—	240	450	925	1,750	—
1761 OHK	—	240	450	925	1,750	—
1762 OHK	—	240	450	925	1,750	—
1763 OHK	—	240	450	925	1,750	—
1764 OHK	—	240	450	925	1,750	—
1765 OHK	—	240	450	925	1,750	—

KM# 405 THALER
Silver **Subject:** Centenary - Peace of Westphalia **Obv:** Helmeted arms with lion supporters, date in exergue below **Obv. Legend:** SAECVLO A PACE WESTPHALICA EXACTO **Rev:** Titles of Franz I **Rev. Legend:** FRANCISCVS D • G • ROM • IMP • SEMP • AVGVST • **Note:** Dav. #2284. Prev. KM#185.

Date	Mintage	F	VF	XF	Unc	BU
1748 IHL	7,000	125	250	400	800	—

KM# 442 DUCAT
3.5000 g., 0.9860 Gold 0.1109 oz. AGW **Obv:** Castle within decorative frame **Rev:** Titles of Josef II **Note:** Prev. KM#206.

Date	Mintage	F	VF	XF	Unc	BU
1766 OHK	2,984	275	375	700	1,350	—
1767 OHK	3,640	275	375	700	1,350	—
1768 OHK	—	275	375	700	1,350	—
1769 OHK	—	275	375	700	1,350	—
1770 OHK	3,192	275	375	700	1,350	—
1771 OHK	—	275	375	700	1,350	—
1772 OHK	—	275	375	700	1,350	—

TRADE COINAGE

KM# 375 1/4 DUCAT
0.8750 g., 0.9860 Gold 0.0277 oz. AGW **Obv:** Crowned imperial eagle, titles of Karl VI **Rev:** Arms **Note:** Prev. KM#168.

Date	Mintage	VG	F	VF	XF	Unc
1/29 IHL	—	150	265	525	750	—

KM# 447 DUCAT
3.4900 g., 0.9790 Gold 0.1098 oz. AGW **Obv:** Crowned imperial double-headed eagle with orb on breast **Rev:** Legend within square, castle above, ornaments around **Note:** Prev. KM#211.

Date	Mintage	F	VF	XF	Unc	BU
1773	—	275	375	700	1,300	—
1774	—	275	375	700	1,300	—
1775	—	275	375	700	1,300	—
1776	—	275	375	700	1,300	—
1777	—	275	375	700	1,300	—
1778	—	275	375	700	1,300	—
1779	3,192	275	375	700	1,300	—
1780	4,471	275	375	700	1,300	—
1781	4,414	275	375	700	1,300	—
1782	4,500	275	375	700	1,300	—
1783	4,500	275	375	700	1,300	—
1784	3,231	275	375	700	1,300	—
1785	3,714	275	375	700	1,300	—
1786	4,500	275	375	700	1,300	—
1787	4,689	275	375	700	1,300	—
1788	4,500	275	375	700	1,300	—

KM# 295 DUCAT
3.5000 g., 0.9860 Gold 0.1109 oz. AGW **Obv:** Arms in branches **Rev:** Crowned imperial eagle **Note:** Prev. KM#121.

HAMBURG — GERMAN STATES

KM# 469 DUCAT
3.4900 g., 0.9790 Gold 0.1098 oz. AGW **Obv:** Legend within square, castle above, ornaments around **Rev:** Titles of Leopold II **Note:** Prev. KM#225.

Date	Mintage	F	VF	XF	Unc	BU
1791	5,633	350	575	1,000	1,700	—
1792	5,054	350	575	1,000	1,700	—

KM# 504.1 DUCAT
3.4900 g., 0.9790 Gold 0.1098 oz. AGW **Obv:** Legend within square, castle above, ornaments surround **Rev:** Titles of Franz II **Note:** Prev. KM#227.1.

Date	Mintage	F	VF	XF	Unc	BU
1793	3,303	375	625	1,200	2,000	—
1794	5,397	375	625	1,100	1,800	—
1795	5,000	375	625	1,100	1,800	—
1796	5,142	375	625	1,100	1,800	—
1797	4,824	375	625	1,100	1,800	—
1798	6,287	375	625	1,100	1,800	—
1799	7,325	375	625	1,100	1,800	—
1800	3,370	375	625	1,200	2,000	—

KM# 297 2 DUCAT
7.0000 g., 0.9860 Gold 0.2219 oz. AGW **Obv:** Crowned imperial eagle, titles of Leopold I **Rev:** Arms in cartouche **Note:** Prev. KM#122.

Date	Mintage	VG	F	VF	XF	Unc
1701	—	800	1,800	4,000	7,000	—
1705	—	800	1,800	4,000	7,000	—

KM# 335 2 DUCAT
7.0000 g., 0.9860 Gold 0.2219 oz. AGW **Obv:** Bust of Josef I right **Rev:** Arms in cartouche **Note:** Prev. KM#143.

Date	Mintage	VG	F	VF	XF	Unc
1705	—	2,000	4,000	7,500	12,500	—

KM# 336 2 DUCAT
7.0000 g., 0.9860 Gold 0.2219 oz. AGW **Obv:** Crowned imperial eagle, titles of Josef I **Rev:** Arms in palm branches **Note:** Prev. KM#144.

Date	Mintage	VG	F	VF	XF	Unc
1705 IR	—	650	1,300	2,500	5,400	—
ND IR	—	650	1,300	2,500	5,400	—

KM# 345 2 DUCAT
7.0000 g., 0.9860 Gold 0.2219 oz. AGW **Obv:** City arms, mintmaster's initials below **Rev:** Crowned imperial eagle, titles of Karl VI **Note:** Prev. KM#151.

Date	Mintage	VG	F	VF	XF	Unc
1713 IR	—	425	900	1,950	3,600	—
1717 IR	—	425	900	1,950	3,600	—
1725 IHL	1,073	425	900	1,950	3,600	—
1726 IHL	842	425	900	1,950	3,600	—
1727 IHL	1,005	425	900	1,950	3,600	—
1728 IHL	396	425	900	1,950	3,600	—
1729 IHL	566	425	900	1,950	3,600	—
1730 IHL	502	425	900	1,950	3,600	—
1732 IHL	1,078	425	900	1,950	3,600	—
1733 IHL	—	425	900	1,950	3,600	—
1734 IHL	471	425	900	1,950	3,600	—
1735 IHL	679	425	900	1,950	3,600	—
1736 IHL	260	425	900	1,950	3,600	—
1737 IHL	545	425	900	1,950	3,600	—
1738 IHL	335	425	900	1,950	3,600	—
1739	352	425	900	1,950	3,600	—
1740	435	425	900	1,950	3,600	—

KM# 396 2 DUCAT
7.0000 g., 0.9860 Gold 0.2219 oz. AGW **Obv:** City arms in cartouche **Rev:** Crowned imperial eagle, titles of Karl VII **Note:** Prev. KM#181.

Date	Mintage	VG	F	VF	XF	Unc
1742 IHL	1,080	525	1,050	2,150	4,300	—
1744 IHL	336	525	1,050	2,150	4,300	—
1745 IHL	775	525	1,050	2,150	4,300	—

KM# 399 2 DUCAT
7.0000 g., 0.9860 Gold 0.2219 oz. AGW **Obv:** Arms within ornate frame **Rev:** Crowned imperial eagle, titles of Franz **Note:** Prev. KM#183.

Date	Mintage	F	VF	XF	Unc	BU
1746 IHL	450	600	1,250	1,850	3,250	—
1748 IHL	292	600	1,250	1,850	3,250	—
1746 IHL	543	600	1,250	1,850	3,250	—
1750 IHL	446	600	1,250	1,850	3,250	—
1751 IHL	1,207	600	1,250	1,850	3,250	—
1753 IHL	1,094	600	1,250	1,850	3,250	—

KM# 466 2 DUCAT
6.9800 g., 0.9790 Gold 0.2197 oz. AGW **Obv:** Legend within square, castle above, ornaments around **Rev:** Crowned small imperial eagle, date above **Note:** Prev. KM#223.

Date	Mintage	F	VF	XF	Unc	BU
1789	402	600	1,100	1,650	3,200	—
1790	500	600	1,100	1,650	3,200	—

KM# 413 2 DUCAT
7.0000 g., 0.9860 Gold 0.2219 oz. AGW **Obv:** City arms within cartouche, mintmaster's initials below **Rev:** Crowned imperial double-headed eagle with orb on breast **Note:** Prev. KM#191.

Date	Mintage	F	VF	XF	Unc	BU
1754 IHL	—	600	1,250	1,850	3,250	—
1755 IHL	505	600	1,250	1,850	3,250	—
1756 IHL	767	600	1,250	1,850	3,250	—
1757 IHL	—	600	1,250	1,850	3,250	—
1758 IHL	—	600	1,250	1,850	3,250	—
1759 IHL	—	600	1,250	1,850	3,250	—
1760 IHL	—	600	1,250	1,850	3,250	—
1762 OHK	—	600	1,250	1,850	3,250	—
1763 OHK	—	600	1,250	1,850	3,250	—
1764 OHK	—	600	1,250	1,850	3,250	—
1765 OHK	—	600	1,250	1,850	3,250	—

KM# 444 2 DUCAT
7.0000 g., 0.9860 Gold 0.2219 oz. AGW **Obv:** Arms within ornate frame, O.H.K. in frame below **Rev:** Crowned imperial eagle, titles of Josef II **Note:** Prev. KM#207.

Date	Mintage	F	VF	XF	Unc	BU
1766 OHK	613	650	1,250	1,850	3,250	—
1767 OHK	584	650	1,250	1,850	3,250	—
1768 OHK	—	650	1,250	1,850	3,250	—
1769 OHK	—	650	1,250	1,850	3,250	—
1770 OHK	536	650	1,250	1,850	3,250	—
1771 OHK	—	650	1,250	1,850	3,250	—

KM# 445 2 DUCAT
7.0000 g., 0.9860 Gold 0.2219 oz. AGW **Obv:** Without frame for O. H. K. **Rev:** Crowned imperial double-headed eagle with orb on breast **Note:** Prev. KM#210.

Date	Mintage	F	VF	XF	Unc	BU
1772 OHK	—	1,000	1,500	2,150	3,500	—

KM# 450 2 DUCAT
6.9800 g., 0.9790 Gold 0.2197 oz. AGW **Obv:** Crowned imperial double-headed eagle with orb on breast **Rev:** Legend within square, castle above, ornaments around **Note:** Prev. KM#212. Varieties exist.

Date	Mintage	F	VF	XF	Unc	BU
1773	—	650	1,000	1,650	3,200	—
1774	—	650	1,000	1,650	3,200	—
1775	—	650	1,000	1,650	3,200	—
1776	—	650	1,000	1,650	3,200	—
1777	—	650	1,000	1,650	3,200	—
1778	—	750	1,150	1,950	3,600	—
1779	479	650	1,100	1,800	3,500	—
1780	875	650	1,000	1,650	3,200	—
1781	231	800	1,200	2,000	3,800	—
1782	450	750	1,100	1,800	3,500	—
1783	450	750	1,100	1,800	3,500	—
1784	455	750	1,100	1,800	3,500	—
1785	879	650	1,000	1,650	3,200	—
1786	400	750	1,100	1,800	3,500	—
1787	320	750	1,150	1,950	3,600	—
1788	400	750	1,100	1,800	3,500	—

KM# 502 2 DUCAT
6.9800 g., 0.9790 Gold 0.2197 oz. AGW **Obv:** Legend within square, castle above, ornaments around **Rev:** Crowned imperial double-headed eagle with orb on breast **Note:** Prev. KM#226.

Date	Mintage	F	VF	XF	Unc	BU
1791	502	600	1,100	1,650	3,200	—
1792	701	600	1,100	1,650	3,200	—

KM# 506.1 2 DUCAT
6.9800 g., 0.9790 Gold 0.2197 oz. AGW **Obv:** Legend within square ornamental frame **Rev:** Crowned orb at center of double eagle with sword and scepter **Rev. Legend:** FRANCISVS II D. G. ROM. IMP... **Note:** Prev. KM#228.1.

Date	Mintage	F	VF	XF	Unc	BU
1793	360	650	1,450	2,800	4,100	—
1794	673	650	1,300	2,200	3,350	—
1795	600	650	1,300	2,200	3,350	—
1796	547	650	1,350	2,650	3,800	—
1797	670	650	1,300	2,200	3,350	—
1798	670	650	1,300	2,200	3,350	—
1799	765	650	1,300	2,200	3,350	—
1800	811	650	1,350	2,650	3,800	—

KM# 518 4 DUCAT
13.9600 g., 0.9790 Gold 0.4394 oz. AGW **Obv:** Three towers **Rev:** Crowned eagle **Note:** Prev. KM#233.

Date	Mintage	F	VF	XF	Unc	BU
1797	—	1,500	3,000	4,800	9,000	—

PATTERNS
Including off metal strikes

KM#	Date	Mintage	Identification	Issue Price	Mkt Val
Pn1	1730 IHL	—	2 Ducat. Silver. KM#345	—	215
Pn2	1733	—	Ducat. Silver. KM#342	—	145
Pn3	1734 IHL	—	2 Ducat. Silver. KM#345	—	215
Pn4	1735 IHL	—	Ducat. Silver. KM#342	—	145
Pn5	1735 IHL	—	2 Ducat. Silver. KM#345	—	215
Pn6	1740 IHL	—	Ducat. Silver. KM#342	—	145
Pn7	1740 IHL	—	2 Ducat. Silver. KM#345	—	215
Pn8	1742 IHL	—	2 Ducat. Silver. KM#396	—	325

KM#	Date	Mintage	Identification	Issue Price	Mkt Val
Pn9	1746 IHL	—	2 Ducat. Silver. KM#399	—	215
Pn10	1778 OHK	—	Schilling. Gold. KM#456	—	550
Pn11	1778 OHK	—	Schilling. 0.9990 Gold. KM#456	—	575
PnA12	1786	—	Dreiling. Gold. KM#458	—	475
Pn12	1790 OHK	—	Schilling. Gold. KM#456	—	550
PnA13	1794	—	Dreiling. Gold. KM#458	—	425
PnB13	1795	—	4 Schilling. Gold. 6.9600 g. KM#512	—	—

KM#	Date	Mintage Identification	Issue Price	Mkt Val

Pn13	1796 OHK	— Dreiling. Gold. KM#458	—	210
Pn14	1798 OHK	— Schilling. 0.9990 Gold. KM#456	—	500

HAMM

A provincial city located in Westphalia, some 20 miles northeast of Dortmund, in the county of Mark. When the ruling house of Mark (see Cleves and Julich-Berg) became extinct in 1609, its territories, including Hamm, went to Brandenburg-Prussia in 1624 after a dispute with Pfalz-Neuburg. Hamm struck a local copper coinage from 1609 to 1749.

ARMS
Fesse of checkerboard

CITY
REGULAR COINAGE

KM# 71 3 PFENNIG
Copper **Obv:** Arms **Rev:** Value within wreath

Date	Mintage	VG	F	VF	XF	Unc
1701	—	7.00	20.00	33.00	60.00	—
1703	—	7.00	20.00	33.00	60.00	—
1705	—	7.00	20.00	33.00	60.00	—
1711	—	7.00	20.00	33.00	60.00	—
1744	—	7.00	20.00	33.00	60.00	—

KM# 75 3 PFENNIG
Copper, 20 mm. **Obv:** Shield of town arms, date below **Obv. Legend:** STADT - HAMM **Rev:** 2-line inscription within wreath **Rev. Inscription:** III / PFEN **Note:** Varieties exist.

Date	Mintage	VG	F	VF	XF	Unc
1710	—	7.00	20.00	33.00	60.00	—
1713	—	7.00	20.00	33.00	60.00	—
1714	—	7.00	20.00	33.00	60.00	—
1715	—	7.00	20.00	33.00	60.00	—
1717	—	7.00	20.00	33.00	60.00	—
1719	228,000	7.00	20.00	33.00	60.00	—
1720	—	7.00	20.00	33.00	60.00	—
1721	232,000	7.00	20.00	33.00	60.00	—
1725	156,000	7.00	20.00	33.00	60.00	—
1727	Inc. above	7.00	20.00	33.00	60.00	—
1729	361,000	7.00	20.00	33.00	60.00	—
1730	—	7.00	20.00	33.00	60.00	—
1732	105,000	7.00	20.00	33.00	60.00	—
1733	232,000	7.00	20.00	33.00	60.00	—
1734	245,000	7.00	20.00	33.00	60.00	—
1736	295,000	7.00	20.00	33.00	60.00	—
1737	172,000	7.00	20.00	33.00	60.00	—
1739	—	7.00	20.00	33.00	60.00	—
1740	—	7.00	20.00	33.00	60.00	—
1742	—	7.00	20.00	33.00	60.00	—
1743	—	7.00	20.00	33.00	60.00	—
1745	—	7.00	20.00	33.00	60.00	—
1747	—	7.00	20.00	33.00	60.00	—
1749	—	7.00	20.00	33.00	60.00	—

KM# 76 3 PFENNIG
Copper **Obv. Inscription:** STADT / date / HAMM

Date	Mintage	VG	F	VF	XF	Unc
1713	—	7.00	20.00	33.00	60.00	—
1746	—	7.00	20.00	33.00	60.00	—

HANAU

Located 14 miles east of Frankfurt am Main, Hanau is the site of a Roman frontier settlement. The line of counts can be traced back to the mid-11th century. The county was divided into the lines of Hanau-Lichtenberg and Hanau-Münzenberg in 1451.

HANAU-LICHTENBERG

The younger line of the counts of Hanau. Lands in Alsace, acquired through marriage, the counts taking up residence in Buchsweiler, some 14 miles west of Hagenau. The elder Münzenberg line became extinct in 1642 and all lands passed to Lichtenberg. Raised to the rank of prince in 1696. Became extinct in 1736 and passed to Hesse-Darmstadt in 1785.

RULERS
Philipp Reinhard, 1685-1712
Johann Reinhard III, 1712-1736
Ludwig IX of Hesse-Darmstadt, 1736-1785

MINT OFFICIALS' INITIALS

Darmstadt

Initials	Date	Name
BIB	1707-33	Balthasar Johann Benthmann
R	1696-1727	Johann C. Roth, die-cutter

Hanau

Initials	Date	Name
CHS	1757-58	Conrad Heinrich Schwertner
EGF	1758-59	Eberhard Gregorius Fleischheld

Heidelberg

Initials	Date	Name
IL, JL	1659-1711	Johann Link, die-cutter

Mannheim

Initials	Date	Name
AS	d.1799	Anton Schaeffer, die-cutter
MC		Manhemi Cusa

ARMS
Hanau only - 3 chevrons, but often 4-fold arms with central chevron shield.
Hanau-Lichtenberg - 3 chevrons on left, rampant lion on right.
Ochsenstein – 2 horizontal bars.

COUNTSHIP
REGULAR COINAGE

KM# 110 PFENNIG
Silver **Ruler:** Johann Reinhard III **Obv:** Hanau arms in shield **Note:** Uniface

Date	Mintage	VG	F	VF	XF	Unc
ND(1712-36)	—	12.00	25.00	60.00	125	—

KM# 123 KREUZER
Billon **Ruler:** Ludwig IX **Obv:** Crowned lion shield in cartouche, HD above, HL below **Rev:** Value, date in 4 lines between 2 branches

Date	Mintage	VG	F	VF	XF	Unc
1759	—	325	700	1,500	—	—

KM# 124 2 KREUZER (1/2 Batzen)
Billon **Ruler:** Ludwig IX **Obv:** Crowned lion shield in cartouche, HD above, HL below **Rev:** Value, date in 4 lines between 2 branches

Date	Mintage	VG	F	VF	XF	Unc
1759	—	100	225	450	900	—

KM# 125 4 KREUZER
2.0000 g., Billon, 21.9 mm. **Ruler:** Ludwig IX **Obv:** Crowned rampant lion left within branches **Rev:** Value within cartouche, date below

Date	Mintage	VG	F	VF	XF	Unc
1759 EGF	—	90.00	200	400	825	—

KM# 120 2 ALBUS (Batzen)
Billon **Ruler:** Ludwig IX **Obv:** 3 oval arms in cartouche, HD above, HL below **Rev:** Value in cartouche, date below **Rev. Legend:** LAND MUNZ

Date	Mintage	VG	F	VF	XF	Unc
1757 CHS	—	175	400	825	—	—

KM# 130 10 KREUZER
Silver **Ruler:** Ludwig IX **Obv:** Bust right in wreath, legend around **Rev:** Crowned lion shield on pedestal, value, date at left and right **Rev. Legend:** AD NORMAM.. **Note:** Convention 10 Kreuzer.

Date	Mintage	VG	F	VF	XF	Unc
1760 MC-AS	—	125	275	550	1,100	—

KM# 121 1/6 THALER
Silver **Ruler:** Ludwig IX **Obv:** Crowned monogram **Rev:** Value, date in 5 lines

Date	Mintage	VG	F	VF	XF	Unc
1758	—	100	225	450	900	—
1758 EGF	—	100	225	450	900	—

KM# 115 60 KREUZER (2/3 Thaler)
Silver **Ruler:** Johann Reinhard III **Obv:** Armored bust right **Rev:** Crowned complex arms within Order chain, date divided below

Date	Mintage	VG	F	VF	XF	Unc
1721 BIB Unique	—	—	—	—	—	—

TRADE COINAGE

KM# 118 GOLDGULDEN
3.5000 g., 0.9860 Gold 0.1109 oz. AGW **Ruler:** Ludwig IX **Obv:** Bust right **Rev:** Crowned arms

Date	Mintage	VG	F	VF	XF	Unc
1737	—	1,200	2,400	4,200	7,800	—
1739	—	1,200	2,400	4,200	7,800	—
1740	—	1,200	2,400	4,200	7,800	—

KM# 116 DUCAT
3.5000 g., 0.9860 Gold 0.1109 oz. AGW **Ruler:** Johann Reinhard III **Obv:** Bust right **Rev:** Crowned oval 7-fold arms within Order chain, date divided below

Date	Mintage	VG	F	VF	XF	Unc
1721 Rare	—	—	—	—	—	—
1731	—	1,400	2,700	4,800	8,600	—

KM# 117 DUCAT
3.5000 g., 0.9860 Gold 0.1109 oz. AGW **Ruler:** Johann Reinhard III **Obv:** Bust right in inner circle

Date	Mintage	VG	F	VF	XF	Unc
1733	—	1,300	2,650	4,600	8,600	—
ND	—	1,300	2,650	4,600	8,600	—

KM# 122 DUCAT
3.5000 g., 0.9860 Gold 0.1109 oz. AGW **Ruler:** Ludwig IX **Obv:** Bust right, legend around **Rev:** Crowned arms, date below

Date	Mintage	VG	F	VF	XF	Unc
1758	—	1,700	3,300	5,600	10,000	—

PATTERNS
Including off metal strikes

KM#	Date	Mintage	Identification	Mkt Val
Pn1	1694 JL-SM	—	Thaler. Gold. KM#101	—
Pn3	1/58	—	1/6 Thaler. Gold. KM#121.	3,250

HANAU-MUNZENBERG

Elder line of Hanau founded in division of 1451, but became extinct in 1642 and fell to the Lichtenberg line. Hanau-Münzenberg passed to Hesse-Cassel in 1736 upon extinction of Hanau-Lichtenberg.

RULERS
Wilhelm VIII of Hesse-Cassel, 1736-1760
Wilhelm IX of Hesse-Cassel, Count (under regency of mother, Mary of England) 1760-1764
Wilhelm IX, Alone, 1764-1803

HANAU-MUNZENBERG

MINT OFFICIALS' INITIALS

Initials	Date	Name
CLR	1771-84	Christian Ludwig Ruden
EIK, EK	1737-42	Engelhard Johann Krull
IIE	1740-70	Johann Jacob Encke

ARMS

Hanau only = 3 chevrons, but often 4-fold arms with central chevron shield.

Hanau-Lichtenberg = 3 chevrons on left, 2 horizontal bars of Ochsenstein on right.

REFERENCE:

S = Reinhard Suchier, Die Münzen der Grafen von Hanau, Hanau, 1897.

COUNTSHIP

REGULAR COINAGE

KM# 72 HELLER

Copper **Ruler:** Wilhelm VIII **Obv:** Crowned monogram **Rev:** Value, date **Rev. Inscription:** HANAU / SCHEIDE / MUNZ

Date	Mintage	VG	F	VF	XF	Unc
1739	—	5.00	12.00	25.00	50.00	—
1741	—	5.00	12.00	25.00	50.00	—
1743	—	5.00	12.00	25.00	50.00	—
1745	—	5.00	12.00	25.00	50.00	—
1746	—	5.00	12.00	25.00	50.00	—

KM# 85 HELLER

Copper **Ruler:** Wilhelm VIII **Obv:** Crowned WL monogram, ZH at upper left and right **Rev:** Value, date in 5 lines

Date	Mintage	VG	F	VF	XF	Unc
1752	—	7.00	15.00	30.00	65.00	—
1753	—	7.00	15.00	30.00	65.00	—
1754	—	7.00	15.00	30.00	65.00	—
1755	—	7.00	15.00	30.00	65.00	—
1756	—	7.00	15.00	30.00	65.00	—
1757	—	7.00	15.00	30.00	65.00	—

KM# 101 HELLER

Copper **Ruler:** Wilhelm IX **Obv:** Crowned complex arms with lion shield at center **Rev:** Value, date

Date	Mintage	VG	F	VF	XF	Unc
1768	—	4.00	10.00	22.00	45.00	—
1769	—	4.00	10.00	22.00	45.00	—
1770	—	4.00	10.00	22.00	45.00	—
1771	—	4.00	10.00	22.00	45.00	—
1772	—	4.00	10.00	22.00	45.00	—
1773	—	4.00	10.00	22.00	45.00	—

KM# 83 2 HELLER

Copper **Ruler:** Wilhelm VIII **Obv:** Crowned monogram **Rev:** Value, date

Date	Mintage	VG	F	VF	XF	Unc
1745	—	6.00	15.00	30.00	60.00	—

KM# 71 KREUZER

Billon **Ruler:** Wilhelm VIII **Obv:** Lion left in crowned baroque frame, value as 1K **Rev:** Value, date in circle **Rev. Legend:** HANAU LAND MUNTZ

Date	Mintage	VG	F	VF	XF	Unc
1738	—	60.00	100	225	450	—
1739	—	60.00	100	225	450	—

KM# 73 KREUZER

Billon **Ruler:** Wilhelm VIII **Obv:** Crowned lion shield **Rev:** Value, date, mintmaster's initials in 5 lines

Date	Mintage	VG	F	VF	XF	Unc
1739 EK	—	40.00	90.00	185	375	—

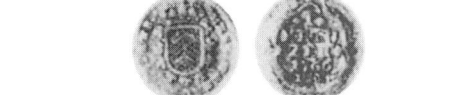

KM# 95 KREUZER

Billon **Ruler:** Wilhelm IX **Obv:** Arms **Rev:** Value and date

Date	Mintage	VG	F	VF	XF	Unc
1765	—	6.00	15.00	30.00	60.00	—
1766 IIE	—	40.00	90.00	185	375	—

KM# 111 KREUZER

Copper **Ruler:** Wilhelm IX **Obv:** Crowned arms **Rev:** Value and date in ornate circle

Date	Mintage	VG	F	VF	XF	Unc
1773	—	5.00	12.00	25.00	50.00	—

KM# 112 KREUZER

Billon **Ruler:** Wilhelm IX **Obv:** Crowned arms **Rev:** Value and date in ornate circle

Date	Mintage	VG	F	VF	XF	Unc
1773	—	6.00	15.00	30.00	60.00	—

KM# 81 2 ALBUS

Billon **Ruler:** Wilhelm VIII **Obv:** Crowned oval arms in cartouche **Rev:** Value, date in laurel wreath

Date	Mintage	VG	F	VF	XF	Unc
1740	—	350	700	1,150	—	—
1741	—	—	—	—	—	—

KM# 80 5 KREUZER

Silver **Ruler:** Wilhelm VIII **Obv:** Arms in baroque shield **Rev:** Value, date, mintmaster's initials in laurel wreath

Date	Mintage	VG	F	VF	XF	Unc
1740 EK	—	—	—	2,000	3,750	—

KM# 96 5 KREUZER

Billon **Ruler:** Wilhelm IX **Obv:** Arms **Rev:** Value and date

Date	Mintage	VG	F	VF	XF	Unc
1765	—	6.00	12.00	25.00	50.00	—
1766	—	6.00	12.00	25.00	50.00	—

KM# 116 5 KREUZER

Silver **Ruler:** Wilhelm IX **Obv:** Head left **Rev:** Crowned arms

Date	Mintage	F	VF	XF	Unc	BU
1775 CLR	—	25.00	50.00	100	200	—

KM# 90 10 KREUZER

Silver **Ruler:** Wilhelm IX **Obv:** Monogram within wreath **Rev:** Crowned column divides arms

Date	Mintage	F	VF	XF	Unc	BU
1763 IIE	—	30.00	50.00	100	200	—

KM# 100.1 10 KREUZER

Silver **Ruler:** Wilhelm IX **Obv:** Head right **Rev:** Crowned arms with lion shield at center

Date	Mintage	F	VF	XF	Unc	BU
1765 IIE	—	35.00	95.00	275	575	—

KM# 100.2 10 KREUZER

Silver **Ruler:** Wilhelm IX **Obv:** Bust right **Rev:** Crowned arms with lion shield at center

Date	Mintage	F	VF	XF	Unc	BU
1766 IIE	—	25.00	40.00	75.00	150	—

KM# 82 6 ALBUS

Silver **Ruler:** Wilhelm VIII **Obv:** Crowned complex arms within cartouche **Rev:** Value, date within circle

Date	Mintage	VG	F	VF	XF	Unc
1740 IIE	—	40.00	85.00	170	340	—
1741 IIE	—	40.00	85.00	170	340	—
1743 IIE	—	40.00	85.00	170	340	—
1744 IIE	—	40.00	85.00	170	340	—

KM# 92 20 KREUZER

Silver **Ruler:** Wilhelm IX **Obv:** Crowned column divides arms **Rev:** Value, date within cartouche

Date	Mintage	F	VF	XF	Unc	BU
1764 IIE	—	100	155	300	625	—

KM# 97.1 20 KREUZER

Silver **Ruler:** Wilhelm IX **Obv:** Head right **Rev:** Crowned arms with lion shield at center

Date	Mintage	F	VF	XF	Unc	BU
1765 IIE	—	75.00	150	300	600	—

KM# 97.2 20 KREUZER

Silver **Ruler:** Wilhelm IX **Obv:** Bust right **Rev:** Crowned arms with lion shield at center

Date	Mintage	F	VF	XF	Unc	BU
1766 IIE	—	45.00	100	200	425	—

KM# 91 1/2 THALER

Silver **Ruler:** Wilhelm IX **Obv:** Bust with décolletage right **Rev:** Crowned bow above two shields of arms

Date	Mintage	F	VF	XF	Unc	BU
1763 iie	—	400	750	1,250	2,500	—

KM# 98 1/2 THALER

Silver **Ruler:** Wilhelm IX **Obv:** Draped bust right **Rev:** Crowned complex arms with supporters

Date	Mintage	F	VF	XF	Unc	BU
1765 ie	—	135	275	500	950	—

GERMAN STATES — HANAU-MUNZENBERG

KM# 110 THALER
Silver **Ruler:** Wilhelm IX **Obv:** Bust with mantle right **Obv. Legend:** WILHELM9 D.G. LANDG. & PR. HER. HASS. COM. HAN. **Rev:** Crowned complex arms with supporters **Rev. Legend:** EX VISCERIBUS FODINAE BIEBER., X. EINE F. MARCK below **Note:** Dav. #2288A.

Date	Mintage	F	VF	XF	Unc	BU
1771 CLR*	—	145	300	600	1,200	—

KM# 115 THALER
Silver **Ruler:** Wilhelm IX **Obv:** Large head right **Obv. Legend:** WILHELMUS D: G: LANDG. & PR: HER: HASS: COM: HAN: **Rev:** Crowned oval complex arms with supporters **Rev. Legend:** X. EINE FEINE MARCK **Note:** Dav. #2289.

Date	Mintage	F	XF	XF	Unc	BU
1774 CLR	—	145	300	575	1,100	—
1775 CLR	—	145	300	575	1,100	—
1775 CLK Error	—	150	300	575	1,100	—
1777 CLR	—	145	300	575	1,100	—
1778 CLR	—	145	300	575	1,100	—

KM# 103 1/2 THALER
Silver **Ruler:** Wilhelm IX **Obv:** Armored bust right **Rev:** Crowned complex arms with supporters **Note:** Mining 1/2 Thaler - Bieber Mint.

Date	Mintage	F	VF	XF	Unc	BU
1769	—	150	300	600	1,200	—
1770 IIE	—	150	300	600	1,200	—

KM# 70 DUCAT
3.5000 g., 0.9860 Gold 0.1109 oz. AGW **Ruler:** Wilhelm VIII **Subject:** Wilhelm VIII **Obv:** Head right **Rev:** Crowned complex arms

Date	Mintage	VG	F	VF	XF	Unc
1737	—	675	1,450	3,000	6,300	11,500
1738	—	675	1,450	3,000	6,300	11,500
1739	—	675	1,450	3,000	6,300	11,500
1740	—	675	1,450	3,000	6,300	11,500

KM# 114 THALER
Silver **Ruler:** Wilhelm IX **Obv:** Small head right **Obv. Legend:** WILHELMUS D: G: LANDG • & PR: HER: HASS: COM; HAN: **Rev:** Crowned oval arms with supporters **Rev. Legend:** X. EINE FEINE MARCK, BIEBERER SILBER in cartouche below **Note:** Dav. #2289B.

Date	Mintage	F	VF	XF	Unc	BU
1774 CLR	—	145	300	575	1,100	—
1777 CLR	—	145	300	575	1,100	—
1778 CLR	—	145	300	575	1,100	—

KM# 113 THALER
Silver **Ruler:** Wilhelm IX **Obv:** Head right **Obv. Legend:** WILH.D.G.LANDG.. **Rev:** Crowned complex arms with supporters **Note:** Mining Thaler - Bieber Mines. Dav. #2289A.

Date	Mintage	F	VF	XF	Unc	BU
1774 CLR	—	145	300	575	1,100	—

KM# 117 THALER
Silver **Ruler:** Wilhelm IX **Rev:** BIBERER SILBER in square **Note:** Dav. #2289D.

Date	Mintage	F	VF	XF	Unc	BU
1778 CLR	—	155	325	600	1,150	—

KM# 93 THALER
Silver **Ruler:** Wilhelm IX **Subject:** Maria, Regent **Obv:** Bust with décolletage right **Obv. Legend:** MARIA D: G: LANDGR: HAS: N: PR: M: B: FR: & H: T: & COM: HAN: ADMINISTR * **Rev:** Crowned complex arms within wreath **Note:** Dav. #2286.

Date	Mintage	F	VF	XF	Unc	BU
1764 IIE Rare	—	—	—	—	—	—

Note: Künker Auction 163, 1-10, XV/Unc realized approximately $35,100

KM# 94 DUCAT
3.5000 g., 0.9860 Gold 0.1109 oz. AGW **Ruler:** Wilhelm IX **Subject:** Marriage of Wilhelm to Wilhelmine Caroline of Denmark **Obv:** Bust with décolletage right **Rev:** Inscription

Date	Mintage	F	VF	XF	Unc	BU
1764 IIE	—	900	1,800	3,750	6,800	—

KM# 102 DUCAT
3.5000 g., 0.9860 Gold 0.1109 oz. AGW **Ruler:** Wilhelm IX **Obv:** Bust right **Rev:** Arms and date

Date	Mintage	F	VF	XF	Unc	BU
1768	—	1,250	2,500	4,950	9,000	—

KM# 99 THALER
Silver **Ruler:** Wilhelm IX **Subject:** Wilhelm IX **Obv:** Armored, draped bust right **Obv. Legend:** WILHELM9 D.G.LANDG. & PR. HER. HASS. COM. HAN **Rev:** Crowned complex arms with supporters **Rev. Legend:** X. EINE FEINE MARCK **Note:** Dav. #2287.

Date	Mintage	F	VF	XF	Unc	BU
1765 IE	—	200	350	750	1,850	—
1765 IR	—	200	350	750	1,850	—

KM# 104 THALER
Silver **Ruler:** Wilhelm IX **Obv:** Armored bust right **Obv. Legend:** WILHELM9 D.G. LANDG. & PR. HER. HASS. COM. HAN. **Rev:** Crowned complex arms with supporters **Rev. Legend:** EX VISCERIBUS FODINAE BIEBER., X. EINE F. MARCK below **Note:** Mining Thaler - Bieber Mines. Dav. #2288.

Date	Mintage	F	VF	XF	Unc	BU
1769 IIE	—	150	300	550	1,000	—
1770 IIE	—	150	300	550	1,000	—
1771 CLR	—	150	300	550	1,000	—

KM# 118 THALER
Silver **Ruler:** Wilhelm IX **Obv:** Larger head right **Obv. Legend:** WILHELMUS D:G: LANDG • & PR: GER: HASS; COM: HAN: **Rev:** Crowned complex arms with supporters **Rev. Legend:** X. EINE FEINE MARCK, BIBERER SILBER in box below **Note:** Mining Thaler - Bieber Mines. Dav. #2290.

Date	Mintage	F	VF	XF	Unc	BU
1781 CLR	—	225	400	825	1,650	—

TRADE COINAGE

KM# 74 1/2 DUCAT
1.7500 g., 0.9860 Gold 0.0555 oz. AGW **Ruler:** Wilhelm VIII **Obv:** Bust right **Rev:** Crowned complex arms

Date	Mintage	VG	F	VF	XF	Unc
1739	—	425	1,100	2,100	4,500	7,500

KM# 120 DUCAT
3.5000 g., 0.9860 Gold 0.1109 oz. AGW **Ruler:** Wilhelm IX

Date	Mintage	F	VF	XF	Unc	BU
1775 CLR	—	1,650	3,300	5,800	11,000	—

REGULAR COINAGE

KM#	Date	Mintage	Identification	Issue Price	Mkt Val
Pn1	1764 ITE	—	Ducat. Silver. KM#94	—	275

HEILBRONN

First mentioned around 741, Heilbronn is about 30 miles north of Stuttgart in Württemberg. It became a free imperial city in 1360 and passed to Württemberg in 1803.

FREE CITY
TRADE COINAGE

KM# 1 DUCAT
3.5000 g., 0.9860 Gold 0.1109 oz. AGW **Subject:** 200th Anniversary of the Reformation **Obv:** 4-Line inscription, date in cartouche below **Obv. Inscription:** MEM. / IUBILÆM / II / HEILBR. **Rev:** 7-Streamed fountain, date in chronogram **Rev. Legend:** MANAT ADHVC SALIENS FONTE SALVTIS AQVA. **Note:** Fr. #1188.

Date	Mintage	VG	F	VF	XF	Unc
1717	—	/00	1,500	3,200	5,500	—

PATTERNS
Including off metal strikes

KM#	Date	Mintage	Identification	Mkt Val

Pn1	1717	—	Ducat. Silver. KM#1.	175

HENNEBERG

The line of counts of Henneberg in southern Thuringia, who traced their ancestors back to the late eighth century became extinct in 1583. The territories went mostly to Saxony with smaller parts to Hesse-Cassel and Brandenburg. Several Saxon duchies issued coins at Ilmenau. In 1660 Henneberg was divided again and redistributed among the duchies of both Albertine Saxony (Electoral Saxony and Saxe-Zeitz) and Ernestine Saxony (Saxe-Gotha and Saxe-Weimar). Each struck coins for its portion.

RULER
Friedrich August III of Electoral Saxony, 1763-1806

MINT OFFICIALS' INITIALS

Initials	Date	Name
EDC	1764-78	Ernst Dietrich Croll in Dresden
IEC	1779-1804	Johann Ernst Croll in Dresden

M = Otto Merseburger, Sammlung Otto Merseburger umfassend Münzen und Medaillen von Sachsen, Leipzig, 1894.
Sch = Wolfgang Schulten, *Deutsche Münzen aus der Zeit Karls V*, Frankfurt am Main, 1976.
S = Hugo Frhr. Von Saurma-Jeltsch, Die Saurmasche Münzsammlung deutscher, schweizerischer und polnischer Gepräge von etwa dem Beginn der Groschenzeit bis zur Kipperperiode, Berlin, 1892.
L. Deahna, "Zur hennebergischen Münzkunde," Frankfurter Münzzeitung 11 (1911), pp. 194-5, 203-6.

DIVISION OF 1660
Albertine Line

REGULAR COINAGE

KM# 41 KREUZER
Billon **Ruler:** Friedrich August III **Obv:** Crowned monogram **Rev:** Value, date **Note:** Listed by Craig under Saxony as Cr#96.

Date	Mintage	F	VF	XF	Unc	BU
1765 EDC	—	35.00	70.00	160	325	—
1780 JEC	—	35.00	70.00	160	325	—

KM# 42 5 KREUZER
Billon **Ruler:** Friedrich August III **Obv:** Crowned monogram **Rev:** Value, date **Note:** Listed by Craig under Saxony as Cr#99.

Date	Mintage	F	VF	XF	Unc	BU
1765 EDC	—	25.00	55.00	145	300	—

HENNEBERG-ILMENAU SUCCESSION TO SAXE-GOTHA AND WEIMAR

RULERS
Friedrich I of Saxe-Gotha, 1680-91
Friedrich II of Saxe-Gotha, 1691-1732
Wilhelm Ernst of Saxe-Weimar, 1683-1728
Johann Ernst of Saxe-Weimar, 1683-1707

Initials	Date	Name
BA	1691-1702	Bastian Altmann at Ilmenau

REGULAR COINAGE

KM# 40 1/4 THALER
Silver **Ruler:** Johann Ernst **Obv:** 2 Helmets with plumes and supporters, date below **Rev:** Crown above 2 shields

Date	Mintage	VG	F	VF	XF	Unc
1701 BA	—	350	750	1,500	—	—

KM# 41 1/2 THALER
Silver **Ruler:** Johann Ernst **Obv:** 2 Helmets with plumes and supporters, date below **Rev:** Crown above 2 shields

Date	Mintage	VG	F	VF	XF	Unc
1701 BA	—	675	1,200	2,250	3,000	—

KM# 35 THALER
Silver **Ruler:** Bernard III **Obv:** 2 ornate helmets, figures at right and left **Rev:** Crown above two shields of arms **Note:** Dav. #7491.

Date	Mintage	F	VF	XF	Unc	BU
1701 BA	—	250	450	900	1,850	—
1702 BA	—	250	450	900	1,850	—

SUCCESSION TO SAXE-MEININGEN

RULER
Bernhard III, 1680-1706

REGULAR COINAGE

KM# 43 HELLER
Copper **Obv:** Hen right

Date	Mintage	VG	F	VF	XF	Unc
1701	—	4.00	10.00	22.00	45.00	—

KM# 42 HELLER
Copper **Ruler:** Wilhelm Ernst **Obv:** Crowned hen left on 3 mounds **Rev:** Date **Rev. Inscription:** H. / MEINING / HELLER
Note: Varieties exist.

Date	Mintage	VG	F	VF	XF	Unc
1701	—	4.00	10.00	22.00	45.00	—
1702	—	4.00	10.00	22.00	45.00	—
1703	—	4.00	10.00	22.00	45.00	—

KM# 46 HELLER
Copper **Ruler:** Anton Ulrich **Obv:** Crowned hen left **Rev:** Date **Rev. Inscription:** I / MEININ / HELLER

Date	Mintage	VG	F	VF	XF	Unc
1761	—	—	—	—	—	—

Note: Reported, not confirmed

| 1762 | — | 4.00 | 10.00 | 22.00 | 45.00 | — |

KM# 47 HELLER
Copper, 17 mm. **Ruler:** Anton Ulrich **Obv:** Crowned rooster left

Date	Mintage	VG	F	VF	XF	Unc
1762	—	4.00	10.00	22.00	45.00	—

KM# 48 HELLER
Copper **Ruler:** Charlotte Amalie **Rev:** Date **Rev. Inscription:** I / MEINING / HELLER

Date	Mintage	VG	F	VF	XF	Unc
1768	—	7.00	15.00	30.00	65.00	—

KM# 44 2 PFENNIG
Billon **Ruler:** Ernst Ludwig I **Obv:** 2-Fold arms of Henneberg and Saxony in palm branches, S-M-L around **Rev:** Imperial orb with 2, cross on orb divides date

Date	Mintage	VG	F	VF	XF	Unc
1707	—	60.00	110	225	450	—

SUCCESSION TO SAXE-HILDBURGHAUSEN

RULER
Ernst Friedrich I, 1715-24

REGULAR COINAGE

KM# 45 1/18 THALER
Silver **Ruler:** Ernst Friedrich I **Obv:** 2 Oval arms in cartouches, crown above **Rev:** Date **Rev. Inscription:** 18 / EIN. R. / THALER

Date	Mintage	VG	F	VF	XF	Unc
1719	—	75.00	150	325	600	—

HENNEBERG-SCHLEUSINGEN

Part of the Henneberg lands belonging to Electoral Saxony, the princely countship of Schleusingen came under the control of the duke of Saxe-Zeitz after the division of 1660. A small number of coins were minted for use in the district during the early 18th century. When the line became extinct in 1718, the territory returned to the direct control of Saxony, which issued coins for all Henneberg later in the century.

RULER
Moritz Wilhelm von Sachsen-Zeitz-Naumburg, 1681-1718

MINT OFFICIALS' INITIALS

Initials	Date	Name
HEA	1686-1705	Heinrich Ernst Angerstein, Mintmaster in Coburg

COUNTSHIP

REGULAR COINAGE

KM# 5 HELLER
Copper **Ruler:** Moritz Wilhelm **Obv:** Crowned 'MW' monogram between two palm fronds **Rev:** 5-line inscription with date **Rev. Inscription:** 1 / SCHLEU / SINGER / HELLER / (date)

Date	Mintage	Good	VG	F	VF	XF
1705	—	—	8.00	18.00	37.00	75.00
1712	—	—	8.00	18.00	37.00	75.00
1713	—	—	8.00	18.00	37.00	75.00
1714	—	—	8.00	18.00	37.00	75.00
1715	—	—	8.00	18.00	37.00	75.00
1716	—	—	8.00	18.00	37.00	75.00
1717	—	—	8.00	18.00	37.00	75.00
1718	—	—	8.00	18.00	37.00	75.00

KM# 6 3 PFENNIG (Dreier)
Silver **Ruler:** Moritz Wilhelm **Obv:** Crown above 3 oval arms within legend **Rev:** Orb divides date in legend **Mint:** Coburg

Date	Mintage	Good	VG	F	VF	XF
1702 HEA	—	—	90.00	185	375	—

HESSE-CASSEL

(Hessen-Kassel)

The Hesse principalities were located for the most part north of the Main River, bounded by Westphalia on the west, the Brunswick duchies on the north, the Saxon-Thuringian duchies on the east and Rhine Palatinate and the bishoprics of Mainz and Fulda on the south. The rule of the landgraves of Hesse began in the second half of the 13th century, the dignity of Prince of the Empire being acquired in 1292. In 1567 the patrimony was divided by four surviving sons, only those of Cassel and Darmstadt surviving for more than a generation in Hesse-Cassel the landgrave was raised to the rank of elector in 1803. The electorate formed part of the Kingdom of Westphalia from 1806 to 1813. In 1866 Hesse-Cassel was annexed by Prussia and became the province of Hesse-Nassau.

RULERS
Karl, 1670-1730
Friedrich I, 1730-51
(also King of Sweden)
Wilhelm VIII, 1751-60
Friedrich II, 1760-85
Wilhelm IX, 1785-1803

MINT MARKS
C – Cassel

GERMAN STATES — HESSE-CASSEL

(L.) – Lippoldsberg

MINT OFFICIALS' INITIALS

Initials	Date	Name
AD	1701-04	Andreas Dittmar
BR	1765-83	Balthasar Reinhard
CLR	1771-84	Christian Ludwig Rüder, mintmaster in Hanau
D.F., F	1774-1831	Dietrich Flalda
FH	1786-1821	Friedrich Heenwagen
FH	1760-94	Friedrich Henglin
FU	1764-73	Friedrich Ulrich
H	1775-1820	Carl Ludwig Holzemer, die-cutter
ICB	1744-63	Johann Conrad Bandel
ICH	1719-46	Johann Carl Hedlinger, medalleur in Swedish service
	1746-71	Medalleur in Switzerland
ICS, S	1749-70	Johann Christoph Schepp, die-cutter
I.LE CLERC	1701-46	Isaac Le Clerc, medalleur and die-cutter
Kohler	1706-11	E. Pomponius K.F. Kohler, medailleur, possibly in Hannover or Berlin
LR	1724-44	Ludwig Rollin

ARMS

Hessian lion rampant left.

Diez – 2 leopards passant to left, one above the other.

Katzenelnbogen – Crowned lion springing to left.

Nidda – 2-fold divided horizontally, two 8-pointed stars in upper half, lower half shaded.

Ziegenhain – 2-fold divided horizontally, 6-pointed star in upper half, lower half shaded.

LANDGRAVIATE

REGULAR COINAGE

KM# 347 HELLER

Billon **Ruler:** Karl **Note:** Date divided as 17-02 by monogram.

Date	Mintage	VG	F	VF	XF	Unc
1702 AD	—	9.00	18.00	27.00	75.00	—
1704	—	9.00	18.00	27.00	75.00	—
1705	—	9.00	18.00	27.00	75.00	—
1723	—	11.00	22.00	45.00	90.00	—

KM# 380 HELLER

Copper **Ruler:** Karl **Obv:** Crowned Hessian lion **Rev:** Value, date

Date	Mintage	VG	F	VF	XF	Unc
1723	—	10.00	20.00	40.00	80.00	—
1724	—	10.00	20.00	40.00	80.00	—

KM# 400 HELLER

Copper **Ruler:** Friedrich I **Obv:** Crowned monogram **Rev:** Value, date

Date	Mintage	VG	F	VF	XF	Unc
1743	—	10.00	20.00	40.00	80.00	—
1744	—	10.00	20.00	40.00	80.00	—
1745	—	10.00	20.00	40.00	80.00	—
1746	—	10.00	20.00	40.00	80.00	—
1747	—	10.00	20.00	40.00	80.00	—
1748	—	10.00	20.00	40.00	80.00	—
1749	—	10.00	20.00	40.00	80.00	—
1750	—	10.00	20.00	40.00	80.00	—

KM# 540 HELLER

Copper **Ruler:** Wilhelm IX **Obv:** Crowned lion on pedestal **Rev:** Value, date **Note:** Similar to KM#505.

Date	Mintage	VG	F	VF	XF	Unc
1790	—	2.00	5.00	10.00	22.00	—

KM# 543 HELLER

Copper, 19 mm. **Ruler:** Wilhelm IX **Obv:** Crowned monogram **Rev:** Denomination, date

Date	Mintage	F	VF	XF	Unc	BU
1791	—	7.00	20.00	50.00	110	—
1792	—	7.00	20.00	50.00	110	—
1793	—	7.00	20.00	50.00	110	—
1797	—	7.00	20.00	50.00	110	—
1798	—	7.00	20.00	50.00	110	—
1799	—	7.00	20.00	50.00	110	—
1800	—	7.00	20.00	50.00	110	—

KM# 437 1-1/2 HELLER

Copper **Ruler:** Friedrich I **Obv:** Crowned monogram **Rev:** Value, date **Note:** Similar to 1 Heller, KM#400, but value 1-1/2.

Date	Mintage	VG	F	VF	XF	Unc
1746	—	16.00	40.00	90.00	180	—

KM# 359 2 HELLER

Billon **Ruler:** Karl **Obv:** Crowned Hessian arms between palm branches **Rev:** Value, 2 in cartouche, date above

Date	Mintage	VG	F	VF	XF	Unc
1712	—	20.00	45.00	90.00	185	—
1713	—	20.00	45.00	90.00	185	—
1714	—	20.00	45.00	90.00	185	—

KM# 370 2 HELLER

Billon **Ruler:** Karl **Obv:** Crowned arms between palm branches **Rev:** Value, II/date

Date	Mintage	VG	F	VF	XF	Unc
1720	—	15.00	30.00	60.00	125	—

KM# 395 2 HELLER

Copper, 23 mm. **Ruler:** Karl **Obv:** Crowned CL monogram divides Z - H **Rev:** 5-line inscription with date **Rev. Inscription:** II / HELLER / SCHEIDE / MUNTZ / (date)

Date	Mintage	VG	F	VF	XF	Unc
1727	—	10.00	20.00	40.00	85.00	—

KM# 412 2 HELLER

Copper **Ruler:** Friedrich I **Obv:** Crowned mirror-image script F monogram

Date	Mintage	VG	F	VF	XF	Unc
1733	—	12.00	30.00	65.00	135	—
1734	—	12.00	30.00	65.00	135	—
1735	—	12.00	30.00	65.00	135	—
1739	—	12.00	30.00	65.00	135	—
1741	—	12.00	30.00	65.00	135	—
1742	—	12.00	30.00	65.00	135	—
1746	—	12.00	30.00	65.00	135	—
1749	—	12.00	30.00	65.00	135	—
1750	—	12.00	30.00	65.00	135	—
1751	—	12.00	30.00	65.00	135	—

KM# 445 HELLER

Copper, 20 mm. **Ruler:** Wilhelm VIII **Obv:** Crowned WL monogram **Rev:** 5-line inscription with date **Rev. Inscription:** 1 / HELLER / SCHEIDE / MUNTZ / (date)

Date	Mintage	VG	F	VF	XF	Unc
1751	—	7.00	15.00	30.00	65.00	—
1752	—	7.00	15.00	30.00	65.00	—
1753	—	7.00	15.00	30.00	65.00	—
1754	—	7.00	15.00	30.00	65.00	—
1755	—	7.00	15.00	30.00	65.00	—
1756	—	7.00	15.00	30.00	65.00	—
1757	—	7.00	15.00	30.00	65.00	—
1758	—	7.00	15.00	30.00	65.00	—
1759	—	7.00	15.00	30.00	65.00	—

KM# 393 HELLER

Copper **Ruler:** Karl **Obv:** Crowned monogram **Rev:** Value, date

Date	Mintage	VG	F	VF	XF	Unc
1725	—	10.00	20.00	40.00	80.00	—
1726	—	10.00	20.00	40.00	80.00	—
1727	—	10.00	20.00	40.00	80.00	—
1728	—	10.00	20.00	40.00	80.00	—
1729	—	10.00	20.00	40.00	80.00	—
1730	—	10.00	20.00	40.00	80.00	—

KM# 458 HELLER

Copper **Ruler:** Wilhelm VIII **Obv:** Crowned monogram **Rev:** Value, date

Date	Mintage	VG	F	VF	XF	Unc
1759	—	9.00	18.00	37.00	75.00	—

KM# 465 HELLER

Copper, 19 mm. **Ruler:** Wilhelm VIII **Obv:** Crowned monogram **Rev:** 5-line inscription with date **Rev. Inscription:** I / HELLER / SCHEIDE / MUNTZ / (date)

Date	Mintage	VG	F	VF	XF	Unc
1760	—	9.00	18.00	37.00	75.00	—

KM# 401 HELLER

Copper, 21 mm. **Ruler:** Friedrich I **Obv:** Crowned FR monogram **Rev:** 5-line inscription with date **Rev. Inscription:** I / HELLER / SCHEIDE / MUNTZ / (date)

Date	Mintage	VG	F	VF	XF	Unc
1730	—	10.00	20.00	40.00	80.00	—
1731	—	10.00	20.00	40.00	80.00	—
1732	—	10.00	20.00	40.00	80.00	—
1733	—	10.00	20.00	40.00	80.00	—
1734	—	10.00	20.00	40.00	80.00	—
1735	—	10.00	20.00	40.00	80.00	—
1736	—	10.00	20.00	40.00	80.00	—
1737	—	10.00	20.00	40.00	80.00	—
1738	—	10.00	20.00	40.00	80.00	—
1739	—	10.00	20.00	40.00	80.00	—
1740	—	10.00	20.00	40.00	80.00	—
1741	—	10.00	20.00	40.00	80.00	—
1742	—	10.00	20.00	40.00	80.00	—
1743	—	10.00	20.00	40.00	80.00	—

KM# A401 HELLER

Copper **Ruler:** Karl **Obv:** Monogram divides date **Rev:** Value **Note:** Similar to KM#400 ornamented

Date	Mintage	VG	F	VF	XF	Unc
1730	—	20.00	40.00	80.00	165	—

KM# 497 HELLER

Copper, 19 mm. **Ruler:** Friedrich II **Obv:** Crowned monogram **Rev:** 3-line inscription with date **Rev. Inscription:** I / HELLER / (date)

Date	Mintage	VG	F	VF	XF	Unc
1772	—	10.00	30.00	65.00	135	—

KM# 505 HELLER

Copper, 19 mm. **Ruler:** Friedrich II **Obv:** Crowned lion to left on pedestal **Rev:** 3-line inscription with date **Rev. Inscription:** I / HELLER / (date)

Date	Mintage	VG	F	VF	XF	Unc
1774	—	5.00	12.00	30.00	60.00	—
1775	—	5.00	12.00	30.00	60.00	—

KM# 446 2 HELLER

Copper **Ruler:** Wilhelm VIII **Obv:** Crowned monogram **Rev:** Value, date **Note:** Similar to 1 Heller, KM#445.

Date	Mintage	VG	F	VF	XF	Unc
1751	—	8.00	20.00	40.00	90.00	—
1752	—	8.00	20.00	40.00	90.00	—
1753	—	8.00	20.00	40.00	90.00	—
1754	—	8.00	20.00	40.00	90.00	—
1755	—	8.00	20.00	40.00	90.00	—
1756	—	8.00	20.00	40.00	90.00	—
1758	—	8.00	20.00	40.00	90.00	—

KM# 472 2 HELLER
Copper, 23 mm. **Ruler:** Friedrich II **Obv:** Crowned script FL monogram **Rev:** 5-line inscription with date **Rev. Inscription:** 2 / HELLER / SCHEIDE / MUNTZ. / (date)

Date	Mintage	VG	F	VF	XF	Unc
1765	—	9.00	20.00	45.00	90.00	—

KM# 498 2 HELLER
Copper, 23 mm. **Ruler:** Friedrich II **Obv:** Crowned double-FL monogram **Rev:** 3-line inscription with date **Rev. Inscription:** 2 / HELLER / (date) **Note:** S#1918.

Date	Mintage	VG	F	VF	XF	Unc
1772	—	9.00	20.00	45.00	90.00	—

KM# 506 2 HELLER
Copper, 23 mm. **Ruler:** Friedrich II **Obv:** Crowned rampant Hessian lion at right, holding baroque frame with script FL monogram to left **Rev:** 3-line inscription with date **Rev. Inscription:** 2 / HELLER / (date)

Date	Mintage	VG	F	VF	XF	Unc
1774	—	4.00	10.00	22.00	45.00	—

KM# 541 2 HELLER
Copper **Ruler:** Wilhelm IX **Obv:** Lion holding shield with WL monogram **Rev:** Value, date

Date	Mintage	VG	F	VF	XF	Unc
1790	—	2.00	5.00	13.00	30.00	—
1791	—	2.00	5.00	13.00	30.00	—
1792	—	2.00	5.00	13.00	30.00	—
1795	—	2.00	5.00	13.00	30.00	—

KM# 396 PFENNIG
Billon **Ruler:** Karl **Obv:** Crowned Hessian lion in heart-shaped cartouche, date divided above **Note:** Uniface

Date	Mintage	VG	F	VF	XF	Unc
1728	—	15.00	32.00	65.00	135	—

KM# 348 3 HELLER
Billon **Ruler:** Karl **Rev:** Date above cartouche with 3

Date	Mintage	VG	F	VF	XF	Unc
1702 AD	—	18.00	50.00	110	225	—
1704	—	18.00	50.00	110	225	—
1705	—	18.00	50.00	110	225	—

KM# 363 3 HELLER
Billon **Ruler:** Karl **Obv:** Crowned shield with Hessian lion between palm branches **Rev:** Value 3 in cartouche, date above

Date	Mintage	VG	F	VF	XF	Unc
1713	—	20.00	45.00	100	200	—

KM# 371 3 HELLER
Billon **Ruler:** Karl **Obv:** Crowned shield with arms between palm branches **Rev:** III/date

Date	Mintage	VG	F	VF	XF	Unc
1720	—	20.00	45.00	100	200	—

KM# 381 3 HELLER
Billon **Ruler:** Karl **Obv:** Crowned Hessian lion **Rev:** Value 3 in shield, date above

Date	Mintage	VG	F	VF	XF	Unc
1723	—	25.00	50.00	110	225	—
1725	—	25.00	50.00	110	225	—

KM# 394 3 HELLER
Copper, 26 mm. **Ruler:** Karl **Obv:** Head to right **Obv. Legend:** CAROL: D G: - HASS. LANDGR. **Rev:** 5-line inscription with date **Rev. Inscription:** III / HELLER / SCHEIDE / MUNTZ / (date) **Note:** S#1467.

Date	Mintage	VG	F	VF	XF	Unc
1726	—	16.00	32.00	65.00	135	—
1728	—	16.00	32.00	65.00	135	—

KM# 413 3 HELLER
Copper **Ruler:** Friedrich I **Obv:** Crowned monogram **Rev:** Value, date

Date	Mintage	VG	F	VF	XF	Unc
1733	—	13.00	27.00	55.00	110	—

KM# 414 3 HELLER
Copper, 25 mm. **Ruler:** Friedrich I **Obv:** Draped and armored bust to right **Obv. Legend:** FRIDERICUS. D - G. REX SUECIAE. **Rev:** 5-line inscription with date **Rev. Inscription:** III / HELLER / SCHEIDE / MUNTZ / (date)

Date	Mintage	VG	F	VF	XF	Unc
1733	—	10.00	25.00	50.00	100	—
1735	—	10.00	25.00	50.00	100	—

KM# 422 3 HELLER
Copper **Ruler:** Friedrich I **Obv:** Laureate head right **Rev:** Value, date

Date	Mintage	VG	F	VF	XF	Unc
1737	—	10.00	25.00	50.00	100	—
1739	—	10.00	25.00	50.00	100	—
1740	—	10.00	25.00	50.00	100	—
1748	—	10.00	25.00	50.00	100	—

KM# 450 3 HELLER
Copper **Ruler:** Wilhelm VIII **Obv:** Crowned monogram **Rev:** Value, date **Note:** Similar to 1 Heller, KM#445.

Date	Mintage	VG	F	VF	XF	Unc
1752	—	—	—	—	—	—

Note: Reported, not confirmed

KM# 456 3 HELLER
Copper **Ruler:** Wilhelm VIII **Obv:** Bust right, inscription around **Rev:** Value, date

Date	Mintage	VG	F	VF	XF	Unc
1755	—	20.00	40.00	80.00	165	—

KM# 459 3 HELLER
Copper **Ruler:** Wilhelm VIII **Obv:** Crowned monogram **Rev:** Value, date

Date	Mintage	VG	F	VF	XF	Unc
1758	—	11.00	25.00	50.00	100	—

KM# 466 3 HELLER
Copper **Ruler:** Wilhelm VIII **Obv:** Crowned double FL monogram **Rev:** Value, date **Rev. Inscription:** III / HELLER / SCHEIDE / MUNTZ

Date	Mintage	VG	F	VF	XF	Unc
1760	—	6.00	15.00	30.00	60.00	—
1761	—	6.00	15.00	30.00	60.00	—

KM# 499 3 HELLER
Copper **Ruler:** Friedrich II **Rev:** Value 3 and date

Date	Mintage	VG	F	VF	XF	Unc
1772	—	7.00	15.00	30.00	75.00	—

KM# 507 3 HELLER
Copper, 25 mm. **Ruler:** Friedrich II **Obv:** Crowned script FL monogram **Rev:** 3-line inscription with date, 2 crossed palm branches below

Date	Mintage	VG	F	VF	XF	Unc
1774	—	7.00	17.00	35.00	75.00	—

KM# 544 3 HELLER
Copper, 25 mm. **Ruler:** Wilhelm IX **Obv:** Crowned WL monogram **Rev:** 3-line inscription with date **Rev. Inscription:** 3 / HELLER / (date)

Date	Mintage	VG	F	VF	XF	Unc
1791	—	5.00	12.00	25.00	60.00	—

KM# 350 4 HELLER
Silver **Ruler:** Karl **Rev:** Value, date above **Rev. Inscription:** IIII / HELLER

Date	Mintage	VG	F	VF	XF	Unc
1704	—	10.00	20.00	40.00	80.00	—
1705	—	10.00	20.00	40.00	80.00	—
1707	—	10.00	20.00	40.00	80.00	—

KM# 361 4 HELLER
Billon **Ruler:** Karl **Obv:** Value, IIII HELLER below monogram **Rev:** Hessian lion in crowned shield divides date

Date	Mintage	VG	F	VF	XF	Unc
1712	—	—	—	—	—	—

KM# 360 4 HELLER
Billon **Ruler:** Karl **Obv:** Crowned double mirror-script C monogram divides date, IIII below **Rev:** Hessian lion in crowned shield between palm branches **Note:** Varieties exist.

Date	Mintage	VG	F	VF	XF	Unc
1712	—	11.00	22.00	45.00	90.00	—
1713	—	11.00	22.00	45.00	90.00	—
1714	—	11.00	22.00	45.00	90.00	—
1716	—	11.00	22.00	45.00	90.00	—
1717	—	—	—	—	—	—

Note: Reported, not confirmed

KM# 365 4 HELLER
Billon, 16 mm. **Ruler:** Karl **Obv:** Hessian lion in crowned shield between palm branches **Rev:** Value '4' in shield, date above

Date	Mintage	VG	F	VF	XF	Unc
1719	—	12.00	25.00	50.00	100	—

KM# 372 4 HELLER
Billon **Ruler:** Karl **Rev:** Date **Rev. Inscription:** IIII / ...

Date	Mintage	VG	F	VF	XF	Unc
1720	—	15.00	20.00	60.00	125	—
1721	—	15.00	20.00	60.00	125	—

KM# 382 4 HELLER
Billon **Ruler:** Karl **Obv:** Crowned Hessian lion left without shield **Rev:** Value, date **Rev. Inscription:** IIII / HELLER

Date	Mintage	VG	F	VF	XF	Unc
1723	—	10.00	20.00	40.00	80.00	—
1724	—	10.00	20.00	40.00	80.00	—
1725	—	10.00	20.00	40.00	80.00	—
1726	—	10.00	20.00	40.00	80.00	—
1727	—	10.00	20.00	40.00	80.00	—
1728	—	10.00	20.00	40.00	80.00	—
1729	—	10.00	20.00	40.00	80.00	—
1730	—	10.00	20.00	40.00	80.00	—

KM# 402.1 4 HELLER
Billon, 14 mm. **Ruler:** Friedrich I **Obv:** Crowned shield of Hessian lion, with two tails, between palm branches **Rev:** 3-line inscription with date **Rev. Inscription:** IIII / HELLER / (date)

Date	Mintage	VG	F	VF	XF	Unc
1730	—	8.00	16.00	32.00	45.00	—
1731	—	8.00	16.00	32.00	65.00	—
1732	—	8.00	16.00	32.00	65.00	—
1732	528,000	8.00	16.00	32.00	65.00	—
1733	1,044,999	8.00	16.00	32.00	65.00	—
1734	1,498,000	8.00	16.00	32.00	65.00	—
1735	1,461,000	8.00	16.00	32.00	65.00	—
1736	633,000	8.00	16.00	32.00	65.00	—
1737	912,000	8.00	16.00	32.00	65.00	—
1738	1,104,000	8.00	16.00	32.00	65.00	—
1739	749,000	8.00	16.00	32.00	65.00	—
1740	—	8.00	16.00	32.00	65.00	—
1741	—	8.00	16.00	32.00	65.00	—
1742	—	8.00	16.00	32.00	65.00	—
1743	—	9.00	18.00	37.00	75.00	—
1744	—	8.00	16.00	32.00	65.00	—
1745	—	8.00	16.00	32.00	65.00	—
1746	—	8.00	16.00	32.00	65.00	—
1747	—	9.00	18.00	37.00	75.00	—
1748	—	9.00	18.00	37.00	75.00	—
1749	—	9.00	18.00	37.00	75.00	—
1750	—	9.00	18.00	37.00	75.00	—
1751	—	9.00	18.00	37.00	75.00	—

KM# 402.2 4 HELLER
Billon, 14 mm. **Ruler:** Friedrich I **Obv:** Crowned shield of Hessian lion, with one tail, between palm branches **Rev:** 3-line inscription with date **Rev. Inscription:** IIII / HELLER / (date)

Date	Mintage	VG	F	VF	XF	Unc
1740	—	9.00	18.00	37.00	75.00	—
1741	—	9.00	18.00	37.00	75.00	—
1742	—	9.00	18.00	37.00	75.00	—
1743	—	9.00	18.00	37.00	75.00	—
1744	—	9.00	18.00	37.00	75.00	—
1751	—	9.00	18.00	37.00	75.00	—

KM# 447 4 HELLER
Billon **Ruler:** Wilhelm VIII **Subject:** Issued under Wilhelm VIII **Obv:** Crowned shield with lion shield **Rev:** Date **Rev. Inscription:** IIII / HELLER

Date	Mintage	VG	F	VF	XF	Unc
1751	—	9.00	18.00	37.00	75.00	—
1752	—	9.00	18.00	37.00	75.00	—
1753	—	9.00	18.00	37.00	75.00	—
1754	—	9.00	18.00	37.00	75.00	—
1755	—	9.00	18.00	37.00	75.00	—
1756	—	9.00	18.00	37.00	75.00	—
1757	—	9.00	18.00	37.00	75.00	—
1758	—	9.00	18.00	37.00	75.00	—
1759	—	9.00	18.00	37.00	75.00	—
1760	—	9.00	18.00	37.00	75.00	—

KM# 467 4 HELLER
Copper **Ruler:** Friedrich II **Obv:** Crowned double FL monogram **Rev:** Value IIII and date **Rev. Legend:** SCHEIDEMUNT

Date	Mintage	VG	F	VF	XF	Unc
1760	—	5.00	12.00	25.00	50.00	—
1762	—	5.00	12.00	25.00	50.00	—

KM# 473 4 HELLER
Copper, 25 mm. **Ruler:** Friedrich II **Obv:** Crowned script FL monogram **Rev:** 5-line inscription with date **Rev. Inscription:** 4 / HELLER / SCHEIDE / MUNTZ / (date) **Note:** S#1848.

Date	Mintage	VG	F	VF	XF	Unc
1765	—	7.00	15.00	30.00	60.00	—

KM# 502 4 HELLER
Copper **Ruler:** Friedrich II **Obv:** Crowned double FL monogram **Rev:** Value 4 and date **Rev. Inscription:** SCHEIDEMUNTZ

Date	Mintage	VG	F	VF	XF	Unc
1773	—	4.00	9.00	30.00	60.00	—

KM# 508 4 HELLER
Copper, 25 mm. **Ruler:** Friedrich II **Obv:** Crowned lion left holding shield with FL monogram **Rev:** 3-line inscription with date **Rev. Inscription:** 4 / HELLER / (date).

Date	Mintage	VG	F	VF	XF	Unc
1774	—	5.00	12.00	25.00	50.00	—
1778	—	5.00	12.00	25.00	50.00	—
1782	—	5.00	12.00	25.00	50.00	—

KM# 533 4 HELLER
Copper **Ruler:** Wilhelm IX **Obv:** Lion holding shield with WL monogram

Date	Mintage	VG	F	VF	XF	Unc
1788	—	3.00	9.00	18.00	37.00	—
1789	—	3.00	9.00	18.00	37.00	—
1790	—	3.00	9.00	18.00	37.00	—
1794	—	3.00	9.00	18.00	37.00	—

KM# 290 4 HELLER (1/3 Albus)
Silver **Ruler:** Karl **Obv:** Crowned shield with Hessian lion left, palm branches flank **Rev:** Value, date **Note:** Varieties exist.

Date	Mintage	VG	F	VF	XF	Unc
1702 AD	—	7.00	17.00	35.00	70.00	—
1703 AD	—	7.00	17.00	35.00	70.00	—

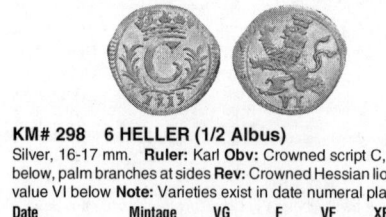

KM# 298 6 HELLER (1/2 Albus)
Silver, 16-17 mm. **Ruler:** Karl **Obv:** Crowned script C, date below, palm branches at sides **Rev:** Crowned Hessian lion to left, value VI below **Note:** Varieties exist in date numeral placement.

Date	Mintage	VG	F	VF	XF	Unc
1701 AD	—	12.00	25.00	50.00	100	—
1702 AD	—	12.00	25.00	50.00	100	—
1703 AD	—	12.00	25.00	50.00	100	—
1706	—	12.00	25.00	50.00	100	—
1713	—	12.00	25.00	50.00	100	—
1714	—	12.00	25.00	50.00	100	—

KM# 415 6 HELLER (1/2 Albus)
Silver, 16 mm. **Ruler:** Friedrich I **Obv:** Crowned Hessian lion to left **Rev:** 3-line inscription with date **Rev. Inscription:** VI / HELLER / (date)

Date	Mintage	VG	F	VF	XF	Unc
1733	134,000	9.00	18.00	37.00	75.00	—
1736	374,000	9.00	18.00	37.00	75.00	—
1737	283,000	9.00	18.00	37.00	75.00	—

Date	Mintage	VG	F	VF	XF	Unc
1738	141,000	9.00	18.00	37.00	75.00	—
1743	—	9.00	18.00	37.00	75.00	—
1745	—	9.00	18.00	37.00	75.00	—
1746	—	9.00	18.00	37.00	75.00	—
1750	—	9.00	18.00	37.00	75.00	—

KM# 457 6 HELLER (1/2 Albus)
Billon **Ruler:** Wilhelm VIII **Obv:** Hessian lion rampant left **Rev:** Value, date

Date	Mintage	VG	F	VF	XF	Unc
1756	—	9.00	18.00	37.00	75.00	—
1757	—	9.00	18.00	37.00	75.00	—
1758	—	9.00	18.00	37.00	75.00	—
1759	—	9.00	18.00	37.00	75.00	—

KM# 495 6 HELLER (1/2 Albus)
Billon **Ruler:** Friedrich II **Obv:** Crowned script F **Rev:** Value and date

Date	Mintage	VG	F	VF	XF	Unc
1770	—	12.00	30.00	60.00	125	—

KM# 500 6 HELLER (1/2 Albus)
Copper **Ruler:** Friedrich II **Obv:** Crowned double FL monogram

Date	Mintage	VG	F	VF	XF	Unc
1772	—	16.00	32.00	65.00	135	—

KM# 510 6 HELLER (1/2 Albus)
Copper **Ruler:** Friedrich II **Obv:** Crowned FL monogram **Rev:** Large value, date

Date	Mintage	VG	F	VF	XF	Unc
1775	—	18.00	37.00	75.00	150	—

KM# 416 8 HELLER (1/48 Thaler)
Silver, 16 mm. **Ruler:** Friedrich I **Obv:** Hessian lion in crowned shield, palm branches at sides **Rev:** 3-line inscription with date **Rev. Inscription:** VIII / HELLER / (date)

Date	Mintage	VG	F	VF	XF	Unc
1733 LR	115,000	15.00	32.00	35.00	135	—

KM# 423 8 HELLER (1/48 Thaler)
Silver **Ruler:** Friedrich I **Obv:** Crowned script FR monogram

Date	Mintage	VG	F	VF	XF	Unc
1737	118,000	12.00	30.00	60.00	125	—
1737 LR	Inc. above	12.00	30.00	60.00	125	—
1743	—	12.00	30.00	60.00	125	—

KM# 492 8 HELLER (1/48 Thaler)
Billon **Ruler:** Friedrich II **Obv:** Crowned lion **Rev:** Value and date

Date	Mintage	VG	F	VF	XF	Unc
1769 FU	—	5.00	15.00	32.00	65.00	—

KM# 501 8 HELLER (1/48 Thaler)
Copper **Ruler:** Friedrich II **Obv:** Crowned monogram **Rev:** Value, date

Date	Mintage	VG	F	VF	XF	Unc
1772	—	7.00	18.00	40.00	60.00	—

KM# 509 8 HELLER (1/48 Thaler)
Copper, 31 mm. **Ruler:** Friedrich II **Obv:** Hessian lion to left, looking back to right, with script FL monogram in ornate frame at left **Rev:** 3-line inscription with date **Rev. Inscription:** 8 / HELLER / (date)

Date	Mintage	VG	F	VF	XF	Unc
1774	—	5.00	15.00	30.00	60.00	—
1777	—	5.00	15.00	30.00	60.00	—

Date	Mintage	VG	F	VF	XF	Unc
1743 LR	—	15.00	30.00	60.00	125	—
1744	—	15.00	30.00	60.00	125	—
1744 LR	—	15.00	30.00	60.00	125	—
1745	—	15.00	30.00	60.00	125	—
1746 ICB	—	15.00	30.00	60.00	125	—
1747 ICB	—	15.00	30.00	60.00	125	—
1748 ICB	—	15.00	30.00	60.00	125	—
1749 ICB	—	15.00	30.00	60.00	125	—
1750 ICB	—	15.00	30.00	60.00	125	—
1751 ICB	—	15.00	30.00	60.00	125	—

KM# 385 4 ALBUS (1/8 Thaler)
Silver **Ruler:** Karl **Obv:** Crowned arms **Rev:** Value, date **Rev. Legend:** IV ALBUS

Date	Mintage	VG	F	VF	XF	Unc
1723	—	50.00	120	250	525	—

KM# A468 4 ALBUS (1/8 Thaler)
Silver **Ruler:** Friedrich II **Rev:** Denomination **Rev. Legend:** IIII HESSEN ALBUS

Date	Mintage	VG	F	VF	XF	Unc
1761 ICB	—	55.00	110	225	450	—
1762 ICB	—	55.00	110	225	450	—
1768 U	—	60.00	115	235	475	—

KM# 451 ALBUS
Billon **Ruler:** Wilhelm VIII **Obv:** Crowned monogram **Rev:** Crowned lion divides date

Date	Mintage	VG	F	VF	XF	Unc
1752 ICB	—	13.00	27.00	55.00	110	—
1753 ICB	—	13.00	27.00	55.00	110	—
1754 ICB	—	13.00	27.00	55.00	110	—
1755 ICB	—	13.00	27.00	55.00	110	—
1757 ICB	—	13.00	27.00	55.00	110	—
1758 ICB	—	13.00	27.00	55.00	110	—

KM# 342 ALBUS (12 Heller)
Silver **Ruler:** Karl **Obv:** Crowned double-script C monogram, L-Z-H between **Rev:** Hessian lion divides date **Note:** Varieties exist in date placement.

Date	Mintage	VG	F	VF	XF	Unc
1701	—	13.00	27.00	55.00	110	—
1703 AD	—	13.00	27.00	55.00	110	—

KM# 468 4 ALBUS (1/8 Thaler)
Silver **Ruler:** Friedrich II **Obv:** Hessian lion within crowned cartouche **Rev:** Denomination **Rev. Legend:** 4 HESSEN ALBUS

Date	Mintage	VG	F	VF	XF	Unc
1763 FU	—	35.00	70.00	140	375	—
1764 FU	—	35.00	70.00	140	375	—
1765 FU	—	35.00	70.00	140	375	—

KM# 464 ALBUS
Billon **Ruler:** Friedrich II **Obv:** Crowned script FFLL monogram **Rev:** Crowned rampant lion left

Date	Mintage	VG	F	VF	XF	Unc
1761 ICB	—	13.00	27.00	55.00	110	—
1762 ICB	—	13.00	27.00	55.00	110	—

KM# A489 ALBUS
Billon **Ruler:** Friedrich II **Obv:** Crowned script F with I.Z.H. below

Date	Mintage	VG	F	VF	XF	Unc
1763 FU	—	15.00	30.00	65.00	135	—
1764 FU	—	15.00	30.00	65.00	135	—

KM# B489 ALBUS
Billon **Ruler:** Friedrich II **Obv:** Script FL, legend around **Rev:** Lion in oval

Date	Mintage	VG	F	VF	XF	Unc
1765 FU	—	15.00	40.00	80.00	165	—

KM# 364 ALBUS
Silver **Ruler:** Karl **Obv:** Crowned double, mirror-image CL monogram **Rev:** Crowned Hessian lion divides date **Note:** Varieties exist.

Date	Mintage	VG	F	VF	XF	Unc
1716	—	18.00	37.00	55.00	110	—
1719	—	18.00	37.00	55.00	110	—
1720	—	18.00	37.00	55.00	110	—
1721	—	18.00	37.00	55.00	110	—
1722	—	18.00	37.00	55.00	110	—
1723	—	18.00	37.00	55.00	110	—

KM# 420 8 ALBUS (1/4 Thaler)
Silver **Ruler:** Friedrich I **Obv:** Bust right

Date	Mintage	VG	F	VF	XF	Unc
1734 LR	—	60.00	175	400	800	—
1738 LR	50,000	60.00	175	400	800	—

KM# 383 ALBUS
Silver **Ruler:** Karl **Obv:** Crowned script CL monogram divides date **Rev:** Crowned Hessian lion **Note:** Varieties exist.

Date	Mintage	VG	F	VF	XF	Unc
1723	—	12.00	25.00	50.00	100	—
1724	—	12.00	25.00	50.00	100	—
1724 LR	—	12.00	25.00	50.00	100	—
1725 LR	—	12.00	25.00	50.00	100	—
1726 LR	—	12.00	25.00	50.00	100	—
1727 LR	—	12.00	25.00	50.00	100	—
1728 LR	—	12.00	25.00	50.00	100	—
1729 LR	—	12.00	25.00	50.00	100	—

KM# 384 ALBUS
Silver **Ruler:** Karl **Obv:** Bust right **Rev:** Spring flowing into natural basin **Rev. Legend:** INDUSTRIAE PRAEMIUM

Date	Mintage	VG	F	VF	XF	Unc
ND	—	22.00	45.00	90.00	180	—

KM# 403 ALBUS
Silver **Ruler:** Karl **Obv:** Crowned script FR monogram divides date **Rev:** Crowned Hessian lion

Date	Mintage	VG	F	VF	XF	Unc
1730 LR	—	12.00	25.00	65.00	135	—

KM# 404 ALBUS
Silver **Ruler:** Friedrich I **Rev:** Lion in baroque shield

Date	Mintage	VG	F	VF	XF	Unc
1731 LR	—	25.00	55.00	110	220	—

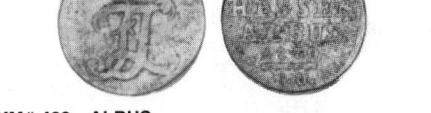

KM# 489 ALBUS
Billon **Ruler:** Friedrich II **Obv:** Crowned monogram **Rev:** Value, date

Date	Mintage	VG	F	VF	XF	Unc
1768 FU	—	7.00	18.00	37.00	75.00	—
1769 FU	—	7.00	18.00	37.00	75.00	—
1770 FU	—	7.00	18.00	37.00	75.00	—
1771 FU	—	7.00	18.00	37.00	75.00	—
1777 BR	—	7.00	18.00	37.00	75.00	—

KM# 424 8 ALBUS (1/4 Thaler)
Silver **Ruler:** Friedrich I **Obv:** Head right **Rev:** Value and date within wreath

Date	Mintage	VG	F	VF	XF	Unc
1737 LR	13,000	50.00	100	200	400	—
1738 LR	Inc. above	50.00	100	200	400	—
1740 LR	—	50.00	100	200	400	—

KM# 345 1/32 THALER (Albus)
Silver **Ruler:** Karl **Obv:** Hessian lion, large crown above **Rev:** Value, date below, legend around **Rev. Inscription:** 32 / EIN.THA / LER **Note:** Varieties exist.

Date	Mintage	VG	F	VF	XF	Unc
1704	—	20.00	40.00	80.00	160	—
1705	—	20.00	40.00	80.00	160	—
1706	—	20.00	40.00	80.00	160	—
1707	—	20.00	40.00	80.00	160	—
1710	—	20.00	40.00	80.00	160	—

KM# 362 1/32 THALER (Albus)
Silver **Ruler:** Karl **Obv:** Crowned double, mirror-image CLG monogram, value 32 below **Rev:** Crowned Hessian lion divides date

Date	Mintage	VG	F	VF	XF	Unc
1712	—	18.00	37.00	75.00	150	—

KM# 435 ALBUS
Silver **Ruler:** Friedrich I **Obv:** Crowned script FR monogram **Rev:** Hessian lion divides date

KM# 511 2 ALBUS (4 Kreuzer)
Billon **Ruler:** Friedrich II **Obv:** Crowned monogram **Rev:** Value, date

Date	Mintage	VG	F	VF	XF	Unc
1768 FU	—	10.00	22.00	45.00	90.00	—
1771 FU	—	10.00	22.00	45.00	90.00	—
1774 BR	—	10.00	22.00	45.00	90.00	—
1775 BR	—	10.00	22.00	45.00	90.00	—
1776 BR	—	10.00	22.00	45.00	90.00	—
1777 BR	—	10.00	22.00	45.00	90.00	—
1778 BR	—	10.00	22.00	45.00	90.00	—
1779 BR	—	10.00	22.00	45.00	90.00	—
1780 BR	—	10.00	22.00	45.00	90.00	—
1781 BR	—	10.00	22.00	45.00	90.00	—
1782 BR	—	10.00	22.00	45.00	90.00	—
1783 BR	—	10.00	22.00	45.00	90.00	—

KM# 410 1/32 THALER (Albus)
Silver **Ruler:** Friedrich I **Obv:** Crowned script FR monogram **Rev:** Value, date below **Rev. Inscription:** 32 / EINEN / F. THAL

Date	Mintage	VG	F	VF	XF	Unc
1732 LR	—	18.00	37.00	75.00	150	—
1736 LR	24,000	18.00	37.00	75.00	150	—

GERMAN STATES — HESSE-CASSEL

Date	Mintage	VG	F	VF	XF	Unc
1766 FU	—	10.00	22.00	45.00	90.00	—
1767 FU	—	10.00	22.00	45.00	90.00	—
1768 FU	—	10.00	22.00	45.00	90.00	—
1769 FU	—	10.00	22.00	45.00	90.00	—
1771	—	10.00	22.00	45.00	90.00	—

KM# 425 1/32 THALER (Albus)

Silver **Ruler:** Friedrich I **Obv:** Hessian lion in crowned oval baroque frame **Rev:** Value, date **Note:** Varieties exist with one or two tailed lion.

Date	Mintage	VG	F	VF	XF	Unc
1737 LR	86,000	13.00	27.00	55.00	110	—
1738 LR	218,000	13.00	27.00	55.00	110	—
1739 LR	262,000	13.00	27.00	55.00	110	—
1740 LR	—	13.00	27.00	55.00	110	—
1740 LR Error	—	13.00	27.00	55.00	110	—
1741 LR	—	13.00	27.00	55.00	110	—

KM# 520 1/24 THALER (Groschen)

Billon **Ruler:** Friedrich II **Obv:** Rampant lion left, mintmaster's initials in exergue **Rev:** Value above date **Rev. Inscription:** 24 / EINEN / THAL

Date	Mintage	VG	F	VF	XF	Unc
1768 FU	—	6.00	15.00	30.00	60.00	—
1769 FU	—	6.00	15.00	30.00	60.00	—
1780 BR	—	6.00	15.00	30.00	60.00	—

KM# 525 1/24 THALER (Groschen)

Billon **Ruler:** Friedrich II **Obv:** Rampant lion left **Rev:** Value above date, mintmaster's initials in exergue **Rev. Inscription:** 24 / EINEN / THALER

Date	Mintage	VG	F	VF	XF	Unc
1782 DF	—	5.00	10.00	20.00	40.00	—
1783 DF	—	5.00	10.00	20.00	40.00	—
1784 DF	—	5.00	10.00	20.00	40.00	—
1785 DF	—	5.00	10.00	20.00	40.00	—

KM# 529 1/24 THALER (Groschen)

Billon **Ruler:** Wilhelm IX **Obv:** Rampant lion left, garland below **Rev:** Denomination, date below, mintmaster's initials in exergue

Date	Mintage	F	VF	XF	Unc	BU
1786 DF	—	18.00	55.00	110	225	—
1787 DF	—	18.00	55.00	110	225	—
1788 DF	—	18.00	55.00	110	225	—
1789 DF	—	18.00	55.00	110	225	—
1792 F	—	15.00	30.00	60.00	125	—
1793 F	—	15.00	30.00	60.00	125	—
1794 F	—	15.00	30.00	60.00	125	—
1795 F	—	15.00	30.00	60.00	125	—
1796 F	—	15.00	30.00	60.00	125	—
1797 F	—	15.00	30.00	60.00	125	—
1798 F	—	15.00	3.00	60.00	125	—
1799 F	—	15.00	30.00	60.00	125	—
1800 F	—	15.00	30.00	60.00	125	—

KM# 417 1/16 THALER

Silver **Ruler:** Friedrich I **Obv:** Crowned script FR monogram **Rev:** Value, date **Rev. Inscription:** 16 / EINEN / R. THAL

Date	Mintage	VG	F	VF	XF	Unc
1733 LR	32,000	40.00	80.00	160	325	—
1737 LR	16,000	40.00	80.00	160	325	—

KM# 421 1/12 THALER (2 Groschen)

Silver **Ruler:** Friedrich I **Obv:** Crowned oval arms in cartouche **Rev:** Value, date in wreath-like cartouche **Rev. Inscription:** 12 / EINEN / THAL

Date	Mintage	VG	F	VF	XF	Unc
1734	—	65.00	130	260	525	—
1734 LR	—	65.00	130	260	525	—
1742	—	—	—	—	—	—

Note: Reported, not confirmed

KM# 471 1/12 THALER (2 Groschen)

Silver **Ruler:** Friedrich II **Obv:** Arms **Rev:** Value and date

Date	Mintage	VG	F	VF	XF	Unc
1764 FU	—	25.00	50.00	100	210	—
1765 FU	—	25.00	50.00	100	210	—

KM# 474.1 1/12 THALER (2 Groschen)

Silver **Ruler:** Friedrich II **Obv:** Rampant lion left **Rev:** Value, date

Date	Mintage	VG	F	VF	XF	Unc
1766 FU	—	15.00	30.00	60.00	125	—

KM# 474.2 1/12 THALER (2 Groschen)

Silver **Ruler:** Friedrich II **Obv:** Lion faces right **Rev:** Value, date **Note:** Varieties exist.

KM# 336 1/8 THALER

Silver **Ruler:** Karl **Obv:** Crowned shield **Obv. Legend:** C • L • Z + H + Z + H + G + Z + C + D + Z + N + U + S + **Rev:** Value within legend **Rev. Inscription:** VIII / EINEN / THALER **Note:** Varieties exist.

Date	Mintage	VG	F	VF	XF	Unc
1702 AD	—	50.00	100	200	400	—
1703 AD	—	50.00	100	200	400	—
1704	—	50.00	100	200	400	—

KM# 386 1/8 THALER

Silver **Ruler:** Karl **Obv:** Head right, date below **Rev:** Crowned Hessian lion, VIGILAT above, 1/8 in cartouche below

Date	Mintage	VG	F	VF	XF	Unc
1723	—	85.00	170	340	675	—

KM# 387 1/8 THALER

Silver **Ruler:** Karl **Obv:** Head right **Rev:** Crowned Hessian lion on pedestal with value 8

Date	Mintage	VG	F	VF	XF	Unc
1723	—	22.00	45.00	90.00	180	—

KM# 388 1/8 THALER

Silver **Ruler:** Karl **Obv:** Head right **Rev:** Value, 1/8 on pedestal

Date	Mintage	VG	F	VF	XF	Unc
1723	—	22.00	45.00	90.00	180	—
1724	—	22.00	45.00	90.00	180	—

KM# 389 1/8 THALER

Silver **Ruler:** Karl **Rev:** Crowned 6-fold arms

Date	Mintage	VG	F	VF	XF	Unc
1723	—	65.00	135	275	550	—

KM# 390 1/8 THALER

Silver **Ruler:** Karl **Obv:** Crowned complex oval arms within cartouche **Rev:** Hessian lion on pedestal with value 1/8

Date	Mintage	VG	F	VF	XF	Unc
1724	—	35.00	75.00	150	300	—

KM# 391 1/8 THALER

Silver **Ruler:** Karl **Obv:** Crowned complex oval arms within cartouche **Rev:** Value and date within inner circle **Note:** Varieties exist.

Date	Mintage	VG	F	VF	XF	Unc
1724 LR	—	25.00	50.00	100	200	—
1726 LR	—	25.00	50.00	100	200	—
1727 LR	—	25.00	50.00	100	200	—

KM# 411 1/8 THALER

Silver **Ruler:** Friedrich I **Obv:** Crowned monogram **Rev:** Value, date

Date	Mintage	VG	F	VF	XF	Unc
1732 LR	—	25.00	50.00	100	200	—

KM# 427 1/8 THALER

Silver **Ruler:** Friedrich I **Obv:** Crowned oval arms in cartouche **Rev:** Value, date within inner circle

Date	Mintage	VG	F	VF	XF	Unc
1737 LR	61,000	25.00	50.00	105	215	—

KM# 428 1/8 THALER

Silver **Ruler:** Friedrich I **Obv:** Rampant lion left within crowned cartouche **Rev:** Value, date within inner circle

Date	Mintage	VG	F	VF	XF	Unc
1737 LR	—	25.00	50.00	100	200	—

Note: Mintage included in KM#427

Date	Mintage	VG	F	VF	XF	Unc
1738 LR	120,000	25.00	50.00	100	200	—
1743 LR	—	25.00	50.00	100	200	—
1745	—	25.00	50.00	100	200	—

KM# 438 1/8 THALER

Silver **Ruler:** Friedrich I **Obv:** Crowned and mantled lion arms **Note:** Varieties in mantle exist.

Date	Mintage	VG	F	VF	XF	Unc
1748 ICB	—	30.00	60.00	125	250	—

KM# 477 1/8 THALER

Silver **Ruler:** Friedrich II **Obv:** Crowned lion left within ornate crowned shield **Rev:** Value, date within inner circle

Date	Mintage	VG	F	VF	XF	Unc
1766 FU	—	9.00	25.00	50.00	100	—
1767 FU	—	9.00	25.00	50.00	100	—
1768 FU	—	9.00	25.00	50.00	100	—
1769 FU	—	9.00	25.00	50.00	100	—

KM# 514 1/8 THALER

Silver **Ruler:** Friedrich II **Obv:** Lion in crowned cartouche **Rev:** Value above wreath

Date	Mintage	VG	F	VF	XF	Unc
1771	—	9.00	25.00	50.00	100	—
1775	—	9.00	25.00	50.00	100	—
1776	—	9.00	25.00	50.00	100	—

KM# 475 1/6 THALER

Silver **Ruler:** Friedrich II **Obv:** Rampant lion left standing on pedestal holding shield **Rev:** Value, date within inner circle

Date	Mintage	VG	F	VF	XF	Unc
1765 FU	—	40.00	80.00	160	330	—

KM# 478 1/6 THALER

Silver **Ruler:** Friedrich II **Obv:** Rampant lion left standing on pedestal holding shield **Rev:** Value, date within inner circle

Date	Mintage	VG	F	VF	XF	Unc
1766 FU	—	37.00	75.00	150	300	—

KM# 373 1/4 THALER (Ortstaler)
Silver **Ruler:** Karl **Obv:** Crowned C monogram **Rev:** Swan on pedestal **Rev. Legend:** CANDIDE ET-CONSTANTER

Date	Mintage	VG	F	VF	XF	Unc
ND(ca.1720)	—	—	—	—	—	—

KM# 479 1/6 THALER
Silver **Ruler:** Friedrich II **Obv:** Rampant lion left holding monogrammed shield **Rev:** Value, date within inner circle

Date	Mintage	VG	F	VF	XF	Unc
1766 FU	—	22.00	45.00	90.00	180	—

KM# 469 1/4 THALER (Ortstaler)
Silver **Ruler:** Friedrich II **Obv:** Rampant lion left within crowned ornate shield **Rev:** Value, date within ornate frame

Date	Mintage	VG	F	VF	XF	Unc
1763	—	16.00	32.00	65.00	185	—
1764	—	16.00	32.00	65.00	185	—
1765	—	16.00	32.00	65.00	185	—
1766	—	16.00	32.00	65.00	185	—
1767 FU	—	16.00	32.00	65.00	185	—

KM# 480 1/6 THALER
Silver **Ruler:** Friedrich II **Obv:** Rampant lion left holding monogrammed shield **Rev:** Value, date within inner circle

Date	Mintage	VG	F	VF	XF	Unc
1766	—	22.00	45.00	90.00	180	—
1766 FU	—	22.00	45.00	90.00	180	—

KM# 481 1/4 THALER (Ortstaler)
Silver **Ruler:** Friedrich II **Obv:** Rampant lion left within ornate shield **Rev:** Value, date within ornate frame

Date	Mintage	VG	F	VF	XF	Unc
1766	—	16.00	32.00	65.00	135	—

KM# 486 1/6 THALER
Silver **Ruler:** Friedrich II **Obv:** Rampant lion left holding monogrammed shield **Rev:** Legend around garland ring

Date	Mintage	VG	F	VF	XF	Unc
1767 FU	—	15.00	30.00	60.00	125	—
1768 FU	—	15.00	30.00	60.00	125	—

KM# 491 1/4 THALER (Ortstaler)
Silver **Ruler:** Friedrich II **Obv:** Rampant lion left within crowned shield **Rev:** Value, date within inner circle

Date	Mintage	VG	F	VF	XF	Unc
1768 FU	—	16.00	32.00	65.00	135	—
1769 FU	—	16.00	32.00	65.00	135	—
1770 FU	—	16.00	32.00	65.00	135	—
1771 FU	—	16.00	32.00	65.00	135	—
1772 FU	—	16.00	32.00	65.00	135	—

KM# 490 1/6 THALER
Silver **Ruler:** Friedrich II **Obv:** Rampant lion left holding monogrammed shield **Rev:** Legend around ring

Date	Mintage	VG	F	VF	XF	Unc
1768 FU	—	15.00	30.00	60.00	125	—
1769 FU	—	15.00	30.00	60.00	125	—
1771 FU	—	15.00	30.00	60.00	125	—

KM# 503 1/6 THALER
Silver **Ruler:** Friedrich II **Rev. Legend:** 6 EINEN **Note:** Similar to KM#479.

Date	Mintage	VG	F	VF	XF	Unc
1772 FU	—	15.00	30.00	60.00	125	—
1773 FU	—	15.00	30.00	60.00	125	—

KM# 539 1/4 THALER (Ortstaler)
7.7300 g., Silver **Ruler:** Wilhelm IX **Obv:** Head right **Rev:** Value, date

Date	Mintage	VG	F	VF	XF	Unc
1790 F	—	80.00	160	325	675	—

KM# 542 1/6 THALER
Silver **Ruler:** Wilhelm IX **Obv:** Crowned arms **Rev:** Value above date

Date	Mintage	F	VF	XF	Unc	BU
1790 F	—	24.00	75.00	150	300	—
1791 F	—	24.00	75.00	150	300	—
1792 F	—	24.00	75.00	150	300	—
1793 F	—	24.00	75.00	150	300	—
1794 F	—	24.00	75.00	150	300	—
1795 F	—	24.00	75.00	150	300	—
1796 F	—	24.00	75.00	150	300	—
1798 F	—	24.00	75.00	150	300	—
1799 F	—	24.00	75.00	150	300	—
1800 F	—	24.00	75.00	150	300	—

KM# 487 1/3 THALER
Silver **Ruler:** Friedrich II **Obv:** Head right **Rev:** Crowned shield with supporters

Date	Mintage	VG	F	VF	XF	Unc
1767	—	27.00	55.00	110	225	—
1768	—	27.00	55.00	110	225	—
1769	—	27.00	55.00	110	225	—
1770	—	27.00	55.00	110	225	—
1771	—	27.00	55.00	110	225	—

KM# 355 1/2 THALER
Silver **Ruler:** Karl **Subject:** Death of Maria Amalia, Wife of Karl **Obv:** Crowned conjoined oval arms of Hesse and Courland **Rev:** Bust left, inscription below

Date	Mintage	VG	F	VF	XF	Unc
1711 Kohler	—	200	400	750	1,500	—

KM# 366 1/2 THALER
Silver **Ruler:** Karl **Subject:** Coronation of Ulrike Eleonore, Second Wife of Friedrich I **Obv:** Bust of Ulrike Eleonore **Rev:** Shining star **Rev. Legend:** SECUR FUTURI **Rev. Inscription:** Roman numeral date below

Date	Mintage	VG	F	VF	XF	Unc
1719 Rare	—	—	—	—	—	—

KM# 515 1/2 THALER
Silver **Ruler:** Friedrich II **Obv:** Head right **Rev:** Lion arms within inner circle of star, value above, date below **Note:** Reichs 1/2 Thaler.

Date	Mintage	VG	F	VF	XF	Unc
1776 BR	—	45.00	90.00	180	375	—

KM# 530 1/2 THALER
Silver **Ruler:** Wilhelm IX **Subject:** Bieber Mines **Obv:** Head right **Rev:** Crowned arms on pedestal with supporters **Note:** Convention 1/2 Thaler.

Date	Mintage	VG	F	VF	XF	Unc
1786	—	125	225	450	925	—

KM# 482 1/3 THALER
Silver **Ruler:** Friedrich II **Obv:** Head right **Rev:** Crowned shield with supporters

Date	Mintage	VG	F	VF	XF	Unc
1766 fu	—	30.00	60.00	125	250	—

GERMAN STATES - HESSE-CASSEL

KM# 534 1/2 THALER
Silver **Ruler:** Wilhelm IX **Obv:** Head right **Rev:** Crowned arms with ornaments, branches below **Note:** Reichs 1/2 Thaler.

Date	Mintage	VG	F	VF	XF	Unc
1789 F	—	30.00	60.00	120	240	—

KM# 483 2/3 THALER
Silver **Ruler:** Friedrich II **Obv:** Bust right **Rev:** Arms **Note:** Reichs 2/3 Thaler.

Date	Mintage	VG	F	VF	XF	Unc
1766 FU	—	45.00	90.00	180	375	—

KM# 488 2/3 THALER
Silver **Ruler:** Friedrich II **Obv:** Head right **Rev:** Crowned arms with supporters

Date	Mintage	VG	F	VF	XF	Unc
1767 FU	—	40.00	85.00	170	340	—

KM# 527 2/3 THALER
Silver **Ruler:** Friedrich II **Obv:** Head right **Rev:** Crowned arms with supporters

Date	Mintage	VG	F	VF	XF	Unc
1785 DF	—	45.00	90.00	180	360	—

KM# 346 THALER
Silver **Ruler:** Karl **Obv:** Bust right **Rev:** Crowned oval arms with trophies

Date	Mintage	VG	F	VF	XF	Unc
ND(1701) Rare	—	—	—	—	—	—

KM# 357 THALER
Silver **Ruler:** Karl **Obv:** Bust right **Obv. Legend:** PIETATE - INSIGNIS, I.I.F.CLERC below **Rev:** Inscription **Rev. Inscription:** SERMA. / PRINC. ET. DNA. / DNA: MARIA AMAL: / EX. SERMA. DUCAL. STIRP. / CHURL. ORIUNDA. NATA. / AO. M.DC.LIII. DIE. XII. IVNY. / NUPTA. SERMO. ET. POTENT. / PRINC. AC. DNO. DNO. CAROLO. / HASS: LANDG. PR: H.C.C.D.Z. / N. ET. S. DIE. XXI. MAY. AO. / M.DC.LXXIII. DENATA. **Note:** Dav. #2292

Date	Mintage	VG	F	VF	XF	Unc
1711 I.LE CLERC	Inc. above	600	1,200	2,000	3,700	—

KM# 356 THALER
Silver **Ruler:** Karl **Subject:** Death of Maria Amalia, Wife of Karl **Obv:** Bust left **Rev:** 13-line inscription with Roman numeral date **Note:** Dav. #2292.

Date	Mintage	VG	F	VF	XF	Unc
1711	400	600	1,200	2,000	3,700	—

KM# 460 THALER
Silver **Ruler:** Wilhelm VIII **Obv:** Cloaked bust right **Obv. Legend:** WILHELM • VIII • D • G • - HASS • LANDG • HAN • COM • **Rev:** 3-Line inscription in panel below arms **Rev. Legend:** RECTUS ET IMMOTUS, 1/9/MARCK./F.SILB: AUS/BIEBER below arms **Note:** Dav. #2298.

Date	Mintage	VG	F	VF	XF	Unc
1759 S-ICB	—	350	900	1,600	2,250	—

KM# 418 THALER
Silver **Ruler:** Friedrich I **Obv:** Armored, draped bust right **Obv. Legend:** FRIDERICUS D - G: REX SUECIAE **Rev:** Crowned arms with supporters **Rev. Legend:** HASSIAE - LANDGR. **Note:** Dav. #2294.

Date	Mintage	VG	F	VF	XF	Unc
1733 LR	1,000	500	1,000	1,850	3,250	—
1733 JR (error)	—	500	1,000	1,850	3,250	—

KM# 419 THALER
Silver **Ruler:** Friedrich I **Obv:** Bust left **Rev:** CASSEL below arms **Note:** Dav. #2294A.

Date	Mintage	VG	F	VF	XF	Unc
1733 LR	Inc. above	500	1,000	1,850	3,250	—

KM# 432 THALER
Silver **Ruler:** Friedrich I **Obv:** Crowned lion arms within cartouche **Rev:** Value, date within inner circle **Note:** Struck using same dies as 1/8 Thaler, KM#428 on a large flan.

Date	Mintage	VG	F	VF	XF	Unc
1738 LR Rare	—	—	—	—	—	—

KM# 448 THALER
Silver **Ruler:** Friedrich I **Subject:** Death of Friedrich I **Obv:** Bust right **Rev:** 11-line inscription with date

Date	Mintage	VG	F	VF	XF	Unc
1751 ICH	—	—	—	—	—	—

KM# 453 THALER
Silver **Ruler:** Wilhelm VIII **Obv:** Bust right, inscription around **Rev:** Value, 1/9 I. MARCK - F. SILBER below, crowned and supported arms, date in Roman numerals in lower panel **Note:** Species Thaler. Dav. #2295.

Date	Mintage	VG	F	VF	XF	Unc
1754 SICB	—	500	1,000	2,000	3,000	—

KM# 454 THALER
Silver **Ruler:** Wilhelm VIII **Rev:** Value 1/9 MARCK F. SILBER AUS BIEBER in 4-line inscription, date divided by mintmaster's initials below **Note:** Dav. #2296.

Date	Mintage	VG	F	VF	XF	Unc
1754 S-ICB	—	300	750	1,400	2,000	—

KM# 455 THALER
Silver **Ruler:** Wilhelm VIII **Obv:** Cloaked bust right **Obv. Legend:** WILHELM • VIII • D • G • - HAS • LANDG • HAN • COM • **Rev:** 5-Line inscription in panel below arms **Rev. Legend:** RECTUS ET IMMOTUS, 1/9/MARCK/F:SILBER/AUS/BIEBER below arms in frame **Note:** Dav. #2297.

Date	Mintage	VG	F	VF	XF	Unc
1754 S-ICB	—	300	750	1,400	2,000	—

KM# 470 THALER
Silver **Ruler:** Friedrich II **Obv:** Armored bust left **Obv. Legend:** FRIDERICUS II. D.G. HASS. LANDG. HAN. COM. **Rev:** Crowned oval arms with supporters **Note:** Convention Thaler. Dav. #2299.

Date	Mintage	VG	F	VF	XF	Unc
1763 U	—	250	600	1,000	1,750	—

KM# 476 THALER
Silver **Ruler:** Friedrich II **Obv:** Armored bust right **Obv. Legend:** FRIDERICUS II. D.G. HASS. LANDG. HAN. COM. **Rev:** Crowned oval complex arms with supporters **Rev. Legend:** X. EINE MARCK - FEIN SILBER

Date	Mintage	F	VF	XF	Unc	BU
1765 FU	—	150	300	550	950	—

KM# 484 THALER
Silver **Ruler:** Friedrich II **Obv:** Draped, armored bust right **Obv. Legend:** FRIDERICUS II. D.G. HASS. LANDG. HAN. COM. **Rev:** Crowned oval arms with supporters **Rev. Legend:** X. ST: EINE - FEINE MARK., 17.IUSTIRT.66 below **Note:** Dav. #2301.

Date	Mintage	F	VF	XF	Unc	BU
1766 FU	—	85.00	175	325	725	—

HESSE-CASSEL — GERMAN STATES

WILHELMUS IX D:G: HASS: LANDG: COM. HAN **Rev:** Crowned oval arms with griffin supporters **Rev. Legend:** X EINE FEINE MARCK. EI BERER SILBER below **Note:** Dav. #2305. Many varieties exist. Prev. KM#552.

Date	Mintage	F	VF	XF	Unc	BU
1787 FH	—	100	200	375	750	—
1789 FH	—	100	200	375	750	—
1791 FH	—	100	200	375	750	—
1793 FH	—	100	200	375	750	—
1794 FH	—	100	200	375	750	—
1796 FH	—	100	200	375	750	—
1798 FH	—	100	200	375	750	—
1800 FH	—	1,000	2,000	5,000	12,000	—

KM# 485 THALER
Silver **Ruler:** Friedrich II **Obv:** Head right **Obv. Legend:** FRIDERICUS II. D.G. HASS. LANDG. HAN. COM. **Rev:** Crowned oval arms with supporters **Rev. Legend:** X. ST: EINE - MARK FEIN., 17.IUSTIRT.66 **Note:** Dav. #2302.

Date	Mintage	F	VF	XF	Unc	BU
1766 FU	—	85.00	175	325	725	—

KM# 535 THALER
Silver **Ruler:** Wilhelm IX **Obv:** Head right **Obv. Legend:** WILHELMUS IX D. G. HASS. LANDG. HAN. COM. **Rev:** Crowned arms with ornaments, branches below **Rev. Legend:** EIN THALER **Note:** Reichs Thaler. Dav. #2307.

Date	Mintage	F	VF	XF	Unc	BU
1789 K//F	—	90.00	150	325	825	—
1789 K//DF	—	90.00	150	325	825	—

KM# 516 THALER
Silver **Ruler:** Friedrich II **Obv:** Head right **Obv. Legend:** FRIDERICUS II. D. G. HASS. LANDG. HAN. COM. **Rev:** Lion arms within inner circle of star, value above, date below **Rev. Legend:** EIN THALER, VIRTUTE ET FIDELITATE around lion **Note:** Reichs Thaler. Dav. #2303. Varieties exist.

Date	Mintage	F	VF	XF	Unc	BU
1776 BR	—	70.00	125	225	450	—
1778 BR	—	70.00	125	225	450	—
1779 BR	—	70.00	125	225	450	—

KM# 536 2 THALER (3-1/2 Gulden)
Silver **Ruler:** Wilhelm IX **Obv:** Head right **Obv. Legend:** WILHELMUS IX D. G. HASS. LANDG. HAN. COM. **Rev:** Arms within Order chain and mantle, value above, date below **Rev. Legend:** ZWEY THALER **Note:** Reichs 2 Thaler. Dav. #2306.

Date	Mintage	VG	F	VF	XF	Unc
1789	250	1,000	1,500	2,000	3,000	—

KM# 528 THALER
Silver **Ruler:** Friedrich II **Obv:** Head right **Obv. Legend:** WILHELMUS IX. D. G. HASS. LANDG. COM. HAN. **Rev:** BIBERER SILBER on pedestal below arms **Rev. Legend:** X. EINE FEINE MARCK. **Note:** Mining Thaler. Dav. #2304.

Date	Mintage	F	VF	XF	Unc	BU
1784 CLR	—	100	200	350	750	—
1785 IFH	—	100	200	375	750	—

REGIONAL COINAGE
Ober-Hessen

Under Wilhelm II

KM# 522 1/4 KREUZER
Copper **Ruler:** Friedrich II **Obv:** Crowned arms **Rev:** Value above date

Date	Mintage	VG	F	VF	XF	Unc
1783	—	3.00	6.00	12.00	28.00	—

KM# 523 1/2 KREUZER
Copper **Ruler:** Friedrich II **Obv:** Crowned arms **Rev:** Value above date

Date	Mintage	VG	F	VF	XF	Unc
1783	—	2.50	5.00	10.00	25.00	—

KM# 524 KREUZER
Copper **Ruler:** Friedrich II **Obv:** Crowned arms **Rev:** Value above date

Date	Mintage	VG	F	VF	XF	Unc
1783	—	2.50	5.00	10.00	40.00	—

KM# 532 THALER
Silver **Ruler:** Wilhelm IX **Obv:** Bust right **Obv. Legend:**

TRADE COINAGE

KM# 374 1/4 DUCAT
0.8750 g., 0.9860 Gold 0.0277 oz. AGW **Ruler:** Karl **Obv:** Head right **Rev:** Rampant lion left

Date	Mintage	VG	F	VF	XF	Unc
1720	—	75.00	150	285	550	—

KM# 375 1/4 DUCAT
0.8750 g., 0.9860 Gold 0.0277 oz. AGW **Ruler:** Karl **Obv:** Head right **Rev:** Swan on pedestal

Date	Mintage	VG	F	VF	XF	Unc
ND	—	75.00	150	285	550	—

KM# 405 1/4 DUCAT
0.8750 g., 0.9860 Gold 0.0277 oz. AGW **Ruler:** Friedrich I **Obv:** Head right **Rev:** Crowned Hessian lion, date **Rev. Legend:** EDDER GOLD

Date	Mintage	VG	F	VF	XF	Unc
1731	—	—	—	—	—	—

KM# 406 1/4 DUCAT
0.8750 g., 0.9860 Gold 0.0277 oz. AGW **Ruler:** Friedrich I **Obv:** Head right **Rev:** Crowned rampant lion

Date	Mintage	VG	F	VF	XF	Unc
ND	—	100	200	350	600	—

KM# 436 1/4 DUCAT
0.8750 g., 0.9860 Gold 0.0277 oz. AGW **Ruler:** Friedrich I **Obv:** Crowned FR monogram **Rev:** Crowned rampant lion, value divides date below

Date	Mintage	VG	F	VF	XF	Unc
1744	—	100	200	350	600	—
1750	—	100	200	350	600	—

KM# 452 1/4 DUCAT
0.8750 g., 0.9860 Gold 0.0277 oz. AGW **Ruler:** Wilhelm VIII **Obv:** Crowned WL monogram **Rev:** Crowned rampant lion, value, date

Date	Mintage	VG	F	VF	XF	Unc
1752	—	75.00	125	250	475	—

KM# 376 1/2 DUCAT
1.7500 g., 0.9860 Gold 0.0555 oz. AGW **Ruler:** Friedrich I **Obv:** Bust right **Rev:** Pastoral scene with spring

Date	Mintage	VG	F	VF	XF	Unc
ND	—	125	275	450	850	—

KM# 407 1/2 DUCAT
1.7500 g., 0.9860 Gold 0.0555 oz. AGW **Ruler:** Friedrich I **Obv:** Head right **Rev:** Date in exergue, inscription **Rev. Inscription:** EDDER GOLD

Date	Mintage	VG	F	VF	XF	Unc
1731	—	225	450	950	2,100	—
1737	—	225	450	950	2,100	—

KM# 377 1/2 DUCAT
1.7500 g., 0.9860 Gold 0.0555 oz. AGW **Ruler:** Friedrich I **Rev:** Crowned rampant lion, legend in exergue **Rev. Legend:** EDDER GOLD

Date	Mintage	VG	F	VF	XF	Unc
ND	—	250	500	1,200	2,400	—

KM# 408 1/2 DUCAT
1.7500 g., 0.9860 Gold 0.0555 oz. AGW **Ruler:** Friedrich I **Obv:** Bust right **Rev:** Value in exergue

Date	Mintage	VG	F	VF	XF	Unc
1731	—	225	450	950	2,100	—

KM# 439 1/2 DUCAT
1.7500 g., 0.9860 Gold 0.0555 oz. AGW **Ruler:** Friedrich I **Obv:** Head right **Rev:** Crowned rampant lion left

Date	Mintage	VG	F	VF	XF	Unc
1748	—	125	275	450	950	—

GERMAN STATES — HESSE-CASSEL

KM# 378 DUCAT
3.5000 g., 0.9860 Gold 0.1109 oz. AGW **Ruler:** Karl **Obv:** Head right **Rev:** Crowned rampant lion holding book and sword

Date	Mintage	VG	F	VF	XF	Unc
1720	—	175	375	800	1,800	—
ND	—	175	375	800	1,800	—

KM# 379 DUCAT
3.5000 g., 0.9860 Gold 0.1109 oz. AGW **Ruler:** Karl **Obv:** Head right **Rev:** Without book in lion's paw

Date	Mintage	VG	F	VF	XF	Unc
1720	—	175	375	800	1,800	—

KM# 392 DUCAT
3.5000 g., 0.9860 Gold 0.1109 oz. AGW **Ruler:** Karl **Obv:** Head right **Rev:** Crowned round arms

Date	Mintage	VG	F	VF	XF	Unc
1724	—	150	325	675	1,600	—
1725	—	150	325	675	1,600	—
ND	—	150	325	675	1,600	—

KM# 409 DUCAT
3.5000 g., 0.9860 Gold 0.1109 oz. AGW **Ruler:** Friedrich I **Obv:** Bust of Friedrich right **Rev:** Crowned arms of Sweden

Date	Mintage	VG	F	VF	XF	Unc
1731	—	150	325	675	1,600	—
1737	—	150	325	675	1,600	—
1746	—	150	325	675	1,600	—
1749	—	150	325	675	1,600	—
1750	—	150	325	675	1,600	—

KM# 429 DUCAT
3.5000 g., 0.9860 Gold 0.1109 oz. AGW **Ruler:** Friedrich I **Obv:** Crowned FR monogram divides date **Rev:** Crowned Hessian arms

Date	Mintage	VG	F	VF	XF	Unc
1737 LR	—	150	325	675	1,600	—

KM# 431 DUCAT
3.5000 g., 0.9860 Gold 0.1109 oz. AGW **Ruler:** Friedrich I **Obv:** Laureate head right **Rev:** Crowned complex arms divide date

Date	Mintage	VG	F	VF	XF	Unc
1737	—	200	400	850	1,900	—
1746	—	200	400	850	1,900	—

KM# 449 DUCAT
3.5000 g., 0.9860 Gold 0.1109 oz. AGW **Ruler:** Wilhelm VIII **Obv:** Wilhelm VIII

Date	Mintage	VG	F	VF	XF	Unc
1751 ICB	—	250	550	1,000	2,150	—
1754 ICB	—	250	550	1,000	2,150	—

KM# A513 DUCAT
3.5000 g., 0.9860 Gold 0.1109 oz. AGW **Ruler:** Friedrich II **Obv:** Armored bust right **Rev:** River god reclining **Note:** Fr. #1284.

Date	Mintage	F	VF	XF	Unc	BU
MDCCLXXV (1775)	—	825	1,650	3,250	6,000	—

KM# A402 2 DUCAT
7.0000 g., 0.9860 Gold 0.2219 oz. AGW **Ruler:** Karl **Obv:** Head right **Rev:** Crowned rampant lion holding book and sword **Mint:** Cassel **Note:** Prev. KM#314.

Date	Mintage	VG	F	VF	XF	Unc
ND(1720)	—	500	1,000	2,200	4,200	—

KM# A404 2 DUCAT
7.0000 g., 0.9860 Gold 0.2219 oz. AGW, 24 mm. **Ruler:** Karl **Obv:** Head to right **Obv. Legend:** CAR. D. G. - HASS: LAND. **Rev:** Crowned oval shield of 6-fold arms with central shield of Hesse in baroque frame, no legend **Mint:** Cassel **Note:** Schütz 1498; Fr. 1276. Prev. KM#315.

Date	Mintage	VG	F	VF	XF	Unc
ND(ca1725)	—	400	900	1,850	3,600	—

KM# 513 4 DUCAT
14.0000 g., 0.9860 Gold 0.4438 oz. AGW **Ruler:** Friedrich II **Subject:** 50th Anniversary of Reign **Obv:** Bust right **Rev:** R.N. date at bottom

Date	Mintage	F	VF	XF	Unc	BU
ND(1777) Rare	—	—	—	—	—	—

KM# 496 5 THALER (Friedrich d'Or)
6.6500 g., 0.9000 Gold 0.1924 oz. AGW **Ruler:** Friedrich II **Obv:** Head right **Rev:** Lion arms within inner circle of star, date below

Date	Mintage	F	VF	XF	Unc	BU
1771 BR	—	500	1,200	2,000	4,000	—
1777 BR	—	500	1,200	2,000	4,000	—
1778 BR	—	500	1,200	2,000	4,000	—

KM# 526 5 THALER (Friedrich d'Or)
6.6500 g., 0.9000 Gold 0.1924 oz. AGW **Ruler:** Friedrich II **Obv:** Head right **Rev:** Lion arms within inner circle of star, date below

Date	Mintage	F	VF	XF	Unc	BU
1783 DF	—	250	500	1,500	2,500	—
1784 DF	—	250	500	1,500	2,500	—
1785 DF	—	250	500	1,500	2,500	—

KM# 531 5 THALER (Friedrich d'Or)
6.6500 g., 0.9000 Gold 0.1924 oz. AGW **Ruler:** Wilhelm IX **Obv:** Head right **Rev:** Lion arms within inner circle of star

Date	Mintage	F	VF	XF	Unc	BU
1786	—	300	600	1,000	1,750	—
1787	—	300	600	1,000	1,750	—
1788	—	300	600	1,000	1,750	—
1790	—	300	600	1,000	1,750	—

KM# 545 5 THALER (Friedrich d'Or)
6.6500 g., 0.9000 Gold 0.1924 oz. AGW **Ruler:** Wilhelm IX **Obv:** Head right **Rev:** Lion lying at front of crowned arms, flags at left, fasces and swords at right

Date	Mintage	F	VF	XF	Unc	BU
1791 F	—	300	600	1,000	1,750	—
1792 F	—	300	600	1,000	1,750	—
1793 F	—	300	600	1,000	1,750	—
1794 F	—	300	600	1,000	1,750	—
1795 F	—	300	600	1,000	1,750	—
1796 F	—	300	600	1,000	1,750	—
1797 F	—	300	600	1,000	1,750	—
1798 F	—	300	600	1,000	1,750	—
1799 F	—	300	600	1,000	1,750	—
1800 F	—	300	600	1,000	1,750	—

KM# 504 10 THALER (2 Friedrich d'Or)
13.3000 g., 0.9000 Gold 0.3848 oz. AGW **Ruler:** Friedrich II **Obv:** Head right **Rev:** Lion arms within inner circle of star, date below

Date	Mintage	F	VF	XF	Unc	BU
1773 FU	—	750	1,250	2,750	4,500	—

KM# 512 10 THALER (2 Friedrich d'Or)
13.3000 g., 0.9000 Gold 0.3848 oz. AGW **Ruler:** Friedrich II **Obv:** Head right **Rev:** Lion arms within inner circle of star, date below

Date	Mintage	F	VF	XF	Unc	BU
1775 BR	—	750	1,250	2,750	4,500	—
1776 BR	—	750	1,250	2,750	4,500	—
1777 BR	—	750	1,250	2,750	4,500	—

KM# 521 10 THALER (2 Friedrich d'Or)
13.3000 g., 0.9000 Gold 0.3848 oz. AGW **Ruler:** Friedrich II **Obv:** Head right **Rev:** Lion arms within inner circle of star, date below

Date	Mintage	F	VF	XF	Unc	BU
1780 DF	—	750	1,250	2,750	4,500	—
1785 DF	—	750	1,250	2,750	4,500	—

PATTERNS
Including off metal strikes

KM#	Date	Mintage	Identification	Mkt Val
Pn14	1723	—	Heller. Copper. KM#347.	—
Pn15	1723	—	1/8 Thaler. Gold. KM#388.	—
Pn16	1725	—	Ducat. Copper. KM#392.	—
Pn17	1729	—	4 Heller. Copper. KM#382.	—
Pn18	1729	—	4 Heller. Gold. KM#382.	—
Pn19	1730	—	4 Heller. Silver. KM#382.	—
Pn20	1730	—	4 Heller. Silver. KM#402.	—
Pn22	1734	—	1/12 Thaler. Copper. KM#421.	150

KM#	Date	Mintage	Identification	Mkt Val
Pn21	1734	—	1/12 Thaler. Copper. KM#421.	150
Pn23	1737 LR	—	1/16 Thaler. Gold. KM#417.	—
Pn24	1738	—	Heller. Silver. KM#401.	—
Pn25	1738 LR	—	1/32 Thaler. Copper. KM#425.	—
Pn26	1741	—	Heller. Gold. KM#401.	—
Pn27	1741	—	4 Heller. Gold. KM#402.	1,000
Pn28	ND(1743)	—	Albus. Copper. KM#435.	—
Pn29	1746	—	4 Heller. Gold. KM#402.	1,000
Pn30	1747	—	4 Heller. Gold. KM#402.	1,000
Pn31	1754	—	4 Heller. Gold. KM#447.	—
Pn32	1754 ICB	—	Ducat. Copper. KM#449.	—
Pn34	1755	—	4 Heller. Gold. KM#447.	—
Pn33	1755	—	3 Heller. Silver. KM#456.	250
Pn36	1756	—	6 Heller. Gold. KM#457.	—
Pn35	1756	—	4 Heller. Gold. KM#447.	25,000
Pn37	1759 S-ICB	—	Thaler. Copper. KM#460.	—

TRIAL STRIKES

KM#	Date	Mintage	Identification	Mkt Val
TS1	1752	—	8 Albus. Silver.	—

HESSE-DARMSTADT

Established by the division of the Landgraviate of Hesse in 1567, Hesse-Darmstadt was the territorially smaller of the two surviving branches of the family. The ruler was raised to the rank of Grand Duke in 1806. In 1815 the Congress of Vienna awarded Hesse-Darmstadt the cities of Mainz and Worms, which were relinquished along with the newly acquired Hesse-Homburg, to the Prussians in 1866. It became part of the German Empire in 1871.

RULERS
Ernst Ludwig, 1678-1739
Ludwig VIII, 1739-1768
Ludwig IX, 1768-1790
Ludwig X, 1790-1806
As Grand Duke Ludwig I, 1806-1830

MINT OFFICIALS' INITIALS

Initials	Date	Name
AK	1744-71	Andreas Koch
BIB	1707-33	Balthasar Johann Bethmann
CF, GCF	1741-43, 1752-66	George Conrad Fehr
CHK, K	1763-77	Conrad Heinrich Kuchler, die-cutter
GK	1733-40	Georg Christoph Kuster
GLC	1695-1708	Gabriel Le Clerc, die-cutter, medailleur in Cassel
IAR	1693-1705	Johann Adam Rephun
IAR, R	1741-65	J.A. Roth, die-cutter
ICR, R	1696-1707	J.C. Roth, medailleur
PB	1765-66	Philipp Bischof, warden
RF	1772-1809	Remigius Fehr
S	1750-60	Johann Heinrich Schepp, engraver in Cassel

LANDGRAVIATE

REGULAR COINAGE

KM# 177 HELLER
Billon **Ruler:** Ludwig VIII **Obv:** Lion in German shield in laurel wreath, H.D. above **Note:** Uniface

Date	Mintage	VG	F	VF	XF	Unc
ND(1743-44) AK Rare	—	—	—	—	—	—

KM# 89 PFENNIG
Silver **Ruler:** Ernst Ludwig **Obv:** Hessian lion in shield divides H-D, arabesque above, mintmasters initials below **Note:** Uniface, schüssel-type. Varieties include a lion with small crown and one tail or lion without crown and double tail.

Date	Mintage	VG	F	VF	XF	Unc
ND(1707-32) BIB	—	30.00	60.00	120	220	—

KM# 163 PFENNIG
Copper **Ruler:** Ernst Ludwig **Obv:** Crowned EL monogram **Rev:** Value I within cartouche **Note:** Similar to III Pfennig KM#166.

Date	Mintage	VG	F	VF	XF	Unc
1735	—	20.00	45.00	55.00	90.00	—

KM# A177 PFENNIG
Billon **Ruler:** Ludwig VIII **Obv:** Lion in French shield, H.D above in pearl circle **Note:** Uniface

Date	Mintage	Good	VG	F	VF	XF
ND(1743-1744) Rare	—	—	—	—	—	—

KM# B177 PFENNIG
Billon **Ruler:** Ludwig VIII **Obv:** Lion in German shield, laurel wreath around, H.D. above in pearl circle **Note:** Uniface

Date	Mintage	Good	VG	F	VF	XF
ND(1743-1744) Rare	—	—	—	—	—	—

KM# 183 PFENNIG
Billon **Ruler:** Ludwig VIII **Obv:** Crowned lion shield, branches below, H.D. above **Rev:** Value above date in oval cartouche

Date	Mintage	VG	F	VF	XF	Unc
1748 AK Rare	—	—	—	—	—	—

KM# 182 PFENNIG
Billon **Ruler:** Ludwig VIII **Obv:** Lion left, divided date below, H.D. PFENNIG. above **Note:** Uniface

Date	Mintage	VG	F	VF	XF	Unc
1748 AK Rare	—	—	—	—	—	—

KM# 231 PFENNIG
Copper **Ruler:** Ludwig IX **Obv:** Lion in rococo cartouche, H.D. flanking crown above, flags at sides, cannons below **Rev:** Value above date

Date	Mintage	VG	F	VF	XF	Unc
1773 RF	—	3.00	8.00	17.00	35.00	—

KM# 232 PFENNIG
Copper, 20.9 mm. **Ruler:** Ludwig IX **Obv:** Lion in thick oval shield, H.D. flanking crown above, flags at side **Rev:** Value 1 ZOLL PFENNIG above date

Date	Mintage	VG	F	VF	XF	Unc
1774 R.F.	—	5.00	15.00	30.00	60.00	—

KM# 234 PFENNIG
Copper **Ruler:** Ludwig IX **Obv:** Lion in crowned oval wreath, HESSEN DARMST at side **Rev:** Value above date (Zoll = Toll)

Date	Mintage	VG	F	VF	XF	Unc
1777 R.F.	—	5.00	10.00	25.00	50.00	—

KM# 240 PFENNIG
Copper **Ruler:** Ludwig IX **Obv:** Lion in circle wreath with crown, HESSEN DARMT at side **Rev:** Value 1 PFENNIG above date **Note:** Varieties exist.

Date	Mintage	VG	F	VF	XF	Unc
1784 R.F.	—	2.00	5.00	12.00	25.00	—
1785 R.F.	—	2.00	5.00	12.00	25.00	—
1786 R.F.	—	2.00	5.00	12.00	25.00	—
1787 R.F.	—	2.00	5.00	12.00	25.00	—
1788 R.F.	—	2.00	5.00	12.00	25.00	—
1789	—	2.00	5.00	12.00	25.00	—
1790	—	2.00	5.00	12.00	25.00	—

KM# A240 PFENNIG
Copper **Ruler:** Ludwig IX **Obv:** Lion in oval with ornaments at sides

Date	Mintage	VG	F	VF	XF	Unc
1789 RF	—	2.00	5.00	12.00	25.00	—
1790	—	2.00	5.00	12.00	25.00	—
1790 RF	—	2.00	5.00	12.00	25.00	—
1794	—	2.00	5.00	12.00	25.00	—
1796	—	2.00	5.00	12.00	25.00	—
1797	—	2.00	5.00	12.00	25.00	—

KM# 251 PFENNIG
Copper **Ruler:** Ludwig X **Obv:** Crowned oval arms, H. D. flank crown **Rev:** Denomination above date, rosettes **Note:** Variations exist in large or small years, large or small denomination and large or small rosettes. 1801-1805 with rosettes, 1805-1806 without rosettes. Rosettes can have five or six leaves.

Date	Mintage	F	VF	XF	Unc	BU
1797	—	8.00	30.00	65.00	135	—
1798	—	8.00	30.00	65.00	135	—
1799	—	8.00	30.00	65.00	135	—
1800	—	8.00	30.00	65.00	135	—

KM# 164 2 PFENNIG
Copper **Ruler:** Ernst Ludwig **Obv:** Crowned EL monogram **Rev:** Value within cartouche

Date	Mintage	VG	F	VF	XF	Unc
1735	—	8.00	18.00	35.00	70.00	—

KM# 233 2 PFENNIG
Copper **Ruler:** Ludwig IX **Obv:** Crowned arms, H.D. above, flags and cannons at sides **Rev:** Value above date

Date	Mintage	VG	F	VF	XF	Unc
1776 R.F.	—	5.00	11.00	22.00	45.00	—

KM# 165 3 PFENNIG
Copper **Ruler:** Ernst Ludwig **Obv:** Crowned EL monogram **Rev:** Value within cartouche **Note:** Similar to IIII Pfennig, KM#166, but value III.

Date	Mintage	VG	F	VF	XF	Unc
1735	—	10.00	20.00	45.00	90.00	—

KM# 166 4 PFENNIG
Copper **Ruler:** Ernst Ludwig **Obv:** Crowned EL monogram **Rev:** Value within cartouche

Date	Mintage	VG	F	VF	XF	Unc
1735	—	12.00	25.00	50.00	100	—

KM# 167 6 PFENNIG
Copper **Ruler:** Ernst Ludwig **Obv:** Crowned EL monogram **Rev:** Value within cartouche **Note:** Similar to IIII Pfennig, KM #166 but value VI.

Date	Mintage	VG	F	VF	XF	Unc
1735	—	12.00	25.00	55.00	110	—

KM# 71.4 ALBUS
Silver **Ruler:** Ernst Ludwig **Obv:** Hessian lion in shield, H.D. above, all within laurel wreath **Rev:** I/ ALBUS/ date/ mint mark, all within laurel wreath **Note:** Varieties exist with Spanish or French shield.

Date	Mintage	VG	F	VF	XF	Unc
1702 IAR	—	12.00	27.00	55.00	110	—
1703 IAR	—	12.00	27.00	55.00	110	—
1704	—	—	—	—	—	—

Note: Requires confirmation.

Date	Mintage	VG	F	VF	XF	Unc
1705	—	—	—	—	—	—

Note: Requires confirmation.

KM# 82 2 ALBUS
Silver **Ruler:** Ernst Ludwig **Obv:** Manifold Hessian arms in Spanish shield, HD above, all within laurel wreath **Rev:** II/ ALBUS/ date/ mint mark, all within laurel wreath **Note:** Varieties exit.

Date	Mintage	VG	F	VF	XF	Unc
1703 IAR	—	11.00	22.00	45.00	90.00	—
1704 IAR	—	11.00	22.00	45.00	90.00	—
1705 IAR	—	11.00	22.00	45.00	90.00	—
1707 BIB	—	11.00	22.00	45.00	90.00	—
1708 BIB	—	11.00	22.00	45.00	90.00	—
1780 BIB date transposed	—	11.00	22.00	45.00	90.00	—

KM# 179 2 ALBUS
Billon **Ruler:** Ludwig VIII **Obv:** Arms in cartouche **Rev:** Value, date **Note:** Similar to KM#82.

Date	Mintage	VG	F	VF	XF	Unc
1745 AK	—	13.00	27.00	55.00	110	—
1746 AK	—	13.00	27.00	55.00	110	—
1747 AK	—	13.00	27.00	55.00	110	—
1750 AK	—	13.00	27.00	55.00	110	—

KM# 70.2 KREUZER
Silver **Ruler:** Ernst Ludwig **Obv:** Lion in shield, H.D. above, laurel branches around **Rev:** Inscription in laurel branches around

Rev. Inscription: I / KREV / TZER / date

Date	Mintage	VG	F	VF	XF	Unc
1702 IAR	—	5.00	12.00	25.00	50.00	—
1720 BIB	—	5.00	12.00	25.00	50.00	—
17Z1 BIB	—	5.00	12.00	25.00	50.00	—
1721 BIB	—	5.00	12.00	25.00	50.00	—
1722 BIB	—	5.00	12.00	25.00	50.00	—
1723 BIB	—	5.00	12.00	25.00	50.00	—
1726 BIB	—	5.00	12.00	25.00	50.00	—

Date	Mintage	VG	F	VF	XF	Unc
1733 GK	—	6.00	12.00	30.00	60.00	—
1741 GCF	—	8.00	20.00	45.00	90.00	—
1743 GCF	—	8.00	20.00	45.00	90.00	—

KM# 172 KREUZER

Billon **Ruler:** Ludwig VIII **Obv:** Lion in oval with crown, HD above **Rev:** Inscription in ornaments **Rev. Legend:** LAND MUNZ **Rev. Inscription:** I / P.K / A.K

Date	Mintage	VG	F	VF	XF	Unc
1742 AK	—	10.00	30.00	70.00	150	—
1759 AK	—	10.00	30.00	70.00	150	—

KM# 170 KREUZER

Billon **Ruler:** Ludwig VIII **Obv:** Lion shield on monogram, crown above **Rev:** Inscription in laurel branches around date **Rev. Inscription:** I / KREV / TZER / date / AK

Date	Mintage	VG	F	VF	XF	Unc
1746 AK	—	5.00	8.00	16.00	35.00	—
1759 AK	—	6.00	15.00	30.00	70.00	—

KM# 207 KREUZER

Billon **Ruler:** Ludwig VIII **Obv:** Lion in baroque shield, crown above, HD at its sides, date below **Rev:** I/ KR/ AK in cartouche **Rev. Legend:** AD NORM: CONVENT **Note:** Convention - Kreuzer.

Date	Mintage	VG	F	VF	XF	Unc
1763 AK	—	7.00	15.00	30.00	60.00	—

KM# 216 KREUZER

Billon **Ruler:** Ludwig VIII **Obv:** Lion in Spanish shield, H.D above, laurel branches around **Rev:** I/ KREU/ TZER, date

Date	Mintage	VG	F	VF	XF	Unc
1765 GCF-PB	—	7.00	18.00	37.00	75.00	—

KM# 228 KREUZER

0.7700 g., 0.1870 Silver 0.0046 oz. ASW **Ruler:** Ludwig IX **Obv:** Lion in cartouche, crown above. HESSEN-DARMST at sides **Rev:** I/ KREUZER/ date/ AK, cartouche around

Date	Mintage	VG	F	VF	XF	Unc
1771 AK	—	10.00	22.00	45.00	90.00	—
1772 RF	—	10.00	22.00	45.00	90.00	—
1773 RF	—	10.00	22.00	45.00	90.00	—
1775 RF	—	10.00	22.00	45.00	90.00	—

KM# 241 KREUZER

0.7700 g., 0.1870 Silver 0.0046 oz. ASW **Ruler:** Ludwig IX **Obv:** Lion in circle cartouche, crown above, H.D. at its sides **Rev:** Inscription, branch around **Rev. Inscription:** I / KREUZ / date / R.F.

Date	Mintage	F	VF	XF	Unc	BU
1776 RF	—	25.00	60.00	120	—	—
1783 RF	—	18.00	40.00	80.00	—	—
1784	—	20.00	50.00	100	—	—

KM# 255 KREUZER

0.7700 g., 0.1870 Silver 0.0046 oz. ASW **Ruler:** Ludwig X **Obv:** Lion on pedestal, H.D. within, LAND-MUNZ and branches at sides **Rev. Inscription:** I / KREUZER / date

Date	Mintage	F	VF	XF	Unc	BU
1800	—	4.00	12.00	30.00	75.00	—

KM# 257 KREUZER

0.7700 g., 0.1870 Silver 0.0046 oz. ASW **Ruler:** Ludwig X **Obv:** Lion divides H.D **Rev:** Denomination, date **Rev. Legend:** LAND MUNZE

Date	Mintage	F	VF	XF	Unc	BU
1800	—	12.00	40.00	90.00	180	—

KM# 173 2 KREUZER

Billon **Ruler:** Ludwig VIII **Obv:** Crowned rampant lion left within shield, branches surround **Rev:** Value and date within branches

Date	Mintage	VG	F	VF	XF	Unc
1741 GCF	—	8.00	15.00	30.00	65.00	—
1743 GCF	—	8.00	15.00	32.00	65.00	—
1744 AK	—	8.00	15.00	32.00	65.00	—

KM# 208 2 KREUZER

Billon **Ruler:** Ludwig VIII **Obv:** Crowned lion in rococo cartouche, HESSEN-DARMST around **Rev:** Inscription, LAND-MUNZ at sides **Rev. Inscription:** 2 / KREUZ / date

Date	Mintage	VG	F	VF	XF	Unc
1763 AK Rare	—	—	—	—	—	—

KM# 256 3 KREUZER

Billon **Ruler:** Ludwig X **Obv:** Lion divides H.D **Rev:** Denomination **Rev. Legend:** LAND MUNZE

Date	Mintage	F	VF	XF	Unc	BU
1800	—	18.00	55.00	110	225	—

KM# 184 4 KREUZER

Billon **Ruler:** Ludwig VIII **Obv:** Crowned lion left **Rev:** Value in baroque frame, date below

Date	Mintage	VG	F	VF	XF	Unc
1748 AK	—	10.00	25.00	50.00	100	—
1750 AK	—	—	—	—	—	—
1759 AK	—	10.00	25.00	50.00	100	—

KM# 209 4 KREUZER

Billon **Ruler:** Ludwig VIII **Obv:** Lion on pedestal with HD on it, date below **Obv. Legend:** AD NORMAN CONVENTIONIS **Rev:** IIII/ KR: EUZER, 360 E.F.M below **Rev. Legend:** LAND MUNZ

Date	Mintage	VG	F	VF	XF	Unc
1763	—	30.00	60.00	120	260	—
1764 GCF	—	30.00	60.00	120	260	—

KM# 217 4 KREUZER

Billon **Ruler:** Ludwig VIII **Obv:** Lion on pedestal with monogram, date below, branches and HESSEN-DARMST at sides **Rev:** IIII/ KREU/ ZER in baroque frame, 300 E.F.M., LAND-MUNZ

Date	Mintage	VG	F	VF	XF	Unc
1765 GCF-PB	—	45.00	90.00	185	375	—

KM# 210 5 KREUZER

Silver **Ruler:** Ludwig VIII **Obv:** Script monogram LL with crown; 240 STUK EINE FEINE MARK **Rev:** Crowned lion shield, branches and HD at sides **Rev. Legend:** AD NORMAN **Note:** Convention 5 Kreuzer.

Date	Mintage	VG	F	VF	XF	Unc
1763 AK	—	25.00	50.00	100	210	—

KM# 218 5 KREUZER

Silver **Ruler:** Ludwig VIII **Obv:** Crowned lion shield, branches and HESSEN-DARMST at sides, date below **Rev:** Value in rhombus **Rev. Inscription:** 240 / EINE / FEINE / MARK

Date	Mintage	VG	F	VF	XF	Unc
1765 GCF-PB	—	40.00	80.00	165	335	—

KM# 193 6 KREUZER

Billon **Ruler:** Ludwig VIII **Obv:** Lion in German shield, crown above; HESSEN-DARMST at sides **Rev:** VI/ KREUZ, date in cartouche, LAND-MUNZ in the upper half

Date	Mintage	VG	F	VF	XF	Unc
1759 AK	—	120	240	480	775	—
1762 AK	—	120	240	480	775	—

KM# 127 10 KREUZER

Silver **Ruler:** Ernst Ludwig **Subject:** 200th Anniversary of the Reformation **Obv:** Crowned shield divides dates **Rev:** Inscription within inner circle

Date	Mintage	VG	F	VF	XF	Unc
1717 BIB	—	12.00	27.00	55.00	110	—

KM# 148 10 KREUZER

Silver **Ruler:** Ernst Ludwig **Obv:** Hesse arms with crown **Obv. Legend:** ERNEST. LVD. D. G. HASS ... **Rev. Legend:** FURSTL. HESS. DARMST... **Rev. Inscription:** X / KREU / TZER / date in ring

Date	Mintage	VG	F	VF	XF	Unc
1726 BIB	—	10.00	20.00	40.00	80.00	—
1727 BIB	—	10.00	20.00	40.00	80.00	—
1728 BIB	—	10.00	20.00	40.00	80.00	—
1729 BIB	—	10.00	20.00	40.00	80.00	—
1733 GK	—	10.00	20.00	40.00	80.00	—

KM# 211 10 KREUZER

Silver **Ruler:** Ludwig VIII **Obv:** Head right **Obv. Legend:** LUDOVICUS VIII • D • G • LANDG • HASS • **Rev:** Lion in German shield with crown above, 7 small shields around **Rev. Legend:** NACH DEM CONVENTIONS FUS **Note:** Convention 10 Kreuzer. Die varieties exist.

Date	Mintage	VG	F	VF	XF	Unc
1763 AK	—	27.00	55.00	110	225	—
1764 AK	—	27.00	55.00	110	225	—
1765 GCF	—	27.00	55.00	110	225	—
1765 CF	—	27.00	55.00	110	225	—
ND AK Rare	—	—	—	—	—	—

KM# 219 10 KREUZER

Silver **Ruler:** Ludwig VIII **Obv:** Script monogram LL with crown; HESSEN-DARMST in upper half **Rev:** NACH DEM **Rev. Inscription:** X KREUZER / date

Date	Mintage	VG	F	VF	XF	Unc
1765 GCF-PB	—	17.00	37.00	75.00	150	—
1766 GCF-PB	—	20.00	40.00	80.00	165	—

KM# 110 12 KREUZER (1/8 Thaler)

Silver **Ruler:** Ernst Ludwig **Obv:** Crowned arms with lion shield at center **Rev:** Value, date within circle

Date	Mintage	VG	F	VF	XF	Unc
1705 IAR	—	17.00	37.00	75.00	150	—

KM# 178 12 KREUZER (1/8 Thaler)

Silver **Ruler:** Ludwig VIII **Obv:** Crowned arms with lion shield at center **Rev:** Value and date within inner circle

Date	Mintage	VG	F	VF	XF	Unc
1745 AK	—	25.00	50.00	100	200	—
1746 AK	—	25.00	50.00	100	200	—
1747 AK	—	25.00	50.00	100	200	—
1748 AK	—	25.00	50.00	100	200	—
1751 AK	—	25.00	50.00	100	200	—
1759 AK	—	22.00	45.00	90.00	180	—

KM# 206 20 KREUZER

Silver **Ruler:** Ludwig VIII **Obv:** 4 crowned double L monograms in cruciform, script HD in center **Obv. Legend:** 60 STUK-EINE-FEINE-MARK **Rev:** Crowned lion shield, 7 small shields around **Rev. Legend:** NACH DEM CONVENTIONS FUS, A(20)K below **Note:** Convention 20 Kreuzer. Die varieties exist.

Date	Mintage	VG	F	VF	XF	Unc
1760 AK	—	40.00	125	300	600	—
1762 AK	—	50.00	110	225	550	—

KM# 212 20 KREUZER

Silver **Ruler:** Ludwig VIII **Obv:** Head right **Obv. Legend:** LUDOVICUS VIII D G LANDGR HASS(IAE) **Rev:** Lion in German shield with crown above, 7 small shields around; date and 20 below.

Date	Mintage	VG	F	VF	XF	Unc
1763 AK	—	50.00	100	200	400	—
1766 CF-PB	—	50.00	100	200	400	—
1766 PB Rare	—	—	—	—	—	—

KM# 222 20 KREUZER

Silver **Ruler:** Ludwig VIII **Obv:** Crowned lion shield, 7 small shields around **Rev:** Value, date

Date	Mintage	VG	F	VF	XF	Unc
1766 GCF-PB	—	25.00	50.00	100	200	—

KM# 230.1 20 KREUZER

Silver, 29.5 mm. **Ruler:** Ludwig IX **Obv:** Head right **Obv. Legend:** LUDOVICUS IX D G LANDGRAVIUS HASS **Rev:** Lion in cartouche with crown and flags, arms, trophies and date at sides **Rev. Legend:** NACH DEM CONVENT FUS

Date	Mintage	VG	F	VF	XF	Unc
1772	—	35.00	100	200	450	—

HESSE-DARMSTADT

KM# 224 20 KREUZER
Silver **Ruler:** Ludwig IX **Obv:** Bust in breast-armour right in rhombus **Obv. Legend:** LUDOVICUS IX D G LAND GRAVIUS HASSIAE **Rev:** Hessian arms in cartouche, crown above, Imperial eagle and date at sides, order below, all in rhombus **Rev. Legend:** SECHZIG (=60) EINE FEINE MARK

Date	Mintage	Good	VG	F	VF	XF
1772 K RF	—	90.00	185	375	750	—

KM# A224 20 KREUZER
Silver **Ruler:** Ludwig IX **Obv:** Bust in breast-armour right **Obv. Legend:** LUDOVICUS IX D G LANDGRAV HASS **Rev:** Lion in cartouche, crown above, flags, armatures and date at sides, (20) below, legend around the upper half **Rev. Legend:** NACH DEM CONVENT FUS

Date	Mintage	Good	VG	F	VF	XF
1772 B RF	—	80.00	160	325	675	—

KM# 230.2 20 KREUZER
Silver, 28.5 mm. **Ruler:** Ludwig IX **Obv:** Head right **Rev:** Lion in cartouche with crown and flags, arms, trophies and date at sides **Note:** Similar to KM#230.1, but with reduced size.

Date	Mintage	Good	VG	F	VF	XF
1772 B RF Rare	—	—	—	—	—	—

KM# 194 30 KREUZER
Silver **Ruler:** Ludwig VIII **Obv:** 4 crowned double 'L' monograms in cruciform, script HD in center **Rev:** Crowned arms, rococo in cartouche, value 30-KR above, date below

Date	Mintage	VG	F	VF	XF	Unc
1759	—	300	500	1,000	2,000	—

KM# 107 1/4 THALER
Silver **Ruler:** Ernst Ludwig **Obv:** Bust right **Rev:** Crowned oval arms, 2 lion supporters, date on pedestal below

Date	Mintage	F	VF	XF	Unc	BU
1704 Rare	—	—	—	—	—	—

KM# 128 1/4 THALER
Silver **Ruler:** Ernst Ludwig **Subject:** 200th Anniversary of the Reformation **Obv:** Bust right **Obv. Legend:** ERNEST LVD... **Rev:** Oval arms with 5 helmets divide date **Rev. Legend:** PIETATE ET IVSTITIA

Date	Mintage	VG	F	VF	XF	Unc
1717 BIB Rare	—	—	—	—	—	—

KM# 108 1/2 THALER
Silver **Ruler:** Ernst Ludwig **Obv:** Bust right **Rev:** Crowned arms supported by 2 lions on pedestal, date below **Note:** Existence of this type is questionable.

Date	Mintage	VG	F	VF	XF	Unc
1704 R Rare	—	—	—	—	—	—

KM# 129 1/2 THALER
Silver **Ruler:** Ernst Ludwig **Subject:** 200th Anniversary of the Reformation **Obv:** Bust right **Obv. Legend:** ERNEST LVD D G HASS LANDG PR HERSF **Rev:** Oval arms with 5 helmets divide date **Rev. Legend:** PIETATE ET IVSTITIA

Date	Mintage	VG	F	VF	XF	Unc
1717 BIB Rare	—	—	—	—	—	—

KM# 130 1/2 THALER
Silver **Ruler:** Ernst Ludwig **Obv:** Bust right **Obv. Legend:** ERNEST LVD DG( )HASS LANDG PR HERSF **Rev:** 4 crowned reversed E and L monograms, crowned Hesse lion in center, date divided at top **Rev. Legend:** SIC DEO PLACUIT IN TRIBULATIONIBVS

Date	Mintage	VG	F	VF	XF	Unc
1717 BIB Rare	—	—	—	—	—	—

KM# 146 1/2 THALER
Silver **Ruler:** Ernst Ludwig **Obv:** Bust right and title in legend **Rev. Legend:** Like KM#130, but no legend **Note:** Existence of this type is questionable.

Date	Mintage	VG	F	VF	XF	Unc
ND BIB Rare	—	—	—	—	—	—

KM# 145 1/2 THALER
Silver **Ruler:** Ernst Ludwig **Obv:** Bust right **Rev:** Date undivided in legend **Rev. Legend:** MONETA ARGENTEA DARMSTADINA **Note:** Similar to KM#130, but with different reverse legend.

Date	Mintage	VG	F	VF	XF	Unc
1721 BIB Rare	—	—	—	—	—	—

KM# 213 1/2 THALER
Silver **Ruler:** Ludwig VIII **Obv:** Harness bust right **Obv. Legend:** LUDOVICUS VIII D G LANDGR HASS **Rev:** Crowned arms supported by 2 lions, date above, value XX/EINE FEINE/MARCK below **Note:** Convention 1/2 Thaler.

Date	Mintage	VG	F	VF	XF	Unc
1763 CHK Rare	—	—	—	—	—	—

KM# 229 1/2 THALER
Silver **Ruler:** Ludwig IX **Obv:** Bust in armour right **Obv. Legend:** LUDOVICUS IX D G LANDGRAVIUS HASS **Rev:** Arms in shield, crown above, trophies at sides, date and value "XX EINE FEINE MARCK" below

Date	Mintage	VG	F	VF	XF	Unc
1771 K AK	—	150	300	600	1,350	—
1772 K RF	—	150	300	600	1,350	—

KM# 239 1/2 THALER
Silver **Ruler:** Ludwig IX **Note:** Similar to KM#229.

Date	Mintage	Good	VG	F	VF	XF
1772 K RF	—	—	150	300	600	1,350

KM# 245 1/2 THALER
Silver **Ruler:** Ludwig X **Obv:** Bust right in plain clothes **Obv. Legend:** LUDOVICUS X D G LANDGRAVIUS HASS **Rev:** Arms in oval, crown above, 2 lions at sides, value "XX EINE FEINE MARCK" above, date in segment below

Date	Mintage	VG	F	VF	XF	Unc
1793 RF	—	350	675	1,350	2,700	—

KM# 246 1/2 THALER
Silver **Ruler:** Ludwig X **Obv:** Bust right **Rev:** Crowned multiple arms flanked by trophies

Date	Mintage	VG	F	VF	XF	Unc
1793 RF	—	550	1,000	1,750	3,500	—

KM# 114 THALER
Silver **Ruler:** Ernst Ludwig **Subject:** Centenary - University of Giessen **Obv:** Bust right **Rev:** Inscription, date in chronogram

Date	Mintage	Good	VG	F	VF	XF
1707	—	—	—	150	300	600

KM# 120 THALER (Species)
Silver **Ruler:** Ernst Ludwig **Obv:** Armored bust right **Obv. Legend:** ERNEST. LVD. D. G. - HASS. LANDG. PR. HERSF. **Rev:** Crowned complex arms with supporters **Rev. Legend:** MONETA • NOVA • ARGENTEA • DARMSTADINA **Note:** Dav. #2313.

Date	Mintage	F	VF	XF	Unc	BU
1710 BIB	—	300	500	1,000	2,000	—

KM# 121 THALER (Species)
Silver **Ruler:** Ernst Ludwig **Obv:** Similar to KM#120, but with "BIB" below shoulder **Rev:** 5 helmets above arms in oval cartouche, order below, date in legend **Note:** Dav. #2314.

Date	Mintage	F	VF	XF	Unc	BU
1710 BIB	—	300	500	1,000	2,000	—

KM# 125 THALER (Species)
Silver **Ruler:** Ernst Ludwig **Obv:** Similar to KM#212, but with BIB below shoulder **Obv. Legend:** ERNEST: LVD: D: G: - HASS: LANDG: PR: HERSF: **Rev:** Itter Mine, small crowned oval arms below, 2 inscriptions above, inner one has date at end **Rev. Legend:** GOTT HAT SEINEN REICHEN SEEGEN / ITTER IN DICH WOLLEN LEGEN 1714 **Note:** Mining Thaler. Dav. #2315. Exists in 2 different sizes - 41.5 and 45.5mm with 3 different dies for each.

Date	Mintage	F	VF	XF	Unc	BU
1714 BIB	—	500	1,000	1,600	2,500	—

KM# 126 THALER (Species)
Silver **Ruler:** Ernst Ludwig **Obv:** Bust right, legend, name and title **Rev:** Crowned arms, supported by 2 lions, divide date **Rev. Legend:** MONETA... **Note:** Dav. #2316.

Date	Mintage	F	VF	XF	Unc	BU
1715 BIB	—	300	500	1,000	2,000	—

KM# 131 THALER (Species)
Silver **Ruler:** Ernst Ludwig **Subject:** 200th Anniversary of the Reformation **Obv:** Armored bust right **Obv. Legend:** ERNEST: LVD: D: G: - HASS: LANDG: PR: HERSF: **Rev:** Kneeling figure at altar **Rev. Legend:** FESTVM • SECVLARE • SECVNDVM • ECCLESIAE • EVANG • LVTHER • 31 • OCT • 1717 • in exergue: HASSIA VOTORVM COMPOS/ DEO: GRATA: **Note:** Dav. #2317.

Date	Mintage	F	VF	XF	Unc	BU
1717 BIB	—	250	550	800	1,600	—

KM# 133 THALER (Species)
Silver **Ruler:** Ernst Ludwig **Rev:** E's in monogram normal **Note:** Dav. #2318. Existence of this type is questionable.

Date	Mintage	F	VF	XF	Unc	BU
1717 BIB	—	400	650	1,200	2,250	—

KM# 132 THALER (Species)
Silver **Ruler:** Ernst Ludwig **Obv:** Similar to KM#212, legend, name and title above, smaller legend below **Obv. Legend:** NACH ALT REICHS SCHROTH V KORN **Rev:** 4 crowned reversed E and L monograms, crowned Hesse lion in center, date divided at top **Rev. Legend:** SIC DEO PLACVIT IN TRIBVLATIONIBVS BIB **Note:** Dav. #2318A.

Date	Mintage	F	VF	XF	Unc	BU
1717 BIB	—	400	650	1,200	2,250	—

KM# 134 THALER (Species)
Silver **Ruler:** Ernst Ludwig **Obv:** Legend, name and title above, smaller legend below **Rev:** Arms, 5 helmets above, divide date **Rev. Legend:** PIETATE ET IVSTITIA **Note:** Dav. #2319.

Date	Mintage	F	VF	XF	Unc	BU
1717 BIB	—	300	500	1,000	2,000	—

KM# 147 THALER (Species)
Silver **Ruler:** Ernst Ludwig **Obv:** Legend, name and title above, smaller legend below **Rev:** 4 crowned reversed E and L monograms, crowned Hesse lion in center, date undivided in legend **Rev. Legend:** MONETA NOVA ARGENTEA...BIB **Note:** Dav. #2320.

Date	Mintage	F	VF	XF	Unc	BU
1721 BIB	—	1,200	2,000	3,250	—	—

KM# 149 THALER (Species)
Silver **Ruler:** Ernst Ludwig **Obv:** Legend, name and title above, smaller legend below **Rev:** Similar to KM#132, but cross with lilies in the angles, date at bottom **Note:** Dav. #2321.

Date	Mintage	F	VF	XF	Unc	BU
1728 BIB	—	400	650	1,200	2,250	—

KM# 150 THALER (Species)
Silver **Ruler:** Ernst Ludwig **Obv:** Bust right

Date	Mintage	F	VF	XF	Unc	BU
1728 BIB	—	400	650	1,200	2,250	—

KM# 151 THALER (Species)
Silver **Ruler:** Ernst Ludwig **Obv:** Bust right **Rev:** Hessian lion holds sword and Hesse arms

Date	Mintage	F	VF	XF	Unc	BU
ND Rare	—	—	—	—	—	—

KM# 152 THALER (Species)
Silver **Ruler:** Ernst Ludwig **Rev:** Crowned arms supported by 2 lions

Date	Mintage	F	VF	XF	Unc	BU
ND Rare	—	—	—	—	—	—

KM# 174 1/2 THALER
Silver **Ruler:** Ludwig VIII **Obv:** Crowned 'double L'monogram **Rev:** Lion holds arms, date in Roman numerals **Rev. Legend:** PRO-PATRIA **Note:** Varieties exist in size and edge.

Date	Mintage	VG	F	VF	XF	Unc
1742	—	100	185	375	750	—
1744	—	100	185	375	750	—
1748	—	100	185	375	750	—
1750	—	100	185	375	750	—

GERMAN STATES — HESSE-DARMSTADT

KM# 153 THALER (Species)
Silver **Ruler:** Ernst Ludwig **Rev:** 4 crowned reversed E and L monograms, crowned Hesse lion in center

Date	Mintage	F	VF	XF	Unc	BU
ND BIB Rare	—	—	—	—	—	—

KM# 154 THALER (Species)
Silver **Ruler:** Ernst Ludwig **Obv:** 4 crowned double L monograms in cruciform, script HD in center **Rev:** Leaping horse, hand from clouds

Date	Mintage	F	VF	XF	Unc	BU
ND	—	1,000	1,400	2,400	3,500	—

KM# 155 THALER (Species)
Silver **Ruler:** Ernst Ludwig **Obv:** Bust right **Rev:** Leaping horse, hand from clouds

Date	Mintage	F	VF	XF	Unc	BU
ND	—	1,000	1,400	2,400	3,500	—

KM# 225 THALER (Convention)
Silver **Ruler:** Ludwig IX **Obv:** Armored bust right **Obv. Legend:** LUDOVICUS • IX • D: G • LANDGRAVIUS • HASS • **Rev:** Crowned arms with flags and trophies **Rev. Legend:** X. EINE FEINE MARCK below **Note:** Dav. #2332. Varieties exist, including one without the 'K'.

Date	Mintage	F	VF	XF	Unc	BU
1770 K AK	—	140	250	550	1,200	—

KM# 226 THALER (Convention)
Silver **Ruler:** Ludwig IX **Obv:** Armored bust right **Obv. Legend:** LUDOVICUS IX... **Rev:** Arms with 8 helmets supported by 2 lions and trophies at sides, order and legend below, date above **Rev. Legend:** X EINE FEINE MARCK **Note:** Dav. #2333; reverse varieties exist.

Date	Mintage	F	VF	XF	Unc	BU
1770 B AK	—	350	600	1,200	2,500	—
1772 RF	—	150	250	600	1,300	—

KM# 190 THALER (Species)
Silver **Ruler:** Ludwig VIII **Obv:** Draped bust right **Obv. Legend:** LUDOVICUS VIII D • G • LANDGRAVIUS HASS **Rev:** Helmeted arms divide date **Rev. Legend:** SINCERE ET CONSTANTER **Note:** Dav. #2322.

Date	Mintage	F	VF	XF	Unc	BU
1751 AK	—	700	1,050	2,000	3,200	—
1758 R	—	700	1,050	2,000	3,200	—

KM# 191 THALER (Species)
Silver **Ruler:** Ludwig VIII **Obv:** Bust right **Rev:** Ruler on horse, date in Roman numerals **Note:** Dav. #--.

Date	Mintage	Good	VG	F	VF	XF
1756 Rare	—	—	—	—	—	—

KM# 201 THALER (Convention)
Silver **Ruler:** Ludwig VIII **Obv:** Small bust right **Obv. Legend:** LUDOVICUS VIII D • G • LANDGRAVIUS HASS **Rev:** Helmeted and supported arms, legend above **Rev. Legend:** SINCERE ET CONSTANTER, X EINE FEINE MARCK/ A • 1760 K • below **Note:** Convention Thaler. Dav. #2323.

Date	Mintage	F	VF	XF	Unc	BU
1760 AK	—	500	800	1,600	2,750	—
1763 AK	—	500	800	1,600	2,750	—
1764 AK	—	500	800	1,600	2,750	—

KM# 202 THALER (Convention)
Silver **Ruler:** Ludwig VIII **Obv:** Large bust right **Rev:** Helmeted and supported arms **Note:** Dav. #2324.

Date	Mintage	F	VF	XF	Unc	BU
1760 S-AK	—	1,200	1,800	3,200	5,000	—

KM# 214 THALER (Convention)
Silver **Ruler:** Ludwig VIII **Obv:** Small bust right **Obv. Legend:** LUDOVICUS VIII... **Rev:** Helmeted and supported arms **Rev. Legend:** AD NORMAM.. **Note:** Dav. #2326.

Date	Mintage	F	VF	XF	Unc	BU
1764 R	—	500	800	1,600	2,750	—
1764	—	500	800	1,600	2,750	—
1764 AK	—	500	800	1,600	2,750	—

KM# 215 THALER (Convention)
Silver **Ruler:** Ludwig VIII **Obv:** Small bust right **Obv. Legend:** LUDOVICUS VIII... **Rev:** Crowned lion shield, 7 shields around, date below **Rev. Legend:** AD NORMAM... **Note:** Dav. #2327.

Date	Mintage	F	VF	XF	Unc	BU
1764	—	500	800	1,600	2,750	—

KM# 220 THALER (Convention)
Silver **Ruler:** Ludwig VIII **Obv:** Small bust right, 'K' on arm **Obv. Legend:** LUDOVICUS VIII... **Rev:** Crowned arms in nicely decorated rococo shield **Note:** Dav. #2328.

Date	Mintage	F	VF	XF	Unc	BU
1765 K GCF-PB	—	500	800	1,600	2,750	—

KM# 221 THALER (Convention)
Silver **Ruler:** Ludwig VIII **Obv:** Similar to KM#220, but with 'R' on arm **Rev:** Arms with 5 helmets, supported by 2 lions, value X EINE FEINE MARCK/date/GCF PB **Rev. Legend:** AD NORMAM... **Note:** Dav. #2331.

Date	Mintage	F	VF	XF	Unc	BU
1765 R-GCF-PB	—	500	800	1,600	2,750	—

KM# 221.1 THALER (Convention)
Silver **Ruler:** Ludwig VIII **Note:** Dav. #2330.

Date	Mintage	VG	F	VF	XF	Unc
1765 GCF-PB	—	—	500	800	1,600	2,750

KM# 250 THALER (Convention)
Silver **Ruler:** Ludwig X **Obv:** Armored bust right **Obv. Legend:** LUDOVICUS • X • D • G • LANDGRAVIUS HASS **Rev:** Crowned oval arms with flags and trophies **Rev. Legend:** X • EINE FEINE MARK **Note:** Dav. #2339.

Date	Mintage	F	VF	XF	Unc	BU
1793 RF	—	900	1,650	2,750	4,000	—

TRADE COINAGE

KM# 111 1/8 DUCAT
0.4375 g., 0.9860 Gold 0.0139 oz. AGW **Ruler:** Ernst Ludwig **Obv:** Crowned arms in oval cartouche **Rev:** Value and date in 3 lines

Date	Mintage	VG	F	VF	XF	Unc
1705	—	65.00	120	285	650	—

KM# 101 1/4 DUCAT
0.8750 g., 0.9860 Gold 0.0277 oz. AGW **Ruler:** Ernst Ludwig **Obv:** Crowned arms in oval cartouche **Rev:** Value and date in 3 lines

Date	Mintage	VG	F	VF	XF	Unc
1703 IAR	—	75.00	125	300	725	—

KM# 112 1/4 DUCAT
0.8750 g., 0.9860 Gold 0.0277 oz. AGW **Ruler:** Ernst Ludwig **Obv:** Bust right, 1/4 below **Rev:** Crowned arms in oval cartouche, date in legend

Date	Mintage	VG	F	VF	XF	Unc
1705	—	75.00	125	300	725	—

KM# 113 1/4 DUCAT
0.8750 g., 0.9860 Gold 0.0277 oz. AGW **Ruler:** Ernst Ludwig **Obv:** Bust right **Rev:** Crowned oval arms supported by 2 lions, date divided above

Date	Mintage	VG	F	VF	XF	Unc
1706	—	—	—	—	—	—

KM# 102 1/2 DUCAT
1.7500 g., 0.9860 Gold 0.0555 oz. AGW **Ruler:** Ernst Ludwig **Obv:** Bust right **Rev:** Crowned arms in oval cartouche within palm branches, crown divides date

Date	Mintage	VG	F	VF	XF	Unc
1703	—	100	200	500	1,150	—

KM# 122 1/2 DUCAT
1.7500 g., 0.9860 Gold 0.0555 oz. AGW **Ruler:** Ernst Ludwig **Obv:** Rampant lion **Rev:** Value and date

Date	Mintage	VG	F	VF	XF	Unc
1710 BIB	—	100	200	500	1,150	—

KM# 100 DUCAT
3.5000 g., 0.9860 Gold 0.1109 oz. AGW **Ruler:** Ernst Ludwig **Obv:** Bust right **Rev:** Crowned arms with lion supporters, date in legend

Date	Mintage	VG	F	VF	XF	Unc
1702	—	175	350	800	1,850	—
1704	—	175	350	800	1,850	—
1705	—	175	350	800	1,850	—
ND	—	175	350	800	1,850	—

KM# 104 DUCAT
3.5000 g., 0.9860 Gold 0.1109 oz. AGW **Ruler:** Ernst Ludwig **Rev:** Arms divide date

Date	Mintage	VG	F	VF	XF	Unc
1703	—	175	350	800	1,850	—
1703 IAR	—	175	350	800	1,850	—

KM# 105 DUCAT
3.5000 g., 0.9860 Gold 0.1109 oz. AGW **Ruler:** Ernst Ludwig **Rev:** Crown above arms divides date

Date	Mintage	VG	F	VF	XF	Unc
1703	—	175	350	800	1,850	—
1706	—	175	350	800	1,850	—
1718 BIB	—	175	350	800	1,850	—

KM# 135 DUCAT
3.5000 g., 0.9860 Gold 0.1109 oz. AGW **Ruler:** Ernst Ludwig **Obv:** Bust right **Rev:** Arms, date in legend

Date	Mintage	VG	F	VF	XF	Unc
1717	—	200	450	1,000	2,400	—

KM# 136 DUCAT
3.5000 g., 0.9860 Gold 0.1109 oz. AGW **Ruler:** Ernst Ludwig **Subject:** Reformation Bicentennial **Obv:** Bust right **Rev:** Woman kneeling at altar, date below

Date	Mintage	VG	F	VF	XF	Unc
1717	—	250	600	1,500	3,000	—

KM# 137 DUCAT
3.5000 g., 0.9860 Gold 0.1109 oz. AGW **Ruler:** Ernst Ludwig **Obv:** Bust right **Rev:** Cruciform crowned EL monograms **Note:** Alchemy Ducat.

Date	Mintage	VG	F	VF	XF	Unc
ND	—	250	600	1,500	3,000	—

KM# 247 THALER (Convention)
Silver **Ruler:** Ludwig X **Obv:** Bust right **Obv. Legend:** LUDOVICUS • X • D • G • LANDGRAVIUS HASS • **Rev:** Crowned arms with lion supporters, date below **Rev. Legend:** X • EINE FEINE MARK **Note:** Dav. #2336.

Date	Mintage	F	VF	XF	Unc	BU
1793 RF	—	900	1,650	2,750	4,000	—

KM# 248 THALER (Convention)
Silver **Ruler:** Ludwig X **Obv:** Civilian bust right **Rev:** Crowned oval arms with lion supporters, date below **Note:** Dav. #2337.

Date	Mintage	F	VF	XF	Unc	BU
1793 RF	—	900	1,650	2,750	4,000	—

KM# 249 THALER (Convention)
Silver **Ruler:** Ludwig X **Obv:** Armored bust right **Rev:** Crowned oval arms with lion supporters, date below **Note:** Dav. #2338.

Date	Mintage	F	VF	XF	Unc	BU
1793 RF	—	1,350	2,450	3,750	5,500	—

HILDESHEIM

GERMAN STATES

KM# 139 DUCAT
3.5000 g., 0.9860 Gold 0.1109 oz. AGW **Ruler:** Ernst Ludwig
Obv: Bust right **Rev:** Arms, date below

Date	Mintage	VG	F	VF	XF	Unc
1718	—	200	450	1,000	2,400	—

KM# A204 DUCAT
3.5000 g., 0.9860 Gold 0.1109 oz. AGW **Ruler:** Ludwig VIII
Obv: Script NB monogram **Rev:** 6-line inscription Rev.
Inscription: ALLES / IN DER / WELTTHUT MAN / VOR DAS / GELD **Note:** Jagddukat = Hunting Ducat.

Date	Mintage	Good	VG	F	VF	XF
ND(1739-68)	—	—	350	550	1,150	1,850

KM# 204 DUCAT
3.5000 g., 0.9860 Gold 0.1109 oz. AGW **Ruler:** Ludwig VIII
Obv: Crowned monogram **Rev:** 5-line inscription

Date	Mintage	VG	F	VF	XF	Unc
ND	—	175	350	800	1,900	—

KM# 171 DUCAT
3.5000 g., 0.9860 Gold 0.1109 oz. AGW **Ruler:** Ludwig VIII
Obv: Cruciform crowned double L monograms **Rev:** Rampant lion holds arms

Date	Mintage	VG	F	VF	XF	Unc
1740	—	175	300	750	1,800	—
1741 GCF	—	200	400	950	2,100	—

KM# 175 DUCAT
3.5000 g., 0.9860 Gold 0.1109 oz. AGW **Ruler:** Ludwig VIII
Obv: Crowned monogram **Rev:** Rampant lion left holding arms and sword

Date	Mintage	VG	F	VF	XF	Unc
1742 GCF	—	200	400	950	2,100	—
1743	—	200	400	950	2,100	—
1752 GCF	—	—	—	—	—	—
1753	—	200	400	950	2,100	—
ND	—	200	400	950	2,100	—

KM# 180 DUCAT
3.5000 g., 0.9860 Gold 0.1109 oz. AGW **Ruler:** Ludwig VIII
Obv: Armored bust right **Rev:** Crowned arms within ornate oval

Date	Mintage	VG	F	VF	XF	Unc
1746 AK	—	200	400	950	2,100	—
1748 S-AK	—	200	400	950	2,100	—
1749 S-AK	—	200	400	950	2,100	—
1751	—	200	400	950	2,100	—
1753	—	200	400	950	2,100	—
1755	—	200	400	950	2,100	—
ND	—	200	400	950	2,100	—

KM# 181 DUCAT
3.5000 g., 0.1100 oz. AGW **Ruler:** Ludwig VIII
Obv: Draped bust right **Rev:** Rampant lion holding crowned arms

Date	Mintage	VG	F	VF	XF	Unc
1746	—	200	400	1,000	2,200	—

KM# 176 DUCAT
3.5000 g., 0.9860 Gold 0.1109 oz. AGW **Ruler:** Ludwig VIII
Obv: Double L monogram **Rev:** Reclining lion

Date	Mintage	VG	F	VF	XF	Unc
ND	—	200	400	1,000	2,200	—

KM# 203 DUCAT
3.5000 g., 0.9860 Gold 0.1109 oz. AGW **Ruler:** Ludwig VIII
Obv: Cruciform crowned double L monograms **Rev:** Crowned arms in arc of 7 shields, date at bottom

Date	Mintage	VG	F	VF	XF	Unc
1760	—	200	400	1,000	2,200	—
1761	—	200	400	1,000	2,200	—

KM# 106 2 DUCAT
7.0000 g., 0.9860 Gold 0.2219 oz. AGW **Ruler:** Ernst Ludwig
Obv: Bust right **Rev:** Crowned arms with lion supporters divide date

Date	Mintage	VG	F	VF	XF	Unc
1703	—	400	1,000	2,500	5,400	—
1707	—	400	1,000	2,500	5,400	—
1709 BIB	—	400	1,000	2,500	5,400	—

KM# 109 2 DUCAT
7.0000 g., 0.9860 Gold 0.2219 oz. AGW **Ruler:** Ernst Ludwig
Obv: Armored bust right **Rev:** Arms topped by 5 helmets divide date

Date	Mintage	VG	F	VF	XF	Unc
1704	—	500	1,150	2,750	6,000	—
1704 IAR	—	500	1,150	2,750	6,000	—

KM# 123 2 DUCAT
7.0000 g., 0.9860 Gold 0.2219 oz. AGW **Ruler:** Ernst Ludwig
Obv: Armored bust right **Rev:** Crowned arms with supporters, date below **Note:** Similar to KM#106, but date below arms on reverse.

Date	Mintage	VG	F	VF	XF	Unc
1710 BIB	—	400	1,000	2,500	5,400	—

KM# 124 2 DUCAT
7.0000 g., 0.9860 Gold 0.2219 oz. AGW **Ruler:** Ernst Ludwig
Rev: Cruciform crowned EL monograms

Date	Mintage	VG	F	VF	XF	Unc
ND	—	850	1,750	3,500	7,200	—

KM# 205 2 DUCAT
7.0000 g., 0.9860 Gold 0.2219 oz. AGW **Ruler:** Ernst Ludwig
Obv: Cruciform crowned double L monograms **Rev:** Crowned arms in arc of 7 shields, date at bottom

Date	Mintage	VG	F	VF	XF	Unc
1760 AK	—	850	1,750	3,500	7,200	—

KM# 138 4 DUCAT
14.0000 g., 0.9860 Gold 0.4438 oz. AGW **Ruler:** Ernst Ludwig
Obv: Bust right **Rev:** Cruciform crowned EL monograms, date in legend at bottom

Date	Mintage	VG	F	VF	XF	Unc
1717 Rare	—	—	—	—	—	—

KM# 160 1/4 CAROLIN
2.4250 g., 0.7700 Gold 0.0600 oz. AGW **Ruler:** Ernst Ludwig
Obv: Head right **Rev:** Crowned monograms in cruciform, value at center **Note:** Similar to 1/2 Carolin KM#161, but 1/4 in center.

Date	Mintage	VG	F	VF	XF	Unc
1733 G-K	—	145	275	650	1,450	—
ND	—	145	275	650	1,450	—

KM# 161 1/2 CAROLIN (5 Thaler)
4.8500 g., 0.7700 Gold 0.1201 oz. AGW **Ruler:** Ernst Ludwig
Obv: Head right **Rev:** Crowned monograms in cruciform, value at center

Date	Mintage	VG	F	VF	XF	Unc
1733 G-K	—	125	250	550	1,150	—
ND	—	125	250	550	1,150	—

KM# 162 CAROLIN (10 Thaler)
9.7000 g., 0.7700 Gold 0.2401 oz. AGW **Ruler:** Ernst Ludwig
Obv: Head right **Rev:** Crowned monograms in cruciform, value at center

Date	Mintage	VG	F	VF	XF	Unc
1733 G-K	—	250	375	800	1,800	—
ND	—	250	375	800	1,800	—

PATTERNS
Including off metal strikes

KM#	Date	Mintage	Identification	Mkt Val
Pn3	1710 BIB	—	Thaler. Copper. KM#120.	—
Pn4	1710 BIB	—	Thaler. Lead. KM#121.	—
PnA5	ND(1739-68)	—	Ducat. Silver. KM#A204.	—
PnB5	ND(1739-68)	—	Ducat. Silver. Weight of 1 Thaler, KM#A204.	—
PnC5	ND(1739-68)	—	Ducat. Copper. KM#A204.	—
Pn6	1740	—	Ducat. Copper. KM#171.	—
Pn7	1740	—	Ducat. Silver. KM#171.	80.00
Pn5	1740 GK	—	Kreuzer. Gold. KM#170.	375
Pn8	1742	—	1/2 Thaler. Copper. KM#174.	—
Pn9	1742	—	Ducat. Copper. KM#175.	—
Pn10	1742	—	Ducat. Silver. KM#175.	—
Pn11	ND	—	Ducat. Silver. KM#175.	—
Pn12	1745 AK	—	2 Kreuzer. Copper. KM#173.	—
Pn14	1746 AK	—	Ducat. Silver. KM#181.	—
Pn13	1746 AK	—	Kreuzer. Gold. KM#170.	375
Pn15	1748 AK	—	Pfennig. Gold. KM#183.	—
Pn16	1750	—	1/2 Thaler. Copper. KM#174.	—
Pn17	1754	—	Ducat. Copper. KM#180.	—
Pn18	1755	—	Ducat. Copper. KM#180.	—
Pn19	ND	—	Ducat. Copper. KM#180.	—
Pn20	ND	—	Ducat. Silver. KM#180.	60.00
Pn21	1756	—	Thaler. Copper. KM#181.	—
PnA22	1759 AK	—	4 Kreuzer. Copper. KM#184.	—
Pn22	1760	—	Ducat. Silver. KM#203.	—
Pn23	ND	—	Ducat. Copper. KM#204.	—
Pn34	1760 AK	—	2 Ducat. Silver. 4 crowned double L monograms in cruciform, script HD in center. Crowned lion shield, 7 small shields around, date below.	—
Pn24	ND	—	Ducat. Silver. KM#204.	80.00
Pn25	1763	—	1/2 Thaler. Copper. KM#213.	—
Pn26	1764	—	Thaler. Copper. KM#214.	—
Pn27	1764	—	Thaler. Copper. KM#215.	900
Pn28	1765 GCF-PB	—	Thaler. Copper. KM#220.	—
Pn29	1765 GCF-PB	—	Thaler. Copper. KM#221.	800
Pn30	1793 RF	—	Thaler. Bronze. KM#248.	1,000

HESSE-HOMBURG

Located in west central Germany, Hesse-Homburg was created from part of Hesse-Darmstadt in 1622. The landgraviate had six villages, along with Homburg (today Bad Homburg), and is mostly known for its famous landgrave, Friedrich II. Commander of the Brandenburg cavalry, Friedrich II (with the silver leg) won the Battle of Fehrbellin in 1675. Hesse-Homburg was mediatized to Hesse-Darmstadt during 1801-15, after which it acquired full sovereignty once again, along with the lordship of Meisenheim. The Homburg line became extinct in 1866, and along with Hesse-Darmstadt, was annexed by Prussia.

RULERS
Friedrich II, 1681-1708
Friedrich III Jacob, 1708-1746
Friedrich IV Karl, 1746-1751
Friedrich V Ludwig, 1751-1820

LANDGRAVIATE

REGULAR COINAGE

KM# 10 1/24 THALER (Groschen)
Silver **Ruler:** Friedrich V Ludwig **Obv:** Crowned F, H.H.S.M. below **Rev:** 24/EINEN/THALER/date

Date	Mintage	Good	VG	F	VF	XF
1760	—	—	—	—	—	—

HILDESHEIM

BISHOPRIC

A bishopric located in Westphalia, about 18 miles southeast of Hannover, was established in 822. The first mint was installed in the Mundburg Castle c. 977. Hildesheim coins were minted there although the bishopric didn't legally receive the mint right until 1054. There was no episcopal coinage during most of the 16th century, the first being produced only during the reign of Ernst of Bavaria. In 1803 it was secularized and assigned to Prussia. From 1807-1813 it formed part of the Kingdom of Westphalia and in 1813 was given to Hannover.

RULERS
Jobst Edmund von Brabeck, 1688-1702
Josef Clemens of Bavaria, elected 1702
——installed 1714-1723
Clemens August of Bavaria, 1724-1761
Sede Vacante, 1761-1763
Friedrich Wilhelm, Bishop, 1763-1789
Franz Egon, 1789-1803

GERMAN STATES — HILDESHEIM

MINT OFFICIALS' INITIALS

Hildesheim Mint

Initials	Date	Name
HB	1674-1711	Heinrich Bonhorst in Clausthal
HS, HIS	1692, 1694-1702	Heinrich Justus Sebastiani
IhvU	1764-84	Johann Heinrich von Uslar, director
IL, L	1764-68	Joseph Luckner, die-cutter
S, SCHMIDT	1760-76	Schmidt, die-cutter

ARMS

Hildesheim (bishopric): Parted per pale gold and red.
Peine: Wolf leaping left above two corn sheaves.

REGULAR COINAGE

KM# 93 6 PFENNIG
Silver **Ruler:** Jobst Edmund **Obv:** Crowned script JE monogram **Rev:** Imperial orb with 6 divides date

Date	Mintage	VG	F	VF	XF	Unc
1701	—	35.00	70.00	145	—	—

KM# 101 MARIENGROSCHEN
Billon **Ruler:** Sede Vacante **Obv:** Crowned arms **Rev:** Value and date

Date	Mintage	VG	F	VF	XF	Unc
1762	—	10.00	20.00	50.00	150	350
1763	—	10.00	20.00	50.00	150	350

KM# 104 2 MARIENGROSCHEN
Billon **Ruler:** Sede Vacante **Obv:** Crowned arms **Rev:** Value and date

Date	Mintage	VG	F	VF	XF	Unc
1763	—	7.00	15.00	30.00	60.00	—

KM# 105 2 MARIENGROSCHEN
Billon **Ruler:** Sede Vacante **Obv:** Crowned arms; crozier and sword behind

Date	Mintage	VG	F	VF	XF	Unc
1763	—	4.00	10.00	22.00	45.00	—

KM# 106 4 MARIENGROSCHEN
Billon **Ruler:** Sede Vacante **Obv:** Crowned arms; crozier and sword behind **Rev:** Value and date

Date	Mintage	VG	F	VF	XF	Unc
1763	—	12.00	30.00	60.00	125	—

KM# 90 24 MARIENGROSCHEN (2/3 Thaler)
Silver **Ruler:** Jobst Edmund **Obv:** Bust right **Rev:** Date in legend **Rev. Inscription:** XXIIII / MARIEN / GROSCH / VIFEINEM SILVER / HIS **Mint:** Hildesheim

Date	Mintage	VG	F	VF	XF	Unc
1701 HIS	—	175	350	700	1,200	—

KM# 107 1/48 THALER (Schilling)
Billon **Ruler:** Sede Vacante **Obv:** Crowned arms **Rev:** Value and date

Date	Mintage	VG	F	VF	XF	Unc
1763	—	4.00	9.00	18.00	37.00	—

KM# 102 1/24 THALER
Billon **Ruler:** Sede Vacante **Obv:** Crowned arms **Rev:** Value and date

Date	Mintage	VG	F	VF	XF	Unc
1762	—	8.00	18.00	37.00	75.00	—
1763	—	8.00	18.00	37.00	75.00	—

KM# 108 1/24 THALER
Billon **Ruler:** Sede Vacante **Obv:** Crowned arms; crozier and sword behind **Rev:** Value, date

Date	Mintage	VG	F	VF	XF	Unc
1763	—	7.00	15.00	30.00	60.00	—

KM# 103 1/12 THALER (2 Groschen)
Billon **Ruler:** Sede Vacante **Obv:** Crowned arms **Rev:** Value, date

Date	Mintage	VG	F	VF	XF	Unc
1762	—	10.00	25.00	55.00	110	—
1763	—	10.00	25.00	55.00	110	—

KM# 109 1/12 THALER (2 Groschen)
Billon **Ruler:** Friedrich Wilhelm **Obv:** Crowned arms; crozier and sword behind **Rev:** Value, date

Date	Mintage	VG	F	VF	XF	Unc
1763	—	8.00	20.00	45.00	95.00	—
1764	—	8.00	20.00	45.00	95.00	—
1765	—	8.00	20.00	45.00	95.00	—

KM# 123 1/12 THALER (2 Groschen)
Billon **Ruler:** Friedrich Wilhelm **Obv:** Arms with crozier and sword within crowned mantle

Date	Mintage	VG	F	VF	XF	Unc
1763	—	8.00	20.00	45.00	95.00	—

KM# 110 1/6 THALER
Silver **Ruler:** Friedrich Wilhelm **Obv:** Arms with crozier and sword behind within crowned mantle **Rev:** Value, date

Date	Mintage	VG	F	VF	XF	Unc
1763	—	25.00	55.00	110	225	—

KM# 111 1/6 THALER
Silver **Ruler:** Friedrich Wilhelm **Obv:** Arms with crozier and sword behind within crowned mantle **Rev:** Value, date

Date	Mintage	VG	F	VF	XF	Unc
1763	—	25.00	50.00	100	200	—
1764	—	25.00	50.00	100	200	—
1764 IHvU	—	40.00	60.00	125	250	—

KM# 114 1/3 THALER
Silver **Ruler:** Friedrich Wilhelm **Obv:** Armored bust right **Rev:** Arms with crozier and sword behind, value within frame below

Date	Mintage	VG	F	VF	XF	Unc
1764 IHvU	—	60.00	125	250	500	—

KM# 115 1/3 THALER
Silver **Ruler:** Friedrich Wilhelm **Obv:** Arms with crozier and sword behind, branches flank **Rev:** Value, date

Date	Mintage	VG	F	VF	XF	Unc
1764	—	50.00	110	225	450	—

KM# 100 2/3 THALER (Gulden)
Silver **Ruler:** Sede Vacante **Obv:** Armored, laureate bust right with Order chain on breast **Rev:** Arms, value within frame below

Date	Mintage	VG	F	VF	XF	Unc
1761 S	—	175	300	600	1,200	—
1761 SCHMIDT	—	175	300	600	1,200	—

KM# 116 2/3 THALER (Gulden)
Silver **Ruler:** Friedrich Wilhelm **Obv:** Draped bust left **Rev:** Arms with crozier and sword behind, value in frame below

Date	Mintage	F	VF	XF	Unc	BU
1764 IHvU	—	175	275	450	975	—

KM# 92 THALER
Silver **Ruler:** Jobst Edmund **Obv:** Ornately-helmeted 4-fold arms **Rev:** St. Anthony in circle **Mint:** Hildesheim **Note:** Mining Thaler. Dav. #5415.

Date	Mintage	VG	F	VF	XF	Unc
1701 HIS Rare	—	—	—	—	—	—

KM# 97 THALER
Silver **Ruler:** Clemens August **Subject:** Sede Vacante Issue **Obv:** Bust of Karl VI right **Rev:** Ornately-helmeted Hildesheim arms, Madonna and child above, date in legend **Note:** Dav. #2343.

Date	Mintage	F	VF	XF	Unc	BU
1724	4,000	450	750	1,250	2,750	—

KM# 119 THALER
Silver **Ruler:** Friedrich Wilhelm **Obv:** Draped bust right **Obv. Legend:** FRID: WILH: D: G: EP: HELD: S: R: I: P: **Rev:** Arms with crozier and sword behind within crowned mantle **Rev. Legend:** CONCORDIA STABILI •, I.H. - V.U./X STÜCK EINE FEINE/*MARCK*/1766 below **Note:** Dav. #2344.

Date	Mintage	F	VF	XF	Unc	BU
1766 L-IHvU	—	375	700	1,150	2,500	—

KM# 120 THALER
Silver **Ruler:** Friedrich Wilhelm **Obv:** Larger bust right **Obv. Legend:** FRID: WILH: D:G: EP: HILD: S: R: I: P: **Rev:** Large crown on mantled arms, crozier and sword behind **Rev. Legend:**

HILDESHEIM

CONCORDIA STABILI •, I•H• - V•U•/X STÜCK EINE FEINE/'MARCK'/1766 below **Note:** Dav. #2345.

Date	Mintage	F	VF	XF	Unc	BU
1766 L-IHvU	—	500	900	1,400	2,750	—

KM# 122 THALER
Silver **Ruler:** Friedrich Wilhelm **Obv:** Draped bust right **Obv. Legend:** FRID: WILH: D: G: EP: HILD: S: R: I: P: **Rev:** Smaller mantle on crowned arms **Rev. Legend:** CONCORDIA STABILI •, I•H• - V•U•/X STÜCK EINE FEINE/'MARCK'/1766 below **Note:** Dav. #2345.

Date	Mintage	F	VF	XF	Unc	BU
1768 L-IHvU	—	400	800	1,300	2,500	—

KM# 94 2 THALER
Silver **Ruler:** Jobst Edmund **Mint:** Hildesheim **Note:** Similar to 1 Thaler, KM#84 but St. Anthony in circle. Dav. #2341.

Date	Mintage	VG	F	VF	XF	Unc
1701 HIS Rare	—	—	—	—	—	—

KM# 117 5 THALER
6.6500 g., 0.9000 Gold 0.1924 oz. AGW **Ruler:** Friedrich Wilhelm **Obv:** Bust left **Rev:** Crowned and mantled arms, value and date below **Mint:** Hildesheim

Date	Mintage	F	VF	XF	Unc	BU
1764 IHvU	—	600	1,200	3,000	5,000	—
1765 IHvU	—	600	1,200	3,000	5,000	—

KM# 118 5 THALER
6.6500 g., 0.9000 Gold 0.1924 oz. AGW **Ruler:** Friedrich Wilhelm **Obv:** Cloaked bust right **Rev:** Arms with crozier and sword behind within crowned mantle

Date	Mintage	F	VF	XF	Unc	BU
1765	—	600	1,200	3,000	5,000	—

KM# 121 10 THALER
13.3000 g., 0.9000 Gold 0.3848 oz. AGW **Ruler:** Friedrich Wilhelm **Obv:** Bust left **Rev:** Crowned and mantled arms, value and date below

Date	Mintage	F	VF	XF	Unc	BU
1766	—	2,500	4,500	7,200	9,500	—

KM# 112 1/2 PISTOLE
6.6500 g., 0.9000 Gold 0.1924 oz. AGW **Ruler:** Friedrich Wilhelm **Subject:** Sede Vacante Issue **Obv:** Crowned arms within branches **Rev:** Value, date within ornate frame

Date	Mintage	F	VF	XF	Unc	BU
1763	—	400	900	1,800	15,000	—

KM# 113 1/2 PISTOLE
6.6500 g., 0.9000 Gold 0.1924 oz. AGW **Ruler:** Friedrich Wilhelm **Obv:** Crowned and mantled arms

Date	Mintage	F	VF	XF	Unc	BU
1763	—	600	1,200	2,400	3,500	—

TRADE COINAGE

KM# 125 DUCAT
3.5000 g., 0.9860 Gold 0.1109 oz. AGW **Ruler:** Friedrich Wilhelm **Obv:** Bust left **Rev:** Arms with crozier and sword behind within crowned mantle

Date	Mintage	F	VF	XF	Unc	BU
1778 K	—	600	1,250	3,000	5,000	—

FREE CITY

The town of Hildesheim grew up around the seat of the bishopric and was made a free imperial city in the mid-13th century. The first civic coinage was struck in 1428 and continued more or less continually until the second half of the 18th century. The last

silver coins were struck for the city in 1764 and copper coinage was last produced in 1772. Hildesheim came under the control of Prussia in 1803 and like the bishopric, became part of the Kingdom of Westphalia 1807-13. It was awarded to the Kingdom of Hannover in 1813 and reverted to Prussia when the latter absorbed Hannover in 1866.

MINTMASTERS' INITIALS

Initials	Date	Name
HL	1696-1710	Hans Luders
II, JJ	1710-31	Jonas Jaster
ITW	1756-65	Johann Thomas Woeltgen
UAW	1732-56	Ulrich Andreas Willerding

SUPERVISORS

Date	Name
1709	Joachim Bose and Herr Schaefer
1717-18	Johann Christoph Bose

MINT WARDENS

Date	Name
1701-04	Georg Bose
1707-08	Jonas Jaster
1721-31	Ulrich Andreas Willerding
1734-56	Johann Thomas Woeltgen
1756-72	Johann Heinrich Willerding

DIE-CUTTERS

Date	Name
1732	C.E. Harbords
1732	B.C. Jaster
1734-37	Johann Ludolf Brandes
1735	Johann Peter Meyer
1736	Bernhard J. Dedekind in Brunswick
1737-50, 1756-59	Christian Kretzer
1759-62	Herr Wiehen
1762	Herr Fincke in Clausthal
1763	Herr Dobicht
1764	Zum Hagen

ARMS
Old style are quartered red and gold, new style have upper half of crowned eagle above quarterly.

REGULAR COINAGE

KM# 280 PFENNIG
Copper **Obv:** City arms **Rev:** Value, date

Date	Mintage	VG	F	VF	XF	Unc
1762	—	5.00	12.00	25.00	50.00	—
1772	—	5.00	12.00	25.00	50.00	—

KM# 252 2 PFENNIG (Stadt)
Billon, 13.8 mm. **Obv:** City arms **Rev:** Value, date **Note:** Varieties exist.

Date	Mintage	VG	F	VF	XF	Unc
1702	—	10.00	20.00	45.00	90.00	—
1707	—	10.00	20.00	45.00	90.00	—
1707	—	10.00	20.00	45.00	90.00	—
1709	—	10.00	20.00	45.00	90.00	—
1710	—	10.00	20.00	45.00	90.00	—
1712	—	10.00	20.00	45.00	90.00	—
1713	—	10.00	20.00	45.00	90.00	—
1716	—	10.00	20.00	45.00	90.00	—
1719	—	10.00	20.00	45.00	90.00	—
1722	—	10.00	20.00	45.00	90.00	—
1723	—	10.00	20.00	45.00	90.00	—
1724	—	10.00	20.00	45.00	90.00	—
1727	—	10.00	20.00	45.00	90.00	—
1728	—	10.00	20.00	45.00	90.00	—
1729	—	10.00	20.00	45.00	90.00	—
1730	—	10.00	20.00	45.00	90.00	—
1731	—	10.00	20.00	45.00	90.00	—
1732	—	10.00	20.00	45.00	90.00	—
1733	—	10.00	20.00	45.00	90.00	—
1734	—	10.00	20.00	45.00	90.00	—
1735	—	10.00	20.00	45.00	90.00	—
1736	—	10.00	20.00	45.00	90.00	—
1737	—	10.00	20.00	45.00	90.00	—
1738	—	10.00	20.00	45.00	90.00	—
1739	—	10.00	20.00	45.00	90.00	—
1740	—	10.00	20.00	45.00	90.00	—
1741	—	10.00	20.00	45.00	90.00	—
1742	—	10.00	20.00	45.00	90.00	—
1743	—	10.00	20.00	45.00	90.00	—
1744	—	10.00	20.00	45.00	90.00	—
1745	—	10.00	20.00	45.00	90.00	—
1746	—	10.00	20.00	45.00	90.00	—
1747	—	10.00	20.00	45.00	90.00	—
1748	—	10.00	20.00	45.00	90.00	—
1749	—	10.00	20.00	45.00	90.00	—
1750	—	10.00	20.00	45.00	90.00	—
1751	—	10.00	20.00	45.00	90.00	—
1752	—	10.00	20.00	45.00	90.00	—

Date	Mintage	VG	F	VF	XF	Unc
1753	—	10.00	20.00	45.00	90.00	—
1755	—	10.00	20.00	45.00	90.00	—
1756	—	10.00	20.00	45.00	90.00	—
1757	—	10.00	20.00	45.00	90.00	—
1758	—	10.00	20.00	45.00	90.00	—
1760	—	10.00	20.00	45.00	90.00	—

KM# 274 3 PFENNIG
Billon **Obv:** City arms, HILDESH above **Rev:** Imperial orb with 3 divides date

Date	Mintage	VG	F	VF	XF	Unc
1745	—	7.00	15.00	30.00	65.00	—
1754	—	7.00	15.00	30.00	65.00	—
1759	—	7.00	15.00	30.00	65.00	—

KM# 220 3 PFENNIG (1/96 Thaler; Dreier)
Billon **Obv:** HILDES above ornately-shaped arms **Rev:** Imperial orb with value divides date **Note:** Varieties exist.

Date	Mintage	VG	F	VF	XF	Unc
1702	—	5.00	15.00	30.00	65.00	—
1703	—	5.00	15.00	30.00	65.00	—
1704	—	5.00	15.00	30.00	65.00	—
1705	—	5.00	15.00	30.00	65.00	—
1706	—	5.00	15.00	30.00	65.00	—
1708	—	5.00	15.00	30.00	65.00	—
1709	—	5.00	15.00	30.00	65.00	—
1710	—	5.00	15.00	30.00	65.00	—
1711	—	5.00	15.00	30.00	65.00	—
1712	—	5.00	15.00	30.00	65.00	—
1713	—	5.00	15.00	30.00	65.00	—
1714	—	5.00	15.00	30.00	65.00	—
1715	—	5.00	15.00	30.00	65.00	—
1717	—	5.00	15.00	30.00	65.00	—
1718	—	5.00	15.00	30.00	65.00	—
1719	—	5.00	15.00	30.00	65.00	—
1721	—	5.00	15.00	30.00	65.00	—
1722	—	5.00	15.00	30.00	65.00	—
1723	—	5.00	15.00	30.00	65.00	—
1724	—	5.00	15.00	30.00	65.00	—
1726	—	5.00	15.00	30.00	65.00	—
1728	—	5.00	15.00	30.00	65.00	—
1729	—	5.00	15.00	30.00	65.00	—
1737	—	5.00	15.00	30.00	65.00	—

KM# 251 4 PFENNIG
Billon **Obv:** Arms within square **Rev:** Value with PF dividing date below **Rev. Inscription:** IIII / STADT / 17PF16 **Note:** Varieties exist.

Date	Mintage	VG	F	VF	XF	Unc
1702	—	10.00	22.00	45.00	95.00	—
1702	—	10.00	22.00	45.00	95.00	—
1703	—	10.00	22.00	45.00	95.00	—
1704	—	10.00	22.00	45.00	95.00	—
1705	—	10.00	22.00	45.00	95.00	—
1706	—	10.00	22.00	45.00	95.00	—
1707	—	10.00	22.00	45.00	95.00	—
1709	—	10.00	22.00	45.00	95.00	—
1710	—	10.00	22.00	45.00	95.00	—
1711	—	10.00	22.00	45.00	95.00	—
1713	—	10.00	22.00	45.00	95.00	—
1715	—	10.00	22.00	45.00	95.00	—
1716	—	10.00	22.00	45.00	95.00	—
1717	—	10.00	22.00	45.00	95.00	—
1718	—	10.00	22.00	45.00	95.00	—
1719	—	10.00	22.00	45.00	95.00	—
1720	—	10.00	22.00	45.00	95.00	—
1721	—	10.00	22.00	45.00	95.00	—
1723	—	10.00	22.00	45.00	95.00	—
1724	—	10.00	22.00	45.00	95.00	—
1725	—	10.00	22.00	45.00	95.00	—
1726	—	10.00	22.00	45.00	95.00	—
1727	—	10.00	22.00	45.00	95.00	—
1728	—	10.00	22.00	45.00	95.00	—
1729	—	10.00	22.00	45.00	95.00	—
1730	—	10.00	22.00	45.00	95.00	—
1731	—	10.00	22.00	45.00	95.00	—
1732	—	10.00	22.00	45.00	95.00	—
1733	—	10.00	22.00	45.00	95.00	—

KM# 270 4 PFENNIG
Billon **Obv:** City arms in mutli-arched shield **Rev:** Value, date below **Rev. Inscription:** IIII / STADT / PFENN

GERMAN STATES — HILDESHEIM

Date	Mintage	VG	F	VF	XF	Unc
1730	—	8.00	20.00	40.00	80.00	—
1731	—	8.00	20.00	40.00	80.00	—
1732	—	8.00	20.00	40.00	80.00	—
1733	—	8.00	20.00	40.00	80.00	—
1734	—	8.00	20.00	40.00	80.00	—
1735	—	8.00	20.00	40.00	80.00	—
1736	—	8.00	20.00	40.00	80.00	—
1737	—	8.00	20.00	40.00	80.00	—
1738	—	8.00	20.00	40.00	80.00	—
1739	—	8.00	20.00	40.00	80.00	—
1740	—	8.00	20.00	40.00	80.00	—
1741	—	8.00	20.00	40.00	80.00	—
1742	—	8.00	20.00	40.00	80.00	—
1743	—	8.00	20.00	40.00	80.00	—
1744	—	8.00	20.00	40.00	80.00	—
1745	—	8.00	20.00	40.00	80.00	—
1746	—	8.00	20.00	40.00	80.00	—
1747	—	8.00	20.00	40.00	80.00	—
1748	—	8.00	20.00	40.00	80.00	—
1749	—	8.00	20.00	40.00	80.00	—
1750	—	8.00	20.00	40.00	80.00	—
1751	—	8.00	20.00	40.00	80.00	—
1752	—	8.00	20.00	40.00	80.00	—
1753	—	8.00	20.00	40.00	80.00	—
1754	—	8.00	20.00	40.00	80.00	—
1755	—	8.00	20.00	40.00	80.00	—
1756	—	8.00	20.00	40.00	80.00	—
1757	—	8.00	20.00	40.00	80.00	—
1758	—	8.00	20.00	40.00	80.00	—
1759	—	8.00	20.00	40.00	80.00	—
1763	—	8.00	20.00	40.00	80.00	—
1764	—	8.00	20.00	40.00	80.00	—

KM# 275 6 MARIENGROSCHEN
Silver Obv: Ornate helmeted arms Obv. Legend: DA PACEM.
Rev: Value, date in 4 lines within legend

Date	Mintage	VG	F	VF	XF	Unc
1739 UAW	—	45.00	100	210	425	—
1763	—	45.00	100	210	425	—

KM# 236 12 MARIENGROSCHEN (1/3 Thaler)
Silver

Date	Mintage	VG	F	VF	XF	Unc
1/02 HL	—	75.00	175	325	600	—
1716 JJ	—	75.00	175	325	600	—

KM# 273 12 MARIENGROSCHEN (1/3 Thaler)
Silver Obv: Ornate helmeted arms Obv. Legend: DA PACEM..
Rev: Value, date in 4 lines within legend

Date	Mintage	VG	F	VF	XF	Unc
1735 UAW	—	90.00	150	300	600	—
1737 UAW	—	90.00	150	300	600	—
1741 UAW	—	90.00	150	300	600	—

KM# 237 24 MARIENGROSCHEN (2/3 Thaler)
Silver Obv: Small arms in ovoid shield, pointed at bottom, ornate helmet above, 3/4 length figure of maiden above helmet Rev: Value, date below Rev. Inscription: 24 / MARIEN / GROSCH
Note: Varieties exist.

Date	Mintage	VG	F	VF	XF	Unc
1701 HL	—	75.00	150	300	600	—
1702 HL	—	75.00	150	300	600	—
1702 HL	—	75.00	150	300	600	—
1703 HL	—	75.00	150	300	600	—
1709 HL	—	75.00	150	300	600	—
1710 JJ	—	100	200	500	900	—
1712 II	—	100	200	500	900	—
1713 JJ	—	100	200	500	900	—
1714 JJ	—	100	200	500	900	—
1718 JJ	—	100	200	500	900	—
1721 JJ	—	100	200	500	900	—

KM# 272 24 MARIENGROSCHEN (2/3 Thaler)
Silver Obv: Ornate helmeted arms Obv. Legend: DA PACEM...
Rev: Value, date in 4 lines within legend

Date	Mintage	VG	F	VF	XF	Unc
1733 UAW	—	200	500	1,200	2,500	4,000
1735 UAW	—	200	500	1,200	2,500	4,000
1737 UAW	—	200	500	1,200	2,500	4,000
1741 UAW	—	200	500	1,200	2,500	4,000
1742 UAW	—	200	500	1,200	2,500	4,000
1746 UAW	—	200	500	1,200	2,500	4,000
1763 ITW	—	200	500	1,200	2,500	4,000

KM# 255 1/24 THALER
Silver Obv: Helmeted arms in rectangular shield

Date	Mintage	VG	F	VF	XF	Unc
1701 HL	—	20.00	45.00	90.00	180	—

KM# 265 1/24 THALER
Silver Obv: Helmeted arms in shield with flat top and rounded bottom

Date	Mintage	VG	F	VF	XF	Unc
1726 JJ	—	15.00	20.00	45.00	95.00	—
1727 JJ	—	15.00	20.00	45.00	95.00	—

KM# 271 1/24 THALER
Silver Obv: City arms in multi-faceted shield Obv. Legend: DA PA... or DA PAC...

Date	Mintage	VG	F	VF	XF	Unc
1732 UAW	—	15.00	20.00	45.00	95.00	—
1733 UAW	—	15.00	20.00	45.00	95.00	—
1736 UAW	—	15.00	20.00	45.00	95.00	—
1737 UAW	—	15.00	20.00	45.00	95.00	—
1743 UAW	—	15.00	20.00	45.00	95.00	—
1745 UAW	—	15.00	20.00	45.00	95.00	—
1746 UAW	—	15.00	20.00	45.00	95.00	—
1747 UAW	—	15.00	20.00	45.00	95.00	—
1748 UAW	—	15.00	20.00	45.00	95.00	—
1749 UAW	—	15.00	20.00	45.00	95.00	—
1756 ITW	—	15.00	20.00	45.00	95.00	—
1762 ITW	—	15.00	20.00	45.00	95.00	—
1763 ITW	—	15.00	20.00	45.00	95.00	—
1764 ITW	—	15.00	20.00	45.00	95.00	—

KM# 281 1/24 THALER
Silver Obv: Helmeted city arms in multi-arched shield Obv. Legend: DA PAC..

Date	Mintage	VG	F	VF	XF	Unc
1763 ITW	—	20.00	35.00	65.00	135	—

KM# 246 1/24 THALER (Reichsgroschen)
Silver Obv: Oval arms with pointed bottom, ornate helmet and figure of maiden above Obv. Legend: DA PACEM... Rev: Imperial orb with 24 or Z4 divides date Rev. Legend: HILDESHEI STADT GELDT Note: Varieties exist.

Date	Mintage	VG	F	VF	XF	Unc
1701 HL	—	12.00	20.00	45.00	95.00	—
1702 HL	—	12.00	20.00	45.00	95.00	—
1703 HL	—	12.00	20.00	45.00	95.00	—
1704 HL	—	12.00	20.00	45.00	95.00	—
1704/3 HL	—	12.00	20.00	45.00	95.00	—
1705 HL	—	12.00	20.00	45.00	95.00	—
1706 HL	—	12.00	20.00	40.00	90.00	—
1707 HL	—	12.00	20.00	45.00	95.00	—
1708 HL	—	12.00	20.00	45.00	95.00	—
1709 HL	—	12.00	20.00	45.00	95.00	—
1710 HL	—	12.00	20.00	45.00	95.00	—
1710 II	—	12.00	20.00	45.00	95.00	—
1710 JJ	—	12.00	20.00	45.00	95.00	—
1711 II	—	12.00	20.00	45.00	95.00	—
1711 II	—	12.00	20.00	45.00	95.00	—
1712 II	—	12.00	20.00	45.00	95.00	—
1713 II	—	12.00	20.00	45.00	95.00	—
1713 JJ	—	12.00	20.00	45.00	95.00	—
1714 JJ	—	12.00	20.00	45.00	95.00	—
1715 JJ	—	12.00	20.00	45.00	95.00	—
1716 JJ	—	12.00	20.00	45.00	95.00	—
1717 JJ	—	12.00	20.00	45.00	95.00	—
1718 II	—	12.00	20.00	45.00	95.00	—
1718 JJ	—	12.00	20.00	45.00	95.00	—
1719 II	—	12.00	20.00	45.00	95.00	—
1720 II	—	12.00	20.00	45.00	95.00	—
1721 II	—	12.00	20.00	45.00	95.00	—
1722 II	—	12.00	20.00	45.00	95.00	—
1723 II	—	12.00	20.00	45.00	95.00	—
1727 JJ	—	12.00	20.00	45.00	95.00	—
1728 JJ	—	12.00	20.00	45.00	95.00	—
1729 JJ	—	12.00	20.00	45.00	95.00	—
1731 JJ	—	12.00	20.00	45.00	95.00	—
1750 UAW	—	12.00	20.00	45.00	95.00	—

Date	Mintage	VG	F	VF	XF	Unc
1751 UAW	—	12.00	20.00	45.00	95.00	—
1752 UAW	—	12.00	20.00	45.00	95.00	—
1753 UAW	—	12.00	20.00	45.00	95.00	—
1754 UAW	—	12.00	20.00	45.00	95.00	—
1755 UAW	—	12.00	20.00	45.00	95.00	—

KM# 260.1 THALER
Silver Obv: Helmeted arms with ornaments Obv. Legend: MONETA NOVA · HILDESIENSIS · Rev: Crowned double-headed eagle, date divided by legs Rev. Legend: CAROL. VI. D. G. ROM. IMP. S. A. G. H. H. ET B. REX Note: Dav. #2346.

Date	Mintage	VG	F	VF	XF	Unc
1712 II	—	900	1,800	3,000	5,000	—
1720 II	—	900	1,800	3,000	5,000	—
1724/0 II	—	900	1,800	3,000	5,000	—
1740 UA-W	—	900	1,800	3,000	5,000	—

KM# 260.2 THALER
Silver Obv: Pointed shield with different scrollwork around the shield Rev: Crowned double-headed eagle, legs divide date Note: Dav. #2347. Varieties exist.

Date	Mintage	VG	F	VF	XF	Unc
1736 UA-W	—	900	1,800	3,000	5,000	—

PATTERNS
Including off metal strikes

KM#	Date	Mintage	Identification	Mkt Val
Pn5	1703	—	4 Pfennig. Copper.	—
Pn6	1704	—	3 Pfennig. Copper.	—
Pn7	1705 HL	—	1/24 Thaler. Copper.	—
Pn8	1710 HL	—	1/24 Thaler. Copper.	—
Pn9	1711	—	3 Pfennig. Copper.	—
Pn10	1724	—	4 Pfennig. Copper.	—
Pn11	1724	—	4 Pfennig. Copper.	—
Pn12	1730	—	4 Pfennig. Copper.	—
Pn13	1741	—	4 Pfennig. Copper.	—
Pn14	1745	—	2 Pfennig. Gold.	—
Pn15	1748 UAW	—	1/24 Thaler. Gold.	—
Pn16	1751 UAW	—	1/24 Thaler. Gold.	—
Pn17	1756 ITW	—	1/24 Thaler. Gold.	—
Pn18	1762	—	Pfennig. Gold.	—
Pn19	1763	—	4 Pfennig. Copper.	—
Pn20	1763	—	4 Pfennig. Gold.	—
Pn21	1763	—	1/24 Thaler. Gold.	—

HOHENLOHE

A countship located in the vicinity of Uffenheim in Franconia and originally centered on the village and castle of present-day Hohlach. The ruling family derived its name from the placename and has been traced back as far as the 10th century. The counts gradually acquired various territories between Offenheim to Bad Mergentheim and beyond that became the basis for the many branches of the dynasty. The first of these was Weikersheim with its castle overlooking the confluence of the Vorbach with the Tauber River. In 1472, the surviving elder branch of counts was divided into Hohenlohe-Weikersheim and Hohenlohe Neuenstein. The former became extinct in 1545 and its lands reverted to Hohenlohe-Neuenstein, which itself was divided once again into Hohenlohe-Neuenstein-Neuenstein (Protestant) and Hohenlohe-Neuenstein-Waldenburg (Catholic) in 1551. Hohenlohe-Neuenstein-Neuenstein was further divided in 1610 (see) and Hohenlohe-Neuenstein-Waldenburg underwent the same process in 1600 with the establishment of Hohenlohe-Waldenburg-Pfedelbach, Hohenlohe-Waldenburg-Schillingsfürst and Hohenlohe-Waldenburg-Waldenburg. See the sections under each of these branches for the subsequent history of each. The lands of all branches of Hohenlohe were mediatized in 1806 and passed to Bavaria and Württemberg.

MINT MARKS
S - Schwabach

MINT OFFICIALS' INITIALS

Initials	Date	Name
CGL	1746-55	Carl Gottlieb Laufer in Nuremberg
F	1755-64	Johann Martin Forster in Nuremberg
G	1752-91	Johann Samuel Gotzinger, die-cutter in Ansbach
KNR, KRN	1777-93	Knoll, warden and Georg Nikolaus Riedner, mintmaster in Nuremberg
N	1721-43	Paul Gottlieb Nürnberger in Nuremberg
OE, OEXLEIN, I.L.	1740-87	Johann Leonard Oexlein, die-cutter in Nuremberg
OEXLEIN		
PPW, PW	(d.1771)	Peter Paul Werner, medailleur in Nuremberg
SNR, SRN, NSR	1764-70	Siegmund Scholz, warden and Georg Nikolaus Riedner, mintmaster in Nuremberg
W	1761-90	Jeremias Paul Werner, die-cutter in Nuremberg
WKS	1768-81	Westphal, mintmaster and Kern, warden in Schwabach

Philipp Karl Kaspar **Subject:** Division of Hohenlohe-Pfedeloh **Obv:** Crowned 4-fold arms within circular thick wreath **Rev:** Flame atop altar, inscription below **Note:** Joint issue with Hohenlohe-Bartenstein.

Date	Mintage	Good	VG	F	VF	XF
1729 PW Rare	—	—	—	—	—	—

PATTERNS
Including off metal strikes

KM#	Date	Mintage Identification		Mkt Val
Pn1	1729 PW	— 4 Ducat. Silver.		750

HOHENLOHE-BARTENSTEIN

Of the many branches of the house of Hohenlohe, this branch was founded in 1656 by Christian, the 4th son of Georg Friedrich II (1600-1635) of Hohenlohe-Schillingfürst. It is one of the surviving lines from when Hohenlohe was mediatized and divided between Bavaria and Württemberg in 1806.

RULER
Karl Philipp Franz, 1729-1763

COUNTSHIP

TRADE COINAGE

KM# 1 GOLDGULDEN
3.5000 g., 0.9860 Gold 0.1109 oz. AGW **Ruler:** Karl Philipp Franz **Obv:** Bust right **Rev:** Crowned arms

Date	Mintage	Good	VG	F	VF	XF
1735	—	—	1,200	2,500	4,500	9,000

PRINCIPALITY

TRADE COINAGE

KM# 2 DUCAT
3.5000 g., 0.9860 Gold 0.1109 oz. AGW **Ruler:** Karl Philipp Franz **Obv:** Bust left **Rev:** Eagle above crowned and mantled arms

Date	Mintage	Good	VG	F	VF	XF
1747 PPW	—	—	650	1,250	2,750	5,400
1750 PPW	—	—	1,000	2,000	5,000	—

HOHENLOHE-BARTENSTEIN-PFEDELBACH

Upon the extinction of the line of Hohenlohe-Pfedelbach in 1728, its properties and titles passed to Bartenstein, thus establishing a new cadet descendancy.

RULERS
Philipp Karl Kaspar, 1728-1729
Ferdinand Ruprecht Franz, 1729-1745
Josef Anton, 1745-1764

COUNTSHIP

TRADE COINAGE

KM# 2 DUCAT
3.5000 g., 0.9860 Gold 0.1109 oz. AGW **Ruler:** Josef Anton **Obv:** Bust left **Rev:** Phoenix rising from flames, Hohenlohe arms in front, crown and mantle below divide date

Date	Mintage	Good	VG	F	VF	XF
1747 PPW	—	—	1,150	1,900	3,000	6,000

KM# 1 4 DUCAT
14.0000 g., 0.9860 Gold 0.4438 oz. AGW **Ruler:**

HOHENLOHE-INGELFINGEN

The Ingelfingen line was founded in 1701 upon the division of Hohenlohe-Langenburg. The count was raised to the rank of prince of the empire in 1764 and the last ruler abdicated in 1806.

RULERS
Christian Krato, 1701-1743
Philipp Heinrich, 1743-1781, Prince from 1764
with Heinrich August, 1765-1796
Friedrich Ludwig, 1796-1806 (died 1818)

PRINCIPALITY

REGULAR COINAGE

COUNTSHIP

REGULAR COINAGE

KM# 5 THALER
Silver **Ruler:** Friedrich Eberhard **Subject:** Death of Friedrich Eberhard **Obv:** Armored bust right **Obv. Legend:** CAROL • AUG • COM • HOHENLOH • & GLEICH • DYN • LB: & CR • **Rev:** Phoenix above inscription **Rev. Inscription:** EX CINERIBUS ORIOR, CINERIBUS / DIVI PARENTIS / FRIDERICI EBERHARDI / DEF • D • XXIII • AUG • MDCCXXXVII • / ANNO AET • LXV • / PARENTAT • / • N • **Note:** Dav. #2357. Date of death in Roman numerals.

Date	Mintage	VG	F	VF	XF	Unc
MDCCXXXVII (1737) W-N	—	—	400	800	1,600	3,250

KM# 5 THALER
Silver **Ruler:** Friedrich Ludwig **Obv:** Bust right, Order cross below **Obv. Legend:** FREID • LUDWIG FRUST ZU HOHENLOHE INGELFINGEN **Rev:** Value, date **Rev. Legend:** * X */EINE/FEINE/MARK/1796 **Note:** Convention Thaler; Dav. #2356.

Date	Mintage	VG	F	VF	XF	Unc
1796	—	200	350	650	1,200	3,000

TRADE COINAGE

KM# 7 DUCAT
3.5000 g., 0.9860 Gold 0.1109 oz. AGW **Ruler:** Friedrich Ludwig **Obv:** Bust right **Obv. Legend:** FRIED • LUD • FÜRST ZU HOHENLOHE INGELF • **Rev:** Value above date **Rev. Legend:** * I */DUCATEN/1796

Date	Mintage	VG	F	VF	XF	Unc
1796	—	750	1,500	3,000	5,000	—

KM# 6 THALER
Silver **Ruler:** Karl August **Obv:** Armored bust right **Obv. Legend:** CAROL • AUG • COM • HOHENLOH • & GLEICH • DYN • LB: & CR • **Rev:** Helmeted arms with ornaments **Rev. Legend:** CVM DEO ET DIE **Note:** Dav. #2358.

Date	Mintage	VG	F	VF	XF	Unc
1738 W-N	—	—	400	800	1,600	3,000

TRADE COINAGE

KM# 7 12 DUCAT
42.0000 g., 0.9860 Gold 1.3314 oz. AGW **Ruler:** Karl August **Obv:** Bust right **Rev:** Eagle flanked by crowned lions atop arms **Note:** Similar to 1 Thaler, KM#6.

Date	Mintage	VG	F	VF	XF	Unc
1738 W-N Rare	—	—	—	—	—	—

HOHENLOHE-KIRCHBERG

Another line founded upon the division of Hohenlohe-Langenburg in 1701, Kirchberg lasted for a little over a century. Like his older brothers, the count was raised to the rank of prince of the empire in 1764. The last prince had his territories mediatized in 1806, but lived until 1819.

RULERS
Friedrich Eberhard, 1701-1737
Karl August, 1737-1767, Prince from 1764
Christian Friedrich Karl, 1767-1806 (died 1819)

PRINCIPALITY

REGULAR COINAGE

KM# 10 1/2 THALER
Silver **Ruler:** Christian Friedrich Karl **Obv:** Armored bust right

GERMAN STATES

HOHENLOHE-KIRCHBERG

Rev: Helmeted arms within crowned mantle **Rev. Legend:** ZWANZIG EINE... **Note:** Convention 1/2 Thaler.

Date	Mintage	VG	F	VF	XF	Unc
1781 G-WKS	—	—	275	500	900	1,550

KM# 13 1/2 THALER

Silver **Ruler:** Christian Friedrich Karl **Obv:** Armored bust right **Rev:** Arms within crowned mantle

Date	Mintage	VG	F	VF	XF	Unc
1786 W-S	—	—	275	475	850	1,450
1786 G-S	—	—	—	—	—	—

KM# 11 THALER

Silver **Ruler:** Christian Friedrich Karl **Obv:** Small young bust **Obv. Legend:** CHRIST • FR • CAR • D • G • S • R • I • PRINC • HOHENL • KIRCHB **Rev:** Helmeted arms with supporters within crowned mantle **Rev. Legend:** ZEHEN - EINE - FEINE - MARK **Note:** Convention Thaler; Dav. #2359.

Date	Mintage	VG	F	VF	XF	Unc
1781 G-WKS	—	—	375	700	1,350	2,750

KM# 12 THALER

Silver **Ruler:** Christian Friedrich Karl **Obv:** Larger older bust **Obv. Legend:** CHRIST • FR • CAR • D • G • S • R • I • PRINC • HOHENL • KIRCHB **Rev:** Helmeted arms with supporters within crowned mantle **Rev. Legend:** ZEHEN - EINE - FEINE - MARK **Note:** Dav. #2359A.

Date	Mintage	VG	F	VF	XF	Unc
1781 W-WKS	—	—	400	750	1,500	3,000

HOHENLOHE-LANGENBURG

A branch of Hohenlohe-Neuenstein founded in 1610 and was the Protestant line of the family. It was divided again in 1701, Langenburg being one of the cointinuing entities. The count gained princely rank in 1764, but lost his territory as a result of the mediatization of 1806.

RULERS
Albrecht Wolfgang, 1699-1715

MINT MARKS
K - Kirchberg
L - Langenburg

COUNTSHIP

REGULAR COINAGE

KM# 20 THALER

Silver **Ruler:** Ludwig **Obv:** 3 females with shields **Obv. Legend:** ARMAT CONCORDIA FRATRES, below; LANGENB. INGELFING. KIRCHB, in exergue; PATRIMON. HENR. FRID/SORTE DIVISUM/D. 10 IUNII./P.P W f. **Rev:** Date in chronogram **Rev. Inscription:** *LVDOVICVS / ET PHILIPPVS / CHRISTIANVS. ET. CAROLVS / HENRICVS. ATQUE. AVGVSTVS / HIS. EX. FRATRIBVS / NATI. IN. VNIONE. FELICES / SVNT. CAPITA. LINEAE. HOHEN / LOICAE LANGENBVRGICAE, in exergue; SIT. VNIO. HAEC / PERENNIS / C.G.L. **Note:** Dav. #2355.

Date	Mintage	VG	F	VF	XF	Unc
1751 PPW-CGL	—	300	600	1,100	2,250	3,750

TRADE COINAGE

KM# 21 DUCAT

1.5000 g., 0.9860 Gold 0.0475 oz. AGW **Subject:** 50th Anniversary of Territorial Division **Obv:** 3 Females with shields **Rev:** Date in chronogram

Date	Mintage	VG	F	VF	XF	Unc
ND(1751) PPW-CGL	—	200	500	1,000	2,000	—

HOHENLOHE-NEUENSTEIN-ÖEHRINGEN

This principality was located in southern Germany. The Neuenstein-Öhringen line was founded in 1610 and the first prince of the empire from this line was proclaimed in 1764. The line became extinct in 1805 and the lands passed to Ingelfingen.

RULERS
Johann Friedrich I, 1641-1702
Friedrich Krato, 1702-1709
Karl Ludwig von Weikersheim, 1702-1756
Johann Friedrich II, 1702-1765
Ludwig Friedrich Karl, 1765-1805

COUNTSHIP

REGULAR COINAGE

KM# 30 GROSCHEN (3 Kreuzer)

Silver **Ruler:** Johann Friedrich II **Subject:** Bicentennial - Augsburg Confession **Obv:** Inscription within inner circle **Rev:** Inscription **Mint:** Nürnberg **Note:** Similar to 2 Groschen, KM#31.

Date	Mintage	VG	F	VF	XF	Unc
1730 N	—	45.00	75.00	150	280	—

KM# 31 2 GROSCHEN

Silver **Ruler:** Johann Friedrich II **Subject:** Bicentennial - Augsburg Confession **Obv:** 7-line inscription, date in chronogram, mintmaster's initial below **Obv. Legend:** IOH. FRID. G. V. H. V. G. H. Z. L. V. C. ÆT. XLVIII. **Obv. Inscription:** CHRISTI / WORT / IST LVTHERS / LEHR / DIE VERGEHET / NUN NIT / MEHR. **Rev:** 9-line inscription with date in laurel wreath **Rev. Inscription:** MEIN CHRIST / DAMIT DV NIE / VERGIST / WAS GOTT AN ZION / HAT GETHAN / SO SCHAVE DIESE / DENCKMUNTZ AN. / (1730) **Mint:** Nürnberg

Date	Mintage	VG	F	VF	XF	Unc
1730 N	—	55.00	85.00	165	300	—

KM# 40 20 KREUZER

Silver **Ruler:** Johann Friedrich II **Obv:** Bust left, double legend inscriptions **Rev:** Order chain around 3 oval arms within crowned baroque frame, value divides date below **Mint:** Nürnberg **Note:** Convention 20 Kreuzer.

Date	Mintage	VG	F	VF	XF	Unc
1760 PPW-F	—	85.00	130	240	450	—

KM# 41 1/4 THALER

7.2000 g., Silver **Ruler:** Johann Friedrich II **Obv:** Armored bust left **Rev:** Order chain around 3 oval arms within crowned baroque frame, cross divides date below **Mint:** Nürnberg **Note:** Convention 1/4 Thaler.

Date	Mintage	VG	F	VF	XF	Unc
1760 PPW-F	—	100	160	350	600	—

KM# 32 1/2 THALER

Silver **Ruler:** Johann Friedrich II **Subject:** Bicentennial - Augsburg Confession **Obv:** Phoenix rising from flames on altar, date in chronogram **Obv. Legend:** IOH: FRIDERICVS. COMES HOHEN: EX PIO VOTO POSVIT. **Rev:** Full-length facing female figure holding Bible and Augsburg Confession, hand from clouds above holding crown above head, date in chronogram continued **Rev. Legend:** IESVS CHRISTVS EST DOMINVS. qVI CORONABIT SVOS. **Mint:** Nürnberg

Date	Mintage	VG	F	VF	XF	Unc
ND(1730) N	—	280	400	725	1,200	—

KM# 42 1/2 THALER

Silver **Ruler:** Johann Friedrich II **Obv:** Armored bust left **Rev:** Order chain around 3 oval arms within crowned baroque frame **Mint:** Nürnberg **Note:** Convention 1/2 Thaler.

Date	Mintage	VG	F	VF	XF	Unc
1760 PPW-F	—	125	200	400	650	—

HOHENLOHE-NEUENSTEIN-ÖEHRINGEN — GERMAN STATES

KM# 33 THALER
Silver **Ruler:** Johann Friedrich II **Subject:** Bicentennial - Augsburg Confession **Obv:** Crowned lion seated left holding shield of arms **Obv. Legend:** IOH. FRIDERICVS LINEAE HOHENLOH - NEVENSTEINENSIS DEDIT ET EREXIT PIIS*, above lion in 3 lines; GOTT SEY GEDANCKET. DER VNS SIEG GIBT IN CHRISTO./VND OFFENBAHRET SEINE VVAHRE/ERKANTNVS • 2 • COR • 2• **Rev:** Date in chronogram **Rev. Legend:** FIDEI PIETATI HVIC ET FVTVRO AEVO SACRVM. **Rev. Inscription:** IN ALLE LANDE GIENG / IHR SCHALL. VND IN ALLE / VVELT IHRE VVORT. **Mint:** Nürnberg **Note:** Dav. #2350.

Date	Mintage	F	VF	XF	Unc	BU
1730 N	—	950	1,750	3,000	5,000	—

KM# 43 THALER
Silver **Ruler:** Johann Friedrich II **Obv:** Armored bust left **Obv. Legend:** IOANN: FRID: COM: DE HOHENL: ET GLEICH: DOM: IN LANGENB: ET CRANICHF:/ SENIOR ET FEUD: ADMINISTRATOR AETAT: S: 77. **Rev:** Order chain around 3 oval arms within crowned baroque frame **Rev. Legend:** RECTE FACIENDONEMINEMTIMEAS, 10 EINE FEINE MARCK in band below **Mint:** Nürnberg **Note:** Convention Thaler. Dav. #2351.

Date	Mintage	F	VF	XF	Unc	BU
1760 PPW-F	—	400	800	1,650	3,500	—

TRADE COINAGE

KM# 44 DUCAT
3.5000 g., 0.9860 Gold 0.1109 oz. AGW **Ruler:** Johann Friedrich II **Obv:** Armored bust left **Rev:** Order chain around 3 oval arms within crowned baroque frame, date below **Mint:** Nürnberg

Date	Mintage	VG	F	VF	XF	Unc
1760 PPW-F	—	600	1,200	2,450	5,000	—

KM# 26 7 DUCAT
24.5000 g., 0.9860 Gold 0.7766 oz. AGW **Ruler:** Johann Friedrich I **Mint:** Augsburg **Note:** Age of count is 84 in reverse legend.

Date	Mintage	VG	F	VF	XF	Unc
1701 (a) Rare	—	—	—	—	—	—

PRINCIPALITY

REGULAR COINAGE

KM# 54 KREUZER
Billon **Ruler:** Ludwig Friedrich Karl **Obv:** Monogram above date **Rev:** Crowned arms within branches, value below **Mint:** Nürnberg **Note:** Convention Kreuzer.

Date	Mintage	VG	F	VF	XF	Unc
1774 SNR	—	7.00	15.00	30.00	70.00	—

KM# 55 2-1/2 KREUZER
Billon **Ruler:** Ludwig Friedrich Karl **Obv:** Monogram above date **Rev:** Crowned arms within branches, value below **Mint:** Nürnberg **Note:** Convention 2-1/2 Kreuzer.

Date	Mintage	VG	F	VF	XF	Unc
1774 SNR	—	10.00	20.00	40.00	80.00	—

KM# 50 10 KREUZER
Silver **Ruler:** Ludwig Friedrich Karl **Obv:** Ornate shield of arms within crowned mantle **Obv. Legend:** FÜRSTLICH HOHENL: NEUENST: CONV: MÜNZ. **Rev:** Value and date within ornate frame, '10' in cartouche below **Rev. Inscription:** 120 / EINE FEINE / MARCK / (date) **Mint:** Nürnberg **Note:** Joint coinage with senior line of Ingelfingen. Previously listed under that subdivision as KM#2.

Date	Mintage	VG	F	VF	XF	Unc
1770 S(N)R	—	15.00	30.00	75.00	160	—

KM# 60 10 KREUZER
Silver **Ruler:** Ludwig Friedrich Karl **Obv:** Complex arms within crowned mantle **Rev:** Value and date within ornate frame **Mint:** Nürnberg

Date	Mintage	VG	F	VF	XF	Unc
1785 KRN	—	15.00	30.00	75.00	160	—

KM# 51 20 KREUZER
Silver **Ruler:** Ludwig Friedrich Karl **Obv:** Ornate shield of arms within crowned mantle **Obv. Legend:** FÜRSTLICH HOHENL: NEUENST: CONV: MÜNZ **Rev:** Value and date within ornate frame, '20' in cartouche below **Rev. Inscription:** 60 / EINE FEINE / MARCK / (date) **Mint:** Nürnberg **Note:** Joint coinage with senior line of Ingelfingen. Previously listed under that subdivision as KM#3.

Date	Mintage	VG	F	VF	XF	Unc
1770 S(N)R	—	25.00	50.00	100	200	—

KM# 61 20 KREUZER
Silver **Ruler:** Ludwig Friedrich Karl **Obv:** Complex arms within crowned mantle **Rev:** Value and date within ornate frame **Mint:** Nürnberg

Date	Mintage	VG	F	VF	XF	Unc
1785 KRN	—	25.00	50.00	100	200	—

KM# 52 THALER
Silver **Ruler:** Ludwig Friedrich Karl **Obv:** Armored bust right **Obv. Legend:** LVDM• FRID • CAROL • D • G • PRINC • AB HOHENL • COM • DE GLEICK • D • IN LANGENB • & • CRANICHFELD * **Rev:** Order chain surrounds arms within crowned mantle, date divided below **Rev. Legend:** X • EINE FEINE MARCK **Mint:** Nürnberg **Note:** Dav. #2352.

Date	Mintage	F	VF	XF	Unc	BU
1770 OEXLEIN-NSR	—	275	550	950	1,750	—

KM# 62 THALER
Silver **Ruler:** Ludwig Friedrich Karl **Obv:** Armored bust right **Obv. Legend:** SVD • FRID • CAROL • D • G • PRINC • AB HOHENL • COM • DE GLEICH • IN LANGENB • ET CRANICHFELD * **Rev:** Helmeted complex arms with supporters within crowned mantle **Rev. Legend:** ZEHEN - EINE - FEINE - MARK **Mint:** Nürnberg **Note:** Dav. #2353.

Date	Mintage	F	VF	XF	Unc	BU
1785 OE-KRN	—	250	550	1,150	2,250	—

KM# 65 THALER
Silver **Ruler:** Ludwig Friedrich Karl **Obv:** Armored bust left **Obv. Legend:** LUD: FRID: CAROL: D:G: PRINC: AB HOHENLOHE. COM: DE GLEICH. **Rev:** Helmeted complex arms within crowned mantle **Rev. Legend:** DOM: IN LANGENB: ET CRANICHF: SEN: FAM: ET FEUDOR: ADMIN. AE. 74, below; X EINE F MARK 1797 **Note:** Dav. #2354.

Date	Mintage	F	VF	XF	Unc	BU
1797	—	200	450	850	1,500	—

TRADE COINAGE

KM# 53 DUCAT
3.5000 g., 0.9860 Gold 0.1109 oz. AGW **Ruler:** Ludwig Friedrich Karl **Obv:** Armored bust right **Rev:** Order chain

surrounds arms within crowned mantle, value divides date below
Mint: Nürnberg

Date	Mintage	F	VF	XF	Unc	BU
1770 OE-SNR	—	725	1,500	3,100	5,200	—

KM# 63 DUCAT
3.5000 g., 0.9860 Gold 0.1109 oz. AGW **Ruler:** Ludwig Friedrich Karl **Obv:** Armored bust right **Rev:** Crowned and mantled arms **Note:** Similar to KM#71.

Date	Mintage	F	VF	XF	Unc	BU
1787	—	725	1,500	3,100	5,200	—

HOHENLOHE-NEUENSTEIN-WEIKERSHEIM

Established as a branch of Hohenlohe-Neuenstein in the division of 1610, it became extinct in one generation and passed to Hohenlohe-Neuenstein-Neuenstein from which line the younger brothers ruled Weikersheim until 1756.

RULERS
Karl Ludwig, 1702-1756

MINT MARK
N - Nuremberg

MINT OFFICIALS' INITIALS

Initials	Date	Name
N, PGN	1721-43	Paul Gottlieb Nürnberger in Nuremberg
PPW	(d.1771)	Peter Paul Werner, die-cutter in Nuremberg

COUNTSHIP

REGULAR COINAGE

KM# 12 DUCAT
3.5000 g., 0.9860 Gold 0.1109 oz. AGW **Ruler:** Karl Ludwig **Obv:** Armored bust right **Rev:** Helmeted arms within Order chain, date below

Date	Mintage	VG	F	VF	XF	Unc
1737 N	—	425	900	1,800	3,950	—

KM# 23 1/8 THALER
Silver **Ruler:** Ludwig Gottfried **Subject:** 200th Anniversary of the Reformation **Obv:** Four-line inscription with date in chronogram **Rev:** Phoenix and flan in boat **Rev. Legend:** REPARATIO VERIT EVANGEL **Rev. Inscription:** SANCTIFICA/VERO NOS/SERMONE/TVO DEVS

Date	Mintage	VG	F	VF	XF	Unc
1717	—	45.00	90.00	150	275	—

KM# 24 1/4 THALER
Silver **Ruler:** Ludwig Gottfried **Subject:** 200th Anniversary of the Reformation **Obv:** 4-Line inscription with date in chronogram **Rev:** Phoenix and flan in boat **Note:** Similar to 1/8 Thaler, KM#23.

Date	Mintage	VG	F	VF	XF	Unc
1717	—	80.00	160	325	675	—

TRADE COINAGE

KM# 15 1/2 THALER
Silver **Ruler:** Karl Ludwig **Obv:** Armored bust right **Obv. Legend:** CAROL • LUD • COM • DE HOHENLO & GLEICH • DOM • IN • LANGENB • & CRANICHF • Æ68 **Rev:** Helmeted arms within Order chain **Rev. Legend:** SOLA BONA QUÆ HONESTA

Date	Mintage	VG	F	VF	XF	Unc
1742	—	300	600	1,200	2,400	—

KM# 16 THALER
Silver **Ruler:** Karl Ludwig **Obv:** Armored bust right **Obv. Legend:** CAROL • LUD • COM • DE HOHENLO • & GLEICH • DOM • IN LANGENB • & CRANICHF • Æ68 **Rev:** Helmeted arms within Order chain, date divided below **Rev. Legend:** SOLA BONA QUÆ HONESTA **Note:** Struck from 1/2 Thaler dies, KM#15. Dav. #2349.

Date	Mintage	VG	F	VF	XF	Unc
1742 PPW-PGN	—	1,800	3,000	5,000	8,500	12,500

KM# 17 2 THALER
Silver **Ruler:** Karl Ludwig **Note:** Struck from 1/2 Thaler dies, KM#15. Dav. #2348.

Date	Mintage	VG	F	VF	XF	Unc
1742 PPW-PGN	—	1,500	2,500	4,500	9,000	—

TRADE COINAGE

KM# 20 8 DUCAT
28.0000 g., 0.9860 Gold 0.8876 oz. AGW **Ruler:** Karl Ludwig **Subject:** 50th Anniversary of Reign **Obv:** Armored bust right **Rev:** Inscription within ornate frame

Date	Mintage	VG	F	VF	XF	Unc
1752 PPW Rare	—	—	—	—	—	—

PATTERNS
Including off metal strikes

KM#	Date	Mintage	Identification	Mkt Val
Pn1	1737 N	—	1/8 Thaler. Silver. KM#12.	—
Pn2	1737 N	—	1/4 Thaler. Silver. KM#12.	—
Pn3	1752 PPW	—	Thaler. Silver.	1,850

HOHENLOHE-PFEDELBACH

Established as one of three lines of the Waldenburg (Catholic) branch of Hohenlohe in 1600. It became extinct in 1728, passed to Hohenlohe-Bartenstein. A new line was established as Hohenlohe-Bartenstein-Pfedelbach (which see).

RULER
Ludwig Gottfried, 1685-1728

COUNTSHIP

REGULAR COINAGE

KM# 20 1/2 GROSCHEN (6 Pfennig)
Silver **Ruler:** Ludwig Gottfried **Subject:** 200th Anniversary of the Reformation **Obv:** Shield of Hohenlohe arms leaning to left, large crown above **Rev:** Legend in wreath **Rev. Legend:** EVAN/GELISCHE/IVEL. MUNZ/D. 31. OCT/1717

Date	Mintage	VG	F	VF	XF	Unc
1717	—	30.00	60.00	130	265	—

KM# 21 GROSCHEN (3 Kreuzer)
Silver **Ruler:** Ludwig Gottfried **Subject:** 200th Anniversary of the Reformation **Obv:** Crowned four-fold arms in cartouche **Rev:** Six-line inscription with Roman numeral date

Date	Mintage	VG	F	VF	XF	Unc
1717	—	35.00	75.00	150	300	—

KM# 22 2 GROSCHEN
Silver **Ruler:** Ludwig Gottfried **Subject:** 200th Anniversary of the Reformation **Obv:** Crowned 4-fold arms within cartouche **Rev:** 6-Line inscription with Roman numeral date **Note:** Similar to 1 Groschen, KM#21. Struck from 1 Groschen dies, KM#21.

Date	Mintage	VG	F	VF	XF	Unc
1717	—	—	—	—	—	—

KM# 25 DUCAT
3.5000 g., 0.9860 Gold 0.1109 oz. AGW **Ruler:** Ludwig Gottfried **Subject:** Bicentennial of the Reformation **Obv:** Crowned arms within cartouche **Rev:** Inscription within branches

Date	Mintage	VG	F	VF	XF	Unc
1717	—	600	1,200	2,500	5,000	—

KM# 30 DUCAT
3.5000 g., 0.9860 Gold 0.1109 oz. AGW **Obv:** Bust of Josef Anton right **Rev:** Phoenix rising from flames, date in exergue

Date	Mintage	VG	F	VF	XF	Unc
1747 PPW	—	650	1,350	2,800	5,900	—

KM# 26 2 DUCAT
7.0000 g., 0.9860 Gold 0.2219 oz. AGW **Ruler:** Ludwig Gottfried **Note:** Struck from 1 Ducat dies, KM#25.

Date	Mintage	VG	F	VF	XF	Unc
1717	—	4,500	6,500	9,500	15,000	—

HOHENLOHE-WALDENBURG-SCHILLINGSFURST

In 1600 the Pfedelbach, Waldenburg and Schillingsfürst lines of Hohenlohe were established from Waldenburg, the Catholic branch of the family. Waldenburg became extinct in 1679 with all lands passing to Schillingsfurst. The count gained the rank of prince in 1744, but the line only lasted until mediatization in 1806.

RULERS
Philipp Ernst, 1697-1753
Karl Albrecht, 1753-1793
Karl Albrecht Christian, 1793-1796
Karl Albrecht Philipp Josef, 1796-1806

MINT MARKS
F - Friedberg

MINTMASTER'S INITIALS

Initial	Date	Name
GFN	1682-1724	Georg Friedrich Nürnberger in Nuremberg

NOTE: Mints functioned at Bartenstein and Schillingsfürst during the Kipper Period.

COUNTSHIP

TRADE COINAGE

KM# 40 DUCAT
3.5000 g., 0.9860 Gold 0.1109 oz. AGW **Ruler:** Philipp Ernst **Obv:** Bust left **Rev:** Phoenix

Date	Mintage	VG	F	VF	XF	Unc
1750 PW	—	925	1,950	3,300	6,300	—

ISNY

PRINCIPALITY

REGULAR COINAGE

KM# 45 KREUZER
Billon **Ruler:** Karl Albrecht **Obv:** Legend and date **Rev:** Phoenix

Date	Mintage	VG	F	VF	XF	Unc
1768 SNR	—	10.00	20.00	32.00	70.00	—

KM# 50 2-1/2 KREUZER
Billon **Ruler:** Karl Albrecht **Obv:** Legend, date **Rev:** Phoenix
Note: Similar to 1 Kreuzer, KM#45.

Date	Mintage	VG	F	VF	XF	Unc
1770 SNR	—	16.00	32.00	60.00	120	—

KM# 46 5 KREUZER
Billon **Ruler:** Karl Albrecht **Obv:** Legend, date with branches **Rev:** Phoenix

Date	Mintage	VG	F	VF	XF	Unc
1768 SNR	—	20.00	40.00	70.00	150	—
1770	—	20.00	40.00	70.00	150	—

KM# 51 1/2 THALER
Silver **Ruler:** Karl Albrecht **Obv:** Armored bust right **Rev:** Phoenix

Date	Mintage	VG	F	VF	XF	Unc
1770 OEXLEIN-SNR	—	75.00	165	350	650	—

KM# 41 THALER
Silver **Ruler:** Karl Albrecht **Obv:** Large lettering **Obv. Legend:** CAR: ALB: D:G: PR: REGN: AB HOHENL: ET WALDENB: D: IN LANGENBURG., inner row; DEO PATRIÆ - NON NOBIS, below; I. L. OEXLEIN f. **Rev:** Phoenix rising from ashes **Rev. Legend:** EX FLAMMIS ORIOR, in exergue; 10 EINE FEINE MARCK MDCCLVII/M.F **Note:** Dav. #2360.

Date	Mintage	VG	F	VF	XF	Unc
1757 I.L. OEXLEIN-MF	—	275	550	1,000	1,850	—

KM# 42 THALER
Silver **Ruler:** Karl Albrecht **Obv:** Small lettering **Obv. Legend:** CAR: ALB: D:G: PR: REG: AB HOHENLOHE WALD: DOM: IN LANG: ET SCHILL.I INGS * FVRST.*, in inner row; DEO PATRI/E - NON NOBIS, below; I. L. OEXLEIN. F. **Rev:** Phoenix rising from ashes **Rev. Legend:** EX FLAMMIS ORIOR, in exergue; 10 EINE FEINE MARCK/MDCCLVII/M. F. **Note:** Dav. #2361.

Date	Mintage	VG	F	VF	XF	Unc
1757 I.L. OEXLEIN-MF	—	350	700	1,300	2,200	—

TRADE COINAGE

KM# 52 DUCAT
3.5000 g., 0.9860 Gold 0.1109 oz. AGW **Ruler:** Karl Albrecht **Obv:** Armored bust right **Rev:** Phoenix

Date	Mintage	VG	F	VF	XF	Unc
1776 OE	—	1,300	2,750	4,950	8,750	—

PATTERNS
Including off metal strikes

KM#	Date	Mintage	Identification	Mkt Val
Pn2	1750 PW	—	Ducat. Silver. KM#40.	350

HOHENZOLLERN-HECHINGEN

Located in southern Germany, the Hechingen line was founded in 1576. The family received the mint right in 1471 and the counts were raised to the rank of prince of the empire in 1623. As a result of the 1848 revolutions the prince abdicated in favor of Prussia in 1849.

RULERS
Friedrich Wilhelm, 1671-1735
Friedrich Ludwig, 1735-1750
Josef Wilhelm, 1750-1798
Hermann Friedrich Otto, 1798 - 1810

MINT OFFICIALS' INITIALS

Initials	Date	Name
ARW	1742-84	Adam Rudolf Werner, die-cutter
CH, ICH	1783-1808	Johann Christian Heuglin
DFH	1760-84	Daniel Friedrich Heuglin, warden
ILW, W	1798-1845	Johann Ludwig Wagner, die-cutter

ARMS
Hohenzollern: Quartered square, upper left and lower right dark, upper right and lower left light (black and silver). Hereditary Imperial Chamberlain: Two crossed sceptres.

REFERENCE:
B = Emil Bahrfeldt, *Das Münz- und Geldwesen der Fürstenthümer Hohenzollern, Berlin, 1900.*

PRINCIPALITY

REGULAR COINAGE

KM# 30 THALER
Silver **Ruler:** Josef Wilhelm **Obv:** Bust right **Obv. Legend:** IOS: WILH: D.G. PR: DE - HOHENZOLLERN. BVRGG: N: **Rev:** Crowned arms withini Order chain, cross divides date below **Rev. Legend:** AD NORMAM - CONVENTIONIS **Note:** Convention Thaler.

Date	Mintage	VG	F	VF	XF	Unc
1783 ARW-DFH-ICH	—	135	275	550	1,000	2,000

TRADE COINAGE

KM# 25 1/4 CAROLIN
2.4250 g., 0.7700 Gold 0.0600 oz. AGW **Ruler:** Friedrich Wilhelm **Obv:** Bust right **Rev:** Crowned and mantled arms, date below

Date	Mintage	VG	F	VF	XF	Unc
1734	—	350	750	1,650	3,600	—
1735	—	350	750	1,650	3,600	—

KM# 26 1/2 CAROLIN
4.8500 g., 0.7700 Gold 0.1201 oz. AGW **Ruler:** Friedrich Wilhelm **Obv:** Bust right **Rev:** Crowned and mantled arms, date below

Date	Mintage	VG	F	VF	XF	Unc
1734	—	450	850	1,800	3,900	—
1735	—	450	850	1,800	3,900	—

KM# 27 CAROLIN
9.7000 g., 0.7700 Gold 0.2401 oz. AGW **Ruler:** Friedrich Wilhelm **Obv:** Bust right **Rev:** Crowned and mantled arms, date below

Date	Mintage	VG	F	VF	XF	Unc
1734	—	650	1,250	2,750	5,400	—
1735	—	650	1,250	2,750	5,400	—

ISNY

This south German city, some 17 miles NE of Lindau and the shore of the Bodensee (Lake Constance), is first mentioned in the 11th century. It acquired its imperial city status from Emperor Karl IV in 1365 and the mint right in 1507 from Maximilian I. A regular coinage began the following year and continued, on-and-off, until the early 18th century. The city was acquired by Württemberg in 1803 and lost its position as a free city.

MINT OFFICIALS' INITIALS

Initials	Date	Name
PI	1695-1702	Hans Jakob Hau
PPW, W	(d.1771)	Peter Paul Werner, die-cutter in Nürnberg

ARMS
Early arms – horseshoe in shield
Later arms - crowned eagle with horseshoe in shield on breast
Also, sometimes a large, six-pointed star

REFERENCE
N = Elisabeth Nau, **Die Münzen und Medaillen des oberschwäbischen Städte**, Freiburg im Breisgau, 1964.

FREE CITY

REGULAR COINAGE

KM# 15 PFENNIG
Copper **Obv:** Crowned city eagle arms

Date	Mintage	VG	F	VF	XF	Unc
ND(ca.1701-2)	—	12.00	25.00	55.00	110	—

KM# 16 KREUZER
Silver **Obv:** Crowned imperial eagle, value I in orb on breast **Rev:** Crowned city eagle arms

Date	Mintage	VG	F	VF	XF	Unc
ND(ca.1701-02)	—	25.00	55.00	110	225	—

KM# 21 GROSCHEN
Silver **Subject:** 200th Anniversary of Augsburg Confession **Obv:** Eye of God in clouds above figure with cart of grapes **Rev:** Eight-line inscription, VII.KAL. IVL. in exergue, W below

Date	Mintage	VG	F	VF	XF	Unc
ND(1730) W Rare	—	—	—	—	—	—

KM# 25 GROSCHEN
1.9000 g., Silver, 20 mm. **Subject:** Centennial of Peace of Westphalia **Obv:** Allegorical figure standing with garlanded altar left **Rev:** Six-line inscription within laurel wreath

Date	Mintage	VG	F	VF	XF	Unc
MDCCXLVIII (1748) PPW Rare	—	—	—	275	450	750

COUNTERMARKED COINAGE

KM# 30 KREUZER
Copper **Countermark:** Broad horseshoe **Note:** Countermark on Furstenberg, KM#26.

CM Date	Host Date	Good	VG	F	VF	XF
ND	1772 G	—	100	200	350	—

KM# 20 GROSCHEN
Silver **Countermark:** Horseshoe in a circle **Note:** Countermark on Bavaria, KM#167.

CM Date	Host Date	Good	VG	F	VF	XF
ND	ND(1726)	—	100	200	350	—

TRADE COINAGE

KM# 26 3 DUCAT
10.5000 g., 0.9860 Gold 0.3328 oz. AGW **Subject:** Centennial - Peace of Westphalia **Obv:** Allegorical figure standing with garlanded altar left **Rev:** Six-line inscription within laurel wreath

Date	Mintage	VG	F	VF	XF	Unc
1748 PPW Rare	—	—	—	—	—	—

KM# 27 6 DUCAT
21.0000 g., 0.9860 Gold 0.6657 oz. AGW **Subject:** Centennial - Peace of Westphalia **Obv:** Allegorical figure standing with garlanded altar left **Rev:** Six-line inscription within laurel wreath

Date	Mintage	VG	F	VF	XF	Unc
1748 PPW Rare	—	—	—	—	—	—

PATTERNS
Including off metal strikes

KM#	Date	Mintage	Identification	Mkt Val
Pn2	1748 PPW	—	3 Ducat. Silver. KM#26	—

JEVER

A lordship lying on the North Sea coast, Jever's earliest coinage dates from the late 10th and early 11th centuries. For several centuries Jever experienced political disintegration until one powerful lord united the district in the early 15th century. The noble line fell extinct in 1575 and Jever passed by marriage to Oldenburg, then successively to Anhalt-Zerbst in 1667, Russia in 1793, Holland in 1807, Russia again in 1813, and finally to Oldenburg again in 1818.

The coinage struck for Jever under Oldenburg can be distinguished by prominence given to the Jever arms - a lion rampant to the left usually in a central shield imposed over the four-fold arms of Oldenburg and Delmenhorst.

RULERS
Karl Wilhelm von Anhalt-Zerbst, 1667-1718
Johann August von Anhalt-Zerbst, 1718-1742
Johann Ludwig von Anhalt-Zerbst, 1742-1746 and
Christian August von Anhalt-Zerbst, 1742-1747
Johanna Elisabeth von Schleswig-Holstein-Gottorp, 1747-1752
Friedrich August of Anhalt-Zerbst, 1753-1793
Friederike Auguste Sophie, 1793-1807

REFERENCE
M = Johann Friedrich L. Th. Merzdorf, **Die Münzen und Medaillen Jeverlands**, Oldenburg, 1862.

LORDSHIP

REGULAR COINAGE

KM# 96 HELLER
Copper **Ruler:** Friedrich August **Obv:** Bust right **Rev:** Arms divide date, JEVER above, value below

Date	Mintage	VG	F	VF	XF	Unc
1764	—	15.00	25.00	55.00	110	—

KM# 97 PFENNIG
Copper **Ruler:** Friedrich August **Obv:** Bust right **Rev:** Arms divide date, JEVER above, value below

Date	Mintage	VG	F	VF	XF	Unc
1764	—	7.50	15.00	30.00	65.00	—

KM# 111 1/4 STUBER (Örtgen)
3.1900 g., Copper **Ruler:** Friederike Auguste Sophie **Obv:** Arms **Obv. Legend:** MON.DYN.JEVER **Rev:** Value above date

Date	Mintage	VG	F	VF	XF	Unc
1799	—	12.00	22.00	45.00	95.00	—

KM# 105 STUBER (10 Witten)
1.5400 g., 0.1870 Silver 0.0093 oz. ASW **Ruler:** Friederike Auguste Sophie **Obv:** Arms **Rev:** Value above date

Date	Mintage	VG	F	VF	XF	Unc
1798	—	12.00	22.50	50.00	110	225

KM# 106 2 STUBER (Schaf)
1.8500 g., 0.1870 Silver 0.0111 oz. ASW **Ruler:** Friederike Auguste Sophie **Obv:** Arms **Rev:** Value above date

Date	Mintage	VG	F	VF	XF	Unc
1798	—	22.00	45.00	80.00	175	350

KM# 98 GROTEN (4 Pfennig)
1.5200 g., 0.1600 Silver 0.0078 oz. ASW **Ruler:** Friedrich August **Obv:** Bust right **Rev:** Arms divide date, value below

Date	Mintage	VG	F	VF	XF	Unc
1764	—	12.50	25.00	55.00	110	—

KM# 107 GROTEN (4 Pfennig)
1.1500 g., 0.1870 Silver 0.0069 oz. ASW **Ruler:** Friederike Auguste Sophie **Obv:** Arms **Rev:** Value above date

Date	Mintage	VG	F	VF	XF	Unc
1798	—	17.50	40.00	80.00	165	—

KM# 108 3 GROTE
2.0800 g., 0.3120 Silver 0.0209 oz. ASW **Ruler:** Friederike Auguste Sophie **Obv:** Arms **Rev:** Value above date

Date	Mintage	VG	F	VF	XF	Unc
1798	—	25.00	50.00	110	225	—

KM# 99 4 GROTE (1/18 Thaler)
2.4100 g., 0.4000 Silver 0.0310 oz. ASW **Ruler:** Friedrich August **Obv:** Bust right **Rev:** Arms divide date; value below

Date	Mintage	VG	F	VF	XF	Unc
1764	—	15.00	37.00	75.00	150	—

KM# 100 4 GROTE (1/18 Thaler)
2.4100 g., 0.4000 Silver 0.0310 oz. ASW **Ruler:** Friedrich August **Obv:** Bust right **Rev:** Arms divide 16-P, date, 5-K, "JEVER" above, value below

Date	Mintage	VG	F	VF	XF	Unc
1764	—	25.00	55.00	110	225	—

KM# 101 12 GROTE (1/6 Thaler)
4.0200 g., 0.7200 Silver 0.0931 oz. ASW **Ruler:** Friedrich August **Obv:** Bust right **Rev:** Lion arms divide date, name and value below

Date	Mintage	VG	F	VF	XF	Unc
1764	—	25.00	50.00	100	200	—

KM# 102 12 GROTE (1/6 Thaler)
4.0200 g., 0.7200 Silver 0.0931 oz. ASW **Ruler:** Friedrich August **Rev:** Arms divide 48-P, date, 15-K, "JEVER" above **Note:** C5a.

Date	Mintage	VG	F	VF	XF	Unc
1764	—	35.00	75.00	150	300	—

KM# 95 2/3 THALER (Gulden)
12.9600 g., 0.9000 Silver 0.3750 oz. ASW **Ruler:** Friedrich August **Obv:** Armored bust right **Rev:** Helmeted lion arms, Roman numeral date below

Date	Mintage	VG	F	VF	XF	Unc
1763	—	500	900	1,600	2,700	—

KM# 110 THALER
22.2700 g., 0.7500 Silver 0.5370 oz. ASW **Ruler:** Friederike Auguste Sophie **Obv:** Crowned double-headed imperial eagle with lion arms on breast **Obv. Legend:** SUB • UMBRA • ALARUM • TUARUM • **Rev:** Value, date within branches **Rev. Legend:** * FRIED • AVG • SOPH • PRINC • ANH • DYN • IEVER • ADMIN • **Note:** Reichs Thaler; Dav.#2363.

Date	Mintage	VG	F	VF	XF	Unc
1798	—	250	500	1,000	2,000	—

KM# 109 1/2 THALER
11.1400 g., 0.7500 Silver 0.2686 oz. ASW **Ruler:** Friederike Auguste Sophie **Obv:** Crowned imperial eagle with lion arms on breast **Rev:** Value, date within branches **Note:** Reichs 1/2 Thaler.

Date	Mintage	VG	F	VF	XF	Unc
1798	—	125	250	475	975	2,000

JULICH-BERG

The earliest counts of Jülich, located between Aachen and the Rhine (see Jülich, City), are known from the mid-9th century. Successive counts added territories to the nucleus of their domains and obtained the mint right in 1237. Count Wilhelm V (1328-62) attained the rank of Margrave in 1336 and was raised to that of Duke as Wilhelm I in 1356. His son, Wilhelm II, married Maria of Geldern, thus enlarging the duchy greatly. His younger brother married the heiress of Berg (along the east bank of the Rhine) and Ravensberg (in Westphalia). Geldern passed to the Egmont family in 1423 for lack of legitimate heirs in the Jülich line. Jülich itself fell to the younger branch of the family in Berg-Ravensberg in the same year. From this time on, the duchy was known as Jülich-Berg. Wilhelm IV died in 1511 without a male heir and his daughter, Maria, had married Duke Johann III of Cleve the year before. In 1521, the three duchies were united as Jülich-Cleve Berg (see). Following the great controversy after the death of Duke Johann Wilhelm in 1609, Jülich and Berg were occupied jointly by Brandenburg and Pfalz-Neuburg. The latter acquired Jülich-Berg outright in 1624, while Cleve, Mark and Ravensberg went to Brandenburg-Prussia. The dual duchy remained with the Wittelsbachs of the Palatinate until 1801, in which year France occupied it. In the peace settlement at the end of the Napoleonic Wars in 1815, Jülich-Berg was given to Prussia.

RULERS
Johann Wilhelm von Pfalz-Neuburg, 1679-1716
Karl Philipp von Pfalz-Neuburg, 1716-1742
Karl Theodor, 1742-1799

MINT MARKS
D - Düsseldorf

MINT OFFICIALS' INITIALS

Initials	Date	Name
AK	1748-66	Anton Kamphausen
CLS	1767-70	Carl Ludwig Selche
FM	1735-48	Friedrich Maul
FO	1736-37	Franz Offner
GB	1765-1803	Georg Barbier, die-cutter
HLO	1700-01	Heinrich Lorenz Odenthal
IAL	1707-09	Johann Adam Longerich
ICM, M, MARME	1737-51	Johann Konrad Marme, die-cutter in Mannheim
IH	1724-26	Johann Hittorff
L, LC	1706-14	Gabriel Leclerc, die-cutter
NP	1710-21	Nikolaus Pruck
PM	1771-84	Paul Maassen
PR	1785-1804	Peter Ruedesheim
RF	1728-35	Richard Fehr
S	1748-51	Anton Schafer, die-cutter in Mannheim

JULICH-BERG

ARMS
Berg: Lion with double tail rampant to left.
Cleve: Eight rods (scepters) with lilies at tips arranged as spokes in a wheel, small shield in center.
Jülich: Lion with single tail rampant to left.
Mark: Checkerboard in horizontal band across center.
Pfalz: Lion rampant to left.
Ravensberg: Three chevrons.

REFERENCES
N = Alfred Noss, Die Münzen von Berg und Jülich-Berg I, Munich, 1929.
Sch = Wolfgang Schulten, **Deutsche Münzen aus der Zeit Karls V.,** Frankfurt am Main, 1976.

DUCHY

REGULAR COINAGE

KM# 135 HELLER
Billon **Ruler:** Johann Wilhelm **Obv:** Lion rampant right in circle **Note:** Uniface.

Date	Mintage	VG	F	VF	XF	Unc
ND(ca.1710)	—	10.00	20.00	40.00	80.00	—

KM# 172 HELLER
Billon **Ruler:** Karl Philipp **Obv:** Lion rampant right in circle. H between hind legs. **Note:** Varieties exist.

Date	Mintage	VG	F	VF	XF	Unc
ND(ca.1725)	—	10.00	20.00	40.00	80.00	—

KM# 186 8 HELLER (1/2 Stüber)
Billon **Ruler:** Karl Philipp **Obv:** Crowned rampant lion left in square shield, palm fronds at sides, large crown above **Rev:** Value, VIII, date in circle **Rev. Legend:** GULICH.UND.BERG.LANDMUNZ **Note:** Varieties exist.

Date	Mintage	VG	F	VF	XF	Unc
1736 FO	—	10.00	20.00	45.00	90.00	—
1737 FO	—	10.00	20.00	45.00	90.00	—

KM# 200 1/4 STUBER
Copper **Ruler:** Karl Theodor **Obv:** Crowned lion shield **Rev:** Value, date

Date	Mintage	VG	F	VF	XF	Unc
1750 AK	—	7.00	18.00	37.00	75.00	—
1751 AK	—	7.00	18.00	37.00	75.00	—
1752 AK	—	7.00	18.00	37.00	75.00	—
1753 AK	—	7.00	18.00	37.00	75.00	—

KM# 205 1/4 STUBER
3.3300 g., Copper, 23.7 mm. **Ruler:** Karl Theodor **Obv:** Floriated monogram **Rev:** Value, date **Note:** Varieties exist.

Date	Mintage	VG	F	VF	XF	Unc
1765 AK	—	4.00	9.00	18.00	37.00	—
1766 AK	—	4.00	9.00	18.00	37.00	—
1767 CLS	—	4.00	9.00	18.00	37.00	—
1768 CLS	—	4.00	9.00	18.00	37.00	—
1769 CLS	—	4.00	9.00	18.00	37.00	—
1770 CLS	—	4.00	9.00	18.00	37.00	—
1771 PM	—	4.00	9.00	18.00	37.00	—
1772 PM	—	4.00	9.00	18.00	37.00	—
1773 PM	—	4.00	9.00	18.00	37.00	—
1774 PM	—	4.00	9.00	18.00	37.00	—
1775 PM	—	4.00	9.00	18.00	37.00	—
1776 PM	—	4.00	9.00	18.00	37.00	—
1777 PM	—	4.00	9.00	18.00	37.00	—
1778 PM	—	4.00	9.00	18.00	37.00	—
1779 PM	—	4.00	9.00	18.00	37.00	—
1780 PM	—	4.00	9.00	18.00	37.00	—
1781 PM	—	4.00	9.00	18.00	37.00	—
1782 PM	—	4.00	9.00	18.00	37.00	—
1783 PM	—	4.00	9.00	18.00	37.00	—
1784 PM	—	4.00	9.00	18.00	37.00	—

KM# 206 1/2 STUBER
Copper **Ruler:** Karl Theodor **Obv:** Floriated monogram **Rev:** Value, date

Date	Mintage	VG	F	VF	XF	Unc
1765 AK	—	5.00	10.00	20.00	40.00	—
1766 AK	—	5.00	10.00	20.00	40.00	—
1767 CLS	—	5.00	10.00	20.00	40.00	—
1768 CLS	—	5.00	10.00	20.00	40.00	—
1769 CLS	—	5.00	10.00	20.00	40.00	—
1770 CLS	—	5.00	10.00	20.00	40.00	—
1771 PM	—	5.00	10.00	20.00	40.00	—
1772 PM	—	5.00	10.00	20.00	40.00	—
1773 PM	—	5.00	10.00	20.00	40.00	—
1774 PM	—	5.00	10.00	20.00	40.00	—
1775 PM	—	5.00	10.00	20.00	40.00	—
1776 PM	—	5.00	10.00	20.00	40.00	—
1777 PM	—	5.00	10.00	20.00	40.00	—
1778 PM	—	5.00	10.00	20.00	40.00	—
1779 PM	—	5.00	10.00	20.00	40.00	—
1780 PM	—	5.00	10.00	20.00	40.00	—
1781 PM	—	5.00	10.00	20.00	40.00	—
1782 PM	—	5.00	10.00	20.00	40.00	—
1783 PM	—	5.00	10.00	20.00	40.00	—
1784 PR	—	5.00	10.00	20.00	40.00	—
1785 PR	—	5.00	10.00	20.00	40.00	—
1786 PR	—	5.00	10.00	20.00	40.00	—
1787 PR	—	5.00	10.00	20.00	40.00	—
1790 PR	—	5.00	10.00	20.00	40.00	—
1794 PR	—	5.00	10.00	20.00	40.00	—

KM# 187 STUBER
Billon **Ruler:** Karl Philipp **Obv:** Crowned lion rampant left in square shield, palm fronds at sides, large crown above **Rev:** Value, date **Rev. Inscription:** I / STVBER **Note:** Varieties exist.

Date	Mintage	VG	F	VF	XF	Unc
1736 FO	—	8.00	20.00	40.00	80.00	—
1737 FO	—	8.00	20.00	40.00	80.00	—

KM# 191 STUBER
Billon **Ruler:** Karl Philipp **Obv:** Crowned lion rampant left in circle **Obv. Legend:** GULICH. UND. BERG. LANDMUNZ **Rev:** Value, date and initials **Rev. Inscription:** I / STUBER **Note:** Varieties exist.

Date	Mintage	VG	F	VF	XF	Unc
1738 FM	—	10.00	22.00	45.00	95.00	—

KM# 207 STUBER
Billon **Ruler:** Karl Theodor **Obv:** Crowned CT monogram **Rev:** Value, date

Date	Mintage	VG	F	VF	XF	Unc
1765 AK	—	12.00	30.00	60.00	120	—

KM# 215 2 STUBER
Billon **Ruler:** Karl Theodor **Obv:** Crowned arms **Rev:** Value above date

Date	Mintage	VG	F	VF	XF	Unc
1792	—	10.00	22.00	45.00	90.00	—
1794	—	10.00	22.00	45.00	90.00	—

KM# 216 3 STUBER
Billon **Ruler:** Karl Theodor **Obv:** Crowned arms **Rev:** Value above date

Date	Mintage	VG	F	VF	XF	Unc
1792 PR	—	8.00	20.00	40.00	80.00	—
1793 PR	—	8.00	20.00	40.00	80.00	—
1794 PR	—	8.00	20.00	40.00	80.00	—

KM# 208 3 STUBER
Billon **Ruler:** Karl Theodor **Obv:** CT monogram **Rev:** Value, date

Date	Mintage	VG	F	VF	XF	Unc
1765 AK	—	20.00	35.00	75.00	150	—
1766 AK	—	20.00	35.00	75.00	150	—

Date	Mintage	VG	F	VF	XF	Unc
1784/3 PM	—	4.00	9.00	18.00	37.00	—
1785 PR	—	4.00	9.00	18.00	37.00	—
1786 PR	—	4.00	9.00	18.00	37.00	—
1787 PR	—	4.00	9.00	18.00	37.00	—
1792 PR	—	4.00	9.00	18.00	37.00	—
1794 PR	—	4.00	9.00	18.00	37.00	—

KM# 209 12 STUBER
Silver **Ruler:** Karl Theodor **Obv:** Bust right **Rev:** Crowned large oval arms, value, date

Date	Mintage	VG	F	VF	XF	Unc
1765 GB	—	50.00	110	225	450	—

KM# 210 12 STUBER
Silver **Ruler:** Karl Theodor **Rev:** Smaller arms

Date	Mintage	VG	F	VF	XF	Unc
1765 AK	—	45.00	100	210	420	—
1766 AK	—	45.00	100	210	420	—

KM# 192 8 ALBUS (6 Stüber)
Silver **Ruler:** Karl Philipp **Obv:** Crowned complex round arms **Rev:** Value, date within inner circle **Note:** Varieties exist.

Date	Mintage	VG	F	VF	XF	Unc
1738 FM	—	25.00	60.00	120	245	—

KM# 162 3 KREUZER (4 Fettmännchen)
Billon **Ruler:** Karl Philipp **Obv:** Crowned lion rampant left in baroque frame divides date, large crown above **Rev:** Value in palm wreath **Rev. Inscription:** 3.KR / LAND / MUNTZ / 4. FET **Note:** Varieties exist.

Date	Mintage	VG	F	VF	XF	Unc
1718 NP	—	40.00	90.00	185	375	—
1719 NP	—	40.00	90.00	185	375	—
1721 NP	—	40.00	90.00	185	375	—

KM# 163 12 KREUZER (16 Fettmännchen)
Silver **Ruler:** Karl Philipp **Obv:** Crowned lion rampant left in ornate frame divides date, large crown above **Rev:** Value in palm wreath **Rev. Inscription:** 12.KR / LAND / MUNTZ / 16. FET

Date	Mintage	VG	F	VF	XF	Unc
1718 NP	—	35.00	80.00	165	335	—

KM# 164 20 KREUZER (26 Fettmännchen)
Silver **Ruler:** Karl Philipp **Obv:** Crowned lion arms divide date **Rev:** Value within wreath **Note:** Varieties exist.

Date	Mintage	VG	F	VF	XF	Unc
1718 NP	—	30.00	65.00	135	270	—
1719 NP	—	30.00	65.00	135	270	—
1720 NP	—	30.00	65.00	135	270	—
1721 NP	—	30.00	65.00	135	270	—

KM# 165 24 KREUZER (32 Fettmännchen)
Silver **Ruler:** Karl Philipp **Obv:** Crowned rampant lion left in ornate frame divides date, large crown above

Date	Mintage	VG	F	VF	XF	Unc
1718 NP	—	60.00	125	250	525	—

KM# 154 1/24 THALER (1/16 Gulden)
Silver **Ruler:** Johann Wilhelm **Obv:** Crowned imperial orb in shield divides mintmaster's initials **Rev:** Value, date **Rev. Inscription:** 24 / EINEN / REICHS / THAL **Note:** Varieties exist.

GERMAN STATES — JULICH-BERG

Date	Mintage	VG	F	VF	XF	Unc
1712 NP	—	35.00	75.00	150	300	—
1713 NP	—	35.00	75.00	150	300	—

KM# 136.1 1/12 THALER (1/8 Gulden)
Silver **Ruler:** Johann Wilhelm **Obv:** Crowned arms divide date **Rev:** Value

Date	Mintage	VG	F	VF	XF	Unc
1710 NP	—	25.00	60.00	120	245	—
1713 NP	—	25.00	60.00	120	245	—

KM# 136.2 1/12 THALER (1/8 Gulden)
Silver **Ruler:** Johann Wilhelm **Obv:** Baroque frame around oval arms **Rev:** Value

Date	Mintage	VG	F	VF	XF	Unc
1714 NP	—	40.00	90.00	180	365	—

KM# 108 1/6 THALER (1/4 Gulden)
Silver **Ruler:** Johann Wilhelm **Obv:** Bust right **Rev:** Crowned oval 9-fold arms with central shield, value "1/6" near bottom, date in legend

Date	Mintage	VG	F	VF	XF	Unc
1707 IAL	—	60.00	100	210	420	—

KM# 109 1/6 THALER (1/4 Gulden)
Silver **Ruler:** Johann Wilhelm **Obv:** Head right **Rev:** Large crown above 4 small oval arms in cruciform, smaller oval arms in center, value (1/6) in lower part of bottom shield, date in legend

Date	Mintage	VG	F	VF	XF	Unc
1707 IAL	—	35.00	75.00	150	300	—

KM# 110 1/6 THALER (1/4 Gulden)
Silver **Ruler:** Johann Wilhelm **Rev:** 9 small oval arms in circle around small central shield, crown above, value 1/6 below, date in legend

Date	Mintage	VG	F	VF	XF	Unc
1707 IAL	—	65.00	135	285	475	—

KM# 118 1/6 THALER (1/4 Gulden)
Silver **Ruler:** Johann Wilhelm **Rev:** 2 ornate shields of arms separated by 1/6 in oval, large crown above, third shield below with imperial orb, date in chronogram in legend

Date	Mintage	VG	F	VF	XF	Unc
1708 IAL	—	35.00	75.00	150	300	—

KM# 125 1/6 THALER (1/4 Gulden)
Silver **Ruler:** Johann Wilhelm **Obv:** Bust right **Rev:** Date in legend

Date	Mintage	VG	F	VF	XF	Unc
1709	—	30.00	65.00	130	260	—
1709 IAL	—	35.00	75.00	150	300	—

KM# 137 1/6 THALER (1/4 Gulden)
Silver **Ruler:** Johann Wilhelm **Obv:** Head right **Rev:** Shield with imperial orb smaller and between 2 larger shields

Date	Mintage	VG	F	VF	XF	Unc
1710	—	30.00	65.00	130	260	—

KM# 138 1/6 THALER (1/4 Gulden)
Silver **Ruler:** Johann Wilhelm **Rev:** Small shield in center blank

Date	Mintage	VG	F	VF	XF	Unc
1710	—	40.00	85.00	170	340	—

KM# 139 1/6 THALER (1/4 Gulden)
Silver **Ruler:** Johann Wilhelm **Obv:** Head right **Rev:** Imperial orb in oval baroque frame, date divided at top, large crown above, value (1/6) in oval below. **Note:** Varieties exist.

Date	Mintage	VG	F	VF	XF	Unc
1710	—	22.00	50.00	100	200	—
1710 NP	—	25.00	55.00	110	225	—
1711 NP	—	22.00	50.00	100	200	—
1712 NP	—	22.00	50.00	100	200	—
1714 NP	—	22.00	50.00	100	200	—
1715 NP	—	22.00	50.00	100	200	—

KM# 142 1/6 THALER (1/4 Gulden)
Silver **Ruler:** Johann Wilhelm **Obv:** Head right **Rev:** Double-headed eagle with two shields on breast **Note:** Vicariat issue.

Date	Mintage	VG	F	VF	XF	Unc
1711 NP	—	30.00	65.00	130	260	—

KM# 157 1/6 THALER (1/4 Gulden)
Silver **Ruler:** Johann Wilhelm **Subject:** Death of Johann Wilhelm II **Obv:** Bust right **Rev:** 7-line inscription with date

Date	Mintage	VG	F	VF	XF	Unc
1716	—	40.00	90.00	185	375	—

KM# 159 1/6 THALER (1/4 Gulden)
Silver **Ruler:** Karl Philipp **Obv:** Bust and titles of Karl Philipp **Rev:** Imperial orb in oval baroque frame, date divided at top, large crown above, value "1/6" in oval below

Date	Mintage	VG	F	VF	XF	Unc
1717 NP	—	60.00	90.00	185	375	—

KM# 166 1/6 THALER (1/4 Gulden)
Silver **Ruler:** Karl Philipp **Obv:** Bust right **Rev:** Large crown above ornate CP monogram, date divided at lower left and right, 1/6 - NP divided at bottom

Date	Mintage	VG	F	VF	XF	Unc
1718 NP	—	175	350	700	1,300	—

KM# 111 1/3 THALER (1/2 Gulden)
Silver **Ruler:** Johann Wilhelm

Date	Mintage	VG	F	VF	XF	Unc
1707 IAL	—	600	1,100	2,000	3,750	—

KM# 155 1/3 THALER (1/2 Gulden)
Silver **Ruler:** Johann Wilhelm **Rev:** 2 ornate shields of arms separted by 1/3 in oval, large crown above, 3rd shield below with imperial orb, date in legend

Date	Mintage	VG	F	VF	XF	Unc
1712 L	—	150	325	600	1,100	—

KM# 107 2/3 THALER (Gulden)
Silver **Ruler:** Johann Wilhelm **Obv:** Draped bust right **Rev:** Round arms

Date	Mintage	VG	F	VF	XF	Unc
1701 HLO	—	600	900	1,500	2,700	—

KM# 112 2/3 THALER (Gulden)
Silver **Ruler:** Johann Wilhelm **Rev:** Large crown above 4 small oval arms in cruciform, smaller oval arms in center, value 2/3 in lower part of bottom shield, date in legend

Date	Mintage	VG	F	VF	XF	Unc
1707 IAL	—	800	1,350	2,100	3,300	—

KM# 119 2/3 THALER (Gulden)
Silver **Ruler:** Johann Wilhelm **Rev:** 2 ornate shields of arms separated by 2/3 in oval, large crown above, 3rd shield below with imperial orb, date in chronogram in legend

Date	Mintage	VG	F	VF	XF	Unc
1708 IAL	—	800	1,350	2,100	3,300	—

KM# 126 2/3 THALER (Gulden)
Silver **Ruler:** Johann Wilhelm **Obv:** Head right **Rev:** Date in legend

Date	Mintage	VG	F	VF	XF	Unc
1709	—	650	1,200	2,100	3,000	—

KM# 127 2/3 THALER (Gulden)
Silver **Ruler:** Johann Wilhelm **Obv:** Bust right **Rev:** Shield with imperial orb smaller

Date	Mintage	VG	F	VF	XF	Unc
1709	—	650	1,200	2,100	3,000	—
1710	—	—	—	—	—	—

Note: Reported, not confirmed

KM# 143 2/3 THALER (Gulden)
Silver **Ruler:** Johann Wilhelm **Obv:** Head right **Rev:** Double-headed eagle with two crowned shields on breast, value above tail **Note:** Vicariat issue.

Date	Mintage	VG	F	VF	XF	Unc
1711 NP	—	675	1,000	2,000	2,900	—

JULICH-BERG

KM# 156 2/3 THALER (Gulden)
Silver **Ruler:** Johann Wilhelm **Obv:** Bust right **Rev:** 2 ornate shields of arms separated by 1/3 in oval, large crown above, 3rd shield below with imperial orb, date in legend

Date	Mintage	VG	F	VF	XF	Unc
1712 L	—	650	1,200	2,100	3,000	—

KM# 158 2/3 THALER (Gulden)
Silver **Ruler:** Johann Wilhelm **Subject:** Death of Johann Wilhelm II **Obv:** Bust right **Rev:** 7-line inscription with date

Date	Mintage	VG	F	VF	XF	Unc
1716	—	450	750	1,200	2,300	—

KM# 188 2/3 THALER (Gulden)
Silver **Ruler:** Karl Philipp **Obv:** Bust right **Rev:** Similar to obverse of KM#193 but value "2/3" in oval below arms dividing date and mintmaster's initials

Date	Mintage	VG	F	VF	XF	Unc
1737 M/FO	—	800	1,500	2,800	5,250	—

KM# 189 2/3 THALER (Gulden)
Silver **Ruler:** Karl Philipp **Obv:** Large crowned ornate CP monogram **Rev:** Date divided below arms, value divides FEIN - SILB and mintmaster's initials

Date	Mintage	VG	F	VF	XF	Unc
1737 FO	—	800	1,500	2,800	5,250	—

KM# 190 2/3 THALER (Gulden)
Silver **Ruler:** Karl Philipp **Rev:** Large rampant lion of Berg left, date divided above, M between hind legs, value "2/3" in oval below divides FEIN - SILB and mintmaster's initials

Date	Mintage	VG	F	VF	XF	Unc
1737 M/FO Rare	—	—	—	—	—	—

KM# 193 2/3 THALER (Gulden)
Silver **Ruler:** Karl Philipp **Obv:** Crown above 3 shields, Order chain below **Rev:** Value, date within inner circle

Date	Mintage	VG	F	VF	XF	Unc
1738 FM	—	450	850	1,600	3,000	—

KM# 128 THALER
Silver **Ruler:** Johann Wilhelm **Obv:** Bust right **Rev:** 3 Coats of arms crowned **Note:** Dav. #2364.

Date	Mintage	VG	F	VF	XF	Unc
1709 Rare	—	—	—	—	—	—

KM# 144 THALER
Silver **Ruler:** Johann Wilhelm **Obv:** Head right **Obv. Legend:** D • G • IOH: WILH: C • P • R • S • - R • I • ARCHID: EL: EIUSQ: **Rev:** Double eagle with 2 crowned arms **Rev. Legend:** B • I • C & M • D • PR • M • C • V - S • M • & R • D • I • R • 1709 **Note:** Dav. #2365.

Date	Mintage	VG	F	VF	XF	Unc
1711 NP	—	450	850	1,500	2,500	—

KM# 145 THALER
Silver **Ruler:** Johann Wilhelm **Obv:** LC below head **Note:** Dav. #2365A.

Date	Mintage	VG	F	VF	XF	Unc
1711 LC//NP	—	475	900	1,650	2,750	—

KM# 211 THALER
Silver **Ruler:** Karl Theodor **Obv:** Draped bust **Rev:** 3 shields **Note:** Convention Thaler. Dav. #2366.

Date	Mintage	F	VF	XF	Unc	BU
1765 AK	—	135	275	550	1,100	—

KM# 212 THALER
Silver **Ruler:** Karl Theodor **Rev:** 3 coats of arms crowned, supported by lion **Note:** Dav. #2367.

Date	Mintage	F	VF	XF	Unc	BU
1767 CLS	—	125	250	500	1,000	—

KM# 213 THALER
Silver **Ruler:** Karl Theodor **Obv:** Bust right **Obv. Legend:** CAR • THEODOR • D: G • C • P • R • S • R • I • A • T • & • EL • **Rev:** 3 Shields of arms **Rev. Legend:** 10 EINE FEINE MARCK **Note:** Dav. #2368.

Date	Mintage	F	VF	XF	Unc	BU
1771 PM	—	120	240	475	950	—

KM# 214 THALER
Silver **Ruler:** Karl Theodor **Obv:** Head right **Obv. Legend:** CAR • THEODOR • D: G • C • P • R • S • R • I • A • T • & • EL • **Rev:** Crowned shield in sprays on ornate base separate date **Rev. Legend:** 10 EINE • FEI - NE • MARCK **Note:** Dav. #2369.

Date	Mintage	F	VF	XF	Unc	BU
1772 PM	—	110	220	450	900	—

KM# 217 THALER
Silver **Ruler:** Karl Theodor **Obv:** Head right **Obv. Legend:** CAR • THEODOR • D: G • C • P • R • S • R • I • A • T • & • EL • **Rev:** Designs altered slightly **Rev. Legend:** 10 EINE • FEI - NE • MARCK **Note:** Dav. #2370. Varieties exist.

Date	Mintage	F	VF	XF	Unc	BU
1774 PM	—	150	300	600	1,650	2,250

TRADE COINAGE

KM# 167 1/2 GOLDGULDEN
1.7500 g., 0.9860 Gold 0.0555 oz. AGW **Ruler:** Karl Philipp **Obv:** Bust right, date in legend **Rev:** Crowned large ornate CP monogram **Rev. Legend:** EIN HALB GOLT - GVLDEN

Date	Mintage	F	VF	XF	Unc	BU
1718 Rare	—	—	—	—	—	—

KM# 168 GOLDGULDEN
3.5000 g., 0.9860 Gold 0.1109 oz. AGW **Ruler:** Karl Philipp **Obv:** Bust right **Rev:** Crowned CP monogram

Date	Mintage	VG	F	VF	XF	Unc
1718	—	250	350	1,200	2,250	—

KM# 140 1/4 DUCAT
0.8750 g., 0.9860 Gold 0.0277 oz. AGW **Ruler:** Johann Wilhelm **Obv:** Bust right **Rev:** Imperial orb in crowned shield divides date

Date	Mintage	F	VF	XF	Unc	BU
1710	—	150	300	650	1,200	—

KM# 146 1/4 DUCAT
0.8750 g., 0.9860 Gold 0.0277 oz. AGW **Ruler:** Johann Wilhelm **Rev:** Imperial orb in oval baroque frame, date divided without indication of value, large crown above **Rev. Legend:** REDIT.VNDE.VENIT.Ao.1708

Date	Mintage	F	VF	XF	Unc	BU
1711	—	275	450	1,000	1,850	—

KM# 113 DUCAT
3.5000 g., 0.9860 Gold 0.1109 oz. AGW **Ruler:** Johann Wilhelm **Rev:** 9 small oval arms in circle around small central shield, crown above, date in Roman numerals **Rev. Legend:** HOC.BELLONAE - STIPENDIVM

Date	Mintage	VG	F	VF	XF	Unc
1707 IAL	—	1,050	2,250	3,750	6,800	—

KM# 114 DUCAT
3.5000 g., 0.9860 Gold 0.1109 oz. AGW **Ruler:** Johann Wilhelm **Rev:** Crowned round 9-fold arms with central shield, legend in Roman numerals

Date	Mintage	VG	F	VF	XF	Unc
1707 IAL	—	1,050	2,250	3,750	6,800	—

KM# 115 DUCAT
3.5000 g., 0.9860 Gold 0.1109 oz. AGW **Ruler:** Johann Wilhelm **Rev:** 9 small oval arms in circle around small central shield, crown above **Rev. Legend:** MON.NOV.AVR - PALAT

Date	Mintage	VG	F	VF	XF	Unc
1707 IAL	—	1,050	2,250	3,750	6,800	—

KM# 120 DUCAT
3.5000 g., 0.9860 Gold 0.1109 oz. AGW **Ruler:** Johann Wilhelm **Rev:** Crown above imperial orb in shield, date in legend

Date	Mintage	VG	F	VF	XF	Unc
1708 IAL	—	825	1,250	2,500	4,900	—

KM# 121 DUCAT
3.5000 g., 0.9860 Gold 0.1109 oz. AGW **Ruler:** Johann Wilhelm **Rev:** 9 small oval arms in circle around small central shield, crown above, date divided at bottom **Rev. Legend:** B.I.C.&M..

Date	Mintage	VG	F	VF	XF	Unc
1708 IAL	—	1,050	2,250	3,750	6,800	—

KM# 122 DUCAT
3.5000 g., 0.9860 Gold 0.1109 oz. AGW **Ruler:** Johann Wilhelm **Rev:** 2 ornate shields of arms, large crown above, 3rd shield below with imperial orb, date in chronogram

Date	Mintage	VG	F	VF	XF	Unc
1708 IAL	—	825	1,250	2,500	4,900	—

KM# 123 DUCAT
3.5000 g., 0.9860 Gold 0.1109 oz. AGW **Ruler:** Johann Wilhelm **Rev:** Date in chronogram in legend

Date	Mintage	VG	F	VF	XF	Unc
1708	—	1,000	1,700	3,000	6,000	—

KM# 129 DUCAT
3.5000 g., 0.9860 Gold 0.1109 oz. AGW **Ruler:** Johann Wilhelm **Rev:** Date **Rev. Legend:** B.I.C.&M..

Date	Mintage	VG	F	VF	XF	Unc
1709	—	450	950	1,700	2,700	—

KM# 141 DUCAT
3.5000 g., 0.9860 Gold 0.1109 oz. AGW **Ruler:** Johann Wilhelm **Rev:** Imperial orb in baroque frame divides date, large crown above **Rev. Legend:** REDIT.VNDE.VENIT.23.IVN.1708 **Note:** Varieties exist.

Date	Mintage	VG	F	VF	XF	Unc
1710	—	1,000	1,700	3,000	6,000	—

KM# 147 DUCAT
3.5000 g., 0.9860 Gold 0.1109 oz. AGW **Ruler:** Johann Wilhelm **Rev:** 2 ornate shields of arms, smaller shield with imperial orb between large crown above

Date	Mintage	VG	F	VF	XF	Unc
1711	—	600	1,300	2,400	4,500	—

KM# 148 DUCAT
3.5000 g., 0.9860 Gold 0.1109 oz. AGW **Ruler:** Johann Wilhelm **Obv:** Head right **Rev:** Double eagle with 2 crowned arms

Date	Mintage	VG	F	VF	XF	Unc
1711 NP	—	600	1,300	2,400	4,500	—

Note: Struck with 1 Thaler dies, KM#144

GERMAN STATES

JULICH-BERG

KM# 170 DUCAT
3.5000 g., 0.9860 Gold 0.1109 oz. AGW **Ruler:** Karl Philipp
Obv: Bust right **Rev:** Crowned CP monogram

Date	Mintage	VG	F	VF	XF	Unc
1720 NP	—	575	1,400	2,500	5,400	—

KM# 195 DUCAT
3.5000 g., 0.9860 Gold 0.1109 oz. AGW **Ruler:** Karl Theodor
Obv: Bust right **Rev:** Crowned ornate arms in baroque frame, date

Date	Mintage	VG	F	VF	XF	Unc
1749 AK//ICM	—	700	1,500	3,500	6,000	—
1750 AK//MARME	—	700	1,500	3,500	6,000	—
1750 AK//S	—	700	1,500	3,500	6,000	—
1751 AK	—	700	1,500	3,500	6,000	—

KM# 201 DUCAT
3.5000 g., 0.9860 Gold 0.1109 oz. AGW **Ruler:** Karl Theodor
Obv: Bust right **Rev:** Crowned Order of St. Hubert, date

Date	Mintage	VG	F	VF	XF	Unc
1750 AK	—	375	750	1,650	3,250	—

KM# 116 2 DUCAT
7.0000 g., 0.9860 Gold 0.2219 oz. AGW **Ruler:** Johann Wilhelm
Rev: 9 small oval arms in circle around small central shield, crown above, date in Roman numerals **Rev. Legend:** HOC. BELLONAE - STIPENDIVM

Date	Mintage	VG	F	VF	XF	Unc
1707 IAL	—	2,800	4,900	9,800	15,000	—

KM# 117 2 DUCAT
7.0000 g., 0.9860 Gold 0.2219 oz. AGW **Ruler:** Johann Wilhelm
Rev: Date **Rev. Legend:** MON. NOV. AVR - PALAT

Date	Mintage	VG	F	VF	XF	Unc
1707 IAL	—	2,800	4,900	9,800	15,000	—

KM# 124 2 DUCAT
7.0000 g., 0.9860 Gold 0.2219 oz. AGW **Ruler:** Johann Wilhelm
Rev: 2 ornate shields of arms, large crown above, 3rd shield below with imperial orb, date in chronogram

Date	Mintage	VG	F	VF	XF	Unc
1708 Rare	—	—	—	—	—	—

KM# 130 2 DUCAT
7.0000 g., 0.9860 Gold 0.2219 oz. AGW **Ruler:** Johann Wilhelm
Rev: Date **Rev. Legend:** B. I. C. &M

Date	Mintage	VG	F	VF	XF	Unc
1709	—	1,450	2,700	4,800	11,500	—

KM# 149 2 DUCAT
7.0000 g., 0.9860 Gold 0.2219 oz. AGW **Ruler:** Johann Wilhelm
Rev: 2 ornate shields of arms, smaller shield with imperial orb between, large crown above

Date	Mintage	VG	F	VF	XF	Unc
1711	—	1,450	2,700	4,800	11,500	—

KM# 150 2 DUCAT
7.0000 g., 0.9860 Gold 0.2219 oz. AGW **Ruler:** Johann Wilhelm
Obv: Head right **Rev:** Double eagle with 2 crowned arms **Note:** Struck with 1 Thaler dies, KM#144.

Date	Mintage	VG	F	VF	XF	Unc
1711 NP	—	1,450	2,700	4,800	11,500	—

KM# 202 2 DUCAT
7.0000 g., 0.9860 Gold 0.2219 oz. AGW **Ruler:** Karl Theodor
Obv: Draped bust right **Rev:** 3 Coats of arms within crowned shield

Date	Mintage	VG	F	VF	XF	Unc
1750 AK//SD	—	675	1,500	3,000	6,300	—

KM# 151 3 DUCAT
10.5000 g., 0.9860 Gold 0.3328 oz. AGW **Ruler:** Johann Wilhelm **Obv:** Head right **Rev:** Double eagle with 2 crowned arms, thin flan **Note:** Struck with 1 Thaler dies, KM#144.

Date	Mintage	VG	F	VF	XF	Unc
1711 NP Rare	—	—	—	—	—	—

KM# 152 3 DUCAT
10.5000 g., 0.9860 Gold 0.3328 oz. AGW **Ruler:** Johann Wilhelm **Note:** Thick flan.

Date	Mintage	VG	F	VF	XF	Unc
1711 NP Rare	—	—	—	—	—	—

KM# 153 5 DUCAT
17.5000 g., 0.9860 Gold 0.5547 oz. AGW **Ruler:** Johann Wilhelm

Date	Mintage	VG	F	VF	XF	Unc
1711 LC//NP Rare	—	—	—	—	—	—

KM# 160 5 DUCAT
17.5000 g., 0.9860 Gold 0.5547 oz. AGW **Ruler:** Karl Philipp
Obv: Date in legend

Date	Mintage	VG	F	VF	XF	Unc
1717	—	2,500	4,250	8,500	14,500	—

KM# A132 10 DUCAT
35.0000 g., 0.9860 Gold 1.1095 oz. AGW **Ruler:** Johann Wilhelm **Obv:** Bust right **Rev:** 3 coats of arms crowned **Note:** Struck with 1 Thaler dies, KM#128.

Date	Mintage	VG	F	VF	XF	Unc
1709 Rare	—	—	—	—	—	—

KM# A162 10 DUCAT
35.0000 g., 0.9860 Gold 1.1095 oz. AGW **Ruler:** Johann Wilhelm **Obv:** LC below head **Note:** Struck with 1 Thaler dies, KM#145.

Date	Mintage	VG	F	VF	XF	Unc
1711 LC//NP Rare	—	—	—	—	—	—

KM# A161 10 DUCAT
35.0000 g., 0.9860 Gold 1.1095 oz. AGW **Ruler:** Karl Philipp

Date	Mintage	F	VF	XF	Unc	BU
1717 Rare	—	—	—	—	—	—

Note: Struck with 1 Thaler dies, KM# 144

KM# 161 10 DUCAT
35.0000 g., 0.9860 Gold 1.1095 oz. AGW **Ruler:** Johann Wilhelm **Obv:** Head right **Rev:** Double eagle with 2 crowned arms **Note:** Struck with 1 Thaler dies, KM#144.

Date	Mintage	VG	F	VF	XF	Unc
1717 NP Rare	—	—	—	—	—	—

KM# 182 1/2 CAROLIN
4.8500 g., 0.7700 Gold 0.1201 oz. AGW **Ruler:** Karl Philipp
Obv: Bust right, date below **Rev:** Small round 9-fold arms with central shield, 4 sets of crowned double initials, 1 correct and 1 backwards, 2 C's at top and bottom, 2 P's at left and right **Note:** Varieties exist.

Date	Mintage	F	VF	XF	Unc	BU
1733	—	475	750	1,300	2,250	—

KM# 183 1/2 CAROLIN
4.8500 g., 0.7700 Gold 0.1201 oz. AGW **Ruler:** Karl Philipp
Rev: Arms larger and oval

Date	Mintage	F	VF	XF	Unc	BU
1733	—	475	750	1,300	2,250	—

KM# 184 1/2 CAROLIN
4.8500 g., 0.7700 Gold 0.1201 oz. AGW **Ruler:** Karl Philipp
Rev: Arms in square shield

Date	Mintage	F	VF	XF	Unc	BU
1733	—	475	750	1,300	2,250	—

KM# 181 CAROLIN
9.7000 g., 0.7700 Gold 0.2401 oz. AGW **Ruler:** Karl Philipp
Obv: Head right **Rev:** 5 shields of arms

Date	Mintage	VG	F	VF	XF	Unc
1732	—	750	1,400	2,700	6,000	—

KM# 185 CAROLIN
9.7000 g., 0.7700 Gold 0.2401 oz. AGW **Ruler:** Karl Philipp
Rev: Small round 9-fold arms with central shield, 4 sets of crowned double initials, 1 correct and 1 backwards, 2 C's at top and bottom, 2 P's at left and right **Note:** Varieties exist.

Date	Mintage	F	VF	XF	Unc	BU
1733	—	350	650	1,450	2,500	—

PATTERNS
Including off metal strikes

KM#	Date	Mintage	Identification	Mkt Val
Pn3	1708	—	2 Ducat. Silver.	1,200
Pn4	1709	—	2 Ducat. Silver. 1/6 Thaler flan, KM#130.	350
Pn6	1710	—	1/4 Ducat. Silver. KM#140.	275
Pn8	1716	—	1/6 Thaler. Gold. Weight of 1 Ducat, KM#157.	2,750
Pn9	1716	—	1/6 Thaler. Gold. Weight of 4 Ducat, KM#157.	6,500
Pn10	1736 FO	—	Stuber. Gold. KM#187.	—
Pn11	1737 FO	—	Stuber. Gold. KM#187.	—
Pn12	1750 AK	—	1/4 Stuber. Gold. KM#200.	250
Pn13	1783 PR	—	1/2 Stuber. Gold. KM#206.	—
Pn14	1793 PR	—	1/2 Stuber. Gold. KM#206.	—
Pn15	1793 PR	—	3 Stuber. Silver. KM#216.	—
Pn16	1794 PR	—	1/2 Stuber. Tin. KM#216.	—

KAUFBEUREN

As a free city in Bavaria 55 miles southwest of Munich, Kaufbeuren was established c. 842. It enjoyed the status of an imperial city from 1286 until 1803, at which time it passed to Bavaria. A local coinage was struck in the city from about 1540 until 1748.

MINT OFFICIALS' SYMBOLS

Initials	Date	Name
(f) = pinecone divides two horseshoes	1714-41	Christian Ernst Müller, die-cutter in Augsburg

ARMS

Divided vertically, half of imperial eagle on left, right side divided diagonally from upper left to lower right by band, a 6-pointed star above and below.

REFERENCE

N = Elisabeth Nau, **Die Münzen und Medaillen des oberschwäbischen Städte**, Freiburg im Breisgau, 1964.

FREE CITY

TRADE COINAGE

KM# 10 DUCAT
3.5000 g., 0.9860 Gold 0.1109 oz. AGW **Subject:** Bicentennial of Augsburg Confession **Obv:** Seated figure at left, standing figure at right, kneeling figures between, rays streaming down from Eye of God above, ROM X. 10 / M. in exergue **Obv. Legend:** FIDE CORDIS - CONFESSIO ORIS **Rev:** 5-line inscription with date in chronogram **Rev. Inscription:** KAVFFBVRÆ / PRIMA IVBILA / DE AVG. CONFESSIONE / LÆTIS AVSP. FER. / D. 25 . IVN. **Note:** FR. #1421.

Date	Mintage	Good	VG	F	VF	XF
1730 (f)	—	—	750	1,550	3,150	6,000

PATTERNS
Including of metal strikes

KM#	Date	Mintage	Identification	Mkt Val
Pn1	1730	—	Ducat. Silver. KM#10.	150

KEMPTEN

ABBEY

The site of Kempten, 81 miles southwest of Munich, predates the Roman town known as Cambodunum. A monastery was founded there as early as 752 from St. Gall (in present-day Switzerland), but the famous abbey was refounded in 773/4 by Hildegard, wife of Charlemagne. A town grew up around the abbey and was the site of an imperial mint from the early 13th century. In 1289 Kempten became a free imperial city and in 1348 the abbot became a prince of the empire. The city obtained the right to mint coins in 1510 and struck a series from 1511 until 1730. The abbots struck coins in the 12th and 13th centuries, then again from 1572 infrequently until 1748. In 1803 the abbey was secularized and, together with the city, was joined to Bavaria.

RULERS

Ruprecht von Bodnau (Bodman), 1678-1728
Anselm Reichlin von Meldegg, 1728-1747
Engelbert von Surgenstein, 1747-1760
Honorius Roth von Schreckenstein, 1760-1785
Ruprecht von Neuenstein, 1785-1793
Castolus Reichlin von Meldegg, 1793-1802

MINT OFFICIALS' INITIALS

Initials	Date	Name
CM	1714-41	Christian Ernst Müller, die-cutter
MW	?	?
(h) – 2 horseshoes		Mintmasters at Augsburg

ARMS

Facing bust of St. Hildegard, usually in shield.

REFERENCE

H = Clemens Maria Haertle, **Die Münzen und Medaillen des Stiftes und der Stadt Kempten**, Kempten, 1993.

REGULAR COINAGE

KM# 35 THALER
Silver Weight varies: 28.81-29.25g., 41 mm. **Ruler:**

KOSEL

Anselm Reichlin **Obv:** Mantled and capped bust to right **Obv. Legend:** ANSELM • S • R • I • PR • ABB • CAMPID • A • R • IMPcis' ARCHIMAR. **Rev:** Rearing horse to right, hand extended from cloud at upper left and holding reigns of horse, 2 small adjacent oval shields divide date in exergue **Rev. Legend:** MODERATIONE ET INDUSTRIA. **Note:** Ref. H-224, G43; Dav. 2371.

Date	Mintage	VG	F	VF	XF	Unc
1729 CM Rare	—	—	—	—	—	—

Note: An AU example realized approximately $14,000 in a January 2010 Künker auction.

ECCLESIA CAMPIDONENSIS IUBILANS **Obv. Inscription:** MARTINVS/LVTHERVS/THEOLOGIÆ/DOCTOR. **Rev:** Flying angel blowing trumpet and holding banner with inscription, rays streaming down from YAHWEH in Hebrew above **Rev. Legend:** EVANG. ÆTER. **Note:** Ref. H-1553; Nau 211.

Date	Mintage	VG	F	VF	XF	Unc
1717	—	15.00	30.00	60.00	125	—

RULERS

Franz Hugo, 1736-1771
Karl Ferdinand, 1736-1759 and
Christian Moritz Eugen, 1736-1778 and
Maximilian Friedrich, 1736-1784

MINTMASTERS' INITIALS

Initials	Date	Name
GTF, G.TODA.F	1739-45	Giovanni Toda, die-cutter from Florence in Vienna

COUNTY
REGULAR COINAGE

KM# 76 2 GROSCHEN

Silver Weight varies: 3.28-3.51g., 23 mm. **Subject:** 200th Anniversary of Reformation **Obv:** 4-line inscription, date in chronogram, small imperial eagle, shield with K on breast, at bottom **Obv. Legend:** ECCLESIA CAMPIDONENSIS IUBILANS **Obv. Inscription:** MARTINVS . LVTHERVS . THEOLOGIÆ / DOCTOR. **Rev:** Flying angel, blowing trumpet and holding banner with inscription, rays streaming down from YAHWEH in Hebrew above **Rev. Legend:** EVANG. ÆTER. **Note:** Ref. H-1545; Nau 210.

Date	Mintage	VG	F	VF	XF	Unc
1717	—	25.00	55.00	110	225	—

TRADE COINAGE

KM# 40 THALER

Silver Weight varies: 29.09-29.48g., 43 mm. **Ruler:** Engelbert **Obv:** Mantled and capped bust to right **Obv. Legend:** ENGELBERT • D • G • S • R • I • P • AB • CAM • A • R • IMP • ARCHIMAR • **Rev:** Female figure at left holding cross and scales, small oval shield on pedestal at lower left, flaming altar at right, Roman numeral date in exergue **Rev. Legend:** PEITATE ET - ÆQUITATE. **Note:** Ref. H-229; G-46; Dav. 2372.

Date	Mintage	VG	F	VF	XF	Unc
MDCCXXXXVIII (1748) MW	—	400	750	1,250	2,250	—

TRADE COINAGE

KM# 36 DUCAT

3.5000 g., 0.9860 Gold 0.1109 oz. AGW, 21 mm. **Ruler:** Anselm Reichlin **Obv:** Mantled and capped bust to right **Obv. Legend:** ANSELM. S. R. I. PR. ABB. CAMPID. A. R. IMPcis' ARCHIMAR. **Rev:** Rearing horse to right, hand extended from cloud at upper left and holding reigns of horse, 2 small adjacent oval shields divide date in exergue **Rev. Legend:** MODERATIONE ET INDUSTRIA. **Mint:** Augsburg **Note:** Ref. H-222; G-42; Fr. 1424.

Date	Mintage	VG	F	VF	XF	Unc
1729 M	—	1,450	2,750	5,500	9,600	—

KM# 41 DUCAT

3.5000 g., 0.9860 Gold 0.1109 oz. AGW, 21 mm. **Ruler:** Engelbert **Obv:** Mantled and capped bust to right **Obv. Legend:** ENGELBERT. D. G. S. R. I. P. AB. CAM. A. R. IMP. ARCH. **Rev:** Two adjacent oval shields of arms, princely crown above, surmounted by figure of Genius holding sword ad scepter, date divided at bottom **Mint:** Augsburg **Note:** Ref. H-227, 228; G-45; Fr. 1426.

Date	Mintage	VG	F	VF	XF	Unc
1748 MW/(h)	—	650	1,250	2,500	4,500	—

KM# 42 2 DUCAT

7.0000 g., 0.9860 Gold 0.2219 oz. AGW, 25 mm. **Ruler:** Engelbert **Obv:** Mantled and capped bust to right **Obv. Legend:** ENGELBERT. D. G. S. R. I. P. AB. CAM. A. R. IMP. ARCHIMA. **Rev:** Female figure at left holding cross and scales, small shield of arms on pedestal at lower left, flaming altar at right, date in exergue **Rev. Legend:** PIETATE ET - ÆQUITATE. **Note:** Ref. H-226; G-44; Fr. 1425.

Date	Mintage	VG	F	VF	XF	Unc
1748 MW	—	1,500	2,850	6,000	11,000	—

FREE CITY
REGULAR COINAGE

KM# 75 GROSCHEN

1.8600 g., Silver, 24 mm. **Subject:** 200th Anniversary of Reformation **Obv:** 4-line inscription, date in chronogram, small imperial eagle, shield with K on breast, at bottom **Obv. Legend:**

KM# 80 DUCAT

3.5000 g., 0.9860 Gold Weight varies: 3.38-3.47g. 0.1109 oz. AGW, 22 mm. **Subject:** Bicentennial of the Augsburg Confession **Obv:** Crowned obelisk on pedestal, oval shields of arms in baroque frames at left and right, inscription in curved band below **Obv. Legend:** ERHALT UNS HERR BEY DEINEM WORT. **Obv. Inscription:** CAMPODVN. OB. C. A. IVB. **Rev:** View of castle on hill, rays streaming down from "Eye of God" above, date in cartouche below **Rev. Legend:** EIN VESTE BURG IST UNSER GOTT. **Note:** Ref. H-1563; Nau 212; Fr. 1429.

Date	Mintage	VG	F	VF	XF	Unc
1730	—	550	1,150	2,150	4,200	—

PATTERNS
Including off metal strikes

KM#	Date	Mintage	Identification	Mkt Val
Pn11	1717	—	Ducat. Gold. Fr.1428; prev. KM#Pn3.	2,000
Pn12	1730	—	Ducat. Silver. KM#80; prev. KM#Pn4.	250
Pn13	1748 MW	—	Thaler. Lead. KM #40.	—
Pn14	1748 MW	—	Thaler. Tin. KM #40.	—

KIRCHBERG

Kirchberg, the oldest town in the Hunsruck Mountains is located about 30 miles northeast of Trier. At first it belonged to the Counts of Sponheim, but at their extinction passed into joint possession of Pfalz and Baden and in the 18th century wholly to Baden.

RULER

Georg Friedrich of Sayn-Wittgenstein, 1695-1749

PRINCIPALITY
REGULAR COINAGE

KM# 5 THALER

Silver **Ruler:** Georg Friedrich **Subject:** Death of Georg Friedrich **Obv:** Bust right, 4-line inscription below **Rev:** Sun above mining scene, inscription below **Note:** Dav. #2373.

Date	Mintage	Good	VG	F	VF	XF
ND(1749)	—	—	1,500	2,500	4,500	6,500

KÖNIGSEGG-ROTHENFELS

(Königseck)

A Swabian family that came into prominence c.1200, the house was divided in 1622 and the head of each branch was made a count in 1665. This coin issue was the only one for this particular house. Königsegg was mediatized to Bavaria shortly after 1800.

KM# 6 THALER

Silver **Ruler:** Karl Ferdinand, Christian Moritz Eugen and Maximilian Friedric h **Obv:** Date in Roman numerals **Obv. Inscription:** S • R • I • COMITES • A • KÖNIGSEGG • ET • ROTTENFELS • KOMINI • IN / AULENDORF • & STAUFFEN / FRATRES • in exergue; UTI• SNAGUINE• ITA • ET / AMICITIA • IUNCTI • / M • D • C • C • L • IX • **Rev:** 22 Lines of inscription with names, birthdays and titles of the four brothers **Note:** Dav. #2374.

Date	Mintage	Good	VG	F	VF	XF
ND(1759	—	—	750	1,250	2,350	4,250

TRADE COINAGE

KM# 5 DUCAT

3.5000 g., 0.9860 Gold 0.1109 oz. AGW **Ruler:** Karl Ferdinand, Christian Moritz Eugen and Maximilian Friedric h **Obv:** Bust of Franz Hugo right **Rev:** Helmeted arms

Date	Mintage	Good	VG	F	VF	XF
1756	—	—	1,200	2,250	4,500	7,800

KM# 7 10 DUCAT (Portugalöser)

35.0000 g., 0.9860 Gold 1.1095 oz. AGW **Ruler:** Karl Ferdinand, Christian Moritz Eugen and Maximilian Friedric h **Obv:** Date in Roman numerals **Note:** Struck with 1 Thaler dies, KM#6.

Date	Mintage	VG	F	VF	XF	Unc
ND(1759) Rare, G.TODA F.	—	—	—	—	—	—

PATTERNS
Including off metal strikes

KM#	Date	Mintage	Identification	Mkt Val
Pn1	1759 G. TODA. F.	—	Thaler. Lead.	—

KOSEL

A city in Silesia located on the Oder River 74 miles southeast of Breslau, local coinage was struck here in 1761 during the Austrian offensive into Silesia as part of the Seven-Years' War.

CITY
REGULAR COINAGE

KM# 5 KREUZER

Copper **Note:** Uniface; 2 opposing goat's heads, COSEL below divides I-X, date below.

Date	Mintage	Good	VG	F	VF	XF
1761	—	600	1,000	1,500	2,000	—

KM# 7 GROSCHEN

Note: Gute Groschen; 3 Goat's heads, COSEL/I above, date divided below, GG at bottom.

Date	Mintage	Good	VG	F	VF	XF
1761 Rare	—	600	1,000	1,500	2,000	—

GERMAN STATES - KOSEL

KM# 6 GROSCHEN
Copper **Note:** Uniface; Goat's head to left divides I-GR, COSEL/ date below.

Date	Mintage	Good	VG	F	VF	XF
1761	—	—	—	—	—	—

LANDAU

First mentioned in 1106, this city in Bavaria was 30 miles southwest of Mannheim. A monastery was founded there in 1276 and it became an imperial free city in 1291. It was occupied by the French from 1680-1815. Two sieges took place, 1702 and 1713, during both of which coins were struck.

With Prince Charles Alexander of Württemberg as commander, Landau was besieged from June 25, 1713 to August 20, 1713, by the French, commanded by the Duc de Villars.

FREE CITY
SIEGE COINAGE
1702

Issued by the French General Graf von Melac

KM# 7 2 LIVRES 2 SOLS
Silver **Obv:** Round arms, date below, fleur-de-lis around rim **Shape:** Irregular **Note:** Uniface. Klippe.

Date	Mintage	VG	F	VF	XF	Unc
1702	—	900	1,500	2,250	3,300	—

KM# 6 1 LIVRE 1 SOL
Silver **Obv:** Round arms with ornaments above 3 fleur-de-lis, all within circle, legend below, 8 fleur-de-lis around rim **Shape:** Irregular

Date	Mintage	VG	F	VF	XF	Unc
1702	—	600	1,000	1,600	2,250	—

KM# 5 1 LIVRE 1 SOL
Silver **Obv:** Round arms with ornaments above 3 fleur-de-lis, circle surrounds all, fleurs at corners **Shape:** 4-Sided **Note:** Uniface. Klippe.

Date	Mintage	VG	F	VF	XF	Unc
1702	—	525	900	1,200	1,800	—

KM# 8 2 LIVRES 2 SOLS
Silver **Obv:** Round arms with ornaments above 3 fleur-de-lis, all within circle, legend below, fleurs at corners **Shape:** Irregular

Date	Mintage	VG	F	VF	XF	Unc
1702	—	800	1,500	2,500	3,400	—

KM# 10a 4 LIVRES 4 SOLS
Gold **Obv:** Round arms, value and date below, fleur-de-lis around rim

Date	Mintage	VG	F	VF	XF	Unc
1702 Rare	—	—	—	—	—	—

KM# 9 4 LIVRES 4 SOLS
Silver **Note:** Dav. #2375. Uniface. Klippe.

Date	Mintage	VG	F	VF	XF	Unc
1702	—	1,000	1,600	2,800	4,500	—

KM# 10 4 LIVRES 4 SOLS
Silver **Obv:** Round arms, value and date below, fleur-de-lis around rim **Shape:** Irregular **Note:** Dav. #2376.

Date	Mintage	VG	F	VF	XF	Unc
1702	—	1,200	1,800	2,800	4,500	—

SIEGE COINAGE
1709-1713

Issued by Prince Karl Alexander of Wurttemberg

KM# 11 1/2 FLORIN 2 KREUZER
Silver **Obv:** Crowned monogram at center and corners **Shape:** Irregular **Note:** Uniface. Klippe.

Date	Mintage	VG	F	VF	XF	Unc
1713	—	450	750	1,300	2,000	—

KM# 12 1 FLORIN 4 KREUZER
Silver **Obv:** Arms at center, crowned monograms at corners **Shape:** Irregular **Note:** Uniface. Klippe.

Date	Mintage	VG	F	VF	XF	Unc
1713	—	425	725	1,200	1,900	—

KM# 13 2 FLORIN 8 KREUZER
Silver **Obv:** Round arms, crowned monograms at corners **Shape:** Irregular **Note:** Dav. #2377. Uniface. Klippe.

Date	Mintage	VG	F	VF	XF	Unc
1713	—	1,100	1,500	2,500	3,750	—

KM# 14 DOPPIA
7.0000 g., 0.9860 Gold 0.2219 oz. AGW **Obv:** Crowned monogram at center and four corners **Note:** Uniface. Similar to 1/2 Florin 2 Kreuzer, KM#11. Crowned CA monogram at center and at corners.

Date	Mintage	VG	F	VF	XF	Unc
1713	—	2,000	3,000	5,500	8,500	—

KM# 15 DOPPIA
7.0000 g., 0.9860 Gold 0.2219 oz. AGW **Obv:** Five large crowned CA monogram stampings **Note:** Similar to KM#14 but with five large crowned CA monogram stampings.

Date	Mintage	VG	F	VF	XF	Unc
1713	—	2,000	3,000	5,500	8,500	—

KM# 16 2 DOPPIA
Gold **Obv:** Crowned Wurttemberg arms at center, crowned CA monograms at corners, value at bottom **Note:** Uniface. Klippe

Date	Mintage	VG	F	VF	XF	Unc
1713 Rare	—	—	—	—	—	—

LINDAU

KM# 17 4 DOPPIA
28.0000 g., 0.9860 Gold 0.8876 oz. AGW **Obv:** Crowned Wurttemberg arms at center, crowned CA monograms at corners, value at bottom **Note:** Uniface

Date	Mintage	VG	F	VF	XF	Unc
1713 Rare	—	—	—	—	—	—

LAUENBURG

The line of rulers of this Saxon duchy became extinct in 1689 and passed to Brunswick-Lüneburg-Celle, then to Brunswick-Lüneburg-Calenberg-Hannover in 1705. After the Napoleonic Wars, Lauenburg went to Prussia in 1813, to Denmark in 1814, and was regained by Prussia as part of the latter's annexation of Holstein in 1864. The Brunswick duches struck special coins for Lauenburg. See Saxe-Lauenburg for coinage prior to 1689.

RULERS
Georg II Wilhelm von Brunswick-Lüneburg-Celle, 1689-1705
Georg I Ludwig von Brunswick-Calenberg-Hannover, 1705-1727
Georg II August von Brunswick-Lüneburg-Calenberg-Hannover, 1727-1760
Georg III von Brunswick-Calenberg-Hannover, 1760-1818

MINT OFFICIALS' INITIALS

Initials	Date	Name
CPS, S	1725-53	Christian Philipp Spangenberg in Clausthal
JJJ	1687-1705	Jobst Jakob Janisch in Celle

DUCHY

REGULAR COINAGE

KM# 18 1/2 DREILING (1-1/2 Pfennig)
Copper **Ruler:** George II August **Obv:** Horse leaping left **Rev:** Value: 1/2 / DREILING/ date **Rev. Legend:** LAVENBVRGISCHE SCHEIDEMVNTZ

Date	Mintage	VG	F	VF	XF	Unc
1739 S	—	6.00	15.00	30.00	65.00	—
1740 S	—	6.00	15.00	30.00	65.00	—

KM# 19 1/2 DREILING (1-1/2 Pfennig)
Copper **Ruler:** George II August **Obv:** Crowned GR script monogram **Rev:** Value, date within inner circle

Date	Mintage	VG	F	VF	XF	Unc
1739 S	—	12.00	30.00	60.00	125	—
1740 S	—	8.00	20.00	40.00	80.00	—

KM# 13 DREILING (3 Pfennig)
Silver **Ruler:** George II August **Obv:** Horse leaping left, mintmaster's initials below **Obv. Legend:** MONETA NOVA LAVENBVRGICA **Rev:** Value: +I+/DREILING/date **Rev. Legend:** +NACH DEM LVBSCHEN FVS

Date	Mintage	VG	F	VF	XF	Unc
1738 CPS	—	9.00	20.00	45.00	90.00	—

KM# 14 SECHSLING (6 Pfennig)
Silver **Obv:** Horse leaping left **Rev:** I/SOES/LING/date **Note:** Similar to 4 Schilling, KM#11. Varieties exist.

Date	Mintage	VG	F	VF	XF	Unc
1738 CPS	—	12.00	25.00	50.00	110	—

KM# 12 SCHILLING
Silver **Ruler:** George II August **Obv:** Horse leaping left **Rev:** I/SCHILLING/date **Note:** Similar to 4 Schilling, KM#11. Varieties exist.

Date	Mintage	VG	F	VF	XF	Unc
1737 CPS	—	6.00	15.00	30.00	65.00	—
1738 CPS	—	12.00	25.00	50.00	—	—

KM# 10 2 SCHILLING
Silver **Ruler:** George II August **Obv:** Horse leaping left within inner circle **Rev:** II/SCHILLING/date **Note:** Varieties exist.

Date	Mintage	VG	F	VF	XF	Unc
1736 CPS	—	8.00	20.00	40.00	80.00	—
1738 CPS	—	18.00	30.00	55.00	110	—

KM# 5 4 SCHILLING
Silver **Ruler:** Georg II Wilhelm **Obv:** Horse leaping left within inner circle **Rev:** Value, date

Date	Mintage	VG	F	VF	XF	Unc
1704 JJJ	—	50.00	110	225	450	—

KM# 11 4 SCHILLING
Silver **Ruler:** George II August **Obv:** Horse leaping left within inner circle **Rev:** Value, date **Note:** Varieties exist.

Date	Mintage	VG	F	VF	XF	Unc
1736 CPS	—	28.00	55.00	100	210	—
1738 CPS	—	12.00	30.00	60.00	125	—

KM# 15 8 SCHILLING
Silver **Ruler:** George II August **Obv:** Horse leaping left within inner circle **Rev:** Value, date

Date	Mintage	VG	F	VF	XF	Unc
1738 CPS	—	35.00	75.00	150	300	—

KM# 16 16 SCHILLING (Mark)
Silver **Ruler:** George II August **Obv:** Horse leaping left within inner circle **Rev:** Value, date

Date	Mintage	VG	F	VF	XF	Unc
1738 CPS	—	40.00	90.00	185	375	—

KM# 17 32 SCHILLING (2 Mark)
Silver **Ruler:** George II August **Obv:** Horse leaping left within inner circle **Rev:** Value, date

Date	Mintage	VG	F	VF	XF	Unc
1738 CPS	—	160	300	550	1,100	—

LEUTKIRCH

This free imperial city in Swabia, about 15 miles north of Isny, is mentioned in the mid-8th century. Its imperial city status dates from the 13th century. Leutkirch rarely exercised its right of coinage, preferring rather to join other Swabian towns in currency unions.

FREE CITY

TRADE COINAGE

KM# 5 DUCAT
3.5000 g., 0.9860 Gold 0.1109 oz. AGW **Subject:** Centennial - Peace of Westphalia **Obv:** Eye of God above city view with legends above and below **Obv. Legend:** PROVIDENTE DEO ... R. I. L. I. B. CIV / LEUTKIRCH **Rev:** Imperial eagle on roof of church, legend above **Rev. Legend:** DEUS IN MEDIO EIUS NON COMMOVEBITUR ... MEMOR. IUB. I. PAC / WESTPH. 1748.

Date	Mintage	Good	VG	F	VF	XF
1748	—	—	750	1,500	3,000	5,000

PATTERNS
Including off metal strikes

KM#	Date	Mintage	Identification		Mkt Val
Pn1	1748	—	Ducat. Silver. KM#5.		450

LINDAU

A city located on the northeast shore of Lake Constance, Lindau dates from the early 9th century. After acquiring the status of free imperial city in 1274, a local coinage was produced for Lindau on and off during the next 5 centuries. During the Kipper Period of the Thirty Years' War, a variety of coins from South German issuing authorities were counterstamped with the linden tree symbol of Lindau. These are not listed here. In 1732 a joint coinage with the towns of Isny, Wangen, and Leutkirch was struck. After the Napoleonic Wars, in 1805, Lindau was made a part of Bavaria.

MINT
Langenargen, mint of the Swabian imperial circle located in Montfort.

MINT OFFICIALS' INITIALS

Initials	Date	Name
—	1682-1712	Hans Jakob Kickh
—	1685, 1712-19	Johann Albrecht Riedlin von Ulm, die-cutter
T	1740-69	Jonas Thiebaud, die-cutter in Augsburg

IMPERIAL CITY

REGULAR COINAGE

KM# 10 1/4 KREUZER (Pfennig)
Silver **Obv:** Nine-leaved Linden tree **Rev:** Value 1/4 **Note:** Varieties exist.

Date	Mintage	VG	F	VF	XF	Unc
ND(1712)	288,000	40.00	90.00	185	375	—

KM# 11 1/2 KREUZER (2 Pfennig)
Silver **Obv:** Two adjacent oval arms, imperial eagle on left, three-leaved Linden tree on right, value 1/2 in smaller oval above **Rev:** Value 1/2 **Note:** Varieties exist.

Date	Mintage	VG	F	VF	XF	Unc
ND(1712)	348,000	35.00	75.00	150	300	—

KM# 12 1/8 THALER
Silver **Subject:** Bicentennial of the Reformation **Obv:** Linden branches spreading above open book **Obv. Legend:** VERBVM. DOMINI. MANET. IN. AETERNVM. **Rev:** Six-line inscription **Rev. Inscription:** IVBILAE / VM / EVANGELICO / RVM / SECVNDVM / 1717

Date	Mintage	VG	F	VF	XF	Unc
1717	—	—	—	—	—	—

TRADE COINAGE

KM# 15 1/2 DUCAT
1.7500 g., 0.9860 Gold 0.0555 oz. AGW **Subject:** Centennial - Peace of Westphalia **Obv:** Linden tree in baroque frame, laurel and palm branches at sides **Obv. Legend:** SERVATA LIBERTATE VIRESCIT **Rev:** Seven-line inscription, crossed laurel and palm branches below **Rev. Inscription:** PACIS / WESTPHAL • / IUBILA PRIMA / LINDAV • III / ID • AUG • / MDCCXLVIII / CELEBRATA

Date	Mintage	VG	F	VF	XF	Unc
1748 T	—	—	—	—	—	—

KM# 16 2 DUCAT
7.0000 g., 0.9860 Gold 0.2219 oz. AGW **Subject:** Centennial - Peace of Westphalia **Obv:** Linden tree in baroque frame **Obv. Legend:** MNEMOSYNON • ANN • LIBERTAT • IVBIL • MDCCXLVIII: LINDAV • III • ID • AUG • **Rev:** Rays streaming

down from clouds onto altar **Rev. Legend:** ARA + PACIS - WEST - PHALICÆ

Date	Mintage	VG	F	VF	XF	Unc
1748 T	—	1,150	2,250	3,750	7,250	—

JOINT COINAGE

with Isny, Wangen, and Leutkirch

KM# 20 1/4 KREUZER (Pfennig)
Silver **Obv:** Date above crowned imperial eagle on pedestal with M(ontfort), below crossed branches, letters L, Y, W, and L around in four small ovals **Rev:** Value 1/4 **Mint:** Langenargen

Date	Mintage	VG	F	VF	XF	Unc
1732	—	30.00	65.00	150	300	—

KM# 21 1/2 KREUZER (2 Pfennig)
Silver **Obv:** Date above crowned imperial eagle on pedestal with M(ontfort), below crossed branches, letters L, Y, W, and L around in four small ovals **Rev:** Value 1/2 **Mint:** Langenargen

Date	Mintage	VG	F	VF	XF	Unc
1732	—	35.00	75.00	185	375	—

PATTERNS

Including off metal strikes

KM#	Date	Mintage	Identification	Mkt Val
Pn1	1748 T	—	1/2 Ducat. Silver. KM#15	100
Pn2	1748 T	—	2 Ducat. Silver. KM#16	150

LIPPE-DETMOLD

The Counts of Lippe ruled over a small state in northwestern Germany. In 1528/9 they became counts; in 1720 they were raised to the rank of princes, but did not use the title until 1789. Another branch of the family ruled the even smaller Schaumburg-Lippe. Lippe joined North German Confederation in 1866, and became part of the German Empire in 1871. When the insane Prince Alexander succeeded to the throne in 1895, the main branch reached an end, and a ten-year testamentary dispute between the Biesterfeld and the Schaumburg-Lippe lines followed - a Wilhelmine cause celebre. The Biesterfeld line gained the principality in 1905, but abdicated in 1918. In 1947 Lippe was absorbed by the German Land of North Rhine-Westphalia.

RULERS

Friedrich Adolf, 1697-1718
Simon Heinrich Adolf, 1718-1734
Simon August, 1734-1782
Friedrich Wilhelm Leopold
under Regency of Ludwig
Heinrich Adolf, 1782-1789
Alone, 1789-1802

MINT OFFICIALS' INITIALS

Initials	Date	Name
B, TB	1678-1716	Thomas (or Tobias) Bernard, die-cutter in Paris
HL	1710-16	Hans (Johann) Luders
LHL	1716-27	Ludolf Heinrich Luders in Detmold and Brake
	1711	Johann Heinrich Siegel, warden
	1763-71	Johann Conrad Bandel
	1763, 1771	Heinrich Daniel Sturner, warden & mintmaster
	1789-1803	Balthasar Reinhard

PRINCIPALITY

REGULAR COINAGE

KM# 175 HELLER
Copper **Ruler:** Simon August **Obv:** Rose surrounded by rosettes **Rev:** I in circle, date around border

Date	Mintage	VG	F	VF	XF	Unc
1760	—	3.00	7.00	15.00	30.00	—

KM# 192 HELLER
Copper **Ruler:** Simon August **Obv:** Rose **Rev:** Value above date

Date	Mintage	VG	F	VF	XF	Unc
1767	—	2.00	3.00	7.00	15.00	—
1768	—	2.00	3.00	7.00	15.00	—

KM# 205 HELLER
Copper **Ruler:** Friedrich Wilhelm Leopold under Regency of Ludwig Hienrich Adolf **Obv:** Rose displayed **Rev:** Value stated in 5 lines, date below

Date	Mintage	VG	F	VF	XF	Unc
1783	—	2.00	3.00	7.00	15.00	—

KM# 216 HELLER
Copper **Ruler:** Friedrich Wilhelm Leopold Alone **Rev:** Value above date

Date	Mintage	VG	F	VF	XF	Unc
1791	—	2.00	3.00	7.00	15.00	—
1798	—	2.00	3.00	7.00	15.00	—

KM# 145 1/2 PFENNIG (Groschen)
Copper **Ruler:** Friedrich Adolf **Obv:** Rose

Date	Mintage	VG	F	VF	XF	Unc
ND(1715)	Inc. above	5.00	12.00	25.00	50.00	—

KM# 146 1/2 PFENNIG (Groschen)
Copper **Ruler:** Friedrich Adolf **Obv:** Rose in plain circle, rosettes and/or clover leaves in field **Rev:** Value within oval, crowned ring above and below **Note:** Varieties exist.

Date	Mintage	VG	F	VF	XF	Unc
ND(1715)	Inc. above	5.00	12.00	25.00	50.00	—

KM# 144 1/2 PFENNIG (Groschen)
Copper, 15.2 mm. **Ruler:** Friedrich Adolf **Obv:** Rose in plain circle, rosettes and/or clover leaves in field **Rev:** Value 1/2 in plain circle, 4 rosettes and clover leaves in field **Note:** Varieties exist. Goschen 1/2 Pfennig.

Date	Mintage	VG	F	VF	XF	Unc
ND(1715)	306,000	5.00	12.00	25.00	50.00	—

KM# 167 1/2 PFENNIG (Groschen)
Copper **Ruler:** Simon Heinrich Adolf **Obv:** Rose in circle, 4 rosettes and 4 clover leaves around **Rev:** Value 1/2 in circle, date in legend with ornament between each digit

Date	Mintage	VG	F	VF	XF	Unc
1724	—	12.00	25.00	55.00	115	—

KM# 176 1/2 PFENNIG (Groschen)
Copper **Ruler:** Simon August **Obv:** SA script monogram **Rev:** Value above date

Date	Mintage	VG	F	VF	XF	Unc
1763	—	3.00	7.00	15.00	30.00	—

KM# 152 PFENNING
Copper, 15.3 mm. **Ruler:** Friedrich Adolf **Obv:** Rose in circle, 4 rosettes and 4 clover leaves around **Rev. Inscription:** 1 / PFEN / NING

Date	Mintage	VG	F	VF	XF	Unc
ND(1716-17)	151,000	5.00	12.00	25.00	50.00	—

KM# 168 PFENNING
Copper **Ruler:** Simon Heinrich Adolf **Obv:** 8 rosettes alternating with 8 stars **Rev:** Value 1

Date	Mintage	VG	F	VF	XF	Unc
1724	—	12.00	30.00	60.00	125	—

KM# 177 PFENNING
Copper **Ruler:** Simon August **Obv:** Rose in circle of rosettes **Rev:** I in circle; date around border

Date	Mintage	VG	F	VF	XF	Unc
1763	—	3.00	5.00	11.00	22.00	—

KM# 178 PFENNING
Copper **Ruler:** Simon August **Obv:** SA script monogram **Rev:** Value in center

Date	Mintage	VG	F	VF	XF	Unc
1763	—	3.00	5.00	11.00	22.00	—

KM# 193 PFENNING
Copper **Ruler:** Simon August **Obv:** Rose **Rev:** Value above date

Date	Mintage	VG	F	VF	XF	Unc
1767	—	2.00	4.00	7.00	15.00	—
1768	—	2.00	4.00	7.00	15.00	—

KM# 217 PFENNING
Copper **Ruler:** Friedrich Wilhelm Leopold Alone **Obv:** Rose displayed **Rev:** Value above date

Date	Mintage	VG	F	VF	XF	Unc
1791	—	2.00	4.00	7.00	15.00	—

KM# 153 1-1/2 PFENNING (1/192 Thaler)
Copper **Ruler:** Friedrich Adolf **Obv:** Rose, large rosettes and small stars around **Rev:** 1-1/2 in circle, rosettes and stars around

Date	Mintage	VG	F	VF	XF	Unc
ND(1716-17)	—	5.00	12.00	25.00	50.00	—

Note: Number of rosettes and stars varies between 5 and 10

KM# 147 2 PFENNING
Copper, 18 mm. **Ruler:** Friedrich Adolf **Obv:** Legend around rose **Obv. Legend:** G.LIPP.LANT.MVNTZ **Rev:** II in center, 4 vine leaves and 4 rosettes around **Note:** Varieties exist.

Date	Mintage	VG	F	VF	XF	Unc
ND(1715-17)	—	7.00	15.00	35.00	65.00	—

KM# 179 2 PFENNING
Copper **Ruler:** Simon August **Obv:** Script monogram **Rev:** II within flower

Date	Mintage	VG	F	VF	XF	Unc
1763	—	3.00	5.00	10.00	22.00	—

KM# 180 2 PFENNING
Copper **Ruler:** Simon August **Obv:** Rose **Obv. Legend:** FRIE • ADOLPH • - COM • & • NOB • D • LIPP • **Rev:** Value **Rev. Legend:** • IVSTVM • & DECORVM •

Date	Mintage	VG	F	VF	XF	Unc
1763	—	4.00	7.00	15.00	30.00	—

KM# 191 2 PFENNING
Billon **Ruler:** Simon August **Obv:** Rose **Rev:** Value above date

Date	Mintage	VG	F	VF	XF	Unc
1766	—	3.00	5.00	10.00	22.00	—
1769	—	3.00	5.00	10.00	22.00	—

KM# 208 2 PFENNING
Billon **Ruler:** Friedrich Wilhelm Leopold under Regency of Ludwig Hienrich Adolf **Obv:** Rose **Rev:** Value above date

Date	Mintage	VG	F	VF	XF	Unc
1785	—	4.00	7.00	15.00	30.00	—

KM# 206 4 PFENNING
Billon **Ruler:** Friedrich Wilhelm Leopold under Regency of Ludwig Hienrich Adolf **Obv:** Rose **Rev:** Value above date

Date	Mintage	VG	F	VF	XF	Unc
1784	—	4.00	8.00	15.00	30.00	—

KM# 115 MATTIER (4 Pfennig)
Silver **Ruler:** Friedrich Adolf **Obv:** Rose in wreath of laurel and rosettes **Rev:** Date **Rev. Inscription:** I / MATTIER / GR:LIPP / LM **Note:** Varieties exist.

Date	Mintage	VG	F	VF	XF	Unc
1710	162,000	12.00	30.00	60.00	125	—
1711	—	12.00	30.00	60.00	125	—
1712	144,000	12.00	30.00	60.00	125	—
1714	783,000	12.00	30.00	60.00	125	—

KM# 181 MATTIER (4 Pfennig)
Billon **Ruler:** Simon August **Obv:** Rose **Rev:** Value above date

Date	Mintage	VG	F	VF	XF	Unc
1763	—	3.00	8.00	15.00	30.00	—

KM# 189 MATTIER (4 Pfennig)
Billon **Ruler:** Simon August

Date	Mintage	VG	F	VF	XF	Unc
1766	—	3.00	8.00	15.00	30.00	—
1767	—	3.00	8.00	15.00	30.00	—
1768	—	3.00	8.00	15.00	30.00	—

KM# 196 MATTIER (4 Pfennig)
Billon **Ruler:** Simon August **Obv:** SA script monogram in rose **Rev:** Value

Date	Mintage	VG	F	VF	XF	Unc
1769	—	3.00	8.00	15.00	30.00	—

KM# 209 MATTIER (4 Pfennig)
Billon **Ruler:** Friedrich Wilhelm Leopold under Regency of Ludwig Hienrich Adolf **Obv:** L H A C monogram in rose **Rev:** Value above date

Date	Mintage	VG	F	VF	XF	Unc
1785	—	4.00	9.00	18.00	37.00	—

KM# 210 MATTIER (4 Pfennig)
Billon **Ruler:** Friedrich Wilhelm Leopold under Regency of Ludwig Hienrich Adolf **Note:** Similar to KM#218.

Date	Mintage	VG	F	VF	XF	Unc
1789	—	4.00	9.00	18.00	37.00	—

KM# 218 MATTIER (4 Pfennig)
Billon **Ruler:** Friedrich Wilhelm Leopold Alone **Obv:** Rose **Rev:** Value, date

Date	Mintage	VG	F	VF	XF	Unc
1791	—	4.00	8.00	15.00	30.00	—
1792	—	4.00	8.00	15.00	30.00	—
1793	—	4.00	8.00	15.00	30.00	—
1794	—	4.00	8.00	15.00	30.00	—
1795	—	4.00	8.00	15.00	30.00	—
1796	—	4.00	8.00	15.00	30.00	—
1797	—	4.00	8.00	15.00	30.00	—
1798	—	4.00	8.00	15.00	30.00	—
1799	—	4.00	8.00	15.00	30.00	—

LIPPE-DETMOLD GERMAN STATES

KM# 121 MARIENGROSCHEN (1/36 Thaler)
1.4000 g., Silver, 18.4 mm. **Ruler:** Friedrich Adolf **Obv:** Rose in circle, titles of Friedrich Adolf **Rev. Legend:** G. LIPP. LANT. MVN(T)Z **Rev. Inscription:** I / MARI. HEROS / HL, date **Note:** Varieties exist.

Date	Mintage	VG	F	VF	XF	Unc
1711 HL	287,000	16.00	37.00	75.00	150	—
1712 HL	295,000	16.00	37.00	75.00	150	—
1713 HL	722,000	15.00	37.00	75.00	150	—
1714 HL	1,024,000	15.00	37.00	75.00	150	—
1715 HL	789,000	15.00	37.00	75.00	150	—

KM# 148 MARIENGROSCHEN (1/36 Thaler)
Silver **Ruler:** Friedrich Adolf **Rev:** Date at bottom, 17HL15

Date	Mintage	VG	F	VF	XF	Unc
1715 HL	Inc. above	15.00	37.00	75.00	150	—

KM# 182 MARIENGROSCHEN (1/36 Thaler)
Billon **Ruler:** Simon August **Obv:** SA script monogram **Rev:** Value and date

Date	Mintage	VG	F	VF	XF	Unc
1764	—	4.00	9.00	18.00	37.00	—
1765	—	4.00	9.00	18.00	37.00	—
1766	—	4.00	9.00	18.00	37.00	—
1767	—	4.00	9.00	18.00	37.00	—
1768	—	4.00	9.00	18.00	37.00	—

KM# 200 MARIENGROSCHEN (1/36 Thaler)
Billon **Ruler:** Simon August **Obv:** SA script monogram in rose **Rev:** Value

Date	Mintage	VG	F	VF	XF	Unc
1770	—	4.00	9.00	18.00	37.00	—

KM# 207 MARIENGROSCHEN (1/36 Thaler)
Billon **Ruler:** Friedrich Wilhelm Leopold under Regency of Ludwig Hienrich Adolf **Obv:** L H A C monogram in rose **Rev:** Value above date

Date	Mintage	VG	F	VF	XF	Unc
1784	—	5.00	12.00	25.00	50.00	—
1786	—	5.00	12.00	25.00	50.00	—

KM# 211 MARIENGROSCHEN (1/36 Thaler)
Billon **Ruler:** Friedrich Wilhelm Leopold under Regency of Ludwig Hienrich Adolf **Obv:** Rose displayed

Date	Mintage	VG	F	VF	XF	Unc
1789	—	4.00	9.00	18.00	37.00	—

KM# 215 MARIENGROSCHEN (1/36 Thaler)
Billon **Ruler:** Friedrich Wilhelm Leopold Alone **Obv:** Rose displayed **Note:** Similar to KM#211.

Date	Mintage	VG	F	VF	XF	Unc
1790	—	3.00	7.00	15.00	30.00	—
1791	—	3.00	7.00	15.00	30.00	—
1792	—	3.00	7.00	15.00	30.00	—
1793	—	3.00	7.00	15.00	30.00	—
1794	—	3.00	7.00	15.00	30.00	—
1795	—	3.00	7.00	15.00	30.00	—

KM# 190 4 MARIENGROSCHEN (1/9 Thaler)
Billon **Ruler:** Simon August **Obv:** SA script monogram in rose **Rev:** Value and date

Date	Mintage	VG	F	VF	XF	Unc
1766	—	20.00	45.00	90.00	185	—

KM# 219 GULDEN
Silver **Ruler:** Friedrich Wilhelm Leopold Alone **Obv:** Helmeted arms within crowned mantle **Rev:** Inscription within oak leaf wreath **Note:** Prize Gulden.

Date	Mintage	VG	F	VF	XF	Unc
1793	—	125	200	335	675	—

KM# 116 1/48 THALER (4-1/2 Pfennig)
Silver **Ruler:** Friedrich Adolf **Obv:** Ornate script FA monogram, large crown above **Rev:** Date, value in circle **Rev. Legend:** L. KIP. L. MVNTZ **Rev. Inscription:** 48 / I / REICHS / TH

Date	Mintage	VG	F	VF	XF	Unc
1710 HL	36,000	80.00	160	330	675	—

KM# 122 1/48 THALER (4-1/2 Pfennig)
Silver **Ruler:** Friedrich Adolf **Obv:** Date, rose in circle **Obv. Legend:** G. LIP. L. MUNTZ **Rev:** Value **Rev. Inscription:** 48 / I / REICHS / TH / HL **Note:** Varieties exist.

Date	Mintage	VG	F	VF	XF	Unc
1711 HL	142,000	12.00	30.00	60.00	125	—
1713 HL	191,000	12.00	30.00	60.00	125	—
1714 HL	377,000	12.00	30.00	60.00	125	—

KM# 126 1/48 THALER (4-1/2 Pfennig)
Silver **Ruler:** Friedrich Adolf **Rev:** Date as ...REICHS/17 TH 12/HL **Note:** Varieties exist.

Date	Mintage	VG	F	VF	XF	Unc
1712 HL	—	12.00	30.00	60.00	125	—
1713 HL	Inc. above	12.00	30.00	60.00	125	—
1714 HL	Inc. above	12.00	30.00	60.00	125	—

KM# 183 1/48 THALER (4-1/2 Pfennig)
Billon **Ruler:** Simon August **Obv:** SA script monogram **Rev:** Value and date

Date	Mintage	VG	F	VF	XF	Unc
1764	—	4.00	10.00	25.00	50.00	—

KM# 174 1/24 THALER (Furstengroschen)
Billon **Ruler:** Simon August **Obv:** SA script monogram **Rev:** Value and date

Date	Mintage	VG	F	VF	XF	Unc
1764	—	4.00	9.00	18.00	37.00	—

KM# 117 1/12 THALER (2 Groschen)
Silver **Ruler:** Friedrich Adolf **Obv:** Crowned 4-fold oval arms with 4-fold central shield **Rev:** Date **Rev. Inscription:** 12 / EINEN / REICHS / THALER **Note:** Varieties exist.

Date	Mintage	VG	F	VF	XF	Unc
1710 HL	36,000	20.00	45.00	90.00	180	—
1711 HL	15,000	20.00	45.00	90.00	180	—
1712 HL	—	20.00	45.00	90.00	180	—
1713 HL	28,000	20.00	50.00	100	200	—
1714 HL	45,000	20.00	50.00	100	200	—
1715 HL	206,000	20.00	45.00	90.00	180	—
1716 HL	Inc. above	20.00	50.00	100	200	—
1716 LHL	Inc. above	20.00	50.00	100	200	—
1717 LHL	148,000	20.00	50.00	100	200	—

KM# 136 1/12 THALER (2 Groschen)
Silver **Ruler:** Friedrich Adolf **Note:** Similar to KM#117, but date divided by crown.

Date	Mintage	VG	F	VF	XF	Unc
1714 HL	Inc. above	20.00	45.00	90.00	180	—

KM# 154 1/12 THALER (2 Groschen)
Silver **Ruler:** Friedrich Adolf **Obv:** Crowned 4-fold arms in shape of shield **Rev:** Value, date within inner circle

Date	Mintage	VG	F	VF	XF	Unc
1716 HL	Inc. above	40.00	80.00	175	300	—

KM# 165 1/12 THALER (2 Groschen)
Silver **Ruler:** Simon Heinrich Adolf **Obv:** Crowned 4-fold arms in baroque frame **Rev:** Mintmaster's intials NACH - DEM, date in legend **Rev. Inscription:** 12 / EINEN / REICHS / THALER **Note:** Varieties exist.

Date	Mintage	VG	F	VF	XF	Unc
1720 LHL	3,360	25.00	60.00	125	250	—

KM# 184 1/12 THALER (2 Groschen)
Billon **Ruler:** Simon August **Obv:** Crowned 4-fold arms within cartouche **Rev:** Value, date

Date	Mintage	VG	F	VF	XF	Unc
1764	—	15.00	40.00	80.00	165	—
1765 BS	—	15.00	40.00	80.00	165	—
1765 TAHLER (Error)	—	40.00	100	225	450	—
1766	—	15.00	40.00	80.00	165	—
1767	—	15.00	40.00	80.00	165	—
1768	—	25.00	60.00	125	250	—
1769	—	40.00	90.00	180	375	—

KM# A184 1/12 THALER (2 Groschen)
Silver, 22.2 mm. **Ruler:** Simon August **Obv:** Crowned shield of arms **Rev:** 5-line inscription **Rev. Inscription:** 12 / EINEN / REICHS / THALER / B S

Date	Mintage	VG	F	VF	XF	Unc
1764 BS	—	15.00	40.00	80.00	165	—

KM# 212 1/12 THALER (2 Groschen)
Billon **Ruler:** Friedrich Wilhelm Leopold Alone **Obv:** Complex arms within crowned mantle **Rev:** Value, date

Date	Mintage	VG	F	VF	XF	Unc
1789	—	18.00	40.00	85.00	175	—
1790 BR	—	20.00	45.00	90.00	180	—

KM# 127 1/6 THALER (1/4 Gulden)
Silver **Ruler:** Friedrich Adolf **Obv:** Armored bust right **Rev:** Quartered arms with crown above and value in oval at bottom on reverses. Varieties exist.

Date	Mintage	VG	F	VF	XF	Unc
1712 HL	3,852	50.00	125	250	550	—
1713 HL	10,000	50.00	125	250	550	—

KM# 137 1/6 THALER (1/4 Gulden)
Silver **Ruler:** Friedrich Adolf **Rev:** Arms in shield with straight sides divide date

Date	Mintage	VG	F	VF	XF	Unc
1714 HL	13,000	50.00	125	250	550	—

KM# 166 1/6 THALER (1/4 Gulden)
Silver **Ruler:** Simon Heinrich Adolf **Obv:** Armored bust right **Rev:** Value, date within inner circle **Note:** Varieties exist.

Date	Mintage	VG	F	VF	XF	Unc
1720 LHL	48,000	40.00	90.00	185	375	—

KM# 185 1/6 THALER (1/4 Gulden)
Silver **Ruler:** Simon August **Obv:** Head right **Rev:** Value, date within inner circle

Date	Mintage	VG	F	VF	XF	Unc
1765 BS	—	35.00	80.00	165	335	—
1766	—	35.00	80.00	165	335	—
1767	—	35.00	80.00	165	335	—
1768	—	35.00	80.00	165	335	—
1769	—	35.00	80.00	165	335	—
1770	—	35.00	80.00	165	335	—

KM# 201 1/6 THALER (1/4 Gulden)
Silver **Ruler:** Simon August **Obv:** Head right **Rev:** Value

Date	Mintage	VG	F	VF	XF	Unc
1770 HDS	—	35.00	80.00	165	335	—

GERMAN STATES — LIPPE-DETMOLD

KM# 133 1/4 THALER
Silver **Ruler:** Friedrich Adolf **Subject:** 46th Birthday of Friedrich Adolf **Obv:** Armored bust right **Rev:** Inscription **Note:** Klippe. Varieties exist.

Date	Mintage	VG	F	VF	XF	Unc
1713	—	200	400	800	1,500	—
1713 B	—	200	400	800	1,500	—

KM# 158 1/3 THALER (1/2 Gulden)
Silver **Ruler:** Simon Heinrich Adolf **Obv:** Armored bust right **Rev:** Date divided above arms, value (1/3) below

Date	Mintage	VG	F	VF	XF	Unc
1719 LHL	—	175	375	800	1,500	—

KM# 202 1/3 THALER (1/2 Gulden)
Silver **Ruler:** Simon August **Obv:** Crowned arms within cartouche **Rev:** Value, date

Date	Mintage	VG	F	VF	XF	Unc
1772	—	30.00	65.00	135	275	—

KM# 159 2/3 THALER (Gulden)
Silver **Ruler:** Simon Heinrich Adolf **Obv:** Armored bust right **Rev:** Date divided by value at bottom **Note:** Varieties exist.

Date	Mintage	VG	F	VF	XF	Unc
1719 LHL	120	225	475	950	1,900	—
1722 LHL	421	175	375	750	1,500	—

KM# 128 1/3 THALER (1/2 Gulden)
Silver **Ruler:** Friedrich Adolf **Obv:** Armored bust right **Rev:** Quartered arms with crown above and value in oval below **Note:** Varieties exist.

Date	Mintage	VG	F	VF	XF	Unc
1712 HL	—	175	350	750	1,250	—
1713 HL	5,703	175	350	750	1,250	—
1715 HL	—	175	350	750	1,250	—
1716 HL	—	175	350	750	1,250	—

KM# 149 1/2 THALER
Silver **Ruler:** Friedrich Adolf **Subject:** 47th Birthday of Friedrich Adolf **Obv:** Bust right, titles in legend **Rev:** Crowned oval arms, supported by 2 lions, IVSTVM ER DECORVM above, date divided below **Note:** Octagonal klippe.

Date	Mintage	VG	F	VF	XF	Unc
1715	—	850	1,800	3,750	7,500	—

KM# 186 2/3 THALER (Gulden)
Silver **Ruler:** Simon August **Subject:** Second Marriage of the Prince **Obv:** Head right **Rev:** Crowned quartered arms with rosettes, within cartouche, value in oval below

Date	Mintage	VG	F	VF	XF	Unc
1765 BS	—	175	325	650	1,300	—

KM# 134.1 1/3 THALER (1/2 Gulden)
Silver **Ruler:** Friedrich Adolf **Obv:** Armored bust right **Rev:** Small crown above shield, date in legend **Note:** Varieties exist.

Date	Mintage	VG	F	VF	XF	Unc
1713 HL	Inc. above	120	275	650	1,150	—

KM# 138 1/3 THALER (1/2 Gulden)
Silver **Ruler:** Friedrich Adolf **Rev:** Arms in shield with straight sides divide date **Note:** Varieties exist.

Date	Mintage	VG	F	VF	XF	Unc
1714 HL	2,565	120	275	650	1,150	—

KM# 169 1/2 THALER
Silver **Ruler:** Simon Heinrich Adolf **Subject:** 33rd Birthday of Simon Heinrich Adolf **Obv:** Bust right, titles in legend **Obv. Legend:** XXXIII AET.ANNO/COMPLETO **Rev:** 9-line inscription with date **Rev. Legend:** GOTT ERHALTE **Note:** Octagonal klippe.

Date	Mintage	VG	F	VF	XF	Unc
1727	—	800	1,600	3,250	6,750	—

KM# 118 2/3 THALER (Gulden)
Silver **Ruler:** Friedrich Adolf **Obv:** Bust right **Rev:** Helmeted curved-sided arms, date divided above, value 2/3 below

Date	Mintage	VG	F	VF	XF	Unc
1710 HL	2,230	175	375	750	1,500	—

KM# 187 2/3 THALER (Gulden)
Silver **Ruler:** Simon August **Obv:** Bust right **Rev:** Crowned quartered arms with quartered shield at center, value in oval below

Date	Mintage	VG	F	VF	XF	Unc
1765 BS	—	125	250	525	1,150	—

KM# 197 2/3 THALER (Gulden)
Silver **Ruler:** Simon August **Obv:** Bust right **Rev:** Crowned arms

Date	Mintage	VG	F	VF	XF	Unc
1769	—	350	550	1,100	2,100	—

KM# 134.2 1/3 THALER (1/2 Gulden)
Silver **Ruler:** Friedrich Adolf **Obv. Legend:** Large crown above shield **Rev:** Large crown above shield **Note:** Varieties exist.

Date	Mintage	VG	F	VF	XF	Unc
1717 LHL	8,388	120	275	650	1,150	—

KM# 123 2/3 THALER (Gulden)
Silver **Ruler:** Friedrich Adolf **Obv:** Armored, draped bust right **Rev:** Oval 4-fold arms with 4-fold central shield, 5 helmets above with date divided above **Note:** Varieties exist.

Date	Mintage	VG	F	VF	XF	Unc
1711 HL	4,682	160	325	675	1,350	—
1712 HL	1,472	160	325	675	1,350	—
1713 HL	3,975	160	325	675	1,350	—
1714 HL	9,163	160	325	675	1,350	—
1715 HL	5,852	160	325	675	1,350	—
1716 HL	Inc. above	160	325	675	1,350	—
1717 LHL	8,113	160	325	675	1,350	—

KM# 130 THALER
Silver **Ruler:** Friedrich Adolf **Obv:** Bust right **Obv. Legend:** FRID

• ADOLPH • COM • ET • NOB • D • LIP • **Rev:** Crowned arms **Rev. Inscription:** IVSTVM ET DECORVM 17 • 12 **Note:** Dav. #2378.

Date	Mintage	VG	F	VF	XF	Unc
1712	300	800	1,500	2,500	4,500	—

KM# 131 THALER
Silver **Ruler:** Friedrich Adolf **Obv:** Bust right **Obv. Legend:** FRIED • ADOLPH • - COM • & • NOB • D • LIPP • **Rev:** Crowned arms, date and HL below **Rev. Legend:** IVSTVM • & • - DECORVM • **Note:** Dav. #2379.

Date	Mintage	VG	F	VF	XF	Unc
1712 B	Inc. above	600	1,250	2,200	4,250	—
1713 HL	2,057	600	1,250	2,200	4,250	—

KM# 129 THALER
Silver **Ruler:** Friedrich Adolf **Subject:** 45th Birthday of Friedrich Adolf **Obv:** Bust right **Rev:** Crown above 11-line inscription with date

Date	Mintage	VG	F	VF	XF	Unc
1712 TB	125	1,800	3,600	5,800	9,000	—

KM# 135 THALER
Silver **Ruler:** Friedrich Adolf **Subject:** 46th Birthday of Friedrich Adolf **Obv:** Bust right **Rev:** 12-line inscription with date

Date	Mintage	VG	F	VF	XF	Unc
1713 TB	228	900	1,800	3,400	6,600	—

KM# 139 THALER
Silver **Ruler:** Friedrich Adolf **Subject:** 47th Birthday of Friedrich Adolf **Obv:** Bust right **Rev:** 13-line inscription, crown above, date in chronogram of legend

Date	Mintage	VG	F	VF	XF	Unc
1714 TB	—	775	1,300	2,800	5,700	—

KM# 140 THALER
Silver **Ruler:** Friedrich Adolf **Obv:** Bust right **Rev:** Crowned arms, date and HL below **Rev. Legend:** SUPR.D.VIAN.ET.. **Note:** Dav. #2380.

Date	Mintage	VG	F	VF	XF	Unc
1714 HL	—	1,400	2,400	3,900	—	—

KM# 155 THALER
Silver **Ruler:** Friedrich Adolf **Obv:** Armored bust right **Obv. Legend:** FRID • ADOLPH • - COM • ET • NOB • D • LIPP • **Rev:** Crowned quartered arms surrounded by monograms in cruciform within small circles, Order chain surrounds all **Rev. Legend:** IVSTVM • & • - DECORVM • **Note:** Dav. #2382.

Date	Mintage	VG	F	VF	XF	Unc
1716 HL	—	550	950	1,700	3,000	—

KM# 156 THALER
Silver **Ruler:** Friedrich Adolf **Obv:** Armored bust right **Note:** Dav. #2382A.

Date	Mintage	VG	F	VF	XF	Unc
1716 HL	190	—	—	—	—	—

KM# 160 THALER
Silver **Ruler:** Simon Heinrich Adolf **Obv:** Bust right **Obv. Legend:** SIMON • HENRICH • - ADOLPH • COM • & • N • D • LIPP • **Rev:** Helmeted arms, date in legend **Rev. Legend:** SVPR • D • VIAN • & AMEID BVRG • H• VLTR • 1719 **Note:** Dav. #2383.

Date	Mintage	VG	F	VF	XF	Unc
1719	80	1,650	3,250	6,000	9,500	—

KM# 161 THALER
Silver **Ruler:** Simon Heinrich Adolf **Obv:** Armored, draped bust right **Obv. Legend:** SIMON • HENRICH • - ADOLPH • C • & • N • D • LIPP • **Rev:** Date divided below arms **Rev. Legend:** SVPR • D • VIAN • & AMEID BVRG • H • VLTR • **Note:** Dav. #2384.

Date	Mintage	VG	F	VF	XF	Unc
1719 LHL	Inc. above	1,400	2,750	5,000	8,000	—

KM# 150 1-1/4 THALER
Silver **Ruler:** Friedrich Adolf **Obv:** Armored bust right **Rev:** Quartered arms within crowned quartered arms with supporters **Note:** Dav. #2381. Klippe.

Date	Mintage	F	VF	XF	Unc	BU
1715 B	200	2,500	4,500	7,500	12,000	—

KM# 151 1-1/4 THALER
Silver **Ruler:** Friedrich Adolf **Obv:** Armored bust right **Note:** Dav. #2381A.

Date	Mintage	F	VF	XF	Unc	BU
1715 HL Rare	Inc. above	—	—	—	—	—

TRADE COINAGE

KM# 141 1/4 DUCAT
0.8750 g., 0.9860 Gold 0.0277 oz. AGW **Ruler:** Friedrich Adolf **Obv:** Bust right **Rev:** Value

Date	Mintage	VG	F	VF	XF	Unc
1714 HL	—	225	450	825	1,800	3,000
1715	—	225	450	825	1,800	3,000

KM# 119 DUCAT
3.5000 g., 0.9860 Gold 0.1109 oz. AGW **Ruler:** Friedrich Adolf **Subject:** 43rd Birthday of the Prince **Obv:** Armored bust right **Rev:** Legend

Date	Mintage	VG	F	VF	XF	Unc
1710	—	400	900	1,750	3,750	6,500
ND	—	400	900	1,750	3,750	6,500

KM# 120 DUCAT
3.5000 g., 0.9860 Gold 0.1109 oz. AGW **Ruler:** Friedrich Adolf **Obv:** Bust right **Rev:** Crowned squarish 4-fold arms with 4-fold central shield in baroque frame divide date **Note:** Varieties exist.

Date	Mintage	VG	F	VF	XF	Unc
ND(ca. 1710)	—	750	1,500	3,000	7,200	11,500
1711 HL	Inc. above	750	1,500	3,000	7,200	11,500
1712 HL	70	750	1,500	3,000	7,200	11,500

KM# 124 DUCAT
3.5000 g., 0.9860 Gold 0.1109 oz. AGW **Ruler:** Friedrich Adolf **Rev:** Helmeted oval arms

Date	Mintage	VG	F	VF	XF	Unc
1711 HL	70	675	1,450	2,700	6,300	10,500
1712 HL	—	675	1,450	2,700	6,300	10,500
1714 HL	100	675	1,450	2,700	6,300	10,500
1715 HL	—	675	1,450	2,700	6,300	10,500
1716 HL	116	675	1,450	2,700	6,300	10,500

KM# 142 DUCAT
3.5000 g., 0.9860 Gold 0.1109 oz. AGW **Ruler:** Friedrich Adolf **Obv:** Bust right **Rev:** 7-line inscription below crown

Date	Mintage	VG	F	VF	XF	Unc
ND(1714)	—	1,350	2,400	4,800	11,000	—

KM# 194 THALER
Silver **Ruler:** Simon August **Subject:** 41st Birthday of the Prince **Obv:** Armored bust right **Obv. Legend:** SIMON AUGUST. COM & NOB • D • LIPP • S • D • V • & A • B • H • VLTR • **Rev:** Legend within square, ornaments surround **Rev. Legend:** QUEM/QUADRAGESIES ET/SEMEL PATRIAE/NATUM ESSE/GRATULAMUR/d: XII Jun./MDCCLXVII **Note:** Dav. #2385. Vereins Thaler.

Date	Mintage	VG	F	VF	XF	Unc
1767 BS	—	500	1,000	2,000	3,750	6,000

GERMAN STATES

LIPPE-DETMOLD

KM# 157 DUCAT
3.5000 g., 0.9860 Gold 0.1109 oz. AGW **Ruler:** Simon Heinrich Adolf **Obv:** Bust right

Date	Mintage	VG	F	VF	XF	Unc
1718 LHL Rare	73	—	—	—	—	—
1719 LHL Rare	100	—	—	—	—	—

KM# 188 DUCAT
3.5000 g., 0.9860 Gold 0.1109 oz. AGW **Ruler:** Simon August **Obv:** Head right **Rev:** Crowned arms in sprays

Date	Mintage	VG	F	VF	XF	Unc
1765	—	625	1,300	2,200	5,300	8,800

KM# 195 DUCAT
3.5000 g., 0.9860 Gold 0.1109 oz. AGW **Ruler:** Simon August **Rev:** Arms and date

Date	Mintage	VG	F	VF	XF	Unc
1767	—	700	1,600	2,800	6,300	10,500

KM# 198 DUCAT
3.5000 g., 0.9860 Gold 0.1109 oz. AGW **Ruler:** Simon August **Subject:** Prince's 3rd Marriage **Obv:** Busts facing each other **Rev:** Hands held at center

Date	Mintage	VG	F	VF	XF	Unc
1769	—	475	1,100	1,800	3,250	5,400

KM# 143 2 DUCAT
7.0000 g., 0.9860 Gold 0.2219 oz. AGW **Ruler:** Friedrich Adolf **Obv:** Bust right **Rev:** Crowned arms

Date	Mintage	VG	F	VF	XF	Unc
1714 IHL	—	3,000	4,800	7,200	14,000	—

KM# 163 4 DUCAT
14.0000 g., 0.9860 Gold 0.4438 oz. AGW **Ruler:** Simon Heinrich Adolf **Obv:** Bust right **Rev:** Crowned arms

Date	Mintage	VG	F	VF	XF	Unc
1719 LHL Rare	—	—	—	—	—	—

KM# 125 5 DUCAT
17.5000 g., 0.9860 Gold 0.5547 oz. AGW **Ruler:** Friedrich Adolf **Obv:** Bust right **Rev:** Crowned arms

Date	Mintage	VG	F	VF	XF	Unc
1711 LHL Rare	—	—	—	—	—	—
1715 LHL Rare	—	—	—	—	—	—
1716 LHL Rare	—	—	—	—	—	—

KM# A143 5 DUCAT
17.5000 g., 0.9860 Gold 0.5547 oz. AGW **Ruler:** Friedrich Adolf **Subject:** 47th Birthday of Friedrich Adolf

Date	Mintage	VG	F	VF	XF	Unc
1715	—	—	—	9,000	15,000	30,000

Note: Struck with 1/2 Thaler dies, KM#149

KM# 132 10 DUCAT
35.0000 g., 0.9860 Gold 1.1095 oz. AGW **Ruler:** Friedrich Adolf **Obv:** Bust right **Obv. Legend:** FRID • ADOLF • • COM • ET • NOB • D • LIPP • **Rev:** Crowned arms in order ribbon **Rev. Legend:** IVSTVM • ET • DECORVM • 1712

Date	Mintage	VG	F	VF	XF	Unc
1712 LHL Rare	—	—	—	—	—	—

Note: Stacks International sale 3-88 AU realized $16,500

Date	Mintage	VG	F	VF	XF	Unc
1715 LHL Rare	—	—	—	—	—	—

PATTERNS
Including off metal strikes

KM#	Date	Mintage	Identification	Mkt Val
Pn9	1710	—	Ducat. Silver. Weight of 1/4 Thaler, KM#119.	250
Pn8	1710 HL	—	1/48 Thaler. Gold. KM#116.	—

KM#	Date	Mintage	Identification	Mkt Val
Pn10	1711 HL	—	Ducat. Silver. KM#120.	—
Pn11	1712 HL	—	Ducat. Silver. KM#124.	—
Pn13	1716 HL	—	Ducat. Copper. KM#124.	—
Pn14	1722 LHL	—	2/3 Thaler. Copper. KM#159.	—

LORRAINE

(Lothringen)

Lorraine was established as a kingdom for Lothaire in the mid-9th century and was a part of the Carolingian Empire. It emerged as a duchy in the early 10th century and eventually became a buffer state between Germany and France. By 955, following several revolts which had their roots in Lorraine, Emperor Otto I (936-73) divided the territory in Lower Lorraine, which later became Brabant, and Upper Lorraine, the region which stretched along the Meuse and Mosel Rivers southwards to Burgundy. It is the latter entity, often associated with Alsace (see), which has come down to modern Europe as Lorraine.

The duchy was often a source of contention between the emperors and the kings of France, especially in the 17th century. France occupied it several times, from 1634-41, 1643-44, 1654-61, and 1673-75, and then again 1690-97. In 1736, Duke Franz III married Maria Theresa, daughter of Emperor Karl VI and reigned as Emperor Franz I (1745-65). He exchanged Lorraine with France at the end of 1736 and received the Grand Duchy of Tuscany as compensation in the following year. The former King of Poland, Stanislaw Leszczinski, succeeded Franz III (I) in Lorraine, but the duchy was finally incorporated into France upon his death in 1766. Along with Alsace, Lorraine was acquired by the German Empire after the defeat of France by Prussia in the Franco-Prussian War of 1870-71. The Treaty of Versailles returned Alsace and Lorraine to France in 1919.

RULERS
Leopold, (1690) 1697-1729
Franz III, 1729-1736

MINTS
Badenweiler
Florence
Nancy
Romarti (Remiremont)
Stenay

MINT MARKS
A – Paris

ARMS
Lorraine – band from upper left to lower right on which 3 small eagles

Bar – two fish standing on tails, four small crosses around

MONETARY SYSTEM
3 Deniers = 1 Liard
4 Liards = 1 Sol
25 Sols = 1 Livre
6 Livres = 1 Ecu
4 Ecus = 1 Louis D'or

DUCHY
STANDARD COINAGE

KM# 72 DENIER
Silver **Ruler:** Leopold Joseph as Leopold I **Obv:** Head right **Obv. Legend:** LEOP • I • D • G • D • LOT • BA • REX • IE • **Rev:** Radiant cross of Lorraine with four crowned eagles

Date	Mintage	VG	F	VF	XF	Unc
1728	—	30.00	65.00	135	270	—

KM# 73 12 DENIERS
Silver **Ruler:** Leopold Joseph as Leopold I **Obv:** Crowned cross of Lorraine in field of eagles **Rev:** Cross of Lorraine within three monograms and eagles

Date	Mintage	VG	F	VF	XF	Unc
1726	—	30.00	65.00	130	265	—
1727	—	30.00	65.00	130	265	—
1728	—	30.00	65.00	130	265	—

KM# 75 30 DENIERS
Silver **Ruler:** Leopold Joseph as Leopold I **Obv:** Crowned cross of Lorraine in field of eagles **Rev:** Cross of Lorraine within three monograms and eagles

Date	Mintage	VG	F	VF	XF	Unc
1726	—	20.00	45.00	90.00	180	—
1727	—	20.00	45.00	90.00	180	—

KM# 78 30 DENIERS
Silver **Ruler:** Leopold Joseph as Leopold I **Obv:** Crowned eagle **Rev:** Cross with four small crosses

Date	Mintage	VG	F	VF	XF	Unc
1728	—	20.00	45.00	90.00	180	—
1729	—	20.00	45.00	90.00	180	—

KM# 125 30 DENIERS
Silver **Ruler:** Franz III **Obv:** Crowned eagle **Rev:** Cross with four small crosses

Date	Mintage	VG	F	VF	XF	Unc
1729	—	20.00	50.00	100	200	—

KM# 79 60 DENIERS
Silver **Ruler:** Leopold Joseph as Leopold I **Obv:** Crowned cross of Lorraine in field of eagles **Rev:** Cross of Lorraine within three monograms and eagles

Date	Mintage	VG	F	VF	XF	Unc
1726	—	40.00	80.00	165	335	—

KM# 80 LIARD
Copper **Ruler:** Leopold Joseph as Leopold I **Obv:** Bust right **Rev:** Crowned cross

Date	Mintage	VG	F	VF	XF	Unc
1704	—	10.00	20.00	45.00	90.00	—

KM# 81 LIARD
Copper **Ruler:** Leopold Joseph as Leopold I **Rev. Inscription:** LIARD / DE / LORRAINE

Date	Mintage	VG	F	VF	XF	Unc
1706	—	9.00	18.00	37.00	75.00	—
1707	—	9.00	18.00	37.00	75.00	—
1708	—	9.00	18.00	37.00	75.00	—
1710	—	9.00	18.00	37.00	75.00	—
1711	—	9.00	18.00	37.00	75.00	—
1713	—	9.00	18.00	37.00	75.00	—
1714	—	9.00	18.00	37.00	75.00	—
1715	—	9.00	18.00	37.00	75.00	—
1726	—	9.00	18.00	37.00	75.00	—
1727	—	9.00	18.00	37.00	75.00	—
1728	—	9.00	18.00	37.00	75.00	—
1729	—	9.00	18.00	37.00	75.00	—

KM# 85 1/2 TESTON
Silver **Ruler:** Leopold Joseph as Leopold I **Obv:** Bust right **Rev:** Crowned arms with two crosses above

Date	Mintage	VG	F	VF	XF	Unc
1702	—	50.00	110	225	450	—

KM# 86 1/2 TESTON
Silver **Ruler:** Leopold Joseph as Leopold I **Obv:** Bust right **Obv. Legend:** LEOP • I • D • G • D • LOT • BA • REX • IER • **Rev:** Crowned shield

Date	Mintage	VG	F	VF	XF	Unc
1705	—	50.00	110	225	450	—

KM# 84 1/2 TESTON
Silver **Ruler:** Leopold Joseph as Leopold I **Obv:** Bust right **Rev:** Crowned arms

Date	Mintage	VG	F	VF	XF	Unc
1709	—	50.00	115	235	475	—

KM# 87 1/2 TESTON
Silver **Ruler:** Leopold Joseph as Leopold I **Rev:** Crowned cross of Lorraine

Date	Mintage	VG	F	VF	XF	Unc
1710	—	50.00	110	225	450	—
1711	—	50.00	110	225	450	—
1712	—	50.00	110	225	450	—

KM# 88 1/2 TESTON
Silver **Ruler:** Leopold Joseph as Leopold I **Obv:** Head right **Obv. Legend:** LEOP • I • D • G • D • LOT • BA • REX • IER • **Rev:** Crowned shielded Cross of Lorraine with crosses at angles

Date	Mintage	VG	F	VF	XF	Unc
1716	—	50.00	110	225	450	—
1717	—	50.00	110	225	450	—

LORRAINE GERMAN STATES

KM# 89 1/2 TESTON
Silver **Ruler:** Leopold Joseph as Leopold I **Obv:** Head right **Obv. Legend:** LEOP • I • D • G • D • LOT • BA • REX • IE • **Rev:** Crowned shield

Date	Mintage	VG	F	VF	XF	Unc
1718	—	50.00	110	225	450	—
1719	—	50.00	110	225	450	—
1720	—	50.00	110	225	450	—
1722	—	50.00	110	225	450	—

KM# 90 TESTON
Silver **Ruler:** Leopold Joseph as Leopold I **Obv:** Bust right **Rev:** Crowned plain oval arms **Mint:** Nancy

Date	Mintage	VG	F	VF	XF	Unc
1701	—	100	325	675	1,300	—
1702	—	100	325	675	1,300	—
1703	—	100	325	675	1,300	—
1704	—	100	325	675	1,300	—
1709	—	100	325	675	1,300	—
1710	—	100	325	675	1,300	—

KM# 91 TESTON
Silver **Ruler:** Leopold Joseph as Leopold I **Rev:** Cross of Lorraine on crowned ornate oval arms

Date	Mintage	VG	F	VF	XF	Unc
1701	—	150	325	675	1,300	—
1702	—	150	325	675	1,300	—

KM# 95 TESTON
Silver **Ruler:** Leopold Joseph as Leopold I **Obv:** Head right **Obv. Legend:** LEOP • I • D • G • D • LOT • BA • REX • IER • **Rev:** Crowned cross of Lorraine **Rev. Legend:** IN • TE • DOMINE • SPERAVI •

Date	Mintage	VG	F	VF	XF	Unc
1709	—	70.00	150	300	600	—
1710	—	70.00	150	300	600	—
1711	—	70.00	150	300	600	—
1712	—	70.00	150	300	600	—
1713	—	70.00	150	300	600	—
1714	—	70.00	150	300	600	—
1715	—	70.00	150	300	600	—
1716	—	70.00	150	300	600	—

KM# 126 TESTON
Silver **Ruler:** Franz III **Obv:** Armored bust right **Obv. Legend:** FRANC • III • D • G • DVX • LOT • BAR • REX • IER • **Rev:** Crowned shield, double crosses at left and right **Rev. Legend:** IN • TE • DOMINE • SPERAVI •

Date	Mintage	VG	F	VF	XF	Unc
1736	—	80.00	180	375	750	—

KM# 100 1/8 THALER
Silver **Ruler:** Leopold Joseph as Leopold I **Note:** Similar to 1/4 Thaler, KM#101.

Date	Mintage	VG	F	VF	XF	Unc
1718	—	30.00	65.00	130	260	—
1719	—	30.00	65.00	130	260	—
1720	—	30.00	65.00	130	260	—
1724	—	30.00	65.00	130	260	—

KM# 96 TESTON
Silver **Ruler:** Leopold Joseph as Leopold I **Obv:** Head right **Obv. Legend:** LEOP • I • D • G • D • LOT • BA • REX • IE • **Rev:** Crowned shield holds Cross of Lorraine with crosses at angles **Rev. Legend:** IN • TE • DOMINE • SPERAVI •

Date	Mintage	VG	F	VF	XF	Unc
1716	—	70.00	150	300	600	—
1717	—	70.00	150	300	600	—

KM# 97 TESTON
Silver **Ruler:** Leopold Joseph as Leopold I **Obv:** Head right **Rev:** Crowned arms in cartouche

Date	Mintage	VG	F	VF	XF	Unc
1716 Rare	—	—	—	—	—	—

KM# 92 TESTON
Silver **Ruler:** Leopold Joseph as Leopold I **Obv:** Bust right **Obv. Legend:** LEOP • I • D • G • D • LOT • BA • REX • IE • **Rev:** Crowned oval shield within cartouche **Rev. Legend:** IN • TE • DOMINE • SPERAVI •

Date	Mintage	VG	F	VF	XF	Unc
1702	—	150	325	675	1,300	—
1704	—	150	325	675	1,300	—

KM# 101 1/4 THALER
Silver **Ruler:** Leopold Joseph as Leopold I **Obv:** Head right **Obv. Legend:** LEOP • I • D • G • D • LOT • BAR • REX • IER • **Rev:** Crowned shield **Rev. Legend:** IN • TE • DOMINE • SPERAVI •

Date	Mintage	VG	F	VF	XF	Unc
1718	—	—	—	—	—	—
1724	—	40.00	80.00	160	325	—
1725	—	40.00	80.00	160	325	—

KM# 127 1/4 THALER
Silver **Ruler:** Franz III **Obv:** Armored bust right **Obv. Legend:** FRANC • III • D • G • DVX • LOT • BAR • REX • IER • **Rev:** Crowned shield, double crosses at left and right **Rev. Legend:** IN • TE • DOMINE • SPERAVI • **Note:** Similar to 1 Teston, KM#126.

Date	Mintage	VG	F	VF	XF	Unc
1736	—	—	—	—	—	—

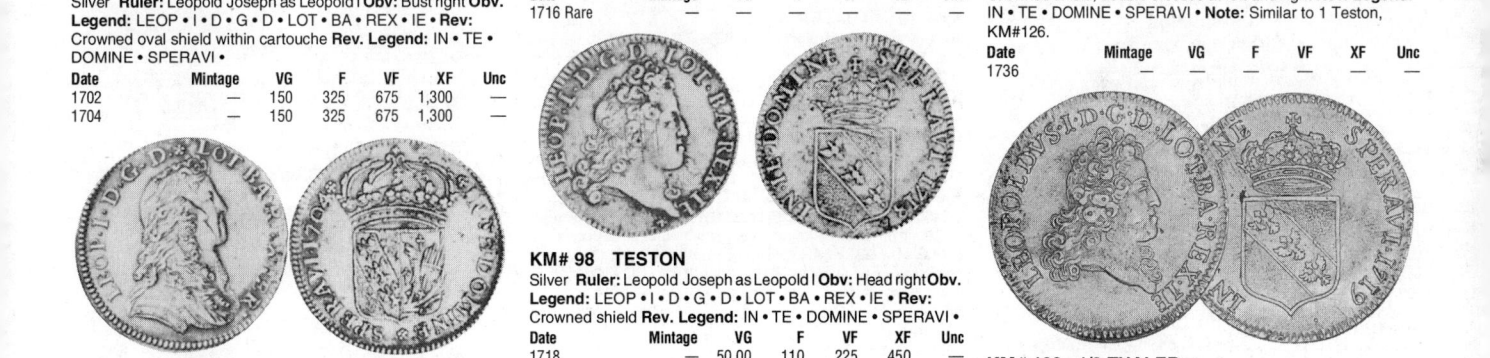

KM# 93 TESTON
Silver **Ruler:** Leopold Joseph as Leopold I **Obv:** Bust right **Obv. Legend:** LEOP • I • D • G • D • LOT • BA • REX • IER • **Rev:** Crowned two-fold shield **Rev. Legend:** IN • TE • DOMINE • SPERAVI •

Date	Mintage	VG	F	VF	XF	Unc
1704	—	110	235	475	975	—

KM# 98 TESTON
Silver **Ruler:** Leopold Joseph as Leopold I **Obv:** Head right **Obv. Legend:** LEOP • I • D • G • D • LOT • BA • REX • IE • **Rev:** Crowned shield **Rev. Legend:** IN • TE • DOMINE • SPERAVI •

Date	Mintage	VG	F	VF	XF	Unc
1718	—	50.00	110	225	450	—
1719	—	50.00	110	225	450	—
1720	—	50.00	110	225	450	—
1722	—	50.00	110	225	450	—
1723	—	50.00	110	225	450	—

KM# 102 1/2 THALER
Silver **Ruler:** Leopold Joseph as Leopold I **Obv:** Bust right **Obv. Legend:** LEOPOLDVS • I • D • G • D • LOT • BA • REX • IE **Rev:** Crowned shield **Rev. Legend:** IN • TE • DOMINE • SPERAVI •

Date	Mintage	VG	F	VF	XF	Unc
1718	—	130	275	525	1,100	—
1719	—	130	275	525	1,100	—
1720	—	130	275	525	1,100	—

KM# 94 TESTON
Silver **Ruler:** Leopold Joseph as Leopold I **Obv:** Bust right **Obv. Legend:** LEOP • I • D • G • D • LOT • BA • REX • IER • **Rev:** Crowned shield, small crosses at left and right **Rev. Legend:** IN • TE • DOMINE • SPERAVI •

Date	Mintage	VG	F	VF	XF	Unc
1704	—	90.00	185	375	750	—
1705	—	90.00	185	375	750	—

KM# 99 TESTON
Silver **Ruler:** Leopold Joseph as Leopold I **Obv:** Head right **Obv. Legend:** LEOP • I • D • G • D • LOT • BAR • REX • IER • **Rev:** Crowned shield **Rev. Legend:** IN • TE • DOMINE • SPERAVI •

Date	Mintage	VG	F	VF	XF	Unc
1722	—	40.00	90.00	180	375	—
1723	—	40.00	90.00	180	375	—

KM# 103 1/2 THALER
Silver **Ruler:** Leopold Joseph as Leopold I **Obv:** Head right **Obv. Legend:** LEOP • I • D • G • D • LOT • BA • REX • IER • **Rev:** Crowned shield **Rev. Legend:** IN • TE • DOMINE • SPERAVI •

Date	Mintage	VG	F	VF	XF	Unc
1724	—	150	300	600	1,200	—
1725	—	150	300	600	1,200	—

GERMAN STATES — LORRAINE

KM# 128 1/2 THALER
Silver **Ruler:** Franz III **Obv:** Armored bust right **Obv. Legend:** FRANC • III • D • G • DVX • LOT • BAR • REX • IER • **Rev:** Crowned two-fold arms, double crosses at right and left **Rev. Legend:** IN • TE • DOMINE • SPERAVI •

Date	Mintage	VG	F	VF	XF	Unc
1736	—	275	550	1,100	2,200	—

KM# 105 THALER
Silver Ruler: Leopold Joseph as Leopold I **Rev:** Crowned shield arms **Note:** Dav. #2386.

Date	Mintage	VG	F	VF	XF	Unc
1702	—	600	1,000	1,900	3,600	—

KM# 109 THALER
Silver **Ruler:** Leopold Joseph as Leopold I **Obv:** Head right **Obv. Legend:** LEOP • I • G • D • LOT • BAR • REX • IER • **Rev:** Crowned L's in cruciform **Rev. Legend:** IN • TE • DOMINE • SPERAVI • **Note:** Dav. #2390.

Date	Mintage	VG	F	VF	XF	Unc
1725	—	400	700	1,450	2,400	—
1726	—	400	700	1,450	2,400	—

KM# 115 LEOPOLD D'OR
6.6900 g., 0.9170 Gold 0.1972 oz. AGW **Ruler:** Leopold Joseph as Leopold I **Obv:** Laureate head right **Obv. Legend:** LEOP • I • D • G • D • LOT • BAR • REX • IE • **Rev:** Crowned L's in cruciform, double crosses at angles **Rev. Legend:** TV • DOMINE • SPES • MEA **Mint:** Nancy **Note:** Fr. #158.

Date	Mintage	VG	F	VF	XF	Unc
1702	—	750	1,650	3,000	6,800	—
1703	—	750	1,650	3,000	6,800	—

KM# 116 LEOPOLD D'OR
6.6900 g., 0.9170 Gold 0.1972 oz. AGW **Ruler:** Leopold Joseph as Leopold I **Obv:** Older laureate head right **Rev:** Eagle in center of monogram **Note:** Similar to KM#117, but eagle in center of monogram.

Date	Mintage	VG	F	VF	XF	Unc
1710	—	1,000	2,250	3,750	6,600	10,000

KM# 106 THALER
Silver **Ruler:** Leopold Joseph as Leopold I **Obv:** Draped bust right **Obv. Legend:** LEOP • I • D • G • D • LOT • BA • REX • IER • **Rev:** Crowned arms of Lorraine and bar among branches and plumes **Rev. Legend:** IN • TE • DOMINE • SPERAVI • **Note:** Dav. #2387.

Date	Mintage	VG	F	VF	XF	Unc
1704	—	450	800	1,600	2,700	—
1705	—	450	800	1,600	2,700	—

KM# 129 THALER
16.0000 g., Silver **Ruler:** Franz III **Obv:** Armored bust right **Obv. Legend:** FRANC • III • D • G • DVX • LOT • BAR • REX • IER • **Rev:** Crowned two-fold shield **Rev. Legend:** IN • TE • DOMINE • SPERAVI • **Note:** Dav. #2940.

Date	Mintage	VG	F	VF	XF	Unc
1736	—	725	1,200	2,400	4,200	—

KM# 130 THALER
16.0000 g., Silver **Ruler:** Franz III **Rev:** Crowned eight-section arms **Note:** Dav. #2941.

Date	Mintage	VG	F	VF	XF	Unc
1736 Rare	—	—	—	—	—	—

KM# 131 THALER
16.0000 g., Silver **Ruler:** Franz III **Rev:** Crowned oval arms

Date	Mintage	VG	F	VF	XF	Unc
1736 Rare	—	—	—	—	—	—

KM# 110 2 THALER
42.0000 g., Silver **Ruler:** Leopold Joseph as Leopold I **Obv:** Bust right **Rev:** Crowned shield arms **Note:** Dav. #2989A.

Date	Mintage	VG	F	VF	XF	Unc
1725 Rare	—	—	—	—	—	—

KM# 111 1/2 LEOPOLD D'OR
3.3450 g., 0.9170 Gold 0.0986 oz. AGW **Ruler:** Leopold Joseph as Leopold I **Obv:** Laureate head right **Obv. Legend:** LEOP • I • D • G • D • LOT • BAR • REX • IE • **Rev:** Crowned shields in cruciform, eagle at angles **Rev. Legend:** TV • DO MINE SPES **Mint:** Nancy **Note:** Similar to 1 Leopold D'or, KM#118.

Date	Mintage	VG	F	VF	XF	Unc
1717 Rare	—	—	—	—	—	—
1718 Rare	—	—	—	—	—	—

KM# 112 1/2 LEOPOLD D'OR
3.3450 g., 0.9170 Gold 0.0986 oz. AGW **Ruler:** Leopold Joseph as Leopold I **Obv:** Large laureate head right, date below **Rev:** Crowned arms **Note:** Fr.161.

Date	Mintage	VG	F	VF	XF	Unc
1718	—	450	1,000	1,750	3,400	5,500
1719	—	450	1,000	1,750	3,400	5,500

KM# 117 LEOPOLD D'OR
6.6900 g., 0.9170 Gold 0.1972 oz. AGW **Ruler:** Leopold Joseph as Leopold I **Obv:** Older laureate head right **Obv. Legend:** LEOP • I • D • G • D • LOT • BA • REX • IER • **Rev:** Crowned L's in cruciform, eagles at angles **Rev. Legend:** TV • DO MINE SPES MEA

Date	Mintage	VG	F	VF	XF	Unc
1713	—	500	1,200	2,150	4,500	7,500

KM# 118 LEOPOLD D'OR
6.6900 g., 0.9170 Gold 0.1972 oz. AGW **Ruler:** Leopold Joseph as Leopold I **Obv:** Laureate head right **Obv. Legend:** LEOP • I • D • G • D • LOT • BAR • REX • IE • **Rev:** Crowned shields in cruciform, eagles at angles **Rev. Legend:** TV • DO MINE SPES MEA

Date	Mintage	VG	F	VF	XF	Unc
1717N	—	550	1,200	2,450	4,500	7,500

KM# 107 THALER
Silver **Ruler:** Leopold Joseph as Leopold I **Obv:** Head right **Obv. Legend:** LEOPOLDVS • I • D • G • D • LOT • BA • REX • IE • **Rev:** Crowned round arms in palm sprays **Rev. Legend:** IN • TE • DOMINE • SPERAVI • **Note:** Dav. #2388.

Date	Mintage	VG	F	VF	XF	Unc
1710	—	500	850	1,750	2,800	—

KM# 108 THALER
20.0000 g., Silver **Ruler:** Leopold Joseph as Leopold I **Obv:** Head right **Obv. Legend:** LEOP • I • D • G • D • LOT • BAR • REX • IER • **Rev:** Crowned shield arms **Rev. Legend:** IN • TE • DOMINE • SPERAVI • **Note:** Dav. #2389.

Date	Mintage	VG	F	VF	XF	Unc
1724	—	350	600	1,200	2,100	—
1725	—	350	600	1,200	2,100	—

KM# 112A 1/2 LEOPOLD D'OR
3.3450 g., 0.9170 Gold 0.0986 oz. AGW **Ruler:** Leopold Joseph as Leopold I **Obv:** Small laureate head right **Obv. Legend:** LEOP • I • D • G • D • LOT • BAR • REX • IE • **Rev:** Crowned shield **Rev. Legend:** TV • DOMINE • SPES • MEA

Date	Mintage	VG	F	VF	XF	Unc
1720	—	550	1,150	2,000	3,600	6,000

KM# 113 1/2 LEOPOLD D'OR
3.3450 g., 0.9170 Gold 0.0986 oz. AGW **Ruler:** Leopold Joseph as Leopold I **Rev:** Crowned complex arms

Date	Mintage	VG	F	VF	XF	Unc
1724	—	450	1,000	1,750	3,400	5,500

KM# 119 LEOPOLD D'OR
6.6900 g., 0.9170 Gold 0.1972 oz. AGW **Ruler:** Leopold Joseph as Leopold I **Obv:** Head right **Obv. Legend:** LEOPOLDVS • I • D • G • D • LOT • BAR • REX • IE • **Rev:** Crowned shield **Rev. Legend:** TV • DOMINE SPES • MEA **Note:** Fr.160.

Date	Mintage	VG	F	VF	XF	Unc
1718	—	650	1,850	3,250	4,800	8,000
1719	—	650	1,850	3,250	4,800	8,000

KM# 120 LEOPOLD D'OR
6.6900 g., 0.9170 Gold 0.1972 oz. AGW **Ruler:** Leopold Joseph as Leopold I **Obv:** Head right **Obv. Legend:** LEOP • I • D • G • D • LOT • BA • REX • IE • **Rev:** Crowned two-fold arms **Rev. Legend:** TV • DOMINE SPES • MEA

LOWENSTEIN-WERTHEIM-ROCHEFORT

Date	Mintage	VG	F	VF	XF	Unc
1722	—	800	2,000	3,500	6,000	10,000
1724 Rare	—	—	—	—	—	—
1725 Rare	—	—	—	—	—	—

LOWENSTEIN-WERTHEIM-ROCHEFORT

Rochefort was the Catholic branch of Löwenstein-Wertheim, established in 1635. From 1622 until about 1650, coinage for Löwenstein-Wertheim-Rochefort was struck at the mint of Cugnon in Luxembourg. The ruler was made Prince of the Empire in 1711. All lands in his possession were mediatized in 1806.

RULERS
Maximilian Karl, 1672-1718
Dominik Marquard, 1718-1735
Karl Thomas, 1735-1789
Dominik Konstantin, 1789-1806

MINT
Cugnon in Luxembourg

MINT OFFICIALS' INITIALS

Initials	Date	Name
(a) = 6-pointed star or PHM	1677-1718	Philipp Heinrich Müller, die-cutter in Augsburg
(b) – 2 horseshoes	ca.1712	Christian Holeisen in Augsburg
E(w)W	1765-77	Eberhard (Wertheim) Weber
IS	1701-05	Johann Schmidt
WE	1765-77	Weber & Eberhard

REFERENCES

K = Ulrich Klein, "Die Münzen der Grafen und Fürsten von Löwenstein-Wertheim," **700 Jahre Stadt Löwenstein**, Löwenstein (Württemberg), 1987.

W = Ferdinand Wibel, **Zur Münzgeschichte der Grafen von Wertheim und des Gesamthauses Löwenstein-Wertheim**, Hamburg, 1880.

KM# 119A 1-1/2 LEOPOLD D'OR
9.7200 g., 0.9170 Gold 0.2866 oz. AGW **Ruler:** Leopold Joseph as Leopold I **Obv:** Laureate head right **Obv. Legend:** LEOPOLDVS • I • D • G • D • LOT • BAR • REX • IE **Rev:** Crowned shield **Rev. Legend:** TV • DOMINE SPES • MEA

Date	Mintage	VG	F	VF	XF	Unc
1719	—	800	2,000	3,500	6,000	10,000

KM# 121 2 LEOPOLD D'OR
13.3800 g., 0.9170 Gold 0.3945 oz. AGW **Ruler:** Leopold Joseph as Leopold I **Obv:** Laureate head right **Obv. Legend:** LEOPOLDVS • I • D • G • D • LOT • BAR • REX • IE • **Rev:** Crowned shield **Rev. Legend:** TV • DOMINE SPES • MEA **Mint:** Nancy **Note:** Fr.159.

Date	Mintage	VG	F	VF	XF	Unc
1720	—	1,100	2,700	4,500	7,800	12,500

KM# 122 2 LEOPOLD D'OR
13.3800 g., 0.9170 Gold 0.3945 oz. AGW **Ruler:** Leopold Joseph as Leopold I **Obv:** Laureate head right **Obv. Legend:** LEOPOL • I • D • G • D • LOT • BAR • REX • IER • **Rev:** Crowned complex arms **Rev. Legend:** TV • DOMINE SPES • MEA **Note:** Fr.159.

Date	Mintage	VG	F	VF	XF	Unc
1724	—	1,200	3,300	5,500	9,600	—
1725	—	1,100	2,700	4,500	8,400	—
1726	—	750	1,850	3,250	6,600	10,000

TRADE COINAGE

KM# 132 DUCAT
3.3450 g., 0.9170 Gold 0.0986 oz. AGW **Ruler:** Franz III **Obv:** Laureate bust right **Rev:** Crowned oval arms **Note:** Fr.163.

Date	Mintage	VG	F	VF	XF	Unc
1736	—	850	1,750	3,250	6,500	11,500

KM# 134 2 DUCAT
6.6900 g., 0.9170 Gold 0.1972 oz. AGW **Ruler:** Franz III **Obv:** Laureate armored bust right **Obv. Legend:** FRANC • III • D • G • DVX • LOT • BAR • REX • IER • **Rev:** Crowned ornate arms **Rev. Legend:** TV • DOMINE • SPES • MEA **Note:** Fr. #162.

Date	Mintage	VG	F	VF	XF	Unc
1736	—	2,000	3,750	6,500	10,000	—

COUNTSHIP
Catholic Branch

REGULAR COINAGE

KM# 35 KREUZER
Billon **Ruler:** Maximilian Karl **Obv:** Crowned 3-fold arms **Obv. Legend:** M. C. COM. IN - LOW. WERTH. **Rev:** 4-line inscription with date **Rev. Inscription:** 1/KREU/TZER/(date). **Mint:** Wertheim **Note:** W#213, 215. Varieties exist.

Date	Mintage	Good	VG	F	VF	XF
1703 FS	—	—	20.00	45.00	95.00	175

KM# 36.1 4 KREUZER (Batzen)
Silver, 25 mm. **Ruler:** Maximilian Karl **Obv:** Crowned oval 8-fold arms, date divided by crown in margin **Obv. Legend:** MAX. KARO(L). COM. IN LOW. WERTHEIM. **Rev:** Crowned imperial eagle, 4 in orb on breast **Rev. Legend:** LEOPOLDVS. D.G. ROM. IMP. S. AVG. **Mint:** Wertheim **Note:** W#211, 213. Varieties exist. Prev. KM#36.

Date	Mintage	Good	VG	F	VF	XF
1702 IS	—	—	55.00	90.00	180	275

PRINCIPALITY
Catholic Branch

REGULAR COINAGE

KM# 85 PFENNING
Copper **Ruler:** Karl Thomas **Obv:** CFZL monogram **Rev:** Value above date

Date	Mintage	VG	F	VF	XF	Unc
1781	—	8.00	18.00	37.00	75.00	—

KM# 90 PFENNING
Copper **Ruler:** Dominik Konstantin

Date	Mintage	VG	F	VF	XF	Unc
1790	—	4.00	10.00	25.00	50.00	—

KM# 91 PFENNING
Copper **Ruler:** Dominik Konstantin

Date	Mintage	F	VF	XF	Unc	BU
1790	—	20.00	45.00	90.00	225	—
1791	—	20.00	45.00	90.00	225	—
1792	—	20.00	45.00	90.00	225	—
1793	—	20.00	45.00	90.00	225	—
1794	—	20.00	45.00	90.00	225	—
1795	—	20.00	45.00	90.00	225	—
1796	—	20.00	45.00	90.00	225	—
1797	—	20.00	45.00	90.00	225	—
1798	—	20.00	45.00	90.00	225	—

Date	Mintage	F	VF	XF	Unc	BU
1799	—	20.00	45.00	90.00	225	—
1800	—	20.00	45.00	90.00	225	—

KM# 92 PFENNING
Copper **Ruler:** Dominik Konstantin **Obv:** Crowned CF monogram

Date	Mintage	F	VF	XF	Unc	BU
1790	—	20.00	50.00	100	260	—
1800	—	20.00	50.00	100	260	—

KM# 100 PFENNING
Copper **Ruler:** Dominik Konstantin **Obv:** Crowned C monogram on shield **Rev:** Denomination, date

Date	Mintage	F	VF	XF	Unc	BU
1800	—	20.00	50.00	100	275	—

KM# 45 1/4 KREUZER
Billon **Ruler:** Dominik Marquard **Obv:** Crowned imperial eagle on pedestal between palm branches, 4 small circles with L - Y - L - W around, date above **Rev:** Value 1/4 in center **Mint:** Wertheim **Note:** W#226.

Date	Mintage	VG	F	VF	XF	Unc
1732	—	10.00	22.00	45.00	90.00	—

KM# 46 1/2 KREUZER
Billon **Ruler:** Dominik Marquard **Obv:** Crowned imperial eagle on pedestal between palm branches, 4 small circles with L - Y - L - W around, date above **Rev:** Value 1/2 in center **Mint:** Wertheim **Note:** W#225.

Date	Mintage	VG	F	VF	XF	Unc
1732	—	10.00	22.00	45.00	90.00	—

KM# 47 KREUZER
Billon **Ruler:** Dominik Marquard **Obv:** Crowned imperial eagle on pedestal between palm branches, 4 small circles with L - I - L - W around, date above **Note:** Uniface. W#223-4.

Date	Mintage	VG	F	VF	XF	Unc
1732	—	—	—	—	—	—

KM# 57 KREUZER
Billon **Ruler:** Karl Thomas **Obv:** Arms **Rev:** Value and date

Date	Mintage	VG	F	VF	XF	Unc
1765	—	2.00	4.00	9.00	18.00	—

KM# 58 KREUZER
Copper **Ruler:** Karl Thomas **Obv:** Crowned monogram **Rev:** Value and date within baroque frame

Date	Mintage	VG	F	VF	XF	Unc
1767	—	5.00	10.00	20.00	50.00	—

KM# 59 KREUZER
Copper **Ruler:** Karl Thomas **Obv:** Head right **Rev:** Value and date within baroque frame

Date	Mintage	VG	F	VF	XF	Unc
1767	—	10.00	25.00	60.00	125	275
1768	—	10.00	25.00	60.00	125	275
1769	—	10.00	25.00	60.00	125	275

KM# 93 KREUZER
Billon **Ruler:** Dominik Konstantin **Obv:** Arms, 1 W K below **Rev:** Ceres

Date	Mintage	F	VF	XF	Unc	BU
ND	—	12.00	25.00	55.00	125	—
1790	—	12.00	25.00	55.00	125	—

GERMAN STATES — LOWENSTEIN-WERTHEIM-ROCHEFORT

Date	Mintage	F	VF	XF	Unc	BU
1767	—	60.00	120	250	600	—
1768	—	60.00	120	250	600	—
1769	—	60.00	120	250	600	—

KM# 96 KREUZER
Billon **Ruler:** Dominik Konstantin **Obv:** 1 below crowned arms **Rev:** Ceres

Date	Mintage	F	VF	XF	Unc	BU
ND(1798)	—	10.00	20.00	45.00	100	—

KM# 97 KREUZER
Billon **Ruler:** Dominik Konstantin **Obv:** Prince's crown above CFZL monogram

Date	Mintage	F	VF	XF	Unc	BU
1798	—	10.00	25.00	55.00	115	—

KM# 60 2 KREUZER
Billon **Ruler:** Karl Thomas **Obv:** Arms **Rev:** Value and date

Date	Mintage	VG	F	VF	XF	Unc
1767	—	45.00	75.00	150	300	—

KM# 73 2-1/2 KREUZER
Billon **Ruler:** Karl Thomas **Obv:** Bust right **Rev:** Value and date

Date	Mintage	VG	F	VF	XF	Unc
1769	—	25.00	55.00	110	225	—

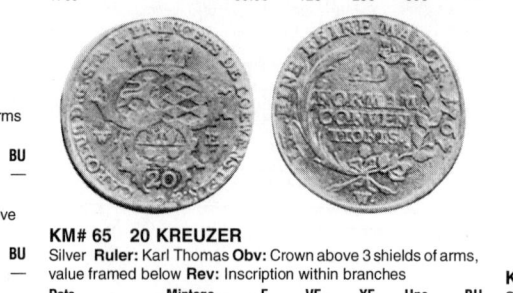

KM# 65 20 KREUZER
Silver **Ruler:** Karl Thomas **Obv:** Crown above 3 shields of arms, value framed below **Rev:** Inscription within branches

Date	Mintage	F	VF	XF	Unc	BU
1767	—	50.00	110	235	575	—

KM# 40 THALER
Silver **Ruler:** Maximilian Karl **Subject:** Appointment of Maximilian karl to the Imperial Supreme Court **Obv:** Armored bust to right **Obv. Legend:** MAX • CAR • COM • IN LOWENSTEIN WERTH **Rev:** Lion to left, date in exergue **Rev. Legend:** IN CASVS PERVIGIL OMNES **Mint:** Augsburg **Note:** Dav. #2398; W#216.

Date	Mintage	VG	F	VF	XF	Unc
1711	—	450	850	1,750	3,000	—

KM# 94 3 KREUZER (Groschen)
Billon **Ruler:** Dominik Konstantin **Obv:** Crowned arms **Rev:** Seated lion with "C" shield

Date	Mintage	F	VF	XF	Unc	BU
1790	—	30.00	65.00	130	265	—

KM# 66 30 KREUZER
Silver **Ruler:** Karl Thomas **Obv:** Bust right within square **Rev:** Crown above 3 shields, value below, all within square

Date	Mintage	F	VF	XF	Unc	BU
1767	—	175	350	700	—	—

KM# 71 1/2 THALER
Silver **Ruler:** Karl Thomas

Date	Mintage	F	VF	XF	Unc	BU
1768 WE	—	175	350	750	1,500	—

KM# 61 5 KREUZER
Billon **Ruler:** Karl Thomas **Obv:** Head right **Rev:** Crown above three oval arms, value in frame below

Date	Mintage	VG	F	VF	XF	Unc
1767	—	15.00	37.00	75.00	150	—
1769	—	50.00	100	200	375	—

KM# 62 10 KREUZER
Silver **Ruler:** Karl Thomas **Obv:** Head right **Rev:** Arms

Date	Mintage	F	VF	XF	Unc	BU
1767	—	50.00	125	225	525	—

KM# 63 10 KREUZER
Silver **Ruler:** Karl Thomas **Obv:** Arms **Rev:** Value and date

Date	Mintage	F	VF	XF	Unc	BU
1767	—	50.00	115	225	450	—

KM# 74 1/2 THALER
Silver **Ruler:** Karl Thomas **Obv:** Armored bust right **Rev:** Crowned divided arms within Order chain, supporters at left and right

Date	Mintage	F	VF	XF	Unc	BU
1769 WE	—	175	375	750	1,500	—

KM# 41 THALER
Silver, 43-44 mm. **Ruler:** Maximilian Karl **Subject:** Elevation of Maximilian Karl to rank of Prince of the Empire **Obv:** Armored and draped bust to right **Obv. Legend:** D • G • MAX • - CAROL • S • R • IMP • **Rev:** Crowned and mantled 9-fold arms, date divided near bottom **Rev. Legend:** * PRINC • IN LOWENSTEIN WERTH * **Mint:** Augsburg **Note:** Dav.#2399; W#217.

Date	Mintage	VG	F	VF	XF	Unc
1712	—	450	900	1,850	3,250	5,500

KM# 55 20 KREUZER
Silver **Ruler:** Karl Thomas **Obv:** Draped bust right **Rev:** Crowned complex arms within ornate frame atop pedestal with value

Date	Mintage	F	VF	XF	Unc	BU
1762	—	60.00	120	250	600	—
1763	—	60.00	120	250	600	—
1764	—	60.00	120	250	600	—
1765	—	60.00	120	250	600	—
1766	—	60.00	120	250	600	—

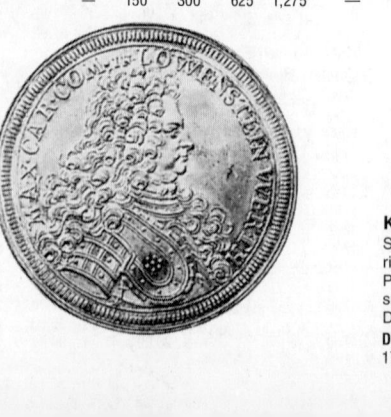

KM# 86 1/2 THALER
Silver **Ruler:** Karl Thomas **Obv:** Head right **Rev:** Crowned divided arms within Order chain **Note:** Convention 1/2 Thaler.

Date	Mintage	F	VF	XF	Unc	BU
1789	—	150	300	625	1,275	—

KM# 50 THALER
Silver **Ruler:** Karl Thomas **Obv:** Armored bust right with Order ribbon around neck **Obv. Legend:** CAROL D • G • S • R • IMP • PRINC • IN LOWENST • & WERTH • **Rev:** Crowned arms with supporters **Rev. Legend:** CONSTANTIA ET PRUDENTIA **Note:** Dav.#2401.

Date	Mintage	F	VF	XF	Unc	BU
1754	—	550	950	1,750	2,800	—

KM# 64 20 KREUZER
Silver **Ruler:** Karl Thomas **Obv:** Head right **Rev:** Crowned complex arms above framed value

LOWENSTEIN-WERTHEIM-VIRNEBURG

KM# 56 THALER
Silver **Ruler:** Karl Thomas **Obv:** Armored bust right **Obv. Legend:** CAROL. D. G. S. R. IMP. PRINC. IN LÖWENST. & WERTH. **Rev:** Crowned complex arms with supporters; one standing, one sitting **Rev. Legend:** X • EINE FFEINE - MARK • 1766. **Note:** Dav.#2402.

Date	Mintage	F	VF	XF	Unc	BU
1766 N-SR	—	300	525	975	1,950	—

KM# 68 THALER
Silver **Ruler:** Karl Thomas **Obv:** Armored, draped bust right **Obv. Legend:** CAROL. D. G. S. R. I. PRIN. DE LOEWENST. WERTH **Rev:** Crowned and supported arms on base **Rev. Legend:** X. EINE FEINE MARCK. **Note:** Dav.#2403.

Date	Mintage	F	VF	XF	Unc	BU
1767 WEW	—	225	300	600	1,500	—

KM# 67 THALER
Silver **Ruler:** Karl Thomas **Obv:** Larger bust right **Note:** Dav.#2404.

Date	Mintage	F	VF	XF	Unc	BU
1767 E(W)W	—	300	425	750	1,750	—

KM# 69 THALER
Silver **Ruler:** Karl Thomas **Obv:** Head right **Obv. Legend:** CAROL: D: G: S: R: I: PRIN: IN LOEWENST: & WERTH: **Rev:** Crowned and supported arms on elaborate base **Rev. Legend:** X: EINE FEINE - MARK. **Note:** Dav.#2405.

Date	Mintage	F	VF	XF	Unc	BU
1767 ST	200	350	650	1,100	—

KM# 70 THALER
Silver **Ruler:** Karl Thomas **Obv. Legend:** ... ET WERTH **Note:** Dav#2405A.

Date	Mintage	F	VF	XF	Unc	BU
1767 WEW	—	200	350	650	1,100	—

KM# 70A THALER
Silver **Ruler:** Karl Thomas **Obv:** Head right **Rev:** KM#70 **Note:** Mule. Dav#2405B.

Date	Mintage	F	VF	XF	Unc	BU
1767 ST//WEW	—	200	350	650	1,100	—

KM# 72 THALER
Silver **Ruler:** Karl Thomas **Obv:** Armored, draped bust right **Obv. Legend:** CAROL. D. G. S. R. I. PRIN. DE LOEWENST. WERTH. &. **Rev:** Crowned and supported arms **Rev. Legend:** X. EINE FEINE MARCK. **Note:** Similar to KM#75; Dav.#2406.

Date	Mintage	F	VF	XF	Unc	BU
1768 WWE	—	175	350	700	1,250	—

KM# 72A THALER
Silver **Ruler:** Karl Thomas **Obv:** Head right **Rev:** Crowned and supported arms **Note:** Mule. Dav#2406A.

Date	Mintage	F	VF	XF	Unc	BU
1768 ST//WWE	—	175	350	700	1,250	—

KM# 79 THALER
Silver **Ruler:** Karl Thomas **Obv:** Head right **Obv. Legend:** CAROL D: G: S: R: I: PRIN: IN LOEWENST: & WERTH: **Rev:** Crowned and supported arms with Order chain **Rev. Legend:** X. EINE FEINE MARCK. **Note:** Dav.#2408.

Date	Mintage	F	VF	XF	Unc	BU
1769 WWE	—	150	300	650	1,150	—

KM# 75 THALER
Silver **Ruler:** Karl Thomas **Obv:** Armored, draped bust right **Obv. Legend:** CAROL. D. G. S. R. I. PRIN. DE LOEWENST. WERTH. &. **Rev:** Crowned and supported arms **Rev. Legend:** X. EINE FEINE MARCK. **Note:** Dav.#2407.

Date	Mintage	F	VF	XF	Unc	BU
1769 WWE	—	100	175	300	700	—

KM# 76 THALER
Silver **Ruler:** Karl Thomas **Rev:** 1 tail on left lion **Note:** Dav#2407A.

Date	Mintage	F	VF	XF	Unc	BU
1769 WWE	—	125	200	450	800	—

KM# 80 THALER
Silver **Ruler:** Karl Thomas **Obv. Legend:** ... LOEWENST: WERTH: **Note:** Dav#2408A.

Date	Mintage	F	VF	XF	Unc	BU
1769 WWE	—	125	200	450	900	—

KM# 81 THALER
Silver **Ruler:** Karl Thomas **Rev:** Left lion with 2 tails **Note:** Dav#2408B.

Date	Mintage	F	VF	XF	Unc	BU
1769 WWE	—	125	200	450	900	—

KM# 77 THALER
Silver **Ruler:** Karl Thomas **Obv:** Armored, draped bust right **Obv. Legend:** CAROL. D. G. S. R. I. PRIN. DE LOEWENST. WERTH. &. **Rev:** Left lion looks up, not down **Rev. Legend:** X. EINE FEINE MARCK. **Note:** Dav#2407B.

Date	Mintage	F	VF	XF	Unc	BU
1769 WWE	—	110	200	350	750	—

KM# 78 THALER
Silver **Ruler:** Karl Thomas **Obv:** Without "&" **Note:** Dav.#2407C.

Date	Mintage	F	VF	XF	Unc	BU
1769 WWE	—	110	200	350	750	—

KM# 51 2 THALER (Thick)
Silver **Ruler:** Karl Thomas **Obv:** Armored bust of Karl Thomas right **Rev:** Crowned and supported arms, date below **Note:** Dav.#2400.

Date	Mintage	F	VF	XF	Unc	BU
1754	—	950	1,250	2,000	4,500	—

TRADE COINAGE

KM# 42 DUCAT
3.5000 g., 0.9860 Gold 0.1109 oz. AGW **Ruler:** Maximilian Karl **Subject:** Birth of Prince Leopold **Obv:** Inscription **Mint:** Regensburg **Note:** FR#1460.

Date	Mintage	VG	F	VF	XF	Unc
1716	—	600	1,200	2,500	5,000	8,500

KM# 52 DUCAT
3.5000 g., 0.9860 Gold 0.1109 oz. AGW **Ruler:** Karl Thomas **Obv:** Bust left **Rev:** Crowned arms with supporters **Mint:** Nürnberg

Date	Mintage	F	VF	XF	Unc	BU
1754	—	1,250	2,750	5,500	9,500	—

KM# 95 DUCAT
3.5000 g., 0.9860 Gold 0.1109 oz. AGW **Ruler:** Dominik Konstantin **Obv:** Bust **Rev:** Allegory

Date	Mintage	F	VF	XF	Unc	BU
1791 Rare	—	—	—	—	—	—

PATTERNS
Including off metal strikes

KM#	Date	Mintage	Identification	Mkt Val

Pn2	1716	—	Ducat. Silver. KM#42.	275
Pn3	1754	—	Ducat. Silver. KM#52.	250

LOWENSTEIN-WERTHEIM-VIRNEBURG

The Protestant branch of the family dates from the division of 1635. There was a further division in 1721 into 3 branches, 2 of which survived more than one generation, only to be mediatized in 1806.

RULERS
Heinrich Friedrich, 1683-1721
I Johann Ludwig Vollrath, 1721-1790
Johann Karl Ludwig, 1790-1806
II Friedrich Ludwig, 1721-1796
III Karl Ludwig, 1721-1779
Friedrich Karl, 1779-1806

MINT OFFICIALS' INITIALS

Initials	Date	Name
IS	1701-05	Johann Schmidt
WE	1765-77	Weber & Eberhard

REFERENCES
K = Ulrich Klein, "Die Münzen der Grafen und Fürsten von Löwenstein-Wertheim," **700 Jahre Stadt Löwenstein**, Löwenstein (Württemberg), 1987.

W = Ferdinand Wibel, **Zur Münzgeschichte der Grafen von Wertheim und des Gesamthauses Löwenstein-Wertheim**, Hamburg, 1880.

COUNTSHIP
Protestant Branch
REGULAR COINAGE

KM# 20 KREUZER
Silver **Ruler:** Heinrich Friedrich **Obv:** Crowned shield of 3 fold arms **Obv. Legend:** H. F. COM IN - LOW. WER. **Rev:** 4-line inscription with date in wreath **Rev. Inscription:** 1 / KREU / TZER / (date). **Mint:** Wertheim **Note:** W#115-17.

Date	Mintage	Good	VG	F	VF	XF
1703 IS	—	—	35.00	80.00	160	320
1704 IS	—	—	40.00	90.00	185	375

KM# 43 KREUZER
Billon **Ruler:** Johann Ludwig Vollrath Branch I **Obv:** JLVGIL monogram **Rev:** Arms

Date	Mintage	VG	F	VF	XF	Unc
1772	—	5.00	12.00	25.00	50.00	—

KM# 55 KREUZER
Billon **Obv:** Crowned three-fold arms **Rev:** Value above date

Date	Mintage	VG	F	VF	XF	Unc
1798	—	3.00	7.00	15.00	30.00	—

KM# 44 2-1/2 KREUZER
Billon **Ruler:** Johann Ludwig Vollrath Branch I **Obv:** JLVGIL monogram

Date	Mintage	VG	F	VF	XF	Unc
1772	—	20.00	45.00	90.00	180	—

KM# 45 3 KREUZER (Groschen)
Billon **Ruler:** Johann Ludwig Vollrath Branch I **Obv:** Bust right **Rev:** Arms

Date	Mintage	VG	F	VF	XF	Unc
1772	—	5.00	12.00	25.00	55.00	—

GERMAN STATES

LOWENSTEIN-WERTHEIM-VIRNEBURG

KM# 21 4 KREUZER (Batzen)

Silver **Ruler:** Heinrich Friedrich **Obv:** Round shield of 9-fold arms, crown above divides date **Obv. Legend:** HEINR. FRID. COM. IN. LOW. WERTH. ET. VIR. **Rev:** Crowned imperial eagle, 4 in orb on breast, titles of Leopold I **Rev. Legend:** LEOPOLDVS. D.G. ROM. IMP. S. AVG. **Mint:** Wertheim **Note:** W#114.

Date	Mintage	Good	VG	F	VF	XF
1703 IS	—	—	40.00	90.00	185	375

KM# 27 10 KREUZER

Silver **Obv:** Three shields of arms **Rev:** Arms

Date	Mintage	F	VF	XF	Unc	BU
1767	—	30.00	75.00	150	300	—

KM# 28 10 KREUZER

Silver **Obv:** Head right **Rev:** Crowned arms within branches

Date	Mintage	F	VF	XF	Unc	BU
1767	—	30.00	75.00	150	300	—
1771 WE	—	30.00	75.00	150	300	—

KM# 29 20 KREUZER

Silver **Obv:** Armored bust right **Rev:** 4 shields circle center shield, crown above, value in frame below

Date	Mintage	F	VF	XF	Unc	BU
1767 WE	—	25.00	65.00	130	260	—

KM# 40 20 KREUZER

Silver

Date	Mintage	F	VF	XF	Unc	BU
1770 WE	—	85.00	185	375	750	—

Date	Mintage	F	VF	XF	Unc	BU
1769	—	650	1,300	2,300	4,600	—
1770 WE	—	650	1,300	2,300	4,600	—

KM# 41 1/2 THALER

Silver **Obv:** Armored, draped bust right **Rev:** 4 Shields circle central shield, crown above

Date	Mintage	F	VF	XF	Unc	BU
1770 WE	—	200	400	825	1,650	—

KM# 26 THALER

Silver **Obv:** Bust of Johann Ludwig Vollrath right, ST on arm **Rev:** Crowned and supported arms, date below **Note:** Dav. #2391.

Date	Mintage	F	VF	XF	Unc	BU
1766 ST/WE	—	600	1,100	1,700	3,000	—

KM# 30 THALER

Silver **Rev:** Date divided at bottom 17 W. 67 **Note:** Dav. #2392.

Date	Mintage	F	VF	XF	Unc	BU
1767 ST/WE	—	500	800	1,400	2,300	—

KM# 33 THALER

Silver **Obv:** Bust of Johann Ludwig Vollrath right **Obv. Legend:** IN LOW WERTH **Rev:** SUUM CUIQUE in crowned cartouche, lion below **Note:** Dav. #2393.

Date	Mintage	F	VF	XF	Unc	BU
1768 WE	—	600	1,100	1,700	3,000	—

KM# 42 THALER

Silver **Ruler:** Karl Ludwig Branch III **Obv:** Draped bust right **Obv. Legend:** CAROL. LUD. S. R. I. COM. IN LOEWENST. WERTH. & C. **Rev:** 4 Shields circle center shield, crown above **Rev. Legend:** " DEUS PROVIDEBIT ", below; X. EINE FEINE(W) MARCK. 1770 **Note:** Dav. #2397.

Date	Mintage	F	VF	XF	Unc	BU
1770 WE	—	300	500	1,250	2,250	3,000

KM# 46 THALER

Silver **Obv. Legend:** IN LOW. WERTH **Note:** Dav. #2395.

Date	Mintage	F	VF	XF	Unc	BU
1776 WE Rare	—	—	—	—	—	—

TRADE COINAGE

KM# 25 1/4 DUCAT

0.8750 g., 0.9860 Gold 0.0277 oz. AGW **Obv:** Arms **Rev:** Crouching lion

Date	Mintage	VG	F	VF	XF	Unc
ND(1765-84)	—	220	450	825	1,650	3,050

KM# 31 DUCAT

3.5000 g., 0.9860 Gold 0.1109 oz. AGW **Ruler:** Karl Ludwig Branch III **Obv:** Bust right **Rev:** Five shields of arms, crowned

Date	Mintage	F	VF	XF	Unc	BU
1767 Rare	—	—	—	—	—	—

Note: Herbert Grün Auction 50, 11-08, XF-Unc realized approximately $18,540

Date	Mintage	F	VF	XF	Unc	BU
1774 Rare	—	—	—	—	—	—

KM# 34 DUCAT

3.5000 g., 0.9860 Gold 0.1109 oz. AGW **Ruler:** Johann Ludwig Vollrath Branch I **Obv:** Bust right **Rev:** Arms

Date	Mintage	F	VF	XF	Unc	BU
1768 WE	—	1,650	3,300	7,200	12,000	—
1769 WE	—	1,650	3,300	7,200	12,000	—
1771 WE	—	1,650	3,300	7,200	12,000	—

KM# 35 DUCAT

3.5000 g., 0.9860 Gold 0.1109 oz. AGW **Rev:** Lion

Date	Mintage	F	VF	XF	Unc	BU
ND	—	1,650	3,300	7,200	12,000	—

KM# 50 DUCAT

3.5000 g., 0.9860 Gold 0.1109 oz. AGW **Subject:** 50th Year of Reign **Obv:** Bust **Rev:** Kneeling figure

Date	Mintage	F	VF	XF	Unc	BU
1780	—	1,650	3,300	7,200	12,000	—

KM# 38 THALER

Silver **Ruler:** Friedrich Ludwig Branch II **Obv:** Armored bust right **Obv. Legend:** FRIED • LUD • S • R • I • COM • IN • LOEWENST • WERTH • **Rev:** 6 Shields circle center shield, crown above **Rev. Legend:** CONCORDIA RES PARVAE CRESCUNT, DISCORDIA DILABUNTUR, in inner row; X. EINE FEINE MARCK. **Note:** Dav. #2396.

Date	Mintage	F	VF	XF	Unc	BU
1768 WE	—	350	600	1,450	2,500	—

KM# 32 1/2 THALER

Silver **Obv:** Armored bust right **Rev:** 4 shields circle center shield, crown above

Date	Mintage	F	VF	XF	Unc	BU
1768 WR	—	300	500	1,000	1,850	—

KM# 56 DUCAT

3.5000 g., 0.9860 Gold 0.1109 oz. AGW **Obv:** Armored bust right **Rev:** Crowned arms divide date

Date	Mintage	F	VF	XF	Unc	BU
1799	—	1,700	3,300	7,200	12,000	—

KM# 57 2 DUCAT

7.0000 g., 0.9860 Gold 0.2219 oz. AGW **Obv:** Bust right **Rev:** Crowned arms **Note:** Thick planchet.

Date	Mintage	F	VF	XF	Unc	BU
1799 Rare	—	—	—	—	—	—

KM# 37 THALER

Silver **Ruler:** Johann Ludwig Vollrath Branch I **Obv:** Draped bust right **Obv. Legend:** IOH • LUD • VOLR • S • R • I • COM • IN LOEW • WERTH • **Rev:** Lion lying beneath ornate frame **Rev. Legend:** X • EINE FEINE - MARCK • 1769 •, SUUM CUIQUE in cartouche **Note:** Dav. #2394.

Date	Mintage	F	VF	XF	Unc	BU
1769 WE	—	400	900	1,500	2,500	—

KM# 36 1/2 THALER

Silver **Obv:** Armored bust right **Rev:** 5 shields circle center shield, crown above

PATTERNS

Including off metal strikes

KM#	Date	Mintage	Identification	Mkt Val
Pn1	1780	—	2 Ducat. Silver. KM#50	400
Pn2	1799	—	2 Ducat. Silver. KM#56	200

LOWENSTEIN-WERTHEIM-VIRNEBURG & ROCHEFORT

COUNTY

JOINT COINAGE

KM# 5 PFENNING
Copper **Obv:** L.W. with arms of Wertheim below **Rev:** Value and date

Date	Mintage	VG	F	VF	XF	Unc
1765	—	5.00	13.00	27.50	65.00	—

KM# 6 PFENNING
Copper **Obv:** L.W. above three shields of arms **Rev:** Value and date in branches

Date	Mintage	VG	F	VF	XF	Unc
1766	—	5.00	13.00	27.50	55.00	—

KM# 7 PFENNING
Copper **Obv:** Arms on cartouche

Date	Mintage	VG	F	VF	XF	Unc
1766	—	7.00	16.00	32.50	60.00	—
1776	—	7.00	16.00	32.50	60.00	—
1780	—	7.00	16.00	32.50	60.00	—
1799	—	7.00	16.00	32.50	60.00	—

KM# 10 PFENNING
Copper **Obv:** L.W. above 3 oval arms **Rev:** Value in cartouche

Date	Mintage	VG	F	VF	XF	Unc
1769-81	—	7.00	16.00	32.50	60.00	—
1770	—	7.00	16.00	32.50	60.00	—
1776	—	7.00	16.00	32.50	60.00	—
1780	—	7.00	16.00	32.50	60.00	—
1781	—	7.00	16.00	32.50	60.00	—

KM# 20 PFENNING
Copper **Obv:** Three-fold arms below L.W. **Rev:** Value above date in ornamental border

Date	Mintage	VG	F	VF	XF	Unc
1791	—	5.00	13.00	27.50	55.00	—

KM# 21 PFENNING
Billon **Obv:** Arms **Rev:** Value above date

Date	Mintage	VG	F	VF	XF	Unc
1794	—	7.00	16.00	32.50	60.00	—
1795	—	7.00	16.00	32.50	60.00	—

KM# 25 PFENNING
Copper **Subject:** Eagle above three roses, value: 1 PF above
Note: Uniface

Date	Mintage	F	VF	XF	Unc	BU
1798	—	12.00	30.00	60.00	120	—
1799	—	12.00	30.00	60.00	120	—
1800	—	12.00	30.00	60.00	120	—

KM# 8 2 PFENNING
Copper **Obv:** L.W. above 3 oval arms **Rev:** Value, date

Date	Mintage	VG	F	VF	XF	Unc
1766	—	8.00	20.00	39.00	70.00	—

KM# 15 2 PFENNING
Copper **Obv:** Arms on cartouche **Rev:** Value in cartouche

Date	Mintage	VG	F	VF	XF	Unc
1776	—	8.00	20.00	39.00	70.00	—
1777	—	8.00	20.00	39.00	70.00	—
1778	—	8.00	20.00	39.00	70.00	—
1779	—	8.00	20.00	39.00	70.00	—
1780	—	8.00	20.00	39.00	70.00	—
1781	—	8.00	20.00	39.00	70.00	—

KM# 16 KREUZER
Billon **Obv:** Arms **Rev:** Value above date

Date	Mintage	VG	F	VF	XF	Unc
1776	—	8.00	20.00	39.00	80.00	—

KM# 26 KREUZER
Billon **Obv:** Arms **Rev:** Denomination, date **Note:** Varieties exist.

Date	Mintage	F	VF	XF	Unc	BU
1800	—	12.00	25.00	65.00	175	275

KM# 17 2-1/2 KREUZER (3 Kreuzer Land Munze)
Billon **Obv:** Three-fold arms **Rev:** Three-line inscription above date **Note:** Convention 2-1/2 Kreuzer.

Date	Mintage	VG	F	VF	XF	Unc
1776	—	10.00	22.00	45.00	95.00	—

KM# 27.1 3 KREUZER
Billon **Obv:** Arms **Rev:** Denomination

Date	Mintage	F	VF	XF	Unc	BU
1800	—	32.50	65.00	130	290	—

KM# 9 5 KREUZER
Billon **Obv:** Arms **Rev:** Value and date

Date	Mintage	VG	F	VF	XF	Unc
1767	—	16.00	35.00	70.00	130	—

LUBECK

BISHOPRIC

The bishopric was established at Lubeck ca. 1160. The first coins were struck ca. 1190. The bishops became Protestant during the Reformation. Territories were absorbed into Oldenburg during the reign of the last bishop. All the bishops of Lübeck from 1586 until 1802 were dukes of Schleswig-Holstein-Gottorp.

RULERS
August Friedrich, 1666-1705
Christian August, 1706-1726
Karl, 1726-1727
Adolf Friedrich, 1727-1750
Friedrich August, 1750-1785
Peter Friedrich Ludwig, 1785-1802

MINT OFFICIALS' INITIALS

Initials	Date	Name
AW	1702-24	Andreas Woltereck in Gluckstadt and Eutin
B	Ca.1776	
HR	1673-1715	Hans Ridder
III, JJJ	1727-58	Johann Justus Jaster

ARMS
Lübeck: A cross.
Schleswig: 2 lions walking left.
Holstein: Nettleleaf.

REGULAR COINAGE

KM# 75 DREILING
Silver **Ruler:** Christian August **Obv:** Crowned CA monogram **Rev:** 5-line inscription with date and mintmaster's initials **Rev. Inscription:** I / DREI / LING / (date) / (initials) **Note:** Ref. B-751, 752. Varieties exist.

Date	Mintage	VG	F	VF	XF	Unc
1723 AW	—	12.00	30.00	60.00	120	—
1724 AW	—	12.00	30.00	60.00	120	—
1724 JJJ	—	12.00	30.00	60.00	120	—
1724 III	—	12.00	30.00	60.00	120	—

KM# 76 SECHSLING
Silver **Ruler:** Christian August **Obv:** Crowned CA monogram **Rev:** 4-line inscription with date and mintmaster's initials **Rev. Inscription:** I / SESLING / (date) / (initials) **Note:** Ref. B-754, 755.

Date	Mintage	VG	F	VF	XF	Unc
1723 AW	—	15.00	30.00	65.00	135	—
1724 AW	—	15.00	30.00	65.00	135	—
1724 JJJ	—	15.00	30.00	65.00	135	—
1724 III	—	15.00	30.00	65.00	135	—

KM# 77 6 SCHILLING
Silver **Ruler:** Christian August **Obv:** Crowned ornate CA monogram **Obv. Legend:** B. Z. L. E. Z. N. H. Z. S. H. **Rev:** 5-line inscription with date and mintmaster's initials **Rev. Inscription:** VI / SCHILLING / LUB: / (date) / (initials) **Note:** Ref. B#795-97. Varieties exist.

Date	Mintage	VG	F	VF	XF	Unc
1723 AW	—	15.00	37.00	75.00	150	—
1724 AW	—	15.00	37.00	75.00	150	—
1724 JJJ	—	15.00	37.00	75.00	150	—
1724 III	—	15.00	37.00	75.00	150	—
1725 JJJ	—	15.00	37.00	75.00	150	—

KM# 78.1 2 MARK (Gulden)
Silver **Ruler:** Christian August **Obv:** Armored bust to right **Obv. Legend:** CHRISTIAN. AVG. EL. EP. LVB. DVX. S. E. H. **Rev:** Crowned shield of arms, with central shield of Lübeck cross, divides date and mintmaster's initials, value 2/MARCK below **Rev. Legend:** FURST: BISCHOFF: LUB: MUNTZ. **Mint:** Glückstadt **Note:** Ref. B-805a; Dav. 623. Varieties exist.

Date	Mintage	VG	F	VF	XF	Unc
1723 AW	—	1,600	3,000	6,000	—	—

KM# 78.2 2 MARK (Gulden)
Silver **Ruler:** Christian August **Obv:** Armored bust to right **Obv. Legend:** CHRIST: AUG: B: Z: - L: E: Z: N: H: Z: S: H:. **Rev:** Crowned shield of arms, with central shield of Lübeck cros, divides date and mintmaster's initials, value 2/MARCK below **Rev. Legend:** FÜRST. BISCHOFF. LUB. MUNZ. **Mint:** Glückstadt **Note:** Ref. B-805b,c; Dav. 623.

Date	Mintage	VG	F	VF	XF	Unc
1723 AW	—	800	1,600	2,800	4,000	—

KM# 79 THALER
Silver **Ruler:** Christian August **Obv:** Armored and draped bust to right **Obv. Legend:** CHRISTIAN • AVG • D • G • EL • EP • LVB • H • N • DVX • S • ET • H • **Rev:** Crowned oval shield of 7-fold arms, with central shield of Lübeck cross, superimposed on crossed sword and crozier, between 2 palm branches, date at end of legend **Rev. Legend:** STORM • ET • DIT • COM • IN • OLD • ET • DELM • 1724 **Note:** Ref. B-835; Dav. 2409.

Date	Mintage	VG	F	VF	XF	Unc
1724	—	900	1,750	3,500	6,000	—

KM# 81 THALER
Silver **Obv:** Ornate shield of Lübeck arms, ornate helmet above, small shield of cathedral deacon below, date at end of legend **Obv. Legend:** MON. CAPIT: LUBEC: - SEDE VACANTE. **Rev:** Laureate armored bust to right **Rev. Legend:** CAROLUS. - VI. D. G. ROM. I. S. A. **Note:** Ref. B-836; Dav. 2410. Sede Vacante issue.

Date	Mintage	VG	F	VF	XF	Unc
1727	—	425	850	1,500	2,500	—

KM# 85 THALER
Silver **Ruler:** Friedrich August **Obv:** Crowned monogram **Obv. Legend:** D • G • EP • LUB• HAER • NORV • DUX • S • H • ST • & D • DUX • REGN • OLD • **Rev:** Crowned arms within Order chain **Rev. Legend:** SUBDITORUM • SALUS - FELICITAS • SUMMA • **Note:** Ref. B-838; Dav. 2411.

Date	Mintage	VG	F	VF	XF	Unc
1775	1,000	350	650	1,150	2,000	—

GERMAN STATES — LUBECK

KM# 86 THALER
Silver **Ruler:** Friedrich August **Obv:** Draped and uniformed bust to left **Obv. Legend:** FRID * AUG * D * G * HAER * N * EP * LUB * DUX S * G * ST * & D * DUX * REGN * OLD * **Rev:** Crowned and mantled arms, date in exergue **Rev. Legend:** SUBDITORUM * SALUS - FELICITAS * SUMMA Edge Lettering: NACH. DEM. FUSS. DER. ALBERTSTHALER. **Note:** Ref. B-837; Dav. 2412. Albertusthaler.

Date	Mintage	VG	F	VF	XF	Unc
1775 Rare	10	—	—	—	—	—

KM# 87 5 THALER
6.5000 g., 0.9000 Gold 0.1881 oz. AGW **Ruler:** Friedrich August **Obv:** Bust to left **Obv. Legend:** FRID. AUG. D. G. HAER. N. EP. LUB. DUX. S. H. ST. & D. DUX. REGN. OLD. **Rev:** Oval shield of 4-fold arms, with central shield of Lübeck cross, superimposed on crowned mantle, date in exergue **Rev. Legend:** SUBDITORUM. SALUS - FELICATAS. SUMMA. **Note:** Ref. B-844.

Date	Mintage	VG	F	VF	XF	Unc
1776 B	—	500	1,250	2,000	3,900	6,500

TRADE COINAGE

KM# 80.1 DUCAT
3.5000 g., 0.9860 Gold 0.1109 oz. AGW **Ruler:** Christian August **Obv:** Armored bust to right **Obv. Legend:** CHRIST. AVG. D. G. E. EP. L. H. N. D. S. & H. **Rev:** Crowned Norwegian lion rampant to right, 2-line inscription with Roman numeral date in exergue **Rev. Inscription:** (date) / FLECTITVR NON FRANGITVR. **Note:** Ref. B-843a.

Date	Mintage	VG	F	VF	XF	Unc
MDCCXXIIII (1724)	—	1,350	2,700	4,950	9,800	—

KM# 80.2 DUCAT
3.5000 g., 0.9860 Gold 0.1109 oz. AGW **Ruler:** Christian August **Obv:** Armored bust to right **Obv. Legend:** CHRIST. AVG. D. G. E. EP. L. H. N. D. S. & H. **Rev:** Crowned oval shield of 7-fold arms, with central shield of Lübeck cross, superimposed on crossed sword and crozier, between 2 palm branches, date below, no legend **Note:** Ref. B-843b.

Date	Mintage	VG	F	VF	XF	Unc
1724 Rare	—	—	—	—	—	—

FREE CITY

Lübeck became a free city of the empire in 1188 and from c. 1190 into the 13th century an imperial mint existed in the town. It was granted the mint right in 1188, 1226 and 1340, but actually began its first civic coinage c.1350. Occupied by the French during the Napoleonic Wars, it was restored as a free city in 1813 and became part of the German Empire in 1871.

MINT OFFICIALS' INITIALS

Initials	Date	Name
DPZ	1758-69	Dietrich Philipp Zachau
HDF	1773-1801	Hermann David Friederichsen
IF, IHF	1703-17	Johann Friedrich Hilchen
III, JJJ	1727-58	Johann Justus Jaster
ILH	Ca.1727	?, die-cutter
(f)	1673-1715	Hans Ridder

REGULAR COINAGE

KM# 27 1/192 THALER (3 Pfennig)
Silver **Obv:** Imperial orb with 192, date at end of legend **Obv. Legend:** MON(E). NO(VA). L(V)(U)(B)(E)(C). **Rev:** Crowned imperial eagle **Rev. Legend:** CIVITA(T). IMPER(I)(A)(L). **Note:** Ref. B#473-98. Varieties exist.

Date	Mintage	VG	F	VF	XF	Unc
(170)1 (f)	—	7.00	13.00	33.00	65.00	—
(17)03 (f)	—	7.00	13.00	33.00	65.00	—
(17)05 (f)	—	7.00	13.00	33.00	65.00	—
(17)06 (f)	—	7.00	13.00	33.00	65.00	—
(17)07 (f)	—	7.00	13.00	33.00	65.00	—
(17)09 (f)	—	7.00	13.00	33.00	65.00	—
(17)10 (f)	—	7.00	13.00	33.00	65.00	—
(17)12 (f)	—	7.00	13.00	33.00	65.00	—

KM# 140 DREILING
0.5100 g., 0.1870 Silver 0.0031 oz. ASW **Obv:** Crowned imperial eagle, shield of city arms on breast **Obv. Legend:** CIVITAT. - IMPER. **Rev:** 3-line inscription, date at end of legend **Rev. Legend:** MON. NOVA. LUBEC. **Rev. Inscription:** 1 / DREI / LING **Note:** Ref. B#535-40.

Date	Mintage	VG	F	VF	XF	Unc
1727 JJJ	—	5.00	12.00	25.00	50.00	—
1728 JJJ	—	5.00	12.00	25.00	50.00	—
1733 JJJ	—	5.00	12.00	25.00	50.00	—
1737 JJJ	—	5.00	12.00	25.00	50.00	—
1742 JJJ	—	5.00	12.00	25.00	50.00	—
1747 JJJ	—	5.00	12.00	25.00	50.00	—

KM# 166 DREILING
0.5100 g., 0.1870 Silver 0.0031 oz. ASW **Obv:** Crowned imperial eagle, shield of city arms on breast, no legend **Rev:** 4-line inscription with date between 2 laurel branches, no legend **Rev. Inscription:** 1 / DREI / LING / (date) **Note:** Ref. B-541, 542.

Date	Mintage	VG	F	VF	XF	Unc
1752 JJJ	—	5.00	12.00	25.00	50.00	—
1762 DPZ	—	5.00	12.00	25.00	50.00	—

KM# 165 SECHSLING
Silver **Obv:** 4-line inscription with mintmaster's initials, date at end of legend **Obv. Legend:** MONETA NOVA LUBEC. **Rev:** Crowned imperial eagle, city arms on breast **Rev. Legend:** CIVITATIS * IMPERIAL. **Rev. Inscription:** 1 / SECHS / LING / (initials) **Note:** Ref. B-464.

Date	Mintage	VG	F	VF	XF	Unc
1750 JJJ	—	8.00	18.00	35.00	75.00	—

KM# 141 SCHILLING
1.0800 g., 0.3750 Silver 0.0130 oz. ASW **Obv:** Crowned imperial eagle, shield of city arms on breast **Obv. Legend:** CIVITATIS - IMPERIAL. **Rev:** 4-line inscription with mintmaster's initials in circle, date at end of legend **Rev. Legend:** MONETA. NOVA. LUBEC. **Rev. Inscription:** 1 / SCHILL / LING / (initials) **Note:** Ref. B#413-17. Varieties exist.

Date	Mintage	VG	F	VF	XF	Unc
1727 JJJ	—	5.00	10.00	22.00	45.00	—
1728 JJJ	—	5.00	10.00	22.00	45.00	—
1729 JJJ	—	5.00	10.00	22.00	45.00	—
1733 JJJ	—	5.00	10.00	22.00	45.00	—
1758 JJJ	—	5.00	10.00	22.00	45.00	—

KM# 190 SCHILLING
1.0800 g., 0.3750 Silver 0.0130 oz. ASW **Obv:** Crowned imperial eagle, shield of city arms on breast **Rev:** 5-line inscription with date and mintmaster's initials **Rev. Inscription:** 1 / SCHILLING / LÜBISCH / (date) / (initials) **Note:** Ref. B-418.

Date	Mintage	VG	F	VF	XF	Unc
1789 HDF	554,000	3.00	7.00	15.00	30.00	—

KM# 142 2 SCHILLING
1.9600 g., 0.4370 Silver 0.0275 oz. ASW **Obv:** Crowned imperial eagle, 2 in circle on breast **Obv. Legend:** CIVITATIS. - IMPERIALIS. **Rev:** 3-line inscription between 2 palm branches above shield of city arms, date at end of legend **Rev. Legend:** LUBECKS. COURANT. GELDT. **Rev. Inscription:** 2 / SCHIL / LING. **Note:** Ref. B-399.

Date	Mintage	VG	F	VF	XF	Unc
1727 JJJ	—	12.00	25.00	50.00	100	—

KM# 175 2 SCHILLING
1.9600 g., 0.4370 Silver 0.0275 oz. ASW **Obv:** Crowned imperial eagle, 2 in circle on breast **Obv. Legend:** MON. NOVA. IMP. CIVITAT. LUBECÆ. **Rev:** 3-line inscription between 2 palm branches above shield of city arms, date at end of legend **Rev. Legend:** COURANT. - GELDT. **Rev. Inscription:** 2 / SCHIL / LING. **Note:** Ref. B-400.

Date	Mintage	VG	F	VF	XF	Unc
1758 JJJ	—	12.00	25.00	50.00	100	—

KM# 131 4 SCHILLING (1/8 Thaler)
Silver **Obv:** Crowned imperial eagle, value 4 in circle on breast **Obv. Legend:** CIVITAT. - IMPERIALIS. **Rev:** Shield of city arms divides date, 3-line inscription between palm branches above **Rev. Legend:** LUBECKS. STADT. GELDT. **Rev. Inscription:** 4 / SCHIL / LING **Note:** Ref. B-327.

Date	Mintage	VG	F	VF	XF	Unc
1711 (f)	—	18.00	35.00	65.00	120	—

KM# 143 4 SCHILLING (1/8 Thaler)
3.0500 g., 0.5620 Silver 0.0551 oz. ASW **Obv:** Crowned imperial eagle, 4 in circle on breast **Obv. Legend:** CIVITATIS. - IMPERIALIS. **Rev:** 3-line inscription between 2 palm branches above shield of city arms, date at end of legend **Rev. Legend:** LUBECKS. COURANT. GELDT. **Rev. Inscription:** 4 / SCHIL / LING **Note:** Ref. B#328-30.

Date	Mintage	VG	F	VF	XF	Unc
1727 JJJ	—	10.00	22.00	45.00	90.00	—
1728 JJJ	—	10.00	22.00	45.00	90.00	—
1729 JJJ	—	10.00	22.00	45.00	90.00	—

KM# 156 4 SCHILLING (1/8 Thaler)
3.0500 g., 0.5620 Silver 0.0551 oz. ASW, 23.3 mm. **Obv:** Crowned imperial eagle, 4 in circle on breast **Obv. Legend:** MON. NOVA. IMP. CIVITAT. LUBECÆ. **Rev:** 3-line inscription between 2 palm branches above shield of city arms, date at end of legend **Rev. Legend:** COURANT. - GELDT. **Rev. Inscription:** 4 / SCHIL / LING **Note:** Ref. B-331, 332.

Date	Mintage	VG	F	VF	XF	Unc
1732 JJJ	—	12.00	30.00	60.00	125	—
1752 JJJ	—	12.00	30.00	60.00	125	—

KM# 144 8 SCHILLING (1/4 Thaler)
5.5000 g., 0.6250 Silver 0.1105 oz. ASW **Obv:** Crowned imperial eagle, 8 in circle on breast **Obv. Legend:** CIVITATIS. - IMPERIALIS. **Rev:** 3-line inscription between 2 palm branches above shield of city arms, date at end of legend **Rev. Legend:** LUBECKS. COURANT. GELDT. **Rev. Inscription:** 8 / SCHIL / LING **Note:** Ref. B#313-16, 326a.

Date	Mintage	VG	F	VF	XF	Unc
1727 JJJ	—	10.00	25.00	55.00	120	—
1728 JJJ	—	10.00	25.00	55.00	120	—
1729 JJJ	—	10.00	25.00	55.00	120	—
1730 JJJ	—	10.00	25.00	55.00	120	—
1758 JJJ	—	10.00	25.00	55.00	120	—

LUBECK — GERMAN STATES

KM# 152 8 SCHILLING (1/4 Thaler)
5.5000 g., 0.6250 Silver 0.1105 oz. ASW **Obv:** Crowned imperial eagle, 8 in circle on breast **Obv. Legend:** MON. NOVA. IMP. CIVITAT. LUBECÆ. **Rev:** 3-line inscription between 2 palm branches above shield of city arms, date at end of legend **Rev. Legend:** COURANT. - GELDT. **Rev. Inscription:** 8 / SCHIL / LING **Note:** Ref. B#317-25, 326b,c.

Date	Mintage	VG	F	VF	XF	Unc
1731 JJJ	—	8.00	20.00	40.00	80.00	—
1732 JJJ	—	8.00	20.00	40.00	80.00	—
1733 JJJ	—	8.00	20.00	40.00	80.00	—
1734 JJJ	—	8.00	20.00	40.00	80.00	—
1738 JJJ	—	8.00	20.00	40.00	80.00	—
1741 JJJ	—	8.00	20.00	40.00	80.00	—
1747 JJJ	—	8.00	20.00	40.00	80.00	—
1749 JJJ	—	8.00	20.00	40.00	80.00	—
1752 JJJ	—	8.00	20.00	40.00	80.00	—
1758 JJJ	—	8.00	20.00	40.00	80.00	—

KM# 146 16 SCHILLING (1/2 Thaler)
9.1600 g., 0.7500 Silver 0.2209 oz. ASW **Obv:** Crowned imperial eagle, 16 in circle on breast **Obv. Legend:** CIVITATIS. - IMPER. LUBEC. **Rev:** 3-line inscription between 2 palm branches above shield of city arms, date at end of legend **Rev. Legend:** COURANT. GELDT. ANNO. **Rev. Inscription:** 16 / SCHIL / LING **Note:** Ref. B-304. Mark.

Date	Mintage	VG	F	VF	XF	Unc
1728 JJJ	—	22.00	50.00	100	200	—

KM# 153 16 SCHILLING (1/2 Thaler)
9.1600 g., 0.7500 Silver 0.2209 oz. ASW **Obv:** Crowned imperial eagle, 16 in circle on breast, mayor's arms in oval cartouche below **Obv. Legend:** MON. NOVA. IMP. - CIVITAT. LUBEC(Æ). **Rev:** 3-line inscription between 2 palm branches above shield of city arms, date at end of legend **Rev. Legend:** COURANT. - GELDT. **Rev. Inscription:** 16 / SCHIL / LING **Note:** Ref. B#305-11. Mark.

Date	Mintage	VG	F	VF	XF	Unc
1731 JJJ	—	22.00	50.00	100	200	—
1732 JJJ	—	22.00	50.00	100	200	—
1733 JJJ	—	22.00	50.00	100	200	—
1737 JJJ	—	22.00	50.00	100	200	—
1738 JJJ	—	22.00	50.00	100	200	—
1752 JJJ	—	22.00	50.00	100	200	—
1758 JJJ	—	22.00	50.00	100	200	—

KM# 147 32 SCHILLING (Gulden)
Silver **Obv:** Crowned imperial eagle, 32 in circle on breast **Obv. Legend:** CIVITATIS. - IMPER. LUBEC. **Rev:** 3-line inscription between 2 palm branches above shield of city arms, date at end of legend **Rev. Legend:** COURANT. GELDT. ANNO. **Rev. Inscription:** 32 / SCHIL / LING **Note:** Ref. B-292; Dav. 626. Doppelmark.

Date	Mintage	VG	F	VF	XF	Unc
1728 JJJ	—	40.00	90.00	185	375	—

KM# 154 32 SCHILLING (Gulden)
Silver **Obv:** Crowned imperial eagle, 32 in circle on breast, mayor's arms in oval cartouche below **Obv. Legend:** MON. NOVA. IMP. - CIVITAT. LUBECÆ. **Rev:** 3-line inscription between 2 palm branches above shield of city arms, date at end of legend **Rev. Legend:** COURANT. - GELDT. **Rev. Inscription:** 32 / SCHIL / LING **Note:** Ref. B#293-95; Dav. 627. Doppelmark. Arms of Mayor Heinrich Balemann (1730-50).

Date	Mintage	VG	F	VF	XF	Unc
1731 JJJ	—	25.00	60.00	125	250	—
1732 JJJ	—	25.00	60.00	125	250	—
1738 JJJ	—	25.00	60.00	125	250	—

KM# 162 32 SCHILLING (Gulden)
Silver **Obv:** Crowned imperial eagle, 32 in circle on breast, oval shield of mayor's arms in baroque frame below **Obv. Legend:** MON. NOVA. IMP. - CIVITAT. LUBECÆ. **Rev:** 3-line inscription between 2 palm branches above ornate shield of city arms, date at end of legend **Rev. Legend:** COURANT. - GELDT. **Rev. Inscription:** 32 / SCHIL / LING **Note:** Ref. B-296, 297; Dav. 627. Doppelmark. Arms of Mayor Heinrich Balemann (1730-50).

Date	Mintage	VG	F	VF	XF	Unc
1747 JJJ	—	35.00	75.00	150	300	—
1748 JJJ	—	35.00	75.00	150	300	—

KM# 163 32 SCHILLING (Gulden)
Silver **Obv:** Crowned imperial eagle, 32 in circle on breast, oval shield of mayor's arms in baroque frame below **Obv. Legend:** MON. NOVA. IMP. - CIVITAT. LUBECÆ. **Rev:** 3-line inscription between 2 palm branches above large ornate shield of city arms, date at end of legend **Rev. Legend:** COURANT. - GELDT. **Rev. Inscription:** 32 / SCHIL / LING **Note:** Ref. B-298, 299; Dav. 628. Doppelmark. Arms of Mayor Heinrich Balemann (1730-50).

Date	Mintage	VG	F	VF	XF	Unc
1749 JJJ	—	40.00	85.00	170	340	—
1750 JJJ	—	40.00	85.00	170	340	—

KM# 167 32 SCHILLING (Gulden)
Silver **Obv:** Crowned imperial eagle, 32 in circle on breast, oval shield of mayor's arms in baroque frame **Obv. Legend:** MON. NOVA. IMP. - CIVITAT. LUBECÆ. **Rev:** 3-line inscription between 2 palm branches above small ornate shield of city arms, date at end of legend **Rev. Legend:** COURANT. - GELDT. **Rev. Inscription:** 32 / SCHIL / LING **Note:** Ref. B-300; Dav. 629. Doppelmark. Arms of Mayor Heinrich Rust (1750-57).

Date	Mintage	VG	F	VF	XF	Unc
1752 JJJ	—	35.00	75.00	150	300	—

KM# 176 32 SCHILLING (Gulden)
Silver **Obv:** Crowned imperial eagle, 32 in circle on breast, oval shield of mayor's arms in baroque frame **Obv. Legend:** MON. NOVA. IMP. - CIVITAT. LUBEC(Æ). **Rev:** 3-line inscription between 2 palm branches above ornate shield of city arms, date at end of legend **Rev. Legend:** COURANT. - GELDT. **Rev. Inscription:** 32 / SCHIL / LING **Note:** Ref. B-301; Dav. 629. Doppelmark. Arms of Mayor Georg Arnold Isselhorst (1757-65).

Date	Mintage	VG	F	VF	XF	Unc
1758 JJJ	—	40.00	85.00	170	340	—

KM# 177 32 SCHILLING (Gulden)
Silver **Obv:** Revised eagle and shield **Rev:** Wide arms in branches **Note:** Ref. B-301; Dav. 629. Doppelmark.

Date	Mintage	VG	F	VF	XF	Unc
1758 JJJ	—	40.00	90.00	185	375	—

KM# 178 32 SCHILLING (Gulden)
Silver **Obv:** Crowned imperial eagle, 32 in circle on breast, small shield of mayor's arms below **Rev:** 3-line inscription between 2 palm branches above shield of city arms, date at end of legend **Note:** Ref. B-301; Dav. 629. Doppelmark.

Date	Mintage	VG	F	VF	XF	Unc
1758 DPZ	—	40.00	90.00	185	375	—

KM# 199 32 SCHILLING (Gulden)
Silver **Obv:** Crowned imperial eagle, shield of city arms on breast **Obv. Legend:** MON. NOVA. IMPER. CIVIT. LVBECAE. **Rev:** 4-line inscription, date divided by shield of mayor's arms below **Rev. Inscription:** 32 / SCHILLING / LÜBISCH / COURANT GELD **Note:** Ref. B-302, 303. Doppelmark.

Date	Mintage	F	VF	XF	Unc	BU
1796 HDF	—	50.00	110	225	450	—
1797 HDF	—	50.00	110	225	450	—

KM# 168.1 48 SCHILLING (Courantthaler)
27.5100 g., 0.7500 Silver 0.6633 oz. ASW **Obv:** Crowned imperial eagle, 48 in circle on breast, oval shield of mayor's arms in baroque frame below **Obv. Legend:** MON • NOVA • IMP • - CIVITAT • LUBECAE • **Rev:** Large shield of city arms in asymmetrical baroque frame, date at end of legend **Rev. Legend:** 48 • SCHILLING • COURANT • - GELDT • ANNO • **Note:** Ref. B-291. Dav. 2420. Arms of Mayor Heinrich Rust (1750-57).

Date	Mintage	VG	F	VF	XF	Unc
1752 JJJ	—	40.00	65.00	120	220	—

KM# 168.2 48 SCHILLING (Courantthaler)
27.5100 g., 0.7500 Silver 0.6633 oz. ASW **Obv:** Crowned imperial eagle, 48 in circle on breast, oval shield of mayor's arms in baroque frame **Obv. Legend:** MON • NOVA • IMP • - CIVITAT • LUBECÆ **Rev:** Ornate shield of city arms in baroque frame with palm fronds, date at end of legend **Rev. Legend:** 48 SCHILLING • COURANT • - GELDT • ANNO • **Note:** Ref. B-291; Dav. 2420A. Arms of Mayor Heinrich Rust (1750-57).

Date	Mintage	VG	F	VF	XF	Unc
1752 JJJ	—	30.00	55.00	100	195	—

KM# 168.3 48 SCHILLING (Courantthaler)
27.5100 g., 0.7500 Silver 0.6633 oz. ASW **Obv:** Crowned imperial eagle, 48 in circle on breast, oval shield of mayor's arms in baroque frame below **Obv. Legend:** MON • NOVA • IMP • CIVITAT • LUBECÆ • **Rev:** Medium shield of city arms in symmetrical baroque frame with palm fronds, date at end of legend **Rev. Legend:** 48 • SCHILLING • COURANT • GELDT • ANNO • **Note:** Ref. B-291; Dav. 2420B. Arms of Mayor Heinrich Rust (1750-57).

Date	Mintage	VG	F	VF	XF	Unc
1752 JJJ	—	30.00	55.00	100	195	—

KM# 168.4 48 SCHILLING (Courantthaler)
27.5100 g., 0.7500 Silver 0.6633 oz. ASW **Obv:** Crowned imperial eagle, 48 in circle on breast, oval shield of mayor's arms in baroque frame below **Obv. Legend:** MON • NOVA • IMP • CIVITAT • LUBECÆ • **Rev:** Large shield of city arms in symmetrical baroque frame with palm fronds, date at end of legend **Rev. Legend:** 48 • SCHILLING • COURANT • - GELDT • ANNO • **Note:** Ref. B-291; Dav. 2420C. Arms of Mayor Heinrich Rust (1750-57).

Date	Mintage	VG	F	VF	XF	Unc
1752 JJJ	—	30.00	55.00	100	195	—

GERMAN STATES — LUBECK

KM# 168.5 48 SCHILLING (Courantthaler)
27.5100 g., 0.7500 Silver 0.6633 oz. ASW **Obv:** Crowned imperial eagle, large 48 in circle on breast, oval shield of mayor's arms in baroque frame below **Obv. Legend:** MON • NOVA • IMP • - CIVITAT • LUBECÆ • **Rev:** Small shield of city arms in symmetrical baroque frame, date at end of legend **Rev. Legend:** 48 • SCHILLING • COURANT • - GELDT • ANNO • **Note:** Ref. B-291; Dav. 2420D. Arms of Mayor Heinrich Rust (1750-57).

Date	Mintage	VG	F	VF	XF	Unc
1752 JJJ	—	30.00	55.00	100	195	—

KM# 168.6 48 SCHILLING (Courantthaler)
27.5100 g., 0.7500 Silver 0.6633 oz. ASW **Obv:** Crowned imperial eagle, large 48 in circle on breast, oval shield of mayor's arms in baroque frame below **Obv. Legend:** MON • NOVA • IMP • - CIVITAT • LUBECÆ • **Rev:** Medium shield of city arms in asymmetrical baroque frame with palm fronds, date at end of legend **Rev. Legend:** 48 • SCHILLING • COURANT • - GELDT • ANNO • **Note:** Ref. B-291; Dav. 2420E. Arms of Mayor Heinrich Rust (1750-57).

Date	Mintage	VG	F	VF	XF	Unc
1752 JJJ	—	35.00	60.00	110	200	—

KM# A79 1/24 THALER (2 Schilling)
Silver **Obv:** Crowned imperial eagle, shield of mayor's arms below **Obv. Legend:** CI(V)(U)ITAT(IS) -IMPERIA(L)(I)(S). **Rev:** 4-line inscription with date **Rev. Legend:** L(V)(U)BEC(K)(H)S. STAD(T). GELD(T). **Rev. Inscription:** 24 (or Z4) / REICHS / DALER / (date) **Note:** Ref. B#366-85. Varieties exist. Prev. KM#79.

Date	Mintage	VG	F	VF	XF	Unc
1701 (f)	—	20.00	40.00	80.00	160	—
1702 (f)	—	20.00	40.00	80.00	160	—
1703 (f)	—	20.00	40.00	80.00	160	—
1705 (f)	—	20.00	40.00	80.00	160	—
1707 (f)	—	20.00	40.00	80.00	160	—
1709 (f)	—	20.00	40.00	80.00	160	—
1710 (f)	—	20.00	40.00	80.00	160	—
1712 (f)	—	20.00	40.00	80.00	160	—
1714 (f)	—	20.00	40.00	80.00	160	—
1715 (f)	—	20.00	40.00	80.00	160	—

KM# 130 THALER (32 Schilling)
Silver **Obv:** Small full-length facing figure of St. John holding lamb, shield of city arms in baroque frame below in front **Obv. Legend:** MONETA. NOVA. - LUBECENSIS. **Rev:** Crowned imperial eagle, 32 in orb on breast, small shield of mayor's arms divides date below **Rev. Legend:** IOSEPHUS. D: G: - ROMA: IMP: SE: AUG. **Edge Lettering:** PRISCA . VIRTVT FIDEQUE. **Note:** Ref. B-190; Dav. 2413. Arms of Johann Westken (1707-14).

Date	Mintage	VG	F	VF	XF	Unc
1710 (f)/IF	—	350	750	1,350	2,250	—

KM# 132 THALER (32 Schilling)
Silver **Subject:** Election of Emperor Karl VI **Obv:** Small full-length facing figure of St. John holding lamb, shield of city arms in baroque frame below in front **Obv. Legend:** MONETA • NOVA • LUBECENSIS • SALVO • CAES • - SALVA • RESPVB • in inner row **Rev:** Crowned imperial eagle, 32 in orb on breast, small shield of mayor's arms in cartouche below **Rev. Legend:** CAROLUS. VI. D:G:- ROMA: IMP: SEM: AUG:/ELECT. FRANCOFURT:- XII. OCT. MDCCXI in inner row **Edge Lettering:** ORNAT * EN - TUETUR*** **Note:** Ref. B-191; Dav. 2414. Arms of Mayor Johann Westken (1707-14).

Date	Mintage	VG	F	VF	XF	Unc
1712 IHF/(f)	—	2,000	3,500	6,000	9,000	—

KM# 145 THALER
29.2000 g., 0.8880 Silver 0.8336 oz. ASW **Obv:** St. John with

lamb and book, two ornate shields below, city's left and mayor's right, date at end of legend **Obv. Legend:** MONETA * NOVA * - LUBECENS * **Rev:** Crowned imperial eagle **Rev. Legend:** CAROLUS * VI * D * G * - ROM * IMP * S * AUG * **Note:** Ref. B-192; Dav. 2415. Arms of Mayor Adolph Matthäus Rodde (1716-29).

Date	Mintage	VG	F	VF	XF	Unc
1727 IHL/JJJ	—	250	500	900	1,500	—

KM# 150 THALER
29.2000 g., 0.8880 Silver 0.8336 oz. ASW **Subject:** 200th Anniversary of the Augsburg Confession **Obv:** Crowned imperial eagle with shield of city arms on breast and shield of mayor's arms below, date at end of legend **Obv. Legend:** IMPERIAL • CIVIT • LUBECENSIS • **Rev:** Allegorical figure of Religion standing with book and cross separating inscription **Rev. Legend:** CONFESS. EVANG. IN. COMIT. AUG. EXHIBITAE **Rev. Inscription:** SACRA-SÆCU / LARIA-SECUNDA / XXV-IUN. **Note:** Ref. B-193; Dav. 2416. Varieties exist. Arms of Mayor Heinrich Balemann (1730-50).

Date	Mintage	F	VF	XF	Unc	BU
1730 JJJ	—	125	275	550	950	1,250

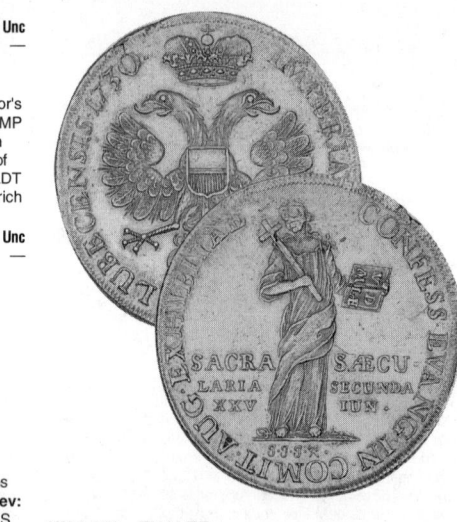

KM# 160 THALER
29.2000 g., 0.8880 Silver 0.8336 oz. ASW **Obv:** Full-length standing figure of St. John with lamb, mintmaster's initials in exergue **Obv. Legend:** MON • NOVA • IMPER • - CIVIT • LUBECÆ • **Rev:** Crowned imperial eagle, shield of mayor's arms below, date at end of legend **Rev. Legend:** CAROLUS • VII • D • G • - ROM • IMP • S • AUG • **Edge Lettering:** ORNAT * ET * TUETUR *** **Note:** Ref. B-195; Dav. 2418. Arms of Mayor Heinrich Balemann (1730-50).

Date	Mintage	VG	F	VF	XF	Unc
1742 JJJ	—	150	350	750	1,750	—

KM# 161 THALER
Silver **Obv:** Full-length standing figure of St. John with lamb, mintmaster's initials in exergue **Obv. Legend:** MON. NOVA. IMPER. - CIVIT. LUBECÆ. **Rev:** Crowned imperial eagle, shield of mayor's arms below below, date at end of legend **Rev. Legend:** FRANCISCUS. D. G. - ROM. IMP. S. AUG. **Edge Lettering:** ORNAT * ET * TUETUR *** **Note:** Ref. B-196; Dav. 2419. Arms of Mayor Heinrich Balemann (1730-50).

Date	Mintage	VG	F	VF	XF	Unc
1745 JJJ	—	300	600	1,200	2,000	—

KM# 155 THALER
29.2000 g., 0.8880 Silver 0.8336 oz. ASW **Obv:** Full-length standing figure of St. John holding lamb, date at end of legend, mintmaster's initials in exergue **Obv. Legend:** MON • NOVA • IMPER • - CIVIT • LUBECÆ • **Rev:** Crowned imperial eagle, shield of mayor's arms below **Rev. Legend:** CAROLUS • VI • D • G • - ROM • IMP • S • AUG • **Note:** Ref. B-194; Dav. 2417. Arms of Mayor Heinrich Balemann (1730-50).

Date	Mintage	VG	F	VF	XF	Unc
1731 JJJ	—	200	400	650	1,200	2,000

KM# 185 THALER
29.2000 g., 0.8880 Silver 0.8336 oz. ASW **Obv:** Half-length facing figure of St. John with lamb, shield of mayor's arms in baroque frame below in front, date at end of legend **Obv. Legend:** MONETA. NOVA - LUBECENSIS. **Rev:** Crowned imperial eagle, shield of city arms on breast, mintmaster's initials below tail **Rev. Legend:** IOSEPHUS. II. - ROM. IMP. S. AUG. **Note:** Ref. B-197a; Dav. 2422. Arms of Mayor Daniel Haecks (1765-78).

Date	Mintage	F	VF	XF	Unc	BU
1776 HDF	—	150	250	400	750	—

KM# 180 2 THALER
Silver **Obv:** Crowned double-headed eagle with shield on breast **Rev:** St. John with lamb and book, shield below **Note:** Ref. B-197c; Dav. 2421.

Date	Mintage	VG	F	VF	XF	Unc
1776 HDF Rare	—	—	—	—	—	—

TRADE COINAGE

KM# 110 1/4 DUCAT
0.8750 g., 0.9860 Gold 0.0277 oz. AGW **Obv:** Emperor standing **Rev:** Crowned imperial eagle

Date	Mintage	VG	F	VF	XF	Unc
1701 (f)	—	210	425	675	1,250	—
1702	—	210	425	675	1,250	—
1707	—	210	425	675	1,250	—
1712	—	210	425	675	1,250	—
1714 (f)	—	210	425	675	1,250	—
1715	—	210	425	675	1,250	—
1716 (f)	—	210	425	675	1,250	—

LUBECK

Date	Mintage	VG	F	VF	XF	Unc
1721	—	210	425	675	1,250	—
1725	—	210	425	675	1,250	—
1728	—	210	425	675	1,250	—

KM# 111 1/2 DUCAT
1.7500 g., 0.9860 Gold 0.0555 oz. AGW **Obv:** Emperor standing **Rev:** Crowned imperial eagle

Date	Mintage	VG	F	VF	XF	Unc
1703	—	250	500	1,000	1,700	—
1706	—	250	500	1,000	1,700	—
1710 (f)	—	250	500	1,000	1,700	—
1711	—	250	500	1,000	1,700	—
1714 (f)	—	250	500	1,000	1,700	—
1716 (f)	—	250	500	1,000	1,700	—

KM# A36 DUCAT
3.5000 g., 0.9860 Gold 0.1109 oz. AGW **Obv:** Full-length facing armored figure of emperor **Obv. Legend:** MON(E)(T)(A). NO(-))(V)(·)(A) · A(·)(V)(U)R(·)E(A). L(V)(U)B(E)(C) **Rev:** Crowned imperial eagle, shield of city arms on breast, shield of mayor's arms divides date below **Rev. Legend:** CI(V)(U)ITAT(I)(S) · IMPERI(A)(L)(I)S). **Note:** Ref. B#602, 602A, 602B, 603-34, 636. Varieties exist. Prev. KM#36.

Date	Mintage	VG	F	VF	XF	Unc
1701	—	240	475	900	1,500	—
1707 (f)	—	240	475	900	1,500	—
1710 (f)	—	240	475	900	1,500	—
1712 (f)	—	240	475	900	1,500	—
1713 (f)	—	240	475	900	1,500	—
1714 (f)	—	240	475	900	1,500	—
1716 (f)	—	240	475	900	1,500	—
1717	—	240	475	900	1,500	—
1727 JJJ	—	240	475	900	1,500	—
1729	—	240	475	900	1,500	—

KM# 125 DUCAT
3.5000 g., 0.9860 Gold 0.1109 oz. AGW **Obv:** Solid rock in sea **Rev:** All-seeing eye

Date	Mintage	VG	F	VF	XF	Unc
1707	—	600	1,200	2,500	6,000	—

KM# 133 DUCAT
3.5000 g., 0.9860 Gold 0.1109 oz. AGW **Subject:** Bicentennial of the Reformation **Obv:** Crowned double-headed eagle with city arms on breast **Rev:** Inscription

Date	Mintage	VG	F	VF	XF	Unc
1717	—	875	1,400	3,000	5,400	—

KM# 148 DUCAT
3.5000 g., 0.9860 Gold 0.1109 oz. AGW **Obv:** Crowned imperial eagle, shield of city arms on breast, date divided by shield of mayor's arms below **Obv. Legend:** MON. NOV. AUR. · CIVIT. IMP. LUB. **Rev:** Armored bust of emperor to right **Rev. Legend:** CAROL. VI. D. · G. ROM. IMP. S. AUG. **Note:** Ref. B-637b, 638a.

Date	Mintage	VG	F	VF	XF	Unc
1729 JJJ	—	750	1,300	2,800	5,300	—
1730 JJJ	—	750	1,300	2,800	5,300	—

KM# 151 DUCAT
3.5000 g., 0.9860 Gold 0.1109 oz. AGW **Subject:** Bicentennial of the Augsburg Confession **Obv:** Crowned imperial eagle, shield of city arms on breast, date at end of legend **Obv. Legend:** IMPERIAL. CIVIT. - LUBECENSIS. **Rev:** Standing allegorical figure of Religion with book and cross **Rev. Legend:** CONFESS. EVANG. IN. COM. AUG. EXHIBITAE. **Note:** Ref. B-638b.

Date	Mintage	VG	F	VF	XF	Unc
1730 JJJ	—	240	425	850	1,750	—

KM# 179 DUCAT
3.5000 g., 0.9860 Gold 0.1109 oz. AGW **Obv:** Full-length facing armored figure of emperor, mintmaster's initials between feet, date at end of legend **Obv. Legend:** MON. NOVA. AURE. LUBECENS. **Rev:** Crowned imperial eagle, shield of city arms on breast **Rev. Legend:** CIVITATIS · IMPERIALIS. **Note:** Ref. B-639.

Date	Mintage	VG	F	VF	XF	Unc
1759 DPZ Rare	—	—	—	—	—	—

KM# 191 DUCAT
3.5000 g., 0.9860 Gold 0.1109 oz. AGW **Obv:** Crowned eagle, titles of Josef II **Rev:** Four-line inscription and date in tablet

Date	Mintage	F	VF	XF	Unc	BU
1789 HDF	—	—	—	—	—	—
1790 HDF	—	500	900	1,800	3,000	—

KM# 195 DUCAT
3.5000 g., 0.9860 Gold 0.1109 oz. AGW **Obv:** Eagle **Rev.** **Legend:** MON AVR LVBECENS

Date	Mintage	F	VF	XF	Unc	BU
1791 HDF	1,800	400	650	1,500	3,750	—
1792 HDF	—	400	650	1,500	3,750	—

KM# 196 DUCAT
3.5000 g., 0.9860 Gold 0.1109 oz. AGW **Obv:** Titles of Franz II **Obv. Legend:** ... AVG

Date	Mintage	F	VF	XF	Unc	BU
1792 HDF	—	400	650	1,500	3,750	—

KM# 197 DUCAT
3.5000 g., 0.9860 Gold 0.1109 oz. AGW **Obv. Legend:** AVGVST

Date	Mintage	F	VF	XF	Unc	BU
1792 HDF	—	400	650	1,500	3,750	—

KM# 198 DUCAT
3.5000 g., 0.9860 Gold 0.1109 oz. AGW **Obv:** Crowned double-headed eagle with shield on breast **Rev:** Legend and date within square

Date	Mintage	F	VF	XF	Unc	BU
1793 HDF	1,200	400	550	1,400	2,400	—
1794 HDF	1,953	400	550	1,300	2,200	—
1797 HDF	1,490	400	550	1,400	2,400	—

KM# 89 2 DUCAT
7.0000 g., 0.9860 Gold 0.2219 oz. AGW **Obv:** Knight with imperial orb and sceptre **Rev:** Crowned double-headed eagle with city arms on breast

Date	Mintage	VG	F	VF	XF	Unc
1701 (f)	—	950	1,700	4,000	6,700	—
1706	—	950	1,700	4,000	6,700	—
1707 (f)	—	950	1,700	4,000	6,700	—
1711	—	950	1,700	4,000	6,700	—
1713	—	950	1,700	4,000	6,700	—
1714	—	950	1,700	4,000	6,700	—
1716 (f)	—	950	1,700	4,000	6,700	—

KM# 134 2 DUCAT
7.0000 g., 0.9860 Gold 0.2219 oz. AGW **Subject:** Bicentennial of the Reformation

Date	Mintage	VG	F	VF	XF	Unc
1717 IF///(f)	—	800	1,600	3,200	5,500	—

KM# A160 10 DUCAT (Portugalöser)
35.0000 g., 0.9860 Gold 1.1095 oz. AGW **Obv:** Titles of Karl VII, date in legend **Note:** Struck with 1 Thaler dies, KM#161.

Date	Mintage	VG	F	VF	XF	Unc
1745 JJJ Rare	—	—	—	—	—	—

PATTERNS
Including off metal strikes

KM#	Date	Mintage	Identification	Mkt Val
Pn12	1701 (f)	—	1/24 Thaler. Gold. Weight of 1 Ducat, KM#79.	—
Pn13	(17)09 (f)	—	Dreiling. Gold. KM#27	—
Pn14	ND	—	Dreiling. Gold. KM#27	—
Pn15	1711 (f)	—	4 Schilling. Gold. Weight of 1 Ducat, KM#131.	—
Pn16	1717	—	Ducat. Silver. KM#133.	125
Pn17	1717 IF//(f)	—	2 Ducat. Silver. KM#134.	450
Pn3	1724 JJJ	—	Sechsling. Gold. Weight of 1/2 Ducat. KM#76.	—
Pn2	1724 JJJ	—	Dreiling. Gold. KM#75.	—
Pn18	1726 JJJ	—	8 Schilling. Gold. KM#144.	—
Pn19	1727 JJJ	—	Dreiling. Gold. KM#140.	275
PnA20	1730 JJJ	—	Ducat. Silver. KM#151.	175
Pn20	1732 JJJ	—	16 Schilling. Gold. KM#153.	12,500
Pn21	1737 JJJ	—	Dreiling. Gold. KM#140.	275
Pn22	1737 JJJ	—	Dreiling. Gold. KM#140.	275
Pn24	1750 JJJ	—	Sechsling. Gold. KM#165.	500

Pn25	1752 JJJ	—	48 Schilling. Gold. KM#168.	20,000
Pn4	1776 B	—	5 Thaler. Silver. KM#87.	—
Pn26	1776 HDF	—	1/2 Thaler. Silver. 14.4000 g. Thaler dies. KM#185.	—
Pn27	1776	—	1/2 Thaler. Tin. Thaler dies. KM#185.	3,000
Pn28	1776 HDF	—	Thaler. Gold. 35.0000 g. KM#185.	—
Pn29	1776 HDF	—	2 Thaler. Silver. Thaler dies. KM#180.	—
Pn32	1789	—	Ducat. Silver. KM#191.	125
Pn30	1789	—	Schilling. Silver. Broad planchet. KM#190.	250
Pn31	1789	—	Schilling. Gold. KM#190.	500
Pn33	1790	—	Ducat. Silver. KM#191.	125
Pn34	1792	—	Ducat. Silver. KM#195.	125
Pn35	1794	—	Ducat. Silver. KM#198.	125
Pn36	1797	—	Ducat. Copper. KM#198.	85.00
Pn37	ND	—	32 Schilling. Silver. Uniface.	—

LUNEBURG

This city 50 miles southeast of Hamburg, chartered in 1247, became a powerful member of The Hanseatic League and received the mint right in 1293. It was passed to Hannover in 1705 and to Prussia in 1866. Using a pun on the city name "lunar" they showed a half moon on larger coins. Luneburg had a local coinage, which was produced intermittently from 1293 until 1777.

MINT OFFICIALS' INITIALS

Initials	Date	Name
JJJ	1687-1705	Jobst Jakob Janisch in Celle

ARMS

City gate, usually w/3 towers, lion rampant or leopard left in portal. Often depicted w/St. John (patron saint) above towers.

CITY
REGULAR COINAGE

KM# 90 SCHERF (1/2 Pfennig)
Copper **Obv:** Lion rampant left **Rev:** Large S divides date, value 1 above, LVN below **Note:** Varieties exist.

Date	Mintage	VG	F	VF	XF	Unc
1701	—	8.00	18.00	40.00	75.00	—
1710	—	8.00	18.00	40.00	75.00	—
1714	—	8.00	18.00	40.00	75.00	—
1716	—	8.00	18.00	40.00	75.00	—
1718	—	8.00	18.00	40.00	75.00	—
1741	—	8.00	18.00	40.00	75.00	—
1743	—	8.00	18.00	40.00	75.00	—
1745	—	8.00	18.00	40.00	75.00	—
1751	—	8.00	18.00	40.00	75.00	—
1757	—	8.00	18.00	40.00	75.00	—
1769	—	8.00	18.00	40.00	75.00	—
1777	—	8.00	18.00	40.00	75.00	—

GERMAN STATES

LUNEBURG

KM# 95 2/3 THALER (Gulden)
Silver **Obv:** Helmeted arms with plumes **Rev:** Value

Date	Mintage	VG	F	VF	XF	Unc
1702 JJJ	—	65.00	120	250	525	—

TRADE COINAGE

KM# 96 10 DUCAT
35.0000 g., 0.9860 Gold 1.1095 oz. AGW **Subject:** 80th Birthday of Duke Georg Wilhelm of Brunswick-Luneburg-Celle **Obv:** Bust right, double legend **Rev:** Fourteen-line inscription with Roman numeral date

Date	Mintage	VG	F	VF	XF	Unc
1703 TKS Rare	—	—	—	—	—	—

PATTERNS

Including off metal strikes

KM#	Date	Mintage	Identification	Mkt Val
Pn2	1703 TKS	—	10 Ducat. Silver. KM#96	325

MAINZ

Mainz, located on the Rhine 25 miles west of Frankfurt, became an archbishopric in 747. It was a residence and mint of Charlemagne, and the Imperial Mint established then functioned into the 11th century. The archbishops were recognized as presidents of the electoral college and arch-chancellors of the Empire by the Golden Bull of 1356. In 1797, Mainz was ceded to France and in 1801 the French annexed all of the territories on the left bank of the Rhine. The remaining lands were secularized in 1803 and portions were divided between Hesse-Darmstadt, Nassau and Prussia.

Mainz became a Free City of the Empire in 1118 but lost the title in 1163 through an unsuccessful revolt against ecclesiastical authority. They obtained the mint right in 1420 but rarely availed itself of the privilege. It was occupied by Sweden from 1631 to 1635 during the 30 Years War. Siege coins were struck in 1793 when the French garrison was beseiged by the Prussians.

RULERS
Lothar Franz, Graf von Schoenborn, 1695-1729
Franz Ludwig von Pfalz-Neuburg, 1729-1732
Philipp Karl, Freiherr von Eltz, 1732-1743
Johann Friedrich Karl, Graf von Ostein, 1743-1763
Emeric Josef, 1763-1774
Friedrich Karl Josef, 1774-1802

MINT OFFICIALS' INITIALS

Initials	Date	Name
AE, AEF	1765	Andreas Eplie
AFS, AS, FS, S, ST	1765-89	August Friedrich Stieler
AK	1714-23	Andreas Kotzner in Mainz
B, BECKER	1702-43	Philipp Christoph Becker, die-cutter in Vienna
BIB	1707-33	Balthasar Johann Dethmann in Darmstadt
CS	Ca.1744	-
DF	1765-95	Damian Fritsch
EG	1750-75	Elias Gervais
FB	1765-68	Damian Fritsch and Peter Moritz Brahm, warden
GFN	1682-1724	Georg Friedrich Nurnberger in Nüremberg
IA	1794-96	Joseph Aatz, mint-inspector
IL	1790-96	Johann Lindenschmitt, die-cutter
S	1751-63	Johann Franz Schmitt
S	1716-44	Wiegand Schaffer, die-cutter in Mainz and Heidelberg
S	1744-99	Anton Schafer in Mannheim
VBW	1684-88, 1702-14	Ulrich Burkhard Willerding
W	1732-62	Johann Heinrich Werner, die-cutter in Erfurt

Arms
A wheel with six spokes

References:

PA = Alexander, Prinz von Hessen, *Mainzisches Münzcabinet*, Darmstadt, 1882. (rpt. Münster-Angelmodde, 1968)

K = Fritz Rudolf Künker, *Erzbistum Mainz – Eine bedeutende Sammlung aus rheinischen Adelsbesitz.* (auction catalog) Osnabrück, 1992.

S = Hugo Frhr. Von Saurma-Jeltsch, *Die Saurmasche Münzsammlung deutscher, schweizerischer und polnischer Gepräge von etwa dem Beginn der Groschenzeit bis zur Kipperperiode.* Berlin, 1892.

Sch = Wolfgang Schulten, *Deutsche Münzen aus der Zeit Karls V.* Frankfurt am Main, 1974.

St = Theodor Stenzel, "Die churfürstlich mainzischen Münzen und Medaillen neuerer Zeit," *Numismatische Zeitung* 31 (1864), cols. 73ff; 32 (1865), cols. 27ff.

H = Tassilo Hoffmann, "Mainzer inedita und Rarissima im Gothaer Münzkabinett," *Deutsche Münzblätter* 54 (1934), pp. 167-70.

ARCHBISHOPRIC - ELECTORATE

REGULAR COINAGE

KM# 230 PFENNIG
Silver **Ruler:** Lothar Franz **Obv:** 2-fold arms of Mainz and Schonborn, mintmaster's initials above **Note:** Uniface, schüssel-type.

Date	Mintage	VG	F	VF	XF	Unc
ND(1702-14) VBW	—	6.00	10.00	25.00	50.00	—

KM# 242 PFENNIG
Silver **Ruler:** Lothar Franz **Obv:** 3 small shields, those of Mainz and Bamberg above Schonborn, value 1 above, date divided below **Note:** Uniface.

Date	Mintage	VG	F	VF	XF	Unc
1713	—	6.00	10.00	25.00	50.00	—
1714	—	6.00	10.00	25.00	50.00	—

KM# 243 PFENNIG
Silver **Ruler:** Lothar Franz **Obv:** 2-fold arms of Mainz and Schonborn, mintmaster's initials above **Note:** Uniface, schüssel-type.

Date	Mintage	VG	F	VF	XF	Unc
ND(1714-23) AK	—	6.00	10.00	25.00	50.00	—

KM# 244 PFENNIG
Silver **Ruler:** Lothar Franz **Obv:** 2-fold arms of Mainz and Schonborn in laurel wreath, rosette above **Note:** Uniface.

Date	Mintage	VG	F	VF	XF	Unc
ND	—	6.00	10.00	25.00	50.00	—

KM# 293 PFENNIG
Copper **Ruler:** Johann Friedrich Karl **Obv:** Crowned arms **Rev:** Date in floral sprays

Date	Mintage	VG	F	VF	XF	Unc
1756	—	4.00	9.00	18.00	37.00	100

KM# 294 PFENNIG
Copper **Ruler:** Johann Friedrich Karl **Obv:** Sword and crozier back of crowned arms within baroque frame **Rev:** Value, date

Date	Mintage	VG	F	VF	XF	Unc
1757	—	4.00	9.00	18.00	37.00	—
1758	—	4.00	9.00	18.00	37.00	—
1759	—	4.00	9.00	18.00	37.00	—
1760	—	4.00	9.00	18.00	37.00	—

KM# 296 PFENNIG
Copper **Ruler:** Johann Friedrich Karl **Obv:** Crowned arms between branches **Rev:** Value, date

Date	Mintage	VG	F	VF	XF	Unc
1759	—	4.00	9.00	18.00	37.00	—
1760	—	4.00	9.00	18.00	37.00	—

KM# 297 PFENNIG
Copper **Ruler:** Johann Friedrich Karl **Obv:** Crowned arms in baroque frame with greyhound at left of arms

Date	Mintage	VG	F	VF	XF	Unc
1759	—	4.00	9.00	18.00	37.00	—
1760	—	4.00	9.00	18.00	37.00	—

KM# 316 PFENNIG
Copper **Ruler:** Johann Friedrich Karl **Obv:** Greyhound at right of arms

Date	Mintage	VG	F	VF	XF	Unc
1760	—	4.00	9.00	18.00	37.00	—

KM# 317 PFENNIG
Copper **Ruler:** Johann Friedrich Karl **Obv:** Crowned monogram above wheel **Rev:** Value, date

Date	Mintage	VG	F	VF	XF	Unc
1760	—	4.00	9.00	18.00	37.00	—

KM# 334 PFENNIG
Copper **Ruler:** Johann Friedrich Karl **Obv:** Crowned arms **Rev:** Value and date in cartouche

Date	Mintage	VG	F	VF	XF	Unc
1761	—	4.00	9.00	18.00	37.00	—

KM# 355 PFENNIG
Copper **Ruler:** Emeric Josef **Obv:** Sword and crozier back of crowned arms **Obv. Inscription:** * I * / PFENNIG / C.M.L.M. / date **Rev:** Value and date

Date	Mintage	VG	F	VF	XF	Unc
1766	—	3.00	7.00	15.00	25.00	30.00

KM# 364 PFENNIG
Copper **Ruler:** Emeric Josef **Obv:** Sword and crozier back of crowned arms within baroque frame **Rev:** Value, date

Date	Mintage	VG	F	VF	XF	Unc
1768	—	4.00	9.00	18.00	37.00	—
1769	—	4.00	9.00	18.00	37.00	—
1770	—	4.00	9.00	18.00	37.00	100

KM# 374 PFENNIG
Copper **Ruler:** Emeric Josef **Obv:** Without legend

Date	Mintage	VG	F	VF	XF	Unc
1769	—	4.00	9.00	18.00	37.00	—
1770	—	4.00	9.00	18.00	37.00	100

KM# 381 PFENNIG
Copper **Ruler:** Emeric Josef **Obv:** Arms within cartouche **Obv. Legend:** EM.10.D.G.EL.M.E.W

Date	Mintage	VG	F	VF	XF	Unc
1771	—	4.00	9.00	18.00	37.00	100

KM# 387 PFENNIG
Copper **Ruler:** Friedrich Karl Josef **Obv:** Sword and crozier back of crowned arms within ornate frame **Rev:** Value, date

Date	Mintage	VG	F	VF	XF	Unc
1779	—	4.00	9.00	18.00	37.00	—
1781	—	4.00	9.00	18.00	37.00	100

KM# 390 PFENNIG
Copper **Ruler:** Friedrich Karl Josef **Obv:** F C I K monogram

Date	Mintage	VG	F	VF	XF	Unc
1781	—	4.00	9.00	18.00	37.00	100

KM# 298 2 PFENNIG
Copper **Ruler:** Johann Friedrich Karl **Obv:** Crowned 5-fold arms supported by 2 greyhounds **Rev:** Value, date

Date	Mintage	VG	F	VF	XF	Unc
1759	—	5.00	9.00	18.00	37.00	150
1760	—	5.00	9.00	18.00	37.00	150

KM# 299 2 PFENNIG
Copper **Ruler:** Johann Friedrich Karl **Obv:** Crowned and mantled arms **Rev:** Value, date

Date	Mintage	VG	F	VF	XF	Unc
1759	—	7.00	12.00	25.00	50.00	150

KM# 300 2 PFENNIG
Copper **Ruler:** Johann Friedrich Karl **Obv:** Crowned and mantled monogram above wheel **Rev:** Value, date

Date	Mintage	VG	F	VF	XF	Unc
1759	—	7.00	12.00	25.00	50.00	150

KM# 301 2 PFENNIG
Copper **Ruler:** Johann Friedrich Karl **Obv:** Crowned arms in baroque frame **Rev:** Value ac II, date

Date	Mintage	VG	F	VF	XF	Unc
1759	—	5.00	10.00	22.00	45.00	150
1760	—	5.00	10.00	22.00	45.00	150

KM# 302 2 PFENNIG
Copper **Ruler:** Johann Friedrich Karl **Rev:** Value as 2

Date	Mintage	VG	F	VF	XF	Unc
1759	—	5.00	10.00	22.00	45.00	150
1761	—	5.00	10.00	22.00	45.00	150

KM# 318 2 PFENNIG
Copper **Ruler:** Johann Friedrich Karl **Obv:** Crowned and mantled arms **Rev:** Value, date in cartouche

Date	Mintage	VG	F	VF	XF	Unc
1760	—	7.00	12.00	25.00	50.00	150

MAINZ — GERMAN STATES

KM# 319 2 PFENNIG
Copper **Ruler:** Johann Friedrich Karl **Obv:** Crowned monogram above wheel **Rev:** Value, date

Date	Mintage	VG	F	VF	XF	Unc
1760	—	4.00	9.00	18.00	37.00	125
1761	—	4.00	9.00	18.00	37.00	125

KM# 320 2 PFENNIG
Copper **Ruler:** Johann Friedrich Karl **Obv:** Crowned 5-fold arms supported by 2 greyhounds **Rev:** Value as 2

Date	Mintage	VG	F	VF	XF	Unc
1760	—	4.00	9.00	18.00	37.00	125

KM# 321 2 PFENNIG
Copper **Ruler:** Johann Friedrich Karl **Obv:** Bust right **Rev:** Value, date

Date	Mintage	VG	F	VF	XF	Unc
1760	—	10.00	20.00	45.00	95.00	250

KM# 322 2 PFENNIG
Copper **Ruler:** Johann Friedrich Karl **Obv:** Bust right **Rev:** Value, date in cartouche

Date	Mintage	VG	F	VF	XF	Unc
1760	—	10.00	20.00	45.00	95.00	200

KM# 323 2 PFENNIG
Copper **Ruler:** Johann Friedrich Karl **Obv:** Crowned arms in baroque frame

Date	Mintage	VG	F	VF	XF	Unc
1760	—	6.00	15.00	30.00	65.00	200

KM# 335 2 PFENNIG
Copper **Ruler:** Johann Friedrich Karl **Rev:** Date in floral sprays

Date	Mintage	VG	F	VF	XF	Unc
1761	—	6.00	15.00	30.00	65.00	200

KM# 356 2 PFENNIG
Copper **Ruler:** Emeric Josef **Obv:** Sword and crozier back of crowned arms **Rev:** Value, C.M.L.M. and date

Date	Mintage	VG	F	VF	XF	Unc
1766	—	3.00	7.00	15.00	30.00	125

KM# 365 2 PFENNIG
Copper **Ruler:** Emeric Josef **Obv:** Quartered arms with dragon supporters, elector's cap above **Rev:** Value and date **Rev. Legend:** SCHEIDE MUNZ

Date	Mintage	VG	F	VF	XF	Unc
1768	—	3.00	7.00	15.00	30.00	125

KM# 303 3 PFENNIG (Dreier)
Copper **Ruler:** Johann Friedrich Karl **Obv:** Bust right **Rev:** Value III, date

Date	Mintage	VG	F	VF	XF	Unc
1759	—	8.00	18.00	37.00	75.00	175

KM# 304 3 PFENNIG (Dreier)
Copper **Ruler:** Johann Friedrich Karl **Rev:** Value as 3

Date	Mintage	VG	F	VF	XF	Unc
1759	—	8.00	18.00	37.00	75.00	175
1760	—	8.00	18.00	37.00	75.00	175

KM# 305 3 PFENNIG (Dreier)
Copper **Ruler:** Johann Friedrich Karl **Obv:** Crowned arms in baroque frame, greyhound at right **Rev:** Value, date

Date	Mintage	VG	F	VF	XF	Unc
1759	—	2.00	6.00	15.00	30.00	60.00

KM# 306 3 PFENNIG (Dreier)
Copper **Ruler:** Johann Friedrich Karl **Obv:** Crowned 5-fold arms supported by greyhounds, branches below **Rev:** Value, date

Date	Mintage	VG	F	VF	XF	Unc
1759	—	4.00	12.00	25.00	50.00	150
1760	—	4.00	12.00	25.00	50.00	150

KM# 307 3 PFENNIG (Dreier)
Copper **Ruler:** Johann Friedrich Karl **Obv:** Crowned 5-fold arms supported by 2 greyhounds **Rev:** Value III, date

Date	Mintage	VG	F	VF	XF	Unc
1759	—	5.00	12.00	25.00	50.00	100

KM# 308 3 PFENNIG (Dreier)
Copper **Ruler:** Johann Friedrich Karl **Obv:** Crowned and mantled arms **Rev:** Value, date

Date	Mintage	VG	F	VF	XF	Unc
1759	—	5.00	11.00	22.00	45.00	125
1760	—	5.00	11.00	22.00	45.00	125
1761	—	5.00	11.00	22.00	45.00	125

KM# 324 3 PFENNIG (Dreier)
Copper **Ruler:** Johann Friedrich Karl **Obv:** Bust right **Rev:** Value and date in cartouche

Date	Mintage	VG	F	VF	XF	Unc
1760	—	8.00	15.00	30.00	60.00	150
1761	—	8.00	15.00	30.00	60.00	150

KM# 325 3 PFENNIG (Dreier)
Copper **Ruler:** Johann Friedrich Karl **Obv:** Sword and crozier back of crowned arms within baroque frame **Rev:** Value and date within cartouche

Date	Mintage	VG	F	VF	XF	Unc
1760	—	7.00	15.00	30.00	60.00	150
1761	—	7.00	15.00	30.00	60.00	150

KM# 326 3 PFENNIG (Dreier)
Copper **Ruler:** Johann Friedrich Karl **Obv:** Crowned monogram above wheel **Rev:** Value, date

Date	Mintage	VG	F	VF	XF	Unc
1760	—	6.00	15.00	30.00	60.00	125

KM# 327 3 PFENNIG (Dreier)
Copper **Ruler:** Johann Friedrich Karl **Obv:** Ruler's titles in legend **Rev:** Value, date

Date	Mintage	VG	F	VF	XF	Unc
1760	—	5.00	12.00	25.00	50.00	100

KM# 328 3 PFENNIG (Dreier)
Copper **Ruler:** Johann Friedrich Karl **Obv:** Without ruler's titles **Rev:** Value and date in cartouche

Date	Mintage	VG	F	VF	XF	Unc
1760	—	5.00	9.00	18.00	37.00	125
1761	—	5.00	9.00	18.00	37.00	125

KM# 329 3 PFENNIG (Dreier)
Copper **Ruler:** Johann Friedrich Karl **Obv:** Sword and crozier back of crowned arms within baroque frame **Rev:** Value, date

Date	Mintage	VG	F	VF	XF	Unc
1760	—	7.00	10.00	22.00	45.00	100
1761	—	7.00	10.00	22.00	45.00	100

KM# 330 3 PFENNIG (Dreier)
Copper **Ruler:** Johann Friedrich Karl **Obv:** Sword and crozier back of crowned arms within baroque frame **Rev:** Value and date in cartouche

Date	Mintage	VG	F	VF	XF	Unc
1760	—	7.00	10.00	22.00	45.00	100
1761	—	7.00	10.00	22.00	45.00	100

KM# 331 3 PFENNIG (Dreier)
Copper **Ruler:** Johann Friedrich Karl **Obv:** Crowned arms between branches

Date	Mintage	VG	F	VF	XF	Unc
1760	—	7.00	10.00	22.00	45.00	100

KM# 336 3 PFENNIG (Dreier)
Copper **Ruler:** Johann Friedrich Karl **Obv:** Crowned and mantled arms, sword and crozier below **Rev:** Value and date in floral sprigs

Date	Mintage	VG	F	VF	XF	Unc
1761	—	7.00	10.00	22.00	45.00	100

KM# 337 3 PFENNIG (Dreier)
Copper **Ruler:** Johann Friedrich Karl **Rev:** Date in floral sprigs

Date	Mintage	VG	F	VF	XF	Unc
1761	—	7.00	10.00	22.00	45.00	150

KM# 366 3 PFENNIG (Dreier)
Copper **Ruler:** Emeric Josef **Obv:** Quartered arms with dragon supporters, elector's cap above **Rev:** Value and date **Rev. Legend:** SCHEIDE MUNZ

Date	Mintage	VG	F	VF	XF	Unc
1768	—	4.00	7.00	15.00	30.00	150

KM# 357 4 PFENNIG
Copper **Ruler:** Emeric Josef **Obv:** Large wheel, sword and crozier, elector's cap above **Rev:** Value and date **Rev. Legend:** C.M.L.M

Date	Mintage	VG	F	VF	XF	Unc
1766	—	6.00	15.00	30.00	60.00	150

KM# 402 1/4 KREUTZER
Copper **Ruler:** Friedrich Karl Josef **Obv:** Bust right **Rev:** Value and date within beaded circle

Date	Mintage	VG	F	VF	XF	Unc
1795 IA	—	8.00	22.00	45.00	90.00	150

KM# 403 1/2 KREUTZER
Copper **Ruler:** Friedrich Karl Josef **Obv:** Bust right **Rev:** Value and date within beaded circle

Date	Mintage	VG	F	VF	XF	Unc
1795 S-IA	—	8.00	18.00	37.00	75.00	120
1796 S-IA	—	8.00	18.00	37.00	75.00	120

KM# 231 KREUZER
Silver **Ruler:** Lothar Franz **Obv:** 2-fold arms of Mainz and Schonborn in laurel wreath **Rev:** Value, date, initials in laurel wreath **Rev. Inscription:** I / KREVTZ **Note:** Varieties exist.

Date	Mintage	VG	F	VF	XF	Unc
1703 VBW	—	6.00	12.00	25.00	50.00	120
1704 VBW	—	6.00	12.00	25.00	50.00	120
1716 AK	—	6.00	12.00	25.00	50.00	120
1717 AK	—	6.00	12.00	25.00	50.00	120
1718 AK	—	6.00	12.00	25.00	50.00	120
1720 AK	—	6.00	12.00	25.00	50.00	120
1721 AK	—	6.00	12.00	25.00	50.00	120
1722 AK	—	6.00	12.00	25.00	50.00	120

GERMAN STATES — MAINZ

KM# 338 KREUZER
Silver **Ruler:** Johann Friedrich Karl **Subject:** Death of Archbishop **Obv:** Arms within crowned mantle, sword and crozier behind **Rev:** Inscription

Date	Mintage	VG	F	VF	XF	Unc
1763	—	30.00	65.00	130	260	450

KM# 348 KREUZER
Billon **Ruler:** Emeric Josef **Obv:** Arms **Rev:** Value and date

Date	Mintage	VG	F	VF	XF	Unc
1765 FB	—	6.00	15.00	30.00	60.00	150

KM# 404 KREUZER
Billon **Ruler:** Friedrich Karl Josef **Obv:** Bust right **Rev:** Crowned arms

Date	Mintage	VG	F	VF	XF	Unc
1795 IA	—	6.00	15.00	30.00	65.00	120

KM# 250 3 KREUZER (Groschen)
Silver **Ruler:** Lothar Franz **Subject:** Death of Lothar Franz **Obv:** Crowned oval 6-fold arms with central shield of Schonborn in cartouche **Rev:** 10-line inscription with dates, small imperial orb with 3 at bottom

Date	Mintage	VG	F	VF	XF	Unc
1729 BIB	—	30.00	75.00	150	300	600

KM# 413 3 KREUZER (Groschen)
Billon **Ruler:** Friedrich Karl Josef **Obv:** Bust right **Rev:** Crowned complex arms on pedestal

Date	Mintage	VG	F	VF	XF	Unc
1796 S-IA	—	8.00	18.00	37.00	75.00	120

KM# 339 5 KREUZER
Silver **Ruler:** Emeric Josef **Obv:** Arms supported by dragon **Rev:** EJC monogram on pedestal **Note:** Convention 5 Kreuzer.

Date	Mintage	VG	F	VF	XF	Unc
1763	—	20.00	45.00	90.00	185	—

KM# 349 5 KREUZER
Silver **Ruler:** Emeric Josef **Obv:** Arms on pedestal **Rev:** Value and date

Date	Mintage	VG	F	VF	XF	Unc
1765 FB	—	25.00	60.00	120	200	400

KM# 362 5 KREUZER
Silver **Ruler:** Emeric Josef **Obv:** 2-fold arms

Date	Mintage	VG	F	VF	XF	Unc
1767	—	30.00	65.00	125	250	500

KM# 405 5 KREUZER
Silver **Ruler:** Friedrich Karl Josef **Obv:** Bust right **Rev:** Crowned 3-fold arms

Date	Mintage	VG	F	VF	XF	Unc
1795 FS-IA	—	10.00	25.00	50.00	105	185

KM# 406 5 KREUZER
Silver **Ruler:** Friedrich Karl Josef **Obv:** Arms **Rev:** Inscription

Date	Mintage	VG	F	VF	XF	Unc
1795 IA-S	—	10.00	25.00	50.00	105	185

KM# 346 10 KREUZER
Silver **Ruler:** Emeric Josef **Obv:** Bust right **Rev:** Quartered arms and date **Note:** Convention 10 Thaler.

Date	Mintage	VG	F	VF	XF	Unc
1764	—	15.00	37.00	75.00	150	300

KM# 350 10 KREUZER
Silver **Ruler:** Emeric Josef **Rev:** 2-fold arms

Date	Mintage	VG	F	VF	XF	Unc
1765 S-FB	—	15.00	37.00	75.00	150	300
1766	—	15.00	37.00	75.00	150	300

KM# 383 10 KREUZER
Silver **Ruler:** Emeric Josef **Rev:** 3-fold arms

Date	Mintage	VG	F	VF	XF	Unc
1773 DF	—	15.00	37.00	75.00	150	300
1774	—	15.00	37.00	75.00	150	300

KM# 407 10 KREUZER
Silver **Ruler:** Friedrich Karl Josef **Obv:** Bust right **Rev:** Crowned complex arms divide date **Note:** Varieties exist.

Date	Mintage	VG	F	VF	XF	Unc
1795 FS-IA	—	15.00	37.00	75.00	150	300

KM# 351 20 KREUZER
Silver **Ruler:** Emeric Josef **Obv:** Bust right **Rev:** Quartered arms and date

Date	Mintage	VG	F	VF	XF	Unc
1765 EG-FB	—	15.00	35.00	75.00	150	300
1765 SA-FB	—	15.00	35.00	75.00	150	300

KM# 358 20 KREUZER
Silver **Ruler:** Emeric Josef **Rev:** 2-fold arms

Date	Mintage	VG	F	VF	XF	Unc
1766 A	—	15.00	32.00	75.00	150	300

KM# 367 20 KREUZER
Silver **Ruler:** Emeric Josef **Obv:** Bust right **Rev:** 3-fold arms

Date	Mintage	VG	F	VF	XF	Unc
1768 FB	—	15.00	40.00	80.00	160	335
1771 DF	—	15.00	40.00	80.00	160	335
1772 DF	—	15.00	40.00	80.00	160	335

KM# 395 20 KREUZER
Silver **Ruler:** Friedrich Karl Josef **Obv:** Bust right **Rev:** Crowned complex arms divide date, value below

Date	Mintage	VG	F	VF	XF	Unc
1794 IA	—	20.00	45.00	90.00	180	375

KM# 352 30 KREUZER (1/3 Thaler)
Silver **Ruler:** Emeric Josef **Obv:** Bust right **Rev:** Quartered arms and date

Date	Mintage	VG	F	VF	XF	Unc
1765	—	40.00	90.00	180	375	750

KM# 359 30 KREUZER (1/3 Thaler)
Silver **Ruler:** Emeric Josef **Rev:** 2 shields of arms

Date	Mintage	VG	F	VF	XF	Unc
1766	—	40.00	100	200	400	750

KM# 232 ALBUS (2 Kreuzer)
Silver **Ruler:** Lothar Franz **Obv:** 6-fold arms with central shield of Schonborn in laurel wreath **Rev:** Value, date and initials in laurel wreath **Rev. Inscription:** I / ALBUS

Date	Mintage	VG	F	VF	XF	Unc
1704 VBW	—	8.00	20.00	40.00	80.00	—

KM# 233 2 ALBUS (4 Kreuzer)
Silver **Ruler:** Lothar Franz **Obv:** 6-fold arms with central shield of Schonborn in wreath **Rev:** Value, date within branches

Date	Mintage	VG	F	VF	XF	Unc
1704 VBW	—	7.00	15.00	30.00	65.00	—

KM# 258 GROSCHEN (3 Kreuzer)
Silver **Ruler:** Franz Ludwig **Subject:** Death of Franz Ludwig **Obv:** Crowned oval 9-fold arms with central shield of 4-fold arms (Worms, Ellwangen and Breslau) mounted on cross **Rev:** 9-line inscription with dates, birthdate given as 26 July 1664

Date	Mintage	VG	F	VF	XF	Unc
1732	—	35.00	65.00	120	225	450

KM# 259 GROSCHEN (3 Kreuzer)
Silver **Ruler:** Franz Ludwig **Rev:** Birthdate given as 24 July 1664

Date	Mintage	VG	F	VF	XF	Unc
1732	—	65.00	125	250	525	—

KM# 275 GROSCHEN (3 Kreuzer)
Silver **Ruler:** Philipp Karl **Subject:** Death of Philipp Karl **Obv:** Crowned 4-fold arms of Mainz and Eltz in baroque frame **Rev:** 7-line inscription with dates

Date	Mintage	VG	F	VF	XF	Unc
1743	—	20.00	50.00	100	180	375

KM# 384 1/12 THALER (Doppelgroschen)
Silver **Ruler:** Emeric Josef **Subject:** Death of Archbishop **Obv:** Arms **Rev:** 10-line inscription

Date	Mintage	VG	F	VF	XF	Unc
1774	—	17.00	35.00	80.00	160	325

KM# 251 1/8 THALER
Silver **Ruler:** Franz Ludwig **Subject:** Death of Lothar Franz **Obv:** Crowned round 6-fold arms with central shield of Schonborn **Rev:** 10-line inscription with date

Date	Mintage	VG	F	VF	XF	Unc
1729 BIB	—	25.00	60.00	125	250	525

KM# 260 1/8 THALER
Silver **Ruler:** Franz Ludwig **Subject:** Death of Franz Ludwig **Obv:** Crowned oval 9-fold arms with central shield of 4-fold arms mounted on cross **Rev:** 9-line inscription with dates, birthdate given as 26 July 1664

Date	Mintage	VG	F	VF	XF	Unc
1732	—	120	250	400	600	1,100

KM# 261 1/8 THALER
Silver **Ruler:** Franz Ludwig **Obv:** St. Martin on horse riding left, beggar at lower rear, Mainz arms below **Rev:** Date in laurel wreath **Rev. Inscription:** CAPITVL.VM / MEt ROPOLI / TANVM / MOGVN / TINVM SEDE / VACANTE **Note:** Sede vacante issue.

Date	Mintage	VG	F	VF	XF	Unc
1732	—	200	75.00	150	250	525	—

KM# 277 1/8 THALER
Silver **Ruler:** Philipp Karl **Obv:** St. Martin on horse left, beggar below at right, date at bottom **Rev:** Ornate oval arms of Mainz **Note:** Sede vacante issue.

Date	Mintage	VG	F	VF	XF	Unc
1743	—	50.00	100	200	450	—

KM# 276 1/8 THALER
Silver **Ruler:** Philipp Karl **Subject:** Death of Philipp Karl **Obv:** Crowned 4-fold arms in baroque frame **Rev:** 7-Line inscription with dates **Note:** Similar to 1 Groschen, KM#275.

Date	Mintage	VG	F	VF	XF	Unc
1743	—	50.00	110	225	450	—

KM# 341 1/8 THALER
Silver **Ruler:** Johann Friedrich Karl **Obv:** St. Martin on horse, beggar on ground **Rev:** Oval arms in cartouche, date **Note:** Sede vacante issue.

Date	Mintage	VG	F	VF	XF	Unc
1763	—	50.00	110	225	450	—

KM# 340 1/8 THALER
Silver **Ruler:** Johann Friedrich Karl **Subject:** Death of Archbishop **Obv:** Sword and crozier back of crowned complex arms within mantle **Rev:** Inscription

Date	Mintage	VG	F	VF	XF	Unc
1763	—	50.00	110	225	450	—

KM# 385 1/6 THALER
Silver **Ruler:** Emeric Josef **Subject:** Death of Archbishop **Obv:** Sword and crozier back of crowned arms within mantle **Rev:** Inscription

Date	Mintage	VG	F	VF	XF	Unc
1774	—	35.00	75.00	150	300	—

KM# 252 1/4 THALER
Silver **Ruler:** Emeric Josef **Subject:** Death of Lothar Franz **Obv:** Crowned oval 6-fold arms with central shield of Schonborn in cartouche **Rev:** 10-line inscription with dates, small imperial orb without indication of value

Date	Mintage	VG	F	VF	XF	Unc
1729	—	90.00	180	375	750	—

KM# 262 1/4 THALER
Silver **Ruler:** Franz Ludwig **Subject:** Death of Lothar Franz **Obv:** Crowned oval 9-fold arms with central shield of 4-fold arms mounted on cross **Rev:** 9-line inscription with dates, birthday as 26 July 1664

Date	Mintage	VG	F	VF	XF	Unc
1732	—	200	400	750	1,500	—

KM# 263 1/4 THALER
Silver **Ruler:** Franz Ludwig

Date	Mintage	VG	F	VF	XF	Unc
1732	—	350	700	1,200	2,250	—

KM# 264 1/4 THALER
Silver **Ruler:** Franz Ludwig **Obv:** St. Martin on horse left, shield of arms below, beggar at lower right **Rev:** Inscription within branches **Note:** Sede vacante issue.

Date	Mintage	VG	F	VF	XF	Unc
1732	200	80.00	180	375	750	—

KM# 279 1/4 THALER
Silver **Ruler:** Philipp Karl **Obv:** St. Martin on horse left, beggar below right, date at bottom **Rev:** Ornate oval arms of Mainz **Note:** Sede vacante issue.

Date	Mintage	VG	F	VF	XF	Unc
1743	—	80.00	160	325	675	—

KM# 278 1/4 THALER
Silver **Ruler:** Philipp Karl **Subject:** Death of Philipp Karl **Obv:** Crowned 4-fold arms of Mainz and Eltz in baroque frame **Rev:** 7-line inscription with dates

Date	Mintage	VG	F	VF	XF	Unc
1743	—	80.00	160	325	675	—

KM# 343 1/4 THALER
Silver **Ruler:** Johann Friedrich Karl **Obv:** St. Martin on horse, beggar on ground, date **Rev:** Oval arms in cartouche **Note:** Sede vacante issue.

Date	Mintage	VG	F	VF	XF	Unc
1763	—	50.00	125	250	525	—

KM# 342 1/4 THALER
Silver, 29 mm. **Ruler:** Johann Friedrich Karl **Subject:** Death of Archbishop **Obv:** Sword and crozier back of crowned arms within mantle **Rev:** 10-Line inscription **Note:** Similar to 1/8 Thaler, KM#340 but 10 lines on reverse.

Date	Mintage	VG	F	VF	XF	Unc
1763	—	80.00	160	325	675	—

KM# 353 1/4 THALER
Silver **Ruler:** Emeric Josef **Obv:** Bust right **Rev:** Crowned arms, date **Note:** Convention 1/4 Thaler.

Date	Mintage	VG	F	VF	XF	Unc
1765 A-FB	—	35.00	80.00	160	325	—
1766 ST	—	35.00	80.00	160	325	—

KM# 386 1/3 THALER (30 Kreuzer)
Silver **Ruler:** Emeric Josef **Obv:** Sword and crozier back of arms within crowned mantle **Rev:** Inscription

Date	Mintage	VG	F	VF	XF	Unc
1774	—	60.00	125	250	525	—

KM# 265 1/2 THALER
Silver **Ruler:** Franz Ludwig **Obv:** St. Martin on horse riding left, beggar to lower rear, Mainz arms below **Rev:** Date in laurel wreath **Rev. Inscription:** CAPITVLVM / METROPOLI / TANVM MOGVN / TINVM SEDE / VACANTE **Note:** Sede vacante issue.

Date	Mintage	VG	F	VF	XF	Unc
1732	200	120	225	475	975	—

KM# 280 1/2 THALER
Silver **Ruler:** Philipp Karl **Obv:** St. Martin on horse left, beggar below right, ornate oval arms of Mainz below **Rev:** Date **Rev. Inscription:** CAPITULUM / METROPOLI / TANUM MOGUN / TINUM SEDE / VACANTE **Note:** Sede vacante issue.

Date	Mintage	VG	F	VF	XF	Unc
1743	—	100	225	450	900	—

KM# 332 1/2 THALER
Silver **Ruler:** Johann Friedrich Karl **Obv:** Bust right **Rev:** Crowned 5-fold arms supported by 2 greyhounds

Date	Mintage	VG	F	VF	XF	Unc
1760	—	100	225	450	900	—

KM# 354 1/2 THALER
Silver **Ruler:** Emeric Josef **Obv:** Bust right **Rev:** Arms **Note:** Convention 1/2 Thaler.

Date	Mintage	VG	F	VF	XF	Unc
1765 EG	—	90.00	180	375	750	—

KM# 360 1/2 THALER
Silver **Ruler:** Emeric Josef **Rev:** 2-fold arms

Date	Mintage	VG	F	VF	XF	Unc
1766 ST-FB	—	90.00	180	375	750	—

KM# 368 1/2 THALER
Silver **Ruler:** Emeric Josef **Obv:** Bust right **Rev:** Sword and crozier back of crowned arms with supporters, value below

Date	Mintage	VG	F	VF	XF	Unc
1768	—	80.00	160	335	675	—
1769	—	80.00	160	335	675	—

KM# 408 1/2 THALER
Silver **Ruler:** Friedrich Karl Josef **Obv:** Bust right **Rev:** Crowned arms within branches

Date	Mintage	VG	F	VF	XF	Unc
1795 IA	—	100	175	375	750	—

KM# 234 THALER
Silver **Ruler:** Lothar Franz **Obv. Legend:** LOTHAR FRANC D.G.A **Rev. Legend:** IN MANIBV-S DOMI-NI **Note:** Dav. #2423.

Date	Mintage	VG	F	VF	XF	Unc
1708	—	—	—	—	—	—

Note: Reported, not confirmed

KM# 344 1/2 THALER
Silver **Ruler:** Johann Friedrich Karl **Obv:** Arms within branches atop pedestal **Rev:** St. Martin on horseback left, beggar on ground at right **Note:** Sede vacante issue.

Date	Mintage	VG	F	VF	XF	Unc
1763	—	135	175	550	1,100	—

KM# 266 THALER
Silver **Ruler:** Franz Ludwig **Obv:** St. Martin on horseback left, shield below, beggar at right **Rev:** Inscription within branches **Note:** Sede vacante issue.

Date	Mintage	F	VF	XF	Unc	BU
1732	200	—	600	1,200	2,100	—

GERMAN STATES — MAINZ

KM# 281 THALER
Silver **Ruler:** Phillipp Karl **Obv:** Ornate oval arms of Mainz **Obv. Legend:** CAPITUL: METROP: MOGUNT **Note:** Sede vacante issue.

Date	Mintage	F	VF	XF	Unc	BU
1743	—	—	1,200	2,400	4,200	—

KM# 282 THALER
Silver **Ruler:** Johann Friedrich Karl **Obv:** Bust right **Rev:** Crowned 4-fold arms of Mainz and Ostein, date below **Rev. Legend:** DOCE ME FACERE VOLUNTATEM TUAM QUIA DEUS MEUS ES

Date	Mintage	F	VF	XF	Unc	BU
1744 CS	—	1,900	3,400	5,300	7,750	—

KM# 285 THALER
Silver **Ruler:** Johann Friedrich Karl **Obv:** Bust right **Rev:** Crowned and mantled 5-fold arms divides date **Note:** Convention Thaler.

Date	Mintage	VG	F	VF	XF	Unc
1747	—	2,000	4,000	6,500	10,000	—
1748	—	2,000	4,000	6,500	10,000	—

KM# 345 THALER
Silver **Ruler:** Johann Friedrich Karl **Obv:** St. Martin and beggar within inner circle, 12 shields of arms surround **Rev:** Various shields surround center circle **Note:** Sede vacante issue.

Date	Mintage	VG	F	VF	XF	Unc
1763	—	400	900	1,450	3,000	—

KM# 347 THALER
Silver **Ruler:** Emeric Josef **Obv:** Cloaked bust right **Obv. Legend:** EMERIC • IOSEPH • D • G • A • EP • MOG • S • R • I • P • G • A • CAN • P • EL • **Rev:** Crowned quartered arms with supporters, value and date below **Rev. Legend:** AD NORMAM - CONVENTIONIS **Rev. Inscription:** 10 / EINE FEINE MARK / date **Note:** Dav. #2424.

Date	Mintage	F	VF	XF	Unc	BU
1764 EG	—	100	200	350	1,000	—
1765 EG	—	100	200	350	1,000	—

KM# 370 THALER
Silver **Ruler:** Emeric Josef **Note:** Dav. #2427A.

Date	Mintage	F	VF	XF	Unc	BU
1768 FB	—	100	200	350	1,000	—

KM# 361 THALER
Silver **Ruler:** Emeric Josef **Obv:** Bust right **Obv. Legend:** EMERIC • IOSEPH • D • G • A • EP • MOG • S • R • I • P • G • A • C • P • EL • **Rev:** Sword and crozier back of crowned divided arms **Rev. Legend:** EINE FEINE - MARK 1766 **Note:** Dav. #2425.

Date	Mintage	F	VF	XF	Unc	BU
1766 A-FB	—	100	200	350	1,000	—

KM# 380 THALER
Silver **Ruler:** Emeric Josef **Obv:** Bust right **Obv. Legend:** EMERIC • IOSEP • D • G • A • EP • MOG • S • R • I • P • G • A • C • P • EL • EP • W • **Rev:** Crowned 3-fold oval arms within branches **Rev. Legend:** ZEHEN EINE - FEINE MARK **Note:** Dav. #2428.

Date	Mintage	F	VF	XF	Unc	BU
1770 DF	—	100	200	350	1,000	—
1771 DF	—	100	200	350	1,000	—

KM# 396 THALER
Silver **Ruler:** Friedrich Karl Josef **Obv:** Bust right **Obv. Legend:** FRID • CAR • IOS • D • G • A • E • MOG • S • R • I • P • G • A • C • ET • L • E • W • **Rev:** Crowned complex arms within Order chain **Rev. Legend:** ZEHEN EINE - FEINE MARK **Note:** Dav. #2429.

Date	Mintage	F	VF	XF	Unc	BU
1794 IFS//IA	—	125	250	400	1,200	—

KM# 363 THALER
Silver **Ruler:** Emeric Josef **Obv:** Draped bust right **Obv. Legend:** EMERIC IOSEPH • D • G • A • EP • MOG • S • R • I • G • A • C • P • EL • **Rev:** Crown above two shields within baroque frame **Rev. Legend:** EINE FEINE - MARK date **Note:** Dav. #2426.

Date	Mintage	F	VF	XF	Unc	BU
1767 FB	—	100	200	350	1,000	—
1768 FB	—	100	200	350	1,000	—

KM# 369 THALER
Silver **Ruler:** Emeric Josef **Obv:** Bust right **Obv. Legend:** EMERIC • IOSEPH • D • G • A • EP • MOG • S • R • I • P • G • A • C • P • EL • EP • W • **Rev:** Crowned quartered arms with central shield and supporters **Rev. Inscription:** X / EINE / FEINE / MARK **Note:** Dav. #2427.

Date	Mintage	F	VF	XF	Unc	BU
1768 DF	—	100	200	350	1,000	—
1769 DF	—	100	200	350	1,000	—

KM# 397 THALER
Silver **Ruler:** Friedrich Karl Josef **Obv:** Bust 1/4 right **Obv. Legend:** FRID • CAR • IOS • AEP • ET • EL • MOG • EP • WOR •, I • LINDENSCHMIT • below bust **Rev:** Electors hat above arms **Rev. Legend:** ZEHEN EINE - FEINE MARK **Note:** Dav. #2430.

Date	Mintage	F	VF	XF	Unc	BU
1794 IL-IA	—	150	300	500	1,500	—

FRID • CAR • IOS • ERZB • V • KVRF • Z • MAINZ F • B • Z • W • **Rev:** Cap above oval arms within palm and laurel branches **Rev. Legend:** ZEHEN EINE - FEINE MARK **Note:** Dav. #2435.

Date	Mintage	F	VF	XF	Unc	BU
1796 FS//IA	—	100	200	400	900	—

TRADE COINAGE

KM# 240 3/4 DUCAT
2.6250 g., 0.9860 Gold 0.0832 oz. AGW **Ruler:** Lothar Franz **Obv:** Bust right in inner circle **Rev:** Crowned arms in inner circle

Date	Mintage	VG	F	VF	XF	Unc
1712	—	600	1,300	3,000	4,500	—

KM# 241 DUCAT
3.5000 g., 0.9860 Gold 0.1109 oz. AGW **Ruler:** Lothar Franz **Obv:** Bust right in circle **Rev:** Crowned oval 6-fold arms with central shield of Schonborn, date in margin at bottom

Date	Mintage	VG	F	VF	XF	Unc
1712	—	1,900	3,400	5,300	9,000	—

KM# 245 DUCAT
3.5000 g., 0.9860 Gold 0.1109 oz. AGW **Ruler:** Lothar Franz **Obv:** Bust right in inner circle **Rev:** Crowned arms in inner circle

Date	Mintage	VG	F	VF	XF	Unc
1716 AK	—	725	1,650	3,750	6,300	—
1728	—	725	1,650	3,750	6,300	—

KM# 255 DUCAT
3.5000 g., 0.9860 Gold 0.1109 oz. AGW **Ruler:** Franz Ludwig **Obv:** Bust right **Rev:** Hand from heaven leads lion

Date	Mintage	VG	F	VF	XF	Unc
1730	—	500	1,200	2,500	5,400	—

KM# 256 DUCAT
3.5000 g., 0.9860 Gold 0.1109 oz. AGW **Ruler:** Franz Ludwig **Obv:** Bust right **Rev:** Crowned 4-fold arms of Worms, Ellwangen and Breslau with central shield of Mainz, date divided by crown

Date	Mintage	VG	F	VF	XF	Unc
1730	—	1,800	2,900	4,200	7,200	—
1731	—	1,800	2,900	4,200	7,200	—
1732	—	1,800	2,900	4,200	7,200	—

KM# 400 THALER
Silver **Ruler:** Friedrich Karl Josef **Obv:** Crown above complex arms with Order chain **Obv. Legend:** CHVR MAINZ **Rev:** Value, date above branches **Rev. Inscription:** " X " / EINE FEINE / MARCK / 1794 **Note:** Dav. #2432A.

Date	Mintage	F	VF	XF	Unc	BU
1794 FS//IA	—	125	200	375	900	—

KM# 399 THALER
Silver **Ruler:** Friedrich Karl Josef **Obv:** Crowned quartered arms with central shield and Order chain **Obv. Legend:** CHVR MAINZ **Rev:** Value, date above branches **Rev. Inscription:** " X " / EINE FEINE / MARCK / 1794 / I • A • **Note:** Convention Thaler. Dav. #2432.

Date	Mintage	F	VF	XF	Unc	BU
1794 IA	—	125	250	400	1,000	—

KM# 401 THALER
Silver **Ruler:** Friedrich Karl Josef **Obv:** Crowned pointed arms with tassels **Obv. Legend:** CHVRMAINZ **Rev:** Value, date above branches **Rev. Inscription:** X / EINE FEINE / MARK • / 1794 • / L • A • **Note:** Dav. #2433.

Date	Mintage	F	VF	XF	Unc	BU
1794 IL//IA	—	125	200	375	950	—

KM# 409 THALER
Silver **Ruler:** Friedrich Karl Josef **Obv:** Crowned pointed arms with tassels **Obv. Legend:** DEUTSCHLANDS - SCHUTZWEHR •, in exergue; DURCH CLAIRFAIT ENTSEZT/DEN 29TEN OKT•/1795 **Rev:** Value, date within branches **Rev. Legend:** DEN ERRETTERN - DES VATERLANDS **Note:** Dav. #2434.

Date	Mintage	F	VF	XF	Unc	BU
1795 FS-IA	—	300	600	1,000	2,000	—

KM# 414 THALER
Silver **Ruler:** Friedrich Karl Josef **Rev:** Capped arms in sprays, date and I.A. below **Note:** Dav. #2434A.

Date	Mintage	F	VF	XF	Unc	BU
1796 FS//IA	—	275	550	950	2,000	—

KM# 415 THALER
Silver **Ruler:** Friedrich Karl Josef **Obv:** Bust right, F.S. below **Rev:** Monument with I.A. below **Note:** Dav. #2434B.

Date	Mintage	F	VF	XF	Unc	BU
1796 FS//IA	—	275	550	950	2,000	—

KM# 398 THALER
Silver **Ruler:** Friedrich Karl Josef **Obv:** Bust 1/4 right **Obv. Legend:** FRID • CAR • IOS • AEP • ET • EL • MOG • EP • WOR •, I• LINDENSCHMIT • below **Rev:** Inscription within branches, legend in sprays **Rev. Legend:** X EINE FEINE MARK • **Rev. Inscription:** EX VASIS / ARGENT • CLERI / MOGVNT • PRO / ARIS ET FOCIS / A • MDCCXCIV / I • A • **Note:** Contribution Thaler. Dav. #2431.

Date	Mintage	F	VF	XF	Unc	BU
MDCCXCIV IL-IA	—	125	275	375	950	—

KM# 416 THALER
Silver **Ruler:** Friedrich Karl Josef **Obv:** Bust right **Obv. Legend:**

KM# 268 DUCAT
3.5000 g., 0.9860 Gold 0.1109 oz. AGW **Ruler:** Philipp Karl **Subject:** Philipp Karl **Obv:** Bust right **Rev:** Arms within crowned mantle, sword and crozier behind

Date	Mintage	VG	F	VF	XF	Unc
1738	—	200	500	1,000	2,400	—

KM# 283 DUCAT
3.5000 g., 0.9860 Gold 0.1109 oz. AGW **Ruler:** Johann Friedrich Karl **Subject:** Johann Friedrich Karl **Obv:** Bust right **Rev:** Arms within crowned mantle, sword and crozier behind

Date	Mintage	VG	F	VF	XF	Unc
1745	—	250	550	1,200	2,650	—
1747	—	250	550	1,200	2,650	—
1753	—	250	550	1,200	2,650	—

KM# 309 DUCAT
3.5000 g., 0.9860 Gold 0.1109 oz. AGW **Ruler:** Johann Friedrich Karl **Rev:** Crowned arms with dog supporters

Date	Mintage	VG	F	VF	XF	Unc
1759	—	350	975	1,800	3,600	—
1760	—	350	975	1,800	3,600	—

KM# 371 DUCAT
3.5000 g., 0.9860 Gold 0.1109 oz. AGW **Ruler:** Emeric Josef **Subject:** Emeric Josef **Obv:** Bust right **Rev:** Crown above 3 shields of arms within branches, sword and crozier behind

Date	Mintage	F	VF	XF	Unc	BU
1768	—	300	750	1,200	2,500	—
1769	—	300	750	1,200	2,500	—
1771 DF	—	300	750	1,200	2,500	—

GERMAN STATES

MAINZ

KM# 382 DUCAT

3.5000 g., 0.9860 Gold 0.1109 oz. AGW **Ruler:** Emeric Josef **Obv:** Bust right **Rev:** Value, date

Date	Mintage	F	VF	XF	Unc	BU
1772 S-DF	—	1,000	1,850	4,250	7,000	—

KM# 410 DUCAT

3.5000 g., 0.9860 Gold 0.1109 oz. AGW **Ruler:** Friedrich Karl Josef **Subject:** Friedrich Karl Josef **Obv:** Bust right **Rev:** Cap above oval arms within palm and laurel branches

Date	Mintage	F	VF	XF	Unc	BU
1795 FS-IA	—	250	425	700	1,250	—

KM# 411 DUCAT

3.5000 g., 0.9860 Gold 0.1109 oz. AGW **Ruler:** Friedrich Karl Josef **Obv:** Bust right **Obv. Legend:** FRID • CAR • JOS • A EP • ET EL • MOG • EP • W **Rev:** City view **Rev. Legend:** AVREA MOGVNTIA **Note:** Roman numeral date: MDCCLXXXXV.

Date	Mintage	F	VF	XF	Unc	BU
(1795) FS-IA	—	300	450	650	1,100	—

KM# 412 DUCAT
3.5000 g., 0.9860 Gold 0.1109 oz. AGW **Ruler:** Friedrich Karl Josef **Subject:** Contribution Ducat **Rev:** Arms

Date	Mintage	F	VF	XF	Unc	BU
1795	—	1,200	2,500	5,000	—	—

KM# 269 2 DUCAT

7.0000 g., 0.9860 Gold 0.2219 oz. AGW **Ruler:** Philipp Karl **Subject:** Philipp Karl **Obv:** Bust right **Rev:** Arms within crowned mantle, sword and crozier behind

Date	Mintage	VG	F	VF	XF	Unc
1738	—	650	1,450	3,000	6,000	—

KM# 284 2 DUCAT
7.0000 g., 0.9860 Gold 0.2219 oz. AGW **Ruler:** Johann Friedrich Karl **Subject:** Johann Friedrich Karl **Obv:** Bust right **Rev:** Arms within crowned mantle, sword and crozier behind

Date	Mintage	VG	F	VF	XF	Unc
1745	—	400	800	2,000	3,500	6,000
1748	—	400	800	2,000	3,500	6,000

KM# 314 2 DUCAT
7.0000 g., 0.9860 Gold 0.2219 oz. AGW **Ruler:** Johann Friedrich Karl **Rev:** Crowned arms with dog supporters, date below

Date	Mintage	VG	F	VF	XF	Unc
1760 S	—	600	1,450	3,750	6,500	10,000

KM# 333 5 DUCAT (1/2 Portugaloser)
17.5000 g., 0.9860 Gold 0.5547 oz. AGW **Ruler:** Johann Friedrich Karl **Obv:** Bust right **Rev:** Crowned 5-fold arms supported by 2 greyhounds

Date	Mintage	VG	F	VF	XF	Unc
1760	—	5,500	8,500	12,000	22,500	—

KM# 257 6 DUCAT
21.0000 g., 0.9860 Gold 0.6657 oz. AGW **Ruler:** Franz Ludwig **Obv:** Bust right **Rev:** Crowned ornate 9-fold arms with central shield of Mainz, crown divides date

Date	Mintage	VG	F	VF	XF	Unc
1730 BECKER	—	6,500	10,000	15,000	25,000	—
1732 BECKER	—	6,500	10,000	15,000	25,000	—

KM# 267 10 DUCAT (Portugaloser)
35.0000 g., 0.9860 Gold 1.1095 oz. AGW **Ruler:** Franz Ludwig **Obv:** Lion reclining right, looking back over shoulder, Eye of God with rays streaming down in clouds at top, Roman numeral date below

Date	Mintage	VG	F	VF	XF	Unc
(1732) BECKER	—	—	—	25,000	35,000	—

KM# 286 10 DUCAT (Portugaloser)
35.0000 g., 0.9860 Gold 1.1095 oz. AGW **Ruler:** Johann Friedrich Karl **Obv:** Bust right **Rev:** Crowned and mantled 5-fold arms divide date

Date	Mintage	VG	F	VF	XF	Unc
1748	18	—	—	25,000	35,000	—

FRENCH OCCUPATION

SIEGE COINAGE
1793

KM# 601 SOL

Copper **Ruler:** Friedrich Karl Josef **Obv:** Capped fasces within oak leaf wreath, date below **Rev:** Value

Date	Mintage	VG	F	VF	XF	Unc
1793	—	30.00	70.00	140	285	—

KM# 602 2 SOLS

Copper **Ruler:** Friedrich Karl Josef **Obv:** Capped fasces within oak leaf wreath **Rev:** Value

Date	Mintage	VG	F	VF	XF	Unc
1793	—	20.00	35.00	85.00	165	—

KM# 603 5 SOLS

Copper **Ruler:** Friedrich Karl Josef **Obv:** Capped fasces within oak leaf wreath **Rev:** Value

Date	Mintage	VG	F	VF	XF	Unc
1793	—	30.00	50.00	95.00	185	—

PATTERNS
Including off metal strikes

KM#	Date	Mintage	Identification	Mkt Val
Pn14	ND(1702-14) VBW	—	Pfennig. Gold. KM#230.	350
Pn15	1703 VBW	—	Kreuzer. Gold. KM#231.	350
Pn16	1712	—	Ducat. Lead. KM#241.	130
Pn17	1732 BECKER	—	6 Ducat. Silver. KM#257.	1,500
Pn18	1732 BECKER	—	10 Ducat. Silver. KM#267.	1,500
Pn19	1756	—	Pfennig. Silver. KM#293.	250
Pn20	1759	—	Pfennig. Silver. KM#297.	250
Pn21	1760	—	2 Pfennig. Silver. KM#301.	350
Pn22	1795 IA	—	Kreuzer. Gold. 1/4 Ducat weight, KM#404.	600
Pn23	1795 IA	—	Kreuzer. Gold. 1/2 Ducat weight, KM#404.	800

MANSFELD

A small, silver mining state, located between Anhalt and Thuringia. Bracteats were struck c. 1200. The ruling family of Mansfeld was much divided during the 15th and 16th centuries and they were prolific coin issuers during this period. The county of Mansfeld was annexed to Electoral Saxony in 1780 and then passed to Prussia in 1815.

RULERS

Vorderort line

BORNSTEDT
Heinrich Franz, 1644-1715
Karl Franz, 1692-1717
Heinrich Paul Franz, 1717-1780
Josef Wenzel Nepomuk, 1780

MINT OFFICIALS' INITIALS

Initials	Date	Name
CW	1688-1739	Christian Wermuth, die-cutter in Gotha
IIG	1710-47	Johann Jeremias Grundler in Stolberg

ARMS
Usually 4-fold with Mansfeld and Heldrungen prominent. Other side normally has St. George slaying dragon.

MANSFELD-BORNSTEDT

Founded upon the division of Mansfeld in 1530/32. Raised to the rank of Prince of the Empire in 1709. The line became extinct in 1780 and its titles fell to Colloredo.

RULER
Henry, Prince of Fondi, 1717-1780

COUNTSHIP

STANDARD COINAGE

KM# 140 1/4 THALER
Silver **Ruler:** Henry **Obv:** Bust right **Rev:** Crowned arms, date **Mint:** Stolberg **Note:** Species 1/4 Thaler

Date	Mintage	VG	F	VF	XF	Unc
1747 IIG	—	130	275	550	1,100	—

KM# 141 1/2 THALER

Silver **Ruler:** Henry **Obv:** Bust right **Rev:** Crowned arms, date **Mint:** Stolberg **Note:** Species 1/2 Thaler

Date	Mintage	VG	F	VF	XF	Unc
1747 IIG	—	225	450	900	1,650	—

KM# 150 1/2 THALER
Silver **Ruler:** Henry **Obv:** Arms within crowned mantle **Rev:** Horseman slaying dragon **Mint:** Prague

Date	Mintage	VG	F	VF	XF	Unc
1774	—	135	200	300	550	—

KM# 142 THALER

Silver **Ruler:** Henry **Obv:** Bust right **Rev:** Crowned arms, date **Mint:** Stolberg **Note:** Dav. #2437. Species Thaler.

Date	Mintage	F	VF	XF	Unc	BU
1747 IIG	—	850	1,650	3,000	5,000	—

KM# 151 THALER
Silver **Ruler:** Henry **Obv:** Arms within crowned mantle **Obv.**

Legend: HENRI: S: R: I: P: C: MANSFELD AE • N • D • IN • HELD: SEEB: & SCHRAPPLAU • Rev: Horseman slaying dragon Rev. Legend: BEY GOTT IST RATH - UND THAT Mint: Prague Note: Dav. #2438.

Date	Mintage	F	VF	XF	Unc	BU
1774	—	150	300	750	1,500	—

TRADE COINAGE

KM# 143 DUCAT

3.5000 g., 0.9860 Gold 0.1109 oz. AGW Ruler: Henry Obv: Armored bust of Heinrich right Rev: Crowned arms, date Mint: Stolberg

Date	Mintage	VG	F	VF	XF	Unc
1747 IIG	—	1,150	1,500	3,000	6,000	—

KM# 152 DUCAT

3.5000 g., 0.9860 Gold 0.1109 oz. AGW Ruler: Henry Obv: Arms within crowned mantle Rev: Horseman slaying dragon Mint: Prague

Date	Mintage	VG	F	VF	XF	Unc
1774	—	240	550	1,200	2,300	—

MANSFELD-EISLEBEN

This line resulted from the division of 1530/32. Upon the extinction of Eisleben in 1710, all lands and titles reverted to the Bornstedt line.

RULER
Johann Georg III, 1663-1710

COUNTSHIP

REGULAR COINAGE

KM# 80 GROSCHEN (1/24 Thaler)

Silver Subject: Death of Johann Georg III Obv: Bust right Rev: Nine line inscription Mint: Stolberg Note: Varieties exist.

Date	Mintage	VG	F	VF	XF	Unc
1710 IIG	—	30.00	65.00	135	275	—

KM# 81 4 GROSCHEN (1/6 Thaler)

Silver Subject: Death of Johann Georg III Obv: Bust right Rev: Inscription Mint: Stolberg Note: Similar to Groschen KM#80.

Date	Mintage	VG	F	VF	XF	Unc
1710 IIG Rare	—	—	—	—	—	—

KM# 82 1/4 THALER

Silver Subject: Death of Johann Georg III Obv: Thirteen-line inscription with dates Rev: Two helmets above four-fold arms Mint: Stolberg Note: Varieties exist.

Date	Mintage	VG	F	VF	XF	Unc
1710 IIG	—	85.00	175	350	725	—

KM# 83 1/2 THALER

Silver Subject: Death of Johann George III Obv: St. George right slaying dragon Obv. Legend: IOH •GEORG • III • COM • & DN • I • MANSF • NOB • D • I •H • S • & • SCH • SENIOR • Rev: Fourteen-line inscription with dates Mint: Stolberg Note: Dav. #4236. Varieties exist.

Date	Mintage	VG	F	VF	XF	Unc
1710 IIG	—	80.00	165	335	675	—

KM# 84 THALER

Silver Subject: Death of John Georg Obv: Bust right Obv. Legend: IOH • GEORG: III • COM • ET • DN • I • MANSF • NOB • D • I • G • S • ET SCHR • SENIOR • Rev: 19-line inscription Note: Dav. #2436. Varieties exist.

Date	Mintage	F	VF	XF	Unc	BU
1710 CW/IIG	—	450	900	1,750	3,500	—

TRADE COINAGE

KM# 85 DUCAT

3.5000 g., 0.9860 Gold 0.1109 oz. AGW Subject: Death of Johann Georg III Obv: Bust right Rev: 9-line inscription Mint: Stolberg Note: An off-metal strike using Groschen dies of KM#80.

Date	Mintage	VG	F	VF	XF	Unc
1710 IIG Unique	—	—	—	—	—	—

MECKLENBURG-SCHWERIN

The duchy of Mecklenburg was located along the Baltic coast between Holstein and Pomerania. Schwerin was annexed to Mecklenburg in 1357. During the Thirty Years' War, the dukes Mecklenburg sided with the Protestant forces against the emperor. Albrecht von Wallenstein, the imperialist general, ousted the Mecklenburg dukes from their territories in 1628. They were restored to their lands in 1632. In 1658 the Mecklenburg dynasty was divided into two lines. No coinage was produced for Mecklenburg-Schwerin from 1708 until 1750. The 1815 Congress of Vienna elevated the duchy to the status of grand duchy and it became a part of the German Empire in 1871 until 1918 when the last grand duke abdicated.

RULERS
Friedrich Wilhelm, 1692-1713
Karl Leopold, 1713-1747
Christian Ludwig II, 1747-1756
Friedrich II, 1756-1785
Friedrich Franz I, 1785-1837

MINT MARKS
A - Berlin
B - Hannover

MINT OFFICIALS' INITIALS

SCHWERIN MINT

Initials	Date	Name
IFH, IHF	1703-17	Johann Friedrich Hilcken, die-cutter
OHK	1751-56	Otto Heinrich Knorre
ZDK	1695-1708	Zacharias Daniel Kelpe

GRAND DUCHY

REGULAR COINAGE

KM# 188 PFENNIG

Copper **Ruler:** Friedrich II Obv: Steer head, without legend **Rev:** Value and date

Date	Mintage	VG	F	VF	XF	Unc
1758	—	5.00	12.00	25.00	50.00	—

KM# 158 1-1/2 PFENNIG

Copper **Ruler:** Friedrich Wilhelm Obv: Crowned FW monogram, crossed palm branches below **Rev:** Value Rev. **Inscription:** VI / EINEN / REICHS / THAL / date Mint: Schwerin **Note:** Varieties exist.

Date	Mintage	VG	F	VF	XF	Unc
1704 ZDK	154,000	10.00	25.00	55.00	110	—

KM# 171 3 PFENNIG (Dreiling)

Copper **Ruler:** Christian Ludwig II Obv: Steer head with legend **Rev:** Value and date

Date	Mintage	VG	F	VF	XF	Unc
1752	—	5.00	11.00	22.00	45.00	—
1753	—	5.00	11.00	22.00	45.00	—
1754	—	5.00	11.00	22.00	45.00	—
1755	—	5.00	11.00	22.00	45.00	—

KM# 172 3 PFENNIG (Dreiling)

Copper **Ruler:** Christian Ludwig II Obv. **Legend:** FR. MECKLENB

Date	Mintage	VG	F	VF	XF	Unc
1752	—	5.00	12.00	25.00	50.00	—

KM# 189 3 PFENNIG (Dreiling)

Copper **Ruler:** Friedrich II Obv: Crowned steer head, without legend

Date	Mintage	VG	F	VF	XF	Unc
1758	—	15.00	30.00	60.00	120	—

KM# 192 3 PFENNIG (Dreiling)

0.5000 g., 0.1870 Silver 0.0030 oz. ASW **Ruler:** Friedrich II Obv: Crowned script F

Date	Mintage	VG	F	VF	XF	Unc
1759	—	5.00	10.00	22.00	45.00	150

KM# 202 3 PFENNIG (Dreiling)

0.5000 g., 0.1870 Silver 0.0030 oz. ASW **Ruler:** Friedrich II Obv: Crowned F **Rev:** Value above date

Date	Mintage	VG	F	VF	XF	Unc
1763	245,000	4.00	9.00	18.00	37.00	—
1764	572,000	4.00	9.00	18.00	37.00	—
1765	166,000	4.00	9.00	18.00	37.00	—
1766	142,000	4.00	9.00	18.00	37.00	—
1767	163,000	4.00	9.00	18.00	37.00	—
1775	386,000	4.00	9.00	18.00	37.00	—
1779	110,000	4.00	9.00	18.00	37.00	—
1780	131,000	4.00	9.00	18.00	37.00	—
1781	126,000	4.00	9.00	18.00	37.00	—
1782	143,000	4.00	9.00	18.00	37.00	—
1783	113,000	4.00	9.00	18.00	37.00	—
1784	189,000	4.00	9.00	18.00	37.00	—

KM# 224 3 PFENNIG (Dreiling)

0.5000 g., 0.1870 Silver 0.0030 oz. ASW **Ruler:** Friedrich Franz I Obv: Crowned FF monogram **Rev:** Value **Rev. Legend:** ... MECK: SCHW: MUNZE

Date	Mintage	F	VF	XF	Unc	BU
1787	156,000	10.00	25.00	50.00	150	—
1790	103,000	10.00	25.00	50.00	150	—
1791	126,000	10.00	25.00	50.00	150	—
1793	78,000	10.00	25.00	50.00	150	—
1797	168,000	10.00	25.00	50.00	150	—

KM# 190 6 PFENNIG

Copper **Ruler:** Friedrich II Obv: Steer head, without legend **Rev:** Value and date

Date	Mintage	VG	F	VF	XF	Unc
1758	—	8.00	20.00	40.00	80.00	—

KM# 193 6 PFENNIG

Copper **Ruler:** Friedrich II Obv: Crowned script F

Date	Mintage	VG	F	VF	XF	Unc
1759	—	6.00	15.00	30.00	65.00	—

KM# 203 6 PFENNIG

0.7600 g., 0.2500 Silver 0.0061 oz. ASW **Ruler:** Friedrich II Obv: Crowned F **Rev:** Value and date

Date	Mintage	VG	F	VF	XF	Unc
1763	231,000	5.00	12.00	25.00	50.00	—
1764	674,000	5.00	12.00	25.00	50.00	—
1765	549,000	5.00	12.00	25.00	50.00	—
1766	542,000	5.00	12.00	25.00	50.00	—
1767	294,000	5.00	12.00	25.00	50.00	—
1769	101,000	5.00	12.00	25.00	50.00	—
1775	252,000	5.00	12.00	25.00	50.00	—
1778	230,000	5.00	12.00	25.00	50.00	—
1779	143,000	5.00	12.00	25.00	50.00	—
1780	201,000	5.00	12.00	25.00	50.00	—
1783	154,000	5.00	12.00	25.00	50.00	—
1784	134,000	5.00	12.00	25.00	50.00	—
1785	150,000	5.00	12.00	25.00	50.00	—

KM# 222 6 PFENNIG

0.7600 g., 0.2500 Silver 0.0061 oz. ASW **Ruler:** Friedrich Franz I Obv: Crowned FF monogram **Rev:** Value

Date	Mintage	F	VF	XF	Unc	BU
1786	147,000	10.00	20.00	45.00	125	—
1788	201,000	10.00	20.00	45.00	125	—
1790	97,000	10.00	20.00	45.00	125	—
1792	58,000	10.00	20.00	45.00	125	—
1793	85,000	10.00	20.00	45.00	125	—
1794	96,000	10.00	20.00	45.00	125	—

KM# 185 SCHILLING

Billon **Ruler:** Friedrich II Obv: Steer head **Rev:** Value, date

Date	Mintage	VG	F	VF	XF	Unc
1757	—	7.00	15.00	30.00	60.00	—

GERMAN STATES — MECKLENBURG-SCHWERIN

KM# 204 SCHILLING
1.0800 g., 0.3750 Silver 0.0130 oz. ASW **Ruler:** Friedrich II
Obv: Crowned F **Rev:** Value above date

Date	Mintage	VG	F	VF	XF	Unc
1763	890,000	4.00	9.00	18.00	37.00	—
1764	977,000	4.00	9.00	18.00	37.00	—
1765	1,308,000	4.00	9.00	18.00	37.00	—
1766	2,041,000	4.00	9.00	18.00	37.00	—
1767	2,897,000	4.00	9.00	18.00	37.00	—
1768	1,601,000	4.00	9.00	18.00	37.00	—
1769	1,521,000	4.00	9.00	18.00	37.00	—
1770	1,811,000	4.00	9.00	18.00	37.00	—
1771	2,150,000	4.00	9.00	18.00	37.00	—
1772	2,354,000	4.00	9.00	18.00	37.00	—
1773	1,562,000	4.00	9.00	18.00	37.00	—
1774	2,437,000	4.00	9.00	18.00	37.00	—
1775	2,126,000	4.00	9.00	18.00	37.00	—
1776	759,000	4.00	9.00	18.00	37.00	—
1778	759,000	4.00	9.00	18.00	37.00	—
1779	642,000	4.00	9.00	18.00	37.00	—
1780	286,000	4.00	9.00	18.00	37.00	—
1781	526,000	4.00	9.00	18.00	37.00	—
1782	350,000	4.00	9.00	18.00	37.00	—
1783	283,000	4.00	9.00	18.00	37.00	—
1784	379,000	4.00	9.00	18.00	37.00	—
1785	167,000	4.00	9.00	18.00	37.00	—

Date	Mintage	VG	F	VF	XF	Unc
1763	546,000	4.00	9.00	18.00	37.00	—
1764	1,072,000	4.00	9.00	18.00	37.00	—
1765	1,820,000	4.00	9.00	18.00	37.00	—
1766	695,000	4.00	9.00	18.00	37.00	—
1767	505,000	4.00	9.00	18.00	37.00	—
1768	400,000	4.00	9.00	18.00	37.00	—
1769	195,000	4.00	9.00	18.00	37.00	—
1777	60,000	5.00	12.00	25.00	50.00	—
1778	49,000	5.00	12.00	25.00	50.00	—

KM# 223 2 SCHILLING (Doppelschilling)
1.9700 g., 0.4370 Silver 0.0277 oz. ASW **Ruler:**
Friedrich Franz I **Obv:** Crowned FF monogram on baroque shield
Rev: Value

Date	Mintage	VG	F	VF	XF	Unc
1786	18,000	55.00	75.00	150	300	—

KM# 206 4 SCHILLING
3.0600 g., 0.5620 Silver 0.0553 oz. ASW **Ruler:** Friedrich II
Obv: Crowned shield with F within **Rev:** Value above date

Date	Mintage	VG	F	VF	XF	Unc
1763	169,000	10.00	25.00	50.00	105	—
1764	275,000	10.00	25.00	50.00	105	—
1765	36,000	12.00	30.00	65.00	135	—
1766	115,000	10.00	25.00	50.00	105	—
1774	34,000	12.00	30.00	65.00	135	—
1782	20,000	12.00	30.00	65.00	135	—
1783	29,000	12.00	30.00	65.00	135	—

KM# 220 SCHILLING
1.0800 g., 0.3750 Silver 0.0130 oz. ASW **Ruler:**
Friedrich Franz I **Obv:** Crowned FF monogram **Rev:**
Denomination, date **Rev. Inscription:** 1 / SCHILLING /
COURANT / MECKLENB / SCHWERIN / MUNZE

Date	Mintage	F	VF	XF	Unc	BU
1785	74,000	6.00	15.00	30.00	65.00	95.00
1786	237,000	6.00	15.00	30.00	65.00	95.00
1787	169,000	6.00	15.00	30.00	65.00	95.00
1788	167,000	6.00	15.00	30.00	65.00	95.00
1789	362,000	6.00	15.00	30.00	65.00	95.00
1790	1,207,000	6.00	15.00	30.00	65.00	95.00
1791	260,000	6.00	15.00	30.00	65.00	95.00
1792	821,000	6.00	15.00	30.00	65.00	95.00
1793	460,000	6.00	15.00	30.00	65.00	95.00
1794	1,195,000	6.00	15.00	30.00	65.00	95.00
1795	1,093,000	6.00	15.00	30.00	65.00	95.00
1796	142,000	6.00	15.00	30.00	65.00	95.00
1797	1,065,000	6.00	15.00	30.00	65.00	95.00
1798	2,020,000	6.00	15.00	30.00	65.00	95.00
1799	2,438,000	6.00	15.00	30.00	65.00	95.00
1800	1,546,000	6.00	15.00	30.00	65.00	95.00

KM# 130 2 SCHILLING (Doppelschilling)
Silver Ruler: Friedrich Wilhelm **Obv:** Crowned 7-fold arms **Rev:**
Date, mintmaster's initials **Rev. Inscription:** II / SCHL / LING
Mint: Schwerin **Note:** Varieties exist.

Date	Mintage	VG	F	VF	XF	Unc
1703 ZDK	96,000	16.00	33.00	65.00	130	—

KM# 153 2 SCHILLING (Doppelschilling)
Silver Ruler: Friedrich Wilhelm **Obv:** Crowned ornate FW
monogram **Rev:** Value **Rev. Inscription:** 2 / SCHILL.. **Mint:**
Schwerin **Note:** Varieties exist.

Date	Mintage	VG	F	VF	XF	Unc
1703 ZDK	Inc. above	14.00	37.00	75.00	150	—
1704 ZDK	37,000	14.00	37.00	75.00	150	—

KM# 186 2 SCHILLING (Doppelschilling)
Billon Ruler: Friedrich II **Obv:** Crowned steer head facing **Rev:**
Value above date

Date	Mintage	VG	F	VF	XF	Unc
1757	—	12.00	30.00	60.00	120	—

KM# 205 2 SCHILLING (Doppelschilling)
1.9700 g., 0.4370 Silver 0.0277 oz. ASW **Ruler:** Friedrich II
Obv: Crowned F monogram **Rev:** Value above date

KM# 221 4 SCHILLING
3.0600 g., 0.5620 Silver 0.0553 oz. ASW **Ruler:**
Friedrich Franz I **Obv:** Crowned FF monogram on cartouche
Rev: Denomination

Date	Mintage	F	VF	XF	Unc	BU
1785	12,000	50.00	110	225	525	—

KM# 187 8 SCHILLING
5.5000 g., 0.6250 Silver 0.1105 oz. ASW **Ruler:** Friedrich II
Obv: Steer head in crowned cartouche **Rev:** Value, date

Date	Mintage	VG	F	VF	XF	Unc
1757	—	25.00	55.00	110	225	—

KM# 207 8 SCHILLING
5.5000 g., 0.6250 Silver 0.1105 oz. ASW **Ruler:** Friedrich II
Obv: Crowned arms, date below **Rev:** Value

Date	Mintage	VG	F	VF	XF	Unc
1763	—	20.00	45.00	90.00	185	—
1764	—	20.00	45.00	90.00	185	—

KM# 215 12 SCHILLING
8.8000 g., 0.5620 Silver 0.1590 oz. ASW **Ruler:** Friedrich II
Obv: Crowned arms within Order chain **Rev:** Value above date

Date	Mintage	VG	F	VF	XF	Unc
1774	74,000	12.00	30.00	60.00	150	—
1775	99,000	12.00	30.00	60.00	150	—
1776	26,000	15.00	37.00	75.00	185	—
1777	32,000	15.00	37.00	75.00	185	—

KM# 231 12 SCHILLING
8.8000 g., 0.5620 Silver 0.1590 oz. ASW **Ruler:**
Friedrich Franz I **Obv:** Crowned arms

Date	Mintage	F	VF	XF	Unc	BU
1791	19,000	40.00	100	275	550	—
1792	Inc. above	40.00	100	275	550	—

KM# 191 16 SCHILLING
Silver Ruler: Friedrich II **Obv:** Steer head arms **Rev:** Value, date

Date	Mintage	VG	F	VF	XF	Unc
1758	—	90.00	200	450	950	—

KM# 208 16 SCHILLING
9.1600 g., 0.7500 Silver 0.2209 oz. ASW **Ruler:** Friedrich II
Obv: Crowned arms, date below **Rev:** Value

Date	Mintage	VG	F	VF	XF	Unc
1763	—	37.00	75.00	150	300	—
1764	—	37.00	75.00	150	300	—

KM# 209 32 SCHILLING
18.3400 g., 0.7500 Silver 0.4422 oz. ASW **Ruler:** Friedrich II
Obv: Crowned arms within Order chain, date below **Rev:** Value
above date

Date	Mintage	F	VF	XF	Unc	BU
1763	—	75.00	160	335	675	—
1764	—	75.00	160	335	675	—

KM# 233 32 SCHILLING
18.3400 g., 0.7500 Silver 0.4422 oz. ASW **Ruler:**
Friedrich Franz I **Obv:** Crowned arms **Rev:** Value

Date	Mintage	F	VF	XF	Unc	BU
1797	59,000	85.00	180	375	750	—

KM# 176 8 GUTE GROSCHEN
Silver Ruler: Christian Ludwig II **Obv:** Armored bust right **Rev:**
Value above date

Date	Mintage	VG	F	VF	XF	Unc
1753 OHK	—	20.00	45.00	90.00	185	—
1754 OHK	—	20.00	45.00	90.00	185	—

KM# 162 1/192 THALER (Dreiling)
Silver Ruler: Friedrich Wilhelm **Obv:** Crowned ornate FW
monogram **Rev:** Imperial orb with 192

Date	Mintage	VG	F	VF	XF	Unc
ND(1706)	384,000	7.00	15.00	37.00	75.00	—

KM# 163 1/192 THALER (Dreiling)
Silver Ruler: Friedrich Wilhelm **Obv:** 2-fold arms divided
horizontally

Date	Mintage	VG	F	VF	XF	Unc
ND	3,885,000	10.00	25.00	55.00	110	—

KM# 164 1/192 THALER (Dreiling)
Silver Ruler: Friedrich Wilhelm **Obv:** 2-fold arms divided
vertically

Date	Mintage	VG	F	VF	XF	Unc
ND	Inc. above	12.00	30.00	60.00	125	—

KM# 137 1/96 THALER (Sechsling)
Silver Ruler: Friedrich Wilhelm **Obv:** Date in legend **Rev:** Value:
96 on imperial orb **Mint:** Schwerin **Note:** Varieties exist.

Date	Mintage	VG	F	VF	XF	Unc
1702	398,000	13.00	24.00	55.00	110	—

KM# 159 1/96 THALER (Sechsling)
Silver Ruler: Friedrich Wilhelm **Obv:** Crowned ornate FW
monogram divides date

Date	Mintage	VG	F	VF	XF	Unc
1704	—	—	—	—	—	—
1706	288,000	12.00	30.00	60.00	125	—

MECKLENBURG-SCHWERIN GERMAN STATES

KM# 145 1/48 THALER (Schilling)
Silver **Ruler:** Friedrich Wilhelm **Obv:** Crowned 7-fold arms **Rev:** Value, date in legend **Rev. Legend:** 48/EINEN/REICHS/TALER

Date	Mintage	VG	F	VF	XF	Unc
1701	296,000	12.00	30.00	65.00	135	—
1702	140,000	12.00	30.00	65.00	135	—

KM# 179 1/48 THALER (Schilling)
Billon **Ruler:** Christian Ludwig II **Obv:** Crowned script CL monogram, date **Rev:** Value **Mint:** Schwerin

Date	Mintage	VG	F	VF	XF	Unc
1754 OHK	—	15.00	37.00	75.00	200	—

KM# 200 1/48 THALER (Schilling)
Billon **Ruler:** Friedrich II **Obv:** Crowned script F **Rev:** Value, date

Date	Mintage	VG	F	VF	XF	Unc
1760	—	8.00	20.00	40.00	80.00	—

KM# 180 1/24 THALER (Doppelschilling)
Billon **Ruler:** Christian Ludwig II **Obv:** Steer head **Rev:** Value, date

Date	Mintage	VG	F	VF	XF	Unc
1754	—	8.00	18.00	37.00	100	—

KM# 181 1/24 THALER (Doppelschilling)
Billon **Ruler:** Christian Ludwig II **Obv:** Script CL monogram **Mint:** Schwerin

Date	Mintage	VG	F	VF	XF	Unc
1754 OHK	—	8.00	18.00	37.00	100	250

KM# 201 1/24 THALER (Doppelschilling)
Billon **Ruler:** Friedrich II **Obv:** Crowned script F

Date	Mintage	VG	F	VF	XF	Unc
1760	—	8.00	18.00	37.00	100	—
1761	—	8.00	18.00	37.00	100	—

KM# 230 1/3 THALER (1/2 Gulden)
8.6600 g., 0.7500 Silver 0.2088 oz. ASW **Ruler:** Friedrich Franz I **Obv:** Crowned arms within cartouche **Rev:** Fraction above date

Date	Mintage	F	VF	XF	Unc	BU
1790	21,000	150	300	550	1,100	—

KM# 166 THALER
Silver **Ruler:** Friedrich Wilhelm **Obv:** Armored bust right **Obv. Legend:** FRIEDE WILHEL D G - DVX MEGAPO PRINC VAND, Z O K below **Rev:** Date below arms **Rev. Legend:** PROVIDE ET CONSTANTERE **Mint:** Schwerin **Note:** Dav. #2441.

Date	Mintage	F	VF	XF	Unc	BU
1707 ZDK	—	850	1,500	2,650	4,250	—
1708 ZDK	—	850	1,500	2,650	4,250	—

KM# 167 THALER
Silver **Ruler:** Friedrich Wilhelm **Rev:** Motto below arms without ribbon **Mint:** Schwerin **Note:** Dav. #2442.

Date	Mintage	F	VF	XF	Unc	BU
1708 ZDK Rare	—	—	—	—	—	—

KM# 170 1/12 THALER
Billon **Ruler:** Christian Ludwig II **Obv:** Crowned steer head facing **Rev:** Value **Mint:** Schwerin

Date	Mintage	VG	F	VF	XF	Unc
1750 OHK	—	12.00	30.00	65.00	135	—
1752 OHK	—	12.00	30.00	65.00	135	—
1753 OHK	—	12.00	30.00	65.00	135	—

KM# 182 2/3 THALER (Gulden)
Silver **Ruler:** Christian Ludwig II **Obv:** Draped bust right **Rev:** Crowned arms within Order chain and 3/4 circle of small assorted arms

Date	Mintage	VG	F	VF	XF	Unc
1754	—	75.00	165	335	675	—

KM# 210 2 THALER
3.1200 g., 0.8750 Gold 0.0878 oz. AGW **Ruler:** Friedrich II **Obv:** Armored bust right **Rev:** Value above date

Date	Mintage	F	VF	XF	Unc	BU
1769	1,144	300	550	1,150	3,150	—
1778	2,417	300	550	1,150	3,150	—
1782	1,625	300	550	1,150	3,150	—
1783	441	600	1,250	3,000	5,600	—

KM# 177 1/12 THALER
Billon **Ruler:** Christian Ludwig II **Obv:** Bust right **Rev:** Value and date **Mint:** Schwerin

Date	Mintage	VG	F	VF	XF	Unc
1753 OHK	—	8.00	20.00	45.00	95.00	—
1754 OHK	—	8.00	20.00	45.00	95.00	—

KM# 225 2/3 THALER (Gulden)
17.3200 g., 0.7500 Silver 0.4176 oz. ASW **Ruler:** Friedrich Franz I **Obv:** Arms within crowned cartouche **Rev:** Fraction above date

Date	Mintage	F	VF	XF	Unc	BU
1789	89,000	50.00	100	200	400	—
1790	158,000	50.00	100	200	400	—
1791	14,000	50.00	110	225	450	—
1795	132,000	50.00	100	200	400	—
1796	552,000	50.00	100	200	400	—
1797	60,000	50.00	90.00	225	450	—
1800	162,000	50.00	95.00	225	450	625

KM# 161 THALER
Silver **Ruler:** Friedrich Wilhelm **Obv:** Bust right **Obv. Legend:** FRIDER • WILHEL • D • B • DVX • MEGAP • PRINC • VAND **Rev:** Crowned arms in elaborate frame separating date **Rev. Legend:** PROVIDE • ET • CONSTANTER • **Mint:** Schwerin **Note:** Dav. #2439.

Date	Mintage	F	VF	XF	Unc	BU
1705 ZDK	—	650	1,250	2,200	3,750	—
1706 ZDK	—	650	1,250	2,200	3,750	—

KM# 165 THALER
Silver **Ruler:** Friedrich Wilhelm **Obv:** ZDK on arm **Rev:** Crowned arms in frame separating date on ribbon **Mint:** Schwerin **Note:** Dav. #2440.

Date	Mintage	F	VF	XF	Unc	BU
1707 ZDK Rare	—	—	—	—	—	—

KM# 232 2 THALER
3.1200 g., 0.8750 Gold 0.0878 oz. AGW **Ruler:** Friedrich Franz I **Obv:** Crowned arms within Order chain **Rev:** Value above date

Date	Mintage	F	VF	XF	Unc	BU
1792	1,638	325	650	1,200	1,950	—

KM# 234 2 THALER
3.1200 g., 0.8750 Gold 0.0878 oz. AGW **Ruler:** Friedrich Franz I **Obv:** Crowned arms within cartouche **Rev:** Value above date

Date	Mintage	F	VF	XF	Unc	BU
1797	12,000	250	375	900	1,200	—

KM# 173 1/6 THALER
Silver **Ruler:** Christian Ludwig II **Mint:** Schwerin

Date	Mintage	VG	F	VF	XF	Unc
1752 OHK	—	20.00	45.00	90.00	180	—

KM# 178 1/6 THALER
Silver **Ruler:** Christian Ludwig II **Obv:** Bust right **Rev:** Value and date **Mint:** Schwerin

Date	Mintage	VG	F	VF	XF	Unc
1753 OHK	—	20.00	45.00	90.00	180	—
1754 OHK	—	20.00	45.00	90.00	180	—

KM# 183 5 THALER
6.6600 g., 0.8960 Gold 0.1918 oz. AGW **Ruler:** Christian Ludwig II **Obv:** Bust right **Obv. Legend:** CHRIST. LVDOV. D. G. DVX MECKL. **Rev:** Crowned arms in Order chain

Date	Mintage	VG	F	VF	XF	Unc
1754	—	350	700	1,500	3,600	—

GERMAN STATES

MECKLENBURG-SCHWERIN

KM# 174 2 PISTOLES
13.3200 g., 0.8960 Gold 0.3837 oz. AGW **Ruler:** Christian Ludwig II **Obv:** Armored bust right **Rev:** Crowned oval arms within Order chain and 3/4 circle of small shields

Date	Mintage	VG	F	VF	XF	Unc
1752	—	475	1,200	2,700	4,950	9,500

KM# 175 2 PISTOLES
13.3200 g., 0.8960 Gold 0.3837 oz. AGW **Ruler:** Christian Ludwig II **Obv:** Armored bust right **Rev:** Crowned arms within Order chain and 3/4 circle of small shields

Date	Mintage	VG	F	VF	XF	Unc
1752	—	475	1,200	2,250	5,400	9,500

TRADE COINAGE

KM# 146 1/4 DUCAT
0.8750 g., 0.9860 Gold 0.0277 oz. AGW **Ruler:** Friedrich Wilhelm **Obv:** Crowned and draped arms **Rev:** Crowned steer head in laurel wreath, date below

Date	Mintage	VG	F	VF	XF	Unc
1701	384	165	350	600	1,250	2,200

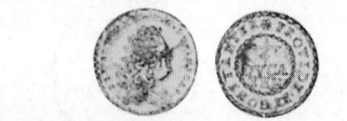

KM# 147 1/4 DUCAT
0.8750 g., 0.9860 Gold 0.0277 oz. AGW **Ruler:** Friedrich Wilhelm **Obv:** Head right **Rev:** Steer head within wreath

Date	Mintage	VG	F	VF	XF	Unc
ND	—	140	250	425	1,000	1,650

KM# 184 1/4 DUCAT
0.8750 g., 0.9860 Gold 0.0277 oz. AGW **Ruler:** Christian Ludwig II **Obv:** Bust right **Rev:** Value and date

Date	Mintage	VG	F	VF	XF	Unc
1756	—	175	350	600	1,200	2,350

KM# 148 1/2 DUCAT
1.7500 g., 0.9800 Gold 0.0551 oz. AGW **Ruler:** Friedrich Wilhelm **Obv:** Crowned and draped arms **Rev:** Crowned steer head in laurel wreath, date below

Date	Mintage	VG	F	VF	XF	Unc
1701	—	—	—	—	—	—

Note: Reported, not confirmed

KM# 150 1/2 DUCAT
1.7500 g., 0.9800 Gold 0.0551 oz. AGW **Ruler:** Friedrich Wilhelm **Obv:** Bust right **Rev:** Value **Rev. Inscription:** 1/2 / DVCA.TEN

Date	Mintage	VG	F	VF	XF	Unc
ND	—	—	—	—	—	—

Note: Reported, not confirmed

KM# 149 1/2 DUCAT
1.7500 g., 0.9800 Gold 0.0551 oz. AGW **Ruler:** Friedrich Wilhelm **Obv:** Bust right **Rev:** Crowned 7-fold arms, date in legend

Date	Mintage	VG	F	VF	XF	Unc
1701	—	—	—	—	—	—

Note: Reported, not confirmed

KM# 151 DUCAT
3.5000 g., 0.9860 Gold 0.1109 oz. AGW **Ruler:** Friedrich Wilhelm **Rev. Legend:** QUO DEUS ET..

Date	Mintage	VG	F	VF	XF	Unc
1701	3,645	450	925	1,950	4,600	—

KM# 152 DUCAT
3.5000 g., 0.9860 Gold 0.1109 oz. AGW **Ruler:** Friedrich Wilhelm **Obv:** Crowned and draped arms **Rev:** Crowned steer head in laurel wreath, date below

Date	Mintage	VG	F	VF	XF	Unc
1701	Inc. above	475	950	1,900	4,300	—

KM# 154 DUCAT
3.5000 g., 0.9860 Gold 0.1109 oz. AGW **Ruler:** Friedrich Wilhelm **Obv:** Monogram **Rev. Legend:** PROVIDE ET-CONSTANTER ... **Mint:** Schwerin

Date	Mintage	VG	F	VF	XF	Unc
1703 ZDK	—	600	1,200	2,400	5,400	—

KM# 155 DUCAT
3.5000 g., 0.9860 Gold 0.1109 oz. AGW **Ruler:** Friedrich Wilhelm **Obv:** Bust right **Rev. Legend:** PROVIDE ET-CONSTANTER.. **Mint:** Schwerin

Date	Mintage	VG	F	VF	XF	Unc
1703 ZDK	—	675	1,450	3,000	6,800	—
1705	—	675	1,450	3,000	6,800	—

KM# 156 DUCAT
3.5000 g., 0.9860 Gold 0.1109 oz. AGW **Ruler:** Friedrich Wilhelm **Obv:** Bust right **Rev:** Duke and Duchess in boat **Mint:** Schwerin

Date	Mintage	VG	F	VF	XF	Unc
1703 ZDK	—	675	1,450	3,000	6,800	—
1704 ZDK	—	675	1,450	3,000	6,800	—

KM# 157 2 DUCAT
7.0000 g., 0.9860 Gold 0.2219 oz. AGW **Ruler:** Friedrich Wilhelm **Obv:** Bust right **Rev:** Crowned arms **Mint:** Schwerin

Date	Mintage	VG	F	VF	XF	Unc
1703 ZDK	—	1,650	3,300	7,400	12,500	—

KM# 160 2 DUCAT
7.0000 g., 0.9860 Gold 0.2219 oz. AGW **Ruler:** Friedrich Wilhelm **Rev:** Duke and Duchess in boat **Mint:** Schwerin

Date	Mintage	VG	F	VF	XF	Unc
1704 ZDK	—	1,650	3,300	7,400	12,500	—

KM# A165 12 DUCAT
42.0000 g., 0.9860 Gold 1.3314 oz. AGW **Ruler:** Friedrich Wilhelm **Obv:** Bust right **Obv. Legend:** FRIDER • WILHEL • D • B • DVX • MEGAP • PRINC • VAND **Rev:** Crowned arms in elaborate frame separating date **Rev. Legend:** PROVIDE • ET • CONSTANTER •

Date	Mintage	VG	F	VF	XF	Unc
1706 Rare	—	—	—	—	—	—

Note: Struck with 1 Thaler dies, KM#161

KM# A167 16 DUCAT
57.0000 g., 0.9860 Gold 1.8069 oz. AGW **Ruler:** Friedrich Wilhelm **Obv:** ZDK on arm **Rev:** Crowned arms in frame separating date on ribbon **Mint:** Schwerin

Date	Mintage	VG	F	VF	XF	Unc
1707 Rare	—	—	—	—	—	—

Note: Struck with 1 Thaler dies, KM#165

PATTERNS
Including off metal strikes

KM#	Date	Mintage	Identification	Mkt Val
Pn11	1704	—	Ducat. Silver. Fr1718.	200
Pn12	1705	—	Thaler. Gold. KM#161.	—
Pn15	1709	—	Ducat. Silver. 3.6300 g. KM#156.	—
Pn16	1752	—	3 Pfennig. Gold. KM#172.	—

KM#	Date	Mintage	Identification	Mkt Val
Pn17	1752	—	2 Pistoles. Silver. KM#174.	250
Pn18	1752	—	2 Pistoles. Silver. KM#175.	250
Pn19	1753 OHK	—	1/12 Thaler. Gold. KM#177.	—
Pn20	1754	—	1/6 Thaler. Gold. KM#178.	—
Pn21	1755	—	1/6 Thaler. Gold. KM#178.	—
Pn22	1766	—	2 Schillinge. Gold. KM#205.	—
Pn23	1769	—	2 Thaler. Silver. KM#210.	—

MECKLENBURG-STRELITZ

The duchy of Mecklenburg was located along the Baltic Coast between Holstein and Pomerania. The Strelitz line was founded in 1658 when the Mecklenburg line was divided into two lines. The 1815 Congress of Vienna elevated the duchy to the status of grand duchy. It became a part of the German Empire in 1871 until 1918 when the last grand duke died.

RULERS
Adolf Friedrich II, 1692-1708
Adolf Friedrich III, 1708-1752
Adolf Friedrich IV, 1752-1794
Karl II, 1794-1816

MINT OFFICIALS' INITIALS

Initials	Date	Name
CH, CHB	1703-05	Conrad Hasselbrink in Mirow
CHI	1746-49	Christoph Henning Jaster
	1746	In Neustrelitz
	1745	In Stargard
HCB	1749-60	Heinrich Christoph Baumgarten in Neustrelitz
IFF	1760-63	Johann Friedrich Funck in Schwerin
IHL	1725-59	Johann Heinrich Lowe in Hamburg
	1761-63	In Stralsund
	1763-86	In Neustrelitz
JCA	1717	Julius Christian Arensburg in Stettin

GRAND DUCHY

REGULAR COINAGE

KM# 37 PFENNIG
Copper **Obv:** Crowned AF monogram, date below **Rev:** Value **Rev. Inscription:** I / PFENNIG / MSSM / initials below **Mint:** Neustrelitz

Date	Mintage	VG	F	VF	XF	Unc
1752 HCB	—	125	250	475	850	—

KM# 24 3 PFENNIG
Copper **Ruler:** Adolph Friedrich III **Obv:** Facing steer head **Rev:** Value **Rev. Inscription:** III / PFENNIG / date / initials **Mint:** Mirow

Date	Mintage	VG	F	VF	XF	Unc
1747 CHI	—	18.00	40.00	80.00	165	—

KM# 25 3 PFENNIG
Billon **Ruler:** Adolph Friedrich III **Obv:** AF monogram, crown above divides date, mintmaster's initials below **Rev:** Value **Rev. Inscription:** 3 / GUTE / PFENNIG / MSLM **Mint:** Neustrelitz

Date	Mintage	VG	F	VF	XF	Unc
1747 CHI	326,000	20.00	45.00	90.00	185	—

KM# 40 3 PFENNIG
Copper **Ruler:** Adolph Friedrich IV **Obv:** Crowned steer head arms, date below **Rev:** Value

Date	Mintage	VG	F	VF	XF	Unc
1753 B	175,000	6.00	15.00	30.00	65.00	—
1755 B	—	8.00	20.00	40.00	80.00	—

KM# 50 3 PFENNIG
Copper **Ruler:** Adolph Friedrich IV **Obv:** Crowned AF script monogram, date below

Date	Mintage	VG	F	VF	XF	Unc
1760 F	—	6.00	15.00	30.00	65.00	—

KM# 58 3 PFENNIG
Copper **Ruler:** Adolph Friedrich IV **Obv:** Crowned block AF monogram, date below **Rev:** Value **Mint:** Berlin

Date	Mintage	VG	F	VF	XF	Unc
1764 IHL	16,000	8.00	18.00	37.00	75.00	—
1766 IHL	52,000	8.00	18.00	37.00	75.00	—
1785 IHL	18,000	8.00	18.00	37.00	75.00	—

KM# 76 3 PFENNIG

Copper **Ruler:** Adolph Friedrich IV **Obv:** Crowned AF monogram, date below **Rev:** Value above S.M. **Note:** 1793 restrikes made in 1825-1826; mintage: 99,455

Date	Mintage	VG	F	VF	XF	Unc
1793	40,000	8.00	18.00	37.00	75.00	—

KM# 75 3 PFENNIG

Copper **Ruler:** Adolph Friedrich IV **Obv:** Crowned AF monogram, date below **Rev:** Value **Mint:** Berlin **Note:** Similar to KM#58 but with finer die work. Struck in 1825-1826.

Date	Mintage	VG	F	VF	XF	Unc
1793 IHL	—	8.00	18.00	37.00	75.00	—

KM# 51 6 PFENNIG (Sechsling)

Billon **Ruler:** Adolph Friedrich IV **Obv:** Crowned AF monogram, date below **Rev:** Value, initials below **Rev. Inscription:** VI / PFENNING / MSLM **Mint:** Schwerin

Date	Mintage	VG	F	VF	XF	Unc
1760 IFF	—	12.00	30.00	65.00	135	—

KM# 59 6 PFENNIG (Sechsling)

8.0000 g., 0.1870 Silver 0.0481 oz. ASW **Ruler:** Adolph Friedrich IV **Obv:** Crowned AF monogram, date below **Rev:** Value, initials below **Mint:** Berlin

Date	Mintage	VG	F	VF	XF	Unc
1764 IHL	175,000	10.00	20.00	45.00	90.00	—
1766 IHL	264,000	10.00	20.00	45.00	90.00	—

KM# 44 8 GUTE GROSCHEN (1/13 Thaler)

Silver **Ruler:** Adolph Friedrich IV **Obv:** Head right **Rev:** Value, date **Mint:** Neustrelitz

Date	Mintage	VG	F	VF	XF	Unc
1755 HCB	13,000	50.00	110	225	450	—

KM# 52 8 GUTE GROSCHEN (1/13 Thaler)

Silver **Ruler:** Adolph Friedrich IV **Mint:** Schwerin

Date	Mintage	VG	F	VF	XF	Unc
1760 IFF	32,000	15.00	30.00	60.00	120	—

KM# 56 8 GUTE GROSCHEN (1/13 Thaler)

Silver **Ruler:** Adolph Friedrich IV **Mint:** Schwerin

Date	Mintage	VG	F	VF	XF	Unc
1761 IFF	10,091,000	15.00	30.00	60.00	120	—

KM# 26 16 GUTE GROSCHEN (2/3 Thaler)

Silver **Ruler:** Adolph Friedrich III **Obv:** Crowned ornate AF monogram **Rev:** Value, initials in chain **Rev. Inscription:** XVI / GUTE GRO / SCHEN / MDCCXLVII **Mint:** Neustrelitz

Date	Mintage	VG	F	VF	XF	Unc
1747 CHI	—	100	200	400	825	—

KM# 53 16 GUTE GROSCHEN (2/3 Thaler)

Silver **Ruler:** Adolph Friedrich IV **Obv:** Head right **Rev:** Value and date **Mint:** Neustrelitz

Date	Mintage	VG	F	VF	XF	Unc
1760 HCB	130,000	65.00	135	275	550	—
1760 IFF	Inc. above	65.00	135	275	550	—

KM# 5 1/192 THALER (Dreiling)

Silver **Ruler:** Adolph Friedrich II **Obv:** 2-fold arms divided vertically **Rev:** Value: 192 on imperial orb **Mint:** Mirow **Note:** Varieties exist.

Date	Mintage	VG	F	VF	XF	Unc
ND(1703)	811,000	15.00	37.00	75.00	150	—

KM# 6 1/96 THALER (Sechsling)

Silver **Ruler:** Adolph Friedrich II **Obv:** 2-fold arms divided vertically **Rev:** Value: 96 on imperial orb **Mint:** Mirow **Note:** Varieties exist.

Date	Mintage	VG	F	VF	XF	Unc
1703	128,000	20.00	45.00	90.00	180	—

KM# 7 1/48 THALER (Schilling)

Silver **Ruler:** Adolph Friedrich II **Obv:** Crowned 7-fold arms **Rev:** Value, date in legend **Rev. Inscription:** 48 / EINEN / REICHS / TALER **Mint:** Mirow **Note:** Varieties exist.

Date	Mintage	VG	F	VF	XF	Unc
1703	229,000	20.00	45.00	90.00	180	—

KM# 20 1/48 THALER (Schilling)

Billon **Ruler:** Adolph Friedrich III **Obv:** Crowned AF monogram, date below **Rev:** Value **Rev. Inscription:** 48 / EINEN / R THAL / MSLM / initials **Mint:** Neustrelitz **Note:** Varieties exist.

Date	Mintage	VG	F	VF	XF	Unc
1745 CHI	—	8.00	20.00	40.00	80.00	—
1746 CHI	104,000	8.00	20.00	40.00	80.00	—
1747 CHI	178,000	8.00	20.00	40.00	80.00	—

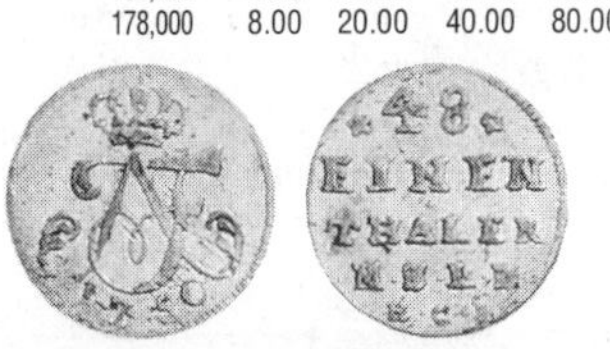

KM# 27 1/48 THALER (Schilling)

Billon **Ruler:** Adolph Friedrich III **Obv:** Crowned AF monogram, date below **Rev:** Value **Rev. Inscription:** 48 / EINEN / R THALER / MSLM / initials **Mint:** Neustrelitz **Note:** Varieties exist.

Date	Mintage	VG	F	VF	XF	Unc
1747 CHI	93,000	7.00	18.00	35.00	75.00	—
1748 CHI	492,000	7.00	18.00	35.00	75.00	—
1748 HCB	840,000	7.00	18.00	35.00	75.00	—
1749 HCB	815,000	7.00	18.00	35.00	75.00	—
1750 HCB	—	7.00	18.00	35.00	75.00	—
1751 HCB	—	7.00	18.00	35.00	75.00	—

KM# 45 1/48 THALER (Schilling)

Billon **Ruler:** Adolph Friedrich IV **Obv:** Crowned script AF monogram, date below **Rev:** Value

Date	Mintage	VG	F	VF	XF	Unc
1754 HCB	3,476,000	5.00	12.00	25.00	50.00	—
1755 HCB	2,197,000	5.00	12.00	25.00	50.00	—
1756 HCB	955,000	5.00	12.00	25.00	50.00	—
1757 HCB	8,590,000	5.00	12.00	25.00	50.00	—
1760 HCB	2,277,000	5.00	12.00	25.00	50.00	—
1760 IFF	Inc. above	5.00	12.00	25.00	50.00	—

KM# 60 1/48 THALER (Schilling)

1.3300 g., 0.2500 Silver 0.0107 oz. ASW **Ruler:** Adolph Friedrich IV **Obv:** Crowned block AF monogram, date below **Rev:** Value with 5 pointed stars **Mint:** Hamburg

Date	Mintage	VG	F	VF	XF	Unc
1763 IHL	—	10.00	20.00	45.00	90.00	—
1764 IHL	1,381,000	10.00	20.00	45.00	90.00	—
1766 IHL	4,565,000	10.00	20.00	45.00	90.00	

KM# 63 1/48 THALER (Schilling)

1.3300 g., 0.2500 Silver 0.0107 oz. ASW **Ruler:** Adolph Friedrich IV **Rev:** Value with 6 pointed stars

Date	Mintage	VG	F	VF	XF	Unc
1766 (1809)	144,000	5.00	12.00	25.00	50.00	—
1766 (1813)	204,000	5.00	12.00	25.00	50.00	—
1766 (1825)	245,000	5.00	12.00	25.00	50.00	—
1766 (1826)	Inc. above	5.00	12.00	25.00	50.00	—

Note: Original mintage unknown, restruck in several different years

KM# 8 1/24 THALER (2 Schilling)

Silver **Ruler:** Adolph Friedrich II **Rev:** Value, date in legend **Rev. Inscription:** 24 / EINEN / REICHS / TALER / initials **Mint:** Mirow **Note:** Varieties exist.

Date	Mintage	VG	F	VF	XF	Unc
1703 CHB	107,000	40.00	75.00	150	300	—

KM# 28 1/24 THALER (2 Schilling)

Silver **Ruler:** Adolph Friedrich III **Obv:** AF monogram, crown above divides date, initials below **Rev:** Value **Rev. Inscription:** 24 / EINEN / R TAL. **Mint:** Neustrelitz

Date	Mintage	VG	F	VF	XF	Unc
1747 CHI	115,000	30.00	65.00	130	260	—

KM# 29 1/24 THALER (2 Schilling)

Silver **Ruler:** Adolph Friedrich III **Rev:** Value **Rev. Inscription:** 24 / EINEN / R TAL. **Mint:** Neustrelitz

Date	Mintage	VG	F	VF	XF	Unc
1747 CHI	—	15.00	37.00	75.00	150	—
1749 CHI	59,000	15.00	37.00	75.00	150	—

KM# A64 1/24 THALER (2 Schilling)

Silver **Ruler:** Adolph Friedrich IV **Obv:** Crowned AF monogram, date below **Rev:** Value **Rev. Inscription:** 24 / EINEN / THALER / M. S. L. M. **Mint:** Neustrelitz

Date	Mintage	VG	F	VF	XF	Unc
1755 HCB	—	10.00	25.00	50.00	100	—
1756 HCB	—	10.00	25.00	50.00	100	—
1757 HCB	—	10.00	25.00	50.00	100	—
1760 HCB	—	10.00	25.00	50.00	100	—

KM# 64 1/24 THALER (2 Schilling)

1.6700 g., 0.4370 Silver 0.0235 oz. ASW **Obv:** Crowned AF monogram, date below **Rev:** Value, initials below **Mint:** Hamburg **Note:** Restruck in 1813; mintage: 96,000.

Date	Mintage	VG	F	VF	XF	Unc
1766 IHL	737,000	10.00	20.00	45.00	90.00	—

KM# 9 1/12 THALER

Silver **Ruler:** Adolph Friedrich II **Obv:** Crowned and mantled 7-fold arms. **Rev:** Value, date in legend **Rev. Inscription:** 12 / EINEN / REICHS / TALER / initials **Mint:** Neustrelitz

Date	Mintage	VG	F	VF	XF	Unc
1703 CH	13,000	30.00	75.00	150	300	—

KM# 21 1/12 THALER

Silver **Ruler:** Adolph Friedrich III **Obv:** Crowned AF monogram, date below **Rev:** Value **Rev. Inscription:** 12 / EINEN / REICHS / THAL. **Mint:** Neustrelitz

Date	Mintage	VG	F	VF	XF	Unc
1746 CHI	35,000	20.00	45.00	90.00	150	—

KM# 31 1/12 THALER

Silver **Ruler:** Adolph Friedrich III **Rev:** Value **Rev. Inscription:** 12 / EINEN / THALER / initials **Mint:** Neustrelitz

Date	Mintage	VG	F	VF	XF	Unc
1748 CHI	—	15.00	30.00	60.00	125	—
1749 CHI	164,000	15.00	30.00	60.00	125	—
1749 HCB	Inc. above	15.00	30.00	60.00	125	—

KM# 35 1/12 THALER

Silver **Ruler:** Adolph Friedrich III **Obv:** Crown divides VGG -- HXM **Rev:** Last 2 lines MSLM/initials **Mint:** Neustrelitz **Note:** Varieties exist.

Date	Mintage	VG	F	VF	XF	Unc
1750 HCB	—	12.00	25.00	50.00	105	—
1751 HCB	—	12.00	25.00	50.00	105	—
1752 HCB	—	12.00	25.00	50.00	105	—

KM# 38 1/12 THALER

Silver **Rev:** Value **Rev. Inscription:** 12 / EINEN / THALER / LM / initials **Mint:** Neustrelitz

Date	Mintage	VG	F	VF	XF	Unc
1752 HCB	—	12.00	25.00	50.00	105	—

KM# 41 1/12 THALER

Silver **Ruler:** Adolph Friedrich IV **Obv:** Crowned script AF monogram, date below **Rev:** Value **Mint:** Neustrelitz

Date	Mintage	VG	F	VF	XF	Unc
1752 HCB	—	8.00	18.00	37.00	75.00	—
1753 HCB	432,000	8.00	18.00	37.00	75.00	—
1754 HCB	285,000	8.00	18.00	37.00	75.00	—
1755 HCB	355,000	8.00	18.00	37.00	75.00	—
1756 HCB	1,391,000	8.00	18.00	37.00	75.00	—
1759 HCB	2,890,000	8.00	18.00	37.00	75.00	—

KM# 57 1/12 THALER

3.3400 g., 0.4370 Silver 0.0469 oz. ASW **Ruler:** Adolph Friedrich IV **Obv:** Crowned block AF monogram, date below **Rev:** Value within inner circle **Mint:** Hamburg

Date	Mintage	VG	F	VF	XF	Unc
1763 IHL	—	10.00	22.00	45.00	90.00	—
1764 IHL	688,000	10.00	22.00	45.00	90.00	—

GERMAN STATES — MECKLENBURG-STRELITZ

KM# 61 1/12 THALER
3.3400 g., 0.4370 Silver 0.0469 oz. ASW **Ruler:** Adolph Friedrich IV **Obv:** Legend, crowned arms **Obv. Legend:** ... MEG' **Mint:** Hamburg

Date	Mintage	VG	F	VF	XF	Unc
1764 IHL	Inc. above	10.00	22.00	45.00	90.00	—

KM# 65 1/12 THALER
3.3400 g., 0.4370 Silver 0.0469 oz. ASW **Ruler:** Adolph Friedrich IV **Obv. Legend:** ... MECKL. **Mint:** Hamburg

Date	Mintage	VG	F	VF	XF	Unc
1766 IHL	66,000	10.00	22.00	45.00	90.00	—
1768 IHL	2,293	10.00	22.00	45.00	90.00	—
1773 IHL	5,172	10.00	22.00	45.00	90.00	—

KM# 10 1/6 THALER (1/4 Gulden)
Silver **Ruler:** Adolph Friedrich II **Obv:** Bust right, date in legend **Rev:** Crowned and supported 7-fold arms, (1/6) in oval below **Mint:** Mirow

Date	Mintage	VG	F	VF	XF	Unc
1703 CH	3,042	300	550	1,000	1,800	—

KM# 36 1/6 THALER (1/4 Gulden)
Silver **Ruler:** Adolph Friedrich III **Obv:** Crowned AF monogram, date below **Rev:** Value **Rev. Inscription:** VI / EINEN / THALER **Mint:** Neustrelitz **Note:** Varieties exist.

Date	Mintage	VG	F	VF	XF	Unc
1751 HCB	—	20.00	45.00	90.00	185	—
1752 HCB	76,000	20.00	45.00	90.00	185	—

KM# A39 1/6 THALER (1/4 Gulden)
Silver **Obv:** Crowned AF monogram, date below **Rev:** Value, inscription in circle, legend around **Rev. Inscription:** VI / EINEN / THALER / L. M. **Mint:** Neustrelitz

Date	Mintage	VG	F	VF	XF	Unc
1752 HCB	—	30.00	65.00	135	275	—

KM# 39 1/6 THALER (1/4 Gulden)
Silver **Ruler:** Adolph Friedrich IV **Obv:** Crowned AF monogram, date below **Rev:** Value

Date	Mintage	VG	F	VF	XF	Unc
1752 HCB	138,000	15.00	37.00	75.00	150	—
1753 HCB	3,090,000	15.00	37.00	75.00	150	—
1754 HCB	5,116,000	15.00	37.00	75.00	150	—
1755 HCB	4,060,000	15.00	37.00	75.00	150	—
1756 HCB	4,645,000	15.00	37.00	75.00	150	—
1757 HCB	9,539,000	15.00	37.00	75.00	150	—
1758 HCB	3,670,000	15.00	37.00	75.00	150	—
1759 HCB	14,396,000	15.00	37.00	75.00	150	—
1760 HCB	931,000	15.00	30.00	65.00	135	—
1760 IFF	Inc. above	15.00	30.00	65.00	135	—
1761 IFF	4,175,000	20.00	45.00	90.00	180	—

KM# 46 1/6 THALER (1/4 Gulden)
Silver **Ruler:** Adolph Friedrich IV **Rev:** Date added **Mint:** Schwerin

Date	Mintage	VG	F	VF	XF	Unc
1759 IFF	—	—	—	—	—	—

KM# 54 1/6 THALER (1/4 Gulden)
Silver **Ruler:** Adolph Friedrich IV **Obv:** Bust right **Note:** Varieties exist.

Date	Mintage	VG	F	VF	XF	Unc
1760 IFF	—	—	—	—	—	—
1761 IFF	—	—	—	—	—	—

KM# 62 1/6 THALER (1/4 Gulden)
5.8500 g., 0.5000 Silver 0.0940 oz. ASW **Ruler:** Adolph Friedrich IV **Obv:** Head right **Obv. Legend:** ... MEGAR **Rev:** Crowned arms **Mint:** Berlin

Date	Mintage	VG	F	VF	XF	Unc
1764 IHL	186,000	20.00	45.00	80.00	180	—
1768 IHL	1,527	20.00	45.00	80.00	180	—

KM# 70 1/6 THALER (1/4 Gulden)
Silver **Ruler:** Adolph Friedrich IV **Obv. Legend:** ... MECKLEN **Mint:** Berlin

Date	Mintage	VG	F	VF	XF	Unc
1773 IHL	11,000	20.00	40.00	90.00	185	—

KM# 11 1/3 THALER (1/2 Gulden)
Silver **Ruler:** Adolph Friedrich II **Obv:** Bust right, date in legend **Rev:** Crowned and supported 7-fold arms, value: 1/3 in oval below **Mint:** Mirow

Date	Mintage	VG	F	VF	XF	Unc
1703 CH	1,929	275	500	875	1,650	—

KM# 71 1/3 THALER (1/2 Gulden)
9.3500 g., 0.6250 Silver 0.1879 oz. ASW **Ruler:** Adolph Friedrich IV **Mint:** Berlin

Date	Mintage	VG	F	VF	XF	Unc
1773 IHL	3,727	30.00	65.00	130	265	—

KM# 12 2/3 THALER (Gulden)
Silver **Ruler:** Adolph Friedrich II **Obv:** Bust right, date in legend **Rev:** Crowned and supported 7-fold arms, value 2/3 in oval below **Mint:** Mirow **Note:** Dav. #677. Varieties exist.

Date	Mintage	VG	F	VF	XF	Unc
1703 CH	697	2,000	3,500	5,500	10,000	—
1704 CH	—	700	1,200	2,500	5,000	—

KM# 55 2/3 THALER (Gulden)
Silver **Ruler:** Adolph Friedrich IV **Mint:** Schwerin

Date	Mintage	VG	F	VF	XF	Unc
1760 IFF	—	125	250	500	1,000	—

KM# 22 THALER
1.3300 g., 0.9000 Gold 0.0385 oz. AGW **Ruler:** Adolph Friedrich IV **Obv:** Monogram within shield, crown above divides date **Rev:** Value within inner circle **Mint:** Neustrelitz

Date	Mintage	VG	F	VF	XF	Unc
1746 CHI	—	250	600	1,250	2,700	—
1747 CHI	223	250	600	1,250	2,700	—
1749 CHI	60	275	650	1,350	3,000	—

KM# 23 2 THALER
2.6600 g., 0.9000 Gold 0.0770 oz. AGW **Ruler:** Adolph Friedrich III **Obv:** Monogram within shield, crown above divides date **Rev:** Value within inner circle **Mint:** Neustrelitz

Date	Mintage	VG	F	VF	XF	Unc
1746 CHI	—	275	650	1,250	2,700	5,000
1747 CHI	83	275	650	1,250	2,700	5,000

KM# 30 5 THALER
6.6500 g., 0.9000 Gold 0.1924 oz. AGW **Ruler:** Adolph Friedrich III **Obv:** Head right **Rev:** Date divided at sides of shield **Mint:** Neustrelitz

Date	Mintage	VG	F	VF	XF	Unc
1747 CHI	730	500	1,150	2,250	4,500	—

KM# 32 5 THALER
6.6500 g., 0.9000 Gold 0.1924 oz. AGW **Ruler:** Adolph Friedrich III **Obv:** Crowned script AF monogram **Rev:** Crowned steer head arms **Mint:** Neustrelitz

Date	Mintage	VG	F	VF	XF	Unc
1748 CHI	2,616	450	1,000	2,000	4,200	7,500

KM# A32 5 THALER
6.6500 g., 0.9000 Gold 0.1924 oz. AGW **Ruler:** Adolph Friedrich III **Obv:** Crowned monogram **Rev:** Date divided at top of revised shield **Mint:** Mirow

Date	Mintage	VG	F	VF	XF	Unc
1749 CHB	1,951	550	1,200	2,350	4,600	8,000

KM# 42 PISTOLE
6.6500 g., 0.9000 Gold 0.1924 oz. AGW **Ruler:** Adolph Friedrich IV **Obv:** Head right **Rev:** Crowned arms **Mint:** Neustrelitz

Date	Mintage	VG	F	VF	XF	Unc
1754 HCB	700	1,150	2,250	4,250	8,400	—

KM# 43 PISTOLE
6.6500 g., 0.9000 Gold 0.1924 oz. AGW **Ruler:** Adolph Friedrich IV **Obv:** Armored bust right **Rev:** Crowned arms within ornate shield **Mint:** Neustrelitz

Date	Mintage	VG	F	VF	XF	Unc
1754 HCB	—	1,250	2,500	4,500	9,000	—

TRADE COINAGE

KM# 15 DUCAT
3.5000 g., 0.9860 Gold 0.1109 oz. AGW **Ruler:** Adolph Friedrich III **Subject:** Bicentennial of the Reformation **Obv:** Bust right **Rev:** Figure of Faith at left, temple at right

Date	Mintage	VG	F	VF	XF	Unc
1717	—	450	1,150	2,500	5,400	—

KM# 16 DUCAT
3.5000 g., 0.9860 Gold 0.1109 oz. AGW **Ruler:** Adolph Friedrich III **Rev:** City of Jerusalem on mountain

Date	Mintage	VG	F	VF	XF	Unc
1717	—	500	1,250	2,750	5,700	—

KM# 17 DUCAT
3.5000 g., 0.9860 Gold 0.1109 oz. AGW **Ruler:** Adolph Friedrich III **Rev:** City located on rock in midst of ocean

Date	Mintage	VG	F	VF	XF	Unc
1717	—	500	1,250	2,750	5,700	—

PATTERNS
Including off metal strikes

KM#	Date	Mintage	Identification	Mkt Val
Pn1	1745	—	1/48 Thaler. Gold. 1.7500 g. KM20.	—
Pn2	1745	—	1/48 Thaler. Gold. 1.8800 g. KM20.	—
Pn3	1745	—	1/48 Thaler. Gold. 2.5000 g. KM20.	—
Pn4	1746	—	1/48 Thaler. Gold. 1.7500 g. KM20.	—
Pn5	1746	—	1/48 Thaler. Gold. 1.8800 g. KM20.	—
Pn6	1746	—	1/48 Thaler. Gold. 2.5000 g. KM20.	—
Pn7	1746	—	1/12 Thaler. Gold. 3.4500 g. KM21.	—
Pn8	1747	—	3 Pfennig. Gold. 3.6300 g. KM24.	—
Pn9	1747	—	3 Pfennig. Gold. 3.5500 g. KM24.	—
Pn10	1747	—	3 Pfennig. Gold. 0.9000 g. KM25.	1,000
Pn11	1747	—	3 Pfennig. Gold. 1.6400 g. KM25.	1,200
Pn12	1747	—	3 Pfennig. Gold. 1.7500 g. KM25.	1,500

KM#	Date	Mintage	Identification	Mkt Val
Pn13	1747	—	1/48 Thaler. Gold. 1.7500 g. KM20.	—
Pn14	1747	—	1/48 Thaler. Gold. 1.8800 g. KM20.	—
Pn15	1747	—	1/48 Thaler. Gold. 2.5000 g. KM20.	—
Pn16	1747	—	1/48 Thaler. Gold. 1.7500 g. KM27.	—
Pn17	1747	—	1/48 Thaler. Gold. 2.0000 g. KM27.	—
Pn18	1747	—	1/48 Thaler. Gold. 3.4100 g. KM27.	—
Pn19	1747	—	1/24 Thaler. Gold. 3.0400 g. KM28.	—
Pn20	1747	—	1/24 Thaler. Gold. 2.3000 g. KM29.	—
Pn21	1748	—	1/48 Thaler. Gold. 1.7500 g. KM27.	—
Pn22	1748	—	1/48 Thaler. Gold. 2.0000 g. KM27.	—
Pn23	1748	—	1/48 Thaler. Gold. 3.4100 g. KM27.	—
Pn24	1748	—	1/12 Thaler. Gold. 3.4900 g. KM31.	—
Pn25	1749	—	1/48 Thaler. Gold. 1.7500 g. KM27.	—
Pn26	1749	—	1/48 Thaler. Gold. 2.0000 g. KM27.	—
Pn27	1749	—	1/48 Thaler. Gold. 3.4100 g. KM27.	—
Pn28	1749	—	1/24 Thaler. Gold. 2.3000 g. KM29.	—
Pn29	1749 CHI	—	1/12 Thaler. Gold. 3.7900 g. KM31.	—
Pn30	1749 HCB	—	1/12 Thaler. Gold. 3.4900 g. KM31.	—
Pn31	1750	—	1/48 Thaler. Gold. 1.7500 g. KM27.	—
Pn32	1750	—	1/48 Thaler. Gold. 2.0000 g. KM27.	—
Pn33	1750	—	1/48 Thaler. Gold. 3.4100 g. KM27.	—
Pn34	1751	—	1/48 Thaler. Gold. 1.7500 g. KM27.	—
Pn35	1751	—	1/48 Thaler. Gold. 2.0000 g. KM27.	—
Pn36	1751	—	1/48 Thaler. Gold. 3.4100 g. KM27.	—
Pn37	1751	—	1/6 Thaler. Gold. 8.6000 g. KM36.	—
Pn38	1752	—	1/6 Thaler. Gold. 8.6000 g. KM36.	—
Pn39	1768	—	1/6 Thaler. Copper. KM#62.	120
Pn40	1793 IHL	—	3 Pfennig. Silver. KM75.	70.00

MEMMINGEN

This former free imperial city is located in southern Bavaria, about 35 miles southwest of Augsburg. It is the site of an early church foundation of the mid-8th century, but the town itself is mentioned only from the first part of the 11th century. In 1286, free city status and mint rights were granted.

The town struck bracteates into the 14th century. A local town coinage was also issued in the 17th and early 18th centuries. The city was annexed to Bavaria in 1802.

MINTMASTER

Hieronymous Hueber, 1716

ARMS

Normally 2-fold, divided vertically, half of imperial eagle on left, cross on right.

FREE CITY

REGULAR COINAGE

KM# 15 HELLER

Copper **Note:** City arms.

Date	Mintage	Good	VG	F	VF	XF
ND(1700-1716)	—	—	40.00	90.00	185	375

KM# 16 KREUZER

Billon **Obv:** City arms in oval baroque frame **Rev:** Legend in double cross (++ above X) **Rev. Legend:** STATT MVNTZ

Date	Mintage	Good	VG	F	VF	XF
ND(1700-1716)	—	—	40.00	100	200	400

KM# 20 THALER

Silver **Obv:** Bust of Karl V right **Obv. Legend:** CAROL • VI • D • G • R • - I • S • A • G • H • H • B • REX • **Rev:** Arms **Rev. Legend:** * MUNUS REIPUBLICÆ MEMMINGENSIS **Note:** Dav. #2447

Date	Mintage	Good	VG	F	VF	XF
ND(1712)	—	—	—	—	—	9,000

TRADE COINAGE

KM# 25 DUCAT

3.5000 g., 0.9860 Gold 0.1109 oz. AGW **Subject:** Augsburg Confession **Obv:** Eagle above city view **Rev:** Standing figure left of column

Date	Mintage	Good	VG	F	VF	XF
1730	—	—	600	1,000	1,950	3,850

KM# 30 DUCAT

3.5000 g., 0.9860 Gold 0.1109 oz. AGW **Subject:** Centennial - Peace of Westphalia **Obv:** Eagle above city view **Rev:** Inscription

Date	Mintage	Good	VG	F	VF	XF
1748	—	—	875	1,450	2,850	6,000

PATTERNS

Including off metal strikes

KM#	Date	Mintage	Identification	Mkt Val
Pn1	1730	—	Ducat. Silver. KM#25.	135
Pn2	1748	—	Ducat. Silver. KM#30.	135

MOMPELGART

(Mömpelgard, Mümpelgard, Montbéliard)

The Countship of Mömpelgart was located southwest of the Rhine, between the County of Burgundy and the Landgraviate of Upper Alsace. Its capital was the town of the same name situated near the confluence of the Allaine and Lisaine Rivers, 36 miles (60 kilometers) northeast of Besançon. When the last count of the old line died without a male heir, the territory and titles passed by way of his daughter Henriette through her marriage in 1408 to Count Eberhard IV of Württemberg (ruled 1417-19). Eberhard's son, Ludwig I (1419-50), inherited Mömpelgart outright when his mother died in 1444. The Countship was ruled from this point by either the Counts (dukes from 1495) of Württemberg themselves or their brothers and cousins until a separate line was established in 1608. When that line became extinct in 1723, the titles and lands reverted to Württemberg. France annexed Mömpelgart in 1796 and all association with Württemberg ended.

RULER

Leopold Eberhard, 1699-1723

MINT MARKS

M – Mömpelgart Mint

R – Reichenweier (Riquewihr) Mint

MINT OFFICIAL'S INITIALS

Initial	Date	Name
	1710-12	Jakob Conrad Schlumpf, mintmaster in Mömpelgart

ARMS

Mömpelgart – 2 fish standing on tails

Württemberg – 3 stag horns

Flag with eagle (Hereditary Flag-bearer of the Empire)

Teck – field of lozenges (diamond shapes)

Urach – hunting horn

COUNTSHIP

REGULAR COINAGE

KM# 26 1/2 LIARD (Pfennig = 1/4 Kreuzer)

Copper **Ruler:** Leopold Eberhard **Obv:** Bust right **Obv. Legend:** D.G.L.E. - D..M. **Rev:** Crowned Mömpelgart arms, date below **Rev. Legend:** DEMI. LYARD. D. M. **Note:** Ref. B/E#75.

Date	Mintage	VG	F	VF	XF	Unc
1710	13,000	25.00	55.00	125	220	—

KM# 27 1/2 LIARD (Pfennig = 1/4 Kreuzer)

Copper **Ruler:** Leopold Eberhard **Obv:** Bust right **Obv. Legend:** D.G.L. - E.D.W.M. **Rev:** Crowned Mömpelgart arms, date below **Rev. Legend:** DEMI. LY - ARD. D. M. **Note:** Ref. B/E#76. Mintage numbers included with KM#26.

Date	Mintage	VG	F	VF	XF	Unc
1710	—	25.00	55.00	125	220	—

KM# 28 LIARD (2 Pfennig = 1/2 Kreuzer)

Copper **Ruler:** Leopold Eberhard **Obv:** Bust right **Obv. Legend:** D.G.L.E. - D.W.M. **Rev:** Date at end of inscription **Rev. Inscription:** LIARD / DEMONT / BELIARD **Note:** Ref. B/E#74, 77-79, 82. Varieties exist.

Date	Mintage	VG	F	VF	XF	Unc
1710	353,000	12.00	20.00	65.00	125	475
1711	510,000	12.00	20.00	65.00	125	475
1712	182,000	12.00	20.00	65.00	125	475
1715	—	12.00	20.00	65.00	125	475
1716	—	12.00	20.00	65.00	125	475

KM# 34 KREUZER

Silver **Ruler:** Leopold Eberhard **Obv:** Crowned Württemberg arms beween 2 laurel branches, sideways S at end of legend **Obv. Legend:** MONETA - NOVA **Rev:** 4 double, mirror-image 'L' monograms in cruciform, date at end of legend **Rev. Legend:** DE. MONTBELGARD **Note:** Ref. B/E#81.

Date	Mintage	VG	F	VF	XF	Unc
1716	—	55.00	100	190	375	—

KM# 29 3 KREUZER (Groschen)

Silver **Ruler:** Leopold Eberhard **Obv:** Bust right **Obv. Legend:** D.G.L.E. - D.W.M **Rev:** Crowned 2-fold arms divided horizontally, Württemberg above, Mömpelgart below within 2 oak branches, value '3' in small circle at bottom divides date **Rev. Legend:** MONET - A. NOVA. **Note:** Ref. B/E#71.

Date	Mintage	VG	F	VF	XF	Unc
1710	299,000	25.00	60.00	110	230	—

KM# 30 3 KREUZER (Groschen)

Silver **Ruler:** Leopold Eberhard **Obv:** Bust right, value (3) below **Obv. Legend:** D.G.L.E. - D.W.M. **Rev:** Crowned 2-fold arms divided horizontally, Württemberg above, Mömpelgart below within 2 oak branches, value '3' in small circle at bottom, date below **Rev. Legend:** MONET - A. NOVA. **Note:** Ref. B/E#72. Mintage numbers included with KM#29.

Date	Mintage	VG	F	VF	XF	Unc
1710	—	25.00	60.00	110	230	—

KM# 31 3 KREUZER (Groschen)

Silver **Ruler:** Leopold Eberhard **Obv:** Württemberg arms, titles of Leopold Eberhard **Rev:** Mömpelgart arms, date at end of legend **Rev. Legend:** ANNO. DOMINi **Note:** Ref. B/E#73. Mintage numbers included with KM#29.

Date	Mintage	VG	F	VF	XF	Unc
1710	—	45.50	85.00	155	295	—

KM# 35 3 KREUZER (Groschen)

Silver **Ruler:** Leopold Eberhard **Obv:** Bust right, value '3' below, titles of Leopold Eberhard **Rev:** Crowned Württemberg arms in laurel branches, titles continued and date **Note:** Ref. B/E#80.

Date	Mintage	VG	F	VF	XF	Unc
1716	—	50.00	100	195	375	—

KM# 32 6 KREUZER

Silver **Ruler:** Leopold Eberhard **Obv:** Bust right, value (6) below **Obv. Legend:** D.G.L.E. - D.W.M. **Rev:** Crowned 2-fold arms divided horizontally, Württemberg above, Mömpelgart below within 2 oak branches, value '3' in small circle at bottom, date below **Rev. Legend:** MONETA - NOVA **Note:** Ref. B/E#80.

Date	Mintage	VG	F	VF	XF	Unc
1710	27,000	85.00	175	285	575	—

MONTFORT

The countship of Montfort was located in the extreme southern part of Württemberg along the northern shore of the Bodensee (Lake Constance) and the area extending southeast of the lake known as the Vorarlberg. The castle of Montfort is situated next to the mint town of Langenargen on the Bodensee between Lindau and Friedrichshafen. The House of Montfort oriinated from the marriage of Hugo I, Count Palatine of Tübingen (1162-82) and Elizabeth, Countess and heir of Bregenz, Montfort and Sigmaringen. Their elder son, Rudolf I (1182-1230), took part of Bregenz and Montfort, thus establishing that line of counts. The sons of Hugo II divided their patrimony, founding separate lines of Montfort and Werdenberg. It was during the 13th century that the counts of Montfort began striking their first coins in the form of bracteats. The next generation again divided the lands into the branches of Montfort-Feldkirch, Montfort-Bregenz and Montfort-Tettnang. Feldkirch fell extinct in 1390 and passed to Austria. The Bregenz line only lasted until 1338 and was reunited to that of Tettnang. In 1353, the two sons of Wilhelm II founded the lines of Montfort-Neu-Bregenz and Montfort-Tettnang. Both branches struck coins, but the latter became extinct in 1574 and the lands and titles reverted to Bregenz, which then took the name of Montfort-Tettnang. Half of the territory of Montfort was sold to Austria in 1523. The last count sold the remainder to Austria in 1780.

RULERS

Anton III, the Younger, 1693-1734

Ernst Josef, 1734-1758

Franz Xavier, 1758-1780

MINTMASTERS' INITIALS

Initial	Date	Name
IK	1696-1724	Johann Künle (Kühnlein), warden and mintmaster
	1703-05; 1709-25	Johann Witzigmann, mintmaster; warden
(d)= ✱		Philipp Heinrich Müller, die-cutter in Augsburg
(e)= ✱ or M, CEM	1717-41	Christian Ernest Müller
T, IT	1720-69	Jonas Thibaud, die-cutter and medailleur
	1726-?	Johann Jakob Frings, warden
H	1732-40	Anton Haag, die-cutter
	1735-?	Johann Magg (Mogg), warden
H, IH	1740-63	Johan Haag, die-cutter

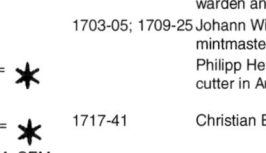

476 GERMAN STATES MONTFORT

Initial	Date	Name
	1760-61	Martin Staub, mintmaster
	1761	Johann Winkler, warden

ARMS

Hanging banner with three pendenticles, the center one longer than those on left and right, three small rings equidistant along top of banner

REFERENCES

B/E = Christian Binder & Julius Ebner, ***Württembergische Münz- und Medaillen-Kunde***, v. 2, Stuttgart, 1912.

Sch = Wolfgang Schulten, ***Deutsche Münzen aus der Zeit Karls V. Frankfurt am Main, 1974.***

COUNTSHIP

STANDARD COINAGE

KM# 112 HELLER

Copper **Ruler:** Anton III **Obv:** Two oval arms above date **Note:** Uniface.

Date	Mintage	VG	F	VF	XF	Unc
1714	—	12.00	25.00	55.00	110	—
1715	—	12.00	25.00	55.00	110	—
1730	—	12.00	25.00	55.00	110	—

KM# 102 PFENNIG

Silver **Ruler:** Anton III **Obv:** Crowned oval arms divide date

Date	Mintage	VG	F	VF	XF	Unc
1703	—	20.00	45.00	90.00	185	—
1732	—	20.00	45.00	90.00	185	—

KM# 182 PFENNIG

Silver **Ruler:** Ernst Max Josef **Obv:** Arms

Date	Mintage	VG	F	VF	XF	Unc
1756	—	12.00	30.00	60.00	125	—

KM# 105 1/4 KREUZER

Copper **Ruler:** Anton III **Obv:** Oval arms above date **Rev:** Value

Date	Mintage	VG	F	VF	XF	Unc
1706	—	15.00	35.00	75.00	150	—

KM# 126 1/4 KREUZER

Silver **Ruler:** Anton III **Obv:** Oval arms divide date **Rev:** Value

Date	Mintage	VG	F	VF	XF	Unc
1726	—	20.00	45.00	90.00	185	—

KM# A127 1/4 KREUZER

Silver, 11 mm. **Ruler:** Anton III **Obv:** Pedestal in which 'M' (Montfort), on which an imperial eagle, crown above divides date, at left and right small circles in which letters Y - L - W - L (Isny, Lindau, Wangen, Leutkirch), 2 laurel branches below **Rev:** Value '1/4' in center **Mint:** Langenargen **Note:** Ref. B/E#275.

Date	Mintage	VG	F	VF	XF	Unc
1732	—	95.00	185	350	550	—

KM# A150 1/2 KREUZER

Silver, 13 mm. **Ruler:** Anton III **Obv:** Pedestal in which 'M' (Montfort), on which an imperial eagle, crown above divides date, at left and right small circles in which letters Y - L - W - L (Isny, Lindau, Wangren, Leutkirch), 2 laurel branches below **Rev:** Value '1/2' in center **Mint:** Langenargen **Note:** Ref. B/E#274.

Date	Mintage	VG	F	VF	XF	Unc
1732	—	—	—	—	—	—

KM# 103 1/2 KREUZER (2 Pfennig)

Silver **Ruler:** Anton III **Obv:** Two oval arms below value, value divides date **Note:** Uniface.

Date	Mintage	VG	F	VF	XF	Unc
1703	—	25.00	55.00	120	250	—
1704	—	25.00	55.00	120	250	—
1705	—	25.00	55.00	120	250	—

KM# 111 1/2 KREUZER (2 Pfennig)

Silver **Ruler:** Anton III **Obv:** Value above two oval arms

Date	Mintage	VG	F	VF	XF	Unc
1712	—	25.00	45.00	110	195	—
1713	—	25.00	45.00	110	195	—
1714	—	25.00	45.00	110	195	—
1715	—	25.00	45.00	110	195	—
1717	—	25.00	45.00	110	195	—
1724	—	25.00	45.00	110	195	—

KM# 127 1/2 KREUZER (2 Pfennig)

Silver **Ruler:** Anton III **Obv:** Fancy oval arms divide date **Rev:** Value

Date	Mintage	VG	F	VF	XF	Unc
1726	—	35.00	65.00	130	260	—

KM# 128 1/2 KREUZER (2 Pfennig)

Silver **Ruler:** Anton III **Obv:** Value at top divides date

Date	Mintage	VG	F	VF	XF	Unc
1726	—	14.00	36.00	70.00	150	—
1727	—	14.00	36.00	70.00	150	—
1729	—	14.00	36.00	70.00	150	—
1730	—	14.00	36.00	70.00	150	—
1731	—	14.00	36.00	70.00	150	—
1732	—	14.00	36.00	70.00	150	—
1733	—	14.00	36.00	70.00	150	—

KM# 150 1/2 KREUZER (2 Pfennig)

Billon **Ruler:** Anton III **Obv:** Two shields of arms **Rev:** Value and date

Date	Mintage	VG	F	VF	XF	Unc
1733	—	12.00	25.00	60.00	165	—
1734	—	12.00	25.00	60.00	165	—
1735	—	12.00	25.00	60.00	165	—
1736	—	12.00	25.00	60.00	165	—
1737	—	12.00	25.00	60.00	165	—
1738	—	12.00	25.00	60.00	165	—
1739	—	12.00	25.00	60.00	165	—
1750	—	12.00	25.00	60.00	165	—
1753	—	12.00	25.00	60.00	165	—

KM# 100 KREUZER

Silver **Ruler:** Anton II **Obv:** Arms divide date **Rev:** Crowned imperial eagle with 1 on breast

Date	Mintage	VG	F	VF	XF	Unc
1702	—	25.00	60.00	120	245	—

KM# 101 KREUZER

Silver **Ruler:** Anton III **Rev:** K on eagle's breast **Mint:** Augsburg

Date	Mintage	VG	F	VF	XF	Unc
1702 (d)	—	25.00	60.00	120	245	—

KM# 104 KREUZER

Silver **Ruler:** Anton III **Obv:** Crowned shield of oval arms in baroque frame **Obv. Legend:** ANT: COM. IN. MONT. **Rev:** Oval shield with imperial eagle, superimposed on double-cross, date at end of legend **Rev. Legend:** MONT - FORTI - ENSIS - (date)

Date	Mintage	VG	F	VF	XF	Unc
1703	—	20.00	45.00	90.00	185	—
1704	—	20.00	45.00	90.00	185	—
1706	—	20.00	45.00	90.00	185	—

KM# 110 KREUZER

Silver **Obv:** Crowned imperial eagle with 1 on breast **Rev:** Fancy oval arms

Date	Mintage	VG	F	VF	XF	Unc
1711	—	15.00	37.00	75.00	150	—
1714	—	15.00	37.00	75.00	150	—
1715	—	12.00	25.00	55.00	110	—
1716	—	12.00	25.00	55.00	110	—
1717	—	12.00	25.00	55.00	110	—
1718	—	12.00	25.00	55.00	110	—
1721	—	12.00	25.00	55.00	110	—
1722	—	12.00	25.00	55.00	110	—
1723	—	12.00	25.00	55.00	110	—
1724	—	12.00	25.00	55.00	110	—
1726	—	12.00	25.00	55.00	110	—
1727	—	12.00	25.00	55.00	110	—
1728	—	12.00	25.00	55.00	110	—
1729	—	12.00	25.00	55.00	110	—
1730	—	12.00	25.00	55.00	110	—
1731	—	12.00	25.00	55.00	110	—

KM# 129 KREUZER

Silver **Ruler:** Anton III **Obv:** "K" in orb on double eagle's breast **Rev:** Arms

Date	Mintage	VG	F	VF	XF	Unc
1726 Rare	—	—	—	—	—	—

KM# 148 KREUZER

Silver **Ruler:** Anton III **Obv:** Bust **Rev:** Crowned Imperial eagle shield above date 17-32

Date	Mintage	VG	F	VF	XF	Unc
1732 T	—	10.00	22.00	5.00	95.00	—

KM# 159 KREUZER

Billon **Ruler:** Ernst Max Josef **Obv:** Bust right **Rev:** Helmeted arms and date

Date	Mintage	VG	F	VF	XF	Unc
1736 (H)	—	12.00	25.00	55.00	110	—

KM# 161 KREUZER

Billon **Ruler:** Anton III **Obv:** Shield of arms **Rev:** Value and date **Note:** Tax Kreuzer.

Date	Mintage	VG	F	VF	XF	Unc
1737	—	25.00	50.00	90.00	185	—

KM# 164 KREUZER

Billon **Ruler:** Ernst Max Josef **Obv:** Bust right **Rev:** Arms on cross **Note:** Tax Kreuzer.

Date	Mintage	VG	F	VF	XF	Unc
1739 H	—	25.00	50.00	90.00	185	—

KM# 165 KREUZER

Billon **Ruler:** Ernst Max Josef **Obv:** Bust right **Rev:** Oval arms on cross

Date	Mintage	VG	F	VF	XF	Unc
1739	—	25.00	50.00	90.00	185	—

KM# 170 KREUZER

Billon **Ruler:** Ernst Max Josef **Obv:** Bust right **Rev:** Two shields of arms in cartouche; value below **Mint:** Langenargen

Date	Mintage	VG	F	VF	XF	Unc
1741 H	—	7.00	15.00	32.00	75.00	—
1742 H	—	7.00	15.00	32.00	75.00	—
1743 H	—	7.00	15.00	32.00	75.00	—
1744 H	—	7.00	15.00	32.00	75.00	—
1745 H	—	7.00	15.00	32.00	75.00	—
1746 H	—	7.00	15.00	32.00	75.00	—
1747 H	—	7.00	15.00	32.00	75.00	—
1748 H	—	7.00	15.00	32.00	75.00	—
1749 H	—	7.00	15.00	32.00	75.00	—
1750 H	—	25.00	50.00	150	300	—
1751 H	—	12.00	25.00	55.00	110	—
1752 H	—	7.00	15.00	32.00	75.00	—
1753 H	—	7.00	15.00	32.00	75.00	—
1754 Rare	—	—	—	—	—	—
1755 H	—	7.00	15.00	32.00	75.00	—
1756	—	7.00	15.00	32.00	75.00	—
1757 H	—	7.00	15.00	32.00	75.00	—
1758	—	7.00	15.00	32.00	75.00	—

KM# 183 KREUZER

Billon **Ruler:** Franz Xaver **Obv:** Bust right **Rev:** Arms

Date	Mintage	VG	F	VF	XF	Unc
1758 T	—	11.00	22.50	45.00	90.00	—
1759	—	11.00	22.50	45.00	90.00	—

KM# 193 KREUZER

Billon **Ruler:** Franz Xaver **Rev:** Crowned imperial eagle with value on breast

Date	Mintage	VG	F	VF	XF	Unc
1763	—	19.00	33.00	70.00	135	—

KM# A130 2 KREUZER

Silver, 17 mm. **Ruler:** Anton III **Obv:** Crowned shield of Montfort arms **Obv. Legend:** ANT: S. R. I. C: IN. MONTF. **Rev:** Imperial orb with '2,' date at end of legend **Rev. Legend:** CARO: D G. R: I: S: AVG. **Mint:** Langenargen **Note:** Ref. B/E#189.

Date	Mintage	VG	F	VF	XF	Unc
1715	—	75.00	150	275	450	—

KM# 130 2 KREUZER

Silver **Ruler:** Anton III **Rev:** Value in orb on double eagle's breast

Date	Mintage	VG	F	VF	XF	Unc
1726	—	42.00	85.00	170	350	—
1728	—	42.00	85.00	170	350	—
1732	—	42.00	85.00	170	350	—

KM# 131 2 KREUZER

Silver **Ruler:** Anton III **Obv:** Oval arms with OCV at top

Date	Mintage	VG	F	VF	XF	Unc
1726	—	42.00	85.00	170	350	—

KM# 146 3 KREUZER

Silver **Ruler:** Anton III **Obv:** St. Johann with flag and sword **Rev:** Value in orb on crowned imperial eagle's breast **Mint:** Augsburg

Date	Mintage	VG	F	VF	XF	Unc
1731 (e)	—	50.00	110	225	450	—

KM# 171 3 KREUZER

Billon **Ruler:** Ernst Max Josef **Obv:** Bust right **Rev:** Value and date **Mint:** Langenargen

Date	Mintage	VG	F	VF	XF	Unc
1741 H	—	25.00	50.00	100	200	—
1744 IH	—	25.00	50.00	100	200	—

KM# 172 3 KREUZER

Billon **Ruler:** Ernst Max Josef **Obv:** Armored bust to right **Obv. Legend:** ERN. COM. - IN MONTF. **Rev:** Crowned imperial eagle, oval shield of Montfort arms on breast, crown divides date at top, value 3 - K below **Mint:** Langenargen

Date	Mintage	VG	F	VF	XF	Unc
1744 H	—	25.00	50.00	100	200	—

KM# 173 3 KREUZER
Billon **Ruler:** Ernst Max Josef **Rev:** Helmeted arms, value below **Mint:** Langenargen

Date	Mintage	VG	F	VF	XF	Unc
1744 H	—	25.00	50.00	100	200	—
1745 H	—	25.00	50.00	100	200	—
1747 H	—	25.00	50.00	100	200	—
1748 H	—	25.00	50.00	100	200	—
1749 H	—	25.00	50.00	100	200	—
1749 IH	—	25.00	50.00	100	200	—

KM# 191 20 KREUZER
Silver **Ruler:** Ernst Max Josef **Obv:** Armored bust right **Rev:** Imperial orb on eagle's breast, value within pedestal below arms **Mint:** Langenargen

Date	Mintage	VG	F	VF	XF	Unc
1761 H	—	50.00	130	260	525	—
1762 H	—	50.00	130	260	525	—
1763 H	—	50.00	130	260	525	—

KM# 174 3 KREUZER
Silver **Ruler:** Ernst Max Josef **Obv:** Armored bust to right **Obv. Legend:** ERN. COM. - IN MONTF. **Rev:** 4-line inscription with date, in wreath-like cartouche **Rev. Inscription:** 3 / KREU / ZER / (date) **Mint:** Langenargen

Date	Mintage	Good	VG	F	VF	XF
1744 H	—	—	40.00	90.00	185	375

KM# 87 1/2 THALER
14.6500 g., Silver, 36 mm. **Ruler:** Anton III **Obv:** Draped armored bust right **Rev:** Arms **Mint:** Augsburg

Date	Mintage	VG	F	VF	XF	Unc
1714	—	400	800	1,400	2,650	—
1715	—	400	800	1,400	2,650	—

KM# 85 4 KREUZER
4.0000 g., Silver **Ruler:** Anton III **Obv. Legend:** "COM:" **Mint:** Langenargen **Note:** Many varieties exist.

Date	Mintage	VG	F	VF	XF	Unc
1702	—	27.00	60.00	125	250	—
1704	—	45.00	90.00	175	350	—
1714	—	27.00	60.00	125	250	—
1714 IK	—	27.00	60.00	125	250	—
1717	—	27.00	60.00	125	250	—
1718	—	27.00	60.00	125	250	—
1721	—	27.00	60.00	125	250	—
1722	—	27.00	60.00	125	250	—
1724	—	27.00	60.00	125	250	—
1724 IK	—	27.00	60.00	125	250	—
1728	—	27.00	60.00	125	250	—
1730	—	27.00	60.00	125	250	—
1731	—	27.00	60.00	125	250	—
1732	—	27.00	60.00	125	250	—

KM# 132 4 KREUZER
Silver **Ruler:** Anton III **Obv:** OCV above arms

Date	Mintage	VG	F	VF	XF	Unc
1726	—	30.00	65.00	130	260	—

KM# 155 4 KREUZER
Billon **Ruler:** Anton III **Obv:** Helmeted arms **Rev:** Crowned imperial eagle, value below

Date	Mintage	VG	F	VF	XF	Unc
1735	—	35.00	75.00	150	300	—

KM# 149 30 KREUZER (1/2 Gulden)
Silver **Ruler:** Anton III **Obv:** Head right **Rev:** Value framed below arms, mitred mantle above

Date	Mintage	VG	F	VF	XF	Unc
1732 T	—	125	250	500	1,000	—

KM# A88 1/2 THALER
14.6500 g., Silver, 36 mm. **Ruler:** Anton III **Obv:** Large bust **Rev:** Arms

Date	Mintage	VG	F	VF	XF	Unc
1717	—	350	700	1,400	2,600	—
1730	—	350	700	1,400	2,600	—

KM# 151 30 KREUZER (1/2 Gulden)
Silver **Ruler:** Ernst Max Josef **Obv:** Bust right **Rev:** Helmeted arms

Date	Mintage	VG	F	VF	XF	Unc
1734 T	—	85.00	185	375	975	—
1735 T	—	85.00	185	375	975	—
1736 T	—	85.00	185	375	975	—

KM# 133 1/8 THALER (1/2 Ort)
Silver **Ruler:** Anton III **Obv:** Oval arms with "Halb Ort" denomination **Rev:** 1/8 in orb on crowned imperial eagle's breast

Date	Mintage	VG	F	VF	XF	Unc
1726	—	150	275	550	1,050	—

KM# 141 1/2 THALER
Silver **Ruler:** Anton III **Obv:** Armored bust right **Rev:** Helmeted, mitred and mantled arms **Note:** Varieties exist.

Date	Mintage	VG	F	VF	XF	Unc
1730	—	275	550	1,125	2,250	—
1736 CEM	—	250	500	900	1,800	—
1740 H	—	150	300	600	1,200	—
1/46 H	—	150	300	600	1,200	—
1753 IH	—	800	1,500	2,000	3,750	—

KM# 186 6 KREUZER
Billon **Ruler:** Franz Xaver **Rev:** Mitred, helmeted and draped arms, value and date below **Mint:** Langenargen

Date	Mintage	VG	F	VF	XF	Unc
1759 H	—	20.00	50.00	150	300	—

KM# 190 10 KREUZER
Silver **Ruler:** Franz Xaver **Obv:** Bust right **Rev:** Crowned imperial eagle, value below **Mint:** Langenargen

Date	Mintage	VG	F	VF	XF	Unc
1761 H	—	40.00	90.00	180	375	—
1763 H	—	40.00	90.00	180	375	—

KM# A124 12 KREUZER
Silver **Ruler:** Franz Xaver **Obv:** Armored and mantled bust to right **Obv. Legend:** FRA: XAV: - COM: IN MONTF:. **Rev:** Helmet above shield of Montfort arms, date below divided by (12) **Rev. Legend:** MONTF: - MUNZ. **Mint:** Langenargen **Note:** Ref. B/E#352a.

Date	Mintage	VG	F	VF	XF	Unc
1759 H	—	—	—	—	—	—

KM# 124 20 KREUZER
Silver **Ruler:** Anton III **Obv:** Oval arms **Rev:** Three-line inscription **Note:** Tax Kreuzer.

Date	Mintage	VG	F	VF	XF	Unc
ND(1723)	—	100	175	335	675	—

KM# 184 1/6 THALER
Silver **Ruler:** Ernst Max Josef **Obv:** Bust right **Rev:** Value, date **Mint:** Langenargen

Date	Mintage	VG	F	VF	XF	Unc
1758 H	—	—	—	—	—	—
1758	—	100	200	400	650	—

KM# A184 1/6 THALER
Silver, 24 mm. **Ruler:** Franz Xaver **Obv:** Armored and mantled bust to right **Obv. Legend:** FRANC. XAV. COM. DE. MONTFORT. **Rev. Inscription:** [flower] VI [flower] / EINEN / REICHS / THALER / 1758 / [star] L [star] **Mint:** Langenargen **Note:** Ref. B/E#349.

Date	Mintage	VG	F	VF	XF	Unc
1758	—	—	—	—	—	—

KM# 121 1/4 THALER
Silver **Ruler:** Anton III **Obv:** Bust right **Rev:** Arms **Mint:** Augsburg

Date	Mintage	VG	F	VF	XF	Unc
1722 (e)	—	125	225	450	900	—
1723 (e)	—	125	225	450	900	—

KM# 140 1/2 THALER
14.6500 g., Silver, 36 mm. **Ruler:** Anton III **Obv:** St. Johann **Rev:** Madonna with child divides date **Mint:** Augsburg

Date	Mintage	VG	F	VF	XF	Unc
1730 (e)	—	300	625	1,250	2,500	—

GERMAN STATES — MONTFORT

Legend: FRANC: XAV: COM: - DE MONTFORT **Rev:** Date divided below mantle **Mint:** Langenargen **Note:** Dav. #2459.

Date	Mintage	VG	F	VF	XF	Unc
1759 H	—	250	500	750	1,250	—

KM# 120 THALER
Silver **Ruler:** Anton III **Obv:** Larger bust right **Obv. Legend:** ANTONIUS. COMES. IN MONTFORT **Rev:** Mitred, helmeted and mantled arms **Rev. Legend:** * PRO DEO - ET LEGE. * **Mint:** Augsburg **Note:** Dav. #2448.

Date	Mintage	F	VF	XF	Unc	BU
1720 (e)	—	2,500	3,500	6,500	10,000	—

KM# 125 THALER
Silver **Ruler:** Anton III **Obv:** Head right **Obv. Legend:** ANTONI. COM: "IN MONTFORT" **Mint:** Augsburg **Note:** Dav. #2449.

Date	Mintage	F	VF	XF	Unc	BU
1723 (e)	—	2,500	3,500	6,500	10,000	—
1728 (e)	—	2,500	3,500	6,500	10,000	—

KM# 162 THALER
Silver **Ruler:** Ernst Max Josef **Obv:** Bust right, I. THIEBAUD. F. below **Obv. Legend:** ERN • COM • DE MONTF • - D • IN BREG • TETT • ET AR • **Rev:** Helmeted and mantled arms with standard **Rev. Legend:** AVITA RELIGIONE ET IUSTITIA **Note:** Dav. #2456.

Date	Mintage	VG	F	VF	XF	Unc
1738 IT	—	850	1,350	2,250	3,750	—

KM# A162 THALER
27.8000 g., Silver **Ruler:** Ernst Max Josef **Obv:** Armored bust to right, below I. THIEBAVD. F. **Obv. Legend:** ERN. COM. DE MONTF. -D. IN BREG. TETT. ET AR. **Rev:** Two adjacent shields of Montfort and Waldburg arms under baldacchino, Eye of God at top with rays streaming down, female supporters to each side, Religion holding cross at left, Justice with scales at right, 2-line inscription in exergue below **Rev. Legend:** AVITA RELIGIONE ET IUSTITIA. **Rev. Inscription:** MDCC.XXXVIII / ITF. **Mint:** Langenargen **Note:** Ref. B/E#306.

Date	Mintage	VG	F	VF	XF	Unc
MDCCXXXVIII (1738) ITF Rare	—	—	—	—	—	—

KM# 187 THALER
Silver **Ruler:** Franz Xaver **Obv:** Armored bust right **Obv. Legend:** FR: XAV: COM: - DE MONTFORT • **Rev:** Date divided by mantle **Note:** Dav. #2460.

Date	Mintage	VG	F	VF	XF	Unc
1759 T	—	250	500	750	1,250	—

KM# 144 2 THALER
Silver **Ruler:** Anton III **Obv:** St. Johann with standard and shield **Rev:** Virgin with child divides date **Mint:** Augsburg **Note:** Dav. #2451.

Date	Mintage	VG	F	VF	XF	Unc
1730 (e) Rare	—	—	—	—	—	—

KM# 143 THALER
Silver **Ruler:** Anton II **Obv:** St. Johann with standard and shield **Obv. Legend:** MONETA: NOV: COMITATVS DE MONFORT *, in inner row: IN HONOREM DIV • IOAN • COM DE MONT • CYP • PATR • **Rev:** Virgin with child divides date **Rev. Legend:** DVRCH GOTT, VNTER MARIA SCHVTZ WURDT DIS GETRVCKHT DEM FEINDT ZU TRVTZ **Mint:** Augsburg **Note:** Dav. #2452.

Date	Mintage	VG	F	VF	XF	Unc
1730 (e)	—	800	1,000	1,650	2,750	—

KM# 142 THALER
Silver **Ruler:** Anton III **Obv. Legend:** ANTONIVS. COMES... **Mint:** Augsburg **Note:** Dav. #2453.

Date	Mintage	VG	F	VF	XF	Unc
1730 M, (e)	—	2,000	3,500	6,500	10,000	—

KM# 147 THALER
Silver **Ruler:** Anton II **Obv. Legend:** ANTONIUS. COMES. IN MONTFORT **Mint:** Augsburg **Note:** Dav. #2454.

Date	Mintage	VG	F	VF	XF	Unc
1731 (e)	—	2,000	3,500	6,500	10,000	—

KM# 175 THALER
Silver **Ruler:** Ernst Max Josef **Obv:** Cloaked, armored bust right, I: HAAG. F. below **Obv. Legend:** ERNESTVS • CO • MES • DE • MONTFORT • **Rev:** Helmeted and mantled arms with standard **Rev. Legend:** * PRO DEO - ET - LEGE * **Note:** Dav. #2458. Previous KM #174.

Date	Mintage	VG	F	VF	XF	Unc
1749	—	850	1,350	2,250	3,750	—
1752	—	850	1,350	2,250	3,750	—

KM# 192 THALER
Silver **Ruler:** Franz Xaver **Obv:** Armored bust right **Obv. Legend:** FRANC: XAV: COM: - IN MONTFORT • **Rev:** Mitred, helmeted and mantled arms **Mint:** Langenargen **Note:** Dav. #2461.

Date	Mintage	VG	F	VF	XF	Unc
1761 IH	—	250	500	750	1,250	—

KM# B162 2 THALER
Silver **Ruler:** Ernst Max Josef **Obv:** Armored bust right **Rev:** Helmeted and mantled arms with standard **Note:** Dav. #2455.

Date	Mintage	VG	F	VF	XF	Unc
1738 IT Rare	—	—	—	—	—	—

KM# A182 2 THALER
Silver **Ruler:** Ernst Max Josef **Obv:** Armored, cloaked bust right **Rev:** Helmeted and mantled arms with standard **Mint:** Langenargen **Note:** Dav. #2457.

Date	Mintage	VG	F	VF	XF	Unc
1752 H Rare	—	—	—	—	—	—

KM# 157 10 GULDEN
Gold **Ruler:** Ernst Max Josef **Rev:** Monograms in cruciform, value at center

Date	Mintage	VG	F	VF	XF	Unc
1735	—	2,500	4,000	6,500	11,500	—

TRADE COINAGE

KM# 152 1/4 CAROLIN
2.4250 g., 0.7500 Gold 0.0585 oz. AGW **Ruler:** Ernst Max Josef

Date	Mintage	VG	F	VF	XF	Unc
1734	—	350	650	1,500	3,200	6,000
1735	—	350	650	1,500	3,200	6,000

KM# 188 THALER
Silver **Ruler:** Franz Xaver **Obv:** Armored bust right **Obv.**

Date	Mintage	VG	F	VF	XF	Unc
1717	—	1,750	2,750	4,750	10,000	—
1718 (e)	—	1,750	2,750	4,750	10,000	—
1730	—	1,750	2,750	4,750	10,000	—
1732	—	1,750	2,750	4,750	10,000	—

PATTERNS

Including off metal strikes

KM#	Date	Mintage	Identification	Mkt Val
Pn3	1720	—	Thaler. Copper. KM#120.	1,500
Pn4	1732	—	Pfennig. Copper. KM#102	—
Pn5	1736	—	1/2 Kreuzer. Copper. KM#150	—

MUHLHAUSEN IN ALSACE

(Mühlhausen, Mulhouse)

Not to be confused with the Mühlhausen in Thüringen, this town is located in southern Alsace, 58 miles (96 km) south of Strassburg. Mühlhausen was made a free imperial city during the 14th century. The town did not exercise its right to strike coins until the early phase of the Thirty Years' War. At the conclusion of hostilities in 1648, Mühlhausen joined the Swiss Confederation, but was annexed to France in 1798.

ARMS

A millwheel, sometimes just half a millwheel and half an eagle.

FREE CITY
REGULAR COINAGE

KM# 160 1/4 CAROLIN

2.4250 g., 0.7500 Gold 0.0585 oz. AGW **Ruler:** Ernst Max Josef **Obv:** Draped bust right **Rev:** Monograms in cruciform, value at center

Date	Mintage	VG	F	VF	XF	Unc
1736	—	450	750	1,650	3,400	7,000

KM# 158 DUCAT

3.5000 g., 0.9860 Gold 0.1109 oz. AGW **Ruler:** Ernst Max Josef **Obv:** Armored bust right **Rev:** Date divided at sides **Mint:** Langenargen

Date	Mintage	VG	F	VF	XF	Unc
1735	—	1,000	2,000	4,000	7,500	—
1736 H	—	1,000	2,000	4,000	7,500	—
1745 IH	—	1,000	2,000	4,000	7,500	—

KM# 153 1/2 CAROLIN

4.8500 g., 0.7500 Gold 0.1169 oz. AGW **Ruler:** Ernst Max Josef **Obv:** Bust right **Rev:** Mitred, helmeted and mantled arms

Date	Mintage	VG	F	VF	XF	Unc
1732	—	—	—	—	—	—
1734	—	475	975	2,000	3,900	7,500
1735	—	475	975	2,000	3,900	7,500

KM# 180 DUCAT

3.5000 g., 0.9860 Gold 0.1109 oz. AGW **Ruler:** Ernst Max Josef **Obv:** Armored bust right **Rev:** Date divided by arms at bottom

Date	Mintage	VG	F	VF	XF	Unc
1750 H	—	750	1,650	3,000	6,500	—
1756	—	750	1,650	3,000	6,500	—

KM# 185 DUCAT

3.5000 g., 0.9860 Gold 0.1109 oz. AGW **Obv:** Bust right **Rev:** Mitred, helmeted and mantled arms; date divided at bottom

Date	Mintage	VG	F	VF	XF	Unc
1758	—	650	1,450	2,800	6,000	—

KM# 145 2 DUCAT

7.0000 g., 0.9860 Gold 0.2219 oz. AGW **Ruler:** Anton III **Obv:** St. Johann with flag and shield **Rev:** Madonna and child below God

Date	Mintage	VG	F	VF	XF	Unc
1730 Rare	—	—	—	—	—	—

KM# 154 CAROLIN

9.7000 g., 0.7500 Gold 0.2339 oz. AGW **Ruler:** Ernst Max Josef **Obv:** Draped bust right **Rev:** Helmeted, mitred and mantled arms **Mint:** Augsburg

Date	Mintage	VG	F	VF	XF	Unc
1734 (e)	—	350	850	1,750	3,600	7,000
1735	—	350	850	1,750	3,600	7,000
1736	—	350	850	1,750	3,600	7,000

KM# 156 CAROLIN

9.7000 g., 0.7500 Gold 0.2339 oz. AGW **Ruler:** Ernst Max Josef **Note:** Similar to 1/4 Carolin, KM#152.

Date	Mintage	VG	F	VF	XF	Unc
1735	—	1,000	1,800	3,500	6,000	—

KM# 10.1 THALER

Silver **Obv:** Rampant Lion left holding city arms, MONETA, etc. **Rev:** Crowned imperial eagle **Rev. Legend:** EX VNO OMNIS NOSTRA SAL **Note:** Dav. #5587.

Date	Mintage	VG	F	VF	XF	Unc
1623(ca.1800) Restrike	—	—	—	400	700	1,000

Note: Identified by the leafy ornamentation on the edge and generally streaky fields

KM# 122 1/4 DUCAT

0.8750 g., 0.9860 Gold 0.0277 oz. AGW **Ruler:** Anton III **Obv:** Head right **Rev:** Helmeted, mitred and mantled arms **Mint:** Augsburg

Date	Mintage	VG	F	VF	XF	Unc
1722 (e)	—	275	725	1,600	3,300	—
1728 (e)	—	275	725	1,600	3,300	—
1730 (e)	—	275	725	1,600	3,300	—

KM# 123 1/2 DUCAT

1.7500 g., 0.9860 Gold 0.0555 oz. AGW **Ruler:** Anton III **Obv:** Head right **Rev:** Helmeted, mitred and mantled arms **Mint:** Augsburg

Date	Mintage	VG	F	VF	XF	Unc
1722 (e)	—	800	1,200	3,250	6,600	—

KM# 114 DUCAT

3.5000 g., 0.9860 Gold 0.1109 oz. AGW **Ruler:** Anton III **Obv:** Helmeted, mitred and draped arms **Rev:** Crowned imperial eagle, orb on breast **Mint:** Augsburg

Date	Mintage	VG	F	VF	XF	Unc
1715 Rare	—	—	—	—	—	—
1716 (d) Rare	—	—	—	—	—	—

KM# 181 3 DUCATS

10.5200 g., Gold, 27.5 mm. **Ruler:** Ernst Max Josef **Obv:** Armored bust right **Obv. Legend:** ERNEST: COM - IN MONTFORT • **Rev:** Cardinal's hat above helmet, draperies and shield divide date **Rev. Legend:** PRO - DEO - ET - LEGE •

Date	Mintage	F	VF	XF	Unc	BU
1752 Rare	—	—	—	—	—	—

KM# 194 8 DUCAT

28.0000 g., 0.9860 Gold 0.8876 oz. AGW **Ruler:** Ernst Max Josef **Obv:** Armored bust to right, below I. THIEBAVD. F. **Obv. Legend:** ERN. COM. DE MONTF. - D. IN BREG. IEIT. ET AR. **Rev:** Two adjacent shields of Montfort and Waldburg arms under baldacchino, Eye of God at top with rays streaming down, female supporters to each side, Religion holding cross at left, Justice with scales at right, 2-line inscription in exergue below **Rev. Legend:** AVITA RELIGIONE ET IUSTITIA **Rev. Inscription:** MDCC.XXXVIII/ITF. **Mint:** Langenargen **Note:** Ref. B/E#305.

Date	Mintage	VG	F	VF	XF	Unc
MDCCXXXVIII (1738) ITF	—	—	—	—	—	—

KM# 195 10 DUCATS

35.0000 g., 0.9860 Gold 1.1095 oz. AGW **Ruler:** Ernst Max Josef **Obv:** Bust right, I. THIEBAUD. F. below **Obv. Legend:** ERN • COM • DE MONTF • - D • IN BREG • TETT • ET AR • **Rev:** Helmeted and mantled arms with standard **Rev. Legend:** AVITA RELIGIONE ET IUSTITIA **Mint:** Langenargen **Note:** Ref. B/E#302. As Thaler KM#162 (Dav#2456), struck from Thaler dies, 24.80 g.

Date	Mintage	VG	F	VF	XF	Unc
1738 IT	—	—	—	—	—	—

KM# 115 DUCAT

3.5000 g., 0.9860 Gold 0.1109 oz. AGW **Ruler:** Anton III **Obv:** Head right **Rev:** Helmeted, mitred and mantled arms **Mint:** Augsburg

KM# 11 THALER

Silver **Obv:** Ornate city arms, date in margin above, MONETA, etc. **Rev:** Crowned imperial eagle **Rev. Legend:** EX VNO OMNIS NOSTRA SALVS **Note:** Dav. #5588.

Date	Mintage	VG	F	VF	XF	Unc
1623(ca.1800) Restrike	—	—	—	350	500	800

Note: Identified by the leafy ornamentation on the edge and generally streaky fields

MUHLHAUSEN THURINGEN

The city of Mühlhausen is located 20 miles (34km) north-northwest of Gotha and is one of the oldest towns in Thuringia (Thüringen). Walls and fortifications were built during the reign of Emperor Heinrich I (918-36), who gave Mühlhausen a number of special privileges. An imperial mint was located there in the 12th and 13th centuries. After obtaining the right to mint its own coinage, Mühlhausen issued a long series dated from 1496-1767. Mühlhausen came under Prussian rule in 1802, then was dominated by Westphalia from 1807. It was returned to Prussia in 1815, by the terms of the peace which ended the Napoleonic Wars.

RULERS
Josef II, 1765-1790

MINT OFFICIALS' INITIALS

Initials	Date	Name
ID	1701-10	Johann Dietmar
	1701-03	Johann Gottfried Hermann, warden
	1701-09	Jeremias Balthaser Wilhelmi, die-cutter
	1704-09	Christoph Muller, warden
	1705-41	Ehrenfried Hannibal, die-cutter in Clausthal
	1707-09	Nikolaus Pitsch, mint official
	1753-90	Johann Wilhelm Schlemm of Clausthal
	1767-68	J.P. Luttmer, die-cutter in Clausthal

NOTE: Coinage of 1737 and 1767 minted in Clausthal, Brunswick-Hannover.

ARMS
Eagle with mill-rind on breast.

REFERENCES
B = Gerd Behr, "Übersicht über die Münzen der Stadt Mühlhausen von 1523 bis 1767," IV. Bezirksmünzausstellung, Erfurt, 1975, p. 24-31.

FREE CITY REGULAR COINAGE

KM# 40 2 PFENNINGE
Silver **Obv:** Muhlhausen eagle, tail divides initials **Obv. Legend:** MUHLHAUSER STADT MUNTZ **Rev:** Value **Rev. Inscription:** II / LEUCHTE / PFENNGE / date

Date	Mintage	VG	F	VF	XF	Unc
1702 ID	—	25.00	55.00	125	250	—
1706 ID	113,000	25.00	55.00	125	250	—

KM# 55 2 PFENNINGE
Copper **Obv. Inscription:** MVLHAVSER / STAADT MVNTZ / 1737 **Rev:** Similar to KM#65

Date	Mintage	VG	F	VF	XF	Unc
1737	—	8.00	15.00	30.00	60.00	—

KM# 70 2 PFENNINGE
Copper **Ruler:** Josef II **Obv:** Name, date **Rev:** Value

Date	Mintage	VG	F	VF	XF	Unc
1767	—	5.00	10.00	22.00	50.00	90.00

KM# 42 3 PFENNINGE (Dreier)
Copper **Obv:** Muhlhausen eagle, initials divided below **Obv. Legend:** MVLHAVSEN **Rev:** Value: 3 on imperial orb, cross divides date

Date	Mintage	VG	F	VF	XF	Unc
1703 ID	—	20.00	45.00	90.00	180	350
1704 ID	—	20.00	45.00	90.00	180	350

KM# 45 3 PFENNINGE (Dreier)
Copper **Obv:** Muhlhausen eagle in shield divides initials, ornate helmet above **Obv. Legend:** MVHL - HAVSEN

Date	Mintage	VG	F	VF	XF	Unc
1707 ID	363,000	18.00	35.00	75.00	150	—

KM# 56.1 3 PFENNINGE (Dreier)
Billon **Obv:** Muhlhausen eagle in shield divides initials, ornate helmet above **Rev:** Value within Palm branches, circle surrounds

Date	Mintage	VG	F	VF	XF	Unc
1737	—	10.00	18.00	37.00	75.00	—

KM# 56.2 3 PFENNINGE (Dreier)
Billon **Ruler:** Josef II

Date	Mintage	VG	F	VF	XF	Unc
1767	—	7.00	15.00	30.00	60.00	—

KM# 41 4 PFENNINGE
Silver **Obv:** Muhlhausen eagle in oval shield, ornate helmet above, date **Obv. Legend:** MUHLHAUSEN **Rev:** Value, inscription, all in palm wreath **Rev. Inscription:** III / LEICHTE / PFENGE / initials

Date	Mintage	VG	F	VF	XF	Unc
1702 ID	—	30.00	65.00	135	275	—

KM# 57.1 6 PFENNINGE
Billon **Obv:** Helmeted arms **Rev:** Imperial orb with VI dividing date

Date	Mintage	VG	F	VF	XF	Unc
1737	—	14.00	20.00	45.00	95.00	—

KM# 57.2 6 PFENNINGE
Billon **Ruler:** Josef II **Obv:** Muhlhausen eagle in shield, ornate helmet above **Rev:** Value on imperial orb dividing date

Date	Mintage	VG	F	VF	XF	Unc
1767	—	10.00	20.00	40.00	80.00	—

KM# 35 1/24 THALER (Groschen)
Silver **Obv:** Muhlhausen eagle in shield divides initials, ornate helmet above **Obv. Legend:** SUB DEO ET - CAESARE **Rev:** Value: 24 in imperial orb divides date **Rev. Legend:** CIVIT. IMPERIALIS MOLHUSINAE

Date	Mintage	VG	F	VF	XF	Unc
1701 ID	—	60.00	120	240	480	—
1702 ID	—	60.00	120	240	480	—
1707 ID	3,437	45.00	90.00	185	375	—

Note: Altered from 2

KM# 58 1/24 THALER (Groschen)
Billon **Obv:** Helmeted arms **Rev:** Value, date

Date	Mintage	VG	F	VF	XF	Unc
1737	—	10.00	25.00	55.00	110	—

KM# 72 1/24 THALER (Groschen)
Billon **Ruler:** Josef II **Obv:** Muhlhausen eagle in shield, ornate helmet above **Rev:** Value, date

Date	Mintage	VG	F	VF	XF	Unc
1767	—	10.00	22.00	40.00	75.00	135

KM# 36 1/12 THALER (Doppelgroschen)
Silver **Obv. Legend:** MONETA NOVA - ARGENTEA **Rev:** Date, value: 12/EINEN/THALER in palm wreath **Rev. Legend:** CIVIT. IMPERIALIS MOLHUSINAE **Note:** Varieties exist.

Date	Mintage	VG	F	VF	XF	Unc
1701 ID	—	22.00	50.00	100	200	—
1702 ID	—	22.00	50.00	100	200	—
1703 ID	—	22.00	50.00	100	200	—
1704 ID	—	22.00	50.00	100	200	—

KM# 43 1/12 THALER (Doppelgroschen)
Silver **Rev:** Value at center, date **Rev. Inscription:** 12 / EINEN / THALER

Date	Mintage	VG	F	VF	XF	Unc
1704 ID	—	22.00	50.00	100	200	—

KM# 44 1/12 THALER (Doppelgroschen)
Silver **Obv:** Muhlhausen eagle in shield, ornate helmet above **Rev:** Value, date within inner circle **Rev. Legend:** SUB DEO ET - CAESARE

Date	Mintage	VG	F	VF	XF	Unc
1706 ID	11,000	22.00	50.00	100	200	—
1707 ID	47,000	22.00	50.00	100	200	—

KM# 46 1/12 THALER (Doppelgroschen)
Silver **Obv:** Muhlhausen eagle in shield, ornate helmet above **Rev:** Value **Rev. Inscription:** 12 / EINEN / THALER / date **Note:** Similar to 1/24 Thaler, KM#35

Date	Mintage	VG	F	VF	XF	Unc
1707 ID	Inc. above	22.00	50.00	100	200	—

KM# 59 1/12 THALER (Doppelgroschen)
Silver **Obv:** Helmeted arms **Rev:** Value, date

Date	Mintage	VG	F	VF	XF	Unc
1737	—	15.00	30.00	60.00	125	—

KM# 73 1/12 THALER (Doppelgroschen)
Silver **Ruler:** Josef II **Obv:** Helmeted arms **Rev:** Value and date

Date	Mintage	VG	F	VF	XF	Unc
1767	—	12.00	28.00	60.00	120	—

KM# 37 8 GUTE GROSCHEN (1/2 Gulden)
Silver **Obv:** Muhlhausen eagle in shield divides initials, ornate helmet above, all in partial circle **Obv. Legend:** NOMETA NOVA - ARGENTEA **Rev:** Legend, value in palm wreath **Rev. Legend:** CIVIT: (value) IMPERIALIS MOLHUSINAE, date **Rev. Inscription:** VII / GUTE / GROSCHEN

Date	Mintage	VG	F	VF	XF	Unc
1701 ID Rare	—	—	—	—	—	—
1702 ID Rare	—	—	—	—	—	—

MUNSTER

KM# 39 16 GUTE GROSCHEN (2/3 Thaler)
Silver **Obv:** Without circle **Rev:** Value, palm wreath in circle
Rev. Inscription: XVI / GUTE / GROSCH / EN

Date	Mintage	VG	F	VF	XF	Unc
1701 ID	—	1,000	2,000	3,750	—	—

KM# 38 16 GUTE GROSCHEN (2/3 Thaler)
Silver **Obv:** Center in partial circle **Rev:** GROSCHEN in one line
Note: Dav. #690.

Date	Mintage	VG	F	VF	XF	Unc
1701 ID	—	900	1,800	3,500	6,500	—
1703 ID	—	1,250	2,500	4,750	—	—

KM# 60 2/3 THALER (Gulden)
Silver **Obv:** Helmeted arms **Rev:** Value: Large 2/3 in field, date
Note: Dav. #689.

Date	Mintage	VG	F	VF	XF	Unc
1737	600	275	400	800	1,500	—

KM# 74 2/3 THALER (Gulden)
Silver **Ruler:** Josef II **Obv:** Muhlhausen eagle in shield, ornate helmet above **Rev:** Fraction, date above

Date	Mintage	VG	F	VF	XF	Unc
1767	—	150	300	600	1,200	—

KM# 75 THALER
Silver **Ruler:** Josef II **Obv:** Muhlhausen eagle in shield, ornate helmet above **Obv. Legend:** IOSEPH II • D • G • R • I • S • A • · COR • & · HER • R • G • B • & C • **Rev:** Armored bust right **Rev. Legend:** CIVIT • IMPERIALIS MULHUSINAE, X • EINE FEINE MARCK below arms **Note:** Dav. #2462.

Date	Mintage	VG	F	VF	XF	Unc
1767	—	250	500	800	1,500	—

MUNSTER BISHOPRIC

St. Ludger founded the bishopric near the end of the 8th or the beginning of the 9th century in Westphalia. The town of Münster, which means "monastery," grew up around the ecclesiastical establishment (which see). The earliest anonymous coins of the bishopric date from the late 11th century and a long series of issues in the name of the bishops followed over the centuries. In 1802, Münster was secularized and divided among several principalities. Those were soon mediatized and part of the territory went to Hannover. Münster belonged to the Duchy of Berg from 1806 until 1810, then to France until 1814, when it was acquired by Prussia.

During the 16th and 17th centuries treasury tokens, mostly counterstamped with the arms or initials of the current treasurer were issued. These were replaced in the middle of the 17th century by Cathedral coins, showing St. Paul with a sword. They last appeared at the end of the 18th century.

RULERS
Friedrich Christian von Plettenberg, 1688-1706
Franz Arnold von Wolff-Metternich, 1706-1718
Clemens August von Bavaria, 1719-1761
Sede Vacante, 1761
Maximilian Friedrich, Graf von
—-Königsegg-Rothenenes, 1762-1784
Maximilian Franz of Austria, 1784-1801

MINT OFFICIALS' INITIALS & PRIVY MARKS

Initials or Privy Mark	Date	Name
AGP	1714-23	Anton Gottfried Pott
GLC	1708-37	Gabriel Le Clerc, die-cutter in Berlin
HLO, HO	1696-1700, 1704, 1706	Heinrich Lorenz Odendahl
IK	1739-67	Jacob Kohlhaas
IW, JW	1709-13	Johann Willerding
W	d.1771	Peter Paul Werner, die-cutter in Nürnberg
WR	1713-18	Wilhelm Ritter

(a) – bird
(b) – flower
(c) - rosette

REGULAR COINAGE

KM# 130 3 PFENNIG (1/112 Thaler)
Copper **Ruler:** Friedrich Christian **Obv:** Crowned ornate double FC monogram **Rev:** Value and date **Rev. Legend:** F. MUNSTERISCHE. SCHEIDMUNTZ **Rev. Inscription:** III / PFEN
Note: Varieties exist.

Date	Mintage	VG	F	VF	XF	Unc
1701	—	5.00	12.00	25.00	50.00	—
1703	—	5.00	12.00	25.00	50.00	—

KM# 132 3 PFENNIG (1/112 Thaler)
Copper **Ruler:** Friedrich Christian **Rev:** Date and value **Rev. Legend:** F.M. SCHEIDE. MUNTZ **Rev. Inscription:** III / PFEN

Date	Mintage	VG	F	VF	XF	Unc
1703	—	85.00	175	350	700	—

KM# 149 3 PFENNIG (1/112 Thaler)
Copper **Ruler:** Franz Arnold **Obv:** Crowned double FA monogram **Rev:** Value and date within inner circle **Note:** Varieties exist.

Date	Mintage	VG	F	VF	XF	Unc
1712	—	6.00	15.00	30.00	60.00	—
1714	—	6.00	15.00	30.00	60.00	—
1715	—	6.00	15.00	30.00	60.00	—

KM# 170 3 PFENNIG (1/112 Thaler)
Copper **Ruler:** Clemens August **Obv:** Crowned monogram **Rev:** Value and date within inner circle **Rev. Legend:** FURSTL

Date	Mintage	VG	F	VF	XF	Unc
1735	—	3.00	6.00	15.00	33.00	—
1736	—	3.00	6.00	15.00	33.00	—
1737	—	3.00	6.00	15.00	33.00	—
1738	—	3.00	6.00	15.00	33.00	—
1739	—	3.00	6.00	15.00	33.00	—
1740	—	3.00	6.00	15.00	33.00	—
1741	—	3.00	6.00	15.00	33.00	—

KM# 171 3 PFENNIG (1/112 Thaler)
Copper **Ruler:** Clemens August **Obv:** Monogram within crowned mantle **Rev:** Value, date within inner circle **Rev. Legend:** HOCHFURST

Date	Mintage	VG	F	VF	XF	Unc
1735	—	3.00	6.00	15.00	33.00	—
1736	—	3.00	6.00	15.00	33.00	—
1737	—	3.00	6.00	15.00	33.00	—
1738	—	3.00	6.00	15.00	33.00	—
1739	—	3.00	6.00	15.00	33.00	—
1740	—	3.00	6.00	15.00	33.00	—
1741	—	3.00	6.00	15.00	33.00	—
1742	—	3.00	6.00	15.00	33.00	—
1743	—	3.00	6.00	15.00	33.00	—
1744	—	3.00	6.00	15.00	33.00	—
1745	—	3.00	6.00	15.00	33.00	—
1746	—	3.00	6.00	15.00	33.00	—
1747/6	—	5.00	10.00	22.00	45.00	—

KM# 178 3 PFENNIG (1/112 Thaler)
Copper **Ruler:** Clemens August **Obv:** Crowned monogram **Rev:** Value, date within inner circle

Date	Mintage	VG	F	VF	XF	Unc
1748	—	4.00	8.00	16.00	37.00	—
1749	—	4.00	8.00	16.00	37.00	—
1750	—	4.00	8.00	16.00	37.00	—
1751	—	4.00	8.00	16.00	37.00	—
1752	—	4.00	8.00	16.00	37.00	—
1753	—	4.00	8.00	16.00	37.00	—
1754	—	4.00	8.00	16.00	37.00	—
1755	—	4.00	8.00	16.00	37.00	—

KM# 133 4 PFENNIG (1/84 Thaler)
Copper **Ruler:** Friedrich Christian **Obv:** FC monogram within palm branches **Rev:** Value, III

Date	Mintage	VG	F	VF	XF	Unc
1703	—	6.00	15.00	30.00	60.00	—

KM# 152 4 PFENNIG (1/84 Thaler)
Copper **Ruler:** Franz Arnold **Obv:** FA monogram within palm branches **Rev:** Value, IIII

Date	Mintage	VG	F	VF	XF	Unc
1715	—	6.00	15.00	30.00	65.00	—
1716	—	6.00	15.00	30.00	65.00	—

KM# 172 4 PFENNIG (1/84 Thaler)
Copper **Ruler:** Clemens August **Obv:** Crowned monogram **Rev:** Value, date within inner circle **Note:** Similar to 3 Pfennig, KM#170.

Date	Mintage	VG	F	VF	XF	Unc
1735 Rare	—	—	—	—	—	—

KM# 175 4 PFENNIG (1/84 Thaler)
Copper **Ruler:** Clemens August **Obv:** Monogram within crowned mantle **Rev:** Value, date within inner circle

Date	Mintage	VG	F	VF	XF	Unc
1743	—	4.00	9.00	18.00	37.00	—
1744	—	4.00	9.00	18.00	37.00	—
1745	—	4.00	9.00	18.00	37.00	—

KM# 171 3 PFENNIG (1/112 Thaler)
Copper **Ruler:** Clemens August **Obv:** Monogram within crowned

GERMAN STATES - MUNSTER

Date	Mintage	VG	F	VF	XF	Unc
1718 WR	—	18.00	30.00	60.00	125	—
1718 AGP	—	18.00	30.00	60.00	125	—

KM# 179 4 PFENNIG (1/84 Thaler)
Copper **Ruler:** Clemens August **Obv:** Crowned monogram within branches **Rev:** Value, date within inner circle

Date	Mintage	VG	F	VF	XF	Unc
1748	—	4.00	9.00	18.00	37.00	—
1749	—	4.00	9.00	18.00	37.00	—
1750	—	4.00	9.00	18.00	37.00	—
1751	—	4.00	9.00	18.00	37.00	—
1752	—	4.00	9.00	18.00	37.00	—
1753	—	4.00	9.00	18.00	37.00	—
1754	—	4.00	9.00	18.00	37.00	—
1755	—	4.00	9.00	18.00	37.00	—

KM# 180 SCHILLING (1/28 Thaler)
Billon **Ruler:** Clemens August **Obv:** Crowned round arms in cartouche, value below **Rev:** Bust of St. Paul, value, date

Date	Mintage	VG	F	VF	XF	Unc
1748 IK	—	4.00	8.00	17.00	38.00	—

KM# 203 SCHILLING (1/28 Thaler)
Billon **Ruler:** Sede Vacante **Obv:** MF monogram **Rev:** St. Paul, value and date

Date	Mintage	VG	F	VF	XF	Unc
1764	—	4.50	10.00	22.00	45.00	—

KM# 146 2 SCHILLING (1/14 Thaler)
Silver **Ruler:** Franz Arnold **Obv:** Crowned 8-fold arms with central shield of Metternich divide date, titles of Franz Arnold, (14) in legend at bottom **Rev:** Without date

Date	Mintage	VG	F	VF	XF	Unc
1711 JW	—	55.00	110	225	—	—

KM# 159 2 SCHILLING (1/14 Thaler)
Silver **Ruler:** Clemens August **Obv:** Facing bust of St. Paul with sword and book in round baroque frame **Rev:** Value, date and initials **Rev. Legend:** XLIII EIN.RTH **Note:** Sede vacante issue.

Date	Mintage	VG	F	VF	XF	Unc
1719 AGP	—	25.00	50.00	100	200	—

KM# 181 2 SCHILLING (1/14 Thaler)
Billon **Ruler:** Clemens August **Obv:** Crowned round arms in cartouche, value below **Rev:** St. Paul standing with sword and bible, divides date

Date	Mintage	VG	F	VF	XF	Unc
1748 IK	—	20.00	40.00	80.00	165	—

KM# 182 2 SCHILLING (1/14 Thaler)
Billon **Ruler:** Clemens August **Rev:** Without value showing

Date	Mintage	VG	F	VF	XF	Unc
1748 IK	—	12.00	25.00	55.00	110	—

KM# 188 2 SCHILLING (1/14 Thaler)
Billon **Ruler:** Clemens August **Obv:** ST. Paul standing with sword and bible **Rev:** Value, date **Rev. Legend:** FURSTL

Date	Mintage	VG	F	VF	XF	Unc
1755 IK	—	20.00	45.00	90.00	180	—

KM# 189 2 SCHILLING (1/14 Thaler)
Billon **Ruler:** Clemens August **Rev. Legend:** HOCHFURST

Date	Mintage	VG	F	VF	XF	Unc
1755 IK	—	20.00	45.00	90.00	180	—

KM# 151 MARIENGROSCHEN (1/24 Gulden)
Silver **Ruler:** Franz Arnold **Obv:** Crowned 8-fold arms with central shield of Metternich **Rev:** Value, date

Date	Mintage	VG	F	VF	XF	Unc
1714	—	—	—	—	—	—

KM# 147 6 MARIENGROSCHEN (1/4 Gulden)
Silver **Ruler:** Franz Arnold **Obv:** Crowned oval 8-fold arms with central shield of Metterich **Rev:** Value, date within inner circle **Rev. Inscription:** VI / MARIEN / GROS / date **Note:** Similar to 1/12 Thaler, KM#138. Varieties exist.

Date	Mintage	VG	F	VF	XF	Unc
1711 JW	—	18.00	30.00	60.00	125	—
1715 WR	—	18.00	30.00	60.00	125	—

KM# 185 6 MARIENGROSCHEN (1/4 Gulden)
Silver **Ruler:** Clemens August **Obv:** Crowned complex arms with central shield **Rev:** Value, date within inner circle

Date	Mintage	VG	F	VF	XF	Unc
1754 IK	—	18.00	40.00	80.00	165	—

KM# 145 12 MARIENGROSCHEN (1/2 Gulden)
Silver **Ruler:** Franz Arnold **Obv:** Crowned oval 8-fold arms with central shield of Metterich **Rev:** Value, date within inner circle **Rev. Inscription:** XII / MARIEN / GROS / date. **Note:** Similar to 1/12 Thaler, KM#138.

Date	Mintage	VG	F	VF	XF	Unc
1710 JW	—	60.00	110	230	475	—

KM# 134 24 MARIENGROSCHEN (Gulden)
Silver **Ruler:** Franz Arnold **Obv:** Crowned oval 8-fold arms with central shield of Metternich, titles of Franz Arnold **Rev:** Value and date within inner circle **Note:** Varieties exist.

Date	Mintage	VG	F	VF	XF	Unc
1706	—	100	200	400	825	—
1709 JW	—	100	200	400	825	—
1710 JW	—	100	200	400	825	—
1715 WR	—	100	200	400	825	—

KM# 200 24 MARIENGROSCHEN (Gulden)
Silver **Ruler:** Maximilian Friedrich **Obv:** Arms **Rev:** Value and date

Date	Mintage	VG	F	VF	XF	Unc
1763	—	40.00	75.00	150	300	—

KM# 206 1/48 THALER (Halbgroschen)
Billon **Ruler:** Maximilian Friedrich **Obv:** MF monogram **Rev:** Value and date

Date	Mintage	VG	F	VF	XF	Unc
1766	—	5.00	10.00	25.00	50.00	—

KM# 160 1/24 THALER (Groschen)
Silver **Ruler:** Clemens August **Obv:** Facing bust of St. Paul with sword and book in oval baroque frame **Rev:** Value, initials and date **Rev. Legend:** NACH. DEN. LEIPZIGER. FUES. **Rev. Inscription:** 24 / I / REICHS / THAL **Note:** Sede vacante issue.

Date	Mintage	VG	F	VF	XF	Unc
1719 AGP	—	10.00	20.00	45.00	95.00	—

KM# 186 1/24 THALER (Groschen)
Billon **Ruler:** Clemens August **Obv:** Crowned CAC monogram **Rev:** Five-line inscription with date **Rev. Legend:** HOCHFURST. MUNST. LANDTMUNTZ **Rev. Inscription:** 24 / EINEN / REICHS / THALER / 1754

Date	Mintage	VG	F	VF	XF	Unc
1754 IK	—	8.00	15.00	30.00	60.00	—

KM# 190 1/24 THALER (Groschen)
Billon **Ruler:** Clemens August **Obv:** Crowned monogram **Rev:** Value, date within inner circle

Date	Mintage	VG	F	VF	XF	Unc
1755 IK	—	8.00	15.00	30.00	60.00	—

KM# 191 1/24 THALER (Groschen)
Billon, 19.5 mm. **Ruler:** Clemens August **Note:** Larger size.

Date	Mintage	VG	F	VF	XF	Unc
1755 IK	—	10.00	18.00	37.00	75.00	—

KM# 137 1/48 THALER (Halbgroschen)
Silver **Ruler:** Franz Arnold **Obv:** Crowned FA monogram **Rev:** Value within inner circle **Rev. Legend:** F.M. & P.L **Note:** Varieties exist.

Date	Mintage	VG	F	VF	XF	Unc
1709 JW	—	10.00	20.00	40.00	80.00	—
1710 JW	—	10.00	20.00	40.00	80.00	—
1711 JW	—	10.00	20.00	40.00	80.00	—
1717 WR	—	10.00	20.00	40.00	80.00	—

KM# 165 1/48 THALER (Halbgroschen)
Billon **Ruler:** Clemens August **Obv:** Crowned CAC monogram **Rev:** Value, date

Date	Mintage	VG	F	VF	XF	Unc
1723 AGP	—	10.00	20.00	45.00	95.00	—

KM# 176 1/48 THALER (Halbgroschen)
Billon **Ruler:** Clemens August **Obv:** CA monogram **Rev:** Value, date

Date	Mintage	VG	F	VF	XF	Unc
1745 IK	—	10.00	20.00	45.00	90.00	—
1748 IK	—	10.00	20.00	45.00	90.00	—

KM# 153 1/12 THALER (Doppelgroschen)
Silver **Ruler:** Franz Arnold **Obv:** Crowned flat-top shield **Rev:** Value, date

Date	Mintage	VG	F	VF	XF	Unc
1710 WR	—	15.00	30.00	65.00	125	—
1711 WR	—	15.00	30.00	65.00	125	—
1712 WR	—	15.00	30.00	65.00	125	—
1713 WR	—	15.00	30.00	65.00	125	—
1714 WR	—	15.00	30.00	65.00	125	—
1715 WR	—	15.00	30.00	65.00	125	—
1716 WR	—	15.00	30.00	65.00	125	—
1717 WR	—	15.00	30.00	65.00	125	—

KM# 138 1/12 THALER (Doppelgroschen)
Silver **Ruler:** Franz Arnold **Obv:** Crowned oval 8-fold arms with central shield of Metternich, titles of Franz Arnold **Rev:** Value, date, titles in legend **Rev. Inscription:** 12 / EINEN / REICHS / THAL(ER) **Note:** Varieties exist.

Date	Mintage	VG	F	VF	XF	Unc
1710 JW	—	70.00	150	300	600	—

KM# 166 1/12 THALER (Doppelgroschen)
Silver **Ruler:** Clemens August **Obv:** Crowned CAC monogram **Rev:** Value, date, titles

Date	Mintage	VG	F	VF	XF	Unc
1723 AGP	—	15.00	30.00	65.00	135	—

MUNSTER — GERMAN STATES

KM# 167 1/12 THALER (Doppelgroschen)
Silver **Ruler:** Clemens August **Obv:** Crowned arms, titles in legend **Rev:** Value, date within inner circle

Date	Mintage	VG	F	VF	XF	Unc
1728	—	25.00	55.00	110	225	—

KM# 177 1/12 THALER (Doppelgroschen)
Silver **Ruler:** Clemens August **Obv:** Crowned monogram **Rev:** Value, date within inner circle

Date	Mintage	VG	F	VF	XF	Unc
1745 IK	—	12.00	30.00	60.00	125	—
1746 IK	—	12.00	30.00	60.00	125	—
1747 IK	—	12.00	30.00	60.00	125	—
1748 IK	—	12.00	30.00	60.00	125	—
1749 IK	—	12.00	30.00	60.00	125	—
1754 IK	—	12.00	30.00	60.00	125	—

KM# 187 1/12 THALER (Doppelgroschen)
Silver **Ruler:** Clemens August **Obv:** Crowned CAC monogram **Rev:** Value, date within inner circle

Date	Mintage	VG	F	VF	XF	Unc
1754 IK	—	12.00	30.00	60.00	125	—
1755 IK	—	12.00	30.00	60.00	125	—

KM# 201 1/12 THALER (Doppelgroschen)
Billon **Ruler:** Maximilian Friedrich **Obv:** MF monogram **Rev:** Value and date

Date	Mintage	VG	F	VF	XF	Unc
1763	—	6.00	15.00	30.00	60.00	—
1764	—	6.00	15.00	30.00	60.00	—
1765	—	6.00	15.00	30.00	60.00	—
1766	—	6.00	15.00	30.00	60.00	—
1767	—	6.00	15.00	30.00	60.00	—
1768	—	6.00	15.00	30.00	60.00	—
1769	—	6.00	15.00	30.00	60.00	—

KM# 196 1/6 THALER
Silver **Ruler:** Sede Vacante **Obv:** St. Paul in chapter arms **Rev:** Charlemagne with sword and orb above framed value

Date	Mintage	VG	F	VF	XF	Unc
1761	—	35.00	75.00	150	300	—

KM# 195 1/6 THALER
Silver **Obv:** St. Paul in baroque frame **Rev:** Charlemagne with sword and orb, framed value below **Note:** Sede vacante issue.

Date	Mintage	VG	F	VF	XF	Unc
1761	—	35.00	75.00	150	300	—

KM# 202 1/6 THALER
Silver **Ruler:** Maximilian Friedrich **Obv:** Crowned arms **Rev:** Value, date

Date	Mintage	VG	F	VF	XF	Unc
1763 IK	—	15.00	30.00	65.00	135	—
1764 IK	—	15.00	30.00	65.00	135	—

KM# 198 1/3 THALER
Silver **Ruler:** Sede Vacante **Obv:** St. Paul in chapter arms **Rev:** Charlemagne with sword and orb above framed value

Date	Mintage	VG	F	VF	XF	Unc
1761	—	40.00	85.00	175	375	—

KM# 197 1/3 THALER
Silver **Obv:** St. Paul within baroque frame **Rev:** Charlemagne with sword and orb, framed value below **Note:** Sede vacante issue.

Date	Mintage	VG	F	VF	XF	Unc
1761	—	40.00	85.00	175	375	—

KM# 204 1/3 THALER
Silver **Ruler:** Maximilian Friedrich **Obv:** Crowned arms with supporters **Rev:** Value, date

Date	Mintage	VG	F	VF	XF	Unc
1764	—	25.00	50.00	100	200	—
1765	—	25.00	50.00	100	200	—

KM# 205 2/3 THALER (Gulden)
Silver **Ruler:** Maximilian Friedrich **Obv:** Draped bust right **Rev:** Crowned arms with supporters above framed value **Note:** Reichs 2/3 Thaler.

Date	Mintage	F	VF	XF	Unc	BU
1764	—	85.00	175	300	600	—

KM# 207 THALER (Regiments)
Silver **Ruler:** Clemens August **Obv:** St. Paul in circle of shields **Rev.** Charlemagne **Note.** Prev. X#M1.

Date	Mintage	F	VF	XF	Unc	BU
1761	—	50.00	90.00	150	250	—

KM# 135 THALER
Silver **Ruler:** Friedrich Christian **Subject:** Death of Bishop **Obv:** Sword and crozier back of crowned arms on ornate frame **Obv. Legend:** * CONSILIO ET CONSTANTIA **Rev:** Inscription **Rev. Inscription:** FRIDERIC9 /CHRISTIANUS / L • B • A PLETTENBERG / NATUS / ANNO 1664 • DIE 8 AUG / ELECTUS / EPISCOPUS • AC • PRINCEPS / MONASTERIENSIS / ANNO 1688 DIE 29 IULY / DENATUS / ANNO 1706 DIE / 5 MAY **Note:** Dav. #2464.

Date	Mintage	F	VF	XF	Unc	BU
1706	—	150	300	625	1,100	—

KM# 136 THALER
Silver **Ruler:** Friedrich Christian **Obv:** Cathedral view **Obv. Legend:** DEUS • ADIUTOR • ET • PROTECTOR • NOSTER * **Rev:** St. Paul on shield below ornamental helmet **Rev. Legend:** CAPITULUM•CATH•MONAST•SEDE•VACANT* **Note:** Sede Vacante. Dav. #2465.

Date	Mintage	F	VF	XF	Unc	BU
1706	—	200	450	950	1,750	3,000

KM# 139 THALER
Silver **Ruler:** Franz Arnold **Obv:** Crowned complex arms with central shield divides date **Obv. Legend:** FRANC • ARNOL • DG • EP • MON • & PAD • BUR • STR • S • R • I • P • C • PYR • & D • IN BOR • **Rev:** 2 saints, inscription below busts **Rev. Legend:** FRAN • ARN • EL • COA • PA • 15 • SEP • 1703 • SUC • PATRUO • 21 • MAY • 1704 • EL • EP • MO • 30 • SEP • 1706 * **Rev. Inscription:** PRO / LEGE & GREGE **Note:** Dav. #2466.

Date	Mintage	F	VF	XF	Unc	BU
1709 JW	—	275	550	1,000	1,850	—
1710 JW	—	275	550	1,000	1,850	—
1711 JW	—	275	550	1,000	1,850	—

GERMAN STATES — MUNSTER

KM# 162 15 DUCAT
52.5000 g., 0.9860 Gold 1.6642 oz. AGW **Ruler:** Clemens August **Obv:** St. Paul with sword and book at center, 19 small shields surround **Rev:** Charlemagne at center, 19 small shields surround **Note:** Sede vacante issue. Similar to 1-1/2 Thaler, KM#M2.

Date	Mintage	VG	F	VF	XF	Unc
1719 AGP Rare	—	—	—	—	—	—

CATHEDRAL CHAPTER

The bursars or treasurers of the Cathedral Chapter of Münster began issuing bursary tokens in the 16th century and then a series of regular coinage in the 17th and 18th centuries. Many of the tokens and coins were countermarked with the arms an/or initials of the canon who was the current treasurer of the chapter. The coins are often found with more than one countermark and they were revalidated by succeeding treasurers. The following are those known from the late 15th century, along with their particular arms used in the countermarks. Each is given a number by which the particular countermarks are identified.

CANONS (Domherren) of the Cathedral Chapter
Ferdinand, Graf von Landsberg zu Woklum, canon 1682-1726, bursar 1694-1726, arms: 2 vertical bars

MINT OFFICIALS' INITIALS

Initials	Date	Name
GS	Ca. 1714	Gottfried Storp?

REFERENCES

W – Hans Weinrich, *Die Kupfermünzprägung des Domkapitels zu Münster, Münster, 1981.*

Sch – Wolfgang Schulten, *Deutsche Münzen aus der Zeit Karls V.* Frankfurt am Main, 1974.

REGULAR COINAGE

KM# 199 THALER
Silver **Obv:** Cathedral view **Obv. Legend:** CAPIT: CATH: ECCLESIA MONASTERIENSIS * SEDE VACANTE *, EIN SPECIES/REICHS THALER below **Rev:** Charlemagne standing with sword and imperial orb **Rev. Legend:** * S. CAROLUS * MAGNUS * FUNDATOR * **Note:** Sede vacante issue. Species Thaler.Dav. #2470.

Date	Mintage	F	VF	XF	Unc	BU
1761	—	150	300	600	1,200	—

KM# 150 THALER
Silver **Ruler:** Franz Arnold **Obv:** Armored bust right **Obv. Legend:** FRANC * ARNOLD * D * G * EPISC * MONAST * ET * PADERB * **Rev:** Crowned complex arms with sword and crozier behind **Rev. Legend:** BURGG * STROMB * S * R * I * P * COM * PYRM * DOM * IN * BORK * ET * WEHRT * **Rev. Inscription:** PRO LEGE ET GREGE on ribbon below **Note:** Dav. #2467.

Date	Mintage	F	VF	XF	Unc	BU
1712 IW	—	950	1,750	3,200	5,000	—
1713 WR	—	950	1,750	3,200	5,000	—
1714 WR	—	950	1,750	3,200	5,000	—
1715 WR	—	950	1,750	3,200	5,000	—

KM# 416 PFENNIG
Copper **Obv:** Full-length facing figure of St. Paul divides S-P near bottom. **Obv. Legend:** M: CATHED: ECCL: MONASTA **Rev:** Large 'I' divides date in wreath

Date	Mintage	Good	VG	F	VF	XF
1707	—	8.00	16.00	33.00	60.00	—

KM# 425 PFENNIG
Copper **Obv:** Full-length figure of St. Paul with sword and book **Obv. Legend:** S. PAVLVS. APOS. - PATR: MONAS **Rev:** Value and date **Rev. Legend:** M. CATHED. ECCLE. MONASTER **Rev. Inscription:** 1 / PFEN **Note:** Varieties exist.

Date	Mintage	Good	VG	F	VF	XF
1714 GS	—	—	—	—	—	—

KM# 154 THALER
Silver **Ruler:** Franz Arnold **Obv:** Cloaked bust right, G.L.C. below **Obv. Legend:** FRANC: ARNOLD: D: G: EP: MONAST: ET PAD: **Rev:** Crowned arms within legend **Rev. Legend:** BVRGG: ST: S. R. I. PR: C. PYRMON: ET DOM: IN BORKEL: 1716 **Note:** Dav. #2468.

Date	Mintage	F	VF	XF	Unc	BU
1716 WR	—	450	875	1,650	2,750	—
1717 WR	—	450	875	1,650	2,750	—

KM# 158 THALER
Silver **Ruler:** Franz Arnold **Rev. Legend:** BURGG: STROMB: S: R: I.P: COM: PYRM **Note:** Dav. #2469.

Date	Mintage	F	VF	XF	Unc	BU
1718 AGP Rare	—	—	—	—	—	—

KM# 161 THALER
Silver **Obv:** St. Paul standing with sword and book, divides date, 19 small shields around **Rev:** Charlemagne standing with sword and imperial orb, 19 small shields around **Note:** Sede vacante issue.

Date	Mintage	F	VF	XF	Unc	BU
1719 W Rare	—	—	—	—	—	—

KM# 27 1-1/2 THALER
Silver **Ruler:** Clemens August **Note:** Prev. X#M2.

Date	Mintage	F	VF	XF	Unc	BU
1719	—	75.00	145	250	450	—

KM# 28 1-1/2 THALER
Silver **Ruler:** Clemens August **Note:** Prev. X#M3.

Date	Mintage	F	VF	XF	Unc	BU
1719	—	65.00	120	200	350	—

KM# 131 2 THALER
Silver **Ruler:** Friedrich Christian **Obv:** Bust right breaks through legend at top and bottom **Rev:** Crowned arms in frame **Note:** Dav. #2463.

Date	Mintage	VG	F	VF	XF	Unc
1702	—	1,000	2,000	3,500	6,000	—

TRADE COINAGE

KM# 148 DUCAT
3.5000 g., 0.9860 Gold 0.1109 oz. AGW **Ruler:** Franz Arnold **Obv:** Bust right **Rev:** Crowned arms, date in legend

Date	Mintage	VG	F	VF	XF	Unc
1711	—	—	—	—	—	—
1713	—	—	—	—	—	—

KM# 155 DUCAT
3.5000 g., 0.9860 Gold 0.1109 oz. AGW **Ruler:** Franz Arnold **Obv:** Bust right **Rev:** Crowned arms divide date

Date	Mintage	VG	F	VF	XF	Unc
1717 WR	—	975	1,900	4,150	8,500	—

KM# 156 2 DUCAT
7.0000 g., 0.9860 Gold 0.2219 oz. AGW **Ruler:** Franz Arnold **Obv:** Bust right **Rev:** Crowned arms divide date

Date	Mintage	VG	F	VF	XF	Unc
1717 WR Rare	—	—	—	—	—	—

KM# 157 3 DUCAT
10.5000 g., 0.9860 Gold 0.3328 oz. AGW **Ruler:** Franz Arnold **Obv:** Bust right **Rev:** Crowned oval 8-fold arms with central shield of Metternich divide date

Date	Mintage	VG	F	VF	XF	Unc
1717 WR Rare	—	—	—	—	—	—

KM# 435 PFENNIG
Copper **Obv:** Half-length figure of St. Paul with sword and book, below S. PAVLVS **Obv. Legend:** MON: CATHED: ECCLES: MONASTE **Rev:** Value, date in circle with baroque frame **Rev. Inscription:** I / PFENNIG

Date	Mintage	Good	VG	F	VF	XF
1740	—	6.00	12.00	25.00	50.00	—

KM# 450 PFENNIG
Copper **Obv:** Legend **Rev:** Value, date

Date	Mintage	VG	F	VF	XF	Unc
1790	—	3.00	7.00	14.00	30.00	—

KM# 417 2 PFENNING
Copper **Obv:** 3/4-length figure of St. Paul with sword and book, S.P. below **Obv. Legend:** MO. CATH. ECCL. MONAS **Rev:** Value, II in center divides date, wreath of palm leaves **Note:** Varieties exist.

Date	Mintage	VG	F	VF	XF	Unc
1707	—	9.00	20.00	40.00	80.00	—

NASSAU

KM# 431 4 PFENNIG
Copper **Obv:** With S.P. below bust **Rev:** Value, date

Date	Mintage	VG	F	VF	XF	Unc
1739	—	4.00	7.00	16.00	32.50	—
1762	—	4.00	7.00	16.00	32.50	—

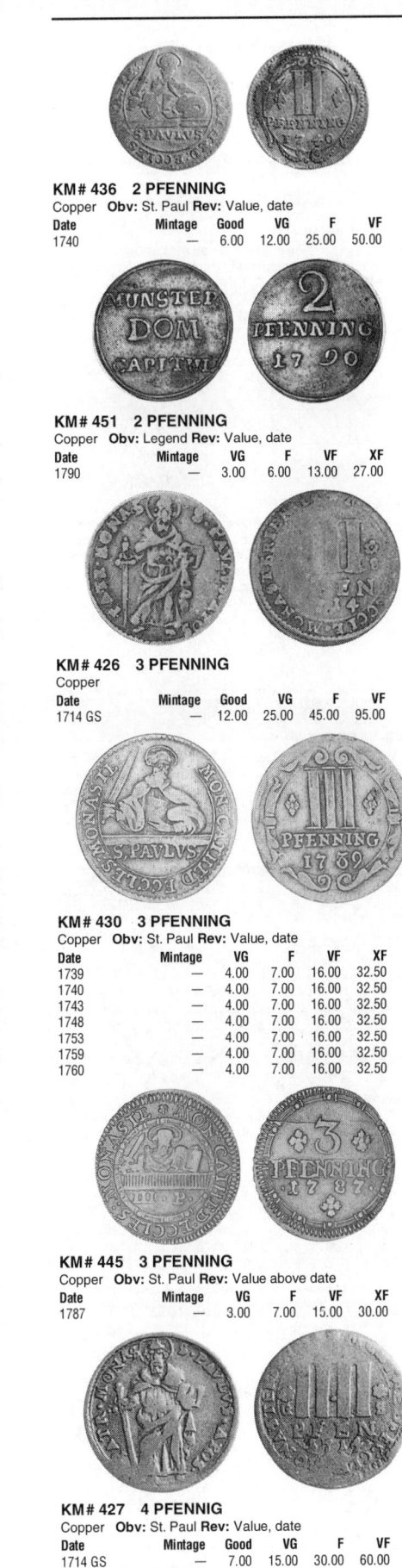

KM# 436 2 PFENNING
Copper **Obv:** St. Paul **Rev:** Value, date

Date	Mintage	Good	VG	F	VF	XF
1740	—	6.00	12.00	25.00	50.00	—

KM# 451 2 PFENNING
Copper **Obv:** Legend **Rev:** Value, date

Date	Mintage	VG	F	VF	XF	Unc
1790	—	3.00	6.00	13.00	27.00	—

KM# 426 3 PFENNING
Copper

Date	Mintage	Good	VG	F	VF	XF
1714 GS	—	12.00	25.00	45.00	95.00	—

KM# 430 3 PFENNING
Copper **Obv:** St. Paul **Rev:** Value, date

Date	Mintage	VG	F	VF	XF	Unc
1739	—	4.00	7.00	16.00	32.50	—
1740	—	4.00	7.00	16.00	32.50	—
1743	—	4.00	7.00	16.00	32.50	—
1748	—	4.00	7.00	16.00	32.50	—
1753	—	4.00	7.00	16.00	32.50	—
1759	—	4.00	7.00	16.00	32.50	—
1760	—	4.00	7.00	16.00	32.50	—

KM# 445 3 PFENNING
Copper **Obv:** St. Paul **Rev:** Value above date

Date	Mintage	VG	F	VF	XF	Unc
1787	—	3.00	7.00	15.00	30.00	—

KM# 427 4 PFENNING
Copper **Obv:** St. Paul **Rev:** Value, date

Date	Mintage	Good	VG	F	VF	XF
1714 GS	—	7.00	15.00	30.00	60.00	—

K# 431 4 PFENNING
Copper **Obv:** 1/2 length figure of St. Paul facing holding sword, S. PAVLVS below **Obv. Legend:** MON: CATHED: ECCLES: MONESTE **Rev:** Value, date in ornate border

Date	Mintage	Good	VG	F	VF	XF
1739	—	1.25	4.00	7.00	16.00	32.50

K# 439 4 PFENNIG
Copper **Obv:** 1/2 length figure of St. Paul facing holding sword, S • below **Obv. Legend:** MON: CATHED: ECCLES: MONESTE • **Rev:** Value, date in ornate border **Note:** Prev. KM#431.

Date	Mintage	Good	VG	F	VF	XF
1762	—	1.25	4.00	7.00	16.00	32.50

KM# 446 4 PFENNIG
Copper

Date	Mintage	VG	F	VF	XF	Unc
1787	—	4.00	7.00	16.00	32.50	—
1790	—	4.00	7.00	16.00	32.50	—

KM# 440 6 PFENNIG
Copper **Obv:** With S. PAULUS/6*P below bust **Rev:** Value, date

Date	Mintage	VG	F	VF	XF	Unc
1762	—	4.00	7.00	16.00	32.50	—

KM# 441 6 PFENNIG
Copper **Obv:** With 6*P below bust **Rev:** Value, date

Date	Mintage	VG	F	VF	XF	Unc
1762	—	4.00	7.00	16.00	32.50	—

KM# 447 6 PFENNIG
Copper **Obv:** St. Paul **Rev:** Value above date

Date	Mintage	VG	F	VF	XF	Unc
1787	—	4.00	7.00	16.00	32.50	—
1788	—	4.00	7.00	16.00	32.50	—
1789	—	4.00	7.00	16.00	32.50	—
1790	—	4.00	7.00	16.00	32.50	—

CITY

The history of the city is one of continuous struggle with the bishops for recognition of its autonomy. It was an important member of the Hanseatic League in the 13th and 14th centuries. Figured as the center of the Anabaptist revolt of 1534-35. Bishop took the city as his seat in 1660 and deprived it of free status, yet local coinage was struck from the mid-16th-18th century.

MINT OFFICIALS' INITIALS

Initials	Date	Name
	1680-1719	Johann Tomhulse
	1740-58	Johann Joseph Rensinck
	Ca.1750	Johann Heinrich Hase, die-cutter

NOTE: Numbers on some 3 Schilling and 12 Pfennig coins ranging from 1 to 11 are die-numbers.

REGULAR COINAGE

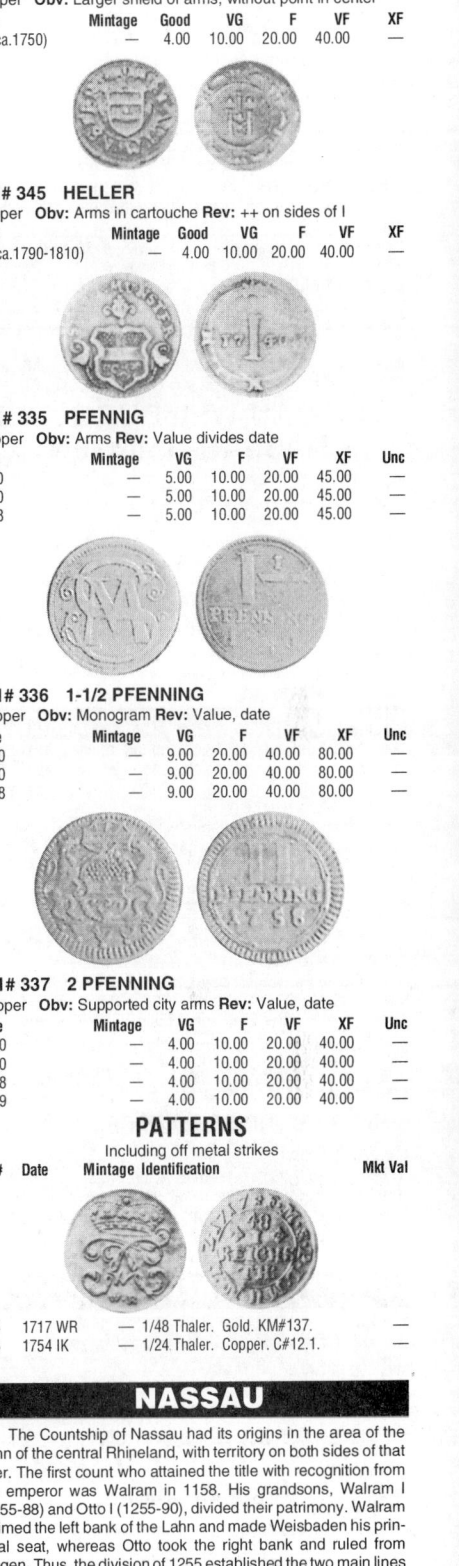

KM# 340 HELLER
Copper **Obv:** Larger shield of arms, without point in center

Date	Mintage	Good	VG	F	VF	XF
ND(ca.1750)	—	4.00	10.00	20.00	40.00	—

KM# 345 HELLER
Copper **Obv:** Arms in cartouche **Rev:** ++ on sides of I

Date	Mintage	Good	VG	F	VF	XF
ND(ca.1790-1810)	—	4.00	10.00	20.00	40.00	—

KM# 335 PFENNIG
Copper **Obv:** Arms **Rev:** Value divides date

Date	Mintage	VG	F	VF	XF	Unc
1740	—	5.00	10.00	20.00	45.00	—
1750	—	5.00	10.00	20.00	45.00	—
1758	—	5.00	10.00	20.00	45.00	—

KM# 336 1-1/2 PFENNIG
Copper **Obv:** Monogram **Rev:** Value, date

Date	Mintage	VG	F	VF	XF	Unc
1740	—	9.00	20.00	40.00	80.00	—
1750	—	9.00	20.00	40.00	80.00	—
1758	—	9.00	20.00	40.00	80.00	—

KM# 337 2 PFENNING
Copper **Obv:** Supported city arms **Rev:** Value, date

Date	Mintage	VG	F	VF	XF	Unc
1740	—	4.00	10.00	20.00	40.00	—
1750	—	4.00	10.00	20.00	40.00	—
1758	—	4.00	10.00	20.00	40.00	—
1759	—	4.00	10.00	20.00	40.00	—

PATTERNS
Including off metal strikes

KM#	Date	Mintage Identification	Mkt Val
Pn4	1717 WR	— 1/48 Thaler. Gold. KM#137.	—
Pn5	1754 IK	— 1/24 Thaler. Copper. C#12.1.	—

NASSAU

The Countship of Nassau had its origins in the area of the Lahn of the central Rhineland, with territory on both sides of that river. The first count who attained the title with recognition from the emperor was Walram in 1158. His grandsons, Walram I (1255-88) and Otto I (1255-90), divided their patrimony. Walram claimed the left bank of the Lahn and made Weisbaden his principal seat, whereas Otto took the right bank and ruled from Siegen. Thus, the division of 1255 established the two main lines over the ensuing centuries.

Several times, various branches of the family issued joint coinage, notably in the late 17th and again in the early 19th centuries. Eventually, through extinction of the various lines and the elevation of one ruler to the throne of the Netherlands, all Nassau was reunited under the house of Nassau-Weilburg.

ARMS
Nassau – lion rampant left on field of billets (small vertical rectangles)

Holzappel – griffin rampant left holding apple

REFERENCE
I = Julius Isenbeck, **Das nassauische Münzwesen**, Wiesbaden, 1879.

GERMAN STATES — NASSAU

PRINCIPALITY
Joint Rulers

RULERS
Johann Franz of Siegen
Heinrich of Dillenburg
Wilhelm Moritz of Siegen
Heinrich Casimir of Dietz
Franz Alexander of Hademar

STANDARD COINAGE

C# 2 2 HELLER
Copper **Ruler:** Wilhelm V **Obv:** Crowned monogram **Rev:** Value, date

Date	Mintage	F	VF	XF	Unc	BU
1766	—	15.00	30.00	60.00	120	—

C# 3 KREUZER
Billon **Ruler:** Wilhelm V **Obv:** Crowned lion shield between branches divides O - N **Rev:** Value, date **Note:** Convention Kreuzer.

Date	Mintage	VG	F	VF	XF	Unc
1766 IIE	—	8.00	15.00	30.00	65.00	—

NASSAU-WEILBURG AND NASSAU-USINGEN

RULERS
Friedrich Wilhelm, 1788-1816

Initial	Date	Name
CT		Christian Teichmann

Duchy

STANDARD COINAGE

C# 20 4 KREUZER
Billon **Ruler:** Karl August **Obv:** 3 Oval shields within crowned frame **Rev:** Value within cartouche, date below

Date	Mintage	VG	F	VF	XF	Unc
1749 EC	—	15.00	30.00	60.00	120	—
1749 EDC	—	15.00	30.00	60.00	120	—
1749 FS	—	15.00	30.00	60.00	120	—
1750 FS	—	15.00	30.00	60.00	120	—
1751 FS	—	15.00	30.00	60.00	120	—

C# 22 12 KREUZER
Billon **Ruler:** Karl August **Obv:** 3 Oval shields within crowned frame **Rev:** Value within cartouche, date below

Date	Mintage	VG	F	VF	XF	Unc
1749 EDC	—	50.00	100	160	240	—
1749 FS	—	50.00	100	160	240	—
1750 FS	—	50.00	100	160	240	—
1751 FS	—	50.00	100	160	240	—

C# 25 THALER
Silver **Ruler:** Karl August **Obv:** Draped bust right **Obv. Legend:** CAR • AUG • D: G • - PR • NASS • WEILB: **Rev:** Crowned 8-fold arms in baroque frame with lion supporters **Rev. Legend:** EX • VISCERIBUS • FODINÆ • MEHLBAC • 1752, FEIN SILBER below **Note:** Mining Thaler. Dav. #2471.

Date	Mintage	VG	F	VF	XF	Unc
1752 VDK-FS	—	225	600	1,200	2,000	2,800

TRADE COINAGE

C# 26 DUCAT
3.5000 g., 0.9860 Gold 0.1109 oz. AGW **Ruler:** Karl August **Obv:** Draped bust right **Rev:** Crowned baroque shield of arms

Date	Mintage	VG	F	VF	XF	Unc
1750 S-EC	—	875	2,050	4,400	7,500	—

NASSAU-DIETZ

RULER
Wilhelm V, 1751-1806, under regency 1751-1766

MINT OFFICIALS' INITIALS

Initials	Date	Name
IIE	1740-70	Johann Jacob Encke

PRINCIPALITY

REGULAR COINAGE

KM# 9 HELLER
Copper Weight varies: 1.55-1.80g., 19 mm. **Ruler:** Wilhelm V **Obv:** Crowned double ON monogram **Rev:** 5-line inscription with date **Rev. Inscription:** I / HELLER / SCHEIDE / MUNTZ / (date) **Mint:** Hanau **Note:** Isenbeck 301, 303. Previous C #1.

Date	Mintage	VG	F	VF	XF	Unc
1766	—	7.00	15.00	30.00	65.00	125
1791	—	5.00	12.50	25.00	50.00	95.00

KM# 10 2 HELLER
Copper Weight varies: 3.65-3.88g., 22 mm. **Ruler:** Wilhelm V **Obv:** Crowned double ON monogram **Rev:** 5-line inscription with date **Rev. Inscription:** II / HELLER / SCHEIDE / MUNTZ / (date) **Mint:** Hanau **Note:** Isenbeck 300, 302. Previous C #2.

Date	Mintage	VG	F	VF	XF	Unc
1766	—	7.00	15.00	30.00	60.00	120
1791	—	5.00	12.50	25.00	50.00	90.00

KM# 11 KREUZER (Convention)
0.5400 g., Billon, 13-14 mm. **Ruler:** Wilhelm V **Obv:** Crowned round shield of Nassau arms between 2 laurel branches divides O - N **Rev:** 5-line inscription with date and mintmaster's initials **Rev. Inscription:** I / CONVENT. / KREUZ. / (date) / I.I.E. **Mint:** Hanau **Note:** Isenbeck 299. Previous C#3.

Date	Mintage	VG	F	VF	XF	Unc
1766 IIE	—	6.00	10.00	22.00	45.00	80.00

KM# 12 5 KREUZER (Convention)
Billon Weight varies: 1.97-2.50g., 21-23 mm. **Ruler:** Wilhelm V **Obv:** Crowned round shield of Nassau arms between 2 laurel branches **Obv. Legend:** FURSTL. ORANIEN=NASS. LAND MUNTZ. **Rev:** Rhombus containing 4-line inscription with date and mintmaster's initials, legend divided in segments around **Rev. Legend:** 240 - EINE - FEINE - MARK. **Rev. Inscription:** IUS / TIRT / (date) / I.I.E. **Mint:** Hanau **Note:** Isenbeck 297-98. Previous C #4.

Date	Mintage	VG	F	VF	XF	Unc
1766 IIE	—	18.00	40.00	70.00	145	275

TRADE COINAGE

KM# 8 DUCAT
3.2700 g., Gold, 22 mm. **Ruler:** Wilhelm IV **Subject:** Death of Wilhelm IV **Obv:** Armored bust to right **Obv. Legend:** W. C. H. FRISO. D.G. BAR. ET. N. - TOT. BELG. LIB. GVB. HÆRED. **Rev:** Ornate sarcophagus, 2-line inscription with Roman numeral date in exergue **Rev. Legend:** APVD. DEVM. &C. BO NOS VIVET IN ÆTERNV. **Rev. Inscription:** OBIIT. XXII. OC / MDCCLI.

Date	Mintage	VG	F	VF	XF	Unc
MDCCLI (1751) IGH	—	500	650	900	1,250	—

NASSAU-WEILBURG

RULERS
Carl August, 1719-53
Friedrich Wilhelm II, 1788-1816

MINT OFFICIALS' INITIALS

Initials	Date	Name
C, EC, EDC	1749-52	Ernst Dietrich Croll
FS, S	1749-54	Friedrich Siegmund Schaefer, die-cutter
ICS	1749-50	Johann Christoph Schepp, die-cutter
VDK	1749-54	Von der Koers, die-cutter and warden

PRINCIPALITY

REGULAR COINAGE

KM# 13 1/4 KREUZER
1.4200 g., Copper, 17 mm. **Ruler:** Karl August **Obv:** Crowned CA monogram, F - N at upper left and right **Rev:** 4-line inscription with date **Rev. Inscription:** IIII / EINEN / KREUZER / (date) **Mint:** Wiesbaden **Note:** Isenbeck 144. Previous C-15.

Date	Mintage	VG	F	VF	XF	Unc
1752	—	30.00	60.00	125	250	—

KM# 14 1/2 KREUZER
2.6500 g., Copper, 22 mm. **Ruler:** Karl August **Obv:** Crowned CA monogram, F - N at upper left and right **Rev:** 4-line inscription with date **Rev. Inscription:** II / EINEN / KREUZER / (date) **Mint:** Wiesbaden **Note:** Isenbeck 143. Previous C-16.

Date	Mintage	VG	F	VF	XF	Unc
1752	—	60.00	125	250	500	—

KM# 6 KREUZER
Billon Weight varies: 0.48-0.58g., 14-16 mm. **Ruler:** Karl August **Obv:** Shield of Nassau arms in baroque frame, F - N divided to upper left and right **Rev:** 4-line inscription with mintmaster's initial in baroque frame, date below **Rev. Inscription:** 1 / KREU / ZER / (mintmaster's initial) **Mint:** Wiesbaden **Note:** Isenbeck 115-24, 133, 137. Previous C-18.

Date	Mintage	VG	F	VF	XF	Unc
1749 C	—	15.00	30.00	65.00	135	—
1749 S	—	15.00	30.00	65.00	135	—
1750 S	—	15.00	30.00	65.00	135	—
1751 S	—	20.00	40.00	75.00	150	—

KM# 7 4 KREUZER
Silver Weight varies: 1.56-1.96g., 21-22 mm. **Ruler:** Karl August **Obv:** 3 oval shields of arms, 2 above 1, in cartouche, crown divides F - N above **Rev:** 4-line inscription with mintmaster's initial(s) in baroque frame, date below **Rev. Legend:** LAND - MUNZ **Rev. Inscription:** 4 / KREU / ZER / (mintmaster's initials) **Mint:** Wiesbaden **Note:** Isenbeck 107-14, 130-32, 135. Previous C-20.

Date	Mintage	VG	F	VF	XF	Unc
1749 EC	—	15.00	30.00	60.00	120	—
1749 EDC	—	15.00	30.00	60.00	120	—
1749 FS	—	15.00	30.00	60.00	120	—
1750 FS	—	15.00	30.00	60.00	120	—
1751 FS	—	15.00	30.00	60.00	120	—

KM# 8 12 KREUZER
Silver Weight varies: 3.24-3.90g., 25-28 mm. **Ruler:** Karl August **Obv:** 3 oval shields of arms, 2 above 1, in baroque frame, crown above divides F - N **Rev:** 4-line inscription with mintmaster's initials in baroque frame, date below **Rev. Legend:** LAND - MUNZ **Rev. Inscription:** XII / KREU / ZER / (mintmaster's initials) **Mint:** Wiesbaden **Note:** Isenbeck 102-6, 129, 134. Previous C-22.

Date	Mintage	VG	F	VF	XF	Unc
1749 EC	—	60.00	110	175	375	—
1749 EDC	—	60.00	110	175	375	—

Date	Mintage	VG	F	VF	XF	Unc
1749 FS	—	60.00	110	175	375	—
1750 FS	—	60.00	110	175	375	—
1751 FS	—	60.00	110	175	375	—

KM# 9 2/3 THALER (Mining)

Silver Weight varies: 12.94-13.04g., 33 mm. **Ruler:** Karl August **Obv:** Crowned oval 8-fold arms in baroque frame supported by 2 lions, date divided below **Obv. Legend:** CARL. AUGUST. D.G. R. I. P. NASS. WEILB. **Rev:** Rural, hilly scene with Mehlbach mine at left, legend curved above, beneath which eye with rays streaming down, value (2/3) divides FEIN - SILBER and mintmaster's initials in exergue **Rev. Legend:** ASPERA - OBLECTANT **Mint:** Wiesbaden **Note:** Isenbeck 128; Dav. 696. Previous C-24.

Date	Mintage	VG	F	VF	XF	Unc
1750 ICS/EC	—	1,250	1,750	3,000	6,000	—

KM# 15 2/3 THALER (Mining)

12.9300 g., Silver, 34 mm. **Ruler:** Karl August **Subject:** Mehlbach Mine **Obv:** Armored bust to right **Obv. Legend:** CAR. AUG. D.G. - PR. NASS. WEILB. **Rev:** Crowned ornate shield of 8-fold arms in baroque frame, date at end of legend, FEIN - SILBER and mintmaster's initials in exergue **Rev. Legend:** EX. VISCERIBUS. FODINAE. MEHLBAC. **Mint:** Wiesbaden **Note:** Isenberg 142. Previous C-24.5.

Date	Mintage	VG	F	VF	XF	Unc
1752 VDK/FS	—	5,500	7,000	8,500	15,000	—

KM# 11 DUCAT

Gold Weight varies: 3.44-3.46g., 20 mm. **Ruler:** Karl August **Obv:** Crowned shield of 8-fold arms in baroque frame, date below **Obv. Legend:** CARL. AUGUST. D. G. R. I. P. NASS. WEILB. **Rev:** Full-length standing figure of prince holding staff, hand on pedestal at right, '1.DUCAT' in exergue **Rev. Legend:** AD LEGEM IMPERII. **Mint:** Wiesbaden **Note:** Isenbeck 126; Fr. 1786. Previous C-27.

Date	Mintage	VG	F	VF	XF	Unc
1750 EC	—	3,800	6,500	9,000	14,000	—

KM# 12 10 GULDEN (Carolin)

Gold **Ruler:** Karl August **Obv:** Bust to right **Rev:** 'X' in oval, surrounded by 4 crowned CA monograms, MONET. AUREA and date below **Mint:** Wiesbaden **Note:** Fr. 1788. Previous C-28.

Date	Mintage	VG	F	VF	XF	Unc
1751 EC Rare	—	—	—	—	—	—

PATTERNS

Including off metal strikes

KM#	Date	Mintage Identification	Mkt Val
Pn1	1750 EC	— Ducat. Silver. 2.2400 g. 20 mm. Isenbeck 127. KM #11.	800

NURNBERG

Nürnberg, (Nuremberg) in Franconia, was made a Free City in 1219. In that same year an Imperial mint was established there and continued throughout the rest of the century. The mint right was obtained in 1376 and again in 1422. City coins were struck from ca.1390 to 1806 when the city was made part of Bavaria. It was briefly occupied by Swedish forces until the death of Gustav II Adolfus in 1632.

MINT OFFICIALS' INITIALS

Initials	Date	Name
CGL	1746-55	Carl Gottleib Lauffer
F, I.M.F.	1755-64	Johann Martin Forster
G.N.R., R.	1764-93	Georg Nikolaus Riedner
H, GH	1679-1712	George Hautsch (1745), die-cutter
I.L.OE., OEXELEIN		Johann Leonhard Oexelein, die-cutter
P.P.W.	1760-96	Johann Peter Werner, die-cutter
K	1779-?	Georg Knoll, warden
K.R.		Georg Knoll and Riedner
LOOS, L, Lf	1742-62	Carl Friedrich Loos, die-cutter
	Ca.1745-76	Georg Friedrich Loos, die-cutter
M	1755-60	Georg Michael Mann, warden
PHM	(1719)	Philipp Heinrich Muller, die-cutter
PPW	(1771)	Peter Paul Werner, die-cutter
R	1794-?	Adam Nikalaus Riedner
S.F.	1760-64	Scholz and Forster
S.R.	1764-70	Scholz and Riedner
S.S.	1760-79	Sigmund Scholz, warden
	1677-1716	Georg Friedrich Nürnberger
(g) and/or PGN – cross	1716-46	Paul Gottlieb Nürnberger

CITY ARMS

Divided vertically, eagle (or half eagle) on left, six diagonal bars downward to right on right side.

Paschal Lamb

The paschal lamb, Lamb of God or Agnes Dei was used in the gold Ducat series. It appears standing on a globe holding a banner with the word "PAX" (peace).

FREE IMPERIAL CITY

REGULAR COINAGE

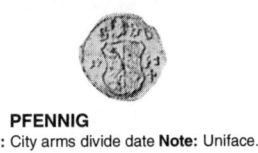

KM# 193a PFENNIG

Copper **Obv:** City arms divide date **Note:** Uniface. Varieties exist.

Date	Mintage	VG	F	VF	XF	Unc
1701 (f)	—	5.00	12.00	25.00	60.00	—
1702 (f)	—	5.00	12.00	25.00	60.00	—
1703 (f)	—	5.00	12.00	25.00	60.00	—
1704 (f)	—	5.00	12.00	25.00	60.00	—
1/05 (f)	—	5.00	12.00	25.00	60.00	—
1706 (f)	—	5.00	12.00	25.00	60.00	—
1707 (f)	—	5.00	12.00	25.00	60.00	—
1708 (f)	—	5.00	12.00	25.00	60.00	—
1709 (f)	—	5.00	12.00	25.00	60.00	—
1710 (f)	—	5.00	12.00	25.00	60.00	—
1711 (f)	—	5.00	12.00	25.00	60.00	—
1712 (f)	—	5.00	12.00	25.00	60.00	—
1713 (f)	—	5.00	12.00	25.00	60.00	—
1714 (f)	—	5.00	12.00	25.00	60.00	—
1715 (f)	—	5.00	12.00	25.00	60.00	—
1716 (f)	—	5.00	12.00	25.00	60.00	—
1717 (g)	—	5.00	12.00	25.00	60.00	—
1718 (g)	—	5.00	12.00	25.00	60.00	—
1719 (g)	—	5.00	12.00	25.00	60.00	—
1720 (g)	—	5.00	12.00	25.00	60.00	—
1721 (g)	—	5.00	12.00	25.00	60.00	—
1722 (g)	—	5.00	12.00	25.00	60.00	—
1723 (g)	—	5.00	12.00	25.00	60.00	—
1724 (g)	—	5.00	12.00	25.00	60.00	—
1725 (g)	—	5.00	12.00	25.00	60.00	—
1726 (g)	—	5.00	12.00	25.00	60.00	—
1727 (g)	—	5.00	12.00	25.00	60.00	—
1728 (g)	—	5.00	12.00	25.00	60.00	—
1729 (g)	—	5.00	12.00	25.00	60.00	—
1730 (g)	—	5.00	12.00	25.00	60.00	—
1731 (g)	—	5.00	12.00	25.00	60.00	—
1732 (g)	—	5.00	12.00	25.00	60.00	—
1733 (g)	—	5.00	12.00	25.00	60.00	—
1734 (g)	—	5.00	12.00	25.00	60.00	—
1735 (g)	—	5.00	12.00	25.00	60.00	—
1736 (g)	—	5.00	12.00	25.00	60.00	—
1737 (g)	—	5.00	12.00	25.00	60.00	—
1738 (g)	—	5.00	12.00	25.00	60.00	—
1739 (g)	—	5.00	12.00	25.00	60.00	—
1740 (g)	—	5.00	12.00	25.00	60.00	—
1741 (g)	—	5.00	12.00	25.00	60.00	—
1742 (g)	—	5.00	12.00	25.00	60.00	—
1743 (g)	—	5.00	12.00	25.00	60.00	—
1744 (g)	—	5.00	12.00	25.00	60.00	—
1745 (g)	—	5.00	12.00	25.00	60.00	—
1746 (g)	—	5.00	12.00	25.00	60.00	—
1747	—	5.00	12.00	25.00	60.00	—
1748	—	5.00	12.00	25.00	60.00	—
1749	—	5.00	12.00	25.00	60.00	—
1750	—	5.00	12.00	25.00	60.00	—
1751	—	5.00	12.00	25.00	60.00	—
1752	—	5.00	12.00	25.00	60.00	—
1753	—	5.00	12.00	25.00	60.00	—

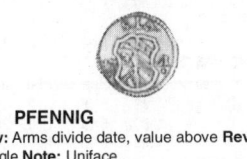

KM# 315 PFENNIG

Billon **Obv:** Arms divide date, value above **Rev:** Crowned imperial eagle **Note:** Uniface.

Date	Mintage	VG	F	VF	XF	Unc
1754	—	2.00	4.00	9.00	20.00	—
1755	—	2.00	4.00	9.00	20.00	—
1756	—	2.00	4.00	9.00	20.00	—
1757	—	2.00	4.00	9.00	20.00	—
1758	—	2.00	4.00	9.00	20.00	—
1759	—	2.00	4.00	9.00	20.00	—
1760	—	2.00	4.00	9.00	20.00	—
1761	—	2.00	4.00	9.00	20.00	—
1762	—	2.00	4.00	9.00	20.00	—
1763	—	2.00	4.00	9.00	20.00	—
1764	—	2.00	4.00	9.00	20.00	—
1765	—	2.00	4.00	9.00	20.00	—
1766	—	2.00	4.00	9.00	20.00	—
1767	—	2.00	4.00	9.00	20.00	—
1768	—	2.00	4.00	9.00	20.00	—
1769	—	2.00	4.00	9.00	20.00	—
1770	—	2.00	4.00	9.00	20.00	—
1771	—	2.00	4.00	9.00	20.00	—
1772	—	2.00	4.00	9.00	20.00	—
1773	—	2.00	4.00	9.00	20.00	—
1775	—	2.00	4.00	9.00	20.00	—
1776	—	2.00	4.00	9.00	20.00	—
1777	—	2.00	4.00	9.00	20.00	—
1778	—	2.00	4.00	9.00	20.00	—
1779	—	2.00	4.00	9.00	20.00	—
1780	—	2.00	4.00	9.00	20.00	—
1781	—	2.00	4.00	9.00	20.00	—
1782	—	2.00	4.00	9.00	20.00	—
1783	—	2.00	4.00	9.00	20.00	—
1784	—	2.00	4.00	9.00	20.00	—
1785	—	2.00	4.00	9.00	20.00	—
1786	—	2.00	4.00	9.00	20.00	—
1787	—	2.00	4.00	9.00	20.00	—
1790	—	2.00	4.00	9.00	20.00	—

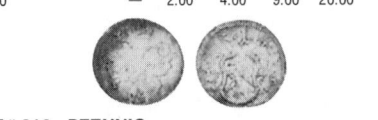

KM# 318 PFENNIG

Billon **Obv:** Crowned imperial eagle

Date	Mintage	VG	F	VF	XF	Unc
1756	—	3.00	5.00	11.00	25.00	—
1757	—	3.00	5.00	11.00	25.00	—
1758	—	3.00	5.00	11.00	25.00	—
1759	—	3.00	5.00	11.00	25.00	—

KM# 16 THALER (Mining)

Silver Weight varies: 25.73-25.98g., 41-42 mm. **Ruler:** Karl August **Subject:** Mehlbach Mine **Obv:** Armored bust to right **Obv. Legend:** CAR. AUG. D.G. - PR. NASS. WEILB. **Rev:** Crowned shield of ornately-shaped 8-fold arms in baroque frame, supported by 2 lions, all on pedestal, date at end of legend, FEIN, SILBER and mintmaster's initials in exergue **Rev. Legend:** EX. VISCERIBUS. FODINAE. MEHLBAC. **Edge Lettering:** UT - SIT - SUO - PONDERE - TOTUS **Mint:** Wiesbaden **Note:** Isenbeck 138-41; Dav. 2471. Previous C-25.

Date	Mintage	VG	F	VF	XF	Unc
1752 VDK/FS	—	525	950	2,250	5,500	—

TRADE COINAGE

KM# 10 DUCAT

3.4400 g., Gold, 20 mm. **Ruler:** Karl August **Obv:** Draped and armored bust to right **Obv. Legend:** CARL. AUGUST. D. G. R. I. P. NASS. WEILB. **Rev:** Crowned shield of 8-fold arms in baroque frame, '1.DUCAT' divides date below **Rev. Legend:** AD LEGEM - IMPERII. **Mint:** Wiesbaden **Note:** Isenbeck 125; Fr. 1787. Prev. C-26.

Date	Mintage	VG	F	VF	XF	Unc
1750 S/EC Rare	—	—	—	—	—	—

488 GERMAN STATES NURNBERG

Date	Mintage	VG	F	VF	XF	Unc
1767	—	3.00	5.00	11.00	25.00	—
1768	—	3.00	5.00	11.00	25.00	—
1769	—	3.00	5.00	11.00	25.00	—
1770	—	3.00	5.00	11.00	25.00	—
1771	—	3.00	5.00	11.00	25.00	—
1772	—	3.00	5.00	11.00	25.00	—
1773	—	3.00	5.00	11.00	25.00	—
1774	—	3.00	5.00	11.00	25.00	—
1775	—	3.00	5.00	11.00	25.00	—
1776	—	3.00	5.00	11.00	25.00	—
1777	—	3.00	5.00	11.00	25.00	—
1778	—	3.00	5.00	11.00	25.00	—
1779	—	3.00	5.00	11.00	25.00	—
1780	—	3.00	5.00	11.00	25.00	—

KM# 366 PFENNIG

Billon **Obv:** Arms with value and date above **Rev:** Crowned double-headed imperial eagle

Date	Mintage	VG	F	VF	XF	Unc
1772	—	3.00	5.00	11.00	25.00	—
1778	—	3.00	5.00	11.00	25.00	—
1779	—	3.00	5.00	11.00	25.00	—
1781	—	3.00	5.00	11.00	25.00	—
1782	—	3.00	5.00	11.00	25.00	—
1784	—	3.00	5.00	11.00	25.00	—
1789	—	3.00	5.00	11.00	25.00	—

KM# 376 PFENNIG

Billon **Obv:** Arms draped with garlands, value and date above **Note:** Uniface

Date	Mintage	VG	F	VF	XF	Unc
1788	—	3.00	5.00	11.00	25.00	—
1789	—	3.00	5.00	11.00	25.00	—

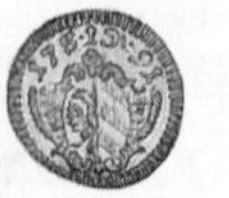

KM# 377 PFENNIG

Billon **Obv:** Oval arms with value and date above

Date	Mintage	VG	F	VF	XF	Unc
1789	—	3.00	5.00	11.00	25.00	—
1790	—	3.00	5.00	11.00	25.00	—
1791	—	3.00	5.00	11.00	25.00	—
1792	—	3.00	5.00	11.00	25.00	—
1793	—	3.00	5.00	11.00	25.00	—
1797	—	3.00	5.00	11.00	25.00	—

KM# 381 PFENNIG

Billon **Obv:** Two shields of arms, value and date above

Date	Mintage	VG	F	VF	XF	Unc
1793	—	3.00	5.00	11.00	25.00	—
1794	—	3.00	5.00	11.00	25.00	—

KM# 383 PFENNIG

Billon **Obv:** Two shields of arms, date above, value below

Date	Mintage	VG	F	VF	XF	Unc
1795	—	3.00	5.00	11.00	25.00	—

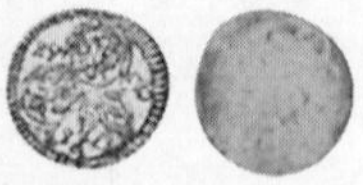

KM# 384 PFENNIG

Billon **Obv:** Three shields of arms divide date

Date	Mintage	VG	F	VF	XF	Unc
1795	—	3.00	5.00	11.00	25.00	—
1796	—	3.00	5.00	11.00	25.00	—
1797	—	3.00	5.00	11.00	25.00	—

KM# 386 PFENNIG

Billon **Obv:** Arms with mural crown above divides date

Date	Mintage	VG	F	VF	XF	Unc
1796	—	3.00	5.00	11.00	25.00	—

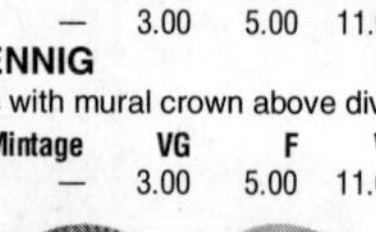

KM# 393 PFENNIG

Billon **Obv:** Arms with value and date above

Date	Mintage	VG	F	VF	XF	Unc
1798	—	3.00	5.00	11.00	25.00	—
1799	—	3.00	5.00	11.00	25.00	—

KM# 397 PFENNIG

Billon **Obv:** State shield between branches above denomination and date **Note:** Uniface.

Date	Mintage	F	VF	XF	Unc	BU
1799	—	4.00	9.00	18.00	37.00	50.00

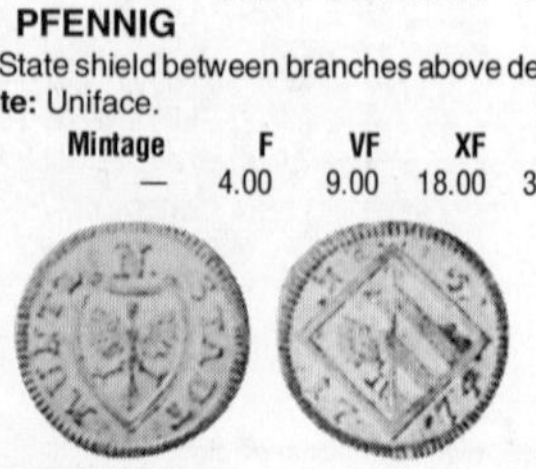

KM# 340 4 PFENNIG

Billon **Obv:** Eagle on pointed shield **Rev:** City arms within square, date divided below

Date	Mintage	VG	F	VF	XF	Unc
1764	—	10.00	20.00	35.00	85.00	—
1765	—	10.00	20.00	35.00	85.00	—
1766	—	10.00	20.00	35.00	85.00	—
1774	—	10.00	20.00	35.00	85.00	—
1776	—	10.00	20.00	35.00	85.00	—
1783	—	10.00	20.00	35.00	85.00	—

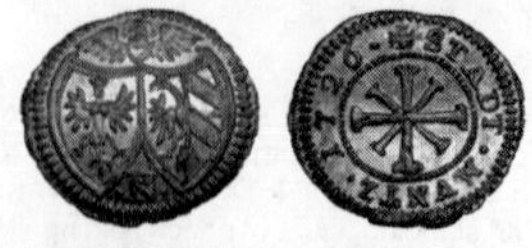

KM# 215 KREUZER (4 Pfennig)

Silver, 16.5 mm. **Obv:** Double cross, date in margin, mint mark (++) at top **Rev:** Two adjacent arms, angel's head above, N below **Note:** Varieties exist.

Date	Mintage	VG	F	VF	XF	Unc
1702 (f)	—	9.00	20.00	33.00	65.00	—
1703 (f)	—	9.00	20.00	33.00	65.00	—
1705 (f)	—	9.00	20.00	33.00	65.00	—
1709 (f)	—	9.00	20.00	33.00	65.00	—
1726 (g)	—	9.00	20.00	33.00	65.00	—
1732 (g)	—	9.00	20.00	33.00	65.00	—

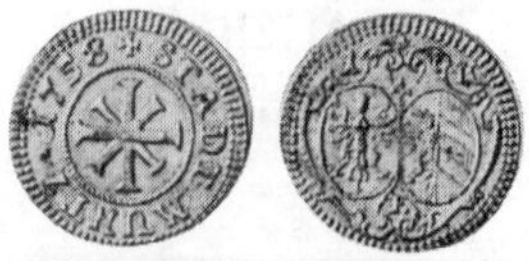

KM# 322.1 KREUZER (4 Pfennig)

Silver **Obv:** Two adjacent oval arms, 1-K above, F below **Rev:** Double cross, date in margin, mintmark at top

Date	Mintage	VG	F	VF	XF	Unc
1758 F	—	32.00	65.00	130	260	—
1759 F	—	32.00	65.00	130	260	—

KM# 322.2 KREUZER (4 Pfennig)

Silver **Obv:** Double cross, date in margin, mintmark at top **Rev:** Arms in ornate cartouche

Date	Mintage	VG	F	VF	XF	Unc
1758	—	32.00	65.00	130	260	—

KM# 323 KREUZER (4 Pfennig)

Silver **Obv:** Bust of Franz I to right **Rev:** Two adjacent arms, date in margin

Date	Mintage	VG	F	VF	XF	Unc
1758	—	30.00	60.00	120	240	—

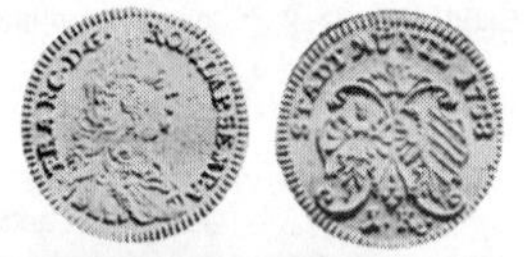

KM# 324 KREUZER (4 Pfennig)

Silver **Obv:** Draped bust right **Rev:** Arms ornately shaped

Date	Mintage	VG	F	VF	XF	Unc
1758 F	—	30.00	60.00	120	240	—

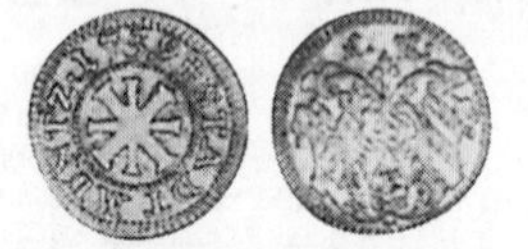

KM# 325 KREUZER (4 Pfennig)

Silver **Obv:** Double cross, date in margin **Rev:** Two adjacent arms

Date	Mintage	VG	F	VF	XF	Unc
1759 F	—	32.00	65.00	130	260	—

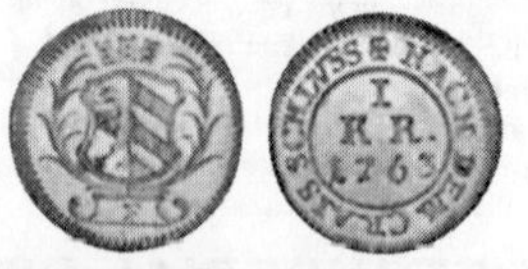

KM# 336 KREUZER (4 Pfennig)

Billon **Obv:** Mural crown above arms in branches, F in pedestal below **Rev:** Value and date in inner circle

Date	Mintage	VG	F	VF	XF	Unc
1763 F	—	7.00	15.00	30.00	60.00	—

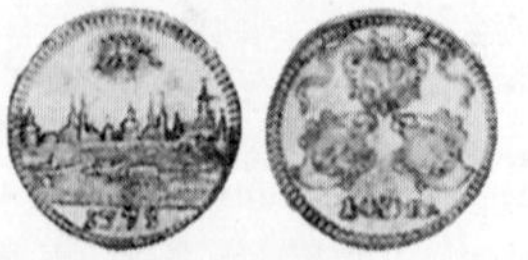

KM# 367 KREUZER (4 Pfennig)

Billon **Obv:** 1 (N) KR below **Rev:** Garland above 3 ornate shields

Date	Mintage	VG	F	VF	XF	Unc
1773	—	4.00	9.00	18.00	37.00	—

KM# 375 KREUZER (4 Pfennig)

Billon **Obv:** Two shields **Rev:** Value above date

Date	Mintage	VG	F	VF	XF	Unc
1786	—	4.00	9.00	18.00	37.00	—

KM# 387 KREUZER (4 Pfennig)

Billon **Obv:** Larger city view **Rev:** Garland above 3 ornate shields

Date	Mintage	VG	F	VF	XF	Unc
1796	—	4.00	9.00	18.00	37.00	—

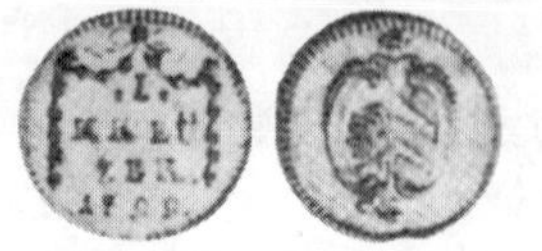

KM# 388 KREUZER (4 Pfennig)

Billon **Obv:** Divided shield **Rev:** Garland above value, date below

Date	Mintage	VG	F	VF	XF	Unc
1796	—	4.00	9.00	18.00	37.00	—
1797	—	4.00	9.00	18.00	37.00	—
1798	—	4.00	9.00	18.00	37.00	—
1799	—	4.00	9.00	18.00	37.00	—

KM# 389 KREUZER (4 Pfennig)

Billon **Obv:** Arms with mural crown and garlands **Rev:** Garlands surround value, date above

Date	Mintage	VG	F	VF	XF	Unc
1796	—	4.00	9.00	18.00	37.00	—

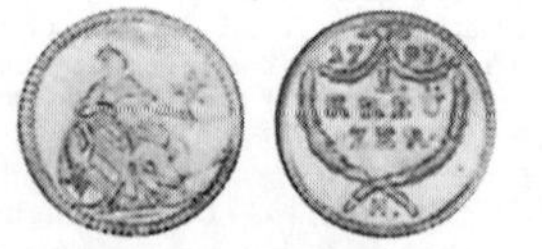

KM# 390 KREUZER (4 Pfennig)

0.7400 g., Billon, 15 mm. **Obv:** Seated female with shield **Rev:** Value within garland, date divided above

Date	Mintage	VG	F	VF	XF	Unc
1797	—	4.00	9.00	18.00	37.00	100

KM# 391 KREUZER (4 Pfennig)

Billon **Obv:** Oval arms in drapery

Date	Mintage	VG	F	VF	XF	Unc
1797	—	4.00	9.00	18.00	37.00	—

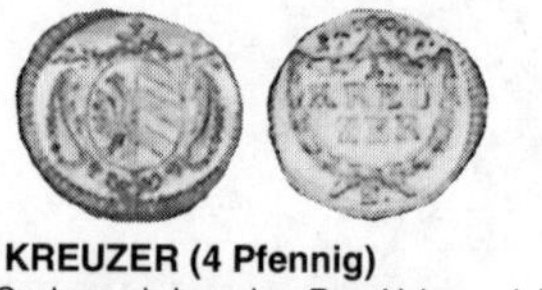

KM# 392 KREUZER (4 Pfennig)

Billon **Obv:** Oval arms in branches **Rev:** Value and date above sprays, N below

Date	Mintage	VG	F	VF	XF	Unc
1797	—	4.00	9.00	18.00	37.00	—

KM# 394 KREUZER (4 Pfennig)

Billon **Obv:** Oval arms in garlands and sprays **Rev:** Value and date in cartouche

Date	Mintage	VG	F	VF	XF	Unc
1798	—	4.00	9.00	18.00	37.00	—

KM# 395 KREUZER (4 Pfennig)

Billon **Rev:** Garlands above value and date

Date	Mintage	VG	F	VF	XF	Unc
1798	—	4.00	9.00	18.00	37.00	—
1799	—	4.00	9.00	18.00	37.00	—

KM# 396 KREUZER (4 Pfennig)

Billon **Obv:** Female figure holding arms at right, beside altar left

Date	Mintage	VG	F	VF	XF	Unc
1798	—	4.00	9.00	18.00	37.00	—

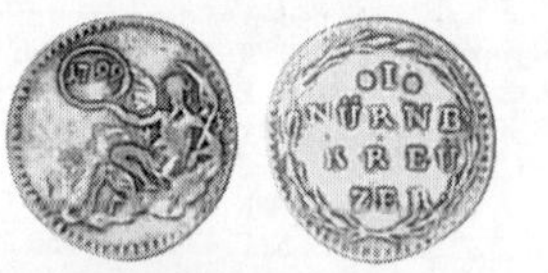

KM# 398 KREUZER (4 Pfennig)

Billon **Obv:** Four-line inscription in wreath **Obv. Inscription:** •I•/ NÜRNB/ KREÜ/ ZER **Rev:** Father Time seated, reaching out to circle with date in upper left

Date	Mintage	VG	F	VF	XF	Unc
1799	—	4.00	9.00	18.00	37.00	—

KM# 330 2-1/2 KREUZER

Billon **Obv:** Crowned imperial eagle **Obv. Legend:** FRANCISCUS... **Rev:** Square arms, date below **Note:** Convention 2-1/2 Kreuzer.

Date	Mintage	VG	F	VF	XF	Unc
1760 R	—	5.00	12.00	25.00	50.00	—
1763 R	—	5.00	12.00	25.00	50.00	—
1764 R	—	5.00	12.00	25.00	50.00	—

KM# 352 2-1/2 KREUZER

Billon **Obv. Legend:** JOSEPHUS...

Date	Mintage	VG	F	VF	XF	Unc
1766 R	—	5.00	12.00	25.00	50.00	—
1767 R	—	5.00	12.00	25.00	50.00	—
1776 R	—	5.00	12.00	25.00	50.00	—

NURNBERG

lines above **Obv. Legend:** + MON: NOV: ARGENT: REIP: NORIMBERG **Rev:** Crowned imperial eagle with small shield of Nürnberg arms on breast **Rev. Legend:** LEOPOLDVS: D: G: ROM: IMPER: S: A. **Note:** Varieties exist.

Date	Mintage	VG	F	VF	XF	Unc
1704 GFN	—	15.00	30.00	65.00	135	—

KM# 298 6 KREUZER
Silver **Obv:** Titles of Karl VI

Date	Mintage	VG	F	VF	XF	Unc
1736 PGN	—	55.00	115	235	475	—

KM# 266 8 KREUZER
Silver **Obv:** Crowned imperial eagle, Nurnberg arms on breast, titles of Leopold I **Rev:** Nurnberg arms divide date, value: K./IIII above

Date	Mintage	VG	F	VF	XF	Unc
1704 GFN	—	15.00	37.00	75.00	150	—

KM# 369 2-1/2 KREUZER
Billon **Obv:** Crowned double-headed eagle with shield on breast **Rev:** City arms

Date	Mintage	VG	F	VF	XF	Unc
1774 R	—	5.00	11.00	22.00	45.00	—
1778 R	—	5.00	11.00	22.00	45.00	—
1779 R	—	5.00	11.00	22.00	45.00	—

KM# 265 4 KREUZER (Batzen)
Silver **Obv:** Crowned imperial eagle, Nurnberg arms on breast, titles of Leopold I **Rev:** Nurnberg arms divide date, value: K/IIII above

Date	Mintage	VG	F	VF	XF	Unc
1704 GFN	—	12.00	30.00	65.00	135	—

KM# 299 8 KREUZER
Silver **Obv:** Titles of Karl VI **Rev:** City arms divide date, value above

Date	Mintage	VG	F	VF	XF	Unc
1736 PGN	—	55.00	110	225	450	—

KM# 310 4 KREUZER (Batzen)
Silver **Obv:** Value above city arms **Rev:** Titles of Franz I **Note:** Varieties exist.

Date	Mintage	VG	F	VF	XF	Unc
1748 CGL	—	9.00	20.00	40.00	80.00	—
1749 CGL	—	9.00	20.00	40.00	80.00	—
1759 F	—	9.00	20.00	40.00	80.00	—

KM# 319 10 KREUZER (1/12 Thaler)
Silver **Obv:** Bust of Franz I right in laurel wreath **Rev:** Crowned N arms on pedestal, value: 10 on front panel, date below **Note:** Varieties exist.

Date	Mintage	VG	F	VF	XF	Unc
1756 MF	—	40.00	85.00	175	350	—
1759 MF	—	40.00	85.00	175	350	—
1760 SF	—	40.00	85.00	175	350	—

KM# 338 10 KREUZER (1/12 Thaler)
Silver **Obv:** Crowned imperial eagle **Obv. Legend:** FRANCISCUS... **Rev:** Crowned arms on pedestal between branches **Note:** Convention 10 Kreuzer.

Date	Mintage	VG	F	VF	XF	Unc
1763 SF	—	65.00	125	225	450	—
1764 SF	—	65.00	125	225	450	—

KM# 354 10 KREUZER (1/12 Thaler)
Silver **Obv. Legend:** JOSEPHUS...

Date	Mintage	VG	F	VF	XF	Unc
1766 SR	—	65.00	125	225	450	—

KM# 317 4 KREUZER (Batzen)
Silver **Obv:** Oval arms in cartouche, value: K./IIII divides date **Rev:** Value above city arms **Note:** Varieties exist.

Date	Mintage	VG	F	VF	XF	Unc
1755 IMF	—	10.00	22.00	45.00	95.00	—
1756 IMF	—	10.00	22.00	45.00	95.00	—
1758 IMF	—	10.00	22.00	45.00	95.00	—

KM# 320 20 KREUZER
Silver **Obv:** Bust right within laurel branch wreath **Rev:** Crowned city arms within baroque frame on pedestal with value, date below **Note:** Convention 20 Kreuzer.

Date	Mintage	VG	F	VF	XF	Unc
1753 L/MF	—	10.00	22.00	45.00	95.00	—
1759 L/MF	—	10.00	22.00	45.00	95.00	—
1760 OE/SF	—	10.00	22.00	45.00	95.00	—
1762 OE/SF	—	10.00	22.00	45.00	95.00	—
1763 OE/SF	—	10.00	22.00	45.00	95.00	—
1764 L/SR	—	10.00	22.00	45.00	95.00	—
1764 OE/SR	—	10.00	22.00	45.00	95.00	—
1765 OE/SR	—	10.00	22.00	45.00	95.00	—

KM# 334 20 KREUZER
Silver **Obv:** Crowned shield on eagles breast, value within pedestal **Rev:** Laureate head right within branches

Date	Mintage	VG	F	VF	XF	Unc
1761 SF	—	15.00	37.00	75.00	150	—

KM# 337 5 KREUZER
Billon **Obv:** Value above city arms, date divided below **Rev:** Crowned double-headed eagle with shield on breast **Rev. Legend:** FRANCISCUS...

Date	Mintage	VG	F	VF	XF	Unc
1763 F	—	12.00	30.00	60.00	120	—
1764 R	—	12.00	30.00	60.00	120	—
1765 R	—	12.00	30.00	60.00	120	—

KM# 267 12 KREUZER (Dreibatzner)
Silver **Obv:** Nurnberg arms divide date, value: K./XII above **Rev:** Crowned imperial eagle, Nurnberg arms on breast, titles of Leopold I

Date	Mintage	VG	F	VF	XF	Unc
1704 GFN	—	25.00	55.00	110	225	—

KM# 341.1 20 KREUZER
Silver **Obv:** City arms within baroque frame **Rev:** Crowned shield on eagle's breast **Rev. Legend:** FRANCISCVS...

Date	Mintage	VG	F	VF	XF	Unc
1764 SR	—	12.00	25.00	50.00	105	—
1765 SR	—	12.00	25.00	50.00	105	—

KM# 353 5 KREUZER
Billon **Obv:** Crowned double-headed eagle with shield on breast **Obv. Legend:** JOSEPHUS... **Rev:** Value above city arms, date divided below

Date	Mintage	VG	F	VF	XF	Unc
1766 R	—	15.00	30.00	65.00	135	—

KM# 341.2 20 KREUZER
Silver **Obv:** Crowned shield on eagle's breast **Rev:** Crowned arms above pedestal with value, date below

Date	Mintage	VG	F	VF	XF	Unc
1765 SR	—	12.00	25.00	55.00	110	—

KM# 343 20 KREUZER
Silver **Obv:** Bust of Josef right in wreath **Rev:** Crowned arms on pedestal between branches, value and date below

Date	Mintage	VG	F	VF	XF	Unc
1765 SR	—	14.00	30.00	60.00	120	—

KM# 295 12 KREUZER (Dreibatzner)
Silver **Obv:** Titles of Karl VI **Rev:** City arms divide date, value above

Date	Mintage	VG	F	VF	XF	Unc
1732 PGN	—	40.00	85.00	175	350	—
1736 PGN	—	40.00	85.00	175	350	—

KM# 344 20 KREUZER
Silver **Obv:** Crowned shield within Order chain on eagle's breast

KM# 201 6 KREUZER
Silver **Obv:** Shield of city arms divides date, value K/VI in two

GERMAN STATES — NURNBERG

Obv. Legend: JOSEPHUS... **Rev:** City arms atop pedestal with value, date below

Date	Mintage	VG	F	VF	XF	Unc
1765 SR	—	12.00	25.00	55.00	110	—
1766 SR	—	12.00	25.00	55.00	110	—
1767 SR	—	12.00	25.00	55.00	110	—
1768 SR	—	12.00	25.00	55.00	110	—

KM# 360 20 KREUZER

Silver **Obv:** Three shields, date divided at top, value below **Rev:** Crowned shield within Order chain on eagle's breast

Date	Mintage	F	VF	XF	Unc	BU
1769 SR	—	35.00	75.00	150	300	—

KM# 355 1/2 THALER

Silver **Obv:** Crowned city arms within baroque frame **Rev:** Crowned imperial double-headed eagle with orb on breast

Date	Mintage	F	VF	XF	Unc	BU
1766 SR	—	65.00	125	260	525	—
1768 SR	—	65.00	125	260	525	—

KM# 285 THALER

Silver **Obv:** Eagle wearing German crown above city view, NORIMERGA below, date in chronogram **Obv. Legend:** AVGVSTO DOMINO TVTA AC SECVRA PARENTE EST, below; NORIMBERGA * **Rev:** Laureate bust of Karl VI right **Rev. Legend:** CAROLVS VI. D. G. ROM. IMP. SEMP. AVG. **Note:** Dav. #2476.

Date	Mintage	F	VF	XF	Unc	BU
ND(1721) PGN	—	350	650	1,150	2,100	3,000

KM# 365 20 KREUZER

Silver, 29 mm. **Obv:** Crowned imperial eagle in diamond **Rev:** Crowned arms, date and value in diamond

Date	Mintage	F	VF	XF	Unc	BU
1770 SR	—	30.00	65.00	130	260	—
1772 SR	—	30.00	65.00	130	260	—
1774 SR	—	30.00	65.00	130	260	—
1776 SR	—	30.00	65.00	130	260	—

KM# 268 THALER

Silver **Obv:** Standing female with two-branch palm frond and three shields **Obv. Legend:** MONETA NOVA REIPVB • NORIBERGENSIS •, in exergue; MDCCVI•/GFN• **Rev:** Imperial eagle, titles of Josef **Rev. Legend:** IOSEPHVS • D • G • ROM • IMP • S • A • GER • H • B • R • AR • A • **Note:** Dav. #2474.

Date	Mintage	F	VF	XF	Unc	BU
1706 GFN	—	1,350	2,450	4,200	7,000	—

KM# 370 20 KREUZER

Silver **Obv:** City arms within baroque frame **Rev:** Crowned shield within Order chain on eagle's breast

Date	Mintage	F	VF	XF	Unc	BU
1774 SR	—	40.00	90.00	185	375	—

KM# 296 THALER

Silver **Subject:** Artillery Shooting of 1733 **Obv:** Six shields of arms on sprays around central shield of arms **Rev:** Roman numeral date in exergue **Note:** Dav. #2480.

Date	Mintage	F	VF	XF	Unc	BU
1733 PPW	—	950	1,750	3,250	6,000	8,000

KM# 345 30 KREUZER (1/2 Gulden)

Silver **Obv:** Crowned arms within Order chain on eagle's breast **Rev:** Crowned city arms within baroque frame **Note:** Convention 30 Kreuzer

Date	Mintage	F	VF	XF	Unc	BU
1765 SR	—	50.00	100	200	400	—

KM# 275 THALER

Silver **Obv:** Eagle with two shields of arms above city view **Obv. Legend:** SVB VMBRA - ALARVM TVARVM, in exergue; MONETA REIP•/NORIMB • 1711 **Rev:** Armored, laureate bust of Karl VI right **Rev. Legend:** CAROLVS SI • D • G • - ROM • IMP • SEMP • AVG, GFN below **Note:** Dav. #2475.

Date	Mintage	F	VF	XF	Unc	BU
1711 GFN	—	375	750	1,350	2,250	3,000

KM# 332 1/2 THALER

Silver **Obv:** River god holding arms **Rev:** Crowned shield within Order chain on eagle's breast **Note:** Convention 1/2 Thaler.

Date	Mintage	F	VF	XF	Unc	BU
1760 SF/OE	—	85.00	175	300	625	—

KM# 300 THALER

Silver **Obv:** Bust of Karl VI right **Obv. Legend:** CAROLVS VI. D. G. - ROM. IMP. SEMP. AVG **Rev:** City view with NORIMBERGA below **Rev. Legend:** GLORIA IN EXCELSIS DEO ATQUE IN TERRA PAX HOMINIBVS **Note:** Dav. #2481.

Date	Mintage	F	VF	XF	Unc	BU
1736 pgn	—	325	650	1,150	1,900	2,500

NURNBERG — GERMAN STATES

KM# 305 THALER

Silver **Obv:** City view **Obv. Legend:** TVTA HIS - AVSPICIIS, NORIMBERGA/1742 below **Rev:** Armored bust of Karl VI right **Rev. Legend:** CAROLVS VII • - D • G • ROM • IMP • S • A • **Note:** Dav. #2482.

Date	Mintage	F	VF	XF	Unc	BU
1742 PGN	—	400	725	1,300	2,300	3,000

KM# 321 THALER

Silver **Obv:** Imperial eagle above two shields dividing date **Obv. Legend:** MONETA NOVA - REIPVBL • NORIM • BERGENSIS •, below; X EINE FEINE/MARK **Rev:** Armored, laureate bust of Franz right **Rev. Legend:** FRANCISCUS • D: G - ROM • IMO • SEMP • AVG • **Note:** Dav. #2485.

Date	Mintage	F	VF	XF	Unc	BU
1757 L-MF	—	120	225	350	700	900
1758 L-MF	—	120	225	350	700	900
1759 OEXLEIN-MF	—	120	225	350	700	900
1760 OEXLEIN-SF	—	120	225	350	700	900

KM# 339 THALER

Silver **Subject:** Peace of Hubertusburg **Obv:** Crowned, divided shield on eagle's breast **Obv. Legend:** FRANCISCVS • D • G • - ROM • IMP • SEMP • AVG • **Rev:** Peace standing with laurel branch, shield left of altar **Rev. Legend:** BENEDICTVS DOMINVS QVI DEDIT PACEM IN FINIBVS NOSTRIS **Rev. Inscription:** X • ST • E • F • MARK / 1763 / S • F • **Note:** Dav. #2488.

Date	Mintage	F	VF	XF	Unc	BU
1763 SF-ILOE	—	80.00	150	300	600	—

KM# 342 THALER

Silver **Obv:** Large crowned complex arms within Order chain on eagle's breast **Obv. Legend:** FRANC • D • G • R • I • S • - A • GE • IER • R • LO • B • M • H • D • **Rev:** Armored, laureate bust right **Rev. Legend:** 10 • EINE FEINE - MARCK • **Note:** Dav. #2489.

Date	Mintage	F	VF	XF	Unc	BU
1764 SS-GNR	—	125	200	400	800	—

KM# 307 THALER

Silver **Obv:** City view **Obv. Legend:** TVTA HIS - AVSPICIIS, below; NORIMBERGA **Rev:** Armored, laureate bust of Franz right **Rev. Legend:** FRANCIVCVS D •- G • ROM • IMP • SEMP • Avg • **Note:** Species Thaler. Dav. #2483.

Date	Mintage	F	VF	XF	Unc	BU
1745 PPW	—	300	600	1,000	1,800	2,450

KM# 333 THALER

Silver **Obv:** Large crowned complex arms within Order chain on eagle's breast **Obv. Legend:** 10 EINE FEINE - MARCK **Obv. Inscription:** LEGE VINDICE • / S • S • (N) I • M • F • **Rev:** Armored, laureate bust of Franz right **Rev. Legend:** FRANC • D • G • R • I • S • - A • GE • IER • R • LO • B • M • H • D • **Note:** Dav. #2486.

Date	Mintage	F	VF	XF	Unc	BU
1760 SS-IMF	—	125	200	400	800	1,000
1762 SS-IMF	—	125	200	400	800	1,000
1763 SS-IMF	—	125	200	400	800	1,000

KM# 347 THALER

Silver **Obv:** Crowned, divided shield within Order chain on eagle's breast **Obv. Legend:** FRANCISCVS • D • G • - ROM • IMP • SEMP • AVG • **Rev:** Standing Peace with laurel branch, shield left of altar **Rev. Legend:** DOMINE CONSERVA NOS IN PACE **Rev. Inscription:** X • ST • E • F • MARK • / 1765 / S • S • G • N • R • **Note:** Dav. #2490.

Date	Mintage	F	VF	XF	Unc	BU
1765 SS-GNR	—	85.00	165	300	725	—

KM# 346 THALER

Silver **Obv:** Legend at bottom **Obv. Legend:** LEGE-VINDICE **Rev:** Armored, laureate bust of Franz right **Rev. Legend:** FRANC • D • G • R • I • S • - A • GE • IER • R • LO • B • M • H • D • **Note:** Dav. #2491.

Date	Mintage	F	VF	XF	Unc	BU
1765 SR	—	165	300	650	1,550	—

KM# 316 THALER

Silver **Obv:** Armored, laureate bust of Franz right **Obv. Legend:** FRANCISCVS • D • - G • ROM • IMP • SEMP • AVG • **Rev:** City view **Rev. Legend:** X EINE FEINE MARK **Rev. Inscription:** NORIMBERGA / 1754 **Note:** Convention Thaler. Dav. #2484.

Date	Mintage	F	VF	XF	Unc	BU
1754 PPW-CGL	—	150	300	500	1,000	1,400

KM# 335 THALER

Silver **Obv:** Crowned, divided shield on eagle's breast **Obv. Legend:** FRANCISCVS • D • G • - ROM • IMP • SEMP • AVG • **Rev:** Seated Peace with shield at left, laurel branch at right **Rev. Legend:** DA. PACEM DOMINE IN - DIEBVS NOSTRIS • 1761 **Rev. Inscription:** X • EINE FEINE / MARK • / S • F • **Note:** Dav. #2487.

Date	Mintage	F	VF	XF	Unc	BU
1761 SF	—	80.00	150	300	600	—

KM# 348 THALER

Silver **Obv:** City arms on breast of eagle **Obv. Legend:** X. EINE FEINE - MARCK • 1765 **Rev:** Armored, laureate bust of Josef II right **Rev. Legend:** IOSEPHVS II • D • G • - ROM • IMP • SEMP • AVG • **Note:** Dav. #2492.

Date	Mintage	F	VF	XF	Unc	BU
1765 SR	—	180	300	550	1,200	—

GERMAN STATES — NURNBERG

KM# 349 THALER
Silver **Obv:** Armored, laureate bust of Josef II right **Obv. Legend:** IOSEPHVS II • D • G • - ROM • IMP • SEMP • AVG • **Rev:** City view **Rev. Legend:** X • EINE FEINE - MARCK • 1765 • **Note:** Dav. #2493.

Date	Mintage	F	VF	XF	Unc	BU
1765 SR	—	180	300	550	1,200	—

KM# 350 THALER
Silver **Obv:** City view **Obv. Legend:** X • EINE FEINE - MARCK • date **Obv. Inscription:** NURNBERG • / K • R • **Rev:** Imperial orb on eagle's breast **Rev. Legend:** IOSEPHVS II • D • G • - ROM • IMP • SEMP • AVG • **Note:** Dav. #2494.

Date	Mintage	F	VF	XF	Unc	BU
1765 SR	—	120	210	350	850	—
1768 SR	—	120	210	350	850	—
1780 KR	—	120	210	350	850	—

KM# 357 THALER
Silver **Obv:** Imperial orb on eagle's breast **Obv. Legend:** IOSEPHVS II • D • G • - ROM • IMP • SEMP • AVG • **Rev:** City arms within baroque frame **Rev. Legend:** MONETA REIPVBL • • NORIMBERG • date • **Rev. Inscription:** X • E • FEINE • M • / S • R • **Note:** Dav. #2497.

Date	Mintage	F	VF	XF	Unc	BU
1766 SR	—	135	275	475	900	—
1767 SR	—	135	275	475	900	—

KM# 359 THALER
Silver **Obv:** Imperial double-headed eagle, orb on breast **Obv. Legend:** IOSEPHVS II • D • G • - ROM • IMP • SEMP • AVG • **Rev:** Crowned city arms within baroque frame **Rev. Legend:** MONETA REIPVBL • NORIMBERG • **Rev. Inscription:** * X • E • FEINE • M • **Note:** Dav. #2498.

Date	Mintage	F	VF	XF	Unc	BU
1767 SR	—	120	250	400	850	1,450
1768 SR	—	120	250	400	850	1,450
1776 SR	—	120	250	400	850	1,450

KM# 382 THALER
Silver **Obv:** City view similar to KM#350 **Rev:** Bust of Franz II right

Date	Mintage	F	VF	XF	Unc	BU
1794 IPW/KR	—	—	—	—	—	—

KM# 351 THALER
Silver **Obv:** Crowned, divided arms within Order chain on breast of eagle **Obv. Legend:** IOSEPHVS II • D • G • - ROM • IMP • SEMP • AVG • **Rev:** City view **Rev. Legend:** X • EINE FEINE - MARCK • **Rev. Inscription:** NURNBERG • / K • R • **Note:** Dav. #2495.

Date	Mintage	F	VF	XF	Unc	BU
1765 SR	—	100	200	325	750	—
1768 SR	—	100	200	325	750	—
1779 KR	—	100	225	375	800	—

KM# 385 THALER
Silver **Obv:** Value within Order chain, date above **Obv. Legend:** X/EINE FEINE/MARK., K. - R. below **Rev:** Armored bust right **Rev. Legend:** FRANZ DER ZWEITE DEUTSCHER KAISER. **Note:** Dav. #2499.

Date	Mintage	F	VF	XF	Unc	BU
1795 KR-IPW	—	500	900	1,500	2,500	—

KM# 211 2 THALER
Silver **Obv:** Laureate bust of Leopold right **Obv. Legend:** MONETA NOVA - REIPBV • NORIBERG •, below; NACH DEM ALTEN/SCHROT VND KORN•/G.F.N. **Rev:** 3 cherubs with 3 shields above city view **Rev. Legend:** LEOPOLD D • G • ROM • IMP • - S • A • GER • H • B • REX • ARCHID • AVST • **Note:** Dav. #2472.

Date	Mintage	F	VF	XF	Unc	BU
ND GH-GFN	—	2,000	3,750	7,500	11,000	—

KM# 212 2 THALER
Silver **Rev:** Bust of Josef right **Note:** Dav. #2473.

Date	Mintage	F	VF	XF	Unc	BU
ND H-GFN	—	2,000	3,750	7,500	11,000	—

KM# 213 2 THALER
Silver **Obv:** Bust of Karl VI right **Obv. Legend:** CAROLVS • VI • D • G • ROM • IMP • - S • A • GERM • H • H • & B • R • AR • A • **Rev:** Two cherubs with three shields of arms above city view **Rev. Legend:** MONETA NOVA - REIPVB • NORIBERG • **Rev. Inscription:** NACH DEM. ALTEN / SCHROT VND KORN • / G. F. N. **Note:** Dav. #2478.

Date	Mintage	F	VF	XF	Unc	BU
ND H-GFN	—	3,000	5,600	12,500	17,500	—

KM# 297 2 THALER
Silver **Obv:** Six shields of arms on sprays around central shield of arms **Rev:** Roman numeral date in exergue **Note:** Similar to 1 Thaler, KM#296.

Date	Mintage	VG	F	VF	XF	Unc
1733 PPW	—	3,600	6,000	12,000	16,500	—

KM# 214 3 THALER
Silver **Obv:** Bust of Karl VI right **Rev:** Two cherubs with three shields of arms above city view **Note:** Dav. #2477.

Date	Mintage	F	VF	XF	Unc	BU
ND N-GFN Rare	—	—	—	—	—	—

KM# 207 4 THALER
Silver **Obv:** 2 cherubs with 3 shields of arms above city view **Rev:** Laureate bust of Leopold right **Note:** Similar to 2 Thaler, KM#211.

Date	Mintage	VG	F	VF	XF	Unc
ND GH/GFN	—	—	—	—	—	—

TRADE COINAGE

KM# 368 1/2 DUCAT
1.7500 g., 0.9860 Gold 0.0555 oz. AGW **Obv:** Three shields of arms **Rev:** City view, date in exergue

Date	Mintage	F	VF	XF	Unc	BU
1773	—	150	300	600	900	1,800

KM# 276 DUCAT
3.5000 g., 0.9860 Gold 0.1109 oz. AGW **Obv:** Laureate bust of Karl VI right **Rev:** Three shields of arms, date at bottom

Date	Mintage	VG	F	VF	XF	Unc
1711	—	950	1,850	3,250	6,500	—

KM# 277 DUCAT
3.5000 g., 0.9860 Gold 0.1109 oz. AGW **Obv:** Altar, date in chronogram **Rev:** Crowned bust of Karl VI right

Date	Mintage	VG	F	VF	XF	Unc
MDCCVIIIIIII (1712) GFN	—	600	1,300	2,400	4,200	—

KM# 306 DUCAT
3.5000 g., 0.9860 Gold 0.1109 oz. AGW **Obv:** Crowned bust of Karl VI right **Rev:** Personification of city holding shield to her left

Date	Mintage	VG	F	VF	XF	Unc
1742	—	1,000	2,250	4,200	7,500	—

KM# 308 DUCAT
3.5000 g., 0.9860 Gold 0.1109 oz. AGW **Obv:** Standing figure with shield at right **Rev:** Bust of Franz right

Date	Mintage	VG	F	VF	XF	Unc
1745	—	950	1,850	3,250	6,500	—

KM# 358 DUCAT
3.5000 g., 0.9860 Gold 0.1109 oz. AGW **Obv:** Bust of Josef II right **Rev:** Crowned ornate oval arms

Date	Mintage	F	VF	XF	Unc	BU
1766 SR	—	500	1,000	2,000	4,000	—

KM# 379 DUCAT
3.5000 g., 0.9860 Gold 0.1109 oz. AGW **Obv:** City view **Rev:** Bust of Leopold II right

Date	Mintage	F	VF	XF	Unc	BU
1790	—	800	1,650	3,500	6,000	—

KM# 380 DUCAT
3.5000 g., 0.9860 Gold 0.1109 oz. AGW **Obv:** Bust of Franz II right **Rev:** City view

Date	Mintage	F	VF	XF	Unc	BU
ND(1792)	—	800	1,650	3,500	6,000	—

KM# A381 DUCAT
3.5000 g., 0.9860 Gold 0.1109 oz. AGW **Obv:** Bust of Franz II right **Rev:** Female standing with emperor

Date	Mintage	VG	F	VF	XF	Unc
ND(1792)	—	650	1,250	2,750	5,750	—

KM# 262 3 DUCAT
10.5000 g., 0.9860 Gold 0.3328 oz. AGW **Obv:** Three shields of arms in ribbons **Rev:** Facing paschal lamb, date in chronogram

Date	Mintage	VG	F	VF	XF	Unc
ND(1703) GFN	—	600	1,200	2,000	3,000	—

KM# 263 4 DUCAT
14.0000 g., 0.9860 Gold 0.4438 oz. AGW **Obv:** Three shields of arms in ribbons **Rev:** Facing paschal lamb, date in chronogram **Note:** Similar to 3 Ducat, KM#262.

Date	Mintage	VG	F	VF	XF	Unc
1703	—	650	1,250	2,500	3,750	—

KM# 264 5 DUCAT
17.5000 g., 0.9860 Gold 0.5547 oz. AGW **Obv:** Three shields of arms in ribbons **Rev:** Facing paschal lamb, date in chronogram **Note:** Similar to 3 Ducat, KM#262.

Date	Mintage	VG	F	VF	XF	Unc
1703	—	—	—	3,000	5,000	—

KM# 269 5 DUCAT
17.5000 g., 0.9860 Gold 0.5547 oz. AGW **Obv:** Standing female with branch palm front and three shields of arms, Roman numeral date below **Rev:** Imperial eagle, titles of Josef

Date	Mintage	VG	F	VF	XF	Unc
MDCCVI (1706) GFN	—	—	—	5,500	8,500	—

KM# 301 5 DUCAT
17.5000 g., 0.9860 Gold 0.5547 oz. AGW **Obv:** Bust of Karl VI right **Rev:** City view with NORIMBERGA below **Rev. Legend:** FLORIA IN EXCELSIS DEO...

Date	Mintage	VG	F	VF	XF	Unc
1736 PGN	—	—	—	5,500	8,500	—

Note: Struck with 1 Thaler dies, KM#300

KM# 270 6 DUCAT
21.0000 g., 0.9860 Gold 0.6657 oz. AGW **Obv:** Imperial eagle, titles of Josef **Rev:** Standing female with branch palm frond and 3 shields of arms **Note:** Similar to 5 Ducat, KM#269.

Date	Mintage	VG	F	VF	XF	Unc
1706 GFN	—	—	—	6,500	10,000	—

KM# 286 6 DUCAT
21.0000 g., 0.9860 Gold 0.6657 oz. AGW **Obv:** Bust of Karl VI right **Rev:** Eagle wearing German crown above city view, NORIMBERGA below, date in chronogram

Date	Mintage	VG	F	VF	XF	Unc
ND(1721) PGN	—	—	—	6,500	10,000	—

Note: Struck with 1 Thaler dies, KM#285

KM# 288 10 DUCAT
35.0000 g., 0.9860 Gold 1.1095 oz. AGW **Obv:** Standing female with palm and 3 shields **Rev:** Imperial eagle **Note:** Similar to 6 Ducat, KM#286.

Date	Mintage	VG	F	VF	XF	Unc
1721 PGN	—	—	—	7,500	12,500	—

KM# 289 10 DUCAT
35.0000 g., 0.9860 Gold 1.1095 oz. AGW **Obv:** Bust of Karl VI right **Rev:** Two cherubs with three shields above city view

Date	Mintage	VG	F	VF	XF	Unc
ND H/GFN	—	—	—	17,500	25,000	—

Note: Struck with 2 Thaler dies, KM#213

PATTERNS
Including off metal strikes

KM#	Date	Mintage	Identification	Mkt Val
Pn8	1711	—	Ducat. Silver. KM#276	150
Pn9	ND(1712)	—	Ducat. Silver. KM#277. Date in chronogram, Karl VI.	150
Pn10	1739 (g)	—	Pfennig. Gold.	650
Pn11	1740 (g)	—	Pfennig. Gold.	650
Pn12	1756 L/MF	—	20 Kreuzer. Gold. Weight of 3 Ducat.	4,500
Pn13	1756 L/MF	—	20 Kreuzer. Gold. Weight of 6 Ducat.	7,000
Pn14	1758 F	—	Kreuzer. Gold. Weight of 1/2 Ducat.	—
Pn15	1759 MF	—	10 Kreuzer. Gold. Weight of 2 Ducat.	3,500

PIEFORTS

KM#	Date	Mintage	Identification	Mkt Val
P1	ND	—	2 Thaler. Silver. KM#211.	—

KM# 309 6 DUCAT
21.0000 g., 0.9860 Gold 0.6657 oz. AGW **Obv:** Bust of Franz right **Rev:** Eye of God above city view

Date	Mintage	VG	F	VF	XF	Unc
1745 PPW	—	—	—	6,500	10,000	—

Note: Struck with 1 Thaler dies, KM#307; Bowers and Merena Guia sale 3-88 AU realized $13,200

KM# 287 8 DUCAT
28.0000 g., 0.9860 Gold 0.8876 oz. AGW **Obv:** Bust of Karl VI right **Rev:** City view **Note:** Similar to 6 Ducat, KM#286.

Date	Mintage	VG	F	VF	XF	Unc
1721 PGN	—	—	—	7,000	11,000	—

OLDENBURG

The countship of Oldenburg was situated on the North Seacoast, to the east of the principality of East Friesland. It was originally part of the old duchy of Saxony and the first recorded lord ruled from the beginning of the 11th century. The first count was named in 1091 and had already acquired the countship of Delmenhorst prior to that time. The first identifiable Oldenburg coinage was struck in the first half of the 13th century. Oldenburg was divided into Oldenburg and Delmenhorst in 1270, but the two lines were reunited by marriage five generations later. Through another marriage to the heiress of the duchy of Schleswig and countship of Holstein, the royal house of Denmark descended through the Oldenburg line beginning in 1448, while a junior branch continued as counts of Oldenburg. The lordship of Jever was added to the county's domains in 1575. One of the sons of Johann V, Christoph, studied for the priesthood, but became involved in the War of the Counts against King Christian III of Denmark (1534-59). Christoph issued field campaign money, invoking the name of Christian III's deceased cousin, King Christian II (1513-23). In 1667, the last count died without a direct heir and Oldenburg reverted to Denmark until 1773. In the following year, Oldenburg was given to the bishop of Lübeck, of the Holstein-Gottorp line, and raised to the status of a duchy. Oldenburg was occupied several times during the Napoleonic Wars and became a grand duchy in 1829. In 1817, Oldenburg acquired the principality of Birkenfeld from Prussia and struck coins in denominations used there. World War I spelled the end of temporal power for the grand duke in 1918, but the title has continued up to the present time. Grand Duke Anton Günther was born in 1923.

RULERS
Friedrich IV of Denmark, 1699-1730
Christian VI of Denmark, 1730-1746
Friedrich V of Denmark, 1746-1766
Christian VII of Denmark, 1766-1773
Friedrich August
 as Count, 1773
 as Duke, 1774-1785
Peter Friedrich Wilhelm, 1785-1823
Peter Friedrich Ludwig, as Administrator 1785-1823,
 as Duke, 1823-1829

MINT OFFICIALS' INITIALS

Initials	Date	Name
B	1760-94	Johann Ephraim Bauert, die-cutter in Copenhagen
CW	1680 1702	Christopher Woltereck in Glückstadt
IHM, JHM	1760-66	Johann Heinrich Madelung
N	1760-82	Samuel Mathias Neudorff, warden
	ca.1760	Georg Wilhelm Wahl, die-cutter in Hamburg

ARMS
Oldenburg: Two bars on field.
Delmenhorst: Cross with pointed bottom bar.
Jever: Lion rampant to left.

NOTE:
Coins struck for lordship of Jever are listed under the latter.

COUNTSHIP
REGULAR COINAGE

KM# 133 2 PFENNIG
0.4300 g., 0.2500 Silver 0.0035 oz. ASW **Ruler:** Friedrich V **Obv:** Crowned FV monogram **Rev:** Value and date

GERMAN STATES — OLDENBURG

Date	Mintage	VG	F	VF	XF	Unc
1764	14,000	80.00	160	375	—	—

KM# 124 4 PFENNIG
0.8700 g., 0.2500 Silver 0.0070 oz. ASW **Ruler:** Friedrich V
Obv: Crowned F5R monogram, A.D.M.F. below **Rev:** Value and date, initials below date

Date	Mintage	VG	F	VF	XF	Unc
1762 IHM	629,000	50.00	80.00	160	—	—
1763 IHM	16,000	25.00	50.00	110	—	—

KM# 105 GROTEN (1/144 Thaler)
0.8700 g., 0.2500 Silver 0.0070 oz. ASW **Ruler:** Friedrich V
Obv: Crowned F5R monogram, 15TH A.D.M.F. below **Rev:** Value and date

Date	Mintage	VG	F	VF	XF	Unc
1761	181,000	200	425	700	—	—

KM# 106 GROTEN (1/144 Thaler)
0.8700 g., 0.2500 Silver 0.0070 oz. ASW **Ruler:** Friedrich V
Obv: Crowned F5R monogram, 15TH at sides, A.D.M.F. below

Date	Mintage	VG	F	VF	XF	Unc
1761	Inc. above	90.00	180	425	—	—

KM# 107 1-1/2 GROTE
1.0400 g., 0.3120 Silver 0.0104 oz. ASW **Ruler:** Friedrich V
Obv: Crowned F5R monogram, 15th and a.d.m.f. in script below monogram **Rev:** Value and date

Date	Mintage	VG	F	VF	XF	Unc
1761	230,000	85.00	200	375	—	—

KM# 108 1-1/2 GROTE
1.0400 g., 0.3120 Silver 0.0104 oz. ASW **Ruler:** Friedrich V
Obv: 15-TH at sides of monogram

Date	Mintage	VG	F	VF	XF	Unc
1761	Inc. above	85.00	200	375	—	—

KM# 109 1-1/2 GROTE
1.0400 g., 0.3120 Silver 0.0104 oz. ASW **Ruler:** Friedrich V
Obv: Large letters below monogram

Date	Mintage	VG	F	VF	XF	Unc
1761	Inc. above	90.00	275	450	—	—

KM# 110 2 GROTE (1/36 Thaler)
1.3900 g., 0.3120 Silver 0.0139 oz. ASW **Ruler:** Friedrich V
Obv: Crowned F5R monogram, A.D.M.F. below **Rev:** Value and date

Date	Mintage	VG	F	VF	XF	Unc
1761	Inc. above	150	275	400	—	—
	Note: No rosettes on reverse					
1761	548,000	40.00	80.00	180	—	—
	Note: Rosettes on reverse					

KM# 111 3 GROTE (1/24 Thaler)
1.7900 g., 0.3750 Silver 0.0216 oz. ASW **Ruler:** Friedrich V
Obv: Crowned F5R monogram, 14-1/2 TH A.D.M.F. below **Rev:** Value and date

Date	Mintage	VG	F	VF	XF	Unc
1761	119,000	130	300	450	—	—

KM# 112 4 GROTE (1/18 Thaler)
2.3900 g., 0.3750 Silver 0.0288 oz. ASW **Ruler:** Friedrich V
Obv: Crowned F5R monogram, 14-1/2 TH A.D.M.F. below **Rev:** Value and date

Date	Mintage	VG	F	VF	XF	Unc
1761	409,000	180	500	1,000	—	—

KM# 115 MARIENGROSCHEN
1.3900 g., 0.3120 Silver 0.0139 oz. ASW **Ruler:** Friedrich V
Obv: Crowned monogram **Rev:** Value, date

Date	Mintage	VG	F	VF	XF	Unc
1761	—	30.00	75.00	165	—	—
1762	1,967,000	50.00	110	300	—	—

KM# 123 MARIENGROSCHEN
1.3900 g., 0.3120 Silver 0.0139 oz. ASW **Ruler:** Friedrich V
Rev: Initials below date

Date	Mintage	VG	F	VF	XF	Unc
1762 IHM	—	45.00	90.00	180	—	—
1763 IHM	232,000	50.00	110	210	—	—

KM# 125 MARIENGROSCHEN
1.3900 g., 0.3120 Silver 0.0139 oz. ASW **Ruler:** Friedrich V
Rev: Value, GROSCH

Date	Mintage	VG	F	VF	XF	Unc
1762 Rare	—	—	—	—	—	—

KM# 116 2 MARIENGROSCHEN
2.3900 g., 0.3750 Silver 0.0288 oz. ASW **Ruler:** Friedrich V
Obv: Crowned F5R monogram, 14-1/2 TH A.D.M.F. below **Rev:** Value and date

Date	Mintage	VG	F	VF	XF	Unc
1761	—	50.00	100	275	—	—

KM# 117 2 MARIENGROSCHEN
2.3900 g., 0.3750 Silver 0.0288 oz. ASW **Ruler:** Friedrich V
Obv: 2 to left of monogram **Rev:** Without letters below date

Date	Mintage	VG	F	VF	XF	Unc
1761	—	60.00	150	250	—	—
1762 Rare	Inc. below	—	—	—	—	—

KM# 126 2 MARIENGROSCHEN
2.3900 g., 0.3750 Silver 0.0288 oz. ASW **Ruler:** Friedrich V
Obv: Crowned F5R monogram **Rev:** Initials below date

Date	Mintage	VG	F	VF	XF	Unc
1762 IHM	874,000	500	800	1,150	—	—
1763 IHM Rare	523,000	—	—	—	—	—

KM# 127 2 MARIENGROSCHEN
2.3900 g., 0.3750 Silver 0.0288 oz. ASW **Ruler:** Friedrich V
Obv: Crowned monogram **Rev:** Initials below date

Date	Mintage	VG	F	VF	XF	Unc
1762 IHM	Inc. above	50.00	125	220	—	—
1763 IHM	Inc. above	55.00	135	240	—	—

KM# 128.1 1/48 THALER
1.0400 g., 0.3120 Silver 0.0104 oz. ASW **Ruler:** Friedrich V
Obv: Crowned F5R monogram, A.D.M.F. below date at sides
Rev: Value, OLM below (large letters)

Date	Mintage	VG	F	VF	XF	Unc
1762 IHM	634,000	65.00	140	275	—	—

KM# 128.2 1/48 THALER
1.0400 g., 0.3120 Silver 0.0104 oz. ASW **Ruler:** Friedrich V
Obv: Crowned F5R monogram, A.D.M.F. below date at sides
Rev: Value, OLM below (small letters)

Date	Mintage	VG	F	VF	XF	Unc
1762 IMH	Inc. above	150	275	400	—	—

KM# 129 1/24 THALER
1.7900 g., 0.3750 Silver 0.0216 oz. ASW **Ruler:** Friedrich V
Obv: Crowned F5R monogram, 14-1/2 TH A.D.M.F. below, date at sides **Rev:** Value, OLM below (small letters)

Date	Mintage	VG	F	VF	XF	Unc
1762 IHM	277,000	50.00	125	225	—	—

KM# 118 1/12 THALER
2.9200 g., 0.5000 Silver 0.0469 oz. ASW **Ruler:** Friedrich V
Obv: Head of Friedrich right **Rev:** Legend starts at upper right, with inner circle

Date	Mintage	VG	F	VF	XF	Unc
1761	137,000	150	325	700	—	—
1761 N Rare	Inc. above	160	350	750	—	—

KM# 131 1/12 THALER
2.9200 g., 0.5000 Silver 0.0469 oz. ASW **Ruler:** Friedrich V
Rev: Value and date; legend starts at lower left, without inner circle

Date	Mintage	VG	F	VF	XF	Unc
1763 B Rare	70,000	—	—	—	—	—
1764 N	Inc. above	180	375	750	—	—

KM# 119 1/6 THALER
5.8500 g., 0.5000 Silver 0.0940 oz. ASW **Ruler:** Friedrich V
Obv: Head of Friedrich right **Rev:** Value and date in circle

Date	Mintage	VG	F	VF	XF	Unc
1761 Rare	145,000	—	—	—	—	—
1761 N	Inc. above	100	275	600	—	—
1761 B	Inc. above	300	700	1,500	—	—

KM# 132 1/6 THALER
5.8500 g., 0.5000 Silver 0.0940 oz. ASW **Ruler:** Friedrich V
Obv: Head right **Rev:** Initials at bottom

Date	Mintage	VG	F	VF	XF	Unc
1763 IHM	232,000	—	—	—	—	—
1763 IHM	Inc. above	70.00	150	325	675	—
1763 IHM	Inc. above	150	425	750	—	—
1764	Inc. above	200	500	825	—	—
1764 N	Inc. above	170	450	750	—	—
1765 N	Inc. above	200	500	825	—	—

KM# 120.1 1/3 THALER
8.6600 g., 0.7500 Silver 0.2088 oz. ASW **Ruler:** Friedrich V
Obv: Head of Friedrich right **Rev:** Large fraction in center, date top left; legend starts at upper right

Date	Mintage	VG	F	VF	XF	Unc
1761 B	8,358	900	1,500	3,000	—	—

KM# 120.2 1/3 THALER
8.6600 g., 0.7500 Silver 0.2088 oz. ASW **Ruler:** Friedrich V
Obv: Head right **Rev:** Date divided below denomination; legend starts at lower left

Date	Mintage	VG	F	VF	XF	Unc
1762 B/IHM	5,538	900	1,500	3,000	—	—

KM# 121 2/3 THALER (Gulden)
17.3200 g., 0.7500 Silver 0.4176 oz. ASW **Ruler:** Friedrich V
Obv: Head of Friedrich right **Rev:** Large fraction in circle, date at top left, legend starts at upper right

Date	Mintage	VG	F	VF	XF	Unc
1761 B Rare	33,000	—	—	—	1,125	—
1761 N Rare	Inc. above	—	—	—	1,125	—

KM# 122 2/3 THALER (Gulden)
17.3200 g., 0.7500 Silver 0.4176 oz. ASW **Ruler:** Friedrich V **Rev:** Date divided by initials IHM at bottom, legend starts at lower left

Date	Mintage	VG	F	VF	XF	Unc
1761 B Rare	Inc. above	—	—	—	—	—
1761 N Rare	Inc. above	—	—	—	—	—
1762 B	115,000	1,200	2,000	3,500	7,500	—
1762 N Rare	Inc. above	—	—	—	—	—
1763 B Rare	—	—	—	—	—	—
1763 N	—	1,200	2,000	2,500	7,500	—
1764 N Rare	34,000	—	—	—	—	—
1765 N	—	1,200	2,000	3,500	7,500	—

DUCHY

REGULAR COINAGE

KM# 141 GROTEN (1/144 Thaler)
0.8700 g., 0.2500 Silver 0.0070 oz. ASW **Ruler:** Peter Friedrich Wilhelm **Obv:** Crowned arms **Rev:** Value and date

Date	Mintage	VG	F	VF	XF	Unc
1792	72,000	7.00	15.00	30.00	65.00	—

KM# 140 1-1/2 GROTE
1.0400 g., 0.3120 Silver 0.0104 oz. ASW **Ruler:** Peter Friedrich Wilhelm **Obv:** Crowned arms **Rev:** Value and date

Date	Mintage	VG	F	VF	XF	Unc
1792	48,000	15.00	30.00	60.00	120	—

KM# 142 2 GROTE (1/36 Thaler)
1.3900 g., 0.3120 Silver 0.0139 oz. ASW **Ruler:** Peter Friedrich Wilhelm **Obv:** Crowned 2-fold arms **Rev:** Value, date

Date	Mintage	VG	F	VF	XF	Unc
1792	396,000	8.00	18.00	37.00	75.00	—

KM# 143 4 GROTE (1/18 Thaler)
2.3900 g., 0.3750 Silver 0.0288 oz. ASW **Ruler:** Peter Friedrich Wilhelm **Obv:** Crowned arms

Date	Mintage	VG	F	VF	XF	Unc
1792	36,000	12.00	25.00	50.00	105	—

OSNABRUCK

BISHOPRIC

RULERS

Karl Joseph von Lothringen, 1698-1715
Sede Vacante, 1715-1716
Ernst August II, Herzog von Braunschweig-Lüneburg, 1716-1728
Klemens August von Bayern, 1728-1761
Friedrich August von Braunschweig-Lüneburg, 1764-1802

ARMS

Wheel w/6 spokes (usually) and also on city
Braunschweig (Brunswick): 2 leopards
Hoya: 2 bear paws
Minden: 2 crossed keys
Munster: Broad horizontal bar
Paderborn: Cross
Rietburg: Eagle
Waldeck: 8-pointed star
Wartenberg: Crowned lion rampant left

MINT OFFICIALS' INITIALS

Initials	Date	Name
HLO	1699-1705	Heinrich Lorenz Odendahl, mintmaster
GG	1698-1734	Gerhard Gödt, mintmaster in Koblenz
	1712-?	Gottfried Binnenboss
AWH	1717-20	Anton Wilhelm Hüpenden, mintmaster
	ca.1717	Johann Friedrich Howindt, die-cutter in Hannover
Iii, JJJ	1720-25	Jobst Jakob Jenisch
C	Ca.1766	Claus, die-cutter

REFERENCE

K = Karl Kennepohl, **Die Münzen von Osnabrück**, München, 1938.
Sch = Wolfgang Schulten, ***Deutsche Münzen aus der Zeit Karls V.*** Frankfurt am Main, 1974

REGULAR COINAGE

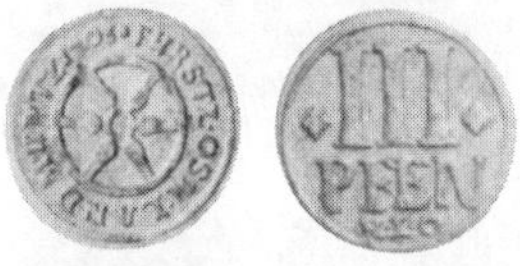

KM# 160 3 PFENNIG (1/4 Schilling)

Silver Weight varies: 0.58-0.80g., 15-16 mm. **Ruler:** Karl **Obv:** Osnabrück arms in circle, date at end of legend **Obv. Legend:** FURSTL. OSN. LAND. MUNTZ. **Rev:** 3-line inscription with mintmaster's initials **Rev. Inscription:** III / PFEN / HLO **Mint:** Osnabrück **Note:** K-319, 327. Varieties exist.

Date	Mintage	VG	F	VF	XF	Unc
1702 HLO	—	20.00	50.00	100	200	—
1703 HLO	—	20.00	50.00	100	200	—
1704 HLO	—	20.00	50.00	100	200	—

KM# 205 3 PFENNIG

0.8500 g., Silver, 14 mm. **Ruler:** Ernst August II **Obv:** Crowned EA monogram **Rev:** 4-line inscription with date **Rev. Legend:** FVRSTL. OSNABR. LAND. MVNTZ. **Rev. Inscription:** III / PFEN / NING / (date) **Mint:** Osnabrück **Note:** K-354.

Date	Mintage	VG	F	VF	XF	Unc
1718 AWH	54,264	6.00	12.00	25.00	50.00	—

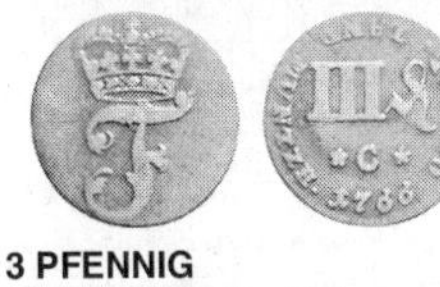

KM# 265 3 PFENNIG

Billon Weight varies: 0.86-0.95g., 14.5 mm. **Ruler:** Friedrich **Obv:** Crowned script F **Rev:** Value III and symbol for 'Pfennig' above the engraver's initial, date at end of legend **Rev. Legend:** OSNABR. LAND MVNTZE. **Mint:** Hannover **Note:** K-392, 393. Prev. C#1. Varieties exist.

Date	Mintage	VG	F	VF	XF	Unc
1766 C	230,412	10.00	20.00	40.00	80.00	—

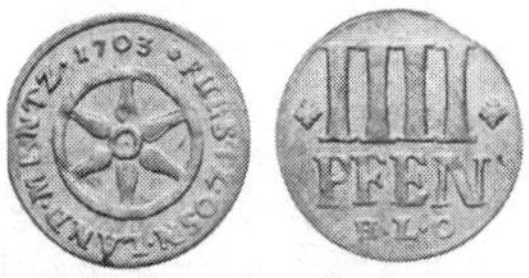

KM# 162 4 PFENNIG (1/3 Schilling)

Silver Weight varies: 0.85-1.07g., 17 mm. **Ruler:** Karl **Obv:** Osnabrück arms in circle, date at end of legend **Obv. Legend:** FURST. OSN(AB). LAND. MUNTZ. **Rev:** 3-line inscription **Rev. Inscription:** IIII / PFEN / HLO **Mint:** Osnabrück **Note:** K-318, 326. Varieties exist.

Date	Mintage	VG	F	VF	XF	Unc
1702	—	8.00	16.00	35.00	65.00	—
1703	—	8.00	16.00	35.00	65.00	—

KM# 207 4 PFENNIG

Silver Weight varies: 0.70-0.75g., 16 mm. **Ruler:** Ernst August II **Obv:** Crowned script EA monogram divides date **Rev:** 3-line inscription above mintmaster's initials **Rev. Legend:** FVRST. OSNABR. LAND. MVNTZ. **Rev. Inscription:** IIII / PFEN / NING **Mint:** Osnabrück **Note:** K-352.

Date	Mintage	VG	F	VF	XF	Unc
1718 AWH	152,712	13.00	27.00	55.00	110	—

KM# 208 4 PFENNIG

Silver Weight varies: 0.86-0.97g., 15.5 mm. **Ruler:** Ernst August II **Obv:** Crowned script EA monogram **Rev:** 4-line inscription above mintmaster's initials **Rev. Legend:** FVRST. OSNABR. LAND. MVNTZ. **Rev. Inscription:** IIII / PFEN / NING / (date) **Mint:** Osnabrück **Note:** K-353.

Date	Mintage	VG	F	VF	XF	Unc
1718 AWH	Inc. above	13.00	27.00	55.00	110	—

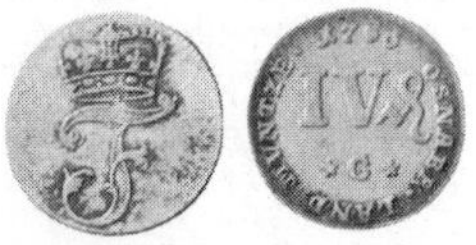

KM# 267 4 PFENNIG

0.9800 g., Billon, 15 mm. **Ruler:** Friedrich **Obv:** Crowned script F **Rev:** Value IV and symbol for 'Pfennig' above die engraver's initial, date at end of legend **Rev. Legend:** OSNABR. LAND MVNTZE. **Mint:** Hannover **Note:** K-391. Prev. C#2.

Date	Mintage	VG	F	VF	XF	Unc
1766 C	172,242	12.00	25.00	50.00	100	—

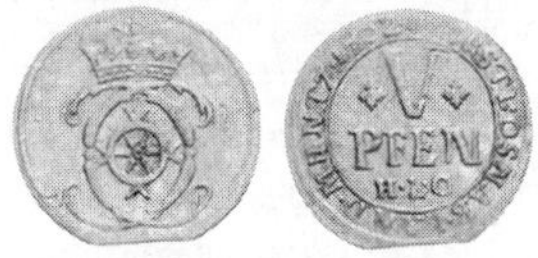

KM# 164.1 5 PFENNIG (Stüber)

Silver Weight varies: 0.78-0.97g., 17 mm. **Ruler:** Karl **Obv:** Crowned CC monogram, first C reversed, crossed with second, Osnabrück arms in center **Rev:** 3-line inscription with mintmaster's initials, date at end of legend **Rev. Legend:** FURSTL. OSN(AB). LAND. MUNTZ. **Rev. Inscription:** V / PFEN / HLO **Mint:** Osnabrück **Note:** K-317, 325. Varieties exist.

Date	Mintage	VG	F	VF	XF	Unc
1702 HLO	180,600	10.00	20.00	40.00	80.00	—
1703 HLO	Inc. above	10.00	20.00	40.00	80.00	—
1704 HLO	—	10.00	20.00	40.00	80.00	—

KM# 164.2 5 PFENNIG (Stüber)

0.9300 g., Silver, 17 mm. **Ruler:** Karl **Obv:** Crowned CC monogram, first C reversed, crossed with second, small maltese cross behind wheel in center **Rev:** 3-line inscription with mintmaster's initials **Rev. Legend:** FURSTL. OSNAB. LAND. MUNTZ. **Rev. Inscription:** V / PFEN / HLO **Mint:** Osnabrück **Note:** K-316.

Date	Mintage	VG	F	VF	XF	Unc
1702 HLO	Inc. above	13.00	27.00	55.00	110	—

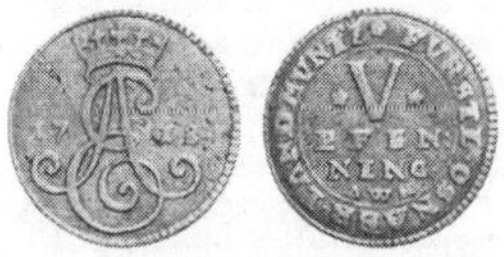

KM# 210 5 PFENNIG (Stüber)

Silver Weight varies: 0.90-1.03g., 16 mm. **Ruler:** Ernst August II **Obv:** Crowned script EA monogram **Rev:** 3-line inscription above mintmaster's initials **Rev. Legend:** FVRST. OSNABR. LAND. MVNTZ. **Rev. Inscription:** V / PFEN / NING **Mint:** Osnabrück **Note:** K-351.

Date	Mintage	VG	F	VF	XF	Unc
1718	101,400	18.00	37.00	75.00	150	—

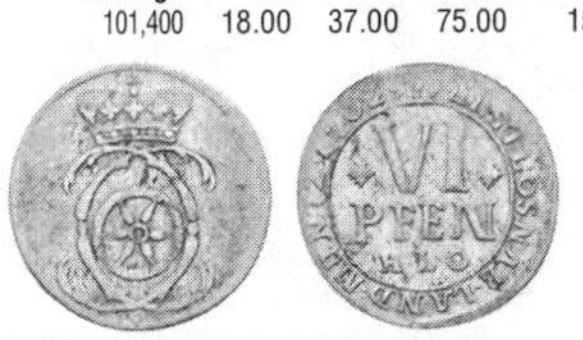

KM# 168.1 6 PFENNIG (1/2 Schilling)

Silver Weight varies: 0.98-1.05g., 17.5-18 mm. **Ruler:** Karl **Obv:** Crowned CC monogram, first C reversed, crossed with second, Osnabrück arms in center **Rev:** 3-line inscription with mintmaster's initials, date at end of legend **Rev. Legend:** FURSTL. OSNAB. LAND. MUNTZ. **Rev. Inscription:** VI / PFEN / HLO **Mint:** Osnabrück **Note:** K-315, 324. Varieties exist.

Date	Mintage	VG	F	VF	XF	Unc
1702 HLO	202,688	15.00	30.00	60.00	125	—
1703 HLO	Inc. above	15.00	30.00	60.00	125	—

KM# 168.2 6 PFENNIG (1/2 Schilling)

1.1500 g., Silver, 18 mm. **Ruler:** Karl **Obv:** Crowned CC monogram, first C reversed, crossed with second, small maltese cross behind wheel in center **Rev:** 3-line inscription with mintmaster's initials, date at end of legend **Rev. Legend:** FURSTL. OSNAB. LAND. MUNTZ. **Rev. Inscription:** VI / PFEN / HLO **Mint:** Osnabrück **Note:** K-314.

Date	Mintage	VG	F	VF	XF	Unc
1702 HLO	Inc. above	15.00	30.00	60.00	125	—

KM# 232 6 PFENNIG (1/2 Schilling)

Silver Weight varies: 0.94-1.12g., 17 mm. **Ruler:** Ernst August II **Obv:** Crowned EA monogram, value 6 to right **Rev:** 4-line inscription with date **Rev. Legend:** FVRST: OSNABR: LAND. MVNTZ. **Rev. Inscription:** VI / PFEN / NING / (date) **Mint:** Osnabrück **Note:** K-369.

Date	Mintage	VG	F	VF	XF	Unc
1721 iii	1,778,261	8.00	16.00	32.00	65.00	—

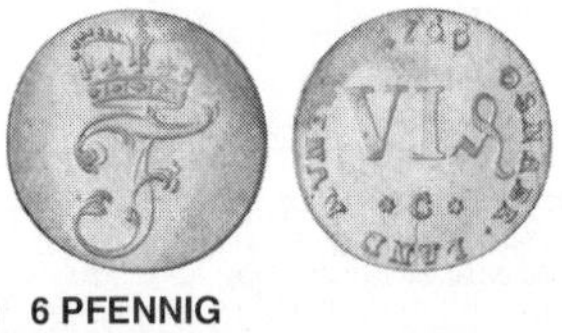

KM# 269 6 PFENNIG

1.4200 g., Billon, 18 mm. **Ruler:** Friedrich **Obv:** Crowned script F **Rev:** Value VI with symbol for 'Pfennig' above die engraver's initial, date at end of legend **Rev. Legend:** OSNABR. LAND MVNTZE. **Mint:** Hannover **Note:** K-390. Prev. C#3.

Date	Mintage	VG	F	VF	XF	Unc
1766 C	222,164	18.00	40.00	75.00	125	300

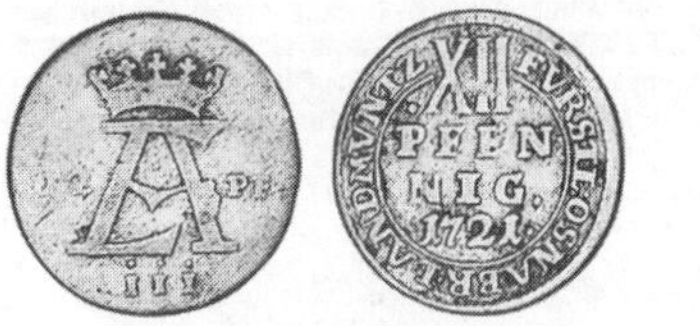

KM# 234 12 PFENNIG (Schilling)

Silver Weight varies: 1.63-1.77g., 20 mm. **Ruler:** Ernst August II **Obv:** Crowned EA monogram divides 12 - PF **Rev:** 4-line inscription with date **Rev. Legend:** FVRSTL: OSNABR. LAND. (-) MVNTZ. **Rev. Inscription:** XII / PFEN / NI(N)G / (date) **Mint:** Osnabrück **Note:** K-366. Varieties exist.

Date	Mintage	VG	F	VF	XF	Unc
1721 iii	235,228	18.00	37.00	75.00	150	—

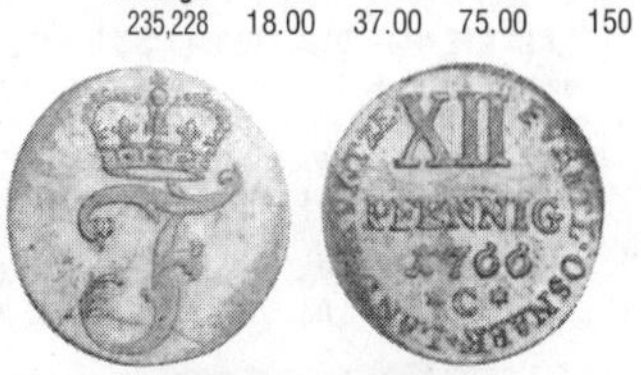

KM# 270 12 PFENNIG (Schilling)

2.1000 g., Billon, 20 mm. **Ruler:** Friedrich **Obv:** Crowned script F **Rev:** 3-line inscription with date **Rev. Legend:** FVRSTL. OSNABR. LAND MVNTZE **Rev. Inscription:** XII / PFENNIG / (date) **Mint:** Hannover **Note:** K-389. Prev. C#4.

Date	Mintage	VG	F	VF	XF	Unc
1766 C	321,000	15.00	30.00	60.00	120	—

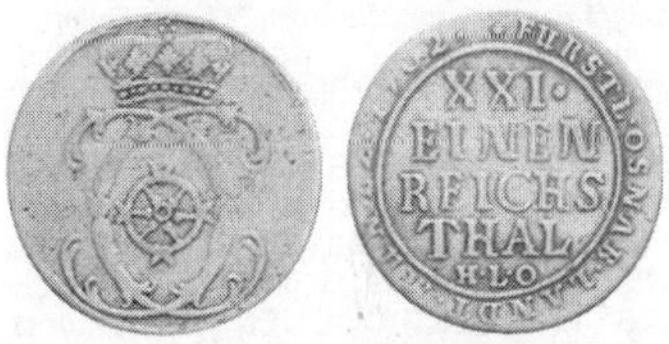

KM# 170 SCHILLING (1/21 Thaler)

1.6800 g., Silver, 22 mm. **Ruler:** Karl **Obv:** Crowned CC monogram, first C reversed, crossed with second C, shield of Osnabrück arms in center **Rev:** 4-line inscription above mintmaster's initials, date at end of legend **Rev. Legend:** FURSTL. OSNAB. LAND. MUNTZ. **Rev. Inscription:** XXI / EINEN / REICHS / THAL **Mint:** Osnabrück **Note:** K-313.

Date	Mintage	VG	F	VF	XF	Unc
1702 HLO	99,036	18.00	37.00	75.00	150	—

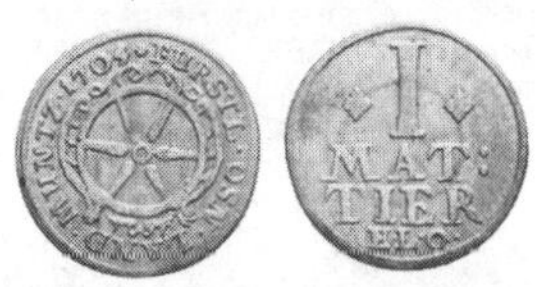

KM# 188 MATIER (1/2 Mariengroschen = 1/72 Thaler)

0.8200 g., Silver, 17 mm. **Ruler:** Karl **Obv:** Osnabrück arms, date at end of legend **Obv. Legend:** FURSTL. OSN. LAND. MUNTZ. **Rev:** 3-line inscription above mintmaster's initials **Rev. Inscription:** I / MAT: / TIER **Mint:** Osnabrück **Note:** K-331.

Date	Mintage	VG	F	VF	XF	Unc
1704 HLO	72,000	15.00	30.00	60.00	125	—
1709	—	—	—	—	—	—

Note: Reported, not confirmed

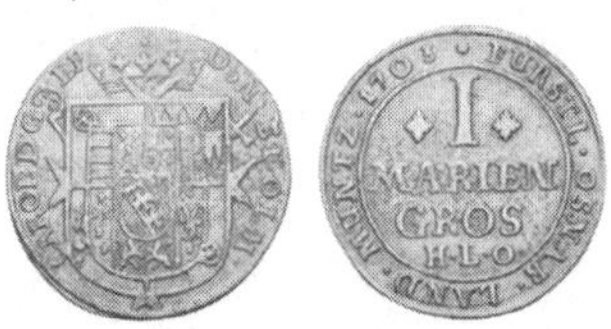

KM# 179 MARIENGROSCHEN (1/36 Thaler)

Silver Weight varies: 1.12-1.27g., 20 mm. **Ruler:** Karl **Obv:** Crowned shield of manifold arms with central shield of Lorraine, superimposed on Maltese cross **Obv. Legend:** CAROL. D. G. - EP - OSN - ET. OLM. **Rev:** 3-line inscription over mintmaster's initials, date at end of legend **Rev. Legend:** FURSTL. OSNAB. LAND. MUNTZ. **Rev. Inscription:** I / MARIEN / GROS **Mint:** Osnabrück **Note:** K-323, 330.

Date	Mintage	VG	F	VF	XF	Unc
1703 HLO	353,376	12.00	25.00	50.00	100	—
1704 HLO	Inc. above	12.00	25.00	50.00	100	—

KM# 192.1 MARIENGROSCHEN (1/36 Thaler)

Silver Weight varies: 1.06-1.42g., 19-20 mm. **Ruler:** Karl **Obv:** Crowned shield of manifold arms, with central shield of Lorraine, superimposed on Maltese cross **Obv. Legend:** CARL. D. G. AR. EP. TR. ET. EL. EP. OSNAB. **Rev:** 3-line inscription above mintmaster's initials, date at end of legend **Rev. Legend:** FVRSTL. OSNAB. LAND. MVNTZ. **Rev. Inscription:** I / MARIEN / GROS **Mint:** Coblenz **Note:** K-335.

Date	Mintage	VG	F	VF	XF	Unc
1714 GG	720,000	12.00	25.00	50.00	100	—

KM# 192.2 MARIENGROSCHEN (1/36 Thaler)

Silver Weight varies: 1.30-1.53g., 19 mm. **Ruler:** Karl **Obv:** Crowned shield of manifold arms, with central shield of Lorraine, superimposed on Maltese cross **Obv. Legend:** CARL. D. G. AR. EP. TR. ET. EL. EP. OSNAB. **Rev:** 3-line inscription over mintmaster's initials, date at end of legend **Rev. Legend:** FVRSTL. OSNAB. LAND. MVNTZ. **Rev. Inscription:** EIN / MARIEN / GROS **Mint:** Coblenz **Note:** K-336.

Date	Mintage	VG	F	VF	XF	Unc
1715 GG	486,000	12.00	25.00	50.00	100	—

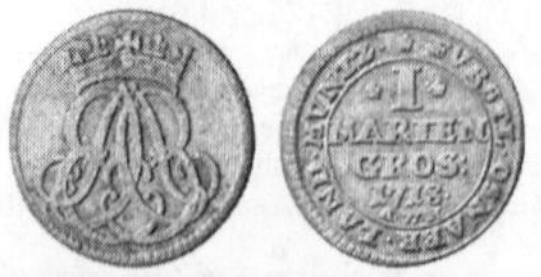

KM# 213 MARIENGROSCHEN (1/36 Thaler)

1.4400 g., Silver, 17 mm. **Ruler:** Ernst August II **Obv:** Crowned doubled (1 reversed) script EA monogram **Rev:** 4-line inscription with date over mintmaster's initials **Rev. Legend:** FVRSTL. OSNABR. LAND. MVNTZ. **Rev. Inscription:** I / MARIEN / GROS / (date) **Mint:** Osnabrück **Note:** K-348.

Date	Mintage	VG	F	VF	XF	Unc
1718 AWH	138,672	8.00	16.00	32.00	65.00	—

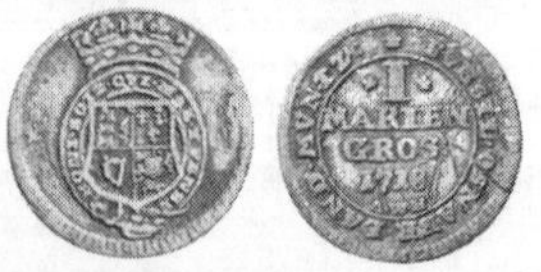

KM# 214 MARIENGROSCHEN (1/36 Thaler)

Silver Weight varies: 1.46-1.52g., 16-19 mm. **Ruler:** Ernst August II **Obv:** Crowned shield of 4-fold arms, Order of the Garter around **Rev:** 4-line inscription with date over mintmaster's initials **Rev. Legend:** FVRST. OSNABR. LAND. MVNTZ. **Rev. Inscription:** I / MARIEN / GROS / (date) **Mint:** Osnabrück **Note:** K-349, 350. Varieties exist.

Date	Mintage	VG	F	VF	XF	Unc
1718 AWH	Inc. above	9.00	18.00	37.00	75.00	—

KM# 240 MARIENGROSCHEN (1/36 Thaler)

Silver Weight varies: 1.02-1.26g., 18 mm. **Ruler:** Ernst August II **Obv:** Crowned EA monogram, value 1 to right, mintmaster's initials below **Rev:** 4-line inscription with date **Rev. Inscription:** I / MARIEN / GROS / (date) **Mint:** Osnabrück **Note:** K-367.

Date	Mintage	VG	F	VF	XF	Unc
1721 iii	323,100	8.00	16.00	32.00	65.00	—

KM# 241 MARIENGROSCHEN (1/36 Thaler)

1.1700 g., Silver, 17 mm. **Ruler:** Ernst August II **Obv:** Crowned shield of 4-fold arms, Order of the Garter around, divides mintmaster's initials, value 1 to right **Rev:** 4-line inscription with date **Rev. Inscription:** I / MARIEN / GROS / (date) **Mint:** Osnabrück **Note:** K-368.

Date	Mintage	VG	F	VF	XF	Unc
1721 iii	Inc. above	9.00	18.00	37.00	75.00	—

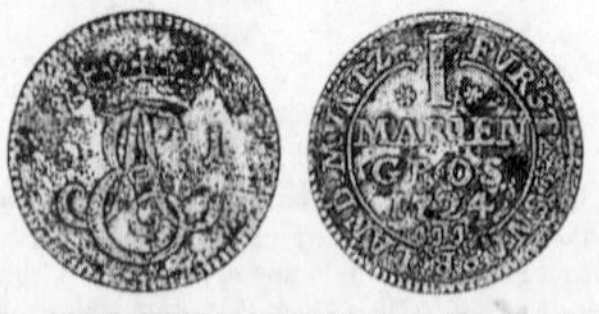

KM# 248 MARIENGROSCHEN (1/36 Thaler)

Silver Weight varies: 0.86-1.25g., 18 mm. **Ruler:** Ernst August II **Obv:** Crowned script EA monogram, value 1 to right **Rev:** 4-line inscription with date above mintmaster's initials **Rev. Legend:** FVRSTL: OSNABR: LAND. MVNTZ. **Rev. Inscription:** I / MARIEN / GROS: / (date) **Mint:** Osnabrück **Note:** K-379.

Date	Mintage	VG	F	VF	XF	Unc
1724 JJJ	401,886	8.00	16.00	32.00	65.00	—

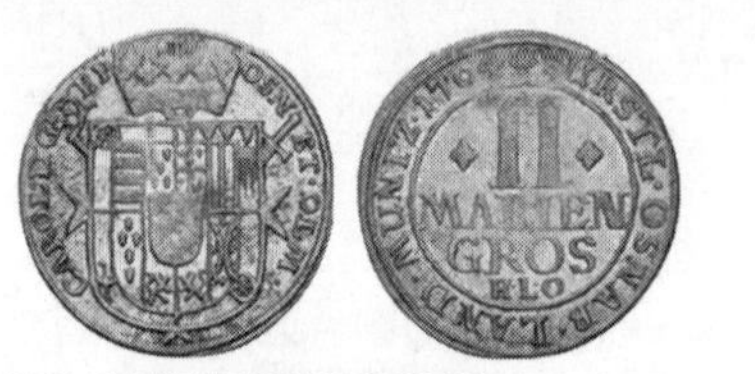

KM# 180 2 MARIENGROSCHEN

1.9500 g., Silver, 22 mm. **Ruler:** Karl **Obv:** Crowned shield of manifold arms, with central shield of Lorraine, superimposed on Maltese cross **Obv. Legend:** CAROL. D. G. - EP - OSN - ET. OLM. **Rev:** 3-line inscription over mintmaster's initials, date at end of legend **Rev. Legend:** FURSTL. OSNAB. LAND. MUNTZ. **Rev. Inscription:** II / MARIEN / GROS **Mint:** Osnabrück **Note:** K-329.

Date	Mintage	VG	F	VF	XF	Unc
1703 HLO	—	13.00	27.00	55.00	110	—
1704 HLO	108,000	13.00	27.00	55.00	110	—
1708	—	—	—	—	—	—
Note: Reported, not confirmed						
1711	—	—	—	—	—	—
Note: Reported, not confirmed						

KM# 194 2 MARIENGROSCHEN

Silver Weight varies: 2.35-2.52g., 22 mm. **Ruler:** Karl **Obv:** Crowned shield of manifold arms, with central shield of Lorraine, superimposed on Maltese cross **Obv. Legend:** CARL. D. G. A. EP. T. ET. EL. EP. OSNAB. **Rev:** 3-line inscription over mintmaster's initials, date at end of legend **Rev. Legend:** FVRSTL. OSNAB. L(A)ND. MVNTZ. **Rev. Inscription:** II / MARIEN / GROS / (date) **Mint:** Coblenz **Note:** K-334.

Date	Mintage	VG	F	VF	XF	Unc
1714 GG	360,000	9.00	18.00	37.00	75.00	—

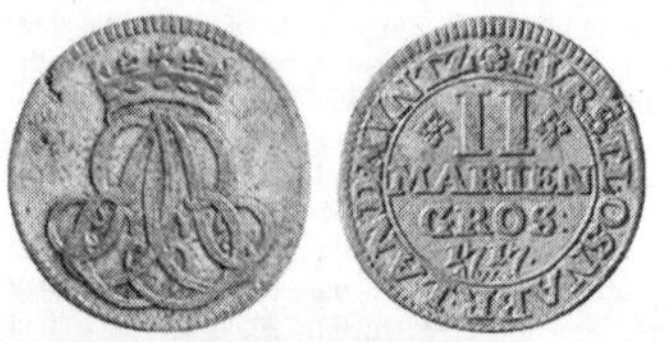

KM# 200 2 MARIENGROSCHEN

Silver Weight varies: 2.37-2.75g., 21 mm. **Ruler:** Ernst August II **Obv:** Crowned doubled (one reversed) script EA monogram **Rev:** 4-line inscription with date above mintmaster's initials **Rev. Legend:** FVRSTL. OSNABR. LAND. MVNTZ. **Rev. Inscription:** II / MARIEN / GROS: / (date) **Mint:** Osnabrück **Note:** K-343, 346. Varieties exist.

Date	Mintage	VG	F	VF	XF	Unc
1717 AWH	—	12.00	26.00	55.00	125	—
1718 AWH	156,600	12.00	26.00	55.00	125	—
1720	—	—	—	—	—	—
Note: Reported, not confirmed						

KM# 201 2 MARIENGROSCHEN

Silver Weight varies: 2.58-2.65g., 20.5-21 mm. **Ruler:** Ernst August II **Obv:** Crowned shield of 4-fold arms, Order of the Garter around **Rev:** 4-line inscription with date over mintmaster's initials **Rev. Legend:** FVRSTL. OSNABR. LAND. MVNTZ. **Rev. Inscription:** II / MARIEN / GROS: / (date) **Mint:** Osnabrück **Note:** K-344, 347.

Date	Mintage	VG	F	VF	XF	Unc
1717 AWH	—	12.00	26.00	55.00	110	—
1718 AWH	Inc. above	12.00	26.00	55.00	110	—

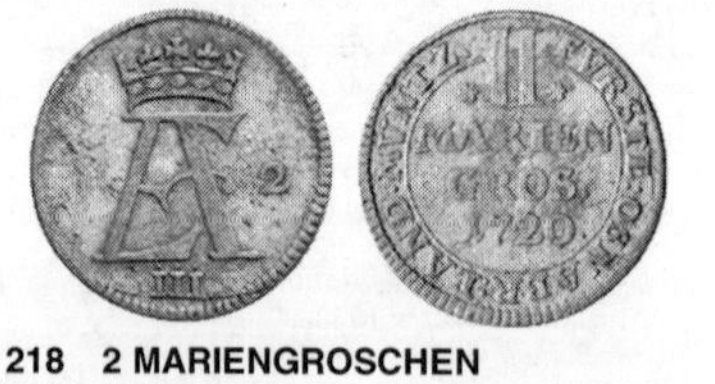

KM# 218 2 MARIENGROSCHEN

Silver Weight varies: 2.08-2.40g., 20-22 mm. **Ruler:** Ernst August II **Obv:** Crowned EA monogram, value 2 to right, mintmaster's initials below **Rev:** 4-line inscription with date **Rev. Legend:** FVRSTL. OSNABR. LAND. MVNTZ. **Rev. Inscription:** II / MARIEN / GROS. / (date) **Mint:** Osnabrück **Note:** K-356, 364, 373. Varieties exist.

Date	Mintage	VG	F	VF	XF	Unc
1720 iii	—	10.00	22.00	45.00	90.00	—
1721 iii	296,691	10.00	22.00	45.00	90.00	—
1722 JJJ	—	10.00	22.00	45.00	90.00	—

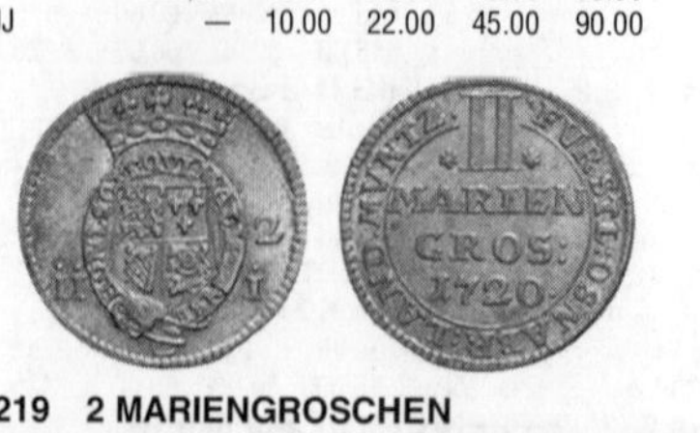

KM# 219 2 MARIENGROSCHEN

Silver Weight varies: 2.20-2.50g., 21 mm. **Ruler:** Ernst August II **Obv:** Crowned shield of 4-fold arms, Order of the Garter around, divides mintmaster's initials, value 2 to right **Rev:** 4-line inscription with date **Rev. Legend:** FVRSTL: OSNABR: LAND. MVNTZ. **Rev. Inscription:** II / MARIEN / GROS: / (date) **Mint:** Osnabrück **Note:** K-357, 365.

Date	Mintage	VG	F	VF	XF	Unc
1720 iii	—	12.00	26.00	55.00	110	—
1721 iii	Inc. above	12.00	26.00	55.00	110	—

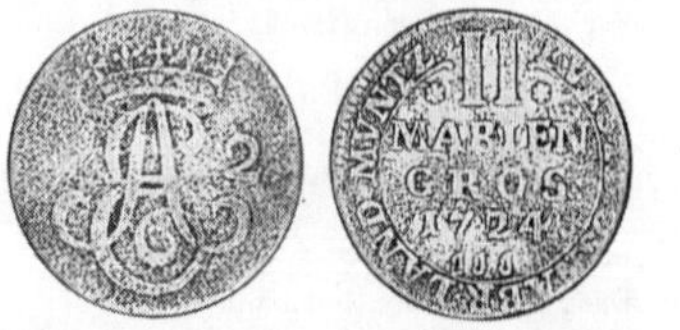

KM# 250 2 MARIENGROSCHEN

Silver Weight varies: 2.16-2.30g., 21 mm. **Ruler:** Ernst August II **Obv:** Crowned script EA monogram, value 2 to right **Rev:** 4-line inscription with date over mintmaster's initials **Rev. Legend:** FVRSTL: OSNABR: LAND. MVNTZ. **Rev. Inscription:** II / MARIEN / GROS: / (date) **Mint:** Osnabrück **Note:** K-378.

Date	Mintage	VG	F	VF	XF	Unc
1724 JJJ	273,642	10.00	22.00	45.00	90.00	—

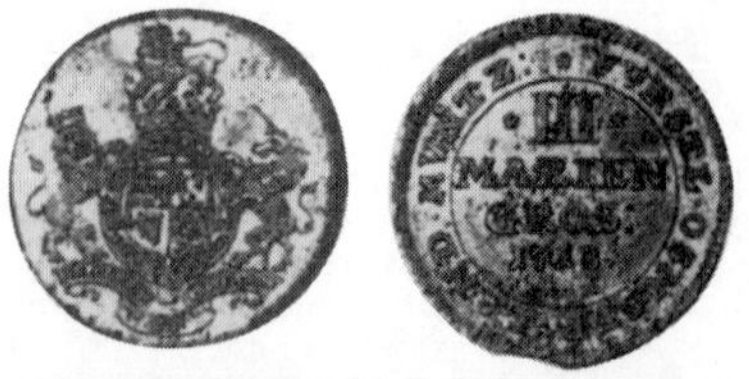

KM# 203 3 MARIENGROSCHEN (1/12 Thaler)

Silver Weight varies: 3.37-3.45g., 23-23.5 mm. **Ruler:** Ernst August II **Obv:** Crowned shield of 4-fold arms, Order of the Garter around, supported by lion and unicorn **Rev:** 4-line inscription with date **Rev. Legend:** FVRSTL. OSNABR(VCK). LAND. MVNTZ. **Rev. Inscription:** III / MARIEN / GROS / (date) **Mint:** Osnabrück **Note:** K-342, 345. Varieties exist.

Date	Mintage	VG	F	VF	XF	Unc
1717	—	15.00	30.00	60.00	125	—
1718 AWH	17,040	15.00	30.00	60.00	125	—

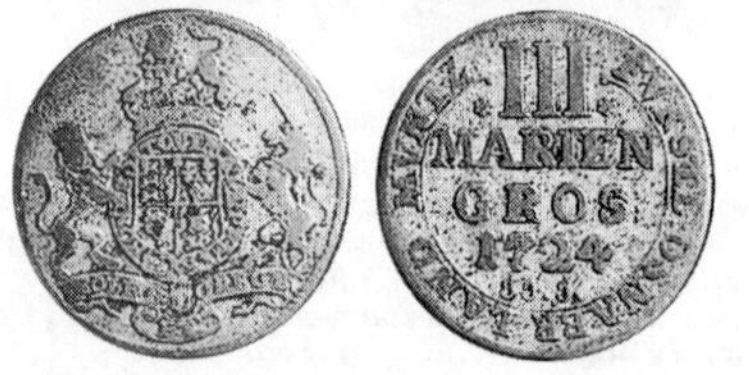

KM# 221 3 MARIENGROSCHEN (1/12 Thaler)

Silver Weight varies: 2.82-3.40g., 23 mm. **Ruler:** Ernst August II **Obv:** Crowned shield of 4-fold arms, Order of the Garter around, supported by lion and unicorn **Rev:** 4-line inscription with date over mintmaster's initials **Rev. Legend:** FVRSTL. OSNABR. LAND. MVNTZ. **Rev. Inscription:** III / MARIEN / GROS: / (date) **Mint:** Osnabrück **Note:** K-355, 360, 372, 377. Varieties exist.

Date	Mintage	VG	F	VF	XF	Unc
1720 iii	—	15.00	30.00	60.00	125	—
1721 JJJ	115,712	15.00	30.00	60.00	125	—
1722 JJJ	—	15.00	30.00	60.00	125	—
1724 JJJ	182,688	15.00	30.00	60.00	125	—

KM# 225 6 MARIENGROSCHEN (1/6 Thaler)

Silver Weight varies: 5.15-5.29g., 26.5-27 mm. **Ruler:** Ernst August II **Obv:** Crowned shield of 4-fold arms, Order of the Garter around, supported by lion on left and unicorn on right, no legend **Rev:** 3-line inscription with mintmaster's initials below, date at end of legend **Rev. Legend:** FVRSTL. OSNABR. LAND. MVNTZ. **Rev. Inscription:** VI / MARIEN / GROS **Mint:** Osnabrück **Note:** K-359, 371. Varieties exist.

Date	Mintage	VG	F	VF	XF	Unc
1720 JJJ	—	—	—	—	—	—
Note: Reported, not confirmed						
1721 iii	Inc. above	18.00	37.00	75.00	150	—
1721 JJJ	166,712	18.00	37.00	75.00	150	—
1722 JJJ	—	18.00	37.00	75.00	150	—

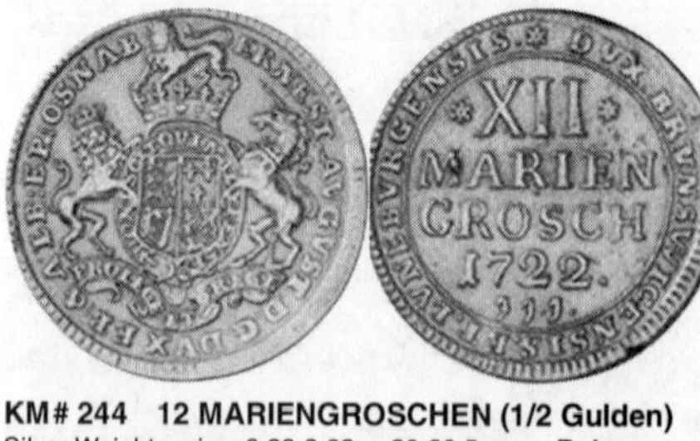

KM# 244 12 MARIENGROSCHEN (1/2 Gulden)

Silver Weight varies: 8.38-8.62g., 30-30.5 mm. **Ruler:** Ernst August II **Obv:** Crowned shield of 4-fold arms, Order of the Garter around, supported by lion on left and unicorn on right **Obv. Legend:** ERNEST. AVGVST. D. G. DVX. EB. & ALB. EP. OSNAB. **Rev:** 4-line inscription with date, mintmaster's initials below **Rev. Legend:** DVX. BRVNSWICENSIS. (ET.)(&.)

OSNABRUCK — GERMAN STATES

LVNEBVRGENSIS. **Rev. Inscription:** XII / MARIEN / GROSCH / (date) **Mint:** Osnabrück **Note:** K-370, 376.

Date	Mintage	VG	F	VF	XF	Unc
1721 JJJ	—	—	—	—	—	—
Note: Reported, not confirmed						
1722 JJJ	61,012	80.00	180	275	400	—
1724 JJJ	24,000	80.00	180	275	400	—

FVRSTL. OSNAB. LAND. MVNTZ. **Rev. Inscription:** XIIII / EINEN / REICHS / THAL **Mint:** Coblenz **Note:** K-333.

Date	Mintage	VG	F	VF	XF	Unc
1714 GG	168,000	15.00	30.00	60.00	125	—

KM# 236 1/14 THALER (18 Pfennig = 1-1/2 Schilling)

Silver Weight varies: 1.80-2.81g., 23 mm. **Ruler:** Ernst August II **Obv:** Crowned script EA monogram divides value 18 - PF **Rev:** 4-line inscription with date **Rev. Legend:** FVRSTL. OSNABR. LANDMVNTZ. **Rev. Inscription:** XIIII / EINEN / R: TH: / (date) **Mint:** Osnabrück **Note:** K-361.

Date	Mintage	VG	F	VF	XF	Unc
1721 JJJ	104,953	15.00	30.00	60.00	125	—

KM# 237 1/14 THALER (18 Pfennig = 1-1/2 Schilling)

3.0800 g., Silver, 23 mm. **Ruler:** Ernst August II **Obv:** Crowned shield of 4-fold arms, Order of the Garter around, divides value 18 - PF **Rev:** 4-line inscription with date **Rev. Legend:** FVRSTL. OSNAB. LAND. MVNTZ. **Rev. Inscription:** XIIII / EINEN / R: TH: / (date) **Mint:** Osnabrück **Note:** K-362.

Date	Mintage	VG	F	VF	XF	Unc
1721 JJJ	Inc. above	15.00	30.00	60.00	125	—

KM# 238 1/14 THALER (18 Pfennig = 1-1/2 Schilling)

3.0000 g., Silver, 23 mm. **Ruler:** Ernst August II **Obv:** Crowned shield of 4-fold arms, Order of the Garter around, value in exergue '14 E. - R. TH.' **Rev:** 4-line inscription, with date **Rev. Legend:** FVRSTL. OSNABR. LAND. MVNTZ. **Rev. Inscription:** 18 / PFEN / NIG / (date) **Mint:** Osnabrück **Note:** K-363.

Date	Mintage	VG	F	VF	XF	Unc
1721 JJJ	Inc. above	15.00	30.00	60.00	125	—

KM# 174.1 24 MARIENGROSCHEN (2/3 Thaler = Gulden)

Silver Weight varies: 16.90-17.44g., 35-36 mm. **Ruler:** Karl **Obv:** Crowned shield of manifold arms with central shield of Lorraine, superimposed on Maltese cross **Obv. Legend:** CAROLUS. D. G. - EP - OS - NAB. & OLM. **Rev:** 3-line inscription with mintmaster's initials below, date at end of legend **Rev. Legend:** DUX. LOTHAR. ET. BARR. S. R. I. PRIN(C). **Rev. Inscription:** XXIIII / MARIEN / GROSCH **Mint:** Osnabrück **Note:** K-310, 320; Dav. 724. Varieties exist.

Date	Mintage	VG	F	VF	XF	Unc
1702 HLO	50,969	600	1,000	1,500	2,200	3,000
1703 HLO	—	600	1,000	1,500	2,200	3,000

KM# 174.2 24 MARIENGROSCHEN (2/3 Thaler = Gulden)

Silver **Ruler:** Karl **Obv:** Crowned oval 4-fold arms, maltese cross behind, eagle supporters to left and right **Obv. Legend:** CAROLUS. D. G. - EP - OS - NAB. & OLM. **Rev:** 4-line inscription with date **Rev. Legend:** DUX. LOTHAR. ET. BARR. S. R. I. PRINC. **Rev. Inscription:** XXIIII / MARIEN / GROSCH: / (date) **Mint:** Osnabrück **Note:** Schön 14.

Date	Mintage	VG	F	VF	XF	Unc
1703 HLO	—	600	1,000	1,500	2,200	3,000

KM# 246 24 MARIENGROSCHEN (Gulden)

Silver Weight varies: 16.83-17.50g., 36-37 mm. **Ruler:** Ernst August II **Obv:** Crowned shield of 4-fold arms, Order of the Garter around, supported by lion to left and unicorn to right **Obv. Legend:** ERNEST. AUGUST. D. G. DUX. EBOR. & ALB. EPISC. OSNABR. **Rev:** 4-line inscription with date, mintmaster's initials below **Rev. Legend:** DUX. BRUNSWICENSIS. ET. LUNEBURGENSIS. **Rev. Inscription:** XXIIII / MARIEN: / GROSCH: / (date) **Mint:** Osnabrück **Note:** K-358, 375; Dav. 725. Varieties exist.

Date	Mintage	VG	F	VF	XF	Unc
1721 JJJ	106,479	60.00	100	200	425	—
1724 JJJ	60,000	60.00	100	200	425	—

KM# 172.1 1/14 THALER (18 Pfennig = 1-1/2 Schilling)

Silver Weight varies: 2.27-2.65g., 23-24 mm. **Ruler:** Karl **Obv:** Crowned manifold arms with central shield of Lorraine arms, superimposed on Maltese cross **Obv. Legend:** CAROL. D. G. - EP - OSN - ET. OLM. **Rev:** 4-line inscription above mintmaster's initials, date at end of legend **Rev. Legend:** FURSTL. OSN(AB). LAND. MUNTZ. **Rev. Inscription:** XIIII / EINEN / REICHS / THAL **Mint:** Osnabrück **Note:** K-312, 322. Varieties exist.

Date	Mintage	VG	F	VF	XF	Unc
1702 HLO	56,000	75.00	150	375	750	—
1703 HLO	Inc. above	65.00	130	260	525	—

KM# 177 1/12 THALER (3 Mariengroschen = 2 Gute Groschen)

Silver Weight varies: 3.26-3.67g., 24-25 mm. **Ruler:** Karl **Obv:** Crowned shield of manifold arms with central shield of Lorraine, superimposed on Maltese cross **Obv. Legend:** CAROL. D. G. (-) EP - OSN - ET. OLM. **Rev:** 4-line inscription, mintmaster's initials below, date at end of legend **Rev. Legend:** NACH DEM LEIPZIGER FUES. **Rev. Inscription:** 12 / EINEN / REICHS / THAL **Mint:** Osnabrück **Note:** K-311, 321, 328. Varieties exist.

Date	Mintage	VG	F	VF	XF	Unc
1702 HLO	99,432	20.00	40.00	80.00	165	—
1703 HLO	Inc. above	20.00	40.00	80.00	165	—
1704 HLO	Inc. above	20.00	40.00	80.00	165	—

KM# 196 1/12 THALER (3 Mariengroschen = 2 Gute Groschen)

Silver Weight varies: 3.20-3.45g., 25 mm. **Ruler:** Karl **Obv:** Crowned shield of manifold arms with central shield of Lorraine, superimposed on Maltese cross **Obv. Legend:** CARL. D. G. AR. EP. TR. ET. EL. EP. OSNAB. **Rev:** 4-line inscription, mintmaster's initials below, date at end of legend **Rev. Legend:** NACH DEM LEIPZIGER FVHS. **Rev. Inscription:** 12 / EINEN / REICHS / THAL. **Mint:** Coblenz **Note:** K-332.

Date	Mintage	VG	F	VF	XF	Unc
1714 GG	36,000	65.00	150	300	400	—

KM# 172.2 1/14 THALER (18 Pfennig = 1-1/2 Schilling)

2.7700 g., Silver, 24 mm. **Ruler:** Karl **Obv:** Crowned shield of manifold arms, central shield of Lorraine, superimposed on Maltese cross **Obv. Legend:** CAROL. D.G - EP - OSN - ET. OLM. **Rev:** 4-line inscription above mintmaster's initials, date at end of legend **Rev. Legend:** FURSTL. OSNAB. LAND. MUNTZ. **Rev. Inscription:** XIII. / EINEN / REICHS / TAHL **Mint:** Osnabrück **Note:** K-322b. Error TAHL in reverse inscription.

Date	Mintage	Good	VG	F	VF	XF
1703 HLO	—	—	45.00	75.00	175	350

KM# 190 1/14 THALER (18 Pfennig = 1-1/2 Schilling)

Silver Weight varies: 2.63-2.75g., 24 mm. **Ruler:** Karl **Obv:** Crowned shield of manifold arms, with central shield of Lorraine, superimposed on Maltese cross **Obv. Legend:** CARL. D. G. A(R). EP. T(R) ET. EL. EP. OSNAB. **Rev:** 4-line inscription over mintmaster's initials, date at end of legend **Rev. Legend:**

KM# 223 1/12 THALER (3 Mariengroschen = 2 Gute Groschen)

Silver, 25 mm. **Ruler:** Ernst August II **Obv:** Shield of 4-fold arms, Order of the Garter around, crown with lion crest above, supported by lion on left and unicorn on right **Rev:** 4-line inscription with date, mintmaster's initials below **Rev. Legend:** FVRSTL. OSNABR. LAND. MVNTZ. **Rev. Inscription:** 12 / EINEN / THAL: / (date) **Mint:** Osnabrück

Date	Mintage	VG	F	VF	XF	Unc
1718 AWH	—	275	500	850	1,200	2,000

Note: Mintage include with 3 Mariengroschen for same year.

KM# 158 THALER

Silver Weight varies: 29.15-29.30g., 41 mm. **Ruler:** Karl **Obv:** Bust to right **Obv. Legend:** CAROLUS. D: G: EPIS: - OSNAB: ET. OLM: **Rev:** Crowned shield of manifold arms, with central shield of Lorraine, superimposed on Maltese cross, date at end of legend **Rev. Legend:** DUX. LOTHAR - ET - BAR - S: R: I: PRIN: **Mint:** Osnabrück **Note:** K-309; Dav. 2503.

Date	Mintage	VG	F	VF	XF	Unc
1701 HLO	—	1,250	2,500	4,500	8,500	—

KM# 255 THALER

Silver Weight varies: 27.40-30.00g., 40.5-41 mm. **Ruler:** Ernst August II **Obv:** Shield of 4-fold arms, Order of the Garter around, supported by lion on left and unicorn on right, crown with lion crest above, **Obv. Legend:** ERNEST. AUGUST. D. G. DUX EBOR: & ALB: EPISC: OSNAB: **Rev:** Westphalian horse galloping to left, date at end of legend, mintmaster's initials in exergue **Rev. Legend:** DUX. BRUNSWICENS: & LUNEBURG. **Mint:** Osnabrück **Note:** K-374, 380; Dav. 2505. The same dies used to strike both dates, with the reverse die altered to 1725 for the latter date.

Date	Mintage	F	VF	XF	Unc	BU
1724 JJJ	7,600	1,250	2,250	3,500	—	—
1725 JJJ	—	1,250	2,250	3,500	—	—

CATHEDRAL CHAPTER REGULAR COINAGE

KM# 261 3 PFENNIG

4.2800 g., Copper, 23.5 mm. **Obv:** St. Peter standing behind Osnabrück arms which divide S - P, holding 2 keys and book **Obv. Legend:** MON: CATHEDRA: - ECCLES: - OSNABR: **Rev:** 3-line inscription with date in baroque frame **Rev. Inscription:** III / PFENNING / (date) **Mint:** Münster **Note:** K-383.

Date	Mintage	VG	F	VF	XF	Unc
1740	—	25.00	50.00	100	200	—

GERMAN STATES — OSNABRUCK

KM# 263 4 PFENNIG
Copper, 25.5 mm. **Obv:** St. Peter standing behind Osnabrück arms which divide S - P, holding 2 keys and book **Obv. Legend:** MON: CATHEDRA: · ECCLES: OSNABR: **Rev:** 3-line inscription with date in baroque frame **Rev. Inscription:** IIII / PFENNING / date **Mint:** Münster **Note:** K-382.

Date	Mintage	VG	F	VF	XF	Unc
1740	—	40.00	80.00	125	240	—

KM# 264 THALER
31.6800 g., Silver, 45 mm. **Ruler:** Sede Vacante **Obv:** Facing bust of St. Peter with key turned slightly to right, legend around, outer border of 12 small shields of arms with names of members of the cathedral chapter **Obv. Legend:** CAPIT. CATHE. OSNAB. · S. PETRVS. PATR. **Rev:** Crowned bust of Charlemagne, turned slightly to right, holding sword and imperial orb, legend with date around, outer margin of 13 small shields of arms with names of members of the cathedral chaper **Rev. Legend:** SEDE VACANTE (date) - S. CAROL. M. FVN. **Mint:** Amsterdam **Note:** K-384. Prev. X-M2.

Date	Mintage	F	VF	XF	Unc	BU
1761	2,000	—	—	205	350	—

CITY

The city of Osnabrück is located northeast of Münster. Although the city owed its original growth to the bishopric, it achieved considerable independence from the bishops and joined the Hanseatic League. It had its own local coinage from the early 16th century until 1805. It was absorbed by Hannover in 1803.

MINT OFFICIALS' INITIALS

Initials	Date	Name
IHP	1704-21	Johann Henrich Polking, mintmaster
	1736-46	Jobst, Christian and Berendt Henrich Brockmann
CB	1748-?	Christian Brockmann, mintmaster
IW	Ca.1726-60	?
GGWF	1790	G.G. Wessel (F=fecit=made this), die-cutter

REFERENCE
K = Karl Kennepohl, **Die Münzen von Osnabrück**, München, 1938.

Sch = Wolfgang Schulten, **Deutsche Münzen aus der Zeit Karls V**, Frankfurt am Main, 1974

REGULAR COINAGE

City coinage is sometimes found countermarked with the Osnabrück wheel, most likely as a validation symbol.

KM# 273.1 HELLER
Copper, 20 mm. **Obv:** Shield of Osnabrück arms **Obv. Legend:** STADT OSNABRUCK **Rev:** 3-line inscription with date **Rev. Inscription:** I / HELLER / (date) **Mint:** Osnabrück **Note:** K-496. Prev. C#1 and KM-273.

Date	Mintage	VG	F	VF	XF	Unc
1790	—	5.00	10.00	20.00	50.00	—

KM# 273.2 HELLER
Copper, 15-17 mm. **Obv:** Osnabrück arms, value 1 - H below **Obv. Legend:** STADT. OSNABR(Ü)(V)CK. **Rev:** 3-line inscription with date **Rev. Inscription:** I / HELLER / (date) **Mint:** Osnabrück **Note:** K-500, 504, 509, 517. Prev. C#1a and KM-273a. Varieties exist.

Date	Mintage	F	VF	XF	Unc	BU
1791	15,000	5.00	15.00	40.00	110	—
1794	1,552	5.00	15.00	40.00	110	—
1795	—	5.00	15.00	40.00	110	—

KM# 259 PFENNIG
Copper, 17-18 mm. **Series:** Osnabrück arms in ornamented shield, date at end of legend **Obv:** Value I in ornamented frame **Obv. Legend:** STADT. OSNABRVCK. **Mint:** Osnabrück **Note:** K-483.

Date	Mintage	VG	F	VF	XF	Unc
1731	23,311	11.00	22.00	45.00	90.00	—

KM# 275 PFENNIG
Copper, 22 mm. **Obv:** Osnabrück arms **Obv. Legend:** STADT. OSNABRÜCK. **Rev:** 3-line inscription with date **Rev. Inscription:** I / PFENN / (date) **Mint:** Osnabrück **Note:** K-495; Craig #2.

Date	Mintage	VG	F	VF	XF	Unc
1790	—	5.00	10.00	20.00	50.00	—

KM# 280 PFENNIG
Copper, 17-19 mm. **Obv:** Osnabrück arms, value 1 . P below **Obv. Legend:** STADT. OSNABRUCK. **Rev:** 3-line inscription with date **Mint:** Osnabrück **Note:** K-499, 503, 507-8, 515-16; Craig #3.

Date	Mintage	F	VF	XF	Unc	BU
1791	17,000	6.00	15.00	40.00	110	—
1794	2,449	6.00	15.00	40.00	110	—
1795	—	6.00	15.00	40.00	110	—

KM# 216 1-1/2 PFENNIG
Copper, 17-19 mm. **Obv:** City arms in circle, date at end of legend **Obv. Legend:** STADT. OSNABRVCK. **Rev:** 'I' over vertical I—I, all in cartouche **Mint:** Osnabrück **Note:** K-472, 482.

Date	Mintage	VG	F	VF	XF	Unc
1719	—	—	—	—	—	—
1731	4,891	10.00	20.00	40.00	80.00	—

KM# 198 THALER
29.1800 g, Silver, 42 mm. **Ruler:** Sede Vacante **Obv:** Full-length facing figure of St. Peter, holding book and keys, shield of Osnabrück arms below in front divides date **Obv. Legend:** CAPITULUM CATHEDRALE OSNABRUGENSE SEDE VACANTE **Rev:** Full-length armored figure of Charlemagne, holding sword and imperial orb, Osnabrück cathedral in right background **Rev. Legend:** S: CAROL: MAGNUS. IMPERATOR. FUNDATOR. Ao. Xr. DCCLXXII. **Note:** K-341; Dav. 2504.

Date	Mintage	VG	F	VF	XF	Unc
1715	—	125	225	400	750	1,000

MEDALLIC COINAGE

KM# 257 THALER
Silver Weight varies: 32.40-33.50g., 46 mm. **Ruler:** Sede Vacante **Obv:** Facing bust of St. Peter, turned slightly to right, holding key, legend around, outer margin of 11 small circles containing the names and arms of members of the cathedral chapter **Obv. Legend:** CAPIT. CATHE. OSNAB. - S. PETRVS. PATR. **Rev:** Facing crowned bust of Charlemagne, legend with date around, outer margin of 11 small circles containing names and arms of members of the cathedral chapter **Rev. Legend:** SEDE. VACANTE. (date) - S. CAROL. M. FVN. **Mint:** Augsburg **Note:** K-381. Prev. KM#M1.

Date	Mintage	F	VF	XF	Unc	BU
1728 PW	2,000	—	—	225	375	—

KM# 284 1-1/2 PFENNIG
Copper, 18-21 mm. **Obv:** Osnabrück arms, value 1 1/2 below **Obv. Legend:** STADT. OSNABR(Ü)(V)CK. **Rev:** 3-line inscription with date **Rev. Inscription:** I 1/2 / PFENNING / (date) **Mint:** Osnabrück **Note:** K-498, 502, 506, 513-14; Craig #5.

Date	Mintage	F	VF	XF	Unc	BU
1791	25,000	6.00	15.00	40.00	110	—
1794	—	6.00	15.00	40.00	110	—
1795	—	6.00	15.00	40.00	110	—

KM# 286 2 PFENNIG
Copper **Obv:** Wheel **Rev:** Denomination and date **Note:** Craig #7

Date	Mintage	F	VF	XF	Unc	BU
1791	19,000	7.00	16.00	50.00	150	—
1794	3,549	7.00	16.00	50.00	150	—
1795	—	7.00	16.00	50.00	150	—

KM# 182 3 PFENNIG
Copper, 21 mm. **Obv:** Osnabrück arms in ornamented circle, date at end of legend **Obv. Legend:** + STADT + OSNABRVCK + A.O. **Rev:** 2-line inscription among ornaments and within palm wreath **Rev. Inscription:** III / PFENNING **Mint:** Osnabrück **Note:** K-489, 490, 491; Craig #9. Varieties exist.

Date	Mintage	VG	F	VF	XF	Unc
1704 IHP	25,572	8.00	20.00	60.00	165	—
1720 IHP	—	8.00	20.00	60.00	165	—
1721 IHP	—	8.00	20.00	60.00	165	—
1725	—	8.00	20.00	60.00	165	—
1726 IW	160,193	8.00	20.00	60.00	165	—
1731	—	8.00	20.00	60.00	165	—
1752 IW	108,924	8.00	20.00	60.00	165	—
1759	—	8.00	20.00	60.00	165	—
1759 IHS	—	8.00	20.00	60.00	165	—
1759 IW	—	8.00	20.00	60.00	165	—
1760	57,263	8.00	20.00	60.00	165	—

KM# 278 3 PFENNIG
Copper **Obv:** Wheel between two wildmen **Rev:** Value above date **Note:** Craig #10.

Date	Mintage	VG	F	VF	XF	Unc
1790 GGWF	—	27.00	55.00	110	225	—

KM# 184 4 PFENNIG
Copper, 22-24 mm. **Obv:** Osnabrück arms in ornamented circle, date at end of legend **Obv. Legend:** STADT - OSNABR(V)(U)CK. A.O. **Rev:** 2-line inscription among ornaments and between palm branches **Rev. Inscription:** IIII / PFENNING **Mint:** Osnabrück **Note:** K-470, 476, 479, 480, 484, 484, 492. Prev. Craig #13. Varieties exist.

Date	Mintage	VG	F	VF	XF	Unc
1704 IHP	19,341	10.00	20.00	55.00	185	—
1719	—	10.00	20.00	55.00	185	—
1720	—	10.00	20.00	55.00	185	—
1722 IW	—	10.00	20.00	55.00	185	—
1726 IW	79,769	10.00	20.00	55.00	185	—
1750	36,837	10.00	20.00	55.00	185	—
1752	75,015	10.00	20.00	55.00	185	—
1759	—	10.00	20.00	55.00	185	—
1760	35,765	10.00	20.00	55.00	185	—
1790	—	10.00	20.00	55.00	185	—

KM# 166 5 PFENNIG (Stüber)
Copper **Obv:** Osnabrück arms in ornamented shield around STADT OSNABRVGK, date **Note:** As MB#91 dated (16)25, but countermarked with Osnabrück wheel and date 1702.

Date	Mintage	VG	F	VF	XF	Unc
1702	—	20.00	45.00	90.00	185	—

OTTINGEN-WALLERSTEIN-SPIELBERG

KM# 186 5 PFENNIG
Copper, 24-26 mm. **Obv:** Osnabrück arms in ornamented circle, date at end of legend **Obv. Legend:** STADT . OSNABRVCK . A—O. **Rev:** 2-line inscription with ornamentation, mintmaster's initials below, all in palm wreath **Rev. Inscription:** V / PFEN **Mint:** Osnabrück **Note:** K-469, 473, 477, 478; Craig 14. Also, Prev. KM-185.

Date	Mintage	VG	F	VF	XF	Unc
1704 IHP	3,067	—	10.00	20.00	45.00	125
1719 IHP	—	—	10.00	20.00	45.00	125
1721 IHP	—	—	10.00	20.00	45.00	125
1726 CB	95,224	—	10.00	20.00	45.00	125
1726 IW	Inc. above	—	10.00	20.00	45.00	125
1728	Inc. above	—	10.00	20.00	45.00	125

OTTINGEN

The counts of Öttingen, with lands in Swabia north of Nördlingen, trace their descent in a long line back to the early 10th century. The counts obtained the right to coin money in 1393. During the Reformation, Öttingen was divided into the Protestant Öttingen-Öttingen and the Catholic Öttingen-Wallerstein lines of counts. Öttingen-Öttingen gained the rank of prince in 1674, but became extinct in 1731 and was divided between Öttingen-Wallerstein-Spielberg and Öttingen-Wallerstein-Wallerstein. In 1602 Öttingen-Wallerstein was split into 3 lines: Öttingen-Wallerstein-Spielberg (prince in 1734, mediatized in the early 19th century), Öttingen-Wallerstein-Wallerstein (prince in 1774, mediatized in the early 19th century) and Öttingen-Wallerstein-Katzenstein, which became extinct in 1798. Only 3 lines actually struck coins during the 16th to 19th centuries.

Most coinages of Öttingen in the 16th century were joint issues among the several branches of the counts.

OTTINGEN-OTTINGEN

This line of Öttingen counts was founded as the Protestant branch in 1557 during the Reformation. The count was granted the rank of prince in 1674. When it became extinct in 1731, its holdings were divided between Öttingen-Wallerstein-Spielberg and Öttingen-Wallerstein-Wallerstein.

RULERS
Albrecht Ernst II, 1683-1731

MINT OFFICIALS' INITIALS

Initials	Date	Name
GS, S	?	
PGN	1721-43	Paul Gottlieb Nürnberger in Nuremberg

PRINCIPALITY

TRADE COINAGE

KM# 80 DUCAT
3.5000 g., 0.9860 Gold 0.1109 oz. AGW **Ruler:** Albrecht Ernst II **Subject:** Death of Albrecht Ernst II **Obv:** Bust to right **Rev:** 6-line inscription **Note:** Fr. #1957.

Date	Mintage	VG	F	VF	XF	Unc
ND(1731)	—	1,950	2,750	7,500	12,500	—

KM# 75 5 DUCAT
17.5000 g., 0.9860 Gold 0.5547 oz. AGW **Ruler:** Albrecht Ernst II **Subject:** Marriage of Elisabeth Friderike Sophie and Karl Ludwig von Hohenlohe-Weikersheim **Obv:** Bust right **Rev:** Dove above falls, crowned arms with trophies

Date	Mintage	VG	F	VF	XF	Unc
ND(1713) Rare	—	—	—	—	—	—

KM# 76 10 DUCAT
35.0000 g., 0.9860 Gold 1.1095 oz. AGW **Ruler:** Albrecht Ernst II **Subject:** Marriage of Elisabeth Friderike Sophie and Karl Ludwig von Hohenlohe-Weikersheim **Obv:** Bust right **Rev:** Dove above falls, crowned arms with trophies

Date	Mintage	VG	F	VF	XF	Unc
ND(1713) Rare	—	—	—	—	—	—

PATTERNS
Including off metal strikes

KM#	Date	Mintage	Identification	Mkt Val
Pn1	ND	—	Ducat. Silver. KM#56	—
Pn2	ND(1713)	—	5 Ducat. Silver. KM#75	—
Pn3	ND(1713)	—	10 Ducat. Silver. KM#76	—

Öttingen-Wallerstein was divided into three branches in 1602 with Öttingen-Wallerstein-Spielberg being the senior line. The count achieved the rank of prince in 1734 and the lands were mediatized at the beginning of the 19th century.

RULERS
Franz Albrecht, 1685-1737
Johann Aloys I, 1737-1780
Johann Aloys II, 1780-1797
Johann Aloys III, 1797-1843

MINT OFFICIALS' INITIALS

Initials	Date	Name
B	1743-63	Johann Christoph Busch in Regensburg
GOZ	d.1786	Georg Christoph Gotz, die-cutter in Nüremberg
M	1759-61	Christian Ernst Müller, warden in Öttingen

PRINCIPALITY

REGULAR COINAGE

KM# 6 KREUZER
Billon, 16 mm. **Ruler:** Johann Aloys I **Rev:** Value in small cartouche I • KR

Date	Mintage	VG	F	VF	XF	Unc
1759	—	25.00	65.00	145	275	—

KM# 7 KREUZER
Billon **Ruler:** Johann Aloys I **Obv:** Crowned and mantled arms, without legend **Rev:** Value **Rev. Inscription:** I / KREUZER / LANMUNZ / date

Date	Mintage	VG	F	VF	XF	Unc
1759	—	45.00	75.00	155	285	—

KM# 5 KREUZER
Billon **Ruler:** Johann Aloys I **Obv:** Armored bust right **Rev:** Crown divides date above arms with supporters **Note:** Varieties exist.

Date	Mintage	VG	F	VF	XF	Unc
1759	—	25.00	65.00	145	275	—
1759 GOZ	—	25.00	65.00	145	275	—

KM# 8 6 KREUZER
Billon **Ruler:** Johann Aloys I **Obv:** Armored bust right **Rev:** Crowned arms with supporters, date divided below **Note:** Varieties exist.

Date	Mintage	VG	F	VF	XF	Unc
1759	—	35.00	90.00	185	375	—
1759 B	—	35.00	90.00	185	375	—
1759 GOZ	—	35.00	90.00	185	375	—

KM# 9 12 KREUZER
Silver **Ruler:** Johann Aloys I **Obv:** Crowned arms with supporters **Rev:** Value within cartouche, star divides date below **Note:** Varieties exist.

Date	Mintage	VG	F	VF	XF	Unc
1759	—	40.00	100	200	400	650

KM# 10 1/2 THALER
Silver **Ruler:** Johann Aloys I **Obv:** ARmored bust right **Rev:** Crowned arms with supporters, value in frame below

Date	Mintage	VG	F	VF	XF	Unc
1759	—	200	350	700	1,250	2,000

KM# 11 1/2 THALER
Silver **Ruler:** Johann Aloys I **Obv:** Crowned arms with supporters, value in frame below **Rev:** St. Sebastian

Date	Mintage	VG	F	VF	XF	Unc
1759	—	150	275	500	850	1,750

KM# 13 2/3 THALER
Silver **Ruler:** Johann Aloys I **Obv:** Armored bust right **Rev:** Crowned arms with supporters, value in frame below

Date	Mintage	VG	F	VF	XF	Unc
1759 B-M	—	150	275	500	900	1,850

KM# 14 2/3 THALER
Silver **Ruler:** Johann Aloys I **Obv:** Armored bust right **Rev:** Crowned arms with supporters, value in frame below

Date	Mintage	VG	F	VF	XF	Unc
1759	—	175	300	600	1,000	2,000

KM# 15 2/3 THALER
Silver **Ruler:** Johann Aloys I **Obv:** Armored bust right **Rev:** Crowned arms with supporters on pedestal, framed value below

Date	Mintage	VG	F	VF	XF	Unc
1759	—	250	400	750	1,350	2,200

KM# 16 THALER
Silver **Ruler:** Johann Aloys I **Obv:** Armored bust right **Obv. Legend:** IOAN • ALOYS • I • PRINC • DE ET IN OTTINGEN **Rev:** Crowned, mantled and supported arms **Rev. Inscription:** EINE FEINE / MARCK • **Note:** Dav. #2500.

Date	Mintage	F	VF	XF	Unc	BU
1759 M	—	500	900	1,500	2,500	—

KM# 17 THALER
Silver **Ruler:** Johann Aloys I **Rev:** Value **Rev. Inscription:** X / EINE FEINE / MARK **Note:** Dav. #2500A.

Date	Mintage	F	VF	XF	Unc	BU
1759	—	450	800	1,400	2,350	—

GERMAN STATES

OTTINGEN-WALLERSTEIN-SPIELBERG

MINT OFFICIALS' INITIALS

Initials	Date	Name
	1683-1711	Johann Hoffmann
IW or JW	1709-13	Johann Willerding, mintmaster in Münster
AGP or AP	1712-18 (d. 1742)	Anton Gottfried Pott, mintmaster in Paderborn
WR	1714-16	Johann Wilhelm Ritter, mintmaster in Münster
	1714-18	Gottfried Binnenbes, mint director in Paderborn
WR	1714-18	Wilhelm Ritter, mintmaster
AGP or AP	1718-23	Anton Gottfried Pott, mintmaster in Münster
	1719	Heinrich Christian Bonhorst, mintmaster in Clausthal
PPW	1719	Peter Paul Werner, die-cutter in Nürnberg
	1743-48	Johann Koppers, mintmaster in Münster
	1761	Johann Christian Hohleisen, mintmaster in Augsburg
T	1761	Jonas I. Thiebaud, die-cutter
	1761	Goswin Lohkampt, copper striker in Münster
AS or IAS	1763-86	Johann Anton Schröder, warden and mint director in Paderborn
ABR	1783-1811	Abraham Abramson, die-cutter in Berlin
	1784-86	Mint Commission in Braunschweig
LOOS	1787-1818	Daniel Friedrich Loos, die-cutter in Berlin

KM# 18 THALER
Silver **Ruler:** Johann Aloys I **Obv:** Armored bust right **Obv. Legend:** IOAN • ALOYS • I • PRINC • DE ET IN OTTINGEN **Rev:** Crowned arms with supporters, value in frame below **Rev. Inscription:** • X • / EINE FEINE / MARCK • **Note:** Dav. #2501.

Date	Mintage	F	VF	XF	Unc	BU
1759	—	500	900	1,500	2,500	—

KM# 19 THALER
Silver **Ruler:** Johann Aloys I **Obv:** Crowned arms with supporters, value in frame below **Obv. Legend:** • X •/EINE FEINE/MARCK • **Rev:** St. Sebastian at stake with clouds in front **Rev. Legend:** S: SEBAST: PATRONUS RHÆTIÆ **Note:** Dav. #2502.

Date	Mintage	F	VF	XF	Unc	BU
1759	—	775	1,300	2,100	3,600	—

KM# 20 THALER
Silver **Ruler:** Johann Aloys I **Rev:** Value **Rev. Inscription:** X / EINE FEINE / MARK **Note:** Dav. #2502A.

Date	Mintage	F	VF	XF	Unc	BU
1759	—	600	1,000	1,600	2,750	—

ARMS
Bishopric – Maltese cross.
City – 2-fold, divided horizontally, top half with cross, bottom half has 4 vertical bars on light background.

REFERENCES
S = Arnold Schwede, **Das Münzwesen im Hochstift Paderborn, 1566-1803**, Paderborn, 2004.
W = Joseph Weingärtner, **Die Gold- und Silbermünzen des Bisthums Paderborn nebst historischen Nachrichten**, Münster, 1882, 1890; and **Beschreibung der Kupfermünzen Westfalesns nebst historischen Nachrichten**, 2 vols., Paderborn, 1872-81.

PADERBORN

One of the principal cities of Westphalia and the seat of a bishopric from its founding by Charlemagne in 795, Paderborn is situated 23 miles (38 kilometers) south-southeast of Bielefeld and about 50 miles (80 kilometers) southeast of Münster. The bishop received the right to strike coins in 1028 and was raised to the rank of Prince of the Empire in about 1100. By the late 12th to early 13th century, the bishops were employing nine different mints in their territories. In 1802, the bishopric was secularized and its domains, as well as the city of Paderborn, were annexed to Prussia. The former bishopric was part of the Kingdom of Westphalia from 1807 to 1813, after which it was returned to Prussia. In addition to the episcopal coinage, the cathedral chapter issued a series of coins in the early 17th century and during the several interregnal years.

The town, and later city, of Paderborn grew up around the cathedral and became a member of the Hanseatic League, but failed to obtain the mint right. Eventually, the townspeople converted to Protestantism and found themselves in opposition to the Catholic bishop. The bishop prevailed and had a series of coins struck for the city in 1605. Paderborn also issued a local coinage during the early period of the Thirty Years' War.

RULERS
Hermann Werner, Wolff-Metternich zu Gracht,1683-1704
Franz Arnold, Wolff-Metternich zu Gracht, 1704-1718
Clemens August, Herzog von Bayern, 1719-1761
Sede Vacante, 1761-1763
Wilhelm Anton von der Asseburg, 1763-1782
Friedrich Wilhelm von Westfalen, 1782-1789
Franz Egon von Fürstenberg, 1789-1802

BISHOPRIC

REGULAR COINAGE

KM# 170.1 PFENNIG (1/12 Schilling)
Copper, 16-17 mm. **Ruler:** Franz Arnold **Obv:** Oval shield of 4-fold arms of Paderborn and Pyrmont, with central shield of Wolff-Metternich, in baroque frame **Obv. Legend:** FRANC. ARNOL. D. G. EPISC. PADER(B). **Rev:** Value I in oval baroque frame, date at end of legend **Rev. Legend:** S(T). ROM. IMP. PRINC. COM. PYRM. **Mint:** Neuhaus **Note:** Ref. S-209; W-656. Varieties exist.

Date	Mintage	Good	VG	F	VF	XF
1706	945,600	8.00	16.00	35.00	60.00	—

KM# 170.2 PFENNIG (1/12 Schilling)
Copper, 16-17 mm. **Ruler:** Franz Arnold **Obv:** Oval shield of 4-fold arms of Pyrmont and Paderborn (quarters reversed), with central shield of Wolff-Metternich, in baroque frame **Obv. Legend:** FRANC. ARNOL. D. G. EPISC. PADERB. **Rev:** Value I in oval baroque frame, date at end of legend **Rev. Legend:** S(T). ROM IMP. PRINC. COM. PYRM. **Mint:** Neuhaus **Note:** Ref. S-210; W-656d.

Date	Mintage	Good	VG	F	VF	XF
1706 Rare	Inc. above	—	—	—	—	—

KM# 170.3 PFENNIG (1/12 Schilling)
Copper, 16-17 mm. **Ruler:** Franz Arnold **Obv:** Oval shield of 4-fold arms of Paderborn (large crosses not outlined) and Pyrmont, with central shield of Wolff-Metternich, in baroque frame **Obv. Legend:** FRANC. ARNOL. D. G. EPISC. PADER(B). **Rev:** Value I in small oval baroque frame, date at end of legend **Rev. Legend:** S(T). ROM. IMP. PRINC. COM. PYRM. **Mint:** Münster **Note:** Ref. S-211; W-656. Struck in 1709 and 1714.

Date	Mintage	Good	VG	F	VF	XF
1706	1,468,000	7.00	14.00	25.00	45.00	—

KM# 193.1 PFENNIG (1/12 Schilling)
Copper, 17 mm. **Ruler:** Franz Arnold **Obv:** Crowned oval shield of 8-fold arms, with central shield of Wolff-Metternich, superimposed on crossed sword and crozier, legend broke by bottom of arms **Obv. Legend:** FRAN. ARN. D. - G. EP. PAD. & MO. **Rev:** Large I between 2 diamond shaped ornaments, date below, all in circle **Rev. Legend:** FURSTL. PADERB. LANDT. MUNTZ. **Mint:** Neuhaus **Note:** Ref. S-259; W-661a.

Date	Mintage	Good	VG	F	VF	XF
1718	—	6.00	12.00	22.00	40.00	—

KM# 193.2 PFENNIG (1/12 Schilling)
Copper, 17 mm. **Ruler:** Franz Arnold **Obv:** Crowned oval shield of 8-fold arms, with central shield of Wolff-Metternich, superimposed on crossed sword and crozier, legend continuous **Obv. Legend:** FRAN. ARN. D. G. EP. PAD. & MON. **Rev:** Large I between 2 diamond shaped ornaments, date below, all in circle **Rev. Legend:** FURSTL. PAERB. LANDT. MUNTZ. **Mint:** Neuhaus **Note:** Ref. S-260; W-661b.

Date	Mintage	Good	VG	F	VF	XF
1718	—	6.00	12.00	22.00	40.00	—

KM# 216 PFENNIG (1/12 Schilling)
Copper **Ruler:** Clemens August **Obv:** Crowned oval shield of 5-fold arms, with central shield of 4-fold arms of Bavaria and Pfalz, divides 1 - P, superimposed on crossed sword and crozier **Rev:** 3-line inscription with date **Rev. Legend:** HOCHFVRST. PADERBORN. LANDT MVNTZ. **Rev. Inscription:** I / PFENNING / (date) **Mint:** Münster **Note:** Ref. S-275.

Date	Mintage	Good	VG	F	VF	XF
1743	—	—	—	—	—	—

KM# 246 PFENNIG (1/12 Schilling)
Copper, 19-20 mm. **Ruler:** Wilhelm Anton **Obv:** Crowned ornate shield of 4-fold arms of Paderborn and Pyrmont, with central shield of Asseburg, divides mintmaster's initials, superimposed on crossed sword and crozier **Obv. Legend:** WH. ANT. D. G. EPS. PADERB. S. R. I. P(R). C. P(Y)(I)RM. **Rev:** 5-line inscription with date **Rev. Inscription:** I / PFENNING / SCHEIDE / M(U)(V)NTZ / (date) **Mint:** Neuhaus **Note:** Ref. S-327, 336; W-670, 671. Prev. C#4.1.

Date	Mintage	VG	F	VF	XF	Unc
1766 AS	136,731	5.00	12.00	25.00	50.00	—
1767 AS	—	5.00	12.00	25.00	50.00	—

KM# 247 PFENNIG (1/12 Schilling)
Copper, 19-20 mm. **Ruler:** Wilhelm Anton **Obv:** Crowned ornate shield of 4-fold arms of Paderborn and Pyrmont, with central shield of Asseburg, divides mintmaster's initials, superimposed on crossed sword and crozier **Obv. Legend:** WH. ANT. D. G. EPS. PADERB. S. R. I. P(R). C. P(Y)(I)RM. **Rev:** 5-line inscription with date **Rev. Inscription:** I / PFENN. / SCHEIDE / MUNTZ / (date) **Mint:** Neuhaus **Note:** Ref. S-327c. Prev. C#4.2.

Date	Mintage	VG	F	VF	XF	Unc
1766 AS	Inc. above	5.00	12.00	25.00	50.00	—

KM# 266 PFENNIG (1/12 Schilling)
Copper, 21 mm. **Ruler:** Friedrich Wilhelm **Obv:** Crowned and garlanded Spanish shield of 6-fold arms, with central shield of Westfalen **Obv. Legend:** FRID. WILH. D. G. EP. HILD. ET. PAD. S. R. I. PR. C. PYRM. **Rev:** 5-line inscription with date **Rev. Inscription:** I / PFENN. / SCHEIDE / MVNTZ / (date) **Mint:** Braunschweig **Note:** Ref. S-353; W-674. Prev. C#40.

Date	Mintage	VG	F	VF	XF	Unc
1786	—	5.00	10.00	20.00	40.00	—

KM# 172.1 2 PFENNIG
Copper, 19 mm. **Ruler:** Franz Arnold **Obv:** Oval shield of 4-fold arms of Paderborn and Pyrmont, with central shield of Wolff-Metternich, in baroque frame **Obv. Legend:** FRANC. ARNOL. D. G. EPISC. PADER(B)(E). **Rev:** Value II in oval baroque frame, date at end of legend **Rev. Legend:** S(T). ROM. IMP. PRINC. COM. PYRM. **Mint:** Neuhaus **Note:** Ref. S-207; W-655.

Date	Mintage	Good	VG	F	VF	XF
1706	472,800	8.00	16.00	35.00	60.00	—

KM# 172.2 2 PFENNIG
Copper, 19 mm. **Ruler:** Franz Arnold **Obv:** Oval shield of 4-fold arms of Paderborn and Pyrmont, with large central shield of Wolff-Metternich, in baroque frame **Obv. Legend:** FRANC. ARNOL. D. G. EPISC. PADERB. **Rev:** Value II in oval baroque frame, bottom of oval turned up in 2 knobs below value, date at end of legend. **Rev. Legend:** S(T). ROM. IMP. PRINC. COM. PYRM. **Mint:** Münster **Note:** Ref. S-208; W-655. Struck in 1709 and 1714.

Date	Mintage	Good	VG	F	VF	XF
1706	734,100	8.00	16.00	35.00	60.00	—

diamond-shaped ornaments, date below, all in circle **Rev. Legend:** FURSTL. PADERB. LANDT. MUNTZ. **Mint:** Münster & Neuhaus **Note:** Ref. S-254; W-658.

Date	Mintage	Good	VG	F	VF	XF
1718	—	6.00	12.00	22.00	40.00	—

KM# 219 4 PFENNING

Copper, 23 mm. **Ruler:** Clemens August **Obv:** Crowned oval shield of 5-fold arms, with central shield of 4-fold arms of Bavaria and Pfalz, divides 4 - P, superimposed on crossed sword and crozier **Rev:** 3-line inscription with date **Rev. Legend:** HOCHFVRST. PADERBORN. LANDT MVNTZ. **Rev. Inscription:** IIII / PFENNING / (date) **Mint:** Münster **Note:** Ref. S-272; W-667. Prev. C#A2.

Date	Mintage	VG	F	VF	XF	Unc
1743	553,350	6.00	12.00	25.00	50.00	—

KM# 194.1 2 PFENNIG

Copper, 18 mm. **Ruler:** Franz Arnold **Obv:** Crowned oval shield of 8-fold arms, with central shield of Wolff-Metternich, superimposed on crossed sword and crozier, legend broken at bottom by arms **Obv. Legend:** FRAN. ARN. D. G. - EP. PAD. & MON. **Rev:** Value II between 2 diamond-shaped ornaments, date below, all in circle **Rev. Legend:** FURSTL. PADERB. LANDT. MUNTZ. **Mint:** Neuhaus **Note:** Ref. S-257; W-660a.

Date	Mintage	Good	VG	F	VF	XF
1718	—	6.00	12.00	22.00	40.00	—

KM# 194.2 2 PFENNIG

Copper, 18 mm. **Ruler:** Franz Arnold **Obv:** Crowned oval shield of 8-fold arms, with central shield of Wolff-Metternich, superimposed on crossed sword and crozier, legend continuous **Obv. Legend:** FRAN. ARN. D. G. EP. PAD. & MON. **Rev:** Value II between 2 diamond-shaped ornaments, date below, all in circle **Rev. Legend:** FURSTL. PADERB. LANDT. MUNTZ. **Mint:** Neuhaus **Note:** Ref. S-208; W-660b.

Date	Mintage	Good	VG	F	VF	XF
1718	—	6.00	12.00	22.00	40.00	—

KM# 225 4 PFENNING

Billon, 15 mm. **Ruler:** Wilhelm Anton **Obv:** Crowned script WA monogram **Obv. Legend:** MON: NOV: PADERB. **Rev:** 4-line inscription with date **Rev. Inscription:** IIII / PFENN: / L:M: / (date) **Mint:** Hildesheim **Note:** Ref. S-290; W-245. Prev. C#6.

Date	Mintage	VG	F	VF	XF	Unc
1763	—	10.00	20.00	45.00	95.00	—

KM# 197 6 PFENNING

3.3500 g., Copper, 23-24 mm. **Ruler:** Franz Arnold **Obv:** Crowned oval shield of 8-fold arms, with central shield of Wolff-Metternich, superimposed on crossed sword and crozier **Obv. Legend:** FRAN. ARN. D. G. EP. PAD. & MON. **Rev:** Large VI between 2 diamond-shaped ornaments, date below, all in circle **Rev. Legend:** FURSTL. PADERB. LANDT. MUNTZ. **Mint:** Neuhaus **Note:** Ref. S-253; W-657. Prev. KM#A2.

Date	Mintage	F	VF	XF	Unc	BU
1718	—	18.00	35.00	65.00	—	—

KM# 217 2 PFENNIG

Copper, 20 mm. **Ruler:** Clemens August **Obv:** Crowned oval shield of 5-fold arms, with central shield of 4-fold arms of Bavaria and Pfalz, divides 2 - P, superimposed on crossed sword and crozier **Rev:** 3-line inscription with date **Rev. Legend:** HOCHF(V)(U)RST. PADERBORN. LANDT M(V)(U)NTZ. **Rev. Inscription:** II / PFENNING / (date) **Mint:** Münster **Note:** Ref. S-274; W-669. The 1747 date reported for this type is a counterfeit with poorly engraved 3 which looks like a 7.

Date	Mintage	Good	VG	F	VF	XF
1743	—	5.00	10.00	18.00	35.00	65.00

KM# 173.1 6 PFENNING

2.2100 g., Copper, 23-24 mm. **Ruler:** Franz Arnold **Obv:** Oval shield of 4-fold arms of Paderborn and Pyrmont, with central shield of Wolff-Metternich, in baroque frame **Obv. Legend:** FRANC. ARN(O.L). D. G. EPS. PAD. S. R. I. P. & COM. PYRM. **Rev:** Value VI in oval baroque frame, date at end of legend **Rev. Legend:** ANNO. DOMINI. **Mint:** Münster **Note:** Ref. S-204, 205; W-652, 653. Prev. KM#A1. Struck 1709-11.

Date	Mintage	Good	VG	F	VF	XF
1706	504,000	4.00	7.00	12.00	25.00	100

KM# 220 6 PFENNING

Copper, 24-24.5 mm. **Ruler:** Clemens August **Obv:** Crowned oval shield of 5-fold arms, with central shield of 4-fold arms of Bavaria and Pfalz, divides 6 - P, superimposed on crossed sword and crozier **Obv. Legend:** C(L), A(V)(U)(G), D. G. A. E. C. S. R. I. P. E. S. M. O. T. E. P. H. M. O. B. D. **Rev:** 3-line inscription with date **Rev. Legend:** HOCHF(V)(U)RST. PADERBORN. LANDT(.) M(V)(U)NTZ. **Rev. Inscription:** VI / PFENNING / (date) **Mint:** Münster **Note:** Ref. S-271, 276, 277; W-662-3, 665, 666a. Varieties exist. Known with countermark WA monogram (Wilhelm Anton).

Date	Mintage	Good	VG	F	VF	XF
1743	276,675	5.00	10.00	18.00	35.00	55.00
1745	—	5.00	10.00	18.00	35.00	55.00
1748	336,000	5.00	10.00	18.00	35.00	55.00

KM# 195 3 PFENNING (Dreier=1/4 Schilling)

Copper, 19 mm. **Ruler:** Franz Arnold **Obv:** Crowned oval shield of 8-fold arms, with central shield of Wolff-Metternich, superimposed on crossed sword and crozier **Obv. Legend:** FRAN. ARN. D. G. - EP. PAD. & MON. **Rev:** Value III between 2 diamond-shaped ornaments, date below, all in circle **Rev. Legend:** FURSTL. PADERB. LANDT. MUNTZ. **Mint:** Münster & Neuhaus **Note:** Ref. 255, 256; W-659.

Date	Mintage	Good	VG	F	VF	XF
1718	—	6.00	12.00	22.00	40.00	—

KM# 173.2 6 PFENNING

Copper, 23 mm. **Ruler:** Franz Arnold **Obv:** Oval shield of 4-fold arms of Paderborn and Pyrmont, with central shield of Wolff-Metternich, in baroque frame **Obv. Legend:** FRANC. ARN. D. G. EP. PAD. S. R. I. P. & COM. PYR(M). **Rev:** Value VI in oval baroque frame, date at end of legend **Rev. Legend:** ANNO. DOMINI. **Mint:** Neuhaus **Note:** Ref. S-206; W-654. Struck 1713-16.

Date	Mintage	Good	VG	F	VF	XF
1706	Inc. above	4.00	7.00	12.00	25.00	50.00

KM# 232 6 PFENNING

Billon Weight varies: 1.03-1.67g., 16.5 mm. **Ruler:** Wilhelm Anton **Obv:** Crowned script WA monogram **Obv. Legend:** HOCHF. PADERB. LAND. MUNTZ. **Rev:** 4-line inscription with date and mintmaster's initials **Rev. Inscription:** VI / PFENN / (date) / (initials) **Mint:** Neuhaus **Note:** Ref. S-303, 318; W-243, 244. Prev. C#12.

Date	Mintage	VG	F	VF	XF	Unc
1764 IAS	—	18.00	40.00	80.00	165	—
1765 IAS	—	18.00	40.00	80.00	165	—

KM# 218 3 PFENNING (Dreier=1/4 Schilling)

Copper, 21 mm. **Ruler:** Clemens August **Obv:** Crowned oval shield of 5-fold arms, with central shield of 4-fold arms of Bavaria and Pfalz, divides 3 - P, superimposed on crossed sword and crozier **Rev:** 3-line inscription with date **Rev. Legend:** HOCHFVRST. PADERBORN. LANDT MVNTZ. **Rev. Inscription:** III / PFENNING / (date) **Mint:** Münster **Note:** Ref. S-273; W-668.

Date	Mintage	Good	VG	F	VF	XF
1743	—	5.00	9.00	16.00	25.00	50.00

KM# 174 6 PFENNING

Copper, 23-24 mm. **Ruler:** Franz Arnold **Mint:** Unknown **Note:** Countermark FA monogram on 6 Pfennig, KM#173.1, 1706.

Date	Mintage	Good	VG	F	VF	XF
ND(1704-1718)	—	10.00	20.00	40.00	75.00	—

KM# 157 6 PFENNING

Copper **Ruler:** Franz Arnold **Mint:** Unknown **Note:** Countermark FA monogram on Waldeck 6 Pfennig, 1693.

Date	Mintage	Good	VG	F	VF	XF
ND(1704-18)	—	—	—	—	—	—

KM# 181 MATTIER

0.8120 g., 0.2500 Silver Weight varies: 0.57-0.83g. 0.0065 oz. ASW, 16 mm. **Ruler:** Franz Arnold **Obv:** Crowned script FA monogram, mintmaster's initials below **Rev:** 4 or 5-line inscription with date **Rev. Inscription:** +I+ / MATTIER / F. P. L(ANDT) (/) M(UNTZ) / (date) **Mint:** Münster **Note:** Ref. S-220; W-195. 4 Pfennig = 1/2 Mariengroschen = 1/72 Thaler.

Date	Mintage	VG	F	VF	XF	Unc
1711 JW	380,232	18.00	40.00	80.00	135	—

KM# 252 MATTIER

0.9450 g., 0.2290 Billon Weight varies: 0.68-1.05g. 0.0070 oz., 15 mm. **Ruler:** Wilhelm Anton **Obv:** Crowned script WA monogram in plain field **Rev:** 4-line inscription with date and mintmaster's initials **Rev. Legend:** HOCHF. PADERB. LAND. MUNTZ. **Rev. Inscription:** I / MATT: / (date) / (initials) **Mint:** Neuhaus **Note:** Ref. S-335; W-242. Prev. C#10. 1/2 Mariengroschen = 1/72 Thaler.

Date	Mintage	VG	F	VF	XF	Unc
1767 IAS	—	20.00	45.00	90.00	180	—

KM# 196 4 PFENNING

Copper, 20-21 mm. **Ruler:** Franz Arnold **Obv:** Crowned oval shield of 8-fold arms, with central shield of Wolff-Metternich, superimposed on crossed sword and crozier **Obv. Legend:** FRAN. ARN. D. G. EP. PAD. & MON. **Rev:** Value IIII between 2

KM# 226 1/2 MARIENGROSCHEN

Billon Weight varies: 0.70-0.95g., 14 mm. **Ruler:** Wilhelm Anton **Obv:** Crowned script WA monogram **Rev:** 4-line inscription with date **Rev. Legend:** HOCHF. PADERB. LAND. MUNTZ. **Rev. Inscription:** 1/2 / MARIEN / GROS: / (date) **Mint:** Hildesheim **Note:** Ref. S-291; W-241. Prev. C#8. 1/2 Groschen = 1/72 Thaler.

Date	Mintage	VG	F	VF	XF	Unc
1763	—	25.00	55.00	90.00	165	—

KM# 180 MARIENGROSCHEN (1/36 Thaler)

1.3860 g., 0.3120 Silver Weight varies: 0.94-1.46g. 0.0139 oz. ASW, 18 mm. **Ruler:** Franz Arnold **Obv:** Crowned ornate script

502 GERMAN STATES PADERBORN

FA monogram, mintmaster's initials below, date at end of legend **Obv. Legend:** ANNO. **Rev:** 3-line inscription in circle **Rev. Legend:** FURST(L). PADERB. LANDT. M(U)(V)NTZ. **Rev. Inscription:** I / MARIEN. / GROS. **Mint:** Münster **Note:** Ref. S-216, 219, 226, 232; W#187-89. Varieties exist.

Date	Mintage	VG	F	VF	XF	Unc
1710 JW	—	12.00	25.00	50.00	85.00	—
1711 JW	—	12.00	25.00	50.00	85.00	—
1712 JW	—	12.00	25.00	50.00	85.00	—
1713 JW	—	12.00	25.00	50.00	85.00	—

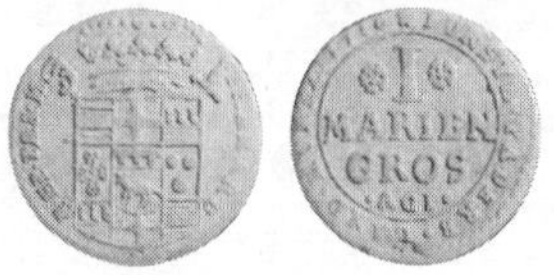

KM# 183.1 MARIENGROSCHEN (1/36 Thaler)

1.3860 g., 0.3120 Silver Weight varies: 0.90-1.51g. 0.0139 oz. ASW, 18 mm. **Ruler:** Franz Arnold **Obv:** Crowned Spanish shield of 8-fold arms, with central shield of Wolff-Metternich, superimposed on crossed sword and crozier **Obv. Legend:** FR(A)N(C). AR(N). D. (-) G. (-) EP. PA(D). (ET.) (&.) M. **Rev:** 4-line inscription with mintmaster's initials, all in circle, date at end of legend **Rev. Legend:** F(U)(V)RST. PADERB(ORN). LAND(T). M(U)(V)NTZ. **Rev. Inscription:** I / MARIEN / GROS / (initials) **Mint:** Neuhaus **Note:** Ref. S-225, 231, 235, 239, 244, 252; W#190-94. Varieties exist.

Date	Mintage	VG	F	VF	XF	Unc
1712 AP	—	18.00	40.00	80.00	135	—
1712 AGP	—	18.00	40.00	80.00	135	—
1713 AP	—	18.00	40.00	80.00	135	—
1713 AGP	—	18.00	40.00	80.00	135	—
1714 AGP	—	18.00	40.00	80.00	135	—
1715 AP	—	18.00	40.00	80.00	135	—
1715 AGP	—	18.00	40.00	80.00	135	—
1716 AP	—	18.00	40.00	80.00	135	—
1716 AGP	—	18.00	40.00	80.00	135	—
1718 AGP	—	18.00	40.00	80.00	135	—

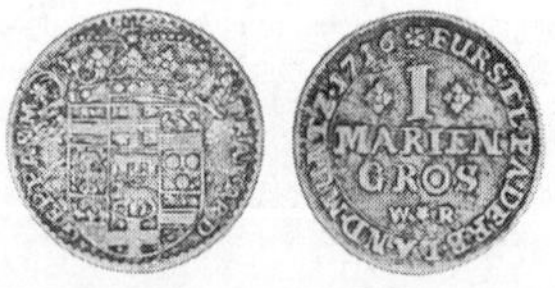

KM# 183.2 MARIENGROSCHEN (1/36 Thaler)

Silver Weight varies: 1.09-1.48g., 18 mm. **Ruler:** Franz Arnold **Obv:** Crowned Spanish shield of 8-fold arms, with central shield of Wolff-Metternich, superimposed on crossed sword and crozier **Obv. Legend:** FRAN(C). AR. D. - G. EP. P(A)(D). (&)(ET.) M. **Rev:** 4-line inscription with mintmaster's initials, all in circle, date at end of legend **Rev. Legend:** FURSTL. PADERB. LAND(T). MUNTZ. **Rev. Inscription:** I / MARIEN / GROS / (initials) **Mint:** Münster **Note:** Ref. S-236, 240, 245; W#192-94. Varieties exist.

Date	Mintage	VG	F	VF	XF	Unc
1714 WR	—	18.00	40.00	80.00	135	—
1715 WR	—	18.00	40.00	80.00	135	—
1716 WR	—	18.00	40.00	80.00	135	—

KM# 206 MARIENGROSCHEN (1/36 Thaler)

Silver Weight varies: 1.04-1.47g., 18 mm. **Ruler:** Clemens August **Obv:** Madonna and Child, rays around **Rev:** 4-line inscription with mintmaster's initials, date at end of legend **Rev. Legend:** FVRST. PADERB. LANDT. MVNZ. **Rev. Inscription:** I / MARIEN / GROS / (initials) **Mint:** Münster **Note:** Ref. S-269; W-203.

Date	Mintage	VG	F	VF	XF	Unc
1723 AGP	—	22.00	50.00	95.00	160	—

KM# 227 MARIENGROSCHEN (1/36 Thaler)

1.5180 g., 0.2900 Billon Weight varies: 0.64-1.45g. 0.0142 oz., 17 mm. **Ruler:** Wilhelm Anton **Obv:** Crowned script WA monogram in plain field **Rev:** 4-line inscription with date **Rev. Legend:** HOCHF. PADERB. LAND. MUNTZ. **Rev. Inscription:** I / MARIEN / GROS: / (date) **Mint:** Hildesheim **Note:** Ref. S-289; W-237. Prev. C#15.

Date	Mintage	VG	F	VF	XF	Unc
1763	—	12.00	30.00	60.00	125	—

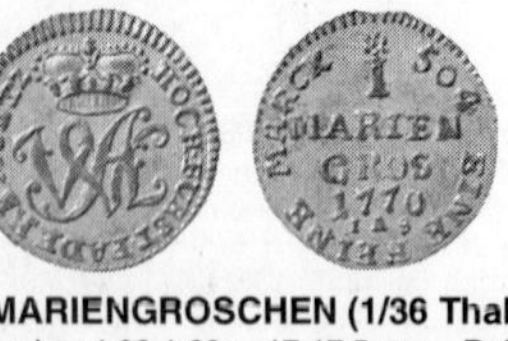

KM# 258 MARIENGROSCHEN (1/36 Thaler)

Billon Weight varies: 1.02-1.60g., 17-17.5 mm. **Ruler:** Wilhelm Anton **Obv:** Crowned script WA monogram **Obv. Legend:** HOCHF(Ü)(U)(RST). PADERB. (LAND) M(Ü)(U)NTZ. **Rev:** 5-line inscription with date and mintmaster's initials **Rev. Legend:** 504 EINE FEINE MARCK. **Rev. Inscription:** I / MARIEN / GROS / (date) / (initials) **Mint:** Neuhaus **Note:** Ref. S-341, 342, 345; W#238-40. Prev. C#17. Varieties exist.

Date	Mintage	VG	F	VF	XF	Unc
1770 IAS	—	18.00	37.00	75.00	150	—
1771 IAS	—	18.00	37.00	75.00	150	—
1774 IAS	—	30.00	65.00	125	200	—

KM# 228 2 MARIENGROSCHEN

Billon Weight varies: 2.14-2.52g., 21 mm. **Ruler:** Wilhelm Anton **Obv:** Crowned script WA monogram **Obv. Legend:** HOCHF. PADERB. LAND(.) MUNTZ **Rev:** 5-line inscription with date and mintmaster's initials **Rev. Legend:** 240. EINE. FEINE. MARCK. **Rev. Inscription:** II / MARIEN / GROSCH / (date) / (initials) **Mint:** Neuhaus **Note:** Ref. S-288, 317, 326; W-233, 235, 236a. Prev. C#18. Varieties exist.

Date	Mintage	VG	F	VF	XF	Unc
1763 IAS	—	15.00	30.00	65.00	140	—
1765 IAS	—	15.00	30.00	65.00	140	—
1766 IAS	—	15.00	30.00	65.00	140	—

KM# 233.2 2 MARIENGROSCHEN

Billon Weight varies: 1.90-2.68g., 21 mm. **Ruler:** Wilhelm Anton **Obv:** Crowned script WA monogram in baroque frame **Obv. Legend:** HOCHF. PADERB. - LAND. MUNTZ. **Rev:** 5-line inscription with date and mintmaster's initials **Rev. Legend:** 240. EINE. FEINE. MARCK. **Rev. Inscription:** II / MARIEN / GROSCH: / (date) / (initials) **Mint:** Neuhaus **Note:** Ref. S-300,315; W-234c, 235a-c.

Date	Mintage	VG	F	VF	XF	Unc
1764 IAS	—	—	—	—	—	—
1765 IAS	—	—	—	—	—	—

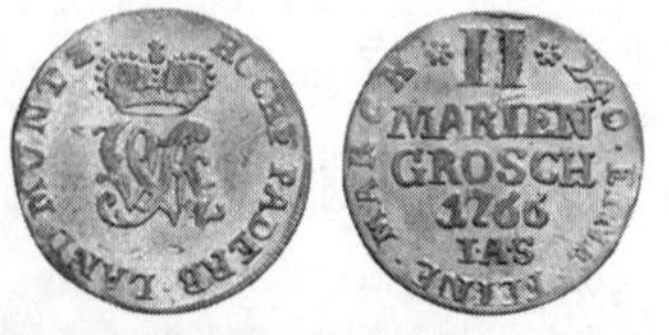

KM# 233.1 2 MARIENGROSCHEN

Billon Weight varies: 2.07-3.01g., 21 mm. **Ruler:** Wilhelm Anton **Obv:** Small crowned script WA monogram **Obv. Legend:** HOCHF. PADERB. LAND. MUNTZ. **Rev:** 5-line inscription with date and mintmaster's initials **Rev. Legend:** 240. EINE. FEINE. MARCK. **Rev. Inscription:** II / MARIEN / GROSCH / (date) / (initials) **Mint:** Neuhaus **Note:** Ref. S-301, 316, 325; W-234a,b,d, 234d, 236b,c. Prev. C#19.

Date	Mintage	VG	F	VF	XF	Unc
1764 IAS	—	12.00	30.00	60.00	125	—
1765 IAS	—	12.00	30.00	60.00	125	—
1766 IAS	—	12.00	30.00	60.00	125	—

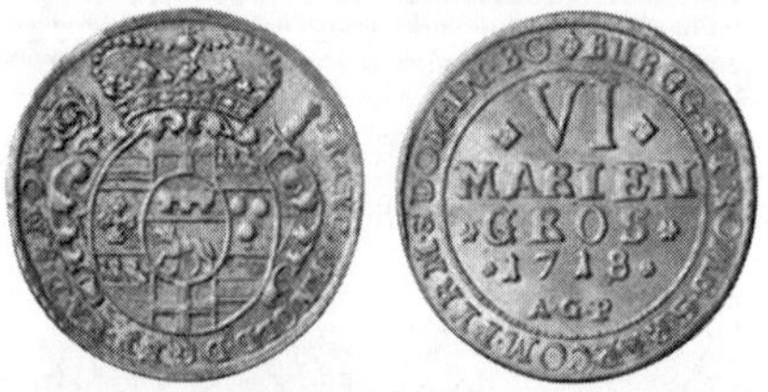

KM# 200 6 MARIENGROSCHEN

4.1570 g., 0.7500 Silver Weight varies: 4.41-5.92g. 0.1002 oz. ASW, 27 mm. **Ruler:** Franz Arnold **Obv:** Crowned oval shield of 8-fold arms, with central shield of Wolff-Metternich, in baroque frame, superimposed on crossed sword and crozier **Obv. Legend:** FRAN(C). ARNOL(D). D. G. EP. PAD. & MON. **Rev:** 5-line inscription with date and mintmaster's initials **Rev. Legend:** BURGG. STROMB. S. R. I. P. COM. PYRM. & DO(M). IN BO(R). **Rev. Inscription:** VI / MARIEN / GROS / (date) / (initials) **Mint:** Neuhaus **Note:** Ref. S-250; W-179. Varieties exist.

Date	Mintage	VG	F	VF	XF	Unc
1718 AGP	—	9.00	20.00	40.00	75.00	275

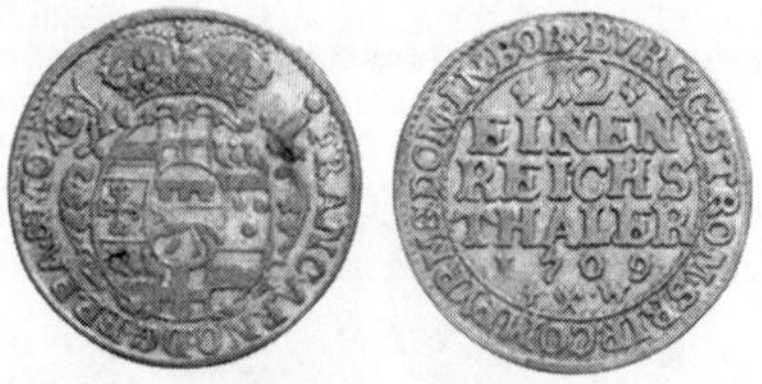

KM# 176.1 1/12 THALER (3 Groschen)

3.5170 g., 0.4380 Silver Weight varies: 2.40-3.55g. 0.0495 oz. ASW, 24-26 mm. **Ruler:** Franz Arnold **Obv:** Crowned oval shield of 8-fold arms, with central shield of Wolff-Metternich, in baroque frame, superimposed on crossed sword and crozier **Obv. Legend:** FRANC. ARN(O)(LD). D. G. EP. PA(D)(ERB). (7) (ET.) M(O)(N). **Rev:** 6-line inscription with date and mintmaster's initials **Rev. Legend:** B(V)(U)RGG. STROM. S. R. I. P. COM. PYRM. **Rev. Inscription:** 12 / EINEN / REICHS / THALER / (date) / (initials) **Mint:** Münster **Note:** Ref. S-213, 218, 223, 224; W-180, 181b. Varieties exist. 21 Pfennig.

Date	Mintage	VG	F	VF	XF	Unc
1709 JW	—	10.00	20.00	40.00	75.00	185
1711 JW	—	10.00	20.00	40.00	75.00	185
1712 JW	—	10.00	20.00	40.00	75.00	185

KM# 176.2 1/12 THALER (3 Groschen)

3.5170 g., 0.4380 Silver 0.0495 oz. ASW, 26 mm. **Ruler:** Franz Arnold **Obv:** Crowned Spanish shield of 8-fold arms, with central shield of Wolff-Metternich, in baroque frame, superimposed on crossed sword and crozier, mintmaster's initials divided below **Obv. Legend:** FRAN. ARN. D. G. - EP. PAD. ET. M. **Rev:** 6-line inscription with date and mintmaster's initials **Rev. Legend:** BVRGG. STROM. S. R. I. P. COM. PYRM. & DOM. IN. BOR. **Rev. Inscription:** 12 / EINEN / REICHS / THALER / (date) / (initials) **Mint:** Neuhaus **Note:** Ref. S-214. Mule of later obverse die (ca.1712) with reverse die of KM#176.1.

Date	Mintage	VG	F	VF	XF	Unc
1709 AP//JW	—	—	—	—	—	—

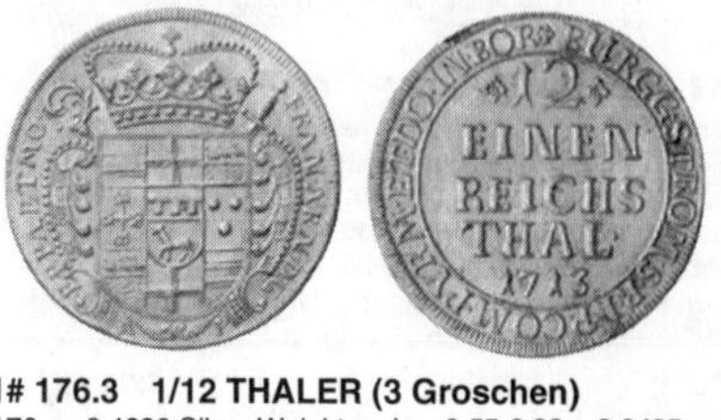

KM# 176.3 1/12 THALER (3 Groschen)

3.5170 g., 0.4380 Silver Weight varies: 2.55-3.83g. 0.0495 oz. ASW, 25 mm. **Ruler:** Franz Arnold **Obv:** Crowned Spanish shield of 8-fold arms, with central shield of Wolff-Metternich, in baroque frame, superimposed on crossed sword and crozier, mintmaster's initials divided below **Obv. Legend:** FRAN. ARN. D. G. - EP. PA(D). ET. M(O). **Rev:** 5-line inscription with date **Rev. Legend:** BURGG. STROM(B). S. R. I. P. COM. PYR(M). ET. DO(M). IN. BOR. **Rev. Inscription:** 12 / EINEN / REICHS / THAL. / (date) **Mint:** Neuhaus **Note:** Ref. S-222, 229, 234; W-181a, 182.

Date	Mintage	VG	F	VF	XF	Unc
1712 AP	—	10.00	20.00	40.00	75.00	—
1713 AP	—	10.00	20.00	40.00	75.00	—
1714 AP	—	10.00	20.00	40.00	75.00	—

KM# 176.4 1/12 THALER (3 Groschen)

3.5170 g., 0.4380 Silver 0.0495 oz. ASW, 26 mm. **Ruler:** Franz Arnold **Obv:** Crowned oval shield of 8-fold arms, with central shield of Wolff-Metternich, in baroque frame, superimposed on crossed sword and crozier **Obv. Legend:** FRANC. ARNO. D. G. EP. PAD. & M. **Rev:** 5-line inscription with date **Rev. Legend:** BURGG. STROM. S. R. I. P. COM. PYRM. ET. DO. IN. BOR. **Rev. Inscription:** 12 / EINEN / REICHS / THAL. / (date) **Mint:** Neuhaus **Note:** Ref. S-230.

Date	Mintage	VG	F	VF	XF	Unc
1713	—	12.00	25.00	55.00	90.00	—

KM# 176.5 1/12 THALER (3 Groschen)

3.5170 g., 0.4370 Silver Weight varies: 2.77-3.60g. 0.0494 oz. ASW, 24 mm. **Ruler:** Franz Arnold **Obv:** Crowned Spanish shield of 8-fold arms, with central shield of Wolff-Metternich, in baroque frame, superimposed on crossed sword and crozier **Obv. Legend:** FRAN. ARN. D - G. EP. PAD. & M. **Rev:** 6-line inscription with date and mintmaster's initials **Rev. Legend:** BURGG. STROM(B). S. R. I. P. COM. PYRM. ET. D. IN. B. **Rev. Inscription:** 12 / EINEN / REICHS / THAL. / (date) / (initials) **Mint:** Neuhaus **Note:** Ref. S-238. Varieties exist.

Date	Mintage	VG	F	VF	XF	Unc
1715 AGP	—	10.00	20.00	40.00	75.00	—

KM# 176.6 1/12 THALER (3 Groschen)

3.5170 g., 0.4370 Silver Weight varies: 2.98-3.91g. 0.0494 oz. ASW, 24 mm. **Ruler:** Franz Arnold **Obv:** Crowned oval shield of 8-fold arms, with central shield of Wolff-Metternich, in baroque frame, superimposed on crossed sword and crozier **Obv. Legend:** FRANC. ARN(OLD). (D.G.) EP. PA(D)(ERB). (&)(ET.) MO(N)(AS). **Rev:** 6-line inscription with date and mintmaster's initials **Rev. Legend:** B(U)(V)RGG. ST(ROMB). S. R. I. P(R). C(OM). PYRM(ON). (&)(ET.) D(OM). IN. B(ORK)(EL). **Rev. Inscription:** 12 / EINEN / REICHS / THAL(ER) / (date) / (initials) **Mint:** Neuhaus **Note:** Ref. S-242, 243, 247, 251; W#184-86. Varieties exist.

Date	Mintage	VG	F	VF	XF	Unc
1716 AGP	—	75.00	150	300	600	—
1717 AGP	—	10.00	20.00	40.00	75.00	—
1718 AGP	—	10.00	20.00	40.00	75.00	—

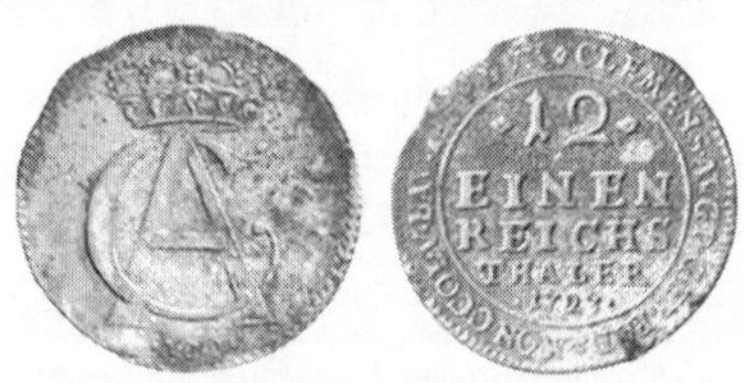

KM# 208 1/12 THALER (3 Groschen)

Silver Weight varies: 2.72-3.76g., 24 mm. **Ruler:** Clemens August **Obv:** Large crowned CA monogram, mintmaster's initials in exergue **Rev:** 5-line inscription with date **Rev. Legend:** CLEMENS. AVG. D. G. EP. PAD. & MON. C. COL. V. BAV. AC. S. P. DVX. **Rev. Inscription:** 12 / EINEN / REICHS / THALER / (date) **Mint:** Münster **Note:** Ref. S-268; W-202.

Date	Mintage	VG	F	VF	XF	Unc
1723 AGP	—	22.00	50.00	95.00	175	—

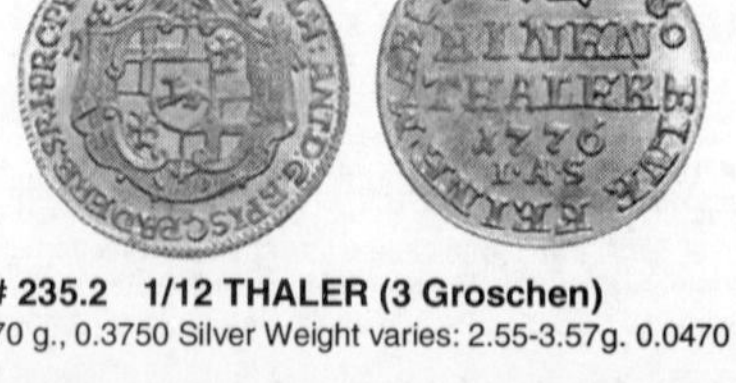

KM# 235.2 1/12 THALER (3 Groschen)

3.8970 g., 0.3750 Silver Weight varies: 2.55-3.57g. 0.0470 oz.

ASW, 22-23 mm. **Ruler:** Wilhelm Anton **Obv:** Crowned and mantled shield of 4-fold arms of Paderborn and Pyrmont, with central shield of Asseburg, superimposed on crossed sword and crozier **Obv. Legend:** WILH. ANT. D. G. EP(I)S(C). PADERB. S. R. I. PR. C. PYRM. **Rev:** 5-line inscription with date and mintmaster's initials **Rev. Legend:** 160. EINE FEINE MARCK. **Rev. Inscription:** 12 / EINEN / THALER / (date) / (initials) **Mint:** Neuhaus **Note:** Ref. S-286, 297, 310, 323, 333, 344, 347; W#225-29. Prev. C#21. Varieties exist.

Date	Mintage	VG	F	VF	XF	Unc
1763 IAS	—	15.00	30.00	65.00	135	—
1764 IAS	—	15.00	30.00	65.00	135	—
1765 IAS	—	15.00	30.00	65.00	135	—
1766 IAS	—	15.00	30.00	65.00	135	—
1767 IAS	—	15.00	30.00	65.00	135	—
1772 IAS	—	15.00	30.00	65.00	135	—
1776 IAS	—	15.00	30.00	65.00	135	—

KM# 235.1 1/12 THALER (3 Groschen)

Silver Weight varies: 2.72-3.17g., 22 mm. **Ruler:** Wilhelm Anton **Obv:** Crowned and mantled shield of 4-fold arms of Paderborn and Pyrmont, with central shield of Asseburg, superimposed on crossed sword and crozier **Obv. Legend:** WILH. ANT. D. G. EPISC. PADERB. S. R. I. PR. C. PYRM. **Rev:** 4-line inscription with date **Rev. Legend:** 160. EINE FEINE MARCK. **Rev. Inscription:** 12 / EINEN / THALER / (date) **Mint:** Hildesheim **Note:** Ref. S-287.

Date	Mintage	VG	F	VF	XF	Unc
1763	—	20.00	40.00	80.00	140	—

KM# 236.1 1/12 THALER (3 Groschen)

Silver Weight varies: 2.65-3.50g., 22 mm. **Ruler:** Wilhelm Anton **Obv:** Script WA monogram in large baroque frame, crown above **Obv. Legend:** FURST. PADERB. - LAND MUNTZ. **Rev:** 5-line inscription with date and mintmaster's initials **Rev. Legend:** 160. EINE FEINE MARCK. **Rev. Inscription:** 12 / EINEN / THALER / (date) / (initials) **Mint:** Neuhaus **Note:** Ref. S-298, 312, 324; W-230b, 231. Prev. C#23.

Date	Mintage	VG	F	VF	XF	Unc
1764 IAS	—	17.50	40.00	80.00	165	—
1765 IAS	—	17.50	40.00	80.00	165	—
1766 IAS	—	17.50	40.00	80.00	165	—

KM# 236.2 1/12 THALER (3 Groschen)

Silver Weight varies: 2.97-3.57g., 22 mm. **Ruler:** Wilhelm Anton **Obv:** Script WA monogram in small baroque frame, crown above **Obv. Legend:** FURST. PADERB. - LAND MUNTZ. **Rev:** 5-line inscription with date and mintmaster's initials **Rev. Legend:** 160 EINE FEINE MARCK. **Rev. Inscription:** 12 / EINEN / THALER / (date) / (initials) **Mint:** Neuhaus **Note:** Ref. S-299, 314; W-230a.

Date	Mintage	VG	F	VF	XF	Unc
1764 IAS	—	17.50	30.00	60.00	100	—
1765 IAS	—	17.50	30.00	60.00	100	—

KM# 235.3 1/12 THALER (3 Groschen)

Silver Weight varies: 2.36-3.77g., 22 mm. **Ruler:** Wilhelm Anton **Obv:** Crowned and mantled shield of 4-fold arms of Paderborn and Pyrmont, with central shield of Asseburg, superimposed on crossed sword and crozier **Obv. Legend:** WILH. ANT. D. G. EPISC. PADERB. S. R. I. PR. C. PYRM. **Rev:** 5-line inscription with date and mintmaster's initials **Rev. Legend:** 160. EINE FEINE MARCK. CONVENT. M. **Rev. Inscription:** 12 / EINEN / THALER / (date) / (initials) **Mint:** Neuhaus **Note:** Ref. S-311; W-226. Prev. C#22.

Date	Mintage	VG	F	VF	XF	Unc
1765 IAS	—	20.00	40.00	85.00	170	—

KM# 236.3 1/12 THALER (3 Groschen)

3.0600 g., Silver, 22 mm. **Ruler:** Wilhelm Anton **Obv:** Script WA monogram in large baroque frame, crown above **Obv. Legend:** FURST. PADERB. - LAND MUNTZ. **Rev:** 5-line inscription with date and mintmaster's initials **Rev. Legend:** 160. EINE FEINE MARCK. CONVENT. M. **Rev. Inscription:** 12 / EINEN / THALER / (date) / (initials) **Mint:** Neuhaus **Note:** Ref. S-313.

Date	Mintage	VG	F	VF	XF	Unc
1765 IAS	—	20.00	40.00	75.00	125	—

KM# 254 1/12 THALER (3 Groschen)

3.2400 g., Silver, 23 mm. **Ruler:** Wilhelm Anton **Obv:** Robed bust to right **Obv. Legend:** WILH. ANT. D. G. EP. PADERB. S. R. I. PR. C. PYRM. **Rev:** 5-line inscription with date and mintmaster's initials **Rev. Legend:** 160. EINE FEINE MARCK. **Rev. Inscription:** 12 / EINEN / THALER / (date) / (initials) **Mint:** Neuhaus **Note:** Ref. W-334. Prev. C#24.

Date	Mintage	VG	F	VF	XF	Unc
1767 IAS Rare	—	—	—	—	—	—

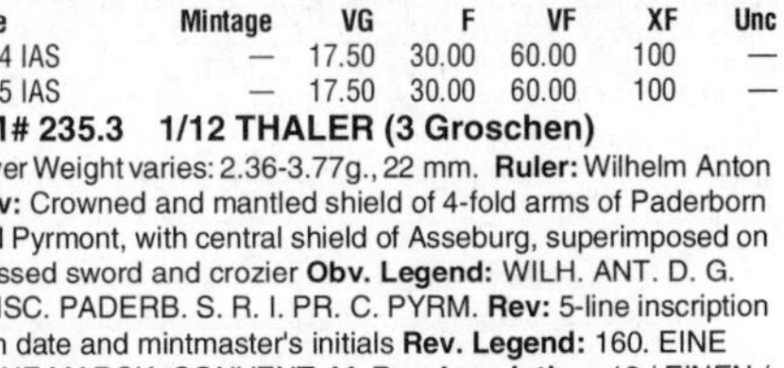

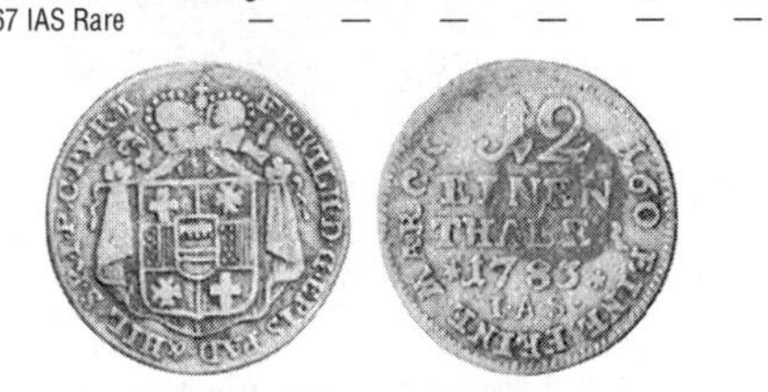

KM# 262 1/12 THALER (3 Groschen)

Silver Weight varies: 2.89-3.52g., 22-23 mm. **Ruler:** Friedrich Wilhelm **Obv:** Crowned and mantled Spanish shield of 6-fold arms, with central shield of Westfalen, superimposed on crossed sword and crozier **Obv. Legend:** FR. WILH. D. G. EP(IS). PAD. &. HIL(D). **Rev:** 5-line inscription with date and mintmaster's initials **Rev. Legend:** 160. EINE FEINE MARCK. **Rev. Inscription:** 12 / EINEN / THALER / (date) / (initials) **Mint:** Neuhaus **Note:** Ref. S-349; W-250. Prev. C#42.

Date	Mintage	VG	F	VF	XF	Unc
1783 IAS	—	12.00	30.00	60.00	120	—

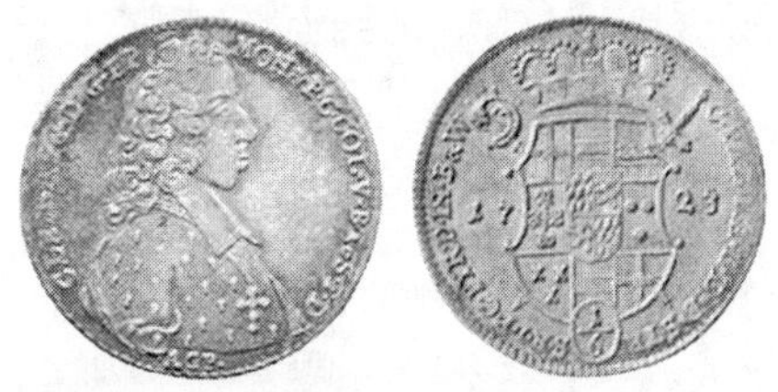

KM# 209 1/6 THALER

Silver Weight varies: 5.08-5.79g., 27 mm. **Ruler:** Clemens August **Obv:** Mantled and wigged bust to right, mintmaster's initials below **Obv. Legend:** CLEM. AVG. D. G. EP. - PAD. &. M. C. COL. V. B. AC. S. P. D. **Rev:** Crowned ornate shield of 8-fold arms, with central shield of 4-fold arms of Bavaria and Pfalz, divides date and superimposed on crossed sword and crozier, value (1/6) in oval below **Rev. Legend:** C. PAL. RH. C. L. B. STR. - S. R. I. P. C. PYR. D. IN. B. & W. **Mint:** Münster **Note:** Ref. S-267, 270; W-200, 201. 6 Groschen.

Date	Mintage	VG	F	VF	XF	Unc
1723 AGP	—	225	475	850	1,200	—
1724 AGP Rare	—	—	—	—	—	—

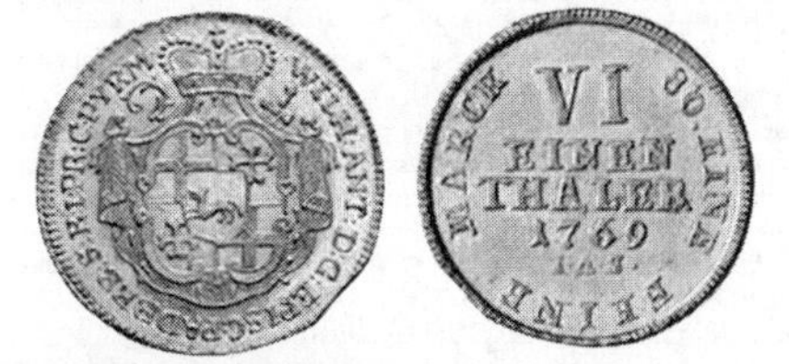

KM# 237 1/6 THALER

6.0740 g., 0.4790 Silver Weight varies: 4.87-6.13g. 0.0935 oz. ASW, 25-26 mm. **Ruler:** Wilhelm Anton **Obv:** Crowned and mantled shield of 4-fold arms of Paderbor and Pyrmont, with central shield of Asseburg, in baroque frame, superimposed on crossed sword and crozier **Obv. Legend:** WILH. ANT. D. G. EPISC. PADERB. S. R. I. PR. C. P(Y)(I)RM. **Rev:** 5-line inscription with date and mintmaster's initials **Rev. Legend:** 80. EINE FEINE MARCK. **Rev. Inscription:** VI / EINEN / THALER / (date) / (initials) **Mint:** Neuhaus **Note:** Ref. S-296, 322, 338, 343; W#221-24. Prev. C#26. 6 Groschen.

Date	Mintage	VG	F	VF	XF	Unc
1764 IAS	—	20.00	40.00	85.00	170	225
1766 IAS	—	20.00	40.00	85.00	170	225
1769 IAS	—	20.00	40.00	85.00	170	225
1772 IAS	—	20.00	40.00	85.00	170	225

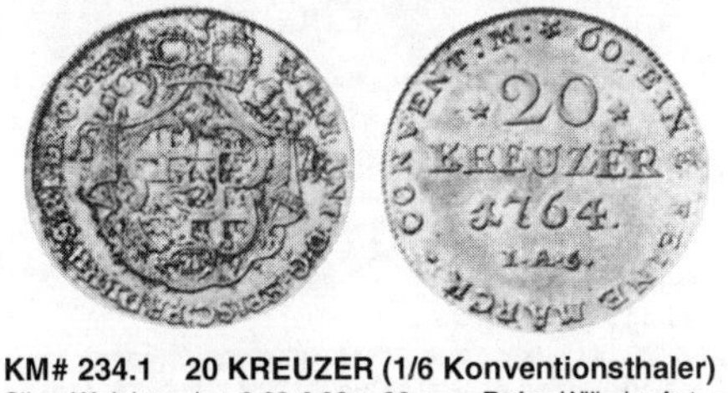

KM# 234.1 20 KREUZER (1/6 Konventionsthaler)

Silver Weight varies: 6.22-6.93g., 26 mm. **Ruler:** Wilhelm Anton **Obv:** Crowned and mantled ornate shield of 4-fold arms of Paderborn and Pyrmont, with central shield of Asseburg, superimposed on crossed sword and crozier **Obv. Legend:** WILH. ANT. D. G. EPISC. PADERB. S. R. I. PR. C. PYRM. **Rev:** 4-line inscription with date and mintmaster's initials **Rev. Legend:** 60. EINE FEINE MARCK. CONVENT. M. **Rev. Inscription:** 20 / KREUZER / (date) / (initials) **Mint:** Neuhaus **Note:** Ref. S-295; W-217. Prev. C#28.

Date	Mintage	VG	F	VF	XF	Unc
1764 IAS	—	30.00	55.00	110	225	—

KM# 234.2 20 KREUZER (1/6 Konventionsthaler)

Silver Weight varies: 6.39-6.64g., 27 mm. **Ruler:** Wilhelm Anton **Obv:** Crowned and mantled ornate shield of 4-fold arms of Paderborn and Pyrmont, with central shield of Asseburg, superimposed on crossed sword and crozier **Obv. Legend:** WILH. ANT. D. G. EPISC. PADERB. S. R. I. PR. C. P(I)(Y)RM. **Rev:** 4-line inscription, date and mintmaster's initials settled in baroque ornament **Rev. Legend:** 60. EINE FEINE MARCK. CONVENT. M. **Rev. Inscription:** 20 / KREUZER / (date) / (initials) **Mint:** Neuhaus **Note:** Ref. S-309; W-218.

Date	Mintage	VG	F	VF	XF	Unc
1765 IAS	—	30.00	55.00	110	225	—

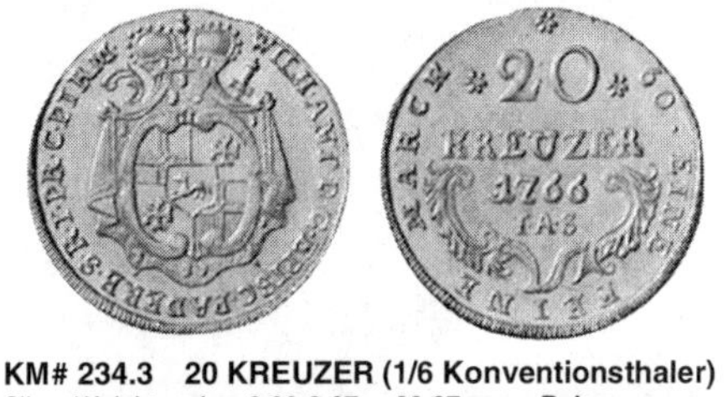

KM# 234.3 20 KREUZER (1/6 Konventionsthaler)

Silver Weight varies: 6.20-6.67g., 26-27 mm. **Ruler:** Wilhelm Anton **Obv:** Crowned and mantled ornate shield of 4-fold arms of Paderborn and Pyrmont, with central shield of Asseburg, superimposed on crossed sword and crozier **Obv. Legend:** WILH. ANT. D. G. EPISC. PADERB. S. R. I. PR. C. PIRM. **Obv. Inscription:** 20 / KREUZER / (date) / (initials) **Rev:** 4-line inscription, date and mintmaster's initials settled in baroque ornament **Rev. Legend:** 60. EINE FEINE MARCK. **Mint:** Neuhaus **Note:** Ref. S-321, 332; W-219, 220.

Date	Mintage	VG	F	VF	XF	Unc
1766 IAS	—	25.00	50.00	100	200	350
1767 IAS	—	25.00	50.00	100	200	350

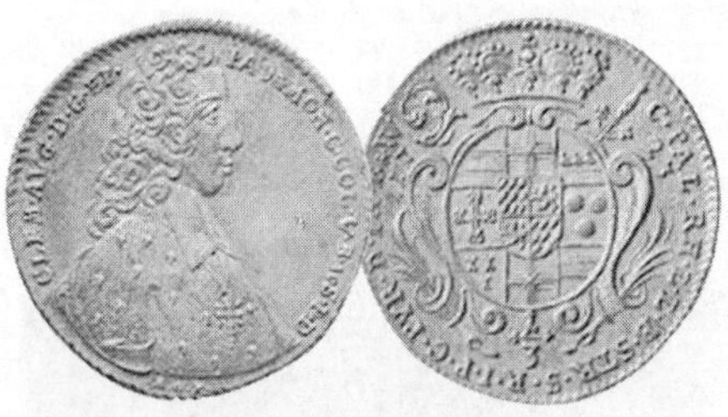

KM# 210 1/3 THALER (1/2 Gulden)

Silver Weight varies: 8.43-8.80g., 31 mm. **Ruler:** Clemens August **Obv:** Mantled and wigged bust to right, mintmaster's initials below **Obv. Legend:** CLEM. AVG. D. G. EP. - PAD. & MON. C. COL. V. B. AC. S. P. D. **Rev:** Crowned oval shield of 8-fold arms, with central shield of 4-fold arms of Bavaria and Pfalz, in baroque frame, superimposed on crossed sword and crozier, date divided to upper left and right, value 1/3 below **Rev. Legend:** C. PAL. RH. L. L. B. STR. S. R. I. P. C. PYR. D. IN. B. & W. **Mint:** Münster **Note:** Ref. S-266; W-199. 12 Groschen.

Date	Mintage	VG	F	VF	XF	Unc
1723 AGP Rare	—	950	1,850	3,500	6,500	—

KM# 202 2/3 THALER (Gulden)

17.3230 g., 0.7500 Silver Weight varies: 17.02-17.25g. 0.4177 oz. ASW, 37 mm. **Ruler:** Franz Arnold **Obv:** Robed bust to right **Obv. Legend:** FRANC. ARNOLD. D. G. - EP. PADERB. ET. MON. **Rev:** Crowned oval shield of 8-fold arms, with central shield of Wolff-Metterich, in baroque frame, superimposed on crossed sword and crozier, date and mintmaster's initials divided to lower left and right, value (2/3) in cartouche below **Rev. Legend:** BURGG. STROMB. S. R. I. P. COM. PYRMON. ET. DOM. IN. BOR. **Mint:** Münster **Note:** Ref. S-249; W-178A; Dav. 741A.

Date	Mintage	VG	F	VF	XF	Unc
1718 AGP	3,100	150	225	400	675	—

KM# 212 2/3 THALER (Gulden)

Silver Weight varies: 16.65-17.49g., 37 mm. **Ruler:** Clemens August **Obv:** Mantled and wigged bust to right, mintmaster's initials below **Obv. Legend:** CLEM. AUG. D. G. EP. - PAD. & MON. C. COL. U. B. AC. S. P. D. **Rev:** Crowned oval shield of 8-fold arms, with central shield of 4-fold arms of Bavaria and Pfalz, in baroque frame, superimposed on crossed sword and crozier, date divided to upper left and right, value 2/3 below **Rev. Legend:** COM. PAL. RH. L. LEVCHT. B. STR. S. R. I. P. COM. PYRM. D. IN. BORCK. & W. **Mint:** Münster **Note:** Ref. S-265; W-198; Dav. 742. 24 Groschen.

Date	Mintage	VG	F	VF	XF	Unc
1723 AGP	—	150	225	400	675	—

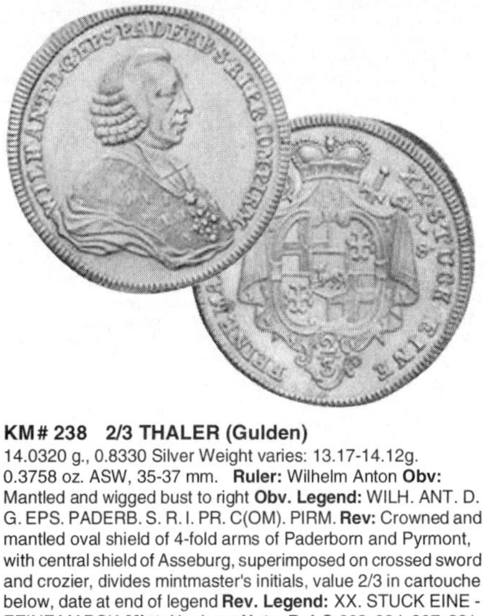

KM# 238 2/3 THALER (Gulden)

14.0320 g., 0.8330 Silver Weight varies: 13.17-14.12g. 0.3758 oz. ASW, 35-37 mm. **Ruler:** Wilhelm Anton **Obv:** Mantled and wigged bust to right **Obv. Legend:** WILH. ANT. D. G. EPS. PADERB. S. R. I. PR. C(OM). PIRM. **Rev:** Crowned and mantled oval shield of 4-fold arms of Paderborn and Pyrmont, with central shield of Asseburg, superimposed on crossed sword and crozier, divides mintmaster's initials, value 2/3 in cartouche below, date at end of legend **Rev. Legend:** XX. STUCK EINE - FEINE MARCK. **Mint:** Neuhaus **Note:** Ref. S-293, 294, 307, 331, 340; W-213, 214, 216. Prev. C#30. Varieties exist. 1/2 Konventionsthaler.

Date	Mintage	VG	F	VF	XF	Unc
1764 AS	—	125	275	375	775	—
1765 AS Rare	—	—	—	—	—	—
1767 AS Rare	—	—	—	—	—	—
1770 AS	—	125	275	375	775	—

GERMAN STATES — PADERBORN

KM# 269 2/3 THALER (Gulden)
Silver Weight varies: 13.44-13.85g., 33 mm. **Ruler:** Friedrich Wilhelm **Obv:** Crowned and garlanded Spanish shield of 6-fold arms, with central shield of Westfalen, XX EINE - F. MARK to lower left and right divides date **Obv. Legend:** FRID. WILH. D. G. EPISC. HILDES. ET. PADERB. S. R. I. PRINC. COM. PYRM. **Rev:** Figure of St. Liborius seated on clouds, head turned upward t left at angel's head with rays, holding crozier to right, part of legend curved above, rest below **Rev. Legend:** S. LIBORIVS - PATR. PADERB. / HIC EST QVI MVLTVM ORAT PRO POPVLO MACH L. 2 15 12. **Mint:** Braunschweig **Note:** Ref. S-325; W-249. Prev. C#46. 1/2 Konventionsthaler.

Date	Mintage	VG	F	VF	XF	Unc
1786	—	50.00	110	225	450	—

KM# 241 24 MARIENGROSCHEN (2/3 Thaler)
Silver Weight varies: 13.41-14.05g., 37 mm. **Ruler:** Wilhelm Anton **Obv:** Crowned and mantled shield of 4-fold arms of Paderborn and Pyrmont, with central shield of Asseburg, in baroque frame, superimposed on crossed sword and crozier, value 2/3 in cartouche below **Obv. Legend:** WILH. ANT. D. G. EPS. PADERB. S. R. I. PR. COM. PYRM. **Rev:** 5-line inscription with date and mintmaster's initials **Rev. Legend:** XX. STUCK EINE FEINE MARCK CONVENT. M. **Rev. Inscription:** 24 / MARIE / GROSCH / (date) / (initials) **Mint:** Neuhaus **Note:** Ref. S-308; W-315. Prev. C#32. 1/2 Konventionsthaler.

Date	Mintage	VG	F	VF	XF	Unc
1765 IAS	—	85.00	175	375	750	—

KM# 267 16 GUTE GROSCHEN (2/3 Thaler)
Silver Weight varies: 13.09-14.04g., 33 mm. **Ruler:** Friedrich Wilhelm **Obv:** Crowned and garlanded shield of 6-fold arms, with central shield of Westfalen **Obv. Legend:** FRID. WILH. D. G. EPISC. HILD. ET. PAD. S. R. IMP. PRINC. COM. PYRM. **Rev:** 4-line inscription with date **Rev. Legend:** XX EINE FEINE MARK CONVENTIONS MVNZE. **Rev. Inscription:** XVI / GVTE / GROSCHEN / (date) **Mint:** Braunschweig **Note:** Ref. S-351; W-248. Prev. C#44. 1/2 Konventionsthaler.

Date	Mintage	VG	F	VF	XF	Unc
1785	—	37.50	65.00	120	240	—

KM# 178 THALER
Silver Weight varies: 24.24-29.43g., 42-43.5 mm. **Ruler:** Franz Arnold **Obv:** Oval shield of 8-fold arms, with central shield of Wolff-Metternich, in baroque frame, divides date, superimposed on crossed sword and crozier, mintmaster's initials divided to lower left and right, cartouche with VMU below arms **Obv. Legend:** FRANC • ARNOL • D.G • EP • PAD • & MON • B(V)(U)R • STR • S • R • I • P • C • PY • & D • IN. BOR • **Rev:**

Seated figure of St. Paul at left, facing to right, holding sword, St. Liborius seated at right facing forward and holding crozier, 2-line inscription in exergue **Rev. Legend:** FRAN: ARM: EL. COA. PA. 15. SEP. 1703. S(V)(U)C • PATR(V)(U)O • 21. MAY • 1704 • EL • EP • MO • 30. SEP: 1706. **Rev. Inscription:** PRO / LEGE & GREGE. **Mint:** Münster **Note:** Ref. S-212, 215, 217; W#170-72; Dav. 2509.

Date	Mintage	F	VF	XF	Unc	BU
1709 JW	—	400	800	1,650	3,000	—
1710 JW	—	400	800	1,650	3,000	—
1711 JW	—	400	800	1,650	3,000	—

KM# 185.1 THALER
Silver Weight varies: 28.58-29.27g., 43 mm. **Ruler:** Franz Arnold **Obv:** Robed bust, wearing long wig, to right **Obv. Legend:** FRANC • ARNOLD • D • G • EPISC • PADERB • ET MONASTER • **Rev:** Oval shield of 8-fold arms, with central shield of Wolff-Metternich, in baroque frame, superimposed on crossed sword and crozier, mintmaster's initials divided to lower left and right, motto in band below, date at end of legend **Rev. Legend:** BURGG • STROMB • S • R • I • P • COM • PYRM • DOM • IN • BORK. ET WEHRT. **Rev. Inscription:** PRO LEGE ET GREGE. **Mint:** Münster **Note:** Ref. S-221; W-173; Dav. 2510.

Date	Mintage	F	VF	XF	Unc	BU
1712 JW	—	800	1,550	2,700	4,500	—

KM# 185.2 THALER
Silver Weight varies: 28.73-29.30g., 42-44 mm. **Ruler:** Franz Arnold **Obv:** Robed bust, wearing long wig, to right **Obv. Legend:** FRANC. ARNOLD. D. G. EPISC. PADERB. ET. MONASTERIEN. **Rev:** Oval shield of 8-fold arms, with central shield of Wolff-Metternich, in baroque frame, superimposed on crossed sword and crozier, mintmaster's initials divided to lower left and right, motto in band below, date at end of legend **Rev. Legend:** BURGG. STROMB. S. R. I. P. COM. PYR(M). DOM. IN.BOR(C)(K). ET. WE(H)RT. **Mint:** Neuhaus **Note:** Ref. S-228, 233, 237; W-174, 1744, 175; Dav. 2510.

Date	Mintage	F	VF	XF	Unc	BU
1713 AP	—	800	1,550	2,700	4,500	—
1714 AP	—	800	1,550	2,700	4,500	—
1715 AP	—	800	1,550	2,700	4,500	—

KM# 191 THALER
Silver Weight varies: 28.14-29.54g., 42-43 mm. **Ruler:** Franz Arnold **Obv:** Robed and wigged bust to right, die-cutter's initials below **Obv. Legend:** FRANC: ARNOLD: D • G: EP: PADERB: (&.)(ET.) MON: **Rev:** Small oval shield of 8-fold arms, with central shield of Wolff-Metternich, in baroque frame, large crown above, superimposed on crossed sword and crozier, motto in curved band below, date at end of legend **Rev. Legend:** B(V)(U)RGG: STROMB: S: R: I: P: COM: PYRM: (&.)(ET.) DOM: IN: BORK. **Rev. Inscription:** PRO. LEGE. & GREGE. **Mint:** Neuhaus **Note:** Ref. S-241, 246, 248; W#176-78; Dav. 2511.

Date	Mintage	F	VF	XF	Unc	BU
1716 AGP	—	800	1,550	2,700	4,500	—
1717 AGP	—	800	1,550	2,700	4,500	—
1718 AGP	—	800	1,550	2,700	4,500	—

KM# 213 THALER
Silver Weight varies: 28.75-30.10g., 42 mm. **Ruler:** Clemens August **Obv:** Mantled and wigged bust to right, mintmaster's initials below **Obv. Legend:** CLEM • AVG: D • G • EP • - PAD & MON • C • COL • V • B • AC. S • P • D • **Rev:** Crowned and mantled oval shield of 8-fold arms, with central shield of 4-fold arms of Bavaria and Pfalz, superimposed on crossed sword and crozier, divides date, chain of order suspended below **Rev. Legend:** COM • PAL • RH • L • LEVCHT • B • STR • (-) S • (-) R • I • P • COM • PYRM • D • IN • BORCK & W • **Mint:** Münster **Note:** Ref. S-264; W-197; Dav. 2513.

Date	Mintage	F	VF	XF	Unc	BU
1723 AGP	—	600	1,250	2,500	4,000	—

KM# 230 THALER
Silver Weight varies: 27.08-28.47g., 40-43 mm. **Ruler:** Wilhelm Anton **Subject:** Election of Wilhelm Anton **Obv:** Mantled and wigged bust to right, no legend **Rev:** 8-line inscription with Roman numeral dates **Rev. Inscription:** WILHELMUS / ANTONIUS / D. G. EPS. PADERB. / S. R. I. PR. COM. PYRM. / NATUS MDCCVII / XVI FEBRUAR. / ELECTUS MDCCLXIII / XXV IANUAR. **Mint:** Neuhaus **Note:** Ref. S-283, 284; W-268. Dav.2946. Prev. KM#M3.

Date	Mintage	VG	F	VF	XF	Unc
MDCCLXIII (1763)	—	225	525	1,000	1,750	2,750

KM# 239 THALER
Silver Weight varies: 27.13-30.91g., 41-42 mm. **Ruler:** Wilhelm Anton **Obv:** Mantled and wigged bust to right **Obv. Legend:** WILH • ANT • D • G • EPS • PADERB • S • R • I • Prl • COM • P(Y)(I)RM • **Rev:** Crowned and mantled ornate shield of 4-fold arms of Paderborn and Pyrmont, with central shield of Asseburg, in baroque frame, superimposed on crossed sword and crozier, divides mintmaster's initials, motto in band below, date at end of legend **Rev. Legend:** X • STUCK EINE - FEINE MARCK; motto: IUSTE ET CONSTANTER. **Mint:** Neuhaus **Note:** Ref. S-292, 305, 306; W-209, 210; Dav.2514. Prev. C#35. Konventionsthaler.

Date	Mintage	F	VF	XF	Unc	BU
1764 Rare	—	—	—	—	—	—
Note: Likely a pattern.						
1765 AS	—	350	850	1,400	2,600	—

PADERBORN

TRADE COINAGE

KM# 249 THALER
Silver Weight varies: 27.65-27.98g., 42 mm. **Ruler:** Wilhelm Anton **Obv:** Mantled and wigged bust to right, no legend **Rev:** Crowned and mantled ornate shield of 4-fold arms of Paderborn and Pyrmont, with central shield of Asseburg, in baroque frame, superimposed on crossed sword and crozier, divides mintmaster's initials and date, motto in band below **Rev. Legend:** WILH. ANT. D. G. EPS. PADERB. S. R. I. PR. C. PIRM. / X. STUCK EINE FEINE. MARCK.; motto: IUSTE ET CONSTANTER. **Mint:** Neuhaus **Note:** Ref. S-319; W-211; Dav. 2515. Prev. C#36.

Date	Mintage	F	VF	XF	Unc	BU
1766 AS	—	1,250	2,750	5,000	7,500	—

KM# 250 THALER
Silver Weight varies: 27.87-28.00g., 42 mm. **Ruler:** Wilhelm Anton **Obv:** Crowned and mantled ornate shield of 4-fold arms of Paderborn and Pyrmont, with central shield of Asseburg, in baroque frame, superimposed on crossed sword and crozier, divides mintmaster's initials and date, motto in band below **Obv. Legend:** WILH. ANT. D. G. EPS. PADERB. S. R. I. PR. C. PIRM. / X. STUCK EINE FEINE. MARCK.; motto: IUSTE ET CONSTANTER. **Rev:** Half-length facing figure of St. Liborius on clouds holding book and crozier, in band below, S. LIBORIUS. PATR. PAD. **Rev. Legend:** HIC EST QUI MULTUM ORAT PRO POPULO MACHAB. 2. **Mint:** Neuhaus **Note:** Ref. S-320; W-211a; Dav. A2515. Prev. C#36.5.

Date	Mintage	F	VF	XF	Unc	BU
1766 AS Rare	—	—	—	—	—	—

KM# 187 DUCAT
3.5000 g., 0.9860 Gold Weight varies: 3.41-3.44g. 0.1109 oz. AGW, 23 mm. **Ruler:** Franz Arnold **Obv:** Robed and wigged bust to right **Obv. Legend:** FRANC. ARNOLD. D. G. EP. PADERB. ET. MONASTER. **Rev:** Crowned Spanish shield of 8-fold arms, with central shield of Wolff-Metternich, in baroque frame, superimposed on crossed sword and crozier, date at end of legend **Rev. Legend:** B(U)(V)RGG. STROM(B). S. R. I. P. C. PYRM. ET. D. IN BOR(C). **Mint:** Neuhaus **Note:** Ref. S-227; W-169; Fr. 1962.

Date	Mintage	VG	F	VF	XF	Unc
1713 AP	—	2,750	5,500	10,000	16,500	—

motto in band below arms, date at end of legend **Rev. Legend:** BURGG. STROMB. S. R. I. P. COM. PYRM. DOM. IN. BORC. ET. WEHRT. **Rev. Inscription:** PRO LEGE ET GREGE. **Mint:** Neuhaus **Note:** Ref. S-237.1. Struck from Thaler dies, KM#185.2.

Date	Mintage	VG	F	VF	XF	Unc
1715 AP Rare	—	—	—	—	—	—

KM# 203 8 DUCAT
27.5000 g., Gold, 43 mm. **Ruler:** Franz Arnold **Obv:** Robed and wigged bust to right, die-cutter's initials below **Obv. Legend:** FRANC. ARNOLD. D. G. EP. PAERB. ET. MON. **Rev:** Small oval shield of 8-fold arms, with central shield of Wolff-Metternich, in baroque frame, large crown above, superimposed on crossed sword and crozier, motto in curved band below, date at end of legend **Rev. Legend:** BURGG. STROMB. S. R. I. P. COM. PYRM. ET. DOM. IN. BORK. **Mint:** Neuhaus **Note:** Ref. S-248.1. Struck from Thaler dies, KM#191.

Date	Mintage	VG	F	VF	XF	Unc
1718 AGP Rare	—	—	—	—	—	—

CATHEDRAL CHAPTER

REGULAR COINAGE

KM# 331 3 PFENNING (Dreier=1/4 Schilling)
Copper, 21 mm. **Ruler:** Sede Vacante **Obv:** Facing 1/2-length figure, S. LIBORIVS in exergue **Obv. Legend:** MON: CAT: PAD: SEDE VACANTE. **Rev:** 3-line inscription with date in ornamented circle **Rev. Inscription:** III / PFENNING / (date) **Mint:** Paderborn **Note:** Prev. C#1.

Date	Mintage	VG	F	VF	XF	Unc
1761	45,666	8.00	15.00	30.00	60.00	—

KM# 332 4 PFENNING
Copper, 22 mm. **Ruler:** Sede Vacante **Obv:** Facing 1/2-length figure, S. LIBORIVS in exergue **Obv. Legend:** MON. CATHED. PADERPORN. SEDE. VACANTE. **Rev:** 3-line inscription with date in ornamented circle **Rev. Inscription:** IIII / PFENNING / (date) **Mint:** Münster **Note:** Ref. S-281; W-691. Prev. C#2. 1/3 Schilling.

Date	Mintage	VG	F	VF	XF	Unc
1761	64,700	8.00	15.00	30.00	60.00	—

KM# 333 6 PFENNING
Copper, 24 mm. **Ruler:** Sede Vacante **Obv:** Facing 1/2 length figure, S. LIBORIVS in exergue **Obv. Legend:** MON. CATHED. PADERPORN. SEDE. VACANTE. **Rev:** 3-line inscription with date in ornamented circle **Rev. Inscription:** VI / PFENNING / (date) **Mint:** Münster **Note:** Ref. S-280; W-690. Prev. C#3. 1/2 Schilling.

Date	Mintage	VG	F	VF	XF	Unc
1761	109,926	8.00	15.00	30.00	60.00	—

KM# 260 DUCAT
3.5000 g., 0.9860 Gold Weight varies: 3.39-3.49g. 0.1109 oz. AGW, 21 mm. **Ruler:** Wilhelm Anton **Obv:** Mantled and wigged bust to right **Obv. Legend:** WILH. ANT. D. G. EP. PADERB. S. R. I. PR. C. PYRM. **Rev:** Crowned and mantled ornate shield of 4-fold arms of Paderborn and Pyrmont, with central shield of Asseburg, in baroque frame, superimposed on crossed sword and crozier, divides mintmaster's initials, value and date below **Rev. Legend:** 1 DUCATE - (date) **Mint:** Neuhaus **Note:** Ref. S339, 346, 348; W#206-8; Fr. 1965. Prev. C#38.

Date	Mintage	F	VF	XF	Unc	BU
1770 AS	—	—	—	—	—	—
	Note: Reported, not confirmed.					
1776 AS Rare	—	—	—	—	—	—
	Note: Künker Auction 112, 6-06, XF-Unc realized approximately $11,300.					
1777 AS Rare	183	—	—	—	—	—
	Note: Künker Auction 129, 10-07, XF example realized approximately $17,680.					

KM# 256 THALER
Silver Weight varies: 27.21-28.05g., 42 mm. **Ruler:** Wilhelm Anton **Obv:** Crowned and mantled oval shield of 4-fold arms of Paderborn and Pyrmont, with central shield of Asseburg, divides mintmaster's initials, superimposed on crossed sword and crozier, motto in band curved below, date divided at lower left and right, valu **Obv. Legend:** WILHELMUS ANTONIUS D • G • EPISC • PAD • S • R • I • P • COM • PYRM •; motto: IUSTE ET CONSTANTER. **Rev:** Figure of St. Liborius seated on clouds, head turned upward to left at angel's head with rays, holding crozier to right, part of legend curved above, rest below **Rev. Legend:** * S • LIBORIUS - PATR • PADERB • * / HIC. EST. QUI. MULTUM. ORAT. PRO. POPULO • MACH • L • 2 • 15 • 12 **Mint:** Neuhaus **Note:** Ref. S-330; W-212; Dav. 2516. Prev. C#37.

Date	Mintage	F	VF	XF	Unc	BU
1767 AS	—	240	550	950	1,800	—

KM# 327 THALER
Silver Weight varies: 28.50-29.68g., 44 mm. **Ruler:** Sede Vacante **Obv:** Full-length facing armored figure of Charlemagne, holding sword and imperial orb, in circle, wide margin with 12 small shield of arms and names of chapter members **Rev:** Full-length facing figure of St. Liborius holding model of cathedral and crozier, wide margin with 12 small shields of arms and names of chapter members **Edge Lettering:** CAPITVL. CATHED. PADERBORNENSE. SEDE. VACANTE. (date) **Mint:** Nürnberg **Note:** Ref. S-262; W-253. Prev. KM#M1.

Date	Mintage	F	VF	XF	Unc	BU
1719	—	100	190	300	525	—

KM# 264 DUCAT
3.5000 g., 0.9860 Gold Weight varies: 3.45-3.51g. 0.1109 oz. AGW, 22 mm. **Ruler:** Friedrich Wilhelm **Obv:** Crowned and garlanded Spanish shield of 6-fold arms, with central shield of Westfalen **Obv. Legend:** FRID. WILH. I. D. G. EPISCOP. HILD. ET. PADERB. **Rev:** 3-line inscription with date **Rev. Legend:** SACR. ROM. IMP. PRINCEPS. COMES. PYRMONT. **Rev. Inscription:** I / DVCAT / (date) **Mint:** Braunschweig **Note:** Ref. S-350; W-247; Fr. 1328. Prev. C#48.

Date	Mintage	F	VF	XF	Unc	BU
1784	—	2,500	4,000	6,500	10,000	—

KM# 215 6 DUCAT
21.0000 g., 0.9860 Gold 0.6657 oz. AGW, 35 mm. **Ruler:** Clemens August **Subject:** 900th Anniversary of Installation of St. Liborius' relics in Paderborn Cathedral **Obv:** City view, 2 angels above in clouds, date in chronogram **Obv. Legend:** ANNUS EX QUO ADVENERE SANCTI LIBORII LIPSANA NONGENTESIMUS **Rev:** 7 oval shields of arms beneath crown, inscription with Roman numeral date **Mint:** Nürnberg

Date	Mintage	F	VF	XF	Unc	BU
MDCCXXXVI (1736) Rare	—	—	—	—	—	—

KM# 244 5 THALER (Pistole)
6.6500 g., 0.9000 Gold Weight varies: 6.55-6.67g. 0.1924 oz. AGW, 24 mm. **Ruler:** Wilhelm Anton **Obv:** Mantled and wigged bust to right **Obv. Legend:** WILH. ANT. D. G. EP. PADERB. S. R. I. PR. C. PYRM. **Rev:** Crowned and mantled ornate shield of 4-fold arms of Paderborn and Pyrmont, with central shield of Asseburg, superimposed on crossed sword and crozier, divides mintmaster's initials, date in legend below **Rev. Legend:** 5 THALER . (date) **Mint:** Neuhaus **Note:** Ref. S-304, 328, 329; W-204, 205; Fr. 1964. Prev. C#39. Varieties exist.

Date	Mintage	F	VF	XF	Unc	BU
1765 AS Rare	—	—	—	—	—	—
1767 AS	—	850	1,650	2,950	5,900	—
1769 AS	—	—	—	—	—	—
	Note: Reported, not confirmed.					

KM# 190 8 DUCAT
27.4700 g., Gold, 44 mm. **Ruler:** Franz Arnold **Obv:** Robed bust, wearing long wig, to right **Obv. Legend:** FRANC. ARNOLD. D. G. EPISC. PADERB. ET. MONASTERIEN. **Rev:** Crowned oval shield of 8-fold arms, with central shield of Wolff-Metternich, in baroque frame, mintmaster's initials divided to lower left and right,

KM# 328 THALER
Silver Weight varies: 28.64-29.52g., 41 mm. **Ruler:**

GERMAN STATES — PADERBORN

Sede Vacante **Obv:** Half-length figure of St. Liborius in clouds above view of cathedral, along roof line of which, S. LIBORIUS. PAT., ribbon band above with inscription, date at end of legend **Obv. Legend:** CAPITVLVM. CATHEDRALE. PADERBORNENSE. SEDE. VACANTE. **Obv. Inscription:** TU ERIS SUUPER DOMUM MEAN GEN: 41 V 40. **Rev:** Mitre lying on cushion on table, 4-line inscription above in roped cartouche, large ribbon band with inscription curved below **Rev. Legend:** * REDDE MIHI LAETITIAM SALVTARIS TVI ET SPIRITV PRINCIPALI CONFIRMA ME. PS: 50. **Rev. Inscription:** Upper: IN / CHARITATE / NON FICTA / 2. AD. COR. 6.V.6. Lower: CVM CEDIDERIT NON COLLIDEVTR. PS. 36. V. 40. **Mint:** Clausthal **Note:** Ref. S-261; W-254; Dav. 2512.

Date	Mintage	F	VF	XF	Unc	BU
1719	—	450	800	1,400	2,450	3,750

Josef Dominik, Graf von Lamberg, 1723-1761
Josef Maria, Graf von Thun, administrator, 1761-1763
Leopold Ernst Joseph, Graf von Firmian, 1763-1783, Cardinal in 1772
Josef Franz Anton, Fürst von Auersberg, 1783-1795
Thomas, Graf von Thun, 1795-1796
Leopold, Graf von Thun, 1796-1803

ARMS

Springing or rampant wolf, usually 1 and w/arms of bishop's own family.

MINT OFFICIALS' INITIALS

Initials	Date	Name
PHM or star (b)	1677-1718	Philipp Heinrich Müller, die-cutter in Augsburg
SEIZ	ca.1688-1706	V. Seiz, die-cutter in Passau and Salzburg
(c) – 1 or 2 wings	1700-38	Johann Michael Federer, mintmaster in Regensburg
or IMF		
	1700-05	Johann Georg Fischer, warden in Augsburg
D	? – ca.1730	Daniel Sigmund Dockler, die-cutter in Nürnberg
D	1730-40 (Vienna), 1745- (Nürnberg)	Matthias Donner, medailleur
HS or H. ST	ca.1767-82	Johann Heinrich Straub, die-cutter in Munich
I S V AHAM F	1768-1812	Ignaz Joseph Schäufel v. Aham, die-cutter in Munich

Homage Commemorative **Obv:** Crowned and mantled arms at top, animals in frame below **Rev:** Inscription **Note:** Prev. C#6.5.

Date	Mintage	VG	F	VF	XF	Unc
1764	—	50.00	100	210	425	—

BISHOPRIC

REGULAR COINAGE

KM# 55 2 KREUZER

Silver **Obv:** Cardinal's hat above script JP monogram **Rev:** Crowned 4-fold arms with central shield divide date, value 2 below **Note:** Prev. KM#4.

Date	Mintage	VG	F	VF	XF	Unc
1711	—	120	220	450	950	—

KM# 57 4 KREUZER (Batzen)

Silver **Ruler:** Johann Philipp **Obv:** Cardinal's hat above script JP monogram **Rev:** Crowned 4-fold arms with central shield divide date, value 4 below **Mint:** Augsburg

Date	Mintage	VG	F	VF	XF	Unc
1711 (a)	—	80.00	170	325	500	—

KM# 335 THALER

Silver **Weight varies:** 28.52-29.64g., 43-44 mm. **Ruler:** Sede Vacante **Obv:** Crowned oval shield of Paderborn arms above 2 oval shields of arms of chapter members, all in circle, legend curved above, date below, in cartouche at top SEDE / VACAN / TE, 10 small shields of arms and names of chapter members in wide margin **Obv. Legend:** CAP. CATH. PADERB. **Rev:** Full-length facing figures of St. Liborius, with crozier, at left and Charlemagne at right, holding model of cathedral between them, in circle, 12 small shields of arms and names of chapter members around in wide margin **Mint:** Augsburg **Note:** Ref. S-278, 279; W-255. Prev. KM#M2. Varieties exist.

Date	Mintage	F	VF	XF	Unc	BU
1761	—	300	450	725	1,200	—
1761 T Rare	—	—	—	—	—	—

PATTERNS

Including off metal strikes

KM#	Date	Mintage Identification	Mkt Val
Pn16	1706	— 6 Pfennig. Silver. KM#173.2.	—
Pn17	1709 JW	— Thaler. Copper. KM#178.	—
Pn20	1712	— Mariengroschen. Copper. KM#183.1.	—
Pn18	1712 AP	— Thaler. Tin. KM#185.1.	—
Pn19	1712 AP	— Thaler. Lead. KM#185.1.	—
Pn22	1713 AP	— Thaler. Lead. KM#185.2.	—
Pn20	1714	— Mariengroschen. Copper. KM#183.1.	—
Pn21	1714 WR	— Mariengroschen. Copper. KM#183.2.	—
Pn23	1716 AGP	— Thaler. Tin. KM#191.	—
Pn24	1718 AGP	— Thaler. Lead. KM#191.	—
Pn36	1719	— Thaler. Lead. KM#327.	—
Pn37	1719	— Thaler. Lead. KM#328.	—
Pn38	1761	— Thaler. Tin. KM#335.	—
Pn25	MDCCLXIII (1763)	— Thaler. Tin. KM#230.	—
Pn26	MDCCLXIII (1763)	— Thaler. Lead. KM#230.	—
Pn27	1764 AS	— 2/3 Thaler. Lead. KM#238.	—
Pn28	1765 AS	— Thaler. Lead. KM#239.	—
Pn30	1766 AS	— Pfennig. Silver. KM#246.	—
Pn29	1766 AS	— Thaler. Tin. KM#249	—
Pn30	1767 AS	— Pfennig. Silver. KM#246.	—
Pn32	1767 AS	— Thaler. Lead. KM#256.	—
Pn31	1767 AS	— 5 Thaler. Copper. KM#244.	—
Pn33	1777 AS	— Ducat. Copper. KM#260.	—
Pn34	1784	— Ducat. Copper. KM#264.	—

PASSAU

The Bishopric, in Bavaria, near the Austrian border, was established in 738. The bishops obtained the mint right prior to 999 but they originally struck coins jointly at the imperial mint in Passau. Ecclesiastical coinage began in the 12th century. In 1803, Passau was secularized and divided between Bavaria and Salzburg. In 1805 Bavaria absorbed the Salzburg portion.

RULERS

Johann Philipp, Graf von Lamberg, 1689-1712
Raimund Ferdinand, Graf von Rabatta, 1713-1722

KM# 46 THALER

Silver **Ruler:** Johann Philipp **Obv:** Bust right **Obv. Legend:** IOAN: PHILIP: CARDINAL: DE LAMBERG * **Rev:** Cardinal's hat above arms **Rev. Legend:** D • G • EP • PATAV • - S • R • I • PRINCEPS **Note:** Dav. #2517.

Date	Mintage	VG	F	VF	XF	Unc
1701 (b)/(a)	—	200	400	700	1,400	—

KM# 47 THALER

Silver **Ruler:** Johann Philipp **Obv:** Capped bust right **Obv. Legend:** IOAN: PHILIP: CARDINAL: DE LAMBERG, SEIZ below bust **Rev:** Cardinal's hat and head above arms **Rev. Legend:** D • G • EP • PATAV • - S • R • I • PRINCEPS • **Note:** Dav. #2518.

Date	Mintage	VG	F	VF	XF	Unc
1703 SEIZ/IMF	—	200	400	700	1,350	2,000

KM# 52 THALER

Silver **Ruler:** Johann Philipp **Obv:** Bust right, SIEZ. F below **Rev:** Taller capped arms, date above **Note:** Dav. #2519.

Date	Mintage	VG	F	VF	XF	Unc
1706 SEIZ	—	1,600	2,700	4,500	—	—

KM# 84 1/8 THALER

Silver **Ruler:** Leopold Ernst Joseph Cardinal in 1772 **Subject:** Homage Commemorative **Obv:** Crowned and mantled arms at top, animals in frame below **Rev:** Inscription **Note:** Prev. C#6.

Date	Mintage	VG	F	VF	XF	Unc
1764	—	40.00	85.00	175	375	—

KM# 60 THALER

Silver **Ruler:** Johann Philipp **Obv:** Bust right **Obv. Legend:** IOAN: PHILIP: CARDINAL: DE LAMBERG, SEIZE below bust **Rev:** Cardinal's hat above arms **Rev. Legend:** D•G•EP•PATAV • - S • R • I • PRINCEPS • **Note:** Dav. #2520.

Date	Mintage	VG	F	VF	XF	Unc
1712 (c)	—	225	450	800	1,450	—

KM# 63 1/4 THALER

Silver **Ruler:** Raimund Ferdinand **Obv:** Crowned oval 4-fold arms with central shield divide date, value 1/4 in oval below, titles of Raimund Ferdinand **Rev:** Standing figure of St. Stephen with oval Passau arms at feet

Date	Mintage	VG	F	VF	XF	Unc
1716	—	100	120	200	350	—
1717	—	60.00	120	200	350	—

KM# 86 1/4 THALER

Silver **Ruler:** Leopold Ernst Joseph Cardinal in 1772 **Subject:**

KM# 61 THALER

Silver **Ruler:** Raimund Ferdinand **Obv:** Bust right **Obv. Legend:** RAYMVND: FERD: D: G: EPISC: PASSAV: **Rev:** Crowned arms in frame divide date **Rev. Legend:** SAC: ROM: IMP: PRINC: EX COMITIBVS: DE RABATTA * **Note:** Dav. #2521.

Date	Mintage	VG	F	VF	XF	Unc
1714	—	300	650	1,200	2,000	—
1716	—	300	650	1,200	2,000	—
1717	—	300	650	1,200	2,000	—

K# 69 THALER

Silver **Ruler:** Josef Dominik **Obv:** Bust right **Obv. Legend:** IOSEPH • DOMINIC • D • G • EPISC • PATAV • **Rev:** Crowned imperial eagle with crowned arms on breast, date **Rev. Legend:** SAC • ROM • IMP • PRINCEPS • - COM • DE LAMBERG 1723 **Note:** Dav. #2522. Prev. C#1.

Date	Mintage	F	VF	XF	Unc	BU
1723	—	250	500	900	1,500	—
1723 ICB	—	250	500	900	1,500	—

KM# 72 THALER

Silver **Ruler:** Josef Dominik **Obv:** Bust right, title of cardinal **Obv. Legend:** IOS • DOMINIC • CARDINAL • DE LAMBERG **Rev:** Cardinal's hat above arms on eagle's breast **Rev. Legend:** D • G • EPISC • PATAV • - S • R • I • PRINC • 1753 **Note:** Dav. #2523. Prev. C#2.

Date	Mintage	F	VF	XF	Unc	BU
1753	—	300	650	1,200	2,000	—

KM# 80 THALER

Silver, 44 mm. **Obv:** St. Stephen on throne, Passau arms below, roman numeral date at bottom **Rev:** View of city, PATAVIA below, 15 small crowned shields of arms around **Note:** Sede Vacante.

Date	Mintage	VG	F	VF	XF	Unc
MDCCLXI (1761)	—	125	225	400	675	—

KM# 88 THALER

Silver **Ruler:** Leopold Ernst Joseph Cardinal in 1772 **Obv:** Bust right **Rev:** Crowned and mantled arms **Note:** Dav. #2524. Prev. C#7.

Date	Mintage	F	VF	XF	Unc	BU
1767	—	225	525	1,000	1,850	—

KM# 89 THALER

Silver **Ruler:** Leopold Ernst Joseph Cardinal in 1772 **Obv:** Bust right **Rev:** Cardinal's hat above arms within mantle **Note:** Dav. #2525. Prev. C#8.

Date	Mintage	F	VF	XF	Unc	BU
1779 H. ST	—	200	400	800	1,500	—

KM# 95 THALER

Silver **Ruler:** Josef Franz Anton **Obv:** Bust right **Obv. Legend:** IOSEPH • EX PRIN • DE AVERSBERG S • R • ECCL • CARDIN • •, I; S: V: AHAM: F: below **Rev:** Oval arms within crowned mantle **Rev. Legend:** EXEMTAE ECCLE • PASSAV • EPISC • ET S • R • I • PRINC • 1792 • **Note:** Dav. #2526. Prev. C#10.

Date	Mintage	F	VF	XF	Unc	BU
1792 I.S.V. AHAM. F.	—	200	400	750	1,450	—

KM# 82 1-1/2 THALER

Silver, 56 mm. **Obv:** St. Stephen on throne, Passau arms below, Roman numeral date at bottom **Rev:** View of city, PATAVIA below, 15 small crowned shields of arms around **Note:** Sede Vacante.

Date	Mintage	VG	F	VF	XF	Unc
MDCCLXI (1761)	—	150	250	475	750	—

TRADE COINAGE

KM# 54 1/2 DUCAT

1.7500 g., 0.9860 Gold 0.0555 oz. AGW **Ruler:** Johann Philipp **Obv:** Monogram below cardinal's hat **Rev:** Capped arms divide date **Note:** Fr. #2070.

Date	Mintage	VG	F	VF	XF	Unc
1709 (c)	—	250	500	1,000	2,000	—

KM# 65 1/2 DUCAT

1.7500 g., 0.9860 Gold 0.0555 oz. AGW **Ruler:** Raimund Ferdinand **Obv:** Crowned RF monogram **Rev:** Wolf holding oval shield, date above **Note:** Fr. #2072.

Date	Mintage	VG	F	VF	XF	Unc
1716 D	—	300	650	1,350	2,750	—

KM# 42.1 DUCAT

3.5000 g., 0.9860 Gold 0.1109 oz. AGW **Ruler:** Johann Philipp **Rev:** Arms below cardinal's hat, date above **Note:** Fr. #2069.1.

Date	Mintage	VG	F	VF	XF	Unc
1705 (b)/(c)	—	400	800	1,600	3,500	—
1706 (b)/(c)	—	400	800	1,600	3,500	—

KM# 42.2 DUCAT

3.5000 g., 0.9860 Gold 0.1109 oz. AGW **Ruler:** Johann Philipp **Obv:** Large bust of Johann Philip **Note:** Fr#2069.2.

Date	Mintage	VG	F	VF	XF	Unc
1709 (b)	—	400	800	1,600	3,500	—

KM# 67 DUCAT

3.5000 g., 0.9860 Gold 0.1109 oz. AGW **Ruler:** Raimund Ferdinand **Obv:** Bust right **Rev:** Crowned round arms, date at top **Note:** Fr. #2071.

Date	Mintage	VG	F	VF	XF	Unc
1716	—	500	1,000	2,000	4,000	—

KM# 70 DUCAT

3.5000 g., 0.9860 Gold 0.1109 oz. AGW **Ruler:** Josef Dominik **Obv:** Bust right **Rev:** Cardinal's hat above arms **Note:** Prev. C#3.

Date	Mintage	VG	F	VF	XF	Unc
1747 D	—	400	800	1,600	3,500	—

KM# 92 DUCAT

3.5000 g., 0.9860 Gold 0.1109 oz. AGW **Ruler:** Leopold Ernst Joseph Cardinal in 1772 **Obv:** Bust right **Rev:** Capped and mantled arms, date below **Note:** Prev. C#9.

Date	Mintage	F	VF	XF	Unc	BU
1779 HS	—	600	1,200	2,500	4,500	—

KM# 44.2 2 DUCAT

7.0000 g., 0.9860 Gold 0.2219 oz. AGW **Ruler:** Johann Philipp **Rev:** Arms below cardinal's hat, date above **Note:** Fr. #2068.1.

Date	Mintage	VG	F	VF	XF	Unc
1701 (b)/(a)	—	1,000	2,000	4,000	7,500	—

KM# 75 5 DUCAT

17.5000 g., 0.9860 Gold 0.5547 oz. AGW **Ruler:** Josef Dominik **Obv:** Bust right, title of cardinal **Rev:** Crowned imperial eagle with cardinal's hat above arms **Note:** Struck with 1 Thaler dies, KM#72. Prev. C#4.

Date	Mintage	VG	F	VF	XF	Unc
1753	—	—	—	15,000	25,000	—

KM# 73 6 DUCAT

21.0000 g., 0.9860 Gold 0.6657 oz. AGW **Ruler:** Josef Dominik **Obv:** Bust right, titles of cardinal **Rev:** Crowned imperial eagle, cardinal's hat above arms **Note:** Struck with 1 Thaler dies, KM#72. Prev. C#5.

Date	Mintage	F	VF	XF	Unc	BU
1753	—	—	—	17,500	27,500	—

KM# 77 6 DUCAT

Gold **Ruler:** Josef Dominik **Note:** Struck from same dies as Thaler, Dav. #2523.

Date	Mintage	VG	F	VF	XF	Unc
1753	—	—	—	7,500	10,000	13,500

KM# 50 10 DUCAT

35.0000 g., 0.9860 Gold 1.1095 oz. AGW **Note:** Struck with 1 Thaler dies, Dav. #5718. Prev. KM#110.

Date	Mintage	VG	F	VF	XF	Unc
1703 SEIZ/IMF Rare	—	—	—	—	—	—

PATTERNS

Including off metal strikes

KM#	Date	Mintage	Identification	Mkt Val
Pn3	1723	—	Thaler. Copper. KM#69.	—
PnA4	1747	—	Ducat. Tin. KM#70.	100
Pn4	1747	—	Ducat. Silver. KM#70.	125
Pn5	1747	—	Ducat. Lead. KM#70.	—
Pn6	1764	—	1/8 Thaler. Gold. KM#84.	—
Pn8	1779 H. ST.	—	Thaler. Tin. KM#89.	—
Pn9	1779	—	Ducat. Tin. KM#92.	—
Pn10	1779	—	Ducat. Copper. KM#92.	—
Pn11	1792 I.SV. AHAM	—	Thaler. Lead. C#12.	—

PFALZ

(Rhenish Palatinate, Rheinpfalz)

The Counts Palatine originally administered and exercised judicial functions over the imperial household of the Holy Roman Emperor, based at the center of Charlemagne's empire, Aachen. They gradually acquired territories in the middle Rhine. From 1214 onwards the position was hereditary in the Wittelsbach family, who also controlled Bavaria. For a time the electoral dignity alternated between the Bavarian and Palatinate branches of the Wittelsbach family, until the Golden Bull in 1356 settled it upon the Palatinate branch.

When the Protestant nobles in Prague elected Friedrich V, who was also a Protestant, as King of Bohemia in 1618, it precipitated a conflict which became known as the Thirty Years' War. Bohemia had been ruled by the Catholic Habsburg Emperors from Vienna since 1527 and Ferdinand II, was incensed at being rebuffed for the crown. Friedrich V lost his battles with Ferdinand II's armies and had to flee to the Hague and to the protection of his father-in-law, King James I of England. He would forever after be known as "The Winter King" in ridicule of his short reign. As punishment, the electoral dignity was taken from the Pfalz branch of the Wittelsbachs and given to the rival branch, the Catholic Duke of Bavaria. As one of the general conditions set forth in the Peace of Westphalia in 1648-50, an eighth electorship was created for Pfalz and thus the dignity was restored to the family.

The conversion of the electors to Roman Catholicism led to the expulsion of Huguenots and other Protestants from their territories, many of whom made their way to America, founding New Paltz, New York. In the course of the late seventeenth and eighteenth centuries, the various branches of the Palatinate were left without any legitimate heirs, so that Karl The odor was able to combine the thrones of Jülich-Berg, the Palatinate, and Bavaria after the War of the Bavarian Succession.

Karl Theodor was a great Maecenas, whose orchestra at Mannheim was one of the greatest in Europe. He was a patron of Mozart, who wrote *Idomeneo* for the opera house in Munich, and of the chemist Benjamin Thompson, later Count Rumford, who fled Massachusetts when the American Revolution broke out and sought refuge in Bavaria.

The Palatinate was administered as part of Bavaria from1777, and did not mint any separate coins after 1802. The territories which composed the Palatinate were scattered over central Germany, and now form part of the West German states of Bavaria, Baden, Hesse, and Rheinland-Pfalz. The chief industry is bulk chemicals, from the great BASF factory at Ludwigshafen.

In 1753 Bavaria and Austria concluded a monetary convention, reducing the fineness of the thaler to the point that 20 gulden could be coined from a Mark of fine silver. The most important result was that henceforth the gulden, rather than being worth 2/3 of a thaler, was henceforth worth half a thaler. This Convention standard was soon afterwards adopted by most of the states of southwest Germany, including the Palatinate.

The Electors Palatine and the Saxon Elector acted as Vicars of the Empire after the death of a Holy Roman Emperor and before a new one was elected; the Elector Palatine in the areas of Franconian and Suevic law, the Saxon Elector in the areas where Saxon law applied. Both principalities issued coins commemorating the vicariates. Thus the Elector, Palatine Karl Theodor Actedas, Vicar of the Empire in 1790, after the death of Josef II, and again in 1792, after the early death of Leopold II, and issued coins in those two years. These coins are analogous to the "Sede Vacante" coins of ecclesiastical principalities.

RULERS

Johann Wilhelm von Neuburg, 1690-1716
Karl Philipp von Neuburg, 1716-1742
Karl Theodor von Sulzbach, 1742-1799
Maximilian I Joseph von Birkenfeld, 1799-1805

MINT OFFICIALS' INITIALS

DÜSSELDORF MINT

Initials	Date	Name
IH	1724-26	Johann Hitorff, mintmaster
RF	1728-35	Richard Fehr, mintmaster
FM	1735-48	Friedrich Maul, mintmaster
CLS	1767-70	Karl Ludwig Selche, mintmaster
PM	1771-83	Paul Maassen, mintmaster

HEIDELBERG MINT

Initials	Date	Name
IL, L	1659-1711	Johann Linck, die-cutter and mintmaster
IMW, MW	1694-1709	Johann Michael Wunsch, mintmaster
	1705-16	Johann Selter, die-cutter
IGW, GW	1711-28	Johann Georg Wunsch, mintmaster
AC	1716-35	Anton Cajet, die-cutter and warden
WS	1716-35	Wigand Schäffer, die-cutter
W	1728-35	Johann Melcior Wunsch, mintmaster
RF	1731-35	Richard Fehr, mintmaster
	1733-35	Johann Konrad Kaltschmidt, mintmaster

MANNHEIM MINT

Initials	Date	Name
WS	1735-45	Wigand Schäffer, die-cutter
	1745-58	As warden and mintmaster
	1735-36	Johann Konrad Kaltschmidt, warden
	1736-38	Adam Palm, warden
FO, O	1743-50	Franz Offner, mintmaster
N	1746-47	C. Niesner, mintmaster
	1746-?	Georg Christof Deyl, warden
AS, S	1748-64	Anton Schäffer, die-cutter
	1764-99	As mintmaster
AK	1749-71	Andreas Koch, mintmaster
	1764-66	Joseph Schäffer, die-cutter
	1770-71	Georg Christoph Wächter, die-cutter
	?-1776	Friedrich Schäffer, die-cutter
	1778-89	Johann Georg Dieze (Dietz), warden
	1789-1812	Heinrich Boltschauser, die-cutter
FE	1799-1805	Friedrich Christof Eberle, warden

ARMS

Pfalz – rampant lion to left or right
Bavaria or old Wittelsbach – field of lozenges (diamond shapes)
Electorate – blank shield, sometimes shaded with closely spaced horizontal lines or ..arabesques
..- also, an imperial orb

MONETARY SYSTEMS

8 Pfenning = 2 Kreuzer = 1 Albus
16 Pfenning = 4 Kreuzer = 2 Albus = 1 Batzen

PFALZ-ELECTORAL PFALZ

ELECTORAL PFALZ

(Rhenish Pfalz, Rheinpfalz, Churpfalz, Kurpfalz)
Line of Succession in the Electoral Dignity

Once the electorship was vested in the Palatine line of the Wittelsbachs, it passed by right of succession through the senior male line until the death of Friedrich II in 1556. His nephew Otto Heinrich then received the dignity, but this failed at his death three years later. The branch of the family with the highest seniority aft this time was that of Pfalz-Simmern and it was to it that the electoral office passed. The electorship was lost, as stated above, in 1623 as a result of Friedrich V's actions and not restored until the end of the Thirty Years' War in 1648 as part of the peace settlement. The royal coinage of Friedrich V for Bohemia is listed under that entity. From 1622 until 1648, the Upper Palatinate and part of the Rhenish Palatinate were administered by Bavaria, which struck coins for use in those territories. See Bavaria for listings of those issues. The Simmern line died out in 1685 and the office of elector fell to Pfalz-Neuburg, the rulers of which were also dukes of Jülich-Berg. The coinage issued of these Pfalz-Neuburg rulers are often confused one with the other and it is sometimes difficult to separate issues for Electoral Pfalz from those of Jülich-Berg, particularly because some issues for one principality were produced or at least the dies were made in the mint of the other territory. The fate of extinction befell the Pfalz-Neuburg line in 1742 and all its lands and titles passed to Pfalz-Sulzbach for one generation. The Elector also became duke and elector in Bavaria when the Wittelsbach line in that principality became extinct and the two branches of the family were finally united after a breach of centuries. Once again the electoral dignity passed to another branch of the Palatine family, this time to Pfalz-Birkenfeld in 1799. With the abolition of the Holy Roman Empire by Napoleon in 1806, the electoral college was no longer needed and passed quietly away.

RULERS

Johann Wilhelm von Neuburg, 1690-1716
Karl Philipp von Neuburg, 1716-42
Karl Theodor von Sulzbach, 1742-99
Maximilian I Joseph von Birkenfeld, 1799-1805

MINT OFFICIALS' INITIALS

DÜSSELDORF MINT

Initials	Date	Name
IH	1724-26	Johann Hitorff, mintmaster
RF	1728-35	Richard Fehr, mintmaster
FM	1735-48	Friedrich Maul, mintmaster
CLS	1767-70	Karl Ludwig Selche, mintmaster
PM	1771-83	Paul Maassen, mintmaster

HEIDELBERG MINT

Initials	Date	Name
IL, L	1659-1711	Johann Linck, die-cutter and mintmaster
IMW, MW	1694-1709	Johann Michael Wunsch, mintmaster
	1705-16	Johann Selter, die-cutter
IGW, GW	1711-28	Johann Georg Wunsch, mintmaster
AC	1716-35	Anton Cajet, die-cutter and warden
WS	1716-35	Wigand Schäffer, die-cutter
W	1728-35	Johann Melcior Wunsch, mintmaster
RF	1731-35	Richar Fehr, mintmaster
	1733-35	Johann Konrad Kaltschmidt, mintmaster
	1734-35	Michael May, mint contractor

MANNHEIM MINT

Initials	Date	Name
WS	1735-45	Wigand Schäffer, die-cutter
	1745-58	As warden and mintmaster
	1735-36	Johann Konrad Kaltschmidt, warden
	1736-38	Adam Palm, warden
FO, O	1743-50	Franz Offner, mintmaster
N	1746-47	C. Niesner, mintmaster
	1746-?	Georg Christof Deyl, warden
AS, S	1748-64	Anton Schäffer, die-cutter
	1764-99	As mintmaster
AK	1749-71	Andreas Koch, mintmaster
	1764-66	Joseph Schäffer, die-cutter
	1770-71	Georg Christoph Wächter, die-cutter
	?-1776	Friedrich Schäffer, die-cutter
	1778-89	Johann Georg Dieze (Dietz), warden
	1789-1812	Heinrich Boltschauser, die-cutter
FE	1799-1805	Friedrich Christof Eberle, warden

ARMS

Pfalz – rampant lion to left or right
Bavaria or old Wittelsbach – field of lozenges (diamond shapes)
Electorate – blank shield, sometimes shaded with closely spaced horizontal lines or ..arabesques
..- also, an imperial orb

MINTMASTERS' INITIALS

AK - Andreas Koch
AS - Anton Schaffer
C N, N - C. Niesner
FO, O - Franz Offner
GB -
GC - Georg Cramer
GW -
IMW, W - Johann Melchior Wunsch, 1735.
MS - Matthaus Scheffer

MONETARY SYSTEMS

8 Pfenning = 2 Kreuzer = 1 Albus
16 Pfenning = 4 Kreuzer = 2 Albus = 1 Batzen

ELECTORATE

REGULAR COINAGE

KM# 158 HELLER

Billon **Ruler:** Johann Wilhelm **Obv:** Pfalz lion right, date **Note:** Uniface.

Date	Mintage	VG	F	VF	XF	Unc
1705	—	6.00	10.00	25.00	50.00	—
ND	—	6.00	10.00	25.00	50.00	—

KM# 194 HELLER

Billon **Ruler:** Karl Philipp **Obv:** Pfalz lion right divides C - P **Mint:** Amberg **Note:** Uniface.

Date	Mintage	VG	F	VF	XF	Unc
ND(1716-42)	—	18.00	35.00	75.00	150	—

KM# 195 HELLER

Billon **Ruler:** Karl Philipp **Obv:** 3 small shields of arms, 2 above 1, C - P above **Note:** Uniface.

Date	Mintage	VG	F	VF	XF	Unc
ND(1716-42)	—	18.00	37.00	75.00	150	—

KM# 230 PFENNIG

Copper **Ruler:** Karl Philipp **Obv:** 3 adjacent shields of arms, CP above, date below **Mint:** Heidelberg **Note:** Uniface.

Date	Mintage	VG	F	VF	XF	Unc
1727	—	12.00	25.00	50.00	100	—
ND	—	12.00	25.00	50.00	100	—

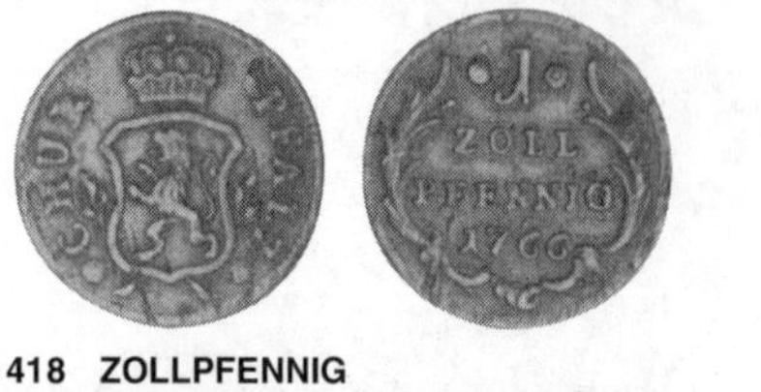

KM# 418 ZOLLPFENNIG

2.5800 g., Copper, 22 mm. **Ruler:** Karl Theodor **Obv:** Crowned lion arms **Rev:** Value, date within frame **Note:** Prev. Pfalz-Sulzbach KM#127.

Date	Mintage	VG	F	VF	XF	Unc
1766	—	18.00	37.00	75.00	150	—
1778 Rare	—	—	—	—	—	—

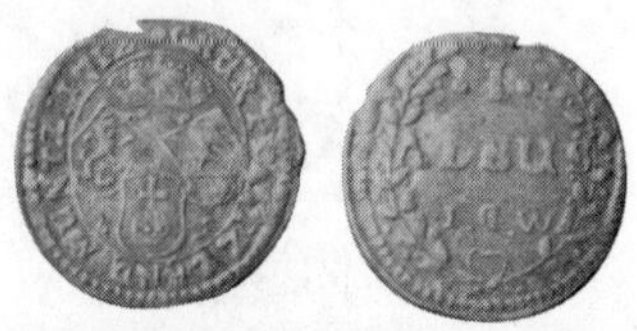

KM# 177 ALBUS (8 Pfennig)

Silver **Ruler:** Karl Philipp **Obv:** 3 small shields of arms, 2 above 1, electoral hat above, date at end of legend **Obv. Legend:** CHUR. PFALZ LANDMUNTZ **Rev:** Inscription and mintmaster's initials in laurel wreath **Rev. Inscription:** • I • / ALBUS / **Mint:** Heidelberg **Note:** Varieties exist.

Date	Mintage	VG	F	VF	XF	Unc
1711 IGW	—	12.00	27.00	55.00	110	—
1712 IGW	—	12.00	27.00	55.00	110	—
1713 IGW	—	12.00	27.00	55.00	110	—

KM# 192 ALBUS (8 Pfennig)

Silver **Ruler:** Johann Wilhelm **Obv:** 3 small sields of arms, 2 above 1, electoral hat above **Obv. Legend:** CHUR. PFALZ LANDMUNTZ **Rev:** Inscription / date / mintmaster's initials **Rev. Inscription:** • I • / ALBUS / ... **Mint:** Heidelberg

Date	Mintage	VG	F	VF	XF	Unc
1714 IGW	—	12.00	27.00	55.00	110	—
1715 IGW	—	12.00	27.00	55.00	110	—

KM# 208 ALBUS (8 Pfennig)

Silver **Ruler:** Karl Philipp **Obv:** Pfalz lion to right, titles of Karl Philipp **Rev:** Inscription / value / date within 2 branches **Rev. Inscription:** 1 / ALBUS / ... **Mint:** Mannheim

Date	Mintage	VG	F	VF	XF	Unc
1719	—	25.00	50.00	100	200	—

KM# 272 ALBUS (8 Pfennig)

Silver **Ruler:** Karl Philipp **Obv:** Pfalz lion to left **Obv. Legend:** CHUR - PFALZ **Rev:** Inscription / date **Rev. Legend:** LAND MUNZ **Rev. Inscription:** 1 / ALBUS / ... **Mint:** Mannheim **Note:** Varieties exist.

Date	Mintage	VG	F	VF	XF	Unc
1737M	—	—	—	—	—	—
1738M	—	—	—	—	—	—
1740M	—	—	—	—	—	—
1741M	—	—	—	—	—	—

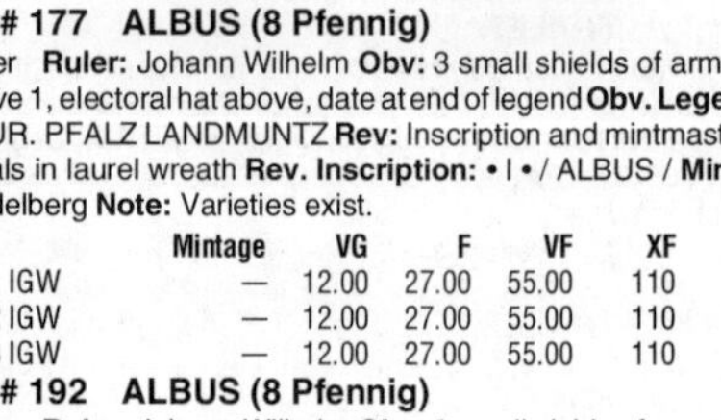

KM# 144 2 ALBUS

1.7500 g., Billon **Ruler:** Johann Wilhelm **Obv:** Crowned lion rampant left in laurel wreath divides C - P **Rev:** Inscription in laurel wreath **Rev. Inscription:** II / ALBUS / (date) **Note:** Prev. Pfalz-Neuburg KM#51. Varieties exist. Some are counterfeits.

Date	Mintage	VG	F	VF	XF	Unc
1701 IMW	—	12.00	30.00	60.00	120	—
1702 IMW	—	12.00	30.00	60.00	120	—
1703 IMW	—	12.00	30.00	60.00	120	—
1704 IMW	—	12.00	30.00	60.00	120	—
1706 IMW	—	12.00	30.00	60.00	120	—
1707 IMW	—	12.00	30.00	60.00	120	—
1708 IMW	—	12.00	30.00	60.00	120	—

PFALZ-ELECTORAL PFALZ GERMAN STATES 509

KM# 203 2 ALBUS

Billon **Ruler:** Karl Philipp **Obv:** Pfalz lion to right, titles of Karl Philipp **Rev. Inscription:** II / ALBUS **Mint:** Heidelberg

Date	Mintage	VG	F	VF	XF	Unc
1717	—	—	—	—	—	—

KM# 273 2 ALBUS

Billon **Ruler:** Karl Philipp **Obv:** Pfalz lion left between 2 branches divides C - P. **Rev:** Inscription / date between 2 branches **Rev. Inscription:** II / ALBUS / ... **Mint:** Mannheim

Date	Mintage	VG	F	VF	XF	Unc
1737	—	45.00	100	210	425	—

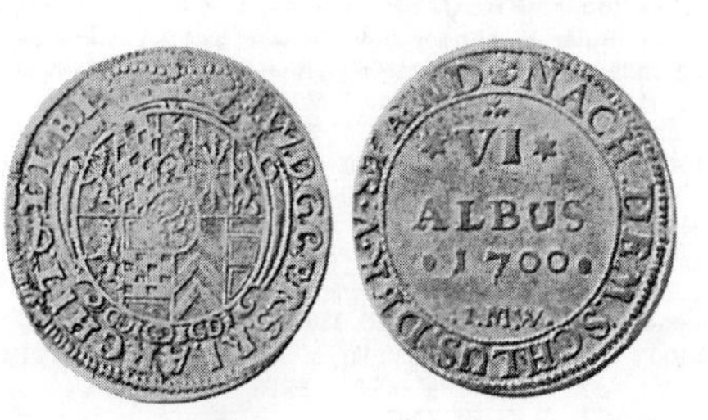

KM# 146 6 ALBUS

Silver **Ruler:** Johann Wilhelm **Obv:** Crowned oval 9-fold arms, titles of Johann Wilhelm **Rev:** Value inscription, date, mintmaster's initials **Rev. Legend:** NACH DEM SCHLUS DER V. STÆND. **Rev. Inscription:** ★ VI ★ / ALBUS/ **Note:** Prev. Pfalz-Neuburg KM#52. Varieties exist.

Date	Mintage	VG	F	VF	XF	Unc
1701 IMW	—	60.00	125	250	500	—
1702 IMW	—	60.00	125	250	500	—
1706 IMW	—	60.00	125	250	500	—
1712 IMW	—	60.00	125	250	500	—

KM# 297 1/4 KREUZER

Silver **Ruler:** Karl Philipp **Obv:** Pfalz lion right, value 1/4 in oval at top, date at bottom **Obv. Legend:** CHVR. PFALZ. - KREVZER. **Mint:** Mannheim **Note:** Uniface.

Date	Mintage	VG	F	VF	XF	Unc
1741	—	18.00	37.00	75.00	150	—

KM# 296 1/4 KREUZER

Silver **Ruler:** Karl Philipp **Obv:** Pfalz lion to right, legend curved above, date below **Obv. Legend:** 1/4 CHUR PFALZ K **Mint:** Mannheim **Note:** Uniface. Prev. Pfalz-Neuburg KM#99.

Date	Mintage	VG	F	VF	XF	Unc
1741	—	18.00	37.00	75.00	150	—

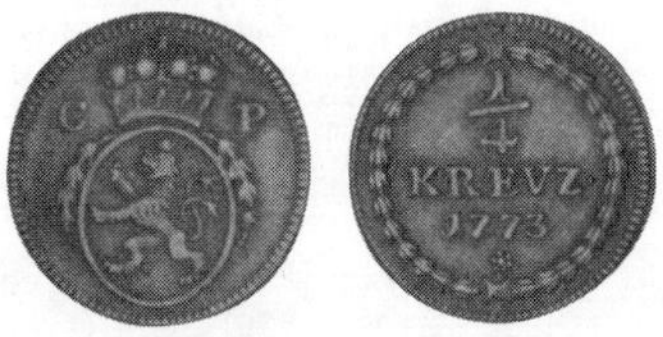

KM# 437 1/4 KREUZER

Copper **Ruler:** Karl Theodor **Obv:** Crowned lion arms **Rev:** Value, date within beaded circle **Note:** Prev. Pfalz-Sulzbach KM#142.

Date	Mintage	VG	F	VF	XF	Unc
1773	—	3.00	7.00	15.00	33.00	—
1774	—	—	—	—	—	—
1775	—	3.00	7.00	15.00	33.00	—
1777	—	3.00	7.00	15.00	33.00	—
1786	—	3.00	7.00	15.00	33.00	—
1793	—	3.00	7.00	15.00	33.00	—
1794	—	3.00	7.00	15.00	33.00	—
1795	—	3.00	7.00	15.00	33.00	—

KM# 197 1/2 KREUZER

Silver **Ruler:** Karl Philipp **Obv:** 3 small adjacent shields of arms, value '1/2' above **Note:** Uniface.

Date	Mintage	VG	F	VF	XF	Unc
ND(1716-42)	—	22.00	50.00	100	200	—

KM# 198 1/2 KREUZER

Silver **Ruler:** Karl Philipp **Obv:** 3-fold arms in baroque frame, value '1/2' above **Note:** Uniface.

Date	Mintage	VG	F	VF	XF	Unc
(1716-42)	—	22.00	50.00	100	200	—

KM# 206 1/2 KREUZER

Billon **Ruler:** Karl Philipp **Obv:** 3 small adjacent shields of arms, value 1/2 in oval above divides C - P, date divided below **Note:** Prev. Pfalz-Neuburg KM#65.1. Uniface. Varieties exist.

Date	Mintage	VG	F	VF	XF	Unc
1718	—	22.00	50.00	100	200	—
1721	—	22.00	50.00	100	200	—
1723	—	22.00	50.00	100	200	—
1726	—	22.00	50.00	100	200	—
1728	—	22.00	50.00	100	200	—

KM# 236 1/2 KREUZER

Silver **Ruler:** Karl Philipp **Obv:** Round 3-fold arms divide date, value '1/2 KR' above and CHVR PFALZ curved at top **Note:** Prev. Pfalz-Neuburg KM#65.2. Uniface.

Date	Mintage	VG	F	VF	XF	Unc
1728	—	25.00	50.00	100	200	—

KM# 237 1/2 KREUZER

Silver **Ruler:** Karl Philipp **Obv:** Ornately shaped 3-fold arms divide date, value '1/2 KR' above and CHVR PFALZ curved at top **Note:** Uniface.

Date	Mintage	VG	F	VF	XF	Unc
1728	—	12.00	25.00	50.00	100	—
1734	—	12.00	25.00	50.00	100	—

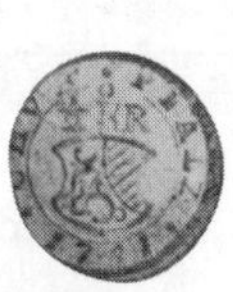

KM# 300 1/2 KREUZER

Silver **Ruler:** Karl Philipp **Obv:** 3-fold arms, 1/2 KR above, date in margin below **Obv. Legend:** CHVR. PFALZ. **Mint:** Mannheim **Note:** Uniface.

Date	Mintage	VG	F	VF	XF	Unc
1741M	—	18.00	40.00	80.00	165	—

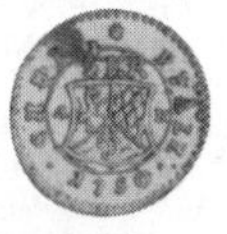

KM# 347 1/2 KREUZER

Billon **Ruler:** Karl Theodor **Obv:** 3-fold arms, 1/2 KR above, date in margin below **Obv. Legend:** CHVR. PFALZ. **Note:** Uniface. Convention 1/2 Kreuzer. Prev. Pfalz-Simmern KM#75.

Date	Mintage	VG	F	VF	XF	Unc
1747 FO	—	22.00	45.00	90.00	180	—
1748 FO	—	22.00	45.00	90.00	180	—
1750 AS	—	22.00	45.00	90.00	180	—
1750 FO	—	22.00	45.00	90.00	180	—

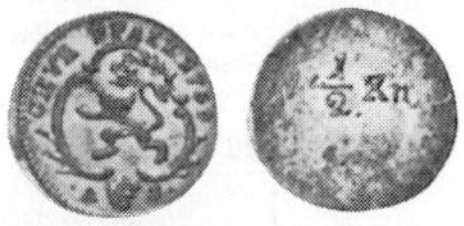

KM# 375 1/2 KREUZER

Billon **Ruler:** Karl Theodor **Obv:** Lion left in cartouche, date **Rev:** Value **Note:** Prev. Pfalz-Sulzbach KM#96.

Date	Mintage	VG	F	VF	XF	Unc
1758 AS	—	25.00	50.00	100	210	—
1759 AS	—	25.00	50.00	100	210	—
1764 AS	—	25.00	50.00	100	210	—

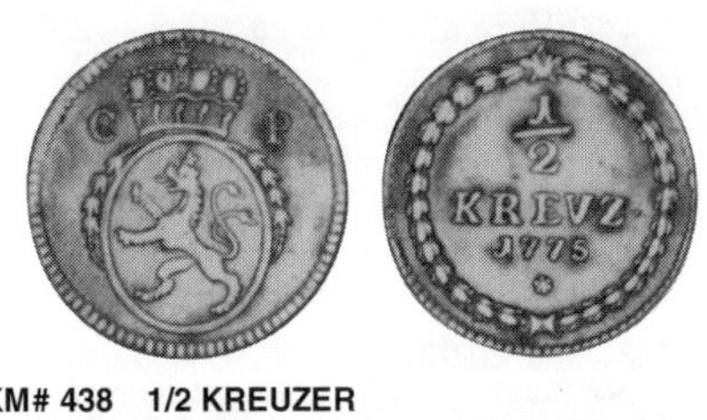

KM# 438 1/2 KREUZER

4.2000 g., Copper, 23 mm. **Ruler:** Karl Theodor **Obv:** Crowned oval shield of lion arms, crown divides C - P **Rev:** 3-line inscription with date in wreath **Rev. Inscription:** 1/2 / KREVZ / (date) **Note:** Prev. Pfalz-Sulzbach KM#143.

Date	Mintage	VG	F	VF	XF	Unc
1773	—	4.00	10.00	22.00	45.00	—
1774	—	4.00	10.00	22.00	45.00	—
1775	—	4.00	10.00	22.00	45.00	—
1776	—	4.00	10.00	22.00	45.00	—
1777	—	4.00	10.00	22.00	45.00	—
1786	—	4.00	10.00	22.00	45.00	—

KM# 148 KREUZER

Silver **Ruler:** Johann Wilhelm **Obv:** Pfalz lion left in laurel wreath **Rev:** 3-line inscription, date in laurel wreath **Rev. Inscription:** I / KREU / ZER / **Mint:** Heidelberg **Note:** Prev. Pfalz-Neuburg KM#50.

Date	Mintage	VG	F	VF	XF	Unc
1702	—	50.00	100	210	425	—

KM# 179 KREUZER

Silver **Ruler:** Johann Wilhelm **Obv:** Pfalz lion to right holding orb **Obv. Legend:** CHURPFALZ LANDMUNTZ **Rev:** Inscription / date in laurel wreath **Rev. Inscription:** 1 / KREU / ZER / ... **Mint:** Heidelberg

Date	Mintage	VG	F	VF	XF	Unc
1711	—	12.00	25.00	50.00	100	—
1712	—	12.00	25.00	50.00	100	—
1716	—	12.00	25.00	50.00	100	—

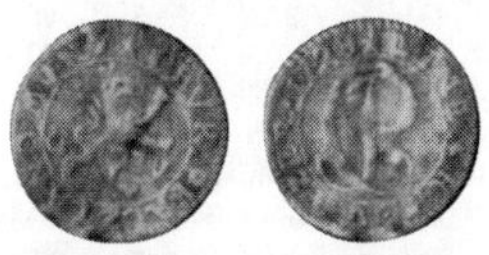

KM# 210 KREUZER

0.4500 g., Silver, 16 mm. **Ruler:** Karl Philipp **Obv:** Pfalz lion to right divides mintmaster's initials in circle **Obv. Legend:** CHVR PFALZ LANDMVNZ **Rev:** Script 'CP' monogram in circle, date at end of legend **Rev. Legend:** EINEN KREVTZER **Mint:** Heidelberg **Note:** Prev. Pfalz-Neuburg KM#72. Varieties exist.

Date	Mintage	VG	F	VF	XF	Unc
1720 GW	—	12.00	25.00	50.00	100	—
1721 GW	—	12.00	25.00	50.00	100	—
1722 GW	—	12.00	25.00	50.00	100	—
1723 GW	—	12.00	25.00	50.00	100	—
1724 GW	—	12.00	25.00	50.00	100	—
1725 GW	—	12.00	25.00	50.00	100	—
1726 GW	—	12.00	25.00	50.00	100	—
1727 GW	—	12.00	25.00	50.00	100	—
1728 GW	—	12.00	25.00	50.00	100	—
1729 GW	—	12.00	25.00	50.00	100	—

KM# 239 KREUZER

Silver **Ruler:** Karl Philipp **Obv:** Pfalz lion right in circle **Obv. Legend:** CHVR PFALZ LANDMVNZ **Rev:** Crowned monogram, date at end of legend **Rev. Legend:** EINEN KREVTZER **Mint:** Heidelberg

Date	Mintage	VG	F	VF	XF	Unc
1728 GW	—	12.00	25.00	50.00	100	—

KM# 262 KREUZER

Silver **Ruler:** Karl Philipp **Obv:** Crowned CP monogram **Obv. Legend:** EINEN KREUZ **Rev:** Lion rampant right dividing CP, date in exergue **Note:** Prev. Pfalz-Neuburg KM#82.

Date	Mintage	VG	F	VF	XF	Unc
1736	—	15.00	30.00	60.00	125	—
1737	—	15.00	30.00	60.00	125	—

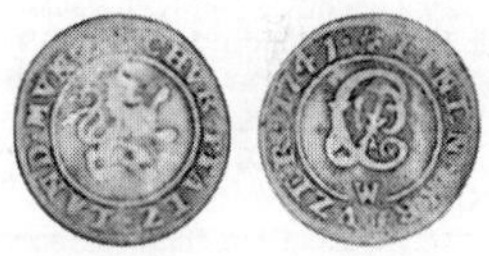

KM# 276 KREUZER

Silver, 14.6 mm. **Ruler:** Karl Philipp **Obv:** Crowned Pfalz lion to right in circle **Obv. Legend:** CHVR. PFALZ. LAND. MVNZ. **Rev:** Script 'CP' monogram in circle, date at end of legend **Rev. Legend:** EINEN. KREVZER. **Mint:** Mannheim **Note:** Prev. Pfalz-Neuburg KM#83. Varieties exist.

Date	Mintage	VG	F	VF	XF	Unc
1737 0	—	—	—	—	—	—
1738 0	—	—	—	—	—	—
1739 0	—	—	—	—	—	—
1740 0	—	—	—	—	—	—
1740 W	—	—	—	—	—	—
1741 W	—	—	—	—	—	—

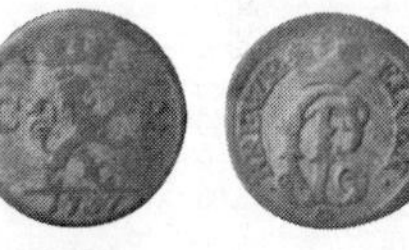

KM# 275 KREUZER

0.4800 g., Silver, 15.5 mm. **Ruler:** Karl Philipp **Obv:** Crowned Pfalz lion right divides C - P, date below **Rev:** Crowned 'CP' monogram **Rev. Inscription:** EINEN / KREVZ(E)R **Mint:** Mannheim

Date	Mintage	VG	F	VF	XF	Unc
1737	—	12.00	30.00	60.00	125	—

KM# 302 KREUZER

Silver **Ruler:** Karl Philipp **Obv:** Pfalz lion to left within 2 crossed palm branches **Obv. Legend:** CHUR PFALTZ LAND MVNTZ **Rev:** Value inscription, date **Rev. Legend:** LAND MUNZ **Rev. Inscription:** EINEN / KREUTZER/ (date) **Mint:** Mannheim **Note:** Prev. Pfalz-Neuburg KM#100.

Date	Mintage	VG	F	VF	XF	Unc
1741	—	18.00	37.00	75.00	150	—

KM# 303 KREUZER

Silver **Ruler:** Karl Philipp **Obv:** Crowned Pfalz lion to right, date at end of legend **Obv. Legend:** LAND MUNZ **Rev:** 'CP' monogram, date at end of legend **Rev. Legend:** EINEN. KREUZER **Mint:** Mannheim **Note:** Prev. Pfalz-Neuburg KM#101.

Date	Mintage	VG	F	VF	XF	Unc
1742 0	—	18.00	37.00	75.00	150	—

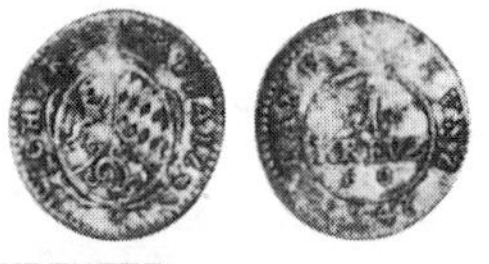

KM# 320 KREUZER

Billon **Ruler:** Karl Theodor **Obv:** Lion left in crowned cartouche **Rev:** Value in cartouche, date **Note:** Prev. Pfalz-Sulzbach KM#59.

Date	Mintage	VG	F	VF	XF	Unc
1745	—	25.00	55.00	110	225	—
1746	—	25.00	55.00	110	225	—

510 GERMAN STATES PFALZ-ELECTORAL PFALZ

Date	Mintage	VG	F	VF	XF	Unc
1747	—	25.00	55.00	110	225	—
1748	—	25.00	55.00	110	225	—

KM# 326 KREUZER

Billon **Ruler:** Karl Theodor **Obv:** Crowned oval three-fold arms **Rev:** Value, date **Note:** Prev. Pfalz-Sulzbach KM#62.

Date	Mintage	VG	F	VF	XF	Unc
1746 FO	—	75.00	150	300	600	—

KM# 353 KREUZER

Billon **Ruler:** Karl Theodor **Rev. Legend:** LAND MVNZ **Note:** Prev. Pfalz-Sulzbach KM#80.

Date	Mintage	VG	F	VF	XF	Unc
1749 FO	—	25.00	55.00	110	225	—
1750 AK	—	25.00	55.00	110	225	—

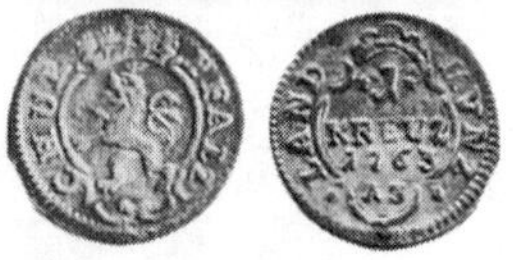

KM# 378 KREUZER

Billon **Ruler:** Karl Theodor **Obv:** Crowned lion arms **Obv. Legend:** CHUR. PFALZ. **Rev:** Value, date within frame **Note:** Prev. Pfalz-Sulzbach KM#97.

Date	Mintage	VG	F	VF	XF	Unc
1758 AS	—	5.00	10.00	22.00	45.00	—
1762 AS	—	5.00	10.00	22.00	45.00	—
1763 AS	—	5.00	10.00	22.00	45.00	—
1764 AS	—	5.00	10.00	22.00	45.00	—
1765 AS	—	5.00	10.00	22.00	45.00	—
1768 AS	—	5.00	10.00	22.00	45.00	—
1773 AS	—	5.00	10.00	22.00	45.00	—
1774 AS	—	5.00	10.00	22.00	45.00	—
1775 AS	—	5.00	10.00	22.00	45.00	—

KM# 377 KREUZER

Billon **Ruler:** Karl Philipp **Obv:** Pfalz lion to left in crowned shield, legend above **Obv. Legend:** C. - P. **Rev:** Value as 3-line inscription, date **Rev. Inscription:** 1 / KREVZER / LANDMVNZ **Mint:** Mannheim **Note:** Prev. Pfalz-Sulzbach KM#98.

Date	Mintage	VG	F	VF	XF	Unc
1758	—	35.00	75.00	150	300	—

KM# 439 KREUZER

Billon **Ruler:** Karl Theodor **Obv:** Three-fold arms **Rev:** Value and date **Note:** Prev. Pfalz-Sulzbach KM#144.

Date	Mintage	VG	F	VF	XF	Unc
1773	—	9.00	20.00	40.00	80.00	—

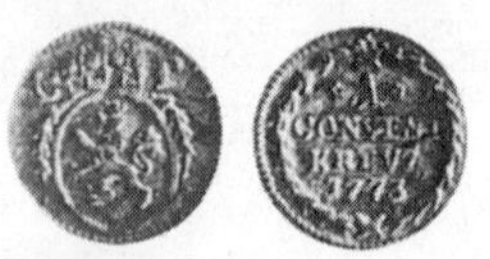

KM# 440 KREUZER

Copper **Ruler:** Karl Theodor **Obv:** Crowned lion arms **Rev:** Inscription in wreath **Rev. Inscription:** 1 / CONVENT / KREUZ **Note:** Prev. Pfalz-Sulzbach KM#145.

Date	Mintage	VG	F	VF	XF	Unc
1773	—	8.00	18.00	37.00	75.00	—
1774	—	8.00	18.00	37.00	75.00	—
1775	—	8.00	18.00	37.00	75.00	—
1776	—	8.00	18.00	37.00	75.00	—
1783	—	8.00	18.00	37.00	75.00	—
1784	—	8.00	18.00	37.00	75.00	—
1786	—	8.00	18.00	37.00	75.00	—
1793	—	8.00	18.00	37.00	75.00	—

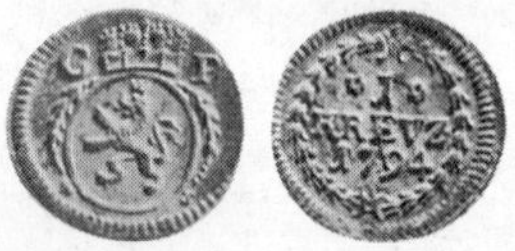

KM# 491 KREUZER

Copper **Ruler:** Karl Theodor **Obv:** Crowned lion arms **Rev:** Without CONVENT in wreath **Note:** Prev. Pfalz-Sulzbach KM#179.

Date	Mintage	VG	F	VF	XF	Unc
1794	—	10.00	20.00	45.00	90.00	—
1795	—	—	—	—	—	—

KM# 305 2 KREUZER

Silver **Obv:** Pfalz lion to right within 2 oak branches, legend curved above **Obv. Legend:** CHVR - PFALZ **Rev:** Inscription between 2 oak branches, legend curved above, date below **Rev. Legend:** LAND - MUNZ **Rev. Inscription:** 2 / KREV / ZER **Note:** Prev. Pfalz-Neuburg KM#85.

Date	Mintage	VG	F	VF	XF	Unc
1742 FO	—	7.00	15.00	30.00	60.00	—

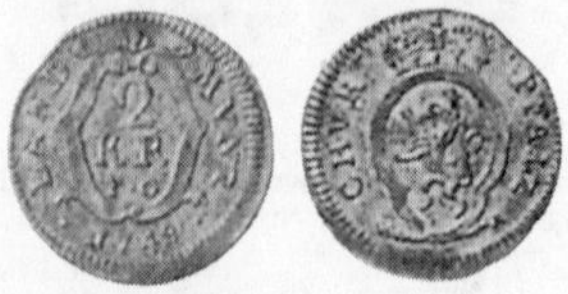

KM# 306 2 KREUZER

Billon **Ruler:** Karl Theodor **Obv:** Pfalz lion to left in cartouche, legend curved above **Obv. Legend:** CHVR - PFALZ **Rev:** 2-line inscription, mintmaster's initials in cartouche, legend curved above, date below **Rev. Legend:** LAND - MVNZ **Rev. Inscription:** 2 / KR/ **Note:** Prev. Pfalz-Sulzbach KM#60 and 76.

Date	Mintage	VG	F	VF	XF	Unc
1742 0	—	7.00	15.00	30.00	60.00	—
1745 0	—	7.00	15.00	30.00	60.00	—
1746 0	—	7.00	15.00	30.00	60.00	—
1747 0	—	7.00	15.00	30.00	60.00	—
1748 FO	—	7.00	15.00	30.00	60.00	—

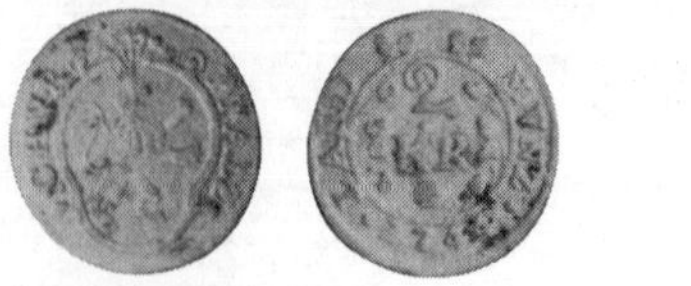

KM# 310 2 KREUZER

0.9300 g., Billon **Ruler:** Karl Theodor **Obv:** Crowned Pfalz lion to right in baroque frame, legend curved left and right above **Obv. Legend:** CHVR - PFALZ **Rev:** Inscription, mintmaster's initials within 2 oak branches, date below **Rev. Legend:** LAND - MVNZ **Rev. Inscription:** 2 / KR /

Date	Mintage	VG	F	VF	XF	Unc
1743 0	—	12.00	25.00	50.00	100	—
1744 0	—	12.00	25.00	50.00	100	—

KM# 306.1 2 KREUZER

Billon **Ruler:** Karl Theodor **Obv:** Lion rampant in baroque cartouche **Obv. Legend:** CHVR. PFALZ **Rev:** Denomination in baroque cartouche **Rev. Legend:** LANDMVNZ 2 KR **Note:** Delete after photo is moved.

Date	Mintage	VG	F	VF	XF	Unc
1747 0	—	7.00	15.00	30.00	60.00	—
1748 FO	—	7.00	15.00	30.00	60.00	—

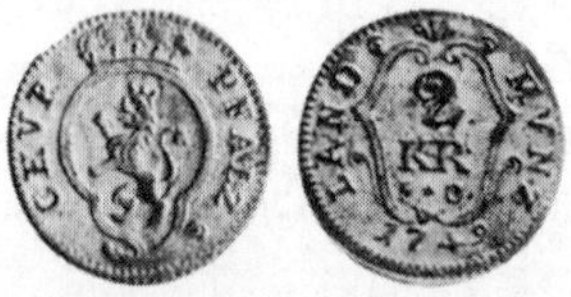

KM# 322 2 KREUZER

Billon **Ruler:** Karl Theodor **Obv:** Crowned rampant lion in crowned cartouche, legend at left and right **Obv. Legend:** CHVR - PFALZ **Rev:** Inscription and mintmaster's initials in baroque frame, date at bottom **Rev. Legend:** LAND. - MVNZ. **Rev. Inscription:** 2 / KR **Note:** Prev. Pfalz-Sulzbach KM#77.

Date	Mintage	VG	F	VF	XF	Unc
1748 FO	—	8.00	20.00	40.00	80.00	—
1749 FO	—	8.00	20.00	40.00	80.00	—
1750 AK	—	8.00	20.00	40.00	80.00	—
1759 AK	—	8.00	20.00	40.00	80.00	—

KM# 312 3 KREUZER

Billon **Ruler:** Karl Theodor **Obv:** Lion right in crowned cartouche **Rev:** Value, date **Note:** Prev. Pfalz-Sulzbach KM#55.

Date	Mintage	VG	F	VF	XF	Unc
1743 FO	—	100	200	400	825	—

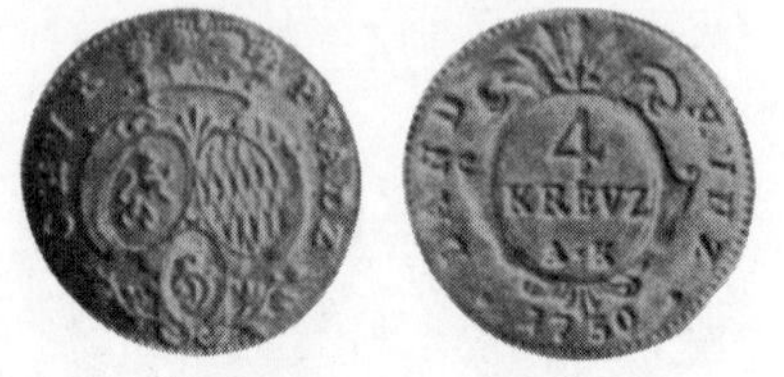

KM# 328 4 KREUZER

Billon **Ruler:** Karl Theodor **Obv:** 3 small oval shields of arms, 2 above 1 in crowned baroque frame **Obv. Legend:** CHVR - PFALZ **Rev:** Inscription, mintmaster's initials in oval baroque frame, date below **Rev. Legend:** LAND - MVNZ **Rev. Inscription:** 4 / KREVZ / **Note:** Prev. Pfalz-Sulzbach KM#63.

Date	Mintage	VG	F	VF	XF	Unc
1746 FO	—	12.00	27.00	55.00	110	—
1746	—	12.00	27.00	55.00	110	—
1747 FO	—	12.00	27.00	55.00	110	—
1748 FO	—	12.00	27.00	55.00	110	—
1749 FO	—	12.00	27.00	55.00	110	—
1750 AK	—	12.00	27.00	55.00	110	—
1705	—	25.00	45.00	95.00	185	—

Note: Error for 1750

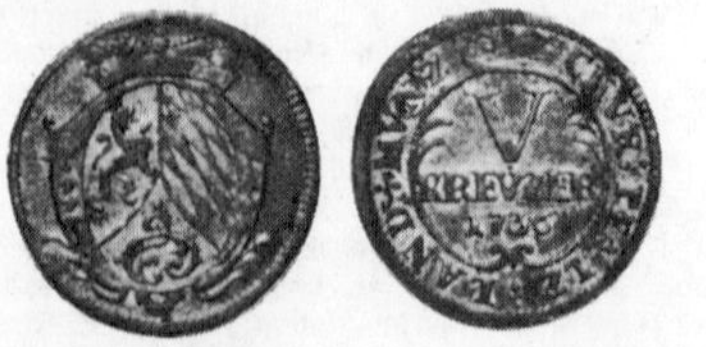

KM# 232 5 KREUZER

Billon **Ruler:** Karl Philipp **Obv:** Crowned 3-fold arms between palm branches, titles of Karl Philipp **Rev:** 4-line inscription, date within palm branches **Rev. Inscription:** V KR: / CHURPFL / LANDMUNZ / **Mint:** Heidelberg **Note:** Prev. Pfalz-Neuburg KM#73.

Date	Mintage	VG	F	VF	XF	Unc
1727	—	—	—	—	—	—

KM# 264 5 KREUZER

Silver **Ruler:** Karl Philipp **Obv:** Crowned oval 3-fold arms in baroque frame, titles of Karl Philipp **Rev:** Large 'V', small KR to right, date below **Rev. Legend:** CHVR PFALZ LAND MVNZ **Mint:** Mannheim

Date	Mintage	VG	F	VF	XF	Unc
1736	—	25.00	50.00	100	200	—

KM# 265 5 KREUZER

Silver **Ruler:** Karl Philipp **Obv:** Crowned oval 2-fold arms in baroque frame, titles of Karl Philipp **Rev:** Inscription / date in oval baroque frame **Rev. Inscription:** V / KREUZER / ... **Mint:** Mannheim

Date	Mintage	VG	F	VF	XF	Unc
1736	—	45.00	85.00	175	350	—

KM# 266 5 KREUZER

Silver **Ruler:** Karl Philipp **Obv:** Crowned oval 3-fold arms between 2 palm branches **Rev:** Inscription / date in circle **Rev. Legend:** CHVR PFALZ: LAND: MVNZ. **Mint:** Mannheim

Date	Mintage	VG	F	VF	XF	Unc
1736	—	45.00	85.00	175	350	—

KM# 267 5 KREUZER

Silver **Ruler:** Karl Philipp **Obv:** Crowned oval 3-fold arms in baroque frame, titles of Karl Philipp **Rev:** Inscription / date in circle between 2 palm branches **Rev. Legend:** CHVR PFALZ: LAND: MVNZ. **Rev. Inscription:** V / KREVZER / ... **Mint:** Mannheim

Date	Mintage	VG	F	VF	XF	Unc
1736	—	32.00	65.00	130	260	—

KM# 408 5 KREUZER

Billon **Ruler:** Karl Theodor **Obv:** Bust right **Rev:** Crowned three-fold arms, value, date **Note:** Prev. Pfalz-Sulzbach KM#119.

Date	Mintage	VG	F	VF	XF	Unc
1765 AS	—	28.00	50.00	100	200	—
1766 AS	—	28.00	50.00	100	200	—

KM# 448 5 KREUZER

Billon **Ruler:** Karl Theodor **Rev:** Crowned arms hung in garland, value, date **Note:** Prev. Pfalz-Sulzbach KM#148.

Date	Mintage	VG	F	VF	XF	Unc
1774 AS	—	25.00	45.00	90.00	185	—
1775 AS	—	25.00	45.00	90.00	185	—
1776 AS	—	25.00	45.00	90.00	185	—
1777 AS	—	25.00	45.00	90.00	185	—

KM# 460 5 KREUZER

Billon **Ruler:** Karl Theodor **Obv:** Head right **Rev:** Three-fold arms and value **Note:** Prev. Pfalz-Sulzbach KM#160.

Date	Mintage	VG	F	VF	XF	Unc
1780 AS	—	15.00	32.00	65.00	135	—
1782 AS	—	15.00	32.00	65.00	135	—
1784 AS	—	15.00	32.00	65.00	135	—
1785 AS	—	15.00	32.00	65.00	135	—
1788 AS	—	15.00	32.00	65.00	135	—
1789 AS	—	15.00	32.00	65.00	135	—
1794 AS	—	15.00	32.00	65.00	135	—
1795 AS	—	15.00	32.00	65.00	135	—
1796 AS	—	15.00	32.00	65.00	135	—
1797 AS	—	15.00	32.00	65.00	135	—
1798 AS	—	15.00	32.00	65.00	135	—

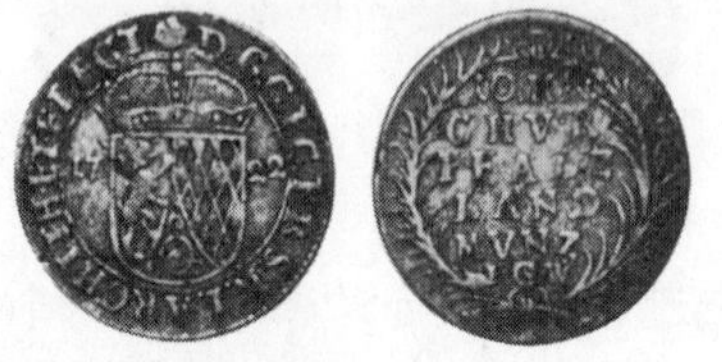

KM# 214 10 KREUZER

Silver **Ruler:** Karl Philipp **Obv:** Crowned 3-fold arms divide date, titles of Karl Philipp **Rev:** Mintmaster's initials within 2 palm branches **Rev. Inscription:** 10. KR / CHVR / PFALZ / LAND / MVNZ **Mint:** Heidelberg **Note:** Prev. Pfalz-Neuburg KM#70. Varieties exist.

Date	Mintage	VG	F	VF	XF	Unc
1721 IGW	—	60.00	120	300	—	—
1722 IGW	—	60.00	120	300	—	—
1727 IGW	—	60.00	120	300	—	—

KM# 256 10 KREUZER

Silver **Ruler:** Karl Philipp **Obv:** Crowned 3-fold arms, titles of Karl Philipp **Rev:** 4-line inscription, date at end between palm branches **Rev. Inscription:** X KR / CHVR PFALZ / LANDMVNZ / **Mint:** Heidelberg **Note:** Prev. Pfalz-Neuburg KM#74.

Date	Mintage	VG	F	VF	XF	Unc
1735	—	45.00	95.00	185	375	—

KM# 269 10 KREUZER

Silver **Ruler:** Karl Philipp **Obv:** Crowned 2-fold arms in baroque frame, titles of Karl Philipp **Rev:** Inscription in center, date at end of legend **Rev. Legend:** CHVR. PFALZ. LAND. MVNZ. **Rev. Inscription:** X / KREUZER **Mint:** Mannheim **Note:** Prev. Pfalz-Neuburg KM#74.

Date	Mintage	VG	F	VF	XF	Unc
1736	—	60.00	120	300	—	—

PFALZ-ELECTORAL PFALZ — GERMAN STATES

KM# 384 10 KREUZER
Silver **Ruler:** Karl Theodor **Obv:** Head right **Obv. Legend:** D. G. CAR... **Rev:** Three-fold arms in circle, crown above, palm fronds above **Note:** Prev. Pfalz-Sulzbach KM#105.

Date	Mintage	VG	F	VF	XF	Unc
1761 AS	—	18.00	37.00	75.00	150	—
1762 AS	—	18.00	37.00	75.00	150	—
1763 AS	—	18.00	37.00	75.00	150	—

KM# 395 10 KREUZER
Silver **Ruler:** Karl Theodor **Obv:** Head right **Obv. Legend:** CAR. THEODOR. D. G. **Rev:** Crowned 3-fold arms, value below **Note:** Prev. Pfalz-Sulzbach KM#110.

Date	Mintage	VG	F	VF	XF	Unc
1763 AS	—	18.00	37.00	75.00	150	—
1763	—	18.00	37.00	75.00	150	—
1764 AS	—	18.00	37.00	75.00	150	—
1764	—	18.00	37.00	75.00	150	—
1765 AS	—	18.00	37.00	75.00	150	—
1766 AS	—	18.00	37.00	75.00	150	—

KM# 422 10 KREUZER
Silver **Ruler:** Karl Theodor **Obv:** Head right **Rev:** Crowned oval arms **Note:** Convention 10 Kreuzer. Prev. Pfalz-Sulzbach KM#129.

Date	Mintage	VG	F	VF	XF	Unc
1767 AS	—	18.00	37.00	75.00	150	—
1768 AS	—	18.00	37.00	75.00	150	—
1769 AS	—	18.00	37.00	75.00	150	—
1770 AS	—	18.00	37.00	75.00	150	—
1771 AS	—	18.00	37.00	75.00	150	—
1772 AS	—	18.00	37.00	75.00	150	—
1773 AS	—	18.00	37.00	75.00	150	—
1774 AS	—	18.00	37.00	75.00	150	—

KM# 450 10 KREUZER
Billon **Ruler:** Karl Theodor **Obv:** Head right **Rev:** Shield curves inward **Note:** Prev. Pfalz-Sulzbach KM#149.

Date	Mintage	VG	F	VF	XF	Unc
1774 AS	—	25.00	50.00	100	200	—
1775 AS	—	25.00	50.00	100	200	—
1776 AS	—	25.00	50.00	100	200	—
1777 AS	—	25.00	50.00	100	200	—

KM# 452 10 KREUZER
Silver **Ruler:** Karl Theodor **Obv. Legend:** ... D. G. C. P. R. U. B. D. S. R... **Note:** Prev. Pfalz-Sulzbach KM#150.

Date	Mintage	VG	F	VF	XF	Unc
1777 AS	—	16.00	37.00	75.00	150	—
1778 AS	—	16.00	37.00	75.00	150	—
1779 AS	—	16.00	37.00	75.00	150	—
1780 AS	—	16.00	37.00	75.00	150	—
1780 AS	—	16.00	37.00	75.00	150	—
1780 AS	—	16.00	37.00	75.00	150	—

KM# 462 10 KREUZER
Silver **Ruler:** Karl Theodor **Obv. Legend:** ... D. G. C. P. R. V. B. D. S. R... **Note:** Prev. Pfalz-Sulzbach KM#161.

Date	Mintage	VG	F	VF	XF	Unc
1781 AS	—	—	—	—	—	—
1782 AS	—	—	—	—	—	—
1785 AS	—	16.00	37.00	75.00	150	—
1787 AS	—	16.00	37.00	75.00	150	—
1788 AS	—	16.00	37.00	75.00	150	—
1789 AS	—	16.00	37.00	75.00	150	—
1790 AS	—	16.00	37.00	75.00	150	—
1791 AS	—	16.00	37.00	75.00	150	—
1792 AS	—	—	—	—	—	—

Note: Reported, not confirmed

Date	Mintage	VG	F	VF	XF	Unc
1794 AS	—	16.00	37.00	60.00	100	—

KM# 474 10 KREUZER
Silver **Ruler:** Karl Theodor **Obv:** Head right **Rev:** Eagle with crowned arms on breast **Note:** Vicariat Issue. Prev. Pfalz-Sulzbach KM#170.

Date	Mintage	VG	F	VF	XF	Unc
1790 AS	—	30.00	60.00	125	250	—
1792 AS	—	30.00	60.00	125	250	—

KM# 330 12 KREUZER
Silver **Ruler:** Karl Theodor **Obv:** Head right **Rev:** Lion, lozenge and stylized orb in three oval shields, value in cartouche, date **Note:** Prev. Pfalz-Sulzbach KM#64.

Date	Mintage	VG	F	VF	XF	Unc
1746 FO	—	75.00	150	300	600	—
1746 AK	—	75.00	150	300	600	—
1746 N	—	75.00	150	300	600	—

KM# 331 12 KREUZER
Silver **Ruler:** Karl Theodor **Obv:** Armored bust right **Note:** Prev. Pfalz-Sulzbach KM#65.

Date	Mintage	VG	F	VF	XF	Unc
1746	—	80.00	140	280	575	—

KM# 332 12 KREUZER
Silver **Ruler:** Karl Theodor **Obv:** Arms of Pfalz at top **Rev:** Value in cartouche **Rev. Inscription:** XII / KREU / TZER **Note:** Prev. Pfalz-Sulzbach KM#66.

Date	Mintage	VG	F	VF	XF	Unc
1746	—	37.00	75.00	150	300	—
1746 CN	—	37.00	75.00	150	300	—
1746 O	—	37.00	75.00	150	300	—
1746 FO	—	37.00	75.00	150	300	—
1747 FO	—	37.00	75.00	150	300	—
1748 FO	—	37.00	75.00	150	300	—
1749 FO	—	37.00	75.00	150	300	—
1750 FO	—	37.00	75.00	150	300	—

KM# 333 12 KREUZER
Silver **Ruler:** Karl Theodor **Obv:** Arms of Bavaria at top **Rev:** Value within cartouche **Note:** Varieties exist, including copper counterfeits. Prev. Pfalz-Sulzbach KM#67.

Date	Mintage	VG	F	VF	XF	Unc
1746 FO	—	60.00	125	250	500	—
1747 FO	—	60.00	125	250	500	—
1748 FO	—	60.00	125	250	500	—
1749 FO	—	60.00	125	250	500	—
1750 FO	—	60.00	125	250	500	—

KM# 216.1 20 KREUZER
Silver **Ruler:** Karl Philipp **Obv:** 3-fold squarish shield - lion, stylized orb, lozenge **Obv. Legend:** D. G. C. P. CP ... **Rev. Inscription:** 20. KR. / CHURPFALZ / LANDMVNZ **Mint:** Heidelberg **Note:** Prev. Pfalz-Neuburg KM#71. Varieties exist.

Date	Mintage	VG	F	VF	XF	Unc
1721 IGW	—	25.00	45.00	100	200	—
1722 IGW	—	25.00	45.00	100	200	—
1723 IGW	—	25.00	45.00	100	200	—
1724 IGW	—	25.00	45.00	100	200	—
1725 IGW	—	25.00	45.00	100	200	—
1726 IGW	—	25.00	45.00	100	200	—
1727 IGW	—	25.00	45.00	100	200	—

KM# 216.2 20 KREUZER
Silver **Ruler:** Karl Philipp **Obv:** 3-fold squarish shield - lion, stylized orb, lozenge **Obv. Legend:** D. G. C. P. CP ? **Rev. Inscription:** 20. KR. / CHURPFALZ / LANDMVNZ ? **Mint:** Düsseldorf **Note:** Prev. Pfalz-Neuburg KM#71. Varieties exist.

Date	Mintage	VG	F	VF	XF	Unc
1724 IH	—	25.00	45.00	100	200	—
1725 IH	—	25.00	45.00	100	200	—

KM# 221 20 KREUZER
Silver **Ruler:** Karl Philipp **Obv:** Crowned arms of Pfalz and Bavaria divide date **Rev:** Value legend breaks wreath at top **Rev. Legend:** 20:KR **Mint:** Heidelberg **Note:** Prev. Julich-Berg KM#171.

Date	Mintage	VG	F	VF	XF	Unc
1724 IH	—	16.00	37.00	75.00	150	—

KM# 222 20 KREUZER
Silver **Ruler:** Karl Philipp **Obv:** Shield of arms divides date **Rev:** 5-line inscription, mintmasters' initials below **Rev. Inscription:** 20:Kr / CHVR / LAND / MUNZ **Mint:** Heidelberg **Note:** Prev. Julich-Berg KM#173.

Date	Mintage	VG	F	VF	XF	Unc
1724 IH	—	16.00	35.00	75.00	150	—
1725 IH	—	16.00	35.00	75.00	150	—
1726 IH	—	16.00	35.00	75.00	150	—
1727 IH	—	16.00	35.00	75.00	150	—

KM# 224 20 KREUZER
Silver **Ruler:** Karl Philipp **Obv:** 3-fold oval arms in baroque frame, lion, stylized orb, lozenge **Rev:** Inscription in laurel wreath **Rev. Inscription:** 20. KR. CHURPFALZ LANDMVNZ. **Mint:** Heidelberg

Date	Mintage	VG	F	VF	XF	Unc
1725 IH	—	16.00	37.00	75.00	150	—

KM# 228 20 KREUZER
Silver **Ruler:** Karl Philipp **Obv:** Crowned oval arms of Pfalz and Bavaria divide date **Rev:** Value inscription in round baroque frame **Mint:** Heidelberg **Note:** Prev. Jülich-Berg KM#174. Varieties exist.

Date	Mintage	VG	F	VF	XF	Unc
1726 IH	—	22.00	45.00	90.00	185	—
1728 RF	—	22.00	45.00	90.00	185	—

GERMAN STATES — PFALZ-ELECTORAL PFALZ

KM# 234 20 KREUZER
Silver **Ruler:** Karl Philipp **Obv:** Squared arms **Note:** Prev. Pfalz-Neuburg KM#81.

Date	Mintage	VG	F	VF	XF	Unc
1727	—	17.00	35.00	75.00	150	—
1736 FO	—	17.00	35.00	75.00	150	—

KM# 241 20 KREUZER
Silver **Ruler:** Karl Philipp **Obv:** Crowned oval arms of Pfalz and Bavaria **Rev:** 4-line inscription, date **Rev. Inscription:** 20. KR / CHVR / PFALZ / LANDMVNZ **Mint:** Heidelberg **Note:** Prev. Jülich-Berg KM#180 / Pfalz-Neuburg KM#80. Varieties exist.

Date	Mintage	VG	F	VF	XF	Unc
1731 RF	—	22.00	45.00	90.00	185	—
1732 RF	—	22.00	45.00	90.00	185	—
1733 RF	—	22.00	45.00	90.00	185	—
1734 RF	—	22.00	45.00	90.00	185	—
1735 FM	—	22.00	45.00	90.00	185	—
1736 FM	—	22.00	45.00	90.00	185	—

KM# 248 20 KREUZER
Silver **Ruler:** Karl Philipp **Obv:** Crowned oval arms of Pfalz and Bavaria **Rev:** Value 20, inscription, date **Rev. Inscription:** 20 / KREVZER / CHVR / PFALZ / LANDMVNZ / ... **Mint:** Heidelberg

Date	Mintage	VG	F	VF	XF	Unc
1733	—	25.00	50.00	100	200	—

KM# 249 20 KREUZER
Silver **Ruler:** Karl Philipp **Obv:** Crowned oval 3-fold rms in garlanded baroque frame, titles of Karl Philipp **Rev:** Inscription in crowned baroque frame, date at end of legend **Rev. Legend:** CHVR: PFALZ: LAND: MVNZ **Rev. Inscription:** 20 / KREVZER **Mint:** Heidelberg

Date	Mintage	VG	F	VF	XF	Unc
1733	—	75.00	150	310	630	—

KM# 258 20 KREUZER
Silver **Ruler:** Karl Philipp **Obv:** Crowned oval arms of Pfalz and Bavaria **Rev:** Inscription in round baroque frame / date **Rev. Inscription:** 20 K / CHVR / PFALZ / LANDMVNZ / ... **Mint:** Heidelberg

Date	Mintage	VG	F	VF	XF	Unc
1735	—	22.00	45.00	90.00	185	—

KM# 271 20 KREUZER
Silver **Ruler:** Karl Philipp **Obv:** Oval arms in baroque frame **Rev:** Inscription in baroque frame **Rev. Inscription:** 20 / KRZ ... **Mint:** Heidelberg

Date	Mintage	VG	F	VF	XF	Unc
1736	—	20.00	40.00	80.00	165	—

KM# 386 20 KREUZER
Silver **Ruler:** Karl Theodor **Obv:** Bust right **Rev:** Crowned three-fold arms, value, date **Note:** Convention 20 Kreuzer. Prev. Pfalz-Sulzbach KM#106.

Date	Mintage	VG	F	VF	XF	Unc
1761 AS	—	18.00	35.00	75.00	150	—
1763 AS	—	18.00	35.00	75.00	150	—
1764 AS	—	18.00	35.00	75.00	150	—
1771 AS	—	18.00	35.00	75.00	150	—
1772 AS	—	18.00	35.00	75.00	150	—

KM# 456 20 KREUZER
Silver **Ruler:** Karl Theodor **Obv:** Head right **Rev:** Eagle with three fold-arms on breast **Note:** Prev. Pfalz-Sulzbach KM#152.

Date	Mintage	VG	F	VF	XF	Unc
1779 AS	—	25.00	50.00	100	210	—
1780 AS	—	25.00	50.00	100	210	—
1781 AS	—	25.00	50.00	100	210	—
1782 AS	—	25.00	50.00	100	210	—
1784 AS	—	25.00	50.00	100	210	—
1786 AS	—	25.00	50.00	100	210	—
1787 AS	—	25.00	50.00	100	210	—
1789 AS	—	25.00	50.00	100	210	—
1790 AS	—	25.00	50.00	100	210	—
1791 AS	—	25.00	50.00	100	210	—
1792 AS	—	25.00	50.00	100	210	—
1793 AS	—	25.00	50.00	100	210	—

KM# 476 20 KREUZER
Silver **Ruler:** Karl Theodor **Rev. Legend:** ... FRANC. **Note:** Vicariat Issue. Prev. Pfalz-Sulzbach KM#171.

Date	Mintage	VG	F	VF	XF	Unc
1790 AS	—	32.00	65.00	130	260	—

KM# 483 20 KREUZER
Silver **Ruler:** Karl Theodor **Rev:** Eagle with 3-fold arms on breast, legend, date **Rev. Legend:** ... FRANCON **Note:** Vicariat Issue. Prev. Pfalz-Sulzbach KM#175.

Date	Mintage	VG	F	VF	XF	Unc
1792 AS	—	30.00	55.00	110	225	—

KM# 335 24 KREUZER (Sechsbätzner)
Silver **Ruler:** Karl Theodor **Obv:** Bust right **Rev:** Three joined oval arms in crowned cartouche, value, date **Note:** Prev. Pfalz-Sulzbach KM#68.

Date	Mintage	VG	F	VF	XF	Unc
1746 S	—	90.00	190	380	675	—

KM# 336 24 KREUZER (Sechsbätzner)
Silver **Ruler:** Karl Theodor **Obv:** Three oval arms in crowned cartouche **Rev:** Value, date **Note:** Prev. Pfalz-Sulzbach KM#69.

Date	Mintage	VG	F	VF	XF	Unc
1746	—	90.00	190	380	675	—

KM# 338 36 KREUZER
Silver **Ruler:** Karl Theodor **Obv:** Bust right **Rev:** Three joined oval arms in crowned cartouche, value, date **Note:** Prev. Pfalz-Sulzbach KM#70.

Date	Mintage	VG	F	VF	XF	Unc
1746	—	200	375	750	1,500	—

KM# 339 36 KREUZER
Silver **Obv:** Three oval arms in crowned cartouche **Rev:** Value, date **Note:** Prev. Pfalz-Sulzbach KM#71.

Date	Mintage	VG	F	VF	XF	Unc
1746 S	—	200	375	750	1,500	—

KM# 278 60 KREUZER (Gulden)
Silver **Ruler:** Karl Philipp **Obv:** Bust of Karl Philipp **Rev:** Arms **Rev. Legend:** CHVR PFALZ **Note:** Prev. Pfalz-Neuburg KM#87.

Date	Mintage	VG	F	VF	XF	Unc
1737	—	1,000	2,000	3,750	—	—

KM# 279 60 KREUZER (Gulden)
Silver **Ruler:** Karl Philipp **Rev. Legend:** FEIN SILBER **Note:** Prev. Pfalz-Neuburg KM#88.

Date	Mintage	VG	F	VF	XF	Unc
1737	—	1,000	2,000	3,750	—	—
1740 Rare	—	—	—	—	—	—

KM# 172 1/12 THALER
Silver **Ruler:** Johann Wilhelm **Obv:** Crown above shield with orb dividing date **Rev:** Value **Rev. Legend:** 12 EINEN REICHSTAHL. N. P. NACH ... **Mint:** Heidelberg **Note:** Prev. Pfalz-Neuburg KM#60. Variety may exist w/correct legend: REICHSTHAL.

Date	Mintage	VG	F	VF	XF	Unc
1710	—	—	—	—	—	—

KM# 173 1/6 THALER
Silver **Ruler:** Johann Wilhelm **Obv:** Bust of Johann Wilhelm right **Obv. Legend:** D. G. I. W. C. P. R. **Rev:** Orb in cartouche, electoral cap above **Rev. Legend:** B. I. C. et. M. D. P. M. C. V. S. **Mint:** Heidelberg **Note:** Prev. Pfalz-Neuburg KM#61.

Date	Mintage	VG	F	VF	XF	Unc
1710	—	90.00	185	375	750	—
1715	—	90.00	185	375	750	—

KM# 200 1/6 THALER
Silver **Ruler:** Karl Philipp **Subject:** Death of Johann Wilhelm **Rev:** Inscription for Johann Wilhelm **Mint:** Heidelberg **Note:** Prev. Pfalz-Neuburg KM#63.

Date	Mintage	VG	F	VF	XF	Unc
1716	—	—	—	—	—	—

KM# 204 1/6 THALER
Silver **Ruler:** Karl Philipp **Obv:** Armored bust of Karl Philipp right **Obv. Legend:** D. G. CAR. PHIL ... **Rev:** Crown above orb in baroque cartouche, value below **Rev. Legend:** B. I. C. ET ... **Mint:** Heidelberg **Note:** Prev. Pfalz-Neuburg KM#64.

Date	Mintage	VG	F	VF	XF	Unc
1717	—	80.00	165	330	675	—

KM# 283 1/4 THALER
Silver **Ruler:** Karl Philipp **Obv:** Conjoined busts right of Karl Philipp and Karl Albrecht **Rev:** Double-headed eagle **Mint:** Heidelberg **Note:** Prev. Pfalz-Neuburg KM#95. Vicariat issue.

Date	Mintage	VG	F	VF	XF	Unc
1740	—	300	700	1,450	2,750	—

KM# 409 1/4 THALER
Silver **Ruler:** Karl Theodor **Obv:** Armored bust right **Rev:** Three ornate arms below crown between branches, date, value as 40 EINE... **Note:** Prev. Pfalz-Sulzbach KM#120.

Date	Mintage	VG	F	VF	XF	Unc
1765 AS	—	80.00	165	250	500	—

KM# 285 1/2 THALER
Silver **Ruler:** Karl Philipp **Obv:** Conjoined busts of Karl Philipp and Karl Albrecht **Rev:** Double-headed eagle **Mint:** Heidelberg **Note:** Prev. Pfalz-Neuburg KM#96. Vicariat issue.

Date	Mintage	VG	F	VF	XF	Unc
1740	—	300	600	1,200	2,400	—

KM# 341 1/2 THALER
Silver **Ruler:** Karl Theodor **Subject:** Homage of Heidelberg **Obv:** Date in chronogram **Rev:** City view **Note:** Prev. Pfalz-Sulzbach KM#72.

Date	Mintage	VG	F	VF	XF	Unc
1746 S	—	350	650	1,200	2,250	—

KM# 390 1/2 THALER
Silver **Ruler:** Karl Theodor **Obv:** Head right **Rev:** Crown above three shields **Note:** Prev. Pfalz-Sulzbach KM#108.

Date	Mintage	VG	F	VF	XF	Unc
1762 AS	—	90.00	180	375	775	—
1763 AS	—	90.00	180	375	775	—

KM# 400 1/2 THALER
Silver **Ruler:** Karl Theodor **Rev:** Three oval arms below crown between branches, date **Note:** Prev. Pfalz-Sulzbach KM#114.

Date	Mintage	VG	F	VF	XF	Unc
1764 AS	—	110	225	450	900	—

KM# 410 1/2 THALER
Silver **Ruler:** Karl Theodor **Obv:** Head right **Rev:** Date in legend **Note:** Prev. Pfalz-Sulzbach KM#121.

Date	Mintage	VG	F	VF	XF	Unc
1765 AS	—	110	225	450	900	—

KM# 411 1/2 THALER
Silver **Ruler:** Karl Theodor **Obv:** Head right **Rev:** Date divided below arms **Note:** Prev. Pfalz-Sulzbach KM#122.

Date	Mintage	VG	F	VF	XF	Unc
1765 AS	—	65.00	130	260	525	—

KM# 412 1/2 THALER
Silver **Ruler:** Karl Theodor **Obv:** Bust right **Rev:** Three crowned arms between branches, date divided above **Note:** Prev. Pfalz-Sulzbach KM#123.

Date	Mintage	VG	F	VF	XF	Unc
1765 AS	—	55.00	110	225	450	—

KM# 413 1/2 THALER
Silver **Ruler:** Karl Theodor **Rev:** Crowned three-fold arms in cartouche between two branches, value, divided date above **Note:** Prev. Pfalz-Sulzbach KM#124.

Date	Mintage	VG	F	VF	XF	Unc
1765 AS	—	110	225	450	900	—

KM# 433 1/2 THALER
Silver **Ruler:** Karl Theodor **Obv:** Head right **Rev:** Crowned arms, date divided above **Note:** Prev. Pfalz-Sulzbach KM#140.

Date	Mintage	VG	F	VF	XF	Unc
1771 AS	—	95.00	190	380	675	—
1772 AS	—	90.00	190	380	675	—

KM# 444 1/2 THALER
Silver **Ruler:** Karl Theodor **Obv:** Head right **Rev:** Crowned arms, date divided above **Note:** Prev. Pfalz-Sulzbach KM#146.

Date	Mintage	VG	F	VF	XF	Unc
1773 AS	—	65.00	130	260	525	—
1774 AS	—	65.00	130	260	525	—
1776 AS	—	65.00	130	260	525	—

KM# 454 1/2 THALER
Silver **Ruler:** Karl Theodor **Obv:** Bust right **Obv. Legend:** CAR • THEODOR D: G • C • P •... **Rev:** Crowned ornately-shaped 3-fold arms, garlands at sides, date below **Rev. Legend:** AD NORMAM - CONVENTION: **Mint:** Heidelberg

Date	Mintage	VG	F	VF	XF	Unc
1777 AS	—	125	250	450	850	—

KM# 458 1/2 THALER
Silver **Ruler:** Karl Theodor **Obv:** Head right **Rev:** Garland draped arms **Note:** Prev. Pfalz-Sulzbach KM#153.

Date	Mintage	VG	F	VF	XF	Unc
1779 AS	—	90.00	190	380	675	—
1780 AS	—	90.00	190	380	675	—
1781 AS	—	90.00	190	380	675	—

KM# 466 1/2 THALER
Silver **Ruler:** Karl Theodor **Obv:** Head right **Rev:** Crowned arms, date divided below **Note:** Prev. Pfalz-Sulzbach KM#162.

Date	Mintage	VG	F	VF	XF	Unc
1779 AS	—	70.00	140	275	550	—
1782 AS	—	70.00	140	275	550	—

KM# 468 1/2 THALER
Silver **Ruler:** Karl Theodor **Obv:** Head right **Rev:** Crowned arms within branches, date divided below **Note:** Varieties exist. Prev. Pfalz-Sulzbach KM#163.

Date	Mintage	VG	F	VF	XF	Unc
1783 AS	—	70.00	140	280	500	—
1784 AS	—	70.00	140	280	500	—
1786 AS	—	70.00	140	280	500	—
1788 AS	—	70.00	140	280	500	—
1791 AS	—	70.00	140	280	500	—
1792 AS	—	70.00	140	280	500	—
1793 AS	—	70.00	140	280	500	—

KM# 478 1/2 THALER
Silver **Ruler:** Karl Theodor **Obv:** Head right **Rev:** Crowned arms within Order chain, cross divides date below **Note:** Vicariat Issue. Prev. Pfalz-Sulzbach KM#172.

Date	Mintage	VG	F	VF	XF	Unc
1790 AS	—	85.00	175	350	700	—

KM# 485 1/2 THALER
Silver **Ruler:** Karl Theodor **Obv:** Head right **Rev:** Crowned arms on eagle's breast, date divided below **Note:** Vicariat Issue. Prev. Pfalz-Sulzbach KM#176.

Date	Mintage	VG	F	VF	XF	Unc
1792 AS	—	90.00	190	380	675	—

KM# 349 2/3 THALER
Silver **Ruler:** Karl Theodor **Subject:** Karl Theodor **Obv:** Armored bust right **Rev:** Crowned complex arms within Order chain, value below **Note:** Mining 2/3 Thaler. Prev. Pfalz-Sulzbach KM#78.

Date	Mintage	VG	F	VF	XF	Unc
1748 S-FO	—	300	500	900	1,700	—

KM# 355 2/3 THALER
Silver **Ruler:** Karl Theodor **Obv:** Armored bust right **Rev:** Rococo loops on sides of arms **Note:** Prev. Pfalz-Sulzbach KM#85.

Date	Mintage	VG	F	VF	XF	Unc
1750 SAK	—	350	700	1,200	2,100	—

KM# 365 2/3 THALER
Silver **Ruler:** Karl Theodor **Obv:** Armored bust right **Rev:** Arms with lion supporters **Note:** Prev. Pfalz-Sulzbach KM#91.

Date	Mintage	VG	F	VF	XF	Unc
1751 S	—	225	400	725	1,300	—
1753 AS	—	225	400	725	1,300	—
1754 AS	—	225	400	725	1,300	—
1755 AS	—	225	400	725	1,300	—

KM# 371 2/3 THALER
Silver **Ruler:** Karl Theodor **Obv:** Head right **Rev:** Three oval arms in crowned cartouche, value, date **Note:** Prev. Pfalz-Sulzbach KM#94.

Date	Mintage	VG	F	VF	XF	Unc
1756 AS	—	185	300	550	1,100	—

KM# 380 2/3 THALER
Silver **Ruler:** Karl Theodor **Obv:** Head right **Rev:** Crown above three shields **Note:** Prev. Pfalz-Sulzbach KM#99.

Date	Mintage	VG	F	VF	XF	Unc
1758 AS	—	250	475	925	1,700	—

KM# 166 THALER
Silver **Ruler:** Johann Wilhelm **Obv:** Bust of Johann Wilhelm right **Rev:** 3 shields crowned, date divided at top **Note:** Dav. #2527. Prev. Pfalz-Neuburg KM#55.

Date	Mintage	VG	F	VF	XF	Unc
1708 IL	—	850	1,750	3,500	5,750	—

KM# 181 THALER
Silver **Ruler:** Johann Wilhelm **Obv:** Bust of Johann Wilhelm right **Rev:** Imperial eagle w/2 crowned shields on breast **Note:** Dav. #2528. Prev. Pfalz-Neuburg KM#62.

Date	Mintage	VG	F	VF	XF	Unc
1711	—	650	1,250	2,250	3,750	—

GERMAN STATES — PFALZ-ELECTORAL PFALZ

KM# 289 THALER
Silver **Ruler:** Karl Philipp **Obv:** Bust of Karl Philipp right **Rev:** Imperial eagle w/3 crowned shields on breast **Note:** Dav. #2529. Prev. Pfalz-Neuburg KM#98.

Date	Mintage	VG	F	VF	XF	Unc
1740	—	550	1,000	1,750	3,000	6,000

KM# 287 THALER
29.2000 g., Silver, 41-42 mm. **Ruler:** Karl Philipp **Obv:** Two accolated armored busts to right **Obv. Legend:** D. G. C. ALB. &. C. PHIL. ELECT. PROV. & VICARII. **Rev:** Imperial eagle, crowned oval shield of 4-fold arms of Bavaria and Pfalz, with central shield of imperial orb, on breast, 2 chains of orders suspended below, date at end of legend **Rev. Legend:** IN. PART. RHENI. SUEV. ET IUR. FRANCON. **Mint:** Mannheim **Note:** Dav. #2530; JB-1957. Prev. Pfalz-Neuburg KM#97. Also listed under Bavaria, KM#452.

Date	Mintage	VG	F	VF	XF	Unc
1740	—	350	650	1,250	2,500	3,500

KM# 367 THALER
Silver **Ruler:** Karl Theodor **Obv:** Armored bust right **Obv. Legend:** D: G • CAR • TH • - C • P • R • S • R • I • A • T • & • EL • Rev: Small crown **Rev. Legend:** EX VISCERIBUS FODINAE WILDBERG date, A - K/ FEIN: SILB. below **Note:** Mining Thaler. Dav. #2533. Prev. Pfalz-Sulzbach KM#92.

Date	Mintage	F	VF	XF	Unc	BU
1751 AS-AK	—	425	900	1,550	2,600	—

KM# 397 THALER
Silver **Ruler:** Karl Theodor **Obv:** Head right **Obv. Legend:** CAR • THEODOR • D: G • C • P • R • S • R • I • A • T • & • EL • **Rev:** Three oval arms below crown between branches, date **Rev. Legend:** AD NORMAM CONVENTIONIS **Note:** Dav. #2537. Prev. Pfalz-Sulzbach KM#111.

Date	Mintage	F	VF	XF	Unc	BU
1763 AS	—	100	240	525	1,200	—
1764 AS	—	100	240	525	1,200	—

KM# 314 THALER
Silver **Ruler:** Karl Theodor **Obv:** Bust right **Rev:** Angular three-fold arms in crowned baroque frame, date **Note:** Dav. #2531. Prev. Pfalz-Sulzbach KM#56.

Date	Mintage	F	VF	XF	Unc	BU
1744 WS	—	3,500	5,000	9,000	15,000	—

KM# 369 THALER
Silver **Ruler:** Karl Theodor **Obv:** Armored bust right **Obv. Legend:** D: G • CAR • TH • - C • P • R • S • R • I • A • T • & • EL • Rev: Large crown **Rev. Legend:** EX VISCERIBUS FODINAE WILDBERG date, A - S/ FEIN • SILB below **Note:** Dav. #2533A. Prev. Pfalz-Sulzbach KM#93.

Date	Mintage	F	VF	XF	Unc	BU
1753 AS	—	425	900	1,550	2,600	—

KM# 373 THALER
Silver **Ruler:** Karl Theodor **Obv:** Bust right **Obv. Legend:** D • G • CAR • THEODOR • C • P • R • S • R • I • A • T • & ELEC • **Rev:** Three oval arms in crowned cartouche, value, date **Rev. Legend:** EX VISCERIBUS FODINAE WILDBERGENSIS (date) **Rev. Inscription:** A - S. / FEIN - SILB. **Note:** Dav. #2534. Prev. Pfalz-Sulzbach KM#95.

Date	Mintage	F	VF	XF	Unc	BU
1756 AS	—	300	725	1,550	2,800	—

KM# 398 THALER
Silver **Ruler:** Karl Theodor **Obv:** Head right **Obv. Legend:** CAR • THEODOR • D: G • C • P • R • S • R • I • A • T • & • EL • **Rev:** Three square shields, Order chain below with cross dividing date, crown above **Rev. Legend:** * AD NORMAN - CONVENTION * **Note:** Dav. #A2537. Prev. Pfalz-Sulzbach KM#112.

Date	Mintage	F	VF	XF	Unc	BU
1763 AS	—	950	1,850	3,200	6,000	—

KM# 382 THALER
Silver **Ruler:** Karl Theodor **Obv:** Head right **Obv. Legend:** D: G • CAR • THEOD: - C • P • R • S • R • I • A • T • & EL • **Rev:** Crown above three shields within frame **Rev. Legend:** EX VISCERIBUS FODINAE WILDBERG • 1758, FEIN - SILBER below **Note:** Dav. #2535. Prev. Pfalz-Sulzbach KM#100.

Date	Mintage	F	VF	XF	Unc	BU
1758 AS	—	120	350	1,050	1,750	—

KM# 324 THALER
Silver **Ruler:** Karl Theodor **Obv:** Armored bust right **Obv. Legend:** D: G • C • TH • C • P • R • S • R • I • A • T • & • EL • PROV • & VICARIUS **Rev:** Imperial eagle with crowned arms on breast, date **Rev. Legend:** IN • PART • RHENI • SUEV • ET • IUR FRANCON • 1745 **Note:** Vicariat Thaler. Dav. #2532. Prev. Pfalz-Sulzbach KM#61.

Date	Mintage	F	VF	XF	Unc	BU
1745 S	12	2,250	4,500	8,500	14,500	—

KM# 388 THALER
Silver **Ruler:** Karl Theodor **Obv:** Head right **Obv. Legend:** D • G • CAR • THEODOR • C • P • R • S • R • I • A • T • & • EL • **Rev:** Three shields within Order chain, crown above, date divided below **Rev. Legend:** AD NORMAM - CONVENTION **Note:** Convention Thaler. Dav. #2536. Prev. Pfalz-Sulzbach KM#107.

Date	Mintage	F	VF	XF	Unc	BU
1761 AS	—	240	600	1,400	2,800	—

KM# 403 THALER
Silver **Ruler:** Karl Theodor **Obv:** Draped bust **Obv. Legend:** CAR • THEODOR • D: G • C • P • R • S • R • I • A • T • & • EL • **Rev:** Three shields, crown above, lower shield divides date **Rev. Legend:** AD NORMAM CONVENTIONIS **Note:** Dav. #2539. Prev. Pfalz-Sulzbach KM#116.

Date	Mintage	F	VF	XF	Unc	BU
1764 AS	—	90.00	180	375	700	—

KM# 404 THALER
Silver **Ruler:** Karl Theodor **Obv:** Head right **Obv. Legend:** CAR • THEODOR • D: G • C • P • R • S • R • I • A • T • & • EL • **Rev:** AS below date **Rev. Legend:** AD NORMAM CONVENTIONIS **Note:** Dav. #2539A. Prev. Pfalz-Sulzbach KM#117.

Date	Mintage	F	VF	XF	Unc	BU
1764 AS	—	60.00	120	280	500	—
1764	—	60.00	120	280	500	—

KM# 402 THALER
Silver **Ruler:** Karl Theodor **Obv:** Head right **Obv. Legend:** CAR • THEODOR • D: G • C • P • R • S • R • I • A • T • & • EL • **Rev:** Three shields crowned separating date and initials **Rev. Legend:** AD NORMAM CONVENTIONIS **Note:** Varieties exist. Dav. #2538. Prev. Pfalz-Sulzbach KM#115.

Date	Mintage	F	VF	XF	Unc	BU
1764 AS	—	100	200	425	1,100	—

KM# 420 THALER
Silver **Ruler:** Karl Theodor **Obv:** Draped bust right **Obv. Legend:** CAR • THEODOR • D: G • C • P • R • S • R • I • A • T • & • EL • **Rev:** Crowned arms within branches, date divided above **Rev. Legend:** ? X ? / EINE FEINE MARK below **Note:** Dav. #2542. Prev. Pfalz-Sulzbach KM#128.

Date	Mintage	F	VF	XF	Unc	BU
1766 AS	—	160	300	625	1,050	—

KM# 427 THALER
Silver **Ruler:** Karl Theodor **Obv:** Draped bust right **Rev:** Crowned arms within branches, date divided above, value below **Note:** Dav. #2543. Prev. Pfalz-Sulzbach KM#132.

Date	Mintage	F	VF	XF	Unc	BU
1768 AS	—	90.00	180	375	700	—

KM# 429 THALER
Silver **Ruler:** Karl Theodor **Obv:** Large headed bust right **Obv. Legend:** CAR • THEODOR • D: G • C • P • R • S • R • I • A • T • & • EL • **Rev:** Crowned arms within branches, date divided above, value below **Rev. Legend:** 10 EINE - FEIN MARC **Note:** Prev. Pfalz-Sulzbach KM#133.

Date	Mintage	F	VF	XF	Unc	BU
1769 AS	—	90.00	180	375	700	—
1770 AS	—	90.00	180	375	700	—

KM# 446 THALER
Silver **Ruler:** Karl Theodor **Obv:** Head right **Obv. Legend:** CAR • THEODOR • D: G • C • P • R • S • R • I • A • T • & • EL • **Rev:** Crowned arms with tassels, date below **Rev. Legend:** AD NORMAM - CONVENTION **Note:** Varieties exist. Dav. #2544. Prev. Pfalz-Sulzbach KM#147.

Date	Mintage	F	VF	XF	Unc	BU
1773 AS	—	95.00	190	425	850	—
1774 AS	—	95.00	190	425	850	—
1775 AS	—	95.00	190	425	850	—
1776 AS	—	95.00	190	425	850	—
1777 AS	—	95.00	190	425	850	—

KM# 151 THALER
Silver **Ruler:** Karl Theodor **Obv:** Long hair, crude truncation **Obv. Legend:** CAR • THEODOR • D • G • C • P • R • UTR • BAV • DUX • **Rev:** Crowned arms, date divided below **Note:** Dav. #1957.

Date	Mintage	F	VF	XF	Unc	BU
1778 AS	—	85.00	175	375	700	—
1779 AS	—	85.00	175	375	700	—
1780 AS	—	85.00	175	375	700	—
1781 AS	—	85.00	175	375	700	—
1782 AS	—	85.00	175	375	700	—

KM# 415 THALER
Silver **Ruler:** Karl Theodor **Obv:** Draped bust right **Obv. Legend:** CAR • THEODOR • D: G • C • P • R • S • R • I • A • T • & • EL • **Rev:** Crown above three shields, value below, date divided above **Rev. Legend:** 10. EINE FEINE MARCK **Note:** Dav. #2540. Prev. Pfalz-Sulzbach KM#125.

Date	Mintage	F	VF	XF	Unc	BU
1765 AS	—	80.00	145	350	625	—
1765 AK	—	150	270	550	900	—
1771	—	80.00	145	350	625	—

KM# 416 THALER
Silver **Ruler:** Karl Theodor **Obv:** Head right **Obv. Legend:** CAR • THEODOR • D: G • C • P • R • S • R • I • A • T • & • EL • **Rev:** Date in legend **Rev. Legend:** AD NORMAM CONVENTIONIS 1765, * 10 EINE FEINE MARCK * below **Note:** Dav. #2541. Prev. Pfalz-Sulzbach KM#126.

Date	Mintage	F	VF	XF	Unc	BU
1765 AS	—	90.00	180	400	700	—

KM# 435 THALER
Silver **Ruler:** Karl Theodor **Obv:** Small draped bust right **Obv. Legend:** CAR • THEODOR • D: G • C • P • R • S • R • I • A • T • & • EL • **Rev:** Crowned arms within branches, date divided above, value below **Rev. Legend:** 10 EINE - FEIN MARC **Note:** Prev. Pfalz-Sulzbach KM#141.

Date	Mintage	F	VF	XF	Unc	BU
1771 AS	—	90.00	180	375	700	—
1772 AS	—	90.00	180	375	700	—
1773 AS	—	90.00	180	375	700	—

KM# 470 THALER
Silver **Ruler:** Karl Theodor **Obv:** Clean truncation **Obv. Legend:** CAR • THEODOR • G • C • P • R • V • B • D • S • R • I • A • D • & EL • **Rev:** Crowned arms within branches **Rev. Legend:** AD NORMAM - CONVENTION **Note:** Dav. #1959. Prev. Pfalz-Sulzbach KM#166.

Date	Mintage	F	VF	XF	Unc	BU
1778 AS	—	85.00	175	375	700	—
1779 AS	—	85.00	175	375	700	—
1780 AS	—	85.00	175	375	700	—
1781 AS	—	85.00	175	375	700	—
1782 AS	—	85.00	175	375	700	—
1783 AS	—	85.00	175	375	700	—
1784 AS	—	85.00	175	375	700	—
1785 AS	—	85.00	175	375	700	—
1786 AS	—	85.00	175	375	700	—
1787 AS	—	85.00	175	375	700	—
1788 AS	—	85.00	175	375	700	—
1789 AS	—	85.00	175	375	700	—
1790 AS	—	85.00	175	375	700	—
1791 AS	—	120	220	525	900	—
1792 AS	—	85.00	160	325	550	—
1793 AS	—	80.00	150	280	525	—
1794 AS	—	80.00	150	280	525	—
1795 AS	—	80.00	150	280	525	—

GERMAN STATES — PFALZ-ELECTORAL PFALZ

KM# 464 THALER
Silver **Ruler:** Karl Theodor **Obv:** Draped bust right **Obv. Legend:** CAR • THEODOR • D: G • C • P • R • V • B • D • S • R • I • A• D • & EL • **Rev:** Crowned arms within branches **Rev. Legend:** AD NORMAM • CONVENTION **Note:** Dav. #1960. Prev. Pfalz-Sulzbach KM#165.

Date	Mintage	F	VF	XF	Unc	BU
1781 AS	—	120	220	525	900	—

eagle's breast, date below **Rev. Legend:** IN • PART • RHENI • SVEV • ET • IVR • FRANCON • **Note:** Vicariat issue. Dav. #1974. Prev. Pfalz-Sulzbach KM#177.

Date	Mintage	F	VF	XF	Unc	BU
1792 AS	—	165	325	575	950	—

Date	Mintage	VG	F	VF	XF	Unc
1722 GW	—	—	—	—	—	—
1723 GW	—	—	—	—	—	—
1724 GW	—	—	—	—	—	—
1726 GW	—	—	—	—	—	—
1728 GW	—	—	—	—	—	—

MB# 291 1/4 DUCAT
Gold **Ruler:** Karl Philipp **Obv:** Crowned Pfalz lion right in circle **Obv. Legend:** CHVR. PFALZ. LAND. MVNZ. **Rev:** Script 'CP' monogram in circle, date at end of legend **Mint:** Heidelberg

Date	Mintage	VG	F	VF	XF	Unc
1740	—	—	—	—	—	—

KM# 351 5 THALER
6.6500 g., 0.9000 Gold 0.1924 oz. AGW **Ruler:** Karl Theodor **Obv:** Head right **Rev:** Crowned monograms in cruciform **Note:** Prev. Pfalz-Sulzbach KM#79.

Date	Mintage	VG	F	VF	XF	Unc
1748 FO	—	500	1,000	2,500	5,000	—
1749 FO	—	800	1,750	3,500	6,500	—
1750 AK	—	500	1,000	2,500	5,000	—

KM# 159 1/2 DUCAT
1.7500 g., 0.9860 Gold 0.0555 oz. AGW **Ruler:** Johann Wilhelm **Obv:** Armored bust right **Rev:** Crowned complex arms **Note:** Prev. Pfalz-Sulzbach KM#11.

Date	Mintage	VG	F	VF	XF	Unc
1705	—	275	600	1,350	3,250	—
1708	—	275	600	1,350	3,250	—

KM# 156 DUCAT
3.5000 g., 0.9860 Gold 0.1109 oz. AGW **Ruler:** Johann Wilhelm **Obv:** Bust right **Note:** Prev. Pfalz-Sulzbach KM#10.

Date	Mintage	VG	F	VF	XF	Unc
1703	—	600	1,200	2,650	5,400	—

KM# 162 DUCAT
3.5000 g., 0.9860 Gold 0.1109 oz. AGW **Ruler:** Johann Wilhelm **Obv:** Crowned circle of nine shields with tenth at center **Note:** Prev. Pfalz-Sulzbach KM#12.

Date	Mintage	VG	F	VF	XF	Unc
1707	—	550	1,150	2,500	5,100	—

KM# 163 DUCAT
3.5000 g., 0.9860 Gold 0.1109 oz. AGW **Ruler:** Johann Wilhelm **Rev:** Date in chronogram **Note:** Prev. Pfalz-Sulzbach KM#13.

Date	Mintage	VG	F	VF	XF	Unc
1707	—	600	1,200	2,650	5,400	—

KM# 169 DUCAT
3.5000 g., 0.9860 Gold 0.1109 oz. AGW **Ruler:** Johann Wilhelm **Rev:** Crowned shield emblazoned with orb, date in legend **Note:** Prev. Pfalz-Sulzbach KM#17.

Date	Mintage	VG	F	VF	XF	Unc
1708	—	650	1,300	2,750	6,000	—

KM# 170 DUCAT
3.5000 g., 0.9860 Gold 0.1109 oz. AGW **Ruler:** Johann Wilhelm **Rev:** Three shields of arms **Note:** Prev. Pfalz-Sulzbach KM#18.

Date	Mintage	VG	F	VF	XF	Unc
1708	—	725	1,450	3,000	6,600	—

KM# 480 THALER
Silver **Ruler:** Karl Theodor **Obv:** Without hair ribbon **Obv. Legend:** CAR • THEODOR • D • G • P • R • V • B • D • S • R • I • A • D • & • EL • **Rev:** Crowned arms within branches **Rev. Legend:** AD NORMAM • CONVENTION **Note:** Dav. #1961. Prev. Pfalz-Sulzbach KM#173.

Date	Mintage	F	VF	XF	Unc	BU
1790 AS	—	85.00	175	375	700	—
1791 AS	—	120	220	525	900	—
1792 AS	—	85.00	160	325	550	—
1793 AS	—	80.00	150	280	525	—
1794 AS	—	80.00	150	280	525	—
1795 AS	—	80.00	150	280	525	—

KM# 363 2 DUCAT
0.9860 Gold **Ruler:** Karl Theodor **Obv:** Draped bust right **Obv. Legend:** D: G. CAR. T. - C. P. R. S. R. I. A. T. & EL. **Obv. Designer:** Anton Schäffer **Rev:** 3 oval arms, 2 above 1 in baroque frame, crown above, date divided below **Rev. Legend:** DOMINUS - REGIT. ME **Rev. Designer:** Andreas Koch **Mint:** Düsseldorf

Date	Mintage	VG	F	VF	XF	Unc
1750 S/D-AK	—	550	1,150	2,250	4,500	7,750

TRADE COINAGE

MB# 201 1/8 DUCAT
Gold **Ruler:** Karl Philipp **Obv:** 3 small shields of arms, 2 above 1, C - P above **Mint:** Heidelberg **Note:** Uniface.

Date	Mintage	VG	F	VF	XF	Unc
ND(1716-42)	—	—	—	—	—	—

KM# 167 1/4 DUCAT
0.8750 g., 0.9860 Gold 0.0277 oz. AGW **Ruler:** Johann Wilhelm **Obv:** Bust right **Rev:** Value and date **Note:** Prev. Pfalz-Sulzbach KM#16.

Date	Mintage	VG	F	VF	XF	Unc
1708	—	150	325	750	1,500	—

KM# 481 THALER
Silver **Ruler:** Karl Theodor **Obv:** Head right **Obv. Legend:** CAR • THEODOR • D: G • C • P • R • V • B • D • S • R • I • A • D • & EL • PROV • & VICAR • **Rev:** Crowned complex arms within order chain and eagle's breast, date below **Rev. Legend:** * IN • PART • RHENI • SVEV • ET • IVR • FRANCON * **Note:** Vicariat issue. Dav. #1972. Prev. Pfalz-Sulzbach KM#174.

Date	Mintage	F	VF	XF	Unc	BU
1790 AS	—	225	435	800	1,400	—

KM# 175 1/4 DUCAT
0.8750 g., 0.9860 Gold 0.0277 oz. AGW **Ruler:** Johann Wilhelm **Obv:** Bust right **Rev:** Crowned shield divides date **Note:** Prev. Pfalz-Sulzbach KM#25.

Date	Mintage	VG	F	VF	XF	Unc
1710	—	100	200	550	1,250	—

KM# 184 1/4 DUCAT
0.8750 g., 0.9860 Gold 0.0277 oz. AGW **Ruler:** Johann Wilhelm **Rev:** Imperial eagle with crown above two oval shields of arms on breast, date in legend **Note:** Prev. Pfalz-Sulzbach KM#27.

Date	Mintage	VG	F	VF	XF	Unc
1711	—	150	325	750	1,500	—

KM# 186 DUCAT
3.5000 g., 0.9860 Gold 0.1109 oz. AGW **Ruler:** Johann Wilhelm **Obv:** Head right **Rev:** Crown above two shields on breast **Note:** Vicariat Issue. Prev. Pfalz-Sulzbach KM#28.

Date	Mintage	VG	F	VF	XF	Unc
1711 NP	—	350	850	2,000	4,500	—

KM# 218 DUCAT
3.5000 g., 0.9860 Gold 0.1109 oz. AGW **Ruler:** Karl Philipp **Obv:** Bust right **Rev:** Crown with lion supporters above three shields of arms, date divided below **Note:** Prev. Pfalz-Sulzbach KM#35.

Date	Mintage	VG	F	VF	XF	Unc
1721	—	1,450	2,800	5,600	11,500	—

KM# 183 1/4 DUCAT
0.8750 g., 0.9860 Gold 0.0277 oz. AGW **Ruler:** Johann Wilhelm **Obv:** Head right **Rev:** Crowned shield, crown divides date **Note:** Vicariat Issue. Prev. Pfalz-Sulzbach KM#26.

Date	Mintage	VG	F	VF	XF	Unc
1711	—	125	300	650	1,350	—

MB# 202 1/4 DUCAT
Gold **Ruler:** Karl Philipp **Obv:** 3 adjacent shields of arms, CP above, date below **Mint:** Heidelberg **Note:** Uniface.

Date	Mintage	VG	F	VF	XF	Unc
ND(1716-42)	—	—	—	—	—	—

MB# 212 1/4 DUCAT
Gold **Ruler:** Karl Philipp **Obv:** Pfalz lion right in circle **Obv. Legend:** CHVR PFALZ LANDMVNZ **Rev:** Script 'CP' monogram in circle, date at end of legend **Mint:** Heidelberg **Note:** Varieties exist.

Date	Mintage	VG	F	VF	XF	Unc
1720 GW	—	—	—	—	—	—

KM# 487 THALER
Silver **Ruler:** Karl Theodor **Obv:** Head right **Obv. Legend:** CAR • THEOD • D: G • C • P • R • V • B • D • S • R • I • A • D • & EL • PROV • & VICAR **Rev:** Crowned arms within Order chain on

KM# 219 DUCAT
3.5000 g., 0.9860 Gold 0.1109 oz. AGW **Ruler:** Karl Philipp **Obv:** Horseman right **Rev:** Crowned shields in cruciform, monograms at angles, shield at center **Note:** Prev. Pfalz-Sulzbach KM#36.

Date	Mintage	VG	F	VF	XF	Unc
1721 IGW	—	200	500	1,000	1,750	—
1726	—	200	500	1,000	1,750	—

PFALZ-ELECTORAL PFALZ

KM# 226 DUCAT
3.5000 g., 0.9860 Gold 0.1109 oz. AGW **Ruler:** Karl Philipp **Obv:** Young laureate bust right **Rev:** Standing figure facing, laurel branch at right **Mint:** Mannheim **Note:** Prev. Pfalz-Sulzbach KM#37.

Date	Mintage	VG	F	VF	XF	Unc
1725	—	250	550	1,250	2,250	4,500

KM# 281 DUCAT
3.5000 g., 0.9860 Gold 0.1109 oz. AGW **Ruler:** Karl Philipp **Obv:** Bust right **Rev:** Crown above three shields of arms, date in exergue **Note:** Prev. Pfalz-Sulzbach KM#47.

Date	Mintage	VG	F	VF	XF	Unc
1737	—	750	1,500	3,600	7,100	—

KM# 293 DUCAT
3.5000 g., 0.9860 Gold 0.1109 oz. AGW **Ruler:** Karl Philipp **Obv:** Armored bust right **Rev:** Crowned imperial eagle over three shields of arms on breast, divided date in exergue **Note:** Prev. Pfalz-Sulzbach KM#50.

Date	Mintage	VG	F	VF	XF	Unc
1740	—	825	1,750	4,150	8,300	—

KM# 294 DUCAT
3.5000 g., 0.9860 Gold 0.1109 oz. AGW **Ruler:** Karl Philipp **Obv:** Armored bust right **Rev:** City of Mannheim and Environs **Note:** Rhine Gold. Prev. Pfalz-Sulzbach KM#51.

Date	Mintage	VG	F	VF	XF	Unc
ND(1740)	—	975	2,250	4,900	8,300	—
ND(1742)	—	975	2,250	4,900	8,300	—

KM# 308 DUCAT
3.5000 g., 0.9860 Gold 0.1109 oz. AGW **Ruler:** Karl Theodor **Subject:** Marriage of Karl Theodor and Elizabeth Augusta **Obv:** Conjoined busts right **Rev:** Crown above two shields of arms **Mint:** Mannheim **Note:** Prev. Pfalz-Sulzbach KM#53.

Date	Mintage	VG	F	VF	XF	Unc
1742	—	425	750	1,450	2,500	—

KM# 316 DUCAT
3.5000 g., 0.9860 Gold 0.1109 oz. AGW **Ruler:** Karl Theodor **Subject:** Homage of Mannheim **Obv:** Lion holds city arms **Rev:** Inscription **Note:** Prev. Pfalz-Sulzbach KM#57.

Date	Mintage	VG	F	VF	XF	Unc
1744	—	475	1,000	1,900	3,600	—

KM# 343 DUCAT
3.5000 g., 0.9860 Gold 0.1109 oz. AGW **Ruler:** Karl Theodor **Subject:** Homage of Heidelberg **Obv:** Lion arms on pedestal **Rev:** 11-line inscription **Note:** Prev. Pfalz-Sulzbach KM#73.

Date	Mintage	VG	F	VF	XF	Unc
1746 S	—	275	550	1,250	2,000	—

KM# 357 DUCAT
3.5000 g., 0.9860 Gold 0.1109 oz. AGW **Ruler:** Karl Theodor **Obv:** Bust right **Rev:** Order of St. Hubert **Note:** Prev. Pfalz-Sulzbach KM#86.

Date	Mintage	VG	F	VF	XF	Unc
1750 M-S-AK	—	375	800	1,500	2,650	—

KM# 358 DUCAT
3.5000 g., 0.9860 Gold 0.1109 oz. AGW **Ruler:** Karl Theodor **Obv:** Bust right **Rev:** Crowned arms with two lion heads, date **Note:** Prev. Pfalz-Sulzbach KM#87.

Date	Mintage	VG	F	VF	XF	Unc
1750	—	475	1,200	2,400	4,200	—

KM# 359 DUCAT
3.5000 g., 0.9860 Gold 0.1109 oz. AGW **Ruler:** Karl Theodor **Subject:** Homage of Weinheim **Obv:** Lion with city arms in cartouche **Rev:** Inscription in cartouche **Note:** Prev. Pfalz-Sulzbach KM#88.

Date	Mintage	VG	F	VF	XF	Unc
1750 Rare	—	—	—	—	—	—

KM# 360 DUCAT
3.5000 g., 0.9860 Gold 0.1109 oz. AGW **Ruler:** Karl Theodor **Subject:** Homage of Weisloch **Obv:** City arms in cartouche **Rev:** Inscription between branches **Note:** Prev. Pfalz-Sulzbach KM#89.

Date	Mintage	VG	F	VF	XF	Unc
1750 Rare	—	—	—	—	—	—

KM# 361 DUCAT
3.5000 g., 0.9860 Gold 0.1109 oz. AGW **Ruler:** Karl Theodor **Subject:** Homage of Neckargemund **Obv:** Lion with city arms in cartouche **Rev:** Inscription in wreath **Note:** Prev. Pfalz-Sulzbach KM#90.

Date	Mintage	VG	F	VF	XF	Unc
1750 Rare	—	—	—	—	—	—

KM# 392 DUCAT
3.5000 g., 0.9860 Gold 0.1109 oz. AGW **Ruler:** Karl Theodor **Note:** Prev. Pfalz-Sulzbach KM#109.

Date	Mintage	VG	F	VF	XF	Unc
1762 AS	—	950	1,500	2,250	4,000	—

KM# 393 DUCAT
3.5000 g., 0.9860 Gold 0.1109 oz. AGW **Ruler:** Karl Theodor **Obv:** Bust right **Rev:** City view of Mannheim **Note:** Prev. Pfalz-Sulzbach KM#113.

Date	Mintage	VG	F	VF	XF	Unc
1762 AS	—	275	600	1,250	2,500	—
1763 AS	—	275	600	1,250	2,500	—
1764 AS	—	250	550	1,150	2,250	4,500
1764 S	—	275	600	1,250	2,500	—

KM# 406 DUCAT
3.5000 g., 0.9860 Gold 0.1109 oz. AGW **Ruler:** Karl Theodor **Rev:** Crowned arms **Note:** Prev. Pfalz-Sulzbach KM#118.

Date	Mintage	VG	F	VF	XF	Unc
1764 S	—	300	800	1,650	3,000	—

KM# 425 DUCAT
3.5000 g., 0.9860 Gold 0.1109 oz. AGW **Ruler:** Karl Theodor **Obv:** Head right **Rev:** Sun on right side **Note:** Prev. Pfalz-Sulzbach KM#131.

Date	Mintage	VG	F	VF	XF	Unc
1767 S	—	325	650	1,250	2,500	4,500
1768	—	—	—	—	—	—

KM# 424 DUCAT
3.5000 g., 0.9860 Gold 0.1109 oz. AGW **Ruler:** Karl Theodor **Obv:** Bust right **Rev:** Goddess Fortuna **Note:** Lottery prize. Prev. Pfalz-Sulzbach KM#130.

Date	Mintage	VG	F	VF	XF	Unc
ND(1767)	—	400	900	1,850	3,500	—

KM# 431 DUCAT
3.5000 g., 0.9860 Gold 0.1109 oz. AGW **Ruler:** Karl Theodor **Obv:** Bust right **Rev:** Crown over three shields of arms **Note:** Prev. Pfalz-Sulzbach KM#134.

Date	Mintage	VG	F	VF	XF	Unc
1769 S	—	400	1,000	2,000	3,750	—

KM# 472 DUCAT
3.5000 g., 0.9860 Gold 0.1109 oz. AGW **Ruler:** Karl Theodor **Subject:** 50th Year of Reign in Pfalz-Sulzbach **Obv:** Altar with inscription, date **Rev:** Inscription, date in chronogram **Note:** Prev. Pfalz-Sulzbach KM#164.

Date	Mintage	VG	F	VF	XF	Unc
1783 Rare	—	—	—	—	—	—

KM# 489 DUCAT
3.5000 g., 0.9860 Gold 0.1109 oz. AGW **Ruler:** Karl Theodor **Subject:** 50th Year of Reign Commemorative **Obv:** Lion left with shield **Rev:** Five-line inscription in sprays **Note:** Prev. Pfalz-Sulzbach KM#178.

Date	Mintage	VG	F	VF	XF	Unc
1792	—	175	325	700	1,250	2,250

KM# 164 2 DUCAT
7.0000 g., 0.9860 Gold 0.2219 oz. AGW **Ruler:** Johann Wilhelm **Obv:** Bust right **Rev:** Crowned circle of nine shields with tenth at center **Note:** Prev. Pfalz-Sulzbach KM#14.

Date	Mintage	VG	F	VF	XF	Unc
1707	—	725	1,500	3,600	7,200	—

KM# 165 2 DUCAT
7.0000 g., 0.9860 Gold 0.2219 oz. AGW **Ruler:** Johann Wilhelm **Rev:** Date in chronogram **Note:** Prev. Pfalz-Sulzbach KM#19.

Date	Mintage	VG	F	VF	XF	Unc
1707	—	825	1,600	3,850	7,800	—

KM# 188 2 DUCAT
7.0000 g., 0.9860 Gold 0.2219 oz. AGW **Ruler:** Johann Wilhelm **Obv:** Head right **Rev:** Crowned imperial eagle above two shields of arms on breast **Note:** Prev. Pfalz-Sulzbach KM#29.

Date	Mintage	VG	F	VF	XF	Unc
1711	—	875	1,750	4,050	8,100	—

KM# 318 2 DUCAT
7.0000 g., 0.9860 Gold 0.2219 oz. AGW **Ruler:** Karl Theodor **Subject:** Homage of Mannheim **Obv:** Bust right **Rev:** Crowned oval arms between branches **Note:** Prev. Pfalz-Sulzbach KM#58.

Date	Mintage	VG	F	VF	XF	Unc
1744 A SCHAEFFER Rare	—	—	—	—	—	—

KM# 345 2 DUCAT
7.0000 g., 0.9860 Gold 0.2219 oz. AGW **Ruler:** Karl Theodor **Subject:** Homage of Heidelberg **Obv:** Bust right **Rev:** Lion shield on pedestal between branches, date in chronogram **Note:** Prev. Pfalz-Sulzbach KM#74.

Date	Mintage	VG	F	VF	XF	Unc
1746 Rare	—	—	—	—	—	—

KM# 190 3 DUCAT
10.5000 g., 0.9860 Gold 0.3328 oz. AGW **Ruler:** Johann Wilhelm **Obv:** Head right **Rev:** Crowned imperial eagle above two shields of arms on breast **Note:** Vicariat Issue. Prev. Pfalz-Sulzbach KM#30.

Date	Mintage	VG	F	VF	XF	Unc
1711	—	2,000	3,950	6,700	12,000	—

KM# 260 1/4 CAROLIN
2.4250 g., 0.7700 Gold 0.0600 oz. AGW **Ruler:** Karl Philipp **Obv:** Head right **Rev:** Monograms in cruciform **Note:** Prev. Pfalz-Sulzbach KM#46.

Date	Mintage	VG	F	VF	XF	Unc
1735	—	150	275	550	1,250	—
1736	—	150	275	550	1,250	—
1736/1	—	—	—	—	—	—

KM# 243 1/2 CAROLIN
4.8500 g., 0.7700 Gold 0.1201 oz. AGW **Ruler:** Karl Philipp **Obv:** Head right, date below **Rev:** Cruciform arms with 5th shield at center, CP monograms in angles **Note:** Prev. Pfalz-Sulzbach KM#40.

Date	Mintage	VG	F	VF	XF	Unc
1732	—	400	850	1,800	3,500	—

KM# 244 1/2 CAROLIN
4.8500 g., 0.7700 Gold 0.1201 oz. AGW **Ruler:** Karl Philipp **Obv:** Bust right **Rev:** Crown with lion supporters above three shields of arms, date below **Note:** Prev. Pfalz-Sulzbach KM#41.

Date	Mintage	VG	F	VF	XF	Unc
1732	—	550	1,150	2,500	4,500	—

GERMAN STATES — PFALZ-ELECTORAL PFALZ

KM# 251 1/2 CAROLIN
4.8500 g., 0.7700 Gold 0.1201 oz. AGW **Ruler:** Karl Philipp **Obv:** Head right **Rev:** Crowned monogram in cruciform, shield at center **Note:** Prev. Pfalz-Sulzbach KM#43.

Date	Mintage	VG	F	VF	XF	Unc
1733	—	225	450	900	1,750	—
1736	—	225	450	900	1,750	—

KM# 246 CAROLIN
9.7000 g., 0.7700 Gold 0.2401 oz. AGW **Ruler:** Karl Philipp **Obv:** Head to right, date below **Rev:** Cruciform arms with fifth shield at center, CP monograms in angles **Note:** Prev. Pfalz-Sulzbach KM#42.

Date	Mintage	VG	F	VF	XF	Unc
1732	—	550	1,150	2,500	4,500	—

KM# 253 CAROLIN
9.7000 g., 0.7700 Gold 0.2401 oz. AGW **Ruler:** Karl Philipp **Obv:** Bust right **Rev:** 3 Shields on crowned shield with supporters **Note:** Prev. Pfalz-Sulzbach KM#44.

Date	Mintage	VG	F	VF	XF	Unc
1733	—	725	1,500	3,150	6,100	—

KM# 254 CAROLIN
9.7000 g., 0.7700 Gold 0.2401 oz. AGW **Ruler:** Karl Philipp **Obv:** Head right **Rev:** Crowned monogram in cruciform, shield in center **Note:** Prev. Pfalz-Sulzbach KM#45.

Date	Mintage	VG	F	VF	XF	Unc
1733	—	350	550	1,000	2,000	—
1735	—	350	550	1,000	2,000	—

PATTERNS
Including off metal strikes

KM#	Date	Mintage	Identification	Mkt Val
Pn3	1704	—	2 Albus. Copper. KM#144.	—
Pn4	1717	—	2 Albus. Copper. KM#203.	—
Pn5	1722 IGW	—	10 Kreuzer. Gold. KM#214.	—
Pn6	1737	—	2/3 Thaler. Gold. Mannheim. KM#278.	—
Pn7	1742	—	Ducat. Silver. Mannheim. KM#308.	150
Pn8	1742	—	2 Ducat. Silver. Carl Philipp	250
Pn9	1742	—	2 Ducat. Silver. Mannheim	250
Pn10	1744	—	Ducat. Silver. KM#316; Mannheim.	90.00
Pn11	1744	—	2 Ducat. Silver. KM#318; Mannheim; A SCHAEFFER.	—
Pn12	1745	—	2 Kreuzer. Copper. KM#306.	—
Pn13	1746	—	2 Kreuzer. Copper. KM#52306.	—
Pn14	1746	—	Ducat. Silver. KM#343. Heidelberg.	150

KM#	Date	Mintage	Identification	Mkt Val
Pn15	1746	—	2 Ducat. Silver. KM#345. Heidelberg.	150
Pn16	1750	—	2 Kreuzer. Copper. KM#322.	—
Pn17	1750	—	4 Kreuzer. Copper. KM#328.	—
Pn18	1750	—	Ducat. Silver. KM#359. Weinheim.	180
Pn19	1750	—	Ducat. Silver. KM#360. Wieslach.	180
Pn20	1750	—	Ducat. Silver. KM#361. Neckargemund.	180
Pn21	1761 AS	—	Thaler. Lead. KM#388.	100
Pn22	1764	—	Thaler. Tin. KM#403.	150
Pn23	1764 AS	—	Thaler. Tin. KM#404.	150
Pn25	1765	—	Thaler. Tin. KM#415.	150

KM#	Date	Mintage	Identification	Mkt Val
Pn24	1765 AS	—	1/2 Thaler. Tin. KM#411.	150
Pn26	1769	—	Thaler. Tin. KM#429.	150
Pn27	1771	—	Thaler. Tin. KM#435.	150
Pn28	1774	—	Thaler. Tin. KM#435.	180
Pn29	1775	—	1/2 Kreuzer. Silver. KM#438.	—
Pn30	1783	—	Kreuzer. Gold. KM#440.	—
Pn31	1783	—	Ducat. Silver. KM#472.	100

Pn32 1792 — Ducat. Silver. KM#178 75.00

PFALZ-ZWEIBRUCKEN

PALATINE COUNTSHIP

REGULAR COINAGE

KM# 60 20 KREUZER
Silver, 29-30 mm. **Ruler:** Gustav Samuel Leopold **Obv:** Crowned round shield of manifold arms, encircled by chain of order **Obv. Legend:** D.G.G.S.L.C.P.R.B.I.C. & M. - D.P.M.C.V.S.M.R.D.R. & R. **Rev:** 4-line inscription with date **Rev. Legend:** PFALTZ.ZWEYBRUCKISCH. LAND. MVNZ. **Rev. Inscription:** 20 / KREVT / ZER / (date) **Mint:** Pruntrut

Date	Mintage	Good	VG	F	VF	XF
1729 Rare	—	—	—	—	—	—

PFALZ-BIRKENFELD-ZWEIBRUCKEN

RULERS
Christian IV, 1735-1775
Karl II, 1775-1795
Maximilian I Joseph, 1795-1799

MINT OFFICIALS' INITIALS

Initials	Date	Name
EHF	Ca.1760	Eberhard Gregorius Fleischhold, die-cutter
IM, M	1758-69	Joseph Mellinger
IW, W	1765-90	Johann Weichinger
S	1744-99	Anton Schäffer, die-cutter

COUNTY

REGULAR COINAGE

KM# 60 HELLER
Copper **Ruler:** Karl II **Obv:** Crowned lion arms **Rev:** Value, date

Date	Mintage	VG	F	VF	XF	Unc
1788	—	18.00	40.00	80.00	165	—

KM# 23 1/4 KREUZER
Copper **Ruler:** Christian IV **Obv:** Crowned CP monogram, P-Z **Rev:** Value, date

Date	Mintage	VG	F	VF	XF	Unc
1759 M	—	13.00	27.00	55.00	110	—
1764 M	—	13.00	27.00	55.00	110	—
1767 M	—	13.00	27.00	55.00	110	—
1774	—	13.00	27.00	55.00	110	—

KM# 24 1/2 KREUZER
Copper **Ruler:** Christian IV **Obv:** Crowned CP monogram, P-Z **Rev:** Value, date

Date	Mintage	VG	F	VF	XF	Unc
1759	—	12.00	30.00	65.00	135	—

KM# 61 1/2 KREUZER
Copper **Ruler:** Karl II **Obv:** Crowned C P monogram **Rev:** Value above date

Date	Mintage	VG	F	VF	XF	Unc
1788	—	15.00	37.00	75.00	150	—

KM# 5 KREUZER
Billon **Ruler:** Christian IV **Obv:** Crowned monogram **Rev:** Value, date in cartouche

Date	Mintage	VG	F	VF	XF	Unc
1747 Rare	108	—	—	—	—	—

KM# 44 KREUZER
Silver **Ruler:** Christian IV **Obv:** Crowned oval arms between 2 branches divide P-Z near top **Rev:** 1/KR/M in cartouche, date in legend **Rev. Legend:** NACH DEM CONV. FVS **Note:** Convention Kreuzer. Similar to KM#55.

Date	Mintage	VG	F	VF	XF	Unc
1765 M	—	10.00	25.00	50.00	100	—

KM# 55 KREUZER
Copper **Ruler:** Christian IV **Obv:** Crowned lion arms **Rev:** Value, legend and date

Date	Mintage	VG	F	VF	XF	Unc
1774 W	—	10.00	25.00	50.00	105	—

KM# 56 KREUZER
Copper **Ruler:** Christian IV **Obv:** Crowned oval lion shield in wreath

Date	Mintage	VG	F	VF	XF	Unc
1774	—	40.00	80.00	165	335	—

KM# 62 KREUZER
7.6200 g., Copper, 23 mm. **Ruler:** Karl II **Obv:** Crowned oval shield of lion arms, crown divides P - Z **Rev:** 3-line inscription with date in wreath **Rev. Inscription:** EIN / KREUTZER / (date)

Date	Mintage	VG	F	VF	XF	Unc
1788	—	12.00	30.00	60.00	125	—

KM# 6 2 KREUZER
Billon **Ruler:** Christian IV **Obv:** Crowned C4 monogram **Rev:** Value, date in cartouche

Date	Mintage	VG	F	VF	XF	Unc
1747	300	80.00	160	340	675	—

KM# 25 2 KREUZER
Billon **Ruler:** Christian IV **Obv:** Crowned monogram **Rev:** Value, date

Date	Mintage	VG	F	VF	XF	Unc
1759	—	10.00	25.00	50.00	110	—
1763	—	10.00	25.00	50.00	110	—

KM# 7 4 KREUZER
Billon **Ruler:** Christian IV **Obv:** Crowned monogram **Rev:** Value, date in cartouche

Date	Mintage	VG	F	VF	XF	Unc
1747 Rare	190	—	—	—	—	—

KM# 8 4 KREUZER
Billon **Ruler:** Christian IV **Obv:** Angular lion shield on crowned C4 monogram **Rev:** Value, date

Date	Mintage	VG	F	VF	XF	Unc
1747 Rare	Inc. above	—	—	—	—	—

KM# 26 4 KREUZER
Billon **Ruler:** Christian IV **Obv:** Crowned CP monogram, P-Z

Date	Mintage	VG	F	VF	XF	Unc
1759	—	18.00	40.00	90.00	180	—

KM# 39 5 KREUZER
Silver **Ruler:** Christian IV **Obv:** Crowned lion arms within branches **Rev:** Value, date within frame **Note:** Convention 5 Kreuzer.

Date	Mintage	VG	F	VF	XF	Unc
1763 M	—	90.00	175	350	700	—

Date	Mintage	VG	F	VF	XF	Unc
1764 M	—	90.00	175	350	700	—
1765 M	—	90.00	175	350	700	—

KM# 48 5 KREUZER
Silver **Ruler:** Christian IV **Obv:** Crowned lion arms on pedestal **Rev:** Value around outer edges of ornamental square

Date	Mintage	VG	F	VF	XF	Unc
1766 M	—	40.00	85.00	170	340	—
1767 M	—	40.00	85.00	170	340	—

KM# 35 10 KREUZER
Silver **Ruler:** Christian IV **Obv:** Head right between branches **Rev:** Crowned lion shield on pedestal, value, date **Rev. Legend:** NACH DEM.. **Note:** Convention 10 Kreuzer.

Date	Mintage	VG	F	VF	XF	Unc
1760	—	18.00	37.00	75.00	150	—

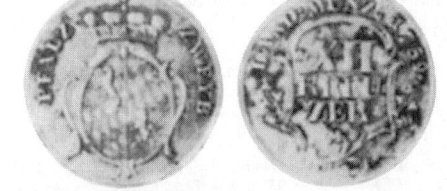

KM# 27 12 KREUZER
Silver **Ruler:** Christian IV **Obv:** Crowned 4-fold arms **Rev:** Value within frame

Date	Mintage	VG	F	VF	XF	Unc
1759 M	—	30.00	50.00	110	225	—

KM# 36 20 KREUZER
Silver **Ruler:** Christian IV **Obv:** Head right between branches **Rev:** Crowned lion shield on pedestal, value, date **Rev. Legend:** NACH DEM.. **Note:** Convention 20 Kreuzer.

Date	Mintage	VG	F	VF	XF	Unc
1760	—	20.00	40.00	90.00	185	—

KM# 13 36 KREUZER
Silver **Ruler:** Christian IV **Obv:** Head right **Rev:** Value, date within cartouche

Date	Mintage	VG	F	VF	XF	Unc
1747	1,683	500	800	1,400	2,500	—

KM# 40 10 KREUZER
Silver **Ruler:** Christian IV **Obv:** Head right **Rev:** Crowned lion arms on pedestal sith value

Date	Mintage	VG	F	VF	XF	Unc
1763 IM	—	18.00	37.00	75.00	150	—
1764 M	—	18.00	37.00	75.00	150	—
1765 M	—	18.00	37.00	75.00	150	—

KM# 42 10 KREUZER
Silver **Ruler:** Christian IV **Rev:** Crowned lion shield between branches, value, date

Date	Mintage	VG	F	VF	XF	Unc
1763	—	18.00	37.00	75.00	150	—

KM# 38 20 KREUZER
Silver **Ruler:** Christian IV **Obv:** Head right within palm and laurel branches **Rev:** Crowned lion arms atop pedestal with value

Date	Mintage	VG	F	VF	XF	Unc
1762 M	—	20.00	45.00	90.00	185	—
1763 M	—	20.00	45.00	90.00	185	—

KM# 41 20 KREUZER
Silver **Ruler:** Christian IV **Obv:** Head right

Date	Mintage	VG	F	VF	XF	Unc
1763	—	45.00	100	200	425	—

KM# 45 20 KREUZER
Silver **Ruler:** Christian IV **Obv:** Head right between branches **Rev:** 2 wavery arms in crowned cartouche, value, date

Date	Mintage	VG	F	VF	XF	Unc
1765 M Rare	—	—	—	—	—	—

KM# 22 1/6 THALER
Silver **Ruler:** Christian IV **Obv:** Crowned monogram **Rev:** Value, date

Date	Mintage	VG	F	VF	XF	Unc
1757	—	30.00	45.00	90.00	180	—
1758	—	30.00	45.00	90.00	180	—
1759	—	30.00	45.00	90.00	180	—

KM# 14 THALER
Silver **Ruler:** Christian IV **Obv:** Bust right **Rev:** Crowned 8-fold arms in baroque frame, date **Note:** Dav. #2545.

Date	Mintage	VG	F	VF	XF	Unc
1747	17	1,650	2,200	4,000	8,500	—

KM# 49 10 KREUZER
Silver **Ruler:** Christian IV **Obv:** Head right **Rev:** Crowned lion arms

Date	Mintage	VG	F	VF	XF	Unc
1767 IW-M	—	25.00	45.00	90.00	185	—

KM# 9 12 KREUZER
Silver **Ruler:** Christian IV **Obv:** Crowned double C monogram between branches **Rev:** Value, date in cartouche **Rev. Legend:** LAND MUNZ

Date	Mintage	VG	F	VF	XF	Unc
1747 Rare	118	—	—	—	—	—

KM# 46 20 KREUZER
Silver **Ruler:** Christian IV **Obv:** Head right within branches **Rev:** Crown above two shields of arms, value divides date below

Date	Mintage	VG	F	VF	XF	Unc
1765 M	—	22.00	45.00	90.00	180	—
1766 M	—	22.00	45.00	90.00	180	—
1768 M	—	22.00	45.00	90.00	180	—

KM# 50 20 KREUZER
Silver **Ruler:** Christian IV **Rev:** Lion left between 2 crowned laurel garlands, value, date

Date	Mintage	VG	F	VF	XF	Unc
1769 Rare	—	—	—	—	—	—

KM# 21 THALER
Silver **Ruler:** Christian IV **Obv:** Bust right **Obv. Legend:** CHRISTIAN • IV • - D: G • C • P • R • BAV • D • **Rev:** Crowned complex arms within baroque frame with Order chain **Rev. Legend:** EX • FODINIS • BIPONTINO • SEELBERGENSIBUS • 1754, E.H. - F. and FEIN: SILB below arms **Note:** Mining Thaler. Dav. #2546.

Date	Mintage	VG	F	VF	XF	Unc
1754 EGF	280	1,450	2,150	4,150	7,200	—

KM# 30 THALER
Silver **Ruler:** Christian IV **Obv:** Bust right **Rev:** Crowned 8-fold arms in ornate baroque frame, value, date **Note:** Convention Thaler. Dav. #2549.

Date	Mintage	VG	F	VF	XF	Unc
1759 IM	—	500	675	1,200	2,100	—

KM# 28 THALER
Silver **Ruler:** Christian IV **Obv:** Head right **Note:** Dav. #2547.

Date	Mintage	VG	F	VF	XF	Unc
1759 IM	—	500	675	1,200	2,100	—

KM# 29 THALER
Silver **Ruler:** Christian IV **Obv:** Draped bust **Note:** Dav. #2548.

Date	Mintage	VG	F	VF	XF	Unc
1759 S-IM	—	500	675	1,200	2,100	—

KM# 10 12 KREUZER
Silver **Ruler:** Christian IV **Obv:** Crowned monogram **Rev:** Value, date within cartouche

Date	Mintage	VG	F	VF	XF	Unc
1747	Inc. above	500	800	1,400	2,500	—

KM# 11 12 KREUZER
Silver **Ruler:** Christian IV **Obv:** Crowned C4 monogram

Date	Mintage	VG	F	VF	XF	Unc
1747 Rare	Inc. above	—	—	—	—	—

KM# 12 24 KREUZER
Silver **Ruler:** Christian IV **Obv:** Head right **Rev:** Value, date within cartouche

Date	Mintage	VG	F	VF	XF	Unc
1747	18	400	750	1,500	3,000	—

KM# 31 THALER
Silver **Ruler:** Christian IV **Obv:** Head right **Obv. Legend:** CHRISTIAN • IV • - D: G • C • P • R • BAV • DUX • **Rev:** Crowned oval arms within Order chain and branches **Rev. Legend:** AUF EINE - MARC FEIN **Note:** Dav. #2550.

Date	Mintage	VG	F	VF	XF	Unc
1759 IM	—	115	195	375	625	—
1760 IM	—	115	195	375	625	—

GERMAN STATES

PFALZ-BIRKENFELD-ZWEIBRUCKEN

Date	Mintage	VG	F	VF	XF	Unc
1762 IM	—	115	195	375	625	—
1763	—	115	195	375	625	—

KM# 37 THALER
Silver **Ruler:** Christian IV **Obv:** Head left **Rev:** Crowned oval arms in wreath, value, date **Note:** Dav. #2551.

Date	Mintage	VG	F	VF	XF	Unc
1760 IM	—	600	975	1,800	2,700	—

Head right **Obv. Legend:** CAROLVS II • D • G • C: PAL • RH •D • BAV • IC • & • M • **Rev:** Crowned and mantled arms

Date	Mintage	F	VF	XF	Unc	BU
1788	—	3,750	6,800	12,000	22,500	—

PATTERNS
Including off metal strikes

KM#	Date	Mintage Identification	Mkt Val
Pn1	1757	— 1/6 Thaler. Copper. KM#22.	—
Pn4	1759 M	— 12 Kreuzer. Copper. KM#27.	—
Pn2	1759 M	— 1/4 Kreuzer. Silver. KM#23.	150
Pn3	1759	— 1/2 Kreuzer. Silver. KM#24.	350
Pn5	1765	— Kreuzer. Gold. KM#44.	—
Pn6	1767 M	— 5 Kreuzer. Copper. KM#48.	—
Pn7	1774	— Kreuzer. Silver. KM#55.	—

POMERANIA

RULERS
Karl XII of Sweden, 1697-1718
Adolf Fredrik of Sweden, 1751-1771
Gustav III, King of Sweden, 1771-1792
Gustav IV Adolf of Sweden, 1792-1809

SWEDISH OCCUPATION

RULERS
Christina of Sweden, 1637-1654
Karl X of Sweden, 1654-1660
Karl XI of Sweden, 1660-1697
Karl XII of Sweden, 1697-1718

REGULAR COINAGE

KM# 47 THALER
Silver **Ruler:** Christian IV **Obv:** Head right **Obv. Legend:** CHRISTIAN IV. - D. G. C. P. R. BAV. DUX. **Rev:** Crowned oval arms within branches, crown divides date **Rev. Legend:** 10 AUF EINE MARCK FEIN **Note:** Dav. #2552. Varieties exist.

Date	Mintage	VG	F	VF	XF	Unc
1765 IM	—	110	200	375	650	—
1775 IM	—	110	200	375	650	—

TRADE COINAGE

KM# 15 DUCAT
3.5000 g., 0.9860 Gold 0.1109 oz. AGW **Ruler:** Christian IV **Obv:** Bust right **Rev:** Crowned 8-fold arms in ornate baroque frame, date **Rev. Legend:** DUCAT BIPONT

Date	Mintage	VG	F	VF	XF	Unc
1747	—	1,600	3,300	6,500	13,000	—

KM# 20 DUCAT
3.5000 g., 0.9860 Gold 0.1109 oz. AGW **Ruler:** Christian IV **Rev:** Round arms, supported by 2 lions

Date	Mintage	VG	F	VF	XF	Unc
1751 S	—	1,600	3,300	6,500	13,000	—

KM# 63 DUCAT
3.5000 g., 0.9860 Gold 0.1109 oz. AGW **Ruler:** Karl II **Obv:** Bust right **Rev:** Crowned arms supported by lions

Date	Mintage	F	VF	XF	Unc	BU
1788 W	—	1,100	2,200	4,500	9,000	—

KM# 70 DUCAT
3.5000 g., 0.9860 Gold 0.1109 oz. AGW **Ruler:** Karl II **Obv:** Head right **Rev:** Lion at right standing on 4 legs

Date	Mintage	F	VF	XF	Unc	BU
1790 W	—	1,100	2,200	4,500	9,000	—

KM# 64 2 DUCAT
7.0000 g., 0.9860 Gold 0.2219 oz. AGW **Ruler:** Karl II **Obv:**

KM# 422 3 PFENNINGE
Copper **Ruler:** Gustav III **Obv:** Crowned griffin in left holding sword **Obv. Legend:** K. S. P. L. M. **Rev:** Value above date

Date	Mintage	VG	F	VF	XF	Unc
1776	384,000	7.00	18.00	37.00	75.00	—
1792	384,000	5.00	15.00	30.00	60.00	—

KM# 399 2 GUTE GROSCHEN
Silver **Ruler:** Adolf Fredrik **Obv:** Crowned script AFR monogram, date below **Rev:** Crowned griffin holding sword, value in exergue

Date	Mintage	VG	F	VF	XF	Unc
1759	—	4.00	9.00	18.00	37.00	—

KM# 397 4 GUTE GROSCHEN
Silver **Ruler:** Adolf Fredrik **Obv:** Crowned monogram above date **Rev:** Crowned griffin with sword left

Date	Mintage	VG	F	VF	XF	Unc
1758 OHK	—	30.00	60.00	120	240	—
1759 OHK	—	30.00	60.00	120	240	—

KM# 398 8 GUTE GROSCHEN
Silver **Ruler:** Adolf Fredrik **Obv:** Crowned AFR monogram, date below **Rev:** Crowned griffin holding sword, value in exergue

Date	Mintage	VG	F	VF	XF	Unc
1758 OHK	—	37.00	75.00	150	300	—
1759 OHK	—	37.00	75.00	150	300	—
1760 OHK	—	37.00	75.00	150	300	—

KM# 410 8 GUTE GROSCHEN
Silver **Ruler:** Adolf Fredrik **Obv:** Head right **Rev:** Value, date

Date	Mintage	VG	F	VF	XF	Unc
1760 OHK	—	30.00	60.00	125	250	—
1761 LFK	—	30.00	60.00	125	250	—
1761 ICS	—	30.00	60.00	125	250	—
1761 IHL	—	30.00	60.00	125	250	—

KM# 363 WITTEN (1/192 Thaler)
Silver **Ruler:** Karl XII **Obv:** Crowned monogram **Rev:** Value, date

Date	Mintage	VG	F	VF	XF	Unc
1707 IM	—	30.00	60.00	120	240	—

KM# 364 1/96 THALER (Sechsling)
Silver **Ruler:** Karl XII **Obv:** Crowned CC XII monogram, initials below

Date	Mintage	VG	F	VF	XF	Unc
1707 IM	—	55.00	110	230	475	—

KM# 318 1/48 THALER (Schilling)
Silver **Ruler:** Karl XI **Obv:** Stralsund city arms in inner circle **Rev:** Value in inner circle, date in legend

Date	Mintage	VG	F	VF	XF	Unc
1715	—	30.00	60.00	120	240	—

KM# 411 1/48 THALER (Schilling)
Billon **Ruler:** Adolf Fredrik **Obv:** Crowned script AFR monogram, date below **Rev:** Value

Date	Mintage	VG	F	VF	XF	Unc
1760 OHK	—	7.00	15.00	30.00	60.00	—
1761 LFK	—	7.00	15.00	30.00	60.00	—
1761 IDL	—	7.00	15.00	30.00	60.00	—
1761 IHL	—	7.00	15.00	30.00	60.00	—
1761 LDS	—	7.00	15.00	30.00	60.00	—

KM# 416 1/48 THALER (Schilling)
Billon **Ruler:** Adolf Fredrik **Obv:** Crowned AF monogram, date below **Rev:** Value in inner circle

Date	Mintage	VG	F	VF	XF	Unc
1763 IDL	—	6.00	12.00	25.00	50.00	—
1763 LDS	—	6.00	12.00	25.00	50.00	—

KM# 400 1/24 THALER (Groschen)
Billon **Ruler:** Adolf Fredrik **Obv:** Crowned monogram above date **Rev:** Value

Date	Mintage	VG	F	VF	XF	Unc
1759 OHK	—	5.00	12.00	24.00	48.00	—
1760 OHK	—	5.00	12.00	24.00	48.00	—
1761 LFK	—	5.00	12.00	24.00	48.00	—
1761 ICS	—	5.00	12.00	24.00	48.00	—
1761 IHL	—	5.00	12.00	24.00	48.00	—
1761 IDL	—	5.00	12.00	24.00	48.00	—

KM# 417.1 1/24 THALER (Groschen)
Billon **Ruler:** Adolf Fredrik **Obv:** Crowned AF monogram, date below, K. S. P. L. M.

Date	Mintage	VG	F	VF	XF	Unc
1763 IDL	—	5.00	12.00	25.00	50.00	—

KM# 417.2 1/24 THALER (Groschen)
Billon **Ruler:** Adolf Fredrik **Obv:** Without K. S. P. L. M.

Date	Mintage	VG	F	VF	XF	Unc
1763 IDL	—	5.00	12.00	25.00	50.00	—

POMERANIA — GERMAN STATES

KM# 415 1/12 THALER (2 Groschen)
Silver **Ruler:** Adolf Fredrik **Obv:** Head right **Rev:** Value and date

Date	Mintage	VG	F	VF	XF	Unc
1761 IDL	—	15.00	30.00	60.00	125	—

KM# 419 1/12 THALER (2 Groschen)
Silver **Ruler:** Adolf Fredrik **Obv:** Crowned monogram **Rev:** Value

Date	Mintage	VG	F	VF	XF	Unc
1763 IDL	—	12.00	27.00	55.00	110	—
1763 IHL	—	12.00	27.00	55.00	110	—
1763 LDS	—	12.00	27.00	55.00	110	—
1767 IHL	—	12.00	27.00	55.00	110	—
1767 LDS	—	12.00	27.00	55.00	110	—
1768 LDS	—	12.00	27.00	55.00	110	—

KM# 412 1/6 THALER (4 Groschen)
Silver **Ruler:** Adolf Fredrik **Obv:** Head right **Rev:** Value and date

Date	Mintage	VG	F	VF	XF	Unc
1760 OHK	—	20.00	45.00	90.00	180	—
1761 LFK	—	20.00	45.00	90.00	180	—
1761 ICS	—	20.00	45.00	90.00	180	—
1761 IHL	—	20.00	45.00	90.00	180	—
1761 DL	—	20.00	45.00	90.00	180	—
1761 F	—	20.00	45.00	90.00	180	—

KM# 413 1/3 THALER (1/2 Gulden)
Silver **Ruler:** Adolf Fredrik **Obv:** Head right **Rev:** Value in four lines, date and initials below

Date	Mintage	VG	F	VF	XF	Unc
1760 OHK Rare	—	—	—	—	—	—

KM# 414 1/3 THALER (1/2 Gulden)
Silver **Ruler:** Adolf Fredrik **Rev:** Value and date in branches

Date	Mintage	VG	F	VF	XF	Unc
1760	—	100	200	400	825	—

KM# 420 1/3 THALER (1/2 Gulden)
Silver **Ruler:** Adolf Fredrik **Obv:** Head right **Rev:** Crowned and supported arms, date and value in exergue

Date	Mintage	VG	F	VF	XF	Unc
1763 IHL	—	80.00	165	330	675	—

KM# 356 2/3 THALER (Gulden)
Silver **Ruler:** Karl XII **Obv:** Armored bust with wig right, IM on truncation **Rev:** Crowned, supported arms, value and date below

Date	Mintage	VG	F	VF	XF	Unc
1705 IM Rare	—	—	—	—	—	—
1706 IM	—	150	300	600	1,200	—

KM# 357 2/3 THALER (Gulden)
Silver **Ruler:** Karl XII **Obv:** Script initials on truncation

Date	Mintage	VG	F	VF	XF	Unc
1706 IM	—	110	225	450	900	—
1707 IM	—	150	300	600	1,200	—

KM# 358 2/3 THALER (Gulden)
Silver **Ruler:** Karl XII **Obv:** Rounded truncation, initials below bust **Obv. Legend:** CAROL VS • XII • - D • G • REX • SVEC • **Rev:** Crowned supported arms **Rev. Legend:** CITERIORIS + - MON • NOV • POMERB*

Date	Mintage	VG	F	VF	XF	Unc
1706 IM	—	150	300	600	1,200	—

KM# 359 2/3 THALER (Gulden)
Silver **Ruler:** Karl XII **Obv:** Bust right **Obv. Legend:** CAROL VS • XII • - D • G • REX • SVEC • **Rev:** Crowned supported arms **Rev. Legend:** CITERIORIS + - MON • NOV • POMERB*

Date	Mintage	VG	F	VF	XF	Unc
1706 IM	—	130	260	525	1,050	—
1707 IM	—	130	260	525	1,050	—

KM# 360 2/3 THALER (Gulden)
Silver **Ruler:** Karl XII **Obv:** Bust right, different hair style and drapery **Obv. Legend:** CAROL VS • XII • - D • G • REX • SVEC • **Rev:** Crowned supported arms **Rev. Legend:** CITERIORIS + - MON • NOV • POMERB *

Date	Mintage	VG	F	VF	XF	Unc
1706 IM	—	130	260	525	1,050	—
1707 IM	—	130	260	525	1,050	—

KM# 365 2/3 THALER (Gulden)
Silver **Ruler:** Karl XII **Obv:** Bust right with left shoulder draped **Rev:** Crowned, supported arms with value and date below

Date	Mintage	VG	F	VF	XF	Unc
1708	—	110	225	450	900	—
1709	—	110	225	450	900	—

KM# 366 2/3 THALER (Gulden)
Silver **Ruler:** Karl XII **Obv:** Multi-folded mantle **Rev:** Helmeted complex arms with supporters

Date	Mintage	VG	F	VF	XF	Unc
1708	—	100	20.00	400	825	—

KM# 367 2/3 THALER (Gulden)
Silver **Ruler:** Karl XII **Obv:** Mantle around neck

Date	Mintage	VG	F	VF	XF	Unc
1708	—	110	230	475	950	—

KM# 421 2/3 THALER (Gulden)
Silver **Ruler:** Adolf Fredrik **Obv:** Head right **Rev:** Crowned, helmeted complex arms with supporters, value divides date below **Note:** Varieties in reverse legend DEM and DEN exist.

Date	Mintage	VG	F	VF	XF	Unc
1763 IHL	—	65.00	130	260	525	—

KM# 401 5 THALER
6.6500 g., 0.9000 Gold 0.1924 oz. AGW **Ruler:** Adolf Fredrik **Obv:** Head right **Rev:** Crowned griffin with sword left, value below

Date	Mintage	VG	F	VF	XF	Unc
1759 OHK	—	450	1,100	2,200	5,400	—

KM# 404 10 THALER
13.3000 g., 0.9000 Gold 0.3848 oz. AGW **Ruler:** Adolf Fredrik **Subject:** Adolf Fredrik **Obv:** Head right **Rev:** Crowned griffin with sword left, value below

Date	Mintage	VG	F	VF	XF	Unc
1759 OHK	—	650	1,650	3,850	7,800	—

TRADE COINAGE

KM# 361.1 DUCAT
3.5000 g., 0.9860 Gold 0.1109 oz. AGW **Ruler:** Karl XII **Obv:** Armored, draped bust right **Rev:** Helmeted, crowned complex arms with supporters

Date	Mintage	VG	F	VF	XF	Unc
1706 IM	—	1,800	4,000	7,200	15,000	—

KM# 361.2 DUCAT
3.5000 g., 0.9860 Gold 0.1109 oz. AGW **Ruler:** Karl XII **Obv:** Large bust right **Rev:** Helmeted, crowned complex arms with supporters

Date	Mintage	VG	F	VF	XF	Unc
1706 IM	—	950	2,300	5,400	13,000	—

KM# 370 DUCAT
3.5000 g., 0.9860 Gold 0.1109 oz. AGW **Ruler:** Karl XII **Obv:** Smaller bust right **Rev:** Helmeted, crowned complex arms with supporters **Note:** Varieties exist.

Date	Mintage	VG	F	VF	XF	Unc
1709 IM	—	950	2,300	5,400	13,000	—

GERMAN STATES

POMERANIA

PATTERNS

Including off metal strikes

KM#	Date	Mintage Identification	Mkt Val
Pn1	1761 IDL	— 1/12 Thaler. Gold. 3.5000 g. KM#415	—
Pn2	1763 IDL	— 1/12 Thaler. Gold. 3.5000 g. KM#419	—

PRUSSIA

(Preussen)

The Elector and Margrave of Brandenburg-Prussia, Friedrich III (1688-1713) offered his support to the Austrian Habsburgs during the War of the Spanish Succession. In exchange, Friedrich was permitted to assume the title "King in Prussia" in 1701 and ruled from that year as Friedrich I. Prussia built itself up as one of the major military powers of Europe during the 18th century, despite its size and mostly rural population. Brandenburg-Prussia had been adroitly acquiring territories and significant increases in the number of inhabitants all during the 17th century, especially in the technologically advanced Rhineland. Her far-flung territories gave Prussia a wide operating base and a large and steady income flowed into the state treasury.

Friedrich II the Great (1740-1786) built upon his predecessors' advances and began his reign by wresting much of Silesia away from Austria. Friedrich II was handed a setback during the Seven Years' War (1756-1763) when Russia, under Tsarina Elisabeth I Petrovna, occupied the eastern Prussian territories from 1758 until 1762. A short-lived, but extensive series of coins were struck in Elisabeth's name during those years. As a result of the second partitioning of Poland in 1793, Prussia received the region between East and West Prussia designated the province of South Prussia. A number of small denomination copper coins were struck for this territory for several years late in the 18th century.

Prussia suffered greatly at the hands of Napoleon in the early 19th century, but was among the victorious allies who shared in the spoils of his defeats in 1814 and 1815. Prussia industrialized during the 19th century and added considerably to its territory after wars with Denmark and Austria in 1864 and 1866. The victory over France in the war of 1870-71 resulted in the annexation of Alsace and Lorraine, but even more importantly, it precipitated the creation of the German Empire, with Prussia leading the way. King Wilhelm I became Kaiser (Emperor) Wilhelm I of a united Germany. Defeat in World War I ended the empire and monarchy in Germany. Today, Prussia is not even part of the modern, unified country of Germany.

NOTE:
For coins of Neuchatel previously listed here, see Switzerland.

RULERS
Friedrich I, 1701-1713
Friedrich Wilhelm I, 1713-1740
Friedrich II, 1740-1786
Friedrich Wilhelm II, 1786-1797
Friedrich Wilhelm III, 1797-1840

MINT MARKS
A - Berlin = Prussia, East Friesland, East Prussia, Posen
B - Bayreuth = Brandenburg-Ansbach-Bayreuth
B - Breslau = Silesia, Posen, South Prussia
C - Cleve
D - Aurich = East Friesland, Prussia
E - Königsberg = East Prussia
F - Magdeburg
G - Stettin
G - Schwerin, Plön-Rethwisch Mint, 1763 only
S - Schwabach = Brandenburg-Ansbach-Bayreuth
Star - Dresden

MINT OFFICIALS' INITIALS

Aurich Mint

Initials	Date	Name
BID	1747-49	Bernhard Julius Dedekind
ICG	1735-47	Johann Christian Gittermann

Berlin Mint

Initials	Date	Name
ALS	1741-65	August Ludwig Siemens, warden in Berlin
B, LB, LHB	1742-54	Ludwig Heinrich Barbiez, die-cutter
CFL, L	1702-42	Christian Friedrich Luders, die-cutter
CHI	1749-64	Christoph Henning Jaster
CS	1701-13	Christoph Stricker
	1713-15	Christoph Stricker, warden
E	1754-68	Tobias Ernst, die-cutter
EGN	1725-49	Ernst Georg Neubauer
GLC	1702	Gabriel Leclerc, die-cutter
HFH	1718-19	Heinrich Friedrich Halter
IFS	1713-18	Jobst Friedrich Sauerbrei
IGN	1718-25	Johann Georg Neubauer
LCS	1682-1701	Lorenz Christoph Schneider, mint commissioner
M	1704-43	Friedrich Marl, die-cutter
R	1704-18	Stephan Reinhard, die-cutter

Breslau Mint

Initials	Date	Name
AE, AHE	1743-51	Adam Heinrich von Ehrenberg

Cleve Mint

Initials	Date	Name
AGP	1742	Anton Gottfried Pott
GK	1741-55	Georg Christoph Kuster
ICM	1741-57	Johann Christian Marme, die-cutter

Dresden Mint

Initials	Date	Name
B, IDB	1756-59	Johann David Biller

Königsberg Mint

Initials	Date	Name
A	1756-58	Jakob Abraham, die-cutter
CG	1699-1728	Caspar Geelhaar
CS	1735-49	Christian Schirmer
GM, GWM, M	1711-25	Gottfried Wilhelm Metelies, die-cutter
S	1751-56	Schwanefelder, die-cutter
ST	1752-68	Johann Julius Steinbrück, die-cutter
W	1725-52	Otto Herman Wissel, die-cutter

Leipzig Mint

Initials	Date	Name
EC, LDS	1753-63	Ernst Dietrich Croll

London Mint

Initials	Date	Name
R	Ca.1710-14	Karl Christian Reisen, die-cutter

Magdeburg Mint

Initials	Date	Name
HFH	1698-1718	Heinrich Friedrich Halter

Minden Mint

Initials	Date	Name
BH	1682-1713	Bastian Hille
GM, GWM, M	1689-1711	Gottfried Wilhelm Metelies, die-cutter

ARMS

Hohenzollern – shield divided into quarters, upper left and lower right usually shaded.

Prussia – eagle, usually crowned, with wings spread

REFERENCES

D = Kurt Dost, *Münzen in Preussenland...1525-1821*, Essen, 1990.

M = Klaus Martin, **Die Preussischen Münzprägungen von 1701-1786**, Berlin, 1976.

N = Erich Neumann, **Brandenburg-preussische Münzprägungen unter der Herrschaft der Hohenzollern 1415-1918**, 2 vols., Cologne, 1997.

O = Manfred Olding, **Die Münzen Friedrichs des Grossen – Katalog der preussischen Münzen von 1740-1786**, Osnabrück, 1987.

KINGDOM

REGULAR COINAGE

KM# 29 PFENNIG

0.2200 g., 0.1250 Billon 0.0009 oz., 12-13 mm. **Ruler:** Friedrich I **Obv:** Crowned script FR monogram divides value: I - PF and date, mintmaster's initials below **Mint:** Berlin **Note:** Ref. M-24; S-313. Uniface

Date	Mintage	VG	F	VF	XF	Unc
1703 CS	423,168	10.00	22.00	45.00	90.00	—

KM# 30 PFENNIG

0.2200 g., 0.1250 Billon 0.0009 oz., 12-13 mm. **Ruler:** Friedrich I **Obv:** Crowned script FR monogram divides I - PF and date, mintmaster's initials below **Mint:** Magdeburg **Note:** Ref. M-29; S-314, 315. Uniface

Date	Mintage	VG	F	VF	XF	Unc
1703 HFH	Inc. above	75.00	165	285	450	—

KM# 52 PFENNIG

0.5900 g., 0.0625 Billon 0.0012 oz., 12 mm. **Ruler:** Friedrich I **Obv:** Crowned script FR monogram divides value: 1 - P **Rev:** 4-line inscription with date and mintmaster's initials **Rev. Inscription:** I / PFEN / (date) / (initials) **Mint:** Minden **Note:** Ref. M-39; S-397.

Date	Mintage	VG	F	VF	XF	Unc
1705 BH	633,600	15.00	30.00	60.00	125	—

KM# 217 PFENNIG

0.5400 g., 0.9375 Billon 0.0163 oz., 13 mm. **Ruler:** Friedrich II **Obv:** Crowned script FR monogram, date below **Rev:** 4-line inscription with mintmaster's initials **Rev. Inscription:** I / GUTER / PFEN / (initials) **Mint:** Berlin **Note:** Ref. M-92; S#879-82.

Date	Mintage	VG	F	VF	XF
1741 EGN	473,472	9.00	18.00	37.00	75.00
1742 EGN	Inc. above	9.00	18.00	37.00	75.00
1743 EGN	678,528	9.00	18.00	37.00	75.00

Date	Mintage	VG	F	VF	XF	Unc
1735 EGN	2,877,696	18.00	37.00	75.00	150	—
1736 EGN	Inc. above	18.00	37.00	75.00	150	—

KM# 262.1 PFENNIG

2.4400 g., Copper, 20 mm. **Ruler:** Friedrich II **Obv:** Crowned ornate FR monogram, no legend **Rev:** 5-line inscription with date and mintmark **Rev. Inscription:** *1* / PFEN:SCHEID / MUNTZ / (date) / A **Mint:** Berlin **Note:** Ref. M-95; S#911-15. Varieties exist.

Date	Mintage	VG	F	VF	XF	Unc
1751A	8,640,000	6.00	12.00	25.00	50.00	—
1752A	Inc. above	6.00	12.00	25.00	50.00	—
1753A	Inc. above	6.00	12.00	25.00	50.00	—
1753/3A	Inc. above	6.00	12.00	25.00	50.00	—
1755A	Inc. above	6.00	12.00	25.00	50.00	—

KM# 262.2 PFENNIG

2.4400 g., Copper, 20 mm. **Ruler:** Friedrich II **Obv:** Crowned script FR monogram, no legend **Rev:** 6-line inscription with date and mintmark **Rev. Inscription:** I / PFENNIG / SCHEIDE / MUNZ / (date) / F **Mint:** Magdeburg **Note:** Ref. M-118; S-916.

Date	Mintage	VG	F	VF	XF	Unc
1754F	—	18.00	37.00	75.00	150	—

KM# 319 PFENNIG

0.6500 g., 0.6944 Billon 0.0145 oz., 14 mm. **Ruler:** Friedrich II **Obv:** Crowned FR monogram with date below **Rev:** 4-line inscription with mintmark **Rev. Inscription:** I / GUTER / PFEN / A **Mint:** Berlin **Note:** Ref. M-99; S#883-86.

Date	Mintage	VG	F	VF	XF	Unc
1768A	1,219,962	2.00	4.00	9.00	18.00	—
1769A	789,312	2.00	4.00	9.00	18.00	—
1770A	450,872	2.00	4.00	9.00	18.00	—

KM# 326 PFENNIG

0.6500 g., 0.5208 Billon 0.0109 oz., 14 mm. **Ruler:** Friedrich II **Obv:** Crowned FR monogram, mintmark below **Rev:** 4-line inscription with date **Rev. Inscription:** *1* / GUTER / PFEN / (date) **Mint:** Berlin **Note:** Ref. M-103; S#897-903.

Date	Mintage	VG	F	VF	XF	Unc
1771A	608,340	2.00	4.00	8.00	15.00	—
1772A	430,560	2.00	4.00	8.00	15.00	—
1773A	724,896	2.00	4.00	8.00	15.00	—
1774A	804,168	2.00	4.00	8.00	15.00	—
1775A	437,844	2.00	4.00	8.00	15.00	—
1776A	963,456	2.00	4.00	8.00	15.00	—
1777A	695,532	2.00	4.00	8.00	15.00	—
1778A	658,968	2.00	4.00	8.00	15.00	—
1779A	645,276	2.00	4.00	8.00	15.00	—
1780A	684,672	2.00	4.00	8.00	15.00	—
1781A	390,492	2.00	4.00	8.00	15.00	—
1782A	943,560	2.00	4.00	8.00	15.00	—
1783A	756,024	2.00	4.00	8.00	15.00	—
1784A	749,808	2.00	4.00	8.00	15.00	—
1785A	821,148	2.00	4.00	8.00	15.00	—
1786A	164,232	2.00	4.00	8.00	15.00	—

KM# 350 PFENNIG

0.6300 g., 0.0520 Billon 0.0011 oz., 15 mm. **Ruler:** Friedrich Wilhelm II **Obv:** Crowned script FWR monogram **Rev:**

PRUSSIA GERMAN STATES 523

4-line inscription with date and mintmark **Rev. Inscription:** *1* / PFENNIG / (date) / A **Mint:** Berlin **Note:** Ref. N-9; S#96-106.

Date	Mintage	VG	F	VF	XF	Unc
1787A	—	2.00	4.00	8.00	15.00	—
1788A	—	2.00	4.00	8.00	15.00	—
1789A	—	2.00	4.00	8.00	15.00	—
1790A	—	2.00	4.00	8.00	15.00	—
1791A	—	2.00	4.00	8.00	15.00	—
1792A	—	2.00	4.00	8.00	15.00	—
1793A	—	2.00	4.00	8.00	15.00	—
1794A	—	2.00	4.00	8.00	15.00	—
1795A	—	2.00	4.00	8.00	15.00	—
1796A	—	2.00	4.00	8.00	15.00	—
1797A	—	2.00	4.00	8.00	15.00	—

KM# 353 PFENNIG

3.2500 g., Copper, 21 mm. **Ruler:** Friedrich Wilhelm II **Obv:** Crowned script FW monogram **Rev:** 6-line inscription with date and mintmark **Rev. Inscription:** *I* / PFENN. / SCHEIDE / MUNZE / (date) / *A* **Mint:** Berlin **Note:** Ref. N-10; S-107, 108.

Date	Mintage	VG	F	VF	XF	Unc
1788A	—	2.50	5.00	10.00	20.00	—
1789A	—	2.50	5.00	10.00	20.00	—

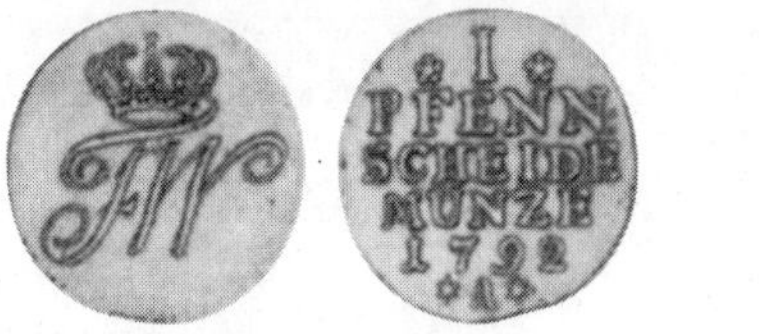

KM# 353a PFENNIG

2.4500 g., Copper, 21 mm. **Ruler:** Friedrich Wilhelm II **Obv:** Crowned script FW monogram **Rev:** 6-line inscription with date and mintmark **Rev. Inscription:** *1* / PFENN • / SCHEIDE / MUNZE / (date) / *A* **Mint:** Berlin **Note:** Ref. N-11; S#109-16.

Date	Mintage	VG	F	VF	XF	Unc
1790A	—	2.00	4.00	8.00	15.00	—
1791A	—	2.00	4.00	8.00	15.00	—
1792A	—	2.00	4.00	8.00	15.00	—
1793A	—	2.00	4.00	8.00	15.00	—
1794A	—	2.00	4.00	8.00	15.00	—
1795A	—	2.00	4.00	8.00	15.00	—
1796A	—	2.00	4.00	8.00	15.00	—
1797A	—	2.00	4.00	8.00	15.00	—

KM# 373 PFENNIG

0.6300 g., 0.0520 Billon 0.0011 oz., 15 mm. **Ruler:** Friedrich Wilhelm III **Obv:** Crowned script FRW monogram, large 'W' **Rev:** 4-line inscription with date and mintmark **Rev. Inscription:** I / PFENNIG / (date) / A **Mint:** Berlin **Note:** Ref. N-20a; S#92-96.

Date	Mintage	F	VF	XF	Unc	BU
1799A	—	10.00	20.00	60.00	120	180

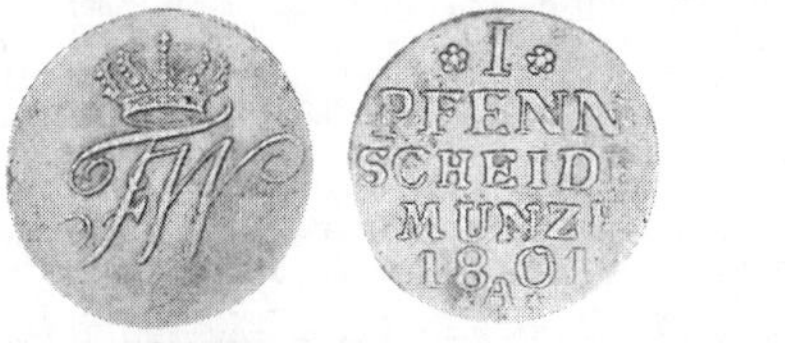

KM# 372 PFENNIG

2.4500 g., Copper, 21 mm. **Ruler:** Friedrich Wilhelm III **Obv:** Crowned script FW monogram **Rev:** 6-line inscription with date and mintmark **Rev. Inscription:** *1* / PFENN / SCHEIDE / MUNZE / (date) / A **Mint:** Berlin **Note:** Ref. N-21; S#99-102

Date	Mintage	F	VF	XF	Unc	BU
1799A	—	10.00	30.00	75.00	150	225

KM# 31 2 PFENNIG

0.4400 g., 0.1250 Billon 0.0018 oz., 13 mm. **Ruler:** Friedrich I **Obv:** Crowned script FR monogram, mintmaster's initials below **Rev:** 5-line inscription with date **Rev. Inscription:** II / PF. BR. / LANDT / MVNZ / (date) **Mint:** Berlin **Note:** Ref. M-25; S#306-10.

Date	Mintage	VG	F	VF	XF	Unc
1703 CS	1,590,000	15.00	37.00	75.00	150	—

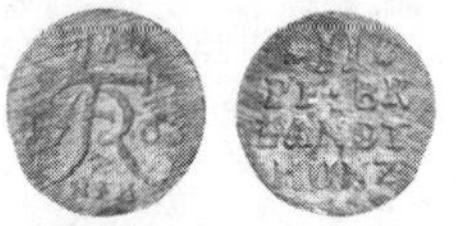

KM# 32 2 PFENNIG

0.4400 g., 0.1250 Billon 0.0018 oz., 14 mm. **Ruler:** Friedrich I **Obv:** Crowned script FR monogram divides date, mintmaster's initials below **Rev:** 4-line inscription **Rev. Inscription:** II / PF. BR / LANDT / MUNZ. **Mint:** Magdeburg **Note:** Ref. M-30; S-311, 312.

Date	Mintage	VG	F	VF	XF	Unc
1703 HFH	Inc. above	15.00	37.00	75.00	150	—

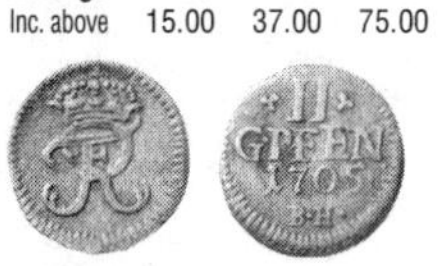

KM# 53 2 PFENNIG

0.6800 g., 0.1250 Billon 0.0027 oz., 13 mm. **Ruler:** Friedrich I **Obv:** Crowned script FR monogram **Rev:** 4-line inscription with date and mintmaster's initials **Rev. Inscription:** II / G. PFEN / (date) / (initials) **Mint:** Minden **Note:** Ref. M-40; S#391-6.

Date	Mintage	VG	F	VF	XF	Unc
1705 BH	328,320	35.00	80.00	175	375	—
1706 BH	Inc. above	35.00	80.00	175	375	—

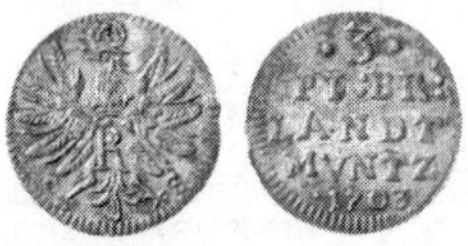

KM# 33 3 PFENNIG

0.6900 g., 0.1250 Billon 0.0028 oz., 15 mm. **Ruler:** Friedrich I **Obv:** Crowned displayed eagle with crowned FR monogram on breast, mintmaster's initials below **Rev:** 5-line inscription with date **Rev. Inscription:** 3 / PR. BR. / LANDT (or LANDES) / MUNTZ / (date) **Mint:** Berlin **Note:** Ref. M-26; S#290-300. Varieties exist.

Date	Mintage	VG	F	VF	XF	Unc
1703 CS	2,924,000	7.00	15.00	30.00	60.00	—
1705 CS	816,000	7.00	15.00	30.00	60.00	—

KM# 34 3 PFENNIG

0.6900 g., 0.1250 Billon 0.0028 oz., 16 mm. **Ruler:** Friedrich I **Obv:** Crowned displayed eagle with crowned FR monogram on breast, mintmaster's initials below **Rev:** 5-line inscription with date **Rev. Inscription:** 3 / PF. BRA(N) / DE(N)B. LAND / MUNTZ / (date) **Mint:** Magdeburg **Note:** Ref. M-31; S#301-4. Varieties exist.

Date	Mintage	VG	F	VF	XF	Unc
1703 HFH	Inc. above	7.00	15.00	30.00	60.00	—
1706 HFH	271,968	7.00	15.00	30.00	60.00	—

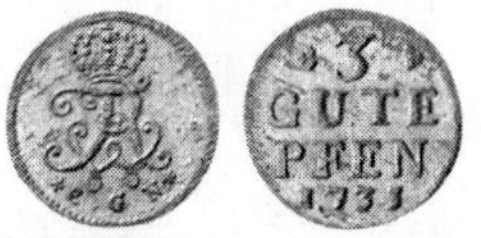

KM# 218 3 PFENNIG

0.8300 g., 0.1875 Billon 0.0050 oz., 15 mm. **Ruler:** Friedrich Wilhelm I **Obv:** Crowned intertwined script FWR monogram, mintmaster's initials below **Rev:** 4-line inscription with date **Rev. Inscription:** 3 / GUTE / PFEN / (date) **Mint:** Berlin **Note:** Ref. M-44; S#413-18.

Date	Mintage	VG	F	VF	XF	Unc
1735 EGN	1,920,000	18.00	37.00	75.00	150	—

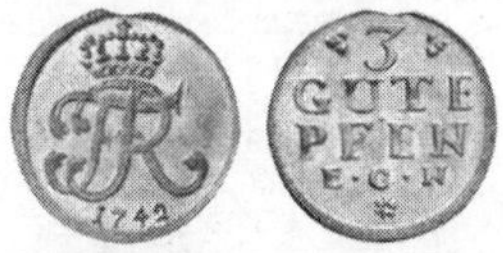

KM# 236 3 PFENNIG

0.8300 g., 0.1875 Billon 0.0050 oz., 16 mm. **Ruler:** Friedrich II **Obv:** Crowned script FR monogram, date below **Rev:** 4-line inscription with mintmaster's initials **Rev. Inscription:** 3 / GUTE / PFEN / (initials) **Mint:** Berlin **Note:** Ref. M-93; S#856-58.

Date	Mintage	VG	F	VF	XF	Unc
1742 EGN	960,000	10.00	25.00	55.00	110	200

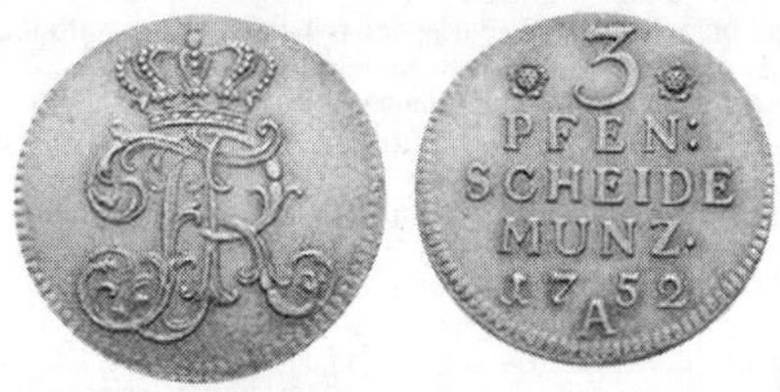

KM# 267 3 PFENNIG

7.3100 g., Copper, 26.5 mm. **Ruler:** Friedrich II **Obv:** Crowned ornate script FR monogram **Rev:** 6-line inscription with date and mintmark **Rev. Inscription:** *3* / PFEN: / SCHEIDE / MUNZ. / (date) / (mintmark) **Note:** Ref. M-96, 119; S#904-7, 909, 910, 1746, 1747

Date	Mintage	VG	F	VF	XF	Unc
1752A	5,760,000	7.50	15.00	35.00	65.00	—
1753A	Inc. above	7.50	15.00	35.00	65.00	—
1754F	Inc. above	15.00	30.00	60.00	125	—
1755A	Inc. above	7.50	15.00	35.00	65.00	—
1760A	Inc. above	7.50	15.00	35.00	65.00	—
1761A	Inc. above	7.50	15.00	35.00	65.00	—

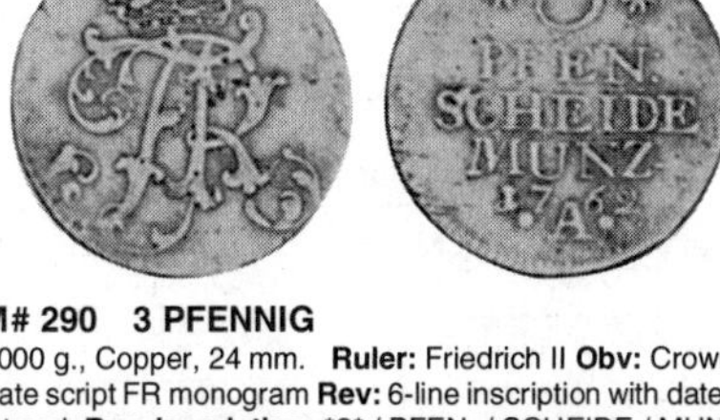

KM# 290 3 PFENNIG

4.0000 g., Copper, 24 mm. **Ruler:** Friedrich II **Obv:** Crowned ornate script FR monogram **Rev:** 6-line inscription with date and mintmark **Rev. Inscription:** *3* / PFEN. / SCHEIDE / MUNZ. / (date) / *A* **Mint:** Berlin **Note:** Ref. M-K96; S#1748-50.

Date	Mintage	VG	F	VF	XF	Unc
1761A	Inc. above	7.50	15.00	25.00	45.00	—
1762A	Inc. above	7.50	15.00	35.00	65.00	—

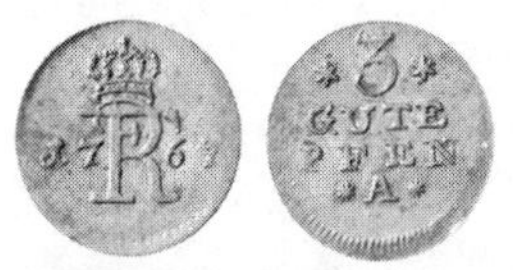

KM# 293 3 PFENNIG

0.7800 g., 0.1736 Billon 0.0044 oz., 15 mm. **Ruler:** Friedrich II **Obv:** Crowned FR monogram divides date **Rev:** 4-line inscription with mintmark **Rev. Inscription:** *3* / GUTE / PFEN / (letter)

Date	Mintage	VG	F	VF	XF	Unc
1764A	443,040	3.00	7.00	15.00	30.00	—
1764F	173,468	5.00	12.00	25.00	50.00	—
1765A	481,482	3.00	7.00	15.00	30.00	—
1765F	—	5.00	12.00	25.00	50.00	—
Note: Mintage included with 1764.						
1767A	370,270	3.00	7.00	15.00	30.00	—
1769A	367,479	3.00	7.00	15.00	30.00	—
1770A	577,302	3.00	7.00	15.00	30.00	—

KM# 325 3 PFENNIG

7.3600 g., Copper, 24 mm. **Ruler:** Friedrich II **Obv:** Crowned FR monogram divides date **Rev:** 4-line inscription **Rev. Inscription:** 3 / GUTE / PFENNIG / S: M: **Mint:** Berlin **Note:** Ref. S-908, where it is described as a pattern.

Date	Mintage	VG	F	VF	XF	Unc
1770	—	2.50	5.00	11.00	22.00	—

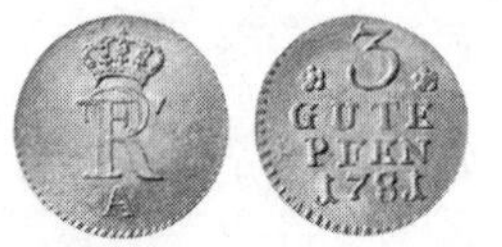

KM# 328 3 PFENNIG

0.8100 g., 0.1250 Billon 0.0033 oz., 15.5 mm. **Ruler:** Friedrich II **Obv:** Crowned FR monogram above mint mark **Rev:** 4-line inscription with date **Rev. Inscription:** 3 / GUTE / PFEN / (date) **Mint:** Berlin **Note:** Ref. M-104; S#864-76.

Date	Mintage	VG	F	VF	XF	Unc
1772A	587,648	2.50	5.00	11.00	22.00	—
1774A	724,588	2.50	5.00	11.00	22.00	—
1775A	816,340	2.50	5.00	11.00	22.00	—
1776A	698,160	2.50	5.00	11.00	22.00	—
1777A	689,216	2.50	5.00	11.00	22.00	—
1778A	243,780	2.50	5.00	11.00	22.00	—
1779A	230,556	2.50	5.00	11.00	22.00	—
1780A	266,488	2.50	5.00	11.00	22.00	—
1781A	351,072	2.50	5.00	11.00	22.00	—
1782A	290,084	2.50	5.00	11.00	22.00	—
1783A	293,672	2.50	5.00	11.00	22.00	—
1784A	163,640	2.50	5.00	11.00	22.00	—
1786A	307,828	2.50	5.00	11.00	22.00	—

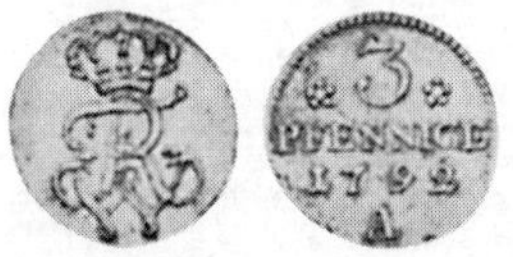

KM# 351 3 PFENNIG

0.7200 g., 0.1250 Silver 0.0029 oz. ASW, 16 mm. **Ruler:** Friedrich Wilhelm II **Obv:** Crowned script FWR monogram **Rev:** 4-line inscription with date and mintmark **Rev. Inscription:** 3 / PFENNIGE / (date) / A **Mint:** Berlin **Note:** Ref. N-8; S#86-95.

Date	Mintage	VG	F	VF	XF	Unc
1787A	—	2.50	5.00	10.00	22.00	—
1788A	—	2.50	5.00	10.00	22.00	—
1789A	—	2.50	5.00	10.00	22.00	—
1790A	—	2.50	5.00	10.00	22.00	—
1791A	—	2.50	5.00	10.00	22.00	—
1792A	—	2.50	5.00	10.00	22.00	—
1793A	—	2.50	5.00	10.00	22.00	—
1794A	—	2.50	5.00	10.00	22.00	—
1795A	—	2.50	5.00	10.00	22.00	—
1797A	—	2.50	5.00	10.00	22.00	—

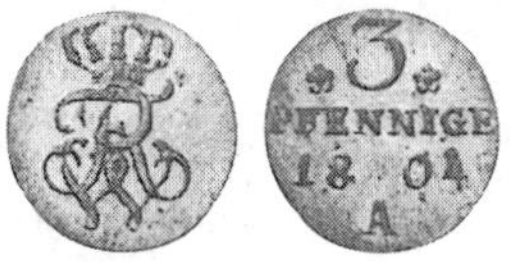

KM# 374 3 PFENNIG

0.7200 g., 0.1250 Silver 0.0029 oz. ASW, 16 mm. **Ruler:** Friedrich Wilhelm III **Obv:** Crowned script FWR monogram, large 'W' **Rev:** 4-line inscription with date and mintmark **Rev. Inscription:** 3 / PFENNIGE / (date) / A **Mint:** Berlin **Note:** Ref. N-19a; S#85-89.

Date	Mintage	F	VF	XF	Unc	BU
1799A	—	20.00	45.00	90.00	185	220

KM# 36 4 PFENNIG

0.9300 g., 0.1250 Billon 0.0037 oz., 16-17 mm. **Ruler:** Friedrich I **Obv:** Crowned script FR monogram, mintmaster's initials below **Rev:** 5-line inscription with date **Rev. Inscription:** IIII / PF(EN). BRA(N) / DENB. LAND / MUNTZ / (date) **Mint:** Magdeburg **Note:** Ref. M-32; S#268-78, 280-89. Varieties exist.

Date	Mintage	VG	F	VF	XF	Unc
1703 HFH	Inc. above	7.00	15.00	35.00	75.00	—
1705 HFH	604,800	7.00	15.00	35.00	75.00	—
1706 HFH	201,600	7.00	15.00	35.00	75.00	—

KM# 35 4 PFENNIG

0.9300 g., 0.1250 Billon 0.0037 oz., 16-17 mm. **Ruler:** Friedrich I **Obv:** Crowned script FR monogram, mintmaster's initials below **Rev:** 5-line inscription with date **Rev. Inscription:** IIII / PFEN. BRA / DENB. LAND / M(V)(U)NTZ / (date) **Mint:** Berlin **Note:** Ref. M-27; S#265-67.

Date	Mintage	VG	F	VF	XF	Unc
1703 CS	2,419,200	7.00	15.00	37.00	75.00	—

KM# 37 4 PFENNIG

0.9300 g., 0.1250 Billon 0.0037 oz., 16-17 mm. **Ruler:** Friedrich I **Obv:** Crowned script FR monogram divides date, mintmaster's initials below **Rev:** 5-line inscription with date **Rev. Inscription:** IIII / PFEN. BRA / DENB. LAND / MUNTZ / (date) **Mint:** Magdeburg **Note:** Ref. M-32b; S-279.

Date	Mintage	VG	F	VF	XF	Unc
1703 HFH	Inc. above	7.00	15.00	37.00	75.00	—

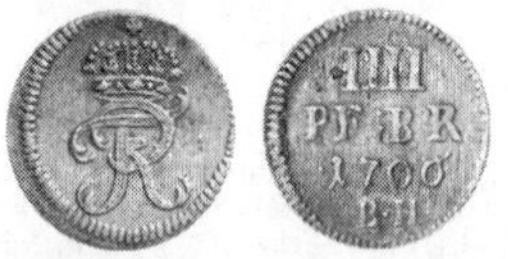

KM# 54 4 PFENNIG

1.0200 g., 0.1875 Billon 0.0061 oz., 16 mm. **Ruler:** Friedrich I **Obv:** Crowned script FR monogram **Rev:** 4-line inscription with date and mintmaster's initials **Rev. Inscription:** IIII / PF. BR / (date) / (initials) **Mint:** Minden **Note:** Ref. M-41; S#386-90.

Date	Mintage	VG	F	VF	XF	Unc
1705 BH	293,760	15.00	35.00	75.00	150	—
1706 BH	Inc. above	15.00	35.00	75.00	150	—

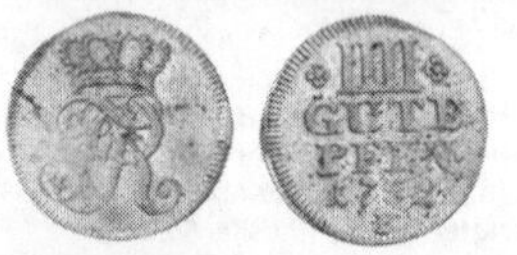

KM# A268 4 PFENNIG

1.0800 g., 0.1875 Billon 0.0065 oz., 16 mm. **Ruler:** Friedrich II **Obv:** Crowned script FR monogram **Rev:** 5-line inscription with date and mintmark **Rev. Inscription:** IIII / GUTE / PFEN. / (date) / F **Mint:** Magdeburg **Note:** Ref. M-204; S-1385, 1386; O-277.

Date	Mintage	VG	F	VF	XF	Unc
1752F	—	—	—	—	—	—
1753F	—	—	—	—	—	—

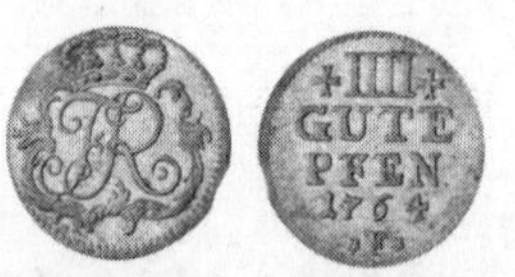

KM# 294 4 PFENNIG

1.0400 g., 0.1736 Billon 0.0058 oz., 16 mm. **Ruler:** Friedrich II **Obv:** Crowned script FR monogram in baroque frame **Rev:** 5-line inscription with date and mintmark **Rev. Inscription:** IIII / GUTE / PFEN. / (date) / F **Mint:** Magdeburg **Note:** Ref. M-208; S-1387; O-278.

Date	Mintage	VG	F	VF	XF	Unc
1764F	180,019	40.00	85.00	200	300	—

KM# 323 4 PFENNIG

1.0400 g., 0.1736 Billon 0.0058 oz., 18 mm. **Ruler:** Friedrich II **Obv:** Crowned FR monogram divides date **Rev:** 4-line inscription with date **Rev. Inscription:** 4 / GUTE / PFEN / A **Mint:** Berlin **Note:** Ref. M-211; S-1388, 1389.

Date	Mintage	VG	F	VF	XF	Unc
1764A	1,092,053	10.00	20.00	45.00	95.00	—
1766A	268,509	15.00	30.00	60.00	120	—

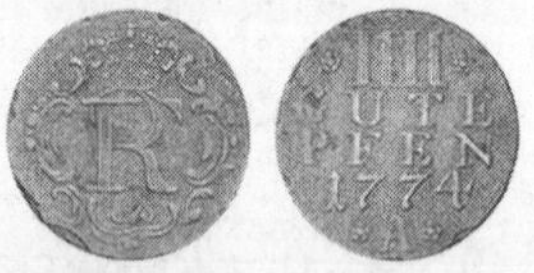

KM# 324 4 PFENNIG

1.0800 g., 0.1250 Billon 0.0043 oz., 17 mm. **Ruler:** Friedrich II **Obv:** Crowned FR monogram in baroque frame **Rev:** 5-line inscription with date and mintmark **Rev. Inscription:** IIII / GUTE / PFEN / (date) / A **Mint:** Berlin **Note:** Ref. M-212; S-1390.

Date	Mintage	VG	F	VF	XF	Unc
1774A	—	22.00	45.00	90.00	180	—

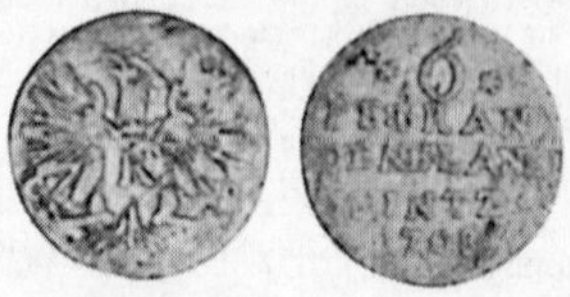

KM# 38 6 PFENNIG

1.4200 g., 0.1250 Billon 0.0057 oz., 18 mm. **Ruler:** Friedrich I **Obv:** Crowned displayed eagle with crowned FR monogram on breast, mintmaster's initials below **Rev:** 5-line inscription with date **Rev. Inscription:** 6 / PF. BRAN / DENB. LAND / MUNTZ / (date) **Mint:** Berlin **Note:** Ref. M-28; S#217-48. Varieties exist.

Date	Mintage	VG	F	VF	XF	Unc
1703 CS	656,000	15.00	30.00	60.00	100	—
1704 CS	—	15.00	30.00	60.00	100	—
1705 CS	262,400	15.00	30.00	60.00	100	—
1706 CS	262,400	15.00	30.00	60.00	100	—
1707 CS	2,099,328	15.00	30.00	60.00	100	—
1708 CS	Inc. above	15.00	30.00	60.00	100	—
1709 CS	Inc. above	15.00	30.00	60.00	100	—
1710 CS	Inc. above	15.00	30.00	60.00	100	—

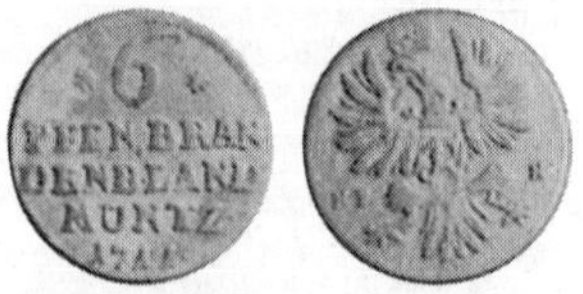

KM# 39 6 PFENNIG

1.4200 g., 0.1250 Billon 0.0057 oz., 18-19 mm. **Ruler:** Friedrich I **Obv:** Crowned displayed eagle, with crowned FR monogram on breast, mintmaster's initials divided above claws **Rev:** 5-line inscription with date **Rev. Inscription:** 6 / PF(EN). BRAN / DENB. LAND / MUNTZ. / (date) **Mint:** Magdeburg **Note:** Ref. M-33; S#249-64. Varieties exist.

Date	Mintage	VG	F	VF	XF	Unc
1703 HFH	Inc. above	15.00	30.00	60.00	100	—
1705 HFH	Inc. above	15.00	30.00	60.00	100	—
1707 HFH	Inc. above	15.00	30.00	60.00	100	—
1708 HFH	Inc. above	15.00	30.00	60.00	100	—
1709 HFH	Inc. above	15.00	30.00	60.00	100	—
1710 HFH	Inc. above	15.00	30.00	60.00	100	—
1711 HFH	Inc. above	15.00	30.00	60.00	100	—

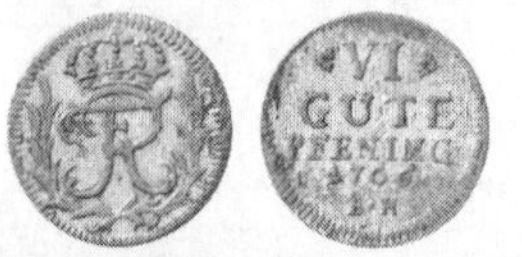

KM# 55 6 PFENNIG

1.5900 g., 0.1875 Billon 0.0096 oz., 16 mm. **Ruler:** Friedrich I **Obv:** Crowned script FR monogram between palm branches **Rev:** 5-line inscription with date and mintmaster's initials **Rev. Inscription:** VI / GUTE / PFENING / (date) / (initials) **Mint:** Minden **Note:** Ref. M-43; S-384, 385. Mintages included in KM#58.

Date	Mintage	VG	F	VF	XF	Unc
1705 BH	—	100	200	325	500	—
1706 BH	—	100	200	325	500	—

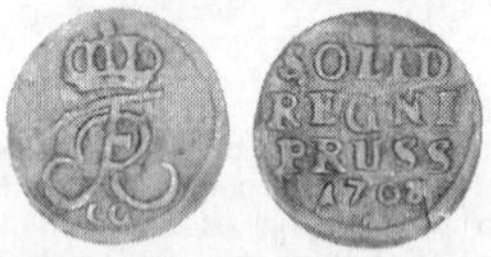

KM# 6 SCHILLING

0.7200 g., 0.0729 Billon 0.0017 oz., 14-15 mm. **Ruler:** Friedrich I **Obv:** Crowned script FR monogram, mintmaster's initials below **Rev:** 4-line inscription with date **Rev. Inscription:** SOLID / REGNI / PRUSS / (date) **Mint:** Königsberg **Note:** Ref. M-34b; S#352-55, 359-73. Varieties exist.

Date	Mintage	VG	F	VF	XF	Unc
1701 CG	—	7.00	15.00	30.00	65.00	—
1702 CG	—	7.00	15.00	30.00	65.00	—
1703 CG	—	7.00	15.00	30.00	65.00	—
1705 CG	—	7.00	15.00	30.00	65.00	—
1706 CG	—	7.00	15.00	30.00	65.00	—
1707 CG	—	7.00	15.00	30.00	65.00	—
1708 CG	—	7.00	15.00	30.00	65.00	—
1709 CG	—	7.00	15.00	30.00	65.00	—
1710 CG	—	7.00	15.00	30.00	65.00	—

KM# 5 SCHILLING

0.7200 g., 0.0729 Billon 0.0017 oz., 14-15 mm. **Ruler:** Friedrich I **Obv:** Crowned script FR monogram **Rev:** 5-line inscription with date and mintmaster's initials **Rev. Inscription:** SOLID / REGNI / PRUSS / (date) / (initials) **Mint:** Königsberg **Note:** Ref. M-34a; S#356-58.

Date	Mintage	VG	F	VF	XF	Unc
1701 CG	—	8.00	18.00	37.00	75.00	—

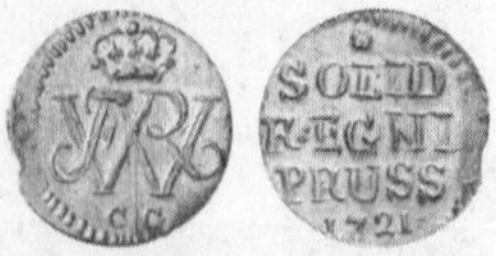

KM# 120 SCHILLING

0.7200 g., 0.0625 Billon 0.0014 oz., 16 mm. **Ruler:** Friedrich Wilhelm I **Obv:** Crowned FWR monogram, mintmaster's initials below **Rev:** 4-line inscription with date **Rev. Inscription:** SOLID / REGNI / PRUSS / (date) **Mint:** Königsberg **Note:** Ref. M-46a; S#503-9, 511-14, 517-30. Varieties exist.

Date	Mintage	VG	F	VF	XF	Unc
1714 CG	1,343,598	8.00	16.00	30.00	65.00	—
1715 CG	Inc. above	8.00	16.00	30.00	65.00	—
1717 CG	2,689,200	8.00	16.00	30.00	65.00	—
1718 CG	Inc. above	8.00	16.00	30.00	65.00	—
1719 CG	Inc. above	8.00	16.00	30.00	65.00	—
1720 CG	—	8.00	16.00	30.00	65.00	—
1721 CG	5,378,400	8.00	16.00	30.00	65.00	—
1722 CG	Inc. above	8.00	16.00	30.00	65.00	—
1723 CG	Inc. above	8.00	16.00	30.00	65.00	—
1724 CG	1,794,168	8.00	16.00	30.00	65.00	—
1725 CG	419,670	8.00	16.00	30.00	65.00	—
1726	1,369,702	8.00	16.00	30.00	65.00	—

KM# 164 SCHILLING

0.7200 g., 0.0625 Billon 0.0014 oz., 16 mm. **Ruler:** Friedrich Wilhelm I **Obv:** Crowned FWR monogram, mintmaster's initials divided by scepter below **Rev:** 4-line inscription with date **Rev. Inscription:** SOLID / REGNI / PRUSS / (date) **Mint:** Königsberg **Note:** Ref. M-46b; S#510, 515, 516. Varieties exist.

Date	Mintage	VG	F	VF	XF	Unc
1718 CG	Inc. above	8.00	16.00	30.00	65.00	—
1720 CG	Inc. above	8.00	16.00	30.00	65.00	—
1721 CG	Inc. above	8.00	16.00	30.00	65.00	—

KM# 212 SCHILLING

0.7200 g., 0.0625 Billon 0.0014 oz., 16 mm. **Ruler:** Friedrich Wilhelm I **Obv:** Crowned script FWR monogram, mintmaster's initials below **Rev:** 4-line inscription with date **Rev. Inscription:** SOLID / REGNI / PRUSS / (date) **Mint:** Königsberg **Note:** Ref. M-53; S#531-547. Varieties exist.

Date	Mintage	VG	F	VF	XF	Unc
1733 CS	10,788,411	8.00	16.00	36.00	65.00	—
1734 CS	Inc. above	8.00	16.00	36.00	65.00	—
1735 CS	Inc. above	8.00	16.00	36.00	65.00	—
1736 CS	8,370,000	8.00	16.00	36.00	65.00	—
1737 CS	Inc. above	8.00	16.00	36.00	65.00	—
1738 CS	Inc. above	8.00	16.00	36.00	65.00	—
1739 CS	Inc. above	8.00	16.00	36.00	65.00	—
1740 CS	Inc. above	8.00	16.00	36.00	65.00	—

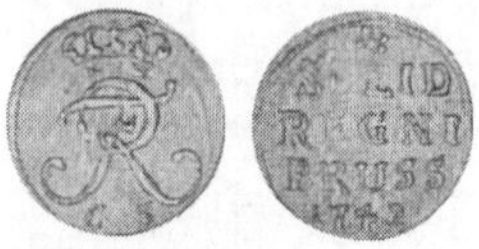

KM# 223.1 SCHILLING

0.7200 g., 0.0625 Billon 0.0014 oz., 15 mm. **Ruler:** Friedrich II **Obv:** Crowned script FR monogram, mintmaster's initials below **Rev:** 4-line inscription with date **Rev. Inscription:** SOLID / REGNI / PRUSS / (date) **Mint:** Königsberg **Note:** Ref. M-159; S#1263-68; D#1814-21.

Date	Mintage	VG	F	VF	XF	Unc
1741 CS	—	10.00	27.00	55.00	95.00	—
1742 CS	—	10.00	27.00	55.00	95.00	—
1743 CS	—	10.00	27.00	55.00	95.00	—

KM# 223.2 SCHILLING

0.7200 g., 0.0625 Billon 0.0014 oz., 14.5 mm. **Ruler:** Friedrich II **Obv:** Crowned script FR monogram, mintmark below **Rev:** 4-line inscription with date **Rev. Inscription:** SOLID / REGNI / PRVSS / (date) **Mint:** Königsberg **Note:** Ref. M-160; S#1269-91; D#1622-45.

Date	Mintage	VG	F	VF	XF	Unc
1752E	—	15.00	30.00	65.00	125	—
1753E	—	15.00	30.00	65.00	125	—
1754E	—	15.00	30.00	65.00	125	—
1755E	—	15.00	30.00	65.00	125	—
1756E	—	15.00	30.00	65.00	125	—

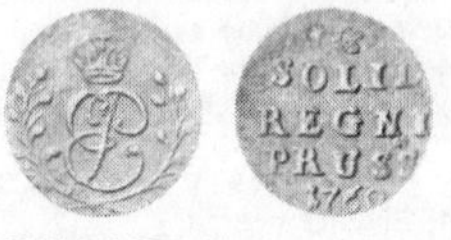

KM# 286 SCHILLING

0.7200 g., 0.0625 Silver 0.0014 oz. ASW, 14 mm. **Ruler:** Elisabeth I **Obv:** Crowned script EP monogram in laurel wreath **Rev:** 4-line inscription with date **Rev. Inscription:** SOLID / REGNI /PRUSS / (date) **Mint:** Königsberg **Note:** D#2141-44; M-190; S#1949-51.

Date	Mintage	VG	F	VF	XF	Unc
1759	734,014	30.00	65.00	135	275	—
1760	—	30.00	65.00	135	275	—
1761	390,045	30.00	65.00	135	275	—

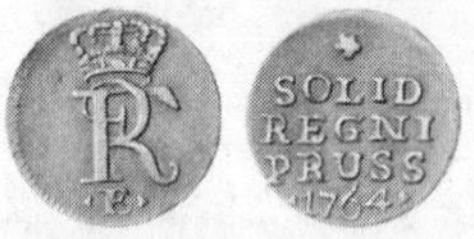

KM# A295.1 SCHILLING

0.7200 g., 0.0625 Billon 0.0014 oz., 14.5-15 mm. **Ruler:** Friedrich II **Obv:** Crowned FR monogram, mintmark below **Rev:** 4-line inscription with date **Rev. Inscription:** SOLID / REGNI / PRUSS / (date) **Mint:** Königsberg **Note:** Ref. M-172; S-1292, 1293.

Date	Mintage	VG	F	VF	XF	Unc
1764E	1,595,250	10.00	20.00	40.00	85.00	—

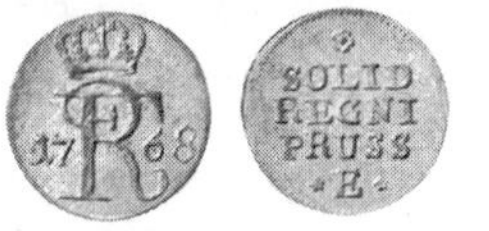

KM# A316 SCHILLING

0.7200 g., 0.0625 Silver 0.0014 oz. ASW, 14-15 mm. **Ruler:** Friedrich II **Obv:** Crowned FR monogram divides date **Rev:** 4-line inscription with mintmark **Rev. Inscription:** SOLID / REGNI / PRUSS / (mintmark) **Mint:** Königsberg **Note:** Ref. M-173; S#1294-97; D#2262-5. Varieties exist.

Date	Mintage	VG	F	VF	XF	Unc
1766E	947,734	10.00	25.00	50.00	100	—
1767E	959,400	10.00	25.00	50.00	100	—
1768E	825,018	10.00	25.00	50.00	100	—
1769E	735,715	10.00	25.00	50.00	100	—
1770E	Inc. above	10.00	25.00	50.00	100	—

KM# A295.1a SCHILLING

0.6900 g., 0.0521 Silver 0.0012 oz. ASW, 14-15 mm. **Ruler:** Friedrich II **Obv:** Crowned FR monogram, mintmark below **Rev:** 4-line inscription with date **Rev. Inscription:** SOLID / REGNI / PRUSS / (date) **Mint:** Königsberg **Note:** Ref. M-180; S#1298-1307; D#2260-61, 2266-67, 2270-77. Varieties exist.

Date	Mintage	VG	F	VF	XF	Unc
1771E	1,445,220	7.00	15.00	30.00	65.00	—
1775E	1,972,710	7.00	15.00	30.00	65.00	—
1777E	347,265	7.00	15.00	30.00	65.00	—
1779E	757,980	7.00	15.00	30.00	65.00	—
1780E	259,460	7.00	15.00	30.00	65.00	—
1781E	639,967	7.00	15.00	30.00	65.00	—
1782E	419,266	7.00	15.00	30.00	65.00	—
1783E	467,820	7.00	15.00	30.00	65.00	—
1785E	1,121,040	7.00	15.00	30.00	65.00	—
1786E	830,250	7.00	15.00	30.00	65.00	—

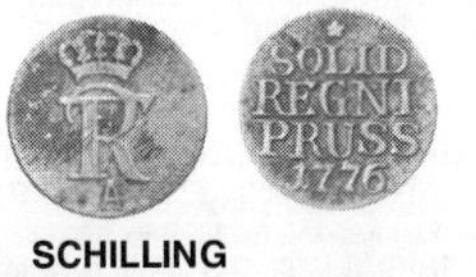

KM# A295.2 SCHILLING

0.6900 g., 0.0521 Silver 0.0012 oz. ASW, 14 mm. **Ruler:** Friedrich II **Obv:** Crowned FR monogram **Rev:** 4-line inscription with date **Rev. Inscription:** SOLID / REGNI / PRUSS / (date) **Mint:** Berlin **Note:** Ref. D#2268-69; M-185; S-1308. Varieties exist.

Date	Mintage	VG	F	VF	XF	Unc
1776A	—	20.00	40.00	80.00	165	—

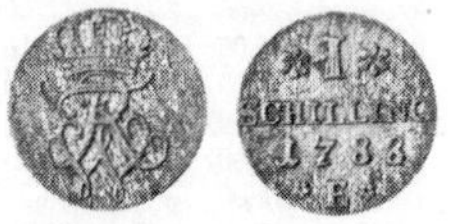

KM# 354 SCHILLING

0.7200 g., 0.1180 Billon 0.0027 oz., 14 mm. **Ruler:** Friedrich Wilhelm II **Obv:** Crowned script FWR monogram **Rev:** 4-line inscription with date and mintmark **Rev. Inscription:** I / SCHILLING / (date) / E **Mint:** Königsberg **Note:** Ref. N-22; S-178; D-2406.

Date	Mintage	VG	F	VF	XF	Unc
1788E	—	10.00	20.00	45.00	95.00	—

KM# 357 SCHILLING

2.6000 g., Copper, 20 mm. **Ruler:** Friedrich Wilhelm II **Obv:** Crowned script FW monogram **Rev:** 6-line inscription with date and mintmark **Rev. Inscription:** I / SCHILLING / PR:SCHEIDE / MÜNZE / (date) / E **Mint:** Königsberg **Note:** Ref. N-23; S#179-86; D#2407-22. Varieties exist.

Date	Mintage	VG	F	VF	XF	Unc
1790E	—	7.00	15.00	30.00	65.00	—
1791E	—	7.00	15.00	30.00	65.00	—
1792E	—	7.00	15.00	30.00	65.00	—
1793E	—	7.00	15.00	30.00	65.00	—
1794E	—	7.00	15.00	30.00	65.00	—
1795E	—	7.00	15.00	30.00	65.00	—
1796E	—	7.00	15.00	30.00	65.00	—
1797E	—	7.00	15.00	30.00	65.00	—

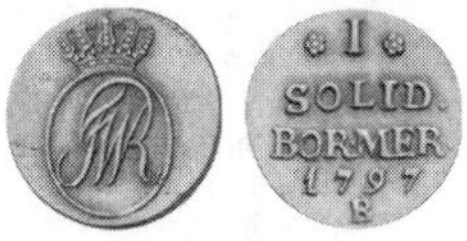

KM# 362.1 SCHILLING

1.3000 g., Copper, 15 mm. **Ruler:** Friedrich Wilhelm II **Obv:** Crowned oval with script FWR monogram **Rev:** 5-line inscription with date and mintmark **Rev. Inscription:** I / SOLID / BOR:MER: / (date) / B **Mint:** Breslau **Note:** Ref. N-29; S#215-17. Coinage for South Prussia (Südpreussen).

Date	Mintage	VG	F	VF	XF	Unc
1796B	—	5.00	12.00	25.00	50.00	—
1797B	—	5.00	12.00	25.00	50.00	—

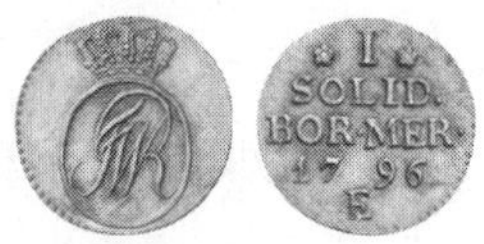

KM# 362.2 SCHILLING

1.3000 g., Copper, 15 mm. **Ruler:** Friedrich Wilhelm II **Obv:** Crowned oval with script FWR monogram **Rev:** 5-line inscription with date and mintmark **Rev. Inscription:** I / SOLID / BOR. MER. / (date) / E **Mint:** Königsberg **Note:** Ref. N-29; S-218, 219. Coinage for South Prussia (Südpreussen).

Date	Mintage	VG	F	VF	XF	Unc
1796E	—	7.00	16.00	32.00	65.00	—
1797E	—	7.00	16.00	32.00	65.00	—

KM# B362 1/2 GROSCHEN

1.9500 g., Copper, 18 mm. **Ruler:** Friedrich Wilhelm II **Obv:** FWR monogram in crowned oval shield between 2 branches **Rev:** 5-line inscription with date **Rev. Inscription:** 1 / 2 / GROSSUS(S) / REGNI / BORUSS / (date) **Note:** Ref. N#27. Coinage for South Prussia (Südpreussen).

Date	Mintage	VG	F	VF	XF	Unc
1796	—	7.00	15.00	30.00	65.00	—

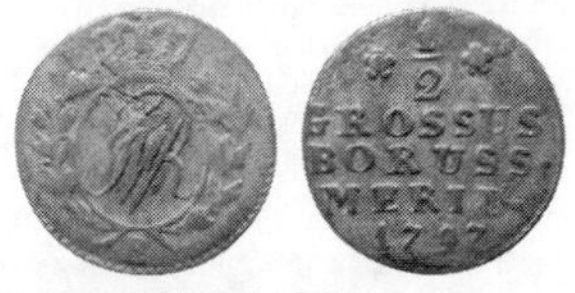

KM# C362.1 1/2 GROSCHEN

1.9500 g., Copper, 18 mm. **Ruler:** Friedrich Wilhelm II **Obv:** FWR monogram in crowned oval shield between 2 branches **Rev:** 5-line inscription with date **Rev. Inscription:** 1/2 / GROSSUS / BORUS(S). / MERID / (date) **Mint:** Breslau **Note:** Ref. N#28. Coinage for South Prussia (Südpreussen).

Date	Mintage	VG	F	VF	XF	Unc
1796B	—	10.00	27.00	55.00	110	—
1797B	—	10.00	27.00	55.00	110	—

KM# C362.2 1/2 GROSCHEN

1.9500 g., Copper, 18 mm. **Ruler:** Friedrich Wilhelm II **Obv:** FWR monogram in crowned oval shield between 2 branches **Rev:** 5-line inscription with date **Rev. Inscription:** 1/2 / GROSSUS / BORUS(S). / MERID. / (date) **Mint:** Königsberg **Note:** Ref. N#28. Coinage for South Prussia (Südpreussen).

Date	Mintage	VG	F	VF	XF	Unc
1796E	—	15.00	37.00	75.00	150	—
1797E	—	15.00	37.00	75.00	150	—

KM# B268 GRöSCHER

0.7700 g., Silver, 15 mm. **Ruler:** Friedrich II **Obv:** Crowned Prussian eagle **Rev:** 5-line inscription with date **Rev. Legend:** FRIDERIC. - BOR: REX **Rev. Inscription:** I / GROSSUS / REGNI / PRUSS. / (date) **Mint:** Königsberg **Note:** Ref. D#1846-47. Varieties exist.

Date	Mintage	VG	F	VF	XF	Unc
1752E	—	20.00	50.00	100	200	—

KM# 287 GRöSCHER

0.8800 g., Silver, 16 mm. **Ruler:** Elisabeth I **Obv:** Crown above Russian crowned imperial eagle **Obv. Legend:** MONETA. ARGENTEA **Rev:** 5-line inscription with date **Rev. Inscription:** I / GROSSUS / REGNI / PRUSS / (date) **Note:** Ref. D#2145-51. Varieties exist.

Date	Mintage	VG	F	VF	XF	Unc
1759	112,650	60.00	115	235	475	—
1760	—	60.00	115	235	475	—
1761	111,804	60.00	115	235	475	—

KM# B295 GRöSCHER

0.8310 g., Silver, 16 mm. **Ruler:** Friedrich II **Obv:** Crowned Prussian eagle **Obv. Legend:** FRIDERIC. - BOR: REX. **Rev:** 5-line inscription with date **Rev. Inscription:** I / GROSSUS / REGNI / PRUSS. / (date) **Mint:** Königsberg **Note:** Ref. DE2278-85. Varieties exist.

Date	Mintage	VG	F	VF	XF	Unc
1764E	1,291,305	10.00	25.00	50.00	100	—
1769E	876,008	10.00	25.00	50.00	100	—
1770E	Inc. above	10.00	25.00	50.00	100	—

KM# A327.2 GRöSCHER

0.8660 g., Silver, 16 mm. **Ruler:** Friedrich II **Obv:** Crowned eagle flying left, looking right **Obv. Legend:** FRIDERIC: BORUSS: REX. **Rev:** 5-line inscription with date **Rev. Inscription:** I / GROSSUS / REGNI / PRUSS. / (date) **Mint:** Königsberg **Note:** Ref. D#2286-87, 2289-96. Varieties exist.

Date	Mintage	VG	F	VF	XF	Unc
1771E	1,619,535	8.00	20.00	40.00	80.00	—
1772E	151,489	8.00	20.00	40.00	80.00	—
1778E	316,530	8.00	20.00	40.00	80.00	—
1779E	207,810	8.00	20.00	40.00	80.00	—
1780E	Inc. above	8.00	20.00	40.00	80.00	—
1781E	78,322	8.00	20.00	40.00	80.00	—
1782E	169,365	8.00	20.00	40.00	80.00	—
1783E	525,825	8.00	20.00	40.00	80.00	—
1785E	387,450	8.00	20.00	40.00	80.00	—
1786E	Inc. above	8.00	20.00	40.00	80.00	—

KM# A327.1 GRöSCHER

0.8660 g., Silver, 16 mm. **Ruler:** Friedrich II **Obv:** Crowned eagle flying left, looking right **Obv. Legend:** FRIDERIC: BORUSS: REX. **Rev:** 5-line inscription with date **Rev. Inscription:** I / GROSSUS / REGNI / PRUSS. / (date) **Mint:** Berlin **Note:** Ref. D#2288. Varieties exist.

Date	Mintage	VG	F	VF	XF	Unc
1776A	—	25.00	55.00	110	220	—

KM# 348 GRöSCHER

0.8500 g., Silver, 17 mm. **Ruler:** Friedrich Wilhelm II **Obv:** Armored bust to right **Obv. Legend:** FRIED. WILH. KOEN. V. PREUSS. **Rev:** Crowned shield of Prussian eagle arms divides 1 - GR/(date) **Mint:** Königsberg **Note:** Varieties exist. D#2423-43.

Date	Mintage	VG	F	VF	XF	Unc
1787E	—	20.00	40.00	85.00	170	—
1788E	—	20.00	40.00	85.00	170	—
1789E	121,770	20.00	40.00	85.00	170	—

Note: Ref. N#21.

Date	Mintage	VG	F	VF	XF	Unc
1790E	373,591	20.00	40.00	85.00	170	—
1791E	569,160	20.00	40.00	85.00	170	—
1792E	179,838	20.00	40.00	85.00	170	—
1793E	374,955	20.00	40.00	85.00	170	—
1794E	199,260	20.00	40.00	85.00	170	—
1795E	84,351	20.00	40.00	85.00	170	—
1796E	332,100	20.00	40.00	85.00	170	—
1797E	567,288	20.00	40.00	85.00	170	—
1798E	41,496	25.00	50.00	100	200	—

Note: Posthumous issue.

KM# D362.1 GRöSCHER

3.9000 g., Copper, 21 mm. **Ruler:** Friedrich Wilhelm II **Obv:** Bust to right **Obv. Legend:** FRIDERICUS WILHELM BORUSS REX. **Rev:** Crowned Prussian eagle in crowned oval shield between 2 branches, date at end of legend **Rev. Legend:** GROSSUS. BORUSS. MERIDIONAL(IS) (date) **Mint:** Breslau **Note:** Ref. N#26. Coinage for South Prussia (Südpreussen).

Date	Mintage	VG	F	VF	XF	Unc
1796B	—	8.00	18.00	37.00	75.00	—
1797B	—	8.00	18.00	37.00	75.00	—

KM# D362.2 GRöSCHER

3.9000 g., Copper, 21 mm. **Ruler:** Friedrich Wilhelm II **Obv:** Bust to right **Obv. Legend:** FRIDERICUS WILHELM BORUSS REX. **Rev:** Crowned Prussian eagle in crowned oval shield between 2 branches **Rev. Legend:** GROSSUS. BORUSS. MERIDIONAL(IS) (date) **Mint:** Königsberg **Note:** Ref. N#26. Coinage for South Prussia (Südpreussen).

Date	Mintage	VG	F	VF	XF	Unc
1796E	—	30.00	65.00	135	275	—
1797E	—	30.00	65.00	135	275	—
1798E	—	30.00	65.00	135	275	—

Note: Posthumous issue.

KM# 56 MARIENGROSCHEN

1.4300 g., 0.3125 Billon 0.0144 oz., 17.5 mm. **Ruler:** Friedrich I **Obv:** Crowned script FR monogram **Rev:** 5-line inscription with date and mintmaster's initials **Rev. Inscription:** I / MARIEN / GROSCH / (date) / (initials) **Mint:** Minden **Note:** Ref. M-44a; S-378.

Date	Mintage	VG	F	VF	XF	Unc
1705 BH	208,800	35.00	75.00	150	300	—

KM# 65 MARIENGROSCHEN

1.4300 g., 0.3125 Billon 0.0144 oz., 17.5 mm. **Ruler:** Friedrich I **Obv:** Crowned script FR monogram divides 1 - M **Rev:** 5-line inscription with date and mintmaster's initials **Rev. Inscription:** I / MARIEN / GROSCH / (date) / (initials) **Mint:** Minden **Note:** Ref. M-44b; S#379-81.

Date	Mintage	VG	F	VF	XF	Unc
1706 BH	Inc. above	35.00	75.00	150	300	—

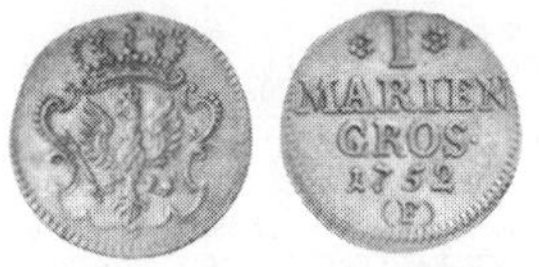

KM# E268 MARIENGROSCHEN

Silver, 17 mm. **Ruler:** Friedrich II **Obv:** Crowned Prussian eagle in baroque frame, large crown above **Rev:** 5-line inscription with date and mintmark **Rev. Inscription:** 1 / MARIEN / GROS / (date) / (mintmark) **Mint:** Magdeburg **Note:** O#275

Date	Mintage	VG	F	VF	XF	Unc
1752F	—	—	—	—	—	—

KM# C295 MARIENGROSCHEN

Silver, 19 mm. **Ruler:** Friedrich II **Obv:** Crowned Prussian eagle in baroque frame, large crown above **Rev:** 5-line inscription with date and mintmark **Rev. Inscription:** I / MARIEN / GROSCHEN / (date) / (mintmark). **Mint:** Magdeburg **Note:** O#276

Date	Mintage	VG	F	VF	XF	Unc
1764F	426,223	—	—	—	—	—

KM# 66 2 MARIENGROSCHEN

2.2800 g., 0.4375 Billon 0.0321 oz., 21 mm. **Ruler:** Friedrich I **Obv:** Crowned script FR monogram divides 2 - M **Rev:** 5-line inscription with date and mintmaster's initials **Rev. Inscription:** II / MARIEN / GROSCH / (date) / (initials) **Mint:** Minden **Note:** Ref. M-45; S-376, 377.

Date	Mintage	VG	F	VF	XF	Unc
1706 BH	140,400	45.00	90.00	185	375	—

KM# F268 2 MARIENGROSCHEN

Silver, 20 mm. **Ruler:** Friedrich II **Obv:** Crowned Prussian eagle in baroque frame, large crown above **Rev:** 5-line inscription with date and mintmark **Rev. Inscription:** II / MARIEN / GROS / (date) / (mintmark) **Mint:** Magdeburg **Note:** O#273.

Date	Mintage	VG	F	VF	XF	Unc
1752F	—	—	—	—	—	—

526 GERMAN STATES PRUSSIA

KM# D295 2 MARIENGROSCHEN
Silver, 22 mm. **Ruler:** Friedrich II **Obv:** Crowned Prussian eagle in baroque frame, large crown above **Rev:** 5-line inscription with date and mintmark **Rev. Inscription:** II / MARIEN / GROSCHEN / (date) / (mintmark) **Mint:** Magdeburg **Note:** O#274.

Date	Mintage	VG	F	VF	XF	Unc
1764F	230,638	—	—	—	—	—

KM# 57 4 MARIENGROSCHEN
4.2100 g., 0.5000 Billon 0.0677 oz., 24 mm. **Ruler:** Friedrich I **Obv:** Crowned script FR monogram **Rev:** 5-line inscription with date and mintmaster's initials **Rev. Inscription:** IIII / MARIEN / GROSCH / (date) / (initials) **Mint:** Minden **Note:** Ref. M-46; S-374, 375.

Date	Mintage	VG	F	VF	XF	Unc
1705 BH	—	80.00	160	275	550	—
1706 BH	—	80.00	160	275	550	—

KM# G268 4 MARIENGROSCHEN
Silver, 23-24 mm. **Ruler:** Friedrich II **Obv:** Crowned Prussian eagle in baroque frame, large crown above **Rev:** 5-line inscription with date and mintmark **Rev. Inscription:** IIII / MARIEN / GROS / (date) / (mintmark) **Mint:** Magdeburg **Note:** O#272.

Date	Mintage	VG	F	VF	XF	Unc
1752F	—	—	—	—	—	—

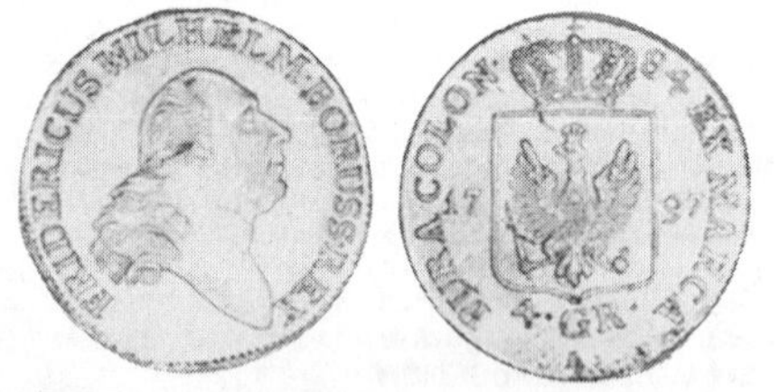

KM# 362 4 GROSCHEN
5.3450 g., 0.5210 Silver 0.0895 oz. ASW **Ruler:** Friedrich Wilhelm II **Obv:** Head right **Obv. Legend:** FRIDERICUS WILHELM • BORUSS • REX **Rev:** Crowned arms divide date, value below

Date	Mintage	VG	F	VF	XF	Unc
1796A	2,939,087	8.00	18.00	37.00	75.00	—
1796B	25,408	8.00	18.00	37.00	75.00	—
1796E	396,889	8.00	18.00	37.00	75.00	—
1797A	5,154,496	8.00	18.00	37.00	75.00	—
1797E	684,172	8.00	18.00	37.00	75.00	—
1798E	138,460	8.00	18.00	37.00	75.00	—

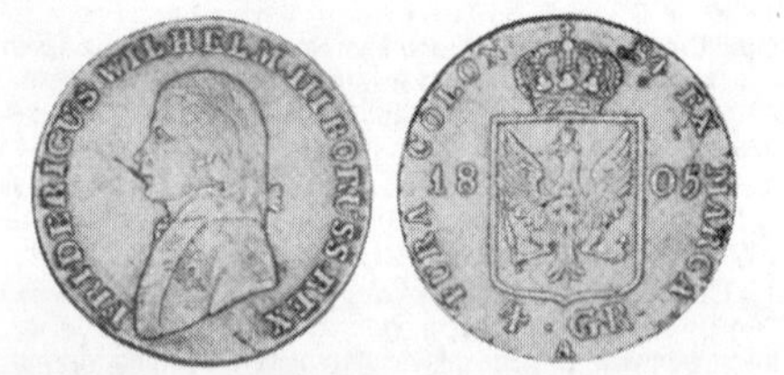

KM# 370 4 GROSCHEN
5.3450 g., 0.5210 Silver 0.0895 oz. ASW **Ruler:** Friedrich Wilhelm III **Obv:** Uniformed bust left **Obv. Legend:** FRIDERICUS WILHELM III BO RUSS. REX **Rev:** Crowned arms divide date

Date	Mintage	F	VF	XF	Unc	BU
1797A	—	8.00	20.00	40.00	80.00	120
1798A	—	10.00	25.00	55.00	110	150
1799A	—	10.00	20.00	45.00	95.00	135
1800A	—	10.00	25.00	55.00	110	150

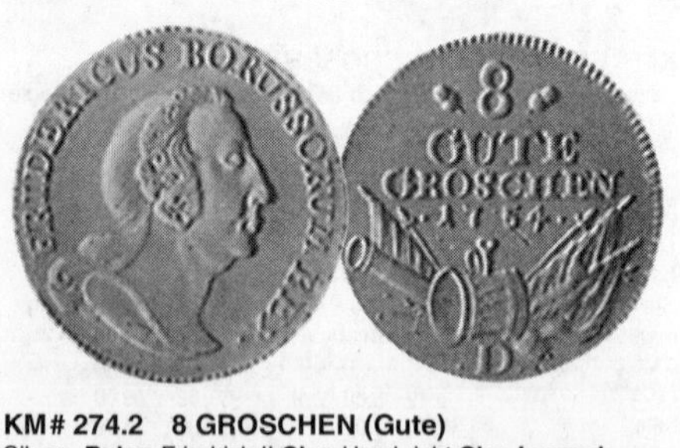

KM# 274.2 8 GROSCHEN (Gute)
Silver **Ruler:** Friedrich II **Obv:** Head right **Obv. Legend:** FREDERICHS BORUSSORUM REX **Rev:** Drum, crossed flags, cannon (war spoils)

Date	Mintage	VG	F	VF	XF	Unc
1753F	—	80.00	160	325	625	—
1753G	—	135	275	550	1,075	—
1754D	56,925	80.00	160	325	625	—
1754E	15,779	400	750	1,400	2,600	—
1754F	—	80.00	160	325	625	—
1754G	—	135	275	550	1,075	—
1755F	—	80.00	160	325	625	—
1756F	—	80.00	160	325	625	—
1757F	—	80.00	160	325	625	—
1759F	—	80.00	160	325	625	—
1763F	1,895,729	80.00	160	325	625	—

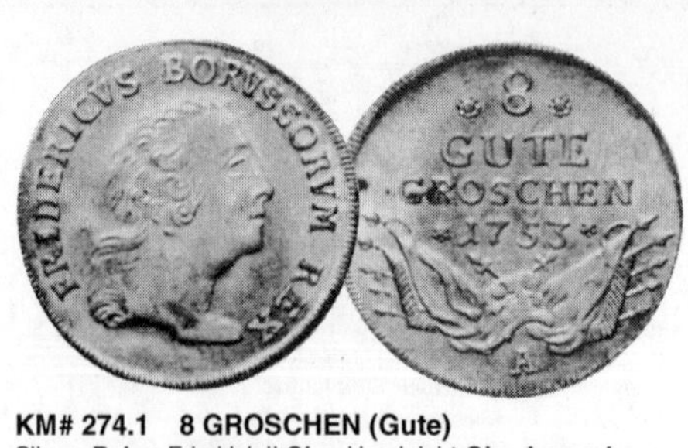

KM# 274.1 8 GROSCHEN (Gute)
Silver **Ruler:** Friedrich II **Obv:** Head right **Obv. Legend:** FRIDERICVS BORVSSORVM REX **Rev:** Value, date above flags **Rev. Inscription:** *6* / GUTE / GROSCHEN / *date* **Note:** Varieties exist.

Date	Mintage	VG	F	VF	XF	Unc
1753A	—	50.00	100	210	425	—
1754A	—	50.00	100	210	425	—
1755A	19,453	50.00	100	210	425	—
1755C	—	—	—	—	—	—
1756A	752,181	50.00	100	210	425	—
1757A	487,119	50.00	100	210	425	—
1759A	—	50.00	100	210	425	—
1759B	—	65.00	135	275	575	—
1763A	6,506,994	50.00	100	210	425	—
1763B	928,000	65.00	135	275	575	—

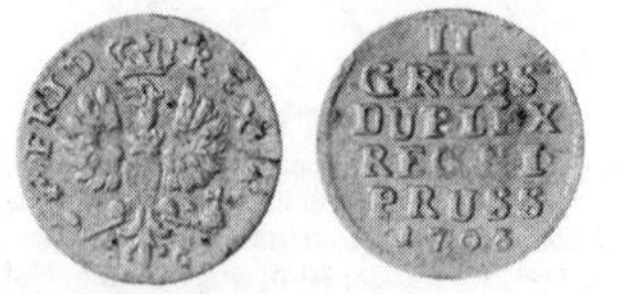

KM# 40 2 GROSCHER
1.6300 g., 0.2500 Billon 0.0131 oz., 19 mm. **Ruler:** Friedrich I **Obv:** Eagle, crown above divides legend, mintmaster's initials below **Obv. Legend:** FRID - REX. **Rev:** 6-line inscription with date **Rev. Inscription:** II / GROSS / DUPLEX / REGNI / PRUSS / (date) **Mint:** Königsberg **Note:** Ref. M-35; S#349-351.

Date	Mintage	VG	F	VF	XF	Unc
1703 CG	—	15.00	30.00	60.00	125	—

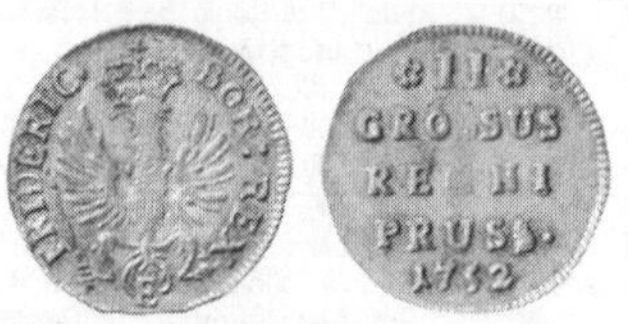

KM# C268.1 2 GROSCHER
Silver, 19-20 mm. **Ruler:** Friedrich II **Obv:** Crowned Prussian eagle **Obv. Legend:** FRIDERIC(US). - BOR(US). REX. **Rev:** 5-line inscription with date **Rev. Inscription:** II / GROSSUS / REGNI / PRUSS. / (date) **Mint:** Königsberg **Note:** D#1848-52, 1854-62.

Date	Mintage	VG	F	VF	XF	Unc
1752E	—	9.00	20.00	40.00	80.00	—
1753E	—	9.00	20.00	40.00	80.00	—

KM# C268.2 2 GROSCHER
Silver, 19-20 mm. **Ruler:** Friedrich II **Obv:** Crowned Prussian eagle **Obv. Legend:** FRIDERIC(US). - BOR(US). REX. **Rev:** 6-line inscription with date **Rev. Inscription:** II / GROSSUS / DUPLEX / REGNI / PRUSS. / (date) **Mint:** Königsberg **Note:** D#1853.

Date	Mintage	VG	F	VF	XF	Unc
1752E	—	18.00	40.00	85.00	170	—

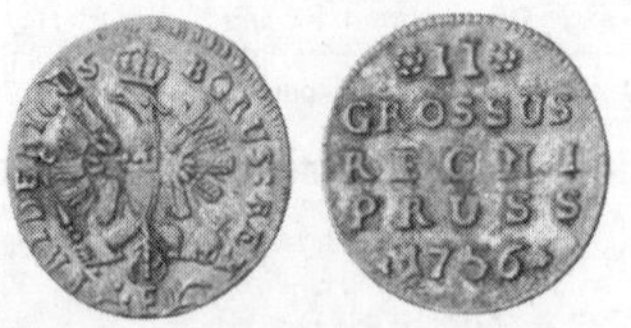

KM# A279 2 GROSCHER
1.5400 g., Silver, 19-20 mm. **Ruler:** Friedrich II **Obv:** Crowned Prussian eagle **Obv. Legend:** FRIDERIC(US). - BOR(US). REX. **Rev:** 5-line inscription with date **Rev. Inscription:** II / GROSSUS / REGNI / PRUSS. / (date) **Mint:** Königsberg **Note:** D#1863-76.

Date	Mintage	VG	F	VF	XF	Unc
1755E	—	9.00	20.00	40.00	80.00	—
1756E	—	9.00	20.00	40.00	80.00	—
1757E	—	9.00	20.00	40.00	80.00	—

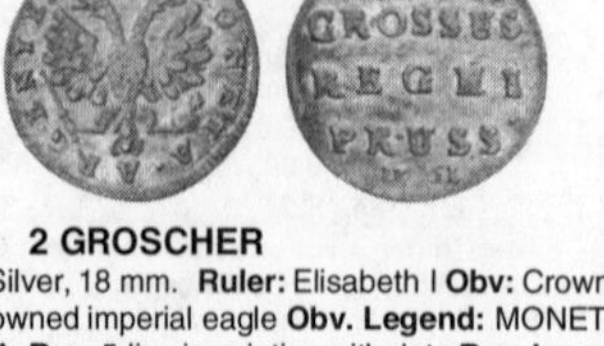

KM# 288 2 GROSCHER
1.4600 g., Silver, 18 mm. **Ruler:** Elisabeth I **Obv:** Crown above Russian crowned imperial eagle **Obv. Legend:** MONETA. ARGENTEA. **Rev:** 5-line inscription with date **Rev. Inscription:** II / GROSSUS / REGNI / PRUSS / (date) **Note:** Varieties exist. D#2152-61.

Date	Mintage	VG	F	VF	XF	Unc
1759	126,657	75.00	150	300	600	—
1760	—	75.00	150	300	600	—
1761	93,634	75.00	150	300	600	—

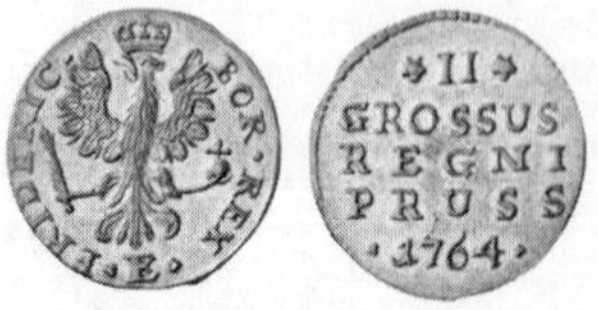

KM# A296 2 GROSCHER
1.5400 g., Silver, 19 mm. **Ruler:** Friedrich II **Obv:** Crowned Prussian eagle **Obv. Legend:** FRIDERIC. - BOR. REX. **Rev:** 5-line inscription with date **Rev. Inscription:** II / GROSSUS / REGNI / PRUSS. / (date) **Mint:** Königsberg **Note:** D#2297-99.

Date	Mintage	VG	F	VF	XF	Unc
1764E	960,060	12.00	25.00	50.00	100	—
1768E	216,045	12.00	25.00	50.00	100	—

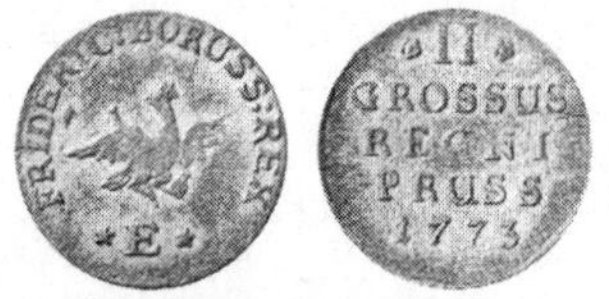

KM# A329 2 GROSCHER
1.5400 g., Silver, 19 mm. **Ruler:** Friedrich II **Obv:** Crowned flying eagle left, looking right **Obv. Legend:** FRIDERIC: BORUSS: REX. **Rev:** 5-line inscription with date **Rev. Inscription:** II / GROSSUS / REGNI / PRUSS. / (date) **Mint:** Königsberg **Note:** D#2300.

Date	Mintage	VG	F	VF	XF	Unc
1773E	4,815,975	10.00	20.00	45.00	95.00	—

KM# 41 3 GROSCHER (Dreigröscher=Düttchen)
1.6800 g., 0.3750 Billon 0.0203 oz., 20.5 mm. **Ruler:** Friedrich I **Obv:** Laureate bust to right, mintmaster's initials below **Obv. Legend:** FRIDERICUS REX. **Rev:** Four crowned double-F monograms alternating with 4 "R"s, value '3' in center, legend divided above, date divided below **Rev. Legend:** SUUM - CUIQUE **Mint:** Königsberg **Note:** Ref. M-36; S#326-48. Varieties exist.

Date	Mintage	VG	F	VF	XF	Unc
1703 CG	Est. 2,700,000	12.00	30.00	60.00	120	—
1704 CG	Inc. above	12.00	30.00	60.00	120	—
1705 CG	Inc. above	12.00	30.00	60.00	120	—
1706 CG	Inc. above	12.00	30.00	60.00	120	—
1709 CG	Inc. above	12.00	30.00	60.00	120	—
1710 CG	Inc. above	12.00	30.00	60.00	12.00	—
1711 CG	Inc. above	12.00	30.00	60.00	120	—
1713 CG	Inc. above	12.00	30.00	60.00	120	—

KM# 121 3 GROSCHER (Dreigröscher=Düttchen)
1.6800 g., 0.3750 Billon 0.0203 oz., 20 mm. **Ruler:** Friedrich Wilhelm I **Obv:** Laureate bust to right, mintmaster's initials below **Obv. Legend:** FRID. WILH. REX. **Rev:** 3 shields of arms below crown, date divided below, value '3' in cartouche at bottom **Rev. Legend:** MON. ARG. REG. PRUS. **Mint:** Königsberg **Note:** Ref. M-47; S#481-90. Varieties exist.

Date	Mintage	VG	F	VF	XF	Unc
1714 CG	555,220	27.00	55.00	110	225	—
1715 CG	Inc. above	27.00	55.00	110	225	—
1716 CG	Inc. above	27.00	55.00	110	225	—

KM# 165 3 GROSCHER (Dreigröscher=Düttchen)
1.6800 g., 0.3750 Billon 0.0203 oz., 21 mm. **Ruler:** Friedrich Wilhelm I **Obv:** Uniformed bust to right, mintmaster's initials below **Obv. Legend:** FRID. WILH. REX. **Rev:** 3 shields of arms below crown, date divided below, value '3' in cartouche at bottom **Rev. Legend:** MON. ARG. REG. PRUS. **Mint:** Königsberg **Note:** Ref. M-50; S#491-502. Varieties exist.

Date	Mintage	VG	F	VF	XF	Unc
1718 CG	650,000	27.00	55.00	110	225	—
1719 CG	Inc. above	27.00	55.00	110	225	—
1720 CG	Inc. above	27.00	55.00	110	225	—
1722 CG/M	144,730	27.00	55.00	110	225	—
1723 CG/M	Inc. above	27.00	55.00	110	225	—

KM# A263 3 GROSCHER (Dreigröscher=Düttchen)
1.5110 g., Silver, 21-22 mm. **Ruler:** Friedrich II **Obv:** Armored bust to right **Obv. Legend:** FRIDERICVS BORVSSOR: REX. **Rev:** Two adjacent shields with eagle in each, '3' between near top, crown above, date divided below **Rev. Legend:** MON: ARG: - REG: PRUS. **Mint:** Königsberg **Note:** D#1877-94, 1897-1911, 1914-15, 1917-28. Weight varies: 1.511-1.596 g. Varieties exist.

Date	Mintage	VG	F	VF	XF	Unc
1751 W//E	—	9.00	22.00	45.00	95.00	—
1752 W//E	—	9.00	22.00	45.00	95.00	—
1752 S//E	—	9.00	22.00	45.00	95.00	—
1752 E	—	9.00	22.00	45.00	95.00	—
1753 ST//E	—	9.00	22.00	45.00	95.00	—
1753 E	—	9.00	22.00	45.00	95.00	—
1754 E	—	9.00	22.00	45.00	95.00	—

KM# 274 3 GROSCHER (Dreigröscher=Düttchen)
1.5110 g., Silver, 21-22 mm. **Ruler:** Friedrich II **Obv:** Armored bust to right **Obv. Legend:** FRIDERICVS BORVSSOR: REX. **Rev:** Two adjacent shields with eagle in each, '3' between near

top, crown above **Rev. Legend:** MON: ARG: - REG: PRUS(S): (date) **Mint:** Königsberg **Note:** D#1895-6, 1912-13, 1916. Varieties exist.

Date	Mintage	VG	F	VF	XF	Unc
1753 ST//E	—	9.00	22.00	45.00	95.00	—
1753 E	—	9.00	22.00	45.00	95.00	—

KM# 289.1 3 GROSCHER
(Dreigröscher=Düttchen)

1.5600 g., Silver, 21 mm. **Ruler:** Elisabeth I **Obv:** Crowned bust to right **Obv. Legend:** ELISAB: I: D:G: IMP: TOT: RUSS. **Rev:** Crowned Prussian eagle, '3' in shield on breast, tail divides date below **Rev. Legend:** MONETA: REGNI: PRUSS. **Note:** D#2162-7, 2169-71. Varieties exist.

Date	Mintage	VG	F	VF	XF	Unc
1759	36,972	35.00	75.00	150	300	—
1760	—	30.00	60.00	125	250	—
1761	1,050,000	30.00	60.00	125	250	—

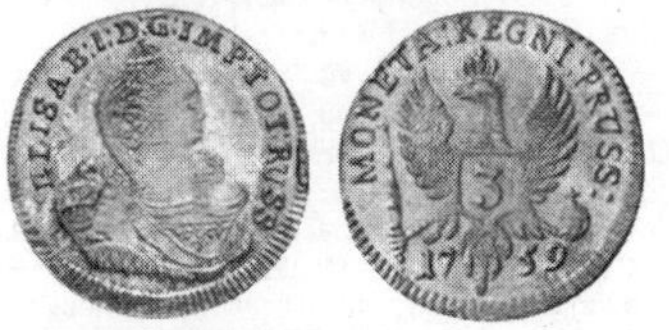

KM# 289.2 3 GROSCHER
(Dreigröscher=Düttchen)

1.5600 g., Silver, 21 mm. **Ruler:** Elisabeth I **Obv:** Crowned bust to right **Obv. Legend:** ELISAB: 1: IMP. TOT: RUSS. **Rev:** Crowned Prussian eagle, '3' in shield on breast, tail divides date below **Rev. Legend:** MONETA: ARGENTEA: REG: PRVS. **Note:** D#2168.

Date	Mintage	VG	F	VF	XF	Unc
1759	Inc. above	30.00	60.00	125	250	—

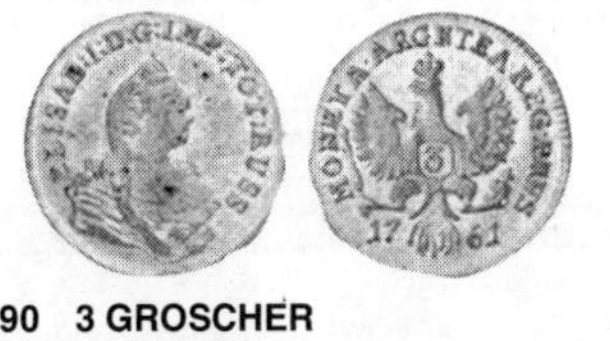

KM# A290 3 GROSCHER
(Dreigröscher=Düttchen)

Silver, 18 mm. **Ruler:** Elisabeth I **Obv:** Smaller crowned bust to right **Obv. Legend:** ELISAB: I: D:G: IMP: TOT: RUSS. **Rev:** Smaller crowned Prussian eagle, '3' in shield on breast, tail divides date below **Rev. Legend:** MONETA: ARGENTEA: REG: PRVS. **Note:** D#2172-80. Varieties exist.

Date	Mintage	VG	F	VF	XF	Unc
1761	Inc. above	30.00	60.00	125	250	—
1762	—	30.00	60.00	125	250	—

KM# 313.1 3 GROSCHER
(Dreigröscher=Düttchen)

1.6410 g., Silver, 20 mm. **Ruler:** Friedrich II **Obv:** Head to right **Obv. Legend:** FRIDERICUS BORUSS: REX. **Rev:** Crowned Prussian eagle, script FR monogram on breast, '3' below **Rev. Legend:** MONETA - (date) - ARGENT. **Mint:** Königsberg **Note:** D#2301.

Date	Mintage	VG	F	VF	XF	Unc
1765 E	2,071,405	10.00	22.00	45.00	95.00	—

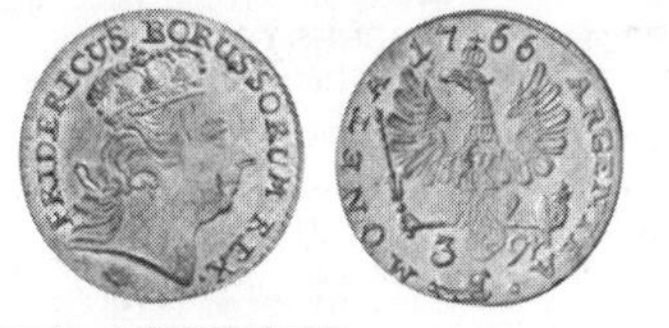

KM# 313.2 3 GROSCHER
(Dreigröscher=Düttchen)

1.6410 g., Silver, 20 mm. **Ruler:** Friedrich II **Obv:** Crowned head to right **Obv. Legend:** FRIDERICUS BORUSSORUM REX. **Rev:** Crowned Prussian eagle, script FR monogram on breast, tail divides '3 - gr.' **Rev. Legend:** MONETA - (date) - ARGENTEA. **Mint:** Königsberg **Note:** D#2302-07. Varieties exist.

Date	Mintage	VG	F	VF	XF	Unc
1765E	Inc. above	10.00	22.00	45.00	95.00	—
1766E	429,515	10.00	22.00	45.00	95.00	—
1767E	Inc. above	10.00	22.00	45.00	95.00	—

KM# A328.2 3 GROSCHER
(Dreigröscher=Düttchen)

1.6700 g., Silver, 20 mm. **Ruler:** Friedrich II **Obv:** Laureate head to right **Obv. Legend:** FRIDERICUS BORUSSORUM REX. **Rev:** Crowned eagle flying left, looking right, '3 - gr:'/date and mintmark below, legend in arc above eagle **Rev. Legend:** MONETA ARGENT **Mint:** Königsberg **Note:** D#2308-18, 2320-26. Varieties exist.

Date	Mintage	VG	F	VF	XF	Unc
1771E	4,033,865	4.00	9.00	18.00	37.00	—
1772E	2,291,895	4.00	9.00	18.00	37.00	—
1773E	3,569,790	4.00	9.00	18.00	37.00	—
1774E	4,783,560	4.00	9.00	18.00	37.00	—
1775E	2,784,425	4.00	9.00	18.00	37.00	—
1776E	1,784,890	4.00	9.00	18.00	37.00	—
1777E	1,070,960	4.00	9.00	18.00	37.00	—
1778E	754,575	4.00	9.00	18.00	37.00	—
1779E	893,025	4.00	9.00	18.00	37.00	—
1780E	1,277,150	4.00	9.00	18.00	37.00	—
1781E	2,066,400	4.00	9.00	18.00	37.00	—
1782E	2,432,325	4.00	9.00	18.00	37.00	—
1783E	2,539,950	4.00	9.00	18.00	37.00	—
1784E	13,201,990	4.00	9.00	18.00	37.00	—
1785E	8,351,700	4.00	9.00	18.00	37.00	—
1786E	932,750	4.00	9.00	18.00	37.00	—

KM# A328.1 3 GROSCHER
(Dreigröscher=Düttchen)

1.6700 g., Silver, 20 mm. **Ruler:** Friedrich II **Obv:** Laureate head to right **Obv. Legend:** FRIDERICUS BORUSSORUM REX. **Rev:** Crowned eagle flying left, looking right, '3 - gr:' date and mintmark below, legend in arc above eagle **Rev. Legend:** MONETA ARGENT **Mint:** Berlin **Note:** D#2327-31. Varieties exist.

Date	Mintage	VG	F	VF	XF	Unc
1774A	1,905,010	7.00	18.00	37.00	75.00	—
1775A	741,595	7.00	18.00	37.00	75.00	—
1776A	Inc. above	7.00	18.00	37.00	75.00	—

KM# 337 3 GROSCHER (Dreigröscher=Düttchen)

1.6700 g., Silver, 20 mm. **Ruler:** Friedrich II **Obv:** Laureate head to right **Obv. Legend:** FRIDERICUS BORUSSORUM REX. **Rev:** Crowned eagle flying left, looking right, '3/A' divides date below, legend in arc above **Rev. Legend:** MONETA ARGENT **Mint:** Berlin **Note:** M#187b. Varieties exist.

Date	Mintage	VG	F	VF	XF	Unc
1779A	25,964,596	4.00	9.00	18.00	37.00	—
1780A	27,207,560	4.00	9.00	18.00	37.00	—
1781A	44,023,765	4.00	9.00	18.00	37.00	—
1782A	38,758,010	4.00	9.00	18.00	37.00	—
1783A	43,743,700	4.00	9.00	18.00	37.00	—
1784A	23,005,400	4.00	9.00	18.00	37.00	—
1785A	5,906,220	4.00	9.00	18.00	37.00	—

KM# 338 3 GROSCHER (Dreigröscher=Düttchen)

1.6700 g., Silver, 20 mm. **Ruler:** Friedrich II **Obv:** Laureate head to right **Obv. Legend:** FRIDERICUS BORUSSORUM REX. **Rev:** Crowned eagle flying left, looking right, '3/E' divides date below, legend in arc above eagle **Rev. Legend:** MONETA ARGENT **Mint:** Königsberg **Note:** D#2319.

Date	Mintage	VG	F	VF	XF	Unc
1781E	Inc. above	6.00	12.00	25.00	50.00	—

KM# E362.2 3 GROSCHER
(Dreigröscher=Düttchen)

11.7000 g., Copper, 25 mm. **Ruler:** Friedrich Wilhelm II **Obv:** Bust to right **Obv. Legend:** FRIDERICUS WILHELM BORUSS REX. **Rev:** Crowned Prussian eagle in crowned oval shield between 2 branches, date at end of legend **Rev. Legend:** GROSSUS BORUS(S). MERID. TRIPLEX (date) **Note:** N#25.

Date	Mintage	VG	F	VF	XF	Unc
1796B	—	30.00	65.00	135	275	—
1796E	—	60.00	120	235	475	—
1797A	—	12.00	25.00	55.00	110	—
1797B	—	30.00	65.00	135	275	—
1798E	—	60.00	120	235	475	—

KM# E362.1 3 GROSCHER
(Dreigröscher=Düttchen)

11.7000 g., Copper, 25 mm. **Ruler:** Friedrich Wilhelm II **Obv:** Bust to right **Obv. Legend:** FRIDERICUS WILHELM BORUSS REX. **Rev:** Crowned Prussian eagle in crowned oval shield between 2 branches, date at end of legend **Rev. Legend:** GROSSUS BORUSSIAE TRIPLEX (date) **Note:** Coinage for South Prussia (Südpreussen). N#24.

Date	Mintage	VG	F	VF	XF	Unc
1796A	—	8.00	20.00	40.00	80.00	—
1796B	—	10.00	25.00	50.00	100	—

KM# 376.1 3 GROSCHER
(Dreigröscher=Düttchen)

1.7000 g., Silver, 18 mm. **Ruler:** Friedrich Wilhelm III **Obv:** Bust to left **Obv. Legend:** FRID. WILHELM. III BORUSS. REX. **Rev:** Crowned eagle flying right, looking left, 3/date/mintmark below, legend curved at top **Rev. Legend:** MON. ARGENT. **Mint:** Berlin **Note:** D#2477.

Date	Mintage	VG	F	VF	XF	Unc
1800A	—	4.00	9.00	18.00	37.00	—

KM# 376.2 3 GROSCHER
(Dreigröscher=Düttchen)

1.7000 g., Silver, 18 mm. **Ruler:** Friedrich Wilhelm III **Obv:** Bust to left **Obv. Legend:** FRID. WILHELM. III BORUSS. REX. **Rev:** Crowned eagle flying right, looking left, III/date/mint mark below, legend curved at top **Rev. Legend:** MON. ARGENT. **Mint:** Berlin **Note:** D#2478-85. Varieties exist.

Date	Mintage	VG	F	VF	XF	Unc
1800A	—	4.00	9.00	18.00	37.00	—

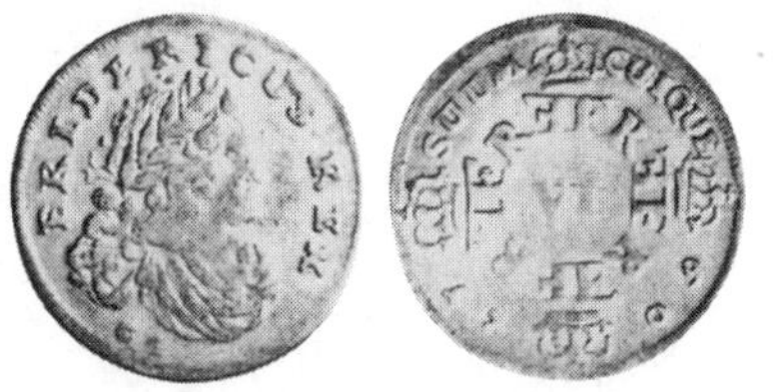

KM# 21 6 GROSCHER (Sechsgröscher=Szostake)

3.4900 g., 0.3750 Billon 0.0421 oz., 25 mm. **Ruler:** Friedrich I **Obv:** Laureate draped bust to right, mintmaster's initials below **Obv. Legend:** FRIDERICUS. REX. **Rev:** Four crowned double-F monograms alternating with 4 "R"s, value 'VI' in center, legend divided above, date divided at bottom **Rev. Legend:** SUUM - CUIQUE. **Mint:** Königsberg **Note:** Ref. M-37; S#318-25. Varieties exist.

Date	Mintage	VG	F	VF	XF	Unc
1702 CG	Est. 1,950,000	15.00	32.00	65.00	135	—
1704 CG	Inc. above	15.00	32.00	65.00	135	—
1709 CG	Inc. above	15.00	32.00	65.00	135	—

KM# 122 6 GROSCHER
(Sechsgröscher=Szostake)

3.4900 g., 0.3750 Billon 0.0421 oz., 24 mm. **Ruler:** Friedrich Wilhelm I **Obv:** Laureate armored bust to right, mintmaster's initials below **Obv. Legend:** FRID. WILH. REX. **Rev:** Crown above 3 small shields of arms, date divided by lower shield, value 'VI' in oval below **Rev. Legend:** MON(E). ARG. REG. PRUS. **Mint:** Königsberg **Note:** Ref. M-48; S#437-60. Varieties exist.

Date	Mintage	VG	F	VF	XF	Unc
1714 CG/M	592,944	30.00	60.00	120	240	—
1715 CG/M	Inc. above	30.00	60.00	120	240	—
1716 CG/M	Inc. above	30.00	60.00	120	240	—
1717 CG/M	Inc. above	30.00	60.00	120	240	—
1718 CG/M	Inc. above	30.00	60.00	120	240	—

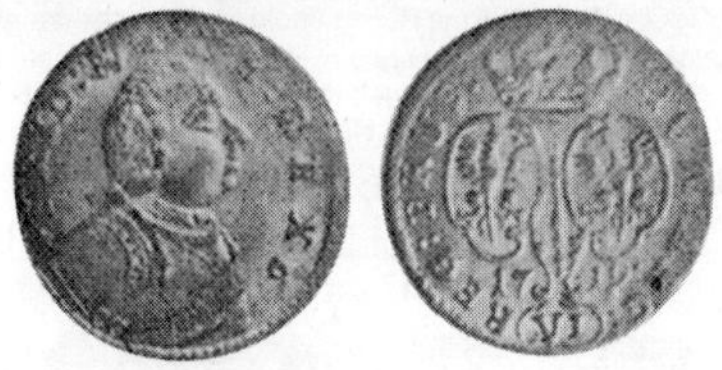

KM# 166 6 GROSCHER
(Sechsgröscher=Szostake)

3.4900 g., 0.3750 Billon 0.0421 oz., 24 mm. **Ruler:** Friedrich Wilhelm I **Obv:** Uniformed bust to right, mintmaster's initials below **Obv. Legend:** FRID. WILH. REX. **Rev:** Crown above 3 small shields of arms, date divided by lower shield, value 'VI' in oval below **Rev. Legend:** MON. ARG. REG. PRUS. **Mint:** Königsberg **Note:** Ref. M-51; S#461-80. Varieties exist.

Date	Mintage	VG	F	VF	XF	Unc
1718 CG	—	30.00	60.00	120	240	—
1719 CG	—	30.00	60.00	120	240	—
1720 CG	—	30.00	60.00	120	240	—
1721 CG	285,570	30.00	60.00	120	240	—
1722 CG	Inc. above	30.00	60.00	120	240	—
1723 CG	Inc. above	30.00	60.00	120	240	—

KM# D278 6 GROSCHER
(Sechsgröscher=Szostake)

2.5980 g., Silver, 23 mm. **Ruler:** Friedrich II **Obv:** Armored bust to right **Obv. Legend:** FRIDERICVS BORVSSORVM REX. **Rev:** Two adjacent shields of arms, eagle in each, 'VI' in between near top, large crown above, date divided below, mintmark in cartouche at bottom **Rev. Legend:** MON(ETA): ARG(ENT). - REG: PRUS(S). **Mint:** Königsberg **Note:** D#1929-41.

Date	Mintage	VG	F	VF	XF	Unc
1752 S//E	—	8.00	18.00	37.00	75.00	—
1752 ST//E	—	8.00	18.00	37.00	75.00	—

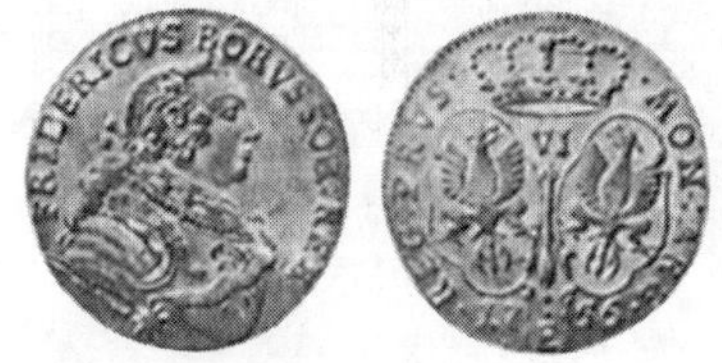

KM# A277 6 GROSCHER
(Sechsgröscher=Szostake)

3.1180 g., Silver, 23 mm. **Ruler:** Friedrich II **Obv:** Armored bust to right **Obv. Legend:** FRIDERICVS BORVSSORVM REX. **Rev:** Two adjacent shields of arms, eagle in each, 'VI' in between near top, large crown above, date divided below, mintmark in cartouche at bottom **Rev. Legend:** MON(ETA): ARG(ENT). - REG: PRUS(S). **Note:** D#1942-51, 1956-81, 1993-2008. Varieties exist.

Date	Mintage	VG	F	VF	XF	Unc
1753 S//E	—	8.00	18.00	37.00	75.00	—
1753 ST//E	—	8.00	18.00	37.00	75.00	—
1753 E	—	8.00	18.00	37.00	75.00	—
1754 ST//E	—	8.00	18.00	37.00	75.00	—
1754 E	—	8.00	18.00	37.00	75.00	—
1755 E	—	8.00	18.00	37.00	75.00	—
1756 S//E	—	8.00	18.00	37.00	75.00	—
1756 A//E	—	8.00	18.00	37.00	75.00	—
1756 E	—	8.00	18.00	37.00	75.00	—
1757 E	—	8.00	18.00	37.00	75.00	—

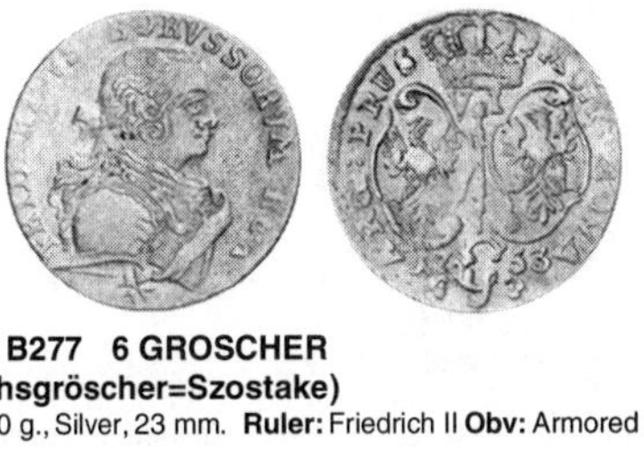

KM# B277 6 GROSCHER
(Sechsgröscher=Szostake)

3.1180 g., Silver, 23 mm. **Ruler:** Friedrich II **Obv:** Armored bust

528 GERMAN STATES PRUSSIA

to right **Obv. Legend:** FRIDERICVS BORVSSORVM REX. **Rev:** Two adjacent shields of arms, eagle in each, 'VI' in between near top, large crown above, date divided below, mintmark in cartouche at bottom **Rev. Legend:** MON. NOVA - ARG. PRUS. **Mint:** Stettin **Note:** M#188.

Date	Mintage	VG	F	VF	XF	Unc
1753G	—	150	235	475	975	—

KM# B279 6 GROSCHER (Sechsgröscher=Szostake)

3.1180 g., Silver, 24-25 mm. **Ruler:** Friedrich II **Obv:** Crowned bust to right holding sword over right shoulder **Obv. Legend:** FRIDERICUS BORUSSOR: REX. **Rev:** Two adjacent shields of arms, eagle in each, 'VI' in between near top, large crown above, date divided below, mintmark in cartouche at bottom **Rev. Legend:** MON: ARG. - REG: PRUS(S). **Mint:** Königsberg **Note:** D#1982-92.

Date	Mintage	VG	F	VF	XF	Unc
1755E	—	25.00	50.00	100	200	—

KM# C279 6 GROSCHER (Sechsgröscher=Szostake)

3.1180 g., Silver, 24-25 mm. **Ruler:** Friedrich II **Obv:** Crowned and armored bust to right **Obv. Legend:** FRIDERICUS BORUSSORUM REX. **Rev:** Round 4-fold arms with central shield of Prussian eagle, palm branches at left and right, large crown above divides date, value 'VI' below. **Rev. Legend:** MONETA - ARGENTEA. **Mint:** Königsberg **Note:** D#2009-13. Varieties exist.

Date	Mintage	VG	F	VF	XF	Unc
1755E	—	80.00	150	300	625	—
1756E	—	80.00	150	300	625	—

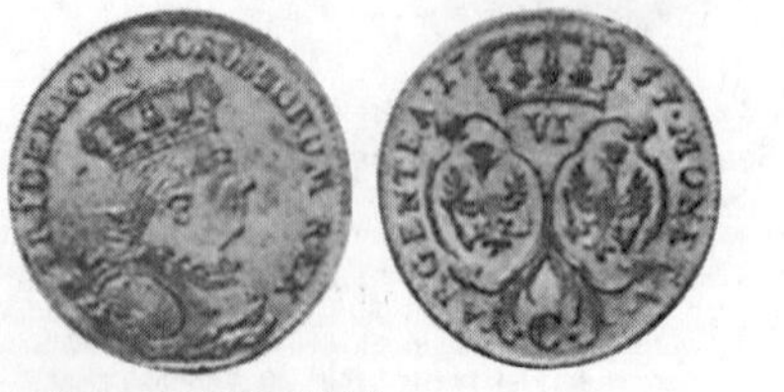

KM# A283 6 GROSCHER (Sechsgröscher=Szostake)

Silver, 24 mm. **Ruler:** Friedrich II **Obv:** Crowned bust to right **Obv. Legend:** FRIDERICUS BORUSSORUM REX. **Rev:** Two adjacent shields of arms, eagle in each, 'VI' in between near top, large crown above divides date, mintmark at bottom **Rev. Legend:** MONETA - ARGENTEA. **Mint:** Cleve **Note:** O#359a. Although the 'C' mintmark normally designated Cleves, these coins were struck in Berlin, Aurich, Magdeburg and Königsberg, as well as Cleves.

Date	Mintage	VG	F	VF	XF	Unc
1756C	—	10.00	20.00	35.00	75.00	—
1757C	—	10.00	20.00	35.00	75.00	—

KM# A284 6 GROSCHER (Sechsgröscher=Szostake)

Silver, 24 mm. **Ruler:** Friedrich II **Obv:** Crowned bust to right **Obv. Legend:** FRIDERICVS BORVSSORVM REX. **Rev:** Two adjacent shields of arms, eagle in each, 'VI' in between near top, large crown above divides date, mintmark at bottom **Rev. Legend:** MONETA - ARGENTEA. **Mint:** Cleve **Note:** O#359b. Although the 'C' mintmark normally designated Cleves, this coin was struck in Berlin, Aurich, Magdeburg and Königsberg, as well as Cleves.

Date	Mintage	VG	F	VF	XF	Unc
1757C	—	12.00	25.00	45.00	90.00	—

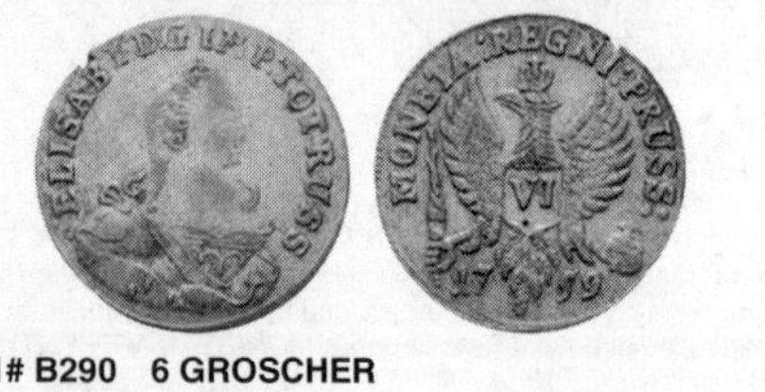

KM# B290 6 GROSCHER (Sechsgröscher=Szostake)

Silver, 22-23 mm. **Ruler:** Elisabeth I **Obv:** Crowned bust to right **Obv. Legend:** ELISAB: I: D:G: IMP: TOT: RUSS. **Rev:** Crowned Prussian eagle, 'VI' in shield on breast, tail divides date below. **Rev. Legend:** MONETA: REGNI: PRUSS. **Mint:** Königsberg **Note:** D#2181-2219. Varieties exist.

Date	Mintage	VG	F	VF	XF	Unc
1759	3,795,000	20.00	45.00	90.00	180	—
1760	488,782	20.00	45.00	90.00	180	—
1761	3,457,439	20.00	45.00	90.00	180	—
1762	120,000	40.00	80.00	160	325	—

KM# 291 6 GROSCHER (Sechsgröscher=Szostake)

Silver, 23-24 mm. **Ruler:** Friedrich II **Obv:** Armored bust to right **Obv. Legend:** FRIDERICUS BORUSSORUM REX. **Rev:** Two adjacent shields of arms, eagle in each, 'VI' in between near top, large crown above, date divided below, mintmark in cartouche at bottom **Rev. Legend:** MON(ETA): ARG(ENT). - REG: PRUS(S). **Mint:** Königsberg **Note:** D#2256-7.

Date	Mintage	VG	F	VF	XF	Unc
1763E	21,421,145	15.00	30.00	60.00	125	—

KM# A300 6 GROSCHER (Sechsgröscher=Szostake)

Silver, 28 mm. **Ruler:** Friedrich II **Obv:** Armored bust to right **Obv. Legend:** FRIDERICUS BORUSSORUM REX. **Rev:** Crowned Prussian eagle, '18' in crowned round shield on breast, date divided at top **Rev. Legend:** MONETA AR - GENTEA. **Mint:** Königsberg

Date	Mintage	VG	F	VF	XF	Unc
1763E	—	—	—	—	—	—

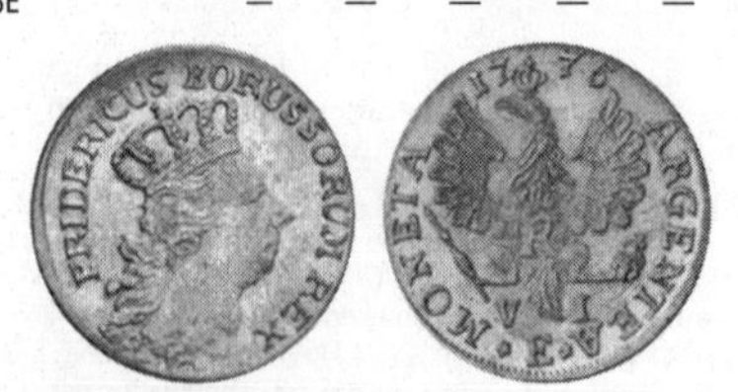

KM# A297 6 GROSCHER (Sechsgröscher=Szostake)

3.1180 g., Silver, 22-23 mm. **Ruler:** Friedrich II **Obv:** Crowned head to right **Obv. Legend:** FRIDERICUS BORUSSORUM REX. **Rev:** Crowned Prussian eagle, crowned script FR monogram on breast, date divided above crown, tail divides 'V - I.' **Rev. Legend:** MONETA - (date) - ARGENTEA. **Mint:** Königsberg **Note:** D#2332-50. Varieties exist.

Date	Mintage	VG	F	VF	XF	Unc
1764E	183,740	8.00	22.00	45.00	95.00	—
1770E	—	8.00	22.00	45.00	95.00	—
1771E	—	8.00	22.00	45.00	95.00	—
1772E	—	8.00	22.00	45.00	95.00	—
1773E	—	8.00	22.00	45.00	95.00	—
1774E	—	8.00	22.00	45.00	95.00	—
1775E	—	8.00	22.00	45.00	95.00	—
1776E	—	8.00	22.00	45.00	95.00	—
1777E	717,540	8.00	22.00	45.00	95.00	—
1778E	645,835	8.00	22.00	45.00	95.00	—
1779E	561,275	8.00	22.00	45.00	95.00	—
1780E	341,250	8.00	22.00	45.00	95.00	—
1781E	799,968	8.00	22.00	45.00	95.00	—
1782E	400,010	8.00	22.00	45.00	95.00	—
1783E	232,395	8.00	22.00	45.00	95.00	—
1784E	Inc. above	8.00	22.00	45.00	95.00	—

KM# 22 18 GROSCHER (Tympf)

6.3200 g., 0.6406 Billon 0.1302 oz., 27 mm. **Ruler:** Friedrich I **Obv:** Laureate armored bust to right, mintmaster's initials below **Obv. Legend:** FRIDERICUS. REX. **Rev:** Crowned displayed eagle with FR on breast, legend divided above, value '1 - 8' divided near bottom, date below **Rev. Legend:** SUUM - CUIQUE **Mint:** Königsberg **Note:** Ref. M-38; S-316, 317.

Date	Mintage	VG	F	VF	XF	Unc
1702 CG	150,000	50.00	100	200	400	—

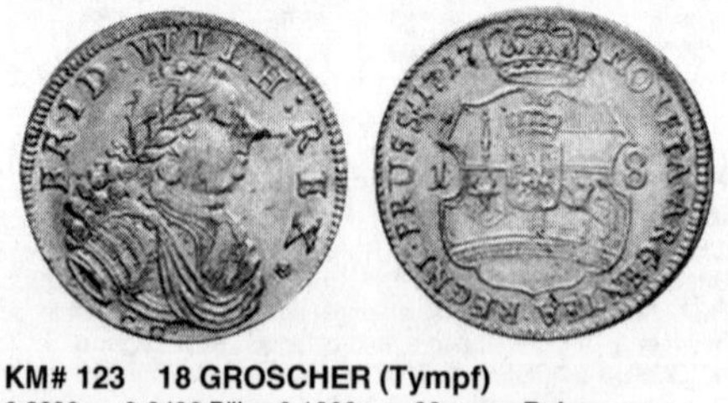

KM# 123 18 GROSCHER (Tympf)

6.3200 g., 0.6406 Billon 0.1302 oz., 28 mm. **Ruler:** Friedrich Wilhelm I **Obv:** Laureate, armored and draped bust to right, mintmaster's initials below **Obv. Legend:** FRID. WILH. REX. **Rev:** Crowned shield of 6-fold arms with central shield of Prussian eagle divides value '1 - 8,' date at end of legend **Rev. Legend:** MONETA. ARGENTEA. REGNI. PRUS(S). **Mint:** Königsberg **Note:** Ref. M-49; S#423-32. Varieties exist.

Date	Mintage	VG	F	VF	XF	Unc
1714 CG	67,250	110	225	450	925	—
1716 CG	Inc. above	110	225	450	925	—
1716 CG/M	Inc. above	110	225	450	925	—
1717 CG	38,000	110	225	450	925	—
1717 CG/M	Inc. above	110	225	450	925	—

KM# 167 18 GROSCHER (Tympf)

6.3200 g., 0.6406 Billon 0.1302 oz., 29 mm. **Ruler:** Friedrich Wilhelm I **Obv:** Uniformed bust to right **Obv. Legend:** FRID: WILH: REX. **Rev:** Crowned ornate shield of 6-fold arms, with crowned central shield of Prussian eagle, divides value '1 - 8,' date at end of legend **Rev. Legend:** MONETA. ARGENTEA. REGNI. PRUSS. **Mint:** Königsberg **Note:** Ref. M-52; S#433-36.

Date	Mintage	VG	F	VF	XF	Unc
1718 CG	30,000	110	225	450	925	—

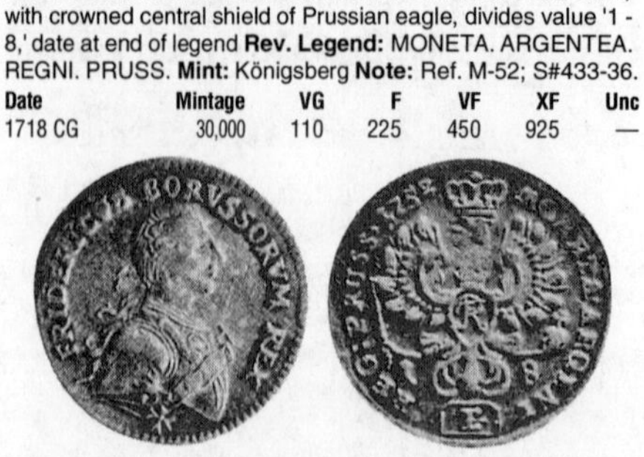

KM# A266 18 GROSCHER (Tympf)

5.9200 g., Silver, 26-28 mm. **Ruler:** Friedrich II **Obv:** Armored bust to right **Obv. Legend:** FRIDERICUS BORUSSORUM REX. **Rev:** Crowned Prussian eagle with script FR monogram on breast, tail divides 1 - 8. **Rev. Legend:** MONETA. ARGENT - REG: PRUSS. (date). **Mint:** Königsberg **Note:** D#2014-92. Varieties exist.

Date	Mintage	VG	F	VF	XF	Unc
1751 W//E	—	15.00	32.00	65.00	135	—
1751 E	—	15.00	32.00	65.00	135	—
1752 W//E	—	15.00	32.00	65.00	135	—
1752 S//E	—	15.00	32.00	65.00	135	—
1752 ST//E	—	15.00	32.00	65.00	135	—
1752 E	—	15.00	32.00	65.00	135	—
1753 ST//E	—	15.00	32.00	65.00	135	—
1753 E	—	15.00	32.00	65.00	135	—
1754 ST//E	—	15.00	32.00	65.00	135	—
1754 E	—	15.00	32.00	65.00	135	—

KM# C277 18 GROSCHER (Tympf)

5.9200 g., Silver, 26-28 mm. **Ruler:** Friedrich II **Obv:** Armored bust to right **Obv. Legend:** FRIDERICUS BORUSSORUM REX. **Rev:** Crowned Prussian eagle with script FR monogram on breast, tail divides 1 - 8 **Rev. Legend:** MONETA. NOVA - ARG. PRUSS. (date). **Mint:** Stettin **Note:** M#189.

Date	Mintage	VG	F	VF	XF	Unc
1753G	—	140	225	450	925	—

KM# D279.1 18 GROSCHER (Tympf)

5.9200 g., Silver, 28 mm. **Ruler:** Friedrich II **Obv:** Crowned bust to right in circle, holding sword over right shoulder **Obv. Legend:** FRIDERICVS - BORVSSORVM REX. **Rev:** Crowned Prussian eagle with script FR monogram on breast, tail divides 1 - 8. **Rev. Legend:** MONETA. ARGENT - REG: PRUSS. (date). **Mint:** Königsberg **Note:** D#2093-2106.

Date	Mintage	VG	F	VF	XF	Unc
1754E	—	35.00	75.00	150	300	—
1755E	—	35.00	75.00	150	300	—

KM# D279.2 18 GROSCHER (Tympf)

5.9200 g., Silver, 28 mm. **Ruler:** Friedrich II **Obv:** Crowned bust to right in circle, holding sword over right shoulder **Obv. Legend:** FRIDERICVS - BORVSSORVM REX (date). **Rev:** Crowned Prussian eagle, '18' in crowned oval shield on breast **Rev. Legend:** MONETA. ARGENT - REG: PRUSS. **Mint:** Königsberg **Note:** D#2107-9

Date	Mintage	VG	F	VF	XF	Unc
1755E	—	35.00	75.00	150	300	—

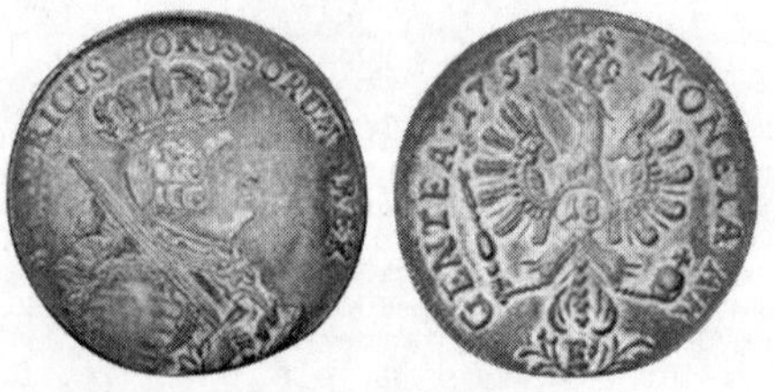

KM# D279.3 18 GROSCHER (Tympf)

5.8640 g., Silver, 27-28 mm. **Ruler:** Friedrich II **Obv:** Crowned bust to right holding sword over right shoulder **Obv. Legend:** FRIDERICVS - BORVSSORVM REX. **Rev:** Crowned Prussian eagle, '18' in crowned oval shield on breast **Rev. Legend:** MONETA AR - GENTEA (date). **Mint:** Königsberg **Note:** D#2110-20.

Date	Mintage	VG	F	VF	XF	Unc
1755E	—	35.00	75.00	150	300	—
1756 A//E	—	35.00	75.00	150	300	—
1756E	—	35.00	75.00	150	300	—
1757E	—	35.00	75.00	150	300	—
1758E	—	35.00	75.00	150	300	—

KM# B284 18 GROSCHER (Tympf)

5.8640 g., Silver, 27-28 mm. **Ruler:** Friedrich II **Obv:** Armored bust to right **Obv. Legend:** FRIDERICUS BORUSSORUM REX. **Rev:** Crowned Prussian eagle with script FR monogram on breast, tail divides 1 - 8. **Rev. Legend:** MONETA AR - GENTEA (date). **Mint:** Berlin **Note:** D#2121-22.

Date	Mintage	VG	F	VF	XF	Unc
1757A	—	35.00	75.00	150	300	—
1758A	—	35.00	75.00	150	300	—

KM# C284.1 18 GROSCHER (Tympf)

5.8640 g., Silver, 27-28 mm. **Ruler:** Friedrich II **Obv:** Crowned and armored bust to right with sword over right shoulder. **Obv. Legend:** FRIDERICUS BORUSSORUM REX. **Rev:** Crowned Prussian eagle with script FR monogram on breast, tail divides 1 - 8, date divided at top by eagle's head **Rev. Legend:** MONETA - ARGENTEA. **Mint:** Berlin **Note:** D#2123-32.

Date	Mintage	VG	F	VF	XF	Unc
1758A	—	35.00	75.00	150	300	—
1759A	—	35.00	75.00	150	300	—

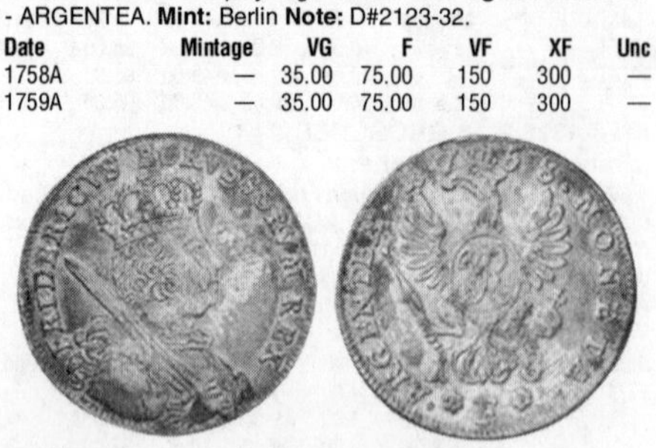

KM# C284.2 18 GROSCHER (Tympf)

5.8640 g., Silver, 28 mm. **Ruler:** Friedrich II **Obv:** Crowned and armored bust to right with sword over right shoulder **Obv. Legend:** FRIDERICVS BORVSSORVM REX. **Rev:** Crowned Prussian eagle with script FR monogram on breast, tail divides

1 - 8, date divided at top by eagle's head. **Rev. Legend:** MONETA - ARGENTEA. **Mint:** Magdeburg **Note:** D#2133.

Date	Mintage	VG	F	VF	XF	Unc
1758F	—	35.00	75.00	150	300	—

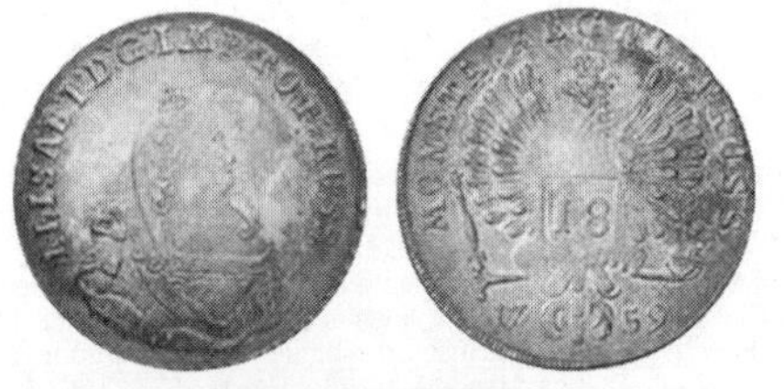

KM# C290 18 GROSCHER (Tympf)
Silver, 27 mm. **Ruler:** Elisabeth I **Obv:** Crowned bust to right **Obv. Legend:** ELISAB: I: D:G: IMP: TOT: RUSS. **Rev:** Crowned Prussian eagle, '18' in shield on breast, tail divides date below **Rev. Legend:** MONETA: REGNI: PRUSS(IAE). **Note:** Varieties exist. D#2220-37.

Date	Mintage	VG	F	VF	XF	Unc
1759	268,745	100	225	450	900	—
1760	52,638	110	250	525	1,050	—
1761	—	90.00	185	375	750	—

KM# B300 18 GROSCHER (Tympf)
5.9390 g., Silver, 26.5 mm. **Ruler:** Friedrich II **Obv:** Crowned head to right **Obv. Legend:** FRIDERICUS BORUSSORUM REX. **Rev:** Crowned Prussian eagle, crowned FR monogram on breast, date above crown, tail divides 1 - 8. **Rev. Legend:** MONETA - (date) - ARGENTEA. **Mint:** Königsberg **Note:** D#2351-56.

Date	Mintage	VG	F	VF	XF	Unc
1764E	989,685	15.00	37.00	75.00	150	—
1765E	1,465,515	15.00	37.00	75.00	150	—

KM# 58 1/48 THALER (1/2 Groschen)
1.5900 g., 0.1875 Billon 0.0096 oz., 18 mm. **Ruler:** Friedrich I **Obv:** Crowned script FR monogram **Rev:** 5-line inscription with date and mintmaster's initials **Rev. Inscription:** 48 / EINEN / REICH(S). TH. / (date) / (initials) **Mint:** Minden **Note:** Ref. M-42; S-382, 383. Varieties exist.

Date	Mintage	VG	F	VF	XF	Unc
1705 BH	188,600	20.00	45.00	90.00	185	—

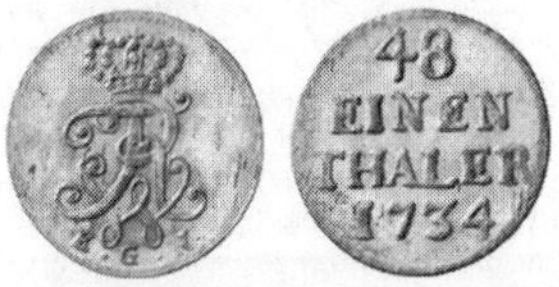

KM# 210 1/48 THALER (1/2 Groschen)
1.4300 g., 0.2190 Billon 0.0101 oz., 18 mm. **Ruler:** Friedrich Wilhelm I **Obv:** Crowned script FWR monogram, mintmaster's initials below **Rev:** 4-line inscription with date **Rev. Inscription:** 48 / EINEN / THALER / (date) **Mint:** Berlin **Note:** Ref. M-45; S#400-412.

Date	Mintage	VG	F	VF	XF	Unc
1731 EGN	24,000,000	12.00	30.00	60.00	125	—
1732 EGN	Inc. above	12.00	30.00	60.00	125	—
1733 EGN	Inc. above	12.00	30.00	60.00	125	—
1734 EGN	Inc. above	12.00	30.00	60.00	125	—

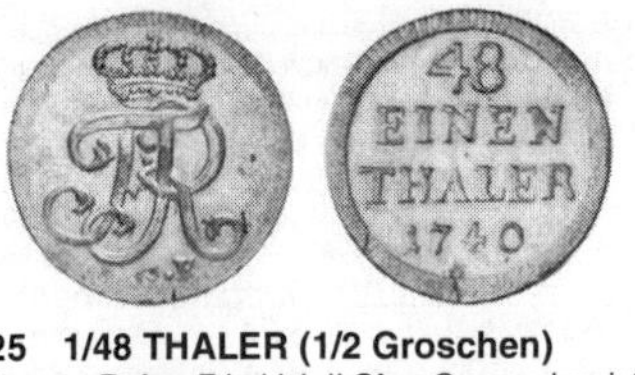

KM# 225 1/48 THALER (1/2 Groschen)
Billon, 20 mm. **Ruler:** Friedrich II **Obv:** Crowned script FR monogram **Rev:** Value, date **Mint:** Magdeburg

Date	Mintage	VG	F	VF	XF	Unc
1740 GK Rare	—	—	—	—	—	—
1753F	—	10.00	22.00	45.00	95.00	—
1754F	—	10.00	22.00	45.00	95.00	—
1755F	—	10.00	22.00	45.00	95.00	—
1756F	—	10.00	22.00	45.00	95.00	—
1757F	—	10.00	22.00	45.00	95.00	—

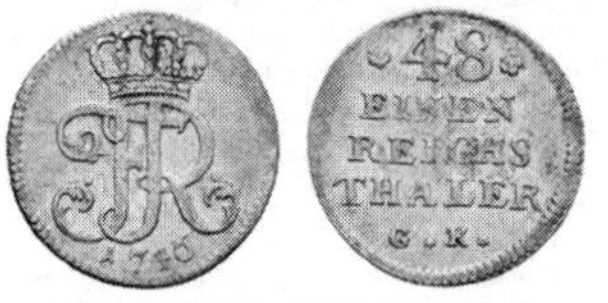

KM# 228 1/48 THALER (1/2 Groschen)
Billon, 19 mm. **Ruler:** Friedrich II **Obv:** Crowned script FR monogram, date below **Rev:** 5-line inscription with mintmaster's initials **Rev. Inscription:** 48 / EINEN / REICHS / THALER / (initials)

Date	Mintage	VG	F	VF	XF	Unc
1741 GK	4,069,728	15.00	25.00	50.00	100	—
1742 GK	Inc. above	15.00	25.00	50.00	100	—
1742 AGP	426,096	15.00	25.00	50.00	100	—
1743 GK	Inc. above	15.00	25.00	50.00	100	—
1744 GK	Inc. above	15.00	25.00	50.00	100	—

Date	Mintage	VG	F	VF	XF	Unc
1746 GK	Inc. above	15.00	25.00	50.00	100	—
1747 GK	Inc. above	15.00	25.00	50.00	100	—
1749 GK	Inc. above	15.00	25.00	50.00	100	—
1750 GK	Inc. above	15.00	25.00	50.00	100	—

KM# 229 1/48 THALER (1/2 Groschen)
1.4300 g., 0.2188 Billon 0.0101 oz., 19 mm. **Ruler:** Friedrich II **Obv:** Crowned script FR monogram, date below **Rev:** 4-line inscription with mintmaster's initials in laurel wreath, crown above **Rev. Inscription:** 48 / EINEN / R. THAL. / (initials) **Mint:** Berlin **Note:** Ref. M-91; S-770.

Date	Mintage	VG	F	VF	XF	Unc
1741 EGN	6,003,888	10.00	22.00	45.00	95.00	—

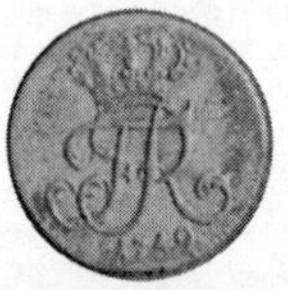

KM# 237 1/48 THALER (1/2 Groschen)
Billon **Ruler:** Friedrich II **Obv:** Crowned script FR monogram, date below **Rev:** Value

Date	Mintage	VG	F	VF	XF	Unc
1743 EGN	2,559,552	15.00	25.00	45.00	95.00	—
1744 EGN	8,372,160	15.00	25.00	45.00	95.00	—
1745 EGN	1,793,088	15.00	25.00	45.00	95.00	—
1746 EGN	2,917,056	15.00	25.00	45.00	95.00	—
1747 EGN	9,600,000	15.00	25.00	45.00	95.00	—
1748 EGN	10,145,040	15.00	25.00	45.00	95.00	—
1749 EGN	6,232,992	15.00	25.00	45.00	95.00	—
1749 ALS	Inc. above	15.00	25.00	45.00	95.00	—
1749 CHI	Inc. above	15.00	25.00	45.00	95.00	—

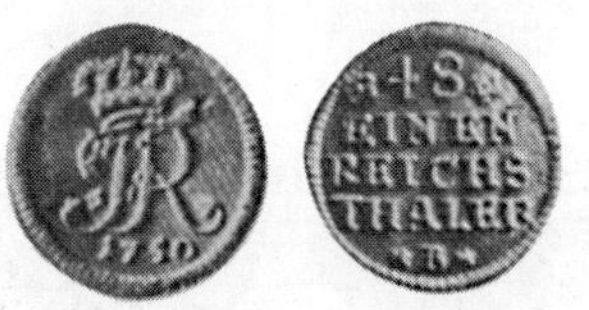

KM# 250 1/48 THALER (1/2 Groschen)
Billon **Ruler:** Friedrich II **Obv:** With mint mark instead of initials **Rev:** Value **Rev. Inscription:** 48 / EINEN / REICHS / THALER / *initial*

Date	Mintage	VG	F	VF	XF	Unc
1750A	—	10.00	22.00	45.00	95.00	—
1750B	240,464	20.00	40.00	85.00	170	—
1751A	—	10.00	22.00	45.00	95.00	—
1752A	—	10.00	22.00	45.00	95.00	—
1752B	—	20.00	40.00	85.00	170	—
1753G	—	20.00	40.00	85.00	170	—

KM# 275 1/48 THALER (1/2 Groschen)
Billon **Ruler:** Friedrich II **Obv:** Monogram divides date

Date	Mintage	VG	F	VF	XF	Unc
1753A	—	18.00	30.00	60.00	125	—
1756A	6,321,693	18.00	30.00	60.00	125	—
1760	—	18.00	30.00	60.00	125	—
1763G	—	20.00	40.00	85.00	150	—

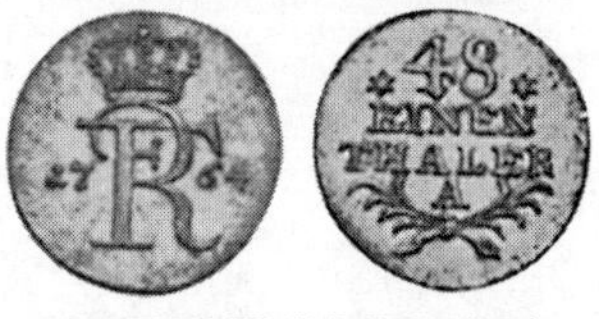

KM# 295 1/48 THALER (1/2 Groschen)
0.9700 g., 0.2500 Silver 0.0078 oz. ASW **Ruler:** Friedrich II **Obv:** Crowned monogram divides date **Rev:** Value above spray **Rev. Inscription:** *48* / EINEN / THALER / initial

Date	Mintage	VG	F	VF	XF	Unc
1764A	25,610,824	4.00	7.00	15.00	30.00	—
1764F	1,285,110	10.00	20.00	45.00	90.00	—
1765A	59,744,132	4.00	7.00	15.00	30.00	—
1765F	327,472	11.00	22.00	45.00	95.00	—
1766A	68,709,470	4.00	7.00	15.00	30.00	—
1766F	76,508	15.00	30.00	60.00	120	—
1767A	61,961,836	4.00	7.00	15.00	30.00	—
1768A	119,589,198	4.00	7.00	15.00	30.00	—
1769A	52,947,124	4.00	7.00	15.00	30.00	—
1770A	6,506,876	5.00	10.00	20.00	40.00	—

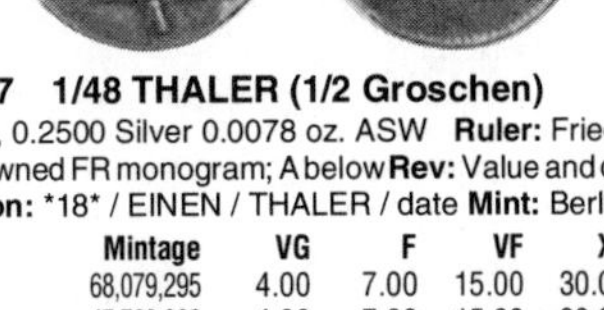

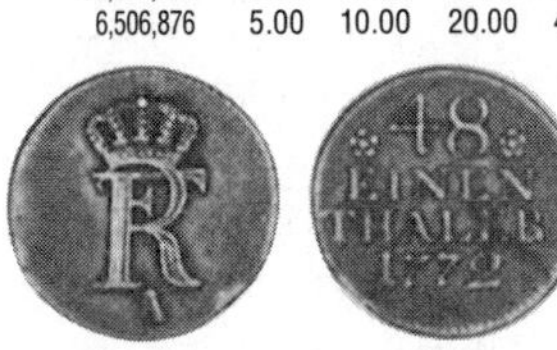

KM# 327 1/48 THALER (1/2 Groschen)
0.9700 g., 0.2500 Silver 0.0078 oz. ASW **Ruler:** Friedrich II **Obv:** Crowned FR monogram; A below **Rev:** Value and date **Rev. Inscription:** *18* / EINEN / THALER / date **Mint:** Berlin

Date	Mintage	VG	F	VF	XF	Unc
1771A	68,079,295	4.00	7.00	15.00	30.00	—
1772A	47,769,368	4.00	7.00	15.00	30.00	—

Date	Mintage	VG	F	VF	XF	Unc
1773A	48,446,078	4.00	7.00	15.00	30.00	—
1774A	12,317,332	4.00	7.00	15.00	30.00	—
1775A	25,160,362	4.00	7.00	15.00	30.00	—
1776A	53,697,162	4.00	7.00	15.00	30.00	—
1777A	57,412,365	4.00	7.00	15.00	30.00	—
1778A	65,432,630	4.00	7.00	15.00	30.00	—
1779A	17,405,076	4.00	7.00	15.00	30.00	—
1780A	51,576	10.00	20.00	45.00	95.00	—
1781A Rare	Inc. above	—	—	—	—	—

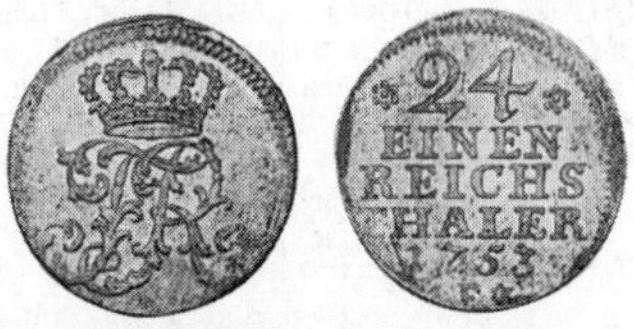

KM# 263 1/24 THALER
Billon **Ruler:** Friedrich II **Obv:** Crowned monogram **Rev:** Value, date **Rev. Inscription:** *24* / EINEN / REICHS / THALER / date / initial

Date	Mintage	VG	F	VF	XF	Unc
1751C	—	20.00	40.00	80.00	165	—
1752A	27,130,650	15.00	32.00	65.00	135	—
1752F	—	10.00	22.00	45.00	95.00	—
1753C	—	20.00	40.00	80.00	165	—
1753F	—	10.00	22.00	45.00	95.00	—
1753G	—	13.00	21.00	55.00	110	—
1754C	—	20.00	40.00	80.00	165	—
1754F	—	10.00	15.00	30.00	65.00	—
1754G	—	13.00	27.00	55.00	110	—
1755C	—	20.00	40.00	80.00	165	—
1755F	—	10.00	22.00	45.00	95.00	—
1756F	—	10.00	22.00	45.00	95.00	—
1757F	—	10.00	22.00	45.00	95.00	—
1763B	21,118,560	18.00	37.00	75.00	150	—
1763C	2,551,272	20.00	40.00	80.00	165	—
1763F	33,659,770	10.00	22.00	45.00	95.00	—

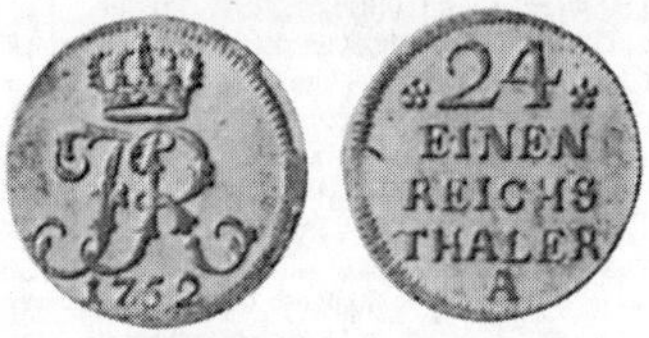

KM# 264 1/24 THALER
Billon **Ruler:** Friedrich II **Obv:** Crowned monogram above date **Rev:** Value **Rev. Inscription:** *24* / EINEN / REICHS / THALER / initial

Date	Mintage	VG	F	VF	XF	Unc
1751B	532,690	15.00	30.00	60.00	125	—
1752A	—	9.00	18.00	37.00	75.00	—
Note: Mintage included in KM#263						
1753A	20,566,400	9.00	18.00	37.00	75.00	—
1754A	—	9.00	18.00	37.00	75.00	—

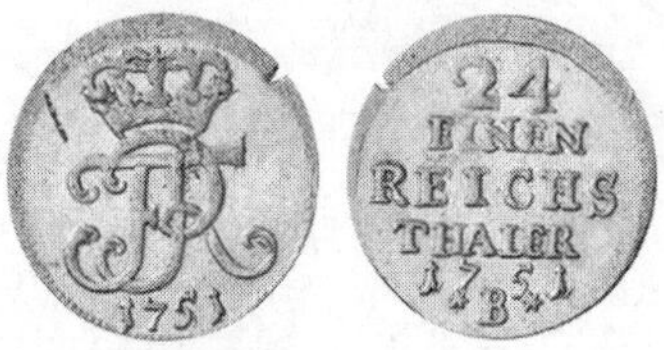

KM# 265 1/24 THALER
2.0800 g., 0.3125 Billon 0.0209 oz., 22 mm. **Ruler:** Friedrich II **Obv:** Crowned script FR monogram **Rev:** 6-line inscription with date and mintmark **Rev. Inscription:** 24 / EINEN / REICHS / THALER / (date) / *B* **Mint:** Breslau **Note:** Ref. M-108b; S-717, 718.

Date	Mintage	VG	F	VF	XF	Unc
1751B	1,573,371	18.00	37.00	75.00	150	—
1752B	Inc. above	18.00	37.00	75.00	150	—

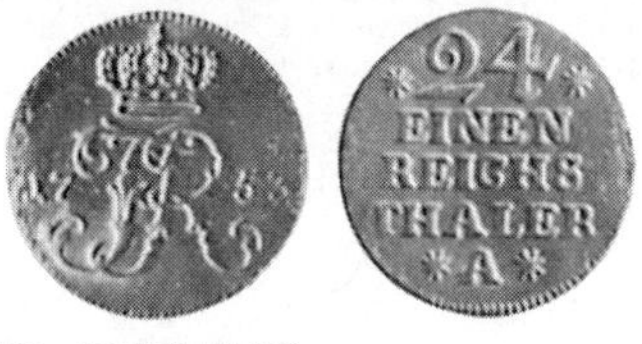

KM# 276 1/24 THALER
Billon **Ruler:** Friedrich II **Obv:** Crowned monogram divides date **Rev:** Value **Rev. Inscription:** *24* / EINEN / REICHS / THALER / *initial*

Date	Mintage	VG	F	VF	XF	Unc
1753A	—	10.00	20.00	45.00	95.00	—
1754A	—	10.00	20.00	45.00	95.00	—
1755A	1,859,895	10.00	20.00	45.00	95.00	—
1756A	14,636,794	10.00	20.00	45.00	95.00	—
1756F	—	12.00	25.00	55.00	110	—
1757A	16,695,515	10.00	20.00	45.00	95.00	—
1763A	88,778,188	10.00	20.00	45.00	95.00	—
1763G	—	15.00	30.00	60.00	125	—

530 GERMAN STATES PRUSSIA

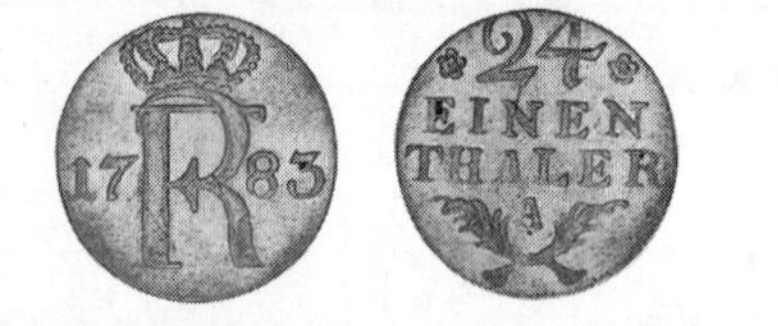

KM# 296 1/24 THALER

2.0700 g., 0.2222 Silver 0.0148 oz. ASW, 19 mm. **Ruler:** Friedrich II **Obv:** Crowned FR monogram divides date **Rev:** 3-line inscription, mintmark between 2 crossed palm branches below **Rev. Inscription:** 24 / EINEN / THALER

Date	Mintage	VG	F	VF	XF	Unc
1764A	6,311,204	8.00	18.00	37.00	75.00	—
1764F	2,795,131	2.00	3.00	7.00	15.00	—
1765F	407,775	2.00	3.00	7.00	15.00	—
1766F	54,947	2.00	3.00	7.00	15.00	—
1769A	127,293	15.00	30.00	60.00	120	—
1781A	3,730,119	4.00	9.00	18.00	37.00	—
1781B	—	16.00	37.00	75.00	150	—
1782A	6,041,462	3.00	7.00	15.00	30.00	—
1782E	—	25.00	50.00	100	200	—
1783A	4,567,151	4.00	8.00	16.00	33.00	—
1784A	1,685,870	5.00	10.00	20.00	40.00	—
1785A	16,959,544	4.00	7.00	15.00	30.00	—
1786A	16,170,563	4.00	7.00	15.00	30.00	—

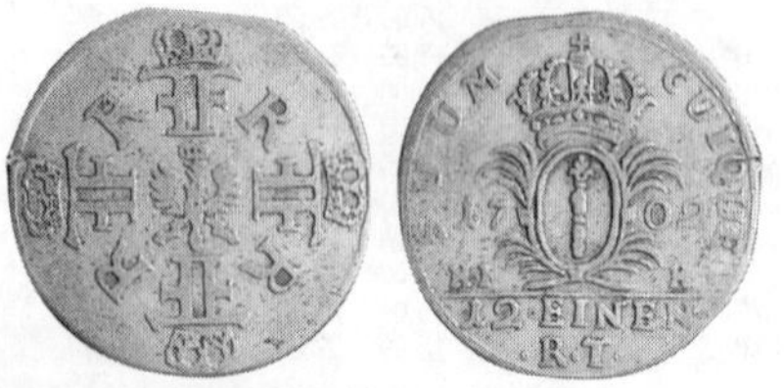

KM# 8 1/12 THALER (Doppelgroschen)

3.6000 g., 0.4375 Silver 0.0506 oz. ASW, 25 mm. **Ruler:** Friedrich I **Obv:** Crowned displayed eagle, encircled with 4 crowned double-F monograms alternating with 4 R's, no legend **Rev:** Crowned oval shield of scepter arms between palm branches, divides date and mintmaster's initials, 2-line inscription in exergue **Rev. Legend:** SUUM - CUIQUE. **Rev. Inscription:** 12. EINEN / R. T. **Mint:** Magdeburg **Note:** Ref. M-13; S#190-24. Varieties exist.

Date	Mintage	VG	F	VF	XF	Unc
1701 HFH	—	15.00	30.00	60.00	125	—
1702 HFH	—	15.00	30.00	60.00	125	—
1703 HFH	—	15.00	30.00	60.00	125	—
1704 HFH	—	15.00	30.00	60.00	125	—
1705 HFH	—	15.00	30.00	60.00	125	—
1706 HFH	—	15.00	30.00	60.00	125	—
1707 HFH	—	15.00	30.00	60.00	125	—
1708 HFH	—	15.00	30.00	60.00	125	—
1709 HFH	—	15.00	30.00	60.00	125	—
1711 HFH	—	15.00	30.00	60.00	125	—
1712 HFH	—	15.00	30.00	60.00	125	—
1713 HFH	—	15.00	30.00	60.00	125	—

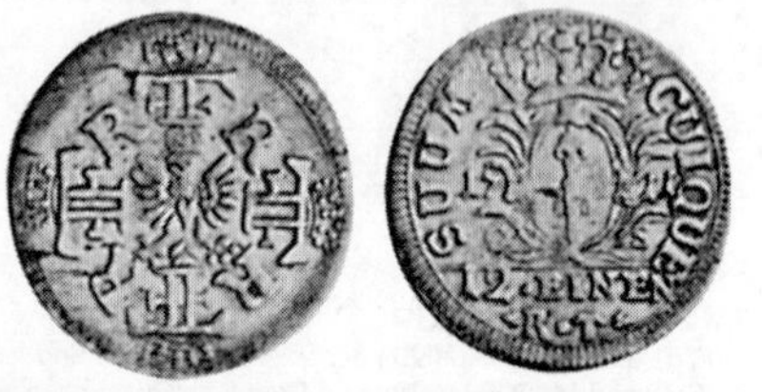

KM# 7 1/12 THALER (Doppelgroschen)

3.6000 g., 0.4375 Silver 0.0506 oz. ASW, 25-26 mm. **Ruler:** Friedrich I **Obv:** Crowned displayed eagle, encircled with 4 crowned double-F monograms alternating with 4 R's, no legend **Rev:** Crowned oval shield of scepter arms, between palm branches, divide date and mintmaster's initials, 2-line inscription in exergue **Rev. Legend:** SUUM - CUIQUE **Rev. Inscription:** 12. EINEN / R. T. **Mint:** Berlin **Note:** Ref. M-2a; S#164-67, 169, 170 172, 173, 175-89. Varieties exist.

Date	Mintage	VG	F	VF	XF	Unc
1701 CS	478,171	15.00	30.00	60.00	125	—
1702 CS	788,143	15.00	30.00	60.00	125	—
1703 CS	Inc. above	15.00	30.00	60.00	125	—
1704 CS	147,271	15.00	30.00	60.00	125	—
1705 CS	138,558	15.00	30.00	60.00	125	—
1706 CS	193,097	15.00	30.00	60.00	125	—
1707 CS	181,922	15.00	30.00	60.00	125	—
1708 CS	133,392	15.00	30.00	60.00	125	—
1709 CS	77,601	15.00	30.00	60.00	125	—
1710 CS	100,912	15.00	30.00	60.00	125	—
1711 CS	251,325	15.00	30.00	60.00	125	—
1712 CS	348,758	15.00	30.00	60.00	125	—
1713 CS	192,921	15.00	30.00	60.00	125	—

KM# 42 1/12 THALER (Doppelgroschen)

3.6000 g., 0.4375 Silver 0.0506 oz. ASW, 25-26 mm. **Ruler:** Friedrich I **Obv:** Crowned displayed eagle in center, encircled with 4 double-F monograms, alternating with 4 'III's, no leged **Rev:** Crowned oval shield of scepter arms, between palm branches, divides date and mintmaster's initials, 2-line inscription in exergue **Rev. Legend:** SUUM - CUIQUE **Rev. Inscription:** 12. EINEN / R. T. **Mint:** Berlin **Note:** Ref. M-2b; S#168, 171, 174. Varieties exist.

Date	Mintage	VG	F	VF	XF	Unc
1703 CS	Inc. above	15.00	30.00	60.00	125	—
1704 CS	Inc. above	15.00	30.00	60.00	125	—
1705 CS	Inc. above	15.00	30.00	60.00	125	—

KM# 59 1/12 THALER (Doppelgroschen)

3.6000 g., 0.4375 Silver 0.0506 oz. ASW, 24 mm. **Ruler:** Friedrich I **Obv:** Crowned displayed eagle, encircled with 4 crowned double-F monograms alternating with 4 R's, no legend **Rev:** Crowned shield of 5-fold arms divides date and mintmaster's initials **Rev. Legend:** SUUM - CUIQUE. **Mint:** Minden **Note:** Ref. M-20; S-215, 216. Varieties exist.

Date	Mintage	VG	F	VF	XF	Unc
1705 BH	—	30.00	70.00	140	285	—
1706 BH	—	30.00	70.00	140	285	—

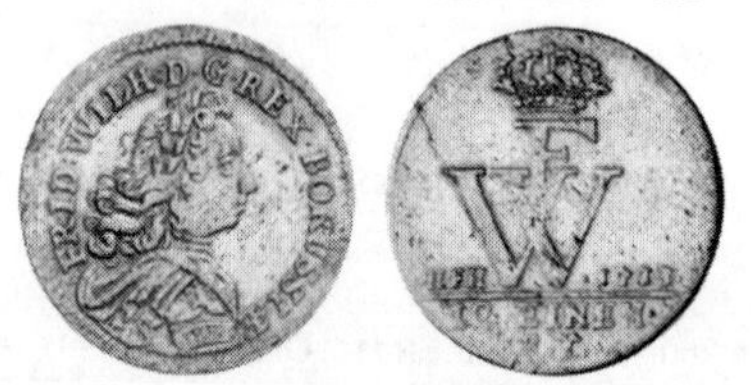

KM# 99 1/12 THALER (Doppelgroschen)

3.6000 g., 0.4375 Silver 0.0506 oz. ASW, 23.5 mm. **Ruler:** Friedrich Wilhelm I **Obv:** Crowned FW monogram, 2-line inscription in exergue **Obv. Inscription:** 12. EINEN. / R. T. **Rev:** Crowned narrow oval shield of scepter arms, between palm fronds, divides date, mintmaster's initials below **Mint:** Magdeburg **Note:** Ref. M-30; S-376, 377. Varieties exist.

Date	Mintage	VG	F	VF	XF	Unc
1713 HFH	—	50.00	110	235	475	—
1714 HFH	—	50.00	110	235	475	—

KM# 95 1/12 THALER (Doppelgroschen)

3.6000 g., 0.4375 Silver 0.0506 oz. ASW, 25 mm. **Ruler:** Friedrich Wilhelm I **Obv:** Crowned FW monogram, mintmaster's initials and date below **Rev:** Crowned shield of scepter arms between palm fronds, value 12. EIN. RT. in exergue **Mint:** Berlin **Note:** Ref. M-8a; S-315, 316. Varieties exist.

Date	Mintage	VG	F	VF	XF	Unc
1713 IFS	Inc. above	55.00	115	235	475	—
1717 IFS	230,950	55.00	115	235	475	—

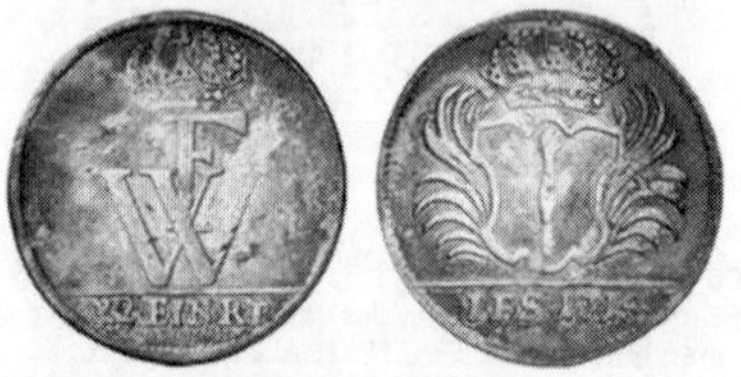

KM# 97 1/12 THALER (Doppelgroschen)

3.6000 g., 0.4375 Silver 0.0506 oz. ASW, 24 mm. **Ruler:** Friedrich Wilhelm I **Obv:** Crowned FW monogram, 12. EIN. R. T. in exergue **Rev:** Crowned ornately-shaped shield of scepter arms between palm fronds, mintmaster's initials and date in exergue **Mint:** Berlin **Note:** Ref. M-8c; S#307-14. Varieties exist.

Date	Mintage	VG	F	VF	XF	Unc
1713 IFS	Inc. above	37.00	75.00	150	300	—
1714 IFS	164,659	37.00	75.00	150	300	—
1715 IFS	193,298	37.00	75.00	150	300	—
1716 IFS	136,685	37.00	75.00	150	300	—

KM# 93 1/12 THALER (Doppelgroschen)

3.6000 g., 0.4375 Silver 0.0506 oz. ASW, 26 mm. **Ruler:** Friedrich Wilhelm I **Obv:** Laureate armored bust to right **Obv. Legend:** FRID. WILH. D. G. - REX. BOR. EL. BR. **Rev:** Crowned FW monogram, mintmaster's initials to lower left, date to lower right, value 12. EINEN R.T. below **Mint:** Berlin **Note:** Ref. M-2; S-305.

Date	Mintage	VG	F	VF	XF	Unc
1713 CS	192,921	250	450	800	1,500	—

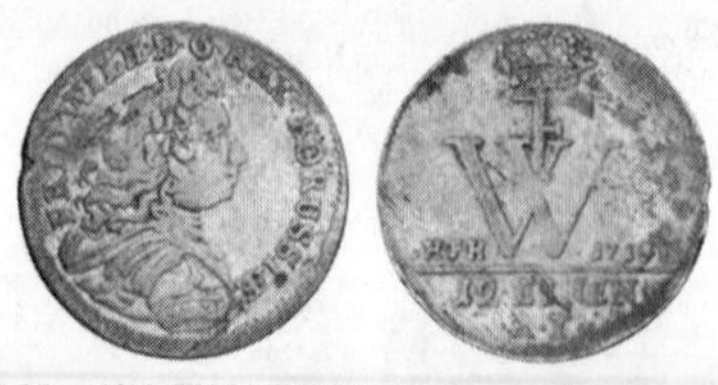

KM# 98 1/12 THALER (Doppelgroschen)

3.6000 g., 0.4375 Silver 0.0506 oz. ASW, 23 mm. **Ruler:** Friedrich Wilhelm I **Obv:** Laureate armored bust to right **Rev:** Crowned FW monogram, mintmaster's initials to lower left, date to lower right, 2-line inscription in exergue **Rev. Inscription:** 12. EINEN. / R. T. **Mint:** Magdeburg **Note:** Ref. M-29; S#368-75, 378. Varieties exist.

Date	Mintage	VG	F	VF	XF	Unc
1713 HFH	—	225	400	775	1,500	—
1714/3 HFH	—	225	400	775	1,500	—
1714 HFH	—	225	400	775	1,500	—

KM# 94 1/12 THALER (Doppelgroschen)

3.6000 g., 0.4375 Silver 0.0506 oz. ASW, 23 mm. **Ruler:** Friedrich Wilhelm I **Obv:** Crowned FW monogram, value 12. EIN. RT below **Rev:** Crowned oval shield of scepter arms between palm fronds, mintmaster's initials and date below **Mint:** Berlin **Note:** Ref. M-4; S-306.

Date	Mintage	VG	F	VF	XF	Unc
1713 IFS	Inc. above	35.00	75.00	150	300	—

KM# 96 1/12 THALER (Doppelgroschen)

3.6000 g., 0.4375 Silver 0.0506 oz. ASW, 24 mm. **Ruler:** Friedrich Wilhelm I **Obv:** Crowned FW monogram, date and mintmaster's initials below **Rev:** Crowned shield of scepter arms between palm fronds, value 12. EIN RT. in exergue **Mint:** Berlin **Note:** Ref. M-8b.

Date	Mintage	VG	F	VF	XF	Unc
1713 IFS	Inc. above	55.00	115	235	475	—

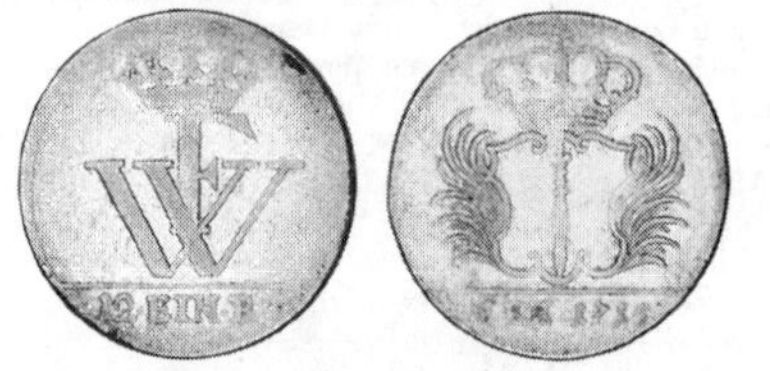

KM# 124 1/12 THALER (Doppelgroschen)

3.6000 g., 0.4375 Silver 0.0506 oz. ASW, 23.5 mm. **Ruler:** Friedrich Wilhelm I **Obv:** Crowned FW monogram, value 12. EIN. R. T. in exergue **Rev:** Crowned ornately-shaped shield of scepter arms between palm fronds, mintmaster's initials and date in exergue **Mint:** Magdeburg **Note:** Ref. M-31a; S#379-87, 390-92. Varieties exist.

Date	Mintage	VG	F	VF	XF	Unc
1714 HFH	—	35.00	75.00	150	300	—
1715 HFH	—	35.00	75.00	150	300	—
1716 HFH	—	35.00	75.00	150	300	—
1717 HFH	—	35.00	75.00	150	300	—
1718 HFH	—	35.00	75.00	150	300	—

KM# 159 1/12 THALER (Doppelgroschen)

3.6000 g., 0.4375 Silver 0.0506 oz. ASW, 23-24 mm. **Ruler:** Friedrich Wilhelm I **Obv:** Crowned FW monogram, mintmaster's initials, date in curved band below **Rev:** Crowned oval shield of scepter arms between palm branches, 12. EIN. R. T. in curved band below **Mint:** Berlin **Note:** Ref. M-17a; S#317-21.

Date	Mintage	VG	F	VF	XF	Unc
1717 IFS	Inc. above	60.00	125	250	500	—
1718 IFS	180,451	60.00	125	250	500	—

KM# 168 1/12 THALER (Doppelgroschen)

3.6000 g., 0.4375 Silver 0.0506 oz. ASW, 23-24 mm. **Ruler:** Friedrich Wilhelm I **Obv:** Crowned FW monogram, value 12. EIN. R. T. in curved band below **Rev:** Crowned oval shield of scepter arms between palm branches, mintmaster's initials and date in curved band below **Mint:** Berlin **Note:** Ref. M-17b.

Date	Mintage	VG	F	VF	XF	Unc
1718 IFS	Inc. above	40.00	80.00	160	325	—

KM# 169 1/12 THALER (Doppelgroschen)

3.6000 g., 0.4375 Silver 0.0506 oz. ASW, 24 mm. **Ruler:** Friedrich Wilhelm I **Obv:** Crowned FW monogram, value 12. EIN. R. T. in curved band below **Rev:** Crowned round shield of scepter arms between palm branches, mintmaster's initials and date in curved band below **Mint:** Magdeburg **Note:** Ref. M-31b; S-388, 389.

Date	Mintage	VG	F	VF	XF	Unc
1718 HFH		40.00	80.00	160	325	—

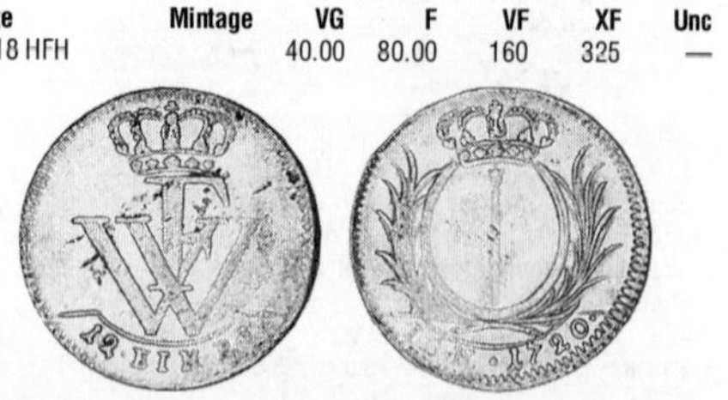

KM# 176 1/12 THALER (Doppelgroschen)

3.6000 g., 0.4375 Silver 0.0506 oz. ASW, 23 mm. **Ruler:** Friedrich Wilhelm I **Obv:** Crowned FW monogram, value 12. EIN.

R. T. in curved band below **Rev:** Crowned round shield of scepter arms between palm branches, mintmaster's initials and date in curved band below **Mint:** Berlin **Note:** Ref. M-22a; S#322-36. Varieties exist.

Date	Mintage	VG	F	VF	XF	Unc
1719 IGN	458,897	40.00	80.00	160	325	—
1720 IGN	554,677	40.00	80.00	160	325	—
1721 IGN	99,657	40.00	80.00	160	325	—
1722 IGN	152,179	40.00	80.00	160	325	—
1723 IGN	204,313	40.00	80.00	160	325	—
1724 IGN	81,217	40.00	80.00	160	325	—
1725 IGN	1,082,144	40.00	80.00	160	325	—

KM# 201 1/12 THALER (Doppelgroschen)
3.6000 g., 0.4375 Silver 0.0506 oz. ASW, 22-23 mm. **Ruler:** Friedrich Wilhelm I **Obv:** Crowned FW monogram, value 12. EIN. R. T. in curved band below **Rev:** Crowned oval shield of scepter arms between palm branches, mintmaster's initials and date in curved band below **Mint:** Königsberg **Note:** Ref. M-42; S#393-99. Varieties exist.

Date	Mintage	VG	F	VF	XF	Unc
1724 CG	153,096	40.00	80.00	160	325	—
1725 CG	147,250	40.00	80.00	160	325	—
1726 CG	56,476	40.00	80.00	160	325	—
1727 CG	109,836	40.00	80.00	160	325	—
1728 CG	130,000	40.00	80.00	160	325	—

KM# 203 1/12 THALER (Doppelgroschen)
3.6000 g., 0.4375 Silver 0.0506 oz. ASW **Ruler:** Friedrich Wilhelm I **Obv:** Crowned FW monogram, value 12. EIN. R. T. in curved band below **Rev:** Large crowned round shield of scepter arms between palm branches, mintmaster's initials and date in curved band below **Shape:** 23 Mint: Berlin **Note:** Ref. M-22b; S#337-46. Varieties exist.

Date	Mintage	VG	F	VF	XF	Unc
1725 EGN	Inc. above	40.00	80.00	160	325	—
1726 EGN	814,692	40.00	80.00	160	325	—
1727 EGN	674,748	40.00	80.00	160	325	—
1728 EGN	631,398	40.00	80.00	160	325	—
1729 EGN	886,226	40.00	80.00	160	325	—

KM# 216 1/12 THALER (Doppelgroschen)
3.6000 g., 0.4375 Silver 0.0506 oz. ASW, 23 mm. **Ruler:** Friedrich Wilhelm I **Obv:** Crowned FW monogram, value 12. EIN. R. T. in curved band below **Rev:** Small crowned round shield of scepter arms between palm branches, mintmaster's initials and date in curved band below **Mint:** Berlin **Note:** Ref. M-28; S#347-67. Varieties exist.

Date	Mintage	VG	F	VF	XF	Unc
1734 EGN	117,780	40.00	80.00	160	325	—
1735 EGN	840,000	40.00	80.00	160	325	—
1736 EGN	822,553	40.00	80.00	160	325	—
1737 EGN	801,552	40.00	80.00	160	325	—
1738 EGN	876,372	40.00	80.00	160	325	—
1739 EGN	473,204	40.00	80.00	160	325	—
1740 EGN	600,000	40.00	80.00	160	325	—

KM# 226 1/12 THALER (Doppelgroschen)
Billon, 24 mm. **Ruler:** Friedrich II **Obv:** Crowned script FR monogram, date below **Rev:** Value **Note:** Varieties exist.

Date	Mintage	VG	F	VF	XF	Unc
1740 EGN	504,708	20.00	37.00	75.00	150	—
1741 EGN	4,391,484	20.00	37.00	75.00	150	—
1741 GK	114,000	50.00	100	210	425	—
1742 EGN	Inc. above	20.00	37.00	75.00	150	—
1742 GK	Inc. above	50.00	100	210	425	—
1743 EGN	506,592	20.00	37.00	75.00	150	—
1745 EGN	5,734,704	20.00	37.00	75.00	150	—
1746 EGN	5,056,644	20.00	37.00	75.00	150	—

KM# 251 1/12 THALER (Doppelgroschen)
Billon **Ruler:** Friedrich II **Obv:** Armored, laureate bust right **Obv. Legend:** FRIDERICVS BORVSSORVM REX **Rev:** Value, date

divided by initial **Rev. Inscription:** *12* / EINEN / REICHS / THALER / date-initial

Date	Mintage	VG	F	VF	XF	Unc
1750A	—	25.00	50.00	100	200	—
1750B	4,567,068	25.00	50.00	100	200	—
1751A	—	25.00	50.00	100	200	—
1751B	7,895,915	25.00	50.00	100	200	—
1751C	—	27.00	55.00	110	225	—
1752A	—	25.00	50.00	100	200	—
1752B	Inc. above	25.00	50.00	100	200	—
1752C	—	27.00	55.00	110	225	—
1752F	—	75.00	150	300	600	—
1753C	—	25.00	55.00	110	225	—
1753F	—	75.00	150	300	600	—
1754C	—	25.00	55.00	110	225	—
1755C	—	25.00	55.00	110	225	—

KM# 268 1/12 THALER (Doppelgroschen)
Billon **Ruler:** Friedrich II **Obv:** Head right **Obv. Legend:** FRIDERICVS BORVSSORVM REX **Rev:** Value, date **Rev. Inscription:** *12* / EINEN / REICHS / THALER / date / * initial *

Date	Mintage	VG	F	VF	XF	Unc
1752A	—	10.00	22.00	45.00	95.00	—
1753A	—	10.00	22.00	45.00	95.00	—
1753B	—	10.00	22.00	45.00	95.00	—

Note: Mintage included in KM#251

Date	Mintage	VG	F	VF	XF	Unc
1753G	—	40.00	85.00	170	340	—
1754A	—	10.00	22.00	45.00	95.00	—
1754B	1,301,401	10.00	22.00	45.00	95.00	—
1754E	619,434	10.00	22.00	45.00	95.00	—
1754G	—	40.00	85.00	170	340	—
1755B	—	10.00	22.00	45.00	95.00	—
1763B	3,714,948	10.00	22.00	45.00	95.00	—

KM# 297 1/12 THALER (Doppelgroschen)
3.3400 g., 0.4370 Silver 0.0469 oz. ASW **Ruler:** Friedrich II **Obv:** Head right **Rev:** Value above date, "A" below **Mint:** Berlin

Date	Mintage	VG	F	VF	XF	Unc
1764	—	7.00	15.00	30.00	60.00	—

KM# 298 1/12 THALER (Doppelgroschen)
3.3400 g., 0.4370 Silver 0.0469 oz. ASW **Ruler:** Friedrich II **Obv:** Larger head **Rev:** Value, date **Rev. Inscription:** 12 / EINEN / REICHS / THALER / date / *initial*

Date	Mintage	VG	F	VF	XF	Unc
1764A	—	3.00	7.00	15.00	30.00	—
1764C	—	8.00	18.00	35.00	75.00	—
1764B	—	3.00	7.00	15.00	30.00	—
1764C	—	8.00	18.00	35.00	75.00	—
1765A	—	3.00	7.00	15.00	30.00	—
1765B	—	3.00	7.00	15.00	30.00	—
1766A	—	3.00	7.00	15.00	30.00	—
1766B	—	3.00	7.00	15.00	30.00	—
1766C	—	8.00	18.00	35.00	75.00	—
1767A	—	3.00	7.00	15.00	30.00	—
1767B	—	3.00	7.00	15.00	30.00	—
1768B	—	3.00	7.00	15.00	30.00	—
1769B	—	3.00	7.00	15.00	30.00	—
1770A	—	3.00	7.00	15.00	30.00	—
1771A	—	3.00	7.00	15.00	30.00	—

KM# 311 1/12 THALER (Doppelgroschen)
3.3400 g., 0.4370 Silver 0.0469 oz. ASW **Ruler:** Friedrich II

Obv: Berlin-type head **Rev:** Value, date **Rev. Inscription:** 12 / EINEN / REICHS / THALER / date / initial

Date	Mintage	VG	F	VF	XF	Unc
1764E	—	3.00	7.00	15.00	30.00	—
1764F	—	8.00	18.00	37.00	75.00	—
1765E	—	3.00	7.00	15.00	30.00	—
1765F	—	8.00	18.00	37.00	75.00	—
1766E	—	3.00	7.00	15.00	30.00	—
1766F	—	8.00	18.00	37.00	75.00	—
1767E	—	3.00	7.00	15.00	30.00	—
1767F	—	8.00	18.00	37.00	75.00	—
1768E	—	3.00	7.00	15.00	30.00	—
1768F	—	8.00	18.00	37.00	75.00	—
1769E	—	3.00	7.00	15.00	30.00	—
1770E	—	3.00	7.00	15.00	30.00	—
1771E	—	3.00	7.00	15.00	30.00	—
1772E	—	3.00	7.00	15.00	30.00	—

KM# 341 1/12 THALER (Doppelgroschen)
3.3400 g., 0.4370 Silver 0.0469 oz. ASW **Ruler:** Friedrich II **Obv:** Old head **Mint:** Berlin

Date	Mintage	VG	F	VF	XF	Unc
1786A Rare	—	—	—	—	—	—

KM# D284 6 MARIENGROSCHEN
4.8000 g., Silver, 25 mm. **Ruler:** Friedrich II **Obv:** Head to right **Obv. Legend:** FRIDERICUS BORUSSORUM REX **Rev:** 4-line inscription with date in palm wreath **Rev. Inscription:** VI / MARIEN / GROSCHEN / (date) **Mint:** Dresden **Note:** N#328.

Date	Mintage	VG	F	VF	XF	Unc
1758star (star)	—	—	—	—	—	—

KM# 252 1/6 THALER
5.3450 g., 0.5210 Silver 0.0895 oz. ASW **Ruler:** Friedrich II **Obv:** Armored bust right **Obv. Legend:** FRIDERICVS BORVSSORVM REX **Rev:** Value, date **Rev. Inscription:** * VI * / EINEN / REICHS / THALER / date / *initial*

Date	Mintage	VG	F	VF	XF	Unc
1750A	—	25.00	50.00	100	200	—
1750B	6,341,304	25.00	50.00	100	200	—
1751A	—	25.00	50.00	100	200	—
1751B	—	25.00	50.00	100	200	—
1751C	—	30.00	65.00	130	260	—
1752A	—	25.00	50.00	100	200	—
1752B	11,163,142	25.00	50.00	100	200	—
1752C	—	30.00	65.00	130	260	—
1752F	—	30.00	65.00	135	275	—
1753C	—	30.00	65.00	130	260	—
1753F	—	30.00	65.00	135	275	—
1754C	—	30.00	65.00	130	260	—
1755C	—	30.00	65.00	130	260	—

KM# 269 1/6 THALER
5.3450 g., 0.5210 Silver 0.0895 oz. ASW **Ruler:** Friedrich II **Obv:** Head right **Obv. Legend:** FRIDERICUS BORUSSORUM REX **Rev:** Value, date **Rev. Inscription:** 6 / EINEN / REICHS / THALER / date / *initial*

Date	Mintage	VG	F	VF	XF	Unc
1752A	—	20.00	40.00	80.00	165	—
1753B	Inc. above	20.00	40.00	80.00	165	—
1753G	—	85.00	150	300	600	—
1754B	910,702	20.00	40.00	80.00	165	—
1754E	537,836	120	225	450	900	—
1754F	—	20.00	40.00	80.00	165	—
1754G	—	85.00	150	300	600	—
1755C	—	85.00	150	300	600	—
1756A	282,333	20.00	40.00	80.00	165	—
1756C	—	85.00	150	300	600	—
1756F	—	20.00	40.00	80.00	165	—
1757C	—	85.00	150	300	600	—
1759F	—	20.00	40.00	80.00	165	—
1763A	9,853,933	20.00	40.00	80.00	165	—

GERMAN STATES — PRUSSIA

Date	Mintage	VG	F	VF	XF	Unc
1763B	13,545,792	20.00	40.00	80.00	165	—
1763F	4,476,295	20.00	40.00	80.00	165	—
1764A	—	20.00	40.00	80.00	165	—

KM# D290 1/6 THALER

4.3300 g., Silver, 25 mm. **Ruler:** Elisabeth I **Obv:** Crowned bust to right **Obv. Legend:** ELISAB: I: D:G: IMP: TOT: RUSS. **Rev:** Crowned Prussian eagle, date divided by claws to far left and right, 2-line inscription in exergue **Rev. Inscription:** 6. EIN. R. TH / COUR. **Note:** Varieties exist. D#2238-43.

Date	Mintage	VG	F	VF	XF	Unc
1761	1,342,988	40.00	80.00	160	325	—

BORUSSORUM REX **Rev:** Value, date **Rev. Inscription:** 6 / EINEN / REICHS / THALER / date / *initial*

Date	Mintage	VG	F	VF	XF	Unc
1765	—	7.00	15.00	30.00	65.00	—
1766	—	7.00	15.00	30.00	65.00	—

KM# 10 1/4 THALER

Silver **Ruler:** Friedrich I **Obv:** Head right **Rev:** Crowned F monograms divide date and initials **Mint:** Berlin

Date	Mintage	VG	F	VF	XF	Unc
1701 LCS	—	45.00	75.00	150	300	—

KM# 9 1/4 THALER

7.5200 g., Silver, 23.5 mm. **Ruler:** Friedrich I **Subject:** Coronation Issue **Obv:** Bust above legend **Rev:** Crown **Mint:** Königsberg **Note:** Thick flan

Date	Mintage	VG	F	VF	XF	Unc
1701	—	60.00	100	185	375	—

KM# 299 1/6 THALER

5.3450 g., 0.5210 Silver 0.0895 oz. ASW **Ruler:** Friedrich II **Obv:** Head right **Obv. Legend:** FRIDERICUS BORUSSORUM REX **Rev:** Value, date **Rev. Inscription:** 6 / EINEN / REICHS / THALER / date / initial

Date	Mintage	VG	F	VF	XF	Unc
1764A	—	7.00	15.00	30.00	60.00	—
1764B	—	7.00	15.00	30.00	65.00	—
1764C	—	10.00	20.00	45.00	95.00	—
1764E	—	5.00	12.00	25.00	50.00	—
1765A	—	7.00	15.00	30.00	60.00	—
1765B	—	7.00	15.00	30.00	65.00	—
1765C	—	10.00	20.00	45.00	95.00	—
1766A	—	7.00	15.00	30.00	60.00	—
1766B	—	7.00	15.00	30.00	65.00	—
1767B	—	7.00	15.00	30.00	65.00	—
1768A	—	7.00	15.00	30.00	60.00	—
1768B	—	7.00	15.00	30.00	65.00	—
1770B	—	7.00	15.00	30.00	65.00	—
1780A Rare	—	—	—	—	—	—
1786A Rare	—	—	—	—	—	—

KM# 253 1/4 THALER

Silver **Ruler:** Friedrich II **Obv:** Armored, laureate bust right **Obv. Legend:** FRIDERICVS BORVSSORVM REX **Rev:** Crowned eagle above flags and cannons, 'A' divides date below **Rev. Legend:** 4 EINEN R: THALER

Date	Mintage	VG	F	VF	XF	Unc
1750A	—	27.00	55.00	110	225	—
1751A	—	27.00	55.00	110	225	—
1751B	—	27.00	55.00	110	225	—
1752B	—	27.00	55.00	110	225	—

KM# 300 1/6 THALER

5.3450 g., 0.5210 Silver 0.0895 oz. ASW **Ruler:** Friedrich II **Obv:** Berlin-type head **Obv. Legend:** FRIDERICUS BORUSSORUM REX **Rev:** Value, date **Rev. Inscription:** 6 / EINEN / REICHS / THALER / date / initial

Date	Mintage	VG	F	VF	XF	Unc
1764E	—	5.00	12.00	25.00	50.00	—
1764F	—	8.00	17.00	35.00	75.00	—
1767E	—	5.00	12.00	25.00	50.00	—
1768E	—	5.00	12.00	25.00	50.00	—
1769E	—	5.00	12.00	25.00	50.00	—
1770E	—	5.00	12.00	25.00	50.00	—
1771E	—	5.00	12.00	25.00	50.00	—
1772E	—	5.00	12.00	25.00	50.00	—
1773E	—	5.00	12.00	25.00	50.00	—
1775E	—	5.00	12.00	25.00	50.00	—
1776E	—	5.00	12.00	25.00	50.00	—
1777E	581,627	5.00	12.00	25.00	50.00	—
1778E	174,269	5.00	12.00	25.00	50.00	—

KM# 302 1/4 THALER

Silver **Ruler:** Friedrich II **Obv:** Berlin head **Obv. Legend:** FRIDERICUS BORUSSORUM REX **Rev:** Crowned eagle above flags and cannons, 'F' divides date below **Rev. Legend:** 4 EINEN R: THALER

Date	Mintage	VG	F	VF	XF	Unc
1764F	—	15.00	35.00	75.00	150	—

KM# 301 1/4 THALER

Silver **Ruler:** Friedrich II **Obv:** Head right **Obv. Legend:** FRIDERICUS BORUSSORUM REX **Rev:** Crowned eagle above flags and cannons, 'A' divides date below **Note:** Reichs Thaler.

Date	Mintage	VG	F	VF	XF	Unc
1764A	—	15.00	35.00	75.00	150	—
1764E	—	25.00	55.00	110	225	—
1764F	—	15.00	35.00	75.00	150	—
1765A	—	15.00	35.00	75.00	150	—
1766A	—	15.00	35.00	75.00	150	—
1768B	—	15.00	30.00	65.00	135	—

KM# 312 1/6 THALER

5.3450 g., 0.5210 Silver 0.0895 oz. ASW **Ruler:** Friedrich II **Obv:** Smaller head **Obv. Legend:** FRIDERICUS

KM# 342 1/4 THALER

Silver, 28.5 mm. **Ruler:** Friedrich II **Obv:** Head right **Obv.**

Legend: FRIDERICUS BORUSSORUM REX **Rev:** Crowned eagle above flags and cannons, 'A' divides date below **Rev. Legend:** 4 EINEN R: THALER **Mint:** Berlin

Date	Mintage	VG	F	VF	XF	Unc
1786A	—	150	275	450	900	—

Note: A nearly uncirculated example realized approximately $5,100 in a Künker auction of October 2007.

KM# 343 1/4 THALER

Silver **Ruler:** Friedrich II **Subject:** Cornerstone Laying At Bellevue Castle **Obv:** Old head right **Rev:** Castle **Mint:** Berlin

Date	Mintage	VG	F	VF	XF	Unc
1786A	—	125	175	260	525	—

KM# E284 12 MARIENGROSCHEN

8.0640 g., Silver, 30 mm. **Ruler:** Friedrich II **Obv:** Head to right **Obv. Legend:** FRIDERICUS BORUSSORUM REX. **Rev:** 4-line inscription with date in palm wreath **Rev. Inscription:** XII / MARIEN / GROSCHEN **Note:** N#327.

Date	Mintage	VG	F	VF	XF	Unc
1758 (star)	—	—	—	—	—	—

KM# 11 1/3 THALER (1/2 Gulden)

8.6600 g., 0.7500 Silver 0.2088 oz. ASW, 31-32 mm. **Ruler:** Friedrich I **Obv:** Laureate armored bust to right **Obv. Legend:** FRID(ER). D. G. REX. (-) BORUSS. EL. BR. **Rev:** Crowned shield of 11-fold arms divides mintmaster's initials, value (1/3) in cartouche below divides date **Rev. Legend:** SUUM - CUIQUE. **Mint:** Berlin **Note:** Ref. M-3, 4; S#149-59. Varieties exist.

Date	Mintage	VG	F	VF	XF	Unc
1701 CS	14,310	200	400	700	1,300	—
1702 CS	18,390	200	400	700	1,300	—
1703 CS	4,249	200	400	700	1,300	—
1705 CS	8,429	200	400	700	1,300	—
1706 CS	7,382	200	400	700	1,300	—
1707 CS	4,315	200	400	700	1,300	—
1711 CS	1,798	200	400	700	1,300	—

KM# 23 1/3 THALER (1/2 Gulden)

8.6600 g., 0.7500 Silver 0.2088 oz. ASW, 31.5 mm. **Ruler:** Friedrich I **Obv:** Laureate armored bust to right **Obv. Legend:** FRIDERICUS. REX. PRUSSIAE. **Rev:** Crowned shield of 11-fold arms divides mintmaster's initials, value (1/3) in cartouche below divides date **Rev. Legend:** SUUM - CUIQUE • **Mint:** Magdeburg **Note:** Ref. M-14, 17; S#160-62. Varieties exist.

Date	Mintage	VG	F	VF	XF	Unc
1702 HFH	—	200	400	700	1,300	—
1712 HFH	—	200	400	700	1,300	—

KM# 60 1/3 THALER (1/2 Gulden)

8.6600 g., 0.7500 Silver 0.2088 oz. ASW, 28.5 mm. **Ruler:** Friedrich I **Obv:** Laureate head to right **Obv. Legend:** FRID. D. G. REX. - BORUSS. EL. BR. **Rev:** Crowned shield of 10-fold arms divide date and mintmaster's initials, value 1/3 below **Rev. Legend:** SUUM - CUIQUE. **Mint:** Minden **Note:** Ref. M-21; S-163.

Date	Mintage	VG	F	VF	XF	Unc
1705 BH	—	200	360	700	1,425	—

KM# 101 1/3 THALER (1/2 Gulden)

8.6600 g., 0.7500 Silver 0.2088 oz. ASW, 30 mm. **Ruler:** Friedrich Wilhelm I **Obv:** Laureate armored bust to right **Obv. Legend:** FRID. WILH. D. G. (•) REX. BOR(USS). EL. BR. **Rev:** Crowned shield of 11-fold arms divides date and mintmaster's initials, value 1/3 below **Mint:** Berlin **Note:** Ref. M-3, 5; S-291. Varieties exist.

Date	Mintage	VG	F	VF	XF	Unc
1713 IFS	1,533	600	4,500	2,300	4,500	—

KM# 102 1/3 THALER (1/2 Gulden)

8.6600 g., 0.7500 Silver 0.2088 oz. ASW, 31 mm. **Ruler:** Friedrich Wilhelm I **Obv:** Laureate, armored and draped youthful bust to right **Obv. Legend:** FRID. WILH. D. G. REX. BORUSSIAE. **Rev:** Crowned ornate shield of 11-fold arms divides date, value 1/3 in oval below divides mintmaster's initials **Mint:** Magdeburg **Note:** Ref. M-32.

Date	Mintage	VG	F	VF	XF	Unc
1713 HFH	—	600	1,200	2,300	4,500	—

PRUSSIA — GERMAN STATES

KM# 125.1 1/3 THALER (1/2 Gulden)
8.6600 g., 0.7500 Silver 0.2088 oz. ASW, 29 mm. **Ruler:** Friedrich Wilhelm I **Obv:** Laureate armored bust to right **Obv. Legend:** FRID. WILH. D. G. - REX. BORUSS. EL. BR. **Rev:** Crowned shield of 12-fold arms divide dates, value (1/3) in oval below divides mintmaster's initials **Mint:** Berlin **Note:** Ref. M-10.

Date	Mintage	VG	F	VF	XF	Unc
1714 IFS	2,158	600	1,200	2,300	4,500	—

KM# 125.2 1/3 THALER (1/2 Gulden)
8.6600 g., 0.7500 Silver 0.2088 oz. ASW, 30 mm. **Ruler:** Friedrich Wilhelm I **Obv:** Laureate armored bust to right **Obv. Legend:** FRID. WILH. D. G. REX. BORUSS. EL. BR. **Rev:** Crowned shield of 11-fold arms divide dates, value (1/3) in oval below divides mintmaster's initials **Mint:** Berlin **Note:** Ref. M-12; S-292

Date	Mintage	VG	F	VF	XF	Unc
1715 IFS	1,270	600	1,200	2,300	4,500	—

KM# 152 1/3 THALER (1/2 Gulden)
8.6600 g., 0.7500 Silver 0.2088 oz. ASW, 30-31 mm. **Ruler:** Friedrich Wilhelm I **Obv:** Large armored and draped bust to right **Obv. Legend:** FRID. WILH. D. G. - REX. BORUSS. EL. BR. **Rev:** Crowned shield of ornately-shaped 12-fold arms divides date and mintmaster's initials, value 1/3 below **Mint:** Berlin **Note:** Ref. M-14; S-293.

Date	Mintage	VG	F	VF	XF	Unc
1716 IFS	922	600	1,200	2,300	4,500	—

KM# 177 1/3 THALER (1/2 Gulden)
8.6600 g., 0.7500 Silver 0.2088 oz. ASW, 29-30 mm. **Ruler:** Friedrich Wilhelm I **Obv:** Armored bust to right **Obv. Legend:** FRID. WILH. (-) D. G. REX. BORUSS(IAE). E(L). B(R). **Rev:** Oval shield of 13-fold arms, large crown above divides date, value 1/3 below, mintmaster's initials divided to left and right **Mint:** Berlin **Note:** Ref. M-23; S#294-304. Varieties exist.

Date	Mintage	VG	F	VF	XF	Unc
1719 L/IGN	4,911	600	1,200	2,300	4,500	—
1720 L/IGL	—	600	1,200	2,300	4,500	—
1720 IGN	—	600	1,200	2,300	4,500	—
1721 IGN	—	600	1,200	2,300	4,500	—
1722 IGN	—	600	1,200	2,300	4,500	—
1723 IGN	—	600	1,200	2,300	4,500	—
1727 EGN	24,000	600	1,200	2,300	4,500	—
1728 EGN	Inc. above	600	1,200	2,300	4,500	—
1729 EGN	Inc. above	600	1,200	2,300	4,500	—

KM# 230 1/3 THALER (1/2 Gulden)
8.3500 g., 0.6660 Silver 0.1788 oz. ASW **Ruler:** Friedrich II **Obv:** Bust right **Rev:** Crowned oval eagle arms in baroque frame, value, date

Date	Mintage	VG	F	VF	XF	Unc
1741 EGN	7,704	400	750	1,400	2,600	—

KM# 284 1/3 THALER (1/2 Gulden)
8.3500 g., 0.6660 Silver 0.1788 oz. ASW **Ruler:** Friedrich II **Obv:** Head right **Rev:** Value, date in 2 palm branches

Date	Mintage	VG	F	VF	XF	Unc
1758 (star)	—	25.00	50.00	110	225	—

KM# 285 1/3 THALER (1/2 Gulden)
8.3500 g., 0.6660 Silver 0.1788 oz. ASW **Ruler:** Friedrich II **Obv:** Head right **Obv. Legend:** FRIDERICUS BORUSSORUM REX **Rev:** Value, date **Note:** Varieties exist.

Date	Mintage	VG	F	VF	XF	Unc
1758 (Dresden)	—	30.00	65.00	135	270	—
1759A	—	25.00	55.00	110	225	—
1759 (Dresden)	—	30.00	65.00	135	270	—

KM# 303 1/3 THALER (1/2 Gulden)
8.3520 g., 0.6660 Silver 0.1788 oz. ASW **Ruler:** Friedrich II **Obv:** Head right **Obv. Legend:** FRIDERICUS BORUSSORUM REX **Rev:** Value, date within laurel and palm branches **Rev. Inscription:** 3 / EINEN / REICHS / THALER / date / • initial •
Note: Reichs 1/3 Thaler.

Date	Mintage	VG	F	VF	XF	Unc
1764A	—	10.00	20.00	45.00	90.00	—
1764F Rare	—	—	—	—	—	—
1765B	—	10.00	25.00	50.00	100	—
1765F Rare	—	—	—	—	—	—
1767B	—	10.00	25.00	50.00	100	—
1768B	—	10.00	25.00	50.00	100	—
1768E	—	10.00	25.00	50.00	100	—
1769B	—	10.00	25.00	50.00	100	—
1769E	—	10.00	25.00	55.00	110	—
1770A	—	10.00	20.00	45.00	90.00	—
1770B	—	10.00	25.00	50.00	100	—
1771A	—	10.00	20.00	45.00	90.00	—
1771B	—	10.00	25.00	50.00	100	—
1772A	—	10.00	20.00	45.00	90.00	—
1772B	—	10.00	25.00	50.00	100	—
1773A	—	10.00	20.00	45.00	90.00	—
1773B	—	10.00	25.00	50.00	100	—
1773E	—	15.00	30.00	55.00	110	—
1774A	—	10.00	20.00	45.00	90.00	—

KM# 329 1/3 THALER (1/2 Gulden)
8.3520 g., 0.6660 Silver 0.1788 oz. ASW **Ruler:** Friedrich II **Obv:** Old head **Obv. Legend:** FRIDERICUS BORUSSORUM REX **Rev:** Value, date within palm and laurel branches **Rev. Inscription:** EINEN / REICHS / THALER / date / • initial •

Date	Mintage	VG	F	VF	XF	Unc
1774A	—	15.00	30.00	60.00	125	—
1774B	—	10.00	25.00	50.00	100	—
1774E	—	15.00	30.00	60.00	120	—
1775A	—	15.00	30.00	60.00	125	—
1775B	—	10.00	25.00	50.00	100	—
1775E	—	15.00	30.00	60.00	120	—
1776B	—	10.00	25.00	50.00	100	—
1776E	—	15.00	30.00	60.00	120	—
1777B	867,654	10.00	25.00	50.00	100	—
1778B	870,008	10.00	25.00	50.00	100	—
1779A	446,198	10.00	25.00	50.00	100	—
1779E	342,734	10.00	20.00	60.00	120	—
1780B	—	10.00	25.00	50.00	100	—
1780E	671,708	15.00	30.00	60.00	120	—
1781E	—	15.00	30.00	60.00	120	—
1783B	600,657	10.00	25.00	50.00	100	—
1784B	51,888	10.00	25.00	50.00	100	—
1786A	—	15.00	30.00	60.00	125	—
1786B	—	10.00	25.00	50.00	100	—
1786E	—	15.00	30.00	60.00	120	—

Date	Mintage	VG	F	VF	XF	Unc
1793E	185,000	16.00	37.00	75.00	150	—
1794E	165,741	16.00	37.00	75.00	150	—
1795E	139,856	16.00	37.00	75.00	150	—
1796A	—	10.00	20.00	45.00	95.00	—
1796B	74,123	10.00	20.00	45.00	95.00	—
1796E	89,187	16.00	37.00	75.00	150	—
1797B	88,586	10.00	20.00	45.00	95.00	—
1797E	117,906	16.00	37.00	75.00	150	—
1798E	452,478	16.00	37.00	75.00	150	—

KM# 380 1/3 THALER (1/2 Gulden)
8.3520 g., 0.6660 Silver 0.1788 oz. ASW **Ruler:** Friedrich Wilhelm III **Obv:** Uniformed bust left **Rev:** Crowned arms divided date

Date	Mintage	F	VF	XF	Unc	BU
1800A	—	20.00	55.00	65.00	150	210

KM# E290 1/3 THALER
7.7900 g., Silver, 27 mm. **Ruler:** Elisabeth I **Obv:** Crowned bust to right **Obv. Legend:** ELISAB: I: D:G: IMP: TOT: RUSS. **Rev:** Crowned Prussian eagle, date divided by claws to far left and right, 2-line inscription in exergue **Rev. Inscription:** 3. EIN. R. TH / COUR. **Rev. Designer:** ` **Note:** D#2244-55.

Date	Mintage	VG	F	VF	XF	Unc
1761	470,059	90.00	185	375	775	—

Note: An XF example realized approximately $5,360 in a June 2007 Künker auction.

KM# 339 1/3 THALER
Silver **Ruler:** Friedrich II **Obv:** Laureate head to right **Obv. Legend:** FRIDERICUS BORUSSORUM REX. **Rev:** 4-line inscription in palm and laurel wreath, date divided by mintmark below **Rev. Inscription:** 3 / EINEN / REICHS / THALER. **Mint:** Königsberg **Note:** D#2389.

Date	Mintage	VG	F	VF	XF	Unc
1778E	—	—	—	—	—	—

KM# 126 1/2 THALER
Silver **Ruler:** Friedrich I **Subject:** Homage of Berlin **Obv:** Bust right **Rev:** 7-line inscription with Roman numeral date **Mint:** Berlin

Date	Mintage	VG	F	VF	XF	Unc
1714 IFS	—	375	750	1,500	3,000	—

KM# 127 1/2 THALER
Silver **Ruler:** Friedrich Wilhelm I **Subject:** Homage of Königsberg **Obv:** Armored bust right **Rev:** Inscription **Mint:** Königsberg

Date	Mintage	VG	F	VF	XF	Unc
1714 CG	—	375	750	1,500	2,800	—

KM# 344 1/3 THALER (1/2 Gulden)
8.3520 g., 0.6660 Silver 0.1788 oz. ASW **Ruler:** Friedrich Wilhelm II **Obv:** Armored bust right **Obv. Legend:** FRID. WIHELM KOENIG VON PREUSSEN **Rev:** Crowned arms divide date, "A" below arms

Date	Mintage	VG	F	VF	XF	Unc
1786A	—	10.00	20.00	45.00	95.00	—
1787A	429,121	10.00	20.00	45.00	95.00	—
1787B	310,565	10.00	20.00	45.00	95.00	—
1787E	244,961	16.00	37.00	75.00	150	—
1788A	381,907	10.00	20.00	45.00	95.00	—
1788B	228,129	10.00	20.00	45.00	95.00	—
1788E	581,783	16.00	37.00	75.00	150	—
1789A	650,531	10.00	20.00	45.00	95.00	—
1789B	61,944	10.00	20.00	45.00	95.00	—
1789E	1,296,972	16.00	37.00	75.00	150	—
1790A	519,520	10.00	20.00	45.00	95.00	—
1790B	49,761	10.00	20.00	45.00	95.00	—
1790E	1,184,975	16.00	37.00	75.00	150	—
1791A	324,211	10.00	20.00	45.00	95.00	—
1791E	1,055,811	16.00	37.00	75.00	150	—
1792A	312,261	10.00	20.00	45.00	95.00	—
1792E	529,031	16.00	37.00	75.00	150	—
1793A	143,491	10.00	20.00	45.00	95.00	—
1793B	185,000	10.00	20.00	45.00	95.00	—

KM# 195 1/2 THALER

GERMAN STATES — PRUSSIA

Silver **Ruler:** Friedrich Wilhelm I **Subject:** Homage of Stettin **Rev:** Inscription in straight lines **Mint:** Berlin

Date	Mintage	VG	F	VF	XF	Unc
1721 L	—	450	925	1,900	3,750	—

Date	Mintage	VG	F	VF	XF	Unc
1764E	—	80.00	165	335	675	—
1765A	—	25.00	55.00	110	225	—
1765A *	—	25.00	55.00	110	225	—
1765F	—	50.00	110	225	450	—
1766A	—	25.00	55.00	110	225	—
1767A	—	25.00	55.00	110	225	—
1767B	—	30.00	60.00	120	240	—

KM# 196 1/2 THALER

Silver **Ruler:** Friedrich Wilhelm I **Obv:** Armored bust right **Obv. Legend:** FRID • WILH • D • G • REX • BORVSS • EL • BRAND • **Rev:** Inscription in curved lines

Date	Mintage	VG	F	VF	XF	Unc
1721 L	—	450	925	1,900	3,750	—

KM# 254.1 1/2 THALER

11.1300 g., 0.7500 Silver 0.2684 oz. ASW **Ruler:** Friedrich II **Obv:** Small armored bust to right **Obv. Legend:** FRIDERICVS BORVSSORVM REX **Rev:** Crowned eable above flags and cannons, mintmark divides date below **Rev. Legend:** 2 EINEN. R: THALER **Mint:** Berlin **Note:** Varieties exist. Schrötter 189-90.

Date	Mintage	VG	F	VF	XF	Unc
1750A	—	35.00	65.00	135	270	—

KM# 254.2 1/2 THALER

11.1300 g., 0.7500 Silver 0.2684 oz. ASW **Ruler:** Friedrich II **Obv:** Small armored bust to right, small cross below **Obv. Legend:** FRIDERICVX BORVSSORVM REX **Rev:** Crowned eagle above flags and cannons, mintmark divides date below **Rev. Legend:** 2 EINEN. R: THALER **Mint:** Berlin **Note:** Varieties exist. Schrötter 188a-188c.

Date	Mintage	VG	F	VF	XF	Unc
1750A	—	35.00	65.00	135	270	—
1750 B//A	—	35.00	65.00	135	270	—
1750 LB//A	—	35.00	65.00	135	270	—

KM# 254.3 1/2 THALER

11.1300 g., 0.7500 Silver 0.2684 oz. ASW **Ruler:** Friedrich II **Obv:** Large armored bust to right **Obv. Legend:** FRIDERICVS BORVSSORVM REX **Rev:** Crowned eagle above flags and cannons, mintmark in cartouche divides date below **Rev. Legend:** 2 EINEN R: THALER **Mint:** Breslau **Note:** Varieties exist. Schrötter 191-8.

Date	Mintage	VG	F	VF	XF	Unc
1751 B	—	40.00	85.00	170	340	—
1752 B	—	40.00	85.00	170	340	—

KM# 254.4 1/2 THALER

11.1300 g., 0.7500 Silver 0.2684 oz. ASW **Ruler:** Friedrich II **Obv:** Small armored bust to right **Obv. Legend:** FRIDERICUS BORUSSORUM REX **Rev:** Crowned eagle above flags and cannons, mintmark above date in exergue **Rev. Legend:** 2 EINEN REICHSTHALER **Mint:** Cleve **Note:** Schrötter 199.

Date	Mintage	VG	F	VF	XF	Unc
1751C	—	100	210	425	850	—

KM# 304 1/2 THALER

11.1300 g., 0.7500 Silver 0.2684 oz. ASW **Ruler:** Friedrich II **Obv:** Laureate head right **Obv. Legend:** FRIDERICUS BORUSSORUM REX **Rev:** Crowned eagle above flags and cannons, 'A' divides date below **Note:** Reichs 1/2 Thaler.

Date	Mintage	VG	F	VF	XF	Unc
1764A	—	25.00	55.00	110	225	—
1764A *	—	25.00	55.00	110	225	—
1764F	—	50.00	110	225	450	—

KM# 305 1/2 THALER

11.1300 g., 0.7500 Silver 0.2684 oz. ASW **Ruler:** Friedrich II **Obv:** Head right **Obv. Legend:** FRIDERICUS BORUSSORUM REX. **Rev:** Crowned eagle above flags and cannons, 'F' divides date below **Mint:** Magdeburg

Date	Mintage	VG	F	VF	XF	Unc
1764F	—	—	—	—	—	—

KM# 345 1/2 THALER

11.1300 g., 0.7500 Silver 0.2684 oz. ASW **Ruler:** Friedrich II **Subject:** King's Death **Obv:** Laureate head right **Obv. Legend:** FRIDERICUS BORUSSORUM REX **Rev:** Crowned eagle above flags and cannons, 'A' divides date below **Mint:** Berlin

Date	Mintage	VG	F	VF	XF	Unc
1786A	—	275	500	900	1,650	—

Note: An XF-AU example realized approximately $4,500 in a Künker auction of October 2007.

KM# 346 1/2 THALER

11.1300 g., 0.7500 Silver 0.2684 oz. ASW **Ruler:** Friedrich II **Subject:** Cornerstone Laying At Bellevue Castle **Obv:** Old head **Rev:** Castle

Date	Mintage	VG	F	VF	XF	Unc
1786	—	150	210	300	625	—

KM# 12 2/3 THALER (Gulden)

17.3200 g., 0.7500 Silver 0.4176 oz. ASW, 35-36 mm. **Ruler:** Friedrich I **Obv:** Laureate armored bust to right **Obv. Legend:** FRI(D)(ER) • D • G • REX • BORVS(S)(IAE) • EL(ECT) • BR • **Rev:** Crowned shield of 11-fold arms divides mintmaster's initials, value (2/3) in oval below divides date **Rev. Legend:** SUUM - CUIQUE • **Mint:** Berlin **Note:** Ref. M#5a-e, j; S#74-87, 93, 94, 99, 107-9; Dav. 286. Varieties exist.

Date	Mintage	VG	F	VF	XF	Unc
1701 CS	162,675	200	400	800	1,500	—
1702 CS	245,821	200	400	800	1,500	—
1703 CS	Inc. above	200	400	800	1,500	—
1704 CS	68,552	200	400	800	1,500	—
1705 CS	151,582	200	400	800	1,500	—
1706 CS	147,761	200	400	800	1,500	—
1707 CS	105,370	200	400	800	1,500	—
1709 CS	74,839	200	400	800	1,500	—

KM# 13 2/3 THALER (Gulden)

17.3200 g., 0.7500 Silver 0.4176 oz. ASW, 36 mm. **Ruler:** Friedrich I **Obv:** Laureate draped bust to right **Obv. Legend:** FRIDERICUS. REX. PRUSSIÆ. **Rev:** Crowned ornately-shaped shield of 11-fold arms divides mintmaster's intials, value (2/3) in oval divides date below **Rev. Legend:** SUUM - CUIQUE. **Mint:** Magdeburg **Note:** Ref. M-15; S#115-18; Dav. 291. Varieties exist.

Date	Mintage	VG	F	VF	XF	Unc
1701 HFH	—	350	600	1,000	1,875	—
1702 HFH	—	350	600	1,000	1,875	—
1703 HFH	—	350	600	1,000	1,875	—

KM# 43 2/3 THALER (Gulden)

17.3200 g., 0.7500 Silver 0.4176 oz. ASW, 36 mm. **Ruler:** Friedrich I **Obv:** Laureate armored bust to right **Obv. Legend:** FRIDERICUS. (-) REX. PRUSSIÆ. **Rev:** Very large crowned shield of 11-fold arms divides mintmaster's initials, value (2/3) in oval below divides date **Rev. Legend:** SUUM - CUIQUE. **Mint:** Magdeburg **Note:** Ref. M-15; S#119-25; Dav. 292. Varieties exist.

Date	Mintage	VG	F	VF	XF	Unc
1703 HFH	—	350	600	1,000	1,875	—
1704 HFH	—	350	600	1,000	1,875	—
1705 HFH	—	350	600	1,000	1,875	—
1706 HFH	—	350	600	1,000	1,875	—

KM# 62 2/3 THALER (Gulden)

17.3200 g., 0.7500 Silver 0.4176 oz. ASW, 36 mm. **Ruler:** Friedrich I **Obv:** Laureate armored bust to right **Obv. Legend:** FRID. D. G. REX. - BORUSS. EL. BR. **Rev:** Crowned Spanish shield of 10-fold arms divides date and mintmaster's initials, value 2/3 below **Rev. Legend:** SUUM - CUIQUE. **Mint:** Minden **Note:** Ref. M-22, 23; S-147, 148; Dav. 294. Varieties exist.

Date	Mintage	VG	F	VF	XF	Unc
1705 BH Rare	—	—	—	—	—	—
1706 BH Rare	—	—	—	—	—	—

KM# 61 2/3 THALER (Gulden)

17.3200 g., 0.7500 Silver 0.4176 oz. ASW, 36 mm. **Ruler:** Friedrich I **Obv:** Laureate armored bust to right, titles divided by top of laurel on head **Obv. Legend:** FRID • D • G • REX • - BORUSS • EL • BR • **Rev:** Crowned shield of 11-fold arms divides mintmaster's initials, value 2/3 divides date below **Rev. Legend:** SUUM - CUIQUE • **Mint:** Berlin **Note:** Ref. M-5h, 5k; S#88-92, 96, 97, 100, 101, 110, 111; Dav. 287. Varieties exist.

Date	Mintage	VG	F	VF	XF	Unc
1705 CS	Inc. above	200	400	800	1,500	—
1706 CS	Inc. above	200	400	800	1,500	—
1707 CS	Inc. above	200	400	800	1,500	—

Date	Mintage	VG	F	VF	XF	Unc
1708 CS	77,574	200	400	800	1,500	—
1709 CS	Inc. above	200	400	800	1,500	—
1710 CS	34,319	200	400	800	1,500	—

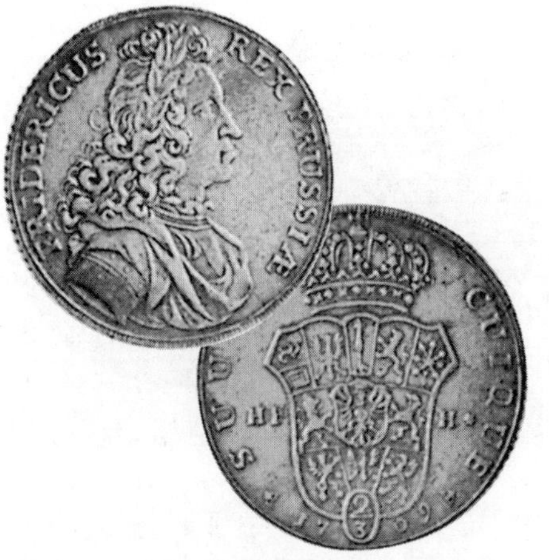

KM# 67 2/3 THALER (Gulden)

17.3200 g., 0.7500 Silver 0.4176 oz. ASW, 36 mm. **Ruler:** Friedrich I **Obv:** Laureate, armored and draped bust to right **Obv. Legend:** FRIDERICUS. - REX. PRUSSIÆ. **Rev:** Crowned ornately-shaped shield of 11-fold arms divides mintmaster's initials, value (2/3) in oval divides date below **Rev. Legend:** SUUM - CUIQUE. **Mint:** Magdeburg **Note:** Ref. M-18; S#126-44, 146; Dav. 293. Varieties exist.

Date	Mintage	VG	F	VF	XF	Unc
1706 HFH	—	350	600	1,000	1,875	—
1707 HFH	—	350	600	1,000	1,875	—
1708 HFH	—	350	600	1,000	1,875	—
1709 HFH	—	350	600	1,000	1,875	—
1710 HFH	—	350	600	1,000	1,875	—
1711 HFH	—	350	600	1,000	1,875	—
1712 HFH	—	350	600	1,000	1,875	—
1713 HFH	—	350	600	1,000	1,875	—

KM# 77 2/3 THALER (Gulden)

17.3200 g., 0.7500 Silver 0.4176 oz. ASW, 35 mm. **Ruler:** Friedrich I **Obv:** Thin laureate armored bust to right **Obv. Legend:** FRID. D. G. REX. - BORVSS. EL. BR. **Rev:** Large crowned shield of 11-fold arms divides mintmaster's initials, value 2/3 divides date below **Rev. Legend:** SUUM - CUIQUE. **Mint:** Berlin **Note:** Ref. Dav. 290. Varieties exist.

Date	Mintage	VG	F	VF	XF	Unc
1707 CS	Inc. above	200	400	800	1,500	—
1708 CS	Inc. above	200	400	800	1,500	—
1709 CS	Inc. above	200	400	800	1,500	—
1710 CS	Inc. above	200	400	800	1,500	—

KM# 76 2/3 THALER (Gulden)

17.3200 g., 0.7500 Silver 0.4176 oz. ASW, 35 mm. **Ruler:** Friedrich I **Obv:** Large laureate armored bust to right **Obv. Legend:** FRID. D. G. REX. - BORVSS. EL. BR. **Rev:** Large crowned shield of 11-fold arms divides mintmaster's initials, value 2/3 below divides date **Rev. Legend:** SUUM - CUIQUE. **Mint:** Berlin **Note:** Ref. M-7; S#104, 112-14; Dav. 289. Varieties exist.

Date	Mintage	VG	F	VF	XF	Unc
1707 CS	Inc. above	200	400	800	1,500	—
1708 CS	Inc. above	200	400	800	1,500	—
1710 CS	Inc. above	200	400	800	1,500	—
1711 CS	31,205	200	400	800	1,500	—
1712 CS	55,458	200	400	800	1,500	—

KM# 74 2/3 THALER (Gulden)

17.3200 g., 0.7500 Silver 0.4176 oz. ASW, 36 mm. **Ruler:** Friedrich I **Obv:** Laureate armored bust to right **Obv. Legend:** FRID. D. G. REX. - BORUSS. EL. BR. **Rev:** Crowned shield of 11-fold arms divides date, value 2/3 divides mintmaster's initials **Rev. Legend:** SUUM - CUIQUE. **Mint:** Berlin **Note:** Ref. M-5i; S-95; Dav. 287.

Date	Mintage	VG	F	VF	XF	Unc
1707 CS	—	200	400	800	1,500	—

Note: Mintage included in KM#12

KM# 75 2/3 THALER (Gulden)

17.3200 g., 0.7500 Silver 0.4176 oz. ASW, 36 mm. **Ruler:** Friedrich I **Obv:** Laureate armored bust to right **Obv. Legend:** FRID. D. G. REX. BORVSS. EL. BR. **Rev:** Crowned shield of 11-fold arms divide date, value 1/3 divides mintmaster's initials below **Rev. Legend:** SUUM - CUIQUE. **Mint:** Berlin **Note:** Ref. M-5f; Dav. 287.

Date	Mintage	VG	F	VF	XF	Unc
1707 CS	—	200	400	800	1,500	—

Note: Mintage included in KM#12

KM# 81 2/3 THALER (Gulden)

17.3200 g., 0.7500 Silver 0.4176 oz. ASW, 36-37 mm. **Ruler:** Friedrich I **Obv:** Laureate bust to right **Obv. Legend:** FRID. D. G. REX. BORUSSIAE. EL. BR. **Rev:** Large crowned Spanish shield of 11-fold arms divides mintmaster's initials, value 2/3 below divides date **Rev. Legend:** SUUM - CUIQUE. **Mint:** Berlin **Note:** Ref. M-6; S#102, 103, 105, 106; Dav. 288. Varieties exist.

Date	Mintage	VG	F	VF	XF	Unc
1708 CS	Inc. above	200	400	800	1,500	—
1709 CS	Inc. above	200	400	800	1,500	—

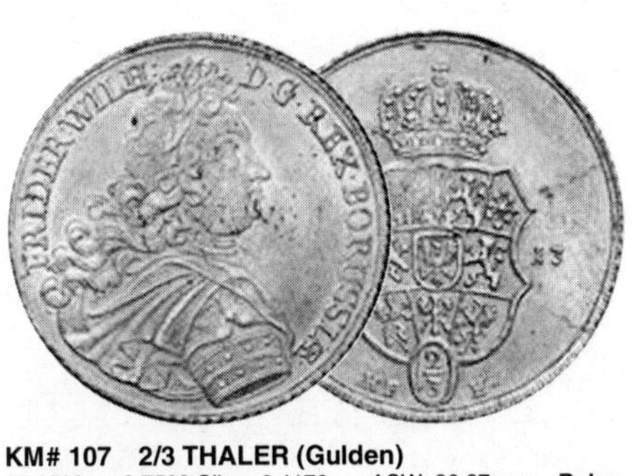

KM# 107 2/3 THALER (Gulden)

17.3200 g., 0.7500 Silver 0.4176 oz. ASW, 36-37 mm. **Ruler:** Friedrich Wilhelm I **Obv:** Laureate, armored and draped bust to right. **Obv. Legend:** FRID(ER). WILH. - D. G. REX. BORUSSIÆ. **Rev:** Crowned ornate shield of 11-fold arms divides date, value (2/3) in oval below divides mintmaster's initials **Mint:** Magdeburg **Note:** Ref. M-33; S#257, 259-65, 268, 269, 271, 272; Dav. 302. Varieties exist.

Date	Mintage	VG	F	VF	XF	Unc
1713 HFH	—	350	600	1,000	1,875	—
1714 HFH	—	350	600	1,000	1,875	—
1715 HFH	—	350	600	1,000	1,875	—

KM# 104 2/3 THALER (Gulden)

13.0600 g., 0.9930 Silver 0.4169 oz. ASW, 35 mm. **Ruler:** Friedrich Wilhelm I **Obv:** Youthful laureate head to right **Obv. Legend:** FRID. WILH. D. G. REX. BORVSS. EL. BRAND. **Rev:** Crowned shield of 11-fold arms divides date and mintmaster's initials, value: 2/3 below divides FEIN - SILB: **Mint:** Berlin **Note:** Ref. M-1; S-219; Dav. 295.

Date	Mintage	VG	F	VF	XF	Unc
1713 CS	68,461	375	750	1,500	2,800	—

KM# 105 2/3 THALER (Gulden)

17.4500 g., 0.7500 Silver 0.4208 oz. ASW, 35 mm. **Ruler:** Friedrich Wilhelm I **Obv:** Laureate, armored and draped bust to right **Obv. Legend:** FRID. WILH. D. G. REX. BORVSS. EL. BRAND. **Rev:** Crowned shield of 11-fold arms divides date and mintmaster's initials, value 2/3 below **Mint:** Berlin **Note:** Ref. M-6; S-220, 221; Dav. 296.

Date	Mintage	VG	F	VF	XF	Unc
1713 IFS	Inc. above	200	400	800	1,500	—

KM# 106 2/3 THALER (Gulden)

17.3200 g., 0.7500 Silver 0.4176 oz. ASW, 35.5 mm. **Ruler:** Friedrich Wilhelm I **Obv:** Large laureate, armored and draped bust to right, legend broken at top **Obv. Legend:** FRID. WILH. D. G. - REX. BORUSS. EL. BR. **Rev:** Ornately-shaped shield of 11-fold arms divides date, value (2/3) in oval below divides mintmaster's initials **Mint:** Berlin **Note:** Ref. M-7; S-222, 223; Dav. 297.

Date	Mintage	VG	F	VF	XF	Unc
1713 IFS	Inc. above	200	400	800	1,500	—

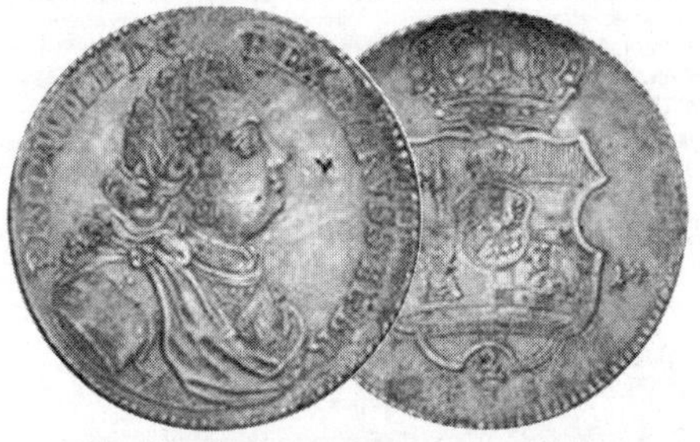

KM# 129 2/3 THALER (Gulden)

17.3200 g., 0.7500 Silver 0.4176 oz. ASW, 36 mm. **Ruler:** Friedrich Wilhelm I **Obv:** Laureate, armored and draped bust to right **Obv. Legend:** FRID. WILH. D. G. - REX. BORVSS. EL. BR. **Rev:** Large crowned ornate shield of 6-fold arms divides date, value 2/3 below divides mintmaster's initials **Mint:** Berlin **Note:** Ref. M-9b; S-225; Dav. 298. Varieties exist.

Date	Mintage	VG	F	VF	XF	Unc
1714 IFS	Inc. above	300	600	1,000	1,875	—
1715 IFS	15,638	300	600	1,000	1,875	—

KM# 128 2/3 THALER (Gulden)

13.0600 g., 0.9930 Silver 0.4169 oz. ASW, 36-37 mm. **Ruler:** Friedrich Wilhelm I **Obv:** Armored and draped bust to right **Obv. Legend:** FRID. WILH. D. G. - REX. BORVSS. EL. BR. **Rev:** Ornate shield of 6-fold arms divides date, large crown above, value (2/3) in oval below divides mintmaster's initials **Mint:** Berlin **Note:** Ref. M-9a; S-224; Dav. 298.

Date	Mintage	VG	F	VF	XF	Unc
1714 R/IFS	31,926	200	400	800	1,500	—

KM# 130 2/3 THALER (Gulden)

17.3200 g., 0.7500 Silver 0.4176 oz. ASW, 36 mm. **Ruler:** Friedrich Wilhelm I **Obv:** Laureate, armored and draped bust to right **Obv. Legend:** FRID. WILH. D. G. - REX. BORVSS. EL. BR. **Rev:** Crowned ornate shield of 12-fold arms divides date, value (2/3) in oval below divides mintmaster's initials **Mint:** Berlin **Note:** Ref. M-11; S-226; Dav. 298.

Date	Mintage	VG	F	VF	XF	Unc
1714 IFS	Inc. above	300	600	1,000	1,875	—

KM# 147 2/3 THALER (Gulden)

17.3200 g., 0.7500 Silver 0.4176 oz. ASW, 37 mm. **Ruler:** Friedrich Wilhelm I **Obv:** Armored and draped bust to right **Obv. Legend:** FRID. WILH. D. G. - REX. BORVSSIÆ. **Rev:** Crowned ornate shield of 11-fold arms divides date. value (2/3) in oval below divides mintmaster's initials **Mint:** Magdeburg **Note:** Ref. M-36; S-273, 274; Dav. 304. Varieties exist.

Date	Mintage	VG	F	VF	XF	Unc
1715 HFH	—	300	600	1,000	1,875	—
1716 HFH	—	300	600	1,000	1,875	—

KM# 145 2/3 THALER (Gulden)

17.3200 g., 0.7500 Silver 0.4176 oz. ASW, 36 mm. **Ruler:** Friedrich Wilhelm I **Obv:** Laureate, armored and draped bust to right **Rev:** Small crowned ornate shield of 11-fold arms divides date, value (2/3) in oval below divides mintmaster's initials **Mint:** Berlin **Note:** Ref. M-13; S-227; Dav. 298.

Date	Mintage	VG	F	VF	XF	Unc
1715 IFS	Inc. above	300	600	1,000	1,875	—

KM# 146 2/3 THALER (Gulden)

17.3200 g., 0.7500 Silver 0.4176 oz. ASW, 36 mm. **Ruler:** Friedrich Wilhelm I **Obv:** Small, short-haired armored bust to right **Obv. Legend:** FRID. WILH. D. G. REX. BORVSS. EL. BRAND. **Rev:** Crowned shield of 11-fold arms divides date, value (2/3) in oval below divides mintmaster's initials **Mint:** Magdeburg **Note:** Ref. Dav. 303.

Date	Mintage	VG	F	VF	XF	Unc
1715 HFH	—	300	600	1,000	1,875	—

KM# 153 2/3 THALER (Gulden)

17.3200 g., 0.7500 Silver 0.4176 oz. ASW, 36 mm. **Ruler:** Friedrich Wilhelm I **Obv:** Mature armored and draped bust to right **Obv. Legend:** FRID. WILH. D. G. - REX. BORVSS. EL. BR. **Rev:** Crowned ornate shield of 12-fold arms divides date, value 2/3 below divides mintmaster's initials **Mint:** Berlin **Note:** Ref. M-15; S#228-31; Dav. 299. Varieties exist.

Date	Mintage	VG	F	VF	XF	Unc
1716 IFS	13,353	300	600	1,000	1,875	—
1717 IFS	27,166	300	600	1,000	1,875	—

KM# 154 2/3 THALER (Gulden)

17.3200 g., 0.7500 Silver 0.4176 oz. ASW, 36-37 mm. **Ruler:** Friedrich Wilhelm I **Obv:** Armored and draped bust to right **Obv. Legend:** FRID. WILH. D. G. - REX. BORUSSIÆ. **Rev:** Crowned ornate shield of 12-fold arms divides date, value 2/3 divides mintmaster's initials below **Mint:** Magdeburg **Note:** Ref. M-37, 38; S#275, 276, 278-84; Dav. 304. Varieties exist.

Date	Mintage	VG	F	VF	XF	Unc
1716 HFH	—	300	600	1,000	1,875	—
1717 HFH	—	300	600	1,000	1,875	—
1718 HFH	—	300	600	1,000	1,875	—

KM# 160 2/3 THALER (Gulden)

17.3200 g., 0.7500 Silver 0.4176 oz. ASW, 37-38 mm. **Ruler:** Friedrich Wilhelm I **Obv:** Armored bust to right **Obv. Legend:** FRID. WILH. D. G. - REX. BORVSS. EL. BR. **Rev:** Large oval shield of 13-fold arms, crown above divides date, value 2/3 below divides mintmaster's initials **Mint:** Berlin **Note:** Ref. M-18b; S#233-35, 237-38; Dav. 300. Varieties exist.

Date	Mintage	VG	F	VF	XF	Unc
1717 IFS	Inc. above	300	600	1,000	1,875	—
1718 IFS	48,930	300	600	1,000	1,875	—

KM# 160a 2/3 THALER (Gulden)

0.9930 Silver Weight varies: 13.06-13.12g., 37 mm. **Ruler:** Friedrich Wilhelm I **Obv:** Armored bust to righ **Obv. Legend:** FRID. WILH. D. G. - REX. BORVSS. EL. BR. **Rev:** Large oval shield of 13-fold arms, crown above divides date, value 2/3 below divides mintmaster's initials **Mint:** Berlin **Note:** Ref. M-18a; S-232; Dav. 300.

Date	Mintage	VG	F	VF	XF	Unc
1717 IFS	Inc. above	250	500	1,000	1,750	—

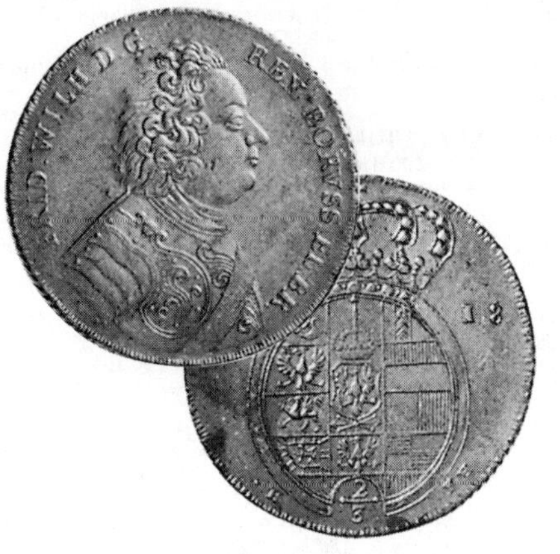

KM# 170 2/3 THALER (Gulden)

17.3200 g., 0.7500 Silver 0.4176 oz. ASW, 36-37 mm. **Ruler:** Friedrich Wilhelm I **Obv:** Armored bust to right **Obv. Legend:** FRID. WILH. D. G. - REX. BORVSS. EL. BR. **Rev:** Large crowned oval shield of 13-fold arms divides date near top, value 2/3 below, mintmaster's initials at lower left and right **Mint:** Magdeburg **Note:** Ref. M-39; S-285, 287, 289; Dav. 305. Varieties exist.

Date	Mintage	VG	F	VF	XF	Unc
1718 HFH	—	300	600	1,000	1,875	—
1719 HFH	—	300	600	1,000	1,875	—

GERMAN STATES — PRUSSIA

KM# 178 2/3 THALER (Gulden)
17.3200 g., 0.7500 Silver 0.4176 oz. ASW, 36 mm. **Ruler:** Friedrich Wilhelm I **Obv:** Armored bust to right **Obv. Legend:** FRID • WILH • D • G • REX • BOR(VSS) • EL • BR(AND) • **Rev:** Large oval shield of 13-fold arms, crown above divides date, value 2/3 below divides mintmaster's initials **Mint:** Berlin **Note:** Ref. M-24; S#239, 241, 242, 244-46, 248-56; Dav. 301. Varieties exist.

Date	Mintage	VG	F	VF	XF	Unc
1719 IGN	64,884	325	650	1,100	2,000	—
1719 L/IGN	Inc. above	325	650	1,100	2,000	—
1720 IGN	58,625	325	650	1,100	2,000	—
1720 L/IGN	Inc. above	325	650	1,100	2,000	—
1721 L/IGN	2,724	325	650	1,100	2,000	—
1722 L/IGN	22,282	325	650	1,100	2,000	—
1723 L/IGN	35,871	325	650	1,100	2,000	—
1724 L/IGN	26,014	325	650	1,100	2,000	—

KM# 179 2/3 THALER (Gulden)
17.3200 g., 0.7500 Silver 0.4176 oz. ASW, 36.5 mm. **Ruler:** Friedrich Wilhelm I **Obv:** Small, short-haired armored bust to right **Rev:** Crowned oval 13-fold arms divide date **Mint:** Magdeburg **Note:** Ref. Dav. 306.

Date	Mintage	VG	F	VF	XF	Unc
1719 HFH	—	300	600	1,000	1,875	—

KM# 14 THALER
Silver **Ruler:** Friedrich I **Subject:** Coronation of Friedrich I **Obv:** Bust right, CG and 1701 below **Obv. Legend:** FRIDERICUS REX **Rev:** 4 crowned double F's and R's around arms **Rev. Legend:** SUUM - CIUQUE **Mint:** Berlin **Note:** Dav. #2553. Varieties exist.

Date	Mintage	VG	F	VF	XF	Unc
1701 CG		960	2,000	4,250	7,500	—

KM# 16 THALER
Silver **Ruler:** Friedrich I **Rev:** Eagle above 4 mining winch supports above shafts **Note:** Dav. #2554A.

Date	Mintage	VG	F	VF	XF	Unc
1701 CS	—	600	1,300	2,500	4,500	—

KM# 26 THALER
Silver **Ruler:** Friedrich I **Obv:** Large bust **Rev:** Larger eagle, date and initials **Note:** Dav. #2556.

Date	Mintage	VG	F	VF	XF	Unc
1702 CS Rare	—	—	—	—	—	—

KM# 27 THALER
Silver **Ruler:** Friedrich I **Obv:** Head right **Rev:** Large crown, smaller eagle **Note:** Dav. #2557.

Date	Mintage	VG	F	VF	XF	Unc
1702 CS Rare	—	—	—	—	—	—

Note: Künker Auction 81, 3-03, VF-XF realized approximately $14,325

KM# 44 THALER
Silver **Ruler:** Friedrich I **Obv:** Bust right **Rev:** Smaller crown **Note:** Dav. #2558.

Date	Mintage	VG	F	VF	XF	Unc
1703 CS Rare	—	—	—	—	—	—

KM# 45 THALER
Silver **Ruler:** Friedrich I **Obv:** Large bust right **Rev:** Large crowned eagle **Note:** Dav. #2559.

Date	Mintage	VG	F	VF	XF	Unc
1703 CS Rare	—	—	—	—	—	—

KM# 231 2/3 THALER (Gulden)
Silver **Ruler:** Friedrich II **Obv:** Draped bust right **Obv. Legend:** FRIDERICVS BORVSSОРVM REX **Rev:** Crowned eagle arms within baroque frame

Date	Mintage	VG	F	VF	XF	Unc
1741 EGN	3,096	750	1,800	2,600	5,250	—

KM# 15 THALER
Silver **Ruler:** Friedrich I **Obv:** Laureate armored bust right **Obv. Legend:** FRIDERICUS • D • G • REX BORVSS • EL • BR • **Rev:** Crowned eagle flying above 3 mining winch supports (above shafts), SVVMCVIQVE curved over eagle **Rev. Legend:** * PRIMITIAE • METALLIFODINARVM • IN • DVCATV • MAGD • 1701 • **Note:** Rothenburger Mining Thaler. Dav. #2554.

Date	Mintage	VG	F	VF	XF	Unc
1701 CS	—	750	1,600	3,250	6,500	—

KM# 363 2/3 THALER (Gulden)
17.3230 g., 0.7500 Silver 0.4177 oz. ASW **Ruler:** Friedrich Wilhelm II **Obv:** Crowned oval arms within wreath **Rev:** Denomination and date **Note:** Gulden 2/3 Thaler.

Date	Mintage	VG	F	VF	XF	Unc
1796	—	40.00	85.00	170	340	—
1797	—	40.00	85.00	170	340	—

KM# 364 2/3 THALER (Gulden)
17.3230 g., 0.7500 Silver 0.4177 oz. ASW **Ruler:** Friedrich Wilhelm II **Obv:** Crowned arms in palm branches

Date	Mintage	VG	F	VF	XF	Unc
1797	—	45.00	90.00	185	375	—

KM# 365 2/3 THALER (Gulden)
17.3230 g., 0.7500 Silver 0.4177 oz. ASW **Ruler:** Friedrich Wilhelm II **Obv. Legend:** FR. WILH. II..

Date	Mintage	VG	F	VF	XF	Unc
1797	—	45.00	90.00	185	375	—

KM# 46 THALER
Silver **Ruler:** Friedrich I **Obv:** Large, laureate head right **Obv. Legend:** FRID: D • G • REX - BORUSS: EL: BR: **Rev:** Imperial eagle with monogrammed shield on breast **Note:** Dav. #2560, variety with triangles for periods

Date	Mintage	VG	F	VF	XF	Unc
1703 CS	—	1,150	2,250	4,750	7,500	—

KM# 24 THALER
Silver **Ruler:** Friedrich I **Obv:** Different bust right **Obv. Legend:** FRIDERICUS • D • G • REX • BORVSS • EL BR • **Rev:** Crowned eagle holding scepter and globe divides date 1-7-0-2 and C-S **Note:** Dav. #2555.

Date	Mintage	VG	F	VF	XF	Unc
1702 CS	—	1,250	2,500	5,000	9,000	—

KM# 25 THALER
Silver **Ruler:** Friedrich I **Rev:** Globe without pearls **Note:** Dav. #2555A.

Date	Mintage	VG	F	VF	XF	Unc
1702 CS	—	1,250	2,500	5,000	9,000	—

KM# 47 THALER
Silver **Ruler:** Friedrich I **Obv:** Draped, laureate bust right **Obv. Legend:** FRIDERICUS • D • G • REX • BORVSS • EL • BR • **Rev:** Initials divided below **Note:** Dav. #2561. Varieties exist.

Date	Mintage	VG	F	VF	XF	Unc
1703 HF-H	—	1,250	2,500	5,500	8,500	—

KM# 50 THALER

Silver **Ruler:** Friedrich I **Obv:** Armored, laureate bust right **Rev:** Crowned FR divides date **Note:** Dav. #2562.

Date	Mintage	VG	F	VF	XF	Unc
1704 CFL Rare	—	—	—	—	—	—

Note: Künker Auction 81, 3-03 XF realized approximately $15,980

KM# 78 THALER

Silver **Ruler:** Friedrich I **Obv:** Thick laurels, multi-layer armor **Obv. Legend:** FRID • D • G • REX • - BORUSS • EL • BR • **Rev:** Large chain, date left and CS right below **Rev. Legend:** SVVM - CVIQVE **Note:** Dav. #2566. Varieties exist.

Date	Mintage	VG	F	VF	XF	Unc
1707	—	800	1,650	3,200	5,500	—
1708	—	800	1,650	3,200	5,500	—
1710	—	800	1,650	3,200	5,500	—
1711	—	800	1,650	3,200	5,500	—
1712	—	800	1,650	3,200	5,500	—

KM# 172 THALER

Silver **Ruler:** Friedrich Wilhelm I **Obv:** Armored bust right **Obv. Legend:** FRID • SILH • D • - G • REX • BOR • EL • BR: **Rev:** Shorter palm branches **Rev. Legend:** I • F • S • below **Note:** Dav. #2570A.

Date	Mintage	VG	F	VF	XF	Unc
1718 IFS	—	—	—	6,500	10,000	18,500

KM# 51 THALER

Silver **Ruler:** Friedrich I **Obv:** Armored, laureate bust right **Obv. Legend:** FRID • D • G • REX • - BORUSS • EL • BR •, C.F.L. below **Rev:** Crowned FR in Order chain with divided date and C - S below **Rev. Legend:** SVVM - CVQVE **Note:** Dav. #2563. Varieties exist.

Date	Mintage	VG	F	VF	XF	Unc
1704 CS	—	900	1,850	4,000	7,500	—
1705 CS	—	800	1,750	3,750	6,500	9,500

KM# 63 THALER

Silver **Ruler:** Friedrich I **Obv:** New bust **Rev:** Imperial eagle with monogrammed shield on breast **Note:** Dav. #2564.

Date	Mintage	VG	F	VF	XF	Unc
1705	—	1,850	3,250	5,750	9,500	—

KM# 108 THALER

Silver **Ruler:** Friedrich Wilhelm I **Obv:** Draped, laureate bust right **Obv. Legend:** FRID: WILH: - D • G • REX • BORUSSIAE • **Rev:** Sun with rays above eagle **Rev. Legend:** NEC - SOLI CEDIT, • HFH • 1713 • below **Mint:** Magdeburg **Note:** Dav. #2568

Date	Mintage	VG	F	VF	XF	Unc
1713 HFH	—	2,000	4,000	7,500	12,500	—
1716 HFH	—	2,000	4,000	7,500	12,500	—

KM# 109 THALER

Silver **Ruler:** Friedrich Wilhelm I **Obv:** Bust with mantle covering more of armband **Mint:** Berlin **Note:** Dav. #2568A

Date	Mintage	VG	F	VF	XF	Unc
1713	—	2,000	4,000	7,500	12,500	—

KM# 155 THALER

Silver **Ruler:** Friedrich Wilhelm I **Obv:** Draped, laureate bust right **Rev:** Sun without rays **Note:** Dav. #2568B.

Date	Mintage	VG	F	VF	XF	Unc
1716	—	2,000	4,000	7,500	12,500	—

KM# 161 THALER

Silver **Ruler:** Friedrich Wilhelm I **Obv:** Bust right **Rev:** Crowned shield divides date **Note:** Dav. #2569.

Date	Mintage	VG	F	VF	XF	Unc
1717 IFS	—	—	—	6,500	10,000	18,500

KM# 171 THALER

Silver **Ruler:** Friedrich Wilhelm I **Rev:** Crowned circular arms in sprays, date divided above **Note:** Dav. #2570.

Date	Mintage	VG	F	VF	XF	Unc
1718 IFS	—	—	—	6,500	10,000	18,500

KM# 173 THALER

Silver **Ruler:** Friedrich Wilhelm I **Obv:** Armored bust right **Obv. Legend:** FRID • WILH • D • G • REX • BOR • EL • BR • DVX • GELDRIAE • **Rev:** Crowned shield separating date at top, initials at sides **Note:** Dav. #2571.

Date	Mintage	VG	F	VF	XF	Unc
1718 HF-H	—	1,000	2,000	3,750	6,500	—

KM# 180 THALER

Silver **Ruler:** Friedrich Wilhelm I **Rev:** Crowned shield-shaped arms divide date above initials below **Note:** Dav. #2573.

Date	Mintage	VG	F	VF	XF	Unc
1719 IG-N Rare	—	—	—	—	—	—

KM# 181 THALER

Silver **Ruler:** Friedrich Wilhelm I **Rev:** Initials below crowned shield **Note:** Dav. #2575.

Date	Mintage	VG	F	VF	XF	Unc
1719 L/IGN	—	2,000	4,000	7,500	12,500	—

KM# 68 THALER

Silver **Ruler:** Friedrich I **Obv:** Thick laureate crown, multi-layer armor **Rev:** Crowned FR in small Order chain **Note:** Dav. #2565.

Date	Mintage	VG	F	VF	XF	Unc
1706	—	650	1,350	2,500	4,750	—

KM# 182 THALER

Silver **Ruler:** Friedrich Wilhelm I **Obv:** Armored bust right **Obv.**

Legend: FRID • WILH • D • G • REX • BORVSSIAE • EL • BRANDENB • **Rev:** Crowned complex arms within branches **Note:** Dav. #2577.

Date	Mintage	VG	F	VF	XF	Unc
1719 L/IGN	—	2,000	4,000	7,500	12,500	—
1727 EGN	—	1,850	3,750	7,000	11,500	—

KM# 183 THALER

Silver **Ruler:** Friedrich Wilhelm I **Obv:** Armored bust right **Obv. Legend:** FRID • WILH • D • G • REX • BORVSSIAE • EL • BRAND • **Rev:** Crowned complex arms within branches **Note:** Dav. #2577A.

Date	Mintage	VG	F	VF	XF	Unc
1719 L/IGN	—	2,000	4,000	7,500	12,500	—

KM# 184 THALER

Silver **Ruler:** Friedrich Wilhelm I **Obv:** Head breaks legend **Obv. Legend:** D.G.-REX.. **Mint:** Magdeburg **Note:** Dav. #2579

Date	Mintage	VG	F	VF	XF	Unc
1719 HFH Rare	—	—	—	—	—	—

Date	Mintage	VG	F	VF	XF	Unc
1750A	—	45.00	100	250	600	—
1750 L-A	—	45.00	100	250	600	—
1750 LB-A	—	45.00	100	250	600	—
1751A	220,227	45.00	100	250	600	—
1752A	—	45.00	100	250	600	—

KM# 266 THALER

Silver **Ruler:** Friedrich II **Obv:** Armored, draped bust right **Obv. Legend:** FRIDERICVS BORVSSORVM REX **Rev:** Crowned eagle above flags and cannons **Rev. Legend:** EIN REICHS THALER **Mint:** Cleve **Note:** Dav. #2584.

Date	Mintage	VG	F	VF	XF	Unc
1751C	—	75.00	150	375	850	—
1752C	—	75.00	150	375	850	—
1753C	—	75.00	150	375	850	—

KM# 270 THALER

Silver **Ruler:** Friedrich II **Obv:** Head right **Mint:** Berlin **Note:** Dav. #2585.

Date	Mintage	VG	F	VF	XF	Unc
1752A Rare	—	—	—	—	—	—

* **Note:** Some consider this a pattern

KM# 279 THALER

Silver **Ruler:** Friedrich II **Obv:** Crowned bust right **Rev:** Eagle in crowned ornate baroque frame, date **Mint:** Berlin **Note:** Species Thaler. Dav. #2592.

Date	Mintage	VG	F	VF	XF	Unc
1755A	16	—	—	6,000	9,000	—

* **Note:** Some consider this a pattern

KM# 306.1 THALER

22.2720 g., 0.7500 Silver 0.5370 oz. ASW **Ruler:** Friedrich II **Rev. Legend:** EIN REICHS THALER **Mint:** Berlin **Note:** Reichs Thaler. Dav. #2586.

Date	Mintage	VG	F	VF	XF	Unc
1764A	—	45.00	100	190	375	—
1764 "A"	—	55.00	105	205	425	—
1765A	—	45.00	100	190	375	—
1765 "A"	—	55.00	105	205	425	—
1766A	—	45.00	100	190	375	—
1767A	—	45.00	100	190	375	—
1768A	255,163	45.00	100	190	375	—
1769A	412,453	45.00	100	190	375	—
1770A	620,767	45.00	100	190	375	—
1771A	1,085,165	45.00	100	190	375	—
1772A	440,792	45.00	100	190	375	—
1773A	109,076	45.00	100	190	375	—
1774A	239,661	45.00	100	190	375	—

KM# 232 THALER

Silver **Ruler:** Friedrich Wilhelm I **Obv:** Armored bust with Order chain right **Obv. Legend:** FRIDERICVS BORVSSORVM REX **Rev:** Crowned eagle arms within cartouche, date divided above **Note:** Dav. #2581.

Date	Mintage	VG	F	VF	XF	Unc
1741 EGN	1,486	1,150	2,250	4,500	7,500	—

KM# 256 THALER

Silver **Ruler:** Friedrich II **Obv:** Draped bust right **Obv. Legend:** FRIDERICVS BORVSSORVM REX **Rev:** Crowned eagle above flags, drums and cannons **Rev. Legend:** EIN REICHS THALER **Mint:** Breslau **Note:** Dav. #2583.

Date	Mintage	VG	F	VF	XF	Unc
1750B	175,068	60.00	120	275	650	1,150
1751B	107,301	60.00	120	275	650	1,150
1752B	Inc. above	60.00	120	275	650	1,150

KM# 255 THALER

Silver **Ruler:** Friedrich II **Obv:** Armored bust right **Obv. Legend:** FRIDERICVS BORVSSORVM REX **Rev:** Crowned eagle above flags, 'A' divides date below **Rev. Legend:** EIN REICHS THALER **Note:** Reichs Thaler. Dav. #2582.

KM# 306.5 THALER

22.2720 g., 0.7500 Silver 0.5370 oz. ASW **Ruler:** Friedrich II **Mint:** Magdeburg **Note:** Dav. #2586D.

Date	Mintage	VG	F	VF	XF	Unc
1764F	—	90.00	225	450	1,050	—
1765F	—	90.00	225	450	1,050	—
1766F	—	90.00	225	450	1,050	—
1767F	—	90.00	225	450	1,050	—

KM# 308 THALER

22.2720 g., 0.7500 Silver 0.5370 oz. ASW **Ruler:** Friedrich II **Obv:** Laureate head right **Obv. Legend:** FRIDERICVS BORVSSORVM REX. **Rev:** Crowned eagle above flags and cannons **Rev. Legend:** EIN REICHS THALER **Mint:** Cleve **Note:** Dav. #2587.

Date	Mintage	VG	F	VF	XF	Unc
1764C	—	100	225	450	900	—
1765 *C*	—	75.00	175	350	750	—

KM# 307 THALER

22.2720 g., 0.7500 Silver 0.5370 oz. ASW **Ruler:** Friedrich II **Obv:** Laureate head right **Obv. Legend:** FRIDERICUS BORUSSORUM: REX. **Rev:** Crowned eagle above flags and drums, 'F' divides date below **Rev. Legend:** EIN REICHS THALER **Mint:** Magdeburg **Note:** Dav. #2588.

Date	Mintage	VG	F	VF	XF	Unc
1764F	—	60.00	150	300	700	1,500

KM# 306.2 THALER

22.2720 g., 0.7500 Silver 0.5370 oz. ASW **Ruler:** Friedrich II **Note:** Dav. #2586A.

Date	Mintage	VG	F	VF	XF	Unc
1764 .B.	—	60.00	130	265	525	—
1765 .B.	—	60.00	130	265	525	—
1766 .B.	—	60.00	130	265	525	—
1767 .B.	—	60.00	130	265	525	—
1768 .B.	—	60.00	130	265	525	—
1770 .B.	—	60.00	130	265	525	—
1770B	—	60.00	130	265	525	—
1771 .B.	—	60.00	130	265	525	—
1771B	—	60.00	130	265	525	—
1772 .B.	—	60.00	130	265	525	—

KM# B316 THALER

22.2700 g., 0.7500 Silver 0.5370 oz. ASW, 37.5 mm. **Ruler:** Friedrich II **Obv:** Laureate head right **Obv. Legend:** FRIDERICUS BORUSSORUM REX **Rev:** Crowned eagle with flags and trophies, legend above, date divided by mint mark below **Rev. Legend:** EIN REICHS THALER **Mint:** Aurich **Note:** Dav. #2586B

Date	Mintage	VG	F	VF	XF	Unc
1765D	—	400	800	1,350	2,250	—

KM# 306.4 THALER

22.2720 g., 0.7500 Silver 0.5370 oz. ASW **Ruler:** Friedrich II **Mint:** Königsberg **Note:** Dav. #2586C.

Date	Mintage	VG	F	VF	XF	Unc
1764E	—	130	300	750	1,450	—
1772E	—	100	200	500	1,000	—

KM# 314 THALER
22.2720 g., 0.7500 Silver 0.5370 oz. ASW **Ruler:** Friedrich II **Obv:** Draped bust right **Obv. Legend:** FRIDERICUS BORUSSORUM REX **Rev:** Crowned eagle above flags and cannons, 'A' divides date below **Rev. Legend:** EIN BANCO THALER **Mint:** Berlin **Note:** Banco Thaler. Dav. #2593.

Date	Mintage	F	VF	XF	Unc	BU
1765A	—	1,000	2,000	4,000	6,750	8,750

KM# 318 THALER
22.2720 g., 0.7500 Silver 0.5370 oz. ASW **Ruler:** Friedrich II **Obv:** Laureate bust right **Note:** Levant Trade Thaler. Dav. #2596.

Date	Mintage	F	VF	XF	Unc	BU
1767(A)	—	5,500	9,500	15,000	22,000	—

KM# 348.1 THALER
22.2720 g., 0.7500 Silver 0.5370 oz. ASW **Ruler:** Friedrich Wilhelm II **Obv:** Armored, draped bust right **Obv. Legend:** FRIED: WILHELM KOENIG VON PREUSSEN **Rev:** Imperial eagle with orb and sceptre on ledge above branches **Rev. Legend:** EIN REICHS THALER **Mint:** Berlin **Note:** Dav. #2597.

Date	Mintage	VG	F	VF	XF	Unc
1786A	66,799	36.00	60.00	120	250	500
1787A	4,289	60.00	120	270	700	—
1788A	147,619	36.00	60.00	120	250	500
1789A	558,802	36.00	60.00	120	250	500
1790A	1,294,206	36.00	60.00	120	250	500

KM# 316 THALER
22.2720 g., 0.7500 Silver 0.5370 oz. ASW **Ruler:** Friedrich II **Obv:** Multi-layers on mantle **Obv. Legend:** FRIDERICVS BORVSSORVM REX **Rev:** Crowned complex arms **Rev. Legend:** NACH DEM FVS DER ALBERTVS THALER **Note:** Albertus Thaler. Dav. #2594.

Date	Mintage	F	VF	XF	Unc	BU
1766(F)	—	1,450	2,850	5,750	9,500	—
1767(A)	—	1,450	2,850	5,750	9,500	—

KM# 332.1 THALER
22.2720 g., 0.7500 Silver 0.5370 oz. ASW **Ruler:** Friedrich II **Obv:** Laureate head right **Obv. Legend:** FRIDERICUS BORUSSORUM REX **Rev:** Crowned eagle above flags and cannons, 'A' divides date below **Rev. Legend:** EIN REICHS THALER **Mint:** Berlin **Note:** Reichsthaler. Dav. #2590.

Date	Mintage	VG	F	VF	XF	Unc
1775A	505,292	45.00	90.00	200	450	—
1776A	391,746	45.00	90.00	200	450	—
1777A	419,637	45.00	90.00	200	450	—
1778A	551,127	45.00	90.00	200	450	—
1779A	398,661	45.00	90.00	200	450	—
1780A	211,216	45.00	90.00	200	450	—
1781A	229,318	45.00	90.00	200	450	—
1782A	246,838	45.00	90.00	200	450	—
1783A	545,247	45.00	90.00	200	450	—
1784A	3,347,496	45.00	90.00	200	450	—
1785A	1,622,030	45.00	90.00	200	450	—
1786A	192,871	45.00	90.00	200	450	—

KM# 332.2 THALER
22.2720 g., 0.7500 Silver 0.5370 oz. ASW **Ruler:** Friedrich II **Note:** Dav. #2590B.

Date	Mintage	VG	F	VF	XF	Unc
1780B	189,436	45.00	100	225	500	—
1781B	187,769	45.00	100	225	500	—
1782B	71,552	45.00	100	225	500	—
1783B	19,489	45.00	100	225	500	—
1784B	348,070	45.00	100	225	500	—
1785B	624,987	45.00	100	225	500	—
1786B	233,984	45.00	100	225	500	—

KM# 332.3 THALER
22.2720 g., 0.7500 Silver 0.5370 oz. ASW **Ruler:** Friedrich II **Mint:** Königsberg **Note:** Dav. #2590C.

Date	Mintage	VG	F	VF	XF	Unc
1781E	295,993	45.00	100	245	600	—
1782E	84,183	45.00	100	245	600	—
1783E	170,894	45.00	100	245	600	—
1784E	286,685	45.00	100	245	600	—
1785E	150,080	45.00	100	245	600	—
1786E	100,092	45.00	100	245	600	—

KM# 347 THALER
22.2720 g., 0.7500 Silver 0.5370 oz. ASW **Ruler:** Friedrich II **Obv:** Laureate head right **Obv. Legend:** FRIDERICUS BORUSSORUM REX **Rev:** Periods at sides of "A" mint mark **Rev. Legend:** EIN REICHS THALER **Note:** Dav. #2590A.

Date	Mintage	VG	F	VF	XF	Unc
1786 .A.	—	55.00	100	245	600	—

KM# 348.2 THALER
22.2720 g., 0.7500 Silver 0.5370 oz. ASW **Ruler:** Friedrich Wilhelm II **Mint:** Breslau **Note:** Dav. #2597A.

Date	Mintage	VG	F	VF	XF	Unc
1788B	130,862	48.00	90.00	150	325	550
1789B	357,298	48.00	90.00	150	325	550
1790B	474,814	48.00	90.00	150	325	550
1791B	701,712	48.00	90.00	150	325	550

KM# 317 THALER
22.2720 g., 0.7500 Silver 0.5370 oz. ASW **Ruler:** Friedrich II **Obv:** Laureate bust right **Obv. Legend:** FRIDERICVS BORVSSORVM REX **Rev:** Crowned eagle with crowned arms on breast **Rev. Legend:** MAR: BRAN: SAC: ROM; IMP: ARCAM - ET ELEC • SVP • DVX • SILES: **Edge Lettering:** SUUM. CUIQUE. **Note:** Levant Trade Thaler. Dav. #2595.

Date	Mintage	F	VF	XF	Unc	BU
1766(A)	72	1,000	1,750	3,500	6,500	—
1767(A)	Inc. above	1,000	1,750	3,500	6,500	—

KM# 360.1 THALER
22.2720 g., 0.7500 Silver 0.5370 oz. ASW **Ruler:** Friedrich Wilhelm II **Obv:** Bust right **Obv. Legend:** FRIED: WILHELM KOENIG VON PREUSSEN **Rev:** Crowned eagle arms with supporters, value and date below **Rev. Legend:** EIN THALER **Mint:** Berlin **Note:** Dav. #2599.

Date	Mintage	VG	F	VF	XF	Unc
1790A	Inc. above	30.00	60.00	150	325	550
1791A	1,140,969	30.00	60.00	150	325	550
1792A	691,456	30.00	60.00	150	325	550
1793A	614,395	30.00	60.00	150	325	550
1794A Open 4	2,765,470	30.00	60.00	150	325	550
1794A Closed 4	Inc. above	30.00	60.00	150	325	550
1795A	932,696	30.00	60.00	150	325	550
1796A	1,483,851	30.00	60.00	150	325	550
1797A	517,622	30.00	60.00	150	325	550

GERMAN STATES — PRUSSIA

KM# 360.2 THALER
22.2720 g., 0.7500 Silver 0.5370 oz. ASW **Ruler:** Friedrich Wilhelm II **Mint:** Breslau **Note:** Dav. #2599A.

Date	Mintage	VG	F	VF	XF	Unc
1791B	Inc. above	36.00	70.00	160	350	600
1792B	298,125	36.00	70.00	160	350	600
1793B	226,776	36.00	70.00	160	350	600
1794B	194,107	36.00	70.00	160	350	600
1795B	59,530	36.00	70.00	160	350	600
1796B	161,380	36.00	70.00	160	350	600
1797B	59,981	36.00	70.00	160	350	600

KM# 360.3 THALER
22.2720 g., 0.7500 Silver 0.5370 oz. ASW **Ruler:** Friedrich Wilhelm II **Mint:** Königsberg **Note:** Dav. #2599B.

Date	Mintage	VG	F	VF	XF	Unc
1791E	224,297	70.00	135	300	650	—
1792E	79,460	70.00	135	300	650	—
1793E	195,220	70.00	135	300	650	—
1794E	—	70.00	135	300	650	—
1795E	61,837	70.00	135	300	650	—
1797E	40,995	70.00	135	300	650	—

KM# 366 THALER
28.0600 g., 0.8680 Silver 0.7830 oz. ASW **Ruler:** Friedrich Wilhelm II **Obv:** Crowned eagle arms divide date **Obv. Legend:** FRIDER. WILHELM. BORUSS. REX **Rev:** Crowned 4-fold arms right of wild man **Rev. Legend:** AD NORMAM TALERORUM ALBERTI **Note:** Albertus Thaler. Dav. #2601.

Date	Mintage	F	VF	XF	Unc	BU
1797	—	1,650	3,000	5,000	8,500	—

KM# 367 THALER
28.0600 g., 0.8680 Silver 0.7830 oz. ASW **Ruler:** Friedrich Wilhelm III **Obv:** Bust right **Rev:** Crowned and supported arms with flat top **Note:** Dav. #2602.

Date	Mintage	F	VF	XF	Unc	BU
1797 Rare	—	—	—	—	—	—
1798 Rare	—	—	—	—	—	—

KM# 197 1-1/2 THALER
Silver **Ruler:** Friedrich Wilhelm I **Obv:** Bust right **Rev:** Crowned oval shield in sprays, divided date above, initials below **Note:** Dav. #2580.

Date	Mintage	VG	F	VF	XF	Unc
1721 L/IGN Rare	—	—	—	—	—	—

KM# 156 2 THALER (3-1/2 Gulden)
Silver **Ruler:** Friedrich Wilhelm I **Obv:** Draped, laureate bust right **Rev:** Sun with rays above eagle **Note:** Dav. #2567.

Date	Mintage	VG	F	VF	XF	Unc
1716 HFH Rare	—	—	—	—	—	—

KM# 157 2 THALER (3-1/2 Gulden)
Silver **Ruler:** Friedrich Wilhelm I **Obv:** Draped, laureate bust right **Rev:** Sun without rays **Note:** Dav. #2567A.

Date	Mintage	VG	F	VF	XF	Unc
1716 HFH Rare	—	—	—	—	—	—

KM# 185 2 THALER (3-1/2 Gulden)
Silver **Ruler:** Friedrich Wilhelm I **Rev:** Crowned shield-shaped arms, date divided above, initials below **Note:** Dav. #2572.

Date	Mintage	VG	F	VF	XF	Unc
1719 L/IGN Rare	—	—	—	—	—	—

KM# 186 2 THALER (3-1/2 Gulden)
Silver **Ruler:** Friedrich Wilhelm I **Rev:** Initials below shield **Note:** Dav. #2574.

Date	Mintage	VG	F	VF	XF	Unc
1719 L/IGN Rare	—	—	—	—	—	—

KM# 187 2 THALER (3-1/2 Gulden)
Silver **Ruler:** Friedrich Wilhelm I **Obv:** Armored bust right **Rev:** Crowned arms within branches **Note:** Dav. #2576.

Date	Mintage	VG	F	VF	XF	Unc
1719 L/IGN Rare	—	—	—	—	—	—

KM# 188 2 THALER (3-1/2 Gulden)
Silver **Ruler:** Friedrich Wilhelm I **Obv:** Legend ends, ...BRAND **Rev:** Crowned arms within branches **Note:** Dav. #2576A.

Date	Mintage	VG	F	VF	XF	Unc
1719 IGN Rare	—	—	—	—	—	—

KM# 189 2 THALER (3-1/2 Gulden)
Silver **Ruler:** Friedrich Wilhelm I **Obv:** Bust right breaks legend **Obv. Legend:** ... DG-REX **Note:** Dav. #2578.

Date	Mintage	VG	F	VF	XF	Unc
1719 IGN Rare	—	—	—	—	—	—

KM# 361 THALER
22.2720 g., 0.7500 Silver 0.5370 oz. ASW **Ruler:** Friedrich Wilhelm II **Obv:** Bust right **Obv. Legend:** FRIEDR. WILHELM II KOENIG VON PREUSSEN **Rev:** Crowned oval arms within branches **Rev. Legend:** ZEHN EINE FEINE MARK **Mint:** Berlin **Note:** Convention Thaler. Dav. #2600.

Date	Mintage	VG	F	VF	XF	Unc
1795	—	30.00	60.00	150	325	550

KM# 368 THALER
22.2720 g., 0.7500 Silver 0.5370 oz. ASW **Ruler:** Friedrich Wilhelm III **Obv:** Uniformed bust left **Obv. Legend:** FRIEDR. WILHELM III KOENIG VON PREUSSEN **Rev:** Crowned arms with wild men supporters **Rev. Legend:** EIN THALER and date **Note:** Reichs Thaler. Dav. #2603.

Date	Mintage	F	VF	XF	Unc	BU
1797A	—	48.00	90.00	150	525	725
1798A	—	55.00	100	180	650	875
1799A	—	48.00	90.00	150	525	725
1799B	—	60.00	145	350	1,050	—
1800A	—	48.00	90.00	150	525	725
1800B	—	70.00	240	650	1,550	—

TRADE COINAGE

KM# 69 1/4 DUCAT
0.8750 g., 0.9860 Gold 0.0277 oz. AGW **Ruler:** Friedrich I **Subject:** Wedding of Friedrich Wilhelm and Sophia Dorothea **Obv:** Conjoined busts of Friedrich Wilhelm and Sophia Dorothea **Rev:** 6-line inscription and date **Mint:** Magdeburg **Note:** Varieties exist.

Date	Mintage	VG	F	VF	XF	Unc
1706 HFH	—	110	220	500	950	1,750
1712 HFH	—	110	220	500	950	1,750

KM# 110 1/4 DUCAT
0.8750 g., 0.9860 Gold 0.0277 oz. AGW **Ruler:** Friedrich I **Obv:** Armored bust right **Rev:** Spread eagle flying toward sun

Date	Mintage	VG	F	VF	XF	Unc
1713 HFH	—	85.00	140	250	475	900

KM# 111 1/4 DUCAT
0.8750 g., 0.9860 Gold 0.0277 oz. AGW **Ruler:** Friedrich I **Obv:** Small laureate bust right **Rev:** Spread eagle, sun at left

Date	Mintage	VG	F	VF	XF	Unc
1713 HFH	—	85.00	140	250	475	900

KM# 112 1/4 DUCAT
0.8750 g., 0.9860 Gold 0.0277 oz. AGW **Ruler:** Friedrich I **Obv:** Larger laureate bust right

Date	Mintage	VG	F	VF	XF	Unc
1713 HFH	—	85.00	140	250	475	900

KM# 132 1/4 DUCAT
0.8750 g., 0.9860 Gold 0.0277 oz. AGW **Ruler:** Friedrich Wilhelm I **Obv:** Laureate bust right **Rev:** Crowned star of the Order of the Black Eagle

Date	Mintage	VG	F	VF	XF	Unc
1714 HFH	—	85.00	140	250	475	900
1716 HFH	—	85.00	140	250	475	900

KM# 131 1/4 DUCAT
0.8750 g., 0.9860 Gold 0.0277 oz. AGW **Ruler:** Friedrich Wilhelm I **Obv:** Draped bust right **Rev:** Crowned star of the Black Eagle, date at lower right **Note:** Varieties exist.

Date	Mintage	VG	F	VF	XF	Unc
1714 HFH	—	85.00	140	250	475	900
1716 HFH	—	85.00	140	250	475	900

KM# 148 1/4 DUCAT
0.8750 g., 0.9860 Gold 0.0277 oz. AGW **Ruler:** Friedrich Wilhelm I **Obv:** Head right **Rev:** Crowned elaborate arms of 40 fiefs, date below

Date	Mintage	VG	F	VF	XF	Unc
1715 HFH	—	85.00	140	250	475	900

KM# 149 1/4 DUCAT
0.8750 g., 0.9860 Gold 0.0277 oz. AGW **Ruler:** Friedrich Wilhelm I **Obv:** Armored bust right **Rev:** Crowned complex arms

Date	Mintage	VG	F	VF	XF	Unc
1715 HFH	—	85.00	140	250	475	900

KM# 70 1/2 DUCAT
1.7500 g., 0.9860 Gold 0.0555 oz. AGW **Ruler:** Friedrich I **Subject:** Wedding of Friedrich Wilhelm and Sophia Dorothea **Obv:** Conjoined busts of Friedrich Wilhelm and Sophia Dorothea **Rev:** 6-line inscription and date **Mint:** Magdeburg **Note:** Varieties exist.

Date	Mintage	VG	F	VF	XF	Unc
1706 HFH	—	165	325	725	1,450	2,750
1712 HFH	—	165	325	725	1,450	2,750

KM# 88 1/2 DUCAT
1.7500 g., 0.9860 Gold 0.0555 oz. AGW **Ruler:** Friedrich I **Obv:** Laureate head **Rev:** Crowned displayed eagle, date below

Date	Mintage	VG	F	VF	XF	Unc
1712 HFH	—	165	325	825	1,700	3,000

KM# 113 1/2 DUCAT
1.7500 g., 0.9860 Gold 0.0555 oz. AGW **Ruler:** Friedrich I **Obv:** Head right **Rev:** Spread eagle flying to sun

Date	Mintage	VG	F	VF	XF	Unc
1713 HFH	—	110	220	500	725	1,350

KM# 133 1/2 DUCAT
1.7500 g., 0.9860 Gold 0.0555 oz. AGW **Ruler:** Friedrich Wilhelm I **Obv:** Head right **Rev:** Crowned star of the Order of the Black Eagle, date at lower right

Date	Mintage	VG	F	VF	XF	Unc
1714 HFH	—	110	220	500	725	1,350

KM# 134 1/2 DUCAT
1.7500 g., 0.9860 Gold 0.0555 oz. AGW **Ruler:** Friedrich Wilhelm I **Rev:** Crowned elaborate arms of 40 fiefs, date below

Date	Mintage	VG	F	VF	XF	Unc
1714 HFH	—	110	220	500	725	1,350

PRUSSIA — GERMAN STATES

Laureate head right **Obv. Legend:** FRID • D • G • REX • BORVSS • EL • BR • **Rev:** Crowned FR monogram in collar of the Order of the Black Eagle, date divided at bottom

Date	Mintage	VG	F	VF	XF	Unc
1705 L/CS	—	220	550	1,100	2,150	3,750
1706 L/CS	—	220	550	1,100	2,150	3,750
1707 L/CS	—	220	550	1,100	2,150	3,750
1708 L/CS	—	220	550	1,100	2,150	3,750

KM# 205 1/2 DUCAT
1.7500 g., 0.9860 Gold 0.0555 oz. AGW **Ruler:** Friedrich Wilhelm I **Obv:** Armored bust right **Obv. Legend:** FRIDER • WILH • D • G • REX • BORVSS • **Rev:** Crowned oval arms, crown divides date **Mint:** Berlin

Date	Mintage	VG	F	VF	XF	Unc
1726 EGN	—	110	220	525	850	1,450

KM# 17 DUCAT
3.5000 g., 0.9860 Gold 0.1109 oz. AGW **Ruler:** Friedrich I **Subject:** Coronation at Konigsberg, January 18, 1701 **Obv:** Laureate head right **Obv. Legend:** FRIDERICUS REX... **Rev:** Crown, date below in exergue **Mint:** Königsberg

Date	Mintage	VG	F	VF	XF	Unc
1701	—	140	275	550	1,100	2,000

KM# 18 DUCAT
3.5000 g., 0.9860 Gold 0.1109 oz. AGW **Ruler:** Friedrich I **Obv:** Laureate bust right **Rev:** Cruciform crowned double F monograms, Rs in angles, arms at center **Mint:** Berlin

Date	Mintage	VG	F	VF	XF	Unc
1701 LCS	—	450	1,000	2,300	3,600	6,500

KM# 19 DUCAT
3.5000 g., 0.9860 Gold 0.1109 oz. AGW **Ruler:** Friedrich I **Obv:** Laureate head right **Rev:** Crowned displayed eagle with FR on breast, date divided at top **Note:** Varieties exist.

Date	Mintage	VG	F	VF	XF	Unc
1701 CS	—	450	1,000	2,300	3,600	6,500

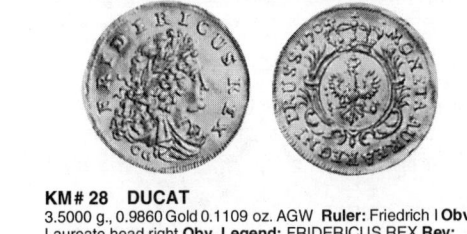

KM# 28 DUCAT
3.5000 g., 0.9860 Gold 0.1109 oz. AGW **Ruler:** Friedrich I **Obv:** Laureate head right **Obv. Legend:** FRIDERICUS REX **Rev:** Crowned eagle arms within branches **Mint:** Königsberg

Date	Mintage	VG	F	VF	XF	Unc
1702 CG	—	220	550	1,100	2,150	3,750
1703 CG	—	220	550	1,100	2,150	3,750
1704 CG	—	220	550	1,100	2,150	3,750
1705 CG	—	220	550	1,100	2,150	3,750
1706 CG	—	220	550	1,100	2,150	3,750

KM# 48 DUCAT
3.5000 g., 0.9860 Gold 0.1109 oz. AGW **Ruler:** Friedrich I **Obv:** Thick laurels **Rev:** Crowned displayed eagle with FR on breast divides date **Mint:** Berlin

Date	Mintage	VG	F	VF	XF	Unc
1703 CFL/CS	—	275	650	1,200	2,300	4,000
1704 CFL/CS	—	275	650	1,200	2,300	4,000

KM# 64 DUCAT
3.5000 g., 0.9860 Gold 0.1109 oz. AGW **Ruler:** Friedrich I **Obv:**

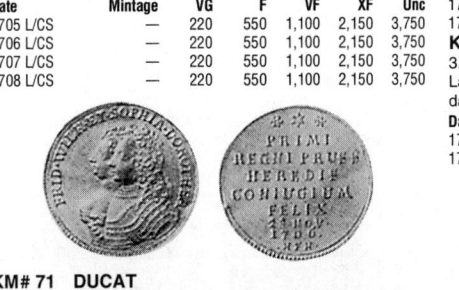

KM# 71 DUCAT
3.5000 g., 0.9860 Gold 0.1109 oz. AGW **Ruler:** Friedrich I **Subject:** Wedding of Friedrich Wilhelm and Sophia Dorothea **Obv:** Conjoined busts left **Obv. Legend:** FRID • WILH • ET • SOPHIA • DOROTHEA **Rev:** Inscription, date **Mint:** Magdeburg **Note:** Varieties exist.

Date	Mintage	VG	F	VF	XF	Unc
1706 HFH	—	250	500	1,000	2,050	—

KM# 72 DUCAT
3.5000 g., 0.9860 Gold 0.1109 oz. AGW **Ruler:** Friedrich I **Obv:** Laureate bust right **Rev:** Crowned FR monogram in collar of the Order of the Black Eagle, date divided at bottom **Mint:** Minden

Date	Mintage	VG	F	VF	XF	Unc
1706 BH	—	600	1,200	3,300	6,000	—

KM# 79 DUCAT
3.5000 g., 0.9860 Gold 0.1109 oz. AGW **Ruler:** Friedrich I **Obv:** Laureate head right **Obv. Legend:** FRIDERICUS REX **Rev:** Oval frame ornamentation modified **Mint:** Berlin

Date	Mintage	VG	F	VF	XF	Unc
1707 CG	—	220	550	1,100	2,150	3,750
1708 CG	—	220	550	1,100	2,150	3,750
1709 CG	—	220	550	1,100	2,150	3,750
1710 CG	—	220	550	1,100	2,150	3,750
1711 CG	—	220	550	1,100	2,150	3,750

KM# 80 DUCAT
3.5000 g., 0.9860 Gold 0.1109 oz. AGW **Ruler:** Friedrich I **Mint:** Magdeburg

Date	Mintage	VG	F	VF	XF	Unc
1707 HFH	—	600	1,200	3,300	6,000	—
1708 HFH	—	600	1,200	3,300	6,000	—
1709 HFH	—	600	1,200	3,300	6,000	—

KM# 82 DUCAT
3.5000 g., 0.9860 Gold 0.1109 oz. AGW **Ruler:** Friedrich I **Obv:** Bust right **Obv. Legend:** FRIDERICVS • D • G • REX BORVSSIAE • ELECT • BR • **Rev:** Date at lower left of Order cross **Mint:** Berlin

Date	Mintage	VG	F	VF	XF	Unc
1709 L/CS	—	220	550	1,100	2,150	3,750
1710 L/CS	—	325	775	1,650	3,000	5,000
1711 L/CS	—	220	550	1,100	2,150	3,750

KM# 85 DUCAT
3.5000 g., 0.9860 Gold 0.1109 oz. AGW **Ruler:** Friedrich I **Obv:** Head right **Rev:** Crowned displayed eagle, date at lower right

Date	Mintage	VG	F	VF	XF	Unc
1710 R/CS	—	550	1,000	2,750	5,400	—

KM# 86 DUCAT
3.5000 g., 0.9860 Gold 0.1109 oz. AGW **Ruler:** Friedrich I **Subject:** Friendship with Saxony **Obv:** Bust right, date below **Rev:** Bust of August II of Saxony right

Date	Mintage	VG	F	VF	XF	Unc
1710 Rare	—	—	—	—	—	—

KM# 89 DUCAT
3.5000 g., 0.9860 Gold 0.1109 oz. AGW **Ruler:** Friedrich I **Obv:**

Thick laurels **Obv. Legend:** FRIDERICUS REX • **Rev:** Larger eagle in oval frame **Mint:** Königsberg

Date	Mintage	VG	F	VF	XF	Unc
1712 CG	—	220	550	1,100	2,150	3,750
1713 CG	—	220	550	1,100	2,150	3,750

KM# 91 DUCAT
3.5000 g., 0.9860 Gold 0.1109 oz. AGW **Ruler:** Friedrich I **Obv:** Laureate bust right **Rev:** Crowned oval arms in palm branches, date in legend **Mint:** Königsberg

Date	Mintage	VG	F	VF	XF	Unc
1712 GWM/CG	—	550	1,000	2,750	5,400	—
1713 GWM/CG	—	550	1,000	2,750	5,400	—

KM# 90 DUCAT
3.5000 g., 0.9860 Gold 0.1109 oz. AGW **Ruler:** Friedrich I **Obv:** Armored laureate bust right **Obv. Legend:** FRID • D • G • REX • • BORVSS • EL • BR • **Rev:** Crowned monogram within Order chain **Mint:** Berlin

Date	Mintage	VG	F	VF	XF	Unc
1712 L/CS	—	220	550	1,100	2,150	3,750

KM# 114 DUCAT
3.5000 g., 0.9860 Gold 0.1109 oz. AGW **Ruler:** Friedrich I **Subject:** Death of Friedrich I **Obv:** Laureate bust right **Obv. Legend:** FRID • D • G • REX • BORVSS • EL • BR • **Rev:** Crown on alter with Prussian arms on front **Mint:** Berlin **Note:** Varieties exist.

Date	Mintage	VG	F	VF	XF	Unc
1713 L/CS	—	165	350	775	1,450	2,750
1713 L	—	165	350	775	1,450	2,750

KM# 115 DUCAT
3.5000 g., 0.9860 Gold 0.1109 oz. AGW **Ruler:** Friedrich I **Obv:** Armored bust of Friedrich Wilhelm right **Rev:** Spread eagle flying to sun, date below **Note:** Varieties exist.

Date	Mintage	VG	F	VF	XF	Unc
1713 L/IFS	—	450	1,000	2,300	3,600	6,500

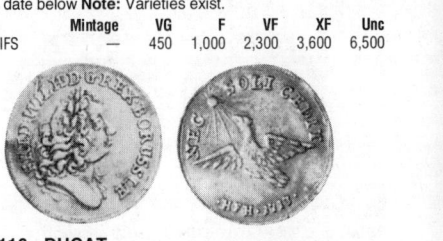

KM# 116 DUCAT
3.5000 g., 0.9860 Gold 0.1109 oz. AGW **Ruler:** Friedrich I **Obv:** Laureate bust right **Obv. Legend:** FRID: WILH: D • G • REX • BORUSSIAE **Rev:** Imperial eagle in flight **Mint:** Magdeburg

Date	Mintage	VG	F	VF	XF	Unc
1713 HFH	—	220	500	1,000	1,900	3,750

KM# 117 DUCAT
3.5000 g., 0.9860 Gold 0.1109 oz. AGW **Ruler:** Friedrich I **Obv:** Laureate head right **Obv. Legend:** FRID • WILH • REX • **Rev:** Eagle flying toward sun at left, date below **Rev. Legend:** NEC SOLI CEDIT **Mint:** Königsberg

Date	Mintage	VG	F	VF	XF	Unc
1713 CG	—	195	450	875	1,700	3,000
1713 M	—	195	450	875	1,700	3,000
1713 L	—	195	450	875	1,700	3,000

KM# 135 DUCAT
3.5000 g., 0.9860 Gold 0.1109 oz. AGW **Ruler:** Friedrich Wilhelm I **Obv:** Armored bust right **Rev:** Crowned FW monogram in shield in collar of the Order of the Black Eagle **Mint:** Berlin **Note:** Varieties exist.

Date	Mintage	VG	F	VF	XF	Unc
1/14 L/IFS	—	325	650	1,450	3,000	—

GERMAN STATES — PRUSSIA

KM# 143 DUCAT
3.5000 g., 0.9860 Gold 0.1109 oz. AGW **Ruler:** Friedrich Wilhelm I **Obv:** Armored bust right **Obv. Legend:** FRID • WILH • D • G • - REX • BORVSSIÆ **Rev:** Crowned star of the Order of the Black Eagle, date below **Mint:** Magdeburg **Note:** Varieties exist.

Date	Mintage	VG	F	VF	XF	Unc
1714 HFH	—	165	325	650	1,800	3,500
1717 HFH	—	165	325	650	1,800	3,500

KM# 141 DUCAT
3.5000 g., 0.9860 Gold 0.1109 oz. AGW **Ruler:** Friedrich Wilhelm I **Rev:** Crowned star of the Order of the Black Eagle divides date **Mint:** Königsberg

Date	Mintage	VG	F	VF	XF	Unc
1714 M/CG	—	450	1,000	2,200	4,200	—
1715	—	450	1,000	2,200	4,200	—

KM# 142 DUCAT
3.5000 g., 0.9860 Gold 0.1109 oz. AGW **Ruler:** Friedrich Wilhelm I **Obv:** Draped, armored bust right **Obv. Legend:** FRID • WILH • D • G • - REX • BORVSSIÆ **Rev:** Crowned arms divide date

Date	Mintage	VG	F	VF	XF	Unc
1714 L/CG	—	140	275	600	1,300	2,650
1714 M/CG	—	140	275	600	1,300	2,650
1715 M/CG	—	140	275	600	1,300	2,650
1716 M/CG	—	140	275	600	1,300	2,650
1717 M/CG	—	140	275	600	1,300	2,650

KM# 136 DUCAT
3.5000 g., 0.9860 Gold 0.1109 oz. AGW **Ruler:** Friedrich Wilhelm I **Rev:** Crowned shield of arms divides date

Date	Mintage	VG	F	VF	XF	Unc
1714 L/IFS	—	450	1,000	2,200	4,200	—

KM# 137 DUCAT
3.5000 g., 0.9860 Gold 0.1109 oz. AGW **Ruler:** Friedrich Wilhelm I **Obv:** Draped bust right **Obv. Legend:** FRID • WILH • D • G • - REX • BORVSSIÆ **Rev:** Crowned arms of 40 fiefs, date below **Mint:** Magdeburg

Date	Mintage	VG	F	VF	XF	Unc
1714 HFH	—	195	375	775	1,550	2,800

KM# 138 DUCAT
3.5000 g., 0.9860 Gold 0.1109 oz. AGW **Ruler:** Friedrich Wilhelm I **Rev:** Crowned displayed eagle with scepter and orb, date below

Date	Mintage	VG	F	VF	XF	Unc
1714 HFH	—	375	875	2,200	3,600	—

KM# 139 DUCAT
3.5000 g., 0.9860 Gold 0.1109 oz. AGW **Ruler:** Friedrich Wilhelm I **Rev:** Crowned arms, date below

Date	Mintage	VG	F	VF	XF	Unc
1714 HFH	—	275	600	1,300	2,400	4,750

KM# 140 DUCAT
3.5000 g., 0.9860 Gold 0.1109 oz. AGW **Ruler:** Friedrich Wilhelm I **Rev:** Crowned arms of 12 fiefs, date below

Date	Mintage	VG	F	VF	XF	Unc
1714 HFH	—	195	450	875	1,700	3,000

KM# 151 DUCAT
3.5000 g., 0.9860 Gold 0.1109 oz. AGW **Ruler:** Friedrich Wilhelm I **Obv:** Armored bust right **Rev:** Crowned star of the Order of the Black Eagle

Date	Mintage	VG	F	VF	XF	Unc
1715 L/IFS	—	165	325	650	1,200	2,500
1716 L/IFS	—	165	325	650	1,200	2,500
1717 L/IFS	—	165	325	650	1,200	2,500

KM# 150 DUCAT
3.5000 g., 0.9860 Gold 0.1109 oz. AGW **Ruler:** Friedrich Wilhelm I **Rev:** Crowned arms divide date **Mint:** Berlin **Note:** Varieties exist.

Date	Mintage	VG	F	VF	XF	Unc
1715 L/IFS	—	220	550	1,200	2,400	4,750
1716 L/IFS	—	220	550	1,200	2,400	4,750

KM# 158 DUCAT
3.5000 g., 0.9860 Gold 0.1109 oz. AGW **Ruler:** Friedrich Wilhelm I **Obv:** Head right **Obv. Legend:** FRID • WILH • D • G • - REX BORVSSIÆ **Rev:** Crowned star of the Order of the Black Eagle, date below **Mint:** Magdeburg

Date	Mintage	VG	F	VF	XF	Unc
1716 HFH	—	140	275	600	1,300	2,650

KM# 163 DUCAT
3.5000 g., 0.9860 Gold 0.1109 oz. AGW **Ruler:** Friedrich Wilhelm I **Rev:** Crowned star of the Order of the Black Eagle, date below **Mint:** Magdeburg

Date	Mintage	VG	F	VF	XF	Unc
1717 HFH	—	220	450	1,000	1,900	3,750
1718 M/HFH	—	220	450	1,000	1,900	3,750

KM# 162 DUCAT
3.5000 g., 0.9860 Gold 0.1109 oz. AGW **Ruler:** Friedrich Wilhelm I **Obv:** Armored bust with pigtail **Rev:** Crowned oval arms, crown divides date **Mint:** Berlin **Note:** Varieties exist.

Date	Mintage	VG	F	VF	XF	Unc
1717 L/IFS	—	165	325	725	1,550	2,800
1718 L/IFS	—	165	325	725	1,550	2,800

KM# 174 DUCAT
3.5000 g., 0.9860 Gold 0.1109 oz. AGW **Ruler:** Friedrich Wilhelm I **Rev:** Crowned oval arms, crown divides date

Date	Mintage	VG	F	VF	XF	Unc
1718 HFH	—	195	450	875	1,700	3,000
1718 L/HFH	—	195	450	875	1,700	3,000

KM# 175 DUCAT
3.5000 g., 0.9860 Gold 0.1109 oz. AGW **Ruler:** Friedrich Wilhelm I **Obv:** Armored bust right **Obv. Legend:** FRID • WILH • - D • G • REX • BORVSS • **Rev:** Crowned shield at center of crowned arms, date divided above **Mint:** Königsberg

Date	Mintage	VG	F	VF	XF	Unc
1718 CG	—	110	220	500	950	1,750
1719 CG	—	110	220	500	950	1,750
1720 M/CG	—	110	220	500	950	1,750
1721 M/CG	—	110	220	500	950	1,750
1722 M/CG	—	110	220	500	950	1,750
1723 M/CG	—	110	220	500	950	1,750
1724 M/CG	—	110	220	500	950	1,750
1725 M/CG	—	110	220	500	950	1,750
1726 M/CG	—	110	220	500	950	1,750
1727 M/CG	—	110	220	500	950	1,750
1728 M/CG	—	110	220	500	950	1,750

KM# 190 DUCAT
3.5000 g., 0.9860 Gold 0.1109 oz. AGW **Ruler:** Friedrich Wilhelm I **Obv:** Armored bust right **Rev:** Crowned shield at center of crowned arms, date divided above **Mint:** Berlin

Date	Mintage	VG	F	VF	XF	Unc
1719 L/IGN	—	165	325	775	1,700	3,000
1720 L/IGN	—	165	325	775	1,700	3,000
1721 L/IGN	—	165	325	775	1,700	3,000
1722 L/IGN	—	165	325	775	1,700	3,000
1723 L/IGN	—	165	325	775	1,700	3,000
1724 L/IGN	—	165	325	775	1,700	3,000
1725 L/IGN	—	165	325	775	1,700	3,000

KM# 204 DUCAT
3.5000 g., 0.9860 Gold 0.1109 oz. AGW **Ruler:** Friedrich Wilhelm I **Obv:** Armored bust right **Obv. Legend:** FRID.WILH - D.G.REX... **Rev:** Crowned shield at center of crowned arms, date divided above **Note:** Varieties exist.

Date	Mintage	VG	F	VF	XF	Unc
1725 EGN	—	140	250	600	1,300	2,640
1726 EGN	—	140	250	600	1,300	2,640
1727 EGN	—	140	250	600	1,300	2,640
1728 EGN	—	140	250	600	1,300	2,640
1729 EGN	—	140	250	600	1,300	2,640
1730 EGN	—	140	250	600	1,300	2,640
1731 EGN	—	140	250	600	1,300	2,640
1732 EGN	—	140	250	600	1,300	2,640

KM# 213 DUCAT
3.5000 g., 0.9860 Gold 0.1109 oz. AGW **Ruler:** Friedrich Wilhelm I **Rev:** Flying crowned eagle, date below **Note:** Varieties exist.

Date	Mintage	VG	F	VF	XF	Unc
1733 EGN	—	140	250	600	1,300	2,650
1734 EGN	—	140	250	600	1,300	2,650

KM# 214 DUCAT
3.5000 g., 0.9860 Gold 0.1109 oz. AGW **Ruler:** Friedrich Wilhelm I **Obv:** Armored bust right **Obv. Legend:** FRID • WILH • - D • G • REX • BOR: & **Rev:** Crowned star of the Order of the Black Eagle **Note:** Varieties exist.

Date	Mintage	VG	F	VF	XF	Unc
1733 EGN	—	165	325	650	1,450	2,750
1734 EGN	—	165	325	650	1,450	2,750
1735 EGN	—	165	325	650	1,450	2,750
1736 EGN	—	165	325	650	1,450	2,750
1737 EGN	—	165	325	650	1,450	2,750
1738 EGN	—	165	325	650	1,450	2,750
1739 EGN	—	165	325	650	1,450	2,750
1740 EGN	—	165	325	650	1,450	2,750

KM# 235 DUCAT
3.5000 g., 0.9860 Gold 0.1109 oz. AGW **Ruler:** Friedrich II **Obv:** Armored bust right **Obv. Legend:** FRIDERICVS BORVSSORVM REX **Rev:** Crown divides date above eagle arms on irregular shield

Date	Mintage	VG	F	VF	XF	Unc
1741 EGN	—	165	350	775	1,550	2,850
1742 EGN	—	165	350	775	1,550	2,850
1743 EGN	—	165	350	775	1,550	2,850
1744 EGN	—	165	350	775	1,550	2,850
1745 EGN	—	165	350	775	1,550	2,850

KM# 238 DUCAT
3.5000 g., 0.9860 Gold 0.1109 oz. AGW **Ruler:** Friedrich II **Rev:** Crowned FR monogram in collar of the Order of the Black Eagle, date below

Date	Mintage	VG	F	VF	XF	Unc
1745 EGN	—	375	875	1,650	3,000	—

KM# 239 DUCAT
3.5000 g., 0.9860 Gold 0.1109 oz. AGW **Ruler:** Friedrich II **Obv:** Armored bust right **Obv. Legend:** FRIDERICVS BORVSSORVM REX **Rev:** Crowned displayed eagle above trophies

Date	Mintage	VG	F	VF	XF	Unc
1745 EGN	—	220	450	875	1,800	3,250
1746 EGN	—	220	450	875	1,800	3,250
1747 EGN	—	220	450	875	1,800	3,250
1748 EGN	—	220	450	875	1,800	3,250
1749 EGN	—	220	450	875	1,800	3,250

PRUSSIA

KM# 92 2 DUCAT
7.0000 g., 0.9860 Gold 0.2219 oz. AGW **Ruler:** Friedrich I **Obv:** Laureate head right **Rev:** Crowned displayed eagle holding laurel wreath and lightning, date below **Mint:** Magdeburg **Note:** Varieties exist.

Date	Mintage	VG	F	VF	XF	Unc
1712 HFH	—	500	1,100	3,100	4,800	—

KM# 118 2 DUCAT
7.0000 g., 0.9860 Gold 0.2219 oz. AGW **Ruler:** Friedrich I **Obv:** Laureate draped bust right **Rev:** Crowned oval arms in palm branches, date in legend **Mint:** Königsberg

Date	Mintage	VG	F	VF	XF	Unc
1713 CG	—	775	1,950	4,400	8,400	—

KM# 243 DUCAT
3.5000 g., 0.9860 Gold 0.1109 oz. AGW **Ruler:** Friedrich II **Obv:** Armored bust right **Obv. Legend:** FRIDERICVS BORVSSORVM REX **Rev:** Eagle divides date above trophies **Note:** Varieties exist.

Date	Mintage	VG	F	VF	XF	Unc
1749 CHI	—	250	500	1,000	1,900	3,500

KM# 244 DUCAT
3.5000 g., 0.9860 Gold 0.1109 oz. AGW **Ruler:** Friedrich II **Rev:** Crowned eagle on glove in palm branches, date at top

Date	Mintage	VG	F	VF	XF	Unc
1749 EGN	—	450	1,000	2,200	4,200	—

KM# 119 2 DUCAT
7.0000 g., 0.9860 Gold 0.2219 oz. AGW **Ruler:** Friedrich I **Obv:** Laureate head right **Obv. Legend:** FRID • WILH • REX • **Rev:** Eagle flying to sun at left, date below **Mint:** Magdeburg

Date	Mintage	VG	F	VF	XF	Unc
1713 HFH	—	550	1,300	3,300	6,000	—

KM# 202 2 DUCAT
7.0000 g., 0.9860 Gold 0.2219 oz. AGW **Ruler:** Friedrich Wilhelm I **Obv:** Armored bust right with pigtail **Rev:** Crowned oval arms, crown divides date **Mint:** Berlin

Date	Mintage	VG	F	VF	XF	Unc
1724 IGN	—	550	1,300	3,300	6,000	—

KM# 211 2 DUCAT
7.0000 g., 0.9860 Gold 0.2219 oz. AGW **Ruler:** Friedrich Wilhelm I

Date	Mintage	VG	F	VF	XF	Unc
1732 EGN	—	550	1,300	3,300	6,000	—

KM# 215 2 DUCAT
7.0000 g., 0.9860 Gold 0.2219 oz. AGW **Ruler:** Friedrich Wilhelm I **Rev:** Flying crowned eagle, date below

Date	Mintage	VG	F	VF	XF	Unc
1733 EGN	—	550	1,300	3,300	6,000	—

KM# 245 2 DUCAT
7.0000 g., 0.9860 Gold 0.2219 oz. AGW **Ruler:** Friedrich Wilhelm I **Obv:** Head right **Rev:** Crowned eagle on globe in palm branches, date at top

Date	Mintage	VG	F	VF	XF	Unc
1749 EGN	—	650	1,650	3,850	7,200	—

KM# 278 DUCAT
3.5000 g., 0.9860 Gold 0.1109 oz. AGW **Ruler:** Friedrich II **Obv:** Head right **Obv. Legend:** FRIDERICUS BORUSSORUM REX **Rev:** Eagle above trophies

Date	Mintage	VG	F	VF	XF	Unc
1753 A	—	165	325	775	1,450	2,750
1754 A	—	165	325	775	1,450	2,750
1757 B						

KM# 292 DUCAT
3.5000 g., 0.9860 Gold 0.1109 oz. AGW **Ruler:** Friedrich II **Obv:** Standing figure **Rev:** Building

Date	Mintage	F	VF	XF	Unc	BU
1763	—	—	550	900	1,200	—

KM# 198 5 DUCAT
17.5000 g., 0.9860 Gold 0.5547 oz. AGW **Ruler:** Friedrich Wilhelm I **Subject:** Homage of Stettin **Obv:** Bust right **Rev:** Inscription in straight lines **Mint:** Berlin **Note:** Struck with 1/2 Thaler dies, KM#195.

Date	Mintage	VG	F	VF	XF	Unc
1721 L	—	3,500	5,300	6,600	10,000	—

KM# 199 5 DUCAT
17.5000 g., 0.9860 Gold 0.5547 oz. AGW **Ruler:** Friedrich Wilhelm I **Rev:** Inscription in curved lines **Note:** Struck with 1/2 Thaler dies, KM#196.

Date	Mintage	VG	F	VF	XF	Unc
1721 L	—	3,500	5,300	6,600	10,000	—

KM# 200 8 DUCAT
28.0000 g., 0.9860 Gold 0.8876 oz. AGW **Ruler:** Friedrich Wilhelm I **Subject:** Homage of Stettin **Rev:** Inscription **Mint:** Berlin **Note:** Struck with 1/2 Thaler dies, KM#196.

Date	Mintage	VG	F	VF	XF	Unc
1721 L	—	9,900	14,000	17,500	24,000	—

KM# 352 DUCAT
3.5000 g., 0.9860 Gold 0.1109 oz. AGW **Ruler:** Friedrich Wilhelm II **Obv:** Crowned eagle arms **Rev:** Value and date within square, crowns at points joined by laurels **Mint:** Berlin

Date	Mintage	F	VF	XF	Unc	BU
1787A	—	325	650	1,100	1,450	—
1790A	—	325	650	1,100	1,450	—

KM# 20 2 DUCAT
7.0000 g., 0.9860 Gold 0.2219 oz. AGW **Ruler:** Friedrich I **Obv:** Laureate bust right **Rev:** Cruciform crowned double F monograms, Rs in angles, arms at center **Mint:** Berlin **Note:** Thick planchet.

Date	Mintage	VG	F	VF	XF	Unc
1701 LCS	—	1,000	2,200	5,500	9,600	—

KM# 49 2 DUCAT
7.0000 g., 0.9860 Gold 0.2219 oz. AGW **Ruler:** Friedrich I **Obv:** Laureate draped bust right **Rev:** Crowned oval arms in palm branches, date in legend **Mint:** Königsberg

Date	Mintage	VG	F	VF	XF	Unc
1703 CG	—	650	1,650	3,850	7,200	—
1704 CG	—	650	1,650	3,850	7,200	—

KM# 73 2 DUCAT
7.0000 g., 0.9860 Gold 0.2219 oz. AGW **Ruler:** Friedrich I **Subject:** Wedding of Friedrich Wilhelm and Sophia Dorothea **Obv:** Conjoined busts of Friedrich Wilhelm and Sophia Dorothea left **Rev:** 6-line inscription and date **Mint:** Magdeburg

Date	Mintage	VG	F	VF	XF	Unc
1706 HFH	—	550	1,300	3,300	6,000	—

KM# 87 2 DUCAT
7.0000 g., 0.9860 Gold 0.2219 oz. AGW **Ruler:** Friedrich I **Obv:** Head right **Rev:** Crowned displayed eagle, date at lower right **Mint:** Berlin

Date	Mintage	VG	F	VF	XF	Unc
1710 R/CS	—	775	1,950	4,400	8,400	—

KM# 240 1/2 FREDERICK D'OR
3.3410 g., 0.9030 Gold 0.0970 oz. AGW **Ruler:** Friedrich II **Obv:** Armored bust right **Obv. Legend:** FRIDERICVS BORVSSORVM REX **Rev:** Crown above eagle on trophies, date at lower right

Date	Mintage	VG	F	VF	XF	Unc
1749 CHI	—	165	325	650	1,300	2,400

KM# 257 1/2 FREDERICK D'OR
3.3410 g., 0.9030 Gold 0.0970 oz. AGW **Ruler:** Friedrich II **Obv:** Armored bust right **Obv. Legend:** FRIDERICVS BORVSSORVM REX **Rev:** Date divided at bottom

Date	Mintage	VG	F	VF	XF	Unc
1750 A	—	110	220	650	1,450	2,500
1751 A	—	110	165	450	950	1,750
1752 A	—	110	220	650	1,450	2,500

KM# 258 1/2 FREDERICK D'OR
3.3410 g., 0.9030 Gold 0.0970 oz. AGW **Ruler:** Friedrich II **Obv:** Head right **Obv. Legend:** FRIDERICVS BORVSSORVM REX • **Rev:** Crowned back to back F's

Date	Mintage	VG	F	VF	XF	Unc
1750 A	—	165	325	875	1,550	2,750

KM# 271 1/2 FREDERICK D'OR
3.3410 g., 0.9030 Gold 0.0970 oz. AGW **Ruler:** Friedrich II **Obv:** Head right **Obv. Legend:** FRIDERICVS BORVSSORVM REX **Rev:** Crowned eagle above trophies

Date	Mintage	VG	F	VF	XF	Unc
1752 A	—	110	220	650	1,450	2,500
1753 A	—	110	220	650	1,450	2,500

KM# 280 1/2 FREDERICK D'OR
3.3410 g., 0.9030 Gold 0.0970 oz. AGW **Ruler:** Friedrich II **Rev:** A in exergue

Date	Mintage	VG	F	VF	XF	Unc
1755 A	—	110	220	650	1,200	2,000
1756 A	—	110	220	650	1,200	2,000

KM# 281 1/2 FREDERICK D'OR
3.3410 g., 0.9030 Gold 0.0970 oz. AGW **Ruler:** Friedrich II **Note:** Struck in lower grade gold during 7 Years War (1758-1763).

Date	Mintage	VG	F	VF	XF	Unc
1755 A	—	325	1,100	2,200	3,600	—

KM# 315 1/2 FREDERICK D'OR
3.3410 g., 0.9030 Gold 0.0970 oz. AGW **Ruler:** Friedrich II **Obv:** Head right **Obv. Legend:** FRIDERICUS BORUSSORUM REX **Rev:** Date above eagle with trophies **Mint:** Berlin

Date	Mintage	VG	F	VF	XF	Unc
1765A	—	110	220	500	1,100	2,150
1769A	—	110	220	500	1,100	2,150
1770A	—	110	220	500	1,100	2,150
1772A	—	110	220	500	1,100	2,150
1773A	—	110	220	500	1,100	2,150
1774A	—	110	220	500	1,100	2,150

KM# 340 1/2 FREDERICK D'OR
3.3410 g., 0.9030 Gold 0.0970 oz. AGW **Ruler:** Friedrich II **Obv:** Laureate head right **Obv. Legend:** FRIDERICUS BORUSSORUM REX **Rev:** Eagle with trophies **Mint:** Berlin

Date	Mintage	VG	F	VF	XF	Unc
1784A	—	110	220	550	1,200	2,250
1786A	—	110	220	550	1,200	2,250

KM# 233 FREDERICK D'OR
6.6820 g., 0.9030 Gold 0.1940 oz. AGW **Ruler:** Friedrich II **Obv:** Armored bust right **Obv. Legend:** FRIDERICVS BORVSSORVM REX **Rev:** Crown above shield **Mint:** Berlin

Date	Mintage	VG	F	VF	XF	Unc
1741 EGN	2,486	250	500	1,000	2,000	3,750
1742 EGN	800	250	500	1,000	2,000	3,750
1743 EGN	1,000	250	500	1,000	2,000	3,750
1744 EGN	1,000	250	500	1,000	2,000	3,750
1745 EGN	4,600	250	500	1,000	2,000	3,750

KM# 234 FREDERICK D'OR
6.6820 g., 0.9030 Gold 0.1940 oz. AGW **Ruler:** Friedrich II **Rev:** Crown above eagle amongst trophies, date at lower right

Date	Mintage	VG	F	VF	XF	Unc
1741 EGN	—	220	450	875	1,750	3,500
1742 EGN	—	220	450	875	1,750	3,500
1743 EGN	—	220	450	875	1,750	3,500
1745 EGN	—	220	450	875	1,750	3,500
1746 EGN	—	220	450	875	1,750	3,500

KM# 241 FREDERICK D'OR
6.6820 g., 0.9030 Gold 0.1940 oz. AGW **Ruler:** Friedrich II **Obv:** Armored bust left **Obv. Legend:** FRIDERICVS BORVSSORVM REX **Rev:** Crown above eagle with trophies

Date	Mintage	VG	F	VF	XF	Unc
1749 ALS	—	220	550	1,100	2,700	5,500

KM# 259 FREDERICK D'OR
6.6820 g., 0.9030 Gold 0.1940 oz. AGW **Ruler:** Friedrich II **Obv:** Mature head right **Rev:** Crowned ornamental shield with crowned eagle and FR monogram, date divided at top

Date	Mintage	VG	F	VF	XF	Unc
1750A	—	220	550	1,100	2,700	5,500

KM# 260 FREDERICK D'OR
6.6820 g., 0.9030 Gold 0.1940 oz. AGW **Ruler:** Friedrich II **Obv:** Armored bust right **Obv. Legend:** FRIDERICVS BORVSSORVM REX **Rev:** Crown above eagle with trophies **Mint:** Berlin

Date	Mintage	VG	F	VF	XF	Unc
1750A	—	165	325	550	1,400	2,700
1751A	—	165	325	550	1,400	2,700
1752A	—	165	325	550	1,400	2,700
1759A	—	165	325	550	1,400	2,700

KM# 272 FREDERICK D'OR
6.6820 g., 0.9030 Gold 0.1940 oz. AGW **Ruler:** Friedrich II **Obv:** Head right **Obv. Legend:** FRIDERICUS BORUSSORUM REX **Rev:** Eagle with trophies **Mint:** Berlin **Note:** Varieties exist.

Date	Mintage	VG	F	VF	XF	Unc
1752A	—	165	325	650	1,450	2,750
1753A	—	450	875	1,850	3,000	—
1754A	—	165	325	650	1,450	2,750
1755A	—	165	325	650	1,450	2,750
1756A	—	165	325	650	1,450	2,750
1757A	—	165	325	650	1,450	2,750
1758A	14,175	165	325	650	1,450	2,750
1763A	55,974	165	325	650	1,450	2,750

KM# 282 FREDERICK D'OR
6.6820 g., 0.9030 Gold 0.1940 oz. AGW **Ruler:** Friedrich II **Rev:** Crown above eagle with trophies, date divided below **Mint:** Berlin **Note:** Struck in lower grade gold during 7 Years War (1758-1763).

Date	Mintage	VG	F	VF	XF	Unc
1755A	—	220	450	875	1,600	3,000
1756A	—	220	450	875	1,600	3,000
1757A	—	220	450	875	1,600	3,000

KM# 309 FREDERICK D'OR
6.6820 g., 0.9030 Gold 0.1940 oz. AGW **Ruler:** Friedrich II **Obv:** Head right **Obv. Legend:** FRIDERICUS BORUSSORUM REX **Rev:** Eagle with trophies, date above **Mint:** Berlin

Date	Mintage	VG	F	VF	XF	Unc
1764A	—	220	375	650	1,450	2,750
1766A	—	220	375	650	1,450	2,750

KM# 333 FREDERICK D'OR
6.6820 g., 0.9030 Gold 0.1940 oz. AGW **Ruler:** Friedrich II **Obv:** Laureate head right **Obv. Legend:** FRIDERICUS BORUSSORUM REX **Rev:** Eagle with trophies, date above **Mint:** Berlin

Date	Mintage	VG	F	VF	XF	Unc
1767A	—	220	375	650	1,450	2,750
1768A	—	220	375	650	1,450	2,750
1769A	—	220	375	650	1,450	2,750
1770A	—	220	375	650	1,450	2,750
1771A	—	220	375	650	1,450	2,750
1772A	—	220	375	650	1,450	2,750
1773A	—	220	375	650	1,450	2,750
1774A	—	220	375	650	1,450	2,750
1775A	—	220	375	650	1,450	2,750

Date	Mintage	VG	F	VF	XF	Unc
1775A	—	220	375	550	1,100	2,150
1776A	—	220	375	550	1,100	2,150
1777A	554,616	220	375	550	1,100	2,150
1778A	216,207	220	375	550	1,100	2,150
1779A	73,368	220	375	550	1,100	2,150
1780A	136,292	220	375	550	1,100	2,150
1781A	329,589	220	375	550	1,100	2,150
1782A	667,769	220	375	550	1,100	2,150
1783A	783,972	220	375	550	1,100	2,150
1784A	—	220	375	550	1,100	2,150
1786A	—	220	375	550	1,100	2,150

KM# 349 FREDERICK D'OR
6.6820 g., 0.9030 Gold 0.1940 oz. AGW **Ruler:** Friedrich Wilhelm II **Obv:** Draped bust right **Obv. Legend:** FRIED: WILHELM KOENIG VON PREUSSEN **Rev:** Eagle with trophies, date below

Date	Mintage	VG	F	VF	XF	Unc
1786A	92,536	220	375	550	1,100	2,150
1787B	2,274	220	375	550	1,100	2,150
1788A	42,091	220	375	550	1,100	2,150
1788B	8,635	220	375	550	1,100	2,150
1789A	169,496	220	375	550	1,100	2,150
1789B	16,534	220	375	550	1,100	2,150
1790A	52,656	220	375	550	1,100	2,150
1790B	11,070	220	375	550	1,100	2,150
1791A	80,101	220	375	550	1,100	2,150
1791B	7,046	220	375	550	1,100	2,150
1792A	69,792	220	375	550	1,100	2,150
1792B	24,529	220	375	550	1,100	2,150
1793A	78,708	220	375	550	1,100	2,150
1793B	26,930	220	375	550	1,100	2,150
1794A	135,031	220	375	550	1,100	2,150
1794B	33,711	220	375	550	1,100	2,150
1795A	954,105	220	375	550	1,100	2,150
1795B	33,193	220	375	550	1,100	2,150
1796A	558,996	220	375	550	1,100	2,150
1796B	17,279	220	375	550	1,100	2,150
1797A	25,414	220	375	550	1,100	2,150
1797B	28,165	220	375	550	1,100	2,150

KM# 369 FREDERICK D'OR
6.6820 g., 0.9030 Gold 0.1940 oz. AGW **Ruler:** Friedrich Wilhelm III **Obv:** Armored bust left **Obv. Legend:** FRIED. WILHELM III KOENIG VON PREUSSEN **Rev:** Eagle with trophies, 'A' divides date below **Mint:** Berlin

Date	Mintage	VG	F	VF	XF	Unc
1797A	—	220	450	875	1,600	3,000
1798A	—	220	450	875	1,600	3,000

KM# 371 FREDERICK D'OR
6.6820 g., 0.9030 Gold 0.1940 oz. AGW **Ruler:** Friedrich Wilhelm III **Obv:** Armored bust left **Obv. Legend:** FRIEDR. WILHELM III KOENIG VON PREUSSEN **Rev:** Eagle with trophies, date below

Date	Mintage	F	VF	XF	Unc	BU
1798A	—	300	525	750	1,500	—
1799A	—	300	525	750	1,500	—
1800A	—	300	525	750	1,500	—
1800B	—	500	650	1,050	1,900	—

KM# 242 2 FREDERICK D'OR
13.3630 g., 0.9030 Gold 0.3879 oz. AGW **Ruler:** Friedrich II **Obv:** Armored bust right **Obv. Legend:** FRIDERICUS • D • G • REX • BORUSSORUM **Rev:** Crown above eagle with trophies, date at lower right

Date	Mintage	VG	F	VF	XF	Unc
1749 ALS	—	650	1,650	3,300	6,000	10,000

KM# 261 2 FREDERICK D'OR
13.3630 g., 0.9030 Gold 0.3879 oz. AGW **Ruler:** Friedrich II **Obv:** Armored bust right **Obv. Legend:** FRIDERICVS BORVSSORVM REX **Rev:** Crown above eagle with trophies, date divided below **Mint:** Berlin

Date	Mintage	VG	F	VF	XF	Unc
1750A	—	650	1,650	3,300	6,000	10,000
1751A	—	650	1,650	3,300	6,000	10,000

KM# 273 2 FREDERICK D'OR
13.3630 g., 0.9030 Gold 0.3879 oz. AGW **Ruler:** Friedrich II **Obv:** Differing sashes **Obv. Legend:** FRIDERICVS BORVSSORM REX **Rev:** Crown above eagle with trophies, date divided below **Mint:** Berlin

Date	Mintage	VG	F	VF	XF	Unc
1752A	—	650	1,650	3,300	6,000	10,000

KM# 277 2 FREDERICK D'OR
13.3630 g., 0.9030 Gold 0.3879 oz. AGW **Ruler:** Friedrich II **Obv:** Mature head right **Rev:** Crowned eagle on trophies, date at top, A in exergue **Mint:** Berlin

Date	Mintage	VG	F	VF	XF	Unc
1753A	—	1,100	2,200	4,950	10,000	17,500
1755A	—	1,100	2,200	4,950	10,000	17,500

KM# 283 2 FREDERICK D'OR
13.3630 g., 0.9030 Gold 0.3879 oz. AGW **Ruler:** Friedrich II **Mint:** Berlin **Note:** Struck in lower grade gold during 7 Years War (1758-1763).

Date	Mintage	VG	F	VF	XF	Unc
1756A	—	550	1,100	3,300	7,200	12,500
1757A	—	550	1,100	3,300	7,200	12,500

KM# 310 2 FREDERICK D'OR
13.3630 g., 0.9030 Gold 0.3879 oz. AGW **Ruler:** Friedrich II **Obv:** Head right **Obv. Legend:** FRIDERICUS BORUSSORUM REX **Rev:** Eagle with trophies, date above **Mint:** Berlin

Date	Mintage	F	VF	XF	Unc	BU
1764A	—	775	1,550	2,800	4,800	—
1765A	—	775	1,550	2,800	4,800	—
1766A	—	775	1,550	2,800	4,800	—
1767A	—	775	1,550	2,800	4,800	—
1768A	—	775	1,550	2,800	4,800	—
1769A	—	775	1,550	2,800	4,800	—
1770A	—	775	1,550	2,800	4,800	—
1771A	—	775	1,550	2,800	4,800	—
1775A	—	775	1,550	2,800	4,800	—

KM# 334 2 FREDERICK D'OR
13.3630 g., 0.9030 Gold 0.3879 oz. AGW **Ruler:** Friedrich II **Obv:** Old head **Mint:** Berlin

Date	Mintage	F	VF	XF	Unc	BU
1776A	—	1,400	1,950	3,000	5,100	—

KM# 381 2 FREDERICK D'OR
13.3630 g., 0.9030 Gold 0.3879 oz. AGW **Ruler:** Friedrich Wilhelm III **Obv:** Lat. truncation **Obv. Legend:** FRIEDR. WILHELM III KOENIG VON PREUSSEN **Rev:** Crowned eagle above fasces **Mint:** Berlin

Date	Mintage	F	VF	XF	Unc	BU
1800A	—	650	975	1,900	2,900	—

KM# 221 1/2 WILHELM D'OR
3.3410 g., 0.9030 Gold 0.0970 oz. AGW **Ruler:** Friedrich Wilhelm I **Obv:** Armored bust right **Obv. Legend:** FRID •WILH•D•G•REX•BOR•EL•BR• **Rev:** Crowned monograms in cruciform, eagle arms at center **Mint:** Berlin

Date	Mintage	VG	F	VF	XF	Unc
1738 EGN	5,833	220	450	650	2,400	5,000
1739 EGN	Inc. above	220	450	650	2,400	5,000
1740 EGN	Inc. above	220	450	650	2,400	5,000

KM# 219 WILHELM D'OR
6.6820 g., 0.9030 Gold 0.1940 oz. AGW **Ruler:** Friedrich Wilhelm I **Obv:** Armored bust right **Obv. Legend:** FRID •WILH•D•G•*•REX•BOR•EL•BRAN• **Rev:** Cruciform crowned F (block) W (script) monograms **Mint:** Berlin

Date	Mintage	VG	F	VF	XF	Unc
1737 EGN on obverse	5,021	275	550	1,100	2,700	5,500
1737 EGN on reverse	Inc. above	275	550	1,100	2,700	5,500
1738 EGN	Inc. above	275	550	1,100	2,700	5,500

KM# 220 WILHELM D'OR
6.6820 g., 0.9030 Gold 0.1940 oz. AGW **Ruler:** Friedrich Wilhelm I **Obv:** Armored bust right **Obv. Legend:** FRID •WILH•D•G•REX•BOR•EL•BRAN• **Rev:** Cruciform crowned block FW monograms, eagle arms at center

Date	Mintage	VG	F	VF	XF	Unc
1738 EGN	Inc. above	275	550	1,100	2,700	5,500
1739 EGN	Inc. above	275	550	1,100	2,700	5,500
1740 EGN	Inc. above	275	550	1,100	2,700	5,500

PATTERNS
Including off metal strikes

KM#	Date	Mintage	Identification	Mkt Val
Pn1	1701	—	Ducat. Silver. KM#17.	220
Pn2	1701	—	Ducat. Silver. KM#17.	220
Pn3	1701 LCS	—	Ducat. Silver. KM#18.	350
Pn4	1710	—	Ducat. Silver.	—
Pn5	1713	—	Ducat. Silver. KM#114.	325
			LCS	
Pn6	1713 L	—	Ducat. Silver. KM#141.	325
Pn7	1740	—	Ducat. Silver. M4.	290
Pn8	1749	—	2 Frederick D'Or. Copper. KM#242.	—

| Pn9 | 1754A | | 6 1/24 Thaler. | — |

Pn10	1755		16 Thaler.	—
PnA11	1756E	—	2 Groscher. Gold. KM#A279.	—
PnB11	1763E	—	6 Groscher. Gold. KM#291.	—
PnC11	1763E	—	18 Groscher. Gold. KM#A300.	—
Pn11	1788	—	Thaler. Silver. KM#348.	—
PnA12	1796B	—	Schilling. Silver. 15 mm. KM#A362.1.	—
PnB12	1796B	—	1/2 Groschen. Silver. 18 mm. KM#C362.1.	—
PnC12	1796B	—	GröScher. Silver. 21 mm. KM#362.1.	—
PnD12	1796B	—	3 Groscher. Silver. KM#E362.2.	—
PnE12	1797	—	3 Groscher. Silver. KM#E362.2.	—
PnA13	1797 B	—	Schilling. Silver. KM#A362.1.	—
PnB13	1797 B	—	1/2 Groschen. Silver. KM#C362.1.	—
PnC13	1797 B	—	GröScher. Silver. KM#D362.1.	—
PnD13	1797 B	—	3 Groscher. Silver. KME362.2.	—
Pn12	1799	—	Frederick D'Or. Copper. KM#371.	85.00

PYRMONT

A county southwest of Hannover, established c.1160. Pyrmont's first coins were struck in the 13th century. In 1625, it was incorporated with Waldeck. Occasional issues of special coins for Pyrmont were struck in the 18th and 19th centuries.

RULER
Karl August Friedrich, 1728-1763

COUNTY
REGULAR COINAGE

C# 1 PFENNIG
Copper **Ruler:** Karl August Friedrich **Obv:** Crowned cross **Rev:** Value, date

Date	Mintage	Good	VG	F	VF	XF
1761	56,000	—	8.00	18.00	37.00	75.00

C# 2 2 PFENNIGE
Copper **Ruler:** Karl August Friedrich **Obv:** Crowned cross **Rev:** Value, date **Note:** Similar to 1 Pfennige, C#1.

Date	Mintage	Good	VG	F	VF	XF
1761	40,000	—	10.00	20.00	45.00	90.00

C# 3 4 PFENNIGE
Copper, 23 mm. **Ruler:** Karl August Friedrich **Obv:** Crowned cross **Rev:** Value, date **Note:** Similar to 1 Pfennige, C#1.

Date	Mintage	Good	VG	F	VF	XF
1761	52,000	—	15.00	30.00	60.00	120

QUEDLINBURG

The small provincial town of Quedlinburg, 8 miles (13 kilometers) south-southeast of Halberstadt and slightly north of the Harz Mountains, was founded in 922. The town itself had its own coinage during the middle of the 17th century, but most of the local coinage was produced in and for the abbey. Near the village in 966, Emperor Otto I the Great (962-73) founded an abbey primarily for princesses of his imperial Saxon family. Otto I's grandson, Otto III (983-1002), established an imperial mint in the town and gave the abbesses the right to strike their own coinage at about the same time. Many of the abbesses were members of the House of Saxony or from noble families closely associated with it. When the Electorate and Duchy of Saxony itself became officially Protestant during the Reformation, Quedlinburg followed the same path in 1539. The coinage of the abbesses came to an end in 1697 when Elector Friedrich August I of Saxony (1694-1733) sold his rights over Quedlinburg to Brandenburg-Prussia in order to become King of Poland. A brief and scarce issue of a few types occurred in 1759, but otherwise the abbesses had only tier 40-square mile (65-square kilometer) territory to administer. Even this was secularized and annexed by Prussia in 1803.

RULERS
Anna Dorothea von Sachsen-Weimar, 1684-1704
Maria Elisabeth von Holstein-Gottorp, 1710-55
Anna Amalia von Preussen, 1755-87
Sophia Albertina von Schweden, 1787-1808, died 1829

MINT OFFICIALS' INITIALS

Initials	Date	Name
HCH	1689-1729	Heinrich Christoph Hille, mintmaster in Braunschweig

ARMS
Two crossed fish, but also sometimes an eagle or a three-towered city gate, or a combination of these.
Electoral and Ducal Saxony arms often appear on coins of abbesses from that family.

REFERENCE
D = Adalbert Düning, *Übersich über die Münzgeschichte des kaiserlichen freien weltlichen Stifts Quedlinburg.* Quedlinburg, 1886.

ABBEY
REGULAR COINAGE

KM# 81 1/24 THALER (Groschen)
Silver **Ruler:** Anna Amalia **Obv:** Quedlinburg arms divide date in circle, titles of Anna Amalia **Rev:** Crown above 24/EINEN/THALER in wreath **Note:** Ref. D-40.

Date	Mintage	VG	F	VF	XF	Unc
1759 Rare	—	—	—	—	—	—

KM# 82 1/12 THALER (Doppelgroschen)
Silver **Ruler:** Anna Amalia **Obv:** Quedlinburg arms divide date in circle. **Rev:** Crown above 3-line inscription in wreath. **Rev. Inscription:** 12 / EINEN / THALER

Date	Mintage	VG	F	VF	XF	Unc
1759 Rare	—	—	—	—	—	—

QUEDLINBURG

Subject: Death of Anna Dorothea **Obv:** Bust to right, double legends with dates **Rev:** Rays from setting sun at lower right over hilly landscape, inscription in curved band above **Rev. Legend:** ABITV DECORATVR AMOENO **Note:** Fr. #2447. Struck from 1/8 Thaler dies, KM #75.

Date	Mintage	VG	F	VF	XF	Unc
1704 HCH	—	650	1,300	2,200	4,150	—

KM# 75 1/8 THALER
Silver **Ruler:** Anna Dorothea **Subject:** Death of Anna Dorothea **Obv:** Bust right, double legends with titles and dates. **Rev:** Rays from setting sun at lower right over hilly landscape, inscription in curved band above **Rev. Legend:** ABITV DECORATVR AMOENO **Note:** Struck from Ducat dies, Fr. #2447. Prev. KM#Pn1.

Date	Mintage	Good	VG	F	VF	XF
1704 HCH	—	—	50.00	85.00	170	340

KM# 83 1/6 THALER (1/4 Gulden)
Silver **Ruler:** Anna Amalia **Obv:** Crowned Prussian eagle, Quedlinburg arms on breast, divides date **Rev:** Crown above 3-line inscription in wreath **Rev. Inscription:** VI / EINEN / THALER **Note:** Ref. D-39.

Date	Mintage	VG	F	VF	XF	Unc
1759 Rare	—	—	—	—	—	—

KM# 76 1/4 THALER (1/3 Gulden)
Silver, 28 mm. **Ruler:** Anna Dorothea **Subject:** Death of Anna Dorothea **Obv:** Bust right, double legend with dates **Rev:** Three-masted sailing ship to right, legend in curved band above, mintmaster's initials and symbol in exergue **Rev. Legend:** ADVERSIS DECOR ADDITIVS

Date	Mintage	VG	F	VF	XF	Unc
1704 HCH	—	125	240	350	700	—

KM# 79 2 DUCAT
7.0000 g., 0.9860 Gold 0.2219 oz. AGW **Ruler:** Anna Dorothea **Subject:** Death of Anna Dorothea **Obv:** Bust to right, double legends with dates **Rev:** Three-masted sailing ship to right, legend in curved band above, mintmaster's initials and symbol in exergue **Rev. Legend:** ADVERSIS DECOR ADDITIVS **Note:** Fr. #2446. Struck from 1/4 Thaler dies, KM #76.

Date	Mintage	VG	F	VF	XF	Unc
1704 HCH	—	1,800	3,600	6,300	11,500	—

KM# 77 THALER
Silver **Ruler:** Anna Dorothea **Subject:** Death of Anna Dorothea **Obv:** Bust right, double legends with dates **Rev:** Scorpion and other Zodiacal signs with rays streaming down through clouds, eagle in sky above town scene, legend in curved band at top, mintmaster's initials and symbol in exergue **Rev. Legend:** ARDVA DIFFICILI ADSCENSV **Note:** Dav.#2604.

Date	Mintage	F	VF	XF	Unc	BU
1704 HCH	—	350	700	1,850	4,500	6,500

TRADE COINAGE

KM# 78 DUCAT
3.5000 g., 0.9860 Gold 0.1109 oz. AGW **Ruler:** Anna Dorothea

Initials	Date	Name
B, I.C.B.	1741-66	Johann Christoph Busch
F, I.M.F., 2 wings, 1 1700-40		Johann Michael Federer
wing		
GM	1762-94	Gotthardt Martinengo, in Coblenz
GZ, Z	1791-1802	Johann Leonhard Zollner
K, Kornlein	1773-1802	Johann Nikolaus Kornlein
O, CDO, CD OEXL,	1714-79	Christoph Daniel Oxlein
CD OEXLEIN		
OE, I.L OEXLEIN	1737-66 (intermittently)	Johann Leonhard Oxlein
R.	1766-67	Georg Nikolaus Riedner
RRB	1740	David Michael Busch
(Cinquefoil)	1706-12	Johann Pichler

WARDENS

Date	Name
1700-18	Johann Georg Kramer
1700-18	Johann Georg Kramer
1725-38	Christoph Matthias Baueisen
1742-61	David Michael Marenz
1775-91	Jakob Schneider

DIE-CUTTERS and ENGRAVERS

Date	Name
1691-1/06	Johann Adam Seitz
1694-95, 1706	Philipp Heinrich Muller
1756	Georg Friedrich Loos
1759	Christoph Wilhelm Lehner

RAVENSBURG
(Ravenspurg)

Not to be confused with Ravenberg in Westphalia, Ravensburg is located some 13 miles (22 kilometers) north of Lake Constance in lower Swabia. The earliest structures of the city fortifications date from about 750. The city takes its name from the old German personal name Ravan, that is Rabe in modern German, meaning raven or crow, but who this actually refers to is lost to history. By the middle of the 11th century, Ravensburg was a growing town and received the right to hold markets early in the 12th century. Although Ravensburg is mentioned as the site of an imperial mint in the 12th century, then as a mint for the bishops of Constance early in the next century, it did not receive the mint right for municipal coinage until the 14th century. The first city coinages known date from the later 1300s. Ravensburg had been elevated to the rank of an imperial city in 1276. From the inception of its coinage until the early 18th century, Ravensburg produced intermittent issue of coins. The city also had a short-lived joint coinage with Ulm and Überlingen in the early 16th century (see the latter for these). During the Napoleonic Wars, Ravensburg was annexed by Bavaria in 1803 and transferred to Württemberg in 1810.

ARMS

City gate with two crenelated towers.

FREE CITY
REGULAR COINAGE

KM# 29 2 KREUZER (Halbbatzen)
Silver, 17.1 mm. **Obv:** City arms in shield **Obv. Legend:** MONETA. NOVA. RAVENSPVRGENS. **Rev:** Crowned imperial eagle, '2' in orb on breast, crown divides date at top **Rev. Legend:** SOLI. DEO. GLORIA.

Date	Mintage	VG	F	VF	XF	Unc
1701	—	40.00	80.00	165	330	—

KM# 30 2 KREUZER (Halbbatzen)
Silver **Obv:** Large city arms in circle **Obv. Legend:** MONETA. NOVA. RAVENSPVRGENSIS. **Rev:** Crowned imperial eagle, '2' in orb on breast, crown divides date at top **Rev. Legend:** SOLI. DEO. GLORIA.

Date	Mintage	VG	F	VF	XF	Unc
1701	—	30.00	65.00	130	260	—

REGENSBURG
(Ratisbon)

Both the bishopric and the city of Regensburg issued coinage, but often shared the officials who worked in the mint. Those are listed together here, with separate introductions for each entity to follow.

MINT OFFICIALS' INITIALS

Initials	Date	Name
B, BF, G.C.B.	1773-1803	Georg Christoph Busch

BISHOPRIC

The town of Regensburg, located on the Danube River in Bavaria about 35 miles (57km) northeast of Ingolstadt, became the seat of a bishopric in 470. The first coins of the bishops were joint issues with the dukes of Bavaria from the mid-10th century. In the 11th century, independent episcopal coinage made its appearance. Most of the bishops were members of the local Bavarian nobility. Karl Theodor von Dalberg, the last one with territorial control transferred those lands to Bavaria in 1810, having been raised to the rank of archbishop in 1805. He was given Frankfurt am Main in exchange by Napoleon, who made him a grand duke as well. When Napoleon lost his empire, the bishop was left with only his ecclesiastic title as archbishop of Regensburg.

RULERS

Josef Clemens, Herzog von Bayern 1685-1716
August Clemens, Herzog von Bayern 1716-1719
Johann Theodor, Herzog von Bayern 1719-1763
Clemens Wenzeslav, Herzog von Sachsen 1763-1769
Anton Ignaz Josef von Fugger-Glött, 1769-1787
Maximilian Prokop von Törring-Ränkam, 1787-1789
Josef Konrad von Schroffenberg, 1790-1803

ARMS

Bishopric – diagonal band from upper left to lower right

REFERENCE

E/K = Hubert Emmerig and Otto Kozinowski, **Die Münzen und Medaillen der Regensburger Bishöfe und des Domkapitels seit dem 16. Jahrhundert**, Stuttgart, 1998.

REGULAR COINAGE

KM# 381 1/3 THALER (1/2 Gulden)
Silver **Obv:** St. Peter in small boat within baroque frame **Rev:** View of Regensburg cathedral, Roman numeral episcopal date below **Note:** Sede vacante.

Date	Mintage	VG	F	VF	XF	Unc
1763 Rare	—	—	—	—	—	—

KM# 449 THALER
Silver **Ruler:** Anton Ignaz Josef **Obv:** Bust right **Obv. Legend:**

REGENSBURG GERMAN STATES 547

ANTON • IGNAT • D • G • EPISC • RATISBON •, KÖRNLEIN and date below **Rev:** Arms within crowned mantle **Rev. Legend:** PRAEP • & D • ELVAC • - S • R • I • PR • C • FUGGER •, G• C• - B• and * X • EINE FEINE MARK • * below **Note:** Convention Thaler. Dav. #2605.

Date	Mintage	F	VF	XF	Unc	BU
1786 KORNLEIN/GCB	—	400	800	1,650	2,750	—

KM# 450 THALER

Silver **Ruler:** Anton Ignaz Josef **Obv:** Inscription, Roman date below **Rev:** St. Peter in small boat, 15 small shields surround **Rev. Inscription:** REGNANS/ CAPITVLVM/ ECCLESIAE/ CATHEDRALIS / RATISBONENSIS / SEDE VACANTE • / MDCCLXXXVII • / 10 • EINE F • MARK • below **Note:** Sede Vacante Issue. Dav. #2606.

Date	Mintage	F	VF	XF	Unc	BU
MDCCLXXXVII (1787) BK	—	175	325	650	1,000	1,250

KM# 382 1-1/2 THALER

Silver **Obv:** View of Regensburg cathedral, Roman numeral, date below **Rev:** St. Peter in small boat, 15 small shields of arms around

Date	Mintage	VG	F	VF	XF	Unc
1763	—	150	225	450	800	—

TRADE COINAGE

KM# 415 DUCAT

3.5000 g., 0.9860 Gold 0.1109 oz. AGW **Ruler:** Anton Ignaz Josef **Obv:** Bust right **Rev:** Crowned and mantled arms

Date	Mintage	VG	F	VF	XF	Unc
1770 GM	—	1,800	3,500	6,500	11,000	—

FREE CITY

The site of Regensburg was settled before the arrival of the Romans, who called the place Ratisbona. After the establishment of a bishopric there in the 5th century, the town was also the chief residence of the early dukes of Bavaria. From the 10th century through the early 13th century, Regensburg contained a mint which produced coins for the dukes and bishops. Regensburg was elevated to a free imperial city in 1180 and obtained the mint right in 1230. A long series of issues dating from 1508 and continuing into the early 19th century ensued.

Regensburg was the site of the Imperial Diet (Reichstag) or Parliament, which met continuously in the Reichssaal of the city hall from 1663 until 1806, when Napoleon dissolved the Holy Roman Empire. The opening of each year's session, attended by the emperor in person, all the secular princes and ecclesiastic rulers of the empire, was a source of great pride and prestige for the city. However, Regensburg lost its independence and was handed over to the bishop in 1803. It came into the possession of Bavaria, along with the bishopric, in 1810.

ARMS

2 crossed keys

REFERENCE

B = Egon Beckenbauer, **Die Münzen der Reichsstadt Regensburg**, Grünwald bei München, 1978.

REGULAR COINAGE

KM# 192 HELLER

Copper **Note:** Diamond-shaped with rounded corners, Regensburg arms divide date, R above, H below.

Date	Mintage	VG	F	VF	XF	Unc
1701	427,000	7.00	16.00	30.00	60.00	—
1702	459,000	7.00	16.00	30.00	60.00	—
1703	260,000	7.00	16.00	30.00	60.00	—
1704	—	7.00	16.00	30.00	60.00	—
1705	250,000	7.00	16.00	30.00	60.00	—
1706	194,000	7.00	16.00	30.00	60.00	—
1707	133,000	7.00	16.00	30.00	60.00	—

KM# 237 HELLER

Copper **Obv:** Crossed keys divide date **Note:** Uniface. Varieties exist.

Date	Mintage	VG	F	VF	XF	Unc
1709	244,000	3.00	6.00	13.00	27.00	—
1712	177,000	3.00	6.00	13.00	27.00	—
1714	—	3.00	6.00	13.00	27.00	—
1716	—	3.00	6.00	13.00	27.00	—
1717	—	3.00	6.00	13.00	27.00	—
1718	—	3.00	6.00	13.00	27.00	—
1719	118,000	3.00	6.00	13.00	27.00	—
1721	130,000	3.00	6.00	13.00	27.00	—
1722	212,000	3.00	6.00	13.00	27.00	—
1724	94,000	3.00	6.00	13.00	27.00	—
1725	271,000	3.00	6.00	13.00	27.00	—
1727	142,000	3.00	6.00	13.00	27.00	—
1728	165,000	3.00	6.00	13.00	27.00	—
1729	201,000	3.00	6.00	13.00	27.00	—
1730	330,000	3.00	6.00	13.00	27.00	—
1732	118,000	3.00	6.00	13.00	27.00	—
1733	189,000	3.00	6.00	13.00	27.00	—
1734	236,000	3.00	6.00	13.00	27.00	—
1735	283,000	3.00	6.00	13.00	27.00	—
1736	—	3.00	6.00	13.00	27.00	—
1737	1,004,000	3.00	6.00	13.00	27.00	—
1738	811,000	3.00	6.00	13.00	27.00	—
1739	696,000	3.00	6.00	13.00	27.00	—
1740	1,056,000	3.00	6.00	13.00	27.00	—
1741	—	3.00	6.00	13.00	27.00	—
1742	804,000	3.00	6.00	13.00	27.00	—
1743	—	3.00	6.00	13.00	27.00	—
1744	975,000	3.00	6.00	13.00	27.00	—
1745	868,000	3.00	6.00	13.00	27.00	—
1746	732,000	3.00	6.00	13.00	27.00	—
1747	816,000	3.00	6.00	13.00	27.00	—
1748	720,000	3.00	6.00	13.00	27.00	—
1749	672,000	3.00	6.00	13.00	27.00	—
1750	648,000	3.00	6.00	13.00	27.00	—
1751	720,000	3.00	6.00	13.00	27.00	—
1752	720,000	3.00	6.00	13.00	27.00	—
1753	—	3.00	6.00	13.00	27.00	—
1754	1,008,000	3.00	6.00	13.00	27.00	—
1755	912,000	3.00	6.00	13.00	27.00	—
1756	864,000	3.00	6.00	13.00	27.00	—
1757	768,000	3.00	6.00	13.00	27.00	—
1758	624,000	3.00	6.00	13.00	27.00	—
1759	960,000	3.00	6.00	13.00	27.00	—
1760	960,000	3.00	6.00	13.00	27.00	—
1761	—	3.00	6.00	13.00	27.00	—
1762	624,000	3.00	6.00	13.00	27.00	—
1763	864,000	3.00	6.00	13.00	27.00	—
1764	1,152,000	3.00	6.00	13.00	27.00	—
1765	1,104,000	3.00	6.00	13.00	27.00	—
1766	1,008,000	3.00	6.00	13.00	27.00	—
1767	672,000	3.00	6.00	13.00	27.00	—
1768	480,000	3.00	6.00	13.00	27.00	—
1769	432,000	3.00	6.00	13.00	27.00	—
1770	—	3.00	6.00	13.00	27.00	—
1771	—	3.00	6.00	13.00	27.00	—
1772	480,000	3.00	6.00	13.00	27.00	—
1773	—	3.00	6.00	13.00	27.00	—
1774	—	3.00	6.00	13.00	27.00	—
1775	288,000	3.00	6.00	13.00	27.00	—
1776	—	3.00	6.00	13.00	27.00	—
1777	288,000	3.00	6.00	13.00	27.00	—
1778	288,000	3.00	6.00	13.00	27.00	—
1779	288,000	3.00	6.00	13.00	27.00	—
1780	—	3.00	6.00	13.00	27.00	—
1781	288,000	3.00	6.00	13.00	27.00	—
1782	960,000	3.00	6.00	13.00	27.00	—
1783	—	3.00	6.00	13.00	27.00	—
1784	480,000	3.00	6.00	13.00	27.00	—
1786	—	3.00	6.00	13.00	27.00	—
1787	288,000	3.00	6.00	13.00	27.00	—
1788	864,000	3.00	6.00	13.00	27.00	—
1791	288,000	3.00	6.00	13.00	27.00	—
1792	288,000	3.00	6.00	13.00	27.00	—
1793	—	3.00	6.00	13.00	27.00	—
ND	—	3.00	6.00	13.00	27.00	—

KM# 470 HELLER

Copper **Obv:** Crossed keys **Note:** Uniface.

Date	Mintage	VG	F	VF	XF	Unc
1794	336,000	3.00	6.00	13.00	27.00	—
1795	288,000	3.00	6.00	13.00	27.00	—
1796	288,000	3.00	6.00	13.00	27.00	—
1797	384,000	3.00	6.00	13.00	27.00	—
1799	—	3.00	6.00	13.00	27.00	—

KM# 236 PFENNIG

Silver **Note:** Regensburg arms in ornamented oval frame, date divided at top.

Date	Mintage	VG	F	VF	XF	Unc
1707	—	7.00	15.00	30.00	65.00	—

KM# 253 PFENNIG

Silver **Note:** Regensburg arms in cartouche, date above. Varieties exist.

Date	Mintage	VG	F	VF	XF	Unc
1712	—	7.00	15.00	30.00	60.00	—
1716	24,000	7.00	15.00	30.00	60.00	—
1722	—	7.00	15.00	30.00	60.00	—
1723	46,000	7.00	15.00	30.00	60.00	—
1725	38,000	7.00	15.00	30.00	60.00	—
1727	102,000	7.00	15.00	30.00	60.00	—
1732	71,000	7.00	15.00	30.00	60.00	—
1736	—	7.00	15.00	30.00	60.00	—
1738	128,000	7.00	15.00	30.00	60.00	—
1740	—	7.00	15.00	30.00	60.00	—
1741	—	7.00	15.00	30.00	60.00	—

KM# 299 PFENNIG

Silver **Obv:** Date divided at top **Note:** Varieties exist. Uniface.

Date	Mintage	VG	F	VF	XF	Unc
1742	62,000	5.00	12.00	25.00	50.00	—
1745	87,000	5.00	12.00	25.00	50.00	—
1746	13,000	5.00	12.00	25.00	50.00	—
1747	6,000	5.00	12.00	25.00	50.00	—
ND B	—	5.00	12.00	25.00	50.00	—

KM# 349 PFENNIG

Silver **Obv:** Date divided above city arms **Rev:** Value within branches

Date	Mintage	VG	F	VF	XF	Unc
1747	32,000	4.00	9.00	18.00	37.00	—
1748	—	4.00	9.00	18.00	37.00	—
1749	17,000	4.00	9.00	18.00	37.00	—
1750	48,000	4.00	9.00	18.00	37.00	—
1752	18,000	4.00	9.00	18.00	37.00	—
1753	—	4.00	9.00	18.00	37.00	—
1754	27,000	4.00	9.00	18.00	37.00	—
1755	35,000	4.00	9.00	18.00	37.00	—
1756	11,000	4.00	9.00	18.00	37.00	—
1758	123,000	4.00	9.00	18.00	37.00	—
1759	542,000	4.00	9.00	18.00	37.00	—
1761	288,000	4.00	9.00	18.00	37.00	—
1763	41,000	4.00	9.00	18.00	37.00	—
1764	72,000	4.00	9.00	18.00	37.00	—
1765	36,000	4.00	9.00	18.00	37.00	—
1766	24,000	4.00	9.00	18.00	37.00	—

KM# 408 PFENNIG

Silver **Obv:** Date divided above city arms **Rev:** Value within branches

Date	Mintage	VG	F	VF	XF	Unc
1767 R	106,000	4.00	9.00	18.00	37.00	—
1774	—	4.00	9.00	18.00	37.00	—
1776	—	4.00	9.00	18.00	37.00	—
1778	39,000	4.00	9.00	18.00	37.00	—
1779	—	4.00	9.00	18.00	37.00	—

KM# 435 PFENNIG

Silver

Date	Mintage	VG	F	VF	XF	Unc
1780	—	4.00	9.00	18.00	37.00	—
1781	—	4.00	9.00	18.00	37.00	—
1783	70,000	4.00	9.00	18.00	37.00	—

KM# 447 PFENNIG

Silver

Date	Mintage	VG	F	VF	XF	Unc
1785 R	120,000	4.00	7.50	12.50	25.00	—
1790 R	48,000	4.00	7.50	12.50	25.00	—

GERMAN STATES — REGENSBURG

KM# 462 PFENNIG
Silver **Obv:** Crowned city arms **Rev:** Value within branches

Date	Mintage	VG	F	VF	XF	Unc
1791	53,000	4.00	9.00	18.00	37.00	—
1792	24,000	4.00	9.00	18.00	37.00	—
1793	82,000	4.00	9.00	18.00	37.00	—
1797	53,000	4.00	9.00	18.00	37.00	—

KM# 205 1/2 KREUZER (2 Pfennig)
Silver **Obv:** Regensburg arms in cartouche, value: 1/2 in ornament above divides date **Note:** Uniface

Date	Mintage	VG	F	VF	XF	Unc
1706	—	8.00	20.00	45.00	90.00	—
1738 Reported, not confirmed	—	—	—	—	—	—

KM# 228 KREUZER
Billon **Obv:** Crowned imperial eagle, value: I in orb on breast **Rev:** Regensburg arms in ornate baroque frame, date above **Note:** Varieties exist.

Date	Mintage	VG	F	VF	XF	Unc
1706	24,000	7.00	15.00	30.00	65.00	—

Note: Some of 1706 struck in 1711

Date	Mintage	VG	F	VF	XF	Unc
1716 IMF	20,000	7.00	15.00	30.00	65.00	—

Note: Some of 1716 struck in 1724, 1726, 1729

Date	Mintage	VG	F	VF	XF	Unc
1732 IMF	21,000	7.00	15.00	30.00	65.00	—

Note: Some of 1732 struck in 1734 and 1737, date altered from 1716 die

KM# 176 KREUZER
Billon **Obv:** Heart-shaped cartouche encloses arms, date above **Rev:** Crowned imperial eagle, value: I in shield on breast **Note:** Varieties exist.

Date	Mintage	VG	F	VF	XF	Unc
1716 MF	—	9.00	20.00	40.00	90.00	—

KM# 291 KREUZER
Billon **Obv:** Crowned imperial eagle, value: I in heart-shaped shield on breast **Rev:** Regensburg arms, date between tops of keys, all in oval baroque frame, angel's head above

Date	Mintage	VG	F	VF	XF	Unc
1738 IMF	25,000	15.00	30.00	60.00	125	—

KM# 292 KREUZER
Billon **Obv:** Value: I in orb on breast, crowned imperial eagle **Rev:** Regensburg arms in round baroque frame **Note:** Varieties exist.

Date	Mintage	VG	F	VF	XF	Unc
ND B	32,000	—	—	—	—	—

Note: Kreuzers struck in 1744, 1745 and 1752, but whether or not date present on coins not indicated; Total mintage for this type could have included some dated 1738

KM# 364 KREUZER
Billon **Obv:** Crowned imperial double-headed eagle, value in orb on breast **Rev:** City arms

Date	Mintage	VG	F	VF	XF	Unc
1754	199,000	4.00	10.00	20.00	40.00	—
1758 B	14,000	4.00	10.00	20.00	40.00	—
1764	4,500	4.00	10.00	20.00	40.00	—
1774	—	4.00	10.00	20.00	40.00	—

KM# 409 KREUZER
Billon **Obv:** Crowned imperial double-headed eagle, value in orb on breast **Rev:** City arms

Date	Mintage	VG	F	VF	XF	Unc
1767	13,000	4.00	10.00	20.00	40.00	—
1774	—	4.00	10.00	20.00	40.00	—

Billon **Obv:** Arms in cartouche, date below **Rev:** Imperial eagle, value on breast

Date	Mintage	VG	F	VF	XF	Unc
1767 R	1,950	5.00	9.00	18.00	37.00	—

KM# 426 2 KREUZER
Billon **Obv:** Crowned imperial eagle with value on breast **Rev:** Crossed keys in cartouche over date

Date	Mintage	VG	F	VF	XF	Unc
1775 B	6,000	4.00	7.00	15.00	30.00	—

KM# 430 KREUZER
Billon **Obv:** City arms **Rev:** Crowned imperial double-headed eagle, value in orb on breast

Date	Mintage	VG	F	VF	XF	Unc
1776	—	4.00	10.00	20.00	40.00	—
1781	6,000	4.00	10.00	20.00	40.00	—

KM# 452 2 KREUZER
Billon **Obv:** City arms, date below **Rev:** Crowned imperial double-headed eagle, value in orb on breast

Date	Mintage	VG	F	VF	XF	Unc
1787	4,500	4.00	7.00	15.00	30.00	—

KM# 448 KREUZER
Billon **Obv:** City arms **Rev:** Crowned imperial double-headed eagle, value in orb on breast

Date	Mintage	VG	F	VF	XF	Unc
1785	49,000	4.00	10.00	20.00	40.00	—

KM# 313 4 KREUZER (1 Batzen)
Silver **Obv:** Regensburg arms in oval baroque frame **Rev:** Value: 4 on imperial orb on breast, crowned imperial eagle, titles of Karl VII

Date	Mintage	VG	F	VF	XF	Unc
ND(1744) B	1,784	30.00	65.00	135	270	—

KM# 362 4 KREUZER (1 Batzen)
Silver **Obv:** Titles of Franz I

Date	Mintage	VG	F	VF	XF	Unc
ND(1751) B	1,185	35.00	75.00	150	300	—

KM# 451 KREUZER
Billon **Obv:** Crowned imperial double-headed eagle, value in orb on breast **Rev:** City arms

Date	Mintage	VG	F	VF	XF	Unc
1787	—	4.00	10.00	20.00	40.00	—

Note: Struck intermittantly with same date through 1803

KM# 229 2 KREUZER
Silver **Obv:** Regensburg arms in oval baroque frame, date at top **Rev:** Value: 2 on orb on breast, crowned imperial eagle, titles of Josef I

Date	Mintage	VG	F	VF	XF	Unc
1706	—	25.00	50.00	100	200	—

KM# 255 2 KREUZER
Silver **Obv:** Value: 1/2 on imperial orb, titles of Karl VI **Note:** Varieties exist.

Date	Mintage	VG	F	VF	XF	Unc
1714	—	12.00	25.00	55.00	110	—
1716/4	10,000	12.00	25.00	55.00	110	—

Note: Coins dated 1716/4 struck intermittantly until 1734

Date	Mintage	VG	F	VF	XF	Unc
1738	9,000	12.00	25.00	55.00	110	—

KM# 312 2 KREUZER
Silver **Obv:** Titles of Karl VI

Date	Mintage	VG	F	VF	XF	Unc
ND(1744) B	3,984	35.00	75.00	150	300	—

KM# 350 2 KREUZER
Silver **Obv:** Titles of Franz I

Date	Mintage	VG	F	VF	XF	Unc
ND(1748) B	6,600	10.00	25.00	50.00	100	—

KM# 365 2 KREUZER
Silver

Date	Mintage	VG	F	VF	XF	Unc
1754	56,000	5.00	9.00	18.00	37.00	—

KM# 366 2 KREUZER
Silver **Obv:** City arms **Rev:** B below keys

Date	Mintage	VG	F	VF	XF	Unc
1754 B	56,000	5.00	9.00	18.00	37.00	—

KM# 410 2 KREUZER

KM# 367 10 KREUZER (1/6 Guldenthaler)
Silver **Obv:** Date divided by arms atop pedestal with value **Rev:** Crowned imperial double-headed eagle within branches **Rev. Legend:** FRANCISCVS I • D • G • - ROM • IMP • SEMP • AVG •

Date	Mintage	VG	F	VF	XF	Unc
1754 B	—	8.00	18.00	37.00	75.00	150

KM# 431 10 KREUZER (1/6 Guldenthaler)
Silver

Date	Mintage	VG	F	VF	XF	Unc
1776 B	—	7.50	15.00	30.00	65.00	135

KM# 439 10 KREUZER (1/6 Guldenthaler)
Silver **Obv:** City arms within branches atop pedestal with value **Rev:** Crowned imperial double-headed eagle

Date	Mintage	VG	F	VF	XF	Unc
1781 B	3,600	7.50	15.00	30.00	65.00	135

KM# 440 10 KREUZER (1/6 Guldenthaler)
Silver **Obv:** Eagle holds sword in orb

Date	Mintage	VG	F	VF	XF	Unc
1781 B	Inc. above	7.50	15.00	30.00	65.00	135

KM# 441 10 KREUZER (1/6 Guldenthaler)
Silver **Obv:** Crowned imperial double-headed eagle **Rev:** Date moved to above pedestal

Date	Mintage	VG	F	VF	XF	Unc
1781 B	Inc. above	7.50	15.00	30.00	65.00	135

KM# 442 10 KREUZER (1/6 Guldenthaler)
Silver **Obv:** Without sword or orb held by eagle

Date	Mintage	VG	F	VF	XF	Unc
1781 B	Inc. above	7.50	15.00	30.00	65.00	135

KM# 314 15 KREUZER (1/8 Thaler)
Silver **Obv:** Bust of Karl VII right, titles **Rev:** Regensburg arms in oval baroque frame, value: XV at bottom

Date	Mintage	VG	F	VF	XF	Unc
ND(1744) ICB/OEXL	208	125	250	500	1,000	—

KM# 315 15 KREUZER (1/8 Thaler)
Silver **Obv:** City arms, Roman numeral value below **Rev:** Bust of Franz I and titles **Rev. Legend:** FRAANCISC. - D • G • R • I • S • A •

Date	Mintage	VG	F	VF	XF	Unc
ND ICB/I.L.OE	—	125	250	500	1,000	—

KM# 316 15 KREUZER (1/8 Thaler)
Silver **Rev:** City view, small Regensburg arms in cartouche below

Date	Mintage	VG	F	VF	XF	Unc
ND ICB/I.L/OE	—	125	250	500	1,000	—

KM# 368 20 KREUZER
Silver **Obv:** Crowned imperial double-headed eagle **Obv. Legend:** FRANCISCVS • I • D • G • - ROM • IMP • SEMP • AVG • **Rev:** Arms atop pedestal with value, date divided

Date	Mintage	F	VF	XF	Unc	BU
1754 B	—	15.00	37.00	75.00	150	—

KM# 417 20 KREUZER
Silver

Date	Mintage	F	VF	XF	Unc	BU
1774 B	—	15.00	30.00	60.00	125	—

KM# 418 20 KREUZER
Silver **Obv:** Without branches around eagle

Date	Mintage	F	VF	XF	Unc	BU
1774 GCB	—	15.00	30.00	60.00	125	—

KM# 419 20 KREUZER
Silver **Obv:** Date at bottom

Date	Mintage	F	VF	XF	Unc	BU
1774 B	—	15.00	30.00	60.00	125	—

KM# 420 20 KREUZER
Silver **Obv:** Crowned imperial double-headed eagle **Obv. Legend:** IOSEPHVS II. D. G. ROM. IMP. SEMP. AVG. **Rev:** City arms above framed value, branches at left and right **Note:** Convention 20 Kreuzer. Varieties exist.

Date	Mintage	F	VF	XF	Unc	BU
1774 B	—	15.00	30.00	60.00	125	—
1775 B	4,273	18.00	37.00	75.00	150	—

KM# 230 1/4 THALER
Silver **Obv:** Round Regensburg arms in baroque frame, date divided at top **Rev:** Value: 1/4 on orb on breast, crowned imperial eagle, titles of Josef I

Date	Mintage	VG	F	VF	XF	Unc
1706 (e)	—	—	175	375	750	1,500	—

KM# 231 1/4 THALER
Silver **Rev:** Oval arms, date undivided at top

Date	Mintage	VG	F	VF	XF	Unc
1706 (e)	—	225	450	925	1,850	—

KM# 275 1/4 THALER
Silver **Obv:** Bust right, titles of Karl VI **Rev:** Value: 1/4 above crossed keys which divide date **Note:** Varieties exist.

Date	Mintage	VG	F	VF	XF	Unc
1737 (e)	134	225	450	925	1,850	—
ND (e)	—	225	450	925	1,850	—

KM# 276 1/4 THALER
Silver **Obv:** Oval Regensburg arms in baroque frame **Rev:** Bust right, titles of Karl VII **Rev. Legend:** CAROL • VII • D • G • --R • I • S • A •

Date	Mintage	VG	F	VF	XF	Unc
ND ICB/OE	—	—	350	700	1,300	2,500	—

KM# 277 1/4 THALER
Silver **Obv:** Bust right, titles of Franz I

Date	Mintage	VG	F	VF	XF	Unc
ND ICB/ILOE	—	150	300	550	1,000	—

KM# 278 1/4 THALER
Silver **Obv:** City view **Rev:** Armored, draped laureate bust right **Rev. Legend:** FRANCISC. - D. G. R. I. S. A. **Note:** 3 Ducat struck from same dies.

Date	Mintage	VG	F	VF	XF	Unc
ND B/ILOE	—	150	300	550	1,000	—

KM# 369 1/4 THALER
Silver **Obv:** City view **Rev:** Armored bust right **Rev. Legend:** FRANCISC: - D: G: R: I: S: A:

Date	Mintage	F	VF	XF	Unc	BU
1754 ICB/ILOE	632	100	165	335	675	—

KM# 453 1/4 THALER

Silver **Subject:** Archery Contest **Rev:** Inscription **Note:** Convention 1/4 Thaler.

Date	Mintage	VG	F	VF	XF	Unc
1788	—	30.00	60.00	110	225	—

KM# 232 1/2 THALER
Silver **Obv:** Regensburg arms in baroque frame divide date, angel's head and wings above **Rev:** Titles of Josef I **Rev. Legend:** IOSEPHVS • D • G • - ROM • IMP • SEMP • AVG •

Date	Mintage	VG	F	VF	XF	Unc
1706 (e)	430	275	550	1,125	2,250	—

KM# 233 1/2 THALER
Silver **Obv:** Oval Regensburg arms in baroque frame **Rev:** Crowned imperial eagle holding sword and scepter in claws, titles of Karl VI **Rev. Legend:** CAROLVS • VI • D • G • - ROM • IMP • SEMP • AVG •

Date	Mintage	VG	F	VF	XF	Unc
ND (e)	—	300	625	1,250	2,500	—

KM# 263 1/2 THALER
Silver **Obv:** Regensburg arms in ribbon-like baroque frame, date in small frame below **Rev:** Bust right, titles of Karl VI **Rev. Legend:** CAROL • VII - D • G • ROM • IMP • S • A •

Date	Mintage	VG	F	VF	XF	Unc
1716 (e)	100	300	650	1,300	2,600	—
1737 (e)	60	300	650	1,300	2,600	—

KM# 264 1/2 THALER
Silver **Obv:** Bust right and titles of Karl VII **Obv. Legend:** CAROL

GERMAN STATES — REGENSBURG

• VII - D • G • ROM • IMP • S • A • **Rev:** Oval Regensburg arms in baroque frame

Date	Mintage	VG	F	VF	XF	Unc
ND ICB/C.D. OEXL	—	300	625	1,250	2,500	—

KM# 265 1/2 THALER
Silver **Obv:** City view, small Regensburg arms below **Rev:** Armored laureate bust right **Rev. Legend:** CAROL • VII - D • G • ROM • IMP •S • A •

Date	Mintage	VG	F	VF	XF	Unc
ND B/I.L.OE/C.D. OEXL	—	300	650	1,300	2,600	—

KM# 266 1/2 THALER
Silver **Obv:** Bust right, titles of Franz I

Date	Mintage	VG	F	VF	XF	Unc
ND B/ILOE	—	90.00	250	500	1,000	—

KM# 421 1/2 THALER
Silver **Obv:** City arms **Obv. Legend:** NON DORMIT CUSTOS **Rev:** Laureate armored bust right **Rev. Legend:** IOSEPHVS II - D • G • ROM • IMP • S • A •

Date	Mintage	F	VF	XF	Unc	BU
1774 GCB	—	35.00	75.00	150	300	—

KM# 444 1/2 THALER
Silver **Obv:** City view **Rev:** Armored laureate bust right **Rev. Legend:** IOSEPHVS II • - D • G • ROM • IMP • S • A •

Date	Mintage	F	VF	XF	Unc	BU
1782 GCB	—	45.00	90.00	185	375	—

KM# 267 1/2 THALER
Silver **Obv:** City view **Rev:** Armored laureate bust right **Note:** Varieties exist.

Date	Mintage	VG	F	VF	XF	Unc
ND B/ILOE	—	75.00	150	300	600	—
ND B/ILOE/CDOEXL	—	75.00	150	300	600	—

KM# 422 1/2 THALER
Silver **Obv:** City arms, "Eye of God" above **Rev:** Armored laureate bust right **Rev. Legend:** IOSEPHVS II - D. G. ROM. IMP. S. A.

Date	Mintage	F	VF	XF	Unc	BU
1774 GCB	—	35.00	75.00	150	300	—

KM# 445 1/2 THALER
Silver **Obv:** City arms, "Eye of God" above **Rev:** Laureate armored bust right **Rev. Legend:** IOSEPHVS II • - D • G • ROM • IMP • S • A • **Note:** Mule.

Date	Mintage	F	VF	XF	Unc	BU
1782 GCB	—	60.00	110	225	450	—

KM# 370 1/2 THALER
Silver **Obv:** City view **Rev:** Laureate armored bust right **Rev. Legend:** FRANCISCUS D • G • - ROM • IMP • SEMP • AVG •

Date	Mintage	F	VF	XF	Unc	BU
1754 ICB	1,360	125	200	335	675	—

KM# 427 1/2 THALER
Silver **Obv:** City view **Rev:** Draped, laureate bust right **Rev. Legend:** IOSEPHVS II • - D • G • ROM • IMP • S • A •

Date	Mintage	F	VF	XF	Unc	BU
1775 GCB	—	45.00	90.00	185	375	—

KM# 446 1/2 THALER
Silver **Obv:** City arms, value and date below **Rev:** Crowned imperial double-headed eagle with orb on breast **Rev. Legend:** IOSEPHVS II • D • G • - ROM • IMP • SEMP • AVG •

Date	Mintage	F	VF	XF	Unc	BU
1784 KB	1,280	125	225	375	750	—

KM# 454 1/2 THALER
Silver **Subject:** Archery Contest **Obv:** 8-line legend **Rev:** Target and crossbows

Date	Mintage	F	VF	XF	Unc	BU
1788	—	50.00	110	225	450	—

KM# 383 1/2 THALER
Silver **Subject:** Peace of Hubertusburg **Obv:** 8-line inscription **Rev:** Globe on pedestal **Note:** Convertion 1/2 Thaler.

Date	Mintage	F	VF	XF	Unc	BU
1763	—	150	225	350	700	—

KM# 443 1/2 THALER
Silver **Obv:** City view **Rev:** Laureate bust right **Rev. Legend:** IOSEPHVS II. D. G. ROM. IMP. SEMP. AVGVST.

Date	Mintage	F	VF	XF	Unc	BU
1781 GCB	—	45.00	90.00	185	375	—

KM# 463 1/2 THALER
Silver **Obv:** City view **Rev:** Laureate head right **Rev. Legend:** LEOPOLDVS II • D • G • RUM • IMP • S • A •

Date	Mintage	F	VF	XF	Unc	BU
1791 GCB/K	1,446	50.00	100	200	425	—

REGENSBURG — GERMAN STATES

KM# 257 THALER
Silver **Obv:** City arms in elaborate frame **Obv. Legend:** * MONETA * REIPVBLICAE * RATISBONENSIS * **Rev:** Different bust **Rev. Legend:** CAROLVS VI • D • G • ROM • SEMP • AVG • **Note:** Dav. #2612.

Date	Mintage	F	VF	XF	Unc	BU
ND (e)	—	800	1,600	2,850	4,750	—
ND (e) CDO	—	800	1,600	2,850	4,750	—
ND (e) O	—	800	1,600	2,850	4,750	—

KM# 258 THALER
Silver **Obv:** City arms in elaborate frame **Obv. Legend:** MON • REIP •- RATISBON **Rev:** Different bust **Rev. Legend:** CAROLVS VI • D •- G • ROM • IMP • SEMP • AVG, C D O below **Note:** Dav. #2613.

Date	Mintage	VG	F	VF	XF	Unc
ND (e)	—	300	600	1,200	2,400	3,250

KM# 234 THALER
Silver **Obv:** Cupid above city arms in shield dividing date **Obv. Legend:** * MONETA • REIPVBLICAE • RATISBONENSIS * **Rev:** Titles of Josef **Rev. Legend:** IOSEPHVS • D • G • - ROM • IMP • SEMP • AVG • **Note:** Dav. #2608.

Date	Mintage	F	VF	XF	Unc	BU
1706 (e)	—	325	650	1,300	2,200	—

KM# 261 THALER
Silver **Obv:** Armored laureate bust right **Obv. Legend:** CAROL. VII. - D. G. ROM. IMP. SEMP. AVG., C. D. OEXL. below **Rev:** City arms in frame **Rev. Legend:** MONETA REIPUBL. - RATISBONENSIS **Note:** Dav. #2615.

Date	Mintage	F	VF	XF	Unc	BU
ND ICB/C.D. OE	—	950	1,650	2,750	4,250	—

KM# 262 THALER
Silver **Obv:** City arms in elaborate frame **Obv. Legend:** MONETA * REIPVBLICAE * RATISBONENSIS * **Rev:** Crowned imperial eagle with arms on breast, titles of Josef **Rev. Legend:** * IOSEPHVS • D • G • - ROM • IMP • SEMP • AVG •

Date	Mintage	VG	F	VF	XF	Unc
ND (e)	—	950	1,400	1,900	2,450	—

KM# 279 THALER
Silver **Subject:** City Hall **Obv:** Bust of Karl VI right **Rev:** City hall, date in chronogram above, CVRIA RATISB below

Date	Mintage	VG	F	VF	XF	Unc
1737 O-F/CDO	462	825	1,500	2,300	3,450	—

KM# 280 THALER
Silver **Obv:** Bust of Franz I right

Date	Mintage	VG	F	VF	XF	Unc
1737 O-F/I.L. OEXLEIN. F.	—	1,700	2,300	3,000	3,900	—

Note: Mule of previous coin with die of Franz I, not struck before 1745

KM# 256 THALER
Silver **Obv:** City arms in frame, date below **Obv. Legend:** MONETA REIPVBLICAE - RATISBONENSIS **Rev:** Bust right **Rev. Legend:** CAROL: VI D • G • - R • I • S • A • G • H • H • & B • R • **Note:** Dav. #2609.

Date	Mintage	F	VF	XF	Unc	BU
1714 (e) CD OXLEIN	—	325	650	1,300	2,200	—
1716 (e)	209	700	1,500	3,000	5,000	—
1737 (e)	82	850	1,750	3,500	6,000	—

KM# 259 THALER
Silver **Obv:** Larger bust right, C. D. OEXL below **Obv. Legend:** CAROL • VII • - D • G • ROM • IMP • SEMP • AVG **Rev:** City arms **Rev. Legend:** MON. REIP. - RATISBON **Note:** Dav. #2614.

Date	Mintage	VG	F	VF	XF	Unc
ND (e)	399	300	600	1,250	2,500	3,750

KM# 260 THALER
Silver **Obv:** Armored laureate bust right **Obv. Legend:** CAROL • VII • - D • G • ROM • IMP • SEMP • AVG **Rev:** Crowned eagle to left above city view, arms below **Rev. Legend:** TALI SUB - CUSTODIA **Note:** Dav. #A2615.

Date	Mintage	F	VF	XF	Unc	BU
ND ICB/C.D. OEXL Rare	280	—	—	6,500	8,500	—

GERMAN STATES — REGENSBURG

KM# 317 THALER
Silver **Obv:** Laureate bust of Franz I right **Rev:** Interior view of city council chamber, small oval Regensburg arms below divides RATIS - PONAE/D. 29 - NOV. /17.45 **Note:** Ratssalthaler Thaler. Varieties exist.

Date	Mintage	VG	F	VF	XF	Unc
1745 C. D. OEXL	133	1,050	2,000	3,250	5,000	—
1745 C. D. OEXL/I.L. OEXLEIN. F.	—	1,050	2,000	3,250	5,000	—
174x C. D. OEXL/CDO	Inc. above	1,050	2,000	3,250	5,000	—

KM# 318 THALER
Silver **Obv:** City view **Obv. Legend:** TALI SUB - CUSTODIA **Rev:** Bust of Franz I right, I.L. OEXLEIN. F below **Rev. Legend:** FRANCISCUS D • G • - ROM • IMP • SEMP • AVG • **Note:** Dav. #2617.

Date	Mintage	VG	F	VF	XF	Unc
ND CDOE/C. D/ OEXL	—	150	300	700	1,350	—

KM# 319 THALER
Silver **Obv:** Small eagle above different city view **Obv. Legend:** MONETA REIP • RATISPON • **Obv. Inscription:** X • ST • EINE F • C • M • / date / I • C • B • **Rev:** Bust right, C.D. OEXL. below **Rev. Legend:** FRANCISCUS I • D • G • ROM IMP • SEMP • AUG • **Note:** Dav. #A2618.

Date	Mintage	F	VF	XF	Unc	BU
ND CDOE/C.D. OEXL	—	180	350	725	1,450	—

KM# 371 THALER
Silver **Obv:** City view **Obv. Legend:** MONETA REIP • RATISPON, X•ST•EINE F•C•M•/date/I•C•B• **Rev:** Laureate bust with different wig right, I.L. OEXLEIN F below **Rev. Legend:** FRANCISCUS D: G: ROM: IMP: SEMP: AVG. **Note:** Dav. #2618B.

Date	Mintage	F	VF	XF	Unc	BU
1754 ICB	—	75.00	150	325	650	—

KM# 372 THALER
Silver **Obv:** Armored laureate bust right **Obv. Legend:** FRANCISCUS D: G: ROM: IMP: SEMP: AVG • **Rev:** City view **Rev. Legend:** MONETA REIP • RATISPON, X•ST•EINE F•C•M•/date/I•C•B• **Note:** Dav. #2618.

Date	Mintage	F	VF	XF	Unc	BU
1756 ICB	—	75.00	150	325	650	—

KM# 373 THALER
Silver **Rev:** Similar to KM#374 **Note:** Dav. #2618A.

Date	Mintage	F	VF	XF	Unc	BU
1756 ICB	—	75.00	150	325	650	—

KM# 374 THALER
Silver **Obv:** City arms **Obv. Legend:** MONETA REIP • RATISPON, I • C • - B • ; in exergue: X • ST • EINE • F • C • M • / 1759 / C • D • OEXL • **Rev:** Armored laureate bust right **Rev. Legend:** FRANCISCUS D: G: ROM: IMP: SEMP: AVG• **Note:** Dav. #2619.

Date	Mintage	F	VF	XF	Unc	BU
1759 ICB	—	100	200	375	950	1,400

KM# 380 THALER
Silver **Obv:** City view **Obv. Legend:** MONETA REIP • RATISPON•, X•ST•EINE F•G•M•/date/I•C•B• **Rev:** Armored bust right **Rev. Legend:** FRANCISCUS D: G: ROM: IMP: SEMP: AVG • **Note:** Dav. #2618C.

Date	Mintage	F	VF	XF	Unc	BU
1762 ICB	—	75.00	150	325	650	—

KM# 384 THALER
Silver **Subject:** Peace of Hubertusburg **Obv:** Inscription **Obv. Inscription:** VOTIS / PRO PACE / ET / SALVTE IMPERII / SOLVTIS / SAGITTARII / RATISBON. / F. C. **Rev:** Angel right of column **Rev. Legend:** FELICITAS - TEMPORVM, MDCCLXIII below and I.N.K. - I.C.B. at sides **Note:** Convention Thaler. Dav. #2620.

Date	Mintage	F	VF	XF	Unc	BU
1763	—	350	750	1,250	2,200	3,000

KM# 407 THALER
Silver **Obv:** Different portrait

Date	Mintage	F	VF	XF	Unc	BU
1766 BF	—	350	700	1,300	2,500	4,000

KM# 405 THALER
Silver **Obv:** Eagle over city arms **Obv. Legend:** MON. REIP. - RATISPON. **Rev:** Armored laureate bust right **Rev. Legend:** IOSEPHVS II. D. G. - ROM. IMP. SEMP. AVG., OEXLEIN. below **Note:** Dav. #2621.

Date	Mintage	F	VF	XF	Unc	BU
1766	—	300	600	1,250	2,250	3,750

KM# 406 THALER
Silver **Obv:** City view **Obv. Legend:** MONETA REIP•RATISPON, in exergue; X•ST•EINE F•C•M•/1766 **Rev:** Armored laureate bust right **Rev. Legend:** IOSEPHVS II. DD.G. - ROM. IMP. SEMP. AVG, OEXLEIN below **Note:** Dav. #2622.

Date	Mintage	F	VF	XF	Unc	BU
1766	—	150	350	850	1,600	—

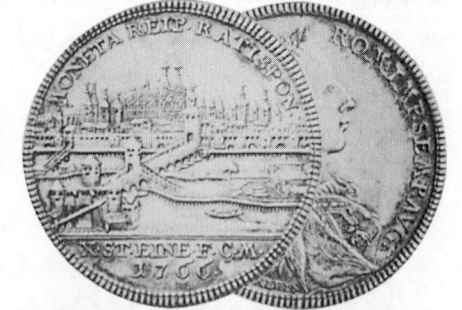

REGENSBURG — GERMAN STATES

NOS IN PACE, in exergue; MON•REIP• RATISP•/X•EINE F•MARK/date **Rev:** KORNLEIN on should truncation **Rev. Legend:** IOSBHVS II • D • G • ROM • IMP • SEMP • AVG

Date	Mintage	F	VF	XF	Unc	BU
1774 GCB	—	100	225	400	1,000	1,200

KM# 416 THALER
Silver **Obv:** Keys on finely lined background **Obv. Legend:** DOMINE CONSERVA NOS IN PACE **Obv. Inscription:** In exergue; MON. REIP. RATISP. / X. EINE F. MARK / 1773 **Rev:** Armored laureate bust right **Rev. Legend:** IOSEPHVS II D. G. - ROM. IMP. SEMP. AVG, KÖRNLEIN below **Note:** Dav. #2623.

Date	Mintage	F	VF	XF	Unc	BU
1773 GCB	—	140	300	600	1,275	—

KM# 429 THALER
Silver **Obv:** Arms in wreath **Obv. Legend:** DOMINE CONSERVA NOS IN PACE **Obv. Inscription:** MON • REIP • RATISP • / X • EINE F • MARK / **Rev:** Armored laureate bust right **Rev. Legend:** IOSEPHVS II D • G • ROM • IMP • SEMP • AVG •, KÖRNLEIN below **Note:** Dav. #2625.

Date	Mintage	F	VF	XF	Unc	BU
1775 GCB	—	100	225	400	1,000	1,200

KM# 455 THALER
Silver **Subject:** Archery Contest **Obv:** Inscription **Obv. Inscription:** SOLEMNIVM / A. MDLXXXVI. / PER ACTORVM / MEMORIAM / PATRIVM / PATRIAE / INDVLGENTIA / CELEBRANT / SAGITTARII RATISF • A • MDCCLXXXVIII • **Rev:** Flags left and right of column, urn on top **Rev. Legend:** REDEVNT ANTIQVI GAVDIA MORIS **Note:** Dav. #2629.

Date	Mintage	F	VF	XF	Unc	BU
1788	—	—	—	1,250	1,750	2,000

KM# 423 THALER
Silver **Obv. Legend:** DOMINE CONSERVA NOS IN PACE, in exergue: MON. REIP. RATISP./X. EINE F. MARK/1774 **Rev:** Keys on plain background **Rev. Legend:** IOSEPHVS II D. G. - ROM. IMP. SEMP. AVG, KÖRNLEIN below **Note:** Dav. #2624.

Date	Mintage	F	VF	XF	Unc	BU
1774 GCB	—	125	250	500	1,150	—

KM# 424 THALER
Silver **Obv:** Portrait similar to KM#405 **Note:** Dav. #2624A.

Date	Mintage	F	VF	XF	Unc	BU
1774 GCB	—	125	250	500	1,150	—

KM# 428 THALER
Silver **Obv:** Armored laureate bust right **Obv. Legend:** IOSEPHVS II D • G • ROM • IMP • SEMP • AVG • **Rev:** City view **Rev. Legend:** MONETA REIP • RATISPON, X• ST• EINE F•C•M•/1780 **Note:** Dav. #2626.

Date	Mintage	F	VF	XF	Unc	BU
1775	—	100	225	400	1,000	1,200

KM# 465 THALER
Silver **Obv:** Laureate head right **Obv. Legend:** LEOPOLDVS II. D. G. ROM. IMP. SEMP. AVG. **Rev:** City view **Rev. Legend:** MONETA REIP. RATISPON., in exergue; X•ST•EINE F•C•M•/1791 **Note:** Dav. #2630.

Date	Mintage	F	VF	XF	Unc	BU
1791	—	200	400	750	1,350	—

KM# 436 THALER
Silver **Obv:** City view **Obv. Legend:** MONETA REIP • RATISPON, X • ST • EINE F•C•M/1766 **Rev:** Armored bust right **Rev. Legend:** IOSEPHVS II D • G • ROM • IMP • SEMP • AVG • **Note:** Dav. #2627.

Date	Mintage	F	VF	XF	Unc	BU
1780 BF	—	100	225	400	1,000	1,200

KM# 437 THALER
Silver **Obv:** Crowned imperial eagle **Rev:** City view with city arms of crossed keys in exerge **Note:** Dav. #2628.

Date	Mintage	F	VF	XF	Unc	BU
ND(1780-90) Rare	—	—	—	—	—	—

KM# 425 THALER
Silver **Obv:** City arms **Obv. Legend:** DOMINE CONSERVA

KM# 464 THALER
Silver **Obv:** Arms in wreath **Obv. Legend:** MONETA REIP. HATISBONEENSIS., X. EINE FEINE MARK/1791/G.C.B. **Rev:** Laureate head right **Rev. Legend:** LEOPOLDVS II. D. G. ROM. IMP. SEMP. AVG, KÖRNLEIN below **Note:** Dav. #2631.

Date	Mintage	F	VF	XF	Unc	BU
1791 GCB	—	125	250	500	1,100	1,500

GERMAN STATES — REGENSBURG

KM# 284 2 THALER
Silver **Obv:** Armored laureate bust right **Rev:** Crowned eagle to left above city view, arms below

Date	Mintage	VG	F	VF	XF	Unc
ND ICB-I.L. OE. /C. D. OEXL	—	5,700	8,200	10,000	17,000	—

KM# 286 2 THALER
Silver **Obv:** Armored bust right **Rev:** Small eagle above different city view

Date	Mintage	VG	F	VF	XF	Unc
ND C.D. OE/C.D. OEXL	—	3,850	6,600	8,600	14,000	—

KM# 466 THALER
Silver **Obv:** Sunrise over city view **Rev:** Laureate head right **Note:** Dav. #2632.

Date	Mintage	F	VF	XF	Unc	BU
1792	—	350	750	1,450	2,750	3,750

KM# 218 2 THALER
Silver **Obv:** Back of armored laureate bust right **Obv. Legend:** FRANCISCVS II • D • G • ROM • MP • SEMP • AVG • **Rev:** City arms in elaborate frame **Rev. Legend:** MON • REIP • RATISP:, below; X • EINE F • MARK •/1792 **Note:** Dav. #2611.

Date	Mintage	VG	F	VF	XF	Unc
ND (e)	—	1,500	2,500	4,000	6,500	—

KM# 285 2 THALER
Silver **Obv:** City view, arms above, RATISBONA in frame below **Rev:** Bust right, I.L. OEXLEIN below **Note:** Dav. #2616.

Date	Mintage	VG	F	VF	XF	Unc
ND	—	1,350	2,750	4,750	7,500	—

KM# 220 3 THALER
Silver **Obv:** Draped laureate bust right **Rev:** City arms in elaborate frame **Note:** Dav. #2610.

Date	Mintage	VG	F	VF	XF	Unc
ND Rare	—	—	—	—	—	—

KM# 287 4 THALER
Silver **Subject:** City Hall **Obv:** Bust of Karl VI right **Rev:** City hall, date in chronogram above, CVRIA RATISB below

Date	Mintage	VG	F	VF	XF	Unc
1737 O-F/CDO	—	7,800	9,400	11,500	14,500	—

KM# 288 4 THALER
Silver **Obv:** City view, arms above, RATISBONA in frame below **Rev:** Bust right, I.L. OEXLEIN below **Note:** Dav. #2616A.

Date	Mintage	VG	F	VF	XF	Unc
ND Rare	—	—	—	—	—	—

KM# 469 THALER
Silver **Obv:** Laureate head right **Obv. Legend:** FRANCISCVS II • D • G • ROM • IMP • SEMP • AVG •, KORNLEIN below **Rev:** City view **Rev. Legend:** MONETA REIP. RATISPON, X. ST. EINE F.C.M./1793/G.C.B. **Note:** Dav. #2633.

Date	Mintage	F	VF	XF	Unc
1793 GCB	—	125	275	575	1,150

KM# 216 2 THALER
Silver **Obv:** City arms in elaborate frame **Obv. Legend:** ' MONETA * REIPVBLICAE * RATISBONENSIS * **Rev:** Crowned imperial eagle with arms on breast, titles of Josef **Rev. Legend:** * IOSEPHVS • D • G • - ROM • IMP • SEMP • AVG • **Note:** Dav. #2607.

Date	Mintage	F	VF	XF	Unc	BU
ND	—	1,500	3,000	6,500	10,000	—

KM# 215 2 THALER
Silver

Date	Mintage	VG	F	VF	XF	Unc
ND IMF/HF	—	3,000	4,400	8,000	13,600	—

KM# 217 2 THALER
Silver **Obv:** Titles of Karl VI

Date	Mintage	VG	F	VF	XF	Unc
ND Rare	—	—	—	—	—	—

KM# 219 2 THALER
Silver **Obv:** Armored bust right **Rev:** City view

Date	Mintage	VG	F	VF	XF	Unc
ND (e)	—	2,500	4,000	7,500	11,000	—

KM# 281 2 THALER
Silver **Subject:** City Hall **Obv:** Bust of Karl VI right **Rev:** City hall, date in chronogram above, CVRIA RATISB below

Date	Mintage	VG	F	VF	XF	Unc
1737 O-F/CDO	—	4,800	7,500	9,600	15,000	—

KM# 282 2 THALER
Silver **Obv:** Armored draped bust right **Rev:** City view

Date	Mintage	VG	F	VF	XF	Unc
ND C.D. OEXL	—	5,700	8,200	10,000	17,000	—

KM# 283 2 THALER
Silver **Obv:** Armored laureate bust right **Rev:** City arms in elaborate frame

Date	Mintage	VG	F	VF	XF	Unc
ND ICB/C.D. OE.	—	5,700	8,200	10,000	17,000	—

TRADE COINAGE

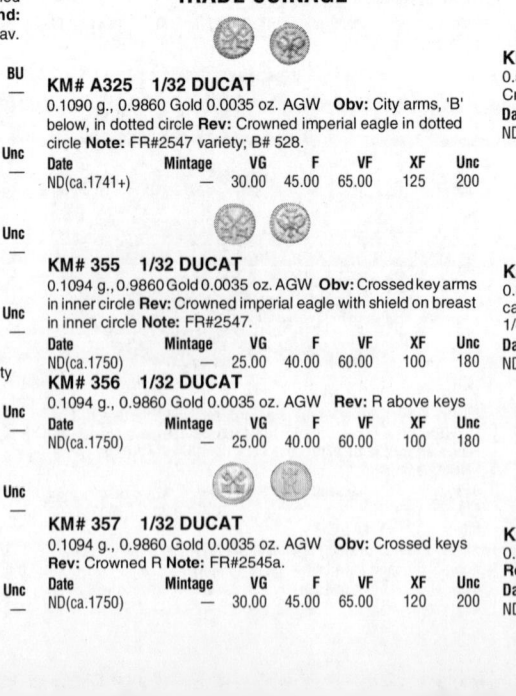

KM# A325 1/32 DUCAT
0.1090 g., 0.9860 Gold 0.0035 oz. AGW **Obv:** City arms, 'B' below, in dotted circle **Rev:** Crowned imperial eagle in dotted circle **Note:** FR#2547 variety; Bf# 528.

Date	Mintage	VG	F	VF	XF	Unc
ND(ca.1741+)	—	30.00	45.00	65.00	125	200

KM# 355 1/32 DUCAT
0.1094 g., 0.9860 Gold 0.0035 oz. AGW **Obv:** Crossed key arms in inner circle **Rev:** Crowned imperial eagle with shield on breast in inner circle **Note:** FR#2547.

Date	Mintage	VG	F	VF	XF	Unc
ND(ca.1750)	—	25.00	40.00	60.00	100	180

KM# 356 1/32 DUCAT
0.1094 g., 0.9860 Gold 0.0035 oz. AGW **Rev:** R above keys

Date	Mintage	VG	F	VF	XF	Unc
ND(ca.1750)	—	25.00	40.00	60.00	100	180

KM# 357 1/32 DUCAT
0.1094 g., 0.9860 Gold 0.0035 oz. AGW **Obv:** Crossed keys **Rev:** Crowned R **Note:** FR#2545a.

Date	Mintage	VG	F	VF	XF	Unc
ND(ca.1750)	—	30.00	45.00	65.00	120	200

KM# A395 1/32 DUCAT
0.1090 g., 0.9860 Gold 0.0035 oz. AGW **Obv:** City arms in circle **Rev:** Crowned imperial eagle **Note:** FR#2547 variety; Bf# 527.

Date	Mintage	VG	F	VF	XF	Unc
ND(ca.1773-)	—	30.00	45.00	65.00	120	200

KM# 358 1/16 DUCAT
0.2188 g., 0.9860 Gold 0.0069 oz. AGW **Obv:** Crossed keys in shallow quatrefoil, B below **Rev:** Crowned imperial eagle with orb on breast **Note:** FR#2546.

Date	Mintage	VG	F	VF	XF	Unc
ND(ca.1750)	—	45.00	75.00	150	250	400

KM# 359 1/16 DUCAT
0.2188 g., 0.9860 Gold 0.0069 oz. AGW **Obv:** Crowned imperial eagle in circle **Rev:** Crossed keys in circle, B below **Note:** Klippe.

Date	Mintage	VG	F	VF	XF	Unc
ND(ca.1750)	—	50.00	100	175	300	500

KM# 360 1/16 DUCAT
0.2188 g., 0.9860 Gold 0.0069 oz. AGW **Obv:** Crossed keys **Rev:** Crowned R in palm branches **Note:** FR#2545.

Date	Mintage	VG	F	VF	XF	Unc
ND(ca.1750)	—	40.00	60.00	95.00	225	350

KM# 320 1/10 DUCAT
0.3500 g., 0.9860 Gold 0.0111 oz. AGW **Obv:** Crossed keys in cartouche, R above, 1/10 below **Rev:** Crowned imperial eagle with orb on breast

Date	Mintage	VG	F	VF	XF	Unc
ND	—	85.00	125	325	550	800

KM# 321 1/8 DUCAT
0.4375 g., 0.9860 Gold 0.0139 oz. AGW **Obv:** Crossed keys with B below in cartouche **Rev:** Crowned imperial eagle with orb on breast

Date	Mintage	VG	F	VF	XF	Unc
ND	—	50.00	100	185	350	550

KM# 322 1/8 DUCAT
0.4375 g., 0.9860 Gold 0.0139 oz. AGW **Note:** Klippe.

Date	Mintage	VG	F	VF	XF	Unc
ND(1745-65)	—	100	150	350	500	—

KM# 323 1/8 DUCAT
0.4375 g., 0.9860 Gold 0.0139 oz. AGW **Obv:** Crossed keys with R above, 1/8 below in cartouche **Rev:** Crowned imperial eagle with orb on breast

Date	Mintage	VG	F	VF	XF	Unc
ND(1745-65)	—	75.00	150	275	450	—

KM# 208 1/6 DUCAT
0.5833 g., 0.9860 Gold 0.0185 oz. AGW **Obv:** City arms **Rev:** Crowned imperial double-headed eagle with orb on breast

Date	Mintage	VG	F	VF	XF	Unc
ND	—	250	500	950	1,650	2,250

KM# 270 1/4 DUCAT
0.8750 g., 0.9860 Gold 0.0277 oz. AGW **Obv:** Crossed keys in cartouche with sprigs within **Rev:** Crowned imperial eagle, value: 1/4 on orb on breast

Date	Mintage	VG	F	VF	XF	Unc
ND(ca.1720) (e)	—	200	400	750	1,250	—

KM# 324 1/4 DUCAT
0.8750 g., 0.9860 Gold 0.0277 oz. AGW **Obv:** B below keys **Rev:** Without value 1/4 in orb **Note:** FR#2506.

Date	Mintage	VG	F	VF	XF	Unc
ND(1745-65)	—	100	200	325	550	850

REGENSBURG — GERMAN STATES

KM# 325 1/4 DUCAT
0.8750 g., 0.9860 Gold 0.0277 oz. AGW **Note:** Klippe

Date	Mintage	VG	F	VF	XF	Unc
ND(1745-65)	—	65.00	125	200	400	650

KM# 302 1/2 DUCAT
1.7500 g., 0.9860 Gold 0.0555 oz. AGW **Obv:** Armored bust of Franz I right **Rev:** RATISBONA in exergue

Date	Mintage	VG	F	VF	XF	Unc
ND	—	150	300	700	1,500	2,500

KM# 289 DUCAT
3.5000 g., 0.9860 Gold 0.1109 oz. AGW **Obv:** Bust of Karl V right **Obv. Legend:** CAROL • VI • - D • G • ROM • IMP • S • A • **Rev:** City view

Date	Mintage	VG	F	VF	XF	Unc
1737	16	600	1,200	2,150	3,750	—
ND	—	600	1,200	2,150	3,750	—

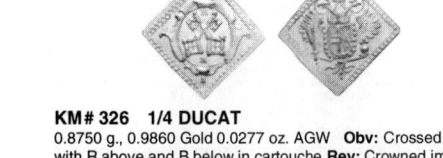

KM# 326 1/4 DUCAT
0.8750 g., 0.9860 Gold 0.0277 oz. AGW **Obv:** Crossed keys with R above and B below in cartouche **Rev:** Crowned imperial eagle with crowned arms on breast **Note:** Diamond klippe; FR#2542.

Date	Mintage	VG	F	VF	XF	Unc
ND(1745-65)	—	90.00	175	300	550	900

KM# 327 1/4 DUCAT
0.8750 g., 0.9860 Gold 0.0277 oz. AGW **Obv:** Crowned imperial eagle with orb on breast **Note:** Diamond klippe.

Date	Mintage	VG	F	VF	XF	Unc
ND(1745-65)	—	100	200	350	600	950

KM# 328 1/2 DUCAT
1.7500 g., 0.9860 Gold 0.0555 oz. AGW **Obv:** City arms **Rev:** Divided shield in Order chain on breast **Shape:** 4-sided **Note:** Diamond klippe; Varieties exist; FR#2540.

Date	Mintage	VG	F	VF	XF	Unc
ND(1745-65) RB	—	125	200	425	750	1,250

KM# 305 DUCAT
3.5000 g., 0.9860 Gold 0.1109 oz. AGW **Obv:** Bust of Franz I right **Obv. Legend:** FRANCISC • I • D • G • ROM • IMP • SEMP • AVG • **Rev:** City view **Note:** Varieties exist; FR#2538.

Date	Mintage	VG	F	VF	XF	Unc
ND	—	225	450	900	1,650	2,750

KM# 361 1/4 DUCAT
0.8750 g., 0.9860 Gold 0.0277 oz. AGW **Subject:** Franz I **Obv:** Armored bust right **Rev:** City of Regensburg, RATISBONA in exergue **Note:** FR#2539.

Date	Mintage	VG	F	VF	XF	Unc
ND(CA.1750)	—	100	200	325	550	850

KM# 386 1/2 DUCAT
1.7500 g., 0.9860 Gold 0.0555 oz. AGW **Obv:** Divided shield within Order chain on breast **Obv. Legend:** IOSEPHVS II • D • G • - ROM • IMP • S • AVG • **Rev:** City view **Note:** FR#2566.

Date	Mintage	F	VF	XF	Unc	BU
ND(1765-90)	—	300	625	1,200	2,000	—

KM# 306 DUCAT
3.5000 g., 0.9860 Gold 0.1109 oz. AGW **Obv:** Armored laureate bust right **Obv. Legend:** FRANCISC • - D • G • R • I • S • A • **Rev:** City view **Note:** FR#2538.

Date	Mintage	VG	F	VF	XF	Unc
ND	—	300	650	1,350	2,250	—

KM# 385 1/4 DUCAT
0.8750 g., 0.9860 Gold 0.0277 oz. AGW **Obv:** Crowned imperial double-headed eagle **Rev:** City view of Regensburg **Note:** FR#2567.

Date	Mintage	F	VF	XF	Unc	BU
ND(1765-90)	—	250	475	950	1,700	—

KM# 235 DUCAT
3.5000 g., 0.9860 Gold 0.1109 oz. AGW **Obv:** Crowned imperial eagle, titles of Josef **Obv. Legend:** IOSEPH • D • G • ROM • - IMP • SEMP • AVG • **Rev:** Arms **Note:** FR#2491.

Date	Mintage	VG	F	VF	XF	Unc
1706	—	826	1,000	2,000	3,750	6,500	—
ND	—	439	1,000	2,000	3,750	6,500

KM# 303 DUCAT
3.5000 g., 0.9860 Gold 0.1109 oz. AGW **Obv:** Bust of Karl VII right **Obv. Legend:** CAROL • VII • - D • G • ROM • IMP • S • A • **Rev:** City view

Date	Mintage	VG	F	VF	XF	Unc
ND(1742-45) B	714	600	1,200	2,250	3,750	—

KM# B395 1/4 DUCAT
0.8750 g., 0.9860 Gold 0.0277 oz. AGW **Obv:** City arms with 'R' above in ornate quarterfoil **Rev:** Crowned imperial eagle, blank orb on breast

Date	Mintage	VG	F	VF	XF	Unc
ND(ca.1773-)	—	200	400	850	1,500	2,500

KM# 272 1/2 DUCAT
1.7500 g., 0.9860 Gold 0.0555 oz. AGW **Obv:** Crossed keys, value: 1/2 above in cartouche **Rev:** Armored bust of Karl VI right **Note:** Varieties exist.

Date	Mintage	VG	F	VF	XF	Unc
ND	—	150	300	700	1,250	—

KM# 300 1/2 DUCAT
1.7500 g., 0.9860 Gold 0.0555 oz. AGW **Obv:** Arms **Rev:** Armored bust of Karl VII right

Date	Mintage	VG	F	VF	XF	Unc
ND(1742-45)	—	175	350	750	1,450	—

KM# 254 DUCAT
3.5000 g., 0.9860 Gold 0.1109 oz. AGW **Obv:** Bust of Karl VI right **Obv. Legend:** CAROLVS VI • D • G • - R • I • S • A.... **Rev:** Arms **Note:** FR#2500.

Date	Mintage	VG	F	VF	XF	Unc
1712	683	500	1,000	2,000	3,500	—
ND	—	500	1,000	2,000	3,500	—

KM# 304 DUCAT
3.5000 g., 0.9860 Gold 0.1109 oz. AGW **Obv:** City view **Rev:** Armored bust of Karl VII right

Date	Mintage	VG	F	VF	XF	Unc
ND(1742-45)	Inc. above	600	1,200	2,250	3,750	—

KM# 301 1/2 DUCAT
1.7500 g., 0.9860 Gold 0.0555 oz. AGW **Obv:** Armored bust right **Rev:** City of Regensburg, crossed keys in exergue

Date	Mintage	VG	F	VF	XF	Unc
ND	—	175	350	750	1,450	—

KM# 268 DUCAT
3.5000 g., 0.9860 Gold 0.1109 oz. AGW **Subject:** Bicentennial of the Reformation **Obv:** Lamb of God on column, REGENSBURG in exergue **Rev:** Inscription

Date	Mintage	VG	F	VF	XF	Unc
1717	—	300	600	1,200	2,000	—

KM# 307 DUCAT
3.5000 g., 0.9860 Gold 0.1109 oz. AGW **Subject:** 200th Anniversary of the Reformation in Regensburg **Obv:** Arms above four-line legend **Obv. Inscription:** RATISBONA / EVANGELICA / ALTERA VICE / IVBILANS / XV.OCT. **Rev:** Sun above plant, date in chronogram

Date	Mintage	VG	F	VF	XF	Unc
MDCCXVVVVII (1742)	—	190	375	750	1,250	—

GERMAN STATES — REGENSBURG

Date	Mintage	VG	F	VF	XF	Unc
1737 Rare	—	—	—	—	—	—

Note: UBS Regensburg Auction 60, 9-04, nearly FDC realized $18,285

KM# 308 2 DUCAT
7.0000 g., 0.9860 Gold 0.2219 oz. AGW **Obv:** City view, arms in exergue **Rev:** Laureate head of Karl VII right **Note:** Struck with 1 Ducat dies, KM#303.

Date	Mintage	VG	F	VF	XF	Unc
ND(1742-45)	—	—	—	6,600	11,500	—

KM# 309 2 DUCAT
7.0000 g., 0.9860 Gold 0.2219 oz. AGW **Obv:** Arms in cartouche **Rev:** Armored bust of Karl VII right

Date	Mintage	VG	F	VF	XF	Unc
ND(1742-45) ICB	—	1,800	3,500	7,000	13,000	—

KM# 387 DUCAT
3.5000 g., 0.9860 Gold 0.1109 oz. AGW **Obv:** City view **Rev:** Titles of Josef II **Note:** FR#2565.

Date	Mintage	F	VF	XF	Unc	BU
ND(1765-90)	—	1,000	2,000	3,250	5,000	—

KM# 388 DUCAT
3.5000 g., 0.9860 Gold 0.1109 oz. AGW **Obv:** Bust of Josef II **Obv. Legend:** IOSEPH • II • - D • G • R • I • S • A • **Rev:** City view **Note:** FR#2564.

Date	Mintage	F	VF	XF	Unc	BU
ND(1765-90)	—	400	800	1,350	2,250	—

KM# 389 DUCAT
3.5000 g., 0.9860 Gold 0.1109 oz. AGW **Obv:** Crowned imperial eagle **Rev:** Crowned imperial eagle

Date	Mintage	F	VF	XF	Unc	BU
ND(1765-90)	—	350	700	1,200	2,000	—

KM# 460 DUCAT
3.5000 g., 0.9860 Gold 0.1109 oz. AGW **Obv:** Head of Leopold II right **Rev:** Crowned imperial eagle

Date	Mintage	VG	F	VF	XF	Unc
ND(1790-92)	—	—	—	—	—	—

KM# 467 DUCAT
3.5000 g., 0.9860 Gold 0.1109 oz. AGW **Obv:** City view **Rev:** Crowned imperial eagle, titles of Franz II **Rev. Legend:** FRANCISCVS II D. G. ROM. IMP. SEMP. AVG. **Note:** FR#2571.

Date	Mintage	VG	F	VF	XF	Unc
ND(1792-1803)	—	300	600	1,100	1,800	3,000
GCB						

KM# A235 2 DUCAT
7.0000 g., 0.9860 Gold 0.2219 oz. AGW **Obv:** Oval city arms in baroque frame **Obv. Legend:** MONETA. REIPVBLICÆ. RATISBONENSIS. **Rev:** Crowned imperial eagle, heart-shaped arms of Austria-Burgundy on breast **Rev. Legend:** IOSEPHVS. D.G. — ROM. IMP. SEMP. AVG. **Note:** Bd 304.

Date	Mintage	VG	F	VF	XF	Unc
ND(ca.1705+)	—	—	4,500	7,500	12,000	—

KM# 240 2 DUCAT
7.0000 g., 0.9860 Gold 0.2219 oz. AGW **Rev:** Laureate bust of Karl VI right

Date	Mintage	VG	F	VF	XF	Unc
ND(1722-40)	—	1,350	2,650	5,300	9,800	—

KM# A289 2 DUCAT
7.0000 g., 0.9860 Gold 0.2219 oz. AGW **Obv:** City view, arms in small cartouche between floral sprigs at bottom **Obv. Legend:** MON. REIP. — RATISBON. **Rev:** Armored bust to right **Rev. Legend:** CAROL. VI — D.G. ROM. IMP. S.A. **Note:** Struck from Ducat dies, KM# 289.

Rev: Bust of Karl VI right **Rev. Legend:** CAROL VI • - D • G • R • I • S • A • G • H • H • B • R • **Note:** FR#2498.

Date	Mintage	VG	F	VF	XF	Unc
ND(1711-40) Rare	—	—	—	—	—	—

KM# 242 3 DUCAT
10.5000 g., 0.9860 Gold 0.3328 oz. AGW **Obv:** Arms **Rev:** Bust of Karl VI

Date	Mintage	VG	F	VF	XF	Unc
ND(1711-40) Rare	—	—	—	—	—	—

KM# 331 3 DUCAT
10.5000 g., 0.9860 Gold 0.3328 oz. AGW **Obv:** City view **Rev:** Bust of Franz I

Date	Mintage	VG	F	VF	XF	Unc
ND(1745-65) Rare	—	—	—	—	—	—

KM# 332 3 DUCAT
10.5000 g., 0.9860 Gold 0.3328 oz. AGW **Note:** Struck with 1 Ducat dies.

Date	Mintage	VG	F	VF	XF	Unc
ND(1745-65)	—	1,000	2,000	4,000	7,500	—

KM# 333 3 DUCAT
10.5000 g., 0.9860 Gold 0.3328 oz. AGW **Obv:** Different city view

Date	Mintage	VG	F	VF	XF	Unc
ND(1745-65)	—	800	1,750	3,500	6,500	—

KM# 329 2 DUCAT
7.0000 g., 0.9860 Gold 0.2219 oz. AGW **Obv:** City view, RATISBONA in exergue **Rev:** Bust of Franz I right **Rev. Legend:** FRANCISCUS • I • D • G • ROM • IMP • SEMP • AVG •

Date	Mintage	VG	F	VF	XF	Unc
ND(1745-65)	—	400	800	1,650	3,000	5,000

KM# 334 3 DUCAT
10.5000 g., 0.9860 Gold 0.3328 oz. AGW **Obv:** City view **Rev:** Bust of Franz I right **Rev. Legend:** FRANCISCUS I • D • G • ROM • IMP • SEMP • AVG •

Date	Mintage	VG	F	VF	XF	Unc
ND(1745-65)	—	800	1,750	3,500	6,000	10,000

Note: UBS Regensburg Auction 60, 9-04, FDC-nearly FDC realized $10,510

KM# 330 2 DUCAT
7.0000 g., 0.9860 Gold 0.2219 oz. AGW **Obv:** Bust of Franz I right **Obv. Legend:** FRANCISC • I • D • G • ROM • IMP • SEMP • AVG • **Rev:** City view **Note:** Struck with 1 Ducat dies, KM#305.

Date	Mintage	VG	F	VF	XF	Unc
ND(1745-65)	—	—	—	2,500	4,150	6,300

KM# 390 2 DUCAT
7.0000 g., 0.9860 Gold 0.2219 oz. AGW **Obv:** City view **Rev:** Titles of Josef II **Note:** Struck with 1 Ducat dies, KM#389.

Date	Mintage	VG	F	VF	XF	Unc
ND	—	500	1,000	2,000	3,500	5,500

KM# 391 2 DUCAT
7.0000 g., 0.9860 Gold 0.2219 oz. AGW **Obv:** Crowned imperial eagle, titles of Josef **Obv. Legend:** IOSEPHVS II • D • G • ROM • IMP • SEMP • AVG • **Rev:** City view

Date	Mintage	F	VF	XF	Unc	BU
ND(1765-90)	—	1,000	2,000	3,600	6,000	—

KM# 221 3 DUCAT
10.5000 g., 0.9860 Gold 0.3328 oz. AGW **Obv:** Arms in cartouche **Rev:** Crowned imperial eagle with crowned heart-shaped arms on breast, titles of Josef I

Date	Mintage	VG	F	VF	XF	Unc
ND(1705-11)	—	3,900	6,000	8,400	14,500	—

KM# 222 3 DUCAT
10.5000 g., 0.9860 Gold 0.3328 oz. AGW **Note:** Struck with 1 Ducat dies.

Date	Mintage	VG	F	VF	XF	Unc
ND(1705-11) Rare	—	—	—	—	—	—

KM# A392 3 DUCAT
10.5000 g., 0.9860 Gold 0.3328 oz. AGW **Obv:** City view **Rev:** Arms in Order chain on breast **Rev. Legend:** IOSEPHVS II • D • G • - ROM • IMP • SEMP • AVG • **Note:** Similar to 2 Ducat, KM#391.

Date	Mintage	F	VF	XF	Unc	BU
ND(1765-90)	—	1,350	2,750	5,000	8,000	9,500

KM# 438 3 DUCAT
10.5000 g., 0.9860 Gold 0.3328 oz. AGW **Obv:** Bust of Josef II right **Rev:** Crowned imperial eagle

Date	Mintage	F	VF	XF	Unc	BU
ND(1780-90)	—	1,000	2,000	3,500	6,500	—

KM# 223 4 DUCAT
14.0000 g., 0.9890 Gold 0.4451 oz. AGW **Obv:** City view **Rev:** Crowned imperial eagle, titles of Karl VI

Date	Mintage	VG	F	VF	XF	Unc
ND(1705-11) Rare	—	—	—	—	—	—

KM# 241 3 DUCAT
10.5000 g., 0.9860 Gold 0.3328 oz. AGW **Obv:** Ornate arms

KM# 243 4 DUCAT
14.0000 g., 0.9890 Gold 0.4451 oz. AGW **Obv:** Crowned imperial eagle, titles of Karl VI **Rev:** Arms **Note:** FR#2495.

Date	Mintage	VG	F	VF	XF	Unc
ND(1711-40) Rare	—	—	—	—	—	—

Note: UBS Regensburg Auction 60, 9-04, nearly FDC-FDC realized $14,625

KM# 244 4 DUCAT
14.0000 g., 0.9890 Gold 0.4451 oz. AGW **Obv:** Arms **Rev:** Bust of Karl VI

Date	Mintage	VG	F	VF	XF	Unc
ND(1711-40) Rare	—	—	—	—	—	—

KM# 295 4 DUCAT
14.0000 g., 0.9890 Gold 0.4451 oz. AGW **Obv:** City view **Rev:** Bust of Karl VII

Date	Mintage	VG	F	VF	XF	Unc
ND(1740-45) Rare	—	—	—	—	—	—

KM# 335 4 DUCAT
14.0000 g., 0.9890 Gold 0.4451 oz. AGW **Obv:** City view **Rev:** Laureate and armored bust of Franz I right

Date	Mintage	VG	F	VF	XF	Unc
ND(1745-65)	—	1,900	3,750	6,800	12,000	—

KM# 336 4 DUCAT
14.0000 g., 0.9890 Gold 0.4451 oz. AGW **Obv:** Different city view

Date	Mintage	VG	F	VF	XF	Unc
ND(1745-65)	—	1,900	3,750	6,800	12,000	—

KM# 338 5 DUCAT
17.5000 g., 0.9860 Gold 0.5547 oz. AGW **Obv:** Different city view

Date	Mintage	VG	F	VF	XF	Unc
ND(1745-65)	—	2,100	3,900	6,900	11,500	—

KM# 392 5 DUCAT
17.5000 g., 0.9860 Gold 0.5547 oz. AGW **Obv:** Crowned eagle in clouds above city **Rev:** Crowned imperial eagle, titles of Josef II

Date	Mintage	VG	F	VF	XF	Unc
ND(1765-90) ICB	—	1,500	3,000	5,500	9,500	—

KM# 393 5 DUCAT
17.5000 g., 0.9860 Gold 0.5547 oz. AGW **Obv:** Name of God above city

Date	Mintage	VG	F	VF	XF	Unc
ND(1765-90)	—	1,200	2,500	5,000	9,000	—

KM# 225 6 DUCAT
21.0000 g., 0.9860 Gold 0.6657 oz. AGW

Date	Mintage	VG	F	VF	XF	Unc
ND(1705-11) Rare	—	—	—	—	—	—

KM# 246 6 DUCAT
21.0000 g., 0.9860 Gold 0.6657 oz. AGW **Obv:** City view **Rev:** Bust of Karl VI

Date	Mintage	VG	F	VF	XF	Unc
ND(1711-40) Rare	—	—	—	—	—	—

KM# 224 5 DUCAT
17.5000 g., 0.9860 Gold 0.5547 oz. AGW **Obv:** City arms **Rev:** Imperial eagle, titles of Josef I **Rev. Legend:** IOSEPHVS • D • G • - ROM • IMP • SEMP • AVG •

Date	Mintage	VG	F	VF	XF	Unc
ND(1705-11) Rare	—	—	—	—	—	—

KM# 245 5 DUCAT
17.5000 g., 0.9860 Gold 0.5547 oz. AGW **Obv:** City view **Rev:** Crowned imperial eagle, titles of Karl VI

Date	Mintage	VG	F	VF	XF	Unc
ND(1711-40)	—	2,650	4,900	8,600	14,500	—

KM# 296 5 DUCAT
17.5000 g., 0.9860 Gold 0.5547 oz. AGW **Obv:** City view **Rev:** Bust of Karl VII

Date	Mintage	VG	F	VF	XF	Unc
ND(1740-45) Rare	—	—	—	—	—	—

KM# 297 5 DUCAT
17.5000 g., 0.9860 Gold 0.5547 oz. AGW **Obv:** Ornate arms **Obv. Legend:** CAROL. VII - D. G. ROM. IMP. S. A. **Rev:** Bust of Karl VII right

Date	Mintage	VG	F	VF	XF	Unc
ND(1740-45) ICB	—	—	—	9,000	14,000	20,000

Note: Bowers and Merena Giua sale, March, 1988, choice AU, $10,450

KM# 337 5 DUCAT
17.5000 g., 0.9860 Gold 0.5547 oz. AGW **Obv:** Different city view **Rev:** Bust of Franz I

Date	Mintage	VG	F	VF	XF	Unc
ND(1745-65) I.L. OE/ICB	—	2,100	3,900	6,900	11,500	—

KM# 341 6 DUCAT
21.0000 g., 0.9860 Gold 0.6657 oz. AGW **Obv:** Bust right **Rev:** Different city view

Date	Mintage	VG	F	VF	XF	Unc
ND(1745-65) Rare	3	—	—	—	—	—

Note: UBS Regensburg Auction 60, 9-04, FDC-nearly FDC realized $31,080

KM# 298 6 DUCAT
21.0000 g., 0.9860 Gold 0.6657 oz. AGW **Obv:** Bust of Karl VII **Rev:** City view

Date	Mintage	VG	F	VF	XF	Unc
ND(1740-45) C. D. OEXL. Rare	—	—	—	—	—	—

Note: UBS Regensburg Auction 60, 9-04, nearly FDC realized $29,250

KM# 339 6 DUCAT
21.0000 g., 0.9860 Gold 0.6657 oz. AGW **Obv:** City view, RATISBONA in exergue **Rev:** Laureate and armored bust of Franz I right

Date	Mintage	VG	F	VF	XF	Unc
ND(1745-65) I. L. OE/I. L. OEXLEIN	—	—	—	12,000	19,000	—

KM# 340 6 DUCAT
21.0000 g., 0.9860 Gold 0.6657 oz. AGW **Obv:** City view **Rev:** Bust of Franz I right

Date	Mintage	VG	F	VF	XF	Unc
ND(1745-65) I. L. OE/ICB	—	—	—	12,000	19,000	—

KM# 394 6 DUCAT
21.0000 g., 0.9860 Gold 0.6657 oz. AGW **Obv:** City view with crowned flying eagle above, city arms below in exergue **Rev:** Crowned imperial eagle with crowned arms on breast **Rev. Legend:** IOSEPHVS II • D • G • - NOM • IMP • SEMP • AVG • **Note:** FR#2559.

Date	Mintage	VG	F	VF	XF	Unc
ND(1765-90) I.L.OE/ICB	—	—	—	7,500	13,500	22,500

Note: UBS Regensburg Auction 60, 9-04, finest FDC realized $22,850

Date	Mintage	VG	F	VF	XF	Unc
ND IMF/HF	—	—	—	7,500	13,500	—

KM# 226 8 DUCAT
28.0000 g., 0.9860 Gold 0.8876 oz. AGW **Obv:** Arms **Rev:** Crowned imperial eagle, titles of Josef I

Date	Mintage	VG	F	VF	XF	Unc
ND(1705-11) Rare	8	—	—	—	—	—

KM# 247 8 DUCAT
28.0000 g., 0.9860 Gold 0.8876 oz. AGW **Obv:** City view **Rev:** Bust of Karl VI

Date	Mintage	VG	F	VF	XF	Unc
ND(1711-40) CDO Rare	—	—	—	—	—	—

KM# 342 8 DUCAT
28.0000 g., 0.9860 Gold 0.8876 oz. AGW **Obv:** Laureate and armored bust of Franz I right **Obv. Legend:** FRANCISCUS I • D • G • ROM • IMP • SEMP • AVG • **Rev:** City of Regensburg with two angels holding two shields above, RATISBONA in cartouche in exergue

Date	Mintage	VG	F	VF	XF	Unc
ND(1745-65) I. L. OE/OEXLEIN Rare	—	—	—	—	—	—

KM# 343 8 DUCAT
28.0000 g., 0.9860 Gold 0.8876 oz. AGW **Obv:** Different city view

Date	Mintage	VG	F	VF	XF	Unc
ND(1745-65) ILOE/IL OEXLEIN Rare	—	—	—	—	—	—

GERMAN STATES — REGENSBURG

KM# 395 8 DUCAT
28.0000 g., 0.9860 Gold 0.8876 oz. AGW **Obv:** City view with crowned flying eagle above, crossed keys below in exergue **Note:** FR#2558.

Date	Mintage	VG	F	VF	XF	Unc
ND(1765-90) ICB Rare	—	—	—	—	—	—

Note: UBS Regensburg Auction 60, 9-04, FDC realized $41,135

KM# 396 8 DUCAT
28.0000 g., 0.9860 Gold 0.8876 oz. AGW **Obv:** Eye of God above city, arms in exergue

Date	Mintage	VG	F	VF	XF	Unc
ND(1765-90) B Rare	—	—	—	—	—	—

KM# 227 10 DUCAT
35.0000 g., 0.9860 Gold 1.1095 oz. AGW **Rev:** Crowned imperial eagle, titles of Josef I

Date	Mintage	VG	F	VF	XF	Unc
ND(1705-11) Rare	27	—	—	—	—	—

KM# 248 10 DUCAT
35.0000 g., 0.9860 Gold 1.1095 oz. AGW **Obv:** Arms **Rev:** Bust of Karl VI

Date	Mintage	VG	F	VF	XF	Unc
ND(1711-40) Rare	—	—	—	—	—	—

KM# 249 10 DUCAT
35.0000 g., 0.9860 Gold 1.1095 oz. AGW **Obv:** City view

Date	Mintage	VG	F	VF	XF	Unc
ND(1711-40) CDO Rare	—	—	—	—	—	—

KM# 290 10 DUCAT
35.0000 g., 0.9860 Gold 1.1095 oz. AGW **Obv:** City hall

Date	Mintage	VG	F	VF	XF	Unc
1737 OF/CDO Rare	—	—	—	—	—	—

KM# 310 10 DUCAT
35.0000 g., 0.9860 Gold 1.1095 oz. AGW **Obv:** Bust of Karl VII right **Obv. Legend:** CAROL. VII. - D. G. ROM. IMP. SEMP. AVG **Rev:** Eagle above city view **Rev. Legend:** TALI SUB - COSTODIA

Date	Mintage	VG	F	VF	XF	Unc
ND(1742-45) CD OEXL Rare	—	—	—	—	—	—

Note: UBS Regensburg Auction 60, 9-04, XF-FDC realized $53,015

KM# 311 10 DUCAT
35.0000 g., 0.9860 Gold 1.1095 oz. AGW **Obv:** Armored laureate bust of Karl VII right **Obv. Legend:** CAROL. VII. - D. G. ROM. IMP. SEMP. AVG **Rev:** Different city view without eagle **Rev. Legend:** MON • REIP • - RATISBON •

Date	Mintage	VG	F	VF	XF	Unc
ND(1742-45) CD OEXL Rare	—	—	—	—	—	—

Note: UBS Regensburg Auction 60, 9-04, XF-FDC realized $60,325; Bowers and Merena Giua sale 3-88, Choice Unc., $19,800

KM# 344 10 DUCAT
35.0000 g., 0.9860 Gold 1.1095 oz. AGW **Obv:** City view with two cherubs holding two shields above, RATISBONA in cartouche in exergue **Rev:** Laureate and armored bust of Franz I right

Date	Mintage	VG	F	VF	XF	Unc
ND(1745-65) IL OE/IL OEXLEIN. F. Rare	—	—	—	—	—	—

KM# 398 10 DUCAT
35.0000 g., 0.9860 Gold 1.1095 oz. AGW **Obv:** City view **Rev:** Crowned imperial eagle

Date	Mintage	VG	F	VF	XF	Unc
ND(1765-90) K/GCB Rare	—	—	—	—	—	—

KM# 399 10 DUCAT
35.0000 g., 0.9860 Gold 1.1095 oz. AGW **Obv:** Eagle in clouds above city

Date	Mintage	VG	F	VF	XF	Unc
ND(1765-90) K/B Rare	—	—	—	—	—	—

KM# 397 10 DUCAT
35.0000 g., 0.9860 Gold 1.1095 oz. AGW **Obv:** Eagle above arms **Rev:** Bust of Josef II

Date	Mintage	VG	F	VF	XF	Unc
1766 OEXLEIN Rare	—	—	—	—	—	—

KM# 461 10 DUCAT
35.0000 g., 0.9860 Gold 1.1095 oz. AGW **Obv:** Arms **Rev:** Bust of Leopold II

Date	Mintage	VG	F	VF	XF	Unc
ND(1790-92) Rare	—	—	—	—	—	—

KM# 250 12 DUCAT
42.0000 g., 0.9860 Gold 1.3314 oz. AGW **Obv:** Arms **Rev:** Crowned imperial eagle, titles of Karl VI **Note:** FR#2492.

Date	Mintage	VG	F	VF	XF	Unc
ND(1711-40) Rare	—	—	—	—	—	—

Note: UBS Regensburg Auction 60, 9-04, nearly FDC-XF realized $54,850

KM# 347 12 DUCAT
42.0000 g., 0.9860 Gold 1.3314 oz. AGW **Obv:** Bust of Franz I **Rev:** City view

Date	Mintage	VG	F	VF	XF	Unc
ND(1745-65) IL OE/IL OEXLEIN Rare	—	—	—	—	—	—

Note: UBS Regensburg Auction 60, 9-04, XF realized $59,415

KM# 401 12 DUCAT
42.0000 g., 0.9860 Gold 1.3314 oz. AGW **Obv:** City view **Rev:** Crowned imperial eagle, titles of Josef II

Date	Mintage	VG	F	VF	XF	Unc
ND(1765-90) K/GCB Rare	—	—	—	—	—	—

KM# 402 12 DUCAT
42.0000 g., 0.9860 Gold 1.3314 oz. AGW **Obv:** City view with two angels

Date	Mintage	VG	F	VF	XF	Unc
ND(1765-90) ILOE-B Rare	—	—	—	—	—	—

KM# 400 12 DUCAT
42.0000 g., 0.9860 Gold 1.3314 oz. AGW **Obv:** Eagle above arms **Rev:** Bust Josef II

Date	Mintage	VG	F	VF	XF	Unc
1766 OEXLEIN Rare	—	—	—	—	—	—

KM# 251 16 DUCAT
56.0000 g., 0.9860 Gold 1.7752 oz. AGW **Obv:** Arms **Rev:** Bust of Karl VI

Date	Mintage	VG	F	VF	XF	Unc
ND(1711-40) Rare	—	—	—	—	—	—

KM# 252 20 DUCAT
70.0000 g., 0.9860 Gold 2.2190 oz. AGW **Obv:** Arms **Rev:** Bust of Karl VI

Date	Mintage	VG	F	VF	XF	Unc
ND(1711-40) Rare	—	—	—	—	—	—

KM# 348 20 DUCAT
70.0000 g., 0.9860 Gold 2.2190 oz. AGW **Obv:** City view **Rev:** Bust of Franz I

Date	Mintage	VG	F	VF	XF	Unc
ND(1745-65) Rare	—	—	—	—	—	—

KM# 403 20 DUCAT
70.0000 g., 0.9860 Gold 2.2190 oz. AGW **Obv:** City view, RATISBONA in exergue **Rev:** Crowned imperial eagle with crowned arms on breast

Date	Mintage	VG	F	VF	XF	Unc
ND(1765-90) K/GCB Unique	—	—	—	—	—	—

Note: UBS Regensburg Auction 60, 9-04, Unique realized $131,625

KM# 468 10 DUCAT
35.0000 g., 0.9860 Gold 1.1095 oz. AGW **Obv:** Bust of Franz II right **Obv. Legend:** FRANCISCVS II • D • G • ROM • IMP • SEMP • AVG • **Rev:** Arms in sprays **Rev. Legend:** MONETA REIP. RATISBONENSIS. **Note:** FR#2570.

Date	Mintage	VG	F	VF	XF	Unc
ND(1742-1806) GCB Rare	—	—	—	—	—	—

Note: UBS Regensburg Auction 60, 9-04, FDC-XF realized $43,875. Stack's International Sale, 3-88, XF realized $14,300

KM# 346 10 DUCAT
35.0000 g., 0.9860 Gold 1.1095 oz. AGW **Obv:** City view with crowned eagle flying above city, crossed keys in exergue **Obv. Legend:** TALI SUB - CUSTODIA **Rev:** Laureate and armored bust of Franz I right **Rev. Legend:** FRANCISCUS D • G • - ROM • IMP • SEMP • AVG •

Date	Mintage	VG	F	VF	XF	Unc
ND(1783) Rare	—	—	—	—	—	—

Note: Stack's International Sale 3-88 XF realized $11,000

REUSS-EBERSDORF — GERMAN STATES

KM# 404 20 DUCAT
70.0000 g., 0.9860 Gold 2.2190 oz. AGW **Obv:** Different city view, RATISBONA in cartouche in exergue

Date	Mintage	VG	F	VF	XF	Unc
ND(1765-90)	—	—	—	—	—	—
KIB Rare						

KM#	Date	Mintage	Identification	Mkt Val
Pn42	1782	—	Heller. Gold. 1/4 Ducat weight, KM#237.	—
Pn43	ND	—	Heller. Gold. 1/4 Ducat weight, KM#237.	—

REUSS

The Reuss family, whose lands were located in Thuringia, was founded c. 1035. By the end of the 12th century, the custom of naming all males in the ruling house Heinrich had been established. The Elder Line modified this strange practice in the late 17th century to numbering all males from 1 to 100, then beginning over again. The Younger Line, meanwhile, decided to start the numbering of Heinrichs with the first male born in each century. Greiz was founded in1303. Upper and Lower Greiz lines were founded in 1535 and the territories were divided until 1768. In 1778 the ruler was made a prince of the Holy Roman Empire. The principality endured until 1918.

MINT MARKS
A - Berlin
B – Hannover
G – Gera Mint

MINT OFFICIALS' INITIALS

Initials	Date	Name
E, ICE	1755-65	Johann Christian Eberhard in Saalfeld
FA	1785-90	Facius, die-cutter
	1790-1835	In Eisenach
GHE	1732-40	Georg Hieronymus Eberhard, warden
	1740-54	Mintmaster in Saalfeld
ICK	1764-65	Johann Christian Knaust, warden
	1765-94	Mintmaster in Saalfeld
ILH	1698-1716	Johann Lorenz Holland in Dresden
I.L.OEXLEIN, OE	1740-87	Johann Leonhard Oexlein, die-cutter in Nurnberg
S, ST	1785-90	Johann Leonhard Stockmar, die-cutter
	1790-1835	In Eisenach

KM# A403 22 DUCAT
77.0000 g., 0.9860 Gold 2.4408 oz. AGW **Obv:** City view, inscription and mintmaster's initials in exergue **Obv. Legend:** NON DORMIT CVSTOS **Obv. Inscription:** RATISBONA **Rev:** Crowned imperial eagle with crowned arms of Austria-Burgundy on breast **Rev. Legend:** IOSEPHVS II. D. G. — ROM. IMP. SEMP. AVG. **Note:** Illustration reduced.

Date	Mintage	VG	F	VF	XF	Unc
ND(ca.1784)	—	—	—	—	—	—
GCB Unique						

Note: UBS Regensburg Auction 60, 9-04, realized $131,630

PATTERNS
Including off metal strikes

KM#	Date	Mintage	Identification	Mkt Val
Pn21	1706	—	2 Kreuzer. Gold. KM#229; weight of 1/2 Ducat.	1,750
Pn22	1709	—	Heller. Gold. 1/4 Ducat weight, KM#237.	—
Pn23	1712	—	Heller. Gold. 1/4 Ducat weight, KM#237.	—
Pn24	1712	—	Pfennig. Gold. 1/8 Ducat weight, KM#253.	600
Pn25	1716	—	Pfennig. Gold. 1/8 Ducat weight, KM#253.	600
Pn26	1716/4	—	2 Kreuzer. Gold. 1/2 Ducat weight, KM#255.	1,650
Pn27	1717	—	Ducat. Silver. KM#216.	200
Pn28	1723	—	Pfennig. Gold. 1/8 Ducat weight, KM#253.	600
Pn29	1725	—	Pfennig. Gold. 1/4 Ducat weight, KM#253.	1,750
Pn30	1726	—	Pfennig. Gold. 1/8 Ducat weight, KM#253.	600
Pn31	ND(1738) B	—	1/2 Kreuzer. Gold. 1/4 Ducat weight, KM#206.	750
Pn32	ND(1738) B	—	Kreuzer. Gold. 1/2 Ducat weight, KM#292.	1,450
Pn33	1741	—	Heller. Gold. KM#237.	—
Pn34	1741	—	Pfennig. Gold. 1/6 Ducat weight, KM#253.	1,350
Pn36	ND	—	2 Ducat. Silver. KM#329.	200
Pn37	ND	—	2 Ducat. Silver. KM#390.	200
Pn35	ND(1742)	—	Ducat. Silver. KM#303.	200
Pn39	ND ICB/ I.L.O.E.	—	15 Kreuzer. Gold. 2 Ducat weight, KM#316.	—
Pn38	1745 C. D. OEXL	—	Thaler. Lead. KM#317.	260
Pn40	ND(1747) B	—	Pfennig. Gold. 1/4 Ducat weight, KM#299.	—
Pn8	1770 GM	—	Ducat. Silver. E/K 111.1	—
Pn9	1770 GM	—	Ducat. Silver. E/K 111.2	—
Pn41	1782	—	Heller. Silver. KM#237.	—

REUSS-EBERSDORF

The Reuss family, whose lands were located in Thuringia, was founded c. 1035. The Ebersdorf line was founded in 1671 from the Lobenstein branch. The county became a principality in 1806. They inherited Lobenstein in 1824and were forced to abdicate in 1849 and Lobenstein-Ebersdorf went to Schleiz.

RULERS
Heinrich LI, 1779-1822
Heinrich LXXII, 1822-1849

COUNTY

REGULAR COINAGE

KM# 17 PFENNIG
Billon Ruler: Heinrich XXIV **Obv:** Crowned arms **Rev:** Value and date in cartouche

Date	Mintage	VG	F	VF	XF	Unc
1765	16,000	10.00	25.00	50.00	100	—

KM# 18 3 PFENNIG
Billon Ruler: Heinrich XXIV **Obv:** Crowned arms **Rev:** Value and date in cartouche

Date	Mintage	VG	F	VF	XF	Unc
1765 ICK	9,696	10.00	25.00	50.00	100	—

KM# 19 1/48 THALER
0.9700 g., 0.2500 Silver 0.0078 oz. ASW **Ruler:** Heinrich XXIV **Obv:** Crowned arms **Rev:** Value and date in cartouche

Date	Mintage	VG	F	VF	XF	Unc
1765 ICK	8,054	20.00	45.00	90.00	185	—

KM# 5 1/24 THALER (Groschen)
Silver **Obv:** Four-fold arms in baroque frame, helmet above **Rev:** Date in palm branches **Rev. Inscription:** 24 / EINEN / THAL.

Date	Mintage	VG	F	VF	XF	Unc
1739 GHE	—	15.00	30.00	65.00	135	—

KM# 10 1/24 THALER (Groschen)
1.9800 g., 0.3680 Silver 0.0234 oz. ASW **Ruler:** Heinrich XXIV **Obv:** Crowned arms **Rev:** Value in center, date in legend

Date	Mintage	VG	F	VF	XF	Unc
1763 ICK	44,000	12.00	25.00	55.00	110	—

KM# 11 1/12 THALER
3.3400 g., 0.4370 Silver 0.0469 oz. ASW **Ruler:** Heinrich XXIV **Obv:** Crowned arms **Obv. Legend:** HEINRICH XXIV **Rev:** Value and date in center

Date	Mintage	VG	F	VF	XF	Unc
1763 ICE	31,000	12.00	25.00	55.00	110	—
1764 ICE	Inc. above	12.00	25.00	55.00	110	—

KM# 14 1/12 THALER
3.3400 g., 0.4370 Silver 0.0469 oz. ASW **Ruler:** Heinrich XXIV **Obv:** Crowned arms **Obv. Legend:** HEINRICH D XXIV **Rev:** Value, date

Date	Mintage	VG	F	VF	XF	Unc
1764 ICE	Inc. above	12.00	25.00	55.00	110	—

KM# 15 1/12 THALER
3.3400 g., 0.4370 Silver 0.0469 oz. ASW **Ruler:** Heinrich XXIV **Obv:** I.C.E. below arms **Rev:** Value, date

Date	Mintage	VG	F	VF	XF	Unc
1764 ICE	Inc. above	12.00	25.00	55.00	110	—

KM# 12 1/6 THALER
5.3600 g., 0.5410 Silver 0.0932 oz. ASW **Ruler:** Heinrich XXIV **Obv:** Crowned arms **Rev:** Value and date in center

Date	Mintage	VG	F	VF	XF	Unc
1763 ICE	9,156	25.00	45.00	90.00	185	—
1764 ICE	Inc. above	25.00	45.00	90.00	185	—

KM# 13 1/3 THALER
7.0100 g., 0.8330 Silver 0.1877 oz. ASW **Ruler:** Heinrich XXIV **Obv:** Crowned arms **Rev:** Value and date in center, I.C.E. below date

Date	Mintage	VG	F	VF	XF	Unc
1763 ICE	4,540	37.00	75.00	150	300	—

KM# 16 1/3 THALER
7.0100 g., 0.8330 Silver 0.1877 oz. ASW **Ruler:** Heinrich XXIV **Obv:** I.C.E. below arms **Rev:** Value and date

Date	Mintage	VG	F	VF	XF	Unc
1764 ICE	Inc. above	30.00	60.00	125	250	—

KM# 20 2/3 THALER
14.0300 g., 0.8330 Silver 0.3757 oz. ASW **Ruler:** Heinrich XXIV **Obv:** Armored bust right **Rev:** Crowned arms

Date	Mintage	VG	F	VF	XF	Unc
1765 ICK	2,366	45.00	90.00	185	375	—

KM# 21 THALER
28.0600 g., 0.8330 Silver 0.7515 oz. ASW **Ruler:** Heinrich XXIV

Obv: Armored bust right **Obv. Legend:** HEINRICH D • XXIV • I • REUSS • GR • U • H • V • PL • H • Z • G • C • G • SVL • **Rev:** Helmeted arms **Rev. Legend:** GR • REUSS • PL • EBERSD • CONV • MUNZ • date/ ' X EINE FEINE MARCK' below **Note:** Convention Thaler.

Date	Mintage	F	VF	XF	Unc	BU
1765 ICE	4,804	150	300	700	1,450	—
1766 ICK	Inc. above	150	300	700	1,450	—

REUSS-GERA

This lordship was founded in 1206 and became extinct in 1550, passing to Greiz. The Younger Line established a new branch in Gera in the same year. In 1635, Gera was divided into the lines of Gera, Lobenstein, Saalburgand Schleiz. Gera fell extinct again in 1802 and the title passed to Schleiz.

RULERS
Heinrich XVIII, 1686-1735
Heinrich XXV, 1735-1748
Heinrich XXX, 1748-1802

PRINCIPALITY
REGULAR COINAGE

KM# 65 PFENNIG
Copper **Ruler:** Heinrich XXX **Obv:** Dog head right **Rev:** Value, date

Date	Mintage	VG	F	VF	XF	Unc
1761	—	14.00	30.00	60.00	130	—

KM# 66 2 PFENNIG
Copper **Ruler:** Heinrich XXV **Obv:** Dog head right **Rev:** Value, date

Date	Mintage	VG	F	VF	XF	Unc
1761	—	16.00	36.00	75.00	150	—

KM# 67 1/24 THALER (12 Pfennig)
1.9800 g., 0.3680 Silver 0.0234 oz. ASW **Ruler:** Heinrich XXX **Obv:** Helmeted arms **Rev:** Value in center, date in legend

Date	Mintage	VG	F	VF	XF	Unc
1763 ICE	—	32.00	75.00	150	300	—
1764 ICE	—	32.00	75.00	150	300	—

KM# 68 1/12 THALER
3.3400 g., 0.4370 Silver 0.0469 oz. ASW **Ruler:** Heinrich XXX **Obv:** Helmeted arms in baroque frame **Rev:** Value with date in legend

Date	Mintage	VG	F	VF	XF	Unc
1763 ICE	—	20.00	50.00	110	220	—
1764 ICE	—	20.00	50.00	110	220	—

KM# 69 1/12 THALER
3.3400 g., 0.4370 Silver 0.0469 oz. ASW **Ruler:** Heinrich XXX **Obv:** Helmeted arms in baroque frame **Rev:** Value, date

Date	Mintage	VG	F	VF	XF	Unc
1763 ICE	—	20.00	50.00	110	220	—

KM# 70 1/6 THALER
5.3600 g., 0.5410 Silver 0.0932 oz. ASW **Ruler:** Heinrich XXX **Obv:** Helmeted arms in baroque frame **Rev:** Value with date in legend

Date	Mintage	VG	F	VF	XF	Unc
1763 ICE	—	60.00	130	260	525	—

KM# 71 1/2 THALER (30 Groschen)
14.0300 g., 0.8330 Silver 0.3757 oz. ASW **Ruler:** Heinrich XXX **Subject:** Peace of Hubertusburg **Obv:** Helmeted arms **Rev:** Figure of Freedom handing scepter to Virtue

Date	Mintage	VG	F	VF	XF	Unc
1763	—	200	400	800	1,650	3,500

KM# 72 THALER (Groschen)
28.0600 g., 0.8380 Silver 0.7560 oz. ASW **Ruler:** Heinrich XXX **Subject:** Peace of Hubertusburg **Obv:** Helmeted arms in baroque frame **Obv. Legend:** HENT • XXX • I • L • RVTH • CON • ET • DOM • DE • PL • D • G • C • G • S • ET • L • **Rev:** Figure of Freedom handing sceptre to Virtue **Rev. Legend:** NEGLECTAE VIRTVTIDECVS RESTIT **Rev. Inscription:** MDCCLXIII/ X EINE F.M. **Note:** Dav. #2639.

Date	Mintage	F	VF	XF	Unc	BU
1763	—	1,000	2,000	4,000	6,500	—

REUSS-LOBENSTEIN

The Reuss family, whose lands were located in Thuringia, was founded ca. 1035. The Lobenstein line was founded in 1635. The county became a principality in 1790. In 1824 Lobenstein was given to Ebersdorf.

RULERS
Heinrich XXXV, 1782-1805
Heinrich LIV, 1805-1824

COUNTY
REGULAR COINAGE

KM# 6 PFENNIG
Copper **Ruler:** Heinrich II **Obv:** Legend, date **Obv. Legend:** REUS:/ SCHEIDE/ MUNZE **Rev:** Value **Note:** Similar to 2 Pfennig, KM#7.

Date	Mintage	VG	F	VF	XF	Unc
1760	—	7.00	15.00	30.00	65.00	—
1761	—	7.00	15.00	30.00	65.00	—

KM# 7 2 PFENNIG
Copper **Ruler:** Heinrich II **Obv:** Legend, date **Obv. Legend:** REUS:/ SCHEIDE/ MUNZE **Rev:** Value

Date	Mintage	VG	F	VF	XF	Unc
1760	—	7.00	18.00	37.00	75.00	—
1761	—	7.00	18.00	37.00	75.00	—

KM# 8 6 PFENNIG
Billon **Ruler:** Heinrich II **Obv:** Shielded monogram **Rev:** Value within imperial orb, date above

Date	Mintage	VG	F	VF	XF	Unc
1761 ICE	—	45.00	90.00	185	375	—

KM# 5 2 GROSCHEN
Silver **Ruler:** Heinrich II **Subject:** Marriage of Count's daughter to Prince von Stolberg-Wernigerode **Obv:** Crowned arms within baroque frame **Rev:** Bridal pair below script RS monogram

Date	Mintage	VG	F	VF	XF	Unc
1759 ICE	—	40.00	85.00	170	340	—

KM# 10 1/48 THALER
0.9700 g., 0.2500 Silver 0.0078 oz. ASW **Ruler:** Heinrich II **Obv:** Lion on pedestal **Rev:** Value, date in cartouche

Date	Mintage	VG	F	VF	XF	Unc
1771 ICK	9,374	20.00	40.00	90.00	180	—

REUSS-OBERGREIZ

The other branch of the division of 1635, Obergreiz went through a number of consolidations and further divisions. Upon the extinction of the Ruess-Untergreiz line in 1768, the latter passed to Reuss-Obergreiz and this line continued on into the 20th century, obtaining the rank of count back in 1673 and that of prince in 1778.

RULERS
Heinrich I, 1697-1714
Heinrich II, 1714-1722
Heinrich IX, 1722-1723
Heinrich XI, 1723-1800
Heinrich XIII, 1800-1817

COUNTSHIP
REGULAR COINAGE

KM# 55 HELLER
Copper **Ruler:** Heinrich XI **Obv:** Crowned lion rampant left **Rev:** Value and date

Date	Mintage	VG	F	VF	XF	Unc
1760	—	6.00	15.00	30.00	60.00	—
1761	—	6.00	15.00	30.00	60.00	—
1769	173,000	6.00	15.00	30.00	60.00	—
1770	115,000	6.00	15.00	30.00	60.00	—

KM# 70 1/2 PFENNIG
Copper **Ruler:** Heinrich XI **Obv:** Crowned Reuss lion left **Rev:** Value above date, G. R. P. in value

Date	Mintage	VG	F	VF	XF	Unc
1775	—	8.00	18.00	37.00	75.00	—

KM# 56 PFENNIG
Copper **Ruler:** Heinrich XI **Obv:** Crowned Reuss lion left **Rev:** Value above date, G. R. P. in value

Date	Mintage	VG	F	VF	XF	Unc
1760	—	6.00	15.00	30.00	60.00	—
1761	—	6.00	15.00	30.00	60.00	—
1775	57,000	6.00	15.00	30.00	60.00	—

KM# 57 2 PFENNIG
Copper **Ruler:** Heinrich XI **Obv:** Rampant lion left **Rev:** Value, date

Date	Mintage	VG	F	VF	XF	Unc
1760	—	7.00	15.00	30.00	60.00	—
1761	—	7.00	15.00	30.00	60.00	—

REUSS-OBERGREIZ GERMAN STATES

KM# 58 3 PFENNIG
Billon **Ruler:** Heinrich XI **Obv:** HXIER monogram in cartouche **Rev:** Value in orb on shield divides date

Date	Mintage	VG	F	VF	XF	Unc
1763 ICE	—	15.00	30.00	60.00	120	—

KM# 65 3 PFENNIG
Billon **Ruler:** Heinrich XI **Obv:** Crowned arms **Rev:** Value on orb within shield dividing date **Note:** Varieties exist.

Date	Mintage	VG	F	VF	XF	Unc
1764	—	15.00	30.00	60.00	120	—
1769	68,000	15.00	30.00	60.00	120	—

KM# 59 1/48 THALER
0.9700 g., 0.2500 Silver 0.0078 oz. ASW **Ruler:** Heinrich XI **Obv:** HXIER monogram in cartouche **Rev:** Value, date

Date	Mintage	VG	F	VF	XF	Unc
1763 ICE	—	15.00	30.00	60.00	125	—

KM# 66 1/48 THALER
0.9700 g., 0.2500 Silver 0.0078 oz. ASW **Ruler:** Heinrich XI **Obv:** Crowned arms within baroque frame **Rev:** Value, date

Date	Mintage	VG	F	VF	XF	Unc
1769	36,000	15.00	30.00	60.00	120	—

KM# 45 1/24 THALER (Groschen)
Billon **Ruler:** Heinrich XI **Obv:** Helmeted ornate arms **Rev:** Value within wreath

Date	Mintage	VG	F	VF	XF	Unc
1738 GHE	—	15.00	37.00	75.00	150	—
1739 GHE	—	15.00	37.00	75.00	150	—

KM# 52 1/24 THALER (Groschen)
Billon **Ruler:** Heinrich XI **Obv:** Crowned arms in cartouche **Rev:** Value, date **Rev. Legend:** NACH DEM..

Date	Mintage	VG	F	VF	XF	Unc
1759 ICE	—	15.00	37.00	75.00	150	—

KM# 60 1/24 THALER (Groschen)
1.9800 g., 0.3680 Silver 0.0234 oz. ASW **Ruler:** Heinrich XI **Obv:** Crowned arms; cornucopia on left **Rev:** Value in center; date in outer legend

Date	Mintage	VG	F	VF	XF	Unc
1763 ICE	—	10.00	25.00	50.00	100	—

KM# 61 1/24 THALER (Groschen)
1.9800 g., 0.3680 Silver 0.0234 oz. ASW **Ruler:** Heinrich XI **Obv:** Crowned arms; cornucopia on right **Rev:** Value

Date	Mintage	VG	F	VF	XF	Unc
1763 ICE	—	10.00	25.00	50.00	100	—

KM# 62 1/12 THALER
3.3400 g., 0.4370 Silver 0.0469 oz. ASW **Ruler:** Heinrich XI **Obv:** Helmeted arms **Rev:** Value, date

Date	Mintage	VG	F	VF	XF	Unc
1763 ICE	—	15.00	30.00	60.00	125	—

KM# 63 1/12 THALER
3.3400 g., 0.4370 Silver 0.0469 oz. ASW **Ruler:** Heinrich XI **Obv:** Crowned arms **Rev:** Value in field; date in outer legend

Date	Mintage	VG	F	VF	XF	Unc
1763 ICE	—	15.00	30.00	60.00	125	—

KM# 51 1/6 THALER (1/4 Gulden)
Silver **Ruler:** Heinrich XI **Obv:** Helmeted arms **Rev:** Value, date in wreath

Date	Mintage	VG	F	VF	XF	Unc
1757 ICE	1,014	45.00	90.00	185	375	—

KM# 64 1/6 THALER (1/4 Gulden)
5.3600 g., 0.5410 Silver 0.0932 oz. ASW **Ruler:** Heinrich XI **Obv:** Helmeted arms **Rev:** Value

Date	Mintage	VG	F	VF	XF	Unc
1763 ICE	—	30.00	65.00	130	260	—

KM# 50 2/3 THALER (1 Gulden)
Silver **Ruler:** Heinrich XI **Obv:** Bust right, value below **Rev:** Rampant lion left at top **Note:** Mining 2/3 Thaler.

Date	Mintage	VG	F	VF	XF	Unc
1754 GHE	440	150	300	600	1,200	—

KM# 67 THALER
28.0600 g., 0.8330 Silver 0.7515 oz. ASW **Ruler:** Heinrich XI **Obv:** Head right **Obv. Legend:** HENRICVS • XI • S • L • RVTH • COM • ET DOM • DE PL • DOM • GR • C • G • S • ET L • **Rev:** Helmeted arms, date divided below **Rev. Legend:** X. EINE FEINE MARCK **Note:** Convention Thaler. Dav. #2634.

Date	Mintage	F	VF	XF	Unc	BU
1769 ST-ICK	2,075	200	400	900	1,850	2,750

• COM • ET DOM • DE PL • DOM • GR • C • G • S • ET L • **Rev:** Helmeted arms **Rev. Legend:** BERG SEGEN DER NEUEN HOFNUNG., I.C. - K. and X EINE FEINE MARK• below **Note:** Mining Thaler from Neue Hoffnung Mine. Dav. #2635.

Date	Mintage	F	VF	XF	Unc	BU
1775 ST-ICK	132	275	500	1,000	2,000	3,000

PRINCIPALITY
REGULAR COINAGE

KM# 76 1/2 PFENNIG
Copper **Ruler:** Heinrich XI **Obv:** Rampant lion left **Rev:** Value above date, F. R. P. in value

Date	Mintage	VG	F	VF	XF	Unc
1787	89,000	8.00	18.00	37.00	75.00	—
1789	167,000	8.00	18.00	37.00	75.00	—

KM# 77 PFENNIG
Copper **Ruler:** Heinrich XI **Obv:** Rampant lion left **Rev:** F. R. P. in value

Date	Mintage	VG	F	VF	XF	Unc
1787	176,000	5.00	12.00	25.00	50.00	—
1789	219,000	5.00	12.00	25.00	50.00	—

KM# 78 3 PFENNIG
Billon **Ruler:** Heinrich XI **Obv:** Crowned Reuss lion left on pedestal, inscription in curve above **Obv. Inscription:** F.R.PL.G.L.M **Rev:** Imperial orb with '3' in cartouche divides date

Date	Mintage	VG	F	VF	XF	Unc
1787	36,000	10.00	20.00	45.00	90.00	—

KM# 79 1/48 THALER
0.9700 g., 0.2500 Silver 0.0078 oz. ASW **Ruler:** Heinrich XI **Obv:** Rampant lion left **Rev:** Value, date within cartouche

Date	Mintage	VG	F	VF	XF	Unc
1787	35,000	10.00	20.00	45.00	95.00	—
1789	86,000	10.00	20.00	45.00	95.00	—

KM# 80 1/12 THALER
3.3400 g., 0.4370 Silver 0.0469 oz. ASW **Ruler:** Heinrich XI **Obv:** Arms within crowned mantle **Rev:** Value, date

Date	Mintage	VG	F	VF	XF	Unc
1789 ICK	12,000	15.00	37.00	75.00	150	—

KM# 71 THALER
28.0600 g., 0.8330 Silver 0.7515 oz. ASW **Ruler:** Heinrich XI **Obv:** Head right **Obv. Legend:** HENRICVS • XI • S • L • RVTH

KM# 75 1/2 THALER (Convention)
14.0300 g., 0.8330 Silver 0.3757 oz. ASW **Ruler:** Heinrich XI **Obv:** Head right **Rev:** Arms within crowned mantle

Date	Mintage	F	VF	XF	Unc	BU
1786 ICK	1,694	110	235	475	975	—

GERMAN STATES

REUSS-OBERGREIZ

PRINCIPALITY

REGULAR COINAGE

KM# 35 1/24 THALER (Groschen)
1.9800 g., 0.3680 Silver 0.0234 oz. ASW **Ruler:** Heinrich XII
Obv: Helmeted arms **Rev:** Value, date within inner circle

Date	Mintage	VG	F	VF	XF	Unc
1763 ICE	139,000	10.00	25.00	50.00	100	—
1764 ICE	Inc. above	10.00	25.00	50.00	100	—

KM# 72 THALER
28.0600 g., 0.8330 Silver 0.7515 oz. ASW **Ruler:** Heinrich XI
Obv: Head right **Obv. Legend:** D.G. HENR. XI. S. L. RVTH. S.R.I. PRINC. COM. ET DOM. PLAV. **Rev:** Arms within crowned mantle **Rev. Legend:** X. EINE FEINE MARCK, 17-78 **Note:** Dav. #2636.

Date	Mintage	F	VF	XF	Unc	BU
1778 ST-ICK	1,418	175	375	675	1,400	—

KM# 36 1/24 THALER (Groschen)
1.9800 g., 0.3680 Silver 0.0234 oz. ASW **Ruler:** Heinrich XII
Obv: Helmeted arms **Rev:** Rosette below date

Date	Mintage	VG	F	VF	XF	Unc
1763 ICE	Inc. above	10.00	25.00	50.00	100	—

KM# 3 1/12 THALER
3.3400 g., 0.4370 Silver 0.0469 oz. ASW **Ruler:** Heinrich XII
Obv: Helmeted arms **Rev:** Value, date

Date	Mintage	VG	F	VF	XF	Unc
1763 ICE	—	15.00	30.00	60.00	120	—

KM# 38 1/6 THALER
5.3600 g., 0.5410 Silver 0.0932 oz. ASW **Ruler:** Heinrich XII
Obv: Helmeted arms **Rev:** Value, date **Note:** Reichs 1/6 Thaler.

Date	Mintage	VG	F	VF	XF	Unc
1763 ICE	6,520	30.00	60.00	120	240	—

KM# 85 THALER
28.0600 g., 0.8330 Silver 0.7515 oz. ASW **Ruler:** Heinrich XI
Obv: Head right **Obv. Legend:** D.G. HENR. XI. S. L. RVTH. S.R.I. PRINC. COM. ET DOM. PLAV., FA below **Rev:** Arms within crowned mantle **Rev. Legend:** X. EINE FEINE MARCK **Note:** Dav. #2637.

Date	Mintage	VG	F	VF	XF	Unc
1790 FA-ICK	150	250	500	775	1,500	—

PATTERNS
Including off metal strikes

KM#	Date	Mintage Identification	Mkt Val
Pn1	1769	— Heller. Silver. KM#55.	180
Pn2	1769	— 1/48 Thaler. Gold. KM#66.	—
Pn3	1775	— Pfennig. Silver. KM#56.	—

REUSS-SCHLEIZ

Originally part of the holdings of Reuss-Gera, Schleiz was ruled separately on and off during the first half of the 16th century. When the Gera line died out in 1550, Schleiz passed to Obergreiz. Schleiz was reintegrated into a new line of Gera and a separate countship at Schleiz was founded in 1635, only to last one generation. At its extinction in 1666, Schleiz passed to Reuss-Saalburg which thereafter took the name of Reuss-Schleiz.

RULERS
Heinrich XI, 1692-1726
Heinrich I, 1726-1744
Heinrich XII, 1744-1784
Heinrich XLII, 1784-1818
Heinrich LXII, 1818-1854
Heinrich LXVII, 1854-1867
Heinrich XIV, 1867-1913
Heinrich XXVII, 1913-1918

Subject: Peace of Hubertusberg **Obv:** Armored bust left **Rev:** Helmeted arms **Note:** Reichs 2/3 Thaler.

Date	Mintage	VG	F	VF	XF	Unc
1763 ST-ICE	—	65.00	135	275	550	—

KM# 43 2/3 THALER (Gulden)
14.0300 g., 0.8330 Silver 0.3757 oz. ASW **Ruler:** Heinrich XII
Rev: Different helmeted arms, value below

Date	Mintage	VG	F	VF	XF	Unc
1764 ICE	—	65.00	135	275	550	—

KM# 41 THALER
28.0600 g., 0.8330 Silver 0.7515 oz. ASW **Ruler:** Heinrich XII
Subject: Peace of Hubertusberg **Obv:** Armored bust left **Obv. Legend:** HEINRICH D. XII. I. REUSS. G. U. H. V. PLAUEN. **Rev:** Helmeted arms **Rev. Legend:** QUF KRIEGES LAST FOLGT RUH UND RAST, below; X. EINE MARCK FEIN. **Note:** Convention Thaler. Dav. #2640.

Date	Mintage	F	VF	XF	Unc	BU
1763 ICE	—	275	550	1,350	2,250	—

KM# 44 THALER
28.0600 g., 0.8330 Silver 0.7515 oz. ASW **Ruler:** Heinrich XII
Obv: Armored bust left **Obv. Legend:** HEINRICH D. XII. I. REUSS. G. U. H. V. PLAUEN. **Rev:** Helmeted arms **Rev. Legend:** IN IESV VIVO ET MORIAR., X. EINE MARCK FEIN. below **Note:** Dav. #2641.

Date	Mintage	F	VF	XF	Unc	BU
1764 ICE	—	300	650	1,500	2,500	—

TRADE COINAGE

KM# 42 DUCAT
3.5000 g., 0.9860 Gold 0.1109 oz. AGW **Ruler:** Heinrich XII
Subject: Peace of Hubertusberg **Obv:** Crowned monogram **Rev:** Arms

Date	Mintage	F	VF	XF	Unc	BU
1763 ICE	485	600	1,200	2,500	4,500	—

KM# 45 DUCAT
3.5000 g., 0.9860 Gold 0.1109 oz. AGW **Ruler:** Heinrich XII
Obv: Armored bust left **Rev:** Arms

Date	Mintage	F	VF	XF	Unc	BU
1764	224	700	1,500	3,000	5,500	—

KM# 39 1/3 THALER (1/2 Gulden)
7.0100 g., 0.8330 Silver 0.1877 oz. ASW **Ruler:** Heinrich XII
Obv: Helmeted arms **Rev:** Value, date **Note:** Reichs 1/3 Thaler.

Date	Mintage	VG	F	VF	XF	Unc
1763 ICE	560	150	225	375	750	—

KM# 40 2/3 THALER (Gulden)
14.0300 g., 0.8330 Silver 0.3757 oz. ASW **Ruler:** Heinrich XII

REUSS-UNTERGREIZ

Founded in 1535, inherited Burgk in 1550. After several acquisitions and subsequent divisions, the line died out in 1768 and all holdings passed to Reuss-Obergreiz.

RULERS
Heinrich XIII, 1675-1733
Heinrich III, 1733-1768

PRINCIPALITY

REGULAR COINAGE

KM# 24 PFENNIG
Copper, 20 mm. **Ruler:** Heinrich III **Obv:** h3 monogram in crowned cartouche

Date	Mintage	VG	F	VF	XF	Unc
1752	—	10.00	20.00	40.00	80.00	—

RIETBERG

KM# 25 3 PFENNIG (1/84 Thaler)
Silver **Ruler:** Heinrich III **Obv:** Crowned baroque frame with gothic h3 **Obv. Legend:** G. R. P. UNTER-GREIZER L.M. **Rev:** Value: 3 on imperial orb divides date in ornamented shield

Date	Mintage	VG	F	VF	XF	Unc
1751	—	15.00	37.00	75.00	150	—

KM# 28 3 PFENNIG (1/84 Thaler)
Billon **Ruler:** Heinrich III **Obv:** h3 monogram in crowned cartouche **Rev:** Value, date **Note:** Gute 3 Pfennig

Date	Mintage	VG	F	VF	XF	Unc
1752 GHE	—	15.00	37.00	75.00	150	—

KM# 31 3 PFENNIG (1/84 Thaler)
Billon **Ruler:** Heinrich III **Obv:** Monogram within cartouche **Rev:** Value on imperial orb within shield dividing date

Date	Mintage	VG	F	VF	XF	Unc
1753	—	15.00	30.00	60.00	120	—
1755	—	15.00	30.00	60.00	120	—
1763	—	15.00	30.00	60.00	120	—

KM# 29 6 PFENNIG
Billon **Ruler:** Heinrich III **Obv:** Monogram within cartouche **Rev:** Value on orb, date above

Date	Mintage	VG	F	VF	XF	Unc
1752 GHE	—	10.00	25.00	50.00	100	—
1753 GHE	—	10.00	25.00	50.00	100	—
1754 GHE	—	10.00	25.00	50.00	100	—
1755 ICE	—	10.00	25.00	50.00	100	—
1756 ICE	—	10.00	25.00	50.00	100	—
1757 ICE	—	10.00	25.00	50.00	100	—
1758 ICE	—	10.00	25.00	50.00	100	—

KM# 40 1/48 THALER (6 Pfennig)
39700.0000 g., 0.2500 Silver 319.08 oz. ASW **Ruler:** Heinrich III **Obv:** HER III monogram in cartouche **Rev:** Value, date

Date	Mintage	VG	F	VF	XF	Unc
1763 E	—	10.00	25.00	55.00	110	—

KM# 41 1/48 THALER (6 Pfennig)
39700.0000 g., 0.2500 Silver 319.08 oz. ASW **Ruler:** Heinrich III **Obv:** Crowned rampant lion left **Rev:** Value and date

Date	Mintage	VG	F	VF	XF	Unc
1763 E	—	10.00	20.00	45.00	95.00	—

KM# 20 1/24 THALER (1 Groschen)
Billon **Ruler:** Heinrich III **Obv:** Helmeted arms **Rev:** Value, date within branches

Date	Mintage	VG	F	VF	XF	Unc
1738 GHE	—	15.00	30.00	65.00	135	—
1739 GHE	—	15.00	30.00	65.00	135	—

KM# 32 1/24 THALER (1 Groschen)
Billon **Ruler:** Heinrich III **Obv:** Crowned arms **Rev:** Value, date

Date	Mintage	VG	F	VF	XF	Unc
1753 GHE	—	15.00	30.00	60.00	120	—

KM# 42 1/24 THALER (1 Groschen)

1.9800 g., 0.3680 Silver 0.0234 oz. ASW **Ruler:** Heinrich III **Obv:** Crowned arms **Rev:** Value, date in legend **Note:** Varieties exist.

Date	Mintage	VG	F	VF	XF	Unc
1763 ICE	—	10.00	25.00	55.00	110	—
1764 ICE	—	10.00	25.00	55.00	110	—

KM# 33 1/12 THALER
Silver **Ruler:** Heinrich III **Obv:** Crowned arms **Rev:** Value

Date	Mintage	VG	F	VF	XF	Unc
1753 GHE	—	15.00	37.00	75.00	150	—

KM# 44 1/12 THALER
3.3400 g., 0.4370 Silver 0.0469 oz. ASW **Ruler:** Heinrich III **Rev:** Value and date in center

Date	Mintage	VG	F	VF	XF	Unc
1763 ICE	—	15.00	37.00	75.00	150	—

KM# 43 1/12 THALER
3.3400 g., 0.4370 Silver 0.0469 oz. ASW **Ruler:** Heinrich III **Obv:** Crowned arms **Rev:** Value in center; date in outer legend **Note:** Varieties exist.

Date	Mintage	VG	F	VF	XF	Unc
1763 ICE	—	15.00	37.00	75.00	150	—

KM# 26 1/8 THALER (4 Groschen)
Silver **Ruler:** Heinrich III **Obv:** Helmeted arms **Rev:** Miners and mines **Note:** Mining-Species 1/8 Thaler.

Date	Mintage	VG	F	VF	XF	Unc
1751 GHE	—	50.00	100	210	425	—

KM# 30 1/8 THALER (4 Groschen)
Silver **Ruler:** Heinrich III **Obv:** Crowned arms **Rev:** View of the mine

Date	Mintage	VG	F	VF	XF	Unc
1752 GHE	—	50.00	100	210	425	—
1753 GHE	—	50.00	100	210	425	—

KM# 34 1/8 THALER (4 Groschen)
Silver **Ruler:** Heinrich III **Obv:** Date in one line at bottom

Date	Mintage	VG	F	VF	XF	Unc
1753 GHE	—	40.00	85.00	170	340	—

KM# 45 1/6 THALER
5.3600 g., 0.5410 Silver 0.0932 oz. ASW **Ruler:** Heinrich III

Date	Mintage	VG	F	VF	XF	Unc
1763 ICE	—	30.00	65.00	130	260	—

KM# 27 1/4 THALER
Silver **Ruler:** Heinrich III **Obv:** Crowned arms in baroque frame, date **Rev:** Mining scene, value **Rev. Legend:** GOTT SEEGNE...

Date	Mintage	VG	F	VF	XF	Unc
1751 GHE	—	65.00	135	275	575	—

KM# 35 2/3 THALER (Gulden)
Silver **Ruler:** Heinrich III **Note:** Reichs 2/3 Thaler.

Date	Mintage	VG	F	VF	XF	Unc
1759	—	125	275	550	1,100	—

KM# 46 THALER
28.0600 g., 0.8330 Silver 0.7515 oz. ASW **Ruler:** Heinrich III **Obv:** Armored bust right **Obv. Legend:** HENRICVS. III. S. L. RVTHENOR. TOTIVS STEMMAT. SENIOR, I.L.OEXLEIN below bust **Rev:** Helmeted arms **Rev. Legend:** COM • ET • DOMIN • DE PL • D • DE GREITZ C • G • S • ET LOBENSTL •,X•EINE FEINE MARCK below **Note:** Dav. #2638.

Date	Mintage	F	VF	XF	Unc	BU
1763 I. L. OEXLEIN	—	150	325	750	1,500	—
1764 I. L. OEXLEIN	—	150	325	750	1,500	—

TRADE COINAGE

KM# 47 DUCAT
3.5000 g., 0.9860 Gold 0.1109 oz. AGW **Ruler:** Heinrich III **Obv:** Bust right **Rev:** Arms

Date	Mintage	VG	F	VF	XF	Unc
1764 DE	—	1,100	2,300	4,300	7,500	—

PATTERNS
Including off metal strikes

KM#	Date	Mintage	Identification	Mkt Val
Pn1	1752	—	3 Pfennig. Gold. 1.7300 g. KM#28	—
Pn2	1753 GHE	—	1/8 Thaler. Gold. KM 30	12,500

RIETBERG

The counts of Rietberg held lands along the River Ems in Westphalia. Rietberg castle and town are located on the river about 15 miles (25 km) west-northwest of Paderborn. The line of Rietberg counts was established by Heinrich II (1185-1207), the younger brother of Count Gottfried II of Arnsberg (1185-1235). The line in Rietberg had the misfortune to become extinct in the male line more than once. When Konrad IV died in 1439, he was succeeded by his grandson through his daughter. In the mid-16th century, Johann II left only two daughters. Irmgard married first Erich von Hoya, second Simon von Lippe, who ruled Rietberg briefly after his wife died in 1583. Meanwhile, Walburg had married Enno III von Ostfriesland and their daughter Sabina Katharina eventually married her uncle, Johann III von Ostfriesland. Johann III ruled Rietberg and their son was the first of a new line of counts there. When that line became extinct as well in 1690, Rietberg passed in marriage to the counts of Kaunitz. The countship was raised to a principality in 1764 and was mediatized in 1807, passing to Westphalia thereafter.

RULERS
Maria Ernestine Franziska, 1690-1758
Maximilian Ulrich von Kaunitz, 1699-1746
Wenzel Anton, 1746-1794, Prince 1764
Ernst Christof II, 1794-1797
Dominikus Anon, 1797-1807 (d. 1812)

ARMS
Rietberg – displayed eagle
Esens (lordship) – bear standing on hind legs
Wittmund (lordship) – two crossed whips
Ostfriesland – crowned harpy

REFERENCE
B = W. Buse, *Münzgeschichte der Grafschaft Rietberg. Zeitschrift für Numismatik* 29 (1912), pp. 254-362, pls. 6-9.

COUNTSHIP
REGULAR COINAGE

KM# 105 MATTIER
Silver **Ruler:** Maximilian Ulrich von Kaunitz **Obv:** Crowned eagle **Rev:** Denomination and date

Date	Mintage	VG	F	VF	XF	Unc
1706	—	180	375	675	—	—

RIETBERG

KM# 96 PFENNIG
Copper **Ruler:** Maximilian Ulrich von Kaunitz **Obv:** Denomination **Rev:** Crowned eagle divides date

Date	Mintage	VG	F	VF	XF	Unc
1703	—	15.00	30.00	65.00	135	—

KM# 130 PFENNIG
Copper **Ruler:** Wenzel Anton **Obv:** Crowned script WA monogram dividing date **Rev:** Value

Date	Mintage	VG	F	VF	XF	Unc
1766	—	20.00	45.00	90.00	185	—

KM# 97.1 2 PFENNIG
Copper **Ruler:** Maximilian Ulrich von Kaunitz **Obv:** Denomination **Obv. Legend:** ... LAND... **Rev:** Crowned eagle

Date	Mintage	VG	F	VF	XF	Unc
1703	—	15.00	37.00	75.00	150	—

KM# 97.2 2 PFENNIG
Copper **Ruler:** Maximilian Ulrich von Kaunitz **Obv:** Legend variation **Obv. Legend:** ... LANDT...

Date	Mintage	VG	F	VF	XF	Unc
1703	—	15.00	37.00	75.00	150	—

KM# 131 2 PFENNIG
Copper **Ruler:** Wenzel Anton **Obv:** Crowned script WA monogram dividing date **Rev:** Value

Date	Mintage	VG	F	VF	XF	Unc
1766	—	30.00	50.00	100	200	—

KM# 98 3 PFENNIG
Copper **Ruler:** Maximilian Ulrich von Kaunitz **Obv:** Crowned eagle divides date **Rev:** Denomination

Date	Mintage	VG	F	VF	XF	Unc
1703	—	15.00	37.00	75.00	150	—

KM# 106 3 PFENNIG
Silver **Ruler:** Maximilian Ulrich von Kaunitz **Obv:** Crowned eagle **Rev:** Denomination

Date	Mintage	VG	F	VF	XF	Unc
1706 HLO	—	65.00	135	275	—	—

KM# 99 4 PFENNIG
Copper **Ruler:** Maximilian Ulrich von Kaunitz **Obv:** Denomination **Rev:** Crowned eagle divides date

Date	Mintage	VG	F	VF	XF	Unc
1703	—	20.00	45.00	90.00	180	—

KM# 107 4 PFENNIG
Silver **Ruler:** Maximilian Ulrich von Kaunitz **Obv:** Crowned eagle divides date **Rev:** Denomination

Date	Mintage	VG	F	VF	XF	Unc
1706 HLO	—	75.00	150	300	—	—

KM# 100 5 PFENNIG
Silver **Ruler:** Maximilian Ulrich von Kaunitz **Obv:** Crowned eagle divides date **Rev:** Denomination

Date	Mintage	VG	F	VF	XF	Unc
1703	—	110	225	450	—	—

KM# 101 6 PFENNIG
Silver **Ruler:** Maximilian Ulrich von Kaunitz **Obv:** Crowned eagle **Rev:** Denomination

Date	Mintage	VG	F	VF	XF	Unc
1703 HLO	—	85.00	175	375	—	—

KM# 102 MARIENGROSCHEN
Silver **Ruler:** Maximilian Ulrich von Kaunitz **Obv:** Crowned eagle **Rev:** Denomination

Date	Mintage	VG	F	VF	XF	Unc
1703 HLO	—	—	—	—	—	—

KM# 103 24 MARIENGROSCHEN (Gulden)
17.2000 g., Silver **Ruler:** Maximilian Ulrich von Kaunitz **Obv:** Crowned arms **Rev:** Denomination

Date	Mintage	VG	F	VF	XF	Unc
1703 HLO Rare	—	—	—	—	—	—

KM# 104 THALER
29.2000 g., Silver **Ruler:** Maximilian Ulrich von Kaunitz **Obv:** Accolated busts of Maximilian and Maria right **Obv. Legend:** MAXIMIL • - VLR • & MAR • ERN • FRAN • S • R • I • **Rev:** Crowned shield **Rev. Legend:** • COM • A • CAUN • RITB • & F • O • D • IN • E • S • W • & MELRICH • 1703 **Note:** Dav. #2643.

Date	Mintage	VG	F	VF	XF	Unc
1703 HLO Rare	—	—	—	—	—	—

ROSTOCK

The town of Rostock is first mentioned in 1030 and was the seat of a lordship of the same name in the 13th century. It is located just a few miles inland from where the Warnow River enters the Baltic Sea and was an important trading center from earliest times. Although Rostock was usually under some control by the Mecklenburg dukes, it functioned somewhat as a free city, gaining a municipal charter as early as 1218. The city obtained control of its own coinage in 1323 and received the mint right unconditionally in 1361. From 1381, Rostock was a member of the Wendischen Münzverein (Wendish Monetary Union) and joined the Hanseatic League not long afterwards. The city coinage was struck from the 14th century until 1864.

MINT OFFICIALS' INITIALS

Initials	Date	Name
B, IHB	1750-1778	Johann Heinrich Berg
DB	ca. 1762	David Behrent, mint director
FB, FHB	1782-1800	Franz Heinrich Brandt
FL	1796-1802	Friedrich Lautersack
FS	1779-1784	Joachim Friedrich Schulze, city councilman
IG	1786-1797	Joachim Hinrich Garlieb, city councilman
IM	1679-1711	Johann Memmies
	1711	Mathias Babst
	1727-1742	Simon Siemssen

ARMS
Griffin, usually rampant to left. Also, shield divided by horizontal band above griffin walking left, below arabesques or sometimes an arrow.

REFERENCES
G = Eduard Grimm, **Münzen und Medaillen der Stadt Rostock**, Berlin, 1905.

H = Walter Hannemann, **Die Münzmeister der Stadt Rostock**, Lüneburg, 1974.

E = Carl Friedrich Evers, **Mecklenburgische Münz-Verfassung besonders die Geschichte der selben**, 2 vols., Schwerin, 1798-1799.

CITY
REGULAR COINAGE

KM# 95 PFENNIG
Copper **Obv:** Griffin to left in circle **Obv. Legend:** ROSTOCKER **Rev:** Value and date **Rev. Inscription:** I/(date) **Note:** Prev. C#A1.

Date	Mintage	VG	F	VF	XF	Unc
1705	—	12.00	30.00	65.00	130	—
1710	—	12.00	30.00	65.00	130	—

KM# 114 PFENNIG
Copper **Obv:** Griffin to left in circle **Obv. Legend:** ROSTOCKER **Rev:** 2-line inscription with date **Rev. Inscription:** I/(date)

Date	Mintage	VG	F	VF	XF	Unc
1725	—	10.00	20.00	40.00	80.00	—
1735	—	10.00	20.00	40.00	80.00	—
1735 B	—	10.00	20.00	40.00	80.00	—

KM# 117 PFENNIG
Copper **Obv:** Griffin to left in circle **Obv. Legend:** ROSTOCKER **Rev:** Value and date in baroque shield **Rev. Inscription:** I / (date)

Date	Mintage	VG	F	VF	XF	Unc
1747 R	—	10.00	20.00	45.00	90.00	—

KM# 120 PFENNIG
Copper **Obv:** Griffin left in circle. **Obv. Legend:** ROSTOCKER **Rev:** 4-line inscription with date and mintmaster's initials **Rev. Inscription:** I / PFENN / (date) / ...

Date	Mintage	VG	F	VF	XF	Unc
1753 B	—	10.00	20.00	40.00	80.00	—
1755 B	—	10.00	20.00	40.00	80.00	—
1757 B	—	10.00	20.00	40.00	80.00	—

KM# 126 PFENNIG
Copper **Obv:** Griffin to left in circle **Obv. Legend:** ROSTOCHIENSIS. **Rev:** Value and date **Rev. Inscription:** I / PFENNING / (date)

Date	Mintage	VG	F	VF	XF	Unc
1782 FHB	—	10.00	20.00	40.00	80.00	—
1793 FHB	—	10.00	20.00	40.00	80.00	—

KM# 125 PFENNIG
Copper **Obv:** Griffin to left in circle **Obv. Legend:** ROSTOCKER **Rev:** Value and date **Rev. Inscription:** I / PFENNING / (date) **Note:** Varieties exist; Prev. C#1.1.

Date	Mintage	VG	F	VF	XF	Unc
1782 FHB	—	8.00	18.00	37.00	75.00	—

KM# 128 PFENNIG
Copper **Obv:** Griffin left in circle **Obv. Legend:** ROSTOCKER MUNZE **Rev:** Value and date **Rev. Inscription:** I / PFENNING / (date) **Note:** Varieties exist.

Date	Mintage	VG	F	VF	XF	Unc
1793 FHB	—	7.00	15.00	30.00	60.00	—
1794 FHB	—	7.00	15.00	30.00	60.00	—
1796 FL	—	7.00	15.00	30.00	60.00	—
1797 FL	—	7.00	15.00	30.00	60.00	—

KM# 132 PFENNIG
Copper **Obv:** Griffin left in circle **Rev:** Denomination

Date	Mintage	VG	F	VF	XF	Unc
1796 FL	—	7.00	15.00	30.00	65.00	135
1797 FL	—	7.00	15.00	30.00	65.00	135
1798 FL	—	7.00	15.00	30.00	65.00	135
1800 FL	—	7.00	15.00	30.00	65.00	135

KM# 129 PFENNIG
Copper **Obv:** Shield of griffin arms in circle **Obv. Legend:** ROSTOCKER MUNZE **Rev:** Value and date **Rev. Inscription:** I / PFENNIG / (date)

Date	Mintage	VG	F	VF	XF	Unc
1798 FL	—	8.00	18.00	37.00	75.00	150

KM# 133 PFENNIG
Copper **Obv:** Shield of griffin arms left in circle **Obv. Legend:** ROSTOCKER MUNZE **Rev:** Inscription in tablet suspended by looped cord, mintmaster's initials below **Rev. Inscription:** I / PFENNING / (date) **Note:** Varieties exist.

Date	Mintage	VG	F	VF	XF	Unc
1798 FL	—	8.00	18.00	37.00	75.00	—

KM# 85 3 PFENNIG (Dreiling)
Copper **Obv:** Griffin left in circle **Obv. Legend:** CIVITA. — ROSTOC(H)(I). **Rev:** Value and date **Rev. Inscription:** III / (date)

Date	Mintage	VG	F	VF	XF	Unc
1701 IM	—	8.00	16.00	27.00	50.00	—
1702 IM	—	8.00	16.00	27.00	50.00	—
1703 IM	—	8.00	16.00	27.00	50.00	—
1705 IM	—	8.00	16.00	27.00	50.00	—
1710 IM	—	8.00	16.00	27.00	50.00	—

KM# 115 3 PFENNIG (Dreiling)
Copper **Obv:** Griffin left in circle **Obv. Legend:** CIVIT: — ROSTOCH. **Rev:** Value and date in two braided circles **Rev. Inscription:** III / (date)

Date	Mintage	VG	F	VF	XF	Unc
1725 R	—	8.00	20.00	40.00	80.00	—
1727 R	—	8.00	20.00	40.00	80.00	—
1729 R	—	8.00	20.00	40.00	80.00	—
1735 R	—	16.00	37.00	75.00	150	—
1741 R	—	16.00	37.00	75.00	150	—

KM# 116 3 PFENNIG (Dreiling)
Copper **Obv:** City arms **Obv. Legend:** CIVIT. ROSTOCH. **Rev:** Value, date in cartouche **Rev. Inscription:** III / PFENING / (date) **Note:** Prev. C#7.

Date	Mintage	VG	F	VF	XF	Unc
1744 R	—	8.00	18.00	37.00	75.00	—
1747 R	—	8.00	18.00	37.00	75.00	—
1749 R	—	8.00	18.00	37.00	75.00	—
1750 IHB	—	8.00	18.00	37.00	75.00	—
1750 R	—	8.00	18.00	37.00	75.00	—
1751 IHB	—	8.00	18.00	37.00	75.00	—
1759 RIB	—	8.00	18.00	37.00	75.00	—

KM# 118 3 PFENNIG (Dreiling)
Copper **Obv:** Griffin to left in circle **Obv. Legend:** CIVITATIS ROSTOCH **Rev:** Value and date **Rev. Inscription:** III / PFENNING / (date) **Note:** Prev. C#7a.

Date	Mintage	VG	F	VF	XF	Unc
1750 RB	—	8.00	20.00	40.00	80.00	—
1750 R-IHB	—	8.00	20.00	40.00	80.00	—

KM# 121 3 PFENNIG (Dreiling)
Copper **Obv:** Griffin to left in circle **Obv. Legend:** CIVITATIS ROSTOCH. **Rev:** Value and date **Rev. Inscription:** III / PFENNING / (date) **Note:** Prev. C#8.

Date	Mintage	VG	F	VF	XF	Unc
1760 R	—	8.00	20.00	40.00	80.00	—
1761 IHB	—	8.00	20.00	40.00	80.00	—

KM# 122 3 PFENNIG (Dreiling)
Copper **Obv:** Griffin rampant to left, ROST.in exergue **Rev:** Value and date **Rev. Inscription:** III / PFENNING / (date) **Note:** Prev. C#9.

Date	Mintage	VG	F	VF	XF	Unc
1761 IHB	—	12.00	25.00	55.00	110	—

KM# 31 3 PFENNIG (1/192 Thaler)
Silver **Obv:** Griffin left in circle **Obv. Legend:** MONETA ROSTOCK. **Rev:** Imperial orb with 192, date divided at top **Rev. Legend:** LEOP: D. G. R.I.S. A. **Note:** Ref. E pg#404.

Date	Mintage	VG	F	VF	XF	Unc
(17)04	—	10.00	20.00	35.00	60.00	—

KM# 113 3 PFENNIG (1/192 Thaler)
Silver **Obv:** Circle divided horizontally, griffin to left in upper half, an arrow in lower **Obv. Legend:** MONETA. NOVA. **Rev:** Imperial orb with 192 **Rev. Legend:** ARGENTEA. **Note:** Ref. E pg#404-05.

Date	Mintage	VG	F	VF	XF	Unc
ND(ca1711)	—	—	—	—	—	—

KM# A115 3 PFENNIG (1/192 Thaler)
Copper **Obv:** Griffin left in circle **Obv. Legend:** CIVIT: - ROSTOCH. **Rev. Inscription:** III / date **Note:** Ref. E pg#407-08. Varieties exist.

Date	Mintage	VG	F	VF	XF	Unc
1727	—	3.50	8.00	12.00	22.00	—
1729	—	3.50	8.00	12.00	22.00	—
1735	—	3.50	8.00	12.00	22.00	—
1741	—	3.50	8.00	12.00	22.00	—

KM# 123 6 PFENNIG
Copper **Note:** Prev. C#14.

Date	Mintage	VG	F	VF	XF	Unc
1761	—	15.00	30.00	60.00	120	—
1762	—	15.00	30.00	60.00	120	—

KM# 105 SECHSLING (1/96 Thaler)
Silver **Obv:** Shield of city arms, date at end of legend **Obv. Legend:** MO. NO. ROSTOCH. **Rev:** Imperial orb with 96 **Rev. Legend:** LEOPOL. D. G. R. I. S. A. **Note:** Ref. E pg#402-03. Varieties exist.

Date	Mintage	VG	F	VF	XF	Unc
1701	—	14.00	30.00	55.00	90.00	—

KM# 87 SCHILLING (12 Pfennig)
Silver **Obv:** Griffin left in circle, date at end of legend **Obv. Legend:** MON(E). NO(V). ROSTOC(K) **Rev:** Gothic 'r' in rose bloom superimposed on cross **Rev. Legend:** SIT. NOM. DNI. BND. **Note:** Ref. E, pg#398-99. Varieties exist.

Date	Mintage	VG	F	VF	XF	Unc
1701	—	—	—	—	—	—
1704	—	—	—	—	—	—

KM# 112 2 SCHILLING (Doppelschilling)
Silver **Obv:** Griffin left in circle **Obv. Legend:** NOBISCUM. CHRISTE. MANETO. **Rev:** 4-line inscription with date **Rev. Legend:** ROSTOCHS. **Rev. Inscription:** II / SCHIL / LING / (date)

Date	Mintage	VG	F	VF	XF	Unc
1704	—	20.00	45.00	90.00	185	—

KM# A125 16 SCHILLING (1/3 Thaler)
Silver **Obv:** Griffin to left in circle **Obv. Legend:** MONETA NOVA CIVITATIS ROSTOCHIENSIS. **Rev:** 4-line inscription, date at end of legend **Rev. Legend:** NOBISCVM CHRISTE MANETO ANNO (date) **Rev. Inscription:** XVI / SCHILLING / ROSTOCKER / COURANT.

Date	Mintage	VG	F	VF	XF	Unc
1769 IHB	—	—	—	—	—	—

KM# 119 1/48 THALER
Silver **Obv:** Griffin left in circle **Obv. Legend:** ROSTOCKER STADT GELDT. **Rev:** 5-line inscription with date and mintmaster's initials **Rev. Inscription:** 48 / EINEN / R. THAL. / (date) / ...

Date	Mintage	VG	F	VF	XF	Unc
1750 IHB	—	15.00	30.00	60.00	125	—

TRADE COINAGE

KM# 90 DUCAT
3.5000 g., 0.9860 Gold 0.1109 oz. AGW **Obv:** Arms in inner circle, date in legend **Rev:** Crowned imperial eagle in inner circle, titles of Leopold I **Note:** Fr. #2591. Varieties exist.

Date	Mintage	VG	F	VF	XF	Unc
1704 IM	—	1,500	3,000	6,000	10,000	—

KM# 124 DUCAT
3.5000 g., 0.9860 Gold 0.1109 oz. AGW **Obv:** Crowned imperial eagle, titles of Franz I **Rev:** Arms **Note:** Prev. C#16.

Date	Mintage	VG	F	VF	XF	Unc
1762 DB/IHB	25	—	—	—	7,500	11,500
Rare						

KM# 127 DUCAT
3.5000 g., 0.9860 Gold 0.1109 oz. AGW **Obv:** Titles of Josef **Note:** Prev. C#17

Date	Mintage	VG	F	VF	XF	Unc
1783 FS/FB	200	—	950	1,750	3,500	5,500

KM# 130 DUCAT
3.5000 g., 0.9860 Gold 0.1109 oz. AGW **Rev:** Titles of Franz II **Note:** Prev. C#18.

Date	Mintage	VG	F	VF	XF	Unc
1796 IG	200	—	825	1,300	2,250	4,500

PATTERNS

Including off metal strikes

KM#	Date	Mintage	Identification	Mkt Val
Pn1	1769 IHB	—	16 Schilling. Tin. KM# A125.	—

KM#	Date	Mintage	Identification	Mkt Val
Pn2	1782	—	Pfennig. Silver. C1.2.	135
Pn3	1793	—	Pfennig. Silver. C1.3.	135
Pn4	1796 IG	—	Ducat. Silver. C18.	—

ROTHENBURG

A city located in Bavaria on the Tauber River southeast of Wurzburg. Population: 11,882. Exports include soap and textiles.

Nobles of Rothenburg, whose castle lay in the Harz Mountains, were the cadet line of the counts of Beichlingen. Founded by Friedrich IV (1252-1313) the city became an imperial city in 1274 and reached the height of its prosperity at the end of the 14th century.

CITY

TRADE COINAGE

KM# 5 DUCAT
3.5000 g., 0.9860 Gold 0.1109 oz. AGW **Subject:** 200th Anniversary of Reformation **Obv:** Castle reflected within inner circle **Obv. Legend:** GLORIA... **Rev:** Inscription

Date	Mintage	VG	F	VF	XF	Unc
1717	—	—	—	1,750	3,000	

KM# 6 DUCAT
3.5000 g., 0.9860 Gold 0.1109 oz. AGW **Obv:** Castle reflected within inner circle **Rev:** Bust of Luther right within inner circle **Note:** Similar to 2 Ducat, KM#7.

Date	Mintage	VG	F	VF	XF	Unc
1717 Rare	—	—	—	—	—	—

KM# 8 DUCAT
3.5000 g., 0.9860 Gold 0.1109 oz. AGW **Obv:** Castle reflected with sun above **Rev:** Inscription

Date	Mintage	VG	F	VF	XF	Unc
1744 Rare	—	—	—	—	—	—

KM# 9 DUCAT
3.5000 g., 0.9860 Gold 0.1109 oz. AGW **Subject:** School Jubilee **Obv:** Castle reflected within inner circle **Obv. Legend:** PIETATE... **Rev:** Inscription

Date	Mintage	VG	F	VF	XF	Unc
1792 Rare	—	—	—	—	—	—

KM# 7 2 DUCAT
7.0000 g., 0.9860 Gold 0.2219 oz. AGW **Subject:** 200th Anniversary of Reformation **Obv:** Castle reflected within inner circle **Rev:** Bust of Luther right within inner circle

Date	Mintage	VG	F	VF	XF	Unc
1717	—	—	—	1,250	2,500	4,000

PATTERNS

Including off metal strikes

KM#	Date	Mintage	Identification	Mkt Val
Pn1	1617	—	Ducat. Silver. KM#4.	450
Pn2	1717	—	Ducat. Silver. KM#5.	150
Pn3	1717	—	Ducat. Silver. KM#6.	180
Pn4	1717	—	2 Ducat. Silver. KM#7.	200
Pn5	1744	—	Ducat. Silver. KM#8.	100
Pn6	1792	—	Ducat. Silver. KM#9.	180

SAINT ALBAN

The priory of Saint Alban is located some 27 miles (45 kilometers) southwest of Mainz and was controlled by the archbishops of that city. Emperor Maximilian I granted the priors the right to mint coins in 1518, but that right seems only to have been exercised twice in the 16th century and again during the 18th century.

REFERENCES

M = Alexander, Prince of Hesse, *Mainzisches Münzcabinett des Prinzen Alexander von Hessen*, Darmstadt, 1882.

W = Rudolph Walther, *Das Ritterstift St. Alban in Mainz und seine Münzen*, Deutsche Münzblätter 57 (1937).

PRIORY

STANDARD COINAGE

KM# 6 GROSCHEN
2.7400 g., Silver, 21 mm. **Obv:** Full-length facing standing figure of St. Alban, date at end of legend **Obv. Legend:** S. ALBANUS - MARTYR. **Rev:** Donkey to left in ornamented shield **Rev. Legend:** REG. D. MAXILILIANO. CAESARE. P. F. A. **Note:** Ref. M#824. Struck from Goldgulden dies, KM#5.

Date	Mintage	VG	F	VF	XF	Unc
1716	—	100	200	400	750	—

KM# 10 GROSCHEN
2.4000 g., Silver **Obv:** Flull-length facing standing figure of St. Alban, date at end of legend **Obv. Legend:** S. ALBANUS - MARTYR **Rev:** Donkey to left in baroque frame **Rev. Legend:** REG. D. MAXIMILIANO. CAESARE. P. F. A. **Note:** Ref. M#826. Struck from Goldgulden dies, KM#8.

Date	Mintage	VG	F	VF	XF	Unc
1725	—	100	200	400	750	—

KM# 14 GROSCHEN
2.2600 g., Silver, 19.5 mm. **Obv:** Full-length facing figure of St. Alban standing on grassy mound, R.N. date at end of legend **Obv. Legend:** S: ALBANUS MARTYR. **Rev:** Donkey to left in ornately-shaped shield **Rev. Legend:** REG. D. MAXIMILIANO. CÆSARE. P: F: A. **Note:** Ref. M#828. Struck from Goldgulden dies, KM#16.

Date	Mintage	VG	F	VF	XF	Unc
MDCCLXXVIII (1778)	—	75.00	150	300	500	—

TRADE COINAGE

KM# 3 GOLDGULDEN
2.7400 g., Gold, 22.5 mm. **Obv:** Full-length facing standing figure of St. Alban, date at end of legend **Obv. Legend:** S. ALBANVS - MARTIR. **Rev:** Donkey to left in ornamented Spanish shield **Rev. Legend:** REG. D. MAXIMILIANO. CAESARE. P. F. A. **Note:** Fr. #(1694). Ref. M#823.

Date	Mintage	VG	F	VF	XF	Unc
1712	—	400	900	1,750	3,000	

KM# 5 GOLDGULDEN
2.7400 g., Gold, 22.5 mm. **Obv:** Full-length facing standing figure of St. Alban, date at end of legend **Obv. Legend:** S. ALBANUYS - MARTYR. **Rev:** Donkey to left in ornamented shield **Rev. Legend:** REG. D. MAXIMILIANO. CAESARE. P. F. A. **Note:** Fr. #(1694).

Date	Mintage	VG	F	VF	XF	Unc
1715	—	400	900	1,750	3,000	—
1716	—	350	800	1,500	2,750	—
1720	—	350	800	1,500	2,750	—

KM# 8 GOLDGULDEN
2.7500 g., Gold, 20 mm. **Obv:** Full-length facing standing figure of St. Alban, date at end of legend **Obv. Legend:** S. ALBANUS - MARTYR. **Rev:** Donkey to left in baroque frame **Rev. Legend:** REG. D. MAXIMILIANO. CAESARE. P. F. A. **Note:** Fr. #(1694). Ref. M#825.

Date	Mintage	VG	F	VF	XF	Unc
1724	—	400	900	1,750	3,000	—
1725	—	350	800	1,500	2,750	—
1727	—	400	900	1,750	3,000	—
1731	—	400	900	1,750	3,000	—

KM# 12 GOLDGULDEN
Gold **Obv:** Full-length facing figure of St. Alban, date at end of legend **Obv. Legend:** S. ALBANUS - MARTYR. **Rev:** Donkey to left in baroque frame **Rev. Legend:** REG. D. MAXIMILIANO. CÆSARE. P. F. A. **Note:** Fr. #(1694). Ref. M# 827.

Date	Mintage	VG	F	VF	XF	Unc
1744	—	400	900	1,750	3,000	—

KM# 16 GOLDGULDEN
2.4000 g., Gold, 20 mm. **Obv:** Full-length facing standing figure of St. Alban standing on grassy mound, R. N. date at end of legend **Obv. Legend:** S: ALBANUS MARTYR. **Rev:** Donkey to left in ornately-shaped shield **Rev. Legend:** REG. D. MAXIMILIANO. CÆSARE. P: F: A. **Note:** Fr. #(1694).

Date	Mintage	VG	F	VF	XF	Unc
MDCCLXXVIII (1778)	—	350	800	1,500	2,750	—
MDCCLXXIX (1779)	—	350	800	1,500	2,750	—

KM# 17 GOLDGULDEN
2.4000 g., Gold, 20 mm. **Obv:** Full-length facing standing figure of St. Alban, MOG. at lower left, date at lower right **Obv. Legend:** SANCTUS ALBANUS MARTYR. **Rev:** Donkey to left in ornately-shaped shield **Rev. Legend:** REG. D. MAXIMILIANO. CÆSARE. P. F. A. **Note:** Fr. #(1694). Ref. M#829.

Date	Mintage	VG	F	VF	XF	Unc
1780	—	350	750	1,250	2,250	—

C# 1 DUCAT
3.5000 g., 0.9860 Gold 0.1109 oz. AGW **Obv:** St. Albanus standing **Rev:** Arms

Date	Mintage	VG	F	VF	XF	Unc
1712	—	450	950	2,100	3,600	
1716	—	400	850	1,800	3,300	
1720	—	400	850	1,800	3,300	
1724	—	450	950	2,100	3,600	
1725	—	400	850	1,800	3,300	
1744	—	450	950	2,100	3,600	
1778	—	400	850	1,800	3,300	
1779	—	400	800	1,500	2,700	
1780	—	400	800	1,500	2,700	

SALM

The earliest rulers of this county, with widely scattered territories in the border region of present-day Germany, France and Belgium, descended from the counts of Luxembourg in the second half of the 11th century. The patrimony was divided between two succeeding sons about 1130-35. Lower Salm was located in the Ardenne region of France and became extinct in 1416 with the death of Heinrich VI. It passed by marriage to the lord of Reifferscheidt who in turn established the line of Salm-Reifferscheidt in 1455. The other division of old Salm was Upper Salm and was located in the Vosges to the southwest of Strassburg. This line underwent several divisions, one of which died out and passed to Lorraine in 1503. Another branch subdivided and half passed to as on who left the area and established himself as progenitor of the Salm-Neuburg line in Austria. The remaining half of Salm went to the older son and was inherited through marriage upon his death in 1475 by a ruler styled Wild and Rhinegrave. This latter individual was well-established in lands which stretched along the Rhine between Trier and Mainz. Thus, the early modern lines of Salm and its subdivisions in Germany came into being. The old castle of Salm, seat of the earliest counts, is located southwest of Strassburg, but the dynastic name was transferred to the Rhineland counts, who became from that point on, the Wild- and Rhinegraves of Salm. Two main lines were founded in 1499.

ARMS

Salm - 2 fish (salmon) standing on tails
Rhinegraves - lion with double tail
Wildgraves - crowned lion
Kyrburg - 3 lions, 2 above 1

REFERENCE

J = Paul Joseph, **Die Medaillen und Münzen der Wild- und Rheingrafen Fürsten zu Salm**, Frankfurt am Main, 1914.

SALM-GRUMBACH

Located just to the west of Lauterecken on the River Glan and 11 miles (19 kilometers) south of Dhaun, Grumbach was one result of the 1561 division of Salm-Dhaun. A branch line was founded in 1668 at Rheingrafenstein (Grehweiler), but it became extinct in the early 19th century. Descendants of the Salm-Grumbach line continued well into the 20th century, although the lands were mediatized in 1806.

SAXONY-ALBERTINE — GERMAN STATES

RULERS
Leopold Philipp Wilhelm, 1648-1719
Friedrich Wilhelm von Rheingrafenstein, 1648-1688 (1706)
Karl Ludwig Philipp, 1719-1727
Karl Walrad Wilhelm, 1727-1763
Karl Ludwig, 1763-1799
Friedrich, 1799-(1806)-1865

MINT OFFICIALS' INITIALS

Meddersheim Mint

Symbol	Date	Name
CS/S	ca. 1762	Unknown
K	ca. 1763	Unknown

COUNTSHIP

STANDARD COINAGE

KM# 6 4 KREUZER

Silver **Ruler:** Karl Walrad Wilhelm **Obv:** Crowned RWR monogram, first R reversed, smaller RCG above **Rev:** Inscription in baroque frame **Rev. Legend:** LAND - MUNZ. **Rev. Inscription:** 4 / KREUZ / date / S **Mint:** Alzenz

Date	Mintage	VG	F	VF	XF	Unc
1762 S	—	32.00	65.00	120	195	—

KM# 8 10 KREUZER

Silver **Ruler:** Karl Walrad Wilhelm **Obv:** Bust left, titles of Karl Walrad around **Rev:** Crowned oval 4-fold arms in cartouche on pedestal with value 10, all between palm and laurel branches, date at bottom **Rev. Legend:** 120 . ST . EINE . FEINE MARK. **Mint:** Alzenz

Date	Mintage	VG	F	VF	XF	Unc
1763 K/CS	—	50.00	90.00	160	225	—

KM# 7 12 KREUZER

Silver **Ruler:** Karl Walrad Wilhelm **Obv:** Crowned oval 4-fold arms in baroque frame **Obv. Legend:** RHEINGR - GRUMB **Rev:** Date at end of legend **Rev. Legend:** LAND : MUNZ **Rev. Inscription:** XII / KREU / ZER / S **Mint:** Alzenz **Note:** Varieties exist.

Date	Mintage	VG	F	VF	XF	Unc
1762 S	—	50.00	90.00	160	225	—
1763 S	—	50.00	90.00	160	225	—

SALM-KYRBURG

Founded in 1499, this branch took its name from Kyrburg Castle, the ruins of which are located three miles (5 km) west-southwest of Dhaun. A further subdivision was made in 1607, resulting in the lines of Salm-Kyrburg, Salm-Morchingen and Salm-Tronecken, the latter lasting only one generation. The main line became extinct in 1681and fell to S-Mörchingen, which in turn ended in the male line in 1688. All Salm-Kyrburg lands and titles then reverted to Salm-Salm. After several subdivisions of that senior branch, a new line of Salm-Kyrburg was established from Salm-Neuweiler-Lenze in 1738. The count was raised to the rank of Prince of the Empire in 1742. All territories of the family were mediatized in 1806, but the Salm-Kyrburg line has survived down to modern times.

RULERS
Philipp Joseph, 1738-1779 as prince, 1742
Marie Therese von Hornes, 1779-1783
Friedrich III, (1779) 1783-1794
Friedrich IV, 1794-(1806)-1859

MINT OFFICIALS' INITIALS

Initials	Date	Name
BFN	1764-90	Philipp Christian Bunsen, mintmaster and Georg Neumeister, warden in Frankfurt
RF	1772-1809	Remegius Fehr, mintmaster in Darmstadt

PRINCIPALITY

REGULAR COINAGE

KM# 15 10 KREUZER

Silver **Ruler:** Marie Therese **Obv:** Head right **Rev:** Crowned and mantled arms **Mint:** Frankfurt am Main **Note:** Convention 10 Kreuzer. Prev. C#2.

Date	Mintage	VG	F	VF	XF	Unc
1780 BFN	—	80.00	165	335	673	—

KM# 16 20 KREUZER

Silver **Ruler:** Marie Therese **Obv:** Head right **Rev:** Crowned and mantled arms **Mint:** Frankfurt am Main **Note:** Convention 20 Kreuzer. Prev. C#3.

Date	Mintage	VG	F	VF	XF	Unc
1780 BFN	—	100	180	375	750	—

KM# 20 1/2 THALER

Silver **Ruler:** Marie Therese **Obv:** Bust right **Rev:** Crowned oval arms between two branches, date **Mint:** Darmstadt **Note:** Convention 1/2 Thaler. Prev. C#4.

Date	Mintage	VG	F	VF	XF	Unc
1782 RF	—	450	925	1,850	3,250	—

KM# 17 THALER

Silver **Ruler:** Marie Therese **Obv:** Head of Friedrich III right **Obv. Legend:** FRID • D • G • PR • A • SATM • KYRB • COM • RH • & • SYL • **Rev:** Crowned and mantled arms **Rev. Legend:** AD NORMAM CONVENTIONIS • 1780 **Mint:** Frankfurt am Main **Note:** Convention Thaler. Dav. #2644. Prev. C#5.

Date	Mintage	VG	F	VF	XF	Unc
1780 BFN	—	325	625	1,250	2,500	—

KM# 21 THALER

Silver **Ruler:** Marie Therese **Obv:** Head right **Obv. Legend:** FRID • III • D • G • PR • A • SALM • KYRB COM • RH • & • SYLV • **Rev:** Crowned arms in sprays, F.F. and date below **Rev. Legend:** AD NORMAM - CONVENTIONIS **Mint:** Darmstadt **Note:** Dav. #2645. Prev. C#6.

Date	Mintage	VG	F	VF	XF	Unc
1782 RF	—	280	575	1,150	2,250	—

TRADE COINAGE

KM# 22 CAROLIN

9.7000 g., 0.7700 Gold 0.2401 oz. AGW **Ruler:** Marie Therese **Obv:** Head of Friedrich III right **Rev:** Arms **Mint:** Darmstadt **Note:** Prev. C#10.

Date	Mintage	F	VF	XF	Unc	BU
1782 (g)	—	6,800	11,500	19,000	—	—

KM# 18 DUCAT

3.5000 g., 0.9860 Gold 0.1109 oz. AGW **Ruler:** Marie Therese **Obv:** Head of Friedrich III right **Rev:** Crowned and mantled arms **Mint:** Frankfurt am Main **Note:** Prev. C#8.

Date	Mintage	F	VF	XF	Unc	BU
1780 (f)	—	2,100	4,200	7,700	13,500	—

KM# 23 DUCAT

3.5000 g., 0.9860 Gold 0.1109 oz. AGW **Ruler:** Marie Therese **Obv:** Head right **Rev:** Crowned and mantled arms **Mint:** Frankfurt am Main **Note:** Prev. C#8.

Date	Mintage	F	VF	XF	Unc	BU
1782 (g)	—	2,500	5,000	8,500	12,500	—

SAXONY

(Sachsen)

From about the time of Charlemagne, the term Saxony covered most of what is the northwestern part of modern day Germany. It roughly covered the area between the River Ems, the North Sea, the Eider and Elbe Rivers, extending to the southern slopes of the Harz Mountains, bordering Franconia, but not as far as the Rhine. The early Saxon tribes were pagans who, upon conquest by the Franks, became the nucleus of a buffer state between that empire and the heathen Slav peoples to the east.

The first Margrave of Saxony was Ludolf, named in 850 to defend the frontier, and recognized as founder of the Liudolfinger dynasty. His grandson acquired Thuringia (Thüringen) in 908 and was raised to the rank of duke in 911. The dynasty furnished the Saxon line of German kings and emperors beginning with Heinrich I the Fowler in 919 and up to Heinrich II, who died in 1024. A relative of the dynasty was delegated to rule Saxony and founded the Billung dynasty of dukes in 961. In 1260, Saxony was divided into Saxe-Lauenburg (Northern or Lower Saxony, which see) and Saxe-Wittenberg, also known as Upper Saxony, the southern part of the territory ruled by the Billungers.

INDEX

1. Saxony
2. Saxe-Wittenberg
3. Saxe-Lauenburg
4. Saxony-Albertine Line
5. Saxe-Weissenfels
6. Saxe-Zeitz-Naumburg
7. Saxe-Barby
8. Saxony-Ernestine Line
9. Saxe-Old-Gotha
10. Saxe-Old-Weimar
11. Saxe-Old-Altenburg
12. Saxe-Middle-Weimar
13. Saxe-Weimar
14. Saxe-Eisenach
15. Saxe-Jena
16. Saxe-Weimar-Eisenach
17. Saxe-New-Gotha
18. Saxe-Gotha-Altenburg
19. Saxe-Coburg
20. Saxe-Meiningen
21. Saxe-Romhild
22. Saxe-Eisenberg
23. Saxe-Hildburghausen
24. Saxe-Altenburg
25. Saxe-Saalfeld
26. Saxe-Coburg-Saalfeld
27. Saxe-Coburg-Gotha

SAXONY-ALBERTINE

(Sachsen-Albertinische Linie)

The younger of the two branches of the Billung dynasty, which ruled in Upper Saxony and Meissen, this line founded by Friedrich II's son, Albrecht, in 1485, first ruled in Meissen as dukes of Saxony. As a result of the conflict between Johann Friedrich I and Emperor Karl V (see Ernestine Line), the Albertine Line acquired the electoral dignity in 1547. The elector also became King of Poland in 1696 and permanently in 1709. As a result of the Napoleonic Wars (1792-1815), the elector was made King of Saxony in 1806, but lost half his territory to Prussia in 1813. The last king was forced to abdicate at the end of World War I.

RULERS
Friedrich August I, 1694-1733
Friedrich August II, 1733-1763
Friedrich Christian, Elector, 1763
Xavier, Prince Regent, 1763-1768
Friedrich August III, 1763-1806
as Friedrich August I, 1806-1827

MINT MARKS
L - Leipzig

MINT OFFICIALS' INITIALS

Dresden Mint

Initials	Date	Name
C, IC, IEC	1779-1804	Johann Ernst Croll
EC, EDC	1764-78	Ernst Dietrich Croll
FwoF	1734-64	Friedrich Wilhelm o Feral
IDB	1756-59	Johann David Billert
IGS	1716-34	Johann George Schomberg
ILH	1698-1716	Johann Lorenz Holland

Leipzig Mint

Initials	Date	Name
EDC, EC	1753-63	Ernst Dietrich Croll
EPH, fish	1693-1714	Ernst Peter Hecht
IfoF	1763-65	Johann Friedrich o Feral
IGG	1752	Johann Georg Godecke

ARMS
Saxony (ducal) – ten bars of alternating shade, crown opened
diagonally across from upper left to lower right
Saxony (electoral) – two crossed swords on background divided horizontally

ELECTORATE

REGULAR COINAGE

KM# 1002.1 HELLER

Copper **Ruler:** Friedrich August III **Obv:** Crowned arms **Rev:** Denomination above date

Date	Mintage	F	VF	XF	Unc	BU
1778 C	—	6.00	15.00	30.00	65.00	—
1779 C	—	6.00	15.00	30.00	65.00	—
1780 C	—	6.00	15.00	30.00	65.00	—
1781 C	—	6.00	15.00	30.00	65.00	—

568 GERMAN STATES SAXONY-ALBERTINE

Date	Mintage	F	VF	XF	Unc	BU
1782 C	—	6.00	15.00	30.00	65.00	—
1783 C	—	6.00	15.00	30.00	65.00	—
1787 C	—	6.00	15.00	30.00	65.00	—
1789 C	—	6.00	15.00	30.00	65.00	—
1789/7 C	—	6.00	15.00	30.00	65.00	—
1792 C	—	6.00	15.00	30.00	65.00	—
1796 C	—	6.00	15.00	30.00	65.00	—
1799 C	—	6.00	15.00	30.00	65.00	—

KM# 1002.2 HELLER

Copper **Ruler:** Friedrich August III **Obv:** Mint mark below arms **Rev:** Mint mark below date

Date	Mintage	F	VF	XF	Unc	BU
1779 C	—	6.00	15.00	30.00	65.00	—
1780 C	—	6.00	15.00	30.00	65.00	—
1781 C	—	6.00	15.00	30.00	65.00	—
1782 C	—	6.00	15.00	30.00	65.00	—
1783 C	—	6.00	15.00	30.00	65.00	—
1789 C	—	6.00	15.00	30.00	65.00	—
1792 C	—	6.00	15.00	30.00	65.00	—
1796 C	—	6.00	15.00	30.00	65.00	—

KM# 702 PFENNIG

Billon, 13.1 mm. **Ruler:** Friedrich August I **Obv:** Crowned 4-fold arms with central shield within palm branches **Rev:** Imperial orb in cartouche divides date

Date	Mintage	VG	F	VF	XF	Unc
1701 ILH	—	7.00	13.00	24.00	50.00	—
Note: Varieties exist						
1702 ILH	—	7.00	13.00	24.00	50.00	—
1703 ILH	—	7.00	13.00	24.00	50.00	—
1704 ILH	—	7.00	13.00	24.00	50.00	—
1705 ILH	—	7.00	13.00	24.00	50.00	—
1706 ILH	—	7.00	13.00	24.00	50.00	—
1707 ILH	—	7.00	13.00	24.00	50.00	—
1708 ILH	—	7.00	13.00	24.00	50.00	—
1709 ILH	—	7.00	13.00	24.00	50.00	—
1710 ILH	—	7.00	13.00	24.00	50.00	—
1711 EPH	—	7.00	13.00	24.00	50.00	—
1711 ILH	—	7.00	13.00	24.00	50.00	—
1712 EPH	—	7.00	13.00	24.00	50.00	—
1712 ILH	—	7.00	13.00	24.00	50.00	—
1713 EPH	—	7.00	13.00	24.00	50.00	—
1713 ILH	—	7.00	13.00	24.00	50.00	—
1714 ILH	—	7.00	13.00	24.00	50.00	—
1715 ILH	—	7.00	13.00	24.00	50.00	—
1716 IGS	—	7.00	13.00	24.00	50.00	—
1717 IGS	—	7.00	13.00	24.00	50.00	—
1718 IGS	—	7.00	13.00	24.00	50.00	—
1719 IGS	—	7.00	13.00	24.00	50.00	—
1720 IGS	—	7.00	13.00	24.00	50.00	—
1721 IGS	—	7.00	13.00	24.00	50.00	—
1722 IGS	—	7.00	13.00	24.00	50.00	—
1723 IGS	—	7.00	13.00	24.00	50.00	—
1724 IGS	—	7.00	13.00	24.00	50.00	—
1725 IGS	—	7.00	13.00	24.00	50.00	—
1726 IGS	—	7.00	13.00	24.00	50.00	—
1727 IGS	—	7.00	13.00	24.00	50.00	—
1728 IGS	—	7.00	13.00	24.00	50.00	—
1729 IGS	—	7.00	13.00	24.00	50.00	—
1730 IGS	—	7.00	13.00	24.00	50.00	—
1731 IGS	—	7.00	13.00	24.00	50.00	—
1732 IGS	—	7.00	13.00	24.00	50.00	—
1733 IGS	—	7.00	13.00	24.00	50.00	—

Note: Varieties exist

KM# 757 PFENNIG

Billon **Ruler:** Friedrich August I **Obv:** Crowned AR monogram divides date **Rev:** Imperial orb with symbol **Rev. Legend:** MONETA SAXONICA

Date	Mintage	VG	F	VF	XF	Unc
1708 ILH	—	8.00	15.00	30.00	65.00	—
1709 ILH	—	8.00	15.00	30.00	65.00	—

KM# 850 PFENNIG

Copper **Ruler:** Friedrich August I **Obv:** Crowned ornate FA monogram **Rev:** Value **Rev. Inscription:** 1 / PFENNIG / C.S. LAND / MUNTZ / date

Date	Mintage	VG	F	VF	XF	Unc
1721	—	—	—	—	—	—

KM# 894 PFENNIG

Billon **Ruler:** Friedrich August II **Obv:** Crowned arms **Rev:** Value in orb in cartouche divides date

Date	Mintage	F	VF	XF	Unc	BU
1733 IGS	—	10.00	20.00	45.00	90.00	—
1734 IGS	—	10.00	20.00	45.00	90.00	—
1735 FWoF	—	10.00	20.00	45.00	90.00	—
1736 FWoF	—	10.00	20.00	45.00	90.00	—
1737 FWoF	—	10.00	20.00	45.00	90.00	—
1738 FWoF	—	10.00	20.00	45.00	90.00	—
1739 FWoF	—	10.00	20.00	45.00	90.00	—
1740 FWoF	—	10.00	20.00	45.00	90.00	—
1741 FWoF	—	10.00	20.00	45.00	90.00	—
1742 FWoF	—	10.00	20.00	45.00	90.00	—
1743 FWoF	—	10.00	20.00	45.00	90.00	—
1744 FWoF	—	10.00	20.00	45.00	90.00	—
1745 FWoF	—	10.00	20.00	45.00	90.00	—
1746 FWoF	—	10.00	20.00	45.00	90.00	—
1747 FWoF	—	10.00	20.00	45.00	90.00	—
1748 FWoF	—	10.00	20.00	45.00	90.00	—
1749 FWoF	—	10.00	20.00	45.00	90.00	—
1750 FWoF	—	10.00	20.00	45.00	90.00	—
1750/40 FWoF	—	10.00	20.00	45.00	90.00	—
1751 FWoF	—	10.00	20.00	45.00	90.00	—
1752 FWoF	—	10.00	20.00	45.00	90.00	—
1753 FWoF	—	10.00	20.00	45.00	90.00	—
1754 FWoF	—	10.00	20.00	45.00	90.00	—
1755 FWoF	—	10.00	20.00	45.00	90.00	—
1756 FWoF	—	10.00	20.00	45.00	90.00	—

KM# 964 PFENNIG

Billon **Ruler:** Xaver **Obv:** Crowned arms **Rev:** Value above date **Note:** Similar to 1 Heller, KM#1002.

Date	Mintage	F	VF	XF	Unc	BU
1764 C	—	15.00	37.00	75.00	150	—

KM# 980 PFENNIG

Billon **Ruler:** Xaver **Obv:** Crowned arms **Rev:** Value, date

Date	Mintage	F	VF	XF	Unc	BU
1765 C	—	10.00	20.00	45.00	95.00	—

KM# 1000 PFENNIG

Copper **Ruler:** Friedrich August III **Obv:** Crowned arms **Rev:** Value above date

Date	Mintage	F	VF	XF	Unc	BU
1772 C	—	8.00	18.00	37.00	75.00	—
1773 C	—	8.00	18.00	37.00	75.00	—
1774 C	—	8.00	18.00	37.00	75.00	—
1775 C	—	8.00	18.00	37.00	75.00	—
1776 C	—	8.00	18.00	37.00	75.00	—
1777 C	—	8.00	18.00	37.00	75.00	—
1778 C	—	8.00	18.00	37.00	75.00	—
1779 C	—	8.00	18.00	37.00	75.00	—
1780 C	—	8.00	18.00	37.00	75.00	—
1781 C	—	8.00	18.00	37.00	75.00	—
1782 C	—	8.00	18.00	37.00	75.00	—
1782/72 C	—	8.00	18.00	37.00	75.00	—
1783 C	—	8.00	18.00	37.00	75.00	—
1784 C	—	8.00	18.00	37.00	75.00	—
1785 C	—	8.00	18.00	37.00	75.00	—
1788 C	—	8.00	18.00	37.00	75.00	—
1789 C	—	8.00	18.00	37.00	75.00	—
1790 C	—	30.00	60.00	90.00	150	—
1790/89 C	—	30.00	60.00	90.00	150	—
1796 C	—	8.00	18.00	37.00	75.00	—
1797 C	—	8.00	18.00	37.00	75.00	—
1798/89 C	—	8.00	18.00	37.00	75.00	—
1799 C	—	8.00	18.00	37.00	75.00	—
1800 C	—	8.00	18.00	37.00	75.00	—

KM# 711 3 PFENNIG

Silver, 18 mm. **Ruler:** Friedrich August I **Obv:** Crowned round 4-fold arms with central shield of 2-fold arms between 2 palm branches, initials below **Rev:** Value: 3 on imperial orb in baroque frame, date at top

Date	Mintage	VG	F	VF	XF	Unc
1701 ILH	—	11.00	27.00	45.00	100	—
1702 ILH	—	11.00	27.00	45.00	100	—
1702 ILH ILH	—	11.00	27.00	45.00	100	—
1703 ILH	—	11.00	27.00	45.00	100	—
1704 ILH	—	11.00	27.00	45.00	100	—
1705 ILH	—	11.00	27.00	45.00	100	—

Note: Varieties exist

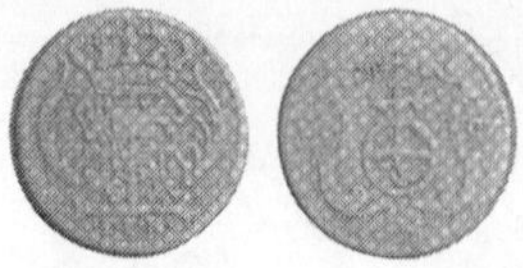

KM# 745 3 PFENNIG

Silver **Ruler:** Friedrich August I **Obv:** Ornately-shaped arms **Rev:** Date divided by frame

Date	Mintage	VG	F	VF	XF	Unc
1706 ILH	—	7.00	15.00	30.00	65.00	—
1707 ILH	—	7.00	15.00	30.00	65.00	—
1708 ILH	—	7.00	15.00	30.00	65.00	—
1709 ILH	—	7.00	15.00	30.00	65.00	—
1710 EPH	—	7.00	15.00	30.00	65.00	—
1710 ILH	—	7.00	15.00	30.00	65.00	—
1710 ILH	—	7.00	15.00	30.00	65.00	—
1711 EPH	—	7.00	15.00	30.00	65.00	—
1711 ILH	—	7.00	15.00	30.00	65.00	—
1712 EPH	—	7.00	15.00	30.00	65.00	—

Note: Varieties exist.

KM# 758 3 PFENNIG

Silver **Ruler:** Friedrich August I **Obv:** Crowned AR monogram divides date **Rev:** Value 3 in imperial orb within circle **Rev. Legend:** MONETA SAXONICA

Date	Mintage	VG	F	VF	XF	Unc
1708 ILH	—	8.00	20.00	40.00	80.00	—
1709 EPH	—	8.00	20.00	40.00	80.00	—
1709 ILH	—	8.00	20.00	40.00	80.00	—
1710 EPH	—	8.00	20.00	40.00	80.00	—
1710 ILH	—	8.00	20.00	40.00	80.00	—

KM# 819 3 PFENNIG

Silver **Ruler:** Friedrich August I **Obv:** Crowned round 4-fold arms with central shield of 2-fold arms between 2 palm branches, initials **Rev:** Value 3 on imperial orb in cartouche divides date

Date	Mintage	VG	F	VF	XF	Unc
1711 ILH	—	8.00	18.00	37.00	52.00	—
1712 ILH	—	8.00	18.00	37.00	52.00	—
1713 ILH	—	8.00	18.00	37.00	52.00	—
1714 ILH	—	8.00	18.00	37.00	52.00	—
1715 ILH	—	8.00	18.00	37.00	75.00	—
1716 ILH	—	8.00	18.00	37.00	75.00	—
1716 IGS	—	8.00	18.00	37.00	75.00	—
1717 IGS	—	8.00	18.00	37.00	75.00	—
1718 IGS	—	8.00	18.00	37.00	75.00	—
1719 IGS	—	8.00	18.00	37.00	75.00	—
1720 IGS	—	8.00	18.00	37.00	75.00	—
1721 IGS	—	8.00	18.00	37.00	75.00	—
1722 IGS	—	8.00	18.00	37.00	75.00	—
1723 IGS	—	8.00	18.00	37.00	75.00	—
1724 IGS	—	8.00	18.00	37.00	75.00	—
1725 IGS	—	8.00	18.00	37.00	75.00	—
1726 IGS	—	8.00	18.00	37.00	75.00	—
1727 IGS	—	8.00	18.00	37.00	75.00	—
1728 IGS	—	8.00	18.00	37.00	75.00	—
1729 IGS	—	8.00	18.00	37.00	75.00	—
1730 IGS	—	8.00	18.00	37.00	75.00	—
1731 IGS	—	8.00	18.00	37.00	75.00	—
1732 IGS	—	8.00	18.00	37.00	75.00	—
1733 IGS	—	8.00	18.00	37.00	75.00	—

Note: Varieties exist

KM# 874 3 PFENNIG

Billon **Ruler:** Friedrich August II **Obv:** Crowned arms **Rev:** Value on orb in cartouche divides date

Date	Mintage	F	VF	XF	Unc	BU
1734 IGS	—	10.00	20.00	45.00	90.00	—
1735 FWoF	—	10.00	20.00	45.00	90.00	—
1736 FWoF	—	10.00	20.00	45.00	90.00	—
1737 FWoF	—	10.00	20.00	45.00	90.00	—
1738 FWoF	—	10.00	20.00	45.00	90.00	—
1739 FWoF	—	10.00	20.00	45.00	90.00	—
1740 FWoF	—	10.00	20.00	45.00	90.00	—
1741 FWoF	—	10.00	20.00	45.00	90.00	—
1742 FWoF	—	10.00	20.00	45.00	90.00	—
1743 FWoF	—	10.00	20.00	45.00	90.00	—
1744 FWoF	—	10.00	20.00	45.00	90.00	—
1745 FWoF	—	10.00	20.00	45.00	90.00	—
1746 FWoF	—	10.00	20.00	45.00	90.00	—
1747 FWoF	—	10.00	20.00	45.00	90.00	—
1748 FWoF	—	10.00	20.00	45.00	90.00	—
1749 FWoF	—	10.00	20.00	45.00	90.00	—

SAXONY-ALBERTINE

Date	Mintage	F	VF	XF	Unc	BU
1750 FWoF	—	10.00	20.00	45.00	90.00	—
1751 FWoF	—	10.00	20.00	45.00	90.00	—
1752 FWoF	—	10.00	20.00	45.00	90.00	—
1753 FWoF	—	10.00	20.00	45.00	90.00	—
1754 FWoF	—	10.00	20.00	45.00	90.00	—
1755 FWoF	—	10.00	20.00	45.00	90.00	—

KM# 945 3 PFENNIG

Billon **Ruler:** Friedrich August II **Obv:** 3-line legend **Rev:** Value and date in cartouche

Date	Mintage	F	VF	XF	Unc	BU
1760 L	—	10.00	25.00	55.00	110	—
1761	—	10.00	25.00	55.00	110	—
1761 EDC	—	10.00	25.00	55.00	110	—
1761 L	—	10.00	25.00	55.00	110	—
1762	—	10.00	25.00	55.00	110	—
1762 EDC	—	10.00	25.00	55.00	110	—
1762 L	—	10.00	25.00	55.00	110	—

KM# 947 3 PFENNIG

Billon **Ruler:** Friedrich August II **Obv:** Crowned arms **Rev:** Value in cartouche

Date	Mintage	F	VF	XF	Unc	BU
1762 FWoF	—	10.00	25.00	55.00	110	—
1763 FWoF	—	10.00	25.00	55.00	110	—

KM# 965 3 PFENNIG

Billon **Obv:** Capped arms in sprays **Rev:** Value above date

Date	Mintage	F	VF	XF	Unc	BU
1764 C	—	10.00	20.00	45.00	90.00	—
1764 IFoF	—	10.00	20.00	45.00	90.00	—
1765 C	—	10.00	20.00	45.00	90.00	—
1779 C	—	10.00	20.00	45.00	90.00	—
1781 C	—	10.00	20.00	45.00	90.00	—
1782 C	—	10.00	20.00	45.00	90.00	—
1784 C	—	10.00	20.00	45.00	90.00	—
1785 C	—	10.00	20.00	45.00	90.00	—
1793 C	162,000	10.00	20.00	45.00	90.00	—

KM# 1037 3 PFENNIG

Copper **Ruler:** Friedrich August III **Obv:** Crowned oval arms within branches **Rev:** Denomination above date

Date	Mintage	F	VF	XF	Unc	BU
1797 C	—	10.00	20.00	40.00	80.00	—
1799 C	—	10.00	20.00	40.00	80.00	—
1800 C	—	10.00	20.00	40.00	80.00	—

KM# 728 6 PFENNIG (Sechser)

Silver **Ruler:** Friedrich August I **Obv:** 2-fold arms surrounded by 2 crossed palm branches, initials below **Rev:** Value **Rev. Inscription:** 6. PF /CHUR. SACHS / LANDMUNZ / date

Date	Mintage	VG	F	VF	XF	Unc
1701 EPH	—	20.00	40.00	80.00	165	—
1702 EPH	—	20.00	40.00	80.00	165	—

KM# 995 6 PFENNIG (Sechser)

Billon **Ruler:** Friedrich August II **Obv:** 3-line legend **Rev:** Value and date in cartouche

Date	Mintage	F	VF	XF	Unc	BU
1760 L	—	15.00	30.00	60.00	120	—
1761	—	15.00	30.00	60.00	120	—
1761 EC	—	15.00	30.00	60.00	120	—
1761 L	—	15.00	30.00	60.00	120	—
1762	—	15.00	30.00	60.00	120	—
1762 EC	—	15.00	30.00	60.00	120	—
1762 FWOF	—	15.00	30.00	60.00	120	—
1763 EC	—	15.00	30.00	60.00	120	—
1763 FWOF	—	15.00	30.00	60.00	120	—
1763 FWOF	—	15.00	30.00	60.00	120	—

KM# 759 GROSCHEN (1/24 Thaler)

Silver **Ruler:** Johann Georg IV **Obv:** Crowned script AR monogram, value 1 below **Rev:** Butterfly in plain field

Date	Mintage	VG	F	VF	XF	Unc
ND (1709)	—	110	225	450	900	—

KM# 822 GROSCHEN (1/24 Thaler)

Silver **Ruler:** Friedrich August I **Subject:** Death of Friedrich August I's Mother, Anna Sophia of Denmark **Obv:** Ship sailing out of port, DEO DUCE curved above, in exergue PORTUM INVENTI and value **Rev:** Crown above 11-line inscription with dates

Date	Mintage	VG	F	VF	XF	Unc
1717 IGS	—	25.00	50.00	100	210	—

KM# 900 GROSCHEN (1/24 Thaler)

Billon **Ruler:** Friedrich August II **Obv:** Armored bust right **Rev:** Imperial eagle divides value **Note:** Vicariat issue.

Date	Mintage	VG	F	VF	XF	Unc
1740	—	12.00	25.00	55.00	110	—

KM# 905 GROSCHEN (1/24 Thaler)

Billon **Ruler:** Friedrich August II **Obv:** Friedrich August on rearing horse right **Rev:** Empty throne on dais with symbols of office **Note:** Vicariat issue.

Date	Mintage	VG	F	VF	XF	Unc
1741	—	10.00	18.00	37.00	75.00	—
1742	—	10.00	18.00	37.00	75.00	—

KM# 948 GROSCHEN (1/24 Thaler)

Billon **Ruler:** Friedrich August II **Obv:** Legend **Rev:** Value, date within cartouche

Date	Mintage	VG	F	VF	XF	Unc
1762	—	8.00	18.00	37.00	75.00	—

KM# A770 2 GROSCHEN (1/12 Thaler)

Silver **Obv:** Crowned script AR monogram, value 2 below **Rev:** Butterfly in plain field

Date	Mintage	VG	F	VF	XF	Unc
ND	—	—	—	350	650	—

KM# 823 2 GROSCHEN (1/12 Thaler)

Silver **Ruler:** Friedrich August I **Subject:** Death of Friedrich August I's Mother, Anna Sophia of Denmark **Obv:** Inscription **Rev:** Ship at sea, rock in water at left **Note:** Similar to 1 Groschen, KM#822.

Date	Mintage	VG	F	VF	XF	Unc
1717 IGS	—	32.00	65.00	120	240	—

KM# 835 2 GROSCHEN (1/12 Thaler)

Silver **Ruler:** Friedrich August I **Subject:** Marriage of Prince Friedrich August (II) and Maria Josepha of Austria **Obv:** 2 joined flaming hearts tied with ribbon held by hands at left and right, above INDISSOLVBILITER **Rev:** 9-line inscription with R.N. date, mintmaster's initials and value 2 in oval and symbol for groschen

Date	Mintage	VG	F	VF	XF	Unc
1719 IGS	—	30.00	60.00	100	215	—
MDCCXIX	—	30.00	60.00	100	215	—
(1719) IGS						

KM# 855 2 GROSCHEN (1/12 Thaler)

Silver **Ruler:** Friedrich August I **Subject:** Death of Friedrich August I's Wife, Christiane Eberhardine **Obv:** 11-line inscription with dates above in oval (and symbol for groschen) dividing mintmaster's initials **Rev:** Cyprus tree between 2 pyramids divides TOT - CORDA **Rev. Legend:** GVOT FOLIA, LVGENT below

Date	Mintage	VG	F	VF	XF	Unc
1727 IGS	—	20.00	50.00	100	200	—

KM# 891 2 GROSCHEN (1/12 Thaler)

Silver **Ruler:** Friedrich August II **Subject:** Marriage of Princess to King of Naple **Obv:** 9-line inscription and date **Rev:** Altar, holding 2 hearts, beneath crown held by hand from heaven

Date	Mintage	VG	F	VF	XF	Unc
MDCCXXXVIII (1738)	—	12.00	30.00	60.00	120	—

KM# 906 2 GROSCHEN (1/12 Thaler)

Silver **Ruler:** Friedrich August II **Obv:** Friedrich August on rearing horse right **Obv. Legend:** DG FRID AUG REX POL DUX SAX ARCHIM E ELECTOR **Rev:** Empty throne on dais with symbols of office **Note:** Vicariat issue.

Date	Mintage	VG	F	VF	XF	Unc
1741	—	15.00	30.00	65.00	135	—
1742	—	15.00	30.00	65.00	135	—

KM# 917 2 GROSCHEN (1/12 Thaler)

Silver **Ruler:** Friedrich August II **Subject:** Marriage of Princess to Dauphin of France **Obv:** 7-line inscription and date **Rev:** 2 hearts on altar, 2 shields of arms against altar

Date	Mintage	VG	F	VF	XF	Unc
1747	—	15.00	30.00	65.00	135	—

KM# 918 2 GROSCHEN (1/12 Thaler)

Silver **Ruler:** Friedrich August II **Subject:** Marriage of Prince Friedrich Christian **Obv:** Inscription **Rev:** Angel flying in clouds

Date	Mintage	VG	F	VF	XF	Unc
1747	—	15.00	30.00	65.00	135	—

KM# 1020 2 GROSCHEN (1/12 Thaler)

Silver **Ruler:** Friedrich August III **Obv:** Head right **Rev:** Crowned shield on eagle's breast **Note:** Vicariat issue.

Date	Mintage	VG	F	VF	XF	Unc
1790	—	8.00	20.00	40.00	80.00	—

KM# 1031 2 GROSCHEN (1/12 Thaler)

Silver **Ruler:** Friedrich August III **Obv:** Armored bust right **Obv. Legend:** FRID • AVG • DVX • SAX • EL • ELECTOR • **Rev:** Crowned shield on eagle's breast

Date	Mintage	VG	F	VF	XF	Unc
1792	—	8.00	20.00	40.00	80.00	—
1792/1	—	8.00	20.00	40.00	80.00	—

KM# 760 4 GROSCHEN

Silver **Ruler:** Friedrich August I **Obv:** Crowned script AR monogram, value 4 **Rev:** Butterfly in plain field

Date	Mintage	VG	F	VF	XF	Unc
ND (1709)	—	300	500	900	1,700	—

KM# 761 8 GROSCHEN (1/3 Thaler)

Silver **Ruler:** Friedrich August I **Obv:** Crowned script AR monogram, value 8 gr below **Rev:** Butterfly in plain field

Date	Mintage	VG	F	VF	XF	Unc
ND (1709)	—	425	800	1,500	3,000	—

KM# 762 16 GROSCHEN

Silver **Ruler:** Friedrich August I **Obv:** Crowned script AR monogram, 16 GR below **Rev:** Butterfly in plain field

Date	Mintage	VG	F	VF	XF	Unc
ND (1709)	—	475	900	1,800	3,750	7,500

KM# 763 32 GROSCHEN (Thaler)

Silver **Ruler:** Johann Georg IV **Obv:** Crowned script AR monogram, value: 32 below **Rev:** Butterfly in plain field

Date	Mintage	VG	F	VF	XF	Unc
ND (1709)	—	750	1,150	2,200	3,650	7,500

570 GERMAN STATES SAXONY-ALBERTINE

KM# 712 1/48 THALER (1/2 Groschen)
Silver **Ruler:** Johann Georg IV **Obv:** Crowned round 4-fold arms with crowned central shield of 2-fold arms, between 2 crossed palm branches, initials below **Rev:** Value and date in palm wreath

Date	Mintage	VG	F	VF	XF	Unc
1701 ILH	—	8.00	16.00	33.00	65.00	—

KM# 703 1/48 THALER (1/2 Groschen)
Silver **Ruler:** Friedrich August I **Obv:** Small branch at sides of arms **Rev:** Crossed palm fronds

Date	Mintage	VG	F	VF	XF	Unc
1701 ILH	—	8.00	16.00	33.00	65.00	—
1702 ILH	—	8.00	16.00	33.00	65.00	—
1709 ILH	—	8.00	16.00	33.00	65.00	—
1710 ILH	—	8.00	16.00	33.00	65.00	—
1711 ILH	—	8.00	16.00	33.00	65.00	—
1712 ILH	—	8.00	16.00	33.00	65.00	—
1713 ILH	—	8.00	16.00	33.00	65.00	—
1714 ILH	—	8.00	16.00	33.00	65.00	—
1715 ILH	—	8.00	16.00	33.00	65.00	—
1716 IGS	—	8.00	16.00	33.00	65.00	—
1717 IGS	—	8.00	16.00	33.00	65.00	—
1718 IGS	—	8.00	16.00	33.00	65.00	—
1719 IGS	—	8.00	16.00	33.00	65.00	—
1720 IGS	—	8.00	16.00	33.00	65.00	—
1721 IGS	—	8.00	16.00	33.00	65.00	—
1722 IGS	—	8.00	16.00	33.00	65.00	—
1723 IGS	—	8.00	16.00	33.00	65.00	—
1724 IGS	—	8.00	16.00	33.00	65.00	—
1725 IGS	—	8.00	16.00	33.00	65.00	—
1726 IGS	—	8.00	16.00	33.00	65.00	—
1727 IGS	—	8.00	16.00	33.00	65.00	—
1728 IGS	—	8.00	16.00	33.00	65.00	—
1729 IGS	—	8.00	16.00	33.00	65.00	—
1730 IGS	—	8.00	16.00	33.00	65.00	—
1731 IGS	—	8.00	16.00	33.00	65.00	—
1732 IGS	—	8.00	16.00	33.00	65.00	—
1733 IGS	—	8.00	16.00	33.00	65.00	—

Note: Varieties exist

KM# 773 1/48 THALER (1/2 Groschen)
Silver **Ruler:** Friedrich August I **Obv:** Crowned AR monogram divides date, initials below **Rev. Legend:** MONETA SAXONICA **Rev. Inscription:** 48 / EINEN / THAL

Date	Mintage	VG	F	VF	XF	Unc
1709 EPH	—	12.00	25.00	55.00	110	—
1710 EPH	—	12.00	25.00	55.00	110	—

KM# 774 1/48 THALER (1/2 Groschen)
Silver **Ruler:** Friedrich August I **Obv:** Crowned ornately-shaped arms, concave on left and right with central shield of 2-fold arms between 2 crossed branches, initials below **Rev:** Value and date in palm wreath

Date	Mintage	VG	F	VF	XF	Unc
1709 EPH	—	10.00	20.00	45.00	90.00	—
1710 EPH	—	10.00	20.00	45.00	90.00	—
1711 EPH	—	10.00	20.00	45.00	90.00	—

Note: Varieties exist

KM# 875 1/48 THALER (1/2 Groschen)
Billon **Ruler:** Friedrich August II **Obv:** Crowned arms **Rev:** Value: THAL

Date	Mintage	VG	F	VF	XF	Unc
1734 IGS	—	10.00	20.00	45.00	90.00	—

KM# 883 1/48 THALER (1/2 Groschen)
Billon **Ruler:** Friedrich August II **Obv:** Crowned arms **Rev:** Value and date

Date	Mintage	VG	F	VF	XF	Unc
1734 IGS	—	5.00	12.00	25.00	50.00	—
1735 FWoF	—	5.00	12.00	25.00	50.00	—
1736 FWoF	—	5.00	12.00	25.00	50.00	—
1737 FWoF	—	5.00	12.00	25.00	50.00	—
1738 FWoF	—	5.00	12.00	25.00	50.00	—
1739 FWoF	—	5.00	12.00	25.00	50.00	—
1740 FWoF	—	5.00	12.00	25.00	50.00	—
1741 FWoF	—	5.00	12.00	25.00	50.00	—
1742 FWoF	—	5.00	12.00	25.00	50.00	—
1743 FWoF	—	5.00	12.00	25.00	50.00	—
1744 FWoF	—	5.00	12.00	25.00	50.00	—
1745 FWoF	—	5.00	12.00	25.00	50.00	—
1746 FWoF	—	5.00	12.00	25.00	50.00	—
1747 FWoF	—	5.00	12.00	25.00	50.00	—
1748 FWoF	—	5.00	12.00	25.00	50.00	—
1749 FWoF	—	5.00	12.00	25.00	50.00	—
1750 FWoF	—	5.00	12.00	25.00	50.00	—
1751 FWoF	—	5.00	12.00	25.00	50.00	—
1753 FWoF	—	5.00	12.00	25.00	50.00	—
1754 FWoF	—	5.00	12.00	25.00	50.00	—
1755 FWoF	—	5.00	12.00	25.00	50.00	—
1756 FWoF	—	5.00	12.00	25.00	50.00	—

KM# 931 1/48 THALER (1/2 Groschen)
Billon **Obv:** Script AR monogram

Date	Mintage	VG	F	VF	XF	Unc
1753 L	—	5.00	12.00	25.00	50.00	—
1754 EDC	—	5.00	12.00	25.00	50.00	—
1755 EDC	—	5.00	12.00	25.00	50.00	—

KM# 932 1/48 THALER (1/2 Groschen)
Billon **Ruler:** Friedrich August II

Date	Mintage	VG	F	VF	XF	Unc
1757 B	—	8.00	18.00	37.00	75.00	—

KM# 951 1/48 THALER (1/2 Groschen)
Billon **Obv:** Crowned arms **Rev:** Value; date in outer legend

Date	Mintage	VG	F	VF	XF	Unc
1763 C	—	6.00	15.00	30.00	65.00	—

KM# 966 1/48 THALER (1/2 Groschen)
0.9700 g., 0.2500 Silver 0.0078 oz. ASW **Ruler:** Friedrich August III **Obv:** Crowned shield within crossed laurel branches **Rev:** Value above date

Date	Mintage	F	VF	XF	Unc	BU
1764 IFoF	—	—	—	—	—	—
1764 C	—	12.00	30.00	60.00	120	—
1765 C	—	12.00	30.00	60.00	120	—
1771 C	—	12.00	30.00	60.00	120	—
1779 C	756,000	12.00	30.00	60.00	120	—
1781 C	547,000	12.00	30.00	60.00	120	—
1785 C	133,000	12.00	30.00	60.00	120	—
1793 C	174,000	12.00	30.00	60.00	120	—
1799 C	—	12.00	30.00	60.00	120	—

KM# 682 1/24 THALER (Groschen)
Silver **Ruler:** Johann Georg IV **Obv:** Crowned round 4-fold arms with crowned central shield of 2-fold arms **Rev:** Value in palm wreath **Rev. Inscription:** 24 / EINEN / THAI / date **Note:** Varieties exist.

Date	Mintage	VG	F	VF	XF	Unc
1701 ILH	—	11.00	20.00	40.00	90.00	—
1701 ILH	—	11.00	20.00	40.00	90.00	—
1702 ILH	—	11.00	20.00	40.00	90.00	—
1703 ILH	—	11.00	20.00	40.00	90.00	—
1704 ILH	—	11.00	20.00	40.00	90.00	—
1705 ILH	—	11.00	20.00	40.00	90.00	—
1709 ILH	—	11.00	20.00	40.00	90.00	—

KM# 743 1/24 THALER (Groschen)
Silver **Ruler:** Friedrich August I **Obv:** Ornately-shaped arms, concave sides in 2 crossed palm branches **Rev:** Value in palm wreath **Rev. Inscription:** 24 / EINEN ... **Mint:** Chemnitz

Date	Mintage	VG	F	VF	XF	Unc
1705 ILH	—	9.00	20.00	45.00	90.00	—
1706 ILH	—	9.00	20.00	45.00	90.00	—
1707 ILH	—	9.00	20.00	45.00	90.00	—
1710 ILH	—	9.00	20.00	45.00	90.00	—
1711 ILH	—	9.00	20.00	45.00	90.00	—

Note: Varieties exist.

KM# 764 1/24 THALER (Groschen)
Silver **Ruler:** Friedrich August I **Obv:** Crowned AR monogram divides date, initials below **Rev:** Value **Rev. Legend:** MONETA SAXONICA **Rev. Inscription:** 24 / EINEN / THAL **Note:** Varieties exist.

Date	Mintage	VG	F	VF	XF	Unc
1708 ILH	—	12.00	30.00	60.00	125	—
1709 ILH	—	12.00	30.00	60.00	125	—
1710 ILH	—	12.00	30.00	60.00	125	—
1710 ILH	—	12.00	30.00	60.00	125	—

KM# 798 1/24 THALER (Groschen)
Silver **Ruler:** Friedrich August I **Obv:** Crowned arms **Obv. Legend:** D: G: FRID: AUGUST: REX POL: **Rev:** Value, date within branches **Rev. Legend:** DUX SAX: S • R • I • ARCH: ET ELECT • **Note:** Varieties exist.

Date	Mintage	VG	F	VF	XF	Unc
1711 ILH	—	8.00	20.00	40.00	80.00	—
1712 ILH	—	8.00	20.00	40.00	80.00	—
1713 ILH	—	8.00	20.00	40.00	80.00	—
1714 ILH	—	8.00	20.00	40.00	80.00	—
1715 ILH	—	8.00	20.00	40.00	80.00	—
1716 IGS	—	8.00	20.00	40.00	80.00	—
1717 IGS	—	8.00	20.00	40.00	80.00	—
1718 IGS	—	8.00	20.00	40.00	80.00	—
1719 IGS	—	8.00	20.00	40.00	80.00	—
1720 IGS	—	8.00	20.00	40.00	80.00	—
1721 IGS	—	8.00	20.00	40.00	80.00	—
1722 IGS	—	8.00	20.00	40.00	80.00	—
1723 IGS	—	8.00	20.00	40.00	80.00	—
1724 IGS	—	8.00	20.00	40.00	80.00	—
1725 IGS	—	8.00	20.00	40.00	80.00	—
1726 IGS	—	8.00	20.00	40.00	80.00	—
1727 IGS	—	8.00	20.00	40.00	80.00	—
1728 IGS	—	8.00	20.00	40.00	80.00	—
1729 IGS	—	8.00	20.00	40.00	80.00	—
1730 IGS	—	8.00	20.00	40.00	80.00	—
1731 IGS	—	8.00	20.00	40.00	80.00	—
1732 IGS	—	8.00	20.00	40.00	80.00	—
1733 IGS	—	8.00	20.00	40.00	80.00	—

KM# 876 1/24 THALER (Groschen)
Billon **Ruler:** Friedrich August II **Obv:** Crowned arms **Rev:** Value THAL and date in circle

Date	Mintage	VG	F	VF	XF	Unc
1734 IGS	—	10.00	25.00	65.00	110	—

KM# 884 1/24 THALER (Groschen)
Billon **Ruler:** Friedrich August II **Obv:** Crowned arms **Obv. Legend:** D: G: FRID: AUGUST: REX POL • **Rev:** Value, date **Rev. Legend:** DUX SAX: S: R: I: ARCH: ET ELECT:

Date	Mintage	VG	F	VF	XF	Unc
1734 IGS	—	8.00	18.00	37.00	75.00	—
1735 FWoF	—	8.00	18.00	37.00	75.00	—
1736 FWoF	—	8.00	18.00	37.00	75.00	—
1737 FWoF	—	8.00	18.00	37.00	75.00	—
1738 FWoF	—	8.00	18.00	37.00	75.00	—
1739 FWoF	—	8.00	18.00	37.00	75.00	—
1740 FWoF	—	8.00	18.00	37.00	75.00	—
1741 FWoF	—	8.00	18.00	37.00	75.00	—
1742 FWoF	—	8.00	18.00	37.00	75.00	—
1743 FWoF	—	8.00	18.00	37.00	75.00	—
1744 FWoF	—	8.00	18.00	37.00	75.00	—
1745 FWoF	—	8.00	18.00	37.00	75.00	—
1746 FWoF	—	8.00	18.00	37.00	75.00	—
1747 FWoF	—	8.00	18.00	37.00	75.00	—
1748 FWoF	—	8.00	18.00	37.00	75.00	—
1749 FWoF	—	8.00	18.00	37.00	75.00	—
1750 FwoF	—	8.00	18.00	37.00	75.00	—
1751 FWoF	—	8.00	18.00	37.00	75.00	—
1751/1 FWoF	—	8.00	18.00	37.00	75.00	—
1752 FWoF	—	8.00	18.00	37.00	75.00	—
1753 FWoF	—	8.00	18.00	37.00	75.00	—
1754 FWoF	—	8.00	18.00	37.00	75.00	—
1755 FWoF	—	8.00	18.00	37.00	75.00	—
1756 FWoF	—	8.00	18.00	37.00	75.00	—
1757 FWoF	—	8.00	18.00	37.00	75.00	—
1758 FWoF	—	8.00	18.00	37.00	75.00	—
1759 FWoF	—	8.00	18.00	37.00	75.00	—
1760 FWoF	—	8.00	18.00	37.00	75.00	—

KM# 910 1/24 THALER (Groschen)
Billon **Ruler:** Friedrich August II **Obv. Legend:** Ending: . . . & VIC **Note:** Vicariat issue.

Date	Mintage	VG	F	VF	XF	Unc
1745 FWoF	—	15.00	37.00	75.00	150	—

KM# 927 1/24 THALER (Groschen)
Billon **Ruler:** Friedrich August II **Obv:** Script AR monogram **Rev:** Value and date

Date	Mintage	VG	F	VF	XF	Unc
1753L	—	10.00	25.00	55.00	110	—

KM# 929 1/24 THALER (Groschen)
Billon, 21 mm. **Ruler:** Friedrich August II **Obv:** Crowned arms **Rev:** Value, date

Date	Mintage	VG	F	VF	XF	Unc
1753L EDC	—	8.00	18.00	37.00	75.00	—
1754L EDC	—	8.00	18.00	37.00	75.00	—
1760L EDC	—	8.00	18.00	37.00	75.00	—

Date	Mintage	VG	F	VF	XF	Unc
1761L EDC	—	8.00	18.00	37.00	75.00	—
1767L EDC	—	8.00	18.00	37.00	75.00	—

KM# A928 1/24 THALER (Groschen)
Billon **Ruler:** Friedrich August II **Obv:** Crowned arms **Rev:** Value THAL and date in circle **Note:** Prev. KM#928.

Date	Mintage	VG	F	VF	XF	Unc
1753 EDC//L	—	8.00	18.00	37.00	75.00	—
1754 EDC//L	—	8.00	18.00	37.00	75.00	—
1755 EDC//L	—	8.00	18.00	37.00	75.00	—
1756 EDC//L	—	8.00	18.00	37.00	75.00	—
1757 EDC//L	—	8.00	18.00	37.00	75.00	—

KM# 930 1/24 THALER (Groschen)
Billon **Ruler:** Friedrich August II **Subject:** Prussian Occupation **Obv:** Crowned arms **Obv. Legend:** D: G: FRID: AUGUST: REX POL • **Rev:** Value, date **Rev. Legend:** DUX SAX: S: R: I: ARCH: ET ELECT: **Note:** Similar to KM#884.

Date	Mintage	VG	F	VF	XF	Unc
1756 IDB	—	8.00	18.00	37.00	75.00	—
1757 IDB	—	8.00	18.00	37.00	75.00	—

KM# 946 1/24 THALER (Groschen)
Billon **Ruler:** Friedrich August I **Obv:** Crowned arms **Obv. Legend:** D • G • FRID • AVG • REX • POL • EL • SAX • **Rev:** Value with rosette below **Rev. Legend:** CCCXX EINE FEINE MARCK date

Date	Mintage	VG	F	VF	XF	Unc
1760 EDC	—	8.00	18.00	37.00	75.00	—
1761 EDC	—	8.00	18.00	37.00	75.00	—
1762 EDC	—	8.00	18.00	37.00	75.00	—
1763 EDC	—	8.00	18.00	37.00	75.00	—
1763 FWoF	—	8.00	18.00	37.00	75.00	—

KM# 952 1/24 THALER (Groschen)
Billon **Obv:** Crowned arms **Rev:** Value, date in outer legend

Date	Mintage	VG	F	VF	XF	Unc
1763 EDC	—	8.00	18.00	37.00	75.00	—
1763 FWoF	—	8.00	18.00	37.00	75.00	—
1763 JFoF	—	8.00	18.00	37.00	75.00	—

KM# 967 1/24 THALER (Groschen)
1.9800 g., 0.3680 Silver 0.0234 oz. ASW **Ruler:** Xaver **Obv:** Crowned arms **Obv. Legend:** XAVERIVS D G REG . . . **Rev:** Value, date **Rev. Legend:** ELECTORATVS SAXONIÆ ADMINISTRATOR

Date	Mintage	F	VF	XF	Unc	BU
1764 EDC	—	15.00	30.00	60.00	125	—
1765 EDC	—	15.00	30.00	60.00	125	—
1766 EDC	—	15.00	30.00	60.00	125	—
1767 EDC	—	15.00	30.00	60.00	125	—
1768 EDC	—	15.00	30.00	60.00	125	—

KM# 968 1/24 THALER (Groschen)
1.9800 g., 0.3680 Silver 0.0234 oz. ASW **Ruler:** Friedrich August III **Obv:** Crowned oval arms within branches **Obv. Legend:** FRID. AVG. . . **Rev:** Value above date

Date	Mintage	F	VF	XF	Unc	BU
1764 EDC	—	10.00	25.00	45.00	90.00	—
1764 IFoF	—	10.00	25.00	45.00	90.00	—
1798 EDC	—	10.00	25.00	45.00	90.00	—
1798 IEC	—	10.00	25.00	45.00	90.00	—
1800 EDC	—	10.00	25.00	45.00	90.00	—

KM# 683 1/12 THALER (Doppelgroschen)
Billon **Ruler:** Friedrich August I **Obv:** Crowned arms within branches **Obv. Legend:** D • G • FRID • AUGUST • REX • POL • DUX • SAX • **Rev:** Value, date within branches

Date	Mintage	VG	F	VF	XF	Unc
1701 ILH	—	10.00	20.00	45.00	95.00	—
1702 EPH	—	10.00	20.00	45.00	95.00	—
1702 ILH	—	10.00	20.00	45.00	95.00	—
1703 EPH	—	10.00	20.00	45.00	95.00	—
1703 ILH	—	10.00	20.00	45.00	95.00	—
1704 EPH	—	10.00	20.00	45.00	95.00	—
1704 ILH	—	10.00	20.00	45.00	95.00	—
1705 EPH	—	10.00	20.00	45.00	95.00	—
1705 ILH	—	10.00	20.00	45.00	95.00	—
1706 ILH	—	10.00	20.00	45.00	95.00	—
1707 EPH	—	10.00	20.00	45.00	95.00	—
1707 ILH	—	10.00	20.00	45.00	95.00	—
1709 ILH	—	10.00	20.00	45.00	95.00	—
1709 ILH	—	10.00	20.00	45.00	95.00	—
1709 EPH	—	10.00	20.00	45.00	95.00	—

Note: Varieties exist

KM# 746 1/12 THALER (Doppelgroschen)
Billon **Ruler:** Friedrich August I **Obv:** Crowned arms within branches **Obv. Legend:** D • G • FRID: AUGUST: REX POL: **Rev:** Value within branches **Rev. Legend:** DUX: SAX S: R: I: ARCH: ET ELECT:

Date	Mintage	VG	F	VF	XF	Unc
1706 EPH	—	12.00	30.00	60.00	125	—
1707 EPH	—	12.00	30.00	60.00	125	—
1709 EPH	—	12.00	30.00	60.00	125	—
1710 EPH	—	12.00	30.00	60.00	125	—
1711 EPH	—	12.00	30.00	60.00	125	—
1712 EPH	—	12.00	30.00	60.00	125	—
1713 EPH	—	12.00	30.00	60.00	125	—
1714 EPH	—	12.00	30.00	60.00	125	—
1715 EPH	—	12.00	30.00	60.00	125	—
1716 IGS	—	12.00	30.00	60.00	125	—
1717 IGS	—	12.00	30.00	60.00	125	—

Note: Varieties exist

KM# 765 1/12 THALER (Doppelgroschen)
Billon **Ruler:** Friedrich August I **Obv:** Crowned monogram divides date **Obv. Legend:** MONETA • SAXONICA **Rev:** Value within inner circle

Date	Mintage	VG	F	VF	XF	Unc
1708 EPH	—	15.00	35.00	75.00	150	—
1708 ILH	—	15.00	35.00	75.00	150	—
1709 EPH	—	15.00	35.00	75.00	150	—
1710 EPH	—	15.00	35.00	75.00	150	—

Note: Varieties exist

KM# 799 1/12 THALER (Doppelgroschen)
Billon **Ruler:** Friedrich August I **Obv:** Crowned arms **Obv. Legend:** D: G: FRID: AUGUST: REX POL: **Rev:** Value, date in branches **Rev. Legend:** DUX SAX: S • R • I • ARCH: ET ELECT • **Rev. Inscription:** 12 / EINEN **Note:** Similar to 1/24 Thaler, KM#798.

Date	Mintage	VG	F	VF	XF	Unc
1711 ILH	—	10.00	25.00	55.00	110	—
1712 ILH	—	10.00	25.00	55.00	110	—
1713 ILH	—	10.00	25.00	55.00	110	—
1714 ILH	—	10.00	25.00	55.00	110	—
1715 ILH	—	10.00	25.00	55.00	110	—
1716 IGS	—	10.00	25.00	55.00	110	—
1716 ILH	—	10.00	25.00	55.00	110	—
1717 IGS	—	10.00	25.00	55.00	110	—
1718 IGS	—	10.00	25.00	55.00	110	—
1719 IGS	—	10.00	25.00	55.00	110	—
1720 IGS	—	10.00	25.00	55.00	110	—
1721 IGS	—	10.00	25.00	55.00	110	—
1722 IGS	—	10.00	25.00	55.00	110	—
1723 IGS	—	10.00	25.00	55.00	110	—
1724 IGS	—	10.00	25.00	55.00	110	—
1725 IGS	—	10.00	25.00	55.00	110	—
1726 IGS	—	10.00	25.00	55.00	110	—
1727 IGS	—	10.00	25.00	55.00	110	—
1728 IGS	—	10.00	25.00	55.00	110	—
1729 IGS	—	10.00	25.00	55.00	110	—
1730 IGS	—	10.00	25.00	55.00	110	—
1731 IGS	—	10.00	25.00	55.00	110	—
1732 IGS	—	10.00	25.00	55.00	110	—
1733 IGS	—	10.00	25.00	55.00	110	—

Note: Varieties exist

KM# 877 1/12 THALER (Doppelgroschen)
Silver **Ruler:** Friedrich August II **Obv:** Crowned arms **Rev:** Value and date in circle

Date	Mintage	VG	F	VF	XF	Unc
1734 IGS	—	9.00	20.00	45.00	90.00	—
1735 FWoF	—	9.00	20.00	45.00	90.00	—
1735 IGS	—	9.00	20.00	45.00	90.00	—
1736 FWoF	—	9.00	20.00	45.00	90.00	—
1737 FWoF	—	9.00	20.00	45.00	90.00	—
1738 FWoF	—	9.00	20.00	45.00	90.00	—
1739 FWoF	—	9.00	20.00	45.00	90.00	—
1740 FWoF	—	9.00	20.00	45.00	90.00	—
1741 FWoF	—	8.00	20.00	45.00	90.00	—
1742 FWoF	—	8.00	20.00	45.00	90.00	—
1743 FWoF	—	8.00	20.00	45.00	90.00	—
1744 FWoF	—	8.00	20.00	45.00	90.00	—
1745 FWoF	—	8.00	20.00	45.00	90.00	—
1746 FWoF	—	8.00	20.00	45.00	90.00	—
1747 FWoF	—	8.00	20.00	45.00	90.00	—
1748 FWoF	—	8.00	20.00	45.00	90.00	—
1749 FWoF	—	8.00	20.00	45.00	90.00	—
1750 FWoF	—	8.00	20.00	45.00	90.00	—
1751 FWoF	—	8.00	20.00	45.00	90.00	—
1752 FWoF	—	8.00	20.00	45.00	90.00	—
1753 FWoF	—	8.00	20.00	45.00	90.00	—
1754 FWoF	—	8.00	20.00	45.00	90.00	—
1755 FWoF	—	8.00	20.00	45.00	90.00	—
1757 FWoF	—	8.00	20.00	45.00	90.00	—
1762 FWoF	—	8.00	20.00	45.00	90.00	—
1763 FWoF	—	8.00	20.00	45.00	90.00	—

KM# 911 1/12 THALER (Doppelgroschen)
Silver **Ruler:** Friedrich August II **Obv:** Crowned arms **Obv. Legend:** ... & VICARIUS **Note:** Vicariat Issue.

Date	Mintage	VG	F	VF	XF	Unc
1745 FWoF	—	20.00	45.00	90.00	185	—

KM# 923 1/12 THALER (Doppelgroschen)
Silver **Ruler:** Friedrich August II **Subject:** Marriage of Princess Maria Josepha **Note:** Similar to 2/3 Thaler, KM#M6.

Date	Mintage	VG	F	VF	XF	Unc
1747	—	18.00	40.00	80.00	165	—

KM# 924 1/12 THALER (Doppelgroschen)
Silver **Ruler:** Friedrich August II **Subject:** Marriage of Prince Friedrich Christian **Note:** Similar to 2/3 Thaler, KM#M9.

Date	Mintage	VG	F	VF	XF	Unc
1747	—	15.00	30.00	65.00	135	—

KM# 949 1/12 THALER (Doppelgroschen)
Silver **Obv:** Bust of Friedrich August right **Rev:** Value and date

Date	Mintage	VG	F	VF	XF	Unc
1762	—	15.00	30.00	60.00	120	—

KM# 953 1/12 THALER (Doppelgroschen)
Silver **Obv:** 2 crowned shields of arms **Rev:** Value

Date	Mintage	VG	F	VF	XF	Unc
1763 EDC	—	7.00	15.00	30.00	60.00	—
1763 FWoF	—	7.00	15.00	30.00	60.00	—

KM# 954 1/12 THALER (Doppelgroschen)
Billon **Obv:** Crowned arms **Rev:** Value

Date	Mintage	VG	F	VF	XF	Unc
1763 EDC	—	7.00	15.00	30.00	60.00	—
1763 FWoF	—	7.00	15.00	30.00	60.00	—
1763 JFoF	—	7.00	15.00	30.00	60.00	—

572 GERMAN STATES SAXONY-ALBERTINE

KM# 956 1/12 THALER (Doppelgroschen)
3.3400 g., 0.4370 Silver 0.0469 oz. ASW **Ruler:** Friedrich August III **Obv:** Crowned large oval arms **Obv. Legend:** FRID: AVGVST: D: G: DUXSAX: ELECTOR **Rev:** Value above date **Rev. Legend:** CLX • EINE FEINE MARCK •

Date	Mintage	F	VF	XF	Unc	BU
1763 EDC	—	10.00	25.00	50.00	100	—
1764 FWoF	—	18.00	37.00	75.00	150	—
1764 FWoF	—	18.00	37.00	75.00	150	—
1764 EDC	—	10.00	25.00	50.00	100	—
1765 EDC	—	10.00	25.00	50.00	100	—
1797 EDC	—	10.00	25.00	50.00	100	—
1798 EDC	—	10.00	25.00	50.00	100	—
1799 EDC	—	10.00	25.00	50.00	100	—
1800 EDC	—	10.00	25.00	50.00	100	—

KM# 955 1/12 THALER (Doppelgroschen)
3.3400 g., 0.4370 Silver 0.0469 oz. ASW **Ruler:** Xaver **Obv:** Different crowned arms **Obv. Legend:** XAVERIVS ...

Date	Mintage	VG	F	VF	XF	Unc
1764 EDC	—	8.00	18.00	37.00	75.00	—
1765 EDC	—	8.00	18.00	37.00	75.00	—
1766 EDC	—	8.00	18.00	37.00	75.00	—
1767 EDC	—	8.00	18.00	37.00	75.00	—
1768 EDC	—	8.00	18.00	37.00	75.00	—

KM# 721 1/8 THALER
Silver **Ruler:** Johann Georg IV **Obv:** Large bust right **Rev:** Crowned flat top 2-fold arms between palm branches divides initials, date in legend **Note:** Varieties exist.

Date	Mintage	VG	F	VF	XF	Unc
1702 ILH	—	20.00	40.00	80.00	155	—
1703 ILH	—	20.00	40.00	80.00	155	—
1728 IGS	—	20.00	40.00	80.00	155	—

KM# 740 1/8 THALER
Silver **Ruler:** Friedrich August I **Rev:** Round arms, date at top

Date	Mintage	VG	F	VF	XF	Unc
1704 LIH	—	20.00	45.00	90.00	185	—
1705 ILH	—	20.00	45.00	90.00	185	—
1705 LIH	—	20.00	45.00	90.00	185	—

KM# 754 1/8 THALER
Silver **Ruler:** Friedrich August I **Obv:** Small bust right, titles of Friedrich August 1 **Rev:** Crowned round 4-fold arms with central shield of 2-fold arms in crossed palm fronds, date in legend

Date	Mintage	VG	F	VF	XF	Unc
1707 ILH	—	15.00	35.00	75.00	150	—
1710 ILH	—	15.00	35.00	75.00	150	—
1711 ILH	—	15.00	35.00	75.00	150	—
1713 ILH	—	15.00	35.00	75.00	150	—
1714 ILH	—	15.00	35.00	75.00	150	—
1715 ILH	—	15.00	35.00	75.00	150	—
1716 ILH	—	15.00	35.00	75.00	150	—
1717 IGS	—	15.00	35.00	75.00	150	—
1718 IGS	—	15.00	35.00	75.00	150	—
1719 IGS	—	15.00	35.00	75.00	150	—
1720 IGS	—	15.00	35.00	75.00	150	—
1726 IGS	—	15.00	35.00	75.00	150	—
1727 IGS	—	15.00	35.00	75.00	150	—
1730 IGS	—	15.00	35.00	75.00	150	—
1733 IGS	—	15.00	35.00	75.00	150	—

Note: Varieties exist

KM# 800 1/8 THALER
Silver **Ruler:** Friedrich August I **Obv:** Equestrian figure of Duke right, ornate arms in baroque frame below **Rev:** 2 tables holding crown, scepter and mantle, 2-line inscription above, 4-line inscription with Roman numeral date below, initials and symbol at bottom **Rev. Inscription:** FRID: AUG: / REX ELECTOR / VICARIUS / POST MORT: IOSEPHI / IMPERAT: / MDCCXI **Note:** Vicariat issue.

Date	Mintage	VG	F	VF	XF	Unc
1711 ILH	—	20.00	45.00	90.00	185	—

KM# A878 1/8 THALER
Silver **Ruler:** Friedrich August II **Obv:** Armored bust right **Rev:** Crowned 4-fold arms with crowned central shield of electoral Saxony, date at end of legend

Date	Mintage	VG	F	VF	XF	Unc
1734 IGS	—	75.00	150	300	625	—
1735 FWoF	—	75.00	150	300	625	—
1736 FWoF	—	75.00	150	300	625	—
1737 FWoF	—	75.00	150	300	625	—
1739 FWoF	—	75.00	150	300	625	—
1740 FWoW	—	75.00	150	300	625	—
1742 FWoF	—	75.00	150	300	625	—
1743 FWoF	—	75.00	150	300	625	—
1746 FWoF	—	75.00	150	300	625	—
1748 FWoF	—	75.00	150	300	625	—
1750 FWoF	—	75.00	150	300	625	—

Note: Varieties exist.

KM# 722 1/6 THALER (1/4 Gulden)
Silver **Ruler:** Friedrich August I **Rev:** 2 adjacent shields between palm branches, with 4-fold arms, with central shield of electoral Saxony, large crown above, value: 1/6 in oval below, date in legend

Date	Mintage	VG	F	VF	XF	Unc
1701 ILH	—	35.00	70.00	150	265	—
1702 ILH	—	35.00	70.00	150	265	—
1703 ILH	—	35.00	70.00	150	265	—
1704 ILH	—	35.00	70.00	150	265	—

Note: Varieties exist.

KM# 747 1/6 THALER (1/4 Gulden)
Silver **Ruler:** Friedrich August I **Obv:** Armored bust right **Obv. Legend:** D: G: AUGUST: REX POLON: **Rev:** Shields shaped more square, date divided by value **Rev. Legend:** DUX SAX: I • C • M • A • & W • S • R • I • ARCH: & EL:

Date	Mintage	VG	F	VF	XF	Unc
1706 ILH	—	30.00	75.00	150	300	—
1707 ILH	—	30.00	75.00	150	300	—

KM# 766 1/6 THALER (1/4 Gulden)
Silver **Ruler:** Friedrich August I **Obv:** Bust right **Rev:** Crowned AR monogram divides date, value 1/6 in oval below

Date	Mintage	VG	F	VF	XF	Unc
1708 ILH	—	40.00	85.00	175	375	—
1709 ILH	—	40.00	80.00	160	325	—

KM# 790 1/6 THALER (1/4 Gulden)
Silver **Ruler:** Friedrich August I **Obv:** Armored bust right **Obv. Legend:** D: G: AUGUST: REX POLON: **Rev:** Crowned oval arms, date divided by value **Rev. Legend:** DUX SAX: I • C • M • A • & W • S • R • I • ARCH: & EL: **Note:** Similar to KM#747.

Date	Mintage	VG	F	VF	XF	Unc
1710 ILH	—	25.00	60.00	120	240	—
1711 ILH	—	25.00	60.00	120	240	—
1712 ILH	—	25.00	60.00	120	240	—
1713 ILH	—	25.00	60.00	120	240	—
1714 ILH	—	25.00	60.00	120	240	—
1715 ILH	—	25.00	60.00	120	240	—
1716 IGS	—	25.00	60.00	120	240	—
1716 ILH	—	25.00	60.00	120	240	—
1717 IGS	—	25.00	60.00	120	240	—
1718 IGS	—	25.00	60.00	120	240	—
1719 IGS	—	25.00	60.00	120	240	—
1720 IGS	—	25.00	60.00	120	240	—
1721 IGS	—	25.00	60.00	120	240	—
1722 IGS	—	25.00	60.00	120	240	—
1723 IGS	—	25.00	60.00	120	240	—
1724 IGS	—	25.00	60.00	120	240	—
1725 IGS	—	25.00	60.00	120	240	—
1726 IGS	—	25.00	60.00	120	240	—
1727 IGS	—	25.00	60.00	120	240	—
1728 IGS	—	25.00	60.00	120	240	—
1729 IGS	—	25.00	60.00	120	240	—
1730 IGS	—	25.00	60.00	120	240	—
1731 IGS	—	25.00	60.00	120	240	—
1732 IGS	—	25.00	60.00	120	240	—
1733 IGS	—	25.00	60.00	120	240	—

Note: Varieties exist

KM# 824 1/6 THALER (1/4 Gulden)
Silver **Ruler:** Friedrich August I **Subject:** Death of Friedrich August I's Mother, Anna Sophia of Denmark **Obv:** Inscription, value 1/6 **Rev:** Ship in harbor, inscription below **Note:** Similar to 1/3 Thaler, KM#825.

Date	Mintage	VG	F	VF	XF	Unc
1717 IGS	—	50.00	90.00	185	375	—

KM# 836 1/6 THALER (1/4 Gulden)
Silver **Ruler:** Friedrich August I **Subject:** Marriage of Prince Friedrich August (II) and Maria Josepha of Austria **Obv:** 2 joined flaming hearts tied with ribbon held by hands at left and right, INDISSOLVBILITER above **Rev:** 9-line inscription with Roman numeral date, initials below

Date	Mintage	VG	F	VF	XF	Unc
MDCCXIX (1719) IGS	—	45.00	85.00	170	340	—

KM# 856 1/6 THALER (1/4 Gulden)
Silver **Ruler:** Friedrich August I **Subject:** Death of Friedrich August I's Wife, Christiane Eberhardine **Note:** Similar to 2 Groschen, KM#855, but value: 1/6 on reverse.

Date	Mintage	VG	F	VF	XF	Unc
1727 IGS	—	45.00	85.00	170	340	—

KM# 890 1/6 THALER (1/4 Gulden)
4.8000 g., Silver **Ruler:** Friedrich August II **Obv:** Armored bust right **Obv. Legend:** D: G: FRID: AUGUST: REX POLONIARUM • **Rev:** Crown above two shields **Rev. Legend:** DUX SAX I • C • M • A • & W • S • R • I • ARCH • & EL • **Note:** Reichs 1/6 Thaler.

Date	Mintage	VG	F	VF	XF	Unc
1734 IGS	—	15.00	30.00	65.00	135	—
1735 FWoF	—	15.00	30.00	65.00	135	—
1736 FWoF	—	15.00	30.00	65.00	135	—
1737 FWoF	—	15.00	30.00	65.00	135	—
1738 FWoF	—	15.00	30.00	65.00	135	—
1739 FWoF	—	15.00	30.00	65.00	135	—
1740 FWoF	—	15.00	30.00	65.00	135	—
1741 FWoF	—	15.00	30.00	65.00	135	—
1742 FWoF	—	15.00	30.00	65.00	135	—
1743 FWoF	—	15.00	30.00	65.00	135	—
1744 FWoF	—	15.00	30.00	65.00	135	—
1745 FWoF	—	15.00	30.00	65.00	135	—
1746 FWoF	—	15.00	30.00	65.00	135	—
1747 FWoF	—	15.00	30.00	65.00	135	—
1748 FWoF	—	15.00	30.00	65.00	135	—
1749 FWoF	—	15.00	30.00	65.00	135	—
1750 FWoF	—	15.00	30.00	65.00	135	—
1751 FWoF	—	15.00	30.00	65.00	135	—
1752 FWoF	—	15.00	30.00	65.00	135	—
1753 FWoF	—	15.00	30.00	65.00	135	—
1754 FWoF	—	15.00	30.00	65.00	135	—
1755 FWoF	—	15.00	30.00	65.00	135	—

KM# 912 1/6 THALER (1/4 Gulden)
4.8000 g., Silver **Ruler:** Friedrich August II **Rev:** 2 crowned shields of arms; . . . & VICAR **Note:** Vicariat issue.

Date	Mintage	VG	F	VF	XF	Unc
1745 FWoF	—	50.00	100	200	400	—

KM# 950 1/6 THALER (1/4 Gulden)
4.8000 g., Silver **Ruler:** Friedrich August II **Obv:** Armored bust right **Obv. Legend:** D: G: FRID: AVGVST: REX POL: EL: SAX: **Rev:** Crown above two shields

Date	Mintage	VG	F	VF	XF	Unc
1762	—	10.00	25.00	55.00	110	—
1762 FWoF	—	10.00	25.00	55.00	110	—
1763 EDC	—	10.00	25.00	55.00	110	—
1763 FWoF	—	15.00	30.00	65.00	135	—

KM# A950 1/6 THALER (1/4 Gulden)
Silver **Ruler:** Friedrich August II **Obv:** Crowned bust to right **Obv. Legend:** D: G: FRID: AUGUSTUS REX POL: EL: SAX: **Rev:** 4-line inscription with date between two laurel branches **Rev. Inscription:** VI/EINEN/THALER/(date) **Mint:** Leipzig

Date	Mintage	VG	F	VF	XF	Unc
1762	—	—	—	—	—	—

KM# 957 1/6 THALER (1/4 Gulden)
4.8000 g., Silver

Date	Mintage	F	VF	XF	Unc	BU
1763 EDC	—	40.00	85.00	175	375	—

KM# 969 1/6 THALER (1/4 Gulden)
4.8000 g., Silver **Ruler:** Xaver **Obv:** Bust right **Rev:** Crowned arms, value below

Date	Mintage	F	VF	XF	Unc	BU
1764 EDC	—	25.00	55.00	110	225	—
1764 EDC Proof	—	—	—	—	—	—
1765 EDC	—	25.00	35.00	110	225	—
1766 EDC	—	25.00	35.00	110	225	—
1767 EDC	—	25.00	35.00	110	225	—

KM# 970 1/6 THALER (1/4 Gulden)
5.3900 g., 0.5410 Silver 0.0937 oz. ASW **Obv:** Young head right **Rev:** Elector's cap above arms in branches, date in exergue

Date	Mintage	F	VF	XF	Unc	BU
1764 EDC	—	25.00	50.00	100	200	—
1764 FWoF	—	25.00	50.00	100	200	—

Date	Mintage	F	VF	XF	Unc	BU
1766 EDC	—	25.00	50.00	100	200	—
1767 EDC	—	25.00	50.00	100	200	—
1768 EDC	—	25.00	50.00	100	200	—

KM# 705 1/4 THALER

Silver **Ruler:** Friedrich August I **Obv:** Large bust right **Rev:** Round arms between palm branches dividing initials **Note:** Varieties exist.

Date	Mintage	VG	F	VF	XF	Unc
1702 ILH	—	45.00	110	220	475	—
1703 ILH	—	45.00	110	220	475	—
1704 ILH	—	45.00	110	220	475	—
1705 ILH	—	45.00	110	220	475	—
1706 ILH	—	45.00	110	220	475	—
1707 ILH	—	45.00	110	220	475	—

KM# 677 1/4 THALER

Silver **Ruler:** Johann Georg IV **Obv:** Crowned bust right **Rev:** 3 small oval shields of arms, crown above divides date, value 18 **Note:** Prev. Poland KM#134.

Date	Mintage	VG	F	VF	XF	Unc
1704 EPH	—	—	—	—	—	—

KM# 791 1/4 THALER

Silver **Ruler:** Friedrich August I **Obv:** Small bust right, titles of Freidrich August I **Rev:** Crowned, round 4-fold arms with central shield of 2-fold arms in crossed palm fronds, date in legend **Note:** Varieties exist.

Date	Mintage	VG	F	VF	XF	Unc
1710 ILH	—	60.00	125	250	525	—
1711 ILH	—	60.00	125	250	525	—
1713 ILH	—	60.00	125	250	525	—
1714 ILH	—	60.00	125	250	525	—
1715 ILH	—	60.00	125	250	525	—
1716 ILH	—	60.00	125	250	525	—
1717 IGS	—	60.00	125	250	525	—
1718 IGS	—	60.00	125	250	525	—
1719 IGS	—	60.00	125	250	525	—
1720 IGS	—	60.00	125	250	525	—
1723 IGS	—	60.00	125	250	525	—
1727 IGS	—	60.00	125	250	525	—
1728 IGS	—	60.00	125	250	525	—
1730 IGS	—	60.00	125	250	525	—
1733 IGS	—	60.00	125	250	525	—

KM# 801 1/4 THALER

Silver **Ruler:** Friedrich August I **Subject:** Vicariat issue **Obv:** King on horseback right, shield below **Rev:** Two tables, each with crown, sceptre, orb and mantle, legends above and below **Rev. Inscription:** FRID: AUG • / REX ELECTOR / VICARIUS / POST MORT: IOSE: / IMPERAT: / MDCCXI • **Note:** Similar to 1/8 Thaler, KM#800.

Date	Mintage	VG	F	VF	XF	Unc
1711 OLH	—	25.00	50.00	100	210	—

KM# A891 1/4 THALER

Silver **Ruler:** Friedrich August II **Obv:** Bust to right **Rev:** Two adjacent ornate shields of arms, value 1/4 below, date at end of legend

Date	Mintage	VG	F	VF	XF	Unc
1737 FWoF	—	90.00	185	375	775	—
1738 FWoF	—	90.00	185	375	775	—

KM# 723 1/3 THALER (1/2 Gulden)

Silver **Ruler:** Friedrich August I **Obv:** Armored bust right **Rev:** Crown above two shields, value below **Note:** Varieties exist.

Date	Mintage	VG	F	VF	XF	Unc
1701 ILH	—	40.00	85.00	175	375	—
1702 EPH	—	40.00	85.00	175	375	—
1703 ILH	—	40.00	85.00	175	375	—
1704 ILH	—	40.00	85.00	175	375	—
1705 ILH	—	40.00	85.00	175	375	—

KM# 748 1/3 THALER (1/2 Gulden)

Silver **Ruler:** Friedrich August I **Obv:** Armored bust right **Obv. Legend:** D: G: AUGUST: REX POLON: **Rev:** Crown above more square-shaped shields, value below **Rev. Legend:** DUX SAX: I • C • M • A • & W • S • R • I • ARCH: & EL: **Note:** Similar to 1/6 Thaler, KM#747.

Date	Mintage	VG	F	VF	XF	Unc
1706 ILH	—	40.00	85.00	175	350	—
1707 ILH	—	40.00	85.00	175	350	—

KM# 767 1/3 THALER (1/2 Gulden)

Silver **Ruler:** Friedrich August I **Obv:** Bust right **Rev:** Crowned AR monogram divides date, value: 1/3 in oval below

Date	Mintage	VG	F	VF	XF	Unc
1708 ILH	—	60.00	125	250	525	—
1709 ILH	—	60.00	125	250	525	—
1710 EPH	—	60.00	125	250	525	—
1710 ILH	—	60.00	125	250	525	—

KM# 792.1 1/3 THALER (1/2 Gulden)

Silver **Ruler:** Friedrich August I **Obv:** Armored bust to right **Obv. Legend:** D • G • FRID: AUGUST: REX POLONIARUM • **Rev:** Crown above two adjacent shields, value in center below

Date	Mintage	VG	F	VF	XF	Unc
1710 ILH	—	45.00	100	200	400	—
1711 ILH	—	45.00	100	200	400	—
1712 ILH	—	45.00	100	200	400	—
1714 ILH	—	45.00	100	200	400	—
1715 EPH	—	45.00	100	200	400	—

Note: Varieties exist.

KM# 792.2 1/3 THALER (1/2 Gulden)

Silver **Ruler:** Friedrich August I **Obv:** Armored bust right **Obv. Legend:** D • G • FRID: AUGUST: REX POLONIARUM • **Rev:** Crown above two shields, value in center below

Date	Mintage	VG	F	VF	XF	Unc
1717 IGS	—	45.00	100	200	400	—
1718 IGS	—	45.00	100	200	400	—
1719 IGS	—	45.00	100	200	400	—
1720 IGS	—	45.00	100	200	400	—
1721 IGS	—	45.00	100	200	400	—
1722 IGS	—	45.00	100	200	400	—
1723 IGS	—	45.00	100	200	400	—
1724 IGS	—	45.00	100	200	400	—
1725 IGS	—	45.00	100	200	400	—
1726 IGS	—	45.00	100	200	400	—
1727 IGS	—	45.00	100	200	400	—
1728 IGS	—	45.00	100	200	400	—
1729 IGS	—	45.00	100	200	400	—
1730 IGS	—	45.00	100	200	400	—
1731 IGS	—	45.00	100	200	400	—
1732 IGS	—	45.00	100	200	400	—
1733 IGS	—	45.00	100	200	400	—

Note: Varieties exist

KM# 878 1/3 THALER (1/2 Gulden)

9.6000 g., Silver **Ruler:** Friedrich August II **Obv:** Armored bust right **Rev:** Value between 2 crowned shields of arms **Note:** Reichs 1/3 Thaler.

Date	Mintage	VG	F	VF	XF	Unc
1734 IGS	—	25.00	50.00	100	210	—
1736 FWoF	—	25.00	50.00	100	210	—
1736/35 FWoF	—	25.00	50.00	100	210	—
1737 FWoF	—	25.00	50.00	100	210	—
1738 FWoF	—	25.00	50.00	100	210	—
1739 FWoF	—	25.00	50.00	100	210	—
1740 FWoF	—	25.00	50.00	100	210	—
1741 FWoF	—	25.00	50.00	100	210	—
1742 FWoF	—	25.00	50.00	100	210	—
1743 FWoF	—	25.00	50.00	100	210	—
1745 FWoF	—	25.00	50.00	100	210	—
1746 FWoF	—	25.00	50.00	100	210	—
1747 FWoF	—	25.00	50.00	100	210	—
1748 FWoF	—	25.00	50.00	100	210	—
1749 FWoF	—	25.00	50.00	100	210	—
1751 FWoF	—	25.00	50.00	100	210	—
1752 FWoF	—	25.00	50.00	100	210	—
1752/1 FWoF	—	25.00	50.00	100	210	—
1753 FWoF	—	25.00	50.00	100	210	—
1754 FWoF	—	25.00	50.00	100	210	—
1755 FWoF	—	25.00	50.00	100	210	—
1756 FWoF	—	25.00	50.00	100	210	—

KM# 913 1/3 THALER (1/2 Gulden)

9.6000 g., Silver **Ruler:** Friedrich August II **Rev:** 2 crowned shields of arms; ...& VICAR **Note:** Vicariat issue.

Date	Mintage	VG	F	VF	XF	Unc
1745 FWoF	—	50.00	110	225	450	—

Augusts I's Wife, Christiane Eberhardine **Obv:** Inscription **Rev:** Cyprus tree at center

Date	Mintage	VG	F	VF	XF	Unc
1727 IGS	—	30.00	60.00	125	250	—

KM# 825 1/3 THALER (1/2 Gulden)

Silver **Ruler:** Friedrich August I **Subject:** Death of Friedrich August's Mother, Anna Sophia of Denmark **Obv:** Inscription **Rev:** Ship in harbor, inscription and value below

Date	Mintage	VG	F	VF	XF	Unc
1717 IGS	—	60.00	125	250	525	—

KM# 837 1/3 THALER (1/2 Gulden)

Silver **Ruler:** Friedrich August I **Subject:** Marriage of Prince Friedrich August (II) and Maria Josepha of Austria **Obv:** Inscription **Rev:** Two hands binding flaming heart **Note:** Similar to 1 Thaler, KM#840, but value: 1/3 on reverse.

Date	Mintage	VG	F	VF	XF	Unc
MDCCXIX(1719) IGS	—	50.00	100	200	425	—

KM# 857 1/3 THALER (1/2 Gulden)

Silver **Ruler:** Friedrich August I **Subject:** Death of Friedrich

KM# 958 1/3 THALER (1/2 Gulden)

9.6000 g., Silver **Ruler:** Friedrich August II **Obv:** Armored, draped bust right **Obv. Legend:** D: G: FRID: AVGVST: REX: POL: EL: SAX: **Rev:** Crown above two shields, value at center below

Date	Mintage	VG	F	VF	XF	Unc
1763 FWoF	—	25.00	50.00	110	225	—

KM# 971 1/3 THALER (1/2 Gulden)

7.0160 g., 0.8330 Silver 0.1879 oz. ASW **Ruler:** Xaver **Obv:** Armored bust right **Rev:** Crowned shield, value below

Date	Mintage	F	VF	XF	Unc	BU
1764 EDC	—	50.00	100	200	425	—
1765 EDC	—	50.00	100	200	425	—
1766 EDC	—	50.00	100	200	425	—
1767 EDC	—	50.00	100	200	425	—

GERMAN STATES — SAXONY-ALBERTINE

KM# 972 1/3 THALER (1/2 Gulden)
7.0160 g., 0.8330 Silver 0.1879 oz. ASW **Ruler:** Friedrich August III **Obv:** Head right **Obv. Legend:** FRID: AVGVST: D: G: SAXONIA: ELECTOR **Rev:** Crowned arms within branches

Date	Mintage	F	VF	XF	Unc	BU
1764 EDC	—	60.00	125	250	525	—

KM# 1010 1/3 THALER (1/2 Gulden)
7.0160 g., 0.8330 Silver 0.1879 oz. ASW **Ruler:** Friedrich August III **Obv:** Head right **Rev:** Crowned arms within branches, value below

Date	Mintage	VG	F	VF	XF	Unc
1780 IEC	—	15.00	32.00	65.00	135	—
1781 IEC	—	15.00	32.00	65.00	135	—
1782 IEC	—	15.00	32.00	65.00	135	—
1783 IEC	—	15.00	32.00	65.00	135	—
1784 IEC	—	15.00	32.00	65.00	135	—
1785 IEC	—	15.00	32.00	65.00	135	—
1786 IEC	—	15.00	32.00	65.00	135	—
1787 IEC	—	15.00	32.00	65.00	135	—
1788 IEC	—	15.00	32.00	65.00	135	—
1789 IEC	—	15.00	32.00	65.00	135	—
1790 IEC	—	15.00	32.00	65.00	135	—

KM# 1021 1/3 THALER (1/2 Gulden)
7.0160 g., 0.8330 Silver 0.1879 oz. ASW **Ruler:** Friedrich August III **Obv:** Head right **Rev:** Crowned arms on eagle's breast, value divides date below

Date	Mintage	VG	F	VF	XF	Unc
1790 IEC	—	30.00	60.00	120	240	—

KM# 1024 1/3 THALER (1/2 Gulden)
7.0160 g., 0.8330 Silver 0.1879 oz. ASW **Ruler:** Friedrich August III **Obv:** Head right **Obv. Legend:** FRID • AVGVST • D • G • DVX • SAX • ELECTOR • **Rev:** Crowned oval arms within crossed branches

Date	Mintage	F	VF	XF	Unc	BU
1791 IEC	—	25.00	50.00	110	225	—
1792 IEC	—	25.00	50.00	110	225	—
1793 IEC	—	25.00	50.00	110	225	—
1794 IEC	—	25.00	50.00	110	225	—
1795 IEC	—	25.00	50.00	110	225	—
1796 IEC	—	25.00	50.00	110	225	—
1797 IEC	—	25.00	50.00	110	225	—
1800 IEC	—	25.00	50.00	110	225	—

KM# 1032 1/3 THALER (1/2 Gulden)
7.0160 g., 0.8330 Silver 0.1879 oz. ASW **Ruler:** Friedrich August III **Obv:** Armored, draped bust right **Obv. Legend:** FRID • AVGVST • D • G • DVX • SAX • ELECTOR • **Rev:** Crowned arms on eagle's breast, value below **Note:** Vicariat issue.

Date	Mintage	VG	F	VF	XF	Unc
1792 IEC	—	30.00	60.00	120	240	—

KM# 724 1/2 THALER
Silver **Ruler:** Friedrich August I **Obv:** Laureate bust right **Obv. Legend:** DG.FRID.AUG.REX.POL — DUX SAX. I.C.M.A & W. **Rev:** Crowned, round 4-fold arms with crowned central shield of 2-fold arms, between 2 palm branches crossed at bottom, date at top **Rev. Legend:** SAC. ROMANI. IMP. ARCHIMARS. ET. ELECT. **Note:** Varieties exist.

Date	Mintage	VG	F	VF	XF	Unc
1701 ILH	—	90.00	200	375	650	—
1702 ILH	—	90.00	200	375	650	—
1703 ILH	—	90.00	200	375	650	—
1704 ILH	—	90.00	200	375	650	—
1705 ILH	—	90.00	200	375	650	—

KM# 749 1/2 THALER
Silver **Ruler:** Friedrich August I **Obv:** Laureate armored bust right **Obv. Legend:** D. G. FRID. AUG. REX POL: — DUX SAX: I. C. M. A. & W. **Rev:** Crowned squarish 4-fold arms with concave sides, crowned 2-fold central shield, palm branch to left and right, date at end of legend **Rev. Legend:** SAC: ROM: IMP: ARCHIM: ET ELECT:

Date	Mintage	VG	F	VF	XF	Unc
1706 ILH	—	200	450	900	1,800	—
1707 ILH	—	200	450	900	1,800	—

KM# 834 1/2 THALER
Silver **Ruler:** Friedrich August I **Obv:** Small laureate bust right **Obv. Legend:** D. G. FRID: AUGUST. REX POL: DUX SAX. I. C. M. A. & W. **Rev:** Crowned round 4-fold arms with crowned central shield of 2-fold arms between crossed palm branches, date at end of legend **Rev. Legend:** SAC: ROM: IMP: ARCHIM: ET ELECT.

Date	Mintage	VG	F	VF	XF	Unc
1711 ILH	—	175	350	750	1,400	—
1713 ILH	—	175	350	750	1,400	—
1714 ILH	—	175	350	750	1,400	—
1715 ILH	—	175	350	750	1,400	—
1718 IGS	—	175	350	750	1,400	—
1722 IGS	—	175	350	750	1,400	—
1723 IGS	—	175	350	750	1,400	—
1724 IGS	—	175	350	750	1,400	—
1727 IGS	—	175	350	750	1,400	—
1728 IGS	—	175	350	750	1,400	—
1729 IGS	—	175	350	750	1,400	—
1733 IGS	—	175	350	750	1,400	—

Note: Varieties exist

KM# 802 1/2 THALER
Silver **Ruler:** Friedrich August I **Subject:** Vicariat issue **Obv:** King on horseback right, shield below **Rev:** Two tables, each with crown, sceptre, orb and mantle, inscriptions above and below **Rev. Inscription:** FRID: AUG:/REX ELECTOR/VICARIUS/ POST MORT: IOSEPHI/IMPERAT:/MDCCXI **Note:** Vicariat Issue. Similar to 1/8 Thaler, KM#800.

Date	Mintage	VG	F	VF	XF	Unc
1711 ILH	—	60.00	125	250	500	—

KM# A879 1/2 THALER
Silver **Ruler:** Friedrich August II **Obv:** Bust to right **Rev:** Crowned 4-fold arms with crowned central shield of electoral Saxony, date at end of legend

Date	Mintage	VG	F	VF	XF	Unc
1734 IGS	—	135	275	550	1,125	—
1736 FWoF	—	135	275	550	1,125	—
1737 FWoF	—	135	275	550	1,125	—
1738 FWoF	—	135	275	550	1,125	—
1741 FWoF	—	135	275	550	1,125	—
1742 FWoF	—	135	275	550	1,125	—
1744 FWoF	—	135	275	550	1,125	—
1745 FWoF	—	135	275	550	1,125	—
1748 FWoF	—	135	275	550	1,125	—
1751 FWoF	—	135	275	550	1,125	—
1752 FWoF	—	135	275	550	1,125	—

KM# A907 1/2 THALER
13.6700 g., Silver **Ruler:** Friedrich August II **Subject:** Vicariat issue **Obv:** Friedrich August II on horse rearing to right **Obv. Legend:** D.G. FRID. AUG. REX POL. DUX SAX. ARCHIMARESCHALL & ELECT. **Rev:** Empty throne on dias with symbols of office, date at end of legend **Rev. Legend:** IN PROVINCIIS IUR. SAXON. PROVISOR ET VICARIUS.

Date	Mintage	VG	F	VF	XF	Unc
1741	—	40.00	80.00	200	375	750
1742	—	40.00	80.00	200	375	750

KM# 928 1/2 THALER
Silver **Obv:** Crowned bust right **Rev:** Crowned oval 4-fold arms with central shield of Saxony, all within palm branches

Date	Mintage	VG	F	VF	XF	Unc
1753L EDC	—	40.00	80.00	160	350	—
1754L EDC	—	40.00	80.00	160	350	—
1755L EDC	—	40.00	80.00	160	350	—

Note: KM#928 entries were previously listed as KM#158 under Poland

KM# 685 2/3 THALER (Gulden)
Silver **Ruler:** Friedrich August I **Obv:** Armored, laureate bust right **Obv. Legend:** DG • FRID • AUGUST • REX POLONIARUM **Rev:** Crown above two shields, value below **Rev. Legend:** DUX • SAX • I • C • M • A • & • W • S • R • I • ... **Note:** Similar to 1 Thaler, KM#707, but value: 2/3 on reverse. Dav.#819.

Date	Mintage	VG	F	VF	XF	Unc
1701 EPH	—	35.00	65.00	135	265	—
1701 ILH	—	35.00	65.00	135	265	—
1702 ILH	—	35.00	65.00	135	265	—
1703 EPH	—	35.00	65.00	135	265	—
1703 ILH	—	35.00	65.00	135	265	—
1704 EPH	—	35.00	65.00	135	265	—
1704 ILH	—	35.00	65.00	135	265	—
1705 EPH	—	35.00	65.00	135	265	—

Note: Varieties exist

KM# B879 2/3 THALER (Gulden)
Silver **Ruler:** Friedrich August II **Obv:** Bust right **Rev:** Crowned 4-fold arms within which small 4-fold arms with central shield of electoral Saxony, all divide date, value (2/3) below

Date	Mintage	VG	F	VF	XF	Unc
1734 IGS	—	100	200	425	875	—

KM# 744 2/3 THALER (Gulden)
Silver **Ruler:** Friedrich August I **Obv:** Draped, laureate bust right **Obv. Legend:** D • G • FRID: AUGUST: REX POLONIARUM **Rev:** Crown above two shields, value below

Date	Mintage	VG	F	VF	XF	Unc
1705 ILH ILH	—	50.00	100	200	400	—
1706 ILH	—	50.00	100	200	400	—
1707 ILH	—	50.00	100	200	400	—

Note: Varieties exist

binding flaming hearts, value 2/3 **Note:** Similar to 1 Thaler, KM#840.

Date	Mintage	VG	F	VF	XF	Unc
MDCCXIX (1719) IGS	—	50.00	100	210	425	—

KM# 768 2/3 THALER (Gulden)
Silver **Ruler:** Friedrich August I **Obv:** Armored bust right **Obv. Legend:** AUGUST • D • G • REX • ... **Rev:** Crowned monogram divides date **Rev. Legend:** NONETA SAXONICA

Date	Mintage	VG	F	VF	XF	Unc
1708 EPH	—	75.00	150	300	600	—
1708 ILH	—	75.00	150	300	600	—
1709 EPH	—	75.00	150	300	600	—
1709 ILH	—	75.00	150	300	600	—
1710 ILH	—	75.00	150	300	600	—

Note: Varieties exist

KM# 858 2/3 THALER (Gulden)
Silver **Ruler:** Friedrich August I **Subject:** Death of Friedrich August I's Wife, Christiane Eberhardine **Obv:** Inscription **Rev:** Cyprus tree at center

Date	Mintage	VG	F	VF	XF	Unc
1727 IGS	—	45.00	90.00	180	360	—

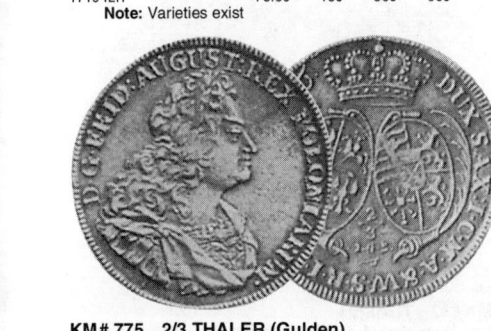

KM# 775 2/3 THALER (Gulden)
Silver **Ruler:** Friedrich August I **Obv:** Bust right **Obv. Legend:** D • G • FRID: AUGUST: REX ... **Rev:** Crown above 2 oval shields within branches **Rev. Legend:** DUX • SAX: I • C • M • A • & W • S • R • I • ARCH: & EL:

Date	Mintage	VG	F	VF	XF	Unc
1709 ILH	—	35.00	75.00	150	300	—
1710 ILH	—	35.00	75.00	150	300	—
1711 ILH	—	35.00	75.00	150	300	—
1712 ILH	—	35.00	75.00	150	300	—
1713 ILH	—	35.00	75.00	150	300	—
1714 ILH	—	35.00	75.00	150	300	—
1715 ILH	—	35.00	75.00	150	300	—
1716 IGS	—	35.00	75.00	150	300	—
1716 ILH	—	35.00	75.00	150	300	—
1717 IGS	—	35.00	75.00	150	300	—
1718 IGS	—	35.00	75.00	150	300	—
1719 IGS	—	35.00	75.00	150	300	—
1720 IGS	—	35.00	75.00	150	300	—
1721 IGS	—	35.00	75.00	150	300	—
1722 IGS	—	35.00	75.00	150	300	—
1723 IGS	—	35.00	75.00	150	300	—
1724 IGS	—	35.00	75.00	150	300	—
1725 IGS	—	35.00	75.00	150	300	—
1726 IGS	—	35.00	75.00	150	300	—
1727 IGS	—	35.00	75.00	150	300	—
1728 IGS	—	35.00	75.00	150	300	—
1729 IGS	—	35.00	75.00	150	300	—
1730 IGS	—	35.00	75.00	150	300	—
1731 IGS	—	35.00	75.00	150	300	—
1732 IGS	—	35.00	75.00	150	300	—
1733 IGS	—	35.00	75.00	150	300	—

Note: Varieties exist

KM# 826 2/3 THALER (Gulden)
Silver **Ruler:** Friedrich August I **Subject:** Death of Friedrich August I's Mother, Anna Sophia of Denmark **Obv:** Inscription **Rev:** Ship in harbor

Date	Mintage	VG	F	VF	XF	Unc
1717 IGS	—	125	200	375	775	—

KM# 838 2/3 THALER (Gulden)
Silver **Ruler:** Friedrich August I **Subject:** Marriage of Prince Friedrich August (II) and Maria Josepha of Austria **Obv:** 9-line inscription **Obv. Inscription:** SIGNATIS / PACT • CONIUG • / INTER / SER • PRINC • REGVM • POL / ET ELECT• SAXON • / ET SER • PRINC • RAM • HVNG • /BOHH • & ARCHIDVC • AVSTR • / VIENNAE • / A • MDCCXIX • / I • G • S • **Rev:** 2 Hands

KM# 897 2/3 THALER (Gulden)
19.2000 g., Silver **Ruler:** Friedrich August II **Subject:** Marriage of Princess Maria Amalia and Carlos III of Spain **Obv:** Inscription **Rev:** 2 Hearts on altar, crown above

Date	Mintage	VG	F	VF	XF	Unc
MDCCXXXVIII(1738)	—	55.00	115	235	475	—

KM# 922 2/3 THALER (Gulden)
19.2000 g., Silver **Ruler:** Friedrich August II **Subject:** Marriage of Prince Friedrich Christian **Obv:** Inscription **Rev:** Winged figure with sceptre

Date	Mintage	VG	F	VF	XF	Unc
1747	—	60.00	125	250	525	—

KM# 871 2/3 THALER (Gulden)
19.2000 g., Silver **Ruler:** Friedrich August I **Obv:** Bust right, . . PR.R.P **Obv. Legend:** D • G • FRID: AUGUST: REX • POLONIARUM • **Rev:** Crown above 2 shields, value in lower center **Note:** Reichs 2/3 Thaler.

Date	Mintage	VG	F	VF	XF	Unc
1733 IGS	—	30.00	55.00	120	325	—

KM# 879 2/3 THALER (Gulden)
19.2000 g., Silver **Ruler:** Friedrich August II **Obv:** Armored bust right **Obv. Legend:** D: G: FRID: AUGUST: REX POLONIARUM • **Rev:** Crown above 2 shields, value at lower center

Date	Mintage	VG	F	VF	XF	Unc
1734 IGS	—	35.00	75.00	150	300	—
1735 FWoF	—	35.00	75.00	150	300	—
1736 FWoF	—	35.00	75.00	150	300	—
1737 FWoF	—	35.00	75.00	150	300	—
1738 FWoF	—	35.00	75.00	150	300	—
1739 FWoF	—	35.00	75.00	150	300	—
1740 FWoF	—	35.00	75.00	150	300	—
1741 FWoF	—	35.00	75.00	150	300	—
1742 FWoF	—	35.00	75.00	150	300	—
1743 FWoF	—	35.00	75.00	150	300	—
1744 FWoF	—	35.00	75.00	150	300	—
1745 FWoF	—	35.00	75.00	150	300	—
1746 FWoF	—	35.00	75.00	150	300	—
1747 FWoF	—	35.00	75.00	150	300	—
1748 FWoF	—	35.00	75.00	150	300	—
1749 FWoF	—	35.00	75.00	150	300	—
1750 FWoF	—	35.00	75.00	150	300	—
1751 FWoF	—	35.00	75.00	150	300	—
1752/1 FWoF	—	35.00	75.00	150	300	—
1753 FWoF	—	35.00	75.00	150	300	—
1754 FWoF	—	35.00	75.00	150	300	—
1755 FWoF	—	35.00	75.00	150	300	—
1760 FWoF	—	35.00	75.00	150	300	—
1761 FWoF	—	35.00	75.00	150	300	—
1762 FWoF	—	35.00	75.00	150	300	—

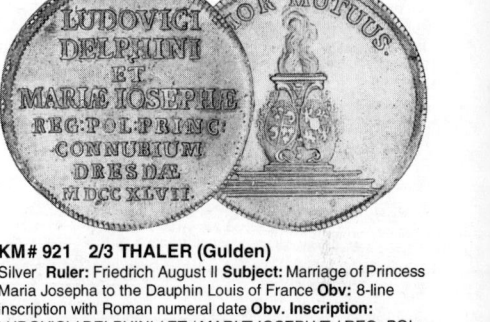

KM# 921 2/3 THALER (Gulden)
Silver **Ruler:** Friedrich August II **Subject:** Marriage of Princess Maria Josepha to the Dauphin Louis of France **Obv:** 8-line inscription with Roman numeral date **Obv. Inscription:** LUDOVICI / DELPHINI / ET / MARIÆ IOSEPHÆ / REG: POL: PRINC: / CONNUBIUM / DRESDÆ / MDCCXLVII. **Rev:** Shields of arms of the Dauphiné and Saxony-Poland leaning against flaming altar, legend curved above **Rev. Legend:** AMOR MUTUUS.

Date	Mintage	VG	F	VF	XF	Unc
MDCCXLVII (1747)	—	50.00	110	225	450	—

KM# A922 2/3 THALER (Gulden)
Silver **Ruler:** Friedrich August II **Subject:** Marriage of Princess Maria Anna **Obv:** Two busts to right **Rev:** Personification of Bavaria before pyramid

Date	Mintage	VG	F	VF	XF	Unc
MDCCXLVII (1747)	—	65.00	135	275	550	—

KM# 925 2/3 THALER (Gulden)
19.2000 g., Silver **Ruler:** Friedrich August II **Subject:** Prussian Occupation **Obv:** Armored bust right **Obv. Legend:** D: G: FRID: AUGUST: REX: POLONIARUM • **Rev:** Value below 2 crowned oval shields of arms

Date	Mintage	VG	F	VF	XF	Unc
1753	—	40.00	85.00	175	375	—
1754 EDC	—	40.00	85.00	175	375	—
1757 IDB	—	40.00	85.00	175	375	—
1763 EDC	—	40.00	85.00	175	375	—

KM# 959 2/3 THALER (Gulden)
19.2000 g., Silver **Ruler:** Friedrich August II **Obv:** Armored bust of Friedrich August right **Obv. Legend:** D: G: FRID: AVGVST:

GERMAN STATES — SAXONY-ALBERTINE

REX POL:EL: SAX: **Rev:** Value between 2 crowned round shields of arms

Date	Mintage	VG	F	VF	XF	Unc
1763 FWoF	—	40.00	85.00	175	375	—

KM# 960 2/3 THALER (Gulden)

19.2000 g. Silver **Ruler:** Friedrich August II **Obv:** Armored bust right **Obv. Legend:** D: G: FRID: CHRISTIAN: PR: R: POL: & L: DVX: SAX: **Rev:** Crown above two shields, value below **Rev. Legend:** IVL: CL: MONT: A: W: S: R: I: ARCHIM .....

Date	Mintage	F	VF	XF	Unc	BU
1763 FWoF	—	60.00	125	250	525	—
1763 EDC	—	60.00	125	250	525	—
1763 JFoF	—	60.00	125	250	525	—

KM# 991 2/3 THALER (Gulden)

14.0310 g., 0.8330 Silver 0.3758 oz. ASW **Ruler:** Friedrich August III **Obv:** Head right **Obv. Legend:** FRID: AVGVST: D: G: DVX SAX ELECTOR **Rev:** Crown above two shields, value divides date below

Date	Mintage	VG	F	VF	XF	Unc
1769 EDC	—	20.00	45.00	90.00	180	—
1770 EDC	—	20.00	45.00	90.00	180	—
1771 EDC	—	20.00	45.00	90.00	180	—
1772 EDC	—	20.00	45.00	90.00	180	—
1773 EDC	—	20.00	45.00	90.00	180	—
1774 EDC	—	20.00	45.00	90.00	180	—
1775 EDC	—	20.00	45.00	90.00	180	—
1776 EDC	—	20.00	45.00	90.00	180	—
1777 EDC	—	20.00	45.00	90.00	180	—
1779 EDC	—	20.00	45.00	90.00	180	—
1780 EDC	—	20.00	45.00	90.00	180	—
1780 IEC	—	20.00	45.00	90.00	180	—
1781 EDC	—	20.00	45.00	90.00	180	—
1782 EDC	—	20.00	45.00	90.00	180	—
1783 EDC	—	20.00	45.00	90.00	180	—
1784 EDC	—	20.00	45.00	90.00	180	—
1785 EDC	—	20.00	45.00	90.00	180	—
1785 IEC	—	20.00	45.00	90.00	180	—
1786 EDC	—	20.00	45.00	90.00	180	—
1787 EDC	—	20.00	45.00	90.00	180	—
1788 EDC	—	20.00	45.00	90.00	180	—

KM# 973 2/3 THALER (Gulden)

14.0310 g., 0.8330 Silver 0.3758 oz. ASW **Ruler:** Xaver **Obv:** Armored bust right **Obv. Legend:** XAVERIVS D: G: REG PR POL & LITH DVX SAX **Rev:** Crowned arms, value below

Date	Mintage	F	VF	XF	Unc	BU
1764 EDC	—	80.00	160	325	675	—
1765 EDC	—	80.00	160	325	675	—
1766 EDC	—	80.00	160	325	675	—
1767 EDC	—	80.00	160	325	675	—
1768 EDC	—	80.00	160	325	675	—

KM# 707 THALER

Silver **Ruler:** Friedrich August I **Rev:** 2 shields crowned between palm branches **Note:** Dav. #7656.

Date	Mintage	F	VF	XF	Unc	BU
1701 EPH	—	500	1,000	2,000	3,500	5,000
1701 ILH	—	500	1,000	2,000	3,500	5,000
1702 EPH	—	500	1,000	2,000	3,500	5,000
1702 ILH	—	500	1,000	2,000	3,500	5,000
1703 ILH	—	500	1,000	2,000	3,500	5,000
1704 ILH	—	500	1,000	2,000	3,500	5,000
1705 ILH	—	500	1,000	2,000	3,500	5,000

KM# 832 THALER

Silver **Ruler:** Friedrich August I **Obv:** Small crowned bust right **Note:** Dav.#1614. Varieties exist. Prev. Poland KM#138.

Date	Mintage	VG	F	VF	XF	Unc
1702 EPH Rare	—	—	—	—	—	—

Note: Künker Auction 138, 3-08, XF realized approximately $16,910.

KM# 1022 2/3 THALER (Gulden)

14.0310 g., 0.8330 Silver 0.3758 oz. ASW **Ruler:** Friedrich August III **Obv:** Head right **Obv. Legend:** FRID • AVG • D • G • DVX • SAX • ELECTOR & VICARIVS EMPERII **Rev:** Electors cap above arms on eagle's breast, value divides date below **Note:** Vicariat issue.

Date	Mintage	VG	F	VF	XF	Unc
1790 IEC	—	35.00	70.00	135	270	—

KM# 974 2/3 THALER (Gulden)

14.0310 g., 0.8330 Silver 0.3758 oz. ASW **Ruler:** Friedrich August III **Obv:** Head right **Obv. Legend:** FRID: AVGVST: D: G: SAXONIÆ ELECTOR **Rev:** Date below divided arms

Date	Mintage	F	VF	XF	Unc	BU
1764 EDC	—	80.00	160	325	675	—
1764 IFoF	—	80.00	160	325	675	—

KM# 1025 2/3 THALER (Gulden)

14.0310 g., 0.8330 Silver 0.3758 oz. ASW **Ruler:** Friedrich August III **Obv:** Armored bust right **Obv. Legend:** FRID • AVGVST • D • G • DVX • SAX ELECTOR **Rev:** Large crowned oval arms within branches

Date	Mintage	F	VF	XF	Unc	BU
1791 IEC	—	50.00	100	200	425	—
1792 IEC	—	50.00	100	200	425	—
1793 EIC	—	50.00	100	200	425	—
1794 IEC	—	50.00	100	200	425	—
1795 IEC	—	50.00	100	200	425	—
1796 IEC	—	50.00	100	200	425	—
1797 IEC	—	50.00	100	200	425	—
1798 IEC	—	50.00	100	200	425	—
1799 IEC	—	50.00	100	200	425	—
1800 IEC	—	50.00	100	200	425	—

KM# 981 2/3 THALER (Gulden)

14.0310 g., 0.8330 Silver 0.3758 oz. ASW **Ruler:** Friedrich August III **Obv:** Bust right **Obv. Legend:** FRID: AVGVST: D: G: DVX SAX: ELECTOR **Rev:** Crown above two shields, value divides date below

Date	Mintage	F	VF	XF	Unc	BU
1765 EDC	—	40.00	85.00	175	350	—
1766 EDC	—	40.00	85.00	175	350	—
1767 EDC	—	40.00	85.00	175	350	—
1768 EDC	—	40.00	85.00	175	350	—

KM# 1033 2/3 THALER (Gulden)

14.0310 g., 0.8330 Silver 0.3758 oz. ASW **Ruler:** Friedrich August III **Rev:** Imperial eagle behind crowned shield **Note:** Vicariat Issue.

Date	Mintage	VG	F	VF	XF	Unc
1792 IEC	—	40.00	75.00	150	300	—

KM# 713 THALER

Silver **Ruler:** Friedrich August I **Obv:** Crowned A in sprays, date divided above **Rev:** Hand with wreath from cloud above Hercules on a cloud **Rev. Legend:** VIRTUTE PARATA **Shape:** 4-Sided **Note:** Klippe. Dav. #7657 and Dav. #2648. Illustration reduced.

Date	Mintage	F	VF	XF	Unc	BU
1705	—	350	750	1,200	2,000	—

SAXONY-ALBERTINE — GERMAN STATES

KM# 750 THALER

Silver **Ruler:** Friedrich August I **Obv:** Bust right of Friedrich August I **Obv. Legend:** D • G • FRID: AUG: REX POL: - DUX SAX: I • C • M • A • & W • **Rev:** Crowned arms with 6 small shields around, date below **Rev. Legend:** SAC: ROM: IMP: ARCHIM: ET ELECTOR • **Note:** Dav.#2649.

Date	Mintage	F	VF	XF	Unc	BU
1706 ILH	—	900	1,850	3,500	5,000	—
1707 ILH	—	900	1,850	3,500	5,000	—

KM# 770 THALER

Silver **Ruler:** Friedrich August I **Obv:** Crowned AR monogram **Rev:** Shooting range in center with band around **Rev. Legend:** ZU ERGETZUNG DER VERSAMLETEN STAENDE. 13. FEBR: 1708: * **Shape:** 4-Sided **Note:** Klippe. Dav.#2651.

Date	Mintage	F	VF	XF	Unc	BU
1708	—	450	900	1,500	2,500	—

KM# 803 THALER

Silver **Ruler:** Friedrich August I **Obv:** King on horseback right, shield below **Rev:** 2 sets of crowns and scepters on tables. 5-line inscription in wreath on mantle **Rev. Legend:** FRID: AUG:/REX ELECTOR **Rev. Inscription:** ET / VICARIUS / POST MORT / IOSEPH I / IMPERAT: **Note:** Dav.#2655.

Date	Mintage	F	VF	XF	Unc	BU
MDCCXI (1711) ILH	—	300	650	1,250	2,500	—

KM# 769 THALER

Silver **Ruler:** Friedrich August I **Obv:** Armored bust right **Obv. Legend:** AUGUSTUS D • G • REX - ELECTOR • **Rev:** Crowned AR dividing date **Rev. Legend:** * MONETA SAXONICA * **Note:** Dav.#2650.

Date	Mintage	F	VF	XF	Unc	BU
1708 ILH Rare	—	—	—	—	—	—

Note: Künker Auction 163, 1-10, XF realized approximately $14,050.

Date	Mintage	F	VF	XF	Unc	BU
1709 ILH	—	900	1,850	3,750	6,000	—

KM# 776 THALER

Silver **Ruler:** Friedrich August I **Obv:** Armored, draped bust right **Obv. Legend:** D • G • FRID: AUGUST: REX POL: DUX SAX: I • C • M • A • & W • **Rev:** Crowned shields of Poland and Saxony, date and initials between at bottom **Rev. Legend:** SAC: ROM: IMP: ARCHIM: ET ELECTOR • **Shape:** 4-Sided **Note:** Dav.#2653.

Date	Mintage	F	VF	XF	Unc	BU
1709 ILH	—	300	650	1,150	2,250	—
1710 ILH	—	300	650	1,150	2,250	—
1711 ILH	—	300	650	1,150	2,250	—
1712 ILH	—	300	650	1,150	2,250	—
1713 ILH	—	300	650	1,150	2,250	—
1714 ILH	—	300	650	1,150	2,250	—
1715 ILH	—	300	650	1,150	2,250	—
1716 IGS	—	300	650	1,150	2,250	—
1716 ILH	—	300	650	1,150	2,250	—
1717 IGS	—	300	650	1,150	2,250	—
1717 ILH	—	300	650	1,150	2,250	—
1718 IGS	—	300	650	1,150	2,250	—
1719 IGS	—	300	650	1,150	2,250	—
1720 IGS	—	300	650	1,150	2,250	—
1721 IGS	—	300	650	1,150	2,250	—
1722 IGS	—	300	650	1,150	2,250	—
1723 IGS	—	300	650	1,150	2,250	—
1724 IGS	—	300	650	1,150	2,250	—
1725 IGS	—	300	650	1,150	2,250	—
1726 IGS	—	300	650	1,150	2,250	—
1727 IGS	—	300	650	1,150	2,250	—
1728 IGS	—	300	650	1,150	2,250	—
1729 IGS	—	300	650	1,150	2,250	—
1730 IGS	—	300	650	1,150	2,250	—
1731 IGS	—	300	650	1,150	2,250	—
1732 IGS	—	300	650	1,150	2,250	—
1733 IGS	—	300	650	1,150	2,250	—

KM# 820 THALER

Silver **Ruler:** Friedrich August I **Obv:** Crowned AR monogram, buds in corners **Rev:** Shooting range, band around, blossoms in corners **Rev. Legend:** * QUI VISE LE MIEUX CE 8me DE FEBR: 1714 **Shape:** 4-Sided **Note:** Klippe. Dav.#2656.

Date	Mintage	F	VF	XF	Unc	BU
1/14	—	500	1,000	2,000	4,000	6,000

GERMAN STATES — SAXONY-ALBERTINE

KM# 859 THALER
Silver **Ruler:** Friedrich August I **Subject:** Death of Christiane Eberhardine, Wife of Friedrich August **Obv:** 11-line inscription **Obv. Inscription:** IN /MEMORIAM / CHRISTIANAE / EBERHARDINAE / REGINAE POLON: ET / ELECTRICIS SAXON: / OPTIMAE PIENTISSIMAE / NAT: BYRVTHI / A. 1671. D. 19. DEC. / DENAT: PRETZSCH / A. 1727. D.S. SEPT: / I. G. S. **Rev:** Cyprus tree dividing TOT - CORDA **Rev. Legend:** QVOT - FOLIA, LVGENT below **Note:** Dav.#2661.

Date	Mintage	F	VF	XF	Unc	BU
1727 IGS	—	1,000	2,000	3,250	5,000	—

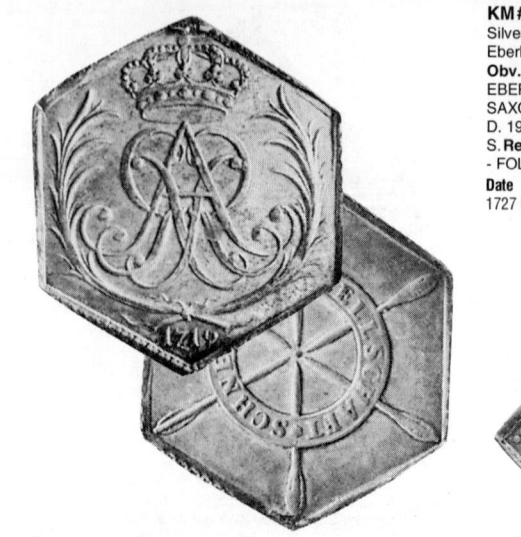

KM# 839 THALER
Silver **Ruler:** Friedrich August I **Obv:** Crowned AR monogram in sprays **Rev:** Band over arrows **Rev. Legend:** SCHNEPPER: GESELI SCHAFT * **Shape:** 6-Sided **Note:** Dav.#2659.

Date	Mintage	F	VF	XF	Unc	BU
1719	—	1,150	2,250	4,500	7,500	—

KM# 827 THALER
Silver **Ruler:** Friedrich August I **Obv:** 4 crowned A's around target **Obv. Legend:** VNA.-META - OMNI: - BCVS **Rev:** 6-line inscription **Rev. Legend:** FRID: AVGVSTO - REGE POLON: - ELECT: SAXON: - AGONOTHETA: **Rev. Inscription:** *DOMVS / CERTAMINI / METAM FERIENDI / APTATAE DEDICATIO. / ANNO MDCCXVII. / X. CAL: SEPT: * **Shape:** 4-Sided **Note:** Klippe. Dav.#2657.

Date	Mintage	F	VF	XF	Unc	BU
1717	—	850	1,650	3,250	6,500	—

KM# 840 THALER
Silver **Ruler:** Friedrich August I **Subject:** Marriage of the Electoral Prince and Archduchess M. Josepha of Austria **Obv:** 9-line inscription **Obv. Inscription:** SIGNATIS / PACT • CONIUG • / INTER / SER • PRINC • REGVM • POL / ET ELECT • SAXON • / ET SER • PRINC • RAM • HVNG • / BOHH • & ARCHIDVC • AVSTR • / VIENNAE • / A • MDCCXIX • / I • G • S • **Rev:** 2 hands binding flaming hearts **Rev. Legend:** INDISSOLVBILITER **Note:** Dav.#2660.

Date	Mintage	F	VF	XF	Unc	BU
1719 IGS	—	450	950	1,500	3,000	—

KM# 862 THALER
Silver **Subject:** Presence of King Friedrich Wilhelm of Prussia **Obv:** Crowned AR, ornaments in corners **Rev:** 8-line inscription 4-Sided **Note:** Dav.#2662.
Rev. Inscription: IN / HONOREM / GRATAMQ: ME /... **Shape:** 4-Sided **Note:** Dav.#2662.

Date	Mintage	F	VF	XF	Unc	BU
1728	—	500	1,000	2,250	4,000	—

KM# 828 THALER
Silver **Ruler:** Friedrich August I **Subject:** Death of Anna Sophia, Mother of Friedrich August I **Obv:** Crown above 14-line inscription **Obv. Legend:** DEO DUCE **Rev:** Ship in harbor **Rev. Inscription:** PORTUM INVENIT * / I. G. S. T. **Note:** Dav.#2658.

Date	Mintage	F	VF	XF	Unc	BU
1717 IGS	—	650	1,250	2,750	4,500	—

KM# 880 THALER
28.8000 g., Silver **Ruler:** Friedrich August II **Obv:** Armored bust right **Obv. Legend:** D: G: FRID: AUGUST: REX POL: DUX SAX: I: C: M: A: & W: * **Rev:** Crown above two shields **Rev. Legend:** SAC: ROM: IMP: ARCHIM: ET ELECTOR • **Note:** Specie Thaler. Dav.#2665.

Date	Mintage	F	VF	XF	Unc	BU
1734 IGS	—	200	400	700	1,750	4,250
1735 FWoF	—	200	400	700	1,750	4,250
1736 FWoF	—	200	400	700	1,750	4,250
1737 FWoF	—	200	400	700	1,750	4,250
1738 FWoF	—	200	400	700	1,750	4,250
1739 FWoF	—	200	400	700	1,750	4,250
1740 FWoF	—	200	400	700	1,750	4,250
1741 FWoF	—	200	400	700	1,750	4,250
1742 FWoF	—	200	400	700	1,750	4,250

Date	Mintage	F	VF	XF	Unc	BU
1743 FWoF	—	200	400	700	1,750	4,250
1744 FWoF	—	200	400	700	1,750	4,250
1745 FWoF	—	200	400	700	1,750	4,250
1746 FWoF	—	200	400	700	1,750	4,250
1747 FWoF	—	200	400	700	1,750	4,250
1748 FWoF	—	200	400	700	1,750	4,250
1749 FWoF	—	200	400	700	1,750	4,250
1750 FWoF	—	200	400	700	1,750	4,250
1751 FWoF	—	200	400	700	1,750	4,250
1752 FWoF	—	200	400	700	1,750	4,250
1753 FWoF	—	200	400	700	1,750	4,250
1754 FWoF	—	200	400	700	1,750	4,250
1755 FWoF	—	200	400	700	1,750	4,250
1756 FWoF	—	200	400	700	1,750	4,250

KM# 929.4 THALER

28.8000 g., Silver **Ruler:** Friedrich August II **Obv:** Large legends **Obv. Legend:** DG AVGVSTVS III REX POLONIARUM **Rev:** Large legends **Rev. Legend:** SAC • ROM • IMP • ARCHIM • ET ELECT •

Date	Mintage	F	VF	XF	Unc	BU
1755 EDC	—	250	500	1,250	2,500	—

KM# 929.5 THALER

28.8000 g., Silver **Obv:** Crowned bust right **Obv. Legend:** D: G: AVGVSTVS III • REX • POLONIARUM **Rev:** Crowned arms in branches

Date	Mintage	F	VF	XF	Unc	BU
1755 EDC	—	650	1,150	2,250	4,250	—

KM# 926 THALER

28.8000 g., Silver **Obv:** Large bust right **Rev:** Crowned shields of Poland and Sazony in decorated frame, FWOF below **Note:** Dav.#2671.

Date	Mintage	F	VF	XF	Unc	BU
1755	—	300	600	1,200	2,500	—
1756	—	300	600	1,200	2,500	—

KM# 929.6 THALER

28.8000 g., Silver **Obv:** Crowned bust right **Obv. Legend:** D • G • AVGVSTVS III • REX POLONIARUM • **Rev:** Crowned arms in branches

Date	Mintage	F	VF	XF	Unc	BU
1756 EDC	—	250	500	1,350	2,750	—
1756 EDC L	—	250	500	1,350	2,750	—
1756 EDC L LF	—	250	500	1,350	2,750	—

Note: Thalers KM#929.1-929.6 were previously listed as KM#159.1-159.6 in Poland

KM# 933 THALER

28.8000 g., Silver **Ruler:** Friedrich August II **Subject:** Prussian Occupation **Obv:** Bust right **Rev:** 2 crowned oval shields of arms **Note:** Dav.#2673.

Date	Mintage	F	VF	XF	Unc	BU
1757 IDB	—	1,250	2,500	4,500	7,500	—

KM# 935 THALER

28.8000 g., Silver **Ruler:** Friedrich August II **Subject:** Prussian Occupation **Obv:** Without curl below bust **Rev:** Orb below shields **Note:** Dav.#2675.

Date	Mintage	F	VF	XF	Unc	BU
1757 IDB	—	600	1,200	2,250	4,500	—

KM# 934 THALER

28.8000 g., Silver **Ruler:** Friedrich August I **Subject:** Prussian Occupation **Obv:** Armored, draped bust right **Obv. Legend:** D: G: FRID: AUGUST: REX POL: D: S: I: C: M: A: & W: **Rev:** FR monogram below shields **Rev. Legend:** SAC: ROM: IMP: ARCHIM: ET ELECTOR:, I.D.B. below shields **Note:** Mining Thaler. Dav.#2674.

Date	Mintage	F	VF	XF	Unc	BU
1757 IDB	—	450	900	1,750	3,000	—

KM# 902 THALER

28.8000 g., Silver **Ruler:** Friedrich August II **Obv:** Armored bust right **Obv. Legend:** D • G • FRID: AUG: REX POL: DUX SAX: ARCHIMARESCHALL: ET ELECTOR • * **Rev:** Crowned shield on eagle's breast **Rev. Legend:** IN PROVINCIIS IVR: SAXON: PROVISOR ET VICARIUS date * **Note:** Vicariat Issue. Dav.#2668.

Date	Mintage	F	VF	XF	Unc	BU
1740	—	700	1,500	3,800	6,000	—
1745	—	700	1,500	3,800	6,000	—

KM# 907 THALER

Silver Weight varies: 27.34-28.80g. **Ruler:** Friedrich August II **Obv:** Figure on rearing horse right **Obv. Legend:** D • G • FRID • AUG • REX POL • DUX SAX • ARCHIMARESCHALL • & ELECT • * **Rev:** Arms on tapestry back of throne **Rev. Legend:** IN PROVINCIIS IUR • SAXON • PROVISOR ET VICARIUS • 1741• * **Note:** Vicariat Issue. Dav.#2669.

Date	Mintage	F	VF	XF	Unc	BU
1741	—	225	375	650	1,700	—

KM# 914 THALER

28.8000 g., Silver **Ruler:** Friedrich August II **Obv:** Armored bust right **Rev:** 2 crowned shields of arms: . . . VICARIUS **Note:** Vicariat Issue. Dav.#2670.

Date	Mintage	F	VF	XF	Unc	BU
1745 FWoF	—	1,000	2,000	3,500	6,000	—

KM# 929.1 THALER

28.8000 g., Silver **Subject:** Augustus III **Obv:** Crowned bust right **Obv. Legend:** D • G • AVGVSTVS III • REX POLONIARUM • **Rev:** Crowned arms within branches **Rev. Legend:** SAC • ROM • IMP • ARCHIM • ET ELECT • date **Note:** Dav.#1617.

Date	Mintage	F	VF	XF	Unc	BU
1753 EDC	—	550	1,100	2,250	4,500	—
1753	—	700	1,500	3,000	6,000	—
1754 EDC	—	500	1,000	2,000	4,000	—

KM# 929.2 THALER

28.8000 g., Silver

Date	Mintage	F	VF	XF	Unc	BU
1754 EDC L	—	500	1,000	2,000	4,000	—

KM# 901 THALER

28.8000 g., Silver **Ruler:** Friedrich August II **Subject:** Shooting Festival **Obv:** Crowned script ARR monogram divides date **Rev:** Crowned A at corners, target in center **Rev. Legend:** VNA • - META - OMNI: - BVS **Shape:** 4-Sided **Note:** Klippe. Dav.#2666.

Date	Mintage	F	VF	XF	Unc	BU
1740	—	900	1,750	3,500	6,000	—

KM# 929.3 THALER

28.8000 g., Silver **Obv:** Crowned bust right **Obv. Legend:** D • G • AVGVSTVS III REX POLONIARVM **Rev:** Crowned arms within branches **Rev. Legend:** SAC • ROM • IMP • ARCHIM • ET ELECT • date

Date	Mintage	F	VF	XF	Unc	BU
1754 EDC	—	300	700	1,500	3,000	—

KM# 937 THALER

28.8000 g., Silver **Ruler:** Friedrich August II **Obv:** Armored, draped bust right **Obv. Legend:** D: G: FRID: AUGUST: REX POL: D: S: I: C: M: A:& W: **Rev:** Crowned complex arms **Rev. Legend:** SAC: ROM: IMP: ARCHIM: ELECTOR ET VICARIUS: date **Note:** Dav.#2672.

Date	Mintage	F	VF	XF	Unc	BU
1759 FW0F	—	900	1,750	3,250	6,000	—
1760 FW0F	—	900	1,750	3,250	6,000	—
1761 FW0F	—	900	1,750	3,250	6,000	—
1762 FW0F	—	900	1,750	3,250	6,000	—

GERMAN STATES — SAXONY-ALBERTINE

KM# 962 THALER
28.8000 g., Silver **Ruler:** Friedrich Christian **Obv:** Bust right **Obv. Legend:** D: G: FRID: CHRIST: PR: R: POL: & L: DUX: SAX: **Rev:** Crowned ornate arms, value below **Rev. Legend:** IUL: CL: MONT: A: & W: S: R: I: ARCHIM: & ELECTOR, X. EINE FEINE MARCK below **Note:** Convention Thaler. Dav.#2677.

Date	Mintage	F	VF	XF	Unc	BU
1763 EDC	—	120	270	500	800	—
1763 FWôF	—	120	270	500	800	—
1763 IFôF	—	120	270	500	800	—
1763 JFôF	—	120	270	500	800	—

KM# 961 THALER
28.8000 g., Silver **Obv:** Armored bust right **Obv. Legend:** XAVERIVS D: G: REG: PR: POL: & LITH: DVX SAX: **Rev:** Crown above two shields **Rev. Legend:** ELECTORATVS SAXONIAE ADMINISTRATOR, E. D. C. below, X. EINE - MARCK F: below **Note:** Reichs Thaler. Dav.#2676.

Date	Mintage	F	VF	XF	Unc	BU
1763 FWôF	—	200	400	1,200	3,750	—

KM# 977.2 THALER
28.0630 g., 0.8330 Silver 0.7515 oz. ASW **Obv. Legend:** ...DUX SAX ELECTOR **Rev:** Date below shield **Rev. Legend:** D: SEEGEN D: BERGBAUES **Note:** Dav. #2681.

Date	Mintage	VG	F	VF	XF	Unc
1763 EDC	—	225	450	900	2,100	—
1764 EDC	—	225	450	900	2,100	—

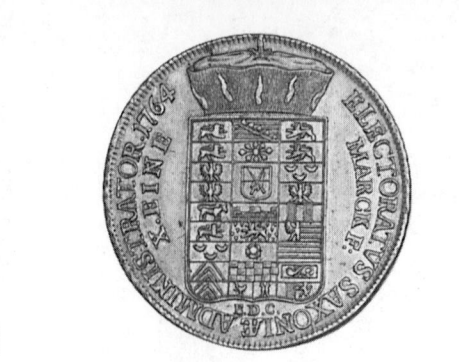

KM# 976 THALER
28.0630 g., 0.8330 Silver 0.7515 oz. ASW **Ruler:** Xaver **Obv:** Bust right **Obv. Legend:** XAVERIVS D:G: REG: PR: POL: & LITH: DVX SAX: **Rev:** Crowned complex arms **Rev. Legend:** ELECTORATVS SAXONIAE ADMINISTRATOR, E.D.C. below, X. EINE - MARCK F: at sides **Note:** Dav. #2678.

Date	Mintage	F	VF	XF	Unc	BU
1764 EDC	—	100	275	550	1,350	2,000
1765 EDC	—	100	275	550	1,350	2,000
1766 EDC	—	100	275	550	1,350	2,000
1767 EDC	—	100	275	550	1,350	2,000
1768 EDC	—	100	275	550	1,350	2,000

KM# 982 THALER
28.0630 g., 0.8330 Silver 0.7515 oz. ASW **Ruler:** Xaver **Subject:** Freiberg Mining Academy **Obv:** Bust right **Obv. Legend:** XAVER: D: G: R: PR: POL: & L: DVX SAX: EL: ADM: **Rev:** Mining scene **Rev. Legend:** X. EINE - ZUR ERMUNTERUNG DES FLEISSES - F. MARK **Rev. Inscription:** BERG ACADEMIE ZV FREYBERG / WARD GESTIFFTET / D: 13. NOVEMBER / 1765 **Note:** Dav. #2679.

Date	Mintage	F	VF	XF	Unc	BU
1765	—	900	2,000	4,000	6,000	—

KM# 985 THALER
28.0630 g., 0.8330 Silver 0.7515 oz. ASW **Ruler:** Friedrich August III **Obv:** Bust right **Rev:** Similar to C#B6 **Note:** Dav. #2686.

Date	Mintage	F	VF	XF	Unc	BU
1765	—	500	1,000	2,500	5,500	9,000

KM# 977.1 THALER
28.0630 g., 0.8330 Silver 0.7515 oz. ASW **Ruler:** Friedrich August III **Obv:** Bust right **Obv. Legend:** FRID: AUGUST: D:G: SAXONIAE ELECTOR **Rev:** Crowned shield in sprays **Rev. Legend:** X. EINE - FEINE MARCK, E.D.C. below **Note:** Dav. #2680.

Date	Mintage	VG	F	VF	XF	Unc
1764 JFôF	—	50.00	100	200	500	—

KM# 983 THALER
28.0630 g., 0.8330 Silver 0.7515 oz. ASW **Ruler:** Friedrich August III **Obv:** Draped and armored bust right **Obv. Legend:** FRID: AUGUST: D:G: DUX SAX: ELECTOR **Rev:** Arms within branches, date below **Rev. Legend:** X. EINE - FEINE MARCK, E.D.C. and date below **Note:** Dav. #2682.

Date	Mintage	F	VF	XF	Unc	BU
1765 EDC	—	50.00	100	200	500	—
1766 EDC	—	50.00	100	200	500	—
1767 EDC	—	50.00	100	200	500	—
1768 EDC	—	50.00	100	200	500	—

KM# 984 THALER
28.0630 g., 0.8330 Silver 0.7515 oz. ASW **Ruler:** Friedrich August III **Obv:** Draped bust right **Obv. Legend:** FRID: AUGUST: D:G: DUX SAX: ELECTOR **Rev:** Electors cap above arms within branches, date below **Rev. Legend:** ZUR BELOHNUNG - DES FLEISES, E.D.C., X. EINE FEINE MARCK and date below **Note:** Dav. #2685.

Date	Mintage	F	VF	XF	Unc	BU
1765 EDC	—	600	1,200	2,800	7,500	11,500

KM# 987.1 THALER
28.0630 g., 0.8330 Silver 0.7515 oz. ASW **Ruler:** Xaver **Obv:** Bust of Frederic August right **Obv. Legend:** FRID: AUGUST: D:G: DUX SAX: ELECTOR **Rev:** Bust of Xaver right **Rev. Legend:** XAVER. D.G.R. PR. POL: & L: DVX SAX: EL: ADM: **Rev. Inscription:** ZUR BELOHNUNG / DES FLEISSES, 1766 **Note:** Dav. #2688.

Date	Mintage	F	VF	XF	Unc	BU
1766	—	700	1,500	3,000	6,500	10,000

KM# 987.2 THALER
28.0630 g., 0.8330 Silver 0.7515 oz. ASW **Rev. Legend:** ... SAX: ADM. **Note:** Similar to KM#987, but legend ends: . . . SAX: ADM. Dav. #2689.

Date	Mintage	F	VF	XF	Unc	BU
1766	—	700	1,500	3,000	6,500	10,000

KM# 990 THALER
28.0630 g., 0.8330 Silver 0.7515 oz. ASW **Ruler:** Friedrich August III **Obv:** Bust right **Obv. Legend:** FRID: AUGUST: D: G: DUX SAX: ... **Rev:** Arms within branches, date below **Rev. Legend:** DER SEEGEN - DES BERGBAUES, E.D.C., X.EINE FEINE MARCK and date below **Note:** Mining Thaler. Dav. #2683.

Date	Mintage	F	VF	XF	Unc	BU
1768 EDC	—	150	300	650	1,850	—

KM# 993.1 THALER
28.0630 g., 0.8330 Silver 0.7515 oz. ASW **Ruler:** Friedrich August III **Rev. Legend:** DER SEEGEN. . . **Note:** Mining Thaler. Dav. #2691.

Date	Mintage	F	VF	XF	Unc	BU
1769 EDC	—	35.00	75.00	150	350	—
1770 EDC	—	35.00	75.00	150	350	—
1771 EDC	—	35.00	75.00	150	350	—
1772 EDC	—	35.00	75.00	150	350	—
1773 EDC	—	35.00	75.00	150	350	—
1774 EDC	—	35.00	75.00	150	350	—
1775 EDC	—	35.00	75.00	150	350	—
1776 EDC	—	35.00	75.00	150	350	—
1777 EDC	—	35.00	75.00	150	350	—
1778 EDC	—	35.00	75.00	150	350	—
1779 IEC	—	35.00	75.00	150	350	—

SAXONY-ALBERTINE GERMAN STATES

Date	Mintage	F	VF	XF	Unc	BU
1788 IEC	—	35.00	75.00	150	350	—
1789 IEC	—	35.00	75.00	150	350	—
1790 IEC	—	35.00	75.00	150	350	—

FRID. AVGVST. D. G. DVX SAX. ELECTOR **Rev:** Crowned oval arms within branches **Rev. Legend:** X. EINE FEINE MARK. **Note:** Dav.#2701.

Date	Mintage	F	VF	XF	Unc	BU
1793 IEC	—	35.00	75.00	150	375	550
1794 IEC	—	35.00	75.00	150	375	550
1795 IEC	—	35.00	75.00	150	375	550
1796 IEC	—	35.00	75.00	150	375	550
1797 IEC	—	35.00	75.00	150	375	550
1798 IEC	—	35.00	75.00	150	375	550
1799 IEC	—	35.00	75.00	150	375	550
1800 IEC	—	35.00	75.00	150	375	550

KM# 1026.2 THALER

28.0630 g., 0.8330 Silver 0.7515 oz. ASW **Ruler:** Friedrich August III **Obv:** Armored bust right **Rev:** Elector's cap above arms **Note:** Dav.#2702.

Date	Mintage	F	VF	XF	Unc	BU
1793 IEC	—	100	200	400	800	—

KM# 992.1 THALER

28.0630 g., 0.8330 Silver 0.7515 oz. ASW **Ruler:** Friedrich August III **Obv:** Head right **Obv. Legend:** FRID: AUGUST: D:G: DUX SAX: ELECTOR **Rev:** Electors cap above arms within branches, date below **Rev. Legend:** X. EINE - MARCK F:, E.D.C. and date below **Note:** Convention Thaler. Dav. #2690.

Date	Mintage	F	VF	XF	Unc	BU
1769 EDC	—	35.00	75.00	150	350	—
1770 EDC	—	35.00	75.00	150	350	—
1771 EDC	—	35.00	75.00	150	350	—
1772 EDC	—	35.00	75.00	150	350	—
1773 EDC	—	35.00	75.00	150	350	—
1774 EDC	—	35.00	75.00	150	350	—
1775 EDC	—	35.00	75.00	150	350	—
1776 EDC	—	35.00	75.00	150	350	—
1777 EDC	—	35.00	75.00	150	350	—
1778 EDC	—	35.00	75.00	150	350	—
1779 EDC	—	35.00	75.00	150	350	—

KM# 1011 THALER

28.0630 g., 0.8330 Silver 0.7515 oz. ASW **Ruler:** Friedrich August III **Obv:** Head right **Obv. Legend:** FRID: AUGUST: D:G: DUX SAX: ELECTOR **Rev:** Wreath above caduceus at left and grain sheaf back of beehive at right **Rev. Legend:** ZUR BELOHNUNG - DES FLEISSES **Rev. Inscription:** 1780 / X / EINE MARK FEIN **Note:** Dav. #2693.

Date	Mintage	F	VF	XF	Unc	BU
1780	—	750	1,500	2,750	4,750	—

KM# 992.2 THALER

28.0630 g., 0.8330 Silver 0.7515 oz. ASW **Ruler:** Friedrich August III **Obv:** Head right **Rev:** Smaller arms **Note:** Dav. #2695.

Date	Mintage	F	VF	XF	Unc	BU
1780 IEC	—	35.00	75.00	150	350	—
1781 IEC	—	35.00	75.00	150	350	—
1782 IEC	—	35.00	75.00	150	350	—
1783 IEC	—	35.00	75.00	150	350	—
1784 IEC	—	35.00	75.00	150	350	—
1785 IEC	—	35.00	75.00	150	350	—
1786 IEC	—	35.00	75.00	150	350	—
1787 IEC	—	35.00	75.00	150	350	—
1788 IEC	—	35.00	75.00	150	350	—
1789 IEC	—	35.00	75.00	150	350	—
1790 IEC	—	35.00	75.00	150	350	—

Note: Varieties exist

KM# 1023 THALER

28.0630 g., 0.8330 Silver 0.7515 oz. ASW **Ruler:** Friedrich August III **Obv:** Head right **Obv. Legend:** FRID • AVG • D • G • DVX SAX • ELECTOR & VICARIVS IMPERII **Rev:** Arms on eagle's breast, date below **Rev. Legend:** X. EINE - MARCK F. **Rev. Inscription:** I. E. - C. / 1790 **Note:** Vicariat Issue. Dav.#2697.

Date	Mintage	F	VF	XF	Unc	BU
1790 IEC	—	60.00	175	250	450	—

KM# 1026 THALER

28.0630 g., 0.8330 Silver 0.7515 oz. ASW **Ruler:** Friedrich August III **Obv:** Armored bust right **Obv. Legend:** FRID: AVGVST: D:G: DVX SAX: ELECTOR **Rev:** Elector's cap above arms within branches, date below **Rev. Legend:** DER SEEGEN - DES BERGBAUES **Rev. Inscription:** I. E. C. / X • EINE MARK F • / date **Note:** Mining Thaler. Dav.#2699.

Date	Mintage	F	VF	XF	Unc	BU
1791 IEC	—	120	250	450	900	—
1792 IEC	—	120	250	450	900	—

KM# 1027 THALER

28.0630 g., 0.8330 Silver 0.7515 oz. ASW **Ruler:** Friedrich August III **Obv:** Armored, draped bust right **Obv. Legend:** FRID • AVGVST • D • G • DVX SAX • ELECTOR **Rev:** Elector's cap above arms within branches **Rev. Legend:** X • EINE • FEINE • MARK •, date **Note:** Convention Thaler. Dav.#2698.

Date	Mintage	F	VF	XF	Unc	BU
1791 IEC	—	35.00	70.00	150	450	—
1792 IEC	—	35.00	70.00	150	450	—

KM# 1036 THALER

28.0630 g., 0.8330 Silver 0.7515 oz. ASW **Ruler:** Friedrich August III **Obv:** Head right **Rev:** Crowned oval arms **Rev. Legend:** Ends:. . . DES BERGBAVES **Note:** Dav.#2703.

Date	Mintage	F	VF	XF	Unc	BU
1794 IEC	—	95.00	175	350	700	—
1795 IEC	—	95.00	175	350	700	—
1796 IEC	—	95.00	175	350	700	—
1797 IEC	—	95.00	175	350	700	—
1798 IEC	—	95.00	175	350	700	—
1799 IEC	—	95.00	175	350	700	—
1800 IEC	—	95.00	175	350	700	—

KM# 732 2 THALER

Silver **Ruler:** Friedrich August I **Obv:** Bust to right **Rev:** 2 shields crowned between palm branches **Note:** Thick flan; similar to 1 Thaler, KM#707.

Date	Mintage	VG	F	VF	XF	Unc
1702 ILH	—	—	—	—	—	—
1703 ILH	—	—	—	—	—	—

KM# 751 2 THALER

Silver **Ruler:** Friedrich August I **Obv:** Bust of Friedrich August I right **Obv. Legend:** D • G • FRID: AUG: REX POL: - DUX SAX: I • C • M • A • & W • **Rev:** Crowned arms with 6 small shields around, date below **Rev. Legend:** SAC: ROM: IMP: ARCHIM: ET ELECTOR • **Note:** Similar to 1 Thaler, KM#750. Dav.#A2649.

Date	Mintage	VG	F	VF	XF	Unc
1706 ILH Rare	—	—	—	—	—	—

KM# 1034 THALER

28.0630 g., 0.8330 Silver 0.7515 oz. ASW **Ruler:** Friedrich August III **Obv:** Date below bust **Obv. Legend:** FRID • AVGVST • D • G • DVX SAX • ELECTOR **Rev:** Arms on eagle's breast **Rev. Legend:** SACROM - IMP. PROVISOR - ITERVM **Rev. Inscription:** I. E. C. / X • EINE MARK F • **Note:** Vicariat Issue. Dav.#2700.

Date	Mintage	F	VF	XF	Unc	BU
1792 IEC	—	60.00	120	250	550	950

KM# 993.2 THALER

28.0630 g., 0.8330 Silver 0.7515 oz. ASW **Ruler:** Friedrich August III **Obv:** Head right **Obv. Legend:** FRID: AUGUST: D:G: DUX SAX: ELECTOR **Rev:** Smaller arms **Rev. Legend:** DER SEEGEN - DES BERGBAUES **Rev. Inscription:** I. E. C. / X. EINE MARCK. F. / date **Note:** Dav. #2696.

Date	Mintage	F	VF	XF	Unc	BU
1780 IEC	—	35.00	75.00	150	350	—
1781 IEC	—	35.00	75.00	150	350	—
1782 IEC	—	35.00	75.00	150	350	—
1783 IEC	—	35.00	75.00	150	350	—
1784 IEC	—	35.00	75.00	150	350	—
1785 IEC	—	35.00	75.00	150	350	—
1786 IEC	—	35.00	75.00	150	350	—
1787 IEC	—	35.00	75.00	150	350	—

KM# 777 2 THALER

Silver **Ruler:** Friedrich August I **Note:** Similar to 1 Thaler, KM#776. Dav.#2652.

Date	Mintage	VG	F	VF	XF	Unc
1709 ILH	—	700	1,500	3,000	5,000	—
1714 ILH	—	700	1,500	3,000	5,000	—
1716 ILH	—	700	1,500	3,000	5,000	—
1717 IGS	—	700	1,500	3,000	5,000	—
1725 IGS	—	700	1,500	3,000	5,000	—
1726 IGS	—	700	1,500	3,000	5,000	—
1727 IGS	—	700	1,500	3,000	5,000	—
1728 IGS	—	700	1,500	3,000	5,000	—
1729 IGS	—	700	1,500	3,000	5,000	—
1730 IGS	—	900	1,750	3,750	6,000	—
1731 IGS	—	900	1,750	3,750	6,000	—
1732 IGS	—	900	1,750	3,750	6,000	—

KM# 1027.2 THALER

28.0630 g., 0.8330 Silver 0.7515 oz. ASW **Ruler:** Friedrich August III **Obv:** Armored bust right **Obv. Legend:**

KM# 804 2 THALER

Silver **Ruler:** Friedrich August I **Note:** Vicariat Issue. Similar to 1 Thaler, KM#803. Dav.#2654.

Date	Mintage	VG	F	VF	XF	Unc
1711 ILH	—	1,200	2,500	4,000	7,000	—

KM# 841 2 THALER

Silver **Ruler:** Friedrich August I **Note:** Thick flan; similar to 1 Thaler, KM#839.

Date	Mintage	VG	F	VF	XF	Unc
1719	—	—	—	—	—	—

GERMAN STATES — SAXONY-ALBERTINE

KM# 1012 2 THALER (3-1/2 Gulden)
Silver **Ruler:** Friedrich August III **Obv:** Head right **Obv. Legend:** FRID: AUGUSTUS D:G: DUX SAX: ELECTOR **Rev:** Wreath above caduceus at left and wheat sheaf back of beehive at right **Rev. Legend:** ZUR BELOHNUNG - DES FLEISSES **Rev. Inscription:** 1780 / V / EINE MARK FEIN **Note:** Dav.#2692.

Date	Mintage	F	VF	XF	Unc	BU
1780	—	—	—	7,500	12,500	—

KM# 943 5 THALER (August D'or)
6.6500 g., 0.9000 Gold 0.1924 oz. AGW **Ruler:** Friedrich August II **Obv:** Crowned, draped bust right **Obv. Legend:** D: G: AVGVSTVS III • REX POLONIARUM • **Rev:** Crowned arms within branches **Rev. Legend:** SAC • ROM • IMP • ARCHIM • ET ELECT • **Note:** Prev. Poland KM#168.

Date	Mintage	VG	F	VF	XF	Unc
1755 EC	—	200	300	575	1,400	2,750
1756 EC	—	200	300	575	1,400	2,750

KM# 944 5 THALER (August D'or)
Gold Weight varies: 6.6-6.7g; fineness varies: .318-.458; struck at Berlin. **Ruler:** Friedrich August II **Obv:** Crowned armored bust to right **Obv. Legend:** D. G. AVGVSTVS. III. REX. POLONIARUM. **Rev:** Crowned round shield of 4-fold arms between 2 palm branches, value 5.TH below, date at end of legend **Rev. Legend:** SAC. ROM. IMP. ARCHIM. ET. ELECT. **Note:** Debased Gold, Ephraimite Issue. Struck 1758-61 during the occupation of Poland. Prev. Poland KM#169.

Date	Mintage	VG	F	VF	XF	Unc
1755 EC	—	175	250	475	1,150	2,250
1756 EC	—	175	250	475	1,150	2,250
1758 EC	2,564,269	175	250	475	1,150	2,250

KM# 872 2 THALER (3-1/2 Gulden)
Silver **Ruler:** Friedrich August II **Subject:** Death of Friedrich August I **Obv:** Armored bust right **Obv. Legend:** D • G • FRID • AUGUST • PR • R • P • & L • DUX • SAX • ELECT • **Rev:** Monument to Friedrich August I **Rev. Legend:** MEMORIÆ • ÆTERNÆ • OPTIMI PARENTIS • **Rev. Inscription:** NAT•XII•MAY MDCLXX • / OB • I • FEBR • MDCCXXXIII • / 2 TH • COUR • **Note:** Dav.#2663.

Date	Mintage	VG	F	VF	XF	Unc
1733	—	500	1,000	2,000	4,000	—

KM# 889 2 THALER (3-1/2 Gulden)
Silver **Ruler:** Friedrich August II **Note:** Similar to 1 Thaler, KM#880. Dav.#2664.

Date	Mintage	VG	F	VF	XF	Unc
1736 FWoF	—	900	1,800	3,600	6,000	—
1737 FWoF	—	1,050	2,100	4,200	7,500	—
1744 FWoF	—	1,350	2,400	4,800	9,000	—

KM# 903 2 THALER (3-1/2 Gulden)
Silver **Ruler:** Friedrich August II **Rev:** Double-headed eagle with crowned round arms on breast **Note:** Vicariat Issue. Dav.#2667.

Date	Mintage	VG	F	VF	XF	Unc
1740	—	1,350	2,750	4,750	7,750	—

Note: KM#889 and 903 struck with 1 Thaler dies, double thickness

KM# 986 2 THALER (3-1/2 Gulden)
Silver **Obv:** Draped bust right **Obv. Legend:** FRID: AUGUST: D:G: DUX SAX: ELECTOR **Rev:** Electors cap above arms within branches, date below **Rev. Legend:** ZUR BELOHNUNG - DES FLEISES **Rev. Inscription:** E. D. C. / X. EINE FEINE MARCK / date below **Note:** Similar to 1 Thaler, KM#984. Dav.#2684.

Date	Mintage	VG	F	VF	XF	Unc
1765 EDC	—	1,350	2,750	4,750	7,750	—

KM# 988 2 THALER (3-1/2 Gulden)
Silver **Obv:** Bust of Friedric August right **Obv. Legend:** FRID: AUGUST: D: G: DUX SAX: ELECTOR **Rev:** Bust of Xaver right **Rev. Legend:** XAVER: D: G: R: PR: POL: & L: DVX SAX: EL: ADM: **Rev. Inscription:** ZUR BELOHNUNG / DES FLEISSES, 1766 below **Note:** Similar to 1 Thaler, KM#987. Dav.#2687.

Date	Mintage	VG	F	VF	XF	Unc
1766 Rare	—	—	—	—	—	—

KM# 1013 2 THALER (3-1/2 Gulden)
Silver **Ruler:** Friedrich August III **Obv:** Armored bust right; F. H. KRUGER F. below **Obv. Legend:** FRID:AVGVST:D:G:DVX SAX: ELECTOR **Rev. Legend:** ZUR BELOHNUNG - DES FLEISSES **Rev. Inscription:** 1780 / V / EINE MARK FEIN **Note:** Dav.#2694.

Date	Mintage	F	VF	XF	Unc	BU
1780	—	—	—	7,500	12,500	—

KM# A916 2-1/2 THALER
3.3250 g., 0.9000 Gold 0.0962 oz. AGW **Ruler:** Friedrich August II **Obv:** Crowned, draped bust right **Obv. Legend:** D: G: AVGVSTVS III • REX POLONIARUM • **Rev:** Crowned arms within branches **Rev. Legend:** SAC • ROM • IMP • ARCHIM • ET ELECT • **Note:** 1/2 August D'or = 2-1/2 Thaler. Previous Poland KM#161.

Date	Mintage	VG	F	VF	XF	Unc
1753 G	—	250	500	1,000	2,150	4,500

KM# 741 3 THALER
Silver **Ruler:** Friedrich August I **Obv:** Armored, draped bust right **Obv. Legend:** DUX SAX • I • C • M • A • & W • D • G • FRID • AUG • REX • POL • **Rev:** Crown above two shields within branches **Rev. Legend:** SAC • ROM • IMP • ARCHIM • ET ELECT • date **Note:** Thick flan. Dav.#2646.

Date	Mintage	VG	F	VF	XF	Unc
1704 Rare	—	—	—	—	—	—

KM# 860 4 THALER
Silver **Ruler:** Friedrich August I **Rev:** Crowned shields of Poland and Saxony, date and initials between at bottom **Note:** Similar to 1 Thaler, KM#776.

Date	Mintage	VG	F	VF	XF	Unc
1727 IGS	—	—	—	—	—	—

KM# 1001 5 THALER (August D'or)
6.6820 g., 0.9020 Gold 0.1938 oz. AGW **Ruler:** Friedrich August III **Obv:** Head right **Obv. Legend:** FRID: AUGUST: D: G: DUX SAX: ELECTOR **Rev:** Elector's cap above two shields, value and date below

Date	Mintage	VG	F	VF	XF	Unc
1777 EDC	—	250	600	1,200	2,150	4,250
1779 IEC	—	250	600	1,200	2,150	4,250
1781 IEC	—	250	600	1,200	2,150	4,250
1782 IEC	—	250	600	1,200	2,150	4,250
1785 IEC	—	250	600	1,200	2,150	4,250

KM# 1028 5 THALER (August D'or)
6.6820 g., 0.9020 Gold 0.1938 oz. AGW **Ruler:** Friedrich August III **Obv:** Uniformed bust right **Obv. Legend:** FRID. AVG. D. G. DVX SAX. ELECTOR **Rev:** Crowned oval arms within branches

Date	Mintage	F	VF	XF	Unc	BU
1791 IEC	—	325	725	1,900	3,750	—
1792 IEC	—	325	725	1,900	3,750	—
1794 IEC	—	325	725	1,900	3,750	—
1795 IEC	—	325	725	1,900	3,750	—
1797 IEC	—	325	725	1,900	3,750	—
1798 IEC	—	325	725	1,900	3,750	—
1799 IEC	—	325	725	1,900	3,750	—
1800 IEC	—	400	900	1,800	3,500	—

KM# A943 5 THALER (August D'or)
6.6500 g., 0.9000 Gold 0.1924 oz. AGW **Ruler:** Friedrich August II **Obv:** Crowned, draped bust right **Obv. Legend:** D • G • AVGVSTVS III • REX POLONIARUM • **Rev:** Crowned arms within branches **Rev. Legend:** SAC • ROM • IMP • ARCHIM • ET ELECT • **Note:** Prev. Poland KM#162.

Date	Mintage	VG	F	VF	XF	Unc
1753 C	—	—	300	600	1,700	3,250
1754 EC	—	—	200	400	950	1,850

KM# B916 10 THALER (2 August D'or)
13.3000 g., 0.9000 Gold 0.3848 oz. AGW **Ruler:** Friedrich August II **Obv:** Crowned, armored bust right **Obv. Legend:** D • G • AVGVSTVS III • REX POLONIARUM • **Rev:** Crowned arms within branches, value below **Rev. Legend:** SAC • ROM • IMP • ARCHIM • ET ELECT • **Note:** Prev. Poland KM#163.

Date	Mintage	VG	F	VF	XF	Unc
1753 G	—	400	650	1,250	2,400	4,000

SAXONY-ALBERTINE — GERMAN STATES

KM# A944 10 THALER (2 August D'or)
13.3000 g., 0.9000 Gold 0.3848 oz. AGW **Ruler:** Friedrich August II **Obv:** Crowned bust right **Obv. Legend:** D: G: AVGVSTVS III: REX POLONIARUM • Rev: Crowned arms within branches, value below **Rev. Legend:** SAC • ROM • IMP • ARCHIM • ET ELECT • **Note:** Prev. Poland KM#164.

Date	Mintage	VG	F	VF	XF	Unc
1754 EC	—	450	800	1,450	3,000	5,750

KM# A975 10 THALER (2 August D'or)
Gold **Ruler:** Friedrich August II **Note:** Debased Gold. Ephraimite Issue. Struck in 1758 during the occupation of Poland. Prev. Poland KM#170.

Date	Mintage	VG	F	VF	XF	Unc
1755	—	400	650	1,150	4,250	—

KM# 975 10 THALER (2 August D'or)
Gold **Ruler:** Friedrich August II **Obv:** Crowned, draped bust right **Obv. Legend:** D: G: AVGVSTVS III • REX POLONIARUM • **Rev:** Crowned arms within branches, value below **Rev. Legend:** SAC • ROM • IMP • ARCHIM • ET ELECT • **Note:** Prev. Poland KM#171.

Date	Mintage	VG	F	VF	XF	Unc
1756 EC	—	425	675	1,450	5,000	—

KM# 1003 10 THALER (2 August D'or)
13.3640 g., 0.9020 Gold 0.3875 oz. AGW **Ruler:** Friedrich August III **Obv:** Armored bust right **Obv. Legend:** FRID: AUGUST: D: G: DUX SAX: ELECTOR **Rev:** Elector's cap above two shields, value and date below

Date	Mintage	VG	F	VF	XF	Unc
1778 EDC	—	400	650	1,250	2,400	5,000
1779 IDC	—	400	650	1,250	2,400	5,000

KM# 1004 10 THALER (2 August D'or)
13.3640 g., 0.9020 Gold 0.3875 oz. AGW **Ruler:** Friedrich August III **Obv:** Head right **Obv. Legend:** FRID: AUGUST: D: G: DUX SAX: ELECTOR **Rev:** Elector's cap above two shields, value and date below

Date	Mintage	VG	F	VF	XF	Unc
1779 IEC	—	400	650	1,250	2,400	5,000
1780 IEC	—	400	650	1,250	2,400	5,000
1782 IEC	—	400	650	1,250	2,400	5,000
1783 IEC	—	400	650	1,250	2,400	5,000
1784 IEC	—	400	650	1,250	2,400	5,000
1785 IEC	—	400	650	1,250	2,400	5,000
1786 IEC	—	400	650	1,250	2,400	5,000
1787 IEC	—	400	650	1,250	2,400	5,000
1790 IEC	—	400	650	1,250	2,400	5,000

KM# 1029 10 THALER (2 August D'or)
13.3640 g., 0.9020 Gold 0.3875 oz. AGW **Ruler:** Friedrich August III **Obv:** Uniformed bust right **Obv. Legend:** FRID • AVGVST • D • G • DVX SAX • ELECTOR **Rev:** Crowned oval arms within branches

Date	Mintage	F	VF	XF	Unc	BU
1791 IEC	—	500	1,000	2,400	4,750	—
1794 IEC	—	500	1,000	2,400	4,750	—
1795 IEC	—	500	1,000	2,400	4,750	—
1796 IEC	—	500	1,000	2,400	4,750	—
1797 IEC	—	500	1,000	2,400	4,750	—
1798 IEC	—	500	1,000	2,400	4,750	—
1799 IEC	—	500	1,000	2,400	4,750	—
1800 IEC	—	500	1,000	2,400	4,750	—

TRADE COINAGE

KM# 725 1/4 DUCAT
0.8750 g., 0.9860 Gold 0.0277 oz. AGW **Ruler:** Friedrich August I **Obv:** Bust right **Rev:** Crowned arms **Mint:** Dresden

Date	Mintage	VG	F	VF	XF	Unc
1710 ILH	—	145	270	500	1,100	—
1717 IGS	—	130	250	500	975	—
1722 IGS	—	130	250	500	975	—
1727 IGS	—	130	250	500	975	—
1729 IGS	—	130	250	500	975	—
1733 IGS	—	130	250	500	975	—

KM# 793 1/4 DUCAT
0.8750 g., 0.9860 Gold 0.0277 oz. AGW **Ruler:** Friedrich August I **Obv:** Crowned FA monogram **Rev:** Crowned arms

Date	Mintage	VG	F	VF	XF	Unc
1710	—	135	270	575	1,350	—

KM# 794 1/4 DUCAT
0.8750 g., 0.9860 Gold 0.0277 oz. AGW **Ruler:** Friedrich August I **Note:** Struck with 1/2 Ducat dies.

Date	Mintage	VG	F	VF	XF	Unc
1710	—	265	525	1,050	2,200	—

KM# 881 1/4 DUCAT
0.8750 g., 0.9860 Gold 0.0277 oz. AGW **Ruler:** Friedrich August II **Obv:** Bust right **Rev:** Crowned arms

Date	Mintage	VG	F	VF	XF	Unc
1734 IGS	—	225	450	950	2,250	—

KM# 885 1/4 DUCAT
0.8750 g., 0.9860 Gold 0.0277 oz. AGW **Ruler:** Friedrich August II **Obv:** Bust right **Rev:** Crowned arms

Date	Mintage	VG	F	VF	XF	Unc
1735 FWoF	—	150	300	600	1,250	—
1736 FWoF	—	150	300	600	1,250	—
1737 FWoF	—	150	300	600	1,250	—
1739 FWoF	—	150	300	600	1,250	—
1740 FWoF	—	150	300	600	1,250	—
1743 FWoF	—	150	300	600	1,250	—

KM# A795 1/2 DUCAT
1.7500 g., 0.9860 Gold 0.0555 oz. AGW **Ruler:** Friedrich August I **Obv:** Bust right **Rev:** Crown above three shields **Note:** Prev. Poland KM#142.

Date	Mintage	VG	F	VF	XF	Unc
1703 EPH Rare	—	—	—	—	—	—

KM# 795 1/2 DUCAT
1.7500 g., 0.9860 Gold 0.0555 oz. AGW **Obv:** Crowned FA monogram **Rev:** Crowned arms **Mint:** Dresden

Date	Mintage	VG	F	VF	XF	Unc
1710 ILH	—	300	550	1,100	2,000	—

KM# 886 1/2 DUCAT
1.7500 g., 0.9860 Gold 0.0555 oz. AGW **Ruler:** Friedrich August II **Obv:** Bust right **Rev:** Crown above arms

Date	Mintage	VG	F	VF	XF	Unc
1735 FWoF	—	225	150	900	2,200	—
1736 FWoF	—	225	150	900	2,200	—
1737 FWoF	—	225	150	900	2,200	—
1740 FWoF	—	225	150	900	2,200	—
1743 FWoF	—	225	150	900	2,200	—
1756 FWoF	—	225	150	900	2,200	—

KM# 942 1/2 DUCAT
1.7500 g., 0.9860 Gold 0.0555 oz. AGW **Obv:** Crowned bust of August III **Rev:** Crowned arms in palm branches **Note:** Prev. Poland KM#146.

Date	Mintage	VG	F	VF	XF	Unc
ND IGS	—	—	—	—	—	—
1750 FWoF	—	240	475	900	1,800	—

KM# 729 DUCAT
3.5000 g., 0.9860 Gold 0.1109 oz. AGW **Ruler:** Friedrich August I **Subject:** Gold from Freiberg Mines **Obv:** 4-line inscription below all-seeing eye **Rev:** 6-line inscription and date

Date	Mintage	VG	F	VF	XF	Unc
1701	—	400	900	2,000	3,700	—

KM# 735 DUCAT
3.5000 g., 0.9860 Gold 0.1109 oz. AGW **Ruler:** Friedrich August I **Obv:** Bust right **Rev:** Crown above 2 shields of arms

Date	Mintage	VG	F	VF	XF	Unc
1702 EPH	—	675	1,350	2,550	4,950	—
1709 EPH	—	675	1,350	2,550	4,950	—

KM# 736 DUCAT
3.5000 g., 0.9860 Gold 0.1109 oz. AGW **Ruler:** Friedrich August I **Obv:** Figure on horseback right **Obv. Legend:** D • G • FRID • AUG • REX • POL • DUX • SAX • I • C • M • A • & W • **Rev:** Crowned arms within flags

Date	Mintage	VG	F	VF	XF	Unc
1702 EPH	—	450	900	1,700	3,300	—
1712 EPH	—	450	900	1,700	3,300	—

KM# 734 DUCAT
3.5000 g., 0.9860 Gold 0.1109 oz. AGW **Ruler:** Friedrich August I **Obv:** Crowned bust on pedestal **Rev:** Crown above 3 shields of arms **Mint:** Leipzig **Note:** Prev. Poland KM#141.

Date	Mintage	VG	F	VF	XF	Unc
1702 EPH	—	675	1,500	3,000	5,600	—
1703 EPH	—	675	1,500	3,000	5,600	—

KM# 709 DUCAT
3.5000 g., 0.9860 Gold 0.1109 oz. AGW **Ruler:** Friedrich August I **Obv:** Draped bust right **Obv. Legend:** D • G • FRID: AUG: REX POL DUX SAX: .. **Rev:** Crowned arms within branches

KM# 714 1/2 DUCAT
1.7500 g., 0.9860 Gold 0.0555 oz. AGW **Ruler:** Friedrich August I **Obv:** Bust right **Rev:** Date in legend **Mint:** Dresden

Date	Mintage	VG	F	VF	XF	Unc
1701 ILH	—	150	325	800	1,650	—
1702 ILH	—	150	325	800	1,650	—
1703 ILH	—	150	325	800	1,650	—
1704 ILH	—	150	325	800	1,650	—
1707 ILH	—	130	325	750	1,600	—
1710 ILH	—	130	325	750	1,600	—
1717 IGS	—	130	325	750	1,600	—
1726 IGS	—	130	325	750	1,600	—
1729 IGS	—	130	325	750	1,600	—
1733 IGS	—	130	325	750	1,600	—

KM# 733 1/2 DUCAT
1.7500 g., 0.9860 Gold 0.0555 oz. AGW **Ruler:** Friedrich August I **Obv:** Bust right **Rev:** Crown above 2 shields of arms **Mint:** Leipzig

Date	Mintage	VG	F	VF	XF	Unc
1702 EPH	—	190	375	825	1,950	—

GERMAN STATES — SAXONY-ALBERTINE

Date	Mintage	VG	F	VF	XF	Unc
1702 ILH	—	290	550	1,450	2,450	—
1703 ILH	—	290	550	1,450	2,450	—
1704 ILH	—	290	550	1,450	2,450	—
1706 ILH	—	290	550	1,450	2,450	—
1707 ILH	—	290	550	1,450	2,450	—
1710 ILH	—	290	550	1,300	2,400	—
1714 ILH	—	290	550	1,300	2,400	—
1716 IGS	—	290	550	1,300	2,400	—
1720 IGS	—	290	550	1,300	2,400	—
1721 IGS	—	290	550	1,300	2,400	—
1722 IGS	—	290	550	1,300	2,400	—
1723 IGS	—	290	550	1,300	2,400	—
1724 IGS	—	290	550	1,300	2,400	—
1725 IGS	—	290	550	1,300	2,400	—
1726 IGS	—	290	550	1,300	2,400	—
1727 IGS	—	290	550	1,300	2,400	—
1729 IGS	—	290	550	1,300	2,400	—
1731 IGS	—	290	550	1,300	2,400	—
1732 IGS	—	290	550	1,300	2,400	—
1733 IGS	—	290	550	1,300	2,400	—

KM# 771 DUCAT
3.5000 g., 0.9860 Gold 0.1109 oz. AGW **Ruler:** Friedrich August I **Obv:** Laureate bust right within inner circle **Rev:** Crowned AR monogram divides date within inner circle **Mint:** Dresden

Date	Mintage	VG	F	VF	XF	Unc
1708 ILH	—	750	1,450	3,000	6,300	—
1709 ILH	—	750	1,450	3,000	6,300	—

KM# 778 DUCAT
3.5000 g., 0.9860 Gold 0.1109 oz. AGW **Ruler:** Friedrich August I **Subject:** Jubilee of Leipzig University **Obv:** Friedrich the War-like **Rev:** View of the University **Mint:** Leipzig

Date	Mintage	VG	F	VF	XF	Unc
1709	—	350	650	1,450	2,700	—

KM# 779 DUCAT
3.5000 g., 0.9860 Gold 0.1109 oz. AGW **Ruler:** Friedrich August I **Subject:** Gold From Freiberg Mines **Obv:** All-seeing eye above rocks **Rev:** 6-line inscription and date

Date	Mintage	VG	F	VF	XF	Unc
1709	—	400	900	1,750	3,200	—
1714	—	400	900	1,750	3,200	—

KM# 796 DUCAT
3.5000 g., 0.9860 Gold 0.1109 oz. AGW **Ruler:** Friedrich August I **Obv:** Crowned FA monogram **Rev:** Crowned arms, date above **Mint:** Dresden

Date	Mintage	VG	F	VF	XF	Unc
1710	—	625	1,200	2,500	5,300	—

KM# 806.2 DUCAT
3.5000 g., 0.9860 Gold 0.1109 oz. AGW **Ruler:** Friedrich August I **Obv:** Equestrian figure right **Obv. Legend:** FRID AVGVST **Rev:** Date straight **Rev. Legend:** DG. REX. POLON. ET. ELECT. SAXONIAE. VICARIVS. IMP.

Date	Mintage	VG	F	VF	XF	Unc
1711	—	325	650	1,300	2,200	—

KM# 806.1 DUCAT
3.5000 g., 0.9860 Gold 0.1109 oz. AGW **Ruler:** Friedrich August I **Obv:** King on horseback right **Obv. Legend:** FRID. - AVGUST **Rev:** Date curved **Rev. Legend:** D • G • REX POL • ET • EL • SAX VICARIVS • IMP **Note:** Fr. #2823.

Date	Mintage	VG	F	VF	XF	Unc
1711	—	325	650	1,300	2,200	—

KM# 805 DUCAT
3.5000 g., 0.9860 Gold 0.1109 oz. AGW **Ruler:** Friedrich August I **Obv:** King on horseback right **Rev:** Imperial regalia on tables at left and right, inscriptions above and below **Note:** Vicariat Issue.

Date	Mintage	VG	F	VF	XF	Unc
MDCCXI (1711)	—	145	300	600	1,200	—

KM# 821 DUCAT
3.5000 g., 0.9860 Gold 0.1109 oz. AGW **Ruler:** Friedrich August I **Subject:** Treaty of Lublin **Obv:** Head right **Rev:** Crown on plush pillow, date in exergue

Date	Mintage	VG	F	VF	XF	Unc
1715	—	650	1,250	2,250	4,000	—

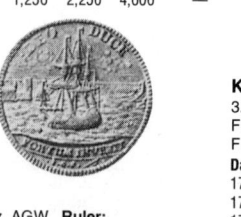

KM# 829 DUCAT
3.5000 g., 0.9860 Gold 0.1109 oz. AGW **Ruler:** Friedrich August I **Subject:** Death of Ann Sophia, Mother of Friedrich August I **Obv:** Inscription **Rev:** Ship in water

Date	Mintage	VG	F	VF	XF	Unc
1717 IGS	—	1,150	2,250	4,500	8,100	—

KM# 830 DUCAT
3.5000 g., 0.9860 Gold 0.1109 oz. AGW **Ruler:** Friedrich August I **Subject:** Bicentennial of the Reformation **Obv:** Bust of Martin Luther right **Rev:** Flaming altar divides date, double marginal inscription

Date	Mintage	VG	F	VF	XF	Unc
1717 Rare	—	—	—	—	—	—

KM# 831 DUCAT
3.5000 g., 0.9860 Gold 0.1109 oz. AGW **Ruler:** Friedrich August I **Rev:** Date undivided on altar

Date	Mintage	VG	F	VF	XF	Unc
1717 Rare	—	—	—	—	—	—

KM# 842 DUCAT
3.5000 g., 0.9860 Gold 0.1109 oz. AGW **Ruler:** Friedrich August I **Subject:** Wedding of the Prince to Maria Josepha of Austria **Obv:** Inscription **Rev:** 2 hands binding flaming hearts

Date	Mintage	VG	F	VF	XF	Unc
1719 IGS	—	240	550	1,300	2,900	—

KM# 851 DUCAT
3.5000 g., 0.9860 Gold 0.1109 oz. AGW **Ruler:** Friedrich August I **Obv:** Head right **Rev:** Crowned arms

Date	Mintage	VG	F	VF	XF	Unc
1721 IGS	—	240	550	1,200	2,600	—

KM# 861 DUCAT
3.5000 g., 0.9860 Gold 0.1109 oz. AGW **Ruler:** Friedrich August I **Subject:** Death of Friedrich August I's Wife, Christiane Eberhardine **Obv:** Inscription **Rev:** Cyprus tree at center **Note:** Similar to 2 Groschen, KM#855.

Date	Mintage	VG	F	VF	XF	Unc
1727 IGS Rare	—	—	—	—	—	—

KM# 863 DUCAT
3.5000 g., 0.9860 Gold 0.1109 oz. AGW **Ruler:** Friedrich August I **Note:** Struck from 1/2 Ducat dies.

Date	Mintage	VG	F	VF	XF	Unc
1729	—	425	900	1,800	3,600	—
1733	—	425	900	1,800	3,600	—

KM# 870 DUCAT
3.5000 g., 0.9860 Gold 0.1109 oz. AGW **Ruler:** Friedrich August II **Obv:** Laureate bust right **Obv. Legend:** D: G: FRID: AUG: REX POL DUX SAX: ... **Rev:** Crowned arms

Date	Mintage	VG	F	VF	XF	Unc
1732 IGS	—	240	600	1,450	2,900	—
1734 IGS	—	240	600	1,450	2,900	—

KM# 887 DUCAT
3.5000 g., 0.9860 Gold 0.1109 oz. AGW **Ruler:** Friedrich August II **Obv:** Draped bust right **Obv. Legend:** D: G: FRID: AUGUST: REX POL DUX SAX: .... **Rev:** Crowned arms

Date	Mintage	VG	F	VF	XF	Unc
1735 FWoF	—	300	600	1,400	3,000	—
1736 FWoF	—	300	600	1,400	3,000	—
1737 FWoF	—	300	600	1,400	3,000	—
1738 FWoF	—	300	600	1,400	3,000	—
1739 FWoF	—	300	600	1,400	3,000	—
1740 FWoF	—	300	600	1,400	3,000	—
1741 FWoF	—	300	600	1,400	3,000	—
1742 FWoF	—	300	600	1,400	3,000	—
1743 FWoF	—	300	600	1,400	3,000	—
1744 FWoF	—	300	600	1,400	3,000	—
1745 FWoF	—	300	600	1,400	3,000	—
1748 FWoF	—	300	600	1,400	3,000	—
1749 FWoF	—	300	600	1,400	3,000	—
1750 FWoF	—	300	600	1,400	3,000	—
1751 FWoF	—	300	600	1,400	3,000	—
1752 FWoF	—	300	600	1,400	3,000	—
1753 FWoF	—	300	600	1,400	3,000	—
1754 FWoF	—	300	600	1,400	3,000	—
1755 FWoF	—	300	600	1,400	3,000	—
1756 FWoF	—	300	600	1,400	3,000	—
1757 FWoF	—	400	800	1,700	3,500	—
1760 FWoF	—	400	800	1,700	3,500	—
1761 FWoF	—	400	800	1,700	3,500	—
1762 FWoF	—	400	800	1,700	3,500	—
1763 FWoF	—	400	800	1,700	3,500	—

KM# 896 DUCAT
3.5000 g., 0.9860 Gold 0.1109 oz. AGW **Ruler:** Friedrich August II **Subject:** Marriage of Princess Maria Amalia **Obv:** Inscription **Rev:** Hand with crown above hearts on altar

Date	Mintage	VG	F	VF	XF	Unc
1738	—	220	450	875	1,900	—

KM# 896a DUCAT
Silver **Ruler:** Friedrich August II **Subject:** Marrige of Princess Maria Amalia **Obv:** Inscription **Rev:** Hand with crown above hearts on altar

Date	Mintage	VG	F	VF	XF	Unc
1738	—	25.00	42.00	80.00	150	—

KM# 904 DUCAT
3.5000 g., 0.9860 Gold 0.1109 oz. AGW **Ruler:** Friedrich August II **Obv:** Bust right **Rev:** Double headed eagle with round arms on breast **Note:** Vicariat Issue.

Date	Mintage	VG	F	VF	XF	Unc
1740	—	800	1,600	3,000	6,000	—

KM# 908 DUCAT
3.5000 g., 0.9860 Gold 0.1109 oz. AGW **Ruler:** Friedrich August II **Obv:** King on horseback right **Obv. Legend:** D G FRID AUG REX POL DUX SAX ARCHUM ELECTOR **Rev:** Arms on tapestry back of throne **Note:** Vicariat Issue.

Date	Mintage	VG	F	VF	XF	Unc
1741	—	300	600	1,200	2,900	—
1742	—	300	600	1,200	2,900	—

KM# 916 DUCAT
3.5000 g., 0.9860 Gold 0.1109 oz. AGW **Ruler:** Friedrich August II **Note:** Vicariat issue. Prev. Poland KM#149.

Date	Mintage	VG	F	VF	XF	Unc
1745 FwoF	—	240	550	1,150	2,300	—
1752 JGG	—	300	600	1,200	2,500	—
1753 EDC	—	300	600	1,200	2,500	—
1754 EDC	—	300	600	1,200	2,500	—
1756 EDC	—	300	600	1,200	2,500	—

KM# 915 DUCAT
3.5000 g., 0.9860 Gold 0.1109 oz. AGW **Ruler:** Friedrich August II **Obv:** King on rearing horse right **Rev:** Eagle with sceptre in flight

Date	Mintage	VG	F	VF	XF	Unc
1745	—	450	900	1,800	3,600	—

KM# 938 DUCAT
3.5000 g., 0.9860 Gold 0.1109 oz. AGW **Ruler:** Friedrich August II **Subject:** Marriage of Princess Maria Josepha **Note:** Similar to 2/3 Thaler, KM#921.

Date	Mintage	VG	F	VF	XF	Unc
1747 Rare	—	—	—	—	—	—

KM# 939 DUCAT
3.5000 g., 0.9860 Gold 0.1109 oz. AGW **Ruler:** Friedrich August II **Subject:** Marriage of Prince Friedrich Christian **Obv:** Inscription **Rev:** Winged figure in flight

Date	Mintage	VG	F	VF	XF	Unc
MDCCXLVII (1747)	—	450	900	1,800	3,600	—

KM# 939a DUCAT
Silver **Ruler:** Friedrich August II **Subject:** Marriage of Prince Friedrich Christian **Obv:** Inscription **Rev:** Winged figure in flight

Date	Mintage	VG	F	VF	XF	Unc
1747	—	20.00	40.00	85.00	175	—

KM# 936 DUCAT
3.5000 g., 0.9860 Gold 0.1109 oz. AGW **Ruler:** Friedrich August I **Subject:** Prussian Occupation **Obv:** Draped bust right **Obv. Legend:** D: G: FRID: AUGUST: REX ... **Rev:** Crowned arms **Rev. Legend:** SAC: ROM: IMP: ARCHIM: ET: ELECT •

Date	Mintage	VG	F	VF	XF	Unc
1757 IDB	—	270	550	1,100	2,400	—
1757 IDB w/o FR	—	270	550	1,100	2,400	—

KM# 963 DUCAT
3.5000 g., 0.9860 Gold 0.1109 oz. AGW **Ruler:** Friedrich Christian **Obv:** Head right **Rev:** Crowned arms

Date	Mintage	F	VF	XF	Unc	BU
1763 FWoF	—	425	775	1,450	3,250	—

KM# 978 DUCAT
3.5000 g., 0.9860 Gold 0.1109 oz. AGW **Ruler:** Friedrich August III **Obv:** Head right **Obv. Legend:** FRID: AUGUST: D: G: DUX SAX: ELECTOR **Rev:** Elector's cap above arms within branches

Date	Mintage	F	VF	XF	Unc	BU
1764 IFOF	—	300	500	1,150	3,000	—

KM# 979 DUCAT
3.5000 g., 0.9860 Gold 0.1109 oz. AGW **Ruler:** Friedrich August III **Obv:** Head right **Obv. Legend:** FRID: AVGVST: D: G: DVX SAX: ELECTOR **Rev:** Elector's cap above arms within branches, date divided below

Date	Mintage	F	VF	XF	Unc	BU
1764 EDC	—	300	450	1,150	3,000	—
1764 FWoF	—	300	450	1,150	3,000	—
1765 EDC	—	300	450	1,150	3,000	—
1766 EDC	—	300	450	1,150	3,000	—
1767 EDC	—	300	450	1,150	3,000	—
1768 EDC	—	300	450	1,150	3,000	—

KM# 989 DUCAT
3.5000 g., 0.9860 Gold 0.1109 oz. AGW **Ruler:** Xaver **Obv:** Armored bust right **Obv. Legend:** XAVERIVS D: G: REG: PR: POL: & L: DVX ... **Rev:** Elector's cap above arms within branches **Rev. Legend:** ELECTORATVS SAXON: ADMINISTRATOR •

Date	Mintage	F	VF	XF	Unc	BU
1766 EDC	—	325	550	1,100	2,500	—
1767 EDC	—	325	550	1,100	2,500	—
1768 EDC	—	325	550	1,100	2,500	—

KM# 994 DUCAT
3.5000 g., 0.9860 Gold 0.1109 oz. AGW **Ruler:** Friedrich August III **Obv:** Head right **Obv. Legend:** FRID: AUGUST: D: G: DUX SAX: ELECTOR **Rev:** Elector's cap above arms within branches, date divided below

Date	Mintage	F	VF	XF	Unc	BU
1769 EDC	—	300	450	1,150	3,000	—
1770 EDC	—	300	450	1,150	3,000	—
1771 EDC	—	300	450	1,150	3,000	—
1772 EDC	—	300	450	1,150	3,000	—
1773 EDC	—	300	450	1,150	3,000	—
1774 EDC	—	300	450	1,150	3,000	—
1775 EDC	—	300	450	1,150	3,000	—
1776 EDC	—	300	450	1,150	3,000	—
1777 EDC	—	300	450	1,150	3,000	—
1778 EDC	—	300	450	1,150	3,000	—

KM# 1005 DUCAT
3.5000 g., 0.9860 Gold 0.1109 oz. AGW **Ruler:** Friedrich August III **Obv:** Head right **Obv. Legend:** FRID: AUGUST: D: G: DUX SAX: ELECTOR **Rev:** Elector's cap above arms within branches, date divided below

Date	Mintage	F	VF	XF	Unc	BU
1779 IEC	—	180	350	850	2,000	—
1780 IEC	—	180	350	850	2,000	—
1781 IEC	—	180	350	850	2,000	—
1782 IEC	—	180	350	850	2,000	—
1783 IEC	—	180	350	850	2,000	—
1784 IEC	—	180	350	850	2,000	—
1785 IEC	—	180	350	850	2,000	—
1786 IEC	—	180	350	850	2,000	—
1787 IEC	—	180	350	850	2,000	—
1788 IEC	—	180	350	850	2,000	—
1789 IEC	—	180	350	850	2,000	—
1790 IEC	—	180	350	850	2,000	—

KM# 1030 DUCAT
3.5000 g., 0.9860 Gold 0.1109 oz. AGW **Ruler:** Friedrich August III **Obv:** Uniformed bust right **Obv. Legend:** FRID. AVG. D. G. DVX SAX. ELECTOR **Rev:** Crowned oval arms within branches

Date	Mintage	F	VF	XF	Unc	BU
1791 IEC	—	525	1,050	2,400	5,100	—
1792 IEC	—	525	1,050	2,400	5,100	—
1793 IEC	—	525	1,050	2,400	5,100	—
1794 IEC	—	525	1,050	2,400	5,100	—
1795 IEC	—	525	1,050	2,400	5,100	—
1796 IEC	—	525	1,050	2,400	5,100	—
1797 IEC	—	525	1,050	2,400	5,100	—
1798 IEC	—	525	1,050	2,400	5,100	—
1799 IEC	—	525	1,050	2,400	5,100	—
1800 IEC	—	750	1,500	3,450	7,700	—

KM# 1035 DUCAT
3.5000 g., 0.9860 Gold 0.1109 oz. AGW **Ruler:** Friedrich August III **Obv:** Draped bust right **Obv. Legend:** FRID • AVG • D • G • DVX • SAX • ELECTOR **Rev:** Arms on eagle's breast **Rev. Legend:** SAC • ROM • - IMP • PROVISOR - ITERVM **Note:** Vicariat Issue.

Date	Mintage	F	VF	XF	Unc	BU
1792 IEC	—	325	650	1,500	3,200	—

KM# 710.1 2 DUCAT
7.0000 g., 0.9860 Gold 0.2219 oz. AGW **Ruler:** Friedrich August I **Obv:** Armored, laureate bust right **Obv. Legend:** D G FRID AUG REX POL - DUX ... **Rev:** Date above crown **Note:** Some dates struck from 1/2 Thaler dies, KM# 724.

Date	Mintage	VG	F	VF	XF	Unc
1701 ILH	—	800	1,900	4,050	7,500	—
1702 ILH	—	800	1,900	4,050	7,500	—
1704 ILH	—	800	1,900	4,050	7,500	—
1711 ILH	—	800	1,900	4,050	7,500	—
1714 ILH	—	800	1,900	4,050	7,500	—

KM# 739 2 DUCAT
7.0000 g., 0.9860 Gold 0.2219 oz. AGW **Ruler:** Friedrich August I **Obv:** Bust right **Rev:** Crowned round 4-fold arms with central shield of 2-fold arms, flanked by 2 palm branches crossed at bottom, date at top **Note:** Struck from 1/8 Thaler dies, KM# 721.

Date	Mintage	VG	F	VF	XF	Unc
1702 ILH	—	600	1,450	3,000	5,600	—
1703 ILH	—	600	1,450	3,000	5,600	—
1704 ILH	—	600	1,450	3,000	5,600	—
1705 ILH	—	600	1,450	3,000	5,600	—

KM# 737 2 DUCAT
7.0000 g., 0.9860 Gold 0.2219 oz. AGW **Ruler:** Friedrich August I **Subject:** Friedrich August I Awarded the Danish Order of the Elephant **Obv:** Head right **Obv. Legend:** AUGUSTUS II • D • G • REX POL: ... **Rev:** Crowned arms with 3 points at left and right, Order chain surrounds

Date	Mintage	VG	F	VF	XF	Unc
1702	—	750	1,500	3,600	7,500	—

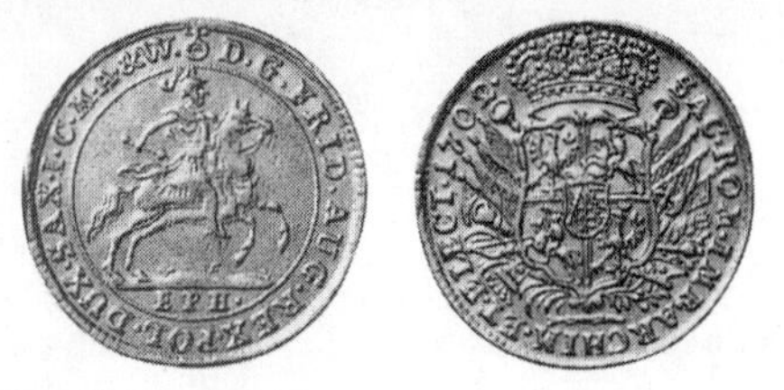

KM# 738 2 DUCAT

7.0000 g., 0.9860 Gold 0.2219 oz. AGW **Ruler:** Friedrich August I **Obv:** Equestrian figure right **Rev:** Shield of arms on military trophies

Date	Mintage	VG	F	VF	XF	Unc
1702 EPH	—	1,000	2,000	4,500	8,400	—
1712 EPH	—	1,000	2,000	4,500	8,400	—

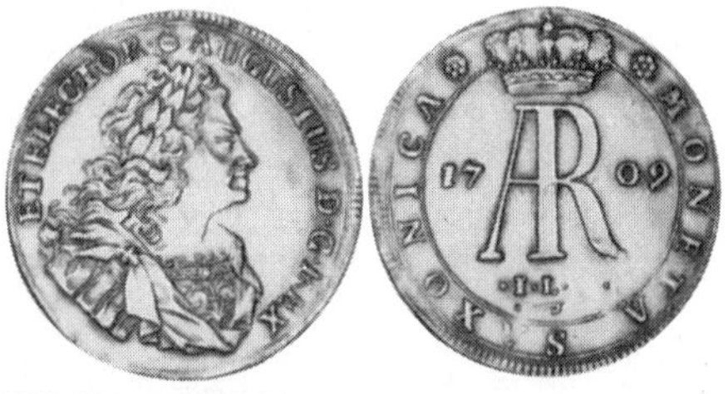

KM# 772 2 DUCAT

7.0000 g., 0.9860 Gold 0.2219 oz. AGW **Ruler:** Friedrich August I **Obv:** Arms on breastplate **Rev:** Crowned monogram divides date **Mint:** Dresden

Date	Mintage	VG	F	VF	XF	Unc
1708 ILH	—	1,750	3,400	6,900	13,500	—
1709 ILH	—	1,750	3,400	6,900	13,500	—

KM# 780 2 DUCAT

7.0000 g., 0.9860 Gold 0.2219 oz. AGW **Ruler:** Friedrich August I **Subject:** Jubilee of Leipzig University **Obv:** Bust of Friedrich the Warlike with sword and elector's cap **Rev:** City of Leipzig **Mint:** Leipzig

Date	Mintage	VG	F	VF	XF	Unc
1709	—	1,000	2,000	4,500	9,000	—

KM# 781 2 DUCAT

7.0000 g., 0.9860 Gold 0.2219 oz. AGW **Ruler:** Friedrich August I **Obv:** Bust right **Rev:** Crown above 2 shields of arms **Note:** Thick flan. Struck from Ducat dies.

Date	Mintage	VG	F	VF	XF	Unc
1709 EPH	—	1,000	2,000	4,500	9,000	—

KM# 797 2 DUCAT

7.0000 g., 0.9860 Gold 0.2219 oz. AGW **Ruler:** Friedrich August I **Obv:** Crowned FA monogram **Rev:** Crowned arms, date above **Mint:** Dresden

Date	Mintage	VG	F	VF	XF	Unc
1710	—	1,000	2,000	4,500	9,000	—

KM# 807 2 DUCAT

7.0000 g., 0.9860 Gold 0.2219 oz. AGW **Ruler:** Friedrich August I **Obv:** Equestrian figure above arms **Rev:** Altar with electoral regalia

Date	Mintage	VG	F	VF	XF	Unc
1711 ILH	—	600	950	1,850	3,250	5,500

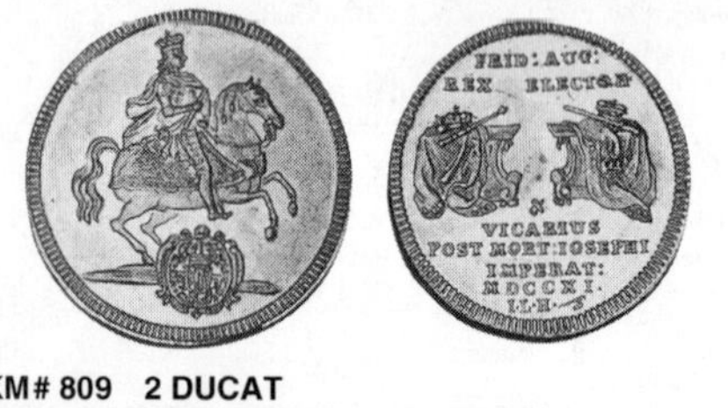

KM# 809 2 DUCAT

7.0000 g., 0.9860 Gold 0.2219 oz. AGW **Ruler:** Friedrich August I **Obv:** Equestrian figure of Duke right, ornate arms in baroque frame below **Rev:** 2 tables holding crown, scepter and mantle, inscriptions above and below **Note:** Vicariat issue. Struck with 1/8 Thaler dies, KM#800.

Date	Mintage	VG	F	VF	XF	Unc
MDCCXI (1711) ILH	—	600	950	1,850	3,200	5,000

KM# 710.2 2 DUCAT

7.0000 g., 0.9860 Gold 0.2219 oz. AGW **Ruler:** Friedrich August I **Obv:** Armored, laureate bust right **Rev:** Date at upper left

Date	Mintage	VG	F	VF	XF	Unc
1717 ILH	—	800	1,900	4,050	7,500	—
1721 IGS	—	800	1,900	4,050	7,500	—
1723 IGS	—	800	1,900	4,050	7,500	—
1727 IGS	—	800	1,900	4,050	7,500	—
1733 IGS	—	800	1,900	4,050	7,500	—

KM# 882 2 DUCAT

7.0000 g., 0.9860 Gold 0.2219 oz. AGW **Ruler:** Friedrich August I **Subject:** Bicentennial of the Reformation **Obv:** Bust of Martin Luther right **Rev:** Flaming altar with date above, double legend

Date	Mintage	VG	F	VF	XF	Unc
1717 Rare	—	—	—	—	—	—

KM# 843 2 DUCAT

7.0000 g., 0.9860 Gold 0.2219 oz. AGW **Ruler:** Friedrich August I **Subject:** Wedding of the Prince to Maria Josepha of Austria **Obv:** 2 flaming hearts tied by hands from each side **Rev:** 8-line inscription and date

Date	Mintage	VG	F	VF	XF	Unc
1719 IGS	—	500	1,150	2,400	4,950	—

KM# 888 2 DUCAT

7.0000 g., 0.9860 Gold 0.2219 oz. AGW **Ruler:** Friedrich August II **Obv:** Bust right **Rev:** Crowned arms **Note:** Struck from 1/8 Thaler dies, KM# A878.

Date	Mintage	VG	F	VF	XF	Unc
1734 IGS	—	450	900	2,200	4,500	—
1735 FWoF	—	450	900	2,200	4,500	—
1739 FWoF	—	450	900	2,200	4,500	—
1742 FWoF	—	450	900	2,200	4,500	—
1743 FWoF	—	450	900	2,200	4,500	—

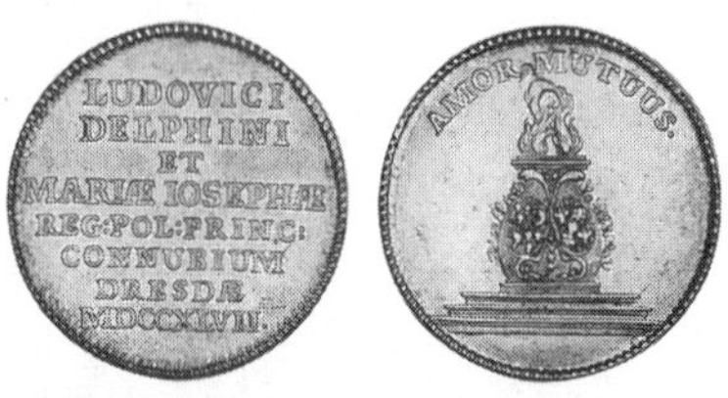

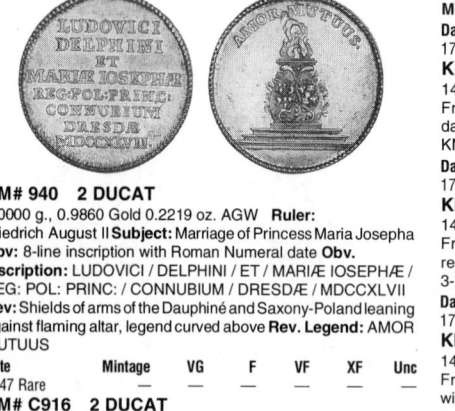

KM# 940 2 DUCAT

7.0000 g., 0.9860 Gold 0.2219 oz. AGW **Ruler:** Friedrich August II **Subject:** Marriage of Princess Maria Josepha **Obv:** 8-line inscription with Roman Numeral date **Obv. Inscription:** LUDOVICI / DELPHINI / ET / MARIÆ IOSEPHÆ / REG: POL: PRINC: / CONNUBIUM / DRESDÆ / MDCCXLVII **Rev:** Shields of arms of the Dauphiné and Saxony-Poland leaning against flaming altar, legend curved above **Rev. Legend:** AMOR MUTUUS

Date	Mintage	VG	F	VF	XF	Unc
1747 Rare	—	—	—	—	—	—

KM# C916 2 DUCAT

7.0000 g., 0.9860 Gold 0.2219 oz. AGW **Obv:** Bust of Johann Casimir right **Rev:** Crowned eagle displayed with arms on breast in inner circle, date in legend **Note:** Prev. Poland KM#160.

Date	Mintage	VG	F	VF	XF	Unc
1753 EDC	—	1,400	2,600	5,000	12,000	—
1754 EDC	—	2,000	3,200	6,600	17,000	—

KM# 810 3 DUCAT

10.5000 g., 0.9860 Gold 0.3328 oz. AGW **Ruler:** Friedrich August I **Obv:** Horseman on rearing horse right, arms below **Rev:** Imperial regalia on tables at left and right, inscription above and below **Note:** Vicariat Issue. Struck with 1/4 Thaler dies, KM#801.

Date	Mintage	VG	F	VF	XF	Unc
1711 ILH	—	1,750	3,750	7,500	14,500	—

KM# 811 3 DUCAT

10.5000 g., 0.9860 Gold 0.3328 oz. AGW **Ruler:** Friedrich August I **Obv:** Friedrich August I standing by table with regalia on it **Rev:** 2 crowned arms, branches behind divided date, 3-line inscription above

Date	Mintage	VG	F	VF	XF	Unc
1711 Rare	—	—	—	—	—	—

KM# 833 3 DUCAT

10.5000 g., 0.9860 Gold 0.3328 oz. AGW **Ruler:** Friedrich August I **Obv:** Small bust right, titles of Friedrich August I **Rev:** Crowned round 4-fold arms with central shield of 2-fold arms in crossed palm branches, date in legend **Note:** Struck from 1/4 Thaler dies, KM#791.

Date	Mintage	VG	F	VF	XF	Unc
1717 IGS	—	1,000	2,000	4,000	7,500	—
1719 IGS	—	1,000	2,000	4,000	7,500	—
1721 IGS	—	1,000	2,000	4,000	7,500	—

KM# 844 3 DUCAT

10.5000 g., 0.9860 Gold 0.3328 oz. AGW **Ruler:** Friedrich August I **Subject:** Wedding of the Prince to Maria Josepha of Austria **Obv:** 2 flaming hearts tied by hands from each side **Rev:** 8-line inscription and date **Mint:** Dresden

Date	Mintage	VG	F	VF	XF	Unc
1719	—	1,000	2,000	4,000	7,500	—

KM# 892 3 DUCAT

10.5000 g., 0.9860 Gold 0.3328 oz. AGW **Ruler:** Friedrich August II **Note:** Struck from 1/2 Thaler dies, KM# A879.

Date	Mintage	VG	F	VF	XF	Unc
1738 FWoF Rare	—	—	—	—	—	—

KM# A921 3 DUCAT

10.5000 g., 0.9860 Gold 0.3329 oz. AGW 0.3328 oz. AGW **Ruler:** Friedrich August II **Subject:** Marriage of Princess Maria Josepha to the Dauphin Louis of Franc **Note:** Struck from 2/3 Thaler dies, KM# 921.

Date	Mintage	VG	F	VF	XF	Unc
MDCCXLVII(1747)	—	—	—	—	—	—

KM# 920 3 DUCAT

10.5000 g., 0.9860 Gold 0.3328 oz. AGW **Ruler:** Friedrich August II **Subject:** Marriage of Prince Friedrich Christian with Maria Antonia of Bavaria **Note:** Struck from 2/3 Thaler dies, KM# 922.

Date	Mintage	VG	F	VF	XF	Unc
MDCCXLVII(1747)	—	—	—	—	—	—

KM# 730 4 DUCAT

14.0000 g., 0.9860 Gold 0.4438 oz. AGW **Ruler:** Friedrich August I **Obv:** Bust right **Rev:** Crowned round 4-fold arms with central shield of 2-fold arms in 2 palm branches crossed at bottom, date at top **Note:** Struck with 1/2 Thaler dies, KM#724.

Date	Mintage	VG	F	VF	XF	Unc
1701 ILH Rare	—	—	—	—	—	—
1704 ILH Rare	—	—	—	—	—	—

KM# 755 4 DUCAT

14.0000 g., 0.9860 Gold 0.4438 oz. AGW **Ruler:** Friedrich August I **Rev:** Squarish arms with concave sides **Note:** Struck with 1/2 Thaler dies, KM#749.

Date	Mintage	VG	F	VF	XF	Unc
1707 ILH Rare	—	—	—	—	—	—

KM# 812 4 DUCAT

14.0000 g., 0.9860 Gold 0.4438 oz. AGW **Ruler:** Friedrich August I **Obv:** Equestrian figure right above arms **Rev:** 2 tables with royal and electoral regalia, inscription top and bottom **Mint:** Dresden **Note:** Vicariat Issue.

Date	Mintage	VG	F	VF	XF	Unc
1711 ILH Rare	—	—	—	—	—	—

KM# 813 4 DUCAT

14.0000 g., 0.9860 Gold 0.4438 oz. AGW **Ruler:** Friedrich August I **Obv:** Horseman right **Rev:** Imperial regalia, date below **Note:** Vicariat Issue. Struck with 1/2 Thaler dies, KM#802.

Date	Mintage	VG	F	VF	XF	Unc
1711 ILH Rare	—	—	—	—	—	—

KM# 814 4 DUCAT

14.0000 g., 0.9860 Gold 0.4438 oz. AGW **Ruler:** Friedrich August I **Obv:** Friedrich August I standing by table with regalia on it **Rev:** 2 crowned arms, branches behind divided date, 3-line inscription above

Date	Mintage	VG	F	VF	XF	Unc
1711 Rare	—	—	—	—	—	—

KM# 852 4 DUCAT

14.0000 g., 0.9860 Gold 0.4438 oz. AGW **Ruler:** Friedrich August I **Obv:** Armored bust right **Rev:** Crowned arms within branches **Note:** Struck with 1/2 Thaler dies, KM#834.

Date	Mintage	VG	F	VF	XF	Unc
1723 IGS Rare	—	—	—	—	—	—

KM# 893 4 DUCAT

14.0000 g., 0.9860 Gold 0.4438 oz. AGW **Ruler:** Friedrich August II **Obv:** Bust right **Rev:** Crown above 2 shields of arms **Note:** Struck using same dies as 1/2 Thaler, KM#A879.

Date	Mintage	VG	F	VF	XF	Unc
1738 FWoF Rare	—	—	—	—	—	—

KM# 756 5 DUCAT (1/2 Portugalöser)

17.5000 g., 0.9860 Gold 0.5547 oz. AGW **Ruler:** Johann Georg IV **Obv:** Bust right **Rev:** Crowned squarish 4-fold arms with concave sides and central 2-fold shield in 2 palm branches crossed at bottom, date at top **Note:** Struck with 1/2 Thaler dies, KM#749.

Date	Mintage	VG	F	VF	XF	Unc
1707 ILH Rare	—	—	—	—	—	—

KM# 815 5 DUCAT (1/2 Portugalöser)

17.5000 g., 0.9860 Gold 0.5547 oz. AGW **Ruler:** Friedrich August I **Subject:** Vicariat issue **Obv:** Horseman right, shield below **Rev:** Imperial regalia on tables at left and right, inscription above and below **Note:** Struck from 1/2 Thaler dies, KM# 802.

Date	Mintage	VG	F	VF	XF	Unc
1711 ILH Rare	—	—	—	—	—	—

KM# 853 5 DUCAT (1/2 Portugalöser)

17.5000 g., 0.9860 Gold 0.5547 oz. AGW **Ruler:** Friedrich August I **Obv:** Armored bust right **Rev:** Crowned arms within branches **Note:** Similar to KM#873, but value "V" punched. Struck with 1/2 Thaler dies, KM#834.

Date	Mintage	VG	F	VF	XF	Unc
1723 IGS Rare	—	—	—	—	—	—

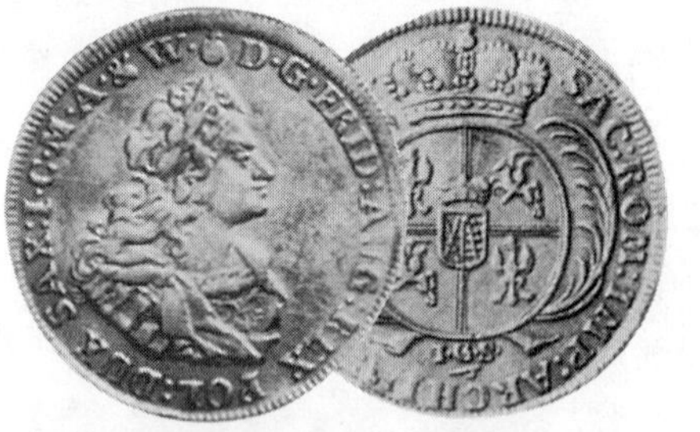

KM# 873 5 DUCAT (1/2 Portugalöser)

17.5000 g., 0.9860 Gold 0.5547 oz. AGW **Ruler:** Friedrich August I **Obv:** Armored bust right **Rev:** Crowned arms within branches **Note:** Struck from 1/2 Thaler dies, KM# 834.

Date	Mintage	VG	F	VF	XF	Unc
1724 IGS Rare	—	—	—	—	—	—
1733 IGS Rare	—	—	—	—	—	—

KM# 895 5 DUCAT (1/2 Portugalöser)

17.5000 g., 0.9860 Gold 0.5547 oz. AGW **Ruler:** Friedrich August II **Subject:** Marriage of Princess Maria Amalia and Carlos III of Spain **Note:** Struck from 2/3 Thaler dies, KM# 897.

Date	Mintage	VG	F	VF	XF	Unc
MDCCXXXVIII (1738) Rare	—	—	—	—	—	—

SAXE-WEISSENFELS — GERMAN STATES

KM# 818 10 DUCAT (Portugalöser)
35.0000 g., 0.9860 Gold 1.1095 oz. AGW **Ruler:** Friedrich August I **Obv:** Equestrian rearing right, shield below **Rev:** Imperial regalia on tables at left and right, inscription above and below **Note:** Vicariate issue. Struck with 1 Thaler dies, KM#803.

Date	Mintage	VG	F	VF	XF	Unc
1711 ILH Rare	—	—	—	—	—	

KM# B907 10 DUCAT (Portugalöser)
35.0000 g., 0.9860 Gold 1.1095 oz. AGW **Ruler:** Friedrich August II **Subject:** Vicariate issue **Note:** Struck from Thaler dies, KM# 907.

Date	Mintage	VG	F	VF	XF	Unc
1741	—	—	—	—	—	

KM# A902 12 DUCAT
42.0000 g., 0.9860 Gold 1.3314 oz. AGW **Ruler:** Friedrich August II **Subject:** Vicariate issue **Note:** Struck from Thaler dies, KM# 902.

Date	Mintage	VG	F	VF	XF	Unc
1740	—	—	—	—	—	

KM# 909 5 DUCAT (1/2 Portugalöser)
17.5000 g., 0.9860 Gold 0.5547 oz. AGW **Ruler:** Friedrich August II **Subject:** Vicariate issue **Obv:** Equestrian figure right **Rev:** Throne and arms **Mint:** Dresden **Note:** Struck from 1/2 Thaler dies, KM# A907.

Date	Mintage	VG	F	VF	XF	Unc
1741 Rare	—	—	—	—	—	
1742 Rare	—	—	—	—	—	

KM# 731 6 DUCAT
21.0000 g., 0.9860 Gold 0.6657 oz. AGW **Ruler:** Friedrich August I **Obv:** Bust right **Rev:** Crowned round 4-fold arms with central shield of 2-fold arms in 2 palm branches crossed at bottom, date at top **Note:** Struck with 1 Thaler dies, KM#707.

Date	Mintage	VG	F	VF	XF	Unc
1701 ILH Rare	—	—	—	—	—	

KM# 752 6 DUCAT
21.0000 g., 0.9860 Gold 0.6657 oz. AGW **Ruler:** Friedrich August I **Obv:** Bust of Friedrich August I right **Rev:** Crowned arms with 6 small shields around, date below **Note:** Struck with 1 Thaler dies, KM#750.

Date	Mintage	VG	F	VF	XF	Unc
1706 ILH Rare	—	—	—	—	—	

KM# 782 6 DUCAT
21.0000 g., 0.9860 Gold 0.6657 oz. AGW **Ruler:** Johann Georg IV **Obv:** Armored bust right **Rev:** Crowned AR dividing date **Note:** Struck with 1 Thaler dies, KM#769.

Date	Mintage	VG	F	VF	XF	Unc
1709 ILH Rare	—	—	—	—	—	

KM# 783 6 DUCAT
21.0000 g., 0.9860 Gold 0.6657 oz. AGW **Obv:** Armored, draped bust right **Rev:** Crowned shields of Poland and Saxony, date and initials between at bottom **Note:** Struck with 1 Thaler dies, KM#776.

Date	Mintage	VG	F	VF	XF	Unc
1709 ILH Rare	—	—	—	—	—	
1719 IGS Rare	—	—	—	—	—	

KM# 816 6 DUCAT
21.0000 g., 0.9860 Gold 0.6657 oz. AGW **Ruler:** Johann Georg IV **Obv:** King on horseback right, shield below **Rev:** 2 sets of crowns and scepters on tables, 5-line inscription in wreath on mantle **Note:** Vicariate issue. Struck with 1 Thaler dies, KM#803.

Date	Mintage	VG	F	VF	XF	Unc
1711 ILH	—	8,400	11,500	14,500	18,000	—

KM# A910 6 DUCAT
21.0000 g., 0.9860 Gold 6658 oz. AGW 0.6657 oz. AGW **Ruler:** Friedrich August II **Subject:** Vicariate issue **Obv:** Friedrich August II on horse rearing to right **Rev:** Empty throne on dias with symbols of office, date at end of legend **Note:** Struck from 1/2 Thaler dies, KM# A907.

Date	Mintage	VG	F	VF	XF	Unc
1742 Rare	—	—	—	—	—	

KM# 817 8 DUCAT
28.0000 g., 0.9860 Gold 0.8876 oz. AGW **Ruler:** Friedrich August I **Obv:** King on horseback right, shield below **Rev:** 2 sets of crowns and scepters on tables, 5-line inscription in wreath on mantle **Note:** Vicariate issue. Struck with 1 Thaler dies, KM#803.

Date	Mintage	VG	F	VF	XF	Unc
1711 ILH Rare	—	—	—	—	—	

KM# 854 8 DUCAT
28.0000 g., 0.9860 Gold 0.8876 oz. AGW **Ruler:** Friedrich August II **Obv:** Armored, draped bust right **Rev:** Crowned shields of Poland and Saxony, date and initials between at bottom **Note:** Struck with 1 Thaler dies, KM#776.

Date	Mintage	VG	F	VF	XF	Unc
1725 IGS Rare	—	—	—	—	—	
1731 IGS Rare	—	—	—	—	—	

KM# 742 10 DUCAT (Portugalöser)
35.0000 g., 0.9860 Gold 1.1095 oz. AGW **Ruler:** Friedrich August I **Obv:** Bust right **Rev:** Helmeted arms **Note:** Struck with 1 Thaler dies, KM#707.

Date	Mintage	VG	F	VF	XF	Unc
1704 ILH Rare	—	—	—	—	—	
1705 ILH Rare	—	—	—	—	—	

KM# 753 10 DUCAT (Portugalöser)
35.0000 g., 0.9860 Gold 1.1095 oz. AGW **Ruler:** Friedrich August I **Obv:** Bust right **Rev:** Crowned arms with 6 small shields of arms around **Note:** Struck with 1 Thaler dies, KM#750.

Date	Mintage	VG	F	VF	XF	Unc
1706 ILH Rare	—	—	—	—	—	

KM# A908 20 DUCAT (Doppel Portugalöser)
70.0000 g., 0.9860 Gold 2.2190 oz. AGW **Ruler:** Friedrich August I **Note:** Vicariate Issue.

Date	Mintage	VG	F	VF	XF	Unc
1741 Rare	—	—	—	—	—	

Note: Struck w/1 Thaler dies, KM#907. Bowers and Merena Guia sale 3-88 Unc realized $14,300

PATTERNS

Including off metal strikes

KM#	Date	Mintage	Identification	Mkt Val
Pn2	1700 ILH	—	2 Ducat. Silver. KM710.	—
Pn3	1701	—	Ducat. Silver. KM729.	—
Pn4	1702 ILH	—	2 Ducat. Silver. KM710.	—
Pn5	1703 ILH	—	2 Ducat. Silver. KM710.	—
Pn6	1704 ILH	—	2 Ducat. Silver. KM710.	—
PnA6	1704 ILH	—	2/3 Thaler. Gold. KM# 685.	—
Pn8	1708	—	1/3 Thaler. Gold. KM768.	—
Pn7	1708 ILH	—	1/3 Thaler. Copper. KM768.	—
Pn9	1708 ILH	—	Thaler. Lead. KM769.	—
Pn10	1709	—	Ducat. Silver. KM729.	—
Pn12	1709	—	Ducat. Silver. Leipzig Univ., KM778.	—

PnA41 1753 — Thaler. Silver.

KM#	Date	Mintage	Identification	Mkt Val
Pn11	1709 ILH	—	Ducat. Silver. KM771.	—
Pn14	1710	—	1/4 Ducat. Silver. KM793.	—
Pn17	1710	—	Ducat. Copper. KM793.	—
Pn18	1710	—	Ducat. Silver. KM796.	—
Pn13	1710 ILH	—	1/4 Ducat. Silver. KM725.	—
Pn15	1710 ILH	—	1/2 Ducat. Copper. KM795.	—
Pn16	1710 ILH	—	1/2 Ducat. Silver. KM795.	—
Pn20	1711 ILH	—	1/4 Thaler. Copper. KM801.	—
Pn21	1711	—	Ducat. Silver. KM806.	125
Pn22	1711 OLH	—	2 Ducat. Silver. KM807.	135
Pn19	1711 ILH	—	Pfennig. Gold. KM702.	325
Pn23	1711	—	3 Ducat. Silver. KM811.	350
Pn24	1711	—	4 Ducat. Silver. KM814.	375
Pn25	1712 ILH	—	Pfennig. Gold. KM702.	325
Pn26	1714	—	Ducat. Silver. Mining, KM779.	125
Pn27	1715	—	Ducat. Silver. Lublin, KM821.	—
Pn28	1717	—	Ducat. Silver. KM830.	—
Pn29	1717	—	Ducat. Silver. KM831.	95.00
Pn30	1717	—	2 Ducat. Silver. KM832.	125
Pn31	1721	—	Pfennig. Silver. KM850.	—
Pn32	1721	—	Pfennig. Gold. KM850.	—
Pn33	1735 FWoF	—	2 Ducat. Silver. KM888.	125
Pn34	1738 FWoF	—	3 Ducat. Silver. KM892.	175
Pn35	1738 FWoF	—	4 Ducat. Silver. KM893.	200

KM#	Date	Mintage Identification	Mkt Val
Pn41	1763	— Ducat. Silver. Hubertusburg Peace.	—
Pn42	1764 C	— Pfennig. Gold. KM964.	400
Pn44	1765 C	— 3 Pfennig. Billon. KM965.	65.00
Pn43	1765 C	— Pfennig. Gold. KM980.	400
Pn45	1772 C	— Pfennig. Silver. KM1000.	85.00
Pn49	1779	— Pfennig. Gold. KM1000.	—
Pn46	1779	— Heller. Silver. KM1002.	45.00
Pn48	1779	— Pfennig. Silver. KM1000.	85.00
Pn47	1779 C	— Heller. Gold. KM1002.	1,250
Pn50	1780	— Heller. Silver. KM1002.	45.00
Pn52	1781	— 3 Pfennig. Gold. KM965.	—
Pn51	1781	— Pfennig. Silver. KM1000.	85.00
Pn53	1782	— Pfennig. Silver. KM1000.	85.00
Pn54	1783	— Heller. Silver. KM1002.	45.00
Pn55	1783	— Pfennig. Silver. KM1000.	85.00
Pn56	1785	— Pfennig. Silver. KM1000.	85.00
Pn57	1798	— Pfennig. Silver. KM1000.	85.00
Pn58	1799	— Pfennig. Silver. KM1037.	—
Pn59	1800	— Pfennig. Silver. KM1000.	85.00

PIEFORTS

KM#	Date	Mintage Identification	Mkt Val

KM#	Date	Mintage Identification	Mkt Val
PA1	1709	— Ducat. Gold. 6.8900 g. KM#771.	—
P1	1799	— Heller. Copper. KM1002.	—

SAXE-WEISSENFELS

(Sachsen-Weissenfels)

Branch of the Albertine Saxon house, which was created in 1656 for August, 2nd son of the Elector of Saxony, Johann Georg I. The line became extinct with the death of Johann Adolf II in 1746 and the properties reverted to Electoral Saxony.

RULERS
Johann Georg, 1697-1712
Christian II, 1712-1736
Johann Adolf II, 1736-46

MINT OFFICIALS' INITIALS

Initials	Date	Name
CW	1688-1739	Christian Wermuth, die-cutter in Gotha
IA	1706-10	Julius Angerstein, mintmaster

KM#	Date	Mintage	Identification	Mkt Val
PnA36	1739 FWoF	—	2 Ducat. Copper. KM888.	—
Pn36	1739 FWoF	—	2 Ducat. Silver. KM888.	125
Pn38	1742 FWoF	—	2 Ducat. Silver. KM888.	125
Pn39	1743 FWoF	—	2 Ducat. Silver. KM888.	125
Pn40	1744 FWoF	—	Pfennig. Gold. KM894.	600

REFERENCE
M = Otto Merseburger, Sammlung Otto Merseburger umfassend Münzen und Medaillen von Sachsen, Leipzig, 1894.

DUCHY

STANDARD COINAGE

KM# 50 3 PFENNIG (Dreier)
Silver **Ruler:** Johann Georg **Obv:** Crowned 2-fold arms between laurel and palm branches **Obv. Legend:** D.G. IOH. GEORG. DUX. SAX. QUE. **Rev:** Imperial orb with 3 divides date and mintmaster's initials **Rev. Legend:** FURST. SAX. QUERFORT. BERGMUNT. **Mint:** Querfurt **Note:** Querfurt mining coinage.

Date	Mintage	Good	VG	F	VF	XF
1710 IA	—	—	160	325	650	1,325

KM# 51 6 PFENNIG (Sechser)
Silver, 18 mm. **Ruler:** Johann Georg **Obv:** Crowned 2-fold arms between laurel and palm branches **Obv. Legend:** D.G. IOH. GEORG. DUX. SAX. QUER. **Rev:** Imperial orb with 6 divides date and mintmaster's initials **Rev. Legend:** FURST. SAX. QUERFORT. BERGMUNT. **Mint:** Querfurt **Note:** Querfurt mining coinage.

Date	Mintage	Good	VG	F	VF	XF
1710 IA	—	—	125	250	500	1,000

KM# 60 GROSCHEN (1/24 Thaler)
Silver **Ruler:** Christian II **Subject:** Death of Johann Georg **Obv:** Hand from clouds holding scales **Obv. Legend:** COELESTIA PONDERE VINCVNT **Rev:** Cross above 6-line inscription with dates **Rev. Inscription:** IOH. GEORG. / DVX. SAX. NAT. / HALL. SAX. 1677. / D. 13 IVL. DENAT. / WEISSENF. 1712 / D. 16 MART.

Date	Mintage	Good	VG	F	VF	XF
1712	—	—	50.00	100	210	425

KM# 53 2/3 THALER (Gulden)
Silver Weight varies: 11.51-11.54g., 30x30 mm. **Ruler:** Johann Georg **Subject:** Birthday of Johann Georg **Obv:** Bust to right **Obv. Legend:** IOH. GEORG. D.G. DVX. SAXON. I. C. M. A & W. **Rev:** 2 small shields of arms, crown above, surrounded by 2 ribbons of orders, date divided to elft and right, D. 13. - IUL. divided near bottom **Mint:** Querfurt **Note:** Klippe.

Date	Mintage	Good	VG	F	VF	XF
1710	—	—	400	850	1,700	3,400

KM# 62 2/3 THALER (Gulden)
Silver, 31x31 mm. **Ruler:** Christian II **Subject:** Bird-Shooting Contest at Weissenfels **Obv:** Crowned triple-C monogram in laurel and palm branches **Rev:** Bird atop shooting stand, date in exergue **Rev. Legend:** **Rev. Inscription:** VOGELL SCHIESEN - ZV WEISENFELS / DEN. I. - IVLI. **Note:** Klippe. M#2356. Weight varies: 14.34-14.53g.

Date	Mintage	Good	VG	F	VF	XF
1713	—	—	400	850	1,700	3,400
1714	—	—	400	850	1,700	3,400

KM# 64 2/3 THALER (Gulden)
10.6800 g., Silver, 31x31 mm. **Ruler:** Christian II **Subject:** Tilting at the Ring in Celebration of Christian II's Birthday **Obv:** Crowned triple-C monogram in laurel and palm branches **Rev:** Knight on horseback with lance to left, date in exergue **Rev. Inscription:** INVIA / VIRTVTI / SULLA VIA **Note:** Klippe.

Date	Mintage	Good	VG	F	VF	XF
1715	—	—	850	1,600	3,000	6,000

KM# 33 THALER
Silver **Ruler:** Johann Georg **Subject:** Tilting at the Ring in Celebration of Prince Johann Georg (II)'s Consecration as Heir **Obv:** Large IG monogram **Obv. Legend:** GEBOHREN MDCCII. D. XX. OCTOBER. **Rev:** Knight on horseback with lance galloping to right, in corners beginning at right, HÆC LAVREA - CINGET - VICTOREM **Rev. Legend:** RINGRENNEN BEY DER ERBPRINZL. EINSEGNUNG. **Mint:** Weissenfels **Note:** Klippe. M#2348.

Date	Mintage	Good	VG	F	VF	XF
MDCCII(1702)	—	—	900	2,200	4,250	6,000

KM# 44 THALER
Silver **Ruler:** Johann Georg **Obv:** Round arms of Saxony in baroque frame, crowned ribbon of Order of the Elephant around **Rev:** Full-length figure of Mercury to left, date in exergue **Rev. Legend:** VIR - TVTIS - PRAEMIA LAVRVS **Note:** Klippe.

Date	Mintage	Good	VG	F	VF	XF
1708	—	—	500	875	1,800	3,500

KM# 46 THALER
Silver **Ruler:** Johann Georg **Obv:** Armored bust to right **Obv. Legend:** D.G. IOH. GEORGIUS. DUX. SAX. I. C. M. AN. &. W. **Rev:** Oval shield of manifold arms in baroque frame, 8 ornate helmets above, date divided to left and right **Rev. Legend:** MON. NOV. ARG. DU - CAT. QUERFURT. **Mint:** Querfurt **Note:** Dav. #2760.

Date	Mintage	F	VF	XF	Unc	BU
1709 IA Rare	—	—	—	—	—	—

KM# 47 THALER
Silver **Ruler:** Johann Georg **Subject:** Birthday of Johann Georg **Obv:** Bust to right **Rev:** 10-line inscription with date in chronogram

Date	Mintage	Good	VG	F	VF	XF
1709	—	—	750	1,300	2,400	3,750

KM# 25 THALER (Shooting)
Silver **Ruler:** Johann Georg **Obv:** Cross in center of 8-rayed star, ribbon with Order of the Elephant around **Rev:** Large crown above two adjacent oval shields, ducal Saxony in left, JG monogram in right, Roman numeral date divided in corners **Rev. Legend:** + SCHIESEN BEY DEM CARNEVAL AUF DER NEUEN AUGUSTUSBURG Z. WE. **Note:** Klippe. Dav. #7664.

Date	Mintage	VG	F	VF	XF	Unc
MDCCI(1701) Rare	—	—	—	—	—	—

KM# 32 THALER (Shooting)
Silver **Ruler:** Johann Georg **Subject:** Rifle-shooting Contest in Celebration of Prince Johann Georg (II)'s Consecration as Heir **Obv:** Large IG monogram **Obv. Legend:** GEBOHREN MDCCII. D. XX. OCTOBER. **Rev:** Hercules in cradle, above A TENERIS **Rev. Legend:** BUCHSENSCHIESEN BEY DER ERBPRINZL. EINSEGNUNG **Note:** Klippe.

Date	Mintage	Good	VG	F	VF	XF
MDCCII(1702)	—	375	700	1,750	2,800	—

KM# 39 THALER (Shooting)
Silver **Ruler:** Johann Georg **Subject:** Shooting Festival at Weissenfels **Obv:** Full-length figure of Hercules to left **Obv. Legend:** VIRTVTE - PARATA **Rev:** Round arms of Saxony in baroque frame surrounded by rays, crowned ribbon of Order of the Elephant around **Note:** Klippe.

Date	Mintage	Good	VG	F	VF	XF
ND(1706)	—	—	375	700	1,650	3,300

KM# 48 THALER (Shooting)
Silver **Ruler:** Johann Georg **Subject:** Target Shooting Contest for Birthday of Johann Georg's Wife, Friderike Elisabeth von Sachsen-Eisenach **Obv:** Crowned script FE monogram in oval baroque frame between branches **Rev:** Shooting stand scene divides date **Rev. Legend:** SCHEIBEN - SCHIESEN BEYM HOCH - FURSTL. GEBURTHS - TAGE. **Note:** Klippe.

Date	Mintage	Good	VG	F	VF	XF
1709	—	—	675	1,000	2,500	5,000

KM# 49 THALER (Shooting)
Silver **Ruler:** Johann Georg **Subject:** Shooting Contest for Johann Georg's Birthday **Obv:** IL monogram in center of star of order, crown above, ribbon of Order of the Elephant around **Rev:** Shooting stand and scene with orange trees, bridge below, date to left **Rev. Legend:** SCHNEPPER - SCHIESEN BEYM HOCH - FURSTLICH. GEBURTHS - TAGE **Note:** Klippe.

Date	Mintage	Good	VG	F	VF	XF
1709	—	—	725	1,050	2,500	4,950

KM# 54 THALER (Shooting)
Silver **Ruler:** Johann Georg **Subject:** Shooting Contest for Birthday of Johann Georg's Wife, Friderike Elisabeth von Sachsen-Eisenach **Obv:** Crowned script FE monogram in oval baroque frame **Rev:** Artificial lake with three boats, border of orange trees, date above **Rev. Legend:** SCHNEPPER SCHIESEN BEY DEN - HOCH. FURSTL. GEBURTHSTAGE **Note:** Klippe.

Date	Mintage	Good	VG	F	VF	XF
1710	—	—	725	1,050	2,500	4,950

KM# 55 THALER (Shooting)
Silver **Ruler:** Johann Georg **Subject:** Shooting Contest at Weissenfels **Obv:** Script E in crowned oval baroque frame **Rev:** Weissenfels palace at right, sun above, moon to left **Rev. Legend:** MA FLAMME N'EST PASCASH - SCHNEPPER SCHIE - SEN **Note:** Klippe.

Date	Mintage	Good	VG	F	VF	XF
ND(1710)	—	—	725	1,050	2,500	4,950

KM# 56 THALER (Shooting)
Silver **Ruler:** Johann Georg **Subject:** Shooting Contest for Johann Georg's Birthday and for the Honor of the Querfurt Provincial Diet **Obv:** Two adjacent ovarl arms in baroque frame, crown above, Order of the Elephant suspended betwen divides full date as part of inscription **Rev:** Crowned eagle atop shooting stand between 2 islands with trees **Rev. Legend:** ZUR ERGOTZLIG - KEIT DER ANWESEND - SACHS QUERFURTISCHE - N LANDSTANDE. **Note:** Klippe.

Date	Mintage	Good	VG	F	VF	XF
1710	—	—	750	1,100	2,750	5,500

KM# 63 THALER (Shooting)
Silver **Ruler:** Christian II **Subject:** Shooting Contest for Christian II's Birthday **Obv:** Crowned C in oval baroque frame between laurel and palm branches **Rev:** Shooting stand and scene with orange trees, date to left **Rev. Legend:** SCHNEPPER - SCHIESEN BEYM HOCH - FURSTLICH. GEBURTHS - TAGE **Note:** Klippe.

Date	Mintage	Good	VG	F	VF	XF
ND(1714)	—	—	750	1,100	2,750	5,500

KM# 65 THALER (Shooting)
Silver **Ruler:** Christian II **Subject:** Annual Bird Shooting Contest at Weissenfels **Obv:** Crowned triple-C monogram in laurel and palm branches **Rev:** Bird atop shooting stand, date in exergue **Rev. Legend:** VOGELL SCHIESEN - ZV WEISENFELS **Note:** Klippe. Varieties exist.

Date	Mintage	Good	VG	F	VF	XF
1715	—	—	750	1,150	2,200	3,600
1716	—	—	750	1,150	2,200	3,600
1717	—	—	750	1,150	2,200	3,600
1718	—	—	750	1,150	2,200	3,600

TRADE COINAGE

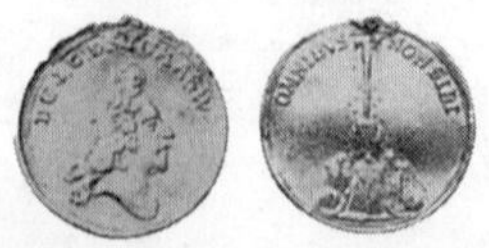

KM# 42 1/2 DUCAT
Gold **Ruler:** Johann Georg **Subject:** Birthday of Johann Georg **Obv:** Head to right **Obv. Legend:** D.G. I. G. D. S. I. C. M. A. & W. **Rev:** Fountain of water from craggy rock **Rev. Legend:** OMNIBVS - NON SIBI

Date	Mintage	Good	VG	F	VF	XF
ND(1707)	—	—	500	825	1,750	3,000

KM# 45 1/2 DUCAT
Gold **Ruler:** Johann Georg **Subject:** Birthday of Johann Georg **Obv:** Bust to right **Obv. Legend:** D.G. I. G. D. S. I. C. M. A. & W. **Rev:** Fountain of water from craggy rock, date in exergue **Rev. Legend:** OMNIBVS - NON SIBI.

Date	Mintage	Good	VG	F	VF	XF
1708	—	—	500	825	1,750	3,000

KM# 41 DUCAT
3.5000 g., 0.9860 Gold 0.1109 oz. AGW **Ruler:** Johann Georg **Obv:** Armored bust to right **Obv. Legend:** D.G. IOH. GEORG. DVX. SAX. I. C. M. A. & W. **Rev:** 2 ornate shields of arms between branches, crown above, surrounded by Order of the Elephant **Mint:** Querfurt **Note:** FR#3046.

Date	Mintage	VG	F	VF	XF	Unc
ND(1706)	—	1,050	1,900	4,800	9,800	—

KM# 67 DUCAT
3.5000 g., 0.8960 Gold 0.1008 oz. AGW **Ruler:** Christian II **Subject:** Bicentennial of the Reformation **Obv:** Armored bust to right **Obv. Legend:** CHRISTIAN. D.G. DVX SAXOQ. I. C. M. A. ET. W. **Rev:** Martin Luther kneeling, 2-line inscription with date in exergue **Rev. Legend:** GLORIA CHRISTO LAVDESQVE MANEBVNT. **Rev. Inscription:** MEN. IVB. II. LVTH. / 1717. **Note:** FR#3048

Date	Mintage	VG	F	VF	XF	Unc
1717	—	600	1,200	2,500	4,200	—

KM# 69 DUCAT
3.5000 g., 0.8960 Gold 0.1008 oz. AGW **Ruler:** Christian II **Obv:** Armored bust to right **Obv. Legend:** CHRISTIAN. D.G. DVX. SAXOQ. I. C. M. A. &. W. **Rev:** Stag to left, date in exergue, where present **Rev. Legend:** PVNIT QVOS ODIT. **Mint:** Weissenfels **Note:** FR#3047.

Date	Mintage	VG	F	VF	XF	Unc
ND(1725)	—	1,350	2,250	5,600	11,500	—
1726	—	1,350	2,250	5,600	11,500	—

KM# 35 2 DUCAT
Gold **Ruler:** Johann Georg **Subject:** Birth of Prince Johann Georg (II) **Obv:** Female figure left holding baby over oval arms of Saxony **Obv. Legend:** LAETITIA PVBLICA **Rev:** Crown and crossed palm and laurel branches over 6-line inscription with date

Date	Mintage	Good	VG	F	VF	XF
1702 Rare	—	—	—	—	—	—

KM# 36 2 DUCAT
Gold **Ruler:** Johann Georg **Subject:** Institution of the Society of Noble Suffering **Obv:** Bust to right **Rev:** Rayyed order in crusiform with IG monogram in center, suspended from ribbon with legend in script, date at bottom **Rev. Legend:** J'aime l'honneur qui vient par la vertu

Date	Mintage	Good	VG	F	VF	XF
1704 Rare	—	—	—	—	—	—

KM# 37 2 DUCAT
Gold **Ruler:** Johann Georg **Obv:** Bust to right in oval frame, date in edge inscription **Rev:** Star of order in cruciform, IG monogram in center

Date	Mintage	Good	VG	F	VF	XF
1704 Rare	—	—	—	—	—	—

KM# 58 2 DUCAT
Gold **Ruler:** Johann Georg **Subject:** Birthday of Johann Georg **Obv:** Bust to right **Rev:** Three interlocked wreaths, legend above, date in two lines below **Rev. Legend:** HIS ORNARI AUT MORI

Date	Mintage	Good	VG	F	VF	XF
1710 Rare	—	—	—	—	—	—

PATTERNS

Including off metal strikes

KM#	Date	Mintage	Identification	Mkt Val
Pn1	1702	—	2 Ducat. Silver. KM#35.	200
Pn2	1704	—	2 Ducat. Tin. KM#36.	—
Pn3	1704	—	2 Ducat. Silver. KM#36.	200
Pn4	1710	—	2 Ducat. Silver. KM#58.	225
Pn5	1717	—	Ducat. Silver. M#2360; KM#67.	125
Pn6	1730	—	Ducat. Silver. KM#70.	125

SAXE-WEIMAR

(Sachsen-Neu-Weimar)

Founded from Saxe-Middle-Weimar in 1640, the division ended the joint rule of the duchy begun by all eight sons of Johann III. In 1662, the four sons of Wilhelm IV divided their inheritance into the lines of Saxe-(New)-Weimar, Saxe-Eisenach, Saxe-Marksuhl and Saxe-Jena. When the line in Eisenach became extinct in 1741, that territory and titles reverted to Weimar, which became known from that time on as Saxe-Weimar-Eisenach

RULERS

Wilhelm Ernst, 1683-1728
Johann Ernst III (VI), 1683-1707
Ernst August I, 1728-1741 (d.1748)

MINT OFFICIALS' INITIALS

Initial	Date	Name
BA	1687-91-1702	Bastian Altmann, mintmaster in Weimar
CW, W	1688-1739	Christian Wermuth, die-cutter in Gotha
	ca. 1717	Jeremias Balthasar Wilhelmi, die-cutter in Ilmenau

REFERENCE

K = Lothar Koppe, **Die Münzen des Hauses Sachsen-Weimar**, 1573 bis 1918, Regenstauf, 2007.

DUCHY

STANDARD COINAGE

KM# 151 PFENNIG

Copper **Ruler:** Ernst August I **Obv:** Crown above crossed palm and and oak branches **Rev. Inscription:** WEIMAR / PFENNIG / date **Mint:** Weimar

Date	Mintage	VG	F	VF	XF	Unc
1737	—	—	—	—	—	—

KM# 128 3 PFENNIG (Dreier)

Ruler: Wilhelm Ernst **Subject:** Duke's Birthday and His Pious Foundations **Obv:** Crowned script WE in palm branches **Rev:** 9-line inscription with R.N. date **Rev. Inscription:** ... PIAE / FVNDATIONIS **Mint:** Weimar

Date	Mintage	VG	F	VF	XF	Unc
MDCCXVII (1717)	—	12.00	25.00	45.00	75.00	—

KM# 129 3 PFENNIG (Dreier)

Silver **Ruler:** Wilhelm Ernst **Obv:** Crowned script WE in palm branches **Rev:** 9-line inscription with R.N. date **Rev. Inscription:** ... FVNDATIONIS / PIAE **Mint:** Weimar

Date	Mintage	VG	F	VF	XF	Unc
MDCCXVII (1717)	—	12.00	25.00	45.00	75.00	—

KM# 130 3 PFENNIG (Dreier)

Silver **Ruler:** Wilhelm Ernst **Subject:** Bicentennial of the Reformation **Obv:** Crowned 4-fold arms in baroque frame between branches **Rev:** Inscription with date **Mint:** Weimar

Date	Mintage	VG	F	VF	XF	Unc
1717	—	12.00	20.00	40.00	70.00	—

KM# 152 3 PFENNIG (Dreier)

Silver **Ruler:** Ernst August I **Obv:** Crown above triangle with 3 **Rev. Inscription:** SAX. / WEIMAR / date **Mint:** Weimar

Date	Mintage	VG	F	VF	XF	Unc
1737	—	—	—	—	—	—

KM# 153 6 PFENNIG (Sechser)

Silver **Ruler:** Ernst August I **Obv:** Crown in center, ribbon with E. A. H. Z. S. W. above, date below **Rev:** Cartouche with VI between crossed palm and oak branches, sun shining down from above **Mint:** Weimar

Date	Mintage	VG	F	VF	XF	Unc
1737	—	—	—	—	—	—

KM# 131 1/24 THALER (GROSCHEN)

Silver **Ruler:** Wilhelm Ernst **Subject:** Duke's Birthday and His Pious Foundations **Obv:** Bust right **Rev:** 9-line inscription with R.N. date **Mint:** Weimar

Date	Mintage	VG	F	VF	XF	Unc
MDCCXVII (1717) W	—	18.00	30.00	60.00	95.00	—

KM# 132 1/24 THALER (GROSCHEN)

Silver **Ruler:** Wilhelm Ernst **Subject:** Bicentennial of the Reformation **Obv:** Open book and candle on table, inscription around with date in chronogram **Rev:** 6-line inscription with R.N. date **Mint:** Weimar

Date	Mintage	VG	F	VF	XF	Unc
MDCCXVII (1717)	—	12.00	25.00	50.00	85.00	—

KM# 154 1/24 THALER (GROSCHEN)

Silver **Ruler:** Ernst August I **Obv:** Ornate script EA monogram in crowned oval divides 1 - gl **Rev:** Sun shining down on crown, 'SW' and date in ribbon at bottom **Mint:** Weimar

Date	Mintage	VG	F	VF	XF	Unc
1737	—	—	—	—	—	—

KM# 133 1/12 THALER (Doppelgroschen)

Silver **Ruler:** Wilhelm Ernst **Subject:** Duke's Birthday and His Pious Foundations **Obv:** Bust right **Rev:** 7-line inscription with R.N. date **Mint:** Weimar

Date	Mintage	VG	F	VF	XF	Unc
MDCCXVII (1717)	—	30.00	65.00	120	185	—

KM# 134 1/12 THALER (Doppelgroschen)

Silver **Ruler:** Wilhelm Ernst **Subject:** Bicentennial of the Reformation **Obv:** Open book and candle on table, inscription around with date in chronogram **Rev:** 7-line inscription with R.N. date **Mint:** Weimar

Date	Mintage	VG	F	VF	XF	Unc
MDCCXVII (1717)	—	30.00	65.00	120	185	—

KM# 155 1/12 THALER (Doppelgroschen)

Ruler: Ernst August I **Obv:** Ornate script EA monogram in ribbon of order, crown above divides date **Rev:** Falcon on pedestal, E. A. D. S. V. on ribbon above, 2 - gl below **Mint:** Weimar

Date	Mintage	VG	F	VF	XF	Unc
1737	—	—	—	—	—	—

KM# 135 1/8 THALER

Silver **Ruler:** Wilhelm Ernst **Subject:** Bicentennial of the Reformation **Obv:** 1/2-length bust right in circle, 4 small shields of arms divide legend in which date in chronogram **Rev:** Facing bust of Luther divides 15 - 17 **Mint:** Weimar

Date	Mintage	VG	F	VF	XF	Unc
1717	—	—	—	—	—	—

KM# 136 1/4 THALER

Silver **Ruler:** Wilhelm Ernst **Subject:** Duke's Birthday and His Pious Foundations **Obv:** Bust right **Rev:** View of Wilhelmsburg, sun shining down from upper right, 4-line inscription below with R.N. date **Mint:** Weimar

Date	Mintage	VG	F	VF	XF	Unc
MDCCXVII (1717) CW	—	125	240	480	800	—

KM# 137 1/4 THALER

Silver **Ruler:** Wilhelm Ernst **Subject:** Duke's Birthday and His Pious Foundations **Obv:** Bust right **Rev:** View of Wilhelmsburg, sun with short rays shining down from upper right, 4-line inscription below Arabic date **Mint:** Weimar

Date	Mintage	VG	F	VF	XF	Unc
1717	—	125	240	480	800	—

KM# 138 1/4 THALER

Silver **Ruler:** Wilhelm Ernst **Subject:** Duke's Birthday and His Pious Foundations **Obv:** Bust right **Rev:** View of Wilhelmsburg, sun with long rays shining down from upper right, 4-line inscription below with Arabic date **Mint:** Weimar

Date	Mintage	VG	F	VF	XF	Unc
1717 CW	—	125	240	480	800	—

KM# 139 1/4 THALER

Silver **Ruler:** Wilhelm Ernst **Subject:** Bicentennial of the Reformation **Obv:** Open book and candle on table, inscription around with date in chronogram **Rev:** 7-line inscription **Mint:** Weimar

Date	Mintage	VG	F	VF	XF	Unc
1717	—	100	225	400	725	—

KM# 156 1/3 THALER (1/2 Gulden)

Silver **Ruler:** Ernst August I **Obv:** 1/2-length figure of duke 3/4 to right, titles of Ernst August **Rev:** Falcon with rays behind in ribbon of order, crown above divides date, value 1/3 at bottom **Mint:** Weimar

Date	Mintage	VG	F	VF	XF	Unc
1737	—	—	—	—	—	—

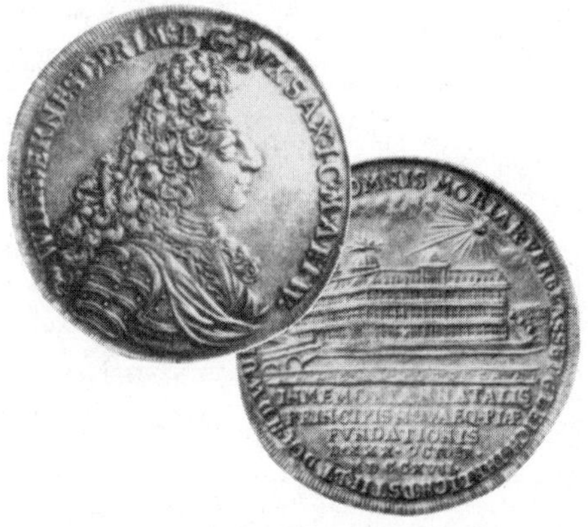

KM# 140 1/2 THALER

Silver **Ruler:** Wilhelm Ernst **Subject:** Duke's Birthday and His Pious Foundations **Obv:** Bust right **Rev:** View of Wilhelmsburg, sun shining down from upper right, 4-line inscription below with R.N. date **Mint:** Weimar

Date	Mintage	VG	F	VF	XF	Unc
MDCCXVII (1717) CW	—	275	450	800	1,250	—

KM# 141 1/2 THALER

Silver **Ruler:** Wilhelm Ernst **Subject:** Duke's Birthday and His Pious Foundations **Obv:** Bust right **Rev:** View of Wilhelmsburg, short rays from sun shining down from upper right, 4-line inscription below with Arabic date **Mint:** Weimar

Date	Mintage	VG	F	VF	XF	Unc
1717	—	275	450	800	1,250	—

KM# 142 1/2 THALER

Silver **Ruler:** Wilhelm Ernst **Subject:** Duke's Birthday and His Pious Foundations **Obv:** Bust right **Rev:** View of Wilhelmsburg, longer rays of sun shining down from upper right, 4-line inscription below **Mint:** Weimar

Date	Mintage	VG	F	VF	XF	Unc
1717	—	275	450	800	1,250	—

KM# 143 1/2 THALER

Silver **Ruler:** Wilhelm Ernst **Subject:** Bicentennial of the Reformation **Obv:** Open book and candle on table, inscription around with date in chronogram **Rev:** 7-line inscription with R.N. date **Mint:** Weimar

Date	Mintage	VG	F	VF	XF	Unc
MDCCXVII (1717)	—	200	375	725	1,100	—

KM# 157 2/3 THALER (Gulden)

Silver **Ruler:** Ernst August I **Obv:** 1/2-length figure of duke 3/4 to right, titles of Ernst August **Rev:** Falcon with rays behind in ribbon of order, crown above divides date, value 2/3 at bottom **Mint:** Weimar **Note:** Dav. #895.

Date	Mintage	VG	F	VF	XF	Unc
1737	—	—	—	—	—	—

KM# 145 THALER

Silver **Ruler:** Wilhelm Ernst **Subject:** Duke's Birthday and His Pious Foundation **Obv:** Bust right **Rev:** View of Wilhelmsburg, short rays from sun shining down from upper right, Gothic lettering **Mint:** Weimar

Date	Mintage	VG	F	VF	XF	Unc
MDCCXVII (1717)	—	700	1,250	2,250	3,750	—

KM# 144 THALER

Silver **Ruler:** Wilhelm Ernst **Subject:** Duke's Birthday and His Pious Foundations **Obv:** Bust right **Rev:** View of Wilhelmsburg, sun shining down from upper right, 4-line inscription with Latin lettering **Note:** Dav.#2753.

Date	Mintage	VG	F	VF	XF	Unc
MDCCXVII (1717)	—	500	1,000	2,000	3,500	—

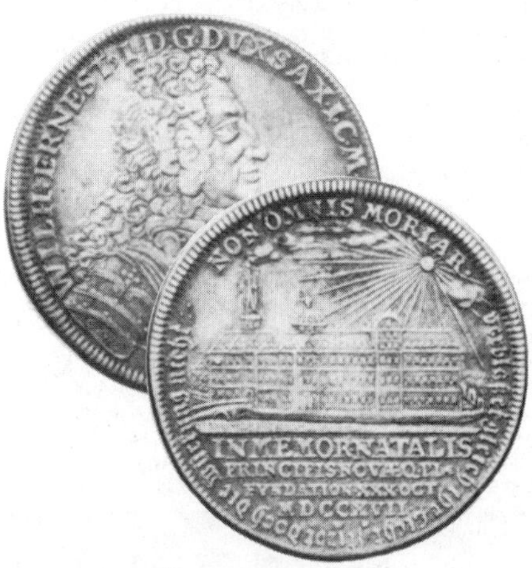

KM# 146 THALER

Silver **Ruler:** Wilhelm Ernst **Subject:** Duke's Birthday and His Pious Foundations **Obv:** Bust right **Obv. Legend:** WILH: ERNESTVS I. D:G. DVX SAX. I. C. M. A. ET W. **Rev:** View of Wilhelmsburg, long rays of sun shining down from upper right, Gothic lettering **Note:** Dav.#2754.

Date	Mintage	VG	F	VF	XF	Unc
MDCCXVII (1717) CW//W	—	450	950	1,700	2,800	—

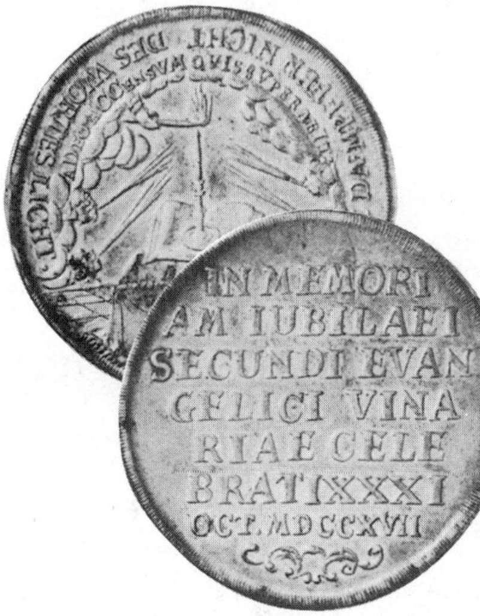

KM# 150 THALER

Silver **Ruler:** Wilhelm Ernst **Subject:** Bicentennial of the Reformation **Obv:** Candle on book on table with arms, hand above lighting it and winds trying to blow it out **Obv. Legend:** SIE DAEMPFFEN NICHT DES WORTES LICHT., in inner row; A DEO ACCENSVM QVIS SVPERABIT: **Rev:** Seven-line inscription, Roman numeral date **Rev. Inscription:** IN MEMORI / AM IUBILAEI / SECUNDI EVAN / GELICI VINA / RIAE CELE / BRATI XXXI / OCT.MDCCXVII **Note:** Dav.#2755.

Date	Mintage	VG	F	VF	XF	Unc
ND(1717)	—	375	750	1,550	2,250	—

KM# 158 THALER

Silver **Ruler:** Ernst August I **Obv:** 1/2-length figure of duke 3/4 to right, titles of Ernst August **Rev:** Sun with rays in center of hexagram, large crown above **Rev. Legend:** A TEMPRE ET FORTVNA EXPERIENTIA **Mint:** Weimar

Date	Mintage	VG	F	VF	XF	Unc
ND(1737) Rare	—	—	—	—	—	—

TRADE COINAGE

KM# 147 DUCAT

3.5000 g., 0.9860 Gold 0.1109 oz. AGW **Ruler:** Wilhelm Ernst **Subject:** Duke Wilhelm Ernst's Birthday and His Pious Foundations **Obv:** Bust right in inner circle **Rev:** Weimar Castle **Note:** Fr.#3030.

Date	Mintage	VG	F	VF	XF	Unc
1717	—	800	1,800	3,300	6,600	—

KM# 148 DUCAT

3.5000 g., 0.9860 Gold 0.1109 oz. AGW **Ruler:** Wilhelm Ernst **Subject:** Bicentennial of the Reformation **Obv:** Open book and candle on table **Rev:** 6-line inscription, Roman numeral date below **Note:** Fr.#3032.

Date	Mintage	VG	F	VF	XF	Unc
ND(1717)	—	425	975	1,900	4,000	—

KM# 160 DUCAT

Gold **Ruler:** Ernst August I **Obv:** Bust of Ernst August 3/4 to right **Rev:** Crowned hexagram in circle with sun in center, WEIMAR and date curved below **Mint:** Weimar

Date	Mintage	VG	F	VF	XF	Unc
1738 Rare	—	—	—	—	—	—

590 GERMAN STATES SAXE-WEIMAR

KM# 162 DUCAT

Gold **Ruler:** Ernst August I **Obv:** Crowned circle with inscriptions between branches **Rev:** Rays from crown at top shining down on hillock, 2 tortoises in foreground **Rev. Legend:** PROFERVN - ASPI MVNDI **Mint:** Weimar

Date	Mintage	VG	F	VF	XF	Unc
1739 Rare	—	—	—	—	—	—

KM# 163 DUCAT

Gold **Ruler:** Ernst August I **Obv:** Sun shining down on sitting geggar in crowned round frame **Obv. Legend:** DATE PAUPERIBUS VOBIS DABITUR **Mint:** Weimar **Note:** Uniface.

Date	Mintage	VG	F	VF	XF	Unc
ND(ca1740) Rare	—	—	—	—	—	—

KM# 164 DUCAT

3.5000 g., 0.9860 Gold 0.1109 oz. AGW **Ruler:** Ernst August I **Obv:** Bust of Ernst August with military trophies in background **Rev:** Pastoral view with sheep and rose bush **Note:** Fr. #3035.

Date	Mintage	VG	F	VF	XF	Unc
ND before 1741	—	700	1,500	3,000	5,000	—

KM# 149 2 DUCAT

Ruler: Wilhelm Ernst **Subject:** Bicentennial of the Reformation **Note:** Fr. #3031.

Date	Mintage	VG	F	VF	XF	Unc
1717	—	1,400	2,700	5,000	10,000	—

PATTERNS

Including off metal strikes

KM#	Date	Mintage	Identification	Mkt Val
Pn1	1737	—	Pfennig. Tin. KM#151.	—
Pn2	1737	—	3 Pfennig. Tin. KM#152.	—
Pn3	1737	—	6 Pfennig. Tin. KM#153.	—
Pn4	1737	—	1/24 Thaler (Groschen). Tin. KM#154.	—
Pn5	1737	—	1/12 Thaler. Tin. KM#155.	—
Pn6	1737	—	1/3 Thaler. Tin. KM#156.	—
Pn7	1737	—	2/3 Thaler. Tin. KM#157.	—
Pn8	ND(1737)	—	Thaler. Tin. KM#158.	—
Pn9	1738	—	Ducat. Tin. KM#160.	—
Pn10	1738	—	Ducat. Gold. KM#160. Uniface, bust as KM#160, but date in exergue.	—
Pn11	1738	—	Ducat. Tin. Uniface. Bust as KM#160 but date in exergue.	—
Pn12	1739	—	Ducat. Tin. KM#162.	—
Pn13	ND(ca1740)	—	Ducat. Tin. KM#163.	—
Pn14	(before 1741)	—	Ducat. Tin. KM#164. Fr. #3035.	—

SAXE-EISENACH

(Sachsen-Eisenach)

One of the Ernestine Saxon duchies in Thuringia (Thüringen), Saxe-Eisenach was first ruled separately by one of eight brothers beginning in 1640. It reverted back to Saxe-Middle-Weimar in 1644, but a new line was established by the second son of Duke Wilhelm IV as Saxe-(New)-Weimar in 1622. This second line became extinct very shortly thereafter and Eisenach passed to Wilhelm IV's third son in 1671. Sayn-Altenkirchen (q.v.) was added to the duke's possessions through marriage in 1686. Again, the line passed out of existence and Eisenach was returned to Saxe-Weimar in 1741. See Saxe-Weimar-Eisenach for subsequent coinages.

RULERS

Johann Wilhelm, 1698-1729
Wilhelm Heinrich, 1729-1741

MINT OFFICIALS' INITIALS

Initial	Date	Name
CM	1711-15	Christoph Müller
CW	1688-1739	Christian Wermuth, die-cutter in Gotha
HD	1693-?	Hubertus Dönnigke
IAB	1717-50 (1728?)	Johann Albert Bähr (Bär), warden
	1692-?	Johann Matthias Obermüller
IHS	1715-17	Johann Heinrich Siegel, warden
	1715-?	Johann Heinrich Göckel, mint contractor
SC	1700-01	Simon Conradi

DUCHY

REGULAR COINAGE

KM# 52 HELLER

Copper **Ruler:** Johann Wilhelm **Obv:** Crowned Saxony arms between palm branches **Rev. Inscription:** E / HELLER / date

Date	Mintage	VG	F	VF	XF	Unc
1716	—	6.00	12.00	25.00	45.00	—
1717	—	6.00	12.00	25.00	45.00	—

KM# 53 HELLER

Copper **Ruler:** Johann Wilhelm **Obv:** Crowned script JW monogram **Rev. Inscription:** E / HELLER / date

Date	Mintage	VG	F	VF	XF	Unc
1716	—	6.00	12.00	25.00	45.00	—
1717	—	6.00	12.00	25.00	45.00	—

KM# 83 HELLER

Copper, 18 mm. **Ruler:** Wilhelm Heinrich **Obv:** Crowned script WH monogram **Rev. Inscription:** I / EISENACH / HELLER / date

Date	Mintage	VG	F	VF	XF	Unc
1735	—	5.00	10.00	20.00	40.00	—
1736	—	5.00	10.00	20.00	40.00	—

KM# 41 3 HELLER

Silver **Ruler:** Johann Wilhelm **Obv:** Crowned Saxony arms between branches, F.S.E. - L.M. divided at top **Rev. Inscription:** III / HELLER / date

Date	Mintage	VG	F	VF	XF	Unc
1702	—	12.00	25.00	50.00	85.00	—

KM# 54 3 HELLER

Silver **Ruler:** Johann Wilhelm **Obv:** 3 small oval arms, crown above **Rev. Inscription:** III / HELLER / F. S. E. L. M. / date

Date	Mintage	VG	F	VF	XF	Unc
1716	—	12.00	25.00	50.00	85.00	—
1718	—	12.00	25.00	50.00	85.00	—

KM# 68 PFENNIG (Leichter)

Copper **Ruler:** Wilhelm Heinrich **Obv:** Crowned WH monogram **Rev. Inscription:** I / LEICHTER / PFENNING / SCHEIDE / MVNTZ / date

Date	Mintage	VG	F	VF	XF	Unc
1729	—	5.00	10.00	20.00	40.00	—

KM# 75 PFENNIG (Leichter)

Copper **Ruler:** Wilhelm Heinrich **Obv:** Crowned WH monogram **Rev. Inscription:** I / PFENNING / SCHEIDE / MVNTZ / date

Date	Mintage	VG	F	VF	XF	Unc
1731	—	5.00	10.00	20.00	40.00	—

KM# 76 2 PFENNIG

Silver **Ruler:** Wilhelm Heinrich **Obv:** 3 small oval arms, crown above **Rev. Inscription:** II / PFEN / NIG / S. M. / date

Date	Mintage	VG	F	VF	XF	Unc
1731	—	—	—	—	—	—

KM# 79 2 PFENNIG

Copper **Ruler:** Wilhelm Heinrich **Obv:** Crowned WH monogram **Rev. Inscription:** II / PFENNING ...

Date	Mintage	VG	F	VF	XF	Unc
1733	—	3.00	6.00	12.00	25.00	—
1735	—	3.00	6.00	12.00	25.00	—

KM# 33 2 PFENNIG (Leuchte)

Silver **Ruler:** Johann Wilhelm **Obv:** 3 small oval shields of arms, crown above **Rev. Inscription:** 2 / LEUCHTE / PFENN / F. E. L. M., date

Date	Mintage	VG	F	VF	XF	Unc
1713	—	12.00	27.00	55.00	95.00	—

KM# 46 3 PFENNIG (Dreier)

Silver **Ruler:** Johann Wilhelm **Obv:** Crowned Saxony arms between branches, F. S. E. - L. M. divided above **Rev:** Imperial orb with 3 divides date

Date	Mintage	VG	F	VF	XF	Unc
1712	—	12.00	25.00	50.00	85.00	—

KM# 50 3 PFENNIG (Dreier)

Silver **Ruler:** Johann Wilhelm **Obv:** Crowned script IW monogram in palm branches **Rev:** Imperial orb with 3 divides date

Date	Mintage	VG	F	VF	XF	Unc
1713 CM	—	10.00	20.00	40.00	65.00	—

KM# 55 3 PFENNIG (Dreier)

Silver **Ruler:** Johann Wilhelm **Obv:** Crowned ornate JW monogram divides F. S. E. - L. M. at top **Rev:** Imperial orb with 3 divides date

Date	Mintage	VG	F	VF	XF	Unc
1716 IHS	—	10.00	20.00	40.00	65.00	—
1717 IAB	—	10.00	20.00	40.00	65.00	—

KM# 65 3 PFENNIG (Dreier)

Silver **Ruler:** Johann Wilhelm

Date	Mintage	VG	F	VF	XF	Unc
1718 IAB	—	—	—	—	—	—

KM# 69 3 PFENNIG (Dreier)

Silver **Ruler:** Wilhelm Heinrich **Obv:** Crowned WH monogram, F. S. E. - L. M. divided at top **Rev:** Imperial orb with 3 divides date

Date	Mintage	VG	F	VF	XF	Unc
1729	—	6.00	12.00	25.00	45.00	—
1730	—	6.00	12.00	25.00	45.00	—
1731	—	6.00	12.00	25.00	45.00	—
1733	—	6.00	12.00	25.00	45.00	—
1734	—	6.00	12.00	25.00	45.00	—
1736	—	6.00	12.00	25.00	45.00	—

KM# 47 6 PFENNIG (Sechser)

Silver **Ruler:** Johann Wilhelm **Obv:** Crowned Saxony arms between branches, F. S. E. - L. M. divided above **Rev:** Imperial orb with 6 divides date

Date	Mintage	VG	F	VF	XF	Unc
1712	—	10.00	20.00	40.00	65.00	—
1713	—	10.00	20.00	40.00	65.00	—

KM# 51 6 PFENNIG (Sechser)

Silver **Ruler:** Johann Wilhelm **Obv:** Crowned ornate JW monogram divides F. S. E. - L. M. at top **Rev:** Imperial orb with VI divides date

Date	Mintage	VG	F	VF	XF	Unc
1714 CM	—	10.00	20.00	40.00	65.00	—
1716 IHS	—	10.00	20.00	40.00	65.00	—
1717 IAB	—	10.00	20.00	40.00	65.00	—

KM# 70 6 PFENNIG (Sechser)

Silver **Ruler:** Wilhelm Heinrich **Obv:** Crowned Saxony arms, F. S. E. - L. M. divided above **Rev:** Imperial orb with VI divides date

Date	Mintage	VG	F	VF	XF	Unc
1729 IAB	—	10.00	20.00	40.00	65.00	—
1730 IAB	—	10.00	20.00	40.00	65.00	—

KM# 77 6 PFENNIG (Sechser)

Silver **Ruler:** Wilhelm Heinrich **Obv:** Crowned 6-fold arms, F. S. E. - L. M. divided above **Rev:** Imperial orb with VI divides date

Date	Mintage	VG	F	VF	XF	Unc
1731 IAB	—	—	—	—	—	—

KM# 81 6 PFENNIG (Sechser)

Silver **Ruler:** Wilhelm Heinrich **Obv:** Crowned 6-fold arms, titles of Wilhelm Heinrich **Rev:** Imperial orb with VI divides date **Rev. Legend:** FURSTL. SACHS. EISENACH. LAND. MUNTZ.

Date	Mintage	VG	F	VF	XF	Unc
1733 IAB	—	8.00	15.00	30.00	55.00	—

KM# 82 6 PFENNIG (Sechser)

Silver **Ruler:** Wilhelm Heinrich **Obv:** Crowned 6-fold arms, F. S. E. - L. M. divided above **Rev:** Imperial orb with VI divides date **Rev. Legend:** FURSTL. SACHS. EISENACH. LAND. MUNTZ.

Date	Mintage	VG	F	VF	XF	Unc
1734 IAB	—	8.00	15.00	30.00	55.00	—

KM# 84 6 PFENNIG (Sechser)

Silver **Ruler:** Wilhelm Heinrich **Obv:** Crowned oval 6-fold arms in baroque frame **Rev:** Imperial orb with VI divides date **Rev. Legend:** FURSTL. SACHS. EISENACH. LAND. MUNTZ.

Date	Mintage	VG	F	VF	XF	Unc
1736 IAB	—	8.00	15.00	30.00	55.00	—

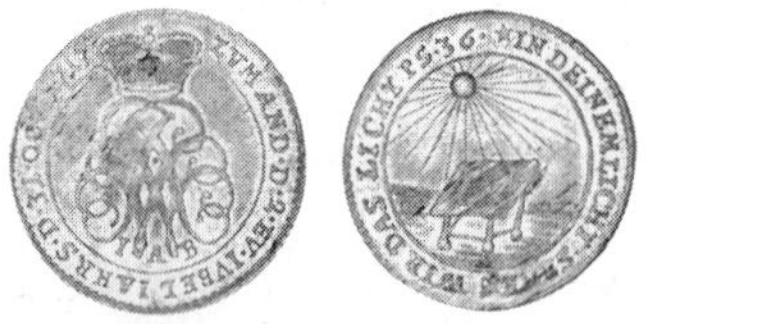

KM# 61 GROSCHEN

Silver **Ruler:** Johann Wilhelm **Subject:** Bicentennial of the Reformation **Obv:** Crowned ornate JW monogram **Obv. Legend:** ZUM. AND. D. G. ..., date **Rev:** Book on table, sun shing down **Rev. Legend:** IN DEINEM LICHT ...

Date	Mintage	VG	F	VF	XF	Unc
1717 IAB	—	12.00	25.00	50.00	85.00	—

KM# 71 GROSCHEN

Silver **Ruler:** Johann Wilhelm **Subject:** Death of Johann Wilhelm **Obv:** Bust to right **Rev:** 8-line inscription with dates **Note:** Struck at Eisenach.

Date	Mintage	VG	F	VF	XF	Unc
1729	—	30.00	65.00	130	260	—

KM# 48 1/24 THALER (Groschen)

Silver **Ruler:** Johann Wilhelm **Obv:** 4 small crowned JW monograms in cruciform, oval Saxony arms in center **Obv. Legend:** FURSTL. - SAX. E. - LAND - MUNTZ **Rev. Legend:** NACH DEM LEIPZIGER FUS. **Rev. Inscription:** 24 / EINEN / THALER / date

Date	Mintage	VG	F	VF	XF	Unc
1712 CM	—	10.00	20.00	40.00	65.00	—
1716 IHS	—	10.00	20.00	40.00	65.00	—
1718 IAB	—	10.00	20.00	40.00	65.00	—

KM# 56 1/24 THALER (Groschen)

Silver **Ruler:** Johann Wilhelm **Obv:** 4 small crowned JW monograms in cruciform, oval Saxony arms in center **Obv. Legend:** FURSTL. - SAX. E. - LAND - MUNTZ. **Rev:** Imperial orb with 24 divides date **Rev. Legend:** NACH DEM ...

Date	Mintage	VG	F	VF	XF	Unc
1716 IHS	—	10.00	20.00	40.00	65.00	—

KM# 57 1/24 THALER (Groschen)

Silver **Ruler:** Johann Wilhelm **Obv:** Crowned ornate JW monogram divides F. S. E. - L. M. at top **Obv. Legend:** FURSTL. SAX. EISENACH ... **Rev:** Imperial orb with 24 divides date **Rev. Legend:** NACH DEM ...

Date	Mintage	VG	F	VF	XF	Unc
1716 IHS	—	10.00	20.00	40.00	65.00	—
1717 IAB	—	10.00	20.00	40.00	65.00	—
1718 IAB	—	10.00	20.00	40.00	65.00	—

KM# 72 1/24 THALER (Groschen)

Silver **Ruler:** Wilhelm Heinrich **Obv:** Crowned 6-fold arms **Obv. Legend:** MONETA - NOVA **Rev:** Imperial orb with 24 **Rev. Legend:** DVCIS SAXON: ISENACENSIS, date

Date	Mintage	VG	F	VF	XF	Unc
1729	—	10.00	20.00	40.00	65.00	—

KM# 63 2 GROSCHEN (Doppelgroschen = 1/12 Thaler)

Silver **Ruler:** Johann Wilhelm **Obv:** Crowned ornate JW monogram **Obv. Legend:** ZUM. AND. D. G. ..., date **Rev:** Sun shining on flying eagle **Rev. Legend:** DIE AVF DEN HERREN ... **Note:** Also known struck on thick flan, denomination unknown.

Date	Mintage	VG	F	VF	XF	Unc
1717 IAB	—	22.00	45.00	80.00	125	—

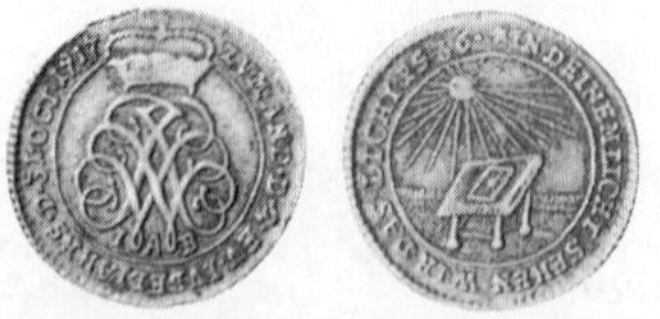

KM# 62 2 GROSCHEN (Doppelgroschen = 1/12 Thaler)

Silver **Ruler:** Johann Wilhelm **Subject:** Bicentenniual of the Reformation **Obv:** Crowned ornate JW monogram **Obv. Legend:** ZUM. AND. D. G. ..., date **Rev:** Book on table, sun shining down

Rev. Legend: IN DEINEM LICHT ... **Note:** Struck on thick flan from same dies as KM#61.

Date	Mintage	VG	F	VF	XF	Unc
1717 IAB	—	25.00	50.00	75.00	120	—

KM# 73 2 GROSCHEN (Doppelgroschen = 1/12 Thaler)

Silver **Ruler:** Wilhelm Heinrich **Subject:** Bicentennial of the Augsburg Confession **Obv:** Memorial inscription **Rev:** Altar with arms, inscription in exergue **Rev. Legend:** RETINEANT POSTERI CONFESS. MAI. FID. APOST **Rev. Inscription:** CONCOR / DANT.

Date	Mintage	VG	F	VF	XF	Unc
1730	—	20.00	40.00	75.00	120	—

KM# 49 1/12 THALER (Doppelgroschen)

Silver **Ruler:** Johann Wilhelm **Obv:** 4 small crowned JW monograms in cruciform, oval Saxony arms in center **Obv. Legend:** FURSTL. - SAX.E. - LAND - MUNTZ **Rev. Legend:** NACH DEM LEIPZIGER FUS. **Rev. Inscription:** 12 / EINEN / THALER / date

Date	Mintage	VG	F	VF	XF	Unc
1712 CM	—	12.00	25.00	50.00	85.00	—

KM# 58 1/12 THALER (Doppelgroschen)

Silver **Ruler:** Johann Wilhelm **Obv:** Crowned ornate JW monogram in circle **Rev. Legend:** NACH DEM ... **Rev. Inscription:** 12 / EINEN / REICHS / THALER / date

Date	Mintage	VG	F	VF	XF	Unc
1716 IHS	—	12.00	25.00	50.00	85.00	—

KM# 64 1/12 THALER (Doppelgroschen)

Silver **Ruler:** Johann Wilhelm **Obv:** Crowned ornate JW monogram in circle **Rev. Inscription:** 12 / EINEN / THALER / date

Date	Mintage	VG	F	VF	XF	Unc
1717 IAB	—	10.00	20.00	40.00	65.00	—

KM# 74 1/12 THALER (Doppelgroschen)

Silver **Ruler:** Wilhelm Heinrich **Obv:** Crowned oval 6-fold arms, titles of Wilhelm Heinrich **Rev. Legend:** MONETA NOVA DVCIS SAXON: ISENACENSIS **Rev. Inscription:** 12 / EINEN / REICHS / THALER / date

Date	Mintage	VG	F	VF	XF	Unc
1730	—	18.00	30.00	60.00	100	—

KM# 66 1/6 THALER (1/4 Gulden)

Silver **Ruler:** Johann Wilhelm **Obv:** Crowned oval Saxony arms in cartouche between branches, 1/6 below, titles of Johann Wilhelm **Rev:** Crane standing on rock, date in pedestal **Rev. Legend:** VIGILANTER ET CONSTANTER.

Date	Mintage	VG	F	VF	XF	Unc
1718 IAB	—	35.00	60.00	120	185	—

TRADE COINAGE

KM# 42 DUCAT

Gold **Ruler:** Johann Wilhelm **Obv:** Bust of Johann Wilhelm to right **Rev:** Bust of Christina Juliane von Baden-Durlach, 2nd wife of Johann Wilhelm, date below shoulder

Date	Mintage	VG	F	VF	XF	Unc
1702 CW Rare	—	—	—	—	—	—

KM# 59 DUCAT

3.5000 g., 0.9860 Gold 0.1109 oz. AGW **Ruler:** Johann Wilhelm **Obv:** 4 crowned cruciform JW monograms with small oval arms of ducal Saxony in center **Rev:** Crane on pedestal, date in exergue **Note:** Ref 2917.

Date	Mintage	VG	F	VF	XF	Unc
1716	—	1,700	3,500	7,000	12,500	—

KM# 85 DUCAT

Gold **Ruler:** Wilhelm Heinrich **Obv:** Bust right, mintmaster's initials in exergue **Rev:** Rock in sea at left, ship sailing at right, PLVS VLTRA in ribbon above, inscription in exergue **Rev. Inscription:** 1 DVCAT / date

Date	Mintage	VG	F	VF	XF	Unc
1740 IAB Rare	—	—	—	—	—	—

SAXE-WEIMAR-EISENACH

(Sachsen-Weimar-Eisenach)

When the death of the duke of Saxe-Eisenach in 1741 heralded the extinction of that line, its possessions reverted to Saxe-Weimar, which henceforth was known as Saxe-Weimar-Eisenach. Because of the strong role played by the duke during the Napoleonic Wars, Saxe-Weimar-Eisenach was raised to the rank of a grand duchy in 1814 and granted the territory of Neustadt, taken from Saxony. The last grand duke abdicated at the end of World War I.

RULERS
Ernst August I, 1741-1748
Ernst August II Konstantne, 1748-1758
under Franz Josias of Saxe-Coburg-Saalfeld, regent in Weimar, 1748-1755
under Friedrich III of Saxe-Gotha-Altenburg, regent in Eisenach, 1748-1755
Karl August, 1758-1828 under regency of his mother, Anna Amalia of Brunswick, 1758-1775

MINT OFFICIALS' INITIALS

Initials	Date	Name
GHE	1740-54	Georg Hieronymus Eberhard, mintmaster in Saalfeld
	?-1750	Johann Albert Bähr, mintmaster in Eisenach
IH	1751-54	Johann Heimreich, mintmaster in Eisenach
FS or S	1755-76	Friedrich Siegmund Schäfer, mintmaster in Eisenach
KL, K	1763-65	Johann Anton David Klinghammer, die-cutter
Lion or ILST, LS, LST, ST	1785-89	Johann Leonhard Stockmar, die-cutter
	1789-1831	mintmaster in Eisenach
	1789-?	Johann Wolf Heinrich Stockmar, die-cutter in Ilmenau

REFERENCE
K = Lothar Koppe, **Die Münzen des Hauses Sachsen-Weimar, 1573 bis 1918,** Regenstauf, 2007.

DUCHY

REGULAR COINAGE

KM# 54 HELLER

Copper Weight varies: 0.70-0.90g., 17-18 mm. **Ruler:** Friedrich III **Obv:** Crowned ornate script FDS monogram **Rev:** 5-line inscription with date **Rev. Inscription:** I / HELLER / F.S.E. OBERV. / L. M(V)U(U)NTZ / (date) **Mint:** Eisenach **Note:** Ref. K-517. Coinage for Eisenach. Prev. Saxe-Eisenach C#1.

Date	Mintage	VG	F	VF	XF	Unc
1750	—	7.50	15.00	30.00	65.00	—
1751	—	7.50	15.00	30.00	65.00	—
1752	—	7.50	15.00	30.00	65.00	—
1753	—	7.50	15.00	30.00	65.00	—
1754	—	7.50	15.00	30.00	65.00	—
1755	—	7.50	15.00	30.00	65.00	—

KM# 44 THALER

Silver **Ruler:** Johann Wilhelm **Subject:** Third Marriage of Duke Johann Wilhelm to Magdalene Sibylla **Obv:** Three shields crowned separating date **Rev:** Eagle on perch, rifle range and woods **Note:** Klippe. Dav# 2705.

Date	Mintage	VG	F	VF	XF	Unc
1708	—	900	1,750	3,000	5,000	—

KM# 53 HELLER

Copper Weight varies: 0.80-1.15g., 18 mm. **Ruler:** Franz Josias **Obv:** Crowned script FJDS monogram **Rev:** 5-line inscription with

date **Rev. Inscription:** I / HELLER / O. V. / WEIMAR / (date) **Mint:** Saalfeld **Note:** Ref. K-533. Prev. C#1.1. Coinage for Weimar.

Date	Mintage	VG	F	VF	XF	Unc
1750	—	7.50	15.00	30.00	65.00	—
1751	—	7.50	15.00	30.00	65.00	—
1752	—	7.50	15.00	30.00	65.00	—
1753	—	7.50	15.00	30.00	65.00	—
1754	—	7.50	15.00	30.00	65.00	—

KM# 81 HELLER

Copper Weight varies: 0.75-1.15g., 17-18 mm. **Ruler:** Ernst August II Konstantine **Obv:** Crowned script EAC monogram **Rev:** 5-line inscription with date **Rev. Inscription:** I / HELLER / F. S. W. V. E. / L. MVNTZ / (date) **Mint:** Eisenach **Note:** Ref. K-557. Prev. C#9. Coinage for Weimar.

Date	Mintage	VG	F	VF	XF	Unc
1756	—	5.00	10.00	20.00	45.00	—
1757	—	5.00	10.00	20.00	45.00	—
1758	—	5.00	10.00	20.00	45.00	—

KM# 104 HELLER

0.6000 g., Copper, 16 mm. **Ruler:** Anna Amalia **Obv:** Ornate shield of ducal Saxony arms in crowned baroque frame **Rev:** 5-line inscription with date, mintmaster's initials in exergue **Rev. Inscription:** 1 / HELLER / F. S. W. U. I. / L. M. / (date) **Mint:** Eisenach **Note:** Ref. K-596. Prev. C#31.

Date	Mintage	VG	F	VF	XF	Unc
1760 FS	—	5.00	12.00	25.00	50.00	—

KM# 135 HELLER

1.0000 g., Copper, 16 mm. **Ruler:** Karl August **Obv:** Shield of ducal Saxony arms, S.W.U.E. above, die-cutter's initials below **Rev:** Curved 3-line inscription with date **Rev. Inscription:** 1 / HELLER / (date) **Mint:** Eisenach **Note:** Ref. K-622. Prev. C#55.

Date	Mintage	F	VF	XF	Unc	BU
1790 LST	—	10.00	20.00	45.00	95.00	—

KM# 139 HELLER

1.0000 g., Copper, 16 mm. **Ruler:** Karl August **Obv:** Shield of ducal Saxony arms, S.W.U.E. above, die-cutter's symbol below **Rev:** Curved 3-line inscription with date **Rev. Inscription:** 1 / HELLER / (date) **Mint:** Eisenach **Note:** Ref. K-622. Prev. C#55a.

Date	Mintage	F	VF	XF	Unc	BU
1791 (a)	—	10.00	20.00	45.00	95.00	—

KM# 145 HELLER

1.0000 g., Copper, 16 mm. **Ruler:** Karl August **Obv:** Shield of ducal Saxony arms, S.W.U.E. above **Rev:** Curved 3-line inscription with date **Mint:** Eisenach **Note:** Ref. K-622. Prev. C#55b.

Date	Mintage	F	VF	XF	Unc	BU
1794	—	10.00	20.00	45.00	95.00	—

KM# 51 PFENNIG

Copper Weight varies: 1.85-2.15g., 20.5 mm. **Ruler:** Friedrich III **Obv:** Crowned ornate script FDS monogram **Rev:** 5-line inscription with date **Rev. Inscription:** I / GUTER / PFENNIG / F. S. E. O. V. L. M. / (date) **Mint:** Eisenach **Note:** Ref. K-515. Coinage for Eisenach. Prev. Eisenach C#3.

Date	Mintage	Good	VG	F	VF	XF
1750	—	3.00	7.00	15.00	30.00	60.00
1751	—	3.00	7.00	15.00	30.00	60.00
1752	—	3.00	7.00	15.00	30.00	60.00
1753	—	3.00	7.00	15.00	30.00	60.00
1754	—	3.00	7.00	15.00	30.00	60.00
1755	—	3.00	7.00	15.00	30.00	60.00

KM# 50 PFENNIG

1.3000 g., Copper, 20 mm. **Ruler:** Friedrich III **Obv:** Crowned script FDS monogram **Rev:** 5-line inscription with date **Rev. Inscription:** I / PFENNIG / F. S. E. OBERV. / L.. M(U)(V)NTZ / (date) **Mint:** Eisenach **Note:** Ref. K-516. Coinage for Eisenach. Prev. Eisenach C#2.

Date	Mintage	Good	VG	F	VF	XF
1750	—	3.00	7.00	15.00	30.00	60.00
1751	—	3.00	7.00	15.00	30.00	60.00

592 GERMAN STATES SAXE-WEIMAR-EISENACH

Date	Mintage	Good	VG	F	VF	XF
1752	—	3.00	7.00	15.00	30.00	60.00
1753	—	3.00	7.00	15.00	30.00	60.00
1754	—	3.00	7.00	15.00	30.00	60.00
1755	—	3.00	7.00	15.00	30.00	60.00

KM# 55.1 PFENNIG

1.9500 g., Copper, 20 mm. **Ruler:** Franz Josias **Obv:** Crowned script FJDS monogram **Rev:** 6-line inscription with date **Rev. Inscription:** I / PFENNIG / F. S. WEIMAR / O. V. LAND / MUNZE / (date) **Mint:** Saalfeld **Note:** Ref. K-531. Prev. C#2.

Date	Mintage	VG	F	VF	XF	Unc
1750	—	6.00	15.00	30.00	60.00	—
1754	—	6.00	15.00	30.00	60.00	—

KM# 55.2 PFENNIG

1.7500 g., Copper, 20 mm. **Ruler:** Franz Josias **Obv:** Crowned script FJDS monogram **Rev:** 5-line inscription with date **Rev. Inscription:** I / PFENNIG / F S W OBERV / L MUNTZ / (date) **Mint:** Saalfeld **Note:** Ref. K-532.

Date	Mintage	VG	F	VF	XF	Unc
1755	—	6.00	15.00	30.00	60.00	—

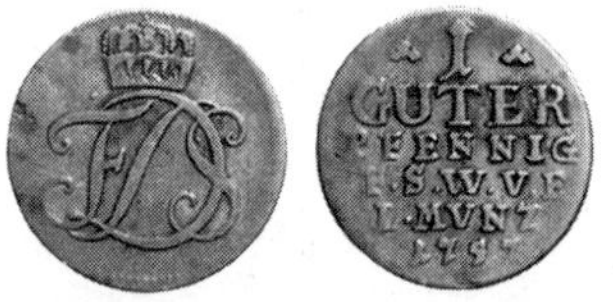

KM# 83 PFENNIG

2.1000 g., Copper, 19.5 mm. **Ruler:** Ernst August II Konstantine **Obv:** Crowned script EAC monogram **Rev:** 6-line inscription with date **Rev. Legend:** GUTER PFENNING ... **Rev. Inscription:** I / GUTER / PFENNIG / F. S. W. V. E / L. MVNZ. / (date) **Mint:** Eisenach **Note:** Ref. K-554. Prev. C#11.

Date	Mintage	VG	F	VF	XF	Unc
1756	—	5.00	10.00	20.00	45.00	—
Note: Reported, not confirmed.						
1757	—	65.00	125	200	325	—

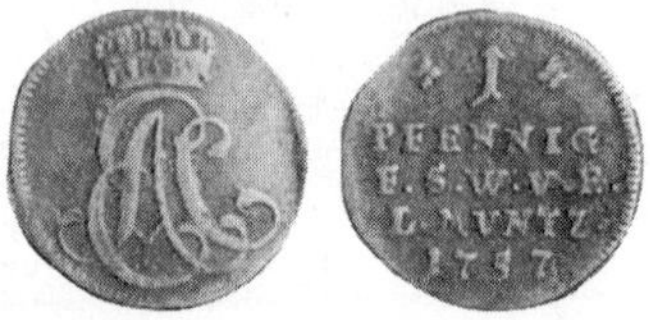

KM# 82 PFENNIG

Copper Weight varies: 1.15-1.38g., 19 mm. **Ruler:** Ernst August II Konstantine **Obv:** Crowned script EAC monogram **Rev:** 5-line inscription with date **Rev. Inscription:** I / PFENNIG / F. S. W. V. E. / L MVNTZ. / (date) **Mint:** Eisenach **Note:** Ref. K-556. Prev. C#10.

Date	Mintage	VG	F	VF	XF	Unc
1756	—	5.00	10.00	20.00	45.00	—
1757	—	5.00	10.00	20.00	45.00	—

KM# 101 PFENNIG

Copper Weight varies: 2.00-2.20g., 19.5 mm. **Ruler:** Ernst August II Konstantine **Obv:** Crowned script FDS monogram **Rev:** 6-line inscription with date **Rev. Inscription:** I / GUTER / PFENNIG / F. S. W. V. E. / L. MVNZ. / (date) **Mint:** Eisenach **Note:** Ref. K-555. Prev. C#11a. Mule.

Date	Mintage	VG	F	VF	XF	Unc
1757	—	17.50	35.00	75.00	150	—

KM# 115 PFENNIG

1.1100 g., Copper, 18.5 mm. **Ruler:** Anna Amalia **Obv:** Ornate shield of ducal Saxony arms in crowned baroque frame **Rev:** 5-line inscription with date, mintmaster's initials in exergue **Rev. Inscription:** I / GUTER. PFEN / F. S. W. U. E. / L. M. / (date) **Mint:** Eisenach **Note:** Ref. K-595. Prev. C#32.

Date	Mintage	VG	F	VF	XF	Unc
1761	—	5.00	12.00	25.00	50.00	—
1762	—	5.00	12.00	25.00	50.00	—

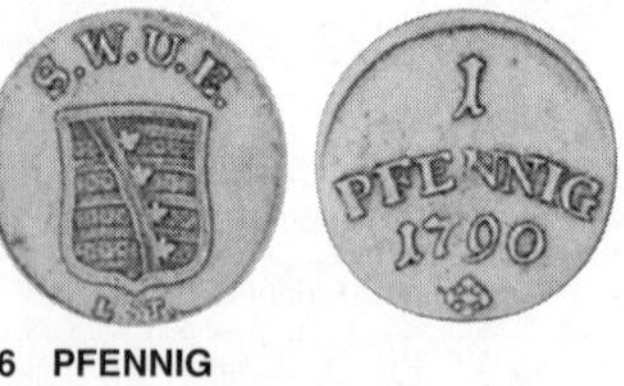

KM# 136 PFENNIG

Copper Weight varies: 1.90-2.30g., 18.5 mm. **Ruler:** Karl August **Obv:** Shield of ducal Saxony arms, S.W.U.E. above, die-cutter's initials below **Rev:** Curved 3-line inscription with date **Rev. Inscription:** 1 / PFENNIG / (date) **Mint:** Eisenach **Note:** Ref. K-619. Prev. C#56.

Date	Mintage	F	VF	XF	Unc	BU
1790 L ST	—	8.00	20.00	45.00	90.00	—

KM# 141 PFENNIG

Copper Weight varies: 1.90-2.30g., 18.5 mm. **Ruler:** Karl August **Obv:** Shield of ducal Saxony arms, S.W.U.E. above, die-cutter's symbol below **Rev:** Curved 3-line inscription with date **Rev. Inscription:** 1 / PFENNIG / (date) **Mint:** Eisenach **Note:** Ref. K-619. Prev. C#56a.

Date	Mintage	F	VF	XF	Unc	BU
1792 (a)	—	8.00	20.00	45.00	90.00	—

KM# 149 PFENNIG

Copper Weight varies: 1.90-2.30g., 18.5 mm. **Ruler:** Karl August **Obv:** Shield of ducal Saxony arms, S.W.U.E. above **Rev:** Curved 3-line inscription with date **Rev. Inscription:** 1 / PFENNIG / (date) **Mint:** Eisenach **Note:** Ref. K-619. Prev. C#56b.

Date	Mintage	F	VF	XF	Unc	BU
1796	—	8.00	20.00	45.00	90.00	—

KM# 150 PFENNIG

1.9000 g., Copper, 18.5 mm. **Ruler:** Karl August **Obv:** Shield of ducal Saxony arms, S.W.u.E. above **Rev:** Curved 3-line inscription with date, line below **Rev. Inscription:** I / PFENNIG / (date) **Mint:** Eisenach **Note:** Ref. K-620. Prev. C#56c.

Date	Mintage	F	VF	XF	Unc	BU
1799	—	8.00	20.00	45.00	90.00	—

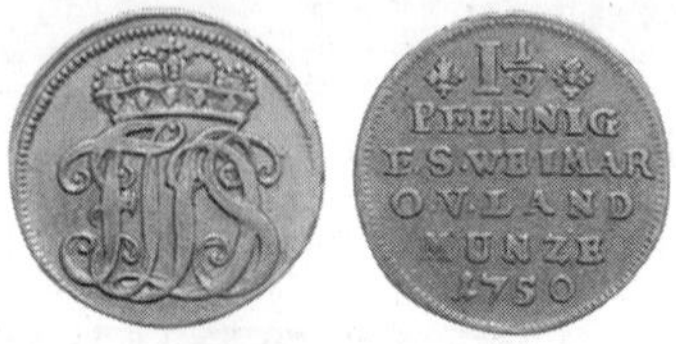

KM# 56 1-1/2 PFENNIG

Copper Weight varies: 2.30-2.60g., 22 mm. **Ruler:** Franz Josias **Obv:** Crowned script FJDS monogram **Rev:** 6-line inscription with date **Rev. Inscription:** I 1/2 / PFENNIG / F. S. WEIMAR / O. V. LAND / MUNZE / (date) **Mint:** Saalfeld **Note:** Ref. K-530. Prev. C#3.

Date	Mintage	VG	F	VF	XF	Unc
1750	—	8.00	15.00	30.00	65.00	—

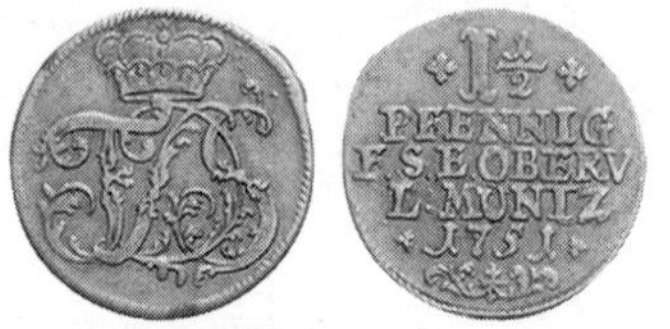

KM# 59 1-1/2 PFENNIG

3.0000 g., Copper, 21 mm. **Ruler:** Friedrich III **Obv:** Crowned script FDS monogram. **Rev:** 5-line inscription with date **Rev. Inscription:** I 1/2 / PFENNIG / F. S. E. O BERV. / L. MUNTZ / (date) **Mint:** Eisenach **Note:** Ref. K-514. Coinage for Eisenach. Prev. Eisenach C#4.

Date	Mintage	Good	VG	F	VF	XF
1751	—	3.00	7.00	15.00	30.00	65.00
1752	—	3.00	7.00	15.00	30.00	65.00
1753	—	3.00	7.00	15.00	30.00	65.00

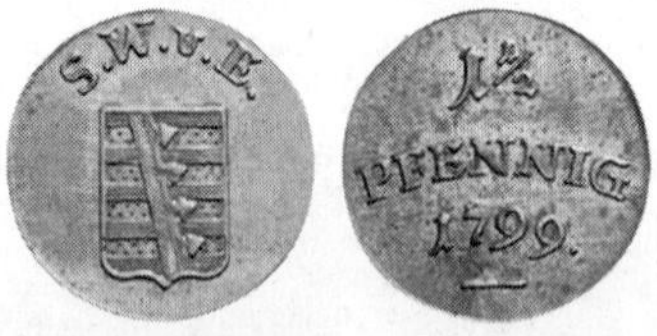

KM# 151 1-1/2 PFENNIG

Copper Weight varies: 2.90-3.10g., 21.5 mm. **Ruler:** Karl August **Obv:** Shield of ducal Saxony arms, S.W.u.E. above **Rev:** Curved 3-line inscription with date, line below **Rev. Inscription:** 1 1/2 / PFENNIG / (date) **Mint:** Eisenach **Note:** Ref. K-617. Prev. C#57.

Date	Mintage	F	VF	XF	Unc	BU
1799	—	20.00	45.00	90.00	185	—

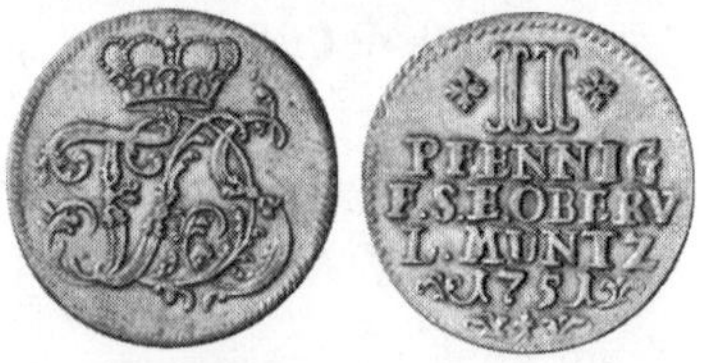

KM# 52 2 PFENNIG

Copper Weight varies: 3.00-3.50g., 23.8 mm. **Ruler:** Friedrich III **Obv:** Crowned script FDS monogram **Rev:** 5-line inscription with date **Rev. Inscription:** II / PFENNI(N)G / F. S. E. OBERV. / L. MUNTZ / (date) **Mint:** Eisenach **Note:** Ref. K-513. Coinage for Eisenach. Prev. Eisenach C#5. Varieties exist.

Date	Mintage	Good	VG	F	VF	XF
1750	—	6.00	12.00	30.00	50.00	85.00
1751	—	6.00	12.00	30.00	50.00	85.00
1755	—	6.00	12.00	30.00	50.00	85.00

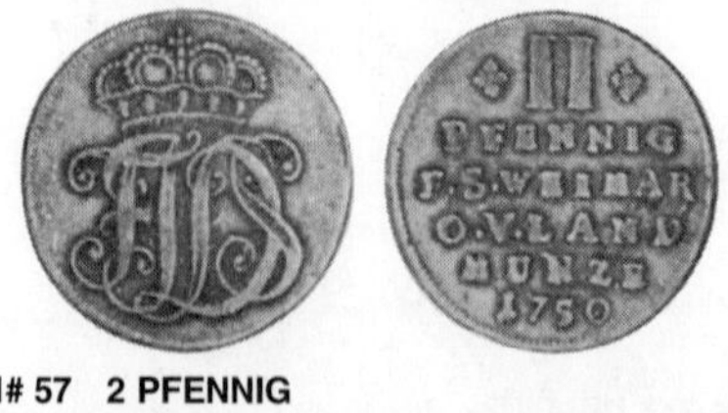

KM# 57 2 PFENNIG

Copper Weight varies: 4.20-4.40g., 23 mm. **Ruler:** Franz Josias **Obv:** Crowned script FJDS monogram **Rev:** 6-line inscription with date **Rev. Inscription:** II / PFENNIG / F. S. WEIMAR / O. V. LAND / MUNZE / (date) **Mint:** Saalfeld **Note:** Ref. K-529. Prev. C#4.

Date	Mintage	VG	F	VF	XF	Unc
1750	—	8.00	15.00	30.00	65.00	—
1752	—	8.00	15.00	30.00	65.00	—

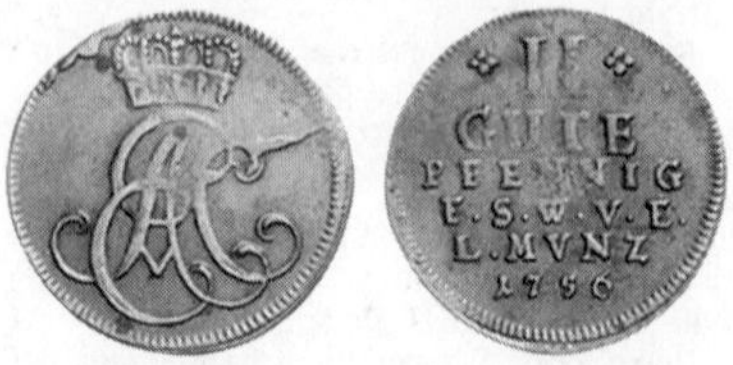

KM# 85 2 PFENNIG

4.1000 g., Copper, 24 mm. **Ruler:** Ernst August II Konstantine **Obv:** Crowned script EAC monogram **Rev:** 6-line inscription with date **Rev. Inscription:** II / GUTE / PFENNIG / F. S. W. V. E / L. MVNZ. / (date) **Mint:** Eisenach **Note:** Ref. K-552. Prev. C#13.

Date	Mintage	VG	F	VF	XF	Unc
1756	—	7.00	15.00	30.00	60.00	—
1757	—	7.00	15.00	30.00	60.00	—

KM# 84 2 PFENNIG

2.7000 g., Copper, 21 mm. **Ruler:** Ernst August II Konstantine **Obv:** Crowned script EAC monogram **Rev:** 5-line inscription with date **Rev. Inscription:** II / PFENNIG / F. S. W. V. E. / L. MVNTZ. / (date) **Mint:** Eisenach **Note:** Ref. K-553. Prev. C#12.

Date	Mintage	VG	F	VF	XF	Unc
1756	—	5.00	12.00	25.00	50.00	—
1757	—	5.00	12.00	25.00	50.00	—

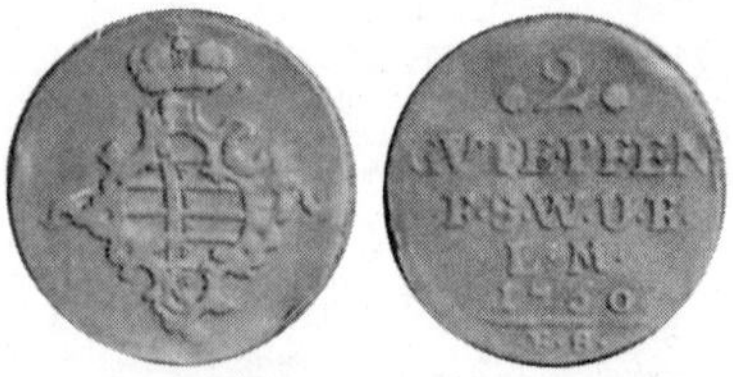

KM# 105 2 PFENNIG

2.3000 g., Copper, 22.5 mm. **Ruler:** Anna Amalia **Obv:** Ornate shield of ducal Saxony arms in crowned baroque frame **Rev:** 5-line inscription with date, mintmaster's initials in exergue **Rev. Inscription:** 2 / GVTE. PFEN / F. S. W. U. E. / L. M. / (date) **Mint:** Eisenach **Note:** Ref. K-594. Prev. C#33.

Date	Mintage	VG	F	VF	XF	Unc
1760 FS	—	5.00	10.00	20.00	45.00	—

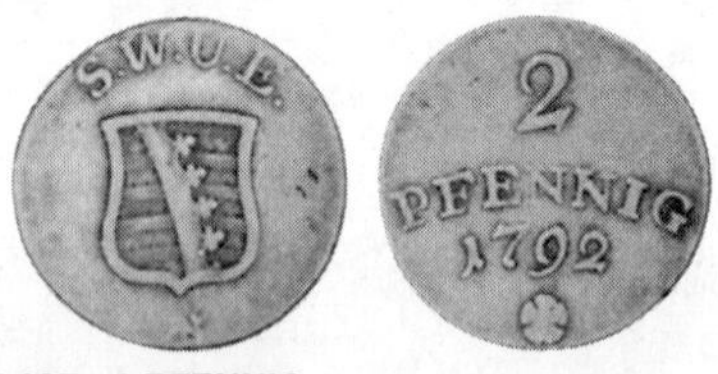

KM# 137 2 PFENNIG

5.2000 g., Copper, 23.5 mm. **Ruler:** Karl August **Obv:** Shield of ducal Saxony arms, S.W.U.E. above, die-cutter's initials or symbol below **Rev:** Curved 3-line inscription with date, rosette below **Rev. Inscription:** 2 / PFENNIG / (date) **Mint:** Eisenach **Note:** Ref. K-614. Prev. C#58.

Date	Mintage	F	VF	XF	Unc	BU
1790 LST	—	20.00	45.00	90.00	185	—
1792 (a)	—	20.00	45.00	90.00	185	—

KM# 142 2 PFENNIG

5.2000 g., Copper, 23.5 mm. **Ruler:** Karl August **Obv:** Shield of ducal Saxony arms with straight, S.W.U.E. above, die-cutter's symbol below, where present **Rev:** Curved 3-line inscription with date, rosette below **Rev. Inscription:** 2 / PFENNIG / (date) **Mint:** Eisenach **Note:** Ref. K-614. Prev. C#58a.

Date	Mintage	F	VF	XF	Unc	BU
1792 (a)	—	20.00	45.00	90.00	185	—
1796	—	20.00	45.00	90.00	185	—

KM# 152 2 PFENNIG

Copper Weight varies: 4.60-5.10g., 23 mm. **Ruler:** Karl August **Obv:** Shield of ducal Saxony arms, S.W.u.E. above **Rev:** Curved 3-line inscription with date **Rev. Inscription:** 2 / PFENNIGE / (date) **Edge:** Leaf **Mint:** Eisenach **Note:** Ref. K-615. Prev. C#58b.

Date	Mintage	F	VF	XF	Unc	BU
1799	—	20.00	45.00	90.00	185	—

KM# 10 3 PFENNIG

0.9000 g., Silver, 14.5 mm. **Ruler:** Ernst August I **Obv:** Princely crown in center, legend curved above, value 3(p) divides date in band below **Obv. Legend:** SOLI DEO GLORIA **Rev:** 4-line inscription above 2-line inscription in exergue **Rev. Inscription:** GOTT / SICH / DEM LANDE / GETREU, (exergue) WEIM. U. EISEN. / L. M. **Note:** Ref. K-486. The (p) represents the symbol for "Pfennig."

Date	Mintage	VG	F	VF	XF	Unc
1743	—	—	—	—	—	—

KM# 63 3 PFENNIG

Billon Weight varies: 0.80-1.00g., 15.8 mm. **Ruler:** Franz Josias **Obv:** FI monogram in crowned cartouche **Obv. Legend:** F. S. W. O. - V. L. M. **Rev:** Imperial orb with 3 in cartouche divides date **Mint:** Saalfeld **Note:** Ref. K-528. Prev. C#5.

Date	Mintage	VG	F	VF	XF	Unc
1751 GHE	—	10.00	20.00	45.00	95.00	—
1753 GHE	—	10.00	20.00	45.00	95.00	—

KM# 60 3 PFENNIG

0.7500 g., Billon, 15.5 mm. **Ruler:** Friedrich III **Obv:** Crowned ornate script FDS monogram **Rev:** Imperial orb with 3 divides date **Rev. Legend:** F. S. E. O. V. L. M. **Mint:** Eisenach **Note:** Ref. K-510. Coinage for Eisenach. Prev. Eisenach C#6.

Date	Mintage	Good	VG	F	VF	XF
1751	—	8.00	18.00	37.00	75.00	150

KM# 61.1 3 PFENNIG

Billon Weight varies: 0.60-0.80g., 14-16 mm. **Ruler:** Friedrich III **Obv:** Script F in crowned cartouche **Rev:** Imperial orb with 3 divides date **Rev. Legend:** F. S. E. O. V. L. M. **Mint:** Eisenach **Note:** Ref. K-511. Coinage for Eisenach. Prev. Eisenach C#7.

Date	Mintage	Good	VG	F	VF	XF
1752 IH	—	5.00	12.00	25.00	55.00	110
1753 IH	—	5.00	12.00	25.00	55.00	110
1754 IH	—	5.00	12.00	25.00	55.00	110

KM# 61.2 3 PFENNIG

0.7000 g., Billon, 14 mm. **Ruler:** Friedrich III **Obv:** Script F in crowned cartouche **Rev:** Imperial orb with 3 divides date **Rev. Legend:** F. S. E. O. V. L. M. **Mint:** Eisenach **Note:** Ref. K-512. Coinage for Eisenach. Prev. C#7.

Date	Mintage	Good	VG	F	VF	XF
1755 FS	—	5.00	12.00	25.00	55.00	110

KM# 86.1 3 PFENNIG

Billon Weight varies: 0.65-0.70g., 14 mm. **Ruler:** Ernst August II Konstantine **Obv:** Crowned script EAC monogram **Rev:** Imperial orb with 3 divides mintmaster's initials, cross divides date near top **Rev. Legend:** F. S. W. V. E. L. M. **Mint:** Eisenach **Note:** Ref. K-551. Prev. C#14. Varieties exist.

Date	Mintage	VG	F	VF	XF	Unc
1756 FS	—	8.00	20.00	40.00	80.00	—
1757 FS	—	8.00	20.00	40.00	80.00	—
1758 FS	—	8.00	20.00	40.00	80.00	—

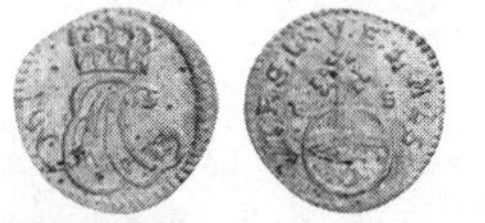

KM# 86.2 3 PFENNIG

Billon Weight varies: 0.65-0.70g., 14 mm. **Ruler:** Ernst August II Konstantine **Obv:** Crowned script EAC monogram **Rev:** Imperial orb with 3 divides mintmaster's initials and date **Rev. Legend:** F. S. W. V. E. L. M. **Mint:** Eisenach **Note:** Ref. K-551 variant.

Date	Mintage	VG	F	VF	XF	Unc
1757 FS	—	8.00	20.00	40.00	80.00	—

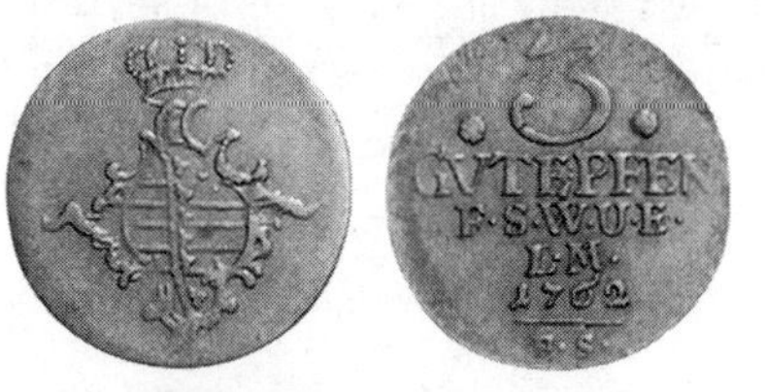

KM# 106 3 PFENNIG

3.8000 g., Copper, 25 mm. **Ruler:** Anna Amalia **Obv:** Ornate shield of ducal Saxony arms in crowned baroque frame **Rev:** 5-line inscription with date, mintmaster's initials in exergue **Rev. Inscription:** 3 / GVTE. PFEN / F. S. W. (V)(U). E. / L. M. /(date) **Mint:** Eisenach **Note:** Ref. K-593. Prev. C#34. Varieties exist.

Date	Mintage	VG	F	VF	XF	Unc
1760 FS	—	6.00	12.00	25.00	45.00	—
1761 FS	—	6.00	12.00	25.00	45.00	—
1762 FS	—	20.00	40.00	75.00	110	—

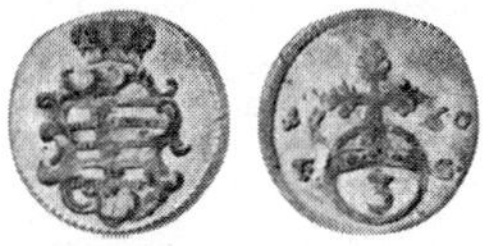

KM# 107 3 PFENNIG

0.5000 g., Billon, 15.5 mm. **Ruler:** Anna Amalia **Obv:** Ornate shield of ducal Saxony arms in crowned baroque frame **Rev:** Imperial orb with 3 divides date and mintmaster's initials **Mint:** Eisenach **Note:** Ref. K-591. Prev. C#35.

Date	Mintage	VG	F	VF	XF	Unc
1760 FS	—	8.00	20.00	40.00	75.00	—

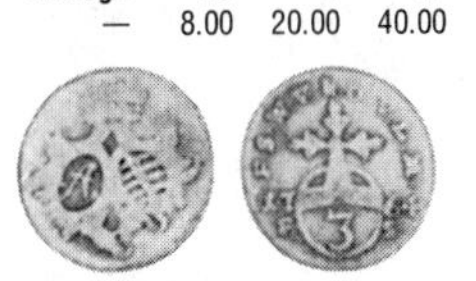

KM# 117 3 PFENNIG

Billon Weigh varies: 0.50-0.60g., 15 mm. **Ruler:** Anna Amalia **Obv:** Large crowned baroque frame enclosing 2 ovals with tops leaning to upper center, left with script A, right with ducal Saxony arms **Rev:** Imperial orb with 3 divides date and mintmaster's initials **Rev. Legend:** F. S. W. V. E. O. V. L. M. **Mint:** Eisenach **Note:** Ref. K-592. Prev. C#36.

Date	Mintage	VG	F	VF	XF	Unc
1763 FS	474,000	5.00	12.00	25.00	50.00	—
1764 FS	Inc. above	5.00	12.00	25.00	50.00	—

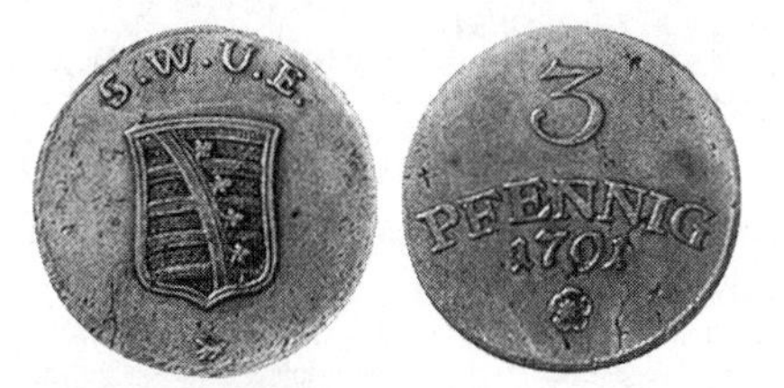

KM# 143 3 PFENNIG

Copper Weight varies: 7.60-8.10g., 26 mm. **Ruler:** Karl August **Obv:** Shield of ducal Saxony arms, S.W.U.E. above, die-cutter's symbol below **Rev:** Curved 3-line inscription with date, rosette below **Mint:** Eisenach **Note:** Ref. K-611. Prev. C#59a.

Date	Mintage	F	VF	XF	Unc	BU
1791 (a)	—	10.00	20.00	45.00	95.00	—
1792 (a)	—	10.00	20.00	45.00	95.00	—

KM# 140 3 PFENNIG

Copper Weight varies: 7.60-8.10g., 26 mm. **Ruler:** Karl August **Obv:** Shield of ducal Saxony arms, S.W.U.E. above, die-cutter's initials below **Rev:** Curved 3-line inscription with date, rosette below **Rev. Inscription:** 3 / PFENIG / (date) **Mint:** Eisenach **Note:** Prev. C#59.

Date	Mintage	F	VF	XF	Unc	BU
1791 LST	—	10.00	20.00	45.00	95.00	—

Note: Reported, not confirmed.

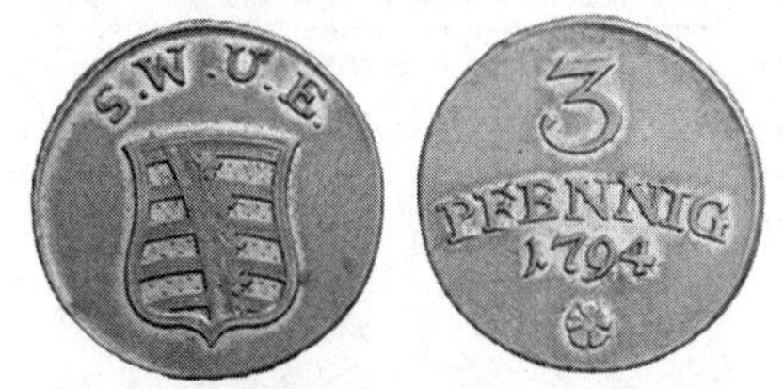

KM# 146 3 PFENNIG

Copper Weight varies: 7.60-8.10g., 26 mm. **Ruler:** Karl August **Obv:** Shield of ducal Saxony arms, S.W.U.E. above **Rev:** Curved 3-line inscription with date, rosette below **Rev. Inscription:** 3 / PFENNIG / (date) **Mint:** Eisenach **Note:** Ref. K-611. Prev. C#59b.

Date	Mintage	F	VF	XF	Unc	BU
1792	—	10.00	20.00	45.00	95.00	95.00
1794	—	10.00	20.00	45.00	95.00	95.00

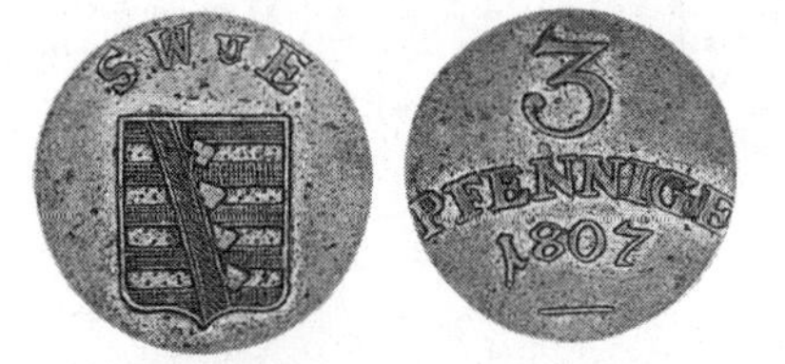

KM# 153 3 PFENNIG

7.5000 g., Copper, 25 mm. **Ruler:** Karl August **Obv:** Shield of ducal Saxony arms, S.W.U.E. above **Rev:** Curved 3-line inscription with date, line below **Rev. Inscription:** 3 / PFENNIGE / (date) **Edge:** Leaf **Mint:** Eisenach **Note:** Ref. K-612. Prev. C#59c.

Date	Mintage	F	VF	XF	Unc	BU
1799	—	10.00	20.00	45.00	95.00	—

KM# 11 6 PFENNIG

1.2500 g., Silver, 16 mm. **Ruler:** Ernst August I **Obv:** Princely crown in center, legend curved above, value 6(p) divides date in band below **Obv. Legend:** SOLI DEO GLORIA **Rev:** 4-line inscriptions above 2-line inscription in exergue **Rev. Inscription:** GOTT / SICH / DEM LANDE / GETREU, (exergue) WEIM. V. EISEN. / L. M. **Note:** Ref. K-485. The (p) represents the symbol for "Pfennig."

Date	Mintage	VG	F	VF	XF	Unc
1743	—	—	—	—	—	—

KM# 62.2 6 PFENNIG

1.5000 g., Billon, 18 mm. **Ruler:** Friedrich III **Obv:** Imperial orb with VI divides date and mintmaster's initials **Obv. Legend:** M. N. ISEN. FRIED. D. S. T. (&)(E). ADM. **Rev:** Crowned ornate shield of 5-fold arms in baroque frame between laurel and palm fronds **Mint:** Eisenach **Note:** Ref. K-507. Prev. C#8.

Date	Mintage	Good	VG	F	VF	XF
1751 IH	—	5.00	10.00	20.00	45.00	95.00
1752 IH	—	5.00	10.00	20.00	45.00	95.00
1753 IH	—	5.00	10.00	20.00	45.00	95.00
1754 IH	—	5.00	10.00	20.00	45.00	95.00

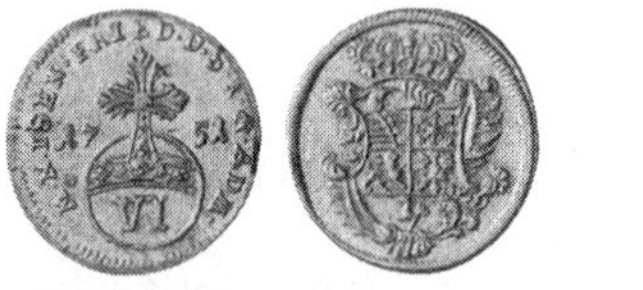

KM# 62.1 6 PFENNIG

Billon Weight varies: 1.25-1.45g., 17.5 mm. **Ruler:** Friedrich III **Obv:** Imperial orb with VI divides date **Obv. Legend:** M. N. ISEN. FRIED. D. S. T. & ADM. **Rev:** Crowned ornate shield of 5-fold arms in baroque frame between laurel and palm fronds **Mint:** Eisenach **Note:** Ref. K-506. Coinage for Eisenach. Prev. Eisenach C#8.

Date	Mintage	Good	VG	F	VF	XF
1751	—	5.00	10.00	20.00	45.00	95.00

KM# 64.1 6 PFENNIG

Billon Weight varies: 1.19-1.30g., 18 mm. **Ruler:** Franz Josias **Obv:** Script FJ monogram in crowned cartouche, mintmaster's initials divided below **Obv. Legend:** F. S. W. O. - V. L. M. **Rev:** Imperial orb with VI divides date **Mint:** Saalfeld **Note:** Ref. K-525. Prev. C#6.

Date	Mintage	VG	F	VF	XF	Unc
1751 GHE	—	85.00	180	450	1,000	—

KM# 64.2 6 PFENNIG

Billon Weight varies: 1.25-1.40g., 18 mm. **Ruler:** Franz Josias **Obv:** Script FJ monogram in crowned cartouche **Obv. Legend:** F. S. W. O. - V. L. M. **Rev:** Imperial orb with VI divides mintmaster's initials, date divided above **Mint:** Saalfeld **Note:** Ref. K-526. Prev. C#6.

Date	Mintage	VG	F	VF	XF	Unc
1752 GHE	—	10.00	20.00	45.00	95.00	—
1753 GHE	—	10.00	20.00	45.00	95.00	—

KM# 62.3 6 PFENNIG

Billon Weight varies: 1.15-1.45g., 17-18 mm. **Ruler:** Friedrich III **Obv:** Imperial orb with VI divides mintmaster's initials, date divided above cross **Obv. Legend:** M. N. ISEN. FRI(E)D. D. S. T. & ADM. **Rev:** Crowned shield of 5-fold arms in baroque frame **Mint:** Eisenach **Note:** Ref. K-508. Prev. C#8. Varieties exist.

Date	Mintage	Good	VG	F	VF	XF
1752 IH	—	5.00	10.00	20.00	45.00	95.00
1753 IH	—	5.00	10.00	20.00	45.00	95.00
1754 IH	—	5.00	10.00	20.00	45.00	95.00
1755 IH	—	5.00	10.00	20.00	45.00	95.00

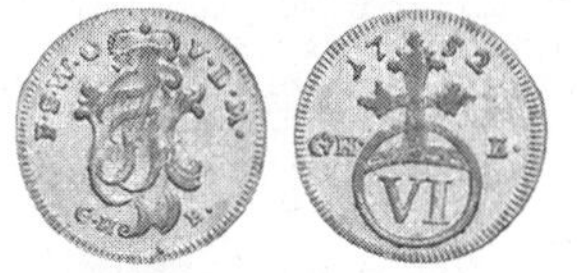

KM# 64.3 6 PFENNIG

1.1500 g., Billon, 17.5 mm. **Ruler:** Franz Josias **Obv:** Script FJ monogram in crowned cartouche, mintmaster's initials divided below **Obv. Legend:** F. S. W. O. - V. L. M. **Rev:** Imperial orb with VI divides mintmaster's initials, date divided above **Mint:** Saalfeld **Note:** Ref. K-527. Mule.

Date	Mintage	VG	F	VF	XF	Unc
1752 GHE//GHE	—	80.00	150	275	375	500

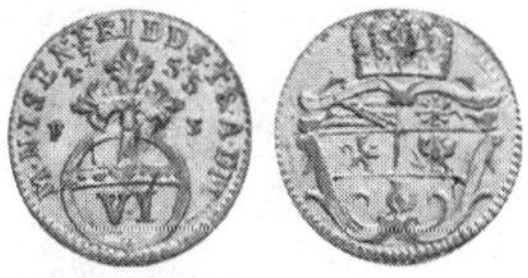

KM# 62.4 6 PFENNIG

Billon Weight varies: 1.05-1.25g., 16-18 mm. **Ruler:** Friedrich III **Obv:** Imperial orb with VI divides mintmaster's intials, date divided above cross **Obv. Legend:** M. N. ISEN. FRIED. D. S. T. & ADM. **Rev:** Wide crowned shield of 5-fold arms in baroque frame **Mint:** Eisenach **Note:** Ref. K-509. Prev. C#8.

Date	Mintage	Good	VG	F	VF	XF
1755 FS	—	5.00	10.00	20.00	45.00	95.00

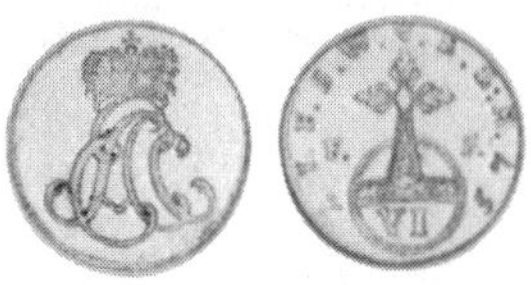

KM# 87.1 6 PFENNIG

Billon Weight varies: 1.01-1.23g., 17.5 mm. **Ruler:** Ernst August II Konstantine **Obv:** Crowned script EAC monogram **Rev:** Imperial orb with VI divides mintmaster's initials and date **Rev. Legend:** F. S. W. V. E. L. M. **Mint:** Eisenach **Note:** Ref. K-548. Prev. C#15.

Date	Mintage	VG	F	VF	XF	Unc
1756 FS	—	12.50	25.00	50.00	100	—
1757 FS	—	12.50	25.00	50.00	100	—
1758 FS	—	20.00	40.00	80.00	135	—
1759 FS	—	25.00	50.00	100	175	—

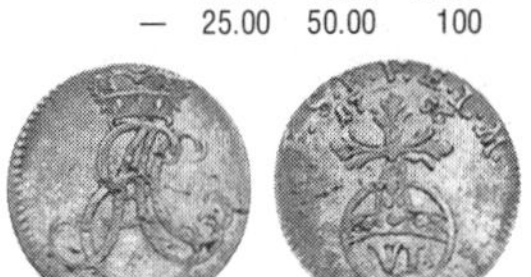

KM# 87.2 6 PFENNIG

Billon Weight varies: 1.01-1.23g., 17 mm. **Ruler:** Ernst August II Konstantine **Obv:** Crowned script EAC monogram **Rev:** Imperial orb with VI divides mintmaster's initials, date divided by top of cross on orb **Rev. Legend:** F. S. W. V. E. L. M. **Mint:** Eisenach

Date	Mintage	VG	F	VF	XF	Unc
1756 FS	—	8.00	15.00	45.00	110	—

594 GERMAN STATES SAXE-WEIMAR-EISENACH

KM# 87.3 6 PFENNIG

1.1000 g., Billon, 17.5 mm. **Ruler:** Ernst August II Konstantine **Obv:** Wide crowned shield of 5-fold arms in baroque frame **Rev:** Imperial orb with VI divides mintmaster's initials and date **Rev. Legend:** F. S. W. V. E. L. M. **Mint:** Eisenach **Note:** Ref. K-550. Mule.

Date	Mintage	VG	F	VF	XF	Unc
1756	—	—	—	—	—	—

KM# 103 6 PFENNIG

1.1000 g., Billon, 17.5 mm. **Ruler:** Anna Amalia **Obv:** Crowned script ADS monogram **Rev:** Imperial orb with VI divides mintmaster's initials, date divided below **Rev. Legend:** F. S. W. V. E. O. V. L. M. **Mint:** Eisenach **Note:** Ref. K-586. Prev. C#37.

Date	Mintage	VG	F	VF	XF	Unc
1759 FS	—	10.00	20.00	45.00	90.00	—
1760 FS	—	10.00	20.00	45.00	90.00	—

KM# 109.1 6 PFENNIG

1.0000 g., Billon, 18 mm. **Ruler:** Anna Amalia **Obv:** Ornate shield of ducal Saxony arms in crowned baroque frame **Rev:** Imperial orb with VI divides date and mintmaster's initials **Mint:** Eisenach **Note:** Ref. K-587. Prev. C#38.

Date	Mintage	VG	F	VF	XF	Unc
1760 FS	—	8.00	18.00	37.00	75.00	—

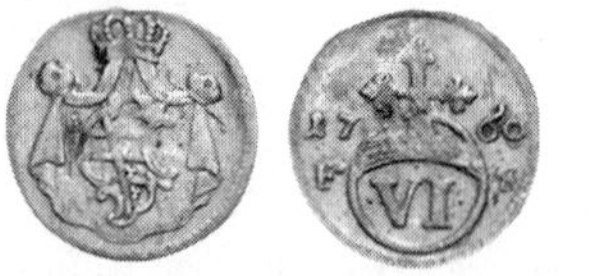

KM# 109.2 6 PFENNIG

1.0500 g., Billon, 17.5 mm. **Ruler:** Anna Amalia **Obv:** Ornate shield of ducal Saxony arms superimposed on crowned mantle **Rev:** Imperial orb with VI divides date and mintmaster's initials **Mint:** Eisenach **Note:** Ref. K-589. Prev. C#38.

Date	Mintage	VG	F	VF	XF	Unc
1760 FS	—	12.00	30.00	75.00	150	—

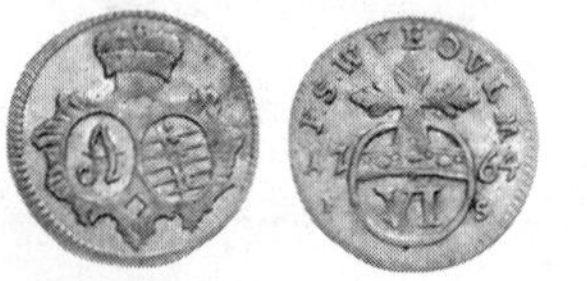

KM# 118 6 PFENNIG

1.0000 g., Billon, 17.5 mm. **Ruler:** Anna Amalia **Obv:** Large crowned baroque frame enclosing 2 ovals with tops leaning to upper center, left with script A, right with ducal Saxony arms, mintmaster's initials divided below **Rev:** Imperial orb with VI divides date and mintmaster's initals **Rev. Legend:** F. S. W. V. E. O. V. L. M. **Mint:** Eisenach **Note:** Ref. K-590. Prev. C#39.

Date	Mintage	VG	F	VF	XF	Unc
1763 FS	1,960,000	7.00	15.00	30.00	65.00	—
1764 FS	Inc. above	12.00	25.00	45.00	80.00	—

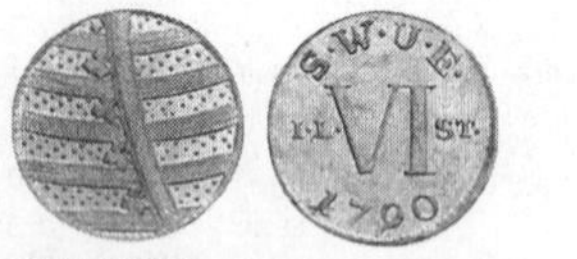

KM# 138 6 PFENNIG

1.1000 g., Billon, 16 mm. **Ruler:** Karl August **Obv:** Ducal Saxony arms fill entire side of coin **Rev:** Large VI divides engraver's initials, S. W. U. E. above, date below **Mint:** Eisenach **Note:** Ref. K-606.

Date	Mintage	VG	F	VF	XF	Unc
1790 ILST	—	20.00	40.00	90.00	180	375

KM# 12 9 PFENNIG

Silver Weight varies; 1.80-2.00g., 18 mm. **Ruler:** Ernst August I **Obv:** Princely crown in center, legend curved above, value 9(p) divides date in band below **Obv. Legend:** SOLI DEO CLORIA **Rev:** 4-line inscription above 2-line inscription in exergue **Rev. Inscription:** GOTT / SICH / DEM LANDE / GETREU, (exergue) WEIM. V. EISEN. / L. M. **Note:** Ref. K-484. The (p) represents the symbol for "Pfennig."

Date	Mintage	VG	F	VF	XF	Unc
1743	—	—	—	—	—	—

KM# 108 2 KREUZER

1.1500 g., 0.2500 Silver 0.0092 oz. ASW, 18 mm. **Ruler:** Anna Amalia **Obv:** Crowned oval shield of ducal Saxony arms in baroque frame divides date **Rev:** 4-line inscription with mintmaster's initials in oval within baroque frame **Rev. Inscription:** 2 / KREU / ZER / (initials) **Mint:** Eisenach **Note:** Ref. K-565.

Date	Mintage	VG	F	VF	XF	Unc
1760 FS	60,750	—	—	—	—	—

KM# 110 4 KREUZER

1.7700 g., 0.3260 Silver 0.0186 oz. ASW, 21 mm. **Ruler:** Anna Amalia **Obv:** Crowned oval shield of ducal Saxony arms in baroque frame divides date **Rev:** 4-line inscription with mintmaster's initials in oval within baroque frame **Rev. Inscription:** 4 / KREU / ZER / (initials) **Mint:** Eisenach **Note:** Ref. K-564.

Date	Mintage	VG	F	VF	XF	Unc
1760 FS	24,500	—	—	—	—	—

KM# 13 GROSCHEN

Silver, 18 mm. **Ruler:** Ernst August I **Obv:** Large princely crown in center, legend in ornate script letters curved above, value 1 GR divides date in band below **Obv. Legend:** SOLI DEO GLORIA **Rev:** 5-line inscription **Rev. Inscription:** GOTT / SICH / UND / DEM LANDE / GETREU

Date	Mintage	VG	F	VF	XF	Unc
1743	—	—	—	—	—	—

KM# 34 GROSCHEN

Silver, 19 mm. **Ruler:** Ernst August I **Obv:** Crowned imperial orb with script EADS monogram, sun left, moon right and star below **Rev:** 5-line inscription **Rev. Inscription:** GOTT / SEGENE / DAS / LAND / WEIM. U. EIS.

Date	Mintage	VG	F	VF	XF	Unc
ND(1747)	—	—	—	—	—	—

KM# 14 2 GROSCHEN

Silver **Ruler:** Ernst August I **Obv:** Large princely crown in center, legend in ornate script letters curved above, value 2 GR. divides date in band below **Obv. Legend:** SOLI DEO GLORIA **Rev:** 5-line inscription above 2 line inscription in exergue **Rev. Inscription:** GOTT / SICH / UND / DEM LANDE / GETREV, (exergue) WEIM. U. EISEN. / L.M. **Note:** Ref. K-483.

Date	Mintage	VG	F	VF	XF	Unc
1743	—	—	—	—	—	—

KM# 15 4 GROSCHEN (1/6 Reichsthaler)

Silver Weight varies: 6.00-6.30g., 26 mm. **Ruler:** Ernst August I **Obv:** Large princely crown in center, legend in ornate script letters curved above, value 4 GR. divides date in band below **Obv. Legend:** SOLI DEO GLORIA **Rev:** 5-line inscription above 2-line inscription in exergue **Rev. Inscription:** GOTT / SICH / UND / DEM LANDE / GETREU, (exergue) WEIM. U. EISEN. / L.M. **Note:** Ref. K-482.

Date	Mintage	VG	F	VF	XF	Unc
1743	—	—	—	—	—	—

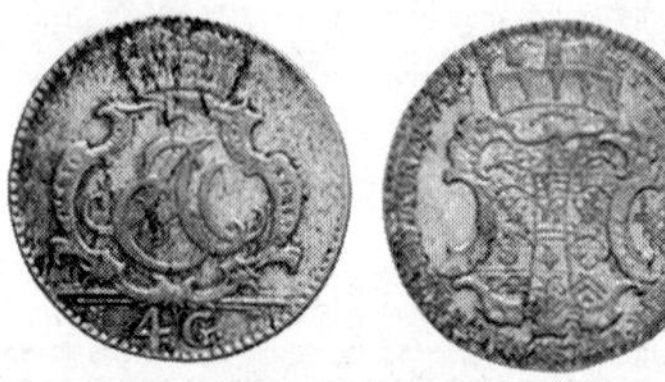

KM# 90 4 GROSCHEN (1/6 Reichsthaler)

6.0000 g., Silver, 24 mm. **Ruler:** Ernst August II Konstantine **Obv:** Script EAC monogram in crowned baroque frame, value 4 G. in exergue **Rev:** Ornate shield of 18-fold arms in crowned baroque frame, date at end of legend **Rev. Legend:** FVRSTL. S. WEIMAR. V. EISENACH. LANDMVNZ. **Mint:** Eisenach **Note:** Ref. K-543. Prev. C#18.

Date	Mintage	VG	F	VF	XF	Unc
1756 FS	—	180	325	575	900	—

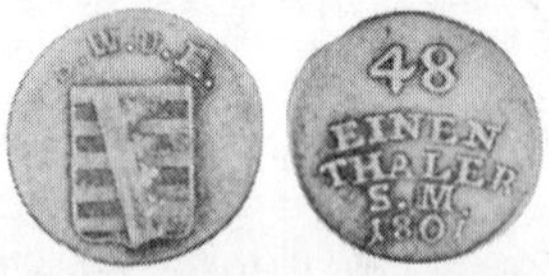

KM# 147 1/48 THALER

1.0600 g., 0.2290 Silver 0.0078 oz. ASW, 16.5 mm. **Ruler:** Karl August **Obv:** Shield of ducal Saxony arms, S.W.(U)(u).E. above **Rev:** Curved 5-line inscription with date **Rev. Inscription:** 48 / EINEN / THALER / S. M. / (date) **Mint:** Eisenach **Note:** Ref. K-607. Prev. C#67. Varieties exist.

Date	Mintage	F	VF	XF	Unc	BU
1794	—	8.00	18.00	37.00	75.00	—
1796	—	8.00	18.00	37.00	75.00	—
1799	—	8.00	18.00	37.00	75.00	—

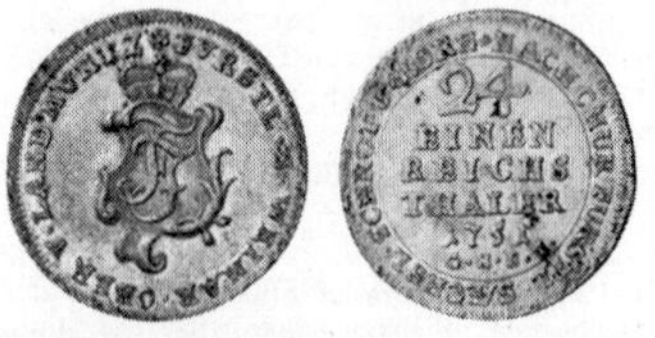

KM# 65.1 1/24 THALER

2.1200 g., 0.2290 Silver Weight varies: 1.90-2.30g. 0.0156 oz. ASW, 21 mm. **Ruler:** Franz Josias **Obv:** Script FJ monogram in crowned cartouche **Obv. Legend:** FVRSTL. S. WEIMAR. OBER V. LANDMVNTZ. **Rev:** 6-line inscription with date and mintmaster's initials **Rev. Legend:** NACH CHURFURSTL. SÆCHSL. SCHROT. U. KORN. **Rev. Inscription:** 24 / EINEN / REICHS / THALER / (date) / (initials) **Mint:** Saalfeld **Note:** Ref. K-524. Prev. C#7.

Date	Mintage	VG	F	VF	XF	Unc
1751 GHE	—	60.00	125	225	350	600

KM# 67 1/24 THALER

2.0500 g., Silver, 20.5 mm. **Ruler:** Friedrich III **Obv:** Crowned ornate shield of 5-fold arms in baroque frame **Obv. Legend:** FRID. D. G. D. S. I. C. M. A. W. ET ADMINIST. **Rev:** 6-line inscription with date and mintmaster's initials **Rev. Legend:** FVRSTL. S. EISENACH. OBERV. LAND. MVNZ. **Rev. Inscription:** 24 / EINEN / REICHS / THALER / (date) / (initials) **Mint:** Eisenach **Note:** Ref. K-502. Coinage for Eisenach. Prev. Eisenach C#9.

Date	Mintage	Good	VG	F	VF	XF
1752 IH	—	8.00	18.00	37.00	75.00	150

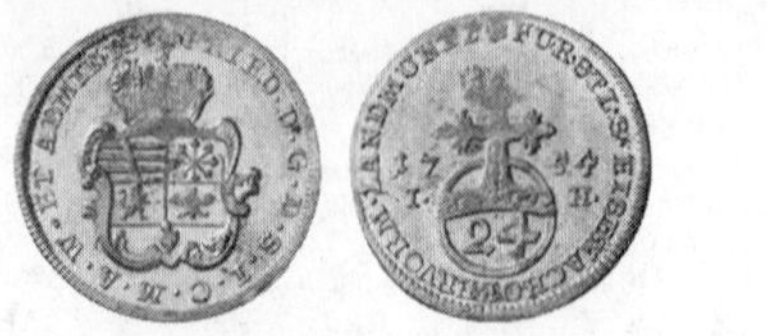

KM# 69.1 1/24 THALER

Silver Weight varies: 1.85-2.20g., 21 mm. **Ruler:** Friedrich III **Obv:** Crowned small ornate shield of 5-fold arms in baroque frame **Obv. Legend:** FRIED. D. G. D. S. I. C. M. A. W. ET ADMINIST(R). **Rev:** Imperial orb with 24 divides date and mintmaster's initials **Rev. Legend:** FURSTL. S. EISENACH OBERVORM. LANDMUN(T)Z. **Mint:** Eisenach **Note:** Ref. K-503. Coinage for Eisenach. Prev. Eisenach C#9a.1. Varieties exist.

Date	Mintage	Good	VG	F	VF	XF
1753 IH	—	7.00	15.00	30.00	65.00	135
1754 IH	—	7.00	15.00	30.00	65.00	135

KM# 69.2 1/24 THALER

1.8000 g., Silver, 21 mm. **Ruler:** Friedrich III **Obv:** Crowned large ornate shield of 5-fold arms in baroque frame **Obv. Legend:** FRIED. D. G. D. S. I. C. M. A. W. ET ADMI(N)(ST). **Rev:** Imperial orb with 24 divides date and mintmaster's initials **Rev. Legend:** FURSTL. S. EISENACH OBERVORM. LANDMUN(T)Z. **Mint:** Eisenach **Note:** Ref. K-504. Varieties exist.

Date	Mintage	VG	F	VF	XF	Unc
1753 IH	—	8.00	17.00	35.00	75.00	165
1754 IH	—	8.00	17.00	35.00	75.00	165

KM# 65.2 1/24 THALER

Silver Weight varies: 1.90-2.30g., 21 mm. **Ruler:** Franz Josias **Obv:** Script FJ monogram in crowned cartouche **Obv. Legend:** FVRSTL. S. WEIMAR. OBERV. LANDMVNTZ. **Rev:** 5-line inscription with mintmaster's initials, date at beginning of legend **Rev. Legend:** (date) NACH CHVRFVRSTL. SÆCHS. SCHROT. U. KORN. **Rev. Inscription:** 24 / EINEN / REICHS / THALER / (initials) **Mint:** Saalfeld **Note:** Ref. K-524.

Date	Mintage	F	VF	XF	Unc
1753 GHE	—	8.00	17.00	35.00	75.00	165

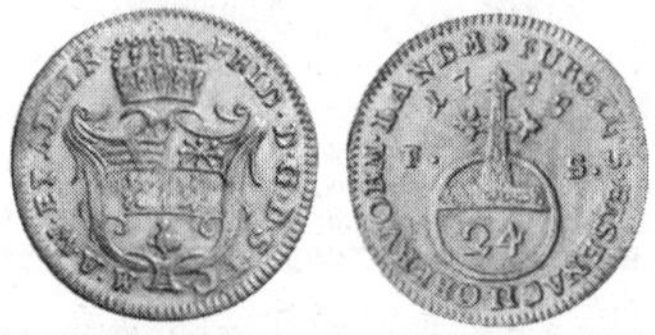

KM# 74 1/24 THALER

Silver Weight varies: 1.70-1.90g., 21 mm. **Ruler:** Friedrich III **Obv:** Wide crowned shield of 5-fold arms in baroque frame **Obv. Legend:** FRID. D. G. D. S. I. C. - M. A. W. ET. ADMIN(IST). **Rev:** Imperial orb with 24 divides date and mintmaster's initials **Rev. Legend:** FURSTL. S. EISENACH OBERVORM. LANDM(UNTZ). **Mint:** Eisenach **Note:** Ref. K-505. Coinage for Eisenach. Prev. Eisenach C#9a.2.

Date	Mintage	Good	VG	F	VF	XF
1755 FS	—	9.00	20.00	45.00	90.00	185

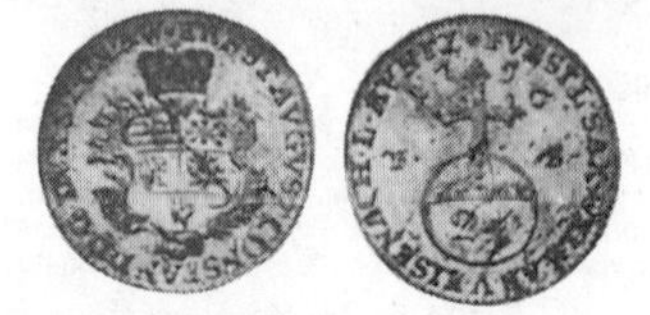

KM# 88 1/24 THALER

2.1200 g., 0.2290 Silver Weight varies: 1.90-2.25g. 0.0156 oz. ASW, 19-20 mm. **Ruler:** Ernst August II Konstantine **Obv:** Ornate shield of 5-fold arms in crowned baroque frame **Obv. Legend:** ERNEST AVGVST CONSTANT. D. G. D(VX). S. I. C. M. A. (&.) W. **Rev:** Imperial orb with 24 divides date and mintmaster's initials **Rev. Legend:** FVRSTL. S(AX). WEIMAR. V. EISEN(ACH). L(AND.) MVNTZ. **Mint:** Eisenach **Note:** Ref. K-546. Prev. C#16. Varieties exist.

Date	Mintage	VG	F	VF	XF	Unc
1756 FS	—	15.00	30.00	65.00	135	—
1757 FS	—	15.00	30.00	65.00	135	—

KM# 80 1/24 THALER

2.1500 g., Silver, 20.5 mm. **Ruler:** Ernst August II Konstantine **Obv:** Crowned shield of 5-fold arms in baroque frame **Obv. Legend:** FRID. D. G. D. S. I. C. M. A. W. ET ADMIN. **Rev:** Imperial orb with 24 divides date and mintmaster's initials **Rev. Legend:** FVRSTL. SAX. WEIMAR. V. EISEN. L. MVNTZ. **Mint:** Eisenach **Note:** Ref. K-547. Coinage for Eisenach. Prev. Eisenach C#9b. Mule.

Date	Mintage	Good	VG	F	VF	XF
1756 FS	—	10.00	25.00	50.00	100	200

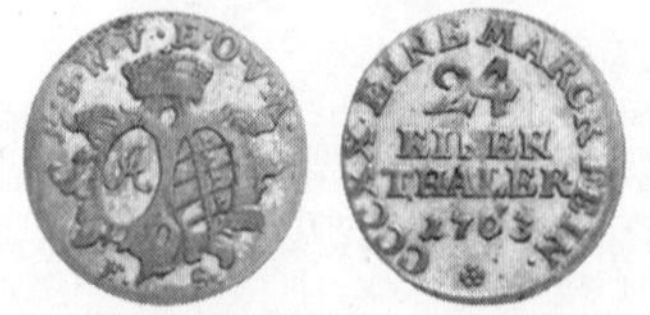

KM# 119 1/24 THALER

2.1200 g., 0.3540 Silver Weight varies: 1.80-2.10g. 0.0241 oz.

SAXE-WEIMAR-EISENACH GERMAN STATES 595

ASW, 20-21 mm. **Ruler:** Anna Amalia **Obv:** Large crowned baroque frame enclosing 2 ovals with tops leaning to upper center, left with script A, right with ducal Saxony arms, mintmaster's initials divided below **Obv. Legend:** F. S. W. V. E. O. V. M. **Rev:** 4-line inscription with date **Rev. Legend:** CCCXX. EINE. MARCK. FEIN. **Rev. Inscription:** 24 / EINEN / THALER / (date) **Mint:** Eisenach **Note:** Ref. K-585. Prev. C#40.

Date	Mintage	VG	F	VF	XF	Unc
1763 FS	2,303,500	12.00	25.00	50.00	85.00	—
1764 FS	Inc. above	12.00	25.00	50.00	85.00	—

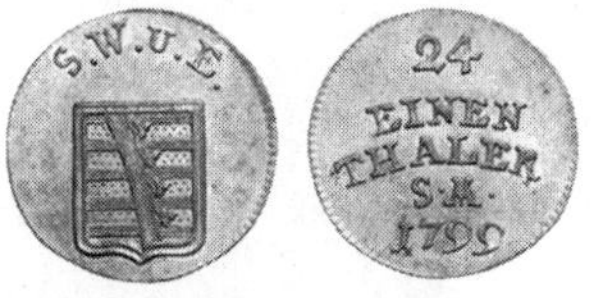

KM# 148 1/24 THALER
2.1200 g., 0.2290 Silver Weight varies: 1.80-2.30g. 0.0156 oz. ASW, 19 mm. **Ruler:** Karl August **Obv:** Shield of ducal Saxony arms, S.W.(U)(u).E. above **Rev:** 5-line inscription with date **Rev. Inscription:** 24 / EINEN / THALER / S. M. / (date) **Mint:** Eisenach **Note:** Ref. K-602. Prev. C#70. Varieties exist.

Date	Mintage	F	VF	XF	Unc	BU
1794	—	15.00	37.00	75.00	150	—
1796	—	15.00	37.00	75.00	150	—
1799	—	15.00	37.00	75.00	150	—

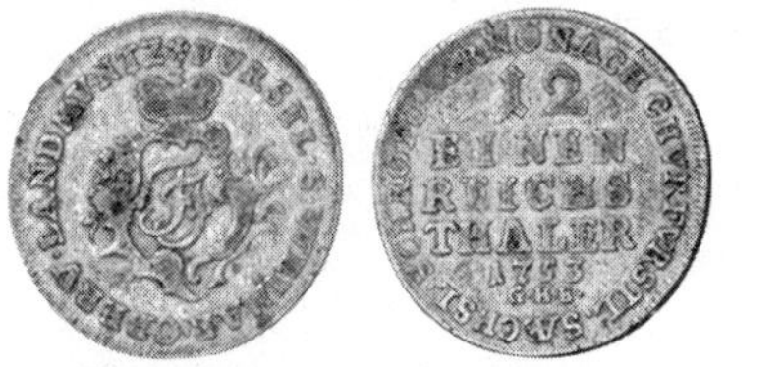

KM# 70.2 1/12 THALER
3.2000 g., Silver, 23.5 mm. **Ruler:** Franz Josias **Obv:** Script FJ monogram in crowned baroque frame **Obv. Legend:** FVRSTL. S. WEIMAR. OBERV. LANDMVNTZ. **Rev:** 6-line inscription with date and mintmaster's initials **Rev. Legend:** NACH CHVRFVRSTL. SÆCHSL. SCHROT. U. KORN. **Rev. Inscription:** 12 / EINEN / REICHS / THALER / (date) / (initials) **Mint:** Saalfeld **Note:** Ref. K-523. Prev. C#8.

Date	Mintage	VG	F	VF	XF	Unc
1752 GHE	—	15.00	37.00	75.00	150	—
1753 GHE	—	50.00	125	225	350	—

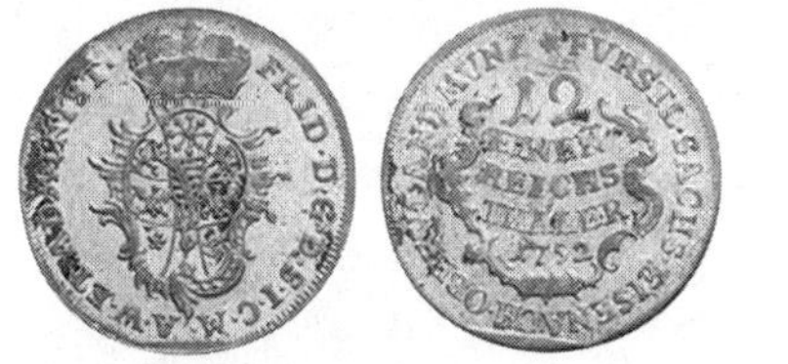

KM# 70.1 1/12 THALER
3.8500 g., Silver, 24 mm. **Ruler:** Friedrich III **Obv:** Crowned ornate shield of 10-fold arms in baroque frame **Obv. Legend:** FRID. D. G. D. S. I. C. M. A. W. ET ADMINIST. **Rev:** 5-line inscription with date in baroque frame **Rev. Legend:** FVRSTL. SACHS. EISENACH. OBERV. LAND MVNZ. **Rev. Inscription:** 12 / EINEN / REICHS / THALER / (date) **Mint:** Eisenach **Note:** Ref. K-499.

Date	Mintage	VG	F	VF	XF	Unc
1752	—	350	675	900	1,250	—

KM# 70.3 1/12 THALER
Silver Weight varies: 3.30-3.60g., 24.5 mm. **Ruler:** Friedrich III **Obv:** Crowned ornate shield of 10-fold arms in baroque frame **Obv. Legend:** FRID. D. G. D. S. I. C. M. A. W. ET ADMINIST. **Rev:** 5-line inscription with date in baroque frame, mintmaster's initials below **Rev. Legend:** FVRSTL. SACHS. EISENACH. OBERV. LAND MVNZ. **Rev. Inscription:** 12 / EINEN / REICHS / THALER / (date) **Mint:** Eisenach **Note:** Ref. K-500.

Date	Mintage	VG	F	VF	XF	Unc
1753 IH	—	125	300	750	1,250	—

KM# 70.4 1/12 THALER
3.6300 g., Silver, 23.5 mm. **Ruler:** Friedrich III **Obv:** Large crowned shield of 10-fold arms in baroque frame **Obv. Legend:** FRIED. D. G. D. S. I. C. M. - A. W. ET ADMINIST. **Rev:** Large 12 above 4-line inscription with date in baroque frame **Rev. Legend:** FVRSTL. SACHS. EISENACH. OBERV. LAND MVNZ. **Rev. Inscription:** EINEN / REICHS / THALER / (date) **Mint:** Eisenach **Note:** Ref. K-501.

Date	Mintage	VG	F	VF	XF	Unc
1753	—	—	—	—	—	—

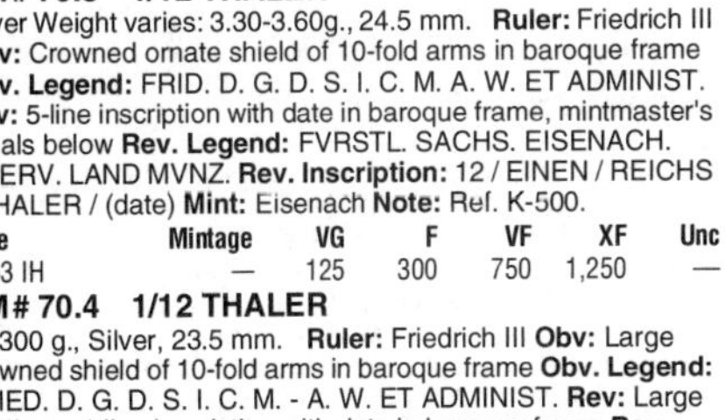

KM# 89.1 1/12 THALER
3.5600 g., Silver, 24 mm. **Ruler:** Ernst August II Konstantine **Obv:** Script EAC monogram in crowned baroque frame **Rev:** 4-line inscription with mintmaster's initials in baroque frame, date at end of legend **Rev. Legend:** FVRSTL. SACHS. WEIMAR. V. - EISENACH. LANDMVNZ. **Rev. Inscription:** 12 / EINEN THA / LER / (initials) **Mint:** Eisenach **Note:** Ref. K-544. Prev. C#17. Varieties exist.

Date	Mintage	VG	F	VF	XF	Unc
1756 FS	—	700	1,100	1,500	2,250	—

KM# 89.2 1/12 THALER
Silver Weight varies: 3.20-3.60g., 22 mm. **Ruler:** Ernst August II Konstantine **Obv:** Crowned ornate shield of 4-fold arms with central shield of ducal Saxony in baroque frame divides date **Obv. Legend:** E. A. C. D. G. D. S. I. C. M. A. ET W. **Rev:** 5-line inscription with date in cartouche **Rev. Legend:** FVRSTL. SACHS. W. V. E. LAND MVNTZ. **Rev. Inscription:** 12 / EINEN / REICHS / THALER / (date) **Mint:** Eisenach **Note:** Ref. K-545.

Date	Mintage	VG	F	VF	XF	Unc
1756 FS	—	70.00	150	375	750	—

KM# 120 1/12 THALER
3.3400 g., 0.4370 Silver Weight varies: 3.20-3.30g. 0.0469 oz. ASW, 23.5 mm. **Ruler:** Anna Amalia **Obv:** Large crowned baroque frame enclosing 2 ovals with tops leaning to upper center, left with script A, right with ducal Saxony arms, mintmaster's initials divided below **Obv. Legend:** F. S. W. U. - E. O. V. M. **Rev:** 3-line inscription, date at end of legend **Rev. Legend:** CLX. EINE. FEINE. MARCK. **Rev. Inscription:** 12 / EINEN / THALER **Mint:** Eisenach **Note:** Ref. K-584. Prev. C#41.

Date	Mintage	VG	F	VF	XF	Unc
1763 FS	28,480	8.00	18.00	37.00	75.00	—
1764 FS	Inc. above	8.00	18.00	37.00	75.00	—

KM# 111 1/6 THALER
5.8000 g., 0.5000 Silver 0.0932 oz. ASW, 25 mm. **Ruler:** Anna Amalia **Obv:** Crowned script AADS monogram, mintmaster's initials below **Rev:** Ornate shield of ducal Saxony arms in crowned baroque frame, value 1/6 / 15 X. in cartouche below, 2-line inscription in exergue **Rev. Legend:** F. S. W. U. E. O. V. M. **Rev. Inscription:** 80. ST. EINE FEINE / MARCK. **Mint:** Eisenach **Note:** Ref. K-563. 15 Kreuzer.

Date	Mintage	VG	F	VF	XF	Unc
ND(1760) FS	1,510	—	—	—	—	—

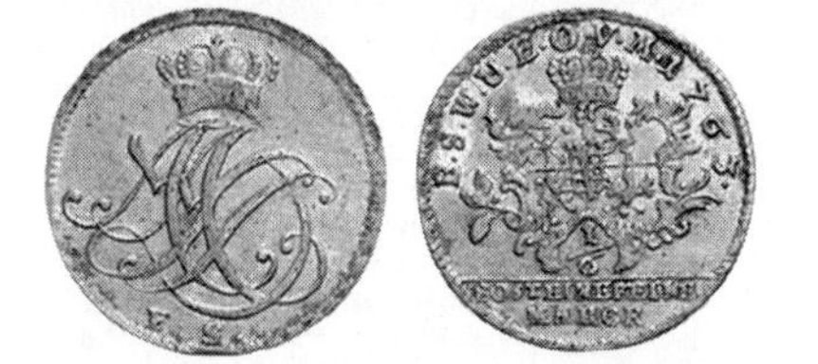

KM# 122 1/6 THALER (1/8 Konventionsthaler)
5.2500 g., 0.5420 Silver Weight varies: 5.10-5.40g. 0.0915 oz. ASW, 25 mm. **Ruler:** Anna Amalia **Obv:** Crowned script AADS monogram, mintmaster's initials below **Rev:** Ornate shield of 4-fold arms, with central shield of ducal Saxony, in crowned baroque frame, value 1/6 in cartouche below, 2-line inscription in exergue, date at end of legend **Rev. Legend:** F. S. W. U. E. O. V. M. **Rev. Inscription:** 80 (ST) EINE FEINE / MARCK. **Mint:** Eisenach **Note:** Ref. K-582, 583. Prev. C#42a. Varieties exist.

Date	Mintage	F	VF	XF	Unc	BU
1763 FS	659,340	35.00	75.00	150	300	—
1764 FS	Inc. above	35.00	75.00	150	300	—

KM# 121 1/6 THALER (1/8 Konventionsthaler)
6.4500 g., 0.4370 Silver Weight varies: 6.30-6.60g. 0.0906 oz. ASW, 25-26 mm. **Ruler:** Anna Amalia **Obv:** Crowned script AADS monogram, mintmaster's initials below **Rev:** Ornate shield of ducal Saxony arms in crowned baroque frame, value 1/6 in cartouche below, 2-line inscription in exergue, date at end of legend **Rev. Legend:** F. S. W. U. E. O. V. M. **Rev. Inscription:** 80 ST EINE FEINE / MARCK **Mint:** Eisenach **Note:** Ref. K-580, 581. Prev. C#42. Varieties exist.

Date	Mintage	F	VF	XF	Unc	BU
1763 FS	336,200	35.00	75.00	150	300	—

KM# 75 1/4 THALER
Silver Weight varies: 6.25-6.50g., 30 mm. **Ruler:** Friedrich III **Subject:** 200th Anniversary of Religious Peace of Augsburg **Obv:** Armored bust to right wearing chain of order **Obv. Legend:** FRIDER. III. D. S. I. C. M. & C. ADMINISTR. DVCAT. ISENAC. **Obv. Inscription:** (on altar) IAM / LICET / AVGVSTE / VENERARI / NVMEN / SVPREMVM (exergue) IN MEMOR. AM PACCIS / RELIGIOSAE / D. 25 SEPT MDCCLV / (initials) **Rev:** Large drum-like altar in center with flame on top, on which a 6-line inscription, Genius seated at left holding small shield of 4-fold arms, cushion at right on which a sword and scales, 4-line inscripton in exergue with Roman numeral date and mintma **Rev. Legend:** PIETATE ET IVSTITIA. **Mint:** Eisenach **Note:** Ref. K-522. Coinage for Eisenach. Prev. Eisenach C#10.

Date	Mintage	Good	VG	F	VF	XF
MDCCLV (1755)	—	40.00	85.00	175	375	775

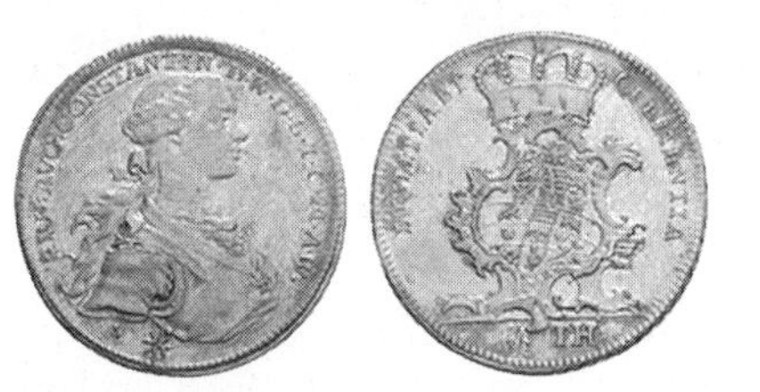

KM# A100 1/4 THALER
7.2000 g., Silver, 26 mm. **Ruler:** Ernst August II Konstantine **Obv:** Armored bust to right **Obv. Legend:** ERN. AVG. CONSTANTIN. D. G. D. S. I. C. M. A. W. **Rev:** Ornate shield of 18-fold arms in crowned baroque frame, "5" of value in exergue effaced **Rev. Legend:** IVSTITIA ET - CLEMENTIA. **Mint:** Eisenach **Note:** Ref. K-542. Struck from 5 Thaler dies, KM#100, with "5" of value effaced on all known examples.

Date	Mintage	VG	F	VF	XF	Unc
ND(1757) S	—	—	—	—	—	—

KM# 16 1/3 THALER (1/2 Gulden)
7.2000 g., Silver, 27 mm. **Ruler:** Ernst August I **Obv:** Large princely crown in center, legend in ornate script letters curved above, value 1/3 THALER divides date in band below **Obv. Legend:** SOLI DEO GLORIA. **Rev:** 5-line inscription above 2-line inscription in exergue **Rev. Inscription:** GOTT / SICH / UND / DEM LANDE / GETREU, (exergue) WEIM. U. EISEN. / L.M. **Note:** Ref. K-481.

Date	Mintage	VG	F	VF	XF	Unc
1743	—	—	—	—	—	—

KM# 28 1/3 THALER (1/2 Gulden)
Silver, 26 mm. **Ruler:** Ernst August I **Obv:** Ornate script EADS monogram in crowned round shield, Roman numeral date divided at bottom **Rev:** Sun shining down on scales **Rev. Legend:** WENIG SIND DIE GOTT ERKEN. GOTT SEGNE DAS LAND / SAX. W. U. E.

Date	Mintage	VG	F	VF	XF	Unc
MDCCXXXXV (1745)	—	—	—	—	—	—

KM# 35 1/3 THALER (1/2 Gulden)
Silver, 27 mm. **Ruler:** Ernst August I **Obv:** Crowned imperial orb with script EADS monogram, sun left, moon right and star below **Rev:** 6-line inscription **Rev. Inscription:** GOTT / SEGENE / DAS / LAND / WEIMAR UND / EISENACH.

Date	Mintage	VG	F	VF	XF	Unc
ND(1747)	—	—	—	—	—	—

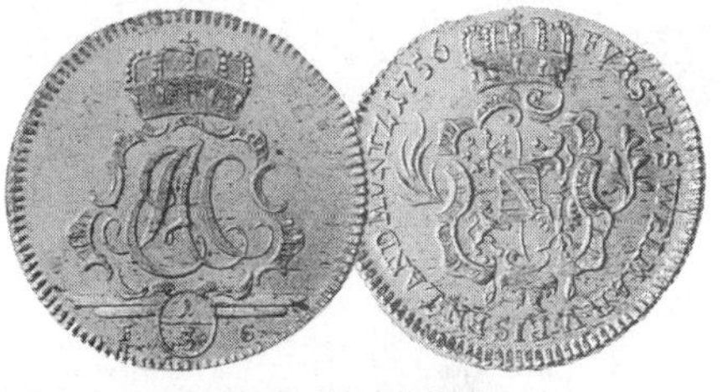

KM# 91 1/3 THALER (1/2 Gulden)
Silver Weight varies: 7.50-7.70g., 30 mm. **Ruler:** Ernst August II Konstantine **Obv:** Script EAC monogram in crowned baroque frame on pedestal, value (1/3) in oval below divides mintmaster's initials **Rev:** Crowned shield of 4-fold arms with central shield of ducal Saxony in baroque frame, date at end of legend **Rev. Legend:** FVRSTL. S. WEIMAR. V. EISEN. LANDMVNTZ. **Mint:** Eisenach **Note:** Ref. K-541. Prev. C#19.

Date	Mintage	VG	F	VF	XF	Unc
1756 FS	—	120	250	525	1,050	—

KM# A112 1/3 THALER (1/2 Gulden)
7.7500 g., 0.7500 Silver 0.1869 oz. ASW, 30 mm. **Ruler:** Anna Amalia **Obv:** Crowned script AADS monogram, mintmaster's initials below **Rev:** Ornate shield of ducal Saxony arms in crowned baroque frame, value 1/3 / 30. X. in cartouche below, 2-line inscription in exergue, date at end of legend **Rev. Legend:** F. S. W. U. E. O. V. M. **Rev. Inscription:** 40. ST. EINE FEINE / MARCK. **Mint:** Eisenach **Note:** Ref. K-562. 30 Kreuzer.

Date	Mintage	VG	F	VF	XF	Unc
1760 FS	579	900	1,500	3,500	7,500	—

KM# 123.1 1/3 THALER (1/4 Konventionsthaler)
7.0100 g., 0.8330 Silver Weight varies: 7.00-7.10g. 0.1877 oz. ASW, 30 mm. **Ruler:** Anna Amalia **Obv:** Small bust to left **Obv. Legend:** AMALIA TVTRIX REG • SAX • VINAR • & ISENAC • **Rev:** Ornate shield of 4-fold arms, with central shield of ducal Saxony, in crowned baroque frame, value 1/3 in cartouche below, 2-line inscription in exergue, date at end of legend **Rev. Legend:** F. S. W. U. E. O. V. M. **Rev. Inscription:** 40 ST. EINE FEINE / MARCK. **Mint:** Eisenach **Note:** Ref. K-576, 577. Prev. C#43.

Date	Mintage	F	VF	XF	Unc	BU
1763 K//FS	4,095	65.00	135	275	550	—
1764 K//FS	Inc. above	65.00	135	275	550	—

KM# 123.2 1/3 THALER (1/4 Konventionsthaler)
7.0500 g., 0.8330 Silver Weight varies: 7.00-7.10g. 0.1888 oz. ASW, 29-30 mm. **Ruler:** Anna Amalia **Obv:** Large bust to left **Obv. Legend:** AMALIA TVTRIX REG • SAX • VINAR • & ISENAC • **Rev:** Ornate shield of 4-fold arms, with central shield of ducal Saxony, in crowned baroque frame, value 1/3 in cartouche below, 2-line inscription in exergue, date at end of legend **Rev. Legend:** F. S. W. U. E. O. V. M. **Rev. Inscription:** 40 EINE FEINE / MARCK. **Mint:** Eisenach **Note:** Ref. K-578, 579.

GERMAN STATES — SAXE-WEIMAR-EISENACH

Date	Mintage	F	VF	XF	Unc	BU
1764 K//FS	Inc. above	65.00	135	275	550	—
1765 K//FS	Inc. above	65.00	135	275	550	—

KM# 17 1/2 THALER
Silver, 28 mm. **Ruler:** Ernst August I **Obv:** Large princely crown in center, legend in ornate script letters curved above, value 1/2 THALER divides date in band below **Obv. Legend:** SOLI DEO GLORIA **Rev:** 5-line inscription above 2-line inscription in exergue **Rev. Inscription:** GOTT / SICH / UND / DEM LANDE / GETREU, (exergue) WEIM. U. EISEN. / L.M. **Note:** 1/2 Species Thaler.

Date	Mintage	VG	F	VF	XF	Unc
1743	—	—	—	—	—	—

KM# 46 1/2 THALER
Silver, 26 mm. **Ruler:** Ernst August I **Obv:** Crowned 8-pointed star in circle legend curved above, empty ribbon band below **Obv. Legend:** SOLI DEO GLORIA **Rev:** 5-line inscription above 2-line inscription with date in exergue **Rev. Inscription:** GOTT / SICH / UND / DEM NAECHSTEN / GETREU, (exergue) WEIM.. EISEN. / (date) **Note:** 1/2 Species Thaler.

Date	Mintage	VG	F	VF	XF	Unc
1748	—	—	—	—	—	—

KM# 92 GULDEN (1/2 Speciesthaler)
15.4800 g., Silver, 35 mm. **Ruler:** Ernst August II Konstantine **Subject:** Duke's Coming of Age **Obv:** Crowned script double EAC monogram **Obv. Legend:** D:G. DVX. IVL. CLIV. MONT. ANGR. ET. WESTPH. **Rev:** Ornate shield of 4-fold arms with central shield of ducal Saxony, in baroque frame, 3-line inscription with Roman numeral date in exergue **Rev. Legend:** IVSITITIA. ET. CLEMENTIA. **Rev. Inscription:** IN MEMORIAM REGIMINIS / AVSPICATO SVSCEPTI / MDCCLVI. **Mint:** Eisenach **Note:** Ref. K-535; Dav. 897A. Prev. C#20.

Date	Mintage	VG	F	VF	XF	Unc
MDCCLVI (1756) FS	—	275	600	1,350	3,000	—

KM# 36 2/3 THALER
Silver, 35 mm. **Ruler:** Ernst August I **Obv:** Crowned imperial orb with script EADS monogram, sun left, moon right and star below **Rev:** 5-line inscription **Rev. Inscription:** GOTT / SEGENE / DAS / LAND / WEIM. U. EIS.

Date	Mintage	VG	F	VF	XF	Unc
ND(1747)	—	—	—	—	—	—

KM# 76 2/3 THALER
15.6000 g., Silver, 34.5 mm. **Ruler:** Friedrich III **Obv:** Armored bust to right **Obv. Legend:** FRIDERICUS III GOTHAN: SAXONUM DUX. **Rev:** Ornate shield of 12-fold arms in crowned baroque frame, value (2/3) in oval below divides mintmaster's initials, date at end of legend **Rev. Legend:** ADMINIST. DUCAT. ISENACENSIS. **Mint:** Eisenach **Note:** Ref. K-498; Dav. 849. Prev. Eisenach C#11.

Date	Mintage	Good	VG	F	VF	XF
1755 FS	—	135	300	525	1,500	3,200

KM# 93 2/3 THALER
15.3400 g., Silver, 35 mm. **Ruler:** Ernst August II Konstantine **Obv:** Crowned script double EAC monogram **Obv. Legend:** D:G. DVX. IVL. CLIV. MONT. ANGR. ET. WESTPH. **Rev:** Shield of 4-fold arms with central shield of ducal Saxony in crowned baroque frame, value (2/3) in oval divides mintmaster's initials below **Rev. Legend:** IVSTITIA. ET. CLEMENTIA. **Mint:** Eisenach **Note:** Ref. K-539; Dav. 897. Prev. C#21.

Date	Mintage	VG	F	VF	XF	Unc
ND(1756) FS	—	250	450	1,000	2,500	—

KM# 102 2/3 THALER
14.4500 g., Silver, 34 mm. **Ruler:** Ernst August II Konstantine **Obv:** Draped and armored bust to right **Obv. Legend:** ERN. AVG. CONSTANTIN D. G. D. S. I. C. M. A. & W. **Rev:** Ornate shield of 18-fold arms in crowned baroque frame, value in cartouche below, date at end of legend **Rev. Legend:** IVSTITIA ET - CLEMENTIA. **Mint:** Eisenach **Note:** Ref. K-540; Dav. 896. Prev. C#23.

Date	Mintage	VG	F	VF	XF	Unc
1757 FS	—	325	600	1,400	3,500	—

KM# 112 2/3 THALER
15.6000 g., 0.7500 Silver 0.3761 oz. ASW, 35 mm. **Ruler:** Anna Amalia **Obv:** Crowned script AADS monogram, mintmaster's initials below **Rev:** Ornate shield of ducal Saxony arms in crowned baroque frame, value 2/3 / 60. X. in cartouche below, 2-line inscription in exergue, date at end of legend **Rev. Legend:** F. S. W. U. E. O. V. M. **Rev. Inscription:** 20. ST. EINE FEINE / MARCK. **Mint:** Eisenach **Note:** Ref. K-561, Prev. C#45. 60 Kreuzer.

Date	Mintage	VG	F	VF	XF	Unc
1760 FS	663	325	600	1,500	3,000	6,500

KM# 125.2 2/3 THALER (1/2 Konventionsthaler)
14.0300 g., 0.8330 Silver Weight varies: 14.00-14.20g. 0.3757 oz. ASW, 34.5-35.5 mm. **Ruler:** Anna Amalia **Obv:** Medium bust to left **Obv. Legend:** AMALIA TVTRIX REG • SAX • VINAR • & ISENAC • **Rev:** Ornate shield of 18-fold arms in crowned baroque frame, value 2/3 below in cartouche, date in margin at upper right **Rev. Legend:** F. S. W. U. E. O. V. M. / XX. EINE FEINE MARCK. **Mint:** Eisenach **Note:** Ref. K-571, 573, 575. Prev. C#46a.

Date	Mintage	F	VF	XF	Unc	BU
1763 KL//FS	5,000	85.00	175	350	725	—
1764 K//FS	Inc. above	85.00	175	350	725	—
1765 K//FS	Inc. above	85.00	175	350	725	—
1765 FS	Inc. above	85.00	175	350	725	—

KM# 124 2/3 THALER (1/2 Konventionsthaler)
15.6000 g., 0.7500 Silver 0.3761 oz. ASW, 35.5 mm. **Ruler:** Anna Amalia **Obv:** Large bust to left **Obv. Legend:** AMALIA TVTRIX REG • SAX • VINAR • & ISENAC • **Rev:** Ornate shield of ducal Saxony arms in crowned baroque frame, value 2/3 below in cartouche, date in margin at upper right **Rev. Legend:** F. S. W. U. E. O. V. M. / XX. EINE FEINE MARCK. **Mint:** Eisenach **Note:** Ref. K-569. Prev. C#46.

Date	Mintage	F	VF	XF	Unc	BU
1763	1,450	85.00	175	375	750	—

KM# 125.1 2/3 THALER (1/2 Konventionsthaler)
15.6000 g., 0.7500 Silver 0.3761 oz. ASW, 35.3 mm. **Ruler:** Anna Amalia **Obv:** Large bust to left **Obv. Legend:** AMALIA TVTRIX REG • SAX • VINAR • & ISENAC • **Rev:** Ornate shield of 18-fold arms in crowned baroque frame, value 2/3 below in cartouche, date in margin at upper right **Rev. Legend:** F. S. W. U. E. O. V. M. / XX. EINE FEINE MARCK. **Mint:** Eisenach **Note:** Ref. K-570.

Date	Mintage	F	VF	XF	Unc	BU
1763 FS	Inc. above	85.00	175	350	725	—

KM# 125.3 2/3 THALER (1/2 Konventionsthaler)
13.9000 g., 0.8330 Silver 0.3722 oz. ASW, 35 mm. **Ruler:** Anna Amalia **Obv:** Small bust to left **Obv. Legend:** AMALIA TVTRIX REG • SAX • VINAR • & ISENAC • **Rev:** Ornate shield of 18-fold arms in crowned baroque frame, value 2/3 below in cartouche, date in margin at upper right **Rev. Legend:** F. S. W. U. E. O. V. M. / XX. EINE FEINE MARCK. **Mint:** Eisenach **Note:** Ref. K-572.

Date	Mintage	F	VF	XF	Unc	BU
1763 K//FS	Inc. above	85.00	175	350	750	—

KM# 129 2/3 THALER (1/2 Konventionsthaler)
14.0000 g., 0.8330 Silver 0.3749 oz. ASW, 35 mm. **Ruler:** Anna Amalia **Obv:** Medium bust to left **Obv. Legend:** AMALIA TVTRIX REG • SAX • VINAR & ISENAC • **Rev:** Ornate shield of 18-fold arms in crowned baroque frame, value 2/3 below in cartouche, legend broken by crown at top, date at end in upper right margin **Rev. Legend:** F. S. W. U. E. O. - V. M. **Mint:** Eisenach **Note:** Ref. K-574. Prev. C#46b.

Date	Mintage	F	VF	XF	Unc	BU
1764 K//FS	Inc. above	85.00	175	350	725	—

KM# 29 THALER
Silver, 36 mm. **Ruler:** Ernst August I **Obv:** Ornate script EADS monogram in crowned round shield, Roman numeral date divided at bottom **Rev:** Sun shining down on scales **Rev. Legend:** WENIG SIND DIE GOTT ERKEN. GOTT SEGNE DAS LAND / SAX. W. U. E.

Date	Mintage	VG	F	VF	XF	Unc
MDCCXXXXV (1745)	—	—	—	—	—	—

KM# 37 THALER
Silver, 38 mm. **Ruler:** Ernst August I **Subject:** Dispute with Fulda over the District of Fischberg **Obv:** Crowned rocky spring, rose left, grape cluster right, inscription in exergue **Obv. Inscription:** SAX. WEIMAR UND / EISENACH **Rev:** Hercules wrestling with lion, script lettered TRIUMPHAT above

Date	Mintage	VG	F	VF	XF	Unc
ND(1747)	—	—	—	—	—	—

KM# 77 THALER
Silver Weight varies: 28.80-29.33g., 41.5 mm. **Ruler:** Friedrich III **Subject:** 200th Anniversary of Religious Peace of Augsburg **Obv:** Armored bust to right **Obv. Legend:** FRIDERICUS III. DUX SAX. I. C. M. &. ADM. DUC. ISENAC. **Rev:** Crowned shield of ducal Saxony at top, 19 small shields of arms placed on laurel wreath at perimeter, surrounding 12-line inscription with Roman numeral date **Rev. Inscription:** IN / MEMORIAM / RELIGIONIS EVANGELICÆ / PACE AETERNA / IN / IMP: ROM: GERM / FUNDATAE / SAECVLARIA SACRA / ITERVM CELEBRATA / IN / DCATV / ISENACENSI / D 25. SEPT. MDCCLV. **Mint:** Eisenach **Note:** Ref. K-521; Dav. 2720. Coinage for Eisenach. Prev. Eisenach C#12.

Date	Mintage	Good	VG	F	VF	XF
MDCCLV (1755) S//FS	—	100	200	850	1,250	2,000

KM# 94 THALER
Silver Weight varies: 30.90-31.35g., 41 mm. **Ruler:** Ernst August II Konstantine **Subject:** Duke's Coming of Age **Obv:** Armored bust to right, date in edge inscription **Obv. Legend:** ERN • AVG • CONSTANTIN • D: G • DVX • SAX • I • C • M • A • & W • **Rev:** Ornate shield of ducal Saxony arms in baroque frame, large crown above, surrounded by 19 small shields of arms **Rev. Legend:** IVSTITIA ET - CLEMENTIA **Edge Lettering:** MEMOR. REGIM. AVSPICAT. SVSCEPTI. MDCCLVI. **Mint:** Eisenach **Note:** Ref. K-534; Dav. 2757. Prev. C#25.

Date	Mintage	VG	F	VF	XF	Unc
MDCCLVI (1756) S//FS	—	425	900	2,250	4,500	—

Note: For specimens struck on very thick flans and c/m "4-3/4" see 5 thaler, C#25a

KM# 95 THALER
Silver Weight varies: 30.90-31.35g., 41 mm. **Ruler:** Ernst August II Konstantine **Obv:** Armored bust to right **Obv. Legend:** ERN • AVG • CONSTANTIN • D: G • DVX • SAX • I • C • M • A • & W • **Rev:** Ornate shield of ducal Saxony arms in baroque frame, large crown above, surrounded by 19 small shields of arms **Rev. Legend:** IVSTITIA ET - CLEMENTIA **Mint:** Eisenach **Note:** Ref. K-534; Dav. 2756. Prev. C#A25. As KM#94, but without edge inscription.

Date	Mintage	F	VF	XF	Unc	BU
ND(1756)	—	—	—	—	—	—

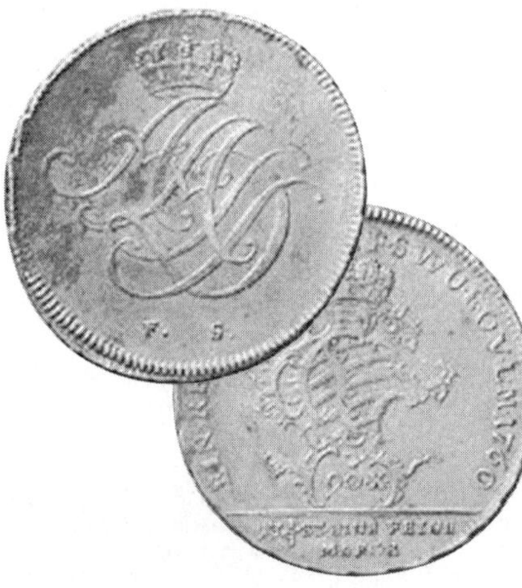

KM# 113 THALER

23.3000 g., 0.7500 Silver 0.5618 oz. ASW, 40 mm. **Ruler:** Anna Amalia **Obv:** Crowned script AADS monogram, mintmaster's initials below **Rev:** Ornate shield of ducal Saxony arms in crowned baroque frame, value 00. X. in cartouche below, 2-line inscription in exergue, date at end of legend **Rev. Legend:** EIN. REICHSTHALER F. S. W. U. E. O. V. L. M. **Rev. Inscription:** 13 1/3 ST. EINE FEINE / MARCK. **Mint:** Eisenach **Note:** Ref. K-560; Dav. 2758. Prev. C#49. 90 Kreuzer = Reichsthaler.

Date	Mintage	F	VF	XF	Unc	BU
1760 FS	560	1,750	3,500	6,500	9,000	—

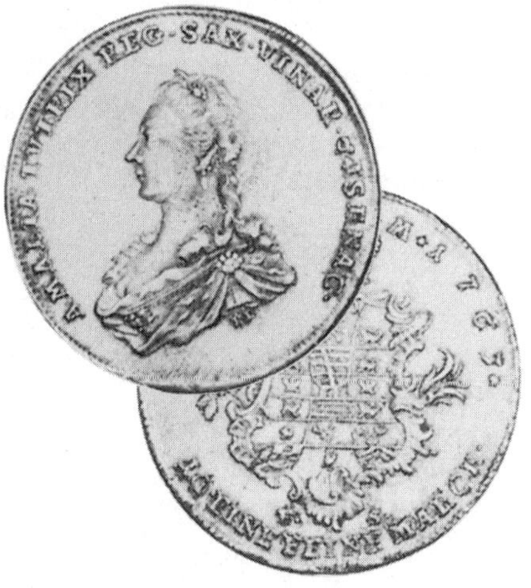

KM# 127 THALER

28.0000 g., 0.8330 Silver 0.7499 oz. ASW, 42 mm. **Ruler:** Anna Amalia **Obv:** Large bust to left **Obv. Legend:** AMALIA TVTRIX REG • SAX • VINAR • & ISENAC • **Rev:** Ornate shield of 18-fold arms in crowned baroque frame, date in legend at upper right **Rev. Legend:** F • S • W • U • E • O • V • M • / 10 • EINE FEINE MARCK **Mint:** Eisenach **Note:** Ref. K-566; Dav. 2759A. Prev. C#50a.

Date	Mintage	F	VF	XF	Unc	BU
1763 KL//FS	1,875	300	700	1,450	3,500	—

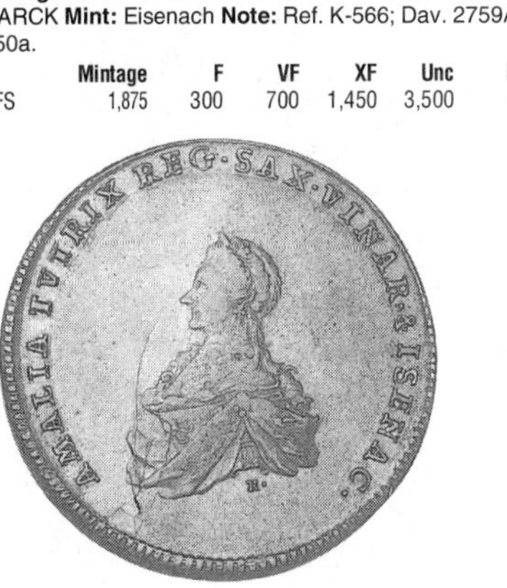

KM# 126.1 THALER

28.0000 g., 0.8330 Silver 0.7499 oz. ASW, 42 mm. **Ruler:** Anna Amalia **Obv:** Small bust to left **Obv. Legend:** AMALIA TVTRIX REG • SAX • VINAR • & ISENAC • **Rev:** Ornate shield of 18-fold arms in crowned baroque frame, date in legend at upper right **Rev. Legend:** F • S • W • U • E • O • V • M • / 10. EINE FEINE MARCK **Mint:** Eisenach **Note:** Ref. K-567; Dav. 2759A. Prev. C#50.

Date	Mintage	F	VF	XF	Unc	BU
1763 K//FS	Inc. above	300	700	1,450	3,500	—
1763 KL//FS	Inc. above	300	700	1,450	3,500	—

KM# 126.2 THALER

28.1000 g., 0.8330 Silver 0.7525 oz. ASW, 41 mm. **Ruler:** Anna Amalia **Obv:** Medium bust to left **Obv. Legend:** AMALIA TVTRIX REG. SAX. VINAR. & ISENAC. **Rev:** Ornate shield of 18-fold arms in crowned baroque frame, date in legend at upper right **Rev. Legend:** F. S. W. U. E. O. V. M. / 10. EINE FEINE MARCK. **Mint:** Eisenach **Note:** Ref. K-568; Dav. 2759.

Date	Mintage	F	VF	XF	Unc	BU
1764 K//FS	Inc. above	300	700	1,450	3,500	—
1765 K//FS	Inc. above	300	700	1,450	3,500	—

KM# 78 2 THALER

58.2000 g., Silver, 42 mm. **Ruler:** Friedrich III **Obv:** Armored bust to right **Obv. Legend:** FRIDERICUS III. DUX SAX. I. C. M. &. ADM. DUC. ISENAC. **Rev:** Crowned shield of ducal Saxony arms at top, 19 small shields of arms placed on laurel wreath at perimeter, surrounding 12-line inscription with Roman numeral date **Rev. Inscription:** IN / MEMORIAM / RELIGIONIS EVANGELICÆ / PACE AETERNA / IN / IMP: ROM: GERM / FUNDATAE / SAECVLARIA SACRA / ITERVM CELEBRATA / IN / DCATV / ISENACENSI / D 25. SEPT. MDCCLV. **Mint:** Eisenach **Note:** Ref. K-520; Dav. 2719. Coinage for Eisenach. Prev. Eisenach C#13.

Date	Mintage	Good	VG	F	VF	XF
MDCCLV (1755) S//FS Rare	—	225	—	—	—	—

KM# 96 5 THALER

Silver Weight varies: 30-90-31.35g., 41 mm. **Ruler:** Ernst August II Konstantine **Obv:** Armored bust to right **Obv. Legend:** ERN. AVG. CONSTANTIN. D:G. DVX. SAX. I. C. M. A. & W. **Rev:** Ornate shield of ducal Saxony arms in baroque frame, large crown above, surrounded by 19 small shields of arms **Rev. Legend:** IVSTITIA ET CLEMENTIA **Mint:** Eisenach **Note:** Ref. K-534; Dav. 2757A. Prev. C#25a. Countermark value: 4 3/4.

Date	Mintage	F	VF	XF	Unc	BU
1756 S//FS Rare	—	—	—	—	—	—

Note: Struck with 1 Thaler dies, C#25

KM# 100 5 THALER

6.7000 g., 0.9060 Gold 0.1952 oz. AGW, 25 mm. **Ruler:** Ernst August II Konstantine **Obv:** Armored bust to right **Obv. Legend:** ERN. AVG. CONSTANTIN. D. G. D. S. I. C. M. A. W. **Rev:** Ornate shield of 18-fold arms in crowned baroque frame, value 5. TH. in exergue **Rev. Legend:** IVSTITIA ET - CLEMENTIA. **Mint:** Eisenach **Note:** Ref. K-558; Fr. 3041. Prev. C#30.

Date	Mintage	VG	F	VF	XF	Unc
ND(1757) S	—	900	1,400	2,500	4,500	—

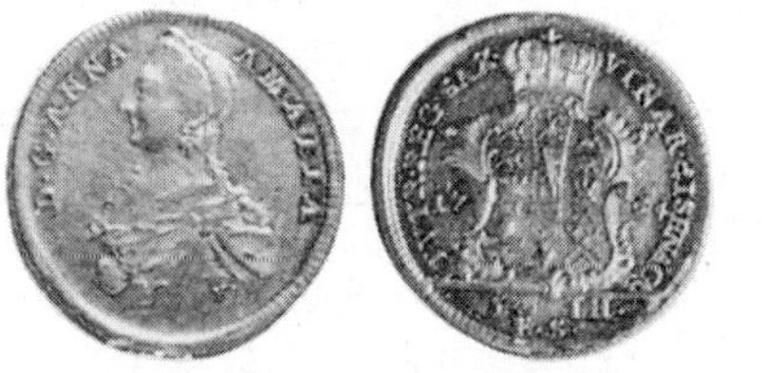

KM# 131 5 THALER

6.6100 g., Gold Weight varies: 6.65-6.67g., 24.5 mm. **Ruler:** Anna Amalia **Obv:** Bust to left **Obv. Legend:** D. G. ANA - AMALIA. **Rev:** Ornate shield of 18-fold arms in crowned baroque frame divides date, value 5.-TH. and mintmaster's initials in 2 lines in exergue **Rev. Legend:** TVTR. REG. SAX. - VINAR. & ISENAC. **Mint:** Eisenach **Note:** Ref. K-597; Fr. 3043. Prev. C#53.

Date	Mintage	F	VF	XF	Unc	BU
1764 FS	—	2,400	4,800	8,400	12,000	—

TRADE COINAGE

KM# 30 1/4 DUCAT

Gold, 14 mm. **Ruler:** Ernst August I **Obv:** Crowned script interwined EASD monogram in circle, Roman numeral date divided below **Rev:** 4-line inscription **Rev. Inscription:** GOTT / UND DEM / LAND / GETREU. **Note:** Ref. K-494.

Date	Mintage	VG	F	VF	XF	Unc
MDCCXXXXV (1745) Rare	—	—	—	—	—	—

KM# 38 1/4 DUCAT

Gold, 12 mm. **Ruler:** Ernst August I **Obv:** Crowned imperial orb with script EADS monogram, sun left, moon right and star below **Rev:** 5-line inscription **Rev. Inscription:** GOTT / SEGENE / DAS / LAND / WEIM. U. EIS.

Date	Mintage	VG	F	VF	XF	Unc
ND(1747) Rare	—	—	—	—	—	—

KM# 7 1/2 DUCAT

Gold, 15 mm. **Ruler:** Ernst August I **Obv:** Crowned script EADS monogram divides date **Rev:** Crown in center, sun shining above, globe below divides DIGNI - SSIMO

Date	Mintage	VG	F	VF	XF	Unc
1742 Rare	—	—	—	—	—	—

KM# 18 1/2 DUCAT

Gold **Ruler:** Ernst August I **Obv:** Princely crown in center, legend in ornate script letters curved above, value 1/2 DUCAT divides date in band below **Obv. Legend:** SOLI DEO GLORIA **Rev:** 5-line inscription **Rev. Inscription:** GOTT / SICH / VND / DEM NÆCHSTEN / GETREV

Date	Mintage	VG	F	VF	XF	Unc
1743 Rare	—	—	—	—	—	—

KM# 19 1/2 DUCAT

Gold, 14 mm. **Ruler:** Ernst August I **Obv:** Princely crown in center, legend in ornate script letters curved above, value 1/2 DUCAT divides date in band below **Obv. Legend:** SOLI DEO GLORIA **Rev:** 7-line inscription, date in exergue **Rev. Inscription:** GIEB / MIR TREUE / UND WEISE DIE / NER DIE DICH / FURCHTEN UND / DEINE GEBOTH / HALTEN

Date	Mintage	VG	F	VF	XF	Unc
1743 Rare	—	—	—	—	—	—

KM# 20 1/2 DUCAT

Gold, 14 mm. **Ruler:** Ernst August I **Obv:** Ray streaming from Eye of God in center above ADONAI ELOHIM **Rev:** 5-line inscription, one line in exergue **Rev. Inscription:** GOTT / SICH / UND / DEM NÆCHSTEN / GETREU, (exergue) WEIM. U. EISEN.

Date	Mintage	VG	F	VF	XF	Unc
ND(1743) Rare	—	—	—	—	—	—

KM# 21 1/2 DUCAT

Gold **Ruler:** Ernst August I **Obv:** Ray streaming from Eye of God in center above ADONAI ELOHIM **Rev:** 7-line inscription, date in exergue **Rev. Inscription:** GIEB / MIR TREUE UND WEISE DIE/ NER DIE DICH / FURCHTEN UND/ DEINE GEBOTH / HALTAN

Date	Mintage	VG	F	VF	XF	Unc
1743 Rare	—	—	—	—	—	—

KM# 31 1/2 DUCAT

Gold, 15 mm. **Ruler:** Ernst August I **Obv:** Crowned script intertwined EADS monogram in circle, rose at left, lily at right, Roman numeral date divided below **Rev:** 4-line inscription **Rev. Inscription:** GOTT / UND DEM / LAND / GETREU.

Date	Mintage	VG	F	VF	XF	Unc
MDCCXXXXV (1745) Rare	—	—	—	—	—	—

KM# 39 1/2 DUCAT

Gold, 15 mm. **Ruler:** Ernst August I **Obv:** Crowned imperial orb with script EADS monogram, sun left, moon right and star below **Rev:** 5-line inscription **Rev. Inscription:** GOTT / SEGENE / DAS / LAND / WEIM. U. EIS.

Date	Mintage	VG	F	VF	XF	Unc
ND(1747) Rare	—	—	—	—	—	—

KM# 40 1/2 DUCAT

Gold, 18 mm. **Ruler:** Ernst August I **Subject:** Dispute with Fulda over the District of Fischberg **Obv:** Crowned rocky spring, rose left, grape cluster right, 2-lininscription in exergue **Obv. Inscription:** SAX. WEIMAR / U. EISEN. **Rev:** Hercules wrestling with lion, script lettered TRIUMPHAT in ribbon above

Date	Mintage	VG	F	VF	XF	Unc
ND(1747) Rare	—	—	—	—	—	—

KM# 3 DUCAT

Gold, 22 mm. **Ruler:** Ernst August I **Obv:** Sun shining down on sitting pilgrim **Obv. Legend:** TANDEM EXAUDISTI ME **Rev:** Stag standing left in front of rocky hilltop **Rev. Legend:** POST NUBILA PHOEBUS

Date	Mintage	VG	F	VF	XF	Unc
ND(1741) Rare	—	—	—	—	—	—

KM# 4 DUCAT

3.5000 g., Gold, 22 mm. **Ruler:** Ernst August I **Obv:** Script EASD monogram in crowned ribbon of order, date divided at bottom **Obv. Legend:** INSPIRA - TUS FELIX **Rev:** Cherub sitting, flower at left, SI PROSUN in exergue **Rev. Legend:** QUID INIMICI **Note:** Ref. K-489.

Date	Mintage	VG	F	VF	XF	Unc
1741 Rare	—	—	—	—	—	—

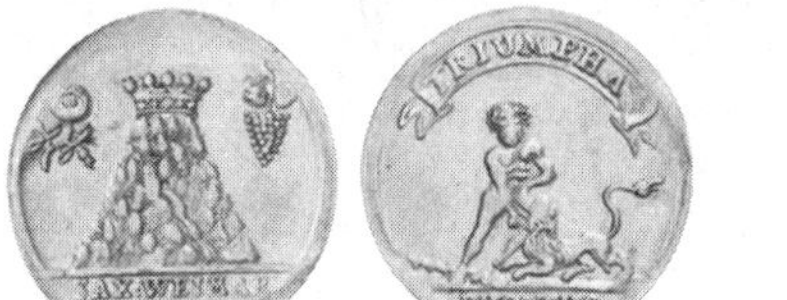

KM# 43 DUCAT

Gold Weight varies: 3.44-3.48g., 23 mm. **Ruler:** Ernst August I **Obv:** Crowned rocky spring, rose left, grape cluster right, inscription in exergue **Obv. Inscription:** SAX: WEIMAR / U: EISEN: **Rev:** Hercules wrestling with lion, script lettered TRIUMPHAT above, DUCATUS in exergue **Note:** Ref. K-490.

Date	Mintage	VG	F	VF	XF	Unc
ND(1741)	—	2,000	3,000	5,000	8,500	—

KM# 5 DUCAT

Gold, 21 mm. **Ruler:** Ernst August I **Obv:** Script EASD monogram in crowned ribbon of order, date divided at bottom **Obv. Legend:** INSPIRA - TUS FELIX **Rev:** Cherub sitting, flower at left, QVID INIMICI in exergue **Rev. Legend:** SI PROSVN

Date	Mintage	VG	F	VF	XF	Unc
1741 Rare	—	—	—	—	—	—

KM# 8 DUCAT

Gold, 21 mm. **Ruler:** Ernst August I **Obv:** Crowned script EASD monogram divides date, 'V et J' in script below **Rev:** Princely crown in center, sun with rays above, moon below divides DIGNI - SSIMO **Note:** Ref. K-492.

Date	Mintage	VG	F	VF	XF	Unc
1742 Rare	—	—	—	—	—	—

KM# 23 DUCAT

Gold, 22 mm. **Ruler:** Ernst August I **Obv:** Large princely crown in center, legend in ornate script letters curved above, value DVCAT divides date in ribbon below **Obv. Legend:** SOLI DEO GLORIA **Rev:** 5-line inscription, one line inscription in exergue **Rev. Inscription:** GOTT / SICH / VND / DEM NÆCHSTEN / GETREV, (exergue) WEIM. V. EISEN.

Date	Mintage	VG	F	VF	XF	Unc
1743 Rare	—	—	—	—	—	—

598 GERMAN STATES SAXE-WEIMAR-EISENACH

KM# 24 DUCAT

Gold, 22 mm. **Ruler:** Ernst August I **Obv:** Ray streaming from Eye of God in center, above ADONAI ELOHIM **Rev:** 7-line inscription, 2-line inscription with date in exergue **Rev. Inscription:** GIEB / MIR TREUE UND WEISE DIE / NER DIE DICH / FURCHTEN UND / DEINE GEBOTH / HALTEN, (exergue) WEIM. U. EISEN. / (date)

Date	Mintage	VG	F	VF	XF	Unc
1743 Rare	—	—	—	—	—	—

KM# 32 DUCAT

3.5000 g., 0.9860 Gold Weight varies: 3.40-3.50g. 0.1109 oz. AGW, 22 mm. **Ruler:** Ernst August I **Obv:** Crowned script intertwined EASD monogram in circle, rosee at left, lily at right, Roman numeral date divided below **Rev:** 4-line inscription **Rev. Inscription:** GOTT / UND DEM / LAND / GETREU. **Note:** Ref. K-493; Fr. 3034.

Date	Mintage	VG	F	VF	XF	Unc
MDCCXXXXV (1745)	—	750	1,000	3,000	5,000	—

KM# 41 DUCAT

Gold, 22 mm. **Ruler:** Ernst August I **Obv:** Large princely crown in center, leged in ornate script letters curved above, value DVCAT divides date in band below **Obv. Legend:** SOLI DEO GLORIA **Rev:** 5-line inscription, one line inscription in exergue **Rev. Inscription:** GOTT / SICH / UND / DEM NÆCHSTEN / GETREU, (exergue) WEIM. U. EISEN.

Date	Mintage	VG	F	VF	XF	Unc
1747 Rare	—	—	—	—	—	—

KM# 42 DUCAT

Gold, 23 mm. **Ruler:** Ernst August I **Obv:** Crowned imperial orb with script EADS monogram, sun left, moon right and star below **Rev:** 5-line inscription **Rev. Inscription:** GOTT / SEGENE / DAS / LAND / WEIMAR. U. EIS.

Date	Mintage	VG	F	VF	XF	Unc
ND(1747) Rare	—	—	—	—	—	—

KM# 44 DUCAT

3.5000 g., 0.9860 Gold Weight varies: 3.40-3.50g. 0.1109 oz. AGW, 22 mm. **Ruler:** Ernst August I **Obv:** Crowned rocky spring, rose left, grape cluster right, 2-line inscription in exergue **Obv. Inscription:** SAX. WEIMAR / U. EISEN. **Rev:** Hercules wrestling with lion, TRIUMPHAT in Latin letters above, DUCAT. in exergue **Note:** Ref. K-491; Fr. 3033.

Date	Mintage	VG	F	VF	XF	Unc
ND(1747)	—	550	1,200	2,400	4,000	—

KM# 47 DUCAT

Gold, 22 mm. **Ruler:** Ernst August I **Obv:** Crowned hexagram in circle, 1 DUCAT in ribbon below **Obv. Legend:** SOLI DEO GLORIA **Rev:** 5-line inscription, 2-line inscription with date in exergue **Rev. Inscription:** GOTT / SICH / UND / DEM NÆCHSTEN / GETREU, (exergue) WEIM. U. EISEN / (date)

Date	Mintage	VG	F	VF	XF	Unc
1748 Rare	—	—	—	—	—	—

KM# 68 DUCAT

3.5000 g., 0.9860 Gold Weight varies: 3.49-3.51g. 0.1109 oz. AGW, 22 mm. **Ruler:** Friedrich III **Obv:** Armored bust to right **Obv. Legend:** FRID. D. G. D. S. I. C. M. A. W. ET ADMIN. **Rev:** Standing female allegorical figure of Happiness holding palm frond and cornucopia, divides mintmaster's initials, date at end of legend **Rev. Legend:** FELICITATI - PVBLICAE. **Mint:** Eisenach **Note:** Ref. K-518; Fr. 3036. Coinage for Eisenach. Prev. Eisenach C#14.

Date	Mintage	Good	VG	F	VF	XF
1752 IH	—	175	600	1,300	2,400	5,400

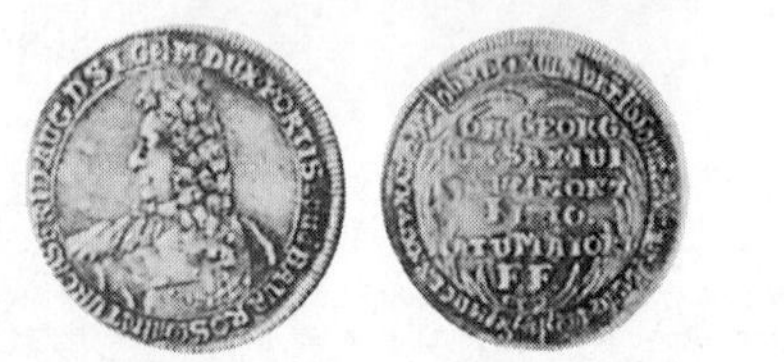

KM# 72 DUCAT

3.5000 g., 0.9860 Gold Weight varies: 3.49-3.51g. 0.1109 oz. AGW, 22 mm. **Ruler:** Friedrich III **Obv:** Armored bust to right **Obv. Legend:** FRID. D. G. D. S. I. C. M. A. W. ET ADMIN. **Rev:** Oval shield of 4-fold arms, with central shield of ducal Saxony, in crowned baroque frame, date at end of legend **Rev. Legend:** MONETA NOVA AVREA ISENAC. **Mint:** Eisenach **Note:** Ref. K-519; Fr. 3037. Coinage for Eisenach. Prev. Eisenach C#15.

Date	Mintage	Good	VG	F	VF	XF
1754 IH	—	175	500	975	1,800	3,700

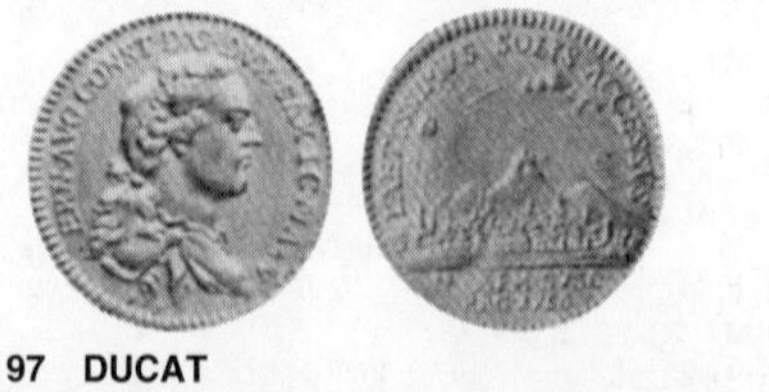

KM# 97 DUCAT

3.5000 g., 0.9860 Gold Weight varies: 3.48-3.50g. 0.1109 oz. AGW, 22.5 mm. **Ruler:** Ernst August II Konstantine **Subject:** Homage of Eisenach **Obv:** Draped bust to right **Obv. Legend:** ERN. AVG. CONST. D. G. DVX. SAX. I. C. M. A. & W. **Rev:** City view, 2-line inscription with date in exergue **Rev. Legend:** LAETISSIMVS SOLIS ACCESSVS. **Rev. Inscription:** IN MEM. SVSC. / REG. (date) **Mint:** Eisenach **Note:** Ref. K-536; Fr. 3038. Prev. C#27.

Date	Mintage	VG	F	VF	XF	Unc
1756 FS	—	425	975	2,100	4,200	—

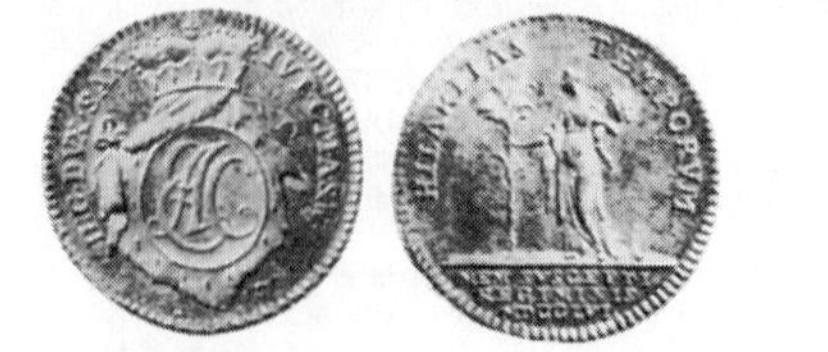

KM# 98 DUCAT

3.5000 g., 0.9860 Gold Weight varies: 3.49-3.50g. 0.1109 oz. AGW, 22.5 mm. **Ruler:** Ernst August II Konstantine **Subject:** Duke's Coming of Age **Obv:** Script EAC monogram in oval set in crowned mantle **Obv. Legend:** D:G. DVX SAX - IVL. C. M. A. & W. **Rev:** Female allegorical figure of Abundance standing with palm, 3-line inscription with Roma numeral date in exergue **Rev. Legend:** HILARITAS - TEMPORVM. **Rev. Inscription:** MEM SVSCEPTI / REGIMINIS / MDCCLVI. **Mint:** Eisenach **Note:** Ref. K-537; Fr. 3040. Prev. C#28.

Date	Mintage	VG	F	VF	XF	Unc
MDCCLVI (1756) FS	—	350	850	1,700	3,350	—

KM# 99 DUCAT

3.5000 g., 0.9860 Gold 0.1109 oz. AGW, 23 mm. **Ruler:** Ernst August II Konstantine **Obv:** Draped bust to right **Obv. Legend:** ERN. AVG. CONST. D. G. DVX. SAX. I. C. M. A. & W. **Rev:** Female allegorical figure of Abundance standing with palm 3-line inscription with Roman numeral date in exergue **Rev. Legend:** HILARITAS - TEMPORVM. **Rev. Inscription:** MEM SVSCEPTI / REGIMINIS / MDCCLVI. **Mint:** Eisenach **Note:** Ref. K-538; Fr. 3039. Prev. C#29.

Date	Mintage	VG	F	VF	XF	Unc
MDCCLVI (1756) FS	—	375	900	1,900	3,800	—

KM# 130 DUCAT

3.5000 g., 0.9860 Gold 0.1109 oz. AGW, 21.5 mm. **Ruler:** Anna Amalia **Obv:** Bust to left **Obv. Legend:** D. G. ANNA - AMALIA. **Rev:** Ornate shield of 18-fold arms in crowned baroque frame divides mintmaster's initlas, 2-line inscription with date in exergue **Rev. Inscription:** AD NORM. CONV / (date) **Mint:** Eisenach **Note:** Ref. K-598; Fr. 3042. Prev. C#52.

Date	Mintage	F	VF	XF	Unc	BU
1764 FS	—	2,750	5,400	9,200	15,500	—

KM# 25 LOUIS D'OR

Gold, 27 mm. **Ruler:** Ernst August I **Obv:** Princely crown in center, legend in ornate script letters curved above, value LOUISDOR divides date in ribbon below **Obv. Legend:** SOLI DEO GLORIA **Rev:** 5-line inscription, one line inscription in exergue **Rev. Inscription:** GOTT / SICH / VND / DER NÆCHSTER / GETREV, (exergue) WEIM. U. EISEN.

Date	Mintage	VG	F	VF	XF	Unc
1743 Rare	—	—	—	—	—	—

KM# 26 LOUIS D'OR

Gold, 28 mm. **Ruler:** Ernst August I **Obv:** Rays streaming from Eye of God in center, above ADONAI ELOHIM **Rev:** 7-line inscription, 2-line inscription with date in exergue **Rev. Inscription:** GIEB / MIR TREUE / UND WEISE DIE / NER DIE DICH / FURCHTEN UND / DEINE GEBOTH / HALTEN, (exergue) WEIM. U. EISEN. / (date)

Date	Mintage	VG	F	VF	XF	Unc
1743 Rare	—	—	—	—	—	—

PATTERNS

Including off metal strikes

KM#	Date	Mintage	Identification	Mkt Val
Pn1	ND(1741)	—	Ducat. Tin. KM#3.	—
Pn2	1741	—	Ducat. Tin. KM#4.	—
Pn3	1741	—	Ducat. Tin. KM#5.	—
Pn4	1742	—	1/2 Ducat. Tin. KM#7.	—
Pn5	1742	—	Ducat. Tin. KM#8.	—
Pn6	1743	—	3 Pfennig. Tin. KM#10.	—
Pn7	1743	—	3 Pfennig. Gold. Weight of Ducat, KM#10.	—
Pn8	1743	—	6 Pfennig. Tin. KM#11.	—
Pn9	1743	—	9 Pfennig. Tin. KM#12.	—
Pn10	1743	—	9 Pfennig. Copper. KM#12.	—
Pn11	1743	—	Groschen. Tin. KM#13.	—
Pn12	1743	—	2 Groschen. Tin. KM#14.	—
Pn13	1743	—	4 Groschen. Tin. KM#15.	—
Pn14	1743	—	1/3 Thaler. Tin. KM#16.	—
Pn15	1743	—	1/2 Thaler. Tin. KM#17.	—
Pn16	1743	—	1/2 Ducat. Tin. KM#18.	—
Pn17	1743	—	1/2 Ducat. Tin. KM#19.	—
Pn18	ND(1743)	—	1/2 Ducat. Tin. KM#20.	—
Pn19	1743	—	1/2 Ducat. Tin. KM#21.	—
Pn20	1743	—	Ducat. Tin. KM#23.	—
Pn21	1743	—	Ducat. Tin. KM#24.	—
Pn22	1743	—	Louis D'Or. Tin. KM#25.	—
Pn23	1743	—	Louis D'Or. Tin. KM#26.	—
Pn24	MDCCXXXXV (1745)	—	1/3 Thaler. KM#28.	—
Pn25	MDCCXXXXV (1745)	—	Thaler. Tin. KM#29.	—
Pn26	MDCCXXXXV (1745)	—	1/4 Ducat. Tin. KM#30.	—
Pn27	MDCCXXXXV (1745)	—	1/2 Ducat. Tin. KM#31.	—
Pn28	MDCCXXXXV (1745)	—	Ducat. Tin. KM#32.	—
Pn29	ND(1747)	—	Groschen. Tin. KM#34.	—
Pn30	ND(1747)	—	1/3 Thaler. Tin. KM#35.	—
Pn31	ND(1747)	—	2/3 Thaler. Tin. KM#36.	—
Pn32	ND(1747)	—	Thaler. Tin. KM#37.	—
Pn33	ND(1747)	—	1/4 Ducat. Tin. KM#38.	—
Pn34	ND(1747)	—	1/2 Ducat. Tin. KM#39.	—
Pn35	ND(1747)	—	1/2 Ducat. Tin. KM#40.	—
Pn36	1747	—	Ducat. Tin. KM#41.	—
Pn37	1747	—	Ducat. Copper. KM#41.	—
Pn38	1747	—	Ducat. Silver. KM#41.	—
Pn39	ND(1747)	—	Ducat. Tin. KM#42.	—
Pn40	ND(1747)	—	Ducat. Copper. KM#42.	—
Pn41	ND(1747)	—	Ducat. Tin. KM#43.	—
Pn42	ND(1747)	—	Ducat. Tin. KM#44.	—
Pn43	1748	—	1/2 Thaler. Tin. KM#46.	—
Pn44	1748	—	Ducat. Tin. KM#47.	—
Pn45	MDCCLVI (1756)	—	Ducat. Copper. KM#98. Prev. PnA1.	—

SAXE-GOTHA-ALTENBURG

(Sachsen-Gotha-Altenburg)

When the seven sons of Ernst the Pious of Saxe-New-Gotha divided the lands of their father in 1680, the eldest established the line of Saxe-Gotha-Altenburg. The line became extinct in 1825 and the following year witnessed the division of the territory which resulted in a general reorganization of the Thuringian duchies. Altenburg itself was inherited by the duke of Saxe-Hildburghausen, who transferred Hildburghausen to Saxe-Meiningen and became the founder of a new line of Saxe-Altenburg. Saxe-Meiningen also received Saalfeld from Saxe-Coburg, which in turn had acquired Gotha as part of the proceedings. The line of Saxe-Coburg-Gotha was established as a result. See under each of the foregoing regarding developments after the realignment of 1826. For a short period of time, from 1688 to 1692, the duke leased the abbey of Walkenried from Brunswick-Wolfenbüttel and struck a series of coins for that district.

RULERS

Friedrich II, 1691-1732
Jointly with brother Johann Wilhelm, 1691-1707
Friedrich III, 1732-1772
Ernst II Ludwig, 1772-1804

MINT OFFICIALS' INITIALS

Initials	Date	Name
CW or W	1688-1739	Christian Wermuth, die-cutter in Gotha
IT	1690-1723	Johann Thun, mintmaster in Gotha
K, ICK or KOCH	1706-42	Johann Christian Koch, die-cutter
	1706-32?	Christian Andreas Roth, mint technician
AH	1718-50	Andreas Helbig, mint director
	1733-?	Tobias Gräfenstein, die-cutter
LCK	1750-66	Ludwig Christian Koch, die-cutter in Gotha
	1766-93	mintmaster

DUCHY

REGULAR COINAGE

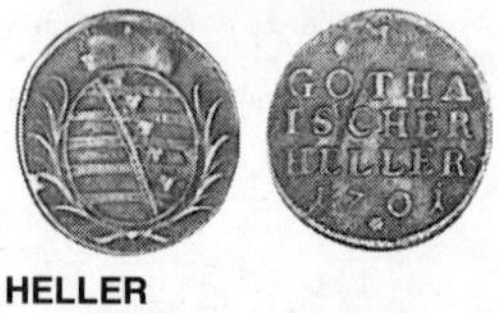

KM# 157 HELLER

Copper **Ruler:** Friedrich II **Obv:** Crowned oval Saxony arms in palm branches **Rev. Inscription:** 1 / GOTHA- / - ISCHER / HELLER. / date

Date	Mintage	VG	F	VF	XF	Unc
1701	—	5.00	10.00	15.00	28.00	—
1702	—	5.00	10.00	15.00	28.00	—
1703	—	5.00	10.00	15.00	28.00	—

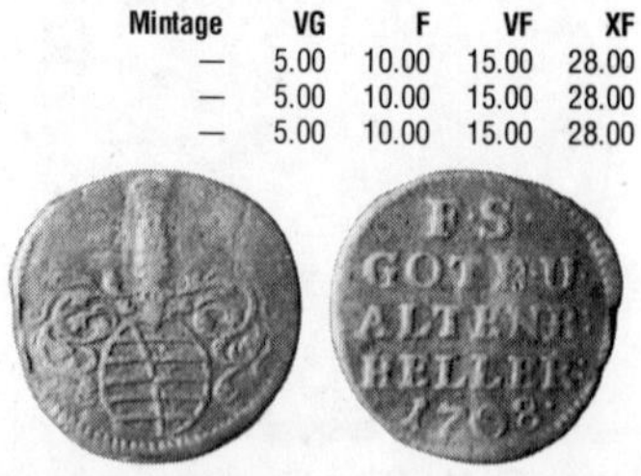

KM# 163 HELLER

Copper **Ruler:** Friedrich II **Obv:** Helmet with tall ornament above oval Saxony arms **Rev. Inscription:** F.S. / GOTH: U. / ALTENB. / HELLER / date **Note:** Varieties exist.

Date	Mintage	VG	F	VF	XF	Unc
1704	—	4.00	8.00	15.00	28.00	—
1705	266,000	4.00	8.00	15.00	28.00	—
1706	71,000	4.00	8.00	15.00	28.00	—
1707	361,000	4.00	8.00	15.00	28.00	—
1708	—	4.00	8.00	15.00	28.00	—
1709	530,000	4.00	8.00	15.00	28.00	—

SAXE-GOTHA-ALTENBURG GERMAN STATES 599

Date	Mintage	VG	F	VF	XF	Unc
1710	Inc. above	4.00	8.00	15.00	28.00	—
1711	Inc. above	4.00	8.00	15.00	28.00	—
1712	97,000	4.00	8.00	15.00	28.00	—
1715	—	4.00	8.00	15.00	28.00	—
1722	189,000	4.00	8.00	15.00	28.00	—

KM# 184 HELLER

Copper **Ruler:** Friedrich II **Obv:** Crowned script FDS monogram **Rev. Inscription:** F.S. / GOTHA / UND / ALTENB: / HELLER / date

Date	Mintage	VG	F	VF	XF	Unc
1712	Inc. above	5.00	10.00	20.00	35.00	—
1713	308,000	5.00	10.00	20.00	35.00	—
1717	—	5.00	10.00	20.00	35.00	—

KM# 226 HELLER

Copper **Ruler:** Friedrich II **Obv:** Smaller helmet and arms than KM#163, tall ornament above helmet above oval Saxony arms **Rev. Inscription:** F.S. / GOTH(A) U. / ALTENB: / HELLER / date **Note:** Varieties exist.

Date	Mintage	VG	F	VF	XF	Unc
1723	—	4.00	8.00	15.00	28.00	—
1725	163,000	4.00	8.00	15.00	28.00	—
1727	59,000	4.00	8.00	15.00	28.00	—
1730	111,000	4.00	8.00	15.00	28.00	—

KM# 273 HELLER

Copper **Ruler:** Friedrich III **Obv:** Crowned script F monogram **Rev:** Value, date **Note:** Prev. C#1.

Date	Mintage	VG	F	VF	XF	Unc
1738	—	3.00	7.00	15.00	30.00	—
1739	—	3.00	7.00	15.00	30.00	—
1740	—	3.00	7.00	15.00	30.00	—
1741	—	3.00	7.00	15.00	30.00	—
1742	—	3.00	7.00	15.00	30.00	—
1743	176,000	3.00	7.00	15.00	30.00	—
1744	426,000	3.00	7.00	15.00	30.00	—
1745	—	3.00	7.00	15.00	30.00	—

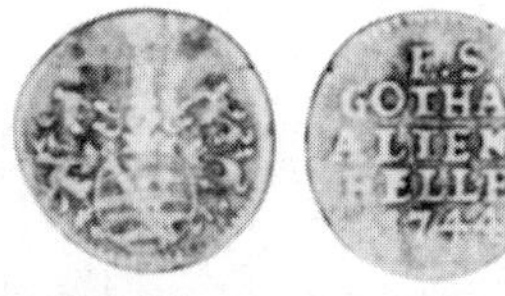

KM# 280 HELLER

Copper **Ruler:** Friedrich III **Obv:** Helmeted arms **Rev:** Name, value and date **Note:** Prev. C#2.

Date	Mintage	VG	F	VF	XF	Unc
1744	Inc. above	4.00	9.00	18.00	37.00	—
1745	—	4.00	9.00	18.00	37.00	—
1746	—	4.00	9.00	18.00	37.00	—
1747	—	4.00	9.00	18.00	37.00	—
1749	187,000	4.00	9.00	18.00	37.00	—
1750	—	4.00	9.00	18.00	37.00	—

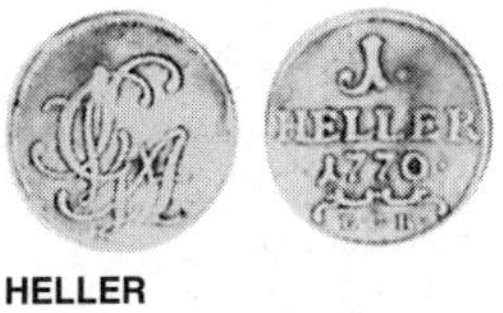

KM# 321 HELLER

Copper **Ruler:** Friedrich III **Obv:** SGVA monogram **Rev:** Value, date **Note:** Prev. C#4.

Date	Mintage	VG	F	VF	XF	Unc
1770 LCK	—	5.00	10.00	22.00	45.00	—

KM# 176 3 HELLER

Billon **Ruler:** Friedrich II **Obv:** Crowned oval Saxony arms in palm branches, crown divides F.G. - U.A. **Rev. Inscription:** III / HELLER / date **Mint:** Gotha

Date	Mintage	VG	F	VF	XF	Unc
1708 IT	28,000	5.00	10.00	20.00	35.00	—
1709 IT	—	5.00	10.00	20.00	35.00	—
1710 IT	103,000	5.00	10.00	20.00	35.00	—

KM# 138 PFENNIG

Silver **Ruler:** Friedrich II **Obv:** 4 small crowned shields of arms in cruciform, date divided in angles **Rev:** Imperial orb with 1 divides mintmaster's initials **Note:** Varieties exist.

Date	Mintage	VG	F	VF	XF	Unc
1701	Inc. above	4.00	8.00	28.00	—	—
1702	Inc. above	4.00	8.00	28.00	—	—
1703	Inc. above	4.00	8.00	28.00	—	—
1704	Inc. above	4.00	8.00	28.00	—	—
1705	Inc. above	4.00	8.00	28.00	—	—
1706	Inc. above	4.00	8.00	28.00	—	—
1708	37,000	4.00	8.00	28.00	—	—

KM# 177 PFENNIG

Silver **Ruler:** Friedrich II **Obv:** Crowned oval Saxony arms in palm branches, crown divides F.G. - U.A. **Rev. Inscription:** I / PFEN= / NIG / date

Date	Mintage	VG	F	VF	XF	Unc
1708	61,000	3.00	7.00	12.00	22.00	—
1711	—	3.00	7.00	12.00	22.00	—

KM# 179 PFENNIG

Silver **Ruler:** Friedrich II **Obv:** 4 small crowned shields of arms in cruciform, F. - G. - U. - A. in angles instead of date **Rev. Inscription:** I / PFENG / date / mintmaster's initials **Mint:** Gotha

Date	Mintage	VG	F	VF	XF	Unc
1711 IT	51,000	3.00	7.00	12.00	22.00	—

KM# 180 PFENNIG

Silver **Ruler:** Friedrich II **Obv:** 4 small crowned shields of arms in cruciform, F. - G. - U. - A. in angles instead of date **Rev:** Inscription with 'XI' punched over '08' of date **Rev. Inscription:** I / PFEN= / NIG / date

Date	Mintage	VG	F	VF	XF	Unc
1711/08	101,000	4.00	8.00	15.00	28.00	—

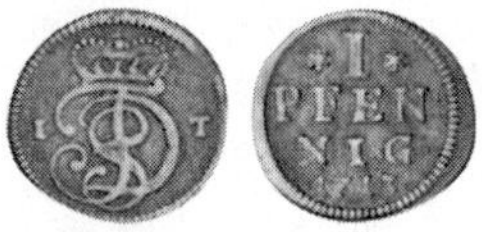

KM# 185 PFENNIG

Silver **Ruler:** Friedrich II **Obv:** Crowned script FDS monogram **Rev. Inscription:** I / PFEN=NIG / date **Mint:** Gotha **Note:** Varieties exist.

Date	Mintage	VG	F	VF	XF	Unc
1712 IT	81,000	5.00	10.00	20.00	35.00	—
1713 IT	128,000	5.00	10.00	20.00	35.00	—
1715 IT	556,000	5.00	10.00	20.00	35.00	—
1719 IT	—	5.00	10.00	20.00	35.00	—
1722 IT	91,000	5.00	10.00	20.00	35.00	—

KM# 209 PFENNIG

Copper **Ruler:** Friedrich II **Obv:** Crowned script FDS monogram **Rev. Inscription:** I / PFENNIG / F. S. G. U. A. / L. MÜNTZ.

Date	Mintage	VG	F	VF	XF	Unc
1718	49,000	5.00	10.00	20.00	35.00	—

KM# 283 PFENNIG

Copper **Ruler:** Friedrich III **Obv:** Helmeted arms **Rev:** Value, date **Note:** Prev. C#5.

Date	Mintage	VG	F	VF	XF	Unc
1747	49,000	5.00	10.00	22.00	45.00	—

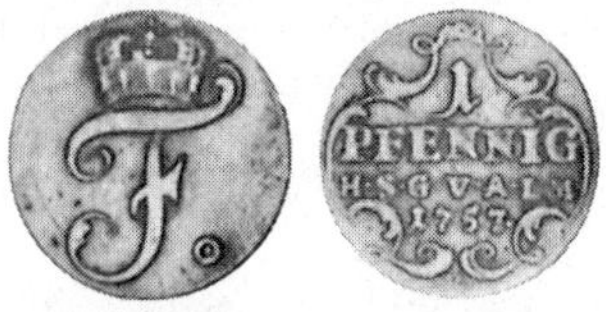

KM# 291 PFENNIG

Copper **Ruler:** Friedrich III **Obv:** Crowned monogram **Rev:** Value, date within cartouche **Note:** Prev. C#6.1. Varieties exist.

Date	Mintage	VG	F	VF	XF	Unc
1753 LCK	59,000	7.00	15.00	30.00	65.00	—
1757 LCK	—	7.00	15.00	30.00	65.00	—
1757 K	—	7.00	15.00	30.00	65.00	—
1760 LCK	378,000	7.00	15.00	30.00	65.00	—
1760 K	Inc. above	—	—	—	—	—

KM# 292 PFENNIG

Silver **Ruler:** Friedrich III **Rev:** H. S. G. V. A. L. M. in curve at top **Mint:** Gotha **Note:** Similar to KM#291.

Date	Mintage	VG	F	VF	XF	Unc
1753 LCK	Inc. above	—	—	—	—	—
1760 LCK	Inc. above	—	—	—	—	—

KM# 322 PFENNIG

Copper **Ruler:** Friedrich III **Obv:** Crowned monogram **Rev:** Without cartouche **Note:** Prev. C#6.3.

Date	Mintage	VG	F	VF	XF	Unc
1770 K	—	5.00	10.00	22.00	45.00	—

KM# 218 1-1/2 PFENNIG

Copper **Ruler:** Friedrich II **Obv:** Bust right **Rev. Inscription:** 1-1/2 / PFEN= / NIG / date **Mint:** Gotha

Date	Mintage	VG	F	VF	XF	Unc
1720 W	—	—	—	—	—	—

KM# 246 1-1/2 PFENNIG

Copper **Ruler:** Friedrich II **Obv:** Crowned script 'F' **Rev. Inscription:** 1-1/2 / PFENNIG / F. S. G. U. A. / L. MÜNTZ. / date

Date	Mintage	VG	F	VF	XF	Unc
1729	103,000	6.00	10.00	20.00	35.00	—
1731	26,000	6.00	10.00	20.00	35.00	—
1732	—	6.00	10.00	20.00	35.00	—

KM# 269 1-1/2 PFENNIG

Copper **Ruler:** Friedrich III **Obv:** Crowned script F monogram **Rev:** Value, date **Note:** Prev. C#7.

Date	Mintage	VG	F	VF	XF	Unc
1733	52,000	5.00	10.00	25.00	50.00	—
1735	29,000	5.00	10.00	25.00	50.00	—
1737	161,000	5.00	10.00	25.00	50.00	—

KM# 281 1-1/2 PFENNIG

Copper **Ruler:** Friedrich III **Obv:** Helmeted arms **Rev:** Value, date **Note:** Prev. C#8.

Date	Mintage	VG	F	VF	XF	Unc
1744	70,000	5.00	10.00	22.00	45.00	—
1745	—	5.00	10.00	22.00	45.00	—
1746	—	5.00	10.00	22.00	45.00	—
1749	—	5.00	10.00	22.00	45.00	—
1750	—	5.00	10.00	22.00	45.00	—

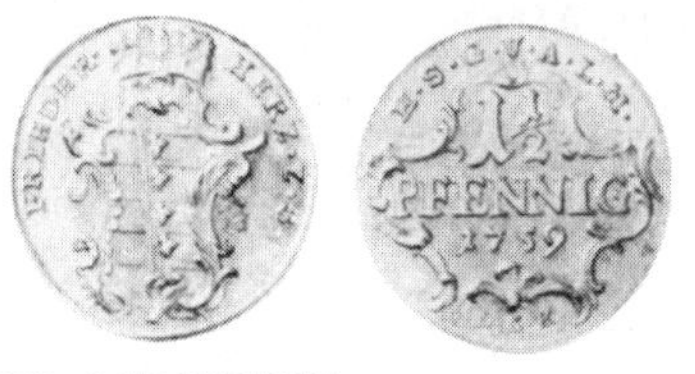

KM# 285 1-1/2 PFENNIG

Copper **Ruler:** Friedrich III **Obv:** Crowned arms in cartouche **Rev:** Value, date in cartouche **Note:** Prev. C#9.

Date	Mintage	VG	F	VF	XF	Unc
1752 LCK	159,000	6.00	15.00	30.00	60.00	—
1753 LCK	345,000	6.00	15.00	30.00	60.00	—
1755 LCK	761,000	6.00	15.00	30.00	60.00	—
1756 LCK	Inc. above	6.00	15.00	30.00	60.00	—
1757 LCK	Inc. above	6.00	15.00	30.00	60.00	—
1758 LCK	Inc. above	6.00	15.00	30.00	60.00	—
1759 LCK	Inc. above	6.00	15.00	30.00	60.00	—
1760 LCK	Inc. above	6.00	15.00	30.00	60.00	—
1761 LCK	Inc. above	6.00	15.00	30.00	60.00	—

KM# 161 2 PFENNIG (Zweier)

Silver **Ruler:** Friedrich II **Obv:** Helmet above Saxony arms, titles of Friedrich II **Rev:** Imperial orb with 2 divides date and mintmaster's initials **Rev. Legend:** NACH DEM LEIPZIG FUS **Mint:** Gotha

Date	Mintage	VG	F	VF	XF	Unc
1703 IT	—	8.00	15.00	28.00	45.00	—
1705 IT	55,000	8.00	15.00	28.00	45.00	—

KM# 286 2 PFENNIG (Zweier)

Billon **Ruler:** Friedrich III **Obv:** Crowned arms in cartouche **Rev:** Value in cartouche divides date **Note:** Prev. C#11.

Date	Mintage	VG	F	VF	XF	Unc
1752	28,000	8.00	20.00	40.00	80.00	—

KM# 149 3 PFENNIG (Dreier)

Silver **Ruler:** Friedrich II **Obv:** Helmet above Saxony arms, titles of Friedrich II **Rev:** Imperial orb with 3 divides date and mintmaster's initials **Rev. Legend:** NACH DEM LEIPZIG FUS **Mint:** Gotha **Note:** Varieties exist.

Date	Mintage	VG	F	VF	XF	Unc
1701 IT	—	10.00	18.00	30.00	50.00	—
1704 IT	56,000	10.00	18.00	30.00	50.00	—

KM# 189 3 PFENNIG (Dreier)

Silver **Ruler:** Friedrich II **Obv:** Crowned script FDS monogram divides date **Rev:** Imperial orb with 3 divides date and mintmaster's initials, curved above F. S. G. U. A. L. M. **Mint:** Gotha

Date	Mintage	VG	F	VF	XF	Unc
1713 IT	43,000	10.00	18.00	30.00	50.00	—

KM# 220 3 PFENNIG (Dreier)

Silver **Ruler:** Friedrich II **Obv:** Crowned script FDS monogram **Rev:** Inscription with date and mintmaster's initials at end **Rev. Inscription:** 3 / PFENNIG / F. S. G. U. A. / L. MUNTZ ... **Mint:** Gotha **Note:** Varieties exist.

Date	Mintage	VG	F	VF	XF	Unc
1722 IT	76,000	10.00	18.00	30.00	50.00	—
1723 AH	114,000	10.00	18.00	30.00	50.00	—

KM# 287 3 PFENNIG (Dreier)

Billon **Ruler:** Friedrich III **Obv:** Crowned arms in cartouche **Rev:** Value in cartouche divides date **Mint:** Gotha **Note:** Prev. C#12. Varieties exist.

Date	Mintage	VG	F	VF	XF	Unc
1752	67,000	8.00	20.00	40.00	80.00	—
1753 LCK	128,000	8.00	20.00	40.00	80.00	—

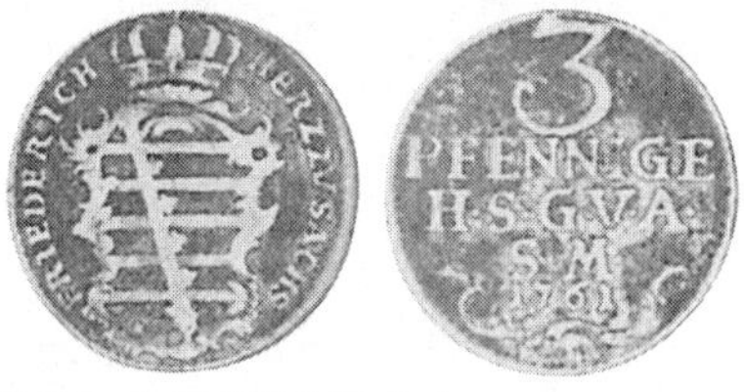

KM# 305 3 PFENNIG (Dreier)

Copper **Ruler:** Friedrich III **Obv:** Crowned arms **Rev:** Value, date in cartouche **Note:** Prev. C#10. Varieties exist.

Date	Mintage	VG	F	VF	XF	Unc
1761 LCK	—	5.00	10.00	22.00	45.00	—

KM# 210 6 PFENNIG (Sechser)

Silver **Ruler:** Friedrich II **Obv:** Crowned script FDS monogram **Rev. Inscription:** 6 / PFENNIG / F. S. G. U. A. / L. MUNTZ. / date **Mint:** Gotha

Date	Mintage	VG	F	VF	XF	Unc
1718 IT	320,000	12.00	20.00	40.00	75.00	—
1719 IT	Inc. above	12.00	20.00	40.00	75.00	—

KM# 221 6 PFENNIG (Sechser)

Silver **Ruler:** Friedrich II **Obv:** Crowned script FDS monogram **Rev. Inscription:** VI / PFENNIG / F. S. G. U. A. / L. MUNTZ. / date **Mint:** Gotha **Note:** Varieties exist.

Date	Mintage	VG	F	VF	XF	Unc
1722 IT	228,000	12.00	20.00	40.00	75.00	—
1723 AH	122,000	12.00	20.00	40.00	75.00	—
1725 AH	—	12.00	20.00	40.00	75.00	—
1727 AH	57,000	12.00	20.00	40.00	75.00	—
1729 AH	85,000	12.00	20.00	40.00	75.00	—

600 GERMAN STATES SAXE-GOTHA-ALTENBURG

KM# 271 6 PFENNIG (Sechser)
Billon **Ruler:** Friedrich III **Obv:** Crowned script F monogram **Rev:** Imperial orb with value VI, date below **Note:** Prev. C#13.

Date	Mintage	VG	F	VF	XF	Unc
1734 AH	200,000	12.00	25.00	50.00	100	—
1735 AH	49,000	12.00	25.00	50.00	100	—
1736 AH	49,000	12.00	25.00	50.00	100	—
1737 AH	202,000	12.00	25.00	50.00	100	—
1745 AH	195,000	12.00	25.00	50.00	100	—
1747 AH	223,000	12.00	25.00	50.00	100	—
1749 AH	253,000	12.00	25.00	50.00	100	—
1750 AH	83,000	12.00	25.00	50.00	100	—

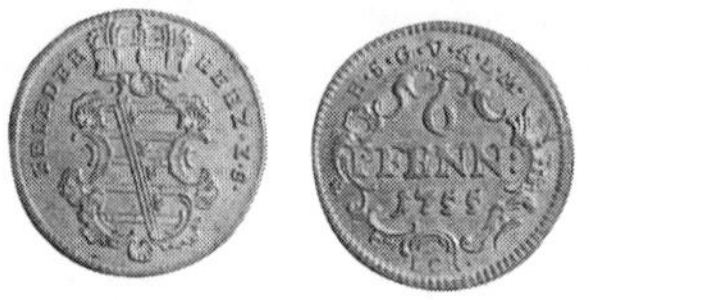

KM# 288 6 PFENNIG (Sechser)
Billon **Ruler:** Friedrich III **Obv:** Crowned ornate shield of ducal arms of Saxony **Obv. Legend:** FRIEDER. — HERZ. Z. S. **Rev:** 3-line inscription with value and date in cartouche, mintmaster's initials below **Rev. Legend:** H.S.G.V.A.L.M. **Rev. Inscription:** 6 / PFENN: / (date) **Note:** Prev. C#14.

Date	Mintage	VG	F	VF	XF	Unc
1752 LCK	90,000	10.00	20.00	45.00	90.00	—
1753 LCK	26,000	10.00	20.00	45.00	90.00	—
1754 LCK	389,000	10.00	20.00	45.00	90.00	—
1755 LCK	254,000	9.00	20.00	45.00	90.00	—
1756 LCK	—	9.00	20.00	45.00	90.00	—
1757 LCK	—	9.00	20.00	45.00	90.00	—
1758 LCK	—	9.00	20.00	45.00	90.00	—
1759 LCK	—	9.00	20.00	45.00	90.00	—
1760 LCK	—	9.00	20.00	45.00	90.00	—

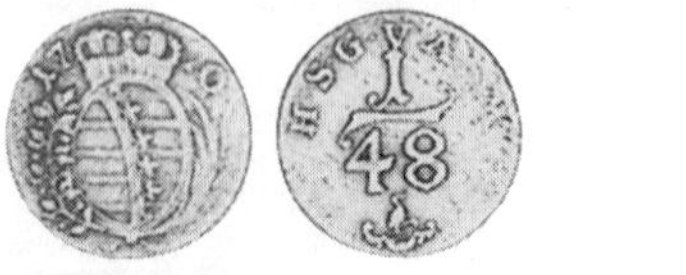

KM# 320 1/48 THALER
Billon **Ruler:** Friedrich III **Obv:** Crowned oval arms between branches, date **Rev:** Value **Note:** Prev. C#15.

Date	Mintage	VG	F	VF	XF	Unc
1767	409,000	8.00	18.00	37.00	75.00	—
1768	486,000	8.00	18.00	37.00	75.00	—
1769	—	8.00	18.00	37.00	75.00	—
1770	—	8.00	18.00	37.00	75.00	—
1771	—	8.00	18.00	37.00	75.00	—
1772	—	8.00	18.00	37.00	75.00	—

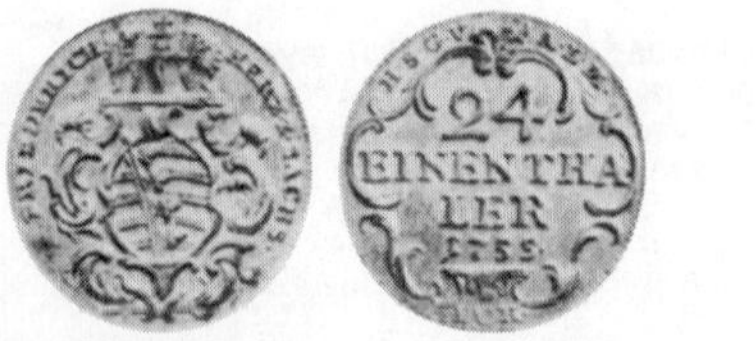

KM# 289 1/24 THALER
Billon **Ruler:** Friedrich III **Obv:** Crowned arms of ducal Saxony in baroque frame **Obv. Legend:** FRIEDRICH — HERZ. Z. SACHS. **Rev:** Value, date in cartouche, legend curved above **Rev. Legend:** H. S. G. V. A. L. M. **Rev. Inscription:** 24 / EINEN THA / LER / (date) **Note:** Prev. C#16. Varieties exist.

Date	Mintage	VG	F	VF	XF	Unc
1752 LCK	—	10.00	20.00	45.00	95.00	—
1753 LCK	6,989	10.00	20.00	45.00	95.00	—
1754 LCK	296,000	10.00	20.00	45.00	95.00	—
1755 LCK	3,600	10.00	20.00	45.00	95.00	—
1756 LCK	—	10.00	20.00	45.00	95.00	—

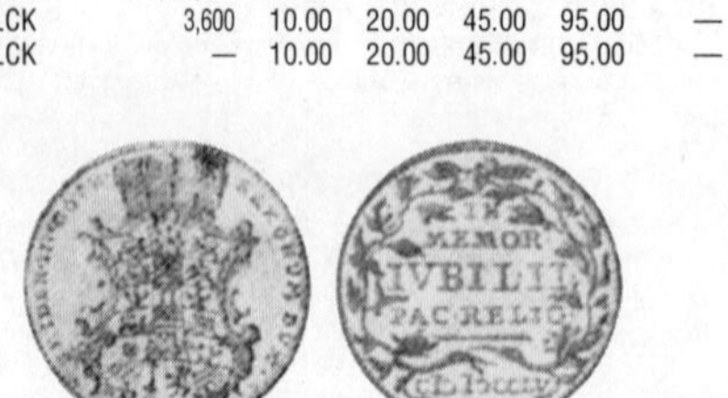

KM# 294 1/24 THALER
Billon **Ruler:** Friedrich III **Subject:** 200th Anniversary - Religious Peace of Augsburg **Obv:** Complex arms **Rev:** Inscription within vines **Note:** Prev. C#17.

Date	Mintage	VG	F	VF	XF	Unc
1755	59,000	12.00	25.00	50.00	100	—

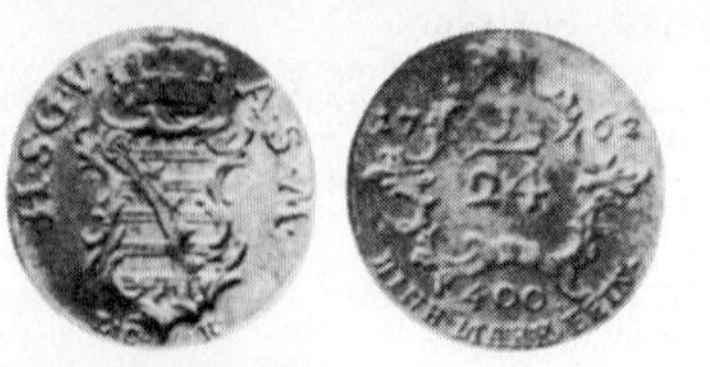

KM# 309 1/24 THALER
Billon **Ruler:** Friedrich III **Obv:** Crowned arms in cartouche **Rev:** Value in cartouche, date, 400 EINE... **Note:** Prev. C#18.1.

Date	Mintage	VG	F	VF	XF	Unc
1762 LCK	305,000	30.00	50.00	100	210	—

KM# 310 1/24 THALER
Billon **Ruler:** Friedrich III **Obv:** Arms encircled by Order chain **Rev:** Value in cartouche, date **Note:** Prev. C#18.2.

Date	Mintage	VG	F	VF	XF	Unc
1762 LCK	Inc. above	10.00	25.00	50.00	100	—

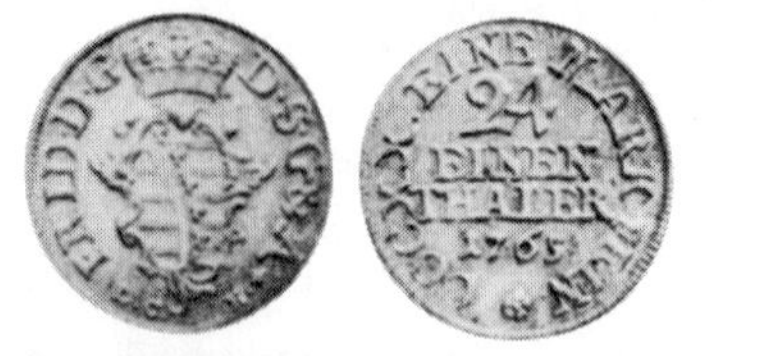

KM# 312 1/24 THALER
Billon **Ruler:** Friedrich III **Obv:** Crowned arms in cartouche **Rev:** Value, date, CCCXX EINE... **Note:** Prev. C#19.

Date	Mintage	VG	F	VF	XF	Unc
1763 LCK	128,000	7.00	15.00	30.00	60.00	—
1764 LCK	489,000	7.00	15.00	30.00	60.00	—
1765 LCK	365,000	7.00	15.00	30.00	60.00	—
1766 LCK	84,000	7.00	15.00	30.00	60.00	—
1767 LCK	113,000	7.00	15.00	30.00	60.00	—
1768 LCK	22,000	7.00	15.00	30.00	60.00	—
1771 LCK	—	7.00	15.00	30.00	60.00	—

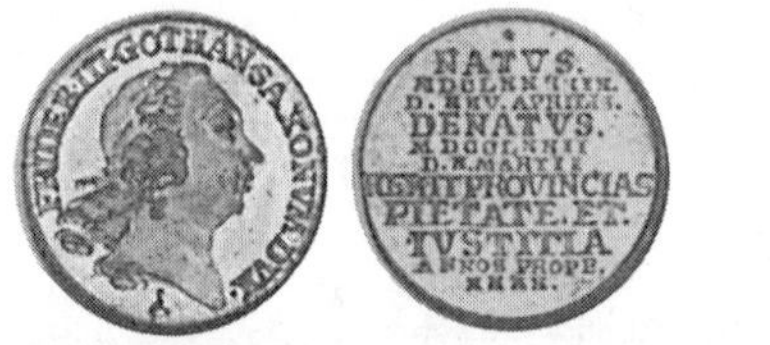

KM# 323 1/24 THALER
Silver **Ruler:** Friedrich III **Subject:** Death of Friedrich III **Obv:** Head right **Obv. Legend:** FRIDER. III. GOTHAN. SAXONVM. DVX. **Rev:** Eleven-line inscription, date in Roman numerals **Note:** Prev. C#20.1.

Date	Mintage	VG	F	VF	XF	Unc
1772 Crane	—	9.00	20.00	45.00	90.00	—

KM# 324 1/24 THALER
Silver **Ruler:** Friedrich III **Obv:** Head right **Rev:** Twelve-line inscription, date in Roman numerals **Note:** Prev. C#20.2.

Date	Mintage	VG	F	VF	XF	Unc
1772 Crane	—	9.00	20.00	45.00	90.00	—

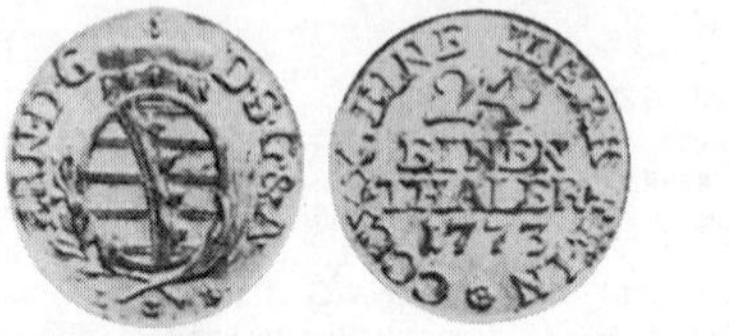

KM# 327 1/24 THALER
Billon **Ruler:** Ernst II Ludwig **Obv:** Crowned arms **Rev:** Value, date **Note:** Prev. C#36.

Date	Mintage	VG	F	VF	XF	Unc
1773 LCK	—	7.00	15.00	30.00	60.00	—

KM# 181 1/24 THALER (Groschen)
Silver **Ruler:** Friedrich II **Obv:** Crowned script FDS monogram divides date **Rev:** Crowned 4-fold arms with central shield divide mintmaster's initials, value (1. Gr.) at bottom **Rev. Legend:** MONETA SAXO - GOTH. & ALTNB. **Mint:** Gotha

Date	Mintage	VG	F	VF	XF	Unc
1711 IT	17,000	22.00	40.00	80.00	135	—

KM# 191 1/24 THALER (Groschen)
Silver **Ruler:** Friedrich II **Subject:** Bicentennial of the Reformation **Obv:** Bust right, titles of Friedrich II **Rev:** 9-line inscription with R.N. date and value 'I' at bottom **Mint:** Gotha

Date	Mintage	VG	F	VF	XF	Unc
MDCCXVII (1717) IT	119,000	12.00	25.00	50.00	85.00	—

KM# 211 1/24 THALER (Groschen)
Ruler: Friedrich II **Obv:** Crowned script FDS monogram divides date near bottom **Obv. Legend:** LEIPZ. - FUES. **Rev:** Crowned 4-fold arms with central shield divide mintmaster's initials, value (1. Gr.) at bottom **Rev. Legend:** MONETA SAXO - GOTH. &. ALTNB. **Mint:** Gotha

Date	Mintage	VG	F	VF	XF	Unc
1718 IT	Inc. above	—	—	—	—	—

KM# 239 1/24 THALER (Groschen)
Silver **Ruler:** Friedrich II **Subject:** Bicentennial of the Gymnasium in Gotha **Obv:** Bust right **Rev:** 9-line inscription with R.N. date

Date	Mintage	VG	F	VF	XF	Unc
MDCCXXIV (1724) K//AH	10,000	28.00	50.00	100	160	—

KM# 243 1/24 THALER (Groschen)
Silver **Ruler:** Friedrich II **Obv:** Script FDS monogram, crown above divides LEIPZ. - FUS, date divides mintmaster's initials on ribbon below **Rev:** Crowned 4-fold arms with central shield, value (1.GR.) below **Rev. Legend:** MONETA ...

Date	Mintage	VG	F	VF	XF	Unc
1725 AH	98,000	22.00	40.00	80.00	135	—

KM# 253 1/24 THALER (Groschen)
Silver **Ruler:** Friedrich II **Obv:** Bust right **Rev:** 7-line inscription with R.N. date **Rev. Inscription:** IVBILEVM / II / ...

Date	Mintage	VG	F	VF	XF	Unc
MDCCXXX (1730) K//AH	21,000	18.00	30.00	60.00	100	—

KM# 254 1/24 THALER (Groschen)
Silver **Ruler:** Friedrich II **Obv:** Bust right **Rev:** 7-line inscription with R.N. date **Rev. Inscription:** IVBILEVM / SECVNDVM / ...

Date	Mintage	VG	F	VF	XF	Unc
MDCCXXX (1730) AH	Inc. above	18.00	30.00	60.00	100	—

KM# 262 1/24 THALER (Groschen)
Silver **Ruler:** Friedrich II **Subject:** Death of Friedrich II **Obv:** Head right **Rev:** 12-line inscription with R.N. date

Date	Mintage	VG	F	VF	XF	Unc
MDCCXXXII (1732) AH	16,000	22.00	40.00	80.00	135	—

KM# 182 1/12 THALER (Doppelgroschen)
Silver **Ruler:** Friedrich II **Obv:** Crowned script FDS monogram divides date **Rev:** Crowned 4-fold arms with central shield divide mintmaster's initials, value (2.GR.) at bottom **Rev. Legend:** MONETA SAXO - GOTH. & ALTNB. **Mint:** Gotha

Date	Mintage	VG	F	VF	XF	Unc
1711 IT	19,000	32.00	60.00	120	185	—

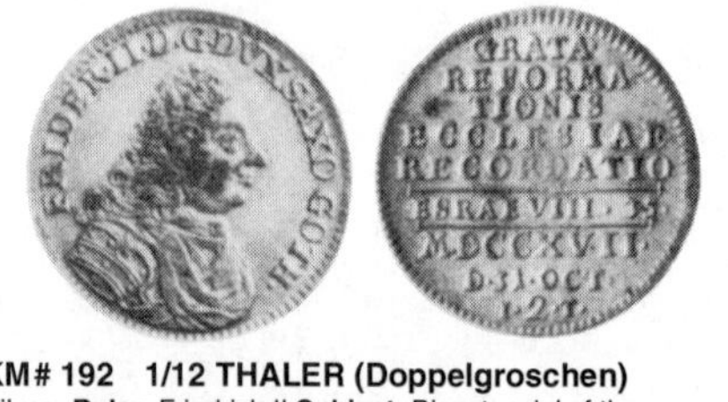

KM# 192 1/12 THALER (Doppelgroschen)
Silver **Ruler:** Friedrich II **Subject:** Bicentennial of the Reformation **Obv:** Bust right, titles of Friedrich II **Rev:** 9-line inscription with R.N. date and value '2' at bottom **Mint:** Gotha

Date	Mintage	VG	F	VF	XF	Unc
1717 IT	—	25.00	45.00	85.00	140	—

KM# 212 1/12 THALER (Doppelgroschen)
Silver **Ruler:** Friedrich II **Obv:** Crowned script FDS monogram divides date near bottom **Obv. Legend:** LEIPZ. - FUES. **Rev:** Crowned 4-fold arms with central shield divide mintmaster's initials, value (2.GR.) at bottom **Rev. Legend:** MONETA SAXO - GOTH. &. ALTNB. **Mint:** Gotha

Date	Mintage	VG	F	VF	XF	Unc
1718 IT	71,000	35.00	65.00	135	200	—

KM# 240 1/12 THALER (Doppelgroschen)
Silver **Ruler:** Friedrich II **Subject:** Bicentennial of the Gymnasium in Gotha **Obv:** Bust right **Rev:** 8-line inscription with R.N. date

Date	Mintage	VG	F	VF	XF	Unc
MDCCXXIV (1724) K//AH	3,678	40.00	75.00	140	220	—

KM# 244 1/12 THALER (Doppelgroschen)
Silver **Ruler:** Friedrich II **Obv:** Script FDS monogram, crown above divides LEIPZ. - FUS., date divides mintmaster's initials on ribbon below **Rev:** Crowned 4-fold arms with central shield, value (2.GR.) below **Rev. Legend:** MONETA ...

Date	Mintage	VG	F	VF	XF	Unc
1725 AH	38,000	32.00	65.00	130	190	—
1727 AH	21,000	32.00	65.00	130	190	—

KM# 313 1/12 THALER (Doppelgroschen)
Silver **Ruler:** Friedrich III **Obv:** Crowned arms in cartouche **Rev:** Value: CLX EINE..., date **Note:** 1/16 Konventionstaler. Prev. C#21.

Date	Mintage	VG	F	VF	XF	Unc
1763 LCK	309,000	15.00	30.00	65.00	135	—
1764 LCK	148,000	15.00	30.00	65.00	135	—

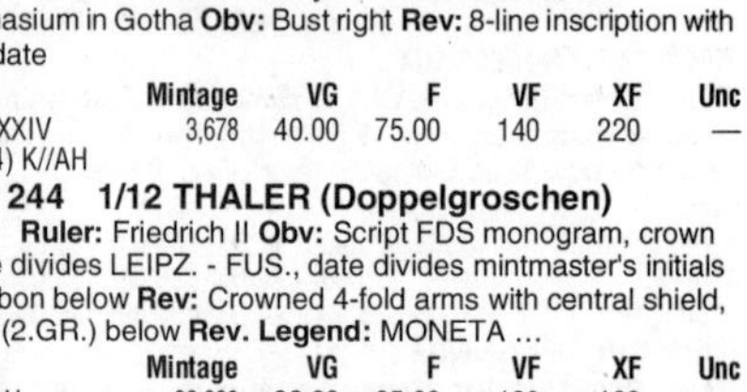

KM# 325 1/12 THALER (Doppelgroschen)
Silver **Ruler:** Friedrich III **Obv:** Head right **Rev:** Eleven-line inscription, date in Roman numerals **Note:** Prev. C#22.1. Double-thick flan.

Date	Mintage	VG	F	VF	XF	Unc
1772 Crane	—	15.00	37.00	75.00	150	—

SAXE-GOTHA-ALTENBURG — GERMAN STATES

KM# 326 1/12 THALER (Doppelgroschen)
Silver **Ruler:** Friedrich III **Obv:** Head right **Rev:** Twelve-line inscription **Note:** Prev. C#22.2. Double-thick flan.

Date	Mintage	VG	F	VF	XF	Unc
1772 Crane	—	15.00	37.00	75.00	150	—

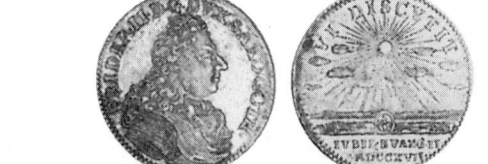

KM# A22 1/8 THALER
Silver **Ruler:** Friedrich II **Subject:** Bicentennial of the Reformation **Obv:** Armored bust right **Rev:** Radiant sun, inscription below

Date	Mintage	VG	F	VF	XF	Unc
1717 CWIT	—	70.00	150	300	600	—

KM# 193 1/8 THALER
Silver **Ruler:** Friedrich II **Subject:** Bicentennial of the Reformation **Obv:** Bust right, titles of Friedrich II **Rev:** Sun shing down on landscape, VI DISVTIT curved above, value 1/8 in oval above exergue with 2-line inscription including R.N. date **Mint:** Gotha

Date	Mintage	VG	F	VF	XF	Unc
MDCCXVII (1717) IT	1,088	40.00	75.00	140	220	—

KM# 295 1/6 THALER
Silver **Ruler:** Ernst II Ludwig **Subject:** 200th Anniversary - Religious Peace of Augsburg **Obv:** Draped bust right **Rev:** Inscription within branches **Note:** Prev. C#23.

Date	Mintage	VG	F	VF	XF	Unc
1755	14,000	20.00	50.00	100	210	—

KM# 302 1/6 THALER
Silver **Ruler:** Friedrich III **Obv:** Bust to right **Rev:** Crowned ornate 20-fold arms in baroque frame divides L — M and date, value 1/6 in bottom of frame **Note:** Prev. C#24.1.

Date	Mintage	VG	F	VF	XF	Unc
1757 LCK	34,000	80.00	175	375	775	—

KM# 303 1/6 THALER
Silver **Ruler:** Friedrich III **Rev:** Ordinary Saxon arms only **Note:** Prev. C#24.2.

Date	Mintage	VG	F	VF	XF	Unc
1757 LCK	Inc. above	50.00	110	235	475	—
1758 LCK	Inc. above	50.00	110	235	475	—

KM# 306 1/6 THALER
Silver **Ruler:** Friedrich III **Obv:** Head right **Rev:** Arms of Saxony in baroque frame, crown above divides date, value 80 in cartouche below, curved under EINE MARK FEIN **Mint:** Gotha **Note:** Prev. C#25. 1/8 Conventions Thaler.

Date	Mintage	VG	F	VF	XF	Unc
1761 LCK	141,000	20.00	35.00	65.00	125	—

KM# 307 1/6 THALER
Silver **Ruler:** Friedrich III **Obv:** Armored bust right **Rev:** Arms of Saxony in baroque frame, manifold arms, value 80 in cartouche below, curved under EINE FEINE MARK **Mint:** Gotha **Note:** Prev. C#25. 1/8 Konvention Thaler.

Date	Mintage	VG	F	VF	XF	Unc
1761 LCK	Inc. above	20.00	45.00	90.00	185	—
1762 Requires confirmation	—	20.00	45.00	90.00	185	—

KM# 315 1/6 THALER
Silver **Ruler:** Friedrich III **Obv:** Head right **Obv. Legend:** FRIDER. III. D. G. GOTHAN. SAXONVM DVX. **Rev:** Crowned ornate 20-fold arms in baroque frame, value 1/6 in scalloped ornament below arms **Rev. Legend:** 80. EINE FEINE — MARK. (date) **Note:** Prev. C#25a.

Date	Mintage	VG	F	VF	XF	Unc
1764 LCK	47,000	25.00	50.00	100	200	—
1765 LCK	16,000	25.00	50.00	100	200	—

KM# 255 1/6 THALER (4 Groschen)
Silver **Ruler:** Friedrich II **Subject:** Bicentennial of the Augsburg Confession **Obv:** Bust right, R.N. date below **Rev:** Sun shining above 6-line inscription

Date	Mintage	VG	F	VF	XF	Unc
MDCCXXX (1730) AH	1,382	25.00	50.00	95.00	150	—

KM# 194 1/4 THALER
Silver **Ruler:** Friedrich II **Subject:** Bicentennial of the Reformation **Obv:** Bust right, titles of Friedrich II **Rev:** Storm raging around rocks in sea, VOBIS INVITIS curved above, value 1/4 in oval above exergue of 2 lines with date **Mint:** Gotha

Date	Mintage	VG	F	VF	XF	Unc
1717 IT	1,656	60.00	100	200	325	—

KM# 249 1/4 THALER
Silver **Ruler:** Friedrich II **Subject:** Dedication of Monument in the Margarethenkirche, Gotha, for Ernst I the Pious **Obv:** Bust of Ernst I right, titles in outer margin, R.N. dates in inner legend **Rev:** 10-line inscription, R.N. date in legend

Date	Mintage	VG	F	VF	XF	Unc
MDCCXXIX (1729) AH	368	75.00	140	225	400	—

KM# 256 1/3 THALER
Silver **Ruler:** Friedrich II **Subject:** Bicentennial of the Augsburg Confession **Obv:** Bust right, titles and R.N. date in legend **Rev:** Altar with Bible, crucifix behind, CRVX AVCTRIX ET TVTRIX curved above, 3-line inscription in exergue **Mint:** Gotha

Date	Mintage	VG	F	VF	XF	Unc
MDCCXXX (1730) W//AH	1,344	40.00	75.00	140	225	—

KM# 296 1/3 THALER
Silver **Ruler:** Friedrich II and Johann Wilhelm **Subject:** 200th Anniversary - Religious Peace of Augsburg **Obv:** Draped bust right **Obv. Legend:** FRIDER. III. GOTHAN. SAXONVM. DVX. **Rev:** Crowned arms **Note:** Prev. C#26.

Date	Mintage	VG	F	VF	XF	Unc
1755	2,220	60.00	100	210	425	—
1755 LCK	2,220	60.00	100	210	425	—

KM# 318 1/3 THALER
Silver **Ruler:** Friedrich III **Obv:** Head right **Rev:** Crowned arms **Note:** Prev. C#27. 1/4 Conventions Thaler.

Date	Mintage	VG	F	VF	XF	Unc
1765 Crane	2,704	50.00	85.00	175	375	—
1766 Crane	Inc. above	50.00	85.00	175	375	—

KM# 328 1/3 THALER (1/3 Speciestaler)
Silver **Ruler:** Ernst II Ludwig **Obv:** Bust right, titles of Ernst II **Rev:** Crowned and supported oval manifold arms, date in cartouche at bottom **Rev. Legend:** XXX. EINE - FEINE MARK.

Date	Mintage	VG	F	VF	XF	Unc
1774 crane	—	35.00	60.00	120	195	—
1774 LCK	—	35.00	60.00	120	195	—

KM# 329 1/3 THALER (1/3 Speciestaler)
Silver **Ruler:** Ernst II Ludwig **Obv:** Draped bust right **Rev:** Crowned arms within branches **Note:** Prev. C#37.

Date	Mintage	VG	F	VF	XF	Unc
1774 LCK	—	40.00	85.00	175	375	—

KM# 167 1/2 THALER
Silver **Ruler:** Friedrich II **Subject:** Death of Friedrich I's Second Wife, Christine von Baden **Rev:** Crowned heart-shaped arms in frame, 13-line inscription

Date	Mintage	VG	F	VF	XF	Unc
MDCCV (1705)	—	—	—	—	—	—

KM# 195 1/2 THALER
Silver **Ruler:** Friedrich II **Subject:** Bicentennial of the Reformation **Obv:** Bust right **Rev:** Sun shining on vineyard **Rev. Legend:** CVSTOS NON DORMIT **Mint:** Gotha

Date	Mintage	VG	F	VF	XF	Unc
MDCCXVII (1717) CW//IT	864	85.00	150	300	500	—

KM# 196 1/2 THALER
Silver **Ruler:** Friedrich II **Subject:** Bicentennial of the Reformation **Obv:** Bust right **Rev:** Sun above vineyard, value R1 / 2T divides R.N. date at bottom **Mint:** Gotha

Date	Mintage	VG	F	VF	XF	Unc
MDCCXVII (1717) W//IT	Inc. above	140	220	400	625	—

KM# 330 1/2 THALER
Silver **Ruler:** Ernst II Ludwig **Obv:** L.C.K. below bust **Obv. Legend:** ERNESTVS. D. G. GOTHAN. SAXONVM. DVX. **Rev:** Crowned arms within branches **Note:** Convention 1/2 Thaler. Prev. C#38.

Date	Mintage	VG	F	VF	XF	Unc
1774 LCK	—	60.00	125	250	525	—
1776 LCK	—	60.00	125	250	525	—

KM# 331 1/2 THALER
Silver **Ruler:** Ernst II Ludwig **Obv:** Crane below bust **Obv. Legend:** ERNESTVS. D. G. GOTHAN. SAXONVM. DVX. **Rev:** Crowned arms within branches **Note:** Prev. C#38a.

Date	Mintage	VG	F	VF	XF	Unc
1774	—	60.00	125	250	525	—
1776	—	60.00	125	250	525	—

KM# 316 2/3 THALER (Gulden)
Silver **Ruler:** Friedrich III **Obv:** Head right **Obv. Legend:** FRIDER. III. GOTHAN. SAXONVM. DVX. **Rev:** Crowned arms with supporters **Note:** Prev. C#28. Reichs 2/3 Thaler

Date	Mintage	VG	F	VF	XF	Unc
1764 Crane	14,000	45.00	75.00	150	300	—

KM# 332 2/3 THALER (Gulden)
Silver **Ruler:** Ernst II Ludwig **Obv:** Armored bust right, titles of Ernst II **Obv. Legend:** ERNESTVS D•G•GOTHAN•SAXONVM DVX, L•C•R• below **Rev:** Crowned and supported oval manifold arms, date in cartouche at bottom **Rev. Legend:** XV. EINE - FEINE MARK **Note:** Called "Light Thaler". Dav. #2724. Prev. C#39.

Date	Mintage	F	VF	XF	Unc	BU
1774 LCK	—	300	625	1,250	2,500	—

GERMAN STATES — SAXE-GOTHA-ALTENBURG

Reformation **Obv:** Draped bust right **Obv. Legend:** FRIDERICVS II. DVX SAXO-GOTHANVS • **Rev:** Sun above palm tree, R.N. date in exergue **Rev. Legend:** VIXI ANNOS BIS CENTVM: - NVNC TERTIA VIVIVTVR AETAS, in exergue; IVBIL• II• EVANGEL./MDCCXVII• **Note:** Dav. #2711.

Date	Mintage	F	VF	XF	Unc	BU
MDCCXVII (1717) K	110	375	775	1,400	2,500	—

KM# 165 THALER
Silver **Ruler:** Friedrich II and Johann Wilhelm **Obv:** Bust of Friedrich II right **Obv. Legend:** FRIDERICVS • D • G • D • S • I • C • M • A • ET W •, C.W. on arm **Rev:** Helmeted arms divide date at bottom **Rev. Legend:** LANDG • TH • M • M • PR • D • C • HEN • C • M • E • R • D • R • E • TON •, I-T and 1704 below **Note:** Dav. #2707.

Date	Mintage	F	VF	XF	Unc	BU
1704 CW//IT	—	900	1,750	3,500	6,500	—

KM# 168 THALER
Silver **Ruler:** Friedrich II and Johann Wilhelm **Subject:** Death of Christine, second wife of Friedrich I **Obv:** Crowned heart-shaped arms in frame **Rev:** 21-line inscription with date in Roman numerals **Note:** Dav. #2708.

Date	Mintage	F	VF	XF	Unc	BU
MDCCV (1705) Rare	—	—	—	—	—	—

KM# 170 THALER
Silver **Ruler:** Friedrich II and Johann Wilhelm **Subject:** Death of Johann Wilhelm, Brother of Friedrich II **Obv:** Bust of Johann Wilhelm right **Rev:** Eleven-line inscription in double legend with date in Roman numerals **Note:** Dav. #2709.

Date	Mintage	F	VF	XF	Unc	BU
MDCCVII (1707) CW//IT	100	1,250	2,500	4,500	7,500	—

KM# 187 THALER
Silver **Ruler:** Friedrich II **Obv:** Draped bust right **Obv. Legend:** FRIDERIC9 • D • G • D • S • I • C • M • A • ET W •, C.W. on arm **Rev:** Helmeted arms divide I-T at sides, date at bottom **Rev. Legend:** LANDG • TH • M • M • PR • D • C • HEN • C • M • E • R • D • R • E • TON • **Note:** Dav. #2710.

Date	Mintage	F	VF	XF	Unc	BU
1712 CW//IT	415	900	1,750	3,500	6,500	—

KM# 198 THALER
Silver **Ruler:** Friedrich II **Subject:** Bicentennial of the Reformation **Obv:** Armored bust right **Obv. Legend:** FRIDERICVS II • D • G • DVX SAXO-GOTHANVS • **Rev:** Sun above vineyard, R. N. date in exergue with inscription **Rev. Legend:** NON DORMIT CVSTOS **Rev. Inscription:** IVBIL • IL EVANGEL • / MDCCXVII • **Mint:** Gotha **Note:** Dav. #2712.

Date	Mintage	F	VF	XF	Unc	BU
MDCCXVII (1717) CW//IT	692	350	700	1,250	2,400	—

KM# 199 THALER
Silver **Ruler:** Friedrich II **Obv:** Armored, draped bust right **Obv. Legend:** FRIDERICVS II. D.G. DVX SAXO-GOTHANVS **Rev:** Sun above vineyard **Rev. Legend:** CVSTOS NON DORMIT. **Note:** Dav. #2712A.

Date	Mintage	F	VF	XF	Unc	BU
MDCCXVII (1717) CW//IT	Inc. above	350	700	1,250	2,400	—

KM# 214 THALER
Silver **Ruler:** Friedrich II **Subject:** Laying Foundation Stone of Church at Rehestädt **Obv:** Armored draped bust right **Rev:** 14-line inscription with R. N. date **Note:** Dav. #2713.

Date	Mintage	F	VF	XF	Unc	BU
MDCCXIX (1719) CW//IT Rare	20	—	—	—	—	—

KM# 215 THALER
Silver **Ruler:** Friedrich II **Subject:** Laying Foundation Stone of Church at Waltershausen **Obv:** Armored draped bust right **Rev:** 16-line inscription with Roman numeral date **Note:** Dav. #2714.

Date	Mintage	F	VF	XF	Unc	BU
MDCCXIX (1719) CW//IT Rare	—	—	—	—	—	—

KM# 216 THALER
Silver **Ruler:** Friedrich II **Subject:** Laying Foundation Stone of Church at Waltershausen **Obv:** Armored bust right **Obv. Legend:** FRIDERICVS II. DVX SAXO-GOTHANVS **Rev:** 18-line inscription with Roman numeral date **Rev. Inscription:** RELIGIONIS. EVANGELICAE ... POSVIT. VIII. NOV. A.O.R. MDCCXIX **Note:** Dav. #2715.

Date	Mintage	F	VF	XF	Unc	BU
MDCCXIX (1719) K Rare	24	—	—	—	—	—

KM# 197 THALER
Silver **Ruler:** Friedrich II **Subject:** Bicentennial of the

KM# 228 THALER
Silver **Ruler:** Friedrich II **Subject:** Family Group **Obv:** Head right **Obv. Legend:** FRIDERICVS II. D.G. DVX. SAXO-GOTHANVS, * CARI GENITORIS IMAGO * at bottom **Rev:** 7 medallion portraits, date below **Rev. Legend:** SEPTENARIVSM FRATRVVM ET DVCVM SAXONIAE **Note:** Dav. #2716.

Date	Mintage	F	VF	XF	Unc	BU
1723 K	101	475	950	2,000	3,500	—

KM# 229 THALER
Silver **Ruler:** Friedrich II **Subject:** Dedication of Church at Waltershausen **Obv:** Draped bust right **Rev:** Grapevine, Roman numeral date in exergue **Note:** Dav. #2717.

Date	Mintage	VG	F	VF	XF	Unc
MDCCXXIII (1723) K	60	400	800	1,600	3,250	—

KM# 275 THALER
Silver **Ruler:** Friedrich III **Subject:** Bestowal - Order of the Garter on Friedrich III **Obv:** Bust right **Rev:** Crowned and mantled arms with Order band, date in R. N. **Note:** Dav. #2718.

Date	Mintage	F	VF	XF	Unc	BU
ND(1741) KOCH	—	1,350	2,500	4,150	—	—

KM# 297 THALER
Silver **Ruler:** Friedrich III **Subject:** 200th Anniversary - Religious Peace of Augsburg **Obv:** Order chain on bust right **Obv. Legend:** FRIDER • III • GOTHAN • SAXON • DVX • **Rev:** Crowned arms within mantle, inscription in exergue below **Rev. Legend:** PIETATE ET - IVSTITIA **Rev. Inscription:** ANNO IVBIL II • PAC • / RELIG • / MDCCLV • / LCK • **Note:** Dav. #2721. Prev. C#30.

Date	Mintage	F	VF	XF	Unc	BU
1755 LCK	537	450	900	1,800	3,250	—

KM# A30 THALER
Silver **Ruler:** Friedrich III **Obv:** Smaller bust **Note:** Dav. #2721A.

Date	Mintage	F	VF	XF	Unc	BU
1755 LCK	—	450	900	1,800	3,250	—

KM# 317 THALER
Silver **Ruler:** Friedrich III **Obv:** Crane below bust **Obv. Legend:**

SAXE-GOTHA-ALTENBURG GERMAN STATES

FRIDER. III. D. G. GOTHAN. SAXONVM DVX • **Rev:** Crowned arms with supporters, date below **Rev. Legend:** X • EINE - FEINE MARK • **Note:** Convention Thaler. Dav. #2722. Prev. C#31.

Date	Mintage	F	VF	XF	Unc	BU
1764	29,000	150	300	600	1,200	2,000

KM# 298 2 THALER

Silver **Ruler:** Friedrich III **Subject:** Bicentennial of the Augsburg Confession **Obv:** Bust right **Mint:** Gotha

Date	Mintage	VG	F	VF	XF	Unc
1755 LCK Rare	—	—	—	—	—	—

TRADE COINAGE

KM# 159 1/2 DUCAT

1.7500 g., 0.9860 Gold 0.0555 oz. AGW **Ruler:** Friedrich II and Johann Wilhelm **Obv:** Bust of Friedrich II right **Rev:** Crowned arms **Note:** Fr. #2971.

Date	Mintage	VG	F	VF	XF	Unc
1702 IT	69	300	525	975	1,900	—

KM# 172 DUCAT

Gold **Ruler:** Friedrich II **Obv:** Bust with high coiffure facing right **Rev:** Crowned oval manifold arms in baroque frame divide date near bottom **Rev. Legend:** AMORE ET PRVDENTIA ... **Mint:** Gotha

Date	Mintage	VG	F	VF	XF	Unc
1707 IT	—	575	900	1,600	2,250	—

KM# 173 DUCAT

Gold **Ruler:** Friedrich II and Johann Wilhelm **Subject:** Death of Friedrich II's Brother, Johann Wilhelm **Obv:** Bust of Johann Wilhelm right **Rev:** Inscription with R.N. date **Mint:** Gotha

Date	Mintage	VG	F	VF	XF	Unc
MDCCVII (1707) IT	—	—	—	—	—	—

KM# 135 DUCAT

3.5000 g., 0.9860 Gold 0.1109 oz. AGW **Ruler:** Friedrich II and Johann Wilhelm **Obv:** Bust with high coiffure facing right **Rev:** Crowned oval manifold arms in baroque frame **Rev. Legend:** LANDGR. TH. etc. **Note:** Fr. #2970.

Date	Mintage	VG	F	VF	XF	Unc
1707	—	650	1,450	3,100	6,400	—

KM# 203 DUCAT

3.5000 g., 0.9860 Gold 0.1109 oz. AGW **Ruler:** Friedrich II **Subject:** Bicentennial of the Reformation **Obv:** Bust right **Rev:** Tree on mound, date in exergue **Note:** Fr. #2973.

Date	Mintage	VG	F	VF	XF	Unc
1717 K//IT	—	375	750	1,500	3,300	—

KM# 204 DUCAT

Gold **Ruler:** Friedrich II **Obv:** Bust right, titles of Friedrich II **Rev:** 9-line inscription with R.N. date and value at bottom **Mint:** Gotha

Date	Mintage	VG	F	VF	XF	Unc
1717 IT	—	675	900	1,300	1,900	—

KM# 223 DUCAT

Gold **Ruler:** Friedrich II **Obv:** Bust right **Rev:** Crowned manifold arms in palm branches divide date

Date	Mintage	VG	F	VF	XF	Unc
1722 K Rare	—	—	—	—	—	—

KM# 224 DUCAT

Gold **Ruler:** Friedrich II **Obv:** Armored and draped bust right **Rev:** Manifold arms with concave sides divide date near bottom, 6 helmets above **Rev. Legend:** LANDG. TH. ... date

Date	Mintage	VG	F	VF	XF	Unc
1722 Rare	—	—	—	—	—	—

KM# 241 DUCAT

Gold **Ruler:** Friedrich II **Subject:** Bicentennial of the Gymnasium in Gotha **Obv:** Bust right **Rev:** 9-line inscription with R.N. date

Date	Mintage	VG	F	VF	XF	Unc
MDCCXXIV (1724) Rare	—	—	—	—	—	—

KM# 257 DUCAT

Gold **Ruler:** Friedrich II **Subject:** Bicentennial of the Augsburg Confession **Obv:** Bust right **Rev:** 7-line inscription with R.N. date begins ... **Rev. Inscription:** IVBILEVM / II / ...

Date	Mintage	VG	F	VF	XF	Unc
1730 AH Rare	—	—	—	—	—	—

KM# 258 DUCAT

Gold **Ruler:** Friedrich II **Obv:** Bust right **Rev:** 7-line inscription **Rev. Inscription:** IVBILEVM / SECVNDVM / ...

Date	Mintage	VG	F	VF	XF	Unc
1730 AH Rare	—	—	—	—	—	—

KM# 264 DUCAT

Gold **Ruler:** Friedrich II **Obv:** Armored and draped bust right **Rev:** Crowned and mantled manifold arms divide date, AMORE ET PRVDENTIA curved above

Date	Mintage	VG	F	VF	XF	Unc
1732 Rare	—	—	—	—	—	—

KM# 265 DUCAT

Gold **Ruler:** Friedrich II **Obv:** Bust right **Rev:** Crowned oval Saxony arms, AMORE ET PRVDENTIA curved below

Date	Mintage	VG	F	VF	XF	Unc
ND(1732) Rare	—	—	—	—	—	—

KM# 266 DUCAT

Gold **Ruler:** Friedrich II **Subject:** Death of Friedrich II **Obv:** Armored bust right **Rev:** 12-line inscription with R.N. date

Date	Mintage	VG	F	VF	XF	Unc
1732 K	—	850	1,300	2,550	3,600	—

KM# 319 THALER

Silver **Ruler:** Friedrich III **Obv:** Head right **Obv. Legend:** FRIDER•III•D•G•GOTHAN•SAXONVMDVX• **Rev:** Crowned oval arms in band with motto **Rev. Legend:** X • EINE FEINE MARK below **Note:** Dav. #2723. Prev. C#32.

Date	Mintage	F	VF	XF	Unc	BU
1765	28,000	150	300	600	1,200	2,000
1768	—	150	300	600	1,200	2,000

KM# 333 THALER

Silver **Ruler:** Ernst II Ludwig **Obv:** Crane below bust **Obv. Legend:** ERNESTVS D•G•GOTHAN•SAXONVM DVX• **Rev:** Crowned arms within branches **Rev. Legend:** X • EINE FEINE MARK • **Note:** Dav. #2725. Prev. C#40.

Date	Mintage	F	VF	XF	Unc	BU
1775	—	135	275	550	1,150	—
1776	—	135	275	550	1,150	—

KM# 200 1-1/4 THALER

Silver **Ruler:** Friedrich II **Subject:** 200th Anniversary of the Reformation **Obv:** Draped bust right **Rev:** Sun above palm tree **Note:** Dav. #2711A.

Date	Mintage	VG	F	VF	XF	Unc
MDCCXVII (1717) K Rare	—	—	—	—	—	—

KM# 230 1-1/4 THALER

Silver **Ruler:** Friedrich II **Subject:** Family Group **Obv:** Bust right **Rev:** 7 busts in oval frames, date at bottom

Date	Mintage	VG	F	VF	XF	Unc
1723 K Rare	—	—	—	—	—	—

KM# 231 1-1/4 THALER

Silver **Ruler:** Friedrich II **Subject:** Dedication of the Church at Waltershausen **Obv:** Bust right **Rev:** Grapevine, R. N. date in exergue

Date	Mintage	VG	F	VF	XF	Unc
MDCCXXIII (1723) K	—	500	1,000	2,000	3,500	—

KM# 201 1-1/2 THALER

Silver **Ruler:** Friedrich II **Subject:** 200th Anniversary of the Reformation **Note:** Dav. #2711B.

Date	Mintage	VG	F	VF	XF	Unc
MDCCXVII (1717) K Rare	—	—	—	—	—	—

KM# 232 1-1/2 THALER

Silver **Ruler:** Friedrich II **Note:** Dav. #2716A. Similar to 1 Thaler, Dav. #2716.

Date	Mintage	VG	F	VF	XF	Unc
1723 K Rare	—	—	—	—	—	—

KM# 233 1-1/2 THALER

Silver **Ruler:** Friedrich II **Subject:** Dedication of the Church at Waltershausen **Obv:** Sun above palm tree **Rev:** Grapevine, R.N. date in exergue

Date	Mintage	VG	F	VF	XF	Unc
MDCCXXIII (1723)	—	1,000	2,000	3,500	6,000	—

KM# 267 DUCAT

3.5000 g., 0.9860 Gold 0.1109 oz. AGW **Ruler:** Friedrich III **Subject:** Granting the Polish Order of the White Eagle upon Friedrich III **Obv:** Bust right **Rev:** Complex arms within crowned mantle **Note:** Fr# 2975. Prev. C#33.

Date	Mintage	VG	F	VF	XF	Unc
1732 AH	300	475	1,050	2,250	4,800	—

KM# 299 DUCAT

3.5000 g., 0.9860 Gold 0.1109 oz. AGW **Ruler:** Friedrich III **Subject:** 200 Years of Religious Peace **Obv:** Bust right **Rev:** Crowned arms in baroque frame **Note:** Prev. C#34.

Date	Mintage	VG	F	VF	XF	Unc
1755 LCK	—	275	600	1,300	3,050	—

KM# 174 2 DUCAT

7.0000 g., 0.9860 Gold 0.2219 oz. AGW **Ruler:** Friedrich II and Johann Wilhelm **Subject:** 32nd Birthday of Friedrich II **Obv:** Bust of Friedrich II right **Rev:** Crowned oval arms **Note:** Fr. #2969.

Date	Mintage	VG	F	VF	XF	Unc
1707 IT	—	1,900	3,700	7,500	13,000	—

KM# 205 2 DUCAT

7.0000 g., 0.9860 Gold 0.2219 oz. AGW **Ruler:** Friedrich II **Subject:** Bicentennial of the Reformation **Rev:** Five-line inscription **Note:** Fr. #2972.

Date	Mintage	VG	F	VF	XF	Unc
1717	—	975	1,800	3,750	6,800	—

KM# 259 2 DUCAT

7.0000 g., 0.9860 Gold 0.2219 oz. AGW **Ruler:** Friedrich II **Subject:** Bicentennial of the Augsberg Confession **Obv:** Bust right, Roman numeral date below **Rev:** Legend **Note:** Fr. #2974.

Date	Mintage	VG	F	VF	XF	Unc
ND(1730) AH	20	975	1,800	3,750	6,800	—

KM# 300 2 DUCAT

7.0000 g., 0.9860 Gold 0.2219 oz. AGW **Ruler:** Friedrich III **Subject:** 200 Years of Religious Peace **Obv:** Bust right **Rev:** Four-line inscription, Roman numeral date **Note:** Prev. C#35.

Date	Mintage	VG	F	VF	XF	Unc
ND(1755)	—	1,150	2,250	4,500	8,300	—

KM# 251 3 DUCAT

Gold **Ruler:** Friedrich II **Subject:** Dedication of Monument in the Margarethenkirche, Gotha, for Ernst I the Pious **Obv:** Bust of Ernst I right, titles in outer margin, R.N. dates in inner legend **Rev:** 10-line inscription, R.N. date in legend **Note:** Struck from same dies as 1/4 Thaler, KM#249.

Date	Mintage	VG	F	VF	XF	Unc
MDCCXXIX (1729) AH Rare	—	—	—	—	—	—

KM# 260 3 DUCAT

Gold **Ruler:** Friedrich II **Subject:** Bicentennial of the Augsburg Confession **Obv:** Bust right, titles and R.N. date in legend **Rev:** Altar with Bible, crucifix behind, CRVX AVCTRIX ET TVTRIX curved above, 3-line inscription in exergue **Mint:** Gotha **Note:** Struck from same dies as 1/3 Thaler, KM#256.

Date	Mintage	VG	F	VF	XF	Unc
MDCCXXX (1730) W//AH Rare	20	—	—	—	—	—

GERMAN STATES

SAXE-GOTHA-ALTENBURG

KM# 235 10 DUCAT
Gold **Ruler:** Friedrich II **Obv:** Bust right **Rev:** 7 medallions with busts right and left around center medallion with bust right, date below **Note:** Struck from same dies as Thaler, KM#228.

Date	Mintage	VG	F	VF	XF	Unc
1723 K Rare	—	—	—	—	—	—

KM# 276 10 DUCAT
Gold **Ruler:** Friedrich III **Subject:** Granting of the Order of the IGarter upon Friedrich III **Obv:** Bust right **Rev:** Crowned and mantled arms with order band, date in R.N. **Mint:** Gotha **Note:** Struck from same dies as Thaler, KM#275.

Date	Mintage	VG	F	VF	XF	Unc
MDCCXLI (1741)	6	—	—	—	—	—
KOCH Rare						

KM# 236 15 DUCAT
Gold **Ruler:** Friedrich II **Subject:** Family Ducat **Rev:** 7 busts in oval frames, date at bottom **Note:** Struck from same dies as Thaler, KM#228.

Date	Mintage	VG	F	VF	XF	Unc
1723 K Rare	—	—	—	—	—	—

KM# 237 15 DUCAT
Gold **Ruler:** Friedrich II **Subject:** Dedication of the Church at Waltershausen **Note:** Struck from same dies as Thaler, KM#229.

Date	Mintage	VG	F	VF	XF	Unc
MDCCXXIII	1	—	—	—	—	—
(1723) K Rare						

KM# 207 17 DUCAT
Gold **Ruler:** Friedrich II **Subject:** Bicentennial of the Reformation **Rev:** Sun above palm tree, R.N. date in exergue **Note:** Struck from same dies as Thaler, KM#197.

Date	Mintage	VG	F	VF	XF	Unc
MDCCXVII	6	—	—	—	—	—
(1717) K Rare						

PATTERNS
Including off metal strikes

KM#	Date	Mintage Identification	Mkt Val
Pn9	1707 IT	— Ducat. Silver. KM#172, 1.92 g.	200
Pn10	MDCCVII	— Ducat. Tin. KM#173.	—
	(1707) IT		
Pn11	MDCCXIX	— Thaler. Tin. KM#216.	—
	(1719) K		
Pn12	1722	— Ducat. KM#223.	—
Pn13	1722	— Ducat. Silver. KM#224.	—
Pn14	1722	— Ducat. Tin. KM#224.	—
Pn15	1723	— Thaler. Tin. KM#228.	—
Pn16	MDCCXXIII	— Thaler. Tin. KM#229.	—
	(1723) K		
Pn17	1732	— Ducat. Tin. KM#264.	—
Pn18	ND(1732) K	— Ducat. Tin. KM#265.	—
Pn19	1732 K	— Ducat. Silver. KM#266. 6.39 g.	—
Pn20	1732 K	— Ducat. Tin. KM#266.	—
Pn21	1741	— Thaler. Lead. KM#275.	—
Pn22	1753 LCK	— 1/24 Thaler. Gold. KM#289.	—
Pn23	1755	— Ducat. Copper. KM#299.	—

SAXE-MEININGEN

(Sachsen-Meiningen)

The duchy of Saxe-Meiningen was located in Thuringia, sandwiched between Saxe-Weimar-Eisenach on the west and north and the enclave of Schmalkalden belonging to Hesse-Cassel on the east. It was founded upon the division of the Ernestine line in Saxe-Gotha in 1680. In 1735, due to an exchange of some territory, the duchy became known as Saxe-Coburg-Meiningen. In 1826, Saxe-Coburg-Gotha assigned Saalfeld to Saxe-Meiningen. The duchy came under the strong influence of Prussia from 1866, when Bernhard II was forced to abdicate because of his support of Austria. The monarchy ended with the defeat of Germany in 1918.

RULERS
Bernhard, 1680-1706
Ernst Ludwig I, 1706-1724
Ernst Ludwig II, 1724-1729
Karl Friedrich, 1729-1743
Friedrich Wilhelm, 1743-1746
Anton Ulrich, 1746-1763
August Friedrich Karl, under Regency of
Charlotte Amalie, 1763-1775
Alone as Karl, 1775-1782
Georg I, 1782-1803

MINT OFFICIALS' INITIALS

Initial	Date	Name
CW, W	1688-1739	Christian Wermuth, die-cutter in Gotha
HEA	1686-1705	Heinrich Ernst Angerstein, mintmaster in Coburg
	1687-1714	Ernst Friedrich Angerstein in Coburg
HMO	1714-17	Heinrich Ernst Obermuller in Meiningen
ICK	1765-94	Johann Christian Knaust
IT	1690-1723	Johann Thun in Gotha
PFC	1685-1714	Paul Friedrich Crum in Coburg
SNR	1760-74	Siegmund Scholz, warden and
	1764-93	Georg Nikolaus Riedner, mintmaster

NOTE: Between 1691 and 1703, Saxe-Meiningen struck coins in various denominations for its part of Henneberg-Ilmenau.

REFERENCE
G = Ludwig Grobe, **Die Münzen des Herzogtums Sachsen-Meiningen**, Meiningen, 1891.

DUCHY
REGULAR COINAGE

KM# 40 HELLER
Copper **Ruler:** Ernst Ludwig I **Obv:** Intertwined EL monogram **Rev:** Value, date **Rev. Inscription:** I / HELLER

Date	Mintage	VG	F	VF	XF	Unc
1714	—	5.00	10.00	25.00	50.00	—

KM# 41 HELLER
Copper **Ruler:** Ernst Ludwig I **Obv:** Ducal crown above monogram **Note:** Varieties exist.

Date	Mintage	VG	F	VF	XF	Unc
1714	—	5.00	10.00	25.00	50.00	—

KM# 55 HELLER
Copper **Ruler:** Karl Friedrich **Obv:** Crowned round arms in cartouche **Rev:** Value, date **Rev. Inscription:** I / MEINING / HELLER **Note:** Varieties exist.

Date	Mintage	VG	F	VF	XF	Unc
1738	—	5.00	10.00	20.00	45.00	—
1740	—	5.00	10.00	20.00	45.00	—
1741	—	5.00	10.00	20.00	45.00	—
1742	—	5.00	10.00	20.00	45.00	—

KM# 60 HELLER
Copper **Ruler:** Karl Friedrich **Rev:** Intertwined H: M (Herzogtum Meiningen), ducal crown above

Date	Mintage	VG	F	VF	XF	Unc
ND(1743)	—	—	—	—	—	—

KM# 61 HELLER
Copper **Ruler:** Friedrich Wilhelm **Obv:** Crowned arms within cartouche **Rev:** Value, date

Date	Mintage	VG	F	VF	XF	Unc
1743	—	4.00	9.00	18.00	37.00	—
1744	—	4.00	9.00	18.00	37.00	—
1745	—	4.00	9.00	18.00	37.00	—

KM# 65 HELLER
Copper **Ruler:** Anton Ulrich **Obv:** Crowned oval arms in baroque frame **Rev:** Value, date **Note:** Varieties exist.

Date	Mintage	VG	F	VF	XF	Unc
1755	—	4.00	9.00	18.00	37.00	—
1756	—	4.00	9.00	18.00	37.00	—
1761	—	4.00	9.00	18.00	37.00	—

KM# 70 HELLER
Copper **Ruler:** Anton Ulrich **Obv:** Crowned monogram **Rev:** Value, date **Note:** Similar to 3 Heller, KM#72.

Date	Mintage	VG	F	VF	XF	Unc
1761	—	4.00	9.00	18.00	37.00	—

KM# 75 HELLER
Copper **Ruler:** August Friedrich Karl **Obv:** Crowned oval arms in baroque frame **Rev:** Value, date

Date	Mintage	VG	F	VF	XF	Unc
1769	—	5.00	12.00	25.00	50.00	—

KM# 71 2 HELLER
Copper **Ruler:** Anton Ulrich **Obv:** Crowned monogram **Rev:** Value, date **Note:** Similar to 3 Heller, KM#72.

Date	Mintage	VG	F	VF	XF	Unc
1761	—	5.00	12.00	25.00	50.00	—

KM# 72 3 HELLER
Copper **Ruler:** Anton Ulrich **Obv:** Crowned monogram **Rev:** Value, date

Date	Mintage	VG	F	VF	XF	Unc
1761	—	4.00	10.00	20.00	45.00	—

KM# 74 KREUZER
Billon **Ruler:** August Friedrich Karl **Obv:** Crowned shield of ducal Saxon arms in baroque frame **Obv. Legend:** CHARL. AMA. D. G. D. S. TVTRIX. REGENS **Rev:** 6-line inscription with date and mint officials' initials in cartouche **Rev. Inscription:** 1 / S. MEINING. / CONVENT. / KREVZER / 1765 / S. (N) R. **Note:** Convention Kreuzer.

Date	Mintage	VG	F	VF	XF	Unc
1765 SNR	—	15.00	37.00	75.00	150	—

KM# 80 KREUZER
Billon, 14.3 mm. **Ruler:** August Friedrich Karl **Obv:** Crowned shield

Date	Mintage	VG	F	VF	XF	Unc
1771 ICK	—	15.00	30.00	65.00	135	—

KM# 87 KREUZER
Billon **Ruler:** August Friedrich Karl **Obv:** Shield of ducal Saxon arms in baroque frame, crown above divides S.C.-M. **Rev:** 6-line inscription with date and mintmaster's initials in cartouche **Rev. Inscription:** 1 / S. COB. MEIN / CONVENT. / KREVZER / 1781 / I. C. H.

Date	Mintage	VG	F	VF	XF	Unc
1781 ICK	—	6.00	15.00	30.00	60.00	—

KM# 88 KREUZER
Billon **Ruler:** Georg I **Obv:** Crowned arms in sprays **Rev:** Value above date

Date	Mintage	VG	F	VF	XF	Unc
1786	—	6.00	15.00	30.00	60.00	—
1790	—	6.00	15.00	30.00	60.00	—
1794	—	6.00	15.00	30.00	60.00	—

KM# 90 KREUZER
Billon **Ruler:** Georg I

Date	Mintage	VG	F	VF	XF	Unc
1794 ICK	—	6.00	18.00	37.00	75.00	—

KM# 73 5 KREUZER (Convention)
Billon **Ruler:** August Friedrich Karl **Obv:** Crowned arms in cartouche **Rev:** Value, date in cartouche

Date	Mintage	VG	F	VF	XF	Unc
1765 SNR	—	20.00	45.00	90.00	180	—

KM# 35 2 GROSCHEN (Gute)
Silver **Ruler:** Bernhard I **Subject:** Death of Bernhard I **Obv:** All German inscriptions except dates in Gothic letters **Rev:** Value at bottom is 2ggr **Note:** 2 Gute Groschen.

Date	Mintage	VG	F	VF	XF	Unc
1706	—	30.00	65.00	130	260	—

KM# 36 1/12 THALER (Doppelgroschen)
Silver **Ruler:** Bernhard I **Subject:** Death of Bernhard I **Obv:** Wigged bust right, legend titles in Latin with Roman letters **Rev:** 5-line inscription with dates, value: 1/12 below

Date	Mintage	VG	F	VF	XF	Unc
1706	—	22.00	50.00	100	210	—

KM# 37 1/12 THALER (Doppelgroschen)
Silver **Ruler:** Bernhard I **Subject:** Death of Bernhard I **Rev:** 6-line inscription

Date	Mintage	VG	F	VF	XF	Unc
1706	—	25.00	50.00	100	210	—

KM# 42 1/12 THALER (Doppelgroschen)
Silver **Ruler:** Ernst Ludwig I **Subject:** Marriage of Ernst Ludwig

I and Dorothea Maria of Sase-Gotha-Altenburg **Obv:** 2 adjacent busts facing right **Rev:** Value, date and initials **Rev. Inscription:** 12 / EINEN / THALER **Note:** Varieties exist.

Date	Mintage	VG	F	VF	XF	Unc
1714 HMO	—	40.00	85.00	170	340	—
1714 HEA	—	40.00	85.00	170	340	—
1714 PFC	—	40.00	85.00	170	340	—

KM# 43 1/12 THALER (Doppelgroschen)
Silver **Ruler:** Ernst Ludwig I **Obv:** Busts left **Note:** Varieties exist.

Date	Mintage	VG	F	VF	XF	Unc
1714 HMO	—	65.00	120	250	525	—
1714 CW/HMO	—	65.00	120	250	525	—

KM# 50 2 DUCAT
7.0000 g., 0.9860 Gold 0.2219 oz. AGW **Ruler:** Ernst Ludwig I
Subject: Bicentennial of the Reformation **Obv:** Bust right within inner circle **Rev:** Crowned arms within inner circle

Date	Mintage	VG	F	VF	XF	Unc
1717 Rare	—	—	—	—	—	—

KM# 49 2 DUCAT
7.0000 g., 0.9860 Gold 0.2219 oz. AGW **Ruler:** Ernst Ludwig I
Note: Similar to 1 Ducat, KM#48.

Date	Mintage	VG	F	VF	XF	Unc
1717 W Rare	—	—	—	—	—	—

KM# 45 1/12 THALER (Doppelgroschen)
Silver **Ruler:** Ernst Ludwig I **Subject:** Reformation Bicentennial **Obv:** Bust right **Rev:** Value, initials, legend contains date in chronogram **Rev. Inscription:** 12 / EINEN / THALER

Date	Mintage	VG	F	VF	XF	Unc
1717 HMO	—	60.00	125	250	500	—

KM# 86 2 DUCAT
7.0000 g., 0.9860 Gold 0.2219 oz. AGW **Ruler:** August Friedrich Karl **Subject:** Marriage of Karl and Louise **Obv:** Cupids above two shields **Rev:** Inscription

Date	Mintage	VG	F	VF	XF	Unc
1780	—	775	1,550	3,100	5,000	—

KM# 46 1/4 THALER
Silver **Ruler:** Ernst Ludwig I **Subject:** Reformation Bicentennial **Obv:** Draped bust right within inner circle **Rev:** Crowned arms within inner circle

Date	Mintage	VG	F	VF	XF	Unc
1717	—	150	250	400	650	—

TRADE COINAGE

KM# 44 DUCAT
3.5000 g., 0.9860 Gold 0.1109 oz. AGW **Ruler:** Ernst Ludwig I
Subject: Wedding of the Duke **Obv:** Conjoined busts of Duke and Duchess, date in chronogram **Rev:** Crown above 2 shields of arms

Date	Mintage	VG	F	VF	XF	Unc
1714	—	550	1,050	1,900	3,850	—

KM# 47 DUCAT
3.5000 g., 0.9860 Gold 0.1109 oz. AGW **Ruler:** Ernst Ludwig I
Subject: Bicentennial of the Reformation **Obv:** Bust right **Rev:** Crowned arms

Date	Mintage	VG	F	VF	XF	Unc
1717	—	550	1,050	1,900	3,850	—

KM# 48 DUCAT
3.5000 g., 0.9860 Gold 0.1109 oz. AGW **Ruler:** Ernst Ludwig I
Subject: Bicentennial of the Reformation **Rev:** Variation of legend, date below arms

Date	Mintage	VG	F	VF	XF	Unc
1717	—	800	1,350	2,300	4,300	—

KM# 85 DUCAT
3.5000 g., 0.9860 Gold 0.1109 oz. AGW **Ruler:** August Friedrich Karl **Subject:** Marriage of Karl and Louise **Obv:** Crowned monogram, inscription below **Rev:** Inscription

Date	Mintage	VG	F	VF	XF	Unc
1780	—	400	800	1,450	2,900	—

PATTERNS

Including off metal strikes

KM#	Date	Mintage	Identification	Mkt Val
Pn2	1717	—	Ducat. Silver. KM#48.	475
Pn3	1717	—	2 Ducat. Silver. KM#49.	275
Pn4	1717	—	2 Ducat. Tin. KM#49.	225
Pn5	1744	—	Heller. Silver. KM#61.	—
Pn6	1780	—	Ducat. Copper. KM#85.	—
		Note: Rare		
Pn7	1780	—	Ducat. Silver. KM#85.	150
Pn8	1780	—	2 Ducat. Silver. KM#86.	125

KM# 39 1/24 THALER (16 Pfennig)
Silver **Ruler:** Christian **Obv:** Helmeted oval arms of ducal Saxony **Obv. Legend:** D:G. CHRISTIANUS SAX. I. C. M. A. & W. DUX **Rev:** Imperial orb with 24 divides date and mintmaster's initials **Rev. Legend:** NACH REICHS SCHROTT UND KORN **Mint:** Eisenberg

Date	Mintage	VG	F	VF	XF	Unc
1701 IA	—	40.00	80.00	165	275	—

KM# 43 1/8 THALER
Silver **Ruler:** Christian **Obv:** Armored bust to right **Obv. Legend:** D:G. CHRISTIAN: SAX. I. C. M. A. & W. DUX **Rev:** Mantled oval manifold arms of Saxony, crown above divides date, value 1/8 in oval below **Mint:** Eisenberg

Date	Mintage	VG	F	VF	XF	Unc
1701 IA	—	225	450	925	1,850	—
1703 IA	—	175	375	750	1,500	—

KM# 48 2 THALER
Silver **Ruler:** Christian **Obv:** Bust to right **Rev:** 10-line inscription with date **Rev. Legend:** SCHMECKET UND SEHET WIE FREUNDLICH DER HERR IST **Mint:** Eisenberg

Date	Mintage	VG	F	VF	XF	Unc
1705 IA Rare	—	—	—	—	—	—

SAXE-HILDBURGHAUSEN

(Sachsen-Hildburghausen)

Saxe-Hildburghausen was founded from the division of Saxe-Gotha by the sixth son of Ernst the Pious. In 1826, the last duke assigned Hildburghausen to Saxe-Meiningen in exchange for Altenburg.

RULERS
Ernst, 1680-1715
Ernst Friedrich I, 1715-1724
Ernst Friedrich II, 1724-1745
Ernst Friedrich III Carl, 1745-1780
Joseph Prince Regent, 1780-1787
Friedrich I, 1780-1826

MINT OFFICIALS' INITIALS

Initials	Date	Name
F	1718	Johann Georg Feuchter
FEW	1716-18	Friedrich Ernst Wermuth
	1686-1705	Heinrich Ernst Angerstein at Coburg
IVF	1770-84	Johann Weber (Fecit), die-cutter in Florence
K, KL	1760-63	Johann Anton David Klinghammer, die-cutter
WF	1718-19	Friedrich Ernst Wermuth and Johann Georg Feuchter

REFERENCE
H = Jenny Ernst Hollmann, **Münzgeschichte des Herzogtums Sachsen-Hildburghausen 1680-1826**, Hildburghausen, 1994.

SAXE-EISENBERG

(Sachsen-Eisenberg)

Short-lived branch of the Ernestine Saxon house which was created for Christian, fifth son of Ernst the Pious of Saxe-Gotha. The line became extinct with the death of Christian in 1707 and passed to Saxe-Hildburghausen.

RULER
Christian, 1680-1707

MINT OFFICIALS' INITIALS

Initials	Date	Name
IA	1692-1706	Julius Angerstein, die-cutter and mintmaster in Eisenberg

DUCHY

REGULAR COINAGE

KM# 41 1/96 THALER (4 Pfennig)
Silver **Ruler:** Christian **Obv:** Helmeted oval arms of ducal Saxony **Obv. Legend:** D:G. CHRISTIANUS. SAX. I. C. M. A. & W. DUX. **Rev:** Imperial orb with 96 divides date and mintmaster's initials **Rev. Legend:** NACH REICHS SCHROTT UND KORN **Mint:** Eisenberg

Date	Mintage	VG	F	VF	XF	Unc
1701 IA	—	40.00	85.00	170	340	—

KM# 45 1/96 THALER (4 Pfennig)
Silver **Ruler:** Christian **Obv:** Helmeted oval arms of ducal Saxony **Rev:** Imperial orb with 96, date divided at top **Rev. Legend:** VON FEINE SILBER

Date	Mintage	VG	F	VF	XF	Unc
1703 IA	—	45.00	85.00	175	375	—

KM# 42 1/48 THALER (8 Pfennig)
Silver **Ruler:** Christian **Obv:** Helmeted oval arms of ducal Saxony **Obv. Legend:** D:G. CHRISTIANUS. SAX. I. C. M. A. & W. DUX. **Rev:** Imperial orb with 48 divides date and mintmaster's initials **Rev. Legend:** NACH REICHS SCHROTT UND KORN **Mint:** Eisenberg

Date	Mintage	VG	F	VF	XF	Unc
1701 IA	—	25.00	50.00	100	175	—

KM# 46 1/48 THALER (8 Pfennig)
Silver **Ruler:** Christian **Obv:** Helmeted oval arms of ducal Saxony **Rev:** Imperial orb with 48, date divided above **Rev. Legend:** VON FEINEN SILBER

Date	Mintage	VG	F	VF	XF	Unc
1703 IA	—	45.00	85.00	175	375	—

DUCHY

REGULAR COINAGE

KM# 5 HELLER
Copper **Ruler:** Ernst **Obv:** Crowned E between palm branches **Rev:** Value **Rev. Inscription:** HILD. / BURG: H: / HELLER / date
Note: Varieties exist.

Date	Mintage	VG	F	VF	XF	Unc
1703	—	4.00	9.00	18.00	37.00	—
1704	—	4.00	9.00	18.00	37.00	—
1707	—	4.00	9.00	18.00	37.00	—
1708	—	4.00	9.00	18.00	37.00	—
1711	—	4.00	9.00	18.00	37.00	—
1712	—	4.00	9.00	18.00	37.00	—
1713	—	4.00	9.00	18.00	37 00	—

KM# 10 HELLER
Copper **Ruler:** Ernst **Rev:** Value: **Rev. Inscription:** "1" / HILD: B. / HELLER / date

Date	Mintage	VG	F	VF	XF	Unc
1714	—	5.00	12.00	25.00	50.00	—

KM# 14 HELLER
Copper **Ruler:** Ernst Friedrich I **Obv:** Crowned script EF monogram **Rev:** Value **Rev. Inscription:** HH (joined together) / HELLER / date

Date	Mintage	VG	F	VF	XF	Unc
1716	—	7.00	15.00	30.00	60.00	—
1717	—	7.00	15.00	30.00	60.00	—

606 GERMAN STATES SAXE-HILDBURGHAUSEN

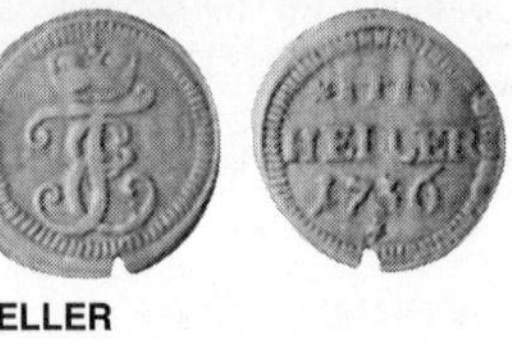

KM# 25 HELLER
Copper **Ruler:** Ernst Friedrich II **Obv:** Crowned monogram **Rev:** Value, date

Date	Mintage	VG	F	VF	XF	Unc
1736	—	10.00	20.00	45.00	95.00	—

KM# 46 HELLER
Copper **Ruler:** Ernst Friedrich III Carl **Obv:** Crowned script EFC monogram **Rev:** Value, date

Date	Mintage	VG	F	VF	XF	Unc
1759	—	5.00	12.00	25.00	50.00	—
1761	—	5.00	12.00	25.00	50.00	—
1763	—	5.00	12.00	25.00	50.00	—
1766	—	—	—	—	—	—

KM# 80 HELLER
Copper **Ruler:** Ernst Friedrich III Carl **Obv:** Crowned arms in baroque frame

Date	Mintage	VG	F	VF	XF	Unc
1761	—	7.00	15.00	30.00	60.00	—

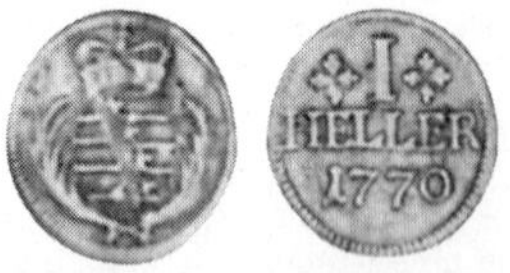

KM# 83 HELLER
Copper **Ruler:** Ernst Friedrich III Carl **Obv:** Crowned arms between 2 branches **Rev:** Value, date **Note:** Formerly listed as Saxe-Gotha-Altenburg C#3.

Date	Mintage	VG	F	VF	XF	Unc
1763	—	7.00	15.00	30.00	60.00	—
1770	—	7.00	15.00	30.00	60.00	—

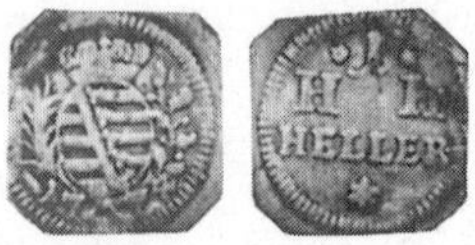

KM# 104 HELLER
Copper **Ruler:** Ernst Friedrich III Carl **Obv:** Crowned arms **Rev:** Value **Note:** C3a.

Date	Mintage	VG	F	VF	XF	Unc
1772	—	7.00	15.00	30.00	60.00	—
1774	—	7.00	15.00	30.00	60.00	—
1778	—	7.00	15.00	30.00	60.00	—

KM# 103 HELLER
Copper **Ruler:** Ernst Friedrich III Carl **Obv:** Crowned oval arms between 2 branches **Note:** Uniface. Klippe.

Date	Mintage	VG	F	VF	XF	Unc
1772	—	7.00	15.00	30.00	60.00	—
1774	—	7.00	15.00	30.00	60.00	—

KM# 110 HELLER
Copper **Ruler:** Joseph **Obv:** Crowned arms in sprays, date below **Rev:** Value **Note:** Klippe.

Date	Mintage	VG	F	VF	XF	Unc
1781	—	4.00	8.00	15.00	30.00	—
1784	—	4.00	8.00	15.00	30.00	—

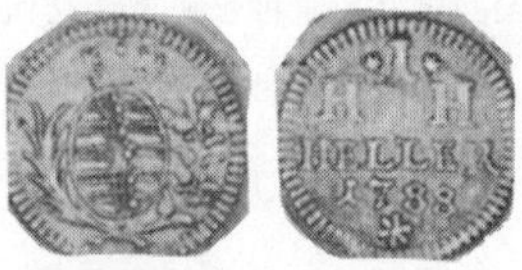

KM# 118 HELLER
Copper **Ruler:** Friedrich I **Obv:** Crowned arms **Rev:** Value, date

Date	Mintage	VG	F	VF	XF	Unc
1787	—	4.00	8.00	15.00	30.00	—
1788	—	4.00	8.00	15.00	30.00	—

KM# 127 2 HELLER
Copper **Ruler:** Friedrich I **Obv:** Crowned script F monogram **Rev:** Value: II/HH/S.M. divides date

Date	Mintage	VG	F	VF	XF	Unc
1791	—	10.00	20.00	40.00	80.00	—

KM# 47 PFENNIG
Copper **Ruler:** Ernst Friedrich III Carl **Obv:** Crowned arms surrounded by trophies **Rev:** Value, date

Date	Mintage	VG	F	VF	XF	Unc
1759	—	7.00	15.00	30.00	60.00	—

KM# 15 3 PFENNIG
Silver **Ruler:** Ernst Friedrich I **Obv:** Bust right **Rev:** Value: 3 on imperial orb divides date

Date	Mintage	VG	F	VF	XF	Unc
1716	—	10.00	20.00	45.00	90.00	—
1717	—	10.00	20.00	45.00	90.00	—

KM# 84 3 PFENNIG
Copper **Ruler:** Ernst Friedrich III Carl **Obv:** Crowned arms in cartouche **Rev:** Value, date

Date	Mintage	VG	F	VF	XF	Unc
1763	—	55.00	100	210	425	—

KM# 16 6 PFENNIG (Sechser)
Silver **Ruler:** Ernst Friedrich I **Obv:** Bust right **Rev:** Value: VI on imperial orb divides date

Date	Mintage	VG	F	VF	XF	Unc
1716	—	15.00	30.00	65.00	135	—

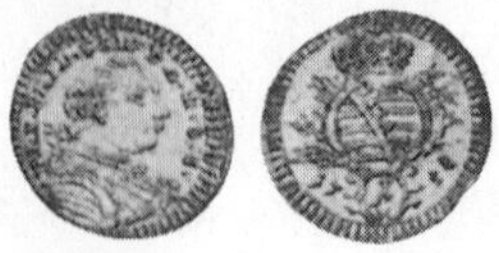

KM# 30 KREUZER
Billon **Ruler:** Ernst Friedrich III Carl **Obv:** Bust right **Rev:** Crowned arms

Date	Mintage	VG	F	VF	XF	Unc
1753	—	12.00	25.00	50.00	100	—
1758	—	12.00	25.00	50.00	100	—

KM# 70 KREUZER
Billon **Ruler:** Ernst Friedrich III Carl **Rev:** Value: '1' in baroque frame, date **Note:** C#9a.

Date	Mintage	VG	F	VF	XF	Unc
1760	—	15.00	30.00	60.00	120	—

KM# 89 KREUZER
Billon **Ruler:** Ernst Friedrich III Carl **Obv:** Crowned EFC monogram **Rev:** Value, date **Note:** Convention Kreuzer.

Date	Mintage	VG	F	VF	XF	Unc
1765	—	15.00	30.00	60.00	120	—

KM# 106 KREUZER
Billon **Ruler:** Ernst Friedrich III Carl **Obv:** Arms **Rev:** Value above date **Note:** C#12a.

Date	Mintage	VG	F	VF	XF	Unc
1774	—	8.00	18.00	37.00	75.00	—
1775	—	8.00	18.00	37.00	75.00	—
1776	—	8.00	18.00	37.00	75.00	—
1777	—	8.00	18.00	37.00	75.00	—
1778	—	8.00	18.00	37.00	75.00	—

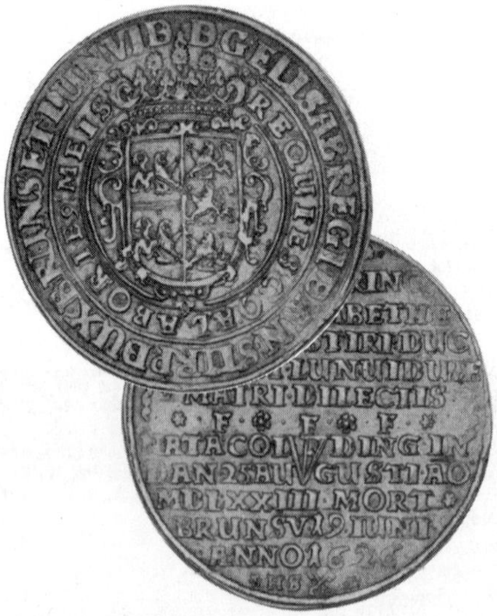

KM# 105 KREUZER
Billon **Ruler:** Ernst Friedrich III Carl **Obv:** Crowned arms between 2 branches on pedestal, value, date **Rev:** Value

Date	Mintage	VG	F	VF	XF	Unc
1774	—	20.00	45.00	90.00	180	—
1775	—	20.00	45.00	90.00	180	—
1778	—	20.00	45.00	90.00	180	—

KM# 111 KREUZER
Billon **Ruler:** Joseph **Obv:** Crowned I F monogram separates H H

Date	Mintage	VG	F	VF	XF	Unc
1781	—	8.00	18.00	37.00	75.00	—

KM# 117 KREUZER
Billon **Ruler:** Joseph **Obv:** Saxon arms separate H H

Date	Mintage	VG	F	VF	XF	Unc
1784	—	5.00	12.00	25.00	50.00	—
1794	—	5.00	12.00	25.00	50.00	—

KM# 81 2 KREUZER
Billon **Ruler:** Ernst Friedrich III Carl **Obv:** Arms in cartouche on crowned mantle **Rev:** Value, date in cartouche

Date	Mintage	VG	F	VF	XF	Unc
1761	—	15.00	30.00	60.00	120	—

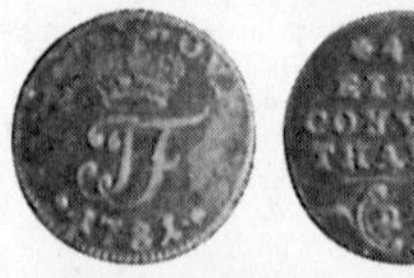

KM# 112 2-1/2 KREUZER
Billon **Ruler:** Joseph **Obv:** Crowned I F monogram, date **Rev:** Value

Date	Mintage	VG	F	VF	XF	Unc
1781	—	15.00	30.00	60.00	120	—

KM# 82 4 KREUZER
Billon **Ruler:** Ernst Friedrich III Carl **Obv:** Arms in cartouche on crowned mantle **Rev:** Value, date in cartouche

Date	Mintage	VG	F	VF	XF	Unc
1761	—	20.00	40.00	80.00	165	—

KM# 85 4 KREUZER
Billon **Ruler:** Ernst Friedrich III Carl **Obv:** Head right **Rev:** Crowned arms, value, date **Note:** Convention Kreuzer.

Date	Mintage	VG	F	VF	XF	Unc
1763	—	20.00	40.00	80.00	165	—

KM# 90 5 KREUZER
Billon **Ruler:** Ernst Friedrich III Carl **Obv:** Crowned EFC monogram in rhombus **Rev:** Value, date in rhombus **Note:** Convention 5 Kreuzer.

Date	Mintage	VG	F	VF	XF	Unc
1765	—	50.00	100	210	425	—

KM# 100 5 KREUZER
Billon **Ruler:** Ernst Friedrich III Carl **Obv:** Crowned arms in cartouche between 2 branches on pedestal **Rev:** Inscription, date in rhombus, value **Rev. Inscription:** IUS / TIRT

Date	Mintage	VG	F	VF	XF	Unc
1770	—	30.00	65.00	130	260	—

KM# 48 6 KREUZER
Billon **Ruler:** Ernst Friedrich III Carl **Obv:** Bust right **Rev:** Crowned arms in baroque frame, value, date

Date	Mintage	VG	F	VF	XF	Unc
1759	—	25.00	50.00	100	200	—

KM# 49 10 KREUZER
Silver **Ruler:** Ernst Friedrich III Carl

Date	Mintage	VG	F	VF	XF	Unc
1759	—	30.00	65.00	135	275	—

KM# 71 10 KREUZER
Silver **Ruler:** Ernst Friedrich III Carl **Obv:** Bust right between branches **Rev:** Crowned arms in cartouche on pedestal between branches, value, date

Date	Mintage	VG	F	VF	XF	Unc
1760	—	30.00	65.00	135	275	—

KM# 94 10 KREUZER
Silver **Ruler:** Ernst Friedrich III Carl **Obv:** Head right between branches **Rev:** Value: 120 EINE ...

Date	Mintage	VG	F	VF	XF	Unc
1769 WR	—	60.00	125	250	525	—

KM# 31 15 KREUZER
Silver **Ruler:** Ernst Friedrich III Carl **Obv:** Bust right **Rev:** Crowned arms in cartouche, value divides date

Date	Mintage	VG	F	VF	XF	Unc
1758	—	90.00	185	375	750	—

KM# 72 20 KREUZER
Silver **Ruler:** Ernst Friedrich III Carl **Obv:** Bust left **Rev:** Crowned arms in cartouche on pedestal between branches, value, date **Note:** Convention 20 Kreuzer.

Date	Mintage	VG	F	VF	XF	Unc
1760	—	45.00	90.00	185	375	—

KM# 91 20 KREUZER
Silver **Ruler:** Ernst Friedrich III Carl **Obv:** Bust between branches **Rev:** Crowned arms, value, date

Date	Mintage	VG	F	VF	XF	Unc
1766	—	45.00	90.00	185	375	—

KM# 95 20 KREUZER
Silver **Ruler:** Ernst Friedrich III Carl **Obv:** Head right between branches **Rev:** Crowned arms in cartouche on pedestal between branches, value: LX ST. EINE ..., date

Date	Mintage	VG	F	VF	XF	Unc
1769 WK	—	75.00	150	300	600	—

KM# 113 20 KREUZER
Billon **Ruler:** Joseph **Obv:** Bust right **Rev:** Arms above date

Date	Mintage	VG	F	VF	XF	Unc
1781	—	50.00	110	225	450	—

KM# 128 20 KREUZER
Billon **Ruler:** Friedrich I **Obv:** Head right

Date	Mintage	VG	F	VF	XF	Unc
1796	—	60.00	125	250	525	—

KM# 73 GROSCHEN
Billon **Ruler:** Ernst Friedrich III Carl **Obv:** Crowned script EFC monogram **Rev:** Value, date **Note:** C#29a.

Date	Mintage	VG	F	VF	XF	Unc
1760	—	60.00	125	250	500	—

KM# 74 GROSCHEN
Billon **Ruler:** Ernst Friedrich III Carl **Subject:** Birth of Princess Ernestine Friderike Sophie

Date	Mintage	VG	F	VF	XF	Unc
1760	—	60.00	125	250	525	—

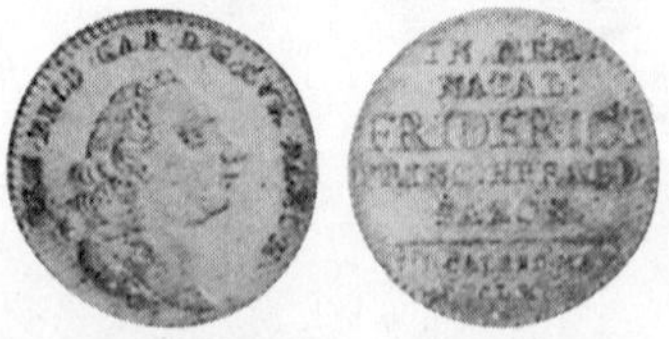

KM# 86 GROSCHEN
Billon **Ruler:** Ernst Friedrich III Carl **Subject:** Birth of Prince Friedrich **Obv:** Head right **Rev:** 5-line inscription, date

Date	Mintage	VG	F	VF	XF	Unc
1763	—	30.00	60.00	125	250	—

SAXE-HILDBURGHAUSEN GERMAN STATES 607

KM# 11 2 GROSCHEN

Silver **Ruler:** Ernst **Subject:** Death of Duke Ernst **Obv:** Bust right, legend in Roman letters **Rev:** 8-line inscription with Roman letters and dates

Date	Mintage	VG	F	VF	XF	Unc
1715	—	30.00	50.00	110	225	—

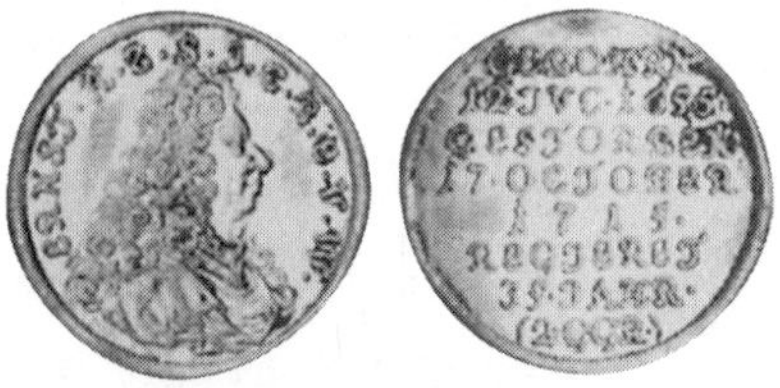

KM# 12 2 GROSCHEN

Silver **Ruler:** Ernst **Subject:** Death of Duke Ernst **Obv:** Legend in gothic letters **Rev:** Inscription in gothic letters

Date	Mintage	VG	F	VF	XF	Unc
1715	—	25.00	50.00	100	200	—

KM# 17 2 GROSCHEN

Silver **Ruler:** Ernst Friedrich I **Obv:** Bust right **Rev:** Crowned oval 4-fold arms with central shield of Saxony arms in chain of Order, value (2GR) below, date divided near bottom

Date	Mintage	VG	F	VF	XF	Unc
1717 WF	—	20.00	45.00	90.00	185	—
1718 WF	—	20.00	45.00	90.00	185	—

KM# 23 2 GROSCHEN

Silver **Ruler:** Ernst Friedrich I **Subject:** Homage and Fealty **Obv. Legend:** Z. GED. D. ERB. U.L. -AND. HUL. I. SEPT.

Date	Mintage	VG	F	VF	XF	Unc
1718 WF	—	20.00	45.00	90.00	185	—
1718 F	—	20.00	45.00	90.00	185	—

KM# 87 2 GROSCHEN

Silver **Ruler:** Ernst Friedrich III Carl **Subject:** Birth of Prince Friedrich **Obv:** Head right **Rev:** 5-line inscription, date

Date	Mintage	VG	F	VF	XF	Unc
1763 Rare	—	—	—	—	—	—

KM# 92 1/48 THALER

Billon **Ruler:** Ernst Friedrich III Carl **Obv:** Crowned oval arms between 2 branches on pedestal, value, date, CONV MUNZ **Rev:** Value in cartouche **Note:** Convention 1/48 Thaler.

Date	Mintage	VG	F	VF	XF	Unc
1768	—	20.00	40.00	80.00	165	—

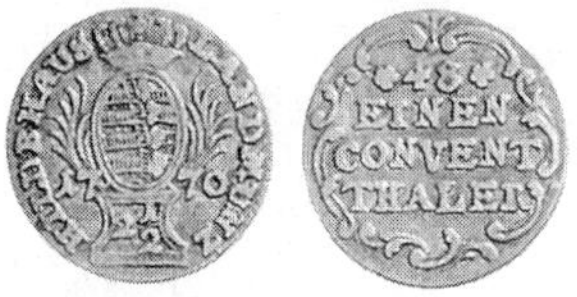

KM# 101 1/48 THALER

Billon **Ruler:** Ernst Friedrich III Carl **Obv:** Crowned arms **Obv. Designer:** LAND MUNZ **Rev:** Value

Date	Mintage	VG	F	VF	XF	Unc
1770	—	15.00	30.00	65.00	135	—

KM# 120 1/48 THALER

Billon **Ruler:** Friedrich I

Date	Mintage	VG	F	VF	XF	Unc
1788	—	8.00	18.00	37.00	75.00	—

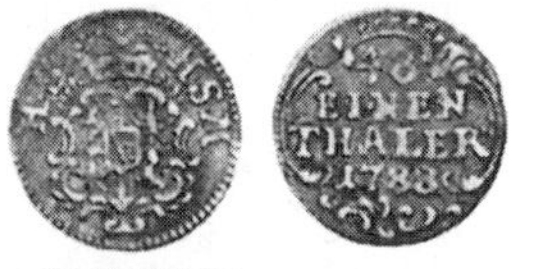

KM# 121 1/48 THALER

Billon **Ruler:** Friedrich I **Obv:** Saxon arms **Rev:** Value above date **Note:** Reichs 1/48 Thaler.

Date	Mintage	VG	F	VF	XF	Unc
1788	—	8.00	18.00	37.00	75.00	—
1790	—	8.00	18.00	37.00	75.00	—

KM# 13 1/24 THALER (Groschen)

Silver **Ruler:** Ernst Friedrich I **Obv:** Bust right **Rev. Inscription:** 24 / EINEN / THALER / date / mintmaster's initials

Date	Mintage	VG	F	VF	XF	Unc
1716 FEW	—	18.00	37.00	75.00	150	—

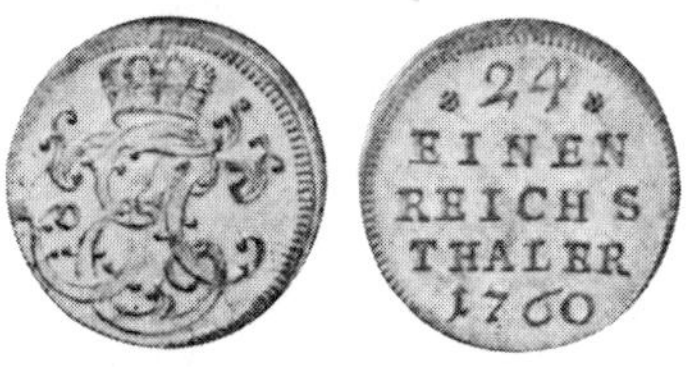

KM# 50 1/24 THALER (Groschen)

Billon **Ruler:** Ernst Friedrich III Carl **Obv:** Crowned monogram **Rev:** Value, date

Date	Mintage	VG	F	VF	XF	Unc
1759	—	15.00	30.00	65.00	135	—
1760	—	15.00	30.00	65.00	135	—

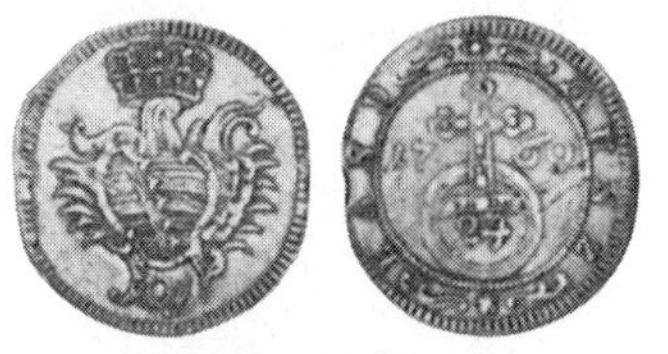

KM# 75 1/24 THALER (Groschen)

Billon **Ruler:** Ernst Friedrich III Carl **Obv:** Crowned arms **Rev:** Imperial orb with value "24", date

Date	Mintage	VG	F	VF	XF	Unc
1760	—	20.00	45.00	90.00	180	—

KM# 76 1/24 THALER (Groschen)

Billon **Ruler:** Ernst Friedrich III Carl **Obv:** Crowned F monogram **Rev:** Value, date

Date	Mintage	VG	F	VF	XF	Unc
1760	—	20.00	40.00	80.00	165	—
1764	—	20.00	40.00	80.00	165	—

KM# 122 1/24 THALER (Groschen)

Billon **Ruler:** Friedrich I **Obv:** Crowned oval arms between branches **Rev. Inscription:** 24 / EINEN / THALER / S. M. / date

Date	Mintage	VG	F	VF	XF	Unc
1788	—	10.00	25.00	55.00	110	—

KM# 126 1/24 THALER (Groschen)

Billon **Ruler:** Friedrich I **Obv:** Crowned F divides date **Rev. Inscription:** 24 / EINEN / THALER / S. M. / date

Date	Mintage	VG	F	VF	XF	Unc
1790	—	10.00	25.00	55.00	110	—

KM# 18 1/12 THALER (2 Groschen)

Silver **Ruler:** Ernst Friedrich I **Obv:** Bust right **Rev. Inscription:** 12 / EINEN / THALER / date / initials

Date	Mintage	VG	F	VF	XF	Unc
1717 F	—	30.00	60.00	120	240	—
1717 WF	—	30.00	60.00	120	240	—

KM# 19 1/12 THALER (2 Groschen)

Silver **Ruler:** Ernst Friedrich I **Subject:** Bicentennial of Reformation **Rev:** Legend, value, inscription **Rev. Legend:** SAECVLVM LVTHERANVM SECVNDVM **Rev. Inscription:** XII / EINEN / THALER / R. N. date / initials

Date	Mintage	VG	F	VF	XF	Unc
1717 FEW	—	30.00	75.00	150	300	—

KM# 20 1/12 THALER (2 Groschen)

Silver **Ruler:** Ernst Friedrich I **Rev:** Value: 12

Date	Mintage	VG	F	VF	XF	Unc
1717	—	30.00	75.00	150	300	—

KM# 21 1/12 THALER (2 Groschen)

Silver **Ruler:** Ernst Friedrich I **Rev:** Date in Arabic numerals

Date	Mintage	VG	F	VF	XF	Unc
1717	—	30.00	75.00	150	300	—

KM# 32 1/12 THALER (2 Groschen)

Silver **Ruler:** Ernst Friedrich III Carl **Obv:** Bust right **Rev:** Value, date **Note:** Varieties exist.

Date	Mintage	VG	F	VF	XF	Unc
1758	—	30.00	65.00	130	260	—
1760	—	30.00	65.00	130	260	—

KM# 60 1/12 THALER (2 Groschen)

Silver **Ruler:** Ernst Friedrich III Carl **Obv:** Bust left **Rev:** Crowned arms in baroque frame surrounded by trophies, value, date

Date	Mintage	VG	F	VF	XF	Unc
1759	—	35.00	75.00	150	300	—

KM# 61 1/12 THALER (2 Groschen)

Silver **Ruler:** Ernst Friedrich III Carl **Obv:** Bust right

Date	Mintage	VG	F	VF	XF	Unc
1759	—	35.00	75.00	150	300	—

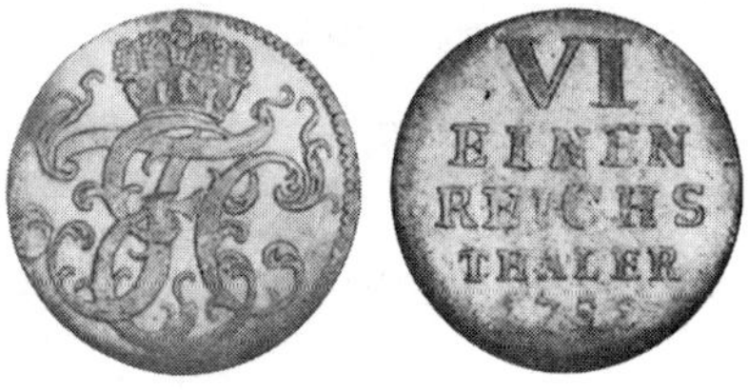

KM# 33 1/6 THALER

Silver **Ruler:** Ernst Friedrich III Carl **Obv:** Crowned monogram **Rev:** Value, date

Date	Mintage	VG	F	VF	XF	Unc
1758	—	25.00	50.00	110	225	—
1758 H	—	25.00	50.00	110	225	—

KM# 34 1/6 THALER

Silver **Ruler:** Ernst Friedrich III Carl **Rev:** Bottom: L.M., date

Date	Mintage	VG	F	VF	XF	Unc
1758 H	—	30.00	60.00	125	250	—

KM# 35 1/6 THALER

Silver **Ruler:** Ernst Friedrich III Carl **Rev:** Bottom: date, L.M.

Date	Mintage	VG	F	VF	XF	Unc
1758	—	40.00	85.00	175	375	—

KM# 36 1/6 THALER

Silver **Ruler:** Ernst Friedrich III Carl **Obv:** Large ornamented crowned EFC monogram **Rev:** Value: "VI" between two pinwheel-like flowers

Date	Mintage	VG	F	VF	XF	Unc
1758	—	20.00	45.00	90.00	180	—

KM# 37 1/6 THALER

Silver **Ruler:** Ernst Friedrich III Carl **Obv:** Smaller less ornamented crowned EFC monogram **Rev:** Value: "VI" between two date flowers

Date	Mintage	VG	F	VF	XF	Unc
1758 H	—	25.00	60.00	100	200	—

KM# 38 1/6 THALER

Silver **Ruler:** Ernst Friedrich III Carl **Obv:** Crowned monogram **Rev:** Value: "VI" between two diamond-shaped flowers

Date	Mintage	VG	F	VF	XF	Unc
1758 H	—	35.00	75.00	150	300	—

KM# 39 1/6 THALER

Silver **Ruler:** Ernst Friedrich III Carl **Rev:** Inscription ends H:L:M:

Date	Mintage	VG	F	VF	XF	Unc
1758 (?)	—	30.00	60.00	125	250	—

KM# 40 1/6 THALER

Silver **Ruler:** Ernst Friedrich III Carl **Rev:** Inscription ends with L.M. below date

Date	Mintage	VG	F	VF	XF	Unc
1758 (?)	—	40.00	85.00	175	375	—

KM# 41 1/6 THALER

Silver **Ruler:** Ernst Friedrich III Carl **Obv:** Bust right **Rev:** Value, date

Date	Mintage	VG	F	VF	XF	Unc
1758 H	—	40.00	85.00	175	350	—

KM# 42 1/6 THALER

Silver **Ruler:** Ernst Friedrich III Carl **Rev:** Bottom: L.M., date

Date	Mintage	VG	F	VF	XF	Unc
1758 H	—	30.00	60.00	125	250	—

KM# 43 1/6 THALER

Silver **Ruler:** Ernst Friedrich III Carl **Obv:** Bust right **Rev:** Crowned ornate arms in baroque frame divide L-M and date, value below

Date	Mintage	VG	F	VF	XF	Unc
1758	—	85.00	175	350	725	—

KM# 77 1/3 THALER

Silver **Ruler:** Ernst Friedrich III Carl **Obv:** Bust right **Rev:** Crowned arms in cartouche with trophies, value, date

Date	Mintage	VG	F	VF	XF	Unc
1760	—	90.00	225	400	750	—

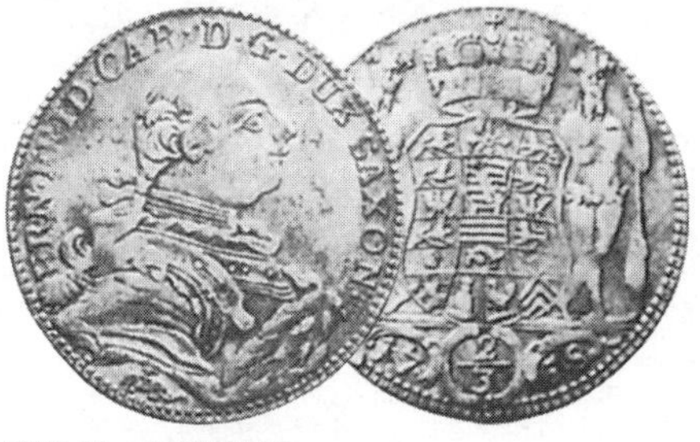

KM# 44 2/3 THALER

Silver **Ruler:** Ernst Friedrich III Carl **Obv:** Armored bust right **Obv. Legend:** ERN • FRID • CAR • D • G • DVX • SAXON • **Rev:** Crowned arms with wildmen supporters, value framed below

Date	Mintage	VG	F	VF	XF	Unc
1758	—	160	350	650	1,350	—

KM# 45 2/3 THALER

Silver **Ruler:** Ernst Friedrich III Carl **Rev:** Oval arms between wildmen **Note:** C46a.

Date	Mintage	VG	F	VF	XF	Unc
1758	—	110	270	475	900	—

KM# 62 2/3 THALER

Silver **Ruler:** Ernst Friedrich III Carl **Rev:** Knight with crowned arms and trophies, value, date

Date	Mintage	VG	F	VF	XF	Unc
1759	—	110	270	475	900	—

C# 47.5 2/3 THALER

Silver **Ruler:** Ernst Friedrich III Carl **Rev:** Crowned arms in cartouche with trophies, value, date

Date	Mintage	VG	F	VF	XF	Unc
1759	—	150	400	725	1,200	—

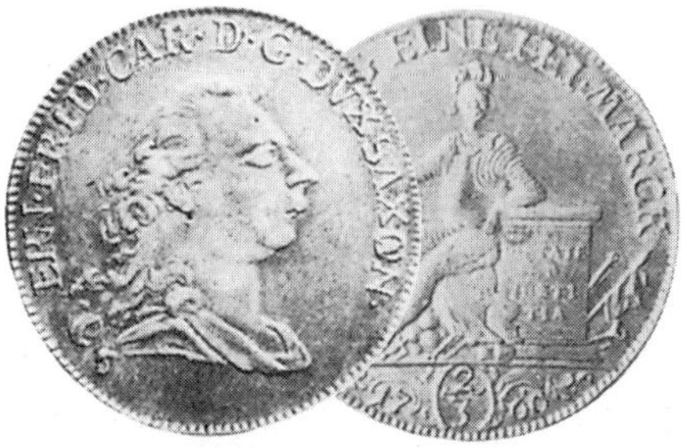

KM# 78 2/3 THALER

Silver **Ruler:** Ernst Friedrich III Carl **Obv:** Head right **Obv. Legend:** ERN • FRID • CAR • D • G • DVX • SAXON • **Rev:** Knight seated left with shield and trophies, value below **Note:** 1/2 Convention Thaler.

Date	Mintage	VG	F	VF	XF	Unc
1760	—	95.00	215	400	800	—

GERMAN STATES — SAXE-HILDBURGHAUSEN

KM# 6 THALER
Silver **Ruler:** Ernst **Obv:** Bust right **Rev:** Helmeted arms above date **Note:** Dav.#2727.

Date	Mintage	VG	F	VF	XF	Unc
1708 (a)	—	1,400	2,800	5,000	8,000	—

KM# 7 THALER
Silver **Ruler:** Ernst **Obv:** Accolated busts right **Note:** Dav.#2727.

Date	Mintage	VG	F	VF	XF	Unc
1708 (a)	—	825	1,650	3,000	4,900	—

KM# 79 THALER
Silver **Ruler:** Ernst Friedrich III Carl **Obv:** Bust right **Obv. Legend:** ERN • FRID • CAR • D • G • DVX SAXON • **Rev:** Knight seated left with shield and trophies, date below **Rev. Legend:** ZEHEN EINE FEINE MARCK **Note:** Convention Thaler. Varieties exist; Dav.#2729.

Date	Mintage	VG	F	VF	XF	Unc
1760	—	140	350	700	1,200	—

KM# 115 THALER
Silver **Ruler:** Joseph **Obv:** Head right **Obv. Legend:** V • G • G • IOS • FRIED • H • ZV • SACHSEN • & • & • OBERVORMVND V • LANDES REGENT **Rev:** Knight standing with sword and shield, helmet at foot **Rev. Legend:** X • EINE • FEINE • /MARK • **Note:** Dav.#2733.

Date	Mintage	VG	F	VF	XF	Unc
ND IYF	—	125	250	500	1,000	—

KM# 116 2 THALER
Silver **Ruler:** Joseph **Obv:** Head right **Rev:** Knight standing with sword and shield **Note:** Similar to KM#115. Struck on thick flan.

Date	Mintage	VG	F	VF	XF	Unc
ND IVF Rare	—	—	—	—	—	—

KM# 88 THALER
Silver **Ruler:** Ernst Friedrich III Carl **Subject:** Peace of Hubertusburg **Obv:** Head right **Obv. Legend:** ERN • FRID • CAR • D • G • DVX SAXON **Rev:** Crowned arms with trophies **Rev. Legend:** ZEHEN EINE FEINE MARCK **Note:** Dav.#2730.

Date	Mintage	VG	F	VF	XF	Unc
1763 WK	—	230	600	1,100	1,850	—

KM# 96 THALER
Silver **Ruler:** Ernst Friedrich III Carl **Obv:** Bust right **Rev:** Lion at left holds crowned arms, value, date **Note:** Dav.#2731.

Date	Mintage	VG	F	VF	XF	Unc
1769	—	150	450	825	1,350	—

TRADE COINAGE

KM# 22 1/2 DUCAT
1.7500 g., 0.9860 Gold 0.0555 oz. AGW **Ruler:** Ernst Friedrich I **Subject:** Bicentennial of the Reformation **Obv:** Bust right **Rev:** 4-line inscription, date

Date	Mintage	VG	F	VF	XF	Unc
1717	—	500	975	2,050	3,850	—

KM# 102 DUCAT
3.5000 g., 0.9860 Gold 0.1109 oz. AGW **Ruler:** Ernst Friedrich III Carl **Obv:** Bust right **Rev:** Crowned arms

Date	Mintage	VG	F	VF	XF	Unc
1771 H	—	1,600	3,300	6,500	13,000	—

PATTERNS
Including off metal strikes

KM#	Date	Mintage Identification	Mkt Val
Pn1	1760	— Groschen. Gold. KM74.	—
Pn2	1763	— Groschen. Gold. KM86.	—

KM# 114 THALER
Silver **Ruler:** Joseph **Obv:** Bust right **Obv. Legend:** V: G: G: IOSEPH: FRIED: II: H: Z: S: &. &. OBERVORMUND: U: LANDES REG: **Rev:** Knight standing with sword and shield **Rev. Legend:** ZEHEN EINE FEINE MARK **Note:** Dav.#2732.

Date	Mintage	VG	F	VF	XF	Unc
1781	—	450	950	1,850	3,250	—

SAXE-SAALFELD

(Sachsen-Saalfeld)

Saalfeld was purchased by Saxony from Meissen-Thuringia in 1389. As a branch of the Ernestine line, it was created as a duchy for Johann Ernst VIII, 7th son of Ernst the Pious of Saxe-Gotha. Coburg was added to the holdings in 1735 and thereafter the dukes took the name of Saxe-Coburg-Saalfeld. Coinage after that date is listed under the latter entity.

RULERS
Johann Ernst VIII, 1680-1729
Christian Ernst and Franz Josias, 1729-1745
Christian Ernst, 1729-1735

MINT OFFICIALS' INITIALS

Initials	Date	Name
ICS	ca. 1712	Johann Christian von Selle
E, IME	1723-31	Johann Michael Edler
GHE	1732-54	Georg Hieronymus Eberhard

REFERENCE
G = Walter Grasser, Münz- und Geldgeschichte von Coburg 1265-1923, Frankfurt am Main, 1979.

DUCHY
REGULAR COINAGE

KM# 18 HELLER
Copper, 14 mm. **Ruler:** Johann Ernst VIII **Obv:** Crowned shield of ducal Saxony arms **Rev:** 3-line inscription with date **Rev. Inscription:** SAALF. / HELLER / (date) **Mint:** Saalfeld **Note:** Varieties exist.

Date	Mintage	Good	VG	F	VF	XF
1701	—	4.00	8.00	12.00	25.00	—
1702	—	4.00	8.00	12.00	25.00	—
1703	—	4.00	8.00	12.00	25.00	—
1704	—	4.00	8.00	12.00	25.00	—
1705	—	4.00	8.00	12.00	25.00	—

KM# 36 HELLER
Copper **Ruler:** Johann Ernst VIII **Obv:** Crowned Saxon arms **Rev:** Crowned JE monogram divides date engraved sideways, legend divided by crown **Rev. Legend:** SAALFELD - HELLER **Mint:** Saalfeld **Note:** Varieties exist.

Date	Mintage	VG	F	VF	XF	Unc
1716	—	4.00	8.00	12.00	25.00	—
1717	—	4.00	8.00	12.00	25.00	—
1718	—	4.00	8.00	12.00	25.00	—
1719	—	4.00	8.00	12.00	25.00	—
1720	—	4.00	8.00	12.00	25.00	—
1721	—	4.00	8.00	12.00	25.00	—
1722	—	4.00	8.00	12.00	25.00	—

KM# 68 HELLER
Copper **Ruler:** Johann Ernst VIII **Obv:** Crowned Saxon arms **Rev:** Crowned JE monogram divides date horizontally **Rev. Legend:** SALFELD - HELLER **Mint:** Saalfeld **Note:** Varieties exist.

Date	Mintage	VG	F	VF	XF	Unc
1723	—	5.00	8.00	15.00	30.00	—
1724	—	5.00	8.00	15.00	30.00	—
1725	—	5.00	8.00	15.00	30.00	—
1726	—	5.00	8.00	15.00	30.00	—
1727	—	5.00	8.00	15.00	30.00	—
1728	—	5.00	8.00	15.00	30.00	—
1729	—	5.00	8.00	15.00	30.00	—

KM# 93.1 HELLER
Copper, 15 mm. **Ruler:** Johann Ernst VIII **Obv:** Crowned shield of ducal Saxony arms **Rev:** Ornaments above 3-line inscription with date **Rev. Inscription:** *+* / SAALFELD / HELLER / (date) **Mint:** Saalfeld

Date	Mintage	VG	F	VF	XF	Unc
1730	—	6.00	12.00	25.00	45.00	—

KM# 94 HELLER
Copper, 16-18 mm. **Ruler:** Johann Ernst VIII **Obv:** Crowned oval shield of ducal Saxony arms between 2 palm branches **Rev:** 5-line inscription with date **Rev. Inscription:** +1+ / SAAL / FELDER / HELLER / (date) **Mint:** Saalfeld

Date	Mintage	VG	F	VF	XF	Unc
1731	—	5.00	10.00	20.00	35.00	—
1732	—	5.00	10.00	20.00	35.00	—
1733	—	5.00	10.00	20.00	35.00	—
1734	—	5.00	10.00	20.00	35.00	—
1735	—	5.00	10.00	20.00	35.00	—

KM# 73 PFENNIG
Copper, 16 mm. **Ruler:** Johann Ernst VIII **Obv:** Crowned script JE monogram **Rev:** 5-line inscription with date **Rev. Inscription:** *i* / PFENNING / F.S. SAALFELD: / L. M(V)(U)NTZ / (date) **Mint:** Saalfeld

Date	Mintage	VG	F	VF	XF	Unc
1724	—	4.00	10.00	20.00	35.00	—

KM# 74 PFENNIG
Silver, 12 mm. **Ruler:** Johann Ernst VIII **Obv:** Crowned script JE monogram divides date as 1 - 7 / 2 - 4 **Rev:** Imperial orb with symbol for 'Pfennig' in cartouche **Mint:** Saalfeld

Date	Mintage	VG	F	VF	XF	Unc
1724	—	5.00	12.00	25.00	45.00	—
1727	—	—	—	—	—	—

Note: Reported, not confirmed.

KM# 95 3 PFENNIG (Dreier)
Billon, 17-18 mm. **Ruler:** Christian Ernst and Franz Josias **Obv:** Crowned oval shield of 4-fold arms between 2 palm branches, legend divided at top **Obv. Legend:** F. S. S. - L. M. **Rev:** Imperial orb with 3 in cartouche divides date **Mint:** Saalfeld **Note:** Varieties exist.

Date	Mintage	VG	F	VF	XF	Unc
1731 IME	—	16.00	30.00	60.00	95.00	—

Date	Mintage	VG	F	VF	XF	Unc
1733 GHE	—	16.00	30.00	60.00	95.00	—
1735 GHE	—	16.00	30.00	60.00	95.00	—

KM# 37 GROSCHEN

Silver, 21-23 mm. **Ruler:** Johann Ernst VIII **Subject:** Bicentennial of the Reformation **Obv:** Armored bust to right, date in chronogram **Rev:** Facing bust of Martin Luther divides 15 - 17 **Mint:** Saalfeld

Date	Mintage	VG	F	VF	XF	Unc
1717	—	22.00	50.00	95.00	150	—

KM# 75 GROSCHEN

Silver, 22 mm. **Ruler:** Johann Ernst VIII **Obv:** 4 crowned IE monograms in cruciform, small VIII between each, squarish shield of ducal Saxony arms in center **Obv. Legend:** D. G. - D. S. I. - C. M. A. - & W. **Rev:** Crowned oval shield of 4-fold arms between 2 palm branches, value 1 GR below, date divided by crown at top **Rev. Legend:** MONETA NOVA SALFELD. **Mint:** Saalfeld

Date	Mintage	VG	F	VF	XF	Unc
1724 IME	—	20.00	45.00	90.00	135	—
1725 IME	—	20.00	45.00	90.00	135	—

KM# 85 1/24 THALER (Groschen)

Silver, 22 mm. **Ruler:** Johann Ernst VIII **Obv:** Crowned oval shield of 4-fold arms, with central shield of ducal Saxony, between 2 palm branches, mintmaster's initials below **Obv. Legend:** D. G. IOH. ERNE. VIII D. S. I. C. M. A. & W. **Rev:** 4-line inscription with date in circle **Rev. Legend:** +MONETA NOVA SALFELD. **Rev. Inscription:** +24+ / EINEN / THAL. / (date) **Mint:** Saalfeld

Date	Mintage	VG	F	VF	XF	Unc
1726 IME	—	—	18.00	35.00	70.00	110
1727 IME	—	—	—	—	—	—
Note: Reported, not confirmed.						
1728 IME	—	—	18.00	35.00	70.00	110
1729 IME	—	—	18.00	35.00	70.00	110

KM# 88 1/24 THALER (Groschen)

Silver, 22 mm. **Ruler:** Christian Ernst and Franz Josias **Subject:** Death of Johann Ernst VIII **Obv:** Crowned script JE monogram, between 2 palm branches containing legend, Roman numeral date below **Obv. Legend:** INTA - MINA - TIS - REDVX COELO - FVLGET - NONOR - IBVS **Rev:** 7-line inscription with dates and value 1 gl (symbol for Groschen) **Rev. Inscription:** NATUS. / 1658. 22. AUG. / DENATUS / 1729. 17. DEC. / REGIM 50. / ÆTAT. 71. M. 3. D. 15 / IM 1 gl E* **Mint:** Saalfeld

Date	Mintage	VG	F	VF	XF	Unc
MDCCXXIX (1729) IME	—	20.00	40.00	80.00	125	—

KM# 96 1/24 THALER (Groschen)

Silver, 22 mm. **Ruler:** Christian Ernst and Franz Josias **Obv:** Crowned script CE and FJ monograms, date below **Rev:** Crowned shield of ducal Saxony arms divides 1 gl (symbol for Groschen) **Rev. Legend:** *FVRST. SACHS. SAALFELD. LAND MVNTZ. **Mint:** Saalfeld **Note:** Varieties exist.

Date	Mintage	VG	F	VF	XF	Unc
1731 IME	—	16.00	35.00	65.00	105	—
1732 GHE	—	16.00	35.00	65.00	105	—

KM# 99 1/24 THALER (Groschen)

Silver, 22 mm. **Ruler:** Christian Ernst and Franz Josias **Obv:** Crowned script CE and FJ monograms, date below **Rev:** Crowned oval shield of 4-fold arms with central shield of ducal Saxony, between 2 palm branches, divides 1 - gl (symbol for Groschen) at lower left and right, mintmaster's initials below **Rev. Legend:** FVRST. SACHS. SAALFELD. LAND. MVNTZ. **Mint:** Saalfeld

Date	Mintage	VG	F	VF	XF	Unc
1734 GHE	—	18.00	40.00	80.00	125	—

KM# 38 2 GROSCHEN

Silver, 24-25 mm. **Ruler:** Johann Ernst VIII **Subject:** Bicentennial of the Reformation **Obv:** Armored bust to right, date in chronogram **Rev:** Facing bust of Martin Luther divides 15 - 17 **Mint:** Saalfeld **Note:** Similar to Groschen, KM #37 but larger.

Date	Mintage	VG	F	VF	XF	Unc
1717	—	28.00	60.00	115	160	—

KM# 64 2 GROSCHEN

Silver, 25-26 mm. **Ruler:** Johann Ernst VIII **Obv:** 4 crowned script JE monograms in cruciform **Obv. Legend:** D. G. - D. S. I. - C. M. A. - & W. **Rev:** Crowned oval shield of 4-fold arms between 2 palm branches, value 2 GR below, date divided by crown at top **Rev. Legend:** MONETA NOVA SALFELD. **Mint:** Saalfeld

Date	Mintage	VG	F	VF	XF	Unc
1722 IME	—	22.00	50.00	80.00	125	—
1723 IME	—	22.00	50.00	80.00	125	—
1724 IME	—	22.00	50.00	80.00	125	—

KM# 76 2 GROSCHEN

Silver, 26 mm. **Ruler:** Johann Ernst VIII **Obv:** 4 crowned IE monograms in cruciform, small VIII between each, small shield of ducal Saxony arms in center **Obv. Legend:** D. G. - D. S. I. - C. M. A. - & W. **Rev:** Crowned oval shield of 4-fold arms between 2 palm branches, value 2 GR below, date divided by crown at top **Rev. Legend:** MONETA NOVA SALFELD. **Mint:** Saalfeld

Date	Mintage	VG	F	VF	XF	Unc
1724 IME	—	25.00	55.00	100	145	—
1725 IME	—	25.00	55.00	100	145	—

KM# 84 1/12 THALER (2 Groschen)

3.2500 g., 0.4985 Silver 0.0521 oz. ASW, 25 mm. **Ruler:** Johann Ernst VIII **Obv:** Crowned oval shield of 4-fold arms, with central shield of ducal Saxony, between 2 palm branches, mintmaster's initials below **Obv. Legend:** D. G. IOH. ERNE. VIII D. S. I. C. M. A. & W. **Rev:** 4-line inscription with date in circle **Rev. Legend:** +MONETA NOVA SALFELD. **Rev. Inscription:** +12+ / EINEN / THAL. / (date) **Mint:** Saalfeld

Date	Mintage	VG	F	VF	XF	Unc
1725 IME	—	18.00	35.00	75.00	115	—
1726/5 IME	—	18.00	35.00	75.00	115	—
1727 IME	—	18.00	35.00	75.00	115	—
1728 IME	—	18.00	35.00	75.00	115	—
1729 IME	—	18.00	35.00	75.00	115	—

KM# 89 1/12 THALER (2 Groschen)

Silver, 25 mm. **Ruler:** Christian Ernst and Franz Josias **Subject:** Death of Johann Ernst VIII **Obv:** Crowned script JE monogram, between 2 palm branches containing legend, Roman numeral date below **Obv. Legend:** INTA - MINA - TIS - REDVX COLO - FVLGET - HONOR - IBVS. **Rev:** 7-line inscription with dates and value 2 gl (symbol for Groschen) **Rev. Inscription:** NATUS. / 1658. 22. AUG. / DENATUS / 1729. 17. DEC. / REGIM. 50. / ÆTAT. 71. M. 3. D. 15 / IM (2 gl) E* **Mint:** Saalfeld

Date	Mintage	VG	F	VF	XF	Unc
MDCCXXIX (1729) IME	—	30.00	60.00	100	165	—

KM# 97 1/12 THALER (2 Groschen)

0.4375 Silver, 26 mm. **Ruler:** Christian Ernst and Franz Josias **Obv:** Crowned script CE and FJ monograms, date below **Rev:** Crowned shield of ducal Saxony arms divides 2 - gl (symbol for Groschen), mintmaster's initials below **Rev. Legend:** *FVRST. SACHS. SAALFELD. LAND. MVNTZ. **Mint:** Saalfeld **Note:** Varieties exist.

Date	Mintage	VG	F	VF	XF	Unc
1731 IME	—	65.00	135	200	375	—
1732 GHE	—	65.00	135	200	375	—

KM# 39 1/8 THALER

3.6500 g., 0.8889 Silver 0.1043 oz. ASW, 25 mm. **Ruler:** Johann Ernst VIII **Subject:** Bicentennial of the Reformation **Obv:** Armored bust to right, date in chronogram **Rev:** Facing bust of Martin Luther divides 15 - 17 **Mint:** Saalfeld

Date	Mintage	VG	F	VF	XF	Unc
1717	—	30.00	65.00	120	185	—

KM# 55 1/8 THALER

3.6500 g., 0.8889 Silver 0.1043 oz. ASW, 25-27 mm. **Ruler:** Johann Ernst VIII **Obv:** 1/2-length armored bust to right, holding baton and helmet, 4 small shields of arms divide legend **Obv. Legend:** D. G. IOHAN - NES. ERNES - TUS. VIII. DUX - SAXONIÆ. **Rev:** Shield of manifold arms, with central shield of ducal Saxony, 6 ornate helmets above, date at end of legend **Rev. Legend:** IULIÆ. CLIV. MONT. ANGARI. & WESTPH. **Mint:** Saalfeld **Note:** Varieties exist.

Date	Mintage	VG	F	VF	XF	Unc
1722 IME	—	80.00	170	320	550	—
1723/2 IME	—	80.00	170	320	550	—
1724 IHS	—	80.00	170	320	550	—

KM# 40 1/4 THALER

7.3100 g., 0.8889 Silver 0.2089 oz. ASW, 28-29 mm. **Ruler:** Johann Ernst VIII **Subject:** Bicentennial of the Reformation **Obv:** Armored bust to right, date in chronogram **Rev:** Facing bust of Martin Luther divides 15 - 17 **Mint:** Saalfeld

Date	Mintage	VG	F	VF	XF	Unc
1717	—	65.00	140	240	400	—

KM# 56.3 1/4 THALER

7.3100 g., 0.8889 Silver 0.2089 oz. ASW, 30-31 mm. **Ruler:** Johann Ernst VIII **Obv:** 1/2-length armored figure to right, holding baton and helmet, 4 small shields of arms divide legend **Obv. Legend:** D. G. IOHAN - NES. ERNES - T(V)(U)S. VIII. D(V)(U)X - SAXONIÆ. **Rev:** Ornate shield of manifold arms, with central shield of ducal Saxony, 6 ornate helmets above, mintmaster's initials and date divided to lower left and right **Rev. Legend:** IULIÆ. CLIV. MONT. ANGARI. & WESTPHALIÆ. **Mint:** Saalfeld **Note:** Varieties exist.

Date	Mintage	VG	F	VF	XF	Unc
1725 IME	—	200	350	650	1,000	—
1726 IME	—	200	350	650	1,000	—
1727 IME	—	200	350	650	1,000	—
1728 IME	—	200	350	650	1,000	—

KM# 41 1/2 THALER

14.6200 g., 0.8889 Silver 0.4178 oz. ASW, 35 mm. **Ruler:** Johann Ernst VIII **Subject:** Bicentennial of the Reformation **Obv:** Armored bust to right, date in chronogram **Rev:** Facing bust of Martin Luther divides 15 - 17 **Mint:** Saalfeld

Date	Mintage	VG	F	VF	XF	Unc
1717	—	120	260	480	800	—

KM# 57 1/2 THALER

14.6200 g., 0.8889 Silver 0.4178 oz. ASW, 35-36 mm. **Ruler:** Johann Ernst VIII **Obv:** 1/2-length armored bust to right, holding baton and helmet, 4 small shields of arms divide legend **Obv. Legend:** D. G. IOHAN - NES. ERNES - T(V)(U)S. VIII. D(V)(U)X - SAXONIÆ. **Rev:** Spanish shield of manifold arms, with central shield of ducal Saxony, 6 ornate helmets above, date divided to lower left and right **Rev. Legend:** I(U)(V)LIÆ. CLIV. MONT. ANGARI. & WESTPHALIÆ. **Mint:** Saalfeld **Note:** Varieties exist.

Date	Mintage	VG	F	VF	XF	Unc
1720	—	220	450	800	1,250	—
1722 IME	—	220	450	800	1,250	—
1723/2 IME	—	220	450	800	1,250	—
1724 IME	—	220	450	800	1,250	—
1724 IHS	—	220	450	800	1,250	—
1724 HS	—	220	450	800	1,250	—
1725 IME	—	220	450	800	1,250	—
1726 IME	—	220	450	800	1,250	—
1727 IME	—	220	450	800	1,250	—
1728/6 IME	—	220	450	800	1,250	—

KM# 90 1/2 THALER

14.6200 g., 0.8889 Silver 0.4178 oz. ASW, 35 mm. **Ruler:** Christian Ernst and Franz Josias **Subject:** Death of Johann Ernst VIII **Obv:** Armored bust to right, 3-line inscription with dates in exergue **Obv. Legend:** D. G. IOHANN. ERNEST. - VIII. D. SAX. I. C. M. A. & W. **Obv. Inscription:** NAT 22. AUG. 1658. D. 17. DEC./ 1729. ÆT. 71 AN. MENS. 3: / 15 DIES. **Rev:** Crowned script JE monogram between 2 palm branches with legend on band wrapped around, Roman numeral date in exergue **Rev. Legend:** INTAMI - NATIS - REDVX COELO - FVLGET - HONORIBVS **Mint:** Saalfeld

Date	Mintage	VG	F	VF	XF	Unc
MDCCXXIX (1729)	—	70.00	150	250	450	—

KM# 32.1 THALER

15.9800 g., 0.8889 Silver 0.4567 oz. ASW, 44 mm. **Ruler:** Johann Ernst VIII **Obv:** 1/2-length armored figure to right, holding baton and helmet, small imperial orb and 3 small shields of arms divide legend **Obv. Legend:** D. G. IOHAN - NES. ERNES - TVS. VIII DVX - SAXONIÆ. **Rev:** Modified Spanish shield of manifold arms, with central shield of ducal Saxony, 6 ornate helmets above, date below in margin with mintmaster's initials between digits **Rev. Legend:** IVLIÆ. CLIV. MONT. ANGARI. ET. WESTPHALIÆ. **Mint:** Saalfeld **Note:** Dav. 2735.

Date	Mintage	VG	F	VF	XF	Unc
1712 ICS 4 known	—	—	—	6,500	—	—

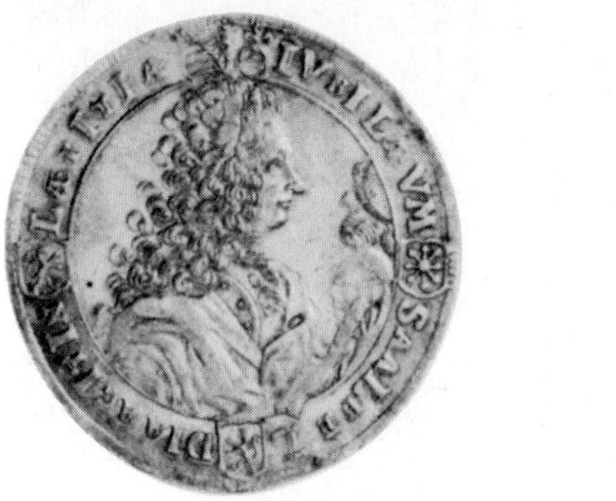

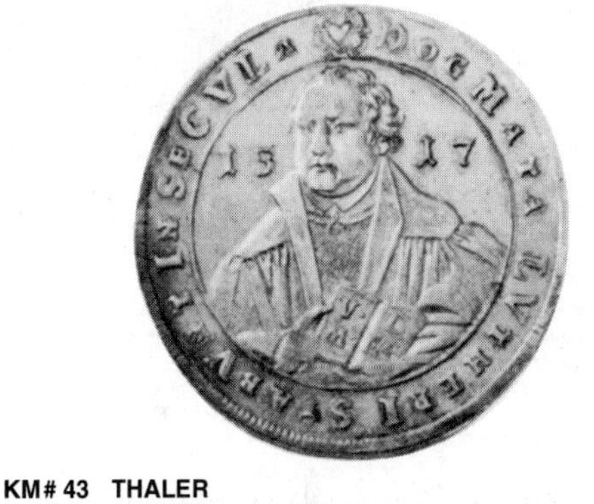

KM# 43 THALER

25.9800 g., 0.8889 Silver 0.7424 oz. ASW, 47-48 mm. **Ruler:** Johann Ernst VIII **Subject:** Bicentennial of the Reformation **Obv:** Armored figure with long wig to right, holding baton and helmet, 4 small shields of arms divide chronogram legend, which begins with small imperial orb **Obv. Legend:** IVBILAEVM - SAALFEL - DIA AGIT IN - LAETITIA **Rev:** Martin Luther facing, head divides date 15 - 17 **Rev. Legend:** DOGMATA LVTHERI STABVNT IN SECVLA **Mint:** Saalfeld **Note:** Dav. 2738.

Date	Mintage	F	VF	XF	Unc	BU
1717	—	700	1,400	2,500	4,150	—

KM# 47 THALER

25.9800 g., 0.8889 Silver 0.7424 oz. ASW, 44-45 mm. **Ruler:** Johann Ernst VIII **Obv:** 1/2-length armored figure with short hair to right, holding baton and helmet, 4 small shields of arms divide legend, which begins with small imperial orb **Obv. Legend:** D. G. IOHAN - NES. ERNES - TVS. VIII. DVX - SAXONIÆ. **Rev:** Ornate shield of manifold arms, with central shield of ducal Saxony, 6 ornate helmets above, date divided to lower left and right **Rev. Legend:** IVLIÆ. CLIV. MONT. ANGARI. & WESTPHALIÆ. **Mint:** Saalfeld **Note:** Dav. 2740. Varieties exist.

Date	Mintage	F	VF	XF	Unc	BU
1720	—	700	1,200	2,000	3,500	—
1722 IME	—	700	1,200	2,000	3,500	—
1723/2 IME	—	700	1,200	2,000	3,500	—
1724 IME	—	700	1,200	2,000	3,500	—
1724 IHS	—	700	1,200	2,000	3,500	—

KM# 44 THALER

Silver **Ruler:** Johann Ernst VIII **Subject:** Bicentennial of the Reformation **Obv:** Without mantle and different width bust **Obv. Legend:** IVBILAEVM - SAALFEL - DIA AGIT IN - LAETITIA **Rev:** Martin Luther facing, head divides date **Rev. Legend:** DOGMATA LVTHERI STABVNT IN SECVLA **Mint:** Saalfeld **Note:** Dav. 2738A.

Date	Mintage	F	VF	XF	Unc	BU
1717	—	700	1,400	2,500	4,150	—

GERMAN STATES — SAXE-SAALFELD

shields of arms divide legend, which begins with small imperial orb **Obv. Legend:** D. G. IOHAN · NES · ERNES · TVS · VIII · DVX · SAXONIÆ. **Rev:** 4 crowned EIE monograms, VIII between each set, date divided above the 4 VIII's, small oval shield of ducal Saxony arms in center **Mint:** Saalfeld **Note:** Dav. 2746.

Date	Mintage	F	VF	XF	Unc	BU
1724 IME 5 known	—	—	—	7,000	—	—

KM# 79 THALER

Silver, 44-46 mm. **Ruler:** Johann Ernst VIII **Obv:** 1/2-length armored figure to right, holding baton and helmet, 4 small shields of arms divide legend, which begins with small imperial orb **Obv. Legend:** D. G. IOHAN - NES. ERNES - TVS. VIII. DVX · SAXONIÆ. **Rev:** Ornate shield of manifold arms, with central shield of ducal Saxony, 6 ornate helmets above, date divided to lower left and right **Rev. Legend:** IVLIÆ. CLIV. MONT. ANGARI. & WESTPHALIÆ. **Mint:** Saalfeld **Note:** Dav. 2747.

Date	Mintage	F	VF	XF	Unc	BU
1725 IME	—	750	1,250	2,000	3,500	—
1726 IME	—	750	1,250	2,000	3,500	—
1727 IME	—	750	1,250	2,000	3,500	—
1728 IME	—	750	1,250	2,000	3,500	—

KM# 81 THALER

Silver **Ruler:** Johann Ernst VIII **Obv:** Sun above city view, crossed hammers in frame separate date below **Mint:** Saalfeld **Note:** Dav. 2748.

Date	Mintage	F	VF	XF	Unc	BU
1725 IME	—	750	1,250	2,000	3,500	—
1726 IME	—	750	1,250	2,000	3,500	—
1727 IME	—	750	1,250	2,000	3,500	—

KM# 45 THALER

25.9800 g., 0.8889 Silver 0.7424 oz. ASW, 45-48 mm. **Ruler:** Johann Ernst VIII **Subject:** Bicentennial of the Reformation **Obv:** Armored figure with short hair to right, holding baton and helmet; 4 small shields of arms divide legend, which begins with small imperial orb **Obv. Legend:** IVBILAEVM · SAALFEL · DIA AGIT IN · LAETITIA **Rev:** Large bust of Martin Luther divides date 15 - 17 **Rev. Legend:** DOGMATA LVTHERI STABVNT IN SECVLA **Mint:** Saalfeld **Note:** Dav. 2739.

Date	Mintage	VF	XF	Unc	BU
1717	—	825	1,650	2,950	4,950	—

KM# 46 THALER

Silver **Ruler:** Johann Ernst VIII **Subject:** Bicentennial of the Reformation **Obv:** Narrower bust of the Duke and the casque nearer the body **Obv. Legend:** IVBILAEVM · SAALFEL · IEA AGIT IN · LAETITIA **Rev:** Martin Luther divides 1517 date, 1717 date in chronogram **Rev. Legend:** DOGMATA LVTHERI STABVNT IN SECVLA **Mint:** Saalfeld **Note:** Dav. 2739A.

Date	Mintage	F	VF	XF	Unc	BU
1717	—	825	1,650	2,950	4,950	—

KM# 59 THALER

Silver **Ruler:** Johann Ernst VIII **Obv:** Bust with short hair right **Mint:** Saalfeld **Note:** Dav. 2743.

Date	Mintage	F	VF	XF	Unc	BU
1720	—	1,100	2,000	3,300	5,500	—

KM# 65 THALER

Silver **Ruler:** Johann Ernst VIII **Obv:** Thin bust right **Rev:** Different city view, sun above crossed hammers and initials divide date **Mint:** Saalfeld **Note:** Dav. 2744. Varieties exist.

Date	Mintage	F	VF	XF	Unc	BU
1722 IME Rare	—	—	—	—	—	—

KM# 71 THALER

Silver **Ruler:** Johann Ernst VIII **Obv:** Larger bust **Rev:** Different city view **Mint:** Saalfeld **Note:** Dav. 2745.

Date	Mintage	F	VF	XF	Unc	BU
1723 IME	—	1,750	3,500	6,250	—	—

KM# 91 THALER

25.9800 g., 0.8889 Silver 0.7424 oz. ASW, 40 mm. **Ruler:** Johann Ernst VIII **Subject:** Death of Johann Ernst VIII **Obv:** Armored bust to right, 3-line inscription with dates in exergue **Obv. Legend:** D • G • IOHANN • ERNEST • - VIII • D • SAX • I • C • M • A • & W • **Obv. Inscription:** Exergue: NAT • 22 • AVG • 1658 • D • 17 • DEC • / 1729 • ÆT • 71 AN • MENS • 3 / 15 DIES • **Rev:** Ornate sarcophagus with 6-line inscription **Rev. Legend:** COELO REDVX INTAMINATIS FVLGET HONORIBVS • **Rev. Inscription:** PARENTI OPTIMO / PRINCIPIO IUSTO CLEM • / FILIALIS PIETAS / CONCORD • FRATRUM / MONUMENTUM • / P • P • **Mint:** Saalfeld **Note:** Dav. 2749.

Date	Mintage	F	VF	XF	Unc	BU
1729	—	450	900	1,600	3,100	—

KM# 33.2 THALER (Mining)

Silver, 44-45 mm. **Ruler:** Johann Ernst VIII **Obv:** 1/2-length armored figure to right, holding baton and helmet, 4 small shields of arms divide legend **Obv. Legend:** D. G. IOHAN - NES. ERNES - TVS. VIII. DVX - SAXONIÆ. **Rev:** Arms from clouds hold radiant wreath above city view of Saalfeld, Roman numeral date in exergue **Rev. Legend:** A SOLE. SAL: **Mint:** Saalfeld **Note:** Dav. 2736.

Date	Mintage	VG	F	VF	XF	Unc
MDCCXII (1712)	—	900	1,800	3,300	5,500	—
MDCCXIV (1714)	—	900	1,800	3,300	5,500	—

KM# 34 THALER (Mining)

Silver, 45 mm. **Ruler:** Johann Ernst VIII **Obv:** 1/2-length armored figure to right, holding baton and helmet, 4 small shields of arms divide legend **Obv. Legend:** D. G. IOHAN - NES. ERNES - TVS. VIII. DVX - SAXONIÆ. **Rev:** Arms from clouds hold radiant wreath above very detailed view of Saalfeld, Roman numeral date in exergue **Rev. Legend:** A SOLE. SAL: **Mint:** Saalfeld **Note:** Dav. 2737.

Date	Mintage	VG	F	VF	XF	Unc
MDCCXV (1715)	—	900	1,800	3,300	5,500	—

KM# 35 THALER (Mining)

Silver, 46 mm. **Ruler:** Johann Ernst VIII **Obv:** 1/2-length armored figure to right, holding baton and helmet, 4 small shields of arms divide legend **Obv. Legend:** D. G. IOHAN - NES. ERNES - TVS. VIII. DVX - SAXONIÆ. **Rev:** Arms from clouds hold radiant wreath above large city view of Saalfeld, Roman numeral date in exergue **Rev. Legend:** A SOLE. SAL: **Mint:** Saalfeld **Note:** Dav. A2737.

Date	Mintage	VG	F	VF	XF	Unc
MDCCXVI (1716)	—	900	1,800	3,300	5,500	—
MDCCXVII (1717)	—	900	1,800	3,300	5,500	—

KM# 61 2 THALER (Mining)

Silver, 46 mm. **Ruler:** Johann Ernst VIII **Obv:** 1/2-length armored figure with long wig to right, holding baton and helmet, 4 small shields of arms divide legend, which begins with small imperial orb **Obv. Legend:** D. G. IOHAN - NES. ERNES - TVS. VIII. DVX - SAXONIÆ. **Rev:** Arms from clouds hold radiant wreath

KM# 78 THALER

Silver, 45 mm. **Ruler:** Johann Ernst VIII **Obv:** Armored bust with short hair to right in circle, holding baton and helmet, 4 small

above city view of Saalfeld, Roman numeral date in exergue **Rev. Legend:** A SOLE. ET. SALE. **Mint:** Saalfeld **Note:** Dav. 2741.

Date	Mintage	VG	F	VF	XF	Unc
MDCCXX (1720) Rare	—	—	—	—	—	—

TRADE COINAGE

KM# 82 1/4 DUCAT

0.8750 g., 0.9860 Gold 0.0277 oz. AGW, 12 mm. **Ruler:** Johann Ernst VIII **Obv:** Armored bust to right **Obv. Legend:** D. G. IOH. ERNEST. VIII DVX SAXON. **Rev:** Crowned oval shield of 4-fold arms between 2 palm branches, date divided below **Mint:** Saalfeld **Note:** Fr. 3002.

Date	Mintage	VG	F	VF	XF	Unc
1725	—	245	475	925	1,650	—
1726	—	245	475	925	1,650	—
1727	—	245	475	925	1,650	—
1728	—	245	475	925	1,650	—

KM# 83 1/2 DUCAT

1.7500 g., 0.9860 Gold 0.0555 oz. AGW, 15-16 mm. **Ruler:** Johann Ernst VIII **Obv:** Armored bust to right in circle, holding baton and helmet, 4 small shields of arms divide legend **Obv. Legend:** D. G. IOH. - ERNEST. - VIII. DVX - SAXON. **Rev:** Crowned oval shield of 4-fold arms between 2 palm branches, date divided below **Rev. Legend:** IVL. CLI. MONT. ANG. ET. WESTPH. **Mint:** Saalfeld **Note:** Fr. 3001.

Date	Mintage	VG	F	VF	XF	Unc
1725	—	400	750	1,650	3,000	—
1726	—	400	750	1,650	3,000	—
1727	—	400	750	1,650	3,000	—
1728	—	400	750	1,650	3,000	—

KM# 26 DUCAT

3.5000 g., 0.9860 Gold 0.1109 oz. AGW, 23 mm. **Ruler:** Johann Ernst VIII **Obv:** Youthful armored bust to right in circle **Rev:** Shield of manifold arms, with central shield of ducal Saxony, 6 ornate helmets above, date divided below **Mint:** Saalfeld **Note:** Fr. 3000

Date	Mintage	VG	F	VF	XF	Unc

KM# 48 DUCAT

3.5000 g., 0.9860 Gold 0.1109 oz. AGW, 23 mm. **Ruler:** Johann Ernst VIII **Subject:** 200th Anniversary of the Reformation **Obv:** Armored figure with long wig to right, holding baton and helmet, 4 small shields of arms divide chronogram legend **Rev:** Bust of Martin Luther divides date 1517 **Mint:** Saalfeld **Note:** Fr. 3004.

Date	Mintage	VG	F	VF	XF	Unc
1717	—	475	1,000	2,000	4,000	—

KM# 52 DUCAT

3.5000 g., 0.9860 Gold 0.1109 oz. AGW, 22-23 mm. **Ruler:** Johann Ernst VIII **Obv:** Armored bust to right in circle, holding baton and helmet, 4 small shields of arms divide legend **Obv. Legend:** D. G. IOHANN - NES. ERNES - TVS. VIII. DVX - SAXONIÆ. **Rev:** City view of Reichmannsdorf in circle, date in various locations **Rev. Legend:** IVLIÆ. CLIV. MONT. ANGAR(I). ET. WESTPHAL(IÆ). (A) REICHMANSDORF. **Mint:** Saalfeld **Note:** Fr. 3005.

Date	Mintage	VG	F	VF	XF	Unc
1717	—	1,350	2,650	5,300	9,900	—
1719	—	1,350	2,650	5,300	9,900	—
1721	—	1,350	2,650	5,300	9,900	—
1722 E	—	1,350	2,650	5,300	9,900	—
1726/5 IME	—	1,350	2,650	5,300	9,900	—
1727 IME	—	1,350	2,650	5,300	9,900	—
1728 IME	—	1,350	2,650	5,300	9,900	—

KM# 49 DUCAT

3.5000 g., 0.9860 Gold 0.1109 oz. AGW **Ruler:** Johann Ernst VIII **Subject:** 200th Anniversary of the Reformation **Obv:** Armored bust right **Rev:** Bust of Martin Luther also divides IM-E, date in chronogram **Mint:** Saalfeld **Note:** Fr. A3004.

Date	Mintage	VG	F	VF	XF	Unc
1717 IME	—	475	1,000	2,000	4,000	—

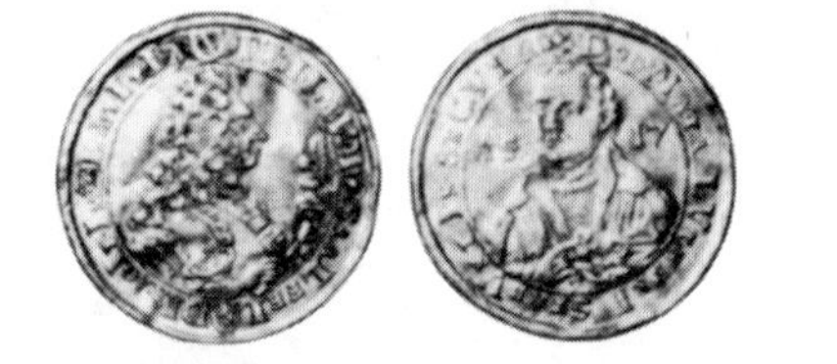

KM# 50 DUCAT

3.5000 g., 0.9860 Gold 0.1109 oz. AGW **Ruler:** Johann Ernst VIII **Subject:** 200th Anniversary of the Reformation **Obv:** Armored figure with long wig to right, holding baton and helmet, 4 small shields of arms divide legend, which begins with small imperial orb **Rev:** Martin Luther facing divides 1517 date **Mint:** Saalfeld **Note:** Fr. B3004.

Date	Mintage	VG	F	VF	XF	Unc
1717	—	400	750	1,650	3,200	—

KM# 51 DUCAT

3.5000 g., 0.9860 Gold 0.1109 oz. AGW **Ruler:** Johann Ernst VIII **Subject:** 200th Anniversary of the Reformation **Obv:** Bust wearing wig with left hand raised on helmet, 1717 date in chronogram **Mint:** Saalfeld **Note:** Fr. C3004.

Date	Mintage	VG	F	VF	XF	Unc
1717	—	400	750	1,650	3,200	—

KM# 62 DUCAT

3.5000 g., 0.9860 Gold 0.1109 oz. AGW, 22 mm. **Ruler:** Johann Ernst VIII **Obv:** Armored bust with short hair to right in circle, holding baton and helmet, 4 small shields of arms divide legend **Obv. Legend:** D. G. IOHAN - NES. ERNES - TVS. VIII. DVX - SAXONIÆ. **Rev:** Ornate shield of manifold arms, with central shield of ducal Saxony, 6 ornate helmets above, date divided to lower left and right **Rev. Legend:** IVLIÆ. CLIV. MONT. ANGARI. ET. WESTPHALIÆ. **Mint:** Saalfeld **Note:** Fr. A3000.

Date	Mintage	VG	F	VF	XF	Unc
1720	—	975	2,200	4,500	8,100	—
1721/0	—	975	2,200	4,500	8,100	—
1722	—	975	2,200	4,500	8,100	—
1724/2	—	975	2,200	4,500	8,100	—
1727 IME	—	975	2,200	4,500	8,100	—

KM# 53 2 DUCAT

7.0000 g., 0.9860 Gold 0.2219 oz. AGW **Ruler:** Johann Ernst VIII **Subject:** 200th Anniversary of the Reformation **Obv:** Armored bust right in inner circle **Rev:** Facing bust of Martin Luther divides date 15 17, 1717 date in chronogram **Mint:** Saalfeld **Note:** Fr. 3003. Struck with ducat dies, KM #48.

Date	Mintage	VG	F	VF	XF	Unc
1717	—	1,700	3,400	6,600	11,500	—

SAXE-COBURG-SAALFELD

(Sachsen-Coburg-Saalfeld)

When Saxe-Saalfeld obtained Coburg in 1735, the duchy was henceforth called Saxe-Coburg-Saalfeld. In 1826, Saalfeld was transferred to Saxe-Meiningen and the Ernst I received Gotha in exchange. The new creation was then known as Saxe-Coburg-Gotha.

RULERS

Christian Ernst, 1735-1745
Franz Josias, 1735-1764
....Joint Coinage until 1745
Ernst Friedrich, 1764-1800

MINT OFFICIALS' INITIALS

Initials	Date	Name
GHE	1740-54	Georg Hieronymus Eberhard
ICE, IC-E, I-CE	1755-65	Johann Christian Eberhard
ICK, IC-K, I-CK	1765-94	Johann Christian Knaust

REFERENCE

G = Walter Grasser, **Münz- und Geldgeschichte von Coburg 1265-1923**, Frankfurt am Main, 1979.

DUCHY

REGULAR COINAGE

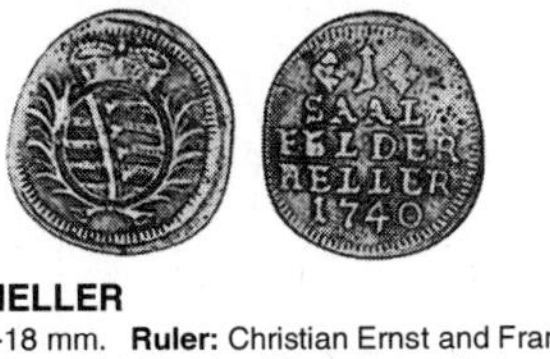

KM# 10 HELLER

Copper, 16.5-18 mm. **Ruler:** Christian Ernst and Franz Josias **Obv:** Crowned oval shield of ducal Saxony arms between 2 palm fronds **Rev:** 5-line inscription with date **Rev. Inscription:** +1+ / SAAL / FELDER / HELLER / (date) **Note:** Varieties exist.

Date	Mintage	VG	F	VF	XF	Unc
1736	—	5.00	12.00	25.00	50.00	—
1737	—	5.00	12.00	25.00	50.00	—
1738	—	5.00	12.00	25.00	50.00	—
1739	—	5.00	12.00	25.00	50.00	—
1740	—	5.00	12.00	25.00	50.00	—
1741	—	5.00	12.00	25.00	50.00	—
1742	—	5.00	12.00	25.00	50.00	—
1743	—	5.00	12.00	25.00	50.00	—
1744	—	5.00	12.00	25.00	50.00	—
1745	—	5.00	12.00	25.00	50.00	—

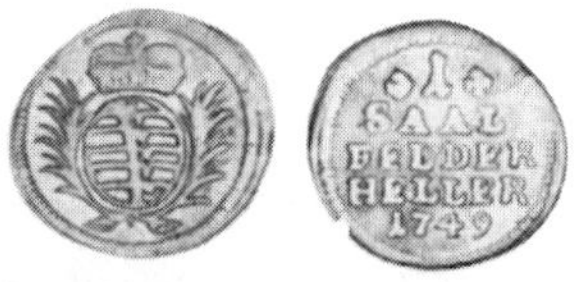

KM# 32 HELLER

Copper, 17-18 mm. **Ruler:** Franz Josias **Obv:** Crowned oval shield of ducal Saxony arms between 2 palm branches **Rev:** 5-line inscription with date **Rev. Inscription:** +1+ / SAAL= / FELDER / HELLER / (date)

Date	Mintage	VG	F	VF	XF	Unc
1746	—	4.00	7.00	15.00	30.00	—
1747	—	4.00	7.00	15.00	30.00	—
1748	—	4.00	7.00	15.00	30.00	—
1749	—	4.00	7.00	15.00	30.00	—
1750	—	4.00	7.00	15.00	30.00	—
1751	—	4.00	7.00	15.00	30.00	—

KM# 39 HELLER

Copper, 18-19 mm. **Ruler:** Franz Josias **Obv:** Crowned oval shield of ducal Saxony arms in baroque frame, palm branch to left, laurel branch to right **Rev:** 5-line inscription with date **Rev. Inscription:** +1+ / SAAL= / FELDER / HELLER / (date)

Date	Mintage	VG	F	VF	XF	Unc
1750	—	4.00	7.00	15.00	30.00	—
1751	—	4.00	7.00	15.00	30.00	—

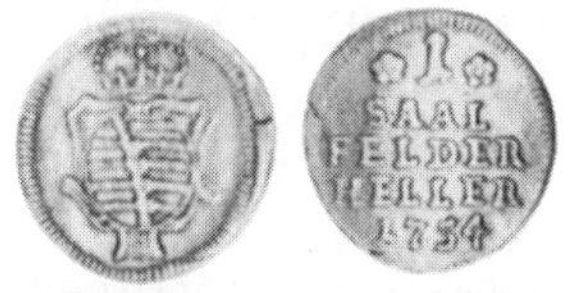

KM# 52.1 HELLER

Copper, 18 mm. **Ruler:** Franz Josias **Obv:** Oval shield of ducal Saxony arms in crowned baroque frame **Rev:** 5-line inscription with date, various ornaments flanking 1 **Rev. Inscription:** 1 / SAAL / FELDER / HELLER / (date)

Date	Mintage	VG	F	VF	XF	Unc
1752	—	5.00	9.00	18.00	36.00	—
1753	—	5.00	9.00	18.00	36.00	—
1754	—	5.00	9.00	18.00	36.00	—
1755	—	5.00	9.00	18.00	36.00	—

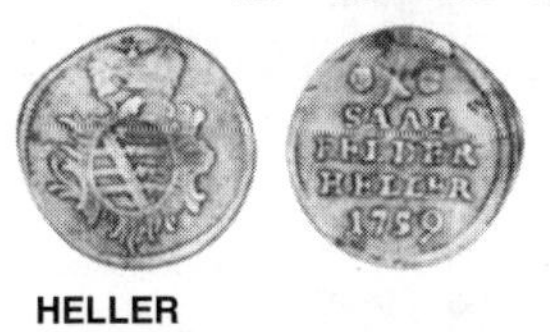

KM# 54.1 HELLER

Copper, 18 mm. **Ruler:** Franz Josias **Obv:** Oval shield of ducal Saxony arms in crowned baroque frame **Rev:** 5-line inscription with date, I (or 1) flanked by small rosettes **Rev. Inscription:** (I)(1) / SAAL / FELDER / HELLER / (date)

Date	Mintage	VG	F	VF	XF	Unc
1758	—	5.00	9.00	18.00	36.00	—
1759	—	5.00	9.00	18.00	36.00	—

KM# 54.2 HELLER

Copper **Ruler:** Franz Josias **Obv:** Crowned oval shield of ducal Saxony arms between 2 palm branches **Rev:** 5-line inscription with date, with or without ornaments flanking I or 1 **Rev. Inscription:** (I)(1) / SAAL= / FELDER / HELLER / (date)

Date	Mintage	VG	F	VF	XF	Unc
1760	—	5.00	9.00	18.00	36.00	—
1762	—	5.00	9.00	18.00	36.00	—
1763	—	5.00	9.00	18.00	36.00	—

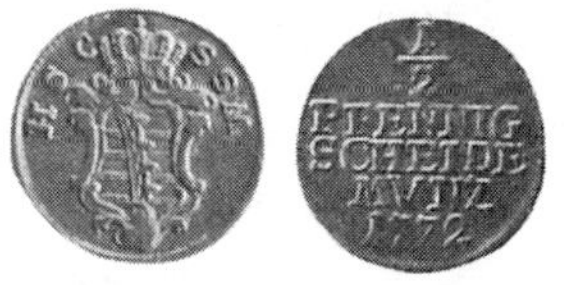

KM# 96 1/2 PFENNIG

Copper, 16 mm. **Ruler:** Ernst Friedrich **Obv:** Crowned ornate shield of ducal Saxony arms, legend divided to upper left and right **Obv. Legend:** H S C - S S M **Rev:** 5-line inscription with date **Rev. Inscription:** 1/2 / PFENNIG / SCHEIDE / MVNZ / (date)

Date	Mintage	VG	F	VF	XF	Unc
1772	51,840	10.00	20.00	45.00	95.00	—

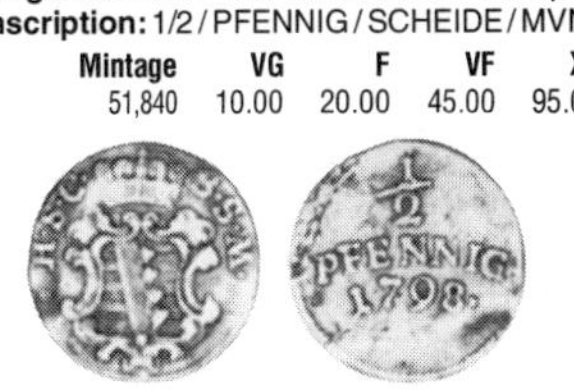

KM# 111 1/2 PFENNIG

Copper, 15-16 mm. **Ruler:** Ernst Friedrich **Obv:** Crowned ornate shield of ducal Saxony arms, legend divided to upper left and right **Obv. Legend:** H. S. C. - S. S. M. **Rev:** 3-line inscription with date **Rev. Inscription:** 1/2 / PFENNIG / (date)

Date	Mintage	VG	F	VF	XF	Unc
1798	184,992	5.00	12.00	25.00	50.00	—
1800	29,952	5.00	12.00	25.00	50.00	—

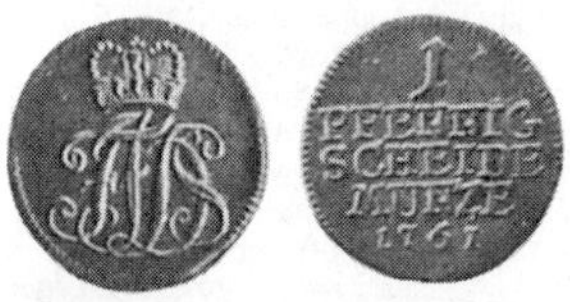

KM# 62 PFENNIG

Copper, 18 mm. **Ruler:** Franz Josias **Obv:** Crowned script FJDS monogram **Rev:** 5-line inscription with date **Rev. Inscription:** 1 / PFENNIG / SCHEIDE / MUNZE / (date)

Date	Mintage	VG	F	VF	XF	Unc
1761	—	7.00	15.00	30.00	60.00	—
1762	—	7.00	15.00	30.00	60.00	—

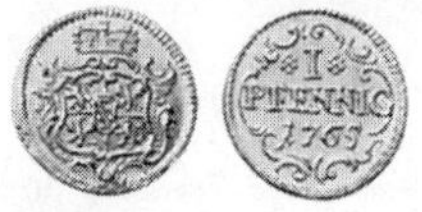

KM# 80 PFENNIG

0.4600 g., 0.1250 Billon 0.0018 oz., 12 mm. **Ruler:** Ernst Friedrich **Obv:** Ornate shield of 4-fold arms, with central shield of ducal Saxony, in crowned baroque frame **Rev:** 3-line inscription with date in cartouche **Rev. Inscription:** I / PFENNIG / (date)

Date	Mintage	VG	F	VF	XF	Unc
1765	35,424	8.00	18.00	37.00	75.00	—

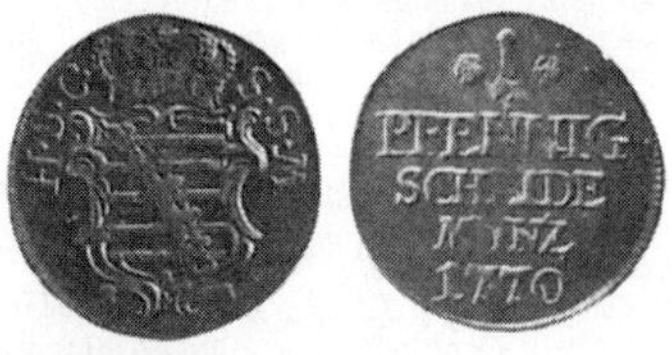

KM# 93 PFENNIG

Copper, 20-22 mm. **Ruler:** Ernst Friedrich **Obv:** Crowned ornate shield of ducal Saxony arms in baroque frame, legend divided to upper left and right **Obv. Legend:** H. S. C. - S. S. M. **Rev:** 5-line inscription with date **Rev. Inscription:** 1 / PFENNIG / SCHEIDE / M(U)(Ü)NZ / (date)

Date	Mintage	VG	F	VF	XF	Unc
1770	841,536	4.00	9.00	18.00	37.00	—
1772	1,806,048	4.00	9.00	18.00	37.00	—
1798	114,552	4.00	9.00	18.00	37.00	—

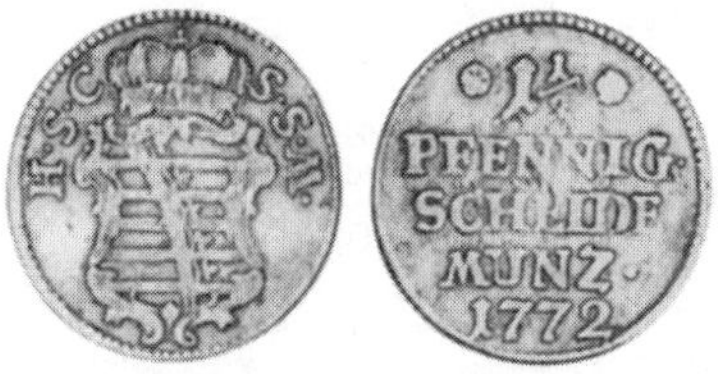

KM# 97 1-1/2 PFENNIG

Copper **Ruler:** Ernst Friedrich **Obv:** Crowned arms **Rev:** Value, date

Date	Mintage	VG	F	VF	XF	Unc
1772	15,360	5.00	12.00	25.00	50.00	—

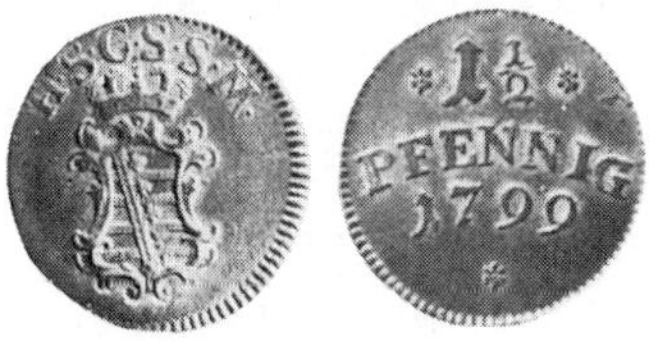

KM# 112 1-1/2 PFENNIG

Copper **Ruler:** Ernst Friedrich **Obv:** Crowned arms **Rev:** Value, date

Date	Mintage	VG	F	VF	XF	Unc
1799	—	5.00	10.00	20.00	45.00	—

KM# 12 3 PFENNIG

Billon, 16-17 mm. **Ruler:** Christian Ernst and Franz Josias **Obv:** Crowned oval shield of 4-fold arms between 2 palm branches, mintmaster's initials below, legend divided above **Obv. Legend:** F. S. S. - L. M. **Rev:** Imperial orb with 3 in cartouche divides date **Note:** Dreier 3 Pfennig.

Date	Mintage	VG	F	VF	XF	Unc
1736 GHE	—	10.00	20.00	45.00	95.00	—
1737 GHE	—	10.00	20.00	45.00	95.00	—
1738 GHE	—	10.00	20.00	45.00	95.00	—
1740 GHE	—	10.00	20.00	45.00	95.00	—
1742 GHE	—	10.00	20.00	45.00	95.00	—
1743 GHE	—	10.00	20.00	45.00	95.00	—
1745 GHE	—	10.00	20.00	45.00	95.00	—

612 GERMAN STATES SAXE-COBURG-SAALFELD

KM# 25 3 PFENNIG
Billon, 17 mm. **Ruler:** Christian Ernst and Franz Josias **Obv:** Crowned oval shield of 4-fold arms between 2 palm branches, mintmaster's initials below, legend divided above **Obv. Legend:** F. S. - S. M. **Rev:** Imperial orb with 3 in cartouche divides date **Note:** Similar to KM#12 but obverse: F. S. - S. M.

Date	Mintage	VG	F	VF	XF	Unc
1740 GHE	—	10.00	20.00	45.00	95.00	—
1741 GHE	—	10.00	20.00	45.00	95.00	—

KM# 37.1 3 PFENNIG
Billon, 16 mm. **Ruler:** Franz Josias **Obv:** Crowned oval shield of 4-fold arms between 2 palm branches, legend divided to upper left and right, mintmaster's initials below **Obv. Legend:** F. S. S. - L. M. **Rev:** Imperial orb with 3 in cartouche divides date

Date	Mintage	VG	F	VF	XF	Unc
1747 GHE	—	8.00	18.00	37.00	75.00	—
1749 GHE	—	8.00	18.00	37.00	75.00	—

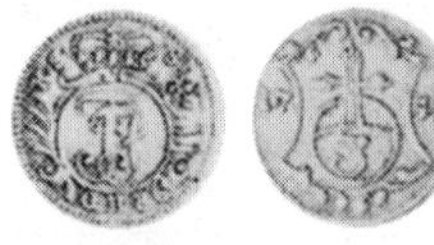

KM# 47.1 3 PFENNIG
Billon, 15 mm. **Ruler:** Franz Josias **Obv:** Script FJ monogram in oval within crowned baroque frame, legend divided to upper left and right, mintmaster's initials below **Obv. Legend:** F. S. - S. M. **Rev:** Imperial orb with 3, in cartouche, divides date

Date	Mintage	VG	F	VF	XF	Unc
1751 GHE	—	8.00	18.00	37.00	75.00	—
1752 GHE	—	8.00	18.00	37.00	75.00	—

KM# 47.2 3 PFENNIG
Billon, 16 mm. **Ruler:** Franz Josias **Obv:** Script FJ monogram in crowned baroque frame, legend divided to upper left and right, mintmaster's initials below **Obv. Legend:** F. S. S. - L. M. **Rev:** Imperial orb with 3, in cartouche, divides date

Date	Mintage	VG	F	VF	XF	Unc
1753 ICE	—	8.00	18.00	37.00	75.00	—
1755 ICE	—	8.00	18.00	37.00	75.00	—
1757 ICE	—	8.00	18.00	37.00	75.00	—

KM# 65.1 3 PFENNIG
Billon, 15 mm. **Ruler:** Franz Josias **Obv:** Ornate shield of 4-fold arms in crowned baroque frame, legend divided to upper left and right, mintmaster's initials below **Obv. Legend:** F. S. C. - S. L. M. **Rev:** Imperial orb with 3, in cartouche, divides date

Date	Mintage	VG	F	VF	XF	Unc
1764 ICE	65,269	8.00	18.00	37.00	75.00	—

KM# 65.3 3 PFENNIG
0.8600 g., 0.2013 Billon 0.0056 oz., 15 mm. **Ruler:** Ernst Friedrich **Obv:** Ornate shield of 4-fold arms, with central shield of ducal Saxony, in crowned baroque frame, divides legend to upper left and right, mintmaster's initials divided below **Obv. Legend:** F. S. C. - S. L. M. **Rev:** Imperial orb with 3, in cartouche, divides date

Date	Mintage	VG	F	VF	XF	Unc
1764 ICK	Inc. above	12.00	25.00	55.00	110	—
1765 ICK	88,529	12.00	25.00	55.00	110	—

KM# 11 6 PFENNIG (Sechser)
Billon, 18 mm. **Ruler:** Christian Ernst and Franz Josias **Obv:** Crowned oval shield of 4-fold arms between 2 palm branches, legend divided above **Obv. Legend:** F. S. S. - L. M. **Rev:** Imperial orb with VI divides date, mintmaster's initials below

Date	Mintage	VG	F	VF	XF	Unc
1735 GHE	—	45.00	95.00	150	300	—
1737 GHE	—	45.00	95.00	150	300	—
1738 GHE	—	45.00	95.00	150	300	—

KM# 33 6 PFENNIG (Sechser)
Billon, 18 mm. **Ruler:** Christian Ernst and Franz Josias **Obv:** Crowned ornate shield of 4-fold arms between 2 palm branches, legend divided above, mintmaster's initials below **Obv. Legend:** F. S. - S. M. **Rev:** Imperial orb with VI divides date

Date	Mintage	VG	F	VF	XF	Unc
1741 GHE	—	45.00	95.00	150	300	—
1744 GHE	—	45.00	95.00	150	300	—

KM# 38 6 PFENNIG (Sechser)
Billon, 18 mm. **Ruler:** Franz Josias **Obv:** Crowned ornate shield of 4-fold arms in baroque frame, between 2 palm branches, legend divided to upper left and right, mintmaster's initials below **Obv. Legend:** F. S. - S. M. **Rev:** Imperial orb with VI divides date

Date	Mintage	VG	F	VF	XF	Unc
1746 GHE	—	15.00	37.00	75.00	150	—
1750 GHE	—	15.00	37.00	75.00	150	—

KM# 48.1 6 PFENNIG (Sechser)
Billon, 17-18 mm. **Ruler:** Franz Josias **Obv:** Script FJ monogram in oval within crowned baroque frame, legend divided to upper left and right **Obv. Legend:** F. S. - S. M. **Rev:** Imperial orb with VI divides date and mintmaster's initials

Date	Mintage	VG	F	VF	XF	Unc
1751 GHE	—	12.00	30.00	60.00	120	—
1752 GHE	—	12.00	30.00	60.00	120	—
1753 GHE	—	12.00	30.00	60.00	120	—
1754 GHE	—	12.00	30.00	60.00	120	—

KM# 48.2 6 PFENNIG (Sechser)
Billon, 17-18 mm. **Ruler:** Franz Josias **Obv:** Script FJ monogram in crowned baroque frame, legend divided to upper left and right **Obv. Legend:** F. S. (-) S. (-) L. M. **Rev:** Imperial orb with VI divides date and mintmaster's initials

Date	Mintage	VG	F	VF	XF	Unc
1754 GHE	—	15.00	30.00	65.00	135	—
1755 GHE	—	15.00	30.00	65.00	135	—
1756 ICE	—	15.00	30.00	65.00	135	—
1757 ICE	—	15.00	30.00	65.00	135	—
1758 ICE	—	15.00	30.00	65.00	135	—

KM# 61 6 PFENNIG (Sechser)
Billon, 18 mm. **Ruler:** Franz Josias **Obv:** Script FJ monogram in crowned baroque frame **Obv. Legend:** F. S. S. L. M. **Rev:** Imperial orb with VI divides mintmaster's initials and date, legend curved above

Date	Mintage	VG	F	VF	XF	Unc
1760 ICE	—	15.00	30.00	60.00	120	—
1761 ICE	—	15.00	30.00	60.00	120	—
1763 ICE	—	15.00	30.00	60.00	120	—

KM# 81 KREUZER
Billon, 15 mm. **Ruler:** Ernst Friedrich **Obv:** Ornate shield of 4-fold arms, with central shield of ducal Saxony, in crowned baroque frame, mintmaster's initials divided below **Obv. Legend:** E. F. D. G. - D. S. C. S. **Rev:** 4-line inscription with date in cartouche **Rev. Inscription:** I / CONV. / KREUZER / (date)

Date	Mintage	VG	F	VF	XF	Unc
1765 ICK	—	10.00	20.00	45.00	95.00	—
1767 ICK	—	10.00	20.00	45.00	95.00	—

KM# 105 KREUZER
Billon **Ruler:** Ernst Friedrich **Obv:** Crowned arms in branches **Rev:** Value above date

Date	Mintage	VG	F	VF	XF	Unc
1787	—	10.00	20.00	45.00	95.00	—
1794	—	10.00	20.00	45.00	95.00	—

KM# 82 2-1/2 KREUZER
Billon, 19 mm. **Ruler:** Ernst Friedrich **Obv:** Ornate shield of 4-fold arms, with central shield of ducal Saxony, in crowned baroque frame, mintmaster's initials below **Obv. Legend:** ERN. FRID. D. G. - D. S. COBVRG S. **Rev:** 4-line inscription with date in cartouche **Rev. Inscription:** 2 1/2 / KREUZ. / CONV. M. / (date)

Date	Mintage	VG	F	VF	XF	Unc
1765 ICK	—	20.00	45.00	90.00	185	—

KM# 83.1 5 KREUZER
Silver, 22 mm. **Ruler:** Ernst Friedrich **Obv:** Ornate shield of 4-fold arms, with central shield of ducal Saxony, in crowned baroque frame, divides date, mintmaster's initials divided below **Obv. Legend:** ERN. FRID. D. G. - D. S. COBVRG. S. **Rev:** 4-line inscription in cartouche **Rev. Inscription:** IUSTIRT / 240 / EINE F. M. / 5. KR.

Date	Mintage	VG	F	VF	XF	Unc
1765 ICK	23,529	45.00	90.00	185	375	—

KM# 84 20 KREUZER
Silver, 27-29 mm. **Ruler:** Ernst Friedrich **Obv:** Bust to right in laurel wreath **Obv. Legend:** ERNESTVS FRIDERICVS. D. G. D. S. COBVRG SAALFELD. **Rev:** Crowned oval shield of 4-fld arms, set on pedestal with '20' which divides date, between laurel and palm branches **Rev. Legend:** SECHZIG EINE FEINE MARCK.

Date	Mintage	VG	F	VF	XF	Unc
1765 ICE	39,308	35.00	75.00	150	300	—
1765 ICK	Inc. above	35.00	75.00	150	300	—
1765	Inc. above	35.00	75.00	150	300	—

KM# A10 1/48 THALER
0.9700 g., 0.2500 Silver 0.0078 oz. ASW, 18 mm. **Ruler:** Ernst Friedrich **Obv:** Crowned ornate shield of 4-fold arms in baroque frame, legend divided to upper left and right, mintmaster's initials below **Obv. Legend:** F. S. C. - S. L. M. **Rev:** 4-line inscription with date **Rev. Inscription:** 48 / EINEN / THALER / (date)

Date	Mintage	VG	F	VF	XF	Unc
1764 ICE	65,269	15.00	37.00	75.00	150	—

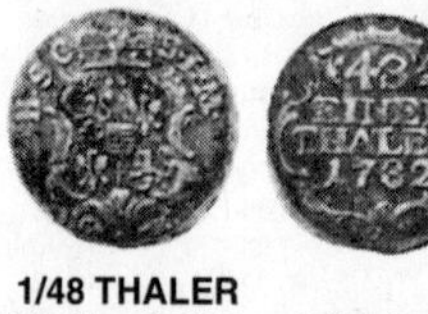

KM# 85.2 1/48 THALER
1.2400 g., 0.2813 Silver 0.0112 oz. ASW, 17-18 mm. **Ruler:** Ernst Friedrich **Obv:** Ornate shield of 4-fold arms, with central shield of ducal Saxony, in crowned baroque frame, legend to upper left and right, mintmaster's initials divided below **Obv. Legend:** (F.)(H.) S. (C.) - (S.)(H.) (L.)(S.) M. **Rev:** 4-line inscription with date, in cartouche **Rev. Inscription:** 48 / EINEN / THALER / (date)

Date	Mintage	VG	F	VF	XF	Unc
1765 ICK	Inc. above	10.00	25.00	55.00	110	—
1766 ICK	115,672	10.00	25.00	55.00	110	—
1767 ICK	22,752	10.00	25.00	55.00	110	—
1768 ICK	362,746	10.00	25.00	55.00	110	—
1770 ICK	152,196	10.00	25.00	55.00	110	—
1771 ICK	203,992	10.00	25.00	55.00	110	—
1779 ICK	39,452	10.00	25.00	55.00	110	—
1782 ICK	59,486	10.00	25.00	55.00	110	—
1787 ICK	7,804	10.00	25.00	55.00	110	—
1788	12,484	10.00	25.00	55.00	110	—
1791 ICK	26,386	10.00	25.00	55.00	110	—

KM# 13 GROSCHEN (1/24 Thaler)
Silver, 22 mm. **Ruler:** Christian Ernst and Franz Josias **Obv:** Crowned script CE and FJ monograms, date below **Rev:** Crowned oval shield of 4-fold arms between 2 palm branches, 1 - gl (symbol for Groschen) divided near bottom, mintmaster's initials below **Rev. Legend:** FVRST. SACHS. SAALFELD. LAND. MVNZ.

Date	Mintage	VG	F	VF	XF	Unc
1737 GHE	—	18.00	40.00	90.00	185	—

KM# 16 1/24 THALER (Groschen)
Silver, 20-21 mm. **Ruler:** Christian Ernst and Franz Josias **Obv:** Crowned script CE and FJ monograms, mintmaster's initials below **Obv. Legend:** F(V)(U)RST. SACHS. SAALFELD. M(V)(U)NZ. **Rev:** 4-line inscription with date between 2 palm branches **Rev. Legend:** +NACH DEN LEIPZIGER F(V)(U)S. **Rev. Inscription:** 24 / EINEN / THAL. / (date) **Note:** Varieties exist.

Date	Mintage	VG	F	VF	XF	Unc
1738 GHE	—	20.00	45.00	90.00	185	—
1740 GHE	—	20.00	45.00	90.00	185	—
1741 GHE	—	20.00	45.00	90.00	185	—
1742 GHE	—	20.00	45.00	90.00	185	—
1743 GHE	—	20.00	45.00	90.00	185	—
1744 GHE	—	20.00	45.00	90.00	185	—
1745 GHE	—	20.00	45.00	90.00	185	—

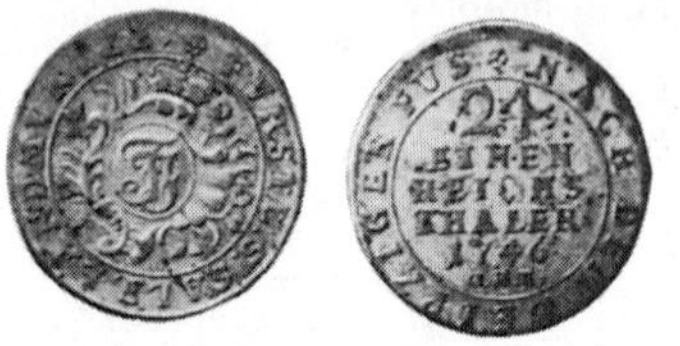

KM# 34 1/24 THALER (Groschen)
Silver, 21 mm. **Ruler:** Franz Josias **Obv:** Script FJ monogram in oval within crowned baroque frame **Obv. Legend:** F(V)(U)RSTL. S. SA(A)LF. LAND(.)M(V)(U)NTZE. **Rev:** 6-line inscription with date and mintmaster's initials in circle **Rev. Legend:** NACH DEM LEIPZIGER F(V)(U)S. **Rev. Inscription:** 24 / EINEN / REICHS / THALER / (date) / (initials)

Date	Mintage	VG	F	VF	XF	Unc
1746 GHE	—	15.00	35.00	75.00	150	—
1747 GHE	—	15.00	35.00	75.00	150	—
1748 GHE	—	15.00	35.00	75.00	150	—
1750 GHE	—	15.00	35.00	75.00	150	—

KM# A38 1/24 THALER (Groschen)
Billon **Ruler:** Franz Josias **Obv:** Monogram in larger oval **Rev. Legend:** NACH DEM LEIPZIGER FUS.

Date	Mintage	VG	F	VF	XF	Unc
1747 GHE	—	—	20.00	45.00	90.00	180
1748 GHE	—	—	20.00	45.00	90.00	180

KM# 49 1/24 THALER (Groschen)
Silver, 21 mm. **Ruler:** Franz Josias **Obv:** Script FJ monogram in oval within crowned baroque frame, all in circle **Obv. Legend:** FURSTL. S. SAALF. LAND MUNTZE. **Rev:** 6-line inscription with date and mintmaster's initials in circle **Rev. Legend:** NACH CHURFURSTL. SÆCHSL. SCHROT. U. KORN. **Rev. Inscription:** 24 / EINEN / REICHS / THALER / (date) / (initials)

Date	Mintage	VG	F	VF	XF	Unc
1751 GHE	—	30.00	60.00	130	265	—

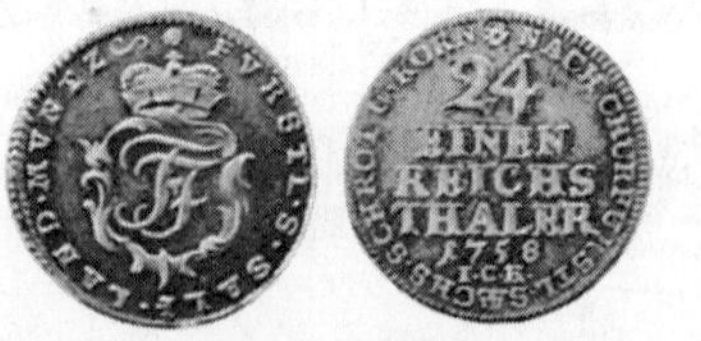

KM# 50.2 1/24 THALER (Groschen)
Silver, 21 mm. **Ruler:** Franz Josias **Obv:** Script FJ monogram in crowned baroque frame **Obv. Legend:** FVRSTL. S. SA(A)LF(ELD). LAND. MVNTZ(E). **Rev:** 6-line inscription with date and mintmaster's initials **Rev. Legend:** NACH CH(V)(U)RF(V)(U)RSTL. SÆCHS(L). SCHROT. U. KORN. **Rev. Inscription:** 24 / EINEN / REICHS / THALER / (date) / (initials) **Note:** Varieties of shields and legends exist.

Date	Mintage	VG	F	VF	XF	Unc
1753 GHE	—	15.00	30.00	60.00	125	—
1754 GHE	—	15.00	30.00	60.00	125	—
1758 GHE	—	15.00	30.00	60.00	125	—

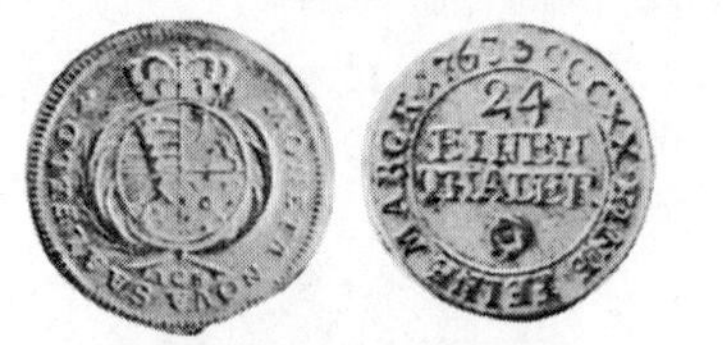

KM# 63 1/24 THALER (Groschen)
1.9800 g., 0.3680 Silver 0.0234 oz. ASW, 21 mm. **Ruler:** Franz Josias **Obv:** Crowned oval shield of 4-fold arms between 2 palm branches, mintmaster's initials below **Obv. Legend:** MONETA NOVA SA(A)LFELD. **Rev:** 3-line inscription in circle, date at end of legend **Rev. Legend:** CCCXX. EINE FEINE MARCK. **Rev. Inscription:** 24 / EINEN / THALER **Note:** Varieties of shields and legends exist.

Date	Mintage	VG	F	VF	XF	Unc
1763 ICE	—	10.00	25.00	50.00	100	—

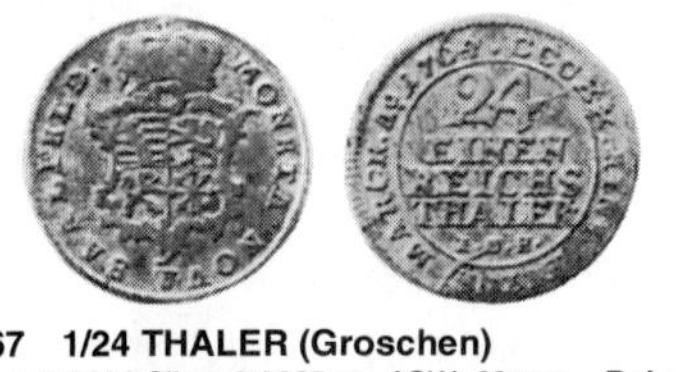

KM# 67 1/24 THALER (Groschen)
1.9900 g., 0.3681 Silver 0.0235 oz. ASW, 20 mm. **Ruler:** Ernst Friedrich **Obv:** Ornate shield of 4-fold arms, in crowned baroque frame **Obv. Legend:** MONETA NOVA SAALFELD. **Rev:** 5-line inscription, with mintmaster's initials, in circle, date at end of legend **Rev. Legend:** CCCXX. EINE FEINE MARCK. Ao. **Rev. Inscription:** 24 / EINEN / REICHS / THALER / (initials)

Date	Mintage	VG	F	VF	XF	Unc
1764 ICE	523,987	15.00	30.00	65.00	135	—
1765 ICE	51,895	20.00	40.00	80.00	165	—
1765 ICK	Inc. above	20.00	40.00	80.00	165	—

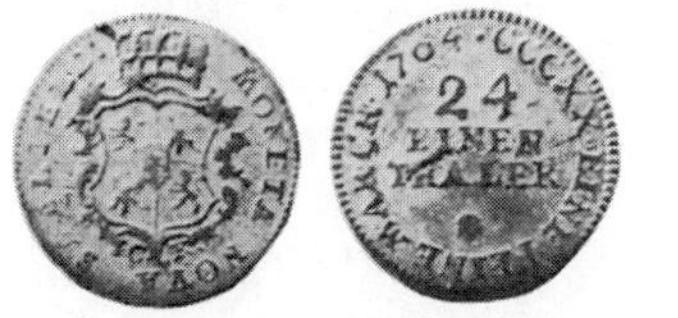

KM# 68.1 1/24 THALER (Groschen)
1.9900 g., 0.3681 Silver 0.0235 oz. ASW, 20 mm. **Ruler:** Ernst Friedrich **Obv:** Ornate shield of 4-fold arms, with central shield of ducal Saxony, in crowned baroque frame, mintmaster's initials divided below **Obv. Legend:** MONETA NOVA SAALFELD. **Rev:** 3-line inscription, date at end of legend **Rev. Legend:** CCCXX. EINE FEINE MARCK. **Rev. Inscription:** 24 / EINEN / THALER

Date	Mintage	VG	F	VF	XF	Unc
1764 ICK	Inc. above	15.00	30.00	60.00	120	—

KM# 68.2 1/24 THALER (Groschen)
1.9900 g., 0.3681 Silver 0.0235 oz. ASW, 19-20 mm. **Ruler:** Ernst Friedrich **Obv:** Ornate shield of 4-fold arms, with central shield of ducal Saxony, in crowned baroque frame, mintmaster's initials divided below **Obv. Legend:** MONETA NOVA SAALFELD. **Rev:** 4-line inscription with date **Rev. Legend:** CCCXX. EINE FEINE MARCK **Rev. Inscription:** 24 / EINEN / THALER / (date)

Date	Mintage	VG	F	VF	XF	Unc
1765 ICK	Inc. above	7.00	18.00	37.00	75.00	—
1772 ICK	38,212	7.00	18.00	37.00	75.00	—
1774 ICK	72,960	7.00	18.00	37.00	75.00	—

KM# 98 1/24 THALER (Groschen)
1.9900 g., 0.3681 Silver 0.0235 oz. ASW, 20 mm. **Ruler:** Ernst Friedrich **Obv:** Ornate shield of 4-fold arms in crowned baroque frame **Obv. Legend:** MONETA NOVA SAALFELD. **Rev:** 5-line inscription with mintmaster's initials, date at end of legend **Rev. Legend:** CCCXX. EINE FEINE MARCK. **Rev. Inscription:** 24 / EINEN / REICHS / THALER / (initials)

Date	Mintage	VG	F	VF	XF	Unc
1774 ICK	Inc. above	7.00	18.00	37.00	75.00	—

KM# 28 2 GROSCHEN (1/12 Thaler)
Silver, 24 mm. **Ruler:** Christian Ernst and Franz Josias **Obv:** Crowned CE-FJ monograms divide mintmaster's initials, 2 GR. below **Obv. Legend:** FVRST. SACHS. SAALFELD. MVNZ. **Rev:** Crowned oval shield of 4-fold arms on ornamented shelf, supported by 2 lions, date divided by crown at top **Rev. Legend:** NACH DEM LEIPZIGER FVSS.

Date	Mintage	VG	F	VF	XF	Unc
1741 GHE	—	25.00	60.00	125	250	—

KM# 14 1/12 THALER (Doppelgroschen)
Silver, 23-24 mm. **Ruler:** Christian Ernst and Franz Jósias **Obv:** Crowned oval shield of 4-fold arms, with central shield of ducal Saxony within 2 palm branches, mintmaster's initials below **Obv. Legend:** V. G. G. CHR. ERN. V. FRANC. IOS. GEBR. H. Z. S. C. V. S. **Rev:** 4-line inscription with date between 2 palm branches **Rev. Legend:** NACH DEN LEIPZIGER FVS. **Rev. Inscription:** 12 / EINEN / THALER / (date)

Date	Mintage	VG	F	VF	XF	Unc
1737 GHE	—	40.00	90.00	185	375	—
1739 GHE	—	40.00	90.00	185	375	—

KM# A11 1/12 THALER (Doppelgroschen)
Silver, 24 mm. **Ruler:** Christian Ernst and Franz Josias **Obv:** Crowned script CE-FJ monogram, mintmaster's initials below **Obv. Legend:** FVRST. SACHS. SAALFELD. MVNZ. **Rev:** 4-line inscription with date between 2 palm branches **Rev. Legend:** +NACH DEN LEIPZIGER FVS. **Rev. Inscription:** 12 / EINEN / THAL. / (date) **Note:** Similar to 1/24 Thaler.

Date	Mintage	VG	F	VF	XF	Unc
1742 GHE	—	30.00	65.00	130	260	—

KM# 35.1 1/12 THALER (Doppelgroschen)
Silver, 23 mm. **Ruler:** Franz Josias **Obv:** Script FJ monogram in oval within crowned baroque frame **Obv. Legend:** F(V)(U)RSTL. S. SALF. LANDM(V)(U)NTZE. **Rev:** 6-line inscription with date and mintmaster's intials in circle **Rev. Legend:** NACH DEM LEIPZIGER F(V)(U)S. **Rev. Inscription:** 12 / EINEN / REICHS / THALER / (date) / (initials)

Date	Mintage	VG	F	VF	XF	Unc
1746 GHE	—	40.00	80.00	160	325	—
1747 GHE	—	40.00	80.00	160	325	—

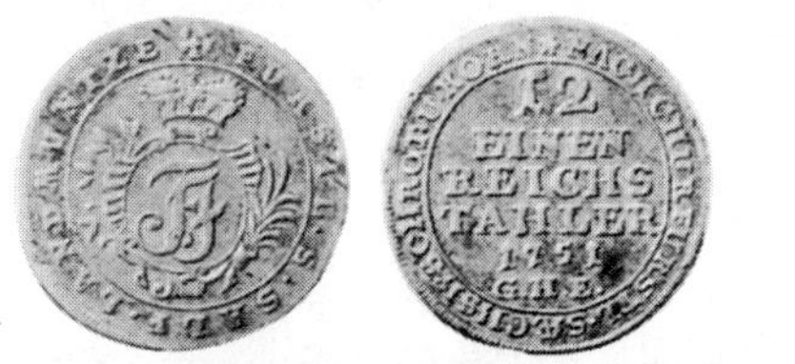

KM# 35.2 1/12 THALER (Doppelgroschen)
Silver, 24 mm. **Ruler:** Franz Josias **Obv:** Script FJ monogram in oval within crowned baroque frame between laurel and palm branches **Obv. Legend:** FURSTL. S. SALF. LANDMUNTZE. **Rev:** 6-line inscription with date and mintmaster's initials in circle **Rev. Legend:** NACH CHURFURSTL. SÆCHSL. SCHROT. U. KORN. **Rev. Inscription:** 12 / EINEN / REIGHS / TAHLER / (date) / (initials)

Date	Mintage	VG	F	VF	XF	Unc
1751 GHE	—	30.00	60.00	125	250	—

KM# 35.3 1/12 THALER (Doppelgroschen)
Silver, 24 mm. **Ruler:** Franz Josias **Obv:** Script FJ monogram in crowned baroque frame **Obv. Legend:** FURSL. S. SAALLF. LAND MUNTZE. **Rev:** 6-line inscription with date and mintmaster's initials **Rev. Legend:** NACH CHVRFVRSTL. SÆCHSL. SCHROT. (U.)(V.) KORN. **Rev. Inscription:** 12 / EINEN / REICHS / THALER / (date) / (initials)

Date	Mintage	VG	F	VF	XF	Unc
1753 GHE	—	30.00	60.00	125	250	—
1758 GHE	—	30.00	60.00	125	250	—

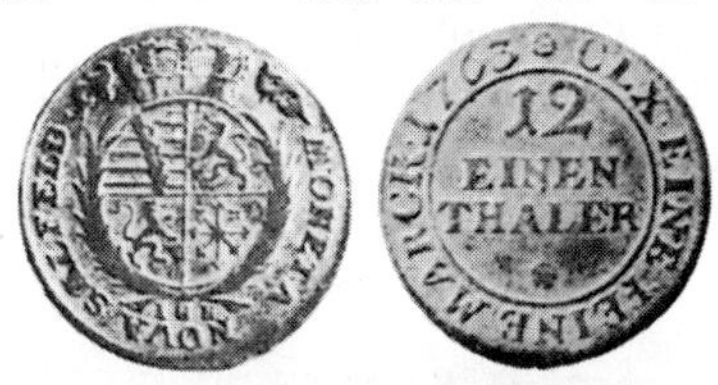

KM# 64 1/12 THALER (Doppelgroschen)
3.3400 g., 0.4370 Silver 0.0469 oz. ASW, 24 mm. **Ruler:** Franz Josias **Obv:** Crowned oval shield of 4-fold arms between 2 palm branches, mintmaster's initials below **Obv. Legend:** MONETA NOVA SALFELD. **Rev:** 3-line inscription in circle, date at end of legend **Rev. Legend:** CLX. EINE FEINE MARCK. **Rev. Inscription:** 12 / EINEN / THALER

Date	Mintage	VG	F	VF	XF	Unc
1763 ICE	—	12.00	25.00	55.00	110	—

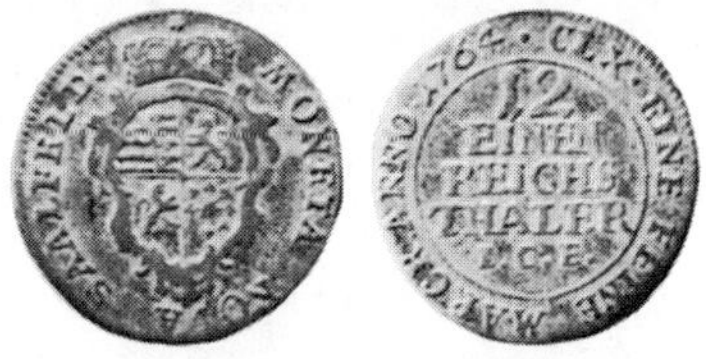

KM# 69.1 1/12 THALER (Doppelgroschen)
3.3400 g., 0.4370 Silver 0.0469 oz. ASW, 23-24 mm. **Ruler:** Ernst Friedrich **Obv:** Ornate shield of 4-fold arms in crowned baroque frame **Obv. Legend:** MONETA NOVA SAALFELD. **Rev:** 5-line inscription with mintmaster's initials in circle **Rev. Legend:** CLX. EINE FEINE MARCK. ANNO. **Rev. Inscription:** 12 / EINEN / REICHS / THALER / (initials)

Date	Mintage	VG	F	VF	XF	Unc
1764 ICE	373,023	15.00	30.00	60.00	125	—

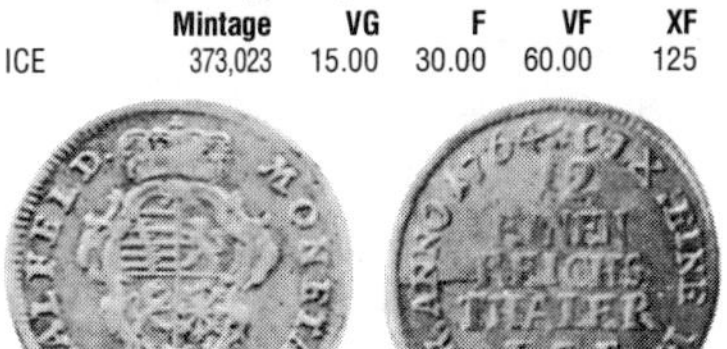

KM# 69.2 1/12 THALER (Doppelgroschen)
3.3400 g., 0.4370 Silver 0.0469 oz. ASW, 23 mm. **Ruler:** Ernst Friedrich **Obv:** Ornate shield of 4-fold arms in crowned baroque frame **Obv. Legend:** MONETA NOVA SAALFELD. **Rev:** 5-line inscription with mintmaster's initials, date at end of legend **Rev. Legend:** CLX. EINE FEINE MARCK. ANNO. **Rev. Inscription:** 12 / EINEN / REIHS / THALER / (initials)

Date	Mintage	VG	F	VF	XF	Unc
1764 ICE	Inc. above	15.00	30.00	60.00	125	—

KM# 69.3 1/12 THALER (Doppelgroschen)
3.3400 g., 0.4375 Silver 0.0470 oz. ASW **Ruler:** Ernst Friedrich **Obv:** Ornate shield of 4-fold arms, with central shield of ducal Saxony, in crowned baroque frame **Obv. Legend:** MONETA NOVA SAALFELD. **Rev:** 5-line inscription with mintmaster's initials, date at end of legend **Rev. Legend:** CLX. EINE FEINE MARCK. ANNO. **Rev. Inscription:** 12 / EINEN / REICHS / THALER / (initials)

Date	Mintage	VG	F	VF	XF	Unc
1764 ICE	Inc. above	12.00	25.00	55.00	110	—

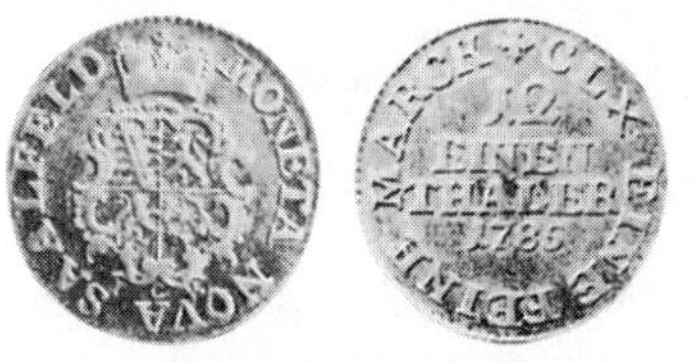

KM# 99 1/12 THALER (Doppelgroschen)
3.3400 g., 0.4375 Silver 0.0470 oz. ASW, 22-23 mm. **Ruler:** Ernst Friedrich **Obv:** Ornate shield of 4-fold arms, in crowned baroque frame, mintmaster's initials divided below **Obv. Legend:** MONETA NOVA SAALFELD. **Rev:** 4-line inscription with date **Rev. Legend:** CLX EINE FEINE MARCK. **Rev. Inscription:** 12 / EINEN / THALER / (date)

Date	Mintage	VG	F	VF	XF	Unc
1774 ICK	6,986	10.00	25.00	50.00	100	—
1775 ICK	19,439	10.00	25.00	50.00	100	—
1776 ICK	20,416	10.00	25.00	50.00	100	—
1778 ICK	6,622	10.00	25.00	50.00	100	—
1779 ICK	8,686	10.00	25.00	50.00	100	—
1782 ICK	23,975	10.00	25.00	50.00	100	—
1785 ICK	43,216	10.00	25.00	50.00	100	—

KM# 102 1/12 THALER (Doppelgroschen)
3.3400 g., 0.4375 Silver 0.0470 oz. ASW, 23 mm. **Ruler:** Ernst Friedrich **Obv:** Ornate shield of 4-fold arms in crowned baroque frame **Obv. Legend:** MONETA NOVA SAALFELD **Rev:** 5-line inscription with date and mintmaster's initials **Rev. Legend:** CLX EINE FEINE MARCK **Rev. Inscription:** 12 / EINEN / THALER / (date) / (initials)

Date	Mintage	VG	F	VF	XF	Unc
1780 ICK	26,365	15.00	30.00	60.00	120	—

KM# 70 1/6 THALER
5.3900 g., 0.5417 Silver 0.0939 oz. ASW, 26-27 mm. **Ruler:** Franz Josias **Obv:** Bust to right **Obv. Legend:** FRANCISC(U)(V)S IOSIAS D. G. D. S. COB(U)(V)RG SAALFELD. **Rev:** Crowned shield of 4-fold arms, with central shield of ducal Saxony, in baroque frame, value (1/6) in oval below divides mintmaster's initials, date at end of legend. **Rev. Legend:** LXXX. EINE FEINE MARCK.

Date	Mintage	VG	F	VF	XF	Unc
1764 ICE	—	25.00	50.00	100	200	—

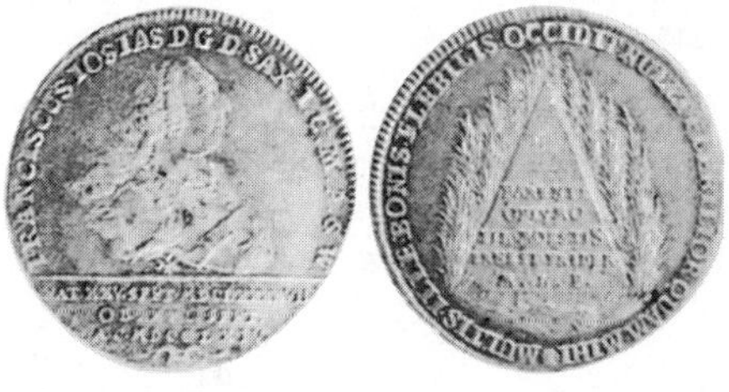

KM# 71 1/4 THALER
7.0200 g., 0.8333 Silver 0.1881 oz. ASW, 29 mm. **Ruler:** Franz Josias **Subject:** Death of Franz Josias **Obv:** Armored bust to right, 3 line inscription with Roman numeral dates in exergue **Obv. Legend:** FRANCISCUS IOSIAS D. G. D. SAX. I. C. M. A. & W. **Obv. Inscription:** NAT. XXV. SEPT. MDCLXXXXVII. / OB. XVI. SEPT. / A. C. MDCCLXIV **Rev:** Pyramid in grove of cyprus trees, 5-line inscription on facing side **Rev. Legend:** MULTIS. ILLE. BONIS. FLEBILIS. OCCIDIT. NULLI. FLEBILIOR. QUAM. MIHI. **Rev. Inscription:** PARENTI / OPTVMO / FIL. MOESTIS. / ERNEST. FRIDER. / M. L. P.

Date	Mintage	VG	F	VF	XF	Unc
1764	4,007	75.00	150	300	600	—

KM# 87.1 1/2 THALER
14.0300 g., 0.8333 Silver 0.3759 oz. ASW, 34 mm. **Ruler:** Ernst Friedrich **Obv:** Armored bust to right **Obv. Legend:** ERNESTVS FRIDERICVS. D. G. D. S. COBVRG SAALFELD. **Rev:** Ornate shield of 4-fold arms, with central shield of ducal Saxony, in crowned baroque frame, mintmaster's initials divided below, date at end of legend **Rev. Legend:** XX. EINE FEINE MARCK.

Date	Mintage	VG	F	VF	XF	Unc
1765 ICK	5,064	135	275	550	1,125	—

KM# 87.2 1/2 THALER
14.0300 g., 0.8333 Silver 0.3759 oz. ASW, 34 mm. **Ruler:** Ernst Friedrich **Obv:** Armored bust to right with order cross below **Obv. Legend:** ERNESTVS. FRIDERICVS. D. G. D. S COBVRG SAALFELD. **Rev:** Ornate shield of 4-fold arms, with central shield of ducal Saxony, in crowned baroque frame, mintmaster's initials divided below, date at end of legend **Rev. Legend:** XX. EINE FEINE MARCK.

Date	Mintage	VG	F	VF	XF	Unc
1765 ICK	Inc. above	135	275	575	1,150	—

GERMAN STATES — SAXE-COBURG-SAALFELD

Christian Ernst and Franz Josias **Obv:** Crowned script CE-FJ monogram, date divided by crown at top, value 1/4 D. below **Rev:** Crowned oval shield of 4-fold arms in baroque frame, mintmaster's initials divided to lower left and right

Date	Mintage	VG	F	VF	XF	Unc
1743 GHE	—	100	200	450	900	1,650

KM# 51 1/4 DUCAT
0.8750 g., 0.9860 Gold 0.0277 oz. AGW, 12 mm. **Ruler:** Franz Josias **Obv:** Script FJ monogram in crowned baroque frame, mintmaster's initials below **Rev:** Oval shield of 4-fold arms in crowned baroque frame, date at end of legend **Rev. Legend:** EIN VIRTEL - DVCAT.

Date	Mintage	VG	F	VF	XF	Unc
1752 GHE	—	100	175	350	725	1,450

KM# 72 THALER
28.0600 g., 0.8330 Silver 0.7515 oz. ASW, 39-40 mm. **Ruler:** Franz Josias **Obv:** Bust to right, ST below **Obv. Legend:** FRANCISCVS IOSIAS D. G. D. S. COBVRG SAALFELD. **Rev:** Small shield of 4-fold arms, with central shield of ducal Saxony, superimposed on larger shield of 4-fold arms in crowned baroque frame, date at end of legend, mintmaster's initials below **Rev. Legend:** X. EINE FEINE MARCK. **Note:** Dav. #2750.

Date	Mintage	VG	F	VF	XF	Unc
1764 ST//ICE	—	150	300	575	900	—

KM# 73 THALER
28.0600 g., 0.8330 Silver 0.7515 oz. ASW, 39-41 mm. **Ruler:** Franz Josias **Obv:** Bust to right **Obv. Legend:** FRANCISCVS IOSIAS D. G. D. S. COBVRG SAALFELD. **Rev:** Crowned shield of 4-fold arms, with central shield of ducal Saxony, in baroque frame, date at end of legend, mintmaster's initials divided below **Rev. Legend:** X. EINE FEINE MARCK. **Note:** Dav. #2750A.

Date	Mintage	VG	F	VF	XF	Unc
1764 ICE	—	200	400	800	1,300	—

KM# 74 THALER
28.0600 g., 0.8333 Silver 0.7518 oz. ASW **Ruler:** Ernst Friedrich **Obv:** Small armored bust with order cross incircled **Obv. Legend:** ERNESTVS FRIDERICVS. D. G D S COBVR. SAALFELD. **Rev:** Ornate shield of 4-fold arms, with central shield of ducal Saxony, in crowned baroque frame, date at end of legend **Rev. Legend:** X. EINE FEINE MARCK. **Note:** Dav. #2751.

Date	Mintage	VG	F	VF	XF	Unc
1764 ICE	21,695	210	400	825	1,200	—

KM# 77 THALER
28.0600 g., 0.8330 Silver 0.7515 oz. ASW **Ruler:** Ernst Friedrich **Obv:** Large heavy bust with order cross **Obv. Legend:** ERNESTVS FRIDERICVS D • G • D • S • COBVRG SAALFELD • **Rev:** Small arms divide I-CE **Rev. Legend:** X EINE FEINE MARCK. date, I.C. - K. below **Note:** Dav. #2752.

Date	Mintage	VG	F	VF	XF	Unc
1764 ICE	Inc. above	70.00	140	280	550	—
1765	172,677	70.00	140	280	550	—
1765 ICK Rare	Inc. above	—	—	—	—	—

KM# 26 DUCAT
3.5000 g., 0.9860 Gold 0.1109 oz. AGW, 22 mm. **Ruler:** Christian Ernst and Franz Josias **Obv:** Script CE and JF monograms in adjacent oval shields, within baroque frame, crown above divides date **Rev:** Crowned oval shield of 4-fold arms set on ornamental shelf, supported by 2 lions

Date	Mintage	VG	F	VF	XF	Unc
1740	—	350	700	1,400	3,000	6,000

KM# 30 DUCAT
3.5000 g., 0.9860 Gold 0.1109 oz. AGW **Ruler:** Franz Josias **Subject:** Death of Christian Ernst **Obv:** Duke kneeling before Christ on cross **Rev:** Crown, eagle in clouds, globe below **Note:** Fr. 3009.

Date	Mintage	VG	F	VF	XF	Unc
ND(1745)	—	175	350	700	1,450	2,750

KM# 78 THALER
28.0600 g., 0.8330 Silver 0.7515 oz. ASW **Ruler:** Ernst Friedrich **Obv:** Narrow refined bust without order cross **Obv. Legend:** ERNESTVS FRIDERICVS • D • G • D • S • COBVRG SAALFELD • **Rev:** Crowned arms **Rev. Legend:** X EINE FEINE MARCK. date, I.C. - K. **Note:** Dav. #2752A.

Date	Mintage	VG	F	VF	XF	Unc
1764 ICE Rare	Inc. above	—	—	—	—	—
1765 ICK	Inc. above	70.00	140	280	550	—

Note: Bust varieties exist for the 1765 IC-K

KM# 79 THALER
28.0600 g., 0.8330 Silver 0.7515 oz. ASW **Ruler:** Ernst Friedrich **Obv:** Large refined bust without order cross **Rev:** Smaller curved arms divide IC-K **Note:** Dav. #2752B.

Date	Mintage	VG	F	VF	XF	Unc
1765 ICK Rare	Inc. above	—	—	—	—	—

Note: Bust varieties exist for the 1765 IC-K

KM# 36 DUCAT
3.5000 g., 0.9860 Gold 0.1109 oz. AGW, 22-23 mm. **Ruler:** Franz Josias **Obv:** Script FJ monogram within crowned baroque frame, rampant lion at right, mintmaster's initials in exergue **Rev:** Oval shield of 4-fold arms within crowned baroque frame, date at end of legend **Rev. Legend:** DVCATVS SA(AL - FELDENSIS

Date	Mintage	VG	F	VF	XF	Unc
1746 GHE	—	300	650	1,200	2,400	4,750
1749 GHE	—	300	650	1,200	2,400	4,750
1749 ICE	—	300	650	1,200	2,400	4,750
1755 ICE	—	300	650	1,200	2,400	4,750

KM# 75 THALER
28.0600 g., 0.8330 Silver 0.7515 oz. ASW **Ruler:** Ernst Friedrich **Obv:** Medium revised bust with order cross **Obv. Legend:** ERNESTVS FRIDERICVS D • G • D • S • COBVRG SAALFELD **Rev:** Cornered arms divide I-CE **Rev. Legend:** X. EINE FEINE MARCK. 1764, I.-C.E. below **Note:** Dav. #2751A.

Date	Mintage	VG	F	VF	XF	Unc
1764 ICE	Inc. above	195	375	750	1,050	—

KM# 76.1 THALER
28.0600 g., 0.8330 Silver 0.7515 oz. ASW **Ruler:** Ernst Friedrich **Obv:** Large revised bust with order cross **Rev:** Large ornate arms divide IC-E **Note:** Dav. #2751B.

Date	Mintage	VG	F	VF	XF	Unc
1764 ICE	Inc. above	225	450	850	1,350	—

KM# 76.2 THALER
28.0600 g., 0.8330 Silver 0.7515 oz. ASW **Ruler:** Ernst Friedrich **Obv:** Large fancy bust with order cross encircled **Note:** Dav. #2751C.

Date	Mintage	VG	F	VF	XF	Unc
1764 ICE	Inc. above	225	450	850	1,350	—

TRADE COINAGE

KM# 17 1/4 DUCAT
0.8750 g., 0.9860 Gold 0.0277 oz. AGW, 13 mm. **Ruler:** Christian Ernst and Franz Josias **Obv:** Crowned script CE-JF monogram divides date, value 1/4 D below **Rev:** Crowned oval shield of 4-fold arms between 2 palm branches, mintmaster's initials below

Date	Mintage	VG	F	VF	XF	Unc
1738 GHE	—	100	200	450	900	1,650

KM# 29 1/4 DUCAT
0.8750 g., 0.9860 Gold 0.0277 oz. AGW, 12 mm. **Ruler:**

KM# 53 DUCAT
3.5000 g., 0.9860 Gold 0.1109 oz. AGW, 22 mm. **Ruler:** Franz Josias **Subject:** Marriage of Friederike Caroline and Christian Friedrich of Brandenburg-Ansbach **Obv:** Two cherubs above two shields of arms **Obv. Legend:** CONIUNCTIO FELIX **Rev:** 4-line inscription with Roman numeral date **Rev. Inscription:** NVPTIARVM / SOLENNIA CELEB(R) / COBVRGI. / M.D.C. C. L. IV

Date	Mintage	VG	F	VF	XF	Unc
MDCCLVI (1754)	—	300	650	1,250	2,500	4,000

KM# 89 DUCAT

3.5000 g., 0.9860 Gold 0.1109 oz. AGW, 22 mm. **Ruler:** Ernst Friedrich **Obv:** Armored bust to right **Obv. Legend:** ERNESTVS FRIDERICVS D. G. D. S. COB. SAALFELD. **Rev:** View of Reichmannsdorf in circle, date divided by mintmaster's initial in exergue **Rev. Legend:** EX AVRO PVRO AC VERO REICHMANNSDORFFIANO. **Note:** Mining Ducat.

Date	Mintage	VG	F	VF	XF	Unc
1766 K	6	1,100	2,200	4,400	7,800	—

KM# A29 2 DUCAT

3.5000 g., 0.9860 Gold 0.1109 oz. AGW **Ruler:** Christian Ernst and Franz Josias **Subject:** Death of Christine Friederike **Obv:** Crowned tomb with two arms at base, two line legend **Rev:** Commemorative legend in outer circle, dates within circle

Date	Mintage	VG	F	VF	XF	Unc
1743 Rare	—	—	—	—	—	—

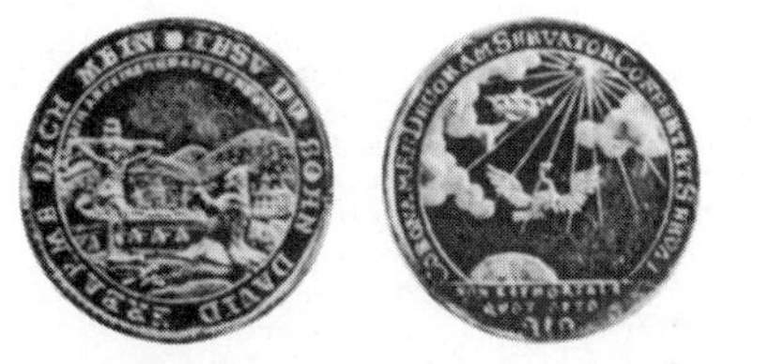

KM# 31 2 DUCAT

7.0000 g., 0.9860 Gold 0.2219 oz. AGW **Ruler:** Franz Josias **Subject:** Death of Christian Ernst **Obv:** Duke kneeling before Christ on cross **Rev:** Crown, eagle in clouds, globe below **Note:** Similar to 1 Ducat, KM#30.

Date	Mintage	VG	F	VF	XF	Unc
ND(1745)	—	900	1,600	2,700	5,000	—

KM# A36 2 DUCAT

7.0000 g., 0.9860 Gold 0.2219 oz. AGW **Ruler:** Franz Josias **Subject:** Marriage of Friederike Caroline and Christian Friedrich of Brandenburg-Angbach **Note:** Struck with 1 Ducat dies, KM#53.

Date	Mintage	VG	F	VF	XF	Unc
1754	—	—	—	—	4,000	6,500	—

PATTERNS

Including off metal strikes

KM#	Date	Mintage	Identification	Mkt Val
Pn1	1743	—	2 Ducat. Silver. KM29.	—
Pn2	ND(1745)	—	Ducat. Silver. KM#30.	125
Pn3	ND(1745)	—	2 Ducat. Silver. KM#31.	175
Pn4	1754	—	Ducat. Silver. KM#53.	150
Pn7	1765	—	Thaler. Silver. OEXLEIN below bust.	—
Pn6	1765	—	Pfennig. Gold. 12 mm. Ref. KOR-936. Strike in gold of KM#80 to weight of 1/4 Ducat.	—
Pn8	1772	—	Pfennig. Silver. 20 mm. Ref. KOR-941. As KM#93.	—

SAYN

COUNTSHIP

The counts of Sayn trace their beginnings to the elder son of Emmerich, Count of Dietz (ca. 1073-1139). The first of his line, Eberhard I (1139-76) centered his domains on the castle of Sayn, north of and across the Rhine several miles from Coblenz. The counts controlled lands in the Westerwald to the north and northwest of their castle. A number of significant acquisitions of lands and titles took place through marriage during the late 13th and 14th centuries. The branch of Homburg-Vallendar acquired the countship of Wittgenstein about the middle of the 14th century, then the last of the old main line of Sayn-Sayn, Anna Elisabeth, married a son of the Sayn-Wittgenstein branch in 1608. That branch had already been subdivided in 1605 into Sayn-Wittgenstein-Sayn, Sayn-Wittgenstein-Wittgenstein-Berleburg.

MINT OFFICIALS

Altenkirchen Mint

Initial	Date	Name
	1746-49, 1750-53	Johann Georg Goedecke, mint contractor
	1748-50	Leonhard Bernhard, warden
	1750-64	mintmaster
	1749-70	Johann Christoph Schepp, die-cutter
	1750-53	Damian Fritsch, warden
	1753-59	Mint contractor
D	1751-56	Wilhelm Dobicht, die-cutter
	1753-1764	Michael Andreas Hoeppl, warden
	1759-65	Quirin Fritsch, mint contractor

Eisenach Mint

Initial	Date	Name
IAB	1717-50	Johann Albert Bär, warden

Schwabach Mint

Initial	Name
VESTNER	Andreas Vestner, die-cutter in Nürnberg
W	Peter Paul Werner, die-cutter in Nürnberg

ARMS

Sayn – lion with double tail rampant to left
Wittgenstein – 5 vertical bars, 2nd and 4th bars are shaded
Homburg – twin-towered castle, one tower shorter than the other
Freusburg – 3 small boars' heads, usually superimposed on a diagonal bar
Sierk – diagonal bar with 3 mussel shells
Menzberg – key standing vertically on handle
Kirchberg – 4-fold, rampant lion quartered with 7 vertical bars, Sometimes just 2-fold with one of each part
Hohnstein – checkerboard
Lohra and Klettenberg – stag to left
Lauterburg – 3 horizontal bars, usually shaded

REFERENCES

M/V = Wolf-Dieter Müller-Jahneke and Franz-Eugen Volz, ***Die Münzen und Medaillen der gräflichen Häuser Sayn***, Frankfurt-am-Main, 1975

Eberhard Schnuhr, ***Die Mindener Prägungen des Grafen Johann zu Sayn-Wittgenstein***, Minden, 1980.

SAYN-HACHENBERG

Founded at the end of the Thirty Years' War by the elder daughter of Ernst (1623-32) upon her marriage to Salentin Ernest von Manderscheid. Sayn-Hachenberg passed in marriage in 1694 to the burgraves of Kirchberg who ruled the countship until 1799. It then passed to Nassau-Weilburg from 1799 to 1803 and then reverted to Sayn-Wittgenstein-Berleburg after mediatization. Kirchberg itself was located near Jena in Thüringen.

RULERS

Georg Friedrich, Burggraf von Kirchberg-Farnroda, 1694-1749
Wilhelm Ludwig, Burggraf von Kirchberg-Farnroda, 1749-1777
Wilhelm Georg, Burggraf von Kirchberg-Farnroda, 1777 only
Johann August, Burggraf von Kirchberg-Farnroda, 1777-1799

COUNTSHIP

STANDARD COINAGE

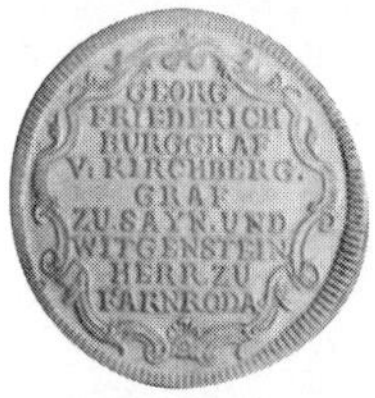

KM# 4 1/8 THALER

Silver **Ruler:** Wilhelm Ludwig **Subject:** Death of Georg Friedrich **Obv:** 9-line inscription in baroque frame **Obv. Inscription:** GEORG / FRIEDERICH / BURGGRAF / V: KIRCHBERG. / GRAF / ZU. SAYN. UND / WITGENSTEIN. / HERR ZU / FARNRODA. **Rev:** 9-line inscription with dates **Rev. Inscription:** IST / GEBOHREN / DEN 3. MART. 1683. / VERMÆHLT / DEN. 9. MAY. 1708. / SEELIG / VERSTORBEN / DEN. 14. AUGUST. / 1749. **Mint:** Altenkirchen **Note:** Ref. M/V#433.

Date	Mintage	VG	F	VF	XF	Unc
1749	—	75.00	150	300	625	—

KM# 8 THALER

28.9600 g., Silver **Ruler:** Wilhelm Ludwig **Obv:** Armored bust to right in circle, 4-line inscription with dates in exergue **Obv. Legend:** GEORG. FRID. BVRGGR. D. KIRCHBERT. COM. D. SAYN. ET WITG. DOM. FARNRODÆ. **Obv. Inscription:** NATVS. 3. MART. 1683. DESPN / SATVS. 9. MAI. 1708. PIE / DENATVS. 14. AVG 1749. / REQVIESCAT IN PACE. **Rev:** Sun with rays shining down on village and mining scene, church spire labeled HAMM, mine labeled ST. MICHAEL, 5-line inscription in exergue, small crowned 2-fold arms of Kirchberg and Sayn in margin at top **Rev. Legend:** METALLI FODINÆ HACHENBVRGO - SAYNENSES. AB. IPSO. RESTAVRATÆ. **Rev. Inscription:** IN MEMORIAM / OPTIMI SVI MARITI FIDVA CELSISSIMA EX ARGENTO / FODINÆS MICHAELIS / F. F. **Mint:** Altenkirchen **Note:** Dav. #2373. Listed under Kirchberg as KM#5, this is properly an issue of Sayn-Hachenberg.

Date	Mintage	VG	F	VF	XF	Unc
1749	110	800	1,450	2,800	5,500	8,500

SAYN-ALTENKIRCHEN

The younger daughter of Ernest of Sayn-Wittgenstein-Sayn (1623-32()) founded the line of Sayn-Altenkirchen at the end of the Thirty Years' War, having married Duke Johann Georg I of Saxe-Eisenach (1662-86). When Saxe-Eisenach (see) fell extinct in 1741, Sayn-Altenkirchen passed in marriage to the Margraves of Brandenburg-Ansbach, then to Prussia in 1791 and finally to Nassau in 1803. Altenkirchen is in the Westerwald 16 miles (27 kilometers) north of Sayn.

RULERS

Johann Wilhelm, Herzog von Sachsen-Eisenach, 1686-1729
Wilhelm Heinrich, Herzog von Sachsen-Eisenach, 1729-1741
Karl Wilhelm Friedrich, Markgraf von Brandenburg-Ansbach, 1741-1757
Christian Friedrich Karl Alexander, Markgraf von Brandenburg-Ansbach, 1757-1791.

COUNTSHIP

STANDARD COINAGE

KM# 33 PFENNIG

Copper **Ruler:** Karl Wilhelm Friedrich **Obv:** 2 adjacent oval arms of Brandenburg and Sayn in baroque frame, crown above **Rev:** 3-line inscription with date **Rev. Inscription:** I / PFENNING / 1752. **Mint:** Altenkirchen **Note:** Prev. KM#15. Ref. M/V#422.

Date	Mintage	VG	F	VF	XF	Unc
1752	218,556	20.00	45.00	90.00	185	—
1753	—	20.00	45.00	90.00	185	—

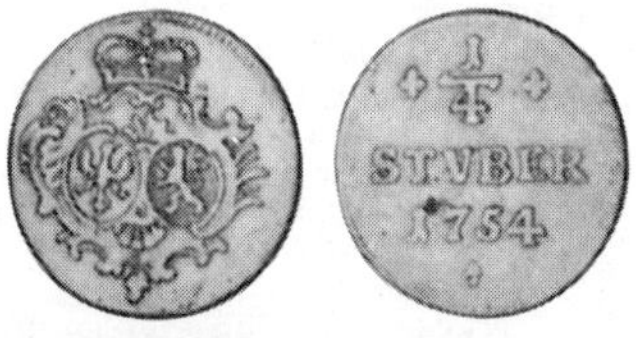

KM# 35 1/4 STUBER

2.1500 g., Copper **Ruler:** Karl Wilhelm Friedrich **Obv:** 2 adjacent oval arms of Brandenburg and Sayn in baroque frame, crown above **Rev:** 3-line inscription with date **Rev. Inscription:** 1/4 / STVBER / 1752. **Mint:** Altenkirchen **Note:** Prev. KM#16. Ref. M/V#421-421a. There are varieties with either 3 or 5 ermine tufts on the crown existing for most dates.

Date	Mintage	VG	F	VF	XF	Unc
1752	—	8.00	20.00	40.00	80.00	—
1753	—	8.00	20.00	40.00	80.00	—
1754	—	8.00	20.00	40.00	80.00	—
1755	—	8.00	20.00	40.00	80.00	—
1756	—	8.00	20.00	40.00	80.00	—
1757	—	8.00	20.00	40.00	80.00	—

KM# 53 1/4 STUBER

2.1500 g., Copper **Ruler:** Christian Friedrich **Obv:** 2 adjacent oval arms of Brandenburg and Sayn in baroque frame, crown above **Rev:** 3-line inscription with date **Rev. Inscription:** 1/4 / STVBER / 1752. **Mint:** Altenkirchen **Note:** Prev. KM#38.

Date	Mintage	VG	F	VF	XF	Unc
1757	Inc. above	8.00	15.00	35.00	75.00	—
1758	103,766	8.00	15.00	35.00	75.00	—

KM# 41 STUBER

Silver **Ruler:** Karl Wilhelm Friedrich **Obv:** Crowned script 'CWF' monogram **Rev:** 3-line inscription with date **Rev. Inscription:** 1 / STVBER / 1755. **Mint:** Altenkirchen **Note:** Prev. KM#18. Ref. M/V#420.

Date	Mintage	VG	F	VF	XF	Unc
1755	39,077	30.00	60.00	125	250	—

KM# 37 3 STUBER

Billon **Ruler:** Karl Wilhelm Friedrich **Obv:** 2 adjacent oval arms of Brandenburg and Sayn in baroque frame, crown above **Obv. Legend:** CAR. GVIL. FRID. D. G. M. B. D. P. C. S. ET W. **Rev:** 3-line inscription with date in cartouche **Rev. Inscription:** 3 / STVBER / 1752 **Mint:** Altenkirchen **Note:** Prev. KM#20. Ref. M/V#419.

Date	Mintage	VG	F	VF	XF	Unc
1752	75,013	15.00	35.00	75.00	150	—

KM# 28 KREUZER

Silver **Ruler:** Karl Wilhelm Friedrich **Obv:** Armored bust right **Obv. Legend:** CAR. GVIL. FR. D. G. M. BR. D. P. **Rev:** 2 adjacent oval arms, Brandenburg and Sayn, in baroque frame, crown above, value '1' between 2 palm fronds in exergue, date at end of legend **Rev. Legend:** COM. SAYN. ET WITTG. **Mint:** Altenkirchen **Note:** Prev. KM#17. Ref. M/V#418.

Date	Mintage	VG	F	VF	XF	Unc
1751	12,574	75.00	150	300	600	—
1755	70,364	40.00	85.00	175	350	—

KM# 55 KREUZER

Silver **Ruler:** Christian Friedrich **Obv:** Armored bust right **Obv. Legend:** CHR. FR. CAR. AL. D. G. M. BR. D. P. **Rev:** 2 adjacent oval arms of Brandenburg and Sayn in baroque frame, crown above, value '1' between 2 palm fronds in exergue, date at end of legend **Rev. Legend:** COM. SAYN. ET WITTG. **Mint:** Altenkirchen **Note:** Prev. KM#40. Ref. M/V#430.

Date	Mintage	VG	F	VF	XF	Unc
1757	22,800	45.00	90.00	185	375	—
1758	232,884	15.00	30.00	65.00	135	—

KM# 43 4 KREUZER

Silver **Ruler:** Karl Wilhelm Friedrich **Obv:** Crowned 4-fold arms with central shield of Brandenburg in baroque frame, order chain suspended below **Obv. Legend:** CARL. WILH. FRIED. D. G. M. B. D. PR. & S. **Rev:** 3-line inscription in round baroque frame, date divided below **Rev. Inscription:** 4 / KREU- / ZER **Mint:** Altenkirchen **Note:** Prev. KM#19. Ref. M/V#416a.

Date	Mintage	VG	F	VF	XF	Unc
1755	—	50.00	100	200	400	—

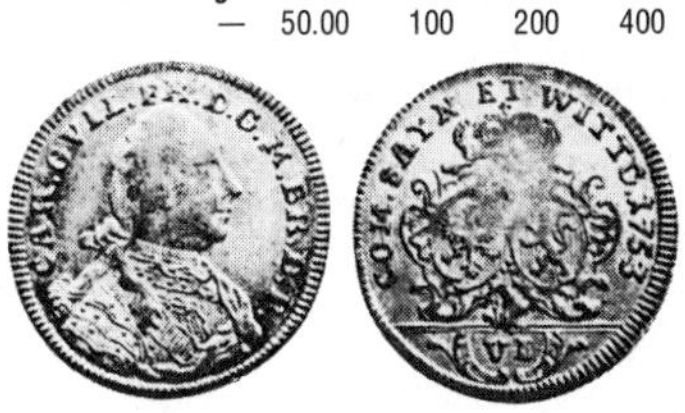

KM# 30 6 KREUZER

Silver **Ruler:** Karl Wilhelm Friedrich **Obv:** Armored bust right **Obv. Legend:** CAR. GVIL. FR. D. G. M. BR. D. P. **Rev:** Crowned oval arms of Brandenburg and Sayn in baroque frame, crown above, value 'VI' between 2 palm fronds in exergue, date at end of legend **Rev. Legend:** COM. SAYN ET WITTG. **Mint:** Altenkirchen **Note:** Prev. KM#22.1. Ref. M/V#416.

Date	Mintage	VG	F	VF	XF	Unc
1751	35,137	40.00	85.00	175	350	—
1752	143,509	40.00	85.00	175	350	—

Date	Mintage	VG	F	VF	XF	Unc
1753	492,646	40.00	85.00	175	350	—
1754	143,058	40.00	85.00	175	350	—
1755	370,080	40.00	85.00	175	350	—
1756	39,948	40.00	85.00	175	350	—

KM# 31 6 KREUZER

Billon **Ruler:** Karl Wilhelm Friedrich **Obv:** Small armored bust right **Obv. Legend:** CAR. GVIL. FR. D. G. M. BR. D. P. **Rev:** 2 adjacent oval arms of Brandenburg and Sayn in baroque frame with crown above, value 'VI' between 2 palm fronds in exergue, date at end of legend **Rev. Legend:** COM. SAYN ET WITTG. **Mint:** Altenkirchen **Note:** Prev. KM#22.2. Ref. M/V#416a.

Date	Mintage	VG	F	VF	XF	Unc
1751	Inc. above	40.00	85.00	175	350	—
1752	Inc. above	40.00	85.00	175	350	—

KM# 61 6 KREUZER

Silver **Ruler:** Christian Friedrich **Obv:** Armored bust right **Obv. Legend:** CHR. FR. CAR. AL. D. G. M. BR. D. P. **Rev:** 2 adjacent oval arms of Brandenburg and Sayn in baroque frame with crown above, value 'VI' between 2 palm fronds in exergue, date at end of legend **Rev. Legend:** COM. SAYN ET WITTG **Mint:** Altenkirchen **Note:** Prev. KM#42. Ref. M/V#429.

Date	Mintage	VG	F	VF	XF	Unc
1758	97,736	15.00	35.00	75.00	150	—

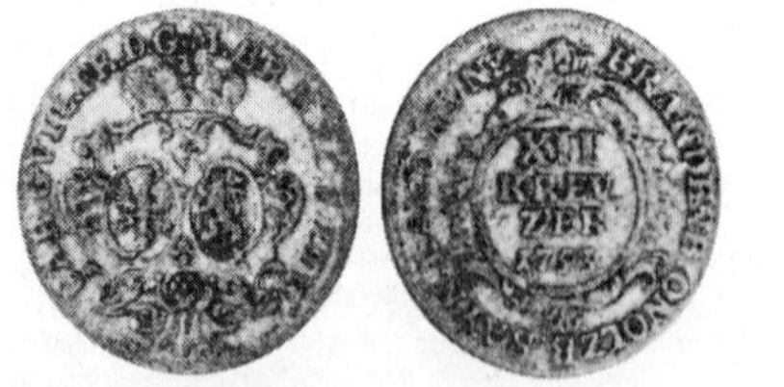

KM# 39 12 KREUZER

Silver **Ruler:** Karl Wilhelm Friedrich **Obv:** 2 adjacent oval arms of Brandenburg and Sayn in baroque frame, crown above **Obv. Legend:** CAR. GVIL. FR. D. G. M. BR. D. P. C. S. ET W. **Rev:** 4-line inscription with date in round baroque frame **Rev. Legend:** BRANDENB. ONOLZB. SAYN. LANDMVNZ. **Rev. Inscription:** XII / KREV - / ZER / 1753. **Mint:** Altenkirchen **Note:** Prev. KM#28. Ref. M/V#415.

Date	Mintage	VG	F	VF	XF	Unc
1753	645,440	40.00	85.00	175	350	—
1755	586,568	40.00	85.00	175	350	—

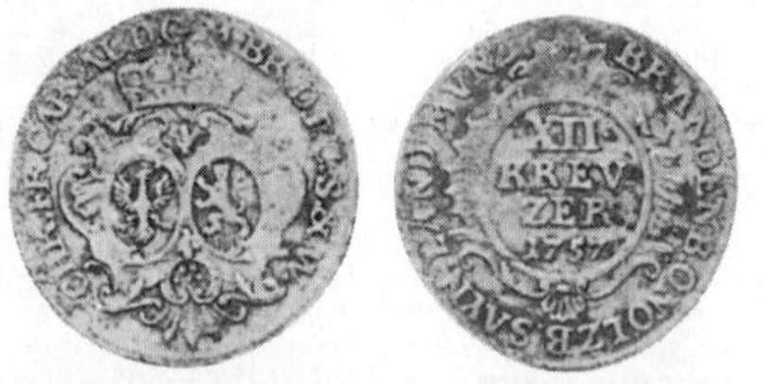

KM# 57 12 KREUZER

Silver **Ruler:** Christian Friedrich **Obv:** 2 adjacent oval arms of Brandenburg and Sayn in baroque frame, crown above **Obv. Legend:** CHR. FR. CAR. AL. D. G. M. BR. D. P. C. S. & W. **Rev:** 4-line inscription with date in round baroque frame **Rev. Legend:** BRANDENB. ONOLZB. SAYN. LANDMVNZ. **Rev. Inscription:** XII / KREV - / ZER / 1757 **Mint:** Altenkirchen **Note:** Prev. KM#44. Ref. M/V#415.

Date	Mintage	VG	F	VF	XF	Unc
1757	278,000	100	210	425	850	—
1758	Inc. above	100	210	425	850	—

KM# 14 GROSCHEN (1/24 Thaler)

1.3500 g., Silver, 20 mm. **Ruler:** Wilhelm Heinrich **Subject:** Death of Johann Wilhelm **Obv:** Armored bust riaght, mintmaster's initials in oval at shoulder **Obv. Legend:** D. G. IOH. WILH. DVX. SAX. I. C. M. A. E. W. **Rev:** 8-line inscription with date, value '1gge' below **Rev. Inscription:** NATVS / FRIDEW. IN. COM. / SAYN. D. 17 OCT. 1666 / ANN. 30. M. I. D. 14 / FELIC REGN. / OB. ISEN. D. 4. IAN. / 1720. ÆT. 62. A. / 2. M. 7. D. **Mint:** Eisenach **Note:** Ref. M/V#409. Previously listed under Saxe-Eisenach as C#8.

Date	Mintage	VG	F	VF	XF	Unc
1729 IAB	—	40.00	80.00	160	320	—

KM# 16 1/12 THALER

Silver **Ruler:** Karl Wilhelm Friedrich **Subject:** Accession of Karl Wilhelm Friedrich **Obv:** Armored bust right, die-cutter's initials at shoulder **Obv. Legend:** CARL. WILH. FRID. M. B. B. N. & COM. SAYN. **Rev:** 2-line inscription within crossed palm and laurel branches, 3 line inscription with RN date in exergue **Rev. Inscription:** Upper ins.:SIS / FELIX.; Lower ins.: MOM. SAYN. / MENS. AVG. / MDCCXLI **Mint:** Schwabach **Note:** Prev. KM#24. Ref. M/V#425.

Date	Mintage	VG	F	VF	XF	Unc
MDCCXLI (1741) W Rare	—	—	—	—	—	—

KM# 45 1/12 THALER

Billon **Ruler:** Karl Wilhelm Friedrich **Obv:** Crowned 4-fold arms with central shield of Brandenburg in baroque frame, order chain suspended below **Obv. Legend:** CARL. WILH. FRIED. D. G. M. B. D. PR. & S. B. N. C. S. & W. **Rev:** 5-line inscription with date **Rev. Inscription:** XII / EINEN / REICHS / THALER / 1755 **Mint:** Altenkirchen **Note:** Prev. KM#25. Ref. M/V#413.

Date	Mintage	VG	F	VF	XF	Unc
1755	77,515	100	200	400	825	—

KM# 46 1/12 THALER

Silver **Ruler:** Karl Wilhelm Friedrich **Obv:** Crowned 4-fold arms with central shield of Brandenburg in baroque frame, order chain suspended below **Obv. Legend:** CARL. WILH. FRIED. D. G. M. B. D. P. C. S. & W. **Rev:** 5-line inscription with date **Rev. Inscription:** 12 / EINEN / REICHS / THALER / 1755. **Mint:** Altenkirchen **Note:** Prev. KM#26. Ref. M/V#414.

Date	Mintage	VG	F	VF	XF	Unc
1755	Inc. above	30.00	60.00	125	250	—

KM# 18 1/6 THALER

5.2000 g., 0.9860 Silver 0.1648 oz. ASW, 25 mm. **Ruler:** Karl Wilhelm Friedrich **Subject:** Succession of Karl Wilhelm Friedrich to Sayn-Altenkirchen **Obv:** Armored bust right, die-cutter's name at shoulder **Obv. Legend:** CAR. G. F. MARCH. BR. PR. & SIL. DVX COM. SAIN. & WITG. **Rev:** Standing figure of Justice holding cornucopia and scales, legend at upper left and right, 3-line inscription with R.N. date in exergue **Rev. Legend:** VICTRIX - AEQVITAS **Rev. Inscription:** COMITATVS SAYNENSIS / HEREDITATE ADQVISIT / CI(C)I(C)CCXXXI **Mint:** Schwabach **Note:** Struck from 2 Ducat dies, KM#22.

Date	Mintage	VG	F	VF	XF	Unc
MDCCXXXXI(1741) VESTNER	—	150	225	350	700	—

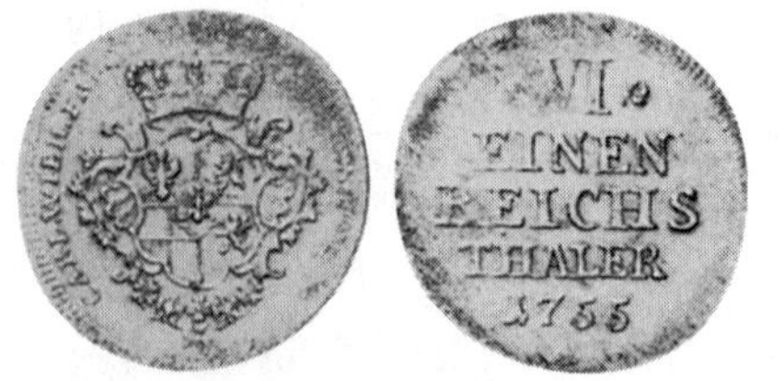

KM# 48 1/6 THALER

Silver **Ruler:** Karl Wilhelm Friedrich **Obv:** Crowned 4-fold arms with central shield of Brandenburg in baroque frame, order chain suspended below **Obv. Legend:** CARL. WILH. FRIED. D. G. M. B. D. PR. & S. B. N. C. S. & W. **Rev:** 5-line inscription with date **Rev. Inscription:** VI / EINEN / REICHS / THALER / 1755 **Mint:** Altenkirchen **Note:** Prev. KM#30. Ref. M/V#411.

Date	Mintage	VG	F	VF	XF	Unc
1755	5,603	90.00	185	375	750	—

KM# 49 1/6 THALER

Silver **Ruler:** Karl Wilhelm Friedrich **Obv:** Armored bust right **Obv. Legend:** CARL. WILH. FRIED. D. G. M. B. D. P. C. S. & W. **Rev:** 5-line inscription with date **Rev. Inscription:** VI / EINEN / REICHS / THALER / 1755 **Mint:** Altenkirchen **Note:** Prev. KM#31. Ref. M/V#412.

Date	Mintage	VG	F	VF	XF	Unc
1755	Inc. above	90.00	185	375	750	—
1756	192,786	50.00	100	200	400	—

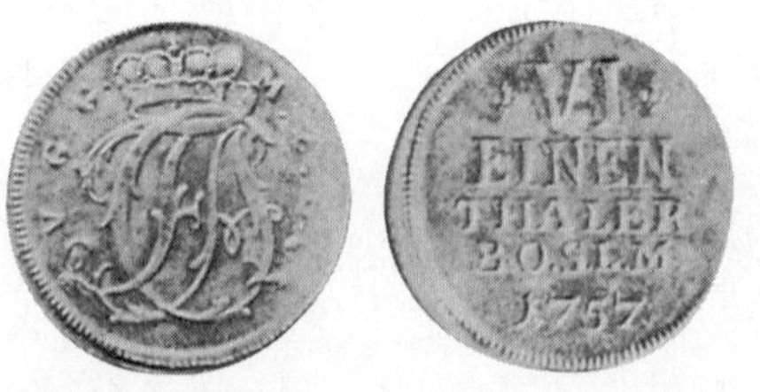

KM# 59 1/6 THALER

Billon **Ruler:** Christian Friedrich **Obv:** Large script 'CFCA' monogram, legend curved at upper left and right **Obv. Legend:** V. G. G. - M. Z. B. **Rev:** 5-line inscription with date **Rev. Inscription:** VI / EINEN / THALER / B. O. S. LM. / 1757. **Note:** Prev. KM#46. Called a Kriegssechstel, issued for use during the Seven Years' War.

Date	Mintage	VG	F	VF	XF	Unc
1757	3,197,000	30.00	60.00	125	250	—
1758	5,735,000	30.00	60.00	125	250	—

KM# 26 1/2 THALER (Mining)

14.4500 g., Silver, 34.8 mm. **Ruler:** Karl Wilhelm Friedrich **Subject:** First Production from Krautgarten Mine in Fischbach **Obv:** Armored bust right, die-cutter's initials at shoulder **Rev:** Mountain man standing in landscape with mine entrance holding corucopia, legend curved above under which Eye of God with radiant sun, 4-line inscription with R.N. date in exergue **Rev. Inscription:** PRIMITIAE ARGENTI FODINAE / FISCHBACENSIS TVTORI / DICATAE / R.N. date. **Mint:** Altenkirchen **Note:** Prev. KM#33. Ref. M/V#426.

Date	Mintage	VG	F	VF	XF	Unc
MDCCL(1750) D Rare	—	—	—	—	—	—

KM# 20 THALER (Convention)

29.6200 g., Silver, 44.8 mm. **Ruler:** Karl Wilhelm Friedrich **Subject:** Succession of Karl Wilhelm Friedrich to Sayn-Altenkirchen **Obv:** Armored bust right, die-cutter's name at shoulder **Obv. Legend:** CAR. GVIL. FRID. M. BR. D. P. ET SIL. COM. SAIN. ET WITG. **Rev:** Standing figure of Justice holding cornucopia and scales, legend at upper left and right, 3-line inscription with R.N. date in exergue **Rev. Legend:** VICTRIX - AEQVITAS. **Rev. Inscription:** COMITATVS SAYNENSIS / HEREDITATE ADQVISIT / CI(C)I(C)CCXXXI **Mint:** Schwabach **Note:** Ref. M/V#424.

Date	Mintage	VG	F	VF	XF	Unc
MDCCXXXXI(1741) VESTNER Rare	—	—	—	—	—	—

KM# 51 THALER (Convention)

Silver **Ruler:** Karl Wilhelm Friedrich **Obv:** Armored bust of Karl Wilhelm Friedrich right, die-cutter's initials at shoulder **Obv. Legend:** CARL. WILH. FRIED. D. G. M. B. D. PR. & S. B. N. C. S. & W. **Rev:** Crowned 4-fold arms with central shield of Brandenburg in baroque frame supported by 2 eagles, order chain suspended below, legend curved to upper left and riaght, date divided in exergue by script 'A' in 2 palm fronds. **Rev. Legend:** ZEHEN EINE - FEINE MARK. **Mint:** Altenkirchen **Note:** Dav. #1986. Prev. KM#35; C#18.

Date	Mintage	VG	F	VF	XF	Unc
1755 Rare	311	—	—	—	—	—

TRADE COINAGE

KM# 23 2 DUCAT

7.0000 g., 0.9860 Gold 0.2219 oz. AGW, 25 mm. **Ruler:** Karl Wilhelm Friedrich **Subject:** Succession of Karl Wilhelm Friedrich to Sayn-Altenkirchen **Obv:** Armored bust to right, die-cutter's name at shoulder **Obv. Legend:** CAR. G. F. MARCH. BR. PR. & SIL. DVX COM. SAIN. & WITG **Rev:** Standing figure of Justice holding cornucopia and scales, legend at upper left and right, 3-line inscription with R.N. date in exergue **Rev. Legend:** VICTRIX - AEQVITAS **Rev. Inscription:** COMITATVS SYNENSIS / HEREDITATE ADQVISIT / CI(reverse C)I(reverse C)CCXXXI **Mint:** Schwabach **Note:** Prev. KM#36.1. Ref. M/V#423a.

Date	Mintage	VG	F	VF	XF	Unc
MDCCXXXXI (1741) VESTNER; Rare	—	—	—	—	—	—

KM# 24 12 DUCAT

42.0000 g., 0.9860 Gold 1.3314 oz. AGW, 44.8 mm. **Ruler:** Karl Wilhelm Friedrich **Subject:** Succession of Karl Wilhelm Friedrich to Sayn-Altenkirchen **Obv:** Armored bust right, die-cutter's name at shoulder **Obv. Legend:** CAR. GVIL. FRID. M. BR. D. P. ET SIL. COM. SAIN. ET WITG. **Rev:** Standing figure of Justice holding cornucopia and scales, legend at upper left and right, 3-line inscription with R.N. date in exergue **Rev. Legend:** VICTRIX - AEQVITAS **Rev. Inscription:** COMITATVS SAYNENSIS / HEREDITATE ADQVISIT / CI(reverse C)I(reverse C)CCXXXXI **Note:** Prev. KM#36.2.

Date	Mintage	VG	F	VF	XF	Unc
MDCCXXXXI(1741) VESTNER; Rare	—	—	—	—	—	—

PATTERNS

Including off metal strikes

KM#	Date	Mintage	Identification	Mkt Val
Pn3	1748	—	1/40 Thaler. Silver. Arms, value and date.	—
Pn4	1748	—	1/24 Thaler. Silver. Arms, value and date.	—
Pn5	1748	—	1/20 Thaler. Silver. Arms, value and date.	—
Pn6	1748	—	1/12 Thaler. Silver. Arms, value and date.	—
Pn7	1758	—	1/6 Thaler. Copper. C#32.	—
Pn8	1764	—	5 Thaler.	—
Pn9	1764	—	10 Thaler.	—
Pn10	1764	—	20 Thaler.	—

SCHAUMBURG-HESSEN

Located in northwest Germany, Schaumburg-Hessen was founded in 1640 when Schaumburg-Gehmen was divided between Hesse-Cassel and Lippe-Alverdissen. The acquired territories were renamed Schaumburg-Hessen and Schaumburg-Lippe respectively. Cassel struck coins for Schaumburg-Hessen well into the 19th century. By agreement between the rulers of the two divisions of Schaumburg, who themselves were related by marriage, many of the issues struck by the landgraves of Hesse-Cassel were for use in both Schaumburg-Hessen and Schaumburg-Lippe.

RULERS

Karl (of Hesse-Cassel), 1670-1730
Friedrich I (of Hesse-Cassel), 1730-1751
Wilhelm VIII (of Hesse-Cassel), 1751-1760
Friedrich II (of Hesse-Cassel), 1760-1785
Wilhelm IX (of Hesse-Cassel), 1785-1821

Initials	Date	Name
FU	1764-73	Friedrich Ulrich, mintmaster Cassel
BR	1765-83	Balthasar Reinhard, mintmaster Cassel
F, DF	1774-1831	Dietrich Fulda, mintmaster Cassel

Arms:

Nettleleaf of Schaumburg

MONETARY SYSTEM

8 Gute Pfennig = 1 Mariengroschen

REFERENCES:

H = Jakob Christoph Hoffmeister, **Historische-kritische Beschreibung aller bis jetzt bekannt gewordenen hessischen Münzen, Medaillen und Marken**, 4 v. in 3, Leipzig & Hannover, 1862-1880.

S = Artur Schütz, **Die Hessischen Münzen des Hauses Brabant, Teil III, Gesamthessen Hessen-Marburg und Hessen-Kassel 1509-1670**, Frankfurt, 1997.

W = Paul Weinmeister, "Die schaumburgischen Münzen des 17. Jahrhunderts nach der Teilung der Grafschaft," **Blätter für Münzfreunde** 41 (1906), col. 3540ff.

PA = Prince Alexander von Hessen, **Hessisches Münzcabinet**, Darmstadt, 1877-85.

SCHAUMBURG-LIPPE

COUNTSHIP

STANDARD COINAGE

KM# 34.2 PFENNIG
Copper, 21 mm. **Ruler:** Friedrich II **Obv:** Crowned FL monogram divides F-L **Rev:** 4-line inscription with date **Rev. Inscription:** I / GUTER / PFENN / (date)

Date	Mintage	VG	F	VF	XF	Unc
1769	—	7.00	15.00	35.00	90.00	—

KM# 34.1 PFENNIG
Copper, 21 mm. **Ruler:** Friedrich II **Obv:** Crowned FL monogram divides F-L **Rev:** 3-line inscription with date **Rev. Inscription:** I / PFENN / (year) **Note:** Prev. C#1.

Date	Mintage	VG	F	VF	XF	Unc
1769	—	8.00	16.00	32.00	65.00	—

KM# 35 PFENNIG
Copper **Ruler:** Friedrich II **Obv:** Crowned nettle leaf arms divide F-L **Rev:** 4-line inscription with date **Rev. Inscription:** 1 / GUTER / PFENN / (date) **Mint:** Cassel **Note:** Prev. C#2. Size varies: 20-20.5 mm.

Date	Mintage	VG	F	VF	XF	Unc
1772	—	4.00	9.00	18.00	37.00	—
1775	—	4.00	9.00	18.00	37.00	—
1776 BR	—	4.00	9.00	18.00	37.00	—
1780	—	4.00	9.00	18.00	37.00	—
1785	—	4.00	9.00	18.00	37.00	—

KM# 36 PFENNIG
Copper, 20.5 mm. **Ruler:** Friedrich II **Obv:** Crowned nettle leaf arms divide F-L **Rev:** 4-line inscription with date **Rev. Inscription:** I / GUTER / PFENNIG / (date) **Mint:** Cassel **Note:** Prev. C#2a.

Date	Mintage	VG	F	VF	XF	Unc
1783 DF	—	7.00	15.00	30.00	65.00	—

KM# 37 PFENNIG
Copper, 20 mm. **Ruler:** Wilhelm IX **Obv:** Crowned nettle arms divide W-L **Rev:** 4-line inscription with date **Rev. Inscription:** 1 / GUTER / PFENNIG / (date) **Mint:** Cassel **Note:** Prev. C#3. Size varies: 19.5-20.5 mm.

Date	Mintage	F	VF	XF	Unc	BU
1787	—	10.00	25.00	55.00	110	—
1788	—	10.00	25.00	55.00	110	—
1789	—	10.00	25.00	55.00	110	—
1790	—	10.00	25.00	55.00	110	—
1791	—	10.00	25.00	55.00	110	—
1792	—	10.00	25.00	55.00	110	—
1793	—	10.00	25.00	55.00	110	—
1794	—	10.00	25.00	55.00	110	—
1795	—	10.00	25.00	55.00	110	—
1796	—	10.00	25.00	55.00	110	—
1797	—	10.00	25.00	55.00	110	—
1798	—	10.00	25.00	55.00	110	—
1799	—	10.00	25.00	55.00	110	—
1800	—	10.00	25.00	55.00	110	—

SCHAUMBURG-LIPPE

The tiny countship of Schaumburg-Lippe, with an area of only 131 square miles (218 square kilometers) in northwest Germany, was surrounded by the larger states of Brunswick-Lüneburg-Calenberg, an enclave of Hesse-Cassel, and the bishopric of Minden (part of Brandenburg-Prussia from 1648). It was founded in 1640 when Schaumburg-Gehmen was divided between Hesse-Cassel and Lippe-Alverdissen. The two became known as Schaumburg-Hessen and Schaumburg-Lippe. Philipp II, the youngest son of Count Simon VI of Lippe came into the possession of Alverdissen and Lipperode upon his father's death in 1613. In 1640, he also inherited half of Schaumburg-Bückeburg, becoming the first Count of Schaumburg-Lippe. A separate line of Schaumburg-Alverdissen was established in 1681 and, upon the extinction of the elder line in 1777, the lands and titles devolved onto Alverdissen, becoming the ruling line in the countship. In 1807, the count was raised to the rank of prince and Schaumburg-Lippe was incorporated into the Rhine Confederation. It became a part of the German Confederation in 1815

and joined the North German Confederation in 1866. The principality became a member state in the German Empire in 1871. The last sovereign prince resigned as a result of World War I.

RULERS
Albert Wolfgang, 1728-1748
Wilhelm I Friedrich Ernst, 1748-1777
Philipp II Ernst, 1777-1787
Georg Wilhelm, 1787-1860, Prince 1807

MINT OFFICIALS

Initials	Date	Name
T	1748	Jonas Thiebaud, die-cutter in Augsburg
UAW	1750-65	Ulrich Albert Willerding, mintmaster
—	1765-?	Johann Heinrich Willerding, mintmaster
—	1768	Abraham Engelländer, die-cutter
WD	1777-83	W. Dobicht, die-cutter

REFERENCE
W = Paul Weinmeister, "Die Münzen und Medaillen von Schaumburg-Lippe," Blätter für Münzfreunde 42 (1907), col. 3615ff.

COUNTSHIP

REGULAR COINAGE

KM# 10 PFENNIG
Copper, 21.5 mm. **Ruler:** Wilhelm I Friedrich Ernst **Obv:** Schaumburg arms in oval baroque frame **Rev:** 5-line inscription with date **Rev. Inscription:** 1 / PFENNING / SCHEIDE / MV(U)NTZ / (date) **Note:** Prev. C#1. Ref. W#42-43. Varieties exist.

Date	Mintage	VG	F	VF	XF	Unc
1750	—	8.00	18.00	37.00	75.00	—

KM# 23 PFENNIG
Copper, 21 mm. **Ruler:** Philipp II Ernst **Obv:** Crowned Schaumburg arms in plain field **Rev:** 4-line inscription with date **Rev. Inscription:** 1 / PFENN / G. S. L. S. M. / (date) **Note:** Ref. W#60.

Date	Mintage	VG	F	VF	XF	Unc
1777	—	—	—	—	—	—

KM# 11 4 PFENNIG
0.7100 g., Silver, 14-15 mm. **Ruler:** Wilhelm I Friedrich Ernst **Obv:** Schaumburg arms in plain field **Rev:** 3-line inscription with date **Rev. Legend:** SCHAUMB. LAND MUNTZ. **Rev. Inscription:** III / PFEN(N) / 1750 **Note:** Prev. C#3. Ref. W#39. Varieties exist.

Date	Mintage	VG	F	VF	XF	Unc
1750	—	20.00	45.00	90.00	180	—

KM# 12 MARIENGROSCHEN
1.2800 g., Silver, 17 mm. **Ruler:** Wilhelm I Friedrich Ernst **Obv:** Schaumburg arms in oval baroque frame **Rev:** 4-line inscription in circle, date at end of legend **Rev. Legend:** SCHAUMB: LAND MUNTZ. **Rev. Inscription:** 1/MARIEN/GROSCH/U.A.W. **Mint:** Bückeburg **Note:** Prev. C#5. Ref. W#38.

Date	Mintage	VG	F	VF	XF	Unc
1750 UAW	—	20.00	40.00	85.00	170	—

KM# 13 1/24 THALER
1.2900 g., Silver, 19 mm. **Ruler:** Wilhelm I Friedrich Ernst **Obv:** Schaumburg arms in oval baroque frame **Rev:** 5-line inscription in circle, date at end of legend **Rev. Legend:** SCHAUMB: LAND MUNTZ. **Rev. Inscription:** 24 / EINEN / REICHS / THALER / U.A.W. **Mint:** Bückeburg **Note:** Prev. C#7. Ref. W#37.

Date	Mintage	VG	F	VF	XF	Unc
1750 UAW	—	25.00	55.00	110	225	—

KM# 25 1/16 THALER
Silver, 23 mm. **Ruler:** Philipp II Ernst **Obv:** Crowned 4-fold arms with central shield of Schaumburg in baroque frame, date at end of legend **Obv. Legend:** D. G. PHIL. ERN. C. R. IN SCH. LIP. & ST. **Rev:** 5-line inscription in laurel wreath **Rev. Inscription:** 160 / EINE / MARCK / FEIN / CONV. M. **Mint:** Bückeburg **Note:** Ref. W#64.

Date	Mintage	VG	F	VF	XF	Unc
1783 WD	—	—	—	—	—	—

KM# 26 1/8 THALER
Silver **Ruler:** Philipp II Ernst **Obv:** Crowned 4-fold arms with central shield of Schaumburg in baroque frame, date at end of legend **Obv. Legend:** D. G. PHIL. ERN. C. R. IN SCH. LIP. & ST. **Rev:** 4-line inscription in laurel wreath **Rev. Inscription:** 80 / EINE / MARCK / FEIN **Mint:** Bückeburg **Note:** Ref. W#63.

Date	Mintage	VG	F	VF	XF	Unc
1783 WD	—	—	—	—	—	—

KM# 15 1/3 THALER
6.6000 g., Silver, 29 mm. **Ruler:** Wilhelm I Friedrich Ernst **Obv:** Head left **Obv. Legend:** WILHELMUS • I • DEI • GRAT: C: REG: IN SCHAUMB: **Rev:** 4-fold arms with central shield of Schaumburg, chain of order around, 3 ornate helmets above,curved below FEIN - SILBER, value '1/3' in cartouche at bottom,

date at end of legend **Rev. Inscription:** NOBILISSIM: DOM. AC. COM. IN LIPP. & ST. **Mint:** Bückeburg **Note:** Prev. C#9. Ref. W#47.

Date	Mintage	VG	F	VF	XF	Unc
1761	—	50.00	100	200	400	—

KM# 7 1/2 THALER
Silver, 35 mm. **Ruler:** Wilhelm I Friedrich Ernst **Subject:** Accession of the Count **Obv:** Armored and draped bust to left, date at end of legend **Obv. Legend:** WILHELM • FR • E • D • G • S • R • I • COM • IN • SCH • C • & • N • D • LIPP • & • ST • D • 24 • SEPT • 1748 **Rev:** Shield of 4-fold arms with central shield, 3 ornate helmets above, legend curved below **Rev. Legend:** URENDO - CRESCIT **Mint:** Augsburg **Note:** Prev. C#11.

Date	Mintage	VG	F	VF	XF	Unc
1748 T	—	200	400	800	1,600	—

KM# 17 2/3 THALER
13.2000 g., Silver, 37 mm. **Ruler:** Wilhelm I Friedrich Ernst **Obv:** Head to left **Obv. Legend:** WILHELMUS. I. DEI. GRAT. C. REG. IN SCHAUMB. **Rev:** 4-fold arms with central shield of Schaumburg, chain of order around, 3 ornate helmets above, curved below FEIN - SILBER, value '2/3' in cartouche at bottom, date at end of legend **Rev. Legend:** NOBILISSIM: DOM. AC. COM. IN LIP. & ST. **Mint:** Bückeburg **Note:** Dav. #946A. Ref. W#46.

Date	Mintage	VG	F	VF	XF	Unc
1761	—	100	225	525	1,050	—

KM# 16 2/3 THALER
17.1000 g., Silver, 37 mm. **Ruler:** Wilhelm I Friedrich Ernst **Obv:** Head left **Obv. Legend:** WILHELMUS • I • DEI • GRAT: C: REG: IN SCHAUMB: **Rev:** 4-fold arms with central shield of Schaumburg, chain of order around, 3 ornate helmets above, value '2/3' in cartouche at bottom, date at end of legend **Rev. Legend:** NOBILISSIM: DOM. AC. COM. IN LIPP. & ST. **Mint:** Bückeburg **Note:** Prev. C#13. Dav. #946. Ref. W#44.

Date	Mintage	VG	F	VF	XF	Unc
1761	—	275	800	1,500	3,000	—

KM# 6 THALER
Silver **Ruler:** Albert Wolfgang **Subject:** Marriage of Albert Wolfgang to Charlotte Friederike **Obv:** Bust right **Obv. Legend:** ALB. WOLF. D.G. COM. SCHAVMB. LIPP. & STERNB. & C. SECUNDA. VOTA. INIT. AO. MDCCXXX. **Rev:** 2 hands hold AW and CF monogram in wreath **Rev. Legend:** * SIC VOTA * SIC * PROSPERA * SECUNDA *, below; * DEO * COPULANTE * **Mint:** Hamburg **Note:** Dav. #2761.

Date	Mintage	F	VF	XF	Unc	BU
MDCCXXX(1730)	—	3,500	6,000	9,000	13,000	—

KM# 8 THALER
Silver, 40 mm. **Ruler:** Albert Wolfgang **Subject:** Death of Albert Wolfgang **Obv:** Armored and draped bust to left **Obv. Legend:**

GERMAN STATES

SCHAUMBURG-LIPPE

ALB • WOLFG • D • G • S • R • I • COM • IN • SCH • C • & • N • D • LIPP • & • ST • 1748 * **Rev:** Shield of 4-fold arms with central shield of Schaumburg, chain of order around, 3 ornate helmets above **Rev. Legend:** GRATUS ERGA DEUM - VERUS ET SINCERUS **Note:** Dav. #2762.

Date	Mintage	F	VF	XF	Unc	BU
1748 T	—	1,350	2,500	4,150	6,800	—

KM# 9 THALER

Silver, 41 mm. **Ruler:** Wilhelm I Friedrich Ernst **Subject:** Accession of the Count **Obv:** Armored bust to left **Obv. Legend:** WILHELM • FR • E • D • G • S • R • I • COM • IN • SCH • C • & • N • D • LIPP • & • ST • D • 24 • SEPT • 1748 **Rev:** Shield of 4-fold arms with central shield of Schaumburg, 3 ornate helmets above **Rev. Legend:** URENDO - CRESCIT **Mint:** Augsburg **Note:** Dav.#2763. Prev. C#15.

Date	Mintage	F	VF	XF	Unc	BU
1748 T	—	975	1,750	3,000	5,300	—

NOBILISSIM: DOM: AC: COM: IN LIPP: & ST: **Rev. Inscription:** EIN R. THAL. / FEIN SILB. **Mint:** Bückeburg **Note:** Dav.#2764B. Prev. C#17b.

Date	Mintage	F	VF	XF	Unc	BU
1765	—	95.00	200	350	725	—

KM# 19 10 THALER

13.2840 g., 0.9000 Gold 0.3844 oz. AGW, 23 mm. **Ruler:** Wilhelm I Friedrich Ernst **Obv:** Head to left **Obv. Legend:** WILH: I • DEI • GR: C: REGN: IN SCH: N: D: .... **Rev:** Crowned shield of 4-fold arms with central shield, chain of order around, superimposed on cross, 2-line inscription with date in exergue **Rev. Legend:** COPIAR: AUG: REG: LUSIT: DUX SUPREM. **Rev. Inscription:** X. THA · LER / (date) **Mint:** Bückeburg **Note:** Prev. C#20.

Date	Mintage	VG	F	VF	XF	Unc
1763	—	1,500	3,000	6,000	10,000	—

PRINCIPALITY

TRADE COINAGE

KM# 18 DUCAT

3.5000 g., 0.9860 Gold 0.1109 oz. AGW **Ruler:** Wilhelm I Friedrich Ernst **Obv:** Head left **Rev:** Helmeted arms in order collar **Note:** Prev. C#19.

Date	Mintage	VG	F	VF	XF	Unc
1762	—	675	1,400	3,150	6,300	—

KM# 24 DUCAT

3.5000 g., 0.9860 Gold 0.1109 oz. AGW **Ruler:** Wilhelm I Friedrich Ernst **Obv:** Crowned arms in sprays **Rev:** Tablet **Note:** Prev. C#25.

Date	Mintage	VG	F	VF	XF	Unc
1777 WD	—	1,100	2,450	5,400	9,500	—

KM# 27 DUCAT

3.5000 g., 0.9860 Gold 0.1109 oz. AGW **Ruler:** Philipp II Ernst **Obv:** Bust of Philipp Ernst **Rev:** Tablet **Note:** Prev. C#26.

Date	Mintage	VG	F	VF	XF	Unc
1783 WD	—	1,800	3,600	7,400	13,500	—

KM# 20.1 THALER

19.6200 g., Silver **Ruler:** Wilhelm I Friedrich Ernst **Obv:** Large head to left, hair style in waves **Obv. Legend:** WILHELMUS • I • DEI • GRAT: C: REG: IN SCHAUMB: **Rev:** Crowned shield of 4-fold arms with central shield, chain of order around, superimposed on cross, 2-line inscription in exergue, date at end of legend **Rev. Legend:** NOBILISSIM: DOM: AC: COM: IN LIPP: & ST: **Rev. Inscription:** EIN R. THAL. / FEIN SILB. **Mint:** Bückeburg **Note:** Dav.#2764. Prev. C#17.

Date	Mintage	F	VF	XF	Unc	BU
1765	—	85.00	180	325	650	—

KM# 20.2 THALER

Silver **Ruler:** Wilhelm I Friedrich Ernst **Obv:** Large head to left, hair style in curls **Obv. Legend:** WILHELMUS • I • DEI • GRAT • C: REG: IN SCHAUMB: **Rev:** Crowned shield of 4-fold arms with central shield, chain of order around, superimposed on cross, 2-line inscription in exergue, date at end of legend **Rev. Legend:** NOBILISSIM: DOM: COM: IN LIPP: & ST: **Rev. Inscription:** EIN R. THAL. / FEIN SILB. **Mint:** Bückeburg **Note:** Dav.#2764A. Prev. C#17a.

Date	Mintage	F	VF	XF	Unc	BU
1765	—	85.00	180	325	650	—

KM# 20.3 THALER

Silver **Ruler:** Wilhelm I Friedrich Ernst **Obv:** Small head to left **Obv. Legend:** WILHELMUS • I • DEI • GRAT: C: REG: IN SCHAUMB: **Rev:** Crowned shield of 4-fold arms with central shield, chain of order around, superimposed on cross, 2-line inscription in exergue, date at end of legend **Rev. Legend:**

SCHLESWIG-HOLSTEIN

Christian I, son of Count Dietrich of Oldenburg (1423-40), was elected King of Denmark in 1448. By virtue of his marriage to Hedwig, the last surviving heir of the countship of Holstein-Rendsburg (see Holstein), Christian I became Duke of Schleswig and Count of Holstein in 1459. His status over Holstein was raised to that of duke in 1474 and from that year onwards, the dual duchies of Schleswig-Holstein were ruled by the Danish royal house. In 1533, a separate line for one of Friedrich I's sons was established in Gottorp. Similarly, a son of Christian III was given Sonderburg as his domain in 1559. The Danish kings continued to have coins struck for their remaining portions of Schleswig-Holstein during the next several centuries. Upon the dissolution of the Holy Roman Empire by Napoleon in 1806, Holstein was made a part of Denmark. However, Holstein, without Schleswig, joined the German Confederation following the final defeat of Napoleon in 1815. After Denmark tried to annex Schleswig and Holstein in 1846, she fought a war with Prussia for three years over control of the duchies, but it was inconclusive. In 1863, Denmark declared that Schleswig was part of that country although it had a German majority in the population. A second war was fought between Denmark against Prussia and Austria and Schleswig-Holstein was occupied by the victorious Prussians. The administration of Holstein was given to Austria, while that of Schleswig was obtained by Prussia in 1865. However, Austria was forced to give up Holstein after losing a war with Prussia in 1866. Schleswig-Holstein were controlled by Prussia and became part of the German Empire in 1871. Following World War I, a plebiscite was held in Schleswig and the northern part, with its majority Danish population, was ceded to Denmark in 1920.

RULERS
Christian VII (of Denmark), 1784-1808

MINT OFFICIALS' INITIALS

Initial	Date	Name
	Ca. 1695-1702	Johann Heinrich Storkau, warden Tönning
	1701-02	Joseph Musaphia, mintmaster Tönning
	1703-05	Jonathan Henriques, mintmaster Tönning
	1703-04	Jürgen Knoop, warden Tönning
	1704-	Georg Christian Sauerbrey, warden Tönning
R	1704-18	Stephen Reinhard, die-cutter Brunswick
BH	1705-13, 1716-20, 1721-26	Bastian Hille der Jüngere, mintmaster Tönning, Rendsburg, Kiel
	1706-12?, 1721	Conrad Hasselbring, warden Rendsburg, Kiel

Initial	Date	Name
	Ca. 1720	Isaac Musaphia, mintmaster
	1724	Zacharias Daniel Kelp, mint contractor 1724
VESTNER		Andreas Vestner, die-cutter in Nuremberg
S		Wiegand Schäffer, die-cutter Mainz

ARMS:
Holstein – nettle leaf
Oldenburg – 2, 3 or 4 horizontal bars, usually shaded
Schleswig – 2 lions passant to left, one above the other
NOTE: The term Lübsch refers to coins struck on the standard of Lübeck.

MONETARY SYSTEM
4 Dreiling = 2 Sechsling = 1 Schilling
60 Schilling = 1 Speciesdaler
N = Nypraeg = Restrike

REFERENCES:
L = Christian Lange, *Chr. Lange's Sammlun schleswig-holsteinischer Münzen und Medaillen.* 2 vols., Berlin, 1908-12
Sch = Wolfgang Schulten, *Deutsche Münzen aus der Zeit Karls V.* Frankfurt am Main, 1974.

DUCHY
JOINT COINAGE

KM# 116 DREILING

Copper **Ruler:** Christian VII **Obv:** Crowned monogram **Rev:** Value, date **Note:** Prev. C#1.

Date	Mintage	F	VF	XF	Unc	BU
1787	2,400,000	30.00	80.00	220	—	—

KM# 118 SECHSLING

Copper **Ruler:** Christian VII **Obv:** Crowned monogram **Rev:** Value, date **Note:** Prev. C#2.

Date	Mintage	F	VF	XF	Unc	BU
1787	6,000,000	30.00	80.00	220	—	—

KM# 120 2 SECHSLING

1.4990 g., 0.2500 Silver 0.0120 oz. ASW **Ruler:** Christian VII **Obv:** Crowned interlaced CR monogram, VII within **Rev:** Value, date **Note:** Prev. C#3.

Date	Mintage	F	VF	XF	Unc	BU
1787 MF	781,000	40.00	130	280	—	—
1788 MF	—	40.00	130	280	—	—
1796 MF	538,000	40.00	130	280	—	—
1799 MF	960,000	60.00	175	300	—	—
1800 MF	48,000	110	275	400	—	—

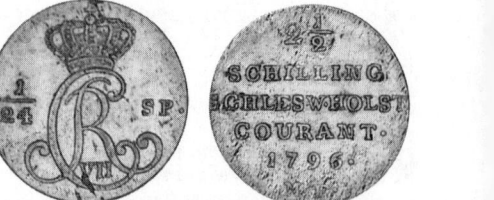

KM# 124 2-1/2 SCHILLING (1/24 Daler Specie)

2.8090 g., 0.3750 Silver 0.0339 oz. ASW **Ruler:** Christian VII **Obv:** Crowned CRVII monogram **Rev:** Denomination above date **Note:** Prev. C#4.

Date	Mintage	F	VF	XF	Unc	BU
1787 MF	4,800,000	30.00	60.00	135	—	—
1796 MF	2,880,000	35.00	60.00	135	—	—
1799 MF	1,440,000	35.00	60.00	135	—	—
1800 MF	96,000	50.00	90.00	200	—	—

SCHLESWIG-HOLSTEIN-GOTTORP — GERMAN STATES

KM# 126 5 SCHILLING (1/12 Daler Specie)
4.2140 g., 0.5000 Silver 0.0677 oz. ASW **Ruler:** Christian VII
Obv: Crowned CR monogram, VII within **Rev:** Denomination
Note: Prev. C#5.

Date	Mintage	VG	F	VF	XF	BU
1787 MF	1,800,000	17.50	52.50	115	265	—
1788 MF	—	22.50	57.50	125	300	—
1797 MF	527,000	22.50	57.50	125	300	—
1800 MF	48,000	22.50	57.50	125	300	—

KM# 128 10 SCHILLING (1/6 Daler Specie)
6.1290 g., 0.6870 Silver 0.1354 oz. ASW **Ruler:** Christian VII
Obv: Crowned monogram divides fraction value **Rev:** Value, date
Note: Prev. C#6.

Date	Mintage	VG	F	VF	XF	BU
1787 MF	540,000	30.00	70.00	115	450	—
1788 MF	300,000	35.00	85.00	130	400	—
1789 MF	183,000	35.00	85.00	175	400	—
1796 MF	129,000	45.00	110	225	500	—

KM# 130 20 SCHILLING (1/3 Daler Specie)
9.6310 g., 0.8750 Silver 0.2709 oz. ASW **Ruler:** Christian VII
Obv: Head right **Rev:** Crowned three fold arms divide denomination **Note:** Prev. C#7.

Date	Mintage	F	VF	XF	Unc	BU
1787 MF/B	300,000	120	300	600	—	—
1788 MF/B	414,000	105	230	450	—	—
1797 MF/B	66,000	170	375	650	—	—

KM# 130a 20 SCHILLING (1/3 Daler Specie)
9.6310 g., 0.8750 Silver 0.2709 oz. ASW **Ruler:** Christian VII
Obv: "A" below head **Rev:** Value, date **Note:** Prev. C#7a.

Date	Mintage	F	VF	XF	Unc	BU
1787 MF	Inc. above	300	500	750	—	—

KM# 130b 20 SCHILLING (1/3 Daler Specie)
9.6310 g., 0.8750 Silver 0.2709 oz. ASW **Ruler:** Christian VII
Obv: Head right **Rev:** Crowned three fold arms divide denomination

Date	Mintage	F	VF	XF	Unc	BU
1789 MF/M	—	120	300	600	—	—

KM# 135 40 SCHILLING (2/3 Daler Specie)
19.2630 g., 0.8750 Silver 0.5419 oz. ASW **Ruler:** Christian VII
Obv: "A" below head right **Obv. Legend:** CHRISTIANUS • VII • D • G • DAN • NORV • V • G • REX • **Rev:** Crowned three fold arms divide denomination **Rev. Legend:** SCHILLING • SCHLESW • HOLST • COURANT • **Note:** Prev. C#8.

Date	Mintage	F	VF	XF	Unc	BU
1787 MF	333,000	200	450	1,000	—	—
1797 MF	70,000	200	450	1,000	—	—

KM# 138.1 60 SCHILLING (Daler Specie)
28.8930 g., 0.8750 Silver 0.8128 oz. ASW **Ruler:** Christian VII
Obv: "B" below large head right **Obv. Legend:** CHRISTIANUS • VII • D • G • DAN • NORV • V • G • REX • **Rev:** Crowned arms divide value **Rev. Legend:** SCHILLING • SCHLESW • HOLST • COURANT • **Note:** Dav. #1311. Prev. C#9.

Date	Mintage	F	VF	XF	Unc	BU
1787 MF	412,000	140	400	1,000	—	—
1788 MF	644,000	125	350	850	—	—
1790 MF	402,000	500	900	1,500	—	—
1791 MF	1,000	500	900	1,500	—	—
1794 MF	1,106,000	125	300	500	—	—
1795 MF	1,774,000	115	275	450	—	—
1796 MF	1,086,000	400	800	1,350	—	—
1799 MF Rare	Inc. above	500	900	1,500	—	—
1800 MF	Inc. above	500	900	1,500	—	—

KM# 138.2 60 SCHILLING (Daler Specie)
28.8930 g., 0.8750 Silver 0.8128 oz. ASW **Ruler:** Christian VII
Obv: "DI" below head right **Rev:** Crowned arms divide value
Note: Prev. C#9a.

Date	Mintage	F	VF	XF	Unc	BU
1787 MF Rare	—	500	900	1,500	—	—
1788 MF	—	350	700	1,150	—	—

KM# 138.3 60 SCHILLING (Daler Specie)
28.8930 g., 0.8750 Silver 0.8128 oz. ASW **Ruler:** Christian VII
Obv: "H" below large head right **Obv. Legend:** CHRISTIANUS • VII • D • G • DAN • NORV • V • G • REX • **Rev:** Crowned arms divide value **Rev. Legend:** SCHILLING • SCHLESW • HOLST • COURANT • **Note:** Prev. C#9b.

Date	Mintage	F	VF	XF	Unc	BU
1787 MF Rare	—	500	900	1,500	—	—
1788 MF	Inc. above	400	700	1,000	—	—

KM# 138.4 60 SCHILLING (Daler Specie)
28.8930 g., 0.8750 Silver 0.8128 oz. ASW **Ruler:** Christian VII
Obv: "M" below head right **Rev:** Crowned arms divide value **Note:** Prev. C#9c.

Date	Mintage	F	VF	XF	Unc	BU
1788 MF	Inc. above	500	900	1,500	—	—
1789 MF	Inc. above	200	325	525	—	—
1790 MF Rare	Inc. above	200	325	525	—	—

KM# 138.5 60 SCHILLING (Daler Specie)
28.8930 g., 0.8750 Silver 0.8128 oz. ASW **Ruler:** Christian VII
Obv: "PG" below head right **Obv. Legend:** CHRISTIANUS • VII • D • G • DAN • NORV • V • G • REX • **Rev:** Crowned arms **Rev. Legend:** SCHILLING • SCHLESW • HOLST • COURANT • **Note:** Prev. C#9d.

Date	Mintage	F	VF	XF	Unc	BU
1799 MF	64,000	500	900	1,500	—	—
1800 MF	146,000	500	900	1,500	—	—

PATTERNS

Including off metal strikes

KM#	Date	Mintage Identification	Issue Price	Mkt Val
Pn1a	1799	— 1/3 Speciedaler. Silver. 32 mm.	—	—
Pn1b	1799	— 1/3 Speciedaler. Copper.	—	1,000
Pn1c	1799	— 1/3 Speciedaler. Silver. Restrike	—	250
Pn2a	1799	— 2/3 Speciedaler. Silver. 37 mm.	—	—
Pn2b	1799	— 2/3 Speciedaler. Copper.	—	1,000
Pn2c	1799	— 2/3 Speciedaler. Silver. Restrike	—	250
Pn3a	1799 M	— Speciedaler. Silver. 40mm mm.	—	—
Pn3b	1799 M	— Speciedaler. Copper.	—	1,800
Pn3c	1799 M	— Speciedaler. Silver. Restrike	—	250
Pn4a	1800 B	— Speciedaler. Copper. 40 mm.	—	4,000
Pn4b	1800 B	— Speciedaler. Silver. Restrike	—	250

KM#	Date	Mintage Identification	Issue Price	Mkt Val
Pn7	1799	— 40 Schilling. Copper. C#8.	—	250
Pn8	1799	— 60 Schilling. Copper. C#9.	—	350
Pn9	1800	— 60 Schilling. Copper. C#9.	—	350
Pn10	1801	— 2-1/2 Schilling. Gold. C#4.	—	—

SCHLESWIG-HOLSTEIN-GLUCKSBURG

Established upon the division of Schleswig-Holstein-Sonderburg in 1622, the duchy of Schleswig-Holstein-Glücksburg existed for about one and a half centuries. When the line became extinct in 1779, the lands and titles passed to Denmark.

RULERS
Philipp Ernst, 1698-1729
Friedrich, 1729-1766
Friedrich Heinrich Wilhelm, 1766-1779

STANDARD COINAGE

KM# 75 THALER (Brillen)
Silver **Ruler:** Friedrich **Subject:** Death of Sibylla Ursula, wife of Christian **Obv:** Angels lifting female to heaven **Rev:** Crowned shields above inscription

Date	Mintage	VG	F	VF	XF	Unc
1762	—	—	—	—	—	—

TRADE COINAGE

KM# 50 DUCAT
3.5000 g., 0.9860 Gold 0.1109 oz. AGW **Ruler:** Philip Ernst
Obv: Helmeted arms **Rev:** Crowned P E monogram

Date	Mintage	VG	F	VF	XF	Unc
1716 Rare	—	700	1,500	2,750	4,500	—

SCHLESWIG-HOLSTEIN-GOTTORP

The line of Gottorp was established in 1533 as a territorial domain for the youngest son of Friedrich I, King of Denmark and Duke of Schleswig-Holstein. Many members of this line and a cadet line founded in 1702 became bishops of Lübeck (see). Duke Karl Peter Ulrich, whose father, Karl Friedrich, had married Anna of Russia, became Czar Peter III in 1762, but was killed shortly after his accession to the throne. His son, Paul, traded Gottorp to Denmark for Oldenburg in 1773 (see Oldenburg) and ruled Russia as Czar Paul I (1798-1901).

RULERS
Friedrich IV, 1694-1702
Karl Friedrich, 1702-1739
Karl Peter Ulrich, 1739-1762
Paul, 1762-1773

DUCHY

REGULAR COINAGE

KM# 191 3 PFENNIG (Dreiling)
Billon **Ruler:** Karl Friedrich **Obv:** Crowned script 'CF' monogram divides date **Rev:** Value and mintmaster's initials within inscription **Rev. Inscription:** *3* / PFENNIG / H.F. SCHLES / HOL: MUNZ /(initials) **Note:** Ref. L#481A. Varieties exist.

Date	Mintage	VG	F	VF	XF	Unc
1706 BH	—	25.00	50.00	100	200	—

KM# 197 3 PFENNIG (Dreiling)
Billon **Ruler:** Karl Friedrich **Obv:** Crowned 'CF' monogram divides date **Rev:** Value and mintmaster's initials within inscription **Rev. Inscription:** *3* / PFENNIG / H.F. SCHLES / HOL: MUNZ / (initials) **Note:** Ref. L#482-484. Varieties exist.

Date	Mintage	VG	F	VF	XF	Unc
1707 BH	—	10.00	20.00	40.00	80.00	—
1708 BH	—	10.00	20.00	40.00	80.00	—
1709 BH	—	10.00	20.00	40.00	80.00	—
1710 BH	—	10.00	20.00	40.00	80.00	—
1711 BH	—	10.00	20.00	40.00	80.00	—

620 GERMAN STATES SCHLESWIG-HOLSTEIN-GOTTORP

KM# 222 3 PFENNIG (Dreiling)

Billon **Ruler:** Karl Friedrich **Obv:** Crowned script 'CF' monogram **Rev:** Value, date, and mintmaster's initials within inscription **Rev. Inscription:** *3* / PFEN / NING / (date) / (initials) **Note:** Ref. L#485.

Date	Mintage	VG	F	VF	XF	Unc
1724 BH	—	10.00	25.00	55.00	110	—
1726 BH	—	10.00	25.00	55.00	110	—

KM# 204 6 PFENNIG (Sechsling)

Billon **Ruler:** Karl Friedrich **Obv:** Crowned script 'CF' monogram **Rev:** Value/date/mintmaster's initials **Rev. Inscription:** * VI * / PFENNING... **Note:** Ref. L#481.

Date	Mintage	VG	F	VF	XF	Unc
1726 BH	—	25.00	50.00	100	200	—

KM# 192 DREILING (3 Pfennig)

Billon **Ruler:** Karl Friedrich **Obv:** Crowned script 'CF' monogram divides date **Rev:** Value, mintmaster's initials **Rev. Inscription:** *I* / DREILING / H.F. SCHLES. / HOL: MUNZ / ... **Note:** Ref. L#479A.

Date	Mintage	VG	F	VF	XF	Unc
1706 BH	—	25.00	50.00	100	200	—

KM# 193 SECHSLING (6 Pfennig)

Silver **Ruler:** Karl Friedrich **Obv:** Crowned script 'CF' monogram divides date **Rev. Inscription:** *I* / SOSLING / H.F. SCHLES / HOL: MUNZ / B.H. **Note:** Ref. L#472-478. Varieties exist.

Date	Mintage	VG	F	VF	XF	Unc
1706 BH	—	30.00	60.00	125	250	—
1707 BH	—	30.00	60.00	125	250	—
1708 BH	—	30.00	60.00	125	250	—
1709 BH	—	30.00	60.00	125	250	—
1710 BH	—	30.00	60.00	125	250	—
1711 BH	—	30.00	60.00	125	250	—
1712 BH	—	30.00	60.00	125	250	—

KM# 216 SECHSLING (6 Pfennig)

Silver **Ruler:** Karl Friedrich **Obv:** Crown above double mirror-image 'CF' monogram **Rev:** Value, date **Rev. Inscription:** *I* / SOSLING / FVRSTL. SCHLES / HOLS. MVNTZ / (date) / B.H. **Note:** Ref. L#478A.

Date	Mintage	VG	F	VF	XF	Unc
1722 BH	—	35.00	75.00	150	300	—

KM# 220 SECHSLING (6 Pfennig)

Silver **Ruler:** Karl Friedrich **Obv:** Crown above double mirror-image 'CF' monogram **Rev. Inscription:** *I* / SOSLING / F. SCHL. HOL / (date) / B.H. **Note:** Ref. L#479 (1723); Schön 31 (1724).

Date	Mintage	VG	F	VF	XF	Unc
1723 BH	—	30.00	60.00	125	250	—
1724 BH	—	30.00	60.00	125	250	—

KM# 194 1/12 SCHILLING

Copper **Ruler:** Karl Friedrich **Obv:** Large crown above double mirror-image 'CF' monogram **Rev. Inscription:** *12* / EINEN / SCHILLING / (date) / B.H. **Note:** Ref. L#480.

Date	Mintage	VG	F	VF	XF	Unc
1706 BH	—	30.00	65.00	130	260	—

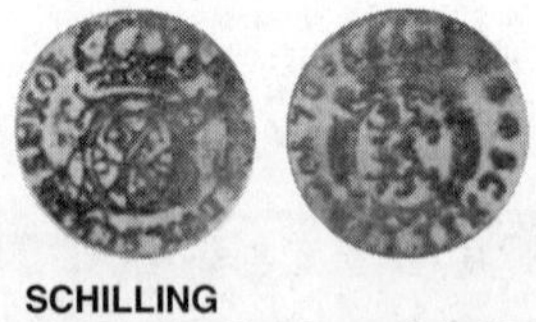

KM# 183 SCHILLING

Silver **Ruler:** Karl Friedrich **Obv:** Crowned double mirror-image script 'CF' monogram, titles of Karl Friedrich in legend **Rev:** Crowned Schleswig arms in oval baroque frame **Rev. Inscription:** *I* SCHILLING * (date) **Note:** Ref. L#463B-467; Sch?n #8 fo 1705. Varieties exist.

Date	Mintage	VG	F	VF	XF	Unc
1703 BH	—	10.00	20.00	40.00	80.00	—
1704 BH	—	10.00	20.00	40.00	80.00	—
1705 BH	—	10.00	20.00	40.00	80.00	—
1706 BH	—	10.00	20.00	40.00	80.00	—
1707 BH	—	10.00	20.00	40.00	80.00	—
1708 BH	—	10.00	20.00	40.00	80.00	—
1709 BH	—	10.00	20.00	40.00	80.00	—

KM# 199 SCHILLING

Silver **Ruler:** Karl Friedrich **Obv:** Crowned double mirror-image 'CF' monogram, titles of Karl Friedrich in legend **Rev:** Crowned oval Schleswig arms **Rev. Inscription:** .I. SCHILLING. (date) **Note:** Ref. L#466a, 468a; Sch?n #19 for 1709.

Date	Mintage	VG	F	VF	XF	Unc
1708 BH	—	10.00	20.00	40.00	80.00	—
1709 BH	—	10.00	20.00	40.00	80.00	—
1710 BH	—	10.00	20.00	40.00	80.00	—

KM# 201 SCHILLING

Silver **Ruler:** Karl Friedrich **Obv:** Bust right, titles of Karl Friedrich in legend **Rev:** Crowned Schleswig arms in Spanish shield **Rev. Inscription:** .I. SCHILLING. (date) **Note:** Ref. L#468b, 469-470. Varieties exist.

Date	Mintage	VG	F	VF	XF	Unc
1710 BH	—	10.00	20.00	40.00	80.00	—
1711 BH	—	10.00	20.00	40.00	80.00	—
1712 BH	—	10.00	20.00	40.00	80.00	—
1713 BH	—	10.00	20.00	40.00	80.00	—

KM# 214 SCHILLING

Silver **Ruler:** Karl Friedrich **Obv:** Crowned double mirror-image script 'CF' monogram, titles of Karl Friedrich in legend **Rev:** Crowned Schleswig arms in Spanish shield **Rev. Inscription:** .I. SCHILLING. (date) **Note:** Ref. Sch?n #28.

Date	Mintage	VG	F	VF	XF	Unc
1712 BH	—	30.00	65.00	130	260	—

KM# 217 SCHILLING

Silver **Ruler:** Karl Friedrich **Obv:** Crowned double mirror-image script 'CF' monogram, titles of Karl Friedrich in legend **Rev. Inscription:** ✠ I ✠ / SCHILLING / F. SCHLE. HOL. / (date) / B.H. **Note:** Ref. L#471.

Date	Mintage	VG	F	VF	XF	Unc
1722 BH	—	10.00	25.00	50.00	100	—
1724 BH	—	10.00	25.00	50.00	100	—

KM# 184 2 SCHILLING

Silver **Ruler:** Karl Friedrich **Obv:** Crowned double mirror-image script 'CF' monogram, titles of Karl Friedrich in legend **Rev:** Crowned Schleswig arms in oval baroque frame **Rev. Inscription:** .II. SCHILLING. (date) **Note:** Ref. L#

Date	Mintage	VG	F	VF	XF	Unc
1703	—	—	—	—	—	—

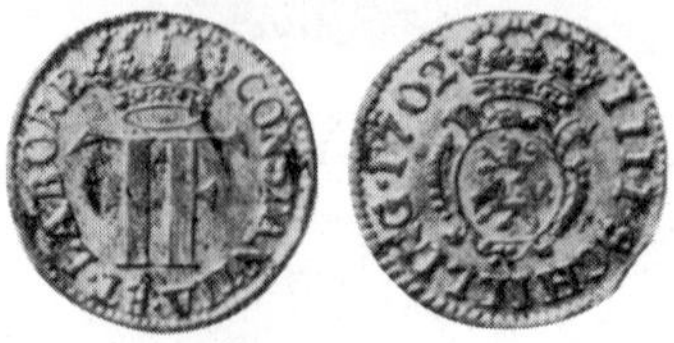

KM# 155 4 SCHILLING

Silver **Ruler:** Friedrich IV **Obv:** Crowned double mirror-image 'F' monogram **Obv. Legend:** CONSTANTIA. ET. LABORE. **Rev:** Crowned oval Schleswig arms in cartouche **Rev. Inscription:** IIII. SCHILLING. (date) **Note:** Ref. L#431-32, 434, 436-38; Schön#1 for 1702.

Date	Mintage	VG	F	VF	XF	Unc
1701	—	12.00	30.00	50.00	95.00	—
1702	—	12.00	30.00	50.00	95.00	—

KM# 185 4 SCHILLING

Silver **Ruler:** Karl Friedrich **Obv:** Crowned double mirror-image script 'CF' monogram, titles of Karl Friedrich in legend **Rev:** Crowned Schleswig arms in oval baroque frame **Rev. Inscription:** IIII. SCHILLING, (date) **Note:** Ref. L#458-461; Schön #9 for 1707-10. Varieties exist.

Date	Mintage	VG	F	VF	XF	Unc
1703 BH	—	12.00	30.00	60.00	120	—
1704 BH	—	12.00	30.00	60.00	120	—
1705 BH	—	12.00	30.00	60.00	120	—
1706 BH	—	12.00	30.00	60.00	120	—
1707 BH	—	12.00	30.00	60.00	120	—
1708 BH	—	12.00	30.00	60.00	120	—
1709 BH	—	12.00	30.00	60.00	120	—
1710 BH	—	12.00	30.00	60.00	120	—

KM# 212 4 SCHILLING

Silver **Ruler:** Karl Friedrich **Obv:** Bust right, titles of Karl Friedrich **Rev:** Crowned shield of Schleswig arms **Rev. Inscription:** IIII. SCHILLING. (date) **Note:** Ref. L#462-63. Varieties exist.

Date	Mintage	VG	F	VF	XF	Unc
1711 BH	—	20.00	45.00	90.00	180	—
1712 BH	—	20.00	45.00	90.00	180	—

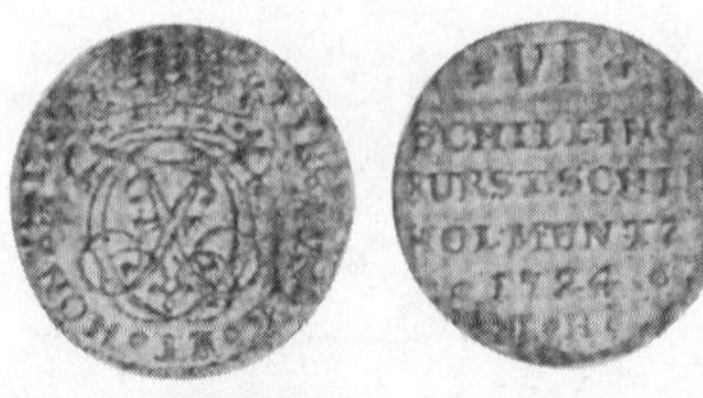

KM# 218 6 SCHILLING

Silver **Ruler:** Karl Friedrich **Obv:** Crowned double mirror-image 'CF' monogram **Obv. Legend:** PIE. IUSTE. ET. HONESTE. **Rev. Inscription:** *VI* / SCHILLING / FURSTL. SCHLES / HOLS. MUNTZ / (date) / BH **Note:** Ref. L#454-457. Varieties exist.

Date	Mintage	VG	F	VF	XF	Unc
1722 BH	—	14.00	30.00	65.00	135	—
1723 BH	—	14.00	30.00	65.00	135	—
1724 BH	—	14.00	30.00	65.00	135	—
1725 BH	—	14.00	30.00	65.00	135	—
1726 BH	—	14.00	30.00	65.00	135	—

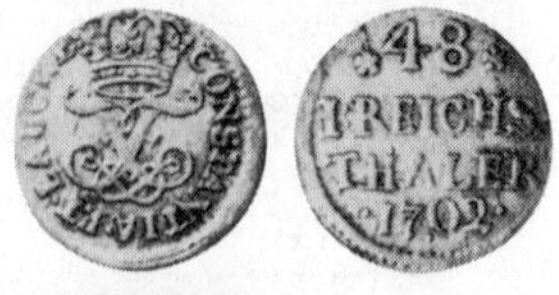

KM# 174 1/48 THALER

Silver **Ruler:** Friedrich IV **Obv:** Crowned double mirror-image script 'F' monogram **Obv. Legend:** CONSTANTIA. ET. LABORE. **Rev. Inscription:** 48 / I: REICHS / THALER / (date) **Note:** Ref. L#439A, 440-441; Sch?n #2 for 1699. Varieties exist.

Date	Mintage	VG	F	VF	XF	Unc
1701	—	10.00	20.00	40.00	80.00	—
1702	—	10.00	20.00	40.00	80.00	—

KM# 186 1/48 THALER

Silver **Ruler:** Karl Friedrich **Obv:** Crowned script 'CF' monogram divides date **Rev. Inscription:** *48* / I: REICHS / THALER / ? **Note:** Ref. L#463A.

Date	Mintage	VG	F	VF	XF	Unc
1703	—	15.00	35.00	75.00	150	—

KM# 180 THALER

Silver **Ruler:** Friedrich III **Obv:** Armored bust right **Obv. Legend:** FRID. D. G. HÆR. NOR. DVX. - SL. HOL. ST. E. DIT. COM. I. OLD. E. DEL. **Rev:** 8-line inscription with R. N. dates **Rev. Legend:** LABORE. ET. CONSTANTIA. **Note:** Ref. L#428A.

Date	Mintage	VG	F	VF	XF	Unc
MDCCII (1702)	—	1,000	2,000	4,500	8,000	—

KM# 206 THALER

Silver **Ruler:** Karl Friedrich **Obv:** Armored bust right **Rev:** Crowned arms separating B-H **Note:** Dav. #1352. Prev. KM#102.

Date	Mintage	VG	F	VF	XF	Unc
1711 BH	—	1,200	2,500	5,000	8,500	—

KM# 226.2 THALER

Silver **Ruler:** Karl Peter Ulrich **Obv:** Armored bust right lower to bottom rim **Obv. Legend:** PETRUS. D:G... RUSSIA **Rev:** Imperial eagle with 2 shields on breast **Mint:** Mannheim **Note:** Albertus Thaler, Dav. #1353A. Prev. KM#110.2.

Date	Mintage	VG	F	VF	XF	Unc
1753 S//P	—	—	500	1,100	2,000	3,600

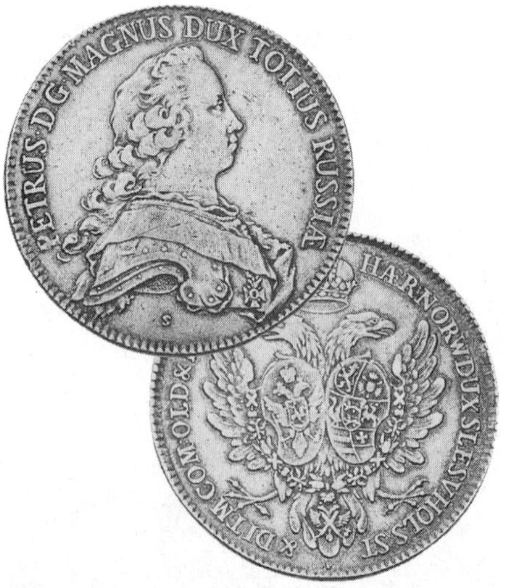

KM# 226.1 THALER

Silver **Ruler:** Karl Peter Ulrich **Obv:** Armored bust right **Obv. Legend:** PETRUS • D: G: • MAGNUS DUX TOTIUS RUSSIÆ **Rev:** Imperial eagle with 2 shields on breast **Mint:** Mannheim **Note:** Albertus Thaler. Dav. #1353. Prev. KM#110.1.

Date	Mintage	VG	F	VF	XF	Unc
1753 S//P	—	—	500	1,100	2,000	3,600

KM# 181 1-1/2 THALER

43.9000 g., Silver **Ruler:** Friedrich IV **Subject:** Death of Friedrich IV **Obv:** Armored bust right **Obv. Legend:** FRID. D. G. HÆR. NOR. DVX. SL. HOL. ST. E. DIT. COM. I. OLD. E. DEL. **Rev:** 8-line inscription with R. N. dates **Rev. Legend:** LABORE. ET. CONSTANTIA. **Note:** Ref. L#428.

Date	Mintage	VG	F	VF	XF	Unc
MDCCII (1702)	—	2,000	3,500	6,500	11,500	—

TRADE COINAGE

KM# 195 1/4 DUCAT

Gold **Ruler:** Karl Friedrich **Obv:** Head right, titles of Karl Friedrich in legend **Rev:** Crowned oval Schleswig arms **Rev. Legend:** CONSTANTIA. ET. LABORE, (date)

Date	Mintage	VG	F	VF	XF	Unc
1706	—	175	325	600	1,000	—

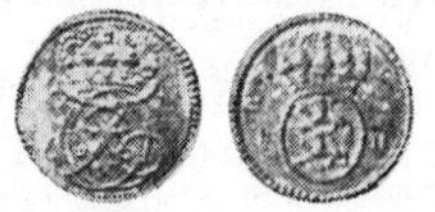

KM# 200 1/4 DUCAT

0.8750 g., 0.9860 Gold 0.0277 oz. AGW **Ruler:** Karl Friedrich **Obv:** Crowned monogram **Rev:** Crowned shield with lions **Note:** Fr.#3094. Prev. KM#98.

Date	Mintage	VG	F	VF	XF	Unc
1708 BH	—	150	270	600	1,150	—

KM# 208 1/4 DUCAT

0.8750 g., 0.9860 Gold 0.0277 oz. AGW **Ruler:** Karl Friedrich **Note:** Modified design. Fr.#3087. Prev. KM#104.

Date	Mintage	VG	F	VF	XF	Unc
1711 BH	—	150	275	650	1,250	—

KM# 207 1/4 DUCAT

0.8750 g., 0.9860 Gold 0.0277 oz. AGW **Ruler:** Karl Friedrich **Obv:** Bust right **Rev:** Crowned shield with lions **Note:** Fr.#3087. Prev. KM#103.

Date	Mintage	VG	F	VF	XF	Unc
1711 BH	—	150	275	650	1,250	—

SCHMALKALDEN

KM# 188 DUCAT
3.5000 g., 0.9860 Gold 0.1109 oz. AGW **Ruler:** Karl Friedrich
Obv: Young head right **Rev:** Crowned arms with lion supporters
Note: Fr.#3088. Prev. KM#96.

Date	Mintage	VG	F	VF	XF	Unc
1705 BH	—	700	1,450	3,000	6,500	—

KM# 189 DUCAT
3.5000 g., 0.9860 Gold 0.1109 oz. AGW **Ruler:** Karl Friedrich
Obv: Youth head right **Obv. Legend:** CAROL • FRIDER • D • G
• DVX • SVPR • SIFS **Rev:** Crowned shield with lions, date in
legend **Note:** Fr.#3089. Prev. KM#97.

Date	Mintage	VG	F	VF	XF	Unc
1705 BH	—	1,050	2,200	4,500	9,000	—
1706	—	1,050	2,200	4,500	9,000	—

KM# 203 DUCAT
3.5000 g., 0.9860 Gold 0.1109 oz. AGW **Ruler:** Karl Friedrich
Obv: Bust right **Rev:** Crowned shield with lions, date in legend
Note: Fr.#3092. Prev. KM#101.

Date	Mintage	VG	F	VF	XF	Unc
1710 BH	—	975	2,050	3,750	6,000	—
1711 BH	—	975	2,050	3,750	6,000	—
1712 BH 3 known	—	—	—	—	—	—

KM# 202 DUCAT
3.5000 g., 0.9860 Gold 0.1109 oz. AGW **Ruler:** Karl Friedrich
Obv: Crowned CF monogram **Rev:** Crowned arms **Note:**
Fr.#3093. Prev. KM#100.

Date	Mintage	VG	F	VF	XF	Unc
1710 BH	—	1,250	2,650	5,600	11,500	—

KM# 209 DUCAT
3.5000 g., 0.9860 Gold 0.1109 oz. AGW **Ruler:** Karl Friedrich
Rev: Crowned arms **Note:** Fr.#3091. Prev. KM#105.

Date	Mintage	VG	F	VF	XF	Unc
1711	—	—	—	—	—	—
1712	—	975	2,050	4,300	9,800	—

KM# 210 10 DUCAT
34.6000 g., 0.9860 Gold 1.0968 oz. AGW **Ruler:** Karl Friedrich
Obv: Bust right **Rev:** Arms **Note:** Struck with 1 Thaler dies,
KM#102. Fr.#3090. Prev. KM#106.

Date	Mintage	VG	F	VF	XF	Unc
1711 BH Rare	—	—	—	—	—	—

PATTERNS
Including off metal strikes

KM#	Date	Mintage	Identification	Mkt Val
PnA4	1705	—	Ducat. Copper. KM#189.	—
Pn4	1705	—	Ducat. Silver. KM#189.	250
Pn5	1706	—	Ducat. Silver. KM#189.	250
Pn6	1707 RH	—	3 Pfennig. Gold. KM#197.	—
Pn7	1707	—	3 Pfennig. Gold. 0.8600 g.	—
Pn9	1710	—	Ducat. Silver. KM#203.	250
Pn8	1711	—	1/4 Ducat. Silver. KM#104.	—
Pn10	1711	—	Ducat. Silver. KM#203.	250

| Pn11 | 1711 | — | 1/4 Ducat. Silver. KM#207. | 200 |

Danish Rule, 1722-1729
Friedrich Karl, 1729-1761
To Denmark, 1761

MINT OFFICIALS' INITIALS

Initials	Date	Name
G	Ca. 1760	Geringius, medailleur Rethwisch
GAS	1761	Georg Anton Schröder, mintmaster Rethwisch

REFERENCE
L = Christian Lange, *Chr. Lange's Sammlung schleswig-holsteinischer Münzen und Medaillen*. 2 vols, Berlin, 1908-12.

COUNTY

REGULAR COINAGE

KM# 28 THALER
Silver **Ruler:** Friedrich Karl **Obv:** Small bust right **Obv. Legend:**
FRIDERICVS CAROLVS • D.G • H • N • D • S • H • S • ET D • C
• IN • O • ETD **Rev:** Small crown over ornate arms in sprays
divides date **Note:** Dav.#1354.

Date	Mintage	VG	F	VF	XF	Unc
1761 G//GAS	—	675	1,350	2,250	3,750	—

KM# 30 THALER
Silver **Ruler:** Friedrich Karl **Obv:** Large bust right, bow divides
legend **Obv. Legend:** FRIDERICVS CAROLVS • D.G • H • N •
G • - S • H • S • ETD • C • IN • O • ETD **Rev:** Large crown over
ornate arms in sprays divides date **Note:** Dav.#1354a.

Date	Mintage	VG	F	VF	XF	Unc
1761 G	—	675	1,350	2,250	3,750	—

KM# 29 THALER
Silver **Ruler:** Friedrich Karl **Obv:** Small bust right **Obv. Legend:**
FRIDERICVS CAROLVS • D.G • H • N • D • S • H • S • ET D • C
• IN • O • ETD **Rev:** Large crown over ornate arms in sprays
divides date **Note:** Dav.#1355.

Date	Mintage	VG	F	VF	XF	Unc
ND(1761) G//GAS	—	675	1,350	2,250	3,750	—

TRADE COINAGE

C# 25 DUCAT
3.5000 g., 0.9860 Gold 0.1109 oz. AGW **Ruler:** Friedrich Karl
Obv: Arms **Rev:** Monogram

Date	Mintage	VG	F	VF	XF	Unc
1760	—	—	—	—	—	—

KM# 26 DUCAT
3.5000 g., 0.9860 Gold 0.1109 oz. AGW **Ruler:** Friedrich Karl
Obv: Armored and draped bust right **Rev:** Crowned arms, Roman
numeral date below

Date	Mintage	VG	F	VF	XF	Unc
MDCCLX (1760) G	—	1,300	2,850	5,900	9,800	—

KM# 27 DUCAT
3.5000 g., 0.9860 Gold 0.1109 oz. AGW **Ruler:** Friedrich Karl

Obv: Bust right, titles of Friedrich Karl **Rev:** Crowned 5-fold arms
with central shield, laurel and palm branches to either side, value
and date below **Rev. Legend:** FIDES.ET.CONSTANTIA **Note:**
Specie Ducat. C13a.

Date	Mintage	VG	F	VF	XF	Unc
1760 G	—	1,500	3,300	6,800	11,500	—

SCHMALKALDEN

This lordship, centered on the town of the same name, became the property of Hesse-Cassel in 1583. The landgraves issued a series of copper coins for Schmalkalden during the first half of the 18th century.

RULER
Wilhelm VIII of Hesse-Cassel, 1751-1760

LORDSHIP

STANDARD COINAGE

KM# 4 HELLER
Copper **Ruler:** Karl **Obv:** Script monogram 'CL' **Rev.
Inscription:** I / SCHMALK / HELLER / 1725. **Note:** Ref. S#1.

Date	Mintage	VG	F	VF	XF	Unc
1725	—	7.00	15.00	30.00	65.00	—

KM# 7 HELLER
Copper, 17 mm. **Ruler:** Friedrich I **Obv:** Crowned script 'FR'
monogram **Rev. Inscription:** I / SCHMALK / HELLER / 1731.
Note: Ref. S#4.

Date	Mintage	VG	F	VF	XF	Unc
1731	—	3.00	7.00	15.00	30.00	—
1736	—	3.00	7.00	15.00	30.00	—
1742	—	3.00	7.00	15.00	30.00	—
1743	—	3.00	7.00	15.00	30.00	—
1744	—	3.00	7.00	15.00	30.00	—

KM# 9 HELLER
Copper **Ruler:** Friedrich I **Obv:** Crowned intertwined ornate 'FR'
monogram **Rev. Inscription:** I / SCHMALK / HELLER / 1744.
Note: Ref. S#8.

Date	Mintage	VG	F	VF	XF	Unc
1744	—	4.00	8.00	18.00	37.00	—

KM# 10 HELLER
Copper **Ruler:** Wilhelm VIII **Obv:** Crowned monogram **Rev:**
Value, date **Note:** Prev. C#1.

Date	Mintage	VG	F	VF	XF	Unc
1754	—	6.00	15.00	30.00	60.00	—

KM# 3 PFENNIG
Copper **Ruler:** Karl **Obv:** Script monogram 'CL' **Rev.
Inscription:** I / SCHMALK / PFENNIG / 1724 **Note:** Ref. S#2.

Date	Mintage	VG	F	VF	XF	Unc
1724	—	7.00	15.00	30.00	65.00	—
1725	—	7.00	15.00	30.00	65.00	—
1726	—	7.00	15.00	30.00	65.00	—

KM# 5 PFENNIG
Copper **Ruler:** Friedrich I **Obv:** Crowned script 'FR' monogram
Rev. Inscription: I / SCHMALK / PFENNIG / 1730 **Note:** Ref.
S#5.

Date	Mintage	VG	F	VF	XF	Unc
1730	—	4.00	10.00	20.00	45.00	—
1733	—	4.00	10.00	20.00	45.00	—
1735	—	4.00	10.00	20.00	45.00	—
1737	—	4.00	10.00	20.00	45.00	—

KM# 6 PFENNIG
Copper **Ruler:** Friedrich I **Obv:** Crowned intwined ornate 'FR'
monogram **Rev. Inscription:** I / SCHMALK / PFENNIG / 1730
Note: Ref. S#7.

Date	Mintage	VG	F	VF	XF	Unc
1730	—	5.00	10.00	20.00	45.00	—

SCHLESWIG-HOLSTEIN-PLOEN

One of the branches of Schleswig-Holstein founded upon the division of Schleswig-Holstein-Sonderburg in 1622. It fell extinct in 1706 and all lands and titles reverted to Schleswig-Holstein-Norburg.

RULERS
Johann Adolf, 1671-1704
Leopold August, 1704-1706
Joachim Friedrich, 1706-1722

SCHMALKALDEN

KM# 2 1-1/2 PFENNIG
Copper **Ruler:** Karl **Obv:** Script monogram 'CL' **Rev. Inscription:** I 1/2 / SCHMALK / PFENNIG / 1720 **Note:** Ref. S#3.

Date	Mintage	VG	F	VF	XF	Unc
1720	—	8.00	18.00	37.00	75.00	—
1724	—	8.00	18.00	37.00	75.00	—
1725	—	8.00	18.00	37.00	75.00	—
1728	—	8.00	18.00	37.00	75.00	—

KM# 8 1-1/2 PFENNIG
Copper **Ruler:** Friedrich I **Obv:** Crowned script 'FR' monogram **Rev. Inscription:** I 1/2 / SCHMALK / PFENNIG / 1733 **Note:** Ref. S#6.

Date	Mintage	VG	F	VF	XF	Unc
1733	—	5.00	10.00	16.00	32.00	—

REFERENCES
F = Ernst Fischer, **Die Münzen des Hauses Schwarzburg**, Heidelberg, 1904.
R = Ernst Helmuth von Betha, **Schwarzburger Münzen und Medaillen: Sammlung des Schlossmuseums in Rudolstadt**, Halle (Saale), 1903.

SCHONAU

The lordship of Schönau was centered on the Lower Rhine north of Aachen. It was ruled from the mid-15th century for several hundred years by the lords of Milendonck, themselves having originated in the mid-12th century. When the male line died out, the titles continued through marriage in the late 13th century into the line of Reifferscheidt-Malberg. After the male line again fell extinct in 1674, a surviving sister transferred ownership to the Lord of Blanche. The son of the latter struck a short-lived illegal minor coinage which was banned by the city council of Aachen in 1756. Schönau was mediatized to Jülich-Berg in 1758 and eventually sold to the Lords of Broich near the end of the 18th century.

RULER
Johann Gottfried, von Blanche, 1721-1758

LORDSHIP

STANDARD COINAGE

KM# 1 4 HELLER
Copper **Ruler:** Johann Gottfried **Obv:** Crowned imperial eagle, rampant lion left in oval shield on breast, date divided at top **Rev:** Rampant lion left above 3-line inscription **Rev. Inscription:** R: HERRS:/SCHÖNAW/IIII. **Note:** Previous C# 1.

Date	Mintage	VG	F	VF	XF	Unc
1755	—	15.00	35.00	75.00	150	—

SCHWARZBURG

The countship of Schwarzburg had its beginnings in central Thuringia (Thüringen) and the ruling family eventually held numerous small territories from northern to central Thuringia. The earliest rulers known with any historical certainty were counts of Käfernburg in the 12th century. The line was divided into Käfernburg and Schwarzburg in the early 13th century, but when that of Käfernburg became extinct in 1385, most of its territories reverted to Schwarzburg. Several divisions of the countship took place during the next several centuries and at the beginning of the 16th century, there existed the branches of Schwarzburg-Arnstadt, Schwarzburg-Blankenburg and Schwarzburg-Leutenberg. The rulers of the various lines usually struck a joint coinage during the 16th century, but some of the counts issued coins in their own right as well. In 1526, the lines of Schwarzburg-Frankenhausen and Schwarzburg-Sondershausen were established from Schwarzburg-Blankenburg. Frankenhausen only lasted for one generation, but Schwarzburg-Sondershausen was further divided into Schwarzburg-Arnstadt, Schwarzburg-Rudolstadt and Schwarzburg-Sondershausen in 1552 (see separate listings for each of these). The Arnstadt line also failed after a single generation, but was reestablished as a branch of Schwarzburg-Sondershausen in 1642.

ARMS
Schwarzburg –
(1) early arms, a crowned lion, often to right
(2) the symbols of a two-tined fork and a comb are often found as part of the arms, usually at the bottom of the main body of the arms
(3) the imperial eagle with arms on breast were adopted by all branches of the family who became princes of the empire in the late 17th and early 18th centuries
Arnstadt – eagle
Hohnstein – checkerboard
Klettenberg – striding deer
Lutterberg – crowned striding lion above four horizontal bars
Sondershausen – deer antlers

SCHWARZBURG-ARNSTADT

The seat of this branch of Schwarzburg is located about 10 miles (16 kilometers) south of Erfurt. The town, castle and surrounding territory were acquired by the counts of Schwarzburg in the early 14th century and a line was soon established separate from Schwarzburg-Blankenburg. The latter fell extinct in the mid-14th century and passed to Arnstadt. Generations later, the lines of Schwarzburg-Sondershausen and Schwarzburg-Rudolstadt were founded and Arnstadt was absorbed by the former, only to reemerge as a separate line in 1642. The last count of Schwarzburg-Arnstadt was raised to the rank of prince in 1709, but died without heirs in 1716.

RULERS
Anton Günther II, 1669-1716, Prince 1709

Arms: See under Schwarzburg

CROSS REFERENCES:
F = Ernst Fischer, *Die Münzen des Hauses Schwarzburg*, Heidelberg, 1904.

R = Ernst Helmuth von Bethe, *Schwarzburger Münzen und Medaillen: Sammlung des Schlossmuseums in Rudolstadt*, Halle (Saale), 1903.

PRINCIPALITY

REGULAR COINAGE

KM# 35 THALER
Silver, 43 mm. **Ruler:** Anton Günther II **Obv:** Armored bust to right **Obv. Legend:** ANTHON. GVNTHERVS. D.G. PR. SCHWARTZB. **Rev:** Ornately manifold arms supported by wildman and woman holding pennants, 6 ornate helmets above, date in cartouche at bottom **Rev. Legend:** E. IV. COM. IMP. COM. IN. HONS. D. IN. ARNS. SON. L. L. ET. C. **Note:** Dav#2765.

Date	Mintage	VG	F	VF	XF	Unc
1710 Rare	—	—	—	—	—	—

KM# 36 THALER
Silver, 41 mm. **Ruler:** Anton Günther II **Obv:** Armored bust to right **Obv. Legend:** ANTHON: GVNTHER9. — D:G: PR: SCHWARTZB:. **Rev:** Shield with crowned imperial eagle, lion arms of Schwarzburg on breast, date above, in circle, ten small oval shields of arms around **Rev. Legend:** DYN. IN. ARNS. SONDERSH. LEVT. LOH. ET. CL. **Note:** Dav#2766.

Date	Mintage	VG	F	VF	XF	Unc
1711	—	550	850	2,100	3,500	—

SCHWARZBURG-RUDOLSTADT

Established upon the division of Schwarzburg-Sondershausen in 1552, the younger main branch of Schwarzburg, centered on the castle and town of Rudolstadt, 17 miles (29 kilometers) south of Weimar, flourished until the end of World War I. The count was raised to the rank of prince in 1711. The three sons of Albrecht VII, the first Count of Schwarzburg-Rudolstadt, ruled and issued coinage jointly, followed by a long succession of sole rulers descended from the middle son, Ludwig Günther I.

RULERS
Albrecht Anton, 1646-1710
Ludwig Friedrich I, 1710-1718, Prince 1711
Friedrich Anton, 1718-1744
Johann Friedrich, 1744-1767
Ludwig Günther II, 1767-1790
Friedrich Karl, 1790-1793
Ludwig Friedrich II, 1793-1807

MINTMARKS AND MINT OFFICIALS' INITIALS

Initials	Date	Name
GHE, E	1732-1740,	Georg Hieronymus Eberhard, warden, mintmaster in Saalfeld
	1740-1754	
ICE	1755-65	Johann Christian Eberhard, mintmaster in Saalfeld
ICK	1764-1765,	Johann Christian Knaust, warden, mintmaster in Saalfeld
	1765-1794	

Arms: See under Schwarzburg

CROSS REFERENCES:
F = Ernst Fischer, *Die Münzen des Hauses Schwarzburg*, Heidelberg, 1904.

R = Ernst Helmuth von Bethe, *Schwarzburger Münzen und Medaillen: Sammlung des Schlossmuseums in Rudolstadt*, Halle (Saale), 1903.

PRINCIPALITY

REGULAR COINAGE

KM# 124 HELLER
Copper **Ruler:** Ludwig Günther II **Obv:** Crowned monogram **Rev:** Value, date **Note:** Prev. C#30.

Date	Mintage	VG	F	VF	XF	Unc
1769	—	7.00	15.00	30.00	65.00	—

KM# 130 1/2 PFENNIG
Copper **Ruler:** Ludwig Günther II **Obv:** Crowned monogram **Rev:** Value, date **Note:** Prev. C#31.

Date	Mintage	VG	F	VF	XF	Unc
1783	—	5.00	10.00	20.00	45.00	—

KM# 136 1/2 PFENNIG
Copper **Ruler:** Friedrich Karl **Obv:** Crowned F C monogram **Note:** Prev. C#41.

Date	Mintage	VG	F	VF	XF	Unc
1792	—	5.00	10.00	20.00	45.00	—

KM# 98 PFENNIG
Copper **Ruler:** Johann Friedrich **Obv:** Crowned JF monogram **Rev:** Value, date **Rev. Inscription:** F. SCHWARZB / RUD. L. M **Note:** Prev. C#1.

Date	Mintage	VG	F	VF	XF	Unc
1751	—	4.00	9.00	18.00	37.00	—
1752	—	4.00	9.00	18.00	37.00	—

KM# 99 PFENNIG
Copper **Ruler:** Johann Friedrich **Obv:** Crowned monogram **Rev:** Value, date **Rev. Inscription:** F. S. RUDOL / STADTI. L. M **Note:** Prev. C#1a.

Date	Mintage	VG	F	VF	XF	Unc
1751	—	4.00	9.00	18.00	37.00	—
1752	—	4.00	9.00	18.00	37.00	—

KM# 103 PFENNIG
Copper **Ruler:** Johann Friedrich **Obv:** Crowned monogram **Rev:** Value, date **Rev. Inscription:** F. SCHWARZB. / RUDOLSTADT / LAND MÜNZ **Note:** Prev. C#1b.

Date	Mintage	VG	F	VF	XF	Unc
1752	—	4.00	9.00	18.00	37.00	—
1753	—	4.00	9.00	18.00	37.00	—

KM# 104 PFENNIG
Copper **Ruler:** Johann Friedrich **Obv:** Crowned monogram within branches **Rev:** Value, date **Note:** Prev. C#1c.

Date	Mintage	VG	F	VF	XF	Unc
1752	—	4.00	8.00	16.00	33.00	—
1753	—	4.00	8.00	16.00	33.00	—
1756	—	4.00	8.00	16.00	33.00	—
1760	—	4.00	8.00	16.00	33.00	—
1761	—	4.00	8.00	16.00	33.00	—
1762	—	4.00	8.00	16.00	33.00	—

KM# 126 PFENNIG
Copper **Ruler:** Ludwig Günther II **Obv:** Crowned monogram within branches **Rev:** Value, date **Note:** Prev. C#32.

Date	Mintage	VG	F	VF	XF	Unc
1772	—	5.00	10.00	20.00	45.00	—

KM# 138 PFENNIG

Copper **Ruler:** Friedrich Karl **Obv:** Crowned F C monogram **Rev:** Value above date **Note:** Prev. C#42.

Date	Mintage	VG	F	VF	XF	Unc
1792	—	4.00	9.00	18.00	37.00	—

KM# 111 2 PFENNIG

Copper **Ruler:** Johann Friedrich **Obv:** Crowned JF monogram in branches **Rev:** Value and date **Note:** Prev. C#2.

Date	Mintage	VG	F	VF	XF	Unc
1760	—	7.00	15.00	30.00	45.00	—
1761	—	7.00	15.00	30.00	45.00	—

KM# 100 3 PFENNIG (DREIER)

Silver, 15.5 mm. **Ruler:** Johann Friedrich **Obv:** Script JF monogram between 2 palm branches under prince's hat, legend curved above **Obv. Legend:** F.S.R. — L.M. **Rev:** Imperial orb with '3' divides date **Note:** Ref. F#552, 554a.

Date	Mintage	VG	F	VF	XF	Unc
1751 E	—	10.00	20.00	45.00	90.00	—
1752 E	—	10.00	20.00	45.00	90.00	—

KM# 101 3 PFENNIG (DREIER)

Silver, 15.5 mm. **Ruler:** Johann Friedrich **Obv:** Script JF monogram between 2 palm branches under prince's hat, legend curved above **Obv. Legend:** F.S. — L.M. **Rev:** Imperial orb with '3' divides date **Note:** Ref. F#553, 554b.

Date	Mintage	VG	F	VF	XF	Unc
1751 GHE	—	10.00	20.00	45.00	90.00	—
1752 GHE	—	10.00	20.00	45.00	90.00	—

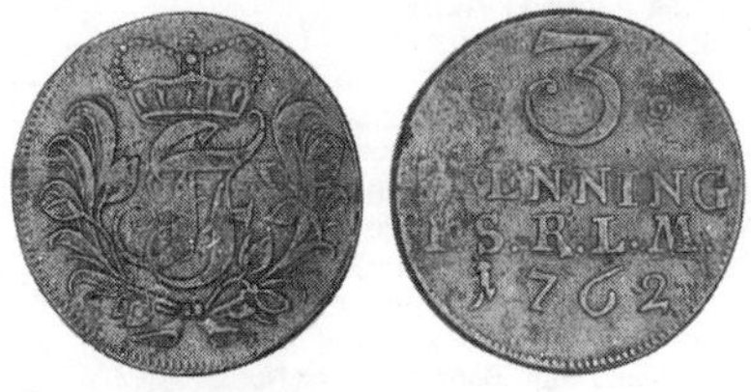

KM# 113 3 PFENNIG

Copper **Ruler:** Johann Friedrich **Obv:** Crowned JF monogram **Rev:** Value and date **Note:** Previous C#3.

Date	Mintage	VG	F	VF	XF	Unc
1761	—	7.00	15.00	30.00	60.00	—
1762	—	7.00	15.00	30.00	60.00	—

KM# 117 3 PFENNIG

0.6600 g., 0.2500 Silver 0.0053 oz. ASW **Ruler:** Johann Friedrich **Obv:** JF monogram in crowned shield **Rev:** Value in orb which separates date **Mint:** Saalfeld **Note:** Prev. C#7.

Date	Mintage	VG	F	VF	XF	Unc
1764 ICE	—	10.00	20.00	40.00	80.00	—

KM# 102 6 PFENNIG (Sechser)

Silver, 18 mm. **Ruler:** Johann Friedrich **Obv:** Script JF monogram between 2 palm branches under prince's hat, legend curved above **Obv. Legend:** F.S.R. — L.M. **Rev:** Imperial orb with VI divides date and mintmaster's initials **Note:** Ref. F#538-39.

Date	Mintage	VG	F	VF	XF	Unc
1751 GHE	—	10.00	25.00	55.00	110	—
1752 GHE	—	10.00	25.00	55.00	110	—

KM# 106 6 PFENNIG (Sechser)

Silver, 18 mm. **Ruler:** Johann Friedrich **Obv:** Ornamented oval shield with script JF monogram beneath prince's hat, legend curved above **Obv. Legend:** F.S.R — L.M. **Rev:** Imperial orb with VI divides mintmaster's initials, date divided above **Note:** Ref. F#540, R#1253.

Date	Mintage	VG	F	VF	XF	Unc
1753 GHE	—	10.00	20.00	45.00	95.00	—
1754 GHE	—	10.00	20.00	45.00	95.00	—

KM# 108 6 PFENNIG (Sechser)

Silver, 18 mm. **Ruler:** Johann Friedrich **Obv:** Script JF monogram in baroque frame under prince's hat, legend curved above **Obv. Legend:** F.S.R. — L.M. **Rev:** Imperial orb with VI, mintmaster's initials below, date divided above **Note:** Ref. F#541.

Date	Mintage	VG	F	VF	XF	Unc
1755 GHE	—	10.00	20.00	45.00	95.00	—

KM# 109 6 PFENNIG (Sechser)

Silver, 18 mm. **Ruler:** Johann Friedrich **Obv:** Script JF monogram in ornamented shield under prince's hat, legend curved above **Obv. Legend:** F.S.R. — L.M. **Rev:** Imperial orb with VI divides mintmaster's initials, date above **Note:** Ref. F#542-44. Varieties exist.

Date	Mintage	VG	F	VF	XF	Unc
1756 ICE	—	10.00	20.00	45.00	95.00	—
1757 ICE	—	10.00	20.00	45.00	95.00	—
1758 ICE	—	10.00	20.00	45.00	95.00	—

KM# 112 6 PFENNIG (Sechser)

Silver, 18 mm. **Ruler:** Johann Friedrich **Obv:** Script JF monogram in ornamented shield under prince's hat, legend curved above **Obv. Legend:** F.S.R. L.M. **Rev:** Imperial orb with VI divides date, inscription above, date divided below **Note:** Ref. F#545-49. Varieties exist.

Date	Mintage	VG	F	VF	XF	Unc
1760 ICE	—	10.00	20.00	45.00	95.00	—
1761 ICE	—	10.00	20.00	45.00	95.00	—
1762 ICE	—	10.00	20.00	45.00	95.00	—
1763 ICE	—	10.00	20.00	45.00	95.00	—
1766 ICK	—	10.00	20.00	45.00	95.00	—

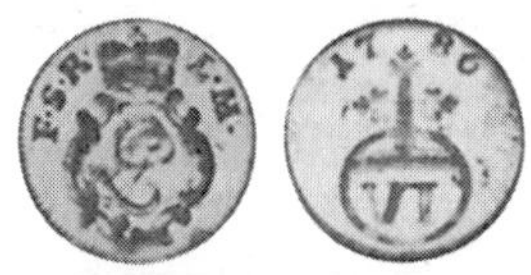

KM# 127 6 PFENNIG (Sechser)

1.3300 g., 0.2500 Silver 0.0107 oz. ASW **Ruler:** Ludwig Günther II **Obv:** Monogram in crowned shield **Rev:** Value in orb, date divided above **Note:** Previous C#34.

Date	Mintage	VG	F	VF	XF	Unc
1779	—	6.00	12.00	25.00	50.00	—
1780	—	6.00	12.00	25.00	50.00	—
1781	—	6.00	12.00	25.00	50.00	—
1782	—	6.00	12.00	25.00	50.00	—
1784	—	6.00	12.00	25.00	50.00	—
1785	—	6.00	12.00	25.00	50.00	—
1786	—	6.00	12.00	25.00	50.00	—

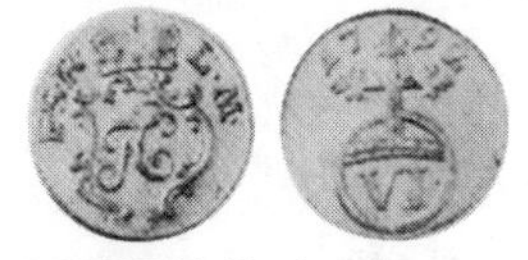

KM# 140 6 PFENNIG (Sechser)

1.3300 g., 0.2500 Silver 0.0107 oz. ASW **Ruler:** Friedrich Karl **Obv:** Crowned cartouche with F C monogram **Rev:** Value in orb, date divided above **Note:** Previous C#44.

Date	Mintage	VG	F	VF	XF	Unc
1792	—	6.00	12.00	25.00	50.00	—

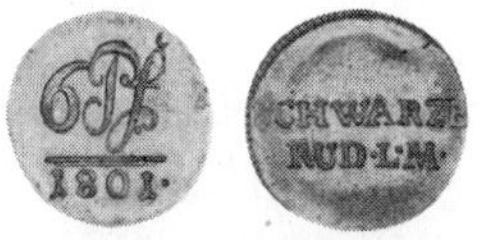

KM# 141 6 PFENNIG (Sechser)

1.3300 g., 0.2500 Silver 0.0107 oz. ASW **Ruler:** Ludwig Friedrich II **Obv:** Two-line inscription **Obv. Inscription:** SCHWARZ./RUD.L.M. **Rev:** Value with script 'Pf' above date **Note:** Prev. C#53.

Date	Mintage	F	VF	XF	Unc	BU
1800	—	15.00	30.00	65.00	135	—

KM# 118 1/48 THALER

0.9700 g., 0.2500 Silver 0.0078 oz. ASW **Ruler:** Johann Friedrich **Obv:** JF monogram in crowned shield, mintmaster's initials below **Rev:** Value and date **Mint:** Saalfeld **Note:** Prev. C#15.

Date	Mintage	VG	F	VF	XF	Unc
1764 ICE	—	7.00	15.00	30.00	60.00	—
1766 ICK	—	7.00	15.00	30.00	60.00	—

KM# 97 1/24 THALER (Groschen)

Silver, 22 mm. **Ruler:** Friedrich Anton **Obv:** Crowned oval manifold arms, palm branches at sides **Obv. Legend:** V.G.G. FRID. ANTH. F.Z. SCHWARZB. RVD. **Rev:** 4-line inscription with date within palm branches **Rev. Legend:** NACH DEN LEIPZIGER FVS. **Rev. Inscription:** 24 / EINEN / THAL: / (date). **Mint:** Saalfeld **Note:** Ref. F#522.

Date	Mintage	VG	F	VF	XF	Unc
1737 GHE	—	15.00	30.00	60.00	125	—

KM# 105 1/24 THALER (Groschen)

Silver, 21.5-22 mm. **Ruler:** Johann Friedrich **Obv:** Script JF monogram in baroque frame with prince's hat above **Obv. Legend:** FVRSTL. SCHWARZB. RVDOLSTADT(L). LANDM(VNZ). **Rev:** Imperial eagle with shield of arms on breast, prince's hat above, 4-line inscription in exergue **Rev. Inscription:** G.H. 24 E. / EINEN REICHS / THALER / (date). **Mint:** Saalfeld **Note:** Ref. F#532-33.

Date	Mintage	VG	F	VF	XF	Unc
1752 GHE	—	15.00	30.00	65.00	135	—
1753 GHE	—	15.00	30.00	65.00	135	—

KM# 110 1/24 THALER (Groschen)

Silver, 22 mm. **Ruler:** Johann Friedrich **Obv:** Script JF monogram in baroque frame with prince's hat above **Obv. Legend:** FVRSTL. SCHWARZB. RVDOLSTADT. LANDM. **Rev:** Imperial eagle with shield of arms on breast, prince's hat above, 4-line inscription in exergue **Rev. Inscription:** I.C. 24 E. / EINEN REICHS / THALER / (date). **Mint:** Saalfeld **Note:** Ref. F#534.

Date	Mintage	VG	F	VF	XF	Unc
1757 ICE	—	15.00	30.00	65.00	135	—

KM# 114 1/24 THALER (Groschen)

1.9900 g., 0.3680 Silver 0.0235 oz. ASW **Ruler:** Johann Friedrich **Obv:** Crowned imperial eagle, shield of arms on breast **Obv. Legend:** FVRSTL. SCHW. RVDOL. CONV. MVNTZ. **Rev:** 7-line inscription with date **Rev. Inscription:** 24 / EINEN / THALER / CCCXX / EINE FEINE / MARCK / (date). **Mint:** Saalfeld **Note:** Prev. C#19.

Date	Mintage	VG	F	VF	XF	Unc
1763 ICE	—	7.00	15.00	30.00	60.00	—

KM# 115 1/24 THALER (Groschen)

1.9900 g., 0.3680 Silver 0.0235 oz. ASW **Ruler:** Johann Friedrich **Obv:** Crowned imperial eagle, shield of arms on breast **Obv. Legend:** FVRST. SCHW. RVDOL. CONV. MVNTZ. **Rev:** 3-line inscription with rosette below, date at end of legend **Rev. Legend:** CCCXX EINE FEINE MARCK (date). **Rev. Inscription:** 24 / EINEN / THALER. **Mint:** Saalfeld **Note:** Prev. C#19a.

Date	Mintage	VG	F	VF	XF	Unc
1763 ICE	—	7.00	15.00	30.00	60.00	—
1764 ICE	—	7.00	15.00	30.00	60.00	—

KM# 107 1/12 THALER (Doppelgroschen)

3.3400 g., 0.4370 Silver .0469 oz ASW 0.0469 oz. ASW **Ruler:** Johann Friedrich **Obv:** Script JF monogram in baroque frame with prince's hat above **Obv. Legend:** FVRSTL. SCHWARZB. RVDOLSTADT (L). LANDM(VNZ). **Rev:** Imperial eagle with shield of arms on breast, prince's hat above, 4-line inscription in exergue **Rev. Inscription:** G.H. 12 E. / EINEN REICHS / THALER / (date). **Mint:** Saalfeld **Note:** Ref. Schön 11. Prev. C#21.

Date	Mintage	VG	F	VF	XF	Unc
1753 GHE Schön 11	—	32.50	75.00	150	300	—

KM# 116 1/12 THALER (Doppelgroschen)

3.3400 g., 0.4370 Silver 0.0469 oz. ASW **Ruler:** Johann Friedrich **Obv:** Crowned arms **Rev:** Value **Mint:** Saalfeld **Note:** Prev. C#22a.

Date	Mintage	VG	F	VF	XF	Unc
1763 ICE	—	12.50	25.00	55.00	110	—
1764 ICE	—	12.50	25.00	55.00	110	—

KM# 122 1/12 THALER (Doppelgroschen)

3.3400 g., 0.4370 Silver 0.0469 oz. ASW **Ruler:** Johann Friedrich **Obv:** Larger crowned arms **Rev:** Value **Mint:** Saalfeld **Note:** Prev. C#22b.

Date	Mintage	VG	F	VF	XF	Unc
1766 ICK	—	12.50	25.00	55.00	110	—

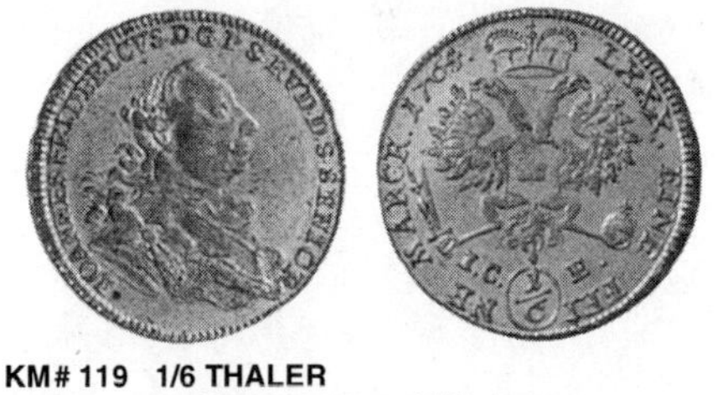

KM# 119 1/6 THALER

5.4000 g., 0.5410 Silver 0.0939 oz. ASW **Ruler:** Johann Friedrich **Obv:** Armored bust right **Rev:** Value and date below eagle **Mint:** Saalfeld **Note:** Prev. C#24.

Date	Mintage	VG	F	VF	XF	Unc
1764 ICE	—	30.00	60.00	125	250	—

KM# 120 1/2 THALER

14.0300 g., 0.8330 Silver 0.3757 oz. ASW **Ruler:** Johann Friedrich **Obv:** Bust right **Rev:** Crowned arms with wild man and woman supporters **Mint:** Saalfeld **Note:** Prev. C#26.

Date	Mintage	F	VF	XF	Unc	BU
1764 ICE	—	60.00	125	250	525	—

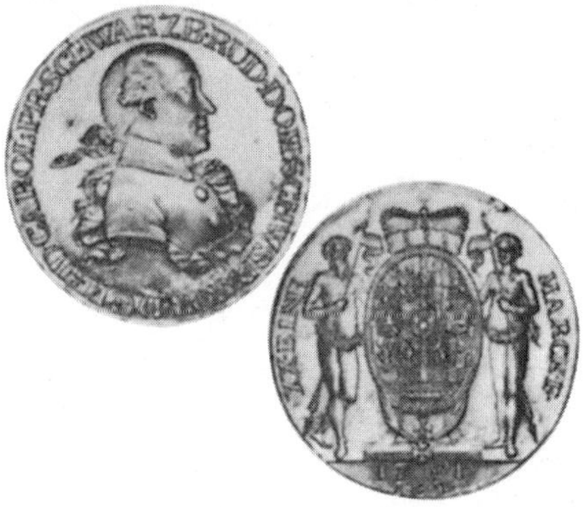

KM# 133 1/2 THALER

Silver **Ruler:** Friedrich Karl **Obv:** Bust right **Rev:** Crowned arms with supporters **Mint:** Saalfeld **Note:** Convention 1/2 Thaler. Prev. C#46.

Date	Mintage	VG	F	VF	XF	Unc
1791 ICK	—	35.00	75.00	150	300	—

GERMAN STATES — SCHWARZBURG-RUDOLSTADT

KM# 128 THALER

28.0600 g., 0.8330 Silver 0.7515 oz. ASW **Ruler:** Ludwig Günther II **Subject:** Marriage of the Crown Prince **Obv:** Draped bust right **Obv. Legend:** D • G • LVDOVICCVS GVNTHERVS PR • SCHWARZBVRG RVD **Rev:** Inscription **Rev. Inscription:** "IN MEMORIAM / CONVB. FELICISS. INTER / PRINC. HER. FRIDER. CAROL. / ET DVC. SAX. / AVGVST. LOVIS. FRIDERIC / RODÆ D. 28 NOV. 1780 / CELEBRATI / X. EINE FEINE MARCK. / I. C. K." **Mint:** Saalfeld **Note:** Dav #2770. Prev. C#38.

Date	Mintage	F	VF	XF	Unc	BU
1780 ICK	—	200	350	700	1,450	—

Arms: See under Schwarzburg

CROSS REFERENCES:

F = Ernst Fischer, *Die Münzen des Hauses Schwarzburg*, Heidelberg, 1904.

R = Ernst Helmuth von Bethe, *Schwarzburger Münzen und Medaillen: Sammlung des Schlossmuseums in Rudolstadt*, Halle (Saale), 1903.

PRINCIPALITY

REGULAR COINAGE

KM# 133 3 PFENNIG

0.6600 g., 0.2500 Silver 0.0053 oz. ASW **Ruler:** Christian Günther III **Obv:** CG monogram **Rev:** Value and date **Mint:** Sondershausen **Note:** Prev. C#2.

Date	Mintage	VG	F	VF	XF	Unc
1764 S	—	6.00	15.00	30.00	60.00	—

KM# 121 THALER

28.0600 g., 0.8330 Silver 0.7515 oz. ASW **Ruler:** Johann Friedrich **Obv:** Armored bust right **Obv. Legend:** IOANNES FRIDERICVS • D • G • P • S • RUD • D • S • SENIOR **Rev:** Crowned arms with wild man and woman supporters **Rev. Legend:** X. EINE FEINE MARCK, I.C. - E., above date **Mint:** Saalfeld **Note:** Convention Thaler. Dav #2768. Prev. C#28.

Date	Mintage	F	VF	XF	Unc	BU
1764 ICE	—	270	550	1,150	2,300	—
1765 ICE	—	270	550	1,150	2,300	—

KM# 132 THALER

28.0600 g., 0.8330 Silver 0.7515 oz. ASW **Ruler:** Ludwig Günther II **Obv:** Draped bust right **Obv. Legend:** D • G • LVDOVIC • GVNTHERVS • PR • SCHWARZB • RVD • DOM • SCHW • SENIOR • **Rev:** Crowned arms with wild man and woman supporters **Rev. Legend:** X. EINE FEINE MARCK, I. 17 - 86. C./ K. below **Mint:** Saalfeld **Note:** Dav #2771. Prev. C#39.

Date	Mintage	F	VF	XF	Unc	BU
1786 ICK	—	160	300	600	1,300	—

KM# 134 1/48 THALER

0.9700 g., 0.2500 Silver 0.0078 oz. ASW, 18 mm. **Ruler:** Christian Günther III **Obv:** Crowned CG monogram **Rev:** 4-line inscription with date **Rev. Inscription:** 48/EINEN/THALER/ (date) **Mint:** Sondershausen **Note:** Prev. C#4.

Date	Mintage	VG	F	VF	XF	Unc
1764 S	—	6.00	12.00	25.00	50.00	—

KM# 128 1/24 THALER (Groschen)

1.9900 g., 0.3680 Silver 0.0235 oz. ASW **Ruler:** Christian Günther III **Obv:** Arms in crowned cartouche **Rev:** Value and date **Mint:** Sondershausen **Note:** Prev. C#6.

Date	Mintage	Good	VG	F	VF	XF
1763 HCAS	—	10.00	20.00	45.00	95.00	—

KM# 129 1/12 THALER (Doppelgroschen)

3.3400 g., 0.4370 Silver 0.0469 oz. ASW **Ruler:** Christian Günther III **Obv:** Arms in crowned cartouche **Rev:** Value in circle **Mint:** Sondershausen **Note:** Prev. C#8.

Date	Mintage	Good	VG	F	VF	XF
1763 HCAS	—	15.00	30.00	65.00	135	—

KM# 130 1/12 THALER (Doppelgroschen)

3.3400 g., 0.4370 Silver 0.0469 oz. ASW **Ruler:** Christian Günther III **Obv:** Crowned arms **Mint:** Sondershausen **Note:** Prev. C#9.

Date	Mintage	VG	F	VF	XF	Unc
1763 HCAS	—	10.00	20.00	45.00	90.00	—
1764 HCAS	—	10.00	20.00	45.00	90.00	—

KM# 131 1/6 THALER (1/4 Gulden)

5.0000 g., Silver, 25 mm. **Ruler:** Christian Günther III **Obv:** Armored bust to right **Obv. Legend:** CHRIST. GUNTH. PR. SCHW. SOND. **Rev:** Crowned ornate manifold arms in baroque frame, value '1/6' divides mintmaster's initials below **Rev. Legend:** XLII. EINE. FEINE. MARCK. (date). **Mint:** Sondershausen

Date	Mintage	VG	F	VF	XF	Unc
1763 HS R#975	—	25.00	50.00	100	210	—

KM# 135 1/6 THALER (1/4 Gulden)

5.4000 g., 0.5410 Silver 0.0939 oz. ASW **Ruler:** Christian Günther III **Obv:** Bust right **Rev:** Crowned baroque arms **Mint:** Sondershausen **Note:** Prev. C#10.

Date	Mintage	VG	F	VF	XF	Unc
1764 HCAS	—	15.00	37.00	75.00	150	—

KM# 132 1/3 THALER

7.0100 g., 0.8330 Silver 0.1877 oz. ASW **Ruler:** Christian Günther III **Obv:** Bust right **Rev:** Crowned baroque arms **Mint:** Sondershausen **Note:** Prev. C#12.

Date	Mintage	VG	F	VF	XF	Unc
1763 HS	—	40.00	85.00	175	375	—
1764 HS	—	40.00	85.00	175	375	—

KM# 123 THALER

28.0600 g., 0.8330 Silver 0.7515 oz. ASW **Ruler:** Ludwig Günther II **Obv:** Cloaked bust right **Obv. Legend:** D • G • LVDOVICVS GVNTHERVS P • SCHWARZB • RVD. **Rev:** Crowned arms in baroque frame, Order cross divides date below **Rev. Legend:** X. EINE FEINE MARCK, 17 I.C. - D. 68 below **Mint:** Saalfeld **Note:** Dav #2769. Prev. C#37.

Date	Mintage	F	VF	XF	Unc	BU
1768 ICK	—	200	400	850	1,800	—

KM# 134 THALER

28.0600 g., 0.8330 Silver 0.7515 oz. ASW **Ruler:** Friedrich Karl **Obv:** Bust right **Obv. Legend:** D • G • FRID • CAROLUS PR • SCHWARZB • RUD • DOM • SCHWARZB • SENIOR * **Rev:** Crowned arms with wild man and woman supporters **Rev. Inscription:** X. EINE - MARCK F., 17 - 91 / I. C. K. below **Mint:** Saalfeld **Note:** Dav #2772. Prev. C#48.

Date	Mintage	F	VF	XF	Unc	BU
1791 ICK	—	140	280	550	1,100	—

PATTERNS

Including off metal strikes

KM#	Date	Mintage Identification	Mkt Val
Pn6	1737 GHE	— 1/24 Thaler. Copper. 22 mm. KM#97.	75.00

SCHWARZBURG-SONDERSHAUSEN

As the elder main line of Schwarzburg established in 1552, the counts of Schwarzburg-Sondershausen controlled their scattered territories from the castle of Sondershausen in northern Thuringia (Thüringen), 10 miles (16 kilometers) southeast of Nordhausen. Count Christian Wilhelm I was raised to the rank of prince in 1697 and the line descended from him until it finally became extinct in 1909. All titles and territories then passed to Schwarzburg-Rudolstadt.

RULERS
Christian Wilhelm I, 1666-1721, Prince 1697
Günther XLIII (I), 1721-1740
Heinrich XLI zu Keula, 1740-1758
August zu Ebeleben, 1721-1750
Christian Günther III, 1758-1794
Günther Friedrich Karl I, 1794-1835 (died 1837)

MINT OFFICIALS' INITIALS

Initial	Date	Name
HS, HCAS, S	1763-1764	Heinrich Christian Andreas Siegel, mintmaster in Sondershausen

KM# 136 2/3 THALER (Gulden)

14.0300 g., 0.8330 Silver 0.3757 oz. ASW **Ruler:** Christian Günther III **Obv:** Armored bust right **Obv. Legend:** DG CHRIST GVNTHER SCHWSONDERSH **Rev:** Crowned baroque arms **Mint:** Sondershausen **Note:** Prev. C#14.

Date	Mintage	VG	F	VF	XF	Unc
1764 HCAS	—	65.00	135	275	550	—

KM# 137 THALER
28.0600 g., 0.8330 Silver 0.7515 oz. ASW **Ruler:** Christian Günther III **Obv:** Armored, draped bust right **Obv. Legend:** D • G • CHRIST • GVNTH • PR • SCHWARZB • SONDERSH • **Rev:** Crowned baroque arms **Rev. Legend:** X • EINE • FEINE • MARCK • NACH • DEM • CONVENTION • FVS • 1764, HCAS below **Mint:** Sondershausen **Note:** Convention Thaler. Dav #2767. Prev. C#16.

Date	Mintage	F	VF	XF	Unc	BU
1764 HCAS	—	500	1,000	1,700	2,800	—

TRADE COINAGE

KM# 126 DUCAT
3.5000 g., 0.9860 Gold 0.1109 oz. AGW **Ruler:** Günther XLIII **Obv:** Crowned imperial eagle, shield of arms on breast, all in cartouche **Rev:** 7-line inscription with date **Rev. Inscription:** DEO/PROPITIO/PRIMITIAE AURI/SCHWARZENBURGICI/ GOLDSTHALI/PRODUCTI/(date). **Note:** Struck with gold from the Goldisthal Mines. Previous Fr#3104.

Date	Mintage	VG	F	VF	XF	Unc
1737	—	3,300	5,700	10,000	18,000	—

SCHWARZENBERG

The princes of Schwarzenberg based their land holdings in Franconia after Erkinger I of Stefansberg bought the lordship of Schwarzenberg sometime between 1405 and 1411. He became a member of the Imperial Diet in 1429 and upon his death in 1437, his two sons founded the lines of Schwarzenberg-Stefansberg and Schwarzenberg-Hohenlandsberg. The younger line, which was raised to the rank of count in 1566, became extinct in 1646. Its lands and titles reverted to Stefansberg, which attained the countship in 1599. In 1670, the count of Schwarzenberg was made a prince and, a generation later, the territories of Sulz and Kettgau were added to the family holdings through marriage, followed by Krumau in 1719. Having acquired Gimborn earlier, the prince sold that county to Wallmoden in 1783. Klettgau was sold to Baden in 1813, but not before the principality in Franconia was mediatized to Bavaria when the Holy Roman Empire came to an end in 1806. Members of the family retained their titles and held extensive lands in Bavaria, Austria and Bohemia/Czechoslovakia well into the 20th century. Several princes von Schwarzenberg distinguished themselves in both civil and military service to Austria.

RULERS

Schwarzenberg-Stefansberg
Ferdinand Wilhelm Eusebius, 1683-1703
Adam Franz Karl, 1703-1732, Duke of Krumau from 1723
Joseph Adam, 1732-1782
Johann, 1782-1789
Joseph Johann Nepomuk, 1789-(1806)-1833

MINT OFFICIALS' INITIALS

Cologne Mint

Initials	Date	Name
IAL	1700-05	Johann Adam Longerich, mintmaster
(c) =	1705-13	Franz Herrmann Hermans, mintmaster

Nuremberg Mint

Initials	Date	Name
(n)		Nuremberg mint (either struck or dies from there)
GFN	1677-1716	Georg Friedrich Nürnberg, mintmaster
	1764-93	Georg Nikolaus Riedner, mintmaster
	1760-79	Siegmund Scholz, warden
SNR	1764-79	Scholz and Riedner
OEXLEIN	1755-81	Johann Leonhard Oexlein, die-cutter

Vienna Mint

Initials	Date	Name
(b) or MM	1703-08	Matthias Mittermayer von Waffenberg, mintmaster
(d) or B	1702-43	Philipp Christoph Becker, die-cutter
	ca. 1721-?	Joseph Ignaz Keibel, mintmaster
MÖ	1735-67	Matthäus Donner, die-cutter
	ca. 1741	Joseph Kaschnitz von Wainberg, mintmaster
(e) or AW	1754-73	Anton Wiedemann, die-cutter
	(d.1790)	
	1765-83	Johann August von Kronberg, mintmaster
V.F.(=Vinazer	ca. 1783	Joseph Vinazer, die-cutter
Fecit=Vinazer made this)		

REFERENCE

T = Karl Tannich, *Die Münzen und Medaillen der Fürsten zu Schwarzenberg*, Schwarzenbergisches Jahrbuch, Budweis, 1938.

PRINCIPALITY

REGULAR COINAGE

KM# 60 KREUZER
Silver **Ruler:** Joseph Adam **Obv:** Crowned arms **Rev:** Value, NACH DEM ..., date **Mint:** Nürnberg **Note:** Prev. C# 1.

Date	Mintage	VG	F	VF	XF	Unc
1765 SNR	—	15.00	30.00	50.00	100	210

KM# 23 GROSCHEN
2.6000 g., Silver **Ruler:** Adam Franz Karl **Obv:** Bust to right **Obv. Legend:** ADAMUS. FRANCISC. — D.G. S. R. I. PRINCEPS. **Rev:** Four-fold arms with central shield in oval baroque frame, order chain around, princely hat above divides date **Rev. Legend:** IN. SCHWARZENBERG. LANDGR. IN. CLEGG. D. C. **Mint:** Vienna **Note:** Struck from Ducat dies, KM# 29.

Date	Mintage	VG	F	VF	XF	Unc
1721 B	—	—	—	—	—	—

KM# 36 GROSCHEN
2.6000 g., Silver **Ruler:** Adam Franz Karl **Subject:** Birth of Joseph Adam Johann **Obv:** Crowned 4-fold arms with central shield, all in palm branches **Rev:** 9-line inscription with date in chronogram **Mint:** Nürnberg

Date	Mintage	VG	F	VF	XF	Unc
1722	—	—	—	—	—	—

KM# 25 2 GROSCHEN
Silver Weight varies 4.83-5.18 grams **Ruler:** Adam Franz Karl **Subject:** Marriage of Princess Maria Anna to Ludwig Georg Wilhelm von Baden **Obv:** Two adjacent ornate arms of Baden and Schwarzenberg. **Obv. Legend:** UTRIUSQUE GENTIS INCREMENTO. **Rev:** 9-line inscription with R. N. date **Mint:** Vienna **Note:** Varieties exist.

Date	Mintage	VG	F	VF	XF	Unc
MDCCXXI (1721)	—	35.00	65.00	135	275	—

KM# 46 THALER
Silver **Ruler:** Joseph Adam **Obv:** Bust right **Obv. Legend:** IOSEPH • D • G • S • R • I • PRIN • IN • SCHWARZENBERG **Rev:** Mantled arms within Order collar **Rev. Legend:** LANDGR • IN • CLEGGOV • COM • IN • SULZ • DUX • CRUM **Mint:** Vienna **Note:** Species Thaler; Dav# 2775. Prev. C# 2.

Date	Mintage	VG	F	VF	XF	Unc
1741 B	—	140	325	550	1,250	2,200

KM# 54 THALER
Silver **Ruler:** Joseph Adam **Subject:** Laying of Cornerstone for the Church of St. Mary in Postelberg **Obv:** Bust to right **Rev:** Crown with laurel and palm branches above 8-line inscription with Roman numeral date **Mint:** Kremnitz

Date	Mintage	VG	F	VF	XF	Unc
1746 B	—	—	—	—	—	—

KM# 64 20 KREUZER
Silver **Ruler:** Johann **Obv:** Bust right, value below **Obv. Legend:** IOH • D • G • S • R • I • PRINCEPS • IN ... **Rev:** Crowned arms within Order chain **Mint:** Vienna **Note:** Convention 20 Kreuzer. Prev. C#6.

Date	Mintage	VG	F	VF	XF	Unc
1783 VF	—	25.00	45.00	80.00	160	325

KM# 44 1/4 THALER
Silver **Ruler:** Joseph Adam **Subject:** Marriage of Joseph Adam to Maria Theresia of Leichtenstein **Obv:** Flaming altar with two shields of arms, angel at right with wreath **Obv. Inscription:** TAEDIS FELICIBVS. **Rev:** Crown above inscription **Mint:** Vienna **Note:** Struck from 2 Ducat dies, KM# 48.

Date	Mintage	VG	F	VF	XF	Unc
1741 MD	—	50.00	85.00	170	340	—

KM# 28 THALER
Silver **Ruler:** Adam Franz Karl **Obv:** Bust right **Obv. Legend:** ADAMUS • FRANCISC. - D. G. S. R. I. PRINCEPS • **Rev:** Four-fold arms with central shield in oval baroque frame, chain of order around, princely hat divides date **Rev. Legend:** IN • SCHWARZENBERG • LANDGR: IN • CLEGGOV **Mint:** Vienna **Note:** Dav #2773.

Date	Mintage	VG	F	VF	XF	Unc
1721 B	—	400	700	1,200	2,000	—
1725 B	—	400	700	1,200	2,000	—

KM# 40 THALER
Silver **Ruler:** Adam Franz Karl **Obv:** Armored and draped bust to right, crossed hammers below **Obv. Legend:** ADAMUS. FRANCISC. — D.G. S.R.I. PRINCEPS. **Rev:** Four-fold arms with central shield in oval baroque frame, chain of order around, princely hat divides date **Rev. Legend:** IN. SCHWARZENBERG. LANDGR. IN. CLEGGOV. D.C. **Mint:** Nürnberg **Note:** Mining Thaler. Dav# 274.

Date	Mintage	VG	F	VF	XF	Unc
1729 B	—	280	625	1,050	1,750	—

KM# 56 THALER
Silver **Ruler:** Joseph Adam **Obv:** Armored bust right **Obv. Legend:** IOSEPH • D • G • S • R • I • PRIN • IN SCHWARZENBERG, OXLEIN on arm **Rev:** Mantled arms within Order collar **Rev. Legend:** LANDGR • IN CLEGOV • COM • IN • SULZ • DUX CRUM, X • EINE FEINE MARK •/17 - 66/S.N.R. below **Mint:** Nürnberg **Note:** Convention Thaler; Dav# 2776. Prev. C# 3.

Date	Mintage	VG	F	VF	XF	Unc
1766 OEXLEIN-SNR	—	215	475	850	1,450	—

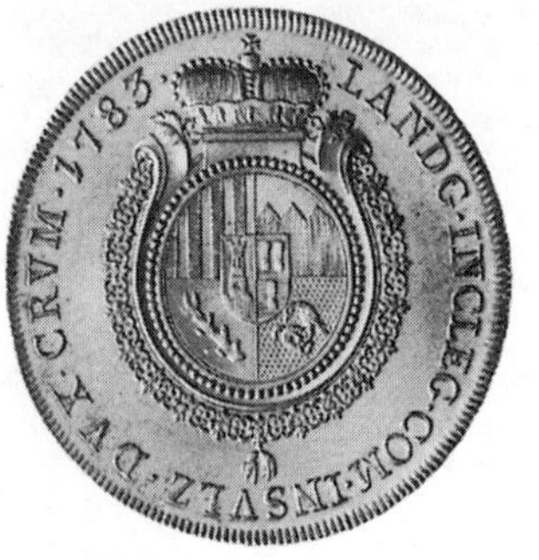

KM# 66 THALER

Silver **Ruler:** Johann **Obv:** Bust right **Obv. Legend:** IOH • D • G • S • R • I • PRINCEPS IN SCHWARZENBERG • **Rev:** Arms within Order collar **Rev. Legend:** LANDG • IN CLEG • COM • IN SVLZ • DVX • CRVM • 1783 **Mint:** Vienna **Note:** Dav# 2777. Prev. C# 7.

Date	Mintage	VG	F	VF	XF	Unc
1783 VF	—	200	350	600	1,000	1,800

TRADE COINAGE

KM# 20 DUCAT

3.5000 g., 0.9860 Gold 0.1109 oz. AGW **Ruler:** Adam Franz Karl **Obv:** Bust right **Rev:** Capped arms in Order collar, cap divides date **Mint:** Cologne **Note:** Fr# 95.

Date	Mintage	VG	F	VF	XF	Unc
1710 (c) Rare	—	—	—	—	—	—

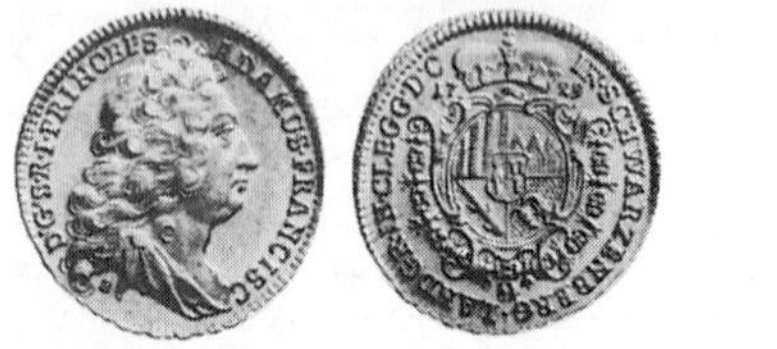

KM# 29 DUCAT

3.5000 g., 0.9860 Gold 0.1109 oz. AGW **Ruler:** Adam Franz Karl **Obv:** Bust to right **Obv. Legend:** ADAMUS • FRANCISC • - D • G • S • R • I • PRINCEPS - **Rev:** Four-fold arms with central shield in oval baroque frame, order chain around, princely hat above divides date **Rev. Legend:** LANDGR. IN CLEGG. D. C. **Mint:** Vienna **Note:** Prev. Fr#96.

Date	Mintage	VG	F	VF	XF	Unc
1721 B	—	550	1,100	2,250	4,600	—
1725 B	—	550	1,100	2,250	4,600	—
1728 B	—	550	1,100	2,100	4,200	—
1729 B	—	550	1,100	2,250	4,600	—
1731 B	—	550	1,100	2,250	4,600	—
1732 B	—	550	1,100	2,250	4,600	—

KM# 38 DUCAT

3.5000 g., 0.9860 Gold .1109 oz. AGW 0.1109 oz. AGW **Ruler:** Adam Franz Karl **Subject:** Birth of Joseph Adam Johann **Obv:** Crowned 4-fold arms with central shield, all in palm branches **Rev:** 9-line inscription with date in chronogram **Mint:** Nürnberg **Note:** Struck from Groschen dies, KM# 36.

Date	Mintage	VG	F	VF	XF	Unc
1722 (n)	—	—	—	—	—	—

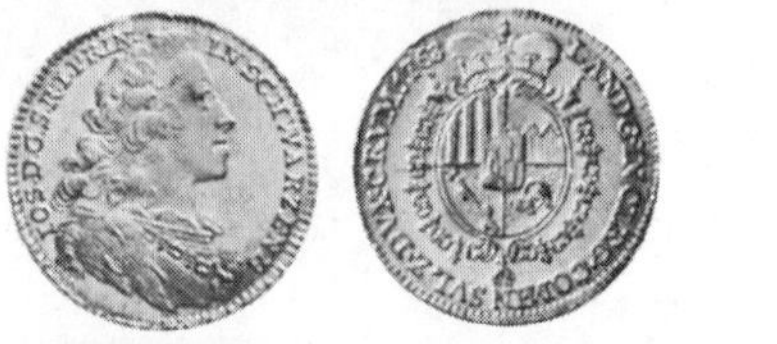

KM# 62 DUCAT

3.5000 g., 0.9860 Gold 0.1109 oz. AGW **Ruler:** Joseph Adam **Obv:** Bust right **Obv. Legend:** IOS • D • G • S • R • I • PRINC • - IN SCHWARZENBERG **Rev:** Capped arms in Order collar **Mint:** Vienna **Note:** Prev. C# 4.

Date	Mintage	VG	F	VF	XF	Unc
1768 (e)	500	600	1,450	3,000	5,400	—

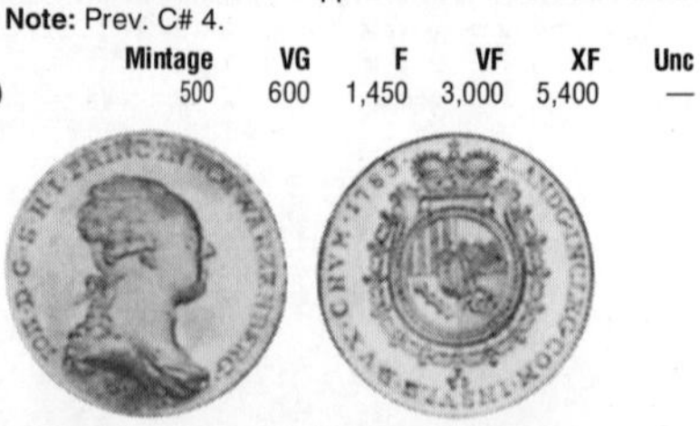

KM# 68 DUCAT

3.5000 g., 0.9860 Gold 0.1109 oz. AGW **Ruler:** Johann **Obv:** Bust right **Obv. Legend:** IOH • D • G • S • R • I • PRINC • IN SCHWARZENBERG • **Rev:** Capped arms in Order collar **Rev. Legend:** LANDG • IN CLEG • COM • IN SVLZ • DVX • CRVM • **Mint:** Vienna **Note:** Prev. C# 8.

Date	Mintage	F	VF	XF	Unc	BU
1783 VF	200	650	1,250	2,700	3,850	—

KM# 31 2 DUCAT

7.0000 g., 0.9860 Gold 0.2219 oz. AGW **Ruler:** Adam Franz Karl **Subject:** Marriage of Princess Maria Anna to Ludwig Georg Wilhelm von Baden **Obv:** Two adjacent ornate arms of Baden and Schwarzenberg **Obv. Legend:** UTRIUSQUE GENTIS INCREMENTO **Rev:** 9-line inscription with R. N. date. **Mint:** Vienna

Date	Mintage	VG	F	VF	XF	Unc
1721 (d) Rare	—	—	—	—	—	—

KM# 48 2 DUCAT

7.0000 g., 0.9860 Gold 0.2219 oz. AGW **Ruler:** Joseph Adam **Subject:** Marriage of Josef Adam and Maria Theresia of Liechtenstein **Obv:** Flaming altar with 2 arms, angel on right with wreath **Obv. Inscription:** TAEDIS FELICIBVS **Rev:** Inscription with crown above **Mint:** Vienna **Note:** Prev. C#4.5.

Date	Mintage	VG	F	VF	XF	Unc
1741 MD Rare	—	—	—	—	—	—

KM# 50 3 DUCAT

10.5000 g., 0.9860 Gold 0.3328 oz. AGW **Ruler:** Joseph Adam **Subject:** Marriage of Josef Adam and Maria Theresia of Liechtenstein **Obv:** Flaming altar with two shields of arms, angel at right with wreath **Obv. Legend:** TAEDIS FELICIBVS. **Rev:** Crown above inscription **Note:** Struck from 2 Ducat dies, KM#48.

Date	Mintage	VG	F	VF	XF	Unc
1741 MD Rare	—	—	—	—	—	—

KM# 8 5 DUCAT

17.5000 g., 0.9860 Gold 0.5547 oz. AGW **Ruler:** Ferdinand Wilhelm Eusebius **Obv:** Bust right **Obv. Legend:** FERD: D: G: PR: - SCHWARTZENB • **Rev:** Oval 4-fold arms within chain of order, princely hat above **Mint:** Cologne **Note:** Fr# 93.

Date	Mintage	VG	F	VF	XF	Unc
ND IAL	—	3,000	5,400	8,400	12,000	—

KM# 33 10 DUCAT

35.0000 g., 0.9860 Gold 1.1095 oz. AGW 1.1095 oz. AGW **Ruler:** Adam Franz Karl **Obv:** Draped and armored bust to right **Obv. Legend:** ADAMUS. FRANCISC. — D:G. S. R. I. PRINCEPS. **Rev:** Four-fold arms with central shield in oval baroque frame, chain of order around, princely hat divides date above **Rev. Legend:** IN. SCHWARZENBERG. LANDGR. IN. CLEGGOV. **Mint:** Vienna **Note:** Struck from Thaler dies, KM# 28 (Dav. 2773).

Date	Mintage	VG	F	VF	XF	Unc
1721 B	—	—	9,000	15,000	21,000	—

KM# 42 10 DUCAT

35.0000 g., 0.9860 Gold 1.1095 oz. AGW **Ruler:** Adam Franz Karl **Obv:** Armored and draped bust to right, crossed hammers below **Obv. Legend:** ADAMUS. FRANCISC. — D:G. S. R. I. PRINCEPS. **Rev:** Four-fold arms with central shield in oval baroque frame, chain of order around, princely hat divides date **Rev. Inscription:** IN. SCHWARZENBERG. LANDGR. IN CLEGGOV. D.C. **Note:** Struck from Thaler dies, KM# 40 (Dav #2774), with altered date. Prev. KM#65.

Date	Mintage	VG	F	VF	XF	Unc
1732 B Rare	—	—	—	—	—	—

KM# 52 10 DUCAT

35.0000 g., 0.9860 Gold 1.1095 oz. AGW 1.1095 oz. AGW **Ruler:** Joseph Adam **Obv:** Armored and draped bust to right **Obv. Legend:** IOSEPH. D.G. S. R. I. PRIN. IN. SCHWARZENBERG. **Rev:** Mantled oval 4-fold arms with central shield, order chain around, princely hat above divides date **Rev. Legend:** LANDGR. IN. GLEGGOV. COM. IN. SULZ. DUX. CRUM. **Mint:** Vienna **Note:** Struck from Thaler dies, KM #46.

Date	Mintage	VG	F	VF	XF	Unc
1741 B	—	—	10,000	17,500	24,000	—

KM# 58 10 DUCAT

35.0000 g., 0.9860 Gold 1.1095 oz. AGW 1.1095 oz. AGW **Ruler:** Joseph Adam **Obv:** Armored and draped bust to right **Obv. Legend:** IOSEPH. D.G. S. R. I. PRIN. IN SCHWARZENBERG. **Rev:** Mantled oval 4-fold arms with central shield, order chain around, princely hat above, value, date and mint officials' initials in exergue **Rev. Legend:** LANDGR. IN. CLEGGOV. COM. IN. SULZ. DUX. CRUM. **Rev. Inscription:** X. EINE FEINE MARK / 17 — S(N)R — 66. **Mint:** Nürnberg **Note:** Struck from Thaler dies, KM#56.

Date	Mintage	VG	F	VF	XF	Unc
1766 OEXLEIN//SNR Rare	—	—	—	—	—	—

KM# 70 10 DUCAT

35.0000 g., 0.9860 Gold 1.1095 oz. AGW 1.1095 oz. AGW **Ruler:** Johann **Obv:** Bust to right **Obv. Legend:** IOH. D.G. S. R. I. PRINCEPS IN SCHWARZENBERG. **Rev:** Round 4-fold arms with central shield, chain of order around, date at end of legend **Rev. Legend:** LANDG. IN CLEG. COM. IN SVLZ. DVX. CRVM. **Mint:** Vienna **Note:** Struck from Thaler dies, KM# 66.

Date	Mintage	VG	F	VF	XF	Unc
1783 VF	—	—	14,500	20,500	27,000	—

PATTERNS

Including off metal strikes

KM#	Date	Mintage	Identification	Mkt Val
Pn2	1721	—	2 Ducat. Copper. KM# 31.	—

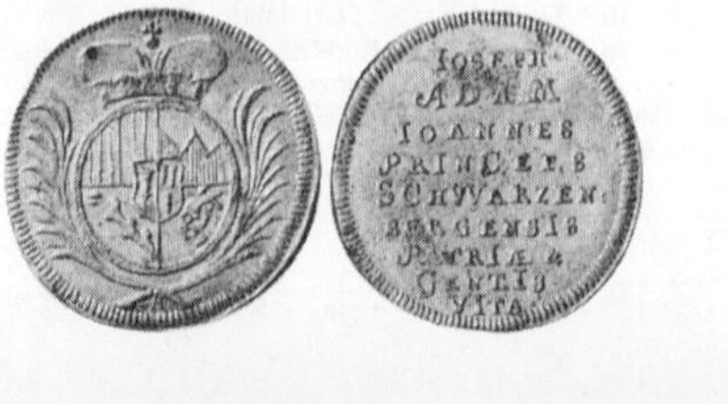

KM#	Date	Mintage	Identification	Mkt Val
Pn3	1741	—	2 Ducat. Silver. C#4.5.	350
Pn4	1746 B	—	Thaler. Copper. KM# 54.	—

SCHWEINFURT

Schweinfurt was a Free City located in Lower Franconia some 27 miles northeast of Würzburg. It was first mentioned in 790, became a Free City in the 13th century. Immediately after becoming free, Schweinfurt was the site of a short-lived royal bracteat mint.

The only Schweinfurt local coinage appeared in 1622, though a 1717 series of Reformation commemoratives may have passed as coins.

In 1803 the town was annexed to Bavaria.

MINT OFFICIAL

FEW = Friedrich Ernst Wermuth, mintmaster in Hildburghausen, 1716-1718

FREE CITY

REGULAR COINAGE

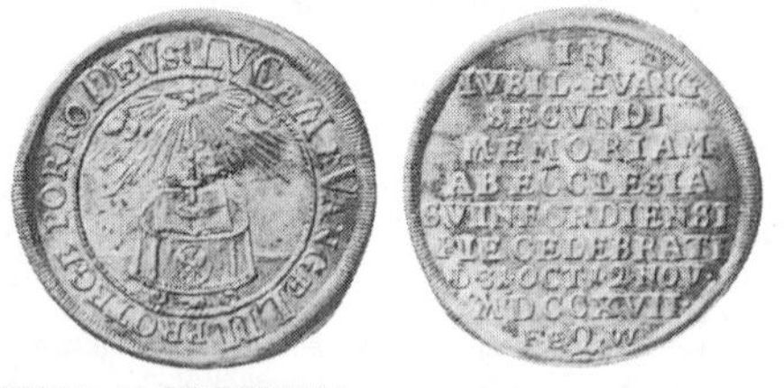

KM# 3 2 GROSCHEN

2.7500 g., Silver, 27 mm. **Subject:** 200th Anniversary of the Reformation **Obv:** Round altar table with town arms, Bible and candle, rays streaming down from dove (Holy Spirit) **Obv. Legend:** LVCEM EVANGELII PROTEGE PORRO DEVS **Rev:** Ten-line inscription with Roman numeral date, denomination in last line **Rev. Inscription:** IN / IVBIL. EVANG / SECVNDI / MEMORIAM / AB ECCLESIA / SVINFORDIENSI / PIE CELEBRATI / DIE. 31. OCT. 12. NOV / MDCCXVII / F. E. 2 W.

Date	Mintage	Good	VG	F	VF	XF
1717 FEW	—	—	—	100	175	375

TRADE COINAGE

KM# 4 DUCAT

3.5000 g., 0.9860 Gold 0.1109 oz. AGW, 27 mm. **Obv:** Square altar table on which open Bible and candle, rays streaming down from dove (Holy Spirit) **Obv. Legend:** LVCEM EVANGELII - PROTEGE PORRO DEVS **Rev:** Ten-line inscription with date **Rev. Inscription:** IN / MEMORIAM / IVBILAEI. EVAN: / GELICI SECVNDI / AB ECCLESIA / SVINFORDIENSI / PIE CELEBRATI / D. 31. OCT. / IE 12. NOV / 1717. **Note:** Date in chronogram.

Date	Mintage	Good	VG	F	VF	XF
1717	—	—	—	850	1,600	3,000

KM# 4a DUCAT

Silver **Note:** Similar to KM#4.

Date	Mintage	Good	VG	F	VF	XF
1717	—	—	—	65.00	135	275

SILESIA

The territory of Silesia was historically located between Bohemia and Poland, but was Germanic in character from an early period. The first ruling dynasty, that of the Piasts, was descended from the Polish royal line and soon had divided Silesia into a number of smaller entities. Silesia proper became a part of the Holy Roman Empire in the 14th century and came under the influence of Bohemia, which began striking coins for that territory. After the mid-14th century, Breslau (see) became the capital and the principal mint of the duchy. In 1526, Silesia, along with Bohemia, came into the possession of the Habsburg imperial family. The Austrian-style coinage of Silesia was struck from that time until 1740, with few gaps, most notably during the Thirty Years' War, when the estates struck a series of emergency coinage. All during the period of Habsburg domination, the various semi-independent small duchies, in all their branches, continued to strike their own coins. The bishops of Breslau and a number of towns and cities also issued coinages in their own names (see under Breslau and the town names).

In the 1740's, Prussia conquered the greater portion of Silesia and established a mint in Breslau which struck coins within the Prussian system from 1743 until 1797 (see under Prussia). Silesia remained a province of Prussia throughout the 18th and 19th centuries, only to be divided and partly awarded to Poland after World War I. Following the Second World War, the rest of Silesia was united with Poland and remains as part of that country up to the present day.

RULERS

Leopold I, 1657-1705
Josef I, 1705-1711
Karl VI, 1711-1740
Friedrich II, King of Prussia, 1740-1786
Friedrich Wilhelm II, 1786-1797
Friedrich Wilhelm III, 1797-1840

MINT MARKS

SILESIA

BRESLAU MINT

(Wroclaw, Vratislav)
(in Silesia)

Coat of arms sometimes at top center of crowned shield. Other times just Austrian arms on imperial eagle's breast. Legend usually ends: DVX S, SI or SIL.

MINT OFFICIALS' INITIALS

Initials	Years	Names
FN	1704-23	Franz Nowak

BRIEG MINT

(Breh, Brzeg)
(in Silesia)

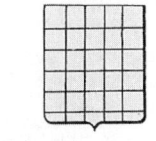

Coat of arms in legend.

MINT MARKS
MB

MINT OFFICIALS' INITIALS

Initials	Years	Names
CB	1677-1713	Christoph Brettschneider

OPPELN MINT

(in Silesia)

Large coat of arms, like Vienna, on imperial eagle's breast or coat of arms, like Breslau, on minor types without eagle. Legend usually ends CO.T or CO.TY.

MINT MARKS

(f) - - double fleur de lis

MINT OFFICIALS' INITIALS

Initials	Years	Names
FN	1699-1705	Franz Nowak

Coat of arms on imperial eagle's breast. Legend usually ends BO, BOH, BOHEMIAE REX.

NOTE: For similar gold coins dated 1787-1805 refer to Prussian listings.

REFERENCES

Ferdinand Friedensburg and Hans Seger, *Schlesiens Münzen und Medaillen der Neueren Zeit*, Breslau, 1901 (reprint Frankfurt/Main)

Norbert Jaschke and Fritz P. Maercker, *Schlesische Münzen und Medaillen*, Ihringen, 1985.

Viktor Miller zu Aichholz, A. Loehr, E. Holzmair, *Österreichische Münzprägungen 1519-1938*, 2 vols., 2nd edn., Chicago, 1981

Hugo Frhr. Von Saurma-Jeltsch, *Die Saurmasche Münzsammlung deutscher, schweizerischer und polnischer Gepräge von etwa dem Beginn der Groschenzeit bis zur Kipperperiode*, Berlin, 1892.

Hugo Frhr. Von Saurma-Jeltsch, *Schlesische Münzen und Medaillen*, Breslau, 1883.

Wolfgang Schulten, *Deutsche Münzen aus der Zeit Karls V.*, Frankfurt am Main, 1974

DUCHY

STANDARD COINAGE

KM# 438 3 PFENNIG

Billon **Ruler:** Leopold I **Obv:** Orb with value within divides date, ornamentation at sides **Mint:** Oppeln **Note:** Prev. Austria KM#1279, (1184). Varieties exist.

Date	Mintage	VG	F	VF	XF	Unc
1703	—	9.00	20.00	40.00	90.00	—
1704	—	9.00	20.00	40.00	90.00	—

KM# 678 3 PFENNIG

Billon **Ruler:** Josef I **Obv:** Orb with value within divides date **Rev:** Imperial eagle with arms on breast **Mint:** Breslau **Note:** Prev. Austria KM#120 (KM#1420).

Date	Mintage	VG	F	VF	XF	Unc
1705	—	8.00	20.00	40.00	80.00	—
1707	—	8.00	20.00	40.00	80.00	—

KM# 681 3 PFENNIG

Billon **Ruler:** Josef I **Mint:** Breslau **Note:** Prev. KM#121 (KM#1421).

Date	Mintage	VG	F	VF	XF	Unc
1705	—	8.00	20.00	40.00	80.00	—

KM# 817 3 PFENNIG

Silver **Ruler:** Karl VI **Obv:** Orb with value within divides arched date **Rev:** Imperial eagle with arms on breast **Mint:** Brieg **Note:** Prev. Austria KM#195 (KM#1591).

Date	Mintage	VG	F	VF	XF	Unc
1718 Rare	—	—	—	—	—	—
1719MB	—	30.00	65.00	130	260	—

KM# 750 3 PFENNIG (DREIER)

17.5000 g., 0.9860 Gold 0.5547 oz. AGW **Ruler:** Josef I **Obv:** Orb with value within divides date **Rev:** Imperial eagle with arms on breast **Mint:** Brieg **Note:** Prev. Austria KM#185 (KM#1484). Off-metal strike.

Date	Mintage	VG	F	VF	XF	Unc
1707 Rare	—	—	—	—	—	—

KM# 1053a 1/2 KREUZER

Silver **Ruler:** Friedrich Wilhelm II **Obv:** Crowned monogram **Rev:** Value, date **Note:** Prev. C#47a.

Date	Mintage	VG	F	VF	XF	Unc
1787B Rare	—	—	—	—	—	—
1789B Rare	—	—	—	—	—	—

KM# 1053 1/2 KREUZER

Copper **Ruler:** Friedrich Wilhelm II **Obv:** Crowned monogram **Rev:** Value, date **Note:** Prev. C#47.

Date	Mintage	VG	F	VF	XF	Unc
1788B	—	4.00	10.00	25.00	50.00	—
1789B	—	4.00	10.00	25.00	50.00	—
1794B	—	4.00	10.00	25.00	50.00	—
1795B	—	4.00	10.00	25.00	50.00	—
1796B	—	4.00	10.00	25.00	50.00	—
1797B	—	4.00	10.00	25.00	50.00	—

KM# 606 KREUZER

Silver **Ruler:** Leopold I **Obv:** Laureate bust right in inner circle **Rev:** Crowned imperial eagle with value on breast, crown divides date **Mint:** Brieg **Note:** Prev. Austria KM#171 (1373). Varieties exist.

Date	Mintage	VG	F	VF	XF	Unc
1701 CB	—	8.00	16.00	35.00	80.00	—
1702 CB	—	8.00	16.00	35.00	80.00	—
1704 CB	—	8.00	16.00	35.00	80.00	—

KM# 927 DENAR

Billon **Ruler:** Friedrich II **Obv:** Crowned FR monogram **Rev:** Value, date **Note:** Prev. C#1.

Date	Mintage	VG	F	VF	XF	Unc
1746 AE-W	—	15.00	30.00	65.00	135	—
1747 AE-W	—	15.00	30.00	65.00	135	—

KM# 594 3 PFENNIG

Silver **Ruler:** Leopold I **Obv:** Imperial eagle with arms on breast **Rev:** Value within orb dividing date **Mint:** Brieg **Note:** Prev. Austria KM#170 (KM#1365). Varieties exist.

Date	Mintage	VG	F	VF	XF	Unc
1702MB	—	8.00	16.00	35.00	80.00	—

KM# 612 KREUZER

Silver **Ruler:** Leopold I **Obv:** Bust right in inner circle **Obv. Legend:** LEOPOLDVS • D • G • R • I • S • ... **Rev:** Crowned imperial eagle with value on breast in inner circle, crown divides date **Mint:** Oppeln **Note:** Prev. Austria KM#1280 (1382). Varieties exist.

Date	Mintage	VG	F	VF	XF	Unc
1701 FN	—	11.00	22.00	50.00	100	—
1702 FN	—	11.00	22.00	50.00	100	—

KM# 774 KREUZER

Silver **Ruler:** Karl VI **Obv:** Laureate bust right **Rev:** Crowned imperial eagle, value below, crown divides date **Mint:** Breslau **Note:** Prev. Austria KM#140 (KM#1535). Varieties exist.

Date	Mintage	VG	F	VF	XF	Unc
1713	—	15.00	30.00	60.00	120	—
1726	—	15.00	30.00	60.00	120	—
1731	—	15.00	30.00	60.00	120	—

KM# 912 KREUZER

Billon **Ruler:** Friedrich II **Obv:** Bust right **Rev:** Crowned eagle in cartouche, value, date **Note:** Prev. C#7.

Date	Mintage	VG	F	VF	XF	Unc
1745 AE	—	10.00	25.00	55.00	110	—
1747 AE	—	10.00	25.00	55.00	110	—

KM# 957 KREUZER

Billon **Ruler:** Friedrich II **Obv:** Crowned script FR monogram between 2 branches **Rev:** Value, date **Note:** Prev. C#8.

Date	Mintage	VG	F	VF	XF	Unc
1752B	—	20.00	35.00	75.00	150	—

KM# 960.1 KREUZER

Billon **Ruler:** Friedrich II **Obv:** Bust right **Rev:** Crowned eagle, value, date **Note:** Prev. C#9.1.

Date	Mintage	VG	F	VF	XF	Unc
1752B	—	7.00	15.00	30.00	60.00	—
1753B	—	7.00	15.00	30.00	60.00	—
1754B	2,723,000	7.00	15.00	30.00	60.00	—
1756B	—	7.00	15.00	30.00	60.00	—
1757B	—	7.00	15.00	30.00	60.00	—
1763B	432,000	7.00	15.00	30.00	60.00	—

KM# 960.2 KREUZER

Billon **Ruler:** Friedrich II **Obv:** Bust right **Rev:** Eagle without crown **Note:** Prev. C#9.2.

Date	Mintage	VG	F	VF	XF	Unc
1757 B	—	15.00	30.00	60.00	120	—

KM# 1011 KREUZER

Billon **Ruler:** Friedrich II **Obv:** Head right **Obv. Legend:** FRIDERIC: BORUSS: REX **Rev:** Crowned eagle, value above, B divides date **Note:** Prev. C#10.

Date	Mintage	VG	F	VF	XF	Unc
1766B	1,113,000	10.00	20.00	45.00	95.00	—
1767B	765,000	10.00	20.00	45.00	95.00	—

KM# 1020 KREUZER

Billon **Ruler:** Friedrich II **Obv:** Laureate head right **Obv. Legend:** FRIDERIC: BORUSS: REX **Rev:** Crowned flying eagle above value, B divides date **Note:** Prev. C#11.

Date	Mintage	VG	F	VF	XF	Unc
1771B	—	7.00	15.00	30.00	60.00	—
1772B	—	7.00	15.00	30.00	60.00	—
1773B	—	7.00	15.00	30.00	60.00	—
1774B	—	7.00	15.00	30.00	60.00	—
1775B	—	7.00	15.00	30.00	60.00	—
1776B	—	7.00	15.00	30.00	60.00	—
1777B	—	7.00	15.00	30.00	60.00	—
1778B	—	7.00	15.00	30.00	60.00	—
1779B	—	7.00	15.00	30.00	60.00	—
1780B	—	7.00	15.00	30.00	60.00	—
1781B	—	7.00	15.00	30.00	60.00	—
1782B	—	7.00	15.00	30.00	60.00	—
1783B	—	7.00	15.00	30.00	60.00	—
1784B	—	7.00	15.00	30.00	60.00	—
1785B	—	7.00	15.00	30.00	60.00	—
1786B	—	7.00	15.00	30.00	60.00	—

KM# 1047 KREUZER

Billon **Ruler:** Friedrich Wilhelm II **Obv:** Bust right **Rev:** Crowned arms separate value and date **Note:** Prev. C#51.

Date	Mintage	VG	F	VF	XF	Unc
1787B	—	7.00	15.00	30.00	60.00	—
1788B	—	7.00	15.00	30.00	60.00	—
1789B	—	7.00	15.00	30.00	60.00	—
1790B	—	7.00	15.00	30.00	60.00	—
1792B	—	7.00	15.00	30.00	60.00	—
1793B	—	7.00	15.00	30.00	60.00	—
1794B	—	7.00	15.00	30.00	60.00	—
1795B	—	7.00	15.00	30.00	60.00	—
1796B	—	7.00	15.00	30.00	60.00	—
1797B	—	7.00	15.00	30.00	60.00	—

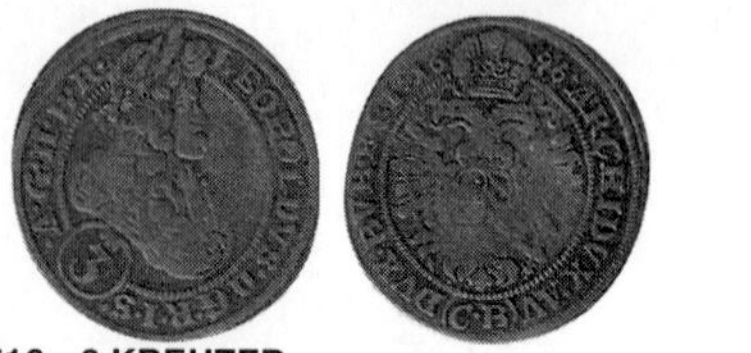

KM# 516 3 KREUZER

Silver, 21.3 mm. **Ruler:** Leopold I **Obv:** Laureate bust right in inner circle, value below **Rev:** Crowned imperial eagle in inner circle, crown divides date **Mint:** Brieg **Note:** Prev. Austria KM#173 (KM#1287). Varieties exist.

Date	Mintage	VG	F	VF	XF	Unc
1701 CB	—	9.00	20.00	40.00	95.00	—
1702 CB	—	9.00	20.00	40.00	95.00	—
1705 CB	—	9.00	20.00	40.00	95.00	—

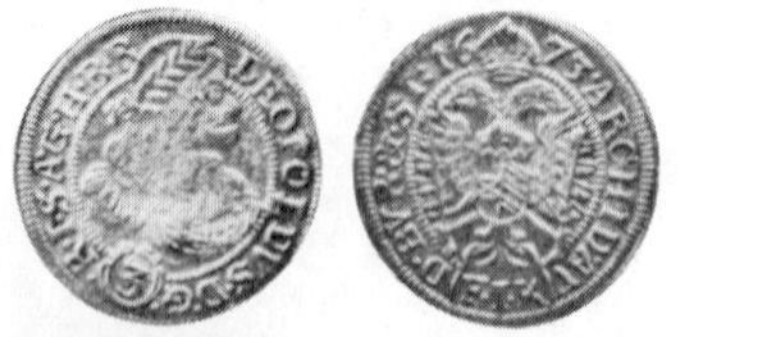

KM# 504 3 KREUZER

Silver **Ruler:** Leopold I **Obv:** Laureate bust right in inner circle, value below **Rev:** Crowned imperial eagle in inner circle, crown divides date **Mint:** Oppeln **Note:** Prev. Austria KM#1281 (KM#1273). Varieties exist.

Date	Mintage	VG	F	VF	XF	Unc
1701 FN	—	7.00	15.00	30.00	65.00	—
1702 FN	—	7.00	15.00	30.00	65.00	—
1703 FN	—	7.00	15.00	30.00	65.00	—
1704 FN	—	7.00	15.00	30.00	65.00	—

KM# 684 3 KREUZER

Silver **Ruler:** Leopold I **Mint:** Breslau **Note:** Klippe. Prev. Austria KM#80 (KM#1426).

Date	Mintage	VG	F	VF	XF	Unc
1705 FN Rare	—	—	—	—	—	—

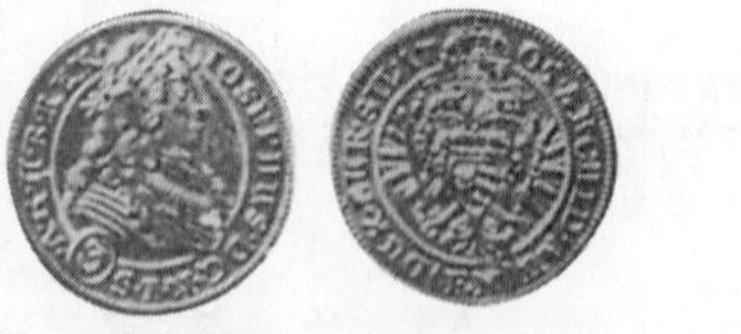

KM# 687 3 KREUZER

Silver **Ruler:** Josef I **Obv:** Bust right **Obv. Legend:** IOSEPHUS • D • G • R • I • S •... **Rev:** Crowned imperial eagle in inner circle, crown divides date **Mint:** Breslau **Note:** Varieties exist. Prev. Austria KM#122 (KM#1427).

Date	Mintage	VG	F	VF	XF	Unc
1705 FN	—	7.00	15.00	30.00	60.00	—
1706 FN	—	7.00	15.00	30.00	60.00	—
1707 FN	—	7.00	15.00	30.00	60.00	—
1708 FN	—	7.00	15.00	30.00	60.00	—
1709 FN	—	7.00	15.00	30.00	60.00	—
1710 FN	—	7.00	15.00	30.00	60.00	—
1711 FN	—	7.00	15.00	30.00	60.00	—

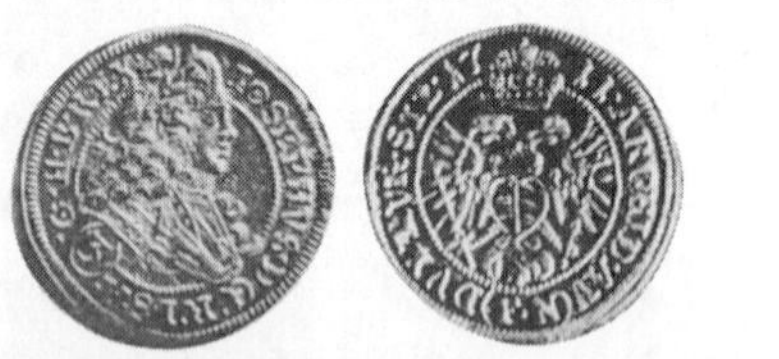

KM# 690 3 KREUZER

Silver **Ruler:** Josef I **Obv:** Bust right, value below **Obv. Legend:** IOSEPHVS • D • G • R • I • S •... **Rev:** Crowned imperial double eagle with arms on breast **Mint:** Brieg **Note:** Varieties exist. Prev. Austria KM#186, (KM#1429).

Date	Mintage	VG	F	VF	XF	Unc
1705 CB	—	10.00	20.00	45.00	95.00	—
1706 CB	—	10.00	20.00	45.00	95.00	—
1707 CB	—	10.00	20.00	45.00	95.00	—
1708 CB	—	10.00	20.00	45.00	95.00	—
1709 CB	—	10.00	20.00	45.00	95.00	—
1710 CB	—	10.00	20.00	45.00	95.00	—
1711 CB	—	10.00	20.00	45.00	95.00	—

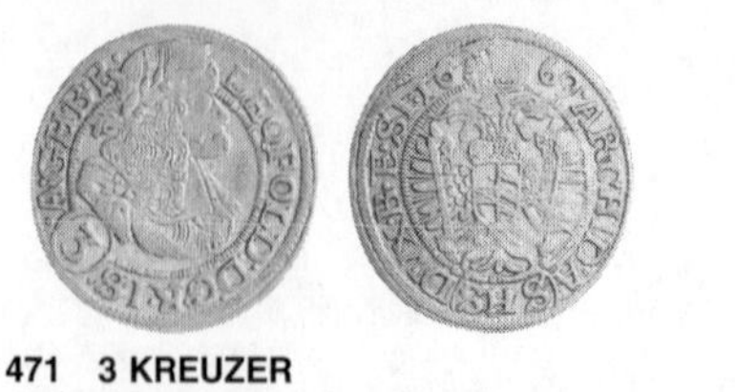

KM# 471 3 KREUZER

Silver **Ruler:** Leopold I **Obv:** Bust right **Obv. Legend:** LEOPOLDUS • D • G • R • I • ... **Rev:** Crowned double, eagle, crown divides date **Mint:** Breslau **Note:** Varieties exist. Prev. Austria KM#79 (KM#1230).

Date	Mintage	VG	F	VF	XF	Unc
1705	—	9.00	20.00	40.00	80.00	—

KM# 759 3 KREUZER

Silver **Ruler:** Karl VI **Obv:** Laureate bust right in inner circle **Rev:** Crowned imperial eagle in inner circle, crown divides date **Mint:** Brieg **Note:** Prev. Austria KM#196 (KM#1512).

Date	Mintage	VG	F	VF	XF	Unc
1711 CB	—	20.00	45.00	90.00	180	—
1712 CB	—	20.00	45.00	90.00	180	—
1713 CB	—	20.00	45.00	90.00	180	—

KM# 765 3 KREUZER

Silver **Ruler:** Karl VI **Obv:** Without inner circle **Mint:** Breslau **Note:** Prev. Austria KM#1518.

Date	Mintage	VG	F	VF	XF	Unc
1712 FN	—	10.00	20.00	40.00	80.00	—

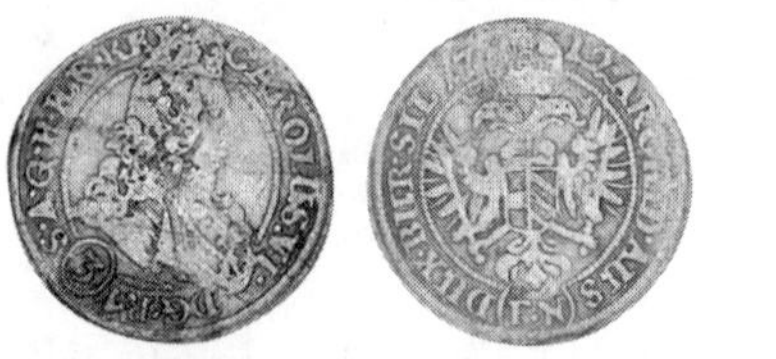

KM# 762 3 KREUZER

Silver **Ruler:** Karl VI **Obv:** Laureate bust right in inner circle, value below **Obv. Legend:** CAROLUS • VI • ... **Rev:** Crowned imperial eagle, shield on breast within inner circle, crown divides date **Rev. Legend:** ARCHID • AUS • DUX • BUR • SIL • **Mint:** Breslau **Note:** Prev. Austria KM#141 (1517).

Date	Mintage	VG	F	VF	XF	Unc
1712 FN	—	10.00	20.00	40.00	80.00	—
1713	—	10.00	20.00	40.00	80.00	—
1714	—	10.00	20.00	40.00	80.00	—
1715	—	10.00	20.00	40.00	80.00	—

KM# 777 3 KREUZER

Silver **Ruler:** Karl VI **Rev:** Date in legend **Mint:** Breslau **Note:** Prev. Austria KM#142 (KM#1539).

Date	Mintage	VG	F	VF	XF	Unc
1713	—	10.00	20.00	40.00	80.00	—

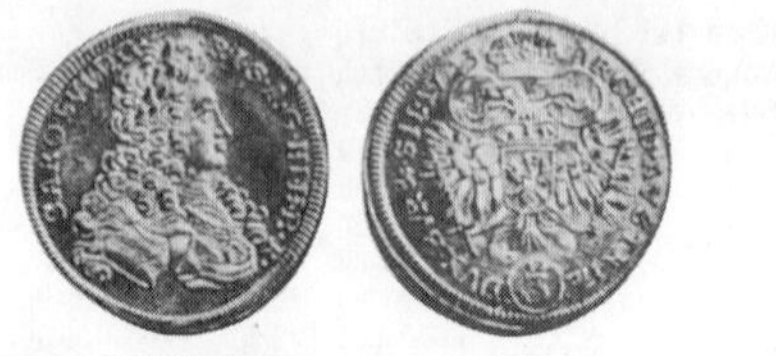

KM# 804 3 KREUZER

Silver **Ruler:** Karl VI **Obv:** Without inner circle **Rev:** Without inner circle, value below eagle, date in legend **Mint:** Breslau **Note:** Varieties exist. Prev. Austria KM#144 (KM#1586).

Date	Mintage	VG	F	VF	XF	Unc
1716	—	10.00	20.00	40.00	55.00	—
1719	—	10.00	20.00	40.00	55.00	—
1720	—	—	—	—	—	—
Note: Reported, not confirmed						
1722	—	—	—	—	—	—
Note: Reported, not confirmed						
1723	—	10.00	20.00	40.00	55.00	—
1724	—	10.00	20.00	40.00	55.00	—
1725	—	10.00	20.00	40.00	55.00	—
1726	—	10.00	20.00	40.00	55.00	—
1727	—	10.00	20.00	40.00	55.00	—
1728	—	10.00	20.00	40.00	55.00	—
1729	—	10.00	20.00	40.00	55.00	—

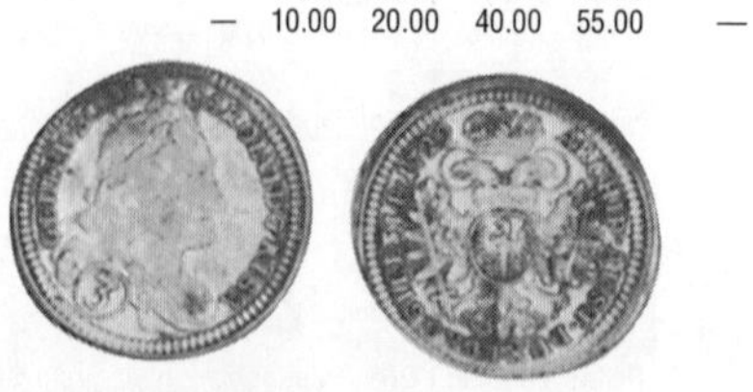

KM# 869 3 KREUZER

Silver **Ruler:** Karl VI **Obv:** Value below bust **Rev:** Crowned imperial double eagle with arms on breast **Mint:** Breslau **Note:** Prev. Austria KM#A145 (KM#1626).

Date	Mintage	VG	F	VF	XF	Unc
1729	—	10.00	20.00	40.00	80.00	—
1730	—	10.00	20.00	40.00	80.00	—
1731	—	10.00	20.00	40.00	80.00	—
1732	—	10.00	20.00	40.00	80.00	—
1738	—	—	—	—	—	—
Note: Reported, not confirmed						
1739	—	10.00	20.00	40.00	80.00	—

KM# 891 3 KREUZER

Billon **Ruler:** Friedrich II **Obv:** Bust right, value **Rev:** Crowned eagle in crowned cartouche, date **Note:** Prev. C#17.

Date	Mintage	VG	F	VF	XF	Unc
1743 AE-W	—	30.00	60.00	125	250	—

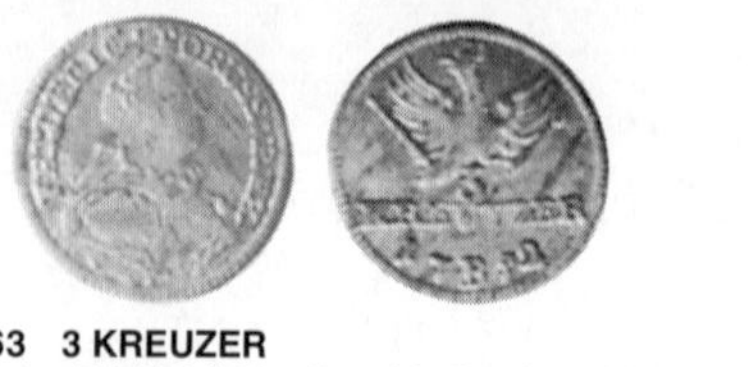

KM# 963 3 KREUZER

Billon **Ruler:** Friedrich II **Obv:** Bust right **Rev:** Imperial eagle above value **Note:** Prev. C#19.

Date	Mintage	VG	F	VF	XF	Unc
1752B	27,390,000	35.00	75.00	150	250	—

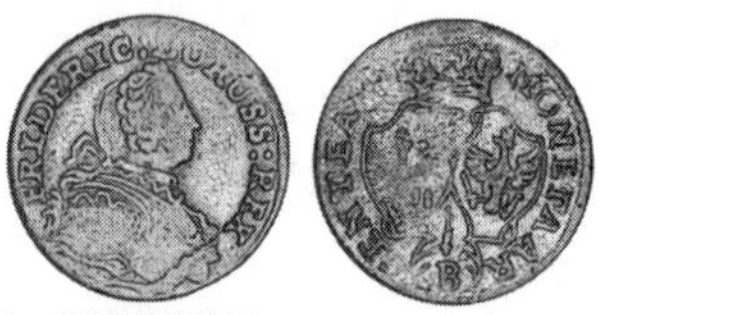

KM# 966 3 KREUZER

Billon, 19.2 mm. **Ruler:** Friedrich II **Rev:** Crowned 2 arms, value, date **Note:** Prev. C#21.

Date	Mintage	VG	F	VF	XF	Unc
1752B	Inc. above	10.00	20.00	45.00	90.00	—
1753B	Inc. above	10.00	20.00	45.00	90.00	—
1754B	6,871,000	10.00	20.00	45.00	90.00	—
1755B	—	10.00	20.00	45.00	90.00	—
175xB	—	10.00	20.00	45.00	90.00	—
1756B	—	10.00	20.00	45.00	90.00	—
1763B	12,472,000	10.00	20.00	45.00	90.00	—

KM# 1002 3 KREUZER

Billon **Ruler:** Friedrich II **Obv:** Crowned head right **Rev:** Crowned eagle divides date at top, value and B below **Note:** Prev. C#23.

Date	Mintage	VG	F	VF	XF	Unc
1764B	3,843,000	15.00	35.00	75.00	150	—

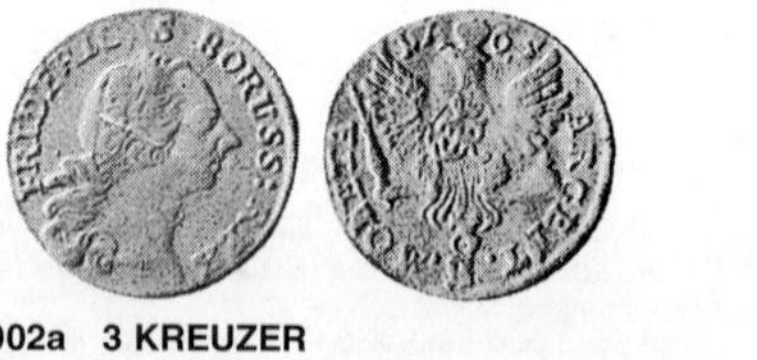

KM# 1002a 3 KREUZER

Billon **Ruler:** Friedrich II **Obv:** Laureate head right **Obv. Legend:** FRIDERICUS BORUSS: REX **Rev:** Imperial eagle divides date above **Note:** Prev. C#23a.

Date	Mintage	VG	F	VF	XF	Unc
1765B	Inc. above	20.00	45.00	90.00	180	—

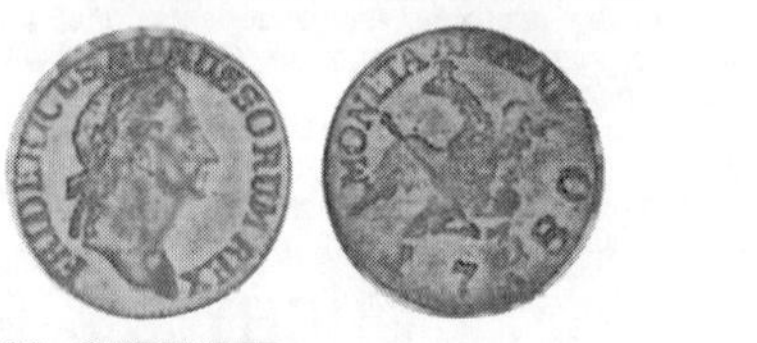

KM# 1023 3 KREUZER

Billon **Ruler:** Friedrich II **Obv:** Laureate head right **Obv. Legend:** FRIDERICUS BORUSSORUM REX **Rev:** A or B divides date **Rev. Legend:** MONETA ARGENT **Note:** Prev. C#24.

Date	Mintage	VG	F	VF	XF	Unc
1771B	12,300,000	4.00	7.50	14.50	30.00	—
1772B	5,559,000	4.00	7.50	14.50	30.00	—
1773B	3,353,000	4.00	7.50	14.50	30.00	—
1774B	1,088,000	4.00	7.50	14.50	30.00	—
1775B	616,000	4.00	7.50	14.50	30.00	—
1777B	511,000	4.00	7.50	14.50	30.00	—
1778B	627,000	4.00	7.50	14.50	30.00	—
1779A	—	4.00	7.50	14.50	30.00	—
1779B	379,000	4.00	7.50	14.50	30.00	—
1780A	—	4.00	7.50	14.50	30.00	—
1780B	548,000	4.00	7.50	14.50	30.00	—
1781A	—	4.00	7.50	14.50	30.00	—
1781B	662,000	4.00	7.50	14.50	30.00	—
1782A	—	4.00	7.50	14.50	30.00	—
1782B	537,000	4.00	7.50	14.50	30.00	—
1783A	—	4.00	7.50	14.50	30.00	—
1783B	3,016,000	4.00	7.50	14.50	30.00	—
1784A	—	4.00	7.50	14.50	30.00	—
1784B	1,351,000	4.00	7.50	14.50	30.00	—
1785A	—	4.00	7.50	14.50	30.00	—
1785B	1,233,000	4.00	7.50	14.50	30.00	—
1786B	549,000	4.00	7.50	14.50	30.00	—

KM# 1023a 3 KREUZER

Billon **Ruler:** Friedrich II **Obv:** Laureate head right **Rev:** "D. 20 AUGUST" above crowned eagle **Note:** Prev. C#24a.

Date	Mintage	VG	F	VF	XF	Unc
1781B Rare	—	—	—	—	—	—

Date	Mintage	VG	F	VF	XF	Unc
1745 AE-W	—	45.00	90.00	185	375	—
1746 AE-W	—	45.00	90.00	185	375	—
1747 AE-W	—	45.00	90.00	185	375	—

FRIDERICVS BORVSSORVM REX **Rev:** Imperial eagle, tail divides value **Rev. Legend:** MONETA AR = - GENETA • 1753 **Note:** Prev. C#32.1.

Date	Mintage	VG	F	VF	XF	Unc
1752B	—	30.00	60.00	120	240	—
1753B	—	30.00	60.00	120	240	—
1754B	2,901,000	30.00	60.00	120	240	—

KM# 747 6 KREUZER

Silver **Ruler:** Josef I **Obv:** Bust right, value below **Obv. Legend:** IOSEPHUS • D.G: R: I: S; A: H: BO: REX **Rev:** Crowned imperial double eagle with crowned arms on breast, circle surrounds **Rev. Legend:** ARCHID • AUS • DUX • BUR • SIL • ET • Mint: Brieg **Note:** Prev. Austria KM#187 (KM#1490).

Date	Mintage	VG	F	VF	XF	Unc
1707 CB	—	25.00	50.00	110	225	—
1708 CB	—	25.00	50.00	110	225	—
1709 CB	—	25.00	50.00	110	225	—

KM# 768 6 KREUZER

Silver **Ruler:** Karl VI **Obv:** Laureate bust right in inner circle, value below **Rev:** Crowned imperial eagle in inner circle, crown divides date **Mint:** Breslau **Note:** Varieties exist. Prev. Austria KM#146 (KM#1521).

Date	Mintage	VG	F	VF	XF	Unc
1712 FN	—	30.00	65.00	130	260	—

KM# 978 6 KREUZER

Billon **Ruler:** Friedrich II **Obv:** Crowned bust right **Rev:** Crowned round arms **Note:** Prev. C#27.

Date	Mintage	VG	F	VF	XF	Unc
1755B	—	20.00	40.00	80.00	165	—
1756B	—	20.00	40.00	80.00	165	—

KM# 969.2 18 KREUZER

Silver **Ruler:** Friedrich II **Obv:** Crowned bust holds sword **Rev:** Imperial eagle, tail divides value **Note:** Prev. C#32.2.

Date	Mintage	VG	F	VF	XF	Unc
1755B	—	30.00	60.00	120	240	—
1756B	—	30.00	60.00	120	240	—
1757B	—	30.00	60.00	120	240	—
1758B	—	30.00	60.00	120	240	—

KM# 990 18 KREUZER

Silver **Ruler:** Friedrich II **Obv:** Crowned bust right **Rev:** Round arms **Note:** Similar to 6 Kreuzer, KM#978. Prev. C#33.

Date	Mintage	VG	F	VF	XF	Unc
1755B	—	60.00	100	210	425	—
1756B	—	60.00	100	210	425	—

KM# 780 6 KREUZER

Silver **Ruler:** Karl VI **Obv:** Bust right **Obv. Legend:** CAROL • VI • D • G • R • I • S • ... **Rev:** Crowned imperial double eagle with arms on breast, date in legend **Mint:** Breslau **Note:** Varieties exist. Prev. Austria KM#147 (KM#1542).

Date	Mintage	VG	F	VF	XF	Unc
1713	—	15.00	30.00	65.00	135	—
1714	—	15.00	30.00	65.00	135	—
1715	—	15.00	30.00	65.00	135	—
1738	—	—	—	—	—	—
Note: Reported, not confirmed
1739	—	—	—	—	—	—
Note: Reported, not confirmed

KM# 798 6 KREUZER

Silver **Ruler:** Karl VI **Obv:** Without inner circle **Rev:** Without inner circle **Mint:** Breslau **Note:** Varieties exist. Prev. Austria KM#148 (KM#1575).

Date	Mintage	VG	F	VF	XF	Unc
1715	—	15.00	30.00	65.00	135	—

KM# 981 6 KREUZER

Billon **Ruler:** Friedrich II **Obv:** Armored bust right **Obv. Legend:** FRIDERICVS BORVSSOR: REX **Rev:** Crown above value dividing shields **Note:** Prev. C#28.

Date	Mintage	VG	F	VF	XF	Unc
1755B	—	10.00	20.00	45.00	95.00	—
1756B	—	10.00	20.00	45.00	95.00	—
1757B	—	10.00	20.00	45.00	95.00	—

KM# 885 15 KREUZER

Silver **Ruler:** Karl VI **Obv:** Draped bust right **Obv. Legend:** CAR • VI • D • G • R • I • S • A • GE • HI • HU • BO • REX • **Rev:** Crowned imperial double eagle with arms on breast **Rev. Legend:** ARCHID • AVST • DVX • BVRG •.. **Mint:** Breslau **Note:** Varieties exist. Prev. Austria KM#149 (KM#1652).

Date	Mintage	VG	F	VF	XF	Unc
1733	—	20.00	45.00	90.00	185	—
1734	—	20.00	45.00	90.00	185	—
1735	—	20.00	45.00	90.00	185	—
1736	—	20.00	45.00	90.00	185	—
1737	—	20.00	45.00	90.00	185	—
1738	—	20.00	45.00	90.00	185	—

KM# 969.3 18 KREUZER

Silver **Ruler:** Friedrich II **Obv:** Larger head **Rev:** Different eagle **Note:** Prev. C#32.3.

Date	Mintage	VG	F	VF	XF	Unc
1755G	—	25.00	55.00	110	225	—

KM# 969.4 18 KREUZER

Silver **Ruler:** Friedrich II **Obv:** Bust right **Rev:** Stars flank mint mark **Note:** Prev. C#32.4.

Date	Mintage	VG	F	VF	XF	Unc
1758A	—	25.00	55.00	110	225	—

KM# 894.1 6 KREUZER

Billon **Ruler:** Friedrich II **Obv:** Bust right **Obv. Legend:** FRIDERICVS • D • G • REX • BORVSSORVM • **Rev:** Crowned eagle in crowned cartouche, value, date **Note:** Prev. C#26.1.

Date	Mintage	VG	F	VF	XF	Unc
1743 AE-W	—	60.00	100	210	425	—
1743	—	60.00	100	210	425	—
1743 W	—	60.00	100	210	425	—
1744 AE-W	—	60.00	100	210	425	—
1744	—	60.00	100	210	425	—

KM# 897 15 KREUZER

Silver **Ruler:** Friedrich II **Obv:** Armored bust right **Obv. Legend:** FRIDERICVS • D • G • REX • BORUSS • **Rev:** Crowned eagle arms within cartouche and branches **Note:** Varieties exist. Prev. C#30.

Date	Mintage	VG	F	VF	XF	Unc
1743 W	—	175	275	550	1,125	—
1744 D-AE-W	—	175	275	550	1,125	—
1745 AE-W	—	175	275	550	1,125	—
1746 AE-W	—	175	275	550	1,125	—

KM# 972 GROSCHEL

Billon **Ruler:** Friedrich II **Obv:** Crowned monogram, date below **Rev:** Imperial eagle with value **Note:** Prev. C#3.

Date	Mintage	VG	F	VF	XF	Unc
1752B	12,102,000	10.00	20.00	45.00	95.00	—
1753B	Inc. above	10.00	20.00	45.00	95.00	—
1754B	3,244,000	10.00	20.00	45.00	95.00	—
1755B	—	10.00	20.00	45.00	95.00	—
1756B	—	10.00	20.00	45.00	95.00	—
1757B	—	10.00	20.00	45.00	95.00	—

KM# 1014 GROSCHEL

Billon **Ruler:** Friedrich II **Obv:** Crowned block FR monogram divides date **Rev:** Value, "B" in branches below **Note:** Prev. C#5.

Date	Mintage	VG	F	VF	XF	Unc
1769B	358,000	10.00	20.00	40.00	80.00	—

KM# 894.2 6 KREUZER

Billon **Ruler:** Friedrich II **Obv:** Value: VI below bust right **Obv. Legend:** FRIDERICUS • D • G • REX • BORUSSORUM **Rev:** Crowned eagle arms in cartouche **Note:** Prev. C#26.2.

KM# 969.1 18 KREUZER

Silver **Ruler:** Friedrich II **Obv:** Bust right **Obv. Legend:**

GERMAN STATES — SILESIA

KM# 1014a GROSCHEL
Billon **Ruler:** Friedrich II **Obv:** Crowned script FR monogram divides date **Rev:** Value, "B" in branches below **Note:** Prev. C#5a.

Date	Mintage	VG	F	VF	XF	Unc
1769B	Inc. above	7.00	15.00	30.00	65.00	—
1770B	—	7.00	15.00	30.00	65.00	—

KM# 1014b GROSCHEL
Billon **Ruler:** Friedrich II **Obv:** Crowned script FR monogram **Rev:** Value above date **Note:** Prev. C#5b.

Date	Mintage	VG	F	VF	XF	Unc
1771B	—	7.00	15.00	30.00	60.00	—
1772B	—	7.00	15.00	30.00	60.00	—
1773B	—	7.00	15.00	30.00	60.00	—
1774B	—	7.00	15.00	30.00	60.00	—
1775B	—	7.00	15.00	30.00	60.00	—
1776B	—	7.00	15.00	30.00	60.00	—
1777B	—	7.00	15.00	30.00	60.00	—
1778B	—	7.00	15.00	30.00	60.00	—
1779B	—	7.00	15.00	30.00	60.00	—
1780B	—	7.00	15.00	30.00	60.00	—
1781B	—	7.00	15.00	30.00	60.00	—
1782B	—	7.00	15.00	30.00	60.00	—
1783B	—	7.00	15.00	30.00	60.00	—
1784B	—	7.00	15.00	30.00	60.00	—
1785B	—	7.00	15.00	30.00	60.00	—
1786B	—	7.00	15.00	30.00	60.00	—

KM# 1050 GROSCHEL
Billon **Ruler:** Friedrich Wilhelm II **Obv:** Crowned FW monogram **Rev:** Value and date **Note:** Prev. C#49.

Date	Mintage	VG	F	VF	XF	Unc
1787B	—	12.00	25.00	55.00	110	—
1788B	—	12.00	25.00	55.00	110	—
1789B	—	12.00	25.00	55.00	110	—
1790B	—	12.00	25.00	55.00	110	—
1791B	—	12.00	25.00	55.00	110	—
1792B	—	12.00	25.00	55.00	110	—
1793B	—	12.00	25.00	55.00	110	—
1794B	—	12.00	25.00	55.00	110	—
1795B	—	12.00	25.00	55.00	110	—
1796B	—	12.00	25.00	55.00	110	—
1797B	—	12.00	25.00	55.00	110	—

KM# 1050a GROSCHEL
Billon **Ruler:** Friedrich Wilhelm II **Obv:** Crowned monogram **Rev:** Value: GROSCHEL **Note:** Prev. C#49a.

Date	Mintage	VG	F	VF	XF	Unc
1797B	—	—	—	—	—	—

KM# 1059 GROSCHEL
Billon **Ruler:** Friedrich Wilhelm III **Obv:** Crowned FWR monogram **Rev:** Value **Note:** Prev. C#56.

Date	Mintage	F	VF	XF	Unc	BU
1797B	—	25.00	55.00	110	225	—

KM# 921.1 2 GROSCHEL
Billon **Ruler:** Friedrich II **Obv:** Head right **Rev:** Imperial eagle above value and date **Note:** Prev. C#14.1.

Date	Mintage	VG	F	VF	XF	Unc
1745 AE	—	10.00	20.00	45.00	95.00	—
1746 AE	—	10.00	20.00	45.00	95.00	—
1747 AE	—	10.00	20.00	45.00	95.00	—
1748 AE	3,000,000	10.00	20.00	45.00	95.00	—
1749 AE	6,000,000	10.00	20.00	45.00	95.00	—
1750 AE	6,000,000	10.00	20.00	45.00	95.00	—

KM# 918 2 GROSCHEL
Billon **Ruler:** Friedrich II **Obv:** Head right **Rev:** Imperial eagle above value, date **Note:** Similar to KM#921.1 but value: GRESCHEL. Prev. C#13.

Date	Mintage	VG	F	VF	XF	Unc
1745 AE	—	12.00	25.00	55.00	110	—

KM# 921.2 2 GROSCHEL
Billon **Ruler:** Friedrich II **Obv:** Head right **Rev:** Imperial eagle above value and date **Note:** Similar to KM921.1. Prev. C#14.2. Varieties exist.

Date	Mintage	VG	F	VF	XF	Unc
1751B	—	10.00	20.00	45.00	95.00	—
1752B	—	10.00	20.00	45.00	95.00	—
1753B	—	10.00	20.00	45.00	95.00	—
1754B	1,478,000	10.00	20.00	45.00	95.00	—

KM# 1029 2 GROSCHEL
Billon **Ruler:** Friedrich II **Obv:** Laureate head right **Rev:** B below date **Note:** Prev. C#15.

Date	Mintage	VG	F	VF	XF	Unc
1771B	—	9.00	18.00	37.00	75.00	—
1772B	—	9.00	18.00	37.00	75.00	—
1773B	—	9.00	18.00	37.00	75.00	—
1774B	—	9.00	18.00	37.00	75.00	—
1775B	—	9.00	18.00	37.00	75.00	—
1776B	—	9.00	18.00	37.00	75.00	—
1777B	—	9.00	18.00	37.00	75.00	—
1778B	—	9.00	18.00	37.00	75.00	—
1779B	—	9.00	18.00	37.00	75.00	—
1780B	—	9.00	18.00	37.00	75.00	—
1781B	—	9.00	18.00	37.00	75.00	—
1782B	—	9.00	18.00	37.00	75.00	—
1783B	—	9.00	18.00	37.00	75.00	—
1784B	—	9.00	18.00	37.00	75.00	—
1785B	—	9.00	18.00	37.00	75.00	—
1786B	—	9.00	18.00	37.00	75.00	—

KM# 903 POLTURA
Billon **Ruler:** Friedrich II **Obv:** Bust right **Rev:** Imperial eagle, value, date **Note:** Prev. C#12.

Date	Mintage	VG	F	VF	XF	Unc
1744 AE	—	50.00	100	200	400	—

KM# 615 1/2 THALER
Silver **Ruler:** Leopold I **Obv:** Laureate bust right in inner circle **Rev:** Crowned imperial eagle in inner circle, crown divides date **Mint:** Brieg **Note:** Prev. Austria KM#176 (KM#1384).

Date	Mintage	VG	F	VF	XF	Unc
1705 CB	—	200	400	675	1,100	—

KM# 699 1/2 THALER
Silver **Ruler:** Josef I **Obv:** Laureate armored bust right **Obv. Legend:** IOSEPHVS • DG • RO • IMP • S • A • G • E • H • B • REX • **Rev:** Crowned imperial double eagle with arms on breast **Rev. Legend:** ARCHIDVX • AVST... **Mint:** Brieg **Note:** Prev. Austria KM#188 (KM#1432).

Date	Mintage	VG	F	VF	XF	Unc
1705 CB	—	150	300	525	1,050	—
1706 CB	—	150	300	525	1,050	—

KM# 696 1/2 THALER
Silver **Ruler:** Josef I **Mint:** Breslau **Note:** Similar to 1 Thaler, KM#1434.1. Prev. Austria KM#123 (KM#1431).

Date	Mintage	VG	F	VF	XF	Unc
1705 FN	—	100	200	375	750	—
1706 FN	—	100	200	375	750	—
1711 FN	—	100	200	375	750	—

KM# 477 1/2 THALER
Silver **Ruler:** Leopold I **Obv:** Laureate bust **Rev:** Crowned imperial eagle in inner circle, crown divides date **Mint:** Breslau **Note:** Varieties exist. Prev. Austria KM#89 (KM#1236).

Date	Mintage	VG	F	VF	XF	Unc
1705 FN	—	135	275	425	700	—

KM# 783 1/2 THALER
Silver **Ruler:** Karl VI **Obv:** Laureate bust right in inner circle **Rev:** Crowned imperial eagle, date in legend **Mint:** Breslau **Note:** Prev. Austria KM#150 (KM#1545).

Date	Mintage	VG	F	VF	XF	Unc
1713	—	75.00	150	300	625	—
1714	—	—	—	—	—	—

Note: Reported, not confirmed

Date	Mintage	VG	F	VF	XF	Unc
1715	—	75.00	150	300	625	—
1717	—	75.00	150	300	625	—
1723	—	75.00	150	300	625	—
1726	—	75.00	150	300	625	—
1727	—	75.00	150	300	625	—
1728	—	75.00	150	300	625	—

KM# 870 1/2 THALER
Silver **Ruler:** Karl VI **Obv:** Large laureate bust **Mint:** Breslau **Note:** Varieties exist. Prev. Austria KM#151 (KM#1628).

Date	Mintage	VG	F	VF	XF	Unc
1729	—	75.00	150	300	625	—
1730	—	75.00	150	300	625	—
1731	—	75.00	150	300	625	—
1736	—	75.00	150	300	625	—
1739	—	75.00	150	300	625	—

KM# 651.1 THALER
Silver **Ruler:** Leopold I **Obv:** Laureate armored bust right **Obv. Legend:** LEOPOLDUS • D • G • ROM: IMP: SEM: AVG: GER: HU: BO: REX • **Rev:** Crowned imperial eagle with arms on breast **Rev. Legend:** ARCHIDUX • AVSTRIAE DUX • BVRG •... **Mint:** Oppeln **Note:** Dav. #3303. Prev. Austria KM#1284.1 (KM#1398.1).

Date	Mintage	VG	F	VF	XF	Unc
1701 FN	—	375	750	1,500	2,500	—
1701 H/FN	—	375	750	1,500	2,500	—
1702 H/FN	—	375	750	1,500	2,500	—

KM# 651.2 THALER
Silver **Ruler:** Leopold I **Obv:** Laureate armored bust right **Rev:** Imperial eagle without halos on head **Mint:** Oppeln **Note:** Dav. #1010. Varieties exist. Prev. Austria KM#1284.2 (KM#1398.2).

Date	Mintage	VG	F	VF	XF	Unc
1703 FN	—	240	450	650	1,000	—

KM# 483.15 THALER
Silver **Ruler:** Leopold I **Obv:** Bust right in inner circle **Obv. Legend:** LEOPOLDVS... SEM: AVG: GER: HU: BO: REX... **Rev:** FN in different cartouche **Rev. Legend:** ...BVRG. ET. SILESIAE **Mint:** Breslau **Note:** Dav. #1010. Prev. Austria KM#94.15 (KM#1224.15).

Date	Mintage	VG	F	VF	XF	Unc
1704 FN	—	120	240	425	725	—

KM# 621.2 THALER
Silver **Ruler:** Leopold I **Obv:** Laureate bust right in inner circle **Obv. Legend:** LEOPOLDUS. DG: ROM: IMPERATOR ... **Mint:** Brieg **Note:** Prev. KM#1386.2 (KM#177.2, Dav.#3305)

Date	Mintage	VG	F	VF	XF	Unc
1705 CB	—	325	700	1,350	2,250	—

KM# 705 THALER
Silver **Ruler:** Josef I **Obv:** Laureate bust right **Rev:** Crowned imperial eagle **Mint:** Brieg **Note:** Similar to 1/2 Thaler, KM#1432. Dav. #1032. Prev. Austria KM#189 (KM#1436).

Date	Mintage	VG	F	VF	XF	Unc
1705 CB	—	210	425	700	1,000	—
1706 CB	—	—	—	—	—	—

Note: Reported, not confirmed

KM# 483.16 THALER
Silver **Ruler:** Leopold I **Obv:** Armored bust right **Obv. Legend:**

SILESIA

LEOPOLDVS • DG • ROM: IMP: SEM: AVG: GER: HV: BO: REX • Rev: Halos on eagle's head **Rev. Legend:** ARCHIDUX • AUSTRIAE • DUX • BVRG • ET • SILESIAE • **Mint:** Breslau **Note:** Varieties exist. Dav. #1010. Prev. Austria KM#94.16 (KM#1224.16).

Date	Mintage	VG	F	VF	XF	Unc
1705 FN	—	90.00	165	325	525	—

KM# 717.1 THALER

Silver **Ruler:** Josef I **Obv:** Bust right **Obv. Legend:** IOSEPHUS. DG. ROMA. IMPERATOR. SEM. AV. GE. HV. BO. REX. **Rev. Legend:** AUSTRIAE · DUX. BURG. ET. SILESIAE. **Mint:** Breslau **Note:** Dav. #1028. Prev. Austria KM#124.1 (KM#1434.1).

Date	Mintage	VG	F	VF	XF	Unc
1706 FN	—	165	325	550	875	—

KM# 717.2 THALER

Silver **Ruler:** Josef I **Obv:** Armored bust right **Obv. Legend:** IOSEPHUS • DG • ROM • IMP • SEM • AUG • GER • HV • BO • REX • **Rev:** Eagle with two-part arms on breast **Rev. Legend:** ARCHIDUX • AUSTRIÆ DUX • BVRG • ET SILESIE • **Mint:** Breslau **Note:** Varieties of bust exist. Dav. #1029. Prev. Austria KM#124.2 (KM#1434.2).

Date	Mintage	VG	F	VF	XF	Unc
1707 FN	—	350	675	1,200	2,100	—
1708 FN	—	350	675	1,200	2,100	—

KM# 717.3 THALER

Silver **Ruler:** Josef I **Obv:** Armored bust right **Obv. Legend:** ... AU · GE · H · B · REX. **Rev:** Legend ends: BURGU: & SILESIAE **Mint:** Breslau **Note:** Dav. #1030. Prev. Austria KM#124.3 (KM#1434.3).

Date	Mintage	VG	F	VF	XF	Unc
1709 GH/FN	—	350	675	1,200	2,100	—

KM# 717.4 THALER

Silver **Ruler:** Josef I **Obv:** Armored bust right **Obv. Legend:** IOSEPHVS • D • G • ROM • IMP • SEM • A • G • H • B • REX • **Rev:** Crowned imperial double eagle with crowned arms on breast **Rev. Legend:** ARCHIDVX • AVSTRIAE • DVX • BCRGV: ET SILESIA **Mint:** Breslau **Note:** Varieties exist. Dav. #1031. Prev. Austria KM#124.4 (KM#1434.4).

Date	Mintage	VG	F	VF	XF	Unc
1710 FN	—	325	650	1,200	2,000	—
1711 FN	—	325	650	1,200	2,000	—

KM# 789 THALER

Silver **Ruler:** Karl VI **Obv:** Laureate bust right in inner circle **Rev:** Crowned imperial eagle in inner circle, crown divides date, crossed pickaxes below **Mint:** Brieg **Note:** Dav. #1099. Prev. Austria KM#197 (KM#1550).

Date	Mintage	VG	F	VF	XF	Unc
1713 CB Rare	—	—	—	—	—	—

KM# 786.1 THALER

Silver **Ruler:** Karl VI **Obv:** Legend begins at one o'clock **Obv. Legend:** CAROL • VI: D: G: RO: IMP: S: A: GE: HIS: HU: BO: REX • **Rev:** Crowned imperial eagle in circle **Rev. Legend:** ARCHIDVX • AVSTRIÆ • DVX • BVR • & • SIL • **Mint:** Breslau **Note:** Dav. #1089. Prev. Austria KM#152.1 (KM#1549.1).

Date	Mintage	VG	F	VF	XF	Unc
1713	—	80.00	165	325	575	—
1714/3	—	80.00	165	325	575	—

KM# 786.2 THALER

Silver **Ruler:** Karl VI **Rev:** Larger inner circle **Mint:** Breslau **Note:** Dav. #1090. Varieties exist. Prev. Austria KM#152.2 (KM#1549.2).

Date	Mintage	VG	F	VF	XF	Unc
1714	—	80.00	165	325	575	—

KM# 801.1 THALER

Silver **Ruler:** Karl VI **Obv:** Laureate armored bust right **Rev:** Without inner circle **Mint:** Breslau **Note:** Dav. #1091. Prev. Austria KM#153.1 (KM#1578.1).

Date	Mintage	VG	F	VF	XF	Unc
1715	—	80.00	165	325	575	—

KM# 801.2 THALER

Silver **Ruler:** Karl VI **Obv:** Legend begins at nine o'clock **Obv. Legend:** CAROL • VI • D: G • R • I • S • A • G • HI • H • B • REX • **Rev:** Crowned imperial double eagle with arms on breast **Rev. Legend:** ARCHIDVX • AVSTRIÆ • DVX • BVR • & • SILE • **Mint:** Breslau **Note:** Dav. #1092. Varieties exist. Prev. Austria KM#153.2 (KM#1578.2).

Date	Mintage	VG	F	VF	XF	Unc
1716	—	80.00	165	325	575	—
1717	—	80.00	165	325	575	—

KM# 801.3 THALER

Silver **Ruler:** Karl VI **Obv:** Laureate armored bust right **Rev:** Eagle with small tail and arms **Mint:** Breslau **Note:** Dav. #1093. Varieties exist. Prev. Austria KM#153.3 (KM#1578.3).

Date	Mintage	VG	F	VF	XF	Unc
1717	—	80.00	165	325	575	—
1718	—	80.00	165	325	575	—

KM# 819.1 THALER

Silver **Ruler:** Karl VI **Obv:** New draped bust, legend divided after "D: G. R. I." **Rev:** Large tail and arms on eagle **Mint:** Breslau **Note:** Dav. #1092. Prev. Austria KM#154.1 (KM#1592.1).

Date	Mintage	VG	F	VF	XF	Unc
1718	—	80.00	165	325	575	—

KM# 819.2 THALER

Silver **Ruler:** Karl VI **Obv:** Legend divided between "D: G: and R.I..." **Rev:** Crowned imperial double eagle with crowned arms on breast **Mint:** Breslau **Note:** Dav. #1096. Varieties exist. Prev. Austria KM#154.2 (KM#1592.2).

Date	Mintage	VG	F	VF	XF	Unc
1719	—	80.00	165	325	575	—
1720	—	80.00	165	325	575	—
1721	—	80.00	165	325	575	—
1722	—	80.00	165	325	575	—

KM# 819.3 THALER

Silver **Ruler:** Karl VI **Obv:** Armored bust right **Obv. Legend:** CAROL • VI • D • G • R • I • S • A • GE • HI • HU • BO • REX • **Rev:** Crowned imperial double eagle with crowned arms on breast **Rev. Legend:** ARCHID • AUST • DUX • BUR & SILESIE • **Mint:** Breslau **Note:** Dav. #1098. Varieties exist. Prev. Austria KM#154.3 (KM#1592.3).

Date	Mintage	VG	F	VF	XF	Unc
1723	—	80.00	165	325	575	—
1724	—	80.00	165	325	575	—
1725	—	80.00	165	325	575	—
1727	—	80.00	165	325	575	—
1728	—	80.00	165	325	575	—
1729	—	80.00	165	325	575	—
1730	—	80.00	165	325	575	—
1731	—	80.00	165	325	575	—
1732	—	80.00	165	325	575	—
1736	—	80.00	165	325	575	—
1738	—	80.00	165	325	575	—
1739	—	80.00	165	325	575	—
1740	—	80.00	165	325	575	—

KM# 834.1 2 THALER

Silver **Ruler:** Karl VI **Mint:** Breslau **Note:** Similar to 1 Thaler, KM#1578.2 Dav. #1095. Prev. Austria KM#155.1 (KM#1608.1).

Date	Mintage	VG	F	VF	XF	Unc
1722 Rare	—	—	—	—	—	—

KM# 834.2 2 THALER

Silver **Ruler:** Karl VI **Mint:** Breslau **Note:** Similar to 1 Thaler, KM#1578.2. Dav. #1097. Varieties exist. Prev. Austria KM#155.2 (KM#1608.2).

Date	Mintage	VG	F	VF	XF	Unc
1723 Rare	—	—	—	—	—	—
1725 Rare	—	—	—	—	—	—
1732 Rare	—	—	—	—	—	—

KM# 837 3 THALER

Silver **Ruler:** Karl VI **Obv:** Bust right **Rev:** Heraldic imperial eagle **Mint:** Breslau **Note:** Prev. Austria KM#156 (KM#1609).

Date	Mintage	VG	F	VF	XF	Unc
1722 Rare	—	—	—	—	—	—

KM# 846 3 THALER

Silver **Ruler:** Karl VI **Rev:** More ornate shield on eagle **Mint:** Breslau **Note:** Prev. Austria KM#157 (KM#1611).

Date	Mintage	VG	F	VF	XF	Unc
1723 Rare	—	—	—	—	—	—
1725 Rare	—	—	—	—	—	—
1732 Rare	—	—	—	—	—	—

TRADE COINAGE

KM# 720 1/8 DUCAT

0.4375 g., 0.9860 Gold 0.0139 oz. AGW **Ruler:** Josef I **Obv:** Large crown divides date above two shields ornamentation; value below **Mint:** Breslau **Note:** Prev. Austria KM#1465 (KM#126)

Date	Mintage	VG	F	VF	XF	Unc
1706	—	80.00	160	325	700	—
1707	—	80.00	160	325	700	—
1708	—	80.00	160	325	700	—
1710	—	80.00	160	325	700	—

KM# 723 1/8 DUCAT

0.4375 g., 0.9860 Gold 0.0139 oz. AGW **Ruler:** Josef I **Obv:** Bust right **Rev:** Crowned imperial eagle **Mint:** Breslau **Note:** Prev. Austria KM#1466 (KM#127)

Date	Mintage	VG	F	VF	XF	Unc
1706	—	70.00	140	250	600	—
1708	—	70.00	140	250	600	—
1709	—	70.00	140	250	600	—
1711	—	70.00	140	250	600	—

KM# 726 1/6 DUCAT

0.5834 g., 0.9860 Gold 0.0185 oz. AGW **Ruler:** Josef I **Obv:** Laureate bust right, value at shoulder **Rev:** Crowned imperial eagle in inner circle **Mint:** Breslau **Note:** Prev. Austria KM#1467 (KM#128)

Date	Mintage	VG	F	VF	XF	Unc
1706	—	75.00	150	275	500	—
1707	—	75.00	150	275	500	—
1709	—	75.00	150	275	500	—

632 GERMAN STATES SILESIA

Date	Mintage	VG	F	VF	XF	Unc
1710	—	75.00	150	275	500	—
1711	—	75.00	150	275	500	—

KM# 879 1/6 DUCAT

0.5834 g., 0.9860 Gold 0.0185 oz. AGW, 0.0184 mm. **Ruler:** Karl VI **Obv:** Laureate bust right, value at shoulder **Rev:** Crowned imperial eagle in inner circle **Mint:** Breslau **Note:** Prev. Austria KM#1644 (KM#158)

Date	Mintage	VG	F	VF	XF	Unc
1731	—	70.00	140	275	500	—

KM# 597 1/4 DUCAT

0.8750 g., 0.9860 Gold 0.0277 oz. AGW **Ruler:** Leopold I **Obv:** Laureate bust right in inner circle, value at shoulder **Rev:** Crowned imperial eagle without inner circle **Mint:** Breslau **Note:** Prev. Austria KM#1369 (KM#104)

Date	Mintage	VG	F	VF	XF	Unc
1705	—	95.00	240	425	900	—

KM# 729 1/4 DUCAT

0.8750 g., 0.9860 Gold 0.0277 oz. AGW **Ruler:** Josef I **Obv:** Laureate head right, value at shoulder **Rev:** Crowned imperial eagle **Mint:** Breslau **Note:** Prev. Austria KM#1468 (KM#129)

Date	Mintage	VG	F	VF	XF	Unc
1706	—	95.00	190	350	900	—
1707	—	95.00	190	350	900	—
1708	—	95.00	190	350	900	—
1709	—	95.00	190	350	900	—
1710	—	95.00	190	350	900	—

KM# 825 1/4 DUCAT

0.8750 g., 0.9860 Gold 0.0277 oz. AGW **Ruler:** Karl VI **Obv:** Laureate bust right **Rev:** Crowned imperial eagle **Mint:** Breslau **Note:** Prev. Austria KM#1596 (KM#159)

Date	Mintage	VG	F	VF	XF	Unc
1719	—	85.00	170	325	775	—
1725	—	85.00	170	325	775	—
1731	—	85.00	170	325	775	—
1738	—	85.00	170	325	775	—

KM# 732 1/3 DUCAT

1.1667 g., 0.9860 Gold 0.0370 oz. AGW **Ruler:** Josef I **Obv:** Laureate bust right in inner circle, value at shoulder **Rev:** Crowned imperial eagle in inner circle **Mint:** Breslau **Note:** Prev. Austria KM#1469 (KM#130)

Date	Mintage	VG	F	VF	XF	Unc
1706	—	120	210	400	950	—

KM# 708 1/2 DUCAT

0.2916 g., 0.9860 Gold 0.0092 oz. AGW **Ruler:** Josef I **Obv:** Laureate bust right, value at shoulder **Rev:** Crowned imperial eagle **Mint:** Breslau **Note:** Prev. Austria KM#125 (KM#1448).

Date	Mintage	VG	F	VF	XF	Unc
1705	—	80.00	170	300	625	—
1706	—	80.00	170	300	625	—
1707	—	80.00	170	300	625	—
1709	—	80.00	170	300	625	—
1710	—	80.00	170	300	625	—
1711	—	80.00	170	300	625	—

KM# 735 1/2 DUCAT

1.7500 g., 0.9860 Gold 0.0555 oz. AGW **Ruler:** Josef I **Obv:** Laureate bust right **Rev:** Crowned imperial eagle **Mint:** Breslau **Note:** Prev. Austria KM#131 (KM#1470).

Date	Mintage	VG	F	VF	XF	Unc
1706 FN	—	150	270	475	950	—
1707 FN	—	150	270	475	950	—
1709 FN	—	150	270	475	950	—
1710 FN	—	150	270	475	950	—
1711 FN	—	150	270	475	950	—

KM# 636 DUCAT

3.5000 g., 0.9860 Gold 0.1109 oz. AGW **Ruler:** Leopold I **Obv:** Smaller bust right in inner circle **Rev:** Crowned imperial eagle in inner circle, date in legend **Mint:** Brieg **Note:** Prev. Austria KM#1393 (KM#179)

Date	Mintage	VG	F	VF	XF	Unc
1702 CB	—	185	475	1,000	2,100	—
1703 CB	—	185	475	1,000	2,100	—
1704 CB	—	185	475	1,000	2,100	—

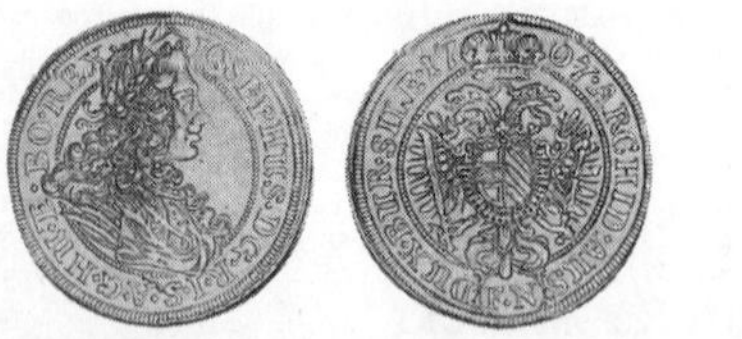

KM# 711 DUCAT

3.5000 g., 0.9860 Gold 0.1109 oz. AGW **Ruler:** Josef I **Obv:** Laureate bust right in inner circle **Rev:** Crowned imperial eagle in inner circle, crown divides date **Mint:** Breslau **Note:** Prev. Austria KM#1449 (KM#132)

Date	Mintage	VG	F	VF	XF	Unc
1705	—	190	450	1,000	2,200	4,200
1706 FN	—	190	450	1,000	2,200	4,200
1707 FN	—	190	450	1,000	2,200	4,200
1708 FN	—	190	450	1,000	2,200	4,200
1709 FN	—	190	450	1,000	2,200	4,200
1710 FN	—	190	450	1,000	2,200	4,200
1711 FN	—	190	450	1,000	2,200	4,200

KM# 714 DUCAT

3.5000 g., 0.9860 Gold 0.1109 oz. AGW **Ruler:** Josef I **Mint:** Brieg **Note:** Prev. Austria KM#190 (KM#1451).

Date	Mintage	VG	F	VF	XF	Unc
1705 CB	—	300	725	1,450	3,300	—

KM# 588 DUCAT

3.5000 g., 0.9860 Gold 0.1109 oz. AGW **Ruler:** Leopold I **Obv:** Fuller laureate bust right in inner circle **Rev:** Crowned imperial eagle, crown divides date **Mint:** Breslau **Note:** Prev. Austria KM#111 (KM#1358).

Date	Mintage	VG	F	VF	XF	Unc
1705 FN	—	185	475	1,000	2,000	—

KM# 771 DUCAT

3.5000 g., 0.9860 Gold 0.1109 oz. AGW **Ruler:** Karl VI **Obv:** Young laureate armored bust right in inner circle **Rev:** Crowned imperial eagle in inner circle, crown divides date **Mint:** Breslau **Note:** Prev. Austria KM#1525 (KM#160)

Date	Mintage	VG	F	VF	XF	Unc
1712 FN	—	155	325	650	1,300	2,600
1713	—	155	325	650	1,300	2,600

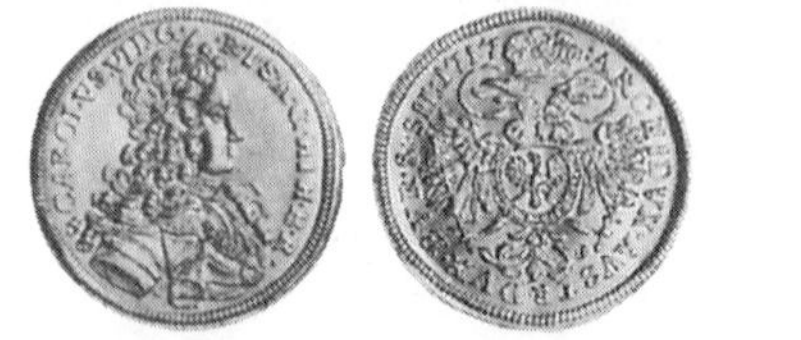

KM# 813 DUCAT

3.5000 g., 0.9860 Gold 0.1109 oz. AGW **Ruler:** Karl VI **Obv:** Young laureate armored bust right **Obv. Legend:** CAROLVS • VI • D : G • R • I • S • A • G • HI • H • B R • **Rev:** Crowned imperial eagle, crown divides date **Rev. Legend:** : ARCHIDVX • AVSTR • DVX • BVR •&• SIL : 1717 **Mint:** Breslau **Note:** Prev. Austria KM#1589 (KM#161)

Date	Mintage	VG	F	VF	XF	Unc
1717	—	170	325	675	1,450	—
1718	—	170	325	675	1,450	—
1719	—	170	325	675	1,450	—
1720	—	170	325	675	1,450	—
1721	—	230	450	1,150	2,350	—
1722	—	170	325	675	1,450	—
1723	—	170	325	675	1,450	—
1724	—	170	325	675	1,450	—

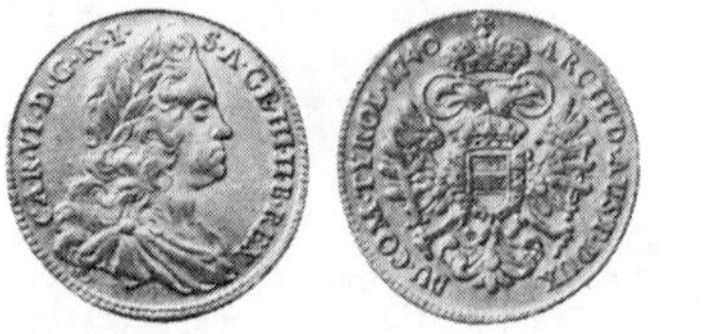

KM# 858 DUCAT

3.5000 g., 0.9860 Gold 0.1109 oz. AGW **Ruler:** Karl VI **Obv:** Older laureate bust right **Obv. Legend:** CAR • IV • D • G • R • I • S • A • GE • HI • H • B • REX • **Rev:** Crowned imperial double eagle **Rev. Legend:** ARCHID • AUST • DUX • BU • COM • TYROL • **Mint:** Breslau **Note:** Prev. Austria KM#1619 (KM#162)

Date	Mintage	VG	F	VF	XF	Unc
1726	—	170	325	675	1,450	—
1727	—	170	325	675	1,450	—
1728	—	170	325	675	1,450	—
1729	—	170	325	675	1,450	—
1730	—	170	325	675	1,450	—
1731	—	170	325	675	1,450	—
1732	—	170	325	675	1,450	—
1733	—	170	325	675	1,450	—
1734	—	170	325	675	1,450	—
1735	—	170	325	675	1,450	—
1736	—	170	325	675	1,450	—
1737	—	170	325	675	1,450	—
1738	—	170	325	675	1,450	—
1739	—	170	325	675	1,450	—
1740	—	170	325	675	1,450	—

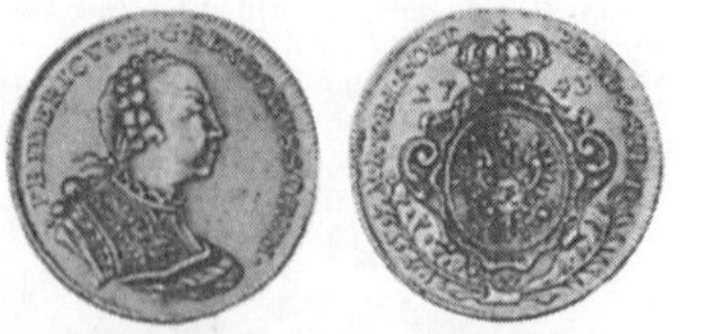

KM# 900 DUCAT

3.5000 g., 0.9860 Gold 0.1109 oz. AGW **Ruler:** Friedrich II **Obv:** Armored bust right **Obv. Legend:** FRIDERICVS • D • G • REX • BORVSSORVM **Rev:** Crowned oval arms in cartouche and branches, crown divides date **Note:** Prev. C#36.

Date	Mintage	VG	F	VF	XF	Unc
1743W	3,220	550	1,000	1,800	3,300	—

KM# 900a DUCAT

3.5000 g., 0.9860 Gold 0.1109 oz. AGW **Ruler:** Friedrich II **Obv:** Armored bust right **Rev:** AE at bottom **Note:** Prev. C#36a.

Date	Mintage	VG	F	VF	XF	Unc
1744W AE	664	600	1,050	1,950	3,650	—

KM# 900b DUCAT

3.5000 g., 0.9860 Gold 0.1109 oz. AGW **Ruler:** Friedrich II **Obv:** Armored bust right **Rev:** Smaller crowned arms, date in legend, W and AE below arms **Note:** Prev. C#36b.

Date	Mintage	VG	F	VF	XF	Unc
1745W AE	—	550	1,000	1,800	3,300	—
1746W AE	—	550	1,000	1,800	3,300	—
1747W AE	—	550	1,000	1,800	3,300	—
1748W AE	—	550	1,000	1,800	3,300	—

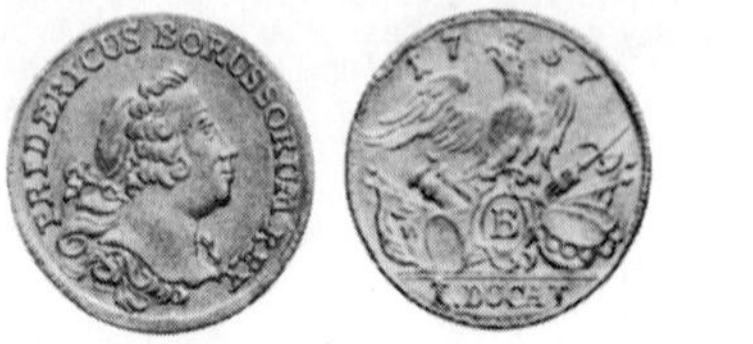

KM# 975 DUCAT

3.5000 g., 0.9860 Gold 0.1109 oz. AGW **Ruler:** Friedrich II **Obv:** Head right **Obv. Legend:** FRIDERICUS BORUSSORUM REX **Rev:** Eagle above military trophies, date divided above, value below **Note:** Prev. C#37.

Date	Mintage	VG	F	VF	XF	Unc
1754B	—	275	775	1,650	2,950	—
1757B	—	275	775	1,650	2,950	—

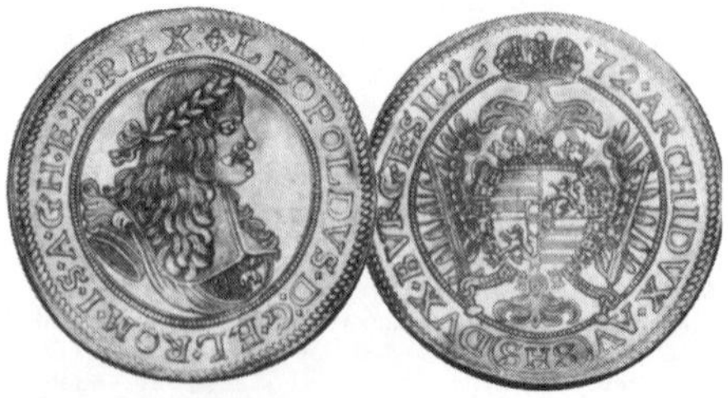

KM# 444 2 DUCAT

7.0000 g., 0.9860 Gold 0.2219 oz. AGW **Ruler:** Leopold I **Obv:** Crowned bust right in inner circle **Rev:** Crowned imperial eagle in inner circle, date in legend **Mint:** Breslau **Note:** Prev. Austria KM#1189 (KM#112)

Date	Mintage	VG	F	VF	XF	Unc
1705	—	450	900	2,700	6,600	—
1705 FN	—	450	900	2,700	6,600	—

KM# 738 2 DUCAT

7.0000 g., 0.9860 Gold 0.2219 oz. AGW **Ruler:** Josef I **Obv:** Large laureate head right in inner circle **Rev:** Crowned imperial eagle in inner circle, crown divides date **Mint:** Breslau **Note:** Prev. Austria KM#1472 (KM#133)

Date	Mintage	VG	F	VF	XF	Unc
1706 FN	—	550	1,100	3,300	9,000	—
1707 FN	—	550	1,100	3,300	9,000	—
1709 FN	—	550	1,100	3,300	9,000	—
1711 FN	—	550	1,100	3,300	9,000	—

KM# 828 2 DUCAT

7.0000 g., 0.9860 Gold 0.2219 oz. AGW **Ruler:** Karl VI **Obv:** Laureate bust right **Rev:** Crowned imperial eagle, date in legend **Mint:** Breslau **Note:** Prev. Austria KM#1597 (KM#163)

Date	Mintage	VG	F	VF	XF	Unc
1719	—	600	1,250	3,300	9,600	—

KM# 849 2 DUCAT

7.0000 g., 0.9860 Gold 0.2219 oz. AGW **Ruler:** Karl VI **Mint:** Breslau **Note:** Struck with 1 Ducat dies. Prev. Austria KM#164 (KM#1613).

Date	Mintage	VG	F	VF	XF	Unc
1723	—	600	1,250	3,300	9,600	—

KM# 669 3 DUCAT

10.5000 g., 0.9860 Gold 0.3328 oz. AGW **Ruler:** Leopold I **Obv:** Laureate bust right in inner circle **Rev:** Crowned imperial eagle in inner circle **Mint:** Oppeln **Note:** Prev. Austria KM#1411 (KM#1290)

Date	Mintage	VG	F	VF	XF	Unc
1701 FN	—	650	1,300	4,400	9,400	—

KM# 741 3 DUCAT

10.5000 g., 0.9860 Gold 0.3328 oz. AGW **Ruler:** Josef I **Obv:** Laureate bust right in inner circle **Rev:** Crowned imperial eagle in inner circle **Mint:** Breslau **Note:** Struck with 1/2 Thaler dies, KM#1431. Prev. Austria KM#1473 (KM#134)

Date	Mintage	VG	F	VF	XF	Unc
1706 FN	—	775	1,600	4,700	9,900	—
1707 FN	—	775	1,600	4,700	9,900	—
1711 FN	—	775	1,600	4,700	9,900	—

KM# 792.1 3 DUCAT

10.5000 g., 0.9860 Gold 0.3328 oz. AGW **Ruler:** Karl VI **Obv:** Laureate bust right **Rev:** Crowned imperial eagle in inner circle **Mint:** Breslau **Note:** Prev. Austria KM#1560.1 (KM#165.1)

Date	Mintage	VG	F	VF	XF	Unc
1713	—	650	1,300	4,400	8,000	—
1714	—	650	1,300	4,400	8,000	—

SILESIA

KM# 882 5 DUCAT
17.5000 g., 0.9860 Gold 0.5547 oz. AGW **Ruler:** Karl VI **Obv:** Large laureate bust right **Rev:** Crowned imperial arms **Mint:** Breslau **Note:** Struck with 1 Thaler dies, KM#1592.3. Prev. Austria KM#C170 (KM#1651).

Date	Mintage	VG	F	VF	XF	Unc
1732	—	1,200	2,400	6,600	11,000	—

KM# 867 6 DUCAT
21.0000 g., 0.9860 Gold 0.6657 oz. AGW **Ruler:** Karl VI **Obv:** Laureate bust right **Rev:** Crowned imperial eagle **Mint:** Breslau **Note:** Struck with 1/2 Thaler dies, KM#1545. Prev. Austria KM#167 (KM#1625).

Date	Mintage	VG	F	VF	XF	Unc
1728 Rare	—	—	—	—	—	—

KM# 864 10 DUCAT
35.0000 g., 0.9860 Gold 1.1095 oz. AGW **Ruler:** Karl VI **Obv:** Armored bust right **Rev:** Crowned imperial eagle **Mint:** Breslau **Note:** Struck with 1 Thaler dies, KM#1592.3. Prev. Austria KM#168 (KM#1621).

Date	Mintage	VG	F	VF	XF	Unc
1726 Rare	—	—	—	—	—	—
1730 Rare	—	—	—	—	—	—

KM# 792.2 3 DUCAT
Gold **Ruler:** Karl VI **Obv:** Draped bust right **Obv. Legend:** CAROL • VI • D.G • R • I • S • G • HI • H • B • REX • **Rev:** Crowned imperial double eagle **Rev. Legend:** ARCHID • AVST • DVX: ... **Mint:** Breslau **Note:** Prev. Austria KM#1560.2 (KM#165.2)

Date	Mintage	VG	F	VF	XF	Unc
1723	—	1,400	2,750	5,500	9,500	—

KM# 855 3 DUCAT
10.5000 g., 0.9860 Gold 0.3328 oz. AGW **Ruler:** Karl VI **Obv:** Laureate bust right **Rev:** Crowned imperial eagle not enclosed in circle **Mint:** Breslau **Note:** Struck with 1/2 Thaler dies, KM#1545. Prev. Austria KM#1614 (KM#A162)

Date	Mintage	VG	F	VF	XF	Unc
1723	—	725	1,550	4,600	8,500	—
1726	—	725	1,550	4,600	8,500	—

KM# 873 3 DUCAT
10.5000 g., 0.9860 Gold 0.3328 oz. AGW **Ruler:** Karl VI **Obv:** Large laureate bust right **Mint:** Breslau **Note:** Struck with 1/2 Thaler dies, KM#1628. Prev. Austria KM#1640 (KM#A170)

Date	Mintage	VG	F	VF	XF	Unc
1730	—	725	1,550	4,600	8,500	—

KM# 861 4 DUCAT
14.0000 g., 0.9860 Gold 0.4438 oz. AGW **Ruler:** Karl VI **Obv:** Laureate bust right **Rev:** Crowned imperial eagle **Mint:** Breslau **Note:** Struck with 1/2 Thaler dies, KM#1545. Prev. Austria KM#1620 (KM#A168).

Date	Mintage	VG	F	VF	XF	Unc
1726	—	875	1,800	4,950	9,400	—
1727	—	875	1,800	4,950	9,400	—

KM# 876 4 DUCAT
14.0000 g., 0.9860 Gold 0.4438 oz. AGW **Ruler:** Karl VI **Obv:** Large laureate bust right **Mint:** Breslau **Note:** Struck with 1/2 Thaler dies, KM#1628. Prev. Austria KM#B170 (KM#1641).

Date	Mintage	VG	F	VF	XF	Unc
1730	—	875	1,800	4,950	9,400	—

KM# 744 5 DUCAT
17.5000 g., 0.9860 Gold 0.5547 oz. AGW **Ruler:** Josef I **Obv:** Bust right **Rev:** Crowned imperial arms **Mint:** Breslau **Note:** Struck with 1/2 Thaler dies, KM#1431. Prev. Austria KM#136 (KM#1474).

Date	Mintage	VG	F	VF	XF	Unc
1706 FN	—	1,500	3,000	6,750	12,500	—

KM# 816 5 DUCAT
17.5000 g., 0.9860 Gold 0.5547 oz. AGW **Ruler:** Karl VI **Obv:** Lauretea bust right **Rev:** Crowned imperial arms **Mint:** Breslau **Note:** Struck with 1/2 Thaler dies, KM#1545. Prev. Austria KM#B159 (KM#1590).

Date	Mintage	VG	F	VF	XF	Unc
1717	—	1,200	2,400	6,600	11,000	—
1723	—	1,200	2,400	6,600	11,000	—
1728	—	1,200	2,400	6,600	11,000	—

KM# 888 20 DUCAT
70.0000 g., 0.9860 Gold 2.2190 oz. AGW **Ruler:** Karl VI **Obv:** Armored draped bust right **Obv. Legend:** CAROL: VI: D: G: R: I: S: A: GE: HI: HU: BO: REX • **Rev:** Crowned imperial double eagle, crowned shield on breast **Rev. Legend:** ARCHID: AUST: DUX • BU: COM: ... **Mint:** Breslau **Note:** Prev. Austria KM#169 (KM#1662).

Date	Mintage	VG	F	VF	XF	Unc
1739 Rare	—	—	—	—	—	—

KM# 831 5 DUCAT
17.5000 g., 0.9860 Gold 0.5547 oz. AGW **Ruler:** Karl VI **Obv:** Laureate bust right **Obv. Legend:** CAROL: VI: D: G •• R • I • S • A • G • HI • + • B • REX • **Rev:** Crowned imperial eagle in inner circle **Rev. Legend:** ARCHID • AVST • DVX: :BVR •&• SILESIAE: **Mint:** Breslau **Note:** Struck with 1 Thaler dies, KM#1592.2. Prev. Austria KM#166 (KM#1607).

Date	Mintage	VG	F	VF	XF	Unc
1721	—	1,200	2,400	6,600	11,000	—
1722	—	1,200	2,400	6,600	11,000	—

Date	Mintage	F	VF	XF	Unc	BU
1766B	—	275	375	650	1,200	—
1767B	—	275	375	650	1,200	—
1768B	—	275	375	650	1,200	—
1769B	—	275	375	650	1,200	—
1770B	—	275	375	650	1,200	—
1771B	—	275	375	650	1,200	—
1772B	—	275	375	650	1,200	—
1773B	—	275	375	650	1,200	—
1774B	—	275	375	650	1,200	—
1775B	—	275	375	650	1,200	—

KM# 996a 1/2 FRIEDRICH D'OR
3.3250 g., 0.9000 Gold 0.0962 oz. AGW **Ruler:** Friedrich II **Obv:** Old head right **Rev:** Crowned eagle on trophies **Note:** Prev. C#39a.

Date	Mintage	F	VF	XF	Unc	BU
1776B	—	600	1,300	2,650	4,250	—
1777B	—	600	1,300	2,650	4,250	—

KM# 909 FRIEDRICH D'OR
6.6500 g., 0.9000 Gold 0.1924 oz. AGW **Ruler:** Friedrich II **Obv:** Armored bust right **Obv. Legend:** FRIDERICUS D: G: REX BOR: S: SIL: D: **Rev:** Crowned monograms with eagles at angles, date divided below **Note:** Prev. C#40. Varieties exist.

Date	Mintage	VG	F	VF	XF	Unc
1744 AE	—	325	775	1,700	2,900	—
1745 AE	—	325	775	1,700	2,900	—
1746 AE	—	325	775	1,700	2,900	—
1747 AE	—	325	775	1,700	2,900	—
1748 AE	—	325	775	1,700	2,900	—

KM# 930 FRIEDRICH D'OR
6.6500 g., 0.9000 Gold 0.1924 oz. AGW **Ruler:** Friedrich II **Obv:** Armored bust right **Obv. Legend:** FRIDERICUS • D • G • REX • BORUSSORUM **Rev:** Crown divides date above eagle with trophies **Note:** Prev. C#41.

Date	Mintage	VG	F	VF	XF	Unc
1746 AE	—	275	650	1,400	2,400	—
1747 AE	—	275	650	1,400	2,400	—
1748 AE	—	275	650	1,400	2,400	—

KM# 930b FRIEDRICH D'OR
6.6500 g., 0.9000 Gold 0.1924 oz. AGW **Ruler:** Friedrich II **Obv:** Armored bust right **Rev:** Date divided at bottom **Note:** Prev. C#41b.

Date	Mintage	VG	F	VF	XF	Unc
1749 AE	—	275	650	1,400	2,400	—

KM# 930c FRIEDRICH D'OR
6.6500 g., 0.9000 Gold 0.1924 oz. AGW **Ruler:** Friedrich II **Obv:** Armored bust right **Rev:** Without W in cartouche **Note:** Prev. C#41c.

Date	Mintage	VG	F	VF	XF	Unc
1750 AE	—	250	350	550	1,450	—

KM# 939 1/2 FRIEDRICH D'OR
3.3250 g., 0.9000 Gold 0.0962 oz. AGW **Ruler:** Friedrich II **Obv:** Bust right **Rev:** Crowned eagle on military trophies, date divided below **Note:** Prev. C#38.

Date	Mintage	VG	F	VF	XF	Unc
1750B	—	220	450	825	1,450	—
1751B	—	220	450	825	1,450	—
1752B	—	220	450	825	1,450	—
1753B	—	220	450	825	1,450	—

KM# 996 1/2 FRIEDRICH D'OR
3.3250 g., 0.9000 Gold 0.0962 oz. AGW **Ruler:** Friedrich II **Obv:** Head right **Rev:** Crowned eagle on military trophies, date divided below **Note:** Prev. C#39.

Date	Mintage	F	VF	XF	Unc	BU
1757B	—	275	375	650	1,200	—
1765B	—	275	375	650	1,200	—

KM# 948 FRIEDRICH D'OR
6.6500 g., 0.9000 Gold 0.1924 oz. AGW **Ruler:** Friedrich II **Obv:** Armored bust right **Obv. Legend:** FRIDERICVS BORVSSОРVM REX **Rev:** Eagle with trophies, date divided below **Note:** Prev. C#42.

Date	Mintage	VG	F	VF	XF	Unc
1750B	—	250	450	775	2,400	—
1751B	—	250	450	775	2,400	—
1752B	—	250	450	775	2,400	—
1753B	—	250	450	775	2,400	—
1754B	—	250	450	775	2,400	—
1755B	—	250	450	775	2,400	—
1756B	—	250	450	775	2,400	—
1757B	—	250	450	775	2,400	—
1764B	—	250	450	775	2,400	—

GERMAN STATES — SILESIA

KM# 930a FRIEDRICH D'OR
6.6500 g., 0.9000 Gold 0.1924 oz. AGW Ruler: Friedrich II **Obv:** Armored bust right **Obv. Legend:** FRIDERICVS D G BORVSSORVM REX **Rev:** B in cartouche **Note:** Prev. C#41a.

Date	Mintage	VG	F	VF	XF	Unc
1750B	—	275	550	1,100	2,000	—

KM# 1005 FRIEDRICH D'OR
6.6500 g., 0.9000 Gold 0.1924 oz. AGW Ruler: Friedrich II **Obv:** Head right **Rev:** Crowned eagle on military trophies, date below **Note:** Prev. C#43.

Date	Mintage	F	VF	XF	Unc	BU
1764B	—	450	875	1,550	2,600	—
1765B	—	450	875	1,550	2,600	—
1766B	—	450	875	1,550	2,600	—
1767B	—	450	875	1,550	2,600	—
1768B	—	450	875	1,550	2,600	—
1769B	—	450	875	1,550	2,600	—
1770B	—	450	875	1,550	2,600	—
1771B	—	450	875	1,550	2,600	—
1772B	—	450	875	1,550	2,600	—
1773B	—	450	875	1,550	2,600	—
1774B	—	450	875	1,550	2,600	—
1775B	—	450	875	1,550	2,600	—

KM# 1005a FRIEDRICH D'OR
6.6500 g., 0.9000 Gold 0.1924 oz. AGW Ruler: Friedrich II **Obv:** Older head right **Obv. Legend:** FRIDERICUS BORUSSORUM REX **Rev:** Date above eagle with military trophies **Note:** Prev. C#43a.

Date	Mintage	F	VF	XF	Unc	BU
1776B	—	325	650	1,200	2,000	—
1777B	—	325	650	1,200	2,000	—
1780B	—	325	650	1,200	2,000	—
1781B	—	325	650	1,200	2,000	—
1782B	—	325	650	1,200	2,000	—
1783B	—	325	650	1,200	2,000	—
1784B	—	325	650	1,200	2,000	—
1785B	—	325	650	1,200	2,000	—
1786B	—	325	650	1,200	2,000	—

KM# 1005b FRIEDRICH D'OR
6.6500 g., 0.9000 Gold 0.1924 oz. AGW Ruler: Friedrich II **Obv:** Laureate head right **Obv. Legend:** FRIDEICUS BORUSSORUM REX **Rev:** "D. 20 AUGUST" above crowned eagle **Note:** Prev. C#43b.

Date	Mintage	F	VF	XF	Unc	BU
1781B Rare	—	—	—	—	—	—

KM# 933 2 FRIEDRICH D'OR
13.3000 g., 0.9000 Gold 0.3848 oz. AGW Ruler: Friedrich II **Obv:** Armored bust right **Obv. Legend:** FRIDERICVS • D • G • REX • BORUSSORUM **Rev:** Crowned eagle on military trophies, date divided below **Note:** Prev. C#44.

Date	Mintage	VG	F	VF	XF	Unc
1747 AHE	—	750	1,650	3,300	6,000	—
1748 AHE	—	750	1,650	3,300	6,000	—
1749 AHE	—	750	1,650	3,300	6,000	—

KM# 954 2 FRIEDRICH D'OR
13.3000 g., 0.9000 Gold 0.3848 oz. AGW Ruler: Friedrich II **Obv:** Armored bust right **Obv. Legend:** FRIDERICVS BORVSSORVM REX **Rev:** Crowned eagle on military trophies, date divided below **Note:** Prev. C#45.

Date	Mintage	VG	F	VF	XF	Unc
1751B	—	550	1,100	2,200	4,200	—
1752B	—	550	1,100	2,200	4,200	—

PATTERNS
Including off metal strikes

KM#	Date	Mintage Identification	Mkt Val
Pn1	1755B	— Groschel. Gold. KM#972.	550
Pn2	1756B	— Kreuzer. Gold. Crowned eagle. KM#960.1.	750
Pn3	1756B	— 3 Kreuzer. Gold. KM#966.	—
Pn4	1756B	— 6 Kreuzer. Gold. KM#981.	—
Pn5	1756B	— Groschel. Gold. KM#972.	550
Pn6	1757B	— Kreuzer. Gold. Crowned eagle. KM#960.1.	750
Pn7	1757B	— Groschel. Gold. KM#972.	550

SOEST

Soest is a town in Westphalia, 27 miles (46 km) east of Dortmund. It was important in trade and as an imperial mint from at least the 11th-12th centuries. After Westphalia, for the most part, came under the control of the archbishops of Cologne and Soest grew in its role as a member of the Hanseatic League, the two came into increasing conflict. By the mid-15th century, Soest sought protection from the duke of Cleves. The town produced its own coinage in the late 15th century and then from the second half of the 16th until the mid-18th centuries. Prussia annexed Soest in 1813.

MINT OFFICIALS

Date	Name
1680, 1703	Goswin Schönberg, die-cutter
ca. 1700	Georg Harnold, mintmaster
1717-20	Heinrich Wilhelm Becker, mintmaster
1719-26, 1729-30	Helmig Simonis, mintmaster
1721-26, 1729-30	? Kilberg, mintmaster
1721-26	Johann Schotte, die-cutter
1726-50	Johann Dietrich Schooff, die-cutter
1747-49	Johann Heinrich Simons, mintmaster
1729-49	Jörg Harnold Kleinschmied, mintmaster
1728-40	Gerhard Peter Brölemann, die-cutter

ARMS
A key, usually with ornate tabs, standing vertically.

REFERENCES
K = Hans Krusy, "Beiträge zur Münzgeschichte der Stadt Soest," **Soester Zeitschrift** 87 (1975), pp. 5-17; 88 (1976), pp. 28-46; 89 (1977), pp. 78-95; 91 (1979), pp. 71-131.

W = Joseph Weingärtner, **Beschreibung der Kupfermünzen Westfalens**, 2 vols., Paderborn, 1872-75.

PROVINCIAL TOWN

REGULAR COINAGE

KM# 50 3 PFENNIG
Copper **Obv:** Vertical key **Rev:** Value 'III' in wreath **Note:** Prev. KM#15.

Date	Mintage	Good	VG	F	VF	XF
ND (1703)	7,700	—	—	—	—	—

KM# 51 3 PFENNIG
Copper **Obv:** City key right **Note:** Prev. KM#41

Date	Mintage	VG	F	VF	XF	Unc
1709	10,000	20.00	45.00	90.00	185	—

KM# 52 3 PFENNIG
Copper **Rev:** III in wreath **Note:** Prev. KM#42.

Date	Mintage	VG	F	VF	XF	Unc
1709	Inc. above	20.00	45.00	90.00	185	—

KM# 54 3 PFENNIG
Copper **Obv:** City key left, legend, date **Obv. Legend:** STADT SOEST **Rev:** Value between laurel branches **Rev. Inscription:** III / PFEN **Note:** Prev. KM#43.

Date	Mintage	VG	F	VF	XF	Unc
1710	84,000	10.00	25.00	55.00	110	—

KM# 55 3 PFENNIG
Copper **Obv:** Legend, city key left in wreath **Obv. Legend:** STADT SOEST **Note:** Prev. KM#44.

Date	Mintage	VG	F	VF	XF	Unc
1710	Inc. above	20.00	45.00	90.00	185	—

KM# 56 3 PFENNIG
Copper **Obv:** Legend, key left **Obv. Legend:** STADT SOEST **Rev:** Value between palm branches **Note:** Prev. KM#45.

Date	Mintage	VG	F	VF	XF	Unc
1712	76,000	8.00	18.00	37.00	75.00	—
1713	72,000	8.00	18.00	37.00	75.00	—
1714	73,000	8.00	18.00	37.00	75.00	—
1715	79,000	8.00	18.00	37.00	75.00	—
1716	79,000	8.00	18.00	37.00	75.00	—
1717	96,000	8.00	18.00	37.00	75.00	—
1718	172,000	8.00	18.00	37.00	75.00	—
1720	210,000	8.00	18.00	37.00	75.00	—
1721	109,000	8.00	18.00	37.00	75.00	—

KM# 58 3 PFENNIG
Copper **Obv:** Key left between branches **Note:** Prev. KM#46.

Date	Mintage	VG	F	VF	XF	Unc
1722	129,000	8.00	18.00	37.00	75.00	—
1723	210,000	8.00	18.00	37.00	75.00	—
1725	156,000	8.00	18.00	37.00	75.00	—

KM# 60 3 PFENNIG
Copper **Obv:** Key in oval cartouche, date above **Rev:** Value, inscription within palm branches **Rev. Inscription:** III / PFEN **Note:** Prev. KM#47.

Date	Mintage	VG	F	VF	XF	Unc
1725	—	5.00	10.00	20.00	45.00	—
1726	225,000	5.00	10.00	20.00	45.00	—
1727	155,000	5.00	10.00	20.00	45.00	—
1728	360,000	5.00	10.00	20.00	45.00	—
1730	233,000	5.00	10.00	20.00	45.00	—
1733	235,000	5.00	10.00	20.00	45.00	—
1734	377,000	5.00	10.00	20.00	45.00	—
1735	418,000	5.00	10.00	20.00	45.00	—
1736	538,000	5.00	10.00	20.00	45.00	—
1737	487,000	5.00	10.00	20.00	45.00	—
1738	444,000	5.00	10.00	20.00	45.00	—
1739	446,000	5.00	10.00	20.00	45.00	—

KM# 62 3 PFENNIG
Copper **Obv:** Key in crowned oval cartouche, date above **Rev:** Value in palm branches **Rev. Inscription:** III / PFEN **Note:** Prev. KM#48.

Date	Mintage	VG	F	VF	XF	Unc
1727	Inc. above	8.00	18.00	37.00	75.00	—
1728	Inc. above	8.00	18.00	37.00	75.00	—
1736	Inc. above	8.00	18.00	37.00	75.00	—

KM# 64 3 PFENNIG
Copper **Obv:** Key in crowned oval cartouche, date below **Note:** Prev. KM#27.

Date	Mintage	VG	F	VF	XF	Unc
1728	Inc. above	10.00	20.00	45.00	95.00	—
1730	Inc. above	10.00	20.00	45.00	95.00	—
1731	180,000	10.00	20.00	45.00	95.00	—
1732	209,000	10.00	20.00	45.00	95.00	—

KM# 63 3 PFENNIG
Copper **Obv:** Crowned key in shield **Note:** Prev. KM#49.

Date	Mintage	VG	F	VF	XF	Unc
1728	—	10.00	25.00	55.00	110	—

KM# 66 3 PFENNIG
Copper **Obv:** Key in oval cartouche, different frame; date above **Rev:** Value in palm branches **Note:** Prev. KM#51.

Date	Mintage	VG	F	VF	XF	Unc
1731	Inc. above	5.00	10.00	20.00	45.00	—
1732	Inc. above	5.00	10.00	20.00	45.00	—
1733	Inc. above	5.00	10.00	20.00	45.00	—

SOLMS-LAUBACH

Rev: Ten-line inscription with dates **Rev. Legend:** ZUM GEDAECHTNUSZWEY UND VIERZIG IAEHRIGER EHE

Date	Mintage	VG	F	VF	XF	Unc
1720 BIB Rare	—	—	—	—	—	—

KM# 20 THALER

Silver **Subject:** Death of Wilhelm Heinrich (1700), Son and Heir of Wilhelm Moritz **Obv:** Bust right **Obv. Legend:** Titles of Wilhelm Heinrich around **Rev:** Hand from clouds left holding cornucopia, sun above shining down, above MUNERIS OMNETUI

Date	Mintage	VG	F	VF	XF	Unc
ND(1709)	—	700	1,200	2,750	—	—

TRADE COINAGE

KM# 23 8 DUCAT

27.7000 g., Gold **Subject:** Death of Wilhelm Moritz' Wife, Magdalene Sophie von Hessen-Homburg **Obv:** Crown on cross standing in open field **Obv. Legend:** UBERWUNDEN UND GEKROENT **Rev:** Ten-line inscription with dates **Rev. Legend:** ZUM GEDAECHTNUS ZWEY UND VIERZIG IAEHRIGER EHE **Note:** Fr.3291a. Struck with 1/2 Thaler dies similar to 1 Thaler, KM#5.

Date	Mintage	VG	F	VF	XF	Unc
1720 BIB Rare	—	—	—	—	—	—

KM# 68 3 PFENNIG

Copper **Obv:** Key in oval cartouche, date above **Rev:** Value in branches **Rev. Inscription:** III / PHEN **Note:** Prev. KM#52.

Date	Mintage	VG	F	XF	Unc
1737	Inc. above	10.00	20.00	40.00	80.00	—
1738	Inc. above	10.00	20.00	40.00	80.00	—
1739	Inc. above	10.00	20.00	40.00	80.00	—
1740	395,000	10.00	20.00	40.00	80.00	—
1741	393,000	10.00	20.00	40.00	80.00	—
1742	448,000	10.00	20.00	40.00	80.00	—
1743	466,000	10.00	20.00	40.00	80.00	—
1744	411,000	10.00	20.00	40.00	80.00	—
1745	426,000	10.00	20.00	40.00	80.00	—
1746	375,000	10.00	20.00	40.00	80.00	—
1747	288,000	10.00	20.00	40.00	80.00	—
1748	297,000	10.00	20.00	40.00	80.00	—
1749	406,000	10.00	20.00	40.00	80.00	—

KM# 70 3 PFENNIG

Copper **Obv:** City arms in oval shield with date above **Rev:** Two-line inscription between palm branches **Rev. Inscription:** III/PFEN **Note:** Mule of later obverse with reverse of 1710-18. Prev. KM#32.

Date	Mintage	Good	VG	F	VF	XF
1739	—	—	—	—	—	—

PATTERNS

Including off metal strikes

KM#	Date	Mintage Identification	Mkt Val
Pn1	1727	— 3 Pfennig. Silver. KM#62	125
Pn2	1738	— 3 Pfennig. Silver. KM#60	125
Pn3	1740	— 3 Pfennig. Silver. KM#68	125
Pn4	1745	— 3 Pfennig. Silver. KM#68	125

SOLMS

The earliest count of Solms whose name has come down to us was Marquard I (1129-1141). Although the original center of power may have been any one of three places, the most likely location is Burg-Solms, also known by the old name of Hohensolms. Burgsolms is located on the Lahr River about 5 miles (8 km) west of Wetzlar and 7 miles (11 km) northeast of Weilburg in the Sauerland, north of Frankfurt am Main. This region became the center of mining and smelting in medieval Germany an indication of Solms' large silver coin-issuing capability, all out of proportion to its size. Over time, the counts acquired scattered holdings near Frankfurt, in Saxony and in Bohemia. The county underwent numerous divisions from the late Middle Ages well into the 19th century. The first division occurred in 1409, when the lines of Solms-Braunfels and Solms-Lich were founded. All branches of Solms received the mint right from Emperor Karl V in 1552, but not all lines issued coins.

ARMS

Solms - crowned rampant lion left
Greiffenstein - 4 oak leaves in cruciform
Minzenberg - horizontal bar
Sonnenwalde - lion
Wildenfels – rose

REFERENCE

J = Paul Joseph, Die Münzen und Medaillen des fürstlichen und gräflichen Hauses Solms, Frankfurt am Main, 1912.

SOLMS-BRAUNFELS

Established in the first division of Solms in 1409, Solms-Braunfels was further divided in 1592 into Solms-Braunfels, Solms-Greiffenstein and Solms-Hungen. Braunfels is located just 1.5 miles (3 km) south of Burgsolms (Hohensolms). Greiffenstein is a small village 7 miles (12 km) northwest of Burgsolms, whereas Hungen is further away, being 12.5 miles (21 km) southeast of Giessen or 22 miles (36 km) east-southeast of Burgsolms. The direct line of Solms-Braunfels became extinct in 1693 and passed to Greiffenstein, which was known as Braunfels from that date onwards. The count was raised to the dignity of prince in 1742. The lands were mediatized about 1806, but the counts of Solms-Braunfels descended into the present age.

RULERS

Wilhelm Moritz von Solms-Greiffenstein, 1693-1724

MINTMASTER INITIALS

Initial	Date	Name
BIB	1707-33	Balthasar Johann Bethmann in Darmstadt

COUNTSHIP

REGULAR COINAGE

KM# 21 1/2 THALER

Silver **Subject:** Death of Wilhelm Moritz' Wife, Magdalene Sophie von Hessen-Homburg **Obv:** Crown on cross standing in open field **Obv. Legend:** UBERWUNDEN UND GEKROENT

SOLMS-LAUBACH

Founded by a younger son of Philipp I of Solms-Lichand Hohensolms prior to 1522 and seated at the town of Laubach some 14 miles (23 km) east-southeast of Giessen, this branch lasted until at least the 20th century. The first division in 1561 resulted in the two lines of Solms-Laubach and Solms-Sonnenwalde. The next division occurred when Solms-Laubach, Solms-Baruth, Solms-Sonnenwalde and Solms-Rodelheim were established in 1600. The first Solms-Laubach died out in 1676 and titles passed to Solms-Wildenfels, from which a second line was constituted in 1696. As was the case with all other branches of Solms, Laubach was mediatized around 1806.

RULERS

Friedrich Ernst, 1696-1723
Friedrich Magnus II, 1723-1738
Christian August, 1738-1784
Friedrich Ludwig, 1784-(1806)-1822

MINT OFFICIALS' INITIALS

Initials	Date	Name
IIE/IE	1740-70	Johann Jakob Encke, mintmaster in Hanau
CGL	1746-55	Carl Gottlieb Laufler, mintmaster in Nuremberg
AV – N	?-1754	Andreas Vestner, medailleur and die-cutter in Nuremberg
IMF	1755-64	Johann Martin Förster, mintmaster in Nuremberg
PPW	1755-64	Peter Paul Werner, die-cutter in Nuremberg
CRD	1761-65	Charlotte Rebecca Damiset, die-cutter in Hanau
WWE	1767	Christian Franz Weber, warden and Johann Christoph Eberhard, mintmaster in Wertheim
St/CCST	Ca. 1770	C. C. Stockmar, die-cutter

COUNTY

REGULAR COINAGE

KM# 27 10 KREUZER

Silver **Note:** Prev. C#5.

Date	Mintage	VG	F	VF	XF	Unc
1762 IIE/CRD	3,470	30.00	65.00	135	275	—

KM# 31 30 KREUZER

Silver **Subject:** Death of a Grandson, Karl Christian Friedrich **Note:** Prev. C#9.

Date	Mintage	VG	F	VF	XF	Unc
1768 WWE	—	65.00	125	275	550	—

KM# 33 30 KREUZER

Silver **Subject:** Birth of a Grandson, Friedrich Ludwig Christian **Note:** Prev. #C11.

Date	Mintage	VG	F	VF	XF	Unc
1769 WWE	—	45.00	90.00	180	375	—

KM# 34 30 KREUZER

Silver **Subject:** Birth of Grandchildren, Wilahelm Ludwig Christian and Friedrich Wilhelm **Note:** Prev. #C13.

Date	Mintage	VG	F	VF	XF	Unc
1770 WWE	—	45.00	90.00	180	375	—

KM# 19 THALER

Silver **Obv:** Bust of Christian August right **Rev:** City view of Laubach **Note:** Dav. #2778. Prev. #C15.

Date	Mintage	F	VF	XF	Unc	BU
ND AV-N	—	600	1,400	3,000	5,500	—

KM# 20 THALER

Silver **Subject:** First Marriage of the Count **Rev:** Bust of E. Amalia Friedrich Graf left **Note:** Dav. #2779. Prev. #C16.

Date	Mintage	F	VF	XF	Unc	BU
1738 AV-N	—	700	1,500	2,500	4,500	—

GERMAN STATES

SOLMS-LAUBACH

KM# 22 THALER
Silver **Subject:** Death of Elizabeth Amelia **Note:** Dav. #2780. Prev. #C17.

Date	Mintage	F	VF	XF	Unc	BU
1748	202	700	1,500	2,500	4,500	—

KM# 29 THALER
Silver **Subject:** Marriage of Count's Son and Heir to Princess of Isenburg **Note:** Dav. #2783. Prev. #C20.

Date	Mintage	F	VF	XF	Unc	BU
1767 WWE	—	425	850	1,700	3,000	—

KM# 36 THALER
Silver **Obv:** Bust of Christian August Graf right **Rev:** Inscription above hunting lodge **Rev. Inscription:** SORGEN / LOOS **Note:** Dav. #2786. Prev. #C23.

Date	Mintage	F	VF	XF	Unc	BU
1770 ST/WWE	—	700	1,400	2,650	4,400	—

KM# 37 THALER
Silver **Rev:** View of Laubach, cherub with banner LAUBACH flying above, date in exergue **Note:** Dav. #2787. Prev. #C24.

Date	Mintage	F	VF	XF	Unc	BU
1770 ST/WWE	—	2,500	3,500	5,500	8,500	—

TRADE COINAGE

KM# 26 DUCAT
3.5000 g., 0.9860 Gold 0.1109 oz. AGW **Obv:** Bust of Christian August right **Rev:** Crowned arms **Note:** Prev. #C26.

Date	Mintage	VG	F	VF	XF	Unc
1761 IE	306	800	1,600	4,800	9,000	—

KM# 23 10 DUCAT
35.0000 g., 0.9860 Gold 1.1095 oz. AGW **Subject:** Death of Elizabeth Amalia **Note:** Struck with 1 Thaler dies, Dav. #2780, KM#22.

Date	Mintage	VG	F	VF	XF	Unc
1748 Rare	2	—	—	—	—	—

KM# 25 THALER
Silver **Subject:** Death of Count's Third Wife, Dorothea Wilhelmina **Obv:** Christian August and Dorothea Wilhelmina **Note:** Dav. #2781. Prev. #C18.

Date	Mintage	F	VF	XF	Unc	BU
1754 IMF/P.P. Werner f.	—	550	1,150	2,050	3,600	—

KM# 32 THALER
Silver **Rev:** View of salt mine **Note:** Dav. #2784. Prev. #C21.

Date	Mintage	F	VF	XF	Unc	BU
1768 WWE	—	550	1,200	2,000	3,600	—

KM# 28 THALER
Silver **Subject:** 12th Anniversary of the Wetterau Directorate **Obv:** Crowned supported shield **Note:** Dav. #2782. Prev. #C19.

Date	Mintage	F	VF	XF	Unc	BU
1767 WWE	—	425	850	1,700	3,000	—

KM# 35 THALER
Silver **Ruler:** Karl Otto **Obv:** Bust of Otto I right, founder of the Solms-Laubach Line **Rev:** Pyramid **Note:** Dav. #2785. Prev. #C22.

Date	Mintage	F	VF	XF	Unc	BU
1770 CCST/WWE	—	525	1,050	1,950	3,250	—

SPEYER

(Spires)

City and bishopric spanning the Rhine 15 miles south of Mannheim. The bishopric was founded in the 4th century, destroyed by barbarians and re-established in 610. The city received the mint right in 1111 and became the site of the imperial mint. It became a free city of the empire in 1294 and was taken by France from 1801 to 1814. In the latter year, Speyer passed into the possession of Bavaria.

BISHOPRIC

RULERS
Johann Hugh von Orsbeck, 1677-1711
Heinrich Hartard von Rollingen, 1711-19
Damian Hugo Philipp von Schönborn-Puckheim, 1719-43
Franz Christof von Hutten zu Stolzenberg, 1743-70
Damian August Philipp Karl von Limburg-Vehlen-Styrum, 1770-97
Philipp Franz Wilderich Nepomuk von Walderdorf, 1797-1802

MINT OFFICIALS' INITIALS

Initials	Date	Name
AS	1744-99	Anton Schaffer, die-cutter and mintmaster in Mannheim

REGULAR COINAGE

KM# 62 2 PFENNIG
Copper **Ruler:** Franz Christoph **Obv:** Arms below cardinal's hat, B-S **Rev:** Value, date **Note:** Prev. C#1.

Date	Mintage	VG	F	VF	XF	Unc
1765	—	9.00	20.00	45.00	90.00	—

STOLBERG

KM# 63 KREUZER
Copper **Ruler:** Franz Christoph **Obv:** Arms below cardinal's hat **Rev:** Value, date **Note:** Prev. C#2.

Date	Mintage	VG	F	VF	XF	Unc
1765	—	9.00	20.00	45.00	90.00	—

KM# 72 5 KREUZER
Billon **Ruler:** Damian August Philipp Karl **Obv:** 3 oval arms, crown above **Rev:** Value, date in rhombus **Note:** Convention 5 Kreuzer. Prev. C#7.

Date	Mintage	VG	F	VF	XF	Unc
1772	—	80.00	115	235	475	—

KM# 65 10 KREUZER
Silver **Ruler:** Franz Christoph **Obv:** 3 arms, crown above **Rev:** Value: CXX EINE ..., date in cartouche **Note:** Convention 10 Kreuzer. Prev. C#8.

Date	Mintage	VG	F	VF	XF	Unc
1770	—	50.00	100	200	400	—

KM# 66 1/8 THALER
Silver **Ruler:** Franz Christoph **Subject:** Death of Franz Christoph **Obv:** Cardinal's hat above crown and three shields in mantle **Rev:** Inscription **Note:** Prev. C#3.

Date	Mintage	VG	F	VF	XF	Unc
1770 AS	—	75.00	150	300	600	—

KM# 67 1/4 THALER
Silver **Ruler:** Franz Christoph **Subject:** Death of Franz Christoph **Obv:** Cardinal's hat above crown and three shields in mantle **Rev:** Inscription **Note:** Prev. C#4.

Date	Mintage	VG	F	VF	XF	Unc
1770 AS	—	80.00	165	335	675	—

KM# 68 1/2 THALER
Silver **Ruler:** Damian August Philipp Karl **Subject:** Accession of August Philipp **Obv:** Three shields with supporters within crowned mantle **Rev:** Standing central figure with shield, staff and three cherubs **Note:** Convention 1/2 Thaler. Prev. C#10.

Date	Mintage	VG	F	VF	XF	Unc
1770 AS	5,000	40.00	85.00	170	340	—

KM# 69 THALER
Silver **Ruler:** Damian August Philipp Karl **Subject:** Accession of August Philipp **Obv:** Supporters with 3 shields within crowned mantle **Obv. Legend:** AVGVSTVS D:G: EP • SPIR • S • R • I • P • ET • PRAEP • WEISS • ELECT • 29 • MAI • CONSECR • 16 • SEPT: 1770, 10 EINE FEIN MARC below **Rev:** Armed female with shield, staff and three cherubs **Rev. Inscription:** DEO O.M AVSPICE SVAVITER ET FORTITER SED IVSTE NEC SIBI SED SVIS **Note:** Convention Thaler. Dav#2788. Prev. C#12.

Date	Mintage	F	VF	XF	Unc	BU
1770 AS	5,000	125	250	500	850	—

TRADE COINAGE

KM# 57 DUCAT
3.5000 g., 0.9860 Gold 0.1109 oz. AGW **Ruler:** Damian Hugh Philipp **Obv:** 2 shields of arms below crown and bishop's hat, date at bottom **Rev:** City of Bruchsal **Note:** Prev. FR#3308.

Date	Mintage	VG	F	VF	XF	Unc
1726	—	700	1,450	2,850	5,500	—

KM# 60 DUCAT
3.5000 g., 0.9860 Gold 0.1109 oz. AGW **Ruler:** Franz Christoph **Obv:** Bust right **Rev:** One seated and one kneeling figure **Note:** Prev. C#5.

Date	Mintage	VG	F	VF	XF	Unc
1745	—	485	525	975	2,150	3,750	—

KM# 70 DUCAT
3.5000 g., 0.9860 Gold 0.1109 oz. AGW **Ruler:** Damian August Philipp Karl **Subject:** Accession of August Philipp **Obv:** Supporters with three shields within crowned mantle **Rev:** Standing central figure with shield, staff and three cherubs **Note:** Prev. C#14.

Date	Mintage	VG	F	VF	XF	Unc
1/70 AS	—	450	900	1,800	3,600	—

KM# 55 2 DUCAT
7.0000 g., 0.9860 Gold 0.2219 oz. AGW **Ruler:** Heinrich Hartard **Obv:** Bust right **Rev:** Crowned arms **Note:** Prev. FR#3306.

Date	Mintage	VG	F	VF	XF	Unc
1711	—	5,000	11,000	20,000	35,000	—

KM# 56 2 DUCAT
7.0000 g., 0.9860 Gold 0.2219 oz. AGW **Ruler:** Heinrich Hartard **Subject:** Appointment of Damian Hugo as Cardinal **Obv:** Bust right **Rev:** Woman carrying magnet and olive branch, around VIS ARCANA TRAHIT **Note:** Prev. KM#100.

Date	Mintage	VG	F	VF	XF	Unc
ND(1716)	—	—	—	—	—	—

KM# 58 2 DUCAT
7.0000 g., 0.9860 Gold 0.2219 oz. AGW **Ruler:** Damian Hugh Philipp **Obv:** 2 shields of arms below crown and bishop's hat, date at bottom **Rev:** City of Bruchsal **Note:** Prev. FR#3307.

Date	Mintage	VG	F	VF	XF	Unc
1726	—	3,400	5,600	10,000	17,500	—

CITY

Although the city of Speyer received the mint right in 1111, very few coins were struck on its behalf over the centuries. Special coins were minted for the first and second hundred years of the Protestant Reformation. There are also a few notable counter-marked coins dating from the early phase of the Thirty Years' War.

MINT OFFICIAL
LK and L.HEN.K. = Unknown, ca. 1717

REGULAR COINAGE

KM# 93 2 GROSCHEN (Doppelgroschen)
Silver **Obv:** 6-line inscription with date. **Rev:** 7-line inscription. **Note:** Klippe. Prev. KM#16. Weight varies, 3.4-4.0 grams. Varieties exist.

Date	Mintage	VG	F	VF	XF	Unc
1717	—	45.00	90.00	175	450	—
1717LK	—	45.00	90.00	175	450	—

KM# 92 2 GROSCHEN (Doppelgroschen)
Silver **Subject:** Bicentennial of the Reformation **Obv:** View of cathedral in laurel wreath, date below. **Rev:** 6-line inscription with date, all in laurel wreath. **Note:** Prev. KM#15.

Date	Mintage	VG	F	VF	XF	Unc
1717LK	—	65.00	125	260	525	—

KM# 95 1/2 GULDEN (Halbgulden)
10.9000 g., Silver **Obv:** View of cathedral, date below, inscription around, all in wreath **Rev:** Angel above clouds, 2-line inscription with mintmaster's initials below, inscription around, all in wreath **Note:** Klippe. Prev. KM#18.

Date	Mintage	VG	F	VF	XF	Unc
1717LK	—	200	350	650	1,275	—

KM# 94 1/2 GULDEN (Halbgulden)
10.0000 g., Silver **Subject:** Bicentennial of the Reformation **Obv:** View of cathedral, date below, double marginal inscription around **Rev:** Bible on table, double inscription around, 3-line inscription below **Note:** Prev. KM#17.

Date	Mintage	VG	F	VF	XF	Unc
1717 L.HEN.K	—	175	300	600	1,200	—

KM# 96 1/6 THALER
Silver **Subject:** Bicentennial of the Reformation **Obv:** Open Bible on table divides date, cloud with Jehovah in Hebrew above, inscription around **Rev:** 8-line inscription with date, inscription in margin around **Note:** Klippe. Prev. KM#19. Weight varies: 5.20-6.00 grams. Varieties exist.

Date	Mintage	VG	F	VF	XF	Unc
1717LK	—	125	250	475	975	—

STOLBERG

The castle of Stolberg, located on the southern slopes of the Harz Mountains, 9 miles (15 km) northeast of Nordhausen, is the ancestral home of the counts of that name. The dynasty has a recognized line of succession from count Heinrich I (1210-1239), but the family claimed descent from Otto Colonna, an Italian noble of the 6th century. The column in the family arms signifies this supposed connection, whether historically accurate or not. Count Heinrich was the younger brother of the count of Hohnstein whose castle lay just 6 miles away. Whatever the origin of the earlier counts of Stolberg, they came to an end and the line founded by Heinrich I began in about 1222. The long series of coins, based on the rich Harz silver mine holdings of the family, began at this time. Various territories, some scattered a distance from the family home, were added to the Stolberg lands and two brothers established separate lines in 1538, Stolberg-Stolberg and Stolberg-Wernigerode. Another brother succeeded to the Dietz portion of Königstein in 1574.

MINT OFFICIALS' INITIALS

The output of the Harz silver mines belonging to the counts of Stolberg was often beyond the capacity of their several mints to turn into coins. Production of many coins frequently farmed out to mints in other territories, such as neighboring Mansfeld, or to city mints in Frankfurt am Main, Augsburg, etc. Sometimes mintmasters and die engravers were invited to work in Stolberg mints on a temporary basis. Over the centuries a bewildering number of people worked in and for Stolberg mints and many left their symbols and initials on the coins.

Stolberg Mint

Initials	Date	Name
W/CW	1700-1730	Christian Wermuth, medailleur/die-cutter in Gotha
IIG	1705-50	Johann Jeremias Gründler, mintmaster and warden
	1710	I. Thiebaud, die-cutter
IBH	1739-63	Johann Benjamin Hecht, mintmaster in Zellerfeld
C, IEVC	1750-65	Julian Eberhard Volkmar Claus, mintmaster
	1763	Jakob Abram, die-cutter in Berlin
T	1763-?	Claud François Thiébaud, die-cutter
	1764	Johann Christian Heckel, warden
	1764	Johann Veith Morgenroth, die-cutter
EFR	1766-92	Ernst Friedrich Rupstein, mintmaster
Z, EHAZ	1792-1807	Ernst Hermann Agathus Ziegler, mintmaster

ARMS
Stolberg - stag, usually to left, sometimes to right, antlers extend backwards

638 GERMAN STATES STOLBERG

Wernigerode - one or two fish (trout) standing on tails
Königstein - lion left
Rochefort - eagle
Eppstein - three chevrons
Minzenberg - horizontal bar
Mark - checkerboard in horizontal bar
Agimont - five horizontal bars
Lohra - lion rampant left
Wertheim - top half of eagle above three roses
Breuberg - two horizontal bars
Hohnstein - checkerboard
Klettenberg - stag left, but antlers extend upwards

STOLBERG-GEDERN

As a cadet line of the senior house of Stolberg, Gedern was created by the division of Stolberg-Wernigerode in 1710. The count was raised to the rank of prince in 1742, but the line fell extinct in 1804 after only two generations. The lands and titles then reverted to Stolberg-Wernigerode. The castle of Gedern is located in the Wetterau some 20 miles (34 km) northeast of Friedberg.

RULERS
Friedrich Karl, 1710-1767
Karl Heinrich, 1767-1804

COUNTSHIP

TRADE COINAGE

KM# 1 DUCAT
3.5000 g., 0.9860 Gold 0.1109 oz. AGW **Ruler:** Friedrich Karl **Obv:** Head right **Rev:** Stag left in front of column with "S" in base

Date	Mintage	Good	VG	F	VF	XF
1719	—	—	1,200	2,250	4,250	7,000

STOLBERG-ROSSLA

The small village of Rossla is situated on the main east-west road between Nordhausen and Sangerhausen, 9 miles (15 km) southeast of Stolberg castle. It became the seat of a cadet line of the junior branch of the dynasty upon the division of Stolberg in 1704. Although Stolberg-Rossla issued a few coins in the name of the individual counts, most of its extensive coinage during the 18th century was coined jointly with the rulers of Stolberg-Stolberg, under which the issues are listed. Although the Stolberg counts surrendered their sovereignty regarding military and foreign matters to Prussia during the latter half of the 18th century, the Stolberg-Rossla line continued well into the 20th century.

RULERS
Justus Christian I, 1704-1739
Friedrich Botho, 1739-1768
Heinrich Christian Friedrich, 1768-1776, abdicated (d.1810)
Johann Wilhelm Christof, 1776-1826

Joint Coinage
of Stolberg –Rossla with Stolberg-Stolberg
C – Christof Ludwig II and Friedrich Botho, 1739-1761
D – Friedrich Botho and Karl Ludwig, 1761-1768
E – Karl Ludwig and Heinrich Christian Friedrich, 1768-1801

COUNTSHIP

REGULAR COINAGE

KM# 18 PFENNIG
Copper **Ruler:** Joint Coinage C **Obv:** Stag left in front of column **Rev:** Value, date **Note:** Prev. C# 5.

Date	Mintage	VG	F	VF	XF	Unc
1751	—	21.00	25.00	55.00	110	—

KM# 20 PFENNIG
Copper **Ruler:** Joint Coinage D **Obv:** Stag in front of column **Rev:** Value, date in cartouche **Note:** Prev. C# 5.5.

Date	Mintage	VG	F	VF	XF	Unc
1761	—	10.00	20.00	45.00	95.00	—

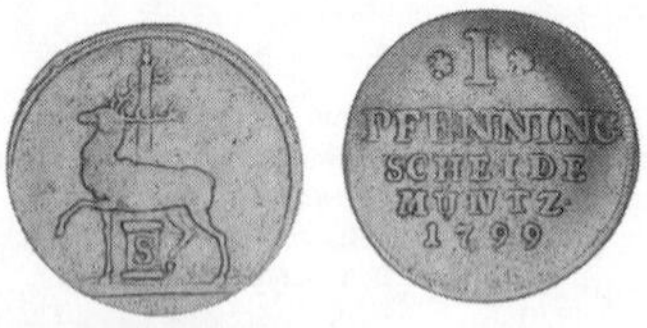

KM# 24 PFENNIG
Copper **Ruler:** Joint Coinage E **Obv:** Stag left before column **Rev:** Value above date **Note:** Prev. C# 47.

Date	Mintage	VG	F	VF	XF	Unc
1799	—	10.00	20.00	45.00	90.00	—

TRADE COINAGE

KM# 5 1/8 DUCAT
0.4375 g., 0.9860 Gold 0.0139 oz. AGW **Ruler:** Justus Christian I **Obv:** Crowned JC monogram **Rev:** Stag in front of column **Note:** Fr# 3332.

Date	Mintage	VG	F	VF	XF	Unc
ND(1704)	—	80.00	150	300	600	1,000

KM# 12 1/8 DUCAT
0.4375 g., 0.9860 Gold 0.0139 oz. AGW **Ruler:** Friedrich Botho **Obv:** Crowned FB monogram **Rev:** Stag in front of column **Note:** Prev. C# 25.

Date	Mintage	VG	F	VF	XF	Unc
ND(1739)	—	60.00	135	275	550	950

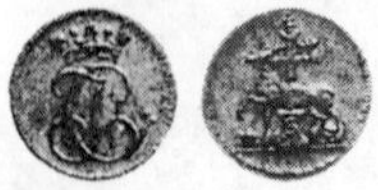

KM# 7 1/4 DUCAT
0.8750 g., 0.9860 Gold 0.0277 oz. AGW **Ruler:** Justus Christian I **Obv:** Crowned JC monogram **Rev:** Stag in front of column **Note:** Fr# 3331.

Date	Mintage	VG	F	VF	XF	Unc
ND(1704)	—	75.00	125	250	475	800

KM# 9 1/4 DUCAT
0.8750 g., 0.9860 Gold 0.0277 oz. AGW **Ruler:** Justus Christian I **Obv:** Stag in front of column, titles of Justuc Christian **Rev:** Crowned shield of arms **Note:** Fr# 3333.

Date	Mintage	VG	F	VF	XF	Unc
ND(1704)	—	80.00	150	300	600	1,000

KM# 14 1/4 DUCAT
0.8750 g., 0.9860 Gold 0.0277 oz. AGW **Ruler:** Friedrich Botho **Obv:** Crowned FB monogram **Rev:** Stag in front of column **Note:** Prev. C# 26.

Date	Mintage	VG	F	VF	XF	Unc
ND(1739)	—	90.00	175	350	725	1,200

STOLBERG-STOLBERG

The old line of counts was divided into the senior (Wernigerode) and junior (Stolberg) branches in 1638. The junior branch was divided again in 1704 into Stolberg-Stolberg and Stolberg-Rossla. The two lines issued a large series of coins, mostly as joint issues, throughout the 18th century. There were still counts of Stolberg-Stolberg into the early 20th century.

RULERS
Christof Ludwig I, 1684-1704
Christof Friedrich, 1704-1738
Christof Ludwig II, 1738-1761
Karl Ludwig, 1761-1815
Josef Christian Ernst Ludwig, 1815-1839
Alfred, 1839-1903

Joint Coinage
of Stolberg-Stolberg and Stolberg-Rossla
A - Christof Friedrich and Jost Christian, 1704-1738
B - Jost Christian and Christof Ludwig II, 1738-1739
C - Christof Ludwig II and Friedrich Botho, 1739-1761
D - Friedrich Botho and Karl Ludwig, 1761-1768
E - Karl Ludwig and Heinrich Christian Friedrich, 1768-1801

COUNTSHIP

REGULAR COINAGE

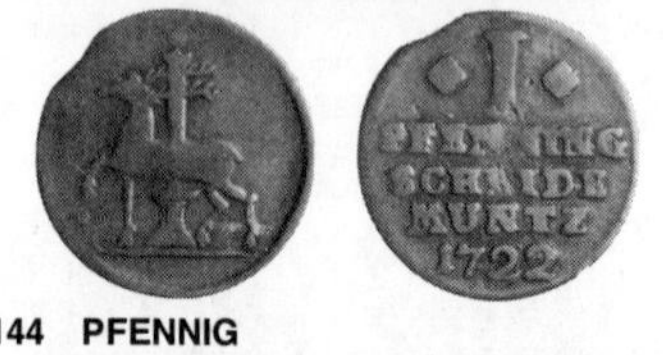

KM# 144 PFENNIG
Copper **Ruler:** Christof Friedrich and Jost Christian Joint Coinage A **Obv:** Stag left in front of column **Rev:** 5-line inscription with date **Rev. Inscription:** 1 / PFENNING / SCHEIDE / MUNTZ / (date) **Note:** Varieties exist.

Date	Mintage	VG	F	VF	XF	Unc
1716	—	7.00	15.00	30.00	65.00	—
1718	—	7.00	15.00	30.00	65.00	—
1721	—	7.00	15.00	30.00	65.00	—
1722	—	7.00	15.00	30.00	65.00	—

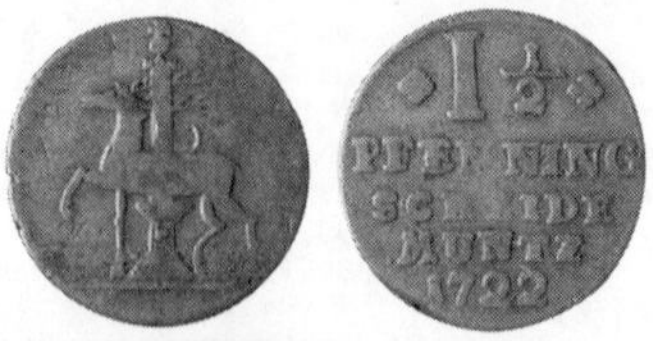

KM# 145 1-1/2 PFENNIG
Copper **Ruler:** Christof Friedrich and Jost Christian Joint Coinage A **Obv:** Stag left in front of column **Rev:** 5-line inscription with date **Rev. Inscription:** I-1/2 / PFENNING / SCHEIDE / MUNTZ / (date). **Note:** Varieties exist.

Date	Mintage	VG	F	VF	XF	Unc
1715	—	10.00	20.00	45.00	90.00	—
1718	—	10.00	20.00	45.00	90.00	—
1722	—	10.00	20.00	45.00	90.00	—

KM# 126 1/48 THALER (1/2 Groschen)
Silver **Ruler:** Christof Friedrich and Jost Christian Joint Coinage A **Obv:** Stag left in front of column **Obv. Legend:** GOTT SEEGNE U. ERHALTE UNSERE BERGW. **Rev:** 4-line inscription, mintmaster's initials divide date below, all in palm wreath **Rev. Inscription:** 48 / EINEN / THALER / FEIN SILB.

Date	Mintage	VG	F	VF	XF	Unc
1707 IIG	—	20.00	40.00	80.00	165	—

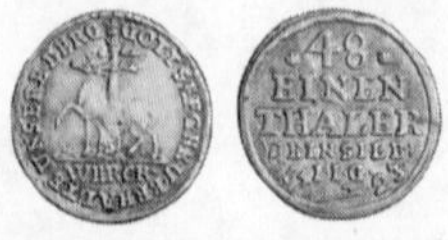

KM# 142 1/48 THALER (1/2 Groschen)
Silver **Ruler:** Christof Friedrich and Jost Christian Joint Coinage A **Obv:** Stag left in front of column, end of inscription 'WERCK' in exergue **Obv. Legend:** GOTT SEEGNE U. ERHALTE UNSERE BERG. **Rev:** 4-line inscription, mintmaster's initials divide date below **Rev. Inscription:** 48 / EINEN / THALER / FEIN SILB. **Note:** Varieties exist.

Date	Mintage	VG	F	VF	XF	Unc
1711 IIG	—	15.00	20.00	45.00	90.00	—
1715 IIG	—	15.00	20.00	45.00	90.00	—
1717 IIG	—	15.00	20.00	45.00	90.00	—
1719 IIG	—	15.00	20.00	45.00	90.00	—
1722 IIG	—	15.00	20.00	45.00	90.00	—
1723 IIG	—	15.00	20.00	45.00	90.00	—
1733 IIG	—	15.00	20.00	45.00	90.00	—
1738 IIG	—	15.00	20.00	45.00	90.00	—

KM# 199 1/48 THALER (1/2 Groschen)
Silver **Ruler:** Jost Christian and Christof Ludwig II Joint Coinage B **Obv:** Stag right in front of column, end of legend 'WERCK' in exergue **Obv. Legend:** GOTT SEEGNE U. ERHALTE UNSERE BERG. **Rev:** 4-line inscription, mintmaster's initials divide date below **Rev. Inscription:** 48 / EINEN / THALER / FEIN SILB.

Date	Mintage	VG	F	VF	XF	Unc
1739 IIG	—	10.00	20.00	40.00	80.00	—

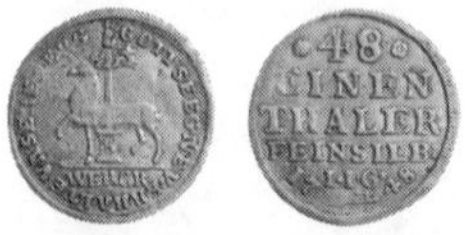

KM# 230 1/48 THALER (1/2 Groschen)
Silver **Ruler:** Christof Ludwig II and Friedrich Botho Joint Coinage C **Obv:** Stag left before column, within legend **Rev:** Value, date **Note:** Prev. C# 6.

Date	Mintage	VG	F	VF	XF	Unc
1745 IIG	—	15.00	30.00	60.00	125	—
1748 IIG	—	15.00	30.00	60.00	125	—
1750 IEVC	—	15.00	30.00	60.00	125	—
1756 IEVC	—	15.00	30.00	60.00	125	—
ND IEVC	—	15.00	30.00	60.00	125	—

KM# 238 1/48 THALER (1/2 Groschen)
Silver **Ruler:** Christof Ludwig II **Obv:** Crowned script CL monogram, date below **Rev:** 3-line inscription beween two crossed palm branches **Rev. Inscription:** 48 / EINEN / THALER

Date	Mintage	VG	F	VF	XF	Unc
1759	—	10.00	25.00	50.00	100	—

KM# 300.1 1/48 THALER (1/2 Groschen)
Silver **Ruler:** Friedrich Botho and Karl Ludwig Joint Coinage D **Obv:** Stag left before column **Rev:** Value and date **Note:** Prev. C# 6a.

Date	Mintage	VG	F	VF	XF	Unc
1767 EFR	—	12.00	30.00	60.00	125	—
1768 EFR	—	12.00	30.00	60.00	125	—

KM# 300.2 1/48 THALER (1/2 Groschen)
Silver **Ruler:** Karl Ludwig and Heinrich Christian Friedrich Joint Coinage E **Obv:** Stag left before column **Rev:** Value, date **Note:** Prev. C# 6b.

Date	Mintage	VG	F	VF	XF	Unc
1777 EFR	—	12.00	30.00	60.00	125	—
1791 FFR	—	12.00	30.00	60.00	125	—

KM# 320 1/48 THALER (1/2 Groschen)
Silver **Ruler:** Karl Ludwig and Heinrich Christian Friedrich Joint Coinage E **Obv:** Stag right in front of column, end of legend 'WERCK' in exergue **Obv. Legend:** GOTT SEEGNE U. ERHALTE UNSERE BERG **Rev:** 4-line inscription, date and mintmaster's initial below **Rev. Inscription:** 48 / EINEN / THALER / FEIN SILB

Date	Mintage	VG	F	VF	XF	Unc
1796 Z	—	10.00	25.00	50.00	100	—

KM# 128 1/24 THALER (Groschen)
Silver **Ruler:** Christof Friedrich and Jost Christian Joint Coinage A **Obv:** Stag right in front of column **Obv. Legend:** GOTT SEEGNE U. ERHALTE UNSERE BERGW. **Rev:** 4-line inscription, mintmaster's initials divide date below, all in palm wreath **Rev. Inscription:** 24 / EINEN / THALER / FEIN SILB.

Date	Mintage	VG	F	VF	XF	Unc
1707 IIG	—	25.00	50.00	100	200	—

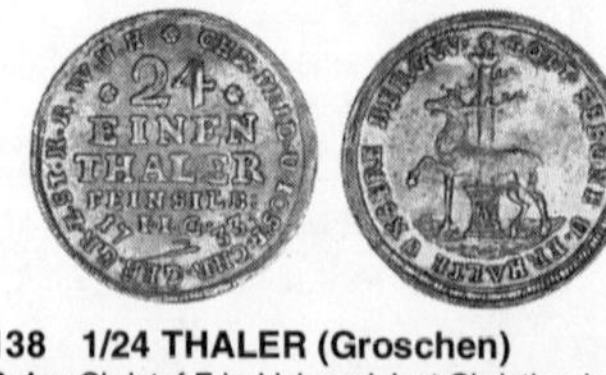

KM# 138 1/24 THALER (Groschen)
Silver **Ruler:** Christof Friedrich and Jost Christian Joint Coinage

A **Obv:** 4-line inscription, mintmaster's initials divide date below **Obv. Legend:** CHR. FRID. U. IOST. CHR. GEB. G. ZU ST. K. R. W. U. H. **Obv. Inscription:** 24 / EINEN / THALER / FEIN SILB. **Rev:** Stag left in front of column **Rev. Legend:** GOTT SEEGNE U. ERHALTE UNSERE BERGW. **Note:** Varieties exist.

Date	Mintage	VG	F	VF	XF	Unc
1709 IIG	—	10.00	25.00	50.00	100	—
1711 IIG	—	10.00	25.00	50.00	100	—
1715 IIG	—	10.00	25.00	50.00	100	—
1717 IIG	—	10.00	25.00	50.00	100	—
1719 IIG	—	10.00	25.00	50.00	100	—
1722 IIG	—	10.00	25.00	50.00	100	—
1724 IIG	—	10.00	25.00	50.00	100	—
1725 IIG	—	10.00	25.00	50.00	100	—
1726 IIG	—	10.00	25.00	50.00	100	—
1733 IIG	—	10.00	25.00	50.00	100	—
1736 IIG	—	10.00	25.00	50.00	100	—
1738 IIG	—	10.00	25.00	50.00	100	—

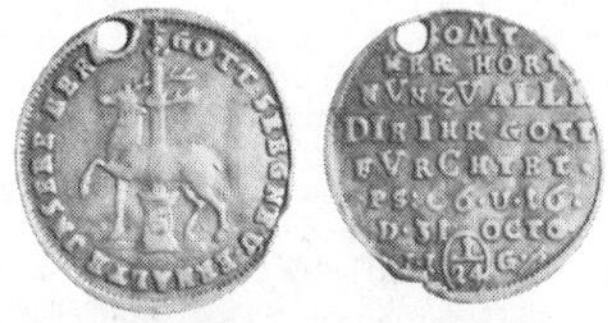

KM# 158 1/24 THALER (Groschen)

Silver **Ruler:** Christof Friedrich and Jost Christian Joint Coinage A **Subject:** Bicentennial of the Reformation **Obv:** Stag left in front of column **Obv. Legend:** GOTT SEEGNE U. ERHALTE UNSERE BERGW. **Rev:** 7-line inscription with date in chronogram, value 1/24 in oval below divides mintmaster's initials **Rev. Inscription:** KOMT / HER HÖRT / NVN ZV ALLE / DIE IHR GOTT / FVRCHTET / PS. 66 V. 16 / D. 31 OCTO.

Date	Mintage	VG	F	VF	XF	Unc
1717 IIG	—	15.00	37.00	75.00	150	—

KM# 224 1/24 THALER (Groschen)

Silver **Ruler:** Christof Ludwig II and Friedrich Botho Joint Coinage C **Obv:** Stag left in front of column **Rev:** Value, date **Note:** Previous C# 7.

Date	Mintage	VG	F	VF	XF	Unc
1741 IIG	—	18.00	37.00	75.00	150	—
1744 IIG	—	18.00	37.00	75.00	150	—
1748 IIG	—	18.00	37.00	75.00	150	—
1750 IEVC	—	18.00	37.00	75.00	150	—
1752 IEVC	—	18.00	37.00	75.00	150	—
1758 IEVC	—	18.00	37.00	75.00	150	—

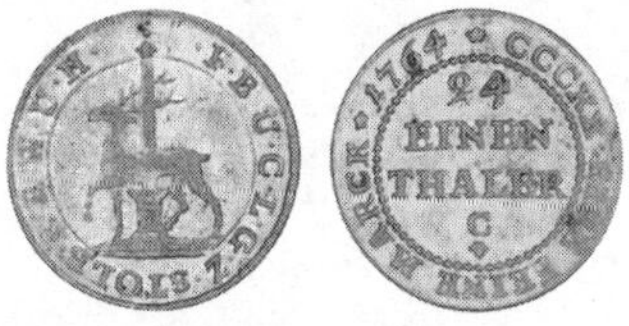

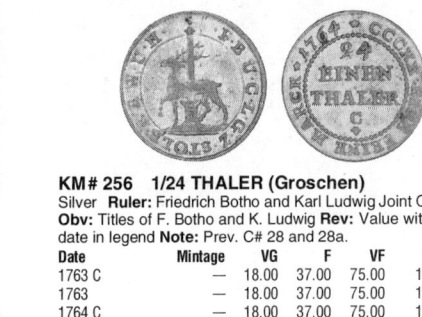

KM# 256 1/24 THALER (Groschen)

Silver **Ruler:** Friedrich Botho and Karl Ludwig Joint Coinage D **Obv:** Titles of F. Botho and K. Ludwig **Rev:** Value within circle, date in legend **Note:** Prev. C# 28 and 28a.

Date	Mintage	VG	F	VF	XF	Unc
1763 C	—	18.00	37.00	75.00	150	—
1763	—	18.00	37.00	75.00	150	—
1764 C	—	18.00	37.00	75.00	150	—

KM# 245 1/24 THALER (Groschen)

Silver **Ruler:** Friedrich Botho and Karl Ludwig Joint Coinage D **Obv:** Crowned 11-fold arms divide date, mintmaster's initials and F - S (Fein Silber), value 1/24 in oval below **Obv. Legend:** FR. BOTHO. V. CARL. LVDEW: GR. Z. ST: K. R. W. V. H. **Rev:** Stag left in front of column **Rev. Legend:** GOTT SEEGNE V. ERHALTE VNSERE BERGW.

Date	Mintage	VG	F	VF	XF	Unc
1762 IEVC	—	45.00	90.00	185	375	—

KM# 288 1/24 THALER (Groschen)

Silver **Ruler:** Friedrich Botho and Karl Ludwig Joint Coinage D **Obv:** Value and date in center **Rev:** Stag left before column with S in base, without inner circle **Note:** Prev. C# 29.

Date	Mintage	VG	F	VF	XF	Unc
1766 EFR	—	25.00	50.00	100	210	—

KM# 314 1/24 THALER (Groschen)

Silver **Ruler:** Karl Ludwig and Heinrich Christian Friedrich Joint Coinage E **Obv:** Stag left before column **Rev:** Value above date **Note:** Prev. C# 48.

Date	Mintage	VG	F	VF	XF	Unc
1771 EFR	—	18.00	37.00	75.00	150	—

KM# 322 1/24 THALER (Groschen)

Silver **Ruler:** Karl Ludwig and Heinrich Christian Friedrich Joint Coinage E **Obv:** 4-line inscription, date and mintmaster's initials below **Obv. Legend:** CARL. LVD. V. H. CHRISTI. FR. GR. STOLB. K. R. W. V. H. **Obv. Inscription:** 24 / EINEN / THALER / FEIN SILB. **Rev:** Stag right in front of column **Rev. Legend:** GOTT SEEGNE V. ERHALTE VNSERE BERGW.

Date	Mintage	VG	F	VF	XF	Unc
1796 Z	—	10.00	20.00	45.00	95.00	—

KM# 130 1/12 THALER (Doppelgroschen)

Silver **Ruler:** Christof Friedrich and Jost Christian Joint Coinage A **Obv:** Stag right in front of column **Obv. Legend:** GOTT SEEGNE U. ERHALTE UNSERE BERGW. **Rev:** 4-line inscription, mintmaster's initials divide date below, all in palm wreath **Rev. Inscription:** 12 / EINEN / THALER. / FEIN SILB.

Date	Mintage	VG	F	VF	XF	Unc
1707 IIG	—	25.00	50.00	100	200	—

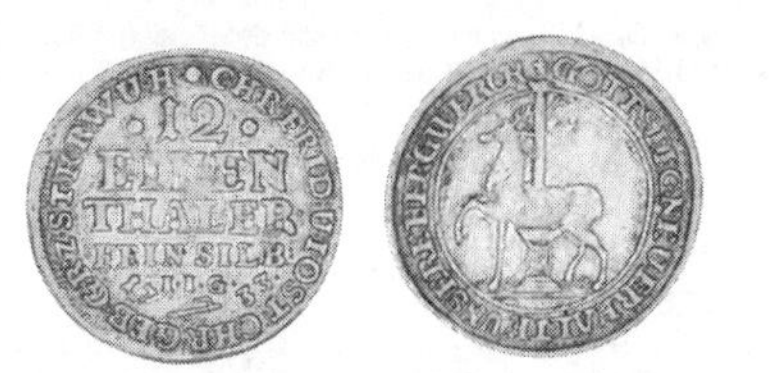

KM# 140 1/12 THALER (Doppelgroschen)

Silver **Ruler:** Christof Friedrich and Jost Christian Joint Coinage A **Obv:** 4-line inscription, mintmaster's initials divide date below **Obv. Legend:** CHR. FRID. U. IOST. CHR. GEB. GR. Z. S. K. R. W. U. H. **Obv. Inscription:** 12 / EINEN / THALER. / FEIN SILB. **Rev:** Stag right in front of column **Rev. Legend:** GOTT SEEGNE U. ERHALTE UNSERE BERGWERCK. **Note:** Varieties exist.

Date	Mintage	VG	F	VF	XF	Unc
1709 IIG	—	10.00	20.00	45.00	95.00	—
1711 IIG	—	10.00	20.00	45.00	95.00	—
1714 IIG	—	10.00	20.00	45.00	95.00	—
1717 IIG	—	10.00	20.00	45.00	95.00	—
1719 IIG	—	10.00	20.00	45.00	95.00	—
1722 IIG	—	10.00	20.00	45.00	95.00	—
1725 IIG	—	10.00	20.00	45.00	95.00	—
1733 IIG	—	10.00	20.00	45.00	95.00	—
1736 IIG	—	10.00	20.00	45.00	95.00	—

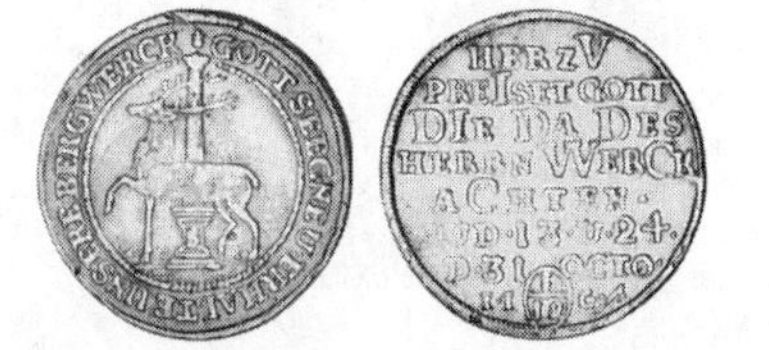

KM# 159 1/12 THALER (Doppelgroschen)

Silver **Ruler:** Christof Friedrich and Jost Christian Joint Coinage A **Subject:** Bicentennial of the Reformation **Obv:** Stag right in front of column **Obv. Legend:** GOTT SEEGNE U. ERHALTE UNSERE BERGWERCK. **Rev:** 7-line inscription with year in chronogram, value 1/12 in oval divides mintmaster's initials at bottom **Rev. Inscription:** HERZV / PREISET GOTT / DIE DA DES / HERRS WERCK / ACHTEN / IUD. 13. U. 24 / D. 31 OCTO.

Date	Mintage	VG	F	VF	XF	Unc
1717 IIG	—	20.00	45.00	90.00	180	—

KM# 189 1/12 THALER (Doppelgroschen)

Silver **Ruler:** Christof Friedrich and Jost Christian Joint Coinage A **Obv:** Stag right in front of column **Obv. Legend:** CHR. FR. U. IOST. CHR. GEB. G. Z. ST. K. R. W. U. H. **Rev:** 3-line inscription, mintmaster's initials divide date below **Rev. Legend:** NACH DEM LEIPZIGER FUS. **Rev. Inscription:** 12 / EINEN / THALER

Date	Mintage	VG	F	VF	XF	Unc
1737 IIG	—	15.00	30.00	65.00	135	—

KM# 191 1/12 THALER (Doppelgroschen)

Silver **Ruler:** Jost Christian and Christof Ludwig II Joint Coinage B **Obv:** 4-line inscription, mintmaster's initials divide date below **Obv. Legend:** IOST. CHR. U. CHR. LUD. GR. Z. STOLB. K. R. W. U. H. **Rev:** Stag right in front of column **Rev. Legend:** GOTT SEEGNE U. ERHALTE UNSERE BERGWERCK. **Note:** Varieties exist.

Date	Mintage	VG	F	VF	XF	Unc
1738 IIG	—	20.00	45.00	90.00	185	—
1739 IIG	—	20.00	45.00	90.00	185	—

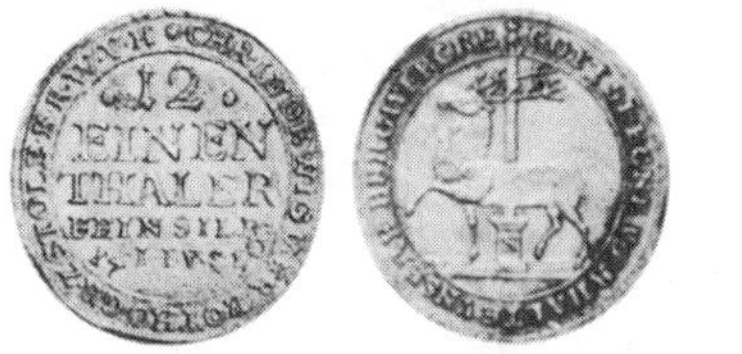

KM# 232 1/12 THALER (Doppelgroschen)

Silver **Ruler:** Christof Ludwig II and Friedrich Botho Joint Coinage C **Obv:** Value and date **Rev:** Stag left in front of column **Note:** Prev. C# 8.

Date	Mintage	VG	F	VF	XF	Unc
1746 IIG	—	30.00	65.00	135	275	—
1748 IIG	—	30.00	65.00	135	275	—
1749 IIG	—	30.00	65.00	135	275	—
1750 IEVC	—	30.00	65.00	135	275	—

KM# 247 1/12 THALER (Doppelgroschen)

Ruler: Friedrich Botho and Karl Ludwig Joint Coinage D **Obv:** Crowned 11-fold arms divide date and mintmaster's initials, value 1/12 in oval below **Obv. Legend:** FR. BOTHO. V. CARL. LVD. G. Z. ST. K. R. W. V. H. **Rev:** Stag right in front of column **Rev. Legend:** GOTT SEEGNE V. ERHALTE VNSERE BERGW.

Date	Mintage	VG	F	VF	XF	Unc
1762 IEVC	—	15.00	37.00	75.00	150	—

KM# 259 1/12 THALER (Doppelgroschen)

Silver **Ruler:** Friedrich Botho and Karl Ludwig Joint Coinage D **Obv:** Value in center, C below **Rev:** Stag left before column with S in base in inner circle **Note:** Prev. C# 30.

Date	Mintage	VG	F	VF	XF	Unc
1763 C	—	20.00	50.00	110	225	—
1764 C	—	20.00	50.00	110	225	—

KM# 260 1/12 THALER (Doppelgroschen)

Silver **Ruler:** Friedrich Botho and Karl Ludwig Joint Coinage D **Obv:** Value in cartouche **Rev:** Stag left in front of column **Note:** Prev. C# 30a.

Date	Mintage	VG	F	VF	XF	Unc
1763 C	—	20.00	50.00	110	225	—

KM# 302 1/12 THALER (Doppelgroschen)

Silver **Ruler:** Karl Ludwig and Heinrich Christian Friedrich Joint Coinage E **Obv:** Value above date **Rev:** Stag left before column **Note:** Prev. C# 49.

Date	Mintage	VG	F	VF	XF	Unc
1768 EFR	—	30.00	65.00	130	265	—
1770 EFR	—	30.00	65.00	130	265	—

KM# 324 1/12 THALER (Doppelgroschen)

Silver **Ruler:** Karl Ludwig and Heinrich Christian Friedrich Joint Coinage E **Obv:** 4-line inscription, date and mintmaster's initial below **Obv. Legend:** CARL. LUDW. U. H. CHRIST. FRIED. GR. Z. STOLB. K. R. W. U. H. **Obv. Inscription:** 12 / EINEN / THALER / FEIN SILB.

Date	Mintage	VG	F	VF	XF	Unc
1796 Z	—	18.00	37.00	75.00	150	—

KM# 132 6 MARIENGROSCHEN (1/6 Thaler)

Silver **Ruler:** Christof Friedrich and Jost Christian Joint Coinage A **Obv:** 4-line inscription, mintmaster's initials divide date below **Obv. Legend:** CHRIST. FRID. U. IOST. CHRISTI. GEB. G. ZU. ST. K. R. W. U. H. **Obv. Inscription:** VI/MARIEN/GROSCH:/V. FEIN. SILB. **Rev:** Stag left in front of column **Rev. Legend:** GOTT SEEGNE UND ERHALTE UNSERE BERGWERCKE. **Note:** Varieties exist.

Date	Mintage	VG	F	VF	XF	Unc
1707 IIG	—	25.00	50.00	110	210	—
1708 IIG	—	25.00	50.00	110	210	—
1709 IIG	—	25.00	50.00	110	210	—
1712 IIG	—	25.00	50.00	110	210	—
1714 IIG	—	25.00	50.00	110	210	—
1715 IIG	—	25.00	50.00	110	210	—
1716 IIG	—	25.00	50.00	110	210	—
1717 IIG	—	25.00	50.00	110	210	—
1718 IIG	—	25.00	50.00	110	210	—
1720 IIG	—	25.00	50.00	110	210	—
1721 IIG	—	25.00	50.00	110	210	—
1722 IIG	—	25.00	50.00	110	210	—
1723 IIG	—	25.00	50.00	110	210	—
1724 IIG	—	25.00	50.00	110	210	—
1725 IIG	—	25.00	50.00	110	210	—
1726 IIG	—	25.00	50.00	110	210	—
1727 IIG	—	25.00	50.00	110	210	—
1728 IIG	—	25.00	50.00	110	210	—

KM# 115 1/6 THALER

Silver **Ruler:** Christof Friedrich and Jost Christian Joint Coinage A **Obv:** Stag left in front of column **Obv. Legend:** CHRIST: FRIED: &. IOST: CHRISTI: FRA: &. CO: ST. K: R: WE: & H:. **Rev:** 11-fold arms divide mintmaster's initials at bottom, 3 ornate helmets above with date divided between crests **Rev. Legend:** DOM: IN. EPST: MUN: BR: AI: LOHR: &. CLET. **Note:** Struck from same dies as Ducat, KM# 124.

Date	Mintage	VG	F	VF	XF	Unc
1706 IIG	—	25.00	50.00	100	200	—

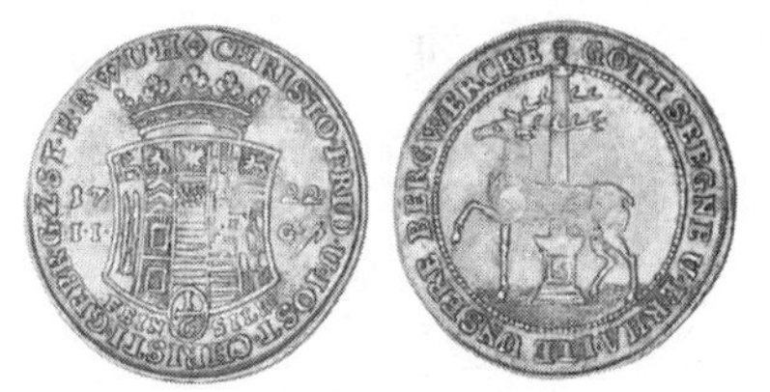

KM# 147 1/6 THALER

Silver **Ruler:** Christof Friedrich and Jost Christian Joint Coinage A **Obv:** Crowned 11-fold arms divide date and mintmaster's initials, value 1/6 in oval at bottom divides FEIN — SILB. **Obv. Legend:** CHRISTO: FRID. U IOST. CHRISTI: GEBR. G. Z. ST. K. R. W. U. H. **Rev:** Stag left in front of column **Rev. Legend:** GOTT SEEGNE UND ERHALTE UNSERE BERGWERCKE. **Note:** Varieties exist.

Date	Mintage	VG	F	VF	XF	Unc
1715 IIG	—	22.00	45.00	90.00	185	—
1717 IIG	—	22.00	45.00	90.00	185	—
1718 IIG	—	22.00	45.00	90.00	185	—
1719 IIG	—	22.00	45.00	90.00	185	—
1721 IIG	—	22.00	45.00	90.00	185	—
1722 IIG	—	22.00	45.00	90.00	185	—
1731 IIG	—	22.00	45.00	90.00	185	—
1733 IIG	—	22.00	45.00	90.00	185	—
1736 IIG	—	22.00	45.00	90.00	185	—
1737 IIG	—	22.00	45.00	90.00	185	—
1738 IIG	—	22.00	45.00	90.00	185	—

KM# 161 1/6 THALER

Silver **Ruler:** Christof Friedrich and Jost Christian Joint Coinage A **Subject:** Bicentennial of the Reformation **Obv:** Stag left in front of column **Obv. Legend:** GOTT SEEGNE U. ERHALTE UNSERE BERGWERCKE **Rev:** 7-line inscription with year in chronogram, value 1/6 in oval at bottom divides mintmaster's initials **Rev. Inscription:** GELOBET / SEY NVN DER / GOTT ISRAEL / DER ALLEIN / WVNDER THVT / PS. LXXII.18 / DEN. 31 OCTOB.

Date	Mintage	VG	F	VF	XF	Unc
1717 IIG	—	30.00	55.00	100	210	—

640 GERMAN STATES STOLBERG-STOLBERG

KM# 193 1/6 THALER

Silver **Ruler:** Jost Christian and Christof Ludwig II Joint Coinage B **Obv:** Crowned 11-fold arms divide date and mintmaster's initials, value 1/6 in oval below divides FEIN — SILB: **Obv. Legend:** CHRISTO. FRID. U. IOST. CHRISTI. GEBR. G. Z. ST. K. R. W. U. H. **Rev:** Stag left in front of column **Rev. Legend:** GOTT SEEGNE U. ERHALTE UNSERE BERGWERCKE

Date	Mintage	VG	F	VF	XF	Unc
1738 IIG	—	30.00	65.00	130	260	—

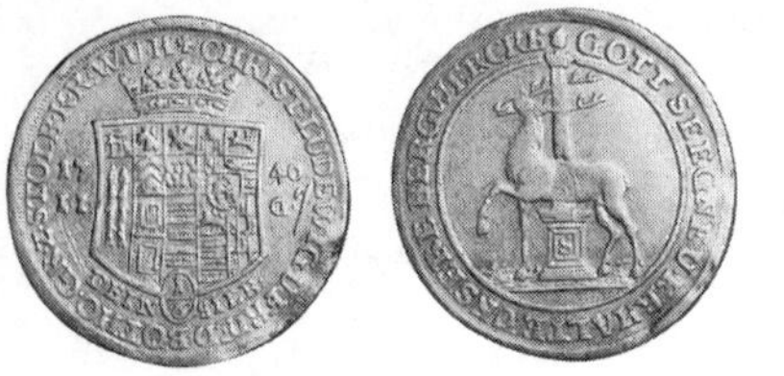

KM# 218 1/6 THALER

Silver **Ruler:** Christof Ludwig II and Friedrich Botho Joint Coinage C **Obv:** Crowned 11-fold arms divide date and mintmaster's initials, value 1/6 in oval below divides FEIN — SILB: **Rev:** Stag left in front of column **Note:** Prev. C# 9.

Date	Mintage	VG	F	VF	XF	Unc
1740 IIG	—	40.00	85.00	170	340	—
1742 IIG	—	40.00	85.00	170	340	—
1743 IIG	—	40.00	85.00	170	340	—
1744 IIG	—	40.00	85.00	170	340	—
1745 IIG	—	40.00	85.00	170	340	—
1746 IIG	—	40.00	85.00	170	340	—
1748 IIG	—	40.00	85.00	170	340	—
1749 IIG	—	40.00	85.00	170	340	—
1750 IEVC	—	40.00	85.00	170	340	—
1756 IEVC	—	40.00	85.00	170	340	—

KM# 236 1/6 THALER

Silver **Ruler:** Christof Ludwig II and Friedrich Botho Joint Coinage C **Subject:** Bicentennial of the Religious Peace of Augsburg **Obv:** Stag left in front of column **Obv. Legend:** GOTT SEEGNE V. ERHALTE VNSERE BERGWERCKE. **Rev:** Six-line inscription with year in chronogram, value 1/6 in oval divides last two lines **Rev. Inscription:** LAETANDO / NUMEN LATAS / CELEBRATE PER / ORAS. PS. C. V. I. / D. 25. — SEPT. / I.E. — V.C. **Note:** Prev. C# 10.

Date	Mintage	VG	F	VF	XF	Unc
1755 IEVC	—	425	850	1,600	3,000	—

KM# 249 1/6 THALER

Silver **Ruler:** Friedrich Botho and Karl Ludwig Joint Coinage D **Obv:** Crowned 11-fold arms in baroque frame divide date and mintmaster's initials, value 1/6 in oval divides FEIN — SILB: below **Obv. Legend:** FR: BOTHO. V. CARL. LVDEW. GR. ZV. ST. K. R. W. V. H. **Rev:** Stag left in front of column **Rev. Legend:** GOTT SEEGNE V. ERHALTE VNSERE BERGWERCKE

Date	Mintage	VG	F	VF	XF	Unc
1762 IEVC	—	18.00	37.00	75.00	150	—

KM# 262 1/6 THALER

Silver **Ruler:** Friedrich Botho and Karl Ludwig Joint Coinage D **Obv:** Arms, value below **Rev:** Stag left before column **Note:** Prev. C# 32.

Date	Mintage	VG	F	VF	XF	Unc
1763 C	—	18.00	37.00	75.00	150	—

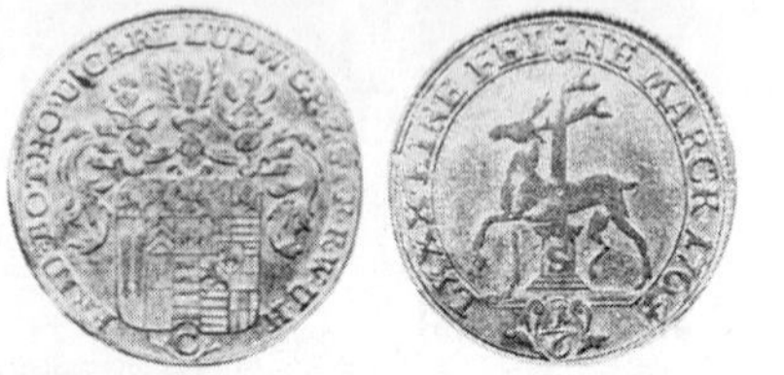

KM# 263 1/6 THALER

Silver **Ruler:** Friedrich Botho and Karl Ludwig Joint Coinage D **Obv:** Manifold arms, three ornate helmets above, mintmaster's initial in cartouche below **Obv. Legend:** FRID. BOTHO. U. CARL LUDW. GR. Z. ST. K. R. W. U. H. **Rev:** Stag left in front of colume, value 1/6 in cartouche below, date at end of legend **Rev. Legend:** LXXX. EINE FEINE MARCK.

Date	Mintage	VG	F	VF	XF	Unc
1763 C	—	20.00	50.00	110	225	—
1764 C	—	20.00	50.00	110	225	—

KM# 290 1/6 THALER

Silver **Ruler:** Friedrich Botho and Karl Ludwig Joint Coinage D **Obv:** Crowned arms **Rev:** Stag left before column **Note:** Prev. C# 32b.

Date	Mintage	VG	F	VF	XF	Unc
1766 EFR	—	35.00	75.00	150	300	—

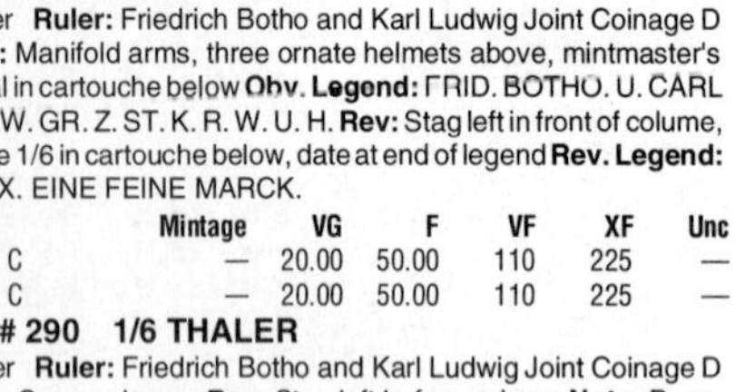

KM# 304 1/6 THALER

Silver **Ruler:** Karl Ludwig and Heinrich Christian Friedrich Joint Coinage E **Obv:** Crowned arms divide date, value below **Rev:** Stag left before column **Note:** Reichs 1/6 Thaler. Prev. C# 49a.

Date	Mintage	VG	F	VF	XF	Unc
1768 EFR	—	30.00	60.00	125	250	—
1770 EFR	—	30.00	60.00	125	250	—
1777 EFR	—	30.00	60.00	125	250	—
1790 EFR	—	30.00	60.00	125	250	—

KM# 326 1/6 THALER

Silver **Ruler:** Karl Ludwig and Heinrich Christian Friedrich Joint Coinage E **Obv:** 4-line inscription, date and mintmaster's initial below **Obv. Legend:** CARL. LUDW. U. H. CHRIST. FRIED. GRAF. Z. STOLB. **Obv. Inscription:** VI/EINEN/THALER/FEIN SILB. **Rev:** Stag left in front of column **Rev. Legend:** GOTT SEEGNE U. ERHALTE UNSERE BERGWERCKE

Date	Mintage	VG	F	VF	XF	Unc
1796 Z	—	22.00	45.00	90.00	185	—

KM# 201 8 GROSCHEN (1/3 Thaler)

Silver **Ruler:** Jost Christian and Christof Ludwig II Joint Coinage B **Obv:** 4-line inscription, mintmaster's initials divide date below **Obv. Legend:** IOST. CHRIST. U. CHRISTO. LUD. GRAF. Z. STOLB. K. R. W. U. H. **Obv. Inscription:** VIII / GUTE / GROSCH / N.D.L. FUS. **Rev:** Stag left in front of column **Rev. Legend:** GOTT SEEGNE UND ERHALTE UNSERE BERGWERCKE.

Date	Mintage	VG	F	VF	XF	Unc
1739 IIG	—	50.00	90.00	160	250	—

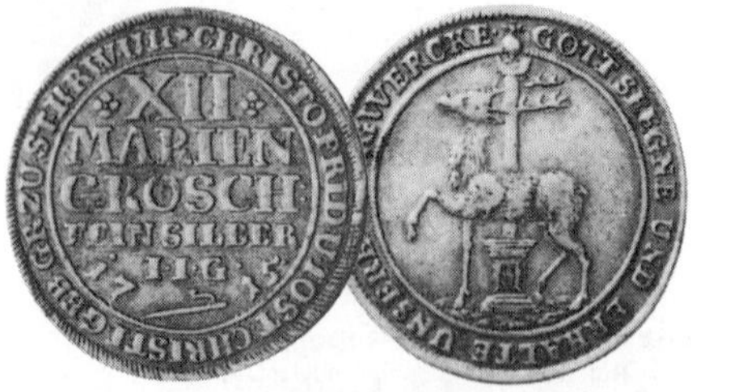

KM# 133 12 MARIENGROSCHEN (1/3 Thaler)

Silver **Ruler:** Christof Friedrich and Jost Christian Joint Coinage A **Obv:** 4-line inscription, mintmaster's initials divide date below **Obv. Legend:** CHRISTO. FRID. U. IOST. CHRISTI. GEB. GR. ZU. ST. K. R. W. U. H. **Obv. Inscription:** XII / MARIEN / GROSCH: / FEIN. SILBER. **Rev:** Stag left in front of column **Rev. Legend:** GOTT SEEGNE UND ERHALTE UNSERE BERGWERCKE. **Note:** Varieties exist.

Date	Mintage	VG	F	VF	XF	Unc
1707 IIG	—	35.00	65.00	120	200	—
1708 IIG	—	35.00	65.00	120	200	—
1709 IIG	—	35.00	65.00	120	200	—
1710 IIG	—	35.00	65.00	120	200	—
1712 IIG	—	35.00	65.00	120	200	—
1714 IIG	—	35.00	65.00	120	200	—
1715 IIG	—	35.00	65.00	120	200	—
1716 IIG	—	35.00	65.00	120	200	—
1718 IIG	—	35.00	65.00	120	200	—
1720 IIG	—	35.00	65.00	120	200	—
1721 IIG	—	35.00	65.00	120	200	—
1722 IIG	—	35.00	65.00	120	200	—
1723 IIG	—	35.00	65.00	120	200	—
1724 IIG	—	35.00	65.00	120	200	—
1725 IIG	—	35.00	65.00	120	200	—
1726 IIG	—	35.00	65.00	120	200	—
1728 IIG	—	35.00	65.00	120	200	—

KM# 207 12 MARIENGROSCHEN (1/3 Thaler)

Silver **Ruler:** Jost Christian and Christof Ludwig II Joint Coinage B **Obv:** 4-line inscription, mintmaster's initials divide date below **Obv. Legend:** IOST. CHRISTI. U. CHRISTO. LUD. GRAF Z. STOLB. K. R. W. U. H. **Obv. Inscription:** XVI / GUTE / GROSCH / N. D. L FUS. **Rev:** Stag left in front of column **Rev. Legend:** GOTT SEEGNE U. ERHALTE UNSERE BERGWERCKE. **Note:** Dav# 1005.

Date	Mintage	VG	F	VF	XF	Unc
1739 IIG	—	75.00	150	300	600	—

KM# 149 1/3 THALER (1/2 Gulden)

Silver **Ruler:** Christof Friedrich and Jost Christian Joint Coinage A **Obv:** Crowned 11-fold arms divide date and mintmaster's initials, value 1/3 in oval divides FEIN — SILB: below **Obv. Legend:** CHRISTO. FRID. U. IOST. CHRISTI. GEBR. GR. Z. ST. K. R. W. U. H. **Rev:** Stag left in front of column **Rev. Legend:** GOTT SEEGNE UND ERHALTE UNSERE BERGWERCKE **Note:** Varieties exist.

Date	Mintage	VG	F	VF	XF	Unc
1715 IIG	—	30.00	60.00	125	250	—
1716 IIG	—	30.00	60.00	125	250	—
1718 IIG	—	30.00	60.00	125	250	—
1719 IIG	—	30.00	60.00	125	250	—
1720 IIG	—	30.00	60.00	125	250	—
1721 IIG	—	30.00	60.00	125	250	—
1722 IIG	—	30.00	60.00	125	250	—
1723 IIG	—	30.00	60.00	125	250	—
1726 IIG	—	30.00	60.00	125	250	—
1731 IIG	—	30.00	60.00	125	250	—
1732 IIG	—	30.00	60.00	125	250	—
1733 IIG	—	30.00	60.00	125	250	—
1735 IIG	—	30.00	60.00	125	250	—
1736 IIG	—	30.00	60.00	125	250	—
1737 IIG	—	30.00	60.00	125	250	—
1738 IIG	—	30.00	60.00	125	250	—

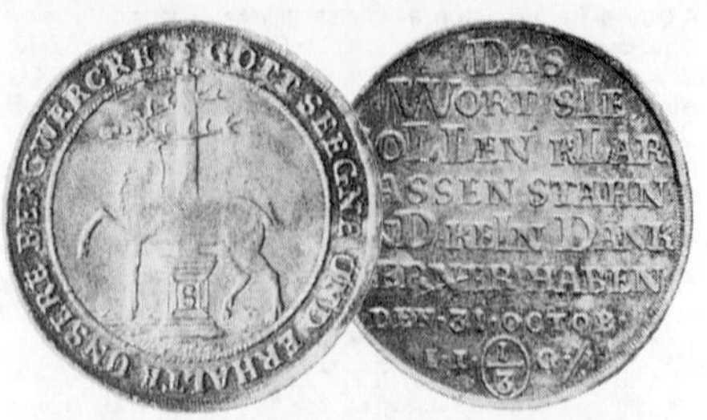

KM# 163 1/3 THALER (1/2 Gulden)

Silver **Ruler:** Christof Friedrich and Jost Christian Joint Coinage A **Subject:** Bicentennial of the Reformation **Obv:** Stag left in front of column **Obv. Legend:** GOTT SEEGNE UND ERHALTE UNSERE BERGWERCKE **Rev:** 7-line inscription with year in chronogram, value 1/3 in oval below divides mintmaster's initials **Rev. Inscription:** DAS / WORT SIE / SOLLEN KLAR / LASSEN STAHN: / VND REIN DANK / FERNER HABEN / DEN. 31. OCTOB.

Date	Mintage	VG	F	VF	XF	Unc
1717 IIG	—	35.00	65.00	135	275	—

KM# 203 1/3 THALER (1/2 Gulden)

Silver **Ruler:** Jost Christian and Christof Ludwig II Joint Coinage B **Obv:** Crowned 11-fold arms divide date and mintmaster's initials, value 1/3 in oval below divides FEIN — SILB: **Obv. Legend:** IOST. CHRISTI. U. CHRISTO. LUD. GRAF. Z. STOLB. K. R. W. U. H. **Rev:** Stag left in front of column **Rev. Legend:** GOTT SEEGNE UND ERHALTE UNSERE BERGWERCKE

Date	Mintage	VG	F	VF	XF	Unc
1739 IIG	—	70.00	140	285	570	—

KM# 204 1/3 THALER (1/2 Gulden)

Silver **Ruler:** Jost Christian and Christof Ludwig II Joint Coinage B **Obv:** Crowned 11-fold arms divide date and mintmaster's initials, value 1/3 in oval below divides N.D.L. — FUS: **Obv. Legend:** IOST. CHRISTI. U. CHRISTO. LUD. GRAF. Z. STOLB. K. R. W. U. H. **Rev:** Stag left in front of column **Rev. Legend:** GOTT SEEGNE UND ERHALTE UNSERE BERGWERCKE

Date	Mintage	VG	F	VF	XF	Unc
1739 IIG	—	65.00	135	275	525	—

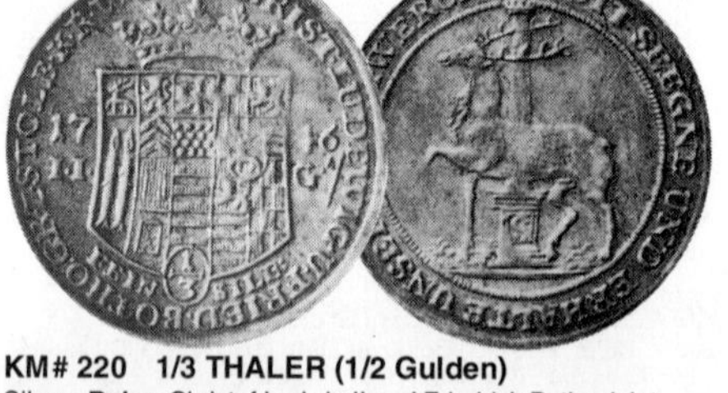

KM# 220 1/3 THALER (1/2 Gulden)

Silver **Ruler:** Christof Ludwig II and Friedrich Botho Joint Coinage C **Obv:** Crowned arms **Obv. Legend:** CHRIST • LUDEWIG • U • FRIED • BOTHO • GR • Z • STOLB • R • R • ... **Rev:** Stag left in front of column **Note:** Prev. C# 12.

Date	Mintage	VG	F	VF	XF	Unc
1740 IIG	—	65.00	100	200	425	—
1742 IIG	—	65.00	100	200	425	—
1743 IIG	—	65.00	100	200	425	—
1744 IIG	—	65.00	100	200	425	—
1745 IIG	—	65.00	100	200	425	—
1746 IIG	—	65.00	100	200	425	—
1747 IIG	—	65.00	100	200	425	—
1748 IIG	—	65.00	100	200	425	—
1749 IIG	—	65.00	100	200	425	—
1750 IEVC	—	65.00	100	200	425	—
1752 IEVC	—	65.00	100	200	425	—
1753 IEVC	—	65.00	100	200	425	—
1754 IEVC	—	65.00	100	200	425	—
1755 IEVC	—	65.00	100	200	425	—
1756 IEVC	—	65.00	100	200	425	—
1758 IEVC	—	65.00	100	200	425	—

KM# 265 1/3 THALER (1/2 Gulden)

9.5400 g., Silver **Ruler:** Friedrich Botho and Karl Ludwig Joint Coinage D **Countermark:** 1/3 and X over L **Obv:** Manifold arms, three ornate helmets above, mintmaster's initial in cartouche below **Obv. Legend:** FRID. BOTHO. U. CARL LUDW. GR. Z. ST. K. R. W. U. H. **Rev:** Stag left in front of column, date at end of legend **Rev. Legend:** LXXX. EINE FEINE MARCK **Note:** Klippe of 1/6 Taler, KM# 263, revalued with countermarks.

Date	Mintage	VG	F	VF	XF	Unc
1763 C Rare	—	—	—	—	—	—

KM# 264 1/3 THALER (1/2 Gulden)

Silver **Ruler:** Friedrich Botho and Karl Ludwig Joint Coinage D **Obv:** Crowned arms, C below **Rev:** Stag left before column with S in base in inner circle; date in exergue **Note:** Prev. C#12A.

Date	Mintage	VG	F	VF	XF	Unc
1763 C	—	35.00	75.00	150	300	—

STOLBERG-STOLBERG GERMAN STATES 641

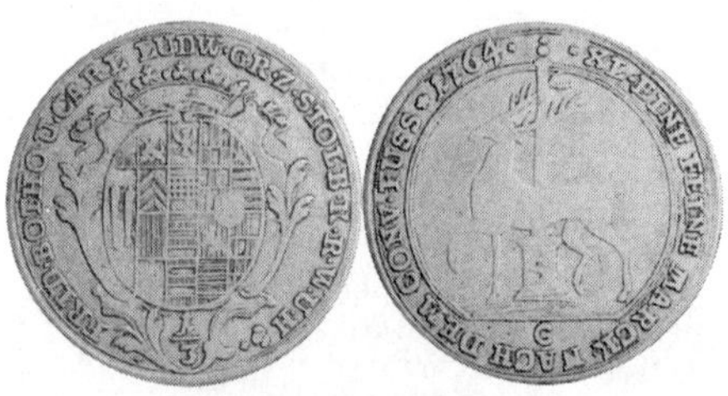

KM# 273 1/3 THALER (1/2 Gulden)
Silver **Ruler:** Friedrich Botho and Karl Ludwig Joint Coinage D **Obv:** Crowned oval manifold arms between two branches, value 1/3 in cartouche below **Obv. Legend:** FRID • BOTHO • U • CARL • LUDW • GR • Z • STOLB • R • R • W • U • H **Rev:** Stag left in front of column with S in base in inner circle; mintmaster's initial in exergue, date at end of legend **Rev. Legend:** .XL. EINE FEINE MARCK NACH DEM CONV. FUSS. **Note:** Prev. C# A50.

Date	Mintage	VG	F	VF	XF	Unc
1764 C	—	35.00	75.00	150	300	—
1766 C	—	35.00	75.00	150	300	—

KM# 295 1/3 THALER (1/2 Gulden)
Silver **Ruler:** Friedrich Botho and Karl Ludwig Joint Coinage D **Obv:** Crowned squarish shield of manifold arms divides date and mintmaster's initials, value 1/3 in oval below divides FEIN - SILB: **Obv. Legend:** FRIED • BOTHO • V • CARL • LVDEWIG • GR • Z • STOLB • K • R • W • V • H **Rev:** Stag to left in front of column with S on base **Rev. Legend:** GOTT SEEGNE • V • ERHAL • VNSERE BERGWERCKE

Date	Mintage	Good	VG	F	VF	XF
1766 EFR	—	—	45.00	90.00	185	375

KM# 328 1/3 THALER (1/2 Gulden)
Silver **Ruler:** Karl Ludwig and Heinrich Christian Friedrich Joint Coinage E **Obv:** Manifold arms divide date and mintmaster's initials, 3 ornate helmets above, value 1/3 in oval below divides FEIN — SILB. **Obv. Legend:** CARL LUDW. U. H. CHR. FRIED. GR. Z.STOLB. **Rev:** Stag left in front of column **Rev. Legend:** GOTT SEEGNE U. ERHALTE UNSERE BERGWERCKE

Date	Mintage	VG	F	VF	XF	Unc
1796 EHAZ	—	45.00	85.00	170	340	—

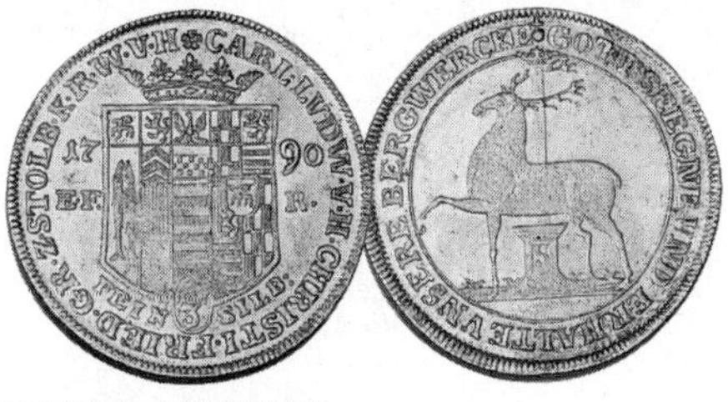

KM# 306 1/3 THALER
Silver **Ruler:** Karl Ludwig and Heinrich Christian Friedrich Joint Coinage E **Obv:** Crowned arms divide date, value below **Rev:** Stag left before column **Note:** Prev. C# 50.

Date	Mintage	VG	F	VF	XF	Unc
1768 EFR	—	45.00	95.00	190	390	—
1770 EFR	—	45.00	95.00	190	390	—
1777 EFR	—	45.00	95.00	190	390	—
1790 EFR	—	45.00	95.00	190	390	—

KM# 267 1/2 THALER
Silver **Ruler:** Karl Ludwig and Heinrich Christian Friedrich Joint Coinage E **Obv:** Crowned oval arms, C below **Rev:** Stag left before column with S in base, in inner circle; date in exergue **Note:** Prev. C# 35.

Date	Mintage	VG	F	VF	XF	Unc
1763 C	—	90.00	185	375	750	—

KM# 206 16 GROSCHEN (2/3 Thaler)
Silver **Ruler:** Christof Friedrich and Jost Christian Joint Coinage A **Obv:** 4-line inscription, mintmaster's initials divide date below **Obv. Legend:** CHRISTO. FRID. U. IOST. CHRISTI. GEBR. GR. Z. ST. K. R. W. U. H. **Obv. Inscription:** XVI / GUTE / GROSCH / N. D. L FUS. **Rev:** Stag left in front of column **Rev. Legend:** GOTT SEEGNE U. ERHALTE UNSERE BERGWERCKE. **Note:** Dav# 1001.

Date	Mintage	VG	F	VF	XF	Unc
1737 IIG	—	60.00	125	250	500	—

KM# 151 2/3 THALER (Gulden)
Silver **Ruler:** Christof Friedrich and Jost Christian Joint Coinage A **Obv:** Crowned 11-fold arms divide date and mintmaster's initials, value 2/3 in oval below divides FEIN — SILB: **Obv. Legend:** CHRISTO: FRID: U. IOST. CHRISTI: GEBR. GR. Z. ST. K. R. W. U. H. **Rev:** Stag left in front of column **Rev. Legend:** GOTT SEEGNE U. ERHALTE UNSERE BERGWERCKE. **Note:** Varieties exist. Dav# 997.

Date	Mintage	VG	F	VF	XF	Unc
1715 IIG	—	40.00	90.00	180	360	—
1716 IIG	—	40.00	90.00	180	360	—
1717 IIG	—	40.00	90.00	180	360	—
1718 IIG	—	40.00	90.00	180	360	—
1719 IIG	—	40.00	90.00	180	360	—
1720 IIG	—	40.00	90.00	180	360	—
1721 IIG	—	40.00	90.00	180	360	—
1722 IIG	—	40.00	90.00	180	360	—
1723 IIG	—	40.00	90.00	180	360	—
1724 IIG	—	40.00	90.00	180	360	—
1726 IIG	—	40.00	90.00	180	360	—
1727 IIG	—	40.00	90.00	180	360	—
1729 IIG	—	40.00	90.00	180	360	—
1730 IIG	—	40.00	90.00	180	360	—
1731 IIG	—	40.00	90.00	180	360	—
1733 IIG	—	40.00	90.00	180	360	—
1734 IIG	—	40.00	90.00	180	360	—
1735 IIG	—	40.00	90.00	180	360	—
1736 IIG	—	40.00	90.00	180	360	—
1737 IIG	—	40.00	90.00	180	360	—
1738 IIG	—	40.00	90.00	180	360	—

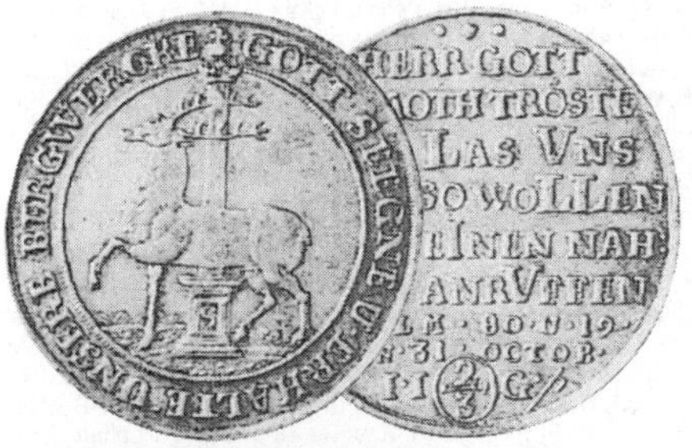

KM# 165 2/3 THALER (Gulden)
Silver **Ruler:** Christof Friedrich and Jost Christian Joint Coinage A **Subject:** Bicentennial of the Reformation **Obv:** Stag left in front of column **Obv. Legend:** GOTT SEEGNE U. ERHALTE UNSERE BERGWERCKE **Rev:** 8-line inscription with year in chronogram, value 2/3 in oval at bottom divides mintmaster's initials **Rev. Inscription:** HERR GOTT / ZEBAOTH TRÖSTE / UNS LAS UNS / LEBEN SO WOLLEN / WIR DEINEN NAH: / MEN ANRVFFEN / PSALM. 80. U. 1. 9 / DEN. 31. OCTOB. **Note:** Dav# 998.

Date	Mintage	VG	F	VF	XF	Unc
1717 IIG	—	60.00	125	250	500	—

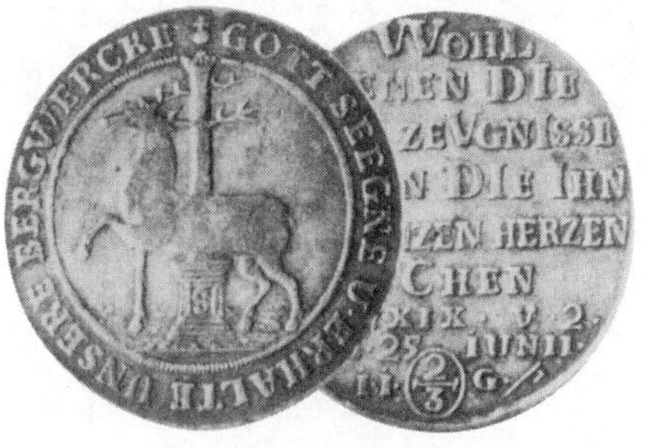

KM# 183 2/3 THALER (Gulden)
Silver **Ruler:** Christof Friedrich and Jost Christian Joint Coinage A **Subject:** Bicentennial of the Augsburg Confession **Obv:** Stag left in front of column **Obv. Legend:** GOTT SEEGNE U. ERHALTE UNSERE BERGWERCKE **Rev:** 8-line inscription with year in chronogram, value 2/3 in oval below divides mintmaster's initials **Rev. Inscription:** WOHL / DENEN DIE / SEINE ZEVGNISSE / HALTEN DIE IHN / VON GANZEN HERZEN / SVCHEN / PS. CXIX. V. 2. /DEN. 25 IVNII. **Note:** Dav# 999.

Date	Mintage	VG	F	VF	XF	Unc
1730 IIG	—	50.00	100	200	425	—

KM# 197 2/3 THALER (Gulden)
Silver **Ruler:** Jost Christian and Christof Ludwig II Joint Coinage B **Obv:** 11-fold arms divide date and mintmaster's initials, value 2/3 in oval below divides FEIN — SILB: **Obv. Legend:** IOST. CHRISTI. U. CHRISTO. LUD. GRAF. Z. STOLB. K. R. W. U. H. **Rev:** Stag left in front of column **Rev. Legend:** GOTT SEEGNE U. ERHALT UNSERE BERGWERCKE **Note:** Varieties exist. Dav# 1002.

Date	Mintage	VG	F	VF	XF	Unc
1738 IIG	—	40.00	80.00	160	325	—
1739 IIG	—	40.00	80.00	160	325	—

KM# 212 2/3 THALER (Gulden)
Silver **Ruler:** Jost Christian and Christof Ludwig II Joint Coinage B **Obv:** 11-fold arms divide date and mintmaster's initials, value 2/3 in oval below divides N.D.L — FUS. **Obv. Legend:** IOST. CHRISTI. U. CHRISTO. LUD. GRAF. Z. STOLB. K .R. W. U. H. **Rev:** Stag left in front of column **Rev. Legend:** GOTT SEEGNE U. ERHALTE UNSERE BERGWERCKE **Note:** Dav# 1003.

Date	Mintage	VG	F	VF	XF	Unc
1739 IIG	—	50.00	90.00	185	375	—

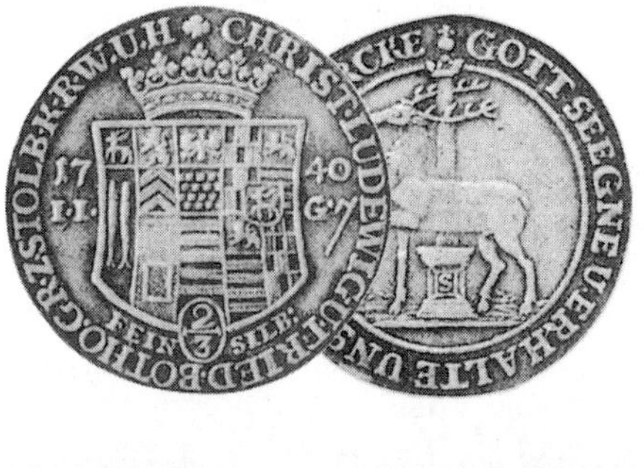

KM# 211 2/3 THALER (Gulden)
Silver **Ruler:** Christof Ludwig II and Friedrich Botho Joint Coinage C **Obv:** Crowned manifold arms divide date and mintmaster's initials, value 2/3 in oval divides FEIN — SILB: below **Obv. Legend:** CHRIST • LUDEWIG • U • FRIED • BOTHO • GR • Z • STOLB • R • R • W • U • H **Rev:** Stag left in front of column **Note:** Dav# 1006. Prev. C# 13.

Date	Mintage	VG	F	VF	XF	Unc
1739 IIG	—	45.00	95.00	195	390	—
1740 IIG	—	45.00	95.00	195	390	—
1741 IIG	—	45.00	95.00	195	390	—
1742 IIG	—	45.00	95.00	195	390	—
1743 IIG	—	45.00	95.00	195	390	—
1744 IIG	—	45.00	95.00	195	390	—
1745 IIG	—	45.00	95.00	195	390	—
1746 IIG	—	45.00	95.00	195	390	—
1747 IIG	—	45.00	95.00	195	390	—
1748 IIG	—	45.00	95.00	195	390	—
1749 IIG	—	45.00	95.00	195	390	—
1750 IEVC	—	45.00	95.00	195	390	—
1751 IEVC	—	45.00	95.00	195	390	—
1752 IEVC	—	45.00	95.00	195	390	—
1753 IEVC	—	45.00	95.00	195	390	—
1754 IEVC	—	45.00	95.00	195	390	—

KM# 251 2/3 THALER (Gulden)
Silver **Ruler:** Friedrich Botho and Karl Ludwig Joint Coinage D **Obv:** Crowned 11-fold arms divide date and mintmaster's initials, value 2/3 in oval divides FEIN — SILB. **Obv. Legend:** FRIED. BOTHO. U. CARL. LUDW: GR: Z. STOLB. K. R. W. U. H. **Rev:** Stag left in front of column **Rev. Legend:** GOTT SEEGNE U. ERHALTE UNSERE BERGWERCKE.

Date	Mintage	VG	F	VF	XF	Unc
1762 IEVC	—	30.00	65.00	120	260	—

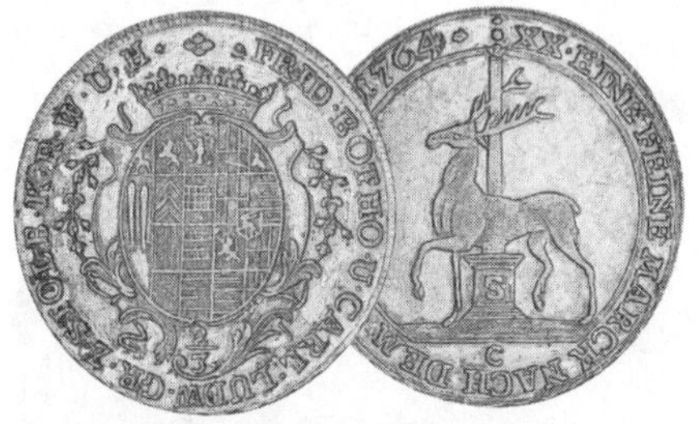

KM# 275 2/3 THALER (Gulden)
Silver **Ruler:** Friedrich Botho and Karl Ludwig Joint Coinage D **Obv:** Crowned oval manifold arms in baroque frame, value 2/3 in cartouche below **Obv. Legend:** FRID • BOTHO • U • CARL • LUDW • GR • Z • STOLB • K • R • W • U • H • **Rev:** Stag left in front of column with S in base in inner circle; C in exergue, date at end of legend **Rev. Legend:** XX. EINE FEINE MARCK NACH DEM CONV. FUSS. **Note:** Prev. C# 37 and 37.1.

Date	Mintage	VG	F	VF	XF	Unc
1764 C	—	45.00	90.00	185	375	—

KM# 277 2/3 THALER (Gulden)
Silver **Ruler:** Friedrich Botho and Karl Ludwig Joint Coinage D **Obv:** Crowned oval arms, value and T below **Rev:** Stag left in front of column **Note:** Prev. C# 37.2.

Date	Mintage	VG	F	VF	XF	Unc
1764 T	—	45.00	90.00	185	375	—

KM# 296 2/3 THALER (Gulden)
Silver **Ruler:** Christof Ludwig II and Friedrich Botho Joint Coinage C **Obv:** Crowned square arms divide date, value below **Rev:** Stag left before column **Note:** Prev. C# A52.

Date	Mintage	VG	F	VF	XF	Unc
1766 EFR	—	60.00	125	250	525	—

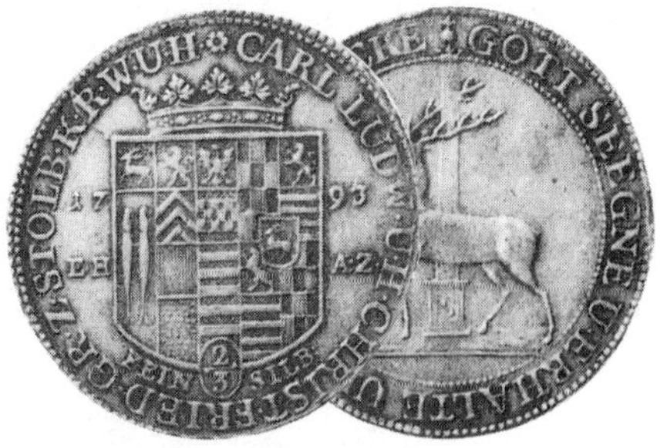

KM# 308 2/3 THALER (Gulden)
Silver **Ruler:** Karl Ludwig and Heinrich Christian Friedrich Joint Coinage E **Obv:** Crowned manifold arms divide date and mintmaster's initials, value 2/3 in oval below divides FEIN — SILB: **Obv. Legend:** CARL • LUDW • U • H • CHRIST • FRIED • GR • Z: STOLB • R • R • W • U • H • **Rev:** Stag left in front of column **Rev. Legend:** GOTT SEEGNE U. ERHALTE UNSERE BERGWERCKE **Note:** Reichs 2/3 Thaler. Prev. C# 52.

Date	Mintage	VG	F	VF	XF	Unc
1768 EFR	—	30.00	65.00	130	260	—
1770 EFR	—	30.00	65.00	130	260	—
1777 EFR	—	35.00	75.00	150	300	—
1782 EFR	—	60.00	125	250	500	—
1788 EFR	—	30.00	65.00	130	260	—

GERMAN STATES — STOLBERG-STOLBERG

Date	Mintage	VG	F	VF	XF	Unc
1790 EFR	—	42.00	85.00	170	340	—
1793 EHAZ	—	45.00	90.00	185	375	—

KM# 330 2/3 THALER (Gulden)
Pewter **Ruler:** Karl Ludwig and Heinrich Christian Friedrich Joint Coinage E **Obv:** Helmeted arms divide date, value below **Obv. Legend:** CARL • LUDW • U • H • CHR • FRIED • GR • Z • STOLB • **Rev:** Stag left in front of column **Rev. Legend:** GOTT SEEGNE U. ERHALTE UNSERE BERGWERCKE **Note:** Prev. C# 53.

Date	Mintage	VG	F	VF	XF	Unc
1796 EHAZ	—	35.00	75.00	150	300	—

KM# 117 24 MARIENGROSCHEN (2/3 Thaler)
Silver **Ruler:** Christof Friedrich and Jost Christian Joint Coinage A **Obv:** 4-line inscription, mintmaster's initials divide date below **Obv. Legend:** CHRIST. FRID. U. IOST. CHRISTI. GEB. G. ZU. ST. K. R. W. U. H. **Obv. Inscription:** XXIIII/MARIEN/GROSCH/V. FEIN. SILB:. **Rev:** Stag to left in front of column **Rev. Legend:** GOTT SEEGNE UND ERHALTE UNSERE BERGWERCKE.

Date	Mintage	VG	F	VF	XF	Unc
1706 IIG	—	45.00	90.00	180	360	—
1707 IIG	—	45.00	90.00	180	360	—

KM# 134 24 MARIENGROSCHEN (2/3 Thaler)
Silver **Ruler:** Christof Friedrich and Jost Christian Joint Coinage A **Obv:** 4-line inscription, mintmaster's initials divide date below **Obv. Legend:** CHRISTO. FRID. U. IOST. CHRISTI. GEB(R). G(R). ZU. ST. K. R. W. U. H(ON). **Obv. Inscription:** XXIV/MARIEN/GROSCH/FEIN SILBER. **Rev:** Stag left in front of column **Rev. Legend:** GOTT SEEGNE U. ERHALTE UNSERE BERGWERCKE. **Note:** Varieties exist. Dav# 1000.

Date	Mintage	VG	F	VF	XF	Unc
1707 IIG	—	30.00	65.00	130	260	—
1708 IIG	—	30.00	65.00	130	260	—
1709 IIG	—	30.00	65.00	130	260	—
1710 IIG	—	30.00	65.00	130	260	—
1711 IIG	—	30.00	65.00	130	260	—
1712 IIG	—	30.00	65.00	130	260	—
1713 IIG	—	30.00	65.00	130	260	—
1714 IIG	—	30.00	65.00	130	260	—
1715 IIG	—	30.00	65.00	130	260	—
1716 IIG	—	30.00	65.00	130	260	—
1717 IIG	—	30.00	65.00	130	260	—
1718 IIG	—	30.00	65.00	130	260	—
1719 IIG	—	30.00	65.00	130	260	—
1720 IIG	—	30.00	65.00	130	260	—
1721 IIG	—	30.00	65.00	130	260	—
1722 IIG	—	30.00	65.00	130	260	—
1723 IIG	—	30.00	65.00	130	260	—
1724 IIG	—	30.00	65.00	130	260	—
1725 IIG	—	30.00	65.00	130	260	—
1726 IIG	—	30.00	65.00	130	260	—
1727 IIG	—	30.00	65.00	130	260	—
1728 IIG	—	30.00	65.00	130	260	—
1733 IIG	—	30.00	65.00	130	260	—
1734 IIG	—	30.00	65.00	130	260	—
1735 IIG	—	30.00	65.00	130	260	—
1736 IIG	—	30.00	65.00	130	260	—
1737 IIG	—	30.00	65.00	130	260	—
1738 IIG	—	30.00	65.00	130	260	—

KM# 195 24 MARIENGROSCHEN (2/3 Thaler)
Silver **Ruler:** Jost Christian and Christof Ludwig II Joint Coinage B **Obv:** 4-line inscription, mintmaster's initials divide date below **Obv. Legend:** IOST. CHRISTI. U. CHRISTO. LUD. GRAF Z. STOLB. K. R. W. U. H. **Obv. Inscription:** XXIV / MARIEN / GROSCH / FEIN SILBER. **Rev:** Stag left in front of column **Rev. Legend:** GOTT SEEGNE U. ERHALTE UNSERE BERGWERCKE. **Note:** Varieties exist. Dav# 1004.

Date	Mintage	VG	F	VF	XF	Unc
1738 IIG	—	35.00	75.00	150	300	—
1739 IIG	—	35.00	75.00	150	300	—

KM# 286 24 MARIENGROSCHEN (2/3 Thaler)
Silver **Ruler:** Friedrich Botho and Karl Ludwig Joint Coinage D **Obv:** Crowned 11-fold arms in baroque frame divide date and mintmaster's initials, value 2/3 in cartouche below divides FEIN — SILB. **Obv. Legend:** FRIED. BOTHO. U. CARL LUDW: GR: Z, STOLB. K. R. W. U. H. **Rev:** Stag left in front of column **Rev. Legend:** GOTT SEEGNE U. ERHALTE UNSERE BERGWERCKE.

Date	Mintage	VG	F	VF	XF	Unc
1765 IEVC	—	30.00	65.00	130	260	—

KM# 294 24 MARIENGROSCHEN (2/3 Thaler)
Silver **Ruler:** Friedrich Botho and Karl Ludwig Joint Coinage D **Obv:** 4-line inscription, mintmaster's initials and date below **Obv. Legend:** FRIED. BOTHO. V. CARL. LVDEW. GR. Z. STOLB. K. R. W. V. H. **Obv. Inscription:** XXIV / MARIEN / GROSCH: / FEIN SILBER. **Rev:** Stag left in front of column **Rev. Legend:** GOTT SEEGNE V. ERHALTE VNSERE BERGWERCKE. **Note:** Previous C# 23a.

Date	Mintage	VG	F	VF	XF	Unc
1766 EFR	—	85.00	175	375	750	—

KM# 315 24 MARIENGROSCHEN (2/3 Thaler)
Silver **Ruler:** Karl Ludwig and Heinrich Christian Friedrich Joint Coinage E **Obv:** 4-line inscription, mintmaster's initials and date below **Obv. Legend:** CARL. LVDV. V. H. CHRISTI. FRIED. GR. V. STOLB. K. R. W. V. H. **Obv. Inscription:** XXIV / MARIEN / GROSCH: / FEIN SILBER. **Rev:** Stag left in front of column **Rev. Legend:** GOTT SEEGNE V. ERHALTE VNSERE BERGWERCKE.

Date	Mintage	VG	F	VF	XF	Unc
1777 EFR	—	75.00	150	300	600	—
1790 EFR	—	75.00	150	300	600	—

KM# 269 24 MARIENGROSCHEN
Silver **Ruler:** Friedrich Botho and Karl Ludwig Joint Coinage D **Obv:** 4-line inscription, mintmaster's initials and date below **Obv. Legend:** FRIED. BOTHO. V. CARL. LVDEW. GR. Z. STOLB. K. R. W. V. H. **Obv. Inscription:** XXIV/MARIEN/GROSCH./FEIN SILBER **Rev:** Stag left in front of column **Rev. Legend:** GOTT SEEGNE V. ERHALTE VNSERE BERGWERCKE **Note:** Prev. C# 23.

Date	Mintage	VG	F	VF	XF	Unc
1763 IEVC	—	30.00	65.00	130	260	—

KM# 119 THALER
Silver **Ruler:** Christof Friedrich and Jost Christian Joint Coinage A **Obv:** Ornate manifold arms, mintmaster's initials divided below, 3 ornate helmets above with date divided among crests **Obv. Legend:** CHRIST: FRID: U: IOST: CHRIST: GEB: G: ZU: ST: K: R: W: U: H: H: E: M: B: A: L: U: C: **Rev:** Stag left in front of column **Rev. Legend:** GOTT SEEGNE UND ERHALTE UNSERE BERGWERCKE * **Note:** Dav# 2795.

Date	Mintage	VG	F	VF	XF	Unc
1706 IIG	—	200	400	750	1,250	—

KM# 120 THALER
Silver **Ruler:** Christof Friedrich and Jost Christian Joint Coinage A **Obv:** Ornate manifold arms, mintmaster's initials divided below, 3 ornate helmets above with date divided among crests **Obv. Legend:** CHRIST: FRID: U: IOST: CHRIST: GEB: G: Z: ST: K: R: W: U: H: H: Z: E: M: B: A: L: U: C **Rev:** Stag left in front of column **Rev. Legend:** GOTT SEEGNE UND ERHALTE UNSERE BERGWERCKE * **Note:** Dav# 2797.

Date	Mintage	VG	F	VF	XF	Unc
1706 IIG	—	200	400	750	1,250	—
1707 IIG	—	200	400	750	1,250	—

KM# 113 THALER
Silver **Ruler:** Christof Friedrich and Jost Christian Joint Coinage A **Obv:** Manifold arms divide date and mintmaster's initials, 3 ornate helmets above **Obv. Legend:** CHRISTOPH FRIDRICH UND I(G)GOST CRISTIAN GEB: GRAF: ZU STOLB: **Rev:** Stag left in front of column **Rev. Legend:** GOTT SEEGNE UND ERHALTE UNSERE BERGWERCKE * **Note:** Dav# 2794 and 2794A.

Date	Mintage	VG	F	VF	XF	Unc
1705 IIG	—	250	500	850	1,450	—

KM# 153 THALER
Silver **Ruler:** Christof Friedrich and Jost Christian Joint Coinage A **Obv:** Conjoined busts of C. Friedrich and J. Christian right **Obv. Legend:** CHRISTO • FRID • & IOST • CHRISTI • FR • COM • D • STOLB • K • R • W • & H • * **Rev:** Stag above mining scene, date in R.N. below **Rev. Legend:** SPES NESCIA FALLI, below; MDCCXV./I.I.G. **Note:** Dav# 2798.

Date	Mintage	VG	F	VF	XF	Unc
1715 CW//IIG	—	450	900	1,850	3,500	—

STOLBERG-STOLBERG — GERMAN STATES 643

KM# 154 THALER
Silver **Ruler:** Christof Friedrich and Jost Christian Joint Coinage A **Obv:** Two busts to right **Obv. Legend:** CHRISTO. FRID. & IOST. CHRISTI. FR. COM. D. STOLB. K. R. W. & H. **Rev:** Landscape with castle in left background, 3-line inscription with Roman numeral date in exergue **Rev. Legend:** CVNCTANDO RESTITVIT REM **Rev. Inscription:** FRVCT9 FODINAE STOLB.: STRASBERGENSIS / MDCCXXII. **Note:** Mule of obverse of KM# 177. Dav# 2803B.

Date	Mintage	VG	F	VF	XF	Unc
(1715)/1722 CW/IIG	—	—	—	—	—	—

KM# 173 THALER
Silver **Ruler:** Christof Friedrich and Jost Christian Joint Coinage A **Obv:** Rays from above shining down on clasped hands, 2-line inscription in exergue, year in chronogram in legend **Obv. Legend:** VI VNITA CONCORDIA FRATRVM FORTIОР **Obv. Inscription:** D. VI. IULII./I.I.G. **Rev:** Stag left in front of column **Rev. Legend:** GOTT SEEGNE U. ERHALTE UNSERE BERGWERCKE **Note:** Mule of reverse of KM# 171 with reverse of KM# 172.

Date	Mintage	VG	F	VF	XF	Unc
1719 IIG Rare	—	—	—	—	—	—

KM# 179 THALER
Silver **Ruler:** Christof Friedrich and Jost Christian Joint Coinage A **Obv:** Stag left in front of column, MDCIIC in exergue **Obv. Legend:** CHRISTO. FRID. ET IOST. —CHRISTI. COM. STOLB. ET H — CONCORDIA FRATRVM. **Rev:** Stag left in front of column **Rev. Legend:** GOTT SEEGNE U. ERHALTE UNSERE BERGWERCKE. **Note:** Mule of obverse of KM# 177 with reverse of 24 Mariengroschen KM# 172.

Date	Mintage	VG	F	VF	XF	Unc
(1722)/(1712) W Rare	—	—	—	—	—	—

KM# 178 THALER
Silver **Ruler:** Christof Friedrich and Jost Christian Joint Coinage A **Obv:** Stag left in front of column, MDCIIC in exergue **Obv. Legend:** CHRISTO. FRID. ET IOST. —CHRISTI. COM. STOLB. ET H —CONCORDIA FRATRVM **Rev:** Man raising bucket in mine shaft labeled IUBILEUM, 3-line inscription with date and mintmaster's initials **Rev. Legend:** WIR FEYREN IEZT EIN IUBELIAHR. DAS BERGWERCK GIVT DIE MUNTZE DAR **Rev. Inscription:** DEN 31 OCTOBRIS/1717/I.I.G. **Note:** Mule of obverse of KM# 177 with reverse of KM# 167.

Date	Mintage	VG	F	VF	XF	Unc
(1722)/1717 W/IIG Rare	—	—	—	—	—	—

KM# 167 THALER
Silver **Ruler:** Christof Friedrich and Jost Christian Joint Coinage A **Obv:** Conjoined busts right **Obv. Legend:** CHRISTO • FRID • & IOST • CHRISTI • FR • COM • D • STOLB • K • R • W • & H • * **Rev:** Man raising bucket, date in exergue **Rev. Legend:** WIR FEYREN IEZT EIN IUBELIAHR • DAS BERGWERCK GIBT DIE MUNTZE DAR *, IUBILEUM on bucket **Rev. Inscription:** DEN 31 OCTOBRIS / * 1717 * / I • I • G • **Note:** Dav# 2799.

Date	Mintage	VG	F	VF	XF	Unc
1717 CW/IIG	—	450	900	1,850	3,500	6,750

KM# 171 THALER
Silver **Ruler:** Christof Friedrich and Jost Christian Joint Coinage A **Obv:** Conjoined busts right **Obv. Legend:** CHRISTO • FRID • & IOST • CHRISTI • FR • COM • D • STOLB • K • R • W • & H • * **Rev:** Rays falling on clasped hands **Note:** Dav# 2800.

Date	Mintage	VG	F	VF	XF	Unc
1719 CW/IIG	—	175	350	750	1,500	—

KM# 177 THALER
Silver **Ruler:** Christof Friedrich and Jost Christian Joint Coinage A **Obv:** Stag left before column **Obv. Legend:** CHRISTO • FRID • ET IOST • - CHRISTI • COM. STOLB • ET H * CONCORDIA FRATRUM *, S/MDCIIC • below stag **Rev:** Castle in landscape, Roman numeral date **Rev. Legend:** CVNCTANDO RESTITVIT REM • **Rev. Inscription:** FRVCT9 FODINAE STOLB.:/ STRASBERGENSIS • / MDCCXXII • / I • I • G • **Note:** Varieties exist. Dav# 2803.

Date	Mintage	VG	F	VF	XF	Unc
ND(1722) W/IIG	—	675	1,350	2,500	4,150	—

KM# 172 THALER
Silver **Ruler:** Christof Friedrich and Jost Christian Joint Coinage A **Obv:** Different helmets and ornamentation **Obv. Legend:** CHRIST • FRID • U • IOST • CHRIST • GEB • G • Z • ST • K • R • W • U • H • H • Z • E • M • B • A • L • U • C • **Rev:** Stag left before column **Rev. Legend:** GOTT SEEGNE U. ERHALTE UNSERE BERGWERCKE **Note:** Dav# 2802.

Date	Mintage	VG	F	VF	XF	Unc
1719 IIG	—	200	400	750	1,250	—
1721 IIG	—	200	400	750	1,250	—
1723 IIG	—	200	400	750	1,250	—
1734 IIG	—	200	400	750	1,250	—

KM# 185 THALER
Silver **Ruler:** Christof Friedrich and Jost Christian Joint Coinage A **Subject:** Bicentennial of the Augsburg Confession **Obv:** FIAT LVX over open book with THESES/1517 on pages, WITTENBERG and STOLBERG/IVBILABAT below **Obv. Legend:** CHRISTO • FRID • & IOST CHRISTI • FRATR • ET

COM • ST • K • R • W • ET H • **Rev:** ET FIEBAT over open book with AVGVSTANA / CONFESSIO / 15.30 and BIBLIA SACRA., AVGSBVRG. and STOLBERG. / IVBILAT below **Rev. Legend:** DOM. IN EPST. MUNZ. BRAIB. AIGM. LOHR. ET CLET. and I.I.(1730)G. **Note:** Dav# 2804.

Date	Mintage	VG	F	VF	XF	Unc
1730 IIG	—	650	1,250	2,400	4,050	—

KM# 234 THALER
Silver **Ruler:** Christof Ludwig II and Friedrich Botho Joint Coinage C **Obv:** Helmeted arms, date above **Rev:** Stag left in front of column **Note:** Species Thaler. Dav# 2805. Prev. C# 15.

Date	Mintage	VG	F	VF	XF	Unc
1746 IIG	—	675	1,450	2,650	4,800	—

KM# 271 THALER
Silver **Ruler:** Friedrich Botho and Karl Ludwig Joint Coinage D **Obv:** Crowned oval arms in sprays and garlands; C below **Rev:** Stag left before column with S in base, date below **Note:** Dav. #2806. Prev. C# 39.

Date	Mintage	VG	F	VF	XF	Unc
1763 C	—	350	700	1,250	2,500	—

KM# 279 THALER
Silver **Ruler:** Friedrich Botho and Karl Ludwig Joint Coinage D **Obv:** Crowned ornamental arms in garlands; C below **Obv. Legend:** FRIEDRICH BOTHO U • CARL LUDWIG GR • Z • STOLB • K • R • W • U • H * **Rev:** Stag left before column with S in base, without inner circle **Rev. Legend:** X. EINE FEINE MARCK NAACH DEM CONVENT: FUSS. 1764 **Note:** Dav# 2807.

Date	Mintage	VG	F	VF	XF	Unc
1764 C	—	100	200	375	600	—

KM# 280 THALER
Silver **Ruler:** Friedrich Botho and Karl Ludwig Joint Coinage D **Obv:** Crowned ornate arms with garlands **Obv. Legend:** FRIEDRICH BOTHO U • CARL LUDWIG GR • Z • STOLB • K • R • W • U • H * **Rev:** Stag left before column **Rev. Legend:** X. EINE FEINE MARCK NACH DEM CONVENT: FUSS • 1764 **Note:** Dav# 2808. Prev. C#40.

Date	Mintage	VG	F	VF	XF	Unc
1764 C	—	100	200	375	600	—

KM# 187 1-1/4 THALER
Silver **Ruler:** Christof Friedrich and Jost Christian Joint Coinage A **Countermark:** 1 1/4 **Obv:** Crowned 11-fold arms divide date and mintmaster's initials, value 2/3 in oval below divides FEIN — SILB. **Obv. Legend:** CHRISTO: FRID: U. IOST. CHRISTI: GEBR. GR. Z. ST. K. R. W. U. **Rev:** Stag left in front of column **Rev. Legend:** GOTT SEEGNE U. ERHALTE UNSERE BERGWERCKE. **Note:** Klippe. Dies of 2/3 Taler, KM# 151, with countermark revalue punched over oval with 2/3.

Date	Mintage	VG	F	VF	XF	Unc
1735 IIG Rare	—	—	—	—	—	—

KM# 332 1-1/3 THALER
Silver **Ruler:** Karl Ludwig and Heinrich Christian Friedrich Joint Coinage E **Obv:** Manifold arms divide date and mintmaster's initials, value 1 1/3 in oval below divides FEIN — SILB. **Obv. Legend:** CARL LUDW • U • H • CHRIST • FRIED • GRAF • Z • STOLB •, FEIN (11/2) SILB • below shield **Rev:** Stag left in front of column **Rev. Legend:** GOTT SEEGNE U • ERHALTE UNSERE BERGWERCKE **Note:** Dav. #2809. Prev. C# 54.

Date	Mintage	VG	F	VF	XF	Unc
1796 EHAZ	—	250	650	1,250	2,000	—

KM# 136 2 THALER
Silver **Ruler:** Christof Friedrich and Jost Christian Joint Coinage A **Obv:** Helmeted arms within circle **Rev:** Stag left before column **Note:** Dav# 2796. Similar to 1 Thaler, Dav. #2797.

Date	Mintage	VG	F	VF	XF	Unc
1707 IIG Rare	—	—	—	—	—	—

GERMAN STATES

STOLBERG-STOLBERG

KM# 175 2 THALER
Silver **Ruler:** Christof Friedrich and Jost Christian Joint Coinage A **Obv:** Helmeted arms within circle **Rev:** Stag left before column **Note:** Dav# 2801. Similar to 1 Thaler, Dav. #2802.

Date	Mintage	VG	F	VF	XF	Unc
1719 IIG	—	1,500	2,500	4,000	6,000	—
1723 IIG	—	1,500	2,500	4,000	6,000	—

JOINT COINAGE
Stolberg-Stolberg / Stolberg-Rossla

KM# 1 24 MARIENGROSCHEN
13.0000 g., Silver, 34.8 mm. **Ruler:** Christof Friedrich **Obv:** Value date and legend **Rev:** Stag and pillar **Edge:** Plain

Date	Mintage	F	VF	XF	Unc	BU
1717IIG	—	65.00	135	275	—	—

KM# 209 24 MARIENGROSCHEN
Silver **Ruler:** Christof Ludwig II and Friedrich Botho Joint Coinage C **Obv:** 4-line inscription, mintmaster's initials divide date below **Obv. Legend:** CHRIST • LUDEWIG • U • FRIED • BOTHO • GR • Z • STOLB • K • R • W • U • H • **Obv. Inscription:** XXIV/MARIEN/GROSCH./FEIN SILBER **Rev:** Stag left before column **Rev. Legend:** GOTT SEEGNE U. ERHALTE. VNSERE BERGWERCKE **Note:** Dav# 1007. Previous C# 14.

Date	Mintage	VG	F	VF	XF	Unc
1739 IIG	—	30.00	50.00	90.00	275	—
1740 IIG	—	30.00	50.00	90.00	275	—
1741 IIG	—	30.00	50.00	90.00	275	—
1742 IIG	—	30.00	50.00	90.00	275	—
1743 IIG	—	30.00	50.00	90.00	275	—
1744 IIG	—	30.00	50.00	90.00	275	—
1745 IIG	—	30.00	50.00	90.00	275	—
1746 IIG	—	30.00	50.00	90.00	275	—
1747 IIG	—	30.00	50.00	90.00	275	—
1750 IEVC	—	30.00	50.00	90.00	275	—
1751 IEVC	—	30.00	50.00	90.00	275	—
1753 IEVC	—	30.00	50.00	90.00	275	—
1754 IEVC	—	30.00	50.00	90.00	275	—
1755 IEVC	—	30.00	50.00	90.00	275	—

TRADE COINAGE

KM# 240 1/32 DUCAT
0.1091 g., 0.9860 Gold 0.0035 oz. AGW **Ruler:** Christof Ludwig II **Obv:** CL monogram **Rev:** Stag **Note:** Prev. C# 1.

Date	Mintage	VG	F	VF	XF	Unc
ND(1759)	—	60.00	120	240	450	—

KM# 241 1/16 DUCAT
0.2188 g., 0.9860 Gold 0.0069 oz. AGW **Ruler:** Christof Ludwig II **Obv:** CL monogram **Rev:** Stag **Note:** Prev. C# 2.

Date	Mintage	VG	F	VF	XF	Unc
ND(1759)	—	60.00	120	270	525	—

KM# 109 1/8 DUCAT
0.4375 g., 0.9860 Gold 0.0139 oz. AGW **Ruler:** Christof Friedrich **Obv:** CF monogram **Rev:** Stag in front of column **Note:** Fr# 3330.

Date	Mintage	VG	F	VF	XF	Unc
ND(1704)	—	60.00	90.00	210	425	—

KM# 214 1/8 DUCAT
0.4375 g., 0.9860 Gold 0.0139 oz. AGW **Ruler:** Christof Ludwig II and Friedrich Botho Joint Coinage C **Obv:** Stag in front of column **Rev:** Crowned shield of arms **Note:** Prev. C# 17.

Date	Mintage	VG	F	VF	XF	Unc
ND(1739)	—	60.00	120	270	600	—

KM# 242 1/8 DUCAT
0.4375 g., 0.9860 Gold 0.0139 oz. AGW **Ruler:** Christof Ludwig II **Obv:** Crowned monogram **Rev:** Stag in front of column **Note:** Prev. C# 3.

Date	Mintage	VG	F	VF	XF	Unc
ND(1759)	—	60.00	90.00	210	425	—

KM# 111 1/4 DUCAT
0.8750 g., 0.9860 Gold 0.0277 oz. AGW **Ruler:** Christof Friedrich **Obv:** Crowned CF monogram **Rev:** Stag left before column **Note:** Fr# 3329.

Date	Mintage	VG	F	VF	XF	Unc
ND(1704)	—	90.00	175	350	650	—

KM# 122 1/4 DUCAT
0.8750 g., 0.9860 Gold 0.0277 oz. AGW **Ruler:** Christof Friedrich and Jost Christian Joint Coinage A **Obv:** Stag in front of column **Rev:** Crowned shield of arms **Note:** Fr# 3326.

Date	Mintage	VG	F	VF	XF	Unc
1706 IEVC	—	100	200	425	850	—

KM# 216 1/4 DUCAT
0.8750 g., 0.9860 Gold 0.0277 oz. AGW **Ruler:** Christof Ludwig II and Friedrich Botho Joint Coinage C **Obv:** Stag in front of column **Note:** Prev. C# 18.

Date	Mintage	VG	F	VF	XF	Unc
ND(1739)	—	75.00	135	275	600	—

KM# 243 1/4 DUCAT
0.8750 g., 0.9860 Gold 0.0277 oz. AGW **Ruler:** Christof Friedrich **Obv:** Crowned CF monogram **Rev:** Stag in front of column **Note:** Prev. C# 4.

Date	Mintage	VG	F	VF	XF	Unc
ND(1759)	—	75.00	125	225	475	—

KM# 156 1/2 DUCAT
1.7500 g., 0.9860 Gold 0.0555 oz. AGW **Ruler:** Christof Friedrich **Obv:** Crowned CF monogram **Rev:** Stag left before column, date below **Note:** Fr# 3328.

Date	Mintage	VG	F	VF	XF	Unc
1715	—	200	450	800	1,700	—

KM# 231 1/2 DUCAT
1.7500 g., 0.9860 Gold 0.0555 oz. AGW **Ruler:** Christof Ludwig II and Friedrich Botho Joint Coinage C **Obv:** Stag left in front of column **Rev:** Crowned arms divide date **Note:** Prev. C# 19.

Date	Mintage	VG	F	VF	XF	Unc
1745 IIG	—	190	350	725	1,350	—
1748 IIG	—	190	350	725	1,350	—
1750 IEVC	—	190	350	725	1,350	—

KM# 253 1/2 DUCAT
1.7500 g., 0.9860 Gold 0.0555 oz. AGW **Ruler:** Friedrich Botho and Karl Ludwig Joint Coinage D **Obv:** Stag left in front of column **Rev:** Crowned arms divide date **Note:** Prev. C# 41.

Date	Mintage	VG	F	VF	XF	Unc
1762 IEVC	—	450	900	2,000	4,500	—

KM# 292 1/2 DUCAT
1.7500 g., 0.9860 Gold 0.0555 oz. AGW **Ruler:** Friedrich Botho and Karl Ludwig Joint Coinage D **Obv:** Helmeted arms divide date **Rev:** Stag left before column with S in base, without inner circle **Note:** Prev. C# 41a.

Date	Mintage	VG	F	VF	XF	Unc
1766 EFR	—	450	900	2,000	4,500	—

KM# 312 1/2 DUCAT
1.7500 g., 0.9860 Gold 0.0555 oz. AGW **Ruler:** Karl Ludwig and Heinrich Christian Friedrich Joint Coinage E **Rev:** Stag left before column **Note:** Prev. C# 56a.

Date	Mintage	VG	F	VF	XF	Unc
1770 EFR	—	450	900	2,000	4,500	—

KM# 124 DUCAT
3.5000 g., 0.9860 Gold 0.1109 oz. AGW **Ruler:** Christof Friedrich and Jost Christian Joint Coinage A **Obv:** Stag left in front of column **Obv. Legend:** CHRIST: FRIED: &. IOST: CHRISTI: FRA: &. CO: ST. K: R: WE: & H:. **Rev:** 11-fold arms divide mintmaster's initials at bottom, 3 ornate helmets above with date divided between crests **Rev. Legend:** DOM: IN. EPST: MUN: BR: AI: LOHR: &. CLET. **Note:** Fr# 3325. Struck from same dies as 1/6 Thaler, KM# 115.

Date	Mintage	VG	F	VF	XF	Unc
1706 IIG	—	325	675	1,550	3,350	—
1723 IIG	—	250	500	1,200	2,500	—
1725 IIG	—	250	500	1,200	2,500	—
1734 IIG	—	250	500	1,200	2,500	—

KM# 169 DUCAT
3.5000 g., 0.9860 Gold 0.1109 oz. AGW **Ruler:** Christof Friedrich and Jost Christian Joint Coinage A **Subject:** Bicentennial of the Reformation **Obv:** Martin Luther; date in chronogram **Rev:** 7-line inscription, mintmaster's initials at bottom **Note:** Fr# 3327.

Date	Mintage	VG	F	VF	XF	Unc
ND(1717)	—	250	500	1,000	2,000	—

KM# 222 DUCAT
3.5000 g., 0.9860 Gold 0.1109 oz. AGW **Ruler:** Christof Ludwig II and Friedrich Botho Joint Coinage C **Obv:** Stag left in front of column **Rev:** Helmeted ornate arms **Note:** Prev. C# 20.

Date	Mintage	VG	F	VF	XF	Unc
1740 IIG	—	210	425	950	1,750	—
1742 IIG	—	210	425	950	1,750	—
1743 IIG	—	210	425	950	1,750	—
1748 IIG	—	210	425	950	1,750	—
1750 IEVC	—	210	425	950	1,750	—
1757 IEVC	—	210	425	950	1,750	—

KM# 244 DUCAT
3.5000 g., 0.9860 Gold 0.1109 oz. AGW **Ruler:** Christof Ludwig II and Friedrich Botho Joint Coinage C **Obv:** Stag left in front of column **Rev:** Helmeted arms **Note:** Prev. C# 20.1.

Date	Mintage	VG	F	VF	XF	Unc
1759 IEVC	—	700	1,450	2,900	5,200	—

KM# 254 DUCAT
3.5000 g., 0.9860 Gold 0.1109 oz. AGW **Ruler:** Friedrich Botho and Karl Ludwig Joint Coinage D **Obv:** Stag left in front of column **Obv. Legend:** FRID • BOTHO • & CAR • LUD • COM • STOLB • R • R • W • & H **Rev:** Helmeted arms **Note:** Prev. C# 42.

Date	Mintage	VG	F	VF	XF	Unc
1762 IEVC	—	725	1,650	3,600	9,000	—
1764 IEVC	—	725	1,650	3,600	9,000	—
1766 EFR	—	725	1,650	3,600	9,000	—

STOLBERG-WERNIGERODE

KM#	Date	Mintage	Identification	Mkt Val
Pn2	ND	—	1/8 Ducat. Silver.	—
Pn4	ND	—	1/4 Ducat. Silver. C4.	—
Pn6	1759 IVEC	—	Ducat. Copper. C20	—
Pn8	1793 EHAZ	—	Ducat. Copper. KM# 318.	—

KM# 282 DUCAT
3.5000 g., 0.9860 Gold 0.1109 oz. AGW **Ruler:** Friedrich Botho and Karl Ludwig Joint Coinage D **Obv:** Small stag left before column with S in base, with inner circle **Rev:** Helmeted arms, date in outer legend **Note:** Prev. C# 42.1.

Date	Mintage	VG	F	VF	XF	Unc
1764 IEVC	—	475	1,100	2,400	6,000	—
1766 EFR	—	475	1,100	2,400	6,000	—

KM# 310 DUCAT
3.5000 g., 0.9860 Gold 0.1109 oz. AGW **Ruler:** Karl Ludwig and Heinrich Christian Friedrich Joint Coinage E **Obv:** Stag left in front of column **Rev:** Manifold arms, 3 ornate helmets above, date divided among crests **Note:** Prev. C# 57.

Date	Mintage	VG	F	VF	XF	Unc
1768 EFR	—	475	1,100	2,400	6,000	—
1770 EFR	—	475	1,100	2,400	6,000	—

KM# 316 DUCAT
3.5000 g., 0.9860 Gold 0.1109 oz. AGW **Ruler:** Karl Ludwig **Obv:** EFR below arms **Note:** Prev. C# 57a.

Date	Mintage	VG	F	VF	XF	Unc
1788 EFR	—	475	1,100	2,400	6,000	—

KM# 335 DUCAT
3.5000 g., 0.9860 Gold 0.1109 oz. AGW **Ruler:** Karl Ludwig **Obv:** Bust left; SENIOR DOMUS in field **Rev:** Z below arms **Note:** Prev. C# 45.

Date	Mintage	VG	F	VF	XF	Unc
1796 EHAZ	—	600	1,200	2,900	6,600	—

KM# 181 2 DUCAT
7.0000 g., 0.9860 Gold 0.2219 oz. AGW **Ruler:** Christof Friedrich and Jost Christian Joint Coinage A **Obv:** Stag in front of column **Rev:** Crowned arms **Note:** Fr# 3324.

Date	Mintage	VG	F	VF	XF	Unc
1725 IIG	—	1,150	2,200	4,150	7,400	—

KM# 226 2 DUCAT
7.0000 g., 0.9860 Gold 0.2219 oz. AGW **Ruler:** Christof Ludwig II and Friedrich Botho Joint Coinage C **Obv:** Stag left in front of column **Obv. Legend:** CHRIST • LUDEWIG • & FRIED • BOTHO • CO • STOLB • R • R • W • & H **Rev:** Helmeted ornate arms **Note:** Prev. C# 21.

Date	Mintage	VG	F	VF	XF	Unc
1743 IIG	—	1,250	2,500	4,500	8,100	—

KM# 284 2 DUCAT
7.0000 g., 0.9860 Gold 0.2219 oz. AGW **Ruler:** Friedrich Botho and Karl Ludwig Joint Coinage D **Obv:** Stag left in front of column **Rev:** Manifold arms, 3 ornate helmets above **Note:** Prev. C# 43.

Date	Mintage	VG	F	VF	XF	Unc
1764 IEVC Rare	—	—	—	—	—	—

KM# 228 4 DUCAT
14.0000 g., 0.9860 Gold 0.4438 oz. AGW **Ruler:** Christof Ludwig II and Friedrich Botho Joint Coinage C **Obv:** Stag left in front of column **Rev:** Arms topped by three ornate helmets **Note:** Struck with 2 Ducat dies, KM# 226.

Date	Mintage	VG	F	VF	XF	Unc
1743 IIG Rare	—	—	—	—	—	—

JOINT TRADE COINAGE
Stolberg-Stolberg / Stolberg-Rossla

KM# 318 DUCAT
3.5000 g., 0.9860 Gold 0.1109 oz. AGW **Ruler:** Karl Ludwig and Heinrich Christian Friedrich Joint Coinage E **Obv:** EHAZ below arms **Note:** Prev. C# 57b.

Date	Mintage	VG	F	VF	XF	Unc
1793 EHAZ	—	475	1,100	2,400	6,000	—

KM# 334 DUCAT
3.5000 g., 0.9860 Gold 0.1109 oz. AGW **Ruler:** Karl Ludwig **Obv:** Bust to left **Rev:** Helmeted arms, date in legend, arms divide EH - AZ **Note:** Previous C# 57c.

Date	Mintage	VG	F	VF	XF	Unc
1796 EHAZ	—	475	1,100	2,400	6,000	—

PATTERNS
Including off metal strikes

KM#	Date	Mintage	Identification	Mkt Val
Pn5	1715	—	1/2 Ducat. Silver. FR.#2987	—
Pn3	ND	—	1/4 Ducat. Silver. Crowned CF monogram	—

STOLBERG-WERNIGERODE

The castle of Wernigerode is situated across the Harz Mountains to the north of Stolberg castle, some 12 miles (20 km) westsouthwest of Halberstadt. An early division of the old Stolberg line in 1538 resulted in a separate line in Wernigerode. A second division in 1572 established Stolberg-Ortenberg and Stolberg-Schwarza (Wernigerode) and the latter was divided further into 1876 divided further into the senior branch of Stolberg-Wernigerode and the junior branch of Stolberg-Stolberg.Once again, Stolberg-Wernigerode was the foundation of three separate lines at Gedern, Schwarza and Wernigerode in 1710. The first two fell extinct within a century, but Stolberg-Wernigerode lasted into the 20th century.

RULERS
Ernst von Stolberg-Wernigerode-Ilsenburg, 1672-1710
and Ludwig Christian, 1672-1710
Christian Ernst I, 1710-1771
Heinrich Ernst II, 1771-1778
Christian Friedrich, 1778-1824

COUNTSHIP
REGULAR COINAGE

KM# 50 1/8 THALER
Silver Ruler: Ludwig Christian **Subject:** Death of Ernst **Obv:** Wigged and armored bust to left **Obv. Legend:** ERNEST9 COM. IN STOLB. K. R. W. & H. D. I. E. M. B. A. L. & C. **Rev:** 9-line inscription with Roman numeral dates and mintmaster's initials at bottom **Rev. Inscription:** NATVS / ILSENBVRGI / XXV. MART. / MDCL. / DEFVNCTVS / IBIDEM / D. IX. NOV. / MDCCX. / I. I. G. **Note:** Friedrich 1391.

Date	Mintage	F	VF	XF	Unc
1710 IIG	—	125	250	525	1,050	—

KM# 51 1/4 THALER
Silver Ruler: Ludwig Christian **Subject:** Death of Ernst **Obv:** Stag leaping to left looking back at column falling in its direction, legend curved above **Obv. Legend:** IN CASU TERROR. **Rev:** 10-line inscription with R.N. date, mintmaster's initials below **Rev. Inscription:** MEMORIÆ / ERNESTI / COMIT. IN STOLB. / KON. ROCHEF. WERNIG / ET HOHNSTEIN / NATI ILSENB. / XXV. MARTII 1650. / DENATI IBID / D. IX. NOVEM. / MDCCX. **Note:** Prev. KM# 1.

Date	Mintage	VG	F	VF	XF	Unc
1710 IIG	—	150	300	600	1,200	—

KM# 61 1/4 THALER
Silver Ruler: Christian Ernst I **Obv:** Stag left in circle **Obv. Legend:** CHRISTIANVS. ERNESTVS. COMES. IN STOLBERG. K. R. W. ET. H. **Rev:** Manifold arms, 3 ornate helmets above, date divided among crests, mintmaster's initials divided below **Rev. Legend:** DYNASTA. IN. EPST. MUNZ. BRAIB. AIGM. LOHRA. ET. KLETTENB. **Note:** Prev. C# 3.

Date	Mintage	VG	F	VF	XF	Unc
1724 IIG	—	40.00	85.00	175	375	—
1725 IIG	—	40.00	85.00	175	375	—

KM# 53 1/2 THALER
Silver Ruler: Ludwig Christian **Subject:** Death of Ernst **Obv:** Wigged and armored bust right **Obv. Legend:** ERNEST9 COM. IN STOLB. K. R. WERN. & HOHN. DN. IN E. M. B. A. L. & C. **Rev:** 15-line inscription with dates, mintmaster's initials below **Rev. Inscription:** NATVS / ILSENBVRGI / A. 1650. D. 25. MART. / REGIMEN CAPESSIVIT / A. 1672 EODEMQ. ANNO / SOPHIAM DOROTHEAM / SCHWARZBVRGICAM / MATRIMONIO SIBI IUNXIT. / OBIIT ILSENBURGI / D. 9. NOV. A. 1710. / PATRI DESIDERATISSIMO / EXTENERRIMO / AFFECTV / HOC CONSECRAT / FILIA UNICA / SVPER **Note:** Previous KM# 2.

Date	Mintage	VG	F	VF	XF	Unc
1710 CW/IIG	—	175	375	750	1,500	—

KM# 63 1/2 THALER
Silver Ruler: Christian Ernst I **Obv:** Stag left in circle **Obv. Legend:** CHRISTIANVS. ERNESTVS. COMES. IN STOLBERG. K. R. W. ET. H. **Rev:** Manifold arms, 3 ornate helmets above, date divided among crests, mintmaster's initials divided below **Rev. Legend:** DYNASTA. IN. EPST. MUNZ. BRAIB. AIGM. LOHRA. ET. KLETTENB. **Note:** Prev. C# 5.

Date	Mintage	VG	F	VF	XF	Unc
1724 IIG	—	180	300	625	1,275	—
1725 IIG	—	180	300	625	1,275	—

KM# 70 1/2 THALER
Silver Ruler: Christian Ernst I **Obv:** Stag left in circle **Obv. Legend:** CHRISTIANVS. ERNESTVS. COMES. IN STOLBERG. K. R. W. ET. H. **Rev:** Crowned arms divide date and mintmaster's initials, chain of order around **Rev. Legend:** DYNASTA. IN. EPST. MUNZ. BRAIB. — AIGM. LOHRA ET KLETTENB. **Note:** Prev. C# 7.

Date	Mintage	VG	F	VF	XF	Unc
1738 IIG	—	100	225	450	900	—

KM# 71 1/2 THALER
Silver Ruler: Christian Ernst I **Obv:** Stag left in circle **Rev:** Crowned arms divide mintmaster's initials, date below, chain of order around **Rev. Legend:** CHRISTIANVS. ERNESTVS. COMES. IN STOLBERG. K. R. W. ET. H. **Note:** Prev. C# 8.

Date	Mintage	VG	F	VF	XF	Unc
1741 IIG	—	175	375	750	1,500	—

KM# 75 1/2 THALER
Silver Ruler: Christian Ernst I **Obv:** Stag left in circle, date in exergue **Obv. Legend:** CHRISTIANVS. ERNESTVS. COMES. IN STOLBERG. K. R. W. ET. H. **Rev:** Crowned manifold arms divide mintmaster's initials, all in chain of order **Rev. Legend:** DYNASTA. IN. EPST. MUNZ. BRAIB. — AIGM. LOHRA ET KLETTENB. **Note:** Prev. C# 9.

Date	Mintage	VG	F	VF	XF	Unc
1747 IIG Rare	—	—	—	—	—	—

KM# 55 THALER
Silver Ruler: Ludwig Christian **Subject:** Death of Ernst **Obv:** Wigged and armored bust right **Obv. Legend:** ERNEST, COM • IN STOLB • K • R • WERN • & HOHN • DN • IN E • M • B • A • L • & C • **Rev:** Fifteen-line inscription with Roman numeral dates, mintmaster's initials below **Rev. Inscription:** NATVS / ILSENBURGI / XXV. MART. MDCL. / REGIMEN CAPESSIVIT / MDCLXXII. EODEMQ. ANO / SOPHIAM DOROTHEAM / SCHWARZBVRGICAM / MATRIMONIO SIBI IUNXIT. / OBIIT ILSENBURGI / D. EX. NOV. MDCCX./PATRI DESIDERATISSIMO / EXTENERRIMO AFFECTV / HOC CONSECRAT / FILIA UNICA / SVPERSTES. **Note:** Dav# 2790.

Date	Mintage	VG	F	VF	XF	Unc
1710 CW//IIG	—	600	1,100	1,800	3,000	—

GERMAN STATES — STOLBERG-WERNIGERODE

5-line inscription with date and mintmaster's initials in exergue, with additional inscription FEIN. SILB. **Rev. Legend:** GOTT SEY GEBENEDEYT • FÜR DIESE SELTNE ZEIT **Rev. Inscription:** NACH FÜNFZIGJÄHRIG • REGIER • / ZU WERNIGERODE / SEIT DEM 9 NOV • / 1710 • / I • B • H • **Note:** Dav# 2792A. Prev. C# 11a.

Date	Mintage	F	VF	XF	Unc	BU
1760 IBH	—	350	700	1,500	2,500	—

RIPAM TENEO **Rev:** 18-line inscription with R.N. dates and mintmaster's initials at bottom **Rev. Inscription:** MEMORIAE / ERNESTI / COMIT. STOLB. KOENIGSТ. / ROCHE. WERNIG. / ET. HOHNST. / DN. IN. EPST. MUNZENB. BREUB. / AIGM. LOHRA. ET. CLETTENBERG / NATI. ILSENBURG. / D. XXV. MARTII. A. MDCL. / REGIMEN. ADEPTI. A. MDCLXXII. **Note:** Dav# 2789.

Date	Mintage	VG	F	VF	XF	Unc
1710 IIG	—	2,800	4,900	7,700	12,000	—

TRADE COINAGE

KM# 59 DUCAT
3.5000 g., 0.9860 Gold 0.1109 oz. AGW **Ruler:** Ludwig Christian **Subject:** Death of Ernst **Obv:** Wigged and armored bust to right **Obv. Legend:** ERNEST9 COM. IN STOLB. K. R. W. & H. D. I. E. M. B. A. L & C. **Rev:** 9-line inscription with R.N. dates and mintmaster's initials at bottom **Rev. Inscription:** NATVS / ILSENBVRGI / XXV. MART. / MDCL. / DEFVNCTVS / IBIDEM / D. IX. NOV. / MDCCX. / I. I. G. **Note:** Struck from 1/8 Thaler dies, KM# 50. Fr# 3355. Previous KM# 5.

Date	Mintage	VG	F	VF	XF	Unc
1710 IIG	—	1,200	2,400	5,200	9,100	—

KM# 68 DUCAT
3.5000 g., 0.9860 Gold 0.1109 oz. AGW **Ruler:** Christian Ernst I **Obv:** Bust right **Obv. Legend:** CHRISTIANUS ERNESTUS COM STOLB. K. R. W. ET H. **Rev:** Ornate shield of manifold arms, crown above, chain of order around, date at top over crown, mintmaster's initials below **Rev. Legend:** DOM. IN. EPST. MUNZ. BR — AIB. AIGM. LOHR. ET. CLE. **Note:** Fr# 3356. Prev. C# 14.

Date	Mintage	VG	F	VF	XF	Unc
1730 CW//IIG	—	375	850	1,750	3,250	—
1733 CW//IIG	—	375	850	1,750	3,250	—

KM# 65 THALER
Silver **Ruler:** Christian Ernst I **Obv:** Stag left in circle **Obv. Legend:** CHRISTIANUS • ERNESTUS • COMES • IN • STOLBERG • K • R • W • ET • H • **Rev:** Ornate manifold arms, 3 ornate helmets above, date divided among crests, mintmaster's initials divided below **Rev. Legend:** DYNASTA IN EPST • MUNZ • BRAIB • AIGM • LOHRA • ET • KLETTENBERG **Note:** Dav# 2791. Prev. C# 10.

Date	Mintage	VG	F	VF	XF	Unc
1724 IIG	—	350	800	1,650	2,750	—

KM# 66 THALER
Silver **Ruler:** Christian Ernst I **Obv:** Stag left in circle **Obv. Legend:** CHRISTIANUS • ERNESTUS • COMES • IN • STOLBERG • K • R • W • ET • H • **Rev:** Large manifold arms, 3 ornate helmets above, date divided among crests, mintmaster's initials divided below **Rev. Legend:** DYNASTA IN EPST • MUNZ • BRAIB • AIGM • LOHRA • ET • KLETTENBERG **Note:** Dav# 2791A. Prev. C# 10a.

Date	Mintage	VG	F	VF	XF	Unc
1725 IIG	—	350	800	1,650	2,750	—

KM# 81 THALER
Silver **Ruler:** Ludwig Christian **Subject:** 50th Anniversary of Reign **Note:** Octagonal klippe from Thaler dies, KM# 80.

Date	Mintage	VG	F	VF	XF	Unc
1760 IEVC Rare	—	—	—	—	—	—

KM# 73 DUCAT
3.5000 g., 0.9860 Gold 0.1109 oz. AGW **Ruler:** Christian Ernst I **Obv:** Stag left **Obv. Legend:** CHRISTIANVS ERNESTUS COM. STOLB. K. R. W. U. H. **Rev:** Ornate shield of manifold arms, crown above, chain of order around, date at top over crown, mintmaster's initials below **Rev. Legend:** DOM. IN. EPST. MUNZ. BR — AIB. AIGM. LOHR. ET. CLE. **Note:** Fr# 3357. Prev. C# 15.

Date	Mintage	VG	F	VF	XF	Unc
1742 IIG	—	275	650	1,300	2,400	—
1759 IEVC	—	275	650	1,300	2,400	—

KM# 79 THALER
Silver **Ruler:** Christian Ernst I **Subject:** 50th Year of Reign **Obv:** Large ornate manifold arms, 3 ornate helmets above, chain of order suspended in curve below, date at end of legend, mintmaster's initials at lower right **Obv. Legend:** CHRISTIAN • ERNST • GRAF • ZU • STOLBERG • K • R • W • U • H • HERR • Z • E • M • B • A • L • U • C **Rev:** A round altar with smoke rising, set in landscape with buildings in background, 4-line inscription with date in exergue **Rev. Legend:** GOTT SEY GEBENEDEYT • FÜR DIESE SELTNE ZEIT • **Rev. Inscription:** NACH FÜNFZIGJÄHRIG • REGIER • / ZU WERNIGERODE / SEIT DEM 9 NOV • / 1710 • **Note:** Dav# 2793. Prev. C# 12.

Date	Mintage	F	VF	XF	Unc	BU
1760 IEVC	—	2,000	3,500	5,500	—	—

KM# 80 THALER
Silver **Ruler:** Christian Ernst I **Subject:** 50th Year of Reign **Obv:** Modified arms **Note:** Dav# 2793A. Prev. C# 12a.

Date	Mintage	F	VF	XF	Unc	BU
1760 IVEC	—	2,000	3,500	5,500	—	—

KM# 85 DUCAT
3.5000 g., 0.9860 Gold 0.1109 oz. AGW **Ruler:** Christian Ernst I **Obv:** Bust right **Rev:** Stag left, date below **Note:** Fr# 3360. Prev. C# 16.

Date	Mintage	VG	F	VF	XF	Unc
1768 EFR	—	250	600	1,250	2,650	—

KM# 87 DUCAT
3.5000 g., 0.9860 Gold 0.1109 oz. AGW **Ruler:** Heinrich Ernst II **Obv:** Head right **Obv. Legend:** HENR. ERNST GR. Z. STOLB. K. R. WERN. u. H. HR. Z. E. M. B. A. L. u. K. **Rev:** Stag left, date in exergue **Note:** Fr# 3361. Prev. C# 20.

Date	Mintage	F	VF	XF	Unc	BU
1778	—	500	1,000	1,850	3,900	—

KM# 88 DUCAT
3.5000 g., 0.9860 Gold 0.1109 oz. AGW **Ruler:** Christian Friedrich **Obv:** Stag to left **Obv. Legend:** CHRISTIAN FRIDR: GRAF ZU STOLBERG WERNIGERODE **Rev:** 3-line inscription with date on large memorial tablet **Rev. Inscription:** I / DUCATEN / (date) **Note:** Fr# 3362. Prev. C# 24.

Date	Mintage	F	VF	XF	Unc	BU
1784	—	450	925	1,750	3,900	—
1795	—	450	925	1,750	3,900	—

KM# 77 THALER
Silver **Ruler:** Christian Ernst I **Subject:** 50th Year of Reign **Obv:** Armored bust to right in circle, date at end of legend **Obv. Legend:** CHRISTIAN • ERNST • GRAF • ZU • STOLBERG • K • R • W • U • H • HERR • Z • E • M • B • A • L • u • C **Rev:** A round altar with smoke rising, set in landscape with buildings in background, 5-line inscription with date and mintmaster's initials in exergue **Rev. Legend:** GOTT SEY GEBENEDEYT • FÜR DIESE SELTNE ZEIT **Rev. Inscription:** NACH FÜNFZIGJÄHRIG • REGIER • / ZU WERNIGERODE / SEIT DEM 9 NOV • / 1710 • / I • B • H • **Note:** Dav# 2792. Prev. C# 11.

Date	Mintage	F	VF	XF	Unc	BU
1760 IBH	—	350	700	1,500	2,500	—

KM# 78 THALER
Silver **Ruler:** Christian Ernst I **Subject:** 50th Year of Reign **Obv:** Armored bust to right in circle, date at end of legend **Obv. Legend:** CHRISTIAN • ERNST • GRAF • ZU • STOLBERG • K • R • W • U • H • HERR • Z • E • M • B • A • L • u • C **Rev:** A round altar with smoke rising, set in landscape with buildings in background,

KM# 57 2 THALER
Silver **Ruler:** Ludwig Christian **Subject:** Death of Ernst **Obv:** Stag prancing to right on river bank, castle on hill in left background, legend curving over scene **Obv. Legend:** SALVTIS

KM# 83 12 DUCAT
41.7000 g., 0.9860 Gold 1.3219 oz. AGW **Ruler:** Christian Ernst I **Subject:** 50th Year of Reign **Obv:** Armored bust to right in circle, date at end of legend **Obv. Legend:** CHRISTIAN • ERNST • GRAF • ZU • STOLBERG • K • R • W • U • H • HERR • Z • E • M • B • A • L • u • C **Rev:** A round altar with smoke rising,

set in landscape with buildings in background, 5-line inscription with date and mintmaster's initials in exergue **Rev. Inscription:** NACH FÜNFZIGIÄHRIG • REGIER • / ZU WERNIGERODE / SEIT DEM 9 NOV • / 1710 • / I • B • H • **Note:** Fr# 3358. Struck from Thaler dies, KM# 77.

Date	Mintage	VG	F	VF	XF	Unc
1760 IBH Rare	—	—	—	—	—	—

PATTERNS

Including off metal strikes

KM#	Date	Mintage	Identification		Mkt Val
Pn1	1760 IBH	—	Thaler. Iron. KM# 77.		—
Pn2	1760 IBH	—	Thaler. Lead. KM# 77.		—
Pn3	1760	—	Thaler. Lead. KM# 79.		—
	IEVC				
Pn4	1778	—	Ducat. Silver. KM# 87.		—
Pn5	1784	—	Ducat. Silver. KM# 88.		—
Pn6	1795	—	Ducat. Silver. KM# 88.		—
Pn7	1818	—	Ducat. Silver. KM# 90.		250

STRALSUND

The town of Stralsund, founded about the year 1200 on the mainland opposite the island of Rügen in the Baltic Sea, obtained the rights of a Germanic city in 1234. Stralsund later joined the Hanseatic League and remained strong enough to maintain its independence from the dukes of Pomerania, who struck coins in that place during the 13th century. In 1325, the city purchased the right to coin its own money from the duke and began a series which continued until 1763. The city fell under the rule of Sweden from 1637 until 1815, then passed to Prussia along with the rest of Swedish Pomerania.

MINT OFFICIALS' INITIALS

Initials	Date	Name
HIH (b) = battle axe	1662-1705	Heinrich Johann Hille
ICH	1705-09	Johann Christian Hille
	1715	Heinrich Schnach
LDS	1763-68	Ludwig Detoff Sodeman

ARMS

An arrowhead pointed upwards.

REFERENCES

B = P. Bratring, "Über das Münzwesen der Stadt Stralsund in neueren Zeiten," **Berliner Münzblätter,** N.F. 28 (1907), pp. 509ff.

Sch = Wolfgang Schulten, *Deutsche Münzen aus der Zeit Karls V.,* Frankfurt am Main, 1974.

CITY

REGULAR COINAGE

KM# 203 WITTEN (1/2 Schilling)

Billon, 12-13 mm. **Obv:** Crowned city arms, cross above divides date **Rev:** 4-line inscription with mintmaster's initials **Rev. Inscription:** I / WITTEN / S.S.M. / LDS **Note:** Prev. KM#84.

Date	Mintage	VG	F	VF	XF	Unc
1763 LDS	—	8.00	18.00	37.00	75.00	—

KM# 190 WITTEN (1/192 Thaler)

Silver, 12-14 mm. **Obv:** City arms above cross in circle **Obv. Legend:** STRALS. STAT. GELT. **Rev:** 3-line inscription with mintmaster's initials, date at end of legend **Rev. Legend:** GOTT. MIT. UNS. **Rev. Inscription:** I / WITT / HIH (ligature) **Note:** Prev. KM#58.

Date	Mintage	VG	F	VF	XF	Unc
1706 ICH	—	17.00	37.00	75.00	150	—
1708 ICH	—	17.00	37.00	75.00	150	—

KM# 201 16 SCHILLING (1/6 Thaler)

Silver Weight varies: 1.89-2.11g., 21 mm. **Obv:** Stralsund city arms **Obv. Legend:** STRALSUND **Rev:** 4-line inscription with date **Rev. Inscription:** XVI / SCHIL / LING / (date) **Note:** B-19. Prev. KM#82.

Date	Mintage	VG	F	VF	XF	Unc
1715	—	20.00	50.00	100	200	—

KM# 192 1/96 THALER (Sechsling)

0.6200 g., Silver, 15 mm. **Obv:** City arms above cross, which divides mintmaster's initials **Obv. Legend:** STRALSUNDISCH. **Rev:** Value "96" in circle circle, date at end of legend **Rev. Legend:** STADT. GELDT. **Note:** Prev. KM#80.

Date	Mintage	VG	F	VF	XF	Unc
1706 ICH	—	25.00	50.00	100	200	—

KM# 193 1/96 THALER (Sechsling)

Silver **Obv:** City arms above cross **Rev:** Value above ICH **Note:** Prev. KM#81.

Date	Mintage	VG	F	VF	XF	Unc
1706 ICH	—	25.00	50.00	100	200	—

KM# 205 1/96 THALER (Sechsling)

1.3600 g., Billon, 19 mm. **Obv:** Crowned city arms (arrowhead), cross divides date above **Rev:** 5-line inscription with mintmaster's initials **Rev. Inscription:** I / SECHS / LING / S.S.M. / LDS **Note:** Prev. KM#85.

Date	Mintage	VG	F	VF	XF	Unc
1763 LDS		30.00	60.00	100	175	—

KM# 199 1/48 THALER (Schilling or 1/2 Groschen)

Silver, 17 mm. **Obv:** City arms above cross in circle, date in legend **Obv. Legend:** STRALSUND. **Rev:** 4-line inscription **Rev. Legend:** SCHILLING STUCK. **Rev. Inscription:** 48 / EINEN / REICHS / DALER **Note:** Ref. B#171. Prev. KM#83.

Date	Mintage	VG	F	VF	XF	Unc
1715		22.00	50.00	100	200	—

KM# 195 2/3 THALER (1 Gulden)

Silver, 38-39 mm. **Obv:** City arms, value "2/3" below, in circle, small letters, date at end of legend **Obv. Legend:** MONETA NOVA STRALSUNDENSIS. **Rev:** Narrow moline cross, large trefoil at each end, in circle, mintmaster's initials in oval cartouche in margin at top **Rev. Legend:** IN NOMINE TUO - SALVA NOS DEUS. **Note:** Dav. 1012. Prev. KM#76.

Date	Mintage	VG	F	VF	XF	Unc
1707 ICH	—	85.00	175	375	725	—

KM# 196 2/3 THALER (1 Gulden)

Silver, 38-39 mm. **Obv:** City arms, value "2/3" below, in circle, large letters, date at end of margin **Obv. Legend:** MONETA NOVA STRALSUNDENSIS. **Rev:** Cross moline, trefoil at each end, in circle, mintmaster's initials in oval cartouche in margin at top **Rev. Legend:** IN NOMINE TUO - SALVA NOS DEUS. **Note:** Dav. 1012. Prev. KM#77.

Date	Mintage	VG	F	VF	XF	Unc
1707 ICH	—	110	225	450	900	—

KM# 197 2/3 THALER (1 Gulden)

17.3400 g., Silver, 37-38 mm. **Obv:** City arms, value "2/3" below, in oval baroque frame, angel's head and wings above, date at end of legend **Obv. Legend:** MONETA NOVA STRALSUNDENSIS. **Rev:** Cross moline, with trefoil at each end, in ornate circle, mintmaster's initials in cartouche at top **Rev. Legend:** IN NOMINE TUO - SALVA NOS DEUS. **Note:** Dav. 1013. Prev. KM#78.

Date	Mintage	VG	F	VF	XF	Unc
1707 ICH	—	450	700	1,000	1,650	—

STRASSBURG

The capital and principal city of Alsace, Strassburg is located very near the Rhine, 55 miles (92 km) southeast of Saarbrucken. It was an early Celtic settlement, then the Roman town of Argentoratum, from which is derived its name as found on many of Strassburg's coins. The first mention of a bishopric existing in the place dates from the 6th century. The city was both home to the bishops and the site of an imperial mint, the latter which functioned from the 9th to the 11th centuries. The bishops had received the right to coin their own money in 873, but it was not until Strassburg was made a free imperial city in the early 13th century that the townspeople came into conflict with them. When bishop Walter von Hohengeroldseck (1260-1263) tried to reassert authority over the town, the populace rose up and soundly defeated him at the Battle of Oberhausbergen in 1262. The power of the bishopric never recovered, then the city grew in importance and Strassburg city received the mint right in 1334, even though coins were struck in its name locally beginning in 1296.Strassburg's coinage continued until beyond the annexation of the city in 1681, whereas issues by the bishops continued until 1773. The bishopric was finally secularized and annexed by France in 1789.

RULERS

Wilhelm Egon, Fürst von Fürstenberg, 1682-1704
Armand Gaston, Fürst von Rohan-Soubise, 1704-1749, cardinal 1712
Armand, Fürst von Rohan-Soubise, 1749-1756
Ludwig Constantin, Fürst von Rohan-Guemené, 1756-1779
Ludwig Renatus, Fürst von Rohan-Guemené, 1779-1803

ARMS

Strassburg - diagonal bar from upper left to lower right, often a fleur-de-lis appears on city coinage as well.
Alsace - similar diagonal bar with 6 crowns, 3 on each side along bar.
Lorraine - similar diagonal bar with 3 small eagles within it.

BISHOPRIC

REGULAR COINAGE

KM# 64 KREUZER

Copper **Ruler:** Ludwig Constantin **Obv:** Cardinal's hat above crowned 5-fold arms within mantle **Obv. Legend:** LUD • CARD • DE ROHAN • D • G • EPUS • ET • PS • ARGENT I • **Rev:** Value, date within cartouche **Note:** Prev. C#1.

Date	Mintage	VG	F	VF	XF	Unc
1773 G	—	18.00	37.00	75.00	150	—

KM# 130 5 KREUZER

Billon **Ruler:** Ludwig Constantin **Obv:** Cardinal's hat above crowned 5-fold arms within mantle **Obv. Legend:** LUD • CARD • DE ROHAN • D • G • EPUS • ET • PS • ARGENT • **Rev:** Oval arms within cartouche, value framed below **Rev. Legend:** MONETANOVA EPISCOPATUS ARGENTINENSIS **Note:** Prev. C#4.

Date	Mintage	VG	F	VF	XF	Unc
1773 G	—	20.00	45.00	90.00	185	—

KM# 141 10 KREUZER

Silver **Ruler:** Ludwig Constantin **Obv:** Cardinal's hat above crowned 5-fold arms within mantle **Obv. Legend:** LUD • CARD • DE ROHAN • D • G • EPUS • ET • PS • ARGENT • **Rev:** Oval arms within cartouche, framed value below **Rev. Legend:** MONETANOVA EPISCOPATUS ARGENTINENSIS **Note:** Prev. C#8.

Date	Mintage	VG	F	VF	XF	Unc
1773 G	—	30.00	65.00	130	260	—

STRASSBURG

KM# 162 20 KREUZER
Silver **Ruler:** Ludwig Constantin **Obv:** Cardinal's hat above crowned 5-fold arms within mantle **Obv. Legend:** LUD • CARD • DEROHAN • D • G • EPUS • ET • PS • ARGENT • 1773 • **Rev:** Oval arms within cartouche, framed value below **Rev. Legend:** MONETA NOVA EPISCOPATUS ARGENTINENSIS **Note:** Prev. C#12.

Date	Mintage	VG	F	VF	XF	Unc
1773 G	—	35.00	65.00	130	260	—

KM# 318 THALER
Silver **Ruler:** Ludwig Constantin **Obv:** Bust right with dog and J.G. below **Obv. Legend:** LUD • CONST • D • G • EPUS • ET PPS • ARGENTI • LAN • AL • **Rev:** Cardinal's hat above crowned arms within mantle **Rev. Legend:** SIT NOMEN DOMINI - BENEDICTUM * **Note:** Dav. #2810. Prev. C#18.

Date	Mintage	VG	F	VF	XF	Unc
1759 JG	—	550	1,200	2,300	3,500	—
1760 JG	—	550	1,200	2,300	3,500	—

KM# 405 1/2 PISTOLE
Gold **Ruler:** Ludwig Constantin **Obv:** Bust right **Rev:** Crowned oval mantled arms, cardinal hat above **Note:** FR#242.

Date	Mintage	VG	F	VF	XF	Unc
1759	—	2,250	3,750	7,100	12,000	—

KM# 408 PISTOLE
Gold **Ruler:** Ludwig Constantin **Obv:** Bust right **Rev:** Crowned oval mantled arms, cardinal hat above **Note:** FR #241.

Date	Mintage	VG	F	VF	XF	Unc
1759	—	1,800	3,300	6,000	10,500	—

KM# 411 2 PISTOLEN
Gold **Ruler:** Armand **Obv:** Bust right **Rev:** Crowned oval mantled arms, cardinal hat above **Note:** FR #240.

Date	Mintage	VG	F	VF	XF	Unc
1759 Rare	—	—	—	—	—	—

KM# 223 1/12 THALER
Silver **Ruler:** Ludwig Constantin **Obv:** Bust right divides value **Obv. Legend:** LUD • CONST • D • G • EPUS • ET • PPS • ARG • **Rev:** Cardinal's hat above crowned arms within mantle **Rev. Legend:** SIT NOMEN DOMINI BENEDICTUM **Note:** Prev. C#6.

Date	Mintage	VG	F	VF	XF	Unc
1759 JG	—	25.00	50.00	100	210	—

KM# 226 1/6 THALER
Silver **Ruler:** Ludwig Constantin **Obv:** Bust right divides date **Obv. Legend:** LUD • CONST • D • G • EPUS • ET • PPS • ARGENT... **Rev:** Cardinal's hat above crowned arms within mantle **Rev. Legend:** SIT NOMEN DOMINI BENEDICTUM **Note:** Prev. C#10.

Date	Mintage	VG	F	VF	XF	Unc
1759 JG	—	40.00	80.00	165	330	—

KM# 241 1/4 THALER
Silver **Ruler:** Ludwig Constantin **Subject:** Ludwig Constantine **Obv:** Bust right **Obv. Legend:** LUD • CONST • D • G • EPUS • ET • PPS • ARGENTILANAL **Rev:** Cardinal's hat above crowned arms within mantle **Rev. Legend:** SIT NOMEN DOMINI BENEDICTUM **Note:** Prev. C#16.

Date	Mintage	VG	F	VF	XF	Unc
1759 JG	—	90.00	170	325	675	—
1760 JG	—	90.00	170	325	675	—

KM# 238 1/4 THALER
Silver **Ruler:** Ludwig Constantin **Obv:** Bust right **Rev:** Cardinal's hat above crowned arms within mantle **Note:** Similar to 1/4 Thaler, KM#241. Prev. C#14.

Date	Mintage	VG	F	VF	XF	Unc
1759 JG	—	—	—	—	—	—

CITY

REGULAR COINAGE

KM# 259 1/2 THALER
Silver **Obv:** Ornate city arms with 2 lion supporters **Rev:** Large fleur-de-lis

Date	Mintage	VG	F	VF	XF	Unc
ND	—	—	—	—	—	—

SWABIAN CIRCLE

An area in Swabia maintained as an imperial administrative district from 1500 to 1806. Constance and Württemberg were the usual administrators over this occasional coin issuer.

IMPERIAL CIRCLE

TRADE COINAGE

KM# 4 DUCAT
3.5000 g., 0.9860 Gold 0.1109 oz. AGW **Obv:** Cross added to lower part of shield **Rev:** Date separated. **Note:** Fr. #A3371.

Date	Mintage	VG	F	VF	XF	Unc
1737	—	825	1,650	3,600	8,400	—

KM# 5 DUCAT
3.5000 g., 0.9860 Gold 0.1109 oz. AGW **Obv:** Lion arms within cartouche **Rev:** 2 Shields; one with crown and one with mitre, date together. **Mint:** Augsburg **Note:** Fr. #3371.

Date	Mintage	VG	F	VF	XF	Unc
1737 FB	—	900	1,800	4,050	9,500	—

TEUTONIC ORDER

Deutscher Orden

The Order of Knights was founded during the Third Crusade in 1198. They acquired considerable territory by conquest from the heathen Prussians in the late 13th and early 14th centuries. The seat of the Grand Master moved from Acre to Venice and in 1309 to Marienburg, Prussia. The Teutonic Order began striking coins in the late 13th century. In 1355 permission was granted to strike hellers at Mergentheim. However, the bulk of the Order's coinage until 1525 was schillings and half schoters minted in and for Prussia. In 1809 the Order was suppressed and Mergentheim was annexed to Württemberg.

RULERS
Ludwig Franz von Pfalz-Neuburg, 1694-1732
Clemens August von Bayern, 1732-1761
Karl Alexander of Lorraine, 1761-1780.
Max Franz of Austria, 1780-1801

ARMS
Grand Master: Cross, shield w/eagle in ctr.,
shield is often w/double outline.
Later versions include family and territorial
arms in angles of cross.
Order Arms: Long cross superimposed, usually on
empty shield, sometimes w/eagle in ctr.

MINT OFFICIALS' INITIALS

Initials	Date	Name
GFN	1689-1724	Georg Friedrich Nürnberger, mintmaster in Nürnberg
LPH	1678-1701	Leonhard Paul Haller, mintmaster in Neisse (Breslau)
SS	1701-17	Siegmund Strasser, warden in Breslau
CGL	1746-55	Carl Gottlieb Laufer, mintmaster in Nürnberg
W(W)E or WE/W	1765-77	Weber, warden and Eberhard, mintmaster in Wertheim

KNIGHTLY ORDER

REGULAR COINAGE

KM# 134 GROSCHEN (3 Kreuzer)
Silver **Ruler:** Clemens August **Subject:** Death of Franz Ludwig von Pfalz-Neuburg **Obv:** Crowned and mantled oval manifold arms **Rev:** 9-line inscriptions with dates

Date	Mintage	VG	F	VF	XF	Unc
1732	—	20.00	40.00	65.00	100	—

KM# 146 KREUZER
Billon **Ruler:** Karl Alexander **Obv:** Crowned order arms in sprays **Rev:** Value above date separates W.E. **Mint:** Wertheim **Note:** Prev. C#15.

Date	Mintage	VG	F	VF	XF	Unc
1776 W(W)E	—	15.00	37.00	75.00	150	—

KM# 147 2-1/2 KREUZER
Billon **Ruler:** Karl Alexander **Obv:** Crowned oval arms between two palm fronds **Rev:** 6-line inscription with date, mint officials' initials **Rev. Inscription:** 2-1/2 Kr: / NACH DEM / CONVENS: / FUS. / 1776 / W(W)E **Mint:** Wertheim **Note:** Prev. C#17. Varieties exist.

Date	Mintage	VG	F	VF	XF	Unc
1776 W(W)E	—	25.00	55.00	110	225	—

KM# 140 3 KREUZER
Silver **Ruler:** Clemens August **Subject:** Death of the Grand Master **Obv:** Crowned and mantled oval 4-fold arms with central shield **Rev:** 9-line inscription with dates **Rev. Inscription:** NATVS / 17. AVG: 1700. / ELECTVS / IN SUPR: ADM: PRUSS. / ET M: MAG: O: T: / 17. IUL: 1732. / DEFUNCTUS / 6. FEBR: 1761. / R: I: P: **Note:** Prev. C#5.

Date	Mintage	VG	F	VF	XF	Unc
1761	—	25.00	55.00	110	225	—

TRIER

KM# 136 1/4 THALER (8 Groschen = 12 Schilling)
Silver **Ruler:** Clemens August **Obv:** Crowned and mantled oval manifold arms **Rev:** 9-line inscriptions with dates

Date	Mintage	VG	F	VF	XF	Unc
1732	—	80.00	180	350	625	—

KM# 148 5 KREUZER
Billon **Ruler:** Karl Alexander **Obv:** Crowned oval arms between two palm fronds **Obv. Legend:** S.A.B.E.-O.T.M.M. **Rev:** 4-line inscription with date in cartouche **Rev. Inscription:** 240 / EINE FEINE / MARCK / (date) **Mint:** Wertheim **Note:** Prev. C#19. Convention 5 Kreuzer.

Date	Mintage	VG	F	VF	XF	Unc
1776 WE/W	—	25.00	55.00	110	225	—
1776 WE	—	25.00	55.00	110	225	—

KM# 135 6 KREUZER
Silver **Ruler:** Clemens August **Subject:** Death of Franz Ludwig von Pfalz-Neuburg **Obv:** Crowned and mantled oval manifold arms **Rev:** 9-line inscriptions with dates

Date	Mintage	VG	F	VF	XF	Unc
1732	—	50.00	120	250	450	—

KM# 153 10 KREUZER
Silver **Ruler:** Karl Alexander **Subject:** Death of the Grand Master **Obv:** Crowned complex arms with eagle supporters **Rev:** Inscription **Note:** Prev. C#21.

Date	Mintage	VG	F	VF	XF	Unc
1780	800	30.00	65.00	130	260	—

KM# 149 20 KREUZER
Silver **Ruler:** Karl Alexander **Obv:** Armored bust right **Rev:** Crowned complex arms within branches, value below **Mint:** Wertheim **Note:** Prev. C#23. Convention 20 Kreuzer.

Date	Mintage	VG	F	VF	XF	Unc
1776 W(W)E	—	50.00	100	200	425	—

KM# 142 1/4 THALER
Silver **Ruler:** Clemens August **Subject:** Death of the Grand Master **Obv:** Complex arms within crowned mantle **Rev:** Inscription **Note:** Prev. C#9.

Date	Mintage	VG	F	VF	XF	Unc
1761	—	60.00	125	250	525	—

KM# 154 1/4 THALER
Silver **Ruler:** Karl Alexander **Subject:** Death of the Grand Master **Obv:** Crowned complex arms with eagle supporters **Obv. Legend:** C • A • D • G • S • A • B • G • O • T • A • E • P • G • E • ... **Rev:** Inscription with value below **Note:** Prev. C#25. Convention 1/4 Thaler.

Date	Mintage	VG	F	VF	XF	Unc
1780	400	65.00	135	275	550	—

KM# 138 1/2 THALER (16 Groschen = 24 Schilling)
Silver **Ruler:** Clemens August **Obv:** Crowned monogram divides date within branches **Obv. Legend:** CLEM • AUG • D • G • AR • EPIS • & EL • .... **Rev:** Crowned woman standing at center **Rev. Legend:** ... PATRONA ORDINIS TEUTONICI • **Mint:** Nurnberg **Note:** Prev. C#13.

Date	Mintage	VG	F	VF	XF	Unc
1750 CGL	—	225	450	850	1,600	—

KM# 150 1/2 THALER (16 Groschen = 24 Schilling)
Silver **Ruler:** Karl Alexander **Obv:** Bust right **Obv. Legend:** D • G • CAROL • ALE • - DUX • .... **Rev:** Crowned complex arms with eagle supporters **Mint:** Wertheim **Note:** Prev. C#27. Convention 1/2 Thaler.

Date	Mintage	VG	F	VF	XF	Unc
1776 W(W)E	—	125	250	525	1,050	—
1776 W(W)E	—	150	300	600	1,200	—

KM# A132 THALER (32 Groschen)
Silver **Ruler:** Ludwig Franz **Obv:** Bust right **Obv. Legend:** D. G. FR. LVD. S.A.PR. - M.T.O.E.W. + V.P.P.E. **Rev:** 2 crowned shields on scrolls with date below, mintmaster's initial subdivided by shields **Rev. Legend:** C. P. R. B. I. C. M. D. C. V. S. M. R. & . M. D. I. R. F. + F. S. C. M. V. S. S. C. **Note:** Dav#2811. This coin is sometimes listed as an issue of Franz Ludwig as Bishop of Breslau in Silesia.

Date	Mintage	VG	F	VF	XF	Unc
1714 SS Rare	—	—	—	—	—	—

KM# 151 THALER (32 Groschen)
Silver **Ruler:** Karl Alexander **Obv:** Bust right **Obv. Legend:** D • G • CAROL • ALE • - DUX LOTH • ET BAR • **Rev:** Crowned and supported arms, value in exergue **Rev. Legend:** SUP • ADM • BOR • ET ORD • TEUT • MAGN • MAG • 1776, X. EINE F. MARCK/W (W) E below **Mint:** Wertheim **Note:** Prev. C#29. Convention Thaler. Dav. #2813.

Date	Mintage	F	VF	XF	Unc	BU
1776 W(W)E	—	275	550	1,100	2,250	—

KM# 152 2 THALER
Silver **Ruler:** Karl Alexander **Mint:** Wertheim **Note:** Prev. C#30. Convention 2 Thaler. Struck with Thaler dies, KM#151. Dav. #2812.

Date	Mintage	VG	F	VF	XF	Unc
1776 W(W)G Rare	—	—	—	—	—	—

TRADE COINAGE

KM# 130 DUCAT
3.5000 g., 0.9860 Gold 0.1109 oz. AGW **Ruler:** Ludwig Franz **Obv:** Armored bust right **Rev:** Cruciform arms **Mint:** Neisse **Note:** Fr. #3389.

Date	Mintage	VG	F	VF	XF	Unc
1701 LPH	—	1,350	3,150	6,500	3,600	—
1701	—	1,350	3,150	6,500	3,600	—

KM# 144 DUCAT
3.5000 g., 0.9860 Gold 0.1109 oz. AGW **Ruler:** Karl Alexander **Obv:** Armored bust right **Rev:** Crowned arms **Note:** Prev. C#32.

Date	Mintage	VG	F	VF	XF	Unc
1765	—	700	1,450	2,750	5,500	—

KM# 132 5 DUCAT
Gold **Ruler:** Ludwig Franz **Obv:** Bust right **Rev:** Crowned 8-fold arms with central shield, 4 small shields alternating with 4 FL (in script) monograms, date divided near bottom

Date	Mintage	VG	F	VF	XF	Unc
1701 LPH Rare	—	—	—	—	—	—

PATTERNS
Including off metal strikes

KM#	Date	Mintage	Identification	Mkt Val
Pn1	1765	—	Thaler. Tin. Karl Alexander.	—
Pn2	1770	—	Ducat. Copper. Karl Alexander and Maximilian.	70.00
Pn6	1770	—	15 Ducat. Silver. Karl Alexander and Maximilian. Weight of 1 1/4 Thaler.	500
Pn7	1770	—	15 Ducat. Gold. Karl Alexander and Maximilian.	—
Pn3	1770	—	Ducat. Silver. Karl Alexander and Maximilian. Weight of 1/12 Thaler.	120
Pn4	1770	—	Ducat. Silver. Karl Alexander and Maximilian. Weight of 1/6 Thaler.	200
Pn5	1770	—	Ducat. Gold. Karl Alexander and Maximilian.	—

THURN AND TAXIS

Founded by the family of an Italian noble of the late 13th century, Thurn and Taxis eventually had holdings in Flanders, Hungary, Spain and Bohemia. They became postmaster for the empire and in the 19th century operated a postal system for all German States too small to operate their own. The castle of Taxis is 26 miles northeast of Ulm.

RULER
Anselm Franz, 1714-1739

PRINCIPALITY TRADE COINAGE

FR# 3391 DUCAT
3.5000 g., 0.9860 Gold 0.1109 oz. AGW **Ruler:** Anselm Franz **Obv:** Bust right **Rev:** Crowned and mantled arms, date below

Date	Mintage	Good	VG	F	VF	XF
1734	—	—	1,000	2,000	4,000	7,000

TRIER

The city of Trier, located on the Mosel River just a few miles from the border with Luxembourg, was an important place from Roman times up to the modern era. Tradition holds that the Emperor Claudius founded the city as Augusta Trevirorum (imperial city of the Treviri, a Belgian tribe of that locale). Even today, Trier contains more Roman antiquities than any other city in northern Europe and was one of the earliest centers of Christianity north of the Alps. Some parts of the 4th century basilica built by Valentinian I (364-75) are extant in the present cathedral, which dates from the 11th to 13th centuries. Trier was the western capital of the Roman Empire until it was taken by the Franks in 464. A bishopric was established there at the dawn of the Middle Ages and was raised to an archbishopric under Bishop Hetto (814-47). The earliest archiepiscopal coinage dates from the end of the 10th century. The importance of Trier grew during the High Middle Ages as the city became one of the ecclesiastic electorates of the German Empire under Baldwin of Luxembourg (1307-54). That lofty status was confirmed by the Golden Bull of 1356, which permanently established the seven electorates of the Empire. The wealth, power and prestige of the archbishops continued through the Late Middle Ages and withstood the Protestant Reformation in the 16th century. The economy of Trier was severely circumscribed by the hyper-inflation of the early period of the Thirty Years' War, and the city never regained its former position. Trier was taken by the French in 1794 and the last archbishop fled from his domains. In 1802, the archbishopric was secularized and divided between Nassau and France, but Prussia obtained most of Trier's territory in 1815, following the conclusion of the Napoleonic Wars.

RULERS
Johann Hugo von Orsbeck, 1676-1711
Karl Josef of Lorraine, 1711-1715
Franz Ludwig von Pfalz-Neuburg, 1716-1729
Franz Georg von Schönborn-Puckheim, 1729-1756
Johann Philipp von Walderdorff, 1756-1768

650 GERMAN STATES TRIER

Clemens Wenzel, Prinz von Sachsen, 1768-1802

MINT OFFICIALS' INITIALS

Initials	Date	Name
DF	1746-52	Daniel Fritsch
EG, G	1750-75	Elias Gervais, die-cutter in Neuwied
	1765-69	Die-cutter in Coblenz
GG	1698-1734	Gerhardt Godt
GM	1763-94	Gotthard Martinengo
MG	1769	Martinengo & Gervais
NM	1756-63	Nikolaus Martinengo
S	1744-99	Anton Schaffer, die-cutter and mintmaster in Manheim
SC	1765-73	Schnabel, mintmaster, and Clotz, warden in Gunzburg
St	1765-89	August Friedrich Stieler, engraver in Mainz
St	?-1794	Friedrich Stieler, die-cutter in Mainz
VL, V.LON	1727-64	Franz Anton van Lon, die-cutter
W	1734-46	(encountered w/crossed staffs)

ARMS

Cross, usually displayed in conjunction with the family arms of the archbishop

REFERENCES

N = Alfred Noss, *Die Münzen von Trier*, v. I, pt. 2, *Beschreibung der Münzen 1307-1556.* **Bonn, 1916.**

S = Friedrich von Schrötter, *Die Münzen von Trier*, v. II, *Beschreibung der neuzeitlichen Münzen 1556-1794.* **Bonn, 1908.**

Sch = Wolfgang Schulten, *Deutsche Münzen aus der Zeit Karls V.* **Frankfurt am Main, 1974.**

ARCHBISHOPRIC

REGULAR COINAGE

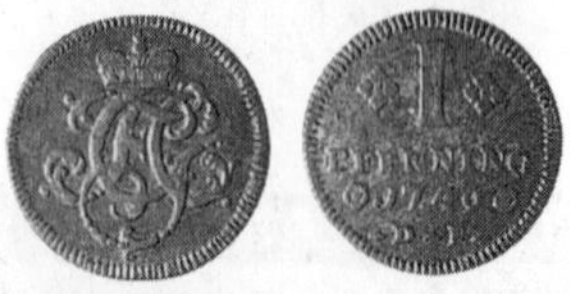

KM# 257 PFENNIG

Copper **Ruler:** Franz Georg **Obv:** Crowned script FGC monogram **Rev:** Value, date

Date	Mintage	VG	F	VF	XF	Unc
1748 DF	—	7.00	15.00	30.00	60.00	—
1749 DF	—	7.00	15.00	30.00	60.00	—
1750 DF	—	7.00	15.00	30.00	60.00	—

KM# 270 PFENNIG

Copper **Ruler:** Johann Philipp **Obv:** Crowned JPC monogram **Rev:** Value and date

Date	Mintage	VG	F	VF	XF	Unc
1757 NM	—	5.00	12.00	25.00	50.00	—
1758 NM	—	5.00	12.00	25.00	50.00	—
1761 NM	—	5.00	12.00	25.00	50.00	—
1762 NM	—	5.00	12.00	25.00	50.00	—

KM# 341 PFENNIG

Copper **Ruler:** Clemens Wenzel **Obv:** CWC monogram **Rev:** Value above date, G.M. below

Date	Mintage	VG	F	VF	XF	Unc
1789 GM	—	4.00	9.00	18.00	37.00	—

KM# 166 2 PFENNIG (1/2 Kreuzer)

Billon **Obv:** Shield of arms divides G G, elector's hat above **Rev:** Value

Date	Mintage	VG	F	VF	XF	Unc
ND GG	—	30.00	60.00	80.00	165	—

KM# 232 2 PFENNIG (1/2 Kreuzer)

Billon **Ruler:** Franz Ludwig **Obv:** Crowned arms divide date

Date	Mintage	VG	F	VF	XF	Unc
1723	—	20.00	45.00	90.00	180	—

KM# 240.1 2 PFENNIG (1/2 Kreuzer)

Billon **Obv:** Value: 2/PFENNIG, crowned FGC monogram, date divided above **Rev:** Crowned arms

Date	Mintage	VG	F	VF	XF	Unc
1730 GG	—	6.00	15.00	30.00	60.00	—
1731 GG	—	6.00	15.00	30.00	60.00	—

KM# 240.2 2 PFENNIG (1/2 Kreuzer)

Billon **Ruler:** Franz Georg **Obv:** Value: 2 PFEN **Rev:** Arms in palm branches

Date	Mintage	VG	F	VF	XF	Unc
1731 GG	—	6.00	15.00	30.00	60.00	—

KM# 240.3 2 PFENNIG (1/2 Kreuzer)

Billon **Ruler:** Franz Georg **Obv:** Value: 2 PFENNIG

Date	Mintage	VG	F	VF	XF	Unc
1732 GG	—	6.00	15.00	30.00	60.00	—
1733 GG	—	6.00	15.00	30.00	60.00	—
1740	—	6.00	15.00	30.00	60.00	—
1745 DF	—	6.00	15.00	30.00	60.00	—
1746	—	6.00	15.00	30.00	60.00	—
1747	—	6.00	15.00	30.00	60.00	—

KM# 240.4 2 PFENNIG (1/2 Kreuzer)

Billon **Ruler:** Franz Georg **Obv:** Value: II PFENNIG

Date	Mintage	VG	F	VF	XF	Unc
1743	—	6.00	15.00	30.00	60.00	—

KM# 258 2 PFENNIG (1/2 Kreuzer)

Copper **Ruler:** Franz Georg **Obv:** Crowned script FGC monogram **Rev:** Value, date

Date	Mintage	VG	F	VF	XF	Unc
1748 DF	—	6.00	15.00	30.00	60.00	—
1749 DF	—	6.00	15.00	30.00	60.00	—
1750 DF	—	6.00	15.00	30.00	60.00	—

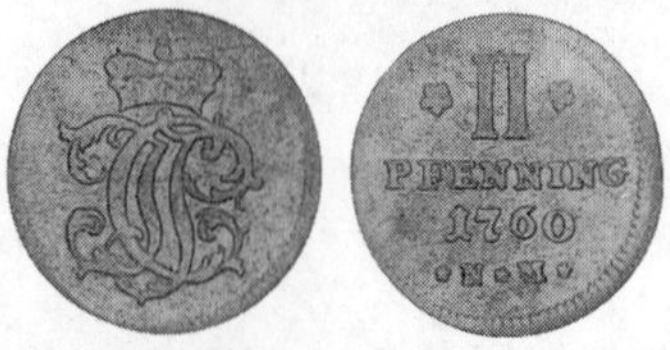

KM# 271 2 PFENNIG (1/2 Kreuzer)

Copper **Ruler:** Johann Philipp **Obv:** Crowned JPC monogram **Rev:** Value and date

Date	Mintage	VG	F	VF	XF	Unc
1757 NM	—	4.00	9.00	18.00	37.00	—
1758 NM	—	4.00	9.00	18.00	37.00	—
1760 NM	—	4.00	9.00	18.00	37.00	—
1761 NM	—	4.00	9.00	18.00	37.00	—
1762 NM	—	4.00	9.00	18.00	37.00	—

KM# 342 2 PFENNIG (1/2 Kreuzer)

Copper **Ruler:** Clemens Wenzel **Obv:** CWC monogram **Rev:** Value above date; G. M. below

Date	Mintage	VG	F	VF	XF	Unc
1789 GM	—	4.00	9.00	18.00	37.00	—

KM# 301 3 PFENNING

Copper **Ruler:** Johann Philipp **Obv:** Crowned JPC monogram **Rev:** Value and date

Date	Mintage	VG	F	VF	XF	Unc
1761 NM	—	10.00	25.00	50.00	100	—

KM# 259 4 PFENNIG (1/2 Albus)

Copper **Ruler:** Franz Georg **Obv:** Crowned script FGC monogram **Rev:** Value, date

Date	Mintage	VG	F	VF	XF	Unc
1748 DF	—	8.00	18.00	37.00	75.00	—
1750 DF	—	8.00	18.00	37.00	75.00	—

KM# 272 4 PFENNIG (1/2 Albus)

Copper **Ruler:** Johann Philipp **Obv:** Crowned JPC monogram **Rev:** Value and date

Date	Mintage	VG	F	VF	XF	Unc
1757 NM	—	9.00	20.00	45.00	90.00	—
1758 NM	—	9.00	20.00	45.00	90.00	—
1759 NM	—	9.00	20.00	45.00	90.00	—
1760 NM	—	9.00	20.00	45.00	90.00	—
1761 NM	—	9.00	20.00	45.00	90.00	—
1764 NM	—	9.00	20.00	45.00	90.00	—

KM# 343 4 PFENNIG (1/2 Albus)

Copper **Ruler:** Clemens Wenzel **Obv:** CWC monogram **Rev:** Value above date, G.M. below

Date	Mintage	VG	F	VF	XF	Unc
1789 GM	—	6.00	15.00	30.00	65.00	—

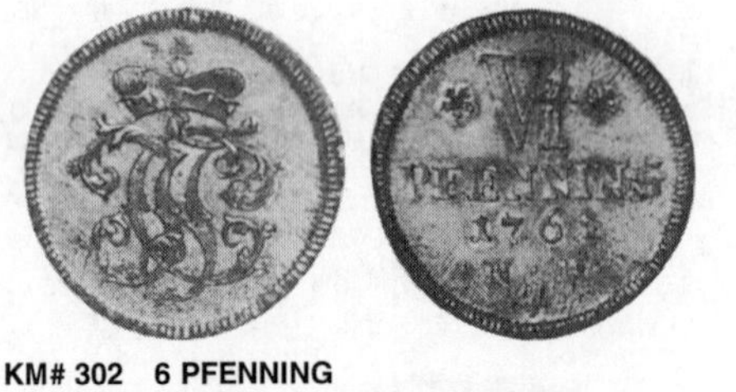

KM# 302 6 PFENNING

Copper **Ruler:** Johann Philipp **Obv:** Crowned JPC monogram **Rev:** Value and date

Date	Mintage	VG	F	VF	XF	Unc
1761 NM	—	30.00	60.00	120	240	—

KM# 344 ALBUS (New Standard)

Billon **Ruler:** Clemens Wenzel **Obv:** CWC monogram **Rev:** Value above date

Date	Mintage	VG	F	VF	XF	Unc
1789 GM	—	15.00	30.00	60.00	120	—
1790 GM	—	15.00	30.00	60.00	120	—
1791 GM	—	15.00	30.00	60.00	120	—

KM# 345 3 ALBUS

Billon **Ruler:** Clemens Wenzel **Obv:** Arms **Rev:** Value and date

Date	Mintage	VG	F	VF	XF	Unc
1789 GM	—	15.00	30.00	65.00	135	—
1790 GM	—	15.00	30.00	65.00	135	—
1791 GM	—	15.00	30.00	65.00	135	—
1793 GM	—	15.00	30.00	65.00	135	—

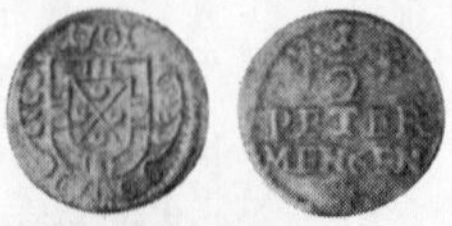

KM# 186 1/2 PETERMENGER

Billon **Ruler:** Johann Hugo **Obv:** Date above arms **Rev:** Value **Rev. Inscription:** 1/2 / PETER / MENGEN

Date	Mintage	VG	F	VF	XF	Unc
1701 GG	—	7.00	13.00	25.00	55.00	—
1702 GG	—	7.00	13.00	25.00	55.00	—
1703 GG	—	7.00	13.00	25.00	55.00	—
1704 GG	—	7.00	13.00	25.00	55.00	—

KM# 207 1/2 PETERMENGER

Billon **Ruler:** Karl Josef **Obv:** Crowned arms on Maltese cross **Rev:** Value **Rev. Inscription:** 1/2 / PETER / MENGEN / 1715

Date	Mintage	VG	F	VF	XF	Unc
1715 GG	—	7.00	13.00	25.00	75.00	—

KM# 227 1/2 PETERMENGER

Billon **Ruler:** Franz Ludwig **Obv:** Flat-topped shield of Trier, date above **Rev:** Value **Rev. Inscription:** 1/2 / PETER / MENGEN

Date	Mintage	VG	F	VF	XF	Unc
1722 GG	—	16.00	37.00	75.00	150	—

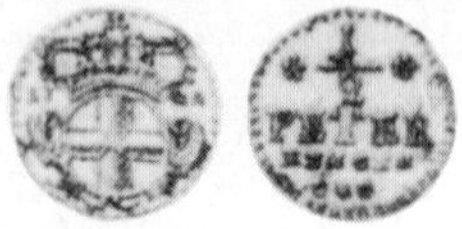

KM# 228 1/2 PETERMENGER

Billon **Ruler:** Franz Ludwig **Obv:** Crowned oval arms in palm branches, date divided by crown **Rev:** Value

Date	Mintage	VG	F	VF	XF	Unc
1722 GG	—	16.00	37.00	75.00	150	—

KM# 229 1/2 PETERMENGER

Billon **Ruler:** Franz Ludwig **Obv:** Crowned round arms divide date

Date	Mintage	VG	F	VF	XF	Unc
1722 GG	—	10.00	20.00	45.00	90.00	—
1723 GG	—	10.00	20.00	45.00	90.00	—
1724 GG	—	10.00	20.00	45.00	90.00	—
1725 GG	—	10.00	20.00	45.00	90.00	—

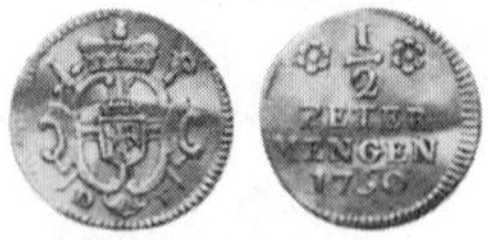

KM# 256 1/2 PETERMENGER

Billon **Ruler:** Franz Georg **Obv:** Crowned arms within cartouche **Rev:** Value, date

Date	Mintage	VG	F	VF	XF	Unc
1746 DF	—	5.00	10.00	20.00	45.00	—
1747 DF	—	5.00	10.00	20.00	45.00	—
1748 DF	—	5.00	10.00	20.00	45.00	—
1749 DF	—	5.00	10.00	20.00	45.00	—
1750 DF	—	5.00	10.00	20.00	45.00	—
1751 DF	—	5.00	10.00	20.00	45.00	—

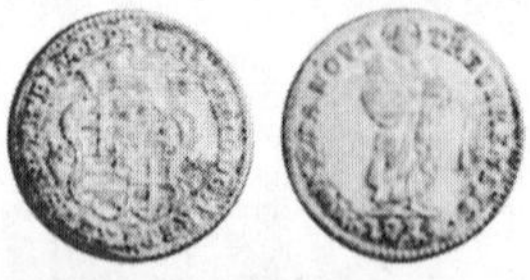

KM# 281 PETERMENGER

Silver **Ruler:** Johann Philipp **Obv:** Crowned arms **Rev:** St. Peter with book and keys

Date	Mintage	VG	F	VF	XF	Unc
1758 NM	—	10.00	25.00	55.00	110	—
1759 NM	—	9.00	20.00	45.00	95.00	—
1760 NM	—	9.00	20.00	45.00	95.00	—
1761 NM	—	9.00	20.00	45.00	95.00	—
1762 NM	—	9.00	20.00	45.00	95.00	—
1764 GM	—	15.00	30.00	60.00	120	—

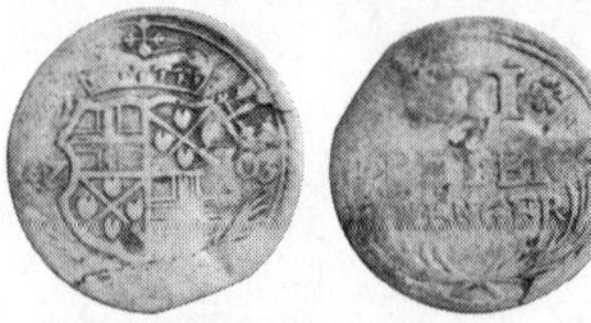

KM# 190 3 PETERMENGER (3 Albus)

Silver **Ruler:** Johann Hugo **Obv:** Crowned arms divide date **Rev:** Value in palm branches

Date	Mintage	VG	F	VF	XF	Unc
1703 GG	—	15.00	37.00	75.00	150	—

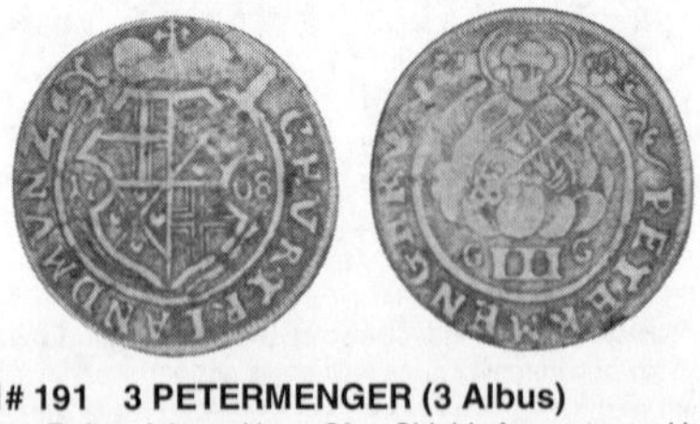

KM# 191 3 PETERMENGER (3 Albus)

Silver **Ruler:** Johann Hugo **Obv:** Shield of arms topped by elector's cap divides date **Rev:** Bust of St. Peter with key and book in clouds, value below in inner circle

Date	Mintage	VG	F	VF	XF	Unc
1705 GG	—	10.00	20.00	45.00	90.00	—

Date	Mintage	VG	F	VF	XF	Unc
1706 GG	—	10.00	20.00	45.00	90.00	—
1707 GG	—	10.00	20.00	45.00	90.00	—
1708 GG	—	10.00	20.00	45.00	90.00	—
1709 GG	—	10.00	20.00	45.00	90.00	—

KM# 201 3 PETERMENGER (3 Albus)
Silver **Obv:** Crowned arms on Maltese cross **Rev:** Bust of St. Peter with key and book in clouds, value below in inner circle, date divided at top

Date	Mintage	VG	F	VF	XF	Unc
1711 GG	—	10.00	20.00	45.00	95.00	—

KM# 205 3 PETERMENGER (3 Albus)
Silver **Ruler:** Karl Josef **Obv:** Crowned round arms on Maltese cross **Rev:** St. Peter with key and book in clouds, value below, circle surrounds all, date divided above

Date	Mintage	VG	F	VF	XF	Unc
1712 GG	—	10.00	20.00	40.00	80.00	—
1713 GG	—	10.00	20.00	40.00	80.00	—
1714 GG	—	10.00	20.00	40.00	80.00	—
1715 GG	—	10.00	20.00	40.00	80.00	—

KM# 290 3 PETERMENGER (3 Albus)
Silver **Ruler:** Johann Philipp **Obv:** Crowned arms in branches divide date in inner circle **Rev:** St. Peter with book and keys in inner circle, value below

Date	Mintage	VG	F	VF	XF	Unc
1760 NM	—	18.00	37.00	75.00	150	—
1762 NM	—	18.00	37.00	75.00	150	—

KM# 303 10 PFENNIG (Kreuzer)
Copper **Ruler:** Johann Philipp **Obv:** Crowned JPC monogram **Rev:** Value and date with LAND MUNZ

Date	Mintage	VG	F	VF	XF	Unc
1761 NM	—	18.00	37.00	75.00	150	—

KM# 351 10 PFENNIG (Kreuzer)
Billon **Ruler:** Clemens Wenzel **Obv:** CWC monogram **Rev:** Value above date

Date	Mintage	VG	F	VF	XF	Unc
1794 GM	—	10.00	20.00	45.00	90.00	—

KM# 291 5 KREUZER
Billon **Ruler:** Johann Philipp **Obv:** Crowned complex arms divide date **Rev:** St. Peter with book and keys in inner circle, value below
Note: Convention 5 Kreuzer.

Date	Mintage	VG	F	VF	XF	Unc
1760 NM	—	20.00	45.00	90.00	180	—
1761 NM	—	20.00	45.00	90.00	180	—

KM# 306 5 KREUZER
Billon **Ruler:** Johann Philipp **Obv:** Crowned JPC monogram on pedestal **Rev:** Electoral hat above pedestal with rosette below **Rev. Legend:** EINE MAREK FEIN SILBER

Date	Mintage	VG	F	VF	XF	Unc
1761 NM	—	15.00	37.00	75.00	150	—
1762 NM	—	15.00	37.00	75.00	150	—
1762 GM	—	15.00	37.00	75.00	150	—
1763 GM	—	15.00	37.00	75.00	150	—
1764 GM	—	15.00	37.00	75.00	150	—

KM# 307 5 KREUZER
Billon **Ruler:** Johann Philipp **Obv:** Crowned arms

Date	Mintage	VG	F	VF	XF	Unc
1763	—	15.00	37.00	75.00	150	—

KM# 309 5 KREUZER
Billon **Ruler:** Johann Philipp **Obv:** St. Peter **Rev:** Value and date

Date	Mintage	VG	F	VF	XF	Unc
1765 G-GM	—	20.00	45.00	90.00	185	—

KM# A291 10 KREUZER
Silver **Ruler:** Johann Philipp **Obv:** Bust right **Rev:** Crowned arms with lion supporters, date divided at top, value in exergue

Date	Mintage	VG	F	VF	XF	Unc
1760 NM	—	45.00	90.00	185	375	—

KM# 292 10 KREUZER
Silver **Ruler:** Johann Philipp **Rev:** "120 EINE..." around outer border

Date	Mintage	VG	F	VF	XF	Unc
1760 VL-NM	—	30.00	65.00	130	260	—
1761 VL-NM	—	30.00	65.00	130	260	—
1761 V. LON-NM	—	30.00	65.00	130	260	—
1761 LON-NM	—	30.00	65.00	130	260	—
1762 LON-GM	—	20.00	45.00	90.00	185	—
1762 GM	—	20.00	45.00	90.00	185	—
1762 EG	—	20.00	45.00	90.00	185	—

KM# 294 20 KREUZER
Silver **Ruler:** Johann Philipp **Obv:** Bust right within branches of palm and laurel **Rev:** Crowned arms on pedestal with value

Date	Mintage	VG	F	VF	XF	Unc
1760 VL-NM	—	50.00	100	200	400	—
1761 V LON-NM	—	50.00	100	200	400	—
1762 V.LON-NM	—	50.00	100	200	400	—
1763 V.LON-GM	—	50.00	100	200	400	—
1765 EG-GM	—	50.00	100	200	400	—

KM# 317 20 KREUZER
Silver **Ruler:** Clemens Wenzel **Obv:** Crowned arms above value **Rev:** Value and date within cartouche

Date	Mintage	VG	F	VF	XF	Unc
1769 EG-MG/GM	—	40.00	85.00	170	340	—

KM# 316 20 KREUZER
Silver **Ruler:** Clemens Wenzel **Obv:** Bust right within branches of palm and laurel **Rev:** Crowned arms on pedestal with value
Note: Convention 20 Kreuzer.

Date	Mintage	VG	F	VF	XF	Unc
1769 EG-MG	—	50.00	110	225	450	—

KM# 327 20 KREUZER
Silver **Ruler:** Clemens Wenzel

Date	Mintage	VG	F	VF	XF	Unc
1771 GM	—	35.00	75.00	150	300	—

KM# 241.1 KREUZER
Billon **Ruler:** Franz Georg **Obv:** Crowned monogram **Rev:** Crowned arms

Date	Mintage	VG	F	VF	XF	Unc
1730 GG	—	10.00	20.00	45.00	95.00	—
1731 GG	—	10.00	20.00	45.00	95.00	—

KM# 241.2 KREUZER
Billon **Ruler:** Franz Georg **Obv:** Crowned monogram divides date above horizontal base line **Rev:** Crowned arms

Date	Mintage	Good	VG	F	VF	XF
1732 GG	—	—	9.00	18.00	37.00	75.00

KM# 241.3 KREUZER
Billon **Ruler:** Franz Georg **Obv:** Crowned monogram **Rev:** Crowned arms

Date	Mintage	Good	VG	F	VF	XF
1734 GG	—	—	9.00	18.00	37.00	75.00
1743 W	—	—	9.00	18.00	37.00	75.00
1744 W	—	—	9.00	18.00	37.00	75.00
1745 W	—	—	9.00	18.00	37.00	75.00

KM# 320 10 KREUZER
Silver **Ruler:** Johann Philipp **Obv:** Bust right within branches of palm and laurel **Rev:** Crowned arms on pedestal with value

Date	Mintage	VG	F	VF	XF	Unc
1763 GM	—	20.00	45.00	90.00	185	—
1764 GM	—	20.00	45.00	90.00	185	—
1764 EG	—	20.00	45.00	90.00	185	—
1765 EG	—	20.00	45.00	90.00	185	—
ND GM	—	20.00	45.00	90.00	185	—

KM# 246 20 KREUZER (Kopfstuck)
Silver **Ruler:** Franz Georg **Obv:** Four shields around oval center shield, sword and crozier at top **Rev:** Value and date within cartouche

Date	Mintage	VG	F	VF	XF	Unc
1734 GG	—	60.00	110	225	450	—

KM# 245 10 KREUZER (1/2 Kopfstuck)
Silver **Ruler:** Franz Georg **Obv:** Crowned arms **Rev:** Value, date

Date	Mintage	VG	F	VF	XF	Unc
1734	—	95.00	150	300	625	—
1734 gg	—	95.00	150	300	625	—

KM# 293 20 KREUZER
Silver **Ruler:** Johann Philipp **Obv:** Bust right **Rev:** Crowned arms with lion supporters, date divided at top, value in exergue

Date	Mintage	VG	F	VF	XF	Unc
1760 VL-NM	—	125	250	525	1,050	—

KM# 295 30 KREUZER
Silver **Ruler:** Johann Philipp **Obv:** Bust right **Rev:** Crowned arms above value

Date	Mintage	VG	F	VF	XF	Unc
1760 V. LON-NM	—	90.00	185	375	775	—
1762 V. LON-NM	—	80.00	160	325	675	—

KM# 202 1/32 THALER

Silver **Ruler:** Karl Josef **Subject:** Death of the Archbishop **Obv:** Crown above three shields of arms, two above one, double border legend **Rev:** 8-line inscription above palm branches

Date	Mintage	VG	F	VF	XF	Unc
1711	—	110	225	450	900	—

KM# 208 1/32 THALER
Silver **Ruler:** Karl Josef **Subject:** Death of the Archbishop **Obv:** Crowned and supported arms in double border legend **Rev:** 10-line inscription

Date	Mintage	VG	F	VF	XF	Unc
1715	—	75.00	150	300	600	—

KM# 209 1/32 THALER
Silver **Ruler:** Karl Josef **Subject:** Death of the Archbishop **Obv:** Crowned arms on Maltese cross, date divided at top **Rev:** 10-line inscription

Date	Mintage	VG	F	VF	XF	Unc
1715	—	75.00	150	300	600	—

KM# 210 1/32 THALER

Silver **Ruler:** Karl Josef **Obv:** St. Peter with key and book in clouds in inner circle **Rev:** Crowned facing figure of St. Helena, date in exergue **Note:** Sede Vacante Issue

Date	Mintage	VG	F	VF	XF	Unc
1715	—	50.00	110	225	450	—

KM# 266 1/32 THALER

Silver **Ruler:** Johann Philipp **Subject:** Death of the Archbishop **Obv:** Crowned complex arms with supporters **Rev:** Inscription **Note:** Species 1/16 Thaler.

Date	Mintage	VG	F	VF	XF	Unc
1756	—	100	260	525	1,050	—

KM# 265 1/32 THALER
Silver **Ruler:** Johann Philipp **Subject:** Death of the Archbishop **Obv:** Crowned arms supported by two lions **Rev:** 10-line inscription, date **Note:** Species 1/32 Thaler.

Date	Mintage	VG	F	VF	XF	Unc
1756	—	90.00	225	450	900	—

KM# 311 1/32 THALER

Silver **Ruler:** Clemens Wenzel **Subject:** Death of the Archbishop **Obv:** Crowned arms with lion supporters **Rev:** 14-line inscription

Date	Mintage	VG	F	VF	XF	Unc
1768	—	50.00	110	225	450	—

KM# 312 1/32 THALER

Silver **Ruler:** Johann Philipp **Subject:** Death of the Archbishop **Obv:** Crowned complex arms with supporters **Rev:** Inscription

Date	Mintage	VG	F	VF	XF	Unc
1768	—	40.00	85.00	175	375	—

KM# 267 1/8 THALER

Silver **Ruler:** Johann Philipp **Subject:** Death of the Archbishop **Obv:** Crowned complex arms with supporters **Rev:** Inscription **Note:** Species 1/8 Thaler.

Date	Mintage	VG	F	VF	XF	Unc
1756	—	125	325	550	1,125	—

KM# 313 1/8 THALER
Silver **Ruler:** Clemens Wenzel **Subject:** Death of the Archbishop **Obv:** Crowned arms with supporters **Rev:** Inscription

Date	Mintage	VG	F	VF	XF	Unc
1768	—	50.00	110	235	475	—

KM# 192 1/6 THALER

Silver **Ruler:** Johann Hugo **Obv:** Crowned shield divides date **Obv. Legend:** IOAN • HVGO • D • G • ARCH • TREV • S • R • I • A E L **Rev:** Value within inner circle **Rev. Legend:** MONETA • NOUA • ARGENTA •

Date	Mintage	VG	F	VF	XF	Unc
1705	—	35.00	75.00	150	300	—

KM# 273 1/6 THALER

Silver **Ruler:** Johann Philipp **Obv:** Crowned JPC monogram **Rev:** Value

Date	Mintage	VG	F	VF	XF	Unc
1757 NM	—	40.00	85.00	170	340	—
1758 NM	—	45.00	90.00	185	375	—

KM# 274 1/6 THALER

Silver **Ruler:** Johann Philipp **Obv:** "100 EINE... " around outer border **Rev:** Value, date

Date	Mintage	VG	F	VF	XF	Unc
1757 NM	—	40.00	85.00	175	350	—

KM# 275 1/6 THALER

Silver **Ruler:** Johann Philipp **Obv:** Crowned monogram **Rev:** Value, date

Date	Mintage	VG	F	VF	XF	Unc
1757 NM	—	50.00	110	235	475	—

KM# 276 1/6 THALER

Silver **Ruler:** Franz Georg **Obv:** Bust right **Rev:** "100 EINE..." around outer border

Date	Mintage	VG	F	VF	XF	Unc
1757 NM	—	90.00	185	375	750	—

KM# 277 1/6 THALER

Silver **Ruler:** Johann Philipp **Obv:** Bust right **Rev:** Without legend around outer border

Date	Mintage	VG	F	VF	XF	Unc
1757 NM	—	75.00	150	300	600	—

KM# 203 1/4 THALER

Silver **Ruler:** Karl Josef **Subject:** Death of the Archbishop **Obv:** Crown above three shields of arms, two above one, double border legend **Rev:** 8-line inscription above palm branches

Date	Mintage	VG	F	VF	XF	Unc
1711	—	185	375	750	1,500	—

KM# 211 1/4 THALER
Silver **Ruler:** Karl Josef **Subject:** Death of the Archbishop **Obv:** Crowned and supported arms in double border legend **Rev:** 10-line inscription

Date	Mintage	VG	F	VF	XF	Unc
1715	—	225	450	900	1,800	—

KM# 212 1/4 THALER
Silver **Ruler:** Karl Josef **Subject:** Death of the Archbishop **Obv:** Crowned arms on Maltese cross, date divided at top **Rev:** 11-line inscription

Date	Mintage	VG	F	VF	XF	Unc
1715	—	200	400	825	1,650	—

KM# 213 1/4 THALER

Silver **Ruler:** Karl Josef **Obv:** St. Peter with key and book in clouds in inner circle **Rev:** Crowned facing figure of St. Helena, date in exergue **Note:** Sede Vacante Issue.

Date	Mintage	VG	F	VF	XF	Unc
1715	—	110	225	450	900	—

KM# 214 1/2 THALER
Silver **Ruler:** Karl Josef **Subject:** Death of the Archbishop **Obv:** Crowned and supported arms in double border legend **Rev:** 10-line inscription

Date	Mintage	VG	F	VF	XF	Unc
1715	—	400	760	1,400	2,600	—

KM# 215 1/2 THALER
Silver **Ruler:** Karl Josef **Subject:** Death of the Archbishop **Obv:** Crowned arms on Maltese cross, date divided at top **Rev:** 13-line inscription

Date	Mintage	VG	F	VF	XF	Unc
1715	—	400	750	1,400	2,600	—

KM# 304 1/2 THALER
Silver **Ruler:** Johann Philipp **Subject:** Berncastel Mining **Rev. Legend:** EX FODINIS BERNCASTELIANIS 1761

Date	Mintage	VG	F	VF	XF	Unc
1761 V. LON-NM	—	550	1,100	2,250	4,500	—
1762 NM	—	550	1,100	2,250	4,500	—

KM# 216 1/2 THALER
Silver **Ruler:** Karl Josef **Obv:** St. Peter with key and book in clouds in inner circle **Obv. Legend:** TREVIRENSE - CAPITVLVM - METROPOLITANVM **Rev:** Crowned facing figure of St. Helena, date in exergue **Note:** Sede Vacante Issue.

Date	Mintage	VG	F	VF	XF	Unc
1715	—	400	750	1,400	2,600	—

KM# 314 1/2 THALER
Silver **Ruler:** Clemens Wenzel **Subject:** Death of the Archbishop **Obv:** Crowned arms with supporters **Rev:** Inscription

Date	Mintage	VG	F	VF	XF	Unc
1768	—	300	600	1,200	2,400	—

KM# 230 1/2 THALER
Silver **Ruler:** Franz Ludwig **Obv:** Bust right **Obv. Legend:** FRAN • LUD • D • G • AR •.... **Rev:** Arms within crowned mantle

Date	Mintage	VG	F	VF	XF	Unc
1722	—	550	1,100	2,250	4,500	—
1729	—	550	1,100	2,250	4,500	—

KM# 325 1/2 THALER
Silver **Ruler:** Clemens Wenzel **Obv:** Bust right **Obv. Legend:** D: G: CLEM • WENC • A • E • TR • S • R • I •.... **Rev:** Order cross below arms with crowned arms at center

Date	Mintage	VG	F	VF	XF	Unc
1770 EG-GM	—	175	300	600	1,200	—

KM# 268 1/2 THALER
Silver **Ruler:** Johann Philipp **Subject:** Death of the Archbishop **Obv:** Crowned arms with supporters **Rev:** Inscription **Note:** Species 1/2 Thaler

Date	Mintage	VG	F	VF	XF	Unc
1756	—	225	550	1,100	2,250	—

KM# 330 1/2 THALER
Silver **Ruler:** Clemens Wenzel **Obv:** Bust right **Obv. Legend:** CLEM • WENC • D • G • A • EP • TREV • S • R • I • A • C • & EL **Rev:** Order cross below arms with crowned arms at center **Rev. Legend:** ...P • P • - CO - AD • ELVANG

Date	Mintage	VG	F	VF	XF	Unc
1773 St-GM	—	185	375	850	1,500	—

KM# 269 1/2 THALER
Silver **Ruler:** Johann Philipp **Subject:** Vilmar Mining **Obv:** Bust right **Obv. Legend:** IOAN • PHIL • D • G • A • EP • TREVIR • S • R • I • PR • EL • ADMI • PRUM • P • P • **Rev:** Crowned arms with supporters, value below **Rev. Legend:** EX FODINIS VILLMARIENSIBUS... **Note:** Convention 1/2 Thaler

Date	Mintage	VG	F	VF	XF	Unc
1756 V. LON	—	300	625	1,250	2,500	—
1757 V. LON-NM	—	300	625	1,250	2,500	—
1761 V. LON-NM	—	300	625	1,250	2,500	—

KM# 296 1/2 THALER
Silver **Obv:** Bust right **Rev:** Supported arms

Date	Mintage	VG	F	VF	XF	Unc
1760 V. LON-NM	—	150	300	625	1,275	—
1761 V. LON-NM	—	150	300	625	1,275	—
1762 V. LON-NM	—	150	300	625	1,275	—
1763 V. LON-NM	—	150	300	625	1,275	—
1765 EG-GM	—	150	300	625	1,275	—

KM# 331 1/2 THALER
Silver **Ruler:** Clemens Wenzel **Obv:** Bust right **Obv. Legend:** CLEM • WENC • D • G • A • EPISC • TREV • S • R • I • A • C • & EL • **Rev:** Order cross below arms with crowned shield at center **Rev. Legend:** EPISC • AUG • A • P • P • - CO - AD • ELVAC • 1773 •

Date	Mintage	VG	F	VF	XF	Unc
1773 SC	—	225	450	900	1,800	—

KM# 206 2/3 THALER
Silver **Ruler:** Karl Josef **Obv:** Bust of Archbishop right in inner circle **Rev:** Crown above three shields of arms, one above two, date in legend

Date	Mintage	VG	F	VF	XF	Unc
1714 GG	—	275	550	1,100	2,200	—

KM# 167 THALER
Silver **Rev:** Large elector's cap above three shields of arms, two above one in inner circle **Note:** Cross-reference number Dav. #2815.

Date	Mintage	VG	F	VF	XF	Unc
ND	—	1,200	2,400	4,800	8,000	—

KM# 168 THALER
Silver **Ruler:** Johann Hugo **Obv:** Bust right **Obv. Legend:** IOAN • HVGO • D • G • ARCH • TREC • S • R • I • PER • GALL • ET • REG • ARELAT * **Rev:** Flat elector's hat **Rev. Legend:** ARCHIC • ET • PRINC • EL • EPIS • SPIR • ADMR • PRVM • PRAEP • WEISS * **Note:** Dav. #2817.

Date	Mintage	VG	F	VF	XF	Unc
ND	—	1,200	2,400	4,800	8,000	—

KM# 169 THALER
Silver **Ruler:** Johann Hugo **Obv:** Bust right **Obv. Legend:** IOAN • HUGO • D • G • ARCH • TREV • S • R • I • PER • GALL • ET • REG • AREIAT * **Rev:** Palm branches below arms **Rev. Legend:** ARCHIC • ET • PRINC • EL • EPIS • SPIR • ADMR • PRVM • PRAEP • WEISS **Note:** Dav. #2819.

Date	Mintage	VG	F	VF	XF	Unc
ND	—	1,200	2,000	4,400	7,200	—

KM# 187 THALER
Silver **Ruler:** Johann Hugo **Obv:** Bust of Archbishop right **Obv. Legend:** IOAN • PHIL • D • G • AR • EP • TREVIR • S • R • I • PRIN • EL • ADMI • PRUM • PP • V. LON below **Rev:** Elector's cap above three shields of arms **Note:** Varieties exist. Dav. #2829

Date	Mintage	VG	F	VF	XF	Unc
1701	—	900	1,800	3,600	7,200	—
1702	—	900	1,800	3,600	7,200	—

KM# 204 THALER
Silver **Ruler:** Karl Josef **Subject:** Death of the Archbishop **Obv:** Elector's cap above three shields of arms, two above one, double border legend **Obv. Legend:** IOAN. HVGO. D.G. ARCHITREV. S.R.I. PER • GALL • ET • REG • AREIAT •, in inner row; ARCHIC • ET • PRINC • EL • EPIS • SPIR • ADMR • PRVMPRÆP • WEISS • **Rev:** 8-line inscription above palm branches **Rev. Inscription:** * NATVS * / 13 • IAN: 1634 / ELECT • IN • COAD • TREV: 7 / IAN • 1672 IN • EPIS: / SPEI: 16 • IVLY • 1675 / SVCCESSIT • IN • ELECT • / 1676 • I • IVNY • / OBYT • 1711: 6: IAN • **Note:** Dav. #2822.

Date	Mintage	VG	F	VF	XF	Unc
1711	—	800	2,000	4,000	7,000	—

GERMAN STATES — TRIER

KM# 217 THALER
Silver **Ruler:** Karl Josef **Subject:** Death of the Archbishop **Obv:** Crowned and supported arms in double border legend, titles of Karl **Rev:** 10-line inscription **Note:** Dav. #2823.

Date	Mintage	VG	F	VF	XF	Unc
1715	—	775	1,550	2,800	4,200	—

KM# 218 THALER
Silver **Ruler:** Karl Josef **Subject:** Death of the Archbishop **Obv:** Crowned complex arms with supporters, date divided above **Obv. Legend:** DOMINUS PROVIDEBIT below **Rev:** 15-line inscription **Note:** Dav. #2824.

Date	Mintage	VG	F	VF	XF	Unc
1715	—	550	1,400	2,800	4,900	—

KM# 219 THALER
Silver **Ruler:** Karl Josef **Obv:** St. Paul with key and book in clouds in inner circle **Obv. Legend:** CAPITVLVM METROPOLITANVM TREVIRENSE **Rev:** Crowned facing figure of St. Helena, date in exergue **Rev. Legend:** SANCTA HELENA FVNDATRIX ECCLESIÆ **Rev. Inscription:** SEDE VACANTE / ANNO 1715 **Note:** Sede vacante issue. Dav. #2825.

Date	Mintage	VG	F	VF	XF	Unc
1715	—	1,050	2,200	4,150	7,500	—

KM# 231 THALER
Silver **Ruler:** Franz Ludwig **Obv:** Bust right **Rev:** Crowned and supported arms, date divided at bottom of shield **Note:** Dav. #2826.

Date	Mintage	VG	F	VF	XF	Unc
1722	—	1,000	2,000	3,750	6,500	—

KM# 278 THALER
Silver **Ruler:** Johann Philipp **Obv:** Bust right **Obv. Legend:** IOAN • PHILIP • D • G • AR • EP • & EL • TREVIR • ADMI • PRVM • PP., V. LON. F. 1757 below **Rev:** Elector's cap above arms with supporters, value below **Rev. Legend:** EINE MARCK FEIN SILBER **Note:** Dav. #2827.

Date	Mintage	F	VF	XF	Unc	BU
1757 V. LON-NM	—	200	400	800	1,900	—

KM# 297 THALER
Silver **Ruler:** Johann Philipp **Obv:** Bust right **Obv. Legend:** IOAN • PHIL • D • G • AR • EP • TREVIR • S • R • I • PRIN • EL • ADMI • PRUM • PP •, V. LON below **Rev:** Elector's cap above arms with supporters, value and date below **Rev. Inscription:** 10 / EINE MARCK FEIN / SILBER / date / N • M • **Note:** Dav. #2828.

Date	Mintage	F	VF	XF	Unc	BU
1760	—	175	350	775	1,700	—
1761 V. LON//NM	—	175	350	775	1,700	—

KM# 298 THALER
Silver **Ruler:** Johann Philipp **Obv:** Bust right **Obv. Legend:** IOAN • PHIL • D • G • AR • EP • TREVIR • S • R • I • PRIN • EL • ADMI • PRUM • PP **Rev:** Value all in one line **Rev. Inscription:** 10 / EINE MARCK FEIN SILBER / date **Note:** Dav. #2828A.

Date	Mintage	F	VF	XF	Unc	BU
1760 V. LON-NM	—	175	350	850	1,700	—

KM# 299 THALER
Silver **Ruler:** Johann Philipp **Obv:** Bust right **Obv. Legend:** IOAN • PHIL • D • G • AR • EP. TREVIR • S • R • I • PR • EL • ADMI • PRUM • PP • **Rev:** Elector's cap above arms with supporters, value and date below **Rev. Inscription:** 10 / EINE MARCK FEIN / SILBER / date

Date	Mintage	F	VF	XF	Unc	BU
1760 V. LON//NM	—	175	350	850	1,700	—
1761	—	175	350	850	1,700	—

KM# 305.1 THALER
Silver **Ruler:** Johann Philipp **Obv:** Bust right **Obv. Legend:** IOAN • PHIL • D • G • AR • EP • TREVIR • S • R • I • PRIN • EL • ADMI • PRUM • PP • **Rev:** Elector's cap above arms with supporters, value and date below **Rev. Inscription:** 10 / EINE MARCK FEIN / SILBER / date **Note:** Dav. #2829.

Date	Mintage	F	VF	XF	Unc	BU
1762 V. LON//NM	—	245	525	975	1,750	—
1763 GM	—	245	525	975	1,750	—

KM# 305.2 THALER
Silver **Ruler:** Johann Philipp **Obv:** Bust right **Obv. Legend:** ... S. R. I. PRINC... **Rev:** Elector's cap above arms with supporters, value and date below **Note:** Dav. #2829A.

Date	Mintage	F	VF	XF	Unc	BU
1762 V. LON//NM	—	245	525	975	1,750	—

KM# 308 THALER
Silver **Ruler:** Johann Philipp **Obv:** Cloaked bust right **Obv. Legend:** IOAN • PHIL • D • G • AR • EP • TREV • S • R • I • PR • EL • EP • WORM • ADMI • PRUM • PP • **Rev:** Elector's cap above arms with supporters, value and date below **Rev. Legend:** EINE MARK - FEIN SILBER **Note:** Dav. #2830.

Date	Mintage	F	VF	XF	Unc	BU
1764 V. LON//GM	—	265	575	1,050	1,900	—

KM# A309 THALER
Silver **Ruler:** Johann Philipp **Obv:** Cloaked bust right **Rev:** Elector's cap above complex arms with supporters, value and date below **Note:** Mule. Dav. #2830A.

Date	Mintage	F	VF	XF	Unc	BU
1764 EG//GM	—	265	575	1,050	1,900	—

KM# 315 THALER
Silver **Ruler:** Johann Philipp **Obv:** Cloaked bust right **Obv. Legend:** IOAN • PHIL • D: G • A • E • TREV • S • R • I • P • EL • E • WORM • A • PR • PP • **Rev:** Elector's cap above complex arms **Rev. Legend:** 10 EINE MARK FEIN SILBER 1765 **Note:** Dav. #2831.

Date	Mintage	F	VF	XF	Unc	BU
1765 EG//GM	—	210	425	900	1,700	—

KM# 318 THALER
Silver **Ruler:** Clemens Wenzel **Obv:** Bust right **Obv. Legend:** D: G: CLEMENS WENC • A • E • T • S • R • I • P • G • & R • A • A • C • & P • E • **Rev:** Elector's cap above arms with supporters, crowned shield at center **Rev. Legend:** EP. FRIS. & RATISB: AD. PRUM: PP: COAD: AUG. **Rev. Inscription:** G - M / X EINE FEINE MARC **Note:** Convention Thaler. Dav. #2832.

Date	Mintage	F	VF	XF	Unc	BU
1768 EG//GM	—	4,500	7,500	12,000	18,000	—

KM# A320 THALER
Silver **Ruler:** Clemens Wenzel **Obv:** Bust left **Obv. Legend:** D • G • CLEM • WENC • A • EP • TREV • S • R • I • P • GAL • & R • AR • E • L • A • CANC • & P • EL • EP • AUG • ADM • PRVM •

P • P * Rev: Elector's cap above arms, Order cross below, sword and crozier behind **Rev. Legend:** REG • PR • POL • - ET - LITH • - SAXON • DUX • **Rev. Inscription:** X • EINE MARK FEINS • /1769 **Note:** Dav. #2833.

Date	Mintage	F	VF	XF	Unc	BU
1769	—	180	425	775	1,500	—

KM# 328.1 THALER

Silver **Ruler:** Clemens Wenzel **Obv:** Bust right **Obv. Legend:** CLEM • WENC • D • G • A • EP • TREV • S • R • I • A • C • & EL • **Rev:** Elector's cap above arms, Order cross below, sword and crozier behind **Rev. Legend:** EPIS C • AVG • A • P • P • - COAD • ELV • 1771, G - M/10 • EIN - MARC F below **Note:** Dav. #2834.

Date	Mintage	F	VF	XF	Unc	BU
1771/0 GM	—	150	350	600	1,100	—
1771 GM	—	150	350	600	1,100	—

KM# 328.2 THALER

Silver **Ruler:** Clemens Wenzel **Obv:** Bust right **Obv. Legend:** CLEM • WENC • D • G • A • EP • TREV • S • R • I • A • C • & EL • **Rev:** Elector's cap above arms, order cross below, sword and crozier behind **Rev. Legend:** EPIS C • AVG • A • P • P • - COAD • ELV • 1771, G - M/10 • EIN - MARC F below **Note:** Dav. #2834A.

Date	Mintage	VF	XF	Unc	BU
1771 SC	—	150	350	600	1,250	—

KM# 352.1 THALER

Silver **Ruler:** Clemens Wenzel **Obv:** Large bust right **Obv. Legend:** CLEM • WENC • D: G: A • EP • & EL • TREV • EP • AVG • P • PR • ELV • ADM • PRVM • P • P • R • POL • D • SAX • **Rev:** Date in chronogram **Rev. Legend:** EX VASIS ARGENTEIS IN VSVM PATRIAE SINE CENSIBVS DATIS ACLERO ET PRIVATIS *, X. EINE MARK FEIN below arms **Note:** Contribution Thaler. Dav. #2837.

Date	Mintage	F	VF	XF	Unc	BU
ND(1794) S-GM	—	165	375	600	1,100	—

KM# 170 2 THALER

Silver **Ruler:** Johann Hugo **Obv:** Bust right **Obv. Legend:** IOAN • HVGO • D • G • ARCH • TREV • S • R • I • PER • GALL • ET • REG • ARELAT * **Rev:** Large elector's cap above three shields of arms, two above, one in inner circle **Rev. Legend:** ARCHIC • ET • PRINC • EL • EPIS • SPIR • ADMR • PRVM • PRAEP • WEISS * **Note:** Dav. #2814

Date	Mintage	VG	F	VF	XF	Unc
ND Rare	—	—	—	—	—	—

KM# 172 2 THALER

Silver **Ruler:** Johann Hugo **Obv:** Bust right **Obv. Legend:** IOAN • HUGO • D • G • ARCH • TREV • S • R • I • PER • GALL • ET • REG • AREIAT • **Rev:** Palm branches below arms **Rev. Legend:** ARCHIC • ET • PRINC • EL • EPIS • SPIR • ADMR • PRVMPRAEP • WEISS • **Note:** Dav. #2818

Date	Mintage	VG	F	VF	XF	Unc
ND Rare	—	—	—	—	—	—

KM# 171 2 THALER

Silver **Ruler:** Johann Hugo **Obv:** Bust right **Rev:** Flat elector's hat **Note:** Similar to 1 Thaler KM#168. Dav. #2816.

Date	Mintage	VG	F	VF	XF	Unc
ND Rare	—	—	—	—	—	—

KM# 188 2 THALER

Silver **Ruler:** Johann Hugo **Obv:** Bust of Archbishop right **Rev:** Helmeted arms, date divided at bottom **Note:** Struck with 1 Thaler dies, KM#187. Dav. #2820.

Date	Mintage	VG	F	VF	XF	Unc
1701	—	2,000	4,000	7,500	12,500	—

KM# 332 THALER

Silver **Ruler:** Clemens Wenzel **Obv:** Draped bust right **Obv. Legend:** CLEM • WENC • D • G • A • EPISC • TREV • S • R • I • A • C • & EL • **Rev:** Elector's cap above arms, order cross divides value below, sword and crozier behind **Rev. Legend:** EPISCOP • AUG • A • - P • P • - CO • - ELVANG • 1773 **Rev. Inscription:** X • EINE - MARK F / S - C • **Note:** Dav. #2835.

Date	Mintage	F	VF	XF	Unc	BU
1773 SC	—	200	400	750	1,500	—

KM# 333 THALER

Silver **Ruler:** Clemens Wenzel **Obv:** Draped bust right **Obv. Legend:** CLEM • WENC • D • G • A • EP • TREV • S • R • I • A • C • & EL • **Rev:** Elector's cap above arms, order cross divides date and value below, sword and crozier behind **Rev. Legend:** EPISC • AVG • A • - P • P • CO - AD • ELVANG **Rev. Inscription:** X • EINE - MARK F • / 17 - 73 / G • - M • **Note:** Dav. #2836.

Date	Mintage	F	VF	XF	Unc	BU
1773 St/GM	—	200	400	750	1,250	—

KM# 352.2 THALER

Silver **Ruler:** Clemens Wenzel **Obv:** Small bust right **Rev:** Crowned arms at center of arms within mantle, elector's cap above **Note:** Dav. #2837A.

Date	Mintage	F	VF	XF	Unc	BU
ND(1794) GM Rare	—	—	—	—	—	—

TRADE COINAGE

KM# 165 GOLDGULDEN

3.5000 g., 0.9860 Gold 0.1109 oz. AGW **Ruler:** Johann Hugo **Obv:** Bust of St. Peter, value below **Rev:** Three shields of arms **Note:** Fr#3471.

Date	Mintage	VG	F	VF	XF	Unc
1701	—	1,450	2,900	5,800	9,400	—

KM# 225 DUCAT

3.5000 g., 0.9860 Gold 0.1109 oz. AGW **Ruler:** Franz Ludwig **Obv:** Bust right **Rev:** Crowned arms **Note:** Fr#3472.

Date	Mintage	VG	F	VF	XF	Unc
1720	—	1,500	3,000	7,500	13,000	—
1722	—	1,500	3,000	7,500	13,000	—

KM# 226 DUCAT

3.5000 g., 0.9860 Gold 0.1109 oz. AGW **Ruler:** Franz Ludwig **Obv:** Bust right **Obv. Legend:** D • G • FRAN • LUD • - ARCH • TREV • PR • ÆI • **Rev:** Lion in reins held by hand from above, date below **Rev. Legend:** DEO - DUCE • **Note:** Fr#3473.

Date	Mintage	VG	F	VF	XF	Unc
1721	—	725	1,450	3,250	5,400	—

KM# 247 DUCAT

3.5000 g., 0.9860 Gold 0.1109 oz. AGW **Ruler:** Franz Georg **Obv:** Bust right **Rev:** Crowned arms with lion supporters **Note:** Fr#3475.

Date	Mintage	VG	F	VF	XF	Unc
1735 V. LON	—	1,450	2,850	7,200	14,500	—
1750 V. LON	—	1,450	2,850	7,200	14,500	—
1752 V. LON	—	1,450	2,850	7,200	14,500	—
1752 V. LON-DF	—	1,450	2,850	7,200	14,500	—

KM# 279 DUCAT

3.5000 g., 0.9860 Gold 0.1109 oz. AGW **Ruler:** Johann Philipp **Obv:** Draped bust right **Rev:** Date in chronogram

Date	Mintage	VG	F	VF	XF	Unc
ND(1757) V. LON	—	1,800	3,600	7,200	12,000	—

KM# 280 DUCAT

3.5000 g., 0.9860 Gold 0.1109 oz. AGW **Ruler:** Johann Philipp **Rev:** Crowned arms **Rev. Legend:** VNIONE MIRIFICA... **Note:** Fr#3476.

Date	Mintage	VG	F	VF	XF	Unc
1759	—	1,700	3,500	8,100	13,500	—

KM# 300 DUCAT

3.5000 g., 0.9860 Gold 0.1109 oz. AGW **Ruler:** Johann Philipp **Rev:** Without VNIONE MIRIFICA... in legend **Note:** Fr#3477.

Date	Mintage	VG	F	VF	XF	Unc
1760 V. LON-NM	—	1,200	2,400	5,000	10,000	—
1761 NM	—	1,200	2,400	5,000	10,000	—
1762 NM	—	1,200	2,400	5,000	10,000	—

KM# 326 DUCAT

3.5000 g., 0.9860 Gold 0.1109 oz. AGW **Ruler:** Clemens Wenzel **Obv:** Draped bust right **Obv. Legend:** CLEM • WENC • D • G • A • EP • TREV • S • R • I • A • C • & EL • **Rev:** Elector's cap above, Order cross below **Rev. Legend:** EPISC • AUG • A • P • P • CO AD • ELV • 1770 • **Note:** Fr#3478.

Date	Mintage	F	VF	XF	Unc	BU
1770	—	1,750	3,500	6,500	11,500	—

KM# 189 2 DUCAT

7.0000 g., 0.9860 Gold 0.2219 oz. AGW **Ruler:** Johann Hugo **Obv:** Bust right **Rev:** Crowned arms **Note:** Fr#3467.

Date	Mintage	VG	F	VF	XF	Unc
1703	—	3,000	6,000	10,000	18,500	—

KM# 248 2 DUCAT

7.0000 g., 0.9860 Gold 0.2219 oz. AGW **Ruler:** Franz Georg **Obv:** Bust right **Rev:** Crowned arms with lion supporters **Note:** Fr#3474.

Date	Mintage	VG	F	VF	XF	Unc
1735	—	—	—	15,000	25,000	—
1745	—	—	—	15,000	25,000	—
1750 V. LON	—	—	—	15,000	25,000	—
1752 V. LON-DF	—	—	—	15,000	25,000	—

KM# 282 2 DUCAT

7.0000 g., 0.9860 Gold 0.2219 oz. AGW **Ruler:** Johann Philipp **Obv:** Bust right **Rev:** Crowned arms, date in chronogram

Date	Mintage	VG	F	VF	XF	Unc
1759 Rare	—	—	—	—	—	—

PATTERNS

Including off metal strikes

KM#	Date	Mintage	Identification	Mkt Val
Pn7	1703 GG	—	3 Petermenger. Gold.	4,500
Pn8	1715	—	1/4 Thaler. Gold. Sede Vacante	12,000
Pn9	1749 DF	—	2 Pfennig. Silver. KM#258	150
Pn10	1750 DF	—	1/2 Petermenger. Gold. KM#256	3,500
Pn11	1773 SC	—	1/2 Thaler. Copper. KM#331	550
Pn12	1773 SC	—	1/2 Thaler. Gold. KM#331	5,000

ULM

A free city on the Danube located about 60 miles southeast of Stuttgart, Ulm is known from documents to have existed at least from the mid-9th century. During the 11th century, Ulm rose to prominence as the chief urban center of Swabia. The city was granted the distinction of a free imperial city in 1155. The right to mint its own coinage was given to the city in 1398. After a period of jointly issued coins with the cities of Ravensburg and Überlingen, Ulm struck a long series on its own beginning in 1546. Local city coinage ended in 1773, but it was not until 1803 that its free status ended, at which time Ulm became part of Bavaria. Ulm passed permanently to Württemberg in 1809.

GERMAN STATES — ULM

MINT MARKS
G - Günzburg

MINT OFFICIALS' INITIALS

Initials	Date	Name
M	1671-1704	Johann Bartholomäus Müller
	1702	Georg Kolb
	1731	Jacob Sedelmaier
IT/T	1740-69	Jonas Peter Thiebaud, die-cutter in Augsburg
FH	1760-66	Frings, mint warden and Johann Christian Hohleisen, mintmaster in Augsburg

ARMS
2-fold, divided horizontally, upper half usually shaded with cross-hatching or other pattern.

REFERENCE
H = Adolf Häberle, Ulmer Münz= und Geldgeschichte des XVI.-XIX. Jahrhunderts, Ulm, 1937.

FREE CITY

REGULAR COINAGE

KM# 118 HELLER
Copper **Obv:** City arms in circle of dots **Note:** Uniface. Varieties exist.

Date	Mintage	VG	F	VF	XF	Unc
ND(mid-18 c)	—	5.00	12.00	25.00	50.00	—

KM# 128 HELLER
Copper **Obv:** Oval city arms **Note:** Uniface. Prev. C#1.

Date	Mintage	VG	F	VF	XF	Unc
ND(1772)	—	10.00	20.00	45.00	90.00	—

KM# 132 HELLER
Copper **Obv:** City arms in rounded shield, annulet ornaments around **Note:** Prev. C#2.

Date	Mintage	VG	F	VF	XF	Unc
ND(1780)	—	10.00	20.00	45.00	90.00	—

KM# 116 1/2 KREUZER
Billon **Obv:** City arms in cartouche **Note:** Uniface. Prev. C#2.5.

Date	Mintage	VG	F	VF	XF	Unc
ND	—	8.00	16.00	32.00	65.00	—

KM# 120 3-1/2 KREUZER-2-1/2 KREUZER
Billon **Obv:** ULM above city arms, value; Ill 1/2 K. city standard, date **Rev:** Crowned imperial eagle, 2-1/2K. imperial standard **Note:** Prev. C#9.

Date	Mintage	VG	F	VF	XF	Unc
1758	19,000	40.00	85.00	170	340	—

KM# 126 5 KREUZER
Billon **Obv:** Crowned city arms in cartouche, date **Rev:** Crowned imperial eagle on pedestal, value **Note:** Convention 5 Kreuzer. Prev. C#13.

Date	Mintage	VG	F	VF	XF	Unc
1767 FH	31,000	30.00	65.00	130	260	—

KM# 122 7 KREUZER-5 KREUZER
Billon **Obv:** City arms, value and date **Rev:** Imperial eagle, value below **Note:** Similar to 3 1/2 Kreuzer, KM#120, but with value: VII K. city standard and 5 K. imperial standard. Prev. C#11.

Date	Mintage	VG	F	VF	XF	Unc
1758	22,000	40.00	85.00	170	340	—

TRADE COINAGE

KM# 105 1/2 DUCAT
1.7500 g., 0.9860 Gold 0.0555 oz. AGW **Subject:** Bicentennial of the Reformation **Obv:** City arms divide date **Obv. Legend:** " VLM " **Rev:** Legend **Note:** Fr#3487.

Date	Mintage	VG	F	VF	XF	Unc
1717	—	450	900	1,750	2,800	—

KM# 81 KREUZER
Silver, 15-16 mm. **Obv:** Shield of oval city arms in baroque frame, lower half of arms ornamented **Rev:** Crowned imperial eagle, '1' in orb on breast **Note:** Häberle 71, Nau 147

Date	Mintage	VG	F	VF	XF	Unc
ND(ca.1695-1702)	—	10.00	20.00	35.00	75.00	—

KM# 109 1/2 DUCAT
1.7500 g., 0.9860 Gold 0.0555 oz. AGW **Subject:** Bicentennial of the Augsburg Confession **Obv:** City arms divide date **Rev:** "Eye of God" above open book with date **Note:** Fr#3490.

Date	Mintage	VG	F	VF	XF	Unc
1730	—	375	750	1,450	2,500	—

KM# 125 KREUZER
Billon **Obv:** Crowned imperial eagle with 1 in oval on breast **Rev:** City arms in cartouche, value, date **Note:** Prev. C#7.

Date	Mintage	VG	F	VF	XF	Unc
1767 FH	255,000	10.00	25.00	50.00	100	—
1768 FH	47,000	10.00	25.00	50.00	100	—

Date	Mintage	VG	F	VF	XF	Unc
1772 G	—	10.00	25.00	55.00	110	—
1773 G	—	10.00	25.00	55.00	110	—

KM# 103 DUCAT
3.5000 g., 0.9860 Gold 0.1109 oz. AGW **Obv:** Arms within cartouche, inner circle surrounds **Obv. Legend:** MONETA • AVREA • REIPVBL • VLMANS • MDCCV **Rev:** Laureate bust right **Rev. Legend:** IOSEPH, • D • - G • R • I • S • A • T • F • **Note:** Fr#3483.

Date	Mintage	VG	F	VF	XF	Unc
1705 Rare	—	—	—	—	—	—

KM# 124 KREUZER
Billon **Obv:** Crowned city arms in ornamented shield, mintmaster's initials below, date at end of legend **Obv. Legend:** ULM KREVZER (date). **Rev:** Crowned imperial eagle, '1' in orb on breast **Note:** Varieties exist.

Date	Mintage	VG	F	VF	XF	Unc
1767 T/FH	—	15.00	30.00	60.00	120	—
1768 T/FH	—	15.00	30.00	60.00	120	—

KM# 130 KREUZER
Copper **Obv:** Arms within cartouche **Obv. Legend:** • ULM • **Rev:** Value, date **Note:** Prev. C#3.

KM# 107 DUCAT
3.5000 g., 0.9860 Gold 0.1109 oz. AGW **Subject:** Bicentennial of the Reformation **Obv:** City arms divide date **Rev:** Inscription within wreath **Note:** Fr#3486.

Date	Mintage	VG	F	VF	XF	Unc
1717	—	550	1,050	2,400	5,200	—

KM# 111 DUCAT
7.0000 g., 0.9860 Gold 0.2219 oz. AGW **Subject:** Bicentennial of the Augsburg Confession **Obv:** Ornate city arms **Rev:** Inscription on altar **Note:** Fr#3488.

Date	Mintage	VG	F	VF	XF	Unc
1730	—	1,200	2,500	5,000	8,500	—

KM# 112 DUCAT
3.5000 g., 0.9860 Gold 0.1109 oz. AGW **Subject:** Bicentennial of the Augsburg Confession **Obv:** City arms **Obv. Legend:** • M • IVN * VINISCHES • IVE.... **Rev:** "Eye of God" above open book **Note:** Varieties exist. Fr#3489.

Date	Mintage	VG	F	VF	XF	Unc
1730	—	700	1,500	3,300	7,000	—

KM# 114 DUCAT
3.5000 g., 0.9860 Gold 0.1109 oz. AGW **Obv:** City arms **Rev:** Bust right **Rev. Legend:** CAROLUS • D • G • R •.... **Note:** Fr#3491.

Date	Mintage	VG	F	VF	XF	Unc
1742 IT	—	1,400	3,200	6,500	12,000	—

SIEGE COINAGE

KM# 31 KREUZER
Silver **Obv:** Spanish shield of city arms in baroque frame **Rev:** Crowned imperial eagle, '1' in orb on breast **Note:** Nau 157. Prev. KM#99.

Date	Mintage	VG	F	VF	XF	Unc
ND(ca1704)	—	25.00	45.00	90.00	180	—

KM# 87 2 KREUZER
Silver **Obv:** Ornamented city arms **Obv. Legend:** MONETA. ARG. REIP. ULMENSIS. **Rev:** Crowned imperial eagle, '2' in orb on breast, date at end of legend **Rev. Legend:** DA. PACEM. NOBIS. DOMINE. (date). **Note:** Prev. KM#32.

Date	Mintage	VG	F	VF	XF	Unc
1703	—	165	275	550	1,125	—

KM# 88 4 KREUZER (Batzen)
Silver **Obv:** Ornamented city arms. **Obv. Legend:** MONETA. ARG. REIP. ULMENSIS. **Rev:** Crowned imperial eagle, '4' in orb on breast, date at end of legend **Rev. Legend:** DA. PACEM. NOBIS. DOMINE. (date). **Note:** Prev. KM#33.

Date	Mintage	VG	F	VF	XF	Unc
1703	—	100	175	350	700	—

KM# 90 GULDEN
Silver **Obv:** City arms in ornamented shield, angel's head and wings above **Obv. Legend:** MONETA. ARGENT. REIP. VLMENSIS. **Rev:** Crowned imperial eagle with orb on breast, date at end of legend **Rev. Legend:** DA • PACEM • NOBIS • DOMINE • 1704 • **Note:** Klippe. Prev. KM#34.

Date	Mintage	VG	F	VF	XF	Unc
1704	—	100	175	300	600	—

KM# 91 GULDEN
Tin **Obv:** City arms **Rev:** Imperial eagle with orb on breast **Note:** Prev. KM#34a.

Date	Mintage	VG	F	VF	XF	Unc
1704	—	—	—	—	—	—

KM# 92 GULDEN
Silver **Note:** Weight of 1/4Thaler. Klippe. Prev. KM#35.

Date	Mintage	VG	F	VF	XF	Unc
1704	—	—	—	275	400	—

KM# 93 GULDEN
Copper **Obv:** City arms **Rev:** Imperial eagle with orb on breast **Note:** Similar to KM#90, but round. Prev. KM#36.

Date	Mintage	VG	F	VF	XF	Unc
1704	—	—	—	—	—	—

KM# 94 GULDEN
Silver **Obv:** Cherub facing left above arms **Rev:** Imperial eagle with orb on breast **Note:** Prev.KM#37.

Date	Mintage	VG	F	VF	XF	Unc
1704	—	100	175	350	700	—

KM# 95 GULDEN
Silver **Obv:** City arms, cherub above **Rev:** Imperial eagle with orb on breast **Note:** Prev. KM#38.

Date	Mintage	VG	F	VF	XF	Unc
1704	—	100	175	300	600	—

KM# 96 GOLDGULDEN
3.5000 g., 0.9860 Gold 0.1109 oz. AGW **Obv:** City arms within baroque frame **Rev:** Legend, date **Note:** Prev. KM#39.

Date	Mintage	VG	F	VF	XF	Unc
1704	—	650	1,350	2,750	5,000	—

KM# 97 GOLDGULDEN
3.5000 g., 0.9860 Gold 0.1109 oz. AGW **Obv:** City arms within baroque frame **Rev:** Legend, date **Shape:** 4-Sided **Note:** Klippe. Prev. KM#40.

Date	Mintage	VG	F	VF	XF	Unc
1704	—	1,500	3,500	6,500	9,000	—

KM# 41 6 GOLDGULDEN
21.0000 g., 0.9860 Gold 0.6657 oz. AGW **Note:** Klippe.

Date	Mintage	VG	F	VF	XF	Unc
1704 Rare	—	—	—	—	—	—

PATTERNS
Including off metal strikes

KM#	Date	Mintage Identification	Mkt Val
Pn6	1730	— 2 Ducat. Silver. KM#111.	150
Pn7	ND(1772)	— Heller. Gold. Oval city arms. KM#128.	1,250

WALDECK

The former Countship of Waldeck was located in the western part of the German Empire, bordered by the Landgraviate of Hesse-Cassel on the east and south, the Duchy of Westphalia on the west and the Bishopric of Paderborn on the north. Arolsen was the seat of the counts and they traced their line of descent from a branch of the counts of Schwalenberg beginning in the early 11th century. Waldeck underwent several divisions over the centuries, the first such significant occurrence having taken place in 1474 with the establishment of Waldeck-Wildungen and Waldeck-Eisenberg. The latter was further divided into Waldeck-Eisenberg and Waldeck-Neu-Landau in 1539, but the former inherited Wildungen when the elder branch of the family became extinct in 1598. The line at Neu-Landau failed after two generations and reverted to Eisenberg the previous year (1597). A new line at Wildungen was established from Eisenberg in 1598 as well, but this, too, fell extinct in 1692, only ten years after the count having been raised to the rank of prince.

Waldeck-Eisenberg had received the Countship of Pyrmont in 1625 and became known as Waldeck-Pyrmont (see) upon the permanent unification of the two countships in 1668.

RULERS
Waldeck-Eisenberg
Friedrich Anton Ulrich, 1706-28; as Prince 1712
Christian Philipp, Jan.-May 1728
Karl August Friedrich, 1728-63
Friedrich, 1763-1812

MINT OFFICIALS' INITIALS

Initials	Date	Name
IB	1732-44	Jeremias Bunsen, mintmaster
PS	1765-1806	Philipp Steinmetz, mintmaster

ARMS
6-pointed (early) or 8-pointed (later) star.

REFERENCE:
S = Hugo Frhr. Von Saurma-Jeltsch, *Die Saurmasche Münzsammlung*, Berlin, 1892.

W = Joseph Weingärtner, *Beschreibung dr Kupfermünzen Westfalens nebst historischen Nacrichten*, 2 vols., Paderborn, 1872-81.

PRINCIPALITY

REGULAR COINAGE

KM# 155 PFENNIG
Copper **Ruler:** Karl August Friedrich **Obv:** Crowned double-C monogram **Rev:** Value in cartouche, date **Note:** Prev. C#1.

Date	Mintage	VG	F	VF	XF	Unc
1730	—	8.00	18.00	37.00	75.00	—
1758	—	8.00	18.00	37.00	75.00	—
1759	—	8.00	18.00	37.00	75.00	—
1761	—	8.00	18.00	37.00	75.00	—

KM# 162 2 PFENNIG
Copper **Ruler:** Karl August Friedrich **Obv:** Crowned double-C monogram **Rev:** Value in cartouche, date **Note:** Prev. C#2.

Date	Mintage	VG	F	VF	XF	Unc
1730	—	8.00	18.00	37.00	75.00	—

KM# 257 2 PFENNIG
Copper **Ruler:** Karl August Friedrich **Rev:** Value, date without cartouche **Note:** Prev. C#3.

Date	Mintage	VG	F	VF	XF	Unc
1751	—	8.00	18.00	37.00	75.00	—
1754	—	8.00	18.00	37.00	75.00	—
1755	—	8.00	18.00	37.00	75.00	—
1757	—	8.00	18.00	37.00	75.00	—
1759	—	8.00	18.00	37.00	75.00	—

KM# 165 3 PFENNIG (Dreier)
Copper **Ruler:** Karl August Friedrich **Obv:** Crowned monogram **Rev:** Value within ornate circle **Note:** Prev. C#4.

Date	Mintage	VG	F	VF	XF	Unc
1730	—	8.00	10.00	37.00	75.00	—

KM# 259 3 PFENNIG (Dreier)
Copper **Ruler:** Karl August Friedrich **Rev:** Value, date without cartouche **Note:** Prev. C#5.

Date	Mintage	VG	F	VF	XF	Unc
1751	—	8.00	18.00	37.00	75.00	—
1755	—	8.00	18.00	37.00	75.00	—
1758	—	8.00	18.00	37.00	75.00	—
1759	—	8.00	18.00	37.00	75.00	—
1760	—	8.00	18.00	37.00	75.00	—
1761	—	8.00	18.00	37.00	75.00	—

KM# 169 4 PFENNIG
Copper **Ruler:** Karl August Friedrich **Obv:** Crowned monogram **Rev:** Value within ornate circle **Note:** Prev. C#6.

Date	Mintage	VG	F	VF	XF	Unc
1730	—	15.00	30.00	65.00	135	—

KM# 229 4 PFENNIG
Billon **Ruler:** Karl August Friedrich **Obv:** Crowned double-C monogram **Rev:** Value, date **Note:** Prev. C#8.

Date	Mintage	VG	F	VF	XF	Unc
1740 IB	—	15.00	37.00	75.00	150	—
1741 IB	—	10.00	20.00	45.00	90.00	—
1744 IB	—	10.00	20.00	45.00	90.00	—

KM# 173 6 PFENNIG
Copper **Ruler:** Karl August Friedrich **Obv:** Crowned intertwined 'CC' monogram **Obv. Legend:** FURSTL. WALDECK. LANDMUNTZ **Rev:** Value 'VI' within ornamented circle **Rev. Legend:** ANNO. DOMINI. (date) **Note:** Prev. C#7.

Date	Mintage	VG	F	VF	XF	Unc
1730	—	10.00	20.00	45.00	95.00	—

KM# 230.1 6 PFENNIG
Billon **Ruler:** Karl August Friedrich **Obv:** Crowned double-C monogram **Rev:** Value, date **Rev. Legend:** F: WALDECK: LANDMUNTZ **Note:** Prev. C#12.1.

Date	Mintage	VG	F	VF	XF	Unc
1740 IB	—	15.00	37.00	75.00	150	—
1744 IB	—	15.00	37.00	75.00	150	—

KM# 230.2 6 PFENNIG
Billon **Ruler:** Karl August Friedrich **Obv:** Crowned monogram **Rev:** Value, date **Rev. Legend:** FURSTL: WEALDECK: LANDMUNTZ **Note:** Prev. C#12.2.

Date	Mintage	VG	F	VF	XF	Unc
1750	—	15.00	37.00	75.00	150	—
1752	—	15.00	37.00	75.00	150	—
1755	—	15.00	37.00	75.00	150	—

KM# 176 KREUZER
Billon **Ruler:** Karl August Friedrich **Obv:** Crowned monogram **Rev:** Value within ornate circle **Note:** Prev. C#9.

Date	Mintage	VG	F	VF	XF	Unc
1730	—	—	—	—	—	—

Note: Reported, not confirmed

KM# 182 1/24 THALER
Billon **Ruler:** Karl August Friedrich **Obv:** Crowned arms in cartouche **Rev:** Value, date **Note:** Prev. C#16.

Date	Mintage	VG	F	VF	XF	Unc
1732	—	75.00	150	300	600	—
1737	—	75.00	150	300	600	—

KM# 186 1/12 THALER
Silver **Ruler:** Karl August Friedrich **Obv:** Crowned arms **Rev:** Value within inner circle **Note:** Prev. C#19.

Date	Mintage	VG	F	VF	XF	Unc
1732	—	90.00	185	375	750	—
1737	—	90.00	185	375	750	—

KM# 189 2/3 THALER
Silver **Ruler:** Karl August Friedrich **Obv:** Armored bust right **Obv. Legend:** CAROLUS • D: G: - FR: WALD ECC • **Rev:** Crowned arms above value **Note:** Dav.#1026-27. Prev. C#23. Varieties exist.

Date	Mintage	VG	F	VF	XF	Unc
1733 IB	—	135	275	550	1,125	—
1734 IB	—	130	260	525	1,050	—

KM#	Date	Mintage Identification	Mkt Val
Pn3	1717	— 1/2 Ducat. Silver. KM#105.	75.00
Pn4	1717	— Ducat. Silver. KM#107.	150
Pn5	1730	— Ducat. Silver. KM#112.	150

GERMAN STATES — WALDECK

KM# 206 CAROLIN (10 Gulden)
9.7000 g., 0.7700 Gold 0.2401 oz. AGW **Ruler:** Karl August Friedrich **Obv:** Head right **Rev:** Cruciform double D monograms with arms at center **Note:** Prev. C#39.

Date	Mintage	VG	F	VF	XF	Unc
1734	—	800	1,250	3,000	5,500	—

KM# 208 CAROLIN (10 Gulden)
9.7000 g., 0.7700 Gold 0.2401 oz. AGW **Ruler:** Karl August Friedrich **Rev:** Crowned arms **Note:** Prev. C#40.

Date	Mintage	VG	F	VF	XF	Unc
1734	—	1,300	2,500	5,600	10,500	—

Karl August Friedrich **Obv:** Bust right **Obv. Legend:** CAROL • D • G • P • WALD • C • ... **Rev:** Crowned complex arms with city arms at center **Note:** Prev. C#34.

Date	Mintage	VG	F	VF	XF	Unc
1762	—	1,150	2,250	4,500	9,600	—

KM# 263 2/3 THALER
Silver **Ruler:** Karl August Friedrich **Obv:** Head left **Obv. Legend:** CAROL•D•G•P•WALD•C•P•E•R•**Rev:** Crowned arms **Rev. Legend:** ARDUA AD - GLORIAM VIA • **Note:** Dav.#1028. Prev. C#26.

Date	Mintage	VG	F	VF	XF	Unc
1752	—	135	275	575	1,150	—

KM# 248 CAROLIN (10 Gulden)
9.7000 g., 0.7700 Gold 0.2401 oz. AGW **Ruler:** Karl August Friedrich **Obv:** Head left **Obv. Legend:** CAROL • D • G • P • WALD • C • P • E • R • **Rev:** Crowned arms, date below **Rev. Legend:** ARDUA AD GLORIAM VIA • **Note:** Prev. C#41.

Date	Mintage	VG	F	VF	XF	Unc
1750	—	1,350	2,800	6,000	11,500	—

KM# 254 2 DUCAT
7.0000 g., 0.9860 Gold 0.2219 oz. AGW **Ruler:** Karl August Friedrich **Obv:** Head left **Obv. Legend:** CAROL • D • G • P • WALD • - C • P • E • R • **Rev:** Crowned complex arms with city arms at center, date below **Rev. Legend:** ARDUA AD - GLORIAM VIA • **Note:** Prev. C#35.

Date	Mintage	VG	F	VF	XF	Unc
1750 Rare	—	—	—	—	—	—

KM# 248.5 10 DUCAT
35.0000 g., 0.9860 Gold 1.1095 oz. AGW **Ruler:** Karl August Friedrich **Obv:** Bust left **Rev:** Crowned complex arms with city arms at center, date below **Note:** Prev. C#41.5.

Date	Mintage	VG	F	VF	XF	Unc
1752 Rare	—	—	—	—	—	—

PATTERNS
Including off metal strikes

KM#	Date	Mintage	Identification	Mkt Val
Pn1	1730	—	6 Pfennig. Silver. C#7.	—

KM# 237 1/4 DUCAT
0.8750 g., 0.9860 Gold 0.0277 oz. AGW **Ruler:** Karl August Friedrich **Obv:** Head right **Rev:** Star within crowned cartouche **Note:** Prev. C#30.

Date	Mintage	VG	F	VF	XF	Unc
1741	—	120	210	475	775	—
1760	—	120	210	475	775	—
1761	—	120	210	475	775	—

KM# 220 1/2 DUCAT
1.7500 g., 0.9860 Gold 0.0555 oz. AGW **Ruler:** Karl August Friedrich **Obv:** Head right **Rev:** Crowned arms **Note:** Prev. C#31.

Date	Mintage	VG	F	VF	XF	Unc
1736	—	400	800	1,750	3,500	—

KM# 233 THALER
Silver **Ruler:** Georg Friedrich **Obv:** Bust right **Obv. Legend:** CAROL: AUG: FRID: D: G: PR: WALD: C: P: E: R: **Rev:** Crowned arms, date divided below **Rev. Legend:** ARDUA AD GLORIAM VIA **Note:** Species Thaler. Dav. #2838. Prev. C#28.

Date	Mintage	VG	F	VF	XF	Unc
1741	—	650	1,450	2,550	4,000	—

KM# 179.1 DUCAT
3.5000 g., 0.9860 Gold 0.1109 oz. AGW **Ruler:** Karl August Friedrich **Obv:** Bust right **Obv. Legend:** CAR • AUG • FR • D • G • ... **Rev:** Crowned complex arms with city arms at center divide date **Note:** Prev. C#32.1

Date	Mintage	VG	F	VF	XF	Unc
1731	—	600	1,200	2,400	5,300	—
1732	—	600	1,200	2,400	5,300	—

KM# 179.2 DUCAT
3.5000 g., 0.9860 Gold 0.1109 oz. AGW **Ruler:** Karl August Friedrich **Obv:** Bust right **Rev:** Crowned complex arms with city arms at center divide date **Note:** Prev. C#32.2.

Date	Mintage	VG	F	VF	XF	Unc
1736	—	600	1,200	2,400	5,300	—

KM# 179.3 DUCAT
3.5000 g., 0.9860 Gold 0.1109 oz. AGW **Ruler:** Karl August Friedrich **Obv:** Head right **Rev:** Crowned ornate arms, date below **Note:** Prev. C#32.3.

Date	Mintage	VG	F	VF	XF	Unc
1742	—	600	1,200	2,400	5,300	—

KM# 179.4 DUCAT
3.5000 g., 0.9860 Gold 0.1109 oz. AGW **Ruler:** Karl August Friedrich **Obv:** Head left **Rev:** Crowned complex arms **Note:** Prev. C#32.4.

Date	Mintage	VG	F	VF	XF	Unc
1750	—	350	950	1,900	4,500	—

KM# 267 THALER
Silver **Ruler:** Georg Friedrich **Obv:** Armored bust left **Obv. Legend:** CAROL•D•G•P•WALD•C•P•F•R•**Rev:** Crowned arms, date below **Rev. Legend:** ARDUA AD GLORIAM VIA • **Note:** Dav. #2839. Prev. C#29.

Date	Mintage	VG	F	VF	XF	Unc
1752	—	700	1,450	2,750	4,500	—

TRADE COINAGE

KM# 215 1/4 CAROLIN
2.4250 g., 0.7700 Gold 0.0600 oz. AGW **Ruler:** Karl August Friedrich **Obv:** Bust right **Rev:** Cruciform double C monograms with arms at center **Note:** Prev. C#36.

Date	Mintage	VG	F	VF	XF	Unc
1735	—	800	1,450	2,800	4,550	—

KM# 203 1/2 CAROLIN (5 Gulden)
4.8500 g., 0.7700 Gold 0.1201 oz. AGW **Ruler:** Karl August Friedrich **Obv:** Head right **Rev:** Crowned arms and monograms **Note:** Prev. C#37.

Date	Mintage	VG	F	VF	XF	Unc
1734	—	750	1,650	3,750	6,000	—

KM# 218 1/2 CAROLIN (5 Gulden)
4.8500 g., 0.7700 Gold 0.1201 oz. AGW **Ruler:** Karl August Friedrich **Obv:** Bust right, date **Rev:** Cruciform double C monograms with arms at center **Note:** Prev. C#38.

Date	Mintage	VG	F	VF	XF	Unc
1735	—	675	1,350	3,000	5,300	—

KM# 273 DUCAT
3.5000 g., 0.9860 Gold 0.1109 oz. AGW **Ruler:** Karl August Friedrich **Obv:** Bust right **Note:** Prev. C#33.

Date	Mintage	VG	F	VF	XF	Unc
1762	—	975	1,950	4,000	8,400	—

KM# 276 DUCAT
3.5000 g., 0.9860 Gold 0.1109 oz. AGW **Ruler:**

WALDECK-PYRMONT

The Count of Waldeck-Eisenberg inherited the Countship of Pyrmont, located between Lippe and Hannover, in 1625, thus creating an entity which encompassed about 672 square miles (1120 square kilometers). Waldeck and Pyrmont were permanently united in 1668, thus continuing the Eisenberg line as Waldeck-Pyrmont from that date. The count was raised to the rank of prince in 1712 and the unification of the two territories was confirmed in 1812. Waldeck-Pyrmont joined the German Confederation in 1815 and the North German Confederation in 1867. The prince renounced his sovereignty on 1 October of that year and Waldeck-Pyrmont was incorporated into Prussia. However, coinage was struck into the early 20th century for Waldeck-Pyrmont as a member of the German Empire. The hereditary territorial titles were lost along with the war in 1918. Some coins were struck for issue in Pyrmont only in the 18th through 20th centuries and those are listed separately under that name.

RULERS
Christian Ludwig, 1668-1706
Friedrich Anton Ulrich, 1706-1728, Prince 1712
Christian Philipp, Jan-May 1728
Karl August Friedrich, 1728-1763
Friedrich, 1763-1812

MINT OFFICIALS' INITIALS

Initial	Date	Name
IB	1732-1744	Jeremias Bunsen, mintmaster in Arolsen
PS	1765-1806	Philipp Steinmetz, mintmaster in Arolsen

ARMS
6-pointed (early) or 8-pointed (later) star.

REFERENCE:
S = Hugo Frhr. Von Saurma-Jeltsch, *Die Saurmasche Münzsammlung,* Berlin, 1892.
W = Joseph Weingärtner, *Beschreibung dr Kupfermünzen Westfalens nebst historischen Nacrichten,* 2 vols., Paderborn, 1872-81.

PRINCIPALITY

REGULAR COINAGE

KM# 20 PFENNIG
Copper **Ruler:** Friedrich Karl August **Obv:** Crowned F **Rev:** Value above date **Note:** Prev. C#42.

Date	Mintage	VG	F	VF	XF	Unc
1773 PS	—	5.00	12.00	25.00	50.00	—
1781 PS	—	5.00	12.00	25.00	50.00	—
1797 PS	—	5.00	12.00	25.00	50.00	—
1799 PS	—	5.00	12.00	25.00	50.00	—

KM# 20a PFENNIG
Copper **Ruler:** Friedrich Karl August **Obv:** Crowned F **Obv. Legend:** FURSTL: WALDECK: L: MUNZ **Rev:** Value, date **Note:** Prev. C#42a.

Date	Mintage	VG	F	VF	XF	Unc
1780 PS	—	5.00	12.00	25.00	50.00	—
1783 PS	—	5.00	12.00	25.00	50.00	—
1795 PS	—	5.00	12.00	25.00	50.00	—
1796 PS	—	5.00	12.00	25.00	50.00	—

TRADE COINAGE

KM# 39 DUCAT
3.5000 g., 0.9860 Gold 0.1109 oz. AGW **Ruler:** Friedrich Karl August **Obv:** Bust right **Rev:** Crowned and mantled arms **Note:** Prev. C#61.

Date	Mintage	VG	F	VF	XF	Unc
1781 PS	—	1,200	2,500	5,000	9,000	—
1782 PS Rare	—	—	—	—	—	—

WERDEN & HELMSTEDT

Abbeys

Bishop Ludger of Münster (791-809) founded the monasteries of Werden and Helmstedt early in his tenure as bishop. Werden is located on the River Ruhr six miles (10 kilometers) south of Essen, whereas Helmstedt is situated 20 miles (34 kilometers) east of Braunschweig in Niedersachsen. The abbot obtained the right to mint coins at Werden and at Lüdinghausen from Emperor Otto II (973-83) in 974, but the earliest known coins of the two monasteries date from the 11th century. A small, but fairly steady stream of issues were produced from the 16th century through the middle of the 18th century. In 1803, Werden and Helmstedt were secularized and their fifty square miles of territory were annexed to Prussia.

RULERS
Ferdinand von Erwitte, 1670-1706
Cölestin von Geismar, 1707-1719
Theodor Thier, 1719-1727
Simon von Bischoping (Bischopinck), 1727-1728
Benedict von Geismar, 1728-1757
Anselm von Sonius, 1757-1774
Johann VI Hellersberg, 1775-1780
Bernhard II Birnbaum, 1780-1797
Beda Cornelius Savels, 1797-1803

MINT OFFICIAL'S INITIALS

Initials	Date	Name
HK	1723-1735	Heinrich Koppers, mintmaster in Cologne

Arms:
(early type) – two crossed crosiers.
(later type) – two crossed crosiers in small shield superimposed on cross in larger shield

Imperial eagle - sometimes included to signify that the abbeys had imperial support and sanction.

CROSS REFERENCES:
G = Hermann Grote, "Die Münzen der Abtei Werden," **Münzstudien**, v. 3 (1862- 63), pp. 411-445.

KM# 24 PFENNIG
Copper **Ruler:** Friedrich Karl August **Obv:** Crowned arms **Rev:** Value, date **Note:** Prev. C#43.

Date	Mintage	VG	F	VF	XF	Unc
1781	—	5.00	12.00	25.00	50.00	—
1786	—	5.00	12.00	25.00	50.00	—
1799	—	5.00	12.00	25.00	50.00	—

KM# 27a 3 PFENNIG (Dreier)
Copper **Ruler:** Friedrich Karl August **Obv:** Crowned F monogram **Obv. Legend:** FURSTL. WALDECK SCH. MUNZ **Rev:** Value **Rev. Legend:** III PFENNIGE **Note:** Prev. C#44a.

Date	Mintage	F	VF	XF	Unc	BU
1781 PS	—	25.00	60.00	120	240	—

KM# 33 3 PFENNIG (Dreier)
Copper **Ruler:** Friedrich Karl August **Obv:** Crowned star arms **Note:** Prev. C#45.

Date	Mintage	F	VF	XF	Unc	BU
1781 PS	—	25.00	60.00	125	250	—

KM# 27 3 PFENNIG (Dreier)
Copper **Ruler:** Friedrich Karl August **Obv:** Crowned F within legend **Rev:** Value above date **Note:** Prev. C#44.

Date	Mintage	VG	F	VF	XF	Unc
1781 PS	—	6.00	15.00	30.00	65.00	—

KM# 27b 3 PFENNIG (Dreier)
Copper **Ruler:** Friedrich Karl August **Obv:** Crowned F, without legend **Note:** Prev. C#44b.

Date	Mintage	VG	F	VF	XF	Unc
1797	—	6.00	15.00	30.00	65.00	—
1798	—	6.00	15.00	30.00	65.00	—

KM# 17 10 KREUZER
Silver **Ruler:** Karl August Friedrich **Obv:** Crowned arms **Rev:** Value within cartouche **Note:** Prev. C#50.

Date	Mintage	VG	F	VF	XF	Unc
1763	—	35.00	75.00	150	300	—

KM# 36 THALER
28.0600 g., 0.8330 Silver 0.7515 oz. ASW **Ruler:** Friedrich Karl August **Obv:** Head right **Obv. Legend:** FRIED. D. G. PR. WALD. C. P. E. R. **Rev:** Arms within Order chain and crowned mantle **Rev. Legend:** VIRTUTE VIAM · DIMETIAR. 1781, 10.EINE FEINE MARK **Note:** Dav. #2840. Prev. C#57.

Date	Mintage	VG	F	VF	XF	Unc
1781 PS	—	350	700	1,350	2,250	—

ABBEY
REGULAR COINAGE

KM# 64 1/12 THALER (Doppelgroschen)
Silver, 24 mm. **Ruler:** Theodor Thier **Obv:** Four-fold arms with central shield of early arms of Werden and Helmstedt superimposed on cross, in oval baroque frame, mitre above, crossed croziers and sword behind arms **Obv. Legend:** THEODORUS D.G. SAC. ROM. IMP. **Rev:** 5-line inscription with date, in circle **Rev. Legend:** ABBAS. WERDINENSIS ET HELMSTADIENSIS. **Rev. Inscription:** 12 / EINEN / REICHS / THALER / (date) **Note:** Ref. G# 55.

Date	Mintage	VG	F	VF	XF	Unc
1724 HK	—	50.00	110	225	450	—

KM# 68 1/12 THALER (Doppelgroschen)
Silver, 24 mm. **Ruler:** Benedict **Obv:** 6-fold arms with round central shield of Geismar arms (2-fold, upper half of eagle above wheel), all in oval baroque frame, mitre above, crozier and sword crossed behind **Obv. Legend:** BENEDICTUS · D.G. SAC. ROM. IMP. **Rev:** 5-line inscription with date **Rev. Legend:** ABBAS. WERDINENSIS &. HELMSTADIENSIS. **Rev. Inscription:** 12 / EINEN / REICHS / THALER / (date). **Note:** Ref. G# 59.

Date	Mintage	VG	F	VF	XF	Unc
1730	—	40.00	85.00	170	340	—

KM# 65 6 MARIENGROSCHEN (1/6 Thaler)
Silver, 26 mm. **Ruler:** Theodor Thier **Obv:** 4-fold arms with central shield of early arms of Werden and Helmstedt superimposed on cross, in oval baroque frame, mitre above, crossed croziers and sword behind arms **Obv. Legend:** THEODORUS D.G. SAC. ROM. IMP. **Rev:** 4-line inscription with date, in circle **Rev. Legend:** ABBAS. WERDINENSIS ET HELMSTADIENSIS. **Rev. Inscription:** VI / MARIEN / GROS / (date). **Note:** Ref. G# 54.

Date	Mintage	VG	F	VF	XF	Unc
1724 HK	—	100	225	450	900	—

KM# 69 6 MARIENGROSCHEN (1/6 Thaler)
Silver, 26 mm. **Ruler:** Benedict **Obv:** 6-fold arms with round central shield of Geismar arms (2-fold, upper half of eagle above wheel), all in oval baroque frame, mitre above, crozier and sword

crossed behind **Obv. Legend:** BENEDICTUS · D G. SAC. ROM. IMP. **Rev:** 4-line inscription with date **Rev. Legend:** ABBAS. WERDINENSIS &. HELMSTADIENSIS. **Rev. Inscription:** VI / MARIEN / GROS / (date) **Note:** Ref. G# 58.

Date	Mintage	VG	F	VF	XF	Unc
1730	—	75.00	150	300	600	—

KM# 66 THALER
Silver, 42 mm. **Ruler:** Theodor Thier **Obv:** Four-fold arms with central shield of early Werden and Helmstedt arms superimposed on cross, in oval baroque frame, mitre above, crossed croziers and sword behind arms, date at end of legend. **Obv. Legend:** THEODORUS D·G·SAC·ROM·IMP·ABBAS WERDINENSIS ET HELMSTADIENSIS **Rev:** Figure of saint in cloud with S. LVDGERE in band above, view of Werden monastery below. **Rev. Legend:** RESPICE DE COELO ET VISITA VINEAM ISTAM, ET PERFICE EAM, QUAM PLANTAVIT DEXTERA TUA. PS. 79. **Note:** Dav. #2841, G# 53; prev. C#7.

Date	Mintage	Good	VG	F	VF	XF
1724 HK	—	—	750	1,500	2,500	4,000

KM# 70 THALER
Silver, 42 mm. **Ruler:** Benedict **Obv:** Six-fold arms with round central shield of Geismar arms (2-fold, upper half of eagle above wheel), all in oval baroque frame, 3 ornate helmets above, mitre on middle helmet. **Obv. Legend:** BENEDICTVS · D · G · S · R · I · ABBAS · WERDINENSIS · & · HELMSTADIENSIS. **Rev:** Full-length facing figure of St. Ludger standing between two geese divides date **Rev. Legend:** S · LVDGERVS · FVNDATOR · WERDINENSIS **Note:** Dav. #2842, G#56; prev. C#8.

Date	Mintage	Good	VG	F	VF	XF
1730 HK	—	—	500	1,000	2,000	3,500

KM# 71 THALER
Silver, 42 mm. **Ruler:** Benedict **Obv:** Ornately-shaped shield of 6-fold arms with central shield of Geismar arms (2-fold, upper

half of eagle above whell), 3 ornate helmets above, mitre on middle helmet **Obv. Legend:** BENEDICTVS • D • G • S • R • I • ABBAS • WERDINENSIS • & HELMSTADIENSIS • **Rev:** Full-length facing figure of St. Ludger standing between 2 geese divides date **Rev. Legend:** S • LVDGERVS • FVNDATOR • WERDINENSIS **Note:** Dav. #2843, G#57; prev. C#9.

Date	Mintage	Good	VG	F	VF	XF
1745	—	—	600	1,100	2,250	5,000

KM# 72 THALER

Silver, 43 mm. **Ruler:** Anselm **Obv:** Ornately-shaped shield of 6-fold arms with central shield of Sonius arms (sunburst), 3 ornate helmets above, mitre on middle helmet, date at end of legend **Obv. Legend:** ANSELMVS D • G • S • R • I • ABBAS WERDINENSIS • & • HELMSTAD: **Rev:** Saint in clouds above the two abbeys **Rev. Legend:** S. LUDGERUS. FUNDATOR ABATIARUM WERDINENSIS. &. HELMSTAD. **Note:** Dav. #2844, G#60; prev. C#10.

Date	Mintage	Good	VG	F	VF	XF
1765	—	—	400	800	1,600	2,850

PATTERNS

Including off metal strikes

KM#	Date	Mintage	Identification	Mkt Val
Pn2	1724 HK	—	Thaler. Copper. 42 mm.	—

WIED-NEUWIED

The county of Wied was located in western Germany near Coblenz. In 1698 the house divided into the branches of Neuwied and Runkel. Neuwied was located northwest of Coblenz and consisted of 3 unjoined properties. It was mediatized during Napoleonic times but there were claimants for many years after.

RULER
(Johann) Friedrich Alexander, 1737-1791

MINT OFFICIALS' INITIALS

Initials	Date	Name
D, DOB	1748-52	Wilhelm Dobicht
ICS	1757-64	Johann Conrad Stocklet
QF	1752-57	Quirin Fritsch

MONETARY SYSTEM
12 Pfennig = 3 Kreuzer = 1 Groschen
60 Stuber = 24 Groschen = 1 Thaler

COUNTY

REGULAR COINAGE

KM# 50 PFENNIG

Copper **Ruler:** Friedrich Alexander **Obv:** Crowned FFAW monogram **Rev:** Value and date **Note:** Prev. C#2.

Date	Mintage	VG	F	VF	XF	Unc
1753	—	240	480	975	—	—

KM# 12 2 PFENNIG

Billon **Ruler:** Friedrich Alexander **Obv:** Peacock in crowned cartouche **Rev:** Value and date **Note:** Prev. C#9.

Date	Mintage	VG	F	VF	XF	Unc
1751	1,014	240	480	975	—	—

KM# 14 3 PFENNIG

Billon **Ruler:** Friedrich Alexander **Obv:** Peacock in crowned cartouche **Rev:** Value and date **Note:** Prev. C#10.

Date	Mintage	VG	F	VF	XF	Unc
1751	632	300	625	1,275	—	—

KM# 52 3 PFENNIG

Copper **Ruler:** Friedrich Alexander **Obv:** Crowned FFAW monogram **Rev:** Value and date **Note:** Prev. C#A3.

Date	Mintage	VG	F	VF	XF	Unc
1753	—	300	600	1,200	—	—

KM# 16 4 PFENNIG

Billon **Ruler:** Friedrich Alexander **Obv:** Peacock in crowned cartouche **Rev:** Value and date **Note:** Prev. C#12.

Date	Mintage	VG	F	VF	XF	Unc
1751	486	325	675	1,350	—	—

KM# 7 1/4 STUBER

Copper **Ruler:** Friedrich Alexander **Obv:** Mining scene in inner circle **Rev:** Value in cartouche, date below **Note:** Prev. C#6.

Date	Mintage	VG	F	VF	XF	Unc
1750	—	25.00	55.00	110	225	—

KM# 30 1/4 STUBER

Copper **Ruler:** Friedrich Alexander **Obv:** Mining scene **Rev:** Date in legend **Note:** Prev. C#7.

Date	Mintage	VG	F	VF	XF	Unc
1752	—	10.00	25.00	55.00	110	—

KM# 32 1/2 STUBER

Billon **Ruler:** Friedrich Alexander **Obv:** Peacock in crowned cartouche **Rev:** Value, date **Note:** Prev. C#14.

Date	Mintage	VG	F	VF	XF	Unc
1752	—	50.00	100	200	400	—

KM# 18 STUBER

Billon **Ruler:** Friedrich Alexander **Obv:** Peacock in crowned cartouche **Rev:** Value, date **Note:** Prev. C#16.

Date	Mintage	VG	F	VF	XF	Unc
1751	—	50.00	100	200	400	—
1752	—	50.00	100	200	400	—

WIEDENBRUCK

The parish church of St. Aegidius in Wiedenbrück was home to a seminary from 1259 until 1810. It was closely tied to the bishopric of Osnabrück (which see). However, the town is located on the upper Ems River, next to Rheda and about 55 miles (90 kilometers) south-southeast of Osnabrück. At various times, Wiedenbrück served as a mint site for the bishops, but it also issued a series of coins for local use from 1596 to 1716.

MINT OFFICIAL
AS = unknown, ca. 1716

ARMS OR SYMBOL OF TOWN
The wheel of Osnabrück, showing the close association it had with that city and bishopric.

PROVINCIAL TOWN

TOWN COINAGE

KM# 34 PFENNIG

Copper **Obv:** Wheel of Osnabrück **Obv. Legend:** MO. CIVI WIDENBRVG. **Rev:** Large 'I' in center, date in legend **Rev. Legend:** ANNO (date).

Date	Mintage	Good	VG	F	VF	XF
1707	—	20.00	45.00	90.00	180	—

KM# 36 1-1/2 PFENNIG

Copper **Obv:** Wheel of Osnabrück **Obv. Legend:** MO. CIVI. WIDENBG. **Rev:** 'I' over I—I, date in legend **Rev. Legend:** ANNO DNI (date). **Note:** Varieties exist.

Date	Mintage	VG	F	VF	XF	Unc
1707	—	30.00	65.00	135	275	—

KM# 38 3 PFENNIG

Copper **Obv:** Wheel in ornamented circle, date in legend **Obv. Legend:** ANNO DOMINI (date). **Rev. Legend:** WIDENBRVCK STADT MVNTZ. **Rev. Inscription:** III/PFENN.

Date	Mintage	VG	F	VF	XF	Unc
1710	—	35.00	75.00	150	300	—
1716 AR	—	35.00	75.00	150	300	—

KM# 40 4 PFENNIG

Copper **Obv:** Wheel in ornamented circle, date in legend **Obv. Legend:** ANNO DOMINI (date). **Rev. Legend:** WIDENBRVCK STADT MVNTZ. **Rev. Inscription:** IIII/PFENN.

Date	Mintage	VG	F	VF	XF	Unc
1710	—	35.00	75.00	150	300	—
1716 AR	—	35.00	75.00	150	300	—

KM# 4 1/4 STUBER

Copper **Ruler:** Friedrich Alexander **Obv:** Crowned FFAW monogram **Rev:** Windlass in cartouche, date divided below **Note:** Prev. C#3. Varieties exist for the 1748 date.

Date	Mintage	VG	F	VF	XF	Unc
1748	—	7.00	15.00	30.00	60.00	—
1749	—	7.00	15.00	30.00	60.00	—
1750	—	7.00	15.00	30.00	60.00	—

KM# 5 1/4 STUBER

Copper **Ruler:** Friedrich Alexander **Obv:** Crowned FFA monogram **Rev:** Value and date in inner circle **Note:** Prev. C#4.

Date	Mintage	VG	F	VF	XF	Unc
1749	—	30.00	60.00	120	240	—
1751	—	30.00	60.00	120	240	—

KM# 34 2 STUBER

Billon **Ruler:** Friedrich Alexander **Obv:** Peacock in crowned cartouche **Rev:** Value, date **Note:** Prev. C#18.

Date	Mintage	VG	F	VF	XF	Unc
1752	—	50.00	100	200	400	—

KM# 6 1/4 STUBER

Copper **Ruler:** Friedrich Alexander **Obv:** Crowned FFAW monogram **Rev:** Windlass and R.N. date in cartouche **Note:** Prev. C#5.

Date	Mintage	VG	F	VF	XF	Unc
1749 RN	—	30.00	70.00	140	185	—

KM# 36 3 STUBER

Billon **Ruler:** Friedrich Alexander **Obv:** Crowned four-fold arms **Rev:** Value, date within cartouche **Note:** Prev. C#26.

Date	Mintage	VG	F	VF	XF	Unc
1752	—	35.00	75.00	150	300	—
1753	—	35.00	75.00	150	300	—
1754	—	35.00	75.00	150	300	—

WIED-NEUWIED

Date	Mintage	VG	F	VF	XF	Unc
1754 QF	—	50.00	110	225	525	—
1755 QF	—	50.00	110	225	525	—
1757	—	50.00	110	225	525	—

KM# 38 4 STUBER
Billon **Ruler:** Friedrich Alexander **Obv:** Crowned four-fold arms **Rev:** Value, date within cartouche **Note:** Prev. C#27.

Date	Mintage	VG	F	VF	XF	Unc
1752	—	80.00	165	335	675	—

KM# 60 30 KREUZER
Silver **Ruler:** Friedrich Alexander **Obv:** Large armored bust right **Obv. Legend:** FRID • ALEX • C • W • D • R • ET .... **Rev:** Crowned complex arms, value below **Note:** Prev. C#42.

Date	Mintage	VG	F	VF	XF	Unc
1755	—	375	750	1,500	3,000	—

KM# 61 30 KREUZER
Silver **Ruler:** Friedrich Alexander **Obv:** Small armored bust right **Rev:** Crowned complex arms, value below **Note:** Prev. C#42a.

Date	Mintage	VG	F	VF	XF	Unc
1755	—	375	750	1,500	3,000	—

KM# 39 4 STUBER
Billon **Ruler:** Friedrich Alexander **Obv:** Armored bust right **Obv. Legend:** FRID • ALEX • - COM • WEDAE **Rev:** Value, date within cartouche **Note:** Prev. C#28.

Date	Mintage	VG	F	VF	XF	Unc
1752	—	180	375	750	1,500	—

KM# 20 KREUZER
Billon **Ruler:** Friedrich Alexander **Obv:** Armored bust right **Rev:** Crowned peacock arms **Note:** Prev. C#15.

Date	Mintage	VG	F	VF	XF	Unc
1751	15,000	100	200	375	750	—

KM# 22 2 KREUZER
Billon **Ruler:** Friedrich Alexander **Obv:** Armored bust right **Rev:** Peacock in crowned cartouche **Note:** Prev. C#A16.

Date	Mintage	VG	F	VF	XF	Unc
1751 Rare	2,103	—	—	—	—	—

KM# 56 1/4 GULDEN
Silver **Ruler:** Friedrich Alexander **Obv:** Armored bust right **Obv. Legend:** FRID • ALEX •... **Rev:** City view **Note:** Prev. C#36.

Date	Mintage	VG	F	VF	XF	Unc
1753	—	75.00	150	300	600	—

KM# 10 3 KREUZER
Billon **Ruler:** Friedrich Alexander **Obv:** Armored bust right **Rev:** Peacock in crowned cartouche **Note:** Prev. C#B16.

Date	Mintage	VG	F	VF	XF	Unc
1749	—	150	235	475	975	—

Note: Varieties exist of 1749

Date	Mintage	VG	F	VF	XF	Unc
1750	—	110	225	450	900	—
1751	—	150	235	475	975	—

KM# 24 3 KREUZER
Billon **Ruler:** Friedrich Alexander **Obv:** Peacock in crowned cartouche **Rev:** Value in cartouche, date below **Note:** Prev. C#22.

Date	Mintage	VG	F	VF	XF	Unc
1751	—	110	225	450	900	—

KM# 41 1/12 THALER
Billon **Ruler:** Friedrich Alexander **Obv:** Armored bust right **Obv. Legend:** FRID • ALEX • COM • WEDAE **Rev:** Value, date **Note:** Prev. C#32. Varieties exist.

Date	Mintage	VG	F	VF	XF	Unc
1752	—	500	1,000	2,000	4,000	—
1755	—	500	1,000	2,000	4,000	—
1756	—	450	925	1,850	3,750	—
1757	—	500	1,000	2,000	4,000	—

KM# 43 1/6 THALER
Silver **Ruler:** Friedrich Alexander **Obv:** Armored bust right **Obv. Legend:** FR • ID • ALEX • COM • WEDAE **Rev:** Value, date **Note:** Prev. C#38.

Date	Mintage	VG	F	VF	XF	Unc
1752	—	37.00	75.00	150	300	—
1756	—	37.00	75.00	150	300	—

KM# 54 4 KREUZER
Billon **Ruler:** Friedrich Alexander **Obv:** Crowned shields, G-W above **Rev:** Value within baroque frame **Note:** Prev. C#24.

Date	Mintage	VG	F	VF	XF	Unc
1753	—	150	300	600	1,200	—

KM# 63 1/6 THALER
Silver **Ruler:** Friedrich Alexander **Obv:** Crowned FFAW monogram **Obv. Legend:** G • Z • W • - R • U • I • **Rev:** Value, date **Note:** Prev. C#37.

Date	Mintage	VG	F	VF	XF	Unc
1756 ICS	—	30.00	65.00	135	275	—
1757 ICS	—	30.00	65.00	135	275	—

KM# 58 12 KREUZER
Billon **Ruler:** Friedrich Alexander **Obv:** Crowned shields, G-W above **Rev:** Value within baroque frame **Note:** Prev. C#34.

KM# 45 1/3 THALER
Silver **Ruler:** Friedrich Alexander **Obv:** Armored bust right **Obv. Legend:** FRID • ALEX • COMES • WEDAE R • ET I • **Rev:** City view **Note:** Prev. C#40.

Date	Mintage	VG	F	VF	XF	Unc
1752 DOB-QF	—	80.00	165	335	675	—

KM# 65 1/3 THALER
Silver **Ruler:** Friedrich Alexander **Subject:** Wedding of Friedrich Karl to Maria Louise Wilhelmine **Obv:** Inscription within branches **Rev:** City view of Neuwied **Note:** Prev. C#43.

Date	Mintage	VG	F	VF	XF	Unc
1766	—	65.00	135	275	550	—

TRADE COINAGE

KM# 26 GOLDGULDEN
3.5000 g., 0.9860 Gold 0.1109 oz. AGW **Ruler:** Friedrich Alexander **Obv:** Armored bust right **Obv. Legend:** FRID • ALEX • COM • WEDAE **Rev:** Peacock in crowned cartouche **Note:** Prev. C#44.

Date	Mintage	VG	F	VF	XF	Unc
1751	—	1,350	2,500	4,900	9,000	—

KM# 2 DUCAT
3.5000 g., 0.9860 Gold 0.1109 oz. AGW **Ruler:** Friedrich Alexander **Obv:** Large armored bust right **Rev:** All-seeing eye above tree **Note:** Prev. C#45.

Date	Mintage	VG	F	VF	XF	Unc
1744 M	—	650	1,350	2,700	5,000	—

KM# 28 DUCAT
3.5000 g., 0.9860 Gold 0.1109 oz. AGW **Ruler:** Friedrich Alexander **Obv:** Armored bust right **Obv. Legend:** FRID • ALEX • COM • WEDAE **Rev:** Peacock in crowned cartouche, date below in Arabic numerals **Note:** Prev. C#46.

Date	Mintage	VG	F	VF	XF	Unc
1751 Rare	—	—	—	—	—	—

Note: Künker Auction 138, 3-08, XF-Unc realized approximately $55,335.

KM# 47 2 DUCAT
7.0000 g., 0.9860 Gold 0.2219 oz. AGW **Ruler:** Friedrich Alexander **Obv:** Armored bust right **Rev:** City view of Neuwied **Note:** Prev. C#47.

Date	Mintage	VG	F	VF	XF	Unc
1752 Rare	—	—	—	—	—	—

KM# 48 ALEX D'OR (5 Thaler)
6.6500 g., 0.9000 Gold 0.1924 oz. AGW **Ruler:** Friedrich Alexander **Obv:** Armored bust right **Rev:** Peacock in crowned cartouche, date below **Note:** Prev. C#48.

Date	Mintage	VG	F	VF	XF	Unc
1752 D Rare	—	—	—	—	—	—

Note: Künker Auction 138, 3-08, XF-Unc realized approximately $59,945.

TOKEN COINAGE

KM# Tn1 1/2 STUBER
Copper **Obv:** Mine name LOUISENGLUCK in cartouche, date below **Rev:** Standing figure of miner facing **Note:** Mining Thaler.

Date	Mintage	VG	F	VF	XF	Unc
1749	—	100	200	300	475	—

PATTERNS

Including off metal strikes

KM#	Date	Mintage	Identification	Mkt Val
Pn1	1751	—	Ducat. Copper. C#46.	250
Pn2	1752 DOB-OF	—	1/3 Thaler. Gold. C#40.	15,000

WIED-RUNKEL

After the division of Wied in 1698, Runkel was made up of 3 unjoined properties. The largest of these was east of Coblenz and the other 2 were north of Coblenz and adjoined Wied-Neuwied. Wied-Runkel was mediatized in the Napoleonic era but had claimants long after.

RULERS
Johann Ludwig Adolph, 1706-1762
Christian Ludwig, 1762-1791

MONETARY SYSTEM
12 Pfennig = 3 Kreuzer = 1 Groschen
60 Stuber = 24 Groschen = 1 Reichstaler

PRINCIPALITY

REGULAR COINAGE

KM# 1 PFENNING
Copper **Ruler:** Johann Ludwig Adolph **Obv:** Crowned GW monogram **Rev:** Value and date **Note:** Prev. C#1.

Date	Mintage	VG	F	VF	XF	Unc
1751	—	25.00	55.00	110	225	—
1752	—	25.00	55.00	110	225	—

KM# 5 PFENNING
Copper **Ruler:** Johann Ludwig Adolph **Rev:** Value as 1 GUTER PFENNIG **Note:** Prev. C#2.

Date	Mintage	VG	F	VF	XF	Unc
1752	—	37.00	75.00	150	300	—

KM# 3 1/4 STUBER
Copper **Ruler:** Johann Ludwig Adolph **Obv:** Crowned GW monogram **Rev:** Value, date **Note:** Prev. C#3.

Date	Mintage	VG	F	VF	XF	Unc
1751	—	10.00	20.00	40.00	80.00	—
1752	—	10.00	20.00	40.00	80.00	—
1753	—	10.00	20.00	40.00	80.00	—
1754	—	10.00	20.00	40.00	80.00	—
1755	—	10.00	20.00	40.00	80.00	—
1756	—	10.00	20.00	40.00	80.00	—
1757	—	10.00	20.00	40.00	80.00	—
1758	—	10.00	20.00	40.00	80.00	—

KM# 28 1/4 STUBER
Copper **Ruler:** Christian Ludwig **Obv:** CL monogram **Rev:** Value above date in cartouche **Note:** Prev. C#19.

Date	Mintage	VG	F	VF	XF	Unc
1777 Rare	—	—	—	—	—	—

KM# 7 2 STUBER
Billon **Ruler:** Johann Ludwig Adolph **Obv:** Crowned GW monogram **Rev:** Value, date **Note:** Prev. C#10.

Date	Mintage	VG	F	VF	XF	Unc
1758	—	60.00	125	250	500	—

KM# 8 2 STUBER
Billon **Ruler:** Johann Ludwig Adolph **Obv:** Peacock in crowned cartouche **Rev:** Value, date **Note:** Prev. C#11.

Date	Mintage	VG	F	VF	XF	Unc
1758	—	50.00	100	200	400	—

KM# 20 1/6 THALER
Silver **Ruler:** Johann Ludwig Adolph **Obv:** Crowned JLA monogram **Rev:** Value and date **Note:** Prev. C#18.

Date	Mintage	VG	F	VF	XF	Unc
1758	—	37.00	75.00	150	300	—

KM# 10 KREUZER
Billon **Ruler:** Johann Ludwig Adolph **Obv:** Bust right **Obv. Legend:** IOH • LUD • ADOL • ... **Rev:** Value within frame **Note:** Prev. C#5.

Date	Mintage	VG	F	VF	XF	Unc
1758	—	100	200	375	750	—

KM# 11 KREUZER
Billon **Ruler:** Johann Ludwig Adolph **Obv:** Bust right **Rev:** Crown above 2 shields of arms **Note:** Prev. C#7.

Date	Mintage	VG	F	VF	XF	Unc
1758 Rare	—	—	—	—	—	—

KM# 13 3 KREUZER
Billon **Ruler:** Johann Ludwig Adolph **Obv:** Bust right **Obv. Legend:** IOH • LUD • ADOL • ... **Rev:** Crown above 2 shields, value below **Note:** Prev. C#12.

Date	Mintage	VG	F	VF	XF	Unc
1758	—	100	200	375	750	—

KM# 15 4 KREUZER
Billon **Ruler:** Johann Ludwig Adolph **Obv:** Crown separates G-W above 3 shields **Rev:** Value within cartouche **Note:** Prev. C#14.

Date	Mintage	VG	F	VF	XF	Unc
1758	—	185	375	750	1,500	—

KM# 25 5 KREUZER
Billon **Ruler:** Christian Ludwig **Obv:** Crowned 4-fold arms **Rev:** Crowned GW monogram on pedestal, branches at sides **Note:** Prev. C#30.

Date	Mintage	VG	F	VF	XF	Unc
1764	—	300	450	900	1,800	—
ND	—	300	450	900	1,800	—

KM# 17 6 KREUZER
Billon **Ruler:** Johann Ludwig Adolph **Obv:** Bust right **Obv. Legend:** IOH • LUD • ADOL • ... **Rev:** Crown above 2 shields of arms **Note:** Prev. C#16.

Date	Mintage	VG	F	VF	XF	Unc
1758	—	300	450	900	1,800	—

KM# 22 THALER
Silver **Ruler:** Christian Ludwig **Subject:** Wedding of Count Christian Ludwig and Charlotte Sophie **Obv:** Busts facing each other **Obv. Legend:** CHRIST: LUD: COM: WED: ISENB. & CRICH: * CHARL: SOPH: AUG: COM: SAYN & WITG: * **Rev:** Mountain view with RUNCKEL below **Rev. Legend:** * IN MEMORIAM FELICISSIMI MATRIMONII XXIII IUN. MDCCLXII **Note:** Dav. #2845. Prev. C#20.

Date	Mintage	VG	F	VF	XF	Unc
1762 Rare	102	—	—	—	—	—

Note: Künker Auction 147, 2-09, XF realized approximately $21,900.

WISMAR

A seaport on the Baltic, the city of Wismar is said to have obtained municipal rights from Mecklenburg in 1229. It was an important member of the Hanseatic League in the 13th and 14th centuries. The city's coinage began at the end of the 13th century and terminated in 1854. It belonged to Sweden from 1648 to 1803. A special plate money was struck by the Swedes in 1715 when the town was under siege. In 1803, Sweden sold Wismar to Mecklenburg-Schwerin. The transaction was confirmed in 1815.

MINT OFFICIALS' INITIALS

Initials	Date	Name
IM	1685-1702	Johann Memmies, mintmaster in Rostock
	1715	Christoffer Franck, mintmaster
IG	1715-41	Johann (Joachim Dietrich) Gade, mintmaster
	Ca. 1720	Hanss Joachim Witte, warden
	1721	Samuel Christopher Gussmer, warden
	1722	Friedrich Andrews, warden
	1723	Gottfried Schröder, warden
	1724	Niclauss Dähn, warden
F, CF, CAF	1734-62	Caspar August Falck (Falk), mintmaster
	1743-44	Johann Friedrich Rahm, mintmaster
FL	1799	Friedrich Lautersack (Laftersack), mintmaster in Rostock

ARMS
2-fold arms divided vertically, half of bull's head of Mecklenburg on left, four alternating light and dark horizontal bars on right. In coin designs, the darker bars are usually designated by cross-hatching or other filler. Some designs show only the four-bar arms in a shield and these are designated "single Wismar arms."

WORMS

SWEDISH ADMINISTRATION

REGULAR COINAGE

KM# 125 3 PFENNIG
Copper **Obv:** Shield **Rev:** Value, date **Note:** Prev. KM#2.

Date	Mintage	VG	F	VF	XF	Unc
1721 IG	—	5.00	12.00	25.00	50.00	—
1724 IG	—	5.00	12.00	25.00	50.00	—
1727 IG	—	5.00	12.00	25.00	50.00	—
1730 IG	—	5.00	12.00	25.00	50.00	—
1731 CAF	—	5.00	12.00	25.00	50.00	—
1733 CAF	—	5.00	12.00	25.00	50.00	—
1738 IG	—	5.00	12.00	25.00	50.00	—
1740 IG	—	5.00	12.00	25.00	50.00	—
1743 CF	—	5.00	12.00	25.00	50.00	—
1744 CF	—	5.00	12.00	25.00	50.00	—

KM# 129 3 PFENNIG
Copper, 22.5 mm. **Obv:** Shield in inner circle **Rev:** Value and date in shield **Note:** Prev. C#1.

Date	Mintage	VG	F	VF	XF	Unc
1746 F	—	5.00	12.00	25.00	50.00	—
1749 F	—	5.00	12.00	25.00	50.00	—
1749 I	—	5.00	12.00	25.00	50.00	—
1751 F	—	5.00	12.00	25.00	50.00	—
1755 F	—	5.00	12.00	25.00	50.00	—
1759 F	—	5.00	12.00	25.00	50.00	—
1761 F	—	5.00	12.00	25.00	50.00	—

KM# 130 3 PFENNIG
Copper **Obv:** Shield without inner circle **Obv. Legend:** MONETA NOVA WISMARIENSIS **Rev:** Value, date within frame **Note:** Prev. C#1a.

Date	Mintage	VG	F	VF	XF	Unc
1751 F	—	5.00	12.00	25.00	50.00	—
1755 F	—	5.00	12.00	25.00	50.00	—
1799 FL	—	5.00	12.00	25.00	50.00	—

KM# 134 3 PFENNIG
Silver **Obv:** Shield of arms **Rev:** Value, date **Note:** Prev. C#1b.

Date	Mintage	VG	F	VF	XF	Unc
1799 FL	—	200	300	550	1,125	—

KM# 132 6 PFENNIG
Copper **Obv:** Shield **Obv. Legend:** MONETA NOVA WISMARIENSIS **Rev:** Value, date **Note:** Prev. C#2.

Date	Mintage	VG	F	VF	XF	Unc
1762 F	—	8.00	20.00	45.00	95.00	—

COUNTERMARKED COINAGE
Siege of 1715

KM# 115 1/48 THALER
Silver **Countermark:** Wismar coat of arms **Note:** Countermark on Wismar 1/48 Thaler. Prev. KM#18.

CM Date	Host Date	Good	VG	F	VF	XF
1715	ND(1663-95)1692	—	40.00	75.00	125	200

KM# 116.2 1/24 THALER
Silver **Countermark:** Wismar coat of arms and N W **Note:** Countermark on Mecklenburg 2 Schillings. Prev. KM#19.2.

CM Date	Host Date	Good	VG	F	VF	XF
1715	ND(1696-99)	—	50.00	90.00	150	250

KM# 116.1 1/24 THALER
Silver **Countermark:** Wismar coat of arms and N W **Note:** Countermark on Wismar 1/24 Thaler. Prev. KM#19.1.

CM Date	Host Date	Good	VG	F	VF	XF
1715	ND(1648-72)	—	50.00	90.00	150	250

KM# 117 1/6 THALER
Silver **Countermark:** Wismar coat of arms and N W **Note:** Countermark on Mecklenburg 1/6 Thaler. Prev. KM#20.

CM Date	Host Date	Good	VG	F	VF	XF
1715	ND(1689-92) Rare	—	—	—	—	—

KM# 21 1/3 THALER
Silver **Countermark:** Wismar coat of arms and N W **Note:** Countermark on Mecklenburg 1/3 Thaler of 1672

CM Date	Host Date	Good	VG	F	VF	XF
1715	1672 Rare	—	—	—	—	—

SIEGE COINAGE
Siege of 1715

KM# 114 3 PFENNIG
Copper **Obv:** Shield in inner circle **Rev:** Value and date **Note:** Prev. KM#1.

Date	Mintage	VG	F	VF	XF	Unc
1715 IG	—	15.00	30.00	60.00	120	—

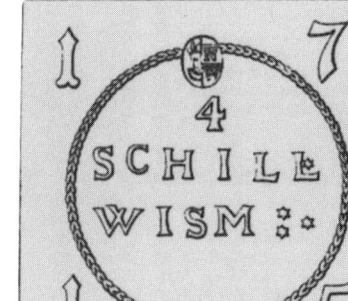

KM# 118 4 SCHILLING
Gun Metal **Obv:** Value, WISMAR in wreath, date in corners **Shape:** Square **Note:** Prev. KM#22.

Date	Mintage	VG	F	VF	XF	Unc
1715 Rare	—	—	—	—	—	—

KM# 119 8 SCHILLING
Gun Metal **Obv:** Value, WISMAR in wreath, date in corners **Shape:** Square **Note:** Prev. KM#23.

Date	Mintage	VG	F	VF	XF	Unc
1715	—	500	1,000	1,800	3,600	—

KM# 120 16 SCHILLING
Gun Metal, 90 mm. **Obv:** Value, WISMAR in wreath, date in corners **Note:** Illustration reduced. Prev. KM#24.

Date	Mintage	VG	F	VF	XF	Unc
1715	—	1,100	1,800	3,000	5,200	—

KM# 121 32 SCHILLING
Gun Metal **Obv:** Value, WISMAR in wreath, date in corners **Note:** Prev. KM#25.

Date	Mintage	VG	F	VF	XF	Unc
1715 Rare	—	—	—	—	—	—

KM# 122 4 MARK
Gun Metal **Obv:** Value in wreath, date in corners **Note:** Prev. KM#26.

Date	Mintage	VG	F	VF	XF	Unc
1715 Rare	—	—	—	—	—	—

KM# 123 8 MARK
Gun Metal **Obv:** Value in wreath, date in corners **Note:** Prev. KM#27.

Date	Mintage	VG	F	VF	XF	Unc
1715 Rare	—	—	—	—	—	—

TRADE COINAGE

KM# 127 DUCAT
3.5000 g., 0.9860 Gold 0.1109 oz. AGW **Obv:** Crowned imperial eagle **Rev:** Shield **Note:** FR#3530.

Date	Mintage	VG	F	VF	XF	Unc
1743	—	450	950	1,850	3,500	—

PATTERNS
Including off metal strikes

KM#	Date	Mintage	Identification	Mkt Val
Pn3	1743	—	Ducat. Copper. Fr. 3530.	—

KM#	Date	Mintage	Identification	Mkt Val
Pn4	1799 FL	—	3 Pfennig. Silver. C#1a.	1,000

WORMS

The site of present-day Worms, located on the Rhine River 25 miles south of Mainz, was occupied before the Roman advance into Germany. An imperial mint was established in the town in the late 9th century and operated through the end of the 11th century. Worms was created a free imperial city in 1156 and obtained the mint right, separate from the bishopric, in 1234. However, most of the city's coinage was produced during the 17th century, with a few commemoratives having been struck also in the early 18th century. French forces burned the city to the ground in 1689 and Worms was very slow to recover. It was annexed to France in 1801, but passed along with the episcopal lands to Hesse-Darmstadt in 1815.

Mint Officials Initials

Initials	Dates	Names
BIB	1707-33	Balthasar Johann Bethmann, mintmaster in Darmstadt
IL	1659-1711	Johannes Linck, die-cutter and warden in Heidelberg

FREE IMPERIAL CITY

REGULAR COINAGE

KM# 141 1/2 THALER
Silver **Subject:** Bicentennial of the Reformation **Obv:** Key of Worms, 8-pointed star to right, SERVA above, radiant Eye of God at top **Obv. Legend:** HANC PUAM ERECTAM **Rev:** Crowned imperial eagle above city view, in margin around top SUB CAESARIS UMBRA, 4-line inscription with R.N. below date

Date	Mintage	Good	VG	F	VF	XF
1717 BIB	—	—	300	600	1,200	2,250

KM# 135 3 PFENNIG
Copper **Obv:** Shield of arms **Obv. Legend:** MONETA NOVA WISMARIENSIS **Rev:** Value, date within cartouche **Shape:** Square **Note:** Klippe. Prev. C#1c.

Date	Mintage	VG	F	VF	XF	Unc
1799 FL	—	300	500	900	1,800	—

KM# 135 THALER
Silver **Subject:** Dedication of the New City Hall **Obv:** 2 Dragons with city arms above the city **Obv. Legend:** * LIBERA * WORMATIA * SACRI * ROMANI * IMPERII * FIDELIS * FILIA * ** **Rev:** City Hall, date in chronogram **Rev. Legend:** SO SETZT MICH GOTT NUN AN DEN ORT WO LUTHER EH BEKANNT SEIN WORT *

Date	Mintage	Good	VG	F	VF	XF
1709 IL	—	—	700	1,350	2,750	5,500

TRADE COINAGE

KM# 142 DUCAT

Gold **Subject:** Bicentennial of the Reformation **Obv:** Key of Worms, 8-pointed star to right, SERVA above, date divided near top, radiant Eye of God at top, legend below **Obv. Legend:** HANC PURAM ERECTAM **Rev:** Five-line inscription **Rev. Inscription:** VERBVM DOMINI MANET IN AETERNVM, mintmaster's initials

Date	Mintage	F	VF	XF	Unc	BU
1717 BIB Rare	—	—	—	—	—	—

PATTERNS

Including off metal strikes

KM#	Date	Mintage	Identification	Mkt Val

KM#	Date	Mintage	Identification	Mkt Val
Pn4	1717	—	Ducat. Silver. 1.8200 g. KM#142.	320

WURTTEMBERG

Located in South Germany, between Baden and Bavaria, Württemberg obtained the mint right in 1374. In 1495 the rulers became dukes. In 1802 the duke exchanged some of his land on the Rhine with France for territories nearer his capital city. Napoleon elevated the duke to the status of elector in 1803 and made him a king in 1806. The kingdom joined the German Empire in 1871and endured until the king abdicated in 1918.

RULERS

Eberhard Ludwig, 1693-1733
Karl Alexander, 1733-1737
with Karl Rudolf von Neuenstadt, Regent, 1737-1738
with Karl Friedrich von Öls, Regent, 1738-1744
Karl Eugen, 1737-1793
Ludwig Eugen, 1793-1795
Friedrich I Eugen, 1795-1797

Friedrich II, 1797-1803MINT MARKS

C, CT - Christophstal Mint
F - Freudenstadt Mint
S - Stuttgart Mint
T - Tübingen Mint

MINT OFFICIALS' INITIALS

Stuttgart Mint

Initials	Date	Name
ARW/W	1748-84	Adam Rudolf Werner, die-cutter
B	(d.1756)	Konrad Burer, die-cutter in Augsburg
CH, ICH	1783-1813	Johann Christian Heuglin
CS/S	1734-38	Christoph Schmelz, die-cutter
DFH, DH, FH, H	1760-94	Daniel Friedrich Heuglin, warden
FB/IFB	1734-38	Johann Friedrich Breuer
IGB	1786-97	Johann gottfried Betulius, die-cutter
IIW/wheel	1681-1702	Johann Jakob Wagner
ILW, LW, W	1798-1837	Johann Ludwig Wagner, die-cuttere
IPR, PR, R	1746-72	Johann Peter Rasp
IT/T	1734	Jonas Thiebaud, die-cutter in Augsburg
M/*	1731-35	Christian Ernst Muller, die-cutter in Nüremberg
PHM/*	1694-1707	Philipp Heinrich Muller, die-cutter
S/VS	1744-73	Veit Schrempf, die-cutter
SS	1744-45	Simon Schnell
	1748-54	Warden
	1746-48	Warden
(c) = Crossed wheat stalk	1702-21	Johann David Baur
(d) = bird	1721-26	Jakob Marcell Finck
	1694-1707	Johann Christoph Pfaffenhauser, warden
	1705-14	Johann David Daniel der Jungere, die-cutter
	1707-25	Christian Thill, warden
	?-1708	Martin Heuglin, warden
	1725-48	Christoph Heinrich Muller, warden
	1730-33	Johann Konrad Kaltschmid
	1734-35	Jeremias Daniel, die-cutter
	1738-44	Carb
	1741-?	Johann David Daniel, die-cutter
	1786-?	Johann Martin Buckle, die-cutter in Karlsruhe

ARMS

Württemberg: 3 stag antlers arranged vertically.
Teck (duchy): Field of lozenges (diamond shapes).
Urach: hunting horn with looped hanger
Mömpelgart (principality): 2 fish standing on tails.
Hereditary flag-bearer of the Empire: flag with eagle device

REFERENCES

K&R = Ulrich Klein and Albert Raff, **Die württembergischen Münzen von 1693-1797**, Stuttgart, 1992.
B&E = Christian Binder and Julius Ebner, **Württembergische Münz- und Medaillen-Kunde**, 2 vols., Stuttgart, 1910-12.

DUCHY

REGULAR COINAGE

KM# 327 PFENNIG

Silver **Ruler:** Karl Alexander **Obv:** CAH above arms **Note:** Weight varies 0.33-0.36 grams

Date	Mintage	VG	F	VF	XF	Unc
ND(1733-1737)	—	15.00	35.00	75.00	140	—

KM# 354 PFENNIG

Copper **Ruler:** Karl Alexander **Obv:** CH above shield with antlers **Note:** Uniface

Date	Mintage	VG	F	VF	XF	Unc
ND	—	8.00	18.00	37.00	75.00	—

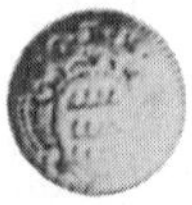

KM# 353 PFENNIG

Silver **Ruler:** Karl Alexander **Obv:** CFH above arms **Note:** Weight varies 0.31-0.32 grams

Date	Mintage	VG	F	VF	XF	Unc
ND(1738-1744)	—	18.00	40.00	85.00	170	—

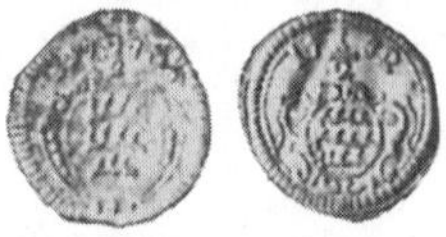

KM# 270 1/2 KREUZER (4 Pfennig)

Silver **Ruler:** Eberhard Ludwig **Obv:** Round Württemberg arms in baroque frame, value 1/2 divides date above **Note:** Weight varies 0.23-0.50 grams

Date	Mintage	VG	F	VF	XF	Unc
1701	—	7.00	16.00	33.00	65.00	—
1702	—	7.00	16.00	33.00	65.00	—
1703	—	7.00	16.00	33.00	65.00	—
1704	—	7.00	16.00	33.00	65.00	—
1705	—	7.00	16.00	33.00	65.00	—
1708	—	7.00	16.00	33.00	65.00	—
1709	—	7.00	16.00	33.00	65.00	—
1710	—	7.00	16.00	33.00	65.00	—
1712	—	7.00	16.00	33.00	65.00	—
1714	—	7.00	16.00	33.00	65.00	—
1719	—	7.00	16.00	33.00	65.00	—
1721	—	7.00	16.00	33.00	65.00	—
1723	—	7.00	16.00	33.00	65.00	—
1724	—	7.00	16.00	33.00	65.00	—
1725	—	7.00	16.00	33.00	65.00	—
1726	—	7.00	16.00	33.00	65.00	—
1727	—	7.00	16.00	33.00	65.00	—
1728	—	7.00	16.00	33.00	65.00	—
1729	—	7.00	16.00	33.00	65.00	—
1731	—	7.00	16.00	33.00	65.00	—
1732	—	7.00	16.00	33.00	65.00	—
1733	—	7.00	16.00	33.00	65.00	—

KM# 340 1/2 KREUZER (4 Pfennig)

Silver **Ruler:** Karl Alexander **Note:** Weight varies 0.29-0.33 grams.

Date	Mintage	VG	F	VF	XF	Unc
1735	—	15.00	37.00	75.00	150	—
1736	—	15.00	37.00	75.00	150	—

KM# 365 1/2 KREUZER (4 Pfennig)

Silver **Ruler:** Karl Alexander **Obv:** Oval arms **Note:** Weight varies 0.32-0.44 grams

Date	Mintage	VG	F	VF	XF	Unc
1740	—	6.00	15.00	30.00	65.00	—
1741	—	6.00	15.00	30.00	65.00	—
1742	—	6.00	15.00	30.00	65.00	—
1743	—	6.00	15.00	30.00	65.00	—

KM# 372 1/2 KREUZER (4 Pfennig)

Billon **Ruler:** Karl Eugen **Obv:** Crowned arms **Note:** Uniface.

Date	Mintage	VG	F	VF	XF	Unc
1744	—	12.00	25.00	55.00	110	—
1745	—	12.00	25.00	55.00	110	—
1746	—	12.00	25.00	55.00	110	—
1747	—	12.00	25.00	55.00	110	—
1748	—	12.00	25.00	55.00	110	—
1750	—	12.00	25.00	55.00	110	—

KM# 395 1/2 KREUZER (4 Pfennig)

Billon **Ruler:** Karl Eugen **Obv:** Crowned shield of arms in palm branches. Crown divides date **Rev:** Fraction **Note:** Uniface.

Date	Mintage	VG	F	VF	XF	Unc
1758	—	12.00	25.00	55.00	110	—

KM# 420 1/2 KREUZER (4 Pfennig)

Billon **Ruler:** Karl Eugen **Obv:** 3 antlers in round shield **Rev:** 1/2 above date

Date	Mintage	VG	F	VF	XF	Unc
1766	—	12.00	25.00	55.00	110	—

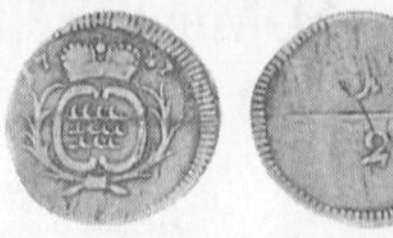

KM# 424 1/2 KREUZER (4 Pfennig)

Billon **Ruler:** Karl Eugen **Obv:** Crowned round arms **Rev:** Fraction

Date	Mintage	VG	F	VF	XF	Unc
1769	—	12.00	25.00	55.00	110	—
1774	—	12.00	25.00	55.00	110	—
1775	—	12.00	25.00	55.00	110	—
1787	—	12.00	25.00	55.00	110	—

KM# 448 1/2 KREUZER (4 Pfennig)

Billon **Ruler:** Karl Eugen **Rev:** Fraction and date

Date	Mintage	VG	F	VF	XF	Unc
1791	—	12.00	25.00	55.00	110	—

KM# 450 1/2 KREUZER (4 Pfennig)

Billon **Ruler:** Ludwig Eugen **Obv:** Crowned arms **Rev:** Fraction

Date	Mintage	VG	F	VF	XF	Unc
1794	—	25.00	55.00	110	225	—

KM# 459 1/2 KREUZER (4 Pfennig)

Billon **Ruler:** Friedrich **Obv:** Crowned monogram and date **Rev:** Fraction

Date	Mintage	F	VF	XF	Unc	BU
1798	—	45.00	90.00	185	375	—

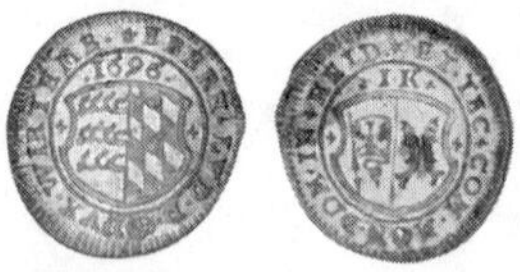

KM# 258 KREUZER

Silver **Ruler:** Eberhard Ludwig **Obv:** Date above divided arms within shield **Rev:** IK above 2-fold arms on shield within inner circle **Mint:** Stuttgart **Note:** Weight varies 0.43-0.71 grams. Varieties exist.

Date	Mintage	VG	F	VF	XF	Unc
1705 (c)	—	9.00	20.00	45.00	90.00	—
1706 (c)	—	9.00	20.00	45.00	90.00	—
1707 (c)	—	9.00	20.00	45.00	90.00	—

KM# 288 KREUZER

Silver **Ruler:** Eberhard Ludwig **Obv:** 3 small shields of arms, 2 above 1, date divided by lower shield **Rev:** Oval 2-fold arms in baroque frame, IK above **Mint:** Stuttgart **Note:** Weight varies 0.40-0.83 grams. Varieties exist.

Date	Mintage	VG	F	VF	XF	Unc
1707 (c)	—	10.00	22.00	45.00	90.00	—
1708 (c)	—	8.00	18.00	37.00	75.00	—
1709 (c)	—	8.00	18.00	37.00	75.00	—
1710 (c)	—	8.00	18.00	37.00	75.00	—
1711 (c)	—	8.00	18.00	37.00	75.00	—
1712 (c)	—	8.00	18.00	37.00	75.00	—
1713 (c)	—	8.00	18.00	37.00	75.00	—
1715 (c)	—	8.00	18.00	37.00	75.00	—
1718 (c)	—	8.00	18.00	37.00	75.00	—
1722 (d)	—	8.00	18.00	37.00	75.00	—
1723 (d)	—	8.00	18.00	37.00	75.00	—
1724 (d)	—	8.00	18.00	37.00	75.00	—
1725 (d)	—	8.00	18.00	37.00	75.00	—
1726 (d)	—	8.00	18.00	37.00	75.00	—

KM# 306 KREUZER

Silver **Ruler:** Eberhard Ludwig **Obv:** Shield of arms of Württemberg and Teck dividied vertically, date above **Rev:** L.M. in laurel wreath **Rev. Inscription:** I / KREU / ZER **Note:** Weight varies 0.48-0.69 grams. Varieties exist.

Date	Mintage	VG	F	VF	XF	Unc
1726	—	10.00	20.00	45.00	90.00	—
1727	—	10.00	20.00	45.00	90.00	—
1731	—	10.00	20.00	45.00	90.00	—

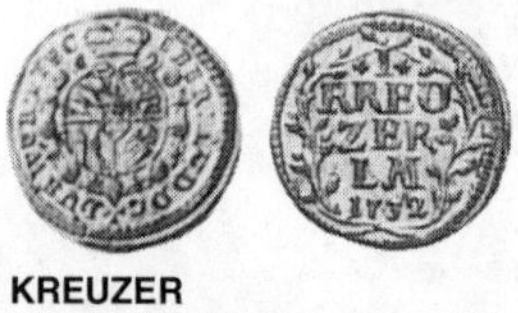

KM# 323 KREUZER

Silver **Ruler:** Eberhard Ludwig **Obv:** Crowned 4-fold arms with central shield of Württemberg arms **Rev:** Value and date in laurel wreath **Rev. Inscription:** I / KREU / ZER / LM **Note:** Weight varies 0.48-0.73 grams. Varieties exist.

Date	Mintage	VG	F	VF	XF	Unc
1732	—	25.00	50.00	100	210	—
1733	—	25.00	50.00	100	210	—

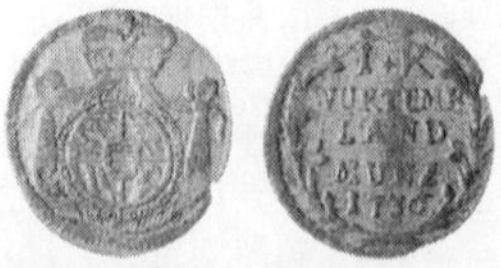

KM# 331 KREUZER

Silver **Ruler:** Karl Alexander **Obv:** Crowned and mantled 4-fold arms with central shield of Württemberg **Rev:** Value and date in laurel wreath **Rev. Inscription:** I K: / WURTEMB / LAND / MUNZ **Note:** Weight varies 0.44-0.70 grams. Varieties exist.

Date	Mintage	VG	F	VF	XF	Unc
1734	—	15.00	37.00	75.00	150	—
1735	—	15.00	37.00	75.00	150	—
1736	—	15.00	37.00	75.00	150	—

KM# 369 KREUZER

Silver **Ruler:** Karl Alexander **Obv:** Ornately-shaped shield of Württemberg on left, Teck on right **Rev:** Value and date in laurel wreath **Rev. Inscription:** I.K. / WURTE.B / LAND / MUNZ **Note:** Weight varies 0.50-0.69 grams. Varieties exist.

Date	Mintage	VG	F	VF	XF	Unc
1741	—	12.00	25.00	55.00	110	—

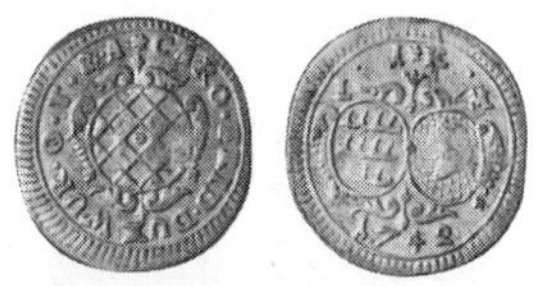

KM# 370 KREUZER

Silver **Ruler:** Karl Alexander **Obv:** Oval arms of Teck in baroque frame **Rev:** Adjacent oval arms of Württemberg on left and pagan's head on right, value: IK above, date below **Note:** Weight varies 0.45-0.72 grams. Varieties exist.

Date	Mintage	VG	F	VF	XF	Unc
1742	—	12.00	25.00	55.00	110	—

KM# 371 KREUZER

Silver **Ruler:** Karl Alexander **Obv:** 2 adjacent shields of arms, crown above **Rev:** 3 small oval arms, 2 above 1, value: IK above, date divided below **Note:** Weight varies 0.50-0.77 grams. Varieties exist.

Date	Mintage	VG	F	VF	XF	Unc
1743	—	8.00	18.00	37.00	75.00	—

KM# A373 KREUZER

Silver **Ruler:** Karl Eugen **Obv:** Crowned monogram in chain of order, flanked by two branches, divides date **Rev:** Crowned shield of Württemberg arms in baroque frame between two branches, value 1 — K divided above

Date	Mintage	VG	F	VF	XF	Unc
1744	—	20.00	40.00	85.00	170	—
1745	—	20.00	40.00	85.00	170	—

KM# B373 KREUZER

Silver **Ruler:** Karl Eugen **Obv:** Crowned monogram divides value I — KR., date in exergue **Rev:** Crowned oval Württemberg arms between two branches

Date	Mintage	VG	F	VF	XF	Unc
1746	—	20.00	45.00	90.00	185	—

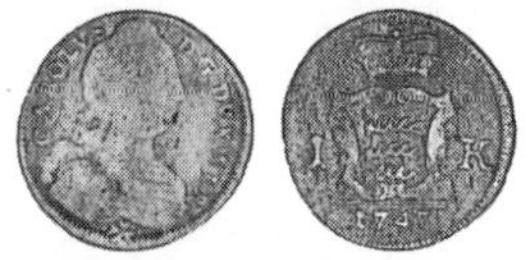

KM# 373 KREUZER

Billon **Ruler:** Karl Eugen **Obv:** Bust to right **Rev:** Crowned Württemberg arms in baroque frame divide 1 — K, date in exergue **Note:** Varieties exist.

Date	Mintage	VG	F	VF	XF	Unc
1746	—	10.00	20.00	45.00	90.00	—
1747	—	10.00	20.00	45.00	90.00	—
1748	—	10.00	20.00	45.00	90.00	—
1749	—	10.00	20.00	45.00	90.00	—
1750	—	10.00	20.00	45.00	90.00	—
1758	—	10.00	20.00	45.00	90.00	—

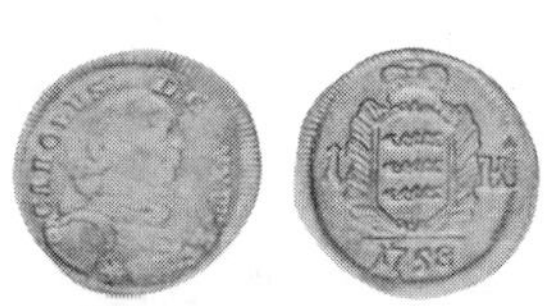

KM# 396 KREUZER

Billon **Ruler:** Karl Eugen **Obv:** Bust right **Obv. Legend:** CAROLUS D G ... **Rev:** Crowned arms divide value, date below

Date	Mintage	VG	F	VF	XF	Unc
1758	—	10.00	25.00	50.00	100	—

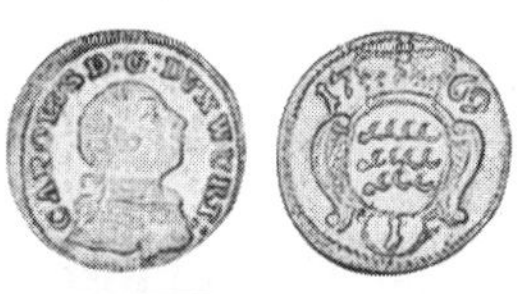

KM# 397.1 KREUZER

Billon **Ruler:** Karl Eugen **Obv:** Military bust of Karl Eugene right **Obv. Legend:** CAROLVS D: G: DVX WVRT: **Rev:** Crowned ornate shield with wings, value below

Date	Mintage	VG	F	VF	XF	Unc
1758	—	6.00	15.00	30.00	60.00	—
1766	—	6.00	15.00	30.00	60.00	—
1767	—	6.00	15.00	30.00	60.00	—
1769	—	6.00	15.00	30.00	60.00	—
1770	—	6.00	15.00	30.00	60.00	—
1772	—	6.00	15.00	30.00	60.00	—
1783	—	6.00	15.00	30.00	60.00	—
1784	—	6.00	15.00	30.00	60.00	—
1785	—	6.00	15.00	30.00	60.00	—
1786	—	6.00	15.00	30.00	60.00	—

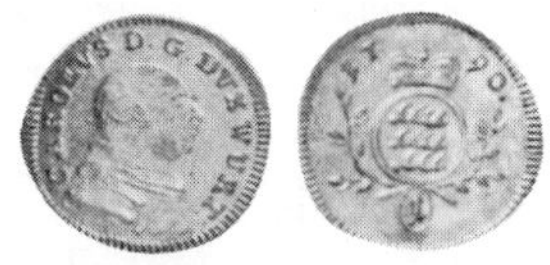

KM# 397.2 KREUZER

Billon **Ruler:** Karl Eugen **Obv:** Mature military bust of Karl Eugene right **Obv. Legend:** CAROLVS D.G. DVX WURT. **Rev:** Crowned arms in sprays

Date	Mintage	VG	F	VF	XF	Unc
1787	—	6.00	15.00	30.00	60.00	—
1788	—	6.00	15.00	30.00	60.00	—
1789	—	6.00	15.00	30.00	60.00	—
1790	—	6.00	15.00	30.00	60.00	—
1791	—	6.00	15.00	30.00	60.00	—
1792	—	6.00	15.00	30.00	60.00	—

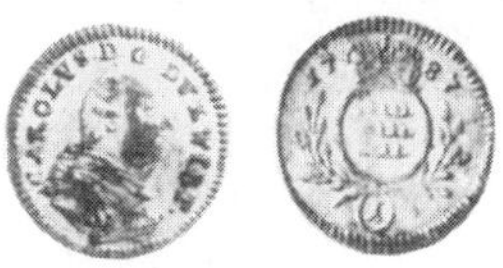

KM# A398 KREUZER

Billon **Ruler:** Karl Eugen **Obv:** Mature bust of Karl Eugene right **Rev:** Crowned shield in sprays, value below

Date	Mintage	VG	F	VF	XF	Unc
1787	—	6.00	15.00	30.00	60.00	—
1788	—	6.00	15.00	30.00	60.00	—
1789	—	6.00	15.00	30.00	60.00	—
1790	—	6.00	15.00	30.00	60.00	—
1791	—	6.00	15.00	30.00	60.00	—
1792	—	6.00	15.00	30.00	60.00	—

KM# 451 KREUZER

Billon **Ruler:** Ludwig Eugen **Rev:** Arms

Date	Mintage	VG	F	VF	XF	Unc
1794	—	15.00	30.00	60.00	120	—

KM# 456 KREUZER

Billon **Ruler:** Friedrich I Eugen **Obv:** Crowned circular shield, branches and date below **Rev:** Value above branches

Date	Mintage	VG	F	VF	XF	Unc
1796	—	20.00	45.00	90.00	180	—

KM# 460 KREUZER

Billon **Ruler:** Friedrich **Obv:** Crowned F II **Rev:** Value above branches

Date	Mintage	F	VF	XF	Unc	BU
1798	—	25.00	55.00	110	225	—

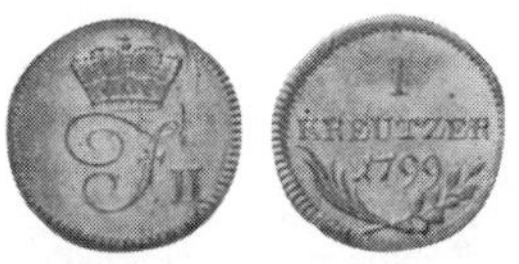

KM# 467 KREUZER

Billon **Ruler:** Friedrich **Obv:** Crowned FII **Rev:** Value, branches reach middle of coin

Date	Mintage	F	VF	XF	Unc	BU
1799	—	25.00	55.00	110	225	—
1800	—	25.00	55.00	110	225	—

KM# 259 2 KREUZER (Halbbatzen)

Silver **Ruler:** Eberhard Ludwig **Obv:** Titles of Eberhard Ludwig **Mint:** Stuttgart **Note:** Weight varies 0.91-1.26 grams.

Date	Mintage	VG	F	VF	XF	Unc
1701	—	13.00	30.00	55.00	100	—
1704 (c)	—	13.00	30.00	55.00	100	—
1705 (c)	—	13.00	30.00	55.00	100	—

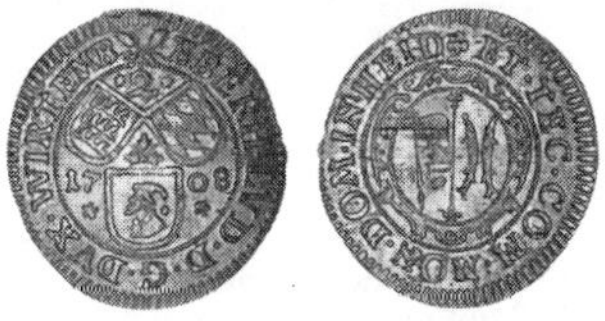

KM# 294 2 KREUZER (Halbbatzen)

1.1000 g., Silver **Ruler:** Eberhard Ludwig **Obv:** 3 Shields, lower one divides date, all within circle **Rev:** Oval 2-fold arms in baroque frame **Mint:** Stuttgart

Date	Mintage	VG	F	VF	XF	Unc
1708 (c)	—	15.00	35.00	75.00	150	—

KM# 307 2-1/2 KREUZER

Billon **Ruler:** Eberhard Ludwig **Obv:** Crowned round 4-fold arms with central shield of Württemberg in baroque frame **Rev:** Value and date in laurel wreath **Rev. Inscription:** II. 1/2.WURTEMB / LAND / MUNZ

Date	Mintage	VG	F	VF	XF	Unc
1726	—	20.00	45.00	90.00	185	—

KM# 308 2-1/2 KREUZER

Billon **Ruler:** Eberhard Ludwig **Rev:** Value 2-1/2 K

Date	Mintage	VG	F	VF	XF	Unc
1726	—	20.00	45.00	90.00	185	—
1727	—	20.00	45.00	90.00	185	—

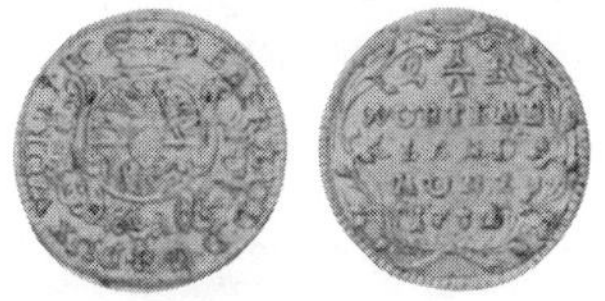

KM# 324 2-1/2 KREUZER

Billon **Ruler:** Eberhard Ludwig **Obv:** Chain of Order of the Hunt around arms **Rev:** Value, date within frame **Note:** Weight varies 0.92-1.05 grams.

Date	Mintage	VG	F	VF	XF	Unc
1732	—	20.00	45.00	90.00	185	—
1733	—	20.00	45.00	90.00	185	—

KM# 332 2-1/2 KREUZER

Billon **Ruler:** Karl Alexander **Obv:** Crowned and mantled 4-fold arms with central shield of Württemberg and Order of the Golden Fleece around **Rev:** Value and date **Rev. Inscription:** 2-1/2 K / WURTEMB / LAND / MUNZ **Note:** Weight varies 0.76-1.08 grams.

Date	Mintage	VG	F	VF	XF	Unc
1734	—	30.00	60.00	125	250	—
1735	—	30.00	60.00	125	250	—
1736	—	30.00	60.00	125	250	—

KM# 380 3 KREUZER (Groschen)

Billon **Ruler:** Karl Eugen **Obv:** Double C monogram **Rev:** Arms, value: III

Date	Mintage	VG	F	VF	XF	Unc
1746	—	20.00	45.00	90.00	180	—

KM# 381 3 KREUZER (Groschen)

Billon **Ruler:** Karl Eugen **Rev:** Value: 3K

Date	Mintage	VG	F	VF	XF	Unc
1746	—	20.00	45.00	90.00	180	—

KM# 382 3 KREUZER (Groschen)

Billon **Ruler:** Karl Eugen **Rev:** Value: 3 **Rev. Legend:** WÜRTEMBERG LAND MUNZ

Date	Mintage	VG	F	VF	XF	Unc
1746	—	20.00	45.00	90.00	180	—

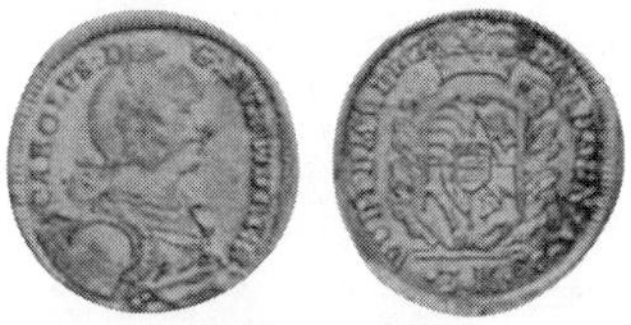

KM# 391 3 KREUZER (Groschen)

Billon **Ruler:** Karl Eugen **Obv:** Bust right **Rev:** 4-panelled arms

Date	Mintage	VG	F	VF	XF	Unc
1747	—	15.00	35.00	75.00	150	—
1748	—	15.00	35.00	75.00	150	—
1749	—	15.00	35.00	75.00	150	—

KM# 398 3 KREUZER (Groschen)

Billon **Ruler:** Karl Eugen **Rev:** Legend without WÜRTEMBERG, value: 3K

Date	Mintage	VG	F	VF	XF	Unc
1758	—	7.00	15.00	35.00	75.00	—

KM# 461 3 KREUZER (Groschen)

1.3500 g., 0.3330 Silver 0.0145 oz. ASW **Ruler:** Friedrich **Obv:** Crowned F II monogram above 3 within rectangular border **Rev:** Crowned arms within branches, date divided below

Date	Mintage	F	VF	XF	Unc	BU
1798	—	50.00	110	225	450	—

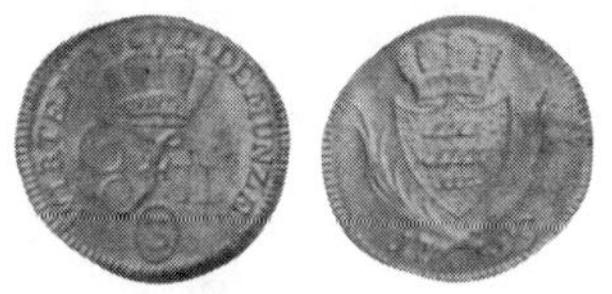

KM# 468 3 KREUZER (Groschen)

1.3500 g., 0.3330 Silver 0.0145 oz. ASW **Ruler:** Friedrich **Obv:** Crowned monogram, value below **Rev:** Crowned arms above branches dividing date below

Date	Mintage	F	VF	XF	Unc	BU
1799	—	45.00	90.00	185	375	—

KM# 475 3 KREUZER (Groschen)

1.3500 g., 0.3330 Silver 0.0145 oz. ASW **Ruler:** Friedrich **Rev:** W dividing date

Date	Mintage	F	VF	XF	Unc	BU
1800	—	45.00	90.00	185	375	—

KM# 476 3 KREUZER (Groschen)

1.3500 g., 0.3330 Silver 0.0145 oz. ASW **Ruler:** Friedrich **Obv:** 3 between round clasps **Rev:** Date not divided

Date	Mintage	F	VF	XF	Unc	BU
1800	—	45.00	90.00	185	375	—

GERMAN STATES — WURTTEMBERG

KM# 260 4 KREUZER (Batzen)
Silver **Ruler:** Eberhard Ludwig **Obv:** Value above 3 shields, date divided by lower shield **Rev:** Crowned arms within baroque frame **Note:** Weight varies 1.62-2.53 grams.

Date	Mintage	VG	F	VF	XF	Unc
1701	—	25.00	55.00	110	220	—
1702	—	25.00	55.00	110	220	—
1703	—	25.00	55.00	110	220	—
1705	—	25.00	55.00	110	220	—

KM# 295 4 KREUZER (Batzen)
Silver **Ruler:** Eberhard Ludwig **Obv:** Value above 3 shields, date divided by lower shield **Rev:** Crowned arms **Mint:** Stuttgart

Date	Mintage	VG	F	VF	XF	Unc
1708 (c)	—	20.00	40.00	80.00	165	—
1715 (c)	—	20.00	40.00	80.00	165	—
1718 (c)	—	20.00	40.00	80.00	165	—

KM# 410 4 KREUZER (Batzen)
Billon **Ruler:** Karl Eugen **Obv:** Value above 3 shields, branches below **Rev:** Date above 2-fold arms on shield

Date	Mintage	VG	F	VF	XF	Unc
1760	—	45.00	90.00	185	375	

KM# 309 5 KREUZER
Silver **Ruler:** Eberhard Ludwig **Obv:** Crowned round 4-fold arms with central shield of Wurttemberg in baroque frame **Rev:** Value and date in laurel wreath **Rev. Inscription:** V K / WURTEMB / LAND / MUNZ

Date	Mintage	VG	F	VF	XF	Unc
1726	—	25.00	50.00	100	200	—
1727	—	25.00	50.00	100	200	—
1728	—	25.00	50.00	100	200	—
1729	—	25.00	50.00	100	200	—
1730	—	25.00	50.00	100	200	—
1731	—	25.00	50.00	100	200	—

KM# 315 5 KREUZER
Silver **Ruler:** Eberhard Ludwig **Obv:** Chain of Order of the Hunt around arms **Rev:** Value, date within branches **Note:** Weight varies 1.90-2.44 grams.

Date	Mintage	VG	F	VF	XF	Unc
1731	—	25.00	50.00	100	200	—
1732	—	25.00	50.00	100	200	—
1733	—	25.00	50.00	100	200	—

Billon **Ruler:** Karl Eugen **Obv:** Crowned monogram above value **Rev:** Crowned complex arms within baroque frame

Date	Mintage	VG	F	VF	XF	Unc
1746	—	45.00	90.00	185	375	—

KM# 325 5 KREUZER
Silver **Ruler:** Eberhard Ludwig **Obv:** Date at bottom **Obv. Legend:** CUM DEO - ET DIE **Rev:** Value, date within branches

Date	Mintage	VG	F	VF	XF	Unc
1732	—	50.00	100	210	425	—

KM# 333 5 KREUZER
Silver **Ruler:** Karl Alexander **Obv:** Order collar around arms within crowned mantle **Rev:** Value, date within branches **Note:** Weight varies 1.56-2.15 grams.

Date	Mintage	VG	F	VF	XF	Unc
1734	—	30.00	60.00	125	250	—
1735	—	30.00	60.00	125	250	—
1735 FB	—	30.00	60.00	125	250	—
1736	—	30.00	60.00	125	250	—

KM# 421 5 KREUZER
Billon **Ruler:** Karl Eugen **Obv:** Crowned arms in branches, date below **Rev:** Legend in cartouche **Rev. Inscription:** 240 / EINE FEINE / MARK **Note:** Convention 5 Kreuzer.

Date	Mintage	VG	F	VF	XF	Unc
1767	—	45.00	90.00	185	375	—

KM# 425 5 KREUZER
Billon **Ruler:** Karl Eugen **Obv:** Bust right **Obv. Legend:** CAROLVS D: G: DVX WURT: **Rev:** Arms and date

Date	Mintage	VG	F	VF	XF	Unc
1769	—	54.00	90.00	180	360	—

KM# 445 5 KREUZER
Billon **Ruler:** Karl Eugen **Obv:** Bust right **Obv. Legend:** CAROL D: G: - DVX WIRT: & T • **Rev:** Crowned arms within baroque frame, date below

Date	Mintage	VG	F	VF	XF	Unc
1790	—	30.00	65.00	135	275	—

KM# 383 6 KREUZER
Billon **Ruler:** Karl Eugen **Obv:** Crowned monogram **Rev:** Crowned arms within baroque frame

Date	Mintage	VG	F	VF	XF	Unc
1746	—	50.00	110	225	450	—

KM# 384 6 KREUZER

KM# 385 6 KREUZER
Billon **Ruler:** Karl Eugen **Obv:** Armored bust right **Obv. Legend:** CAROLVS D • G • - DVX WURT: & T • **Rev:** Crowned arms, value below

Date	Mintage	VG	F	VF	XF	Unc
1746	—	15.00	37.00	75.00	150	—
1747	—	15.00	37.00	75.00	150	—
1748	—	15.00	37.00	75.00	150	—
1749	—	15.00	37.00	75.00	150	—
1750	—	15.00	37.00	75.00	150	—

KM# 399 6 KREUZER
Billon **Ruler:** Karl Eugen **Obv:** Bust right **Obv. Legend:** CAROLVS D: G: - DVX WURT: & T **Rev:** Crowned complex arms, date divided below

Date	Mintage	VG	F	VF	XF	Unc
1758	—	10.00	20.00	45.00	90.00	—
1759	—	10.00	20.00	45.00	90.00	—

KM# 469 6 KREUZER
2.7000 g., 0.3330 Silver 0.0289 oz. ASW **Ruler:** Friedrich **Obv:** Crowned monogram, value below **Rev:** Crowned arms above date

Date	Mintage	F	VF	XF	Unc	BU
1799	—	90.00	185	375	750	—

KM# 310 10 KREUZER
Silver **Ruler:** Eberhard Ludwig **Obv:** Bust right **Rev:** Crowned oval 4-fold arms with central shield of Wurttemberg, value (10) at bottom divides date

Date	Mintage	VG	F	VF	XF	Unc
1726 Rare	—	—	—	—	—	—

KM# 415 10 KREUZER
Billon **Ruler:** Karl Eugen **Obv:** Bust right within wreath **Obv. Legend:** CAROLVS D • - G • DVX WURT • **Rev:** Arms and date **Rev. Legend:** PROVIDE ET - CONSTANTER **Note:** Convention 10 Kreuzer.

Date	Mintage	VG	F	VF	XF	Unc
1763	—	20.00	45.00	90.00	185	—
1764	—	20.00	45.00	90.00	185	—
1765	—	20.00	45.00	90.00	185	—
1767	—	20.00	45.00	90.00	185	—
1768	—	20.00	45.00	90.00	185	—

KM# 446 10 KREUZER
Billon **Ruler:** Karl Eugen **Obv:** Bust right within wreath **Obv.**

WURTTEMBERG — GERMAN STATES

Legend: CAROLVS • D • G • DVX • WIRTEMB • **Rev:** Crowned arms within baroque frame, value below **Rev. Legend:** PROVIDE ET - CONSTANTER

Date	Mintage	VG	F	VF	XF	Unc
1790	—	40.00	90.00	185	375	—

KM# 470 10 KREUZER
3.9000 g., 0.5000 Silver 0.0627 oz. ASW **Ruler:** Friedrich **Obv:** Bust left **Rev:** Crowned arms with chain **Rev. Legend:** CUM DEO-ET. IURE

Date	Mintage	F	VF	XF	Unc	BU
1799	—	150	300	600	1,200	—

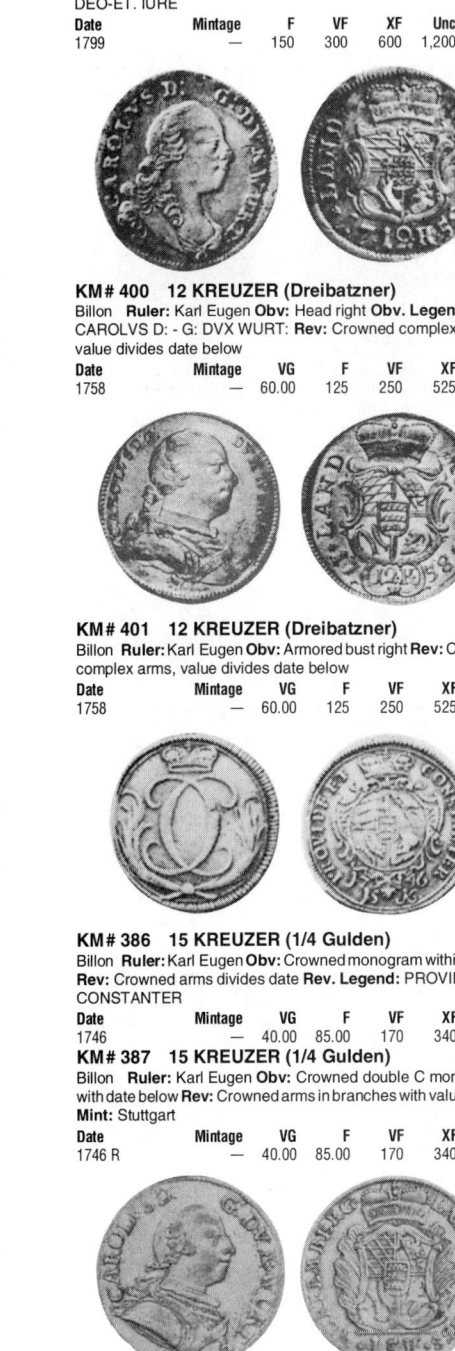

KM# 400 12 KREUZER (Dreibatzner)
Billon **Ruler:** Karl Eugen **Obv:** Head right **Obv. Legend:** CAROLVS D: - G: DVX WURT: **Rev:** Crowned complex arms, value divides date below

Date	Mintage	VG	F	VF	XF	Unc
1758	—	60.00	125	250	525	—

KM# 401 12 KREUZER (Dreibatzner)
Billon **Ruler:** Karl Eugen **Obv:** Armored bust right **Rev:** Crowned complex arms, value divides date below

Date	Mintage	VG	F	VF	XF	Unc
1758	—	60.00	125	250	525	—

KM# 386 15 KREUZER (1/4 Gulden)
Billon **Ruler:** Karl Eugen **Obv:** Crowned monogram within sprigs **Rev:** Crowned arms divides date **Rev. Legend:** PROVIDE ET - CONSTANTER

Date	Mintage	VG	F	VF	XF	Unc
1746	—	40.00	85.00	170	340	—

KM# 387 15 KREUZER (1/4 Gulden)
Billon **Ruler:** Karl Eugen **Obv:** Crowned double C monogram with date below **Rev:** Crowned arms in branches with value below **Mint:** Stuttgart

Date	Mintage	VG	F	VF	XF	Unc
1746 R	—	40.00	85.00	170	340	—

KM# 388 15 KREUZER (1/4 Gulden)
Billon **Ruler:** Karl Eugen **Obv:** Armored bust right **Obv. Legend:** CAROLVS D. - G. DVX WURT. **Rev:** Crowned arms within baroque frame, value below

Date	Mintage	VG	F	VF	XF	Unc
1746	—	16.00	37.00	75.00	150	
1747	—	16.00	37.00	75.00	150	
1748	—	16.00	37.00	75.00	150	
1749	—	16.00	37.00	75.00	150	
1750	—	16.00	37.00	75.00	150	
1758	—	16.00	37.00	75.00	150	
1759	—	16.00	37.00	75.00	150	
1760	—	16.00	37.00	75.00	150	

KM# 402 20 KREUZER
Silver **Ruler:** Karl Eugen **Obv:** Bust right within laurel branch wreath **Obv. Legend:** CAROLVS D: - G: DVX WURT: **Rev:** Crowned complex arms in branches, pedestal with value below **Rev. Legend:** PROVIDE ET - CONSTANTER

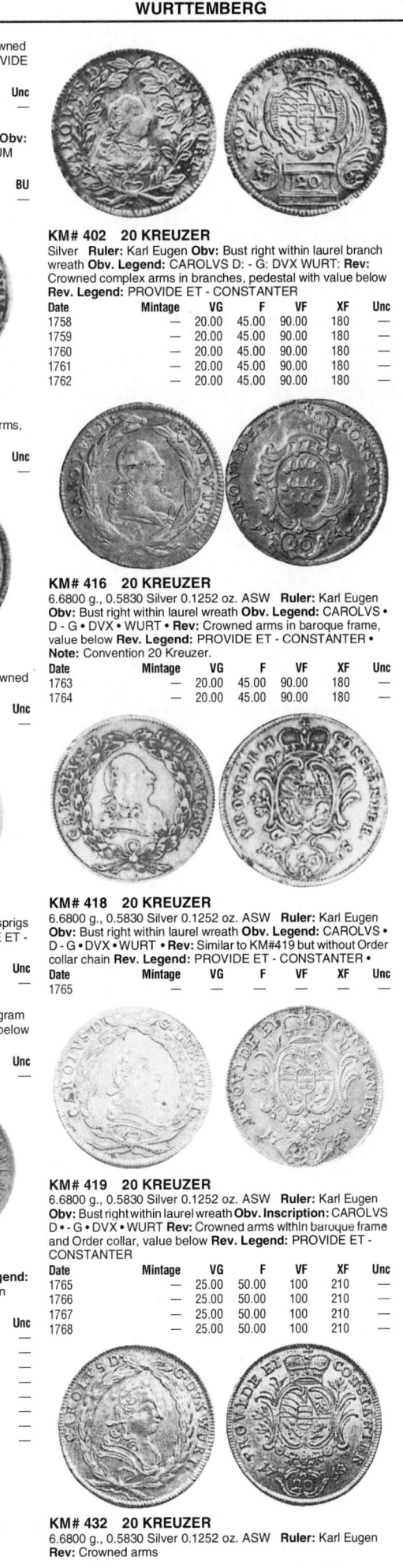

Date	Mintage	VG	F	VF	XF	Unc
1758	—	20.00	45.00	90.00	180	—
1759	—	20.00	45.00	90.00	180	—
1760	—	20.00	45.00	90.00	180	—
1761	—	20.00	45.00	90.00	180	—
1762	—	20.00	45.00	90.00	180	—

KM# 416 20 KREUZER
6.6800 g., 0.5830 Silver 0.1252 oz. ASW **Ruler:** Karl Eugen **Obv:** Bust right within laurel wreath **Obv. Legend:** CAROLVS • D - G • DVX • WURT • **Rev:** Crowned arms in baroque frame, value below **Rev. Legend:** PROVIDE ET - CONSTANTER • **Note:** Convention 20 Kreuzer.

Date	Mintage	VG	F	VF	XF	Unc
1763	—	20.00	45.00	90.00	180	—
1764	—	20.00	45.00	90.00	180	—

KM# 418 20 KREUZER
6.6800 g., 0.5830 Silver 0.1252 oz. ASW **Ruler:** Karl Eugen **Obv:** Bust right within laurel wreath **Obv. Legend:** CAROLVS • D - G • DVX • WURT • **Rev:** Similar to KM#419 but without Order collar chain **Rev. Legend:** PROVIDE ET - CONSTANTER •

Date	Mintage	VG	F	VF	XF	Unc
1765	—	—	—	—	—	—

KM# 419 20 KREUZER
6.6800 g., 0.5830 Silver 0.1252 oz. ASW **Ruler:** Karl Eugen **Obv:** Bust right within laurel wreath **Obv. Inscription:** CAROLVS D• - G • DVX • WURT **Rev:** Crowned arms within baroque frame and Order collar, value below **Rev. Legend:** PROVIDE ET - CONSTANTER

Date	Mintage	VG	F	VF	XF	Unc
1765	—	25.00	50.00	100	210	—
1766	—	25.00	50.00	100	210	—
1767	—	25.00	50.00	100	210	—
1768	—	25.00	50.00	100	210	—

KM# 432 20 KREUZER
6.6800 g., 0.5830 Silver 0.1252 oz. ASW **Ruler:** Karl Eugen **Rev:** Crowned arms

Date	Mintage	VG	F	VF	XF	Unc
1768	—	25.00	50.00	100	210	—
1772	—	25.00	50.00	100	210	—
1774	—	25.00	50.00	100	210	—

KM# 426 20 KREUZER
6.6800 g., 0.5830 Silver 0.1252 oz. ASW **Ruler:** Karl Eugen **Obv:** Bust right within rhombus **Obv. Legend:** CAROLVS - D: G: DVX - WURTEM - BERG & T **Rev:** Crowned arms in baroque frame within rhombus **Rev. Legend:** PROVIDE - ET CON - STANTER

Date	Mintage	VG	F	VF	XF	Unc
1769	—	27.00	55.00	110	225	

KM# 430 20 KREUZER
6.6800 g., 0.5830 Silver 0.1252 oz. ASW **Ruler:** Karl Eugen **Obv:** Bust right, value below within rhombus **Obv. Legend:** CAROLVS - D: G: DVX - WURTEM - BERG & T **Rev:** Crowned arms in baroque frame within rhombus **Rev. Legend:** PROVIDE - ET CON - STANTER

Date	Mintage	VG	F	VF	XF	Unc
1770	—	25.00	50.00	100	210	—

KM# 431 20 KREUZER
6.6800 g., 0.5830 Silver 0.1252 oz. ASW **Ruler:** Karl Eugen **Obv:** Bust right within laurel wreath **Rev:** Crowned arms within Order collar, value divides date below

Date	Mintage	VG	F	VF	XF	Unc
1775	—	12.00	25.00	60.00	130	—

KM# 457 20 KREUZER
6.6800 g., 0.5830 Silver 0.1252 oz. ASW **Ruler:** Friedrich I Eugen **Obv:** Head right **Rev:** Crowned arms within Order collar

Date	Mintage	VG	F	VF	XF	Unc
1796	—	50.00	100	210	425	—

KM# 462 20 KREUZER
6.6800 g., 0.5830 Silver 0.1252 oz. ASW **Ruler:** Friedrich **Obv:** Armored bust left **Obv. Legend:** FRIDERICUS • II • D • G • DUX WIRTEMB & T **Rev:** Crowned complex arms within Order collar, value below **Mint:** Stuttgart

Date	Mintage	F	VF	XF	Unc	BU
1798 W	—	110	225	450	900	—

GERMAN STATES - WURTTEMBERG

KM# 463 20 KREUZER
6.6800 g., 0.5830 Silver 0.1252 oz. ASW **Ruler:** Friedrich **Obv:** Armored bust left **Obv. Legend:** FRIDERICUS II • D • G • DUX WIRTEMB • & T • **Rev:** (20) below date, divided legend

Date	Mintage	F	VF	XF	Unc	BU
1798	—	110	225	450	900	—
1799	—	100	210	425	875	—

KM# 334 30 KREUZER (1/2 Gulden)
Silver **Ruler:** Karl Alexander **Obv:** Draped bust right **Obv. Legend:** CAROL: ALEX: - D G DUX WURT & T **Rev:** Order of Golden Fleece around arms **Note:** Weight varies 5.83-10.27 grams.

Date	Mintage	VG	F	VF	XF	Unc
1734 FB	—	60.00	125	250	525	—
1734 M	—	60.00	125	250	525	—
1734 S	—	60.00	125	250	525	—
1734 S/FB	—	60.00	125	250	525	—
1734 T	—	60.00	125	250	525	—
1735	—	60.00	125	250	525	—
1735 FB	—	60.00	125	250	525	—
1735 M/FB	—	60.00	125	250	525	—
1735 S/FB	—	60.00	125	250	525	—
1736 FB	—	60.00	125	250	525	—

KM# 389 30 KREUZER (1/2 Gulden)
8.5100 g., Silver **Ruler:** Karl Eugen **Obv:** Bust right **Rev:** Crowned arms, value below

Date	Mintage	VG	F	VF	XF	Unc
1746	—	90.00	185	375	750	—

KM# 403 1/6 THALER
4.4000 g., Silver **Ruler:** Karl Eugen **Obv:** Armored bust right **Obv. Legend:** CAROLVS D: G: - DVX • WURT... **Rev:** Value, date

Date	Mintage	VG	F	VF	XF	Unc
1758	—	45.00	90.00	185	375	—

KM# 404 1/6 THALER
4.4000 g., Silver **Ruler:** Karl Eugen **Obv:** Crowned monogram **Rev:** Value, date **Mint:** Stuttgart

Date	Mintage	VG	F	VF	XF	Unc
1758 R	—	50.00	100	225	450	—

KM# 317 30 KREUZER (1/2 Gulden)
Silver **Ruler:** Eberhard Ludwig **Obv:** Bust right, value 30 below **Rev:** Crowned ornately-shaped 4-fold arms with central shield of Württemberg in Chain of Order of the Hunt, date divided below

Date	Mintage	VG	F	VF	XF	Unc
1731	—	60.00	125	250	525	—

KM# 318 30 KREUZER (1/2 Gulden)
Silver **Ruler:** Eberhard Ludwig **Obv:** Armored bust right **Obv. Legend:** EBER: LUD: D • - G • DUX WUR • T • **Rev:** Value in legend **Rev. Legend:** 30 KREUTZER-LANDMUNZ **Note:** Varieties exist.

Date	Mintage	VG	F	VF	XF	Unc
1731 *	—	50.00	100	200	400	—
1732 *	—	50.00	100	200	400	—
1733	—	50.00	100	200	400	—

KM# 422 1/48 THALER
Billon **Ruler:** Karl Eugen **Obv:** Crowned arms, date below **Rev:** Value within cartouche **Note:** Convention 1/48 Thaler.

Date	Mintage	VG	F	VF	XF	Unc
1767	—	8.00	18.00	37.00	75.00	—
1769	—	8.00	18.00	37.00	75.00	—
1770	—	8.00	18.00	37.00	75.00	—
1772	—	8.00	18.00	37.00	75.00	—
1775	—	8.00	18.00	37.00	75.00	—
1776	—	8.00	18.00	37.00	75.00	—
1779	—	8.00	18.00	37.00	75.00	—
1781	—	8.00	18.00	37.00	75.00	—
1782	—	8.00	18.00	37.00	75.00	—
1783	—	8.00	18.00	37.00	75.00	—
1784	—	8.00	18.00	37.00	75.00	—
1785	—	8.00	18.00	37.00	75.00	—
1787	—	8.00	18.00	37.00	75.00	—
1788	—	8.00	18.00	37.00	75.00	—
1789	—	8.00	18.00	37.00	75.00	—
1790	—	8.00	18.00	37.00	75.00	—
1791	—	8.00	18.00	37.00	75.00	—
1792	—	8.00	18.00	37.00	75.00	—

KM# 289 1/4 THALER
7.2900 g., Silver **Ruler:** Eberhard Ludwig **Obv:** Draped bust right **Obv. Legend:** EBERH • LUD • D • G • DUX • WURTEMB • **Rev:** Arms have central shield of Württemberg **Rev. Legend:** * CUM DEO ET DIE * **Mint:** Stuttgart

Date	Mintage	VG	F	VF	XF	Unc
1707 */(c)	—	125	250	500	1,000	—

KM# 357 1/4 THALER
7.3900 g., Silver **Ruler:** Karl Alexander **Rev:** Crowned and mantled oval 4-fold arms with central shield of Württemberg, value: 1/4 in oval below divides date **Mint:** Augsburg

Date	Mintage	VG	F	VF	XF	Unc
1739 B	—	300	600	1,100	2,000	—

KM# 319 30 KREUZER (1/2 Gulden)
Silver **Ruler:** Eberhard Ludwig **Obv:** Armored bust right **Obv. Legend:** EBER: LUD: D • - G • DUX ... **Rev:** Oval arms **Note:** Varieties exist.

Date	Mintage	VG	F	VF	XF	Unc
1731 *	—	50.00	100	200	400	—
1732 *	—	50.00	100	200	400	—
1733	—	50.00	100	200	400	—
1733 *	—	50.00	100	200	400	—

KM# 316 30 KREUZER (1/2 Gulden)
Silver **Ruler:** Eberhard Ludwig **Obv:** Bust right **Rev:** Crowned oval 4-fold arms with central shield of Württemberg, value: 30 at bottom divides date **Note:** Weight varies 6.29-7.56 grams.

Date	Mintage	VG	F	VF	XF	Unc
1731	—	60.00	125	250	525	—

KM# A422 1/48 THALER
Billon **Ruler:** Karl Eugen **Obv:** Mantled bust right **Obv. Legend:** CAROLVS D: - G: DVX WURT. **Rev:** Crowned oval arms between palm and laurel branches, date below **Rev. Legend:** 48 EIN CONVENTIONS THALER **Mint:** Stuttgart **Note:** Weight varies: 1.07-1.09 g.

Date	Mintage	VG	F	VF	XF	Unc
1769	—	10.00	20.00	45.00	95.00	—

KM# 452 1/48 THALER
Billon **Ruler:** Ludwig Eugen

Date	Mintage	VG	F	VF	XF	Unc
1794	—	8.00	18.00	37.00	75.00	—

KM# 458 1/48 THALER
Billon **Ruler:** Friedrich I Eugen

Date	Mintage	VG	F	VF	XF	Unc
1796	—	8.00	18.00	37.00	75.00	—

KM# 3/4 1/4 THALER
7.2500 g., Silver **Ruler:** Karl Alexander **Obv:** Armored bust right **Obv. Legend:** CAROL • D • G • DVX: WURTEMB & TEC • **Rev:** Crowned arms witin baroque frame **Rev. Legend:** PROVIDE & CONSTANTER **Mint:** Stuttgart

Date	Mintage	VG	F	VF	XF	Unc
1744 SS	—	175	375	675	1,350	—

KM# 345 1/3 THALER
10.0300 g., Silver **Ruler:** Karl Alexander **Obv:** Karl Rudolf **Obv. Legend:** CAR: RUD: D: G: D: WUR: & T: .... **Rev:** Crowned oval 4-fold arms with central shield of Württemberg, value: 1/3 in oval below divides date **Mint:** Stuttgart

Date	Mintage	VG	F	VF	XF	Unc
1737 FB	—	300	600	1,100	2,100	—

KM# 405 1/3 THALER
6.2000 g., Silver **Ruler:** Karl Eugen **Obv:** Bust right **Rev:** Crowned arms, value divides date below

Date	Mintage	VG	F	VF	XF	Unc
1759	—	175	375	750	1,500	—

WURTTEMBERG — GERMAN STATES

KM# 290 1/2 THALER
14.5700 g., Silver **Ruler:** Eberhard Ludwig **Obv:** Draped bust right **Obv. Legend:** EBERH • LUD • D • G v - DUX • WURTEMB • **Rev:** Helmeted arms **Rev. Legend:** CUM DEO ET DIE **Mint:** Stuttgart

Date	Mintage	VG	F	VF	XF	Unc
1707 */(c)	—	250	450	800	1,500	—

KM# 347 1/2 THALER
Silver **Ruler:** Karl Alexander **Rev:** Arms in baroque frame without mantle **Mint:** Stuttgart

Date	Mintage	VG	F	VF	XF	Unc
1737 FB	—	500	1,000	1,800	3,300	—

KM# 375 1/2 THALER
14.5000 g., Silver **Ruler:** Karl Eugen **Obv:** Armored bust right **Obv. Legend:** CAROLVS. D. G. DVX. - WURTEMB. &. TEC. **Rev:** Order cross divides date below **Rev. Legend:** PROVIDE ET. - CONSTANTER **Mint:** Stuttgart

Date	Mintage	VG	F	VF	XF	Unc
1744 SS	—	400	800	1,500	2,850	—

KM# 379 1/2 THALER
14.5000 g., Silver **Ruler:** Karl Eugen **Obv:** Armored bust right **Obv. Legend:** CAROLVS • D • G • DVX - WURTEMB • & TEC • **Rev:** Different shield ornamentation **Rev. Legend:** PROVIDE ET. - CONSTANTER. **Mint:** Stuttgart

Date	Mintage	VG	F	VF	XF	Unc
1745 SS	—	400	800	1,500	2,850	—

KM# 312 THALER
Silver **Ruler:** Eberhard Ludwig **Obv:** Draped bust right **Obv. Legend:** EBERH • LUD • D • G • DUX • WURTEMB • **Rev:** Helmeted arms, inner legend **Rev. Legend:** * CUM DEO ET DIE - VON GEWACHSENEN SILBER AUS DER FUNDGR. 3. K. STERN **Note:** Dav. #2850.

Date	Mintage	VG	F	VF	XF	Unc
1728 *	780	575	1,150	2,150	3,600	—

KM# 348 THALER
Silver **Ruler:** Karl Alexander **Obv:** Bust right, date below Obv. **Legend:** CAR: RUDOL: D: G: D: WURT: & T: C: M: ADMINIS: & TUTOR **Rev:** Crowned and mantled arms divide initials **Rev. Legend:** SALUTI - PUBLICÆ, below; * AD LEGEM IMPERII * **Note:** Dav. #2851.

Date	Mintage	VG	F	VF	XF	Unc
1737 IFB	—	500	1,000	2,750	4,500	—

KM# 349 THALER
Silver **Ruler:** Karl Alexander **Obv:** Armored bust right **Obv. Legend:** CAR: RUDOL: D: G: D: WURT: & T: C: M: ADMINIST • & TUTOR **Rev:** Without initials **Rev. Legend:** SALUTI - PUBLICÆ, below; * AD LEGEM IMPERII * **Note:** Dav. #2851A.

Date	Mintage	VG	F	VF	XF	Unc
1737	—	500	1,000	2,750	4,500	—

KM# 346 1/2 THALER
Silver **Ruler:** Karl Alexander **Obv:** Karl Rudolf **Obv. Legend:** CAR: RUD: D: G: D: WURT: & T: C: M: .... **Rev:** Crowned and mantled oval 4-fold arms with central shield of Württemberg, date at bottom **Mint:** Stuttgart **Note:** Weight varies 14.05-14.42 grams.

Date	Mintage	VG	F	VF	XF	Unc
1737 IFB	—	500	1,000	1,800	3,300	—

KM# 406 2/3 THALER
12.8000 g., Silver **Ruler:** Karl Eugen **Obv:** Armored bust right **Obv. Legend:** CAROLVS D: G: DVX WURT: & T: **Rev:** Crowned arms above value **Rev. Legend:** PROVIDE ET CONSTANTER •

Date	Mintage	VG	F	VF	XF	Unc
1759	—	200	375	750	1,500	—

KM# 286 THALER
Silver **Ruler:** Eberhard Ludwig **Obv:** Draped bust right **Obv. Legend:** EBERH. LUD.. **Rev:** Helmeted arms, date below, CUM DEO ET DIE above **Note:** Dav. #2848.

Date	Mintage	VG	F	VF	XF	Unc
1706 */C Rare	—	—	—	—	—	—

KM# 358 1/2 THALER
14.6900 g., Silver **Ruler:** Karl Alexander **Obv:** Armored bust right **Obv. Legend:** CAROL • FRID • D • G • DVX • WURT • TEC • & O • A • & T • **Rev:** Without value shown **Mint:** Augsburg

Date	Mintage	VG	F	VF	XF	Unc
1739 B	—	375	750	1,500	3,000	—

KM# 359 THALER
Silver **Ruler:** Karl Alexander **Obv:** Bust right, B below **Obv. Legend:** CAROL • FRID • D • G • DVX • WURTEM • TEC • & OLS • ADMI • & TVT • **Rev:** Crowned and mantled arms, date divided below **Rev. Legend:** CEV. FERT. DIVINA. VOLVNTAS, below; AD LEGEM 17 - 39 IMPERII **Note:** Dav. #2853.

Date	Mintage	VG	F	VF	XF	Unc
1739 B	—	900	1,800	3,300	5,500	—

KM# 366 1/2 THALER
Silver **Ruler:** Karl Alexander **Obv:** Armored bust right **Obv. Legend:** CAROL • FRID • DVX • WURT • TEC • ET OLS • A • D • M • I • ET TVTOR • **Rev:** St. Christopher with Christ child in field, shield at left **Mint:** Augsburg **Note:** Weight varies 14.50-14.59 grams.

Date	Mintage	VG	F	VF	XF	Unc
1740 T/IT	—	400	750	1,400	2,600	—

KM# 291 THALER
Silver **Ruler:** Eberhard Ludwig **Obv:** Draped bust right **Obv. Legend:** EBERH • LUD • D • G • DUX • WURTEMB • **Rev:** Different shaped arms **Rev. Legend:** * CUM DEO ET DIE * **Note:** Dav. #2849.

Date	Mintage	VG	F	VF	XF	Unc
1707 */C	—	675	1,350	2,500	4,150	—

KM# 367 THALER
Silver **Ruler:** Karl Alexander **Obv:** Bust right, IT below **Obv.**

GERMAN STATES — WURTTEMBERG

Legend: CAROL • FRID • DUX WURT • TEC • ET OLS • ADMI • ET TVTOR • **Rev:** St. Christopher with Christ child in field, shield at left **Rev. Legend:** R. THALER AVS DEM BERG WERCK, in exergue; ZV. CHRISTOPHS/THAL. **Mint:** Augsburg **Note:** Dav. #2855.

Date	Mintage	VG	F	VF	XF	Unc
1740 IT	—	1,050	1,900	3,150	5,000	—

KM# 376 THALER
Silver **Ruler:** Karl Eugen **Obv:** Bust right **Obv. Legend:** CAROLVS D • G • - DVX WURT: & T: **Rev:** Arms within Order chain, date below **Rev. Legend:** PROVIDE • ET • - CONSTANTER • **Mint:** Stuttgart **Note:** Dav. #2857. Convention Thaler.

Date	Mintage	VG	F	VF	XF	Unc
1744 SS	—	600	1,200	2,400	4,000	—

KM# 392 THALER
Silver **Ruler:** Karl Eugen **Obv:** Armored bust right **Obv. Legend:** CAROLVS D: G: - DVX • WURT: & T: **Rev:** Order collar below arms **Rev. Legend:** PROVIDE • ET • CONSTANTER • **Mint:** Stuttgart **Note:** Dav. #2858.

Date	Mintage	VG	F	VF	XF	Unc
1748 VS-PR	—	500	900	1,800	3,000	—

KM# 407 THALER
Silver **Ruler:** Karl Eugen **Obv:** Order sash over right shoulder **Obv. Legend:** CAROLVS D: G: - DVX WURT: & T: **Rev:** Helmeted arms divide date below **Rev. Legend:** PROVIDE ET CONSTANTER • **Mint:** Stuttgart **Note:** Dav. #2859.

Date	Mintage	VG	F	VF	XF	Unc
1759 R	—	225	450	900	1,350	—

KM# 408 THALER
Silver **Ruler:** Karl Eugen **Obv:** Order sash over left shoulder

Obv. Legend: CAROLVS D: G: - DVX WURT: & T: **Rev:** Helmeted arms divide date below **Rev. Legend:** PROVIDE ET CONSTANTER **Mint:** Stuttgart **Note:** Dav. #2859A.

Date	Mintage	VG	F	VF	XF	Unc
1759 R	—	225	450	900	1,350	—

KM# 411 THALER
Silver **Ruler:** Karl Eugen **Obv:** Armored bust right **Obv. Legend:** CAROLVS D: G: - DVX WURT: & T: **Rev:** Crowned arms within branches, value below **Rev. Legend:** PROVIDE ET CONSTANTER **Note:** Dav. #2860.

Date	Mintage	VG	F	VF	XF	Unc
1760	—	125	250	450	875	—

KM# 412 THALER
Silver **Ruler:** Karl Eugen **Obv:** Armored bust right **Obv. Legend:** CAROLVS D: G: - DVX WURT: & T: **Rev:** Straight date divided by oval arms **Rev. Legend:** PROVIDE ET - CONSTANTER, P - R and 10 AUF EINE - FEINE MARC below **Mint:** Stuttgart **Note:** Dav. #2861.

Date	Mintage	VG	F	VF	XF	Unc
1760 PR	—	125	250	450	875	—

KM# 413 THALER
Silver **Ruler:** Karl Eugen **Obv:** Armored bust right **Obv. Legend:** CAROLVS D: G: - DVX • WURT: & T: **Rev:** Curved date divided by oval arms **Rev. Legend:** PROVIDE ET CONSTANTER, 10 AUF EINE - FEINE MARC below **Mint:** Stuttgart **Note:** Dav. #2862.

Date	Mintage	VG	F	VF	XF	Unc
1761 PR	—	125	250	450	875	—

KM# 414 THALER
Silver **Ruler:** Karl Eugen **Obv:** Armored bust right **Obv. Legend:**

CAROLVS D: G: - DVX WURT: & T: **Rev:** Order cross below arms **Rev. Legend:** PROVIDE ET - CONSTANTER, below; 10 AUF EINE - FEINE MARC **Note:** Dav. #2863.

Date	Mintage	VG	F	VF	XF	Unc
1762	—	150	300	600	1,200	—
1763	—	150	300	600	1,200	—

KM# 417 THALER
Silver **Ruler:** Karl Eugen **Obv:** Armored bust right **Obv. Legend:** CAROLVS D: G: - DVX WURT: & T: **Rev:** Crowned shield in sprays **Rev. Legend:** PROVIDE ET - CONSTANTER, 10 AUF EINE - FEINE MARC **Note:** Dav. #2864.

Date	Mintage	VG	F	VF	XF	Unc
1764	—	190	375	750	1,350	—
1765	—	190	375	750	1,350	—
1766	—	190	375	750	1,350	—

KM# 423 THALER
Silver **Ruler:** Karl Eugen **Obv:** Armored bust right **Obv. Legend:** CAROLVS D: G: - DVX WURT: & T • **Rev:** Crowned complex arms with supporters, Order cross, date and value below **Rev. Legend:** PROVIDE ET - CONSTANTER, below; 1768/10 EINE FEINE MARCK• **Note:** Dav. #2865.

Date	Mintage	VG	F	VF	XF	Unc
1768	—	325	725	1,450	2,250	—

KM# 427 THALER
Silver **Ruler:** Karl Eugen **Obv:** Armored bust right **Obv. Legend:** CAROLVS D: G: - DVX WURT: & T: **Rev:** Crowned arms in baroque frame, date and value below **Rev. Legend:** • PROVIDE ET - CONSTANTER, date and 10. EINE FEINE MARC. below **Note:** Dav. #2866.

Date	Mintage	VG	F	VF	XF	Unc
1769	—	125	250	575	1,050	—
1776	—	300	600	1,350	2,550	—

WURTTEMBERG

KM# 442 THALER
Silver **Ruler:** Karl Eugen **Obv:** Armored bust right with Order cross **Obv. Legend:** CAROLVS • D: G: - DVX WURT: & TEC • **Rev:** Crowned arms within branches, value below **Rev. Legend:** PROVIDE ET - CONSTANTER, D.F.H. - I.C.H./10 EINE FEINE MARC below **Mint:** Stuttgart **Note:** Dav. #2871.

Date	Mintage	VG	F	VF	XF	Unc
1784 DFH-ICH	—	160	325	550	1,100	—

KM# 433 THALER
Silver **Ruler:** Karl Eugen **Obv:** Bust right with W on arm **Obv. Legend:** CAROLVS D: G: - DVX WURT: & TEC • **Rev:** Crowned oval arms within Order collar, date divided below **Rev. Legend:** PROVIDE ET - CONSTANTER, 10 EINE FEINE MARC. **Mint:** Stuttgart **Note:** Dav. #2867.

Date	Mintage	VG	F	VF	XF	Unc
1777 DFH	—	130	260	575	1,100	—
1779 DFH	—	130	260	575	1,100	—

KM# 453 THALER
Silver **Ruler:** Ludwig Eugen **Obv:** Bust right **Obv. Legend:** LUDOV • EUGEN • D • G • DUX • WIRTEMB. & T • **Rev:** Arms within Order collar, cross divides date below **Rev. Legend:** PRO MAXIMA DEI GLORIA ET BONO PUBLICO **Mint:** Stuttgart **Note:** Dav. #2872.

Date	Mintage	VG	F	VF	XF	Unc
1794 FH-CH	—	350	800	1,600	2,700	—

KM# 434 THALER
Silver **Ruler:** Karl Eugen **Obv:** Armored bust right **Obv. Legend:** CAROLVS D: G: - DVX WURT: & TEC • **Rev:** Crowned arms in Order collar, date divided below **Rev. Legend:** • PROVIDE ET - CONSTANTER, 10. EINE FEINE MARC. **Mint:** Stuttgart **Note:** Dav. #2868.

Date	Mintage	VG	F	VF	XF	Unc
1779 DFH	—	125	325	625	1,150	—

KM# 440 THALER
Silver **Ruler:** Karl Eugen **Obv:** Armored bust right with Order collar **Obv. Legend:** CAROLVS D: G: - DVX • WURT: & TEC • **Rev:** Crowned arms within branches, date divided above **Rev. Legend:** PROVIDE ET - CONSTANTER, .D.F.H./10. EINE FEINE MARC. below **Mint:** Stuttgart **Note:** Dav. #2869.

Date	Mintage	VG	F	VF	XF	Unc
1780 DFH	—	150	300	600	1,150	—

KM# 441 THALER
Silver **Ruler:** Karl Eugen **Obv:** Armored bust right **Obv. Legend:** CAROLVS D: G: - DVX WURT: & TEC • **Rev:** Order collar around arms **Rev. Legend:** PROVIDE ET - CONSTANTER, .D. F. H. / 10. EINE FEINE MARC. below **Mint:** Stuttgart **Note:** Dav. #2870.

Date	Mintage	VG	F	VF	XF	Unc
1781 DH	—	100	200	350	700	—

KM# 455 THALER
Silver **Ruler:** Friedrich I Eugen **Subject:** 300 Years of Duchy **Obv:** Bust left, BETULIUS on the arm **Obv. Legend:** FRID. EVG. D. G. DVX WIRTEMB. ET T. **Rev:** Double Order collar, legend in exergue **Rev. Legend:** AD NORMAM - CONVENTIONIS **Rev. Inscription:** TERT - DUCAT / SECULAR **Note:** Dav. #2873.

Date	Mintage	VG	F	VF	XF	Unc
1795 REGI	—	225	525	1,050	1,900	—

KM# 464 THALER
28.0600 g., 0.8330 Silver 0.7515 oz. ASW **Ruler:** Friedrich **Obv:** Armored bust left **Note:** Dav. #2875.

Date	Mintage	F	VF	XF	Unc	BU
1798	—	375	750	1,650	3,450	—

KM# 465 THALER
28.0600 g., 0.8330 Silver 0.7515 oz. ASW **Ruler:** Friedrich **Obv:** Armored bust left **Obv. Legend:** FRIDERICUS II • D • G • DUX

• WIRTEMB • & T **Rev:** Crown divides legend **Rev. Legend:** CUM DEO - ET IURE. AD NORMAM - CONVENTION **Mint:** Stuttgart **Note:** Dav. #2876.

Date	Mintage	F	VF	XF	Unc	BU
1798 W	—	375	750	1,650	3,450	—

KM# 287 2 THALER
Silver **Ruler:** Eberhard Ludwig **Obv:** Bust right **Obv. Legend:** EBERH. LUD. D-G **Rev:** Helmeted arms, date divided below **Note:** Dav. #2847.

Date	Mintage	VG	F	VF	XF	Unc
1706 */(c) Rare	—	—	—	—	—	—

KM# 360 2 THALER
Silver **Ruler:** Karl Alexander **Obv:** Armored bust right, B below **Obv. Legend:** CAROL • FRID • D • G • DVX • WÜRTEM • TEC • & OLS • ADMI • & TVT • **Rev:** Crowned and mantled arms, date divided below **Rev. Legend:** CEV. FERT. DIVINA. VOLVNTAS. below, AD LEGEM 17 - 39 IMPERII **Mint:** Augsburg **Note:** Dav. #2852.

Date	Mintage	VG	F	VF	XF	Unc
1739 B Rare	—	—	—	—	—	—

KM# 368 2 THALER
Silver **Ruler:** Karl Alexander **Obv:** Bust right, IT below **Obv. Legend:** CAROL • FRID • DUX • WURT • TEC • ET • OLS • ADMI • ET • TVTOR **Rev:** St. Christopher with Christ child in field, shield at left, legend in exergue **Rev. Legend:** R. THALER AVS DEM BERG WERCK **Rev. Inscription:** ZV. CHRISTOPHS / THAL. **Mint:** Augsburg **Note:** Dav. #2854.

Date	Mintage	VG	F	VF	XF	Unc
1740 IT Rare	—	—	—	—	—	—

KM# 377 2 THALER
58.8000 g., Silver **Ruler:** Karl Eugen **Obv:** Armored bust right **Rev:** Crowned arms in Order collar and branches, date below **Mint:** Stuttgart **Note:** Dav. #2856.

Date	Mintage	VG	F	VF	XF	Unc
1744 SS Rare	—	—	—	—	—	—

KM# 466 2 THALER
50.0000 g., 0.8330 Silver 1.3390 oz. ASW **Ruler:** Friedrich **Obv:** Armored bust left **Note:** Dav. #2874.

Date	Mintage	F	VF	XF	Unc	BU
1798	—	450	900	1,750	3,750	—

TRADE COINAGE

KM# 300 GOLDGULDEN
3.5000 g., 0.9860 Gold 0.1109 oz. AGW **Ruler:** Eberhard Ludwig **Obv:** Equestrian figure left **Rev:** Helmeted arms

Date	Mintage	VG	F	VF	XF	Unc
ND(1712)	—	550	1,100	2,200	4,550	—

KM# 301 GOLDGULDEN
3.5000 g., 0.9860 Gold 0.1109 oz. AGW **Ruler:** Eberhard Ludwig **Subject:** Groundbreaking for the Palace Chapel at Ludwigsburg **Obv:** Groundplan of chapel, inscription around and another below, with date **Rev:** Inscription

Date	Mintage	VG	F	VF	XF	Unc
1716 Rare	—	—	—	—	—	—

KM# 305 GOLDGULDEN
3.5000 g., 0.9860 Gold 0.1109 oz. AGW **Ruler:** Eberhard Ludwig **Subject:** Oath of Fealty for Mompelgart **Obv:** Bust right **Rev:** Memorial inscription with date

Date	Mintage	VG	F	VF	XF	Unc
1723 Rare	—	—	—	—	—	—

KM# 320 1/4 CAROLIN
2.4250 g., 0.7700 Gold 0.0600 oz. AGW **Ruler:** Eberhard Ludwig **Obv:** Armored bust right **Rev:** Crowned arms **Rev. Legend:** * CUM DEO - ET DIE *

Date	Mintage	VG	F	VF	XF	Unc
1731	—	210	425	750	1,650	—
1732	—	210	425	750	1,650	—
1733	—	210	425	750	1,650	—

KM# 335.1 1/4 CAROLIN
2.4250 g., 0.7700 Gold 0.0600 oz. AGW **Ruler:** Karl Alexander **Obv:** Armored bust right **Obv. Legend:** CAROL: ALEXAND: - D • G • DUX WUR & T • **Rev:** Crowned and mantled arms, date

divided at bottom **Rev. Legend:** * PER ARDVA - VIRTUS * **Mint:** Stuttgart

Date	Mintage	VG	F	VF	XF	Unc
1734 M-FB	—	175	350	700	1,500	—
1735 M-FB	—	175	350	700	1,500	—

KM# 342.1 1/4 CAROLIN
2.4250 g., 0.7700 Gold 0.0600 oz. AGW **Ruler:** Karl Alexander **Obv:** Draped armored bust **Obv. Legend:** CAROL ALEX.. **Rev:** Legend extends past mantle knot **Mint:** Stuttgart

Date	Mintage	VG	F	VF	XF	Unc
1735 FB	—	175	350	700	1,500	—
1736 FB	—	175	350	700	1,500	—

KM# 342.2 1/4 CAROLIN
2.4250 g., 0.7700 Gold 0.0600 oz. AGW **Ruler:** Karl Alexander **Obv:** Revised draped armored bust **Rev:** Legends ends at mantle knot **Mint:** Stuttgart

Date	Mintage	VG	F	VF	XF	Unc
1736 FB	—	175	350	700	1,500	—

KM# 321 1/2 CAROLIN
4.8500 g., 0.7700 Gold 0.1201 oz. AGW **Ruler:** Eberhard Ludwig **Obv:** Bust right **Obv. Legend:** EBER: LUD: D • G • DUX WUR: & T • **Rev:** Crowned arms within Order collar **Rev. Legend:** * CUM DEO • ET DIE •*

Date	Mintage	VG	F	VF	XF	Unc
1731	—	205	400	900	1,800	—
1732	—	205	400	900	1,800	—
1733	—	205	400	900	1,800	—

KM# 336 1/2 CAROLIN
4.8500 g., 0.7700 Gold 0.1201 oz. AGW **Ruler:** Karl Alexander **Obv:** Armored bust right **Obv. Legend:** CAROL: ALEX: - D: G: ... **Rev:** Crowned and mantled arms, date divided at bottom **Rev. Legend:** * PER ARDVA - VIRTVS * **Mint:** Stuttgart

Date	Mintage	VG	F	VF	XF	Unc
1734 M-FB	—	250	500	1,100	2,200	—
1734 S	—	250	500	1,100	2,200	—
1735 FB	—	250	500	1,100	2,200	—
1735 M-FB	—	250	500	1,100	2,200	—
1735 S-FB	—	250	500	1,100	2,200	—
1736 FB	—	250	500	1,100	2,200	—

KM# 322 CAROLIN
9.7000 g., 0.7700 Gold 0.2401 oz. AGW **Ruler:** Eberhard Ludwig **Obv:** Small armored bust right **Obv. Legend:** EBER: LUD: D • G • DUX • WUR & T • **Rev:** Order collar around arms **Rev. Legend:** * CUM DEO - ET DIE • *

Date	Mintage	VG	F	VF	XF	Unc
1731	—	450	1,000	1,800	3,850	—
1732	—	450	1,000	1,800	3,850	—

KM# 328 CAROLIN
9.7000 g., 0.7700 Gold 0.2401 oz. AGW **Ruler:** Eberhard Ludwig **Obv:** Large armored bust right **Obv. Legend:** EBER: LVD: D • - G • DUX WUR: & T • **Rev:** Order chain divides date below **Rev. Legend:** * CUM DEO - ET DIE • *

Date	Mintage	VG	F	VF	XF	Unc
1733	—	450	1,000	1,800	3,850	—

KM# 337 CAROLIN
9.7000 g., 0.7700 Gold 0.2401 oz. AGW **Ruler:** Karl Alexander **Obv:** Armored bust right **Obv. Legend:** CAROL: ALEX... **Rev:** Crowned oval arms in cartouche, date in legend at right **Rev. Legend:** PER ARDUA - VIRTUS • **Mint:** Augsburg

Date	Mintage	VG	F	VF	XF	Unc
1734 T	—	400	875	1,700	3,000	—

KM# 338 CAROLIN
9.7000 g., 0.7700 Gold 0.2401 oz. AGW **Ruler:** Karl Alexander **Obv:** Armored bust right **Obv. Legend:** CAROL • ALEX - D • G • DUX • WUR • & T • **Rev:** Order collar surrounds arms within crowned mantle **Rev. Legend:** PER ARDUA - VIRTUS **Mint:** Stuttgart

Date	Mintage	VG	F	VF	XF	Unc
1734 S-FB	—	400	875	1,700	3,000	—
1734 T-FB	—	400	875	1,700	3,000	—

KM# 339 CAROLIN
9.7000 g., 0.7700 Gold 0.2401 oz. AGW **Ruler:** Karl Alexander **Obv:** Armored bust right **Obv. Legend:** CAROL: ALEX: - D: G • DVX WUR & T **Rev:** Order collarm surrounds arms within crowned mantle **Rev. Legend:** PER ARDUA - VIRTUS **Mint:** Stuttgart

Date	Mintage	VG	F	VF	XF	Unc
1734 S-FB	—	550	1,050	1,850	3,350	—
1735 S-FB	—	550	1,050	1,850	3,350	—
1735 M-FB	—	550	1,050	1,850	3,350	—
1736 FB	—	550	1,050	1,850	3,350	—

KM# 350 1/4 DUCAT
0.8750 g., 0.9860 Gold 0.0277 oz. AGW **Ruler:** Karl Alexander **Obv:** Armored bust right **Obv. Legend:** CAR: RUD: D: WUR: ... **Rev:** Crowned arms within baroque frame, value below

Date	Mintage	VG	F	VF	XF	Unc
ND	—	375	750	1,350	2,850	—

KM# 355 1/4 DUCAT
0.8750 g., 0.9860 Gold 0.0277 oz. AGW **Ruler:**

Eberhard Ludwig **Obv:** Karl Friedrich **Rev:** Arms within baroque frame, value below

Date	Mintage	VG	F	VF	XF	Unc
ND	—	350	700	1,400	3,100	—

KM# 251 1/2 DUCAT
1.7500 g., 0.9860 Gold 0.0555 oz. AGW **Ruler:** Eberhard Ludwig **Obv:** Armored bust right **Rev:** Crowned arms

Date	Mintage	VG	F	VF	XF	Unc
ND	—	525	1,050	1,900	3,900	—

KM# 329 1/2 DUCAT
1.7500 g., 0.9860 Gold 0.0555 oz. AGW **Ruler:** Karl Alexander **Obv:** Head right **Obv. Legend:** CAROL • ALEX • D • G • DUX • WUR • **Rev:** Oval arms above value

Date	Mintage	VG	F	VF	XF	Unc
ND	—	375	825	1,750	3,750	—

KM# 351 1/2 DUCAT
1.7500 g., 0.9860 Gold 0.0555 oz. AGW **Ruler:** Karl Alexander **Obv:** Bust right **Obv. Legend:** CAR: RUD: DUX WURT... **Rev:** Crowned arms, framed value below

Date	Mintage	VG	F	VF	XF	Unc
ND	—	375	825	1,750	3,750	—

KM# 356 1/2 DUCAT
1.7500 g., 0.9860 Gold 0.0555 oz. AGW **Ruler:** Karl Alexander **Obv:** Karl Friedrich

Date	Mintage	VG	F	VF	XF	Unc
ND	—	375	825	1,750	3,750	—

KM# 326 DUCAT
3.5000 g., 0.9860 Gold 0.1109 oz. AGW **Ruler:** Eberhard Ludwig **Obv:** Laureate bust right **Obv. Legend:** EBERH: LUD: - D: G: DUX WURT • **Rev:** Helmeted arms **Rev. Legend:** * CUM DEO - ET DIE * **Mint:** Stuttgart

Date	Mintage	VG	F	VF	XF	Unc
1732 M	—	400	825	2,000	4,400	—
1733 M	—	400	825	2,000	4,400	—
ND	—	400	825	2,000	4,400	—

KM# 330 DUCAT
3.5000 g., 0.9860 Gold 0.1109 oz. AGW **Ruler:** Karl Alexander **Obv:** Armored bust right

Date	Mintage	VG	F	VF	XF	Unc
1733	—	800	1,600	3,500	7,500	—

KM# 341 DUCAT
3.5000 g., 0.9860 Gold 0.1109 oz. AGW **Ruler:** Karl Alexander **Obv:** Armored bust right **Rev:** Arms within crowned mantle **Mint:** Stuttgart

Date	Mintage	VG	F	VF	XF	Unc
1735	—	650	1,300	2,850	6,800	—
1735 FB	—	650	1,300	2,850	6,800	—
ND	—	650	1,300	2,850	6,800	—

KM# 343 DUCAT
3.5000 g., 0.9860 Gold 0.1109 oz. AGW **Ruler:** Karl Alexander **Obv:** Small bust right **Obv. Legend:** CAROL: ALEXAND: D G DUX WIR & T **Rev:** Crowned shields in cruciform with monogram at angles

Date	Mintage	VG	F	VF	XF	Unc
1736	—	925	2,000	3,650	7,800	—

WURTTEMBERG — GERMAN STATES

KM# 344 DUCAT
3.5000 g., 0.9860 Gold 0.1109 oz. AGW **Ruler:** Karl Alexander **Obv:** Large bust right **Obv. Legend:** CAROL • ALEX • - D: G • DUX • WUR & T **Rev:** Crowned shields in cruciform with monogram in angles

Date	Mintage	VG	F	VF	XF	Unc
1736	—	1,000	2,150	3,950	7,800	—

KM# 447 DUCAT
3.5000 g., 0.9860 Gold 0.1109 oz. AGW **Ruler:** Karl Eugen **Obv:** Head right **Obv. Legend:** CAROLVS • D • G • DVX • WIRT & T • **Rev:** Crowned arms and date **Rev. Legend:** PROVIDE ET - CONSTANTER **Mint:** Stuttgart

Date	Mintage	F	VF	XF	Unc	BU
1790 FH-CH	—	1,350	2,650	5,300	9,800	—

KM# 292 6 DUCAT
21.0000 g., 0.9860 Gold 0.6657 oz. AGW **Ruler:** Eberhard Ludwig **Obv:** Bust right **Obv. Legend:** EBERH • LUD • D • G • DUX • WURTEMB • **Rev:** Helmeted arms **Rev. Legend:** • CUM DEO ET DIE • **Mint:** Stuttgart **Note:** Struck with 1 Thaler dies, KM#291.

Date	Mintage	VG	F	VF	XF	Unc
1707 */(c) Rare	—	—	—	—	—	—

KM# 352 DUCAT
3.5000 g., 0.9860 Gold 0.1109 oz. AGW **Ruler:** Karl Alexander **Obv:** Armored bust right **Rev:** Crowned arms in baroque frame

Date	Mintage	VG	F	VF	XF	Unc
1737	—	1,100	2,350	4,300	8,500	—

KM# 449 DUCAT
3.5000 g., 0.9860 Gold 0.1109 oz. AGW **Ruler:** Karl Eugen **Obv:** Head right **Obv. Legend:** CAROLUS D • - G • DUX WIRTEMB • **Rev:** Order cross divides date below arms **Rev. Legend:** PROVIDE ET - CONSTANTER • **Mint:** Stuttgart

Date	Mintage	F	VF	XF	Unc	BU
1791 FH-CH	—	1,100	2,150	4,400	7,600	—

KM# 361 DUCAT
3.5000 g., 0.9860 Gold 0.1109 oz. AGW **Ruler:** Karl Alexander **Obv:** Karl Friedrich **Obv. Legend:** CAROL • FRID • D • G • DVX • WURTEM • YEC • & • OLS • A • & • T • **Rev:** Crowned and mantled arms, date divided below **Rev. Legend:** CEV • FERT • DIVINA • VOLVNIAS ...

Date	Mintage	VG	F	VF	XF	Unc
1739	—	1,300	2,700	4,950	9,800	—
1742	—	1,300	2,700	4,950	9,800	—

KM# 454 DUCAT
3.5000 g., 0.9860 Gold 0.1109 oz. AGW **Ruler:** Ludwig Eugen **Obv:** Draped bust right **Obv. Legend:** LUDOV • EUGEN • D • G • DUX • WIRTEMB & T **Rev:** Crowned arms within Order collar, date divided below **Rev. Legend:** PROMAXIMA LEIG.... **Mint:** Stuttgart

Date	Mintage	F	VF	XF	Unc	BU
1794 FH-CH	—	1,300	2,600	5,200	9,100	—

KM# 269 2 DUCAT
7.0000 g., 0.9860 Gold 0.2219 oz. AGW **Ruler:** Eberhard Ludwig **Obv:** Armored bust right **Rev:** Crowned arms in palm branches, date divided at bottom **Mint:** Stuttgart

Date	Mintage	VG	F	VF	XF	Unc
1706 (c) Rare	—	—	—	—	—	—

KM# 285 10 DUCAT
34.6200 g., 0.9860 Gold 1.0974 oz. AGW **Ruler:** Eberhard Ludwig **Obv:** Bust right, date below, where present **Rev:** Hand from clouds holding imperial banner, legend above **Rev. Legend:** PRO DEO ET IMPERIO

Date	Mintage	VG	F	VF	XF	Unc
1701 Rare	—	—	—	—	—	—
ND Rare	—	—	—	—	—	—

KM# 378 DUCAT
3.5000 g., 0.9860 Gold 0.1109 oz. AGW **Ruler:** Karl Eugen **Obv:** Bust right **Obv. Legend:** CAROLVS D: G: - DVX • WURT & T • **Rev:** Arms in baroque frame, date below **Rev. Legend:** PROVIDE ET •- CONSTANTER **Mint:** Stuttgart

Date	Mintage	VG	F	VF	XF	Unc
ND S-R	—	600	1,300	2,800	6,400	—
1744 SS	—	600	1,300	2,800	6,400	—
1744 SS	—	600	1,300	2,800	6,400	—
1747 PR	—	525	1,150	2,500	5,600	—
1748 S-R	—	525	1,150	2,500	5,600	—
1749 S-R	—	525	1,150	2,500	5,600	—
1750 S-R	—	525	1,150	2,500	5,600	—
1762	—	525	1,150	2,500	5,600	—

KM# 278 2 DUCAT
7.0000 g., 0.9860 Gold 0.2219 oz. AGW **Ruler:** Eberhard Ludwig **Obv:** Armored draped bust right **Obv. Legend:** EBERH: LUD: D: - G: DUX WURTEMB: **Rev:** Helmeted arms **Rev. Legend:** * CUM DEO ET DIE * **Mint:** Stuttgart

Date	Mintage	VG	F	VF	XF	Unc
1707 (c) Rare	—	—	—	—	—	—
ND (c) Rare	—	—	—	—	—	—

KM# 390 DUCAT
3.5000 g., 0.9860 Gold 0.1109 oz. AGW **Ruler:** Karl Eugen **Rev:** Helmeted arms

Date	Mintage	VG	F	VF	XF	Unc
1746 PR	—	1,500	3,000	6,000	10,500	—

KM# 311 3 DUCAT
10.5000 g., 0.9860 Gold 0.3328 oz. AGW **Ruler:** Eberhard Ludwig **Subject:** Marriage of Karl Alexander and Marie Augusta von Thurn and Taxis **Obv:** Bust of Karl Alexander left **Rev:** Bust of Marie Augusta right

Date	Mintage	VG	F	VF	XF	Unc
ND(1727)	—	2,400	4,200	6,600	12,000	—

KM# 280 4 DUCAT
14.0000 g., 0.9860 Gold 0.4438 oz. AGW **Ruler:** Eberhard Ludwig **Obv:** Armored bust right **Rev:** Arms topped by 3 helmets, date divided at bottom **Mint:** Stuttgart

Date	Mintage	VG	F	VF	XF	Unc
1707 Rare	—	—	—	—	—	—
1707 (c) Rare	—	—	—	—	—	—
1707 */(c) Rare	—	—	—	—	—	—

KM# 393 DUCAT
3.5000 g., 0.9860 Gold 0.1109 oz. AGW **Ruler:** Karl Eugen **Subject:** Wedding Commemorative **Obv:** Crowned shielded monogram within branches, date below **Rev:** Radiant sun above altar **Mint:** Stuttgart

Date	Mintage	VG	F	VF	XF	Unc
1749 IPR	—	575	1,150	2,500	5,600	—

PATTERNS
Including off metal strikes

KM#	Date	Mintage	Identification	Mkt Val
Pn9	1701	—	10 Ducat. Silver. KM#285.	—
Pn10	ND(1701)	—	10 Ducat. Silver. KM#285.	—
Pn11	ND(1701)	—	20 Ducat. Silver. KM#162.	—
Pn12	1706	—	Thaler. Lead. KM#286.	—
Pn13	1706	—	Thaler. Tin. KM#286.	—
Pn14	1716	—	Goldgulden. Silver. KM#301.	100
Pn15	1723	—	Goldgulden. Silver. KM#305.	150
Pn16	1726	—	10 Kreuzer. Lead. KM#310.	—
Pn17	ND(1727)	—	3 Ducat. Silver. KM#311.	375
Pn18	1739	—	Thaler. Pewter. KM#359.	—
Pn19	1740 IT	—	Thaler. Lead. KM#367.	—
Pn20	1740 IT	—	Thaler. Iron. KM#367.	—
Pn21	ND(1740) VS	—	Thaler. Silver. 27.2000 g.	—
Pn22	1741	—	1/2 Kreuzer. Copper. KM#365.	—
Pn23	ND	—	1/2 Gulden. Aluminum.	—
Pn24	1798	—	Thaler. Zinc.	—
Pn25	1798	—	Thaler. Tin.	—

KM#	Date	Mintage	Identification	Mkt Val
Pn26	1798	—	Thaler. Silver.	—

WURTTEMBERG-OLS

(Württemberg-Öls)

In 1647, Sylvius Nimrod, the elder son of Duke Julius Friedrich of Württemberg-Weiltingen, married Elisabeth Maria, the only child of the last duke of Münsterberg-Öls in Silesia, Karl Friedrich. The duchy of Öls thus passed to the control of a cadet line of the dukes of Württemberg until nearly the end of the 18th century.

The three surviving sons of Sylvius Nimrod lived under the regency of their mother until 1672, as he had died while they were still young, but then they divided their territory and titles. They established the branches of Württemberg-Öls, Württemberg-Öls-Bernstadt and Württemberg-Öls-Juliusburg. The elder line of Württemberg-Öls became extinct after only one generation and the two younger brothers divided those lands as well. When Bernstadt and Juliusburg died out in 1742 and 1745 respectively, all the Öls territories were reconstituted in the remaining member of the family, Karl Christian Erdmann, nephew of the last Bernstadt duke. He died childless in 1792 and Öls passed to Brunswick-Wolfenbüttel by virtue of his marriage to Friederike, daughter of Friedrich August of that duchy.

RULERS
Christian Ulrich von Bernstadt, 1664-1704
Karl von Juliusburg und Bernstadt, 1684-1745
Karl Friedrich, 1704-1744 (died 1761)
Karl Christian Erdmann, 1744-1792

MINT OFFICIALS' INITIALS AND SYMBOLS

Initials	Date	Name
IN	1672-1705	Johann Neidhardt, die-cutter in Öls
CVL	1700-1717	Christian von Loh, warden in Öls
K	1776-1803	Anton König, die-cutter in Breslau
IGH	ca. 1768-1792 (died 1808)	Johann Gottlieb Held, die-cutter in Breslau

Arms: Württemberg – refer to that state for pertinent arms.

Silesia – eagle with crescent horizontally on breast.

Öls - eagle.

REFERENCES

F&S = Ferdinand Friedensburg and Hans Seger, **Schlesiens Münzen und Medaillen der neueren Zeit**, Breslau, 1901. [reprint Frankfurt/Main, 1976].

J&M = Norbert Jaschke and Fritz P. Maercker, **Schlesische Münzen und Medaillen**, Ihringen, 1985.

B&E = Christian Binder and Julius Ebner, **Württembergische Münz- und Medaillen-Kunde**, vol. 2, Stuttgart, 1912.

DUCHY

REGULAR COINAGE

KM# 58 GRöSCHL (3 Pfennig)

0.7600 g., Silver, 16 mm. **Ruler:** Christian Ulrich **Obv:** Oval 4-fold arms with central shield of Öls in baroque frame supported by mermaid at right, princely hat divides date above, value '3' in oval at bottom **Rev:** Silesian eagle in oval baroque frame, mintmaster's initials below, where present **Mint:** Öls **Note:** Ref. F&S#2399, 2401, 2403, 2408-09, 2411, 2414-16, 2420, 2424, 2428, 2431-32. Varieties exist.

Date	Mintage	VG	F	VF	XF	Unc
1701 CVL	—	5.00	10.00	22.00	45.00	—
1702 CVL	—	5.00	10.00	22.00	45.00	—
1703 CVL	—	5.00	10.00	22.00	45.00	—
1704 CVL	—	5.00	10.00	22.00	45.00	—

KM# 75 GRöSCHL (3 Pfennig)

0.7600 g., Silver, 16 mm. **Ruler:** Karl Friedrich **Obv:** Oval 4-fold arms with central shield of Öls in baroque frame supported by mermaid at right, princely hat divides date above, value '3' in oval at bottom **Rev:** Silesian eagle in oval baroque frame, mintmaster's initials below **Mint:** Öls **Note:** Ref. F&S#2457, 2470.

Date	Mintage	VG	F	VF	XF	Unc
1705 CVL	—	10.00	20.00	45.00	95.00	—
1716 CVL	—	10.00	20.00	45.00	95.00	—

KM# 74 KREUZER

0.7500 g., Silver, 17 mm. **Ruler:** Karl **Obv:** Bust to right, value (1) below **Obv. Legend:** D.G. CAROL. DUX. - WURT. T. I. S. O. B. **Rev:** Silesian eagle in oval baroque frame, princely hat divides date above **Rev. Legend:** COM. MONTB. DOM. I. HEID(ENH). (&) MED. **Note:** Ref. F&S#2450.

Date	Mintage	VG	F	VF	XF	Unc
1704 CVL	—	10.00	20.00	45.00	95.00	—

KM# 61 3 KREUZER (Groschen)

1.4500 g., Silver, 21 mm. **Ruler:** Christian Ulrich **Obv:** Bust to right, value (3) below **Obv. Legend:** (D.G.) CHRIST. (U)(V)LR(IC). (—) (D.G.) DUX. (—) W(URT). T. I. S. O. (&) B. **Rev:** Silesian eagle in circle, princely hat divides date in margin at top **Rev. Legend:** COM(ES). MON(T)(B). DOM. I. HEID(ENH). (STE)(R)(N)(B). & M(ED)(ZB). **Note:** Ref. F&S#2402, 2406, 2413, 2423, 2427. Varieties exist. Weight varies 1.45-1.62g.

Date	Mintage	VG	F	VF	XF	Unc
1701 CVL	—	7.00	16.00	32.00	65.00	—
1702 CVL	—	7.00	16.00	32.00	65.00	—

KM# 76 3 KREUZER (Groschen)

1.7600 g., Silver, 21 mm. **Ruler:** Karl **Obv:** Bust to right, value (3) below **Obv. Legend:** D. G. CAR(O)L. DUX. — W(URT). T. I. S. O. (&) B. **Rev:** Silesian eagle in circle, princely hat divides date in margin at top **Rev. Legend:** COM. MON(T). DOM. I. HEID. STER. (&) M(ED). **Note:** Ref. F&S#2453-54. Varieties exist.

Date	Mintage	VG	F	VF	XF	Unc
1705 CVL	—	9.00	22.00	45.00	95.00	—
1708 CVL	—	9.00	22.00	45.00	95.00	—

KM# 79 3 KREUZER (Groschen)

1.5600 g., Silver, 21 mm. **Ruler:** Karl Friedrich **Obv:** Bust to right, value (3) below **Obv. Legend:** D. G. CAR(OL). FRID. (—) DUX. (—) W. T. I. S. O(LS). (&) B. **Rev:** Silesian eagle in circle, princely hat divides date in margin at top **Rev. Legend:** COM. MON(T)(B). DOM. I. HEID. ST(ER). (&) M. **Note:** Ref. F&S#2459-60. Varieties exist.

Date	Mintage	VG	F	VF	XF	Unc
1708 CVL	—	7.00	15.00	35.00	75.00	—
1709 CVL	—	7.00	15.00	35.00	75.00	—

KM# 77 6 KREUZER

2.6600 g., Silver, 26 mm. **Ruler:** Karl **Obv:** Bust to right, value (VI) below **Obv. Legend:** D. G. CAROLUS. DUX. WURT. T. I. S. OLS. & B. **Rev:** Silesian eagle in oval baroque frame, princely hat divides date at top in margin **Rev. Legend:** COM. MON(T)(B). D(OM). I. HEID. STERN. & M. **Note:** Ref. F&S#2452, 2455. Varieties exist.

Date	Mintage	VG	F	VF	XF	Unc
1705 CVL	—	22.00	50.00	100	200	—
1712 CVL	—	22.00	50.00	100	200	—

KM# 80 6 KREUZER

Silver, 26 mm. **Ruler:** Karl Friedrich **Obv:** Bust right, value (VI) below **Obv. Legend:** D.G. CAR(OL)(9). FRID. DUX. - W(U)(Ü)RT(EM). T. I. S. OLS. (&) B. **Rev:** Silesian eagle in oval baroque frame, princely hat divides date at top in margin **Rev. Legend:** COM. MON(T)(B). DOM. I. HEID(ENH). ST(ER)(N)(B). & M(E)(T)(Z). **Note:** Ref. F&S#2462,2464, 2466-67, 2469, J&M#167. Weight varies: 2.71-2.90g. Varieties exist.

Date	Mintage	VG	F	VF	XF	Unc
1708 CVL	—	13.00	27.00	55.00	110	—
1712 CVL	—	13.00	27.00	55.00	110	—
1713 CVL	—	13.00	27.00	55.00	110	—
1714 CVL	—	13.00	27.00	55.00	110	—
1715 CVL	—	13.00	27.00	55.00	110	—
1716 CVL	—	13.00	27.00	55.00	110	—

KM# 84 THALER

Silver **Ruler:** Karl Friedrich **Obv:** Large bust right **Obv. Legend:** D: G: CAROL9 • FRIDR: - DUX • - W: T: I • S: OLS • & B: **Rev:** Helmeted arms, date divided above, initials below **Rev. Legend:** COM: MONB: DOM: IN: HEID: STERNB: M: & A: **Note:** Dav#2878. Varieties exist.

Date	Mintage	F	VF	XF	Unc	BU
1716 CVL	—	475	950	1,750	3,250	—
1717 CVL	—	475	950	1,750	3,250	—

KM# 85 THALER

Silver **Ruler:** Karl Friedrich **Obv:** Small bust right **Obv. Legend:** D: G: CAROL9 • FRIDR: - DUX • - W: T: I • S: OLS • & B: **Rev:** Helmeted arms **Rev. Legend:** COM: MONB: DOM: IN: HEID: STERNB: M: & A: **Note:** Dav#2878A.

Date	Mintage	F	VF	XF	Unc	BU
1/1/	—	475	950	1,750	3,250	—

KM# 73 THALER

Silver **Ruler:** Christian Ulrich **Obv:** Armored bust right **Obv. Legend:** D.G. CHRIST. ULR DUX - WURT. T. I. S. O. B. **Rev:** Helmeted arms, date divided above, initials below **Rev. Legend:** COM • MONTB • DOM • I • HEID • STERNB: & MED: **Note:** Dav#2877.

Date	Mintage	F	VF	XF	Unc	BU
1702 CVL	—	1,000	2,000	4,000	7,500	—

KM# 87 THALER

Silver **Ruler:** Karl Christian Erdmann **Obv:** Bust right with K at bottom of bust **Obv. Legend:** CAROL • CHRIST • ERDM • DUX WURTEMB • OLSN • & BEROLST • **Rev:** Crowned and mantled arms, date below **Rev. Legend:** EIN REICHS THALER **Note:** Dav.#2879; previous Cr#1.1.

Date	Mintage	F	VF	XF	Unc	BU
1785 K//B	—	135	275	500	900	—

WURZBURG

Friedrich Karl Graf von Schönborn, 1729-1746
Anselm Franz, Graf von Ingelheim, 1746-1749
Karl Philipp, Frhr. von Greiffenklau-Vollraths, 1749-1754
Adam Friedrich von Seinsheim, 1755-1779
Franz Ludwig von Erthal, 1779-1795
Georg Karl, Freiherr von Fechenbach, Bishop, 1795-1802

MINT MARKS
F - Fürth
N - Nürnberg
W - Würzburg

MINT OFFICIALS' INITIALS

Initials	Date	Name
BN	1754	Bischof and Neumeister
FHP	1762-90	Franz Hermann Prange, warden
GN	1754-62	Georg Neumeister, warden
I.L.OE	1740-87	Johann Leonhard Oexlein, die-cutter and medalleur
INM	1762-90	Johann Nikolaus Martinengo
L. Loos	1742-66	Georg Friedrica Loos, die-cutter
MP	1762-94	Martinengo & Prange
PB	1754-61	Philipp Bischof
V	(d. 1740)	Georg Wilhelm Vestner, die-cutter in Nürnberg
V.Lon	1727-64	Franz Anton Van Lon, die-cutter
VESTNER	(d. 1754)	Andreas Vestner, die-cutter in Nürnberg
WF	1746-48	Wilhelm Fehr or Feser
WGBN	1754	Wurzberg Mint & Bishof and Neumeister
	1746-51	Salomon Auerbach, die-cutter

MONETARY SYSTEM
3 Drier (Körtling) = 1 Shillinger
7 Shillinger = 15 Kreuzer
28 Shillinger = 1 Guter Gulden
44-4/5 Shillinger = 1 Convention Thaler

REFERENCES
H = Klaus and Rosemarie Helmschrott, Würzburger Münzen und Medaillen von 1500-1800, Pfingsten, 1977.
E = Gustave Ewald, Würzburger Münzen, Würzburg, 1974.
Sch - Wolfgang Schulten, Deutsche Münzen aus der Zeit Karls V., Frankfurt am Main, 1974.

KM# 88 THALER
Silver **Ruler:** Karl Christian Erdmann **Obv:** Without K on bust **Obv. Legend:** CAROL • CHRIST • ERDM • DUX WURTEMB • OLSN. & BEROLST • **Rev:** Crowned and mantled arms with date below **Rev. Legend:** EIN REICHS THALER **Note:** Varieties exist. Dav#2879A; previous Cr#1.2.

Date	Mintage	F	VF	XF	Unc	BU
1785 B	—	135	275	500	900	—

TRADE COINAGE

KM# 81 1/4 DUCAT
0.8750 g., 0.9860 Gold 0.0277 oz. AGW **Ruler:** Karl Friedrich **Obv:** Shield of arms **Rev:** Crowned CF monogram **Note:** Fr#3287.

Date	Mintage	VG	F	VF	XF	Unc
1708	—	350	725	1,450	2,950	—

KM# 83 1/4 DUCAT
0.8750 g., 0.9860 Gold 0.0277 oz. AGW **Ruler:** Karl Friedrich **Obv:** Bust right **Rev:** Shield of arms **Note:** Fr#3286.

Date	Mintage	VG	F	VF	XF	Unc
1711	—	350	725	1,450	2,950	—

KM# 43 DUCAT
3.5000 g., 0.9860 Gold 0.1109 oz. AGW **Ruler:** Christian Ulrich **Obv:** Bust right in inner circle **Rev:** Arms topped by 4 helmets in inner circle, date divided near top **Note:** Fr#3276.

Date	Mintage	VG	F	VF	XF	Unc
1701	—	1,300	2,600	5,200	9,100	—
1703	—	1,300	2,600	5,200	9,100	—

KM# 78 DUCAT
3.5000 g., 0.9860 Gold 0.1109 oz. AGW **Ruler:** Karl **Obv:** Bust right in inner circle **Rev:** Shield of arms in inner circle **Note:** Fr#3285.

Date	Mintage	VG	F	VF	XF	Unc
1705 CVL	—	1,150	2,500	4,950	9,500	—

KM# 82 DUCAT
3.5000 g., 0.9860 Gold 0.1109 oz. AGW **Ruler:** Karl Friedrich **Obv:** Bust right in inner circle **Mint:** Öls **Note:** Fr#3285.

Date	Mintage	VG	F	VF	XF	Unc
1708 CVL	—	975	2,250	4,600	8,500	—
1711 CVL	—	975	2,250	4,600	8,500	—
1713 CVL	—	975	2,250	4,600	8,500	—
1714 CVL	—	975	2,250	4,600	8,500	—

KM# 72 2 DUCAT
7.0000 g., 0.9860 Gold .2219 AGW 0.2219 oz. AGW **Ruler:** Christian Ulrich **Obv:** Bust to right **Obv. Legend:** D. G. CHRIST. ULR. — DUX. W. T. I. S. O. et B. **Rev:** Ornate 4-fold arms with central shield of Öls, 4 helmets above, date divided in margin at upper left and right **Rev. Legend:** COM. MONTB. DOM. HEID. &. MED. **Note:** Ref. F&S#2421, B&E#153; struck on thick flan from Ducat dies, KM#43 (Fr. 3276).

Date	Mintage	VG	F	VF	XF	Unc
1701 Rare	—	—	—	—	—	—

WURZBURG

Würzburg is situated on the River Main some 60 miles (100 km) east-southeast of Frankfurt am Main, having been founded during the seventh century. St. Boniface established a bishopric there in 741 and installed the first bishop, St. Burchard. His successors received the right to mint coins in the 11th century. The earliest coins were issued under Bruno von Kämten (1034-45) and featured a monogram based on his name. This devise usually took the form of a cross with letters attached to the arms. This basic type lasted until the 15th century and was occasionally resurredted after that time. In 1441, the bishop as also invested as the Duke of East Franconia and that title was incorporated into the inscriptions of the episcopal coinage. The bishopric of Würzburg was secularized in 1803 and annexed by Bavaria. Except for the period 1806-14, when it was made into a grand duchy for Archduke Ferdinand of Salzburg and Tuscany, Würzburg remained a part of Bavaria.

RULERS
Johann Philipp II, Frhr. von Greiffenklau-Vollraths, 1699-1719
Johann Philipp Franz, Graf von Schönborn, Christoph Franz von Hutten, 1724-1729

BISHOPRIC

REGULAR COINAGE

KM# 270 3 HELLER
Silver **Ruler:** Christoph Franz **Obv:** Lower arms of Hutten **Note:** Uniface. Varieties exist

Date	Mintage	VG	F	VF	XF	Unc
1724	—	4.00	8.00	20.00	40.00	—
1725	—	4.00	8.00	20.00	40.00	—
1728	—	4.00	8.00	20.00	40.00	—
1729	—	4.00	8.00	20.00	40.00	—

KM# 306 3 HELLER
Silver **Ruler:** Friedrich Karl **Obv:** Lower arms of Schonborn

Date	Mintage	VG	F	VF	XF	Unc
173Z	—	6.00	12.00	30.00	65.00	—
1737	—	6.00	12.00	30.00	65.00	—

KM# 315 3 HELLER
Silver **Ruler:** Anselm Franz **Obv:** Lower arms of Ingelheim

Date	Mintage	VG	F	VF	XF	Unc
1746	—	6.00	12.00	30.00	65.00	—
1747	—	6.00	12.00	30.00	65.00	—
1748	—	6.00	12.00	30.00	65.00	—
ND	—	6.00	12.00	30.00	65.00	—

KM# 349 3 HELLER
Billon **Ruler:** Adam Friedrich **Obv:** Value in orb **Note:** Uniface

Date	Mintage	VG	F	VF	XF	Unc
1759	—	7.00	16.00	37.00	75.00	—
1760	—	7.00	16.00	37.00	75.00	—
1761	—	7.00	16.00	37.00	75.00	—
1762	—	7.00	16.00	37.00	75.00	—
1763	—	7.00	16.00	37.00	75.00	—

KM# 336 1/2 PFENNING
Copper **Ruler:** Karl Philipp **Obv:** Crowned monogram **Rev:** Value, legend and date **Rev. Legend:** 1/2 / WIRZBURG / PFENNING

Date	Mintage	Good	VG	F	VF	XF
1751	—	—	5.00	10.00	20.00	45.00

KM# 335 1/2 PFENNING
Copper **Ruler:** Karl Philipp **Obv:** Crowned CP monogram **Rev:** Value in ornament **Rev. Inscription:** 1/2 / PFENNING / date

Date	Mintage	VG	F	VF	XF	Unc
1751 Rare	—	—	—	—	—	—

KM# 355 1/2 PFENNING
Copper **Ruler:** Adam Friedrich **Obv:** Crowned script FAF monogram **Obv. Legend:** WIRZBURG SCHEIDE MUNZ **Rev:** Value, date

Date	Mintage	VG	F	VF	XF	Unc
1760	—	6.00	15.00	30.00	65.00	—
1761	—	6.00	15.00	30.00	65.00	—

KM# 367.1 1/2 PFENNING
Copper **Ruler:** Adam Friedrich **Obv:** Two shields, crown above **Rev:** Value

Date	Mintage	VG	F	VF	XF	Unc
1761	—	4.00	9.00	18.00	37.00	—
1762	—	4.00	9.00	18.00	37.00	—
1763	—	4.00	9.00	18.00	37.00	—
1764	—	4.00	9.00	18.00	37.00	—

KM# 367.2 1/2 PFENNING
Copper **Ruler:** Franz Ludwig **Obv:** Large shields **Rev:** Value

Date	Mintage	VG	F	VF	XF	Unc
ND (1779-95)	—	4.00	9.00	18.00	37.00	—

KM# 212 1/84 GULDEN (Körtling)
Silver **Ruler:** Johann Philipp II **Obv:** Lower arms of Greifenklau **Rev:** Value on imperial orb within rhombus **Note:** Varieties exist.

Date	Mintage	VG	F	VF	XF	Unc
1713	—	6.00	13.00	30.00	60.00	—
1715F	—	6.00	13.00	30.00	60.00	—
1716	—	6.00	13.00	30.00	60.00	—
1717	—	6.00	13.00	30.00	60.00	—
1718	—	6.00	13.00	30.00	60.00	—
1719F	—	6.00	13.00	30.00	60.00	—

KM# 271 1/84 GULDEN (Körtling)
Silver **Ruler:** Christoph Franz **Obv:** Lower arms of Hutton **Rev:** Value on imperial orb within rhombus **Mint:** Fürth **Note:** Varieties exist.

Date	Mintage	VG	F	VF	XF	Unc
1724	—	5.00	10.00	20.00	45.00	—
1725	—	5.00	10.00	20.00	45.00	—
1726	—	5.00	10.00	20.00	45.00	—
1727	—	5.00	10.00	20.00	45.00	—
1728	—	5.00	10.00	20.00	45.00	—
1729	—	5.00	10.00	20.00	45.00	—

KM# 320 1/84 GULDEN (Körtling)
Silver **Ruler:** Anselm Franz **Obv:** Lower arms of Ingelheim **Rev:** Value on imperial orb within rhombus

Date	Mintage	VG	F	VF	XF	Unc
1748F	—	7.00	15.00	37.00	75.00	—

GERMAN STATES — WURZBURG

KM# 337 1/84 GULDEN (Körtling)
Billon **Ruler:** Karl Philipp **Obv:** Crowned oval arms between two branches, date **Rev:** Value, 84 on imperial orb in rhombus

Date	Mintage	VG	F	VF	XF	Unc
1751	—	6.00	15.00	30.00	60.00	—

Date	Mintage	VG	F	VF	XF	Unc
1747	—	10.00	20.00	45.00	90.00	—
1748	—	10.00	20.00	45.00	90.00	—

KM# 316 SCHILLING (6 Neue Pfennige)
Silver **Obv:** Crowned round two-fold arms of Würzburg, date divided at bottom **Rev:** St. Kilian **Note:** Sede vacante issue.

Date	Mintage	VG	F	VF	XF	Unc
1746	—	38.00	85.00	175	350	—

KM# 376 1/84 GULDEN (Körtling)
Billon **Ruler:** Adam Friedrich **Obv:** Crown above two shields **Rev:** Value on imperial orb within rhombus

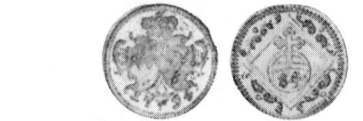

Date	Mintage	VG	F	VF	XF	Unc
1764	—	5.00	10.00	20.00	45.00	—

KM# 318 SCHILLING (6 Neue Pfennige)
Silver **Ruler:** Anselm Franz **Obv:** Crowned oval two-fold arms of Wurzburg, arms of Ingelheim lower in front **Obv. Legend:** ANS.FRANC.D.G.EP.H.S.R.I.P.F.O.D. **Rev:** St. Kilian standing divides date **Rev. Legend:** SANCTUS . KILIANUS

Date	Mintage	VG	F	VF	XF	Unc
1747	—	12.00	30.00	60.00	125	—
1748	—	12.00	30.00	60.00	125	—

KM# 338 SCHILLING (6 Neue Pfennige)
Billon **Ruler:** Karl Philipp **Obv:** Crowned oval three-fold arms **Rev:** St. Kilian divides date

Date	Mintage	VG	F	VF	XF	Unc
1751 Rare	—	—	—	—	—	—

KM# 437 1/84 GULDEN (Körtling)
Billon **Ruler:** Franz Ludwig **Obv:** Crown above two shields, date below **Rev:** Value on imperial orb within rhombus

Date	Mintage	VG	F	VF	XF	Unc
1794	—	7.00	15.00	37.00	75.00	—

KM# 442 1/84 GULDEN (Körtling)
Billon **Ruler:** Georg Karl **Obv:** Crowned arms within branches **Rev:** Value on imperial orb within rhombus

Date	Mintage	F	VF	XF	Unc	BU
1795	—	10.00	25.00	50.00	100	—
1796	—	—	—	—	—	—

KM# 339 SCHILLING (6 Neue Pfennige)
Billon **Ruler:** Karl Philipp **Obv:** Four-fold arms **Rev:** St. Kilian standing divides date

Date	Mintage	VG	F	VF	XF	Unc
1751	—	8.00	18.00	37.00	75.00	—

KM# 374 SCHILLING (6 Neue Pfennige)
Billon **Ruler:** Adam Friedrich **Obv:** Arms **Rev:** Madonna

Date	Mintage	VG	F	VF	XF	Unc
1763	—	10.00	25.00	55.00	110	—

KM# 458 1/84 GULDEN (Körtling)
Billon **Ruler:** Georg Karl **Obv:** Crowned arms within branches **Rev:** Value on imperial orb within rhombus

Date	Mintage	F	VF	XF	Unc	BU
1796	—	8.00	20.00	45.00	90.00	—
1797	—	8.00	20.00	45.00	90.00	—
1798	—	8.00	20.00	45.00	90.00	—
1799	—	8.00	20.00	45.00	90.00	—
1800	—	8.00	20.00	45.00	90.00	—

KM# 438 SCHILLING (6 Neue Pfennige)
Billon **Ruler:** Franz Ludwig **Obv:** Crowned arms within Order collar **Obv. Legend:** FRANC • LUD • D • G • ... **Rev:** St. Kilian standing divides date

Date	Mintage	VG	F	VF	XF	Unc
1794	—	6.00	15.00	30.00	60.00	—
1795	—	6.00	15.00	30.00	60.00	—

KM# 213 SCHILLING (8 Pfennig)
Silver **Ruler:** Johann Philipp II **Obv:** Lower arms of Greifenklau **Rev:** Value on imperial orb within rhombus **Note:** Varieties exist.

Date	Mintage	VG	F	VF	XF	Unc
1701	—	13.00	30.00	65.00	130	—
1703	—	13.00	30.00	65.00	130	—
1704	—	13.00	30.00	65.00	130	—
1705	—	13.00	30.00	65.00	130	—
1706	—	13.00	30.00	65.00	130	—

KM# 286 SCHILLING (8 Pfennig)
Silver **Ruler:** Christoph Franz **Obv:** Four-fold arms of Wurzburg and hutten in two joined ovals within baroque frame, crown above, date at bottom **Rev:** St. Kilian standing

Date	Mintage	VG	F	VF	XF	Unc
1726	—	30.00	65.00	135	275	—

KM# 443 SCHILLING (6 Neue Pfennige)
Billon **Ruler:** Georg Karl **Obv:** Crowned arms **Obv. Legend:** GEORG. CAROL. D. G... **Rev:** St. Kilian divides date

Date	Mintage	VG	F	VF	XF	Unc
1795	—	4.00	10.00	20.00	45.00	—
1796	—	4.00	10.00	20.00	45.00	—

KM# 317 SCHILLING (6 Neue Pfennige)
Silver **Ruler:** Anselm Franz **Obv:** Crowned oval four-fold arms with central shield of Ingelheim **Rev:** St. Kilian divides date

Date	Mintage	VG	F	VF	XF	Unc
1746	—	10.00	20.00	45.00	90.00	—

KM# 340 1/4 KREUZER
Copper **Ruler:** Karl Philipp **Obv:** Crowned arms within branches **Rev:** Value, date

Date	Mintage	VG	F	VF	XF	Unc
1752	—	4.00	9.00	18.00	37.00	—
1753	—	4.00	9.00	18.00	37.00	—

KM# 370 1/2 KREUZER
Copper **Ruler:** Adam Friedrich **Obv:** Crown above two shields within frame **Rev:** Value within cartouche

Date	Mintage	VG	F	VF	XF	Unc
1762	—	5.00	12.00	25.00	50.00	—
ND	—	5.00	12.00	25.00	50.00	—

KM# 341 KREUZER
Copper **Ruler:** Karl Philipp **Obv:** Crowned oval shield of 2-fold arms in baroque frame within branches **Rev:** 4-line inscription with date **Rev. Inscription:** I / LEICHTER / KREUTZER / (date)

Date	Mintage	VG	F	VF	XF	Unc
1752	—	10.00	20.00	45.00	95.00	—
1753	—	10.00	20.00	45.00	95.00	—

KM# 239 2 KREUZER (1/2 Batzen)
Silver **Ruler:** Johann Philipp II **Obv:** Crowned round four-fold arms of Wurzburg and Greifenklau, value 2 in oval at bottom divides date **Rev:** Madonna and child

Date	Mintage	VG	F	VF	XF	Unc
1704	—	12.00	30.00	65.00	135	—
1706	—	12.00	30.00	65.00	135	—

KM# 240 2 KREUZER (1/2 Batzen)
Silver **Ruler:** Johann Philipp II **Obv:** 3 helmets above 4-fold arms divide date **Rev:** St. Kilian, 2 in shield below

Date	Mintage	VG	F	VF	XF	Unc
1704	—	12.00	30.00	65.00	135	—
1706	—	12.00	30.00	65.00	135	—

KM# 377 2 KREUZER (1/2 Batzen)
Billon **Ruler:** Adam Friedrich **Obv:** AF monogram **Rev:** Arms

Date	Mintage	VG	F	VF	XF	Unc
1764	—	20.00	45.00	90.00	185	—
1765	—	20.00	45.00	90.00	185	—

KM# 260 3 KREUZER (Groschen)
Silver **Ruler:** Johann Philipp II **Subject:** Death of Johann Philipp II **Obv:** Crowned and supported round four-fold arms of Wurzburg and Greifenklau, inscriptions in two ribbons above **Rev:** Six-line inscription with dates, value 3 on imperial orb below **Note:** Varieties exist.

Date	Mintage	VG	F	VF	XF	Unc
1719	—	20.00	45.00	90.00	185	—

KM# 272 3 KREUZER (Groschen)
Silver **Ruler:** Johann Philipp Franz **Subject:** Death of Johann Philipp Franz **Obv:** Crowned and mantled oval ten-fold arms with central shield of Schöonborn **Rev:** 9-line inscription with dates, value 3 in imperial orb divides bottom line **Note:** Varieties exist.

Date	Mintage	VG	F	VF	XF	Unc
1724	—	12.00	25.00	50.00	135	—

KM# 293 3 KREUZER (Groschen)
Silver **Ruler:** Christoph Franz **Subject:** Death of Christian Franz **Obv:** Crowned and mantled oval four-fold arms of Wurzburg and Hutten **Rev:** Inscription **Note:** Varieties exist.

Date	Mintage	VG	F	VF	XF	Unc
1729	—	25.00	50.00	100	210	—

KM# 324 3 KREUZER (Groschen)
Silver, 25 mm. **Ruler:** Friedrich Karl **Subject:** Death of Friedrich Karl **Obv:** Crowned and mantled complex arms **Rev:** Inscription

Date	Mintage	VG	F	VF	XF	Unc
1746	—	25.00	50.00	100	200	—

KM# 325 3 KREUZER (Groschen)
Silver **Ruler:** Anselm Franz **Subject:** Death of Anselm Franz **Obv:** Crowned and mantled oval four-fold arms with central shield of Ingelheim **Rev:** Nine-line inscription with dates, value: 3 on imperial orb divides bottom line **Note:** Varieties exist.

Date	Mintage	VG	F	VF	XF	Unc
1749	—	10.00	25.00	50.00	100	—

KM# 342 3 KREUZER (Groschen)
Silver **Ruler:** Karl Philipp **Subject:** Death of Karl Philipp **Obv:** Crowned complex arms **Rev:** Inscription

Date	Mintage	VG	F	VF	XF	Unc
1754	—	20.00	40.00	80.00	165	—

KM# 410 3 KREUZER (Groschen)
Billon **Ruler:** Adam Friedrich **Subject:** Death of Adam Friedrich **Obv:** Oval shield of 4-fold arms with central shield, superimposed on crowned mantle **Rev:** 9-line inscription with dates

Date	Mintage	VG	F	VF	XF	Unc
1779	—	15.00	30.00	60.00	120	—

KM# 444 3 KREUZER (Groschen)
Silver, 21 mm. **Ruler:** Franz Ludwig **Subject:** Death of Franz Ludwig **Obv:** Crowned arms **Obv. Legend:** ...F. OR. DUX... **Rev:** 9-line inscription with dates

Date	Mintage	VG	F	VF	XF	Unc
1795	—	10.00	20.00	45.00	90.00	—

KM# 445 3 KREUZER (Groschen)
Silver **Ruler:** Franz Ludwig **Subject:** Death of Franz Ludwig **Obv:** Crowned arms **Obv. Legend:** ...F. O. DUX... **Rev:** 9-line inscription with dates

Date	Mintage	VG	F	VF	XF	Unc
1795	—	6.00	15.00	30.00	60.00	—

KM# 446 3 KREUZER (Groschen)
Silver **Ruler:** Franz Ludwig **Subject:** Death of Franz Ludwig **Rev:** 9-line inscription with dates, MARZ instead of MERZ in fifth line

Date	Mintage	VG	F	VF	XF	Unc
1795	—	—	—	—	—	—

KM# 241 4 KREUZER (Batzen)
Silver **Ruler:** Johann Philipp II **Obv:** Three helmets above four-fold arms divide date **Rev:** St. Kilian, 4 in shield below

Date	Mintage	VG	F	VF	XF	Unc
1704	—	25.00	50.00	100	200	—
1705	—	25.00	50.00	100	200	—
ND	—	25.00	50.00	100	200	—

KM# 244 4 KREUZER (Batzen)
Silver **Ruler:** Johann Philipp II **Obv:** Crowned round four-fold arms of Wurzburg and Greiffenklau, in oval at bottom divide date **Rev:** Madonna and child

Date	Mintage	VG	F	VF	XF	Unc
1706	—	25.00	50.00	100	200	—

KM# 245 4 KREUZER (Batzen)
Silver **Ruler:** Johann Philipp II **Obv:** Date divided above arms

Date	Mintage	VG	F	VF	XF	Unc
1706	—	12.00	30.00	65.00	135	—

KM# 321 4 KREUZER (Batzen)
Silver **Ruler:** Anselm Franz **Obv:** Crowned and mantled four-fold arms with center shield of Ingelheim, value: 4 below **Rev:** Madonna and child on crescent, date divided below

Date	Mintage	VG	F	VF	XF	Unc
1748	—	8.00	20.00	40.00	80.00	—

KM# 372 4 KREUZER (Batzen)
Billon **Ruler:** Adam Friedrich **Obv:** Arms **Rev:** Madonna

Date	Mintage	VG	F	VF	XF	Unc
1763	—	8.00	18.00	37.00	75.00	—

KM# 322 5 KREUZER
Silver **Ruler:** Anselm Franz **Obv:** Crowned and mantled four-fold arms with center shield of Ingelheim, V at bottom **Rev:** Madonna and child on crescent, date divided below

Date	Mintage	VG	F	VF	XF	Unc
1748 WF	—	8.00	18.00	37.00	75.00	—

KM# 378 5 KREUZER
Billon **Ruler:** Adam Friedrich **Obv:** Crowned complex arms **Rev:** Crowned monogram **Note:** Convention 5 Kreuzer.

Date	Mintage	VG	F	VF	XF	Unc
1764	—	15.00	30.00	65.00	135	—
1765	—	15.00	30.00	65.00	135	—

KM# 389 5 KREUZER
Copper **Ruler:** Adam Friedrich **Note:** Klippe.

Date	Mintage	VG	F	VF	XF	Unc
1765	—	25.00	55.00	110	225	—

KM# 290 6 KREUZER
Silver **Ruler:** Christoph Franz **Obv:** Three helmets above oval four-fold arms of Wurzburg and Hutten, value: 6.K in cartouche at bottom divides date **Rev:** Crowned and mantled oval with ornate CF monogram

Date	Mintage	VG	F	VF	XF	Unc
1728	—	35.00	75.00	150	300	—

KM# 357 10 KREUZER
Silver **Ruler:** Adam Friedrich **Obv:** Bust right **Rev:** Standing Madonna holding child

Date	Mintage	VG	F	VF	XF	Unc
1760 NB	—	75.00	125	250	525	—
1762 NB	—	—	—	—	—	—
1762	—	—	—	—	—	—

KM# 356 10 KREUZER
Silver **Ruler:** Adam Friedrich **Obv:** Bust right **Rev:** Arms **Note:** Convention 10 Kreuzer.

Date	Mintage	VG	F	VF	XF	Unc
1760 OE/GN PB	—	20.00	45.00	90.00	185	—

KM# 373 10 KREUZER
Silver **Ruler:** Adam Friedrich **Obv:** Bust right within branches **Obv. Legend:** AD • FRI • D • G • EP • BAM • ET WIR • S • R • I • P • F • O • D • **Rev:** Crowned arms

Date	Mintage	VG	F	VF	XF	Unc
1763 R MP	—	15.00	30.00	65.00	135	—
1763 L MP	—	15.00	30.00	65.00	135	—
1764 R MP	—	15.00	30.00	65.00	135	—
1764 L MP	—	15.00	30.00	65.00	135	—
1765 R MP	—	15.00	30.00	65.00	135	—
1766 R MP	—	15.00	30.00	65.00	135	—
1767 R MP	—	15.00	30.00	65.00	135	—

KM# 281 15 KREUZER (1/4 Gulden)
Silver **Ruler:** Christoph Franz **Obv:** Bust right **Rev:** Three helmets above oval four-fold arms of Wurzburg and Hutten, value: XV in cartouche divides date

Date	Mintage	VG	F	VF	XF	Unc
1725 N	—	50.00	90.00	175	375	—

KM# 368 20 KREUZER
Silver **Ruler:** Adam Friedrich **Obv:** Bust right **Rev:** Crowned arms

Date	Mintage	F	VF	XF	Unc	BU
1760 OE GN P B	—	30.00	60.00	120	240	—
1762 F(N)S	—	30.00	60.00	120	240	—
1762 NB	—	30.00	60.00	120	240	—

KM# 358 20 KREUZER
Silver **Ruler:** Adam Friedrich **Obv:** Bust right **Obv. Legend:** AD • FRI • D • G • EP • BAM • ET WIR • S • R • I • P • F • O • D • **Rev:** Standing Madonna holding child **Note:** Convention 20 Kreuzer.

Date	Mintage	F	VF	XF	Unc	BU
1760	—	10.00	25.00	55.00	110	—
1763 L//MP	—	10.00	25.00	55.00	110	—
1764	—	10.00	25.00	55.00	110	—

KM# 369 20 KREUZER
Silver **Ruler:** Adam Friedrich **Obv:** Crowned arms **Rev:** Value and date

Date	Mintage	F	VF	XF	Unc	BU
1761 NB	—	10.00	25.00	55.00	110	—
1762 NB	—	10.00	25.00	55.00	110	—

KM# 371 20 KREUZER
Silver **Ruler:** Adam Friedrich **Obv:** Armored bust right **Obv. Legend:** AD • FRI • D • G • EP • BAM • ET WIR • S • R • I • P • F • O • D • **Rev:** Crowned arms on pedestal with value

Date	Mintage	F	VF	XF	Unc	BU
1762 LOOS MP	—	10.00	20.00	45.00	90.00	—
1762 MP	—	10.00	20.00	45.00	90.00	—
1762 OE FS	—	10.00	20.00	45.00	90.00	—
1763 MP	—	10.00	20.00	45.00	90.00	—
1763 V. LON MP	—	10.00	20.00	45.00	90.00	—
1763 L MP	—	10.00	20.00	45.00	90.00	—
1763 LOOS MP	—	10.00	20.00	45.00	90.00	—
1764 L MP	—	10.00	20.00	45.00	90.00	—
1765 L MP	—	10.00	20.00	45.00	90.00	—
1769 RF MP	—	10.00	20.00	45.00	90.00	—
1773 R MP	—	10.00	20.00	45.00	90.00	—
1774 RF MP	—	10.00	20.00	45.00	90.00	—
1776 RF MP	—	10.00	20.00	45.00	90.00	—
1777 RF MP	—	10.00	20.00	45.00	90.00	—

KM# 379 20 KREUZER
Silver **Ruler:** Adam Friedrich **Obv:** Bust in wreath **Rev:** Arms on pedestal

Date	Mintage	F	VF	XF	Unc	BU
1764 L MP	—	15.00	37.00	75.00	150	—
1765 L MP	—	15.00	37.00	75.00	150	—

Date	Mintage	F	VF	XF	Unc	BU
1766 MP	—	15.00	37.00	75.00	150	—
1767 R MP	—	15.00	37.00	75.00	150	—
1768 MP	—	15.00	37.00	75.00	150	—
1768 R MP	—	15.00	37.00	75.00	150	—
1769 MP	—	15.00	37.00	75.00	150	—
1769 R MP	—	15.00	37.00	75.00	150	—
1770 MP	—	15.00	37.00	75.00	150	—

KM# 411 20 KREUZER

Silver **Ruler:** Franz Ludwig **Obv:** Bust with ermine mantle **Rev:** Crowned and mantled round arms

Date	Mintage	VG	F	VF	XF	Unc
1779	—	85.00	150	300	600	—

Note: Supposedly removed from circulation at the insistence of the Bishop's brother, the Elector of Mainz; He contended that ermine mantles were to be worn only by electors

KM# 420 20 KREUZER

Silver **Ruler:** Franz Ludwig **Obv:** Draped bust right **Obv. Legend:** FRANC • LUD • D • G • EP • BAM • ET WIR • S • R • I • P • F • O • DUX • **Rev:** Arms within crowned mantle, value below **Note:** Varieties exist.

Date	Mintage	VG	F	VF	XF	Unc
1780 RF MP	—	30.00	65.00	135	270	—
1783 RF MP	—	30.00	65.00	135	270	—
1784 G MP	—	30.00	65.00	135	270	—
1784 RF MP	—	30.00	65.00	135	270	—
1784 OE MP	—	30.00	65.00	135	270	—

KM# 422 20 KREUZER

Silver **Ruler:** Franz Ludwig **Obv:** Draped bust right **Obv. Legend:** FRANC • LUD • D • G • EP • BAM • ET WIR • S • R • I • P • F • O • DUX • **Rev:** Saint on pedestal with value **Note:** Varieties exist.

Date	Mintage	VG	F	VF	XF	Unc
1785 RF MP	—	25.00	50.00	100	210	—
1786 RF MP	—	25.00	50.00	100	210	—
1787 RF MP	—	25.00	50.00	100	210	—
1787 G MP	—	25.00	50.00	100	210	—
1790 RF MP	—	25.00	50.00	100	210	—

KM# 431 20 KREUZER

Silver **Ruler:** Franz Ludwig **Obv:** Draped bust right **Obv. Legend:** FRANC • LUD • D • G • .... **Rev:** Arms within crowned mantle **Note:** Varieties exist.

Date	Mintage	VG	F	VF	XF	Unc
1788 MP	—	25.00	50.00	100	210	—
1789 MP	—	25.00	50.00	100	210	—
1790 MP	—	25.00	50.00	100	210	—
1791 MP	—	25.00	50.00	100	210	—
1791 RF MP	—	25.00	50.00	100	210	—
1791 G MP	—	25.00	50.00	100	210	—
1791 GF MP	—	25.00	50.00	100	210	—

KM# 448 20 KREUZER

Silver **Ruler:** Georg Karl **Obv:** Arms within crowned mantle **Obv. Legend:** GEORG • CAROL • D • G • EP • WIR • S • R • I • PR • FR • OR • DUX • **Rev:** Value and date within branches **Rev. Inscription:** PRO PATRIA / LX / EINE FEINE / MARK / 1795 / MM / 20 **Note:** Varieties exist.

Date	Mintage	VG	F	VF	XF	Unc
1795 MM	—	35.00	75.00	150	300	—

KM# 450 20 KREUZER

Silver **Ruler:** Georg Karl **Obv:** Bust right **Rev:** Value and date within branches **Note:** Varieties exist.

Date	Mintage	VG	F	VF	XF	Unc
1795 MM	—	40.00	85.00	175	350	—

KM# 447 20 KREUZER

Silver **Ruler:** Georg Karl **Obv:** Shield of 4-fold arms superimposed on crowned mantle **Rev:** 6-line inscription with date and mintmaster's initials between laurel branches, legend curved above **Rev. Legend:** PRO PATRIA **Rev. Inscription:** LX / EINE FEINE / MARK / (date) / (initials) / 20

Date	Mintage	VG	F	VF	XF	Unc
1795 MM	—	35.00	75.00	150	300	—

KM# 449 20 KREUZER

Silver **Ruler:** Georg Karl **Obv:** Bust right **Obv. Legend:** GEORG • CAROL • D • G • EP • WIR • S • R • I • PR • FR • OR • DUX • **Rev:** Arms within Order collar **Rev. Legend:** PRO - PATRIA, below; 10 EINE FEINE - MARCK date

Date	Mintage	VG	F	VF	XF	Unc
1795 RF MM	—	35.00	75.00	150	300	—

KM# 451 20 KREUZER

Silver **Ruler:** Georg Karl **Obv:** Bust right **Rev:** Madonna

Date	Mintage	VG	F	VF	XF	Unc
1795 RF MM	—	30.00	65.00	135	275	—

KM# 452 20 KREUZER

Silver **Ruler:** Georg Karl **Obv:** Bust right **Obv. Legend:** GEORG • CAROL • D • G • EP • WIRC • S • R • I • P • F • O • DUX • **Rev:** Three saints on pedestals, value in center one, date below

Date	Mintage	VG	F	VF	XF	Unc
1795 MM	—	40.00	85.00	120	340	—

KM# 459 20 KREUZER

Silver **Ruler:** Georg Karl **Obv:** Bust right **Obv. Legend:** GEORG • CAROL • D • G • EP • WIRC • • S • R • I • PR • FR • O • DUX • **Rev:** Crowned 2-fold arms within Order collar, value below

Date	Mintage	VG	F	VF	XF	Unc
1796 MM	—	30.00	65.00	135	275	—

KM# 255 1/8 THALER

Silver **Ruler:** Johann Philipp II **Obv:** Bust right **Rev:** Three helmets above oval four-fold arms, date divided below

Date	Mintage	VG	F	VF	XF	Unc
1718	—	175	350	700	1,425	—

KM# 287 1/8 THALER

Silver **Ruler:** Christoph Franz **Obv:** Three helmets above oval four-fold arms of Wurzburg and Hutten **Rev:** Crowned and mantled oval with ornate CF monogram, date divided at bottom, without value

Date	Mintage	VG	F	VF	XF	Unc
1726	—	45.00	90.00	180	360	—

KM# 222 1/4 THALER

Silver **Ruler:** Johann Philipp II **Obv:** Bust right **Rev:** Three helmets above oval four-fold arms, tiny date divided at bottom

Date	Mintage	VG	F	VF	XF	Unc
1702	—	150	350	750	1,500	—
1718	—	150	350	750	1,500	—

KM# 246 1/4 THALER

Silver **Ruler:** Johann Philipp II **Obv:** Bust right **Rev:** Madonna and child above four-fold arms, tiny date divided at left and right

Date	Mintage	VG	F	VF	XF	Unc
1707	—	250	500	1,000	2,000	—

KM# 291 1/4 THALER

Silver **Ruler:** Christoph Franz **Obv:** Three helmets above oval four-fold arms of Wurzburg and Hutten, value: 1/4 in cartouche at bottom divides date **Rev:** Crowned and mantled oval with ornate F monogram

Date	Mintage	VG	F	VF	XF	Unc
1728	—	170	350	700	1,400	—

KM# 292 1/4 THALER

Silver **Ruler:** Christoph Franz **Obv:** Bust right **Rev:** Crowned and mantled oval four-fold arms of Wurzburg and Hutten, value: 1/4 in cartouche at bottom

Date	Mintage	VG	F	VF	XF	Unc
ND	—	175	400	800	1,500	—

KM# 223 1/2 THALER

Silver **Ruler:** Johann Philipp II **Obv:** Bust right **Rev:** Crowned and supported oval four-fold arms, large fir tree above and behind, small date at bottom

Date	Mintage	VG	F	VF	XF	Unc
1702	—	250	500	1,000	2,000	—

KM# 224 1/2 THALER

Silver **Ruler:** Johann Philipp II **Obv:** Bust right **Rev:** Crowned and mantled oval four-fold arms, tiny date divided at bottom

Date	Mintage	VG	F	VF	XF	Unc
1702	—	300	650	1,300	2,450	—

KM# 225 1/2 THALER

Silver **Ruler:** Johann Philipp II **Obv:** Bust right **Rev:** Three saints on pedestals, date in chronogram

Date	Mintage	VG	F	VF	XF	Unc
1702	—	—	—	—	—	—

KM# 226 1/2 THALER

Silver **Ruler:** Johann Philipp II **Obv:** Bust right **Obv. Legend:** IOAN • PHILIP • D • G • EP • HERB • S • R • I • PR • FR • OR • DVX • **Rev:** Three helmets above round four-fold arms, date divided below

Date	Mintage	VG	F	VF	XF	Unc
1702	—	250	500	1,000	2,000	—

KM# 247 1/2 THALER

Silver **Ruler:** Johann Philipp II **Rev:** Madonna and child above four-fold arms, tiny date divided at left and right

Date	Mintage	VG	F	VF	XF	Unc
1707	—	400	800	1,500	2,750	—

KM# 282 1/2 THALER

Silver **Ruler:** Christoph Franz **Obv:** Bust right **Obv. Legend:** CHRISTOPH: FRANC: D: G: EP: HERB: S: R: I: PR: FR: OR: DVX **Rev:** Crowned and mantled oval four-fold arms of Wurzburg and Hutten, date divided at lower left and right of arms

Date	Mintage	VG	F	VF	XF	Unc
1725	—	180	375	750	1,500	—

KM# 288 1/2 THALER

Silver **Ruler:** Christoph Franz **Obv:** Three helmets above oval four-fold arms of Wurzburg and Hutten, without value **Obv. Legend:** CHRISTOPH • FRANC • D • G • EP • HERB • S • R • I • PR • FR • OR • DVX • **Rev:** Crowned and mantled oval with ornate CF monogram, date at bottom

Date	Mintage	VG	F	VF	XF	Unc
1726	—	110	225	475	975	—

KM# 343 1/2 THALER

Silver **Ruler:** Karl Philipp **Obv:** Bust right **Rev:** Crowned oval arms in baroque frame, value, date **Note:** Convention 1/2 Thaler.

Date	Mintage	VG	F	VF	XF	Unc
1754 I.L. OE-WG-BN	—	300	625	1,250	2,500	—

KM# 359 1/2 THALER

Silver **Ruler:** Adam Friedrich **Obv:** Bust right **Rev:** Crowned and mantled arms

Date	Mintage	F	VF	XF	Unc	BU
1760 GN-PB	—	120	225	475	975	—

KM# A369 1/2 THALER

Silver **Ruler:** Adam Friedrich **Obv:** Bust right **Rev:** Madonna standing facing with child **Rev. Legend:** PATRONA - FRANCONIAE

Date	Mintage	F	VF	XF	Unc	BU
1761 GN-PB	—	90.00	185	375	750	—

KM# 383 1/2 THALER

Silver **Ruler:** Adam Friedrich **Obv:** Bust right **Obv. Legend:** AD • FRI • D • G • EP • BAM • ET WIR • S • R • I • P • F • O • DUX • **Rev:** Crowned arms with supporters

Date	Mintage	F	VF	XF	Unc	BU
1764 INM-FHP	—	100	185	375	775	—
1765 INM-FHP	—	100	185	375	775	—

KM# 390 1/2 THALER

Silver **Ruler:** Adam Friedrich **Obv:** Bust right **Obv. Legend:** AD • FRI • D • G • EP • BAM • ET WIR • S • R • I • P • F • O • DUX • **Rev:** Madonna and child **Rev. Legend:** PATRONA FRANCONIAE

Date	Mintage	F	VF	XF	Unc	BU
1765 MP	—	90.00	185	375	750	—

KM# 221 THALER

Silver **Ruler:** Johann Philipp II **Obv:** Legend, date, bust right **Obv. Legend:** IOAN. PHILIP... **Rev:** Helmeted arms **Note:** Dav. #2880

Date	Mintage	VG	F	VF	XF	Unc
1701	—	350	950	1,450	2,700	—

KM# 227 THALER

Silver **Ruler:** Johann Philipp II **Obv:** Draped bust right **Obv. Legend:** IOAN • PHILIP • D • G • EP • HERB • S • R • I • PR • FR • OR • DVX • **Rev:** Three saints on pedestalS **Rev. Legend:** HAC MAGNA TRIADE PATROCINANTE • **Note:** Dav. #2881.

Date	Mintage	F	VF	XF	Unc	BU
1702	—	210	425	900	1,700	—

KM# 228 THALER

Silver **Ruler:** Johann Philipp II **Obv:** Draped bust right **Obv. Legend:** IOAN • PHILIP • D • G • EP • HERB • S • R • I • PR • FR • OR • DVX • **Rev:** Crowned and mantled arms, date below **Rev. Legend:** ADIVTORIVM NOSTRVM IN NOMINE DOMINI **Note:** Dav. #2882.

Date	Mintage	F	VF	XF	Unc	BU
1702	—	210	425	900	1,700	—

KM# 229 THALER

Silver **Ruler:** Johann Philipp II **Obv:** Bust right **Obv. Legend:** IOAN • PHILIP • D • G • EP • HERB • S • R • I • PR • FR • OR • DVX • **Rev:** Tree above crowned and supported arms, date below **Rev. Legend:** SEMPER - IDEM • **Note:** Dav. #2883.

Date	Mintage	F	VF	XF	Unc	BU
1702	—	210	425	900	1,700	—

KM# 230 THALER

Silver **Ruler:** Johann Philipp II **Rev:** Helmeted arms with divided date below **Note:** Dav. #2884.

Date	Mintage	F	VF	XF	Unc	BU
1702	—	210	425	900	1,700	—
1707	—	210	425	900	1,700	—

KM# 248 THALER

Silver **Ruler:** Johann Philipp II **Obv:** Slightly larger bust **Rev:** Madonna and child on cloud in rays, date divided below **Note:** Dav. #2885.

Date	Mintage	F	VF	XF	Unc	BU
1707	—	375	775	1,400	2,450	—

KM# 283 THALER

Silver **Ruler:** Christoph Franz **Obv:** Bust right **Obv. Legend:** CHRISTOPH: FRANC: D. G. EP: HERB: S. R. I. PR: FR: OR: DVX. **Rev:** Helmeted arms, date below **Rev. Legend:** MISERICORDIAS DOMINI IN ÆTERNVM CANTABO **Note:** Dav. #2886.

Date	Mintage	F	VF	XF	Unc	BU
1725N	—	260	525	1,050	1,950	—
1726	—	260	525	1,050	1,950	—
1727	—	260	525	1,050	1,950	—
1728	—	260	525	1,050	1,950	—

KM# 345 THALER

Silver **Ruler:** Karl Philipp **Rev:** Undivided value ... MARCK **Note:** Dav. #2888.

Date	Mintage	F	VF	XF	Unc	BU
1754 ILOE-WG-BN	—	550	1,000	2,000	3,100	—

GERMAN STATES — WURZBURG

KM# 344 THALER
Silver **Ruler:** Karl Philipp **Obv:** Draped bust right **Obv. Legend:** CAROL: PHILIPP: D: G: EP: HER: B: S: R: I: PR: FR: OR: DVX: **Rev:** Crowned 4-fold arms within baroque frame divides date, value below **Rev. Legend:** 10 EINE - FEINE MAR. **Note:** Convention Thaler. Varieties exist. Dav. #2887.

Date	Mintage	F	VF	XF	Unc	BU
1754 I.L OE-WG-BN	—	475	950	1,900	3,000	—

KM# 363 THALER
Silver **Ruler:** Adam Friedrich **Obv:** Without OEXLEIN below bust **Note:** Cross-reference number Dav. #2891A.

Date	Mintage	F	VF	XF	Unc	BU
1760 GN-PB	—	350	725	1,500	3,000	—

KM# 365 THALER
Silver **Ruler:** Adam Friedrich **Obv. Legend:** ADAM FRIDERIC... **Note:** Cross-reference number Dav. #2892A.

Date	Mintage	F	VF	XF	Unc	BU
1760 GN-PB	—	140	220	375	925	—

KM# 360 THALER
Silver **Ruler:** Adam Friedrich **Obv:** Bust right **Rev:** Eleven-line inscription: date in chronogram **Note:** Dav. #2889.

Date	Mintage	F	VF	XF	Unc	BU
1760	—	750	1,500	3,000	4,500	—

KM# 361 THALER
Silver **Ruler:** Adam Friedrich **Rev:** Crowned, mantled arms into legend **Note:** Dav. #2890.

Date	Mintage	F	VF	XF	Unc	BU
1760 GN-PB	—	375	750	1,500	3,000	—

KM# 362 THALER
Silver **Ruler:** Adam Friedrich **Obv:** OEXLEIN below bust **Rev:** Smaller arms within legend **Note:** Dav. #2891.

Date	Mintage	F	VF	XF	Unc	BU
1760 GN-PB	—	250	500	1,000	2,000	—

KM# 364 THALER
Silver **Ruler:** Adam Friedrich **Obv:** Bust right **Obv. Legend:** AD • FRIDER • D • G • EP • BAM • ET WIRCEB • S • R • I • PR • FR • OR • DVX, OEXLEIN below **Rev:** Madonna with child divides date **Rev. Legend:** PATRONA - FRANCONIÆ, X. EINE (W) F. MARK/G.N. - P.B. below **Note:** Dav. #2892.

Date	Mintage	F	VF	XF	Unc	BU
1760 GN-PB	—	140	220	375	925	—

KM# 366 THALER
Silver **Ruler:** Adam Friedrich **Obv. Legend:** ADAM FRIDER... **Note:** Dav. #2892B.

Date	Mintage	F	VF	XF	Unc	BU
1760 GN-PB	—	140	220	375	925	—

KM# 380 THALER
Silver **Ruler:** Adam Friedrich **Obv:** G.F. LOOS. F. below bust right **Obv. Legend:** ADAM • FRID • D • G • EP • BAM • ET WIRC •, S • R • I • PRIN • FR • OR • DUX • **Rev:** Crowned arms with supporters **Rev. Legend:** 10 EINE FEINE - MARCK • 1763, I•N•M• * F•H•P• at bottom **Note:** Dav. #2893.

Date	Mintage	F	VF	XF	Unc	BU
1763 INM-FHP	—	115	190	375	975	—

KM# 381 THALER
Silver **Ruler:** Adam Friedrich **Obv:** V. LON F. below bust **Note:** Dav. #2893A.

Date	Mintage	F	VF	XF	Unc	BU
1763 INM-FHP	—	115	190	375	975	—

KM# 375 THALER
Silver **Ruler:** Adam Friedrich **Obv:** G.F. LOOS. F. below bust **Rev:** Seated Madonna holding child **Note:** Dav. #2894.

Date	Mintage	F	VF	XF	Unc	BU
1763 MP	—	500	1,000	2,000	4,000	—

KM# 382 THALER
Silver **Ruler:** Adam Friedrich **Obv:** Draped bust right **Obv. Legend:** ADAM • FRID • D • G • EP • BAM • ET WIRC • S • R • I • FR • FR • OR • DVX **Rev:** Madonna and child **Rev. Legend:** PATRONA - FRANCONIAE, 10 EINE FEINE - MARCK date **Note:** Dav. #2894A.

Date	Mintage	F	VF	XF	Unc	BU
1763 MP	—	130	200	400	1,000	—
1764 MP	—	130	200	400	1,000	—

KM# 385 THALER
Silver **Ruler:** Adam Friedrich **Obv:** Bust right **Obv. Legend:** ADAM • FRID • D • G • EP • BAM • ET WIRC • S • R • I • PRIN • FR • OR • DUX • **Rev:** Crowned 4-fold arms with supporters **Rev. Legend:** PATRONA - FRANCONIAE, 10 EINE FEINE - MARCK date **Note:** Dav. #2896.

Date	Mintage	F	VF	XF	Unc	BU
1764 INM-FHP	—	115	190	375	975	—

KM# 384 THALER
Silver **Ruler:** Adam Friedrich **Obv:** Bust right **Obv. Legend:** AD. FRI. D.G. EP. BAM. ET WIR. S. R. I. P. F. O. DUX **Rev:** Crowned arms with supporters, 'W' below in frame **Rev. Legend:** PATRONA - FRANCONIAE, 10 EINE FEINE - MARCK date **Note:** Cross-reference number Dav. #2895.

Date	Mintage	F	VF	XF	Unc	BU
1764 INM-FHP	—	130	215	425	1,100	—

KM# 387 THALER
Silver **Ruler:** Adam Friedrich **Obv:** G.F. LOOS F. below bust **Note:** Dav. #2897.

Date	Mintage	F	VF	XF	Unc	BU
1764 MP	—	80.00	120	240	600	—

KM# 386 THALER
Silver **Ruler:** Adam Friedrich **Obv:** LOOS below bust **Obv. Legend:** AD • FRI • D • G • EP • BAM • ET • WIR • S • R • I • P • F • O • DUX • **Rev:** Madonna and child **Rev. Legend:** PATRONA - FRANCONIAE, 10 EINE FEINE - MARCK date **Note:** Dav. #2897A.

Date	Mintage	F	VF	XF	Unc	BU
1764 MP	—	80.00	120	240	600	—

KM# 393 THALER
Silver **Ruler:** Adam Friedrich **Obv:** LOOS below bust **Note:** Dav. #2898.

Date	Mintage	F	VF	XF	Unc	BU
1765 MP	—	80.00	120	240	600	—
1766 MP	—	80.00	120	240	600	—

KM# 394 THALER
Silver **Ruler:** Adam Friedrich **Obv:** G.F. LOOS F. below bust **Note:** Dav. #2898A.

Date	Mintage	F	VF	XF	Unc	BU
1765 MP	—	80.00	120	240	600	—
1766 MP	—	80.00	120	240	600	—

KM# 395 THALER
Silver **Ruler:** Adam Friedrich **Obv:** L below bust **Note:** Dav. #2898B.

Date	Mintage	F	VF	XF	Unc	BU
1765 MP	—	80.00	120	240	600	—

KM# 392 THALER
Silver **Ruler:** Adam Friedrich **Obv:** Draped bust right **Obv. Legend:** AD • FRI • D • G • EP • BAM • ET • WIR • S • R • I • PR • FR • OR • DUX • **Rev:** Madonna and child **Rev. Legend:** PATRONA - FRANCONIAE, 10 EINE FEINE - MARCK date **Note:** Dav. #2899.

Date	Mintage	F	VF	XF	Unc	BU
1765 MP	—	80.00	120	240	600	—

KM# 391 THALER
Silver **Ruler:** Adam Friedrich **Obv:** L below bust **Note:** Dav. #2896A.

Date	Mintage	F	VF	XF	Unc	BU
1765 INM-FHP	—	80.00	120	240	600	—

KM# 396 THALER
Silver **Ruler:** Adam Friedrich **Note:** Cross-reference number Dav. #2900.

Date	Mintage	F	VF	XF	Unc	BU
1766 MP	—	1,300	2,000	3,600	7,000	—

KM# 397 THALER
Silver **Ruler:** Adam Friedrich **Obv:** L below bust **Rev:** Crowned arms with supporters, 'W' in frame below **Note:** Dav. #2901.

Date	Mintage	F	VF	XF	Unc	BU
1767 MP	—	130	215	425	1,100	—
1769 MP	—	130	215	425	1,100	—
1770 MP	—	130	215	425	1,100	—

KM# 398 THALER
Silver **Ruler:** Adam Friedrich **Obv:** R.F. below bust **Obv. Legend:** AD • FRI • D • G • EP - BAM • ET WIR • S • R • I • PR • FR • OR • DUX. **Rev:** Crowned and supported arms, W in cartouche below **Rev. Legend:** 10 EINE FEINE - MARCK. date **Note:** Dav. #2901A.

Date	Mintage	F	VF	XF	Unc	BU
1769 MP	—	130	215	425	1,100	—
1770 MP	—	130	215	425	1,100	—
1771 MP	—	130	215	425	1,100	—
1772 MP	—	130	215	425	1,100	—
1773 MP	—	130	215	425	1,100	—

KM# 407 THALER
Silver **Ruler:** Adam Friedrich **Obv:** R.F. below bust **Obv. Legend:** AD • FRI • D • G • EP • BAM • ET • WIR • S • R • I • PR • FR • OR • DUX • **Rev:** Crowned arms with supporters, "W" in frame below **Rev. Legend:** 10 EINE FEINE - MARCK **Note:** Dav. #2901B.

Date	Mintage	F	VF	XF	Unc	BU
1773 INM-FHP	—	130	215	425	1,100	—
1774 INM-FHP	—	130	215	425	1,100	—
1777 INM-FHP	—	130	215	425	1,100	—

KM# 406 THALER
Silver **Ruler:** Adam Friedrich **Note:** Varieties exist. Dav. #2902.

Date	Mintage	F	VF	XF	Unc	BU
1773 MP	—	80.00	150	285	650	—
1775 MP	—	80.00	150	285	650	—
1776 MP	—	80.00	150	285	650	—
1779 MP	—	80.00	150	285	650	—

KM# 412 THALER
Silver **Ruler:** Franz Ludwig **Obv:** Bust right **Obv. Legend:** FRANC • LUDOV • D • G • EP • WIRC • S • R • I • PR • FR • OR • DUX • **Rev:** Arms within crowned mantle **Rev. Legend:** 10 • EINE FEINE - MARCK **Note:** Dav. #2903.

Date	Mintage	F	VF	XF	Unc	BU
1779 MP	—	120	225	485	800	—

KM# 413 THALER
Silver **Ruler:** Franz Ludwig **Note:** Dav. #2904.

Date	Mintage	F	VF	XF	Unc	BU
1779 MP	—	90.00	150	300	625	—
1781 MP	—	90.00	150	300	625	—
1784 MP	—	90.00	150	300	625	—

KM# 423 THALER
Silver **Ruler:** Franz Ludwig **Note:** Cross-reference number Dav. #2905.

Date	Mintage	F	VF	XF	Unc	BU
1785 MP	—	100	165	325	850	—

KM# 425 THALER
Silver **Ruler:** Franz Ludwig **Obv:** Draped bust right **Obv. Legend:** FRANC • LUDOV • D • G • EP • BAMB • ET • WIRC • S • R • I • PR • FR • OR • DUX • **Rev:** Madonna with child **Rev. Legend:** PATRONA - FRANCONI •, below; 10 E • FEINE - MARK **Note:** Dav. #2908.

Date	Mintage	F	VF	XF	Unc	BU
1786 MP	—	240	375	750	1,600	—

KM# 426 THALER
Silver **Ruler:** Franz Ludwig **Obv:** Draped bust right **Obv. Legend:** FRANC • LUDOV • D • G • EP • BAMB • ET • WIRC • S • R • I • PR • FR • OR • DUX • **Rev:** Cherub with book and globe divides date, value below **Rev. Legend:** MERCES LABORUM **Rev. Inscription:** X. EINE FEINE / MARCK **Note:** Dav. #2907.

Date	Mintage	F	VF	XF	Unc	BU
1786 MP	—	300	450	900	2,100	—
1787 MP	—	300	450	900	2,100	—
1791 MP	—	300	450	900	2,100	—

KM# 435 THALER
Silver **Ruler:** Franz Ludwig **Obv:** G.F. below bust **Obv. Legend:** FRANC • LUDOV • D • G • EP • BAMB • ET • WIRC • S • R • I • PR • FR • OR • DUX • **Rev:** Saint on pedestal divides date, value in exergue **Rev. Legend:** * S • KILIANUS • FRAN - CORUM. APOSTOLUS, below; X • EINE • FEINE/MARCK **Note:** Dav. #2909.

Date	Mintage	F	VF	XF	Unc	BU
1790 MP	—	200	325	550	1,500	3,000

KM# 439 THALER
Silver **Ruler:** Franz Ludwig **Obv:** R.F. below bust **Obv. Legend:** FRANC • LUDOV • D • G • EP • BAMB • ET • WIRC • S • R • I • PR • FR • OR • DUX • **Rev:** Cherub with book and globe divides date, value below **Rev. Legend:** MERCES LABORUM, below; X • EINE FEINE/MARCK **Note:** Dav. #2910.

Date	Mintage	F	VF	XF	Unc	BU
1794 MP	—	200	325	550	1,500	—

KM# 440 THALER
Silver **Ruler:** Franz Ludwig **Rev:** Value and date in sprays; PRO PATRIA above **Note:** Contribution Thaler. Dav. #2911.

Date	Mintage	F	VF	XF	Unc	BU
1794 MM	—	200	325	550	1,250	—
1795 MM	—	200	325	550	1,250	—

KM# 441 THALER
Silver **Ruler:** Franz Ludwig **Obv:** Crowned and mantled arms; W below **Obv. Legend:** FRANC • LUD • D • G • EP • BAMB • - ET • WIRC • S • R • I • PR • FR • OR • DUX • **Rev:** Value and date within laurel wreath **Rev. Legend:** PRO PATRIA, in wreath; X/EINE FEINE/MARK/date **Note:** Contribution Thaler. Dav. #2912.

Date	Mintage	F	VF	XF	Unc	BU
1794 MM	—	175	385	800	1,600	—
1795 MM	—	175	385	800	1,600	—

KM# 455 THALER
Silver **Ruler:** Georg Karl **Rev:** Value: X, EINE FEINE MARCK, date in sprays **Note:** Contribution Thaler. Dav. #2915.

Date	Mintage	F	VF	XF	Unc	BU
1795 MM	—	175	300	600	1,200	—

KM# 453 THALER
Silver **Ruler:** Georg Karl **Obv:** Bust right **Obv. Legend:** GEORG • CAROL • D • G • EP • WIRC • S • R • I • PR • FR • OR • DUX • **Rev:** Crowned arms divide M M **Rev. Legend:** PRO PATRIA, below; X • EINE FEINE MARCK 1795 **Note:** Contribution Thaler. Cross-reference number Dav. #2913.

Date	Mintage	F	VF	XF	Unc	BU
1795 MM	—	100	150	325	750	—

KM# 454 THALER
Silver **Ruler:** Georg Karl **Obv:** Bust right **Obv. Legend:** GEORG • CAROL • D • G • EP • WIRC • S • R • I • PR • FR • OR • DUX • **Rev:** Value and date in laurel wreath **Rev. Legend:** PRO PATRIA **Rev. Inscription:** * X * / EINEFEINE / MARK / 1795 **Note:** Contribution Thaler. Cross-reference number Dav. #2914.

Date	Mintage	F	VF	XF	Unc	BU
1795 MM	—	150	250	550	1,100	—

KM# 427 2 THALER
Silver **Ruler:** Franz Ludwig **Note:** Convention 2 Thaler. Prize Double Thalers. Dav. #2906.

Date	Mintage	F	VF	XF	Unc	BU
1786 MP	—	400	800	1,200	2,200	—
1787 MP	—	400	800	1,200	2,200	—
1791 MP	—	400	800	1,200	2,200	—

GERMAN STATES — WURZBURG

TRADE COINAGE

KM# 261 GOLDGULDEN
3.2500 g., 0.7700 Gold 0.0805 oz. AGW **Ruler:** Johann Philipp Franz **Obv:** Crowned and mantled 10-fold arms with center shield of Schönborn, titles of Johann Philipp Franz **Rev:** Altar with arms of Würzburg on front

Date	Mintage	VG	F	VF	XF	Unc
ND	—	375	825	1,700	3,800	—

KM# 262 GOLDGULDEN
3.2500 g., 0.7700 Gold 0.0805 oz. AGW **Ruler:** Johann Philipp Franz **Obv:** Legend replaces bishop's name **Obv. Legend:** QVIA TBES DEVS FORTITVDO MEA

Date	Mintage	VG	F	VF	XF	Unc
ND	—	350	750	1,550	3,350	—

KM# 294 GOLDGULDEN
3.2500 g., 0.7700 Gold 0.0805 oz. AGW **Ruler:** Christoph Franz **Obv:** Arms **Rev:** Franconia standing with lion at side

Date	Mintage	VG	F	VF	XF	Unc
1729	—	275	600	1,250	2,700	—

KM# 326 GOLDGULDEN
3.2500 g., 0.7700 Gold 0.0805 oz. AGW **Ruler:** Karl Philipp **Obv:** Bust right **Obv. Legend:** CAROLUS • PHILIPP • D • G • .... **Rev:** Crowned and helmeted arms **Rev. Legend:** SINCERE FORTITER ET CONSTANTER

Date	Mintage	VG	F	VF	XF	Unc
ND(1749)	—	300	650	1,600	3,350	—

KM# 327 GOLDGULDEN
3.2500 g., 0.7700 Gold 0.0805 oz. AGW **Ruler:** Karl Philipp **Obv:** Arms with 3 helmets above **Rev:** Griffon

Date	Mintage	VG	F	VF	XF	Unc
ND(1749)	—	400	900	1,600	3,350	—

KM# 346 GOLDGULDEN
3.2500 g., 0.7700 Gold 0.0805 oz. AGW **Ruler:** Karl Philipp **Subject:** Homage of Wurzburg **Obv:** Bust right

Date	Mintage	F	VF	XF	Unc	BU
1755	—	425	725	1,500	3,250	—

KM# 347 GOLDGULDEN
3.2500 g., 0.7700 Gold 0.0805 oz. AGW **Ruler:** Adam Friedrich **Obv:** Angel above arms **Obv. Legend:** ADAM • FRID • D • G • EP • .... **Rev:** Three female figures

Date	Mintage	F	VF	XF	Unc	BU
ND(1755)	—	300	600	1,400	2,950	—

KM# 388 GOLDGULDEN
3.2500 g., 0.7700 Gold 0.0805 oz. AGW **Ruler:** Adam Friedrich **Subject:** Peace of Hubertusburg **Obv:** Bust right **Rev:** Franconia standing

Date	Mintage	F	VF	XF	Unc	BU
1764	—	450	875	2,000	3,600	—

KM# 408 GOLDGULDEN
3.2500 g., 0.7700 Gold 0.0805 oz. AGW **Ruler:** Adam Friedrich **Obv:** Bust right **Obv. Legend:** AD • FRI • D • G • EP • BAM • ET WIR • S • R • I • P • F • O • DUX • **Rev:** Tree above arms, date below

Date	Mintage	F	VF	XF	Unc	BU
1773	—	300	600	1,300	2,600	—
1774	—	300	600	1,300	2,600	—
1777	—	300	600	1,300	2,600	—
1778	—	300	600	1,300	2,600	—

KM# 414 GOLDGULDEN
3.2500 g., 0.7700 Gold 0.0805 oz. AGW **Ruler:** Franz Ludwig **Obv:** Bust right **Rev:** Tree above arms, date below

Date	Mintage	F	VF	XF	Unc	BU
1779	—	300	600	1,200	2,400	—

KM# 428 GOLDGULDEN
3.2500 g., 0.7700 Gold 0.0805 oz. AGW **Ruler:** Franz Ludwig **Obv:** Bust right **Rev:** Standing saint divides date

Date	Mintage	F	VF	XF	Unc	BU
1786	—	375	775	1,800	3,250	—

KM# 429 GOLDGULDEN
3.2500 g., 0.7700 Gold 0.0805 oz. AGW **Ruler:** Franz Ludwig **Obv:** Bust right **Obv. Legend:** FRANC • LUD • D • G • EP • BAM • ET WIR • S • R • I • P • F • O • DUX • **Rev:** Helmeted arms divide date

Date	Mintage	F	VF	XF	Unc	BU
1786	—	300	600	1,300	2,600	—
1791	—	300	600	1,300	2,600	—
1794	—	300	600	1,300	2,600	—

KM# 436 GOLDGULDEN
3.2500 g., 0.7700 Gold 0.0805 oz. AGW **Ruler:** Franz Ludwig **Obv:** Bust right; arms at shoulder **Rev:** St. Burkhard standing dividing date; value in exergue

Date	Mintage	F	VF	XF	Unc	BU
1790	—	325	650	1,450	2,850	—

KM# 457 GOLDGULDEN
3.2500 g., 0.7700 Gold 0.0805 oz. AGW **Ruler:** Georg Karl **Obv:** Arms **Rev:** Palm tree

Date	Mintage	F	VF	XF	Unc	BU
1795	—	325	650	1,500	2,950	—

KM# 460 GOLDGULDEN
3.2500 g., 0.7700 Gold 0.0805 oz. AGW **Ruler:** Georg Karl **Obv:** Bust left **Rev:** City view

Date	Mintage	F	VF	XF	Unc	BU
1798	—	500	925	2,000	3,600	—

KM# 295 2 GOLDGULDEN
6.5000 g., 0.7700 Gold 0.1609 oz. AGW **Ruler:** Christoph Franz **Obv:** Arms **Rev:** Franconia standing with lion at side

Date	Mintage	VG	F	VF	XF	Unc
1729	—	1,650	2,750	4,950	9,000	—

KM# 430 2 GOLDGULDEN
7.0000 g., 0.9860 Gold 0.2219 oz. AGW **Ruler:** Franz Ludwig **Obv:** Bust right **Obv. Legend:** FRANC • LUD • D • G • EP • BAR • ETWIR • S • R • I • P • F • O • DUX • **Rev:** St. Kilian **Note:** Struck from Goldgulden dies, KM#428.

Date	Mintage	F	VF	XF	Unc	BU
1786	—	550	1,100	2,400	3,900	—

KM# 309 1/4 CAROLIN (2-1/2 Gulden)
2.4250 g., 0.7700 Gold 0.0600 oz. AGW **Ruler:** Friedrich Karl **Obv:** Bust right **Obv. Legend:** FRID • CAR • D • G • EP • .... **Rev:** Arms within crowned mantle

Date	Mintage	VG	F	VF	XF	Unc
1735	—	210	450	900	2,300	4,750
1736	—	210	450	900	2,300	4,750

KM# 314 1/4 CAROLIN (2-1/2 Gulden)
2.4250 g., 0.7700 Gold 0.0600 oz. AGW **Ruler:** Friedrich Karl **Rev:** Crowned and mantled oval with FC monogram

Date	Mintage	VG	F	VF	XF	Unc
1736	—	210	450	900	2,300	4,750

KM# 310 1/2 CAROLIN (5 Gulden)
4.8500 g., 0.7700 Gold 0.1201 oz. AGW **Ruler:** Friedrich Karl **Obv:** Bust right **Rev:** Crowned arms below crowned mantle

Date	Mintage	VG	F	VF	XF	Unc
1735	—	325	725	1,500	3,600	7,500

KM# 311 1/2 CAROLIN (5 Gulden)
4.8500 g., 0.7700 Gold 0.1201 oz. AGW **Ruler:** Friedrich Karl **Rev:** Crowned and mantled oval with FC monogram

Date	Mintage	VG	F	VF	XF	Unc
1735	—	325	725	1,500	3,600	7,500
1736	—	325	725	1,500	3,600	7,500

KM# 312 CAROLIN (10 Gulden)
9.7000 g., 0.7700 Gold 0.2401 oz. AGW **Ruler:** Friedrich Karl **Obv:** Bust right **Rev:** Crowned arms below crowned mantle

Date	Mintage	VG	F	VF	XF	Unc
1735	—	475	850	2,000	5,200	9,500
1736	—	475	850	2,000	5,200	9,500

KM# 313 CAROLIN (10 Gulden)
9.7000 g., 0.7700 Gold 0.2401 oz. AGW **Ruler:** Friedrich Karl **Rev:** Crowned and mantled oval with FC monogram

Date	Mintage	VG	F	VF	XF	Unc
1735	—	475	850	2,000	5,200	9,500
1736	—	475	850	2,000	5,200	9,500

KM# 456 CAROLIN (10 Gulden)
9.7000 g., 0.7700 Gold 0.2401 oz. AGW **Ruler:** Georg Karl **Obv:** Bust **Rev:** Arms

Date	Mintage	F	VF	XF	Unc	BU
1795	—	1,100	1,800	4,800	6,000	—

KM# 273 1/2 DUCAT
1.7500 g., 0.9860 Gold 0.0555 oz. AGW **Ruler:** Christoph Franz **Obv:** Crowned arms **Rev:** Sword with ribbon

Date	Mintage	VG	F	VF	XF	Unc
ND(1724)	—	90.00	180	350	600	1,200

KM# 296 1/2 DUCAT
1.7500 g., 0.9860 Gold 0.0555 oz. AGW **Ruler:** Friedrich Karl **Obv:** Arms **Rev:** Crowned and mantled oval with FC monogram

Date	Mintage	VG	F	VF	XF	Unc
1729	—	180	350	725	1,500	3,000

KM# 220 DUCAT
3.5000 g., 0.9860 Gold 0.1109 oz. AGW **Ruler:** Johann Philipp II **Obv:** Bust right **Rev:** Arms topped by three helmets

Date	Mintage	VG	F	VF	XF	Unc
1701	—	575	1,300	2,500	4,500	—
1702	—	575	1,300	2,500	4,500	—

KM# 231 DUCAT
3.5000 g., 0.9860 Gold 0.1109 oz. AGW **Ruler:** Johann Philipp II **Rev:** Three saints, date in chronogram

Date	Mintage	VG	F	VF	XF	Unc
1702	—	500	1,000	2,050	3,600	—

KM# 237 DUCAT
3.5000 g., 0.9860 Gold 0.1109 oz. AGW **Ruler:** Johann Philipp II **Rev:** Tree with arms at base, Roman numeral date below

Date	Mintage	VG	F	VF	XF	Unc
1703	—	550	1,100	2,200	3,600	—

KM# 256 DUCAT
3.5000 g., 0.9860 Gold 0.1109 oz. AGW **Ruler:** Johann Philipp II **Obv:** Bust right **Rev:** Crowned and mantled oval four-fold arms, date divided at bottom

Date	Mintage	VG	F	VF	XF	Unc
1718	—	550	1,100	2,200	4,200	—

KM# 263 DUCAT
3.5000 g., 0.9860 Gold 0.1109 oz. AGW **Ruler:** Johann Philipp Franz **Obv:** Bust right **Rev:** Crowned oval arms of Schonborn in wreath **Rev. Legend:** FIRMA IN DE - VM FIVCIA

Date	Mintage	VG	F	VF	XF	Unc
ND	—	500	1,050	2,200	3,900	—

WURZBURG GERMAN STATES

KM# 264 DUCAT
3.5000 g., 0.9860 Gold 0.1109 oz. AGW **Ruler:** Johann Philipp Franz **Obv:** Bust right **Rev:** Arms in cartouche

Date	Mintage	VG	F	VF	XF	Unc
ND(1719)	—	600	1,250	2,500	4,500	—

KM# 274 DUCAT
3.5000 g., 0.9860 Gold 0.1109 oz. AGW **Ruler:** Christoph Franz **Obv:** Helmeted arms **Obv. Legend:** D. G. EL. EP... **Rev:** St. Christopher

Date	Mintage	VG	F	VF	XF	Unc
ND(1724)	—	195	350	725	1,400	2,500

KM# 275 DUCAT
3.5000 g., 0.9860 Gold 0.1109 oz. AGW **Ruler:** Christoph Franz **Obv:** Arms topped by three helmets **Rev:** View of harbor with ships

Date	Mintage	VG	F	VF	XF	Unc
ND(1724)	—	550	1,100	2,200	4,200	—

KM# 276 DUCAT
3.5000 g., 0.9860 Gold 0.1109 oz. AGW **Ruler:** Christoph Franz **Obv:** Helmeted arms **Obv. Legend:** D. G. EP... **Rev:** St. Christopher

Date	Mintage	VG	F	VF	XF	Unc
ND(1724)	—	140	275	650	1,200	2,250

KM# 284 DUCAT
3.5000 g., 0.9860 Gold 0.1109 oz. AGW **Ruler:** Christoph Franz **Obv:** Crowned and mantled oval four-fold arms of Wurzburg and Hutten **Rev:** DA / ET ACCIPE / ET / IUSTIFICA ANIMAM / TUAM / MDCCXXV

Date	Mintage	VG	F	VF	XF	Unc
1725	—	450	875	1,650	3,000	—

KM# 285.1 DUCAT
3.5000 g., 0.9860 Gold 0.1109 oz. AGW **Ruler:** Christoph Franz **Obv:** Arms **Rev:** Crowned and mantled CF monogram

Date	Mintage	VG	F	VF	XF	Unc
1725	—	240	550	1,150	2,600	—

KM# 285.2 DUCAT
3.5000 g., 0.9860 Gold 0.1109 oz. AGW **Ruler:** Christoph Franz **Obv:** Helmeted arms **Rev:** Crowned and mantled oval with CF monogram

Date	Mintage	VG	F	VF	XF	Unc
1727	—	240	550	1,150	2,600	5,000
1728	—	240	550	1,150	2,600	5,000

KM# 297 DUCAT
3.5000 g., 0.9860 Gold 0.1109 oz. AGW **Ruler:** Friedrich Karl **Obv:** Helmeted arms **Rev:** Monogram within crowned mantle

Date	Mintage	VG	F	VF	XF	Unc
1729	—	210	425	900	2,050	4,000
1730	—	270	550	1,200	2,600	5,000
1731	—	—	—	—	—	—

KM# 305 DUCAT
3.5000 g., 0.9860 Gold 0.1109 oz. AGW **Ruler:** Friedrich Karl **Obv:** Bust right **Rev:** Crowned and mantled oval eight-fold arms with center shield of Schonborn, date divided at top

Date	Mintage	VG	F	VF	XF	Unc
1731	—	240	600	1,200	2,800	—

KM# 307 DUCAT
3.5000 g., 0.9860 Gold 0.1109 oz. AGW **Ruler:** Friedrich Karl **Rev:** Ornately-shaped arms, almost square

Date	Mintage	VG	F	VF	XF	Unc
1732	—	210	450	1,000	2,450	—
1733	—	210	450	1,000	2,450	—

KM# 308 DUCAT
3.5000 g., 0.9860 Gold 0.1109 oz. AGW **Ruler:** Friedrich Karl **Rev:** Crowned ten-fold arms with center shield of Schonborn, supported by two lions

Date	Mintage	VG	F	VF	XF	Unc
ND	—	425	850	1,800	4,150	—

KM# 319 DUCAT
3.5000 g., 0.9860 Gold 0.1109 oz. AGW **Ruler:** Anselm Franz **Subject:** Consecration of the Bishop **Obv:** Angel with crozier followed by lambs **Rev:** 7-line inscription **Note:** Date in chronogram.

Date	Mintage	VG	F	VF	XF	Unc
1747	—	300	650	1,500	3,400	—

KM# 323 DUCAT
3.5000 g., 0.9860 Gold 0.1109 oz. AGW **Ruler:** Anselm Franz **Obv:** Bust right **Rev:** Crowned and mantled four-fold arms with center shield of Ingelheim, date divided below

Date	Mintage	VG	F	VF	XF	Unc
1748	—	900	1,500	2,100	5,300	—

KM# 348 DUCAT
3.5000 g., 0.9860 Gold 0.1109 oz. AGW **Ruler:** Adam Friedrich **Obv:** Bust right **Obv. Legend:** AD • FRI • D • G • .... **Rev:** Crowned arms, without legend

Date	Mintage	F	VF	XF	Unc	BU
1755	—	450	900	1,500	2,900	—
1762	—	450	900	1,500	2,900	—
1765	—	450	900	1,500	2,900	—
1768	—	450	900	1,500	2,900	—
1770	—	450	900	1,500	2,900	—
1772	—	450	900	1,500	2,900	—

KM# 405 DUCAT
3.5000 g., 0.9860 Gold 0.1109 oz. AGW **Ruler:** Adam Friedrich **Obv:** Bust right in rhombus **Rev:** Arms in rhombus

Date	Mintage	F	VF	XF	Unc	BU
1772	—	300	600	1,200	2,500	—

KM# 409 DUCAT
3.5000 g., 0.9860 Gold 0.1109 oz. AGW **Ruler:** Adam Friedrich **Obv:** Bust right in rhombus **Rev:** Madonna and child facing in rhombus

Date	Mintage	F	VF	XF	Unc	BU
1773	—	250	400	800	1,500	—
1774	—	250	400	800	1,500	—
1776	—	250	400	800	1,500	—
1777	—	250	400	800	1,500	—
1778	—	250	400	800	1,500	—
1779	—	250	400	800	1,500	—

KM# 421 DUCAT
3.5000 g., 0.9860 Gold 0.1109 oz. AGW **Ruler:** Franz Ludwig **Obv:** Draped bust right **Obv. Legend:** FRANC • LUD • D • G • EP • BAR • ET WIR • S • R • I • P • P • F • O • DUX • **Rev:** Crowned and mantled arms **Rev. Legend:** DUCATUS DUCIS - FRANCORUM • 1780 • **Note:** Fr#3734.

Date	Mintage	F	VF	XF	Unc	BU
1780	—	300	600	1,350	2,800	—
1781	—	300	600	1,350	2,800	—
1782	—	300	600	1,350	2,800	—
1783	—	300	600	1,350	2,800	—

KM# 424 DUCAT
3.5000 g., 0.9860 Gold 0.1109 oz. AGW **Ruler:** Franz Ludwig **Obv:** Draped bust right **Obv. Legend:** FRANC • LUD • D • G •

EP • BAR • ET WIR • S • R • I • P • F • O • DUX • **Rev:** Three saints on pedestals, arms in center foreground

Date	Mintage	F	VF	XF	Unc	BU
1785	—	200	400	800	2,000	—

KM# 238 2 DUCAT
7.0000 g., 0.9860 Gold 0.2219 oz. AGW **Ruler:** Johann Philipp II **Obv:** Bust right **Rev:** Fir tree, Roman numeral date below

Date	Mintage	VG	F	VF	XF	Unc
1703	—	—	925	1,950	3,850	7,200	—

KM# 242 2 DUCAT
7.0000 g., 0.9860 Gold 0.2219 oz. AGW **Ruler:** Johann Philipp II **Obv:** Bust right **Rev:** Arms topped by three helmets

Date	Mintage	VG	F	VF	XF	Unc
1705	—	—	775	1,650	3,600	6,600	—

KM# 243 2 DUCAT
7.0000 g., 0.9860 Gold 0.2219 oz. AGW **Ruler:** Johann Philipp II **Rev:** Crowned and mantled arms

Date	Mintage	VG	F	VF	XF	Unc
1705	—	—	775	1,650	3,600	6,600	—

KM# 249 2 DUCAT
7.0000 g., 0.9860 Gold 0.2219 oz. AGW **Ruler:** Johann Philipp II **Obv:** Armored bust right **Obv. Legend:** JOAN • PHILIP • D • G • EP • HERB • S • R • I • PR • FR • OR • DVX •
Rev: Arms below Madonna and child

Date	Mintage	VG	F	VF	XF	Unc
1707	—	—	450	775	1,750	3,350	—

KM# 265 2 DUCAT
7.0000 g., 0.9860 Gold 0.2219 oz. AGW **Ruler:** Johann Philipp Franz **Obv:** Bust right **Rev:** Lion holding sword and scales, city view in background

Date	Mintage	VG	F	VF	XF	Unc
ND(1719)	—	1,100	2,200	4,950	9,200	—

KM# 266 2 DUCAT
7.0000 g., 0.9860 Gold 0.2219 oz. AGW **Ruler:** Johann Philipp Franz **Rev:** Without city view

Date	Mintage	VG	F	VF	XF	Unc
ND(1719)	—	1,400	2,750	5,500	9,600	—

KM# 267 2 DUCAT
7.0000 g., 0.9860 Gold 0.2219 oz. AGW **Ruler:** Johann Philipp Franz **Subject:** Election of the Bishop **Rev:** Crowned and mantled arms

Date	Mintage	VG	F	VF	XF	Unc
1719	—	2,200	3,850	6,600	11,000	—
ND	—	2,200	3,850	6,600	11,000	—

KM# 268 2 DUCAT
7.0000 g., 0.9860 Gold 0.2219 oz. AGW **Ruler:** Christoph Franz **Obv:** Helmeted arms **Obv. Legend:** CHRISTOPH • FRANC • D • G • .... **Rev:** City view back of standing figure

Date	Mintage	VG	F	VF	XF	Unc
ND(1724)	—	550	1,100	2,200	4,200	—

KM# 277 2 DUCAT
7.0000 g., 0.9860 Gold 0.2219 oz. AGW **Ruler:** Christoph Franz **Obv:** Bust right

Date	Mintage	VG	F	VF	XF	Unc
ND	—	325	650	1,450	3,000	—

KM# 298 2 DUCAT
7.0000 g., 0.9860 Gold 0.2219 oz. AGW **Ruler:** Friedrich Karl **Obv:** Crowned and mantled eight-fold arms with center shield of Schonborn **Rev:** Franconia standing at right, Schonborn lion at left holding episcopal arms, date in chronogram

Date	Mintage	VG	F	VF	XF	Unc
1729	—	—	925	1,950	3,600	6,600	—

GERMAN STATES — WURZBURG

KM# 299 2 DUCAT
7.0000 g., 0.9860 Gold 0.2219 oz. AGW **Ruler:** Friedrich Karl **Obv:** Bust right **Rev:** Helmeted arms

Date	Mintage	VG	F	VF	XF	Unc
1729	—	550	1,100	2,750	4,800	—
1730	—	550	1,100	2,750	4,800	—
1731	—	550	1,100	2,750	4,800	—

KM# 233 3 DUCAT
10.5000 g., 0.9860 Gold 0.3328 oz. AGW **Ruler:** Johann Philipp II **Obv:** Bust right **Rev:** Two saints on pedestals, chronogram date

Date	Mintage	VG	F	VF	XF	Unc
1702 Rare	—	—	—	—	—	—

KM# 250 3 DUCAT
10.5000 g., 0.9860 Gold 0.3328 oz. AGW **Ruler:** Johann Philipp II **Obv:** Bust right **Rev:** Madonna and child above crowned arms flanked by cherubs

Date	Mintage	VG	F	VF	XF	Unc
1707	—	775	1,650	3,300	6,000	—

KM# 289 3 DUCAT
10.5000 g., 0.9860 Gold 0.3328 oz. AGW **Ruler:** Christoph Franz **Obv:** Three helmets above mantled oval four-fold arms of Wurzburg and Hutten **Rev:** Crowned and mantled ornate CF monogram, date below

Date	Mintage	VG	F	VF	XF	Unc
1726 Rare	—	—	—	—	—	—

KM# 257 4 DUCAT
14.0000 g., 0.9860 Gold 0.4438 oz. AGW **Ruler:** Johann Philipp II **Obv:** Bust right **Rev:** Three helmets above oval four-fold arms, tiny date divided at bottom

Date	Mintage	VG	F	VF	XF	Unc
1718 Rare	—	—	—	—	—	—

KM# 258 4 DUCAT
14.0000 g., 0.9860 Gold 0.4438 oz. AGW **Ruler:** Johann Philipp II **Obv:** Bust right **Rev:** Crowned and supported oval arms, four helmets behind

Date	Mintage	VG	F	VF	XF	Unc
ND Rare	—	—	—	—	—	—

KM# 234 5 DUCAT
17.5000 g., 0.9860 Gold 0.5547 oz. AGW **Ruler:** Johann Philipp II **Obv:** Bust right **Rev:** Crowned and supported oval four-fold arms, large fir tree above and behind, small date below

Date	Mintage	VG	F	VF	XF	Unc
1702	—	5,000	8,000	10,000	13,500	—

KM# 280 5 DUCAT
17.5000 g., 0.9860 Gold 0.5547 oz. AGW **Ruler:** Christoph Franz **Rev:** Figure of Franconia seated at left holding pennant, beehive in center and swarm of bees at right

Date	Mintage	VG	F	VF	XF	Unc
ND V	—	6,000	9,000	11,500	15,000	—

KM# 328 6 DUCAT
21.0000 g., 0.9860 Gold 0.6657 oz. AGW **Ruler:** Karl Philipp **Subject:** Consecration of Bishop **Obv:** Bust right **Rev:** Oval arms on throne, inscription

Date	Mintage	VG	F	VF	XF	Unc
1749 VESTNER Rare	—	—	—	—	—	—

KM# 259 7-1/2 DUCAT
0.9860 Gold **Ruler:** Johann Philipp II **Obv:** Bust to right **Rev:** Crown and supported oval arms, four helmets behind

Date	Mintage	VG	F	VF	XF	Unc
ND	—	5,000	7,500	9,000	12,000	—

KM# 236 10 DUCAT
35.0000 g., 0.9860 Gold 1.1095 oz. AGW **Ruler:** Johann Gottfried II **Obv:** Bust right **Rev:** Tree above crowned and supported arms, date below **Note:** Similar to 1 Thaler, KM#229.

Date	Mintage	VG	F	VF	XF	Unc
1702	—	8,500	12,500	17,500	25,000	—

KM# 251 10 DUCAT
35.0000 g., 0.9860 Gold 1.1095 oz. AGW **Ruler:** Johann Philipp II **Obv:** Slightly larger bust **Obv. Legend:** JOAN • PHILIP • D • G • EP • .... **Rev:** Madonna and child on cloud in rays, date divided below

Date	Mintage	VG	F	VF	XF	Unc
1707	—	8,500	12,500	17,500	25,000	—

KM# 329 10 DUCAT
35.0000 g., 0.9860 Gold 1.1095 oz. AGW **Ruler:** Karl Philipp **Subject:** Consecration of Bishop **Obv:** Bust right **Rev:** Oval arms on throne, inscription

Date	Mintage	VG	F	VF	XF	Unc
1749 VESTNER Rare	—	—	—	—	—	—

KM# 330 12 DUCAT
42.0000 g., 0.9860 Gold 1.3314 oz. AGW **Ruler:** Karl Philipp **Subject:** Consecration of Bishop **Obv:** Bust right **Rev:** Oval arms on throne, inscription

Date	Mintage	VG	F	VF	XF	Unc
1749 VESTNER Rare	—	—	—	—	—	—

KM# 235 5 DUCAT
17.5000 g., 0.9860 Gold 0.5547 oz. AGW **Ruler:** Johann Philipp II **Rev:** Three helmets above round four-fold arms, date divided below **Note:** Struck with 1/2 Thaler dies, KM#226.

Date	Mintage	VG	F	VF	XF	Unc
1702	—	4,000	5,500	7,500	12,000	—

KM# A250 5 DUCAT
17.5000 g., 0.9860 Gold 0.5547 oz. AGW **Ruler:** Johann Philipp II **Rev:** Madonna and child above four-fold arms, tiny date divided at left and right

Date	Mintage	VG	F	VF	XF	Unc
1707	—	5,000	8,000	10,000	13,500	—

KM# 278 5 DUCAT
17.5000 g., 0.9860 Gold 0.5547 oz. AGW **Ruler:** Christoph Franz **Obv:** Three helmets above crowned and mantled oval four-fold arms of Wurzburg and Hutten **Rev:** Bust right **Rev. Legend:** LAEFIFICA ANIMAM SERVI TVI

Date	Mintage	VG	F	VF	XF	Unc
ND V	—	5,000	8,000	10,000	13,500	—

KM# 279 5 DUCAT
17.5000 g., 0.9860 Gold 0.5547 oz. AGW **Ruler:** Christoph Franz **Obv:** Bust right **Rev:** Crowned and mantled oval four-fold arms of Wurzburg and Hutten

Date	Mintage	VG	F	VF	XF	Unc
ND V	—	5,000	8,000	10,000	13,500	—

PATTERNS
Including off metal strikes

KM#	Date	Mintage	Identification	Mkt Val
Pn12	1706	—	4 Kreuzer. Gold. Weight of 1 Ducat, KM#244.	—
Pn13	1713	—	Schilling. Copper. KM#44	—
Pn14	1732	—	3 Heller. Copper. KM#306	—
Pn15	1747	—	Ducat. Silver. KM#319	—
Pn16	1748	—	Ducat. Silver. KM#319	—
Pn18	1749	—	10 Ducat. Copper. KM#329	—
Pn19	1749	—	10 Ducat. Silver. KM#329	—
Pn17	1749	—	6 Ducat. Silver. KM#328	375
Pn20	1759	—	3 Heller. Gold. KM#349	—
Pn21	1795	—	3 Kreuzer. Copper. KM#444	—

GOLD COAST

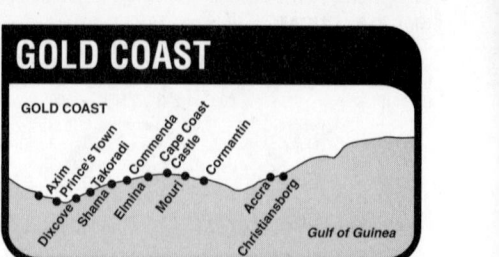

The Gold Coast, a region of Northwest Africa along the Gulf of Guinea, was first visited by Portuguese traders in 1470, and through the 17th century was used by various European powers -England, Denmark, Holland, Germany - as a center for their slave trade. Britain achieved control of the Gold Coast in 1821, and established the colony of Gold Coast in 1874. In 1901 Britain annexed the neighboring Ashanti Kingdom in the same year a northern region known as the Northern Territories became a British protectorate. Part of the former German colony of Togoland was mandated to Britain by the League of Nations and administered as part of the Gold Coast.

The state of Ghana, comprising the Gold Coast and British Togoland, obtained independence on March 6, 1957, becoming the first Negro African colony to do so.

RULERS
British

MONETARY SYSTEM
8 Tackow = 1 Ackey

BRITISH OUTPOST
TOKEN COINAGE

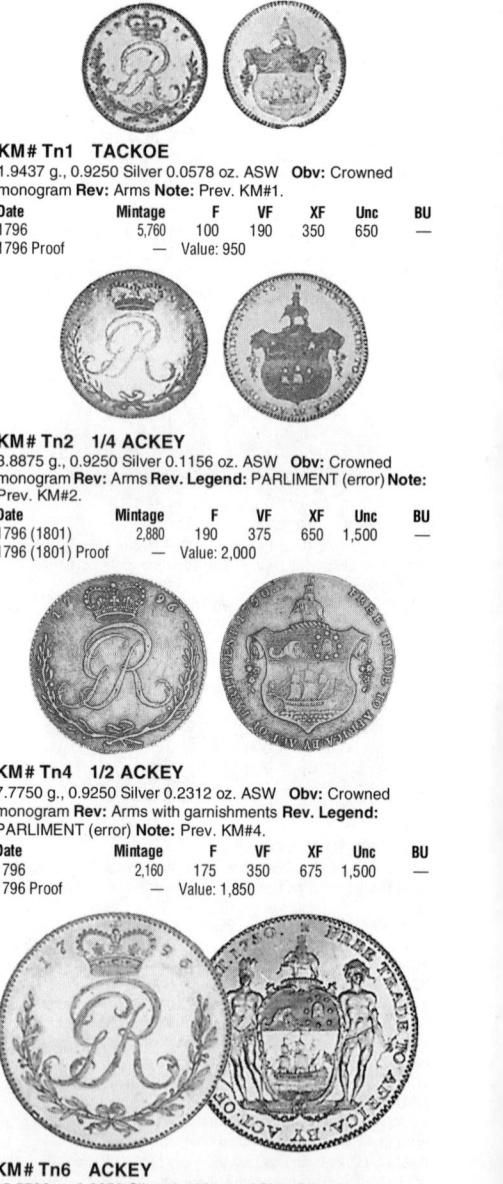

KM# Tn1 TACKOE
1.9437 g., 0.9250 Silver 0.0578 oz. ASW **Obv:** Crowned monogram **Rev:** Arms **Note:** Prev. KM#1.

Date	Mintage	F	VF	XF	Unc	BU
1796	5,760	100	190	350	650	—
1796 Proof	—	Value: 950				

KM# Tn2 1/4 ACKEY
3.8875 g., 0.9250 Silver 0.1156 oz. ASW **Obv:** Crowned monogram **Rev:** Arms **Rev. Legend:** PARLIMENT (error) **Note:** Prev. KM#2.

Date	Mintage	F	VF	XF	Unc	BU
1796 (1801)	2,880	190	375	650	1,500	—
1796 (1801) Proof	—	Value: 2,000				

KM# Tn4 1/2 ACKEY
7.7750 g., 0.9250 Silver 0.2312 oz. ASW **Obv:** Crowned monogram **Rev:** Arms with garnishments **Rev. Legend:** PARLIMENT (error) **Note:** Prev. KM#4.

Date	Mintage	F	VF	XF	Unc	BU
1796	2,160	175	350	675	1,500	—
1796 Proof	—	Value: 1,850				

KM# Tn6 ACKEY
15.5500 g., 0.9250 Silver 0.4624 oz. ASW **Obv:** Crowned monogram within branches **Rev:** Arms with supporters **Rev. Legend:** PARLIMENT (error) **Note:** Prev. KM#6.

Date	Mintage	F	VF	XF	Unc	BU
1796	1,080	575	975	2,150	4,500	—
1796 Proof	—	Value: 6,500				

PATTERNS
Including off metal strikes

KM#	Date	Mintage	Identification	Mkt Val
Pn1	1796	—	Tackoe. Bronze Plated Copper. KM1.	750
Pn2	1796	—	Tackoe. Copper Gilt. KM1.	1,500
Pn3	1796	—	1/4 Ackey. Bronze Plated Copper. KM3	850
Pn4	1796	—	1/4 Ackey. Copper Gilt. KM3	2,250
Pn5	1796	—	1/2 Ackey. Copper. KM5	—
Pn6	1796	—	1/2 Ackey. Copper Gilt. KM5	—
Pn7	1796	—	Ackey. Bronze Plated Copper. KM7	1,250
Pn8	1796	—	Ackey. Copper Gilt. KM7	2,000
Pn9	1818	—	1/2 Ackey. Silver.	2,500
Pn10	1818	—	1/2 Ackey. Bronze Plated Copper. KM8.	—
Pn11	1818	—	1/2 Ackey. Pewter. KM8.	750
Pn12	1818	—	Ackey. Bronze Plated Copper. KM9	—
Pn13	1818	—	Ackey. Pewter. KM9	1,500

GREAT BRITAIN

The United Kingdom of Great Britain and Northern Ireland, located off the northwest coast of the European continent, has an area of 94,227 sq. mi. (244,820 sq. km.) and a population of 54 million. Capital: London. The economy is based on industrial activity and trading. Machinery, motor vehicles, chemicals, and textile yarns and fabrics are exported.

After the departure of the Romans, who brought Britain into a more active relationship with Europe, it fell prey to invaders from Scandinavia and the Low Countries who drove the original Britons into Scotland and Wales, and established a profusion of kingdoms that finally united in the 11th century under the Danish King Canute. Norman rule, following the conquest of 1066, stimulated the development of those institutions, which have since distinguished British life. Henry VII (1509-47) turned Britain from continental adventuring and faced it to the sea - a decision that made Britain a world power during the reign of Elizabeth I (1558-1603). Strengthened by the Industrial Revolution and the defeat of Napoleon, 19th century Britain turned to the remote parts of the world and established a colonial empire of such extent and prosperity that the world has never seen its like. World Wars I and II sealed the fate of the Empire and relegated Britain to a lesser role in world affairs by draining her resources and inaugurating a worldwide movement toward national self-determination in her former colonies.

By the mid 20th century, most of the territories formerly comprising the British Empire had gained independence, and the empire had evolved into the Commonwealth of Nations, an association of equal and autonomous states, which enjoy special trade interests. The Commonwealth is presently composed of 50 member nations, including the United Kingdom. All recognize the British monarch as head of the Commonwealth. Sixteen continue to recognize the British monarch as Head of State. They are: United Kingdom, Antigua and Barbuda, Australia, Bahamas, Barbados, Belize, Canada, Grenada, Jamaica, New Zealand, Papua New Guinea, St. Christopher & Nevis, Saint Lucia, Saint Vincent and the Grenadines, Solomon Islands, and Tuvalu. Elizabeth II is personally, and separately, the Queen of the sovereign, independent countries just mentioned. There is no other British connection between the several individual, national sovereignties, except that they are each represented by High Commissioners instead of ambassadors in each others countries.

RULERS
William III, 1694-1702
Anne, 1702-1714
George I, 1714-1727
George II, 1727-1760
George III, 1760-1820

MINT MARKS
Under Anne
E, E* - Edinburgh, 1707-09

MONETARY SYSTEM
(Until 1970)
4 Farthings = 1 Penny
12 Pence = 1 Shilling
2 Shillings = 1 Florin
5 Shillings = 1 Crown
20 Shillings = 1 Pound (Sovereign)
21 Shillings = 1 Guinea

NOTE: Proofs exist for many dates of British coins in the 19th and early 20th centuries and for virtually all coins between 1926 and 1964. Those not specifically listed here are extremely rare.

KINGDOM
Resumed

PRE-DECIMAL COINAGE

KM# 537 FARTHING
Copper **Ruler:** Anne **Obv:** Bust left **Obv. Legend:** ANNA DEI - GRATIA **Rev:** Brittania seated left **Rev. Legend:** BRITAN - NIA **Note:** Not released for general circulation.

Date	Mintage	VG	F	VF	XF	Unc
1714	—	125	375	750	1,400	—

KM# 548 FARTHING
Copper **Ruler:** George I **Obv:** Laureate bust right **Obv. Legend:** GEORGIVS • • REX • **Rev:** Brittania seated left **Rev. Legend:** BRITA - N - NIA • **Note:** "Dump" issue, small planchet.

Date	Mintage	VG	F	VF	XF	Unc
1717	—	100	300	850	1,500	—

KM# 556 FARTHING
Copper **Ruler:** George I **Obv:** Laureate bust right **Obv. Legend:** GEORGIVS • - REX • **Rev:** Brittania seated left **Rev. Legend:** BRITA - N - NIA • **Note:** Larger planchet. Varieties exist.

Date	Mintage	VG	F	VF	XF	Unc
1719	—	12.50	30.00	175	750	—
1720	—	10.00	30.00	150	700	—
1721/0	—	25.00	60.00	200	825	—
1722	—	20.00	50.00	200	800	—
1723	—	15.00	45.00	180	750	—
1724	—	10.00	45.00	200	750	—

KM# 556a FARTHING
Silver **Ruler:** George II **Obv:** Laureate bust right **Rev:** Brittania seated left

Date	Mintage	VG	F	VF	XF	Unc
1719 Proof	—	—	—	—	—	—

KM# 572 FARTHING
Copper **Ruler:** George II **Obv:** Laureate bust left **Obv. Legend:** GEORGIVS • - II • REX • **Rev:** Brittania seated left **Rev. Legend:** BRITAN - NIA •

Date	Mintage	VG	F	VF	XF	Unc
1730	—	6.00	18.00	90.00	400	—
1731	—	6.00	18.00	90.00	400	—
1732/1	—	10.00	30.00	135	475	—
1732	—	7.00	20.00	90.00	450	—
1733	—	6.00	18.00	90.00	400	—
1734	—	7.00	20.00	90.00	450	—
1734	—	15.00	45.00	150	475	—

Note: Obverse without periods

Date	Mintage	VG	F	VF	XF	Unc
1735	—	4.00	15.00	75.00	375	—
1735/55	—	10.00	30.00	150	525	—
1736	—	5.00	18.00	90.00	400	—
1737 Small date	—	4.00	15.00	75.00	375	—
1737 Large date	—	4.00	15.00	75.00	375	—
1739/5	—	10.00	30.00	120	375	—
1739	—	4.00	15.00	75.00	375	—

KM# 572a FARTHING
Silver **Ruler:** George II **Obv:** Laureate bust left **Rev:** Brittania seated left

Date	Mintage	VG	F	VF	XF	Unc
1730 Proof	—	—	—	—	—	2,250

KM# 581.1 FARTHING
Copper **Ruler:** George II **Obv:** Older laureate head left **Obv. Legend:** GEORGIUS • - II • REX • **Rev:** Brittania seated left **Rev. Legend:** BRITAN - NIA •

Date	Mintage	VG	F	VF	XF	Unc
1741	—	9.00	20.00	100	375	—
1744	—	7.00	15.00	75.00	325	—

KM# 581.2 FARTHING
Copper **Ruler:** George II **Obv:** Laureate head left **Obv. Legend:** GEORGIVS • - II • REX • **Rev:** Brittania seated left **Rev. Legend:** BRITAN - NIA •

Date	Mintage	VG	F	VF	XF	Unc
1746	—	4.00	10.00	75.00	300	—
1749	—	6.00	20.00	90.00	325	—
1750	—	6.00	20.00	90.00	325	—
1754/0	—	15.00	30.00	150	375	—
1754	—	4.00	7.00	50.00	150	—

KM# 602 FARTHING
Copper **Ruler:** George III **Obv:** Laureate bust right **Obv. Legend:** GEORGIVS • - III • REX • **Rev:** Brittania seated left **Rev. Legend:** BRITAN - NIA • **Note:** Contemporary counterfeits are quite common.

Date	Mintage	F	VF	XF	Unc	BU
1771	—	14.00	50.00	150	450	—
1771 Proof	—	—	—	—	500	—
1773	—	8.50	26.00	125	300	—
1774	—	9.00	27.00	125	300	—
1775	—	10.00	29.00	135	325	—

KM# 646 FARTHING
Copper **Ruler:** George III **Obv:** Laureate bust right **Obv. Legend:** GEORGIUS III DEI GRATIA REX **Rev:** Brittania seated left **Rev. Legend:** BRITANNIA

Date	Mintage	F	VF	XF	Unc	BU
1799	—	4.00	8.00	75.00	175	—
1799 Proof	—	—	—	—	375	—

KM# 646a FARTHING
Copper Gilt **Ruler:** George III **Obv:** Laureate bust right **Rev:** Brittania seated left

Date	Mintage	F	VF	XF	Unc	BU
1799 Proof	—	—	—	—	500	—

GREAT BRITAIN

KM# 646b FARTHING
Bronze Plated Copper **Ruler:** George III **Obv:** Laureate bust right **Rev:** Brittania seated left

Date	Mintage	F	VF	XF	Unc	BU
1799 Proof	—	—	—	—	400	—

KM# 503 1/2 PENNY
Copper **Ruler:** William III **Obv:** Laureate head right **Rev:** Britannia seated left with right hand near knee, date in exergue **Note:** Varieties exist.

Date	Mintage	VG	F	VF	XF	Unc
1701	—	10.00	55.00	300	1,300	—

KM# 549 1/2 PENNY
Copper **Ruler:** George I **Obv:** Laureate bust right **Obv. Legend:** GEORGIVS • REX • **Rev:** Brittania seated left, right hand near knee **Rev. Legend:** BRITAN - NIA • **Note:** "Dump" issue.

Date	Mintage	VG	F	VF	XF	Unc
1717	—	20.00	50.00	300	975	—
1717 Proof	—	—	—	—	—	1,300
1718	—	15.00	45.00	250	900	—
1719	—	—	—	—	—	—

KM# 557 1/2 PENNY
Copper **Ruler:** George I **Obv:** Laureate bust right **Obv. Legend:** GEORGIVS • REX • **Rev:** Brittania seated left, right hand near knee **Rev. Legend:** BRITAN - NIA • **Note:** Varieties exist.

Date	Mintage	VG	F	VF	XF	Unc
1719	—	15.00	60.00	250	1,000	—
1720	—	10.00	45.00	225	975	—
1721/0	—	20.00	60.00	225	1,000	—
1721	—	10.00	45.00	175	925	—
1722	—	10.00	45.00	190	850	—
1723	—	15.00	45.00	200	900	—
1724	—	10.00	45.00	200	800	—

KM# 566 1/2 PENNY
Copper **Ruler:** George II **Obv:** Laureate bust left **Obv. Legend:** GEORGIVS • - II • REX • **Rev:** Brittania seated left **Rev. Legend:** BRITAN - NIA •

Date	Mintage	VG	F	VF	XF	Unc
1729	—	8.00	22.00	120	525	—
1729 Proof	—	—	—	—	—	725
1730	—	6.50	16.50	120	475	—
1730 GEOGIVS	—	12.00	35.00	175	600	—
1731	—	6.50	16.50	105	475	—
1732	—	6.00	18.00	120	475	—
1733	—	5.50	17.00	105	450	—
1734/3	—	15.00	35.00	190	550	—
1734	—	6.00	15.50	105	450	—
1735	—	5.50	17.00	105	450	—
1736	—	8.00	22.00	135	475	—
1737	—	8.00	22.00	125	475	—
1738	—	5.50	17.00	105	450	—
1739	—	5.50	17.00	95.00	450	—

KM# 579.1 1/2 PENNY
Copper **Ruler:** George II **Obv:** Older laureate head left **Obv. Legend:** GEORGIUS • - II • REX • **Rev:** Brittania seated left **Rev. Legend:** BRITAN - NIA •

Date	Mintage	VG	F	VF	XF	Unc
1740	—	6.00	15.00	105	400	—
1742/0	—	10.00	35.00	150	525	—
1742	—	6.00	15.00	105	400	—
1743	—	6.00	15.00	105	400	—
1744	—	6.00	15.00	105	400	—
1745	—	6.00	15.00	105	400	—

KM# 579.2 1/2 PENNY
Copper **Ruler:** George II **Obv:** Laureate bust left **Obv. Legend:** GEORGIVS • - II • REX • **Rev:** Brittania seated left **Rev. Legend:** BRITAN - NIA •

Date	Mintage	VG	F	VF	XF	Unc
1746	—	4.00	15.00	80.00	400	—
1747	—	4.00	15.00	90.00	450	—
1748	—	3.00	15.00	90.00	450	—
1749	—	3.00	15.00	80.00	400	—
1750	—	3.50	15.00	90.00	450	—
1751	—	3.50	15.00	80.00	400	—
1752	—	3.50	15.00	80.00	400	—
1753	—	3.50	15.00	80.00	400	—
1754	—	5.00	15.00	90.00	450	—

KM# 601 1/2 PENNY
Copper **Ruler:** George III **Obv:** Laureate bust right **Obv. Legend:** GEORGIVS • - III • REX • **Rev:** Brittania seated left **Rev. Legend:** BRITAN - NIA • **Note:** Contemporary counterfeits, especially of 1775, are very common. The counterfeits vary in quality, but most are somewhat smalle, thinner, and more crudely designed the the genuine.

Date	Mintage	F	VF	XF	Unc	BU
1770	—	15.00	75.00	325	1,100	—
1770 Proof	—	—	—	—	1,800	—
1771	—	15.00	65.00	375	1,350	—
	Note: Die varieties exist					
1772	—	15.00	60.00	275	950	—
1772 GEORIVS (error)	—	50.00	135	475	170	—
1773	—	15.00	65.00	325	950	—
1774	—	25.00	110	400	1,400	—
1775	—	15.00	80.00	325	1,450	—

KM# 647 1/2 PENNY
12.1900 g., Copper, 30.20 mm. **Ruler:** George III **Obv:** Laureate bust right **Obv. Legend:** GEORGIUS III DEI GRATIA REX **Rev:** Brittania seated left **Rev. Legend:** BRITANNIA

Date	Mintage	F	VF	XF	Unc	BU
1799	—	6.00	15.00	90.00	225	—
	Note: With five incuse gunports					
1799	—	6.00	18.00	95.00	240	—
	Note: With six relief gunports					
1799	—	7.00	22.00	110	270	—
	Note: With nine relief gunports					
1799	—	7.00	22.00	110	270	—
	Note: Plain hull					
1799	—	7.00	22.00	110	270	—
	Note: Raised line along hull					
1799 Proof	—	—	—	—	475	—

KM# 647a 1/2 PENNY
Bronze Plated Copper **Ruler:** George III **Obv:** Laureate bust right **Rev:** Brittania seated left

Date	Mintage	F	VF	XF	Unc	BU
1799 Proof	—	—	—	—	500	—

KM# 499 PENNY
Silver **Ruler:** William III **Obv:** Laureate head right **Rev:** Crowned Roman numeral I, crown divides date **Note:** Varieties exist.

Date	Mintage	VG	F	VF	XF	Unc
1701	—	25.00	50.00	80.00	300	—

KM# 512 PENNY
Silver **Ruler:** Anne **Obv:** Bust left **Rev:** Crowned Roman numeral I, crown divides date

Date	Mintage	VG	F	VF	XF	Unc
1703	—	10.00	20.00	50.00	150	—
1705	—	9.50	20.00	45.00	125	—
1706	—	9.50	20.00	45.00	125	—
1708	—	10.00	22.00	50.00	150	—
1709	—	9.50	20.00	45.00	125	—
1710	—	12.00	25.00	60.00	150	—
1713/0	—	9.50	22.00	45.00	150	—
1713	—	9.50	20.00	42.00	120	—

KM# 544 PENNY
0.5017 g., 0.9250 Silver 0.0149 oz. ASW **Ruler:** George I **Obv:** Laureate bust right **Rev:** Crowned Roman numeral I, crown divides date

Date	Mintage	VG	F	VF	XF	Unc
1716	—	6.00	12.00	35.00	90.00	—
1716 Prooflike	—	—	—	—	—	125
1718	—	6.00	12.00	35.00	90.00	—
1718 Prooflike	—	—	—	—	—	125
1720	—	6.00	12.00	35.00	90.00	—
1720 Prooflike	—	—	—	—	—	125
1723	—	6.00	12.00	35.00	90.00	—
1723 Prooflike	—	—	—	—	—	125
1725	—	6.00	12.00	35.00	90.00	—
1725 Prooflike	—	—	—	—	—	125
1726	—	10.00	22.00	45.00	90.00	—
1726 Prooflike	—	—	—	—	—	125
1727	—	10.00	22.00	65.00	125	—
1727 Prooflike	—	—	—	—	—	150

KM# 567 PENNY
0.5017 g., 0.9250 Silver 0.0149 oz. ASW **Ruler:** George II **Obv:** Young laureate head left **Obv. Legend:** GEORGIVS • II • - DEI GRATIA • **Rev:** Crowned Roman numeral I, crown divides date

Date	Mintage	VG	F	VF	XF	Unc
1729	—	6.00	12.00	35.00	80.00	—
1729 Prooflike	—	—	—	—	—	100
1731	—	5.00	9.00	35.00	75.00	—
1731 Prooflike	—	—	—	—	—	115
1732	—	5.00	9.00	35.00	75.00	—
1732 Prooflike	—	—	—	—	—	115
1735	—	6.00	12.00	35.00	90.00	—
1735 Prooflike	—	—	—	—	—	115
1737	—	6.00	12.00	35.00	80.00	—
1737 Prooflike	—	—	—	—	—	100
1739	—	5.00	9.00	35.00	75.00	—
1739 Prooflike	—	—	—	—	—	95.00
1740/30	—	8.00	18.00	40.00	90.00	—
1740	—	5.00	9.00	35.00	75.00	—
1740 Prooflike	—	—	—	—	—	95.00
1743/0	—	7.00	12.00	37.50	80.00	—
1743	—	5.00	9.00	35.00	75.00	—
1743 Prooflike	—	—	—	—	—	90.00
1746/3	—	6.00	12.00	35.00	80.00	—
1746	—	5.00	9.00	30.00	75.00	—

Date	Mintage	VG	F	VF	XF	Unc
1746 Prooflike	—	—	—	32.00	—	90.00
1750	—	5.00	8.00	30.00	75.00	—
1752/0	—	6.00	12.00	35.00	80.00	—
1752	—	5.00	8.00	30.00	75.00	—
1753/2	—	6.00	9.00	35.00	80.00	—
1753	—	5.00	8.00	30.00	75.00	—
1754	—	4.50	7.00	30.00	75.00	—
1755	—	4.50	7.00	30.00	75.00	—
1756	—	4.50	7.00	30.00	75.00	—
1757	—	4.50	7.00	30.00	75.00	—
1758	—	4.50	7.00	30.00	75.00	—
1759	—	4.50	7.00	35.00	75.00	—
1760	—	6.00	9.00	35.00	80.00	—
1760 Prooflike	—	—	—	—	—	100

Date	Mintage	F	VF	XF	Unc	BU
1765 10-20 pieces	—	150	375	900	—	—
1766	—	8.00	20.00	40.00	75.00	—
1766 Prooflike	—	—	—	—	95.00	—
1772/62	—	8.50	25.00	45.00	75.00	—
1772	—	8.00	20.00	40.00	75.00	—
1772 Prooflike	—	—	—	—	95.00	—
1776	—	8.00	20.00	40.00	75.00	—
1780	—	8.00	20.00	40.00	75.00	—
1780 Prooflike	—	—	—	—	95.00	—
1784	—	8.00	20.00	40.00	75.00	—
1784 Prooflike	—	—	—	—	95.00	—
1786	—	8.00	18.00	35.00	75.00	—
1786 Prooflike	—	—	—	—	95.00	—

KM# 594 PENNY

0.5017 g., 0.9250 Silver 0.0149 oz. ASW **Ruler:** George III **Obv:** Head right **Obv. Legend:** GEORGIVS • III • DEI • GRATIA • **Rev:** Crowned Roman numeral I

Date	Mintage	F	VF	XF	Unc	BU
1763	—	8.50	35.00	60.00	90.00	—
1763 Prooflike	—	—	—	—	110	—
1763 Proof; rare	—	—	—	—	—	—
1765 Rare	—	—	—	—	—	—
1766	—	7.50	25.00	60.00	80.00	—
1766 Prooflike	—	—	—	—	90.00	—
1770	—	6.50	18.00	45.00	70.00	—
1770 Prooflike	—	—	—	—	—	—
1772	—	6.50	25.00	60.00	80.00	—
1772 Prooflike	—	—	—	—	100	—
1776	—	6.50	25.00	60.00	80.00	—
1779	—	6.50	25.00	60.00	80.00	—
1780	—	7.00	30.00	65.00	90.00	—
1780 Prooflike	—	—	—	—	110	—
1781	—	6.50	18.00	45.00	60.00	—
1784	—	6.50	18.00	45.00	60.00	—
1784 Prooflike	—	—	—	—	90.00	—
1786	—	6.50	18.00	45.00	60.00	—
1786 Prooflike	—	—	—	—	95.00	—

KM# 500.2 2 PENCE

Silver **Ruler:** William III **Obv:** Laureate bust right **Rev:** Crown smaller and lower

Date	Mintage	VG	F	VF	XF	Unc
1701	—	11.00	22.50	95.00	425	—

KM# 513 2 PENCE

Silver **Ruler:** Anne **Obv:** Bust left **Obv. Legend:** ANNA DEI - GRATIA **Rev:** Crown above value **Note:** Varieties exist.

Date	Mintage	VG	F	VF	XF	Unc
1703	—	9.00	18.00	45.00	125	—
1704	—	9.00	18.00	35.00	95.00	—
1704 Prooflike	—	—	—	—	—	110
1705	—	9.00	15.00	35.00	105	—
1706	—	9.00	15.00	35.00	110	—
1707	—	9.00	15.00	35.00	110	—
1707 Proof-like	—	—	—	—	—	100
1708	—	9.00	15.00	35.00	95.00	—
1709	—	9.00	15.00	45.00	110	—
1710	—	7.00	15.00	35.00	95.00	—
1713	—	7.00	15.00	35.00	95.00	—

KM# 550 2 PENCE

1.0033 g., 0.9250 Silver 0.0298 oz. ASW **Ruler:** George I **Obv:** Laureate bust right **Rev:** Crown above value **Note:** Varieties exist.

Date	Mintage	VG	F	VF	XF	Unc
1717	—	7.00	12.00	35.00	90.00	—
1717 Prooflike	—	—	—	—	—	110
1721	—	7.00	12.00	30.00	80.00	—
1721 Prooflike	—	—	—	—	—	100
1723	—	9.00	15.00	45.00	110	—
1723 Prooflike	—	—	—	—	—	125
1726	—	7.00	12.00	30.00	80.00	—
1726 Prooflike	—	—	—	—	—	100
1727	—	9.00	15.00	35.00	95.00	—
1727 Prooflike	—	—	—	—	—	120

KM# 610 PENNY

0.5017 g., 0.9250 Silver 0.0149 oz. ASW **Ruler:** George III **Obv:** Older bust right **Rev:** Crowned value

Date	Mintage	F	VF	XF	Unc	BU
1792	—	12.00	45.00	95.00	130	—
1792 Prooflike	—	—	—	—	150	—

KM# 614 PENNY

0.5017 g., 0.9250 Silver 0.0149 oz. ASW **Ruler:** George III **Obv:** Bust right **Rev:** Crowned value

Date	Mintage	F	VF	XF	Unc	BU
1795	—	7.00	18.00	50.00	45.00	—
1795 Prooflike	—	—	—	—	50.00	—
1800	—	5.00	18.00	50.00	75.00	—
1800 Prooflike	—	—	—	—	90.00	—

KM# 568 2 PENCE

1.0033 g., 0.9250 Silver 0.0298 oz. ASW **Ruler:** George II **Obv:** Young head left **Rev:** Crown above value

Date	Mintage	VG	F	VF	XF	Unc
1729	—	7.00	10.00	30.00	75.00	—
1729 Prooflike	—	—	—	—	—	100
1731	—	7.00	10.00	30.00	75.00	—
1731 Prooflike	—	—	—	—	—	95.00
1732	—	7.00	10.00	30.00	65.00	—
1732 Prooflike	—	—	—	—	—	90.00
1735	—	7.00	10.00	30.00	65.00	—
1735 Prooflike	—	—	—	—	—	90.00
1737	—	7.00	10.00	30.00	65.00	—
1737 Prooflike	—	—	—	—	—	90.00
1739	—	7.00	10.00	30.00	75.00	—
1739 Prooflike	—	—	—	—	—	95.00
1740	—	7.00	12.00	35.00	90.00	—
1740 Prooflike	—	—	—	—	—	100
1743/0	—	7.00	10.00	30.00	75.00	—
1743	—	7.00	10.00	30.00	65.00	—
1743 Prooflike	—	—	—	—	—	90.00
1746	—	7.00	10.00	30.00	65.00	—
1746 Prooflike	—	—	—	—	—	90.00
1756	—	7.00	10.00	30.00	65.00	—
1759	—	7.00	10.00	30.00	65.00	—
1760	—	7.00	10.00	30.00	65.00	—
1760 Prooflike	—	—	—	—	—	90.00

KM# 611 2 PENCE

1.0033 g., 0.9250 Silver 0.0298 oz. ASW **Ruler:** George III

Date	Mintage	F	VF	XF	Unc	BU
1792	—	15.00	40.00	85.00	125	—
1792 Prooflike	—	—	—	—	135	—

KM# 615 2 PENCE

1.0033 g., 0.9250 Silver 0.0298 oz. ASW **Ruler:** George III **Obv:** Bust right **Obv. Legend:** GEORGIVS • III • DEI • GRATIA • **Rev:** Crown above value

Date	Mintage	F	VF	XF	Unc	BU
1795	—	8.00	22.50	50.00	85.00	—
1795 Prooflike	—	—	—	—	95.00	—
1800	—	7.00	22.50	50.00	85.00	—
1800 Prooflike	—	—	—	—	95.00	—

KM# 619 2 PENCE

Copper **Ruler:** George III **Obv:** Laureate head right **Obv. Legend:** GEORGIUS III • D : G • REX • **Rev:** Brittania seated left **Rev. Legend:** BRITANNIA •

Date	Mintage	F	VF	XF	Unc	BU
1797	722,000	60.00	210	560	1,800	—
1797 Proof	Inc. above	—	—	—	1,200	—

KM# 618 PENNY

Copper **Ruler:** George III **Obv:** Laureate bust right **Obv. Legend:** GEORGIUS III • D : G • REX • **Rev:** Brittania seated left **Rev. Legend:** BRITANNIA •

Date	Mintage	F	VF	XF	Unc	BU
1797	—	15.00	80.00	400	1,500	—
1797 Proof	—	—	—	—	975	—

KM# 618a PENNY

Copper Gilt **Ruler:** George III **Obv:** Laureate bust right **Rev:** Brittania seated left

Date	Mintage	F	VF	XF	Unc	BU
1797 Proof	—	—	—	—	1,425	—

KM# 595 2 PENCE

1.0033 g., 0.9250 Silver 0.0298 oz. ASW **Ruler:** George III **Obv:** Laureate bust right **Obv. Legend:** GEORGIVS • III • DEI • GRATIA • **Rev:** Crown above value

Date	Mintage	F	VF	XF	Unc	BU
1763	—	9.00	35.00	60.00	97.00	—
1763 Prooflike	—	—	—	—	110	—
1763 Proof	—	—	—	—	3,300	—

KM# 501 3 PENCE

Silver **Ruler:** William III **Obv:** Laureate bust right **Rev:** Crowned 3, crown divides date **Note:** Varieties exist.

Date	Mintage	VG	F	VF	XF	Unc
1701	—	18.00	36.00	80.00	300	—

KM# A514 3 PENCE

Silver **Ruler:** Anne **Obv:** Obverse KM#515 4 pence **Rev:** Reverse KM#514 3 pence **Note:** Mule

Date	Mintage	VG	F	VF	XF	Unc
1713	—	10.00	22.50	50.00	195	—

KM# 514 3 PENCE

Silver **Ruler:** Anne **Obv:** Bust left **Obv. Legend:** ANNA • DEI •

GREAT BRITAIN

- GRATIA • Rev: Crown above value divides date Note: Varieties exist.

Date	Mintage	VG	F	VF	XF	Unc
1703	—	7.50	22.50	50.00	150	—
1704	—	7.00	15.00	45.00	135	—
1704 Prooflike	—	—	—	—	—	150
1705	—	7.00	15.00	45.00	135	—
1706	—	7.00	15.00	35.00	110	—
1707	—	7.00	15.00	35.00	110	—
1707 Prooflike	—	—	—	—	—	150
1708/7	—	9.00	15.00	35.00	110	—
1708	—	9.00	15.00	35.00	125	—
1709	—	9.00	15.00	35.00	110	—
1710	—	9.00	15.00	35.00	110	—
1713	—	9.00	15.00	35.00	110	—

Date	Mintage	VG	F	VF	XF	Unc
1735	—	9.00	15.00	35.00	100	—
1735 Prooflike	—	—	—	—	—	120
1737	—	9.00	15.00	35.00	100	—
1737 Prooflike	—	—	—	—	—	120
1739	—	9.00	15.00	35.00	100	—
1739 Prooflike	—	—	—	—	—	120
1740	—	9.00	15.00	35.00	100	—
1740 Prooflike	—	—	—	—	—	120
1743/0	—	10.00	22.50	95.00	210	—
1743	—	9.00	15.00	35.00	100	—
1743 Prooflike	—	—	—	—	—	120
1746	—	7.00	12.00	30.00	90.00	—
1746 Prooflike	—	—	—	—	—	120
1760	—	9.00	15.00	35.00	95.00	—
1760 Prooflike	—	—	—	—	—	120

KM# 551 3 PENCE
1.5050 g., 0.9250 Silver 0.0448 oz. ASW **Ruler:** George I **Obv:** Laureate bust right **Obv. Legend:** GEORGIVS • DEI • GRA • **Rev:** Crowned value

Date	Mintage	VG	F	VF	XF	Unc
1717	—	8.00	15.00	50.00	135	—
1717 Prooflike	—	—	—	—	—	225
1721	—	9.00	16.00	50.00	150	—
1721 Prooflike	—	—	—	—	—	225
1723	—	10.00	18.00	45.00	150	—
1723 Prooflike	—	—	—	—	—	225
1727	—	10.00	18.00	45.00	150	—
1727 Prooflike	—	—	—	—	—	220

KM# 612 3 PENCE
1.5050 g., 0.9250 Silver 0.0448 oz. ASW **Ruler:** George III **Obv:** Bust right **Obv. Legend:** GEORGIVS III DEI GRATIA **Rev:** Crowned value **Rev. Legend:** MAG • BRI • FR • ET • HIB • REX •

Date	Mintage	F	VF	XF	Unc	BU
1792	—	15.00	50.00	90.00	125	—
1792 Prooflike	—	—	—	—	150	—

KM# 616 3 PENCE
1.5050 g., 0.9250 Silver 0.0448 oz. ASW **Ruler:** George III **Obv:** Bust right **Obv. Legend:** GEORGIVS III DEI GRATIA **Rev:** Crowned value **Rev. Legend:** MAG • BRI • FR ET • HIB • REX •

Date	Mintage	F	VF	XF	Unc	BU
1795	—	10.00	22.50	50.00	80.00	—
1795 Prooflike	—	—	—	—	95.00	—
1800	—	10.00	22.50	50.00	80.00	—
1800 Prooflike	—	—	—	—	95.00	—

KM# 569 3 PENCE
1.5050 g., 0.9250 Silver 0.0448 oz. ASW **Ruler:** George II **Obv:** Young head left **Obv. Legend:** GEORGIVS • II • DEI • GRATIA • Rev: Crowned value

Date	Mintage	VG	F	VF	XF	Unc
1729	—	6.50	15.00	35.00	100	—
1729 Prooflike	—	—	—	—	—	120
1731	—	6.50	12.00	35.00	95.00	—
1731 Prooflike	—	—	—	—	—	120
1732	—	6.50	15.00	35.00	95.00	—
1732 Prooflike	—	—	—	—	—	—
1735	—	6.50	15.00	35.00	95.00	—
1735 Prooflike	—	—	—	—	—	—
1737	—	6.50	12.00	30.00	90.00	—
1737 Prooflike	—	—	—	—	—	120
1739	—	6.50	12.00	30.00	90.00	—
1739 Prooflike	—	—	—	—	—	120
1740	—	6.50	12.00	30.00	90.00	—
1740 Prooflike	—	—	—	—	—	120
1743	—	6.50	12.00	30.00	90.00	—
1743 Prooflike	—	—	—	—	—	—
1746/3	—	7.00	15.00	35.00	95.00	—
1746	—	6.50	12.00	30.00	90.00	—
1746 Prooflike	—	—	—	—	—	120
1760	—	6.50	12.00	30.00	90.00	—
1760 Prooflike	—	—	—	—	—	120

KM# 495 4 PENCE (Groat)
Silver **Ruler:** William III **Obv:** Laureate bust right **Rev:** Crown above value divides date

Date	Mintage	VG	F	VF	XF	Unc
1701	—	15.00	35.00	125	500	—
1702	—	15.00	35.00	125	500	—
1702 Prooflike	—	—	—	—	—	—

KM# 515 4 PENCE (Groat)
Silver **Ruler:** Anne **Obv:** Bust left **Obv. Legend:** ANNA • DEI • GRATIA • Rev: Crown above value divides date **Rev. Legend:** MAG • BR • VR • ET • HIB • REG •

Date	Mintage	VG	F	VF	XF	Unc
1703	—	10.00	22.50	45.00	135	—
1704	—	7.00	15.00	35.00	120	—
1704 Prooflike	—	—	—	—	—	—
1705	—	10.00	22.50	50.00	135	—
1706	—	7.00	15.00	35.00	110	—
1708	—	7.00	15.00	35.00	110	—
1709	—	7.00	15.00	35.00	110	—
1710	—	7.00	15.00	35.00	110	—
1713	—	7.00	15.00	35.00	120	—

KM# 596.1 4 PENCE (Groat)
2.0067 g., 0.9250 Silver 0.0597 oz. ASW **Ruler:** George II **Obv:** Young head right **Obv. Legend:** GEORGIVS • III • DEI • GRATIA • Rev: Crown above value divides date **Rev. Legend:** MAG • BRI • FR • ET • HIB • REX •

Date	Mintage	F	VF	XF	Unc	BU
1763	—	10.00	22.50	60.00	135	—
1763 Prooflike	—	—	—	—	150	—
1763 Proof; rare	—	—	—	—	—	—
1765 10-20 pieces	—	300	600	1,200	—	—
1766	—	12.00	30.00	60.00	130	—
1766 Prooflike	—	—	—	—	145	—
1770	—	12.00	30.00	60.00	130	—
1772/0	—	12.00	30.00	60.00	165	—
1772	—	12.00	30.00	60.00	130	—
1772 Prooflike	—	—	—	—	145	—
1776	—	12.00	27.00	60.00	130	—
1780	—	12.00	27.00	60.00	130	—
1780 Prooflike	—	—	—	—	145	—
1784	—	12.00	30.00	60.00	130	—
1784 Prooflike	—	—	—	—	145	—
1786	—	12.00	35.00	75.00	150	—
1786 Prooflike	—	—	—	—	145	—

KM# 596.2 4 PENCE (Groat)
2.0067 g., 0.9250 Silver 0.0597 oz. ASW **Ruler:** George III **Obv:** Larger lettering **Rev:** Crown above value divides date

Date	Mintage	F	VF	XF	Unc	BU
1786	—	12.00	35.00	80.00	175	—

KM# 591 3 PENCE
1.5050 g., 0.9250 Silver 0.0448 oz. ASW **Ruler:** George III **Obv:** Laureate bust right **Obv. Legend:** GEORGIVS • III • DEI • GRATIA • Rev: Crown above value divides date **Rev. Legend:** MAG • BRI • FR • ET • HIB • REX •

Date	Mintage	F	VF	XF	Unc	BU
1762	—	7.00	18.00	50.00	80.00	—
1763	—	7.00	18.00	50.00	80.00	—
1763 Proof-like	—	—	—	—	95.00	—
1763 Proof; rare	—	—	—	—	—	—
1765 10-20 pieces	—	225	450	1,050	—	—
1766	—	10.00	25.00	45.00	75.00	—
1766 Prooflike	—	—	—	—	95.00	—
1770	—	10.00	25.00	45.00	75.00	—
1772/0	—	10.00	30.00	55.00	85.00	—
1772	—	8.00	20.00	45.00	75.00	—
1772 Prooflike	—	—	—	—	95.00	—
1780	—	8.00	20.00	45.00	75.00	—
1780 Prooflike	—	—	—	—	95.00	—
1784	—	10.00	25.00	50.00	85.00	—
1784 Prooflike	—	—	—	—	—	120
1786	—	8.00	20.00	45.00	75.00	—
1786 Prooflike	—	—	—	—	—	95.00

KM# 552 4 PENCE (Groat)
2.0067 g., 0.9250 Silver 0.0597 oz. ASW **Ruler:** George I **Obv:** Laureate bust right **Obv. Legend:** GEORGIVS • DEI • GRA • **Rev. Legend:** MAG • BRI • FR • ET • HIB • REX •

Date	Mintage	VG	F	VF	XF	Unc
1717	—	9.00	14.00	45.00	150	—
1717 Prooflike	—	—	—	—	—	225
1721	—	9.00	14.00	45.00	150	—
1721 Prooflike	—	—	—	—	—	225
1723	—	9.00	14.00	45.00	150	—
1723 Prooflike	—	—	—	—	—	225
1727	—	10.00	22.50	50.00	165	—
1727 Prooflike	—	—	—	—	—	225

KM# 570 4 PENCE (Groat)
2.0067 g., 0.9250 Silver 0.0597 oz. ASW **Ruler:** George II **Obv:** Young head left **Obv. Legend:** GEORGIVS • II • - DEI • GRATIA • Rev: Crown above value divides date **Rev. Legend:** MAG • BRI • FR • ET • HIB • REX •

Date	Mintage	VG	F	VF	XF	Unc
1729	—	9.00	15.00	35.00	100	—
1729 Prooflike	—	—	—	—	—	120
1731	—	9.00	12.00	35.00	100	—
1731 Prooflike	—	—	—	—	—	120
1732	—	9.00	15.00	35.00	100	—
1732 Prooflike	—	—	—	—	—	120

KM# 613 4 PENCE (Groat)
2.0067 g., 0.9250 Silver 0.0597 oz. ASW **Ruler:** George III **Obv:** Armored bust right **Rev:** Small crown above thin numerals

Date	Mintage	F	VF	XF	Unc	BU
1792	—	15.00	50.00	110	180	—
1792 Prooflike	—	—	—	—	200	—

KM# 617 4 PENCE (Groat)
2.0067 g., 0.9250 Silver 0.0597 oz. ASW **Ruler:** George III **Obv:** Bust right **Obv. Legend:** GEORGIVS III DEI GRATIA **Rev:** Crowned value **Rev. Legend:** MAG • BRI • FR • ET • HIB • REX

Date	Mintage	F	VF	XF	Unc	BU
1795	—	8.00	27.00	65.00	155	—
1795 Prooflike	—	—	—	—	145	—
1800	—	6.50	27.00	60.00	150	—
1800 Prooflike	—	—	—	—	145	—

KM# 496.1 6 PENCE

Silver **Ruler:** William III **Obv:** Third bust right **Rev:** Cruciform crowned arms, crown divides date, large crown **Note:** Varieties exist.

Date	Mintage	VG	F	VF	XF	Unc
1701	—	17.00	80.00	200	600	—

KM# 516.1 6 PENCE

Silver **Ruler:** Anne **Obv:** Bust left, VIGO below **Rev:** Cruciform crowned arms, crown divides date **Note:** Struck from silver seized at Vigo Bay, Spain.

Date	Mintage	VG	F	VF	XF	Unc
1703	—	22.50	50.00	135	500	—

KM# 516.2 6 PENCE

Silver **Ruler:** Anne **Obv:** Without VIGO below bust **Rev:** Cruciform crowned arms

Date	Mintage	VG	F	VF	XF	Unc
1705	—	35.00	90.00	260	700	—

KM# 516.3 6 PENCE

Silver **Ruler:** Anne **Obv:** Bust left **Rev:** Cruciform crowned arms with early shield plumes in angles, crown divides date

Date	Mintage	VG	F	VF	XF	Unc
1705	—	22.50	65.00	200	600	—

KM# 516.4 6 PENCE

Silver **Ruler:** Anne **Obv:** Bust left **Rev:** Late shields

Date	Mintage	VG	F	VF	XF	Unc
1705	—	25.00	75.00	225	675	—

KM# 516.5 6 PENCE

Silver **Ruler:** Anne **Obv:** Bust left **Rev:** Roses and plumes in angles

Date	Mintage	VG	F	VF	XF	Unc
1705	—	25.00	75.00	225	675	—
1707	—	18.00	65.00	200	635	—

KM# 522.1 6 PENCE

Silver **Ruler:** Anne **Rev:** English and Scottish shield halved **Note:** Varieties exist.

Date	Mintage	VG	F	VF	XF	Unc
1707	—	18.00	50.00	150	525	—
1708	—	22.50	60.00	165	560	—
1711	—	12.00	35.00	110	330	—

KM# 522.2 6 PENCE

Silver **Ruler:** Anne **Obv:** W/E (Edinburgh) below bust **Rev:** English and Scottish shield halved **Note:** Varieties exist.

Date	Mintage	VG	F	VF	XF	Unc
1707	—	20.00	65.00	200	600	—
1707 Proof	—	—	—	—	—	4,125
Note: Plain edge						
1708/7	—	35.00	95.00	275	780	—
1708	—	28.00	90.00	260	700	—

KM# 522.3 6 PENCE

Silver **Ruler:** Anne **Obv:** E with star below bust **Rev:** English and Scottish shield halved

Date	Mintage	VG	F	VF	XF	Unc
1708/7	—	30.00	90.00	275	780	—
1708	—	25.00	90.00	260	710	—

KM# 530.1 6 PENCE

Silver **Ruler:** Anne **Obv:** Cruder (EDINBURGH) bust wtih E and star **Rev:** English and Scottish shield halved

Date	Mintage	VG	F	VF	XF	Unc
1708	—	30.00	90.00	260	710	—

KM# 530.2 6 PENCE

Silver **Ruler:** Anne **Obv:** Without E and star below bust **Obv. Legend:** ANNA • DEI • - GRATIA • **Rev:** Plumes in angles of cruciform arms. English and Scottish shield halved **Rev. Legend:** MAG • - BRI • FR - ET • HIB - REG •

Date	Mintage	VG	F	VF	XF	Unc
1707	—	22.00	65.00	200	600	—
1708	—	25.00	75.00	225	675	—

KM# 530.3 6 PENCE

Silver **Ruler:** Anne **Rev:** Roses and plumes in angles of cruciform arms. English and Scottish shield halved

Date	Mintage	VG	F	VF	XF	Unc
1710	—	20.00	75.00	225	675	—

KM# 553.1 6 PENCE

3.0100 g., 0.9250 Silver 0.0895 oz. ASW **Ruler:** George I **Obv:** Laureate bust right **Rev:** Shields in cruciform **Note:** Varieties exist.

Date	Mintage	VG	F	VF	XF	Unc
1717	—	28.00	90.00	260	750	—
1717 Proof	—	—	—	—	—	3,090
Note: Plain edge						
1720/17	—	28.00	90.00	260	750	—

KM# 553.2 6 PENCE

3.0100 g., 0.9250 Silver 0.0895 oz. ASW **Ruler:** George I **Obv:** Laureate bust right **Obv. Legend:** GEORGIVS • D • G • M • BR • ... **Rev:** SSC in angles of cruciform arms **Note:** Varieties exist. Struck from silver supplied by South Sea Company.

Date	Mintage	VG	F	VF	XF	Unc
1723	—	15.00	35.00	100	375	—

KM# 553.3 6 PENCE

3.0100 g., 0.9250 Silver 0.0895 oz. ASW **Ruler:** George I **Obv:** Laureate bust right **Rev:** Small roses and plumes in angles of cruciform arms

Date	Mintage	VG	F	VF	XF	Unc
1726	—	35.00	90.00	260	750	—

KM# 564.1 6 PENCE

3.0100 g., 0.9250 Silver 0.0895 oz. ASW **Ruler:** George II **Obv:** Laureate bust left **Obv. Legend:** GEORGIVS • II • - DEI • GRATIA • **Rev:** Without emblems between shields

Date	Mintage	VG	F	VF	XF	Unc
1728	—	30.00	60.00	200	560	—
1728 Plain edge; Proof	—	—	—	—	—	3,750

KM# 564.2 6 PENCE

3.0100 g., 0.9250 Silver 0.0895 oz. ASW **Ruler:** George II **Obv:** Laureate bust left **Obv. Legend:** GEORGIVS • II • - DEI • GRATIA • **Rev:** Plumes between shields

Date	Mintage	VG	F	VF	XF	Unc
1728	—	28.00	60.00	185	560	—

KM# 564.3 6 PENCE

3.0100 g., 0.9250 Silver 0.0895 oz. ASW **Ruler:** George II **Obv:** Laureate bust left **Obv. Legend:** GEORGIVS • II • - DEI • GRATIA • **Rev:** Roses and plumes between shields

Date	Mintage	VG	F	VF	XF	Unc
1728	—	11.50	35.00	150	485	—
1731	—	11.50	35.00	150	485	—
1732	—	11.50	35.00	150	485	—
1734	—	20.00	45.00	165	525	—
1735	—	20.00	45.00	225	525	—
1736	—	22.50	50.00	185	560	—

KM# 564.4 6 PENCE

3.0100 g., 0.9250 Silver 0.0895 oz. ASW **Ruler:** George II **Obv:** Laureate bust left **Obv. Legend:** GEORGIVS • II • - DEI • GRATIA • **Rev:** Roses between shields

Date	Mintage	VG	F	VF	XF	Unc
1739	—	15.00	45.00	140	485	—
1741	—	12.50	45.00	150	485	—

KM# 582.1 6 PENCE

3.0100 g., 0.9250 Silver 0.0895 oz. ASW **Ruler:** George II **Obv:** Older laureate head left **Obv. Legend:** GEORGIVS • II • - DEI • GRATIA • **Rev:** Roses between shields

Date	Mintage	VG	F	VF	XF	Unc
1743	—	11.50	30.00	100	335	—
1745/3	—	20.00	35.00	125	410	—
1745	—	18.00	35.00	100	375	—

KM# 582.3 6 PENCE

3.0100 g., 0.9250 Silver 0.0895 oz. ASW **Ruler:** George II **Obv:** Older head left; LIMA below bust **Obv. Legend:** GEORGIVS • II • - DEI • GRATIA • **Rev:** Shields in cruciform **Note:** Struck from Spanish silver seized from Lima, Peru.

Date	Mintage	VG	F	VF	XF	Unc
1745	—	15.00	35.00	100	375	—
1746	—	9.00	22.50	90.00	300	—

KM# 582.2 6 PENCE

3.0100 g., 0.9250 Silver 0.0895 oz. ASW **Ruler:** George II **Obv:** Older laureate head left **Obv. Legend:** GEORGIVS • II • - DEI • GRATIA • **Rev:** Shields in cruciform

Date	Mintage	VG	F	VF	XF	Unc
1746 Proof	—	—	—	—	—	1,200
1750	—	17.00	35.00	125	410	—
1751	—	22.00	45.00	150	525	—
1757	—	7.00	15.00	45.00	135	—
1758/7	—	7.00	30.00	75.00	225	—
1758	—	7.00	15.00	45.00	135	—

KM# 606.1 6 PENCE

3.0100 g., 0.9250 Silver 0.0895 oz. ASW **Ruler:** George III **Obv:** Bust right **Obv. Legend:** GEORGIVS • III • DEI • GRATIA • **Rev:** Shields in cruciform, crowns in angles

Date	Mintage	F	VF	XF	Unc	BU
1787	—	22.50	50.00	125	220	—
1787 Proof; plain edge	—	—	—	—	—	—

KM# 606.2 6 PENCE

3.0100 g., 0.9250 Silver 0.0895 oz. ASW **Ruler:** George III **Obv:** Bust right **Obv. Legend:** GEORGIVS • III • DEI • GRATIA • **Rev:** Hearts in Hanoverian shield

Date	Mintage	F	VF	XF	Unc	BU
1787	—	10.00	20.00	50.00	125	—

GREAT BRITAIN

KM# 504.2 SHILLING
Silver **Ruler:** William III **Rev:** Plumes in angles

Date	Mintage	VG	F	VF	XF	Unc
1701	—	35.00	150	650	1,900	—

KM# 504.1 SHILLING
Silver **Ruler:** William III **Obv:** Fifth bust (hair high) **Note:** Varieties exist.

Date	Mintage	VG	F	VF	XF	Unc
1701	—	50.00	100	300	1,000	—

KM# 509.2 SHILLING
Silver **Ruler:** Anne **Obv:** Bust left **Rev:** Plumes in angles

Date	Mintage	VG	F	VF	XF	Unc
1702	—	50.00	110	335	1,000	—

KM# 509.1 SHILLING
Silver **Ruler:** Anne **Obv:** First bust (long ties) left **Rev:** Crowned cruciform arms, date divided at top

Date	Mintage	VG	F	VF	XF	Unc
1702	—	45.00	110	400	1,200	—

KM# 509.3 SHILLING
Silver **Ruler:** Anne **Obv:** First bust with VIGO below **Obv. Legend:** ANNA • DEI • - GRATIA • **Rev:** Crowned shields in cruciform **Rev. Legend:** MAG - BR • FRA - ET • HIB - REG •
Note: Struck from silver seized at Vigo Bay, Spain.

Date	Mintage	VG	F	VF	XF	Unc
1702	—	45.00	100	300	900	—

KM# 517.1 SHILLING
Silver **Ruler:** Anne **Obv:** Second bust (short ties), VIGO below **Obv. Legend:** ANNA • DEI • - GRATIA • **Rev:** Crowned shield in cruciform **Rev. Legend:** MAG - BR • FRA - ET • HIB - REG •

Date	Mintage	VG	F	VF	XF	Unc
1703	—	35.00	90.00	300	850	—

KM# 517.2 SHILLING
Silver **Ruler:** Anne **Obv:** Without VIGO below **Rev:** Crowned shields in cruciform

Date	Mintage	VG	F	VF	XF	Unc
1704	—	175	450	1,400	—	—
1705	—	50.00	150	625	1,650	—

KM# 517.3 SHILLING
Silver **Ruler:** Anne **Obv:** Bust left **Obv. Legend:** ANNA • DEI • - GRATIA • **Rev:** Plumes in angles **Rev. Legend:** MAG - BR • FRA - ET • HIB - REG •

Date	Mintage	VG	F	VF	XF	Unc
1704	—	50.00	135	550	1,450	—
1705	—	50.00	135	450	1,275	—

KM# 517.4 SHILLING
Silver **Ruler:** Anne **Obv:** Bust left **Rev:** Roses and plumes in angles

Date	Mintage	VG	F	VF	XF	Unc
1705	—	40.00	135	450	1,275	—
1707	—	50.00	180	550	1,450	—

KM# 524.1 SHILLING
Silver **Ruler:** Anne **Obv:** EDINBURGH bust left with E and star below bust **Rev:** Crowned cruciform arms, date divided at top

Date	Mintage	VG	F	VF	XF	Unc
1707 Rare	—	—	—	—	—	—

KM# 517.6 SHILLING
Silver **Ruler:** Anne **Obv:** W/E and star below bust **Rev:** English and Scottish shield halved **Note:** Varieties Exist

Date	Mintage	VG	F	VF	XF	Unc
1707	—	45.00	125	410	1,275	—
1708/7	—	70.00	400	—	—	—
1708	—	50.00	150	475	1,425	—

KM# 517.5 SHILLING
Silver **Ruler:** Anne **Obv:** E (Edinburgh) below bust **Rev:** English and Scottish shield halved **Note:** Varieties exist.

Date	Mintage	VG	F	VF	XF	Unc
1707	—	35.00	125	400	1,275	—
1707 Plain edge; Proof; rare	—	—	—	—	—	6,000
1708	—	60.00	200	675	1,875	—

KM# 523.3 SHILLING
Silver **Ruler:** Anne **Obv:** E below bust **Rev:** Shields in cruciform **Note:** Varieties exist.

Date	Mintage	VG	F	VF	XF	Unc
1707	—	50.00	150	480	1,425	—
1708/7	—	70.00	400	—	—	—
1708	—	40.00	150	450	1,300	—

KM# 523.1 SHILLING
Silver **Ruler:** Anne **Obv:** Third bust left **Obv. Legend:** ANNA • DEI • - GRATIA • **Rev:** Crowned shield in cruciform **Rev. Legend:** MAG - BR • FRA - ET • HIB - REG •

Date	Mintage	VG	F	VF	XF	Unc
1707	—	18.00	50.00	165	550	—
1708	—	18.00	45.00	140	480	—
1709	—	22.50	50.00	150	525	—
1711	—	70.00	140	410	1,300	—

KM# 523.2 SHILLING
Silver **Ruler:** Anne **Obv:** Bust left **Rev:** Plumes in angles

Date	Mintage	VG	F	VF	XF	Unc
1707	—	40.00	150	450	1,350	—
1708	—	40.00	135	400	1,275	—

KM# 523.4 SHILLING
Silver **Ruler:** Anne **Obv:** Bust left **Rev:** Roses and plumes in angles

Date	Mintage	VG	F	VF	XF	Unc
1708	—	40.00	120	375	1,200	—
1710	—	35.00	110	325	1,125	—

KM# 517.7 SHILLING
Silver **Ruler:** Anne **Obv:** Without E below bust **Rev:** English and Scottish shield halved

Date	Mintage	VG	F	VF	XF	Unc
1708	—	40.00	140	450	1,275	—

KM# 524.2 SHILLING
Silver **Ruler:** Anne **Obv:** E without star below bust **Rev:** Crowned arms in cruciform **Note:** Possibly a filled die variety.

Date	Mintage	VG	F	VF	XF	Unc
1709 Rare	—	100	450	1,425	—	—

KM# 533.1 SHILLING
Silver **Ruler:** Anne **Obv:** Fourth bust, (poorer style, more waves) left **Rev:** Roses and plumes in angles

Date	Mintage	VG	F	VF	XF	Unc
1710	—	35.00	120	375	1,125	—
1712	—	25.00	90.00	250	750	—
1713/2	—	35.00	120	375	1,125	—
1714	—	28.00	90.00	250	780	—

KM# 533.2 SHILLING
Silver **Ruler:** Anne **Obv:** Bust left **Rev:** Plain angles

Date	Mintage	VG	F	VF	XF	Unc
1708	—	45.00	95.00	250	750	—
1709	—	40.00	85.00	225	650	—
1710 Plain edge; Proof; Extremely Rare	—	—	—	—	—	—
1711	—	18.00	45.00	135	475	—
1711 Plain edge; Proof; Extremely Rare	—	—	—	—	—	—

KM# 539.1 SHILLING
6.0200 g., 0.9250 Silver 0.1790 oz. ASW **Ruler:** George I **Obv:** First bust (two-ended ties) right **Obv. Legend:** GEORGIVS • III • D • G • M • BR • FR • ET • HIB • REX • F • D • **Rev:** Crowned cruciform arms and roses and plumes in angles **Rev. Legend:** BRVN - ET • L • DVX - S • R • I • A • TH - ET • EL •

Date	Mintage	VG	F	VF	XF	Unc
1715	—	25.00	75.00	240	975	—
1716	—	35.00	135	410	1,350	—
1717	—	20.00	90.00	250	1,050	—
1718	—	28.00	75.00	225	900	—
1719	—	40.00	135	410	1,350	—
1720	—	35.00	95.00	300	1,125	—
1720/18	—	45.00	175	550	1,875	—
1721/0	—	28.00	90.00	250	1,050	—
1721/19	—	30.00	140	450	1,425	—
1721	—	35.00	140	450	1,425	—
1722	—	25.00	90.00	250	1,050	—
1723	—	30.00	110	325	1,200	—

KM# 539.2 SHILLING
6.0200 g., 0.9250 Silver 0.1790 oz. ASW **Ruler:** George I **Obv:** First laureate bust right **Obv. Legend:** GEORGIVS • D • G • M • BR • FR • ET • HIB • REX • F • D • **Rev:** Plain field in angles in cruciform arms **Rev. Legend:** BRVN - ET • L • DVX - S • R • I • A • TH - ET • EL • **Note:** Varieties exist.

Date	Mintage	VG	F	VF	XF	Unc
1720	—	18.00	45.00	150	675	—
1721	—	60.00	150	450	1,425	—

KM# 558.3 SHILLING
6.0200 g., 0.9250 Silver 0.1790 oz. ASW **Ruler:** George I **Obv:** Second laureate bust right with loop in tie, W.C.C. below **Obv. Legend:** GEORGIVS • D • G • M • BR • FR • ET • HIB • REX • F • D • **Rev:** Interlocked C's, plumes in opposed angles of cruciform arms **Rev. Legend:** BRVN - ET • L • DVX - S • R•I • A • TH - ET • EL • **Note:** Struck from silver supplied by Welsh Copper Company.

Date	Mintage	VG	F	VF	XF	Unc
1723	—	250	550	1,725	6,000	—
1724	—	250	550	1,725	6,000	—
1725	—	275	625	1,875	6,375	—
1726	—	275	625	1,875	6,375	—

KM# 558.2 SHILLING
6.0200 g., 0.9250 Silver 0.1790 oz. ASW **Ruler:** George I **Obv:** Second laureate bust right **Rev:** Roses and plumes in opposed angles of cruciform arms

Date	Mintage	VG	F	VF	XF	Unc
1723	—	40.00	100	300	1,125	—
1724	—	40.00	100	300	1,125	—
1725	—	40.00	100	300	1,125	—
1726	—	325	700	2,250	4,000	—
1727	—	300	675	2,025	3,650	—

Legend: F • D • B • ET • L • D • S • R • I • A • T • ET • E • - M • B • F • ET • H • REX •

Date	Mintage	F	VF	XF	Unc	BU
1787	—	13.00	25.00	60.00	150	—
1787 Without stops at date	—	20.00	50.00	135	330	—
1787 Without stops on obverse	—	175	450	1,000	2,250	—
1787 Without stop above head	—	19.00	40.00	85.00	225	—
1787 Proof, Extremely Rare	—	—	—	—	—	—
1787 Plain edge; Proof, Extremely Rare	—	—	—	—	—	—

KM# 539.3 SHILLING

6.0200 g., 0.9250 Silver 0.1790 oz. ASW **Ruler:** George I **Obv:** First laureate bust right **Obv. Legend:** GEORGIVS • D • G • M • BR • FR•ET • HIB • REX • F • D • **Rev:** SS, C in opposed angles of cruciform arms **Rev. Legend:** BRVN • ET • L • DVX • S • R • I • A • TH • ET • EL • **Note:** Varieties exist. Struck from silver supplied by the South Sea Company.

Date	Mintage	VG	F	VF	XF	Unc
1723	—	12.50	30.00	110	330	—

KM# 558.1 SHILLING

6.0200 g., 0.9250 Silver 0.1790 oz. ASW **Ruler:** George I **Obv:** Second laureate bust right with loop in tie **Obv. Legend:** GEORGIVS • D • G • M • BR • FR • ET • HIB • REX • F • D • **Rev:** SS, C in opposed angles of cruciform arms **Rev. Legend:** BRVN • ET • L • DVS • S • R • I • A • TH • ET • EL • **Note:** Varieties exist.

Date	Mintage	VG	F	VF	XF	Unc
1723	—	25.00	60.00	165	700	—

KM# 561.1 SHILLING

6.0200 g., 0.9250 Silver 0.1790 oz. ASW **Ruler:** George II **Obv:** Young bust left, small letters **Obv. Legend:** GEORGIVS • II • - DEI • GRATIA • **Rev:** Cruciform arms with roses and plumes between shields, small letters

Date	Mintage	VG	F	VF	XF	Unc
1727	—	28.00	60.00	250	1,000	—
1728	—	27.00	65.00	325	1,200	—
1729	—	30.00	70.00	325	1,200	—
1731	—	30.00	60.00	275	1,000	—
1732	—	30.00	65.00	300	1,125	—

KM# 561.2 SHILLING

6.0200 g., 0.9250 Silver 0.1790 oz. ASW **Ruler:** George II **Obv:** Laureate bust left **Obv. Legend:** GEORGIVS • II • - DEI • GRATIA • **Rev:** Plumes between shields

Date	Mintage	VG	F	VF	XF	Unc
1727	—	40.00	90.00	410	1,450	—
1731	—	50.00	100	450	1,650	—

KM# 561.3 SHILLING

6.0200 g., 0.9250 Silver 0.1790 oz. ASW **Ruler:** George II **Obv:** Laureate bust left **Rev:** Without emblems between shields

Date	Mintage	VG	F	VF	XF	Unc
1728	—	60.00	125	525	1,500	—

KM# 561.5 SHILLING

6.0200 g., 0.9250 Silver 0.1790 oz. ASW **Ruler:** George II **Obv:** Large letters **Rev:** Large letters

Date	Mintage	VG	F	VF	XF	Unc
1734	—	20.00	50.00	250	975	—
1735	—	25.00	60.00	275	1,050	—
1736/5	—	35.00	65.00	300	1,125	—
1736	—	20.00	50.00	250	975	—
1737	—	20.00	50.00	250	975	—

KM# 561.4 SHILLING

6.0200 g., 0.9250 Silver 0.1790 oz. ASW **Ruler:** George II **Obv:** Laureate bust left **Rev:** Roses between shields

Date	Mintage	VG	F	VF	XF	Unc
1739	—	22.50	45.00	200	750	—
1739/7	—	35.00	150	525	1,500	—
1741	—	22.50	45.00	200	750	—
1741/39	—	35.00	150	525	1,425	—

KM# 583.1 SHILLING

6.0200 g., 0.9250 Silver 0.1790 oz. ASW **Ruler:** George II **Obv:** Older laureate head left **Obv. Legend:** GEORGIVS • II • - DEI • GRATIA • **Rev:** Crowned arms in cruciform, roses at angles **Rev. Legend:** F • D • B • ET • L • D • S • R • I • - A • T • ET • E • - M • B • F • ET • H • REX •

Date	Mintage	VG	F	VF	XF	Unc
1743/1	—	25.00	65.00	200	850	—
1743	—	15.00	35.00	135	625	—
1745/3	—	25.00	65.00	200	850	—
1745	—	20.00	45.00	150	675	—
1747	—	18.00	45.00	150	675	—

KM# 583.2 SHILLING

6.0200 g., 0.9250 Silver 0.1790 oz. ASW **Ruler:** George II **Obv:** LIMA below bust **Obv. Legend:** GEORGIUS • II • - DEI • GRATIA • **Rev:** Crowned shields in cruciform **Rev. Legend:** F • D • B • - ET • L • D • S • R • I • - A • T • ET • E • - M • B • F • ET • - H • REX • **Note:** Struck from Spanish silver seized at Lima, Peru.

Date	Mintage	VG	F	VF	XF	Unc
1745	—	12.00	35.00	135	600	—
1746/5	—	50.00	100	330	1,125	—
1746	—	45.00	90.00	330	1,125	—

KM# 583.3 SHILLING

6.0200 g., 0.9250 Silver 0.1790 oz. ASW **Ruler:** George II **Obv:** Without LIMA below bust **Obv. Legend:** GEORGIVS • II • - DEI • GRATIA • **Rev:** Crowned shields in cruciform **Rev. Legend:** F • D • B • - ET • L • D • S • R • I • - A • T • ET • E • - M • B • F • ET • - H • REX •

Date	Mintage	VG	F	VF	XF	Unc
1746 Proof	—	—	—	—	—	1,800
1750/40	—	20.00	50.00	200	800	—
1750/6	—	27.00	65.00	225	850	—
1750	—	20.00	50.00	175	750	—
1751	—	35.00	110	330	1,125	—
1758	—	10.00	30.00	90.00	225	—

KM# 597 SHILLING

6.0200 g., 0.9250 Silver 0.1790 oz. ASW **Ruler:** George III **Obv:** Laureate bust right **Obv. Legend:** GEORGIVS • III • - DEI • GRATIA • **Rev:** Crowned shields in cruciform **Rev. Legend:** F • D • B • - ET • L • D • S • R • I • - A • T • ET • E • - M • B • F • ET • - H • REX • **Note:** Known as the "Northumberland" Shilling

Date	Mintage	F	VF	XF	Unc	BU
1763	—	350	675	1,250	1,800	—

KM# 607.1 SHILLING

6.0200 g., 0.9250 Silver 0.1790 oz. ASW **Ruler:** George III **Obv:** Armored laureate bust right **Obv. Legend:** GEORGIVS • III • - DEI • GRATIA • **Rev:** Without hearts in Hanoverian shield **Rev. Legend:** F • D • B • ET • L • D • S • R • I • - A • T • ET • E • - M • B • F • ET • H • REX •

KM# 607.2 SHILLING

6.0200 g., 0.9250 Silver 0.1790 oz. ASW **Ruler:** George III **Obv:** Armored laureate bust right **Obv. Legend:** GEORGIVS • III • - DEI • GRATIA • **Rev:** Hearts in Hanoverian shield **Rev. Legend:** F • D • B • ET • L • D • S • R • I • A • T • ET • E • - M • B • F • ET • H • REX •

Date	Mintage	F	VF	XF	Unc	BU
1787	—	20.00	60.00	165	450	—
1787 Plain Edge, Proof, Extremely Rare	—	—	—	—	—	—

KM# 607.3 SHILLING

6.0200 g., 0.9250 Silver 0.1790 oz. ASW **Ruler:** George III **Obv:** Armored laureate bust right **Rev:** Shields in cruciform **Note:** Known as "Dorrien and Magens Shilling" struck for merchants. Fewer than 20 pieces are known to exist today.

Date	Mintage	F	VF	XF	Unc	BU
1798 Without stops above head	—	—	—	—	24,000	—

KM# 492.4 1/2 CROWN

Silver Ruler: William III **Obv:** Laureate bust right **Obv. Legend:** GVLIELMVS • III DEI GRA **Rev:** Plumes in angles **Rev. Legend:** MAG • BR • FRA • ET • HIB • -...

Date	Mintage	VG	F	VF	XF	Unc
1701	—	100	250	850	2,625	—

KM# 492.3 1/2 CROWN

Silver Ruler: William III **Obv:** Elephant and castle below bust **Rev:** Crowned shields in cruciform **Note:** Struck from gold mined in Guinea, now Ghana.

Date	Mintage	VG	F	VF	XF	Unc
1701	—	2,000	3,375	5,625	—	—

KM# 492.2 1/2 CROWN

Silver Ruler: William III **Obv:** Laureate bust right **Rev:** Crowned cruciform arms **Note:** Varieties exist.

Date	Mintage	VG	F	VF	XF	Unc
1701	—	45.00	135	550	1,800	—
1701 D. Tertio	—	30.00	90.00	330	1,350	—

GREAT BRITAIN

KM# 518.2 1/2 CROWN
Silver **Ruler:** Anne **Obv:** VIGO below bust **Obv. Legend:** ANNA • DEI • - GRATIA • **Rev:** Crowned shields in cruciform **Rev. Legend:** MAG - BR • FRA - ET • HIB - REG • **Note:** Struck from silver seized at Vigo Bay, Spain.

Date	Mintage	VG	F	VF	XF	Unc
1703	—	60.00	175	600	2,250	—

KM# 518.1 1/2 CROWN
Silver **Ruler:** Anne **Obv:** Bust left **Rev:** Crowned cruciform arms, date divided at top

Date	Mintage	VG	F	VF	XF	Unc
1703 Tertio, Plain below bust, Regional year on edge	—	300	850	3,375	12,750	—

KM# 525.3 1/2 CROWN
Silver **Ruler:** Anne **Obv:** Bust left **Obv. Legend:** ANNA • DEI • - GRATIA • **Rev:** Plumes in angles **Rev. Legend:** MAG - BRI • FR - ET • HIB - • REG •

Date	Mintage	VG	F	VF	XF	Unc
1708	—	40.00	110	450	1,800	—

KM# 525.4 1/2 CROWN
Silver **Ruler:** Anne **Obv:** Bust left **Rev:** Roses and plumes in alternate angles

Date	Mintage	VG	F	VF	XF	Unc
1710	—	40.00	110	410	1,575	—
1712	—	28.00	95.00	375	1,350	—
1713	—	30.00	95.00	375	1,350	—
1714/3	—	65.00	150	550	1,875	—
1714	—	22.50	100	410	1,425	—

KM# 518.3 1/2 CROWN
Silver **Ruler:** Anne **Obv:** Bust left **Obv. Legend:** ANNA • DEI • - GRATIA • **Rev:** Plumes in angles **Rev. Legend:** MAG - BR • FRA • ET • HIB • REG •

Date	Mintage	VG	F	VF	XF	Unc
1704	—	75.00	200	850	3,600	—
1705	—	60.00	200	825	3,375	—

KM# 540.1 1/2 CROWN
15.0501 g., 0.9250 Silver 0.4476 oz. ASW **Ruler:** George I **Obv:** Laureate bust right **Obv. Legend:** GEORGIVS • D • G • M • BR • FR • ET • HIB • REX • F • D • **Rev:** Crowned shields in cruciform, roses and plumes in alternate angles **Rev. Legend:** BRVN - ET • L • DVX • S • R • I •... **Note:** Varieties exist.

Date	Mintage	VG	F	VF	XF	Unc
1715	—	120	300	850	3,750	—
1717	—	120	300	850	3,750	—
1720/17	—	100	250	850	3,750	—
1720	—	150	330	1,125	4,125	—

KM# 518.4 1/2 CROWN
Silver **Ruler:** Anne **Obv:** Bust left **Rev:** Roses and plumes in alternate angles

Date	Mintage	VG	F	VF	XF	Unc
1706	—	50.00	150	525	2,000	—
1707	—	35.00	140	450	1,875	—

KM# 540.2 1/2 CROWN
15.0501 g., 0.9250 Silver 0.4476 oz. ASW **Ruler:** George I **Obv:** Laureate bust right **Obv. Legend:** GEORGIVS • D • G • M • BR • FR • ET • HIB • REX • F • D • **Rev:** C and SS in alternating angle **Rev. Legend:** BRVN - ET • L • DVX • S • R • I •... **Note:** Silver supplied by the South Sea Company.

Date	Mintage	VG	F	VF	XF	Unc
1723	—	100	250	750	3,000	—

KM# 540.3 1/2 CROWN
15.0501 g., 0.9250 Silver 0.4476 oz. ASW **Ruler:** George I **Obv:** Laureate bust right **Rev:** Small roses and plumes in alternate angles

Date	Mintage	VG	F	VF	XF	Unc
1726	—	1,750	4,125	7,875	18,750	—

KM# 525.1 1/2 CROWN
Silver **Ruler:** Anne **Obv:** Bust left **Obv. Legend:** ANNA • DEI • - GRATIA • **Rev:** English and Scottish shield halved **Rev. Legend:** MAG - BRI • FR • ET • HIB • - REG •

Date	Mintage	VG	F	VF	XF	Unc
1707	—	30.00	95.00	375	1,425	—
1708	—	35.00	105	400	1,575	—
1709	—	30.00	95.00	375	1,425	—
1713	—	35.00	95.00	375	1,425	—

KM# 525.2 1/2 CROWN
Silver **Ruler:** Anne **Obv:** E below bust **Rev:** English and Scottish shield halved

Date	Mintage	VG	F	VF	XF	Unc
1707 Sexto	—	40.00	95.00	375	1,350	—
1707 Septimo	—	150	330	—	—	—
1707 Proof, Extremely rare	—	—	—	—	—	—
1708	—	30.00	110	410	1,500	—
1709	—	150	300	1,000	—	—

KM# 574.1 1/2 CROWN
0.9250 Silver **Ruler:** George II **Obv:** Laureate bust left **Obv. Legend:** GEORGIVS • II • - DEI • GRATIA • **Rev:** Roses and plumes in angles **Rev. Legend:** F • D • B • - ET • L • D • S • R • I • - A • T • ET • E • - M • B • F • ET • - H • REX •

Date	Mintage	VG	F	VF	XF	Unc
1731	—	75.00	130	475	1,575	—
1732	—	75.00	130	475	1,575	—
1734	—	85.00	150	600	1,950	—
1735	—	85.00	150	600	1,950	—
1736	—	85.00	150	600	1,950	—

KM# 574.2 1/2 CROWN
0.9250 Silver **Ruler:** George II **Obv:** Laureate bust left **Obv. Legend:** GEORGIVS • II • - DEI • GRATIA • **Rev:** Roses in angles **Rev. Legend:** F • D • B • - ET • L • D • S • R • I • - A • T • ET • E • - M • B • F • ET • - H • REX •

Date	Mintage	VG	F	VF	XF	Unc
1739	—	65.00	120	375	1,425	—
1741/39	—	75.00	135	525	1,650	—
1741	—	75.00	130	410	1,450	—

KM# 574.3 1/2 CROWN
0.9250 Silver **Ruler:** George II **Obv:** Large lettering **Rev:** Shields in cruciform

Date	Mintage	VG	F	VF	XF	Unc
1741/39	—	75.00	135	525	1,650	—
1741	—	65.00	125	475	1,575	—

KM# 584.1 1/2 CROWN
0.9250 Silver **Ruler:** George II **Obv:** Older laureate head left **Obv. Legend:** GEORGIUS • II • - DEI • GRATIA • **Rev:** Roses in angles **Rev. Legend:** F • D • B • - ET • L • D • S • R • I • - A • T • ET • E • - M • B • F • ET • - H • REX •

Date	Mintage	VG	F	VF	XF	Unc
1743	—	75.00	125	330	1,300	—
1745/3	—	85.00	135	375	1,425	—
1745	—	30.00	100	330	1,300	—

KM# 584.3 1/2 CROWN
0.9250 Silver **Ruler:** George II **Obv:** LIMA below bust **Obv. Legend:** GEORGIUS • II • - DEI • GRATIA • **Rev:** Shields in cruciform **Rev. Legend:** F • D • B • - ET • L • D • S • R • I • - A • T • ET • E • - M • B • F • ET • - H • REX • **Note:** Struck from Spanish silver seized at Lima, Peru.

Date	Mintage	VG	F	VF	XF	Unc
1745	—	50.00	90.00	240	850	—
1746/5	—	60.00	95.00	225	925	—
1746	—	40.00	75.00	175	825	—

KM# 584.2 1/2 CROWN

0.9250 Silver **Ruler:** George II **Obv:** Laureate bust left **Obv. Legend:** GEORGIVS • II • - DEI • GRATIA **Rev:** Without emblems between shields **Rev. Legend:** F • D • B • - ET • L • D • S • R • I • - A • T • ET • E • - M • B • F • ET • H • REX •

Date	Mintage	VG	F	VF	XF	Unc
1746 Proof	—	—	—	—	—	2,250
1750	—	95.00	200	630	2,100	—
1751	—	150	250	675	2,250	—

KM# 519.3 CROWN

Silver **Ruler:** Anne **Obv:** Bust left **Obv. Legend:** ANNA • DEI • - GRATIA • **Rev:** Roses and plumes in alternating angles **Rev. Legend:** MAG • BR • FRA - ET • HIB • REG • **Note:** Dav. #1340.

Date	Mintage	VG	F	VF	XF	Unc
1706	—	200	300	1,050	2,775	—
1707	—	150	240	700	2,700	—

KM# 526.1 CROWN

Silver **Ruler:** Anne **Obv:** Right bust (wider) of Anne left, W/E below bust **Rev:** English and Scottish shield halved **Note:** Dav. #1342

Date	Mintage	VG	F	VF	XF	Unc
1707	—	100	165	625	2,025	—
1708/7	—	125	200	750	2,250	—
1708	—	110	175	700	2,175	—

KM# 545.1 CROWN

30.1002 g., 0.9250 Silver 0.8951 oz. ASW **Ruler:** George I **Obv:** Laureate bust right **Obv. Legend:** GEORGIVS D • G • M • BR • FR • ET • HIB • REX • F • D • **Rev:** Roses and plumes in alternating angles **Rev. Legend:** BRVN - ET • L • DVX - S • R • I • A • TH - ET • EL • **Note:** Dav. #1345.

Date	Mintage	VG	F	VF	XF	Unc
1716	—	325	450	1,350	4,875	—
1718/6	—	400	525	1,500	5,625	—
1720/18	—	350	475	1,575	5,250	—
1720	—	425	550	1,425	6,000	—
1726	—	325	450	1,500	5,250	—

KM# 545.2 CROWN

30.1002 g., 0.9250 Silver 0.8951 oz. ASW **Ruler:** George I **Obv:** Laureate bust right **Obv. Legend:** GEORGIVS D • G • M • BR • FR • ET • HIB • REX • F • D • **Rev:** C and SS in alternating angles **Rev. Legend:** BRVN - ET • L • DVX - S • R • I • A • TH - ET • EL • **Note:** Struck from silver supplied by the South Sea Company. Dav. #1346.

Date	Mintage	VG	F	VF	XF	Unc
1723	—	325	450	1,275	4,875	—

KM# 526.2 CROWN

Silver **Ruler:** Anne **Obv:** Without E below bust **Obv. Legend:** ANNA • DEI • - GRATIA • **Rev:** English and Scottish shield halved **Rev. Legend:** MAG - BRI FR - ET • HIB - REG • **Note:** Dav. #1342A.

Date	Mintage	VG	F	VF	XF	Unc
1707	—	110	200	700	2,175	—
1708	—	150	225	750	2,250	—

KM# 526.3 CROWN

Silver **Ruler:** Anne **Rev:** Plumes in angles **Note:** Varieties exist. Dav. #1343.

Date	Mintage	VG	F	VF	XF	Unc
1708	—	125	210	750	2,250	—

KM# 519.1 CROWN

Silver **Ruler:** Anne **Obv:** VIGO below bust **Obv. Legend:** ANNA • DEI • - GRATIA • **Rev:** Crowned shields in cruciform **Rev. Legend:** MAG - BR • FRA - ET HIB - REG • **Note:** Struck from silver seized at Vigo Bay, Spain. Dav. #1338.

Date	Mintage	VG	F	VF	XF	Unc
1703	—	300	450	1,500	4,875	—

KM# 519.2 CROWN

Silver **Ruler:** Anne **Obv:** Without VIGO below bust **Obv. Legend:** ANNA • DEI • - GRATIA • **Rev:** Crowned shields in cruciform, plumes in angles **Rev. Legend:** MAG - BRI • FRA - ET • HIB - REG **Note:** Dav. #1339.

Date	Mintage	VG	F	VF	XF	Unc
1705	—	400	625	2,100	7,125	—

KM# 536 CROWN

Silver **Ruler:** Anne **Obv:** Third bust (narrow curls) left **Obv. Legend:** ANNA • DEI - GRATIA • **Rev:** Crowned shields in cruciform, roses and plumes in alternating angles **Rev. Legend:** MAG - BRI • FR - ET • HIB - REG • **Note:** Dav. #1344.

Date	Mintage	VG	F	VF	XF	Unc
1713	—	110	200	675	2,100	—

KM# 575.1 CROWN

30.1002 g., 0.9250 Silver 0.8951 oz. ASW **Ruler:** George II **Obv:** Laureate bust left **Obv. Legend:** GEORGIVS • II • - DEI • GRATIA • **Rev:** Roses and plumes between shields **Rev. Legend:** F • D • B • - ET • L • D • S • R • I • - A • T • ET • E • - M • B • F • ET • - H • REX • **Note:** Dav. #1347.

Date	Mintage	VG	F	VF	XF	Unc
1732	—	200	300	975	3,000	—
1732 Proof	—	—	—	—	—	7,875
1734	—	250	400	1,000	3,000	—
1735	—	200	300	925	2,775	—
1736	—	200	300	925	2,850	—

KM# 575.2 CROWN

30.1002 g., 0.9250 Silver 0.8951 oz. ASW **Ruler:** George II **Obv:** Laureate bust left **Obv. Legend:** GEORGIVS • II • - DEI • GRATIA • **Rev:** Roses between shields **Rev. Legend:** F • D • B • - ET • L • D • S • R • I • - A • T • ET • E • - M • B • F • ET • - H • REX • **Note:** Dav. #1348.

Date	Mintage	VG	F	VF	XF	Unc
1739	—	200	300	850	2,775	—
1741	—	200	300	850	2,775	—

KM# 585.1 CROWN

30.1002 g., 0.9250 Silver 0.8951 oz. ASW **Ruler:** George II **Obv:** Older bust left **Obv. Legend:** GEORGIUS • II • - DEI •

GREAT BRITAIN

GRATIA • **Rev:** Roses in angles **Rev. Legend:** F • D • B • - ET •
L • D • S • R • I • - A • T • ET • E • - M • B • F • ET - H • REX •
Note: Dav. #1349.

Date	Mintage	VG	F	VF	XF	Unc
1743	—	200	300	850	2,550	—

KM# 620 1/3 GUINEA

2.7834 g., 0.9170 Gold 0.0821 oz. AGW **Ruler:** George III **Obv:** Laureate head right **Obv. Legend:** GEORGIVS II DEI GRATIA • **Rev:** Crown **Rev. Legend:** MAG • BRI • FR • ET • HIB • REX •

Date	Mintage	F	VF	XF	Unc	BU
1797	—	90.00	150	475	900	—
1798	—	90.00	150	475	900	—
1799	—	150	225	525	1,200	—
1800	—	85.00	150	475	900	—

KM# 560 1/2 GUINEA

4.1750 g., 0.9170 Gold 0.1231 oz. AGW **Ruler:** George I **Obv:** Laureate head right **Obv. Legend:** GEORGIVS • D • G • M • BR • FR • ET • HIB • REX • F • D • **Rev:** Crowned shields in cruciform, sceptres at angles **Rev. Legend:** BRVN - ET • L • DVX - S • R • I • A • TH - ET • EL •

Date	Mintage	VG	F	VF	XF	Unc
1725	—	150	250	600	2,100	5,000
1726	—	150	250	600	2,100	5,000
1727	—	150	250	600	2,100	5,000

KM# 487.3 1/2 GUINEA

4.1750 g., 0.9170 Gold 0.1231 oz. AGW **Ruler:** William III **Obv:** Head right **Obv. Legend:** GVLIELMVS • III • DEI • GRA • **Rev:** Crowned shields in cruciform, sceptres at angles **Rev. Legend:** MAG - BR • FRA - ET • HIB • - REX

Date	Mintage	VG	F	VF	XF	Unc
1701	—	325	500	1,200	4,200	—

KM# 510.1 1/2 GUINEA

4.1750 g., 0.9170 Gold 0.1231 oz. AGW **Ruler:** Anne **Obv:** Bust left **Rev:** Crowned cruciform arms with scepters in angles, date divided at top

Date	Mintage	VG	F	VF	XF	Unc
1702	—	500	900	2,700	7,500	—
1705	—	475	850	2,475	7,100	—

KM# 510.2 1/2 GUINEA

4.1750 g., 0.9170 Gold 0.1231 oz. AGW **Ruler:** Anne **Obv:** VIGO below bust **Rev:** Crowned shields in cruciform, sceptres at angles **Note:** Struck from gold seized at Vigo Bay, Spain.

Date	Mintage	VG	F	VF	XF	Unc
1703	—	3,500	5,250	13,500	27,500	—

KM# 565.1 1/2 GUINEA

4.1750 g., 0.9170 Gold 0.1231 oz. AGW **Ruler:** George II **Obv:** Laureate head left **Obv. Legend:** GEORGIVS • II • - DEI • GRATIA • **Rev:** Crowned 4-fold arms **Rev. Legend:** F • D • B • ET • L • D • S • R • I • A • T • ET • E • - M • B • F • ET • H • REX •

Date	Mintage	VG	F	VF	XF	Unc
1728	—	250	400	1,100	3,500	—
1728 Proof	—	Value: 9,000				
1729	—	325	500	1,500	4,000	—
1730 -	—	950	1,200	2,500	6,000	—
1731	—	325	500	1,500	4,500	—
1732	—	325	500	1,500	4,000	—
1734	—	300	475	1,500	4,000	—
1736	—	325	500	1,500	4,000	—
1737	—	950	1,200	2,500	6,000	—
1738	—	275	450	1,200	2,800	—
1739	—	275	450	1,200	2,700	—

KM# 565.2 1/2 GUINEA

4.1750 g., 0.9170 Gold 0.1231 oz. AGW **Ruler:** George II **Obv:** E.I.C. below head **Rev:** Crowned 4-fold arms **Note:** Struck from gold supplied by the East India Company.

Date	Mintage	VG	F	VF	XF	Unc
1729	—	450	700	1,700	5,200	—
1730	—	650	1,000	3,000	7,500	—
1731 Extremely Rare	—	—	—	—	—	—
1732 Extremely Rare	—	—	—	—	—	—
1739 Extremely Rare	—	—	—	—	—	—

KM# 585.2 CROWN

30.1002 g., 0.9250 Silver 0.8951 oz. ASW **Ruler:** George II **Obv:** Laureate bust left **Obv. Legend:** GEORGIVS • II • - DEI • GRATIA • **Rev:** Without emblems between shields **Rev. Legend:** F • D • B • - ET • L • D • S • R • I • - A • T • ET • E • - M • B • F • ET - H • REX • **Note:** Dav. #1351.

Date	Mintage	VG	F	VF	XF	Unc
1746 Proof	—	—	—	—	—	5,625
1750	—	175	275	900	3,000	—
1751	—	250	375	925	3,375	—

KM# 527 1/2 GUINEA

4.1750 g., 0.9170 Gold 0.1231 oz. AGW **Ruler:** Anne **Obv:** Bust left **Obv. Legend:** ANNA • DEI • - GRATIA • **Rev:** English and Scottish shields halved **Rev. Legend:** MAG - BRI • FR - ET • HIB - REG •

Date	Mintage	VG	F	VF	XF	Unc
1707	—	250	400	1,100	3,500	—
1708	—	275	450	1,400	3,900	—
1709	—	250	400	1,100	3,500	—
1710	—	250	400	1,000	3,000	—
1711	—	250	400	1,200	3,500	—
1712	—	250	400	1,700	3,800	—
1713	—	250	400	1,100	3,200	—
1714	—	250	400	1,100	3,200	—

KM# 585.3 CROWN

30.1002 g., 0.9250 Silver 0.8951 oz. ASW **Ruler:** George II **Obv:** LIMA below bust **Obv. Legend:** GEORGIVS • II • - DEI • GRATIA • **Rev:** Crowned shields in cruciform **Rev. Legend:** F • D • B • ET • L • D • S • R • I - A • T • ET • E • - M • B • F • ET - H • REX • **Note:** Struck from Spanish silver seized at Lima, Peru. Dav. #1350.

Date	Mintage	VG	F	VF	XF	Unc
1746	—	200	300	775	2,775	—

GUINEA COINAGE

KM# 541.1 1/2 GUINEA

4.1750 g., 0.9170 Gold 0.1231 oz. AGW **Ruler:** George I **Obv:** Laureate head right **Obv. Legend:** GEORGIVS • D • G • M • BR • FR • ET • HIB • REX • F • D • **Rev:** Crowned shields in cruciform, sceptres at angles **Rev. Legend:** BRVN - ET • L • DVX - S • R • I • A • TH - ET • EL •

Date	Mintage	VG	F	VF	XF	Unc
1715	—	300	475	1,300	3,750	—
1717	—	250	400	900	2,500	—
1718	—	250	400	800	2,500	—
1719	—	250	400	800	2,700	—
1720	—	325	500	900	2,850	—
1721 Extremely Rare	—	—	—	—	—	—
1722	—	200	325	800	2,700	—
1722/0	—	225	375	900	3,000	—
1723	—	300	475	1,200	4,000	—
1724	—	300	475	1,200	4,000	—

KM# 541.2 1/2 GUINEA

4.1750 g., 0.9170 Gold 0.1231 oz. AGW **Ruler:** George I **Obv:** Elephant and castle below head **Rev:** Crowned shields in cruciform, sceptres at angles **Note:** Struck from gold mined in Guinea, now Ghana.

Date	Mintage	VG	F	VF	XF	Unc
1721 Extremely Rare	—	—	—	—	—	—

KM# 580.1 1/2 GUINEA

4.1750 g., 0.9170 Gold 0.1231 oz. AGW **Ruler:** George II **Obv:** Intermediate laureate head left **Obv. Legend:** GEORGIVS • II • - DEI • GRATIA • **Rev:** Crowned 4-fold arms **Rev. Legend:** F • D • B • ET • L • D • S • R • I • A • T • ET • E • - M • B • F • ET • H • REX •

Date	Mintage	VG	F	VF	XF	Unc
1740	—	325	600	1,200	3,000	—
1743 Unique	—	—	—	—	—	—
1745	—	325	500	1,500	3,800	—
1746	—	250	400	1,200	2,800	—

KM# 555 1/4 GUINEA

2.0875 g., 0.9170 Gold 0.0615 oz. AGW **Ruler:** George I **Obv:** Laureate head right **Obv. Legend:** GEORGIVS • D • G • M • BR • FR • ET • HIB • REX • F • D • **Rev:** Crowned shields in cruciform, scepters at angles

Date	Mintage	VG	F	VF	XF	Unc
1718	—	100	150	275	750	1,600

KM# 592 1/4 GUINEA

2.0875 g., 0.9170 Gold 0.0615 oz. AGW **Ruler:** George III **Obv:** Laureate head right **Obv. Legend:** GEORGIVS • III • DEI • GRATIA • **Rev:** Crowned 4-fold arms

Date	Mintage	F	VF	XF	Unc	BU
1762	—	200	400	675	1,200	3,200

KM# 580.2 1/2 GUINEA

4.1750 g., 0.9170 Gold 0.1231 oz. AGW **Ruler:** George II **Obv:** LIMA below laureate head left **Obv. Legend:** GEORGIVS • II • - DEI • GRATIA • **Rev:** Crowned 4-fold arms **Rev. Legend:** F • D • B • ET • L • D • S • R • I • A • T • ET • E • - M • B • F • ET • H • REX • **Note:** Struck from gold seized at Lima, Peru.

Date	Mintage	VG	F	VF	XF	Unc
1745	—	975	1,300	4,000	8,500	—

KM# 587 1/2 GUINEA

4.1750 g., 0.9170 Gold 0.1231 oz. AGW **Ruler:** George II **Obv:** Old laureate head left **Obv. Legend:** GEORGIVS • II • DEI • GRATIA • **Rev:** Crowned 4-fold arms **Rev. Legend:** F • D • B • ET • L • D • S • R • I • A • T • ET • E • - M • B • F • ET • H • REX •

Date	Mintage	VG	F	VF	XF	Unc
1747	—	175	350	700	2,000	4,500
1748	—	175	250	650	1,800	3,500
1749 Rare	—	—	—	—	—	—
1750	—	200	350	700	1,950	4,000
1751	—	200	350	700	1,950	4,000
1752	—	200	350	700	1,950	4,000
1753	—	175	250	650	1,800	3,500
1755	—	175	250	650	1,800	3,500
1756	—	175	250	650	1,800	3,500
1758	—	175	250	650	1,800	3,500
1759	—	175	250	550	1,750	3,000
1760	—	175	250	550	1,750	3,000

KM# 593 1/2 GUINEA

4.1750 g., 0.9170 Gold 0.1231 oz. AGW **Ruler:** George III **Obv:** Young head right **Rev:** Crowned arms

Date	Mintage	F	VF	XF	Unc	BU
1762	—	650	1,400	4,000	13,500	—
1763	—	800	1,700	4,500	19,000	—

KM# 599 1/2 GUINEA

4.1750 g., 0.9170 Gold 0.1231 oz. AGW **Ruler:** George III **Obv:** Redesigned head right **Obv. Legend:** GEORGIVS • III • DEI • GRATIA • **Rev:** Crowned 4-fold arms **Rev. Legend:** F • D • B • ET • L • D • S • R • I • A • T • ET • E • - M • B • F • ET • H • REX •

Date	Mintage	F	VF	XF	Unc	BU
1764	—	250	500	1,150	2,200	—
1764 Proof	—	—	—	—	7,800	—
1765	—	450	1,000	1,750	—	—
1766	—	300	500	1,450	2,800	—
1768	—	250	500	1,300	2,800	—
1769	—	250	500	1,250	2,500	—
1772 Rare	—	—	—	—	—	—
1773	—	300	575	1,300	2,800	—
1774	—	300	625	1,700	3,500	—

KM# 603 1/2 GUINEA

4.1750 g., 0.9170 Gold 0.1231 oz. AGW **Ruler:** George III **Obv:** New head, top of laurel breaks legend **Obv. Legend:** GEORGIVS • III • - DEI • GRATIA • **Rev:** Crowned 4-fold arms **Rev. Legend:** F • D • B • ET • L • D • S • R • I • A • T • ET • E • - M • B • F • ET • H • REX •

Date	Mintage	F	VF	XF	Unc	BU
1774 Rare	—	—	—	—	—	—
1775	—	775	1,850	4,000	5,000	—

KM# 605 1/2 GUINEA

4.1750 g., 0.9170 Gold 0.1231 oz. AGW **Ruler:** George III **Obv:** Smaller head, laurel wreath ends below legend **Obv. Legend:** GEORGIVS • III • DEI • GRATIA • **Rev:** Crowned 4-fold arms **Rev. Legend:** F • D • B • ET • L • D • S • R • I • A • T • ET • E • - M • B • F • ET • H • REX •

Date	Mintage	F	VF	XF	Unc	BU
1775	—	200	525	1,000	2,500	—
1775 Proof	—	—	—	—	6,600	—

Date	Mintage	F	VF	XF	Unc	BU
1776	—	200	525	1,000	2,500	—
1777	—	200	525	1,000	2,500	—
1778	—	200	525	1,200	2,500	—
1779	—	200	525	1,300	2,800	—
1781	—	200	525	1,200	2,500	—
1783	—	1,000	1,900	—	—	—
1784	—	200	525	1,100	2,500	—
1785	—	200	525	1,100	2,500	—
1786	—	200	525	1,100	2,500	—

KM# 608 1/2 GUINEA

4.1750 g., 0.9170 Gold 0.1231 oz. AGW **Ruler:** George III **Obv:** Laureate head right **Obv. Legend:** GEORGIVS III DEI GRATIA • **Rev:** Crowned 4-fold spade arms **Rev. Legend:** F • D • B • ET • L • D • S • R • I • A • T • ET • E • - M • B • F • ET • H • REX •

Date	Mintage	F	VF	XF	Unc	BU
1787	—	200	450	650	1,300	—
1787 Proof	—	—	—	—	3,500	—
1788	—	200	450	650	1,300	—
1789	—	200	500	750	1,500	—
1790	—	200	400	700	1,700	—
1791	—	200	400	700	1,700	—
1792	—	1,200	2,750	—	—	—
1793	—	200	450	700	1,400	—
1794	—	200	450	700	1,400	—
1795	—	200	450	750	1,700	—
1796	—	200	450	700	1,500	—
1797	—	200	400	700	1,400	—
1798	—	200	400	700	1,400	—
1000	—	200	450	1,160	2,100	—

KM# 498.1 GUINEA

8.3500 g., 0.9170 Gold 0.2462 oz. AGW **Ruler:** William III **Obv:** Laureate head right **Obv. Legend:** GVLIELMVS • III • DEI • GRA • **Rev:** Crowned shields in cruciform, sceptres at angles **Rev. Legend:** MAG • BR • FRA • ET • HIB • REX •

Date	Mintage	VG	F	VF	XF	Unc
1701	—	375	600	1,900	6,500	10,000

KM# 506 GUINEA

8.3500 g., 0.9170 Gold 0.2462 oz. AGW **Ruler:** William III **Obv:** Type III laureate bust right

Date	Mintage	VG	F	VF	XF	Unc
1701	—	750	1,250	4,750	7,500	13,500

KM# 498.2 GUINEA

8.3500 g., 0.9170 Gold 0.2462 oz. AGW **Ruler:** William III **Obv:** Elephant and castle below bust **Rev:** Crowned shields in cruciform, sceptres at angles **Note:** Struck from gold mined in Guinea, now Ghana.

Date	Mintage	VG	F	VF	XF	Unc
1701 Extremely Rare	—	—	—	—	—	—

KM# 511.1 GUINEA

8.3500 g., 0.9170 Gold 0.2462 oz. AGW **Ruler:** Anne **Obv:** Bust left **Obv. Legend:** ANNA • DEI • - GRATIA • **Rev:** Crowned shields in cruciform, sceptres at angles **Rev. Legend:** MAG - BR FRA - ET • HIB - REG •

Date	Mintage	VG	F	VF	XF	Unc
1702	—	600	1,000	3,000	7,500	11,500
1705	—	600	1,000	3,000	8,000	12,500
1706	—	600	1,000	3,000	8,000	12,500
1707	—	600	1,000	3,000	7,500	11,500

KM# 511.2 GUINEA

8.3500 g., 0.9170 Gold 0.2462 oz. AGW **Ruler:** Anne **Obv:** VIGO below bust **Rev:** Crowned shields in cruciform, sceptres at angles **Note:** Struck from gold seized at Vigo Bay, Spain.

Date	Mintage	VG	F	VF	XF	Unc
1703	—	6,000	9,800	27,000	50,000	—

KM# 528.2 GUINEA

8.3500 g., 0.9170 Gold 0.2462 oz. AGW **Ruler:** Anne **Obv:** Elephant and castle below bust **Rev:** English and Scottish shield halved **Note:** Struck from gold mined in Guinea, now Ghana.

Date	Mintage	VG	F	VF	XF	Unc
1707	—	700	1,200	4,000	9,000	—

KM# 528.1 GUINEA

8.3500 g., 0.9170 Gold 0.2462 oz. AGW **Ruler:** Anne **Obv:** First bust left, elephant and castle below **Obv. Legend:** ANNA • DEI • - GRATIA • **Rev:** English and Scottish shield halved **Rev. Legend:** MAG - BRI • FR - ET • HIB - REG •

Date	Mintage	VG	F	VF	XF	Unc
1707	—	600	1,000	4,500	9,000	—
1708 Extremely Rare	—	—	—	—	—	—

KM# 529.1 GUINEA

8.3500 g., 0.9170 Gold 0.2462 oz. AGW **Ruler:** Anne **Obv:** Second bust left **Rev:** English and Scottish shield halved

Date	Mintage	VG	F	VF	XF	Unc
1707	—	425	750	2,500	7,000	—
1708	—	400	650	1,850	4,200	—
1709	—	400	650	1,850	4,200	—

KM# 529.2 GUINEA

8.3500 g., 0.9170 Gold 0.2462 oz. AGW **Ruler:** Anne **Obv:** Second bust left, elephant and castle below **Obv. Legend:** ANNA • DEI • - GRATIA • **Rev:** English and Scottish shield halved **Rev. Legend:** MAG - BRI • FR - ET • HIB - REG **Note:** Struck from gold mined in Guinea, now Ghana.

Date	Mintage	VG	F	VF	XF	Unc
1708	—	700	1,200	4,000	10,000	—
1709	—	600	1,000	3,500	9,500	—

KM# 534 GUINEA

8.3500 g., 0.9170 Gold 0.2462 oz. AGW **Ruler:** Anne **Obv:** Third bust left **Obv. Legend:** ANNA • DEI • - GHATIA • **Rev:** Crowned shields in cruciform, sceptres at angles **Rev. Legend:** MAG - BRI • FR - ET • HIB - REG •

Date	Mintage	VG	F	VF	XF	Unc
1710	—	300	500	1,800	4,500	6,500
1711	—	300	500	1,800	4,500	6,500
1712	—	300	500	1,800	4,500	6,500
1713	—	300	500	1,800	4,500	6,500
1714	—	300	500	1,800	4,500	6,500

KM# 538 GUINEA

8.3500 g., 0.9170 Gold 0.2462 oz. AGW **Ruler:** George I **Obv:** Laureate head right **Obv. Legend:** GEORGIVS • D • G • MAG • BR • FR • ET • HIB • REX • F • D • **Rev:** Title of prince elector **Rev. Legend:** BRVN • ET • L • DVX • S • R • I • A • TH • ET • EL •

Date	Mintage	VG	F	VF	XF	Unc
1714	—	975	1,450	3,500	6,000	9,500

GREAT BRITAIN

KM# 542 GUINEA
8.3500 g., 0.9170 Gold 0.2462 oz. AGW **Ruler:** George I **Obv:** Tie in hair with two ends **Obv. Legend:** GEORGIVS • D • G • M • BR • FR • ET • HIB • REX • F • D **Rev:** Crowned shields in cruciform, sceptres at angles **Rev. Legend:** BRVN • ET • L • DVX - S • R • I • A • TH - ET • EL •

Date	Mintage	VG	F	VF	XF	Unc
1715	—	400	700	1,650	4,000	6,500

KM# 559.2 GUINEA
8.3500 g., 0.9170 Gold 0.2462 oz. AGW **Ruler:** George I **Obv:** Elephant and castle below head **Obv. Legend:** GEORGIVS • D • G • M • BR • FR • ET • HIB • REX • F • D **Rev:** Crowned shields in cruciform, sceptres at angles **Rev. Legend:** BRVN • ET • L • DVX - S • R • I • A • TH • ET • EL • **Note:** Struck from gold mined in Guinea, now Ghana.

Date	Mintage	VG	F	VF	XF	Unc
1726 Rare	—	450	1,850	5,000	—	—

KM# 577.1 GUINEA
8.3500 g., 0.9170 Gold 0.2462 oz. AGW **Ruler:** George II **Obv:** Intermediate head **Obv. Legend:** GEORGIUS • II • - DEI • GRATIA • **Rev:** Crowned 4-fold arms **Rev. Legend:** F • D • B • ET • L • D • S • R • I • A • T • ET • E • - M • B • F • ET • H • REX •

Date	Mintage	VG	F	VF	XF	Unc
1739	—	325	500	1,500	3,900	—
1740	—	325	500	1,500	3,750	—
1741/39	—	325	500	1,700	3,750	—
1743	—	700	900	3,500	5,000	—

KM# 577.2 GUINEA
8.3500 g., 0.9170 Gold 0.2462 oz. AGW **Ruler:** George II **Obv:** E.I.C. below "Intermediate" head **Rev:** Crowned 4-fold arms **Note:** Struck from gold supplied by the East India Company.

Date	Mintage	VG	F	VF	XF	Unc
1739	—	425	650	1,200	3,500	6,000

KM# 543 GUINEA
8.3500 g., 0.9170 Gold 0.2462 oz. AGW **Ruler:** George I **Obv:** Without hair below truncation **Obv. Legend:** GEORGIVS • D • G • M • BR • FR • ET • HIB • REX • F • D **Rev:** Crowned shields in cruciform, sceptres at angles **Rev. Legend:** BRVN - ET • L • DVX - S • R • I • A • TH - ET • EL •

Date	Mintage	VG	F	VF	XF	Unc
1715	—	375	650	1,400	3,500	6,500
1716	—	375	650	1,400	3,500	6,500

KM# 562 GUINEA
8.3500 g., 0.9170 Gold 0.2462 oz. AGW **Ruler:** George II **Obv:** Young laureate head left **Obv. Legend:** GEORGIVS • II • - DEI • GRATIA **Rev:** Crowned 4-fold arms **Rev. Legend:** F • D • B • ET • L • D • S • R • I • A • T • ET • E • - M • B • F • ET • H • REX •

Date	Mintage	VG	F	VF	XF	Unc
1727	—	500	750	1,950	5,500	7,500
1727 Proof	—	Value: 12,750				

KM# 563 GUINEA
8.3500 g., 0.9170 Gold 0.2462 oz. AGW **Ruler:** George II **Obv:** Large letters **Rev:** Large letters, smaller shield

Date	Mintage	VG	F	VF	XF	Unc
1727	—	350	600	1,950	5,500	7,500
1728	—	350	600	1,950	5,500	7,500

KM# 573.2 GUINEA
8.3500 g., 0.9170 Gold 0.2462 oz. AGW **Ruler:** George II **Obv:** E.I.C. below head **Rev:** Crowned 4-fold arms **Note:** Struck from gold mined in Guinea, now Ghana, and supplied by the East India Company.

Date	Mintage	VG	F	VF	XF	Unc
1729	—	375	650	2,500	7,000	9,500
1731	—	325	500	2,500	7,000	9,500
1732	—	325	500	2,000	6,500	9,000

KM# 577.3 GUINEA
8.3500 g., 0.9170 Gold 0.2462 oz. AGW **Ruler:** George II **Obv:** Large letters **Rev:** Crowned 4-fold arms

Date	Mintage	VG	F	VF	XF	Unc
1745	—	325	500	1,800	4,500	—
1746	—	325	500	1,700	4,000	—

KM# 577.4 GUINEA
8.3500 g., 0.9170 Gold 0.2462 oz. AGW **Ruler:** George II **Obv:** LIMA below head **Obv. Legend:** GEORGIUS • II • - DEI • GRATIA • **Rev:** Crowned 4-fold arms **Rev. Legend:** F • D • B • ET • L • D • S • R • I • A • T • ET • E • - M • B • F • ET • H • REX • **Note:** Struck from gold seized at Lima, Peru.

Date	Mintage	VG	F	VF	XF	Unc
1745	—	850	1,450	2,800	5,000	—

KM# 546.1 GUINEA
8.3500 g., 0.9170 Gold 0.2462 oz. AGW **Ruler:** George I **Obv:** Tie in hair with loop and one end **Obv. Legend:** GEORGIVS • D • G • M • BR • FR ET • HIB REX FD **Rev:** Crowned shields in cruciform, sceptres at angles **Rev. Legend:** BRVN - ET • L • DVX - S • R • I • A • TH - ET • EL •

Date	Mintage	VG	F	VF	XF	Unc
1716	—	325	600	1,500	3,800	4,750
1717	—	325	600	1,500	3,800	4,750
1718 Rare	—	—	—	—	—	—
1718/7 Rare	—	—	—	—	—	—
1719	—	325	600	1,500	3,800	4,750
1720	—	325	600	1,500	3,800	4,750
1721	—	325	600	1,500	3,800	4,750
1722	—	325	600	1,500	3,800	4,750
1723	—	325	600	1,500	3,800	4,750

KM# 546.2 GUINEA
8.3500 g., 0.9170 Gold 0.2462 oz. AGW **Ruler:** George I **Obv:** Elephant and castle below bust **Rev:** Crowned shields in cruciform, sceptree at angloe **Note:** Struck from gold mined in Guinea, now Ghana.

Date	Mintage	VG	F	VF	XF	Unc
1721 Extremely Rare	—	—	—	—	—	—
1722 Extremely Rare	—	—	—	—	—	—

KM# 573.1 GUINEA
8.3500 g., 0.9170 Gold 0.2462 oz. AGW **Ruler:** George II **Obv:** Narrow laureate head left **Obv. Legend:** GEORGIVS • II • - DEI • GRATIA • **Rev:** Crowned 4-fold arms **Rev. Legend:** F • D • B • ET • L • D • S • R • I • A • T • ET • E • - M • B • F • ET • H • REX •

Date	Mintage	VG	F	VF	XF	Unc
1730	—	400	500	1,900	5,500	—
1731	—	350	525	1,700	5,200	—
1732	—	400	525	1,700	5,250	—

KM# 588 GUINEA
8.3500 g., 0.9170 Gold 0.2462 oz. AGW **Ruler:** George II **Obv:** Older laureate head left **Obv. Legend:** GEORGIVS • II • DEI • GRATIA • **Rev:** Crowned 4-fold arms **Rev. Legend:** F • D • B • ET • L • D • S • R • I • A • T • ET • E • - M • B • F • ET • H • REX •

Date	Mintage	VG	F	VF	XF	Unc
1747	—	350	500	1,100	2,400	3,500
1748	—	350	500	1,100	2,300	3,500
1749	—	350	500	1,100	2,300	3,500
1750	—	350	500	1,100	2,400	3,500
1751	—	350	500	1,100	2,300	3,500
1752	—	350	500	1,100	2,300	3,500
1753	—	350	500	1,100	2,300	3,500
1755	—	350	550	1,150	2,400	3,500
1756	—	350	500	1,100	2,300	3,500
1758	—	350	500	1,100	2,300	3,500
1759	—	350	450	950	2,300	3,500
1760	—	350	500	1,100	2,300	3,500

KM# 559.1 GUINEA
8.3500 g., 0.9170 Gold 0.2462 oz. AGW **Ruler:** George I **Obv:** Older laureate head **Obv. Legend:** GEORGIVS • D • G • M • BR • FR • ET • HIB • REX • F • D **Rev:** Crowned shields in cruciform, sceptres at angles **Rev. Legend:** BRVN - ET • L • DVX - S • R • I • A • TH - ET • EL •

Date	Mintage	VG	F	VF	XF	Unc
1723	—	325	600	1,200	4,100	—
1724	—	325	600	1,200	4,100	—
1725	—	325	600	1,200	4,100	—
1726	—	325	600	1,200	4,100	—
1727	—	325	750	1,650	4,250	—

KM# 573.3 GUINEA
8.3500 g., 0.9170 Gold 0.2462 oz. AGW **Ruler:** George II **Obv:** Large letters **Obv. Legend:** GEORGIVS II - DEI GRATIA **Rev:** Small letters **Rev. Legend:** F • D • B • ET • L • D • S • R • I • A • T • ET • E • - M • B • F • ET • H • REX •

Date	Mintage	VG	F	VF	XF	Unc
1732 Rare	—	—	—	—	—	—
1733	—	325	500	2,000	3,900	—
1734	—	325	500	2,000	3,900	—
1735	—	325	500	1,800	3,700	—
1736	—	325	500	1,900	3,900	—
1737	—	325	500	2,000	3,950	—
1738	—	325	500	2,000	3,950	—

KM# 573.4 GUINEA
8.3500 g., 0.9170 Gold 0.2462 oz. AGW **Ruler:** George II **Obv:** E.I.C. below head **Rev:** Crowned 4-fold arms **Note:** Struck from gold supplied by the East India Company.

Date	Mintage	VG	F	VF	XF	Unc
1732	—	425	650	2,200	6,700	—

KM# 590 GUINEA

8.3500 g., 0.9170 Gold 0.2462 oz. AGW **Ruler:** George III **Obv:** Laureate head right **Obv. Legend:** GEORGIVS • III • DEI • GRATIA • **Rev:** Crowned 4-fold arms **Rev. Legend:** F • D • B • ET • L • D • S • R • I • A • T • ET • E • - M • B • F • ET • H • REX • **Note:** First issue.

Date	Mintage	F	VF	XF	Unc	BU
1761	—	1,200	3,250	6,000	7,500	—

Date	Mintage	F	VF	XF	Unc	BU
1792	—	300	400	750	1,000	1,850
1793	—	300	400	750	1,000	1,850
1794	—	300	400	750	1,000	1,850
1795	—	300	400	750	1,700	2,750
1796	—	325	475	1,000	1,700	2,750
1797	—	325	450	950	1,550	2,500
1798	—	300	600	675	1,000	1,650
1799	—	325	575	1,250	1,550	2,500

KM# 598 GUINEA

8.3500 g., 0.9170 Gold 0.2462 oz. AGW **Ruler:** George III **Note:** Second issue.

Date	Mintage	F	VF	XF	Unc	BU
1763	—	650	1,400	3,500	7,000	—
1764	—	550	1,100	3,000	6,500	—

KM# 507 2 GUINEAS

16.7000 g., 0.9170 Gold 0.4923 oz. AGW **Ruler:** William III **Obv:** Laureate head right **Obv. Legend:** GVLIELMVS • - III • DEI • GRA • **Rev:** Crowned cruciform arms with sceptres in angles, date divided at top **Rev. Legend:** MAG - BR • FRA - • ET • HIB - REX •

Date	Mintage	VG	F	VF	XF	Unc
1701	—	1,050	1,750	4,500	10,000	—

KM# 600 GUINEA

8.3500 g., 0.9170 Gold 0.2462 oz. AGW **Ruler:** George III **Obv:** Laureate head right **Obv. Legend:** GEORGIVS • III - DEI • GRATIA • **Rev:** Crowned 4-fold arms **Rev. Legend:** F • D • B • ET • L • D • S • R • I • A • T • ET • E • - M • B • F • ET • H • REX • **Note:** Third issue.

Date	Mintage	F	VF	XF	Unc	BU
1765	—	330	550	1,280	3,850	—
1766	—	330	500	1,100	3,300	—
1767	—	450	700	1,500	3,850	—
1768	—	330	500	1,100	3,300	—
1769	—	350	575	1,230	3,300	—
1770	—	475	800	1,750	3,850	—
1771	—	330	500	1,100	3,300	—
1772	—	330	500	1,100	3,300	—
1773	—	330	500	1,100	3,300	—

KM# 531 2 GUINEAS

16.7000 g., 0.9170 Gold 0.4923 oz. AGW **Ruler:** Anne **Obv:** Bust left **Obv. Legend:** ANNA DEI - GRATIA • **Rev:** English and Scottish shield halved **Rev. Legend:** MAG - BRI • FR - ET • HIB - REG •

Date	Mintage	VG	F	VF	XF	Unc
1709	—	800	1,300	3,600	9,000	—
1711	—	800	1,300	3,600	9,000	—
1713	—	800	1,300	3,600	9,000	—
1714	—	800	1,300	3,600	9,000	—

KM# 578 2 GUINEAS

16.7000 g., 0.9170 Gold 0.4923 oz. AGW **Ruler:** George II **Obv:** Intermediate head **Obv. Legend:** GEORGIUS • II • - DEI • GRATIA • **Rev:** Crowned 4-fold arms **Rev. Legend:** F • D • B • ET • L • D • S • R • I • A • T • ET • E • - M • B • F • ET • H • REX •

Date	Mintage	VG	F	VF	XF	Unc
1739	—	550	700	1,200	3,100	5,000
1740/39	—	—	800	1,500	3,500	6,500
1740	—	550	700	1,250	3,100	5,000

KM# 589 2 GUINEAS

16.7000 g., 0.9170 Gold 0.4923 oz. AGW **Ruler:** George II **Obv:** Older head left

Date	Mintage	VG	F	VF	XF	Unc
1748	—	550	700	1,750	4,500	7,000
1753	—	550	800	2,900	5,000	7,500

KM# 604 GUINEA

8.3500 g., 0.9170 Gold 0.2462 oz. AGW **Ruler:** George III **Obv:** Laureate head right **Obv. Legend:** GEORGIVS • III - DEI • GRATIA • **Rev:** Crowned 4-fold arms **Rev. Legend:** F • D • B • ET • L • D • S • R • I • A • T • ET • E • - M • B • F • ET • H • REX • **Note:** Fourth issue.

Date	Mintage	F	VF	XF	Unc	BU
1774	—	300	425	825	1,500	2,500
1774 Proof	—	—	—	—	4,000	—
1775	—	300	400	800	1,500	2,500
1776	—	300	425	900	1,500	2,500
1777	—	300	425	900	1,500	2,500
1778	—	300	750	1,550	1,700	2,750
1779	—	300	550	975	1,500	2,500
1781	—	300	450	900	1,500	2,500
1782	—	300	450	825	1,500	2,500
1783	—	300	475	950	1,500	2,500
1784	—	300	475	950	1,500	2,500
1785	—	300	400	800	1,500	2,500
1786	—	300	425	825	1,500	2,500

KM# 554 2 GUINEAS

16.7000 g., 0.9170 Gold 0.4923 oz. AGW **Ruler:** George I **Obv:** Laureate head right **Obv. Legend:** GEORGIUS • D • G • M • BR • FR • ET • HIB • REX • F • D • **Rev:** Crowned shields in cruciform, sceptres at angles **Rev. Legend:** BRVN - ET • L • DVX - S • R • I • A • TH - ET • EL •

Date	Mintage	VG	F	VF	XF	Unc
1717	—	700	1,000	2,700	7,800	—
1720	—	700	1,000	2,700	7,800	—
1726	—	700	1,000	2,700	7,800	—

KM# 508 5 GUINEAS

41.7500 g., 0.9170 Gold 1.2308 oz. AGW **Ruler:** William III **Obv:** Laureate head right **Obv. Legend:** GVLIELMVS • - III • DEI • GRA • **Rev:** Crowned shields in cruciform, scepters at angles **Rev. Legend:** MAG - BR • FRA - ET • HIB - REX •

Date	Mintage	VG	F	VF	XF	Unc
1701	—	1,750	2,250	4,500	12,500	16,000

KM# 609 GUINEA

8.3500 g., 0.9170 Gold 0.2462 oz. AGW **Ruler:** George III **Obv:** Laureate head right **Obv. Legend:** GEORGIVS III DEI GRATIA • **Rev:** Crowned 4-fold spade arms **Rev. Legend:** F • D • B • ET • L • D • S • R • I • A • T • ET • E • - M • B • F • ET • H • REX •

Date	Mintage	F	VF	XF	Unc	BU
1787	—	300	350	650	1,000	1,850
1787 1 Proof	—	—	—	—	5,100	—
1788	—	300	375	750	1,000	1,850
1789	—	300	400	825	1,000	1,850
1790	—	300	400	825	1,000	1,850
1791	—	300	400	725	1,000	1,850

KM# 576 2 GUINEAS

16.7000 g., 0.9170 Gold 0.4923 oz. AGW **Ruler:** George II **Obv:** Young laureate head left **Obv. Legend:** GEORGIVS • II • - DEI • GRATIA • **Rev:** Crowned 4-fold arms **Rev. Legend:** F • D • B • ET • L • D • S • R • I • A • T • ET • E • - M • B • F • ET • H • REX •

Date	Mintage	VG	F	VF	XF	Unc
1734/3	—	800	1,300	3,900	7,800	—
1735	—	550	700	1,300	4,500	7,000
1738	—	550	700	110	3,000	5,500
1739	—	550	700	1,200	3,200	6,000

KM# 520.1 5 GUINEAS

41.7500 g., 0.9170 Gold 1.2308 oz. AGW **Ruler:** Anne **Obv:** Bust left, VIGO below bust **Obv. Legend:** ANNA • DEI • - GRATIA • **Rev:** Crowned shields in cruciform, scepters at angles **Rev. Legend:** MAG - BR • FRA - ET • HIB - REG • **Note:** Struck from gold seized at Vigo Bay, Spain.

Date	Mintage	VG	F	VF	XF	Unc
1703	—	—	27,500	65,000	200,000	—

GREAT BRITAIN

KM# 520.2 5 GUINEAS
41.7500 g., 0.9170 Gold 1.2308 oz. AGW **Ruler:** Anne **Obv:** Without VIGO below bust **Obv. Legend:** ANNA • DEI • - GRATIA • **Rev:** Crowned shields in cruciform, scepters at angles **Rev. Legend:** MAG - BR • FRA - ET • HIB - REG •

Date	Mintage	VG	F	VF	XF	Unc
1705	—	2,000	3,000	7,000	22,500	—
1706	—	2,000	3,000	7,000	20,000	—

KM# 521 5 GUINEAS
41.7500 g., 0.9170 Gold 1.2308 oz. AGW **Ruler:** Anne **Obv:** Bust left **Obv. Legend:** ANNA • DEI • - GRATIA • **Rev:** English and Scottish shield halved **Rev. Legend:** MAG - BRI • FR • - ET • HIB - REG •

Date	Mintage	VG	F	VF	XF	Unc
1706	—	1,750	2,500	6,000	14,500	23,000

KM# 532 5 GUINEAS
41.7500 g., 0.9170 Gold 1.2308 oz. AGW **Ruler:** Anne **Obv:** Bust left **Obv. Legend:** ANNA • DEI • - GRATIA • **Rev:** Taller shields, English and Scottish shield halved **Rev. Legend:** MAG - BRI • FR - ET • HIB - REG •

Date	Mintage	VG	F	VF	XF	Unc
1709	—	2,000	2,800	6,500	15,000	—

KM# 535 5 GUINEAS
41.7500 g., 0.9170 Gold 1.2308 oz. AGW **Ruler:** Anne **Obv:** Last bust left **Obv. Legend:** ANNA • DEI • - GRATIA • **Rev:** Crowned shields in cruciform, sceptres at angles **Rev. Legend:** MAG - BRI • FR - ET • HIB - REG •

Date	Mintage	VG	F	VF	XF	Unc
1711	—	2,000	2,800	6,500	15,000	—
1713	—	2,000	2,800	6,500	15,000	—
1714/3	—	2,000	2,850	6,750	15,500	—
1714	—	2,000	2,850	6,750	15,500	—

KM# 547 5 GUINEAS
41.7500 g., 0.9170 Gold 1.2308 oz. AGW **Ruler:** George I **Obv:** Laureate head right **Obv. Legend:** GEORGIVS • D • G • M • BR • FR • ET • HIB • REX • F • D • **Rev:** Crowned shields in cruciform, sceptres at angles **Rev. Legend:** BRVN - ET • L • DVX • - S • R • I • A • TH • ET • EL •

Date	Mintage	VG	F	VF	XF	Unc
1716	—	2,000	2,700	6,000	18,500	—
1717	—	2,000	2,700	6,000	18,500	—
1720	—	2,000	2,700	6,000	18,500	—
1726	—	2,000	2,700	6,000	18,500	—

KM# 571.1 5 GUINEAS
41.7500 g., 0.9170 Gold 1.2308 oz. AGW **Ruler:** George II **Obv:** Laureate head left **Obv. Legend:** GEORGIVS • II • - DEI • GRATIA • **Rev:** Crowned 4-fold arms **Rev. Legend:** F • D • B • ET • L • D • S • R • I • A • T • ET • E • - M • B • F • ET • H • REX •

Date	Mintage	VG	F	VF	XF	Unc
1729	—	1,750	2,500	5,500	12,500	20,000
1731	—	1,750	2,500	6,500	16,500	—
1735	—	1,750	2,500	6,500	16,500	—
1738	—	1,750	2,500	5,500	12,500	20,000
1741	—	1,750	2,500	5,500	12,500	20,000
1741/38	—	1,750	2,500	5,500	12,500	20,000

KM# 571.2 5 GUINEAS
41.7500 g., 0.9170 Gold 1.2308 oz. AGW **Ruler:** George II **Obv:** E.I.C. below head **Obv. Legend:** GEORGIVS • II • - DEI • GRATIA • **Rev:** Crowned 4-fold arms **Rev. Legend:** F • D • B • ET • L • D • S • R • I • A • T • ET • E • - M • B • F • ET • H • REX • **Note:** Struck from gold supplied by the East India Company.

Date	Mintage	VG	F	VF	XF	Unc
1729	—	1,500	2,300	5,000	10,500	18,500

KM# 586.1 5 GUINEAS
41.7500 g., 0.9170 Gold 1.2308 oz. AGW **Ruler:** George II **Obv:** LIMA below head **Obv. Legend:** GEORGIVS • II • - DEI • GRATIA • **Rev:** Crowned 4-fold arms **Rev. Legend:** F • D • B • ET • L • D • S • R • I • A • T • ET • E • - M • B • F • ET • H • REX • **Note:** Struck from gold seized at Lima, Peru.

Date	Mintage	VG	F	VF	XF	Unc
1746	—	1,500	2,300	5,000	10,500	22,000

KM# 586.2 5 GUINEAS
41.7500 g., 0.9170 Gold 1.2308 oz. AGW **Ruler:** George II **Obv:** Laureate head left **Obv. Legend:** GEORGIVS • II • - DEI • GRATIA • **Rev:** Crowned 4-fold arms **Rev. Legend:** F • D • B • ET • L • D • S • R • I • A • T • ET • E • - M • B • F • ET • H • REX •

Date	Mintage	VG	F	VF	XF	Unc
1748	—	1,500	2,300	5,000	11,500	18,500
1753	—	1,500	2,300	5,000	12,000	18,500

COUNTERMARKED COINAGE
Bank of England

Emergency issue consisting of foreign silver coins, usually Spanish Colonial, having a bust of George III within an oval (1797) or octagonal (1840) frame. Countermarked 8 Reales circulated at 4 Shillings 9 Pence in 1797 and 5 Shillings in 1804. The puncheons used for countermarking foreign coins for this series were available for many years afterward, especially the oval die and apparently a number of foreign coins other than Spanish or Spanish Colonial 8 Reales were countermarked for collectors.

KM# B622 1/2 DOLLAR
Silver **Ruler:** George III **Countermark:** Type I **Note:** Countermark on Mexico City 4 Reales, KM#97.2a.

CM Date	Host Date	Good	VG	F	VF	XF
ND(1797)	1785-89FM	—	—	—	—	—

KM# 622.1 1/2 DOLLAR
Silver **Issuer:** Bank of England **Countermark:** Type I **Note:** Countermark on various Spanish (Madrid) 4 Reales. Prev. KM#622.

CM Date	Host Date	Good	VG	F	VF	XF
ND(1797)	1772-88	35.00	60.00	100	250	550

KM# 622.2 1/2 DOLLAR
Silver **Ruler:** George III **Issuer:** Bank of England **Countermark:** Type I **Note:** Countermark on Spanish (Seville Mint) 4 Reales, KM#413.2.

CM Date	Host Date	Good	VG	F	VF	XF
ND(1797)	1772-88	100	150	225	525	975

KM# C622 1/2 DOLLAR
0.9030 Silver **Ruler:** George III **Issuer:** Bank of England **Countermark:** Type I **Note:** Countermark on Guatemala 4 Reales, KM#17.

CM Date	Host Date	Good	VG	F	VF	XF
ND(1797)	1754-60	—	—	—	—	—

KM# A622 1/2 DOLLAR
Silver **Issuer:** Bank of England **Countermark:** Type I **Note:** Countermark on Bolivia (Potosi) 4 Reales, KM#54.

CM Date	Host Date	Good	VG	F	VF	XF
ND(1797)	1773-89	—	—	—	—	—

KM# 624 DOLLAR (5 Shillings)
Silver **Issuer:** Bank of England **Countermark:** Type I **Note:** Countermark on Bolivia (Potosi) 8 Reales, KM#55.

CM Date	Host Date	Good	VG	F	VF	XF
ND(1797)	1773-89	—	100	150	300	550

KM# 628 DOLLAR (5 Shillings)
Silver **Issuer:** Bank of England **Countermark:** Type I **Note:** Countermark on France 1 ECU, C#78.

CM Date	Host Date	Good	VG	F	VF	XF
ND(1797)	1774-92	—	—	—	—	—

KM# 629 DOLLAR (5 Shillings)
Silver **Issuer:** Bank of England **Countermark:** Type I **Note:** Countermark on Guatemala 8 Reales, KM#53.

CM Date	Host Date	Good	VG	F	VF	XF
ND(1797)	1790-1808	—	200	350	750	1,100

KM# 630 DOLLAR (5 Shillings)
Silver **Issuer:** Bank of England **Countermark:** Type I **Note:** Countermark on Mexico 8 Reales, KM#104.

CM Date	Host Date	Good	VG	F	VF	XF
ND(1797)	1747-60 Rare	—	—	—	—	—

KM# 659.1 DOLLAR
Silver **Countermark:** Type II **Note:** Countermark on Spanish (Madrid) 8 Reales, KM#432.1.

CM Date	Host Date	Good	VG	F	VF	XF
ND	1788-1808	—	—	700	1,700	—

KM# 625 DOLLAR (5 Shillings)
Silver **Issuer:** Bank of England **Countermark:** Type I **Note:** Countermark on Bolivia (Potosi) 8 Reales, KM#64.

CM Date	Host Date	Good	VG	F	VF	XF
ND(1797)	1789-91	—	100	150	300	550

KM# 631 DOLLAR (5 Shillings)
Silver **Issuer:** Bank of England **Countermark:** Type I **Note:** Countermark on Mexico 8 Reales, KM#105.

CM Date	Host Date	Good	VG	F	VF	XF
ND(1797)	1760-71 Rare	—	—	—	—	—

KM# 641 DOLLAR
0.9030 Silver, 38.2 mm. **Countermark:** Type I **Note:** Countermark on Mexico City 8 Reales, KM#108.

CM Date	Host Date	Good	VG	F	VF	XF
ND(1797)	1790	—	100	150	225	500

KM# 623 DOLLAR (5 Shillings)
Silver **Issuer:** Bank of England **Countermark:** Type I **Note:** Countermark on Bolivia (Potosi) 8 Reales, KM#50.

CM Date	Host Date	Good	VG	F	VF	XF
ND(1797)	1767-70 Rare	—	—	—	—	—

KM# 626 DOLLAR (5 Shillings)
Silver **Issuer:** Bank of England **Countermark:** Type I **Note:** Countermark on Bolivia (Potosi) 8 Reales, KM#73.1.

CM Date	Host Date	Good	VG	F	VF	XF
ND(1797)	1791-1808	—	150	250	400	700

KM# 627 DOLLAR (5 Shillings)
Silver **Issuer:** Bank of England **Countermark:** Type I **Note:** Countermark on Chile (Santiago) 8 Reales, KM#51.

CM Date	Host Date	Good	VG	F	VF	XF
ND(1797)	1791-1808	—	225	425	850	1,100

KM# 632 DOLLAR (5 Shillings)
Silver **Issuer:** Bank of England **Countermark:** Type I **Note:** Countermark on Mexico 8 Reales, KM#106.

CM Date	Host Date	Good	VG	F	VF	XF
ND(1797)	1772-89	—	100	150	250	450

GREAT BRITAIN

KM# 633 DOLLAR (5 Shillings)
Silver **Issuer:** Bank of England **Countermark:** Type I **Note:** Countermark on Mexico 8 Reales, KM#107.

CM Date	Host Date	Good	VG	F	VF	XF
ND(1797)	1789-90	—	100	150	250	450

KM# 634 DOLLAR (5 Shillings)
Silver **Issuer:** Bank of England **Countermark:** Type I **Note:** Countermark on Mexico 8 Reales, KM#109.

CM Date	Host Date	Good	VG	F	VF	XF
ND(1797)	1791-1808	—	150	250	400	700

KM# 635 DOLLAR (5 Shillings)
Silver **Issuer:** Bank of England **Countermark:** Type I **Note:** Countermark on Peru (Lima) 8 Reales, C#35.

CM Date	Host Date	Good	VG	F	VF	XF
ND(1797)	1760-72 Rare	—	—	—	—	—

KM# 636 DOLLAR (5 Shillings)
Silver **Issuer:** Bank of England **Countermark:** Type I **Note:** Countermark on Peru (Lima) 8 Reales, C#45.

CM Date	Host Date	Good	VG	F	VF	XF
ND(1797)	1772-89	—	100	150	300	550

KM# 637 DOLLAR (5 Shillings)
Silver **Issuer:** Bank of England **Countermark:** Type I **Note:** Countermark on Peru (Lima) 8 Reales, C#69.

CM Date	Host Date	Good	VG	F	VF	XF
ND(1797)	1789-91	—	100	150	300	500

KM# 638 DOLLAR (5 Shillings)
Silver **Issuer:** Bank of England **Countermark:** Type I **Note:** Countermark on Peru (Lima) 8 Reales, C#76.

CM Date	Host Date	Good	VG	F	VF	XF
ND(1797)	1791-1808	—	150	250	400	700

KM# 639 DOLLAR (5 Shillings)
Silver **Issuer:** Bank of England **Countermark:** Type I **Note:** Countermark on Spanish 8 Reales, C#40.

CM Date	Host Date	Good	VG	F	VF	XF
ND(1797)	1772-88	—	100	150	450	900

KM# 640 DOLLAR (5 Shillings)
Silver **Issuer:** Bank of England **Countermark:** Type I **Note:** Countermark on Spanish 8 Reales, C#71.

CM Date	Host Date	Good	VG	F	VF	XF
ND(1797)	1788-1808	—	150	250	450	900

COUNTERMARKED COINAGE
English Tradesmen

During the last half of the 18th century and the early years of the 19th century, the gold coinage predominated in Great Britain and the limited issues of silver coins between the years 1758 and 1816 did little to relieve the shortage of smaller denominations. During the 1790s a partial solution to the problem began to be offered by private tradesmen through the countermarking of foreign dollars, chiefly Spanish Colonial issues from the Americas, with a punch validating them for local circulation and redemption. The majority of these tradesmens countermarked issues circulated in Scotland; in England two cotton mills, two colleries, and a merchant also countermarked foreign silver coins.

KM# 642 4 SHILLING 6 PENCE
0.9030 Silver **Issuer:** English Tradesmen **Countermark:** CARK COTTON WORKS 1787//FOUR SHILLINGS and SIX PENCE **Note:** Countermark on Spanish Colonial 8 Reales. 1787 indicates the company's founding, not the date of issue.

CM Date	Host Date	Good	VG	F	VF	XF
ND(1790s)	17xx	—	—	500	800	—

KM# A645 5 SHILLING
0.9030 Silver **Issuer:** Undetermined **Countermark:** CBCo in rectangle
Note: Countermark on Lima 8 Reales.

CM Date	Host Date	Good	VG	F	VF	XF
ND	1790 Rare	—	—	—	—	—

KM# 645 5 SHILLING
0.9030 Silver **Issuer:** English Tradesmen **Countermark:** Crowned "&" **Note:** "Revolution Mill, East Retford, Nottinghamshire" countermark on Spanish Colonial 8 Reales. False punches have been used on genuine host coins.

CM Date	Host Date	Good	VG	F	VF	XF
ND(1790s)	17xx	—	—	400	750	—

TRADESMENS' TOKEN COINAGE
18th Century English

The late 1700s witnessed a severe shortage of small change. Regal coppers were last struck in 1775. Coins in circulation were badly worn and accompanied by many counterfeits. In 1787 Matthew Boulton produced the first token issue for the Parys Mines Co. Gaining popularity these were followed by many issues by merchants, manufacturers, shopkeepers, workhouse officials, etc. for general circulation. Mules, without an issuers name or address, advertising tokens without an expressed value, and political and collector types saw little or no legitimate circulation. The most common denomination was the 1/2 penny, with farthings and one penny tokens also being issued. Illustrated is a 1/2 penny token of Coventry depicting Lady Godiva. These can be found listed in British Tokens and Their Values by P. Seaby and M. Bussell.

KM# TTn1 1/2 PENNY
Copper

Date	Mintage	Good	VG	F	VF	XF
1792	—	—	—	—	—	—

PATTERNS
Including off metal strikes

KM#	Date	Mintage	Identification	Mkt Val
PnQ33	1701	—	1/2 Penny. Silver. KM#503	—
Pn33	1702	—	Guinea. Anne	—

KM#	Date	Mintage	Identification	Mkt Val
PnA34	ND(ca. 1707)	—	1/2 Penny. Anne	—
PnB34	1713	—	Farthing. Gold. Anne	—
PnC34	1715	—	1/2 Crown. Silver. George I.	9,000
PnD34	1717	—	Farthing. Silver. KM#548	—

GREAT BRITAIN

KM#	Date	Mintage	Identification	Mkt Val
PnE34	1717	—	1/2 Penny. Silver. KM#549	1,400
PnF34	1718	—	Farthing. Silver. KM#548	—
PnG34	1718	—	1/2 Penny. Silver. KM#549	—
PnH34	1722	—	1/2 Penny. Brass. KM#557	—
Pn34	1727	—	Guinea. Gold. George I, head right.	—
Pn35	1727	—	Guinea. Gold. George II, first head.	—

KM#	Date	Mintage	Identification	Mkt Val
Pn36	1729	—	Guinea. Gold. George II, second young head.	5,000

KM#	Date	Mintage	Identification	Mkt Val
PnA37	1731	—	1/2 Crown. Silver. Plain edge. George II, without emblems between shields.	6,750

KM#	Date	Mintage	Identification	Mkt Val
Pn37	1733	—	2 Guineas. Gold. George II, young head with legends and designs both sides	—

KM#	Date	Mintage	Identification	Mkt Val
Pn38	1738	—	2 Guineas. Gold. Young head, crown with more normal pointed arches.	—

KM#	Date	Mintage	Identification	Mkt Val
Pn39	1761	—	Guinea. Gold. George III, J. Tanner bust.	6,500
Pn40	1761	—	Guinea. Gold. George III, R. Yeo bust.	6,500
Pn41	1761	—	Guinea. Gold. George III, wreath variant.	6,500
Pn42	1762	—	1/2 Guinea. Gold. George III	6,000
Pn43	1763	—	1/2 Guinea. Gold. George III, shorter hair.	6,000
PnA44	1763	—	Guinea. Gold. George III, R. Yeo bust.	7,000
Pn44	1764	—	Shilling. Silver.	2,450
Pn45	1764	—	1/4 Guinea. Gold. George III	5,000
Pn47	1765	—	Guinea. Gold. George III, lower curls joined.	7,500
Pn46	1765	—	Guinea. Gold. George III, lower curls divided.	8,000
Pn48	1765	—	Guinea. Gold. George III	12,000
Pn49	1768	—	2 Guineas. Gold. George III	37,500

KM#	Date	Mintage	Identification	Mkt Val
PnA50	1770	—	1/2 Penny. Silver. KM#601	—
Pn50	1770	—	5 Guineas. Gold. George III	70,000

KM#	Date	Mintage	Identification	Mkt Val
Pn51	1773	—	2 Guineas. Gold. George III	37,500
Pn52	1773	—	5 Guineas. Gold. George III	55,000

KM#	Date	Mintage	Identification	Mkt Val
PnA53	1774	—	Guinea. Gold. George III	—
Pn53	1775	—	Shilling. Silver.	—
Pn54	1775		9 1/3 Guinea. Gold. George III	3,000

KM#	Date	Mintage	Identification	Mkt Val
Pn55	1776	—	1/3 Guinea. Gold. George III	2,500
Pn56	1777	—	2 Guineas. Gold. George III	27,000
Pn57	1777	—	5 Guineas. Gold. 42.6700 g. George III	—
Pn58	1778	—	Shilling. Silver.	2,150

KM#	Date	Mintage	Identification	Mkt Val
PnA59	1782	—	Guinea. Bronze.	400
Pn59	1782	—	Guinea. Gold. George III	2,500
Pn60	1786	—	6 Pence. Silver.	—
Pn61	1786	—	6 Pence. Silver.	—

KM#	Date	Mintage	Identification	Mkt Val
Pn62	1787	—	Guinea. Gold. George III	10,000

KM#	Date	Mintage	Identification	Mkt Val
PnA63	1788	—	1/2 Penny. George III	250
PnB63	1788	—	1/2 Penny. Silver. George III	600

KM#	Date	Mintage	Identification	Mkt Val
PnC63	1790	—	1/2 Penny. Copper Gilt. George III	—
PnD63	1790	—	1/2 Penny. Gold. George III	—

KM#	Date	Mintage	Identification	Mkt Val
PnE63	1791	—	Guinea. Gold. George III.	5,500

KM#	Date	Mintage	Identification	Mkt Val
Pn63	1795	—	1/2 Penny. Copper.	—

KM#	Date	Mintage	Identification	Mkt Val
PnA64	1797	—	1/2 Penny. George III	—
PnD64	1797	—	2 Pence. Bronze Plated Copper. KM#619	—
PnE64	1797	—	2 Pence. Copper Gilt. KM#619	—
PnB64	1797	—	1/2 Penny. Silver. George III	1,650
PnC64	1797	—	1/2 Penny. Gold. George III	12,500

KM#	Date	Mintage	Identification	Mkt Val
Pn63B	1798	—	Farthing. Copper Gilt. George III	—

KM#	Date	Mintage	Identification	Mkt Val
Pn65	1798	—	Guinea. Gold. George III.	6,000

KM#	Date	Mintage	Identification	Mkt Val
Pn64	1798	—	Guinea. Gold. George III.	8,500

GREAT BRITAIN

KM#	Date	Mintage	Identification	Mkt Val

PnF64	1798	—	Dollar. White Metal. George III.	—
PnG64	1798	—	Dollar. Copper. George III.	—

MAUNDY SETS

KM#	Date	Mintage	Identification	Issue Price	Mkt Val
MDS33	1701 (4)	—	KM#495, 499, 500.2, 501	—	1,000
MDS34	1703 (4)	—	KM#512-515	—	600
MDS35	1705 (4)	—	KM#512-515	—	600
MDS36	1706 (4)	—	KM#512-515	—	350
MDS37	1708 (4)	—	KM#512-515	—	600
MDS38	1709 (4)	—	KM#512-515	—	300
MDS39	1710 (4)	—	KM#512-515	—	650
MDS40	1713 (4)	—	KM#512-515	—	350
MDS41	1723 (4)	—	KM#544, 550-552	—	600
MDS42	1727 (4)	—	KM#544, 550-552	—	350
MDS43	1729 (4)	—	KM#567-570	—	450
MDS44	1731 (4)	—	KM#567-570	—	450
MDS45	1732 (4)	—	KM#567-570	—	350
MDS46	1735 (4)	—	KM#567-570	—	350
MDS47	1737 (4)	—	KM#567-570	—	350
MDS48	1739 (4)	—	KM#567-570	—	350
MDS49	1740 (4)	—	KM#567-570	—	350
MDS50	1743 (4)	—	KM#567-570	—	450
MDS51	1746 (4)	—	KM#567-570	—	350
MDS52	1760 (4)	—	KM#567-570	—	450
MDS53	1763 (4)	—	KM#591, 594-596.1	—	400
MDS55	1766 (4)	—	KM#591, 594-596.1	—	400
MDS56	1772 (4)	—	KM#591, 594-596.1	—	400
MDS57	1780 (4)	—	KM#591, 594-596.1	—	400
MDS58	1784 (4)	—	KM#591, 594-596.1	—	400
MDS59	1786 (4)	—	KM#591, 594-596.1	—	400
MDS60	1792 (4)	—	KM#610-613	—	400
MDS61	1795 (4)	—	KM#614-617	—	350
MDS62	1800 (4)	—	KM#614-617	—	350

GRENADA

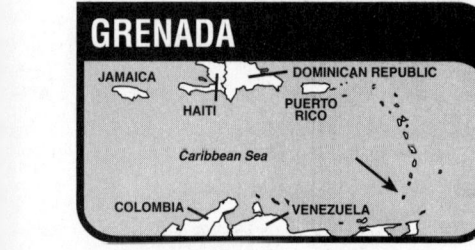

The State of Grenada, located in the Windward Islands of the Caribbean Sea 90 miles (145 km.) north of Trinidad, has (with Carriacou and Petit Martinique) an area of 133 sq. mi. (344 sq. km.) and a population of 94,000. Capital: St.George's. Grenada is the smallest independent nation in the Western Hemisphere. The economy is based on agriculture and tourism. Sugar, coconuts, nutmeg, cocoa and bananas are exported.

Columbus discovered Grenada in 1498 during his third voyage to the Americas. Spain failed to colonize the island, and in 1627 granted it to the British who sold it to the French who colonized it in 1650. Grenada was captured by the British in 1763, retaken by the French in 1779, and finally ceded to the British in 1783. In 1958 Grenada joined the Federation of the West Indies, which was dissolved in 1962. In 1967 it became an internally self-governing British associated state. Full independence was attained on Feb. 4, 1974. Grenada is a member of the Commonwealth of Nations. The prime minister is the Head of Government. Elizabeth II is Head of State as Queen of Grenada.

The early coinage of Grenada consists of cut and countermarked pieces of Spanish or Spanish Colonial Reales, which were valued at 11 Bits. In 1787 8 Reales coins were cut into 11 triangular pieces and countermarked with an incuse G. Later in 1814 large denomination cut pieces were issued being 1/2, 1/3 or 1/6 cuts and countermarked with a TR, incuse G and a number 6, 4,2, or 1 indicating the value in bitts.

RULERS
British

MONETARY SYSTEM
1789-1798
1 Bit = 9 Pence
11 Bits = 8 Shillings 3 Pence
= 1 Dollar
1798-1840
12 Bits = 9 Shillings = 1 Dollar

BRITISH COLONY NECESSITY COINAGE

KM# 1 BIT (9 Pence)

Silver **Countermark:** Incuse "G" **Note:** Countermark on 1/11th of Spanish or Spanish Colonial 8 Reales.

Date	Mintage	Good	VG	F	VF	XF
ND(c. 1787)	—	85.00	175	300	525	—

KM# 2 66 SHILLING

Gold **Note:** 11.5-11.79 g. Brazilian or Portuguese 6400 Reis forged or authentic weighing at least 9.33 g were plugged with gold to raise the weight to a legal specification of 11.66 g. A margin of error among goldsmiths gave rise to slight variances. The plug was countermarked with the goldsmiths script initials IW, WS or JR. Three "G" countermarks are also spaced along the edge to prevent clipping. Known host dates include 1747, 1771, 1773, 1775, and 1776.

Date	Mintage	Good	VG	F	VF	XF
ND(1798) Rare	—	—	—	—	—	—

Note: Stack's Kroisos sale, 1-08 XF realized $15,000.

KM# 3 66 SHILLING

Gold **Note:** 11.5-11.79 g. A heavier 6400 Reis coin originally weighing 13.21 g or more, not needing the center plug to raise the weight but with the three "G" countermarks along the edge. Unfortunately this measure still allowed for some clipping as all known examples fall into the weight range of KM#2. Known host dates incude 1762, 1766, 1779, and 1789.

Date	Mintage	Good	VG	F	VF	XF
ND(1798) Rare	—	—	—	—	—	—

Note: Stack's Kroisos sale, 1-08, about XF realized $10,000.

GUADELOUPE

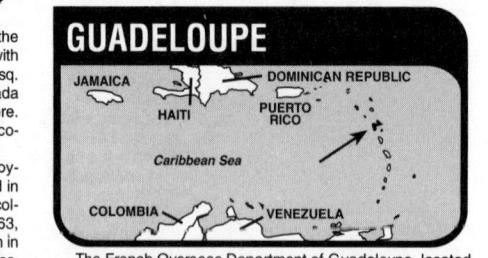

The French Overseas Department of Guadeloupe, located in the Leeward Islands of the West Indies about300 miles (493 km.) southeast of Puerto Rico, has an area of 687 sq. mi. (1,780 sq. km.) and a population of 306,000. Actually it is two islands separated by a narrow salt water stream: volcanic Basse-Terre to the west and the flatter limestone formation of Grande-Terre to the east. Capital: Basse-Terre, on the island of that name. The principal industries are agriculture, the distillation of liquors, and tourism. Sugar, bananas, and rum are exported.

Guadeloupe was discovered by Columbus in 1493 and settled in 1635 by two Frenchmen, L'Olive and Duplessis, who took possession in the name of the French Company of the Islands of America. When repeated efforts by private companies to colonize the island failed, it was relinquished to the French crown in 1674, and established as a dependency of Martinique. The British occupied the island on two occasions, 1759-63 and 1810-16, before it passed permanently to France. A colony until 1946 Guadeloupe was then made an overseas territory of the French Union. In 1958 it voted to become an Overseas Department within the new French Community.

The well-known R.F. in garland oval countermark of the French Government is only legitimate if on a French Colonies 12 deniers dated 1767A, KM#6. Two other similar but incuse RF countermarks are on cut pieces in the values of 1 and 4 escalins. Contemporary and modern counterfeits are known of both these types.

RULERS
French, until 1759, 1763-1810, 1816-
British, 1759-1763, 1810-1816

MONETARY SYSTEM
3 Deniers = 1 Liard
4 Liards = 1 Sol (Sous)
20 Sols = 1 Livre
6 Livres = 1 Ecu
NOTE: During the British Occupation period the Spanish and Spanish Colonial 8 Reales equaled 10 Livres.

FRENCH OCCUPATION COUNTERMARKED COINAGE

KM# 1 3 SOLS 9 DENIERS

Bronze **Countermark:** RF in garland oval **Note:** Countermark on French Colonial 12 Deniers, C#4.

CM Date	Host Date	Good	VG	F	VF	XF
ND(1793)	1767A	20.00	40.00	60.00	100	400

COUNTERMARKED COINAGE
RF Countermark

This countermark was only authorized in 1793 to be struck only on French Colonies 12 Deniers dated 1767. The following are modern concoctions

GUATEMALA

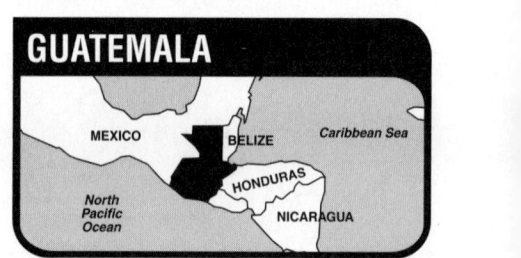

The Republic of Guatemala, the northernmost of the five Central American republics, has an area of 42,042 sq. mi. (108,890 sq. km.) and a population of 10.7 million. Capital: Guatemala City. The economy of Guatemala is heavily dependent on agriculture, however, the country is rich in nickel resources which are being developed. Coffee, cotton and bananas are exported.

Guatemala, once the site of an ancient Mayan civilization, was conquered by Pedro de Alvarado, the resourceful lieutenant of Cortes who undertook the conquest from Mexico. Cruel but strategically skillful, he progressed rapidly along the Pacific coastal lowlands to the highland plain of Quetzaltenango where the decisive battle for Guatemala was fought. After routing the Indian forces, he established the city of Guatemala in 1524. The Spanish Captaincy-General of Guatemala included all Central America but Panama. Guatemala declared its independence of Spain in 1821 and was absorbed into the Mexican empire of Augustin Iturbide (1822-23). From1823 to 1839 Guatemala was a constituent state of the Central American Republic. Upon dissolution of that confederation, Guatemala proclaimed itself an independent republic. Like El Salvador, Guatemala suffered from internal strife between right wing, UG-backed military government and leftist indigenous peoples from ca. 1954 to ca. 1997.

RULERS
Spanish until 1821

MINT MARKS
Antigua, the old capital city of Santiago de los Caballeros, including the mint, was destroyed by a volcanic eruption and earthquake in 1773. A new mint and capital city was established in Nueva Guatemala City. Coin production recommenced in late 1776 using the NG mint mark.
G or G-G - Guatemala until 1776, 1878-1889
H - Heaton, Birmingham
NG - Nueva Grenada - Guatemala, 1777-1829, 1992

GUATEMALA

ASSAYER'S INITIALS
J, 1733-1759, Jose de Leon y Losa
P, 1759-1785, Pedro Sanchez de Guzman
M, 1785-1822, Manuel Eusebio Sanchez

SPANISH COLONY

COLONIAL COB COINAGE

KM# 2 1/2 REAL
1.6917 g., 0.9170 Silver 0.0499 oz. ASW Ruler: Philip V **Obv:** Crowned arms **Rev:** Crowned hemispheres between pillars

Date	Mintage	Good	VG	F	VF	XF
ND(1733-1747) J	—	15.00	25.00	35.00	50.00	—
Date off flan						
1733 J Denomination as 1/2; Rare	—	—	—	—	—	—
1733 J Denomination as +	—	50.00	75.00	110	150	—
1734 J	—	50.00	75.00	100	150	—
1735 J	—	50.00	75.00	100	150	—
1736 J	—	50.00	75.00	100	150	—
1737/6 J	—	50.00	75.00	100	150	—
1737 J	—	50.00	75.00	100	150	—
1738 J	—	50.00	75.00	100	150	—
1739 J	—	50.00	75.00	100	150	—
1740 J	—	50.00	75.00	100	150	—
1741/40	—	50.00	75.00	100	150	—
1741 J	—	50.00	75.00	100	150	—
1742 J	—	50.00	75.00	100	150	—
1743 J	—	50.00	75.00	100	150	—
1744 J	—	90.00	150	225	375	—
1745 J	—	90.00	150	225	375	—
1746 J	—	90.00	150	225	375	—
1747 J Rare	—	—	—	—	—	—

KM# 8 1/2 REAL
1.6917 g., 0.9170 Silver 0.0499 oz. ASW Ruler: Ferdinand VI **Obv:** Crowned arms **Obv. Legend:** FERD. VI D.G... **Rev:** Crowned hemispheres between pillars

Date	Mintage	Good	VG	F	VF	XF
ND(1747-1753)	—	12.50	22.50	30.00	45.00	—
J Date off flan						
1747 J	—	45.00	70.00	100	135	—
1748 J	—	45.00	70.00	100	135	—
1749 J	—	45.00	70.00	100	135	—
1750 J	—	45.00	70.00	100	135	—
1751 J	—	45.00	70.00	100	135	—
1752 J	—	45.00	70.00	100	135	—
1753 J	—	35.00	60.00	90.00	120	—

KM# 3 REAL
3.3834 g., 0.9170 Silver 0.0997 oz. ASW Ruler: Philip V **Obv:** Crowned arms **Rev:** Crowned hemispheres

Date	Mintage	Good	VG	F	VF	XF
ND(1733-1746)	—	7.00	10.00	15.00	25.00	—
J Date off flan						
1733 J	—	75.00	100	150	200	—
1734 J	—	20.00	40.00	60.00	90.00	—
1735 J	—	20.00	40.00	60.00	90.00	—
1736 J	—	20.00	40.00	60.00	90.00	—
1737 J	—	20.00	40.00	60.00	90.00	—
1738 J	—	20.00	40.00	60.00	90.00	—
1739 J	—	20.00	40.00	60.00	90.00	—
1740 J	—	20.00	40.00	60.00	90.00	—
1741 J	—	20.00	40.00	60.00	90.00	—
1742 J	—	20.00	40.00	60.00	90.00	—
1743/2 J	—	20.00	40.00	60.00	90.00	—
1743 J	—	20.00	40.00	60.00	90.00	—
1744 J	—	25.00	45.00	70.00	100	—
1745 J	—	25.00	45.00	70.00	100	—
1746 J	—	25.00	45.00	70.00	100	—

KM# 9 REAL
3.3834 g., 0.9170 Silver 0.0997 oz. ASW Ruler: Ferdinand VI **Obv:** Crowned arms **Obv. Legend:** FERD VI D.G... **Rev:** Crowned hemispheres between pillars

Date	Mintage	Good	VG	F	VF	XF
ND(1747-1753)	—	7.00	10.00	15.00	25.00	—
J Date off flan						
1747 J	—	20.00	40.00	60.00	90.00	—
1748 J	—	20.00	40.00	60.00	90.00	—
1749 J	—	20.00	40.00	60.00	90.00	—
1750 J	—	20.00	40.00	60.00	90.00	—
1751 J	—	20.00	40.00	60.00	90.00	—
1752 J	—	20.00	40.00	60.00	90.00	—
1753 J	—	15.00	30.00	50.00	75.00	—

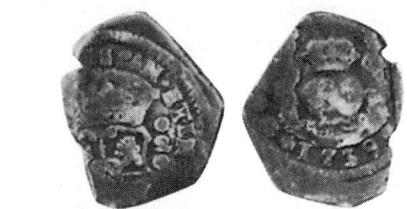

KM# 4 2 REALES
6.7668 g., 0.9170 Silver 0.1995 oz. ASW Ruler: Philip V **Rev:** Crowned hemispheres

Date	Mintage	Good	VG	F	VF	XF
ND(1733-1746)	—	10.00	15.00	22.50	35.00	—
Date off flan						
1733 J	—	90.00	125	200	350	—
1734 J	—	30.00	50.00	70.00	100	—
1735 J	—	30.00	50.00	70.00	100	—
1736 J	—	30.00	50.00	70.00	100	—
1737 J	—	30.00	50.00	70.00	100	—
1738 J	—	30.00	50.00	70.00	100	—
1739 J	—	30.00	50.00	70.00	100	—
1740 J	—	30.00	50.00	70.00	100	—
1741 J	—	30.00	50.00	70.00	100	—
1742 J	—	30.00	50.00	70.00	100	—
1743 J	—	30.00	50.00	70.00	100	—
1744 J	—	35.00	55.00	75.00	110	—
1745 J	—	35.00	55.00	75.00	110	—
1746 J	—	35.00	55.00	75.00	110	—

KM# 10 2 REALES
6.7668 g., 0.9170 Silver 0.1995 oz. ASW Ruler: Ferdinand VI **Obv:** Crowned arms **Rev:** Crowned hemispheres

Date	Mintage	Good	VG	F	VF	XF
ND(1747-1753)	—	10.00	15.00	22.50	35.00	—
J Date off flan						
1747 J	—	30.00	50.00	70.00	100	—
1748 J	—	30.00	50.00	70.00	100	—
1749 J	—	30.00	50.00	70.00	100	—
1750 J	—	30.00	50.00	70.00	100	—
1751 J	—	30.00	50.00	70.00	100	—
1752 J	—	30.00	50.00	70.00	100	—
1753 J	—	25.00	45.00	60.00	90.00	—

13.5337 g., 0.9170 Silver 0.3990 oz. ASW Ruler: Ferdinand VI **Obv:** Crowned arms **Rev:** Crowned hemispheres between pillars

Date	Mintage	Good	VG	F	VF	XF
ND(1747-53)	—	50.00	75.00	100	125	—
Date off flan						
1748 J	—	100	175	240	325	—
1747 J	—	100	175	240	325	—
1749 J	—	150	225	280	400	—
1750 J	—	100	175	240	325	—
1751 J	—	100	175	240	325	—
1752/1 J	—	100	175	240	325	—
1752 J	—	100	175	240	325	—
1753 J	—	70.00	100	100	250	—

KM# 6 8 REALES
27.0674 g., 0.9170 Silver 0.7980 oz. ASW Ruler: Philip V **Obv:** Crowned arms **Rev:** Crowned hemispheres between pillars

Date	Mintage	Good	VG	F	VF	XF
ND(1733-1746)	—	70.00	100	125	150	—
J Date off flan						
1733 J	—	750	1,350	2,000	2,750	—
1734 J	—	90.00	125	225	325	—
1735 J	—	90.00	125	225	325	—
1736 J	—	90.00	125	225	325	—
1737 J	—	100	175	275	375	—
1738 J	—	100	175	275	375	—
1739 J	—	100	175	275	375	—
1740/39 J	—	100	175	275	375	—
1740 J	—	100	175	275	375	—
1741 J	—	100	175	275	375	—
1742 J	—	100	175	275	375	—
1743/37 J	—	100	175	275	375	—
1743 J	—	100	175	275	375	—
1744 J Rare	—	—	—	—	—	—
1745 J Rare	—	—	—	—	—	—
1746 J Rare	—	—	—	—	—	—

KM# 5 4 REALES
13.5337 g., 0.9170 Silver 0.3990 oz. ASW Ruler: Philip V **Rev:** Crowned hemispheres

Date	Mintage	Good	VG	F	VF	XF
ND(1733-1746)	—	50.00	75.00	100	125	—
J Date off flan						
1733 J Rare	—	—	—	—	—	—
1734 J	—	75.00	125	200	275	—
1735 J	—	75.00	125	200	275	—
1736 J	—	75.00	125	200	275	—
1737 J	—	75.00	125	200	275	—
1738 J	—	75.00	125	200	275	—
1739 J	—	75.00	125	200	275	—
1740 J	—	75.00	125	200	275	—
1741 J	—	75.00	125	200	275	—
1742 J Rare	—	—	—	—	—	—
1743 J	—	75.00	125	200	275	—
1744 J	—	75.00	125	200	275	—
1745 J	—	75.00	125	200	275	—
1746 J	—	75.00	125	200	275	—

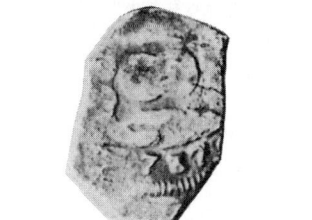

KM# 12 8 REALES
27.0674 g., 0.9170 Silver 0.7980 oz. ASW Ruler: Ferdinand VI **Obv:** Crowned arms **Rev:** Crowned hemispheres between pillars **Note:** Often the coins below will be encountered with a countermark consisting of the sun behind a mountain or above several mountain peaks. These countermarks were used during the existence of the Central American Republic (1823-1847) and were added in the period 1838-1841. (refer to listings following Provisional Coinage).

Date	Mintage	Good	VG	F	VF	XF
ND(1747-1753)	—	70.00	100	125	150	—
J Date off flan						
1747 J	—	100	175	275	375	—
1748 J	—	100	175	275	375	—
1749 J	—	100	175	275	375	—
1749/7 J	—	100	175	275	375	—
1750 J	—	100	175	275	375	—
1751 J	—	100	175	275	375	—
1752/1 J	—	100	175	275	375	—
1752 J	—	100	175	275	375	—
1753 J	—	100	175	275	375	—

KM# 11 4 REALES

704 GUATEMALA

KM# A6 ESCUDO

3.3834 g., 0.9170 Gold 0.0997 oz. AGW **Ruler:** Ferdinand VI **Obv:** Small bust, date below **Rev:** Crowned arms

Date	Mintage	Good	VG	F	VF	XF
1751G J Rare	—	—	—	—	—	—

KM# 7 8 ESCUDOS

27.0674 g., 0.9170 Gold 0.7980 oz. AGW **Ruler:** Philip V **Obv:** Bust, date below **Rev:** Crowned arms

Date	Mintage	Good	VG	F	VF	XF
1733 J Unique	—	—	—	—	—	—
1734 J Unique	—	—	—	—	—	—
1737 J Rare	—	—	—	—	—	—
1740 J Rare	—	—	—	—	—	—
1741/0 J Unique	—	—	—	—	—	—
1741 J Rare	—	—	—	—	—	—
1742 J Rare	—	—	—	—	—	—
1743 J Rare	—	—	—	—	—	—
1745 J Rare	—	—	—	—	—	—

KM# A13 8 ESCUDOS

27.0674 g., 0.9170 Gold 0.7980 oz. AGW **Ruler:** Ferdinand VI **Obv:** Bust right **Rev:** Crowned arms within Order chain

Date	Mintage	Good	VG	F	VF	XF
1750 J 2 known; Rare	—	—	—	—	—	—

Note: Superior ANA sale 8-75 VF realized $37,000

Date	Mintage	Good	VG	F	VF	XF
1752/1 J Rare	—	—	—	—	—	—

COLONIAL MILLED COINAGE

KM# 59 1/4 REAL

0.8458 g., 0.8960 Silver 0.0244 oz. ASW **Ruler:** Charles IV **Obv:** Castle **Rev:** Lion

Date	Mintage	VG	F	VF	XF	Unc
1796G	—	20.00	35.00	50.00	70.00	—
1797G	—	20.00	35.00	50.00	70.00	—
1798G	—	20.00	35.00	50.00	70.00	—
1799G	—	20.00	35.00	50.00	70.00	—
1800G	—	20.00	35.00	50.00	70.00	—

KM# 15 1/2 REAL

1.6917 g., 0.9170 Silver 0.0499 oz. ASW **Ruler:** Ferdinand VI **Obv:** Crowned arms **Obv. Legend:** FERD • VI • D • G • HISP ET IND • R • **Rev:** Crowned hemispheres between pillars **Note:** These coins are often found clipped to proper weight.

Date	Mintage	VG	F	VF	XF	Unc
1754G	—	30.00	60.00	110	200	—
1755/4G	—	30.00	60.00	110	200	—
1755G	—	30.00	60.00	110	200	—
1756/5G	—	30.00	60.00	110	200	—
1756G	—	30.00	60.00	110	200	—
1757G	—	20.00	40.00	90.00	160	—
1758G	—	20.00	40.00	90.00	160	—
1759G	—	20.00	40.00	90.00	160	—
1760G	—	25.00	50.00	100	180	—

KM# 23 1/2 REAL

1.6917 g., 0.9170 Silver 0.0499 oz. ASW **Ruler:** Charles III **Obv:** Crowned arms **Obv. Legend:** CARO • III • D • G • HISP • ETIND • R • **Rev:** Crowned hemispheres between pillars **Rev. Legend:** VTRA QUE VNUM

Date	Mintage	VG	F	VF	XF	Unc
1760G	—	25.00	50.00	100	180	—
1761G	—	25.00	50.00	100	180	—
1762G	—	25.00	50.00	100	180	—
1763G	—	25.00	50.00	100	180	—
1764G	—	25.00	50.00	100	180	—
1765G	—	25.00	50.00	100	180	—
1766G	—	25.00	50.00	100	180	—
1767G	—	25.00	50.00	100	180	—
1768G	—	25.00	50.00	100	180	—
1769G	—	25.00	50.00	100	180	—
1770G	—	25.00	50.00	100	180	—
1771G	—	25.00	50.00	100	180	—

KM# 32.1 1/2 REAL

1.6921 g., 0.9030 Silver 0.0491 oz. ASW **Ruler:** Charles III **Obv:** Bust right **Rev:** Arms, pillars

Date	Mintage	VG	F	VF	XF	Unc
1772G P	—	15.00	30.00	75.00	110	—
1773G P	—	15.00	30.00	75.00	110	—
1776G P	—	15.00	30.00	75.00	110	—

KM# 32.2 1/2 REAL

1.6921 g., 0.9030 Silver 0.0491 oz. ASW **Ruler:** Charles III

Date	Mintage	VG	F	VF	XF	Unc
1779NG	—	50.00	80.00	140	250	—
1780NG P	—	15.00	30.00	70.00	100	—
1781NG P	—	15.00	30.00	70.00	100	—
1782NG P	—	15.00	30.00	70.00	100	—
1783NG P	—	15.00	30.00	70.00	100	—
1785NG M	—	15.00	30.00	70.00	100	—

KM# 32.2a 1/2 REAL

1.6921 g., 0.8960 Silver 0.0487 oz. ASW **Ruler:** Charles III

Date	Mintage	VG	F	VF	XF	Unc
1786NG M	—	15.00	30.00	70.00	100	—
1787NG M	—	15.00	30.00	70.00	100	—

KM# 41 1/2 REAL

1.6921 g., 0.8960 Silver 0.0487 oz. ASW **Ruler:** Charles IV **Obv:** Bust right **Obv. Legend:** CAROLVS IV...

Date	Mintage	VG	F	VF	XF	Unc
1789NG M	—	20.00	40.00	90.00	150	—
1789NG M IV/III	—	—	—	—	—	—
1790NG M	—	20.00	40.00	90.00	150	—

KM# 50 1/2 REAL

1.6921 g., 0.8960 Silver 0.0487 oz. ASW **Ruler:** Charles IV **Obv:** Bust right **Obv. Legend:** CAROLUS • IIII • - DEI • GRATIA • **Rev:** Arms, pillar **Rev. Legend:** HISPAN • ET • IND • R • A • G • M •

Date	Mintage	VG	F	VF	XF	Unc
1791NG M	—	30.00	60.00	110	200	—

Note: 1791NG M has a different bust than later dates of this type

Date	Mintage	VG	F	VF	XF	Unc
1792NG M	—	15.00	30.00	75.00	120	—
1793NG M	—	15.00	30.00	75.00	120	—
1794NG M	—	15.00	30.00	75.00	120	—
1795NG M	—	30.00	60.00	110	200	—
1796NG M	—	15.00	30.00	75.00	120	—
1797NG M	—	50.00	100	200	350	—
1798NG M	—	15.00	30.00	75.00	120	—
1799NG M	—	75.00	150	300	500	—
1800NG M	—	40.00	90.00	180	300	—

KM# 16 REAL

3.3834 g., 0.9170 Silver 0.0997 oz. ASW **Ruler:** Ferdinand VI **Obv:** Crowned arms **Obv. Legend:** FERD VI D.G... **Rev:** Crowned hemispheres between pillars

Date	Mintage	VG	F	VF	XF	Unc
1754G J	—	40.00	90.00	180	300	—
1755G J	—	40.00	90.00	180	300	—
1756G J	—	40.00	90.00	180	300	—
1757G J	—	35.00	80.00	150	250	—
1758G J	—	35.00	80.00	150	250	—
1758G J E in REX retrograde	—	40.00	90.00	180	300	—
1759G P	—	35.00	80.00	150	250	—
1760G P	—	40.00	90.00	180	300	—

KM# 24 REAL

3.3834 g., 0.9170 Silver 0.0997 oz. ASW **Ruler:** Charles III **Obv:** Crowned arms **Obv. Legend:** CAROLUS III... **Rev:** Crowned hemispheres between pillars

Date	Mintage	VG	F	VF	XF	Unc
1760G P	—	40.00	90.00	180	300	—
1761G P	—	40.00	90.00	180	300	—
1762G P	—	40.00	90.00	180	300	—
1763G P	—	40.00	90.00	180	300	—
1764G P	—	40.00	90.00	180	300	—
1765G P	—	40.00	90.00	180	300	—
1766G P	—	40.00	90.00	180	300	—
1767G P	—	40.00	90.00	180	300	—
1768G P	—	40.00	90.00	180	300	—
1769G P	—	40.00	90.00	180	300	—
1770G P	—	40.00	90.00	180	300	—
1771G P	—	40.00	90.00	180	300	—

KM# 33.1 REAL

3.3834 g., 0.9030 Silver 0.0982 oz. ASW **Ruler:** Charles III **Obv:** Bust right **Rev:** Crowned hemispheres between pillars

Date	Mintage	VG	F	VF	XF	Unc
1772G P	—	35.00	80.00	150	250	—
1773G P	—	35.00	80.00	150	250	—
1776G P	—	35.00	80.00	150	250	—

KM# 33.2 REAL

3.3834 g., 0.9030 Silver 0.0982 oz. ASW **Ruler:** Charles III **Obv:** Bust right **Rev:** Crowned hemispheres between pillars

Date	Mintage	VG	F	VF	XF	Unc
1779NG P	—	35.00	85.00	175	350	—
1780NG P	—	15.00	40.00	80.00	150	—
1781NG P	—	15.00	40.00	80.00	150	—
1782NG P	—	15.00	40.00	80.00	150	—
1783NG P	—	15.00	40.00	80.00	160	—
1785NG M	—	15.00	40.00	80.00	150	—

KM# 33.2a REAL

3.3834 g., 0.8960 Silver 0.0975 oz. ASW **Ruler:** Charles III **Obv:** Bust right **Rev:** Crowned hemispheres between pillars

Date	Mintage	VG	F	VF	XF	Unc
1786NG M	—	15.00	40.00	80.00	150	—
1787NG M	—	15.00	40.00	80.00	150	—

KM# 42 REAL

3.3834 g., 0.8960 Silver 0.0975 oz. ASW **Ruler:** Charles IV **Obv:** Bust right **Obv. Legend:** CAROLUS IIII...

Date	Mintage	VG	F	VF	XF	Unc
1789NG M IV/III	—	20.00	40.00	75.00	150	—
1789NG M	—	20.00	40.00	75.00	150	—
1790/89NG M	—	30.00	50.00	110	200	—
1790NG M	—	30.00	50.00	110	200	—

KM# 54 REAL

3.3834 g., 0.8960 Silver 0.0975 oz. ASW **Ruler:** Charles IV **Obv:** Bust right **Rev:** Crown above quartered arms with pillars flanking

Date	Mintage	VG	F	VF	XF	Unc
1790NG M	—	30.00	50.00	110	200	—
1791NG M	—	15.00	30.00	75.00	120	—
1792NG M	—	15.00	30.00	75.00	120	—
1793NG M	—	15.00	30.00	75.00	120	—
1794NG M	—	15.00	30.00	75.00	120	—
1795NG M	—	15.00	30.00	75.00	120	—
1796NG M	—	15.00	30.00	75.00	120	—
1797NG M	—	15.00	30.00	75.00	120	—
1798NG M	—	15.00	30.00	75.00	120	—
1799NG M	—	15.00	30.00	75.00	120	—
1800NG M	—	15.00	30.00	75.00	120	—

KM# 20 2 REALES

6.7668 g., 0.9170 Silver 0.1995 oz. ASW **Ruler:** Ferdinand VI **Obv:** Crowned arms **Obv. Legend:** * FERD • VI • D • G • HISP • ET • IND • R * **Rev:** Crowned hemispheres between pillars **Rev. Legend:** VTRA QUE VNUM

Date	Mintage	VG	F	VF	XF	Unc
1754G J Spanish 5; Rare	—	—	—	—	—	—
1755G J	—	40.00	80.00	150	250	—
1756G J	—	40.00	80.00	150	250	—
1757G J	—	30.00	50.00	110	200	—
1758G J	—	30.00	50.00	110	200	—
1759G P	—	30.00	50.00	110	200	—
1759G P	—	40.00	80.00	150	250	—

Note: Retrograde D in D.G. on reverse

Date	Mintage	VG	F	VF	XF	Unc
1760G P	—	40.00	80.00	150	250	—

KM# 25 2 REALES

6.7668 g., 0.9170 Silver 0.1995 oz. ASW **Ruler:** Charles III **Obv:** Crowned arms **Obv. Legend:** CAR • III • D • G • HISP • ET IND • R • **Rev:** Crowned hemispheres between pillars **Rev. Legend:** * VTRA QUE VNUM *

Date	Mintage	VG	F	VF	XF	Unc
1760G P Rare	—	—	—	—	—	—
1761G P	—	40.00	80.00	150	250	—
1761G P CAR (without O)	—	—	—	—	—	—
1762G P	—	45.00	90.00	180	300	—
1763G P	—	40.00	80.00	150	250	—
1764G P	—	40.00	80.00	150	250	—
1765G P Rare	—	—	—	—	—	—
1766G P Rare	—	—	—	—	—	—
1767G P	—	40.00	80.00	150	250	—
1768G P	—	40.00	80.00	150	250	—
1769G P	—	40.00	80.00	150	250	—
1770G P	—	40.00	80.00	150	250	—
1771G P	—	40.00	80.00	150	250	—

KM# 34.1 2 REALES

6.7668 g., 0.9030 Silver 0.1964 oz. ASW **Ruler:** Charles III **Obv:** Bust right **Obv. Legend:** CAROLUS • III • - DEI • GRATIA • **Rev:** Crowned arms between pillars **Rev. Legend:** HISPAN • ET • IND • REX • ...

Date	Mintage	VG	F	VF	XF	Unc
1772G P	—	45.00	90.00	180	300	—

Note: Two bust varieties exist dated 1772

Date	Mintage	VG	F	VF	XF	Unc
1773G P	—	45.00	90.00	180	300	—
1776G P	—	45.00	90.00	180	300	—

KM# 34.2 2 REALES

6.7668 g., 0.9030 Silver 0.1964 oz. ASW **Ruler:** Charles III **Obv:** Bust right **Rev:** Crowned arms between pillars

Date	Mintage	VG	F	VF	XF	Unc
1779NG P	—	45.00	90.00	180	300	—
1780NG P	—	20.00	40.00	80.00	150	—
1781NG P	—	20.00	40.00	80.00	150	—
1782NG P	—	20.00	40.00	80.00	150	—
1783NG P	—	20.00	40.00	80.00	150	—
1785NG M	—	20.00	40.00	80.00	150	—

KM# 34.2a 2 REALES

6.7668 g., 0.8960 Silver 0.1949 oz. ASW **Ruler:** Charles III **Obv:** Bust right **Rev:** Crowned arms between pillars

Date	Mintage	VG	F	VF	XF	Unc
1786NG M	—	20.00	40.00	80.00	150	—
1787NG M	—	20.00	40.00	80.00	150	—

KM# 43 2 REALES

6.7668 g., 0.8960 Silver 0.1949 oz. ASW **Ruler:** Charles IV **Obv:** Bust right **Obv. Legend:** CAROLUS IV...

Date	Mintage	VG	F	VF	XF	Unc
1789NG M	—	25.00	40.00	75.00	130	—
1789NG M IV/III	—	25.00	40.00	80.00	150	—
1790NG M	—	25.00	40.00	75.00	130	—

KM# 51 2 REALES

6.7668 g., 0.8960 Silver 0.1949 oz. ASW **Ruler:** Charles IV **Obv:** Draped laureate bust right **Obv. Legend:** CAROLUS • IIII • - DEI • GRATIA • **Rev:** Crown above quartered arms with pillars flanking **Rev. Legend:** • HISPAN • ET • IND • REX • NG • ...

Date	Mintage	VG	F	VF	XF	Unc
1790NG M	—	17.50	30.00	45.00	60.00	—
1791NG M	—	17.50	30.00	45.00	60.00	—
1792NG M	—	17.50	30.00	45.00	60.00	—
1793NG M	—	17.50	30.00	45.00	60.00	—
1794NG M	—	17.50	30.00	45.00	60.00	—
1795/4NG M	—	17.50	30.00	45.00	60.00	—
1795NG M	—	17.50	30.00	45.00	60.00	—
1796NG M	—	17.50	30.00	45.00	60.00	—
1797NG M	—	17.50	30.00	45.00	60.00	—
1798NG M	—	17.50	30.00	45.00	60.00	—
1799NG M	—	17.50	30.00	45.00	60.00	—
1800NG M	—	17.50	30.00	45.00	60.00	—

KM# 17.1 4 REALES

13.5337 g., 0.9170 Silver 0.3990 oz. ASW **Ruler:** Ferdinand VI **Obv:** Crowned arms **Obv. Legend:** FERDIND • VI • D • G • HISPAN • ET IND • REX **Rev:** Crowned hemispheres between pillars **Rev. Legend:** VTRA QUE - VNUM

Date	Mintage	VG	F	VF	XF	Unc
1754G J Arabic 5	—	200	300	500	800	—
1754G J Spanish 5	—	150	250	350	500	—
1755G J	—	150	250	350	500	—
1756/5G J Rare	—	—	—	—	—	—
1756G J	—	150	250	350	500	—
1757G J	—	150	250	350	500	—
1758G J	—	150	250	350	500	—
1759G P/J Rare	—	—	—	—	—	—
1759G P	—	150	250	350	500	—
1760G P	—	150	250	350	500	—

KM# 17.2 4 REALES

13.5337 g., 0.9170 Silver 0.3990 oz. ASW **Ruler:** Ferdinand VI **Obv:** Crowned arms **Rev:** Small legend

Date	Mintage	VG	F	VF	XF	Unc
1758G J	—	155	220	455	750	—

KM# 26 4 REALES

13.5337 g., 0.9170 Silver 0.3990 oz. ASW **Ruler:** Charles III **Obv:** Crowned arms **Obv. Legend:** CAROLUS • III • D • G • HISPAN • ET IND • REX **Rev:** Crowned hemispheres between pillars **Rev. Legend:** VTRA QUE VNUM

Date	Mintage	VG	F	VF	XF	Unc
1760G P	—	200	300	450	1,000	—
1761G P	—	200	325	525	850	—
1762G P	—	200	325	525	850	—
1763G P	—	200	325	525	850	—
1764G P	—	200	325	525	850	—
1765G P	—	200	325	525	850	—
1766G P	—	200	325	525	850	—
1767G P	—	200	325	525	850	—
1768G P	—	200	325	525	850	—
1769G P	—	200	325	525	850	—
1770G P	—	200	325	525	850	—
1771G P	—	200	325	525	850	—

KM# 35.1 4 REALES

13.5337 g., 0.9030 Silver 0.3929 oz. ASW **Ruler:** Charles III **Obv:** Bust right **Obv. Legend:** CAROLUS • III • - DEI • GRATIA • **Rev:** Crowned arms between pillars **Rev. Legend:** • HISPAN • ET IND • REX • ...

Date	Mintage	VG	F	VF	XF	Unc
1772G P	—	125	250	400	750	—
1773G P	—	125	250	400	750	—
1776G P	—	125	250	400	750	—

KM# 35.2 4 REALES

13.5337 g., 0.9030 Silver 0.3929 oz. ASW **Ruler:** Charles III **Obv:** Bust right **Rev:** Crowned arms between pillars

Date	Mintage	VG	F	VF	XF	Unc
1777NG P	—	125	250	400	750	—
1778NG P	—	125	250	400	750	—
1779NG P	—	125	250	400	750	—
1780NG P	—	125	250	400	750	—
1781NG P	—	150	300	450	950	—
1782NG P	—	150	300	450	950	—
1783NG P	—	200	350	550	1,200	—
1785NG P	—	125	250	400	750	—

KM# 35.2a 4 REALES

13.5337 g., 0.8960 Silver 0.3898 oz. ASW **Ruler:** Charles III **Obv:** Bust right **Rev:** Crowned arms between pillars

Date	Mintage	VG	F	VF	XF	Unc
1787NG M	—	125	250	400	750	—

KM# 44 4 REALES

13.5337 g., 0.8960 Silver 0.3898 oz. ASW **Ruler:** Charles IV **Obv:** Bust right **Obv. Legend:** CAROLUS • IV • - DEI • GRATIA • **Rev:** Crowned arms between pillars **Rev. Legend:** • HISPAN • ET IND • REX • ...

Date	Mintage	VG	F	VF	XF	Unc
1789NG M	—	175	275	400	700	—
1790NG M	—	175	275	400	700	—

KM# 52 4 REALES

13.5337 g., 0.8960 Silver 0.3898 oz. ASW **Ruler:** Charles IV **Obv:** Draped laureate bust right **Obv. Legend:** CAROLUS • IIII • - DEI • GRATIA • **Rev:** Crowned arms between pillars **Rev. Legend:** • HISPAN • ET IND • REX • ...

Date	Mintage	VG	F	VF	XF	Unc
1790NG M	—	150	250	400	900	—
1791NG M	—	75.00	150	250	400	—
1792NG M	—	75.00	150	250	400	—
1793NG M	—	50.00	100	200	350	—
1794NG M	—	50.00	150	250	400	—
1795NG M	—	75.00	150	250	400	—
1796NG M	—	50.00	100	200	350	—
1797NG M	—	75.00	150	250	400	—
1798NG M	—	75.00	150	250	400	—
1799NG M	—	75.00	150	250	400	—
1800NG M	—	75.00	150	250	400	—

KM# 18 8 REALES

27.0674 g., 0.9170 Silver 0.7980 oz. ASW **Ruler:** Ferdinand VI **Obv:** Crowned arms **Obv. Legend:** FERDIND • VI • D • G • HISPAN • ET IND • REX **Rev:** Crowned hemispheres between pillars **Rev. Legend:** VTRA QUE VNUM

Date	Mintage	VG	F	VF	XF	Unc
1754G J Arabic 5	—	700	1,200	2,000	3,000	—
1754G J Spanish 5	—	350	500	750	1,000	—
1755G J Small J	—	350	500	750	1,000	—
1755G J Large J	—	350	500	750	1,000	—
1756/5G J Rare	—	—	—	—	—	—
1756G J	—	350	500	750	1,000	—
1757G J	—	350	500	750	1,000	—
1757G J	—	350	500	750	1,000	—

Note: Reverse without points in legend

Date	Mintage	VG	F	VF	XF	Unc
1758G J	—	350	500	750	1,000	—
1759G P	—	200	300	500	700	—
1760G P	—	350	500	800	1,100	—

KM# 27.1 8 REALES

27.0674 g., 0.9170 Silver 0.7980 oz. ASW **Ruler:** Charles III

GUATEMALA

Obv: Crowned arms Obv. Legend: CAROLUS • III • D • G •
HISPAN • ET IND • REX Rev: Crowned hemispheres between pillars Rev. Legend: VTRA QUE VNUM Note: Large planchet. Varieties in hemispheres and pillars exist.

Date	Mintage	VG	F	VF	XF	Unc
1760G P	—	500	1,000	2,500	4,000	—
1761G P	—	200	300	500	750	—
1762G P	—	200	300	500	750	—
1763G P	—	200	300	500	750	—
1764G P	—	350	750	1,250	2,500	—
1765G P	—	1,200	2,000	3,750	—	—
1766G P	—	200	300	500	750	—
1767G P	—	200	300	500	750	—
1768G P	—	200	300	500	750	—
Note: 4 varieties of crowns have been recorded for 1768
1769G P	—	175	250	400	600	—

KM# 22.2 ESCUDO
3.3834 g., 0.9170 Gold 0.0997 oz. AGW **Ruler:** Ferdinand VI **Obv:** Larger bust **Rev:** Crowned arms

Date	Mintage	VG	F	VF	XF	Unc
1757G J	—	650	1,350	3,000	7,500	—

KM# 29 ESCUDO
3.3834 g., 0.9170 Gold 0.0997 oz. AGW **Ruler:** Charles III **Obv:** Young bust right **Rev:** Crowned arms **Rev. Legend:** IN UTROQ FELIX

Date	Mintage	VG	F	VF	XF	Unc
1765G Rare	—	—	—	—	—	—
1770G Rare	—	—	—	—	—	—

KM# 37 ESCUDO
3.3834 g., 0.9010 Gold 0.0980 oz. AGW **Ruler:** Charles III **Obv:** Bust right; older, standard bust **Rev:** Crowned arms within collar of the Order of the Golden Fleece

Date	Mintage	VG	F	VF	XF	Unc
1778NG P	—	525	1,000	1,750	3,600	—
1783NG P	—	525	1,000	1,750	3,600	—
1785NG M	—	625	1,250	2,000	4,400	—

KM# 36.2a 8 REALES
27.0674 g., 0.8960 Silver 0.7797 oz. ASW **Ruler:** Charles III **Obv:** Laureate bust right **Rev:** Crowned arms between pillars

Date	Mintage	VG	F	VF	XF	Unc
1786NG M	—	650	900	1,200	2,000	—
1787NG M	—	250	450	650	1,000	—

KM# 27.2 8 REALES
27.0674 g., 0.9170 Silver 0.7980 oz. ASW **Ruler:** Charles III **Obv:** Crowned arms **Rev:** Crowned hemispheres between pillars **Note:** Small planchet.

Date	Mintage	VG	F	VF	XF	Unc
1769G P	—	300	400	600	850	—
Note: S over retrograde S
1770G P	—	200	300	500	750	—
1771G P	—	200	300	500	750	—

KM# 36.1 8 REALES
27.0674 g., 0.9030 Silver 0.7858 oz. ASW **Ruler:** Charles III **Obv:** Laureate bust right **Rev:** Crowned arms between pillars

Date	Mintage	VG	F	VF	XF	Unc
1772G P	—	400	550	800	1,250	—
1773G P	—	650	900	1,200	2,000	—

KM# 36.2 8 REALES
27.0674 g., 0.9030 Silver 0.7858 oz. ASW **Ruler:** Charles III **Obv:** Laureate bust right **Obv. Legend:** CAROLUS • III • · DEI · GRATIA • **Rev:** Crowned arms between pillars **Rev. Legend:** • HISPAN • ET IND • REX • ...

Date	Mintage	VG	F	VF	XF	Unc
1776NG P	—	750	1,500	2,500	3,500	—
1776NG P (NG/GN)	—	1,000	2,000	3,500	5,000	—
1777NG P	—	200	300	500	750	—
1778NG P	—	200	300	500	750	—
1779NG P	—	250	450	650	1,000	—
1780NG P	—	650	900	1,200	2,000	—
1781NG P	—	450	675	900	1,500	—
1782NG P	—	700	1,350	1,800	3,000	—
1783NG P	—	400	800	1,100	1,750	—
1785NG M	—	250	450	650	1,000	—

KM# 45 8 REALES
27.0674 g., 0.8960 Silver 0.7797 oz. ASW **Ruler:** Charles IV **Obv:** Laureate bust right **Obv. Legend:** • CAROLUS • IV • · DEI · GRATIA • **Rev:** Crowned arms between pillars **Rev. Legend:** • HISPAN • ET IND • REX • ...

Date	Mintage	VG	F	VF	XF	Unc
1789NG M	—	250	400	600	850	—
1790/89NG M	—	250	450	650	950	—
1790NG M	—	250	450	650	950	—

KM# 46 ESCUDO

3.3834 g., 0.8750 Gold 0.0952 oz. AGW **Ruler:** Charles IV **Obv:** Bust right **Obv. Legend:** CAROL • IV • D • G • ... **Rev:** Crowned arms within Order collar **Rev. Legend:** IN • UTROQ • FELIX • ...

Date	Mintage	VG	F	VF	XF	Unc
1789NG M	—	275	500	1,000	1,650	—
1790NG M	—	325	550	1,100	1,950	—

KM# 55 ESCUDO
3.3834 g., 0.8750 Gold 0.0952 oz. AGW **Ruler:** Charles IV **Obv:** Armored bust right **Obv. Legend:** CAROL • IIII • D • G • · HISP • ET IND • R • **Rev:** Crowned arms within Order collar **Rev. Legend:** IN • UTROQ • FELIX • ...

Date	Mintage	VG	F	VF	XF	Unc
1794NG M	—	250	500	850	1,400	—
1797NG M	—	250	500	850	1,400	—

KM# 38 2 ESCUDOS

6.7668 g., 0.9010 Gold 0.1960 oz. AGW **Ruler:** Charles III **Obv:** Bust right **Obv. Legend:** CAROL • III • D • G • · HISP • ET IND • R • **Rev:** Crowned arms within collar of the Order of the Golden Fleece **Rev. Legend:** IN • UTROQ • FELIX • · AUSPICE • DEO •

Date	Mintage	VG	F	VF	XF	Unc
1783NG P	—	625	1,250	2,200	4,400	—
1785NG M	—	625	1,250	2,200	4,400	—

KM# 47 2 ESCUDOS
6.7668 g., 0.8750 Gold 0.1904 oz. AGW **Ruler:** Charles IV **Obv:** Bust right **Obv. Legend:** CAROL IV...

Date	Mintage	VG	F	VF	XF	Unc
1789NG M	—	525	1,100	2,100	4,150	—
1790NG M	—	725	1,400	2,400	4,700	—

KM# 56 2 ESCUDOS
6.7668 g., 0.8750 Gold 0.1904 oz. AGW **Ruler:** Charles IV **Obv:** Armored bust right **Obv. Legend:** CAROL • IIII • D • G • · HISP • ET IND • R • **Rev:** Crowned arms within Order collar **Rev. Legend:** IN • UTROQ • FELIX • AUSPICE • DEO •

Date	Mintage	VG	F	VF	XF	Unc
1794NG M	—	475	950	1,750	3,300	—
1797NG M	—	550	1,100	2,050	3,860	—

KM# 53 8 REALES
27.0674 g., 0.8960 Silver 0.7797 oz. ASW **Ruler:** Charles IV **Obv:** Draped laureate bust right **Obv. Legend:** • CAROLUS • IIII • · DEI · GRATIA • **Rev:** Crowned arms between pillars **Rev. Legend:** • HISPAN • ET IND • REX • ...

Date	Mintage	VG	F	VF	XF	Unc
1790NG M	—	700	1,000	1,300	2,250	—
1791NG M	—	100	300	500	650	—
1792NG M	—	60.00	140	240	375	—
1793NG M	—	60.00	140	260	375	—
1794NG M	—	60.00	140	240	375	—
1795/4NG M	—	—	—	—	—	—
1795NG M	—	55.00	100	200	350	—
1796NG M	—	55.00	100	200	350	—
1797/6NG M	—	75.00	200	275	425	—
1797NG M	—	55.00	150	225	350	—
1798NG M	—	55.00	100	200	350	—
1799NG M	—	60.00	150	225	375	—
1800NG M	—	55.00	100	200	350	—

KM# 22.1 ESCUDO
3.3834 g., 0.9170 Gold 0.0997 oz. AGW **Ruler:** Ferdinand VI **Obv:** Small bust, date **Obv. Legend:** FERDIND VI DG HISPAN ET IND REX **Rev:** Crowned arms **Rev. Legend:** NOMINA MAGNA SEQUOR

Date	Mintage	VG	F	VF	XF	Unc
1755G J	—	650	1,350	3,000	7,500	—

KM# A19 4 ESCUDOS
13.5337 g., 0.9170 Gold 0.3990 oz. AGW **Ruler:** Ferdinand VI **Obv:** Bust right **Rev:** Crowned arms within collar of the Order of the Golden Fleece **Rev. Legend:** NOMINA MAGNA SEQUOR

Date	Mintage	VG	F	VF	XF	Unc
1755G J Rare	—	—	—	—	—	—

KM# 30 4 ESCUDOS
13.5337 g., 0.9170 Gold 0.3990 oz. AGW **Ruler:** Charles III **Obv:** Young bust right **Rev:** Crowned arms within collar of the Order of the Golden Fleece **Rev. Legend:** IN VTROQ FELIX ANSPICE DEO

Date	Mintage	VG	F	VF	XF	Unc
1765G P Rare	—	—	—	—	—	—

KM# 39 4 ESCUDOS
13.5337 g., 0.9010 Gold 0.3920 oz. AGW **Ruler:** Charles III **Obv:** Older, standard bust

Date	Mintage	VG	F	VF	XF	Unc
1778NG P	—	1,200	2,500	6,000	11,500	—
1781NG P	—	1,200	2,500	6,000	11,500	—
1783NG P	—	1,200	2,500	6,000	11,500	—

GUYANA

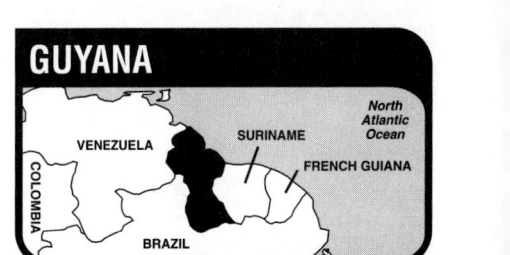

The original area of Essequibo and Demerary, which included present-day Suriname, French Guiana, and parts of Brazil and Venezuela was sighted by Columbus in 1498.The first European settlement was made late in the 16th century by the Dutch, however, the region was claimed for the British by Sir Walter Raleigh during the reign of Elizabeth I. For the next 150 years, possession alternated between the Dutch and the British, with a short interval of French control. The British exercised de facto control after 1796, although the area, which included the Dutch colonies of Essequibo, Demerary and Berbice, was not ceded to them by the Dutch until 1814. From 1803 to1831, Essequibo and Demerary were administered separately from Berbice. The three colonies were united in the British Crown Colony of British Guiana in 1831. British Guiana won internal self-government in 1952 and full independence, under the traditional name of Guyana, on May 26,1966. Guyana became a republic on Feb. 23, 1970. It is a member of the Commonwealth of Nations. The president is the Chief of State. The prime minister is the Head of Government.

RULER
British, until 1966

MONETARY SYSTEM
(Until 1839)
20 Stiver = 1 Guilder (Gulden)
3 Guilders = 12 Bits = 5 Shillings = 1 Dollar

Obv: Young bust right **Obv. Legend:** CAROLUS • III • D • G • - HISP • ET • IND • REX • **Rev:** Crowned arms within Order collar **Rev. Legend:** IN • UTROQ • FELIX • AUSPICE • DEO •

Date	Mintage	VG	F	VF	XF	Unc
1765G Rare	—	—	—	—	—	—
1768G	—	—	7,000	14,500	30,000	—

Note: Heritage Long Beach Sale 3000, 5-08, AU realized $90,000.

Date	Mintage	VG	F	VF	XF	Unc
1770G Rare	—	—	—	—	—	—

KM# 48 4 ESCUDOS

13.5337 g., 0.8750 Gold 0.3807 oz. AGW **Ruler:** Charles IV
Obv: Armored bust right **Obv. Legend:** CAROL • IV • D • G • - HISP • ET IND • R • **Rev:** Crowned arms within Order collar **Rev. Legend:** IN • UTROQ • FELIX • AUSPICE • DEO •

Date	Mintage	VG	F	VF	XF	Unc
1789NG M	—	1,250	2,750	4,500	8,300	—

KM# 57 4 ESCUDOS

13.5337 g., 0.8750 Gold 0.3807 oz. AGW **Ruler:** Charles IV

Date	Mintage	VG	F	VF	XF	Unc
1794NG M	—	1,000	2,000	3,750	7,200	—
1797NG M	—	1,000	2,000	3,750	7,200	—

KM# 40 8 ESCUDOS

27.0674 g., 0.9010 Gold 0.7841 oz. AGW **Ruler:** Charles III
Obv: Older, standard bust right **Obv. Legend:** CAROL • III • D • G • - HISP • ET IND • R • **Rev:** Crowned arms within Order collar **Rev. Legend:** IN • UTROQ • FELIX • AUSPICE • DEO •

Date	Mintage	VG	F	VF	XF	Unc
1770NO P	—	—	2,500	6,000	13,500	—
1781NG P	—	—	3,500	7,500	19,000	—
1783NG P	—	—	3,500	6,600	19,000	—
1785NG M	—	—	4,500	9,000	23,500	—

KM# 19 8 ESCUDOS

27.0674 g., 0.9170 Gold 0.7980 oz. AGW **Ruler:** Ferdinand VI
Obv: Armored bust right **Obv. Legend:** FERDIND • VI • D • G • HISPAN • ET IND • REX **Rev:** Crowned arms within collar of the Order of the Golden Fleece **Rev. Legend:** NOMINA MAGNA SEQUOR

Date	Mintage	VG	F	VF	XF	Unc
1754G J	—	—	10,000	18,500	42,500	—
1755G J	—	—	10,000	20,000	45,000	—

KM# 49 8 ESCUDOS

27.0674 g., 0.9010 Gold 0.7841 oz. AGW **Ruler:** Charles IV
Obv: Armored bust right **Obv. Legend:** CAROL • IV • D • G • - HISP • ET IND • R • **Rev:** Crowned arms within Order collar **Rev. Legend:** IN • UTROQ • FELIX • AUSPICE • DEO •

Date	Mintage	VG	F	VF	XF	Unc
1789NG M	—	—	2,500	6,000	13,500	—
1790NG M	—	—	4,500	9,000	23,500	—

KM# 21 8 ESCUDOS

27.0674 g., 0.9170 Gold 0.7980 oz. AGW **Ruler:** Ferdinand VI
Obv: Armored bust right **Obv. Legend:** FERDIND • VI • D • G • HISPAN • ET IND • REX **Rev:** Crowned arms within Order collar **Rev. Legend:** NOMINA MAGNA SEQUOR

Date	Mintage	VG	F	VF	XF	Unc
1757G J	—	—	9,000	16,500	37,500	—

KM# 28 8 ESCUDOS

27.0674 g., 0.9170 Gold 0.7980 oz. AGW **Ruler:** Charles III
Obv: Unique bust of Ferdinand VII, legend of Charles III **Rev:** Crowned arms within collar of the Order of the Golden Fleece

Date	Mintage	VG	F	VF	XF	Unc
1761G J Rare	—	—	—	—	—	—

KM# 31 8 ESCUDOS

27.0674 g., 0.9170 Gold 0.7980 oz. AGW **Ruler:** Charles III

KM# 58 8 ESCUDOS

27.0674 g., 0.8750 Gold 0.7614 oz. AGW **Ruler:** Charles IV
Obv: Armored bust right **Obv. Legend:** CAROL • IIII • D • G • - HISP • ET IND • R • **Rev:** Crowned arms within order collar **Rev. Legend:** IN • UTROQ • FELIX • AUSPICE • DEO •

Date	Mintage	VG	F	VF	XF	Unc
1794NG M	—	—	3,000	6,500	13,500	—
1797NG M	—	—	3,000	6,500	13,500	—

ESSEQUIBO AND DEMERARY

COUNTERMARKED COINAGE

1798-1799 Gold Control Coinage

As a measure for reducing the large number of false and underweight gold coins in circulation, usually of Portugal or Brazil 6400 Reis type, coins of less than 10.76 grams were countermarked for removal.

These coins were granted full legal status for one year and circulated during that time alongside full weight gold coins before being withdrawn in August 1799. Further difficulties dictated that all mutilated, plugged, and defective gold coins were withdrawn in 1808.

KM# 3 22 GUILDER

Gold **Note:** 'ED' Countermark in oval on false Brazil 6400 Reis, type of KM#172.2. 10.24-10.67 grams.

CM Date	Host Date	Good	VG	F	VF	XF
ND	ND(1798-99)	—	—	—	—	—
	3 known					

Note: NFA Bank Leu Garrett sale 5-84 VF realized $5,250

HAITI

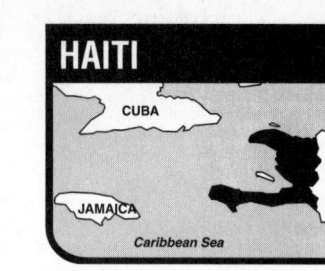

Caribbean Sea

The Republic of Haiti, which occupies the western one-third of the island of Hispaniola in the Caribbean Sea between Puerto Rico and Cuba, has an area of 10,714 sq. mi. (27,750 sq. km.) and a population of 6.5 million. Capital: Port-au-Prince. The economy is based on agriculture; but light manufacturing and tourism are increasingly important. Coffee, bauxite, sugar, essential oils and handicrafts are exported.

Columbus discovered Hispaniola in 1492. Spain colonized the island, making Santo Domingo the base for exploration of the Western Hemisphere. The area that is now Haiti was ceded to France by Spain in 1697. Slaves brought from Africa to work the coffee and sugar cane plantations made it one of the richest colonies of the French Empire. A slave revolt in the 1790's led to the establishment of the Republic of Haiti in 1804, making it the oldest Black republic in the world and the second oldest republic (after the United States) in the Western Hemisphere.

The French language is used on Haitian coins although it is spoken by only about 10% of the populace. A form of Creole is the language of the Haitians.

RULERS
French, until 1804

TOWN OF LE CAP

(Old Cap Francois)

Port city on the northern coast of Haiti. Under a French edict of July 13, 1781 various Spanish-American and other circulating silver coins were to be counterstamped with a crowned anchor and C for the island. These were made at the capitol and the pieces given values of 1 Escalin and 1/2 Escalin.

In 1792, a decree from the local Governor authorized the countermarking of Spanish American, French, and English copper coins. An L.C. mark was designated for use in the capital city of Le Cap, while an S.D. mark was to be used for general circulation on the entire island.

MONETARY SYSTEM
15 Sols = 1 Escalin (1 Real)

FRENCH PROTECTORATE

COUNTERMARKED COINAGE
Type I - 1791

Type I - 1791
Crowned anchor with C

KM# 7.1 1/2 ESCALIN

0.9300 g., Silver **Counterstamp:** Type I **Note:** Countermark struck on Potosi 1/2 Real size cob.

CM Date	Host Date	Good	VG	F	VF	XF
ND(1791)	(1701-73)	250	550	900	1,650	—

KM# 7.2 1/2 ESCALIN

1.0700 g., Silver **Counterstamp:** Type I **Note:** Countermark struck on Potosi 1 Real size cob.

CM Date	Host Date	Good	VG	F	VF	XF
ND(1791)	(1701-73)	250	550	900	1,650	—

KM# 8.1 ESCALIN

2.3600 g., Silver **Counterstamp:** Type I **Note:** Countermark struck on center of Lima or Potosi 2 Real size cob.

CM Date	Host Date	Good	VG	F	VF	XF
ND(1791)	(1701-52)	250	550	1,000	1,750	—

KM# 8.2 ESCALIN

3.3800 g., Silver **Counterstamp:** Type I **Note:** Counterstamp struck on Lima 1 Real cob.

CM Date	Host Date	Good	VG	F	VF	XF
ND(1791)	(1701-52)	250	300	600	1,100	1,850

COUNTERMARKED COINAGE
Type II - 1781

Type II - 1792
Anchor with C

KM# 9 ESCALIN

2.8000 g., Silver **Counterstamp:** Type II **Note:** Counterstamp struck on Angola 2 Macutas, KM#13.

CM Date	Host Date	Good	VG	F	VF	XF
ND(1791)	1762	250	550	950	1,700	—
ND(1792)	1763	250	550	950	1,700	—

COUNTERMARKED COINAGE
Type III - 1792

LC in diamond-bordered rectangular indent.

KM# 5 SOL

Bronze **Countermark:** Type III **Note:** Illustration of countermark struck on an English-Liverpool 1/2 Penny token. Decree authorized the S.D. countermark to be applied to Spanish American, French and English copper pieces, for circulation on all of Saint Domingue.

CM Date	Host Date	Good	VG	F	VF	XF
ND(1792)	(1791)	175	350	550	1,000	—

HUNGARY

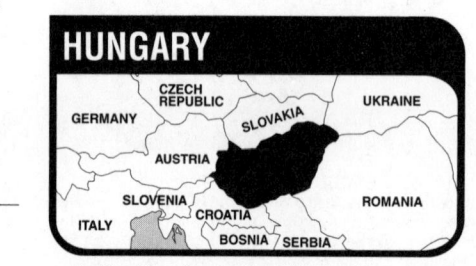

The Republic of Hungary, located in central Europe, has an area of 35,929 sq. mi. (93,030 sq. km.) and a population of 10.7 million. Capital: Budapest. The economy is based on agriculture, bauxite and a rapidly expanding industrial sector. Machinery, chemicals, iron and steel, and fruits and vegetables are exported.

The ancient kingdom of Hungary, founded by the Magyars in the 9th century, achieved its greatest extension in the mid-14th century when its dominions touched the Baltic, Black and Mediterranean Seas. After suffering repeated Turkish invasions, Hungary accepted Habsburg rule to escape Turkish occupation, regaining independence in 1867 with the Emperor of Austria as king of a dual Austro-Hungarian monarchy.

After World War I, Hungary lost 2/3 of its territory and 1/2 of its population and underwent a period of drastic political revision. The short-lived republic of 1918 was followed by a chaotic interval of communist rule, 1919, and the restoration of the monarchy in 1920 with Admiral Horthy as regent of the kingdom. Although a German ally in World War II, Hungary was occupied by German troops who imposed a pro-Nazi dictatorship, 1944. Soviet armies drove out the Germans in 1945 and assisted the communist minority in seizing power. A revised constitution published on Aug. 20, 1949, established Hungary as a 'People's Republic' of the Soviet type. On October 23, 1989, Hungary was proclaimed the Republic of Hungary.

RULER
Austrian

MINT MARKS
A, CA, WI - Vienna (Becs)
B, K, KB - Kremnitz (Kormoczbanya)
BP - Budapest
CH - Pressburg (Pozsony)
CM - Kaschau (Kassa)
(c) - castle - Pressburg

(d) - double trefoil - Pressburg
G, GN, NB - Nagybanya
(g) - GC script monogram - Pressburg
GYF - Karlsburg (Gyulafehervar)
HA - Hall
(L) - ICB monogram - Pressburg
(r) - rampant lion left - Pressburg
S - Schmollnitz (Szomolnok)

LEGEND VARIETIES
X: After 1750, during the reign of Maria Theresa, crossed staves which appear as an "X" were placed after the date denoting her reign over the Austrian Netherlands.

MINT OFFICIALS' INITIALS

Kremnitz Mint

Initials	Date	Name
D, PD	1763-80	Josef Paschal von Damiani
EVM	1748-74	Edler von Munzburg
EVM-D	1763-80	Edler von Munzburg and J.P. von Damiani
K, SK	1774-80	Sigismund A. Klemmer von Klemmersberg
SK-PD	1774-80	Sigismund A. Klemmer von Klemmersberg and J.P. von Damiani

Nagybanya Mint

Initials	Date	Name
B, IB	1765-80	Josef Brunner
FL, L	1765-71	Franz anton Lechner
IB-FL	1765-71	Josef Brunner and Fr. A. Lochner
IB-IV, B-V	1772-80	Josef Brunner and Josef Vischer
ICB	1698-1728	J.C. Block
IV, V	1772-80	Josef Vischer

Pressburg Mint

Initials	Date	Name
B	1717-18	
CSH	1705-90	Christoph Sigmund Hunger
IGS	1712, 1715	Johann George Seidlitz
PW	1709-21	Paul Wodrich
Seidlitz	1705, 1707-10	Johann George Seidlitz

MONETARY SYSTEM

Until 1857

2 Poltura = 3 Krajczar
60 Krajczar = 1 Forint (Gulden)
2 Forint = 1 Convention Thaler

KINGDOM

STANDARD COINAGE

KM# 173 OBULUS

Billon **Ruler:** Leopold I **Obv:** Crowned arms divide K-B **Rev:** Madonna and child divide date **Note:** Varieties exist

Date	Mintage	VG	F	VF	XF	Unc
1701KB	—	9.00	18.00	42.50	85.00	—
1703KB	—	9.00	18.00	42.50	85.00	—
1705KB	—	9.00	18.00	42.50	85.00	—

KM# 243 DUARIUS

Billon **Ruler:** Leopold I **Obv:** Crowned arms divide K-B **Rev:** Madonna and child above value and date

Date	Mintage	VG	F	VF	XF	Unc
1701KB	—	12.00	22.50	46.00	90.00	—

KM# 254 DUARIUS

Billon **Ruler:** Leopold I **Obv:** Crowned arms **Obv. Legend:** LEOP • D • G • R • ... **Rev:** Child on left, value and date

Date	Mintage	VG	F	VF	XF	Unc
1702KB	—	8.00	16.00	35.00	75.00	—
1703KB	—	8.00	16.00	35.00	75.00	—
1704KB	—	8.00	16.00	35.00	75.00	—
1705KB	—	8.00	16.00	35.00	75.00	—

KM# 278 DUARIUS

Billon **Ruler:** Joseph I **Note:** Posthumous issue.

Date	Mintage	VG	F	VF	XF	Unc
1707	—	8.00	16.00	35.00	75.00	—

KM# 304 DUARIUS

Billon **Ruler:** Karl VI

Date	Mintage	VG	F	VF	XF	Unc
1724	—	8.00	16.00	35.00	75.00	—

KM# 221 DENAR
Silver **Ruler:** Leopold I **Obv:** Crowned arms divid N-B in inner circle **Rev:** Madonna and child in inner circle, date in legend

Date	Mintage	VG	F	VF	XF	Unc
1701NB	—	7.00	17.00	35.00	60.00	—
1702NB	—	7.00	17.00	35.00	60.00	—

KM# 255 DENAR
Silver **Ruler:** Leopold I **Obv:** Without inner circle **Rev:** Without inner circle, date in legend **Note:** Varieties exist.

Date	Mintage	VG	F	VF	XF	Unc
1702	—	3.00	6.00	12.00	25.00	—
1703	—	3.00	6.00	12.00	25.00	—

KM# 312 DENAR
Billon **Ruler:** Karl VI **Obv:** Crowned arms divide K-B **Rev:** Madonna and child, date in legend

Date	Mintage	VG	F	VF	XF	Unc
1733	—	5.00	10.00	20.00	40.00	—
1733KB	—	—	—	—	—	—
1734	—	5.00	10.00	20.00	40.00	—
1734KB	—	—	—	—	—	—
1740	183,000	4.00	8.00	16.00	35.00	—
1740KB	—	—	—	—	—	—

KM# A312 DENAR
Billon **Ruler:** Maria Theresia **Obv:** Crowned arms divide K-B **Rev:** Madonna and child, date in legend

Date	Mintage	VG	F	VF	XF	Unc
	94,000	4.00	8.00	30.00	70.00	—
	73,000	4.00	8.00	30.00	70.00	—
	64,000	4.00	8.00	30.00	70.00	—
	—	5.00	10.00	40.00	80.00	—

KM# 340 DENAR
Billon **Ruler:** Maria Theresia **Obv:** Crowned arms **Obv. Legend:** M • THER • D • G • I • G • HU(N) • B • R • **Rev:** Madonna and child, date in legend **Rev. Legend:** PATRONA • HUNG

Date	Mintage	VG	F	VF	XF	Unc
1746KB	1,590,000	2.50	5.00	25.00	50.00	—
1747KB	82,000	2.50	5.00	25.00	50.00	—
1750KB	825,000	2.50	5.00	25.00	50.00	—
1751KB	456,000	2.50	5.00	25.00	50.00	—
1752KB	2,851,000	2.50	5.00	25.00	50.00	—

KM# 362.1 DENAR
0.5200 g., 0.1490 Silver 0.0025 oz. ASW **Ruler:** Maria Theresia **Rev:** Rays behind Madonna

Date	Mintage	VG	F	VF	XF	Unc
1753	606,000	2.00	4.00	20.00	45.00	—
1754	601,000	2.00	4.00	20.00	45.00	—
1755	543,000	2.00	4.00	20.00	45.00	—
1756	2,041,999	2.00	4.00	20.00	45.00	—
1757	162,000	2.00	4.00	20.00	45.00	—
1758	197,000	2.00	4.00	20.00	45.00	—
1759	153,000	2.00	4.00	20.00	45.00	—
1760	37,000	2.00	4.00	20.00	45.00	—

KM# 362.2 DENAR
0.5200 g., 0.1490 Silver 0.0025 oz. ASW **Ruler:** Maria Theresia

Date	Mintage	VG	F	VF	XF	Unc
1756	73,000	8.00	16.00	20.00	35.00	—

KM# 375.1 DENAR
Copper **Ruler:** Maria Theresia **Obv:** Crowned arms in ornamental cartouche, open crown **Obv. Legend:** M • THERESIA • D • G • .... **Rev:** Radiant Madonna and child **Rev. Legend:** PATRONA • HUNGARIÆ •

Date	Mintage	VG	F	VF	XF	Unc
1760	1,089,000	5.00	10.00	60.00	125	—
1761	97,000	5.00	10.00	60.00	125	—
1763	6,300	—	—	—	—	—

KM# 375.2 DENAR
Copper **Ruler:** Maria Theresia **Obv:** Closed crown **Obv. Legend:** M • THERESIA • D • G • ... **Rev:** Radiant Madonna and child **Rev. Legend:** PATRONA • HUNGARIAE • **Note:** Variations in thickness of planchets exist.

Date	Mintage	VG	F	VF	XF	Unc
1763	14,179,000	4.00	8.00	20.00	45.00	—
1765	—	4.00	8.00	20.00	45.00	—
1766	63,000	4.00	8.00	20.00	45.00	—

KM# 383 DENAR
Copper **Ruler:** Joseph II **Obv:** Crowned arms **Obv. Legend:** M • THERESIA • D • G • ... **Rev:** Radiant Madonna and child **Rev. Legend:** PATRONA • HUNGARIAE • **Note:** Without mint mark. Also referred to as 1/2 Denar.

Date	Mintage	VG	F	VF	XF	Unc
1767	196,000	3.00	6.00	18.00	40.00	—
1768	450,000	3.00	6.00	18.00	40.00	—
1769	411,000	3.00	6.00	18.00	40.00	—
1770	313,000	3.00	6.00	18.00	40.00	—
1771	509,000	3.00	6.00	18.00	40.00	—

KM# 326 10 DENARE
2.3700 g., 0.5280 Silver 0.0402 oz. ASW **Ruler:** Maria Theresia **Obv:** Bust right **Obv. Legend:** M • THE • D • G • ... **Rev:** Madonna and child

Date	Mintage	VG	F	VF	XF	Unc
1741	9,409	5.00	30.00	60.00	125	—
Note: 1741 dated coin is 1-2mm smaller						
1742	7,435	5.00	30.00	60.00	125	—
1743	6,404	5.00	30.00	60.00	125	—
1744	—	5.00	30.00	60.00	125	—
1745	—	5.00	30.00	60.00	125	—

KM# 252.1 POLTURA
Silver **Ruler:** Leopold I **Obv:** Without inner circle

Date	Mintage	VG	F	VF	XF	Unc
1701 ICB	—	10.00	17.50	30.00	60.00	—
1702 ICB	—	10.00	17.50	30.00	60.00	—
1703 ICB	—	10.00	17.50	30.00	60.00	—

KM# 245.1 POLTURA
Silver **Ruler:** Leopold I **Obv:** Laureate bust right in inner circle, initials on truncation **Obv. Legend:** LEOPOLD • D • G • ... **Rev:** Madonna and child above value and date

Date	Mintage	VG	F	VF	XF	Unc
1701NB ICB	—	12.00	20.00	55.00	70.00	—
1703NB ICB	—	12.00	20.00	55.00	70.00	—

KM# 232 POLTURA
Copper **Ruler:** Leopold I **Obv:** Monogram divides date **Rev:** Crowned value within branches **Note:** Without mint mark. City issue. Varieties exist.

Date	Mintage	VG	F	VF	XF	Unc
1701	1,196,000	7.00	15.00	30.00	65.00	—
1702	126,000	7.00	15.00	30.00	65.00	—
1703	2,106,000	7.00	15.00	30.00	65.00	—

KM# 245.2 POLTURA
Silver **Ruler:** Leopold I **Obv:** Without ICB **Rev:** Madonna and child above value and date

Date	Mintage	VG	F	VF	XF	Unc
1703	—	10.00	17.50	30.00	60.00	—

KM# 252.2 POLTURA
Silver **Ruler:** Joseph I **Obv:** Bust right **Obv. Legend:** IOSEPH • D • G • R • .... **Rev:** Madonna and child divide PH above value and date

Date	Mintage	VG	F	VF	XF	Unc
1706KB	—	—	—	—	—	—
1709KB	3,013,000	—	—	—	—	—
1710KB	—	—	—	—	—	—
1711KB PH	—	7.00	15.00	25.00	50.00	—

KM# 294.2 POLTURA
Silver **Ruler:** Karl VI **Obv:** Laureate bust right **Rev:** Madonna and child above value and date **Note:** Without mint mark.

Date	Mintage	VG	F	VF	XF	Unc
1711 PH	—	6.00	12.00	22.00	45.00	—
1715 PH	—	6.00	12.00	22.00	45.00	—
1716 PH	—	6.00	12.00	22.00	45.00	—
1717 PH	—	6.00	12.00	22.00	45.00	—
1718 PH	—	6.00	12.00	22.00	45.00	—
1719 PH	—	6.00	12.00	22.00	45.00	—
1720 PH	—	6.00	12.00	22.00	45.00	—
1721 PH	—	6.00	12.00	22.00	45.00	—
1722 PH	—	6.00	12.00	22.00	45.00	—
1723 PH	—	6.00	12.00	22.00	45.00	—
1724 PH	—	6.00	12.00	22.00	45.00	—
1726 PH	—	6.00	12.00	22.00	45.00	—
1728 PH	—	6.00	12.00	22.00	45.00	—
1729 PH	—	6.00	12.00	22.00	45.00	—
1730 PH	—	6.00	12.00	22.00	45.00	—
1731 PH	—	6.00	12.00	22.00	45.00	—

KM# 294.1 POLTURA
Silver **Ruler:** Karl VI **Obv:** Laureate bust right in inner circle **Rev:** Madonna and child divide N-B, value and date below

Date	Mintage	VG	F	VF	XF	Unc
1714NB	—	7.00	15.00	25.00	50.00	—
1716NB	—	7.00	15.00	25.00	50.00	—
1725NB	—	7.00	15.00	25.00	50.00	—

KM# 299 POLTURA
Silver **Ruler:** Karl VI **Obv:** Without inner circle **Rev:** Madonna and child divide P-H, value and date and N-B below

Date	Mintage	VG	F	VF	XF	Unc
1716NB	—	7.00	15.00	25.00	50.00	—
1730NB	—	7.00	15.00	25.00	50.00	—
1734NB	—	7.00	15.00	25.00	50.00	—
1735NB	—	7.00	15.00	25.00	50.00	—
1738NB	—	7.00	15.00	25.00	50.00	—
1739NB	—	7.00	15.00	25.00	50.00	—
1740NB	—	7.00	15.00	25.00	50.00	—

KM# 323 POLTURA
Silver **Ruler:** Karl VI **Obv:** Bust right **Rev:** Madonna and child

Date	Mintage	VG	F	VF	XF	Unc
1736	—	—	—	—	—	—

KM# 350 POLTURA
1.4400 g., 0.1950 Silver 0.0090 oz. ASW **Ruler:** Maria Theresia **Obv:** Bust right **Obv. Legend:** M • THERES • D • G • .... **Rev:** Crowned arms above value

Date	Mintage	VG	F	VF	XF	Unc
1747 MS	14,000	10.00	17.50	30.00	60.00	—

KM# 341 POLTURA
1.4400 g., 0.1950 Silver 0.0090 oz. ASW **Ruler:** Maria Theresia **Obv:** Bust right **Obv. Legend:** M • THER • D • G • R • I • ... **Rev:** Crowned arms above value

Date	Mintage	VG	F	VF	XF	Unc
1747 PH	12,000	10.00	17.50	30.00	60.00	—

KM# 346.1 POLTURA
0.9700 g., 0.2420 Silver 0.0075 oz. ASW **Ruler:** Maria Theresia **Obv:** Bust right **Obv. Legend:** M • THER • D • G • R • I • ... **Rev:** Madonna and child divide date, value below **Note:** Varieties exist.

Date	Mintage	VG	F	VF	XF	Unc
1748 PH	67,000	7.50	12.50	17.50	30.00	—
1750 PH	444,000	7.50	12.50	17.50	30.00	—

Date	Mintage	VG	F	VF	XF	Unc
1751 PH	438,000	7.50	12.50	17.50	30.00	—
1751	Inc. above	—	—	—	—	—
1752 PH	610,000	7.50	12.50	17.50	30.00	—
1752	Inc. above	—	—	—	—	—
1754 PH	175,000	4.00	7.50	15.00	30.00	—
1756 PH	975,000	2.50	5.00	10.00	20.00	—
1758 PH	79,000	4.00	7.50	15.00	30.00	—
1759 PH	92,000	4.00	7.50	15.00	30.00	—

KM# 346.2 POLTURA

0.9700 g., 0.2420 Silver 0.0075 oz. ASW **Ruler:** Maria Theresia **Obv:** Bust right **Rev:** Madonna and child above value

Date	Mintage	VG	F	VF	XF	Unc
1752WI PH	184,000	2.50	5.00	10.00	20.00	—

KM# 359 POLTURA

0.9700 g., 0.2420 Silver 0.0075 oz. ASW **Ruler:** Maria Theresia **Rev:** Larger Madonna

Date	Mintage	VG	F	VF	XF	Unc
1752HA PH	997,000	2.50	5.00	10.00	20.00	—
1753HA PH	272,000	2.50	5.00	10.00	20.00	—
1754HA PH	56,000	2.50	5.00	10.00	20.00	—
1755HA PH	—	7.50	12.50	17.50	35.00	—
1756HA PH	—	7.50	12.50	17.50	35.00	—

KM# 377.2 POLTURA

Copper **Ruler:** Maria Theresia **Obv:** Bust right **Rev:** Madonna and child

Date	Mintage	VG	F	VF	XF	Unc
1763 PH-KM Without rosette	—	15.00	25.00	45.00	120	—
1763 PH-KM Rosette below bust	—	15.00	25.00	45.00	120	—

KM# 377.1 POLTURA

Copper **Ruler:** Maria Theresia **Obv:** Bust right **Obv. Legend:** M • THERES • D • G • R • .... **Rev:** Madonna and child **Note:** Varieties in legend position exist.

Date	Mintage	VG	F	VF	XF	Unc
1763KB PH-KM	1,668,000	3.00	7.50	16.00	75.00	—
1764KB PH-KM	4,772,000	3.00	7.50	16.00	75.00	—
1765KB PH-KM	3,967,000	3.00	7.50	16.00	75.00	—
1766KB PH-KM	2,091,000	3.00	7.50	16.00	75.00	—

KM# 377.3 POLTURA

Copper **Ruler:** Maria Theresia **Obv:** Bust right **Rev:** Madonna and child

Date	Mintage	VG	F	VF	XF	Unc
1763S PH-KM	—	6.00	12.50	20.00	75.00	—

KM# 391 POLTURA

Copper **Ruler:** Maria Theresia **Obv:** Veiled bust right **Obv. Legend:** M • THERESIA • D • G • R • .... **Rev:** Madonna and child **Rev. Legend:** PATRONA • REGNI • HUNGARIÆ •

Date	Mintage	VG	F	VF	XF	Unc
1775	—	10.00	20.00	150	300	—

KM# 256 3 POLTUREN

Copper **Ruler:** Leopold I **Obv:** Crowned L in branches **Rev:** SC monogram divides date **Note:** Schemnitz issue.

Date	Mintage	VG	F	VF	XF	Unc
1701	—	20.00	40.00	80.00	160	—
1702	—	20.00	40.00	80.00	160	—

KM# 271 10 POLTUREN

Copper **Rev:** Inscription: PRO/NECESSITATE above value in cartouche

Date	Mintage	VG	F	VF	XF	Unc
1705	Inc. above	45.00	90.00	175	350	—

KM# 269 10 POLTUREN

Copper **Ruler:** Leopold I **Note:** Leopoldstadt issue. Similar to KM#270.

Date	Mintage	VG	F	VF	XF	Unc
1705	6,956,000	35.00	75.00	150	300	—

KM# 270 10 POLTUREN

Copper **Ruler:** Leopold I **Note:** Reduced size.

Date	Mintage	VG	F	VF	XF	Unc
1705	Inc. above	30.00	70.00	140	280	—

KM# 253 KRAJCZAR

Silver **Ruler:** Leopold I **Obv:** Without inner circle **Rev:** Without inner circle, Madonna and child without rays **Note:** Varieties exist.

Date	Mintage	VG	F	VF	XF	Unc
1701NB	—	3.50	7.50	15.00	30.00	—
1703NB	—	3.50	7.50	15.00	30.00	—

KM# 258 KRAJCZAR

Silver **Ruler:** Leopold I **Rev:** Radiant Madonna, date in legend **Note:** Varieties exist.

Date	Mintage	VG	F	VF	XF	Unc
1703	—	3.50	7.50	15.00	30.00	—

KM# 293 KRAJCZAR

Silver **Ruler:** Karl VI **Obv:** Laureate bust right, value below **Rev:** Radiant Madonna and child divide N-B in inner circle, date divided at top **Note:** Varieties exist.

Date	Mintage	VG	F	VF	XF	Unc
1713	—	3.50	7.50	15.00	35.00	—
1714	—	3.50	7.50	15.00	35.00	—
1716	—	3.50	7.50	15.00	35.00	—
1717	—	3.50	7.50	15.00	35.00	—
1718	—	3.50	7.50	15.00	35.00	—
1721	—	3.50	7.50	15.00	35.00	—
1723	—	3.50	7.50	15.00	35.00	—
1724	—	3.50	7.50	15.00	35.00	—

KM# 363.3 KRAJCZAR

0.8000 g., 0.1950 Silver 0.0050 oz. ASW **Ruler:** Karl VI **Obv:** Bust right **Rev:** Radiant Madonna and child **Note:** Without mint mark.

Date	Mintage	VG	F	VF	XF	Unc
1721	—	3.50	7.50	15.00	35.00	—
1724	—	3.50	7.50	15.00	35.00	—

KM# 363.1 KRAJCZAR

0.8000 g., 0.1950 Silver 0.0050 oz. ASW **Ruler:** Maria Theresia **Obv:** Bust right **Obv. Legend:** M • THER • D • G • R ... **Rev:** Radiant Madonna and child **Rev. Legend:** PATRONA • HUNG • 1758

Date	Mintage	VG	F	VF	XF	Unc
1753KB	—	2.50	5.00	20.00	40.00	—
1756KB	1,084,000	2.50	5.00	20.00	40.00	—
1757KB	63,000	2.50	5.00	20.00	40.00	—
1758KB	455,000	2.50	5.00	20.00	40.00	—
1759KB	266,000	2.50	5.00	20.00	40.00	—
1760KB	212,000	2.50	5.00	20.00	40.00	—
1760HB Error	—	3.50	6.00	30.00	50.00	—

KM# 363.2 KRAJCZAR

0.8000 g., 0.1950 Silver 0.0050 oz. ASW **Ruler:** Maria Theresia **Obv:** Bust right **Rev:** Madonna and child

Date	Mintage	VG	F	VF	XF	Unc
1758NB	57,000	2.50	5.00	30.00	50.00	—

KM# 200 3 KRAJCZAR (Groschen)

Silver **Ruler:** Leopold I **Obv:** Bust right in inner circle **Obv. Legend:** LEOPOLDVS • D • G • ... **Rev:** Radiant Madonna and child divide N-B in inner circle, date in legend **Note:** Varieties exist.

Date	Mintage	VG	F	VF	XF	Unc
1703NB	—	8.00	17.00	35.00	70.00	—

KM# 225 3 KRAJCZAR (Groschen)

Silver **Ruler:** Leopold I **Obv:** Bust right in inner circle **Obv. Legend:** LEOPOLD • D • G • R • ... **Rev:** Date divided at top **Note:** Varieties exist.

Date	Mintage	VG	F	VF	XF	Unc
1703NB	—	8.00	17.00	35.00	70.00	—

KM# 236 3 KRAJCZAR (Groschen)

Silver **Ruler:** Leopold I **Obv:** Bust right within inner circle **Obv. Legend:** LEOPOLD • D • G • ... **Rev:** Radiant Madonna and child divides C-M in inner circle, date in legend **Note:** Varieties exist.

Date	Mintage	VG	F	VF	XF	Unc
1704CM	—	8.00	17.00	35.00	70.00	—

KM# 272 3 KRAJCZAR (Groschen)

Silver **Ruler:** Joseph I **Obv:** Bust right within inner circle **Obv. Legend:** IOSEPHVS: D: G • R • .... **Rev:** Madonna and child **Note:** Varieties exist.

Date	Mintage	VG	F	VF	XF	Unc
1705CH	—	5.00	10.00	20.00	40.00	—
1706CH	—	5.00	10.00	20.00	40.00	—
1707CH	—	5.00	10.00	20.00	40.00	—
1708CH	—	5.00	10.00	20.00	40.00	—
1709CH	—	5.00	10.00	20.00	40.00	—
1709CH PW	—	5.00	10.00	20.00	40.00	—
1710CH PW	—	5.00	10.00	20.00	40.00	—
1711CH PW	—	5.00	10.00	20.00	40.00	—

KM# 282.1 3 KRAJCZAR (Groschen)

Silver **Ruler:** Joseph I **Obv:** Laureate bust right in inner circle, value below **Rev:** Radiant Madonna and child divide K-B in inner circle

Date	Mintage	VG	F	VF	XF	Unc
1709KB	—	5.00	10.00	20.00	40.00	—
1711KB	—	5.00	10.00	20.00	40.00	—

KM# 282.2 3 KRAJCZAR (Groschen)

Silver **Ruler:** Joseph I **Obv:** Laureate bust right **Rev:** Madonna and child **Note:** Without mint mark.

Date	Mintage	VG	F	VF	XF	Unc
1710	—	5.00	10.00	20.00	40.00	—

KM# 286 3 KRAJCZAR (Groschen)

Silver **Ruler:** Karl VI **Obv:** Laureate bust right, value below **Rev:** Radiant Madonna and child in inner circle, date divided at top **Note:** Varieties exist.

Date	Mintage	VG	F	VF	XF	Unc
1712CH	—	6.00	12.00	25.00	50.00	—
1713CH	—	6.00	12.00	25.00	50.00	—
1715CH	—	6.00	12.00	25.00	50.00	—
1716CH	—	6.00	12.00	25.00	50.00	—
1717CH	—	6.00	12.00	25.00	50.00	—
1718CH	—	6.00	12.00	25.00	50.00	—
1720CH	—	6.00	12.00	25.00	50.00	—
1721CH	—	6.00	12.00	25.00	50.00	—

KM# 295 3 KRAJCZAR (Groschen)

Silver **Ruler:** Karl VI **Obv:** Laureate bust right in inner circle, value below **Rev:** Radiant Madonna and child divides N-B in inner circle, date divided at top

Date	Mintage	VG	F	VF	XF	Unc
1714NB	—	12.50	22.50	45.00	90.00	—

KM# 298 3 KRAJCZAR (Groschen)

Silver **Ruler:** Karl VI **Obv:** Without inner circle **Rev:** Without inner circle

Date	Mintage	VG	F	VF	XF	Unc
1715	—	12.50	22.50	45.00	90.00	—

KM# 342.1 3 KRAJCZAR (Groschen)

1.6800 g., 0.3590 Silver 0.0194 oz. ASW **Ruler:** Maria Theresia **Obv:** Bust right **Obv. Legend:** M • THER • D • G • R • I • ... **Rev:** Radiant Madonna and child **Rev. Legend:** PATRONA • HUNGARIAE •

Date	Mintage	VG	F	VF	XF	Unc
1747	6,668	7.50	15.00	32.00	65.00	—
1748	—	7.50	15.00	32.00	65.00	—
1751	26,000	10.00	20.00	35.00	75.00	—
1752	13,000	10.00	20.00	35.00	75.00	—
1753	30,000	10.00	20.00	35.00	75.00	—
1754	13,000	10.00	20.00	35.00	75.00	—
1755	35,000	10.00	20.00	35.00	75.00	—
1756	32,000	10.00	20.00	35.00	75.00	—

KM# 342.2 3 KRAJCZAR (Groschen)

1.6800 g., 0.3590 Silver 0.0194 oz. ASW **Ruler:** Maria Theresia **Obv:** Cross after date **Rev:** Radiant Madonna and child

Date	Mintage	VG	F	VF	XF	Unc
1749NB	19,000	15.00	25.00	50.00	100	—
1750NB	13,000	—	—	—	—	—
1752NB	18,000	15.00	25.00	50.00	100	—
1753NB	12,000	—	—	—	—	—

KM# 367.1 3 KRAJCZAR (Groschen)
1.6800 g., 0.3590 Silver 0.0194 oz. ASW **Ruler:** Maria Theresia
Obv: Simple drapes **Obv. Legend:** M • THER • D • G • R • I • ...
Rev: Radiant Madonna and child, value below **Rev. Legend:**
PATRONA • REGNI • HUNGARIÆ •

Date	Mintage	VG	F	VF	XF	Unc
1757KB	30,000	6.00	12.00	25.00	50.00	—
1758KB	92,000	5.00	10.00	20.00	45.00	—
1759KB	94,000	5.00	10.00	20.00	45.00	—
1760KB	121,000	5.00	10.00	20.00	45.00	—
1761KB	107,000	5.00	10.00	20.00	45.00	—
1762KB	57,000	5.00	10.00	20.00	45.00	—
1764KB	118,000	5.00	10.00	20.00	45.00	—
1765KB	92,000	5.00	10.00	20.00	45.00	—

KM# 367.2 3 KRAJCZAR (Groschen)
1.6800 g., 0.3590 Silver 0.0194 oz. ASW **Ruler:** Maria Theresia
Obv: Bust right **Rev:** Radiant Madonna and child

Date	Mintage	VG	F	VF	XF	Unc
1757NB	15,000	—	—	—	—	—
1758NB	17,000	—	—	—	—	—
1759NB	14,000	—	—	—	—	—
1760NB	22,000	—	—	—	—	—
1764NB	100,000	12.50	22.50	45.00	120	—
1765NB	39,000	—	—	—	—	—

KM# 380 3 KRAJCZAR (Groschen)
1.7000 g., 0.3440 Silver 0.0188 oz. ASW **Ruler:** Maria Theresia
Obv: Similar to KM#393, legend ends... B.C.T. **Rev:** Madonna and child

Date	Mintage	VG	F	VF	XF	Unc
1766B EVM-D	74,000	6.00	8.00	30.00	60.00	—
1767B EVM-D	61,000	6.00	8.00	30.00	60.00	—
1768B EVM-D	45,000	6.00	8.00	30.00	60.00	—
1769B EVM-D	—	6.00	8.00	30.00	60.00	—
1770B EVM-D	—	6.00	8.00	30.00	60.00	—
1771B EVM-D	—	6.00	8.00	30.00	60.00	—
1773B EVM-D	—	6.00	8.00	30.00	60.00	—

KM# 392 3 KRAJCZAR (Groschen)
1.7000 g., 0.3440 Silver 0.0188 oz. ASW **Ruler:** Maria Theresia
Obv: Pleats in veil **Obv. Legend:** M • THERES • D • G • ... **Rev:**
Radiant Madonna and child **Rev. Legend:** PATRONA • REGNI
• HUNGARIÆ •

Date	Mintage	VG	F	VF	XF	Unc
1778	—	4.00	8.00	16.00	35.00	—
1779	—	3.00	6.00	12.50	30.00	—
1779	—	3.00	6.00	12.50	30.00	—

KM# 393 3 KRAJCZAR (Groschen)
1.7000 g., 0.3440 Silver 0.0188 oz. ASW **Ruler:** Maria Theresia
Obv: Without pleats in veil **Obv. Legend:** M • THERES • D • G
• ... **Rev:** Radiant Madonna and child **Rev. Legend:** PATRONA
• REGNI • HUNGARIÆ •

Date	Mintage	VG	F	VF	XF	Unc
1779NB IB-IV	—	6.00	10.00	20.00	40.00	—
1779ND D-V	—	6.00	10.00	20.00	40.00	—

KM# 190 6 KRAJCZAR
Silver **Ruler:** Leopold I **Obv:** Bust right in inner circle **Obv. Legend:** LEOPOLDVS • D • G • R • ... **Rev:** Radiant Madonna and child divide N-B in inner circle **Rev. Legend:** PATRONA • HUNGARIÆ • **Note:** Varieties exist.

Date	Mintage	VG	F	VF	XF	Unc
1701NB	—	9.00	20.00	42.50	85.00	—

KM# 302.2 6 KRAJCZAR
Silver **Ruler:** Leopold I **Note:** Without mint mark.

Date	Mintage	VG	F	VF	XF	Unc
1701	—	7.50	15.00	30.00	60.00	—

KM# 302.1 6 KRAJCZAR
Silver **Ruler:** Karl VI **Obv:** Laureate bust right in inner circle, value below **Rev:** Radiant Madonna and child divide K-B in inner circle, date in legend

Date	Mintage	VG	F	VF	XF	Unc
1718KB Rare	—	—	—	—	—	—

KM# 343 6 KRAJCZAR
3.2900 g., 0.4380 Silver 0.0463 oz. ASW **Ruler:** Maria Theresia
Obv: Bust right **Rev:** Madonna and child, value below

Date	Mintage	VG	F	VF	XF	Unc
1747	8,146	50.00	100	200	400	—

KM# 355 7 KRAJCZAR
3.2500 g., 0.4200 Silver 0.0439 oz. ASW **Ruler:** Maria Theresia
Obv: Bust right **Obv. Legend:** M • THER • D • G • R • IMP • ...
Rev: Radiant Madonna and child **Rev. Legend:** PATRONA •
REGNI • HUNGARIÆ •

Date	Mintage	VG	F	VF	XF	Unc
1751KB	26,000	15.00	22.50	45.00	90.00	—
1752KB	14,000	10.00	20.00	40.00	80.00	—
1754KB	22,000	7.50	15.00	30.00	60.00	—
1755KB	27,000	6.00	12.50	25.00	50.00	—
1757KB	38,000	6.00	12.50	25.00	50.00	—
1758KB	55,000	6.00	12.50	25.00	50.00	—
1759KB	—	6.00	12.50	25.00	50.00	—
1760KB	186,000	15.00	22.50	45.00	90.00	—
1763KB	523,000	5.00	10.00	20.00	40.00	—
1764KB	958,000	4.00	8.00	16.00	32.00	—
1765KB	1,629,000	4.00	8.00	16.00	32.00	—

KM# 369 7 KRAJCZAR
3.2500 g., 0.4200 Silver 0.0439 oz. ASW **Obv:** Bust with armor over shoulder

Date	Mintage	VG	F	VF	XF	Unc
1759	—	65.00	125	250	450	—

KM# 365 10 KRAJCZAR
3.9000 g., 0.5000 Silver 0.0627 oz. ASW **Ruler:** Maria Theresia
Obv: Bust right within palm and laurel wreath **Obv. Legend:** M
• THERESIA • D • G • R • - IMP • ... **Rev:** Radiant Madonna and
child atop pedestal with value **Rev. Legend:** PATRONA • REGNI
• - HUNGARIÆ • date

Date	Mintage	VG	F	VF	XF	Unc
1755	23,000	5.00	10.00	20.00	40.00	—
1758	30,000	5.00	10.00	20.00	40.00	—
1759	17,000	5.00	10.00	20.00	40.00	—
1760/59	26,000	7.50	15.00	30.00	50.00	—
1760	Inc. above	5.00	10.00	20.00	40.00	—
1764	477,000	3.50	7.50	15.00	30.00	—
1765	14,000	3.50	7.50	15.00	30.00	—
1766	581,000	3.50	7.50	15.00	30.00	—
1767	247,000	3.50	7.50	15.00	30.00	—

KM# 387 10 KRAJCZAR
3.9000 g., 0.5000 Silver 0.0627 oz. ASW **Ruler:** Maria Theresia
Obv: Veiled head right **Rev:** Madonna and child above value

Date	Mintage	VG	F	VF	XF	Unc
1768B	—	—	—	—	—	—
1769B EVM-D	142,000	85.00	150	275	500	—

KM# 330.1 15 KRAJCZAR
6.4000 g., 0.5630 Silver 0.1158 oz. ASW **Ruler:** Maria Theresia
Obv: Bust right **Rev:** Radiant Madonna and child

Date	Mintage	VG	F	VF	XF	Unc
1742KB	179,000	3.50	7.00	14.00	25.00	—

KM# 330.2 15 KRAJCZAR
6.4000 g., 0.5630 Silver 0.1158 oz. ASW **Ruler:** Maria Theresia
Obv: Bust right **Obv. Legend:** M • THERES • D • G • REG: HU:
BO: A: A: **Rev:** Half length Madonna **Rev. Legend:** PATRONA
• REG • - HUNGA :

Date	Mintage	VG	F	VF	XF	Unc
1743	—	3.50	7.00	14.00	25.00	—
1744	—	3.50	7.00	14.00	25.00	—

KM# 332 15 KRAJCZAR
6.4000 g., 0.5630 Silver 0.1158 oz. ASW **Ruler:** Maria Theresia
Obv: Bust with earring **Rev:** Half-length Madonna

Date	Mintage	VG	F	VF	XF	Unc
1743NB	—	4.00	8.00	16.00	35.00	—
1744NB	—	4.00	8.00	16.00	35.00	—

KM# 335 15 KRAJCZAR
6.4000 g., 0.5630 Silver 0.1158 oz. ASW **Ruler:** Maria Theresia
Obv: Bust right without earring **Obv. Legend:** M: THERES: D:
G: REG: ... **Rev:** Half-length Madonna **Rev. Legend:** PATRONA
• REG • - HUNGA:

Date	Mintage	VG	F	VF	XF	Unc
1744KB	—	5.00	10.00	14.00	25.00	—
1745KB	—	5.00	10.00	14.00	25.00	—

KM# 338 15 KRAJCZAR
6.4000 g., 0.5630 Silver 0.1158 oz. ASW **Ruler:** Maria Theresia
Obv: Bust with earring **Rev:** Full-length Madonna with rays behind

Date	Mintage	VG	F	VF	XF	Unc
1745NB	—	6.00	12.00	25.00	50.00	—

KM# 339.1 15 KRAJCZAR
6.4000 g., 0.5630 Silver 0.1158 oz. ASW **Ruler:** Maria Theresia
Obv: Legend ends BCT **Rev:** Full-length Madonna

Date	Mintage	VG	F	VF	XF	Unc
1746KB	—	5.00	10.00	20.00	45.00	—

KM# 339.2 15 KRAJCZAR
6.4000 g., 0.5630 Silver 0.1158 oz. ASW **Ruler:** Maria Theresia

Date	Mintage	VG	F	VF	XF	Unc
1746NB	—	7.50	15.00	25.00	55.00	—

KM# 344 15 KRAJCZAR
6.4000 g., 0.5630 Silver 0.1158 oz. ASW **Ruler:** Maria Theresia
Rev: Half-length Madonna, rays behind

Date	Mintage	VG	F	VF	XF	Unc
1747KB	—	6.00	12.00	16.00	30.00	—
1748KB	—	6.00	12.00	16.00	30.00	—
1749KB	—	6.00	12.00	16.00	30.00	—
1750KB	—	6.00	12.00	16.00	30.00	—

KM# 345 15 KRAJCZAR
6.4000 g., 0.5630 Silver 0.1158 oz. ASW **Ruler:** Maria Theresia
Obv: Bust right **Obv. Legend:** M • THER • D • G • R • I • ... **Rev:**
Radiant Madonna and child **Rev. Legend:** PATRONA REGNI
HUNGARIÆ

Date	Mintage	VG	F	VF	XF	Unc
1747	—	5.00	10.00	20.00	45.00	—
1748	—	5.00	10.00	20.00	45.00	—
1749	—	5.00	10.00	20.00	45.00	—
1750	—	5.00	10.00	20.00	45.00	—

KM# 356.2 17 KRAJCZAR
6.1200 g., 0.5420 Silver 0.1066 oz. ASW **Ruler:** Maria Theresia
Obv: Bust right **Rev:** Radiant Madonna and child

Date	Mintage	VG	F	VF	XF	Unc
1751NB	49,000	10.00	20.00	40.00	80.00	—
1752NB	127,000	10.00	20.00	40.00	80.00	—
1753NB	251,000	10.00	20.00	40.00	80.00	—
1754NB	284,000	10.00	16.00	35.00	75.00	—
1755NB	204,000	10.00	16.00	35.00	75.00	—
1761NB	47,000	—	—	—	—	—
1762NB	431,000	10.00	25.00	50.00	100	—
1763NB	587,000	10.00	25.00	50.00	100	—
1764NB	632,000	10.00	15.00	30.00	65.00	—
1765NB	538,000	10.00	16.00	35.00	75.00	—
1766NB	460,000	—	—	—	—	—

KM# 356.1 17 KRAJCZAR
6.1200 g., 0.5420 Silver 0.1066 oz. ASW **Ruler:** Maria Theresia

Obv: Crowned bust right **Obv. Legend:** M • THER • D: G: R • I • .... **Rev:** Radiant Madonna and child **Rev. Legend:** PATRONA REGNI - HUNGARIÆ • **Note:** Varieties in dress embroidery exist.

Date	Mintage	VG	F	VF	XF	Unc
1751KB	1,833,000	7.50	15.00	25.00	50.00	—
1752KB	1,759,000	7.50	15.00	25.00	50.00	—
1753KB	1,486,000	7.50	15.00	25.00	50.00	—
1754KB	1,849,000	7.50	15.00	25.00	50.00	—
1755KB	1,307,000	7.50	15.00	25.00	50.00	—
1756KB	1,117,000	7.50	15.00	25.00	50.00	—
1757KB	944,000	7.50	15.00	25.00	50.00	—
1758KB	1,074,000	7.50	15.00	25.00	50.00	—
1759KB	946,000	7.50	15.00	25.00	50.00	—
1760KB	1,071,000	7.50	15.00	25.00	50.00	—
1761KB	1,765,000	7.50	15.00	25.00	50.00	—
1762KB	4,092,000	7.50	15.00	25.00	50.00	—
1763KB	542,000	7.50	15.00	25.00	50.00	—
1764KB	1,178,000	7.50	15.00	25.00	50.00	—
1765KB	1,795,000	7.50	15.00	25.00	50.00	—

KM# 366.1 20 KRAJCZAR

6.6800 g., 0.5830 Silver 0.1252 oz. ASW **Ruler:** Maria Theresia **Obv:** Bust right within palm and laurel wreath **Rev:** Radiant Madonna and child atop pedestal with value **Note:** Similar to KM#365.

Date	Mintage	VG	F	VF	XF	Unc
1755KB	32,000	3.00	6.00	12.50	30.00	—
1758KB	13,000	5.00	7.50	15.00	35.00	—
1759KB	91,000	3.00	6.00	12.50	30.00	—
1760KB	36,000	5.00	7.50	15.00	35.00	—
1761KB	71,000	3.00	6.00	12.50	30.00	—
1763KB	3,534,000	3.00	6.00	12.50	30.00	—
1764KB	2,211,000	3.00	6.00	12.50	30.00	—
1765KB	—	3.00	6.00	12.50	30.00	—

KM# 366.2 20 KRAJCZAR

6.6800 g., 0.5830 Silver 0.1252 oz. ASW **Ruler:** Maria Theresia **Obv:** Bust right within palm and laurel wreath **Rev:** Radiant Madonna and child atop pedestal

Date	Mintage	VG	F	VF	XF	Unc
1757NB	230,000	5.00	10.00	20.00	40.00	—
1758NB	227,000	3.50	7.50	15.00	35.00	—
1759NB	257,000	3.50	7.50	15.00	35.00	—
1760NB	225,000	3.50	7.50	15.00	35.00	—
1761NB	229,000	3.50	7.50	15.00	35.00	—
1763NB	—	5.00	10.00	20.00	40.00	—
1765NB	—	3.50	7.50	15.00	35.00	—

KM# 381.1 20 KRAJCZAR

6.6800 g., 0.5830 Silver 0.1252 oz. ASW **Ruler:** Maria Theresia **Obv:** Veiled bust right within wreath of branches **Rev:** Radiant Madonna and child **Note:** Similar to KM#390.

Date	Mintage	VG	F	VF	XF	Unc
1766B EVM-D	1,471,000	2.50	5.50	11.50	22.00	—
1767B EVM-D	2,132,000	3.50	7.00	12.50	25.00	—
1768B EVM-D	1,488,000	2.50	5.50	11.50	22.00	—
1769B EVM-D	—	2.50	5.50	11.50	22.00	—
1770B EVM-D	—	2.50	5.50	11.50	22.00	—
1771B EVM-D	—	2.50	5.50	11.50	22.00	—
1772B EVM-D	—	2.50	5.50	11.50	22.00	—
1773B EVM-D	—	2.50	5.50	11.50	22.00	—
1774B EVM-D	—	2.50	5.50	11.50	22.00	—

KM# 381.2 20 KRAJCZAR

6.6800 g., 0.5830 Silver 0.1252 oz. ASW **Ruler:** Maria Theresia **Obv:** Bust right within palm and laurel wreath **Obv. Legend:** M • THERESIA • D • G • R • IMP • .... **Rev:** Radiant Madonna and child **Rev. Legend:** PATRONA REGNI - HUNGARIÆ • **Note:** Without mint mark.

Date	Mintage	VG	F	VF	XF	Unc
1766 IB-FL	—	5.00	10.00	20.00	40.00	—
1767 IB-FL	323,000	5.00	10.00	20.00	40.00	—
1768 IB-FL	355,000	3.50	7.00	14.00	28.00	—
1769 IB-FL	—	3.50	7.00	14.00	28.00	—
1770 IB-FL	—	3.00	6.00	12.00	25.00	—
1771 IB-FL	—	3.50	7.00	14.00	28.00	—
1771 IB-IV//N-B	—	7.00	14.00	28.00	55.00	—
1771 IB-FL//N-B N-B on reverse	—	7.00	14.00	28.00	55.00	—
1773 IB-IV	—	3.50	7.00	14.00	28.00	—
1774 IB-IV	—	3.50	7.00	14.00	28.00	—
1775 IB-IV	—	3.50	7.00	14.00	28.00	—
1776 IB-IV	—	3.50	7.00	14.00	28.00	—
1777 IB-IV	—	3.50	7.00	14.00	28.00	—
1778 IB-IV	—	3.00	6.00	12.00	25.00	—
1779 IB-IV	—	3.00	6.00	12.00	25.00	—
1779 B-V	—	4.00	8.00	16.00	35.00	—
1780 IB-IV	—	3.00	6.00	12.00	25.00	—

KM# 381.3 20 KRAJCZAR

6.6800 g., 0.5830 Silver 0.1252 oz. ASW **Ruler:** Maria Theresia **Obv:** Bust right within wreath **Rev:** Radiant Madonna and child

Date	Mintage	VG	F	VF	XF	Unc
1768NB	—	5.00	10.00	20.00	40.00	—
1769NB IB-IV	—	5.00	10.00	20.00	40.00	—
1775NB IB-IV	—	5.00	10.00	20.00	40.00	—
1776NB IB-IV	—	5.00	10.00	20.00	40.00	—
1777NB IB-IV	—	5.00	10.00	20.00	40.00	—

KM# 381.4 20 KRAJCZAR

6.6800 g., 0.5830 Silver 0.1252 oz. ASW **Ruler:** Maria Theresia **Obv:** Bust right within wreath **Rev:** Radiant Madonna and child

Date	Mintage	VG	F	VF	XF	Unc
1773G IB-IV	—	3.50	7.00	14.00	28.00	—
1773G IB-IV//N-B	—	7.00	14.00	28.00	55.00	—

KM# 390 20 KRAJCZAR

6.6800 g., 0.5830 Silver 0.1252 oz. ASW **Ruler:** Maria Theresia **Obv:** Veil hangs straight without folds **Obv. Legend:** M • THERESIA • D • G • R • IMP • ... **Rev:** Radiant Madonna and child **Rev. Legend:** PATRONA • REGNI • - HUNGARIÆ •

Date	Mintage	VG	F	VF	XF	Unc
1774 SK-PD	—	3.50	6.50	12.50	28.00	—
1775 SK-PD	—	3.50	6.50	12.50	28.00	—
1776 SK-PD	—	3.50	6.50	12.50	28.00	—
1777 SK-PD	—	3.50	6.50	12.50	28.00	—
1778 SK-PD	—	3.50	6.50	12.50	28.00	—
1779 SK-PD	—	3.50	6.50	12.50	28.00	—
1780 SK-PD	—	3.50	6.50	12.50	28.00	—

KM# 319 30 KRAJCZAR

2.6600 g., 0.5000 Silver 0.0428 oz. ASW **Ruler:** Karl VI **Obv:** Bust right **Obv. Legend:** CAROL • VI • D • G • R • I... **Rev:** Radiant Madonna and child **Rev. Legend:** PATRONA • REGNI - HUNGARIÆ • **Note:** Charles VI

Date	Mintage	VG	F	VF	XF	Unc
1739KB	—	25.00	45.00	95.00	200	—
1740KB	—	25.00	45.00	95.00	200	—

KM# 331 30 KRAJCZAR

7.2000 g., 0.8750 Silver 0.2025 oz. ASW **Ruler:** Maria Theresia **Obv:** Young bust right **Obv. Legend:** MA: THERESIA - D: G: REG: HU: BO **Rev:** Standing Madonna and child, value below **Rev. Legend:** PATRONA REGNA - HUNGARIÆ

Date	Mintage	VG	F	VF	XF	Unc
1742	—	75.00	125	225	475	—

KM# 347 30 KRAJCZAR

7.0300 g., 0.8330 Silver 0.1883 oz. ASW **Ruler:** Maria Theresia **Obv:** Bust right, value in diamond **Obv. Legend:** MARIA THERESA... **Rev:** Madonna and child in diamond

Date	Mintage	VG	F	VF	XF	Unc
1748NB	31,000	35.00	75.00	150	275	—
1750NB	75,000	40.00	80.00	160	300	—

KM# 357.2 30 KRAJCZAR

7.0300 g., 0.8330 Silver 0.1883 oz. ASW **Ruler:** Maria Theresia **Note:** Legend varieties exist.

Date	Mintage	VG	F	VF	XF	Unc
1750KB	—	—	—	—	—	—
1751KB	—	15.00	32.00	70.00	150	—
1752KB	13,000	15.00	32.00	70.00	150	—
1753KB	10,092	15.00	32.00	70.00	150	—
1754KB	8,025	15.00	32.00	70.00	150	—
1755KB	11,000	15.00	32.00	70.00	150	—
1756KB	13,000	15.00	32.00	70.00	150	—
1757KB	13,000	15.00	32.00	70.00	150	—
1758	7,737	15.00	32.00	70.00	150	—

KM# 357.1 30 KRAJCZAR

7.0300 g., 0.8330 Silver 0.1883 oz. ASW **Ruler:** Maria Theresia **Obv:** Bust right **Rev:** Madonna and child **Note:** Similar to KM347 but cross after date.

Date	Mintage	VG	F	VF	XF	Unc
1751	110,000	10.00	25.00	50.00	125	—
1752	8,518	20.00	45.00	90.00	180	—

KM# 368 30 KRAJCZAR

7.0300 g., 0.8330 Silver 0.1883 oz. ASW **Ruler:** Maria Theresia **Obv:** Smaller bust with short hair

Date	Mintage	VG	F	VF	XF	Unc
1758	Inc. above	17.50	35.00	80.00	160	—
1759	6,857	15.00	32.00	70.00	150	—
1760	4,687	15.00	32.00	70.00	150	—
1761	6,069	15.00	32.00	70.00	150	—
1762	2,339	15.00	32.00	70.00	150	—
1763	54,000	15.00	30.00	60.00	135	—
1764	6,888	15.00	32.00	70.00	150	—
1765	57,000	15.00	30.00	60.00	135	—

KM# 368a 30 KRAJCZAR

7.0200 g., 0.8330 Silver 0.1880 oz. ASW **Ruler:** Maria Theresia

Date	Mintage	VG	F	VF	XF	Unc
1766 EVM-D	3,538	15.00	32.00	70.00	150	—

KM# 384.1 30 KRAJCZAR

7.0200 g., 0.8330 Silver 0.1880 oz. ASW **Ruler:** Maria Theresia **Obv:** Crowned arms with angel supporters within rhombus **Obv. Legend:** M • THER • - D: G • R • IMP • - HU • BO • R • - A • A • D • B • C • T • **Rev:** Radiant Madonna and child within rhombus **Rev. Legend:** S: MARIA • - MATER • DEI • - PATRONA • - HUNG •

Date	Mintage	VG	F	VF	XF	Unc
1768K EVM-D	2,842	15.00	32.00	70.00	165	—
1769K EVM-D	3,521	12.00	25.00	50.00	125	—
1770K EVM-D	—	12.00	25.00	50.00	125	—
1771K EVM-D	—	15.00	32.00	70.00	165	—
1772K EVM-D	—	15.00	32.00	70.00	165	—

KM# 384.2 30 KRAJCZAR

7.0200 g., 0.8330 Silver 0.1880 oz. ASW **Ruler:** Maria Theresia **Obv:** Crowned arms with angel supporters within rhombus **Rev.** Radiant Madonna and child within rhombus

Date	Mintage	VG	F	VF	XF	Unc
1768B EVM-D	—	20.00	40.00	80.00	175	—

KM# 228 1/4 THALER

Silver **Ruler:** Leopold I **Obv:** Laureate bust right flanked by arms and Madonna, value below, all in rhombus **Obv. Legend:** LEOPOLD • - D: G: ... **Rev:** Crowned imperial eagle in diamond, date in legend **Rev. Legend:** ARCHID • - AVST • DVX • ... **Note:** Varieties exist.

Date	Mintage	VG	F	VF	XF	Unc
1701KB	—	14.00	30.00	60.00	120	—
1702KB	—	—	—	—	—	—
1703KB	—	14.00	30.00	60.00	120	—
1704KB	—	14.00	30.00	60.00	120	—

KM# 250 1/4 THALER
Silver **Ruler:** Leopold I **Obv:** Crowned arms and Madonna and child added at sides of bust **Rev:** Crowned imperial eagle divides N-B in rhombus, date divided at top **Note:** Varieties exist.

Date	Mintage	VG	F	VF	XF	Unc
1701NB	—	14.00	30.00	60.00	120	—
1702NB	—	14.00	30.00	60.00	120	—

KM# 259 1/4 THALER
Silver **Ruler:** Leopold I **Rev:** Date in legend **Note:** Varieties exist.

Date	Mintage	VG	F	VF	XF	Unc
1703	—	18.00	35.00	70.00	145	—

KM# 296.1 1/4 THALER
Silver **Ruler:** Karl VI **Obv:** Armored bust right divides arms and Madonna within rhombus, value below **Obv. Legend:** CAROL.VI • D • G • R • IMP • ... **Rev:** Crowned shield of arms in Order chain on eagle's breast within rhombus **Rev. Legend:** ARCHIDV • AVS • DVX • BV • MA • ...

Date	Mintage	VG	F	VF	XF	Unc
ND	—	12.00	25.00	50.00	100	—
1714	—	12.00	25.00	50.00	100	—
1715	—	12.00	25.00	50.00	100	—
1716	—	10.00	20.00	40.00	80.00	—
1717	—	10.00	20.00	40.00	80.00	—

KM# 296.2 1/4 THALER
Silver **Ruler:** Karl VI **Obv:** Armored bust right divides arms and Madonna within rhombus, value below **Obv. Legend:** CAROL • VI • D • G • RO • IMP • ... **Rev:** Oval arms in Order chain on eagle's breast within rhombus **Rev. Legend:** ARCHID • AVS • DVX • BV • ... **Note:** Varieties exist.

Date	Mintage	VG	F	VF	XF	Unc
1718	—	10.00	20.00	40.00	80.00	—
1719	—	10.00	20.00	40.00	80.00	—
1720	—	10.00	20.00	40.00	80.00	—
1721	—	10.00	20.00	40.00	80.00	—
1722	—	10.00	20.00	40.00	80.00	—
1723	—	10.00	20.00	40.00	80.00	—
1724	—	12.00	25.00	50.00	100	—
1725	—	10.00	20.00	40.00	80.00	—
1726	—	12.00	25.00	50.00	100	—

KM# 305 1/4 THALER
Silver **Ruler:** Karl VI **Obv:** Bust right within rhombus **Obv. Legend:** CAROL • VI • D • G • R • IMP • ... **Rev:** Arms in Order chain on eagle's breast within rhombus **Rev. Legend:** ARCHID: AUS: D: G: M: ... **Note:** Varieties exist.

Date	Mintage	VG	F	VF	XF	Unc
1727	—	10.00	20.00	40.00	80.00	—
1728	—	10.00	20.00	40.00	80.00	—
1729	—	10.00	20.00	40.00	80.00	—
1730	—	10.00	20.00	40.00	80.00	—
1731	—	10.00	20.00	40.00	80.00	—
1732	—	10.00	20.00	40.00	80.00	—
1733	—	10.00	20.00	40.00	80.00	—
1734	—	10.00	20.00	40.00	80.00	—
1735	—	10.00	20.00	40.00	80.00	—
1736	—	10.00	20.00	40.00	80.00	—
1737	—	10.00	20.00	40.00	80.00	—
1738	—	10.00	20.00	40.00	80.00	—
1739	—	10.00	20.00	40.00	80.00	—
1740	—	10.00	20.00	40.00	80.00	—

KM# 251 1/2 THALER
Silver **Ruler:** Leopold I **Obv:** Armored bust right **Obv. Legend:** LEOPOLD. - D: G: R: I: S: A: GER: - HV: BO: REX: **Rev:** Crowned arms within Order chain on eagle's breast **Rev. Legend:** ARCHID: AV: DVX: BV: MAR: MOR: ... **Note:** Varieties exist.

Date	Mintage	VG	F	VF	XF	Unc
1701KB	—	34.50	70.00	140	255	—
1702KB	—	34.50	70.00	140	255	—
1703KB	—	34.50	70.00	140	255	—
1704KB	—	34.50	70.00	140	255	—

KM# 260 1/2 THALER
Silver **Ruler:** Leopold I **Obv:** Bust right **Obv. Legend:** LEOPOLD - D • G • R • I • S • A • GER • HV • - BOHEM • REX • **Rev:** Arms within Order chain on eagle's breast **Rev. Legend:** ARCHID • AVST • DVX • BV...

Date	Mintage	VG	F	VF	XF	Unc
1703NB	—	40.00	80.00	150	300	—

KM# 281 1/2 THALER
Silver **Ruler:** Joseph I **Obv:** Draped bust right **Obv. Legend:** IOSEPHVS • D: G: R: I: S: A: G: - H: B: REX • **Rev:** Crowned arms on eagle's breast **Rev. Legend:** ARCHID: AV: DVX • BV: MAR:.. **Note:** Varieties exist.

Date	Mintage	VG	F	VF	XF	Unc
1708	—	25.00	55.00	110	185	—
1709	—	25.00	55.00	110	185	—
1710/00	—	25.00	55.00	110	185	—
1710	—	25.00	55.00	110	185	—
1711/00	—	25.00	55.00	110	185	—
1711	—	25.00	55.00	110	185	—

KM# 280 1/2 THALER
Silver **Ruler:** Joseph I **Obv:** Armored bust right **Obv. Legend:** IOSEPHUS - D: G: R: I: S: A: G: H: - B: REX: **Rev:** Crowned arms on eagle's breast **Rev. Legend:** ARCHID: AV: DVX: BV: MAR:... **Note:** Joseph I

Date	Mintage	VG	F	VF	XF	Unc
1708KB	—	25.00	55.00	110	185	—
1709KB	—	25.00	55.00	110	185	—

KM# 287 1/2 THALER
Silver **Ruler:** Karl VI **Obv:** Bust right **Obv. Legend:** CAR • VI • G • R • I • S • - A • G • - HI • HU • B • REX **Rev:** Arms within Order chain on eagle's breast **Note:** Varieties exist.

Date	Mintage	VG	F	VF	XF	Unc
1712	—	22.50	50.00	80.00	145	—
1713	—	22.50	50.00	80.00	145	—
1714	—	22.50	50.00	80.00	145	—
1715	—	22.50	50.00	80.00	145	—
1716	—	22.50	50.00	80.00	145	—
1717	—	22.50	50.00	80.00	145	—
1718	—	22.50	50.00	80.00	145	—

KM# 303 1/2 THALER
Silver **Ruler:** Karl VI **Obv:** Armored bust right **Obv. Legend:** CAR • VI • D • G • R • I • S • - A • G... **Rev:** Arms within Order chain on eagle's breast **Rev. Legend:** ARCHID • AV • D • EV... **Note:** Varieties exist.

Date	Mintage	VG	F	VF	XF	Unc
1719	—	22.50	50.00	80.00	145	—
1720	—	22.50	50.00	80.00	145	—
1721	—	22.50	50.00	80.00	145	—
1722	—	22.50	50.00	80.00	145	—
1723	—	22.50	50.00	80.00	145	—
1724KB	—	22.50	50.00	80.00	145	—
1724BK Error	—	—	—	—	—	—
1725	—	22.50	50.00	80.00	145	—
1726	—	22.50	50.00	80.00	145	—
1727	—	22.50	50.00	80.00	145	—
1728	—	22.50	50.00	80.00	145	—
1729	—	22.50	50.00	80.00	145	—
1730	—	22.50	50.00	80.00	145	—
1731	—	22.50	50.00	80.00	145	—
1732	—	22.50	50.00	80.00	145	—

KM# 313 1/2 THALER
Silver **Ruler:** Karl VI **Obv:** Legend begins at lower left **Obv. Legend:** CAR • VI • D: G: R: I: ... **Rev:** Arms within Order chain on eagle's breast **Rev. Legend:** ARCHID: AU: D: BU... **Note:** Varieties exist.

Date	Mintage	VG	F	VF	XF	Unc
1733	—	22.50	50.00	80.00	145	—
1734	—	22.50	50.00	80.00	145	—
1735	—	22.50	50.00	80.00	145	—
1736	—	22.50	50.00	80.00	145	—
1737	—	22.50	50.00	80.00	145	—
1738	—	22.50	50.00	80.00	145	—
1739	12,000	22.50	50.00	80.00	145	—
1740	56,000	22.50	50.00	80.00	145	—

KM# 314 1/2 THALER
Silver **Ruler:** Karl VI **Rev:** Seated Madonna and child with crowned arms right, date in legend

Date	Mintage	VG	F	VF	XF	Unc
1735 Rare	—	—	—	—	—	—

Note:

KM# 320 1/2 THALER
Silver **Ruler:** Karl VI **Rev:** Crowned imperial eagle, date in legend

Date	Mintage	VG	F	VF	XF	Unc
1739	—	25.00	60.00	120	200	—

KM# 327.1 1/2 THALER
14.4100 g., 0.8750 Silver 0.4054 oz. ASW **Ruler:** Maria Theresia **Obv:** Bust right **Obv. Legend:** MA: THERESIA:

HUNGARY

- D: G: REG: HUN: BO: **Rev:** Radiant Madonna and child **Rev. Legend:** S: MARIA MATER DEI...

Date	Mintage	VG	F	VF	XF	Unc
1741KB	37,000	22.50	50.00	75.00	125	—
1742KB	43,000	22.50	50.00	75.00	125	—
1743KB	27,000	22.50	50.00	75.00	125	—
1744KB	29,000	22.50	50.00	75.00	125	—

KM# 327.2 1/2 THALER
14.4100 g., 0.8750 Silver 0.4054 oz. ASW **Ruler:** Maria Theresia **Obv:** Legend ends ... HU: BO **Rev:** Radiant Madonna and child

Date	Mintage	VG	F	VF	XF	Unc
1743	Inc. above	50.00	125	175	275	—
1744	Inc. above	50.00	125	175	275	—

KM# 370 1/2 THALER
14.4100 g., 0.8750 Silver 0.4054 oz. ASW **Ruler:** Maria Theresia **Obv:** Bust right **Obv. Legend:** M • THER • D: G • R • IMP • - GE • HU • BO • R • A • A • D • B • C • T • **Rev:** Radiant Madonna and child **Rev. Inscription:** S • MARIA • MATER • DEI...

Date	Mintage	VG	F	VF	XF	Unc
1759	37,000	22.50	50.00	75.00	125	—
1760	25,000	22.50	50.00	75.00	125	—
1761	34,000	22.50	50.00	75.00	125	—
1762	14,000	22.50	50.00	75.00	125	—
1763	90,000	22.50	50.00	75.00	125	—
1764	3,010	22.50	50.00	75.00	125	—
1765	25,000	22.50	50.00	75.00	125	—

KM# 370a 1/2 THALER
14.0300 g., 0.8330 Silver 0.3757 oz. ASW **Ruler:** Maria Theresia **Obv:** Bust right **Rev:** Radiant Madonna and child

Date	Mintage	VG	F	VF	XF	Unc
1766 EVM-D	13,000	22.50	55.00	75.00	125	—

KM# 398.2 1/2 THALER
14.0300 g., 0.8330 Silver 0.3757 oz. ASW **Ruler:** Joseph II **Obv:** Angels holding crown above arms **Obv. Legend:** IOS • II • D • G • R • IMP • S • A... **Rev:** Radiant Madonna and child **Rev. Legend:** S• MARIA MATER DEI...

Date	Mintage	VG	F	VF	XF	Unc
1782B	—	15.00	30.00	45.00	75.00	—
1783B	—	15.00	30.00	45.00	75.00	—
1785B	—	15.00	30.00	45.00	75.00	—
1786B	—	15.00	30.00	45.00	75.00	—
1789B	—	15.00	30.00	45.00	75.00	—

KM# 399 1/2 THALER
14.0300 g., 0.8330 Silver 0.3757 oz. ASW **Ruler:** Joseph II **Obv:** Flying angels with crown **Obv. Legend:** IOS • II • D • - G • R • IMP • S • A... **Rev:** Radiant Madonna and child **Rev. Legend:** S • MARIA MATER DEI...

Date	Mintage	VG	F	VF	XF	Unc
1785A	—	12.00	25.00	40.00	70.00	—
1786A	—	12.00	25.00	40.00	70.00	—
1787A	—	12.00	25.00	40.00	70.00	—
1788A	—	12.00	25.00	40.00	70.00	—
1789A	—	12.00	25.00	40.00	70.00	—
1790A	—	12.00	25.00	40.00	70.00	—

KM# 336.1 1/2 THALER
14.4100 g., 0.8750 Silver 0.4054 oz. ASW **Ruler:** Maria Theresia **Obv:** Bust right **Obv. Legend:** MA: THERESIA: - D: G: REG: HU: BO: **Rev:** Radiant Madonna and child **Rev. Legend:** S: MARIA MATER DEI..

Date	Mintage	VG	F	VF	XF	Unc
1744	Inc. above	—	—	—	—	—
1745	24,000	22.50	50.00	75.00	125	—

KM# 385.1 1/2 THALER
14.0300 g., 0.8330 Silver 0.3757 oz. ASW **Ruler:** Maria Theresia **Obv:** Angels holding crown above arms **Obv. Legend:** M • THER • D • G • R • IMP •. HU • BO • R • A • A • D • B • C • T • **Rev:** Radiant Madonna and child **Rev. Legend:** S • MARIA MATER DEI...

Date	Mintage	VG	F	VF	XF	Unc
1767K EVM-D	7,016	20.00	35.00	50.00	85.00	—
1768K EVM-D	—	20.00	35.00	50.00	85.00	—
1769K EVM-D	12,000	20.00	35.00	50.00	85.00	—
1770K EVM-D	—	20.00	35.00	50.00	85.00	—
1771K EVM-D	—	20.00	35.00	50.00	85.00	—
1772K EVM-D	—	20.00	35.00	50.00	85.00	—
1775K SK-PD	—	20.00	35.00	50.00	85.00	—
1776K SK-PD	—	20.00	35.00	50.00	85.00	—

KM# 405 1/2 THALER
14.0300 g., 0.8330 Silver 0.3757 oz. ASW **Ruler:** Leopold II **Obv:** Angels with crown above arms **Obv. Legend:** LEOP • II • D • - G • R • IMP... **Rev:** Radiant Madonna and child **Rev. Legend:** S • MARIA MATER DEI...

Date	Mintage	F	VF	XF	Unc	BU
1790	—	160	400	600	950	—
1791	—	140	350	475	725	—
1792	—	140	350	475	725	—

KM# 336.2 1/2 THALER
14.4100 g., 0.8750 Silver 0.4054 oz. ASW **Ruler:** Maria Theresia **Obv:** Bust right **Obv. Legend:** M: THER: D: G: R: I: - G: H: B: R: A: A: D: B: C: T: **Rev:** Radiant Madonna and child **Rev. Legend:** S: MARIA MATER DEI...

Date	Mintage	VG	F	VF	XF	Unc
1746	—	22.50	50.00	75.00	125	—
1747	—	22.50	50.00	75.00	125	—

KM# 348 1/2 THALER
14.4100 g., 0.8750 Silver 0.4054 oz. ASW **Ruler:** Maria Theresia **Obv:** Bust right **Obv. Legend:** M • THER • G • G • R • IMP •... **Rev:** Radiant Madonna and child **Rev. Legend:** S• MARIA MATER DEI - PATRONA HUNG •

Date	Mintage	VG	F	VF	XF	Unc
1748	—	25.00	55.00	85.00	145	—
1749	—	25.00	55.00	85.00	145	—
1750	—	25.00	55.00	85.00	145	—
1751	—	25.00	55.00	85.00	145	—
1752	46,000	25.00	55.00	85.00	145	—

KM# 364 1/2 THALER
14.4100 g., 0.8750 Silver 0.4054 oz. ASW **Ruler:** Maria Therosia **Obv:** Dust right **Rev:** Radiant Madonna and child
Note: Mule.

Date	Mintage	VG	F	VF	XF	Unc
1753	50,000	22.50	50.00	75.00	125	—
1754	41,000	22.50	50.00	75.00	125	—
1755	49,000	22.50	50.00	75.00	125	—
1756	46,000	22.50	50.00	75.00	125	—
1757	40,000	22.50	50.00	75.00	125	—
1758	37,000	22.50	50.00	75.00	125	—

KM# 385.2 1/2 THALER
14.0300 g., 0.8330 Silver 0.3757 oz. ASW **Ruler:** Maria Theresia **Obv:** Angels holding crown above arms **Rev:** Radiant Madonna and child

Date	Mintage	VG	F	VF	XF	Unc
1778B SK-PD	—	20.00	35.00	50.00	85.00	—
1779B SK-PD	—	20.00	35.00	50.00	85.00	—
1780B SK-PD	—	20.00	35.00	50.00	85.00	—

KM# 398.1 1/2 THALER
14.0300 g., 0.8330 Silver 0.3757 oz. ASW **Ruler:** Joseph II **Obv:** Sitting angels **Obv. Legend:** IOS. II. D. G. R. IMP... **Rev:** Radiant Madonna and child

Date	Mintage	VG	F	VF	XF	Unc
1782A	—	25.00	55.00	85.00	145	—

KM# 408 1/2 THALER
14.0300 g., 0.8330 Silver 0.3757 oz. ASW **Ruler:** Franz II **Obv:** Angels holding crown above arms **Obv. Legend:** FRANC • II • - D • G • R • I... **Rev:** Radiant Madonna and child **Rev. Legend:** S • MARIA MATER DEI...

Date	Mintage	F	VF	XF	Unc	BU
1792	—	140	350	475	725	—
1793	—	75.00	175	325	550	—
1794	—	100	200	400	600	—

KM# 214.9 THALER
Silver **Ruler:** Leopold I **Obv:** Laureate bust right **Obv. Legend:** LEOPOLDUS - D: G: ROM: IMP: S: A: - CE: HV: BO: R: **Rev:** Crown divides date at top **Rev. Legend:** ARCHIDVX • AVS: DVX... **Note:** Dav. #3265.

Date	Mintage	VG	F	VF	XF	Unc
1701KB	287,000	150	280	550	1,150	—
1702KB	225,000	150	280	550	1,150	—

KM# 257 THALER
Silver **Ruler:** Leopold I **Obv:** Laureate bust right **Obv. Legend:** LEOPOLDVS • - D • G • RO • I • S • AVG • GER • - HV • BO • REX • **Rev:** Arms within Order chain on eagle's breast **Rev. Legend:** ARCHIDVX • AVS • DVX • BVR • MAR... **Note:** Dav. #1005.

Date	Mintage	VG	F	VF	XF	Unc
1702NB ICB	—	200	400	875	1,950	—
1703NB	—	200	400	875	1,950	—

KM# 261 THALER
Silver **Ruler:** Leopold I **Obv:** Laureate bust right **Obv. Legend:** LEOPOLD: - D: G: R: I: S: A: GER: HVN: - BO: REX: **Rev:** Arms on eagle's breast **Note:** This type was restruck between 1704 and 1708 with 1703 date. Dav. #1004.

Date	Mintage	VG	F	VF	XF	Unc
1703KB	814,000	100	200	350	650	—

KM# 273.2 THALER
Silver **Ruler:** Joseph I **Obv:** Armored bust right **Obv. Legend:** IOSEPHUS - D • G • R • I • S • AV • GE • - HV • B • REX **Rev:** Crowned oval shield on imperial eagle **Rev. Legend:** ARCHID • AV • DV • BV... **Note:** Varieties exist. Dav. #1023.

Date	Mintage	VG	F	VF	XF	Unc
1705 IGS	—	375	600	1,250	2,300	—
1706 IGS//CSH	—	375	600	1,250	2,300	—
1707 IGS//CSH	—	375	600	1,250	2,300	—
1708 IGS//CSH	—	375	600	1,250	2,300	—
1710 P-W	—	375	600	1,250	2,300	—
1711 IGS//P-W	—	375	600	1,250	2,300	—

KM# 273.1 THALER
Silver **Ruler:** Joseph I **Obv:** Armored bust right **Obv. Legend:** IOSEPHUS - D • G • R • I • S • AV • GE • - HV • B • REX • **Rev:** Crowned shield on imperial eagle **Rev. Legend:** ARCHID • AV • DV • BV... **Note:** Dav. #1022.

Date	Mintage	VG	F	VF	XF	Unc
1705CH	—	375	600	1,250	2,300	—
1706CH	—	375	600	1,250	2,300	—

KM# 283 THALER
Silver **Ruler:** Joseph I **Rev:** Crowned imperial eagle in inner circle, date in legend **Note:** Dav. #1019.

Date	Mintage	VG	F	VF	XF	Unc
1709KB	49,000	115	225	550	1,100	—

KM# 284 THALER
Silver **Ruler:** Joseph I **Obv:** Without inner circle **Note:** Dav. #1020.

Date	Mintage	VG	F	VF	XF	Unc
1709	Inc. above	115	225	550	1,100	—

KM# 285 THALER
Silver **Ruler:** Joseph I **Obv:** Different laureate bust right **Rev:** Without inner circle **Note:** Dav. #1021.

Date	Mintage	VG	F	VF	XF	Unc
1711	—	375	675	1,450	3,000	—

KM# 288.1 THALER
Silver **Ruler:** Karl VI **Obv:** Draped laureate bust right **Obv. Legend:** CAR: VI: D: G: R: I: S: - A: G: - HI: HU: B: REX: **Rev:** ARCHID: AVS: D: BU:... **Note:** Dav. #1057.

Date	Mintage	VG	F	VF	XF	Unc
1712	—	300	525	1,150	2,500	—
1715	—	225	375	725	1,500	—

KM# 289 THALER
Silver **Ruler:** Karl VI **Obv:** Laureate bust right **Obv. Legend:** CAROLUS • VI - D: G • R • I • S • A • GER • HISP • HUN • - BOH • REX **Rev:** Arms in Order chain on eagle's breast **Rev. Legend:** • ARCHID AV • DV • BV ... **Note:** Dav. #1063.

Date	Mintage	VG	F	VF	XF	Unc
1712CH IGS//P-W	—	190	350	675	1,400	—
1715CH IGS//P-W	—	150	300	625	1,300	—

KM# 288.2 THALER
Silver **Ruler:** Karl VI **Obv:** Modified bust right **Rev:** Arms on eagle's breast **Note:** Dav. #1058.

Date	Mintage	VG	F	VF	XF	Unc
1715	—	190	350	675	1,400	—

KM# 300 THALER
Silver **Ruler:** Karl VI **Obv:** Laureate bust right within inner circle **Obv. Legend:** CAROLVS • VI - D: G: R: IMP: S: A: GER: HI: - HUNG: BOH: **Rev:** Arms on eagle's breast **Note:** Dav. #1064.

Date	Mintage	VG	F	VF	XF	Unc
1717 C-H, P-W	—	150	300	625	1,300	—
1718 C-H, P-W	—	150	300	625	1,300	—

KM# 301 THALER
Silver **Ruler:** Karl VI **Obv:** Without inner circle **Obv. Legend:** CAR • VI • D • G • R • I • S • - A • G • - HI • HV • B • REX **Rev:** Arms within Order chain on eagle's breast **Rev. Legend:** ARCHID • AV • D • BV... **Note:** Varieties exist. Dav. #1059.

Date	Mintage	VG	F	VF	XF	Unc
1717KB	—	48.00	95.00	175	255	—
1718KB	—	48.00	95.00	175	255	—
1719KB	—	48.00	95.00	175	255	—
1720KB	—	48.00	95.00	175	255	—
1721KB	—	48.00	95.00	175	255	—
1722KB	—	48.00	95.00	175	255	—
1723KB	—	48.00	95.00	175	255	—
1724KB	—	48.00	95.00	175	255	—
1725KB	—	48.00	95.00	175	255	—
1726KB	—	48.00	95.00	175	255	—
1727KB	—	48.00	95.00	175	255	—
1728KB	—	48.00	95.00	175	255	—
1729KB	—	48.00	95.00	175	255	—
1730KB	—	48.00	95.00	175	255	—

KM# 310.1 THALER
Silver **Ruler:** Karl VI **Obv:** Armored laureate bust right **Obv. Legend:** CAR: VI • D: G: R: I: - S: A: G: HI: H: B: REX: **Rev:** Arms within Order chain on eagle's breast **Rev. Legend:** ARCHID: AU: D: BU: M:... **Note:** Dav. #1060.

HUNGARY

Date	Mintage	VG	F	VF	XF	Unc
1730KB	—	48.00	95.00	175	255	—
1731KB	—	48.00	95.00	175	255	—
1732KB	—	48.00	95.00	175	255	—
1733KB	—	48.00	95.00	175	255	—
1734KB	—	48.00	95.00	175	255	—
1735KB	—	48.00	95.00	175	255	—

KM# 310.2 THALER
Silver **Ruler:** Karl VI **Obv:** Modified bust **Obv. Legend:** CAR • VI • D • G • R • I • • S • A • G • HI • H • B • REX • **Rev:** Arms within Order chain on eagle's breast **Rev. Legend:** ARCHID: AU: D: BU: M:... **Note:** Varieties exist. Dav. #1062.

Date	Mintage	VG	F	VF	XF	Unc
1736KB	—	48.00	95.00	175	255	—
1737KB	—	48.00	95.00	175	255	—
1738KB	—	48.00	95.00	175	255	—
1739KB	399,000	48.00	95.00	175	255	—
1740KB	262,000	48.00	95.00	175	255	—

KM# 328.1 THALER
28.8200 g., 0.8750 Silver 0.8107 oz. ASW **Ruler:** Maria Theresia **Obv:** Similar to KM#328.3 **Obv. Legend:** MAR. THERESIA • D:G: REG. HUNG. BOH: **Rev:** Similar to KM#328.3 **Rev. Legend:** S: MARIA MATER DEI - PATRONA HUNG: **Note:** Dav. #1125.

Date	Mintage	F	VF	XF	Unc	BU
1741KB	620,000	60.00	110	195	500	—

KM# 328.2 THALER
28.8200 g., 0.8750 Silver 0.8107 oz. ASW **Ruler:** Maria Theresia **Obv:** Bust right **Obv. Legend:** MAR • THERESIA • - D: G: REG: HUNG: BO **Rev:** Radiant Madonna and child **Rev. Legend:** S: MARIA MATER DEI - PATRONA HUNG: **Note:** Dav. #1125A.

Date	Mintage	F	VF	XF	Unc	BU
1741KB	Inc. above	60.00	110	175	425	—
1742KB	879,000	60.00	110	175	425	—

KM# 337.1 THALER
28.8200 g., 0.8750 Silver 0.8107 oz. ASW **Ruler:** Maria Theresia **Obv:** Smaller bust **Obv. Legend:** M: THERES: - D: G: REG: HU: BO: **Rev:** Radiant Madonna and child **Rev. Legend:** S • MARIA • MATER • DEI... **Note:** Dav. #1128.

Date	Mintage	F	VF	XF	Unc	BU
1744	Inc. above	60.00	110	175	425	—
1745	875,000	60.00	110	175	425	—

KM# 337.2 THALER
28.8200 g., 0.8750 Silver 0.8107 oz. ASW **Ruler:** Maria Theresia **Obv:** Bust with décolletage right **Obv. Legend:** M. THER... **Rev:** Radiant Madonna and child **Note:** Dav. #1129.

Date	Mintage	F	VF	XF	Unc	BU
1746	—	60.00	110	175	425	—
1747	—	60.00	110	175	425	—
1748	6,170	60.00	110	175	425	—

KM# 328.3 THALER
28.8200 g., 0.8750 Silver 0.8107 oz. ASW **Ruler:** Maria Theresia **Obv:** Bust right with two curls hanging in back **Obv. Legend:** MA • THERESIA • - D: G: REG: HUN: BO **Rev:** Radiant Madonna and child **Rev. Legend:** S: MARIA MATER DEI - PATRONA HUNG **Note:** Dav. #1125B.

Date	Mintage	F	VF	XF	Unc	BU
1741KB	Inc. above	60.00	110	175	425	—
1742KB	Inc. above	60.00	110	175	425	—

KM# 328.4 THALER
28.8200 g., 0.8750 Silver 0.8107 oz. ASW **Ruler:** Maria Theresia **Obv:** Bust right **Rev:** Radiant Madonna and child **Note:** Dav. #1120.

Date	Mintage	F	VF	XF	Unc	BU
1743	654,000	60.00	110	175	425	—
1744	847,000	60.00	110	175	425	—

KM# 333 THALER
28.8200 g., 0.8750 Silver 0.8107 oz. ASW **Ruler:** Maria Theresia **Obv:** Modified hair style **Obv. Legend:** M: THERES: - D: G: REG: HU: BO: **Rev:** Radiant Madonna and child **Rev. Legend:** S • MARIA • MATER • DEI... **Note:** Dav. #1127.

Date	Mintage	F	VF	XF	Unc	BU
1743 O	Inc. above	60.00	110	175	425	—
1744 O	Inc. above	60.00	110	175	425	—

KM# 349.1 THALER
28.8200 g., 0.8750 Silver 0.8107 oz. ASW **Ruler:** Maria Theresia **Obv:** Bust with décolletage right **Obv. Legend:** M • THER • D • G • R • - I • G • H • B • R • A • A • D • B • C • T • **Rev:** Larger shield below Madonna **Rev. Legend:** S • MARIA • MATER • DEI... **Note:** Dav. #1130.

Date	Mintage	F	VF	XF	Unc	BU
1749	—	60.00	105	170	425	—
1750	—	60.00	105	170	425	—
1751	—	60.00	105	170	425	—
1752	263,000	60.00	105	170	425	—

KM# 349.2 THALER
28.8200 g., 0.8750 Silver 0.8107 oz. ASW **Ruler:** Maria Theresia **Obv:** Bust with décolletage right **Rev:** Radiant Madonna and child **Note:** Dav. #1131.

Date	Mintage	F	VF	XF	Unc	BU
1751 • X •	—	60.00	105	170	425	—

KM# 358.1 THALER
28.8200 g., 0.8750 Silver 0.8107 oz. ASW **Ruler:** Maria Theresia **Obv:** Younger bust right **Obv. Legend:** M • THER • D: G • R • IMP • - GE • HU • BO • R • A • A • D • B • C • T • **Rev:** Radiant Madonna and child **Rev. Legend:** S • MARIA • MATER • DEI... **Note:** Dav. #1132.

Date	Mintage	F	VF	XF	Unc	BU
1751 •X•	335,000	45.00	80.00	130	300	—
1751 •X•	335,000	45.00	80.00	130	300	—
1752 •X•	263,000	45.00	80.00	130	300	—
1753 •X•	279,000	45.00	80.00	130	300	—
1754 •X•	262,000	45.00	80.00	130	300	—
1755 •X•	262,000	45.00	80.00	130	300	—
1756 •X•	264,000	45.00	80.00	130	300	—
1757 •X•	266,000	45.00	80.00	130	300	—
1758 •X•	212,000	45.00	80.00	130	300	—
1759 •X•	271,000	45.00	80.00	130	300	—
1760 •X•	157,000	50.00	90.00	150	325	—
1761 •X•	254,000	50.00	90.00	150	325	—
1762 •X•	85,000	50.00	90.00	150	325	—
1763 •X•	—	50.00	90.00	150	325	—
1764 •X•	—	50.00	90.00	150	325	—
1765 •X•	79,000	50.00	90.00	150	325	—

KM# 349.3 THALER
28.8200 g., 0.8750 Silver 0.8107 oz. ASW **Ruler:** Maria Theresia **Obv:** Modified drapery

Date	Mintage	F	VF	XF	Unc	BU
1752 •X•	Inc. above	45.00	80.00	130	300	—

KM# 358.2 THALER
28.8200 g., 0.8750 Silver 0.8107 oz. ASW **Ruler:** Maria Theresia **Obv:** Bust right **Rev:** Radiant Madonna and child **Note:** Dav. #1135.

Date	Mintage	F	VF	XF	Unc	BU
1763NB	—	—	—	—	—	—

Reported, not confirmed

KM# 378 THALER
28.0600 g., 0.8330 Silver 0.7515 oz. ASW **Ruler:** Maria Theresia **Obv:** Decorative gown

Date	Mintage	F	VF	XF	Unc	BU
1763KB •X•	—	50.00	90.00	150	325	—
1764KB •X•	—	50.00	90.00	150	325	—

KM# 358.3 THALER
28.8200 g., 0.8750 Silver 0.8107 oz. ASW **Ruler:** Maria Theresia **Obv:** Bust right **Rev:** Radiant Madonna and child

Date	Mintage	F	VF	XF	Unc	BU
1766K •X•	58,000	50.00	90.00	150	325	—

KM# 386.1 THALER
28.0600 g., 0.8330 Silver 0.7515 oz. ASW **Ruler:** Maria Theresia **Obv:** Crowned arms with angel supporters **Obv. Legend:** M • THER • D • G • R • IMP • - HU • BO • R • A • A • D • B • C • T • **Rev:** Madonna and child **Rev. Legend:** S • MARIA • MATER • DEI... **Note:** Dav. #1133.

Date	Mintage	F	VF	XF	Unc	BU
1767K •X•	25,000	30.00	55.00	150	350	—
1767K •X• EVM-D	Inc. above	30.00	55.00	150	350	—
1768K •X• EVM-D	43,000	30.00	55.00	150	350	—

Date	Mintage	F	VF	XF	Unc	BU
1769K •X• EVM-D	44,000	30.00	55.00	150	350	—
1770K •X• EVM-D	—	30.00	55.00	150	350	—
1771K •X• EVM-D	—	30.00	55.00	150	350	—
1772K •X• EVM-D	—	30.00	55.00	150	350	—
1773K •X•	—	30.00	55.00	150	350	—
1775K •X• SK-PD	—	30.00	55.00	150	350	—
1776K •X• SK-PD	—	30.00	55.00	150	350	—

KM# 386.2 THALER

28.0600 g., 0.8330 Silver 0.7515 oz. ASW **Ruler:** Maria Theresia **Obv:** Angels holding crown above arms **Obv. Legend:** M • THER • D • G • R • IMP • - HU • BO • R • A • A • D • B • C • T • **Rev:** Radiant Madonna and child **Rev. Legend:** S • MARIA MATER DEI... **Note:** Dav. #1133A.

Date	Mintage	F	VF	XF	Unc	BU
1777B •X• SK-PD	—	30.00	55.00	120	350	—
1778B •X• SK-PD	—	30.00	55.00	120	350	—
1779B •X• SK-PD	—	30.00	55.00	120	350	—
1780B •X• SK-PD	—	30.00	55.00	120	350	—

KM# 388 THALER

28.0600 g., 0.8330 Silver 0.7515 oz. ASW **Ruler:** Maria Theresia **Obv:** Veiled bust **Rev:** Crowned eagle with crowned shields on breast **Note:** Dav. #1134.

Date	Mintage	F	VF	XF	Unc	BU
1780 •X• B/SK-PD	—	30.00	55.00	150	375	—

KM# 395.1 THALER

28.0600 g., 0.8330 Silver 0.7515 oz. ASW **Ruler:** Joseph II **Obv:** Angels holding crown above arms **Obv. Legend:** IOS • II • D • G • R • IMP • S • A • - G • H • B • REX • A • A • D • B • & • L • **Rev:** Radiant Madonna and child **Rev. Legend:** S • MARIA MATER DEI - PATRONA HUNG **Note:** Dav. #1168B.

Date	Mintage	F	VF	XF	Unc	BU
1781 •X•	—	35.00	70.00	130	240	550
1782B •X•	—	35.00	70.00	130	240	550
1783 •X•	—	35.00	70.00	130	240	550

KM# 395.2 THALER

28.0600 g., 0.8330 Silver 0.7515 oz. ASW **Ruler:** Joseph II **Obv:** Angels holding crown above arms **Obv. Legend:** IOS. II. D. G. R. I. S. A... **Rev:** Radiant Madonna and child **Note:** Dav. #1168A.

Date	Mintage	F	VF	XF	Unc	BU
1783A •X•	—	35.00	70.00	130	240	550
1785A •X•	—	35.00	70.00	130	240	550

KM# 400.1 THALER

28.0600 g., 0.8330 Silver 0.7515 oz. ASW **Ruler:** Joseph II **Obv:** Flying angels holding crown above arms **Note:** Dav. #1169A.

Date	Mintage	F	VF	XF	Unc	BU
1785	—	45.00	85.00	145	270	600
1786	—	45.00	85.00	145	270	600
1789	—	45.00	85.00	145	270	600

KM# 400.2 THALER

28.0600 g., 0.8330 Silver 0.7515 oz. ASW **Ruler:** Joseph II **Note:** Dav. #1169B.

Date	Mintage	F	VF	XF	Unc	BU
1786B	—	75.00	135	210	350	700

KM# 406.1 THALER

28.0600 g., 0.8330 Silver 0.7515 oz. ASW **Ruler:** Leopold II **Obv:** Flying angels holding crown above arms **Obv. Legend:** LEOP. II. D. - G. HV. BO... **Rev:** Madonna **Rev. Legend:** S MARIA MATER DEI - PATRONA HUNG **Note:** Dav. #1172.

Date	Mintage	F	VF	XF	Unc	BU
1790A	—	450	900	1,650	2,800	—

KM# 406.2 THALER

28.0600 g., 0.8330 Silver 0.7515 oz. ASW **Ruler:** Leopold II **Obv:** Angels holding crown above arms **Obv. Legend:** LEOP. II. D. G. R. IMP... **Rev:** Radiant Madonna and child **Note:** Dav. #1174.

Date	Mintage	F	VF	XF	Unc	BU
1790	—	400	775	1,900	3,600	—
1791	—	400	775	1,900	3,600	—

KM# 409.1 THALER

28.0600 g., 0.8330 Silver 0.7515 oz. ASW **Ruler:** Franz II **Obv:** Crowned arms with angels **Obv. Legend:** FRANC D. G. **Rev:** Madonna with child **Note:** Dav. #1177.

Date	Mintage	F	VF	XF	Unc	BU
1792	—	325	650	1,350	2,800	—

KM# 409.2 THALER

28.0600 g., 0.8330 Silver 0.7515 oz. ASW **Ruler:** Franz II **Obv:** Crowned arms with angels **Obv. Legend:** FRANC II. D. G... **Rev:** Madonna and child **Note:** Dav. #1179.

Date	Mintage	F	VF	XF	Unc	BU
1792	—	400	725	1,800	3,200	—

KM# 325 2 THALER

Silver **Ruler:** Karl VI **Obv:** Large laureate bust right, legend begins at lower left **Rev:** Crowned imperial eagle, date in legend **Note:** Dav. #1061.

Date	Mintage	VG	F	VF	XF	Unc
1740 KB Rare	—	—	—	—	—	—

REVOLUTIONARY COINAGE

Malcontents

Hungary was discontented with the Habsburg Monarchy. Its opportunity to break free came when the emperor, due to his involvement in the War of the Spanish Succession, withdrew nearly all his troops. There was an immediate rebellion and Francis Rakoczy II, elected prince by the diet in 1704, became the leader. Even though the armies were large in number, they were ill-equipped and without artillery. After defeating the French at Blenheim, the emperor sent an army into Hungary and badly defeated Rakoczy in 1705. Two Rakoczian diets deposed the Habsburgs in 1707 and formed an interim government with Rakoczy at its head until a national king could be elected. Joseph I, who succeeded Leopold as emperor, refused to come to terms with his subjects even though he was strongly urged to do so by his allies.

In 1708 Rakoczy was defeated again very decisively even though a guerilla war still went on. Joseph died in 1711 and was succeeded by his brother Charles VI who restored peace on the basis of a general amnesty.

RULER

Ferenc Rakoczi II, 1703-1711

MINT MARKS

CM, MC = Kassa (Kosice)

KB = Kormoczbanya (Kremnica)

MM = Munkacs (Mukachevo)

N-B = Nagybanya

KM# 274 DENAR

Copper **Obv:** Crowned arms divide mint mark **Rev:** DENARIUS divides date

Date	Mintage	VG	F	VF	XF	Unc
1705CM	—	6.00	13.00	35.00	60.00	—

KM# 262 POLTURA

Copper **Obv:** Crowned arms **Obv. Legend:** MONETA. NOVA. ARGEN. REG. HUNG **Rev:** Madonna and child divide P-H, POLTURA above **Note:** Varieties exist.

Date	Mintage	VG	F	VF	XF	Unc
1703NB	—	9.00	19.00	35.00	75.00	—
1704NB	—	9.00	19.00	35.00	75.00	—

KM# 263.1 POLTURA

Copper **Ruler:** Leopold I **Obv:** Crowned arms **Obv. Legend:** POLTURA **Rev:** Madonna and child **Rev. Legend:** PATRONA • HVNGARIÆ

Date	Mintage	VG	F	VF	XF	Unc
1704KB	—	6.00	11.00	25.00	55.00	—
1705KB	—	6.00	11.00	25.00	55.00	—
1706KB	—	6.00	11.00	25.00	55.00	—
1707KB	—	6.00	11.00	25.00	55.00	—

KM# 263.2 POLTURA

Copper **Obv:** Crowned arms **Rev:** Madonna and child

Date	Mintage	VG	F	VF	XF	Unc
1705NB	—	7.00	14.00	27.50	60.00	—

HUNGARY

KM# 263.3 POLTURA
Copper **Obv:** Crowned arms **Rev:** Madonna and child

Date	Mintage	VG	F	VF	XF	Unc
1705CM	—	6.00	11.00	25.00	55.00	—
1706CM	—	6.00	11.00	25.00	55.00	—
1707CM	—	6.00	11.00	25.00	55.00	—

KM# 263.4 POLTURA
Copper **Obv:** Crowned arms **Rev:** Madonna and child **Note:** Without mint mark.

Date	Mintage	VG	F	VF	XF	Unc
1705	—	4.00	9.00	31.50	75.00	—
1706	—	4.00	9.00	31.50	75.00	—
1707	—	4.00	9.00	31.50	75.00	—

KM# 263.5 POLTURA
Copper **Obv:** Crowned arms **Rev:** Madonna and child

Date	Mintage	VG	F	VF	XF	Unc
1706MM	—	6.00	11.00	25.00	55.00	—
1707MM	—	6.00	11.00	25.00	55.00	—

KM# 263.6 POLTURA
Copper **Obv:** Crowned arms **Rev:** Madonna and child

Date	Mintage	VG	F	VF	XF	Unc
1707MC	—	9.00	19.00	42.00	90.00	—

KM# 277.1 4 POLTURA
Copper **Obv:** Crowned arms **Obv. Legend:** MONETA. NOVA. 1706 **Rev:** Madonna and child above value: IV in cartouche

Date	Mintage	VG	F	VF	XF	Unc
1706C Rare	—	—	—	—	—	—

KM# 277.2 4 POLTURA
Copper **Obv:** Crowned arms divide date, 4 in cartouche below **Rev:** Madonna and child **Note:** Without mint mark.

Date	Mintage	VG	F	VF	XF	Unc
1707 Rare	—	—	—	—	—	—

KM# 264.1 10 POLTURA
Copper **Obv:** Crowned arms divide date **Rev:** Value within cartouche **Rev. Legend:** PRO/LIBERTATE **Note:** Without mint mark.

Date	Mintage	VG	F	VF	XF	Unc
1704	—	6.00	13.00	27.50	70.00	—
1705	—	6.00	13.00	27.50	70.00	—
1706	—	6.00	13.00	27.50	70.00	—
1707	—	6.00	13.00	27.50	70.00	—

KM# 264.2 10 POLTURA
Copper **Obv:** Crowned arms **Rev:** Value

Date	Mintage	VG	F	VF	XF	Unc
1705NB	—	13.00	25.00	55.00	120	—

KM# 264.3 10 POLTURA
Copper **Obv:** Crowned arms **Rev:** Value

Date	Mintage	VG	F	VF	XF	Unc
1705CM	—	8.00	16.00	35.00	75.00	—
1706CM	—	8.00	16.00	35.00	75.00	—

KM# 264.4 10 POLTURA
Copper **Obv:** Crowned arms **Rev:** Value

Date	Mintage	VG	F	VF	XF	Unc
1706MM	—	11.00	22.50	49.00	115	—

KM# 275.1 20 POLTURA
Copper **Obv:** Crowned arms **Rev:** Value **Note:** Similar to 10 Poltura, KM#264 but arms divide mint mark.

Date	Mintage	VG	F	VF	XF	Unc
1705CM	—	13.00	25.00	55.00	120	—

KM# 275.2 20 POLTURA
Copper **Obv:** Crowned arms **Rev:** Value **Note:** Without mint mark.

Date	Mintage	VG	F	VF	XF	Unc
1705	—	13.00	25.00	55.00	120	—
1706	—	13.00	25.00	55.00	120	—

KM# 265.1 1/2 THALER
Silver **Obv:** Crowned arms **Obv. Legend:** ...MO NO: ARG: **Rev:** Madonna and child **Rev. Legend:** PATRONA • HUNGARIÆ •

Date	Mintage	VG	F	VF	XF	Unc
1704KB	—	50.00	100	195	350	—
1705KB	—	50.00	100	195	350	—
1706KB	—	50.00	100	195	350	—
1707KB	—	50.00	100	195	350	—

KM# 265.2 1/2 THALER
Silver **Obv:** Crowned arms **Rev:** Madonna and child

Date	Mintage	VG	F	VF	XF	Unc
1706MM	—	80.00	170	325	625	—

KM# 266 DUCAT
3.5000 g., 0.9860 Gold 0.1109 oz. AGW **Obv:** Crowned arms **Rev:** Madonna and child

Date	Mintage	VG	F	VF	XF	Unc
1704KB	—	900	1,500	3,000	5,000	—
1705KB	—	900	1,650	3,450	5,750	—
1707KR	—	000	1,650	3,450	5,750	—

KM# 266A DUCAT
3.5000 g., 0.9860 Gold 0.1109 oz. AGW **Obv:** Crowned arms **Rev:** Madonna and child

Date	Mintage	VG	F	VF	XF	Unc
1704NB	—	900	1,800	3,750	6,750	—
1705NB	—	900	1,800	3,750	6,750	—

KM# 279 DUCAT
3.5000 g., 0.9860 Gold 0.1109 oz. AGW **Obv:** Crowned arms in floral cartouche, without inner circle **Rev:** Radiant Madonna and child divide mint mark, without inner circle

Date	Mintage	VG	F	VF	XF	Unc
1707	—	900	1,800	3,750	6,750	—

TRADE COINAGE

KM# 321 1/12 DUCAT
0.2916 g., 0.9860 Gold 0.0092 oz. AGW **Ruler:** Karl VI **Obv:** Laureate head right, value at shoulder **Rev:** Madonna and child above arms and mint mark

Date	Mintage	VG	F	VF	XF	Unc
1739NB	—	50.00	100	200	250	—

KM# 322 1/8 DUCAT
0.4375 g., 0.9860 Gold 0.0139 oz. AGW **Ruler:** Karl VI **Obv:** Laureate head right, value at shoulder **Rev:** Madonna and child in inner circle above arms

Date	Mintage	VG	F	VF	XF	Unc
1739NB	—	50.00	100	200	300	—

KM# 376 1/8 DUCAT
0.4375 g., 0.9860 Gold 0.0139 oz. AGW **Ruler:** Maria Theresia **Obv:** Bust right **Rev:** Imperial eagle

Date	Mintage	F	VF	XF	Unc	BU
1761	—	75.00	125	175	250	—

KM# A284 1/6 DUCAT
0.5833 g., 0.9860 Gold 0.0185 oz. AGW **Ruler:** Joseph I **Obv:** Laureate bust right, value at shoulder **Rev:** Madonna and child divide mint mark above arms **Note:** Prev. KM#284.

Date	Mintage	VG	F	VF	XF	Unc
1711KB	—	100	150	275	450	—

KM# A289 1/6 DUCAT
0.5833 g., 0.9860 Gold 0.0185 oz. AGW **Ruler:** Karl VI **Obv:** Laureate bust right, value at shoulder **Rev:** Madonna and child divide mint mark above arms **Note:** Prev. KM#289.

Date	Mintage	VG	F	VF	XF	Unc
1712CH PW	—	125	200	350	650	—

KM# 307.1 1/6 DUCAT
0.5833 g., 0.9860 Gold 0.0185 oz. AGW **Ruler:** Karl VI

Date	Mintage	VG	F	VF	XF	Unc
1728NB	—	75.00	125	200	350	—
1730NB	—	75.00	125	200	350	—
1740NB	—	75.00	125	200	350	—

KM# 307.2 1/6 DUCAT
0.5833 g., 0.9860 Gold 0.0185 oz. AGW **Ruler:** Karl VI **Note:** Thick, struck from 1/2 Ducat dies.

Date	Mintage	VG	F	VF	XF	Unc
1739	—	75.00	125	225	450	—

KM# 360 1/6 DUCAT
0.5833 g., 0.9860 Gold 0.0185 oz. AGW **Ruler:** Maria Theresia **Obv:** Bust right **Rev:** Imperial eagle

Date	Mintage	F	VF	XF	Unc	BU
1752	—	125	225	425	700	—

KM# A280 1/4 DUCAT
0.8750 g., 0.9860 Gold 0.0277 oz. AGW **Ruler:** Karl VI **Obv:** Laureate head right **Rev:** Radiant Madonna and child above arms **Note:** Prev. KM#280.

Date	Mintage	VG	F	VF	XF	Unc
1710KB	—	125	200	450	750	—
1711KB	—	125	200	450	750	—

KM# A281 1/4 DUCAT
0.8750 g., 0.9860 Gold 0.0277 oz. AGW **Ruler:** Joseph I **Obv:** Joseph standing divides mint mark in inner circle **Rev:** Radiant Madonna and child in inner circle, arms below **Note:** Prev. KM#281.

Date	Mintage	VG	F	VF	XF	Unc
1710CH PW	—	125	200	500	850	—
1711CH PW	—	125	200	500	850	—

KM# 290 1/4 DUCAT
0.8750 g., 0.9860 Gold 0.0277 oz. AGW **Ruler:** Karl VI **Obv:** Charles VI standing divides mint mark in inner circle

Date	Mintage	VG	F	VF	XF	Unc
1712 PW	—	125	250	550	900	—

KM# 311 1/4 DUCAT
0.8750 g., 0.9860 Gold 0.0277 oz. AGW **Ruler:** Karl VI **Obv:** Charles VI standing divides mint mark **Rev:** Madonna and child above arms, legend starts at upper right

Date	Mintage	VG	F	VF	XF	Unc
1730NB	—	100	150	200	350	—
1735NB	—	100	150	200	350	—
1737NB	—	100	150	200	350	—

KM# 318 1/4 DUCAT
0.8750 g., 0.9860 Gold 0.0277 oz. AGW **Ruler:** Karl VI **Obv:** Standing figure **Rev:** Legend starts at lower left

Date	Mintage	VG	F	VF	XF	Unc
1738	—	75.00	125	175	325	—
1740	—	75.00	125	175	325	—

KM# 361 1/4 DUCAT
0.8750 g., 0.9860 Gold 0.0277 oz. AGW **Ruler:** Maria Theresia **Obv:** Bust right **Rev:** Madonna and child above arms

Date	Mintage	F	VF	XF	Unc	BU
1752	—	125	200	500	850	—
1755	—	125	200	500	850	—

Joseph standing right divides mint mark in inner circle **Obv. Legend:** IOSEPH • D: G: R: I: S: ... **Rev:** Radiant Madonna and child in inner circle, crowned arms below **Rev. Legend:** AR: AV: DV: BV: BV: M - MOCO: TY: date **Note:** Prev. KM#272.

Date	Mintage	VG	F	VF	XF	Unc
1708K-B	—	325	650	1,200	2,000	—
1709K-B	—	325	650	1,200	2,000	—

Date	Mintage	VG	F	VF	XF	Unc
1725NB	—	125	175	325	550	950
1726NB	—	125	175	325	550	950

KM# 409 1/2 DUCAT
1.7500 g., 0.9860 Gold 0.0555 oz. AGW, 19.3 mm. **Ruler:** Franz II **Obv:** Bust right **Obv. Legend:** FRANC • II • D•G• • R•I•S•A•GE • HV • BO • REX **Rev:** Imperial eagle with Hungarian crown on chest **Rev. Legend:** ARCH • A • D • BVRG• - LOTH • M • D • H • **Note:** Fr. #370.

Date	Mintage	F	VF	XF	Unc	BU
1796	—	550	950	1,650	—	—

KM# 276 DUCAT
3.5000 g., 0.9860 Gold 0.1109 oz. AGW **Ruler:** Joseph I **Obv:** Standing figure **Obv. Legend:** IOSEPHVS: D: G: R: I: S: ... **Rev:** Radiant Madonna and child

Date	Mintage	VG	F	VF	XF	Unc
1709CH PW	—	400	800	1,500	2,500	—
1710CH PW	—	400	800	1,500	2,500	—
1711CH PW	—	400	800	1,500	2,500	—

KM# 306.1 DUCAT
3.5000 g., 0.9860 Gold 0.1109 oz. AGW **Ruler:** Karl VI **Obv:** Standing figure **Obv. Legend:** CAROL • VI • D: G: R: I:... **Rev:** Radiant Madonna and child **Rev. Legend:** CAROL • VI • D • G • R • I... **Rev:** Radiant Madonna and child **Rev. Legend:** S • IMMAC • V • MAR • MAT - DEI • HUNGAR • PAT • date

Date	Mintage	VG	F	VF	XF	Unc
1727N-B	—	125	175	300	500	850
1728N-B	—	125	175	300	500	850
1729N-B	—	125	175	300	500	850
1730N-B	—	125	175	300	500	850
1731N-B	—	125	175	300	500	850
1732N-B	—	125	175	300	500	850
1733N-B	—	125	175	300	500	850
1735N-B	—	125	175	300	500	850

KM# 151 DUCAT
3.5000 g., 0.9860 Gold 0.1109 oz. AGW **Ruler:** Leopold I **Obv:** Leopold standing right divides mint mark in inner circle **Obv. Legend:** LEOPOLD: D: G: R - S: A: G: H: B: R E X **Rev:** Madonna with child at right **Rev. Legend:** • AR • AV • DV • BV • M • - MOCO • TY • date

Date	Mintage	VG	F	VF	XF	Unc
1701K-B	—	175	325	500	775	1,400
1702K-B	—	175	325	500	775	1,400
1703K-B	—	175	325	500	775	1,400
1704K-B	—	175	325	500	775	1,400

KM# 282 DUCAT
3.5000 g., 0.9860 Gold 0.1109 oz. AGW **Ruler:** Karl VI **Obv:** Standing figure **Obv. Legend:** CAROLVS • VI • D: G: - R: I: S: A: G: H: H: B: R: **Rev:** Madonna and child in radiant oval, crowned arms below **Rev. Legend:** PATRONA • REGN • - HUNGARIÆ •

Date	Mintage	VG	F	VF	XF	Unc
1710K-B	—	325	650	1,200	2,000	—
1711K-B	—	325	650	1,200	2,000	—

KM# 306.2 DUCAT
3.5000 g., 0.9860 Gold 0.1109 oz. AGW **Ruler:** Karl VI **Obv:** Standing figure **Obv. Legend:** CAROL • VI • D: G: R: I: S: **Rev:** Radiant Madonna and child **Rev. Legend:** PATRONA • REGNI - HUNGARIÆ • date

Date	Mintage	VG	F	VF	XF	Unc
1731K-B	106,000	125	150	250	350	650
1732K-B	—	125	150	250	350	650
1733K-B	—	125	150	250	350	650
1734K-B	—	125	150	250	350	650
1735K-B	—	125	150	250	350	650
1736K-B	—	125	150	250	350	650
1737K-B	—	125	150	250	350	650
1738K-B	—	125	150	250	350	650
1739K-B	—	125	150	250	350	650
1740K-B	—	125	150	250	350	650

KM# 306.3 DUCAT
3.5000 g., 0.9860 Gold 0.1109 oz. AGW **Ruler:** Karl VI **Obv:** Legend starts at upper right **Rev:** Radiant Madonna and child • date

Date	Mintage	VG	F	VF	XF	Unc
1732N-B	—	125	175	300	500	—
1734N-B	—	125	175	300	500	—

KM# 247 DUCAT
3.5000 g., 0.9860 Gold 0.1109 oz. AGW **Ruler:** Leopold I **Obv:** Initials below Leopold standing

Date	Mintage	VG	F	VF	XF	Unc
1701NB	—	280	550	1,100	1,950	—
1702NB	—	280	550	1,100	1,950	—
1703NB	—	280	550	1,100	1,950	—

KM# A214.2 DUCAT
3.5000 g., 0.9860 Gold 0.1109 oz. AGW **Ruler:** Leopold I **Obv:** Leopold standing right in inner circle, I below feet **Rev:** Madonna and child divide mint mark **Note:** Prev. KM#214.2.

Date	Mintage	VG	F	VF	XF	Unc
1702N-B	—	200	400	750	1,350	—

KM# A214.3 DUCAT
3.5000 g., 0.9860 Gold 0.1109 oz. AGW **Ruler:** Leopold I **Obv:** Leopold standing **Rev:** Madonna and child divide date at top **Note:** Prev. KM#214.3.

Date	Mintage	VG	F	VF	XF	Unc
1703 S	—	200	400	750	1,350	—

KM# 267 DUCAT
3.5000 g., 0.9860 Gold 0.1109 oz. AGW **Ruler:** Joseph I **Obv:** Joseph standing left of table in inner circle **Rev:** Madonna and child in radiant oval in inner circle

Date	Mintage	VG	F	VF	XF	Unc
1705C SH	—	400	800	1,500	2,500	—

KM# 268 DUCAT
3.5000 g., 0.9860 Gold 0.1109 oz. AGW **Ruler:** Joseph I **Obv:** Joseph standing facing 1/2 left divides mint mark in inner circle **Rev:** Madonna and child in radiant oval in inner circle, three shields below

Date	Mintage	VG	F	VF	XF	Unc
1705CH CSH	—	400	800	1,500	2,500	—
1706CH CSH	—	400	800	1,500	2,500	—
1707CH CSH	—	400	800	1,500	2,500	—
1708CH CSH	—	400	800	1,500	2,500	—

KM# 291 DUCAT
3.5000 g., 0.9860 Gold 0.1109 oz. AGW **Ruler:** Karl VI **Obv:** Standing figure **Obv. Legend:** CAROLUS • VI • D: G: - R: I: S: A: G: H: H: B: R: **Rev:** Radiant Madonna and child **Rev. Legend:** PATRONA • REGNI - HVNGARIÆ • date

Date	Mintage	VG	F	VF	XF	Unc
1712K-B	—	125	150	250	350	650
1713K-B	—	125	150	250	350	650
1714K-B	—	125	150	250	350	650
1715K-B	—	125	150	250	350	650
1716K-B	—	125	150	250	350	650
1717K-B	—	125	150	250	350	650
1718K-B	—	125	150	250	350	650
1719K-B*	37,000	125	150	250	350	650
1720K-B	—	125	150	250	350	650
1721K-B	40,000	125	150	250	350	650
1722K-B	—	125	150	250	350	650
1723K-B	—	125	150	250	350	650
1724K-B	—	125	150	250	350	650
1725K-B	—	125	150	250	350	650
1726K-B	—	125	150	250	350	650
1727K-B	—	125	150	250	350	650
1728K-B	—	125	150	250	350	650
1729K-B	—	125	150	250	350	650
1730K-B	—	125	150	250	350	650

KM# 292 DUCAT
3.5000 g., 0.9860 Gold 0.1109 oz. AGW **Ruler:** Karl VI **Obv:** Standing figure **Rev:** Madonna and child in radiant oval in inner circle, three shields below

Date	Mintage	VG	F	VF	XF	Unc
1712 PW	—	400	800	1,500	2,500	—
1714 PW	—	400	800	1,500	2,500	—
1716 PW	—	400	800	1,500	2,500	—
1718 PW	—	400	800	1,500	2,500	—

KM# 297 DUCAT
3.5000 g., 0.9860 Gold 0.1109 oz. AGW **Ruler:** Karl VI **Obv:** Legends starts at upper right **Rev:** Madonna and child in radiant oval, date divided at top, crowned arms at bottom

Date	Mintage	VG	F	VF	XF	Unc
1714NB	—	125	175	325	550	950
1716NB	—	125	175	325	550	950
1717NB	—	125	175	325	550	950
1718NB	—	125	175	325	550	950
1719NB	—	125	175	325	550	950
1720NB	—	125	175	325	550	950
1721NB	—	125	175	325	550	950
1722NB	—	125	175	325	550	950
1723NB	—	125	175	325	550	950
1724NB	—	125	175	325	550	950

KM# 315 DUCAT
3.5000 g., 0.9860 Gold 0.1109 oz. AGW **Ruler:** Karl VI **Obv:** Laureate head right, mint mark in oval below head

Date	Mintage	VG	F	VF	XF	Unc
1735N-B	—	125	200	350	600	—

KM# 316 DUCAT
3.5000 g., 0.9860 Gold 0.1109 oz. AGW **Ruler:** Karl VI **Rev:** Radiant Madonna and child divide mint mark

Date	Mintage	VG	F	VF	XF	Unc
1736N-B	—	125	200	350	600	—

KM# 317 DUCAT
3.5000 g., 0.9860 Gold 0.1109 oz. AGW **Ruler:** Karl VI **Rev:** Crowned arms at bottom divide mint mark

Date	Mintage	VG	F	VF	XF	Unc
1736N-B	—	125	150	250	400	700
1737N-B	—	125	150	250	400	700
1738N-B	—	125	150	250	400	700
1739N-B	—	125	150	250	400	700
1740N-B	—	125	150	250	400	700

KM# A272 DUCAT
3.5000 g., 0.9860 Gold 0.1109 oz. AGW **Ruler:** Joseph I **Obv:**

KM# 329.1 DUCAT
3.5000 g., 0.9860 Gold 0.1109 oz. AGW **Ruler:** Maria Theresia **Obv:** Standing figure **Obv. Legend:** MA • THERESIA • - D: G:

HUNGARY

REG: MU: BO: **Rev:** Radiant Madonna and child **Rev. Legend:** PATRONA • REGNI • - HUNGARIÆ •

Date	Mintage	F	VF	XF	Unc	BU
1741K-B	238,000	125	175	275	450	750
1742K-B	616,000	125	175	275	450	750
1743K-B	604,000	125	175	275	450	750
1744K-B	205,000	125	175	275	450	750
1745K-B	170,000	125	175	275	450	750

KM# 334 DUCAT

3.5000 g., 0.9860 Gold 0.1109 oz. AGW **Ruler:** Maria Theresia **Obv:** Bust right **Obv. Legend:** M • THERES • D • G • R • - IMP .... **Rev:** Madonna and child above arms **Rev. Legend:** PATRONA • REGNI • - HUNGARIÆ •

Date	Mintage	F	VF	XF	Unc	BU
1741N-B	8,646	—	—	—	—	—
1742N-B	8,762	—	—	—	—	—
1743N-B	6,533	125	200	300	550	900
1744N-B	8,615	—	—	—	—	—
1745N-B	8,532	125	200	300	550	900
1746N-B	7,046	—	—	—	—	—
1747N-B	7,390	125	200	300	550	900
1748N-B	7,947	125	200	300	550	900
1749N-B	9,670	—	—	—	—	—
1750N-B	13,000	125	200	300	500	850
1751N-B	16,000	125	200	300	500	850
1752N-B	15,000	125	200	300	500	850
1753N-B	17,000	125	200	300	500	850
1754N-B	18,000	125	200	300	500	850
1755N-B	23,000	125	200	300	500	850
1756N-B	25,000	125	200	300	500	850
1757N-B	22,000	125	200	300	500	850
1758N-B	27,000	—	—	—	—	—
1759N-B	30,000	125	200	300	500	850
1760N-B	22,000	125	200	300	500	850
1761N-B	27,000	125	200	300	500	850
1762N-B	27,000	125	200	300	500	850
1763N-B	26,000	125	200	300	500	850
1764N-B	31,000	125	200	300	500	850
1765N-B	33,000	125	200	300	500	850

KM# 329.2 DUCAT

3.5000 g., 0.9860 Gold 0.1109 oz. AGW **Ruler:** Maria Theresia **Obv:** Standing figure **Obv. Legend:** M • THER • D • G • R • I • - G • H • B • R • A • A • D • B • C • T • **Rev:** Radiant Madonna and child **Rev. Legend:** PATRONA REGNI - HUNGARIÆ • date

Date	Mintage	F	VF	XF	Unc	BU
1746K-B	177,000	125	175	275	475	650
1747K-B	150,000	125	175	275	475	650
1748K-B	106,000	125	175	275	475	650
1749K-B	148,000	125	175	275	475	650
1750K-B	132,000	125	175	275	475	650
1751K-B	154,000	125	175	275	475	650
1752K-B	144,000	125	175	275	475	650
1753K-B	136,000	125	175	275	475	650
1754K-B	147,000	125	175	275	475	650
1755K-B	145,000	125	175	275	475	650
1756K-B	292,000	125	175	275	475	650
1757K-B	153,000	125	175	275	475	650
1758K-B	129,000	125	175	275	475	650
1759K-B	144,000	125	175	275	475	650
1760K-B	127,000	125	175	275	475	650
1761K-B	145,000	125	175	275	475	650
1762K-B	137,000	125	175	275	475	650
1763K-B	121,000	125	175	275	475	650
1764K-B	178,000	125	175	275	475	650
1765K-B	80,000	140	200	300	525	—

KM# 329.3 DUCAT

3.5000 g., 0.9860 Gold 0.1109 oz. AGW **Ruler:** Maria Theresia **Obv:** Standing figure **Obv. Legend:** M • THER • D • G • R • I • - G • H • B • R • A • A • D • B • C • T • **Rev:** Radiant Madonna and child **Rev. Inscription:** PATRONA • REGNI • - HUNGARIÆ • date

Date	Mintage	F	VF	XF	Unc	BU
1765 KBII/KD	882,000	125	175	275	450	—

KM# 382 DUCAT

3.5000 g., 0.9860 Gold 0.1109 oz. AGW **Ruler:** Maria Theresia **Obv:** Veiled head right **Rev:** Madonna and child

Date	Mintage	F	VF	XF	Unc	BU
1766 B-L	29,000	125	200	300	500	650
1767 B-L	29,000	125	200	300	500	650
1768 B-L	27,000	125	200	300	500	650
1769 B-L	—	125	200	300	500	650
1770 B-L	—	125	200	300	500	650
1771 B-L	—	125	200	300	500	650
1774 B-V	—	125	200	300	500	650
1775 B-V	—	125	200	300	500	650
1779 IB-IV	—	125	200	300	500	650
1779 B-V	—	125	200	300	500	650
1780 IB-IV	—	125	200	300	500	650

KM# 379 2 DUCAT

6.9800 g., 0.9900 Gold 0.2222 oz. AGW **Ruler:** Maria Theresia **Obv:** Standing woman **Obv. Legend:** M • THER • D: G • R • I • - G • H • B • R • A • A • D • B • C • T • **Rev:** Radiant Madonna and child **Rev. Legend:** PATRONA • REGNI • - HUNGARIÆ • date

Date	Mintage	VG	F	VF	XF	Unc
1763	—	150	250	350	600	800
1764	40,000	150	250	350	600	800
1765	26,000	150	250	350	600	800
1765 KB/KD	712,000	150	250	350	600	800

KM# 396 DUCAT

3.5000 g., 0.9860 Gold 0.1109 oz. AGW **Ruler:** Joseph II **Obv:** Joseph I standing right **Obv. Legend:** IOS. II. D. G. R. I. S. A. - G. H. B. R. A. A. D. B. ET. L. **Rev:** Madonna **Rev. Legend:** PATRONA REGNI HVNGARIAE

Date	Mintage	F	VF	XF	Unc	BU
1781	—	125	200	300	500	—
1782	—	125	200	300	500	—
1783	—	125	200	300	500	—
1784	—	125	200	300	500	—
1785/4	—	125	200	300	500	—
1785	—	125	200	300	500	—

KM# 407.1 DUCAT

3.5000 g., 0.9860 Gold 0.1109 oz. AGW **Ruler:** Leopold II **Obv:** Leopold I standing right **Obv. Legend:** LEOP. II. D. G. HV. BO. GA.- L. R. A. A. D. B. ET. L. M. D. H. **Rev:** Madonna **Rev. Legend:** S. MARIA MATER DEI-PATRONA HVNG.

Date	Mintage	F	VF	XF	Unc	BU
1790	—	150	250	400	600	800

KM# 407.2 DUCAT

3.5000 g., 0.9860 Gold 0.1109 oz. AGW **Ruler:** Leopold II **Obv:** Standing figure **Obv. Legend:** LEOP • II • D • G • R • I • S • ... **Rev:** Radiant Madonna and child **Rev. Legend:** S • MARIA MATER DEI - PATRONA HVNG • date

Date	Mintage	F	VF	XF	Unc	BU
1791	—	150	225	375	650	850
1792	—	150	225	375	650	850

KM# 410 DUCAT

3.5000 g., 0.9860 Gold 0.1109 oz. AGW **Ruler:** Franz II **Obv:** Standing figure **Obv. Legend:** FRANC • II • D • G • R • I • S • A... **Rev:** Radiant Madonna and child **Rev. Legend:** S • MARIA MATER DEI - PATRONA HVNG • date

Date	Mintage	F	VF	XF	Unc	BU
1792	—	120	160	250	400	500
1793	—	120	160	250	400	500
1794	—	120	160	250	400	500
1795	—	120	160	250	400	500
1796	—	120	160	250	400	500
1797	—	120	160	250	400	500
1798	—	120	160	250	400	500
1799	—	120	160	250	400	500

KM# 277 2 DUCAT

7.0000 g., 0.9860 Gold 0.2219 oz. AGW **Ruler:** Joseph I **Obv:** Joseph standing right divides mint mark **Rev:** Madonna and child in radiant oval, crowned arms below

Date	Mintage	VG	F	VF	XF	Unc
1709K-B	—	1,200	2,500	4,500	7,000	—

KM# 397 2 DUCAT

6.9800 g., 0.9900 Gold 0.2222 oz. AGW **Ruler:** Joseph II **Obv:** Standing figure **Obv. Legend:** IOS • II • D • G • R • I • S • A • G • H • B • R • A • A • D • B • ET • L • **Rev:** Radiant Madonna and child **Rev. Legend:** PATRONA REGNI HUNGARIÆ • **Note:** Without mint mark

Date	Mintage	VG	F	VF	XF	Unc
1781	39,000	150	250	350	600	800
1782	45,000	150	250	350	600	800
1783 Rare	35,000	—	—	—	—	—
1784/3	31,000	150	250	350	600	800
1784 Rare	Inc. above	—	—	—	—	—
1785	42,000	150	250	350	600	800
1786	58,000	150	250	350	600	800
1787	20,000	175	300	450	700	900

KM# A215 3 DUCAT

10.5000 g., 0.9860 Gold 0.3328 oz. AGW **Ruler:** Leopold I **Note:** Struck with 1/2 Thaler dies, KM#260.

Date	Mintage	VG	F	VF	XF	Unc
1703NB	—	1,100	2,150	3,900	6,600	—

KM# B215 4 DUCAT

14.0000 g., 0.9860 Gold 0.4438 oz. AGW **Ruler:** Leopold I **Obv:** Bust right **Rev:** Crowned imperial eagle **Note:** Klippe. Struck with 1/2 Thaler dies, KM#260.

Date	Mintage	VG	F	VF	XF	Unc
1703NB	—	1,800	3,000	5,400	10,000	—

KM# A257 5 DUCAT

17.5000 g., 0.9860 Gold 0.5547 oz. AGW **Ruler:** Leopold I **Obv:** Bust right **Rev:** Crowned imperial eagle in inner circle, crown divides date at top **Note:** Prev. KM#257.

Date	Mintage	VG	F	VF	XF	Unc
1703NB	—	1,450	2,400	4,800	8,400	—

KM# 248 5 DUCAT
17.5000 g., 0.9860 Gold 0.5547 oz. AGW **Ruler:** Leopold I **Obv:** Bust right **Rev:** Crowned imperial eagle **Note:** Struck with 1/2 Thaler dies, KM#251.

Date	Mintage	VG	F	VF	XF	Unc
1703KB	—	3,000	4,800	7,800	14,000	—

KM# A319 5 DUCAT
17.5000 g., 0.9860 Gold 0.5547 oz. AGW **Ruler:** Karl VI **Rev:** Crowned imperial eagle, date in legend **Note:** Struck with 1/2 Thaler dies, KM#320.

Date	Mintage	VG	F	VF	XF	Unc
1739 Rare	—	—	—	—	—	—

KM# A253 10 DUCAT
35.0000 g., 0.9860 Gold 1.1095 oz. AGW **Ruler:** Leopold I **Note:** Struck with 1 Thaler dies, KM#257. Prev. KM#253.

Date	Mintage	VG	F	VF	XF	Unc
1703NB	—	—	—	6,500	11,500	—

KM# A278 10 DUCAT
35.0000 g., 0.9860 Gold 1.1095 oz. AGW **Ruler:** Joseph I **Rev:** Crowned imperial eagle in inner circle, date in legend **Note:** Struck with 1 Thaler dies, KM#283.

Date	Mintage	VG	F	VF	XF	Unc
1709KB Rare	—	—	—	—	—	—

COUNTERMARKED COINAGE

KM# 268.2 10 POLTURA
Copper **Countermark:** Madonna and child in oval **Note:** Countermark on obverse. Varieties of shield exist.

CM Date	Host Date	Good	VG	F	VF	XF
ND1706-11	1704	—	19.00	31.25	70.00	150
ND1706-11	1705	—	19.00	31.25	70.00	150
ND1706-11	1706	—	19.00	31.25	70.00	150

KM# 268.4 10 POLTURA
Copper **Countermark:** Madonna and child in oval **Note:** Countermark on obverse of KM#264.3.

CM Date	Host Date	Good	VG	F	VF	XF
ND1706-11	1705CM	—	19.00	31.25	70.00	140
ND1706-11	1706CM	—	19.00	31.25	70.00	140

KM# 268.3 10 POLTURA
Copper **Countermark:** Madonna and child in oval **Note:** Countermark on obverse of KM#264.2.

CM Date	Host Date	Good	VG	F	VF	XF
ND1706-11	1705NB	—	43.75	55.00	105	240

KM# 268.1 10 POLTURA
Copper **Countermark:** Madonna and child in oval **Note:** Without mint mark. Countermark on obverse and reverse.

CM Date	Host Date	Good	VG	F	VF	XF
ND1706-11	1705	—	25.00	37.50	85.00	180
ND1706-11	1706	—	25.00	37.50	85.00	180
ND1706-11	1704	—	25.00	37.50	85.00	180

KM# 268.5 10 POLTURA
Copper **Countermark:** Madonna and child in oval **Note:** Countermark on obverse and reverse of KM#264.3.

CM Date	Host Date	Good	VG	F	VF	XF
ND1706-11	1706	—	31.25	43.75	90.00	205

KM# 268.6 10 POLTURA
Copper **Countermark:** Madonna and child in oval **Note:** Countermark on obverse of KM#264.4.

CM Date	Host Date	Good	VG	F	VF	XF
ND1706-11	1706MM	—	31.25	50.00	100	220

KM# 268.7 10 POLTURA
Copper **Countermark:** Madonna and child in oval **Note:** Countermark on obverse and reverse of KM#264.4.

CM Date	Host Date	Good	VG	F	VF	XF
ND1706-11	1706	—	43.75	65.00	125	280

KM# 276.2 20 POLTURA
Copper **Countermark:** Madonna and child in oval **Note:** Countermark on obverse and reverse of KM#275.1.

CM Date	Host Date	Good	VG	F	VF	XF
ND1706-11	1705	—	25.00	37.50	85.00	180

KM# 276.1 20 POLTURA
Copper **Countermark:** Madonna and child in oval **Note:** Countermark on obverse of KM#275.1.

CM Date	Host Date	Good	VG	F	VF	XF
ND1706-11	1705	—	25.00	37.50	85.00	180

KM# 276.3 20 POLTURA
Copper **Countermark:** Madonna and child in oval **Note:** Without mint mark. Countermark on obverse of KM#275.2.

CM Date	Host Date	Good	VG	F	VF	XF
ND1706-11	1705	—	25.00	37.50	85.00	180
	1706	—	25.00	37.50	85.00	180

KM# 276.4 20 POLTURA
Copper **Countermark:** Madonna and child in oval **Note:** Countermark on obverse and reverse of KM#275.2.

CM Date	Host Date	Good	VG	F	VF	XF
ND1706-11	1705	—	25.00	37.50	85.00	180

PATTERNS
Including off metal strikes

KM#	Date	Mintage	Identification	Mkt Val
Pn73	1703K-B	—	Krajczar. Gold. KM#173	400
Pn77	1723KB	—	Ducat. Copper. KM#291	150
Pn78	1723NB	—	Ducat. Copper. KM#297	150
Pn80	1740 K-B	—	30 Krajczar. Gold. KM#319. Weight of 5 Ducat.	—
Pn81	1742	—	1/2 Thaler. Copper.	—
Pn82	1751	—	Thaler. Pewter.	—
Pn83	1753	—	Ducat. Silver.	—
Pn84	1754	—	Denar. Gold. KM#362.1	—
Pn85	1756	—	Thaler. Pewter.	—
Pn86	1759	—	Poltura. Copper. KM#346	—
Pn87	1760	—	Denar. Copper. KM#375. Madonna without rays.	—
Pn88	1761	—	Poltura. Copper. KM#346	—
Pn89	1761	—	Poltura. Copper. KM#346	—
Pn90	1770	—	30 Kreuzer. Pewter.	—
Pn91	1779	—	Poltura. Copper.	—
Pn92	1779	—	3 Kreuzer. Copper.	—
Pn95	1788	—	Denarius. Copper. Without wreath.	—
Pn96	ND	—	20 Kreuzer. Bust right with 13 stars around. Madonna above 20.	—
Pn94	1788A	—	Denarius. Copper. With wreath.	—
Pn93	1788B	—	Hungrish. Copper. Crowned arms. Value.	—

PIEFORTS

KM#	Date	Mintage	Identification	Mkt Val
P18	1766	—	Denar. KM#375	—

TRIAL STRIKES

KM#	Date	Mintage	Identification	Mkt Val
TS-A1	1704	—	10 Poltura. Lead. KM#269.	—
TS-A1a	1704	—	10 Poltura. Silver. KM#269.	—
TS-A1b	1704	—	10 Poltura. Gold. KM#269.	—
TS-A2	1706	—	10 Poltura. Silver. KM#269.	—
TS1	1742KB	—	1/2 Thaler. Copper. KM#327.	—
TS2	1743NB	—	15 Krajczar. Gold. KM#332.	—
TS3	1751KB	—	Thaler. Lead. KM#349.	—
TS4	1752W-I	—	Poltura. Copper. KM#346.3.	—
TS5	1753KB	—	Ducat. Silver. KM#329	—
TS6	1754KB	—	Denar. Gold. KM#362.1.	—
TS8	1756KB	—	Thaler. Lead. KM#358.	—
TS7	1770 OEVM-D/K	—	30 Krajczar. Lead. KM#384.	—
TS9	1779 SK-PD	—	3 Krajczar. Copper. KM#392.	—

INDIA MUGHAL EMPIRE

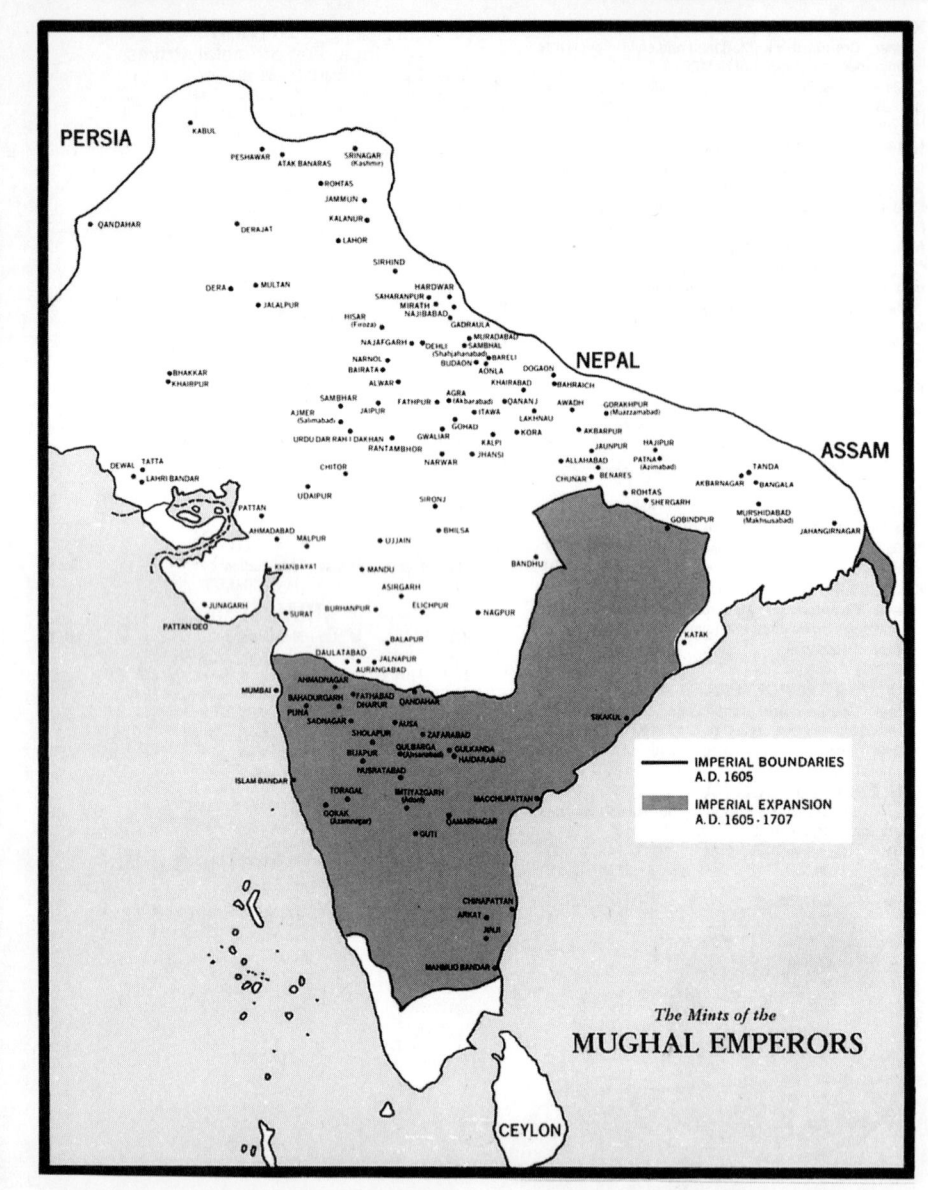

Jahandar Shah, AH1124/1712AD

Farrukhsiyar, AH1124-1131/1713-1719AD

Nikusiyar, AH1131/1719AD

Rafi-ud-Darjat, AH1131/1719AD

Shah Jahan II, Rafi-ud-Daula AH1131/1719AD

Muhammad Ibrahim, in Delhi, AH1132-1133/1720AD

Muhammad Shah, AH1131-1161/1719-1748AD

Ahmad Shah Bahadur, AH1161-1167/AH1748-1754AD

Alamgir II, Aziz-ud-din, AH1167-1173/1754-1759AD

Shah Jahan III, AH1173-1174/1759-1760AD

Bedar Bakht, Muhammad, in Delhi and Gujarat, AH1202-1203/1788AD

Akbar Shah AH1203/1788AD

Shah Alam II, AH1174-1202/1759-1788AD and AH1203-1221/1789-1806AD

The Lodi Sultanate of Delhi was conquered by Zahir-ud-din Muhammad Babur, a Chagatai Turk descended from Tamerlane, in 1525AD. His son, Nasir-ud-din Muham-mad Humayun, lost the new empire in a series of battles with the Bihari Afghan Sher Shah, who founded the short-lived Suri dynasty. Humayun, with the assistance of the Emperor of Persia, recovered his kingdom from Sher Shah's successors in 1555AD. He did not long enjoy the fruits of victory for his fatal fall down his library steps brought his teenage son Jalal-ud-din Muhammad Akbar to the throne in the following year. During Akbar's long reign of a half century, the Mughal Empire was firmly established throughout much of North India. Under Akbar's son and grandson, the emperors Nur-ud-din Muhammad Jahangir and Shihab-ud-din Muhammad Shah Jahan, the state reached its apogee and art, culture and commerce flourished.

One of the major achievements of the Mughal government was the establishment of a universal silver currency, based on the rupee, a coin of 11.6 grams and as close to pure silver content as the metallurgy of the time was capable of attaining. Supplementary coins were the copper dam and gold mohur. The values of these coin denominations were nominally fixed at 40 dams to 1 rupee, and 8 rupees to 1 mohur; however, market forces determined actual exchange rates.

The maximum expansion of the geographical area under direct Mughal rule was achieved during the reign of Aurangzeb Alamgir. By his death in 1707AD, the whole peninsula, with minor exceptions, the whole subcontinent of India owed fealty to the Mughal emperor.

Aurangzeb's wars, lasting decades, upset the stability and prosperity of the kingdom. The internal dissension and rebellion which resulted brought the eclipse of the empire in succeeding reigns. The Mughal monetary system, especially the silver rupee, supplanted most local currencies throughout India. The number of Mughal mints rose sharply and direct central control declined, so that by the time of the emperor Shah Alam II, many nominally Mughal mints served independent states. The common element in all these coinage issues was the presence of the Mughal emperor's name and titles on the obverse. In the following listings no attempt has been made to solve the problem of separating

Mughal from Princely State coins by historical criteria: all Mughal-style coins are considered products of the Mughal empire until the death of Muhammad Shah in 1784AD; thereafter all coins are considered Princely State issues unless there is evidence of the mint being under ever-diminishing Imperial control.

EMPERORS

Aurangzeb Alamgir, Muhayyi-ud-din, AH1008-1118/1658-1707AD

Azam Shah, in Gujarat and Malwa, AH1118-1119/1707AD

Kam Bakhsh, in Deccan, AH1119-1120/1707-1708AD

Shah Alam Bahadur, AH1119-1124/1707-1712AD

Azim-ush-Shan, in Bengal, AH1124/1712AD

MINT NAMES

Adoni
(Imtiyazgarh)

Advani

Agra
(Akbarabad)

The city and fort of Agra or Akbarabad fell to the Jats of Bharatpur after the battle of Panipat in 1761AD. For issues dated AH1175-1186/1761-1773AD see Indian Princely States, Bharatpur. A succession of governors from 1773AD controlled Agra nominally as officers of the Mughal emperor but actually for themselves and, after 1785, for the Maratha Peshwa.

Ahmadabad
Mint marks:

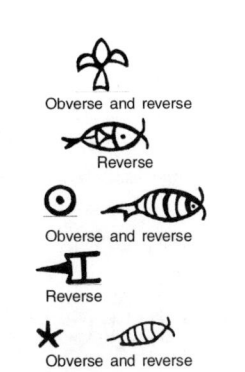

Obverse and reverse

Ahmadnagar

احمدنگر

Ahsanabad (Gulbarga)

احسن اباد

Ajmer (Salimabad)

اجمیر

Ajmer Salimabad

اجمیر سلیم اباد

Akbarabad (Agra)

اکبراباد

Akbarnagar

اکبرنگر

Akbarpur (Tanda)

اکبرپور

Akbarpur Tanda

اکبرپور تانده

Akhtarnagar (Awadh)

اخترنگر

Alamgirnagar

عالمگیرنگر

Alamgirpur (Bhilsa)

عالم گیرپور

Alinagar (Calcutta)

علی نگر

Allahabad (Ilahabad)

الله اباد

At the accession of Shah Alam II the city and fortress of Allahabad were in the possession of the Nawab-Vizier of Awadh. From 1765 to 1771 (AH1179-1185) the Mughal emperor was in residence in Allahabad; subsequently it was seized by the East India Company and sold to Awadh once more in 1773 (AH1187). For issues AH1173-1178/1759-1765AD and AH1187-1195/1773-1781AD see Indian Princely States, Awadh.

Alwar
Mint marks:

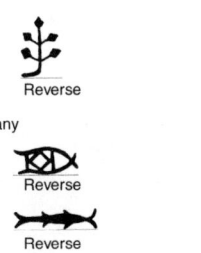

Reverse

East India Company

Reverse

Reverse

Anhirwala Pattan

انحیروالا پتن

Anwala (Anola)

انوله

Arkat
Asadnagar

ارکات

Asafabad (Bareli)

اصف اباد

Asafabad Bareli

اصف اباد بریلی

Asir

اسیر

Atak

اتك

Atak Banaras

اتك بنارس

Aurangabad (Khujista Bunyad)

اورنگ اباد

Aurangnagar

اورنگ نگر

Ausa

اوسا

Awadh, Oudh (Khitta)

اوده

Azamnagar (Gokak)

اعظم نگر

Azamnagar Bankapur

اعظم نگر بنکاپور

Azamnagar Gokak

اعظم نگر گوکاك

Azimabad (Patna)

عظیم اباد

Azimabad or Patna was lost by Shah Alam II to the East India Company in 1765AD. For subsequent issues of the Patna Mint in the mint-name Murshidabad, see India, British, Bengal Presidency.

Bahadurgarh
Mint mark

بهادرگره

Reverse

Bahraich

الوار

Bairata

بیراته

Bakkar (Bhakkar)

بهکر بهکهر

Balapur

بالاپور

Balkh

بلخ

Balwantnagar (Jhansi)

بلونت نگر

Banda Malwari (Maratha)

بنده ملواری

Bandar Shahi

بندرشاهی

Bandhu

بنحو

Bangala

بنگاله

Bankapur

بنکب بنکاپور

Baramati

بارامتی برامتی

Bareli (Asafabad)

بریلی

Baroch (sometimes Bairata)

بروچ

Berar

برار

Bhakhar

بهکر

Bharoch

بهروچ

Bhilsa (Alamgirpur)

بهلسته

Bijapur

بیجاپور

Bikaner

بیکانیر

Budaon

بداون

Burhanabad

برهان اباد

Burhanpur

برهانپور

INDIA MUGHAL EMPIRE

Chinapattan چيناپتن

Chitor (Akbarpur) چيتور

Chunar چنار

Daulatabad (Deogir) دولت اباد دولتاباد

Dehli (Shahjahanabad) دهلي

Deogir (Daulatabad) ديوگير

Derajat ديرجات

Dewal Bandar ديول بندر

Dilshadabad دلشاداباد

Dogaon دوگاون

Elichpur ايلچپور

Farkhanda Bunyad (Haidarabad) فرخنده بنياد

Farrukhabad (Ahmadnagar) فرخ اباد

Fathabad Dharur فبح اباد دهرور

Fathnagar فتحنگر

Fathpur فتحپور

Firozgarh فيروزگره

Firoznagar فيروزنگر

Gadraula گدرولة

Gajjikota گجيکوتا

Gobindpur گوبندپور

Gohad گوهد

Gokak (Azamnagar) گوکاك

Gokulgarh گوکل گره

Gorakpur (Muazzamabad) Mint marks

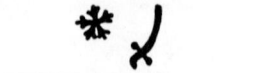

Gulbarga (Ahsanabad) گلبرگة

Gulkanda گلکندة

Gulshanabad (Nasik) گلشن اباد

Guti گوتي

Gwalior گواليار

Hafizabad هافظاباد

Haidarabad (Farkhanda Bunyad) حيدراباد

Hajipur حجيپور

Hardwar (Tirath) هاردوار

A mint of the Mughal governor of Saharanpur.

Hathras هاتهرس

Hathras, near Aligarh, was in the control of the Nawab – Vizier of Awadh until 1782AD. For issues before AH1196/24, see India Princely State, Awadh.

Hisar (Firoza) حصار

Hisar Firoza حصار فيروزة

Hukeri هوکري

Imtiyazgarh (Adoni) امتيازگره

Islamabad (Mathura) اسلام اباد

Islam Bandar (Rajapur) اسلام بندر

Islamnagar اسلام نگر

Itawa اتاوه اتاوا

Jabbalpore جبالپور

Jahangirnagar (Dacca) Mint mark

The city of Jahangirnagar (modern Dhakka, or Dacca) during the reign of Shah Alam II remained a mint city under the control of the Nawab of Bengal, Siraj ad-daulah, until the British took over administration of the province in 1765AD (AH1178/9). The date and style of this coin type suggest the last issue of the Mughals from this city.

Jaipur (Sawai) جي پور

Jalalnagar جلال نگر

Jalalpur جلالپور

Jalesar جليسار

Jallandar جالندر جلّندر

Jalnapur جالنة پور

Jaunpur جونپور

Jinji جنجي

Jodhpur جودهپور

Junagarh جونة گره

Kabul کابل

Kalanur کالانور

Kalkatta **کلکته**

Kalpi کلپي

Kanauj (Qanauj) قنوج

Kanbayat (Khambayat) کمبايت

Kanji کنجي

Kankurti کانکرتي

Kararabad کرارباد

Karimabad کريم اباد

Karnatak کرناتك

Karpa	کرپا	Malpur	مالپور	Najibabad	نجیباباد
Kashmir (Srinagar)	کشمیر	Mandu	مندو	Narnol	نارنول
Katak	کتك	Mangarh (Manghar)	مانگره	Narwar	نرور
Katak Banaras	کتك بنارس	Manikpur	مانکپور	Nasirabad	نصیراباد
Khairabad	خیراباد	Mathura (Islamabad)	متهره	Nusratabad (Fathpur)	نصرت اباد
Khairnagar	خیرنگر	Mirath (Mirtha)	میرتا میرتة	Nusratgarh	نصرت گره
Khairpur	خیرپور	Muazzamabad (Gorakhpur)	معظم اباد	Parenda	پرنده پرنده
Khambayat (Kanbayat)	کمبایت	Muhammadabad (Udaipur)	محمداباد	Parnala (Qila)	پرنالا (قلع)
Khujista Bunyad (Aurangabad)	خجسته بنیاد	Muhammadabad Banaras	محمداباد بنارس	Patna (Azimabad)	پتنة
Koilkunda	کویلکونده	Mujahidabad	مجاحداباد	Pattan (Anhirwala)	پتن
Kolapur	کولاپور کلاپور	Mulher	ملهر	Pattan Deo	پتن دیو
Kora Mint mark	کورا	Multan	ملتان	Peshawar	پشاور
		Mumbai	منبی	Phonda	پهونده
Shah Alam II received Kora from Awadh in AH1178/1765AD, and lost it to the East India company in AH1184/1771AD when he moved to Delhi.		Mungir	منگیر	Punamali	پونامالی
Lahore	لاهور	Coins were struck during the conflict between Mir Kasim, Nawab of Bengal and the East India Company. Mungir (Monghyr) was the temporary residence and headquarters of the Nawab.		Punch	پونج
Lahri Bandar	لهری بندر	Muradabad	مراداباد	Pune (Muhiabad, Poona)	پونه
Lakhnau	لکهنو	Murshidabad (Makhsusabad) Mint mark	مرشداباد	Purbandar	پوربندر
Machhilpattan	مچهلی پتن			Purenda	پرنده
Madankot	مدنکوت	Bengal, including the mint-town of Murshidabad, was lost by Shah Alam II to the East India Company in 1765AD. For coins later than AH1179, regnal yr. 5, see India, British, Bengal Presidency.		Qamarnagar	قمرنگر
Mahindurpur (Mahe Indrapur)	ماهه اندرپور	Murtazabad	مرتضاباد	Qanauj (Shahgarh Qanauj)	قنوج
Mahmud Bandar	محمودبندر	Muzaffargarh Mint marks	مظفرگره	Qandahar	قندهار
Mailapur	میلاپور			Rajapur (Islam Bandar)	راجاپور
Makhsusabad (Murshidabad)	مخصوص اباد	NOTE: The placing of Muzaffargarh under Khetri has been discontinued as recent research has shown that no rupees had ever been struck there.		Ranthambhor	رنتهور
Maliknagar	ملك نگر	Nagor	ناگور	Ranthor	رنتهور

INDIA MUGHAL EMPIRE

Rohtas (Ruhtas)

Sadnagar (see Asadnagar)

Saharanpur

Sarhind (Sarhind)

Saimur

Salimabad (Ajmer)

Sambhal

Sambhar

Sangamner

Sarangpur

Sarhind (Sahrind) Mint marks

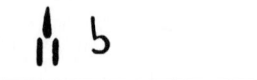

Satara

Shahabad Qanauj

Shahgarh Qanauj

Shahjahanabad (Dehli) Mint marks

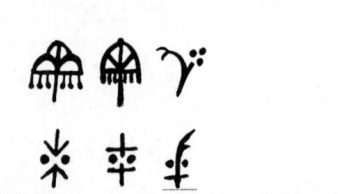

Obverse

Reverse

NOTE: The size of the Shahjahanabad rupees of Shah Alam II was subject to a wide variance. The early issues tended to be normal size for the hammered coinage (about 22mm). As the power of the emperor waned, the flan size of the Shahjahanabad rupees waxed, reflecting the increasingly ceremonial role of the coinage. The later coins should not be confused with the Nazarana (presentation) coins, which always show a full border design around the legend.

Shakola

Shergarh

Sherkot

Sherpur

Sholapur

Sikakul

Sikandarah

Sind

Sironj

Sitapur

Srinagar (Kashmir)

Surat

The Nawab of Surat continued to issue coins in the name of his nominal Mughal suzerain Shah Alam II until the British took over Surat and its mint in 1800AD (AH1214/5), Shah Alam's 43rd regnal year. These coin types of the Nawab of Surat were replicated by the British East India Company in Surat using privy mark #1 and the frozen regnal year 46 of Shah Alam II, see Bombay Presidency types KM#209.1, 210.1, 211.1, 212.1 and 214.

Tadpatri

Tanda (Akbarpur)

Tarpatri

Tatta

Toragal

Udaipur (Muhammadabad)

Udgir

Ujjain

Ujjainpur

Umarkot (in Sind)

Urdu

Urdu Dar Rah-i-Dakman

Urdu Zafar Qarin

Zafarabad

Zafarnagar

Zafarpur

Zain-ul-bilad (Ahmadabad)

MINT EPITHETS

Mughal mintnames were often accompanied by honorific epithets. Quite often the epithet is visible on the flan when the mintname is absent or cut; in such cases the epithet is the best identification for the coin's mint of issue.

I. Geographical Terms:

Baldat
City - Agra, Allahabad, Burhanpur, Bikanir, Sirhind, Ujjain

Bandar
Port - Dewal, Lahri

Dakhil
Breach (in Fort) - Chitor

Khitta
District - Awadh, Kalpi, Kashmir, Lakhnau

Qasba
Town - Panipat, Sherkot

Qila
Fort - Agra, Alwar, Gwalior, Punch

Qila (var.)
Fort - Agra, Alwar, Gwalior, Punch

Qila Muqam
Fort Residence - Gwalior

Qita
District - Bareli

Sarkar
County - Lakhnau

Shahr
City - Anhirwala Pattan

Suba
Province - Awadh

Tirtha
Shrine - Hardwar

II. Poetic Allusion:

Baldat i Fakhira
Splendid City - Burhanpur

Bandar-i-Mubarak
Blessed Port - Surat

Dar-ul-Aman
Seat of Safety - Agra, Jammun, Multan, Sirhind

دار البركات

Dar-ul-Barakat
Seat of Blessings - Nagor

دار الفتح

Dar-ul-Fath
Seat of Conquest - Ujjain

دار الاسلام

Dar-ul-Islam
Seat of Islam - Dogaon, Mandisor

دار الجهاد

Dar-ul-Jihad
Seat of Holy War - Haidarabad

دار الخير

Dar-ul-Khair
Seat of Welfare - Ajmer

دار الخلافة

Dar-ul-Khilafat
Capital (Seat of Caliphate) - Agra, Ahmadabad, Akbarabad, Akbarpur Tanda, Awadh, Bahraich, Daulatabad, Dogaon, Gorakhpur, Gwalior, Jaunpur,
Lahore, Lakhnau, Malpur, Shahgarh Qanauj, Shahjahanabad

دار المنصور

Dar-ul-Mansur
Seat of the Victorious - Ajmer, Jodhpur

دار الملك

Dar-ul-Mulk
Capital (Seat of the Kingdom) - Dehli, Fathpur, Kabul

دار السلام

Dar-us-Salam
Seat of Peace - Dogaon

دار السرور

Dar-us-Sarur
Seat of Delight - Burhanpur, Saharanpur

دارالسلطنت

Dar-us-Sultanat
Seat of Sovereignty - Ahmadabad, Burhanpur, Fathpur, Kora, Lahore

دار الظفر

Dar-uz-Zafar
Seat of Victory - Advani, Bijapur

دار الضرب

Dar-uz-Zarb
Seat of the Mint - Jaunpur, Kalpi, Patna

فرخنده بنياد

Farkhanda Bunyad
Of Auspicious Foundation - Haidarabad

حضرت

Hazrat
Venerable - Dehli

خجسته بنياد

Khujista Bunyad
Of Fortunate Foundation - Aurangabad

مستقر الخلافة

Mustaqir-ul-Khilafat
Abode of the Caliphate - Akbarabad, Ajmer

مستقر الملك

Mustaqir-ul-Mulk
Abode of the Kingdom - Akbarabad, Azimabad

سوائ

Sawai-
1/4 (A Notch Better) - Jaipur

زين البلاد

Zain-ul-Bilad
Beauty of Cities - Ahmadabad

DATING

The Mughal coins were dated both in the Hejira era and in the regnal era of each emperor. The four-digit Hejira year usually was shown on the obverse, with the one or two-digit regnal (jalus) year on the reverse. Since the regnal and calendar years did not coincide, it was common for two different regnal years to appear on the coins produced during any calendar year. The first jalus year of each reign was usually written as a word, *ahd*, rather than as a numeral.

An exception to the foregoing is that the date on certain coins struck in the Islamic millenial year AH1000 is sometimes represented by the Arabic word *Alf*, meaning,"one thousand". This device was especially used by the Urdu Zafar Qarin Mint.

THE ILAHI ERA

In his 29th regnal year Akbar determined to use a regnal era based on solar years in his administration, instead of the Hejira or Era of the Hegira based on lunar years. The new dating system appeared on the coins the same year, and continued until Akbar's death in Year 50. Mints gradually changed their usage from AH to Ilahi, although some did not convert. During the Ilahi period, many of the mints included the Persian month names as well as year of issue. Use of Ilahi dates continued into the reign of Shah Jahan.

Synchronization of Ilahi, Hejira and AD Eras:

Ilahi	Hejira	AD
Ilahi 30	AH993/4	1585/6
Ilahi 31	AH994/5	1586/7
Ilahi 32	AH995/6	1587/8
Ilahi 33	AH996/7	1588/9
Ilahi 34	AH997/8	1589/90
Ilahi 35	AH998/9	1590/1
Ilahi 36	AH999/1000	1591/2
Ilahi 37	AH1000	1592/3
Ilahi 38	AH1001/2	1593/4
Ilahi 39	AH1002/3	1594/5
Ilahi 40	AH1003/4	1595/6
Ilahi 41	1004/5	1596/7
Ilahi 42	1005/6	1597/8
Ilahi 43	1006/7	1598/9
Ilahi 44	1007/8	1599/1600
Ilahi 45	1008/9	1600/1
Ilahi 46	1009/10	1601/2
Ilahi 47	1010/11	1602/3
Ilahi 48	1011/12	1603/4
Ilahi 49	1012/13	1604/5
Ilahi 50	1013/14	1605/6
Ilahi 51	1014/15	1606/7

Ilahi months:

فروردين

(1) Farwardin

ارديبهشت

(2) Ardibihisht

خرداد

(3) Khurdad

تير

(4) Tir

امرداد

(5) Amardad

شهريور

(6) Shahrewar

مهر

(7) Mihr

آبان

(8) Aban

آذر

(9) Azar

دی

(10) Di

بهمن

(11) Bahman

اسفندارمز

(12) Isfandarmuz

STANDARD COIN PATTERN

The Mughal Rupees and Mohurs from the time of Aurangzeb (d.1707AD), generally followed a standard pattern of layout.

Obverse:

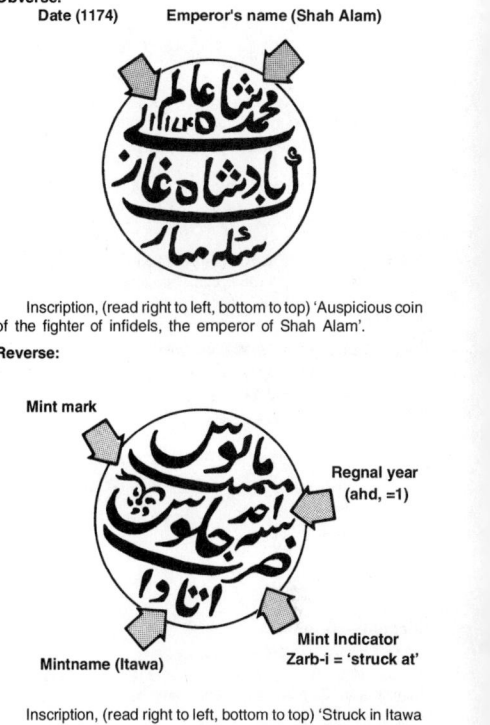

Inscription, (read right to left, bottom to top) 'Auspicious coin of the fighter of infidels, the emperor of Shah Alam'.

Reverse:

Inscription, (read right to left, bottom to top) 'Struck in Itawa in the Year One of the accession associated with prosperity'.

There are many variations of this layout, especially as to the poetic couplet containing the ruler's name on the obverse. In general however the provincial mints and independent state mints used the simple standard pattern.

MOHUR

First general issue in gold, the mohur with Hejira dating. All mohurs during Akbar's first thirty years (and some thereafter) carried the Kalima on the obverse and his name and titles on the reverse. They maintained the same weight standard, around 11 grams. Planchets were regularly round except for the rare lozenge-shaped "mehrabi" and some square types after AH987. There was much variety in borders and ornamentation, and some in royal titulature.

Largesse Coinage

Nisar

The nisar, literally scattering coins, were lightweight silver and gold coins minted especially as largesse money to be scattered amongst the crowd during festival processions and such-like state occasions. The coins were struck to 1/32 rupee, 1/16 rupee, 1/8 rupee, 1/4 rupee and 1/2 rupee weights. To better economize, they were very thin with wide flans, appearing more generous than was the case. All coins bore the name nisar, and the different weights should not be considered separate denominations, since this was ceremonial and not circulating currency. The 1/4 rupee weight is encountered more frequently while specimens struck in the other weights remain quite rare.

نشاد

EMPIRE

Aurangzeb Alamgir
AH1068-1118 / 1658-1707AD

HAMMERED COINAGE

Macchlipattan

KM# 281.1 1/4 PAISA (Type 281)
Copper **Obv. Inscription:** "Mubarak julus sanah" **Rev. Inscription:** "Zarb bandar macchlipatan sanah" **Note:** Weight varies 3.90-4.05 grams.

INDIA MUGHAL EMPIRE

Date	Mintage	Good	VG	F	VF	XF
AH111x//47	—	5.50	11.00	20.00	35.00	—
AH1117//49	—	5.50	11.00	20.00	35.00	—

Mailapur
KM# 281.2 1/4 PAISA (Type 281)
Copper **Note:** Weight varies 3.90-4.05 grams.

Date	Mintage	Good	VG	F	VF	XF
AH1115/xx	—	5.50	11.00	20.00	35.00	—

Haidarabad
KM# 282.3 1/4 PAISA (Type 282)
Copper

Date	Mintage	Good	VG	F	VF	XF
AH12x	—	5.50	11.00	18.00	30.00	—

Elichpur
KM# 283.9 1/2 PAISA (Type 283)
Copper **Note:** Weight varies 6.15-7.05 grams.

Date	Mintage	Good	VG	F	VF	XF
AH113/xx	—	—	—	—	—	—

Haidarabad (Farkhanda Bunyad)
KM# 283.1 1/2 PAISA (Type 283)
Copper **Note:** Weight varies 6.15-7.05 grams.

Date	Mintage	Good	VG	F	VF	XF
AH114//4x	—	4.00	8.50	14.00	20.00	—

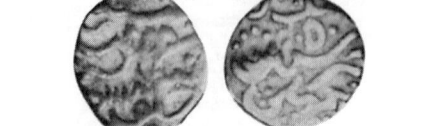

Macchlipattan
KM# 283.2 1/2 PAISA (Type 283)
Copper **Obv. Inscription:** "Mubarak julus sanah" **Rev. Inscription:** "Zarb bandar macchlipattan sanah" **Note:** Weight varies 6.15-7.05 grams.

Date	Mintage	Good	VG	F	VF	XF
AH113/xx	—	5.50	11.00	25.00	40.00	—
AH1113/45	—	5.50	11.00	25.00	40.00	—
AH1113/46	—	5.50	11.00	25.00	40.00	—
AH1114/46	—	5.50	11.00	25.00	40.00	—
AH1114/47	—	5.50	11.00	25.00	40.00	—
AH1115/47	—	5.50	11.00	25.00	40.00	—
AH1116/48	—	5.50	11.00	25.00	40.00	—
AH1117/49	—	5.50	11.00	25.00	40.00	—
AH1117/50	—	5.50	11.00	25.00	40.00	—
AH1118/50	—	5.50	11.00	25.00	40.00	—
AH1118/51	—	5.50	11.00	25.00	40.00	—

Mailapur
KM# 283.5 1/2 PAISA (Type 283)
Copper

Date	Mintage	Good	VG	F	VF	XF
AH1116//4x Rare	—	—	—	—	—	—

Akbarnagar
KM# 285.27 PAISA (Type 285)
Copper **Note:** Weight varies 12.3 - 14.1 grams.

Date	Mintage	Good	VG	F	VF	XF
AHxxxx/49	—	—	—	—	—	—

Elichpur
KM# 285.17 PAISA (Type 285)
Copper **Note:** Weight varies 12.30-14.10 grams.

Date	Mintage	Good	VG	F	VF	XF
AH111x/48	—	5.50	11.00	20.00	35.00	—

Haidarabad (Farkhanda Bunyad)
KM# 285.3 PAISA (Type 285)
Copper **Note:** Weight varies 12.3 - 14.1 grams.

Date	Mintage	Good	VG	F	VF	XF
AH1113/46	—	2.75	5.50	9.00	15.00	—
AH1116/49	—	2.75	5.50	9.00	15.00	—

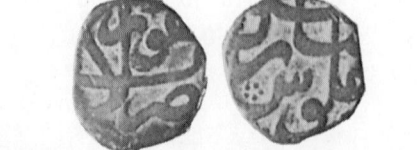

Lahore
KM# 285.5 PAISA (Type 285)
Copper **Note:** Weight varies 12.30-14.10 grams.

Date	Mintage	Good	VG	F	VF	XF
AH1113//46	—	10.00	20.00	35.00	55.00	—
AH111x//49	—	10.00	20.00	35.00	55.00	—

Macchlipattan
KM# 285.6 PAISA (Type 285)
Copper **Obv. Inscription:** "Mubarak julus sanah" **Rev. Inscription:** "Zarb bandar macchlipattan sanah" **Note:** Weight varies 12.30-14.10 grams.

Date	Mintage	Good	VG	F	VF	XF
AH1113/45	—	2.25	5.00	12.00	25.00	—
AH1113/46	—	2.25	5.00	12.00	25.00	—
AH1114/46	—	2.25	5.00	12.00	25.00	—
AH1115/47	—	2.25	5.00	12.00	25.00	—
AH1115/48	—	2.25	5.00	12.00	25.00	—
AH1116/48	—	2.25	5.00	12.00	25.00	—
AH1116/49	—	2.25	5.00	12.00	25.00	—
AH1117/49	—	2.25	5.00	12.00	25.00	—
AH1117/50	—	2.25	5.00	12.00	25.00	—
AH1118/50	—	2.25	5.00	12.00	25.00	—
AH1118/51	—	2.25	5.00	12.00	25.00	—

Murshidabad
KM# 285.16 PAISA (Type 285)
Copper **Note:** Weight varies 12.30-14.10 grams.

Date	Mintage	Good	VG	F	VF	XF
AH111x/49	—	5.50	11.00	18.00	30.00	—

Bijapur
KM# 292.2 1/8 RUPEE (Type 292)
Silver **Obv:** Inscription, star, date **Rev:** Inscription, star **Note:** Weight varies 1.38-1.45 grams.

Date	Mintage	Good	VG	F	VF	XF
AH1114/4x	—	8.00	20.00	45.00	85.00	135

Bareli
KM# 293.10 1/4 RUPEE (Type 293)
Silver **Note:** Weight varies 2.75-2.90 grams.

Date	Mintage	Good	VG	F	VF	XF
AH1117/49	—	—	—	—	—	—

Macchlipattan Bandar
KM# 293.4 1/4 RUPEE (Type 293)
Silver **Note:** Weight varies 2.75-2.90 grams.

Date	Mintage	Good	VG	F	VF	XF
AH1113/xx	—	6.00	15.00	35.00	75.00	125

Surat
KM# 293.17 1/4 RUPEE (Type 293)
2.8610 g., Silver **Note:** Weight varies 2.75-2.90 grams.

Date	Mintage	Good	VG	F	VF	XF
AH1114	—	—	—	—	—	—

Ujjain
KM# 293.5 1/4 RUPEE (Type 293)
Silver **Obv:** Inscription **Rev. Inscription:** Dar-ul Fath **Note:** Weight varies 2.60-2.90 grams

Date	Mintage	Good	VG	F	VF	XF
AH111x//5x	—	6.00	15.00	35.00	75.00	125

Ahmadabad
KM# 294.1 1/2 RUPEE (Type 294)
Silver **Note:** Weight varies: 5.50-5.80 grams.

Date	Mintage	Good	VG	F	VF	XF
AH1117/50	—	10.00	15.00	35.00	75.00	160
AH1118//50	—	10.00	15.00	35.00	75.00	135

Ahmadanagar
KM# 294.18 1/2 RUPEE (Type 294)
Silver **Note:** Weight varies 5.50-5.80 grams.

Date	Mintage	Good	VG	F	VF	XF
AH1116//4x	—	—	—	—	—	—

Azimabad
KM# 294.8 1/2 RUPEE (Type 294)
Silver **Note:** Weight varies 5.50-5.80 grams.

Date	Mintage	Good	VG	F	VF	XF
AH1118//50	—	10.00	25.00	50.00	90.00	150

Bijapur
KM# 294.19 1/2 RUPEE (Type 294)
Silver **Obv:** Inscription **Rev. Inscription:** Dav uz Zafar **Note:** Weight varies 5.50-5.80 grams.

Date	Mintage	Good	VG	F	VF	XF
AH1113/45	—	—	—	—	—	—

Haidarabad
KM# 294.9 1/2 RUPEE (Type 294)
Silver **Note:** Weight varies 5.50-5.80 grams. This is a Nizam coin.

Date	Mintage	Good	VG	F	VF	XF
AH1113/45	—	10.00	25.00	50.00	90.00	150
AH1115/48	—	10.00	25.00	50.00	90.00	150

Kambayat
KM# 294.20 1/2 RUPEE (Type 294)
Silver **Note:** Weight varies 5.50-5.80 grams.

Date	Mintage	Good	VG	F	VF	XF
AH1113/45	—	—	—	—	—	—

Nusratabad
KM# 294.17 1/2 RUPEE (Type 294)
Silver **Note:** Weight varies 5.50-5.80 grams.

Date	Mintage	Good	VG	F	VF	XF
AH1113/45	—	—	—	—	—	—
AH1115/48	—	—	—	—	—	—

Surat
KM# 294.6 1/2 RUPEE (Type 294)
Silver **Rev:** Without mint epithet **Note:** Weight varies 5.50-5.80 grams.

Date	Mintage	Good	VG	F	VF	XF
AH1113/45	—	4.00	6.00	12.00	20.00	30.00
AH1113/46	—	4.00	6.00	12.00	20.00	30.00
AH1114/46	—	4.00	6.00	12.00	20.00	30.00
AH1114/47	—	4.00	6.00	12.00	20.00	30.00
AH1115/47	—	4.00	6.00	12.00	20.00	30.00
AH1115/48	—	4.00	6.00	12.00	20.00	30.00
AH1116/48	—	4.00	6.00	12.00	20.00	30.00
AH1117/49	—	4.00	6.00	12.00	20.00	30.00
AH1118/50	—	4.00	6.00	12.00	20.00	30.00
AH1118/51	—	4.00	6.00	12.00	20.00	30.00

Zafarabad
KM# 294.23 1/2 RUPEE (Type 294)
Silver **Note:** Weight varies 5.50-5.80 grams.

Date	Mintage	Good	VG	F	VF	XF
AH1114//46	—	—	—	—	—	—

Ahmadabad
KM# 300.2 RUPEE (Type 300)
Silver **Obv:** Poetic couplet **Rev:** Inscription **Note:** Weight varies 11.00-11.60 grams.

Date	Mintage	Good	VG	F	VF	XF
AH1116//xx	—	7.00	9.00	12.00	17.50	27.50
AH1116//49	—	7.00	9.00	12.00	17.50	27.50
AH1117//49	—	7.00	9.00	12.00	17.50	27.50
AH1117//50	—	7.00	9.00	12.00	17.50	27.50
AH1118/50	—	7.00	9.00	12.00	17.50	27.50
AH1118//51	—	7.00	9.00	12.00	17.50	27.50
AH1119/51	—	7.00	9.00	12.00	17.50	27.50

Ahmadanagar
KM# 300.3 RUPEE (Type 300)
Silver **Note:** Weight varies 11.00-11.60 grams.

Date	Mintage	Good	VG	F	VF	XF
AH1115//47	—	7.00	9.00	12.00	17.50	27.50
AH1115//48	—	7.00	9.00	12.00	17.50	27.50
AH1116//48	—	7.00	9.00	12.00	17.50	27.50
AH1116//49	—	7.00	9.00	12.00	17.50	27.50

Date	Mintage	Good	VG	F	VF	XF
AH1117//49	—	7.00	9.00	12.00	17.50	27.50
AH1117//50	—	7.00	9.00	12.00	17.50	27.50
AH1118//50	—	7.00	9.00	12.00	17.50	27.50
AH1118//51	—	7.00	9.00	12.00	17.50	27.50

Date	Mintage	Good	VG	F	VF	XF
AH1113//46	—	7.00	9.00	12.00	17.50	27.50
AH1114//46	—	7.00	9.00	12.00	17.50	27.50
AH1114//47	—	7.00	9.00	12.00	17.50	27.50
AH1115//47	—	7.00	9.00	12.00	17.50	27.50
AH1115//48	—	7.00	9.00	12.00	17.50	27.50
AH1116//48	—	7.00	9.00	12.00	17.50	27.50
AH1116//49	—	7.00	9.00	12.00	17.50	27.50
AH1117//49	—	7.00	9.00	12.00	17.50	27.50
AH1117//50	—	7.00	9.00	12.00	17.50	27.50
AH1118//50	—	7.00	9.00	12.00	17.50	27.50
AH1118//51	—	7.00	9.00	12.00	17.50	27.50

Date	Mintage	Good	VG	F	VF	XF
AH1113//45	—	7.00	9.00	12.00	17.50	27.50
AH1113//46	—	7.00	9.00	12.00	17.50	27.50
AH1115/3//47	—	7.00	10.00	15.00	22.50	30.00
AH1114//4x	—	7.00	9.00	12.00	17.50	27.50
AH1114//47	—	7.00	9.00	12.00	17.50	27.50
AH1115//47	—	7.00	9.00	12.00	17.50	27.50
AH1115//48	—	7.00	9.00	12.00	17.50	27.50
AH1116//48	—	7.00	9.00	12.00	17.50	27.50
AH1116//49	—	7.00	9.00	12.00	17.50	27.50
AH1117//49	—	7.00	9.00	12.00	17.50	27.50
AH1117//50	—	7.00	9.00	12.00	17.50	27.50
AH1118//50	—	7.00	9.00	12.00	17.50	27.50
AH1118//51	—	7.00	9.00	12.00	17.50	27.50
AH1119//51	—	7.00	9.00	12.00	17.50	27.50

Ahsanabad

KM# 300.4 RUPEE (Type 300)

Silver **Note:** Weight varies 11.00-11.60 grams.

Date	Mintage	Good	VG	F	VF	XF
AH1113//45	—	8.00	12.00	20.00	30.00	50.00
AH1113//46	—	8.00	12.00	20.00	30.00	50.00
AH1115//47	—	8.00	12.00	20.00	30.00	50.00
AH1115//48	—	8.00	12.00	20.00	30.00	50.00
AH1116//48	—	8.00	12.00	20.00	30.00	50.00
AH1116//49	—	8.00	12.00	20.00	30.00	50.00
AH1117//50	—	8.00	12.00	20.00	30.00	50.00
AH1118//51	—	8.00	12.00	20.00	30.00	50.00

Ajmer

KM# 300.5 RUPEE (Type 300)

Silver **Obv:** Inscription, date **Rev. Inscription:** Dar-ul-Khair **Note:** Weight varies 11.00-11.60 grams.

Date	Mintage	Good	VG	F	VF	XF
AH1113//xx	—	7.00	9.00	12.00	20.00	32.50
AH1114//46	—	7.00	9.00	12.00	20.00	32.50
AH1114//47	—	7.00	9.00	12.00	20.00	32.50
AH1115//47	—	7.00	9.00	12.00	20.00	32.50
AH1115//48	—	7.00	9.00	12.00	20.00	32.50
AH1116//48	—	7.00	9.00	12.00	20.00	32.50
AH1116//49	—	7.00	9.00	12.00	20.00	32.50
AH1117//49	—	7.00	9.00	12.00	20.00	32.50
AH1117//50	—	7.00	9.00	12.00	20.00	32.50
AH1118//50	—	7.00	9.00	12.00	20.00	32.50
AH1118//51	—	7.00	9.00	12.00	20.00	32.50

Akbarabad

KM# 300.6 RUPEE (Type 300)

Silver **Obv:** Mustagir-ul-Khirafa **Rev. Inscription:** Inscription **Note:** Weight varies 11.00-11.60 grams.

Date	Mintage	Good	VG	F	VF	XF
AH1113//xx	—	7.00	9.00	12.00	17.50	27.50
AH1114//46	—	7.00	9.00	12.00	17.50	27.50
AH1114//47	—	7.00	9.00	12.00	17.50	27.50
AH1115//47	—	7.00	9.00	12.00	17.50	27.50
AH1115//48	—	7.00	9.00	12.00	17.50	27.50
AH1116//48	—	7.00	9.00	12.00	17.50	27.50
AH1116//49	—	7.00	9.00	12.00	17.50	27.50
AH1117//49	—	7.00	9.00	12.00	17.50	27.50
AH1117//50	—	7.00	9.00	12.00	17.50	27.50
AH1118//50	—	7.00	9.00	12.00	17.50	27.50
AH1118//51	—	7.00	9.00	12.00	17.50	27.50

Akbarnagar

KM# 300.100 RUPEE (Type 300)

11.4440 g., Silver **Note:** "Badr" couplet

Date	Mintage	Good	VG	F	VF	XF
AH1113//45	—	7.00	10.00	16.00	28.00	40.00

KM# 300.7 RUPEE (Type 300)

Silver **Note:** "Mihr" couplet; Weight varies 11.00-11.60 grams.

Alamgirpur

KM# 300.10 RUPEE (Type 300)

Silver **Rev:** Mint name at bottom **Note:** Weight varies 11.00-11.60 grams.

Date	Mintage	Good	VG	F	VF	XF
AH1113//45	—	7.00	9.00	13.50	22.50	35.00
AHxxxx//46	—	7.00	9.00	13.50	22.50	35.00
AH111x//47	—	7.00	9.00	13.50	22.50	35.00
AHxxxx//48	—	7.00	9.00	13.50	22.50	35.00
AH111x//51	—	7.00	9.00	13.50	22.50	35.00

Allahabad

KM# 300.12 RUPEE (Type 300)

Silver **Obv:** Inscription **Rev:** "badr" couplets, mint name at bottom **Note:** Weight varies 11.00-11.60 grams.

Date	Mintage	Good	VG	F	VF	XF
AH1115//48	—	7.00	9.00	12.00	17.50	27.50

Azamnagar

KM# 300.15 RUPEE (Type 300)

Silver **Note:** Weight varies 11.00-11.60 grams.

Date	Mintage	Good	VG	F	VF	XF
AH1117//48 (sic)	—	8.00	14.00	26.00	45.00	70.00
AHxxxx//49	—	8.00	14.00	26.00	45.00	70.00
AH111x//50	—	8.00	14.00	26.00	45.00	70.00

Azimabad

KM# 300.16 RUPEE (Type 300)

Silver **Note:** Weight varies 11.00-11.60 grams. For earlier issues see Patna, KM#300.71.

Date	Mintage	Good	VG	F	VF	XF
AH1117//50	—	7.00	9.00	13.50	22.50	35.00
AH1118//50	—	7.00	9.00	13.50	22.50	35.00
AH1118//51	—	7.00	9.00	13.50	22.50	35.00
AH1119//51	—	7.00	9.00	13.50	22.50	35.00

Bankapur

KM# 300.18 RUPEE (Type 300)

Silver **Note:** Weight varies 11.00-11.60 grams.

Date	Mintage	Good	VG	F	VF	XF
AH1113//4x	—	9.00	16.00	32.00	56.00	90.00
AH1114//4x	—	9.00	16.00	32.00	56.00	90.00

Bareli

KM# 300.19 RUPEE (Type 300)

Silver **Obv:** Inscription, date **Rev:** Inscription **Note:** Weight varies 11.00-11.60 grams.

Bhakkar

KM# 300.20 RUPEE (Type 300)

Silver **Note:** Weight varies 11.00-11.60 grams.

Date	Mintage	Good	VG	F	VF	XF
AH1118//50	—	8.00	12.00	20.00	32.00	50.00

Bijapur

KM# 300.23 RUPEE (Type 300)

Silver **Obv:** Inscription **Rev. Inscription:** Dar-uz-Zafar **Note:** Weight varies 11.00-11.60 grams. Mint name exist in various arrangements.

Date	Mintage	Good	VG	F	VF	XF
AH1113//45	—	7.00	9.00	12.00	17.50	27.50
AH111x//46	—	7.00	9.00	12.00	17.50	27.50
AH1114//47	—	7.00	9.00	12.00	17.50	27.50
AH1115//47	—	7.00	9.00	12.00	17.50	27.50
AH1115//48	—	7.00	9.00	12.00	17.50	27.50
AH1116//48	—	7.00	9.00	12.00	17.50	27.50
AH1116/5//49	—	7.00	9.00	12.00	17.50	27.50
AH1116//49	—	7.00	9.00	12.00	17.50	27.50
AH1117//49	—	7.00	9.00	12.00	17.50	27.50
AH1117//50	—	7.00	9.00	12.00	17.50	27.50
AH1118//50	—	7.00	9.00	12.00	17.50	27.50
AH1118//51	—	7.00	9.00	12.00	17.50	27.50

Burhanpur

KM# 300.24 RUPEE (Type 300)

Silver **Note:** "Badr" couplet; Weight varies 11.00-11.60 grams.

Date	Mintage	Good	VG	F	VF	XF
AH1113//45	—	7.00	9.00	12.00	17.50	27.50
AH1114//46	—	7.00	9.00	12.00	17.50	27.50
AH1114//47	—	7.00	9.00	12.00	17.50	27.50
AH1115//47	—	7.00	9.00	12.00	17.50	27.50
AH1115//48	—	7.00	9.00	12.00	17.50	27.50
AH1116//48	—	7.00	9.00	12.00	17.50	27.50
AH1116//49	—	7.00	9.00	12.00	17.50	27.50
AH1117//49	—	7.00	9.00	12.00	17.50	27.50
AH1117//50	—	7.00	9.00	12.00	17.50	27.50
AH1118//50	—	7.00	9.00	12.00	17.50	27.50
AH1118//51	—	7.00	9.00	12.00	17.50	27.50

KM# 300.105 RUPEE (Type 300)

11.4440 g., Silver **Note:** "Mihr" couplet.

Date	Mintage	Good	VG	F	VF	XF
AH1114//47	—	8.00	12.00	20.00	32.00	50.00

Dicholi

KM# 300.106 RUPEE (Type 300)

Silver **Note:** Weight varies 11.00-11.60 grams.

Date	Mintage	Good	VG	F	VF	XF
AHxxxx//49	—	—	—	—	—	—

Elichpur

KM# 300.26 RUPEE (Type 300)

Silver **Note:** Weight varies 11.00-11.60 grams.

Date	Mintage	Good	VG	F	VF	XF
AH111x//48	—	7.00	10.00	16.00	28.00	45.00
AH1117//49	—	7.00	10.00	16.00	28.00	45.00

Haidarabad

KM# 300.31 RUPEE (Type 300)

Silver **Obv:** Inscription **Rev. Inscription:** Dar-ul-Jihad **Note:** Weight varies 11.00-11.60 grams.

Date	Mintage	Good	VG	F	VF	XF
AH1113//45	—	7.00	9.00	12.00	20.00	30.00
AH1114//46	—	7.00	9.00	12.00	20.00	30.00

INDIA MUGHAL EMPIRE

Date	Mintage	Good	VG	F	VF	XF
AH1114//47	—	7.00	9.00	12.00	20.00	30.00
AH1115//47	—	7.00	9.00	12.00	20.00	30.00
AH1115//48	—	7.00	9.00	12.00	20.00	30.00
AH1116//48	—	7.00	9.00	12.00	20.00	30.00
AH1116//49	—	7.00	9.00	12.00	20.00	30.00
AH1117//49	—	7.00	9.00	12.00	20.00	30.00
AH1117//50	—	7.00	9.00	12.00	20.00	30.00
AH1118//50	—	7.00	9.00	12.00	20.00	30.00

KM# 300.32 RUPEE (Type 300)

Silver **Obv:** Inscription **Rev:** Inscription, without mint epithet **Note:** Weight varies 11.00-11.60 grams.

Date	Mintage	Good	VG	F	VF	XF
AH1118//51	—	7.00	10.00	15.00	25.00	40.00

Hukeri

KM# 300.33 RUPEE (Type 300)

Silver **Note:** Weight varies 11.00-11.60 grams.

Date	Mintage	Good	VG	F	VF	XF
AH1110//49 (sic) Rare	—	—	—	—	—	—

Islamnagar

KM# 300.38 RUPEE (Type 300)

Silver **Note:** Weight varies 11.00-11.60 grams.

Date	Mintage	Good	VG	F	VF	XF
AH1116//48 Rare	—	—	—	—	—	—
AH1116//49 Rare	—	—	—	—	—	—
AH1118//50 Rare	—	—	—	—	—	—
AH1118//51 Rare	—	—	—	—	—	—

Itawa

KM# 300.39 RUPEE (Type 300)

Silver **Obv:** Inscription **Rev:** Inscription **Note:** Weight varies 11.00-11.60 grams.

Date	Mintage	Good	VG	F	VF	XF
AH1113//45	—	7.00	9.00	12.00	17.50	27.50
AH1113//46	—	7.00	9.00	12.00	17.50	27.50
AH1114//46	—	7.00	9.00	12.00	17.50	27.50
AH1114//47	—	7.00	9.00	12.00	17.50	27.50
AH1115//47	—	7.00	9.00	12.00	17.50	27.50
AH1115//48	—	7.00	9.00	12.00	17.50	27.50
AH1116//48	—	7.00	9.00	12.00	17.50	27.50
AH1116//49	—	7.00	9.00	12.00	17.50	27.50
AH1117//49	—	7.00	9.00	12.00	17.50	27.50
AH1117//50	—	7.00	9.00	12.00	17.50	27.50
AH1118//50	—	7.00	9.00	12.00	17.50	27.50
AH1118//51	—	7.00	9.00	12.00	17.50	27.50

Jahangirnagar

KM# 300.40 RUPEE (Type 300)

Silver **Obv:** Inscription **Rev:** Inscription **Note:** Weight varies 11.00-11.60 grams.

Date	Mintage	Good	VG	F	VF	XF
AH1113//45	—	7.00	9.00	12.00	17.50	27.50
AH1113//4x	—	7.00	9.00	12.00	17.50	27.50
AH1114//46	—	7.00	9.00	12.00	17.50	27.50
AH1115//47	—	7.00	9.00	12.00	17.50	27.50
AH1117//49	—	7.00	9.00	12.00	17.50	27.50
AH1118//50	—	7.00	9.00	12.00	17.50	27.50
AH1118//51	—	7.00	9.00	12.00	17.50	27.50

KM# 300.108 RUPEE (Type 300)

11.4440 g., Silver **Rev:** Mint name at bottom **Note:** "Mihr" couplet.

Date	Mintage	Good	VG	F	VF	XF
AH1113//45	—	7.00	10.00	15.00	25.00	40.00
AH1114//46	—	7.00	10.00	15.00	25.00	40.00
AHxxxx//48	—	7.00	10.00	15.00	25.00	40.00

Junagadh

KM# 300.43 RUPEE (Type 300)

Silver **Note:** Weight varies 11.00-11.60 grams.

Date	Mintage	Good	VG	F	VF	XF
AH1113//4x	—	7.00	9.00	12.00	20.00	30.00
AH1114//46	—	7.00	9.00	12.00	20.00	30.00
AH1114//47	—	7.00	9.00	12.00	20.00	30.00
AH1115//47	—	7.00	9.00	12.00	20.00	30.00
AH1115//48	—	7.00	9.00	12.00	20.00	30.00
AH1116//48	—	7.00	9.00	12.00	20.00	30.00
AH1116//49	—	7.00	9.00	12.00	20.00	30.00
AH1117//49	—	7.00	9.00	12.00	20.00	30.00
AH1117//50	—	7.00	9.00	12.00	20.00	30.00
AH1118//50	—	7.00	9.00	12.00	20.00	30.00
AH1118//51	—	7.00	9.00	12.00	20.00	30.00
AH1119//51	—	7.00	9.00	12.00	20.00	30.00

Kabul

KM# 300.45 RUPEE (Type 300)

Silver **Obv:** Inscription **Rev.** **Inscription:** Dar-ul-Mulk and mint name **Note:** Weight varies 11.00-11.60 grams.

Date	Mintage	Good	VG	F	VF	XF
AH1113//xx	—	7.00	9.00	12.00	20.00	30.00
AH1114//xx	—	7.00	9.00	12.00	20.00	30.00
AH1115//47	—	7.00	9.00	12.00	20.00	30.00
AH1115//48	—	7.00	9.00	12.00	20.00	30.00
AH1116//48	—	7.00	9.00	12.00	20.00	30.00
AH1116//49	—	7.00	9.00	12.00	20.00	30.00
AH1117//49	—	7.00	9.00	12.00	20.00	30.00
AH1118//xx	—	7.00	9.00	12.00	20.00	30.00

Kashmir

KM# 300.48 RUPEE (Type 300)

Silver **Obv:** Couplet in three lines **Note:** Weight varies 11.00-11.60 grams.

Date	Mintage	Good	VG	F	VF	XF
AH111x//46	—	7.00	11.00	18.50	32.50	50.00
AH1115//4x	—	7.00	11.00	18.50	32.50	50.00
AH1116//48	—	7.00	11.00	18.50	32.50	50.00
AH1116//49	—	7.00	11.00	18.50	32.50	50.00
AH1117//49	—	7.00	11.00	18.50	32.50	50.00
AH1117//50	—	7.00	11.00	18.50	32.50	50.00

KM# 300.96 RUPEE (Type 300)

Silver **Obv:** Couplet in four lines **Rev:** Inscription **Note:** Weight varies 11.00-11.60 grams.

Date	Mintage	Good	VG	F	VF	XF
AHxxxx/46	—	8.00	13.00	25.00	42.00	60.00
AH1117//49	—	8.00	13.00	25.00	42.00	60.00
AH1117//50	—	8.00	13.00	25.00	42.00	60.00
AH1118//50	—	8.00	13.00	25.00	42.00	60.00

Katak

KM# 300.50 RUPEE (Type 300)

Silver **Obv:** Inscription **Rev:** Mint name at bottom **Note:** "Badr" couplet; Weight varies 11.00-11.60 grams.

Date	Mintage	Good	VG	F	VF	XF
AH1113//45	—	7.00	9.00	12.00	20.00	30.00
AH1113//46	—	7.00	9.00	12.00	20.00	30.00
AH1114//47	—	7.00	9.00	12.00	20.00	30.00
AH1116//49	—	7.00	9.00	12.00	20.00	30.00
AH1117//49	—	7.00	9.00	12.00	20.00	30.00
AH1117//50	—	7.00	9.00	12.00	20.00	30.00
AH1118//50	—	7.00	9.00	12.00	20.00	30.00
AH1118//51	—	7.00	9.00	12.00	20.00	30.00

Khambayat

KM# 300.51 RUPEE (Type 300)

Silver **Obv:** Inscription **Rev:** Mint name at bottom **Note:** "Badr" couplet; Weight varies 11.00-11.60 grams.

Date	Mintage	Good	VG	F	VF	XF
AH1113//4x	—	7.00	9.00	12.00	17.50	27.50
AH1114//46	—	7.00	9.00	12.00	17.50	27.50
AH1114//47	—	7.00	9.00	12.00	17.50	27.50
AH1115//47	—	7.00	9.00	12.00	17.50	27.50
AH1115//48	—	7.00	9.00	12.00	17.50	27.50
AH1116//48	—	7.00	9.00	12.00	17.50	27.50
AH1116//49	—	7.00	9.00	12.00	17.50	27.50
AH1117//49	—	7.00	9.00	12.00	17.50	27.50
AH1117//50	—	7.00	9.00	12.00	17.50	27.50
AH1118//50	—	7.00	9.00	12.00	17.50	27.50
AH1118//51	—	7.00	9.00	12.00	17.50	27.50

Khujista Bunyad

KM# 300.52 RUPEE (Type 300)

Silver **Obv:** Inscription **Rev:** Inscription **Note:** Weight varies 11.00-11.60 grams.

Date	Mintage	Good	VG	F	VF	XF
AH1113//46	—	7.00	9.00	12.00	20.00	30.00
AH1115//47	—	7.00	9.00	12.00	20.00	30.00
AH1115//48	—	7.00	9.00	12.00	20.00	30.00
AH1116//48	—	7.00	9.00	12.00	20.00	30.00
AH1116//49	—	7.00	9.00	12.00	20.00	30.00
AH1117//49	—	7.00	9.00	12.00	20.00	30.00
AH1117//50	—	7.00	9.00	12.00	20.00	30.00
AH1118//50	—	7.00	9.00	12.00	20.00	30.00
AH1118//51	—	7.00	9.00	12.00	20.00	30.00

Lahore

KM# 300.53 RUPEE (Type 300)

Silver **Obv:** Inscription **Rev.** **Inscription:** "Dar-us-Sultanat", mint name **Note:** "Badr couplet"; Weight varies 11.00-11.60 grams.

Date	Mintage	Good	VG	F	VF	XF
AH1113//4x	—	7.00	9.00	12.00	17.50	27.50
AH1114//46	—	7.00	9.00	12.00	17.50	27.50
AH1114//47	—	7.00	9.00	12.00	17.50	27.50
AH1115//47	—	7.00	9.00	12.00	17.50	27.50
AH1115//48	—	7.00	9.00	12.00	17.50	27.50
AH1116//48	—	7.00	9.00	12.00	17.50	27.50
AH1116//49	—	7.00	9.00	12.00	17.50	27.50
AH1117//49	—	7.00	9.00	12.00	17.50	27.50
AH1117//50	—	7.00	9.00	12.00	17.50	27.50
AH1118//50	—	7.00	9.00	12.00	17.50	27.50
AH1118//51	—	7.00	9.00	12.00	17.50	27.50

Lakhnau

KM# 300.54 RUPEE (Type 300)

Silver **Obv:** Inscription **Rev:** Inscription **Note:** Weight varies 11.00-11.60 grams.

Date	Mintage	Good	VG	F	VF	XF
AH1114//46	—	7.00	9.00	12.00	17.50	27.50
AH1114//47	—	7.00	9.00	12.00	17.50	27.50
AH1115//47	—	7.00	9.00	12.00	17.50	27.50
AH11x//48	—	7.00	9.00	12.00	17.50	27.50
AH1116//49	—	7.00	9.00	12.00	17.50	27.50
AH11x//50	—	7.00	9.00	12.00	17.50	27.50
AH11x//51	—	7.00	9.00	12.00	17.50	27.50

Date	Mintage	Good	VG	F	VF	XF
AH1116//49	—	7.00	9.00	12.00	17.50	27.50
AH1117//49	—	7.00	9.00	12.00	17.50	27.50
AH1117//50	—	7.00	9.00	12.00	17.50	27.50
AH1118//50	—	7.00	9.00	12.00	17.50	27.50
AH1118//51	—	7.00	9.00	12.00	17.50	27.50
AH1119//51	—	7.00	9.00	12.00	17.50	27.50

Sholapur

KM# 300.82 RUPEE (Type 300)

Silver Note: Weight varies 11.00-11.60 grams.

Date	Mintage	Good	VG	F	VF	XF
AH1113//46	—	7.00	10.00	15.00	23.00	35.00
AH1114//46	—	7.00	10.00	15.00	23.00	35.00
AH1114//47	—	7.00	10.00	15.00	23.00	35.00
AH1115//47	—	7.00	10.00	15.00	23.00	35.00
AH1115//48	—	7.00	10.00	15.00	23.00	35.00
AH1116//48	—	7.00	10.00	15.00	23.00	35.00
AH1116//49	—	7.00	10.00	15.00	23.00	35.00
AH1117//49	—	7.00	10.00	15.00	23.00	35.00
AH1117//50	—	7.00	10.00	15.00	23.00	35.00
AH1118//50	—	7.00	10.00	15.00	23.00	35.00
AH1118//51	—	7.00	10.00	15.00	23.00	35.00

Macchlipattan

KM# 300.55 RUPEE (Type 300)

Silver Note: Weight varies 11.00-11.60 grams.

Date	Mintage	Good	VG	F	VF	XF
AH1113//45	—	7.00	10.00	16.00	28.00	40.00
AH1115//47	—	7.00	10.00	16.00	28.00	40.00
AH1115//48	—	7.00	10.00	16.00	28.00	40.00
AH1116//48	—	7.00	10.00	16.00	28.00	40.00
AH1116//49	—	7.00	10.00	16.00	28.00	40.00
AH1117//49	—	7.00	100	16.00	28.00	40.00
AH1117//50	—	7.00	10.00	16.00	28.00	40.00
AH1118//50	—	7.00	10.00	16.00	28.00	40.00
AH1118//51	—	7.00	10.00	16.00	28.00	40.00

Mahmud Bandar

KM# 300.56 RUPEE (Type 300)

Silver Note: Weight varies 11.00-11.60 grams.

Date	Mintage	Good	VG	F	VF	XF
AH119//51	—	—	—	—	—	—
Rare						

Mailapur

KM# 300.57 RUPEE (Type 300)

Date	Mintage	Good	VG	F	VF	XF
AH1114//47	—	8.00	18.00	32.00	50.00	80.00
AH1118//50	—	8.00	18.00	32.00	50.00	80.00
AH1118//51	—	8.00	18.00	32.00	50.00	80.00

Makhsusabad

KM# 300.58 RUPEE (Type 300)

Silver Obv: Inscription, date Rev: Inscription Note: Weight varies 11.00-11.60 grams. For later isues see Murshidabad, KM#300.65.

Date	Mintage	Good	VG	F	VF	XF
AH1115//48	—	8.00	15.00	30.00	50.00	80.00
AH1116//48	—	8.00	15.00	30.00	50.00	80.00
AH1116//49	—	8.00	15.00	30.00	50.00	80.00

Multan

KM# 300.63 RUPEE (Type 300)

Silver Obv: Inscription Rev: Inscription, without mint epithet, mint name at bottom Note: Weight varies 11.00-11.60 grams.

Date	Mintage	Good	VG	F	VF	XF
AH1114//47	—	7.00	9.00	12.00	17.50	27.50
AH1115//47	—	7.00	9.00	12.00	17.50	27.50
AH1115//48	—	7.00	9.00	12.00	17.50	27.50
AH1116//48	—	7.00	9.00	12.00	17.50	27.50
AH1116//49	—	7.00	9.00	12.00	17.50	27.50
AH1117//49	—	7.00	9.00	12.00	17.50	27.50
AH1117//50	—	7.00	9.00	12.00	17.50	27.50
AH1118//50	—	7.00	9.00	12.00	17.50	27.50
AH1118//51	—	7.00	9.00	12.00	17.50	27.50
AH1119//51	—	7.00	9.00	12.00	17.50	27.50

Murshidabad

KM# 300.65 RUPEE (Type 300)

Silver Note: Weight varies 11.00-11.60 grams. For earlier issues see Makhsusabad, KM#300.58.

Date	Mintage	Good	VG	F	VF	XF
AH1116//48	—	7.00	9.00	13.50	22.50	32.50
AH1116//49	—	7.00	9.00	13.50	22.50	32.50
AH1117//49	—	7.00	9.00	13.50	22.50	32.50
AH1117//50	—	7.00	9.00	13.50	22.50	32.50
AH1118//50	—	7.00	9.00	13.50	22.50	32.50
AH1118//51	—	7.00	9.00	13.50	22.50	32.50

Nusratabad

KM# 300.68 RUPEE (Type 300)

Silver Note: Weight varies 11.00-11.60 grams.

Date	Mintage	Good	VG	F	VF	XF
AH1114//47	—	8.00	12.00	20.00	32.00	50.00
AH1115//47	—	8.00	12.00	20.00	32.00	50.00
AH111x//48	—	8.00	12.00	20.00	32.00	50.00
AHxxxx//48	—	8.00	12.00	20.00	32.00	50.00
AH1117//49/7	—	8.00	12.00	20.00	32.00	50.00
AH111x//50	—	8.00	12.00	20.00	32.00	50.00
AH1118//51	—	8.00	12.00	20.00	32.00	50.00

Parenda

KM# 300.70 RUPEE (Type 300)

Silver Note: Weight varies 11.00-11.60 grams.

Date	Mintage	Good	VG	F	VF	XF
AH1116//48	—	8.00	13.00	22.00	35.00	50.00
AH1116//49	—	8.00	13.00	22.00	35.00	50.00
AH1117//49	—	8.00	13.00	22.00	35.00	50.00
AH1117//50	—	8.00	13.00	22.00	35.00	50.00
AH1118//50	—	8.00	13.00	22.00	35.00	50.00
AH1118//51	—	8.00	13.00	22.00	35.00	50.00

Patna

KM# 300.71 RUPEE (Type 300)

Silver Note: Weight varies 11.00-11.60 grams. For later issues see Azimabad, KM#300.16.

Date	Mintage	Good	VG	F	VF	XF
AH1113//45	—	7.00	9.00	12.00	17.50	27.50
AH1113//46	—	7.00	9.00	12.00	17.50	27.50
AH1114//46	—	7.00	9.00	12.00	17.50	27.50
AH1114//47	—	7.00	9.00	12.00	17.50	27.50
AH1115//47	—	7.00	9.00	12.00	17.50	27.50
AH1115//48	—	7.00	9.00	12.00	17.50	27.50
AH1116//48	—	7.00	9.00	12.00	17.50	27.50
AH1116//49	—	7.00	9.00	12.00	17.50	27.50
AH1117//49	—	7.00	9.00	12.00	17.50	27.50

Sahrind

KM# 300.78 RUPEE (Type 300)

Silver Obv: Inscription, date Rev: Inscription Note: Weight varies 11.00-11.60 grams.

Date	Mintage	Good	VG	F	VF	XF
AH1113//45	—	7.00	9.00	12.00	17.50	27.50
AH1115//47	—	7.00	9.00	12.00	17.50	27.50
AH1115//48	—	7.00	9.00	12.00	17.50	27.50
AH1116//48	—	7.00	9.00	12.00	17.50	27.50
AH1116//49	—	7.00	9.00	12.00	17.50	27.50
AH1117//49	—	7.00	9.00	12.00	17.50	27.50
AH1117//50	—	7.00	9.00	12.00	17.50	27.50

Sangamner

KM# 300.80 RUPEE (Type 300)

Silver Note: Weight varies 11.00-11.60 grams.

Date	Mintage	Good	VG	F	VF	XF
AH1116//48 Rare	—	—	—	—	—	—
AH1118//50 Rare	—	—	—	—	—	—

Shahjahanabad

KM# 300.81 RUPEE (Type 300)

Silver Obv: Inscription Rev. Inscription: Dar-ul-Khilafat and mint name Note: "Badr" couplet; Weight varies 11.00-11.60 grams.

Date	Mintage	Good	VG	F	VF	XF
AH1113/4x	—	7.00	9.00	12.00	17.50	27.50
AH1114//46	—	7.00	9.00	12.00	17.50	27.50
AH1114//47	—	7.00	9.00	12.00	17.50	27.50
AH1115//47	—	7.00	9.00	12.00	17.50	27.50
AH1115//48	—	7.00	9.00	12.00	17.50	27.50
AH1116//48	—	7.00	9.00	12.00	17.50	27.50

Surat

KM# 300.86 RUPEE (Type 300)

Silver Obv: Inscription Rev: Inscription, without mint epithet Note: Weight varies 11.00-11.60 grams.

Date	Mintage	Good	VG	F	VF	XF
AH1113//45	—	7.00	9.00	12.00	17.50	27.50
AH1113//46	—	7.00	9.00	12.00	17.50	27.50
AH1114//46	—	7.00	9.00	12.00	17.50	27.50
AH1114//47	—	7.00	9.00	12.00	17.50	27.50
AH1115//47	—	7.00	9.00	12.00	17.50	27.50
AH1115//48	—	7.00	9.00	12.00	17.50	27.50
AH1116//48	—	7.00	9.00	12.00	17.50	27.50
AH1116//49	—	7.00	9.00	12.00	17.50	27.50
AH1117//49	—	7.00	9.00	12.00	17.50	27.50
AH1117//50	—	7.00	9.00	12.00	17.50	27.50
AH1118//50	—	7.00	9.00	12.00	17.50	27.50
AH1118//51	—	7.00	9.00	12.00	17.50	27.50

Tatta

KM# 300.87 RUPEE (Type 300)

Silver Note: "Badr" couplet; Weight varies 11.00-11.60 grams.

Date	Mintage	Good	VG	F	VF	XF
AH1113//45	—	7.00	9.00	12.00	17.50	27.50
AH1114//46	—	7.00	9.00	12.00	17.50	27.50
AH1114//47	—	7.00	9.00	12.00	17.50	27.50
AH1115//47	—	7.00	9.00	12.00	17.50	27.50
AH1115//48	—	7.00	9.00	12.00	17.50	27.50
AH1116//48	—	7.00	9.00	12.00	17.50	27.50
AH1117//49	—	7.00	9.00	12.00	17.50	27.50
AH1117//50	—	7.00	9.00	12.00	17.50	27.50
AH1118//50	—	7.00	9.00	12.00	17.50	27.50
AH1118//51	—	7.00	9.00	12.00	17.50	27.50
AH1119//51	—	7.00	9.00	12.00	17.50	27.50

Toragal

KM# 300.88 RUPEE (Type 300)

Silver Note: Weight varies 11.00-11.60 grams.

Date	Mintage	Good	VG	F	VF	XF
AH1110//50 (sic) Rare	—	—	—	—	—	—
AH1118//50 Rare	—	—	—	—	—	—

INDIA MUGHAL EMPIRE

Ujjain

KM# 300.91 RUPEE (Type 300)

Silver Rev: "Dar al-Fath" and mint name at bottom Note: Weight varies 11.00-11.60 grams.

Date	Mintage	Good	VG	F	VF	XF
AH1113//45	—	7.00	9.00	13.50	22.50	35.00
AH1114//46	—	7.00	9.00	13.50	22.50	35.00
AH1114//47	—	7.00	9.00	13.50	22.50	35.00
AH1114//47	—	7.00	9.00	13.50	22.50	35.00
AH1115//47	—	7.00	9.00	13.50	22.50	35.00
AH1115//48	—	7.00	9.00	13.50	22.50	35.00
AH1116//48	—	7.00	9.00	13.50	22.50	35.00
AH1116//49	—	7.00	9.00	13.50	22.50	35.00
AH1117//49	—	7.00	9.00	13.50	22.50	35.00

KM# 300.90 RUPEE (Type 300)

Silver Rev: "Dar al-Fath" and mint name at top Note: "Dar-ul-Fath". Weight varies: 11.00-11.60 grams.

Date	Mintage	Good	VG	F	VF	XF
AH1115//48	—	7.00	9.00	13.50	22.50	35.00

Zafarabad

KM# 300.116 RUPEE (Type 300)

11.4440 g., Silver Note: "Mihr" couplet.

Date	Mintage	Good	VG	F	VF	XF
AH1113//45	—	8.00	12.00	20.00	32.00	50.00

KM# 300.93 RUPEE (Type 300)

Silver Obv: Inscription Rev: Inscription Note: "Badr" couplet. Weight varies 11.00-11.60 grams.

Date	Mintage	Good	VG	F	VF	XF
AH1113//xx	—	7.00	11.00	18.00	30.00	50.00
AH1115//48	—	7.00	11.00	18.00	30.00	50.00
AH1116//48	—	7.00	11.00	18.00	30.00	50.00
AH1116//49	—	7.00	11.00	18.00	30.00	50.00
AH1117//49	—	7.00	11.00	18.00	30.00	50.00
AH1118//51	—	7.00	11.00	18.00	30.00	50.00

Ahmadabad

KM# 315.1 MOHUR (Type 315)

Gold Note: Weight varies: 10.80-11.00 grams.

Date	Mintage	VG	F	VF	XF	Unc
AH1113//45	—	425	475	575	725	850

Ahmadanagar

KM# 315.2 MOHUR (Type 315)

Gold Note: Weight varies 10.80-11.00 grams.

Date	Mintage	VG	F	VF	XF	Unc
AH1115//48	—	425	500	575	725	850
AH1116//xx	—	425	500	575	725	850
AH1118//50	—	425	500	575	725	850
AH1118//51	—	425	500	575	725	850

Date	Mintage	VG	F	VF	XF	Unc
AH1118//50	—	425	475	550	650	775
AH1118//51	—	425	475	550	600	775

Ahsanabad

KM# 315.3 MOHUR (Type 315)

Gold Obv: Inscription Rev: Inscription Note: Weight varies 10.80-11 grams.

Date	Mintage	VG	F	VF	XF	Unc
AH1113//45	—	425	500	575	725	850
AH1113//46	—	425	500	575	725	850
AH1114//46	—	425	500	575	725	850
AH1114//47	—	425	500	575	725	850
AH1115//47	—	425	500	575	725	850
AH1115//48	—	425	500	575	725	850
AH1116//48	—	425	500	575	725	850
AH1117//50	—	425	500	575	725	850
AH1118//50	—	425	500	575	725	850

Akbarabad

KM# 315.52 MOHUR (Type 315)

Gold Obv: Inscription Rev. Inscription: Mustagir al-Khilafat Note: Weight varies 10.80-11.00 grams.

Date	Mintage	VG	F	VF	XF	Unc
AH1114//46	—	425	475	550	650	775
AH1117//50	—	425	475	550	650	775
AH1119//51	—	425	475	550	650	775

KM# 315.6 MOHUR (Type 315)

Gold Obv: Inscription Rev. Inscription: Mustaqir-ul-Mulk Note: Weight varies 10.80-11.00 grams.

Date	Mintage	VG	F	VF	XF	Unc
AH1114//46	—	425	475	550	650	775
AH1117//50	—	425	475	550	650	775
AH1119//51	—	425	475	550	650	775

Akbarnagar

KM# 315.51 MOHUR (Type 315)

Gold Note: Weight varies 10.80-11.00 grams.

Date	Mintage	Good	VG	F	VF	XF
AH1115//47	—	425	500	650	775	950
AH111x//48	—	425	500	650	775	950

Allahabad

KM# 315.9 MOHUR (Type 315)

Gold Obv: Inscription Rev: Inscription, mint name below Note: Weight varies 10.80-11.00 grams.

Date	Mintage	VG	F	VF	XF	Unc
AH1113//45	—	425	475	550	650	775
AH1113//46	—	425	475	550	650	775
AH1114//46	—	425	475	550	650	775

Azimabad

KM# 315.12 MOHUR (Type 315)

Gold Note: Weight varies 10.80-11 grams.

Date	Mintage	VG	F	VF	XF	Unc
AH1117//50	—	425	475	550	650	775
AH1118//5	—	425	475	550	650	775

Bareli

KM# 315.13 MOHUR (Type 315)

Gold Note: Weight varies 10.80-11 grams.

Date	Mintage	VG	F	VF	XF	Unc
AH1113//45	—	425	475	550	650	775

Bijapur

KM# 315.15 MOHUR (Type 315)

Gold Obv: Inscription Rev. Inscription: Dar-uz-Zafar Note: Arrangement of the mint name varies. Weight varies 10.80-11.00 grams.

Date	Mintage	VG	F	VF	XF	Unc
AH1113//45	—	425	475	550	650	775
AH1114//4x	—	425	475	550	650	775
AH1115//48	—	425	475	550	650	775
AH1116//49	—	425	475	550	650	775

Burhanpur

KM# 315.16 MOHUR (Type 315)

Gold Note: Weight varies 10.80-11 grams.

Date	Mintage	VG	F	VF	XF	Unc
AH1114//47	—	425	475	550	650	775
AH1115//47	—	425	475	550	650	775
AH1115//48	—	425	475	550	650	775
AH1117//49	—	425	475	550	650	775
AH1117//50	—	425	475	550	650	775

Haidarabad

KM# 315.20 MOHUR (Type 315)

Gold Obv: Inscription Rev. Inscription: Dar-ul-Jihad, mint name Note: Weight varies 10.80-11.00 grams.

Date	Mintage	VG	F	VF	XF	Unc
AH1113//45	—	425	475	550	650	775
AH1113//46	—	425	475	550	650	775
AH1114//46	—	425	475	550	650	775
AH1114//47	—	425	475	550	650	775
AH1115//47	—	425	475	550	650	775
AH1115//48	—	425	475	550	650	775
AH1116//48	—	425	475	550	650	775
AH1118//50	—	425	475	550	650	775

Hukeri

KM# 315.54 MOHUR (Type 315)

Gold Note: Weight varies: 10.80-11.00 grams.

Date	Mintage	Good	VG	F	VF	XF
AHxxxx//49						

Itawa

KM# 315.22 MOHUR (Type 315)

Gold Note: Weight varies 10.80-11.00 grams.

Date	Mintage	VG	F	VF	XF	Unc
AH1116//49	—	425	475	550	650	775
AH1117//49	—	425	475	550	650	775
AH1117//50	—	425	475	550	650	775
AH1118//50	—	425	475	550	650	775

Jahangirnagar

KM# 315.23 MOHUR (Type 315)

Gold Note: Weight varies: 10.80-11.00 grams.

Date	Mintage	Good	VG	F	VF	XF
AH1114//47	—	—	425	500	575	725

Kabul

KM# 315.25 MOHUR (Type 315)

Gold Obv: Inscription Rev. Inscription: Dar-ul-Mulk, mint name Note: "Mihr" couplet; Weight varies 10.8 - 11 grams.

Date	Mintage	VG	F	VF	XF	Unc
AH1114//46	—	425	500	575	725	850
AH1119//51	—	425	500	575	725	850

Katak

KM# 315.29 MOHUR (Type 315)

Gold **Obv:** Ruler's name and titles, date **Rev:** Mint and regnal year **Note:** Weight varies: 10.80-11.00 grams.

Date	Mintage	Good	VG	F	VF	XF
AH1115//48	—	450	575	725	950	1,300
AH1117//50	—	450	575	725	950	1,300

Khujista Bunyad

KM# 315.30 MOHUR (Type 315)

Gold **Note:** Weight varies 10.80-11.00 grams.

Date	Mintage	VG	F	VF	XF	Unc
AH1113//45	—	450	500	625	775	900
AH1115//47	—	450	500	625	775	900
AH111x//48	—	450	500	625	775	900
AH1116//4x	—	450	500	625	775	900
AH1117//49	—	450	500	625	775	900

Lahore

KM# 315.31 MOHUR (Type 315)

Gold **Obv:** Inscription **Rev. Inscription:** Dar-us-Sultanat **Note:** Weight varies 10.80-11.00 grams.

Date	Mintage	VG	F	VF	XF	Unc
AH1114//46	—	425	475	550	650	775
AH1114//47	—	425	475	550	650	775
AH1115//48	—	425	475	550	650	775
AH1116//48	—	425	475	550	650	775
AH1118//50	—	425	475	550	650	775

Machhilpattan

KM# 315.56 MOHUR (Type 315)

Gold **Note:** Weight varies 10.80-11 grams.

Date	Mintage	VG	F	VF	XF	Unc
AH1114//46	—	—	—	—	—	—

Multan

KM# 315.36 MOHUR (Type 315)

Gold **Obv:** Inscription **Rev:** Inscription, without mint epithet, mint name at bottom **Note:** Weight varies 10.80 - 11.00 grams.

Date	Mintage	VG	F	VF	XF	Unc
AH1115//47	—	425	475	550	650	775
AH1117//4x	—	425	475	550	650	775
AH1119//51	—	425	475	550	650	775

Murshidabad

KM# 315.37 MOHUR (Type 315)

Gold **Note:** Weight varies 10.80-11 grams.

Date	Mintage	VG	F	VF	XF	Unc
AH1116//48	—	425	475	550	650	775
AH1116//49	—	425	475	550	650	775
AH1118//51	—	425	475	550	650	775

Nusratabad

KM# 315.39 MOHUR (Type 315)

Gold **Note:** Weight varies 10.80 - 11.00 grams.

Date	Mintage	Good	VG	F	VF	XF
AH1114//46	—	—	450	550	650	850
AH111x//50	—	—	450	550	650	850

Patna

KM# 315.40 MOHUR (Type 315)

Gold **Note:** Weight varies: 10.80-11.00 grams.

Date	Mintage	VG	F	VF	XF	Unc
AH1113//45	—	425	475	550	650	775

Purenda

KM# 315.41 MOHUR (Type 315)

Gold **Note:** Weight varies 10.80-11 grams.

Date	Mintage	Good	VG	F	VF	XF
AH1117//50 Rare	—	—	—	—	—	—
AH1118//51 Rare	—	—	—	—	—	—

Shahjahanabad

KM# 315.42 MOHUR (Type 315)

Gold **Obv:** Inscription **Rev. Inscription:** Dar-ul-Khilafat, mint name **Note:** "Badr" couplet; Weight varies 10.80 - 11.00 grams.

Date	Mintage	VG	F	VF	XF	Unc
AH1114//47	—	425	475	550	650	775
AH1115//47	—	425	475	550	650	775
AH1116//48	—	425	475	550	650	775
AH1116//49	—	425	475	550	650	775
AH1117//49	—	425	475	550	650	775
AH1117//50	—	425	475	550	650	775
AH1118//51	—	425	475	550	650	775
AH1119//51	—	425	475	550	650	775

Sholapur

KM# 315.43 MOHUR (Type 315)

Gold **Note:** Weight varies: 10.80-11.00 grams.

Date	Mintage	VG	F	VF	XF	Unc
AH1113//46	—	425	475	550	650	775
AH1114//4x	—	425	475	550	650	775
AH1115//47	—	425	475	550	650	775
AH1116//48	—	425	475	550	650	775
AH1118//50	—	425	475	550	650	775

Surat

KM# 315.58 MOHUR (Type 315)

Gold **Note:** Weight varies: 10.8-11 grams.

Date	Mintage	VG	F	VF	XF	Unc
AH1113//46	—	425	475	550	650	775
AH1114//xx	—	425	475	550	650	775
AH1115//47	—	425	475	550	650	775
AH1115//48	—	425	475	550	650	775

KM# 315.45 MOHUR (Type 315)

Gold **Note:** Without mint epithet. Weight varies: 10.80-11.00 grams.

Date	Mintage	VG	F	VF	XF	Unc
AH1113//45	—	425	475	550	650	775

Tatta

KM# 315.46 MOHUR (Type 315)

Gold **Obv:** Inscription **Rev:** Inscription **Note:** "Mihr" couplet; Weight varies 10.80 to 11.00 grams.

Date	Mintage	VG	F	VF	XF	Unc
AH1113//46	—	425	475	550	650	775

Ujjain

KM# 315.48 MOHUR (Type 315)

Gold **Obv:** Inscription **Rev. Inscription:** Dar-ul-Fath **Note:** Weight varies 10.80 - 11.00 grams.

Date	Mintage	VG	F	VF	XF	Unc
AH1115//48	—	425	475	550	650	775

Zafarabad

KM# 315.49 MOHUR (Type 315)

Gold **Note:** Weight varies 10.80 - 11.00 grams.

Date	Mintage	VG	F	VF	XF	Unc
AH1113//45	—	425	500	575	725	850
AH1114//47	—	425	500	575	725	850
AH1115//47	—	425	500	575	725	850
AH1116//48	—	425	500	575	725	850
AH1118//51	—	425	500	575	725	850

LARGESSE COINAGE

Allahabad

KM# B306.4 NISAR (Type B306)

Silver **Obv. Inscription:** "Alamgir Bad Shah" **Note:** Weight varies 0.60-0.70 grams.

Date	Mintage	Good	VG	F	VF	XF
AH1117//49	—	—	—	—	—	—

Bijapur

KM# B306.5 NISAR (Type B306)

Silver **Obv. Inscription:** "Nisar 'Alamgir" **Note:** Weight varies 0.60-0.70 grams.

Date	Mintage	Good	VG	F	VF	XF
AH1114//46	—	—	—	—	—	—

Ahmadanagar

KM# D306.2 NISAR (Type D306)

Silver **Obv. Inscription:** "Nisar 'Alamgir Bad Shah Ghazi" **Note:** Weight varies 2.5-2.9 grams.

Date	Mintage	Good	VG	F	VF	XF
AH1118//5x	—	—	—	—	—	—

Itawa

KM# D306.9 NISAR (Type D306)

Silver **Note:** Weight varies 2.5-2.9 grams.

Date	Mintage	Good	VG	F	VF	XF
AH1114//47	—	—	—	—	—	—

Ahmadnagar

KM# 306.3 NISAR (Type 306)

Silver

Date	Mintage	Good	VG	F	VF	XF
AH1118//5x	—	22.00	55.00	90.00	150	250

Itawa

KM# 306.9 NISAR (Type 306)

Silver **Note:** Weight varies: 0.35-2.90 grams.

Date	Mintage	Good	VG	F	VF	XF
AH111x//47	—	—	—	—	—	—

Azam Shah
In Gujarat - Khandesh - Malwa, AH1118-1119 / 1707AD

HAMMERED COINAGE

Haidarabad

KM# 328.1 1/8 RUPEE (Type 328)

Silver **Note:** Weight varies 1.38-1.45 grams.

Date	Mintage	Good	VG	F	VF	XF
AHxxxx//x Rare	—	—	—	—	—	—

Khujista Bunyad

KM# 330.2 1/2 RUPEE (Type 330)

Silver **Obv:** Inscription, date **Rev:** Inscription **Note:** Weight varies 5.50-5.80 grams.

Date	Mintage	Good	VG	F	VF	XF
AH1119//(1) Ahad Rare	—	—	—	—	—	—

Surat

KM# 330.1 1/2 RUPEE (Type 330)

Silver **Note:** Weight varies 5.50-5.80 grams.

Date	Mintage	Good	VG	F	VF	XF
AH1119//(1) Ahad Rare	—	—	—	—	—	—

INDIA MUGHAL EMPIRE

Ahmadabad

KM# 332.1 RUPEE (Type 332)

Silver **Obv:** Inscription **Rev:** Inscription **Note:** Weight varies 11.00-11.60 grams.

Date	Mintage	Good	VG	F	VF	XF
AH1118//(1) Ahad	—	50.00	125	250	350	500
AH1119//(1) Ahad	—	50.00	125	250	350	500

Ahmadanagar

KM# 332.2 RUPEE (Type 332)

11.4440 g., Silver **Note:** Weight varies 11.00-11.60 grams.

Date	Mintage	Good	VG	F	VF	XF
AH1118//(1) Ahad	—	50.00	125	250	350	500
AH1119//(1) Ahad	—	50.00	125	250	350	500

Alamgirpur

KM# 332.7 RUPEE (Type 332)

Silver **Note:** Weight varies 11.00-11.60 grams.

Date	Mintage	Good	VG	F	VF	XF
AHxxxx//(1) Ahad	—	—	—	—	—	—

Burhanpur

KM# 332.3 RUPEE (Type 332)

Silver **Obv:** Inscription, date **Rev:** Inscription **Note:** Weight varies 11.00-11.60 grams.

Date	Mintage	Good	VG	F	VF	XF
AH1118//(1) Ahad	—	45.00	110	220	320	450
AH1119//(1) Ahad	—	45.00	110	220	320	450

Haidarabad

KM# 332.8 RUPEE (Type 332)

Silver **Obv:** Inscription **Rev. Inscription:** Dar-ul-Jihad **Note:** Weight varies 11.00-11.60 grams.

Date	Mintage	Good	VG	F	VF	XF
AH1119//(1) Ahad Rare	—	—	—	—	—	—

Junagarh

KM# 332.9 RUPEE (Type 332)

Silver **Note:** Weight varies 11.00-11.60 grams.

Date	Mintage	Good	VG	F	VF	XF
AH1119//(1) Ahad Rare	—	—	—	—	—	—

Khujista Bunyad

KM# 332.4 RUPEE (Type 332)

Silver **Obv:** Inscription, date **Rev:** Inscription **Note:** Weight varies 11.00-11.60 grams.

Date	Mintage	Good	VG	F	VF	XF
AH1118//(1) Ahad	—	45.00	110	220	320	450
AH1119//(1) Ahad	—	45.00	110	220	320	450

Surat

KM# 332.5 RUPEE (Type 332)

Silver **Obv:** Inscription **Rev:** Inscription **Note:** Weight varies 11.00-11.60 grams.

Date	Mintage	Good	VG	F	VF	XF
AH1119//(1) Ahad	—	45.00	110	220	320	450

Ujjain

KM# 332.6 RUPEE (Type 332)

Silver **Obv:** Inscription **Rev. Inscription:** Dar-ul-Fath **Note:** Weight varies 11.00-11.60 grams.

Date	Mintage	Good	VG	F	VF	XF
AH1119//(1) Ahad	—	50.00	125	250	350	500

Ahmadanagar

KM# 334.1 MOHUR (Type 334)

Gold **Note:** Weight varies: 10.80-11.00 grams.

Date	Mintage	Good	VG	F	VF	XF
AH1118//(1) Ahad	—	425	500	700	1,000	1,500
AH1119//(1) Ahad	—	425	500	700	1,000	1,500

Alamgirpur

KM# 334.2 MOHUR (Type 334)

Gold **Note:** Weight varies 10.80-11.00 grams.

Date	Mintage	Good	VG	F	VF	XF
AH111x//(1) Ahad Rare	—	—	—	—	—	—

Asir

KM# 334.3 MOHUR (Type 334)

Gold **Note:** Weight varies 10.80-11.00 grams.

Date	Mintage	Good	VG	F	VF	XF
AH111x//(1) Ahad Rare	—	—	—	—	—	—

Burhanpur

KM# 334.4 MOHUR (Type 334)

Gold **Note:** Weight varies 10.80-11.00 grams.

Date	Mintage	Good	VG	F	VF	XF
AH1119//(1) Ahad	—	425	500	700	1,000	1,500

Haidarabad

KM# 334.7 MOHUR (Type 334)

Gold **Rev:** Mint epithet: "Dar-ul-Jihad" **Note:** Weight varies 10.80-11.00 grams.

Date	Mintage	Good	VG	F	VF	XF
AH1119//(1) Ahad	—	425	500	800	1,250	2,000

Khujista Bunyad

KM# 334.5 MOHUR (Type 334)

Gold **Obv:** Inscription **Rev:** Inscription **Note:** Weight varies 10.80-11.00 grams.

Date	Mintage	Good	VG	F	VF	XF
AH1118//(1) Ahad	—	425	500	800	1,250	2,000
AH1119//(1) Ahad	—	425	500	800	1,250	2,000

Surat

KM# 334.6 MOHUR (Type 334)

Gold **Note:** Weight varies 10.80-11.00 grams.

Date	Mintage	Good	VG	F	VF	XF
AH1119//(1) Ahad	—	—	1,250	2,250	3,500	5,000

Kam Bakhsh

In Deccan AH1119-1120 / 1707-1708AD

HAMMERED COINAGE

Bijapur

KM# 335 PAISA (Type 335)

14.0000 g., Copper

Date	Mintage	Good	VG	F	VF	XF
AH1120//x Rare	—	—	—	—	—	—

Ahsanabad

KM# 336.1 RUPEE (Type 336)

Silver **Note:** Weight varies 11.00-11.60 grams.

Date	Mintage	Good	VG	F	VF	XF
AH1119//(1) Ahad	—	50.00	125	250	425	600

Bijapur

KM# 336.2 RUPEE (Type 336)

Silver **Obv:** Inscription **Rev. Inscription:** Dar uz-Zafar **Note:** Weight varies 11.00-11.60 grams.

Date	Mintage	Good	VG	F	VF	XF
AH1119//(1) Ahad	—	50.00	125	250	425	600
AH1120//2	—	50.00	125	250	425	600

Gokak

KM# 336.4 RUPEE (Type 336)

Silver **Note:** Weight varies 11.00-11.60 grams.

Date	Mintage	Good	VG	F	VF	XF
AH11xx//(1) Ahad Rare	—	—	—	—	—	—

Gulbarga

KM# 336.3 RUPEE (Type 336)

Silver **Note:** Weight varies 11.00-11.60 grams.

Date	Mintage	Good	VG	F	VF	XF
AH1120//2	—	50.00	125	250	425	600

Haidarabad

KM# 336.5 RUPEE (Type 336)

Silver **Obv:** Inscription, date **Rev. Inscription:** Dar ul-Jihad **Note:** Weight varies 11.00-11.60 grams.

Date	Mintage	Good	VG	F	VF	XF
AH1120//2	—	50.00	125	250	425	600

Imtiyazgarh

KM# 336.9 RUPEE (Type 336)

Silver **Note:** Weight varies 11.00-11.60 grams.

Date	Mintage	Good	VG	F	VF	XF
AHxxxx//(1) Ahad	—	—	—	—	—	—

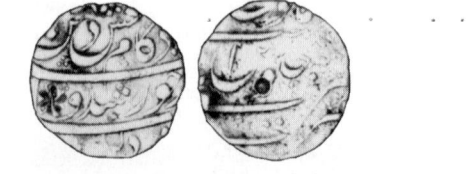

Nusratabad

KM# 336.6 RUPEE (Type 336)

Silver **Note:** Weight varies 11.00-11.60 grams.

Date	Mintage	Good	VG	F	VF	XF
AH1120//(1) Ahad Rare	—	—	—	—	—	—
AH11xx//2 Rare	—	—	—	—	—	—

Surat

KM# 336.8 RUPEE (Type 336)

Silver **Note:** Weight varies 11.00-11.60 grams.

Date	Mintage	Good	VG	F	VF	XF
AH111x//(1) Ahad	—	—	—	—	—	—

Toragal

KM# 336.7 RUPEE (Type 336)

Silver **Note:** Weight varies 11.00-11.60 grams.

Date	Mintage	Good	VG	F	VF	XF
AH111x//(1) Ahad Rare	—	—	—	—	—	—

Bijapur

KM# 338.1 MOHUR (Type 338)

Gold **Rev:** Mint epithet: "Dar-uz-Zafar" **Note:** Weight varies 10.60-10.90 grams.

Date	Mintage	Good	VG	F	VF	XF
AH1119//(1) Ahad	—	425	500	700	1,000	1,400

Haidarabad

KM# 338.2 MOHUR (Type 338)

Gold **Obv:** Inscription, date **Rev. Inscription:** Dar ul-Jihad **Note:** Weight varies 10.80-11.00 grams.

Date	Mintage	Good	VG	F	VF	XF
AII1119//(1) Ahad	—	425	500	650	1,000	1,500
AH1120//2	—	425	500	650	1,000	1,500

Nusratabad

KM# 338.3 MOHUR (Type 338)

Gold **Note:** Weight varies 10.80-11.00 grams.

Date	Mintage	Good	VG	F	VF	XF
AH11xx//x Rare	—	—	—	—	—	—

Shah Alam Bahadur
AH1119-1124 / 1707-1712AD

HAMMERED COINAGE

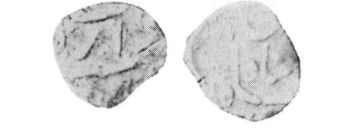

Bijapur

KM# A339.1 1/2 PAISA (Type A339)

Copper **Note:** Type A339. Weight varies: 6.45-6.90 grams.

Date	Mintage	Good	VG	F	VF	XF
AHxxxx//x	—	—	—	—	—	—

Macchlipattan

KM# A339.2 1/2 PAISA (Type A339)

Copper **Obv.** Inscription: "Mubarak julus sanah" **Rev.** Inscription: "Zarb bandar macchlipatan sanah" **Note:** Weight varies: 6.45-6.90 grams.

Date	Mintage	Good	VG	F	VF	XF
AH119//(1)	—	5.50	11.00	18.00	30.00	—
Ahad						
AH120//2	—	5.50	11.00	18.00	30.00	—
AH121//3	—	5.50	11.00	18.00	30.00	—
AH122//4	—	5.50	11.00	18.00	30.00	—
AH123//5	—	5.50	11.00	18.00	30.00	—
AH125//5 error	—	5.50	11.00	18.00	30.00	—
AH124//6	—	5.50	11.00	18.00	30.00	—

Sholapur

KM# A339.3 1/2 PAISA (Type A339)

Copper **Note:** Weight varies: 6.45-6.90 grams.

Date	Mintage	Good	VG	F	VF	XF
AHxxxx//(1) Ahad	—	5.50	11.00	18.00	30.00	—
AHxxxx//2	—	5.50	11.00	18.00	30.00	—
AHxxxx//4	—	5.50	11.00	18.00	30.00	—
AHxxxx//5	—	5.50	11.00	18.00	30.00	—

Allahabad

KM# 339.1 1/2 DAM (Type 339)

Copper

Date	Mintage	Good	VG	F	VF	XF
AHxxxx//x	—	5.50	11.00	18.00	30.00	—

Muhammadabad

KM# 339.2 1/2 DAM (Type 339)

Copper

Date	Mintage	Good	VG	F	VF	XF
AHxxxx//x	—	5.50	11.00	18.00	30.00	—

Date	Mintage	Good	VG	F	VF	XF
AH112x//4	—	5.50	11.00	18.00	30.00	—
AH112x//6	—	5.50	11.00	18.00	30.00	—

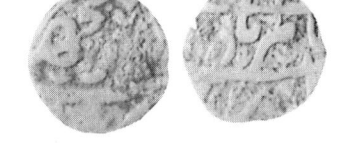

Bijapur

KM# 340.4 PAISA (Type 340)

Copper **Obv:** Inscription, date **Rev.** Inscription: Dar-uz-Zatar **Note:** Weight varies 12.90-13.80 grams.

Date	Mintage	Good	VG	F	VF	XF
AHxx24//x	—	5.50	11.00	18.00	30.00	—

Hyderabad

KM# 340.2 PAISA (Type 340)

Copper **Rev:** Mint epithet Dar-al-Jihad **Note:** Weight varies 12.90-13.80 grams.

Date	Mintage	Good	VG	F	VF	XF
AH1119//x	—	5.50	11.00	18.00	30.00	—

Macchlipattan

KM# 340.1 PAISA (Type 340)

Copper **Obv.** Inscription: "Mubarak julus sanah" **Rev.** Inscription: Zarb bandar machhlipatan sanah" **Note:** Weight varies 12.90-13.80 grams.

Date	Mintage	Good	VG	F	VF	XF
AH1119//(1) Ahad	—	5.50	11.00	18.00	30.00	—
AH1119//2	—	5.50	11.00	18.00	30.00	—
AH1120//2	—	5.50	11.00	18.00	30.00	—
AH1121//3	—	5.50	11.00	18.00	30.00	—
AH1122//4	—	5.50	11.00	18.00	30.00	—
AH1123//5	—	5.50	11.00	18.00	30.00	—
AH1124//5 (sic)	—	5.50	11.00	18.00	30.00	—
AH1124//6(sic)	—	5.50	11.00	18.00	30.00	—

Sholapur

KM# 340.3 PAISA (Type 340)

Copper **Note:** Weight varies 12.90-13.80 grams.

Date	Mintage	Good	VG	F	VF	XF
ND//x	—	5.50	11.00	18.00	30.00	—
AHxxxx//3	—	5.50	11.00	18.00	30.00	—

Ahmadabad

KM# A341.1 1/2 DAM (Type A341)

Copper **Note:** Weight varies 12.90-13.80 grams.

Date	Mintage	Good	VG	F	VF	XF
ND//x	—	—	—	—	—	—
AH1124//x	—	—	—	—	—	—

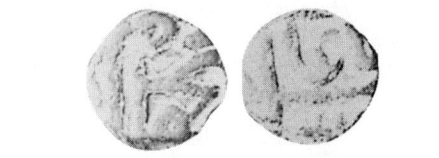

Elichpur

KM# A341.2 1/2 DAM (Type A341)

9.5000 g., Copper **Note:** Weight varies 12.90-13.80 grams.

Date	Mintage	Good	VG	F	VF	XF
AHxxxx//x	—	—	—	—	—	—

Firoznagar

KM# A341.3 1/2 DAM (Type A341)

Copper **Note:** Weight varies 12.90-13.80 grams.

Date	Mintage	Good	VG	F	VF	XF
ND//x	—	—	—	—	—	—
AH1123//x	—	—	—	—	—	—

Muhammadabad

KM# A341.5 1/2 DAM (Type A341)

Copper **Rev:** Mint epithet Dar-al-Fulus **Note:** Weight varies 12.90-13.80 grams.

Date	Mintage	Good	VG	F	VF	XF
AH(11)24//x	—	—	—	—	—	—

Surat

KM# A341.4 1/2 DAM (Type A341)

10.0000 g., Copper **Note:** Weight varies 12.90-13.80 grams.

Date	Mintage	Good	VG	F	VF	XF
ND//x	—	—	—	—	—	—

Ahmadabad

KM# 341.4 DAM (Type 341)

Copper **Note:** Weight varies: 19.7-20.2 grams.

Date	Mintage	Good	VG	F	VF	XF
AH1121//x	—	5.50	11.00	18.00	30.00	—

Elichpur

KM# 341.1 DAM (Type 341)

Copper **Note:** Weight varies: 19.7-20.2 grams.

Date	Mintage	Good	VG	F	VF	XF
AH1120//x	—	5.50	11.00	18.00	30.00	—
AH1121//3	—	5.50	11.00	18.00	30.00	—
AH1121//4	—	5.50	11.00	18.00	30.00	—
AH1122//4	—	5.50	11.00	18.00	30.00	—

Shahjahanabad

KM# 341.5 DAM (Type 341)

Copper **Note:** Weight varies: 19.7-20.2 grams.

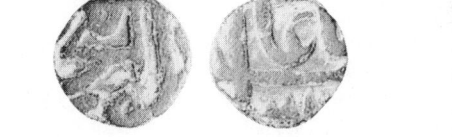

Date	Mintage	Good	VG	F	VF	XF
AH1124//6 (sic)	—	—	—	—	—	—

Note: Retrograde 6 as 2

Jahangirnagar

KM# 341.2 PAISA (Type 341)

Copper **Note:** Weight varies: 12.90-13.80 grams.

Date	Mintage	Good	VG	F	VF	XF
AHxxxx//1 (Ahad) Rare	—	—	—	—	—	—

Sholapur

KM# 341.3 PAISA (Type 341)

Copper **Note:** Weight varies: 12.90-13.80 grams.

Date	Mintage	Good	VG	F	VF	XF
AHxxxx//2 Rare	—	—	—	—	—	—
AHxxxx//4 Rare	—	—	—	—	—	—
AHxxxx//5 Rare	—	—	—	—	—	—
AHxxxx//6 Rare	—	—	—	—	—	—

Surat

KM# 341.6 PAISA (Type 341)

Copper **Note:** Weight varies: 12.90-13.80 grams.

Date	Mintage	Good	VG	F	VF	XF
ND1120//x Rare	—	—	—	—	—	—
AH1121//x Rare	—	—	—	—	—	—

Akbarnagar

KM# A342.1 DAM (Type A342)

Copper Weight varies: 19.7-20.2 grams.

Date	Mintage	Good	VG	F	VF	XF
AH1119//(1) Ahad	—	—	—	—	—	—

Surat

KM# A342.2 DAM (Type A342)

Copper Weight varies: 19.7-20.2 grams.

Date	Mintage	Good	VG	F	VF	XF
AHxxxx//4	—	—	—	—	—	—

Shahjahanabad

KM# 342.1 1/8 RUPEE (Type 342)

Silver **Note:** Weight varies 1.38-1.45 grams.

Date	Mintage	Good	VG	F	VF	XF
AH1124//5 (sic)	—	6.00	15.00	30.00	50.00	80.00

INDIA MUGHAL EMPIRE

Macchlipattan

KM# A343 1/4 RUPEE (Type A343)
Silver **Note:** Weight varies 2.75-2.90 grams.

Date	Mintage	Good	VG	F	VF	XF
AH1120/2	—	7.00	18.00	36.00	64.00	100

Khambayat

KM# 343.2 1/2 RUPEE (Type 343)
Silver **Note:** Weight varies 5.50-5.80 grams.

Date	Mintage	Good	VG	F	VF	XF
AHxxxx//3	—	5.00	13.00	26.00	45.00	70.00

Surat

KM# 343.1 1/2 RUPEE (Type 343)
Silver **Note:** Weight varies 5.50-5.80 grams.

Date	Mintage	Good	VG	F	VF	XF
AHxxxx//(1) Ahad	—	5.00	13.00	26.00	45.00	70.00
AH123x/x	—	5.00	13.00	26.00	45.00	70.00
AH(1124)//6	—	5.00	13.00	26.00	45.00	70.00

Azimabad

KM# 344.1 RUPEE (Type 344)
Silver **Obv. Inscription:** Muazzam, the Second Alamgir **Rev: Inscription Note:** Weight varies 11.00-11.60 grams.

Date	Mintage	Good	VG	F	VF	XF
AHxxxx//(1) Ahad	—	30.00	70.00	1,150	225	350

Murshidabad

KM# 344.2 RUPEE (Type 344)
Silver **Obv:** Inscription is a pre-accession name "Muazzam, the Second Alamgir" **Note:** Weight varies 11.00-11.60 grams.

Date	Mintage	Good	VG	F	VF	XF
AHxxxx//(1) Ahad Rare	—	—	—	—	—	—

Multan

KM# A344 RUPEE (Type A344)
Silver **Obv:** Inscription, date **Rev. Inscription:** Hami Din Shah Alam **Note:** Weight varies 11.00-11.60 grams.

Date	Mintage	Good	VG	F	VF	XF
AH1119//(1) Ahad	—	30.00	70.00	150	225	350

Tatta

KM# 345.1 RUPEE (Type 345)
Silver **Obv:** Inscription is a pre-accession name "Muazzam, the Second Shah Jahan" **Rev:** Inscription **Note:** Weight varies 11.00-11.60 grams.

Date	Mintage	Good	VG	F	VF	XF
AH1119//(1) Ahad Rare	—	—	—	—	—	—

Akbarabad

KM# 346.1 RUPEE (Type 346)
Silver **Obv. Inscription:** Bahadur Shah, the second Alamgir **Rev. Inscription:** Mustaqir-ul-Khilafat **Note:** Weight varies 11.00-11.60 grams.

Date	Mintage	Good	VG	F	VF	XF
AH1119//(1) Ahad	—	13.00	30.00	60.00	95.00	150

Ajmer

KM# 347.24 RUPEE (Type 347)
Silver **Obv. Inscription:** Sikka i Shah Alam Badshah Ghazi **Rev:** Inscription **Note:** Weight varies 11.00-11.60 grams.

Date	Mintage	Good	VG	F	VF	XF
AH1119//(1) Ahad	—	13.00	30.00	60.00	95.00	150

KM# 347.23 RUPEE (Type 347)
Silver **Obv:** Inscription **Rev. Inscription:** Mustagir-ul-Khilafat **Note:** Weight varies 11.00-11.60 grams.

Date	Mintage	Good	VG	F	VF	XF
AH1119//(1) Ahad	—	10.00	20.00	45.00	75.00	120
AHxxxx//2 Ahad	—	10.00	20.00	45.00	75.00	120

Akbarabad

KM# 347.1 RUPEE (Type 347)
Silver **Obv:** Inscription **Rev. Inscription:** Mustaqir-ul-Khilafat **Note:** Weight varies 11.00-11.60 grams.

Date	Mintage	Good	VG	F	VF	XF
AH1119//(1) Ahad	—	7.00	10.00	16.00	26.00	40.00
AH11xx//2	—	7.00	10.00	16.00	26.00	40.00
AH11xx//4	—	7.00	10.00	16.00	26.00	40.00

KM# 347.1A RUPEE (Type 347)
Silver **Rev. Inscription:** Mustaqir al-Mulk

Date	Mintage	Good	VG	F	VF	XF
AH1120//2	—	15.00	30.00	65.00	100	160

Akbarnagar

KM# 347.2 RUPEE (Type 347)
Silver **Obv:** Inscription **Rev:** Inscription **Note:** Weight varies 11.00-11.60 grams.

Date	Mintage	Good	VG	F	VF	XF
AH1119//(1) Ahad	—	8.00	13.00	24.00	38.00	60.00
AH1120//2	—	8.00	13.00	24.00	38.00	60.00
AH121//3	—	8.00	13.00	24.00	38.00	60.00
AH1123//5	—	8.00	13.00	24.00	38.00	60.00
AH(11)24//6	—	8.00	13.00	24.00	38.00	60.00

Allahabad

KM# 347.3 RUPEE (Type 347)
Silver **Note:** Weight varies 11.00-11.60 grams.

Date	Mintage	Good	VG	F	VF	XF
AH1120//3	—	8.00	12.00	20.00	32.00	50.00
AH1122//4	—	8.00	12.00	20.00	32.00	40.00
AH112x//5	—	8.00	12.00	20.00	32.00	40.00
AH112x//6	—	8.00	12.00	20.00	32.00	40.00

Azimabad

KM# 347.4 RUPEE (Type 347)
Silver **Obv:** Inscription, date below **Rev:** Inscription **Note:** Weight varies 11.00-11.60 grams.

Date	Mintage	Good	VG	F	VF	XF
AH1119//(1) Ahad	—	7.00	10.00	16.00	26.00	40.00
AH1120//2	—	7.00	10.00	16.00	26.00	40.00
AH1120//3	—	7.00	10.00	16.00	26.00	40.00
AH1121//3	—	7.00	10.00	16.00	26.00	40.00
AH1121//4	—	7.00	10.00	16.00	26.00	40.00
AH1122//5	—	7.00	10.00	16.00	26.00	40.00
AH1123//5	—	7.00	10.00	16.00	26.00	40.00
AH1124//6	—	7.00	10.00	16.00	26.00	40.00

Bankapur

KM# 347.5 RUPEE (Type 347)
Silver **Note:** Weight varies 11.00-11.60 grams.

Date	Mintage	Good	VG	F	VF	XF
AH1122//4 Rare	—	—	—	—	—	—

Bareli

KM# 347.6 RUPEE (Type 347)
Silver **Obv:** Inscription, date below **Rev:** Inscription **Note:** Weight varies 11.00-11.60 grams.

Date	Mintage	Good	VG	F	VF	XF
AH1119//(1) Ahad	—	7.00	10.00	16.00	26.00	40.00
AH1119//2	—	7.00	10.00	16.00	26.00	40.00
AH1120//2	—	7.00	10.00	16.00	26.00	40.00
AH1120//3	—	7.00	10.00	16.00	26.00	40.00
AH1121//3	—	7.00	10.00	16.00	26.00	40.00
AH1121//4	—	7.00	10.00	16.00	26.00	40.00
AH1122//4	—	7.00	10.00	16.00	26.00	40.00

Firoznagar

KM# 347.26 RUPEE (Type 347)
Silver

Date	Mintage	VG	F	VF	XF	Unc
AHxxxx/ahd (1)	—	85.00	150	200	275	—

Imtiyazgarh

KM# 347.25 RUPEE (Type 347)
Silver **Note:** Weight varies 11.00-11.60 grams.

Date	Mintage	Good	VG	F	VF	XF
Al1xxxx//4	—	—	—	—	—	—
AH11xx//6	—	—	—	—	—	—

Itawa

KM# 347.8 RUPEE (Type 347)
Silver **Obv:** Inscription, date below **Rev:** Inscription **Note:** Weight varies 11.00-11.60 grams.

Date	Mintage	Good	VG	F	VF	XF
AH1119//(1) Ahad	—	7.00	10.00	16.00	26.00	40.00
AH1119//2	—	7.00	10.00	16.00	26.00	40.00
AH1120//2	—	7.00	10.00	16.00	26.00	40.00
AH1120//3	—	7.00	10.00	16.00	26.00	40.00
AH1121//3	—	7.00	10.00	16.00	26.00	40.00
AH1121//4	—	7.00	10.00	16.00	26.00	40.00
AH1122//4	—	7.00	10.00	16.00	26.00	40.00
AH1122//5	—	7.00	10.00	16.00	26.00	40.00
AH1123//5	—	7.00	10.00	16.00	26.00	40.00

Jahangirnagar

KM# 347.9 RUPEE (Type 347)

Silver **Note:** Weight varies 11.00-11.60 grams.

Date	Mintage	Good	VG	F	VF	XF
AH1119/x Ahad	—	7.00	10.00	16.00	26.00	40.00
AH11xx/(1) Ahad	—	7.00	10.00	16.00	26.00	40.00
AH11xx/2	—	7.00	10.00	16.00	26.00	40.00
AH1120/3	—	7.00	10.00	16.00	26.00	40.00
AH112x/4	—	7.00	10.00	16.00	26.00	40.00
AH1122/4	—	7.00	10.00	16.00	26.00	40.00
AH112x/5	—	7.00	10.00	16.00	26.00	40.00

Kanbayat

KM# 347.10 RUPEE (Type 347)

Silver **Note:** Weight varies 11.00-11.60 grams.

Date	Mintage	Good	VG	F	VF	XF
AH1119/(1) Ahad	—	8.00	15.00	30.00	50.00	80.00

Karimabad

KM# 347.11 RUPEE (Type 347)

Silver **Obv:** Inscription **Rev:** Inscription **Note:** Weight varies 11.00-11.60 grams.

Date	Mintage	Good	VG	F	VF	XF
AH1120/2	—	8.00	15.00	30.00	50.00	80.00
AH1121/3	—	8.00	15.00	30.00	50.00	80.00
AH1123/5	—	8.00	15.00	30.00	50.00	80.00

Katak

KM# 347.12 RUPEE (Type 347)

11.4440 g., Silver **Note:** Weight varies 11.00-11.60 grams.

Date	Mintage	Good	VG	F	VF	XF
AH1120/2	—	8.00	13.00	24.00	38.00	60.00
AH112x/3	—	8.00	13.00	24.00	38.00	60.00
AH1122/4	—	8.00	13.00	24.00	38.00	60.00

Lahore

KM# 347.13 RUPEE (Type 347)

Silver **Obv:** Inscription, date, 5-petal flower **Rev.** Inscription: Dar-us-Sultanat **Note:** Weight varies 11.00-11.60 grams.

Date	Mintage	Good	VG	F	VF	XF
AH1119/(1) Ahad	—	7.00	10.00	16.00	26.00	40.00
AH1119/2	—	7.00	10.00	16.00	26.00	40.00
AH1120/2	—	7.00	10.00	16.00	26.00	40.00
AH1120/3	—	7.00	10.00	16.00	26.00	40.00
AH1121/3	—	7.00	10.00	16.00	26.00	40.00
AH1121/4	—	7.00	10.00	16.00	26.00	40.00
AH1122/4	—	7.00	10.00	16.00	26.00	40.00
AH1123/5	—	7.00	10.00	16.00	26.00	40.00

Lakhnau

KM# 347.14 RUPEE (Type 347)

Silver **Note:** Weight varies 11.00-11.60 grams.

Date	Mintage	Good	VG	F	VF	XF
AH1119/(1) Ahad	—	7.00	10.00	16.00	26.00	40.00
AHxxxx/2	—	7.00	10.00	16.00	26.00	40.00
AHxxxx/3	—	7.00	10.00	16.00	26.00	40.00
AHxxxx/4	—	7.00	10.00	16.00	26.00	40.00

Multan

KM# 347.15 RUPEE (Type 347)

Silver **Note:** Weight varies 11.00-11.60 grams.

Date	Mintage	Good	VG	F	VF	XF
AH1119/(1) Ahad	—	8.00	15.00	30.00	50.00	80.00
AH1119/2	—	8.00	15.00	30.00	50.00	80.00
AH1120/2	—	8.00	15.00	30.00	50.00	80.00
AH1120/3	—	8.00	15.00	30.00	50.00	80.00
AH1121/3	—	8.00	15.00	30.00	50.00	80.00

Murshidabad

KM# 347.21 RUPEE (Type 347)

11.4440 g., Silver **Obv:** Inscription **Rev:** Inscription **Note:** Weight varies 11.00-11.60 grams.

Date	Mintage	Good	VG	F	VF	XF
AHxxxx/(1) Ahad	—	—	—	—	—	—
AHxxxx/2	—	—	—	—	—	—

Peshawar

KM# 347.16 RUPEE (Type 347)

Silver **Note:** Weight varies 11.00-11.60 grams.

Date	Mintage	Good	VG	F	VF	XF
AH1121/3	—	8.00	13.00	24.00	38.00	60.00
AH1121/4	—	8.00	13.00	24.00	38.00	60.00

Sahrind

KM# 347.17 RUPEE (Type 347)

11.4440 g., Silver **Note:** Weight varies 11.00-11.60 grams.

Date	Mintage	Good	VG	F	VF	XF
AH1119/(1) Ahad	—	7.00	10.00	16.00	26.00	40.00
AH1119/2	—	7.00	10.00	16.00	26.00	40.00
AH1120/2	—	7.00	10.00	16.00	26.00	40.00
AH1120/3	—	7.00	10.00	16.00	26.00	40.00
AH1121/3	—	7.00	10.00	16.00	26.00	40.00
AH112x/4	—	7.00	10.00	16.00	26.00	40.00
AHxxxx/13	—	7.00	10.00	16.00	26.00	40.00

Shahabad Qanauj

KM# 347.22 RUPEE (Type 347)

11.4440 g., Silver **Note:** Weight varies 11.00-11.60 grams.

Date	Mintage	Good	VG	F	VF	XF
AHxxxx/(1) AHAD	—	8.00	15.00	30.00	50.00	80.00

Shahjahanabad

KM# 347.18 RUPEE (Type 347)

Silver **Obv:** Inscription, date **Rev.** Inscription: Dar-ul-Khilafat **Note:** Weight varies 11.00-11.60 grams.

Date	Mintage	Good	VG	F	VF	XF
AH1119/(1) Ahad	—	7.00	10.00	16.00	26.00	40.00
AH1119/2	—	7.00	10.00	16.00	26.00	40.00
AH1120/2	—	7.00	10.00	16.00	26.00	40.00
AH1120/3	—	7.00	10.00	16.00	26.00	40.00
AH1121/3	—	7.00	10.00	16.00	26.00	40.00
AH1121/4	—	7.00	10.00	16.00	26.00	40.00
AH1122/4	—	7.00	10.00	16.00	26.00	40.00
AH1122/5	—	7.00	10.00	16.00	26.00	40.00
AH1123/5	—	7.00	10.00	16.00	26.00	40.00
AH1123/6	—	7.00	10.00	16.00	26.00	40.00

Tatta

KM# 347.19 RUPEE (Type 347)

Silver **Note:** Weight varies 11.00-11.60 grams.

Date	Mintage	Good	VG	F	VF	XF
AH1119	—	8.00	12.00	20.00	32.00	50.00
AH1120/2	—	8.00	12.00	20.00	32.00	50.00
AH1121/3	—	8.00	12.00	20.00	32.00	50.00
AH1122//x	—	8.00	12.00	20.00	32.00	50.00
AHxxxx/5	—	8.00	12.00	20.00	32.00	50.00

Ujjain

KM# 347.20 RUPEE (Type 347)

Silver **Obv:** Inscription **Rev.** Inscription: Dar-ul-Fath **Note:** Weight varies 11.00-11.60 grams.

Date	Mintage	Good	VG	F	VF	XF
AHxxxx/x	—	8.00	12.00	20.00	32.00	50.00

Haidarabad

KM# A348.37 RUPEE (Type A348)

Silver **Obv:** Inscription **Rev.** Inscription: Dar-ul-Jihad **Note:** Weight varies 11.00-11.60 grams.

Date	Mintage	Good	VG	F	VF	XF
AH1119/(1) Ahad Rare	—	—	—	—	—	—

Ahmadabad

KM# 348.1 RUPEE (Type 348)

Silver **Obv.** Inscription: Sikka Mubarak-I-Shah Alam Bahadur Badshah Ghazi **Rev:** Inscription **Note:** Weight varies 11.00-11.60 grams.

Date	Mintage	Good	VG	F	VF	XF
AH1119/(1) Ahad	—	7.00	10.00	16.00	26.00	40.00
AH1119/2	—	7.00	10.00	16.00	26.00	40.00
AH1120/2	—	7.00	10.00	16.00	26.00	40.00
AH1120/3	—	7.00	10.00	16.00	26.00	40.00
AH1121/3	—	7.00	10.00	16.00	26.00	40.00
AH1121/4	—	7.00	10.00	16.00	26.00	40.00
AH1122/4	—	7.00	10.00	16.00	26.00	40.00
AH1122/5	—	7.00	10.00	16.00	26.00	40.00
AH1123/5	—	7.00	10.00	16.00	26.00	40.00

Ahmadnagar

KM# 348.2 RUPEE (Type 348)

11.4440 g., Silver **Note:** Weight varies 11.00-11.60 grams.

Date	Mintage	Good	VG	F	VF	XF
AHxxxx//2	—	8.00	12.00	20.00	32.00	50.00
AH1120//3	—	8.00	12.00	20.00	32.00	50.00
AH1121//3	—	8.00	12.00	20.00	32.00	50.00
AH1121//4	—	8.00	12.00	20.00	32.00	50.00
AH1122//4	—	8.00	12.00	20.00	32.00	50.00
AH1122//5	—	8.00	12.00	20.00	32.00	50.00
AH1123//5	—	8.00	12.00	20.00	32.00	50.00

Ahsanabad

KM# 348.3 RUPEE (Type 348)

Silver **Note:** Weight varies 11.00-11.60 grams.

Date	Mintage	Good	VG	F	VF	XF
AH1119/(1) Ahad	—	8.00	14.00	26.00	45.00	70.00
AH1122/4	—	8.00	14.00	26.00	45.00	70.00
AH1123/x	—	8.00	14.00	26.00	45.00	70.00

Ajmer

KM# 348.4 RUPEE (Type 348)

Silver **Obv:** Inscription **Rev.** Inscription: Mustagir-ul-Khilafat **Note:** Weight varies 11.00-11.60 grams.

Date	Mintage	Good	VG	F	VF	XF
AH1119/(1) Ahad	—	8.00	12.00	24.00	32.00	50.00
AHxxxx//2	—	8.00	12.00	24.00	32.00	50.00
AHxxxx//3	—	8.00	12.00	24.00	32.00	50.00
AH112x//4	—	8.00	12.00	24.00	32.00	50.00
AH1123/x	—	8.00	12.00	24.00	32.00	50.00

INDIA MUGHAL EMPIRE

Akbarabad

KM# 348.5 RUPEE (Type 348)
Silver **Obv:** Inscription, date **Rev. Inscription:** Mustagir-ul-Khilafat **Note:** Weight varies 11.00-11.60 grams.

Date	Mintage	Good	VG	F	VF	XF
AH1119//(1) Ahad	—	8.00	13.00	24.00	38.00	60.00

KM# 348.6 RUPEE (Type 348)
Silver **Obv:** Inscription **Rev. Inscription:** Mustagir-ul-Mulk **Note:** Weight varies 11.00-11.60 grams.

Date	Mintage	Good	VG	F	VF	XF
AH1119//(1) Ahad	—	7.00	10.00	16.00	26.00	40.00
AH1119//2	—	7.00	10.00	16.00	26.00	40.00
AH1120//2	—	7.00	10.00	16.00	26.00	40.00
AH1120//3	—	7.00	10.00	16.00	26.00	40.00
AH1121//3	—	7.00	10.00	16.00	26.00	40.00
AH1121//4	—	7.00	10.00	16.00	26.00	40.00
AH1122//4	—	7.00	10.00	16.00	26.00	40.00
AH112x//5	—	7.00	10.00	16.00	26.00	40.00

Akbarnagar

KM# 348.7 RUPEE (Type 348)
Silver **Note:** Weight varies 11.00-11.60 grams.

Date	Mintage	Good	VG	F	VF	XF
AHxxxx//2	—	8.00	12.00	20.00	32.00	50.00

Alamgirpur

KM# 348.8 RUPEE (Type 348)
Silver **Note:** Weight varies 11.00-11.60 grams.

Date	Mintage	Good	VG	F	VF	XF
AH1119//x Ahad	—	8.00	13.00	24.00	38.00	60.00
AH1120//3	—	8.00	13.00	24.00	38.00	60.00
AH1121//3	—	8.00	13.00	24.00	38.00	60.00
AH1123//x	—	8.00	13.00	24.00	38.00	60.00
AH1123//5	—	8.00	13.00	24.00	38.00	60.00

Arkat

KM# 348.9 RUPEE (Type 348)
Silver **Note:** Weight varies 11.00-11.60 grams.

Date	Mintage	Good	VG	F	VF	XF
AH1120//2	—	9.00	17.00	36.00	65.00	100
AH1120//3	—	9.00	17.00	36.00	65.00	100
AH1121//3	—	9.00	17.00	36.00	65.00	100
AH1121//4	—	9.00	17.00	36.00	65.00	100
AH1122//4	—	9.00	17.00	36.00	65.00	100
AH1122//5	—	9.00	17.00	36.00	65.00	100
AH112x//6	—	9.00	17.00	36.00	65.00	100

Ausa

KM# 348.10 RUPEE (Type 348)
Silver **Note:** Weight varies 11.00-11.60 grams.

Date	Mintage	Good	VG	F	VF	XF
AHxxxx//3	—	9.00	17.00	36.00	65.00	100
AHxxxx//4	—	9.00	17.00	36.00	65.00	100
AH1122//5	—	9.00	17.00	36.00	65.00	100

Azamnagar

KM# 348.11 RUPEE (Type 348)
Silver **Note:** Weight varies 11.00-11.60 grams.

Date	Mintage	Good	VG	F	VF	XF
AHxxxx//2 Rare	—	—	—	—	—	—

Bahadarqarh

KM# 348.12 RUPEE (Type 348)
Silver **Note:** Weight varies 11.00-11.60 grams.

Date	Mintage	Good	VG	F	VF	XF
AH1123//6 Rare	—	—	—	—	—	—

Baramati

KM# 348.37 RUPEE (Type 348)
Silver **Note:** Weight varies 11.00-11.60 grams.

Date	Mintage	Good	VG	F	VF	XF
AH1123//x Rare	—	—	—	—	—	—

Bijapur

KM# 348.13 RUPEE (Type 348)
Silver **Obv:** Inscription **Rev. Inscription:** Dar-uz-Zafar **Note:** Weight varies 11.00-11.60 grams.

Date	Mintage	Good	VG	F	VF	XF
AHxxxx//2	—	8.00	12.00	20.00	32.00	50.00
AH1121//4	—	8.00	12.00	20.00	32.00	50.00

Burhanpur

KM# 348.14 RUPEE (Type 348)
Silver **Obv:** Inscription **Rev. Inscription:** Dar-us-Sarur **Note:** Weight varies 11.00-11.60 grams.

Date	Mintage	Good	VG	F	VF	XF
AH1119//(1) Ahad	—	7.00	10.00	16.00	26.00	40.00
AH1119//2	—	7.00	10.00	16.00	26.00	40.00
AH1120//2	—	7.00	10.00	16.00	26.00	40.00
AH1120//3	—	7.00	10.00	16.00	26.00	40.00
AH1121//3	—	7.00	10.00	16.00	26.00	40.00
AH1121//4	—	7.00	10.00	16.00	26.00	40.00
AH1122//4	—	7.00	10.00	16.00	26.00	40.00
AH1122//5	—	7.00	10.00	16.00	26.00	40.00
AH1123//5	—	7.00	10.00	16.00	26.00	40.00
AH1123//6	—	7.00	10.00	16.00	26.00	40.00
AH11xx//6	—	7.00	10.00	16.00	26.00	40.00

Elichpur

KM# 348.15 RUPEE (Type 348)
Silver **Note:** Weight varies 11.00-11.60 grams.

Date	Mintage	Good	VG	F	VF	XF
AH1119//(1) Ahad	—	8.00	15.00	30.00	50.00	80.00
AH1122//5	—	8.00	15.00	30.00	50.00	80.00
AH1123//5	—	8.00	15.00	30.00	50.00	80.00
AH1123//6	—	8.00	15.00	30.00	50.00	80.00
AH1124//6	—	8.00	15.00	30.00	50.00	80.00

Firozgarh

KM# 348.16 RUPEE (Type 348)
Silver **Note:** Weight varies 11.00-11.60 grams.

Date	Mintage	Good	VG	F	VF	XF
AH1121//3	—	8.00	15.00	30.00	50.00	80.00
AH1122//4	—	8.00	15.00	30.00	50.00	80.00
AH1122//5	—	8.00	15.00	30.00	50.00	80.00
AH1123//5	—	8.00	15.00	30.00	50.00	80.00

Firoznagar

KM# 348.17 RUPEE (Type 348)
Silver **Obv:** Inscription, stars and date **Rev:** Inscription **Note:** Weight varies 11.00-11.60 grams.

Date	Mintage	Good	VG	F	VF	XF
AH1122//4	—	8.00	15.00	30.00	50.00	80.00
AH1122//5	—	8.00	15.00	30.00	50.00	80.00
AH1123//5	—	8.00	15.00	30.00	50.00	80.00
AH1124//6	—	8.00	15.00	30.00	50.00	80.00

Guti

KM# 348.18 RUPEE (Type 348)
Silver **Note:** Weight varies 11.00-11.60 grams.

Date	Mintage	Good	VG	F	VF	XF
AHxxxx//5 Rare	—	—	—	—	—	—

Haidarabad

KM# 348.19 RUPEE (Type 348)
Silver **Obv:** Inscription **Rev. Inscription:** Farkhanda Bunyad **Note:** Weight varies 11.00 11.60 grams.

Date	Mintage	Good	VG	F	VF	XF
AH1120//2	—	7.00	10.00	16.00	26.00	40.00
AH1120//3	—	7.00	10.00	16.00	26.00	40.00
AH1121//3	—	7.00	10.00	16.00	26.00	40.00
AH1121//4	—	7.00	10.00	16.00	26.00	40.00
AH1122//4	—	7.00	10.00	16.00	26.00	40.00
AH1122//5	—	7.00	10.00	16.00	26.00	40.00
AH1123//5	—	7.00	10.00	16.00	26.00	40.00

Imtiyazgarh

KM# 348.20 RUPEE (Type 348)
Silver **Note:** Weight varies 11.00-11.60 grams.

Date	Mintage	Good	VG	F	VF	XF
AH1122//4 Rare	—	—	—	—	—	—

Junagarh

KM# 348.21 RUPEE (Type 348)
Silver **Obv:** Inscription **Rev:** Inscription **Note:** Weight varies 11.00-11.60 grams.

Date	Mintage	Good	VG	F	VF	XF
AH1119//(1) Ahad	—	8.00	12.00	20.00	32.00	50.00
AH1119//2	—	8.00	12.00	20.00	32.00	50.00
AH1120//2	—	8.00	12.00	20.00	32.00	50.00
AH1120//3	—	8.00	12.00	20.00	32.00	50.00
AH1121//3	—	8.00	12.00	20.00	32.00	50.00

Kabul

KM# 348.22 RUPEE (Type 348)
Silver **Obv:** Inscription **Rev. Inscription:** Dar-ul-Mulk **Note:** Weight varies 11.00-11.60 grams.

Date	Mintage	Good	VG	F	VF	XF
AH1120//2	—	8.00	12.00	20.00	32.00	50.00
AH1120//3	—	8.00	12.00	20.00	32.00	50.00
AH1121//3	—	8.00	12.00	20.00	32.00	50.00
AH1121//4	—	8.00	12.00	20.00	32.00	50.00
AH1122//4	—	8.00	12.00	20.00	32.00	50.00
AH1122//5	—	8.00	12.00	20.00	32.00	50.00
AH1123//5	—	8.00	12.00	20.00	32.00	50.00

Kanbayat

KM# 348.23 RUPEE (Type 348)
Silver **Note:** Weight varies 11.00-11.60 grams.

Date	Mintage	Good	VG	F	VF	XF
AHxxxx//(1) Ahad	—	7.00	10.00	16.00	26.00	40.00
AHxxxx//2	—	7.00	10.00	16.00	26.00	40.00
AH1120//3	—	7.00	10.00	16.00	26.00	40.00
AHxxxx//4	—	7.00	10.00	16.00	26.00	40.00
AHxxxx//5	—	7.00	10.00	16.00	26.00	40.00

Kashmir

KM# 348.24 RUPEE (Type 348)
Silver **Obv:** Inscription **Rev:** Inscription **Note:** Weight varies 11.00-11.60 grams.

Date	Mintage	Good	VG	F	VF	XF
AHxxxx//x Ahad	—	8.00	13.00	24.00	38.00	60.00
AH1120//2	—	8.00	13.00	24.00	38.00	60.00
AH1122//4	—	8.00	13.00	24.00	38.00	60.00
AH1123//5	—	8.00	13.00	24.00	38.00	60.00

Khujista Bunyad

KM# 348.25 RUPEE (Type 348)
Silver **Obv:** Inscription, date **Rev:** Inscription **Note:** Weight varies 11.00-11.60 grams.

Date	Mintage	Good	VG	F	VF	XF
AH1119//(1) Ahad	—	7.00	10.00	16.00	26.00	40.00
AH1119//2	—	7.00	10.00	16.00	26.00	40.00
AH1120//2	—	7.00	10.00	16.00	26.00	40.00
AH1120//3	—	7.00	10.00	16.00	26.00	40.00
AH1121//3	—	7.00	10.00	16.00	26.00	40.00
AH1121//4	—	7.00	10.00	16.00	26.00	40.00
AH1122//4	—	7.00	10.00	16.00	26.00	40.00
AH1121//5	—	7.00	10.00	16.00	26.00	40.00
AH1122//5	—	7.00	10.00	16.00	26.00	40.00
AH1123//5	—	7.00	10.00	16.00	26.00	40.00
AH1123//6	—	7.00	10.00	16.00	26.00	40.00
AH1124//6	—	7.00	10.00	16.00	26.00	40.00

Mahmud Bandar

KM# 348.26 RUPEE (Type 348)
Silver **Note:** Weight varies 11.00-11.60 grams.

Date	Mintage	Good	VG	F	VF	XF
AH1121//3 Rare	—	—	—	—	—	—

Mailapur

KM# 348.27 RUPEE (Type 348)
Silver **Note:** Weight varies 11.00-11.60 grams.

Date	Mintage	Good	VG	F	VF	XF
AH1120//2 Rare	—	—	—	—	—	—
AH1122//4 Rare	—	—	—	—	—	—

Muhammadabad

KM# 348.28 RUPEE (Type 348)
Silver **Note:** Weight varies 11.00-11.60 grams.

Date	Mintage	Good	VG	F	VF	XF
AHxxxx//(1) Ahad	—	8.00	13.00	24.00	38.00	60.00
AH1119//2	—	8.00	13.00	24.00	38.00	60.00
AH1120//2	—	8.00	13.00	24.00	38.00	60.00
AH1120//3	—	8.00	13.00	24.00	38.00	60.00
AH1121//3	—	8.00	13.00	24.00	38.00	60.00
AH1121//4	—	8.00	13.00	24.00	38.00	60.00
AH1122//4	—	8.00	13.00	24.00	38.00	60.00
AH1124//6	—	8.00	13.00	24.00	38.00	60.00

Narnol

KM# 348.29 RUPEE (Type 348)
Silver **Note:** Weight varies 11.00-11.60 grams.

Date	Mintage	Good	VG	F	VF	XF
AH1121//3	—	8.00	13.00	24.00	38.00	60.00
AH1122//4	—	8.00	13.00	24.00	38.00	60.00

Nusratabad

KM# 348.30 RUPEE (Type 348)
Silver **Note:** Weight varies 11.00-11.60 grams.

Date	Mintage	Good	VG	F	VF	XF
AH1122//4	—	8.00	15.00	30.00	50.00	80.00

Nusratagadh

KM# 348.38 RUPEE (Type 348)
Silver

Date	Mintage	Good	VG	F	VF	XF
AH11xx Rare	—	—	—	—	—	—

Parenda

KM# 348.31 RUPEE (Type 348)
Silver **Note:** Weight varies 11.00-11.60 grams.

Date	Mintage	Good	VG	F	VF	XF
AH1119//(1) Ahad	—	8.00	14.00	26.00	45.00	70.00
AH1120//2	—	8.00	14.00	26.00	45.00	70.00
AH1121//3	—	8.00	14.00	26.00	45.00	70.00
AH1122//4	—	8.00	14.00	26.00	45.00	70.00
AH1123//5	—	8.00	14.00	26.00	45.00	70.00

Sholapur

KM# 348.32 RUPEE (Type 348)
Silver **Note:** Weight varies 11.00-11.60 grams.

Date	Mintage	Good	VG	F	VF	XF
AHxxxx//2	—	8.00	14.00	26.00	45.00	70.00
AH1122//4	—	8.00	14.00	26.00	45.00	70.00
AH1122//5	—	8.00	14.00	26.00	45.00	70.00
AH1123//5	—	8.00	14.00	26.00	45.00	70.00

Sikakul

KM# 348.33 RUPEE (Type 348)
11.4440 g., Silver **Note:** Weight varies 11.00-11.60 grams.

Date	Mintage	Good	VG	F	VF	XF
AHxxxx//(1) Ahad Rare	—	—	—	—	—	—
AHxxxx//4 Rare	—	—	—	—	—	—

Surat

KM# 348.34 RUPEE (Type 348)
Silver **Obv:** Inscription **Rev:** Inscription **Note:** Weight varies 11.00-11.60 grams.

Date	Mintage	Good	VG	F	VF	XF
AH1119//(1) Ahad	—	7.00	10.00	16.00	26.00	40.00
AH1119//2	—	7.00	10.00	16.00	26.00	40.00
AH1120//2	—	7.00	10.00	16.00	26.00	40.00
AH1120//3	—	7.00	10.00	16.00	26.00	40.00
AH1121//3	—	7.00	10.00	16.00	26.00	40.00
AH1121//4	—	7.00	10.00	16.00	26.00	40.00
AH1122//4	—	7.00	10.00	16.00	26.00	40.00
AH1122//5	—	7.00	10.00	16.00	26.00	40.00
AH1123//5	—	7.00	10.00	16.00	26.00	40.00
AH1123//6	—	7.00	10.00	16.00	26.00	40.00
AH1124//6	—	7.00	10.00	16.00	26.00	40.00

Toragal

KM# 348.35 RUPEE (Type 348)
Silver **Obv:** Inscription, date **Rev:** Inscription, beaded flowers **Note:** Weight varies 11.00-11.60 grams.

Date	Mintage	Good	VG	F	VF	XF
AH1120//x Rare	—	—	—	—	—	—
AH1123//4 Rare	—	—	—	—	—	—

Ujjain

KM# 348.36 RUPEE (Type 348)
Silver **Obv:** Inscription **Rev. Inscription:** Dar-ul-Fath **Note:** Weight varies 11.00-11.60 grams.

Date	Mintage	Good	VG	F	VF	XF
AH1119//(1) Ahad	—	7.00	10.00	16.00	26.00	40.00
AH1120//2	—	7.00	10.00	16.00	26.00	40.00
AH1121//3	—	7.00	10.00	16.00	26.00	40.00
AH112x//5	—	7.00	10.00	16.00	26.00	40.00

Akbarnagar

KM# 349.1 HEAVY RUPEE (Type 349)
Silver **Note:** Weight varies 13.40-13.70 grams.

Date	Mintage	Good	VG	F	VF	XF
AH1123//5	—	—	—	—	—	—

Azimabad

KM# 349.2 HEAVY RUPEE (Type 349)
Silver **Note:** Weight varies 13.40-13.70 grams.

Date	Mintage	Good	VG	F	VF	XF
AH1123//5	—	—	—	—	—	—

Lahore

KM# 349.3 HEAVY RUPEE (Type 349)
Silver **Note:** Weight varies 13.40-13.70 grams.

Date	Mintage	Good	VG	F	VF	XF
AH1123//5	—	—	—	—	—	—

Shahjahanabad

KM# 349.4 HEAVY RUPEE (Type 349)
Silver **Note:** Weight varies 13.40-13.70 grams.

Date	Mintage	Good	VG	F	VF	XF
AH1123//5	—	—	—	—	—	—

Karimabad

KM# A350 HEAVY NAZARANA RUPEE (Type A350)
Silver **Note:** Weight varies 13.40-13.70 grams.

Date	Mintage	Good	VG	F	VF	XF
AH1123//5 Rare	—	—	—	—	—	—

Azimabad

KM# 350.1 MOHUR (Type 350)
Gold **Obv. Inscription:** Muazzqm, the Second Alamgir **Rev:** Inscription **Note:** Weight varies 10.60-10.90 grams.

Date	Mintage	Good	VG	F	VF	XF
AHxxxx//(1) Ahad Rare	—	—	—	—	—	—

Akbarabad

KM# 351.1 MOHUR (Type 351)
Gold **Note:** Without epithet. Weight varies 10.60-10.90 grams.

Date	Mintage	Good	VG	F	VF	XF
AH1119//x Shawwal Rare	—	—	—	—	—	—

Note: Shawwal = first month.

Akbarabad

KM# 352.1 MOHUR (Type 352)
Gold **Obv. Inscription:** Bahadur Shah, the second Alamgir **Rev. Inscription:** Mustagir-ul-Khilafat **Note:** Type 352. Weight varies 10.60-10.90 grams.

Date	Mintage	Good	VG	F	VF	XF
AH1119//(1) Ahad	—	—	450	500	650	750
AH1124//5	—	—	450	500	650	750

Allahabad

KM# 354.6 MOHUR (Type 354)
Gold **Obv. Inscription:** Sikka-I-Shah Alam Badshah Ghazi **Rev:** Inscription, date **Note:** Weight varies 10.60-10.90 grams.

Date	Mintage	Good	VG	F	VF	XF
AH1119//1 (Ahad)	—	400	450	500	600	700
AH1122//4	—	400	450	500	600	700

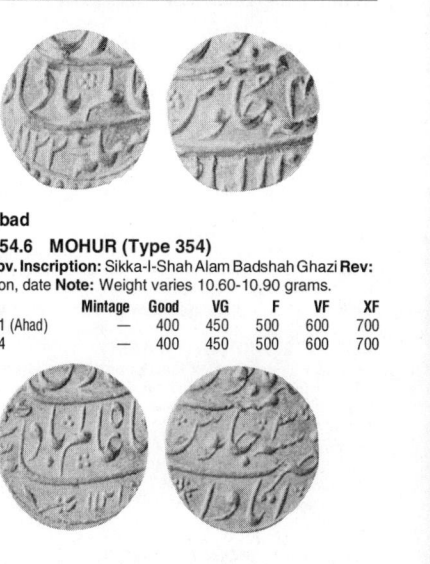

Itawa

KM# 354.1 MOHUR (Type 354)
Gold **Obv:** Inscription, date **Rev:** Inscription **Note:** Weight varies 10.60-10.90 grams.

Date	Mintage	Good	VG	F	VF	XF
AH1120//2	—	400	450	500	600	700
AH1121//3	—	400	450	500	600	700

Lahore

KM# 354.2 MOHUR (Type 354)
Gold **Obv:** Inscription, date **Rev. Inscription:** Dar-us-Sultanat **Note:** Weight varies 10.60-10.90 grams.

Date	Mintage	Good	VG	F	VF	XF
AH1120//2	—	400	450	500	600	700
AH1124//6	—	400	450	500	600	700

Multan

KM# 354.3 MOHUR (Type 354)
Gold **Note:** Weight varies 10.60-10.90 grams.

Date	Mintage	Good	VG	F	VF	XF
AH1119//1 (Ahad)	—	400	450	500	650	750
AH1121//3	—	400	450	500	650	750

Shahjahanabad

KM# 354.4 MOHUR (Type 354)
Gold **Obv:** Inscription **Rev. Inscription:** Dar-ul-Khilafat **Note:** Weight varies 10.60-10.90 grams.

Date	Mintage	Good	VG	F	VF	XF
AH1119//1 (Ahad)	—	400	450	500	600	700
AH1119//2	—	400	450	500	600	700
AH1120//2	—	400	450	500	600	700
AH1120//3	—	400	450	500	600	700
AH1121//3	—	400	450	500	600	700

Tatta

KM# 354.5 MOHUR (Type 354)
Gold **Note:** Weight varies 10.60-10.90 grams.

Date	Mintage	Good	VG	F	VF	XF
ND//x	—	400	450	500	650	750

Kabul

KM# A356.19 MOHUR (Type A356)
Gold **Obv:** Inscription **Rev. Inscription:** Dar-ul-Mulk **Note:** Weight varies 10.60-10.90 grams.

Date	Mintage	Good	VG	F	VF	XF
AH1120//x Rare	—	—	—	—	—	—
AH1123//x Rare	—	—	—	—	—	—

INDIA MUGHAL EMPIRE

Akbarabad

KM# 356.1 MOHUR (Type 356)
Gold **Obv. Inscription:** Sikka Mubarak-I-Shah Alam Bahadur Badshah Ghazi **Rev. Inscription:** Mustagir-ul-Khilafat **Note:** Weight varies 10.60-10.90 grams.

Date	Mintage	Good	VG	F	VF	XF
AH1119//1 (Ahad)	—	400	450	500	600	700

KM# 356.2 MOHUR (Type 356)
Gold **Obv:** Inscription **Rev. Inscription:** Mustagir-ul-Mulk **Note:** Weight varies 10.60-10.90 grams.

Date	Mintage	Good	VG	F	VF	XF
AH11xx//2	—	400	450	500	600	700
AHxxxx//3	—	400	450	500	600	700
AHxxxx//4	—	400	450	500	600	700
AH1123//5	—	400	450	500	600	700
AH112x//6	—	400	450	500	600	700

Arkat

KM# 356.18 MOHUR (Type 356)
Gold **Note:** Weight varies 10.60-10.90 grams.

Date	Mintage	Good	VG	F	VF	XF
AH1120//2	—	425	475	550	750	1,000

Azimabad

KM# 356.19 MOHUR (Type 356)
Gold **Note:** Weight varies 10.60-10.90 grams.

Date	Mintage	Good	VG	F	VF	XF
AH1119//1 (Ahad)	—	—	—	—	—	—

Date	Mintage	Good	VG	F	VF	XF
AH1119//1 (Ahad)	—	400	450	500	600	700
AH1119//2	—	400	450	500	600	700
AH1120//2	—	400	450	500	600	700
AH1120//3	—	400	450	500	600	700
AH1121//3	—	400	450	500	600	700
AH1121//4	—	400	450	500	600	700
AH1123//5	—	400	450	500	600	700
AH1124//6	—	400	450	500	600	700

Burhanpur

KM# 356.3 MOHUR (Type 356)
Gold **Rev:** Mint epithet: "Dar-us-Sarur" **Note:** Weight varies 10.60-10.90 grams.

Date	Mintage	Good	VG	F	VF	XF
AHxxxx//1 (Ahad)	—	400	450	500	600	700
AH1120//2	—	400	450	500	600	700
AH112x//4	—	400	450	500	600	700
AH112x//5	—	400	450	500	600	700
11xx//14	—	400	450	500	600	700

Elichpur

KM# 356.21 MOHUR (Type 356)
Gold **Note:** Weight varies 10.60-10.90 grams.

Date	Mintage	Good	VG	F	VF	XF
AH1124//6 Rare	—	—	—	—	—	—

Firozgarh

KM# 356.4 MOHUR (Type 356)
Gold **Note:** Weight varies 10.60-10.90 grams.

Date	Mintage	Good	VG	F	VF	XF
AH112x//3	—	400	450	550	650	750
AH1122//3	—	400	450	550	650	750
AH1122//x	—	400	450	550	650	750

Haidarabad

KM# 356.5 MOHUR (Type 356)
Gold **Obv:** Inscription **Rev. Inscription:** Dar-ul-Jihad **Note:** Weight varies 10.60-10.90 grams.

Date	Mintage	Good	VG	F	VF	XF
AH1120//x	—	400	450	500	600	700

KM# 356.6 MOHUR (Type 356)
Gold **Obv:** Inscription **Rev. Inscription:** Farkhanda Bunyad **Note:** Weight varies 10.60-10.90 grams.

Date	Mintage	Good	VG	F	VF	XF
AH1122//5	—	400	450	500	600	700
AH1123//5	—	400	450	500	600	700

Khujista Bunyad

KM# 356.7 MOHUR (Type 356)
Gold **Obv:** Inscription, date **Rev:** Inscription **Note:** Weight varies 10.60-10.90 grams.

Mailapur

KM# 356.8 MOHUR (Type 356)
Gold **Note:** Weight varies 10.60-10.90 grams.

Date	Mintage	Good	VG	F	VF	XF
AH1121//2 (sic) Rare	—	—	—	—	—	—

Muhammadabad

KM# 356.9 MOHUR (Type 356)
Gold **Note:** Weight varies 10.60-10.90 grams.

Date	Mintage	Good	VG	F	VF	XF
AHxxxx//1 (Ahad)	—	400	450	500	600	700

Nusratabad

KM# 356.22 MOHUR (Type 356)
Gold **Note:** Weight varies 10.60-10.90 grams.

Date	Mintage	Good	VG	F	VF	XF
AH1122//4 Rare	—	—	—	—	—	—

Parenda

KM# 356.10 MOHUR (Type 356)
Gold **Note:** Weight varies 10.60-10.90 grams.

Date	Mintage	Good	VG	F	VF	XF
AH1122//4	—	400	450	500	600	700

Peshawar

KM# 356.11 MOHUR (Type 356)
Gold **Obv:** Inscription, date **Rev:** Inscription **Note:** Weight varies 10.60-10.90 grams.

Date	Mintage	Good	VG	F	VF	XF
AH1120//2	—	400	450	500	650	750
AH1121//3	—	400	450	500	650	750

Shahjahanabad

KM# 356.12 MOHUR (Type 356)
Gold **Obv:** Inscription **Rev. Inscription:** Dar-ul-Khilafat **Note:** Weight varies 10.60-10.90 grams.

Date	Mintage	Good	VG	F	VF	XF
AH1122//4	—	400	450	500	600	700
AH1122//5	—	400	450	500	600	700
AH1123//5	—	400	450	500	600	700

Sholapur

KM# 356.13 MOHUR (Type 356)
Gold **Note:** Weight varies 10.60-10.90 grams.

Date	Mintage	Good	VG	F	VF	XF
AH1121//x	—	400	450	500	600	700

Sikakul

KM# 356.23 MOHUR (Type 356)
Gold **Note:** Weight varies 10.60-10.90 grams.

Date	Mintage	Good	VG	F	VF	XF
AH112x//4	—	—	—	—	—	—

Surat

KM# 356.14 MOHUR (Type 356)
Gold **Obv:** Inscription **Rev:** Inscription **Note:** Weight varies 10.60-10.90 grams.

Date	Mintage	Good	VG	F	VF	XF
AH1119//x	—	400	450	500	600	700

Toragal

KM# 356.15 MOHUR (Type 356)
Gold **Note:** Weight varies 10.60-10.90 grams.

Date	Mintage	Good	VG	F	VF	XF
AHxxxx//4 Rare	—	—	—	—	—	—

Ujjain

KM# 356.16 MOHUR (Type 356)
Gold **Obv:** Inscription **Rev. Inscription:** Dar-ul-Fath **Note:** Weight varies 10.60-10.90 grams.

Date	Mintage	Good	VG	F	VF	XF
AH1122//x	—	400	450	500	600	700

Akbarabad

KM# 357.1 NAZARANA MOHUR (Type 357)
Gold **Obv:** Inscription, date **Rev:** Inscription **Note:** Weight varies: 11.80-12.00 grams.

Date	Mintage	Good	VG	F	VF	XF
AH1123//5 Rare	—	—	—	—	—	—

Azim-ush-Shan
In Bengal, AH1124 / 1712AD
HAMMERED COINAGE

Jahangirnagar

KM# 358.1 RUPEE (Type 358)
Silver **Obv:** Inscription, date **Rev:** Inscription **Note:** Weight varies 11.00-11.60 grams.

Date	Mintage	Good	VG	F	VF	XF
AH1124//1 (Ahad) Rare	—	—	—	—	—	—

Katak

KM# 358.2 RUPEE (Type 358)
Silver **Note:** Weight varies 11.00-11.60 grams.

Date	Mintage	Good	VG	F	VF	XF
AH1124//1 (Ahad) Rare	—	—	—	—	—	—

KM# A358 PAISA
13.4900 g., Copper **Note:** Possibly struck from rupee dies, extremely rare.

Date	Mintage	Good	VG	F	VF	XF
AH1124//1 Off flan	—	—	—	—	—	—

Jahandar Shah
AH1124 / 1712-1713AD
HAMMERED COINAGE

Farkhanda Bunyad

KM# 359.1 1/4 PAISA (Type 359)
3.3400 g., Copper

Date	Mintage	VG	F	VF	XF	Unc
AH1124//ahd (1)	—	—	—	—	—	—

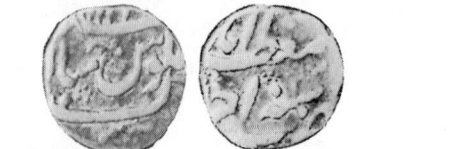

Ahmadabad

KM# 360.1 PAISA (Type 360)
Copper **Obv:** Inscription **Rev:** Inscription **Note:** Weight varies 12.90-13.80 grams.

Date	Mintage	Good	VG	F	VF	XF
AH1124//1 (Ahad)	—	20.00	40.00	65.00	95.00	—

Bahadarqarh

KM# 360.2 PAISA (Type 360)
Copper **Note:** Weight varies 12.90-13.80 grams.

Date	Mintage	Good	VG	F	VF	XF
AH1124//1 (Ahad) Rare	—	—	—	—	—	—

Bijapur

KM# 360.3 PAISA (Type 360)
Copper **Note:** Weight varies 12.90-13.80 grams.

Date	Mintage	Good	VG	F	VF	XF
AH1124//1 (Ahad) Rare	—	—	—	—	—	—

Farkhanda Bunyad

KM# 360.4 PAISA (Type 360)
Copper **Note:** Weight varies 12.90-13.80 grams.

Date	Mintage	Good	VG	F	VF	XF
AH1124//1 (Ahad)	—	20.00	40.00	65.00	95.00	—

Kabul

KM# 360.5 PAISA (Type 360)
Copper **Note:** Weight varies 12.90-13.80 grams.

Date	Mintage	Good	VG	F	VF	XF
AH1124//1 (Ahad) Rare	—	—	—	—	—	—

Muazzamabad

KM# 360.6 PAISA (Type 360)
Copper **Note:** Weight varies 12.90-13.80 grams.

Date	Mintage	Good	VG	F	VF	XF
AH1124//1 (Ahad) Rare	—	—	—	—	—	—

Surat

KM# 360.7 PAISA (Type 360)
Copper **Note:** Weight varies 12.90-13.80 grams.

Date	Mintage	Good	VG	F	VF	XF
AH1124//1 (Ahad)	—	20.00	40.00	65.00	95.00	—

Surat

KM# 361.1 1/4 RUPEE (Type 361)
Silver **Note:** Weight varies 2.75-2.90 grams.

Date	Mintage	Good	VG	F	VF	XF
AHxxxx//1 (Ahad) Rare	—	—	—	—	—	—

Burhanpur

KM# 362.2 1/2 RUPEE (Type 362)
Silver **Obv:** Inscription **Rev:** Inscription **Note:** Weight varies 5.50-5.80 grams.

Date	Mintage	Good	VG	F	VF	XF
AHxxxx//1 (Ahad)	—	—	—	—	—	—

Kashmir

KM# 362.3 1/2 RUPEE (Type 362)
Silver **Note:** Weight varies 5.50-5.80 grams.

Date	Mintage	Good	VG	F	VF	XF
AHxxxx//1 (Ahad)	—	—	—	—	—	—

Multan

KM# 362.4 1/2 RUPEE (Type 362)
Silver **Note:** Weight varies 5.50-5.80 grams.

Date	Mintage	Good	VG	F	VF	XF
AH1124//1 (Ahad)	—	—	—	—	—	—

Surat

KM# 362.1 1/2 RUPEE (Type 362)
Silver **Note:** Weight varies 5.50-5.80 grams.

Date	Mintage	Good	VG	F	VF	XF
AH1124//1 (Ahad) Rare	—	—	—	—	—	—

Akbarnagar

KM# 362A.1 1/2 RUPEE (Type 362A)
Silver **Obv:** Inscription **Rev:** Inscription **Note:** Weight varies 5.50-5.80 grams.

Date	Mintage	Good	VG	F	VF	XF
AH1124//1 (Ahad) Rare	—	—	—	—	—	—

Surat

KM# 362A.2 1/2 RUPEE (Type 362A)
Silver **Note:** Weight varies 5.50-5.80 grams.

Date	Mintage	Good	VG	F	VF	XF
AH1124//1 (Ahad) Rare	—	—	—	—	—	—

Ahmadabad

KM# 363.1 RUPEE (Type 363)
Silver **Obv. Inscription:** Abu Fath Jahandar Shah Ghazi **Rev:** Inscription **Note:** Weight varies 11.00-11.60 grams.

Date	Mintage	Good	VG	F	VF	XF
AH1124//1 (Ahad)	—	5.00	10.00	20.00	35.00	50.00

Ahmadanagar

KM# 363.2 RUPEE (Type 363)
Silver **Note:** Weight varies 11.00-11.60 grams.

Date	Mintage	Good	VG	F	VF	XF
AH1124//1 (Ahad)	—	6.00	12.50	25.00	42.50	60.00

Akbarabad

KM# 363.3 RUPEE (Type 363)
Silver **Obv:** Inscription **Rev. Inscription:** Mustagir-ul-Mulk **Note:** Weight varies 11.00-11.60 grams.

Date	Mintage	Good	VG	F	VF	XF
AH1124//1 (Ahad)	—	5.00	10.00	20.00	35.00	50.00

Akbarnagar

KM# 363.3a RUPEE (Type 363)
Silver

Date	Mintage	Good	VG	F	VF	XF
AH(11)24//1 (Ahad)	—	—	—	—	—	—

Akbarpur

KM# 363.4 RUPEE (Type 363)
Silver **Note:** Weight varies 11.00-11.60 grams.

Date	Mintage	Good	VG	F	VF	XF
AH1124//1 (Ahad)	—	6.50	15.00	30.00	50.00	70.00

Alamgirpur

KM# 363.27 RUPEE (Type 363)
Silver **Note:** Weight varies 11.00-11.60 grams.

Date	Mintage	Good	VG	F	VF	XF
AHxxxx//1 (Ahad)	—	—	—	—	—	—

Allahabad

KM# 363.25 RUPEE (Type 363)
Silver **Note:** Weight varies 11.00-11.60 grams.

Date	Mintage	Good	VG	F	VF	XF
AH1124//1 (Ahad)	—	—	—	—	—	—

Arkat

KM# 363.5 RUPEE (Type 363)
Silver **Note:** Weight varies 11.00-11.60 grams.

Date	Mintage	Good	VG	F	VF	XF
AH1124//1 (Ahad)	—	12.00	30.00	60.00	100	160

Ausa

KM# 363.6 RUPEE (Type 363)
Silver **Note:** Weight varies 11.00-11.60 grams.

Date	Mintage	Good	VG	F	VF	XF
AH1124//1 (Ahad) Rare	—	—	—	—	—	—

Bahadarqarh

KM# 363.7 RUPEE (Type 363)
Silver **Obv:** Inscription **Rev:** Inscription **Note:** Weight varies 11.00-11.60 grams.

Date	Mintage	Good	VG	F	VF	XF
AH1124//1 (Ahad)	—	40.00	100	200	325	450

Baramati

KM# 363.28 RUPEE (Type 363)
Silver **Note:** Weight varies 11.00-11.60 grams.

Date	Mintage	Good	VG	F	VF	XF
AHxxxx//1 (Ahad)	—	—	—	—	—	—

Bijapur

KM# 363.8 RUPEE (Type 363)
Silver **Obv:** Inscription **Rev. Inscription:** Dar-uz-Zafar **Note:** Weight varies 11.00-11.60 grams.

Date	Mintage	Good	VG	F	VF	XF
AH1124//1 (Ahad)	—	7.00	12.50	25.00	42.00	60.00

Burhanpur

KM# 363.9 RUPEE (Type 363)
Silver **Obv:** Inscription **Rev. Inscription:** Dar-us-Sarur **Note:** Weight varies 11.00-11.60 grams.

Date	Mintage	Good	VG	F	VF	XF
AH1124//1 (Ahad)	—	7.00	10.00	20.00	35.00	50.00

Elichpur

KM# 363.10 RUPEE (Type 363)
Silver **Note:** Weight varies 11.00-11.60 grams.

Date	Mintage	Good	VG	F	VF	XF
AH1124//1 (Ahad)	—	10.00	25.00	50.00	85.00	120

Fathabad Dharur

KM# 363.11 RUPEE (Type 363)
Silver **Note:** Weight varies 11.00-11.60 grams.

Date	Mintage	Good	VG	F	VF	XF
AH1124//1 (Ahad) Rare	—	—	—	—	—	—

Firozgarh

KM# 363.24 RUPEE (Type 363)
Silver **Note:** Weight varies 11.00-11.60 grams.

Date	Mintage	Good	VG	F	VF	XF
AH1125//1 (Ahad)	—	8.00	21.00	42.00	70.00	100

Gwalior

KM# 363.12 RUPEE (Type 363)
Silver **Note:** Weight varies 11.00-11.60 grams.

Date	Mintage	Good	VG	F	VF	XF
AH1124//1 (Ahad)	—	7.00	10.00	20.00	35.00	50.00

Haidarabad

KM# 363.13 RUPEE (Type 363)
Silver **Obv:** Inscription **Rev. Inscription:** Farkhanda Bunyad **Note:** Weight varies 11.00-11.60 grams.

Date	Mintage	Good	VG	F	VF	XF
AH1124//1 (Ahad)	—	7.00	12.50	25.00	42.00	60.00

Itawa

KM# 363.14 RUPEE (Type 363)
Silver **Obv:** Inscription, date **Rev:** Inscription **Note:** Weight varies 11.00-11.60 grams.

Date	Mintage	Good	VG	F	VF	XF
AH1124//1 (Ahad)	—	7.00	10.00	20.00	35.00	50.00

Kashmir

KM# 363.26 RUPEE (Type 363)
Silver **Note:** Weight varies 11.00-11.60 grams.

Date	Mintage	Good	VG	F	VF	XF
AH1124//1 (Ahad)	—	20.00	50.00	85.00	120	180

INDIA MUGHAL EMPIRE

Khambayat

KM# 363.15 RUPEE (Type 363)
Silver **Note:** Weight varies 11.00-11.60 grams.

Date	Mintage	Good	VG	F	VF	XF
AH1124//1 (Ahad)	—	7.00	10.00	20.00	35.00	50.00

Khujista Bunyad

KM# 363.16 RUPEE (Type 363)
Silver **Note:** Weight varies 11.00-11.60 grams.

Date	Mintage	Good	VG	F	VF	XF
AH1124//1 (Ahad)	—	7.00	12.50	25.00	42.00	60.00

Lahore

KM# 363.17 RUPEE (Type 363)
Silver **Obv:** Inscription **Rev. Inscription:** Dar-us-Sultanat **Note:** Weight varies 11.00-11.60 grams.

Date	Mintage	Good	VG	F	VF	XF
AH1124//1 (Ahad)	—	7.00	10.00	20.00	35.00	50.00

Muazzamabad

KM# 363.29 RUPEE (Type 363)
Silver **Note:** Weight varies 11.00-11.60 grams.

Date	Mintage	Good	VG	F	VF	XF
AH1124//1 (Ahad)	—	—	—	—	—	—

Muhammadabad

KM# 363.30 RUPEE (Type 363)
Silver **Note:** Weight varies 11.00-11.60 grams.

Date	Mintage	Good	VG	F	VF	XF
AH1124//1 (Ahad)	—	—	—	—	—	—

Murtazabad

KM# 363.31 RUPEE (Type 363)
Silver **Note:** Weight varies 11.00-11.60 grams.

Date	Mintage	Good	VG	F	VF	XF
AHxxxx//1 (Ahad)	—	—	—	—	—	—

Nusratabad

KM# 363.32 RUPEE (Type 363)
11.4440 g., Silver

Date	Mintage	Good	VG	F	VF	XF
AH1124//1	—	—	—	—	—	—

Parenda

KM# 363.18 RUPEE (Type 363)
Silver **Note:** Weight varies 11.00-11.60 grams.

Date	Mintage	Good	VG	F	VF	XF
AH1124//1 (Ahad)	—	10.00	25.00	50.00	85.00	120
AH1125//1 (Ahad)	—	10.00	25.00	50.00	85.00	120

Peshawar

KM# 363.19 RUPEE (Type 363)
Silver **Note:** Weight varies 11.00-11.60 grams.

Date	Mintage	Good	VG	F	VF	XF
AH1124//1 (Ahad) Rare	—	—	—	—	—	—

Qamarnagar

KM# 363.20 RUPEE (Type 363)
Silver **Note:** Weight varies 11.00-11.60 grams.

Date	Mintage	Good	VG	F	VF	XF
AH1124//1 (Ahad) Rare	—	—	—	—	—	—

Shahjahanabad

KM# 363.21 RUPEE (Type 363)
Silver **Obv:** Inscription **Rev. Inscription:** Dar-ul-Khilafat **Note:** Weight varies 11.00-11.60 grams.

Date	Mintage	Good	VG	F	VF	XF
AH1124//1 (Ahad)	—	7.00	10.00	20.00	35.00	50.00

Sholapur

KM# 363.33 RUPEE (Type 363)
Silver **Note:** Weight varies 11.00-11.60 grams.

Date	Mintage	Good	VG	F	VF	XF
AH1124//1 (Ahad)	—	—	—	—	—	—

Sikakul

KM# 363.34 RUPEE (Type 363)
Silver **Note:** Weight varies 11.00-11.60 grams.

Date	Mintage	Good	VG	F	VF	XF
AHxxxx//1 (Ahad)	—	—	—	—	—	—

Surat

KM# 363.22 RUPEE (Type 363)
Silver **Note:** Weight varies 11.00-11.60 grams.

Date	Mintage	Good	VG	F	VF	XF
AH1124//1 (Ahad)	—	7.00	10.00	20.00	35.00	50.00

Ujjain

KM# 363.23 RUPEE (Type 363)
Silver **Note:** Weight varies 11.00-11.60 grams.

Date	Mintage	Good	VG	F	VF	XF
AH1124//1 (Ahad)	—	7.00	10.00	20.00	35.00	50.00

Ahmadabad

KM# 364.33 RUPEE (Type 364)
Silver **Obv:** Sahib Qiran Jahandar Shah Badshah-i-Jahan **Note:** Weight varies 11.00 - 11.60 grams.

Date	Mintage	Good	VG	F	VF	XF
AH1124//1 (Ahad)	—	—	10.00	20.00	35.00	50.00

Ahmadanagar

KM# 364.1 RUPEE (Type 364)
Silver **Obv. Inscription:** Sahib Qiran Jahandar Shah Badshah-i-Jahan **Rev:** Inscription **Note:** Weight varies 11.00-11.60 grams.

Date	Mintage	Good	VG	F	VF	XF
AH1124//1 (Ahad)	—	7.00	12.50	25.00	42.00	60.00

Ajmer

KM# 364.2 RUPEE (Type 364)
Silver **Obv:** Inscription **Rev. Inscription:** Mustagir-ul-Khilafat **Note:** Weight varies 11.00-11.60 grams.

Date	Mintage	Good	VG	F	VF	XF
AH1124//1 (Ahad)	—	7.00	12.50	25.00	42.00	60.00

Akbarabad

KM# 364.3 RUPEE (Type 364)
Silver **Obv:** Inscription **Rev. Inscription:** Mustagir-ul-Mulk **Note:** Weight varies 11.00-11.60 grams.

Date	Mintage	Good	VG	F	VF	XF
AH1124//1 (Ahad)	—	7.00	10.00	20.00	35.00	50.00

Akbarnagar

KM# 364.23 RUPEE (Type 364)
Silver **Note:** Weight varies 11.00-11.60 grams.

Date	Mintage	Good	VG	F	VF	XF
AH1124//1	—	8.00	14.00	28.00	45.00	65.00

Alamgirpur

KM# 364.25 RUPEE (Type 364)
Silver **Note:** Weight varies 11.00-11.60 grams.

Date	Mintage	Good	VG	F	VF	XF
AHxxxx//1 (Ahad)	—	—	—	—	—	—

Allahabad

KM# 364.26 RUPEE (Type 364)
Silver **Note:** Weight varies 11.00-11.60 grams.

Date	Mintage	Good	VG	F	VF	XF
AH1124//1 (Ahad)	—	—	—	—	—	—

Arkat

KM# 364.4 RUPEE (Type 364)
Silver **Note:** Weight varies 11.00-11.60 grams.

Date	Mintage	Good	VG	F	VF	XF
AH1124//1 (Ahad)	—	—	30.00	60.00	100	160

Azamnagar Gokak

KM# 364.5 RUPEE (Type 364)
Silver **Note:** Weight varies 11.00-11.60 grams.

Date	Mintage	Good	VG	F	VF	XF
AH1124//1 (Ahad)	—	8.00	21.00	42.00	70.00	100
AH1126//x (sic)	—	8.00	21.00	42.00	70.00	100

Bahadarqarh

KM# 364.6 RUPEE (Type 364)
Silver **Note:** Weight varies 11.00-11.60 grams.

Date	Mintage	Good	VG	F	VF	XF
AH1124//1 (Ahad) Rare	—	—	—	—	—	—

Bankapur

KM# 364.27 RUPEE (Type 364)
Silver **Note:** Weight varies 11.00-11.60 grams.

Date	Mintage	Good	VG	F	VF	XF
AH1124//1 (Ahad)	—	—	—	—	VF	XF

Bareli

KM# 364.7 RUPEE (Type 364)
Silver **Note:** Weight varies 11.00-11.60 grams.

Date	Mintage	Good	VG	F	VF	XF
AH1124//1 (Ahad)	—	7.00	10.00	20.00	35.00	50.00

Bhakkar

KM# 364.24 RUPEE (Type 364)
Silver **Note:** Weight varies 11.00-11.60 grams.

Date	Mintage	Good	VG	F	VF	XF
AH1124//1 (Ahad) Rare	—	—	—	—	—	—

Burhanpur

KM# 364.8 RUPEE (Type 364)
Silver **Obv:** Inscription **Rev. Inscription:** Dar-us-Sarur **Note:** Weight varies 11.00-11.60 grams.

Date	Mintage	Good	VG	F	VF	XF
AH1124//1 (Ahad)	—	7.00	10.00	20.00	35.00	50.00

Gwalior

KM# 364.10 RUPEE (Type 364)
Silver **Note:** Weight varies 11.00-11.60 grams.

Date	Mintage	Good	VG	F	VF	XF
AH1124//1 (Ahad)	—	7.00	10.00	20.00	35.00	50.00

Haidarabad

KM# 364.11 RUPEE (Type 364)
Silver **Obv:** Inscription **Rev. Inscription:** Farkhanda Bunyad **Note:** Weight varies 11.00-11.60 grams.

Date	Mintage	Good	VG	F	VF	XF
AH1124//1 (Ahad)	—	7.00	12.50	25.00	42.00	60.00

Itawa

KM# 364.12 RUPEE (Type 364)

Silver **Obv:** Inscription, date **Rev:** Inscription **Note:** Weight varies 11.00-11.60 grams.

Date	Mintage	Good	VG	F	VF	XF
AH1124//1 (Ahad)	—	7.00	10.00	20.00	35.00	50.00

Jahangirnagar

KM# 364.30 RUPEE (Type 364)

Silver **Note:** Weight varies 11.00-11.60 grams.

Date	Mintage	Good	VG	F	VF	XF
AH1124//1 (Ahad)	—	8.00	17.50	35.00	60.00	85.00

Kabul

KM# 364.31 RUPEE (Type 364)

Silver **Obv:** Inscription **Rev. Inscription:** Dar-ul-Mulk **Note:** Weight varies 11.00-11.60 grams.

Date	Mintage	Good	VG	F	VF	XF
AHxxxx//1 (Ahad)	—	8.00	17.50	35.00	60.00	85.00

Katak

KM# 364.28 RUPEE (Type 364)

Silver **Note:** Weight varies 11.00-11.60 grams.

Date	Mintage	Good	VG	F	VF	XF
AHxxxx//1 (Ahad)	—	—	—	—	—	—

Khujista Bunyad

KM# 364.13 RUPEE (Type 364)

Silver **Note:** Weight varies 11.00-11.60 grams.

Date	Mintage	Good	VG	F	VF	XF
AH1124//1 (Ahad)	—	7.00	12.50	25.00	42.00	60.00

Lahore

KM# 364.14 RUPEE (Type 364)

Silver **Obv:** Inscription **Rev. Inscription:** Dar-us-Sultanat **Note:** Weight varies 11.00-11.60 grams.

Date	Mintage	Good	VG	F	VF	XF
AH1124//1 (Ahad)	—	7.00	10.00	20.00	35.00	50.00

Lakhnau

KM# 364.15 RUPEE (Type 364)

Silver **Obv:** Inscription, date **Rev:** Inscription **Note:** Weight varies 11.00-11.60 grams.

Date	Mintage	Good	VG	F	VF	XF
AH1124//1 (Ahad)	—	7.00	12.50	25.00	42.00	60.00

Multan

KM# 364.32 RUPEE (Type 364)

Silver **Note:** Weight varies 11.00-11.60 grams.

Date	Mintage	Good	VG	F	VF	XF
AH1124//1 (Ahad)	—	7.00	14.00	28.00	45.00	65.00

Murshidabad

KM# 364.22 RUPEE (Type 364)

Silver **Obv:** Inscription, date **Rev:** Inscription **Note:** Weight varies 11.00-11.60 grams.

Date	Mintage	Good	VG	F	VF	XF
AH1124//1 (Ahad)	—	7.00	12.50	25.00	42.00	60.00

Sahrind

KM# 364.16 RUPEE (Type 364)

Silver **Note:** Weight varies 11.00-11.60 grams.

Date	Mintage	Good	VG	F	VF	XF
AH1124//1 (Ahad)	—	7.00	12.50	25.00	42.00	60.00

Shahjahanabad

KM# 364.17 RUPEE (Type 364)

Silver **Note:** Weight varies 11.00-11.60 grams.

Date	Mintage	Good	VG	F	VF	XF
AH1124//1 (Ahad)	—	7.00	10.00	20.00	35.00	50.00

Sikakul

KM# 364.18 RUPEE (Type 364)

Silver **Note:** Weight varies 11.00-11.60 grams.

Date	Mintage	Good	VG	F	VF	XF
AH1124//1 (Ahad) Rare	—	—	—	—	—	—

Surat

KM# 364.19 RUPEE (Type 364)

Silver **Obv:** Inscription **Rev:** Inscription **Note:** Weight varies 11.00-11.60 grams.

Date	Mintage	Good	VG	F	VF	XF
AH1124//1 (Ahad)	—	7.00	10.00	20.00	35.00	50.00

Tatta

KM# 364.20 RUPEE (Type 364)

Silver **Note:** Weight varies 11.00-11.60 grams.

Date	Mintage	Good	VG	F	VF	XF
AH1124//1 (Ahad)	—	8.00	17.50	35.00	60.00	85.00
AH1125//1 (Ahad)	—	8.00	17.50	35.00	60.00	85.00

Ujjain

KM# 364.29 RUPEE (Type 364)

Silver **Obv:** Inscription **Rev. Inscription:** Dar-ul-Fath **Note:** Weight varies 11.00-11.60 grams.

Date	Mintage	Good	VG	F	VF	XF
AH1124//1 (Ahad)	—	—	—	—	—	—

Aurangabad

KM# 365.2 RUPEE (Type 365)

Silver **Note:** Weight varies 11.00-11.60 grams.

Date	Mintage	Good	VG	F	VF	XF
AH1124//1 (Ahad)	—	—	14.00	28.00	45.00	65.00

Kararabad

KM# 365.5 RUPEE (Type 365)

Silver **Note:** Weight varies 11.00-11.60 grams.

Date	Mintage	Good	VG	F	VF	XF
AH1124//1 (Ahad) Rare	—	—	—	—	—	—

Mumbai

KM# 365.7 RUPEE (Type 365)

Silver **Note:** Weight varies 11.00-11.60 grams.

Date	Mintage	Good	VG	F	VF	XF
AH1124//1 (Ahad)	—	17.50	42.50	85.00	140	200

Akbarabad

KM# 368.1 MOHUR (Type 368)

Gold **Obv:** Inscription **Rev. Inscription:** Mustagir-ul-Mulk **Note:** Weight varies 10.60-10.90 grams. Similar to Rupee, type 363.

Date	Mintage	VG	F	VF	XF	Unc
AH1124//1 (Ahad)	—	450	500	600	750	1,250

Burhanpur

KM# 368.2 MOHUR (Type 368)

Gold **Obv:** Inscription **Rev. Inscription:** Dar-us-Sarur **Note:** Weight varies 10.60-10.90 grams.

Date	Mintage	Good	VG	F	VF	XF
AH1124//1 (Ahad)	—	400	450	500	600	750

Elichpur

KM# 368.10 MOHUR (Type 368)

Gold **Note:** Weight varies 10.60-10.90 grams.

Date	Mintage	Good	VG	F	VF	XF
AHxxxx//1 (Ahad)	—	450	550	900	1,500	2,500

Gulbarga

KM# 368.3 MOHUR (Type 368)

Gold **Note:** Weight varies 10.60-10.90 grams.

Date	Mintage	Good	VG	F	VF	XF
AH1124//1 (Ahad)	—	400	450	500	600	750

Gwalior

KM# 368.8 MOHUR (Type 368)

Gold **Note:** Weight varies 10.60-10.90 grams.

Date	Mintage	Good	VG	F	VF	XF
AH1124//1 (Ahad)	—	—	450	500	600	750

Itawa

KM# 368.4 MOHUR (Type 368)

Gold **Note:** Weight varies 10.60-10.90 grams.

Date	Mintage	Good	VG	F	VF	XF
AH1124//1 (Ahad)	—	400	450	500	600	750

Khujista Bunyad

KM# 368.5 MOHUR (Type 368)

Gold **Note:** Weight varies 10.60-10.90 grams.

Date	Mintage	Good	VG	F	VF	XF
AH1124//1 (Ahad)	—	400	450	500	600	750

Shahjahanabad

KM# 368.6 MOHUR (Type 368)

Gold **Obv:** Inscription, date **Rev:** Inscription **Note:** Weight varies 10.60-10.90 grams.

Date	Mintage	Good	VG	F	VF	XF
AH1124//1 (Ahad)	—	400	450	500	650	800

Surat

KM# 368.7 MOHUR (Type 368)

Gold **Note:** Weight varies 10.60-10.90 grams.

Date	Mintage	Good	VG	F	VF	XF
AH1124//1 (Ahad)	—	400	450	500	600	750

Toragal

KM# 368.9 MOHUR (Type 368)

Gold **Note:** Weight varies 10.60-10.90 grams.

Date	Mintage	Good	VG	F	VF	XF
AH1124//1 (Ahad)	—	—	—	—	—	—

Allahabad

KM# 369.6 MOHUR (Type 369)

Gold **Obv:** Inscription, date **Rev:** Inscription **Note:** Weight varies 10.60-10.90 grams. Similar to Rupee, type 364.

Date	Mintage	Good	VG	F	VF	XF
AH1124//1 (Ahad)	—	—	—	—	—	—

Bareli

KM# 369.1 MOHUR (Type 369)

Gold **Note:** Weight varies 10.60-10.90 grams.

Date	Mintage	Good	VG	F	VF	XF
AH1124//1 (Ahad)	—	—	450	500	600	750

Gwalior

KM# 369.7 MOHUR (Type 369)

Gold **Note:** Weight varies 10.60-10.90 grams.

Date	Mintage	Good	VG	F	VF	XF
AH1124//1 (Ahad)	—	—	—	—	—	—

Haidarabad (Farkhanda Bunyad)

KM# 369.8 MOHUR (Type 369)

Gold **Obv:** Inscription **Rev. Inscription:** Farkhanda Bunyad **Note:** Weight varies 10.60-10.90 grams.

Date	Mintage	Good	VG	F	VF	XF
AH1124//1 (Ahad)	—	—	—	—	—	—

Khujista Bunyad

KM# 369.2 MOHUR (Type 369)

Gold **Note:** Weight varies 10.60-10.90 grams.

Date	Mintage	Good	VG	F	VF	XF
AH1124//1 (Ahad)	—	—	450	500	600	750

Lahore

KM# 369.3 MOHUR (Type 369)

Gold **Note:** Weight varies 10.60-10.90 grams.

Date	Mintage	Good	VG	F	VF	XF
AH1124//1 (Ahad)	—	400	450	500	600	750

Shahjahanabad

KM# 369.5 MOHUR (Type 369)

Gold **Note:** Weight varies 10.60-10.90 grams.

Date	Mintage	Good	VG	F	VF	XF
AH1124//1 (Ahad)	—	—	450	500	650	850

INDIA MUGHAL EMPIRE

Surat

KM# 369.4 MOHUR (Type 369)
Gold **Note:** Weight varies 10.60-10.90 grams.

Date	Mintage	Good	VG	F	VF	XF
AH1124//1 (Ahad)	—	400	450	500	600	750

LARGESSE COINAGE

Shahjahanabad

KM# 366.1 NISAR (Type 366)
1.4600 g., Silver **Obv:** Inscription **Rev. Inscription:** Dar-ul-Khilafat

Date	Mintage	Good	VG	F	VF	XF
AH1124//1 (Ahad) Rare	—	—	—	—	—	—

Shahjahanabad

KM# 367.1 NISAR (Type 367)
2.9200 g., Silver **Obv:** Inscription, date **Rev. Inscription:** Dar-ul-Khilafat

Date	Mintage	Good	VG	F	VF	XF
AH1124//1 (Ahad) Rare	—	—	—	—	—	—

Farrukhsiyar
AH1124-1131 / 1713-1719AD

HAMMERED COINAGE

Ahmadabad

KM# 370.1 1/2 PAISA (Type 370)
Copper **Obv:** Inscription **Rev:** Inscription, flower **Note:** Weight varies 4.85-5.55 grams.

Date	Mintage	Good	VG	F	VF	XF
AHxxxx//2 Rare	—	—	—	—	—	—

Akbarabad

KM# 370.2 1/2 PAISA (Type 370)
Copper **Note:** Weight varies 4.85-5.55 grams.

Date	Mintage	Good	VG	F	VF	XF
AHxxxx//3 Rare	—	—	—	—	—	—

Bijapur

KM# 370.3 1/2 PAISA (Type 370)
Copper **Obv:** Inscription **Rev:** Inscription **Note:** Weight varies 4.85-5.55 grams.

Date	Mintage	Good	VG	F	VF	XF
AHxxxx//2 Rare	—	—	—	—	—	—
AH1130//x	—	—	—	—	—	—

Macchlipattan

KM# 371.2 1/2 PAISA (Type 370)
Copper **Obv. Inscription:** "Mubarak julus sanah" **Rev. Inscription:** "Zarb bandar macchlipatan sanah" **Note:** Typo 371. Weight varies 6.45-6.90 grams.

Date	Mintage	Good	VG	F	VF	XF
AH1124//(1) Ahad	—	9.00	22.00	45.00	75.00	—
AH1125//2	—	9.00	22.00	45.00	75.00	—
AH1126//3	—	9.00	22.00	45.00	75.00	—
AH1127//3	—	9.00	22.00	45.00	75.00	—
AH1127//4	—	9.00	22.00	45.00	75.00	—
AH1129//5	—	9.00	22.00	45.00	75.00	—
AH1130//6	—	9.00	22.00	45.00	75.00	—
AH1130//7	—	9.00	22.00	45.00	75.00	—
AH1131//8	—	9.00	22.00	45.00	75.00	—

Purenda

KM# 371.1 1/2 PAISA (Type 370)
Copper **Obv:** Inscription **Rev:** Inscription **Note:** Weight varies 4.85-5.55 grams.

Date	Mintage	Good	VG	F	VF	XF
AH1124//x	—	—	—	—	—	—
ND//x Rare	—	—	—	—	—	—

Ahmadabad

KM# 372.7 PAISA (Type 372)
Copper **Obv:** Inscription, date **Rev:** Inscription **Note:** Weight varies 12.80-13.80 grams.

Date	Mintage	Good	VG	F	VF	XF
AH1125//2	—	—	—	—	—	—

Ahmadanagar

KM# 372.3 PAISA (Type 372)
Copper **Note:** Weight varies 12.90-13.80 grams.

Date	Mintage	Good	VG	F	VF	XF
AH1125//(1) Ahad	—	15.00	36.00	60.00	100	—
AH1127//x	—	15.00	36.00	60.00	100	—

Akbarabad

KM# 372.12 PAISA (Type 372)
Copper **Note:** Weight varies 12.90-13.80 grams.

Date	Mintage	Good	VG	F	VF	XF
AH1126//x	—	—	—	—	—	—

Ausa

KM# 372.5 PAISA (Type 372)
Copper **Note:** Weight varies 12.90-13.80 grams.

Date	Mintage	Good	VG	F	VF	XF
ND//x Rare	—	—	—	—	—	—

Bahadarqarh

KM# 372.8 PAISA (Type 372)
Copper **Obv:** Inscription **Rev:** Inscription **Note:** Weight varies 12.90-13.80 grams.

Date	Mintage	Good	VG	F	VF	XF
ND//x	—	—	—	—	—	—

Bijapur

KM# 372.9 PAISA (Type 372)
Copper **Obv:** Inscription **Rev. Inscription:** Dar-uz-Zafar **Note:** Weight varies: 12.90-13.80 grams.

Date	Mintage	Good	VG	F	VF	XF
AH112x//3	—	—	—	—	—	—
AH1130//-	—	—	—	—	—	—

Elichpur

KM# 372.4 PAISA (Type 372)
Copper **Note:** Weight varies 12.90-13.80 grams.

Date	Mintage	Good	VG	F	VF	XF
AH1127//x	—	18.00	36.00	60.00	100	—

Kabul

KM# 372.13 PAISA (Type 372)
Copper **Obv:** Inscription **Rev:** Inscription **Note:** Dar al-Mulk. Weight varies: 12.80-13.80g.

Date	Mintage	Good	VG	F	VF	XF
AHxxxx//2	—	39.00	65.00	100	150	—

Khambayat

KM# 372.10 PAISA (Type 372)
Copper **Note:** Weight varies 12.90-13.80 grams.

Date	Mintage	Good	VG	F	VF	XF
AHxxxx//(1) Ahad	—	—	—	—	—	—
AH1126//3	—	—	—	—	—	—

Macchlipattan

KM# 372.2 PAISA (Type 372)
Copper **Obv. Inscription:** "Mubarak julus sanah" **Rev. Inscription:** "Zarb bandar machhlipatan sanah" **Note:** Weight varies 12.90 - 13.80 grams.

Date	Mintage	Good	VG	F	VF	XF
AH1124//(1) Ahad	—	8.00	20.00	40.00	65.00	—
AH1125//2	—	8.00	20.00	40.00	65.00	—
AH1127//3	—	8.00	20.00	40.00	65.00	—
AH1128//5	—	8.00	20.00	40.00	65.00	—
AH1129//5	—	8.00	20.00	40.00	65.00	—
AH1129//6	—	8.00	20.00	40.00	65.00	—
AH1130//6	—	8.00	20.00	40.00	65.00	—
AH1131//8	—	8.00	20.00	40.00	65.00	—

Muhammadabad

KM# 372.11 PAISA (Type 372)
Copper **Obv:** Inscription **Rev:** Inscription **Note:** Weight varies 12.90-13.80 grams.

Date	Mintage	Good	VG	F	VF	XF
ND//x	—	—	—	—	—	—

Purenda

KM# 372.1 PAISA (Type 372)
Copper **Obv:** Inscription **Rev:** Inscription, date **Note:** Weight varies 12.90-13.80 grams.

Date	Mintage	Good	VG	F	VF	XF
AH1124//(1) Ahad Rare	—	—	—	—	—	—
AH1125//x Rare	—	—	—	—	—	—
AH1126//x Rare	—	—	—	—	—	—

Surat

KM# 372.6 PAISA (Type 372)
Copper **Note:** Weight varies 12.90-13.80 grams.

Date	Mintage	Good	VG	F	VF	XF
ND//x	—	18.00	36.00	60.00	100	—

Elichpur

KM# 372A.1 DAM (Type 372A)
Copper **Note:** Ave. wt. 19.5-20.5g

Date	Mintage	Good	VG	F	VF	XF
ND	—	15.00	28.00	55.00	90.00	—

Burhanpur

KM# A373.1 1/16 RUPEE (Type A373)
Silver **Obv:** Inscription **Rev. Inscription:** Dar-us-Sarur **Note:** Weight varies 0.69-0.77 grams.

Date	Mintage	Good	VG	F	VF	XF
AHxxxx//x	—	—	—	—	—	—

Burhanpur

KM# 373.1 1/8 RUPEE (Type 373)
Silver **Note:** Weight varies 1.38-1.45 grams.

Date	Mintage	Good	VG	F	VF	XF
AH1127//4 Rare	—	—	—	—	—	—

Shahjahanabad

KM# 373.2 1/8 RUPEE (Type 373)
Silver **Obv:** Inscription **Rev. Inscription:** Dar-ul-Khilafat **Note:** Weight varies 1.38-1.45 grams.

Date	Mintage	Good	VG	F	VF	XF
AHxxxx//5	—	—	—	—	—	—

Ujjain

KM# 373.3 1/8 RUPEE (Type 373)
Silver **Obv:** Inscription **Rev. Inscription:** Dar-ul-Fath **Note:** Weight varies 1.38-1.45 grams.

Date	Mintage	Good	VG	F	VF	XF
AHxxxx//x	—	—	—	—	—	—

Burhanpur

KM# 374.5 1/4 RUPEE (Type 374)
Silver **Rev:** Mint epithet: "Dar-us-Sarur" **Note:** Weight varies: 2.75-2.90 grams.

Date	Mintage	Good	VG	F	VF	XF
AH1129//6	—	—	—	—	—	—

Khujista Bunyad

KM# 374.6 1/4 RUPEE (Type 374)
2.8610 g., Silver

Date	Mintage	Good	VG	F	VF	XF
AHxxxx//6	—	—	—	—	—	—

Murshidabad

KM# 374.3 1/4 RUPEE (Type 374)
Silver **Note:** Weight varies 2.75-2.90 grams.

Date	Mintage	Good	VG	F	VF	XF
AHxxxx//7 Rare	—	—	—	—	—	—

Shahjahanabad

KM# 374.4 1/4 RUPEE (Type 374)
Silver **Note:** Weight varies 2.75-2.90 grams.

Date	Mintage	Good	VG	F	VF	XF
AHxxxx//5 Rare	—	—	—	—	—	—

Surat

KM# 374.2 1/4 RUPEE (Type 374)
Silver **Note:** Weight varies 2.75-2.90 grams.

Date	Mintage	Good	VG	F	VF	XF
AHxxxx//4 Rare	—	—	—	—	—	—

Ujjain

KM# 374.7 1/4 RUPEE (Type 374)
Silver **Obv:** Inscription **Rev.** Inscription: Dar-ul-Fath **Note:** Weight varies 2.75-2.90 grams.

Date	Mintage	Good	VG	F	VF	XF
AHxxxx//x	—	—	—	—	—	—

Aurangnagar

KM# 375.10 1/2 RUPEE (Type 375)
Silver **Note:** Weight varies 5.50-5.80 grams.

Date	Mintage	Good	VG	F	VF	XF
AHxxxx//7	—	—	—	—	—	—

Azimabad

KM# 375.11 1/2 RUPEE (Type 375)
Silver **Rev:** Without epithet **Note:** Weight varies 5.50-5.80 grams.

Date	Mintage	Good	VG	F	VF	XF
AH1125//2	—	—	—	—	—	—

KM# 375.1 1/2 RUPEE (Type 375)
Silver **Obv:** Inscription **Rev.** Inscription: Mustagir-ul-Mulk **Note:** Weight varies 5.50-5.80 grams.

Date	Mintage	Good	VG	F	VF	XF
AHxxxx//5 Rare	—	—	—	—	—	—
AHxxxx//6 Rare	—	—	—	—	—	—
AHxxxx//7 Rare	—	—	—	—	—	—
AH1131//8 Rare	—	—	—	—	—	—

Burhanpur

KM# 375.7 1/2 RUPEE (Type 375)
Silver **Note:** Weight varies 5.50-5.80 grams.

Date	Mintage	Good	VG	F	VF	XF
AHxxxx//6	—	—	—	—	—	—

Farrukhabad

KM# 375.5 1/2 RUPEE (Type 375)
Silver **Obv:** Inscription **Rev:** Inscription **Note:** Weight varies 5.50-5.80 grams.

Date	Mintage	Good	VG	F	VF	XF
AHxxxx//6	—	8.00	20.00	40.00	70.00	100
AHxxxx//7	—	8.00	20.00	40.00	70.00	100

Junagarh

KM# 375.12 1/2 RUPEE (Type 375)
Silver **Note:** Weight varies 5.50-5.80 grams.

Date	Mintage	Good	VG	F	VF	XF
AHxxxx//x	—	—	—	—	—	—

Kambayat

KM# 375.6 1/2 RUPEE (Type 375)

Silver **Obv:** Inscription **Rev:** Inscription **Note:** Weight varies 5.50-5.80 grams.

Date	Mintage	Good	VG	F	VF	XF
AHxxxx//(1) Ahad	—	8.00	20.00	40.00	70.00	100
AH11xx//3	—	8.00	20.00	40.00	70.00	100

Lahore

KM# 375.8 1/2 RUPEE (Type 375)
Silver **Note:** Weight varies 5.50-5.80 grams.

Date	Mintage	Good	VG	F	VF	XF
AHxxxx//6	—	—	—	—	—	—

Murshidabad

KM# 375.4 1/2 RUPEE (Type 375)
Silver **Obv:** Inscription **Rev:** Inscription **Note:** Weight varies 5.50-5.80 grams.

Date	Mintage	Good	VG	F	VF	XF
AH1130//7 Rare	—	—	—	—	—	—

Shahjahanabad

KM# 375.9 1/2 RUPEE (Type 375)
Silver **Note:** Weight varies 5.50-5.80 grams.

Date	Mintage	Good	VG	F	VF	XF
AH1129//x	—	—	—	—	—	—

Surat

KM# 375.2 1/2 RUPEE (Type 375)
Silver **Note:** Weight varies 5.50-5.80 grams.

Date	Mintage	Good	VG	F	VF	XF
AHxxxx//(1) Ahad	—	12.00	30.00	50.00	90.00	150
AHxxxx//2	—	12.00	30.00	50.00	90.00	150
AH1126//3	—	12.00	30.00	50.00	90.00	150
AHxxxx//4	—	12.00	30.00	50.00	90.00	150
AH1128//5	—	12.00	15.00	50.00	90.00	150
AH1129//6	—	12.00	30.00	50.00	90.00	150
AHxxxx//7	—	12.00	30.00	50.00	90.00	150

Tatta

KM# 376.1 RUPEE (Type 376)
Silver **Obv.** Inscription: Sahib Qiran Salis **Rev:** Inscription **Note:** Weight varies 11.00-11.60 grams.

Date	Mintage	Good	VG	F	VF	XF
AH1124//(1) Ahad Rare	—	—	—	—	—	—
AH1125//(1) Ahad Rare	—	—	—	—	—	—

Date	Mintage	Good	VG	F	VF	XF
AH1131//7	—	7.00	10.00	15.00	23.00	35.00
AH1131//8	—	7.00	10.00	15.00	23.00	35.00

Ahmadanagar

KM# 377.2 RUPEE (Type 377)
Silver **Note:** Weight varies 11.00-11.60 grams.

Date	Mintage	Good	VG	F	VF	XF
AH1125//x	—	8.00	12.00	20.00	32.00	50.00
AH1126//2	—	8.00	12.00	20.00	32.00	50.00
AH1126//3	—	8.00	12.00	20.00	32.00	50.00
AH1127//3	—	8.00	12.00	20.00	32.00	50.00
AH1127//4	—	8.00	12.00	20.00	32.00	50.00
AH1128//4	—	8.00	12.00	20.00	32.00	50.00
AH1128//5	—	8.00	12.00	20.00	32.00	50.00
AH1129//x	—	8.00	12.00	20.00	32.00	50.00

Ahsanabad

KM# 377.71 RUPEE (Type 377)
Silver **Note:** Weight varies 11.00-11.60 grams.

Date	Mintage	Good	VG	F	VF	XF
AHxxxx//(1) Ahad	—	—	—	—	—	—

Ajmer

KM# 377.3 RUPEE (Type 377)
Silver **Obv:** Inscription **Rev.** Inscription: Mustagir-ul-Khilafat **Note:** Weight varies 11.00-11.60 grams.

Date	Mintage	Good	VG	F	VF	XF
AHxxxx//(1) Ahad	—	7.00	10.00	16.00	26.00	40.00
AHxxxx//2	—	7.00	10.00	16.00	26.00	40.00
AH(112)5//2	—	7.00	10.00	16.00	26.00	40.00
AH1125//2	—	7.00	10.00	16.00	26.00	40.00
AHxxxx//3	—	7.00	10.00	16.00	26.00	40.00
AHxxxx//4	—	7.00	10.00	16.00	26.00	40.00
AHxxxx//5	—	7.00	10.00	16.00	26.00	40.00
AHxxxx//6	—	7.00	10.00	16.00	26.00	40.00

KM# 377.4 RUPEE (Type 377)
Silver **Obv:** Inscription **Rev.** Legend: Dar-ul-Khair **Note:** Weight varies 11.00-11.60 grams.

Date	Mintage	Good	VG	F	VF	XF
AHxxxx//6	—	7.00	9.00	12.00	20.00	30.00
AH1130//7	—	7.00	9.00	12.00	20.00	30.00

Ahmadabad

KM# 377.1 RUPEE (Type 377)
Silver **Obv.** Inscription: Badshah **Rev:** Inscription **Note:** Weight varies 11.00-11.60 grams.

Date	Mintage	Good	VG	F	VF	XF
AH112x//(1) Ahad	—	7.00	10.00	15.00	23.00	35.00
AH1125//2	—	7.00	10.00	15.00	23.00	35.00
AH1126//2	—	7.00	10.00	15.00	23.00	35.00
AH1126//3	—	7.00	10.00	15.00	23.00	35.00
AH1127//3	—	7.00	10.00	15.00	23.00	35.00
AH1127//4	—	7.00	10.00	15.00	23.00	35.00
AH1128//4	—	7.00	10.00	15.00	23.00	35.00
AH1128//5	—	7.00	10.00	15.00	23.00	35.00
AH1129//5	—	7.00	10.00	15.00	23.00	35.00
AH1129//6	—	7.00	10.00	15.00	23.00	35.00
AH1130//6	—	7.00	10.00	15.00	23.00	35.00
AH1130//7	—	7.00	10.00	15.00	23.00	35.00

Akbarabad

KM# 377.5 RUPEE (Type 377)
Silver **Obv:** Inscription **Rev.** Inscription: Mustaqir-ul-Mulk **Note:** Weight varies 11.00-11.60 grams.

Date	Mintage	Good	VG	F	VF	XF
AH1124//(1) Ahad	—	7.00	10.00	16.00	26.00	40.00
AH1125//2	—	7.00	10.00	16.00	26.00	40.00
AH1126//2	—	7.00	10.00	16.00	26.00	40.00
AH1126//3	—	7.00	10.00	16.00	26.00	40.00
AH1127//3	—	7.00	10.00	16.00	26.00	40.00
AH1127//4	—	7.00	10.00	16.00	26.00	40.00
AH1128//4	—	7.00	10.00	16.00	26.00	40.00
AH1128//5	—	7.00	10.00	16.00	26.00	40.00

INDIA MUGHAL EMPIRE

KM# 377.6 RUPEE (Type 377)
Silver **Obv:** Inscription **Rev. Inscription:** Mustaqir-ul-Khilafat
Note: Weight varies 11.00-11.60 grams.

Date	Mintage	Good	VG	F	VF	XF
AH11xx//4	—	7.00	8.00	10.00	17.00	25.00
AH1129//5	—	7.00	8.00	10.00	17.00	25.00
AH1129//6	—	7.00	8.00	10.00	17.00	25.00
AH1130//6	—	7.00	8.00	10.00	17.00	25.00
AH1130//7	—	7.00	8.00	10.00	17.00	25.00
AHxxxx//8	—	7.00	8.00	10.00	17.00	25.00

Akbarnagar

KM# 377.7 RUPEE (Type 377)
Silver **Note:** Weight varies 11.00-11.60 grams.

Date	Mintage	Good	VG	F	VF	XF
AHxxxx//3	—	7.50	11.00	18.00	30.00	45.00
AH1126//3	—	7.50	11.00	18.00	30.00	45.00
AHxxxx//4	—	7.50	11.00	18.00	30.00	45.00
AHxxxx//5	—	7.50	11.00	18.00	30.00	45.00
AH1128//5	—	7.50	11.00	18.00	30.00	45.00
AHxxxx//6	—	7.50	11.00	18.00	30.00	45.00
AHxxxx//7	—	7.50	11.00	18.00	30.00	45.00

Alamgirpur

KM# 377.8 RUPEE (Type 377)
Silver **Note:** Weight varies 11.00-11.60 grams.

Date	Mintage	Good	VG	F	VF	XF
AHxxxx//2	—	7.50	13.00	22.00	35.00	50.00
AHxxxx//3	—	7.50	13.00	22.00	35.00	50.00
AHxxxx//7	—	7.50	13.00	22.00	35.00	50.00

Allahabad

KM# 377.9 RUPEE (Type 377)
Silver **Note:** Weight varies 11.00-11.60 grams.

Date	Mintage	Good	VG	F	VF	XF
AH1125//2	—	7.00	9.00	15.00	25.00	35.00
AH1126//2	—	7.00	9.00	15.00	25.00	35.00
AH1126//3	—	7.00	9.00	15.00	25.00	35.00
AH1127//3	—	7.00	9.00	15.00	25.00	35.00
AH1128//4	—	7.00	9.00	15.00	25.00	35.00
AH1128//5	—	7.00	9.00	15.00	25.00	35.00
AH1130//7	—	7.00	9.00	15.00	25.00	35.00

Arkat

KM# 377.10 RUPEE (Type 377)
Silver **Obv:** Inscription, date **Rev:** Inscription **Note:** Weight varies 11.00-11.60 grams.

Date	Mintage	Good	VG	F	VF	XF
AH1124//(1) Ahad	—	9.00	17.00	36.00	64.00	100
AH1125//(1) Ahad	—	9.00	17.00	36.00	64.00	100
AH1125//2	—	9.00	17.00	36.00	64.00	100
AH1126//2	—	9.00	17.00	36.00	64.00	100
AH1126//3	—	9.00	17.00	36.00	64.00	100
AH1127//3	—	9.00	17.00	36.00	64.00	100
AH1127//4	—	9.00	17.00	36.00	64.00	100
AH1128//4	—	9.00	17.00	36.00	64.00	100
AH1120//5	—	9.00	17.00	36.00	64.00	100
AH1129//5	—	9.00	17.00	36.00	64.00	100
AH1129//6	—	9.00	17.00	36.00	64.00	100
AH1130//6	—	9.00	17.00	36.00	64.00	100
AH1130//7	—	9.00	17.00	36.00	64.00	100
AH1131//7	—	9.00	17.00	36.00	64.00	100
AH1131//8	—	9.00	17.00	36.00	64.00	100

Aurangnagar

KM# 377.11 RUPEE (Type 377)
Silver **Obv:** Inscription **Rev:** Inscription **Note:** Weight varies 11.00-11.60 grams.

Date	Mintage	Good	VG	F	VF	XF
AHxxxx//2	—	8.00	21.50	36.00	60.00	85.00
AHxxxx//3	—	8.00	21.50	36.00	60.00	85.00
AHxxxx//4	—	8.00	21.50	36.00	60.00	85.00
AHxxxx//7	—	8.00	21.50	36.00	60.00	85.00

Azamnagar

KM# 377.12 RUPEE (Type 377)
Silver **Obv:** Inscription **Rev:** Inscription **Note:** Without epithet. Weight varies 11.00-11.60 grams.

Date	Mintage	Good	VG	F	VF	XF
AHxxxx//6	—	7.00	18.00	30.00	50.00	70.00

Azimabad

KM# 377.13 RUPEE (Type 377)
Silver **Obv:** Inscription **Rev:** Inscription **Note:** Weight varies 11.00-11.60 grams.

Date	Mintage	Good	VG	F	VF	XF
AH1124//(1) Ahad	—	7.00	10.00	16.00	26.00	40.00
AH1125//(1) Ahad	—	7.00	10.00	16.00	26.00	40.00
AH1125//2	—	7.00	10.00	16.00	26.00	40.00
AH1126//2	—	7.00	10.00	16.00	26.00	40.00
AH1126//3	—	7.00	10.00	16.00	26.00	40.00

KM# 377.14 RUPEE (Type 377)
11.4440 g., Silver **Obv:** Inscription **Rev. Inscription:** Mustagir-ul-Mulk **Note:** Without epithet. Weight varies 11.00-11.60 grams.

Date	Mintage	Good	VG	F	VF	XF
AH(11)27//4	—	7.00	9.00	13.00	22.00	35.00
AH1126//3	—	7.00	9.00	13.00	22.00	35.00
AH1128//4	—	7.00	9.00	13.00	22.00	35.00
AH1128//5	—	7.00	9.00	13.00	22.00	35.00
AH1129//6	—	7.00	9.00	13.00	22.00	35.00
AHxxxx//7	—	7.00	9.00	13.00	22.00	35.00
AH1131//8	—	7.00	9.00	13.00	22.00	35.00

Bahadarqarh

KM# 377.15 RUPEE (Type 377)
Silver **Note:** Weight varies 11.00-11.60 grams.

Date	Mintage	Good	VG	F	VF	XF
AHxxxx//(1) Ahad Rare	—	—	—	—	—	—
AHxxxx//2 Rare	—	—	—	—	—	—
AHxxxx//3 Rare	—	—	—	—	—	—
AHxxxx//4 Rare	—	—	—	—	—	—

Banda Maluari

KM# 377.72 RUPEE (Type 377)
Silver **Note:** Weight varies 11.00-11.60 grams.

Date	Mintage	Good	VG	F	VF	XF
AHxxxx//x	—	—	—	—	—	—

Bankapur

KM# 377.16 RUPEE (Type 377)
Silver **Note:** Weight varies 11.00-11.60 grams.

Date	Mintage	Good	VG	F	VF	XF
AHxxxx//(1) Ahad Rare	—	—	—	—	—	—
AH1126//3 Rare	—	—	—	—	—	—
AH1127//x Rare	—	—	—	—	—	—
AHxxxx//4 Rare	—	—	—	—	—	—
AHxxxx//5 Rare	—	—	—	—	—	—
AH1129//6 Rare	—	—	—	—	—	—
AH1130//7 Rare	—	—	—	—	—	—

Baramati

KM# 377.17 RUPEE (Type 377)
Silver **Note:** Weight varies 11.00-11.60 grams.

Date	Mintage	Good	VG	F	VF	XF
AH1125//x Rare	—	—	—	—	—	—

Bareli

KM# 377.18 RUPEE (Type 377)
Silver **Obv:** Inscription **Rev:** Inscription **Note:** Weight varies 11.00-11.60 grams.

Date	Mintage	Good	VG	F	VF	XF
AH1124//(1) Ahad	—	7.00	10.00	15.00	23.00	35.00
AH1125//(1) Ahad	—	7.00	10.00	15.00	23.00	35.00
AH1125//2	—	7.00	10.00	15.00	23.00	35.00
AH1126//2	—	7.00	10.00	15.00	23.00	35.00
AH1126//3	—	7.00	10.00	15.00	23.00	35.00
AH1127//3	—	7.00	10.00	15.00	23.00	35.00
AH1127//4	—	7.00	10.00	15.00	23.00	35.00
AH1128//4	—	7.00	10.00	15.00	23.00	35.00
AH1128//5	—	7.00	10.00	15.00	23.00	35.00
AH1129//5	—	7.00	10.00	15.00	23.00	35.00
AH1129//6	—	7.00	10.00	15.00	23.00	35.00
AH1130//6	—	7.00	10.00	15.00	23.00	35.00
AH1130//7	—	7.00	10.00	15.00	23.00	35.00
AH1131//7	—	7.00	10.00	15.00	23.00	35.00
AH113x//8	—	7.00	10.00	15.00	23.00	35.00

Bhakkar

KM# 377.19 RUPEE (Type 377)
Silver **Note:** Weight varies 11.00-11.60 grams.

Date	Mintage	Good	VG	F	VF	XF
AHxxxx//x	—	8.00	14.00	26.00	45.00	70.00

Bidrur

KM# 377.20 RUPEE (Type 377)
Silver **Note:** Weight varies 11.00-11.60 grams.

Date	Mintage	Good	VG	F	VF	XF
AH1129//6 Rare	—	—	—	—	—	—
AH1130//7 Rare	—	—	—	—	—	—
AH1130//8 Rare	—	—	—	—	—	—

Bijapur

KM# 377.21 RUPEE (Type 377)
Silver **Obv:** Inscription **Rev. Inscription:** Dar-uz-Zafar **Note:** Weight varies 11.00-11.60 grams.

Date	Mintage	Good	VG	F	VF	XF
AH1124//(1) Ahad Rare	—	—	—	—	—	—
AHxxxx//4 Rare	—	—	—	—	—	—
AHxxxx//5 Rare	—	—	—	—	—	—

Burhanpur

KM# 377.22 RUPEE (Type 377)
Silver **Obv:** Inscription **Rev. Inscription:** Dar-us-Sarur **Note:** Weight varies 11.00-11.60 grams.

Date	Mintage	Good	VG	F	VF	XF
AH1125//(1) Ahad	—	7.00	10.00	15.00	23.00	35.00
AH1125//2	—	7.00	10.00	15.00	23.00	35.00

INDIA MUGHAL EMPIRE

Date	Mintage	Good	VG	F	VF	XF
AH1126/2	—	7.00	10.00	15.00	23.00	35.00
AH1126/3	—	7.00	10.00	15.00	23.00	35.00
AH1127/3	—	7.00	10.00	15.00	23.00	35.00
AH1127/4	—	7.00	10.00	15.00	23.00	35.00
AH1128/4	—	7.00	10.00	15.00	23.00	35.00
AH1128/5	—	7.00	10.00	15.00	23.00	35.00
AH1129/5	—	7.00	10.00	15.00	23.00	35.00
AH1129/6	—	7.00	10.00	15.00	23.00	35.00
AH1130/6	—	7.00	10.00	15.00	23.00	35.00
AH1130/7	—	7.00	10.00	15.00	23.00	35.00
AH1131/7	—	7.00	10.00	15.00	23.00	35.00
AH1131/8	—	7.00	10.00	15.00	23.00	35.00

Date	Mintage	Good	VG	F	VF	XF
AH1125/2 Rare	—	—	—	—	—	—
AH1125/6 Rare	—	—	—	—	—	—

Date	Mintage	Good	VG	F	VF	XF
AHxxxx//3	—	7.00	12.00	20.00	35.00	50.00
AHxxxx//4	—	7.00	12.00	20.00	35.00	50.00
AH1128/5	—	7.00	12.00	20.00	35.00	50.00
AHxxxx//6	—	7.00	12.00	20.00	35.00	50.00
AH1130/7	—	7.00	12.00	20.00	35.00	50.00

Elichpur
KM# 377.24 RUPEE (Type 377)
Silver **Note:** Weight varies 11.00-11.60 grams.

Date	Mintage	Good	VG	F	VF	XF
AH1125/(1) Ahad	—	8.00	12.00	20.00	32.00	50.00
AH1125/2	—	8.00	12.00	20.00	32.00	50.00
AH1126/2	—	8.00	12.00	20.00	32.00	50.00
AH1126/3	—	8.00	12.00	20.00	32.00	50.00
AH1127/4	—	8.00	12.00	20.00	32.00	50.00
AH1129/6	—	8.00	12.00	20.00	32.00	50.00
AH1130/7	—	8.00	12.00	20.00	32.00	50.00

Gulshanabad
KM# 377.28 RUPEE (Type 377)
Silver **Obv:** Inscription **Rev:** Inscription **Note:** Weight varies 11.00-11.60 grams.

Date	Mintage	Good	VG	F	VF	XF
AH1125/2	—	45.00	110	180	300	425
AH1125/3	—	45.00	110	180	300	425
AH1127/3	—	45.00	110	180	300	425

Guty
KM# 377.29 RUPEE (Type 377)
Silver **Note:** Weight varies 11.00-11.60 grams.

Date	Mintage	Good	VG	F	VF	XF
AH1125/4 Rare	—	—	—	—	—	—

Itawa
KM# 377.34 RUPEE (Type 377)
Silver **Obv:** Inscription, date **Rev:** Inscription **Note:** Weight varies 11.00-11.60 grams.

Date	Mintage	Good	VG	F	VF	XF
AH1124/(1) Ahad	—	7.00	10.00	15.00	23.00	35.00
AH1125/(1) Ahad	—	7.00	10.00	15.00	23.00	35.00
AH1125/2	—	7.00	10.00	15.00	23.00	35.00
AH1126/2	—	7.00	10.00	15.00	23.00	35.00
AH1126/3	—	7.00	10.00	15.00	23.00	35.00
AH1127/3	—	7.00	10.00	15.00	23.00	35.00
AH1127/4	—	7.00	10.00	15.00	23.00	35.00
AH1128/4	—	7.00	10.00	15.00	23.00	35.00
AH1128/5	—	7.00	10.00	15.00	23.00	35.00
AH1129/5	—	7.00	10.00	15.00	23.00	35.00
AH1129/6	—	7.00	10.00	15.00	23.00	35.00
AH1130/6	—	7.00	10.00	15.00	23.00	35.00
AH1130/7	—	7.00	10.00	15.00	23.00	35.00
AH1131/7	—	7.00	10.00	15.00	23.00	35.00
AH1131/8	—	7.00	10.00	15.00	23.00	35.00

Farrukhabad
KM# 377.25 RUPEE (Type 377)
Silver **Obv:** Inscription **Rev:** Inscription **Note:** Formerly Ahmadnagar. Weight varies 11.00-11.60 grams.

Date	Mintage	Good	VG	F	VF	XF
AH1127/4	—	7.00	10.00	15.00	25.00	35.00
AH(11)28/5	—	7.00	10.00	15.00	25.00	35.00
AHxxxx/5	—	7.00	10.00	15.00	25.00	35.00
AH1129/6	—	7.00	10.00	15.00	25.00	35.00
AH1130/6	—	7.00	10.00	15.00	25.00	35.00
AH1130/7	—	7.00	10.00	15.00	25.00	35.00
AH1131/7	—	7.00	10.00	15.00	25.00	35.00
AHxxxx/8	—	7.00	10.00	15.00	25.00	35.00

Farrukhnagar
KM# 377.64 RUPEE (Type 377)
11.4440 g., Silver **Note:** Weight varies 11.00-11.60 grams.

Date	Mintage	Good	VG	F	VF	XF
AHxxxx/x Rare	—	—	—	—	—	—

Gwalior
KM# 377.30 RUPEE (Type 377)
Silver **Obv:** Inscription **Rev:** Inscription **Note:** Weight varies 11.00-11.60 grams.

Date	Mintage	Good	VG	F	VF	XF
AH1125/(1) Ahad	—	7.00	10.00	15.00	23.00	35.00
AH1125/2	—	7.00	10.00	15.00	23.00	35.00
AH1126/2	—	7.00	10.00	15.00	23.00	35.00
AH1126/3	—	7.00	10.00	15.00	23.00	35.00
AH1127/3	—	7.00	10.00	15.00	23.00	35.00
AH1127/4	—	7.00	10.00	15.00	23.00	35.00
AH1128/4	—	7.00	10.00	15.00	23.00	35.00
AH1128/5	—	7.00	10.00	15.00	23.00	35.00
AH1129/5	—	7.00	10.00	15.00	23.00	35.00
AH1129/6	—	7.00	10.00	15.00	23.00	35.00
AH1130/6	—	7.00	10.00	15.00	23.00	35.00
AH1130/7	—	7.00	10.00	15.00	23.00	35.00
AH1131/7	—	7.00	10.00	15.00	23.00	35.00
AH1131/8	—	7.00	10.00	15.00	23.00	35.00

Jahangirnagar
KM# 377.35 RUPEE (Type 377)
Silver **Note:** Weight varies 11.00-11.60 grams.

Date	Mintage	Good	VG	F	VF	XF
AH1124/(1) Ahad	—	8.00	12.00	20.00	32.00	50.00
AH1125/2	—	8.00	12.00	20.00	32.00	50.00
AHxxxx//3	—	8.00	12.00	20.00	32.00	50.00
AHxxxx//4	—	8.00	12.00	20.00	32.00	50.00
AH1129/6	—	8.00	12.00	20.00	32.00	50.00
AH1130/7	—	8.00	12.00	20.00	32.00	50.00

Fathabad Dharur
KM# 377.26 RUPEE (Type 377)
Silver **Obv:** Inscription **Rev:** Inscription **Note:** Weight varies 11.00-11.60 grams.

Date	Mintage	Good	VG	F	VF	XF
AHxxxx//	—	50.00	120	200	325	450
AH1126/3	—	50.00	120	200	325	450
AH1127//x	—	50.00	120	200	325	450
AHxxxx//6	—	50.00	120	200	325	450

Firozgarh
KM# 377.74 RUPEE (Type 377)
Silver **Note:** Weight varies 11.00-11.60 grams.

Date	Mintage	Good	VG	F	VF	XF
AHxxxx/x	—	—	—	—	—	—

Firoznagar
KM# 377.75 RUPEE (Type 377)
Silver **Note:** Weight varies 11.00-11.60 grams.

Date	Mintage	Good	VG	F	VF	XF
AH1125/2	—	—	—	—	—	—

Haidarabad (Farkhanda Bunyad)
KM# 377.31 RUPEE (Type 377)
Silver **Obv:** Inscription **Rev:** Inscription: Farkhanda Bunyad **Note:** Weight varies 11.00-11.60 grams.

Date	Mintage	Good	VG	F	VF	XF
AH1127/3	—	7.00	9.00	13.00	22.00	30.00
AH1128/5	—	7.00	9.00	13.00	22.00	30.00
AH1129/6	—	7.00	9.00	13.00	22.00	30.00
AH1130/7	—	7.00	9.00	13.00	22.00	30.00

Imtiyazgarh
KM# 377.32 RUPEE (Type 377)
Silver **Note:** Weight varies 11.00-11.60 grams.

Date	Mintage	Good	VG	F	VF	XF
AH1124/x Rare	—	—	—	—	—	—
AHxxxx/7 Rare	—	—	—	—	—	—

Junagarh
KM# 377.36 RUPEE (Type 377)
Silver **Note:** Weight varies 11.00-11.60 grams.

Date	Mintage	Good	VG	F	VF	XF
AHxxxx/4	—	7.00	12.50	20.00	32.50	50.00
AH1129/6	—	7.00	12.50	20.00	32.50	50.00
AH1130/6	—	7.00	12.50	20.00	32.50	50.00
AH1130/7	—	7.00	12.50	20.00	32.50	50.00
AH1131/7	—	7.00	12.50	20.00	32.50	50.00

Gokak
KM# 377.27 RUPEE (Type 377)
Silver **Note:** Weight varies 11.00-11.60 grams.

Islamabad
KM# 377.33 RUPEE (Type 377)
Silver **Obv:** Inscription **Rev:** Mint name at bottom **Note:** Weight varies 11.00-11.60 grams.

Kabul
KM# 377.37 RUPEE (Type 377)
Silver **Obv:** Inscription **Rev:** Legend: Dar-ul-Mulk **Note:** Weight varies 11.00-11.60 grams.

Date	Mintage	Good	VG	F	VF	XF
AH1125/2	—	10.00	25.00	35.00	55.00	70.00
AH1127//x	—	10.00	25.00	35.00	55.00	70.00
AH1127/7	—	10.00	25.00	35.00	55.00	70.00

Kanbayat
KM# 377.41 RUPEE (Type 377)

INDIA MUGHAL EMPIRE

Silver Obv: Inscription Rev: Inscription Note: Weight varies 11.00-11.60 grams.

Date	Mintage	Good	VG	F	VF	XF
AH1124//(1) Ahad	—	7.00	10.00	15.00	23.00	35.00
AH1125//(1) Ahad	—	7.00	10.00	15.00	23.00	35.00
AH1125//2	—	7.00	10.00	15.00	23.00	35.00
AH1126/3	—	7.00	10.00	15.00	23.00	35.00
AH1127//4	—	7.00	10.00	15.00	23.00	35.00
AH1128//5	—	7.00	10.00	15.00	23.00	35.00
AH1129/6	—	7.00	10.00	15.00	23.00	35.00
AH1130//7	—	7.00	10.00	15.00	23.00	35.00
AH1131//8	—	7.00	10.00	15.00	23.00	35.00
AH1131//7	—	7.00	10.00	15.00	23.00	35.00

Date	Mintage	Good	VG	F	VF	XF
AH1125//(1) Ahad	—	7.00	10.00	15.00	23.00	35.00
AH1125//2	—	7.00	10.00	15.00	23.00	35.00
AH1126//2	—	7.00	10.00	15.00	23.00	35.00
AH1126/3	—	7.00	10.00	15.00	23.00	35.00
AH1127//3	—	7.00	10.00	15.00	23.00	35.00
AH1127//4	—	7.00	10.00	15.00	23.00	35.00
AH1128//4	—	7.00	10.00	15.00	23.00	35.00
AH1128//5	—	7.00	10.00	15.00	23.00	35.00
AH1129//5	—	7.00	10.00	15.00	23.00	35.00
AH1129//6	—	7.00	10.00	15.00	23.00	35.00
AH1130//6	—	7.00	10.00	15.00	23.00	35.00
AH1130//7	—	7.00	9.00	10.00	16.50	25.00
AH1131//7	—	7.00	9.00	10.00	16.50	25.00
AH1131//8	—	7.00	9.00	10.00	16.50	25.00

Kankurti

KM# 377.38 RUPEE (Type 377)

Silver **Note:** Weight varies 11.00-11.60 grams.

Date	Mintage	Good	VG	F	VF	XF
AH112x//5 Rare	—	—	—	—	—	—
AH1129/6 Rare	—	—	—	—	—	—
AHxxxx//7 Rare	—	—	—	—	—	—

Kararabad

KM# 377.39 RUPEE (Type 377)

Silver **Note:** Weight varies 11.00-11.60 grams.

Date	Mintage	Good	VG	F	VF	XF
AHxxxx//7 Rare	—	—	—	—	—	—

Kashmir

KM# 377.68 RUPEE (Type 377)

Silver Obv: Inscription, date Rev: Inscription Note: Weight varies 11.00-11.60 grams.

Date	Mintage	Good	VG	F	VF	XF
AHxxxx//(1) Ahad	—	—	—	—	—	—
AH1129//6	—	—	—	—	—	—

Katak

KM# 377.40 RUPEE (Type 377)

Silver **Note:** Weight varies 11.00-11.60 grams.

Date	Mintage	Good	VG	F	VF	XF
AH1125//2	—	7.50	11.00	18.00	30.00	45.00
AH1126//2	—	7.50	11.00	18.00	30.00	45.00
AH1126//3	—	7.50	11.00	18.00	30.00	45.00
AH1128//5	—	7.50	11.00	18.00	30.00	45.00

Khujista Bunyad

KM# 377.42 RUPEE (Type 377)

Silver Obv: Inscription Rev: Inscription Note: Weight varies 11.00-11.60 grams.

Date	Mintage	Good	VG	F	VF	XF
AH1125//(1) Ahad	—	7.00	10.00	16.00	26.00	40.00
AH1125//2	—	7.00	10.00	16.00	26.00	40.00
AH1126//2	—	7.00	10.00	16.00	26.00	40.00
AH(1)126//3	—	7.00	10.00	16.00	26.00	40.00
AH1128//5	—	7.00	10.00	16.00	26.00	40.00
AH1129//6	—	7.00	10.00	16.00	26.00	40.00
AH1130//7	—	7.00	10.00	16.00	26.00	40.00

Kolapur

KM# 377.77 RUPEE (Type 377)

Silver **Note:** Weight varies 11.00-11.60 grams.

Date	Mintage	Good	VG	F	VF	XF
AHxxxx//x	—	—	—	—	—	—

Lahore

KM# 377.43 RUPEE (Type 377)

Silver Obv: Inscription, date Rev. Inscription: Dar-us-Sultanat Note: Weight varies 11.00-11.60 grams.

Lakhnau

KM# 377.44 RUPEE (Type 377)

Silver **Note:** Weight varies 11.00-11.60 grams.

Date	Mintage	Good	VG	F	VF	XF
AH1134//(1) Ahad Error for 1124	—	7.00	10.00	15.00	23.00	35.00
AH1124//(1) Ahad	—	7.00	10.00	15.00	23.00	35.00
AH1125//(1) Ahad	—	7.00	10.00	15.00	23.00	35.00
AH1125//2	—	7.00	10.00	15.00	23.00	35.00
AH1126//2	—	7.00	10.00	15.00	23.00	35.00
AH1126//3	—	7.00	10.00	15.00	23.00	35.00
AH1127//3	—	7.00	10.00	15.00	23.00	35.00
AH1127//4	—	7.00	10.00	15.00	23.00	35.00
AH1128//4	—	7.00	10.00	15.00	23.00	35.00
AH1128//5	—	7.00	10.00	15.00	23.00	35.00
AH1129//5	—	7.00	10.00	15.00	23.00	35.00
AH1129//6	—	7.00	10.00	15.00	23.00	35.00
AH1130//6	—	7.00	10.00	15.00	23.00	35.00
AH1130//7	—	7.00	10.00	15.00	23.00	35.00

Macchlipattan

KM# 377.45 RUPEE (Type 377)

Silver **Note:** Weight varies 11.00-11.60 grams.

Date	Mintage	Good	VG	F	VF	XF
AH1125//x	—	10.00	18.00	40.00	70.00	110
AH1126//3	—	10.00	18.00	40.00	70.00	110
AH1128//5	—	10.00	18.00	40.00	70.00	110
AH1129//6	—	10.00	18.00	40.00	70.00	110
AH1130//6	—	10.00	18.00	40.00	70.00	110

Muazzamabad

KM# 377.46 RUPEE (Type 377)

Silver Obv: Inscription, date Rev: Inscription Note: Weight varies 11.00-11.60 grams.

Date	Mintage	Good	VG	F	VF	XF
AH11xx//2	—	7.50	11.00	18.00	30.00	45.00
AH1127//4	—	7.50	11.00	18.00	30.00	45.00
AH1129//x	—	7.50	11.00	18.00	30.00	45.00
AH113x//7	—	7.50	11.00	18.00	30.00	45.00

Muhammadabad

KM# 377.78 RUPEE (Type 377)

Silver **Note:** Weight varies 11.00-11.60 grams.

Date	Mintage	Good	VG	F	VF	XF
AHxxxx//(1) Ahad	—	—	—	—	—	—

Muhammadabad Banaras

KM# 377.69 RUPEE (Type 377)

Silver **Note:** Weight varies 11.00-11.60 grams.

Date	Mintage	Good	VG	F	VF	XF
AHxxxx//3	—	—	—	—	—	—

Multan

KM# 377.47 RUPEE (Type 377)

Silver Obv: Inscription within circle Rev: Inscription within circle **Note:** Weight varies 11.00-11.60 grams.

Date	Mintage	Good	VG	F	VF	XF
AH1125//(1) Ahad	—	7.00	10.00	15.00	23.00	35.00
AH1125//2	—	7.00	10.00	15.00	23.00	35.00
AH1126//2	—	7.00	10.00	15.00	23.00	35.00
AH1126//3	—	7.00	10.00	15.00	23.00	35.00
AH1127//3	—	7.00	10.00	15.00	23.00	35.00
AH1127//4	—	7.00	10.00	15.00	23.00	35.00
AH1129//5	—	7.00	10.00	15.00	23.00	35.00
AH1129//6	—	7.00	10.00	15.00	23.00	35.00
AH1130//6	—	7.00	10.00	15.00	23.00	35.00
AH1130//7	—	7.00	10.00	15.00	23.00	35.00
AH1131//7	—	7.00	10.00	15.00	23.00	35.00
AH1131//8	—	7.00	10.00	15.00	23.00	35.00

Murshidabad

KM# 377.49 RUPEE (Type 377)

Silver **Note:** Weight varies 11.00-11.60 grams.

Date	Mintage	Good	VG	F	VF	XF
AH1125//x Ahad	—	7.00	9.00	15.00	25.00	37.50
AH1125//2	—	7.00	9.00	15.00	25.00	37.50
AH1126//2	—	7.00	9.00	15.00	25.00	37.50
AH1126//3	—	7.00	9.00	15.00	25.00	37.50
AH1127//3	—	7.00	9.00	15.00	25.00	37.50
AH1127//4	—	7.00	9.00	15.00	25.00	37.50
AH1128//4	—	7.00	9.00	15.00	25.00	37.50
AH1128//5	—	7.00	9.00	15.00	25.00	37.50
AH1129//5	—	7.00	9.00	15.00	25.00	37.50
AH1129//6	—	7.00	9.00	15.00	25.00	37.50
AH1130//6	—	7.00	9.00	15.00	25.00	37.50
AH1130//7	—	7.00	9.00	15.00	25.00	37.50
AH1131//7	—	7.00	9.00	15.00	25.00	37.50
AH1131//8	—	7.00	9.00	15.00	25.00	37.50

Murtazabad

KM# 377.79 RUPEE (Type 377)

Silver **Note:** Weight varies 11.00-11.60 grams.

Date	Mintage	Good	VG	F	VF	XF
AH1127//4	—	—	—	—	—	—

Nusratabad

KM# 377.80 RUPEE (Type 377)

Silver **Note:** Weight varies 11.00-11.60 grams.

Date	Mintage	Good	VG	F	VF	XF
AHxxxx//4	—	—	—	—	—	—

Nusratgarh

KM# 377.50 RUPEE (Type 377)

Silver **Note:** Weight varies 11.00-11.60 grams.

Date	Mintage	Good	VG	F	VF	XF
ND//x Rare	—	—	—	—	—	—

Parenda

KM# 377.52 RUPEE (Type 377)

Silver Obv: Inscription Rev: Inscription Note: Weight varies 11.00-11.60 grams.

Date	Mintage	Good	VG	F	VF	XF
AH1124//(1) Ahad	—	32.00	80.00	135	275	325
AH1125//1 Ahad	—	32.00	80.00	135	275	325
AH1126//6 sic)	—	32.00	80.00	135	275	325

Parnala

KM# 377.82 RUPEE (Type 377)

Silver **Note:** Weight varies 11.00-11.60 grams.

Date	Mintage	Good	VG	F	VF	XF
AH1124//x	—	—	—	—	—	—

KM# 377.81 RUPEE (Type 377)

Silver **Note:** Weight varies 11.00-11.60 grams.

Date	Mintage	Good	VG	F	VF	XF
AHxxxx//3	—	—	—	—	—	—

Peshawar

KM# 377.51 RUPEE (Type 377)
Silver **Note:** Weight varies 11.00-11.60 grams.

Date	Mintage	Good	VG	F	VF	XF
AH1125//2 Rare	—	—	—	—	—	—
AHxxxx//5 Rare	—	—	—	—	—	—
AH1130//7 Rare	—	—	—	—	—	—
AH1131//8 Rare	—	—	—	—	—	—

Qamarnagar

KM# 377.65 RUPEE (Type 377)
Silver **Note:** Weight varies 11.00-11.60 grams.

Date	Mintage	Good	VG	F	VF	XF
AH1126//3	—	—	—	—	—	—
AH1128//5	—	—	—	—	—	—

Qandahar

KM# 377.66 RUPEE (Type 377)
Silver **Note:** Weight varies 11.00-11.60 grams.

Date	Mintage	Good	VG	F	VF	XF
AHxxxx//(1) Ahad	—	—	—	—	—	—

Sadnagar

KM# 377.53 RUPEE (Type 377)
Silver **Note:** Weight varies 11.00-11.60 grams.

Date	Mintage	Good	VG	F	VF	XF
AHxxxx//5 Rare	—	—	—	—	—	—

Sahrind

KM# 377.54 RUPEE (Type 377)
Silver **Note:** Weight varies 11.00-11.60 grams.

Date	Mintage	Good	VG	F	VF	XF
AH1125//2	—	7.00	9.00	15.00	25.00	37.50
AH1126//3	—	7.00	9.00	15.00	25.00	37.50
AH1127//4	—	7.00	9.00	15.00	25.00	37.50
AH(11)29//5	—	7.00	9.00	15.00	25.00	37.50
AH1129//6	—	7.00	9.00	15.00	25.00	37.50
AH1130//6	—	7.00	9.00	15.00	25.00	37.50
AH11(31)//8	—	7.00	9.00	15.00	25.00	37.50

Shahjahanabad

KM# 377.55 RUPEE (Type 377)
Silver **Obv:** Inscription, date **Rev. Inscription:** Dar-ul-Khilafat **Note:** Weight varies 11.00-11.60 grams.

Date	Mintage	Good	VG	F	VF	XF
AH1125//(1) Ahad	—	7.00	10.00	15.00	23.00	35.00
AH1125//2	—	7.00	10.00	15.00	23.00	35.00
AH1126//2	—	7.00	10.00	15.00	23.00	35.00
AH1126//3	—	7.00	10.00	15.00	23.00	35.00
AH1127//3	—	7.00	10.00	15.00	23.00	35.00
AH1127//4	—	7.00	10.00	15.00	23.00	35.00
AH1128//4	—	7.00	10.00	15.00	23.00	35.00
AH1128//5	—	7.00	10.00	15.00	23.00	35.00
AH1129//5	—	7.00	10.00	15.00	23.00	35.00
AH1129//6	—	7.00	10.00	15.00	23.00	35.00
AH1130//6	—	7.00	10.00	15.00	23.00	35.00
AH1130//7	—	7.00	10.00	15.00	23.00	35.00
AH1131//7	—	7.00	10.00	15.00	23.00	35.00
AH1131//8	—	7.00	10.00	15.00	23.00	35.00

Shakola

KM# 377.83 RUPEE (Type 377)
Silver **Note:** Weight varies 11.00-11.60 grams.

Date	Mintage	Good	VG	F	VF	XF
AHxxxx//2	—	—	—	—	—	—
AH1127//4	—	—	—	—	—	—
AH1129//6	—	—	—	—	—	—

Sholapur

KM# 377.56 RUPEE (Type 377)
Silver **Note:** Weight varies 11.00-11.60 grams.

Date	Mintage	Good	VG	F	VF	XF
AH1125//2	—	7.50	11.00	18.00	30.00	45.00
AH1126//2	—	7.50	11.00	18.00	30.00	45.00
AHxxxx//7	—	7.50	11.00	18.00	30.00	45.00

Sikakul

KM# 377.57 RUPEE (Type 377)
Silver **Note:** Weight varies 11.00-11.60 grams.

Date	Mintage	Good	VG	F	VF	XF
AHxxxx//4 Rare	—	—	—	—	—	—
AH1130//7 Rare	—	—	—	—	—	—
AH1131//8 Rare	—	—	—	—	—	—

Sironj

KM# 377.58 RUPEE (Type 377)
Silver **Note:** Weight varies 11.00-11.60 grams.

Date	Mintage	Good	VG	F	VF	XF
AHxxxx//7	—	7.50	11.00	18.00	30.00	45.00

Surat

KM# 377.59 RUPEE (Type 377)
Silver **Obv:** Inscription **Rev:** Inscription **Note:** Weight varies 11.00-11.60 grams.

Date	Mintage	Good	VG	F	VF	XF
AH1125//(1) Ahad	—	7.00	10.00	15.00	23.00	35.00
AH1125//2	—	7.00	10.00	15.00	23.00	35.00
AH1126//2	—	7.00	10.00	15.00	23.00	35.00
AH1126//3	—	7.00	10.00	15.00	23.00	35.00
AH1127//3	—	7.00	10.00	15.00	23.00	35.00
AH1127//4	—	7.00	10.00	15.00	23.00	35.00
AH1128//4	—	7.00	10.00	15.00	23.00	35.00
AH1128//5	—	7.00	10.00	15.00	23.00	35.00
AH1129//5	—	7.00	10.00	15.00	23.00	35.00
AH1129//6	—	7.00	10.00	15.00	23.00	35.00
AH1130//6	—	7.00	10.00	15.00	23.00	35.00
AH1130//7	—	7.00	10.00	15.00	23.00	35.00
AH1131//7	—	7.00	10.00	15.00	23.00	35.00
AH1131//8	—	7.00	10.00	15.00	23.00	35.00

Tatta

KM# 377.60 RUPEE (Type 377)
Silver **Obv:** Inscription **Rev:** Mint name at bottom **Note:** Weight varies 11.00-11.60 grams.

Date	Mintage	Good	VG	F	VF	XF
AH1125//(1) Ahad	—	7.00	10.00	15.00	23.00	35.00
AH1125//2	—	7.00	10.00	15.00	23.00	35.00
AH1126//2	—	7.00	10.00	15.00	23.00	35.00
AH1126//3	—	7.00	10.00	15.00	23.00	35.00
AH1127//3	—	7.00	10.00	15.00	23.00	35.00
AH1127//4	—	7.00	10.00	15.00	23.00	35.00
AH1128//4	—	7.00	10.00	15.00	23.00	35.00
AH1128//5	—	7.00	10.00	15.00	23.00	35.00
AH1129//5	—	7.00	10.00	15.00	23.00	35.00
AH1129//6	—	7.00	10.00	15.00	23.00	35.00
AH1130//6	—	7.00	10.00	15.00	23.00	35.00
AH1130//7	—	7.00	10.00	15.00	23.00	35.00

KM# 377.70 RUPEE (Type 377)
Silver **Obv:** Inscription **Rev:** Inscription, mint name above **Note:** Weight varies 11.00-11.60 grams.

Date	Mintage	Good	VG	F	VF	XF
AH1131//8 Rare	—	—	—	—	—	—

Toragal

KM# 377.61 RUPEE (Type 377)
Silver **Note:** Weight varies 11.00-11.60 grams.

Date	Mintage	Good	VG	F	VF	XF
AHxxxx//(1) Ahad Rare	—	—	—	—	—	—
AHxxxx//2 Rare	—	—	—	—	—	—
AHxxxx//3 Rare	—	—	—	—	—	—
AHxxxx//4 Rare	—	—	—	—	—	—
AHxxxx//7 Rare	—	—	—	—	—	—

Udgir

KM# 377.62 RUPEE (Type 377)
Silver **Note:** Weight varies 11.00-11.60 grams.

Date	Mintage	Good	VG	F	VF	XF
AHxxxx//(1) Ahad Rare	—	—	—	—	—	—

Ujjain

KM# 377.63 RUPEE (Type 377)
Silver **Obv:** Inscription, date **Rev. Inscription:** Dar-ul-Fath **Note:** Weight varies 11.00-11.60 grams.

Date	Mintage	Good	VG	F	VF	XF
AH1125//2	—	7.00	9.00	10.00	16.50	25.00
AH1128//6	—	7.00	9.00	10.00	16.50	25.00
AHxxxx//3	—	7.00	9.00	10.00	16.50	25.00
AHxxxx//4	—	7.00	9.00	10.00	16.50	25.00
AH1129//6	—	7.00	9.00	10.00	16.50	25.00
AH1130//7	—	7.00	9.00	10.00	16.50	25.00
AH1131//8	—	7.00	9.00	10.00	16.50	25.00

Lahore

KM# 378.1 LEGAL DIRHAM (Type 378)
2.7200 g., Silver **Obv:** Inscription, date **Rev:** Inscription

Date	Mintage	Good	VG	F	VF	XF
AH1129//6 Rare	—	—	—	—	—	—

Sira

KM# 386.1 FANAM (Type 386)
Gold **Note:** Weight varies 0.33-0.40 grams.

Date	Mintage	Good	VG	F	VF	XF
ND//x	—	—	—	—	—	—

Ganjikot

KM# 380.1 1/2 PAGODA (Type 380)
Gold **Note:** Weight varies 1.35-1.45 grams.

Date	Mintage	Good	VG	F	VF	XF
AHxxxx//5 Rare	—	—	—	—	—	—

Sira

KM# A386.1 1/2 PAGODA (Type 380)
Gold Weight varies: 1.35-1.45g.

Date	Mintage	VG	F	VF	XF	Unc
ND	—	—	—	—	—	—

KM# 380.2 1/2 PAGODA (Type 380)
Gold **Note:** Weight varies 1.35-1.45 grams.

Date	Mintage	Good	VG	F	VF	XF
AH1125//x Rare	—	—	—	—	—	—

Ganjikot

KM# 385.1 PAGODA (Type 385)
Gold **Note:** Weight varies 2.65-2.75 grams.

Date	Mintage	Good	VG	F	VF	XF
AHxxxx//x Rare	—	—	—	—	—	—

Guty

KM# 385.2 PAGODA (Type 385)
Gold **Note:** Weight varies 2.65-2.75 grams.

Date	Mintage	Good	VG	F	VF	XF
AH1128//5 Rare	—	—	—	—	—	—

Imtiyazgarh

KM# 385.3 PAGODA (Type 385)
Gold **Note:** Weight varies 2.65-2.75 grams.

Date	Mintage	Good	VG	F	VF	XF
AHxxxx//3 Rare	—	—	—	—	—	—
AHxxxx//7 Rare	—	—	—	—	—	—

INDIA MUGHAL EMPIRE

KM# 385.4 PAGODA (Type 385)
Gold **Note:** Weight varies 2.65-2.75 grams.

Date	Mintage	Good	VG	F	VF	XF
AHxxxx//x Rare	—	—	—	—	—	—

Ahmadabad

KM# 390.36 MOHUR (Type 390)
Gold

Date	Mintage	Good	VG	F	VF	XF
AHxxxx//7	—	—	—	—	—	—
AH1131//8	—	—	—	—	—	—

Ahmadanagar

KM# 390.37 MOHUR (Type 390)
Gold

Date	Mintage	Good	VG	F	VF	XF
ND(1713-1719)	—	—	450	500	800	1,200

Ajmer

KM# 390.1 MOHUR (Type 390)
Gold **Obv:** Inscription, date **Rev. Inscription:** Mustagir-ul-Mulk
Note: Weight varies 10.80-11.00 grams.

Date	Mintage	Good	VG	F	VF	XF
AHxxxx//x	—	400	450	500	600	700

KM# 390.2 MOHUR (Type 390)
Gold **Obv:** Inscription **Rev. Inscription:** Dar-ul-Khair

Date	Mintage	Good	VG	F	VF	XF
AHxxxx//x	—	—	400	450	500	600

Akbarabad

KM# 390.3 MOHUR (Type 390)
Gold **Obv:** Inscription **Rev. Inscription:** Mustagir-ul-Mulk

Date	Mintage	VG	F	VF	XF	Unc
AH1124//1	—	425	500	600	700	900
AH1125//1 (Ahad)	—	425	500	600	700	900
AHxxxx//3	—	425	500	600	700	900
AH1128//5	—	425	500	600	700	900
AH1130//7	—	425	500	600	700	900

KM# 390.4 MOHUR (Type 390)
Gold **Obv:** Inscription **Rev. Inscription:** Mustagir-ul-Khilafat

Date	Mintage	Good	VG	F	VF	XF
AHxxxx//6	—	400	450	500	600	700
AH1130//7	—	400	450	500	600	700

Allahabad

KM# 390.5 MOHUR (Type 390)
Gold **Note:** Weight varies 10.80-11.00 grams.

Date	Mintage	Good	VG	F	VF	XF
AH1130//7	—	400	450	500	600	700
AH1131//7	—	400	450	500	600	700

Arkat

KM# 390.6 MOHUR (Type 390)
Gold **Note:** Weight varies 10.90-11.00 grams.

Date	Mintage	Good	VG	F	VF	XF
AHxxxx//5	—	400	450	500	600	700

Asadnagar

KM# 390.28 MOHUR (Type 390)
Gold **Note:** Weight varies 10.80-11.00 grams.

Date	Mintage	Good	VG	F	VF	XF
AHxxxx//5 Rare	—	—	—	—	—	—

Azimabad

KM# 390.7 MOHUR (Type 390)
Gold **Obv:** Inscription **Rev:** Inscription **Note:** Weight varies 10.80-11.00 grams.

Date	Mintage	Good	VG	F	VF	XF
AHxxxx//1 (Ahad)	—	400	450	500	600	700
AHxxxx//2	—	400	450	500	600	700
AH1128//5	—	400	450	500	600	700

KM# 390.8 MOHUR (Type 390)
Gold **Obv:** Inscription **Rev. Inscription:** Mustagir-ul-Mulk **Note:** Weight varies 10.80-11.00 grams.

Date	Mintage	Good	VG	F	VF	XF
AH1129//5	—	400	450	500	600	700

Bareli

KM# 390.9 MOHUR (Type 390)
Gold **Note:** Weight varies 10.80-11.00 grams.

Date	Mintage	Good	VG	F	VF	XF
AH1127//3	—	400	450	500	600	700

Bijapur

KM# 390.10 MOHUR (Type 390)
Gold **Obv:** Inscription **Rev. Inscription:** Dar-uz-Zafar **Note:** Weight varies 10.80-11.00 grams.

Date	Mintage	Good	VG	F	VF	XF
AHxxxx//7	—	400	450	500	600	700

Burhanpur

KM# 390.11 MOHUR (Type 390)
Gold **Obv:** Inscription **Rev. Inscription:** Dar-us-Sarur **Note:** Weight varies 10.80-11.00 grams.

Date	Mintage	Good	VG	F	VF	XF
AHxxxx//4	—	400	450	500	600	700
AHxxxx//6	—	400	450	500	600	700
AHxxxx//7	—	400	450	500	600	700

Elichpur

KM# 390.12 MOHUR (Type 390)
Gold **Note:** Weight varies 10.80-11.00 grams.

Date	Mintage	Good	VG	F	VF	XF
AH1126//3	—	400	450	500	600	700

Farrukhabad

KM# 390.13 MOHUR (Type 390)
Gold **Note:** Weight varies 10.80-11.00 grams.

Date	Mintage	Good	VG	F	VF	XF
AHxxxx//6 Rare	—	—	—	—	—	—

Fathabad Dharur

KM# 390.38 MOHUR (Type 390)
Gold **Note:** Weight varies 10.80-11.00 grams.

Date	Mintage	Good	VG	F	VF	XF
AHxxxx//3	—	—	—	—	—	—

Firozgarh

KM# 390.14 MOHUR (Type 390)
Gold **Note:** Weight varies 10.80-11.00 grams.

Date	Mintage	Good	VG	F	VF	XF
AHxxxx//3 Rare	—	—	—	—	—	—

Haidarabad (Farkhanda Bunyad)

KM# 390.15 MOHUR (Type 390)
Gold **Obv:** Inscription **Rev. Inscription:** Farkhanda Bunyad
Note: Weight varies 10.80-11.00 grams.

Date	Mintage	Good	VG	F	VF	XF
AH1125//1 (Ahad)	—	400	450	500	600	700

Islamabad

KM# 390.16 MOHUR (Type 390)
Gold **Obv:** Inscription **Rev:** Inscription **Note:** Weight varies 10.80-11.00 grams.

Date	Mintage	Good	VG	F	VF	XF
AHxxxx//7	—	400	450	500	600	700

Itawa

KM# 390.17 MOHUR (Type 390)
Gold **Note:** Weight varies 10.80-11.00 grams.

Date	Mintage	Good	VG	F	VF	XF
AH1128//4	—	400	450	500	600	700
AH1128//5	—	400	450	500	600	700
AH1130//7	—	400	450	500	600	700

Jahangirnagar

KM# 390.39 MOHUR (Type 390)
Gold **Note:** Weight varies 10.80-11.00 grams.

Date	Mintage	Good	VG	F	VF	XF
AHxxxx//7	—	400	450	550	650	900

Kanbayat

KM# 390.35 MOHUR (Type 390)
Gold **Note:** Weight varies 10.80-11.00 grams.

Date	Mintage	Good	VG	F	VF	XF
AHxxxx//8	—	—	—	—	—	—

Kashmir

KM# 390.18 MOHUR (Type 390)
Gold **Note:** Weight varies 10.80-11.00 grams.

Date	Mintage	Good	VG	F	VF	XF
AH1127//x	—	235	285	375	475	650
AH1130//7	—	235	285	375	475	650

Khujista Bunyad

KM# 390.19 MOHUR (Type 390)
Gold **Obv:** Inscription **Rev:** Inscription **Note:** Weight varies 10.80-11.00 grams.

Date	Mintage	VG	F	VF	XF	Unc
AH1125//1 (Ahad)	—	425	500	600	700	1,000
AH1125//2	—	425	500	600	700	1,000
AH1126//3	—	425	500	600	700	1,000
AH1127//4	—	425	500	600	700	1,000
AH1128//4	—	425	500	600	700	1,000
AH1128//5	—	425	500	600	700	1,000
AH1129//5	—	425	500	600	700	1,000
AH1129//6	—	425	500	600	700	1,000
AH1130//6	—	425	500	600	700	1,000
AH1130//7	—	425	500	600	700	1,000
AH1131//7	—	425	500	600	700	1,000

Lahore

KM# 390.20 MOHUR (Type 390)
Gold **Obv:** Inscription **Rev. Inscription:** Dar-us-Sultanat **Note:** Weight varies 10.80-11.00 grams.

Date	Mintage	Good	VG	F	VF	XF
AH1127//4	—	400	450	500	600	700
AH1128//5	—	400	450	500	600	700
AH1129//5	—	400	450	500	600	700
AH1130//7	—	400	450	500	600	700
AH1131//7	—	400	450	500	600	700
AH1131//8	—	400	450	500	600	700

Macchlipattan

KM# 390.21 MOHUR (Type 390)
Gold **Note:** Weight varies 10.80-11.00 grams.

Date	Mintage	Good	VG	F	VF	XF
AHxxxx//x	—	400	450	500	650	750

Muazzamabad

KM# 390.22 MOHUR (Type 390)
Gold **Note:** Weight varies 10.80-11.00 grams.

Date	Mintage	Good	VG	F	VF	XF
AH112x//4	—	400	450	500	600	700
AH1128//5	—	400	450	500	600	700
AHxxxx//7	—	400	450	500	600	700

Multan

KM# 390.23 MOHUR (Type 390)
Gold **Note:** Weight varies 10.80-11.00 grams.

Date	Mintage	Good	VG	F	VF	XF
AH1130//7	—	400	450	500	600	700

Murshidabad

KM# 390.24 MOHUR (Type 390)
Gold **Note:** Weight varies 10.80-11.00 grams.

Date	Mintage	Good	VG	F	VF	XF
AHxxxx//1 (Ahad)	—	400	450	500	600	700
AH1127//4	—	400	450	500	600	700

Patna

KM# 390.25 MOHUR (Type 390)
Gold **Note:** Weight varies 10.80-11.00 grams.

Date	Mintage	Good	VG	F	VF	XF
AH1130//7	—	400	450	500	600	700

Peshawar

KM# 390.26 MOHUR (Type 390)
Gold Note: Weight varies 10.80-11.00 grams.

Date	Mintage	Good	VG	F	VF	XF
AH1131/8	—	400	450	500	600	700

Purenda

KM# 390.27 MOHUR (Type 390)
Gold Note: Weight varies 10.80-11.00 grams.

Date	Mintage	Good	VG	F	VF	XF
AHxxxx/5 Rare	—	—	—	—	—	—

Sahrind

KM# 390.29 MOHUR (Type 390)
Gold Note: Weight varies 10.80-11.00 grams.

Date	Mintage	Good	VG	F	VF	XF
AHxxxx/x	—	400	450	500	600	700

Shahjahanabad

KM# 390.30 MOHUR (Type 390)
Gold Obv: Inscription Rev: Inscription Note: Weight varies 10.80-11.00 grams.

Date	Mintage	Good	VG	F	VF	XF
AH124/1 (Ahad)	—	400	450	475	525	600
AH125/1 (Ahad)	—	400	450	475	525	600
AH125//2	—	400	450	475	525	600
AH126//2	—	400	450	475	525	600
AH126//3	—	400	450	475	525	600
AH127//3	—	400	450	475	525	600
AH127//4	—	400	450	475	525	600
AH128//4	—	400	450	475	525	600
AH130//7	—	400	450	475	525	600
AH131//7	—	400	450	475	525	600

Shakola

KM# 390.40 MOHUR (Type 390)
Gold Note: Weight varies 10.80-11.00 grams.

Date	Mintage	Good	VG	F	VF	XF
AHxxxx/x	—	—	—	—	—	—

Sikakul

KM# 390.31 MOHUR (Type 390)
Gold Note: Weight varies 10.80-11.00 grams.

Date	Mintage	Good	VG	F	VF	XF
AHxxxx/x Rare	—	—	—	—	—	—

Surat

KM# 390.32 MOHUR (Type 390)
Gold Note: Weight varies 10.80-11.00 grams.

Date	Mintage	Good	VG	F	VF	XF
AHxxxx//1 (Ahad)	—	400	450	500	600	700
AHxxxx//2	—	400	450	500	600	700
AHxxxx//4	—	400	450	500	600	700
AH128//5	—	400	450	500	600	700
AHxxxx//6	—	400	450	500	600	700

Toragal

KM# 390.33 MOHUR (Type 390)
Gold Note: Weight varies 10.80-11.00 grams.

Date	Mintage	Good	VG	F	VF	XF
AHxxxx/3 Rare	—	—	—	—	—	—
AHxxxx/5 Rare	—	—	—	—	—	—

Ujjain

KM# 390.34 MOHUR (Type 390)
Gold Obv: Inscription Rev. Inscription: Dar-ul-Fath Note: Weight varies 10.80-11.00 grams.

Date	Mintage	Good	VG	F	VF	XF
AHxxxx/x	—	400	450	500	600	700

LARGESSE COINAGE

Shahjahanabad

KM# A379.1 NISAR (Type A379)
0.7000 g., Silver Obv: Inscription Rev. Inscription: Dar-ul-Khilafat

Date	Mintage	Good	VG	F	VF	XF
AHxxxx//4	—	—	—	—	—	—

Shahjahanabad

KM# B379.1 NISAR (Type B379)
1.4000 g., Silver Obv: Inscription Rev. Inscription: Dar-ul-Khilafat

Date	Mintage	Good	VG	F	VF	XF
AH1129//6	—	—	—	—	—	—
AH130/x	—	—	—	—	—	—

Akbarabad

KM# 379.2 NISAR (Type 379)
2.8500 g., Silver

Date	Mintage	Good	VG	F	VF	XF
AH1125//2	—	—	—	—	—	—

Shahjahanabad

KM# 379.1 NISAR (Type 379)
2.8500 g., Silver

Date	Mintage	Good	VG	F	VF	XF
AHxxxx//5 Rare	—	—	—	—	—	—
AH1129//6 Rare	—	—	—	—	—	—
AH130//3 Rare	—	—	—	—	—	—

Rafi-ud-Darjat
AH1131 / 1719AD

HAMMERED COINAGE

Kabul

KM# 401.1 PAISA (Type 401)
14.0000 g., Copper Obv: Inscription Rev: Inscription Note: Weight varies 12.90-13.80 grams.

Date	Mintage	Good	VG	F	VF	XF
AH1131/1 (Ahad)	—	35.00	60.00	100	175	—

Peshawar

KM# 401.3 PAISA (Type 401)
14.0000 g., Copper Note: Weight varies 12.90-13.80 grams.

Date	Mintage	Good	VG	F	VF	XF
AH1131/1 (Ahad) Rare	—	—	—	—	—	—

Surat

KM# 401.2 PAISA (Type 401)
14.0000 g., Copper Note: Weight varies 12.90 - 13.80 grams.

Date	Mintage	Good	VG	F	VF	XF
AH1131/1 (Ahad)	—	35.00	60.00	100	175	—

Shahjahanabad

KM# 404.1 1/2 RUPEE (Type 404)
5.7220 g., Silver Obv: Inscription Rev: Inscription Note: Weight varies 5.50-5.80 grams.

Date	Mintage	Good	VG	F	VF	XF
AH11xx//1 (Ahad)	—	20.00	50.00	80.00	150	200

Ahmadabad

KM# 405.1 RUPEE (Type 405)
Silver Obv: Inscription, date Rev. Inscription: Zain-ul-Bilad Note: Weight varies 11.00-11.60 grams.

Date	Mintage	Good	VG	F	VF	XF
AH1131/1 (Ahad)	—	8.00	20.00	40.00	75.00	120

KM# 405.25 RUPEE (Type 405)
Silver Note: Without epithet. Weight varies 11.00-11.60 grams.

Date	Mintage	Good	VG	F	VF	XF
AH1131/1 (Ahad)	—	10.00	25.00	50.00	85.00	120

Ajmir

KM# 405.2 RUPEE (Type 405)
Silver Obv: Inscription Rev. Inscription: Dar-ul-Khair Note: Weight varies 11.00-11.60 grams.

Date	Mintage	Good	VG	F	VF	XF
AH1131/1 (Ahad)	—	12.00	30.00	60.00	100	150

Akbarabad

KM# 405.3 RUPEE (Type 405)

Silver Obv: Inscription Rev. Inscription: Mustagar-ul-Khilafat Note: Weight varies 11.00-11.60 grams.

Date	Mintage	Good	VG	F	VF	XF
AH1131/1 (Ahad)	—	7.00	17.50	35.00	60.00	85.00

Bankapur

KM# 405.4 RUPEE (Type 405)
Silver Note: Weight varies 11.00-11.60 grams.

Date	Mintage	Good	VG	F	VF	XF
AH1131/1 (Ahad) Rare	—	—	—	—	—	—

Bareli

KM# 405.5 RUPEE (Type 405)
Silver Note: Weight varies 11.00-11.60 grams.

Date	Mintage	Good	VG	F	VF	XF
AH1131/1 (Ahad)	—	10.00	25.00	50.00	85.00	120

Burhanpur

KM# 405.6 RUPEE (Type 405)
Silver Obv: Inscription Rev. Inscription: Dar-us-Sarur Note: Weight varies 11.00-11.60 grams.

Date	Mintage	Good	VG	F	VF	XF
AH1131/1 (Ahad)	—	10.00	25.00	50.00	85.00	120

Gwalior

KM# 405.7 RUPEE (Type 405)
Silver Note: Weight varies 11.00-11.60 grams.

Date	Mintage	Good	VG	F	VF	XF
AH1131//1 (Ahad)	—	10.00	25.00	50.00	85.00	120

Itawa

KM# 405.8 RUPEE (Type 405)
Silver Note: Weight varies 11.00-11.60 grams.

Date	Mintage	Good	VG	F	VF	XF
AH1131/1 (Ahad)	—	7.00	17.50	35.00	60.00	85.00

Jahangirnagar

KM# 405.23 RUPEE (Type 405)
Silver Note: Weight varies 11.00-11.60 grams.

Date	Mintage	Good	VG	F	VF	XF
AH1131/1 (Ahad) Rare	—	—	—	—	—	—

Junagarh

KM# 405.26 RUPEE (Type 405)
Silver Note: Weight varies 11.00-11.60 grams.

Date	Mintage	Good	VG	F	VF	XF
AH1(31)//1 (Ahad) Rare	—	—	—	—	—	—

Kabul

KM# 405.9 RUPEE (Type 405)
Silver Note: Weight varies 11.00-11.60 grams.

Date	Mintage	Good	VG	F	VF	XF
AH1131/1 (Ahad) Rare	—	—	—	—	—	—

Khambayat

KM# 405.10 RUPEE (Type 405)
Silver Note: Weight varies 11.00-11.60 grams.

Date	Mintage	Good	VG	F	VF	XF
AH1131/1 (Ahad)	—	7.00	17.50	35.00	60.00	85.00

Khujista Bunyad

KM# 405.11 RUPEE (Type 405)
Silver Note: Weight varies 11.00-11.60 grams.

Date	Mintage	Good	VG	F	VF	XF
AH1131/1 (Ahad)	—	10.00	25.00	50.00	85.00	120

Kora

KM# 405.12 RUPEE (Type 405)
Silver Note: Weight varies 11.00-11.60 grams.

Date	Mintage	Good	VG	F	VF	XF
AH1131/1 (Ahad) Rare	—	—	—	—	—	—

INDIA MUGHAL EMPIRE

Lahore

KM# 405.13 RUPEE (Type 405)

Silver **Obv:** Inscription **Rev.** Inscription: Dar-us-Sultanat **Note:** Weight varies 11.00-11.60 grams.

Date	Mintage	Good	VG	F	VF	XF
AH1131//1 (Ahad)	—	7.00	17.50	35.00	60.00	85.00

Lakhnau

KM# 405.14 RUPEE (Type 405)

Silver **Note:** Weight varies 11.00-11.60 grams.

Date	Mintage	Good	VG	F	VF	XF
AH1131//1 (Ahad)	—	10.00	25.00	50.00	85.00	120

Multan

KM# 405.15 RUPEE (Type 405)

Silver **Obv:** Inscription **Rev:** Inscription, date **Note:** Weight varies 11.00-11.60 grams.

Date	Mintage	Good	VG	F	VF	XF
AH1131//1 (Ahad)	—	10.00	25.00	50.00	85.00	120

Murshidabad

KM# 405.16 RUPEE (Type 405)

Silver **Obv:** Inscription, date **Rev:** Inscription **Note:** Weight varies 11.00-11.60 grams.

Date	Mintage	Good	VG	F	VF	XF
AH1131//1 (Ahad) Rare	—	—	—	—	—	—

Patna

KM# 405.17 RUPEE (Type 405)

Silver **Note:** Weight varies 11.00-11.60 grams.

Date	Mintage	Good	VG	F	VF	XF
AH1131//1 (Ahad) Rare	—	—	—	—	—	—

Sahrind

KM# 405.18 RUPEE (Type 405)

Silver **Note:** Weight varies 11.00-11.60 grams.

Date	Mintage	Good	VG	F	VF	XF
AH1131//1 (Ahad) Rare	—	—	—	—	—	—

Shahjahanabad

KM# 405.19 RUPEE (Type 405)

Silver **Obv:** Inscription **Rev.** Inscription: Dar-ul-Khilafat **Note:** Weight varies 11.00-11.60 grams.

Date	Mintage	Good	VG	F	VF	XF
AH1131//1 (Ahad)	—	7.00	17.50	35.00	60.00	85.00

Sikakul

KM# 405.20 RUPEE (Type 405)

Silver **Note:** Weight varies 11.00-11.60 grams.

Date	Mintage	Good	VG	F	VF	XF
AH1131//1 (Ahad) Rare	—	—	—	—	—	—

Surat

KM# 405.21 RUPEE (Type 405)

Silver **Note:** Weight varies 11.00-11.60 grams.

Date	Mintage	Good	VG	F	VF	XF
AH1131//1 (Ahad)	—	7.00	17.50	35.00	60.00	85.00

Tatta

KM# 405.24 RUPEE (Type 405)

Silver **Note:** Weight varies 11.00-11.60 grams.

Date	Mintage	Good	VG	F	VF	XF
AH1131//1 (Ahad) Rare	—	—	—	—	—	—

Ujjain

KM# 405.22 RUPEE (Type 405)

Silver **Note:** Weight varies 11.00-11.60 grams.

Date	Mintage	Good	VG	F	VF	XF
AH1131//1 (Ahad)	—	12.00	30.00	60.00	100	150

Ahmadabad

KM# 408.1 MOHUR (Type 408)

Gold **Obv:** Inscription **Rev.** Inscription: Zain-ul-Bilad **Note:** Weight varies 10.55-10.90 grams.

Date	Mintage	Good	VG	F	VF	XF
AH1131//1 (Ahad) Rare	—	—	—	—	—	—

Akbarabad

KM# 408.2 MOHUR (Type 408)

Gold **Obv:** Inscription **Rev.** Inscription: Mustagir-ul-Khilafat **Note:** Weight varies 10.55-10.90 grams.

Date	Mintage	Good	VG	F	VF	XF
AH1131//1 (Ahad)	—	450	500	650	1,000	1,500

Burhanpur

KM# 408.11 MOHUR (Type 408)

Gold **Rev:** Mint epithet: "Dar-as-Sarur" **Note:** Weight varies 10.55-10.90 grams.

Date	Mintage	Good	VG	F	VF	XF
AH1131//1 (Ahad)	—	—	—	—	—	—

Kabul

KM# 408.3 MOHUR (Type 408)

Gold **Note:** Weight varies 10.55-10.90 grams.

Date	Mintage	Good	VG	F	VF	XF
AH1131//1 (Ahad) Rare	—	—	—	—	—	—

Khujista Bunyad

KM# 408.4 MOHUR (Type 408)

Gold **Note:** Weight varies 10.55-10.90 grams.

Date	Mintage	Good	VG	F	VF	XF
AH1131//1 (Ahad)	—	450	500	650	1,100	1,500

Lahore

KM# 408.5 MOHUR (Type 408)

Gold **Obv:** Inscription **Rev.** Inscription: Dar-us-Sultanat **Note:** Weight varies 10.55-10.90 grams.

Date	Mintage	Good	VG	F	VF	XF
AH1131//1 (Ahad)	—	450	500	650	1,000	1,500

Muazzamabad

KM# 408.6 MOHUR (Type 408)

Gold **Note:** Weight varies 10.55-10.90 grams.

Date	Mintage	Good	VG	F	VF	XF
AH1131//1 (Ahad) Rare	—	—	—	—	—	—

Multan

KM# 408.7 MOHUR (Type 408)

Gold **Note:** Weight varies 10.55-10.90 grams.

Date	Mintage	Good	VG	F	VF	XF
AH1131//1 (Ahad)	—	—	—	—	—	—

Peshawar

KM# 408.8 MOHUR (Type 408)

Gold **Note:** Weight varies 10.55-10.90 grams.

Date	Mintage	Good	VG	F	VF	XF
AH1131//1 (Ahad) Rare	—	—	—	—	—	—

Shahjahanabad

KM# 408.9 MOHUR (Type 408)

Gold **Obv:** Inscription **Rev.** Inscription: Dar-ul-Khilafat **Note:** Weight varies 10.55-10.90 grams.

Date	Mintage	Good	VG	F	VF	XF
AH1131//1 (Ahad)	—	450	500	650	1,000	1,500

Surat

KM# 408.10 MOHUR (Type 408)

Gold **Note:** Weight varies 10.55-10.90 grams.

Date	Mintage	Good	VG	F	VF	XF
AH1131//1 (Ahad)	—	450	550	750	1,200	1,500

Ujjain

KM# 408.12 MOHUR (Type 408)

Gold **Note:** Weight varies 10.55-10.90 grams.

Date	Mintage	Good	VG	F	VF	XF
AH1131//1 (Ahad)	—	—	—	—	—	—

Shah Jahan II, Rafi-ud-Daula
AH1131 / 1719AD

HAMMERED COINAGE

Akbarabad

KM# 411.1 DAM (Type 411)

Copper **Obv:** Inscription **Rev:** Inscription **Note:** Weight varies 19.70-20.20 grams.

Date	Mintage	Good	VG	F	VF	XF
AH1131//1 (Ahad)	—	5.00	10.00	17.50	25.00	—

Surat

KM# 411.2 DAM (Type 411)

Copper **Note:** Weight varies 19.70-20.20 grams.

Date	Mintage	Good	VG	F	VF	XF
AH1131//1 (Ahad)	—	5.00	10.00	17.50	25.00	—

Lahore

KM# 412.1 1/2 RUPEE (Type 412)

Silver **Note:** Weight varies 5.50-5.80 grams.

Date	Mintage	Good	VG	F	VF	XF
AH1131//1 (Ahad) Rare	—	—	—	—	—	—

Surat

KM# 412.2 1/2 RUPEE (Type 412)

Silver **Note:** Weight varies 5.50-5.80 grams.

Date	Mintage	Good	VG	F	VF	XF
AHxxxx//1 (Ahad) Rare	—	—	—	—	—	—

Peshawar

KM# 413.2 RUPEE (Type 413)

Silver **Note:** Weight varies 11.00-11.60 grams.

Date	Mintage	Good	VG	F	VF	XF
AH1131//1 (Ahad) Rare	—	—	—	—	—	—

Sikakul

KM# 413.1 RUPEE (Type 413)

Silver **Obv.** Inscription: Sahib Qiran **Rev:** Inscription **Note:** Weight varies 11.00-11.60 grams.

Date	Mintage	Good	VG	F	VF	XF
AH1131//1 (Ahad) Rare	—	—	—	—	—	—

Tatta

KM# 413.3 RUPEE (Type 413)

Silver **Obv. Legend:** SAHIB QIRAN **Note:** Weight varies 11.00-11.60 grams. Varieties exist with dates in different positions.

Date	Mintage	Good	VG	F	VF	XF
AH1131 (Ahad) Rare	—	—	—	—	—	—

Ahmadabad

KM# 415.1 RUPEE (Type 415)

Silver **Obv:** Inscription **Rev:** Inscription **Note:** Weight varies 11.00-11.60 grams.

Date	Mintage	Good	VG	F	VF	XF
AH1131//1 (Ahad)	—	12.00	27.50	55.00	90.00	130

Ajmir

KM# 415.2 RUPEE (Type 415)

Silver **Rev:** Mint epithet: Dar-ul-Khair **Note:** Weight varies 11.00-11.60 grams.

Date	Mintage	Good	VG	F	VF	XF
AH1131//1 (Ahad)	—	12.00	27.50	55.00	90.00	130

Akbarabad

KM# 415.3 RUPEE (Type 415)
Silver **Obv:** Inscription **Rev. Inscription:** Mustagir-ul-Khilafat **Note:** Weight varies 11.00-11.60 grams.

Date	Mintage	Good	VG	F	VF	XF
AH1131//1 (Ahad)	—	10.00	25.00	50.00	85.00	120

Akbarnagar

KM# 415.26 RUPEE (Type 415)
Silver **Note:** Weight varies 11.00-11.60 grams.

Date	Mintage	Good	VG	F	VF	XF
AH1131//1 (Ahad) Rare	—	—	—	—	—	—

Arkat

KM# 415.4 RUPEE (Type 415)
Silver **Note:** Weight varies 11.00-11.60 grams.

Date	Mintage	Good	VG	F	VF	XF
AH1131//1 (Ahad) Rare	—	—	—	—	—	—

Azimabad

KM# 415.5 RUPEE (Type 415)
Silver **Note:** Weight varies 11.00-11.60 grams.

Date	Mintage	Good	VG	F	VF	XF
AH1131//1 (Ahad)	—	12.00	27.50	55.00	90.00	125

Bahadarqarh

KM# 415.6 RUPEE (Type 415)
11.4440 g., Silver **Note:** Weight varies 11.00-11.60 grams.

Date	Mintage	Good	VG	F	VF	XF
AH1131//1 (Ahad) Rare	—	—	—	—	—	—

Bareli

KM# 415.7 RUPEE (Type 415)
Silver **Note:** Weight varies 11.00-11.60 grams.

Date	Mintage	Good	VG	F	VF	XF
AH1131//1 (Ahad)	—	10.00	25.00	50.00	85.00	120

Burhanpur

KM# 415.8 RUPEE (Type 415)
Silver **Obv:** Inscription **Rev. Inscription:** Dar-us-Sarur **Note:** Weight varies 11.00-11.60 grams.

Date	Mintage	Good	VG	F	VF	XF
AH1131//1 (Ahad)	—	10.00	25.00	50.00	85.00	120

Gwalior

KM# 415.9 RUPEE (Type 415)
Silver **Obv:** Inscription **Rev:** Inscription **Note:** Weight varies 11.00-11.60 grams.

Date	Mintage	Good	VG	F	VF	XF
AH1131//1 (Ahad)	—	10.00	25.00	50.00	85.00	120

Islamabad

KM# 415.10 RUPEE (Type 415)
Silver **Note:** Weight varies 11.00-11.60 grams.

Date	Mintage	Good	VG	F	VF	XF
AH1131//1 (Ahad)	—	15.00	35.00	60.00	100	140

Itawa

KM# 415.11 RUPEE (Type 415)
Silver **Note:** Weight varies 11.00-11.60 grams.

Date	Mintage	Good	VG	F	VF	XF
AH1131//1 (Ahad)	—	10.00	25.00	50.00	85.00	120

Jahangirnagar

KM# 415.27 RUPEE (Type 415)
Silver **Note:** Weight varies 11.00-11.60 grams.

Date	Mintage	Good	VG	F	VF	XF
AH1131//1 (Ahad) Rare	—	—	—	—	—	—

Junagarh

KM# 415.12 RUPEE (Type 415)
Silver **Note:** Weight varies 11.00-11.60 grams.

Date	Mintage	Good	VG	F	VF	XF
AH1131//1 (Ahad)	—	15.00	35.00	60.00	100	140

Katak

KM# 415.28 RUPEE (Type 415)
Silver **Note:** Weight varies 11.00-11.60 grams.

Date	Mintage	Good	VG	F	VF	XF
AH1131//1 (Ahad)	—	—	—	—	—	—

Khambayat

KM# 415.13 RUPEE (Type 415)
Silver **Note:** Weight varies 11.00-11.60 grams.

Date	Mintage	Good	VG	F	VF	XF
AH1131//1 (Ahad)	—	11.50	27.50	55.00	90.00	130

Khujista Bunyad

KM# 415.14 RUPEE (Type 415)
Silver **Note:** Weight varies 11.00-11.60 grams.

Date	Mintage	Good	VG	F	VF	XF
AH1131//1 (Ahad)	—	11.50	27.50	55.00	90.00	130

Kora

KM# 415.15 RUPEE (Type 415)
Silver **Note:** Weight varies 11.00-11.60 grams.

Date	Mintage	Good	VG	F	VF	XF
AH1131//1 (Ahad)	—	11.50	27.50	55.00	90.00	130

Lahore

KM# 415.16 RUPEE (Type 415)
Silver **Obv:** Inscription, date **Rev. Inscription:** Dar-us-Sultanat **Note:** Weight varies 11.00-11.60 grams.

Date	Mintage	Good	VG	F	VF	XF
AH1131//1 (Ahad)	—	10.00	25.00	50.00	85.00	120

Lakhnau

KM# 415.17 RUPEE (Type 415)
Silver **Note:** Weight varies 11.00-11.60 grams.

Date	Mintage	Good	VG	F	VF	XF
AH1131//1 (Ahad)	—	11.50	27.50	55.00	90.00	130

Macchilipattan

KM# 415.18 RUPEE (Type 415)
Silver **Note:** Weight varies 11.00-11.60 grams.

Date	Mintage	Good	VG	F	VF	XF
AH1131//1 (Ahad) Rare	—	—	—	—	—	—

Muhammadabad

KM# 415.29 RUPEE (Type 415)
Silver **Note:** Weight varies 11.00-11.60 grams.

Date	Mintage	Good	VG	F	VF	XF
AH1132//1 (Ahad)	—	—	—	—	—	—

Multan

KM# 415.19 RUPEE (Type 415)
Silver **Note:** Weight varies 11.00-11.60 grams.

Date	Mintage	Good	VG	F	VF	XF
AH1131//1 (Ahad) Rare	—	—	—	—	—	—

Murshidabad

KM# 415.21 RUPEE (Type 415)
Silver **Obv:** Inscription **Rev:** Inscription **Note:** Weight varies 11.00-11.60 grams.

Date	Mintage	Good	VG	F	VF	XF
AH1131//1 (Ahad)	—	12.00	30.00	60.00	100	140

Sahrind

KM# 415.22 RUPEE (Type 415)
Silver **Note:** Weight varies 11.00-11.60 grams.

Date	Mintage	Good	VG	F	VF	XF
AH1131//1 (Ahad)	—	11.50	27.50	55.00	90.00	130

Shahjahanabad

KM# 415.23 RUPEE (Type 415)
Silver **Obv:** Inscription **Rev. Inscription:** Dar-ul-Khilafat **Note:** Weight varies 11.00-11.60 grams.

Date	Mintage	Good	VG	F	VF	XF
AH1131//1 (Ahad)	—	10.00	25.00	50.00	85.00	125

Sikakul

KM# 415.30 RUPEE (Type 415)
Silver **Note:** Weight varies 11.00-11.60 grams.

Date	Mintage	Good	VG	F	VF	XF
AH1131//1 (Ahad)	—	—	—	—	—	—

Surat

KM# 415.24 RUPEE (Type 415)
Silver **Obv:** Inscription **Rev:** Inscription **Note:** Weight varies 11.00-11.60 grams.

Date	Mintage	Good	VG	F	VF	XF
AH1131//1 (Ahad)	—	10.00	25.00	50.00	85.00	125

Tatta

KM# 415.25 RUPEE (Type 415)
Silver **Obv. Legend:** PAD-I SHAH GHAZI **Note:** Weight varies 11.00-11.60 grams.

Date	Mintage	Good	VG	F	VF	XF
AH1131//1 (Ahad) Rare	—	—	—	—	—	—

Ujjain

KM# A415.26 RUPEE (Type 415)
Silver **Obv:** Inscription **Rev. Inscription:** Dar-ul-Fath **Note:** Weight varies 11.00-11.60 grams.

Date	Mintage	Good	VG	F	VF	XF
AH1131//1 (Ahad) Rare	—	—	—	—	—	—

Allahabad

KM# 417.1 MOHUR (Type 417)
Gold **Obv. Inscription:** Sahib Qiran **Rev:** Inscription **Note:** Weight varies 10.55-10.85 grams.

Date	Mintage	Good	VG	F	VF	XF
AH1131//1 (Ahad) Rare	—	—	—	—	—	—

Akbarabad

KM# 418.1 MOHUR (Type 418)
Gold **Obv:** Inscription, date **Rev. Inscription:** Mustagir-ul-Khilafat **Note:** Weight varies 10.55-10.85 grams.

Date	Mintage	Good	VG	F	VF	XF
AH1131//1 (Ahad)	—	450	500	750	1,200	1,800

Arkat

KM# 418.2 MOHUR (Type 418)
Gold **Note:** Weight varies 10.55-10.85 grams.

Date	Mintage	Good	VG	F	VF	XF
AH1131//1 (Ahad) Rare	—	—	—	—	—	—

Burhanpur

KM# 418.3 MOHUR (Type 418)
Gold **Obv:** Inscription **Rev. Inscription:** Dar-us-Sarur **Note:** Weight varies 10.55-10.85 grams.

Date	Mintage	Good	VG	F	VF	XF
AH1131//1 (Ahad)	—	450	500	750	1,200	1,800

Haidarabad

KM# 418.4 MOHUR (Type 418)
Gold **Note:** Weight varies 10.55-10.85 grams.

Date	Mintage	Good	VG	F	VF	XF
AH1131//1 (Ahad)	—	450	500	750	1,200	1,800

INDIA MUGHAL EMPIRE

Khujista Bunyad

KM# 418.5 MOHUR (Type 418)
Gold **Note:** Weight varies 10.55-10.85 grams.

Date	Mintage	Good	VG	F	VF	XF
AH1131/1 (Ahad)	—	450	500	750	1,200	1,800

Lahore

KM# 418.6 MOHUR (Type 418)
Gold **Obv:** Inscription **Rev. Inscription:** Dar-us-Sultanat **Note:** Weight varies 10.55-10.85 grams.

Date	Mintage	Good	VG	F	VF	XF
AH1131/1 (Ahad)	—	450	500	750	1,200	1,800

Shahjahanabad

KM# 418.7 MOHUR (Type 418)
Gold **Obv:** Inscription **Rev. Inscription:** Dar-ul-Khilafat **Note:** Weight varies 10.55-10.85 grams.

Date	Mintage	Good	VG	F	VF	XF
AH1131/1 (Ahad)	—	450	500	750	1,200	1,800

Surat

KM# 418.8 MOHUR (Type 418)
Gold **Note:** Weight varies 10.55-10.85 grams.

Date	Mintage	Good	VG	F	VF	XF
AH1131/1 (Ahad)	—	450	500	750	1,200	1,800

Ujjain

KM# 418.9 MOHUR (Type 418)
Gold **Obv:** Inscription **Rev. Inscription:** Dar-ul-Fath **Note:** Weight varies 10.55-10.85 grams.

Date	Mintage	Good	VG	F	VF	XF
AH1131/1 (Ahad)	—	450	500	750	1,200	1,800

Muhammad Shah AH1131-1161 / 1719-1748AD

HAMMERED COINAGE

Burhanpur

KM# 429.3 1/2 DAM (Type 429)
6.3000 g., Copper **Obv:** Inscription **Rev:** Inscription

Date	Mintage	Good	VG	F	VF	XF
AH1149/x	—	10.00	20.00	35.00	50.00	—

Hafizabad

KM# 429.2 1/2 DAM (Type 429)
6.3000 g., Copper **Obv:** Inscription **Rev:** Inscription **Note:** Weight varies 6.45-6.90 grams.

Date	Mintage	Good	VG	F	VF	XF
ND//x	—	—	—	—	—	—

Macchipattan

KM# 429.1 1/2 DAM (Type 429)
Copper **Obv. Inscription:** "Mubarak julus sanah" **Rev. Inscription:** "Zarb bandar machhipattan sanah" **Note:** Weight varies 6.45-6.90 grams.

Date	Mintage	Good	VG	F	VF	XF
AH1131/1 (Ahad)	—	6.00	15.00	30.00	50.00	—
AH1132//x	—	6.00	15.00	30.00	50.00	—
AH1133//2	—	6.00	15.00	30.00	50.00	—
AH1133//3	—	6.00	15.00	30.00	50.00	—
AH1133//4(sic)	—	6.00	15.00	30.00	50.00	—
AH1134//3	—	6.00	15.00	30.00	50.00	—
AH1134//4	—	6.00	15.00	30.00	50.00	—
AH1135//5	—	6.00	15.00	30.00	50.00	—
AH1136//5	—	6.00	15.00	30.00	50.00	—
AH1136//6	—	6.00	15.00	30.00	50.00	—
AH1137//7	—	6.00	15.00	30.00	50.00	—
AH1139//9	—	6.00	15.00	30.00	50.00	—
AH1141//11	—	6.00	15.00	30.00	50.00	—
AH1142//11	—	6.00	15.00	30.00	50.00	—
AH1142//12	—	6.00	15.00	30.00	50.00	—
AH1143//13	—	6.00	15.00	30.00	50.00	—
AH1144//14	—	6.00	15.00	30.00	50.00	—
AH1146//16	—	6.00	15.00	30.00	50.00	—
AH1147//17	—	6.00	15.00	30.00	50.00	—

Date	Mintage	Good	VG	F	VF	XF
AH1148//17	—	6.00	15.00	30.00	50.00	—
AH1148//18	—	6.00	15.00	30.00	50.00	—
AH1149//18	—	6.00	15.00	30.00	50.00	—
AH1149//19	—	6.00	15.00	30.00	50.00	—
AH1150//19	—	6.00	15.00	30.00	50.00	—
AH1151//20	—	6.00	15.00	30.00	50.00	—
AH1152//22	—	6.00	15.00	30.00	50.00	—
AH1153//23	—	6.00	15.00	30.00	50.00	—
AH1155//25	—	6.00	15.00	30.00	50.00	—
AH1156//26	—	6.00	15.00	30.00	50.00	—
AH1158//xx	—	6.00	15.00	30.00	50.00	—
AH1159//29	—	6.00	15.00	30.00	50.00	—
AH1160//30	—	6.00	15.00	30.00	50.00	—
AH1161//31	—	6.00	15.00	30.00	50.00	—

Date	Mintage	Good	VG	F	VF	XF
AH1145//14	—	5.00	12.50	25.00	40.00	—
AH1145//15	—	5.00	12.50	25.00	40.00	—
AH1147//17	—	5.00	12.50	25.00	40.00	—
AH1148//17	—	5.00	12.50	25.00	40.00	—
AH1148//18	—	5.00	12.50	25.00	40.00	—
AH1149//19	—	5.00	12.50	25.00	40.00	—
AH1150//19	—	5.00	12.50	25.00	40.00	—
AH1151//21	—	5.00	12.50	25.00	40.00	—
AH1152//21	—	5.00	12.50	25.00	40.00	—
AH1152//22	—	5.00	12.50	25.00	40.00	—
AH1155//24	—	5.00	12.50	25.00	40.00	—
AH1157//27	—	5.00	12.50	25.00	40.00	—
AH1158//28	—	5.00	12.50	25.00	40.00	—
AH1159//28	—	5.00	12.50	25.00	40.00	—

Aurangnagar

KM# 430.9 PAISA (Type 430)
Copper **Note:** Weight varies 13.00-13.87 grams.

Date	Mintage	Good	VG	F	VF	XF
ND(1719-48)	—	5.00	10.00	18.00	30.00	—

Azimabad

KM# 430.11 PAISA (Type 430)
Copper **Note:** Weight varies 13.00-13.87 grams.

Date	Mintage	Good	VG	F	VF	XF
AH114x//11 (Ahad)	—	—	—	—	—	—

Haidarabad

KM# 430.12 PAISA (Type 430)
Copper **Note:** Weight varies 13.00-13.87 grams.

Date	Mintage	Good	VG	F	VF	XF
AH1132//x Rare	—	—	—	—	—	—

Kabul

KM# 430.3 PAISA (Type 430)
Copper **Note:** Weight varies 13.00-13.87 grams.

Date	Mintage	Good	VG	F	VF	XF
ND//x	—	6.00	12.00	20.00	35.00	—

Kashmir

KM# 430.4 PAISA (Type 430)
Copper **Note:** Weight varies 13.00-13.87 grams.

Date	Mintage	Good	VG	F	VF	XF
AHxxxx//11	—	5.00	10.00	18.50	30.00	—
AH1150//xx	—	5.00	10.00	18.50	30.00	—

Macchipattan

KM# 430.5 PAISA (Type 430)
Copper **Obv. Inscription:** "Mubarak julus sanah" **Rev. Inscription:** "Zarb bandar machhipattan sanah" **Note:** Weight varies 13.00-13.87 grams.

Date	Mintage	Good	VG	F	VF	XF
AH1138//8	—	5.00	12.50	25.00	40.00	—
AH1131//1 (Ahad)	—	5.00	12.50	25.00	40.00	—
AH1132//1 (Ahad)	—	5.00	12.50	25.00	40.00	—
AH1133//2	—	5.00	12.50	25.00	40.00	—
AH1134//3	—	5.00	12.50	25.00	40.00	—
AH1134//4	—	5.00	12.50	25.00	40.00	—
AH1135//4	—	5.00	12.50	25.00	40.00	—
AH1135//5	—	5.00	12.50	25.00	40.00	—
AH1136//6	—	5.00	12.50	25.00	40.00	—
AH1137//6	—	5.00	12.50	25.00	40.00	—
AH1138//7	—	5.00	12.50	25.00	40.00	—
AH1139//9	—	5.00	12.50	25.00	40.00	—
AH1140//9	—	5.00	12.50	25.00	40.00	—
AH1140//10	—	5.00	12.50	25.00	40.00	—
AH1140//11	—	5.00	12.50	25.00	40.00	—
AH1141//10	—	5.00	12.50	25.00	40.00	—
AH1141//11	—	5.00	12.50	25.00	40.00	—
AH1142//11	—	5.00	12.50	25.00	40.00	—
AH1142//12	—	5.00	12.50	25.00	40.00	—
AH1143//12	—	5.00	12.50	25.00	40.00	—
AH1144//14	—	5.00	12.50	25.00	40.00	—

Multan

KM# 430.6 PAISA (Type 430)
Copper **Note:** Weight varies 13.00-13.87 grams.

Date	Mintage	Good	VG	F	VF	XF
AH1133/3	—	5.00	10.00	18.50	30.00	—
AH1143/13	—	5.00	10.00	18.50	30.00	—

Peshawar

KM# 430.10 PAISA (Type 430)
Copper **Obv:** Beaded flowers, thick upright rod through circle **Rev:** Inscription **Note:** Weight varies 13.00-13.87 grams.

Date	Mintage	Good	VG	F	VF	XF
ND//x	—	50.00	75.00	125	200	—

Shahjahanabad

KM# 430.8 PAISA (Type 430)
Copper **Note:** Weight varies 13.00-13.87 grams.

Date	Mintage	Good	VG	F	VF	XF
AH1159//29 Rare	—	—	—	—	—	—

Surat

KM# 430.7 PAISA (Type 430)
Copper **Note:** Weight varies 13.00-13.87 grams.

Date	Mintage	Good	VG	F	VF	XF
ND1140//10	—	3.50	7.00	12.00	20.00	—
AH1143//13	—	3.50	7.00	12.00	20.00	—

Bakkar

KM# A430.2 DAM (Type A430)
Copper **Note:** Weight varies 17.36-19.31 grams.

Date	Mintage	Good	VG	F	VF	XF
AH1138//7	—	5.00	10.00	18.00	30.00	—
AH1145//15	—	5.00	10.00	18.00	30.00	—
AH1146//15	—	5.00	10.00	18.00	30.00	—
AH1146//16	—	5.00	10.00	18.00	30.00	—
AH1147//16	—	5.00	10.00	18.00	30.00	—
AH1147//17	—	5.00	10.00	18.00	30.00	—
AH(10)48//17	—	5.00	10.00	18.00	30.00	—
AH1160//30	—	5.00	10.00	18.00	30.00	—

Elichpur

KM# A430.1 DAM (Type B430)
Copper **Note:** Weight varies 17.36-19.31 grams.

Date	Mintage	Good	VG	F	VF	XF
AH1136//x	—	3.00	6.00	10.00	18.00	—
AH113x//8	—	3.00	6.00	10.00	18.00	—
AH1139//9	—	3.00	6.00	10.00	18.00	—
AH1145//15	—	3.00	6.00	10.00	18.00	—
AH1149	—	3.00	6.00	10.00	18.00	—

Khambayat

KM# A430.13 DAM (Type B430)

Copper **Obv:** Inscription **Rev:** Inscription **Note:** Weight varies 13.00-13.87 grams. Previous KM#430.13 as a Paisa.

Date	Mintage	Good	VG	F	VF	XF
AH11xx//11	—	—	—	—	—	—
AHxxxx//12	—	—	—	—	—	—
AHxxxx//13	—	—	—	—	—	—

Khujista Bunyad

KM# A431 1/32 RUPEE (Type A431)

Silver **Note:** Weight varies 0.34-0.36 grams.

Date	Mintage	Good	VG	F	VF	XF
AHxxxx//2	—	—	—	—	—	—
AHxxxx//7	—	—	—	—	—	—
AHxxxx//9	—	—	—	—	—	—
AH1141//10	—	—	—	—	—	—
AHxxxx//11	—	—	—	—	—	—
AH1142	—	—	—	—	—	—
AH1143	—	—	—	—	—	—
AHxxxx//13	—	—	—	—	—	—
AHxxxx//20	—	—	—	—	—	—
AH1151//xx	—	—	—	—	—	—
AH1157//xx	—	—	—	—	—	—
AH1160	—	—	—	—	—	—
AHxxxx//30	—	—	—	—	—	—

Burhanpur

KM# B431.4 1/16 RUPEE (Type B431)

Silver **Obv:** Inscription **Rev. Inscription:** Dar-us-Sarur **Note:** Weight varies 1.38-1.45 grams.

Date	Mintage	Good	VG	F	VF	XF
AHxxxx//x	—	—	—	—	—	—

Khujista Bunyad

KM# B431.3 1/16 RUPEE (Type B431)

Silver **Note:** Weight varies 0.68-0.72 grams.

Date	Mintage	Good	VG	F	VF	XF
AHxxxx//27	—	—	—	—	—	—

Macchlipattan

KM# B431.1 1/16 RUPEE (Type B431)

Silver **Note:** Weight varies 0.68-0.72 grams.

Date	Mintage	Good	VG	F	VF	XF
AH1135//5 Rare	—	—	—	—	—	—
AH1157//xx Rare	—	—	—	—	—	—

Murshidabad

KM# B431.2 1/16 RUPEE (Type B431)

0.7150 g., Silver **Note:** Weight varies 0.68-0.72 grams.

Date	Mintage	Good	VG	F	VF	XF
AHxxxx//14	—	—	—	—	—	—

Ujjain

KM# B431.5 1/8 RUPEE (Type B431)

Silver **Obv:** Inscription **Rev. Inscription:** Dar-ul-Fath **Note:** Weight varies 1.38-1.45 grams.

Date	Mintage	Good	VG	F	VF	XF
AHxxxx//x	—	—	—	—	—	—

Akbarabad

KM# C431.1 1/8 RUPEE (Type C431)

Silver **Obv:** Inscription **Rev. Inscription:** Mustagir-ul-Khilafat **Note:** Weight varies 1.38-1.45 grams.

Date	Mintage	Good	VG	F	VF	XF
AHxxxx//4	—	—	—	—	—	—
AHxxxx//8	—	—	—	—	—	—
AHxxxx//29	—	—	—	—	—	—

Burhanpur

KM# C431.4 1/8 RUPEE (Type C431)

Silver **Obv:** Inscription **Rev. Inscription:** Dar-us-Sarur **Note:** Weight varies 1.38-1.45 grams.

Date	Mintage	Good	VG	F	VF	XF
AHxxxx//27	—	—	—	—	—	—
AHxxxx//30	—	—	—	—	—	—

Macchlipattan

KM# C431.2 1/8 RUPEE (Type C431)

Silver **Note:** Weight varies 1.38-1.45 grams.

Date	Mintage	Good	VG	F	VF	XF
AH1138//8 Rare	—	—	—	—	—	—
AH1140//9 Rare	—	—	—	—	—	—
AH1147//16 Rare	—	—	—	—	—	—

Murshidabad

KM# C431.3 1/8 RUPEE (Type C431)

Silver **Note:** Weight varies 1.38-1.45 grams.

Date	Mintage	Good	VG	F	VF	XF
AH1133//2 Rare	—	—	—	—	—	—
AHxxxx//4 Rare	—	—	—	—	—	—
AHxxxx//13 Rare	—	—	—	—	—	—
AH11xx//25 Rare	—	—	—	—	—	—
AHxxxx//30 Rare	—	—	—	—	—	—

Ujjain

KM# C431.5 1/8 RUPEE (Type C431)

Silver **Obv:** Inscription **Rev. Inscription:** Dar-ul-Fath **Note:** Weight varies 1.38-1.45 grams.

Date	Mintage	Good	VG	F	VF	XF
AHxxxx//x	—	—	—	—	—	—

Akbarabad

KM# 431.7 1/4 RUPEE (Type 431)

Silver **Obv:** Inscription **Rev. Inscription:** Mustagir-ul-Khilafat **Note:** Weight varies 2.75-2.90 grams.

Date	Mintage	Good	VG	F	VF	XF
AH1146//xx	—	—	—	—	—	—

Akhtarnagar Awadh

KM# 431.8 1/4 RUPEE (Type 431)

Silver **Note:** Weight varies 2.75-2.90 grams.

Date	Mintage	Good	VG	F	VF	XF
AH1141//11	—	—	—	—	—	—
AHxxxx//12	—	—	—	—	—	—

Burhanpur

KM# 431.2 1/4 RUPEE (Type 431)

Silver **Obv. Inscription:** Badshah Ghazi **Rev. Inscription:** Dar-ul-Sarur **Note:** Weight varies 2.75-2.90 grams.

Date	Mintage	Good	VG	F	VF	XF
AHxxxx//2	—	—	—	—	—	—
AHxxxx//9	—	—	—	—	—	—

Haidarabad (Farkhanda Bunyad)

KM# 431.9 1/4 RUPEE (Type 431)

Silver **Obv:** Inscription **Rev. Inscription:** Farkhanda Bunyad **Note:** Weight varies 2.75-2.90 grams.

Date	Mintage	Good	VG	F	VF	XF
AHxxxx//x	—	—	—	—	—	—

Islamabad

KM# 431.10 1/4 RUPEE (Type 431)

Silver **Note:** Weight varies 2.75-2.90 grams.

Date	Mintage	Good	VG	F	VF	XF
AHxxxx//15	—	—	—	—	—	—

Khujista Bunyad

KM# 431.11 1/4 RUPEE (Type 431)

Silver **Note:** Weight varies 2.75-2.90 grams.

Date	Mintage	Good	VG	F	VF	XF
AHxxxx//15	—	—	—	—	—	—

Kora

KM# 431.12 1/4 RUPEE (Type 431)

Silver **Note:** Weight varies 2.75-2.90 grams.

Date	Mintage	Good	VG	F	VF	XF
AHxxxx//6	—	—	—	—	—	—

Macchlipattan

KM# 431.6 1/4 RUPEE (Type 431)

Silver **Note:** Weight varies 2.75-2.90 grams.

Date	Mintage	Good	VG	F	VF	XF
AH1138//8	—	—	—	—	—	—
AH1159//29	—	—	—	—	—	—

Murshidabad

KM# 431.3 1/4 RUPEE (Type 431)

Silver **Note:** Weight varies 2.75-2.90 grams.

Date	Mintage	Good	VG	F	VF	XF
AHxxxx//8	—	—	—	—	—	—
AHxxxx//10	—	—	—	—	—	—
AHxxxx//16	—	—	—	—	—	—
AHxxxx//17	—	—	—	—	—	—
AHxxxx//24	—	—	—	—	—	—

Shahabad Qanauj

KM# 431.13 1/4 RUPEE (Type 431)

Silver **Note:** Weight varies 2.75-2.90 grams.

Date	Mintage	Good	VG	F	VF	XF
AHxxxx//20	—	—	—	—	—	—

Surat

KM# 431.5 1/4 RUPEE (Type 431)

Silver **Note:** Weight varies 2.75-2.90 grams.

Date	Mintage	Good	VG	F	VF	XF
AHxxxx//5	—	—	—	—	—	—

Ujjain

KM# 431.4 1/4 RUPEE (Type 431)

Silver **Obv:** Inscription **Rev. Inscription:** Dar-ul-Fath **Note:** Weight varies 2.75-2.90 grams.

Date	Mintage	Good	VG	F	VF	XF
ND//x	—	—	—	—	—	—
AH1138//8	—	—	—	—	—	—

Shahjahanabad

KM# 432.1 1/4 RUPEE (Type 432)

Silver **Obv:** Inscription **Rev. Inscription:** Dar-ul-Khilafat **Note:** Weight varies 2.75-2.90 grams.

Date	Mintage	Good	VG	F	VF	XF
AHxxxx//14 Rare	—	—	—	—	—	—
AHxxxx//18 Rare	—	—	—	—	—	—
AHxxxx//24 Rare	—	—	—	—	—	—
AHxxxx//26 Rare	—	—	—	—	—	—

Surat

KM# A433.1 1/2 RUPEE (Type A433)

Silver **Obv. Inscription:** Ba-Lutfullah Badshahi Zaman **Rev:** Inscription **Note:** Weight varies 5.50-5.80 grams.

Date	Mintage	Good	VG	F	VF	XF
AHxxxx//1 (Ahad)	—	35.00	90.00	180	300	450
AHxxxx//2	—	35.00	90.00	180	300	450
AHxxxx//3	—	35.00	90.00	180	300	450
AHxxxx//6	—	35.00	90.00	180	300	450
AHxxxx//11	—	35.00	90.00	180	300	450
AHxxxx//26	—	35.00	90.00	180	300	450

Burhanpur

KM# B433.1 1/2 RUPEE (Type B433)

Silver **Obv. Inscription:** Abul Fateh Nazir-Ud-Din **Rev:** Inscription **Note:** Weight varies 5.50-5.80 grams.

Date	Mintage	Good	VG	F	VF	XF
AHxxxx//1 (Ahad) Rare	—	—	—	—	—	—

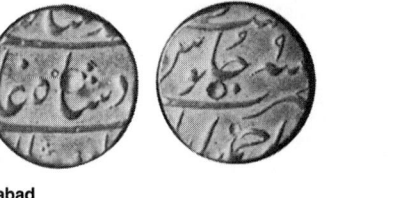

Ahmadabad

KM# 433.1 1/2 RUPEE (Type 433)

Silver **Obv:** Inscription **Rev:** Inscription **Note:** Weight varies 5.50-5.80 grams.

Date	Mintage	Good	VG	F	VF	XF
AH11xx//1 (Ahad) Rare	—	—	—	—	—	—
AHxxxx//9 Rare	—	—	—	—	—	—
AHxxxx//12 Rare	—	—	—	—	—	—
AHxxxx//13 Rare	—	—	—	—	—	—
AHxxxx//14 Rare	—	—	—	—	—	—
AHxxxx//16 Rare	—	—	—	—	—	—

INDIA MUGHAL EMPIRE

Akbarabad

KM# 433.7 1/2 RUPEE (Type 433)
Silver **Obv:** Inscription **Rev. Inscription:** Mustagir-ul-Mulk **Note:** Weight varies 5.50-5.80 grams.

Date	Mintage	Good	VG	F	VF	XF
AH115x//23	—	—	—	—	—	—

Silver **Obv:** Inscription **Rev:** Inscription **Note:** Weight varies 5.50-5.80 grams.

Date	Mintage	Good	VG	F	VF	XF
AHxxxx//12	—	—	—	—	—	—
AHxxxx//17	—	—	—	—	—	—
AHxxxx//29	—	—	—	—	—	—

Arkat

KM# 433.10 1/2 RUPEE (Type 433)
Silver **Note:** Weight varies 5.50-5.80 grams.

Date	Mintage	Good	VG	F	VF	XF
AH115x//xx	—	—	—	—	—	—

Azimabad

KM# 433.11 1/2 RUPEE (Type 433)
Silver **Note:** Weight varies 5.50-5.80 grams.

Date	Mintage	Good	VG	F	VF	XF
AHxxxx//3	—	—	—	—	—	—
AHxxxx//5	—	—	—	—	—	—

Shahabad Qanauj

KM# 433.9 1/2 RUPEE (Type 433)
Silver **Obv:** Inscription, date **Rev:** Inscription **Note:** Weight varies 5.50-5.80 grams.

Date	Mintage	Good	VG	F	VF	XF
AH1153//2x	—	—	—	—	—	—
AH1153//3	—	—	—	—	—	—
AH1154//2x	—	—	—	—	—	—
AH115x//26	—	—	—	—	—	—

KM# 434.1 RUPEE (Type 434)
Silver **Obv. Inscription:** Ba-Luft-ullah Badshah-i-Zaman, By Favour of God, Emperor of the Age **Rev:** Inscription **Note:** Weight varies 11.00-11.60 grams.

Date	Mintage	Good	VG	F	VF	XF
AH1132//2	—	7.00	9.00	12.00	20.00	30.00

Note: For later issues in the name of Muhammad Shah see Princely States listings.

| AHxxxx//6 | — | 7.00 | 9.00 | 12.00 | 20.00 | 30.00 |

Gwalior

KM# 433.5 1/2 RUPEE (Type 433)
Silver **Note:** Weight varies 5.50-5.80 grams.

Date	Mintage	Good	VG	F	VF	XF
AH11xx//24	—	—	—	—	—	—

Itawa

KM# 433.13 1/2 RUPEE (Type 433)
Silver **Note:** Weight varies 5.50-5.80 grams.

Date	Mintage	Good	VG	F	VF	XF
AHxxxx//2	—	—	—	—	—	—

Khambayat

KM# 433.3 1/2 RUPEE (Type 433)
Silver **Note:** Weight varies 5.50-5.80 grams.

Date	Mintage	Good	VG	F	VF	XF
AHxxxx//3	—	—	—	—	—	—
AHxxxx//5	—	—	—	—	—	—
AHxxxx//14	—	—	—	—	—	—
AHxxxx//16	—	—	—	—	—	—
AHxxxx//29	—	—	—	—	—	—
AHxxxx//31	—	—	—	—	—	—

Surat

KM# 433.4 1/2 RUPEE (Type 433)
Silver **Obv:** Inscription **Rev:** Inscription **Note:** Weight varies 5.50-5.80 grams.

Date	Mintage	Good	VG	F	VF	XF
AHxxxx//1 (Ahad)	—	6.00	15.00	30.00	50.00	75.00
AHxxxx//2	—	6.00	15.00	30.00	50.00	75.00
AH113x//3	—	6.00	15.00	30.00	50.00	75.00
AH11xx//4	—	6.00	15.00	30.00	50.00	75.00
AH11xx//5	—	6.00	15.00	30.00	50.00	75.00
AH11xx//6	—	6.00	15.00	30.00	50.00	75.00
AH11xx//8	—	6.00	15.00	30.00	50.00	75.00
AH11xx//9	—	6.00	15.00	30.00	50.00	75.00
AH114x//10	—	6.00	15.00	30.00	50.00	75.00
AH11xx//11	—	6.00	15.00	30.00	50.00	75.00
AH11xx//12	—	6.00	15.00	30.00	50.00	75.00
AH11xx//13	—	6.00	15.00	30.00	50.00	75.00
AH11xx//15	—	6.00	15.00	30.00	50.00	75.00
AH11xx//17	—	6.00	15.00	30.00	50.00	75.00
AH11xx//18	—	6.00	15.00	30.00	50.00	75.00
AH11xx//19	—	6.00	15.00	30.00	50.00	75.00
AH11xx//20	—	6.00	15.00	30.00	50.00	75.00
AH11xx//24	—	6.00	15.00	30.00	50.00	75.00
AH11xx//25	—	6.00	15.00	30.00	50.00	75.00
AH11xx//26	—	6.00	15.00	30.00	50.00	75.00
AH11xx//27	—	6.00	15.00	30.00	50.00	75.00
AH11xx//3x	—	6.00	15.00	30.00	50.00	75.00

Kora

KM# 433.6 1/2 RUPEE (Type 433)
Silver **Obv:** Inscription **Rev:** Inscription **Note:** Weight varies 5.50-5.80 grams.

Date	Mintage	Good	VG	F	VF	XF
AHxxxx//4	—	—	—	—	—	—
AH114x//10	—	—	—	—	—	—
AH115x//20	—	—	—	—	—	—

Lahore

KM# 433.14 1/2 RUPEE (Type 433)
Silver **Obv:** Inscription **Rev. Legend:** Dar-us-Sultanat **Note:** Weight varies 5.50-5.80 grams.

Date	Mintage	Good	VG	F	VF	XF
AH115x//22	—	—	—	—	—	—

Macchilipattan

KM# 433.15 1/2 RUPEE (Type 433)
Silver **Note:** Weight varies 5.5-5.80 grams.

Date	Mintage	Good	VG	F	VF	XF
AH1145//15	—	—	—	—	—	—

Muhammadabad Banaras

KM# 433.12 1/2 RUPEE (Type 433)
Silver **Note:** Weight varies 5.50-5.80 grams.

Date	Mintage	Good	VG	F	VF	XF
AHxxxx//18	—	—	—	—	—	—

Murshidabad

KM# 433.8 1/2 RUPEE (Type 433)

Farrukhabad

KM# A434.2 1/2 RUPEE (Type A434)
Silver **Note:** Weight varies 5.50-5.80 grams.

Date	Mintage	Good	VG	F	VF	XF
AH1154//24	—	—	—	—	—	—
AH115x//28	—	—	—	—	—	—
AHxxxx//30	—	—	—	—	—	—

Shahjahanabad

KM# A434.1 1/2 RUPEE (Type A434)
Silver **Obv. Inscription:** Sahib Qiran Sani, Second Lord of the Conjunction **Rev:** Inscription **Note:** Weight varies 5.50-5.80 grams.

Date	Mintage	Good	VG	F	VF	XF
AH114x//10	—	—	—	—	—	—
AHxxxx//16	—	—	—	—	—	—
AHxxxx//23	—	—	—	—	—	—
AHxxxx//25	—	—	—	—	—	—

Azamnagar

KM# 434.6 RUPEE (Type 434)
Silver **Note:** Weight varies 11.00-11.60 grams.

Date	Mintage	Good	VG	F	VF	XF
ND(1719-1748)	—	—	—	—	—	—

KM# 434.5 RUPEE (Type 434)
Silver **Note:** Weight varies 11.00-11.60 grams.

Date	Mintage	Good	VG	F	VF	XF
AH1132//6	—	—	—	—	—	—

Bankapur

KM# 434.7 RUPEE (Type 434)
Silver **Note:** Weight varies 11.00-11.60 grams.

Date	Mintage	Good	VG	F	VF	XF
AH//2	—	—	135	250	325	500
ND(1719-1748)	—	—	100	200	275	400

Bijapur

KM# 434.8 RUPEE (Type 434)
Silver **Note:** Weight varies 11.00-11.60 grams.

Date	Mintage	Good	VG	F	VF	XF
ND(1719-1748)	—	—	—	—	—	—

Fathabad Dharur

KM# 434.9 RUPEE (Type 434)
Silver **Note:** Weight varies 11.00-11.60 grams.

Date	Mintage	Good	VG	F	VF	XF
AHxxxx//3	—	—	—	—	—	—

Gulshanabad

KM# 434.2 RUPEE (Type 434)
Silver **Note:** Weight varies 11.00-11.60 grams.

Date	Mintage	Good	VG	F	VF	XF
AH1133//3	—	10.00	25.00	50.00	85.00	125

Malnapur

KM# 434.3 RUPEE (Type 434)
Silver **Note:** Weight varies 11.00-11.60 grams.

Date	Mintage	Good	VG	F	VF	XF
AHxxxx//2 Rare	—	—	—	—	—	—

Surat

KM# 434.4 RUPEE (Type 434)
Silver **Note:** Weight varies 11.00-11.60 grams.

Date	Mintage	Good	VG	F	VF	XF
AH1131//1 (Ahad)	—	—	37.50	75.00	125	180
AH1132//1 (Ahad)	—	—	37.50	75.00	125	180

Bhakkar

KM# 435.1 RUPEE (Type 435)
Silver **Obv. Inscription:** Az-Fazl-ullah Badshah-i-Jahan, By Grace of God, Emperor of the World **Rev:** Inscription **Note:** Weight varies 11.00-11.60 grams.

Date	Mintage	Good	VG	F	VF	XF
AH1151//20 Rare	—	—	—	—	—	—
AH1151//21 Rare	—	—	—	—	—	—

Date	Mintage	Good	VG	F	VF	XF
AH1152//21 Rare	—	—	—	—	—	—
AH1152//22 Rare	—	—	—	—	—	—
AH1153//22 Rare	—	—	—	—	—	—

Multan

KM# 435.2 RUPEE (Type 435)

Silver **Note:** Weight varies 11.00-11.60 grams.

Date	Mintage	Good	VG	F	VF	XF
AH1131//1 (Ahad) Rare	—	—	—	—	—	—

Burhanpur

KM# A436.1 RUPEE (Type A436)

Silver **Obv. Inscription:** Abul Fateh Nasir-ud-Din **Rev:** Inscription **Note:** Weight varies 11.00-11.60 grams.

Date	Mintage	Good	VG	F	VF	XF
AHxxxx//1 (Ahad) Rare	—	—	—	—	—	—

Jahangirnagar

KM# A436.2 RUPEE (Type A436)

Silver **Note:** Weight varies 11.00-11.60 grams.

Date	Mintage	Good	VG	F	VF	XF
AHxxxx//1 (Ahad) Rare	—	—	—	—	—	—

Murshidabad

KM# A436.3 RUPEE (Type A436)

Silver **Note:** Weight varies 11.00-11.60 grams.

Date	Mintage	Good	VG	F	VF	XF
AH1131//1 (Ahad) Rare	—	—	—	—	—	—

Ahmadabad

KM# 436.1 RUPEE (Type 436)

Silver **Obv. Inscription:** Badshah Ghazi, The Emperor, Conqueor of Infidels **Rev:** Inscription **Note:** Weight varies 11.00-11.60 grams.

Date	Mintage	Good	VG	F	VF	XF
AH1131//1 (Ahad)	—	7.00	8.00	9.00	14.00	20.00
AH11xx//4	—	7.00	8.00	9.00	14.00	20.00
AH11xx//7	—	7.00	8.00	9.00	14.00	20.00
AH1138//8	—	7.00	8.00	9.00	14.00	20.00
AH1139//8	—	7.00	8.00	9.00	14.00	20.00
AH1139//9	—	7.00	8.00	9.00	14.00	20.00
AH1140//9	—	7.00	8.00	9.00	14.00	20.00
AH1140//10	—	7.00	8.00	9.00	14.00	20.00
AH1141//10	—	7.00	8.00	9.00	14.00	20.00
AH1141//11	—	7.00	8.00	9.00	14.00	20.00
AH1142//11	—	7.00	8.00	9.00	14.00	20.00
AH1142//12	—	7.00	8.00	9.00	14.00	20.00
AH1143//12	—	7.00	8.00	9.00	14.00	20.00
AH1143//13	—	7.00	8.00	9.00	14.00	20.00
AH1144//13	—	7.00	8.00	9.00	14.00	20.00
AH1144//14	—	7.00	8.00	9.00	14.00	20.00
AH1145//14	—	7.00	8.00	9.00	14.00	20.00
AH11xx//15	—	7.00	8.00	9.00	14.00	20.00
AH11xx//16	—	7.00	8.00	9.00	14.00	20.00
AHxxxx//17	—	7.00	8.00	9.00	14.00	20.00
AH1148//18	—	7.00	8.00	9.00	14.00	20.00
AH1150//20	—	7.00	8.00	9.00	14.00	20.00
AHxxxx//22	—	7.00	8.00	9.00	14.00	20.00
AH115x//23	—	7.00	8.00	9.00	14.00	20.00
AHxxxx//25	—	7.00	8.00	9.00	14.00	20.00
AH11xx//26	—	7.00	8.00	9.00	14.00	20.00
AH11xx//27	—	7.00	8.00	9.00	14.00	20.00
AH1159//29	—	7.00	8.00	9.00	14.00	20.00
AH1160//30	—	7.00	8.00	9.00	14.00	20.00

Ahmadanagar

KM# 436.68 RUPEE (Type 436)

Silver **Note:** Weight varies 11.00-11.60 grams.

Date	Mintage	Good	VG	F	VF	XF
AH11xx//19	—	—	50.00	80.00	120	—
AHxxxx//20	—	—	—	—	—	—

Ajmer

KM# 436.2 RUPEE (Type 436)

Silver **Obv:** Inscription **Rev. Inscription:** Dar-ul-Khair **Note:** Weight varies 11.00-11.60 grams.

Date	Mintage	Good	VG	F	VF	XF
AH1131//1 (Ahad)	—	7.00	9.00	10.00	16.50	25.00
AH1132//1 (Ahad)	—	7.00	9.00	10.00	16.50	25.00
AHxxxx//2	—	7.00	9.00	10.00	16.50	25.00
AH113x//3	—	7.00	9.00	10.00	16.50	25.00
AH11xx//4	—	7.00	9.00	10.00	16.50	25.00
AH1135//5	—	7.00	9.00	10.00	16.50	25.00
AHxxxx//7	—	7.00	9.00	10.00	16.50	25.00
AH11xx//8	—	7.00	9.00	10.00	16.50	25.00
AH1140//11	—	7.00	9.00	10.00	16.50	25.00
AH1141//11	—	7.00	9.00	10.00	16.50	25.00
AH1145//14	—	7.00	9.00	10.00	16.50	25.00
AH11xx//16	—	7.00	9.00	10.00	16.50	25.00

Date	Mintage	Good	VG	F	VF	XF
AHxxxx//17	—	7.00	9.00	10.00	16.50	25.00
AHxxxx//19	—	7.00	9.00	10.00	16.50	25.00
AH1150//20	—	7.00	9.00	10.00	16.50	25.00
AH1151//21	—	7.00	9.00	10.00	16.50	25.00
AH1155//25	—	7.00	9.00	10.00	16.50	25.00
AH11xx//26	—	7.00	9.00	10.00	16.50	25.00
AH1159//29	—	7.00	9.00	10.00	16.50	25.00
AH1160//30	—	7.00	9.00	10.00	16.50	25.00
AH116x//31	—	7.00	9.00	10.00	16.50	25.00

Akbarabad

KM# 436.3 RUPEE (Type 436)

Silver **Obv:** Inscription, date **Rev. Inscription:** Mustagir-ul-Khilafat **Note:** Weight varies 11.00-11.60 grams.

Date	Mintage	Good	VG	F	VF	XF
AH1131//1 (Ahad)	—	7.00	8.00	10.00	14.00	20.00
AH1132//1 (Ahad)	—	7.00	8.00	10.00	14.00	20.00
AH1132//2	—	7.00	8.00	10.00	14.00	20.00
AH1133//2	—	7.00	8.00	10.00	14.00	20.00
AH1133//3	—	7.00	8.00	10.00	14.00	20.00
AH1134//3	—	7.00	8.00	10.00	14.00	20.00
AH1134//4	—	7.00	8.00	10.00	14.00	20.00
AH1135//4	—	7.00	8.00	10.00	14.00	20.00
AH1135//5	—	7.00	8.00	10.00	14.00	20.00
AH1136//5	—	7.00	8.00	10.00	14.00	20.00
AH1137//5	—	7.00	8.00	10.00	14.00	20.00
AH1136//6	—	7.00	8.00	10.00	14.00	20.00
AH1137//6	—	7.00	8.00	10.00	14.00	20.00
AH1137//7	—	7.00	8.00	10.00	14.00	20.00
AH1138//7	—	7.00	8.00	10.00	14.00	20.00
AH1138//8	—	7.00	8.00	10.00	14.00	20.00
AH1139//8	—	7.00	8.00	10.00	14.00	20.00
AH1139//9	—	7.00	8.00	10.00	14.00	20.00
AH1140//9	—	7.00	8.00	10.00	14.00	20.00
AH1140//10	—	7.00	8.00	10.00	14.00	20.00
AH1141//10	—	7.00	8.00	10.00	14.00	20.00
AH1141//11	—	7.00	8.00	10.00	14.00	20.00
AH1142//11	—	7.00	8.00	10.00	14.00	20.00
AH1142//12	—	7.00	8.00	10.00	14.00	20.00
AH1143//12	—	7.00	8.00	10.00	14.00	20.00
AH1143//13	—	7.00	8.00	10.00	14.00	20.00
AH1144//13	—	7.00	8.00	10.00	14.00	20.00
AH1144//14	—	7.00	8.00	10.00	14.00	20.00
AH1145//14	—	7.00	8.00	10.00	14.00	20.00
AH1145//15	—	7.00	8.00	10.00	14.00	20.00
AH1146//15	—	7.00	8.00	10.00	14.00	20.00
AH1146//16	—	7.00	8.00	10.00	14.00	20.00
AH1147//16	—	7.00	8.00	10.00	14.00	20.00
AH1147//17	—	7.00	8.00	10.00	14.00	20.00
AH1148//17	—	7.00	8.00	10.00	14.00	20.00
AH1148//18	—	7.00	8.00	10.00	14.00	20.00
AH1149//18	—	7.00	8.00	10.00	14.00	20.00
AH1149//19	—	7.00	8.00	10.00	14.00	20.00
AH1150//19	—	7.00	8.00	10.00	14.00	20.00
AH1150//20	—	7.00	8.00	10.00	14.00	20.00
AH1151//20	—	7.00	8.00	10.00	14.00	20.00
AH1151//21	—	7.00	8.00	10.00	14.00	20.00
AH1152//21	—	7.00	8.00	10.00	14.00	20.00
AH1152//22	—	7.00	8.00	10.00	14.00	20.00
AH1153//22	—	7.00	8.00	10.00	14.00	20.00
AH1153//23	—	7.00	8.00	10.00	14.00	20.00
AH1154//23	—	7.00	8.00	10.00	14.00	20.00
AH1154//24	—	7.00	8.00	10.00	14.00	20.00
AH1155//24	—	7.00	8.00	10.00	14.00	20.00
AH1155//25	—	7.00	8.00	10.00	14.00	20.00
AH1156//25	—	7.00	8.00	10.00	14.00	20.00
AH1156//26	—	7.00	8.00	10.00	14.00	20.00
AH1157//26	—	7.00	8.00	10.00	14.00	20.00
AH1157//27	—	7.00	8.00	10.00	14.00	20.00
AH1158//27	—	7.00	8.00	10.00	14.00	20.00
AH1158//28	—	7.00	8.00	10.00	14.00	20.00
AH1159//28	—	7.00	8.00	10.00	14.00	20.00
AH1159//29	—	7.00	8.00	10.00	14.00	20.00
AH1160//29	—	7.00	8.00	10.00	14.00	20.00
AH1160//30	—	7.00	8.00	10.00	14.00	20.00

Akbarnagar

KM# 436.4 RUPEE (Type 436)

Silver **Obv:** Inscription **Rev:** Inscription **Note:** Weight varies 11.00-11.60 grams.

Date	Mintage	Good	VG	F	VF	XF
AH1131//1 (Ahad)	—	7.00	9.00	12.00	16.50	25.00
AHxxxx//2	—	7.00	9.00	12.00	16.50	25.00
AHxxxx//5	—	7.00	9.00	12.00	16.50	25.00
AH1136//6	—	7.00	9.00	12.00	16.50	25.00
AHxxxx//7	—	7.00	9.00	12.00	16.50	25.00
AHxxxx//8	—	7.00	9.00	12.00	16.50	25.00
AHxxxx//12	—	7.00	9.00	12.00	16.50	25.00
AHxxxx//14	—	7.00	9.00	12.00	16.50	25.00
AHxxxx//15	—	7.00	9.00	12.00	16.50	25.00
AHxxxx//18	—	7.00	9.00	12.00	16.50	25.00
AHxxxx//25	—	7.00	9.00	12.00	16.50	25.00
AH116(0)//29	—	7.00	9.00	12.00	16.50	25.00

Akhtarnagar Awadh

KM# 436.11 RUPEE (Type 436)

Silver **Obv:** Inscription, date **Rev:** Inscription **Note:** Weight varies 11.00-11.60 grams.

Date	Mintage	Good	VG	F	VF	XF
AH1135//5	—	7.50	10.00	16.50	27.50	45.00
AH1136//5	—	7.50	10.00	16.50	27.50	45.00
AH1136//6	—	7.50	10.00	16.50	27.50	45.00
AH1137//6	—	7.50	10.00	16.50	27.50	45.00
AH1137//7	—	7.50	10.00	16.50	27.50	45.00
AH1138//8	—	7.50	10.00	16.50	27.50	45.00
AH1140//9	—	7.50	10.00	16.50	27.50	45.00
AH1140//10	—	7.50	10.00	16.50	27.50	45.00
AH1141//10	—	7.50	10.00	16.50	27.50	45.00
AH1141//11	—	7.50	10.00	16.50	27.50	45.00
AH1142//11	—	7.50	10.00	16.50	27.50	45.00
AH1142//12	—	7.50	10.00	16.50	27.50	45.00
AH1143//12	—	7.50	10.00	16.50	27.50	45.00
AH114x//12	—	7.50	10.00	16.50	27.50	45.00
AH1143//13	—	7.50	10.00	16.50	27.50	45.00
AH1144//13	—	7.50	10.00	16.50	27.50	45.00
AH1144//14	—	7.50	10.00	16.50	27.50	45.00
AH1145//15	—	7.50	10.00	16.50	27.50	45.00
AH1146//15	—	7.50	10.00	16.50	27.50	45.00
AH1147//17	—	7.50	10.00	16.50	27.50	45.00
AH1150//20	—	7.50	10.00	16.50	27.50	45.00
AH115x//21	—	7.50	10.00	16.50	27.50	45.00

Alamgirpur

KM# 436.5 RUPEE (Type 436)

Silver **Note:** Weight varies 11.00-11.60 grams.

Date	Mintage	Good	VG	F	VF	XF
AHxxxx//1 (Ahad) Rare	—	—	—	—	—	—
AHxxxx//5 Rare	—	—	—	—	—	—
AHxxxx//16 Rare	—	—	—	—	—	—
AHxxxx//30 Rare	—	—	—	—	—	—

Allahabad

KM# 436.6 RUPEE (Type 436)

Silver **Obv:** Inscription, date **Rev:** Inscription **Note:** Weight varies 11.00-11.60 grams.

Date	Mintage	Good	VG	F	VF	XF
AH1135//4	—	7.00	8.00	10.00	14.00	20.00
AH1135//5	—	7.00	8.00	10.00	14.00	20.00
AH1136//5	—	7.00	8.00	10.00	14.00	20.00
AH1136//6	—	7.00	8.00	10.00	14.00	20.00
AH11xx//7	—	7.00	8.00	10.00	14.00	20.00
AH1138//8	—	7.00	8.00	10.00	14.00	20.00
AH1139//9	—	7.00	8.00	10.00	14.00	20.00
AH1140//9	—	7.00	8.00	10.00	14.00	20.00
AH1140//10	—	7.00	8.00	10.00	14.00	20.00
AH1141//10	—	7.00	8.00	10.00	14.00	20.00
AH1141//11	—	7.00	8.00	10.00	14.00	20.00
AH1142//11	—	7.00	8.00	10.00	14.00	20.00
AH1142//12	—	7.00	8.00	10.00	14.00	20.00
AH1143//12	—	7.00	8.00	10.00	14.00	20.00
AH1143//13	—	7.00	8.00	10.00	14.00	20.00
AH1144//13	—	7.00	8.00	10.00	14.00	20.00
AH1144//14	—	7.00	8.00	10.00	14.00	20.00
AH1145//14	—	7.00	8.00	10.00	14.00	20.00
AH1145//15	—	7.00	8.00	10.00	14.00	20.00
AH1146//15	—	7.00	8.00	10.00	14.00	20.00
AH1146//16	—	7.00	8.00	10.00	14.00	20.00
AH1147//16	—	7.00	8.00	10.00	14.00	20.00
AH1147//17	—	7.00	8.00	10.00	14.00	20.00
AH1148//17	—	7.00	8.00	10.00	14.00	20.00
AH1148//18	—	7.00	8.00	10.00	14.00	20.00

758 INDIA MUGHAL EMPIRE

Date	Mintage	Good	VG	F	VF	XF
AH1149//18	—	7.00	8.00	10.00	14.00	20.00
AH1149//19	—	7.00	8.00	10.00	14.00	20.00
AH1150//19	—	7.00	8.00	10.00	14.00	20.00
AH1150//20	—	7.00	8.00	10.00	14.00	20.00
AH1151//20	—	7.00	8.00	10.00	14.00	20.00
AH1151//21	—	7.00	8.00	10.00	14.00	20.00
AH1152//21	—	7.00	8.00	10.00	14.00	20.00
AH1152//22	—	7.00	8.00	10.00	14.00	20.00
AH1153//22	—	7.00	8.00	10.00	14.00	20.00
AH1153//23	—	7.00	8.00	10.00	14.00	20.00
AH1154//23	—	7.00	8.00	10.00	14.00	20.00
AH1154//24	—	7.00	8.00	10.00	14.00	20.00
AH1155//24	—	7.00	8.00	10.00	14.00	20.00
AH1155//25	—	7.00	8.00	10.00	14.00	20.00
AH1156//25	—	7.00	8.00	10.00	14.00	20.00
AH1156//26	—	7.00	8.00	10.00	14.00	20.00
AH1157//26	—	7.00	8.00	10.00	14.00	20.00
AH1157//27	—	7.00	8.00	10.00	14.00	20.00
AH1158//27	—	7.00	8.00	10.00	14.00	20.00
AH1158//28	—	7.00	8.00	10.00	14.00	20.00
AH116(1)//31	—	7.00	8.00	10.00	14.00	20.00
AH116x//30	—	7.00	8.00	10.00	14.00	20.00

Arkat

KM# 436.7 RUPEE (Type 436)

Silver **Obv:** Inscription **Rev:** Inscription **Note:** Weight varies 11.00-11.60 grams. Varieties exist.

Date	Mintage	Good	VG	F	VF	XF
AH1132//1 (Ahad)	—	10.00	20.00	40.00	65.00	95.00
AH113x//2	—	10.00	20.00	40.00	65.00	95.00
AH11xx//3	—	10.00	20.00	40.00	65.00	95.00
AHxxxx//4	—	10.00	20.00	40.00	65.00	95.00
AH1135//5	—	10.00	20.00	40.00	65.00	95.00
AH1137//7	—	10.00	20.00	40.00	65.00	95.00
AH1138//8	—	10.00	20.00	40.00	65.00	95.00
AH11xx//9	—	10.00	20.00	40.00	65.00	95.00
AH11xx//10	—	10.00	20.00	40.00	65.00	95.00
AH11xx//11	—	10.00	20.00	40.00	65.00	95.00
AH11xx//12	—	10.00	20.00	40.00	65.00	95.00
AH11xx//13	—	10.00	20.00	40.00	65.00	95.00
AH11xx//14	—	10.00	20.00	40.00	65.00	95.00
AH11xx//15	—	10.00	20.00	40.00	65.00	95.00
AH11xx//16	—	10.00	20.00	40.00	65.00	95.00
AH11xx//18	—	10.00	20.00	40.00	65.00	95.00
AH11xx//19	—	10.00	20.00	40.00	65.00	95.00
AH11xx//20	—	10.00	20.00	40.00	65.00	95.00
AH115x//21	—	10.00	20.00	40.00	65.00	95.00
AH11xx//22	—	10.00	20.00	40.00	65.00	95.00
AH11xx//23	—	10.00	20.00	40.00	65.00	95.00
AH11xx//24	—	10.00	20.00	40.00	65.00	95.00
AH11xx//25	—	10.00	20.00	40.00	65.00	95.00
AH11xx//26	—	10.00	20.00	40.00	65.00	95.00
AH11xx//27	—	10.00	20.00	40.00	65.00	95.00
AH11xx//28	—	10.00	20.00	40.00	65.00	95.00
AH11xx//29	—	10.00	20.00	40.00	65.00	95.00
AH11xx//30	—	10.00	20.00	40.00	65.00	95.00

Atak

KM# 436.8 RUPEE (Type 436)

Silver **Note:** Weight varies 11.00-11.60 grams.

Date	Mintage	Good	VG	F	VF	XF
AH1154//24 Rare	—	—	—	—	—	—
AH1156//25 Rare	—	—	—	—	—	—
AH1157//27 Rare	—	—	—	—	—	—
AH1158//27	—	—	70.00	120	180	—
AH1158//28 Rare	—	—	—	—	—	—

Aurangnagar

KM# 436.9 RUPEE (Type 436)

Silver **Note:** Weight varies 11.00-11.60 grams.

Date	Mintage	Good	VG	F	VF	XF
AH11xx//2 Rare	—	—	—	—	—	—
AH11xx//3 Rare	—	—	—	—	—	—
AH1114//4 Error for 1134 Rare	—	—	—	—	—	—
AH11xx//19 Rare	—	—	—	—	—	—
AH1160//30 Rare	—	—	—	—	—	—
AH116x//31 Rare	—	—	—	—	—	—

Ausa

KM# 436.10 RUPEE (Type 436)

Silver **Note:** Weight varies 11.00-11.60 grams.

Date	Mintage	Good	VG	F	VF	XF
AH11xx//3	—	10.00	20.00	40.00	65.00	95.00
AH11xx//7	—	10.00	20.00	40.00	65.00	95.00
AH11xx//12	—	10.00	20.00	40.00	65.00	95.00
AH11xx//14	—	10.00	20.00	40.00	65.00	95.00
AH11xx//15	—	10.00	20.00	40.00	65.00	95.00
AH11xx//16	—	10.00	20.00	40.00	65.00	95.00

Azimabad

KM# 436.12 RUPEE (Type 436)

Silver **Obv:** Inscription **Rev:** Inscription **Note:** Weight varies 11.00-11.60 grams.

Date	Mintage	Good	VG	F	VF	XF
AH1131//1 (Ahad)	—	7.50	10.00	16.00	28.00	40.00
AH1132//1 (Ahad)	—	7.50	10.00	16.00	28.00	40.00
AH1132//2	—	7.50	10.00	16.00	28.00	40.00
AH1133//2	—	7.50	10.00	16.00	28.00	40.00
AH1133//3	—	7.50	10.00	16.00	28.00	40.00
AH1134//3	—	7.50	10.00	16.00	28.00	40.00
AH1134//4	—	7.50	10.00	16.00	28.00	40.00
AH1135//4	—	7.50	10.00	16.00	28.00	40.00
AH113x//5	—	7.50	10.00	16.00	28.00	40.00
AH11xx//6	—	7.50	10.00	16.00	28.00	40.00
AH11xx//7	—	7.50	10.00	16.00	28.00	40.00
AH11xx//8	—	7.50	10.00	16.00	28.00	40.00
AH1139//9	—	7.50	10.00	16.00	28.00	40.00
AH11xx//9	—	7.50	10.00	16.00	28.00	40.00
AH1140//10	—	7.50	10.00	16.00	28.00	40.00
AH11xx//11	—	7.50	10.00	16.00	28.00	40.00
AH11xx//12	—	7.50	10.00	16.00	28.00	40.00
AH11xx//13	—	7.50	10.00	16.00	28.00	40.00
AH11xx//14	—	7.50	10.00	16.00	28.00	40.00
AH11xx//15	—	7.50	10.00	16.00	28.00	40.00
AH11xx//16	—	7.50	10.00	16.00	28.00	40.00
AH11xx//18	—	7.50	10.00	16.00	28.00	40.00
AH1149//19	—	7.50	10.00	16.00	28.00	40.00
AH1150//19	—	7.50	10.00	16.00	28.00	40.00
AH1150//20	—	7.50	10.00	16.00	28.00	40.00
AH1151//20	—	7.50	10.00	16.00	28.00	40.00
AH1151//21	—	7.50	10.00	16.00	28.00	40.00
AH1152//21	—	7.50	10.00	16.00	28.00	40.00
AH1152//22	—	7.50	10.00	16.00	28.00	40.00
AH1153//22	—	7.50	10.00	16.00	28.00	40.00
AH1153//23	—	7.50	10.00	16.00	28.00	40.00
AH1154//23	—	7.50	10.00	16.00	28.00	40.00
AH1154//24	—	7.50	10.00	16.00	28.00	40.00
AH1155//24	—	7.50	10.00	16.00	28.00	40.00
AH1155//25	—	7.50	10.00	16.00	28.00	40.00
AH1156//25	—	7.50	10.00	16.00	28.00	40.00
AH1156//26	—	7.50	10.00	16.00	28.00	40.00
AH1157//26	—	7.50	10.00	16.00	28.00	40.00
AH1157//27	—	7.50	10.00	16.00	28.00	40.00
AH1158//27	—	7.50	10.00	16.00	28.00	40.00
AH1158//28	—	7.50	10.00	16.00	28.00	40.00
AH1159//29	—	7.50	10.00	16.00	28.00	40.00
AH1159//29	—	7.50	10.00	16.00	28.00	40.00
AH1160//29	—	7.50	10.00	16.00	28.00	40.00
AH116(1)//31	—	7.50	10.00	16.00	28.00	40.00
AH1160//30	—	7.50	10.00	16.00	28.00	40.00

Bahadarqarh

KM# 436.13 RUPEE (Type 436)

Silver **Note:** Weight varies 11.00-11.60 grams.

Date	Mintage	Good	VG	F	VF	XF
AH1132//2 Rare	—	—	—	—	—	—
AH1138//9 (sic) Rare	—	—	—	—	—	—

Balwantnagar

KM# 436.14 RUPEE (Type 436)

Silver **Obv:** Inscription **Rev:** Inscription, mint marks **Note:** Weight varies 11.00-11.60 grams.

Date	Mintage	Good	VG	F	VF	XF
AHxxxx//5	—	7.50	12.00	20.00	32.50	50.00
AH1157//2x	—	7.50	12.00	20.00	32.50	50.00
AH1158//28	—	7.50	12.00	20.00	32.50	50.00
AH1159//28	—	7.50	12.00	20.00	32.50	50.00
AH1159//29	—	7.50	12.00	20.00	32.50	50.00
AH1160//29	—	7.50	12.00	20.00	32.50	50.00
AH1160//30	—	7.50	12.00	20.00	32.50	50.00
AH1161//30	—	7.50	12.00	20.00	32.50	50.00
AH1161//31	—	7.50	12.00	20.00	32.50	50.00

Bankapur

KM# 436.16 RUPEE (Type 436)

Silver **Note:** Weight varies 11.00-11.60 grams.

Date	Mintage	Good	VG	F	VF	XF
AH113x//1 (Ahad) Rare	—	—	—	—	—	—
AH1132//2 Rare	—	—	—	—	—	—

Date	Mintage	Good	VG	F	VF	XF
AH11xx//3 Rare	—	—	—	—	—	—
AH11xx//4 Rare	—	—	—	—	—	—

Baramati

KM# 436.17 RUPEE (Type 436)

Silver **Note:** Weight varies 11.00-11.60 grams.

Date	Mintage	Good	VG	F	VF	XF
AHxxxx//7	—	—	150	250	400	550
AH1148//1x	—	—	150	250	400	550
AH1148//xx	—	—	150	250	400	550

Bareli

KM# 436.18 RUPEE (Type 436)

Silver **Obv:** Inscription **Rev:** Inscription **Note:** Two different reverse inscriptions. Weight varies 11.00-11.60 grams. Varieties exist.

Date	Mintage	Good	VG	F	VF	XF
AH1132//1 (Ahad)	—	7.00	8.00	10.00	14.00	20.00
AH11xx//2	—	7.00	8.00	10.00	14.00	20.00
AH11xx//3	—	7.00	8.00	10.00	14.00	20.00
AH11xx//4	—	7.00	8.00	10.00	14.00	20.00
AH1135//5	—	7.00	8.00	10.00	14.00	20.00
AH11xx//6	—	7.00	8.00	10.00	14.00	20.00
AH113x//7	—	7.00	8.00	10.00	14.00	20.00
AH11xx//8	—	7.00	8.00	10.00	14.00	20.00
AH11xx//9	—	7.00	8.00	10.00	14.00	20.00
AH11xx//10	—	7.00	8.00	10.00	14.00	20.00
AH11xx//11	—	7.00	8.00	10.00	14.00	20.00
AH11xx//12	—	7.00	8.00	10.00	14.00	20.00
AH11xx//13	—	7.00	8.00	10.00	14.00	20.00
AH114x//14	—	7.00	8.00	10.00	14.00	20.00
AH11xx//15	—	7.00	8.00	10.00	14.00	20.00
AH11xx//16	—	7.00	8.00	10.00	14.00	20.00
AH11xx//17	—	7.00	8.00	10.00	14.00	20.00
AH1149//19	—	7.00	8.00	10.00	14.00	20.00
AH1150//19	—	7.00	8.00	10.00	14.00	20.00
AH1150//20	—	7.00	8.00	10.00	14.00	20.00
AH1151//20	—	7.00	8.00	10.00	14.00	20.00
AH1151//21	—	7.00	8.00	10.00	14.00	20.00
AH1152//21	—	7.00	8.00	10.00	14.00	20.00
AH1152//22	—	7.00	8.00	10.00	14.00	20.00
AH1153//22	—	7.00	6.50	8.50	14.00	20.00
AH1153//23	—	7.00	8.00	10.00	14.00	20.00
AH1154//23	—	7.00	8.00	10.00	14.00	20.00
AH1154//24	—	7.00	8.00	10.00	14.00	20.00
AH1155//24	—	7.00	8.00	10.00	14.00	20.00
AH1155//25	—	7.00	8.00	10.00	14.00	20.00
AH1156//25	—	7.00	8.00	10.00	14.00	20.00
AH1156//26	—	7.00	8.00	10.00	14.00	20.00
AH1157//26	—	7.00	8.00	10.00	14.00	20.00
AH1157//27	—	7.00	8.00	10.00	14.00	20.00
AH1158//27	—	7.00	8.00	10.00	14.00	20.00
AH1158//28	—	7.00	8.00	10.00	14.00	20.00
AH1159//28	—	7.00	8.00	10.00	14.00	20.00
AH1159//29	—	7.00	8.00	10.00	14.00	20.00
AH1160//29	—	7.00	8.00	10.00	14.00	20.00
AH116(1)//31	—	7.00	8.00	10.00	14.00	20.00
AH1160//30	—	7.00	8.00	10.00	14.00	20.00
AH1161//30	—	7.00	8.00	10.00	14.00	20.00

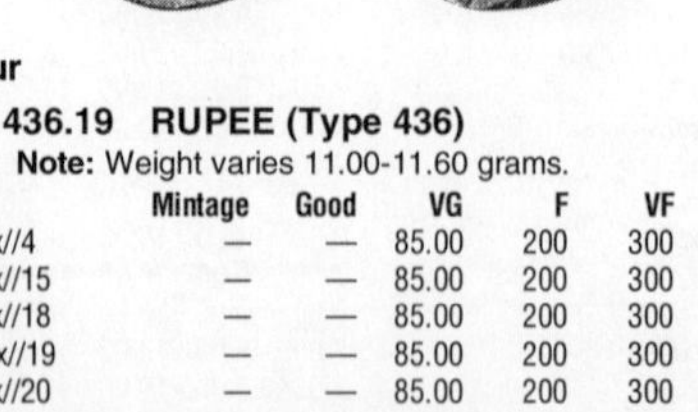

Bidrur

KM# 436.19 RUPEE (Type 436)

Silver **Note:** Weight varies 11.00-11.60 grams.

Date	Mintage	Good	VG	F	VF	XF
AHxxxx//4	—	—	85.00	200	300	425
AHxxxx//15	—	—	85.00	200	300	425
AHxxxx//18	—	—	85.00	200	300	425
AH115x//19	—	—	85.00	200	300	425
AHxxxx//20	—	—	85.00	200	300	425

Date	Mintage	Good	VG	F	VF	XF
AHxxxx//21	—	—	85.00	200	300	425
AHxxxx//22	—	—	85.00	200	300	425
AHxxxx//25	—	—	85.00	200	300	425

Bijapur

KM# 436.20 RUPEE (Type 436)
Silver Obv: Inscription Rev. Inscription: Dar-uz-Zafar Note: Weight varies 11.00-11.60 grams.

Date	Mintage	Good	VG	F	VF	XF
AHxxxx//3 Rare	—	—	—	—	—	—
AHxxxx//10 Rare	—	—	—	—	—	—

Burhanpur

KM# 436.21 RUPEE (Type 436)
Silver Obv: Inscription Rev. Inscription: Dar-us-Sarur Note: Weight varies 11.00-11.60 grams.

Date	Mintage	Good	VG	F	VF	XF
AH131//1 (Ahad)	—	7.00	10.00	16.00	28.00	40.00
AH132//1 (Ahad)	—	7.00	10.00	16.00	28.00	40.00
AH132/2	—	7.00	10.00	16.00	28.00	40.00
AH133/2	—	7.00	10.00	16.00	28.00	40.00
AH133/3	—	7.00	10.00	16.00	28.00	40.00
AH134/3	—	7.00	10.00	16.00	28.00	40.00
AH134/4	—	7.00	10.00	16.00	28.00	40.00
AH135/4	—	7.00	10.00	16.00	28.00	40.00
AH135/5	—	7.00	10.00	16.00	28.00	40.00
AH136/5	—	7.00	10.00	16.00	28.00	40.00
AH136/6	—	7.00	10.00	16.00	28.00	40.00
AH137/6	—	7.00	10.00	16.00	28.00	40.00
AH137/7	—	—	10.00	16.00	28.00	40.00
AH138/7	—	7.00	10.00	16.00	28.00	40.00
AH138/8	—	7.00	10.00	16.00	28.00	40.00
AH139/8	—	7.00	10.00	16.00	28.00	40.00
AH139/9	—	7.00	10.00	16.00	28.00	40.00
AH140/10	—	7.00	10.00	16.00	28.00	40.00
AH143/13	—	7.00	10.00	16.00	28.00	40.00
AH1xx/14	—	7.00	10.00	16.00	28.00	40.00
AH1xx/16	—	7.00	10.00	16.00	28.00	40.00
AH1xx/17	—	7.00	10.00	16.00	28.00	40.00
AH1xx/18	—	7.00	10.00	16.00	28.00	40.00
AH1xx/19	—	7.00	10.00	16.00	28.00	40.00
AH1xx/20	—	7.00	10.00	16.00	28.00	40.00
AH1xx/21	—	7.00	10.00	16.00	28.00	40.00
AH1xx/22	—	7.00	10.00	16.00	28.00	40.00
AH1xx/24	—	7.00	10.00	16.00	28.00	40.00
AH158/27	—	7.00	10.00	16.00	28.00	40.00
AH158/28	—	7.00	10.00	16.00	28.00	40.00
AH160/30	—	7.00	10.00	16.00	28.00	40.00
AH161//30	—	7.00	10.00	16.00	28.00	40.00

Derajat

KM# 436.23 RUPEE (Type 436)
Silver Obv: Inscription, date Rev: Inscription Note: Weight varies 11.00-11.60 grams.

Date	Mintage	Good	VG	F	VF	XF
AH160//30 Rare	—	—	—	—	—	—

Dilshadabad

KM# 436.67 RUPEE (Type 436)
Silver Note: Weight varies 11.00-11.60 grams. Nizam coin.

Date	Mintage	Good	VG	F	VF	XF
ND/x Rare	—	—	—	—	—	—

Elichpur

KM# 436.24 RUPEE (Type 436)
Silver Note: Weight varies 11.00-11.60 grams.

Date	Mintage	Good	VG	F	VF	XF
AH13x//6	—	7.50	11.00	18.00	30.00	50.00
AH138 (sic)//9	—	7.50	11.00	18.00	30.00	50.00
AH147//17	—	7.50	11.00	18.00	30.00	50.00
AH1xx/29	—	7.50	11.00	18.00	30.00	50.00

Firozgarh

KM# 436.64 RUPEE (Type 436)
Silver Note: Weight varies 11.00-11.60 grams.

Date	Mintage	Good	VG	F	VF	XF
AH11xx//7 Rare	—	—	—	—	—	—
AH1147//x Rare	—	—	—	—	—	—

Firoznagar

KM# 436.71 RUPEE (Type 436)
Silver

Date	Mintage	Good	VG	F	VF	XF
AH143//12 Rare	—	—	—	—	—	—
AH114x//13 Rare	—	—	—	—	—	—
AH11xx//15 Rare	—	—	—	—	—	—

Gwalior

KM# 436.25 RUPEE (Type 436)
Silver Obv: Inscription Rev: Inscription Note: Weight varies 11.00-11.60 grams.

Date	Mintage	Good	VG	F	VF	XF
AH1132/1 (Ahad)	—	7.00	8.00	10.00	14.00	20.00
AH1132/2	—	7.00	8.00	10.00	14.00	20.00
AH1133/2	—	7.00	8.00	10.00	14.00	20.00
AH1133/3	—	7.00	8.00	10.00	14.00	20.00
AH1134/3	—	7.00	8.00	10.00	14.00	20.00
AH1134/4	—	7.00	8.00	10.00	14.00	20.00
AH1135/4	—	7.00	8.00	10.00	14.00	20.00
AH1135/5	—	7.00	8.00	10.00	14.00	20.00
AH1136/5	—	7.00	8.00	10.00	14.00	20.00
AH1136/6	—	7.00	8.00	10.00	14.00	20.00
AH1137/6	—	7.00	8.00	10.00	14.00	20.00
AH1137/7	—	7.00	8.00	10.00	14.00	20.00
AH1138/7	—	7.00	8.00	10.00	14.00	20.00
AH1138/8	—	7.00	8.00	10.00	14.00	20.00
AH1139/8	—	7.00	8.00	10.00	14.00	20.00
AH1139/9	—	7.00	8.00	10.00	14.00	20.00
AH1140/10	—	7.00	8.00	10.00	14.00	20.00
AH1141/10	—	7.00	8.00	10.00	14.00	20.00
AH1141/11	—	7.00	8.00	10.00	14.00	20.00
AH1142/11	—	7.00	8.00	10.00	14.00	20.00
AH1142/12	—	7.00	8.00	10.00	14.00	20.00
AH1143/12	—	7.00	8.00	10.00	14.00	20.00
AH1143/13	—	7.00	8.00	10.00	14.00	20.00
AH1144/13	—	7.00	8.00	10.00	14.00	20.00
AH1144/14	—	7.00	8.00	10.00	14.00	20.00
AH1145/14	—	7.00	8.00	10.00	14.00	20.00
AH1145/15	—	7.00	8.00	10.00	14.00	20.00
AH1146/15	—	7.00	8.00	10.00	14.00	20.00
AH1146/16	—	7.00	8.00	10.00	14.00	20.00
AH1147/16	—	7.00	8.00	10.00	14.00	20.00
AH1147/17	—	7.00	8.00	10.00	14.00	20.00
AH1148/17	—	7.00	8.00	10.00	14.00	20.00
AH1148/18	—	7.00	8.00	10.00	14.00	20.00
AH1149/18	—	7.00	8.00	10.00	14.00	20.00
AH1149/19	—	7.00	8.00	10.00	14.00	20.00
AH1150/19	—	7.00	8.00	10.00	14.00	20.00
AH1150/20	—	7.00	8.00	10.00	14.00	20.00
AH1151/20	—	7.00	8.00	10.00	14.00	20.00
AH1151/21	—	7.00	8.00	10.00	14.00	20.00
AH1152/21	—	7.00	8.00	10.00	14.00	20.00
AH1152/22	—	7.00	8.00	10.00	14.00	20.00
AH1153/22	—	7.00	8.00	10.00	14.00	20.00
AH1153/23	—	7.00	8.00	10.00	14.00	20.00
AH1154/23	—	7.00	8.00	10.00	14.00	20.00
AH1154/24	—	7.00	8.00	10.00	14.00	20.00
AH1155/24	—	7.00	8.00	10.00	14.00	20.00
AH1155/25	—	7.00	8.00	10.00	14.00	20.00
AH1158/28	—	7.00	8.00	10.00	14.00	20.00
AH1159/29	—	7.00	8.00	10.00	14.00	20.00

Haidarabad (Farkhanda Bunyad)

KM# 436.26 RUPEE (Type 436)
Silver Obv: Inscription Rev. Legend: Farkhanda Bunyad Note: Weight varies 11.00-11.60 grams.

Date	Mintage	Good	VG	F	VF	XF
AH11xx/3	—	7.00	8.00	12.00	16.50	25.00
AH11xx/10	—	7.00	8.00	12.00	16.50	25.00
AH11xx/11	—	7.00	8.00	12.00	16.50	25.00
AH11xx/12	—	7.00	8.00	12.00	16.50	25.00
AH11xx/13	—	7.00	8.00	12.00	16.50	25.00
AH1149/xx	—	7.00	8.00	12.00	16.50	25.00
AH115(9)//29	—	7.00	8.00	12.00	16.50	25.00

Imtiyazgarh

KM# 436.27 RUPEE (Type 436)
Silver Obv: Inscription Rev: Inscription Note: Weight varies 11.00-11.60 grams.

Date	Mintage	Good	VG	F	VF	XF
AHxxxx//2 Rare	—	—	—	—	—	—
AH133//3 Rare	—	—	—	—	—	—

Islamabad

KM# 436.28 RUPEE (Type 436)
Silver Note: Weight varies 11.00-11.60 grams.

Date	Mintage	Good	VG	F	VF	XF
AH1xx//3	—	7.00	9.00	15.00	25.00	37.50
AH1138/8	—	7.00	9.00	15.00	25.00	37.50
AH1xx/9	—	7.00	9.00	15.00	25.00	37.50
AH1xx/14	—	7.00	9.00	15.00	25.00	37.50
AH1xx/15	—	7.00	9.00	15.00	25.00	37.50
AH1xx/16	—	7.00	9.00	15.00	25.00	37.50
AH1xx/17	—	7.00	9.00	15.00	25.00	37.50
AH1xx/18	—	7.00	9.00	15.00	25.00	37.50
AH1xx/19	—	7.00	9.00	15.00	25.00	37.50
AH1150/20	—	7.00	9.00	15.00	25.00	37.50
AH1152/22	—	7.00	9.00	15.00	25.00	37.50
AH1155/25	—	7.00	9.00	15.00	25.00	37.50
AH1156/26	—	7.00	9.00	15.00	25.00	37.50
AH1157/26	—	7.00	9.00	15.00	25.00	37.50
AH1157/27	—	7.00	9.00	15.00	25.00	37.50
AH1158/27	—	7.00	9.00	15.00	25.00	37.50
AH1158/28	—	7.00	9.00	15.00	25.00	37.50
AH115x/28	—	7.00	9.00	15.00	25.00	37.50
AH1159/28	—	7.00	9.00	15.00	25.00	37.50

Itawa

KM# 436.29 RUPEE (Type 436)
Silver Obv: Inscription Rev: Inscription Note: Weight varies 11.00-11.60 grams.

Date	Mintage	Good	VG	F	VF	XF
AH1131//1 (Ahad)	—	7.00	8.00	10.00	14.00	20.00
AH1132//2	—	7.00	8.00	10.00	14.00	20.00
AH1133//3	—	7.00	8.00	10.00	14.00	20.00
AH1134//4	—	7.00	8.00	10.00	14.00	20.00
AH1135//5	—	7.00	8.00	10.00	14.00	20.00
AH113x//6	—	7.00	8.00	10.00	14.00	20.00
AH113x//7	—	7.00	8.00	10.00	14.00	20.00
AH1138//8	—	7.00	8.00	10.00	14.00	20.00
AH1139//8	—	7.00	8.00	10.00	14.00	20.00
AH1139//9	—	7.00	8.00	10.00	14.00	20.00
AH1140//10	—	7.00	8.00	10.00	14.00	20.00
AH11xx//11	—	7.00	8.00	10.00	14.00	20.00
AH114x//12	—	7.00	8.00	10.00	14.00	20.00
AH1143//13	—	7.00	8.00	10.00	14.00	20.00
AH1144//14	—	7.00	8.00	10.00	14.00	20.00
AH11xx//15	—	7.00	8.00	10.00	14.00	20.00
AH11xx//16	—	7.00	8.00	10.00	14.00	20.00
AH114x//17	—	7.00	8.00	10.00	14.00	20.00
AH11xx//18	—	7.00	8.00	10.00	14.00	20.00
AH1149//19	—	7.00	8.00	10.00	14.00	20.00
AH11xx//20	—	7.00	8.00	10.00	14.00	20.00
AH1152//22	—	7.00	8.00	10.00	14.00	20.00
AH11xx//24	—	7.00	8.00	10.00	14.00	20.00
AH1155//25	—	7.00	8.00	10.00	14.00	20.00
AH1156//26	—	7.00	8.00	10.00	14.00	20.00
AH1157//26	—	7.00	8.00	10.00	14.00	20.00
AH1157//27	—	7.00	8.00	10.00	14.00	20.00
AH1158//27	—	7.00	8.00	10.00	14.00	20.00
AH1159//29	—	7.00	8.00	10.00	14.00	20.00

INDIA MUGHAL EMPIRE

Date	Mintage	Good	VG	F	VF	XF
AH1144//14	—	7.00	8.00	10.00	14.00	20.00
AH1145//15	—	7.00	8.00	10.00	14.00	20.00
AH11xx//17	—	7.00	8.00	10.00	14.00	20.00
AH11xx//21	—	7.00	8.00	10.00	14.00	20.00
AH1155//25	—	7.00	8.00	10.00	14.00	20.00
AH115x//26	—	7.00	8.00	10.00	14.00	20.00
AH1159//29	—	7.00	8.00	10.00	14.00	20.00
AH1161//31	—	7.00	8.00	10.00	14.00	20.00
AH11xx//30	—	7.00	8.00	10.00	14.00	20.00

Date	Mintage	Good	VG	F	VF	XF
AH1137//6	—	7.00	8.00	12.00	16.50	25.00
AH1137//7	—	7.00	8.00	12.00	16.50	25.00
AH11xx//8	—	7.00	8.00	12.00	16.50	25.00
AH1139//9	—	7.00	8.00	12.00	16.50	25.00
AH1140//10	—	7.00	8.00	12.00	16.50	25.00
AH1141//11	—	7.00	8.00	12.00	16.50	25.00
AH1142//12	—	7.00	8.00	12.00	16.50	25.00
AH1142//13	—	7.00	8.00	12.00	16.50	25.00
AH1144//13	—	7.00	8.00	12.00	16.50	25.00
AH1144//14	—	7.00	8.00	12.00	16.50	25.00
AH1145//14	—	7.00	8.00	12.00	16.50	25.00
AH1146//15	—	7.00	8.00	12.00	16.50	25.00
AH1147//16	—	7.00	8.00	12.00	16.50	25.00
AH1147//17	—	7.00	8.00	12.00	16.50	25.00
AH1149//18	—	7.00	8.00	12.00	16.50	25.00
AH1149//19	—	7.00	8.00	12.00	16.50	25.00
AH1150//20	—	7.00	8.00	12.00	16.50	25.00
AH115x//21	—	7.00	8.00	12.00	16.50	25.00
AH1152//22	—	7.00	8.00	12.00	16.50	25.00
AH115x//23	—	7.00	8.00	12.00	16.50	25.00
AH115x//24	—	7.00	8.00	12.00	16.50	25.00
AH115x//25	—	7.00	8.00	12.00	16.50	25.00
AH115x//26	—	7.00	8.00	12.00	16.50	25.00
AH11xx//28	—	7.00	8.00	12.00	16.50	25.00
AH11xx//29	—	7.00	8.00	12.00	16.50	25.00
AH11xx//30	—	7.00	8.00	12.00	16.50	25.00

Jahangirnagar

KM# 436.30 RUPEE (Type 436)

Silver **Note:** Weight varies 11.00-11.60 grams.

Date	Mintage	Good	VG	F	VF	XF
AH11xx//2	—	7.00	8.00	12.00	16.50	25.00
AH1134//4	—	7.00	8.00	12.00	16.50	25.00
AH11xx//7	—	7.00	8.00	12.00	16.50	25.00
AH1145//15	—	7.00	8.00	12.00	16.50	25.00
AH114x//16	—	7.00	8.00	12.00	16.50	25.00
AH114x//19	—	7.00	8.00	12.00	16.50	25.00
AH1155//25	—	7.00	8.00	12.00	16.50	25.00
AH1157//27	—	7.00	8.00	12.00	16.50	25.00

Kankurti

KM# 436.35 RUPEE (Type 436)

Silver **Obv:** Inscription **Rev:** Inscription **Note:** Weight varies 11.00-11.60 grams.

Date	Mintage	Good	VG	F	VF	XF
AH1139//9 Rare	—	—	—	—	—	—
AH1142//11 Rare	—	—	—	—	—	—
AH1149//xx Rare	—	—	—	—	—	—

Jaipur

KM# 436.31 RUPEE (Type 436)

Silver **Obv:** Inscription **Rev.** Inscription: Sawai **Note:** Weight varies 11.00-11.60 grams.

Date	Mintage	Good	VG	F	VF	XF
AH1153//23	—	7.00	8.00	12.00	16.50	25.00
AH1156//25	—	7.00	8.00	12.00	16.50	25.00
AH1157//27	—	7.00	8.00	12.00	16.50	25.00
AH1158//28	—	7.00	8.00	12.00	16.50	25.00
AH1159//29	—	7.00	8.00	12.00	16.50	25.00
AH1160//30	—	7.00	8.00	12.00	16.50	25.00
AH1161//31	—	7.00	8.00	12.00	16.50	25.00

Kashmir

KM# 436.36 RUPEE (Type 436)

Silver **Obv:** Inscription **Rev:** Inscription **Note:** Weight varies 11.00-11.60 grams.

Date	Mintage	Good	VG	F	VF	XF
AH1131//1 (Ahad)	—	8.00	15.00	25.00	35.00	47.50
AH1133//3	—	8.00	15.00	25.00	35.00	47.50
AH113x//4	—	8.00	15.00	25.00	35.00	47.50
AH1136//x	—	8.00	15.00	25.00	35.00	47.50
AHxxxx//8	—	8.00	15.00	25.00	35.00	47.50
AH11xx//14	—	8.00	15.00	25.00	35.00	47.50
AH1148//1x	—	8.00	15.00	25.00	35.00	47.50
AH11xx//17	—	8.00	15.00	25.00	35.00	47.50
AH11xx//18	—	8.00	15.00	25.00	35.00	47.50
AH11xx//27	—	8.00	15.00	25.00	35.00	47.50
AH1159//29	—	8.00	15.00	25.00	35.00	47.50
AH1160//30	—	8.00	15.00	25.00	35.00	47.50

Junagarh

KM# 436.32 RUPEE (Type 436)

Silver **Note:** Weight varies 11.00-11.60 grams.

Date	Mintage	Good	VG	F	VF	XF
AH1132//1 (Ahad) Rare	—	—	—	—	—	—
AHxxxx//2 Rare	—	—	—	—	—	—
AHxxxx//5 Rare	—	—	—	—	—	—
AHxxxx//7 Rare	—	—	—	—	—	—

Kabul

KM# 436.33 RUPEE (Type 436)

Silver **Note:** Weight varies 11.00-11.60 grams.

Date	Mintage	Good	VG	F	VF	XF
AH1135//1 (Ahad) Rare	—	—	—	—	—	—
AHxxxx//14 Rare	—	—	—	—	—	—

Katak

KM# 436.37 RUPEE (Type 436)

Silver **Note:** Weight varies 11.00-11.60 grams.

Date	Mintage	Good	VG	F	VF	XF
AH113x//1 (Ahad) Rare	—	—	—	—	—	—
AH11xx//5 Rare	—	—	—	—	—	—
AH1136//6 Rare	—	—	—	—	—	—
AH114x//15 Rare	—	—	—	—	—	—
AH1154//24 Rare	—	—	—	—	—	—

Khujista Bunyad

KM# 436.38 RUPEE (Type 436)

Silver **Note:** Weight varies 11.00-11.60 grams.

Date	Mintage	Good	VG	F	VF	XF
AH1132//2	—	7.00	8.00	10.00	14.00	20.00
AH1134//4	—	7.00	8.00	10.00	14.00	20.00
AH1135//5	—	7.00	8.00	10.00	14.00	20.00
AH11xx//6	—	7.00	8.00	10.00	14.00	20.00
AH11xx//7	—	7.00	8.00	10.00	14.00	20.00
AH11xx//9	—	7.00	8.00	10.00	14.00	20.00
AH11xx//20	—	7.00	8.00	10.00	14.00	20.00
AH11xx//21	—	7.00	8.00	10.00	14.00	20.00

Kanbayat

KM# 436.34 RUPEE (Type 436)

Silver **Obv:** Inscription **Rev:** Inscription **Note:** Weight varies 11.00-11.60 grams.

Date	Mintage	Good	VG	F	VF	XF
AH1131//1 (Ahad)	—	7.00	8.00	10.00	14.00	20.00
AH1132//1 (Ahad)	—	7.00	8.00	10.00	14.00	20.00
AH1132//2	—	7.00	8.00	10.00	14.00	20.00
AH1133//2	—	7.00	8.00	10.00	14.00	20.00
AH113x//3	—	7.00	8.00	10.00	14.00	20.00
AH1135//5	—	7.00	8.00	10.00	14.00	20.00
AH1137//6	—	7.00	8.00	10.00	14.00	20.00
AH1137//7	—	7.00	8.00	10.00	14.00	20.00
AH1138//8	—	7.00	8.00	10.00	14.00	20.00
AH11xx//10	—	7.00	8.00	10.00	14.00	20.00
AH11xx//11	—	7.00	8.00	10.00	14.00	20.00
AH11xx//12	—	7.00	8.00	10.00	14.00	20.00
AH1143//13	—	7.00	8.00	10.00	14.00	20.00

Kora

KM# 436.39 RUPEE (Type 436)

Silver **Obv:** Inscription, date **Rev:** Inscription **Note:** Weight varies 11.00-11.60 grams.

Date	Mintage	Good	VG	F	VF	XF
AH1132//2	—	7.00	8.00	12.00	16.50	25.00
AH11xx//3	—	7.00	8.00	12.00	16.50	25.00
AH1135//4	—	7.00	8.00	12.00	16.50	25.00
AH1135//5	—	7.00	8.00	12.00	16.50	25.00

Lahore

KM# 436.40 RUPEE (Type 436)

Silver **Obv:** Inscription **Rev.** Legend: Dar-us-Sultanat **Note:** Coins dated AH1131/1-1132/2 have mint name in one line in second row of inscription. Later dates have the mint name at the top. Weight varies 11.00-11.60 grams.

Date	Mintage	Good	VG	F	VF	XF
AH1131//1 (Ahad)	—	7.00	8.00	10.00	14.00	20.00
AH1132//1 (Ahad)	—	7.00	8.00	10.00	14.00	20.00
AH1132//2	—	7.00	8.00	10.00	14.00	20.00
AH11xx//2	—	7.00	8.00	10.00	14.00	20.00
AH11xx//3	—	7.00	8.00	10.00	14.00	20.00
AH1133//3	—	7.00	8.00	10.00	14.00	20.00
AH1134//4	—	7.00	8.00	10.00	14.00	20.00
AH1135//5	—	7.00	8.00	10.00	14.00	20.00
AH1136//5	—	7.00	8.00	10.00	14.00	20.00
AH11xx//6	—	7.00	8.00	10.00	14.00	20.00
AH1137//7	—	7.00	8.00	10.00	14.00	20.00
AH1138//7	—	7.00	8.00	10.00	14.00	20.00
AH11xx//8	—	7.00	8.00	10.00	14.00	20.00
AH1139//9	—	7.00	8.00	10.00	14.00	20.00
AH11xx//10	—	7.00	8.00	10.00	14.00	20.00
AH11xx//11	—	7.00	8.00	10.00	14.00	20.00
AH11xx//12	—	7.00	8.00	10.00	14.00	20.00
AH11xx//13	—	7.00	8.00	10.00	14.00	20.00
AH1143//13	—	7.00	8.00	10.00	14.00	20.00
AH11xx//14	—	7.00	8.00	10.00	14.00	20.00
AH11xx//15	—	7.00	8.00	10.00	14.00	20.00
AH11xx//16	—	7.00	8.00	10.00	14.00	20.00
AH11xx//17	—	7.00	8.00	10.00	14.00	20.00
AH1148//18	—	7.00	0.00	10.00	14.00	20.00
AH1149//19	—	7.00	8.00	10.00	14.00	20.00
AH11xx//20	—	7.00	8.00	10.00	14.00	20.00
AH11xx//21	—	7.00	8.00	10.00	14.00	20.00
AH11xx//22	—	7.00	8.00	10.00	14.00	20.00
AH1152//22	—	7.00	0.00	10.00	14.00	20.00
AH1153//23	—	7.00	8.00	10.00	14.00	20.00
AH1154//24	—	7.00	8.00	10.00	14.00	20.00
AH1155//25	—	7.00	8.00	10.00	14.00	20.00
AH11xx//26	—	7.00	8.00	10.00	14.00	20.00
AH1157//27	—	7.00	8.00	10.00	14.00	20.00
AH1159//28	—	7.00	8.00	10.00	14.00	20.00
AH11xx//29	—	7.00	8.00	10.00	14.00	20.00
AH1161//31	—	7.00	8.00	10.00	14.00	20.00
AH11xx//30	—	7.00	8.00	10.00	14.00	20.00

KM# 436.65 RUPEE (Type 436)

Silver **Obv.** Inscription: Emperors name, with Badadur **Rev. Inscription:** Dar-us-Sultanat **Note:** Weight varies 11.00 11.60 grams.

Date	Mintage	Good	VG	F	VF	XF
AHxxxx//2	—	7.00	8.00	10.00	11.50	15.00
AHxxxx//19	—	7.00	8.00	10.00	11.50	15.00

INDIA MUGHAL EMPIRE 761

Lakhnau

KM# 436.41 RUPEE (Type 436)
Silver **Note:** Weight varies 11.00-11.60 grams.

Date	Mintage	Good	VG	F	VF	XF
AH1132//1 (Ahad)	—	7.00	8.00	10.00	14.00	20.00
AH1132//2	—	7.00	8.00	10.00	14.00	20.00
AH1133//2	—	7.00	8.00	10.00	14.00	20.00
AH1133//3	—	7.00	8.00	10.00	14.00	20.00
AH1134//3	—	7.00	8.00	10.00	14.00	20.00
AH1134//4	—	7.00	8.00	10.00	14.00	20.00
AH1135//4	—	7.00	8.00	10.00	14.00	20.00
AH1135//5	—	7.00	8.00	10.00	14.00	20.00

Macchlipattan

KM# 436.42 RUPEE (Type 436)
Silver **Obv:** Inscription, date **Rev:** Inscription **Note:** Weight varies 11.00-11.60 grams.

Date	Mintage	Good	VG	F	VF	XF
AH1133//2 Rare	—	—	—	—	—	—
AH1133//3 Rare	—	—	—	—	—	—
AH1134//3 Rare	—	—	—	—	—	—
AH1134//4 Rare	—	—	—	—	—	—
AH1135//4 Rare	—	—	—	—	—	—
AH1135//5 Rare	—	—	—	—	—	—
AH1136//5 Rare	—	—	—	—	—	—
AH1138//8 Rare	—	—	—	—	—	—
AH1140//10 Rare	—	—	—	—	—	—
AH1142//12 Rare	—	—	—	—	—	—
AH1143//13 Rare	—	—	—	—	—	—
AH1145//15 Rare	—	—	—	—	—	—
AH1147//16 Rare	—	—	—	—	—	—
AH1147//17 Rare	—	—	—	—	—	—
AH1150//20 Rare	—	—	—	—	—	—
AH1156//25 Rare	—	—	—	—	—	—
AH1156//26 Rare	—	—	—	—	—	—
AH1158//27 Rare	—	—	—	—	—	—
AH1159//29 Rare	—	—	—	—	—	—
AH1160//29 Rare	—	—	—	—	—	—
AH1160//30 Rare	—	—	—	—	—	—
AH1161//30 Rare	—	—	—	—	—	—

Muazzamabad

KM# 436.43 RUPEE (Type 436)
Silver **Note:** Weight varies 11.00-11.60 grams.

Date	Mintage	Good	VG	F	VF	XF
AH1139//9 Rare	—	—	—	—	—	—

Muhammadabad Banaras

KM# 436.15 RUPEE (Type 436)
Silver **Obv:** Inscription **Rev. Inscription:** Muhammadabad above, Banaras below **Note:** Weight varies 11.00-11.60 grams.

Date	Mintage	Good	VG	F	VF	XF
AH1146//15	—	5.00	6.50	8.50	14.00	20.00
AH1146//16	—	5.00	6.50	8.50	14.00	20.00
AH1147//16	—	5.00	6.50	8.50	14.00	20.00
AH1147//17	—	5.00	6.50	8.50	14.00	20.00
AH1148//17	—	5.00	6.50	8.50	14.00	20.00
AH1148//18	—	5.00	6.50	8.50	14.00	20.00
AH1149//18	—	5.00	6.50	8.50	14.00	20.00
AH1149//19	—	5.00	6.50	8.50	14.00	20.00
AH1150//19	—	5.00	6.50	8.50	14.00	20.00
AH1150//20	—	5.00	6.50	8.50	14.00	20.00
AH1151//20	—	5.00	6.50	8.50	14.00	20.00
AH1151//21	—	5.00	6.50	8.50	14.00	20.00
AH1152//21	—	5.00	6.50	8.50	14.00	20.00
AH1152//22	—	5.00	6.50	8.50	14.00	20.00
AH1153//22	—	5.00	6.50	8.50	14.00	20.00

Date	Mintage	Good	VG	F	VF	XF
AH1153//23	—	5.00	6.50	8.50	14.00	20.00
AH1154//23	—	5.00	6.50	8.50	14.00	20.00
AH1154//24	—	5.00	6.50	8.50	14.00	20.00
AH1155//24	—	5.00	6.50	8.50	14.00	20.00
AH1155//25	—	5.00	6.50	8.50	14.00	20.00
AH1156//25	—	5.00	6.50	8.50	14.00	20.00
AH1156//26	—	5.00	6.50	8.50	14.00	20.00
AH1157//26	—	5.00	6.50	8.50	14.00	20.00
AH1157//27	—	5.00	6.50	8.50	14.00	20.00
AH1158//27	—	5.00	6.50	8.50	14.00	20.00
AH1158//28	—	5.00	6.50	8.50	14.00	20.00
AH1159//28	—	5.00	6.50	8.50	14.00	20.00
AH1159//29	—	5.00	6.50	8.50	14.00	20.00
AH1160//29	—	5.00	6.50	8.50	14.00	20.00
AH1160//30	—	5.00	6.50	8.50	14.00	20.00
AH1161//30	—	5.00	6.50	8.50	14.00	20.00
AH1161//31	—	5.00	6.50	8.50	14.00	20.00

Multan

KM# 436.44 RUPEE (Type 436)
Silver **Obv:** Inscription **Rev:** Inscription **Note:** Weight varies 11.00-11.60 grams.

Date	Mintage	Good	VG	F	VF	XF
AH1132//1 (Ahad)	—	7.00	8.00	10.00	14.00	20.00
AH1132//2	—	7.00	8.00	10.00	14.00	20.00
AH1133//3	—	7.00	8.00	10.00	14.00	20.00
AH1135//5	—	7.00	8.00	10.00	14.00	20.00
AH11xx//6	—	7.00	8.00	10.00	14.00	20.00
AH11xx//7	—	7.00	8.00	10.00	14.00	20.00
AH1140//10	—	7.00	8.00	10.00	14.00	20.00
AH1144//14	—	7.00	8.00	10.00	14.00	20.00
AH1145//14	—	7.00	8.00	10.00	14.00	20.00
AH1145//15	—	7.00	8.00	10.00	14.00	20.00
AH1147//17	—	7.00	8.00	10.00	14.00	20.00
AH1148//17	—	7.00	8.00	10.00	14.00	20.00
AH1148//18	—	7.00	8.00	10.00	14.00	20.00
AH1149//18	—	7.00	8.00	10.00	14.00	20.00
AH1149//19	—	7.00	8.00	10.00	14.00	20.00
AH1150//20	—	7.00	8.00	10.00	14.00	20.00
AH1151//21	—	7.00	8.00	10.00	14.00	20.00
AH1152//21	—	7.00	8.00	10.00	14.00	20.00
AH1152//22	—	7.00	8.00	10.00	14.00	20.00
AH1153//22	—	7.00	8.00	10.00	14.00	20.00
AH1153//23	—	7.00	8.00	10.00	14.00	20.00
AH1154//23	—	7.00	8.00	10.00	14.00	20.00
AH1154//24	—	7.00	8.00	10.00	14.00	20.00
AH1155//24	—	7.00	8.00	10.00	14.00	20.00
AH1155//25	—	7.00	8.00	10.00	14.00	20.00
AH1156//25	—	7.00	8.00	10.00	14.00	20.00
AH1156//26	—	7.00	8.00	10.00	14.00	20.00
AH1157//26	—	7.00	8.00	10.00	14.00	20.00
AH1157//27	—	7.00	8.00	10.00	14.00	20.00
AH1158//27	—	7.00	8.00	10.00	14.00	20.00
AH1158//28	—	7.00	8.00	10.00	14.00	20.00
AH1159//28	—	7.00	8.00	10.00	14.00	20.00
AH1159//29	—	7.00	8.00	10.00	14.00	20.00
AH1160//29	—	7.00	8.00	10.00	14.00	20.00
AH1160//30	—	7.00	8.00	10.00	14.00	20.00
AH1161//30	—	7.00	8.00	10.00	14.00	20.00
AH1161//31	—	7.00	8.00	10.00	14.00	20.00

Murshidabad

KM# 436.46 RUPEE (Type 436)
Silver **Obv:** Inscription, date **Rev:** Inscription **Note:** Weight varies 11.00-11.60 grams.

Date	Mintage	Good	VG	F	VF	XF
AH11xx//2	—	5.00	6.50	9.00	15.00	25.00
AH1134//3	—	5.00	6.50	9.00	15.00	25.00
AH11xx//4	—	5.00	6.50	9.00	15.00	25.00
AH11xx//5	—	5.00	6.50	9.00	15.00	25.00
AH11xx//6	—	5.00	6.50	9.00	15.00	25.00
AH113x//8	—	5.00	6.50	9.00	15.00	25.00
AH11xx//10	—	5.00	6.50	9.00	15.00	25.00
AH11xx//12	—	5.00	6.50	9.00	15.00	25.00
AH11xx//13	—	5.00	6.50	9.00	15.00	25.00
AH11xx//14	—	5.00	6.50	9.00	15.00	25.00
AH11xx//15	—	5.00	6.50	9.00	15.00	25.00
AH1147//17	—	5.00	6.50	9.00	15.00	25.00
AH114x//18	—	5.00	6.50	9.00	15.00	25.00
AH1149//19	—	5.00	6.50	9.00	15.00	25.00
AH11xx//20	—	5.00	6.50	9.00	15.00	25.00

Date	Mintage	Good	VG	F	VF	XF
AH11xx//21	—	5.00	6.50	9.00	15.00	25.00
AH11xx//22	—	5.00	6.50	9.00	15.00	25.00
AH11xx//23	—	5.00	6.50	9.00	15.00	25.00
AH11xx//24	—	5.00	6.50	9.00	15.00	25.00
AH1155//24	—	5.00	6.50	9.00	15.00	25.00
AH11xx//25	—	5.00	6.50	9.00	15.00	25.00
AH1155//25	—	5.00	6.50	9.00	15.00	25.00
AH11xx//26	—	5.00	6.50	9.00	15.00	25.00
AH1157//27	—	5.00	6.50	9.00	15.00	25.00
AH1159//28	—	5.00	6.50	9.00	15.00	25.00
AH1160//29	—	5.00	6.50	9.00	15.00	25.00
AH116x//30	—	5.00	6.50	9.00	15.00	25.00

Najibabad

KM# 436.47 RUPEE (Type 436)
Silver **Note:** Weight varies 11.00-11.60 grams.

Date	Mintage	Good	VG	F	VF	XF
AH1139//6 (sic) Rare	—	—	—	—	—	—

Narwar

KM# 436.66 RUPEE (Type 436)
Silver **Note:** Weight varies 11.00-11.60 grams.

Date	Mintage	Good	VG	F	VF	XF
AH1161//31 Rare	—	—	—	—	—	—
AH116x//30 Rare	—	—	—	—	—	—

Nusratabad

KM# 436.48 RUPEE (Type 436)
Silver **Note:** Weight varies 11.00-11.60 grams.

Date	Mintage	Good	VG	F	VF	XF
AH113x//x Rare	—	—	—	—	—	—
AH11xx//12 Rare	—	—	—	—	—	—
AHxxxx//21 Rare	—	—	—	—	—	—

Parenda

KM# 436.49 RUPEE (Type 436)
Silver **Note:** Weight varies 11.00-11.60 grams.

Date	Mintage	Good	VG	F	VF	XF
AHxxxx//1 Rare	—	—	—	—	—	—
AHxxxx//10 Rare	—	—	—	—	—	—
AHxxxx//16 Rare	—	—	—	—	—	—

Peshawar

KM# 436.50 RUPEE (Type 436)
Silver **Note:** Weight varies 11.00-11.60 grams.

Date	Mintage	Good	VG	F	VF	XF
AH11xx//1 (Ahad)	—	—	16.00	30.00	45.00	75.00
AH11xx//2	—	—	16.00	30.00	45.00	75.00
AH11xx//4	—	—	16.00	30.00	45.00	75.00
AH1136//6	—	—	16.00	30.00	45.00	75.00
AH11xx//7	—	—	16.00	30.00	45.00	75.00
AH1144//14	—	—	16.00	30.00	45.00	75.00
AH1145//14	—	—	16.00	30.00	45.00	75.00
AH1147//16	—	—	16.00	30.00	45.00	75.00
AH1147//18	—	—	16.00	30.00	45.00	75.00
AH1147//20	—	—	16.00	30.00	45.00	75.00
AH1152//21	—	—	16.00	30.00	45.00	75.00

Pune

KM# 436.69 RUPEE (Type 436)
Silver **Note:** Weight varies 11.00-11.60 grams.

Date	Mintage	Good	VG	F	VF	XF
AHxxxx//2	—	—	—	—	—	—
AHxxxx//19	—	—	—	—	—	—
AHxxxx//20	—	—	—	—	—	—

Qamarnagar

KM# 436.51 RUPEE (Type 436)
Silver **Obv:** Inscription **Rev:** Inscription **Note:** Weight varies 11.00-11.60 grams.

Date	Mintage	Good	VG	F	VF	XF
AH1132//1 (Ahad) Rare	—	—	—	—	—	—
AH11xx//11 Rare	—	—	—	—	—	—
AH1143//13 Rare	—	—	—	—	—	—
AH1147//17 Rare	—	—	—	—	—	—
AH(11)51//20 Rare	—	—	—	—	—	—
AH1150//20 Rare	—	—	—	—	—	—
AH1151//12 (sic) Error for 21 Rare	—	—	—	—	—	—

Qandahar

KM# 436.53 RUPEE (Type 436)
Silver **Note:** Weight varies 11.00-11.60 grams.

Date	Mintage	Good	VG	F	VF	XF
AH1155//xx Rare	—	—	—	—	—	—
AHxxxx//27 Rare	—	—	—	—	—	—
AH1159//30 Rare	—	—	—	—	—	—

Rajapur

KM# 436.70 RUPEE (Type 436)
Silver **Note:** Weight varies 11.00-11.60 grams.

Date	Mintage	Good	VG	F	VF	XF
AH1148//xx	—	—	—	—	—	—

Sahrind
KM# 436.54 RUPEE (Type 436)
Silver **Obv:** Inscription **Rev:** Inscription **Note:** Weight varies 11.00-11.60 grams.

Date	Mintage	Good	VG	F	VF	XF
AH11xx//1 (Ahad)	—	7.00	8.00	10.00	14.00	20.00
AH1134//3	—	7.00	8.00	10.00	14.00	20.00
AH1134//4	—	7.00	8.00	10.00	14.00	20.00
AH11xx//5	—	7.00	8.00	10.00	14.00	20.00
AH11xx//6	—	7.00	8.00	10.00	14.00	20.00
AH11xx//10	—	7.00	8.00	10.00	14.00	20.00
AH11xx//12	—	7.00	8.00	10.00	14.00	20.00
AH11xx//13	—	7.00	8.00	10.00	14.00	20.00
AH1146//15	—	7.00	8.00	10.00	14.00	20.00
AH1146//16	—	7.00	8.00	10.00	14.00	20.00
AH1147//16	—	7.00	8.00	10.00	14.00	20.00
AH1147//17	—	7.00	8.00	10.00	14.00	20.00
AH11xx//18	—	7.00	8.00	10.00	14.00	20.00
AH11xx//20	—	7.00	8.00	10.00	14.00	20.00
AH11xx//21	—	7.00	8.00	10.00	14.00	20.00
AH1154//24	—	7.00	8.00	10.00	14.00	20.00
AH1156//26	—	7.00	8.00	10.00	14.00	20.00
AH1158//28	—	7.00	8.00	10.00	14.00	20.00
AH11xx//29	—	7.00	8.00	10.00	14.00	20.00
AH11xx//30	—	7.00	8.00	10.00	14.00	20.00

Satara
KM# 436.55 RUPEE (Type 436)
Silver **Note:** Weight varies 11.00-11.60 grams.

Date	Mintage	Good	VG	F	VF	XF
AH1146//x Rare	—	—	—	—	—	—

Shahabad Qanauj
KM# 436.52 RUPEE (Type 436)
Silver **Obv:** Inscription **Rev:** Inscription **Note:** Weight varies 11.00-11.60 grams.

Date	Mintage	Good	VG	F	VF	XF
AH11xx//4	—	8.00	11.00	18.00	30.00	50.00
AH11xx//5	—	8.00	11.00	18.00	30.00	50.00
AH1138//7	—	8.00	11.00	18.00	30.00	50.00
AH11xx//8	—	8.00	11.00	18.00	30.00	50.00
AH1138//8	—	8.00	11.00	18.00	30.00	50.00
AH1139//9	—	8.00	11.00	18.00	30.00	50.00
AH1140//9	—	8.00	11.00	18.00	30.00	50.00
AH1140//10	—	8.00	11.00	18.00	30.00	50.00
AH1141//10	—	8.00	11.00	18.00	30.00	50.00
AH1141//11	—	8.00	11.00	18.00	30.00	50.00
AH1142//11	—	8.00	11.00	18.00	30.00	50.00
AH1142//12	—	8.00	11.00	18.00	30.00	50.00
AH1143//12	—	8.00	11.00	18.00	30.00	50.00
AH1143//13	—	8.00	11.00	18.00	30.00	50.00
AH1144//13	—	8.00	11.00	18.00	30.00	50.00
AH1144//14	—	8.00	11.00	18.00	30.00	50.00
AH1145//14	—	8.00	11.00	18.00	30.00	50.00
AH1145//15	—	8.00	11.00	18.00	30.00	50.00
AH1146//15	—	8.00	11.00	18.00	30.00	50.00
AH1146//16	—	8.00	11.00	18.00	30.00	50.00
AH1147//16	—	8.00	11.00	18.00	30.00	50.00
AH1147//17	—	8.00	11.00	18.00	30.00	50.00
AH1148//17	—	8.00	11.00	18.00	30.00	50.00
AH1148//18	—	8.00	11.00	18.00	30.00	50.00
AH1149//18	—	8.00	11.00	18.00	30.00	50.00
AH1149//19	—	8.00	11.00	18.00	30.00	50.00
AH1150//19	—	8.00	11.00	18.00	30.00	50.00
AH1150//20	—	8.00	11.00	18.00	30.00	50.00
AH1151//20	—	8.00	11.00	18.00	30.00	50.00
AH1151//21	—	8.00	11.00	18.00	30.00	50.00
AH1152//21	—	8.00	11.00	18.00	30.00	50.00
AH1152//22	—	8.00	11.00	18.00	30.00	50.00
AH1153//22	—	8.00	11.00	18.00	30.00	50.00
AH1153//23	—	8.00	11.00	18.00	30.00	50.00
AH1154//23	—	8.00	11.00	18.00	30.00	50.00
AH1154//24	—	8.00	11.00	18.00	30.00	50.00
AH1155//24	—	8.00	11.00	18.00	30.00	50.00
AH1155//25	—	8.00	11.00	18.00	30.00	50.00
AH1156//25	—	8.00	11.00	18.00	30.00	50.00
AH1156//26	—	8.00	11.00	18.00	30.00	50.00
AH1157//26	—	8.00	11.00	18.00	30.00	50.00
AH1157//27	—	8.00	11.00	18.00	30.00	50.00
AH1159//29	—	8.00	11.00	18.00	30.00	50.00

Shahjahanabad
KM# 436.56 RUPEE (Type 436)
Silver **Obv:** Inscription **Rev.** Inscription: Dar-ul-Khilifat **Note:** Weight varies 11.00-11.60 grams.

Date	Mintage	Good	VG	F	VF	XF
AH1131//1 (Ahad)	—	7.00	10.00	18.00	30.00	50.00
AH1132//1 (Ahad)	—	7.00	10.00	18.00	30.00	50.00
AH1132//2	—	7.00	10.00	18.00	30.00	50.00
AH1133//2	—	7.00	10.00	18.00	30.00	50.00

Date	Mintage	Good	VG	F	VF	XF
AH1133//2	—	7.00	8.00	10.00	15.00	25.00
AH1133//3	—	7.00	8.00	10.00	15.00	25.00
AH1134//4	—	7.00	8.00	10.00	15.00	25.00
AH113x//5	—	7.00	8.00	10.00	15.00	25.00
AH11xx//6	—	7.00	8.00	10.00	15.00	25.00
AH11xx//7	—	7.00	8.00	10.00	15.00	25.00
AH1139//8	—	7.00	8.00	10.00	15.00	25.00
AH11xx//9	—	7.00	8.00	10.00	15.00	25.00
AH1140//10	—	7.00	8.00	10.00	15.00	25.00
AH11xx//12	—	7.00	8.00	10.00	15.00	25.00
AH11xx//13	—	7.00	8.00	10.00	15.00	25.00
AH11xx//14	—	7.00	8.00	10.00	15.00	25.00
AH1145//15	—	7.00	8.00	10.00	15.00	25.00
AH11xx//16	—	7.00	8.00	10.00	15.00	25.00
AH11xx//17	—	7.00	8.00	10.00	15.00	25.00
AH1147//17	—	7.00	8.00	10.00	15.00	25.00
AH11xx//18	—	7.00	8.00	10.00	15.00	25.00
AH11xx//19	—	7.00	8.00	10.00	15.00	25.00
AH11xx//20	—	7.00	8.00	10.00	15.00	25.00
AH11xx//21	—	7.00	8.00	10.00	15.00	25.00
AH1153//22	—	7.00	8.00	10.00	15.00	25.00
AH11xx//24	—	7.00	8.00	10.00	15.00	25.00
AH115x//26	—	7.00	8.00	10.00	15.00	25.00
AH1157//28	—	7.00	8.00	10.00	15.00	25.00
AH1157//29	—	7.00	8.00	10.00	15.00	25.00
AH11xx//30	—	7.00	8.00	10.00	15.00	25.00
AH11xx//31	—	7.00	8.00	10.00	15.00	25.00

Sholapur
KM# 436.57 RUPEE (Type 436)
Silver **Obv:** Inscription, date **Rev:** Inscription **Note:** Weight varies 11.00-11.60 grams.

Date	Mintage	Good	VG	F	VF	XF
AH1131//1	—	7.00	10.00	20.00	35.00	50.00
AH1132//2	—	7.00	10.00	20.00	35.00	50.00
AH1148//28	—	7.00	10.00	20.00	35.00	50.00

Tatta
KM# 436.61 RUPEE (Type 436)
Silver **Obv:** Inscription, date **Rev:** Inscription **Note:** Weight varies 11.00-11.60 grams.

Date	Mintage	Good	VG	F	VF	XF
AH1132//1 (Ahad)	—	8.00	15.00	30.00	50.00	85.00
AH1132//2	—	8.00	15.00	30.00	50.00	85.00
AH1133//2	—	8.00	15.00	30.00	50.00	85.00
AH1133//3	—	8.00	15.00	30.00	50.00	85.00
AH1134//3	—	8.00	15.00	30.00	50.00	85.00
AH1137//7	—	8.00	15.00	30.00	50.00	85.00
AH113x//8	—	8.00	15.00	30.00	50.00	85.00
AH1140//xx	—	8.00	15.00	30.00	50.00	85.00
AH1142//xx	—	8.00	15.00	30.00	50.00	85.00
AH1144//14	—	8.00	15.00	30.00	50.00	85.00
AH1149//xx	—	8.00	15.00	30.00	50.00	85.00

Sikakul
KM# 436.58 RUPEE (Type 436)
Silver **Note:** Weight varies 11.00-11.60 grams.

Date	Mintage	Good	VG	F	VF	XF
AH1131//1 (Ahad) Rare	—	—	—	—	—	—
AH1139//9 Rare	—	—	—	—	—	—
AH11xx//11 Rare	—	—	—	—	—	—
AH11xx//13 Rare	—	—	—	—	—	—

Sironj
KM# 436.59 RUPEE (Type 436)
Silver **Obv:** Inscription **Rev:** Inscription **Note:** Weight varies 11.00-11.60 grams.

Date	Mintage	Good	VG	F	VF	XF
AH1131//1 (Ahad)	—	7.50	11.00	20.00	35.00	60.00
AH11xx//2	—	7.50	11.00	20.00	35.00	60.00
AH113x//3	—	7.50	11.00	20.00	35.00	60.00
AH11xx//5	—	7.50	11.00	20.00	35.00	60.00
AH11xx//8	—	7.50	11.00	20.00	35.00	60.00
AH11xx//13	—	7.50	11.00	20.00	35.00	60.00
AH1152//22	—	7.50	11.00	20.00	35.00	60.00
AH1159//29	—	7.50	11.00	20.00	35.00	60.00

Surat
KM# 436.60 RUPEE (Type 436)
Silver **Note:** Weight varies 11.00-11.60 grams.

Date	Mintage	Good	VG	F	VF	XF
AH1131//1 (Ahad)	—	7.00	8.00	10.00	15.00	25.00
AH1132//1 (Ahad)	—	7.00	8.00	10.00	15.00	25.00
AH1132//2	—	7.00	8.00	10.00	15.00	25.00

Ujjain
KM# 436.62 RUPEE (Type 436)
Silver **Obv:** Inscription **Rev.** Inscription: Dar-ul-Fath **Note:** Weight varies 11.00-11.60 grams.

Date	Mintage	Good	VG	F	VF	XF
AHxxxx//1 (Ahad)	—	7.00	9.00	12.00	18.00	30.00
AHxxxx//2	—	7.00	9.00	12.00	18.00	30.00
AHxxxx//3	—	7.00	9.00	12.00	18.00	30.00
AHxxxx//4	—	7.00	9.00	12.00	18.00	30.00
AHxxxx//8	—	7.00	9.00	12.00	18.00	30.00
AHxxxx//9	—	7.00	9.00	12.00	18.00	30.00
AHxxxx//10	—	7.00	9.00	12.00	18.00	30.00
AH11xx//11	—	7.00	9.00	12.00	18.00	30.00
AHxxxx//12	—	7.00	9.00	12.00	18.00	30.00
AHxxxx//13	—	7.00	9.00	12.00	18.00	30.00
AHxxxx//15	—	7.00	9.00	12.00	18.00	30.00
AHxxxx//17	—	7.00	9.00	12.00	18.00	30.00
AHxxxx//18	—	7.00	9.00	12.00	18.00	30.00
AHxxxx//20	—	7.00	9.00	12.00	18.00	30.00
AHxxxx//24	—	7.00	9.00	12.00	18.00	30.00

Zain-ul-Bilad

KM# 436.63 RUPEE (Type 436)

Silver **Obv:** Inscription, date **Rev:** Inscription **Note:** Also see Ahmadabad. Weight varies 11.00-11.60 grams.

Date	Mintage	Good	VG	F	VF	XF
AH1135//4 Rare	—	—	—	—	—	—
AH1135/5 Rare	—	—	—	—	—	—
AH1136/5 Rare	—	—	—	—	—	—
AH1136/6 Rare	—	—	—	—	—	—
AH1137/6 Rare	—	—	—	—	—	—
AH1137/7 Rare	—	—	—	—	—	—

Akbarabad

KM# 437.1 RUPEE (Type 437)

Silver **Obv. Inscription:** Sahib Giran Sani, Second Lord of the Conjunction **Rev. Inscription:** Mustagir-ul-Khilafat **Note:** Weight varies 11.00-11.60 grams.

Date	Mintage	Good	VG	F	VF	XF
AH1132/1 (Ahad)	—	7.00	9.00	16.00	28.00	40.00
AH1132/2	—	7.00	9.00	16.00	28.00	40.00

Akhtarnagar Awadh

KM# 437.2 RUPEE (Type 437)

Silver **Note:** Weight varies 11.00-11.60 grams.

Date	Mintage	Good	VG	F	VF	XF
AH1158/27	—	—	9.00	16.00	28.00	40.00
AH1158/28	—	—	9.00	16.00	28.00	40.00

Farrukhabad

KM# 437.3 RUPEE (Type 437)

Silver **Obv:** Inscription **Rev:** Inscription **Note:** Weight varies 11.00-11.60 grams.

Date	Mintage	Good	VG	F	VF	XF
AH1152/22	—	7.00	8.00	10.00	14.00	20.00
AH1153/22	—	7.00	8.00	10.00	14.00	20.00
AH1153/23	—	7.00	8.00	10.00	14.00	20.00
AH1154/23	—	7.00	8.00	10.00	14.00	20.00
AH1154/24	—	7.00	8.00	10.00	14.00	20.00
AH1155/24	—	7.00	8.00	10.00	14.00	20.00
AH1155/25	—	7.00	8.00	10.00	14.00	20.00
AH1156/25	—	7.00	8.00	10.00	14.00	20.00
AH1156/26	—	7.00	8.00	10.00	14.00	20.00
AH1157/26	—	7.00	8.00	10.00	14.00	20.00
AH1157/27	—	7.00	8.00	10.00	14.00	20.00
AH1158/27	—	7.00	8.00	10.00	14.00	20.00
AH1158/28	—	7.00	8.00	10.00	14.00	20.00
AH1159/28	—	7.00	8.00	10.00	14.00	20.00
AH1159/29	—	7.00	8.00	10.00	14.00	20.00
AH1160/29	—	7.00	8.00	10.00	14.00	20.00
AH1160/30	—	7.00	8.00	10.00	14.00	20.00
AH1161/30	—	7.00	8.00	10.00	14.00	20.00
AH1161/31	—	7.00	8.00	10.00	14.00	20.00

Shahjahanabad

KM# 437.4 RUPEE (Type 437)

Silver **Obv:** Inscription **Rev. Inscription:** Dar-ul-Khilafat **Note:** Weight varies 11.00-11.60 grams.

Date	Mintage	Good	VG	F	VF	XF
AH1133//2	—	7.00	8.00	10.00	12.50	16.50
AH1133//3	—	7.00	8.00	10.00	12.50	16.50
AH1134//3	—	7.00	8.00	10.00	12.50	16.50
AH1134//4	—	7.00	8.00	10.00	12.50	16.50
AH1135//4	—	7.00	8.00	10.00	12.50	16.50
AH1135//5	—	7.00	8.00	10.00	12.50	16.50
AH1136//5	—	7.00	8.00	10.00	12.50	16.50
AH1136//6	—	7.00	8.00	10.00	12.50	16.50
AH1137//6	—	7.00	8.00	10.00	12.50	16.50
AH1137//7	—	7.00	8.00	10.00	12.50	16.50
AH1138//7	—	7.00	8.00	10.00	12.50	16.50
AH1138//8	—	7.00	8.00	10.00	12.50	16.50
AH1139//8	—	7.00	8.00	10.00	12.50	16.50
AH1139//9	—	7.00	8.00	10.00	12.50	16.50
AH1140//9	—	7.00	8.00	10.00	12.50	16.50
AH1140//10	—	7.00	8.00	10.00	12.50	16.50
AH1141//10	—	7.00	8.00	10.00	12.50	16.50
AH1141//11	—	7.00	8.00	10.00	12.50	16.50
AH1142//11	—	7.00	8.00	10.00	12.50	16.50
AH1142//12	—	7.00	8.00	10.00	12.50	16.50
AH1143//12	—	7.00	8.00	10.00	12.50	16.50
AH1143//13	—	7.00	8.00	10.00	12.50	16.50
AH1144//13	—	7.00	8.00	10.00	12.50	16.50
AH1144//14	—	7.00	8.00	10.00	12.50	16.50
AH1145//14	—	7.00	8.00	10.00	12.50	16.50
AH1145//15	—	7.00	8.00	10.00	12.50	16.50
AH1146//15	—	7.00	8.00	10.00	12.50	16.50
AH1146//16	—	7.00	8.00	10.00	12.50	16.50
AH1147//16	—	7.00	8.00	10.00	12.50	16.50
AH1147//17	—	7.00	8.00	10.00	12.50	16.50
AH1148//17	—	7.00	8.00	10.00	12.50	16.50
AH1148//18	—	7.00	8.00	10.00	12.50	16.50
AH1149//18	—	7.00	8.00	10.00	12.50	16.50
AH1149//19	—	7.00	8.00	10.00	12.50	16.50
AH1150//19	—	7.00	8.00	10.00	12.50	16.50
AH1150//20	—	7.00	8.00	10.00	12.50	16.50
AH1151//20	—	7.00	8.00	10.00	12.50	16.50
AH1151//21	—	7.00	8.00	10.00	12.50	16.50
AH1152//21	—	7.00	8.00	10.00	12.50	16.50
AH1152//22	—	7.00	8.00	10.00	12.50	16.50
AH1153//22	—	7.00	8.00	10.00	12.50	16.50
AH1153//23	—	7.00	8.00	10.00	12.50	16.50
AH1154//23	—	7.00	8.00	10.00	12.50	16.50
AH1154//24	—	7.00	8.00	10.00	12.50	16.50
AH1155//24	—	7.00	8.00	10.00	12.50	16.50
AH1155//25	—	7.00	8.00	10.00	12.50	16.50
AH1156//25	—	7.00	8.00	10.00	12.50	16.50
AH1156//26	—	7.00	8.00	10.00	12.50	16.50
AH1157//26	—	7.00	8.00	10.00	12.50	16.50
AH1157//27	—	7.00	8.00	10.00	12.50	16.50
AH1158//27	—	7.00	8.00	10.00	12.50	16.50
AH1158//28	—	7.00	8.00	10.00	12.50	16.50
AH1159//28	—	7.00	8.00	10.00	12.50	16.50
AH1159//29	—	7.00	8.00	10.00	12.50	16.50
AH1160//29	—	7.00	8.00	10.00	12.50	16.50
AH1160//30	—	7.00	8.00	10.00	12.50	16.50
AH1161//30	—	7.00	8.00	10.00	12.50	16.50
AH1161//31	—	7.00	8.00	10.00	12.50	16.50

Shahjahanabad

KM# A438 RUPEE (Type A438)

Silver **Obv:** Inscription **Rev. Inscription:** Dar-ul-Khilafat **Shape:** Square **Note:** Weight varies 11.00-11.60 grams.

Date	Mintage	Good	VG	F	VF	XF
AH1154//24	—	—	—	—	—	—

Jaipur

KM# B438.1 NAZARANA RUPEE (Type B438)

Silver **Obv:** Inscription **Rev. Legend:** Sawai **Note:** Weight varies 11.00-11.60 grams.

Date	Mintage	Good	VG	F	VF	XF
AH1159//29	—	—	—	—	—	—

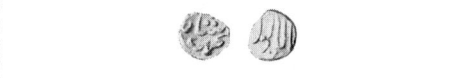

Balapur

KM# C440.2 FANAM (Type C440)

Gold **Note:** Weight varies 0.33-0.40 grams.

Date	Mintage	Good	VG	F	VF	XF
ND//x	—	12.00	30.00	60.00	100	135

Kurpa

KM# C440.1 FANAM (Type C440)

Gold **Note:** Weight varies 0.33-0.40 grams.

Date	Mintage	Good	VG	F	VF	XF
AHxxxx//27	—	15.00	30.00	55.00	100	150
ND//x	—	11.00	24.00	48.00	80.00	95.00

Guti

KM# D440.1 1/2 PAGODA (Type D440)

1.3500 g., Gold

Date	Mintage	Good	VG	F	VF	XF
AH1146//x	—	75.00	180	360	600	750

Ganjikot

KM# E440.3 PAGODA (Type E440)

2.7000 g., Gold **Obv:** Emperor's name and titles **Rev:** Mint

Date	Mintage	Good	VG	F	VF	XF
AH1153//xx	—	60.00	150	300	500	700
ND(1719-48)	—	60.00	150	300	500	700

Guti

KM# E440.2 PAGODA (Type E440)

Gold **Note:** Weight varies 2.65-2.75 grams.

Date	Mintage	Good	VG	F	VF	XF
AH1168//x (sic)	—	60.00	150	300	500	700

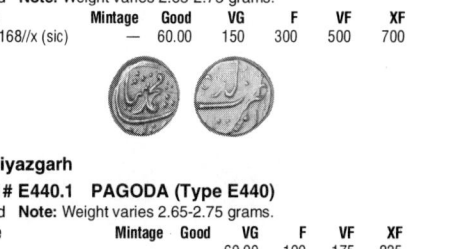

Imtiyazgarh

KM# E440.1 PAGODA (Type E440)

Gold **Note:** Weight varies 2.65-2.75 grams.

Date	Mintage	Good	VG	F	VF	XF
ND	—	—	60.00	100	175	235
AH11xx//(1) Ahad	—	—	70.00	135	225	300
AH11xx//2	—	—	70.00	135	225	300
AH11xx//3	—	—	70.00	135	225	300
AH11xx//8	—	—	70.00	135	225	300
AH11xx//12	—	—	70.00	135	225	300
AH1161//31	—	—	70.00	135	225	300

Shahjahanabad

KM# C438.1 1/4 MOHUR (Type C438)

Gold **Note:** Weight varies 2.67-2.72 grams.

Date	Mintage	Good	VG	F	VF	XF
AHxxxx//21	—	110	275	550	750	1,000

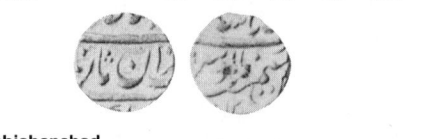

Shahjahanabad

KM# D438.1 1/2 MOHUR (Type D438)

Gold **Obv:** Inscription **Rev. Inscription:** Dar-ul-Khilafat **Note:** Weight varies 5.35-5.45 grams.

Date	Mintage	Good	VG	F	VF	XF
AHxxxx//11	—	220	300	500	625	800
AHxxxx//12	—	200	250	400	460	550
AH1152//22	—	250	325	650	850	1,200
AH11xx//30	—	250	325	650	850	1,200

Sind

KM# D438.2 1/2 MOHUR (Type D438)

Gold **Note:** Weight varies 5.35-5.45 grams.

Date	Mintage	Good	VG	F	VF	XF
AHxxxx//12 Rare	—	—	—	—	—	—

Surat

KM# E438.1 MOHUR (Type E438)

Gold **Obv. Inscription:** Ba-luf-ullah Badshah-i-Zaman **Rev:** Inscription **Note:** Weight varies 10.70-10.90 grams.

Date	Mintage	Good	VG	F	VF	XF
AH1131//1 (Ahad)	—	—	600	850	1,000	1,500

Burhanpur

KM# F438.1 MOHUR (Type F438)

Gold **Note:** Weight varies 10.70-10.90 grams.

Date	Mintage	Good	VG	F	VF	XF
AHxxxx//(1) Ahad	—	450	650	1,300	1,800	2,500

Ahmadabad

KM# 438.26 MOHUR (Type 438)

Gold **Obv. Inscription:** Badshah Ghazi **Rev:** Inscription **Note:** Weight varies 10.70-10.90 grams.

Date	Mintage	Good	VG	F	VF	XF
AHxxxx//10	—	500	600	775	1,050	1,400
AHxxxx//12	—	500	600	775	1,050	1,400
AHxxxx//15	—	500	600	775	1,050	1,400
AHxxxx//16	—	500	600	775	1,050	1,400
AHxxxx//29	—	500	600	775	1,050	1,400

INDIA MUGHAL EMPIRE

Ahmadnagar

KM# 438.1 MOHUR (Type 438)

Gold **Note:** Weight varies 10.70-10.90 grams.

Date	Mintage	Good	VG	F	VF	XF
AHxxxx//0	—	500	575	700	800	1,200

Akbarabad

KM# 438.2 MOHUR (Type 438)

Gold **Obv:** Inscription **Rev. Inscription:** Mustagir-ul-Khilifat **Note:** Weight varies 10.70-10.90 grams.

Date	Mintage	Good	VG	F	VF	XF
AH11xx//(1) (Ahad)	—	—	500	525	600	725
AH1136//5	—	—	500	525	600	725
AH1140//9	—	—	500	525	600	725
AH1143//13	—	—	500	525	600	725
AH11xx/14	—	—	500	525	600	725
AH11xx/17	—	—	500	525	600	725
AH1149//19	—	—	500	525	600	725
AH115x/20	—	—	500	525	600	725
AH115x/25	—	—	500	525	600	725
AH11xx/29	—	—	500	525	600	725
AH1160//30	—	—	500	525	600	725

Akhtarnagar Awadh

KM# 438.4 MOHUR (Type 438)

Gold **Obv:** Inscription, date **Rev:** Inscription **Note:** Weight varies 10.70-10.90 grams.

Date	Mintage	Good	VG	F	VF	XF
AHxxxx//11	—	500	600	775	1,050	1,400
AH114x//13	—	500	600	775	1,050	1,400

Allahabad

KM# 438.3 MOHUR (Type 438)

Gold **Note:** Weight varies 10.70-10.90 grams.

Date	Mintage	Good	VG	F	VF	XF
AH138//8	—	500	550	700	875	1,100

Azimabad

KM# 438.30 MOHUR (Type 438)

Gold **Note:** Weight varies 10.70-10.90 grams.

Date	Mintage	Good	VG	F	VF	XF
AH134//4	—	525	700	1,150	1,400	1,900

Burhanpur

KM# 438.6 MOHUR (Type 438)

Gold **Obv:** Inscription **Rev. Legend:** Dar-us-Sarur **Note:** Weight varies 10.70-10.90 grams.

Date	Mintage	Good	VG	F	VF	XF
AHxxxx//3	—	—	525	625	775	975
AHxxxx//7	—	—	525	625	775	975
AH1152//22	—	—	525	625	775	975

Gwalior

KM# 438.7 MOHUR (Type 438)

Gold **Note:** Weight varies 10.70-10.90 grams.

Date	Mintage	Good	VG	F	VF	XF
AHxxxx//17	—	525	700	1,150	1,400	1,900

Haidarabad (Farkhanda Bunyad)

KM# 438.8 MOHUR (Type 438)

Gold **Obv:** Inscription **Rev. Legend:** Farkhanda Bunyad **Note:** Weight varies 10.70-10.90 grams.

Date	Mintage	Good	VG	F	VF	XF
AH1138//8	—	—	500	625	775	975
AH11xx/10	—	—	500	625	775	975
AH11xx/13	—	—	500	625	775	975
AH11xx/15	—	—	500	625	775	975
AH11xx/19	—	—	500	625	775	975

Islamabad

KM# 438.9 MOHUR (Type 438)

Gold **Note:** Weight varies 10.70-10.90 grams.

Date	Mintage	Good	VG	F	VF	XF
AH1134//3	—	500	600	775	1,050	1,400
AH114x//11	—	500	600	775	1,050	1,400
AH1151//21	—	500	600	775	1,050	1,400
AH1152//22	—	500	600	775	1,050	1,400
AH1153//23	—	500	600	775	1,050	1,400
AH1155//25	—	500	600	775	1,050	1,400

Itawa

KM# 438.10 MOHUR (Type 438)

Gold **Note:** Weight varies 10.70-10.90 grams.

Date	Mintage	Good	VG	F	VF	XF
AH1139//8	—	500	550	700	875	1,100
AH1139//9	—	500	550	700	875	1,100
AH1140//9	—	500	550	700	875	1,100
AH1140//10	—	500	550	700	875	1,100
AH1145//15	—	500	550	700	875	1,100
AH11xx/21	—	500	550	700	875	1,100
AH11xx/24	—	500	550	700	875	1,100
AH1156//26	—	500	550	700	875	1,100

Kabul

KM# 438.11 MOHUR (Type 438)

Gold **Note:** Weight varies 10.70-10.90 grams.

Date	Mintage	Good	VG	F	VF	XF
AH1137//x	—	475	625	850	1,200	1,650

Kanbayat

KM# 438.28 MOHUR (Type 438)

Gold **Note:** Weight varies 10.70-10.90 grams.

Date	Mintage	Good	VG	F	VF	XF
AHxxxx/18	—	525	700	1,150	1,400	1,900
AHxxxx/21	—	525	700	1,150	1,400	1,900

Katak

KM# 438.12 MOHUR (Type 438)

Gold **Note:** Weight varies 10.70-10.90 grams.

Date	Mintage	Good	VG	F	VF	XF
AH1135//4	—	525	700	1,150	1,400	1,900

Khujista Bunyad

KM# 438.13 MOHUR (Type 438)

Gold **Obv:** Inscription **Rev:** Inscription **Note:** Weight varies 10.70-10.90 grams.

Date	Mintage	Good	VG	F	VF	XF
AH131//(1) Ahad	—	—	500	525	600	725
AH132//(1) Ahad	—	—	500	525	600	725
AH13xx/2	—	—	500	525	600	725
AH133//3	—	—	500	525	600	725
AH11xx/4	—	—	500	525	600	725
AH11xx/7	—	—	500	525	600	725
AH11xx/10	—	—	500	525	600	725
AH11xx/11	—	—	500	525	600	725
AH11xx/13	—	—	500	525	600	725
AH1149//19	—	500	525	600	725

Kora

KM# 438.14 MOHUR (Type 438)

Gold **Obv:** Inscription, date **Rev:** Inscription **Note:** Weight varies 10.70-10.90 grams.

Date	Mintage	Good	VG	F	VF	XF
AH11xx/2	—	500	550	700	875	1,100
AH1140//10	—	500	550	700	875	1,100
AH1144//14	—	500	550	700	875	1,100
AH1140//18	—	500	550	700	875	1,100

Lahore

KM# 438.15 MOHUR (Type 438)

Gold **Obv:** Inscription **Rev. Inscription:** Dar-us-Sultanat **Note:** Weight varies 10.70-10.90 grams.

Date	Mintage	Good	VG	F	VF	XF
AH1138//8	—	—	500	575	700	875
AH11xx//11	—	—	500	575	700	875
AH11xx/17	—	—	500	575	700	875
AH11xx/21	—	—	500	575	700	875
AH1154//24	—	—	500	575	700	875
AH1155//25	—	—	500	575	700	875
AH1156//26	—	—	500	575	700	875
AH1158//28	—	—	500	575	700	875
AH1161//31	—	—	500	575	700	875
AH16xx/30	—	—	500	575	700	875

Macchhlipattan

KM# 438.27 MOHUR (Type 438)

Gold **Note:** Weight varies 10.70-10.90 grams.

Date	Mintage	Good	VG	F	VF	XF
AH1150//19	—	975	1,400	1,950	2,800	3,900

Muazzamabad

KM# 438.16 MOHUR (Type 438)

Gold **Note:** Weight varies 10.70-10.90 grams.

Date	Mintage	Good	VG	F	VF	XF
AH1132//2	—	500	550	700	875	1,100
AH113x//4	—	500	550	700	875	1,100
AH1135//5	—	500	550	700	875	1,100
AH11xx/6	—	500	550	700	875	1,100
AH1140//10	—	500	550	700	875	1,100
AH11xx//11	—	500	550	700	875	1,100
AH1144//15	—	500	550	700	875	1,100
AH115x/21	—	500	550	700	875	1,100

Muhammadabad Banaras

KM# 438.5 MOHUR (Type 438)

Gold **Note:** Weight varies 10.70-10.90 grams.

Date	Mintage	Good	VG	F	VF	XF
AHxxxx/5	—	500	650	800	975	1,250
AHxxxx/20	—	500	650	800	975	1,250
AHxxxx/25	—	500	650	800	975	1,250
AHxxxx/30	—	500	650	800	975	1,250

Multan

KM# 438.17 MOHUR (Type 438)

Gold **Obv:** Inscription **Rev:** Inscription **Note:** Weight varies 10.70-10.90 grams.

Date	Mintage	Good	VG	F	VF	XF
AH1152//21	—	500	650	800	1,050	1,350
AH1157//26	—	500	650	800	1,050	1,350

Murshidabad

KM# 438.18 MOHUR (Type 438)

Gold **Note:** Weight varies 10.70-10.90 grams.

Date	Mintage	Good	VG	F	VF	XF
AHxxxx/23	—	550	750	1,000	1,500	2,100

Peshawar

KM# 438.19 MOHUR (Type 438)

Gold **Note:** Weight varies 10.70-10.90 grams.

Date	Mintage	Good	VG	F	VF	XF
AHxxxx/21	—	600	950	1,350	2,000	2,800

Qanauj

KM# 438.20 MOHUR (Type 438)

Gold **Note:** Weight varies 10.70-10.90 grams.

Date	Mintage	Good	VG	F	VF	XF
AH1144//13	—	500	650	800	975	1,250
AH114x//14	—	500	650	800	975	1,250

Sahrind

KM# 438.21 MOHUR (Type 438)

Gold **Obv:** Inscription **Rev:** Inscription **Note:** Weight varies 10.70-10.90 grams.

Date	Mintage	Good	VG	F	VF	XF
AHxxxx//10	—	525	700	900	1,200	1,600
AH1147//17	—	525	700	900	1,200	1,600
AH1153//23	—	525	700	900	1,200	1,600

Shahjahanabad

KM# 438.22 MOHUR (Type 438)

Gold **Obv:** Inscription **Rev:** Inscription **Rev. Inscription:** Dar-ul-Khilifat **Note:** Weight varies 10.70-10.90 grams.

Date	Mintage	Good	VG	F	VF	XF
AH1131//1 (Ahad)	—	550	750	950	1,250	1,725

Surat

KM# 438.23 MOHUR (Type 438)

Gold **Note:** Weight varies 10.70-10.90 grams.

Date	Mintage	Good	VG	F	VF	XF
AHxxxx//10	—	—	500	525	600	725
AHxxxx//13	—	—	500	525	600	725
AHxxxx//15	—	—	500	525	600	725
AHxxxx//17	—	—	500	525	600	725
AHxxxx//21	—	—	500	525	600	725

Tatta

KM# 438.24 MOHUR (Type 438)

Gold **Note:** Weight varies 10.70-10.90 grams.

Date	Mintage	Good	VG	F	VF	XF
AH1135//4	—	525	675	850	1,100	1,450

Ujjain

KM# 438.25 MOHUR (Type 438)

Gold **Obv:** Inscription **Rev. Inscription:** Dar-ul-Fath **Note:** Weight varies 10.70-10.90 grams.

Date	Mintage	Good	VG	F	VF	XF
AHxxxx//20	—	500	650	800	975	1,250
AHxxxx//24	—	500	650	800	975	1,250

Akbarabad

KM# 439.1 MOHUR (Type 439)

Gold **Obv. Inscription:** Sahib Qiran Sani **Rev. Inscription:** Mustagir-ul-Khilifat **Note:** Weight varies 10.70-10.90 grams.

Date	Mintage	Good	VG	F	VF	XF
AHxxxx//2	—	500	650	800	1,050	1,350

Aurangabad

KM# 439.2 MOHUR (Type 439)

Gold **Obv:** Inscription **Rev:** Inscription **Note:** Weight varies 10.70-10.90 grams.

Date	Mintage	Good	VG	F	VF	XF
AHxxxx//8	—	500	650	800	1,050	1,350
AHxxxx//12	—	500	650	800	1,050	1,350

Farrukhabad

KM# 439.3 MOHUR (Type 439)

Gold **Note:** Weight varies 10.70-10.90 grams.

Date	Mintage	Good	VG	F	VF	XF
AH1155//25	—	500	700	850	1,250	1,500

Shahjahanabad

KM# 439.4 MOHUR (Type 439)

Gold **Obv:** Inscription **Rev. Inscription:** Dar-ul-Khilifat **Note:** Weight varies 10.70-10.90 grams.

Date	Mintage	Good	VG	F	VF	XF
AH1133//3	—	—	500	525	600	725
AH1134//3	—	—	500	525	600	725
AH1135//4	—	—	500	525	600	725
AH1134//4	—	—	500	525	600	725
AH1136//5	—	—	500	525	600	725
AH1135//5	—	—	500	525	600	725
AH1137//6	—	—	500	525	600	725
AH1136//6	—	—	500	525	600	725
AH1138//7	—	—	500	525	600	725
AH1137//7	—	—	500	525	600	725
AH1139//8	—	—	500	525	600	725
AH1138//8	—	—	500	525	600	725
AH1140//9	—	—	500	525	600	725
AH1139//9	—	—	500	525	600	725
AH1141//10	—	—	500	525	600	725
AH1140//10	—	—	500	525	600	725
AH1142//11	—	—	500	525	600	725
AH1141//11	—	—	500	525	600	725
AH1143//12	—	—	500	525	600	725
AH1142//12	—	—	500	525	600	725
AH1144//13	—	—	500	525	600	725
AH1143//13	—	—	500	525	600	725
AH1145//14	—	—	500	525	600	725
AH1144//14	—	—	500	525	600	725
AH1146//15	—	—	500	525	600	725
AH1145//15	—	—	500	525	600	725
AH1147//16	—	—	500	525	600	725
AH1146//16	—	—	500	525	600	725
AH1148//17	—	—	500	525	600	725
AH1147//17	—	—	500	525	600	725
AH1149//18	—	—	500	525	600	725
AH1148//18	—	—	500	525	600	725
AH1150//19	—	—	500	525	600	725
AH1149//19	—	—	500	525	600	725
AH1151//20	—	—	500	525	600	725
AH1150//20	—	—	500	525	600	725
AH1152//21	—	—	500	525	600	725
AH1151//21	—	—	500	525	600	725
AH1153//22	—	—	500	525	600	725
AH1152//22	—	—	500	525	600	725
AH1153//23	—	—	500	525	600	725
AH115x//25	—	—	500	525	600	725
AH1156//26	—	—	500	525	600	725
AH115x//29	—	—	500	525	600	725
AH11xx//30	—	—	500	525	600	725

Sind

KM# 439.5 MOHUR (Type 439)

Gold **Note:** Weight varies 10.70-10.90 grams.

Date	Mintage	Good	VG	F	VF	XF
AHxxxx//12	—	650	950	1,350	2,000	2,800

Kashmir

KM# A440.1 MOHUR (Type G440)

Gold **Obv. Inscription:** Inscription is arranged in toughra **Rev. Inscription:** Inscription with small triple circle and 4 foliated marginal areas **Note:** Prev. KM#439A.1. Weight varies 10.70-10.90 grams.

Date	Mintage	Good	VG	F	VF	XF
AH1151//21 Rare	—	—	—	—	—	—
AH1154//24 Rare	—	—	—	—	—	—

Shahjahanabad

KM# B440.1 NAZARANA MOHUR (Type B440)

Gold **Obv:** Inscription **Rev. Legend:** Dar-ul-Khilifat **Note:** Weight varies 10.70-10.90 grams.

Date	Mintage	Good	VG	F	VF	XF
AH1142//11	—	600	900	1,200	1,800	2,600
AH1158//27	—	600	900	1,200	1,800	2,600
AH1160//29	—	600	900	1,200	1,800	2,600

Shahjahanabad

KM# B438.2 NAZARANA RUPEE

Silver **Note:** Weight varies 11.00-11.60 grams.

Date	Mintage	Good	VG	F	VF	XF
AH1135//5	—	—	—	—	—	—
AH1158//27	—	—	—	—	—	—

Muhammad Ibrahim

In Delhi, AH1132-1133 / 1720AD

HAMMERED COINAGE

Shahjahanabad

KM# 426.1 RUPEE (Type 426)

11.4440 g., Silver **Obv:** Inscription **Rev. Inscription:** Dar-ul-Khilafat **Note:** Weight varies 11.00-11.60 grams.

Date	Mintage	Good	VG	F	VF	XF
AH1132//1 (Ahad)	—	—	250	420	500	600
AH1133//1 (Ahad)	—	—	250	420	500	600

Shahjahanabad

KM# 428.1 MOHUR (Type 428)

Gold **Obv:** Inscription **Rev. Legend:** Dar-ul-Khilifat **Note:** Weight varies 10.60-10.90 grams. Type 428.

Date	Mintage	Good	VG	F	VF	XF
AH1132//1 (Ahad)	—	—	275	500	850	1,200

Ahmad Shah Bahadur

AH1161-1167 / 1748-1754AD

HAMMERED COINAGE

Macchlipattan

KM# 440.3 DAM (Type 440)

Copper **Note:** Weight varies 19.70-20.20 grams.

Date	Mintage	Good	VG	F	VF	XF
AH116x//4	—	—	—	—	—	—
AH1166//x	—	—	—	—	—	—

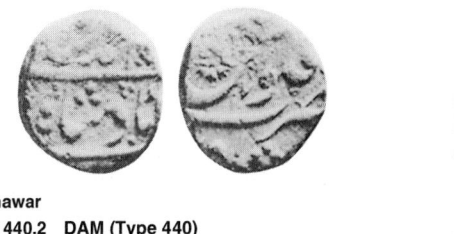

Peshawar

KM# 440.2 DAM (Type 440)

Copper **Note:** Weight varies 19.70-20.20 grams.

Date	Mintage	Good	VG	F	VF	XF
AH1164//4 Rare	—	—	—	—	—	—

Burhanpur

KM# 441.1 1/16 RUPEE (Type 441)

Silver **Note:** Weight varies 0.68-0.72 grams.

Date	Mintage	Good	VG	F	VF	XF
AH1162//2 Rare	—	—	—	—	—	—

INDIA MUGHAL EMPIRE

Lahore

KM# 442.1 1/8 RUPEE (Type 442)
1.4300 g., Silver **Obv:** Inscription **Rev. Inscription:** Dar-us-Sultanat **Note:** Weight varies 1.38-1.45 grams.

Date	Mintage	Good	VG	F	VF	XF
AHxxxx//3 Rare	—	—	—	—	—	—

Murshidabad

KM# 443.1 1/4 RUPEE (Type 443)
Silver **Note:** Weight varies 2.75-2.90 grams.

Date	Mintage	Good	VG	F	VF	XF
AHxxxx//5	—	—	—	—	—	—

Azimabad

KM# 444.5 1/2 RUPEE (Type 444)
Silver **Note:** Weight varies 5.50-5.80 grams.

Date	Mintage	Good	VG	F	VF	XF
AH1166//6	—	—	—	—	—	—

Itawa

KM# 444.6 1/2 RUPEE (Type 444)
Silver **Note:** Weight varies 5.50-5.80 grams.

Date	Mintage	Good	VG	F	VF	XF
AHxxxx//4	—	—	—	—	—	—

Muhammadabad Banaras

KM# 444.1 1/2 RUPEE (Type 444)
Silver **Note:** Weight varies 5.50-5.80 grams.

Date	Mintage	Good	VG	F	VF	XF
AH1165//5	—	—	21.00	42.00	70.00	100

Murshidabad

KM# 444.4 1/2 RUPEE (Type 444)
5.7220 g., Silver **Note:** Weight varies 5.50-5.80 grams.

Date	Mintage	Good	VG	F	VF	XF
AHxxxx//1 (Ahad)	—	—	—	—	—	—
AHxxxx//2	—	—	—	—	—	—

Shahjahanabad

KM# 444.2 1/2 RUPEE (Type 444)
Silver **Obv:** Inscription **Rev. Inscription:** Dar-ul-Khilafat **Note:** Weight varies 5.50-5.80 grams.

Date	Mintage	Good	VG	F	VF	XF
AH1164//4	—	18.00	42.50	85.00	140	200
AH1165//4	—	18.00	42.50	85.00	140	200
AH1165//5	—	18.00	42.50	85.00	140	200

Surat

KM# 444.3 1/2 RUPEE (Type 444)
Silver **Note:** Weight varies 5.50-5.80 grams.

Date	Mintage	Good	VG	F	VF	XF
AHxxxx//1 (Ahad)	—	10.00	21.00	42.00	70.00	100

Ahmadabad

KM# 446.18 RUPEE (Type 446)
Silver **Obv. Inscription:** Ahmad Shah, Emperor **Rev:** Inscription **Note:** Weight varies 11.00-11.60 grams.

Date	Mintage	Good	VG	F	VF	XF
AH1162//1 (Ahad)	—	7.50	12.50	25.00	42.00	60.00
AH11xx//2	—	7.50	12.50	25.00	42.00	60.00
AH11xx//3	—	7.50	12.50	25.00	42.00	60.00
AH1165//4	—	7.50	12.50	25.00	42.00	60.00

Ajmir

KM# 446.1 RUPEE (Type 446)
Silver **Obv:** Inscription **Rev. Inscription:** Dar-ul-Khair **Note:** Weight varies 11.00-11.60 grams.

Date	Mintage	Good	VG	F	VF	XF
AH1161//1 (Ahad)	—	7.00	8.00	10.00	16.50	25.00
AH1162//1 (Ahad)	—	7.00	8.00	10.00	16.50	25.00
AH1162//2	—	7.00	8.00	10.00	16.50	25.00
AH1163//2	—	7.00	8.00	10.00	16.50	25.00
AH1163//3	—	7.00	8.00	10.00	16.50	25.00
AH1164//3	—	7.00	8.00	10.00	16.50	25.00
AH1164//4	—	7.00	8.00	10.00	16.50	25.00
AH116x//5	—	7.00	8.00	10.00	16.50	25.00
AH116x//6	—	7.00	8.00	10.00	16.50	25.00
AH1167//7	—	7.00	8.00	10.00	16.50	25.00

Akbarabad

KM# 446.2 RUPEE (Type 446)
Silver **Obv:** Inscription **Rev. Inscription:** Mustagir-ul-Khilafat **Note:** Weight varies 11.00-11.60 grams.

Date	Mintage	Good	VG	F	VF	XF
AH1161//1	—	7.00	8.00	10.00	16.50	25.00
AH116x//1 (Ahad)	—	7.00	8.00	10.00	16.50	25.00
AH116x//2	—	7.00	8.00	10.00	16.50	25.00
AH1163//3	—	7.00	8.00	10.00	16.50	25.00
AH1164//3	—	7.00	8.00	10.00	16.50	25.00
AH1164//4	—	7.00	8.00	10.00	16.50	25.00
AHxxxx//4	—	7.00	8.00	10.00	16.50	25.00
AH1165//4	—	7.00	8.00	10.00	16.50	25.00
AH1165//5	—	7.00	8.00	10.00	16.50	25.00
AH1166//5	—	7.00	8.00	10.00	16.50	25.00
AH1166//6	—	7.00	8.00	10.00	16.50	25.00
AH1167//6	—	7.00	8.00	10.00	16.50	25.00
AH1167//7	—	7.00	8.00	10.00	16.50	25.00

Akbarnagar

KM# 446.3 RUPEE (Type 446)
Silver **Note:** Weight varies 11.00-11.60 grams.

Date	Mintage	Good	VG	F	VF	XF
AH1163//3	—	7.00	9.00	15.00	25.00	35.00
AHxxxx//4	—	7.00	9.00	15.00	25.00	35.00
AH1165//5	—	7.00	9.00	15.00	25.00	35.00

Allahabad

KM# 446.4 RUPEE (Type 446)
Silver **Note:** Weight varies 11.00-11.60 grams.

Date	Mintage	Good	VG	F	VF	XF
AH1161//1 (Ahad)	—	7.00	8.00	13.00	22.00	32.00
AH1162//1 (Ahad)	—	7.00	8.00	13.00	22.00	32.00
AH1162//2	—	7.00	8.00	13.00	22.00	32.00
AH1163//2	—	7.00	8.00	13.00	22.00	32.00
AH1163//3	—	7.00	8.00	13.00	22.00	32.00
AH1164//3	—	7.00	8.00	13.00	22.00	32.00
AH1164//4	—	7.00	8.00	13.00	22.00	32.00
AH1165//4	—	7.00	8.00	13.00	22.00	32.00
AH1165//5	—	7.00	8.00	13.00	22.00	32.00
AH1166//5	—	7.00	8.00	13.00	22.00	32.00
AH1166//6	—	7.00	8.00	13.00	22.00	32.00

Aurangnagar

KM# 446.19 RUPEE (Type 446)
Silver **Note:** Weight varies 11.00-11.60 grams.

Date	Mintage	Good	VG	F	VF	XF
AH1161//1 (Ahad)	—	7.00	10.00	16.00	28.00	40.00

Azimabad

KM# 446.5 RUPEE (Type 446)
Silver **Note:** Weight varies 11.00-11.60 grams.

Date	Mintage	Good	VG	F	VF	XF
AH1161//1 (Ahad)	—	7.00	8.00	13.00	22.00	32.00
AH1162//1 (Ahad)	—	7.00	8.00	13.00	22.00	32.00
AH1162//2	—	7.00	8.00	13.00	22.00	32.00
AH1163//2	—	7.00	8.00	13.00	22.00	32.00
AH116x//4	—	7.00	8.00	13.00	22.00	32.00
AH1165//5	—	7.00	8.00	13.00	22.00	32.00
AH1167//7	—	7.00	8.00	13.00	22.00	32.00

Balwantnagar

KM# 446.20 RUPEE (Type 446)
Silver **Note:** Weight varies 11.00-11.60 grams.

Date	Mintage	Good	VG	F	VF	XF
AH116x//1 (Ahad)	—	7.00	9.00	16.00	28.00	40.00
AH116x//2	—	7.00	9.00	16.00	28.00	40.00
AH116x//3	—	7.00	9.00	16.00	28.00	40.00
AH1164//4	—	7.00	9.00	16.00	28.00	40.00
AH11xx//4	—	7.00	9.00	16.00	28.00	40.00
AH11xx//5	—	7.00	9.00	16.00	28.00	40.00
AH11xx//6	—	7.00	9.00	16.00	28.00	40.00
AH11XX//7	—	7.00	9.00	16.00	28.00	40.00

Bareli

KM# 446.21 RUPEE (Type 446)
Silver **Note:** Weight varies 11.00-11.60 grams.

Date	Mintage	Good	VG	F	VF	XF
AH1161//1 (Ahad)	—	7.00	9.00	16.00	28.00	40.00
AH1162//1 (Ahad)	—	7.00	9.00	16.00	28.00	40.00
AH1162//2	—	7.00	9.00	16.00	28.00	40.00
AH1163//2	—	7.00	9.00	16.00	28.00	40.00
AH1163//3	—	7.00	9.00	16.00	28.00	40.00
AH1164//3	—	7.00	9.00	16.00	28.00	40.00
AH1164//4	—	7.00	9.00	16.00	28.00	40.00
AH1165//4	—	7.00	9.00	16.00	28.00	40.00
AH1165//5	—	7.00	9.00	16.00	28.00	40.00
AH1166//5	—	7.00	9.00	16.00	28.00	40.00
AH1166//6	—	7.00	9.00	16.00	28.00	40.00
AH1167//6	—	7.00	9.00	16.00	28.00	40.00
AH1167//7	—	7.00	9.00	16.00	28.00	40.00

Bhakkar

KM# 446.7 RUPEE (Type 446)
Silver **Note:** Weight varies 11.00-11.60 grams.

Date	Mintage	Good	VG	F	VF	XF
AH1161//1 (Ahad)	—	7.00	10.00	18.00	30.00	45.00
AH1162//2	—	7.00	10.00	18.00	30.00	45.00

Broach

KM# 446.40 RUPEE (Type 446)
Silver **Obv:** Inscription **Rev:** Inscription **Note:** Weight varies 11.00-11.60 grams.

Date	Mintage	Good	VG	F	VF	XF
AH1167//x	—	—	—	—	—	—

Burhanpur

KM# 446.22 RUPEE (Type 446)
Silver **Note:** Weight varies 11.00-11.60 grams.

Date	Mintage	Good	VG	F	VF	XF
AH1161//1 (Ahad)	—	7.00	9.00	16.00	28.00	40.00
AH1162//1 (Ahad)	—	7.00	9.00	16.00	28.00	40.00
AH1162//2	—	7.00	9.00	16.00	28.00	40.00
AH1163//2	—	7.00	9.00	16.00	28.00	40.00
AH1163//3	—	7.00	9.00	16.00	28.00	40.00
AH1164//3	—	7.00	9.00	16.00	28.00	40.00
AH1164//4	—	7.00	9.00	16.00	28.00	40.00
AH1165//4	—	7.00	9.00	16.00	28.00	40.00

Date	Mintage	Good	VG	F	VF	XF
AH1165//5	—	7.00	9.00	16.00	28.00	40.00
AH1166//5	—	7.00	9.00	16.00	28.00	40.00
AH1166//6	—	7.00	9.00	16.00	28.00	40.00
AH1167//6	—	7.00	9.00	16.00	28.00	40.00
AH1167//7	—	7.00	9.00	16.00	28.00	40.00

Date	Mintage	Good	VG	F	VF	XF
AHxxxx//2	—	10.00	20.00	40.00	65.00	95.00
AH1163/3	—	10.00	20.00	40.00	65.00	95.00
AHxxxx//4	—	10.00	20.00	40.00	65.00	95.00
AH1164//5	—	10.00	20.00	40.00	65.00	95.00

Cuttack

KM# 446.38 RUPEE (Type 446)
Silver Note: Weight varies 11.00-11.60 grams.

Date	Mintage	Good	VG	F	VF	XF
AHxxxx//1 (Ahad)	—	—	—	—	—	—
AHxxxx//2	—	—	—	—	—	—
AHxxxx//3	—	—	—	—	—	—
AHxxxx//4	—	—	—	—	—	—
AHxxxx//5	—	—	—	—	—	—
AHxxxx//6	—	—	—	—	—	—
AHxxxx//7	—	—	—	—	—	—

Islamabad

KM# 446.25 RUPEE (Type 446)
Silver Obv: Inscription Rev: Inscription Note: Weight varies 11.00-11.60 grams.

Date	Mintage	Good	VG	F	VF	XF
AH1162//2	—	7.00	9.00	16.00	28.00	40.00
AH11x//3	—	7.00	9.00	16.00	28.00	40.00
AH1166//6	—	7.00	9.00	16.00	28.00	40.00

Itawa

KM# 446.10 RUPEE (Type 446)
Silver Note: Weight varies 11.00-11.60 grams.

Date	Mintage	Good	VG	F	VF	XF
AH1163//2	—	7.00	8.00	11.00	18.00	26.00
AH1163//3	—	7.00	8.00	11.00	18.00	26.00
AH116x//5	—	7.00	8.00	11.00	18.00	26.00
AH1166//6	—	7.00	8.00	11.00	18.00	26.00

Dera

KM# 446.8 RUPEE (Type 446)
Silver Obv: Inscription, date Rev: Inscription Note: Weight varies 11.00-11.60 grams.

Date	Mintage	Good	VG	F	VF	XF
AH1162//2	—	8.00	15.00	28.00	45.00	65.00
AH1163//2	—	8.00	15.00	28.00	45.00	65.00
AH1163//3	—	8.00	15.00	28.00	45.00	65.00
AH116x//5	—	8.00	15.00	28.00	45.00	65.00
AH1164//x	—	8.00	15.00	28.00	45.00	65.00

Jabbalpore

KM# 446.37 RUPEE (Type 446)
Silver Note: Weight varies 11.00-11.60 grams.

Date	Mintage	Good	VG	F	VF	XF
AHxxxx//5	—	—	—	—	—	—

Jahangirnagar

KM# 446.11 RUPEE (Type 446)
Silver Note: Weight varies 11.00-11.60 grams.

Date	Mintage	Good	VG	F	VF	XF
AHxxxx//1 (Ahad)	—	7.00	10.00	18.00	30.00	45.00
AHxxxx//5	—	7.00	10.00	18.00	30.00	45.00
AHxxxx//6	—	7.00	10.00	18.00	30.00	45.00
AHxxxx//7	—	7.00	10.00	18.00	30.00	45.00

Derajat

KM# 446.9 RUPEE (Type 446)
Silver Note: Weight varies 11.00-11.60 grams.

Date	Mintage	Good	VG	F	VF	XF
ND//x Rare	—	—	—	—	—	—

Kora

KM# 446.12 RUPEE (Type 446)
Silver Obv: Inscription Rev: Inscription Note: Weight varies 11.00-11.60 grams.

Date	Mintage	Good	VG	F	VF	XF
AH1161//1 (Ahad)	—	7.00	9.00	15.00	25.00	37.50
AHxx61/1 (Ahad)	—	7.00	9.00	15.00	25.00	37.50
AH1162//2	—	7.00	9.00	15.00	25.00	37.50
AH116x//3	—	7.00	9.00	15.00	25.00	37.50
AH1164//4	—	7.00	9.00	15.00	25.00	37.50
AH1166//6	—	7.00	9.00	15.00	25.00	37.50
AHxxxx//8 (sic)	—	7.00	9.00	15.00	25.00	37.50

Farrukhabad

KM# 446.23 RUPEE (Type 446)
Silver Obv: Inscription, date Rev: Inscription Note: Weight varies 11.00-11.60 grams.

Date	Mintage	Good	VG	F	VF	XF
AH1161//1 (Ahad)	—	8.00	13.50	27.50	45.00	65.00
AH1162//1 (Ahad)	—	8.00	13.50	27.50	45.00	65.00
AH1162//2	—	8.00	13.50	27.50	45.00	65.00
AH1163//2	—	8.00	13.50	27.50	45.00	65.00
AH1165//5	—	8.00	13.50	27.50	45.00	65.00
AH1166//5	—	8.00	13.50	27.50	45.00	65.00
AH1166//6	—	8.00	13.50	27.50	45.00	65.00
AH1167//6	—	8.00	13.50	27.50	45.00	65.00
AH1167//7	—	8.00	13.50	27.50	45.00	65.00

Kalpi

KM# 446.41 RUPEE (Type 446)
Silver Note: Weight varies 11.00-11.60 grams.

Date	Mintage	Good	VG	F	VF	XF
AH1163//3	—	9.00	15.00	28.00	45.00	65.00
AH1164//4	—	9.00	15.00	28.00	45.00	65.00
AHxxxx//4	—	9.00	15.00	28.00	45.00	65.00
AH1164//5	—	9.00	15.00	28.00	45.00	65.00

Lahore

KM# 446.13 RUPEE (Type 446)
Silver Obv: Inscription Rev. Inscription: Dar-us-Sultanat Note: Weight varies 11.00-11.60 grams.

Date	Mintage	Good	VG	F	VF	XF
AH1161//1	—	7.00	8.00	11.00	18.00	26.00
AH1162//1 (Ahad)	—	7.00	8.00	11.00	18.00	26.00
AH1162//2	—	7.00	8.00	11.00	18.00	26.00
AH1163//2	—	7.00	8.00	11.00	18.00	26.00
AH1163//3	—	7.00	8.00	11.00	18.00	26.00
AH1164//3	—	7.00	8.00	11.00	18.00	26.00
AH1164//4	—	7.00	8.00	11.00	18.00	26.00
AH1165//4	—	7.00	8.00	11.00	18.00	26.00
AH1165//5	—	7.00	8.00	11.00	18.00	26.00
AH1166//5	—	7.00	8.00	11.00	18.00	26.00
AH1166//6	—	7.00	8.00	11.00	18.00	26.00
AH1167//6	—	7.00	8.00	11.00	18.00	26.00
AH1167//7	—	7.00	8.00	11.00	18.00	26.00

Machlipattan

KM# 446.31 RUPEE (Type 446)
Silver Note: Weight varies 11.00-11.60 grams.

Date	Mintage	Good	VG	F	VF	XF
AHxxxx//3	—	7.00	9.00	16.00	28.00	40.00
AH1164//4	—	7.00	9.00	16.00	28.00	40.00
AH1166//5	—	7.00	9.00	16.00	28.00	40.00
AH1167//7	—	7.00	9.00	16.00	28.00	40.00

Maha Indrapur

KM# 446.43 RUPEE (Type 446)
Silver Note: Weight varies 11.00-11.60 grams.

Date	Mintage	Good	VG	F	VF	XF
AH1167//7	—	—	—	—	—	—

Katak

KM# 446.29 RUPEE (Type 446)
Silver Note: Weight varies 11.00-11.60 grams.

Date	Mintage	Good	VG	F	VF	XF
AHxxxx//x	—	7.00	9.00	16.00	28.00	40.00
AHxxxx//3	—	7.00	9.00	16.00	28.00	40.00
AHxxxx//5	—	7.00	9.00	16.00	28.00	40.00
AHxxxx//57 (sic)	—	7.00	9.00	16.00	28.00	40.00
AHxxxx//7	—	7.00	9.00	16.00	28.00	40.00

Gwalior

KM# 446.24 RUPEE (Type 446)
Silver Obv: Inscription Rev: Inscription Note: Weight varies 11.00-11.60 grams.

Date	Mintage	Good	VG	F	VF	XF
AH11xx//x Ahad	—	7.00	10.00	18.00	30.00	45.00
AH11xx//2	—	7.00	10.00	18.00	30.00	45.00
AH1163//3	—	7.00	10.00	18.00	30.00	45.00
AH11xx//4	—	7.00	10.00	18.00	30.00	45.00
AH116x//5	—	7.00	10.00	18.00	30.00	45.00
AH1167//7	—	7.00	10.00	18.00	30.00	45.00

Khambayat

KM# 446.30 RUPEE (Type 446)
Silver Obv: Inscription Rev: Inscription Note: Weight varies 11.00-11.60 grams.

Date	Mintage	Good	VG	F	VF	XF
AHxxxx//1 (Ahad)	—	10.00	20.00	40.00	65.00	95.00

Muhammadabad Banaras

KM# 446.6 RUPEE (Type 446)
Silver Obv: Inscription Rev: Inscription Note: Weight varies 11.00-11.60 grams.

Date	Mintage	Good	VG	F	VF	XF
AH1161//1 (Ahad)	—	7.00	8.00	13.00	22.00	32.00
AH1162//1 (Ahad)	—	7.00	8.00	13.00	22.00	32.00
AH1162//2	—	7.00	8.00	13.00	22.00	32.00
AH1153/3	—	7.00	8.00	13.00	22.00	32.00
AH1163//2	—	7.00	8.00	13.00	22.00	32.00
AH1164//3	—	7.00	8.00	13.00	22.00	32.00
AH1164//4	—	7.00	8.00	13.00	22.00	32.00
AH1165//4	—	7.00	8.00	13.00	22.00	32.00
AH1165//5	—	7.00	8.00	13.00	22.00	32.00
AH1166//5	—	7.00	8.00	13.00	22.00	32.00
AH1166//6	—	7.00	8.00	13.00	22.00	32.00
AH1167//6	—	7.00	8.00	13.00	22.00	32.00
AH1167//7	—	7.00	8.00	13.00	22.00	32.00

Date	Mintage	Good	VG	F	VF	XF
AH116x//5 Rare	—	—	—	—	—	—
AH1165//6 Rare	—	—	—	—	—	—

Sahrind

KM# 446.16 RUPEE (Type 446)

Silver **Note:** Weight varies 11.00-11.60 grams.

Date	Mintage	Good	VG	F	VF	XF
AH1161//1 (Ahad)	—	7.00	8.00	11.00	18.00	26.00
AH1162//1 (Ahad)	—	7.00	8.00	11.00	18.00	26.00
AH1162//2	—	7.00	8.00	11.00	18.00	26.00
AH1163//2	—	7.00	8.00	11.00	18.00	26.00
AH1163//3	—	7.00	8.00	11.00	18.00	26.00
AH1164//3	—	7.00	8.00	11.00	18.00	26.00
AH1164//4	—	7.00	8.00	11.00	18.00	26.00
AH1165//4	—	7.00	8.00	11.00	18.00	26.00
AH1165//5	—	7.00	8.00	11.00	18.00	26.00
AH1166//5	—	7.00	8.00	11.00	18.00	26.00
AH1166//6	—	7.00	8.00	11.00	18.00	26.00

Multan

KM# 446.14 RUPEE (Type 446)

Silver **Obv:** Inscription, date **Rev:** Inscription **Note:** Weight varies 11.00-11.60 grams.

Date	Mintage	Good	VG	F	VF	XF
AH1161//1 (Ahad)	—	7.00	9.00	15.00	25.00	35.00
AH1162//1 (Ahad)	—	7.00	9.00	15.00	25.00	35.00
AH1162//2	—	7.00	9.00	15.00	25.00	35.00
AH1163//2	—	7.00	9.00	15.00	25.00	35.00
AH1163//3	—	7.00	9.00	15.00	25.00	35.00
AH1164//3	—	7.00	9.00	15.00	25.00	35.00
AH1164//4	—	7.00	9.00	15.00	25.00	35.00
AH1165//4	—	7.00	9.00	15.00	25.00	35.00
AH1165//5	—	7.00	9.00	15.00	25.00	35.00

Shahabad Qanauj

KM# 446.34 RUPEE (Type 446)

Silver **Note:** Weight varies 11.00-11.60 grams.

Date	Mintage	Good	VG	F	VF	XF
AH1162//2 Rare	—	—	—	—	—	—
AH1163//3 Rare	—	—	—	—	—	—
AH1164//4 Rare	—	—	—	—	—	—
AH1165//5 Rare	—	—	—	—	—	—
AH1166//5 Rare	—	—	—	—	—	—
AH1167//6 Rare	—	—	—	—	—	—

Muradabad

KM# 446.32 RUPEE (Type 446)

Silver **Note:** Weight varies 11.00-11.60 grams.

Date	Mintage	Good	VG	F	VF	XF
AH1167//6 Rare	—	—	—	—	—	—
AH1167//7 Rare	—	—	—	—	—	—

Shahjahanabad

KM# 446.17 RUPEE (Type 446)

Silver **Obv:** Inscription **Rev. Inscription:** Dar-ul-Khilafat **Note:** Weight varies 11.00-11.60 grams.

Date	Mintage	Good	VG	F	VF	XF
AH1161//1 (Ahad)	—	7.00	8.00	11.00	18.00	26.00
AH1162//1 (Ahad)	—	7.00	8.00	11.00	18.00	26.00
AH1162//2	—	7.00	8.00	11.00	18.00	26.00
AH1163//2	—	7.00	8.00	11.00	18.00	26.00
AH1163//3	—	7.00	8.00	11.00	18.00	26.00
AH1164//3	—	7.00	8.00	11.00	18.00	26.00
AH1164//4	—	7.00	8.00	11.00	18.00	26.00
AH1165//4	—	7.00	8.00	11.00	18.00	26.00
AH1165//5	—	7.00	8.00	11.00	18.00	26.00
AH1166//5	—	7.00	8.00	11.00	18.00	26.00
AH1166//6	—	7.00	8.00	11.00	18.00	26.00
AH1167//6	—	7.00	8.00	11.00	18.00	26.00
AH1167//7	—	7.00	8.00	11.00	18.00	26.00

Murshidabad

KM# 446.15 RUPEE (Type 446)

Silver **Obv:** Inscription **Rev:** Inscription **Note:** Weight varies 11.00-11.60 grams.

Date	Mintage	Good	VG	F	VF	XF
AH1161//1 (Ahad)	—	7.00	10.00	18.00	30.00	45.00
AH1162//1 (Ahad)	—	7.00	10.00	18.00	30.00	45.00
AH1162//2	—	7.00	10.00	18.00	30.00	45.00
AH1163//2	—	7.00	10.00	18.00	30.00	45.00
AH1163//3	—	7.00	10.00	18.00	30.00	45.00
AH1164//3	—	7.00	10.00	18.00	30.00	45.00
AH1164//4	—	7.00	10.00	18.00	30.00	45.00
AH1165//4	—	7.00	10.00	18.00	30.00	45.00
AH1165//5	—	7.00	10.00	18.00	30.00	45.00
AH1166//5	—	7.00	10.00	18.00	30.00	45.00
AH1166//6	—	7.00	10.00	18.00	30.00	45.00
AH1167//6	—	7.00	10.00	18.00	30.00	45.00

Sironj

KM# 446.35 RUPEE (Type 446)

Silver **Note:** Weight varies 11.00-11.60 grams.

Date	Mintage	Good	VG	F	VF	XF
AHxxxx//1 (Ahad)	—	10.00	25.00	45.00	75.00	125
AHxxxx//3	—	10.00	25.00	45.00	75.00	125

Nagor

KM# 446.33 RUPEE (Type 446)

Silver **Obv:** Inscription **Rev. Inscription:** Dar-ul-Barakat **Note:** Weight varies 11.00-11.60 grams.

Date	Mintage	Good	VG	F	VF	XF
AH1163/x	—	7.00	9.00	16.00	28.00	40.00
AH116x//4	—	7.00	9.00	16.00	28.00	40.00

Surat

KM# 446.36 RUPEE (Type 446)

Silver **Obv:** Inscription **Rev:** Inscription **Note:** Weight varies 11.00-11.60 grams.

Date	Mintage	Good	VG	F	VF	XF
AHxxxx//1 (Ahad)	—	7.00	9.00	16.00	28.00	40.00

Narwar

KM# 446.39 RUPEE (Type 446)

Silver **Note:** Weight varies 11.00-11.60 grams.

Date	Mintage	Good	VG	F	VF	XF
AH1161//1 (Ahad) Rare	—	—	—	—	—	—
AH1162//2 Rare	—	—	—	—	—	—
AH1163//2 Rare	—	—	—	—	—	—
AH1163//3 Rare	—	—	—	—	—	—
AH1164//3 Rare	—	—	—	—	—	—
AH1164//4 Rare	—	—	—	—	—	—

Tatta

KM# 446.42 RUPEE (Type 446)

11.4440 g., Silver

Date	Mintage	Good	VG	F	VF	XF
ND(1748-1754)	—	—	—	—	—	—

Firoznagar

KM# 447.2 RUPEE (Type 447)

Silver **Obv:** Inscription **Rev:** Inscription **Note:** Weight varies 11.00-11.60 grams.

Date	Mintage	Good	VG	F	VF	XF
AH1162//2 Rare	—	—	—	—	—	—

Imtiyazgarh

KM# 447.3 RUPEE (Type 447)

Silver **Obv:** Inscription, date **Rev:** Inscription **Note:** Weight varies 11.00-11.60 grams.

Date	Mintage	Good	VG	F	VF	XF
NDxxxx//1 (Ahad) Rare	—	—	—	—	—	—

Kashmir

KM# 447.1 RUPEE (Type 447)

Silver **Obv. Inscription:** Ahmad Shah, Refuge of the World, with couplet **Rev:** Inscription **Note:** Weight varies 11.00-11.60 grams.

Date	Mintage	Good	VG	F	VF	XF
AH1161//1 (Ahad) Rare	—	—	—	—	—	—
AH1162//2 Rare	—	—	—	—	—	—
AH1163//2 Rare	—	—	—	—	—	—
AH1163//3 Rare	—	—	—	—	—	—
AH1164//3 Rare	—	—	—	—	—	—
AH116x//5 Rare	—	—	—	—	—	—
AH1166//6 Rare	—	—	—	—	—	—

Shahjahanabad

KM# 448.1 NAZARANA RUPEE (Type 448)

Silver **Obv:** Inscription **Rev. Inscription:** Dar-ul-Khilafat **Note:** Weight varies 11.00-11.60 grams.

Date	Mintage	Good	VG	F	VF	XF
AH1167//7 Rare	—	—	—	—	—	—

Akbarabad

KM# 449.1 MOHUR (Type 449)

Gold **Obv:** Inscription **Rev. Inscription:** Mustagir-ul-Khilafat **Note:** Weight varies 10.80-11.00 grams.

Date	Mintage	Good	VG	F	VF	XF
AHxxxx//2	—	400	450	525	650	775

Allahabad

KM# 449.2 MOHUR (Type 449)

Gold **Note:** Weight varies 10.80-11.00 grams.

Date	Mintage	Good	VG	F	VF	XF
AHxxxx//3	—	400	450	525	650	775

Azimabad

KM# 449.3 MOHUR (Type 449)

Gold **Note:** Weight varies 10.80-11.00 grams.

Date	Mintage	Good	VG	F	VF	XF
AH1166//5	—	400	450	525	650	775

Date	Mintage	Good	VG	F	VF	XF
AH1161//1	—	400	475	550	725	925
AH1165//5	—	400	475	550	725	925

Dera

KM# 449.5 MOHUR (Type 449)
Gold **Obv:** Inscription **Rev:** Inscription **Note:** Weight varies 10.80-11.00 grams.

Date	Mintage	Good	VG	F	VF	XF
AH1162//2 Rare	—	—	—	—	—	—

Derajat

KM# 449.6 MOHUR (Type 449)
Gold **Note:** Weight varies 10.80-11.00 grams.

Date	Mintage	Good	VG	F	VF	XF
AH1161//1 Rare	—	—	—	—	—	—

Farrukhabad

KM# 449.14 MOHUR (Type 449)
Gold **Obv:** Inscription **Rev:** Inscription **Note:** Weight varies 10.80-11.00 grams.

Date	Mintage	Good	VG	F	VF	XF
AH1166//6 Rare	—	—	—	—	—	—

Itawa

KM# 449.7 MOHUR (Type 449)
Gold **Note:** Weight varies 10.80-11.00 grams.

Date	Mintage	Good	VG	F	VF	XF
ND//x	—	400	450	525	650	775

Kora

KM# 449.15 MOHUR (Type 449)
Gold **Note:** Weight varies 10.80-11.00 grams.

Date	Mintage	Good	VG	F	VF	XF
AHxxxx//1	—	—	—	—	—	—

Lahore

KM# 449.8 MOHUR (Type 449)
Gold **Obv:** Inscription **Rev. Inscription:** Dar-us-Sultanat **Note:** Weight varies 10.80-11.00 grams.

Date	Mintage	Good	VG	F	VF	XF
AH1161//1 (Ahad) Rare	—	—	—	—	—	—
AH1164//4 Rare	—	—	—	—	—	—
AH1165//5 Rare	—	—	—	—	—	—
AH1165//6 Rare	—	—	—	—	—	—
AH1166//5 Rare	—	—	—	—	—	—
AH1166//6 Rare	—	—	—	—	—	—
AH1167//6 Rare	—	—	—	—	—	—

Muhammadabad Banaras

KM# 449.4 MOHUR (Type 449)
Gold **Note:** Weight varies 10.80-11.00 grams.

Date	Mintage	Good	VG	F	VF	XF
AH1162//2	—	400	450	525	650	775
AH1166//6	—	400	450	525	650	775

Mujahidabad

KM# 449.9 MOHUR (Type 449)
Gold **Note:** Weight varies 10.80-11.00 grams.

Date	Mintage	Good	VG	F	VF	XF
AH1163//3 Rare	—	—	—	—	—	—

Multan

KM# 449.10 MOHUR (Type 449)
Gold **Obv:** Inscription **Rev:** Inscription **Note:** Weight varies 10.80-11.00 grams.

Sahrind

KM# 449.11 MOHUR (Type 449)
Gold **Obv:** Inscription **Rev:** Inscription **Note:** Weight varies 10.80-11.00 grams.

Date	Mintage	Good	VG	F	VF	XF
ND//x	—	400	450	525	650	775
AHxxxx//6	—	400	450	525	650	775

Shahjahanabad

KM# 449.12 MOHUR (Type 449)
Gold **Obv:** Inscription **Rev. Inscription:** Dar-ul-Khilafat **Note:** Weight varies 10.80-11.00 grams.

Date	Mintage	Good	VG	F	VF	XF
AH1161//1	—	400	450	525	650	775
AH1162//1	—	400	450	525	650	775
AH1162//2	—	400	450	525	650	775
AH1163//2	—	400	450	525	650	775
AH1163//3	—	400	450	525	650	775
AH1164//3	—	400	450	525	650	775
AH1164//4	—	400	450	525	650	775
AH1165//4	—	400	450	525	650	775
AH1165//5	—	400	450	525	650	775
AH1166//5	—	400	450	525	650	775
AH1166//6	—	400	450	525	650	775
AH1167//6	—	400	450	525	650	775
AH1167//7	—	400	450	525	650	775

Tatta

KM# 449.13 MOHUR (Type 449)
Gold **Note:** Weight varies 10.80-11.00 grams.

Date	Mintage	Good	VG	F	VF	XF
AHxxxx//1 (Ahad)	—	—	—	—	—	—

Karpa

KM# A450 2 MOHUR (Type A450)
Gold **Shape:** Square **Note:** Weight varies 21.60-22.00 grams. Prev. KM#449a.1.

Date	Mintage	Good	VG	F	VF	XF
AHxxxx//1 (Ahad) Rare	—	—	—	—	—	—

Karpa

KM# B450.1 FANAM (Type B450)
Gold **Note:** Weight varies: 0.33-0.40 grams. Prev. KM#449C.1.

Date	Mintage	Good	VG	F	VF	XF
ND//x	—	—	—	—	—	—

Imtiyazgarh

KM# C450.1 PAGODA (Type C450)
Gold **Note:** Weight varies 2.65-2.82 grams; Prev. KM#449B.1.

Date	Mintage	Good	VG	F	VF	XF
ND//x Rare	—	—	—	—	—	—

Karpa

KM# C450.2 PAGODA (Type C450)
Gold **Note:** Weight varies 2.65-2.82 grams. Prev. KM#449B.2.

Date	Mintage	Good	VG	F	VF	XF
AH11xx//x	—	—	—	—	—	—

Macchilpattan

KM# A440 1/2 PAISA
6.6000 g., Copper **Obv. Inscription:** "Mubarak julus sanah" **Rev. Inscription:** "Zarb bandar machhilpatan sanah"

Date	Mintage	Good	VG	F	VF	XF
AH1162//2	—	7.00	18.00	36.00	60.00	—

Lahore

KM# F440 PAISA
Copper **Note:** Weight varies 12.30-13.60 grams. Prev. KM # 440.1.

Date	Mintage	Good	VG	F	VF	XF
AH1161//x Rare	—	—	—	—	—	—

Aziz-ud-din Alamgir II
AH1167-1173 / 1754-1759AD

HAMMERED COINAGE

Jodhpur

KM# 446.28 RUPEE (Type 446)
Silver **Obv:** Inscription **Rev. Inscription:** Dar-ul-Mansur **Note:** Weight varies 11.00-11.60 grams.

Date	Mintage	Good	VG	F	VF	XF
AHxxxx//4	—	6.00	9.00	16.00	28.00	40.00
AHxxxx//5	—	6.00	9.00	16.00	28.00	40.00

Elichpur

KM# 450.3 DAM (Type 450)
17.6000 g., Copper **Obv:** Inscription **Rev:** Falus **Note:** Weight varies 19.70-20.20 grams. Nizam coin.

Date	Mintage	Good	VG	F	VF	XF
AH1167//x	—	—	—	—	—	—

Note: Rarely encountered with date

Lahore

KM# 450.1 DAM (Type 450)
17.6000 g., Copper **Obv:** Inscription **Rev:** Inscription **Note:** Weight varies 19.70-20.20 grams.

Date	Mintage	Good	VG	F	VF	XF
AH1172//5	—	4.50	9.00	15.00	25.00	—
AH1172//6	—	4.50	9.00	15.00	25.00	—
AH117x//7 (sic)	—	4.50	9.00	15.00	25.00	—

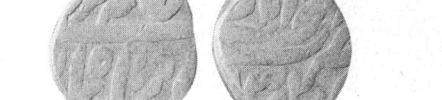

Najibabad

KM# 450.4 DAM (Type 450)
19.0000 g., Copper **Obv:** Inscription **Rev:** Inscription **Note:** Weight varies 19.70-20.20 grams.

Date	Mintage	Good	VG	F	VF	XF
AHxxxx//6	—	—	—	—	—	—

Elichpur

KM# 451.3 PAISA (Type 451)
Copper **Note:** Weight varies 111.60-13.60 grams. Rarely encountered with date.

Date	Mintage	Good	VG	F	VF	XF
AH(11)69//4 (sic)	—	9.00	18.00	30.00	50.00	—
AH1170//x	—	9.00	18.00	30.00	50.00	—
AH1172//x	—	9.00	18.00	30.00	50.00	—

Haidarabad

KM# 451.4 PAISA (Type 451)
13.8000 g., Copper **Note:** Weight varies 11.60-13.60 grams.

Date	Mintage	Good	VG	F	VF	XF
AH1167//1 (Ahad)	—	4.50	9.00	15.00	25.00	—

Lahore

KM# 451.5 PAISA (Type 451)
12.0100 g., Copper **Obv:** Inscription **Rev:** Inscription **Note:** Weight varies: 11.60-13.60 grams.

Date	Mintage	Good	VG	F	VF	XF
AH1172	—	25.00	45.00	70.00	100	—

INDIA MUGHAL EMPIRE

Shahjahanabad

KM# 451.1 PAISA (Type 451)
12.2000 g., Copper **Note:** Weight varies 19.70-20.20 grams.

Date	Mintage	Good	VG	F	VF	XF
AH1168/(1) Ahad	—	4.50	9.00	15.00	25.00	—
AH1168/1 (Ahad)	—	4.50	9.00	15.00	25.00	—
AH1168/2	—	4.50	9.00	15.00	25.00	—
AH1169/2	—	4.50	9.00	15.00	25.00	—
AH1169/3	—	4.50	9.00	15.00	25.00	—
AH1170/3	—	4.50	9.00	15.00	25.00	—
AH1170/4	—	4.50	9.00	15.00	25.00	—

Kashmir

KM# A452.1 1/16 RUPEE (Type A452)
Silver **Note:** Weight varies 0.68-0.72 grams.

Date	Mintage	Good	VG	F	VF	XF
AHxxxx/2 Rare	—	—	—	—	—	—

Shahjahanabad

KM# B452.1 1/8 RUPEE (Type B452)
Silver **Note:** Weight varies 1.38-1.45 grams.

Date	Mintage	Good	VG	F	VF	XF
AHxxxx/3 Rare	—	—	—	—	—	—

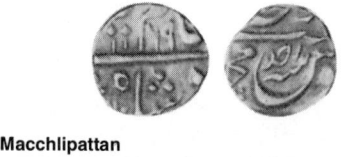

Macchlipattan

KM# 452.1 1/4 RUPEE (Type 452)
Silver **Obv:** Inscription, date **Rev:** Inscription **Note:** Weight varies 2.75-2.90 grams.

Date	Mintage	Good	VG	F	VF	XF
AH1169//1 (sic) Rare	—	—	—	—	—	—

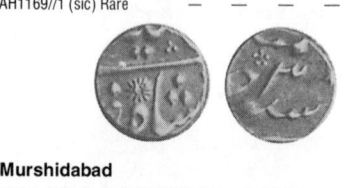

Murshidabad

KM# 452.2 1/4 RUPEE (Type 452)
Silver **Obv:** Inscription, sun **Rev:** Inscription, beaded flower **Note:** Weight varies 2.75-2.90 grams.

Date	Mintage	Good	VG	F	VF	XF
AHxxxx//2	—	—	—	—	—	—
AHxxxx//3 Rare	—	—	—	—	—	—

Azimabad

KM# 453.1 1/2 RUPEE (Type 453)
Silver **Obv.** Inscription: Badshah Alamgir **Rev:** Inscription, trident **Note:** Weight varies 5.50-5.80 grams.

Date	Mintage	Good	VG	F	VF	XF
AH1168/2	—	10.00	25.00	50.00	85.00	125
AH1169/3	—	10.00	25.00	50.00	85.00	125
AH1xx/4	—	10.00	25.00	50.00	85.00	125

Balwantnagar

KM# 453.4 1/2 RUPEE (Type 453)
Silver **Note:** Weight varies 5.50-5.80 grams.

Date	Mintage	Good	VG	F	VF	XF
AHxxxx/2	—	10.00	25.00	50.00	85.00	125

Muhammadabad Banaras

KM# 453.2 1/2 RUPEE (Type 453)
Silver **Note:** Weight varies 5.50-5.80 grams.

Date	Mintage	Good	VG	F	VF	XF
AHxxxx/5	—	10.00	25.00	50.00	85.00	125
AHxxxx/6	—	10.00	25.00	50.00	85.00	125

Surat

KM# 453.5 1/2 RUPEE (Type 453)
Silver **Note:** Weight varies 5.50-5.80 grams.

Date	Mintage	Good	VG	F	VF	XF
AHxxxx/2	—	10.00	25.00	50.00	85.00	125

Silver **Obv:** Inscription within and outside of square **Rev:** Inscription within and outside of square **Note:** Weight varies 5.50-5.80 grams.

Date	Mintage	Good	VG	F	VF	XF
AH1168/2 Rare	—	—	—	—	—	—

Shahjahanabad

KM# 455.2 RUPEE (Type 455)
Silver **Obv:** Inscription within and outside of square **Rev.** Inscription: Dar-ul-Khilafat **Note:** Weight varies 11.00-11.60 grams.

Date	Mintage	Good	VG	F	VF	XF
AH1168//2	—	—	60.00	120	200	300

Shahjahanabad

KM# A456.1 NAZARANA RUPEE (Type A456)
Silver **Obv:** Inscription **Rev.** Inscription: Dar-ul-Khilafat **Note:** Weight varies 11.00-11.60 grams.

Date	Mintage	Good	VG	F	VF	XF
AH1168//2	—	—	—	—	—	—

Shahjahanabad

KM# 456.1 RUPEE (Type 456)
Silver **Obv.** Inscription: Muhammad Azizuddin Alamgir, Badshah Ghazi, May God Protect His Kingdom **Rev.** Inscription: Dar-ul-Khilafat **Note:** Weight varies 11.00-11.60 grams.

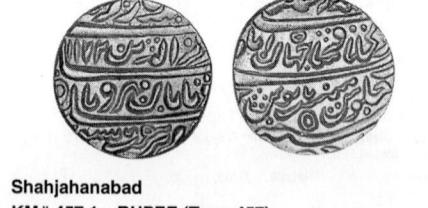

Date	Mintage	Good	VG	F	VF	XF
AH1168//2	—	7.00	10.00	20.00	35.00	60.00
AH1169//2	—	7.00	10.00	20.00	35.00	60.00
AH1169/3	—	7.00	10.00	20.00	35.00	60.00
AH1170/3	—	7.00	10.00	20.00	35.00	60.00

Shahjahanabad

KM# 457.1 RUPEE (Type 457)
Silver **Obv.** Inscription: Azizuddin Alamgir, Badshah Ghazi, coin like the sun and moon **Rev.** Inscription: Dar-ul-Khilafat **Note:** Weight varies 11.00-11.60 grams.

Date	Mintage	Good	VG	F	VF	XF
AH116x//2	—	7.00	10.00	18.00	30.00	45.00
AH1169/3	—	7.00	10.00	18.00	30.00	45.00
AH1170/3	—	7.00	10.00	18.00	30.00	45.00
AH1170/4	—	7.00	10.00	18.00	30.00	45.00
AH1171//4	—	7.00	10.00	18.00	30.00	45.00
AH1171//5	—	7.00	10.00	18.00	30.00	45.00
AH1172//5	—	7.00	10.00	18.00	30.00	45.00
AH1172//6	—	7.00	10.00	18.00	30.00	45.00
AH1173//6	—	7.00	10.00	18.00	30.00	45.00

Dilshadabad

KM# 458.2 RUPEE (Type 458)
Silver **Obv.** Inscription: Shah Jahan, Badshah Alamgir **Rev:** Inscription **Note:** Siraj ud-Doulah Nawab of Bengal captured Calcutta on June 20, 1756 and renamed it Alinagar. Weight varies 11.00-11.60 grams.

Date	Mintage	Good	VG	F	VF	XF
AH117x/x Rare	—	—	—	—	—	—

Shahjahanabad

KM# 458.1 RUPEE (Type 458)
Silver **Obv:** Inscription **Obv.** Inscription: Muhammad khuld Allah mulkuhu wa-sultanahu' Aziz-ud-din Alamgir padshah ghazi **Rev.** Inscription: Dar-ul-Khilafat **Note:** Weight varies 11.00-11.60 grams.

Date	Mintage	Good	VG	F	VF	XF
AHxxxx/x Ahad	—	10.00	20.00	32.50	45.00	70.00
AH116x//2	—	10.00	20.00	32.50	45.00	70.00
AHxxxx/4	—	10.00	20.00	32.50	45.00	70.00

Murshidabad

KM# 455.1 RUPEE (Type 455)

Balwantnagar

KM# 459.2 RUPEE (Type 459)
Silver **Obv:** Titles "Sahib Qiran Azizuddin Alamgir" **Obv.** Inscription: Sahib Qiran Azizuddin Alamgir **Rev:** Inscription, beaded flower **Note:** Weight varies 11.00-11.60 grams.

Date	Mintage	Good	VG	F	VF	XF
AH1167//1 (Ahad)	—	7.00	10.00	16.00	28.00	40.00
AHxxxx8/2	—	7.00	10.00	16.00	28.00	40.00
AH1170//4	—	7.00	10.00	16.00	28.00	40.00
AH1171//5	—	7.00	10.00	16.00	28.00	40.00
AH1172//6	—	7.00	10.00	16.00	28.00	40.00

Muhammadabad Banaras

KM# 459.1 RUPEE (Type 459)
Silver **Note:** Weight varies 11.00-11.60 grams.

Date	Mintage	Good	VG	F	VF	XF
AH1167//1 (Ahad) Rare	—	—	—	—	—	—

Narwar

KM# 459.3 RUPEE (Type 459)
Silver **Note:** Weight varies 11.00-11.60 grams.

Date	Mintage	Good	VG	F	VF	XF
AH1167//1 (Ahad)	—	12.00	25.00	45.00	75.00	125

Sironj

KM# 459.4 RUPEE (Type 459)
Silver **Note:** Weight varies 11.00-11.60 grams.

Date	Mintage	Good	VG	F	VF	XF
AH1169//2	—	7.00	9.00	16.00	28.00	40.00

Ajmir

KM# 460.1 RUPEE (Type 460)
Silver **Obv:** Inscription **Rev.** Inscription: Dar-ul-Khair **Note:** Weight varies 11.00-11.60 grams.

Date	Mintage	Good	VG	F	VF	XF
AHxxxx//6	—	7.00	9.00	16.00	28.00	40.00

Akbarabad

KM# 460.2 RUPEE (Type 460)
Silver **Obv:** Inscription **Rev.** Inscription: Mustagir-ul-Khilafat **Note:** Weight varies 11.00-11.60 grams.

Date	Mintage	Good	VG	F	VF	XF
AH1167//1 (Ahad)	—	7.00	8.00	13.00	22.00	32.00
AH1168//1 (Ahad)	—	7.00	8.00	13.00	22.00	32.00
AH1168//2	—	7.00	8.00	13.00	22.00	32.00
AH1169//2	—	7.00	8.00	13.00	22.00	32.00
AH1169//3	—	7.00	8.00	13.00	22.00	32.00
AH1170//3	—	7.00	8.00	13.00	22.00	32.00

Date	Mintage	Good	VG	F	VF	XF
AH1170//4	—	7.00	8.00	13.00	22.00	32.00
AH1171//4	—	7.00	8.00	13.00	22.00	32.00
AH1171//5	—	7.00	8.00	13.00	22.00	32.00
AH1172//5	—	7.00	8.00	13.00	22.00	32.00
AH11xx//6	—	7.00	8.00	13.00	22.00	32.00

Akbarnagar

KM# 460.3 RUPEE (Type 460)

Silver **Note:** Weight varies 11.00-11.60 grams.

Date	Mintage	Good	VG	F	VF	XF
AH1167//1 (Ahad)	—	7.00	8.00	13.00	22.00	32.00

Alinagar

KM# 460.39 RUPEE (Type 460)

Silver **Obv:** Inscription **Rev:** Inscription **Note:** Siraj ud-Doulah Nowab of Bengal captured Calcutta on June 20, 1756 and renamed it Alinagar. Weight varies 11.00-11.60 grams.

Date	Mintage	Good	VG	F	VF	XF
AH1169//3 Rare	—	—	—	—	—	—

Allahabad

KM# 460.4 RUPEE (Type 460)

Silver **Note:** Weight varies 11.00-11.60 grams.

Date	Mintage	Good	VG	F	VF	XF
AH1168//1 (Ahad)	—	7.00	8.00	13.00	22.00	32.00
AH1168//2	—	7.00	8.00	13.00	22.00	32.00
AH1169//2	—	7.00	8.00	13.00	22.00	32.00
AH117x//4	—	7.00	8.00	13.00	22.00	32.00
AH117x//5	—	7.00	8.00	13.00	22.00	32.00
AH117x//6	—	7.00	8.00	13.00	22.00	32.00

Aurangnagar

KM# 460.22 RUPEE (Type 460)

Silver **Note:** Weight varies 11.00-11.60 grams.

Date	Mintage	Good	VG	F	VF	XF
AHxxxx//1 (Ahad) Rare	—	—	—	—	—	—

Ausa

KM# 460.46 RUPEE (Type 460)

Silver **Obv:** Inscription **Rev:** Inscription **Note:** Weight varies 11.00-11.60 grams.

Date	Mintage	Good	VG	F	VF	XF
AHxxxx//4	—	—	—	—	—	—
AH1174//5	—	—	—	—	—	—

Azimabad

KM# 460.5 RUPEE (Type 460)

Silver **Note:** Weight varies 11.00-11.60 grams.

Date	Mintage	Good	VG	F	VF	XF
AH1167//1 (Ahad)	—	7.00	8.00	12.00	17.50	25.00
AH1168//1 (Ahad)	—	7.00	8.00	12.00	17.50	25.00
AH1168//2	—	7.00	8.00	12.00	17.50	25.00
AH1169//2	—	7.00	8.00	12.00	17.50	25.00
AH1169//3	—	7.00	8.00	12.00	17.50	25.00
AH1170//3	—	7.00	8.00	12.00	17.50	25.00
AH1170//4	—	7.00	8.00	12.00	17.50	25.00
AH1171//4	—	7.00	8.00	12.00	17.50	25.00
AH1171//5	—	7.00	8.00	12.00	17.50	25.00
AH1172//5	—	7.00	8.00	12.00	17.50	25.00
AH1172//6	—	7.00	8.00	12.00	17.50	25.00
AH1173//6	—	7.00	8.00	12.00	17.50	25.00

Bareli

KM# 460.23 RUPEE (Type 460)

Silver **Obv:** Inscription **Rev:** Inscription, beaded flower, mint mark below **Note:** Weight varies 11.00-11.60 grams.

Date	Mintage	Good	VG	F	VF	XF
AH116x//1 (Ahad)	—	7.00	9.00	16.00	28.00	40.00
AH1169//2	—	7.00	9.00	16.00	28.00	40.00
AH11xx//3	—	7.00	9.00	16.00	28.00	40.00
AH117x//4	—	7.00	9.00	16.00	28.00	40.00
AH11xx//5	—	7.00	9.00	16.00	28.00	40.00
AH117x//6	—	7.00	9.00	16.00	28.00	40.00

Broach

KM# 460.24 RUPEE (Type 460)

Silver **Note:** Weight varies 11.00-11.60 grams.

Date	Mintage	Good	VG	F	VF	XF
AH11xx//4	—	8.00	16.00	32.00	55.00	80.00
AH1173//6	—	8.00	16.00	32.00	55.00	80.00

Burhanpur

KM# 460.25 RUPEE (Type 460)

Silver **Obv:** Inscription, date **Rev:** Inscription **Note:** Weight varies 11.00-11.60 grams.

Date	Mintage	Good	VG	F	VF	XF
AH1168//1 (Ahad)	—	7.00	9.00	16.00	28.00	40.00
AH1169//2	—	7.00	9.00	16.00	28.00	40.00
AH1169//3	—	7.00	9.00	16.00	28.00	40.00
AH117x//4	—	7.00	9.00	16.00	28.00	40.00

Dera

KM# 460.7 RUPEE (Type 460)

Silver **Note:** Weight varies 11.00-11.60 grams.

Date	Mintage	Good	VG	F	VF	XF
AH1173//7 (sic)	—	8.00	16.00	32.00	55.00	80.00

Firozgarh

KM# 460.43 RUPEE (Type 460)

Silver **Note:** Weight varies 11.00-11.60 grams.

Date	Mintage	Good	VG	F	VF	XF
AH117x//4	—	7.00	9.00	16.00	28.00	40.00
AH1172//x	—	7.00	9.00	16.00	28.00	40.00

Ghulshanabad

KM# 460.27 RUPEE (Type 460)

Silver **Note:** Weight varies 11.00-11.60 grams.

Date	Mintage	Good	VG	F	VF	XF
AH1176//x Error for 1167	—	7.00	9.00	16.00	28.00	40.00

Gwalior

KM# 460.28 RUPEE (Type 460)

Silver **Obv:** Inscription, mint mark **Rev:** Inscription **Note:** Weight varies 11.00-11.60 grams.

Date	Mintage	Good	VG	F	VF	XF
AH116x//1 (Ahad)	—	7.00	9.00	16.00	28.00	40.00
AH1169//3	—	7.00	9.00	16.00	28.00	40.00
AH116x//2	—	7.00	9.00	16.00	28.00	40.00
AH1170//3	—	7.00	9.00	16.00	28.00	40.00
AH117x//4	—	7.00	9.00	16.00	28.00	40.00
AH117x//5	—	7.00	9.00	16.00	28.00	40.00
AH117x//6	—	7.00	9.00	16.00	28.00	40.00

Itawa

KM# 460.8 RUPEE (Type 460)

Silver **Obv:** Inscription **Rev:** Inscription **Note:** Weight varies 11.00-11.60 grams.

Date	Mintage	Good	VG	F	VF	XF
AH1168//1 (Ahad)	—	7.00	8.00	13.00	22.00	32.00
AH1169//2	—	7.00	8.00	13.00	22.00	32.00
AH1170//4	—	7.00	8.00	13.00	22.00	32.00

Jahangirnagar

KM# 460.9 RUPEE (Type 460)

Silver **Note:** Weight varies 11.00-11.60 grams.

Date	Mintage	Good	VG	F	VF	XF
AHxxxx//1 (Ahad)	—	7.00	8.00	13.00	22.00	32.00
AHxxxx//2	—	7.00	8.00	13.00	22.00	32.00
AHxxxx//5	—	7.00	8.00	13.00	22.00	32.00
AHxxxx//6	—	7.00	8.00	13.00	22.00	32.00

Jodhpur

KM# 460.29 RUPEE (Type 460)

Silver **Obv:** Inscription **Rev. Inscription:** Dar-ul-Mansur **Note:** Weight varies 11.00-11.60 grams.

Date	Mintage	Good	VG	F	VF	XF
AH1170//x	—	8.00	16.00	32.00	55.00	80.00
AH117x//4	—	8.00	16.00	32.00	55.00	80.00
AH117x//5	—	8.00	16.00	32.00	55.00	80.00
AH1173//6	—	8.00	16.00	32.00	55.00	80.00

Kalpi

KM# 460.30 RUPEE (Type 460)

Silver **Note:** Weight varies 11.00-11.60 grams.

Date	Mintage	Good	VG	F	VF	XF
AHxxxx//1 (Ahad)	—	—	—	—	—	—
AH1170//4 Rare	—	—	—	—	—	—

Kankurti

KM# 460.42 RUPEE (Type 460)

Silver **Note:** Weight varies 11.00-11.60 grams.

Date	Mintage	Good	VG	F	VF	XF
ND//x Rare	—	—	—	—	—	—

Kashmir

KM# 460.40 RUPEE (Type 460)

Silver **Obv:** Inscription; Similar to KM# 460 **Rev:** Inscription; Similar to KM# 446 **Note:** Weight varies 11.00-11.60 grams. Mule.

Date	Mintage	Good	VG	F	VF	XF
AHxxxx//8 (sic)	—	7.00	9.00	16.00	28.00	40.00

KM# 460.11 RUPEE (Type 460)

Silver **Obv:** Inscription, date **Rev:** Inscription **Note:** Weight varies 11.00-11.60 grams.

Date	Mintage	Good	VG	F	VF	XF
AH1169//2	—	8.00	16.00	32.00	55.00	80.00
AH1170//3	—	8.00	16.00	32.00	55.00	80.00
AH1171//4	—	8.00	16.00	32.00	55.00	80.00
AH1172//5	—	8.00	16.00	32.00	55.00	80.00
AH1173//5 (sic)	—	8.00	16.00	32.00	55.00	80.00

Katak

KM# 460.44 RUPEE (Type 460)

Silver **Note:** Weight varies 11.00-11.60 grams.

Date	Mintage	Good	VG	F	VF	XF
AHxxxx//6	—	—	—	—	—	—

INDIA MUGHAL EMPIRE

Khambayat

KM# 460.31 RUPEE (Type 460)
Silver Obv: Inscription Rev: Inscription **Note:** Weight varies 11.00-11.60 grams.

Date	Mintage	Good	VG	F	VF	XF
AHxxxx//2	—	7.00	9.00	16.00	28.00	40.00
AH1173//6	—	7.00	9.00	16.00	28.00	40.00

Khujista Bunyad

KM# 460.32 RUPEE (Type 460)
Silver **Note:** Weight varies 11.00-11.60 grams.

Date	Mintage	Good	VG	F	VF	XF
AHxxxx//x	—	7.00	9.00	16.00	28.00	40.00

Kora

KM# 460.12 RUPEE (Type 460)
Silver **Note:** Weight varies 11.00-11.60 grams.

Date	Mintage	Good	VG	F	VF	XF
AH11xx//1 (Ahad)	—	7.00	8.00	12.00	17.50	25.00
AH1168//2	—	7.00	8.00	12.00	17.50	—
AH1169//2	—	7.00	8.00	12.00	17.50	—
AH1169//3	—	7.00	8.00	12.00	17.50	—
AH1170//3	—	7.00	8.00	12.00	17.50	—
AH1170//4	—	7.00	8.00	12.00	17.50	—
AH1171//4	—	7.00	8.00	12.00	17.50	—
AH1171//5	—	7.00	8.00	12.00	17.50	—
AH1172//5	—	7.00	8.00	12.00	17.50	—
AH1172//6	—	7.00	8.00	12.00	17.50	—
AH1173//6	—	7.00	8.00	12.00	17.50	—

Lahore

KM# 460.13 RUPEE (Type 460)
Silver Obv: Inscription Rev: Inscription: Dar-us-Sultanat **Note:** Weight varies 11.00-11.60 grams.

Date	Mintage	Good	VG	F	VF	XF
AH1168//1 (Ahad)	—	7.00	8.00	12.00	17.50	25.00
AH1168//2	—	7.00	8.00	12.00	17.50	25.00
AH1169//2	—	7.00	8.00	12.00	17.50	25.00
AH1169//3	—	7.00	8.00	12.00	17.50	25.00
AH1170//3	—	7.00	8.00	12.00	17.50	25.00
AH1170//4	—	7.00	8.00	12.00	17.50	25.00
AH1171//4	—	7.00	8.00	12.00	17.50	25.00
AH1171//5	—	7.00	8.00	12.00	17.50	25.00
AH1172//5	—	7.00	8.00	12.00	17.50	25.00
AH1172//6	—	7.00	8.00	12.00	17.50	25.00
AH1173//6	—	7.00	8.00	12.00	17.50	25.00

Macchlipattan

KM# 460.41 RUPEE (Type 460)
11.4440 g., Silver

Date	Mintage	Good	VG	F	VF	XF
AH11xx//3	—	—	10.00	20.00	35.00	50.00
AH1171//x	—	—	10.00	20.00	35.00	50.00

Maha Indrapur

KM# 460.33 RUPEE (Type 460)
Silver Obv: Inscription Rev: Inscription **Note:** Weight varies 11.00-11.60 grams.

Date	Mintage	Good	VG	F	VF	XF
AH1170//3	—	13.00	32.50	65.00	110	165
AH11xx//4	—	13.00	32.50	65.00	110	165
AH1171//5	—	13.00	32.50	65.00	110	165
AH1172//5	—	13.00	32.50	65.00	110	165
AH117x//6	—	13.00	32.50	65.00	110	165

Muhammadabad Banaras

KM# 460.6 RUPEE (Type 460)
Silver Obv: Inscription, trident Rev: Inscription, date, star and cresent **Note:** Weight varies 11.00-11.60 grams.

Date	Mintage	Good	VG	F	VF	XF
AH1168//1 (Ahad)	—	7.00	8.00	12.00	17.50	25.00
AH1168//2	—	7.00	8.00	12.00	17.50	25.00
AH1169//2	—	7.00	8.00	12.00	17.50	25.00
AH1169//3	—	7.00	8.00	12.00	17.50	25.00
AH1170//3	—	7.00	8.00	12.00	17.50	25.00
AH1170//4	—	7.00	8.00	12.00	17.50	25.00
AH1171//4	—	7.00	8.00	12.00	17.50	25.00
AH1171//5	—	7.00	8.00	12.00	17.50	25.00
AH1172//5	—	7.00	8.00	12.00	17.50	25.00
AH1172//6	—	7.00	8.00	12.00	17.50	25.00
AH1173//6	—	7.00	8.00	12.00	17.50	25.00
AH1173//7	—	7.00	8.00	12.00	17.50	25.00

Multan

KM# 460.14 RUPEE (Type 460)
Silver Obv: Inscription Rev: Inscription: Dar-ul-Aman **Note:** Weight varies 11.00-11.60 grams.

Date	Mintage	Good	VG	F	VF	XF
AH1172//7 (sic)	—	9.00	18.00	35.00	60.00	95.00
AH1173//7(sic)	—	9.00	18.00	35.00	60.00	95.00

Muradabad

KM# 460.34 RUPEE (Type 460)
Silver Obv: Inscription Rev: Inscription **Note:** Weight varies 11.00-11.60 grams.

Date	Mintage	Good	VG	F	VF	XF
AH1168//1 (Ahad)	—	7.00	9.00	16.00	28.00	40.00
AH1168//2	—	7.00	9.00	16.00	28.00	40.00
AH1169//2	—	7.00	9.00	16.00	28.00	40.00
AH1169//3	—	7.00	9.00	16.00	28.00	40.00
AH1170//4	—	7.00	9.00	16.00	28.00	40.00
AH1171//5	—	7.00	9.00	16.00	28.00	40.00
AH1172//5	—	7.00	9.00	16.00	28.00	40.00
AH1172//6	—	7.00	9.00	16.00	28.00	40.00

Murshidabad

KM# 460.15 RUPEE (Type 460)
Silver Obv: Inscription, sun Rev: Inscription **Note:** Weight varies 11.00-11.60 grams.

Date	Mintage	Good	VG	F	VF	XF
AH1167//1 (Ahad)	—	7.00	8.00	13.00	22.00	32.00
AH1168//1 (Ahad)	—	7.00	8.00	13.00	22.00	32.00
AH1168//2	—	7.00	8.00	13.00	22.00	32.00
AH1169//2	—	7.00	8.00	13.00	22.00	32.00
AH11xx//3	—	7.00	8.00	13.00	22.00	32.00
AH11xx//5	—	7.00	8.00	13.00	22.00	32.00
AH1173//6	—	7.00	8.00	13.00	22.00	32.00

Najibabad

KM# 460.35 RUPEE (Type 460)
Silver Obv: Inscription, star Rev: Inscription **Note:** Weight varies 11.00-11.60 grams.

Date	Mintage	Good	VG	F	VF	XF
AH1169//3 Rare	—	—	—	—	—	—
AHxxxx//4 Rare	—	—	—	—	—	—

Date	Mintage	Good	VG	F	VF	XF
AHxxxx//5 Rare	—	—	—	—	—	—
AH117x//6 Rare	—	—	—	—	—	—

Narwar

KM# 460.37 RUPEE (Type 460)
Silver **Note:** Weight varies 11.00-11.60 grams.

Date	Mintage	Good	VG	F	VF	XF
AH1168//1 (Ahad)	—	8.00	12.00	22.00	35.00	50.00
AH1169//2	—	8.00	12.00	22.00	35.00	50.00
AH1171//5	—	8.00	12.00	22.00	35.00	50.00
AH1173//6	—	8.00	12.00	22.00	35.00	50.00

Nasirabad

KM# 460.36 RUPEE (Type 460)
Silver **Note:** Weight varies 11.00-11.60 grams.

Date	Mintage	Good	VG	F	VF	XF
AH117x//7 (sic)	—	6.00	15.00	27.00	45.00	65.00

Nusratabad

KM# 460.48 RUPEE (Type 460)
Silver Obv: Inscription Rev: Inscription **Note:** Weight varies 11.00-11.60 grams.

Date	Mintage	Good	VG	F	VF	XF
AH1172//x	—	—	—	—	—	—

Sahrind

KM# 460.16 RUPEE (Type 460)
Silver **Note:** Weight varies 11.00-11.60 grams.

Date	Mintage	Good	VG	F	VF	XF
AH1167//1 (Ahad)	—	7.00	8.00	13.00	22.00	32.00
AH1168//1 (Ahad)	—	7.00	8.00	13.00	22.00	32.00
AH1168//2	—	7.00	8.00	13.00	22.00	32.00
AH1169//2	—	7.00	8.00	13.00	22.00	32.00
AH1169//3	—	7.00	8.00	13.00	22.00	32.00
AH1170//3	—	7.00	8.00	13.00	22.00	32.00
AH1170//4	—	7.00	8.00	13.00	22.00	32.00
AH1171//4	—	7.00	8.00	13.00	22.00	32.00
AH1171//5	—	7.00	8.00	13.00	22.00	32.00
AH1172//5	—	7.00	8.00	13.00	22.00	32.00
AH1172//6	—	7.00	8.00	13.00	22.00	32.00

Shahabad Qanauj

KM# 460.47 RUPEE (Type 460)
Silver **Note:** Weight varies 11.00-11.60 grams.

Date	Mintage	Good	VG	F	VF	XF
AH1167//1 (Ahad)	—	—	—	—	—	—
AH1168/(1) Ahad	—	—	—	—	—	—

Shahjahanabad

KM# 460.17 RUPEE (Type 460)
Silver Obv: Inscription, date Rev: Inscription: Dar-ul-Khilafat **Note:** Weight varies 11.00-11.60 grams.

Date	Mintage	Good	VG	F	VF	XF
AH1167//1 (Ahad)	—	7.00	8.00	10.00	16.50	25.00
AH1168//1 (Ahad)	—	7.00	8.00	10.00	16.50	25.00
AH1169//3	—	7.00	8.00	10.00	16.50	25.00
AH1170//4	—	7.00	8.00	10.00	16.50	25.00
AH1162//7 (sic)	—	7.00	8.00	10.00	16.50	25.00

Date	Mintage	Good	VG	F	VF	XF
AH1172//6	—	400	450	525	650	775
AH1173//6	—	400	450	525	650	775

Surat

KM# 460.19 RUPEE (Type 460)

Silver **Obv:** Inscription **Rev:** Inscription **Note:** Weight varies 11.00-11.60 grams.

Date	Mintage	Good	VG	F	VF	XF
AHxxxx/2	—	7.00	9.00	16.00	28.00	40.00
AHxxxx/4	—	7.00	9.00	16.00	28.00	40.00
AHxxxx/5	—	7.00	9.00	16.00	28.00	40.00

Nagor

KM# 461.1 RUPEE (Type 461)

Silver **Obv:** Inscription **Rev. Inscription:** Dar-ul-Barakat **Note:** Weight varies 11.00-11.60 grams.

Date	Mintage	Good	VG	F	VF	XF
AH1170//4	—	—	—	—	—	—
AH117x/5	—	—	—	—	—	—
AH1172//6	—	—	—	—	—	—

Shahjahanabad

KM# 464.1 MOHUR (Type 464)

Gold **Obv:** Inscription within and outside of square **Rev:** Inscription within and outside of square **Rev. Inscription:** Dar-ul-Khilafat **Note:** Weight varies: 10.80-11.00 grams.

Date	Mintage	Good	VG	F	VF	XF
AH1168/2	—	450	500	650	850	1,200

Shahjahanabad

KM# 465.1 MOHUR (Type 465)

Gold **Obv. Inscription:** Muhammad Azizuddin Alamgir, Badshah Ghazi, may God protect his kingdom **Rev. Inscription:** Dar-ul-Khilafat **Note:** Weight varies: 10.80-11.00 grams.

Date	Mintage	Good	VG	F	VF	XF
AH1168/2	—	400	450	550	675	850
AH1169/2	—	400	450	550	675	850
AH1169/3	—	400	450	550	675	850

Shahjahanabad

KM# 465A.1 MOHUR (Type 465A)

Gold **Obv. Inscription:** Shah Jahan, Badshah Alamgir **Rev. Inscription:** Dar-ul-khilafat **Note:** Weight varies: 10.80-11.00 grams.

Date	Mintage	Good	VG	F	VF	XF
AH1170//4 Rare	—	—	—	—	—	—

Itawa

KM# 466.2 MOHUR (Type 466)

Gold **Obv. Inscription:** Azizuddin Alamgir, Badshah Ghazi, coin like the sun and moon.... **Rev:** Inscription **Note:** Weight varies: 10.80-11.00 grams.

Date	Mintage	Good	VG	F	VF	XF
AH1170//5 Rare	—	—	—	—	—	—
AH117x//5 Rare	—	—	—	—	—	—

Shahjahanabad

KM# 466.1 MOHUR (Type 466)

Gold **Obv:** Inscription **Rev. Inscription:** Dar-ul-Khilafat **Note:** Weight varies 10.80-11.00 grams.

Date	Mintage	Good	VG	F	VF	XF
AH1170//4	—	400	450	525	650	775
AH1171//4	—	400	450	525	650	775
AH1171//5	—	400	450	525	650	775
AH1172//5	—	400	450	525	650	775

Sironj

KM# 466.3 MOHUR (Type 466)

Gold

Date	Mintage	VG	F	VF	XF	Unc
AH(11)68//2	—	450	500	650	950	—

Akbarabad

KM# 467.1 MOHUR (Type 467)

Gold **Obv. Inscription:** Badshah Ghazi Alamgir **Rev. Inscription:** Mustagir-ul-Khilafat **Note:** Weight varies: 10.80-11.00 grams.

Date	Mintage	Good	VG	F	VF	XF
AH11xx//1 (Ahad)	—	400	450	525	650	775
AH1169//3	—	400	450	525	650	775
AH1172//6	—	400	450	525	650	775

Allahabad

KM# 467.2 MOHUR (Type 467)

Gold **Note:** Weight varies: 10.80-11.00 grams.

Date	Mintage	Good	VG	F	VF	XF
ND//x	—	400	450	525	650	775

Azimabad

KM# 467.3 MOHUR (Type 467)

Gold **Note:** Weight varies: 10.80-11.00 grams.

Date	Mintage	Good	VG	F	VF	XF
AH116x//3	—	400	450	525	650	775
AH1170//3	—	400	450	525	650	775
AH117x//5	—	400	450	525	650	775

Farrukhabad

KM# 467.13 MOHUR (Type 467)

Gold **Note:** Weight varies: 10.80-11.00 grams.

Date	Mintage	Good	VG	F	VF	XF
AH1167//1 (Ahad)	—	—	—	—	—	—
AH1170//2	—	—	—	—	—	—

Islamabad

KM# 467.14 MOHUR (Type 467)

Gold **Note:** Weight varies: 10.80-11.00 grams.

Date	Mintage	Good	VG	F	VF	XF
AH1170//3	—	—	—	—	—	—

Itawa

KM# 467.5 MOHUR (Type 467)

Gold **Note:** Weight varies: 10.80-11.00 grams.

Date	Mintage	Good	VG	F	VF	XF
ND//x	—	—	425	500	650	850

Kora

KM# 467.6 MOHUR (Type 467)

Gold **Note:** Weight varies: 10.80-11.00 grams.

Date	Mintage	Good	VG	F	VF	XF
ND//x	—	400	450	550	675	850

Lahore

KM# 467.7 MOHUR (Type 467)

Gold **Obv:** Inscription **Rev. Inscription:** Dar-us-Sultanat **Note:** Weight varies: 10.80-11.00 grams.

Date	Mintage	Good	VG	F	VF	XF
AH1171//5	—	400	450	525	650	775
AH1172//5	—	400	450	525	650	775

Mahindurpur

KM# 467.12 MOHUR (Type 467)

Gold **Note:** Weight varies: 10.80-11.00 grams.

Date	Mintage	Good	VG	F	VF	XF
AHxxxx//5	—	—	—	—	—	—

Muhammadabad Banaras

KM# 467.4 MOHUR (Type 467)

Gold **Obv:** Inscription **Rev:** Inscription **Note:** Weight varies: 10.80-11.00 grams.

Date	Mintage	Good	VG	F	VF	XF
AHxxxx//1 (Ahad)	—	400	450	525	650	775
AHxxxx//2	—	400	450	525	650	775
AHxxxx//3	—	400	450	525	650	775
AHxxxx//4	—	400	450	525	650	775

Multan

KM# 467.8 MOHUR (Type 467)

Gold **Obv:** Inscription **Rev. Inscription:** Dar-ul-Aman **Note:** Weight varies: 10.80-11.00 grams.

Date	Mintage	Good	VG	F	VF	XF
ND//x	—	400	450	550	675	850

Najibabad

KM# 467.11 MOHUR (Type 467)

Gold **Obv:** Inscription **Rev:** Inscription **Note:** Weight varies: 10.80-11.00 grams.

Date	Mintage	Good	VG	F	VF	XF
AHxxxx//3	—	—	—	—	—	—
AHxxxx//6	—	—	—	—	—	—
AH117x//6	—	—	—	—	—	—

Sahrind

KM# 467.9 MOHUR (Type 467)

Gold **Note:** Weight varies: 10.80-11.00 grams.

Date	Mintage	Good	VG	F	VF	XF
AHxxxx//4	—	400	450	525	650	775

Shahjahanabad

KM# 467.10 MOHUR (Type 467)

Gold **Obv:** Inscription **Rev. Inscription:** Dar-ul-Khilafat **Note:** Weight varies: 10.80-11.00 grams.

Date	Mintage	Good	VG	F	VF	XF
AH1167//1 (Ahad)	—	400	450	550	725	925
AHxxxx/x (Ahad)	—	400	450	550	725	925

Balapur

KM# A468.1 FANAM (Type A468)

0.3700 g., Gold

Date	Mintage	VG	F	VF	XF	Unc
ND	—	—	—	—	—	—

Guti

KM# 468.2 PAGODA (Type 468)

Gold **Note:** Weight varies 2.65-2.75 grams.

Date	Mintage	Good	VG	F	VF	XF
AH1168//x	—	—	—	—	—	—

Imtiyazgarh

KM# 468.1 PAGODA (Type 468)

INDIA MUGHAL EMPIRE

3.3200 g., Gold **Obv:** Inscription **Rev:** Inscription **Note:** Weight varies 2.65-2.75 grams.

Date	Mintage	Good	VG	F	VF	XF
ND//x	—	—	100	175	250	350
AHxx70//x	—	—	125	200	275	400
AHxxxx//3	—	—	125	200	275	400
AHxxxx//7 (sic)	—	—	125	200	275	400

Machhilipattan Bandar

KM# D450 1/2 PAISA

Copper **Obv.** Inscription: "Mubarak julus sanah" **Rev.** Inscription: "Zarb bandar machhilipatan sanah" **Note:** Weight varies 6.5 - 6.9 grams.

Date	Mintage	Good	VG	F	VF	XF
AH1172//x	—	—	—	—	—	—
1173/5	—	—	—	—	—	—

Akbarabad

KM# E450.1 PAISA

Copper **Obv:** Falus **Rev.** Inscription: Mustagir-ul-Khilafat **Note:** Weight varies 11.60-13.60 grams. Prev. KM # 451.2.

Date	Mintage	Good	VG	F	VF	XF
AH1170/x	—	3.00	7.50	15.00	25.00	—

Machhilipattan Bandar

KM# E450.2 PAISA

17.6000 g., Copper **Obv.** Inscription: "Mubarak julus sanah" **Rev.** Inscription: "Zarb bandar machhilipatan sanah" **Note:** Weight varies 11.60-13.60 grams. Prev. KM # 450.2.

Date	Mintage	Good	VG	F	VF	XF
AH1168/1 (Ahad)	—	3.00	7.50	15.00	25.00	—
AH1169/1 (Ahad)	—	3.00	7.50	15.00	25.00	—
AH1169/2	—	3.00	7.50	15.00	25.00	—
AH1170/3	—	3.00	7.50	15.00	25.00	—
AH1171/4	—	3.00	7.50	15.00	25.00	—
AH1173/5	—	3.00	7.50	15.00	25.00	—
AH1175/7	—	3.00	7.50	15.00	25.00	—

LARGESSE COINAGE

Akbarabad

KM# 462.1 NISAR (Type 462)

1.3000 g., Silver **Obv:** Inscription **Rev:** Inscription

Date	Mintage	Good	VG	F	VF	XF
AH1171//4 Rare	—	—	—	—	—	—

Shah Jahan III
AH1173-1174 / 1759-1760AD

HAMMERED COINAGE

Shahjahanabad

KM# 469 DAM (Type 469)

Copper **Obv:** Inscription **Rev:** Inscription **Note:** Weight varies 19.70-20.20 grams.

Date	Mintage	Good	VG	F	VF	XF
AH1173/1 Rare	—	—	—	—	—	—

Ahmadabad

KM# 470.2 1/2 RUPEE (Type 470)

Silver **Obv:** Inscription **Rev:** Inscription **Note:** Weight varies 5.50-5.80 grams.

Date	Mintage	Good	VG	F	VF	XF
AHxxxx//1 (Ahad)	—	—	—	—	—	—

Azimabad

KM# 470.1 1/2 RUPEE (Type 470)

5.7220 g., Silver **Note:** Weight varies 5.50-5.80 grams.

Date	Mintage	Good	VG	F	VF	XF
AH1173//1 (Ahad) Rare	—	—	—	—	—	—

Akbarabad

KM# 475.1 RUPEE (Type 475)

Silver **Obv:** Inscription **Rev. Inscription:** Mustagir-ul-Khilafat **Note:** Weight varies 11.00-11.60 grams.

Date	Mintage	Good	VG	F	VF	XF
AH1174/1 (Ahad)	—	11.00	27.50	55.00	90.00	130

Azimabad

KM# 475.2 RUPEE (Type 475)

Silver **Note:** Weight varies 11.00-11.60 grams.

Date	Mintage	Good	VG	F	VF	XF
AH1173/1 (Ahad)	—	10.00	25.00	50.00	85.00	120
AH1174/1 (Ahad)	—	10.00	25.00	50.00	85.00	120

Hasanabad

KM# 475.7 RUPEE (Type 475)

Silver **Note:** Weight varies 11.00-11.60 grams.

Date	Mintage	Good	VG	F	VF	XF
AH1174//1 (Ahad)	—	—	—	—	—	—

Maha Indrapur

KM# 475.8 RUPEE (Type 475)

Silver **Obv:** Inscription **Rev:** Inscription **Note:** Weight varies 11.00-11.60 grams.

Date	Mintage	Good	VG	F	VF	XF
AH1173/1 (Ahad)	—	—	—	—	—	—

Shahjahanabad

KM# 475.3 RUPEE (Type 475)

Silver **Obv:** Inscription **Rev. Inscription:** Dar-us-Sultanat **Note:** Weight varies 11.00-11.60 grams.

Date	Mintage	Good	VG	F	VF	XF
AH1173/1 (Ahad)	—	15.00	35.00	60.00	100	140
AH1174/1 (Ahad)	—	15.00	35.00	60.00	100	140

Ahmadnagar-Farrukhabad

KM# 478.5 MOHUR (Type 478)

Gold **Obv:** Inscription **Rev:** Inscription **Note:** Weight varies 10.80-11.00 grams.

Date	Mintage	Good	VG	F	VF	XF
AH1173/1 (Ahad)	—	450	500	700	1,000	1,600
AH1174/1 (Ahad)	—	450	500	700	1,000	1,600

Akbarabad

KM# 478.1 MOHUR (Type 478)

Gold **Obv:** Inscription **Rev. Inscription:** Mustagir-ul-Khilafat **Note:** Weight varies 10.80-11.00 grams.

Date	Mintage	Good	VG	F	VF	XF
AHxxxx//1 (Ahad)	—	450	500	700	1,200	1,800

Mahindrapur

KM# 478.4 MOHUR (Type 478)

Gold **Obv:** Inscription **Rev:** Inscription **Note:** Weight varies 10.80-11.00 grams.

Date	Mintage	Good	VG	F	VF	XF
AH(117)3//1 (Ahad)	—	450	525	800	1,250	2,000
AH1174//1 (Ahad)	—	450	525	800	1,250	2,000

Shahjahanabad

KM# 478.3 MOHUR (Type 478)

Gold **Obv:** Inscription **Rev.** Inscription: Dar-us-Sultanat **Note:** Weight varies 10.80-11.00 grams.

Date	Mintage	Good	VG	F	VF	XF
AH1174/1 (Ahad)	—	450	500	700	1,200	1,800

Shah Alam II
AH1174-1221 / 1759-1806AD

This ruler was deposed from July, AH1202 to March, AH1203 by the Rohilla rebel Ghulam Qadir Khan. He was restored to the throne of Delhi by the Marathas in March, AH1203/1789.

Except for the Delhi Mint, most of the later coins struck in the name of this Emperor were Princely State issues, and can be found in their appropriate place under the States. Earlier issues come from nearly 100 mints, and it is always a problem to determine in what year coins of a particular mint cease to be Mughal and become State issues.

The following mints, for the most part in the Delhi (Shahjahanabad) area, may be considered the nucleus of Mughal mints during Shah Alam's reign. They were located in provinces governed by Mughal functionaries, whose increasing independence is reflected in the growing eccentricity of coin design.

In some cases the distinctive geometric designs and floral devices found on the coins were true mint marks, representative of a single mint. In other instances the mint marks listed below were temporary privy marks or simply decoration.

Shah Alam II legends were used in some states long after his death, until AH1314/1879AD at Ujjain, for example. This is not the case with true Mughal issues.

Local and Mughal Governors

Akbarabad Mint
Najat Khan Rohilla, AH1186-93/1773-79AD
Muhammad Beg Hamadani, AH1193-98/1779-84AD
Mahadji Sindhia, AH1199-1208/1785-94AD
Ghulam Qadir Rohilla, AH1202-03/1787-88AD
Daulat Rao Sindhia, AH1213-18/1799-1803AD,
(With John and George Hessing in charge)

Gokulgarh Mint
Raja of Rewari
Rohilla Governor
Sindhia Governor

Hardwar Mint
Saharanpur Governor

Hathras Mint
Madhoji Sindhia as Amir-ul-Umara, AH1199-1203, 1203-1209/1784-88, 1788-94AD

Kora Mint
Mirza Najaf Khan

Saharanpur Mint
Ghani Bahadur, AH1203-05/1788-91AD
Bhairon Pant Tanta, AH1206-08/1791-94AD
Sikh Occupation, AH1209-10/1794-94AD
Bapu Sindhia, AH1211-12/1796-98AD
Imam Baksh, AH1213-14/1799AD
General Perron (for Sindhia), AH1215-18/1800-03

HAMMERED COINAGE

KM# 730 FALUS

Copper **Note:** Weight varies 14.70-21.50 grams.

Date	Mintage	VG	F	VF	XF	Unc
AH1202//xx	—	16.50	25.00	40.00	—	—

KM# 731 FALUS

Copper **Note:** Weight varies 14.70-21.50 grams. Mint unknown.

Date	Mintage	VG	F	VF	XF	Unc
AH1202//30 Retrograde	—	16.50	25.00	40.00	—	—

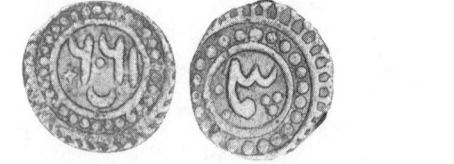

KM# 732 FALUS

Copper **Note:** Weight varies 14.70-21.50 grams. Mint unknown.

Date	Mintage	VG	F	VF	XF	Unc
AH1202//30	—	16.50	25.00	40.00	—	—

Date	Mintage	Good	VG	F	VF	XF
AH1212//39	—	35.00	70.00	100	135	—
AH1212//40	—	35.00	70.00	100	135	—
AH1214//41	—	35.00	70.00	100	135	—
AH1215//42	—	35.00	70.00	100	135	—

KM# 733 FALUS

Copper, 24 mm. **Note:** Weight varies 14.70-21.50 grams.

Date	Mintage	VG	F	VF	XF	Unc
AH1204//31 Retrograde	—	16.50	25.00	40.00	—	—
AH1205//31 (sic) Retrograde	—	16.50	25.00	40.00	—	—

KM# 734 FALUS

Copper **Note:** Weight varies 14.70-21.50 grams. Mint unknown.

Date	Mintage	VG	F	VF	XF	Unc
AH1211//xx	—	16.50	25.00	40.00	—	—

Note: These anonymous copper coins, attributed to the reign of Shah Alam II on the basis of their daring, have been found in Northwest India, especially in the Punjab. They may have been issued by one of the autonomous princely states.

KM# A730 1/4 PAISA

2.7500 g., Copper, 14.5 mm. **Obv:** 'Alam/Shah **Rev:** "sanah" and date **Note:** Possibly prototype for Bombay Presidency, KM#120-127.

Date	Mintage	VG	F	VF	XF	Unc
AH119x	—	15.00	30.00	55.00	85.00	—

KM# 549.2 PAISA

Copper **Obv:** Date, text **Rev:** Spearhead

Date	Mintage	Good	VG	F	VF	XF
AH1203/X	—	5.00	10.00	15.00	20.00	—
AH1203//2x	—	5.00	10.00	15.00	20.00	—
AH1206//x	—	5.00	10.00	15.00	20.00	—
AH1212//x	—	5.00	10.00	15.00	20.00	—
AH(12)13//44	—	5.00	10.00	15.00	20.00	—
AH1213/X	—	5.00	10.00	15.00	20.00	—

KM# 549.3 PAISA

Copper **Issuer:** Daulat Rao Sindhia with John and George Hessing in charge. **Obv:** Inscription, date **Rev:** Katar

Date	Mintage	Good	VG	F	VF	XF
AH1212//xx	—	12.50	25.00	42.00	60.00	—
AH1214//xx	—	12.50	25.00	42.00	60.00	—
AH1215//xx	—	12.50	25.00	42.00	60.00	—

KM# 549.1 PAISA

Copper **Issuer:** Daulat Rao Sindhia with John and George Hessing in charge. **Obv:** Inscription **Rev:** JWH

Date	Mintage	Good	VG	F	VF	XF
AH1215//43	—	45.00	75.00	100	150	—

Husaingarh

KM# 643 1/2 PAISA

Copper **Issuer:** Mahadji Sindhia. **Obv:** Inscription **Rev:** Inscription **Note:** Uncertain mint. Possibly a mint of the Doab or eastern Rajasthan.

Date	Mintage	Good	VG	F	VF	XF
AH119x//23 Rare	—	—	—	—	—	—

Shahjahanabad

KM# 699 1/2 PAISA (Shahi)

Copper **Note:** Mint marks are symbols.

Date	Mintage	Good	VG	F	VF	XF
AH1210//38	—	5.00	9.00	13.00	20.00	—

Allahabad

KM# 565 PAISA

Copper **Obv:** Inscription **Rev:** Inscription

Date	Mintage	Good	VG	F	VF	XF
ND//8	—	3.50	7.50	12.00	20.00	—
AH1210	—	3.50	7.50	12.00	20.00	—

Ahmadabad

KM# 480 PAISA

Copper **Obv:** Inscription, date **Rev:** Inscription

Date	Mintage	Good	VG	F	VF	XF
AH1202//29	—	1.75	3.50	6.00	10.00	—

Bindraban

KM# 603 PAISA

10.2000 g., Copper **Issuer:** East India Company **Obv:** Inscription **Rev:** Inscription

Date	Mintage	Good	VG	F	VF	XF
AH1194//xx	—	—	—	—	—	—

Akbarabad

KM# 505 PAISA

Copper **Issuer:** Muhammad Beg Hamadani. **Obv:** Inscription **Rev:** Inscription, date

Date	Mintage	Good	VG	F	VF	XF
AH1194/23 (sic)	—	1.75	3.50	6.00	10.00	—
AH1195//23	—	1.75	3.50	6.00	10.00	—

Chhachrauli

KM# 673 PAISA

Copper, 24 mm. **Obv:** Inscription, stars **Rev:** Inscription, additional symbols, chakra, and hexfoil **Rev. Inscription:** Dar-us-Sarur **Note:** Issue of the Governor of Saharanpur

Date	Mintage	Good	VG	F	VF	XF
AH1206//33	—	35.00	70.00	100	135	—
AH1207//33 (sic)	—	35.00	70.00	100	135	—

Hasanabad

KM# 631 PAISA

Copper **Obv:** Inscription, date **Rev:** Inscription **Note:** Uncertain mint. Possibly a mint of Awadh or Rohilkhand.

Date	Mintage	Good	VG	F	VF	XF
AH1177//x	—	4.50	9.00	15.00	25.00	—

Husaingarh

KM# 646 PAISA

Copper **Obv:** Inscription **Rev:** Inscription

Date	Mintage	Good	VG	F	VF	XF
AH119x//23	—	5.50	11.00	18.00	30.00	—

Khujista Bunyad

KM# 649 PAISA

Copper **Obv:** Emperor's titles, date **Rev:** Mint

Date	Mintage	Good	VG	F	VF	XF
AH1213	—	—	—	—	—	—

Macchlipattan

KM# 655 PAISA

Copper **Obv:** Inscription **Rev:** Inscription, date **Note:** Weight varies 13.20-13.40 grams.

Date	Mintage	Good	VG	F	VF	XF
AH1188//xx	—	—	—	—	—	—
AH1191//xx	—	—	—	—	—	—
AH1193	—	—	—	—	—	—
AH1195	—	—	—	—	—	—

Muazzamabad

KM# 656 PAISA

Copper **Obv:** Inscription **Rev:** Inscription

Date	Mintage	Good	VG	F	VF	XF
AH1190	—	6.00	12.00	—	—	—

Muradabad

KM# 659 PAISA

Copper **Obv:** Inscription **Rev:** Inscription

Date	Mintage	Good	VG	F	VF	XF
yr. 2	—	4.00	7.00	12.00	25.00	—
yr. 4	—	4.00	7.00	12.00	25.00	—

INDIA MUGHAL EMPIRE

Najafgarh

KM# 667 PAISA

12.0000 g., Copper **Obv:** Inscription **Rev:** Inscription

Date	Mintage	Good	VG	F	VF	XF
AH1178/6	—	—	—	—	—	—
AH1192	—	—	—	—	—	—

Saharanpur

KM# 672 PAISA

Copper, 21 mm. **Obv:** Inscription **Rev. Inscription:** Dar-us-Saur **Note:** Varieties in additional symbols exist: 3-pronged quatrefoil, vertical and horizontal spray.

Date	Mintage	Good	VG	F	VF	XF
AHxxxx/31	—	4.00	6.50	10.00	15.00	—

Shahjahanabad

KM# 701 1/8 RUPEE

Silver **Obv:** Inscription **Rev:** Inscription, mint mark **Note:** Weight varies 1.38-1.45 grams.

Date	Mintage	Good	VG	F	VF	XF
AHxxxx/7	—	5.00	10.00	20.00	35.00	60.00

Akbarabad

KM# 510 1/4 RUPEE

Silver **Issuer:** Muhammad Beg Hamadani. **Obv:** Inscription **Rev:** Inscription, fish **Note:** Mint mark is a fish. Weight varies 2.75-2.90 grams.

Date	Mintage	Good	VG	F	VF	XF
AH119x//22	—	1.50	3.50	7.00	12.00	17.00

Azimabad

KM# A592 1/4 RUPEE

Silver **Issuer:** East India Company **Obv:** Inscription **Rev:** Inscription, mint mark **Note:** Weight varies 2.75-2.90 grams.

Date	Mintage	Good	VG	F	VF	XF
AHxxxx/6	—	—	—	—	—	—

Shahjahanabad

KM# 700 PAISA

Copper **Obv:** Inscription, date **Rev:** Inscription **Note:** Weight varies 11.00-11.60 grams.

Date	Mintage	Good	VG	F	VF	XF
AH1185//12 (Ahad)	—	2.00	3.25	5.00	8.50	—
AH1186//13	—	2.00	3.25	5.00	8.50	—
AH1187//15	—	2.00	3.25	5.00	8.50	—
AH1190//18	—	2.00	3.25	5.00	8.50	—
AH11xx//25	—	2.00	3.25	5.00	8.50	—
AH1198//xx	—	2.00	3.25	5.00	8.50	—
AH1199//27	—	2.00	3.25	5.00	8.50	—
AH1xxx//28	—	2.00	3.25	5.00	8.50	—
AH1205//32	—	2.00	3.25	5.00	8.50	—
AH1206//33	—	2.00	3.25	5.00	8.50	—
AH1206//34	—	2.00	3.25	5.00	8.50	—
AH1207//35	—	2.00	3.25	5.00	8.50	—
AH1208//35	—	2.00	3.25	5.00	8.50	—
AH1209//36	—	2.00	3.25	5.00	8.50	—
AH1207//36 (sic)	—	2.00	3.25	5.00	8.50	—
AH1208//36	—	2.00	3.25	5.00	8.50	—
AH1210//38	—	2.00	3.25	5.00	8.50	—
AH1211//39	—	2.00	3.25	5.00	8.50	—
AH1214//41	—	2.00	3.25	5.00	8.50	—

Shahjahanabad

KM# 702 1/4 RUPEE

Silver **Obv.** Inscription: Hami Din **Rev:** Inscription **Note:** Weight varies 2.75-2.90 grams.

Date	Mintage	Good	VG	F	VF	XF
AH1197//25	—	5.50	14.00	28.00	45.00	75.00

KM# 703 1/4 RUPEE

Silver **Obv. Inscription:** Sahib Qiran, parasol **Rev:** Inscription **Note:** Weight varies 2.75-2.90 grams.

Date	Mintage	Good	VG	F	VF	XF
AH12xx//33	—	5.50	14.00	28.00	47.50	65.00

Azimabad

KM# 590 1/16 RUPEE

Silver **Issuer:** East India Company **Obv:** Inscription **Rev:** Inscription, mint mark **Note:** Mint mark is a symbol. Weight varies 0.68-0.72 grams.

Date	Mintage	Good	VG	F	VF	XF
AH117x//1	—	5.00	12.50	25.00	42.00	60.00

Akbarabad

KM# 552 1/2 RUPEE

Silver **Issuer:** Daulat Rao Sindhia with John and George Hessing in charge. **Obv:** Inscription **Rev:** Inscription, fish **Note:** Weight varies 5.50-5.80 grams.

Date	Mintage	Good	VG	F	VF	XF
AH12xx//40	—	5.00	8.00	16.00	28.00	40.00

Azimabad

KM# 591 1/8 RUPEE

Silver **Issuer:** East India Company **Obv:** Inscription **Rev:** Inscription, trident **Note:** Weight varies 1.38-1.45 grams.

Date	Mintage	Good	VG	F	VF	XF
AH1174//2	—	6.00	15.00	30.00	50.00	70.00

Murshidabad

KM# 657 1/8 RUPEE

Silver **Note:** Weight varies 1.38-1.45 grams.

Date	Mintage	Good	VG	F	VF	XF
AH117x//4	—	3.50	9.00	15.00	22.00	32.00
AH117x//5	—	3.50	9.00	15.00	22.00	32.00

Shahjahanabad

KM# 705 1/2 RUPEE

Silver **Obv. Inscription:** Hami Din, flower symbol **Rev:** Inscription **Note:** Weight varies 5.50-5.80 grams.

Date	Mintage	Good	VG	F	VF	XF
AH1177//5	—	6.00	15.00	30.00	50.00	70.00
AH1178//7	—	6.00	15.00	30.00	50.00	70.00

KM# 706 1/2 RUPEE

Silver **Obv.** Inscription: Sahib Qiran **Rev:** Inscription **Note:** Weight varies 5.50-5.80 grams.

Date	Mintage	Good	VG	F	VF	XF
AH12xx//33	—	8.00	17.50	35.00	60.00	100
AH1211//39	—	8.00	17.50	35.00	60.00	100
AH1213//41	—	8.50	20.00	40.00	65.00	110

Surat

KM# 723 1/2 RUPEE

Silver **Obv:** Privy mark #1 **Rev:** Long stem flower in "S" of "Julus" **Note:** Weight varies 5.50-5.80 grams.

Date	Mintage	Good	VG	F	VF	XF
AHxxxx/19	—	4.00	6.00	12.00	17.50	25.00
AHxxxx/31	—	4.00	6.00	12.00	17.50	25.00

Ahmadabad

KM# 482 RUPEE

Silver **Obv:** Inscription, beaded flowers **Rev:** Inscription **Note:** Weight varies 11.00-11.60 grams. For coin dated AH1202 Year 29, refer to KM#738.

Date	Mintage	Good	VG	F	VF	XF
AH1201//28	—	7.00	8.00	12.00	20.00	35.00

Akbarabad

KM# 490 RUPEE

Silver, 25 mm. **Obv:** Inscription **Rev:** Inscription **Note:** Pre-Panipat issue. Without mint mark. Weight varies 11.00-11.60 grams.

Date	Mintage	Good	VG	F	VF	XF
AH1174//1	—	7.00	9.00	15.00	25.00	40.00
AH117x//2	—	7.00	9.00	15.00	25.00	40.00
AH1176//4	—	7.00	9.00	15.00	25.00	40.00
AH1177//4	—	7.00	9.00	15.00	25.00	40.00
AH1177//5	—	7.00	9.00	15.00	25.00	40.00
AH1178//5	—	7.00	9.00	15.00	25.00	40.00
AH1179//6	—	7.00	9.00	15.00	25.00	40.00
AH1180//7	—	7.00	9.00	15.00	25.00	40.00
AH1181//8	—	7.00	9.00	15.00	25.00	40.00

KM# 500 RUPEE

Silver, 22 mm. **Issuer:** Najaf Khan Rohilla. **Obv:** Inscription, symbol at upper left **Rev:** Inscription, symbol at bottom **Note:** Mughal Governor Issue. Mint mark is a symbol. Weight varies 11.00-11.60 grams.

Date	Mintage	Good	VG	F	VF	XF
AH1185//14 (sic)	—	7.00	11.00	18.00	30.00	50.00
AH1186//14	—	7.00	11.00	18.00	30.00	50.00

Silver **Obv:** Inscription, date **Rev:** Inscription, upright sprig **Note:** Mint mark symbol. Weight varies 11.00-11.60 grams.

Date	Mintage	Good	VG	F	VF	XF
AH1185//13	—	7.00	9.00	15.00	25.00	35.00

Date	Mintage	Good	VG	F	VF	XF
AH1207//26 (sic)	—	7.00	8.00	13.00	22.00	32.50

KM# 512 RUPEE

Silver **Issuer:** Muhammad Beg Hamadani. **Obv:** Inscription **Rev:** Inscription, fish **Note:** Weight varies 11.00-11.60 grams.

Date	Mintage	Good	VG	F	VF	XF
AH1192//20	—	7.00	9.00	15.00	25.00	42.50
AH1193//20	—	7.00	9.00	15.00	25.00	42.50
AH1195//23	—	7.00	9.00	15.00	25.00	42.50
AH1196//24	—	7.00	9.00	15.00	25.00	42.50
AH1197//25	—	7.00	9.00	15.00	25.00	42.50
AH1198//25	—	7.00	9.00	15.00	25.00	42.50

KM# 520 RUPEE

Silver, 23 mm. **Issuer:** Mahadji Sindhia. **Obv:** Inscription, date **Rev:** Inscription, fish **Note:** Mint mark is a symbol. Weight varies 11.00-11.60 grams.

Date	Mintage	Good	VG	F	VF	XF
AH1198//26	—	7.00	9.00	15.00	25.00	40.00
AH1199//26	—	7.00	9.00	15.00	25.00	40.00

KM# 530 RUPEE

Silver, 22 mm. **Issuer:** Ghulam Qadir Rohilla. **Obv:** Inscription **Rev:** Inscription **Note:** Mint mark is a symbol. Weight varies 11.00-11.60 grams.

Date	Mintage	Good	VG	F	VF	XF
AH1201//28	—	8.00	10.00	20.00	32.50	55.00

KM# 540 RUPEE

Silver **Issuer:** Mahadji Sindhia **Obv:** Inscription, date, star **Rev:** Inscription, fish **Note:** Mint mark is a symbol. Weight varies 11.00-11.60 grams.

Date	Mintage	Good	VG	F	VF	XF
AH1203//30	—	7.00	9.00	13.00	22.00	32.00
AH1207//34	—	7.00	9.00	13.00	22.00	32.00

KM# 554 RUPEE

Silver **Issuer:** Daulat Rao Sindhia with John and George Hessing in charge **Obv:** Inscription, beaded flower **Rev:** Inscription, fish **Note:** Weight varies 11.00-11.60 grams.

Date	Mintage	Good	VG	F	VF	XF
AH12xx//38	—	7.00	9.00	15.00	25.00	40.00
AH1215//43 (sic)	—	7.00	9.00	15.00	25.00	40.00
AH12xx//42	—	7.00	9.00	15.00	25.00	40.00

Allahabad

KM# 570 RUPEE

KM# 580 RUPEE

Silver, 23 mm. **Issuer:** East India Company **Obv:** Inscription **Rev:** Inscription, stylized fish **Note:** Weight varies 11.00-11.60 grams.

Date	Mintage	Good	VG	F	VF	XF
AH1198//23 (sic)	—	7.00	10.00	16.50	27.50	45.00

KM# 582 RUPEE

Silver **Issuer:** East India Company **Obv:** Inscription, date **Rev:** Arabic numeral 6 at left of Julus, fish mint mark below **Note:** Weight varies: 11.00-11.60 grams.

Date	Mintage	Good	VG	F	VF	XF
AH11xx//25	—	7.00	9.00	15.00	25.00	40.00
AH1199//26	—	7.00	9.00	15.00	25.00	40.00
AH1200//26 (sic)	—	7.00	9.00	15.00	25.00	40.00

KM# 583 RUPEE

Silver **Issuer:** East India Company **Obv:** Inscription **Rev:** Inscription without arabic numeral 6 at left of Julus **Note:** Weight varies 11.00-11.60 grams.

Date	Mintage	Good	VG	F	VF	XF
AH1204//26 (sic)	—	7.00	8.00	13.00	21.50	30.00
AH1206//25 (sic)	—	7.00	8.00	12.00	20.00	28.50
AH1206//26 (sic)	—	7.00	8.00	12.00	20.00	28.50

KM# 587 RUPEE

Silver **Issuer:** East India Company **Obv:** Inscription, symbol **Rev:** Inscription **Note:** Weight varies 11.00-11.60 grams.

Date	Mintage	Good	VG	F	VF	XF
AH1205//26	—	7.00	8.00	13.00	22.00	32.50

KM# 585 RUPEE

Silver **Issuer:** East India Company **Obv:** Inscription, sun **Rev:** Inscription, fish **Note:** Weight varies 11.00-11.60 grams.

Date	Mintage	Good	VG	F	VF	XF
AH1206//26	—	7.00	8.00	13.00	22.00	32.50

KM# 584 RUPEE

Silver **Issuer:** East India Company **Obv:** Inscription, sun, date **Rev:** Inscription, fish **Note:** Weight varies 11.00-11.60 grams.

KM# 588 RUPEE

Silver **Issuer:** East India Company **Obv:** Inscription, sun and sword **Rev:** Inscription, fish **Note:** Weight varies 11.00-11.60 grams.

Date	Mintage	Good	VG	F	VF	XF
AH1210//26 (sic)	—	7.00	8.00	13.00	22.00	32.50

Azimabad

KM# 592 RUPEE

Silver, 21 mm. **Issuer:** East India Company **Obv:** Inscription **Rev:** Inscription, trident **Note:** Weight varies 11.00-11.60 grams.

Date	Mintage	Good	VG	F	VF	XF
AH1174//2	—	10.00	20.00	42.50	70.00	100
AH1175//2	—	10.00	20.00	42.50	70.00	100
AH1175//3	—	10.00	20.00	42.50	70.00	100
AH1176//3	—	10.00	20.00	42.50	70.00	100
AH1176//4	—	10.00	20.00	42.50	70.00	100
AH1177//4	—	10.00	20.00	42.50	70.00	100
AH1177//5	—	10.00	20.00	42.50	70.00	100
AH1178//5	—	10.00	20.00	42.50	70.00	100
AH1178//6	—	10.00	20.00	42.50	70.00	100

Gohad

KM# 5 RUPEE

Silver **Issuer:** East India Company **Note:** Weight varies 11.00-11.60 grams.

Date	Mintage	Good	VG	F	VF	XF
AH1187//xx	—	10.00	20.00	35.00	55.00	90.00

Gokulgarh

KM# 620 RUPEE

Silver, 21-23 mm. **Issuer:** Raja of Rewari **Obv:** Inscription **Rev:** Inscription **Note:** Local Governor Issue. Size varies. Weight varies: 11.00-11.60 grams.

Date	Mintage	Good	VG	F	VF	XF
AH1182//10	—	7.00	9.00	13.50	22.50	35.00
AH1183//10	—	7.00	9.00	13.50	22.50	35.00
AH1183//11	—	7.00	9.00	13.50	22.50	35.00
AH1184//11	—	7.00	9.00	13.50	22.50	35.00
AH1184//12	—	7.00	9.00	13.50	22.50	35.00
AH1185//12	—	7.00	9.00	13.50	22.50	35.00
AH1185//13	—	7.00	9.00	13.50	22.50	35.00
AH(11)86//14	—	7.00	9.00	13.50	22.50	35.00
AH1186//13	—	7.00	9.00	13.50	22.50	35.00
AH1187//14	—	7.00	9.00	13.50	22.50	35.00
AH1187//15	—	7.00	9.00	13.50	22.50	35.00
AH1188//15	—	7.00	9.00	13.50	22.50	35.00
AH1188//16	—	7.00	9.00	13.50	22.50	35.00
AH1189//16	—	7.00	9.00	13.50	22.50	35.00
AH1189//17	—	7.00	9.00	13.50	22.50	35.00
AH1190//17	—	7.00	9.00	13.50	22.50	35.00
AH1190//18	—	7.00	9.00	13.50	22.50	35.00
AH1191//18	—	7.00	9.00	13.50	22.50	35.00
AH1191//19	—	7.00	9.00	13.50	22.50	35.00
AH1192//19	—	7.00	9.00	13.50	22.50	35.00
AH1192//20	—	7.00	9.00	13.50	22.50	35.00
AH1193//20	—	7.00	9.00	13.50	22.50	35.00
AH1193//21	—	7.00	9.00	13.50	22.50	35.00
AH1195//22	—	7.00	9.00	13.50	22.50	35.00
AH1194//21	—	7.00	9.00	13.50	22.50	35.00
AH1194//22	—	7.00	9.00	13.50	22.50	35.00
AH1195//23	—	7.00	9.00	13.50	22.50	35.00
AH1196//23	—	7.00	9.00	13.50	22.50	35.00
AH1196//24	—	7.00	9.00	13.50	22.50	35.00
AH1197//24	—	7.00	9.00	13.50	22.50	35.00
AH1197//25	—	7.00	9.00	13.50	22.50	35.00
AH1198//25	—	7.00	9.00	13.50	22.50	35.00
AH1198//26	—	7.00	9.00	13.50	22.50	35.00
AH1199//26	—	7.00	9.00	13.50	22.50	35.00
AH1199//27	—	7.00	9.00	13.50	22.50	35.00

INDIA MUGHAL EMPIRE

Date	Mintage	Good	VG	F	VF	XF
AH1200//27	—	7.00	9.00	13.50	22.50	35.00
AH1200//28	—	7.00	9.00	13.50	22.50	35.00

Date	Mintage	Good	VG	F	VF	XF
AH1177//5	—	—	—	—	—	—
AH1196//25 (sic) Rare	—	—	—	—	—	—

KM# 622 RUPEE

Silver, 21-23 mm. **Issuer:** Rohilla Governor **Note:** Size varies. Weight varies: 11.00-11.60 grams.

Date	Mintage	Good	VG	F	VF	XF
AH1202//29	—	7.50	10.00	20.00	32.50	55.00
AH1202//30	—	7.50	10.00	20.00	32.50	55.00

Muzaffargarh

KM# 668 RUPEE

Silver **Obv. Inscription:** Fazl-I-Hami Din **Rev:** Inscription **Note:** Weight varies 11.00-11.60 grams.

Date	Mintage	Good	VG	F	VF	XF
AH1197//25	—	8.00	15.00	27.50	45.00	75.00
AH1198//26	—	8.00	15.00	27.50	45.00	75.00
AH1199//27	—	8.00	15.00	27.50	45.00	75.00
AH1200//28	—	8.00	15.00	27.50	45.00	75.00
AH1201//29	—	8.00	15.00	27.50	45.00	75.00

Hathras

KM# 640 RUPEE

Silver, 22.5 mm. **Issuer:** Local Governor, Mahadji Sindhia. **Obv:** Inscription **Rev:** Inscription **Note:** Coins dated AH1202/30 and 1203/30 may have been issued by Ghulam Qadir. Weight varies 11.00-11.60 grams.

Date	Mintage	Good	VG	F	VF	XF
AH1197//25	—	8.00	12.50	25.00	42.50	70.00
AH1190//26	—	8.00	12.50	25.00	42.50	70.00
AH11xx//26	—	8.00	12.50	25.00	42.50	70.00
AH119x//27	—	8.00	12.50	25.00	42.50	70.00
AH12xx//28	—	8.00	12.50	25.00	42.50	70.00
AH12xx//29	—	8.00	12.50	25.00	42.50	70.00
AH12xx//30	—	8.00	12.50	25.00	42.50	70.00

KM# 624 RUPEE

Silver, 21-23 mm. **Issuer:** Sindhia Governor **Obv:** Inscription, sword **Rev:** Inscription, mint mark **Note:** Size varies. Weight varies: 11.00-11.60 grams.

Date	Mintage	Good	VG	F	VF	XF
AH1204//31	—	7.00	9.00	13.50	22.50	35.00
AH1202//31 (sic)	—	7.00	9.00	13.50	22.50	35.00
AH1203//31	—	7.00	9.00	13.50	22.50	35.00
AH1204//32	—	7.00	9.00	13.50	22.50	35.00
AH1205//32	—	7.00	9.00	13.50	22.50	35.00
AH1205//33	—	7.00	9.00	13.50	22.50	35.00
AH1206//33	—	7.00	9.00	13.50	22.50	35.00
AH1206//34	—	7.00	9.00	13.50	22.50	35.00
AH1207//34	—	7.00	9.00	13.50	22.50	35.00
AH1207//35	—	7.00	9.00	13.50	22.50	35.00
AH1208//35	—	7.00	9.00	13.50	22.50	35.00
AH1208//36	—	7.00	9.00	13.50	22.50	35.00
AH1209//36	—	7.00	9.00	13.50	22.50	35.00
AH1209//37	—	7.00	9.00	13.50	22.50	35.00
AH1210//37	—	7.00	9.00	13.50	22.50	35.00
AH1210//38	—	7.00	9.00	13.50	22.50	35.00
AH1211//38	—	7.00	9.00	13.50	22.50	35.00
AH1211//39	—	7.00	9.00	13.50	22.50	35.00
AH1212//39	—	7.00	9.00	13.50	22.50	35.00
AH1213//40	—	7.00	9.00	13.50	22.50	35.00
AH1212//40	—	7.00	9.00	13.50	22.50	35.00
AH1212//41	—	7.00	9.00	13.50	22.50	35.00
AH1213//41	—	7.00	9.00	13.50	22.50	35.00
AH1214//41	—	7.00	9.00	13.50	22.50	35.00
AH1214//42	—	7.00	9.00	13.50	22.50	35.00
AH1215//42	—	7.00	9.00	13.50	22.50	35.00

Jahangirnagar

KM# 648 RUPEE

Silver **Obv:** Inscription, date **Rev:** Inscription, sun-like symbol **Note:** Weight varies 11.00-11.60 grams.

Date	Mintage	Good	VG	F	VF	XF
AH1178//5	—	7.50	11.00	22.00	38.00	55.00

KM# 669 RUPEE

Silver, 21.5 mm. **Obv:** Inscription, mint mark, date **Obv. Inscription:** Sahib Qiran **Rev:** Inscription, mint mark, beaded flower at left **Note:** Prev. KM#2.

Date	Mintage	Good	VG	F	VF	XF
AH1202//30	—	7.50	11.50	18.00	30.00	50.00
AH1208//35	—	7.50	11.50	18.00	30.00	50.00
AH1209//36	—	7.50	11.50	18.00	30.00	50.00
AH1209//37	—	7.50	11.50	18.00	30.00	50.00
AH1209//38 (sic)	—	7.50	11.50	18.00	30.00	50.00
AH1209//39 (sic)	—	7.50	11.50	18.00	30.00	50.00
AH1211//39	—	7.50	11.50	18.00	30.00	50.00
AH1211//40 (sic)	—	7.50	11.50	18.00	30.00	50.00
AH1212//40	—	7.50	11.50	18.00	30.00	50.00
AH1212//41 (sic)	—	7.50	11.50	18.00	30.00	50.00
AH1213//41	—	7.50	11.50	18.00	30.00	50.00
AH121x/41	—	—	—	—	—	—
AH1214//42	—	7.50	11.50	18.00	30.00	50.00

Hardwar

KM# 630 RUPEE

Silver **Obv:** Inscription **Rev:** Inscription **Note:** Struck at a mint of the Mughal governor of Saharanpur. Weight varies 11.00-11.60 grams.

Date	Mintage	Good	VG	F	VF	XF
AH1205//31 (sic)	—	15.00	35.00	70.00	100	150
AH1212//39	—	15.00	35.00	70.00	100	150
AH1214//41	—	15.00	35.00	70.00	100	150

Kora

KM# 650 RUPEE

Silver **Issuer:** Local governor, Mirza Najaf Khan **Obv:** Inscription **Rev:** Inscription, mint mark at upper right **Note:** Mint mark is a symbol. Weight varies 11.00-11.60 grams.

Date	Mintage	Good	VG	F	VF	XF
AH11xx//7	—	7.00	9.00	13.00	22.00	32.00
AH11xx//8	—	7.00	9.00	13.00	22.00	32.00
AH11xx//9	—	7.00	9.00	13.00	22.00	32.00
AH11xx//10	—	7.00	9.00	13.00	22.00	32.00

Saharanpur

KM# 675 RUPEE

11.4440 g., Silver, 20.5 mm. **Obv:** Inscription, date, beaded flowers **Rev:** Inscription, mint marks **Rev. Inscription:** Dar-ul-Khilafat **Note:** Mint epithet: "Dar-us-Surur".

Date	Mintage	Good	VG	F	VF	XF
AH1204//31	—	7.00	9.00	18.00	30.00	45.00
AH1205//32	—	7.00	9.00	18.00	30.00	45.00
AH1205//33	—	7.00	9.00	18.00	30.00	45.00
AH1207//34	—	7.00	9.00	18.00	30.00	45.00
AH1211//38	—	7.00	9.00	18.00	30.00	45.00
AH1212//40	—	7.00	9.00	18.00	30.00	45.00
AH1214//41	—	7.00	9.00	18.00	30.00	45.00
AH1215//42	—	7.00	9.00	18.00	30.00	45.00

KM# 651 RUPEE

Silver **Issuer:** Local governor, Mirza Najaf Khan **Obv:** Inscription, sword, beaded flower, cross **Rev:** Inscription, mint mark at upper right **Note:** Weight varies 11.00-11.60 grams.

Date	Mintage	Good	VG	F	VF	XF
AH11xx//11	—	7.00	9.00	13.00	22.00	32.00
AH11xx//12	—	7.00	9.00	13.00	22.00	32.00

Hasanabad

KM# 634 RUPEE

Silver, 21 mm. **Obv. Inscription:** Badshah Ghazi **Rev:** Inscription, beaded flower **Note:** Weight varies 11.00-11.60 grams.

Date	Mintage	Good	VG	F	VF	XF
AH1174//1 Rare	—	—	—	—	—	—

Mungir

KM# 661 RUPEE

Silver **Note:** Weight varies 11.00-11.60 grams.

Date	Mintage	Good	VG	F	VF	XF
AH1176//4 Rare	—	—	—	—	—	—

Murshidabad

KM# 660 RUPEE

Silver **Note:** Mint mark is a cinquefoil. Weight varies 11.00-11.60 grams.

Date	Mintage	Good	VG	F	VF	XF
AH1175//2	—	7.00	9.00	18.00	30.00	45.00
AH1176//3	—	7.00	9.00	18.00	30.00	45.00
AH1177//5	—	7.00	9.00	18.00	30.00	45.00
AH1178//5	—	7.00	9.00	18.00	30.00	45.00
AH1179	—	7.00	9.00	18.00	30.00	45.00

KM# 680 RUPEE

Silver **Obv:** Inscription **Rev. Inscription:** Dar-us-Sarur **Note:** Weight varies 11.00-11.60 grams. Originally believed by some authorities to have been struck by the Sikhs, but now it's felt it was issued under the Maratha Administration. Other authorities insist Saran Singh gave this rupee to the Sikhs.

Date	Mintage	Good	VG	F	VF	XF
AH1210//37	—	—	15.00	30.00	50.00	70.00

KM# 635 RUPEE

Silver, 21 mm. **Obv. Inscription:** Fazl-I-Hami Din, date **Rev:** Inscription **Note:** Weight varies 11.00-11.60 grams.

Shahjahanabad

KM# 709.1 RUPEE

INDIA MUGHAL EMPIRE

Silver **Obv:** Inscription: Hami Din **Rev:** Inscription **Note:** Weight varies 11.00-11.60 grams.

Date	Mintage	Good	VG	F	VF	XF
AH1174//1	—	7.00	9.00	16.00	28.00	42.00
AH1174//2	—	7.00	9.00	16.00	28.00	42.00
AH1175//2	—	7.00	9.00	16.00	28.00	42.00
AH1175//3	—	7.00	9.00	16.00	28.00	42.00
AH1176//3	—	7.00	9.00	16.00	28.00	42.00
AH1176//4	—	7.00	9.00	16.00	28.00	42.00
AH1177//4	—	7.00	9.00	16.00	28.00	42.00
AH1177//5	—	7.00	9.00	16.00	28.00	42.00
AH1178//5	—	7.00	9.00	16.00	28.00	42.00
AH1178//6	—	7.00	9.00	16.00	28.00	42.00
AH1179//6	—	7.00	9.00	16.00	28.00	42.00
AH1179//7	—	7.00	9.00	16.00	28.00	42.00
AH1180//7	—	7.00	9.00	16.00	28.00	42.00
AH1180//8	—	7.00	9.00	16.00	28.00	42.00
AH1181//8	—	7.00	8.00	16.00	28.00	42.00
AH1181//9	—	7.00	8.00	16.00	28.00	42.00
AH1182//9	—	7.00	9.00	16.00	28.00	42.00
AH1184//12	—	7.00	9.00	16.00	28.00	42.00
AH1185//12	—	7.00	9.00	16.00	28.00	42.00
AH1185//13	—	7.00	9.00	16.00	28.00	42.00
AH1186//13	—	7.00	9.00	16.00	28.00	42.00
AH1186//3 (sic)	—	7.00	9.00	16.00	28.00	42.00
AH1186//14	—	7.00	9.00	16.00	28.00	42.00
AH1187//14	—	7.00	9.00	16.00	28.00	42.00

KM# 709.2 RUPEE

Silver **Obv:** Parasol, inscription **Rev:** Inscription **Note:** Weight varies 11.00-11.60 grams.

Date	Mintage	Good	VG	F	VF	XF
AH1186/x	—	7.50	12.00	20.00	32.50	55.00
AH1187//15	—	7.50	12.00	20.00	32.50	55.00
AHxxxx/9/17	—	7.50	12.00	20.00	32.50	55.00
AH1190//18	—	7.50	12.00	20.00	32.50	55.00
AH1191//19	—	7.50	12.00	20.00	32.50	55.00
AH1192//20	—	7.50	12.00	20.00	32.50	55.00
AH1194//21	—	7.50	12.00	20.00	32.50	55.00
AH1194//22	—	7.50	12.00	20.00	32.50	55.00
AH1195//23	—	7.50	12.00	20.00	32.50	55.00
AH(1)196//23	—	7.50	12.00	20.00	32.50	55.00
AH1196//24	—	7.50	12.00	20.00	32.50	55.00
AH1197//24	—	7.50	12.00	20.00	32.50	55.00
AH1197//25	—	7.50	12.00	20.00	32.50	55.00
AH1198//25	—	7.50	12.00	20.00	32.50	55.00
AH1198//26	—	7.50	12.00	20.00	32.50	55.00
AH1199//27	—	7.50	12.00	20.00	32.50	55.00
AH1200//27	—	7.50	12.00	20.00	32.50	55.00
AH1201//28	—	7.50	12.00	20.00	32.50	55.00
AH1201//29	—	7.50	12.00	20.00	32.50	55.00

Surat

KM# 724 RUPEE

Silver **Issuer:** Nawabs of Suzat **Obv:** Privy mark #1 **Note:** Weight varies 11.00-11.60 grams.

Date	Mintage	Good	VG	F	VF	XF
AHxxxx//1 (Ahad)	—	7.00	10.00	18.50	30.00	50.00
AH1189//19	—	7.00	10.00	18.50	30.00	50.00
AHxxxx//21	—	7.00	10.00	18.50	30.00	50.00
AHxxxx//23	—	7.00	10.00	18.50	30.00	50.00
AHxxxx//30	—	7.00	10.00	18.50	30.00	50.00
AH1212//38	—	7.00	10.00	18.50	30.00	50.00

Surat

KM# 726 2 RUPEES

Silver **Obv:** Inscription, flower **Rev:** Inscription **Note:** Weight varies 22-23 grams.

Date	Mintage	Good	VG	F	VF	XF
AHxxxx//4	—	—	—	—	—	—
AH18x//6	—	—	—	—	—	—

Zebabad

KM# A725 RUPEE

Silver **Note:** Weight varies 11.00-11.60 grams.

Date	Mintage	Good	VG	F	VF	XF
AH12xx//34	—	—	—	—	—	—
AH121x//39	—	—	—	—	—	—
AH1214//40 (sic)	—	—	—	—	—	—

Balapur

KM# A484 FANAM (Type A484)

0.3700 g., Gold

Date	Mintage	VG	F	VF	XF	Unc
ND	—	—	—	—	—	—

Ahmadabad

KM# 484 MOHUR

Gold, 19 mm. **Note:** Weight varies 10.70-11.40 grams.

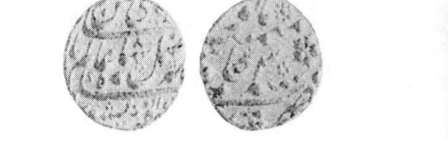

Date	Mintage	Good	VG	F	VF	XF
AH1202//29	—	400	450	525	650	775

Akbarabad

KM# 492 NAZARANA RUPEE

Silver **Obv:** Inscription **Rev:** Inscription **Note:** Pre-Panipat issue. Weight varies 11.00-11.60 grams.

Date	Mintage	Good	VG	F	VF	XF
AH1174//1	—	15.00	37.50	75.00	125	175

Murshidabad

KM# 663 MOHUR

Silver **Obv:** Inscription **Rev:** Inscription **Note:** Weight varies 10.70-10.90 grams.

Date	Mintage	Good	VG	F	VF	XF
AH1176//3	—	400	450	525	650	775
AH1177//5	—	400	450	525	650	775

KM# 710 RUPEE

Silver **Obv:** Inscription, parasol, date **Obv. Inscription:** Sahib Qiran **Rev:** Inscription, mint mark **Note:** Weight varies 11.00-11.60 grams.

Date	Mintage	Good	VG	F	VF	XF
AH1202//30	—	7.50	11.50	18.00	30.00	50.00
AH1203//31	—	7.50	11.50	18.00	30.00	50.00
AH1204//31	—	7.50	11.50	18.00	30.00	50.00
AH1204//32	—	7.50	11.50	18.00	30.00	50.00
AH1205//32	—	7.50	11.50	18.00	30.00	50.00
AH1205//33	—	7.50	11.50	18.00	30.00	50.00
AH1206//33	—	7.50	11.50	18.00	30.00	50.00
AH1206//34	—	7.50	11.50	18.00	30.00	50.00
AH1207//34	—	7.50	11.50	18.00	30.00	50.00
AH1207//35	—	7.50	11.50	18.00	30.00	50.00
AH1208//35	—	7.50	11.50	18.00	30.00	50.00
AH1208//36	—	7.50	11.50	18.00	30.00	50.00
AH1209//36	—	7.50	11.50	18.00	30.00	50.00
AH1209//37	—	7.50	11.50	18.00	30.00	50.00
AH1210//37	—	7.50	11.50	18.00	30.00	50.00
AH1210//38	—	7.50	11.50	18.00	30.00	50.00
AH1211//38	—	7.50	11.50	18.00	30.00	50.00
AH1211//39	—	7.50	11.50	18.00	30.00	50.00
AH1212//39	—	7.50	11.50	18.00	30.00	50.00
AH1212//40	—	7.50	11.50	18.00	30.00	50.00
AH1213//40	—	7.50	11.50	18.00	30.00	50.00
AH1213//41	—	7.50	11.50	18.00	30.00	50.00
AHxxxx//42	—	7.50	11.50	18.00	30.00	50.00

Azimabad

KM# 593 NAZARANA RUPEE

Silver **Issuer:** East India Company **Obv:** Inscription, date **Rev:** Inscription, trident at lower left **Note:** Weight varies 11.00-11.60 grams.

Date	Mintage	Good	VG	F	VF	XF
AH1174//2	—	—	—	—	—	—

Shahjahanabad

KM# 716 NAZARANA RUPEE

Silver, 29-36 mm. **Note:** Size varies. Similar to KM#709. Weight varies 11.00-11.60 grams.

Date	Mintage	Good	VG	F	VF	XF
AH1174//2	—	50.00	100	200	275	400

KM# 717 NAZARANA RUPEE

Silver **Obv:** Inscription, parasol **Rev:** Inscription **Note:** Weight varies 11.00-11.60 grams.

Date	Mintage	Good	VG	F	VF	XF
AH1202//30	—	50.00	100	200	275	400
AH1208//36	—	50.00	100	200	275	400
AH1209//37	—	50.00	100	200	275	400

Shahjahanabad

KM# 719 MOHUR

Gold **Obv. Inscription:** Hami Din **Rev:** Inscription **Note:** Weight varies 10.70-10.90 grams.

Date	Mintage	Good	VG	F	VF	XF
AH1174//2	—	400	450	525	650	775
AH1175//2	—	400	450	525	650	775
AH1175//3	—	400	450	525	650	775
AH1176//3	—	400	450	525	650	775
AH1180//8	—	400	450	525	650	775
AH1191//19	—	400	450	525	650	775
AH1192//19	—	400	450	525	650	775
AH1194//21	—	400	450	525	650	775
AH1197//24	—	400	450	525	650	775
AH1197//25	—	400	450	525	650	775
AH1201//29	—	400	450	525	650	775

KM# 720 MOHUR

Gold **Obv. Inscription:** Sahib Qiran, parasol **Rev:** Inscription **Note:** Weight varies 10.70-10.90 grams.

Date	Mintage	Good	VG	F	VF	XF
AH1202//30	—	400	450	525	650	775
AH1204//31	—	400	450	525	650	775
AH1205//32	—	400	450	525	650	775
AH1206//33	—	400	450	525	650	775

Date	Mintage	Good	VG	F	VF	XF
AH1206//34	—	400	450	525	650	775
AH1207//35	—	400	450	525	650	775

Bedar Bakht
AH1202-1203 / 1788AD
HAMMERED COINAGE

Mohammadabad

KM# 740 PAISA

Copper **Note:** Weight varies 12.90-13.80 grams.

Date	Mintage	Good	VG	F	VF	XF
AH1203//1	—	30.00	55.00	75.00	120	—

Saharanpur

KM# 760 RUPEE

Silver, 21 mm. **Obv:** Inscription **Rev:** Inscription **Note:** Weight varies 11.00-11.60 grams.

Date	Mintage	Good	VG	F	VF	XF
AH1203//1	—	275	600	1,000	1,250	1,750

Ahmadabad

KM# 738 RUPEE

Silver **Obv:** Inscription **Rev:** Inscription **Note:** Weight varies 11.00-11.60 grams. Issued by Bedar Bakht at the beginning of his rebellion before placing his own name on coinage, at Saharanpur which took the name Ahmadabad during the reign of Bedar Bakht (not the Ahmadebad in Gujarat).

Date	Mintage	Good	VG	F	VF	XF
AH1202//29	—	25.00	62.50	135	225	335

Mohammadabad

KM# 742 RUPEE

Silver **Note:** Weight varies 11.00-11.60 grams.

Date	Mintage	Good	VG	F	VF	XF
AH1202//1 Rare	—	—	—	—	—	—
AH1203//1 Rare	—	—	—	—	—	—

Shahjahanabad

KM# 750 RUPEE

Silver, 22 mm. **Obv:** Inscription, date **Rev:** Inscription **Note:** Weight varies 11.00-11.60 grams.

Date	Mintage	Good	VG	F	VF	XF
AH1202//1 Rare	—	—	—	—	—	—

Mohammadabad

KM# 744 MOHUR

Gold, 18 mm. **Obv:** Inscription, mint mark **Rev:** Inscription **Note:** Weight varies 10.70 11.40 grams.

Date	Mintage	Good	VG	F	VF	XF
AH1202//1 Rare	—	—	—	—	—	—
AH1203//1 Rare	—	—	—	—	—	—

Shahjahanabad

KM# 752 MOHUR

Gold, 20 mm. **Obv:** Inscription **Rev:** Inscription **Note:** Weight varies 10.70-11.40 grams.

Date	Mintage	Good	VG	F	VF	XF
AH1202//1	—	450	650	900	1,250	1,850

Muhammad Akbar Shah II
AH1203 / 1788AD

On his retreat to Saharanpur following the Maratha occupation of Delhi in October 1788AD, the Rohilla rebel Ghulam Qadir Khan deposed Bedar Bakht and substituted his cousin Muhammad Akbar, Shah Alam's favorite son, to rule nominally in exile. After

Ghulam Qadir's capture and execution by the Marathas in March 1789AD, they restored the pathetic Shah Alam II to the Mughal throne at Delhi to reign as a puppet king. Akbar Shah II's only known coins were issued from the temporary capital at Saharanpur.

MUGHAL-INDEPENDENT KINGDOMS

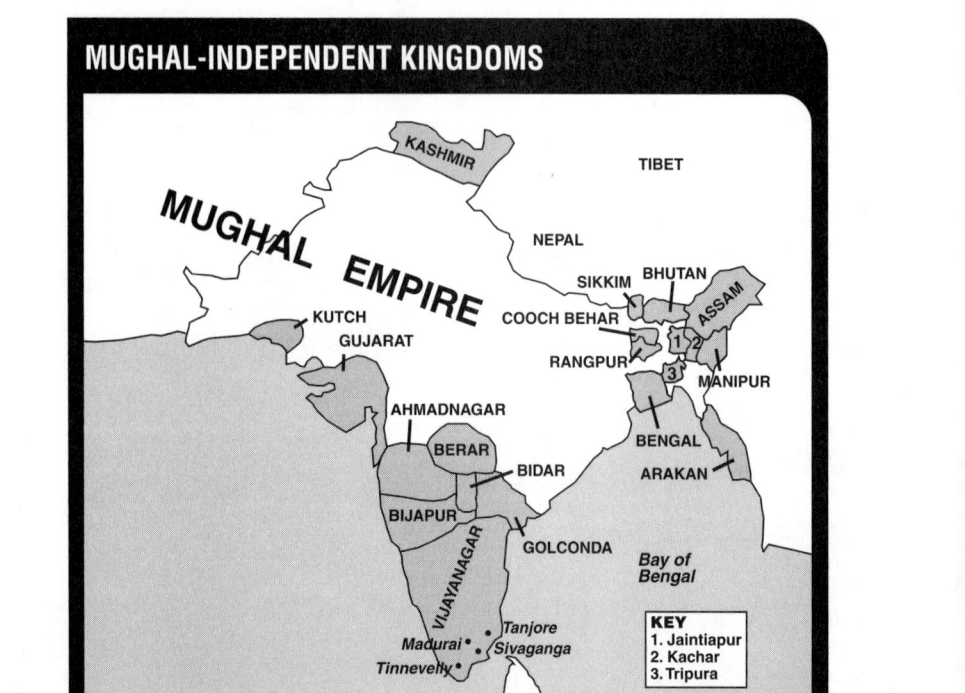

INDIA-INDEPENDENT KINGDOMS DURING BRITISH RULE

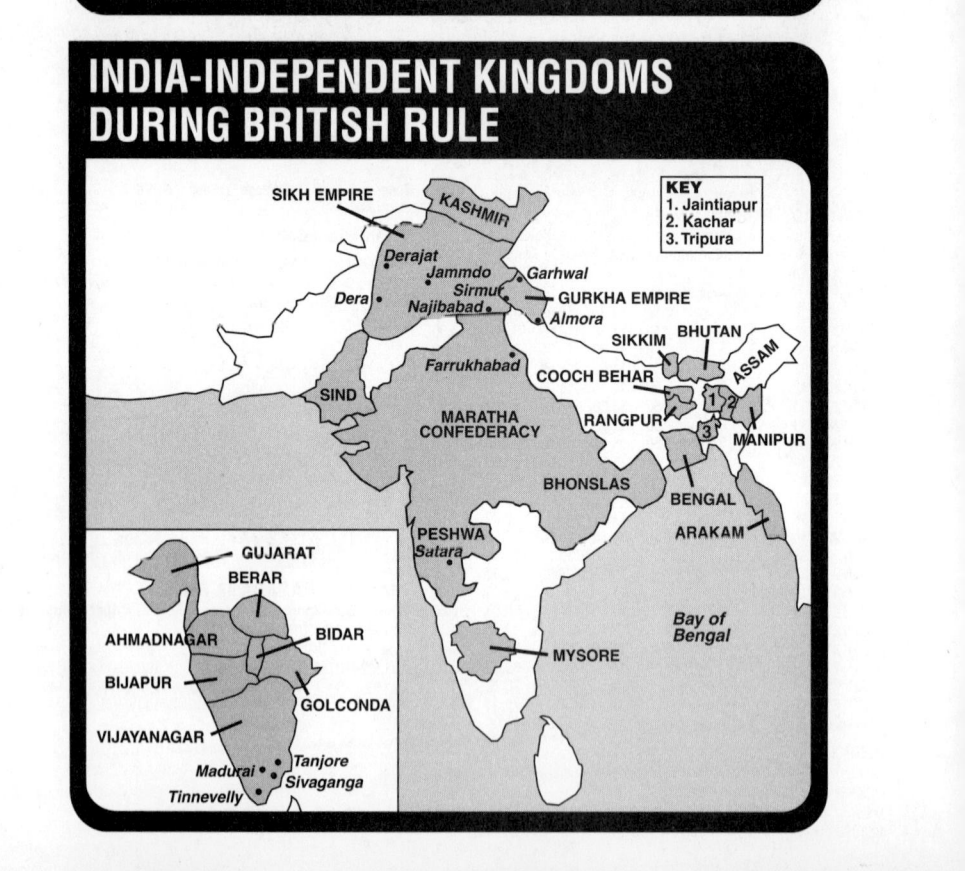

ARAKAN

A coastal region of Burma on the Bay of Bengal. The Buddhist Arakanese trace their history back 4500 years.

Arakan surrendered to the Burmese King Bodawpaya in 1784 and coins were issued by the king's governor in Arakan, bearing the following inscription: Amarapura, Kingdom of the Lord of Many White Elephants.

RULERS
Kalamandat, BE1059-1072/1697-1710AD
Sanda Wizaya, Maha Danda Bo,
....BE1072-1093/1710-1731AD
Sanda Thuriya,
....BE1093-1097/1731-1738AD
Narapawara, BE1097-1098/1735-1736AD
Sanda Wizala, BE1098-1099/1736-1737AD
Madarit Raza, BE1099-1104/1737-1742AD
Nara Apaya, BE1104-1123/1742-1761AD
Sanda Parma,
....BE1123-1126/1761-1764AD
Apaya Maha Raza,
....BE1126-1135/1764-1773AD
Sanda Thumana,
....BE1135-1139/1773-1777AD
Sanda Wimala, BE1139/1777AD
Thaditha Dhammarit,
....BE1139-1144/1777-1782AD
Maha Thamada,
....BE1144-1146/1782-1784AD
Amarapura Lord, Bodawpaya,
....BE1146/1784AD

KINGDOM Kalamandat
BE1059-72/1697-1710AD

KM# 16 RUPEE
Silver **Obv. Inscription:** Shah Jahan (III) **Rev. Inscription:** Ahmadnagar-Farrukhabad **Note:** Weight varies: 10.70-11.60 grams.

Date	Mintage	VG	F	VF	XF	Unc
AH1173//1 (1760)	—	150	200	300	450	—

Sanda Wizaya, Maha Danda Bo
BE1072-93/1710-31AD
HAMMERED COINAGE

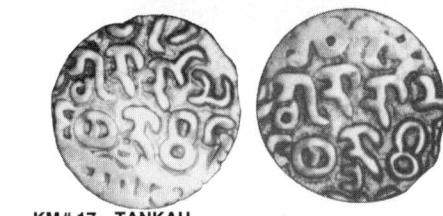

KM# 17 TANKAH
Silver **Obv:** Inscription **Rev:** Inscription **Note:** Weight varies: 8.84-10.20 grams.

Date	Mintage	Good	VG	F	VF	XF
BE1072 (1710)	—	12.50	20.00	30.00	45.00	—
BE1075 (1713)	—	12.50	20.00	30.00	45.00	—

Sanda Thuriya
BE1093-97/1731-38AD
HAMMERED COINAGE

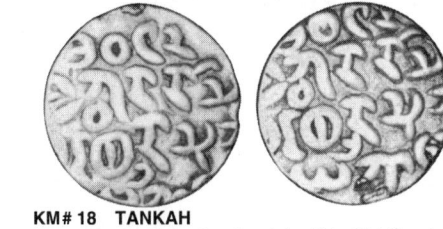

KM# 18 TANKAH
Silver **Obv:** Inscription **Rev:** Inscription **Note:** Weight varies: 9.50-10.21 grams.

Date	Mintage	Good	VG	F	VF	XF
BE1093 (1731)	—	20.00	32.50	50.00	75.00	—

Narapawara
BE1097-98/1735-36AD
HAMMERED COINAGE

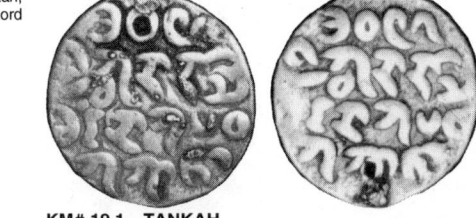

KM# 19.1 TANKAH
Silver **Obv:** Inscription **Rev:** Inscription **Note:** Weight varies: 9.4-10.97 grams.

Date	Mintage	Good	VG	F	VF	XF
BE1097 (1735)	—	20.00	32.50	50.00	75.00	—

KM# 19.2 TANKAH
Silver **Obv:** Inscription **Rev:** Inscription **Note:** Weight varies: 9.40-10.97 grams. Horizontal line added on obverse.

Date	Mintage	Good	VG	F	VF	XF
BE1097 (1735)	—	20.00	32.50	50.00	75.00	—

Sanda Wizala
BE1098-99/1736-37AD
HAMMERED COINAGE

KM# 20 TANKAH
9.9500 g., Silver **Obv:** Inscription **Rev:** Inscription

Date	Mintage	Good	VG	F	VF	XF
BE1098 (1736)	—	40.00	60.00	90.00	130	—

Madarit Raza
BE1099-1104/1737-42AD
HAMMERED COINAGE

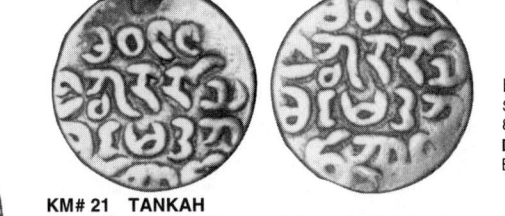

KM# 21 TANKAH
Silver **Obv:** Inscription **Rev:** Inscription **Note:** Weight varies: 9.32-9.97 grams.

Date	Mintage	Good	VG	F	VF	XF
BE1099 (1737)	—	40.00	60.00	90.00	130	—

Nara Apaya
BE1104-23/1742-61AD
HAMMERED COINAGE

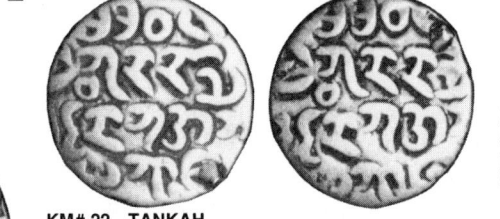

KM# 22 TANKAH
Silver **Obv:** Inscription **Rev:** Inscription **Note:** Weight varies: 9.53-10.58 grams.

Date	Mintage	Good	VG	F	VF	XF
BE1104 (1742)	—	25.00	35.00	50.00	75.00	—

Sanda Parma
BE1123-26/1761-64AD
HAMMERED COINAGE

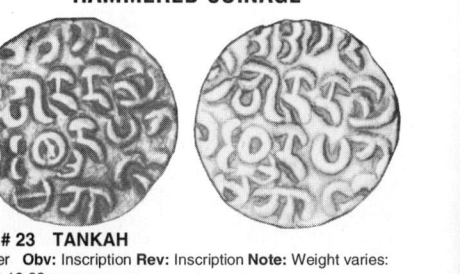

KM# 23 TANKAH
Silver **Obv:** Inscription **Rev:** Inscription **Note:** Weight varies: 8.92-10.08 grams.

Date	Mintage	Good	VG	F	VF	XF
BE1123 (1761)	—	25.00	35.00	50.00	75.00	—

Apaya Maha Raza
BE1126-35/1764-73AD
HAMMERED COINAGE

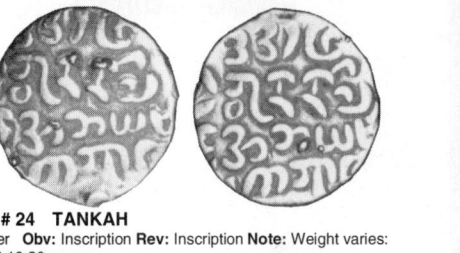

KM# 24 TANKAH
Silver **Obv:** Inscription **Rev:** Inscription **Note:** Weight varies: 6.17-10.36 grams.

Date	Mintage	Good	VG	F	VF	XF
BE1126 (1764)	—	25.00	35.00	50.00	75.00	—

Sanda Thumana
BE1135-39/1773-77AD
HAMMERED COINAGE

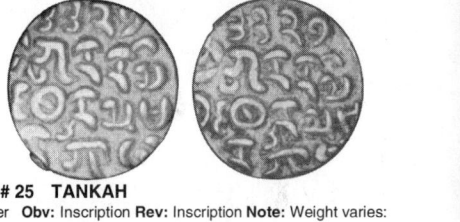

KM# 25 TANKAH
Silver **Obv:** Inscription **Rev:** Inscription **Note:** Weight varies: 8.90-10.16 grams.

Date	Mintage	Good	VG	F	VF	XF
BE1135 (1773)	—	40.00	60.00	90.00	130	—

Thaditha Dhammarit Raja
BE1139-44/1777-82AD
HAMMERED COINAGE

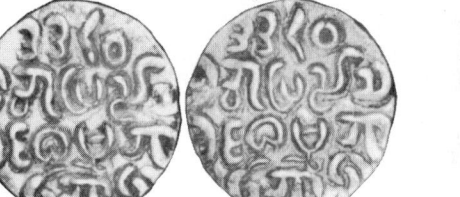

KM# 26 TANKAH
Silver **Obv:** Inscription **Rev:** Inscription **Note:** Weight varies: 9.84-10.13 grams.

Date	Mintage	Good	VG	F	VF	XF
BE1140 (1778)	—	20.00	30.00	45.00	65.00	—

Maha Thamada Raza
BE1144-46/1782-84AD

HAMMERED COINAGE

KM# 27 TANKAH
Silver **Obv:** Inscription **Rev:** Inscription **Note:** Weight varies: 9.87-10.19 grams.

Date	Mintage	Good	VG	F	VF	XF
BE1144 (1782)	—	25.00	35.00	50.00	75.00	—

BURMESE OCCUPATION

Amarapura Lord, Bodawpaya
BE1146/1784AD

HAMMERED COINAGE

KM# 28.1 TANKAH
Silver **Obv:** Inscription within cord borders **Rev:** Inscription within cord borders **Note:** Weight varies: 8.97-10.71 grams.

Date	Mintage	Good	VG	F	VF	XF
BE1146 (1784)	—	30.00	50.00	75.00	100	—

KM# 30 TANKAH
10.1100 g., Gold **Obv:** Inscription within corded border **Rev:** Inscription within corded border **Note:** Reverse as obverse.

Date	Mintage	VG	F	VF	XF	Unc
BE1146 (1784) Rare	—	—	—	—	—	—

KM# 28.2 TANKAH
Silver **Obv:** Inscription within segmented dotted border **Rev:** Inscription within segmented dotted border **Note:** Weight varies: 8.97-10.71 grams.

Date	Mintage	Good	VG	F	VF	XF
BE1146 (1784)	—	30.00	50.00	75.00	100	—

KM# 28.3 TANKAH
Silver **Obv:** Inscription within beaded circle **Rev:** Inscription within beaded circle **Note:** Weight varies: 8.97-10.71 grams.

Date	Mintage	Good	VG	F	VF	XF
BE1146 (1784)	—	25.00	35.00	50.00	75.00	—

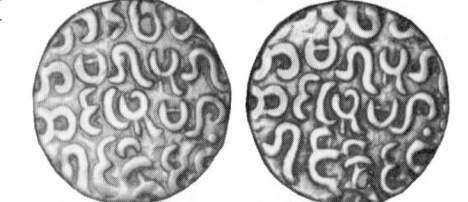

KM# 29 TANKAH
Silver **Obv:** Inscription **Rev:** Inscription **Note:** Weight varies: 9.03-10.80 grams.

Date	Mintage	Good	VG	F	VF	XF
BE1146 (1784)	—	25.00	35.00	50.00	75.00	—

ASSAM

It was in the 13th century that a tribal leader called Sukapha, with about 9,000 followers, left their traditional home in the Shan States of Northern Burma, and carved out the Ahom Kingdom in upper Assam.

The Ahom Kingdom gradually increased in power and extent over the following centuries, particularly during the reign of King Suhungmung (1497-1539). This king also took on a Hindu title, Svarga Narayan, which shows the increasing influence of the Brahmins over the court. Although several of the other Hindu states in north-east India started a silver coinage during the 16th century, it was not until the mid-17th century that the Ahoms first struck coin.

From the time of Kusain Shah's invasion of Cooch Behar in 1494AD the Muslims had cast acquisitive eyes towards the valley of the Brahmaputra, but the Ahoms managed to preserve their independence. In 1661 Aurangzeb's governor in Bengal, Mir Jumla, made a determined effort to bring Assam under Mughal rule. Cooch Behar was annexed without difficulty, and in March 1662 Mir Jumla occupied Gargaon, the Ahom capital, without opposition. However, during the rainy season the Muslim forces suffered severely from disease, lack of food and from the occasional attacks from the Ahom forces, who had tactically withdrawn from the capital together with the king. After the end of the monsoon a supply line was opened with Bengal again, but morale in the Muslim army was low, so Mir Jumla was forced to agree to peach terms somewhat less onerous than the Mughals liked to impose on subjugated states. The Ahoms agreed to pay tribute, but the Ahom kingdom remained entirely independent of Mughal control, and never again did a Muslim army venture into upper Assam.

During the eighteenth century the kingdom became weakened with civil war, culminating in the expulsion of Gaurinatha Simha from his capital in 1787 by the Moamarias. The British helped Gaurinatha regain his kingdom in 1794, but otherwise took little interest in the affairs of Assam. The end of the Ahom Kingdom was not due to intervention from Bengal, but from Burma.

RULERS

Ruler's names, where present on the coins, usually appear on the obverse (dated) side, starting either at the end of the first line, after *Shri*, or in the second line. Most of the Ahom rulers after the adoption of Hinduism in about 1500AD had both an Ahom and a Hindu name.

HINDU NAME	AHOM NAME
Rudra Simha	Sukhrungpha
রুদ্র সিংহ	নৰ ō ষa ৎ ca
SE1618-1636/1696-1714/AD	
Shiva Simha	Sutanpha
শিব সিংহ	নৰ ō ৩৬ ৫ ca
SE1636-1666/1714-1744AD	

Queens of Shiva Simha
Queen Phuleshvari or

ধুম যশ্বৰী

Queen Pramatheshvari

ফলেশ্বৰী

SE1639-1653/1717-1731AD

Queen Ambika Devi

ম্বিকাদেবী

SE1654-1660/1732-1738AD

Queen Sarvveshvari

সাৰ্ব্বশ্বৰী

SE1661-1666/1739-1744AD

Pramatta Simha	Sunenpha
প্ৰমত্তসিংহ	ম⁄ ০ কo ক ω
SE1666-1673/1744-1751AD	
Rajesvara Simha	Surempha
ৰাজেশ্বৰ ৰসিংহ	ম⁄ ০ ৬ ৩ ω
SE1673-1691/1751-1769AD	
Lakshmi Simha	Sunyeopha
লক্ষ্মীসিংহ	
SE1691-1702/1769-1780AD	
Gaurinatha Simha	Suhitpangpha
গৌৰীনাথসিংহ	ম⁄ ০ ।চি ৸ ω
SE1702-1717/1780-1795AD	
Kamalesvara Simha	Suklingpha
কমলেশ্বৰসিংহ	
SE1717-1733/1795-1811AD	

COINAGE

It is frequently stated that coins were first struck in Assam during the reign of King Suklenmung (1539-1552), but this is merely due to a misreading of the Ahom legend on the coins of King Supungmung (1663-70). The earliest Ahom coins known, therefore, were struck during the reign of King Jayadhvaja Simha (1648-1663).

Although the inscription and general design of these first coins of the Ahom Kingdom were copied from the coins of Cooch Behar, the octagonal shape was entirely Ahom, and according to tradition was chosen because of the belief that the Ahom country was eight sided. Apart from the unique shape, the coins were of similar fabric and weight standard to the Mughul rupee.

The earliest coins had inscriptions in Sanskrit using the Bengali script, but the retreat of the Mughul army under Mir Jumla in 1663 seems to have led to a revival of Ahom nationalism that may account for the fact that most of the coins struck between 1663 and 1696 had inscriptions in the old Ahom script, with invocations to Ahom deities.

Up to this time all the coins, following normal practice in Northeast India, were merely dated to the coronation year of the ruler, but Rudra Simha (1696-1714) instituted the practice of dating coins to the year of issue. This ruler was a fervent Hindu, and reinstated Sanskrit inscriptions on the coins. After this the Ahom script was used on a few rare ceremonial issues.

The majority of coins issued were of silver, with binary subdivions down to a fraction of 1/32nd rupee. Cowrie shells were used for small change. Gold coins were struck throughout the period, often using the same dies as were used for the silver coins. A few copper coins were struck during the reign of Brajanatha Simha (1818-19), but these are very rare.

NUMERALS

The early coinage is usually dated in the Saka era using Bengali numerals while later issues use modified numerals called Assamese.

MINT NAMES

گرگاو

Gargaon

رنگپور

Rangpur

REGNAL YEARS

Some of the earliest dated coins have the regnal years in written characters. These listings will have the numerical regnal years in parenthesis in the following listings.

Written	Numeric	Symbol
RAITYEO	13	৬ ৸ ৪
PLEKNGI	15	ঊ ñ কO
KAPSAN	21	ⲛ ō ωē
KHUCHNGI for KHUTNGI	27	ৰa ᲢÕ ৎo

ASSAM

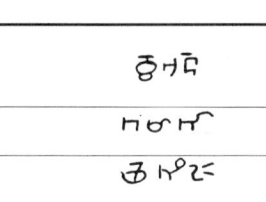

RAISAN	33
KATKEU	36
RAISINGA	43

KINGDOM
Rudra Simha (Sukhrungpha)
SE1618-1636 / 1696-1714AD
HAMMERED COINAGE

KM# 40 RUPEE
Silver **Obv:** Inscription **Rev:** Inscription **Note:** Weight varies: 10.70-11.60 grams.

Date	Mintage	Good	VG	F	VF	XF
SE1623	—	7.00	11.00	18.00	30.00	46.00
SE1624	—	8.00	12.00	20.00	32.00	50.00
SE1625	—	7.00	11.00	18.00	30.00	46.00
SE1626	—	7.00	11.00	18.00	30.00	46.00
SE1627	—	7.00	11.00	18.00	30.00	46.00
SE1628	—	8.00	12.00	20.00	32.00	50.00
SE1629	—	8.00	14.00	26.00	45.00	70.00
SE1630	—	7.00	11.00	18.00	30.00	46.00
SE1631	—	7.00	11.00	18.00	30.00	46.00
SE1632	—	7.00	11.00	18.00	30.00	46.00
SE1633	—	7.00	11.00	18.00	30.00	46.00
SE1634	—	7.00	11.00	18.00	30.00	46.00
SE1635	—	7.00	11.00	18.00	30.00	46.00
SE1636	—	7.00	11.00	18.00	30.00	46.00

KM# 45 MOHUR
Gold **Obv:** Inscription **Rev:** Inscription **Note:** Weight varies: 10.70-11.40 grams.

Date	Mintage	Good	VG	F	VF	XF
SE1630	—	—	—	530	700	900

Shiva Simha (Sutanpha)
SE1637-1666/1715-1744AD
HAMMERED COINAGE

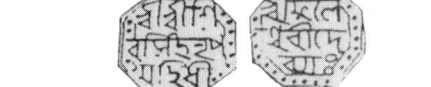

KM# 57 1/4 RUPEE
Silver **Obv.** Inscription: Queen Phulesvari **Rev:** Inscription **Note:** Weight varies: 2.68-2.90 grams.

Date	Mintage	VG	F	VF	XF	Unc
ND(1715-44) (1715)	—	12.50	21.50	35.00	65.00	—

KM# 69 1/4 RUPEE
Silver **Obv.** Inscription: Queen Pramathesvari **Rev:** Inscription **Note:** Weight varies: 2.68-2.90 grams.

Date	Mintage	VG	F	VF	XF	Unc
ND(1715-44) (1715)	—	8.00	13.50	22.50	35.00	—

KM# 47 1/4 RUPEE
Silver **Note:** Weight varies: 2.68-2.90 grams.

KM# 56 1/4 RUPEE
Silver **Obv.** Inscription: Queen Phulesvari **Rev:** Inscription **Note:** Weight varies: 2.68-2.90 grams.

Date	Mintage	VG	F	VF	XF	Unc
SE1646 (1724)	—	10.00	16.50	26.50	37.50	—

KM# 85 1/4 RUPEE
Silver **Obv.** Inscription: Queen Ambika **Rev:** Inscription **Note:** Weight varies: 2.68-2.90 grams.

Date	Mintage	VG	F	VF	XF	Unc
ND//19 (1734)	—	8.00	13.50	22.50	35.00	—
ND//20 (1735)	—	8.00	13.50	22.50	35.00	—
ND//23 (1738)	—	8.00	13.50	22.50	35.00	—

KM# 100 1/4 RUPEE
Silver **Obv:** Inscription **Rev:** Inscription **Note:** Without queen's name. Weight varies: 2.68-2.90 grams.

Date	Mintage	VG	F	VF	XF	Unc
SE1660//24 (1738)	—	10.00	16.50	26.50	40.00	—
SE1660//25 (1738)	—	10.00	16.50	26.50	40.00	—

KM# 86 1/4 RUPEE
Silver **Obv.** Inscription: Queen Ambika **Rev:** Animal **Note:** Weight varies: 2.68-2.90 grams.

Date	Mintage	VG	F	VF	XF	Unc
ND//24 (1739)	—	10.00	16.50	26.50	40.00	—

KM# 108 1/4 RUPEE
Silver **Obv.** Inscription: Queen Sarvvesvari **Rev:** Inscription **Note:** Weight varies: 2.68-2.90 grams.

Date	Mintage	VG	F	VF	XF	Unc
ND//25 (1740)	—	5.00	7.50	13.50	18.50	—
ND//26 (1741)	—	5.00	7.50	13.50	18.50	—
ND//27 (1742)	—	3.25	5.00	8.50	12.50	—
ND//28 (1743)	—	3.25	5.00	8.50	12.50	—
ND//29 (1744)	—	3.25	5.00	8.50	12.50	—
ND//30 (1745)	—	3.25	5.00	8.50	12.50	—
ND//31 (1746)	—	3.25	5.00	8.50	12.50	—

KM# 49 1/2 RUPEE
Silver **Obv.** Inscription: Queen Phulesvari **Rev:** Inscription **Note:** Weight varies: 5.35-5.80 grams.

Date	Mintage	VG	F	VF	XF	Unc
ND(1715-44)	—	3.50	6.00	10.00	15.00	—

KM# 59 1/2 RUPEE
Silver **Obv.** Inscription: Queen Phulesvari **Rev:** Inscription **Note:** Weight varies: 5.35-5.80 grams.

Date	Mintage	VG	F	VF	XF	Unc
ND(1715-44)	—	12.50	21.50	35.00	65.00	—

KM# 71 1/2 RUPEE
Silver **Obv.** Inscription: Queen Pramathesvari **Note:** Weight varies: 5.35-5.80 grams.

Date	Mintage	VG	F	VF	XF	Unc
ND(1715-44)	—	10.00	16.50	26.50	40.00	—

KM# 81 1/2 RUPEE
Silver **Obv.** Inscription **Rev:** Inscription **Note:** Without queen's name. Weight varies: 5.35-5.80 grams.

Date	Mintage	VG	F	VF	XF	Unc
ND//18 (1730)	—	12.50	21.50	35.00	65.00	—

KM# 88 1/2 RUPEE
Silver **Obv.** Inscription: Queen Ambika **Note:** Weight varies: 5.35-5.80 grams.

Date	Mintage	VG	F	VF	XF	Unc
ND//19 (1734)	—	10.00	16.50	26.50	40.00	—
ND//23 (1738)	—	10.00	16.50	26.50	40.00	—

KM# 89 1/2 RUPEE
Silver **Obv:** Animal **Obv.** Inscription: Queen Ambika **Note:** Weight varies: 5.35-5.80 grams.

Date	Mintage	VG	F	VF	XF	Unc
ND//24 (1735)	—	12.50	21.50	35.00	65.00	—

KM# 110 1/2 RUPEE
Silver **Obv.** Inscription: Queen Sarvvesvari **Rev:** Inscription **Note:** Weight varies: 5.35-5.80 grams.

Date	Mintage	VG	F	VF	XF	Unc
ND//25 (1740)	—	5.00	7.50	13.50	18.50	—
ND//26 (1741)	—	5.00	7.50	13.50	18.50	—
ND//27 (1742)	—	3.50	6.00	10.00	15.00	—
ND//28 (1743)	—	3.50	6.00	10.00	15.00	—
ND//29 (1744)	—	3.50	6.00	10.00	15.00	—
ND//30 (1745)	—	3.50	6.00	10.00	15.00	—
ND//31 (1746)	—	3.50	6.00	10.00	15.00	—

KM# 102 1/2 RUPEE
Silver **Note:** Without queen's name. Weight varies: 5.35-5.80 grams.

Date	Mintage	VG	F	VF	XF	Unc
ND//24 (1740)	—	10.00	18.50	30.00	55.00	—
ND//25 (1740)	—	10.00	18.50	30.00	55.00	—

KM# 51 RUPEE
Silver **Obv:** Inscription **Rev:** Inscription **Note:** Weight varies: 10.70-11.60 grams.

Date	Mintage	VG	F	VF	XF	Unc
SE1637 (1715)	—	7.00	9.00	15.00	22.50	—
SE1638 (1716)	—	7.00	9.00	15.00	22.50	—
SE1639 (1717)	—	9.00	13.00	20.00	30.00	—
SE1640 (1718)	—	9.00	13.00	20.00	30.00	—
SE1641 (1719)	—	7.00	9.00	15.00	22.50	—
SE1642 (1720)	—	7.00	9.00	15.00	22.50	—
SE1643 (1721)	—	7.00	9.00	15.00	22.50	—
SE1644 (1722)	—	7.00	9.00	15.00	22.50	—
SE1645 (1723)	—	7.00	9.00	15.00	22.50	—
SE1646 (1724)	—	7.00	9.00	15.00	22.50	—

KM# 61 RUPEE
Silver **Obv.** Inscription: Queen Phulesvari **Rev:** Inscription **Note:** Weight varies: 10.70-11.60 grams.

Date	Mintage	VG	F	VF	XF	Unc
SE1646 (1724)	—	7.00	10.00	16.00	25.00	—
SE1647 (1725)	—	7.00	10.00	16.00	25.00	—
SE1648 (1726)	—	7.00	10.00	16.00	25.00	—
SE1649 (1727)	—	7.00	10.00	16.00	25.00	—
SE1650 (1728)	—	8.50	12.50	20.00	30.00	—

KM# 62 RUPEE
Silver **Obv.** Inscription: Queen Phulesvari **Rev:** Inscription, beaded flowers **Note:** Weight varies: 10.70-11.60 grams.

Date	Mintage	VG	F	VF	XF	Unc
SE1646 (1724)	—	16.50	28.50	50.00	90.00	—

INDIA-INDEPENDENT KINGDOMS — ASSAM

KM# 73 RUPEE

Silver **Obv. Inscription:** Queen Pramathesvari **Rev:** Inscription **Note:** Weight varies: 10.70-11.60 grams.

Date	Mintage	VG	F	VF	XF	Unc
SE1648 (1726)	—	7.00	9.00	15.00	22.50	—
SE1649 (1727)	—	7.00	9.00	15.00	22.50	—
SE1650 (1728)	—	7.00	9.00	15.00	22.50	—
SE1651 (1729)	—	7.00	9.00	15.00	22.50	—
SE1652 (1730)	—	7.00	9.00	15.00	22.50	—
SE1653 (1731)	—	7.00	9.00	15.00	22.50	—

KM# 83 RUPEE

Silver **Obv:** Inscription, without Queen's name **Rev:** Inscription **Note:** Weight varies: 10.70-11.60 grams.

Date	Mintage	VG	F	VF	XF	Unc
SE1654//18 (1732)	—	8.50	11.50	17.50	25.00	—

KM# 91 RUPEE

Silver **Obv. Inscription:** Queen Ambika, lion right **Rev:** Inscription **Note:** Weight varies: 10.70-11.60 grams.

Date	Mintage	VG	F	VF	XF	Unc
SE1654//19 (1732)	—	7.00	9.00	15.00	22.50	—
SE1655//19 (1733)	—	7.00	9.00	15.00	22.50	—
SE1655//20 (1733)	—	7.00	9.00	15.00	22.50	—
SE1656//20 (1734)	—	7.00	9.00	15.00	22.50	—
SE1657//21 (1735)	—	7.00	9.00	15.00	22.50	—
SE1658//22 (1736)	—	7.00	9.00	15.00	22.50	—

KM# 90 RUPEE

Silver **Obv. Inscription:** Queen Ambika **Rev:** Lion right, inscription **Note:** Square. Weight varies: 10.70-11.60 grams.

Date	Mintage	VG	F	VF	XF	Unc
SE1654//19 (1732)	—	100	150	300	500	—

KM# 92 RUPEE

Silver **Obv. Inscription:** Queen Ambika, lion left **Rev:** Inscription **Note:** Weight varies: 10.70-11.60 grams.

Date	Mintage	VG	F	VF	XF	Unc
SE1658//23 (1736)	—	7.00	9.00	15.00	22.50	—

KM# 93 RUPEE

Silver **Obv. Inscription:** Queen Ambika, lion left **Rev:** Lion left **Note:** Weight varies: 10.70-11.60 grams.

Date	Mintage	VG	F	VF	XF	Unc
SE1658//23 (1736)	—	7.50	11.50	20.00	30.00	—

KM# 94 RUPEE

Silver **Obv. Inscription:** Queen Ambika, lion left **Rev:** Lion right **Note:** Weight varies: 10.70-11.60 grams.

Date	Mintage	VG	F	VF	XF	Unc
SE1659//24 (1737)	—	7.50	11.50	20.00	30.00	—

KM# 104 RUPEE

Silver **Obv:** Inscription, without Queen's name **Rev:** Inscription **Note:** Weight varies: 10.70-11.60 grams.

Date	Mintage	VG	F	VF	XF	Unc
SE1660//24 (1738)	—	7.50	10.50	17.50	25.00	—
SE1660//25 (1738)	—	7.50	10.50	17.50	25.00	—
SE1661//25 (1739)	—	10.00	16.50	26.50	40.00	—

KM# 112 RUPEE

Silver **Obv. Inscription:** Queen Sarvvesvari **Rev:** Inscription, lion left **Note:** Weight varies: 10.70-11.60 grams.

Date	Mintage	VG	F	VF	XF	Unc
SE1661//25 (1739)	—	7.00	9.00	15.00	22.50	—
SE1661//26 (1739)	—	7.00	9.00	15.00	22.50	—
SE1662//27 (1740)	—	7.00	9.00	15.00	22.50	—
SE1663//27 (1741)	—	7.00	9.00	15.00	22.50	—
SE1664//28 (1742)	—	7.00	9.00	15.00	22.50	—
SE1664//29 (1742)	—	7.00	9.00	15.00	22.50	—
SE1665//29 (1743)	—	6.00	8.00	11.00	18.00	—
SE1665//30 (1743)	—	6.00	8.00	11.00	18.00	—
SE1665//31 (1743)	—	7.00	9.00	15.00	22.50	—
SE1666//30 (1744)	—	6.00	8.00	11.00	18.00	—
SE1666//31 (1744)	—	6.00	8.00	11.00	18.00	—

Gargaon

KM# 75 RUPEE

Silver **Obv. Inscription:** Queen Pramathesvari **Rev:** Inscription, date **Note:** Weight varies: 10.70-11.60 grams.

Date	Mintage	VG	F	VF	XF	Unc
SE1651//15 (1729)	—	18.50	35.00	60.00	100	—

Rangpur

KM# 74 RUPEE

Silver **Obv. Inscription:** Queen Pramathesvari **Rev:** Inscription **Note:** Weight varies: 10.70-11.60 grams.

Date	Mintage	VG	F	VF	XF	Unc
SE1649//14 (1727)	—	80.00	140	245	375	—

KM# 64 1/4 MOHUR

Gold **Obv. Inscription:** Queen Phulesvari **Note:** Weight varies: 2.68-2.85 grams.

Date	Mintage	VG	F	VF	XF	Unc
ND(1715-44)	—	—	300	400	500	—

KM# 77 1/4 MOHUR

Gold **Obv. Inscription:** Queen Pramathesvari **Note:** Weight varies: 2.68-2.85 grams.

Date	Mintage	VG	F	VF	XF	Unc
ND(1715-44)	—	—	300	400	500	—

KM# 53 1/4 MOHUR

Gold **Note:** Weight varies: 2.68-2.85 grams.

Date	Mintage	VG	F	VF	XF	Unc
SE1643 (1721)	—	—	300	400	500	—

KM# 96 1/4 MOHUR

Gold **Obv. Inscription:** Queen Ambika **Note:** Weight varies: 2.68-2.85 grams.

Date	Mintage	VG	F	VF	XF	Unc
ND//20 (1736)	—	—	300	400	500	—

KM# 106 1/4 MOHUR

Gold **Obv:** Inscription, without Queen's name **Rev:** Inscription **Note:** Weight varies: 2.68-2.85 grams.

Date	Mintage	VG	F	VF	XF	Unc
SE1660/25 (1738)	—	—	300	400	500	—

KM# 114 1/4 MOHUR

Gold **Obv. Inscription:** Queen Sarvvesvari **Note:** Weight varies: 2.68-2.85 grams.

Date	Mintage	VG	F	VF	XF	Unc
ND//28 (1743)	—	—	300	400	500	—

KM# 55 MOHUR

Gold **Obv:** Inscription **Rev:** Inscription **Note:** Weight varies: 10.70-11.00 grams.

Date	Mintage	VG	F	VF	XF	Unc
SE1637 (1715)	—	—	475	650	900	—

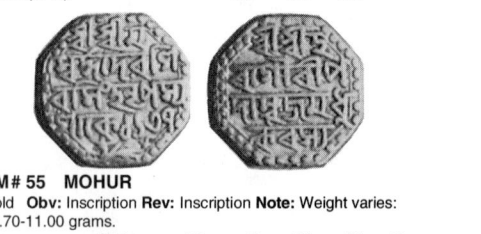

KM# 67 MOHUR

Gold **Obv. Inscription:** Queen Phulesvari **Rev:** Inscription **Note:** Weight varies: 10.70-11.40 grams.

Date	Mintage	VG	F	VF	XF	Unc
SE1646 (1724)	—	—	475	650	900	—

KM# 66 MOHUR

Gold **Obv. Inscription:** Queen Phulesvari **Note:** Similar to Rupee, KM#61. Weight varies: 10.70-11.40 grams.

Date	Mintage	VG	F	VF	XF	Unc
SE1646 (1724)	—	—	475	650	900	—

KM# 79 MOHUR

Gold **Obv. Inscription:** Queen Pramathesvari **Rev:** Inscription **Note:** Similar to Rupee, KM#73. Weight varies: 10.70-11.40 grams.

Date	Mintage	VG	F	VF	XF	Unc
SE1650 (1728)	—	—	475	650	900	—
SE1651 (1729)	—	—	475	650	900	—

KM# 98 MOHUR

Gold **Obv. Inscription:** Queen Ambika **Rev:** Inscription **Note:** Weight varies: 10.70-11.40 grams.

Date	Mintage	VG	F	VF	XF	Unc
SE1655//19 (1733)	—	—	450	550	750	—
SE1655//20 (1733)	—	—	450	550	750	—
SE1658//22 (1736)	—	—	450	550	750	—

KM# 116 MOHUR

Gold **Obv. Inscription:** Queen Sarvvesvari **Note:** Weight varies: 10.70-11.40 grams.

Date	Mintage	VG	F	VF	XF	Unc
SE1665//30 (1743)	—	—	450	550	750	—

Pramatta Simha (Sunenpha)
SE1666-1673 / 1744-1751AD
HAMMERED COINAGE

KM# 118 1/4 RUPEE

Silver **Obv:** Inscription **Rev:** Inscription **Note:** Weight varies: 2.68-2.90 grams.

Date	Mintage	VG	F	VF	XF	Unc
SE1667 (1745)	—	3.25	5.00	8.50	12.50	—
SE1668 (1746)	—	3.25	5.00	8.50	12.50	—
SE1669 (1747)	—	3.25	5.00	8.50	12.50	—
SE1670 (1748)	—	3.25	5.00	8.50	12.50	—
SE1671 (1749)	—	3.25	5.00	8.50	12.50	—
SE1672 (1750)	—	3.25	5.00	8.50	12.50	—
SE1673 (1751)	—	3.25	5.00	8.50	12.50	—

KM# 120 1/2 RUPEE

Silver **Obv:** Inscription **Rev:** Inscription **Note:** Weight varies: 5.35-5.80 grams.

Date	Mintage	VG	F	VF	XF	Unc
ND(1744-51)	—	2.50	4.00	7.00	10.00	—

KM# 123 RUPEE

Silver **Obv:** Inscription **Rev:** Inscription **Note:** Weight varies: 10.70-11.60 grams.

Date	Mintage	VG	F	VF	XF	Unc
ND//(36) (1744)	—	45.00	85.00	145	220	—

KM# 122 RUPEE

Silver **Obv:** Inscription **Rev:** Inscription **Note:** Weight varies: 10.70-11.60 grams.

Date	Mintage	VG	F	VF	XF	Unc
SE1667 (1745)	—	7.00	9.00	13.00	20.00	—
SE1668 (1746)	—	7.00	9.00	13.00	20.00	—
SE1669 (1747)	—	7.00	9.00	13.00	20.00	—
SE1670 (1748)	—	7.00	9.00	13.00	20.00	—
SE1671 (1749)	—	7.00	9.00	13.00	20.00	—
SE1672 (1750)	—	7.00	9.00	13.00	20.00	—
SE1673 (1751)	—	7.00	9.00	13.00	20.00	—

KM# 125 1/4 MOHUR

Gold **Note:** Weight varies: 2.68-2.85 grams.

Date	Mintage	VG	F	VF	XF	Unc
SE1667 (1745)	—	—	120	150	350	—
SE1669 (1747)	—	—	120	150	350	—
SE1671 (1749)	—	—	120	150	350	—
SE1672 (1750)	—	—	120	150	350	—

KM# 127 1/2 MOHUR

Gold **Note:** Weight varies: 5.35-5.70 grams.

Date	Mintage	VG	F	VF	XF	Unc
ND(1744-51)	—	—	270	450	750	—

KM# 128 MOHUR

Gold **Obv:** Inscription **Rev:** Inscription **Note:** Weight varies: 10.70-11.40 grams.

Date	Mintage	VG	F	VF	XF	Unc
SE1667 (1745)	—	—	450	600	800	—
SE1669 (1747)	—	—	450	600	800	—

Rajesvara Simha (Suprempha)
SE1673-1691 / 1751-1769AD
HAMMERED COINAGE

KM# 130 1/16 RUPEE

Silver, 10 mm. **Note:** Type I - Bengali inscriptions. Octagonal. Weight varies: 0.67-0.72 grams.

Date	Mintage	VG	F	VF	XF	Unc
ND(1751-69)	—	3.00	4.00	6.00	9.00	—

KM# A132 1/8 RUPEE

Silver **Obv. Inscription:** Sri Sri Ra-jesvara **Rev. Inscription:** Simha / Nrpasya **Shape:** Octagonal **Note:** Weight varies 1.34-1.45 grams. Nagari inscriptions.

Date	Mintage	Good	VG	F	VF	XF
ND(1751-69)	—	—	—	—	—	—

KM# 131 1/8 RUPEE

Silver **Obv:** Bengali inscription **Rev:** Bengali inscription **Shape:** Octagonal **Note:** Type I - Bengali inscriptions. Weight varies: 1.34-1.45 grams.

Date	Mintage	VG	F	VF	XF	Unc
ND(1751-69)	—	2.50	3.50	5.00	7.50	—

KM# A131 1/8 RUPEE

1.4000 g., Silver **Shape:** Octagonal **Note:** Type II - Deva Nagari inscriptions.

Date	Mintage	VG	F	VF	XF	Unc
ND(1751-69)	—	—	—	—	—	—

KM# 153 1/4 RUPEE

Silver **Obv:** Persian inscription **Rev:** Persian inscription **Shape:** Square **Note:** Type III - Persian inscriptions. Weight varies: 2.68-2.90 grams.

Date	Mintage	VG	F	VF	XF	Unc
ND(1751-69)	—	27.50	45.00	75.00	125	—

KM# 132 1/4 RUPEE

Silver **Obv:** Bengali inscription **Rev:** Bengali inscription **Shape:** Octagonal **Note:** Type I - Bengali inscriptions. Weight varies: 2.68-2.90 grams.

Date	Mintage	VG	F	VF	XF	Unc
SE1674 (1752)	—	3.50	4.50	6.50	10.00	—
SE1675 (1753)	—	3.50	4.50	6.50	10.00	—
SE1676 (1754)	—	3.50	4.50	6.50	10.00	—
SE1677 (1755)	—	3.50	4.50	6.50	10.00	—
SE1678 (1756)	—	3.50	4.50	6.50	10.00	—
SE1679 (1757)	—	3.50	4.50	6.50	10.00	—
SE1680 (1758)	—	3.50	4.50	6.50	10.00	—
SE1681 (1759)	—	3.50	4.50	6.50	10.00	—
SE1682 (1760)	—	3.50	4.50	6.50	10.00	—
SE1683 (1761)	—	3.50	4.50	6.50	10.00	—
SE1684 (1762)	—	3.50	4.50	6.50	10.00	—
SE1685 (1763)	—	3.50	4.50	6.50	10.00	—
SE1686 (1764)	—	3.50	4.50	6.50	10.00	—
SE1687 (1765)	—	3.50	4.50	6.50	10.00	—
SE1688 (1766)	—	3.50	4.50	6.50	10.00	—
SE1689 (1767)	—	3.50	4.50	6.50	10.00	—
SE1690 (1768)	—	3.50	4.50	6.50	10.00	—

KM# 143 1/4 RUPEE

Silver **Obv:** Deva Nagari inscription **Rev:** Deva Nagari inscription **Note:** Type II - Deva Nagari inscriptions. Weight varies: 2.68-2.90 grams.

Date	Mintage	VG	F	VF	XF	Unc
SE1681 (1759)	—	9.00	15.00	25.00	40.00	—

KM# 132A 1/4 RUPEE

Silver **Obv:** Inscription **Rev:** Inscription **Shape:** Square **Note:** Type I - Bengali inscriptions. Weight varies: 2.68-2.90 grams.

Date	Mintage	VG	F	VF	XF	Unc
SE1689 (1767)	—	25.00	35.00	65.00	100	—

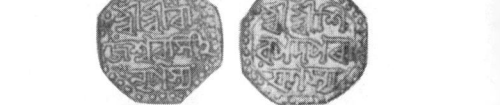

KM# 133 1/2 RUPEE

Silver **Obv:** Inscription **Rev:** Inscription **Shape:** Octagonal **Note:** Type I - Bengali inscriptions. Weight varies: 5.35-5.80 grams.

Date	Mintage	VG	F	VF	XF	Unc
ND(1751-69)	—	BV	4.50	6.00	10.00	—

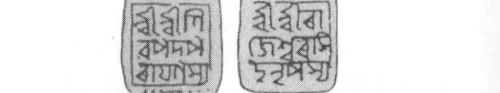

KM# 133A 1/2 RUPEE

Silver **Obv:** Inscription **Rev:** Inscription **Shape:** Square **Note:** Type I - Bengali inscriptions. Weight varies: 5.35-5.80 grams.

Date	Mintage	VG	F	VF	XF	Unc
ND(1751-69)	—	35.00	50.00	85.00	150	—

KM# 144 1/2 RUPEE

Silver **Shape:** Octagonal **Note:** Type II - Deva Nagari inscriptions. Weight varies: 5.35-5.80 grams.

Date	Mintage	VG	F	VF	XF	Unc
ND(1751-69)	—	11.50	18.50	30.00	50.00	—

KM# 167 RUPEE

Silver **Shape:** Octagonal **Note:** Type III - Ahom inscriptions. Weight varies: 10.70-11.60 grams.

Date	Mintage	VG	F	VF	XF	Unc
ND (1751) Rare	—	—	—	—	—	—

KM# 134 RUPEE

Silver **Obv:** Inscription, lion left at bottom **Rev:** Inscription **Shape:** Octagonal **Note:** Type I - Bengali inscriptions. Weight varies: 10.70-11.60 grams.

Date	Mintage	VG	F	VF	XF	Unc
SE1674 (1752)	—	BV	8.50	11.50	17.50	—
SE1675 (1753)	—	BV	8.50	11.50	17.50	—
SE1676 (1754)	—	BV	8.50	11.50	17.50	—
SE1677 (1755)	—	BV	8.50	11.50	17.50	—
SE1678 (1756)	—	BV	8.50	11.50	17.50	—
SE1679 (1757)	—	BV	8.50	11.50	17.50	—
SE1680 (1758)	—	BV	8.50	11.50	17.50	—
SE1681 (1759)	—	BV	8.50	11.50	17.50	—
SE1682 (1760)	—	BV	8.50	11.50	17.50	—
SE1683 (1761)	—	BV	8.50	11.50	17.50	—
SE1684 (1762)	—	BV	8.50	11.50	17.50	—
SE1685 (1763)	—	BV	8.50	11.50	17.50	—
SE1686 (1764)	—	BV	8.50	11.50	17.50	—
SE1687 (1765)	—	BV	8.50	11.50	17.50	—
SE1688 (1766)	—	BV	8.50	11.50	17.50	—
SE1689 (1767)	—	BV	8.50	11.50	17.50	—
SE1690 (1768)	—	BV	8.50	11.50	17.50	—

KM# 145 RUPEE

Silver **Obv:** Inscription **Rev:** Inscription **Shape:** Octagonal **Note:** Type II - Deva Nagari inscriptions. Weight varies: 10.70-11.60 grams.

Date	Mintage	VG	F	VF	XF	Unc
SE1675 (1753)	—	20.00	32.50	55.00	90.00	—

KM# 135 RUPEE

Silver **Obv:** Inscription, lion right at bottom **Rev:** Inscription **Shape:** Octagonal **Note:** Type I - Bengali inscriptions. Weight varies: 10.70-11.60 grams.

Date	Mintage	VG	F	VF	XF	Unc
SE1690 (1768)	—	BV	8.50	11.50	17.50	—

Rangpur

KM# 155 RUPEE

Silver **Obv:** Inscription **Rev:** Inscription **Shape:** Square **Note:** Type III - Persian inscriptions. Weight varies: 10.70-11.60 grams.

Date	Mintage	VG	F	VF	XF	Unc
SE1674 (1752)	—	27.50	45.00	75.00	125	—

KM# 156 RUPEE

Silver **Obv:** Inscription **Rev:** Inscription **Shape:** Octagonal **Note:** Type III - Persian inscriptions. Weight varies: 10.70-11.60 grams.

Date	Mintage	VG	F	VF	XF	Unc
SE1685 (1763)	—	20.00	32.50	55.00	90.00	—

KM# 136 1/16 MOHUR

Gold, 10 mm. **Obv:** Inscription **Rev:** Inscription **Shape:** Octagonal **Note:** Type I - Bengali inscriptions. Weight varies: 0.67-0.71 grams.

Date	Mintage	VG	F	VF	XF	Unc
ND(1751-69)	—	—	80.00	150	200	—

KM# 137 1/8 MOHUR

Gold **Obv:** Inscription **Rev:** Inscription **Shape:** Octagonal **Note:** Type I - Bengali inscriptions. Weight varies: 1.34-1.42 grams.

Date	Mintage	VG	F	VF	XF	Unc
ND(1751-69)	—	—	90.00	160	250	—

Note: Jeweler imitations common.

KM# 138 1/8 MOHUR

Gold **Shape:** Square **Note:** Type I - Bengali inscriptions. Weight varies: 1.34-1.42 grams.

Date	Mintage	VG	F	VF	XF	Unc
ND(1751-69)	—	—	180	300	400	—

Note: Jeweler imitations common.

KM# 159 1/4 MOHUR

Gold **Obv:** Inscription **Rev:** Inscription **Shape:** Square **Note:** Type III - Persian inscriptions. Weight varies: 2.68-2.85 grams.

Date	Mintage	VG	F	VF	XF	Unc
ND(1751-69)	—	—	500	800	1,200	—

KM# 139 1/4 MOHUR

Gold, 13 mm. **Shape:** Octagonal **Note:** Type I - Bengali inscriptions. Weight varies: 2.68-2.85 grams.

Date	Mintage	VG	F	VF	XF	Unc
SE1674 (1752)	—	—	150	250	350	—
SE1675 (1753)	—	—	150	250	350	—
SE1676 (1754)	—	—	150	250	350	—
SE1677 (1755)	—	—	150	250	350	—
SE1678 (1756)	—	—	150	250	350	—
SE1680 (1758)	—	—	150	250	350	—
SE1681 (1759)	—	—	150	250	350	—
SE1683 (1761)	—	—	150	250	350	—
SE1688 (1766)	—	—	150	250	350	—

KM# 140 1/4 MOHUR

Gold **Shape:** Square **Note:** Type I - Bengali inscriptions. Weight varies: 2.68-2.85 grams.

Date	Mintage	VG	F	VF	XF	Unc
SE1678 (1756)	—	—	350	600	800	—

KM# 141 1/2 MOHUR

Gold **Shape:** Octagonal **Note:** Type I - Bengali inscriptions. Weight varies: 5.35-5.70 grams.

Date	Mintage	VG	F	VF	XF	Unc
ND(1751-69)	—	—	165	275	400	—

KM# 172 MOHUR

Gold **Obv:** Inscription **Rev:** Inscription, lion left at bottom **Shape:** Octagonal **Note:** Type III - Ahom inscriptions. Weight varies: 10.70-11.40 grams.

Date	Mintage	VG	F	VF	XF	Unc
ND (1751)	—	—	900	2,000	2,800	—

KM# 161 MOHUR

Gold **Shape:** Square **Note:** Type III - Persian inscriptions. Weight varies: 10.70-11.40 grams.

Date	Mintage	VG	F	VF	XF	Unc
SE1674 (1752)	—	—	450	1,000	1,500	—

KM# 142 MOHUR

Gold, 20 mm. **Shape:** Octagonal **Note:** Type I - Bengali inscriptions. Weight varies: 10.70-11.40 grams.

Date	Mintage	VG	F	VF	XF	Unc
SE1674 (1752)	—	—	425	550	700	—
SE1678 (1756)	—	—	425	550	700	—
SE1681 (1759)	—	—	425	550	700	—
SE1684 (1762)	—	—	425	550	700	—
SE1688 (1766)	—	—	425	550	700	—
SE1689 (1767)	—	—	425	550	700	—
SE1690 (1768)	—	—	425	550	700	—

KM# 150 MOHUR

Gold **Shape:** Octagonal **Note:** Type II - Deva Nagari inscriptions. Weight varies: 10.70-11.40 grams.

Date	Mintage	VG	F	VF	XF	Unc
SE1675 (1753)	—	—	550	800	1,100	—

KM# 162 MOHUR

Gold **Shape:** Octagonal **Note:** Type III - Persian inscriptions. Weight varies: 10.70-11.40 grams.

Date	Mintage	VG	F	VF	XF	Unc
SE1685 (1763)	—	—	650	1,000	1,500	—

Lakshmi Simha (Ramakanta Simha) SE1691 / 1769AD

HAMMERED COINAGE

KM# 173 1-1/2 RUPEE

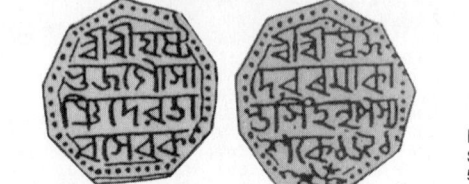

16.8000 g., Silver **Obv:** Inscription **Rev:** Inscription

Date	Mintage	VG	F	VF	XF	Unc
SE1691 (1769)	—	—	—	—	—	—

Rare

Lakshmi Simha (Sunyeopha) SE1691-1702 / 1769-1780AD

HAMMERED COINAGE

KM# 174 1/16 RUPEE

Silver **Obv:** Inscription **Rev:** Inscription **Note:** Weight varies: 0.67-0.72 grams.

Date	Mintage	VG	F	VF	XF	Unc
ND(1769-80)	—	3.50	5.00	7.50	11.50	—

KM# 175 1/8 RUPEE

Silver **Obv:** Inscription **Rev:** Inscription **Note:** Weight varies: 1.34-1.45 grams.

Date	Mintage	VG	F	VF	XF	Unc
ND(1769-80)	—	3.50	5.00	7.50	11.50	—

KM# 176 1/4 RUPEE

Silver **Obv:** Inscription **Rev:** Inscription **Note:** Weight varies: 2.68-2.90 grams.

Date	Mintage	VG	F	VF	XF	Unc
SE1692 (1770)	—	3.50	4.50	6.50	10.00	—
SE1693 (1771)	—	3.50	4.50	6.50	10.00	—
SE1694 (1772)	—	3.50	4.50	6.50	10.00	—
SE1695 (1773)	—	3.50	4.50	6.50	10.00	—
SE1696 (1774)	—	3.50	4.50	6.50	10.00	—
SE1697 (1775)	—	3.50	4.50	6.50	10.00	—
SE1698 (1776)	—	3.50	4.50	6.50	10.00	—
SE1699 (1777)	—	3.50	4.50	6.50	10.00	—
SE1700 (1778)	—	3.50	4.50	6.50	10.00	—
SE1701 (1779)	—	3.50	4.50	6.50	10.00	—
SE1702 (1780)	—	3.50	4.50	6.50	10.00	—

KM# 177 1/2 RUPEE

Silver **Obv:** Inscription **Rev.** Inscription: Hari Hara **Note:** Weight varies: 5.35-5.80 grams.

Date	Mintage	VG	F	VF	XF	Unc
ND(1769-80)	—	6.50	10.50	17.50	25.00	—

KM# 178 1/2 RUPEE

Silver **Obv:** Inscription **Rev. Inscription:** Hari Gauri **Note:** Weight varies: 5.35-5.80 grams.

Date	Mintage	VG	F	VF	XF	Unc
ND(1769-80)	—	4.25	7.00	10.00	16.50	—

KM# 179 1/2 RUPEE

Silver **Obv:** Inscription **Rev:** Inscription **Note:** Weight varies: 5.35-5.80 grams.

Date	Mintage	VG	F	VF	XF	Unc
ND(1769-80)	—	3.75	6.00	8.50	12.50	—

KM# 180 1/2 RUPEE

Silver **Obv:** Inscription **Rev:** Inscription **Note:** Weight varies: 5.35-5.80 grams.

Date	Mintage	VG	F	VF	XF	Unc
ND//1 (1773)	—	3.75	6.00	8.50	12.50	—

KM# 182B RUPEE

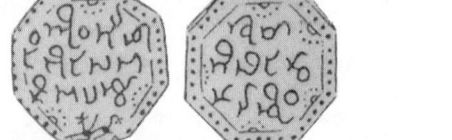

Silver **Obv:** Inscription **Rev:** Inscription **Note:** Weight varies: 10.70-11.60 grams. Similar to KM#182, but Ahom script.

Date	Mintage	VG	F	VF	XF	Unc
ND//1 (1769)	—	75.00	100	200	300	—

KM# 181 RUPEE

Silver **Obv:** Inscription **Rev. Inscription:** Hari Hara... **Note:** Weight varies: 10.70-11.60 grams.

Date	Mintage	VG	F	VF	XF	Unc
SE1692 (1770)	—	12.50	15.50	20.00	30.00	—

ASSAM

KM# 182 RUPEE

Silver **Obv:** Inscription **Rev. Inscription:** Hari Gauri... **Note:** Weight varies: 10.70-11.60 grams.

Date	Mintage	VG	F	VF	XF	Unc
SE1692 (1770)	—	7.00	8.00	11.50	20.00	—
SE1693 (1771)	—	7.00	8.00	11.50	20.00	—
SE1694 (1772)	—	7.00	8.00	11.50	20.00	—
SE1695 (1773)	—	7.00	8.00	11.50	20.00	—
SE1696 (1774)	—	7.00	8.00	11.50	20.00	—
SE1697 (1775)	—	7.00	8.00	11.50	20.00	—
SE1698 (1776)	—	7.00	8.00	11.50	20.00	—
SE1699 (1777)	—	7.00	8.00	11.50	20.00	—
SE1700 (1778)	—	7.00	8.00	11.50	20.00	—
SE1701 (1779)	—	7.00	8.00	11.50	20.00	—

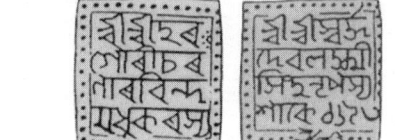

KM# 182A RUPEE

Silver **Obv:** Inscription **Rev:** Inscription **Note:** Weight varies: 10.70-11.60 grams. Similar to KM#182, but square flan.

Date	Mintage	VG	F	VF	XF	Unc
SE1693 (1771)	—	75.00	100	200	300	—

KM# 183 1/16 MOHUR

Gold **Note:** Weight varies: 0.67-0.71 grams.

Date	Mintage	VG	F	VF	XF	Unc
ND(1769-80)	—	—	80.00	150	200	—

KM# 184 1/8 MOHUR

Gold **Note:** Weight varies: 1.34-1.42 grams.

Date	Mintage	VG	F	VF	XF	Unc
ND(1769-80)	—	—	90.00	160	250	—

KM# 186 1/4 MOHUR

Gold **Obv:** Inscription **Rev:** Inscription **Note:** Square. Weight varies: 2.68-2.85 grams.

Date	Mintage	VG	F	VF	XF	Unc
SE1692 (1770)	—	—	250	425	600	—

KM# 185 1/4 MOHUR

Gold **Note:** Weight varies: 2.68-2.85 grams.

Date	Mintage	VG	F	VF	XF	Unc
SE1692 (1770)	—	—	150	250	350	—
SE1693 (1771)	—	—	150	250	350	—
SE1694 (1772)	—	—	150	250	350	—
SE1695 (1773)	—	—	150	250	350	—
SE1696 (1774)	—	—	150	250	350	—
SE1697 (1775)	—	—	150	250	350	—
SE1702 (1780)	—	—	150	250	350	—

KM# 187 1/2 MOHUR

Gold **Note:** Weight varies: 5.35-5.70 grams.

Date	Mintage	VG	F	VF	XF	Unc
ND(1769-80)	—	—	200	325	450	—

KM# 188 MOHUR

Gold **Note:** 10.70-11.40 grams.

Date	Mintage	VG	F	VF	XF	Unc
SE1692 (1770)	—	—	400	550	750	—
SE1693 (1771)	—	—	400	550	750	—
SE1694 (1772)	—	—	400	550	750	—
SE1698 (1776)	—	—	400	550	750	—
SE1701 (1779)	—	—	400	550	750	—

Gaurinatha Simha (Suhitpanpha) SE1702-1718 / 1780-1796AD

HAMMERED COINAGE

KM# 190 1/32 RUPEE

Silver **Obv:** Inscription **Rev:** Inscription **Note:** Weight varies: 0.34-0.36 grams.

Date	Mintage	VG	F	VF	XF	Unc
ND(1780-96)	—	4.00	5.00	7.00	10.00	—

KM# 191 1/32 RUPEE

Silver **Obv:** Inscription **Rev:** Inscription **Note:** Weight varies: 0.34-0.36 grams.

Date	Mintage	VG	F	VF	XF	Unc
ND(1780-96)	—	5.00	6.00	8.50	12.50	—

KM# 192 1/16 RUPEE

Silver **Obv:** Inscription **Rev:** Inscription **Note:** Type 1 **Note:** Weight varies: 0.67-0.72 grams.

Date	Mintage	VG	F	VF	XF	Unc
ND(1780-96)	—	4.00	5.50	7.50	11.50	—

KM# 193 1/16 RUPEE

Silver **Obv:** Inscription **Rev:** Type 2 **Note:** Weight varies: 0.67-0.72 grams.

Date	Mintage	VG	F	VF	XF	Unc
ND(1780-96)	—	4.00	5.50	7.50	11.50	—

KM# 194 1/16 RUPEE

Silver **Rev:** Letter "Na" below legend **Note:** Weight varies: 0.67-0.72 grams.

Date	Mintage	VG	F	VF	XF	Unc
ND(1780-96)	—	7.50	10.00	14.00	20.00	—

KM# 195 1/8 RUPEE

Silver **Obv:** Inscription **Rev:** Inscription **Note:** Variety 1. Weight varies: 1.34-1.45 grams.

Date	Mintage	VG	F	VF	XF	Unc
ND(1780-96)	—	4.00	5.50	7.50	11.50	—

KM# 196 1/8 RUPEE

Silver **Obv:** Inscription **Rev:** Inscription **Note:** Variety 2. Weight varies: 1.34-1.45 grams.

Date	Mintage	VG	F	VF	XF	Unc
ND(1780-96)	—	4.00	5.50	7.50	11.50	—

KM# 197 1/8 RUPEE

Silver **Obv:** Inscription **Rev:** Letter "Na" below inscription **Note:** Weight varies: 1.34-1.45 grams.

Date	Mintage	VG	F	VF	XF	Unc
ND(1780-96)	—	7.50	10.00	14.00	20.00	—

KM# 198 1/4 RUPEE

Silver **Obv:** Inscription **Rev:** Inscription **Note:** Weight varies: 2.68-2.90 grams.

Date	Mintage	VG	F	VF	XF	Unc
SE1703 (1781)	—	5.00	7.00	10.00	15.00	—
SE1704 (1782)	—	5.00	7.00	10.00	15.00	—
SE1705 (1783)	—	5.00	7.00	10.00	15.00	—
SE1706//5 (1784)	—	3.50	5.00	7.00	10.00	—
SE1707//6 (1785)	—	3.50	5.00	7.00	10.00	—
SE1708//7 (1786)	—	3.50	5.00	7.00	10.00	—
SE1708 (1786)	—	5.00	7.00	10.00	15.00	—
SE1709//8 (1787)	—	5.00	7.00	10.00	15.00	—
SE1711 (1789)	—	10.00	12.50	17.50	25.00	—
SE1712//11 (1790)	—	10.00	12.50	17.50	25.00	—
SE1712 (1790)	—	10.00	12.50	17.50	25.00	—
SE1713 (1791)	—	10.00	12.50	17.50	25.00	—
SE1714 (1792)	—	10.00	12.50	17.50	25.00	—
SE1715//14 (1793)	—	10.00	12.50	17.50	25.00	—
SE1716 (1794)	—	3.50	5.00	7.00	10.00	—
SE1717 (1795)	—	3.50	5.00	7.00	10.00	—

KM# 199 1/4 RUPEE

Silver **Obv:** Inscription **Rev:** Regnal year below inscription **Note:** Weight varies: 2.68-2.90 grams.

Date	Mintage	VG	F	VF	XF	Unc
SE1716//1 (1794)	—	5.00	7.00	10.00	15.00	—
SE1717//16 (1795)	—	5.00	7.00	10.00	15.00	—

KM# 200 1/4 RUPEE

Silver **Obv:** Inscription **Rev:** Regnal year below inscription **Note:** Weight varies: 2.68-2.90 grams.

Date	Mintage	VG	F	VF	XF	Unc
SE1716//1 (1794)	—	5.00	7.00	10.00	15.00	—
SE1717//1 (1795)	—	5.00	7.00	10.00	15.00	—

KM# 201 1/4 RUPEE

Silver **Obv:** Regnal year 1 below inscription **Rev:** Regnal year 16 below inscription **Note:** Weight varies: 2.68-2.90 grams.

Date	Mintage	VG	F	VF	XF	Unc
SE1717//1/16 (1795)	—	5.00	7.00	10.00	15.00	—

KM# 202 1/4 RUPEE

Silver **Rev:** Letter "Di" below legend **Note:** Weight varies: 2.68-2.90 grams.

Date	Mintage	VG	F	VF	XF	Unc
SE1717 (1795)	—	7.50	10.00	14.00	20.00	—

KM# 203 1/4 RUPEE

Silver **Obv:** Inscription **Rev:** Inscription **Note:** Square flan. Weight varies: 2.68-2.90 grams.

Date	Mintage	VG	F	VF	XF	Unc
SE1705 (1783)	—	22.50	30.00	37.50	50.00	—

KM# 211 1/2 RUPEE

Silver **Rev:** Letter "Na" below legend

Date	Mintage	VG	F	VF	XF	Unc
ND(1780-96)	—	5.00	8.00	14.00	20.00	—

KM# 212 1/2 RUPEE

Silver **Obv:** Letter "Na" below legend **Rev:** Letter "Na" below legend

Date	Mintage	VG	F	VF	XF	Unc
ND(1780-96)	—	5.00	8.00	14.00	20.00	—

KM# 213 1/2 RUPEE

Silver **Obv:** Letter "Na" below inscription **Rev:** Letter "Ha" below inscription

Date	Mintage	VG	F	VF	XF	Unc
ND(1780-96)	—	5.00	8.00	14.00	20.00	—

KM# 204 1/2 RUPEE

Silver **Obv:** Inscription **Rev:** Inscription **Note:** Legend varieties are known. Without regnal year. Weight varies: 5.35-5.80 grams.

Date	Mintage	VG	F	VF	XF	Unc
ND(1780-96)	—	3.50	5.00	7.00	10.00	—

KM# 208 1/2 RUPEE

Silver **Obv:** Letter "Di" below legend **Note:** Weight varies: 5.35-5.80 grams.

Date	Mintage	VG	F	VF	XF	Unc
ND(1780-96)	—	5.00	8.00	14.00	20.00	—

KM# 209 1/2 RUPEE

Silver **Rev:** Letter "Ha" below legend **Note:** Weight varies: 5.35-5.80 grams.

Date	Mintage	VG	F	VF	XF	Unc
ND(1780-96)	—	5.00	8.00	14.00	20.00	—

KM# 210 1/2 RUPEE

Silver **Obv:** Letter "Na" below legend **Note:** Weight varies: 5.35-5.80 grams.

Date	Mintage	VG	F	VF	XF	Unc
ND(1780-96)	—	5.00	8.00	14.00	20.00	—

KM# 206 1/2 RUPEE

Silver **Obv:** Regnal year 1 below legend **Note:** Weight varies: 5.35-5.80 grams.

Date	Mintage	VG	F	VF	XF	Unc
ND//1 (1780)	—	5.00	8.00	14.00	20.00	—

INDIA-INDEPENDENT KINGDOMS — ASSAM

KM# 207 1/2 RUPEE

Silver **Obv:** Inscription **Rev:** Regnal year 1 below inscription **Note:** Weight varies: 5.35-5.80 grams.

Date	Mintage	VG	F	VF	XF	Unc
ND/1 (1780)	—	3.50	6.00	7.50	12.50	—

KM# 205 1/2 RUPEE

Silver **Obv:** Inscription **Rev:** Inscription **Note:** Regnal year. Weight varies: 5.35-5.80 grams.

Date	Mintage	VG	F	VF	XF	Unc
ND/5 (1784)	—	5.00	7.50	9.00	12.50	—

Note: Two legend varieties of regnal year 5 are known

Date	Mintage	VG	F	VF	XF	Unc
ND/6 (1785)	—	5.00	7.50	9.00	12.50	—
ND/7 (1786)	—	3.50	6.00	9.00	13.50	—
ND/8 (1787)	—	3.50	6.00	9.00	13.50	—
ND/12 (1791)	—	8.00	14.00	20.00	30.00	—
ND/13 (1792)	—	8.00	14.00	20.00	30.00	—
ND/14 (1793)	—	8.00	14.00	20.00	30.00	—
ND/15 (1794)	—	8.00	14.00	20.00	30.00	—
ND/16 (1795)	—	3.50	6.00	9.00	13.50	—

KM# 218 RUPEE

Silver **Obv:** Inscription **Rev:** Inscription **Note:** Weight varies: 10.70-11.60 grams.

Date	Mintage	VG	F	VF	XF	Unc
SE1707//6 (1785)	—	7.50	9.50	14.00	22.50	—
SE1708//7 (1786)	—	7.50	9.50	14.00	22.50	—
SE1709//8 (1787)	—	7.50	9.50	14.00	22.50	—
SE1711 (1789)	—	11.00	18.50	26.50	40.00	—
SE1712//11 (1790)	—	—	—	—	—	—
SE1713//12 (1791)	—	11.00	18.50	26.50	40.00	—
SE1715//14 (1793)	—	11.00	18.50	26.50	40.00	—
SE1716 (1794)	—	7.50	9.50	15.00	25.00	—
SE1716//1 (1794)	—	7.50	9.50	15.00	25.00	—
SE1717 (1795)	—	7.50	9.50	15.00	25.00	—
SE1717//16 (1795)	—	7.50	9.50	15.00	25.00	—

KM# 219 RUPEE

Silver **Rev:** Regnal year below legend **Note:** Weight varies: 10.70-11.60 grams.

Date	Mintage	VG	F	VF	XF	Unc
SE1716//1 (1794)	—	8.50	13.50	20.00	32.50	—

KM# 220 RUPEE

Silver **Obv:** Letter "Di" below legend **Note:** Weight varies: 10.70-11.60 grams.

Date	Mintage	VG	F	VF	XF	Unc
SE1716 (1794)	—	8.50	13.50	20.00	32.50	—
SE1717 (1795)	—	8.50	13.50	20.00	32.50	—

Date	Mintage	VG	F	VF	XF	Unc
SE1707//6 (1785)	—	—	120	200	275	—
SE1711 (1789)	—	—	120	200	275	—
SE1712//11 (1790)	—	—	120	200	275	—
SE1716 (1794)	—	—	120	200	275	—

KM# 228 1/2 MOHUR

Gold **Note:** Weight varies: 5.35-5.70 grams.

Date	Mintage	VG	F	VF	XF	Unc
ND(1780-96)	—	—	180	300	450	—
ND//13 (1792)	—	—	200	350	500	—

KM# 229 MOHUR

Gold **Obv:** Inscription **Rev:** Inscription **Note:** Weight varies: 10.70-11.40 grams.

Date	Mintage	VG	F	VF	XF	Unc
SE1703 (1781)	—	—	400	500	650	—
SE1705 (1783)	—	—	400	500	650	—

KM# 230 MOHUR

Gold **Note:** Weight varies: 10.70-11.40 grams.

Date	Mintage	VG	F	VF	XF	Unc
SE1706//5 (1784)	—	—	400	500	650	—

KM# 214 RUPEE

Silver **Obv:** Inscription **Rev:** Inscription **Note:** Weight varies: 10.70-11.60 grams.

Date	Mintage	VG	F	VF	XF	Unc
SE1703 (1781)	—	7.50	13.50	20.00	35.00	—

KM# 221 RUPEE

Silver **Obv:** Inscription **Rev:** Letter "Ha" below inscription **Note:** Weight varies: 10.70-11.60 grams.

Date	Mintage	VG	F	VF	XF	Unc
SE1716 (1794)	—	8.50	12.00	18.50	30.00	—

KM# 222 RUPEE

Silver **Rev:** Letter "Na" below legend **Note:** Weight varies: 10.70-11.60 grams.

Date	Mintage	VG	F	VF	XF	Unc
SE1716 (1794)	—	8.50	12.00	18.50	30.00	—

KM# 223 RUPEE

Silver **Rev:** 68 below legend **Note:** Weight varies: 10.70-11.60 grams.

Date	Mintage	VG	F	VF	XF	Unc
SE1716 (1794)	—	8.50	12.00	18.50	30.00	—

KM# 231 MOHUR

Gold **Obv:** Inscription **Rev:** Inscription **Note:** Weight varies: 10.70-11.40 grams.

Date	Mintage	VG	F	VF	XF	Unc
SE1707//6 (1785)	—	—	400	500	650	—
SE1709//8 (1787)	—	—	400	500	650	—
SE1711 (1789)	—	—	400	500	650	—
SE1712//11 (1790)	—	—	400	500	650	—
SE1716 (1794)	—	—	400	500	650	—
SE1716//15 (1794)	—	—	400	500	650	—

KM# 215 RUPEE

Silver **Obv:** Inscription, lion left **Rev:** Inscription **Note:** Weight varies: 10.70-11.60 grams.

Date	Mintage	VG	F	VF	XF	Unc
SE1703 (1781)	—	7.50	9.50	15.00	25.00	—
SE1704 (1782)	—	7.75	9.50	15.00	25.00	—
SE1705 (1783)	—	7.00	8.50	14.00	22.50	—
SE1706//5 (1784)	—	7.00	8.50	14.00	22.50	—

KM# 224 1/32 MOHUR

Gold **Note:** Weight varies: 0.34-0.35 grams.

Date	Mintage	VG	F	VF	XF	Unc
ND(1780-96)	—	—	50.00	100	150	—

KM# 225 1/16 MOHUR

Gold **Obv:** Inscription **Rev:** Inscription **Note:** Weight varies: 0.67-0.71 grams.

Date	Mintage	VG	F	VF	XF	Unc
ND(1780-96)	—	—	50.00	100	150	—

KM# 233 MOHUR

Gold **Obv:** Inscription **Rev:** Inscription **Note:** Ahom inscriptions. Weight varies: 10.70-11.40 grams.

Date	Mintage	VG	F	VF	XF	Unc
SE1715//13 (1793)	—	—	1,500	2,500	3,500	—

Sarvvananda Simha
SE1/15-1717 / 1793-1795AD

HAMMERED COINAGE

Matak Rebel Issues

In Bengmars, east of Rangpur

KM# 300 1/16 RUPEE

Silver **Note:** Weight varies: 0.67-0.72 grams.

Date	Mintage	VG	F	VF	XF	Unc
ND (1793)	—	10.00	13.50	18.50	27.50	—

KM# 301 1/8 RUPEE

Silver **Obv:** Inscription **Rev:** Inscription **Note:** Weight varies: 0.34-0.36 grams.

Date	Mintage	VG	F	VF	XF	Unc
ND (1793)	—	12.50	16.50	21.50	30.00	—

KM# 216 RUPEE

Silver **Obv:** Inscription, lion left at bottom **Rev:** Inscription **Note:** Weight varies: 10.70-11.60 grams.

Date	Mintage	VG	F	VF	XF	Unc
SE1706//5 (1784)	—	8.00	11.00	16.50	27.50	—

KM# 226 1/8 MOHUR

Gold **Obv:** Inscription **Rev:** Inscription **Note:** Weight varies: 1.34-1.42 grams.

Date	Mintage	VG	F	VF	XF	Unc
ND(1780-96)	—	—	75.00	125	200	—

KM# 217 RUPEE

Silver **Obv:** Inscription **Rev:** Inscription, lion right **Note:** Weight varies: 10.70-11.60 grams.

Date	Mintage	VG	F	VF	XF	Unc
SE1706//5 (1784)	—	8.50	11.50	18.50	30.00	—

KM# 227 1/4 MOHUR

Gold **Obv:** Inscription **Rev:** Inscription **Note:** Weight varies: 2.68-2.85 grams.

Date	Mintage	VG	F	VF	XF	Unc
SE1703 (1781)	—	—	120	200	275	—
SE1706//5 (1784)	—	—	120	200	275	—

KM# 302 1/4 RUPEE

Silver **Note:** Weight varies: 2.68-2.90 grams.

Date	Mintage	VG	F	VF	XF	Unc
SE1715 (1793)	—	15.00	18.50	25.00	35.00	—
SE1716 (1794)	—	15.00	18.50	25.00	35.00	—

KM# 303 1/2 RUPEE
Silver **Obv. Legend:** Variety 1 **Rev:** Inscription **Note:** Weight varies: 5.35-5.80 grams.

Date	Mintage	VG	F	VF	XF	Unc
ND (1793)	—	20.00	27.50	37.50	50.00	—

KM# 304 1/2 RUPEE
Silver **Obv. Inscription:** Variety 2 **Rev. Inscription:** Krishna Pada...

Date	Mintage	VG	F	VF	XF	Unc
ND (1793)	—	20.00	27.50	37.50	50.00	—

KM# 305 1/2 RUPEE
Silver **Obv. Legend:** Variety 3 **Rev. Legend:** "Krishna Madhu"...

Date	Mintage	VG	F	VF	XF	Unc
ND (1793)	—	20.00	27.50	37.50	50.00	—

KM# 306 1/2 RUPEE
Silver **Obv. Inscription:** Variety 4 **Rev. Inscription:** Krishna Charana...

Date	Mintage	VG	F	VF	XF	Unc
ND (1793)	—	20.00	27.50	37.50	50.00	—

KM# 307 RUPEE
Silver **Obv. Legend:** Variety 1 **Note:** Weight varies: 10.70-11.60 grams.

Date	Mintage	VG	F	VF	XF	Unc
SE1715 (1793)	—	20.00	27.50	37.50	50.00	—

KM# 308 RUPEE
Silver **Obv. Inscription:** Variety 2 **Rev:** Inscription

Date	Mintage	VG	F	VF	XF	Unc
SE1716 (1794)	—	20.00	27.50	35.00	50.00	—

KM# 309 RUPEE
Silver **Obv. Inscription:** Variety 3 **Rev:** Inscription

Date	Mintage	VG	F	VF	XF	Unc
SE1716 (1794)	—	20.00	27.50	35.00	50.00	—
SE1717 (1795)	—	20.00	27.50	35.00	50.00	—

KM# 312 1/4 MOHUR
Gold **Note:** Weight varies: 2.68-2.85 grams.

Date	Mintage	VG	F	VF	XF	Unc
SE1716 (1794)	—	—	600	1,000	1,500	—

KM# 313 1/2 MOHUR
Gold **Obv:** Inscription **Rev:** Inscription **Note:** Weight varies: 5.35-5.70 grams.

Date	Mintage	VG	F	VF	XF	Unc
ND (1793)	—	—	600	1,000	1,500	—

KM# 314 MOHUR
Gold **Obv:** Inscription **Rev:** Inscription **Note:** Weight varies: 10.70-11.40 grams.

Date	Mintage	VG	F	VF	XF	Unc
SE1715 (1793)	—	—	750	1,250	1,750	—

Bharatha Simha
SE1709-1715, 1718-1719 / 1787-1793, 1796-1797AD

HAMMERED COINAGE

Rangpur Rebel Issues

In Ahom, capital of Rangpur, during the exile of the legitimate ruler

KM# 401 1/16 RUPEE
Silver **Note:** Weight varies: 0.67-0.72 grams.

Date	Mintage	VG	F	VF	XF	Unc
ND (1709)	—	10.00	13.50	18.50	26.50	—

KM# 402 1/8 RUPEE
Silver **Note:** Weight varies: 1.34-1.45 grams.

Date	Mintage	VG	F	VF	XF	Unc
ND (1710)	—	12.50	16.50	22.50	30.00	—

KM# 403 1/4 RUPEE
Silver **Obv:** Inscription **Rev:** Inscription **Note:** Weight varies: 2.68-2.90 grams.

Date	Mintage	VG	F	VF	XF	Unc
SE1713 (1791)	—	15.00	20.00	28.50	40.00	—
SE1714 (1792)	—	15.00	20.00	28.50	40.00	—
SE1715 (1793)	—	15.00	20.00	28.50	40.00	—
SE1718 (1796)	—	15.00	20.00	28.50	40.00	—
SE1719 (1797)	—	15.00	20.00	28.50	40.00	—

KM# 404 1/2 RUPEE
Silver **Obv:** Inscription **Rev:** Inscription **Note:** Weight varies: 5.35-5.80 grams.

Date	Mintage	VG	F	VF	XF	Unc
ND (1712)	—	12.50	17.50	23.50	32.50	—

KM# 405 RUPEE
Silver **Obv:** Inscription **Rev:** Inscription **Note:** Weight varies: 10.70-11.60 grams.

Date	Mintage	VG	F	VF	XF	Unc
SE1713 (1791)	—	15.00	20.00	28.50	40.00	—
SE1714 (1792)	—	15.00	20.00	28.50	40.00	—
SE1715 (1793)	—	15.00	20.00	28.50	40.00	—
SE1718 (1796)	—	12.50	20.00	28.50	40.00	—
SE1719 (1797)	—	12.50	20.00	28.50	40.00	—

KM# 408 1/8 MOHUR
Gold **Note:** Weight varies: 1.34-1.42 grams.

Date	Mintage	VG	F	VF	XF	Unc
ND (1713) Rare	—	—	—	—	—	—

KM# 409 1/4 MOHUR
Gold **Note:** Weight varies: 2.68-2.85 grams.

Date	Mintage	VG	F	VF	XF	Unc
SE1713 (1791) Rare	—	—	—	—	—	—

KM# 410 1/2 MOHUR
Gold **Note:** Weight varies: 5.35-5.70 grams.

Date	Mintage	VG	F	VF	XF	Unc
ND (1713) Rare	—	—	—	—	—	—

Kamalesvara Simha
SE1718-1732 / 1796-1810AD

HAMMERED COINAGE

KM# 235 1/8 RUPEE
Silver, 10 mm. **Note:** Octagonal. Weight varies: 1.34-1.45 grams.

Date	Mintage	VG	F	VF	XF	Unc
ND(1796-1810)	—	20.00	30.00	40.00	60.00	—

KM# 237 1/2 RUPEE
Silver **Obv:** Inscription **Rev:** Inscription **Note:** Weight varies: 5.35-5.80 grams.

Date	Mintage	VG	F	VF	XF	Unc
ND(1796-1810)	—	25.00	35.00	45.00	70.00	—

KM# 238 RUPEE
Silver **Obv:** Inscription **Rev:** Inscription **Note:** Weight varies: 10.70-11.60 grams.

Date	Mintage	VG	F	VF	XF	Unc
SE1720 (1798)	—	35.00	45.00	60.00	95.00	—

KM# 241 1/8 MOHUR
Gold **Note:** Octagonal. Weight varies: 1.34-1.42 grams.

Date	Mintage	VG	F	VF	XF	Unc
ND(1796-1810)	—	—	250	400	600	—

KM# 244 MOHUR
Gold **Note:** Octagonal. 10.70-11.40 grams.

Date	Mintage	VG	F	VF	XF	Unc
SE1720 (1798)	—	—	900	1,500	2,000	—

BAGLANA

KINGDOM

HAMMERED COINAGE

Mulher
KM# 2 MAHMUDI
Silver Weight varies, 5.40-5.60g **Obv:** Akbar's name and titles, date **Rev:** Kalima in square **Note:** In name of Mughal Akbar, continued into 19th c. with posthumous dates. Previous India-Mughal Empire, KM# 72.1.

Date	Mintage	Good	VG	F	VF	XF
AH1127	—	—	10.00	16.00	27.50	40.00

COOCH BEHAR

During the 15th century, the area that was to become Cooch Behar was ruled by the powerful Hindu kings of Kamata, who were defeated by Sultan Ala al din Husain, Shah of Bengal in 1494AD. In 1511 AD the kingdom of Cooch Behar was established by Chandan, a chieftain of the Koch tribe.

After Lakshmi Narayan's death in 1627, the new ruler Vira Narayan exhibited a certain degree of independence by striking full rupees and retaking the former Eastern Cooch Behar Kingdom from the Mughals. By this time, however, a powerful leader had emerged in Bhutan, and trade was disrupted by wars between Bhutan and Tibet, causing a reduction in the number of coins struck.

The Mughals soon recaptured the eastern territories, but the next ruler, Prana Narayan, was able to reopen trade links with Tibet through Bhutan. In 1661 Prana Narayan was expelled from his capital by the Mughal governor of Bengal, Mir Jumia, and sought refuge in Bhutan. At this time, Mir Jumia struck coins in Cooch Behar in the name of the Mughal Emperor Aurangzeb, but while Mir Jumia was stuck in Assam during the monsoon of 1663, Prana Narayan managed to regain control of his kingdom paying tribute to the Mughal Emperor.

For the next century Cooch Behar was relatively peaceful until there was a dispute over the succession in 1772. After a confusing period during which the Bhutanese installed their own nominated ruler and captured Dhairyendra Narandra, the Chief Minister appealed to the British for assistance. With an eye on the potentially lucrative Tibetan trade, which had increased somewhat in volume since Prithvi Narayan's rise to power in Nepal, the British agreed to support Darendra Narayan, so long as British suzerainty was acknowledged.

Bhutanese copies: Until the 1780's the Bhutanese used to periodically send surplus silver to the mint in Cooch Behar to strike into coin for local use, as Cooch Behar coins circulated widely in

INDIA-INDEPENDENT KINGDOMS

COOCH BEHAR

Bhutan. After the Cooch Behar mint was closed in 1788 the Bhutanese established their own mints, striking copies of the 1/2 rupees, initially of fine silver with slight differences in design from the original Cooch Behar coins, but later the silver content reduced until they were of pure copper or brass. For these issues see Bhutan listing.

RULERS

Rupa Narayan,
CB185-205/SE1617-37/1695-1715AD

Upendra Narayan,
CB205-254/SE1637-86/1715-64AD

Devendra Narayan,
CB254-256/SE1686-88/1764-66AD

Dhairjendra Narayan,
CB256-261/SE1688-93/1766-72AD

Rajendra Narayan,
CB261-263/SE1693-95/1771-73AD

Darendra Narayan,
CB263-270/SE1695-1702/1772-80AD
CB270-273/SE1702-05/1780-83AD, 2nd reign

Harendra Narayan,
CB273-329/SE1705-61/1783-1839AD

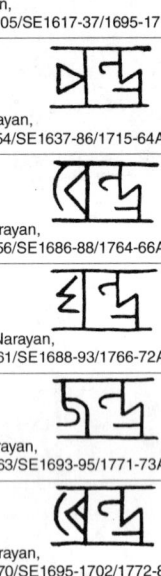

DATING

The coins are dated in either the Saka era (Saka yr. + 78 = AD year) or the Cooch Behar era (CB yr. + 1510 = AD year) calculated from the year of the founding of the kingdom by Chandan in 1511AD. Some coins have dates in both eras, but as the Saka always refers back to the accession year, and the Cooch Behar year seems to show the actual date of striking, the two years seems to show the actual date of striking, the two years do not necessarily correspond to the same AD year.

Unfortunately the dies for the half rupees were usually rather broader than the flans, so the year is only rarely visible.

KINGDOM

Upendra Narayan CB205-254 / SE1637-1686 / 1715-1764AD

HAMMERED COINAGE

Dhairjendra Narayan CB256-261, 270-273 / SE1688-1693, 1702-1705 / 1766-1771, 1780-1783AD

HAMMERED COINAGE

KM# 127 1/2 RUPEE
Silver **Obv:** Inscription **Rev:** Inscription **Note:** Weight varies 5.35 - 5.8 grams.

Date	Mintage	Good	VG	F	VF	XF
ND	—	—	6.00	9.00	11.50	16.50

Rajendra Narayan CB261-263 / SE1693-1695 / 1771-1773AD

HAMMERED COINAGE

KM# 133 1/2 RUPEE
4.7000 g., Silver **Obv:** Inscription **Rev:** Inscription

Date	Mintage	Good	VG	F	VF	XF
ND	—	—	5.00	8.00	11.00	15.00

Darendra Narayan or Harendra Narayan SE1695-1702 / 1773-1780AD or SE1705-1761 / 1783-1839AD

HAMMERED COINAGE

KM# 141 1/2 RUPEE
4.7000 g., Silver **Obv:** Inscription **Rev:** Inscription

Date	Mintage	Good	VG	F	VF	XF
ND	—	—	5.00	8.00	11.00	15.00

KINGDOM

HAMMERED COINAGE

KM# 26 1/4 RUPEE
Silver **Obv. Inscription:** Shah Alam II **Rev:** Inscription **Note:** Weight varies: 2.68-2.90 grams.

Date	Mintage	VG	F	VF	XF	Unc
AH-//39	—	10.00	15.00	25.00	40.00	—

FARRUKHABAD

Farrukhabad, a district in north India, was founded early in the eighteenth century by the Afghan, Mohammed Khan (d.1743), who was governor first of Allahabad and later of Malwa. The subsequent struggles of his sons with Awadh, with the Rohillas and with the Marathas, culminated in Farrukhabad becoming a tributary to Awadh, by which state Farrukhabad was entirely surrounded. In 1801 Farrukhabad was ceded to the British by the Nawab Vizier of Awadh.

For similar coins struck in the name of Ahmad Shah (Durrani) dated AH1174, 1176 refer to Afghanistan, Durrani listings. For later issues with fixed regnal year 45 refer to India-British/Bengal Presidency listings.

BANGASH NAWABS

Muhammad Khan,
AH1126-1156/1714-1743AD

Qaim Khan,
AH1156-1164/1743-1750

Ahmad Khan,
AH1164-1185/1750-1771AD

Muzaffar Jang,
AH1185-1210/1771-1796AD

Amin-ud-Daula,
AH1210-1217/1796-1802AD

MINT NAME

Until AH1167

Farrukhabad

Commencing AH1167

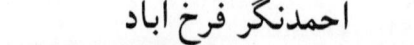

Ahmadnagar-Farrukhabad

NOTE: Catalog numbers were in reference to Craig's basic Mughal listings.

KM# 115 1/2 RUPEE
Silver **Obv:** Inscription **Rev:** Inscription **Note:** Weight varies 5.35 - 5.8 grams.

Date	Mintage	Good	VG	F	VF	XF
ND	—	3.25	5.00	8.50	12.50	—

Devendra Narayan CB254-256 / SE1686-1688 / 1764-1766AD

HAMMERED COINAGE

KM# 121 1/2 RUPEE
Silver **Obv:** Inscription **Rev:** Inscription **Note:** Weight varies 5.35 - 5.8 grams.

Date	Mintage	Good	VG	F	VF	XF
ND	—	—	5.00	8.00	11.00	15.00

Ahmadnagar-Farrukhabad

KM# 12 RUPEE
Silver **Obv. Inscription:** Alamgir (II) **Rev. Inscription:** Ahmadnagar-Farrukhabad

Date	Mintage	VG	F	VF	XF	Unc
AH1169//2 (1756)	—	12.00	20.00	32.50	55.00	—
AH1170//2 (1757)	—	12.00	20.00	32.50	55.00	—
AH1170//3 (1757)	—	12.00	20.00	32.50	55.00	—
AH1170//4 (1757)	—	12.00	20.00	32.50	55.00	—
AH1171//5 (1758)	—	12.00	20.00	32.50	55.00	—
AH1172//5 (1759)	—	12.00	20.00	32.50	55.00	—
AH1172//6 (1759)	—	12.00	20.00	32.50	55.00	—
AH1173//6 (1760)	—	12.00	20.00	32.50	55.00	—

KM# 28 RUPEE
Silver **Obv. Inscription:** "Shah Alam II" **Rev:** Inscription **Note:** Weight varies: 10.70-11.60 grams.

Date	Mintage	VG	F	VF	XF	Unc
AH1175//1 (1761)	—	8.50	13.50	20.00	35.00	—
AH1175//2 (1761)	—	8.50	13.50	20.00	35.00	—
AH1175//3 (1761)	—	8.50	13.50	20.00	35.00	—
AH1176//3 (1762)	—	8.50	13.50	20.00	35.00	—
AH1177//4 (1763)	—	8.50	13.50	20.00	35.00	—
AH1177//5 (1763)	—	8.50	13.50	20.00	35.00	—
AH1178//5 (1764)	—	8.50	13.50	20.00	35.00	—
AH1179//6 (1765)	—	8.50	13.50	20.00	35.00	—
AH1179//7 (1765)	—	8.50	13.50	20.00	35.00	—
AH1180/7 (1766)	—	8.50	13.50	20.00	35.00	—
AH1183/10 (1769)	—	8.50	13.50	20.00	35.00	—
AH1186/13 (1772)	—	8.50	13.50	20.00	35.00	—
AH1187//15 (1773)	—	8.50	13.50	20.00	35.00	—
AH1189/16 (1775)	—	8.50	13.50	20.00	35.00	—
AH1189//17 (1775)	—	8.50	13.50	20.00	35.00	—
AH1190//18 (1776)	—	8.50	13.50	20.00	35.00	—
AH1192//19 (1778)	—	8.50	13.50	20.00	35.00	—
AH1193//20 (1779)	—	8.50	13.50	20.00	35.00	—
AH1194//21 (1780)	—	8.50	13.50	20.00	35.00	—
AH1195//21 (1780)	—	8.50	13.50	20.00	35.00	—
AH1196//21 (1781)	—	8.50	13.50	20.00	35.00	—
AH1196//22 (1781)	—	8.50	13.50	20.00	35.00	—
AH1196//23 (1781)	—	8.50	13.50	20.00	35.00	—
AH1197//23 (1782)	—	8.50	13.50	20.00	35.00	—
AH1197//24 (1782)	—	8.50	13.50	20.00	35.00	—
AH1198//24 (1783)	—	8.50	13.50	20.00	35.00	—
AH1198//25 (1783)	—	8.50	13.50	20.00	35.00	—
AH1199//27 (1784)	—	8.50	13.50	20.00	35.00	—
AH1200//27 (1785)	—	8.50	13.50	20.00	35.00	—
AH1203//29 (1788)	—	8.50	13.50	20.00	35.00	—
AH1205//31 (1790)	—	8.50	13.50	20.00	35.00	—
AH1206//31 (1791)	—	8.50	13.50	20.00	35.00	—
AH1207//31 (1792)	—	8.50	13.50	20.00	35.00	—
AH1208//31 (1793)	—	8.50	13.50	20.00	35.00	—
AH1209//31 (1794)	—	8.50	13.50	20.00	35.00	—
AH1211//31 (1796)	—	8.50	13.50	20.00	35.00	—
AH1212//31 (1797)	—	8.50	13.50	20.00	35.00	—
AH1212//39 (1797)	—	8.50	13.50	20.00	35.00	—
AH1213//39 (1798)	—	8.50	13.50	20.00	35.00	—
AH1214//39 (1799)	—	8.50	13.50	20.00	35.00	—
AH1215//39 (1800)	—	10.00	16.00	25.00	45.00	—

Farrukhabad
KM# 4 RUPEE
Silver **Obv. Inscription:** Alamgir (II) **Rev. Inscription:** Farrukhabad **Note:** Weight varies: 10.70-11.60 grams.

Date	Mintage	VG	F	VF	XF	Unc
AH1168//1(Ahd) (1755)	—	18.00	30.00	50.00	85.00	—
AH1168//2 (1755)	—	18.00	30.00	50.00	85.00	—

Farrukhabad
KM# 8 MOHUR
Gold **Obv. Inscription:** Alamgir II **Rev. Inscription:** Farrukhabad **Note:** Weight varies: 10.70-11.60 grams.

Date	Mintage	VG	F	VF	XF	Unc
AH1170//2 (1757)	—	—	600	1,000	1,500	—

KM# 34 MOHUR
Gold **Obv:** Inscription **Rev:** Inscription **Note:** Weight varies: 10.70-11.40 grams.

Date	Mintage	VG	F	VF	XF	Unc
AH1173//1 (1759)	—	—	450	600	800	—
AH1178//6 (1764)	—	—	450	600	800	—
AH1194//21 (1780)	—	—	450	600	800	—
AH1196//23 (1782)	—	—	450	600	800	—
AH1211//31 (1797)	—	—	450	600	800	—
AH1215//39 (1800)	—	—	450	600	800	—

GURKHA KINGDOM

ALMORA

Almora was the principal town of the Kumaon territory in northern India. It was under the control of the Chand Rajas until the Gurkhas, who had already overrun the Kathmandu Valley in 1768, captured it in 1790.

MINT

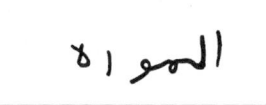

Almora

Chand Rajas
Until 1790AD

HAMMERED COINAGE

Almora
C# 5 PAISA
Copper **Obv:** Inscription, 2 small crowns **Rev:** Inscription **Note:** Struck in the name of local ruler. Regnal years of Shah Alam II.

Date	Mintage	Good	VG	F	VF	XF
ND//14 (1772)	—	4.50	8.50	13.50	20.00	—
ND//18 (1776)	—	4.50	8.50	13.50	20.00	—
ND//19 (1777)	—	4.50	8.50	13.50	20.00	—
ND//21 (1779)	—	4.50	8.50	13.50	20.00	—
ND//22 (1780)	—	4.50	8.50	13.50	20.00	—
ND//41(sic) (1799)	—	4.50	8.50	13.50	20.00	—

JAINTIAPUR

The territory ruled over by the Jaintia Rajas consisted of the Jaintia Hills, and a section of the adjoining plains to the north of Sylhet.

In the Cooch Behar chronicle it is recorded that when Nara Narayan defeated the Jaintia Raja about 1564AD, one of the conditions imposed on the defeated monarch was that he should never put his own name on his coins, but only that of his capital city. Whether this is the true reason is open to debate, but virtually all the coins of Jaintiapur are anonymous, and merely bear the accession year of the ruler during whose reign they were issued.

The earliest known coins of Jaintiapur are dated 1633AD, and are clearly copied in general design and weight standard from the coins of Cooch Behar. During the 18th century the right to strike coins was sold by the Raja to the highest bidder, and this resulted in a serious debasement of the coinage, which therefore never circulated outside the confines of the State.

Independence was retained until 1835AD, when the administration was finally taken over by the British.

RULERS

Local traditions have preserved the names of the Jaintia Kings since the kingdom was founded, but few reliable dated are known for the early Kings.

Lakshmi Narayan, SE1592-1625/
1670-1703AD

Ram Simha, SE1625-1630/
1703-1708AD

Jay Narayan, SE1630-1653/
1708-1731AD

Bar Gossain II, SE1653-1692/
1731-1770AD

Chattra Simha, SE1692-1704/
1770-1782AD

Jatra Narayan, SE1704-1707/
1782-1785AD

Vijaya Narayan, SE1707-1712/
1785-1790AD

Rama Simha, SE1712-1754/
1790-1832AD

NOTE:

A number of other gold and silver coins have appeared in Calcutta since the 1960's. Authenticity is in doubt and we do not list them here.

KINGDOM

Ram Simha
SE1625-1630 / 1703-1708AD

HAMMERED COINAGE
Anonymous

KM# 150 RUPEE
9.2000 g., Silver **Obv:** Inscription within square and circle **Rev:** Inscription within circle

Date	Mintage	Good	VG	F	VF	XF
SE1625 (1703)	—	—	60.00	85.00	125	175

Jaya Narayan
SE1630-1653 / 1708-1731AD

HAMMERED COINAGE
Anonymous

KM# 160 RUPEE
9.2000 g., Silver **Obv:** Inscription within circle **Rev:** Inscription within circle

Date	Mintage	Good	VG	F	VF	XF
SE1630 (1708)	—	—	42.50	60.00	85.00	125

Bar Gossain II
SE1653-1692 / 1731-1770AD

HAMMERED COINAGE
Anonymous

KM# 175 1/4 RUPEE
Silver **Obv:** Inscription within circle **Rev:** Inscription within circle **Note:** Weight varies 2.68 - 2.90 grams.

Date	Mintage	Good	VG	F	VF	XF
SE1653 (1731)	—	—	60.00	85.00	125	175

KM# 177 RUPEE
Silver **Obv:** Inscription within circle, with symbols **Rev:** Inscription within circle **Note:** Weight varies 7.1 - 10 grams.

Date	Mintage	Good	VG	F	VF	XF
SE1653 (1731)	—	—	25.00	35.00	50.00	85.00

Chattra Simha
SE1692-1704 / 1770-1782AD

HAMMERED COINAGE
Anonymous

KM# 185 RUPEE
9.4000 g., Silver

Date	Mintage	Good	VG	F	VF	XF
SE1696 (1774)	—	—	25.00	35.00	50.00	85.00

Jatra Narayan
SE1704-1707 / 1782-1785AD

HAMMERED COINAGE
Anonymous

KM# 192 RUPEE
Silver **Obv:** Inscription within circle, with symbols **Rev:** Inscription, date below, within circle **Note:** Weight varies 9 - 10.7 grams.

Date	Mintage	Good	VG	F	VF	XF
SE1704 (1782)	—	—	50.00	70.00	100	150

Vijaya Narayan
SE1707-1712 / 1785-1790AD

HAMMERED COINAGE
Anonymous

KM# 199 RUPEE
9.4000 g., Silver

Date	Mintage	Good	VG	F	VF	XF
SE1707 (1785)	—	—	50.00	70.00	100	150

Ram Simha II
SE1712-1754 / 1790-1832AD

HAMMERED COINAGE
Anonymous

KM# 204 1/4 RUPEE
Silver **Obv:** Inscription within circle **Rev:** Inscription, date within circle **Note:** Weight varies 2.68 - 2.9 grams.

Date	Mintage	Good	VG	F	VF	XF
SE1712 (1790)	—	—	60.00	85.00	125	175

JAINTIAPUR

KM# 206 RUPEE
Silver **Obv:** Inscription within circle, with symbols **Rev:** Inscription within circle **Note:** Weight varies 7.3 - 9.2 grams.

Date	Mintage	Good	VG	F	VF	XF
SE1712 (1790)	—	—	25.00	35.00	50.00	85.00

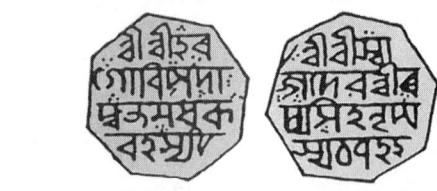

KM# 207 RUPEE
11.0000 g., Silver **Obv:** Inscription **Rev:** Inscription, date **Shape:** Octagonal

Date	Mintage	Good	VG	F	VF	XF
SE1722 (1800)	—	—	85.00	125	175	250

JAMMU

Prior to the 14th century Jammu and Kashmir were ruled by a series of Buddhist and Hindu dynasties. As Islam tightened its hold on the northwest of India, a succession of Muslim sultans occupied Kashmir until Akbar's annexation in 1587, after which it became the summer capital of the emperors of Delhi. With Mughal decline, Kashmir passed into the hands of governors appointed by Ahmad Shah Durrani of Afghanistan. During this last period Jammu remained in the hands of the Dogra Rajas Ranjit Dev and his successor Brij Raj Dev. Early in the nineteenth century both Jammu and Kashmir fell into Sikh hands for about twenty-five years until the British asserted their authority after the first Anglo-Sikh War. By the Treaty of Amritsar in 1846 the British established Gulab Singh, a relative of Ranjit Singh, as the ruler of the entire region. In return he was obliged to present a horse, twelve goats and a few Kashmir shawls annually as tribute - a requirement which was later dropped as being inconvenient! The treaty of 1846 really marked the beginning of Jammu and Kashmir as a modern political entity, and remained in force up to India's independence.

NOTE: Evidently new obverse dies were produced regularly because of the need to change AH dates or mintmarks, but old reverse dies with obsolete regnal years were used until worn out.

For later issues see Indian Princely State, Kashmir.

RULERS
Dogra Rajas
Ranjit Dev, AH1155-1194/VS1799-1837/
1742-1780AD
Brij Raj Dev, AH1195- /VS1838- /1781AD

MINT

جموں

Jammu

بدارالامن

Mint name: *Dar-ul-Aman*

INDEPENDENT KINGDOM

Shah Alam II
AH1173-1221/1753-1806AD

HAMMERED COINAGE

KM# 5.6 RUPEE
Obv: Inscription **Rev:** Inscription, mint name at top **Note:** Struck at Jammu with mint name Dar-ul-Aman.

Date	Mintage	VG	F	VF	XF	Unc
AH1194/22 (1780)	—	20.00	30.00	45.00	75.00	—
AH1195/23 (1780)	—	20.00	30.00	45.00	75.00	—
AH1195/25 (1780)	—	20.00	30.00	45.00	75.00	—
AH1196/24 (1781)	—	20.00	30.00	45.00	75.00	—
AH1197/24 (1782)	—	20.00	30.00	45.00	75.00	—
AH1197/25 (1782)	—	20.00	30.00	45.00	75.00	—
AH1198/25 (1783)	—	20.00	30.00	45.00	75.00	—

KM# 5.2 RUPEE
Silver **Obv:** Inscription **Rev:** Inscription **Note:** Struck at Jammu with mint name Dar-ul-Aman.

Date	Mintage	VG	F	VF	XF	Unc
AH1195//24 (1780)	—	20.00	32.50	55.00	85.00	—
AH1196//24 (1781)	—	20.00	32.50	55.00	85.00	—
AH1197//25 (1782)	—	20.00	32.50	55.00	85.00	—

KM# 5.3 RUPEE
Silver **Obv:** Inscription, date **Rev:** Inscription, fish **Note:** Struck at Jammu with mint name Dar-ul-Aman.

Date	Mintage	VG	F	VF	XF	Unc
AH1196/24 (1781)	—	20.00	32.50	55.00	85.00	—

KM# 5.4 RUPEE
Silver **Obv:** Inscription, date, mint mark **Rev:** Inscription **Note:** Struck at Jammu with mint name Dar-ul-Aman.

Date	Mintage	VG	F	VF	XF	Unc
AH1197/25 (1782)	—	20.00	32.50	55.00	85.00	—
AH1198/25 (1783)	—	20.00	32.50	55.00	85.00	—

KM# 5.7 RUPEE
Silver **Obv:** Stemmed flower mint mark, inscription, date **Rev:** Inscription **Note:** Struck at Jammu with mint name Dar-ul-Aman.

Date	Mintage	VG	F	VF	XF	Unc
AH1197/25 (1782)	—	20.00	32.50	55.00	85.00	—

Jammu

KM# 5.1 RUPEE
Silver **Obv:** Inscription **Rev:** Inscription, mint name at bottom **Note:** Struck at Jammu with mint name Dar-ul-Aman. Without mint marks. Weight varies: 10.70-11.60 grams.

Date	Mintage	VG	F	VF	XF	Unc
AH(1193)//21 (1779)	—	20.00	30.00	45.00	75.00	—

KM# 5.5 RUPEE
Silver **Obv:** Katar, date, inscription **Rev:** Inscription **Note:** Struck at Jammu with mint name Dar-ul-Aman.

Date	Mintage	VG	F	VF	XF	Unc
AH1198/26 (1783)	—	20.00	32.50	55.00	85.00	—

KM# 10.1 RUPEE
Silver **Obv:** Inscription, parasol **Rev:** Inscription **Note:** Struck in the name of local ruler Ranjit Dev.

Date	Mintage	VG	F	VF	XF	Unc
VS1841/27 (1784)	—	50.00	85.00	135	200	—
VS1841/28 (1784)	—	50.00	85.00	135	200	—

KM# 10.2 RUPEE
Silver **Obv:** Crude style, inscription **Rev:** Crude style, inscription **Note:** Struck in the name of local ruler Ranjit Dev.

Date	Mintage	VG	F	VF	XF	Unc
VS1841/28 (1784)	—	40.00	55.00	80.00	115	—

KACHAR

The Kacharis are probably the original inhabitants of the Assam Valley, and in the 13th century ruled much of the south bank of the Brahmaputra from their capital at Dimapur.

Around 1530 the Ahoms inflicted several crushing defeats on the Kacharis, Dimapur was sacked, and the Kacharis were forced to retreat further south and set up a new capital at Maibong.

Very little is known about this obscure state, and the only time that coins were struck in any quantity was during the late 16th and early 17th centuries. One coin, indeed, proudly announces the conquest of Sylhet, but the military prowess seems to have been short lived, and the small kingdom was only saved from Muslim domination by its isolation and lack of economic worth.

A few coins were struck during the 18th and 19th centuries, but this was probably merely as a demonstration of independence, rather than for any economic purpose.

In 1819, the last Kachari ruler, Govind Chandra was ousted by the Manipuri ruler Chaurajit Simha, and during the Burmese occupation of Manipur and Assam, the Manipuris remained in control of Kachar. In 1824, Govind Chandra was restored to his throne by the British, and ruled under British suzerainty. By all accounts his administration was not a success, and in 1832, soon after Govind Chandra had been murdered, the British took over the administration of the State in "compliance with the frequent and earnestly expressed wishes of the people.

The earliest coins of Kachar were clearly copied from the contemporary coins of Cooch Behar, with weight standard also copied from the Bengali standard. The flans are, however, even broader than those of the Cooch Behar coins, making the coins very distinctive.

A number of spectacular gold and silver coins, purporting to come from Kachar, appeared in Calcutta during the 1960's, but as their authenticity has been doubted, they have been omitted from this listing.

RULERS

A list of the Kings of Kachar has been preserved in local traditions, but is rather unreliable. The following list has been compiled from this traditional list, together with names and dates obtained from other sources, but may not be completely accurate.

Tamradhvaja, SEc.1622-1630/ c.1700-1708AD
Sura Darpa, SE1630-/1708-AD
Harish Chandra, SEc.1643/c.1721AD
Kirti Chandra Narayan, SEc.1658/ c.1730AD
Sandhikari, SEc.1687/c.1765AD
Harish Chandra, SEc.1693/c.1771AD
Lakshmi Chandra Narayan, SE1694-1702/ 1772-1780AD
Krishna Chandra Narayan, SE1712-1735/ c.1790-1813AD

KINGDOM
Tamradhvaja
SE c.1622-1630 / c.1700-1708AD

HAMMERED COINAGE

KM# 132 1/4 RUPEE
Silver **Obv:** Inscription within circle **Rev:** Inscription within circle

Date	Mintage	Good	VG	F	VF	XF
ND(ca.1700-08)	—	32.50	55.00	90.00	125	—

Lakshmi Chandra Narayan
SE1694-1702 / 1772-1780AD
HAMMERED COINAGE

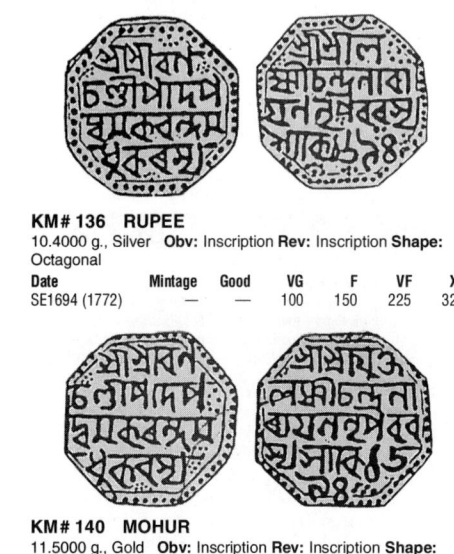

KM# 136 RUPEE
10.4000 g., Silver **Obv:** Inscription **Rev:** Inscription **Shape:** Octagonal

Date	Mintage	Good	VG	F	VF	XF
SE1694 (1772)	—	—	100	150	225	325

KM# 140 MOHUR
11.5000 g., Gold **Obv:** Inscription **Rev:** Inscription **Shape:** Octagonal

Date	Mintage	Good	VG	F	VF	XF
SE1694 (1772)	—	—	1,650	2,750	4,500	

KUMAON KINGDOM

HAMMERED COINAGE

Almora
C# 5 PAISA
Copper **Note:** During the reign of local rule of the Chand Rajas.

Date	Mintage	Good	VG	F	VF	XF
AH-//12 (1770)	—	—	—	—	—	—
AH-//14 (1772)	—	4.50	8.50	13.50	20.00	—
AH-//18 (1776)	—	4.50	8.50	13.50	20.00	—
AH-//19 (1777)	—	4.50	8.50	13.50	20.00	—
AH-//21 (1779)	—	4.50	8.50	13.50	20.00	—
AH-//22 (1780)	—	4.50	8.50	13.50	20.00	—
AH-//41 (1799)	—	4.50	8.50	13.50	20.00	—

KUTCH

State located in northwest India, consisting of a peninsula north of the Gulf of Kutch.

The rulers of Kutch were Jareja Rajputs who, coming from Tatta in Sind, conquered Kutch in the 14th or 15th centuries. The capital city of Bhuj is thought to date from the mid-16th century. In 1617, after Akbar's conquest of Gujerat and the fall of the Gujerat sultans, the Kutch ruler, Rao Bharmal I (1586-1632) visited Jahangir and established a relationship which was sufficiently warm as to leave Kutch virtually independent throughout the Mughal period. Early in the 19th century internal disorder and the existence of rival claimants to the throne resulted in British intrusion into the state's affairs. Rao Bharmalji II was deposed in favor of Rao Desalji II who proved much more amenable to the Government of India's wishes. He and his successors continued to rule in a manner considered by the British to be most enlightened and, as a result, Maharao Khengarji III was created a Knight Grand Commander of the Indian Empire. In view of its geographical isolation Kutch came under the direct control of the Central Government at India's independence.

First coinage was struck in 1617AD.

RULERS

रा उ श्री प्रा ग जी

Pragmalji I, 1698-1715AD
Ra-o Sri Pra-g-ji

रा उ श्री गो दा उ जी

Gohodaji I, 1715-1719AD
Ra-o Sri Go-ho-d-ji

रा उ श्री दे य ल जी

Desalji I, 1719-1752AD
Ra-o Sri De-sh(a)-l-ji

रा उ लष्प ल जी

Lakhpatji, AAH1165-1175/1752-61AD
Ra-o L(a)-sh-p(a)-t-ji

म हा रा उ श्री ल ष्प ल (ल जी)

M(a)-ha-ra-o Sri L(a)-kh-p(a)-(t-ji)

रा उ श्री गो दा उ जी

Gohodaji, AH1175-1192/1761-1778AD
Ra-o Sri-Go-ho-d-ji

रा उ श्री रा य ध न जी

Rayadhanji II, AH1192-1230/1778-1814AD
Ra-o Sri Ra-y(a)-dh(a)-n-ji

MINT

भ ज (Devavnagri) Or بهج (Persian)

Bhuj

NOTE: All coins through Bharmalji II bear a common type, derived from the Gujarati coinage of Muzaffar III (late 16th century AD), and bear a stylized form of the date AH978 (1570AD). The silver issues of Bharmalji. II also have the fictitious date AH1165. The rulers name appears in the Devanagri script on the obverse.

NOTE: Br#'s are in reference to *Coinage of Kutch* by Richard K. Bright.

MONETARY SYSTEM

1/2 Trambiyo = 1 Babukiya
2 Trambiyo = 1 Dokdo
3 Trambiyo = 1 Dhinglo
2 Dhinglo = 1 Dhabu
2 Dhabu = 1 Payalo
2 Payalo = 1 Adlinao
2 Adlina = 1 Kori

KINGDOM

Pragmalji I
AH1110-1127 / 1698-1715AD
HAMMERED COINAGE

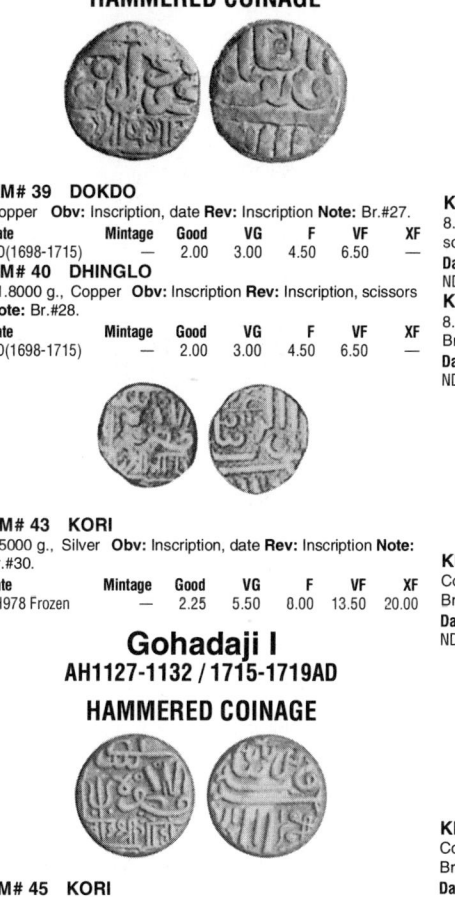

KM# 39 DOKDO
Copper **Obv:** Inscription, date **Rev:** Inscription **Note:** Br.#27.

Date	Mintage	Good	VG	F	VF	XF
ND(1698-1715)	—	2.00	3.00	4.50	6.50	—

KM# 40 DHINGLO
11.8000 g., Copper **Obv:** Inscription **Rev:** Inscription, scissors **Note:** Br.#28.

Date	Mintage	Good	VG	F	VF	XF
ND(1698-1715)	—	2.00	3.00	4.50	6.50	—

KM# 43 KORI
4.5000 g., Silver **Obv:** Inscription, date **Rev:** Inscription **Note:** Br.#30.

Date	Mintage	Good	VG	F	VF	XF
AH978 Frozen	—	2.25	5.50	0.00	13.50	20.00

Gohadaji I
AH1127-1132 / 1715-1719AD
HAMMERED COINAGE

KM# 45 KORI
4.5000 g., Silver, 15 mm. **Obv:** Inscription, trident **Rev.** **Inscription:** Rao Sri Gohodji (Nagari in small characters) **Note:** Br.#35.

Date	Mintage	Good	VG	F	VF	XF
AH978 Frozen; Rare	—	—	—	—	—	—

Desalji I
AH1132-1166 / 1719-1752AD
HAMMERED COINAGE

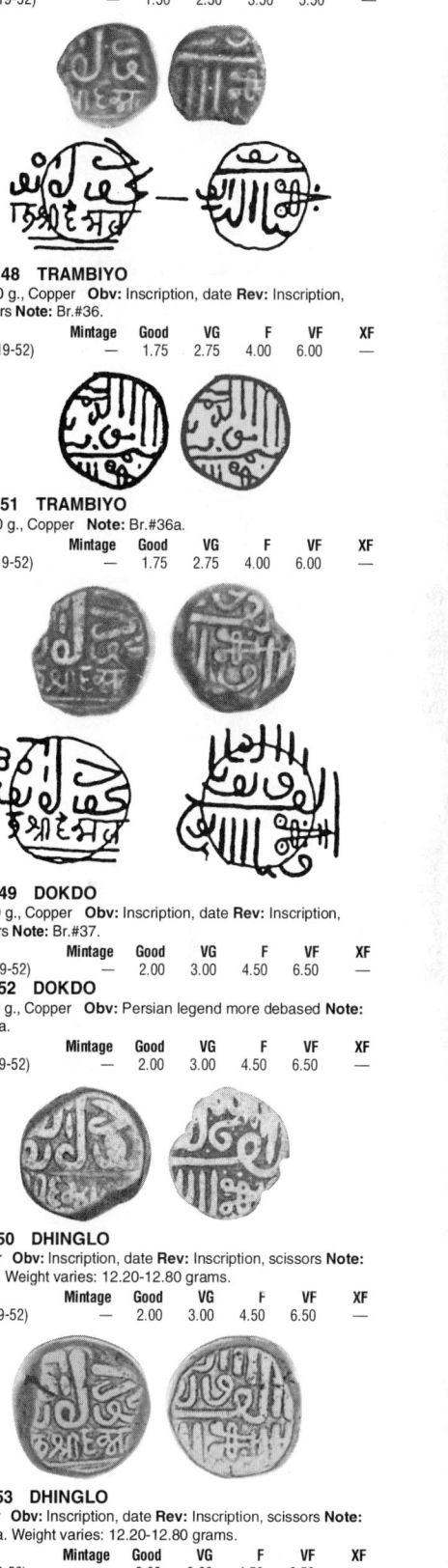

KM# 47 1/2 TRAMBIYO
1.1000 g., Copper, 8-9 mm. **Obv:** Inscription, trisul **Rev.** **Inscription:** Rao Sri Deshlji in Nagari **Note:** Br.#A36.

Date	Mintage	Good	VG	F	VF	XF
ND(1719-52)	—	1.50	2.50	3.50	5.50	—

KM# 48 TRAMBIYO
4.5000 g., Copper **Obv:** Inscription, date **Rev:** Inscription, scissors **Note:** Br.#36.

Date	Mintage	Good	VG	F	VF	XF
ND(1719-52)	—	1.75	2.75	4.00	6.00	—

KM# 51 TRAMBIYO
4.5000 g., Copper **Note:** Br.#36a.

Date	Mintage	Good	VG	F	VF	XF
ND(1719-52)	—	1.75	2.75	4.00	6.00	—

KM# 49 DOKDO
8.7000 g., Copper **Obv:** Inscription, date **Rev:** Inscription, scissors **Note:** Br.#37.

Date	Mintage	Good	VG	F	VF	XF
ND(1719-52)	—	2.00	3.00	4.50	6.50	—

KM# 52 DOKDO
8.7000 g., Copper **Obv:** Persian legend more debased **Note:** Br.#37a.

Date	Mintage	Good	VG	F	VF	XF
ND(1719-52)	—	2.00	3.00	4.50	6.50	—

KM# 50 DHINGLO
Copper **Obv:** Inscription, date **Rev:** Inscription, scissors **Note:** Br.#38. Weight varies: 12.20-12.80 grams.

Date	Mintage	Good	VG	F	VF	XF
ND(1719-52)	—	2.00	3.00	4.50	6.50	—

KM# 53 DHINGLO
Copper **Obv:** Inscription, date **Rev:** Inscription, scissors **Note:** Br.#38a. Weight varies: 12.20-12.80 grams.

Date	Mintage	Good	VG	F	VF	XF
ND(1719-52)	—	2.00	3.00	4.50	6.50	—

KM# 54 1/4 KORI
1.1000 g., Silver, 10-11 mm. **Obv:** Trisul, inscription **Rev:** "Rao Sri Deshlji" in Nagari **Note:** Br.#A39.

Date	Mintage	Good	VG	F	VF	XF
ND(1719-52)	—	2.25	5.50	8.50	13.50	20.00

INDIA-INDEPENDENT KINGDOMS

KUTCH

KM# 55 1/2 KORI
2.2000 g., Silver **Obv:** Inscription, date **Rev:** Inscription **Note:** Br.#39.

Date	Mintage	Good	VG	F	VF	XF
ND(1719-52)	—	2.25	5.50	8.50	13.50	20.00

KM# 56 KORI
4.4000 g., Silver **Obv:** Inscription, trisul **Rev:** Inscription **Note:** Br.#40.

Date	Mintage	Good	VG	F	VF	XF
AH978 Frozen	—	2.00	5.00	7.00	10.00	15.00

Lakhpatji
AH1165-1175 / 1752-1761AD

HAMMERED COINAGE

C# 8 DHINGLO
12.5000 g., Copper

Date	Mintage	Good	VG	F	VF	XF
ND(1752-61)	—	3.00	5.00	7.50	10.00	—

C# 10 1/2 KORI
2.2000 g., Silver **Obv:** Inscription, trisul, date **Rev:** Inscription

Date	Mintage	Good	VG	F	VF	XF
AH1165	—	2.50	6.00	9.00	13.50	20.00

C# 11 KORI
5.0000 g., Silver **Obv:** Inscription, trisul, date **Obv. Inscription:** Ahamad Shah **Rev:** Inscription

Date	Mintage	Good	VG	F	VF	XF
AH1165	—	2.50	6.00	9.00	13.50	20.00

C# 12 KORI
4.4000 g., Silver, 16-18 mm. **Obv. Inscription:** Muzaffar Shah **Rev:** Inscription

Date	Mintage	Good	VG	F	VF	XF
ND(1752-61)	—	4.00	10.00	15.00	21.50	30.00

Gohadaji II
AH1175-1192 / 1761-1778AD

HAMMERED COINAGE

C# 15 1/2 TRAMBIYO
1.1000 g., Copper, 9 mm.

Date	Mintage	Good	VG	F	VF	XF
ND(1761-78) Rare	—	—	—	—	—	—

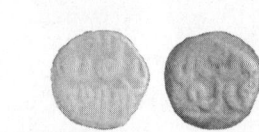

C# 16 TRAMBIYO
4.5000 g., Copper, 13 mm. **Obv:** Inscription, date **Rev:** Inscription

Date	Mintage	Good	VG	F	VF	XF
ND(1761-78)	—	1.75	2.50	3.50	5.50	—

C# 17 DOKDO
8.5000 g., Copper **Obv:** Inscription, date **Rev:** Inscription, scissors

Date	Mintage	Good	VG	F	VF	XF
ND(1761-78)	—	1.75	2.50	3.50	5.50	—

C# 18 DHINGLO
12.8800 g., Copper **Obv:** Inscription, date **Rev:** Inscription, scissors

Date	Mintage	Good	VG	F	VF	XF
ND(1761-78)	—	1.75	2.50	3.50	5.50	—

C# 20 1/4 KORI
1.1000 g., Silver, 9-11 mm.

Date	Mintage	Good	VG	F	VF	XF
ND(1761-78)	—	2.25	5.50	8.00	13.50	20.00

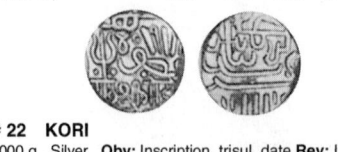

C# 21 1/2 KORI
2.2000 g., Silver, 12 mm. **Obv:** Inscription, date **Rev:** Inscription, scissors

Date	Mintage	Good	VG	F	VF	XF
ND(1761-78)	—	2.25	5.50	8.00	13.50	20.00

C# 22 KORI
4.4000 g., Silver **Obv:** Inscription, trisul, date **Rev:** Inscription

Date	Mintage	Good	VG	F	VF	XF
ND(1761-78)	—	2.00	5.00	7.00	10.00	15.00

Rayadhanji II
AH1192-1230 / 1778-1814AD

HAMMERED COINAGE

C# 24 1/2 TRAMBIYO
1.7000 g., Copper

Date	Mintage	Good	VG	F	VF	XF
ND(1778-1814)	—	—	—	—	—	—

C# 25 TRAMBIYO
4.1000 g., Copper

Date	Mintage	Good	VG	F	VF	XF
ND(1778-1814)	—	1.50	2.50	3.50	5.50	—

C# 26 DOKDO
7.1000 g., Copper

Date	Mintage	Good	VG	F	VF	XF
ND(1778-1814)	—	1.50	2.50	3.50	5.50	—

C# 27 DHINGLO
12.8000 g., Copper

Date	Mintage	VG	F	VF	XF	Unc
ND(1778-1814)	—	2.75	4.00	6.00	—	—

C# 28 1/4 KORI
1.3000 g., Silver, 7-8 mm.

Date	Mintage	Good	VG	F	VF	XF
ND(1778-1814)	—	2.25	5.50	8.50	13.50	20.00

C# 29 1/2 KORI
2.3500 g., Silver

Date	Mintage	Good	VG	F	VF	XF
ND(1778-1814)	—	2.00	5.00	7.00	10.00	15.00

C# 30 KORI
4.5000 g., Silver

Date	Mintage	Good	VG	F	VF	XF
ND(1778-1814)	—	2.00	5.00	7.00	10.00	15.00

C# 30a KORI
4.5000 g., Silver **Note:** Perso-Arabic legends.

Date	Mintage	Good	VG	F	VF	XF
ND(1778-1814)	—	—	—	—	—	—

MADURAI

Nayakas

Located in South India approximately 180 miles north of the southernmost tip. It is noted for its great temple with colonnades and nine massive gate towers (gopuras) adorned with elaborate carvings and enclosing a quadrangle, the "Tank of the Golden Lilies". It was the capital of the Pandya dynasty from 5th century B.C. to the end of the 11th century A.D. It came under Vijayanagar control in the 14th century A.D.; and then under the Nayak dynasty from about the middle of the 16th century to 1735AD when it was taken by the Nawab of the Carnatic. Later, in 1801, it came under the rule of the British East India Company.

KINGDOM

HAMMERED COINAGE

KM# 3 KASU
Obv: Deity standing with right hand raised **Rev:** Legend around trident **Rev. Legend:** MINAKSHI **Note:** Struck in the name of Queen Minakshi (1732-1736AD).

Date	Mintage	Good	VG	F	VF	XF
ND(1732-36)	—	5.00	7.50	13.50	18.50	—

ANONYMOUS HAMMERED COINAGE

KM# 4 KASU
Copper **Obv:** Horse to right **Rev. Legend:** MADHURAI in Kanarese **Note:** Weight varies 1.50 - 3.0 grams.

Date	Mintage	Good	VG	F	VF	XF
ND	—	2.50	4.50	7.50	11.50	—

KM# 5 KASU
Copper **Obv:** Lion to right **Rev:** Legend in Tamil **Rev. Legend:** PALANI **Note:** Weight varies 1.50 - 3.0 grams.

Date	Mintage	Good	VG	F	VF	XF
ND	—	2.50	4.50	7.50	—	11.50

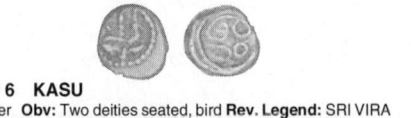

KM# 6 KASU
Copper **Obv:** Two deities seated, bird **Rev. Legend:** SRI VIRA **Note:** Weight varies 1.50 - 3.0 grams.

Date	Mintage	Good	VG	F	VF	XF
ND	—	2.50	4.50	7.50	11.50	—

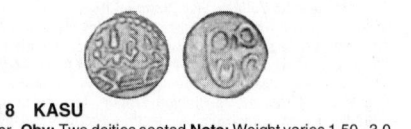

KM# 7 KASU
Copper **Obv:** Two deities reclining **Note:** Weight varies 1.50 - 3.0 grams.

Date	Mintage	Good	VG	F	VF	XF
ND	—	2.50	4.50	7.50	11.50	—

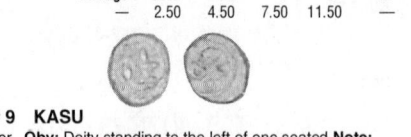

KM# 8 KASU
Copper **Obv:** Two deities seated **Note:** Weight varies 1.50 - 3.0 grams.

Date	Mintage	Good	VG	F	VF	XF
ND	—	2.50	4.50	7.50	11.50	—

KM# 9 KASU
Copper **Obv:** Deity standing to the left of one seated **Note:** Weight varies 1.50 - 3.0 grams.

Date	Mintage	Good	VG	F	VF	XF
ND	—	2.50	4.50	7.50	11.50	—

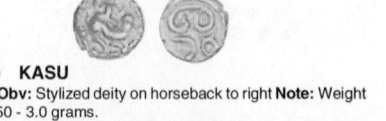

KM# 10 KASU
Copper **Obv:** Stylized deity on horseback to right **Note:** Weight varies 1.50 - 3.0 grams.

Date	Mintage	Good	VG	F	VF	XF
ND	—	3.00	5.00	8.50	12.50	—

KM# 11 KASU

Copper **Obv:** Deity on horseback to right **Note:** Weight varies 1.50 - 3.0 grams.

Date	Mintage	Good	VG	F	VF	XF
ND	—	3.00	5.00	8.50	12.50	—

KM# 12 KASU

Copper **Obv:** Deity standing in square outline **Rev:** Legend in square outline **Rev. Legend:** SRI VIRA **Note:** Weight varies 1.50 - 3.0 grams.

Date	Mintage	Good	VG	F	VF	XF
ND	—	3.50	5.50	9.00	13.50	—

KM# 13 KASU

Copper **Obv:** Ganash seated with an elephant head **Rev. Legend:** SRI VIRA **Note:** Weight varies 1.50 - 3.0 grams.

Date	Mintage	Good	VG	F	VF	XF
ND	—	3.50	5.50	9.00	13.50	—

KM# 14 KASU

Copper **Obv:** Hanuman running to right **Note:** Weight varies 1.50 - 3.0 grams.

Date	Mintage	Good	VG	F	VF	XF
ND	—	3.50	5.50	9.00	13.50	—

KM# 15 KASU

Copper **Obv:** Hanuman seated in circle of dots **Note:** Weight varies 1.50 - 3.0 grams.

Date	Mintage	Good	VG	F	VF	XF
ND	—	3.50	5.50	9.00	13.50	—

KM# 16 KASU

Copper **Obv:** Similar to KM#14, but crude **Note:** Weight varies 1.50 - 3.0 grams.

Date	Mintage	Good	VG	F	VF	XF
ND	—	2.50	4.50	7.50	11.50	—

KM# 17 KASU

Copper **Obv:** Hanuman seated in circle outlined with dots **Note:** Weight varies 1.50 - 3.0 grams.

Date	Mintage	Good	VG	F	VF	XF
ND	—	3.50	5.50	9.00	13.50	—

KM# 18 KASU

Copper **Obv:** Fish **Note:** Weight varies 1.50 - 3.0 grams.

Date	Mintage	Good	VG	F	VF	XF
ND	—	3.50	5.50	9.00	13.50	—

KM# 19 KASU

Copper **Obv:** Serpent **Note:** Weight varies 1.50 - 3.0 grams.

Date	Mintage	Good	VG	F	VF	XF
ND	—	3.50	5.50	9.00	13.50	—

KM# 20 KASU

Copper **Obv:** Bull seated right

Date	Mintage	Good	VG	F	VF	XF
ND	—	3.50	5.50	9.00	13.50	—

KM# 21 KASU

Copper **Obv:** Horse and trident **Note:** Weight varies 1.50 - 3.0 grams.

Date	Mintage	Good	VG	F	VF	XF
ND	—	3.50	5.50	9.00	13.50	—

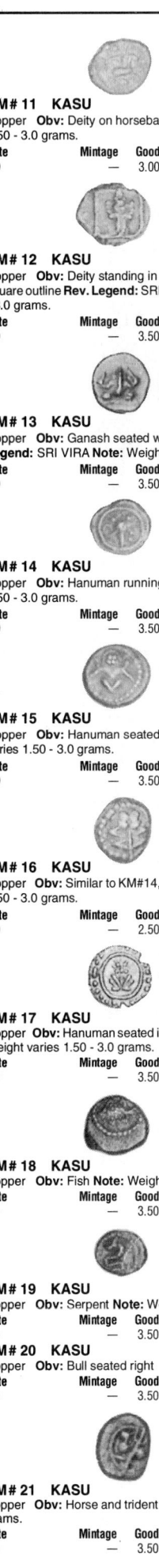

KM# 22 KASU

Copper **Obv:** Peacock right **Note:** Weight varies 1.50 - 3.0 grams.

Date	Mintage	Good	VG	F	VF	XF
ND	—	3.50	5.50	9.00	13.50	—

KM# 23 KASU

Copper **Obv:** Elephant right **Note:** Weight varies 1.50 - 3.0 grams.

Date	Mintage	Good	VG	F	VF	XF
ND	—	3.50	5.50	9.00	13.50	—

MANIPUR

Although the Manipuri traditions preserve a long list of kings which purports to go back to the early years of the Christian era, the first ruler whose existence can be verified from more tangible sources was a Naga called Panheiba, who adopted the Hindu religion and took the name of Gharib Niwaz about 1714AD.

Gharib Niwaz seems to have been a powerful ruler, who was successful in the frequent wars with Burma, and hence raised the country from obscurity. He was murdered in 1750, together with his eldest son, and it was during the reign of the latter's son, Gaura Singh, that the British first came into contact with Manipur. After the death of Gharib Niwaz the Burmese had more success with their incursions into Manipur, and by 1761 there was a danger that the capital would be captured, so the Manipuris appealed to the British for military assistance. This was granted, and in 1762 British troops helped the Manipuris drive out the Burmese, and a treaty of alliance was signed. On this occasion 500 meklee gold rupees were sent to the British as part payment for the expenses of this assistance.

Gaura Singh died in 1764 and from then until 1798 his brother Jai Singh heroically defended his country against the Burmese. In the early years of his reign he suffered many setbacks, but for the last ten years of his reign his position was fairly secure. In 1798 Jai Singh abdicated and died the following year. The next 35 years were to see five of his eight sons on the throne, plotting against each other and enlisting Burmese support for their internecine rivalry. After 1812 the Manipuri King was little more than a puppet in the hands of the Burmese, and when the Kings tried to assert their independence they were ousted to become Kings of Kachar.

In 1824, after the 1st Burma war, the Burmese were finally driven out of Manipur and Gambhir Singh, one of the younger sons of Jai Singh, asked for British assistance to regain control of his kingdom. This was granted, and from 1825 until his death in 1834 Gambhir Singh ruled well and restored an element of prosperity to his kingdom. A British resident was stationed in Manipur, but the king ruled his country independently. The British stayed aloof from several palace intrigues and revolutions, and it was only in 1891, after several British Officials had been killed, that the administration was brought under the control of a British political agent.

RULERS

Gharib Niwaz, SEc.1636-1672/c.1714-1750AD
Ajit Shah, SE1672-1678/1750-1756AD
Bharat Shah, SE1678-1680/1756-1758AD
Gaura Singh, SE1680-1686/1758-1764AD
Jai Singh, SE1686-1720/1764-1798AD
Labanya Chandra, SE1720-1723/1798-1801AD
Madhu Chandra, SE1723-1728/1801-1806AD
Chaurajit Singh, SE1728-1734/1806-1812AD
Marjit Singh, under Burmese suzerainty, SE1734-1741/1812-1819AD
Huidromba Subol, SE1741-1742/1819-1820AD
Gambhir Singh, SE1742-1743/1820-1821AD
Jadu Singh, SE1743-1745/1821-1823AD
Raghab Singh, SE1745-1746/1823-1824AD
Bhadra Singh, SE1746-1747/1824-1825AD
Gambhir Singh, restored by the British, SE1747-1756/1825-1834AD
Chandra Kirti, SE1756-1765/1834-1843AD
Nar Singh, SE1765-1771/1843-1849AD
Chandra Kirti, SE1771-1808/1849-1886AD
Sura Chandra Singh, SE1808-1812/1886-1890AD
Kula Chandra Singh, SE1812-1813/1890-1891AD
Chura Chandra, SE1813-1862/1891-1941AD

COINAGE

The only coins struck in quantity for circulation in Manipur were small bell-metal (circa 74 percent copper, 23 percent tin, 3 percent zinc) coins called "sel". According to local tradition these coins were first struck in the 12th century, but this is doubtful, and it seems likely that the sels were first struck in the second half of the 18th century. Unfortunately few of the sels can be attributed to any particular ruler, as they merely bear a Nagari letter deemed auspicious for the particular reign, and it has not been recorded which letter was deemed auspicious for which ruler.

The value of the sel functioned relative to the rupees, which also circulated in Manipur for making large purchases, although Government accounts were kept in sel until 1891. Prior to 1838 the sel was valued at about 900 to the rupee, but after that date it rose in value to around 480 to the rupee, although there were occasional fluctuations. About 1878, speculative hoarding of sel forced the value up to 240 to the rupee, but large numbers of sel were struck at this time, and from then until 1891, when the sel were withdrawn from circulation, their value remained fairly stable at about 400 to the rupee.

During the years after 1714AD some square gold and silver coins were struck, but as few have survived, they were probably only struck in small quantities for ceremonial rather than monetary use.

Apart from the coins mentioned above, some larger bell-metal coins have been attributed to Manipur, but the attribution is still somewhat tentative. Also, several other gold coins, two with an image of Krishna playing the flute, have been discovered in Calcutta in recent years, but as their authenticity has been queried, they have not been included in the following listing.

DATING

Most of the silver and gold coins of Manipur are dated in the Saka era (Sake date + 78 = AD date), but at least one coin is dated in the Manipuri "Chandrabda" era, which may be converted to the AD year by adding 788 to the Chandrabda date.

MONETARY SYSTEM

(Until 1838AD)
880 to 960 Sel = 1 Rupee

(Commencing 1838AD)
420-480 Sel = 1 Rupee

KINGDOM

Gharib Niwaz
SE c.1636-1672 / c.1714-1750AD
HAMMERED COINAGE

C# 10 UNKNOWN DENOMINATION

Note: Base Silver or Bell-metal, 4.02 grams.

Date	Mintage	Good	VG	F	VF	XF
SE1646 (1724)	—	—	32.50	55.00	90.00	125

Gaura Singh
SE1680-1686 / 1758-1764AD
HAMMERED COINAGE

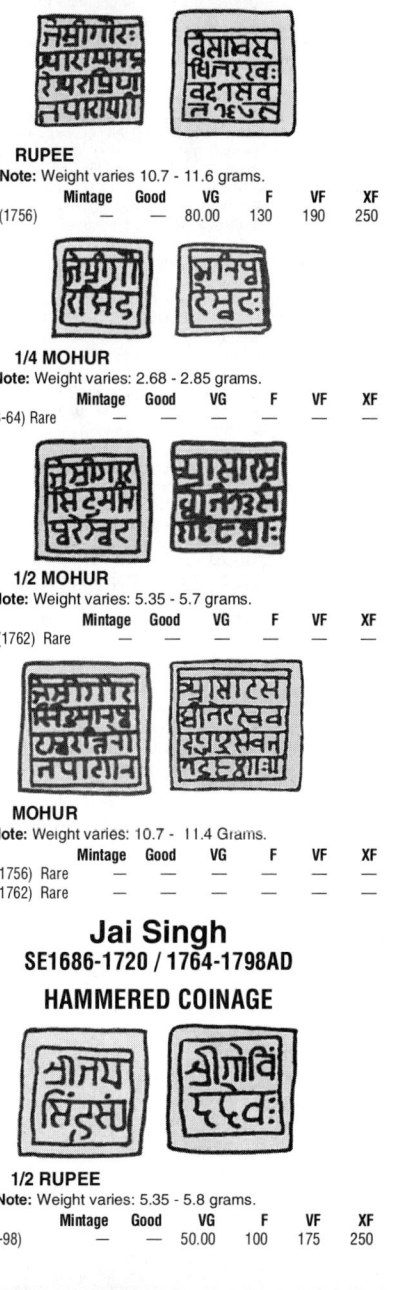

C# 23 RUPEE

Silver **Note:** Weight varies 10.7 - 11.6 grams.

Date	Mintage	Good	VG	F	VF	XF
SE1678 (1756)	—	—	80.00	130	190	250

C# 27 1/4 MOHUR

Gold **Note:** Weight varies: 2.68 - 2.85 grams.

Date	Mintage	Good	VG	F	VF	XF
ND(1758-64) Rare	—	—	—	—	—	—

C# 28 1/2 MOHUR

Gold **Note:** Weight varies: 5.35 - 5.7 grams.

Date	Mintage	Good	VG	F	VF	XF
SE1684 (1762) Rare	—	—	—	—	—	—

C# 29 MOHUR

Gold **Note:** Weight varies: 10.7 - 11.4 Grams.

Date	Mintage	Good	VG	F	VF	XF
SE1678 (1756) Rare	—	—	—	—	—	—
SE1684 (1762) Rare	—	—	—	—	—	—

Jai Singh
SE1686-1720 / 1764-1798AD
HAMMERED COINAGE

C# 32 1/2 RUPEE

Silver **Note:** Weight varies: 5.35 - 5.8 grams.

Date	Mintage	Good	VG	F	VF	XF
ND(1764-98)	—	—	50.00	100	175	250

MANIPUR

C# 34 RUPEE
11.5000 g., Silver

Date	Mintage	Good	VG	F	VF	XF
SE1689 (1767)	—	—	75.00	120	200	300

C# 36 MOHUR
Gold **Note:** Weight varies: 10.7 - 11.4 grams.

Date	Mintage	Good	VG	F	VF	XF
SE1694 (1772) Rare	—	—	—	—	—	—

MARATHA CONFEDERACY

The origins of the Marathas are lost in the early history of the remote hill country of the Western Ghats in present-day Maharashtra. By the 15th century they had come into occasional prominence for their resistance to Muslim incursions into their homelands. They were a rugged wiry people who, by the 17th century, had accomodated themselves to the political realities of their times by becoming feudatories, or mercenaries, to the sultans of Bijapur. It is not clear exactly what happened to suddenly thrust the Marathas into the limelight of Indian history in the 17th century. The most likely explanation seems to be that the broad sweep of Aurangzeb's campaigns across the Deccan, his insensitivity towards Hindu sentiment, and the pre-eminence he gave to Islam, all served to politicize a hitherto politically quiescent people. And just as Aurangzeb supplied the occasion, the Marathas found in Sivaji the man.

In the 17th century Shahji, the father of Sivaji, was holder of a small fiefdom under the Bijapur sultans. His son, taking advantage of the declining authority of his overlords, seized some of the surrounding territory. Bijapur proved incapable of quelling his insurrection. Drawing encouragement from this experience, Sivaji's forces sacked and plundered the Mughal port of Surat in 1664. From this point until his death in 1680 Sivaji maintained a sort of running guerilla war with Aurangzeb. There were no decisive victories for either side but Sivaji left behind him a cohesive and well organized regional alliance in the Western Deccan, a small isolated kingdom in Tanjore and a few pockets of territory on the west coast.

After Sivaji's death the struggle was renewed as Aurangzeb advanced into the Deccan. It was the years after Aurangzeb's death in 1707, which really saw revival as the Maratha confederacy gained a new cohesiveness and its military successes began to make it look as if the Marathas might even become the new masters of India. The revenues of much of the Deccan now flowed into (finished up in) Maratha pockets. Baji Rao I, the Peshwa, pressed as far north as the gates of Delhi and in 1738 he gained control of Malwa. Parts of Gujarat also were in confederacy hands. Bengal was invaded, Orissa annexed (1751), and the territories of the Nizam of Hyderabad and the Carnatic appeared at risk. It was during this period that some of the great Maratha families gained prominence - the Holkars, the Sindhias, the Gaekwars and the Bhonslas - families who later, as the confederacy began to disintegrate and give way to rivalry, would assert their own regional interests at the expense of the alliance.

The turning point for Maratha fortunes was the battle of Panipat on January 14th 1761. Intending to stop the Afghan, Ahmad Shah Abdali (Durrani), in his tracks, the Marathas assembled the greatest army in their history and placed it under the unified command of the Peshwa of Poona. By nightfall the Peshwa's son and heir, Bhao Sahib, and all the leading chiefs, were dead. Maratha losses were said to have been in excess of a hundred thousand men. The Marathas would still remain a force to be reckoned with, they would again cross the Chambel (1767), and they would still give the Nizam's forces a thrashing (1795), but from 1761 onwards internal dissension grew rife and the Maratha Confederacy would never again exhibit sufficient cohesion to be considered a serious contender for the crown of India.

This powerful alliance of Marathi warriors owed nominal allegiance to the Rajas of Satara (descendents of Shivaji) and drew their unity from the leadership of the Peshwa, the hereditary prime minister of the confederation. In the mid-18th century the Marathas were at the apogee of their influence, having hastened the end of effective Mughal power in the Deccan and western India. They successfully checked the intrusions of the Durranis into north India, although the experience left them so militarily exhausted that the dominance in Hindustan passed to other hands.

The great families of the lieutenants of the Peshwa gradually carved out regional power bases and became progressively less responsive to the authority of their formal superiors. The Maratha power, as such, was broken in a series of wars with the East India Company, bitterly fought and very close contests which settled the fate of large sections of India. Broadly speaking, the Marathas may for convenience sake be listed in two categories, the lines which became extinct through British action and those which

accommodated the English after defeat and survived to become Princely States. The latter will be found elsewhere in the catalogue; the non-surviving political units are catalogued below.

BHONSLAS

RULERS
Januji, 1753-72AD
Raghoji II, 1788-1816AD

MINTS

بنده ملواري

Banda Malwari (Maratha)

چانده

Chanda

كتك

Cuttack

حنگنهات

Hinganhat

ناگپور

Nagpur

Most coins are imitations of Mughal coins of Ahmad Shah (1748-54AD), more or less barbarized. The Bhonslas mints were closed when the state was abolished in 1854.

PESHWAS

RULERS
Madhoji Rao, 1761-1771AD
Raghunath Rao, 1772-1774AD
Madho Rao, 1774-1795AD
Baji Rao, 1796-1818AD

MINTS AND MINT MARKS

احمداباد

Ahmadabad

One of Maratha Mints from 1757-1800, it was leased to Baroda from 1800-1804, returned during 1804-1806, released to Baroda in 1806, and ceded to Baroda in 1817 (1232AH). In 1818, it was annexed by the East India Company and finally closed in 1835.

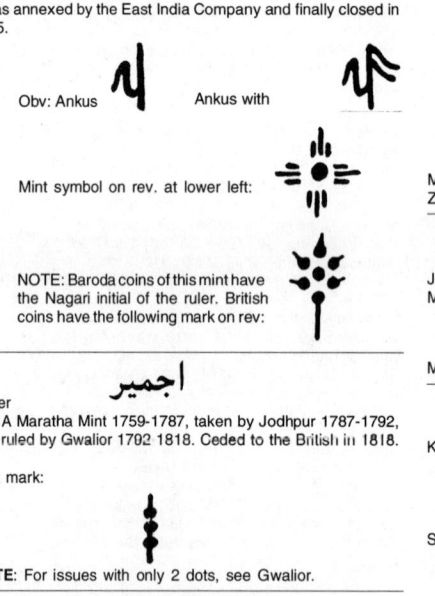

Obv: Ankus — Ankus with

Mint symbol on rev. at lower left:

NOTE: Baroda coins of this mint have the Nagari initial of the ruler. British coins have the following mark on rev:

اجمير

Ajmer

A Maratha Mint 1759-1787, taken by Jodhpur 1787-1792, and ruled by Gwalior 1792 1818. Ceded to the British in 1818.

Mint mark:

NOTE: For issues with only 2 dots, see Gwalior.

اورنگ نگر

Aurangnagar

Possibly an issue of the Purandhare Sardars from Nasirabad in Khandesh, ca. AH1170-1205/1757-1790AD.

بگلکوت

Bagalkot

A mint in the Bijapur region. The coins are attributed to the Rastias of Wai, ca. AH1170-1233/1757-1818AD, and are copies of the rupee of Dar-ul-khilafat Shahjahanabad.

بالانگر گدبا

Balanagor Gadha (Mandla)

برهانپور

Burhanpur

چاکن

Chakan

چاندور

Chandor

چکودي

Chikodi

Coins are similar to the Nipani issue, but with the lingam mint mark. Inscribed in the name of the Mughal Emperor Aurangzeb.

چنچور

Chinchwar

Struck by the Patwardans of Miraj, possibly at Poona.

گلشن اباد

Gulshanabad (Nasik)

Reverse: Bow and arrow

Symbols on reverse

Reverse: banner

اتاوه اتاوا

Itawa

Maratha to AH1175/R.Y.3/1762AD; Rohilla until reconquest by Marathas in AH1184/R.Y.12/1771AD. Ceded to Awadh AH1188/R.Y.15/1774AD. For early issues see Rohilkhand.

جلون

Jalaun

Obv symbols and

Rev or

Mint name
Zarb ba Jalaun Hijr

Jhansi

Mint mark on reverse

بلونت نگر

Mint name Balwantnagar

کلپي

Kalpi

Symbols — Rev:

کالپی حجری

Mint name Kalpi Hijri

کانکرتي

Kankurti

کورا

Kora

Mint mark

ملورا

Mint name Kora

کنار

Kunar
Mint name Kahar Hijri

MARATHA CONFEDERACY

Kunch

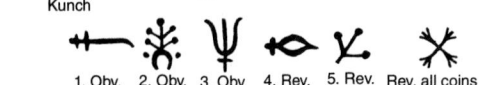

1. Obv. 2. Obv. 3. Obv. 4. Rev. 5. Rev. Rev. all coins

Mint marks

Mint name Kunch Hijri

Mint name Kuch Hijri

Mahoba

Symbols arranged from left to right on middle line of obverse.

Mandla

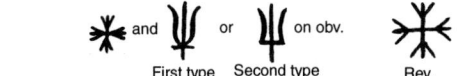

First type — Second type — Rev.

Mint marks

Mint name Balanagar Gadha

Nipani

Very degenerate legends. Identified by calligraphy and by large number of stars, especially 4-pointed ones, dispersed throughout legend.

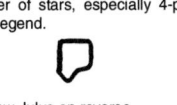

Symbol below Julus on reverse

Poona

NOTE: Struck circa 1759-1818AD. "Muhabad Poona" Mint opened in 1750 and closed between 1834-1835.

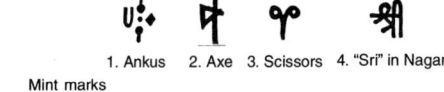

1. Ankus 2. Axe 3. Scissors 4. 'Sri' in Nagari

Mint marks

Ravishnagar Saugor

Sangli

Sashti

Sagar

Mint marks

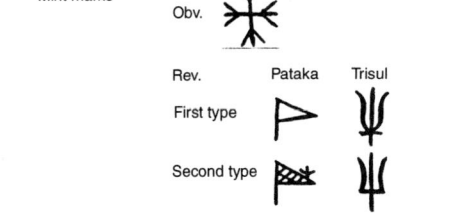

Rev. — Pataka — Trisul

First type

Second type

Mint name Ravishnagar Saugar

Srinagar (In Bundelkhand)

Mint marks

Symbol on rev.

Mint name Nagar Ijhri (sic)

Toragal
Patwardans of Miraj

Nagari Sa — Chhatra — Persian Mim upside down on flan — Trisula

Mint marks

Mint name: Sarkar Tor(gal)

INDEPENDENT KINGDOM

HAMMERED COINAGE

Angria Issues

Uncertain Mint
KM# 260 1/2 RUPEE

Silver

Date	Mintage	Good	VG	F	VF	XF
ND	—	—	10.00	15.00	20.00	30.00

Uncertain Mint
KM# 261 RUPEE

Silver

Date	Mintage	Good	VG	F	VF	XF
ND	—	—	12.50	17.50	25.00	37.50

Ali Gauhar

The name of Shah Alam II before his accession

HAMMERED COINAGE

Poona
KM# 205 PAISA

6.4000 g., Copper **Obv. Inscription:** Ali Gauhar **Rev:** Mint mark #2

Date	Mintage	Good	VG	F	VF	XF
ND	—	2.00	3.00	5.00	7.50	—

KM# 206 PAISA

6.4000 g., Copper **Obv. Inscription:** Ali Gauhar **Rev:** Mint mark #3

Date	Mintage	Good	VG	F	VF	XF
ND	—	1.50	2.50	4.00	6.50	—

Poona
KM# 216 RUPEE

Silver **Note:** Similar to KM#217 with mint mark #3, Samvat dates in Arabic numerals.

Date	Mintage	VG	F	VF	XF	Unc
AH-//2	—	5.00	9.00	15.00	25.00	—
AH-//11	—	5.00	9.00	15.00	25.00	—
AH-//14	—	5.00	9.00	15.00	25.00	—
AH-//15	—	5.00	9.00	15.00	25.00	—
AH//18	—	5.00	9.00	15.00	25.00	—
VS1835	—	5.00	9.00	15.00	25.00	—
VS1841	—	5.00	9.00	15.00	25.00	—

KM# 215 RUPEE

Silver **Rev:** Mint mark #2 **Note:** Weight varies 10.70-11.60 grams.

Date	Mintage	VG	F	VF	XF	Unc
AH-//6	—	12.50	15.00	25.00	40.00	—
AH1189	—	12.50	15.00	25.00	40.00	—

KM# 218 RUPEE

Silver **Rev:** Mint mark #4, AH dates **Note:** This coin was copied by the local rulers at Kolaba and Wadgaon.

Date	Mintage	VG	F	VF	XF	Unc
AH1206 (1791)	—	7.50	12.50	20.00	35.00	—
AH1211 (1796)	—	7.50	12.50	20.00	35.00	—
ND (1796) Date off flan	—	5.50	9.00	15.00	25.00	—

Anonymous Ruler

HAMMERED COINAGE

Sashti
KM# 230 PAISA

Copper **Note:** Struck under the Peshwa, 1739-1782.

Date	Mintage	Good	VG	F	VF	XF
AH(11)96	—	6.00	8.50	12.50	20.00	—

Chhatrapati Sivaji

HAMMERED COINAGE

Satara
KM# 263 1/4 PAISA

3.3300 g., Copper **Obv. Inscription:** Chhatrapati Sivaji

Date	Mintage	Good	VG	F	VF	XF
ND	—	1.25	2.00	3.00	4.50	—

Satara
KM# 264 1/2 PAISA

Copper, 15-17 mm. **Obv. Inscription:** Chhatrapati Sivaji **Note:** Size varies. Weight varies: 7.00-8.50 grams. Early fine style.

Date	Mintage	Good	VG	F	VF	XF
ND	—	1.25	2.00	3.00	4.50	—

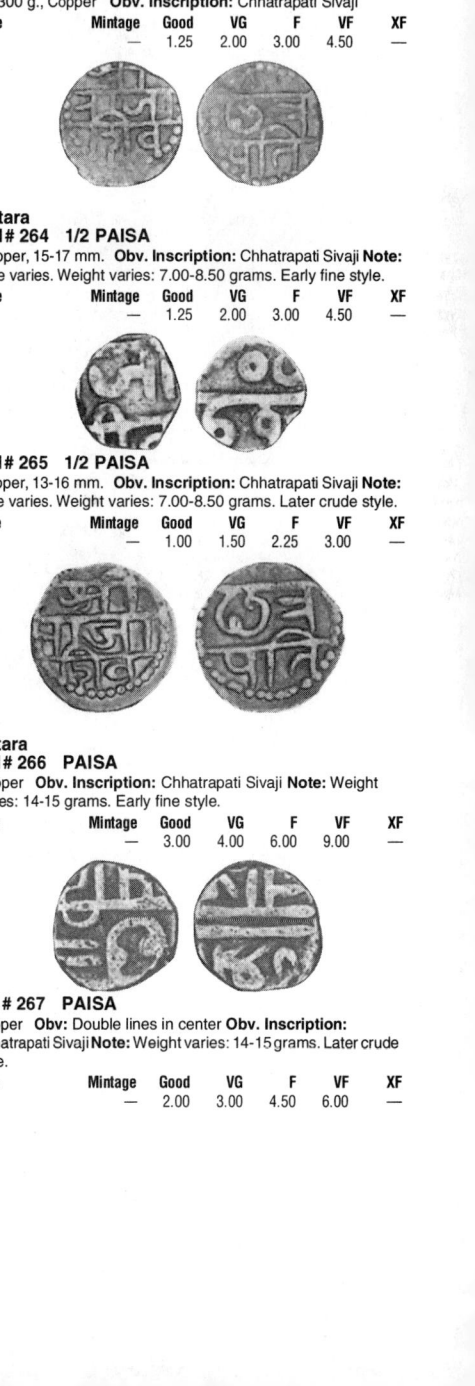

KM# 265 1/2 PAISA

Copper, 13-16 mm. **Obv. Inscription:** Chhatrapati Sivaji **Note:** Size varies. Weight varies: 7.00-8.50 grams. Later crude style.

Date	Mintage	Good	VG	F	VF	XF
ND	—	1.00	1.50	2.25	3.00	—

Satara
KM# 266 PAISA

Copper **Obv. Inscription:** Chhatrapati Sivaji **Note:** Weight varies: 14-15 grams. Early fine style.

Date	Mintage	Good	VG	F	VF	XF
ND	—	3.00	4.00	6.00	9.00	—

KM# 267 PAISA

Copper **Obv:** Double lines in center **Obv. Inscription:** Chhatrapati Sivaji **Note:** Weight varies: 14-15 grams. Later crude style.

Date	Mintage	Good	VG	F	VF	XF
ND	—	2.00	3.00	4.50	6.00	—

Muhammad Shah
AH1131-61/1719-48AD
HAMMERED COINAGE

Dicholi
KM# 152.1 1/2 RUPEE
Silver **Obv. Inscription:** Muhammad Shah **Rev:** Mint and date
Note: Prev. KM#152.

Date	Mintage	VG	F	VF	XF	Unc
ND(1719-48)	—	—	—	—	—	—

Kanbayat
KM# 152.2 1/2 RUPEE
Silver **Obv:** Name and titles of Muhammad Shah **Rev:** Mint and date

Date	Mintage	Good	VG	F	VF	XF
AH//3	—	—	—	—	—	—

Dicholi
KM# 153 RUPEE
Silver **Obv. Inscription:** Muhammad Shah **Rev:** Mint and date

Date	Mintage	VG	F	VF	XF	Unc
AH-//1 ahd	—	—	—	—	—	—

Hukeri
KM# 154 RUPEE
Silver **Obv. Inscription:** Muhammad Shah **Rev:** Mint and date

Date	Mintage	VG	F	VF	XF	Unc
ND(1719-48)	—	—	—	—	—	—

KM# 154.1 RUPEE
Silver **Obv. Inscription:** Muhammad Shah **Rev:** Mint inverted and date

Date	Mintage	VG	F	VF	XF	Unc
ND(1719-48)	—	—	—	—	—	—

Kankurti
KM# 155 RUPEE
Silver **Note:** Weight varies: 10.70-11.60 grams.

Date	Mintage	VG	F	VF	XF	Unc
AHxxx5 (1719)	—	20.00	35.00	50.00	70.00	—

Sangli
KM# 225 RUPEE
Silver, 20-21 mm. **Obv. Inscription:** Muhammad Shah **Note:** Size varies. Weight varies: 10.70-11.60 grams. Struck during the reign of local ruler Chintaman Rao, 1799-1851AD long after death of Muhammad Shah. Struck at Sangli Mint.

Date	Mintage	VG	F	VF	XF	Unc
ND(1799-1851)	—	7.50	12.50	18.50	27.50	—

Toragal
KM# A255 RUPEE
Silver

Date	Mintage	VG	F	VF	XF	Unc
ND(1719-48)	—	18.00	40.00	60.00	90.00	—

Uncertain Mint
KM# A203 RUPEE
10.6400 g., Silver, 25 mm. **Obv:** Names and titles of Muhammad Shah **Rev:** Mint and regnal year **Note:** Pseudo-mint "Surat."

Date	Mintage	VG	F	VF	XF	Unc
AH1104//3x	—	—	—	—	—	—

Ahmad Shah Bahadur
AH1161-1167 / 1748-1754AD
HAMMERED COINAGE

Ahmadabad
KM# 40 RUPEE
Silver **Obv. Inscription:** Ahmad Shah Bahadur **Note:** Weight varies: 10.70-11.60 grams.

Date	Mintage	VG	F	VF	XF	Unc
AH1165//4	—	12.00	17.50	25.00	35.00	—
AH1166//6	—	12.00	17.50	25.00	35.00	—

Alamgir II
AH1167-1173 / 1754-1759AD
HAMMERED COINAGE

Ahmadabad
KM# 42 1/2 RUPEE
Silver **Obv. Inscription:** Alamgir II **Note:** Weight varies: 5.60-5.80 grams.

Date	Mintage	VG	F	VF	XF	Unc
AH-//2	—	15.00	20.00	27.50	40.00	—

Jhansi
KM# 131 1/2 RUPEE
Silver **Obv. Inscription:** Alamgir II **Note:** Weight varies: 5.35-5.80 grams. Mint name: Balwantnagar. Struck from rupee dies on thin planchet.

Date	Mintage	VG	F	VF	XF	Unc
AH1169/3 Rare	—	—	—	—	—	—

Ahmadabad
KM# 43 RUPEE
Silver **Note:** Weight varies: 10.70-11.60 grams.

Date	Mintage	VG	F	VF	XF	Unc
AH1168//1	—	10.00	15.00	25.00	40.00	—
AH1169//2	—	10.00	15.00	25.00	40.00	—
AH1169//3	—	10.00	15.00	25.00	40.00	—
AH1170//3	—	10.00	15.00	25.00	40.00	—
AH1170//4	—	10.00	15.00	25.00	40.00	—
AH1171//4	—	10.00	15.00	25.00	40.00	—
AH117x//6	—	10.00	15.00	25.00	40.00	—

Athani
KM# 70 RUPEE
Silver **Obv:** Nagari "Ra" **Obv. Inscription:** Alamgir II **Note:** Weight varies: 10.70-11.60 grams.

Date	Mintage	VG	F	VF	XF	Unc
AH1181 Frozen	—	13.50	20.00	30.00	47.50	—

Bagalkot
KM# 80 RUPEE
Silver **Obv. Inscription:** Alamgir II **Note:** Struck during the reign of local ruler Malhar Rao. Mint name: Bijapur.

Date	Mintage	VG	F	VF	XF	Unc
AH1121 False	—	22.50	45.00	75.00	110	—

KM# 82 RUPEE
Silver **Obv:** Long-tailed Persian "Wa"

Date	Mintage	VG	F	VF	XF	Unc
AH1172	—	10.00	20.00	35.00	50.00	—
AHxx81	—	10.00	20.00	35.00	50.00	—
AH{11}89//(1)5	—	—	—	—	—	—

Jhansi
KM# 132 RUPEE
Silver **Note:** Weight varies: 10.70-11.60 grams.

Date	Mintage	VG	F	VF	XF	Unc
AH1167//1	—	12.00	30.00	45.00	80.00	—
AH1168//2	—	12.00	30.00	45.00	80.00	—
AH1170/4	—	12.00	30.00	45.00	80.00	—
AH1171/5	—	12.00	30.00	45.00	80.00	—
AH1172/6	—	12.00	30.00	45.00	80.00	—

Kunch
KM# 174 RUPEE
Silver **Obv. Inscription:** Alamgir II **Note:** Weight varies: 10.70-11.60 grams. Mint name: Kunch Hijri.

Date	Mintage	VG	F	VF	XF	Unc
AH-//6	—	—	—	—	—	—

KM# 175 RUPEE
Silver **Obv:** Symbols #1, 3 **Obv. Inscription:** Alamgir II **Note:** Mint name: Kunch Hijri.

Date	Mintage	VG	F	VF	XF	Unc
AH-//22	—	8.00	13.50	21.50	37.50	—
AH-//25	—	8.00	13.50	21.50	37.50	—

KM# 176 RUPEE
Silver **Obv:** Symbols #1, #2, #3 **Obv. Inscription:** Alamgir II **Note:** Mint name: Kunch Hijri.

Date	Mintage	VG	F	VF	XF	Unc
AH-//27	—	8.00	13.50	21.50	37.50	—
AH-//28	—	8.00	13.50	21.50	37.50	—

MARATHA CONFEDERACY

INDIA-INDEPENDENT KINGDOMS

KM# 177 RUPEE
Silver **Obv:** Symbols #1, #2, #3 **Obv. Inscription:** Alamgir III
Rev: Symbols #4, #5 **Note:** Mint name: Kunch Hijri.

Date	Mintage	VG	F	VF	XF	Unc
AH1203/31	—	7.50	12.50	20.00	35.00	—
AH1208/31 Error	—	7.50	12.50	20.00	35.00	—
AH8121/39 Error	—	7.50	12.50	20.00	35.00	—
AH1203/39 Error	—	7.50	12.50	20.00	35.00	—
AH1213/39	—	7.50	12.50	20.00	35.00	—
AH3121/39 Error	—	7.50	12.50	20.00	35.00	—

Toragal
KM# 255 RUPEE
Silver **Note:** Weight varies: 10.70-11.60 grams. Mint name: Sarkar Torgall. Struck during the reign of local ruler Pureshuram Bhau, 1771-1799AD, long after death of Alamgir II.

Date	Mintage	VG	F	VF	XF	Unc
ND(1771-99)	—	20.00	35.00	60.00	100	—

Shah Jahan III
AH1173-74/1759-60AD
HAMMERED COINAGE

Ahmadabad
KM# 44 1/2 RUPEE
Silver **Obv. Inscription:** Shah Jahan III **Note:** Weight varies: 5.60-5.80 grams. Mint mark: Ankus.

Date	Mintage	VG	F	VF	XF	Unc
AH117x/1 Rare	—	—	—	—	—	—

Ahmadabad
KM# 45 RUPEE
Silver **Note:** Weight varies: 10.70-11.60 grams.

Date	Mintage	VG	F	VF	XF	Unc
AH1173/1 ahad	—	40.00	50.00	65.00	90.00	—
AHxxxx/1 ahad	—	40.00	50.00	65.00	90.00	—
AH1174/1	—	40.00	50.00	65.00	90.00	—

Shah Alam II
AH1173-1221/1759-1806AD
HAMMERED COINAGE

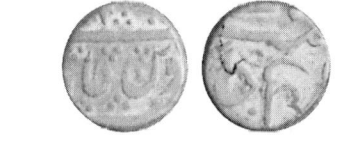

Jhansi
KM# 134 1/2 PAISA
4.2000 g., Copper **Note:** Weight varies.

Date	Mintage	Good	VG	F	VF	XF
AH-//32	—	—	—	—	—	—

Sagar
KM# 233 1/2 PAISA

5.8000 g., Copper **Obv. Inscription:** Shah Alam II **Note:** Mint name: Ravishnagar Sagar.

Date	Mintage	Good	VG	F	VF	XF
AH-//36	—	2.00	3.50	6.00	10.00	—

Ahmadabad
KM# 47 PAISA
Copper **Obv. Inscription:** Shah Alam (II)

Date	Mintage	Good	VG	F	VF	XF
ND(1759-1806)	—	2.50	3.50	5.00	7.50	—

Ajmer
KM# 65 PAISA
Copper **Obv. Inscription:** Shah Alam (II)

Date	Mintage	Good	VG	F	VF	XF
ND(1759-1806)	—	2.50	4.00	6.00	8.50	—

Jalaun
KM# 120 PAISA
Copper **Obv:** Symbols **Rev:** Symbols

Date	Mintage	Good	VG	F	VF	XF
AH/53 (1759)	—	2.00	3.50	5.00	8.00	—

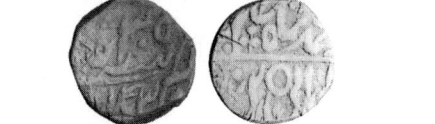

Jhansi
KM# 136 PAISA
Copper, 17-19 mm. **Rev:** Nagari "Dhu" right of Julus **Note:** Size varies.

Date	Mintage	Good	VG	F	VF	XF
AH1204	—	7.50	12.50	18.50	27.50	—

Mahoba
KM# 185 PAISA
Copper, 22-24 mm. **Obv. Inscription:** Shah Alam (II) **Note:** Symbols arranged from left to right on middle line of obverse. Size varies.

Date	Mintage	Good	VG	F	VF	XF
ND(1759-1806)	—	3.00	4.50	7.50	12.50	—

Sagar
KM# 234 PAISA
Copper **Obv. Inscription:** Shah Alam (II) **Note:** Mint name: Ravishnagar Sagar.

Date	Mintage	Good	VG	F	VF	XF
AH-//35	—	2.00	3.50	6.00	10.00	—

KM# 235 PAISA
Copper **Obv. Inscription:** Shah Alam (II) **Note:** Mint name: Ravishnagar Sagar.

Date	Mintage	Good	VG	F	VF	XF
AH-//37	—	2.00	3.50	6.00	10.00	—

Srinagar
KM# 246 PAISA
Copper, 14-19 mm. **Obv. Inscription:** Shah Alam (II) **Shape:** Squarish **Note:** Size varies.

Date	Mintage	Good	VG	F	VF	XF
AH-//1	—	1.75	3.00	4.50	7.00	—
AH-//5	—	1.75	3.00	4.50	7.00	—

KM# 245 PAISA
Copper **Obv. Inscription:** Shah Alam II **Note:** Mint marks are symbols.

Date	Mintage	Good	VG	F	VF	XF
AH//3	—	1.50	2.50	4.00	6.00	—
AH-//5	—	1.50	2.50	4.00	6.00	—

Jalaun
KM# 121 1/4 RUPEE
Silver

Date	Mintage	VG	F	VF	XF	Unc
AH/55 (1759)	—	9.00	15.00	25.00	40.00	—

Jhansi
KM# 137 1/4 RUPEE
Silver, 13 mm. **Note:** Weight varies: 2.68-2.90 grams.

Date	Mintage	VG	F	VF	XF	Unc
AH-//5	—	7.50	12.50	20.00	35.00	—
AH-//2x	—	7.50	12.50	20.00	35.00	—
AH1206	—	7.50	12.50	20.00	35.00	—

Ahmadabad
KM# 49 1/2 RUPEE
Silver **Note:** Mint mark: Ankus and Nagari "Ram".

Date	Mintage	VG	F	VF	XF	Unc
ND(1759-1806)	—	12.00	16.00	22.50	40.00	—

KM# 48 1/2 RUPEE
Silver **Note:** Weight varies: 5.35-5.80 grams. Mint mark: Ankus.

Date	Mintage	VG	F	VF	XF	Unc
ND-//27	—	6.50	11.00	18.00	30.00	—

Jalaun
KM# 122 1/2 RUPEE
Silver **Note:** Weight varies: 5.35-5.80 grams.

Date	Mintage	VG	F	VF	XF	Unc
AH//16	—	9.00	15.00	25.00	40.00	—
AH//17	—	9.00	15.00	25.00	40.00	—
AH//2x	—	9.00	15.00	25.00	40.00	—

Jhansi
KM# 138 1/2 RUPEE
Silver **Note:** Weight varies: 5.35-5.80 grams.

Date	Mintage	VG	F	VF	XF	Unc
AH-//5x	—	10.00	20.00	38.00	55.00	—

Ahmadabad
KM# 50 RUPEE
Silver **Note:** Weight varies: 10.70-11.60 grams. Mint mark: Ankus.

Date	Mintage	VG	F	VF	XF	Unc
AII-//5	—	8.50	13.50	20.00	35.00	—
AH-//8	—	8.50	13.50	20.00	35.00	—
AH-//10	—	8.50	13.50	20.00	35.00	—
AH-//11	—	8.50	13.50	20.00	35.00	—
AH118x//12	—	8.50	13.50	20.00	35.00	—
AH-//13	—	8.50	13.50	20.00	35.00	—
AH-//14	—	8.50	13.50	20.00	35.00	—
AH1187//15	—	8.50	13.50	20.00	35.00	—
AH1188//15	—	8.50	13.50	20.00	35.00	—
AH1188//16	—	8.50	13.50	20.00	35.00	—
AH-//17	—	8.50	13.50	20.00	35.00	—
AH1192//20	—	8.50	13.50	20.00	35.00	—
AH119x//21	—	8.50	13.50	20.00	35.00	—
AH1194//22	—	8.50	13.50	20.00	35.00	—
AH119x//23	—	8.50	13.50	20.00	35.00	—

INDIA-INDEPENDENT KINGDOMS — MARATHA CONFEDERACY

Date	Mintage	VG	F	VF	XF	Unc
AH1194//24	—	8.50	13.50	20.00	35.00	—
AH1195//22	—	8.50	13.50	20.00	35.00	—
AH1196//24	—	8.50	13.50	20.00	35.00	—
AH1197//24	—	8.50	13.50	20.00	35.00	—
AH-//25	—	8.50	13.50	20.00	35.00	—
AH-//26	—	8.50	13.50	20.00	35.00	—
AH-//27	—	8.50	13.50	20.00	35.00	—
AH-//29	—	8.50	13.50	20.00	35.00	—
AH1205//3X	—	8.50	13.50	20.00	35.00	—
AH1207//33	—	8.50	13.50	20.00	35.00	—
AH1208//34	—	8.50	13.50	20.00	35.00	—
AH-//35	—	8.50	13.50	20.00	35.00	—
AH-//36	—	8.50	13.50	20.00	35.00	—
AH1209	—	8.50	13.50	20.00	35.00	—
AH-//37	—	8.50	13.50	20.00	35.00	—
AH-//38	—	8.50	13.50	20.00	35.00	—

Date	Mintage	VG	F	VF	XF	Unc
AH1174//1 Ahed	—	10.00	18.00	28.00	45.00	—
AH1175//1 Ahed	—	10.00	18.00	28.00	45.00	—
AH1176//2	—	10.00	18.00	28.00	45.00	—
AH1176//3	—	10.00	18.00	28.00	45.00	—
AH1177//x	—	10.00	18.00	28.00	45.00	—
AH1178//4	—	10.00	18.00	28.00	45.00	—
AH1178//5	—	10.00	18.00	28.00	45.00	—
AH1179//5	—	10.00	18.00	28.00	45.00	—
AH1179//6	—	10.00	18.00	28.00	45.00	—
AH1180//6	—	10.00	18.00	28.00	45.00	—
AH1180//7	—	10.00	18.00	28.00	45.00	—
AH1182//8	—	10.00	18.00	28.00	45.00	—
AH1184//x	—	10.00	18.00	28.00	45.00	—
AH1185//11	—	10.00	18.00	28.00	45.00	—
AH1186//12	—	10.00	18.00	28.00	45.00	—
AH1186//13	—	10.00	18.00	28.00	45.00	—
AH1187//13	—	10.00	18.00	28.00	45.00	—
AH1188//14	—	10.00	18.00	28.00	45.00	—
AH1189//15	—	10.00	18.00	28.00	45.00	—
AH1190//16	—	10.00	18.00	28.00	45.00	—
AH1191//17	—	10.00	18.00	28.00	45.00	—
AH1192//18	—	10.00	18.00	28.00	45.00	—

KM# 105.2 RUPEE
Silver **Rev:** Crescent above "Julus"

Date	Mintage	VG	F	VF	XF	Unc
AH1184//11	—	7.50	12.50	20.00	35.00	—
AH1186//6	—	7.50	12.50	20.00	35.00	—

KM# 106 RUPEE
Silver **Rev:** Symbols **Note:** Weight varies: 10.70-11.60 grams.

Date	Mintage	VG	F	VF	XF	Unc
AH1195//22	—	9.00	15.00	25.00	40.00	—

Ajmer
KM# 66 RUPEE
Silver **Note:** Weight varies: 10.70-11.60 grams. Without mint mark.

Date	Mintage	VG	F	VF	XF	Unc
AH1178/6	—	9.00	15.00	25.00	40.00	—
AH-//10	—	9.00	15.00	25.00	40.00	—

KM# 67 RUPEE
Silver, 21 mm. **Note:** Weight varies: 10.70-11.60 grams. Mint mark: Three dots on vertical line.

Date	Mintage	VG	F	VF	XF	Unc
AH1188//1	—	9.00	15.00	25.00	40.00	—
AH1190/1	—	9.00	15.00	25.00	40.00	—
AH1197//24	—	9.00	15.00	25.00	40.00	—
AH1203//31	—	9.00	15.00	25.00	40.00	—

Athani
KM# 71 RUPEE
Silver **Obv. Inscription:** Shah Alam (II) **Rev:** Similar to KM#70

Date	Mintage	VG	F	VF	XF	Unc
AH1181	—	13.50	20.00	30.00	47.50	—

Chakan
KM# 92 RUPEE
Silver **Obv. Inscription:** Shah Alam (II)

Date	Mintage	VG	F	VF	XF	Unc
ND(1759-1806)	—	100	150	200	—	—

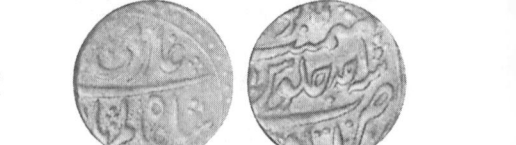

KM# 110 RUPEE
Silver **Rev:** Banner

Date	Mintage	VG	F	VF	XF	Unc
AH1202 (1787)	—	9.00	15.00	25.00	40.00	—

Chandor
KM# 93 RUPEE
Silver **Obv. Inscription:** Shah Alam (II) **Note:** Weight varies: 10.70-11.60 grams. Previously listed under IPS - Indore.

Date	Mintage	VG	F	VF	XF	Unc
AH-//23	—	7.50	13.50	20.00	28.50	—
AH-//24	—	7.50	13.50	20.00	28.50	—
AH-//25	—	7.50	13.50	20.00	28.50	—
AH1195//26	—	7.50	13.50	20.00	28.50	—
AH1196//23	—	7.50	13.50	20.00	28.50	—

Note: With lingam cm on reverse (imitation)

Date	Mintage	VG	F	VF	XF	Unc
AH1197	—	7.50	13.50	20.00	28.50	—

Itawa
KM# 115 RUPEE
Silver **Subject:** First Occupation **Obv. Inscription:** Shah Alam (II) **Note:** Weight varies: 10.70-11.60 grams.

Date	Mintage	VG	F	VF	XF	Unc
AH-//1	—	8.00	13.50	22.50	37.50	—

KM# 116 RUPEE
Silver **Subject:** Second Occupation **Obv:** Trident

Date	Mintage	VG	F	VF	XF	Unc
AH-//12	—	7.50	12.50	20.00	35.00	—
AH-//13	—	7.50	12.50	20.00	35.00	—

Aurangnagar
KM# 75 RUPEE
Silver **Obv. Inscription:** Shah Alam (II) **Rev:** Lingam and Nagari "Mu" **Note:** Weight varies: 10.70-11.60 grams.

Date	Mintage	VG	F	VF	XF	Unc
ND(1759-1806)	—	16.00	32.00	55.00	80.00	—
AH-//16	—	16.00	32.00	55.00	80.00	—
AH1180	—	16.00	32.00	55.00	80.00	—
AH1187//1x	—	16.00	32.00	55.00	80.00	—

Chinchwar
KM# 100 RUPEE
Silver **Obv. Inscription:** Shah Alam (II) **Rev:** Battle axe **Note:** Weight varies: 10.70-11.60 grams. Struck during the reign of local ruler Puresham Bhau.

Date	Mintage	VG	F	VF	XF	Unc
AH1189	—	18.00	36.00	60.00	85.00	—

Jalaun
KM# 123 RUPEE
Silver **Note:** Fine fabric, normal flan. Weight varies: 10.70-11.60 grams.

Date	Mintage	VG	F	VF	XF	Unc
AH-//46	—	9.00	15.00	25.00	45.00	—

Bagalkot
KM# 84 RUPEE
Silver **Obv. Inscription:** Shah Alam (II) **Note:** Weight varies: 10.70-11.60 grams. Fine fabric. Mint name: Bagalkot.

Date	Mintage	VG	F	VF	XF	Unc
AH-//9	—	10.00	20.00	35.00	50.00	—

Gulshanabad
KM# 105.1 RUPEE
Silver **Rev:** Bow and arrow **Note:** Weight varies: 10.70-11.60 grams.

Date	Mintage	VG	F	VF	XF	Unc
AH1182//4	—	7.50	12.50	20.00	35.00	—

Burhanpur
KM# 90 RUPEE
Silver **Obv. Inscription:** Shah Alam (II) **Note:** Weight varies: 10.70-11.60 grams. For coins struck after AH1192-R.Y.20 (1778AD), see Gwalior.

Jhansi
KM# 139 RUPEE
Silver **Note:** Fine fabric. Weight varies: 10.70-11.60 grams.

Date	Mintage	VG	F	VF	XF	Unc
AH(11)68//2	—	9.00	15.00	25.00	40.00	—
AH1174//1	—	9.00	15.00	25.00	40.00	—
AH1174//3	—	9.00	15.00	25.00	40.00	—
AH1175//3	—	9.00	15.00	25.00	40.00	—

MARATHA CONFEDERACY — INDIA-INDEPENDENT KINGDOMS

Date	Mintage	VG	F	VF	XF	Unc
AH1175//4	—	9.00	15.00	25.00	40.00	—
AH117x/5	—	9.00	15.00	25.00	40.00	—
AH1180/8	—	9.00	15.00	25.00	40.00	—
AH1181//9	—	9.00	15.00	25.00	40.00	—
AH1182//10	—	11.50	18.50	28.50	45.00	—
AH1183//11	—	9.00	15.00	25.00	40.00	—
AH1183//12	—	11.50	18.50	28.50	45.00	—
AH1184//12	—	9.00	15.00	25.00	40.00	—
AH1185//13	—	9.00	15.00	25.00	40.00	—
AH1185//14	—	11.50	18.50	28.50	45.00	—

Date	Mintage	VG	F	VF	XF	Unc
AH-//27	—	7.50	11.50	18.50	30.00	—
AH-//28	—	7.50	11.50	18.50	30.00	—
AH-//29	—	7.50	11.50	18.50	30.00	—
AH1201//30	—	7.50	11.50	18.50	30.00	—
AH-//31	—	7.50	11.50	18.50	30.00	—
AH-//32	—	7.50	11.50	18.50	30.00	—
AH-//33	—	7.50	11.50	18.50	30.00	—

KM# 171 RUPEE

Silver **Obv:** Parasu (axe), axe head and trisula **Obv. Inscription:** Shah Alam (II) **Note:** Mintname: Kahar Hijri. For other issues with mint name Kunar see Jalaun Rupee KM#66.1.

Date	Mintage	VG	F	VF	XF	Unc
AH-//25	—	15.00	21.50	35.00	50.00	—

KM# 140 RUPEE

Silver **Note:** Crude fabric. **Weight varies:** 10.70-11.60 grams.

Date	Mintage	VG	F	VF	XF	Unc
AH1187//15	—	7.50	12.50	20.00	35.00	—
AH1187//16	—	7.50	12.50	20.00	35.00	—
AH1187//17	—	11.50	18.50	18.50	45.00	—
AH1187//18	—	11.50	18.50	28.50	45.00	—
AH1189//16	—	7.50	12.50	20.00	35.00	—
AH1192//20	—	7.50	12.50	20.00	35.00	—
AH1192//21	—	11.50	18.50	28.50	45.00	—
AH1194//22	—	7.50	12.50	20.00	35.00	—
AH(119)6//23	—	7.50	125	20.00	35.00	—
AH1197//24	—	7.50	12.50	20.00	35.00	—
AH1198//25	—	7.50	12.50	20.00	35.00	—
ND-//27	—	7.50	12.50	20.00	35.00	—
AH-//28	—	7.50	12.50	20.00	35.00	—
AH1209//29	—	7.50	12.50	20.00	35.00	—
AH-//30	—	7.50	12.50	20.00	35.00	—
AH-//31	—	7.50	12.50	20.00	35.00	—

Kora

KM# 160 RUPEE

Silver **Obv:** Trisula (trident) **Obv. Inscription:** Shah Alam (II) **Note:** Weight varies: 10.70-11.60 grams. Mint name: Kora.

Date	Mintage	VG	F	VF	XF	Unc
AH117x//1	—	7.50	11.50	18.50	30.00	—
AH117x//2	—	7.50	11.50	18.50	30.00	—

KM# 161 RUPEE

Silver **Obv:** Lotus and trisula **Obv. Inscription:** Shah Alam (II) **Note:** Mint name: Kora.

Date	Mintage	VG	F	VF	XF	Unc
AH117x//1	—	7.50	11.50	18.50	30.00	—
AH117x//2	—	7.50	11.50	18.50	30.00	—

Mandla

KM# 190 RUPEE

Silver **Obv:** First type Trisula **Obv. Inscription:** Shah Alam (II) **Note:** Weight varies: 10.70-11.60 grams. Mint name: Balanagar Gadha.

Date	Mintage	VG	F	VF	XF	Unc
AH1198//25	—	7.50	12.50	20.00	35.00	—
AH1199//26	—	7.50	12.50	20.00	35.00	—
AH1200/27	—	7.50	12.50	20.00	35.00	—
AH1201//28	—	7.50	12.50	20.00	35.00	—
AH-//29	—	7.50	12.50	20.00	35.00	—

KM# 142 RUPEE

Silver **Obv:** 2 added

Date	Mintage	VG	F	VF	XF	Unc
AH1204//3X	—	7.00	12.50	20.00	35.00	—
AH-//32	—	7.00	12.50	20.00	35.00	—
AH-//33	—	7.00	12.50	20.00	35.00	—
AH1206//34	—	7.00	12.50	20.00	35.00	—
AH1206//35	—	7.00	12.50	20.00	35.00	—
AH1206//35	—	7.00	12.50	20.00	35.00	—

KM# 143 RUPEE

Silver **Obv:** 92 added

Date	Mintage	VG	F	VF	XF	Unc
AH1206//34	—	7.50	12.50	20.00	35.00	—
AH-//35	—	7.50	12.50	20.00	35.00	—
AH1209//36	—	7.50	12.50	20.00	35.00	—
AH1210//36	—	7.50	12.50	20.00	35.00	—

KM# 162 RUPEE

Silver **Obv:** Pataka (banner) and trisula **Obv. Inscription:** Shah Alam (II) **Note:** Mint name: Kora.

Date	Mintage	VG	F	VF	XF	Unc
AH117x//2	—	7.50	11.50	18.50	30.00	—
AH117x//3	—	7.50	11.50	18.50	30.00	—
AH117x//4	—	7.50	11.50	18.50	30.00	—

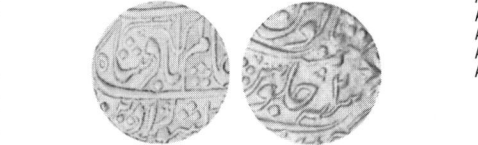

KM# 163 RUPEE

Silver **Obv:** Sword left and trisula **Obv. Inscription:** Shah Alam (II) **Note:** Mint name: Kora.

Date	Mintage	VG	F	VF	XF	Unc
AH117x//2	—	7.50	11.50	18.50	30.00	—

KM# 191 RUPEE

Silver, 20 mm. **Obv:** Second type Trisula **Obv. Inscription:** Shah Alam (II) **Note:** Mint name: Balanagar Gadha.

Date	Mintage	VG	F	VF	XF	Unc
AH-//30	—	7.50	12.50	20.00	35.00	—
AH1202//31	—	7.50	12.50	20.00	35.00	—
AH1205//32	—	7.50	12.50	20.00	35.00	—
AH1207//33	—	7.50	12.50	20.00	35.00	—
AH-//34	—	7.50	12.50	20.00	35.00	—
AH-//35	—	7.50	12.50	20.00	35.00	—
AH-//36	—	7.50	12.50	20.00	35.00	—
AH-//38	—	7.50	12.50	20.00	35.00	—

KM# 141.1 RUPEE

Silver **Rev:** Symbol

Date	Mintage	VG	F	VF	XF	Unc
AH-//28	—	8.00	12.50	22.50	37.50	—

KM# 141.2 RUPEE

Silver **Rev:** Symbol **Note:** With additional symbol.

Date	Mintage	VG	F	VF	XF	Unc
AH-//28	—	8.00	12.50	22.50	37.50	—

KM# 164 RUPEE

Silver **Obv:** Sword right and trisula **Obv. Inscription:** Shah Alam (II) **Note:** Mint name: Kora. For later issues of Kora mint from AD1765/AH1178/R.Y. 6, see India, Mughal Empire: Kora.

Date	Mintage	VG	F	VF	XF	Unc
AH117x//2	—	7.50	11.50	18.50	30.00	—

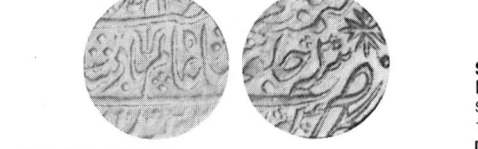

Sagar

KM# 238 RUPEE

Silver **Rev:** Pataka and trisul first type **Note:** Weight varies 10.70-11.60 grams. Mint name: Ravishnagar Sagar.

Date	Mintage	VG	F	VF	XF	Unc
AH1198//25	—	9.00	15.00	25.00	40.00	—

KM# 239 RUPEE

Silver **Rev:** Pataka second type, trisul first type **Note:** Weight varies: 10.70-11.60 grams. Mint name: Ravishnagar Sagar.

Date	Mintage	VG	F	VF	XF	Unc
AH1199//26	—	8.00	13.50	21.50	32.50	—
AH-//27	—	8.00	13.50	21.50	32.50	—
AH-//28	—	8.00	13.50	21.50	32.50	—
AH-//29	—	8.00	13.50	21.50	32.50	—
AH1202//30	—	8.00	13.50	21.50	32.50	—

Kalpi

KM# 150 RUPEE

Silver **Obv. Inscription:** Shah Alam (II) **Note:** Weight varies: 10.70-11.60 grams. Mint name: Kalpi Hijri.

Date	Mintage	VG	F	VF	XF	Unc
AH-//22	—	7.50	11.50	18.50	30.00	—
AH1198//25	—	7.50	11.50	18.50	30.00	—
AH-//26	—	7.50	11.50	18.50	30.00	—

Kunar

KM# 170 RUPEE

Silver **Obv:** Axe head and trisula **Obv. Inscription:** Shah Alam (II) **Note:** Mint name: Kahar Hijri.

Date	Mintage	VG	F	VF	XF	Unc
AH-//22	—	12.50	20.00	35.00	60.00	—

INDIA-INDEPENDENT KINGDOMS — MARATHA CONFEDERACY

Srinagar
KM# 247 RUPEE
Silver **Rev:** Asynchronous date in "Sin" of Julus **Note:** Weight varies: 10.70-11.60 grams. Mintname: Nagar Ijhri (sic).

Date	Mintage	VG	F	VF	XF	Unc
AH-//26	—	7.50	12.50	20.00	35.00	—
AH-//27	—	7.50	12.50	20.00	35.00	—
AHxxx2//28	—	7.50	12.50	20.00	35.00	—
AHxx99//29	—	7.50	12.50	20.00	35.00	—

KM# 248 RUPEE
Silver **Obv:** AH date **Rev:** Quadrafoil in "Sin" of Julus **Note:** Weight varies: 10.70-11.60 grams. Mint name: Nagar Ijhri (sic).

Date	Mintage	VG	F	VF	XF	Unc
AH1206/32	—	7.50	12.50	20.00	35.00	—
AH1206/33	—	7.50	12.50	20.00	35.00	—
AH12012/35 Error	—	7.50	12.50	20.00	35.00	—
AH120x//38	—	7.50	12.50	20.00	35.00	—

KM# 249 RUPEE
Silver **Note:** Weight varies: 10.70-11.60 grams. Small flan, crude execution. Mint name: Nagar Ijhri (sic).

Date	Mintage	VG	F	VF	XF	Unc
AH-//39 Frozen	—	7.50	10.00	15.00	25.00	—
AH1212/39	—	—	—	—	—	—

Ajmer
KM# 68 MOHUR
Gold **Note:** Weight varies: 10.70-11.40 grams. Without mint mark.

Date	Mintage	VG	F	VF	XF	Unc
ND(1759-1806) Rare	—	—	—	—	—	—

Shah Alam II and Latif Khan AH1173-1221/1759-1806AD

HAMMERED COINAGE

Uncertain Mint
KM# 51 RUPEE
Silver **Note:** Mint mark: Ankus and Nagari "Ram".

Date	Mintage	VG	F	VF	XF	Unc
ND-//39	—	13.50	18.50	25.00	35.00	—

BHONSLAS

HAMMERED COINAGE

Hinganghat
KM# 25 PAISA
9.6500 g., Copper, 19-20 mm. **Note:** Size varies. Anonymous issue.

Date	Mintage	Good	VG	F	VF	XF
ND(1788-1816)	—	2.00	3.00	4.00	5.50	—

Nagpur
KM# 30 PAISA
Copper, 24 mm. **Note:** Nagpur Mint probably produced varieties of Chanda Mint rupee KM#5. Uniface. "Barakat Nagpur" in recessed area. Anonymous issue.

Date	Mintage	Good	VG	F	VF	XF
ND(1788-1816)	—	3.00	5.00	7.00	10.00	—

Hinganghat
KM# 26 2 PAISA
Copper **Note:** Anonymous issue, varieties exist.

Date	Mintage	VG	F	VF	XF	Unc
ND(1788-1816)	—	3.50	4.50	7.00	—	—

Anonymous Ruler

HAMMERED COINAGE

Katak
KM# 10 PAISA
Copper **Obv. Inscription:** Ahmad Shah Bahadur **Rev:** Symbol of trident, mint marks a and b

Date	Mintage	Good	VG	F	VF	XF
AH(1788-1816)	—	1.50	2.25	3.50	6.50	—

Uncertain Mint
KM# 35 PAISA
Copper **Note:** Barbarous designs.

Date	Mintage	Good	VG	F	VF	XF
ND-//2x	—	1.25	2.50	3.50	5.00	—

Katak
KM# 5 RUPEE
Silver **Obv. Inscription:** Ahmad Shah Bahadur **Note:** Weight varies: 10.70-11.60 grams. Mint name Surat, in both barbarous and regular forms.

Date	Mintage	VG	F	VF	XF	Unc
AH-//27	—	9.00	15.00	25.00	40.00	—

PESHWAS

HAMMERED COINAGE

Sagar
KM# 236 PAISA
Copper **Obv:** Text **Rev:** Symbol **Note:** Mint name: Ravishnagar Sagar.

Date	Mintage	VG	F	VF	XF	Unc
AH-//38	—	3.50	6.00	10.00	—	—

Gulshanabad
KM# 108 1/2 RUPEE
Silver **Note:** Anonymous issue. Weight varies: 5.35-5.80 grams.

Date	Mintage	VG	F	VF	XF	Unc
AH1207 (1793)	—	7.50	12.50	20.00	35.00	—

Gulshanabad
KM# 109 RUPEE

Silver **Obv:** Text **Rev:** Text **Note:** Anonymous issue. Weight varies: 10.70-11.60 grams.

Date	Mintage	VG	F	VF	XF	Unc
AH1206 (1792)	—	9.00	15.00	25.00	40.00	—
AH1208 (1794)	—	9.00	15.00	25.00	40.00	—
AH1212 (1797)	—	9.00	15.00	25.00	40.00	—

Poona
KM# 213 RUPEE
Silver **Obv. Inscription:** Inscription in the name of "Ali Gauhar" (Shah Alam II prior to his accession) **Rev:** Mint mark #1 with regnal year in Persian numerals **Note:** Anonymous issue. Weight varies: 10.70-11.60 grams. Ankusi Rupee. Struck during East India Company administration .

Date	Mintage	VG	F	VF	XF	Unc
ND	—	8.00	13.00	20.00	30.00	—

KM# 217 RUPEE
Silver **Obv:** Inscription in the name of "Ali Gauhar" (Shah Alam II prior to his accession) **Rev:** Mint mark #3, Fasli date in Nagari numerals **Note:** Anonymous issue. Struck during East India Company administration.

Date	Mintage	VG	F	VF	XF	Unc
FE1207//20 (1792)	—	12.00	20.00	25.00	36.00	—

Sagar
KM# 240 RUPEE
Silver **Obv:** Text, mint mark **Rev:** Pataka and trisul both second type **Note:** Anonymous issue. Weight varies: 10.70-11.60 grams. Mint name: Ravishnagar Sagar.

Date	Mintage	VG	F	VF	XF	Unc
AH-/31 (1789)	—	7.00	11.50	17.50	28.50	—
AH-/32 (1790)	—	7.00	11.50	17.50	28.50	—
AH-/33 (1791)	—	7.00	11.50	17.50	28.50	—
AH1207/34 (1792)	—	7.00	11.50	17.50	28.50	—
AH-/35 (1793)	—	7.00	11.50	17.50	28.50	—
AH-/36 (1794)	—	7.00	11.50	17.50	28.50	—
AH-/37 (1795)	—	7.00	11.50	17.50	28.50	—
AH-/38 (1796)	—	7.00	11.50	17.50	28.50	—
AH-/39 (1797)	—	7.00	11.50	17.50	28.50	—
AH-/40 (1798)	—	7.00	11.50	17.50	28.50	—
AH-/41 (1799)	—	7.00	11.50	17.50	28.50	—

MYSORE

Mysore was an old Hindu Kingdom, built on remnants of the Vijayanager Empire. Hindu rulers were in power before Haidar Ali, the first Muslim ruler of Mysore, had come to South India as a military adventurer. Rising from the ranks he eventually became the commander of the army of the Mysore raja. Although he never formally occupied the throne, in 1761 he forced the raja to retire and took the administration of the state into his own hands. Until this time coins of both the Mughals and the Vijay-anagar kingdom had been current in the region. Haidar Ali, owing fealty to no one besides himself, issued his own coins in the style of Vijayanagar but bearing his initial in Persian on the reverse. In 1782 Haidar Ali's son, Tipu, succeeded his father and declared himself sultan.

Both Haidar Ali and Tipu Sultan became notorious in British circles for their military adventures across the south of India and for their general dislike of the British presence on the Coromandel Coast. This led to a series of Anglo-Mysore wars in 1780-1784, 1790-1792, and finally in 1799 when Tipu was killed in the breach at Seringapatan. With Tipu gone, the British chose a child of the family that had originally been ousted by Haidar Ali, and installed him upon the masnad (throne) as Krishnaraja Wodeyar III under British protection and control.

NOTE: For later issues see Mysore, Indian Princely States.

HINDU RULERS
Chikkadeva, 1672-1704AD
Kanthirava Narasa II, 1704-1713AD
Dodda Krishna I, 1713-1731AD

MYSORE

Chamaraja, 1731-1734AD
Immadi Krishna II, 1734-1766AD
Devaloy Devaraja, de facto ruler, 1731-1761AD

MUSLIM RULERS
Haidar Ali, AH1174-1197/1761-1782AD
Tipu Sultan, AH1197-1202/1782-1787AD/AM1215-1227/1787-1799AD

DATING

Sultan Tipu used Hijri years on his coins from AH1197 to AH1201. Thereafter he instituted the Mauludi era (AM), which used solar years, 14 years advanced from the Hijri year. They are indicated on the coins by being written in Arabic numerals from right to left, the opposite of normal usage. The Mauludi years were from 1215 to his death in1227. The last four of these were often indicated by letters rather than numbers. Thus Arabic ALIF = Mauludi 1224, BE = 1225, TE = 1226, SE = 1227.

Many blundered dates exist on the copper coins. Two digit regnal years were also written from right to left.

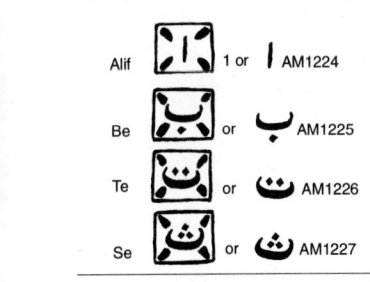

Regnal Year	Cyclic Year	Year Hijri	First Day of Year Hijri
1	37	1197	7th Dec. 1782
2	38	1198	26th Nov. 1783
3	39	1199	14th Nov. 1784
4	40	1200	4th Nov. 1785
			24th Oct. 1786
	Mauludi	Mauludi	
5	41	1215	20th March 1787
6	42	1216	7th April 1788
7	43	1217	27th March 1789
8	44	1218	16th March 1790
9	45	1219	4th April 1791
10	46	1220	23rd March 1792
11	47	1221	13th March 1793
12	48	1222	1st April 1794
13	49	1223	21st March 1795
14	50	1224	8th April 1796
15	51	1225	29th March 1797
16	52	1226	18th March 1798
17	53	1227	6th April 1799

MINTS

Bahadurpatan
(See Patan Mint)

بلهاری

Balhari

بنگالور

Bengalur

دهاروار

Dharwar

فعز حصار

Faiz Hisar

فرخی

Farrukhi

فرخیاب حصار

Farrukhyab

گوتی

Gooty

حیدرنگر

Haidarnagar

کلیکوت

Kalikut

خالق اباد

Khaliqabad

خورشید سواد

Khurshed-Sawad

مهیسور مهی سور

Mysore

ناگور

Nagar

نظربار

Nazarbar

پتن

Patan

سلام اباد

Salamabad

Seringapatan(See Patan Mint)

ظفراباد

Zafarabad

MONETARY SYSTEM

Rupee

2 Qutb = 1 Akhtar
2 Akhtar = 1 Bahram
2 Bahram = 1 Paisa (Zohra)
2 Paisa = 1 Osmani (Mushtari)
2 Khizri = 1 Kazimi
2 Kazimi = 1 Jafari
2 Jafari = 1 Bagiri
2 Baqiri = 1 Abidi
2 Abidi = 1 Rupee
1 Imami = 1 Rupee
2 Rupees = 1 Faruqi
Pagoda (Sadiqi)
4 Pagodas = 1 Ahmadi

KANARESE NUMERALS

May vary slightly but in general appear as the following.

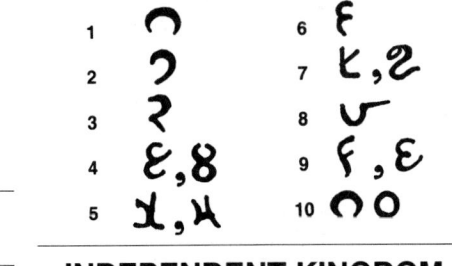

INDEPENDENT KINGDOM

Anonymous

ANONYMOUS HAMMERED COINAGE

Uncertain Mint
KM# A144 1/4 KASU

0.8000 g., Copper **Obv:** Dot above crescent **Rev:** Dots in crossed double lines

Date	Mintage	Good	VG	F	VF	XF
ND	—	3.00	6.00	10.00	16.00	—

Uncertain Mint
KM# 144 1/2 KASU

1.4800 g., Copper, 10 mm. **Obv:** Elephant left **Rev:** Star or shell

Date	Mintage	Good	VG	F	VF	XF
ND	—	2.50	4.50	7.00	12.00	—

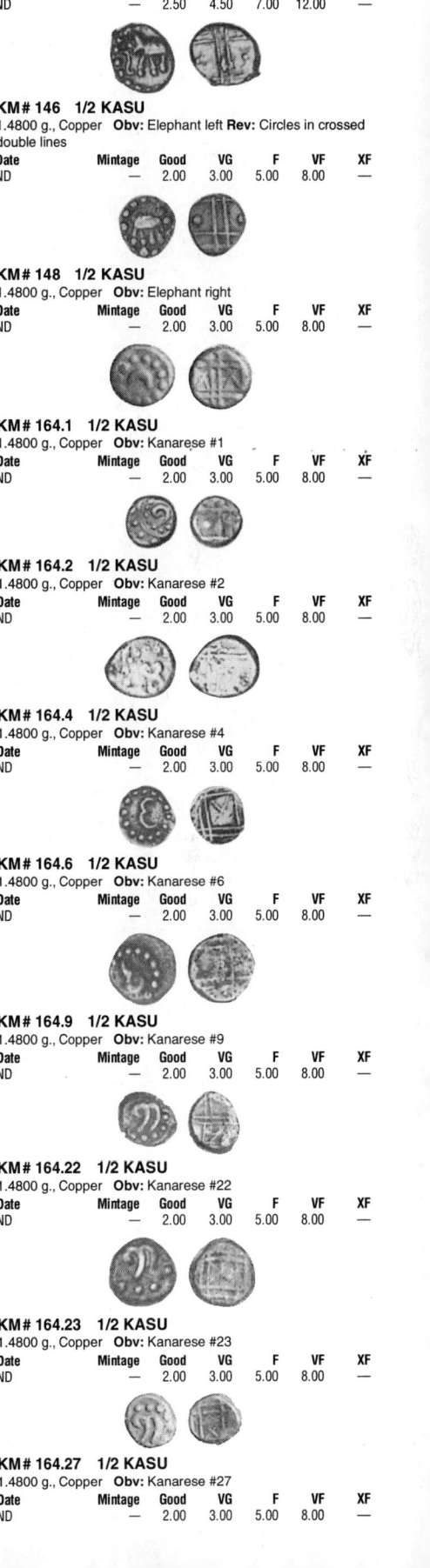

KM# 146 1/2 KASU

1.4800 g., Copper **Obv:** Elephant left **Rev:** Circles in crossed double lines

Date	Mintage	Good	VG	F	VF	XF
ND	—	2.00	3.00	5.00	8.00	—

KM# 148 1/2 KASU

1.4800 g., Copper **Obv:** Elephant right

Date	Mintage	Good	VG	F	VF	XF
ND	—	2.00	3.00	5.00	8.00	—

KM# 164.1 1/2 KASU

1.4800 g., Copper **Obv:** Kanarese #1

Date	Mintage	Good	VG	F	VF	XF
ND	—	2.00	3.00	5.00	8.00	—

KM# 164.2 1/2 KASU

1.4800 g., Copper **Obv:** Kanarese #2

Date	Mintage	Good	VG	F	VF	XF
ND	—	2.00	3.00	5.00	8.00	—

KM# 164.4 1/2 KASU

1.4800 g., Copper **Obv:** Kanarese #4

Date	Mintage	Good	VG	F	VF	XF
ND	—	2.00	3.00	5.00	8.00	—

KM# 164.6 1/2 KASU

1.4800 g., Copper **Obv:** Kanarese #6

Date	Mintage	Good	VG	F	VF	XF
ND	—	2.00	3.00	5.00	8.00	—

KM# 164.9 1/2 KASU

1.4800 g., Copper **Obv:** Kanarese #9

Date	Mintage	Good	VG	F	VF	XF
ND	—	2.00	3.00	5.00	8.00	—

KM# 164.22 1/2 KASU

1.4800 g., Copper **Obv:** Kanarese #22

Date	Mintage	Good	VG	F	VF	XF
ND	—	2.00	3.00	5.00	8.00	—

KM# 164.23 1/2 KASU

1.4800 g., Copper **Obv:** Kanarese #23

Date	Mintage	Good	VG	F	VF	XF
ND	—	2.00	3.00	5.00	8.00	—

KM# 164.27 1/2 KASU

1.4800 g., Copper **Obv:** Kanarese #27

Date	Mintage	Good	VG	F	VF	XF
ND	—	2.00	3.00	5.00	8.00	—

INDIA-INDEPENDENT KINGDOMS

MYSORE

Uncertain Mint

KM# 154 KASU

Copper **Obv:** Elephant left **Rev:** Elephant left **Note:** Mule. Weight varies 2.37-3.11 grams.

Date	Mintage	Good	VG	F	VF	XF
ND	—	4.00	6.50	10.00	15.00	—

KM# 149.1 KASU

Copper, 12 mm. **Obv:** Elephant right **Rev:** Circles in crossed double lines **Note:** Weight varies 2.37-3.11 grams.

Date	Mintage	Good	VG	F	VF	XF
ND	—	1.00	2.00	3.00	5.00	—

KM# 149.2 KASU

Copper **Obv:** Smaller elephant **Note:** Weight varies 2.37-3.11 grams.

Date	Mintage	Good	VG	F	VF	XF
ND	—	1.00	2.00	3.00	5.00	—

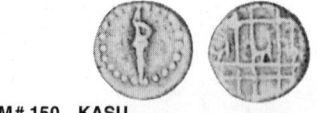

KM# 150 KASU

Copper **Obv:** Sword in dotted circle **Rev:** 33 in crossed double lines **Note:** Weight varies 2.37-3.11 grams.

Date	Mintage	Good	VG	F	VF	XF
ND	—	3.00	6.00	10.00	16.00	—

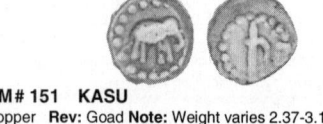

KM# 151 KASU

Copper **Rev:** Goad **Note:** Weight varies 2.37-3.11 grams.

Date	Mintage	Good	VG	F	VF	XF
ND	—	2.50	4.50	7.00	12.00	—

KM# 147 KASU

Copper **Obv:** Elephant left **Rev:** W-shaped symbols in crossed double lines **Note:** Weight varies 2.37-3.11 grams.

Date	Mintage	Good	VG	F	VF	XF
ND	—	2.00	3.25	5.00	8.50	—

KM# 152 KASU

Copper, 12 mm. **Obv:** Sun and moon above elephant **Note:** Weight varies 2.37-3.11 grams.

Date	Mintage	Good	VG	F	VF	XF
ND	—	1.00	1.50	3.00	5.00	—

KM# 153 KASU

Copper **Obv:** Kanarese #1 above elephant **Rev:** Dots in double lines **Note:** Weight varies 2.37-3.11 grams.

Date	Mintage	Good	VG	F	VF	XF
ND	—	1.00	1.50	3.00	5.00	—

KM# 155 KASU

Copper, 12 mm. **Obv:** Seated figure of Lakshmi in circle of dots **Rev:** W-shaped symbols in crossed doule lines **Note:** Weight varies 2.37-3.11 grams.

Date	Mintage	Good	VG	F	VF	XF
ND	—	2.00	3.25	5.00	8.50	—

KM# 156 KASU

Copper, 17 mm. **Obv:** Seated figure of Ganesha facing front **Note:** Weight varies 2.37-3.11 grams.

Date	Mintage	Good	VG	F	VF	XF
ND	—	2.00	3.25	5.00	8.50	—

KM# 157 KASU

Copper **Obv:** Figure of Hanuman right **Rev:** W shaped symbols in double lines **Note:** Weight varies 2.37-3.11 grams.

Date	Mintage	Good	VG	F	VF	XF
ND	—	2.00	3.25	5.00	8.50	—

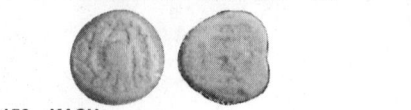

KM# 158 KASU

Copper, 13 mm. **Obv:** Figure of Garuda kneeling left **Note:** Weight varies 2.37-3.11 grams.

Date	Mintage	Good	VG	F	VF	XF
ND	—	2.00	3.25	5.00	8.50	—

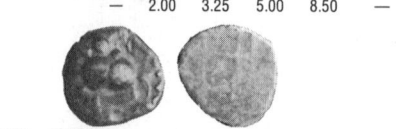

KM# 159 KASU

Copper **Obv:** Bull walking left **Note:** Weight varies 2.37-3.11 grams.

Date	Mintage	Good	VG	F	VF	XF
ND	—	1.00	1.50	2.50	4.00	—

KM# 160.1 KASU

Copper **Obv:** Lion facing left **Note:** Weight varies 2.37-3.11 grams.

Date	Mintage	Good	VG	F	VF	XF
ND	—	1.00	1.50	2.50	4.00	—

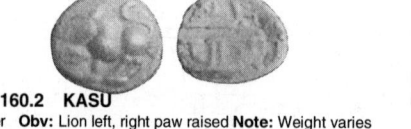

KM# 160.2 KASU

Copper **Obv:** Lion left, right paw raised **Note:** Weight varies 2.37-3.11 grams.

Date	Mintage	Good	VG	F	VF	XF
ND	—	—	—	—	—	—

KM# 161 KASU

Copper **Obv:** Horse galloping right in circle of dots **Rev:** Characters between double lines **Note:** Weight varies 2.37-3.11 grams.

Date	Mintage	Good	VG	F	VF	XF
ND	—	2.50	4.00	6.50	10.00	—

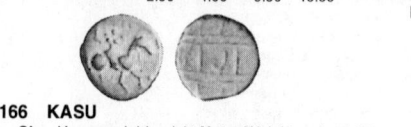

KM# 166 KASU

Copper **Obv:** Horse and rider right **Note:** Weight varies 2.37-3.11 grams.

Date	Mintage	Good	VG	F	VF	XF
ND	—	—	—	—	—	—

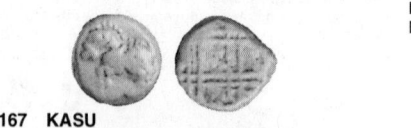

KM# 167 KASU

Copper **Obv:** Horse galloping left **Note:** Weight varies 2.37-3.11 grams.

Date	Mintage	Good	VG	F	VF	XF
ND	—	2.00	3.00	4.50	6.00	—

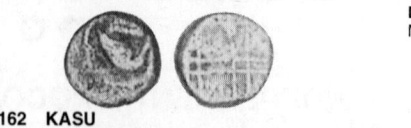

KM# 162 KASU

Copper, 14 mm. **Obv:** Peacock right in lined circle **Note:** Weight varies 2.37-3.11 grams.

Date	Mintage	Good	VG	F	VF	XF
ND	—	2.50	4.00	6.50	10.00	—

KM# A163 KASU

Copper **Obv:** Deer running right **Note:** Weight varies 2.37-3.11 grams.

Date	Mintage	Good	VG	F	VF	XF
ND	—	—	—	—	—	—

KM# 163 KASU

Copper **Obv:** Bell in circle of dots **Note:** Weight varies 2.37-3.11 grams.

Date	Mintage	Good	VG	F	VF	XF
ND	—	2.00	3.25	5.00	8.50	—

KM# A168 KASU

Copper **Obv:** Bull reclining facing left **Note:** Weight varies 2.37-3.11 grams.

Date	Mintage	Good	VG	F	VF	XF
ND	—	2.00	3.25	5.00	8.50	—

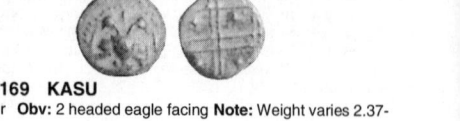

KM# 169 KASU

Copper **Obv:** 2 headed eagle facing **Note:** Weight varies 2.37-3.11 grams.

Date	Mintage	Good	VG	F	VF	XF
ND	—	—	—	—	—	—

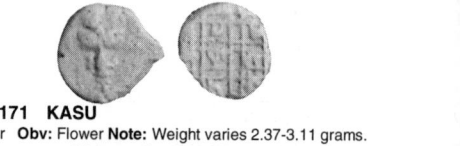

KM# 171 KASU

Copper **Obv:** Flower **Note:** Weight varies 2.37-3.11 grams.

Date	Mintage	Good	VG	F	VF	XF
ND	—	—	—	—	—	—

KM# 165.1 KASU

Copper **Obv:** Kanarese #1 in circle of dots **Note:** Weight varies 2.37-3.11 grams.

Date	Mintage	Good	VG	F	VF	XF
ND	—	1.00	2.00	3.00	5.00	—

KM# 165.2 KASU

Copper **Obv:** Kanarese #2 in circle of dots **Note:** Weight varies 2.37-3.11 grams.

Date	Mintage	Good	VG	F	VF	XF
ND	—	1.50	2.00	3.00	5.00	—

KM# 165.3 KASU

Copper **Obv:** Kanarese #3 in circle of dots **Note:** Weight varies 2.37-3.11 grams.

Date	Mintage	Good	VG	F	VF	XF
ND	—	1.50	2.00	3.00	5.00	—

KM# 165.4 KASU

Copper **Obv:** Kanarese #4 in circle of dots **Note:** Weight varies 2.37-3.11 grams.

Date	Mintage	Good	VG	F	VF	XF
ND	—	1.50	2.00	3.00	5.00	—

KM# 165.5 KASU

Copper, 14 mm. **Obv:** Kanarese #5 in circle of dots **Note:** Weight varies 2.37-3.11 grams.

Date	Mintage	Good	VG	F	VF	XF
ND	—	1.50	2.00	3.00	5.00	—

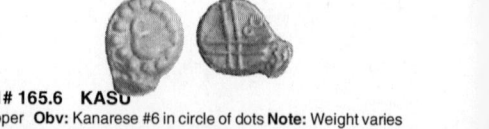

KM# 165.6 KASU

Copper **Obv:** Kanarese #6 in circle of dots **Note:** Weight varies 2.37-3.11 grams.

Date	Mintage	Good	VG	F	VF	XF
ND	—	1.50	2.00	3.00	5.00	—

MYSORE — INDIA-INDEPENDENT KINGDOMS

KM# 165.7 KASU
Copper **Obv:** Kanarese #7 in circle of dots **Note:** Weight varies 2.37-3.11 grams.

Date	Mintage	Good	VG	F	VF	XF
ND	—	1.50	2.00	3.00	5.00	—

KM# 165.16 KASU
Copper **Obv:** Kanarese #16 in circle of dots **Note:** Weight varies 2.37-3.11 grams.

Date	Mintage	Good	VG	F	VF	XF
ND	—	1.50	2.00	3.00	5.00	—

KM# 165.25 KASU
Copper, 14 mm. **Obv:** Kanarese #25 in circle of dots **Note:** Weight varies 2.37-3.11 grams.

Date	Mintage	Good	VG	F	VF	XF
ND	—	1.50	2.00	3.00	5.00	—

KM# 165.8 KASU
Copper, 13 mm. **Obv:** Kanarese #8 in circle of dots **Note:** Weight varies 2.37-3.11 grams.

Date	Mintage	Good	VG	F	VF	XF
ND	—	1.50	2.00	3.00	5.00	—

KM# 165.17 KASU
Copper **Obv:** Kanarese #17 in circle of dots **Note:** Weight varies 2.37-3.11 grams.

Date	Mintage	Good	VG	F	VF	XF
ND	—	1.50	2.00	3.00	5.00	—

KM# 165.26 KASU
Copper, 14 mm. **Obv:** Kanarese #26 in circle of dots **Note:** Weight varies 2.37-3.11 grams.

Date	Mintage	Good	VG	F	VF	XF
ND	—	1.50	2.00	3.00	5.00	—

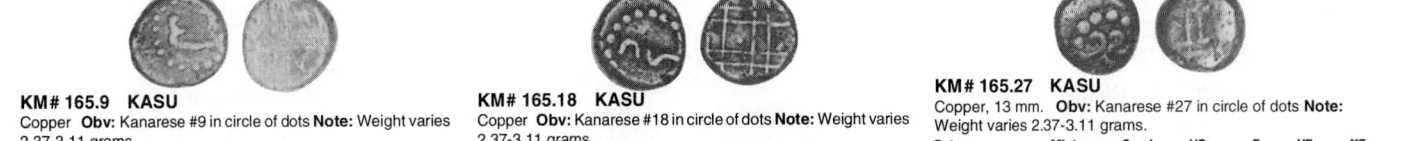

KM# 165.9 KASU
Copper **Obv:** Kanarese #9 in circle of dots **Note:** Weight varies 2.37-3.11 grams.

Date	Mintage	Good	VG	F	VF	XF
ND	—	1.50	2.00	3.00	5.00	—

KM# 165.18 KASU
Copper **Obv:** Kanarese #18 in circle of dots **Note:** Weight varies 2.37-3.11 grams.

Date	Mintage	Good	VG	F	VF	XF
ND	—	1.50	2.00	3.00	5.00	—

KM# 165.27 KASU
Copper, 13 mm. **Obv:** Kanarese #27 in circle of dots **Note:** Weight varies 2.37-3.11 grams.

Date	Mintage	Good	VG	F	VF	XF
ND	—	1.50	2.00	3.00	5.00	—

KM# 165.10 KASU
Copper, 14 mm. **Obv:** Kanarese #10 in circle of dots **Note:** Weight varies 2.37-3.11 grams.

Date	Mintage	Good	VG	F	VF	XF
ND	—	1.50	2.00	3.00	5.00	—

KM# 165.11 KASU
Copper **Obv:** Kanarese #11 in circle of dots **Note:** Weight varies 2.37-3.11 grams.

Date	Mintage	Good	VG	F	VF	XF
ND	—	1.50	2.00	3.00	5.00	—

KM# 165.19 KASU
Copper, 13 mm. **Obv:** Kanarese #19 in circle of dots **Note:** Weight varies 2.37-3.11 grams.

Date	Mintage	Good	VG	F	VF	XF
ND	—	1.50	2.00	3.00	5.00	—

KM# 165.20 KASU
Copper, 14 mm. **Obv:** Kanarese #20 in circle of dots **Note:** Weight varies 2.37-3.11 grams.

Date	Mintage	Good	VG	F	VF	XF
ND	—	1.50	2.00	3.00	5.00	—

KM# 165.28 KASU
Copper **Obv:** Kanarese #28 in circle of dots **Note:** Weight varies 2.37-3.11 grams.

Date	Mintage	Good	VG	F	VF	XF
ND	—	1.50	2.00	3.00	5.00	—

KM# 165.29 KASU
Copper **Obv:** Kanarese #29 in circle of dots **Note:** Weight varies 2.37-3.11 grams.

Date	Mintage	Good	VG	F	VF	XF
ND	—	1.50	2.00	3.00	5.00	—

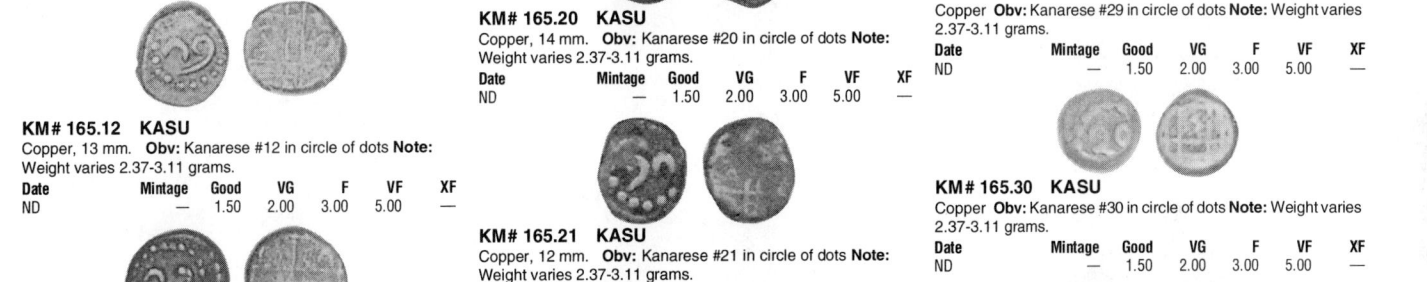

KM# 165.12 KASU
Copper, 13 mm. **Obv:** Kanarese #12 in circle of dots **Note:** Weight varies 2.37-3.11 grams.

Date	Mintage	Good	VG	F	VF	XF
ND	—	1.50	2.00	3.00	5.00	—

KM# 165.21 KASU
Copper, 12 mm. **Obv:** Kanarese #21 in circle of dots **Note:** Weight varies 2.37-3.11 grams.

Date	Mintage	Good	VG	F	VF	XF
ND	—	1.50	2.00	3.00	5.00	—

KM# 165.30 KASU
Copper **Obv:** Kanarese #30 in circle of dots **Note:** Weight varies 2.37-3.11 grams.

Date	Mintage	Good	VG	F	VF	XF
ND	—	1.50	2.00	3.00	5.00	—

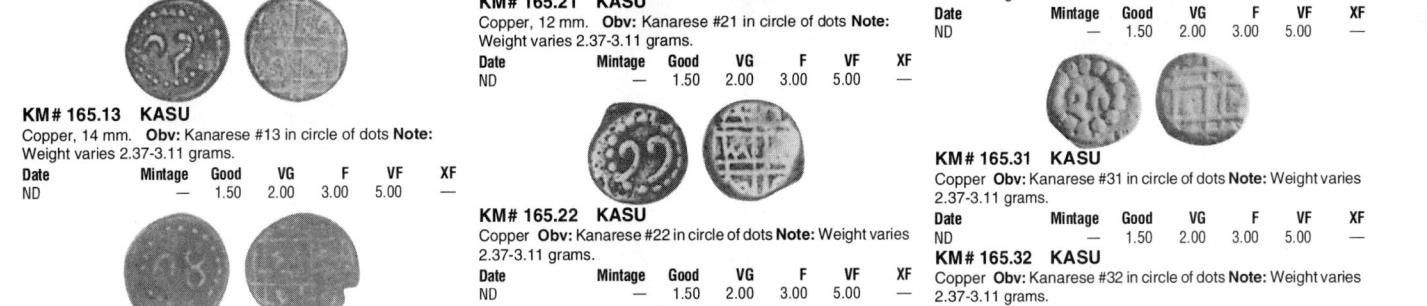

KM# 165.13 KASU
Copper, 14 mm. **Obv:** Kanarese #13 in circle of dots **Note:** Weight varies 2.37-3.11 grams.

Date	Mintage	Good	VG	F	VF	XF
ND	—	1.50	2.00	3.00	5.00	—

KM# 165.22 KASU
Copper **Obv:** Kanarese #22 in circle of dots **Note:** Weight varies 2.37-3.11 grams.

Date	Mintage	Good	VG	F	VF	XF
ND	—	1.50	2.00	3.00	5.00	—

KM# 165.31 KASU
Copper **Obv:** Kanarese #31 in circle of dots **Note:** Weight varies 2.37-3.11 grams.

Date	Mintage	Good	VG	F	VF	XF
ND	—	1.50	2.00	3.00	5.00	—

KM# 165.32 KASU
Copper **Obv:** Kanarese #32 in circle of dots **Note:** Weight varies 2.37-3.11 grams.

Date	Mintage	Good	VG	F	VF	XF
ND	—	—	—	—	—	—

KM# 165.33 KASU
Copper **Obv:** Kanarese #33 in circle of dots **Note:** Weight varies 2.37-3.11 grams.

Date	Mintage	Good	VG	F	VF	XF
ND	—	—	—	—	—	—

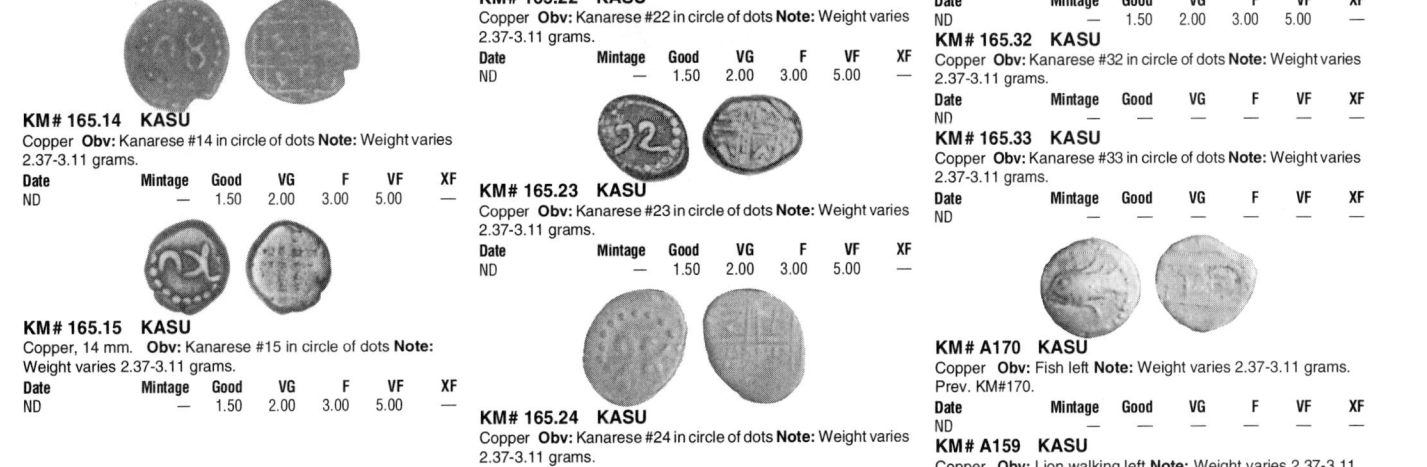

KM# 165.14 KASU
Copper **Obv:** Kanarese #14 in circle of dots **Note:** Weight varies 2.37-3.11 grams.

Date	Mintage	Good	VG	F	VF	XF
ND	—	1.50	2.00	3.00	5.00	—

KM# 165.15 KASU
Copper, 14 mm. **Obv:** Kanarese #15 in circle of dots **Note:** Weight varies 2.37-3.11 grams.

Date	Mintage	Good	VG	F	VF	XF
ND	—	1.50	2.00	3.00	5.00	—

KM# 165.23 KASU
Copper **Obv:** Kanarese #23 in circle of dots **Note:** Weight varies 2.37-3.11 grams.

Date	Mintage	Good	VG	F	VF	XF
ND	—	1.50	2.00	3.00	5.00	—

KM# 165.24 KASU
Copper **Obv:** Kanarese #24 in circle of dots **Note:** Weight varies 2.37-3.11 grams.

Date	Mintage	Good	VG	F	VF	XF
ND	—	1.50	2.00	3.00	5.00	—

KM# A170 KASU
Copper **Obv:** Fish left **Note:** Weight varies 2.37-3.11 grams. Prev. KM#170.

Date	Mintage	Good	VG	F	VF	XF
ND	—	—	—	—	—	—

KM# A159 KASU
Copper **Obv:** Lion walking left **Note:** Weight varies 2.37-3.11 grams. Struck at Uncertain Mints.

Date	Mintage	Good	VG	F	VF	XF
ND	—	—	—	—	—	—

KM# 168 KASU
Copper **Obv:** Seated beetle facing **Note:** Weight varies: 2.37-3.11 grams.

Date	Mintage	Good	VG	F	VF	XF
ND	—	—	—	—	—	—

Uncertain Mint
KM# 170 FANAM
Gold **Obv:** Elephant with howdah **Rev:** Crossed lines (anonymous) **Note:** Weight varies: 0.33-0.40 grams.

Date	Mintage	VG	F	VF	XF	Unc
ND	—	—	12.00	15.00	25.00	—

Ranadhira Kanthirava-Narasa II

Raja Wodeyar, AH1116-1125 / 1704-1713AD

HAMMERED COINAGE

Uncertain Mint
KM# 180 FANAM
0.3600 g., Gold **Obv:** Seated figure of Narashimha Avatar of Vishnu **Rev. Legend:** SRI-KAMTH-RAVA **Note:** Struck at Uncertain Mints.

Date	Mintage	VG	F	VF	XF	Unc
ND(1704-13)	—	—	30.00	50.00	85.00	—

Shah Alam II

AH1173-1221/1759-1806AD

ANONYMOUS HAMMERED COINAGE

KM# A149 KASU
2.4500 g., Copper **Obv:** Elephant right **Rev:** Shah Alam

Date	Mintage	Good	VG	F	VF	XF
ND	—	5.00	7.50	12.00	18.00	—

Haidar Ali

AH1174-97/1761-82AD

HAMMERED COINAGE

Uncertain Mint
KM# 20 CASH
Copper **Obv:** Arabic "222" below sun and moon, Kanarese #1-33 **Rev:** Crossed lines

Date	Mintage	Good	VG	F	VF	XF
ND(1761-82)	—	1.50	2.00	3.50	6.00	—

KM# 21 CASH
Copper **Obv:** Arabic "222" above sun and moon, Kanarese #10, #12

Date	Mintage	Good	VG	F	VF	XF
Yr.10(1771)	—	1.00	1.75	3.00	5.00	—
Yr.12(1773)	—	1.50	2.50	4.00	7.00	—

Uncertain Mint
KM# 22 1/8 PAISA
1.5300 g., Copper **Obv:** Tiger **Rev:** Battle axe

Date	Mintage	Good	VG	F	VF	XF
ND(1761-82)	—	3.00	5.00	8.00	12.50	—

Uncertain Mint
KM# 23 1/4 PAISA
3.0500 g., Copper

Date	Mintage	Good	VG	F	VF	XF
ND(1761-82)	—	4.50	8.00	12.00	17.50	—

Uncertain Mint
KM# 24 1/2 PAISA
6.0300 g., Copper

Date	Mintage	Good	VG	F	VF	XF
ND(1761-82)	—	5.00	9.00	13.00	20.00	—

Balhari
KM# 1 PAISA
Copper **Obv:** Elephant left

Date	Mintage	Good	VG	F	VF	XF
ND(1761-82)	—	10.00	17.50	28.00	47.00	—

KM# 2 PAISA
Copper **Obv:** Elephant right

Date	Mintage	Good	VG	F	VF	XF
ND(1761-82)	—	8.50	15.00	25.00	45.00	—

Gooty
KM# A6 PAISA
Copper **Obv:** Elephant right **Note:** Weight varies: 12.00-12.80 grams.

Date	Mintage	Good	VG	F	VF	XF
ND(1761-82)	—	4.00	6.00	10.00	18.00	—

Patan
KM# 5.2 PAISA
12.1800 g., Copper **Rev:** Rosettes

Date	Mintage	Good	VG	F	VF	XF
ND(1761-82)	—	3.00	8.00	12.00	20.00	—

KM# 5.1 PAISA
12.1800 g., Copper

Date	Mintage	Good	VG	F	VF	XF
AH1195	—	3.50	7.00	13.00	25.00	—
AH1196	—	3.50	7.00	13.00	25.00	—
ND(1782-83)	—	3.50	7.00	13.00	25.00	—

Haidarnagar
KM# 4 RUPEE
Silver **Obv. Inscription:** Shah Alam II **Note:** Weight varies: 10.70-11.60 grams.

Date	Mintage	VG	F	VF	XF	Unc
AH1191//14	—	200	400	750	1,250	—
AH1193//16	—	200	400	750	1,250	—
AH1194//17	—	250	475	850	1,350	—

Haidarnagar
KM# A5 NAZARANA RUPEE
Silver **Obv. Inscription:** Shah Alam II **Note:** Weight varies: 10.70-11.60 grams.

Date	Mintage	VG	F	VF	XF	Unc
AH1176//3	—	300	550	1,000	1,650	—

Balhari
KM# 3 FANAM
Gold **Obv:** Elephant left **Rev:** Mintname **Note:** Weight varies: 0.33-0.40 grams.

Date	Mintage	Good	VG	F	VF	XF
ND(1761-82)	—	—	—	30.00	65.00	125

Uncertain Mint
KM# 8 FANAM
Gold **Obv:** God and Goddess **Rev:** Letter "He" (for Haidar) **Note:** Weight varies .33-.40 grams.

Date	Mintage	VG	F	VF	XF	Unc
ND(1761-82)	—	—	10.00	15.00	25.00	—

KM# 9 FANAM
Gold **Obv:** Letter "He" **Rev:** Date **Note:** Weight varies: 0.33-0.40 grams.

Date	Mintage	VG	F	VF	XF	Unc
AH1189	—	—	20.00	40.00	80.00	100
AH1196	—	—	20.00	40.00	80.00	100

Uncertain Mint
KM# 11 1/2 PAGODA
1.7000 g., Gold **Obv:** God and Goddess **Rev:** Letter "He"

Date	Mintage	VG	F	VF	XF	Unc
ND(1761-82)	—	—	60.00	90.00	150	200

KM# 12 1/2 PAGODA
1.7000 g., Gold **Obv:** Seated God

Date	Mintage	VG	F	VF	XF	Unc
ND(1761-82)	—	—	50.00	80.00	150	200

Gooty
KM# 7 PAGODA
3.4000 g., Gold **Obv. Inscription:** Muhammad Shah

Date	Mintage	VG	F	VF	XF	Unc
AH1178	—	—	125	275	450	600
AH1194	—	—	125	275	450	600
AH1198	—	—	125	275	450	600

Uncertain Mint
KM# 15 PAGODA
3.4000 g., Gold **Obv:** God and Goddess **Rev:** Letter "He"

Date	Mintage	VG	F	VF	XF	Unc
ND(1761-82)	—	—	85.00	130	185	225

Haidarnagar
KM# B6 MOHUR
11.6000 g., Gold **Obv. Inscription:** Shah Alam II

Date	Mintage	VG	F	VF	XF	Unc
AH119x Rare	—	—	—	—	—	—

Patan
KM# 6 MOHUR
Gold **Obv. Inscription:** Shah Alam II **Note:** Weight varies: 10.70-11.40 grams.

Date	Mintage	VG	F	VF	XF	Unc
AH11(91)//14	—	—	900	1,250	1,800	2,200
AH119X//15	—	—	900	1,250	1,800	2,200
AH119X//17	—	—	900	1,250	1,800	2,200
AH197//20	—	—	900	1,250	1,800	2,200

Tipu Sultan
AM1215-27/1787-99AD

HAMMERED COINAGE

Bengalur
KM# 30 1/8 PAISA
1.3000 g., Copper

Date	Mintage	Good	VG	F	VF	XF
AM1216 (1787)	—	10.00	15.00	25.00	40.00	—
AM1217 (1788)	—	10.00	15.00	25.00	40.00	—
AM1218 (1789)	—	10.00	15.00	25.00	40.00	—
AM1219 (1790)	—	10.00	15.00	25.00	40.00	—

Farrukhyab-Hisar
KM# 60 1/8 PAISA
Copper

Date	Mintage	Good	VG	F	VF	XF
AM1217 (1788)	—	25.00	35.00	60.00	90.00	—

Nagar
KM# 100.1 1/8 PAISA
Copper **Obv:** Elephant right

Date	Mintage	Good	VG	F	VF	XF
AM1224//1 (1796)	—	11.00	20.00	30.00	50.00	—

KM# 100.2 1/8 PAISA
Copper **Obv:** Persian "Te" above elephant, retrograde date

Date	Mintage	Good	VG	F	VF	XF
AM1226//3 (1798)	—	11.00	20.00	30.00	50.00	—

Patan
KM# 120.4 1/8 PAISA
1.3000 g., Copper **Obv:** Elephant right **Rev:** Without rosettes

Date	Mintage	Good	VG	F	VF	XF
ND(1782-99)	—	12.00	18.00	30.00	45.00	—

KM# 120.1 1/8 PAISA
1.3000 g., Copper **Obv:** Elephant left **Rev:** "Patan" at upper left

Date	Mintage	Good	VG	F	VF	XF
AM1216 (1787)	—	12.00	18.00	30.00	45.00	—
AM1217 (1788)	—	12.00	18.00	30.00	45.00	—
AM1218 (1789)	—	12.00	18.00	30.00	45.00	—
AM1219 (1790)	—	12.00	18.00	30.00	45.00	—
AM1220 (1791)	—	12.00	18.00	30.00	45.00	—
AM1221 (1792)	—	12.00	18.00	30.00	45.00	—

KM# 120.2 1/8 PAISA
1.3000 g., Copper **Obv:** Elephant right **Rev:** "Patan" in center

Date	Mintage	Good	VG	F	VF	XF
AM1221 (1792)	—	12.00	18.00	30.00	45.00	—
AM1222 (1793)	—	12.00	18.00	30.00	45.00	—

KM# 120.3 1/8 PAISA
1.3000 g., Copper **Obv:** Persian "Alif" above elephant **Rev:** Retrograde date

Date	Mintage	Good	VG	F	VF	XF
AM1222 (1793)	—	12.00	18.00	30.00	45.00	—
AM1224//1 (1794)	—	12.00	18.00	30.00	45.00	—

KM# 120.5 1/8 PAISA
1.3000 g., Copper **Obv:** Elephant left, retrograde date above

Date	Mintage	Good	VG	F	VF	XF
AM1224 (1795)	—	6.50	12.50	20.00	30.00	—

KM# 120.3a 1/8 PAISA
Copper **Obv:** Elephant right, Persian "Be" above **Rev:** Inscription at bottom, date at top **Rev. Inscription:** "Patan"

Date	Mintage	Good	VG	F	VF	XF
AM1225//2	—	12.00	18.00	30.00	45.00	—

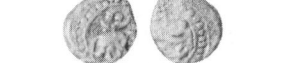

KM# 120.3b 1/8 PAISA
Copper **Obv:** Elephant right, Persian "Te" above **Rev. Inscription:** "Ahktar" at top, "Patan" at bottom

Date	Mintage	Good	VG	F	VF	XF
AM1226//3	—	12.00	18.00	30.00	45.00	—

Salamabad
KM# 130 1/8 PAISA
Copper

Date	Mintage	Good	VG	F	VF	XF
AM1218 (1789)	—	15.00	25.00	40.00	60.00	—

Bengalur
KM# 31.1 1/4 PAISA
Copper **Obv:** Elephant right **Note:** Weight varies: 2.53-2.72 grams.

Date	Mintage	Good	VG	F	VF	XF
AH1200	—	3.00	4.50	7.50	13.00	—
AM1215	—	3.50	6.00	9.00	15.00	—
AM1216	—	2.50	4.00	7.00	12.00	—
AM1222	—	4.00	6.00	9.00	15.00	—

KM# 31.2 1/4 PAISA
Copper **Obv:** Elephant left **Note:** Weight varies: 2.53-2.72 grams.

Date	Mintage	Good	VG	F	VF	XF
AM1216 (1787)	—	2.00	3.00	5.00	10.00	—
AM1217 (1788)	—	2.00	3.00	5.00	10.00	—
AM1218 (1789)	—	3.00	4.00	7.00	13.00	—
AM1219 (1790)	—	3.00	4.00	7.00	13.00	—

Faiz Hisar
KM# 41.1 1/4 PAISA
Copper **Obv:** Elephant left in circle of rosettes **Rev:** Legend in circle of rosettes **Note:** Weight varies 2.72-3.18 grams.

Date	Mintage	Good	VG	F	VF	XF
AM1215 (1786)	—	2.00	3.50	5.00	9.00	—
AM1216 (1787)	—	2.00	3.50	5.00	9.00	—
AM1217 (1788)	—	2.00	3.50	5.00	9.00	—

KM# 41.2 1/4 PAISA
Copper **Obv:** Elephant right **Note:** Weight varies: 2.72-3.18 grams.

Date	Mintage	Good	VG	F	VF	XF
AM1222 (1793)	—	3.00	4.50	9.00	18.00	—
AM1223 (1794)	—	3.00	4.50	9.00	18.00	—

KM# 41.3 1/4 PAISA
Copper **Obv:** Persian "Alif" above elephant **Note:** Weight varies: 2.72-3.18 grams.

Date	Mintage	Good	VG	F	VF	XF
AM1224//1 (1795)	—	2.00	3.00	5.00	9.00	—

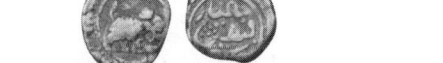

KM# 41.4 1/4 PAISA
Copper **Obv:** Persian "Be" above elephant **Note:** Weight varies 2.72-3.18 grams.

Date	Mintage	Good	VG	F	VF	XF
AM1224//2 (1795)	—	2.00	3.00	5.00	9.00	—
AM1225//2 (1796)	—	2.00	3.00	5.00	9.00	—

KM# 41.5 1/4 PAISA
Copper **Obv:** Persian "Te" above elephant **Note:** Weight varies 2.72-3.18 grams.

Date	Mintage	Good	VG	F	VF	XF
AM1226//3 (1797)	—	2.00	3.00	5.00	9.00	—

Farrukhi
KM# 51 1/4 PAISA
Copper **Obv:** Corded borders **Rev:** Corded borders

Date	Mintage	Good	VG	F	VF	XF
AM1216 (1787)	—	3.00	5.00	9.00	18.00	—
AM1217 (1788)	—	3.00	5.00	9.00	18.00	—
AM1218 (1789)	—	3.00	5.00	9.00	18.00	—

Farrukhyab-Hisar
KM# 61.1 1/4 PAISA
Copper

Date	Mintage	Good	VG	F	VF	XF
AM1216 (1787)	—	2.00	3.00	5.00	9.00	—
AM1217 (1788)	—	2.00	3.00	5.00	9.00	—
AM1218 (1789)	—	2.00	3.00	5.00	9.00	—
AM1219 (1790)	—	2.00	3.00	5.00	9.00	—

KM# 61.2 1/4 PAISA
Copper **Obv:** Elephant right

Date	Mintage	Good	VG	F	VF	XF
AM1222 (1793)	—	—	—	—	—	—

Kalikut
KM# 71 1/4 PAISA
2.9200 g., Copper

Date	Mintage	Good	VG	F	VF	XF
ND(1782-99)	—	3.50	7.00	13.00	25.00	—

Khaliqabad
KM# 81.2 1/4 PAISA
Copper **Obv:** Elephant right

Date	Mintage	Good	VG	F	VF	XF
ND(1782-99)	—	—	—	—	—	—
AM1215 (1786)	—	3.00	5.00	10.00	15.00	—
AM1216 (1787)	—	—	—	—	—	—
AM1217 (1788)	—	—	—	—	—	—
AM1225 (1796)	—	5.00	9.00	15.00	25.00	—

KM# 81.1 1/4 PAISA
Copper **Obv:** Elephant left

Date	Mintage	Good	VG	F	VF	XF
AH1200	—	5.00	8.00	15.00	25.00	—
AM1215	—	2.00	3.50	5.00	9.00	—
AM1216	—	2.00	3.50	5.00	9.00	—
AM1217	—	2.00	3.50	5.00	9.00	—
AM1218	—	2.00	3.50	5.00	9.00	—
AM1225	—	2.00	3.50	5.00	9.00	—

Nagar
KM# 101.1 1/4 PAISA
2.9200 g., Copper **Obv:** Elephant right

Date	Mintage	Good	VG	F	VF	XF
AH1198	—	2.25	3.50	6.00	10.00	—
AH1200	—	2.25	3.50	6.00	10.00	—

KM# 101.5 1/4 PAISA
2.9200 g., Copper **Obv:** Elephant left **Rev:** Rosettes

Date	Mintage	Good	VG	F	VF	XF
AM1216 (1787)	—	2.25	3.50	6.00	10.00	—
AM1217 (1788)	—	2.25	3.50	6.00	10.00	—
AM1221 (1789)	—	2.25	3.50	6.00	10.00	—

KM# 101.2 1/4 PAISA
2.9200 g., Copper **Obv:** Persian "Alif" above elephant

Date	Mintage	Good	VG	F	VF	XF
AM1224/1 (1796)	—	2.25	3.50	6.00	10.00	—

KM# 101.3 1/4 PAISA
2.9200 g., Copper **Obv:** Persian "Be" above elephant **Note:** Struck at Nagar Mint.

Date	Mintage	Good	VG	F	VF	XF
AM1225/2 (1797)	—	2.25	3.50	6.00	10.00	—

KM# 101.4 1/4 PAISA
2.9200 g., Copper **Obv:** Persian "Te" above elephant

Date	Mintage	Good	VG	F	VF	XF
AM1226/3 (1798)	—	2.25	3.50	6.00	10.00	—

Nazarbar
KM# 111 1/4 PAISA
Copper

Date	Mintage	Good	VG	F	VF	XF
AM1216 (1787)	—	15.00	25.00	35.00	50.00	—

Patan
KM# 121.8 1/4 PAISA
Copper **Rev:** "Patan" at top, without rosettes **Note:** Weight varies: 2.66-2.92 grams.

Date	Mintage	Good	VG	F	VF	XF
ND(1782-99)	—	2.50	4.00	7.00	12.00	—

KM# 121.1 1/4 PAISA
Copper **Obv:** Elephant left **Rev:** Rosettes **Note:** Weight varies: 2.66-2.92 grams.

Date	Mintage	Good	VG	F	VF	XF
AH1198	—	3.00	4.50	7.00	12.00	—
AH1200	—	3.00	4.50	7.00	12.00	—
AH1201	—	3.00	4.50	7.00	12.00	—

Date	Mintage	Good	VG	F	VF	XF
AM1215	—	3.00	4.50	7.00	12.00	—
AM1216	—	2.00	3.00	5.00	9.00	—
AM1217	—	3.00	4.50	7.00	12.00	—
AM1218	—	3.00	4.50	7.00	12.00	—

KM# 121.4 1/4 PAISA
Copper **Obv:** Elephant right **Rev:** "Patan" at top **Note:** Weight varies: 2.66-2.92 grams.

Date	Mintage	Good	VG	F	VF	XF
AH1200	—	3.00	5.00	8.00	15.00	—
AM1221	—	3.00	4.50	7.00	12.00	—
AM1222	—	2.00	3.00	5.00	9.00	—

KM# 121.2 1/4 PAISA
Copper **Rev:** Without rosettes **Note:** Weight varies: 2.66-2.92 grams.

Date	Mintage	Good	VG	F	VF	XF
AM1220 (1791)	—	5.00	7.00	11.00	18.00	—
AM1221 (1792)	—	3.00	4.50	7.00	12.00	—

KM# 121.3 1/4 PAISA
Copper **Obv:** Retrograde date **Rev:** "Patan" at bottom **Note:** Weight varies: 2.66-2.92 grams.

Date	Mintage	Good	VG	F	VF	XF
AM1222 (1793)	—	3.00	4.50	7.00	12.00	—
AM1223 (1794)	—	3.00	4.50	7.00	12.00	—

KM# 121.5 1/4 PAISA
Copper **Rev:** "Patan" at bottom, Persian "Akhtar" at top **Note:** Weight varies: 2.66-2.92 grams.

Date	Mintage	Good	VG	F	VF	XF
AM1222 (1793)	—	3.00	4.50	7.00	12.00	—
AM1224/1 (1795)	—	3.00	4.50	7.00	12.00	—

KM# 121.3a 1/4 PAISA
Copper **Obv:** Elephant right, retrograde date above **Rev:** "Akhtar" at top, "Patan" at bottom

Date	Mintage	Good	VG	F	VF	XF
AM1222	—	5.00	7.00	11.00	18.00	—
AM1223	—	5.00	7.00	11.00	18.00	—

KM# 121.6 1/4 PAISA
Copper **Obv:** Persian "Be" above elephant **Rev:** Retrograde date **Note:** Weight varies: 2.66-2.92 grams.

Date	Mintage	Good	VG	F	VF	XF
AM1225/2 (1796)	—	1.50	2.75	4.50	7.50	—

KM# 121.9 1/4 PAISA
Copper **Rev:** Normal date **Note:** Weight varies: 2.66-2.92 grams.

Date	Mintage	Good	VG	F	VF	XF
AM1225/2 (1796)	—	1.50	2.75	4.60	7.50	—

KM# 121.10 1/4 PAISA
Copper **Rev:** Normal date **Note:** Weight varies: 2.66-2.92 grams.

Date	Mintage	Good	VG	F	VF	XF
AM1226/3 (1796)	—	1.50	2.50	4.00	7.50	—

KM# 121.7 1/4 PAISA
Copper **Obv:** Persian "Te" above elephant **Rev:** Retrograde date **Note:** Weight varies: 2.66-2.92 grams.

Date	Mintage	Good	VG	F	VF	XF
AM1226//3 (1797)	—	1.50	2.50	4.00	7.50	—

Salamabad
KM# 131 1/4 PAISA
Copper

Date	Mintage	Good	VG	F	VF	XF
AM1216 (1787)	—	30.00	45.00	60.00	80.00	—

Zafarabad
KM# 141 1/4 PAISA
Copper **Obv:** Retrograde date

Date	Mintage	Good	VG	F	VF	XF
AM1216 (1787)	—	30.00	40.00	55.00	75.00	—

Bengalur
KM# 32.1 1/2 PAISA
Copper **Obv:** Elephant right **Note:** Weight varies: 5.44-5.77 grams.

Date	Mintage	Good	VG	F	VF	XF
AM1215 (1786)	—	2.50	4.00	7.00	12.00	—
AM1216 (1787)	—	1.75	3.00	5.00	10.00	—
AM1219 (1790)	—	3.00	5.00	9.00	17.00	—

KM# 32.2 1/2 PAISA
Copper **Obv:** Elephant left **Note:** Weight varies: 5.44-5.77 grams.

Date	Mintage	Good	VG	F	VF	XF
AM1216 (1787)	—	2.00	3.50	6.00	12.00	—
AM1217 (1788)	—	2.00	3.50	6.00	12.00	—
AM1218 (1789)	—	2.00	3.50	6.00	12.00	—
AM1219 (1790)	—	2.00	3.50	6.00	12.00	—
AM1220 (1791)	—	2.00	3.50	6.00	12.00	—

Faiz Hisar
KM# 42.1 1/2 PAISA
Copper **Obv:** Elephant left in circle of rosettes **Note:** Weight varies: 5.38-5.77 grams.

Date	Mintage	Good	VG	F	VF	XF
AM1215 (1786)	—	2.00	3.50	5.00	12.00	—
AM1216 (1787)	—	2.00	3.50	5.00	12.00	—

KM# 42.2 1/2 PAISA
Copper **Obv:** Elephant left within circle of dots **Rev:** Legend within circle of dots **Note:** Weight varies 5.38-5.77 grams.

Date	Mintage	Good	VG	F	VF	XF
AM1216 (1787)	—	2.00	3.50	5.00	12.00	—
AM1217 (1788)	—	2.00	3.50	5.00	12.00	—
AM1218 (1789)	—	2.00	3.50	5.00	12.00	—

KM# 42.3 1/2 PAISA
Copper **Obv:** Elephant right **Note:** Weight varies 5.38-5.77 grams.

Date	Mintage	Good	VG	F	VF	XF
AM1221 (1792)	—	2.00	3.50	5.00	12.00	—
AM1222 (1793)	—	2.00	3.50	5.00	12.00	—
AM1223 (1794)	—	2.00	3.50	5.00	12.00	—

KM# 42.4 1/2 PAISA
Copper **Obv:** Persian "Alif" above elephant **Note:** Weight varies 5.38-5.77 grams.

Date	Mintage	Good	VG	F	VF	XF
AM1224//1 (1795)	—	2.00	3.50	5.00	12.00	—

KM# 42.5 1/2 PAISA

Copper **Obv:** Persian "Be" above elephant **Note:** Weight varies 5.38-5.77 grams.

Date	Mintage	Good	VG	F	VF	XF
AM1225/2 (1795)	—	2.00	3.50	5.00	12.00	—

KM# 42.6 1/2 PAISA

Copper **Obv:** Persian "Be" and date above elephant **Note:** Weight varies 5.38-5.77 grams.

Date	Mintage	Good	VG	F	VF	XF
AM1225/2 (1796)	—	2.00	3.50	5.00	12.00	—

KM# 42.7 1/2 PAISA

Copper **Obv:** Persian "Te" and date above elephant **Note:** Weight varies 5.38-5.77 grams.

Date	Mintage	Good	VG	F	VF	XF
AM1226/3 (1797)	—	2.00	3.50	5.00	12.00	—

Farrukhi
KM# 52 1/2 PAISA

Copper

Date	Mintage	Good	VG	F	VF	XF
AM1217 (1788)	—	2.50	5.00	9.00	17.00	—
AM1218 (1789)	—	2.50	5.00	9.00	17.00	—

Farrukhyab-Hisar
KM# 62 1/2 PAISA

Copper **Note:** Weight varies: 5.44-5.77 grams.

Date	Mintage	Good	VG	F	VF	XF
AM1215 (1786)	—	2.00	3.50	7.00	12.00	—
AM1216 (1787)	—	2.00	3.50	7.00	12.00	—
AM1217 (1788)	—	2.00	3.50	7.00	12.00	—
AM1218 (1789)	—	2.00	3.50	7.00	12.00	—
AM1219 (1790)	—	2.00	3.50	7.00	12.00	—

Khaliqabad
KM# 82 1/2 PAISA

5.3100 g., Copper

Date	Mintage	Good	VG	F	VF	XF
AM1215 (1786)	—	3.00	5.00	10.00	18.00	—
AM1217 (1787)	—	3.00	5.00	10.00	18.00	—
AM1218 (1788)	—	3.00	5.00	10.00	18.00	—

Khurshed-Sawad
KM# 92 1/2 PAISA

Copper

Date	Mintage	Good	VG	F	VF	XF
AM1217 (1788)	—	6.00	12.00	20.00	30.00	—

Nagar
KM# 102.1 1/2 PAISA

Copper **Obv:** Elephant right **Note:** Weight varies: 5.18-5.83 grams.

Date	Mintage	Good	VG	F	VF	XF
AH1200	—	2.00	3.00	5.00	10.00	—
AM1215	—	2.00	3.00	5.00	10.00	—

KM# 102.6 1/2 PAISA

Copper **Obv:** Elephant left **Rev:** Similar to KM#102.1 **Note:** Weight varies 5.18-5.83 grams.

Date	Mintage	Good	VG	F	VF	XF
AM1217 (1788)	—	2.00	3.00	5.00	10.00	—

KM# 102.7 1/2 PAISA

Copper **Note:** Weight varies 5.18-5.83 grams.

Date	Mintage	Good	VG	F	VF	XF
AM1222 (1793)	—	2.00	3.00	5.00	10.00	—

KM# 102.2 1/2 PAISA

Copper **Obv:** Persian "Alif" above elephant **Note:** Weight varies 5.18-5.83 grams.

Date	Mintage	Good	VG	F	VF	XF
AM1224//1 (1796)	—	2.00	3.00	5.00	10.00	—

KM# 102.3 1/2 PAISA

Copper **Obv:** Persian "Be" above elephant **Note:** Weight varies 5.18-5.83 grams.

Date	Mintage	Good	VG	F	VF	XF
AM1225/2 (1797)	—	2.00	3.00	5.00	10.00	—

KM# 102.4 1/2 PAISA

Copper **Obv:** Persian "Te" above elephant **Note:** Weight varies 5.18-5.83 grams.

Date	Mintage	Good	VG	F	VF	XF
AM1226//3 (1798)	—	2.00	3.00	5.00	10.00	—

KM# 102.5 1/2 PAISA

Copper **Obv:** Persian "Se" above elehant **Note:** Weight varies 5.18-5.83 grams.

Date	Mintage	Good	VG	F	VF	XF
AM1227//4 (1799)	—	2.00	3.00	5.00	10.00	—

Nazarbar
KM# 112 1/2 PAISA

5.5100 g., Copper **Obv:** Retrograde date

Date	Mintage	Good	VG	F	VF	XF
AM1216 (1787)	—	15.00	25.00	35.00	50.00	—

KM# 122.1 1/2 PAISA

Copper **Obv:** Elephant left **Note:** Weight varies: 5.51-5.77 grams.

Date	Mintage	Good	VG	F	VF	XF
AH1200	—	2.00	3.00	5.00	10.00	—
AH1201	—	2.00	3.00	5.00	10.00	—
AM1215	—	1.50	2.50	4.00	8.00	—
AM1216	—	1.50	2.50	4.00	8.00	—
AM1217	—	1.50	2.50	4.00	8.00	—
AM1218	—	2.00	3.00	5.00	10.00	—
AM1219	—	2.00	3.00	5.00	10.00	—
AM1220	—	1.50	2.50	4.00	8.00	—
AM1221	—	1.50	2.50	4.00	8.00	—
AM1222	—	2.00	3.00	5.00	10.00	—
AM1223	—	2.00	3.00	5.00	10.00	—

KM# 122.2 1/2 PAISA

Copper **Obv:** Elephant right **Rev:** "Patan" at top **Note:** Weight varies: 5.51-5.77 grams.

Date	Mintage	Good	VG	F	VF	XF
AM1220 (1791)	—	2.00	3.00	5.00	10.00	—
AM1221 (1792)	—	1.50	2.50	4.00	8.00	—
AM1222 (1793)	—	1.50	2.50	4.00	8.00	—
AM1223 (1794)	—	1.50	2.50	4.00	8.00	—

KM# 122.3 1/2 PAISA

Copper **Obv:** Elephant to right **Rev:** "Patan" in center, Persian "Bahram" at top **Note:** Weight varies: 5.51-5.77 grams.

Date	Mintage	Good	VG	F	VF	XF
AM1221 (1792)	—	2.00	3.00	5.00	10.00	—
AM1222 (1793)	—	2.00	3.00	5.00	10.00	—

KM# 122.4 1/2 PAISA

Copper **Obv:** Elephant to right **Rev:** "Patan" at lower left, Persian "Bahram" at top **Note:** Weight varies: 5.51-5.77 grams.

Date	Mintage	Good	VG	F	VF	XF
AM1222 (1793)	—	2.00	3.00	5.00	10.00	—
AM1223 (1794)	—	2.00	3.00	5.00	10.00	—

KM# 122.10 1/2 PAISA

Copper **Obv:** Elephant left **Note:** Weight varies: 5.51-5.77 grams.

Date	Mintage	Good	VG	F	VF	XF
AM1222 (1793)	—	2.00	3.00	5.00	10.00	—
AM1223 (1794)	—	2.00	3.00	5.00	10.00	—

Patan
KM# 122.8 1/2 PAISA

Copper **Obv:** Elephant to right **Rev:** Without rosettes **Note:** Weight varies: 5.51-5.77 grams.

Date	Mintage	Good	VG	F	VF	XF
ND(1782-99)	—	2.00	3.00	5.00	10.00	—

KM# 122.5 1/2 PAISA

Copper **Obv:** Persian "Alif" at top **Note:** Weight varies: 5.51-5.77 grams.

Date	Mintage	Good	VG	F	VF	XF
AM1224//1 (1795)	—	1.50	2.50	4.00	8.00	—

INDIA-INDEPENDENT KINGDOMS — MYSORE

KM# 122.6 1/2 PAISA
Copper **Obv:** Elephant to right, Persian "Be" above **Note:** Weight varies: 5.51-5.77 grams.

Date	Mintage	Good	VG	F	VF	XF
AM1225/2 (1796)	—	1.50	2.50	4.00	8.00	—

KM# 122.7 1/2 PAISA
Copper **Obv:** Elephant to right, Persian "Te" above **Note:** Weight varies: 5.51-5.77 grams.

Date	Mintage	Good	VG	F	VF	XF
AM1226/3 (1797)	—	2.00	3.00	5.00	10.00	—

Salamabad
KM# 132 1/2 PAISA
Copper **Obv:** Retrograde date

Date	Mintage	Good	VG	F	VF	XF
AM1216 (1787)	—	30.00	40.00	55.00	75.00	—
AM1217 (1788)	—	30.00	40.00	55.00	75.00	—
AM1218 (1789)	—	30.00	40.00	55.00	75.00	—

Zafarabad
KM# 142 1/2 PAISA
Copper **Obv:** Retrograde date **Note:** Weight varies: 5.70-5.96 grams.

Date	Mintage	Good	VG	F	VF	XF
AM1215 (1786)	—	30.00	40.00	55.00	75.00	—
AM1216 (1787)	—	30.00	40.00	55.00	75.00	—
AM1217 (1788)	—	30.00	40.00	55.00	75.00	—
AM1218 (1789)	—	30.00	40.00	55.00	75.00	—

Bengalur
KM# 33.1 PAISA
10.5600 g., Copper **Obv:** Elephant right

Date	Mintage	Good	VG	F	VF	XF
AH1200	—	6.00	12.00	20.00	35.00	—
AM1215	—	—	—	—	—	—
AM1216	—	6.00	12.00	20.00	35.00	—

KM# 33.2 PAISA
10.5600 g., Copper **Obv:** Elephant left **Note:** Varieties exist.

Date	Mintage	Good	VG	F	VF	XF
AM1217 (1788)	—	4.00	8.00	15.00	25.00	—
AM1218 (1789)	—	4.00	8.00	15.00	25.00	—
AM1219 (1790)	—	4.00	8.00	15.00	25.00	—

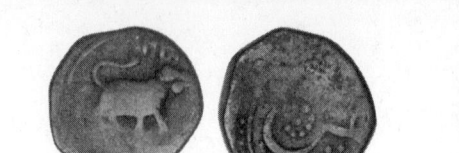

Faiz Hisar
KM# 43.3 PAISA
Copper **Obv:** Elephant right **Note:** Weight varies 11.02-11.41 grams.

Date	Mintage	Good	VG	F	VF	XF
AM1216 (1786)	—	2.00	3.50	7.00	15.00	—
AM1217 (1787)	—	2.00	3.50	7.00	15.00	—
AM1218 (1788)	—	2.00	3.50	7.00	15.00	—
AM1221 (1792)	—	2.00	3.50	7.00	15.00	—
AM1222 (1793)	—	2.00	3.50	7.00	15.00	—

KM# 43.1 PAISA
Copper **Obv:** Elephant left in circle of rosettes **Rev:** Legend in circle of rosettes **Note:** Weight varies 11.02-11.41 grams.

Date	Mintage	Good	VG	F	VF	XF
AM1215 (1786)	—	2.00	3.50	7.00	15.00	—
AM1216 (1787)	—	2.00	3.50	7.00	15.00	—

KM# 43.2 PAISA
Copper **Obv:** Elephant left in circle of dots **Rev:** Legend in circle of dots **Note:** Weight varies 11.02-11.41 grams.

Date	Mintage	Good	VG	F	VF	XF
AM1218 (1789)	—	2.00	3.50	7.00	15.00	—

KM# 43.4 PAISA
Copper **Obv:** Persian "Alif" above elephant **Note:** Weight varies 11.02-11.41 grams.

Date	Mintage	Good	VG	F	VF	XF
AM1224//1 (1795)	—	2.00	3.50	7.00	15.00	—

KM# 43.5 PAISA
Copper **Obv:** Persian "Be" above elephant **Note:** Weight varies 11.02-11.41 grams.

Date	Mintage	Good	VG	F	VF	XF
AM1225//2 (1796)	—	2.00	3.50	7.00	15.00	—

KM# 43.6 PAISA
Copper **Obv:** Persian "Te" above elephant **Note:** Weight varies 11.02-11.41 grams. Struck at Faiz Hisar Mint.

Date	Mintage	Good	VG	F	VF	XF
AM1226//3 (1797)	—	2.00	3.50	7.00	15.00	—

Farrukhi
KM# 53.1 PAISA
Copper **Obv:** Elephant right in corded border **Note:** Weight varies: 11.15-11.73 grams.

Date	Mintage	Good	VG	F	VF	XF
AM1216 (1787)	—	4.00	7.00	12.00	25.00	—

KM# 53.2 PAISA
Copper **Obv:** Elephant left in beaded border **Note:** Weight varies: 11.15-11.73 grams.

Date	Mintage	Good	VG	F	VF	XF
AM1216 (1787)	—	3.00	5.50	11.00	20.00	—
AM1217 (1788)	—	3.00	5.50	11.00	20.00	—
AM1218 (1789)	—	3.00	5.50	11.00	20.00	—
AM1219 (1790)	—	3.00	5.50	11.00	20.00	—

Farrukhyab-Hisar
KM# 63.1 PAISA
10.5600 g., Copper **Obv:** Elephant left

Date	Mintage	Good	VG	F	VF	XF
AH1201 (1786)	—	3.00	6.00	11.00	20.00	—
AM1215 (1786)	—	3.00	6.00	11.00	20.00	—
AM1216 (1787)	—	3.00	6.00	11.00	20.00	—
AM1217 (1788)	—	3.00	6.00	11.00	20.00	—
AM1218 (1789)	—	3.00	6.00	11.00	20.00	—
AM1219 (1790)	—	3.00	6.00	11.00	20.00	—

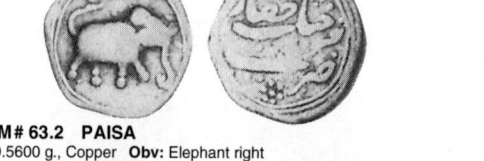

KM# 63.2 PAISA
10.5600 g., Copper **Obv:** Elephant right

Date	Mintage	Good	VG	F	VF	XF
AM1215 (1786)	—	4.00	7.00	15.00	25.00	—

Kalikut
KM# 73 PAISA
Copper **Obv:** Retrograde date **Note:** Weight varies: 11.21-11.41 grams.

Date	Mintage	Good	VG	F	VF	XF
ND(1782-99)	—	6.00	10.00	18.00	30.00	—
AH1198	—	5.00	8.00	15.00	25.00	—
AH1199	—	5.00	8.00	15.00	25.00	—
AH1200	—	5.00	8.00	15.00	25.00	—
AM1215	—	4.50	7.00	12.00	20.00	—

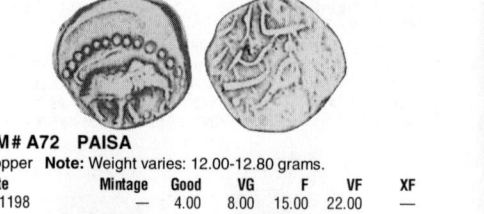

KM# A72 PAISA
Copper **Note:** Weight varies: 12.00-12.80 grams.

Date	Mintage	Good	VG	F	VF	XF
AH1198	—	4.00	8.00	15.00	22.00	—

KM# 72 PAISA
Copper **Rev:** Date **Note:** Weight varies: 11.21-11.41 grams.

Date	Mintage	Good	VG	F	VF	XF
AH1199	—	18.00	32.00	50.00	90.00	145

KM# 75 PAISA
Copper **Obv:** Elephant right, normal date above

Date	Mintage	Good	VG	F	VF	XF
AM1215	—	9.00	15.00	25.00	40.00	—

Khaliqabad
KM# 83 PAISA
Copper

Date	Mintage	Good	VG	F	VF	XF
AM1215 (1786)	—	6.00	11.00	20.00	30.00	—
AM1217 (1788)	—	6.00	11.00	20.00	30.00	—

Khurshed-Sawad
KM# 93 PAISA
11.1500 g., Copper **Obv:** Retrograde date

Date	Mintage	Good	VG	F	VF	XF
AM1217 (1788)	—	5.00	9.00	15.00	25.00	—
AM1218 (1789)	—	5.00	9.00	15.00	25.00	—

Nagar
KM# 103.1 PAISA
Copper **Note:** Weight varies: 10.82-12.51 grams.

Date	Mintage	Good	VG	F	VF	XF
AH1197	—	3.00	5.00	9.00	18.00	—
AH1198	—	3.00	5.00	9.00	18.00	—
AH1199	—	3.00	5.00	9.00	18.00	—

KM# 103.2 PAISA
Copper **Obv:** Rosette above elephant's head **Note:** Weight varies: 10.82-12.51 grams.

Date	Mintage	Good	VG	F	VF	XF
AH1197	—	3.00	5.00	9.00	18.00	—

KM# 103.3 PAISA
Copper **Obv:** Date above elephant **Note:** Weight varies: 10.82-12.51 grams.

Date	Mintage	Good	VG	F	VF	XF
AH1200 (1785)	—	3.00	5.00	9.00	18.00	—
AM1215 (1786)	—	3.00	5.00	9.00	18.00	—
AH(1)216 (1787)	—	3.00	5.00	9.00	18.00	—

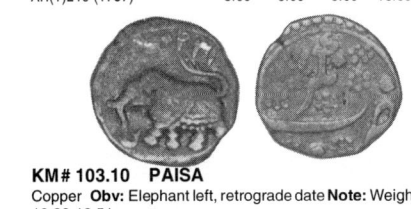

KM# 103.10 PAISA
Copper **Obv:** Elephant left, retrograde date **Note:** Weight varies 10.82-12.51 grams.

Date	Mintage	Good	VG	F	VF	XF
AM1216 (1787)	—	2.75	5.00	8.00	15.00	—
AM1217 (1788)	—	2.75	5.00	8.00	15.00	—
AM1218 (1789)	—	2.75	5.00	8.00	15.00	—
AM1219 (1790)	—	2.75	5.00	8.00	15.00	—
AM1220 (1791)	—	2.75	5.00	8.00	15.00	—
AM1221 (1792)	—	2.75	5.00	8.00	15.00	—

KM# 103.4 PAISA
Copper **Rev:** Date at bottom **Note:** Weight varies 10.82-12.51 grams.

Date	Mintage	Good	VG	F	VF	XF
AM(1)216/1225 (1788)	—	3.00	5.00	9.00	18.00	—
AM1223/1225 (1795)	—	3.00	5.00	9.00	18.00	—

KM# 103.11 PAISA
Copper **Obv:** Retrograde date **Rev:** "Nagar" at bottom **Note:** Weight varies 10.82-12.51 grams.

Date	Mintage	Good	VG	F	VF	XF
AM1222 (1793)	—	2.75	5.00	8.00	15.00	—
AM1223 (1794)	—	2.75	5.00	8.00	15.00	—

KM# 103.5 PAISA
Copper **Obv:** Similar to KM#103.3 **Rev:** Similar to KM#103.4 **Note:** Weight varies 10.82-12.51 grams. Struck at Nagar Mint.

Date	Mintage	Good	VG	F	VF	XF
AM1222 (1793)	—	3.00	5.00	9.00	18.00	—
AM1223 (1794)	—	3.00	5.00	9.00	18.00	—

KM# 103.12 PAISA
Copper **Obv:** Persiant "Alif" above elephant, retrograde date **Note:** Weight varies 10.82-12.51 grams.

Date	Mintage	Good	VG	F	VF	XF
AM1224//1 (1796)	—	3.50	6.00	10.00	18.00	—

KM# 103.6 PAISA
Copper **Obv:** Persian "Alif" above elephant **Rev:** Retrograde date **Note:** Weight varies 10.82-12.51 grams.

Date	Mintage	Good	VG	F	VF	XF
AM1224//1 (1796)	—	4.00	7.00	12.00	22.00	—

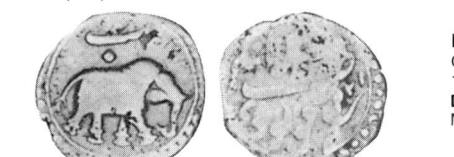

KM# 103.7 PAISA
Copper **Obv:** Persian "Be" above elephant **Note:** Weight varies 10.82-12.51 grams.

Date	Mintage	Good	VG	F	VF	XF
AM1225//2 (1797)	—	4.00	7.00	12.00	22.00	—

KM# 103.8 PAISA
Copper **Obv:** Persian "Te" above elephant **Note:** Weight varies 10.82-12.51 grams.

Date	Mintage	Good	VG	F	VF	XF
AM1226//3 (1798)	—	4.00	7.00	12.00	22.00	—

KM# 103.9 PAISA
Copper **Obv:** Persian "Se" above elephant **Rev:** Retrograde date **Note:** Weight varies 10.82-12.51 grams.

Date	Mintage	Good	VG	F	VF	XF
AM1227//4 (1799)	—	3.50	6.00	10.00	18.00	—

Nazarbar
KM# 113 PAISA
Copper **Obv:** Retrograde date

Date	Mintage	Good	VG	F	VF	XF
AM1216 (1787)	—	15.00	25.00	35.00	50.00	—

Patan
KM# 123.1 PAISA
Copper **Obv:** Elephant left **Note:** Weight varies: 10.82-12.51 grams. AM dates from 1215 to 1222 are retrograde.

Date	Mintage	Good	VG	F	VF	XF
AH1192	—	2.50	6.00	12.00	18.00	—
AH1200	—	2.50	6.00	12.00	18.00	—
AH1201	—	2.50	6.00	12.00	18.00	—
AM1215	—	2.00	4.50	9.00	15.00	—
AM1216	—	2.00	4.50	9.00	15.00	—
AM1217	—	2.00	4.50	9.00	15.00	—
AM1218	—	2.00	4.50	9.00	15.00	—
AM1219	—	2.00	4.50	9.00	15.00	—
AM1220	—	2.00	4.50	9.00	15.00	—
AM1221	—	2.00	4.50	9.00	15.00	—
AM1222	—	2.00	4.50	9.00	15.00	—

KM# A123 PAISA
Copper **Obv:** Elephant right **Note:** Weight varies: 10.82-12.51 grams.

Date	Mintage	Good	VG	F	VF	XF
AH1195	—	12.00	18.00	25.00	38.00	65.00

KM# 123.9 PAISA
Copper **Rev:** Mint name above **Note:** Weight varies: 10.82-12.51 grams.

Date	Mintage	Good	VG	F	VF	XF
ND(1782-99)	—	2.50	6.00	12.00	18.00	—

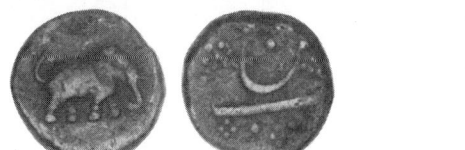

KM# 123.12 PAISA
Copper **Rev:** Rosettes **Note:** Weight varies: 10.82-12.51 grams.

Date	Mintage	Good	VG	F	VF	XF
ND(1782-99)	—	—	—	—	—	—

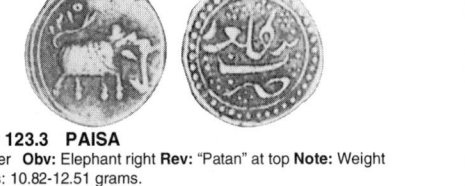

KM# 123.3 PAISA
Copper **Obv:** Elephant right **Rev:** "Patan" at top **Note:** Weight varies: 10.82-12.51 grams.

Date	Mintage	Good	VG	F	VF	XF
AH1200	—	2.50	6.00	12.00	18.00	—
AH1260 Error for 1220	—	2.50	6.00	12.00	18.00	—
AM1221	—	2.50	6.00	12.00	18.00	—
AM1222	—	2.50	6.00	12.00	18.00	—
AM1223	—	2.50	6.00	12.00	18.00	—

KM# 123.2 PAISA
Copper **Obv:** Persian legend above elephant **Rev:** Persian "Zahra" at top **Note:** Weight varies: 10.82-12.51 grams.

Date	Mintage	Good	VG	F	VF	XF
AM1221 (1792)	—	2.00	4.50	9.00	15.00	—
AM1222 (1793)	—	2.00	4.50	9.00	15.00	—

KM# 123.4 PAISA
Copper **Rev:** "Patan" in center **Note:** Weight varies: 10.82-12.51 grams.

Date	Mintage	Good	VG	F	VF	XF
AM1221 (1792)	—	2.00	4.50	9.00	15.00	—

KM# 123.10 PAISA
Copper **Obv:** Only date above elephant, "Zahrah" at top **Rev:** Mint name at top **Note:** Weight varies: 10.82-12.51 grams.

Date	Mintage	Good	VG	F	VF	XF
AM1221 (1792)	—	4.00	8.00	15.00	22.00	—

KM# 123.5 PAISA
Copper **Obv:** Retrograde date **Rev:** "Patan" at bottom, "Zahrah" at top **Note:** Weight varies: 10.82-12.51 grams.

Date	Mintage	Good	VG	F	VF	XF
AM1222 (1793)	—	12.00	22.00	40.00	60.00	90.00
AM1223 (1794)	—	12.00	22.00	40.00	60.00	90.00

KM# 123.11 PAISA
Copper **Note:** Weight varies: 10.82-12.51 grams.

Date	Mintage	Good	VG	F	VF	XF
AM1222 (1793)	—	—	—	—	—	—
AM1223 (1794)	—	—	—	—	—	—

KM# 123.6 PAISA
Copper **Obv:** Persian "Alif" above elephant **Rev:** Retrograde date **Note:** Weight varies: 10.82-12.51 grams.

Date	Mintage	Good	VG	F	VF	XF
AM1224/1 (1795)	—	4.00	8.00	15.00	22.00	—

KM# 123.7 PAISA
Copper **Obv:** Persian "Be" above elephant **Note:** Weight varies: 10.82-12.51 grams.

Date	Mintage	Good	VG	F	VF	XF
AM1225//2 (1796)	—	4.00	8.00	15.00	22.00	—

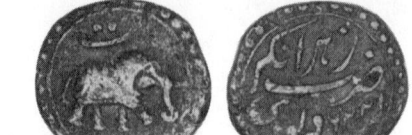

KM# 123.8 PAISA
Copper **Obv:** Persian "Te" above elephant **Note:** Weight varies: 10.82-12.51 grams.

Date	Mintage	Good	VG	F	VF	XF
AM1226//3 (1797)	—	4.00	8.00	15.00	22.00	—

KM# 123.13 PAISA
Copper **Obv:** Persian "Sheen" above elephant **Note:** Weight varies: 10.82-12.51 grams. Struck at Patan Mint (Seringapatan).

Date	Mintage	Good	VG	F	VF	XF
AM1227//4 (1798)	—	4.00	8.00	15.00	22.00	—

Sakkar Kot

KM# A130 PAISA
Copper **Obv:** Elephant right **Rev:** Date **Note:** Struck at Sakkar Kot Mint.

Date	Mintage	VG	F	VF	XF	Unc
AH1198	—	—	—	—	—	—

Salamabad
KM# 133 PAISA
Copper **Obv:** Elephant to left, retrograde date above **Rev:** Mint

Date	Mintage	Good	VG	F	VF	XF
AM1216 (1787)	—	40.00	55.00	75.00	100	—
AM1217 (1788)	—	40.00	55.00	75.00	100	—
AM1218 (1789)	—	40.00	55.00	75.00	100	—

Zafarabad
KM# 143 PAISA
Copper **Obv:** Retrograde date

Date	Mintage	Good	VG	F	VF	XF
AM1216 (1787)	—	30.00	40.00	55.00	75.00	—
AM1218 (1700)	—	30.00	40.00	55.00	75.00	—

Farrukhi
KM# 54 2 PAISA
22.1600 g., Copper

Date	Mintage	Good	VG	F	VF	XF
AM1217//6 (1788)	—	—	—	—	—	—
AM1218 (1789)	—	25.00	40.00	65.00	125	—

Farrukhyab-Hisar
KM# 64 2 PAISA
Copper

Date	Mintage	Good	VG	F	VF	XF
AM1218 (1789)	—	25.00	40.00	65.00	125	—
AM1219 (1790)	—	25.00	40.00	65.00	125	—

Nagar
KM# 104.1 2 PAISA
Copper **Obv:** Elephant right **Rev:** Without rosettes **Note:** Weight varies 21.45-22.81 grams.

Date	Mintage	Good	VG	F	VF	XF
AM1218 (1789)	—	18.00	30.00	45.00	90.00	—

KM# 104.5 2 PAISA
Copper **Obv:** Elephant left, retrograde date **Rev:** Without rosettes **Note:** Weight varies 21.45-22.81 grams.

Date	Mintage	Good	VG	F	VF	XF
AM1222 (1793)	—	18.00	30.00	45.00	90.00	—
AM1223 (1794)	—	18.00	30.00	45.00	90.00	—

KM# 104.2 2 PAISA
Copper **Obv:** Persian "Alif" in flag **Rev:** Rosettes, retrograde date **Note:** Weight varies 21.45-22.81 grams.

Date	Mintage	Good	VG	F	VF	XF
AM1224//1 (1796)	—	18.00	30.00	45.00	90.00	—

KM# 104.3 2 PAISA
Copper **Obv:** Persian "Be" in flag **Note:** Weight varies 21.45-22.81 grams. Struck at Nagar Mint.

Date	Mintage	Good	VG	F	VF	XF
AM1225//2 (1797)	—	18.00	30.00	45.00	90.00	—

KM# 104.4 2 PAISA
Copper **Obv:** Persian "Te" in flag **Rev:** Retrograde date **Note:** Weight varies 21.45-22.81 grams.

Date	Mintage	Good	VG	F	VF	XF
AM1226//3 (1798)	—	18.00	30.00	45.00	90.00	—

Date	Mintage	VG	F	VF	XF	Unc
AM1222//10 (1793)	—	30.00	50.00	70.00	100	—
AM1224//11 (1795)	—	30.00	50.00	70.00	100	—

Nagar
KM# 105 1/2 RUPEE
Silver **Note:** Weight varies 5.35-5.80 grams. Struck at Nagar Mint.

Date	Mintage	VG	F	VF	XF	Unc
AM1215 (1786)	—	40.00	65.00	100	150	—

Patan
KM# 124.1 2 PAISA
Copper **Obv:** Elephant left with trunk raised **Note:** Weight varies: 21.45-22.81 grams.

Date	Mintage	Good	VG	F	VF	XF
AM1218 (1789)	—	12.00	20.00	35.00	60.00	—
AM1219 (1790)	—	12.00	20.00	35.00	60.00	—
AM1220 (1791)	—	—	—	—	—	—

Note: Reported, not confirmed

Date	Mintage	Good	VG	F	VF	XF
AM1221 (1792)	—	12.00	20.00	35.00	60.00	—

KM# 124.5 2 PAISA
Copper **Obv:** Persian "Alif" in flag **Rev:** Retrograde date **Note:** Weight varies: 21.45-22.81 grams.

Date	Mintage	Good	VG	F	VF	XF
AM1224//1 (1795)	—	12.00	20.00	35.00	60.00	—

Patan
KM# 125 1/2 RUPEE
Silver **Note:** Weight varies: 5-35-5.80 grams.

Date	Mintage	VG	F	VF	XF	Unc
AH1200//4 (1785)	—	30.00	50.00	70.00	100	—
AM1215//5 (1786)	—	30.00	50.00	70.00	100	—
AM1216//6 (1787)	—	30.00	50.00	70.00	100	—
AM1217//7 (1788)	—	30.00	50.00	70.00	100	—
AM1218//8 (1789)	—	30.00	50.00	70.00	100	—
AM1219//9 (1790)	—	30.00	50.00	70.00	100	—
AM1220//10 (1791)	—	30.00	50.00	70.00	100	—
AM1221//11 (1792)	—	30.00	50.00	70.00	100	—
AM1222//12 (1793)	—	30.00	50.00	70.00	100	—
AM1224//14 (1795)	—	30.00	50.00	70.00	100	—

KM# 124.6 2 PAISA
Copper **Obv:** Persian "Be" in flag **Note:** Weight varies: 21.45-22.81 grams. Struck at Patan Mint (Seringapatan).

Date	Mintage	Good	VG	F	VF	XF
AM1225//2 (1796)	—	17.50	30.00	50.00	80.00	—

Patan
KM# A125 1/32 RUPEE
Silver **Note:** Weight varies: .34-.36 grams.

Date	Mintage	VG	F	VF	XF	Unc
AM1222//10 (1793) Rare	—	—	—	—	—	—

KM# 124.2 2 PAISA
Copper **Obv:** Elephant right with trunk raised, retrograde date **Rev:** Legend "Patan" at top left **Note:** Weight varies: 21.45-22.81 grams.

Date	Mintage	Good	VG	F	VF	XF
AM1218 (1789)	—	12.00	20.00	35.00	60.00	—
AM1219 (1790)	—	12.00	20.00	35.00	60.00	—
AM1220 (1791)	—	—	—	—	—	—

Note: Reported, not confirmed

Dharwar
KM# 40 RUPEE
Silver

Date	Mintage	VG	F	VF	XF	Unc
1216	—	—	—	—	—	—

Patan
KM# B125 1/16 RUPEE
Silver **Note:** Weight varies: 0.68-0.72 grams.

Date	Mintage	VG	F	VF	XF	Unc
AM1220//10 (1791)	—	45.00	70.00	100	150	—
AM1221//11 (1792)	—	45.00	70.00	100	150	—
AM1222//12 (1793)	—	45.00	70.00	100	150	—
AM1223//13 (1794)	—	45.00	70.00	100	150	—
AM1224//14 (1795)	—	45.00	70.00	100	150	—
AM1225//15 (1796)	—	45.00	70.00	100	150	—
AM1226//16 (1797)	—	45.00	70.00	100	150	—

KM# 124.3 2 PAISA
Copper **Obv:** Persian legend above elephant **Rev:** "Patan" in center **Note:** Weight varies: 21.45-22.81 grams.

Date	Mintage	Good	VG	F	VF	XF
AM1221 (1792)	—	12.00	20.00	35.00	60.00	—

Farrukhi
KM# 57 RUPEE
Silver

Date	Mintage	VG	F	VF	XF	Unc
AM1217//6 (1788)	—	90.00	150	250	400	—

Kalikut
KM# 76 RUPEE
Silver **Note:** Weight varies: 10.70-11.60 grams.

Date	Mintage	VG	F	VF	XF	Unc
AM1215//5 (1786)	—	175	350	600	1,000	—

Patan
KM# C125 1/8 RUPEE
Silver **Note:** Weight varies: 1.34-1.45 grams.

Date	Mintage	VG	F	VF	XF	Unc
AM1218//8 (1789)	—	30.00	50.00	70.00	100	—
AM1220//10 (1791)	—	30.00	50.00	70.00	100	—
AM1221//11 (1792)	—	30.00	50.00	70.00	100	—
AM1222//12 (1793)	—	30.00	50.00	70.00	100	—
AM1223//13 (1794)	—	30.00	50.00	70.00	100	—
AM1224//14 (1795)	—	30.00	50.00	70.00	100	—
AM1225//15 (1796)	—	30.00	50.00	70.00	100	—
AM1226//16 (1797)	—	30.00	50.00	70.00	100	—

KM# 124.4 2 PAISA
Copper **Obv:** Persian legend below flag, retrograde date **Note:** Weight varies: 21.45-22.81 grams.

Date	Mintage	Good	VG	F	VF	XF
AM1222 (1793)	—	12.00	20.00	35.00	60.00	—
AM1223 (1794)	—	20.00	35.00	55.00	90.00	—

Khurshed-Sawad
KM# 96 RUPEE
Silver **Note:** Weight varies 10.70-11.60 grams.

Date	Mintage	VG	F	VF	XF	Unc
AM1216//6 (1787)	—	125	275	500	900	—
AM1217//7 (1788)	—	125	275	500	900	—
AM1218//8 (1789)	—	125	275	500	900	—

Patan
KM# D125 1/4 RUPEE
Silver **Note:** Weight varies: 2.68-2.90 grams.

Date	Mintage	VG	F	VF	XF	Unc
AM1216//6 (1787)	—	30.00	50.00	70.00	100	—
AM1217//7 (1788)	—	30.00	50.00	70.00	100	—
AM1218//7 (1789)	—	30.00	50.00	70.00	100	—
AM1218//8 (1789)	—	30.00	50.00	70.00	100	—
AM1219//9 (1790)	—	30.00	50.00	70.00	100	—
AM1221//9 (1791)	—	30.00	50.00	70.00	100	—
AM1221//11 (1792)	—	30.00	50.00	70.00	100	—

Nagar
KM# 106 RUPEE
Silver **Note:** Weight varies 10.70-11.60 grams.

Date	Mintage	VG	F	VF	XF	Unc
AH1200	—	50.00	75.00	110	160	—
AM1216	—	50.00	75.00	110	160	—

INDIA-INDEPENDENT KINGDOMS — MYSORE

Date	Mintage	VG	F	VF	XF	Unc
AM1217	—	—	12.00	17.50	35.00	—
AM1218	—	—	12.00	17.50	35.00	—
AM1219	—	—	12.00	17.50	35.00	—
AM1220	—	—	12.00	17.50	35.00	—
AM1221	—	—	12.00	17.50	35.00	—
AM1222	—	—	12.00	17.50	35.00	—
AM1223	—	—	12.00	17.50	35.00	—

Patan
KM# 126 RUPEE
Silver **Note:** Weight varies: 10.70-11.60 grams.

Date	Mintage	VG	F	VF	XF	Unc
AH1200/4 (1785)	—	15.00	22.50	32.50	50.00	—
AM1216/6 (1787)	—	15.00	22.50	32.50	50.00	—
AM1217/7 (1789)	—	15.00	22.50	32.50	50.00	—
AM1218/8 (1789)	—	15.00	22.50	32.50	50.00	—
AM1219/9 (1790)	—	15.00	22.50	32.50	50.00	—
AM1220/10 (1791)	—	15.00	22.50	32.50	50.00	—
AM1223/13 (1794)	—	15.00	22.50	32.50	50.00	—

KM# 127a 2 RUPEES
Silver **Obv:** Without rosettes **Rev:** Fields without rosettes
Note: Weight varies: 21.40-23.20 grams. Dav. #250.

Date	Mintage	VG	F	VF	XF	Unc
AH1200/4 (1785)	—	90.00	150	250	400	—
AM1216/6 (1787)	—	90.00	150	250	400	—
AM1217/7 (1788)	—	90.00	150	250	400	—
AM1218/8 (1789)	—	90.00	150	250	400	—
AM1219/9 (1790)	—	90.00	150	250	400	—
AM1220/10 (1791)	—	90.00	150	250	400	—

Dharwar
KM# 99 PAGODA
3.4000 g., Gold

Date	Mintage	VG	F	VF	XF	Unc
AM1216 (1787)	—	—	140	200	350	450
AM1216/6 (1787)	—	—	140	200	350	450

Kalikut
KM# 77 2 RUPEES
Silver **Note:** Weight varies: 21.40-23.20 grams. Dav. #249.

Date	Mintage	VG	F	VF	XF	Unc
AM1215 (1786)	—	400	800	1,500	2,500	—

Farrukhi
KM# 58 FANAM
Gold **Note:** Weight varies: 0.33-0.40 grams.

Date	Mintage	VG	F	VF	XF	Unc
AM1216 (1787)	—	—	17.00	22.00	30.00	55.00
AM1217 (1788)	—	—	17.00	22.00	30.00	55.00
AM1218 (1789)	—	—	17.00	22.00	30.00	55.00

Farrukhyab-Hisar
KM# 211 PAGODA
3.4000 g., Gold

Date	Mintage	Good	VG	F	VF	XF
ND(1782-99)	—	—	110	120	160	185

Kalikut
KM# 78 FANAM
Gold **Note:** Weight varies: 0.33-0.40 grams.

Date	Mintage	VG	F	VF	XF	Unc
AH1198	—	—	12.00	18.00	25.00	35.00
AH1199	—	—	12.00	18.00	25.00	35.00
AH1200	—	—	12.00	18.00	25.00	35.00
AM1215	—	—	12.00	18.00	25.00	35.00

Khurshed-Sawad
KM# 99a PAGODA
3.4000 g., Gold

Date	Mintage	VG	F	VF	XF	Unc
AM1217 (1788)	—	—	125	150	225	275
AM1218 (1789)	—	—	125	150	225	275

Khaliqabad
KM# 88 FANAM
Gold **Note:** Weight varies: 0.33-0.40 grams.

Date	Mintage	VG	F	VF	XF	Unc
AM1215 (1786)	—	—	12.50	20.00	45.00	55.00
AM1217 (1788)	—	—	12.50	20.00	45.00	55.00

Nagar
KM# 107 2 RUPEES
Silver **Note:** Weight varies 21.40-23.20 grams. Dav. #249.

Date	Mintage	VG	F	VF	XF	Unc
AH1200/4	—	150	225	350	500	—
AM1215	—	150	225	350	500	—

Khurshed-Sawad
KM# 98 FANAM
Gold, 7-8 mm. **Note:** Size varies. Weight varies: 0.33-0.40 grams.

Date	Mintage	VG	F	VF	XF	Unc
AM1216 (1787)	—	—	18.50	28.00	45.00	55.00

Nagar
KM# 109 PAGODA
3.4000 g., Gold

Date	Mintage	VG	F	VF	XF	Unc
AH1198/2	—	—	125	150	225	275
AH1199/3	—	—	125	150	225	275
AH1200/4	—	—	125	150	225	275

Nagar
KM# 108 FANAM
Gold **Note:** Weight varies: 0.33-0.40 grams.

Date	Mintage	VG	F	VF	XF	Unc
AH1197	—	—	12.50	17.50	25.00	35.00
AH1198	—	—	12.50	17.50	25.00	35.00
AH1199	—	—	12.50	17.50	25.00	35.00
AH1200	—	—	12.50	17.50	25.00	35.00
AM1215	—	—	12.50	17.50	25.00	35.00
AM1216	—	—	12.50	17.50	25.00	35.00
AM1217	—	—	12.50	17.50	25.00	35.00
AM1220	—	—	12.50	17.50	25.00	35.00
AM1221	—	—	12.50	17.50	25.00	35.00

KM# A110 PAGODA
3.4000 g., Gold

Date	Mintage	VG	F	VF	XF	Unc
AM1215/5 (1786)	—	—	110	125	175	225
AM1216/6 (1787)	—	—	110	125	175	225
AM1217 (1788)	—	—	110	125	175	225

Patan
KM# 127 2 RUPEES
Silver **Note:** Weight varies: 21.40-23.20 grams. Dav. #249.

Date	Mintage	VG	F	VF	XF	Unc
AH1198/2	—	90.00	150	250	400	—
AH1198/3	—	90.00	150	250	400	—
AH1199/3	—	90.00	150	250	400	—
AH1200/4	—	90.00	150	250	400	—
AM1215/5	—	90.00	150	250	400	—
AM1216/6	—	90.00	150	250	400	—

Patan
KM# 129 PAGODA
3.4000 g., Gold

Date	Mintage	VG	F	VF	XF	Unc
AH1197/1	—	—	115	135	200	240
AH1198/2	—	—	115	135	200	240
AH1200	—	—	115	135	200	240

Patan
KM# 128.1 FANAM
Gold **Note:** Weight varies: 0.33-0.40 grams.

Date	Mintage	VG	F	VF	XF	Unc
AH1197	—	—	12.00	17.50	35.00	—
AH1198	—	—	12.00	17.50	35.00	—
AH1199	—	—	12.00	17.50	35.00	—
AH1200	—	—	12.00	17.50	35.00	—
AH1201	—	—	12.00	17.50	35.00	—
AM1215	—	—	12.00	17.50	35.00	—
AM1216	—	—	12.00	17.50	35.00	—

KM# 129a PAGODA
3.4000 g., Gold

Date	Mintage	VG	F	VF	XF	Unc
AM1215/5 (1786)	—	—	110	125	175	225
AM1216/6 (1787)	—	—	110	125	175	225
AM1217/7 (1788)	—	—	110	125	175	225
AM1218/8 (1789)	—	—	110	125	175	225

Date	Mintage	VG	F	VF	XF	Unc
AM1219/9 (1790)	—	—	110	125	175	225
AM1220/10 (1791)	—	—	110	125	175	225
AM1221/11 (1792)	—	—	110	125	175	225
AM1223/13 (1794)	—	—	110	125	175	225

Patan
KM# A129 2 PAGODAS
Gold **Note:** Weight varies: 6.80-6.90 grams.

Date	Mintage	VG	F	VF	XF	Unc
AM1216/6 (1787)	—	—	850	1,650	2,750	3,500
AM1217/7 (1788)	—	—	850	1,650	2,750	3,500
AM1218/8 (1789)	—	—	850	1,650	2,750	3,500
AM1219/9 (1790)	—	—	850	1,650	2,750	3,500

Nagar
KM# 110 4 PAGODAS
13.6000 g., Gold

Date	Mintage	VG	F	VF	XF	Unc
AM1216 (1787) Rare	—	—	—	—	—	—

Patan
KM# B129 4 PAGODAS
13.6000 g., Gold **Note:** KM#B129 is reported as also being struck on the lighter mohur standard of 11.0 grams. Dates of AH1197 and 1199 have been recorded.

Date	Mintage	VG	F	VF	XF	Unc
AH1197/1	—	—	1,200	2,000	3,500	4,250
AM1198/2	—	—	1,200	2,000	3,500	4,250
AM1199/3	—	—	1,200	2,000	3,500	4,250
AM1200/4	—	—	1,200	2,000	3,500	4,250
AM1215/5	—	—	1,200	2,000	3,500	4,250
AM1217/7	—	—	1,200	2,000	3,500	4,250
AM1218/8	—	—	1,200	2,000	3,500	4,250
AM1219/9	—	—	1,200	2,000	3,500	4,250

PUDUKKOTTAI

Pudukota

Raghunatha Raya Tondaiman founded Pudukkottai in 1686 when he defeated the Pallavaraya chiefs of the area. The family came from Tondaimandalam, a small village near Tirupathi, and belonged to the Kallen (or robber) caste. In the late 18th century the Tondaimans aided the British in their struggles against the French in the Carnatic. With British ascendancy, the Pudukkottai rulers were confirmed in their control of the region. This was regularized in 1806 when, subject to a yearly tribute of one elephant, the rajas of Pudukkottai were guaranteed their position. In 1948 the State was merged into the Trichinopoly District.

INDEPENDENT KINGDOM

Martanda Bhairava

HAMMERED COINAGE

KM# 3.2 AMMAN CASH
1.3000 g., Copper **Obv:** Seated Goddess Brihadamba facing **Rev:** Telugu: Vijaya **Note:** Fine style.

Date	Mintage	Good	VG	F	VF	XF
ND(1550-1750)	—	0.35	0.90	1.50	2.50	4.00

KM# 3.1 AMMAN CASH
1.3000 g., Copper **Obv:** Goddess Brihadamba seated facing **Rev:** Telugu: "Vijaya" **Note:** Crude style.

Date	Mintage	VG	F	VF	XF	Unc
ND(1550-1750)	—	0.90	1.50	2.50	4.00	—

ROHILKHAND

The Nawabs of Rohilkhand were Rohillas who traced their origins to Sardar Daud Khan (d. 1749), an Afghan adventurer. Daud Khan's adopted son, Ali Muhammed, annexed a huge tract of land north of the Ganges between Itawa and the Himalayas, and received the Nawab title from the Mughal emperor.

In 1754 this territory was partitioned among his many sons, who thereafter formed a loose confederacy, alternately given to feuding internally and uniting to meet aggression by the Mar-

athas, Awadh, and Imperial forces in turn. By the end of the century Rohilla power had been crushed by the combined forces of Awadh and the British, leaving only Rampur in Rohilla hands under the sovereignty of Nawab Faizullah Khan. In 1801 Rampur was ceded to the East India Company and in 1950 it was absorbed into Uttar Pradesh.

RULERS

Bareli Mint
Hafiz Rahmat Khan, AH1167-88/1754-74AD
NOTE: For issues struck in the name of Ahmad Shah Durrani, see Afghanistan, Durrani Empire, Bareli.

Bisauli Mint
Abdullah Khan, AH1167-74/1754-61AD
Nasrulla Khan, AH1175-83/1761-70AD
Dunde Khan, AH1184/1770AD
Muhib-ud-daula, AH1184-88/1770-74AD

Itawa Mint
Inayat Khan, AH1176-84/1762-71AD

Muradabad Mint
Hafiz Rahmat Khan, AH1167-88/1754-59AD
NOTE: For issues in the name of Ahmad Shah Durrani, see Afghanistan, Durrani Empire, Muradabad.

Najafgarh Mint
Nawab Najaf Khan, AH1180-96/1766-82AD
Afrasyab Khan, AH1196-98/1782-84AD

Najibabad Mint
Najib Khan alias Najib-ud-daula, AH1166-83/1753-70AD
Zabita Khan, AH1183-88/1770-74AD

This mint city was named for its governor Najib Khan. Its coins begin in the second year of the Mughal Emperor Alamgir II. For issues in the name of Ahmad Shah Durrani, see Afghanistan Durrani Empire, Najibabad.

Rampur Mint
Faizullah Khan, AH1167-1208/1754-1794AD
Muhammad Ali Khan, AH1209-/1794-AD

MINTS

Mint name: Anwala

Mint name: Asafnagar

Mint name: Bareli

Type I — Type II

Mint name: Bisauli
NOTE: The Bisauli mint became inactive after conquest by Awadh AH1888/R.Y. 15/1774AD

Mint name: Itawa

Mint name: Mujibalanagar

Mint name: Muradabad

Mint name: Najafgarh

Mint name: Najibabad

Mint name: Nasrullanagar
The mint of Zabita Khan of Saharanpur

Mint name: Qasbah Panipat

Shahabad Qanauj

Mint name: Mustafabad
(tentative attribution)

INDEPENDENT KINGDOM

HAMMERED COINAGE

Muradabad
KM# A70 PAISA
19.2000 g., Copper **Obv:** Inscription: Alamgir II **Note:** Struck during the reign of local ruler Hafiz Rahmat Khan, AH1167-88/1754-74AD, at the Muradabad Mint.

Date	Mintage	VG	F	VF	XF	Unc
Yr.2	—	—	—	—	—	—

Najibabad
KM# 91 PAISA
Copper **Obv. Inscription:** Shah Alam II

Date	Mintage	Good	VG	F	VF	XF
AH1176/3	—	2.00	4.00	6.50	10.00	—
AH1176/4	—	2.00	4.00	6.50	10.00	—
AH1177/4	—	2.00	4.00	6.50	10.00	—
AH1177/5	—	2.00	4.00	6.50	10.00	—
AH1178/5	—	2.00	4.00	6.50	10.00	—
AH1178/6	—	2.00	4.00	6.50	10.00	—
AH1179/6	—	2.00	4.00	6.50	10.00	—
AH1179/7	—	2.00	4.00	6.50	10.00	—
AH1180/8	—	2.00	4.00	6.50	10.00	—
AH1181/9	—	2.00	4.00	6.50	10.00	—
AH1182/9	—	2.00	4.00	6.50	10.00	—
AH1182/10	—	2.00	4.00	6.50	10.00	—
AH1183/11	—	2.00	4.00	6.50	10.00	—
AH1184/11	—	2.00	4.00	6.50	10.00	—
AH1185/12	—	2.00	4.00	6.50	10.00	—
AH1185/13	—	2.00	4.00	6.50	10.00	—
AH1186/13	—	2.00	4.00	6.50	10.00	—
AH1187/15	—	2.00	4.00	6.50	10.00	—
AH1188/16	—	2.00	4.00	6.50	10.00	—

Anwala
KM# 6 RUPEE
Silver **Obv. Inscription:** Shah Alam II **Note:** Weight varies: 10.70-11.60 grams. For issues in the name of Ahmad Shah Durrani, see Afghanistan Durrani Empire, Anwala. Anwala is the Persian rendition of the Hindi Anola.

Date	Mintage	VG	F	VF	XF	Unc
AH-/2	—	12.50	20.00	26.50	33.50	—
AH1175/3	—	12.50	20.00	26.50	33.50	—

KM# 16.1 RUPEE
Silver **Obv. Legend:** "Fazi-i-Hami Din" **Obv. Inscription:** Shah Alam II **Rev:** Dot in lillies

Date	Mintage	VG	F	VF	XF	Unc
AH1174/2	—	10.00	12.50	18.50	25.00	—
AH1175/3	—	10.00	12.50	18.50	25.00	—
AH1176/3	—	10.00	12.50	18.50	25.00	—
AH1176/4	—	10.00	12.50	18.50	25.00	—

KM# 10 RUPEE
Silver **Obv. Legend:** "Badshah Ghazi" **Obv. Inscription:** Shah Alam II

Date	Mintage	VG	F	VF	XF	Unc
AH1176/4	—	12.50	16.50	20.00	30.00	—

INDIA-INDEPENDENT KINGDOMS — ROHILKHAND

KM# 16.2 RUPEE
Silver **Obv. Inscription:** Shah Alam II **Rev:** Cluster of cross-like ornaments

Date	Mintage	VG	F	VF	XF	Unc
AH1183/11	—	12.50	17.50	22.50	30.00	—
AH1184/11	—	12.50	17.50	22.50	30.00	—

KM# 16.3 RUPEE
Silver **Obv. Inscription:** Shah Alam II **Rev:** Fish and rosette

Date	Mintage	VG	F	VF	XF	Unc
AH1184/12	—	12.50	20.00	30.00	40.00	—

KM# 16.4 RUPEE
Silver **Obv. Inscription:** Shah Alam II **Rev:** Pretzel shape and rosette **Note:** The Anwala mint became inactive after conquest by Awadh AH1188/R.Y.15/1744AD.

Date	Mintage	VG	F	VF	XF	Unc
AH1185/13	—	12.50	20.00	30.00	40.00	—

Asafnagar
KM# 26 RUPEE
Silver **Obv. Inscription:** Shah Alam II **Note:** Weight varies: 10.70-11.60 grams. For issues of Asafnagar mint dated later than AH1188/R.Y.15, see Awadh.

Date	Mintage	VG	F	VF	XF	Unc
AH-/14	—	16.50	27.50	37.50	50.00	—

Bareli
KM# 32 RUPEE
Silver **Obv. Inscription:** Alamgir II **Rev:** Quatrefoil **Note:** Weight varies: 10.70-11.60 grams. Struck during the reign of local ruler, Hafiz Rahmat Khan, AH1167-88/1754-74AD. For issue of Asafnagar mint dated later that AH1188/R.Y.15, see Awadh.

Date	Mintage	VG	F	VF	XF	Unc
AH-//1	—	15.00	25.00	40.00	60.00	—
AH-//2	—	15.00	25.00	40.00	60.00	—
AH1172//6	—	15.00	25.00	40.00	60.00	—

KM# 36.1 RUPEE
Silver **Obv. Inscription:** Shah Alam II **Rev:** Scimitar **Note:** Struck during the reign of local ruler, Hafiz Rahmat Khan, AH1167-88/1754-74AD. Weight varies: 10.70-11.60 grams.

Date	Mintage	VG	F	VF	XF	Unc
AH1173/2	—	12.50	16.50	22.50	30.00	—

KM# 36.2 RUPEE
Silver **Obv. Inscription:** Shah Alam II **Rev:** Rosettes **Note:** Struck during the reign of local ruler, Hafiz Rahmat Khan, AH1167-88/1754-74AD. Weight varies: 10.70-11.60 grams.

Date	Mintage	VG	F	VF	XF	Unc
AH1174/2	—	9.00	12.50	16.50	22.50	—
AH1174/3	—	9.00	12.50	16.50	22.50	—
AH1175/3	—	9.00	12.50	16.50	22.50	—
AH1177/4	—	9.00	12.50	16.50	22.50	—
AH1183/10	—	9.00	12.50	16.50	22.50	—
AH1184/10	—	9.00	12.50	16.50	22.50	—
AH1184/11	—	9.00	12.50	16.50	22.50	—
AH1184/12	—	9.00	12.50	16.50	22.50	—
AH1185/12	—	9.00	12.50	16.50	22.50	—

KM# 36.3 RUPEE
Silver, 23 mm. **Obv. Inscription:** Shah Alam II **Rev:** Crescent, stars, and rosettes **Note:** Struck during the reign of local ruler, Hafiz Rahmat Khan, AH1167-88/1754-74AD. Weight varies: 10.70-11.60 grams.

Date	Mintage	VG	F	VF	XF	Unc
AH1177/4	—	10.00	15.00	20.00	27.50	—
AH1177/5	—	10.00	15.00	20.00	27.50	—

KM# 36.4 RUPEE
Silver **Obv. Inscription:** Shah Alam II **Rev:** Lamp shade and rosettes **Note:** Struck during the reign of local ruler, Hafiz Rahmat Khan, AH1167-88/1754-74AD. Weight varies: 10.70-11.60 grams.

Date	Mintage	VG	F	VF	XF	Unc
AH1178/5	—	10.00	15.00	20.00	27.50	—

KM# 36.5 RUPEE
Silver **Obv. Inscription:** Shah Alam II **Rev:** Danda (mace) and rosettes **Note:** Struck during the reign of local ruler, Hafiz Rahmat Khan, AH1167-88/1754-74A. Weight varies: 10.70-11.60 grams. For issues of Bareli mint later that AH1188/R.Y. 15, see Indian Princely State, Awadh.

Date	Mintage	VG	F	VF	XF	Unc
AH1181/9	—	10.00	15.00	20.00	27.50	—

Bisauli
KM# 56.1 RUPEE
Silver **Obv. Inscription:** Shah Alam II **Note:** Weight varies: 10.70-11.60 grams. Mintname: Type I.

Date	Mintage	VG	F	VF	XF	Unc
AH1182/10	—	14.00	22.50	30.00	40.00	—
AH1186//14	—	14.00	22.50	30.00	40.00	—

KM# 56.2 RUPEE
Silver **Obv. Inscription:** Shah Alam II **Note:** Weight varies: 10.70-11.60 grams. Mintname: Type II. The Bisauli mint became inactive after conquest by Awadh AH1188/R.Y.15/1774AD.

Date	Mintage	VG	F	VF	XF	Unc
AH1182/10	—	14.00	22.50	30.00	40.00	—
AH1183/11	—	14.00	22.50	30.00	40.00	—
AH1184/11	—	14.00	22.50	30.00	40.00	—

Itawa
KM# 66 RUPEE
Silver **Obv:** Sword. **Inscription:** Shah Alam II **Note:** Weight varies: 10.70-11.60 grams. For later issues from Itawa mint dated AH1185/12 and 1186/13, see Maratha Confederacy, Peshwa. For issues dated AH1187/14 and later, see Awadh.

Date	Mintage	VG	F	VF	XF	Unc
AH1173/1	—	12.00	16.00	22.50	35.00	—
AH1176/3	—	10.00	13.50	18.50	28.50	—
AH1177/4	—	10.00	13.50	18.50	28.50	—
AH1179/5	—	10.00	13.50	18.50	28.50	—
AH1180/6	—	10.00	13.50	18.50	28.50	—
AH118x/7	—	10.00	13.50	18.50	28.50	—

Mujibullanagar
KM# 70 RUPEE
Silver **Obv. Inscription:** Shah Alam II **Note:** For issues in the name of Ahmad Shah Durrani, see Afghanistan, Durrani Empire, Muradabad.

Date	Mintage	VG	F	VF	XF	Unc
AH-/14 Rare	—	—	—	—	—	—

Muradabad
KM# 76.1 RUPEE
Silver **Obv:** Trefoil **Obv. Inscription:** Alamgir II **Rev:** Legend and anchor **Rev. Legend:** "Jalus Sanah" **Note:** Struck during the reign of local ruler Hafiz Rahmat Khan, AH1167-88/1754-74AD. Weight varies: 10.70-11.60 grams.

Date	Mintage	VG	F	VF	XF	Unc
AH1168/1	—	10.00	15.00	20.00	27.50	—
AH1168/2	—	10.00	15.00	20.00	27.50	—
AH-/3	—	10.00	15.00	20.00	27.50	—

KM# 76.7 RUPEE
Silver **Obv:** "Fazl-i-Hami Din" **Obv. Inscription:** Shah Alam II **Rev:** "Manas Sanah" and crescent **Note:** Struck during the reign of local ruler Hafiz Rahmat Khan, AH1167-88/1754-74AD. Weight varies: 10.70-11.60 grams.

Date	Mintage	VG	F	VF	XF	Unc
AH-/3	—	15.00	22.50	30.00	40.00	—

KM# 76.9 RUPEE
Silver **Obv. Inscription:** Alamgir II **Rev:** Flower **Note:** Struck during the reign of local ruler Hafiz Rahmat Khan, AH1167-88/1754-74AD. Weight varies: 10.70-11.60 grams.

Date	Mintage	VG	F	VF	XF	Unc
AH1170/4	—	10.00	15.00	20.00	27.50	—
AH1171/5	—	10.00	15.00	20.00	27.50	—
AH1172/6	—	10.00	15.00	20.00	27.50	—

KM# 76.2 RUPEE

Silver **Obv. Inscription:** Shah Alam II **Rev:** Legend, quatrefoil, and triskules **Rev. Legend:** "Sanah Jalus" **Note:** Struck during the reign of local ruler Hafiz Rahmat Khan, AH1167-88/1754-74Ad. Weight varies: 10.70-11.60 grams.

Date	Mintage	VG	F	VF	XF	Unc
AH1176/4	—	8.50	13.50	20.00	30.00	—

KM# 76.3 RUPEE

Silver **Obv. Inscription:** Shah Alam II **Rev:** Legend and sunburst **Rev. Legend:** "Manus Sanah" **Note:** Struck during the reign of local ruler Hafiz Rahmat Khan, AH1167-88/1754-74AD. Weight varies: 10.70-11.60 grams.

Date	Mintage	VG	F	VF	XF	Unc
AH1176/4	—	8.50	13.50	20.00	30.00	—
AH1177/4	—	8.50	13.50	20.00	30.00	—
AH1178/8	—	8.50	13.50	20.00	30.00	—

KM# 76.5 RUPEE

Silver **Obv. Inscription:** Alamgir II **Rev:** "Nun" and five dots **Note:** Struck during the reign of local ruler Hafiz Rahmat Khan, AH1167-88/1754-74AD. Weight varies: 10.70-11.60 grams.

Date	Mintage	VG	F	VF	XF	Unc
AH117x/6	—	8.50	13.50	20.00	30.00	—

KM# 76.4 RUPEE

Silver **Obv. Inscription:** Shah Alam II **Rev:** "Nun" inverted and quatrefoil **Note:** Struck during the reign of local ruler Hafiz Rahmat Khan, AH1167-88/1754-74AD. Weight varies: 10.70-11.60 grams.

Date	Mintage	VG	F	VF	XF	Unc
AH1178/5	—	15.00	25.00	35.00	50.00	—

KM# 76.6 RUPEE

Silver **Obv. Inscription:** Shah Alam II **Rev:** Normal "Nun" **Note:** Struck during the reign of local ruler Hafiz Rahmat Khan, AH1167-88/1754-74AD. Weight varies: 10.70-11.60 grams.

Date	Mintage	VG	F	VF	XF	Unc
AH1179/7	—	8.50	13.50	20.00	30.00	—
AH1180/7	—	8.50	13.50	20.00	30.00	—
AH1180/8	—	8.50	13.50	20.00	30.00	—
AH1181/9	—	8.50	13.50	20.00	30.00	—
AH1182/10	—	8.50	13.50	20.00	30.00	—

KM# 76.8 RUPEE

Silver **Obv. Inscription:** Shah Alam II **Rev:** "Nun" and sun **Note:** Struck during the reign of local ruler Hafiz Rahmat Khan, AH1167-88/1754-74AD. Weight varies: 10.70-11.60 grams. For later issues of Muradabad mint dated after AH1188/R.Y.15, see Awadh.

Date	Mintage	VG	F	VF	XF	Unc
AH1186/14	—	8.50	13.50	20.00	30.00	—

Najafgarh

KM# 86 RUPEE

Silver **Obv. Inscription:** Shah Alam II **Note:** Weight varies: 10.70-11.60 grams.

Date	Mintage	VG	F	VF	XF	Unc
AH-/21	—	15.00	22.50	30.00	40.00	—
AH1198/26	—	15.00	22.50	30.00	40.00	—

Najibabad

KM# 96.1 RUPEE

Silver **Obv. Inscription:** Shah Alam II **Rev:** Without marks

Date	Mintage	VG	F	VF	XF	Unc
AH1174/2	—	10.00	13.50	16.50	22.50	—
AH1175/3	—	10.00	13.50	16.50	22.50	—
AH1176/3	—	10.00	13.50	16.50	22.50	—
AH1176/4	—	10.00	13.50	16.50	22.50	—
AH1177/4	—	10.00	13.50	16.50	22.50	—
AH1177/5	—	10.00	13.50	16.50	22.50	—

KM# 96.2 RUPEE

Silver **Obv. Inscription:** Shah Alam II

Date	Mintage	VG	F	VF	XF	Unc
AH1177/5	—	10.00	13.50	16.50	22.50	—
AH1178/6	—	10.00	13.50	16.50	22.50	—
AH1179/6	—	10.00	13.50	16.50	22.50	—
AH1179/7	—	10.00	13.50	16.50	22.50	—
AH1180/7	—	10.00	13.50	16.50	22.50	—
AH1180/8	—	10.00	13.50	16.50	22.50	—
AH1181/8	—	10.00	13.50	16.50	22.50	—
AH1181/9	—	10.00	13.50	16.50	22.50	—
AH118x/12	—	10.00	13.50	16.50	22.50	—
AH1187/14	—	10.00	13.50	16.50	22.50	—

Nasrullanagar

KM# 106 RUPEE

Silver **Obv. Inscription:** Shah Alam II **Note:** Weight varies: 10.70-11.60 grams.

Date	Mintage	VG	F	VF	XF	Unc
AH1181/9	—	35.00	50.00	70.00	100	—
AH1185/13	—	35.00	50.00	70.00	100	—
AH-/14	—	35.00	50.00	70.00	100	—

Qanauj

KM# 121 RUPEE

Silver **Obv. Inscription:** Alamgir II **Note:** Weight varies: 10.70-11.60 grams.

Date	Mintage	VG	F	VF	XF	Unc
AH116x//2	—	18.50	31.50	42.50	60.00	—
AH1169//3	—	18.50	31.50	42.50	60.00	—
AH-//4	—	18.50	31.50	42.50	60.00	—

Qasbah Panipat

KM# 116 RUPEE

Silver **Obv. Inscription:** Shah Alam II **Note:** Weight varies: 10.70-11.60 grams.

Date	Mintage	VG	F	VF	XF	Unc
AH1198/25	—	10.00	14.00	20.00	30.00	—

Rampur

KM# 126.1 RUPEE

Silver **Obv:** Inscription: Shah Alam II **Rev:** Ten-pointed star **Note:** Weight varies: 10.70-11.60 grams.

Date	Mintage	VG	F	VF	XF	Unc
AH1184/11	—	18.50	27.50	37.50	50.00	—
AH1184/12	—	18.50	27.50	37.50	50.00	—
AH1185/12	—	18.50	27.50	37.50	50.00	—

KM# 126.2 RUPEE

Silver **Obv. Inscription:** Shah Alam II **Rev:** Floral symbol and trident quatrefoil **Note:** Weight varies: 10.70-11.60 grams.

Date	Mintage	VG	F	VF	XF	Unc
AH1185/13	—	18.50	27.50	37.50	50.00	—

Alamgir II
AH1167-1173 / 1754-1759AD

HAMMERED COINAGE

Anwala

KM# 4 RUPEE

Silver **Obv:** Names and titles of Alamgir II **Rev:** Mint and date

Date	Mintage	VG	F	VF	XF	Unc
AHxxxx/6	—	15.00	25.00	40.00	65.00	—

Zabita Khan
AH1183-1188 / 1770-1774AD

HAMMERED COINAGE

Najibabad

KM# 100 MOHUR

Gold **Obv. Inscription:** Shah Alam II **Note:** Weight varies: 10.70-11.60 grams. For later issues of the Najibabad mint after AH1188/R.Y.15, see Indian Princely State, Awadh.

Date	Mintage	VG	F	VF	XF	Unc
AH117x/3	—	—	425	475	650	850
AH1177/5	—	—	425	475	650	850
AH1178/5	—	—	425	475	650	850
AH1186/13 (1772)	—	—	425	475	650	850

SIKH EMPIRE

The father of Sikhism, Guru Nanak (1469-1539), was distinguished from almost all others who founded states or empires in India by being a purely religious teacher. Deeply Indian in the basic premises, which underlay even those aspects of his theology which differed from the mainstream, he stressed the unity of God and the universal brotherhood of man. He was totally opposed to the divisions of the caste system and his teaching struggled to attain a practical balance between Hinduism and Islam. His message was a message of reconciliation, first with God, then with man. He exhibited no political ambition.

Guru Nanak was succeeded by nine other gurus of Sikhism. Together they laid the foundations of a religious community in the Punjab, which would, much later, transform itself into the Sikh Empire. Gradually this gentle religion of reconciliation became transformed into a formidable, aggressive military power. It was a metamorphosis, which was, at least partly, thrust upon the Sikh

INDIA-INDEPENDENT KINGDOMS

SIKH EMPIRE

community by Mughal oppression. The fifth guru of Sikhism, Arjun, was executed in 1606 on the order of Jahangir. His successor, Hargobind, was to spend his years in constant struggle against the Mughals, first against Jahangir and later against Shah Jahan. The ninth guru, Tegh Bahadur, was executed by Aurangzeb for refusing to embrace Islam. The stage had been set for a full confrontation with Mughal authority. It was against such a background that Sikhism's tenth guru, Guru Govind Singh (1675-1708), set about organizing the Sikhs into a military power. He gave new discipline to Sikhism. Its adherents were forbidden wine and tobacco and they were required to conform to the 5 outward signs of allegiance - to keep their hair unshaven and to wear short drawers (kuchcha),a comb (kungha), an iron bangle (kara) and a dagger (kirpan).

With Govind Singh's death the Khalsa, the Sikh brotherhood, emerged as the controlling body of Sikhism and the Granth, the official compilation of Govind Singh's teaching, became the "Bible" of Sikhism. At this point the Sikhs took to the hills. It was here, constantly harassed by Mughal forces, that Sikh militarism was forged into an effective weapon and tempered by fire. Gradually the Sikhs emerged from their safe forts in the hills and made their presence felt in the plains of the Punjab. As Nadir Shah retired from Delhi laden with the prizes of war in 1739, the stragglers of his Persian army were cut down by the Sikhs. Similarly, Ahmad Shah Durrani's first intrusion into India (1747-1748) was made the more lively by Sikh sorties into his rear guard. Gradually the Sikhs became both more confident and more effective, and their quite frequent military reversals served only to strengthen their determination and to deepen their sense of identity. Their first notable success came about 1756 when the Sikhs temporarily occupied Lahore and used the Mughal mint to strike their own rupee bearing the inscription: *Coined by the grace of the Khalsa in the country of Ahmad,conquered by Jessa the Kalal.* But the Sikhs were, as yet, most effective as guerilla bands operating out of the hill country. On Ahmad Shah's fifth expedition into India (1759-1761) the Sikhs reverted to their well-tried role of forming tight mobile units, which could choose both the time and the place of their attacks on the Durrani army. In spite of a serious reverse near Bernala in 1762 at the hands of Ahmad Shah, the Sikhs once again regrouped. In December 1763 they decisively defeated the Durrani governor of Sirhind and occupied the area.

The Sikhs now swept all before them, recapturing Lahore in 1765. The whole tract of land between the Jhelum and the Sutlej was now divided among the Sikh chieftains. At Lahore, and later at Amritsar, the Govind Shahi rupee proclaiming that Guru Govind Singh had received *Deg, Tegh and Fateh* (Grace, Power and Victory) from Nanak was struck. The name of the Mughal emperor was pointedly omitted. The Sikhs now subdivided into twelve *misls* "equals", each responsible for its own fate and each conducting its own military adventures into surrounding areas. By 1792 the most prominent chief in the Punjab was Mahan Singh of the *Sukerchakia misl.* His death that same year left the boy destined to become Sikhism's best-known statesman, Ranjit Singh, as his successor. In 1799, Shah Zaman, King of Kabul, confirmed him as the possessor of Lahore.

RULERS

Banda Singh Bahadur, AH1120-1129/1708-1716AD
Khalsa, Military Government, AH1129-1214/1716-1799AD
Ranjit Singh, VS1856-1896/1799-1839AD

MINTS

Amritsar
(Ambratsar)

Lahore

Multan

Peshawar

NOTE: Most coins struck after the accession of Ranjit Singh bear a large leaf on one side, and have Persian or Gurmukhi (Punjabi) legends in the name of Gobind Singh, the tenth and last Guru of the Sikhs, 1675-1708AD. Earlier pieces are similar, but lack the leaf, except the Amritsar Mint where the leaf is present since VS1845.

There is a great variety of coppers, and only representative types are catalogued here; many crude pieces were struck at the official and at unofficial mints, and bear illegible or semi-literate inscriptions. None of the coins bear the name of the Sikh ruler.

EMPIRE HAMMERED COINAGE

Jammu
KM# 35 PAISA
Copper

Date	Mintage	Good	VG	F	VF	XF
ND	—	3.50	6.50	11.50	18.50	—

Multan
KM# 76 PAISA
Copper **Obv. Inscription:** "Guru Gobind Singh" **Note:** Without leaf symbol.

Date	Mintage	Good	VG	F	VF	XF
VS1834 (1777)	—	5.50	9.00	15.00	25.00	—

Lahore
KM# 62 1/2 RUPEE
Silver, 18 mm. **Obv:** Text **Rev:** Text, date **Note:** Weight varies: 5.50-5.60 grams.

Date	Mintage	VG	F	VF	XF	Unc
VS1828 (1771)	—	18.50	50.00	85.00	130	—
VS1832 (1775)	—	18.50	50.00	85.00	130	—
VS1847 (1790)	—	18.50	50.00	85.00	130	—

Amritsar
KM# A20.1a RUPEE
Silver **Obv:** Legend differently arranged

Date	Mintage	Good	VG	F	VF	XF
VS1838 (1781)	—	90.00	150	250	350	—
VS1839 (1782)	—	60.00	100	200	300	—
VS1840 (1783)	—	90.00	150	250	350	—

KM# A20.3a RUPEE
Silver **Rev:** Without leaf symbol **Note:** Weight varies: 11.20-12.00 grams.

Date	Mintage	VG	F	VF	XF	Unc
VS1844 (1787)	—	80.00	130	275	375	—
VS1845 (1788)	—	80.00	130	275	375	—

KM# A20.4 RUPEE
Silver **Rev:** First issue with leaf, date to left

Date	Mintage	VG	F	VF	XF	Unc
VS1845/318 (1788)	—	12.50	20.00	32.50	55.00	—
VS1846/319 (1789)	—	12.50	20.00	32.50	55.00	—
VS1846/320 (1789)	—	12.50	20.00	32.50	55.00	—
VS1847/321 (1790)	—	12.50	20.00	32.50	55.00	—

Lahore
KM# A63 RUPEE
Silver **Obv. Inscription:** "Guru Gobind Singh" **Note:** Without leaf symbol. Weight varies: 11.10-11.20 grams.

Date	Mintage	VG	F	VF	XF	Unc
VS1822 (1765)	—	8.00	13.50	35.00	50.00	—
VS1823 (1766)	—	8.00	13.50	35.00	50.00	—
VS1824 (1767)	—	8.00	13.50	35.00	50.00	—
VS1825 (1768)	—	8.00	13.50	35.00	50.00	—
VS1826 (1769)	—	8.00	13.50	35.00	50.00	—
VS1827 (1770)	—	8.00	13.50	35.00	50.00	—
VS1828 (1771)	—	8.00	13.50	35.00	50.00	—
VS1829 (1772)	—	8.00	13.50	35.00	50.00	—
VS1830 (1773)	—	8.00	13.50	35.00	50.00	—
VS1831 (1774)	—	8.00	13.50	35.00	50.00	—
VS1832 (1775)	—	8.00	13.50	35.00	50.00	—
VS1833 (1776)	—	8.00	13.50	35.00	50.00	—
VS1834 (1777)	—	8.00	13.50	35.00	50.00	—
VS1835 (1778)	—	8.00	13.50	35.00	50.00	—
VS1836 (1779)	—	8.00	13.50	35.00	50.00	—
VS1837 (1780)	—	8.00	13.50	35.00	50.00	—
VS1838 (1781)	—	8.00	13.50	35.00	50.00	—
VS1839 (1782)	—	8.00	13.50	35.00	50.00	—

Note: An 1839 rare variety exists with a sword as additional mark

Date	Mintage	VG	F	VF	XF	Unc
VS1840 (1783)	—	8.00	13.50	35.00	50.00	—

KM# 64 RUPEE
Silver **Obv:** Persian legend **Obv. Legend:** "Sachcha Shahan" **Obv. Inscription:** "Guru Gobind Singh" **Note:** Weight varies: 10.70-11.30 grams.

Date	Mintage	VG	F	VF	XF	Unc
VS1841 (1784)	—	8.00	13.50	21.50	35.00	—
VS1842 (1785)	—	8.00	13.50	21.50	35.00	—
VS1843 (1786)	—	8.00	13.50	21.50	35.00	—
VS1844 (1787)	—	8.00	13.50	21.50	35.00	—
VS1845 (1788)	—	8.00	13.50	21.50	35.00	—
VS1846 (1789)	—	8.00	13.50	21.50	35.00	—
VS1847 (1790)	—	8.00	13.50	21.50	35.00	—
VS1848 (1791)	—	8.00	13.50	21.50	35.00	—
VS1849 (1792)	—	8.00	13.50	21.50	35.00	—
VS1869 (1792)	—	—	—	250	350	—

Note: Rare variety with flower plant as main mark.

Date	Mintage	VG	F	VF	XF	Unc
VS1850 (1793)	—	8.00	13.50	21.50	35.00	—
VS1851 (1794)	—	8.00	13.50	21.50	35.00	—
VS1852 (1795)	—	8.00	13.50	21.50	35.00	—
VS1853 (1796)	—	8.00	13.50	21.50	35.00	—
VS1854 (1797)	—	8.00	13.50	21.50	35.00	—
VS1855 (1798)	—	8.00	13.50	21.50	35.00	—
VS1856 (1799)	—	10.00	20.00	30.00	50.00	—

KM# 66.1 RUPEE
10.7000 g., Silver, 23mm mm. **Obv. Inscription:** Guru Gobind Singh **Rev:** Leaf to left of date **Note:** Actual VS years. Weight varies: 10.80-11.20 grams.

Date	Mintage	Good	VG	F	VF	XF
VS1855	—	7.00	10.00	15.00	25.00	40.00
VS1856	—	7.00	9.00	13.50	21.50	35.00
VS1857	—	7.00	9.00	13.50	21.50	35.00

Multan
KM# 83 RUPEE
Silver **Obv:** Inscription: "Guru Gobind Singh" **Rev:** Without leaf **Note:** Weight varies: 10.70-11.60 grams. Struck at Multan Mint.

Date	Mintage	VG	F	VF	XF	Unc
VS1829 (1772)	—	16.50	27.50	45.00	75.00	—
VS1830 (1773)	—	16.50	27.50	45.00	75.00	—
VS1831 (1774)	—	16.50	27.50	45.00	75.00	—
VS1832 (1775)	—	16.50	27.50	45.00	75.00	—
VS1833 (1776)	—	16.50	27.50	45.00	75.00	—
VS1834 (1777)	—	16.50	27.50	45.00	75.00	—
VS1835 (1778)	—	16.50	27.50	45.00	75.00	—
VS1836 (1779)	—	16.50	27.50	45.00	75.00	—

Lahore
KM# 70 1/2 MOHUR
Gold **Obv. Inscription:** "Guru Gobind Singh"

Date	Mintage	VG	F	VF	XF	Unc
VS1857 (1800) Rare	—	—	—	—	—	—

Banda Singh Bahadur
AH1120-1129 / 1708-1716AD

HAMMERED COINAGE

KM# A20.2 RUPEE
Silver **Obv:** Second legend arrangement **Rev:** Katar, leaf **Note:** Weight varies 10.60-11.20 grams.

Date	Mintage	VG	F	VF	XF	Unc
VS1841 (1784)	—	11.50	18.00	30.00	50.00	—
VS1842 (1785)	—	11.50	18.00	30.00	50.00	—
VS1843 (1786)	—	11.50	18.00	30.00	50.00	—
VS1845 (1788)	—	11.50	18.00	30.00	50.00	—
VS1846 (1789)	—	11.50	18.00	30.00	50.00	—
VS1849 (1792)	—	11.50	18.00	30.00	50.00	—
VS1850 (1793)	—	11.50	18.00	30.00	50.00	—
VS1851 (1794)	—	11.50	18.00	30.00	50.00	—
VS1852 (1795)	—	11.50	18.00	30.00	50.00	—
VS1854 (1797)	—	11.50	18.00	30.00	50.00	—

Uncertain Mint
KM# 1 RUPEE
11.9600 g., Silver **Obv. Inscription:** "Guru Nanak and Guru Gobind"

Date	Mintage	VG	F	VF	XF	Unc
ND(1711)/2 Rare	—	—	—	—	—	—

KM# 2 RUPEE
11.9600 g., Silver **Obv. Inscription:** "Guru Nanak and Guru Gobind" **Note:** Crude style and corrupt legends.

Date	Mintage	VG	F	VF	XF	Unc
ND(1712)/3	—	750	1,250	1,750	2,500	—

Khalsa, Military Government
AH1129-1214 / 1716-1799AD

HAMMERED COINAGE

Amritsar
KM# A20.1 RUPEE
Silver **Obv:** First legend arrangement **Note:** Weight varies: 10.60-11.20 grams.

Date	Mintage	VG	F	VF	XF	Unc
VS1832 (1775)	—	22.50	35.00	50.00	75.00	—
VS1833 (1776)	—	20.00	30.00	45.00	65.00	—
VS1834 (1777)	—	12.50	20.00	45.00	65.00	—
VS1835 (1778)	—	11.50	18.00	45.00	65.00	—
VS1836 (1779)	—	11.50	18.00	45.00	65.00	—
VS1837 (1780)	—	11.50	18.00	45.00	65.00	—
VS1838 (1781)	—	11.50	18.00	45.00	65.00	—
VS1839 (1782)	—	11.50	18.00	45.00	65.00	—

KM# A20.3 RUPEE
Silver **Obv:** Third legend arrangement **Rev:** Mint name and date

Date	Mintage	VG	F	VF	XF	Unc
VS1841/315 (1784)	—	11.50	18.00	30.00	50.00	—
VS1842/315 (1785)	—	11.50	18.00	30.00	50.00	—
VS1842/316 (1785)	—	11.50	18.00	30.00	50.00	—
VS1843/316 (1786)	—	11.50	18.00	30.00	50.00	—
VS1844/317 (1787)	—	11.50	18.00	30.00	50.00	—
VS1845/318 (1788)	—	11.50	18.00	30.00	50.00	—

Anandghar
KM# 30 RUPEE
Silver **Note:** Weight varies: 10.50-11.10 grams. AH dates at top of obverse are usually off the flan. Some specimens dated VS1841 show "ahad" to lower left of reverse, connoting "1", some VS1844 show "4" and VS1846, "6". This feature may occur on all dies.

Date	Mintage	VG	F	VF	XF	Unc
VS1840 (1783)	—	27.50	45.00	75.00	125	—
VS1841 (1784)	—	21.50	35.00	60.00	100	—
VS1842 (1785)	—	21.50	35.00	60.00	100	—
VS1843 (1786)	—	21.50	35.00	60.00	100	—
VS1844 (1787)	—	21.50	35.00	60.00	100	—
VS1845 (1788)	—	21.50	35.00	60.00	100	—
VS1846 (1789)	—	21.50	35.00	60.00	100	—
VS1848 (1791)	—	21.50	35.00	60.00	100	—
VS1849 (1792)	—	27.50	45.00	75.00	125	—

Ranjit Singh
VS1856-1896 / 1799-1839AD

HAMMERED COINAGE

Amritsar
KM# 20.1 RUPEE
Silver **Obv:** Text, beaded flowers **Rev:** Mint name, date, leaf, beaded flowers **Note:** Double lines below dates exist for some 1869, 1870, and 1871 coins and are considered rare. Mint symbols seem to change frequently in this series.

Date	Mintage	VG	F	VF	XF	Unc
VS1846 (1789)	—	7.50	12.50	35.00	55.00	—
VS1847 (1790)	—	7.50	12.50	35.00	55.00	—
VS1848 (1791)	—	7.50	12.50	35.00	55.00	—
VS1849 (1792)	—	7.50	12.50	20.00	32.50	—
VS1850 (1793)	—	7.50	12.50	20.00	32.50	—
VS1851 (1794)	—	7.00	11.00	18.00	30.00	—
VS1852 (1795)	—	7.00	11.00	18.00	30.00	—
VS1853 (1796)	—	7.00	11.00	18.00	30.00	—
VS1854 (1797)	—	7.00	11.00	18.00	30.00	—
VS1855 (1798)	—	7.00	11.00	18.00	30.00	—
VS1856 (1799)	—	7.00	11.00	18.00	30.00	—
VS1857 (1800)	—	7.00	11.00	18.00	30.00	—

Lahore
KM# 65 MOHUR
11.0000 g., Gold

Date	Mintage	VG	F	VF	XF	Unc
VS1856 Rare	—	—	—	—	—	—

SIKH FEUDATORY NAJIBABAD

PROTECTORATE

HAMMERED COINAGE

KM# 131 PAISA
Copper **Obv:** Date

Date	Mintage	Good	VG	F	VF	XF
Yr.21	—	17.50	30.00	45.00	60.00	—
Yr.x4	—	17.50	30.00	45.00	60.00	—

SIVAGANGA

Lords
1743-1801AD

The Lords of Sivaganga, located in southernmost India came under British rule in 1801.

KINGDOM

ANONYMOUS HAMMERED COINAGE

KM# 1 1/2 KASU
0.7500 g., Copper **Obv:** Bull or elephant at left **Rev:** Crude lingam on altar

Date	Mintage	Good	VG	F	VF	XF
ND(1743-1801)	—	1.75	3.00	4.50	7.50	—

KM# 2 KASU
1.5000 g., Copper **Obv:** Vishnu standing **Rev:** Legend within dotted pattern **Rev. Legend:** Vi

Date	Mintage	Good	VG	F	VF	XF
ND(1743-1801)	—	2.00	3.50	5.00	8.00	—

KM# 5 KASU
Copper **Obv:** 2 deitites **Rev:** Crude lingam on altar outlined with dots

Date	Mintage	Good	VG	F	VF	XF
ND(1743-1801)	—	0.75	2.00	3.50	5.00	—

KM# 6.1 2 KASU
Copper **Obv:** 2 deities **Rev:** Crude lingam on altar within dotted circle

Date	Mintage	Good	VG	F	VF	XF
ND(1743-1801)	—	0.75	2.00	3.50	5.00	—

KM# 6.2 2 KASU
Copper **Obv:** 2 deities **Rev:** Crude lingam on altar outlined with dots

Date	Mintage	Good	VG	F	VF	XF
ND(1743-1801)	—	0.75	2.00	3.50	5.00	—

TANJORE

(Thanjavur)
Nayakas

Located approximately 240 miles up the east coast from the southernmost tip of India inland 50 miles on the Cauvery River. Thanjavur was the capital of the Cholas in the 10th century. The independent state was established here in the 16th century by a governor of Vijayanagar. It came under Madura sovereignty in 1662; was conquered by the Marathas in 1674 who held it until 1799. In 1855 it came under British rule.

INDEPENDENT KINGDOM

HAMMERED COINAGE

KM# 1 1/2 KASU
Copper **Obv:** 2 deities seated **Rev:** Wheel design with 4 spokes **Note:** Weight varies: 0.88-0.91 grams.

Date	Mintage	Good	VG	F	VF	XF
ND	—	1.75	3.00	5.00	8.50	—

KM# 2 KASU
Copper **Obv:** Legend in Tamil **Obv. Legend:** Than javur **Rev:** Four-petalled flower **Note:** Weight varies: 1.76-1.82 grams.

Date	Mintage	Good	VG	F	VF	XF
ND	—	5.00	8.50	15.00	25.00	—

KM# 3 2 KASU
Copper **Obv:** Garuda right **Rev:** Ganesh with head of elephant seated **Note:** Weight varies: 3.5-3.6 grams.

Date	Mintage	Good	VG	F	VF	XF
ND	—	3.00	5.00	8.00	12.00	—

KM# 4 2 KASU
Copper **Obv:** 3 deities standing **Rev:** Deity standing **Note:** Weight varies: 3.5-3.6 grams.

Date	Mintage	Good	VG	F	VF	XF
ND	—	1.75	3.00	5.00	8.50	—

TINNEVELLY

Nayakas

Located approximately 60 miles north of the southernmost tip of India. The Nayakas ruled between the early 17th to late 18th century when they came under British rule.

INDEPENDENT KINGDOM

ANONYMOUS HAMMERED COINAGE

KM# 1 KASU
Copper **Obv:** Venkatesvara standing in archway **Rev:** Conch shell between symbols **Note:** Weight varies: 1.4-1.5 grams.

Date	Mintage	Good	VG	F	VF	XF
ND	—	2.50	4.50	7.50	11.50	—

KM# 2 KASU
Copper **Obv:** 2 deities on horseback **Rev. Legend:** "Sri Vira" **Note:** Weight varies: 1.4-1.5 grams.

Date	Mintage	Good	VG	F	VF	XF
ND	—	2.50	4.50	7.50	11.50	—

KM# 3 2 KASU
Copper **Obv:** Venkatesvara standing in archway **Rev:** Legend to the right of the conch shell **Rev. Legend:** "Sri Vira" **Note:** Weight varies: 2.7-3.2 grams.

Date	Mintage	Good	VG	F	VF	XF
ND	—	6.00	10.00	15.00	22.50	—

KM# 4 2 KASU
Copper **Obv:** Venkatesvara standing in archway **Rev. Legend:** "Sri Vira" **Note:** Weight varies: 2.7-3.2 grams.

Date	Mintage	Good	VG	F	VF	XF
ND	—	2.00	3.50	5.50	8.50	—

TRIPURA

Hill Tipperah

Tripura was a Hindu Kingdom consisting of a strip of the fertile plains east of Bengal, and a large tract of hill territory beyond, which had a reputation for providing wild elephants.

At times when Bengal was weak, Tripura rose to prominence and extended its rule into the plains, but when Bengal was strong the kingdom consisted purely of the hill area, which was virtually impregnable and not of enough economic worth to encourage the Muslims to conquer it. In this way Tripura was able to maintain its full independence until the 19th century.

The origins of the Kingdom are veiled in legend, but the first coins were struck during the reign of Ratna Manikya (1464-89) and copied the weight and fabric of the contemporary issues of the Sultans of Bengal. He also copied the lion design that had appeared on certain rare tangkas of Nasir-ud-din Mahmud Shah I dated AH849 (1445AD). In other respects the designs were purely Hindu, and the lion was retained on most of the later issues as a national emblem.

Tripura rose to a political zenith during the 16th century, while Muslim rule in Bengal was weak, and several coins were struck to commemorate successful military campaigns from Chittagong in the south to Sylhetin the north. These conquests were not sustained, and in the early 17th century the Mughal army was able to inflict severe defeats on Tripura, which was forced to pay tribute.

In about 1733AD all the territory in the plains was annexed by the Mughals, and the Raja merely managed his estate there as a zemindar, although he still retained control as independent King of his hill territory.

The situation remained unchanged when the British took over the administration of Bengal in 1765, and it was only in 1871 that the British appointed an agent in the hills, and began to assist the Maharaja in the administration of his hill territory, which became known as the State of Hill Tipperah.

After the middle of the 18th century, coins were not struck for monetary reasons, but merely for ceremonial use at coronations and other ceremonies, and to keep up the treasured right of coinage.

The coins of Tripura are unusual in that the majority have the name of the King together with that of his Queen, and is the only coinage in the world where this was done consistently.

In common with most other Hindu coinages of northeast India, the coins bear fixed dates. Usually the date used was that of the coronation ceremony, but during the 16th century, coins which were struck with a design commemorating a particular event, bore the date of that event, which can be useful as a historical source, where other written evidence is virtually non-existent.

All modern Tripura coins were presentation pieces, more medallic than monetary in nature. They were struck in very limited numbers and although not intended for local circulation as money, they are often encountered in worn condition.

RULERS

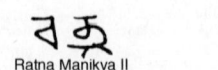

Ratna Manikya II
SE1607-15, c1617-34/
1685-93, c1695-1712AD
Queens of Ratna Manikya II
Queen Satyavati
Queen Bhagavati

Mahendra Manikya
SEc1634-36/c1712-14AD

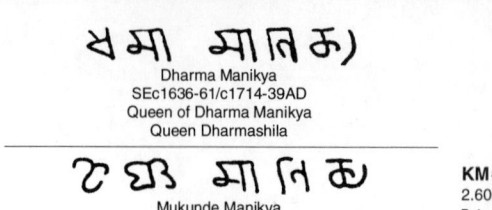

Dharma Manikya
SEc1636-61/c1714-39AD
Queen of Dharma Manikya
Queen Dharmashila

Mukunde Manikya
Jaya Manikya II
SEc1661-66/c1739-44AD
Queen of Jaya Manikya II
Queen Jasovati

Indra Manikya
SEc1666-69/c1744-47AD

Vijaya Manikya II

Krishna Manikya
SE1682-1705/1760-83AD
Queen of Krishna Manikya
Queen Jahanbi

Rajadhara Manikya
SE1707-26/1785-1804AD

DATING

While the early coinage is dated in the Saka Era (SE) the later issues are dated in the Tripurabda era (TE). To convert, TE date plus 590 = AD date. The dates appear to be accession years.

KINGDOM

Mahendra Manikya
SE c.1634-1636 / c.1712-1714AD

HAMMERED COINAGE

KM# 184 1/16 RUPEE
0.6500 g., Silver

Date	Mintage	VG	F	VF	XF	Unc
ND(1712-14)	—	25.00	40.00	75.00	110	—

KM# 186 1/4 RUPEE
Silver

Date	Mintage	VG	F	VF	XF	Unc
SE1634 (1712)	—	45.00	75.00	150	200	—

KM# 188 RUPEE
10.5000 g., Silver

Date	Mintage	VG	F	VF	XF	Unc
SE1634 (1712)	—	80.00	130	225	325	—

Dharma Manikya
SEc1636-1661 / c.1714-1739AD

HAMMERED COINAGE

KM# 193 1/32 RUPEE
Silver

Date	Mintage	VG	F	VF	XF	Unc
ND(1714-39)	—	20.00	30.00	60.00	90.00	—

KM# 194 1/16 RUPEE
0.6500 g., Silver

Date	Mintage	VG	F	VF	XF	Unc
ND(1714-39)	—	12.00	20.00	35.00	55.00	—

KM# 196 1/4 RUPEE
2.6000 g., Silver

Date	Mintage	VG	F	VF	XF	Unc
SE1636 (1714)	—	12.00	20.00	35.00	55.00	—

KM# 197 1/2 RUPEE
5.2000 g., Silver

Date	Mintage	VG	F	VF	XF	Unc
SE1636 (1714)	—	50.00	80.00	150	200	—

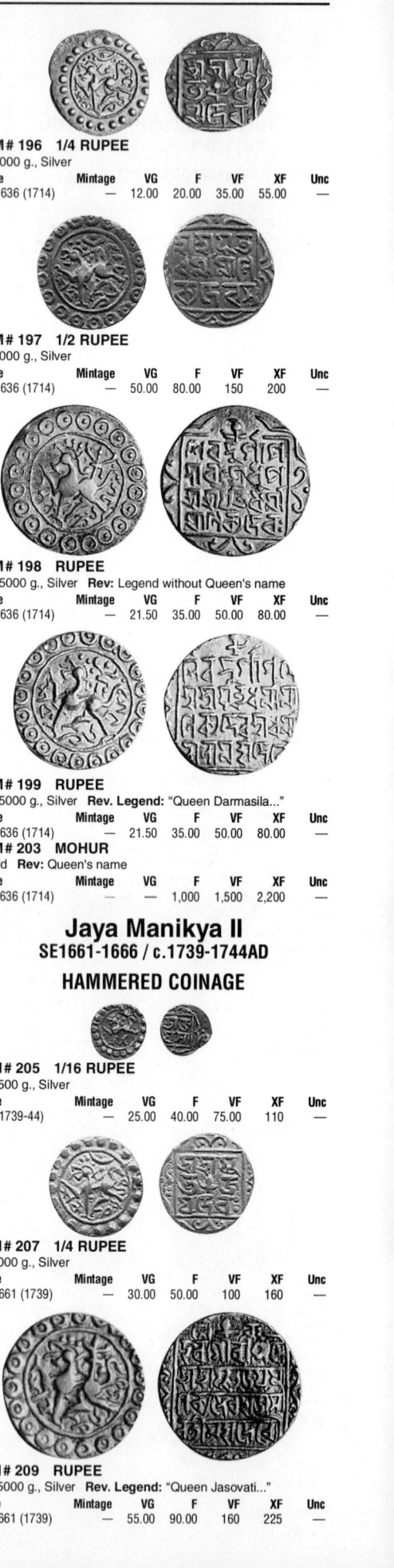

KM# 198 RUPEE
10.5000 g., Silver **Rev:** Legend without Queen's name

Date	Mintage	VG	F	VF	XF	Unc
SE1636 (1714)	—	21.50	35.00	50.00	80.00	—

KM# 199 RUPEE
10.5000 g., Silver **Rev. Legend:** "Queen Darmasila..."

Date	Mintage	VG	F	VF	XF	Unc
SE1636 (1714)	—	21.50	35.00	50.00	80.00	—

KM# 203 MOHUR
Gold **Rev:** Queen's name

Date	Mintage	VG	F	VF	XF	Unc
SE1636 (1714)	—	—	1,000	1,500	2,200	—

Jaya Manikya II
SE1661-1666 / c.1739-1744AD

HAMMERED COINAGE

KM# 205 1/16 RUPEE
0.6500 g., Silver

Date	Mintage	VG	F	VF	XF	Unc
ND(1739-44)	—	25.00	40.00	75.00	110	—

KM# 207 1/4 RUPEE
2.6000 g., Silver

Date	Mintage	VG	F	VF	XF	Unc
SE1661 (1739)	—	30.00	50.00	100	160	—

KM# 209 RUPEE
10.5000 g., Silver **Rev. Legend:** "Queen Jasovati..."

Date	Mintage	VG	F	VF	XF	Unc
SE1661 (1739)	—	55.00	90.00	160	225	—

Indra Manikya
SEc.1666-1669 / c.1744-1747AD

HAMMERED COINAGE

KM# 215 1/16 RUPEE
0.6500 g., Silver

Date	Mintage	VG	F	VF	XF	Unc
ND(1744-47)	—	40.00	70.00	150	200	—

KM# 217 1/4 RUPEE
2.6000 g., Silver

Date	Mintage	VG	F	VF	XF	Unc
SE1666 (1744)	—	90.00	150	225	300	—

KM# 219 RUPEE
10.4000 g., Silver **Rev. Legend:** Queen Lakshmivati

Date	Mintage	VG	F	VF	XF	Unc
SE1666 (1744)	—	300	500	750	1,000	—

Krishna Manikya
SE1682-1705 / 1760-1783AD

HAMMERED COINAGE

KM# 225 1/4 RUPEE
Silver **Note:** Weight varies: 2.57-2.67 grams.

Date	Mintage	VG	F	VF	XF	Unc
SE1682 (1760)	—	30.00	42.50	55.00	100	—

KM# 226 1/2 RUPEE
Silver **Note:** Weight varies: 5.15-5.35 grams.

Date	Mintage	VG	F	VF	XF	Unc
SE1682 (1760)	—	35.00	50.00	70.00	150	—

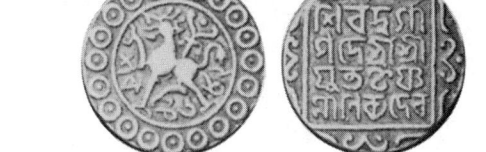

KM# 227 RUPEE
Silver **Rev. Legend:** "Krishna Manikya" **Note:** Weight varies: 10.30-10.70 grams.

Date	Mintage	VG	F	VF	XF	Unc
SE1682 (1760)	—	75.00	100	150	200	—

KM# 228 RUPEE
Silver **Rev. Legend:** "Krishna Manikya with Queen Jahnavi"
Note: Weight varies: 10.30-10.70 grams.

Date	Mintage	VG	F	VF	XF	Unc
SE1682 (1760)	—	75.00	100	150	200	—

KM# 231 1/4 MOHUR
Gold

Date	Mintage	VG	F	VF	XF	Unc
SE1682 (1760)	—	—	250	450	950	—

KM# 233 MOHUR
Gold **Rev. Legend:** "Krishna Manikya"

Date	Mintage	VG	F	VF	XF	Unc
SE1682 (1760)	—	—	1,000	1,500	2,200	—

KM# 234 MOHUR
Gold **Rev:** "with Queen Jahnavi"

Date	Mintage	VG	F	VF	XF	Unc
SE1682 (1760)	—	—	1,000	1,500	2,200	—

Rajadhara Manikya
SE1707-1726 / 1785-1804AD

HAMMERED COINAGE

KM# 244 RUPEE
Silver **Note:** Weight varies: 10.30-10.70 grams.

Date	Mintage	VG	F	VF	XF	Unc
SE1707 (1785)	—	75.00	125	175	250	—

KM# 249 MOHUR
Gold

Date	Mintage	VG	F	VF	XF	Unc
SE1707 (1785)	—	—	1,000	1,500	2,200	—

PLAINS TRIPURA

Shah Alam II
AH1173-1221 / 1759-1806AD

HAMMERED COINAGE

Roshanabad Tripura
KM# 511 NAZARANA RUPEE
Silver **Note:** Weight varies: 10.70-11.60 grams. Struck at Roshanabad Tripura Mint.

Date	Mintage	VG	F	VF	XF	Unc
AH1175//3	—	120	200	350	550	—

VIJAYANAGAR

The Vijayanagar kingdom was founded by two brothers, Harihari and Bukka, from the Telangana region of present day Andhra Pradesh in East Central India. They had previously served the raja of Warangal until they were captured and transported to Delhi where they were reputed to have become converts to Islam. They then revolted and, returning to the Hindu fold, in 1336 founded the kingdom as a bulwark against further Muslim inroads into the South. Vijayanagar (literally, City of Victory) grew into the most remarkable of all the medieval Hindu kingdoms. Some 19 square miles in area, Vijayanage itself - the capital after which the empire was named – sat on the southern bank of the Kristna river, not far from modern Hospet in Mysore State. Contemporary observers compared the city both in size and stature to ancient Rome.

Even to this day, the ruins of this remarkable capital are among the most impressive anywhere in India. Resplendent with intricate stone carving, fine temples and broad public ways, it was a city whose wealth knew no equal in South or Central India. Its sovereignty extended over virtually the whole of South India. The rulers, or rayas, of Vijayanagar were patrons of the arts and under their authority art, architecture and literature flourished. Its Hinduism was eclectic, Vaishnavite in sentiment and vibrant in expression. It was a wealthy city, whose vices were the vices of the rich. Its coinage was predominantly in gold and, like its culture, distinctly South Indian in style.

After the period of the 2 chiefs Harihari (1336-1354) and Bukka (1354-1377), Vijayanagar history fell into 4 periods, viz., the Sangama dynasty (1377-1485), the Saluva dynasty (1486-ca.1503), the Tuluva dynasty(ca. 1503-1570), and the Aravidu (or Karnata) dynasty (1570-ca. 1646). For over 2 centuries the Vijayanagar kingdom was more or less in a constant state of war against the Bahmanis and their successor sultanates in the Deccan. And for those two hundred years Vijayanagar effectively halted Muslim attempts to encroach southwards. This was the empire's golden age as Vijayanagar grew to be the one real center in India for Hindu self-expression within a context of political self-determination. Vassal to none, Vijayanagar held the south of India as a constant rebuke to Muslim expansionism.

Then, in 1565, disaster struck. The sultanates of Ahmadnagar, Bijapur, Bidar and Golkonda combined forces to bring about the destruction of Vijayanagar. Vijayanagar was well equipped for this confrontation, putting perhaps as many as a million men on the field. But, by one of those quirks in the fortunes of war, the Vijayanagar commander, Ramaraja (who was also the regent and controlling noble of the kingdom), was cut off from his troops, dragged down from his elephant, and at once beheaded. His army immediately panicked and their strategy fell apart. This battle, remembered as the battle of Talikota, was followed by a complete rout of the forces of Vijayanagar and by the plunder and destruction of their capital city.

The nominal king, in whose place Ramaraja had ruled, fled to Penukonda. There on this rocky hill further south he re-established the dynasty. Five years later he was overthrown by Tirumala, his brother, and the Karnata dynasty was inaugurated. A few years later the capital was shifted to Chandragiri, under Venkata I. Here, for a while, the truncated kingdom seemed to regain some of its lost vigor. But after Venkata's death even this dynasty disintegrated and the remnants of this once-proud empire were reduced to the status of local chiefs. Yet, in spite of Muslim encroachment into the Deccan, first by the Adil Shahis of Bijapur and the Qutb Shahis of Golkonda, and by the Mughal armies under Aurangzeb, these chieftains continued to exercise a considerable degree of local independence.

But Vijayanagar was gone, and in its passing the brightest star of Hindu art, architecture, philosophy and culture was extinguished. Never again would there rise a Hindu kingdom comparable to Vijayanagar, and never again until Indian Independence, would South India be so free of foreign domination.

RULERS

Aravidu Dynasty

KINGDOM

ANONYMOUS HAMMERED COINAGE
1642-1757AD

KM# 8 PAGODA
3.4000 g., Gold **Obv:** Venkatesvara kneeling **Note:** Uniface.

Date	Mintage	VG	F	VF	XF	Unc
ND	—	—	115	120	140	—

KM# 9 PAGODA
3.4000 g., Gold **Obv:** Sri-devi Venkatesvara and Bhu-devi standing

Date	Mintage	VG	F	VF	XF	Unc
ND	—	—	115	125	150	—

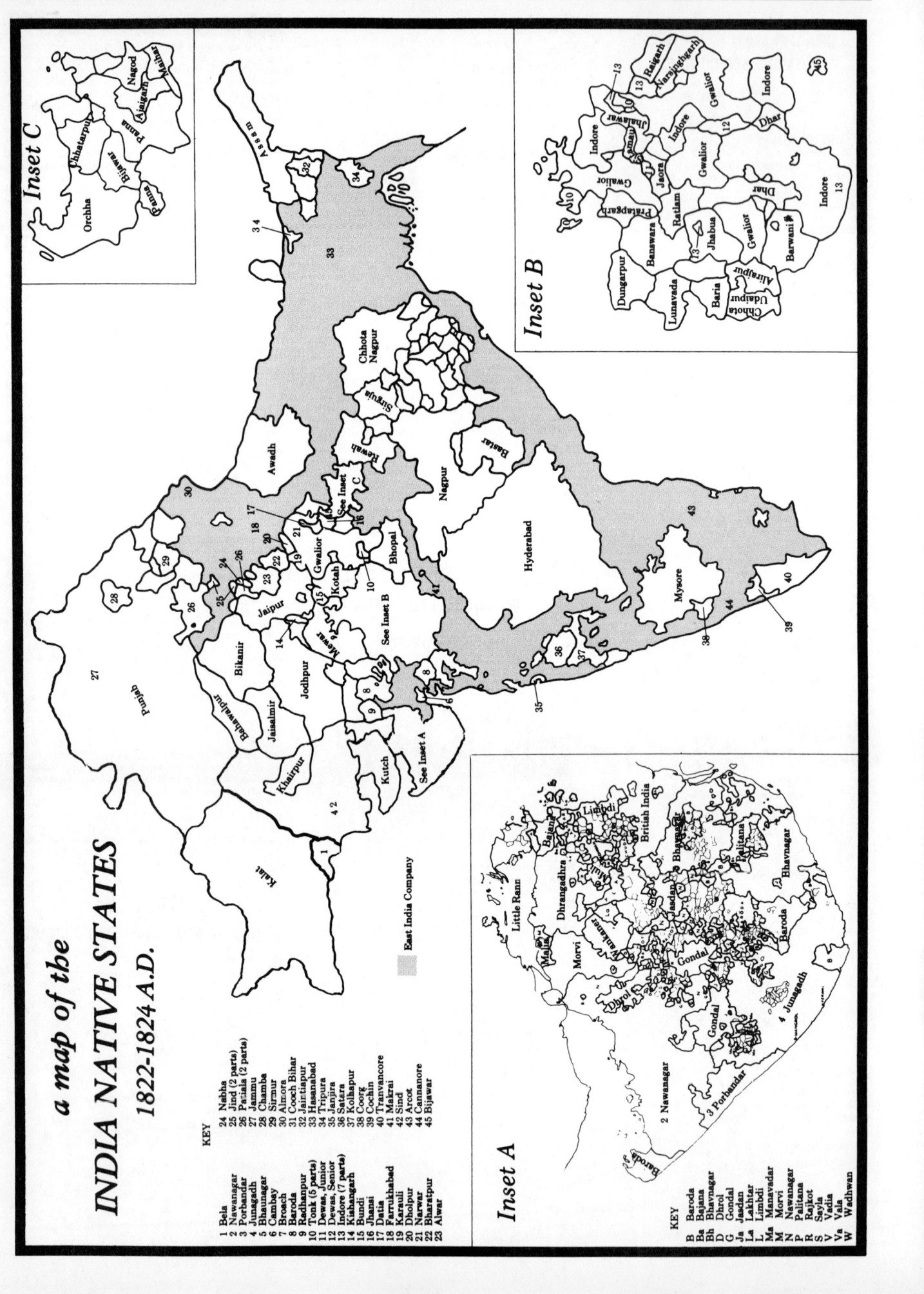

MONETARY SYSTEMS

In each state, local rates of exchange prevailed. There was no fixed rate between copper, silver or gold coin, but the rates varied in accordance with the values of the metal and by the edict of the local authority.

Within the subcontinent, different regions used distinctive coinage standards. In North India and the Deccan, the silver rupee (11.6 g) and gold mohur (11.0 g) predominated. In Gujarat, the silver kori (4.7 g) and gold kori (6.4 g) were the main currency. In South India the silver fanam (0.7-1.0 g) and gold hun or Pagoda (3.4 g) were current. Copper coins in all parts of India were produced to a myriad of local metrologies with seemingly endless varieties.

NAZARANA ISSUES

Throughout the Indian Princely States listings are Nazarana designations for special full flan strikings of copper, silver and some gold coinage. The purpose of these issues was for presentation to the local monarch to gain favor. For example if one had an audience with one's ruler he would exchange goods, currency notes or the cruder struck circulating coinage for Nazarana pieces which he would present to the ruler as a gift. The borderline between true Nazarana pieces and well struck regular issues is often indistinct. The Nazaranas sometimes circulated alongside the cruder "dump" issues.

PRICING

As the demand for Indian Princely coinage develops, and more dealers handle the material, sale records and price lists enable a firmer basis for pricing most series. For scarcer types adequate sale records are often not available, and prices must be regarded as tentative. Inasmuch as date collectors of Princely States series are few, dates known to be scarce are usually worth little more than common ones. Coins of a dated type, which do not show the full date on their flans should be valued at about 70 per cent of the prices indicated.

DATING

Coins are dated in several eras. Arabic and Devanagari numerals are used in conjunction with the Hejira era (AH), the Vikrama Samvat (VS), Saka Samvat (Saka), Fasli era(FE) Mauludi era (AM), and Malabar era (ME), as well as the Christian era (AD).

GRADING

Copper coins are rarely found in high grade, as they were the workhorse of coinage circulation, and were everywhere used for day-to-day transactions. Moreover, they were carelessly struck and even when 'new', can often only be distinguished from VF coins with difficulty, if at all.

Silver coins were often hoarded and not infrequently, turn up in nearly as-struck condition. The silver coins of Hyderabad (dump coins) are common in high grades, and the rupees of some states are scarcer 'used' than 'new'. Great caution must be exercised in determining the value or scarcity of high grade dump coins.

Dump gold was rarely circulated, and usually occurs in high grades, or is found made into jewelry.

INDEX

Ajmir – Gwalior and Jodhpur

Akbarabad – Bharatpur

Allahabad – Awadh

ALWAR
....Rajgarh

ARCOT
Arkat
Kadapa
Madras
Madurai
Nahtarnagar
Ramnad
Tanjore
Tinnevelly
Trichinopoly

Arkat – Arcot

Asafabad – Awadh

Asafnagar – Awadh

Aurangabad – Hyderabad

AWADH
Allahabad
Asafabad
Asafnagar
Awadh (Subah)
Banaras (Muhammadabad)
Bareli
Hathras
Itawa
Kanauj
Kora
Lucknow
Muradabad
Najibabad
Shahabad (Anupnagar)
Tanda (Muhammadnagar)

BAHAWALPUR
Bahawalpur
Khanpur

Banaras – Awadh

Bareli – Awadh

BARODA
Ahmadabad
Baroda

BHARATPUR
Akbarabad
Bharatpur
Dig
Kumber

BHAUNAGAR

Bhinda – Mewar

BHOPAL

BIKANIR

BINDRABAN (Vrindavan)
Bindraban
Gokul
Mathura

BROACH
See also Gwalior

BUNDI

Burhanpur – Gwalior

CANNANORE

Chanderi – Gwalior

Chandor – Indore

CHHATARPUR

Chitor – Mewar

CIS-SUTLEJ STATES
Hansi
Jind
Kaithal
Maler Kotla
Patiala

COCHIN

COORG

Dalipnagar – Datia

DATIA
Dalipnagar

Daulatabad – Hyderabad

Deogarh – Partabgarh

DHOLPUR
Gohad

Dig – Bharatpur

DUNGARPUR

East India Company
See also Awadh, Bareli, Broach, Indore, Kunch and Satara

Gadwal – Hyderabad

Garhakota – Gwalior

GARHWAL (Srinagar)

Gohad – Dholpur

Gokul – Bindraban

GWALIOR
Ajmir
Broach
Burhanpur
Chanderi
Gwalior Fort
Jawad
Lashkar
Narwar
Sipri
Ujjain

Hansi – Cis-Sutlej States

Hathras – Awadh

HYDERABAD
Aurangabad (Khujista Bunyad)
Daulatabad
Hyderabad (Farkhanda Bunyad)

HYDERABAD FEUDATORIES
Gadwal
Kalayani
Narayanpett

INDORE
Chandor
Maheshwar
Malhamagar

INDORE FEUDATORIES
Sironj

Itawa – Awadh

JAIPUR
Jaipur Sawai
Khetri
Muzaffargarh
Madhopur Sawai

JAISALMIR

Jambusar – Baroda

JANJIRA ISLAND

Jawad – Gwalior

Jind – Cis-Sutlej States

JODHPUR (Marwar)
Ajmir
Jodhpur
Merta
Nagor

JODHPUR FEUDATORIES
Kuchawan

Kadapa – Arcot

Kaithal – Cis-Sutlej States

Kalayani – Hyderabad

Kanauj – Awadh

KARAULI

Khanpur – Bahawalpur

KISHANGARH

Kora – Awadh

KOTAH

Kuchawan – Jodhpur

Kumber – Bharatpur

KUTCH

LADAKH

Lashkar – Gwalior

Lucknow – Awadh

Madhopur – Jaipur

Madras – Arcot

Madurai – Arcot

Maheshwar – Indore

Maler Kotla – Cis-Sutlej States

Malharnagar – Indore

Mathura – Bindraban

Merta – Jodhpur

MEWAR
Chitor
Udaipur

MEWAR LOCAL ISSUES
Bhilwara
Chitor
Umarda

Muradabad – Awadh

MYSORE

Nagor – Jodhpur

Nahtarnagar – Arcot

Najibabad – Awadh
Awadh, Bharatpur (Pseudo)

Narayanpett – Hyderabad

NARWAR
See also Gwalior

NAWANAGAR

ORCHHA

PANNA

PARTABGARH (Pratapgarh)
Deogarh

Patiala – Cis-Sutlej States

Rajgarh – Alwar

Ramnad – Arcot

RATLAM

SELAM (Salem)

Shahabad – Awadh

Sironj – Indore

Srinagar – Garhwal

Tanda – Awadh

Tanjore – Arcot

Tinnevelly – Arcot

TRAVANCORE

Trichinopoly – Arcot

TRIPURA

Udaipur – Mewar

Ujjain – Gwalior

Umarda - Mewar

ALWAR

State located in Rajputana in northwestern India.

Alwar was founded about 1722 by a Rajput chieftain of the Naruka clan, Rao Pratap Singh of Macheri (1740-1791), a descendant of the family, which had ruled Jaipur in the 14th century. Alwar was distinguished by being the first of the Princely States to use coins struck at the Calcutta Mint. These, first issued in 1877, were of the same weight and assay as the Imperial Rupee, and carried the bust of Queen Victoria, Empress of India. Alwar State, having allied itself with East India Company interests in their struggles against the Marathas early in the 19th century, continued to maintain a good relationship with the British right up to Indian Independence in 1947. In May 1949, Alwar was merged into Rajasthan.

LOCAL RULERS
Pratap Singh, AH1186-1206/1772-1791AD
Bakhtawar Singh, AH1206-1230/1791-1815AD

MINT

راج گره

Rajgarh

Shah Alam II
AH1173-1221 / 1759-1806AD
HAMMERED COINAGE

KM# 5 TAKKA
Copper, 21 mm. **Obv. Inscription:** Shah Alam (II) **Mint:** Rajgarh
Note: Weight varies: 17.5-18.5g. Mint mark: Fish.

Date	Mintage	Good	VG	F	VF	XF
ND//16 (1774-75)	—	2.50	4.00	6.00	15.00	—
AH1186//16 (1774-75)	—	2.50	4.00	6.00	15.00	—
ND//19 (1777-78)	—	2.50	4.00	6.00	15.00	—
ND//20 (1778-79)	—	2.50	4.00	6.00	15.00	—
ND//21 (1779-80)	—	2.50	4.00	6.00	15.00	—
ND//22 (1780)	—	2.50	4.00	6.00	15.00	—
AH1195//22(1780)	—	2.50	4.00	6.00	15.00	—
ND//25 (1783-84)	—	2.50	4.00	6.00	15.00	—
ND//27 (1785-86)	—	2.50	4.00	6.00	15.00	—
ND//28 (1786-87)	—	2.50	4.00	6.00	15.00	—
AH(12)02//29 (1781-88)	—	2.50	4.00	6.00	15.00	—
ND//29 (1787-88)	—	2.50	4.00	6.00	15.00	—
AH1202//30	—	2.50	4.00	6.00	15.00	—
AH1202//31 (sic)	—	2.50	4.00	6.00	15.00	—
ND//32 (1790-91)	—	2.50	4.00	6.00	15.00	—
AH1204//33 (sic)	—	2.50	4.00	6.00	15.00	—
AH1205//34 (sic)	—	2.50	4.00	6.00	15.00	—
ND//35 (1793-94)	—	2.50	4.00	6.00	15.00	—
ND//37 (1795-96)	—	2.50	4.00	6.00	15.00	—
ND//40 (1798-99)	—	2.50	4.00	6.00	15.00	—
ND//41 (1799-1800)	—	2.50	4.00	6.00	15.00	—

KM# 10 RUPEE
Silver **Obv:** Inscription **Obv. Inscription:** "Shah Alam II" **Rev:** Inscription **Note:** Weight varies: 11.2-11.4g.

Date	Mintage	Good	VG	F	VF	XF
AH//15 (1773-74)	—	7.00	13.00	22.50	30.00	40.00
AH//16 (1774-75)	—	7.00	13.00	22.50	30.00	40.00
AH//19 (1777-78)	—	7.00	13.00	22.50	30.00	40.00
AH//20 (1778-79)	—	7.00	13.00	22.50	30.00	40.00
AH1195//24 (sic)	—	7.00	13.00	22.50	30.00	40.00
AH//25 (1783-84)	—	7.00	13.00	22.50	30.00	40.00
AH//26 (1784-85)	—	7.00	13.00	22.50	30.00	40.00
AH//27(1785-86)	—	7.00	13.00	22.50	30.00	40.00
AH//30 (1788-89)	—	7.00	13.00	22.50	30.00	40.00
AH//32 (1790-91)	—	7.00	13.00	22.50	30.00	40.00
AH//33 (1791-92)	—	7.00	13.00	22.50	30.00	40.00
AH//35 (1793-94)	—	7.00	13.00	22.50	30.00	40.00
AH//27(1795-96)	—	7.00	13.00	22.50	30.00	40.00
AH//38 (1796-97)	—	7.00	13.00	22.50	30.00	40.00
AH//40 (1798-99)	—	7.00	13.00	22.50	30.00	40.00
AH//41 (1799-1800)	—	7.00	13.00	22.50	30.00	40.00
AH//42 (1800-01)	—	7.00	13.00	22.50	30.00	40.00

KM# 10a NAZARANA RUPEE
11.3000 g., Silver **Obv. Inscription:** Shah Alam (II)

Date	Mintage	Good	VG	F	VF	XF
AH1212//37 (sic)	—	—	40.00	60.00	100	200

ARCOT

Arkat

Possession located on the east coast of India between Madras and Calcutta.

The Nawab of Arcot ranked, under British India, as the first noble of the Carnatic. The family was descended from Anwar-al-Din who, in the early part of the 18th century, had received his title as the Nawab of the Carnatic from the Nizam of Hyderabad. In the struggle that took place shortly afterwards along the Coromandel Coast between the English, under Clive, and the French, under Dupleix, Anwar-al-Din's son, Muhammed Ali, allied himself with the British. The French in turn were supported by Chanda Sahib, a rival claimant to the throne of the Carnatic. Although Arcot town fell to the French in 1760 and both town and countryside were ravaged by Haider Ali of Mysore in 1780, the ultimate triumph of British arms ensured Muhammed Ali's success. Muhammed Ali chose to beknown as Walajah Nawab of the Carnatic and it is this title that is conspicuous on the coinage. In 1801 Arcot came under direct British administration and the Arcot mint was closed.

It is also convenient to group under Arcot the tiny copper coins of the Nayakas and Poligars of Madurai, Ramnad, Tanjore, Tinnevelly, Trichinopoly and the surrounding areas. These were local chieftains who had, especially since the decline of the great Hindu kingdom of Vijayanagar after 1565, exercised a great measure of autonomy over their fiefdoms. The chieftains themselves were numerous and quite local in authority, and their coinage was typically South Indian in style.

RULERS
Muhammad Ali, AH1165-1209/1751-1795AD
Umdat-ul-Umara, AH1209-1216/1795-1801AD

MINTS

اركات

Arkat

Rupees were coined by the Nawab of Arcot, his subsidiaries, and the English and French East India Companies, all in the mint-name Arkat. The French issues were distinguishable by broad flan and dotted field, and the English by the lotus mint mark and anachronistic use of Alamgir II's legend (see respective sections). The actual issues of Arkat mint were differentiated from other mint products by the four-petal flower or star beside the regnal year on the reverse.

Kadapa

Madras-Tiruvallur

Madurai, Ramnad

نهتر نگر

Nahtarnagar

Tanjore

Tinnevelly

Uncertain

TITLES

والا جاه   والا   وا

Wala Jah   Wala   Wa

HAMMERED COINAGE

KM# A8 1/4 PAISA
Copper **Mint:** Kadapa

Date	Mintage	Good	VG	F	VF	XF
AH1201 //28	—	3.00	6.00	12.00	25.00	—

KM# A18 PAISA
Copper **Mint:** Kadapa

Date	Mintage	Good	VG	F	VF	XF
//26?	—	5.00	10.00	20.00	45.00	—

Muhammad Ali
AH1165-1209/1751-95AD
HAMMERED COINAGE

KM# 8 1/4 PAISA
Copper **Obv. Inscription:** Shah Alam (II) **Mint:** Arkat **Note:** With the title "Wala" or "Wala Jah".

Date	Mintage	Good	VG	F	VF	XF
AH1183	—	1.50	2.50	3.50	10.00	—
AH1201	—	1.50	2.50	3.50	10.00	—
AH1202	—	1.50	2.50	3.50	10.00	—

KM# 21 1/4 PAISA
Copper **Mint:** Madras-Tiruvalur

Date	Mintage	Good	VG	F	VF	XF
AH1208//35	—	1.50	2.50	3.50	10.00	—
AH1209//36	—	1.50	2.50	3.50	10.00	—

KM# 47 1/4 PAISA
Copper **Obv:** Mint name **Mint:** Nahtarnagar

Date	Mintage	Good	VG	F	VF	XF
AH1208	—	1.50	3.00	5.00	8.00	—

KM# A1 1/2 PAISA
7.0000 g., Copper **Mint:** Arkat

Date	Mintage	Good	VG	F	VF	XF
AH1142	—	3.50	5.00	8.50	15.00	—

KM# 17 1/2 PAISA
Copper **Mint:** Kadapa

Date	Mintage	Good	VG	F	VF	XF
AH1166//26	—	2.00	3.50	5.00	12.00	—

KM# 18 1/2 PAISA
6.9000 g., Copper **Obv. Inscription:** Shah Alam (II) **Mint:** Kadapa

Date	Mintage	Good	VG	F	VF	XF
AH1166	—	2.00	3.50	5.00	10.00	—
AH1179	—	2.00	3.50	5.00	10.00	—
AH1190	—	2.00	3.50	5.00	10.00	—
AH1195	—	2.00	3.50	5.00	10.00	—

KM# 9 1/2 PAISA
Copper **Obv. Inscription:** Shah Alam (II) **Mint:** Arkat

Date	Mintage	Good	VG	F	VF	XF
AH1200//27 (1785)	—	1.25	2.25	3.00	7.50	—
AH1201//28 (1786)	—	1.25	2.25	3.00	7.50	—
AH1203 (1788)	—	1.25	2.25	3.00	7.50	—
AH1204 (1789)	—	1.25	2.25	3.00	7.50	—
AH1205 (1790)	—	1.25	2.25	3.00	7.50	—
AH1206//30 (1791)	—	1.25	2.25	3.00	7.50	—
AH1206//34 (1791)	—	1.25	2.25	3.00	7.50	—
AH1207//34 (1792)	—	1.25	2.25	3.00	7.50	—

KM# 22 1/2 PAISA
Copper **Mint:** Madras-Tiruvalur

ARCOT — INDIA-PRINCELY STATES

Date	Mintage	Good	VG	F	VF	XF
AH1207//34	—	3.00	4.50	6.50	15.00	—
AH1208//35	—	3.00	4.50	6.50	15.00	—
AH1209//36	—	3.00	4.50	6.50	15.00	—

KM# 48 1/2 PAISA
Copper **Mint:** Nahtarnagar

Date	Mintage	Good	VG	F	VF	XF
AH1207	—	4.00	8.00	15.00	22.50	—

KM# B1 PAISA
13.0000 g., Copper **Mint:** Arkat

Date	Mintage	Good	VG	F	VF	XF
AH1142	—	3.50	5.00	8.50	15.00	—
AH1180 Retrograde	—	—	—	—	—	—

KM# 19 PAISA
13.6000 g., Copper **Obv. Inscription:** Shah Alam (II) **Rev:** Without "Wala" **Mint:** Kadapa

Date	Mintage	Good	VG	F	VF	XF
AH1175/7	—	2.00	3.50	5.00	10.00	—
AH1182	—	2.00	3.50	5.00	10.00	—
AH1183	—	2.00	3.50	5.00	10.00	—
AH1198	—	2.00	3.50	5.00	10.00	—
AH1189	—	2.00	3.50	5.00	10.00	—
AH1190	—	2.00	3.50	5.00	10.00	—
AH1191	—	2.00	3.50	5.00	10.00	—
AH1198	—	2.00	3.50	5.00	10.00	—

KM# 3 PAISA
Copper **Obv. Inscription:** Shah Alam (II) **Mint:** Arkat

Date	Mintage	Good	VG	F	VF	XF
AH1177//4	—	2.00	3.50	5.50	12.00	—
AH1177/5	—	2.00	3.50	5.50	12.00	—
AH1193/19	—	2.00	3.50	5.50	12.00	—

KM# 23 PAISA
Copper **Mint:** Madras-Tiruvalur

Date	Mintage	Good	VG	F	VF	XF
AH1200/27	—	4.50	6.50	9.00	20.00	—
AH1201/28	—	4.50	6.50	9.00	20.00	—
AH1206/34	—	4.50	6.50	9.00	20.00	—
AH1208/35	—	4.50	6.50	9.00	20.00	—

KM# 10 PAISA
Copper **Obv. Inscription:** Shah Alam (II) **Mint:** Arkat

Date	Mintage	Good	VG	F	VF	XF
AH1201/28	—	3.00	4.50	7.50	12.00	—
AH1203	—	3.00	4.50	7.50	12.00	—
AH1206/30	—	3.00	4.50	7.50	12.00	—
AH1208	—	3.00	4.50	7.50	12.00	—

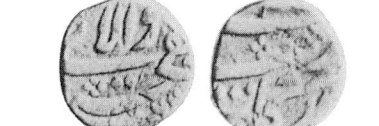

KM# 49 PAISA
Copper **Obv. Inscription:** Wala Jah **Shape:** Octagonal **Mint:** Nahtarnagar

Date	Mintage	Good	VG	F	VF	XF
AH1207	—	10.00	25.00	60.00	80.00	—

KM# 52 1/2 RUPEE
Silver **Obv. Inscription:** Shah Alam (II) **Mint:** Arkat **Note:** Mint mark: Trisul in "S" of "Julus". Weight varies: 5.35-5.80g.

Date	Mintage	Good	VG	F	VF	XF
AH1183/14	—	12.50	30.00	50.00	70.00	100

KM# 50 RUPEE
Silver **Obv. Inscription:** Mohammad Shah **Mint:** Arkat **Note:** Mint mark: Bud or flower above "J" of "Julus". Weight varies: 10.70-11.60 grams.

Date	Mintage	Good	VG	F	VF	XF
AH1147	—	12.50	30.00	50.00	70.00	100
AH115x//20	—	12.50	30.00	50.00	70.00	100
AH-//20	—	12.50	30.00	50.00	70.00	100

KM# 51 RUPEE
Silver **Obv:** Mint mark: Crescent above Mubarak. **Obv. Inscription:** Mohammad Shah **Mint:** Arkat **Note:** Weight varies: 10.70-11.60 grams.

Date	Mintage	Good	VG	F	VF	XF
AH115x//23	—	12.50	30.00	50.00	70.00	100

KM# 1 RUPEE
Silver **Obv. Inscription:** Ahmad Shah Bahadur **Mint:** Arkat **Note:** Weight varies: 10.70-11.60 grams.

Date	Mintage	VG	F	VF	XF	Unc
AH1162//2	—	—	—	—	—	—
AH116x//4	—	—	—	—	—	—

KM# 2 RUPEE
Silver **Obv. Inscription:** Alamgir (II) **Mint:** Arkat **Note:** Weight varies: 10.70-11.60 grams.

Date	Mintage	VG	F	VF	XF	Unc
AH1168//2 Rare	—	—	—	—	—	—
AH1171//5	—	—	—	—	—	—
AHxxxx//6	—	—	—	—	—	—

KM# 53 RUPEE

Silver **Obv. Inscription:** Shah Alam (II) **Mint:** Uncertain Mint **Note:** Weight varies: 10.70-11.60 grams.

Date	Mintage	Good	VG	F	VF	XF
AH1183/14	—	20.00	50.00	90.00	120	—

KM# 5 RUPEE
Silver **Obv. Inscription:** Shah Alam (II) **Mint:** Arkat **Note:** Weight varies: 10.70-11.60 grams. Mint mark: 4-petal flower.

Date	Mintage	Good	VG	F	VF	XF
AH1186/10	—	7.00	12.50	21.00	28.50	40.00
AH1188/10	—	7.00	12.50	21.00	28.50	40.00
AH119x/12	—	7.00	12.50	21.00	28.50	40.00
AH1191/14	—	7.00	12.50	21.00	28.50	40.00
AH1191/18	—	7.00	12.50	21.00	28.50	40.00
AH1200/27	—	7.00	12.50	21.00	28.50	40.00
AH1201/28	—	7.00	12.50	21.00	28.50	40.00
AH1203//29	—	7.00	12.50	21.00	28.50	40.00
AH1205//30	—	7.00	12.50	21.00	28.50	40.00

KM# 6 RUPEE
Silver **Obv. Inscription:** Shah Alam (II) **Mint:** Arkat **Note:** Mint marks: 4-petal flower and "Wala".

Date	Mintage	Good	VG	F	VF	XF
AH1206//31	—	8.00	16.50	21.50	27.50	40.00

KM# 4a NAZARANA 1/4 RUPEE
Silver **Obv. Inscription:** Shah Alam (II) **Mint:** Arkat **Note:** Weight varies: 2.65-2.90 grams. Without flower mint mark.

Date	Mintage	Good	VG	F	VF	XF
AH1202//29 Rare	—	—	—	—	—	—

KM# 7 2 RUPEES
Silver **Obv. Inscription:** Shah Alam (II) **Mint:** Arkat

Date	Mintage	Good	VG	F	VF	XF
AH1200/27	—	—	500	700	1,000	1,500

KM# 13 PAGODA
3.0000 g., 0.8000 Gold 0.0772 oz. AGW **Obv:** 3 Swamis **Rev. Inscription:** WALA **Mint:** Arkat

Date	Mintage	VG	F	VF	XF	Unc
ND(1790)	—	—	180	240	400	—

KM# 14 PAGODA
3.0000 g., 0.8000 Gold 0.0772 oz. AGW **Obv:** 3 Swamis **Rev. Inscription:** Arabic "AIN" **Mint:** Arkat

Date	Mintage	VG	F	VF	XF	Unc
ND(1790)	—	—	120	150	200	—

KM# 15 PAGODA
3.0000 g., 0.8000 Gold 0.0772 oz. AGW **Obv:** Figure between inscription **Obv. Inscription:** Shah Alam (II) **Rev. Inscription:** Wala **Mint:** Arkat

Date	Mintage	VG	F	VF	XF	Unc
ND(1790)	—	—	235	400	750	—

ARCOT

KM# 35 CASH
Copper **Obv.** Legend: "WALA" **Rev:** Date **Mint:** Tinnevelly

Date	Mintage	Good	VG	F	VF	XF
AH1207	—	2.00	3.50	5.50	8.50	—

KM# 29 NAYAKA CASH
Copper **Obv:** Deities, geometric figures, etc. **Rev:** Crude Wala Jah, without date **Mint:** Madurai **Note:** Struck at Ramnad Mint.

Date	Mintage	Good	VG	F	VF	XF
ND(1751-95)	—	0.60	1.00	1.75	2.50	—

KM# 25 NAYAKA CASH
Copper **Obv.** Inscription: "WALA JAH" **Rev:** Date **Mint:** Madurai **Note:** Poliyagars. Struck at Ramnad Mint.

Date	Mintage	Good	VG	F	VF	XF
AH1196	—	1.50	2.50	4.00	6.50	—

KM# 36 CASH
Copper **Obv:** Deities, lingam, etc. **Rev.** Inscription: "WALA JAH" **Mint:** Tinnevelly

Date	Mintage	Good	VG	F	VF	XF
ND(1793)	—	1.50	2.75	4.00	6.50	—

KM# 37 CASH
Copper **Obv:** Sun, moon, bull, lingam, etc. **Rev:** Tamil **Rev.** Inscription: "KAMPANI" **Mint:** Tinnevelly

Date	Mintage	Good	VG	F	VF	XF
ND(1794)	—	2.00	3.50	6.50	10.00	—

KM# 27 NAYAKA CASH
Copper **Obv:** Deities, animal figures, etc. **Obv.** Inscription: "WALA JAH" **Rev:** Date **Mint:** Madurai **Note:** Struck at Ramnad Mint.

Date	Mintage	Good	VG	F	VF	XF
AH1200	—	0.75	1.25	2.75	4.50	—
AH1201	—	0.75	1.25	2.75	4.50	—
AH1202	—	0.75	1.25	2.75	4.50	—
AH1204	—	0.75	1.25	2.75	4.50	—
AH1207	—	0.75	1.25	2.75	4.50	—

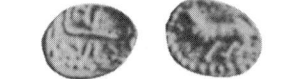

KM# 38 CASH
Copper **Obv:** Star within dots **Rev:** Tamil **Rev.** Legend: "NAWABU" **Mint:** Tinnevelly

Date	Mintage	Good	VG	F	VF	XF
ND(1795)	—	1.50	2.75	4.00	6.50	—

KM# 42 CASH
Copper **Obv.** Inscription: "WALA JAH" **Rev:** Arabic letter: "Ain". **Mint:** Nahtamagar

Date	Mintage	Good	VG	F	VF	XF
ND(1751-95)	—	1.50	2.75	4.00	6.00	—

KM# 43 CASH
Copper **Obv.** Inscription: "WALA JAH" **Rev:** Tamil Rev. Inscription: "NAWAB" **Mint:** Nahtamagar

Date	Mintage	Good	VG	F	VF	XF
ND(1751-95)	—	0.80	1.50	2.50	4.00	—

KM# 41 CASH
Copper **Obv.** Legend: "WALA JAH" **Rev:** Date **Mint:** Nahtamagar

Date	Mintage	Good	VG	F	VF	XF
AH1181	—	1.50	3.00	5.00	7.00	—
AH1186	—	1.50	3.00	5.00	7.00	—
AH1189	—	1.50	3.00	5.00	7.00	—
AH1195	—	1.50	3.00	5.00	7.00	—
AH1197	—	1.50	3.00	5.00	7.00	—
AH1203	—	1.50	3.00	5.00	7.00	—
AH1206	—	1.50	3.00	5.00	7.00	—

KM# 31 CASH
Copper **Obv:** Fish, bull, etc **Rev:** Tamil letter "Na" **Mint:** Tanjore **Note:** Varieties exist

Date	Mintage	Good	VG	F	VF	XF
ND(1792)	—	2.00	4.00	5.50	7.50	—

KM# 44 CASH
Copper **Obv.** Inscription: "WALA" **Rev.** Inscription: "JAH" **Mint:** Nahtamagar

Date	Mintage	Good	VG	F	VF	XF
ND(1792)	—	0.80	1.50	2.50	4.00	—

KM# 32 CASH
Copper **Obv:** Deities, bow and arrow, horse, etc. **Rev:** Tamil Rev. Inscription: "NAWAB" **Mint:** Tanjore

Date	Mintage	Good	VG	F	VF	XF
ND(1792)	—	1.00	1.50	2.75	5.00	—

KM# 63 CASH
Copper **Obv.** Legend: "WALA JAH" **Rev:** Date **Mint:** Nahtamagar

Date	Mintage	Good	VG	F	VF	XF
AH1214	—	7.00	12.00	20.00	35.00	—

Umdat-ul-Umara
AH1209-16/1795-1801AD

HAMMERED COINAGE

KM# 56 1/4 PAISA
Copper **Mint:** Madras-Tiruvalur

Date	Mintage	Good	VG	F	VF	XF
AH1213	—	2.00	4.00	6.00	12.50	—

KM# 57 1/2 PAISA
Copper **Mint:** Madras-Tiruvalur

Date	Mintage	Good	VG	F	VF	XF
AH1213	—	2.50	5.00	7.50	15.00	—

KM# 58 PAISA
Copper **Mint:** Madras-Tiruvalur

Date	Mintage	Good	VG	F	VF	XF
AH1213	—	4.50	7.00	10.00	18.50	—

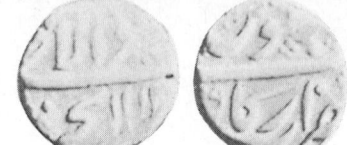

KM# 54 RUPEE
Silver **Obv.** Inscription: Shah Alam (II) **Mint:** Arkat **Note:** Weight varies: 10.70-11.60 grams. Mint marks: 4-petal flower and "Wa".

Date	Mintage	Good	VG	F	VF	XF
AH1211//3	—	12.50	30.00	50.00	70.00	100
AH1212	—	12.50	30.00	50.00	70.00	100
AH1213	—	12.50	30.00	50.00	70.00	100
AH1214//6	—	12.50	30.00	50.00	70.00	100

KM# 61 CASH
Copper **Obv:** Lingam **Rev:** Date **Rev.** Legend: "WALA JAH" **Mint:** Tinnevelly

Date	Mintage	Good	VG	F	VF	XF
AH1210	—	1.00	2.00	4.00	6.00	—

AWADH

Oudh

Kingdom located in northeastern India. The Nawabs of Awadh traced their origins to Muhammed Amin, a Persian adventurer who had attached himself to the court of Muhammed Shah, the Mughal Emperor, early in the 18th century. In 1720 Muhammed Amin was appointed Mughal Subahdar of Awadh, in which capacity he soon exhibited a considerable measure of independence. Until 1819, after Ghazi-ud-din had been encouraged by the Governor-General, Lord Hastings, to accept the title of King, Muhammed Amim's successors were known simply as the Nawabs of Awadh. The British offer, and Ghazi-ud-din's acceptance of it provided a clear indication of just how far Mughal decline had proceeded. The Mughal Emperor was now little more than a pensioner of the East India Company. Yet the coinage of Ghazi-ud-din immediately after 1819 marks also the hesitation he felt in taking so dramatic, and in the eyes of some of the princes of India, so ungrateful a step.

In 1856 Awadh was annexed by the British on the grounds of internal misrule. The king makers were now also seen as the king breakers. In setting aside the royal house of Awadh, the Muslim princes of India were added to that growing list of those who had come to fear the outcome of British hegemony. And it was here, in Awadh, that the Great Revolt of 1857 found its most fertile soil.

In 1877, Awadh along with Agra was placed under one administrator. It was made part of the United Provinces in 1902.

RULERS

Sa'adat Khan, Subahdar, AH1133-/1720AD--
Shuja-ud-Daula, AH1170-1189/1756-1775AD
Asaf-ud-Dawla, AH1189-1212/1775-1797AD
Wazir Ali, AH1212-1213/1797-1798AD
Sa'adat Ali, AH1213-1230/1798-1814AD

MINTS

Allahabad — الله اباد

Asafabad (Bareli) — اصف اباد

Asafnagar — اصف نگر

Awadh — اوده

Banaras — بنارس

Bareli — بریلي

Hathras — هاتهرس

Itawa — اتاوه اتاوا

Kanauj — قنوج

Kora — کورا

Lucknow — لکهنو

Muazzamabad (Gorakhpur) — معظم اباد

Muhammadabad Banaras — محمداباد بنارس

Muradabad — مراداباد

Najibabad — نجساباد

AWADH

شاہ آباد

Shahabad

تانده

Tanda

KINGDOM

HAMMERED COINAGE

Mughal Style

KM# 98 FALUS

Copper **Obv:** Inscription **Obv. Inscription:** "Shah Alam II" **Rev:** Fish, cresent **Mint:** Lucknow **Note:** Round flan.

Date	Mintage	Good	VG	F	VF	XF
AH-//24	—	1.75	3.00	4.50	12.00	—
AH1208//26	—	1.75	3.00	4.50	12.00	—

KM# 111 PAISA (Various weight standards)

Copper **Obv:** Crescent **Obv. Inscription:** "Shah Alam II" **Rev:** Vertical fish **Mint:** Najibabad **Note:** Various weight standards.

Date	Mintage	Good	VG	F	VF	XF
AH11xx//18	—	3.00	4.00	6.00	12.00	—
AH1198//23	—	3.00	4.00	6.00	12.00	—
AH1199//26	—	3.00	4.00	6.00	12.00	—
AH1207//33	—	3.00	4.00	6.00	12.00	—
AH1211//37	—	3.00	4.00	6.00	12.00	—
AH1212//37	—	3.00	4.00	6.00	12.00	—
AH1212//38	—	3.00	4.00	6.00	12.00	—
AH1212//39	—	3.00	4.00	6.00	12.00	—
AH1212//40	—	3.00	4.00	6.00	12.00	—
AH1214//40	—	3.00	4.00	6.00	12.00	—
AH(121)4//41	—	3.00	4.00	6.00	12.00	—
AH-//41	—	3.00	4.00	6.00	12.00	—
AH1215//43	—	3.00	4.00	6.00	12.00	—
AH-//42	—	3.00	4.00	6.00	12.00	—

KM# 113 PAISA (Various weight standards)

Copper **Obv:** Inscription, inverted heart **Obv. Inscription:** "Shah Alam II" **Rev:** Horizontal fish **Mint:** Najibabad

Date	Mintage	Good	VG	F	VF	XF
AH-//35	—	5.00	7.00	10.00	15.00	—
AH-//38	—	5.00	7.00	10.00	15.00	—
AH1215//43	—	5.00	7.00	10.00	15.00	—

KM# 100.2 1/8 RUPEE

Silver **Obv:** Inscription **Obv. Inscription:** "Shah Alam II" **Rev:** Frozen regnal year, mint mark: Flag and star **Mint:** Lucknow **Note:** Weight varies: 1.34-1.45 grams.

Date	Mintage	Good	VG	F	VF	XF
AH1207//26	—	10.00	25.00	50.00	80.00	120
AH1215//26	—	10.00	25.00	50.00	80.00	120

KM# 116.11 RUPEE

Silver **Obv:** Inscription **Obv. Inscription:** "Shah Alam II" **Rev:** Without horizontal fish **Mint:** Najibabad **Note:** Weight varies: 10.70-11.60 grams.

Date	Mintage	Good	VG	F	VF	XF
AH1188//15	—	5.00	12.50	16.50	22.50	32.50
AH1188//16	—	5.00	12.50	16.50	22.50	32.50
AH1200//28	—	5.00	12.50	16.50	22.50	32.50

KM# 103.2 RUPEE

Silver **Obv:** Inscription, star, date **Obv. Inscription:** "Shah Alam II" **Rev:** Frozen regnal year, mint mark: Flag and star, fish **Mint:** Lucknow **Note:** Weight varies: 10.70-11.60 grams.

Date	Mintage	Good	VG	F	VF	XF
AH1201//26	—	7.00	12.00	18.00	25.00	35.00
AH1202//26	—	7.00	12.00	18.00	25.00	35.00
AH1203//26	—	7.00	12.00	18.00	25.00	35.00
AH1204//26	—	7.00	12.00	18.00	25.00	35.00
AH1205//26	—	7.00	12.00	18.00	25.00	35.00
AH1206//26	—	7.00	12.00	18.00	25.00	35.00
AH1207//26	—	7.00	12.00	18.00	25.00	35.00
AH1208//26	—	7.00	12.00	18.00	25.00	35.00
AH1209//26	—	7.00	12.00	18.00	25.00	35.00
AH1210//26	—	7.00	12.00	18.00	25.00	35.00
AH1211//26	—	7.00	12.00	18.00	25.00	35.00
AH1212//26	—	7.00	12.00	18.00	25.00	35.00
AH1213//26	—	7.00	12.00	18.00	25.00	35.00
AH1214//26	—	7.00	12.00	18.00	25.00	35.00
AH1215//26	—	7.00	12.00	18.00	25.00	35.00

KM# 103.3 RUPEE

Silver **Obv:** Without AH date **Obv. Inscription:** "Shah Alam II" **Rev:** Flag, star, date, fish **Mint:** Lucknow **Note:** Weight varies: 10.70-11.60 grams.

Date	Mintage	Good	VG	F	VF	XF
AH-//20	—	8.00	15.00	40.00	75.00	90.00
AH-//24	—	8.00	15.00	40.00	75.00	90.00
AH-//25	—	8.00	15.00	40.00	75.00	90.00
AH-//26	—	8.00	15.00	40.00	75.00	90.00

KM# 116.7 RUPEE

Silver **Obv:** Inscription, date **Obv. Inscription:** "Shah Alam II" **Rev:** Persian letter "Mim" written as word, bud, fish **Mint:** Najibabad **Note:** Weight varies: 10.70-11.60 grams.

Date	Mintage	Good	VG	F	VF	XF
AH1214//41	—	8.00	16.00	20.00	30.00	45.00
AH1215//42	—	8.00	16.00	20.00	30.00	45.00

KM# 51.6 RUPEE

Silver **Obv:** Inscription, date **Obv. Inscription:** "Shah Alam II" **Rev:** Fish, Persian letter "Mim", star-shaped flower, crescent **Mint:** Bareli **Note:** Weight varies: 10.70-11.60 grams.

Date	Mintage	Good	VG	F	VF	XF
AH1215//37 (sic)	—	7.00	12.00	18.00	28.00	45.00

Muhammed Shah
AH1131-1161 / 1719-1748AD

HAMMERED COINAGE

KM# 80 1/2 RUPEE

Silver **Obv. Inscription:** Muhammed Shah **Mint:** Kanauj **Note:** Mint name: Shahabad Qanauj. Weight varies: 5.35-5.60 grams.

Date	Mintage	Good	VG	F	VF	XF
AH-//26	—	6.50	16.50	23.50	32.50	45.00

Alamgir II
AH1167-1173 / 1754-1759AD

HAMMERED COINAGE

KM# 85 RUPEE

Silver **Obv. Inscription:** Alamgir (II) **Mint:** Kanauj **Note:** Weight varies: 10.70-11.60 grams.

Date	Mintage	VG	F	VF	XF	Unc
AH1167/1 (Ahad)	—	—	—	—	—	—

KM# 86.1 RUPEE

Silver **Obv. Inscription:** Alamgir (II) **Rev:** Mint mark: Trisula **Mint:** Kanauj **Note:** Weight varies: 10.70-11.60 grams.

Date	Mintage	VG	F	VF	XF	Unc
AH1188//16	—	16.50	23.50	32.50	50.00	—

KM# 86.2 RUPEE

Silver **Obv. Inscription:** Alamgir (II) **Rev:** Mint mark: Quatrefoil **Mint:** Kanauj **Note:** Weight varies: 10.70-11.60 grams.

Date	Mintage	VG	F	VF	XF	Unc
AH1190//17	—	16.50	23.50	32.50	50.00	—

Shah Alam II
AH1173-1221 / 1759-1806AD

HAMMERED COINAGE

KM# 97 FALUS

Copper **Obv. Inscription:** Shah Alam (II) **Mint:** Lucknow **Note:** Irregular flan.

Date	Mintage	Good	VG	F	VF	XF
AH1213//26	—	0.75	1.50	2.50	4.00	—

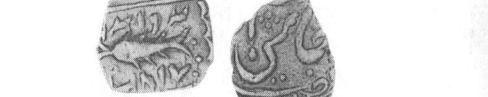

KM# 110.1 1/2 PAISA

Copper **Rev:** Vertical fish **Mint:** Najibabad **Note:** Weight varies: 3.60-3.80 grams. Struck at Najibabad Mint.

Date	Mintage	Good	VG	F	VF	XF
AH-//24	—	2.50	4.00	6.50	10.00	—

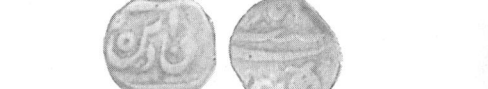

KM# 110 1/2 PAISA

Copper **Obv. Inscription:** Shah Alam (II) **Rev:** Vertical fish **Mint:** Najibabad **Note:** Weight varies: 3.60-3.80 grams.

Date	Mintage	VG	F	VF	XF	Unc
AH-//24	—	2.50	4.00	6.50	10.00	—

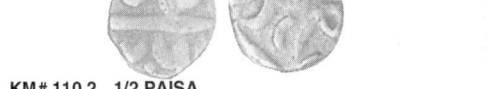

KM# 110.2 1/2 PAISA

4.2000 g., Copper, 15.7 mm. **Mint:** Najibabad

Date	Mintage	Good	VG	F	VF	XF
AH(1)206	—	—	—	—	—	—

INDIA-PRINCELY STATES — AWADH

KM# 40 1/2 PAISA
8.5000 g., Copper, 19 mm. **Obv. Inscription:** Shah Alam (II) **Mint:** Bareli **Note:** Similar to 1 Paisa, KM#41.

Date	Mintage	Good	VG	F	VF	XF
AH-	—	3.00	6.00	10.00	15.00	—
AH----/35	—	3.00	6.00	10.00	15.00	—

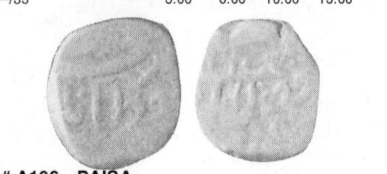

Date	Mintage	Good	VG	F	VF	XF
AH-//37 (1795)	—	3.00	4.00	6.00	8.50	—
AH1210//38 (1795)	—	3.00	4.00	6.00	8.50	—
AH1212//39 (1797)	—	3.00	4.00	6.00	8.50	—
AH1215//42 (1800)	—	3.00	4.00	6.00	8.50	—

KM# A106 PAISA
11.8000 g., Copper **Obv. Inscription:** Shah Alam (II) **Mint:** Muazzamabad

Date	Mintage	VG	F	VF	XF	Unc
AH1190	—	3.00	6.00	10.00	15.00	—

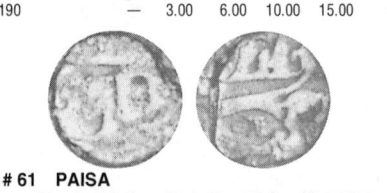

KM# 61 PAISA
Copper **Obv. Inscription:** Shah Alam (II) **Rev:** Fish **Mint:** Hathras

Date	Mintage	Good	VG	F	VF	XF
ND(1779)	—	6.00	10.00	16.50	25.00	—

KM# 32 PAISA
Copper **Obv. Inscription:** Shah Alam (II) **Rev:** Horizontal fish **Mint:** Banaras **Note:** Mint name: Muhammadabad Banaras.

Date	Mintage	Good	VG	F	VF	XF
AH1194	—	—	18.00	40.00	55.00	80.00
AH121x	—	—	18.00	40.00	55.00	80.00

KM# A99 PAISA
Copper **Obv. Inscription:** Shah Alam (II) **Rev:** Stylized fish **Mint:** Lucknow **Note:** Prev. Bengal Presidency, KM#14.

Date	Mintage	Good	VG	F	VF	XF
AHxxxx//22	—	3.50	6.00	12.00	20.00	—
AHxxxx//25	—	3.50	6.00	12.00	20.00	—
AH1213//26	—	3.50	6.00	12.00	20.00	—

KM# 41 PAISA
16.4000 g., Copper, 24 mm. **Obv:** Dagger **Obv. Inscription:** Shah Alam (II) **Rev:** Fish **Mint:** Bareli

Date	Mintage	Good	VG	F	VF	XF
AH12xx//35	—	3.00	6.00	10.00	15.00	—
AH12xx//37	—	3.00	6.00	10.00	15.00	—

KM# 112 PAISA (Various weight standards)
Copper **Obv. Inscription:** Shah Alam (II) **Rev:** Stylized dagger **Mint:** Najibabad

Date	Mintage	Good	VG	F	VF	XF
AH1197//24 (1782)	—	3.00	4.00	6.00	8.50	—
AH1197//25 (1782)	—	3.00	4.00	6.00	8.50	—
AH1198//25 (1783)	—	3.00	4.00	6.00	8.50	—
AH-//27 (1785)	—	3.00	4.00	6.00	8.50	—
AH-//29 (1787)	—	3.00	4.00	6.00	8.50	—
AH1202//30 (1787)	—	3.00	4.00	6.00	8.50	—
AH-//31 (1788)	—	3.00	4.00	6.00	8.50	—
AH1205//32 (1789)	—	3.00	4.00	6.00	8.50	—
AH1206//33 (1791)	—	3.00	4.00	6.00	8.50	—
AH121x//36 (1794)	—	3.00	4.00	6.00	8.50	—

KM# 114 PAISA (Various weight standards)
Copper **Obv. Inscription:** Shah Alam (II) **Rev:** Sword **Mint:** Najibabad

Date	Mintage	Good	VG	F	VF	XF
AH1214//40 (1799)	—	5.00	7.00	10.00	15.00	—
AH1214//41 (1799)	—	5.00	7.00	10.00	15.00	—

KM# 99 1/16 RUPEE
Silver **Obv. Inscription:** Shah Alam (II) **Rev:** Fixed regnal year **Mint:** Lucknow **Note:** Weight varies: 0.67-0.72 grams.

Date	Mintage	Good	VG	F	VF	XF
AH1215//26	—	6.50	10.00	15.00	22.50	—

KM# 100.1 1/8 RUPEE
Silver **Obv. Inscription:** Shah Alam (II) **Rev:** Actual regnal year; mint mark: Parasol **Mint:** Lucknow **Note:** Weight varies: 1.34-1.45 grams.

Date	Mintage	Good	VG	F	VF	XF
AH1195//23	—	6.50	10.00	15.00	22.50	—
AH1196//24	—	6.50	10.00	15.00	22.50	—

KM# 101.1 1/4 RUPEE
Silver **Obv. Inscription:** Shah Alam (II) **Rev:** Actual regnal year; mint mark: Parasol **Mint:** Lucknow **Note:** Weight varies: 2.68-2.90 grams.

Date	Mintage	Good	VG	F	VF	XF
AH1196//23	—	2.25	5.50	8.00	11.50	17.50

KM# 95 1/2 RUPEE
Silver **Obv:** Mint mark: Vertical fish **Obv. Inscription:** Shah Alam (II) **Mint:** Kora **Note:** Weight varies: 5.35-5.60 grams.

Date	Mintage	Good	VG	F	VF	XF
AH119x//16	—	3.00	7.50	11.00	16.50	25.00

KM# 102.1 1/2 RUPEE
Silver **Obv. Inscription:** Shah Alam (II) **Rev:** Actual regnal year; mint mark: Parasol **Mint:** Lucknow **Note:** Weight varies: 5.35-5.80 grams.

Date	Mintage	Good	VG	F	VF	XF
AH1196//23	—	2.50	6.00	9.00	13.50	20.00

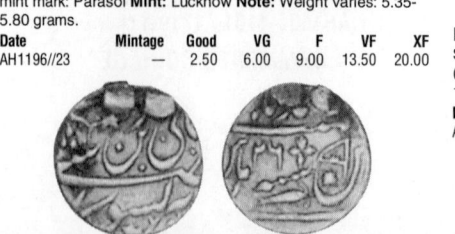

KM# 102.3 1/2 RUPEE
Silver **Obv:** Without AH date **Obv. Inscription:** Shah Alam (II) **Mint:** Lucknow **Note:** Weight varies: 5.38-5.80 grams.

Date	Mintage	Good	VG	F	VF	XF
AH-//26	—	30.00	75.00	135	200	285

KM# 45 1/2 RUPEE
Silver **Obv. Inscription:** Shah Alam (II) **Mint:** Bareli **Note:** Weight varies: 5.35-5.80 grams.

Date	Mintage	Good	VG	F	VF	XF
AH1213//37	—	7.00	15.00	21.50	30.00	40.00

KM# 36.1 RUPEE
Silver **Obv. Legend:** "Haft Kishwar" **Obv. Inscription:** Shah Alam (II) **Rev:** Bud **Mint:** Lucknow **Note:** Weight varies: 10.70-11.60 grams.

Date	Mintage	Good	VG	F	VF	XF
AH1174//1	—	7.00	10.00	15.00	22.50	35.00
AH1174//2	—	7.00	10.00	15.00	22.50	35.00
AH1175//2	—	7.00	10.00	15.00	22.50	35.00

KM# 36.2 RUPEE
Silver **Obv. Legend:** "Shah Alam Badshah" **Obv. Inscription:** Shah Alam (II) **Rev:** Various symbols **Mint:** Banaras **Note:** Weight varies: 10.70-11.60 grams.

Date	Mintage	Good	VG	F	VF	XF
AH1174//2	—	7.00	10.00	15.00	22.50	35.00
AH1175//2	—	7.00	10.00	15.00	22.50	35.00
AH1175//3	—	7.00	10.00	15.00	22.50	35.00
AH1176//3	—	7.00	10.00	15.00	22.50	35.00
AH1176//4	—	7.00	10.00	15.00	22.50	35.00
AH1177//4	—	7.00	10.00	15.00	22.50	35.00
AH1177//5	—	7.00	10.00	15.00	22.50	35.00
AH1178//5	—	7.00	10.00	15.00	22.50	35.00
AH1178//6	—	7.00	10.00	15.00	22.50	35.00
AH1179//6	—	7.00	10.00	15.00	22.50	35.00
AH1179//7	—	7.00	10.00	15.00	22.50	35.00
AH1180//7	—	7.00	10.00	15.00	22.50	35.00
AH1180//8	—	7.00	10.00	15.00	22.50	35.00
AH1181//8	—	7.00	10.00	15.00	22.50	35.00
AH1181//9	—	7.00	10.00	15.00	22.50	35.00
AH1182//9	—	7.00	10.00	15.00	22.50	35.00
AH1182//10	—	7.00	10.00	15.00	22.50	35.00
AH1183//10	—	7.00	10.00	15.00	22.50	35.00
AH1183//11	—	7.00	10.00	15.00	22.50	35.00
AH1184//11	—	7.00	10.00	15.00	22.50	35.00
AH1186//13	—	7.00	10.00	15.00	22.50	35.00
AH1186//14	—	7.00	10.00	15.00	22.50	35.00
AH-//14	—	7.00	10.00	15.00	22.50	35.00
AH1187//15	—	7.00	10.00	15.00	22.50	35.00
AH1188//15	—	7.00	10.00	15.00	22.50	35.00

KM# 6.1 RUPEE
Silver **Obv. Legend:** "Shah Alam Badshah" **Mint:** Allahabad **Note:** Weight varies: 10.70-11.60 grams.

Date	Mintage	Good	VG	F	VF	XF
AH1174//1	—	5.00	12.50	18.50	25.00	35.00
AHxxxx//5	—	5.00	12.50	18.50	25.00	35.00

KM# 36.4 RUPEE
Silver **Obv:** Similar to KM#36.1 **Obv. Inscription:** Shah Alam (II) **Rev:** Comb symbol **Mint:** Lucknow **Note:** Weight varies: 10.70-11.60 grams.

Date	Mintage	Good	VG	F	VF	XF
AH-//6	—	5.50	14.00	23.50	32.50	45.00

AWADH — INDIA-PRINCELY STATES

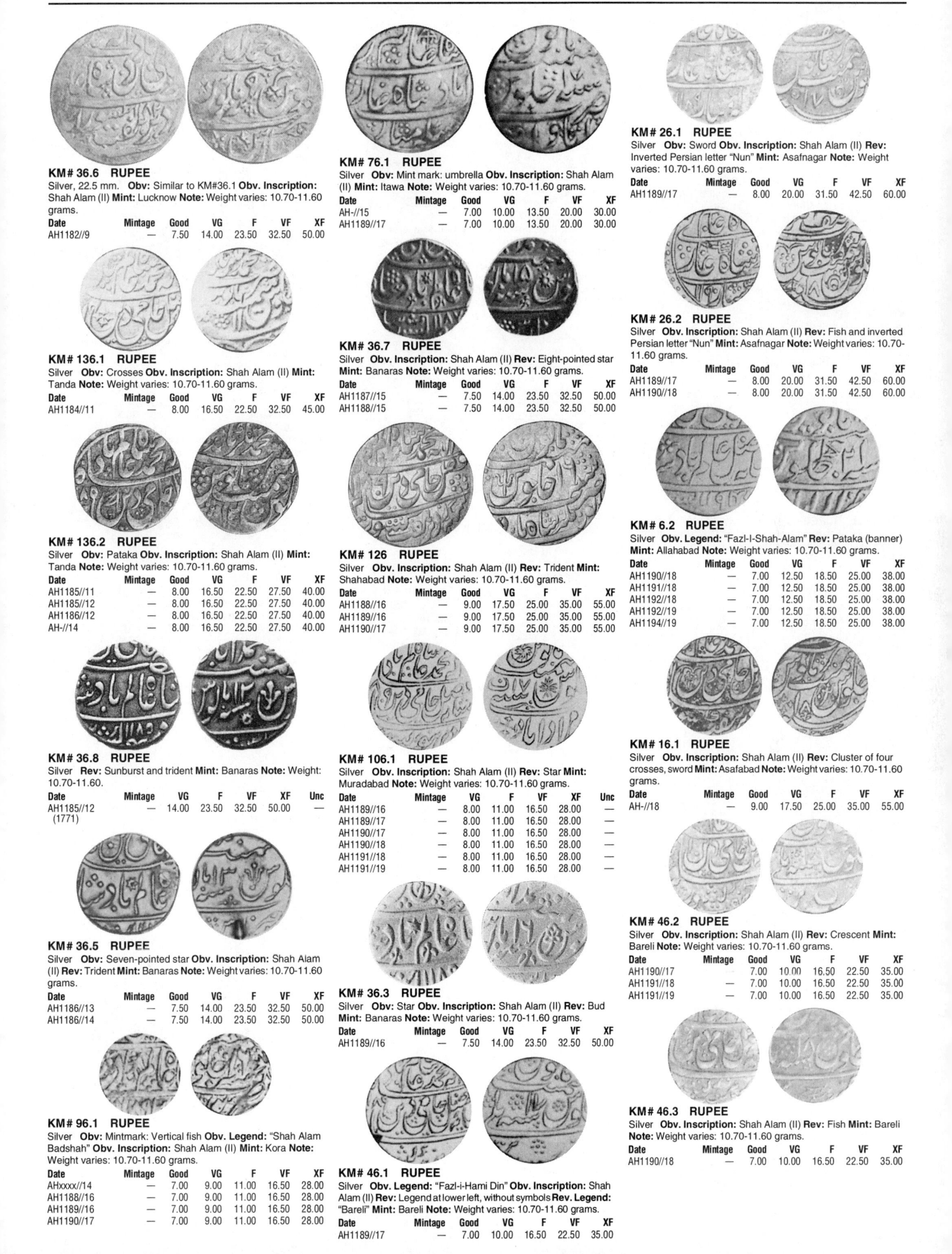

KM# 36.6 RUPEE
Silver, 22.5 mm. **Obv:** Similar to KM#36.1 **Obv. Inscription:** Shah Alam (II) **Mint:** Lucknow **Note:** Weight varies: 10.70-11.60 grams.

Date	Mintage	Good	VG	F	VF	XF
AH1182/9	—	7.50	14.00	23.50	32.50	50.00

KM# 136.1 RUPEE
Silver **Obv:** Crosses **Obv. Inscription:** Shah Alam (II) **Mint:** Tanda **Note:** Weight varies: 10.70-11.60 grams.

Date	Mintage	Good	VG	F	VF	XF
AH1184//11	—	8.00	16.50	22.50	32.50	45.00

KM# 136.2 RUPEE
Silver **Obv:** Pataka **Obv. Inscription:** Shah Alam (II) **Mint:** Tanda **Note:** Weight varies: 10.70-11.60 grams.

Date	Mintage	Good	VG	F	VF	XF
AH1185//11	—	8.00	16.50	22.50	27.50	40.00
AH1185//12	—	8.00	16.50	22.50	27.50	40.00
AH1186//12	—	8.00	16.50	22.50	27.50	40.00
AH-//14	—	8.00	16.50	22.50	27.50	40.00

KM# 36.8 RUPEE
Silver **Rev:** Sunburst and trident **Mint:** Banaras **Note:** Weight: 10.70-11.60.

Date	Mintage	VG	F	VF	XF	Unc
AH1185//12 (1771)	—	14.00	23.50	32.50	50.00	—

KM# 36.5 RUPEE
Silver **Obv:** Seven-pointed star **Obv. Inscription:** Shah Alam (II) **Rev:** Trident **Mint:** Banaras **Note:** Weight varies: 10.70-11.60 grams.

Date	Mintage	Good	VG	F	VF	XF
AH1186//13	—	7.50	14.00	23.50	32.50	50.00
AH1186//14	—	7.50	14.00	23.50	32.50	50.00

KM# 96.1 RUPEE
Silver **Obv:** Mintmark: Vertical fish **Obv. Legend:** "Shah Alam Badshah" **Obv. Inscription:** Shah Alam (II) **Mint:** Kora **Note:** Weight varies: 10.70-11.60 grams.

Date	Mintage	Good	VG	F	VF	XF
AHxxxx//14	—	7.00	9.00	11.00	16.50	28.00
AH1188//16	—	7.00	9.00	11.00	16.50	28.00
AH1189//16	—	7.00	9.00	11.00	16.50	28.00
AH1190//17	—	7.00	9.00	11.00	16.50	28.00

KM# 76.1 RUPEE
Silver **Obv:** Mint mark: umbrella **Obv. Inscription:** Shah Alam (II) **Mint:** Itawa **Note:** Weight varies: 10.70-11.60 grams.

Date	Mintage	Good	VG	F	VF	XF
AH-//15	—	7.00	10.00	13.50	20.00	30.00
AH1189//17	—	7.00	10.00	13.50	20.00	30.00

KM# 36.7 RUPEE
Silver **Obv. Inscription:** Shah Alam (II) **Rev:** Eight-pointed star **Mint:** Banaras **Note:** Weight varies: 10.70-11.60 grams.

Date	Mintage	Good	VG	F	VF	XF
AH1187//15	—	7.50	14.00	23.50	32.50	50.00
AH1188//15	—	7.50	14.00	23.50	32.50	50.00

KM# 126 RUPEE
Silver **Obv. Inscription:** Shah Alam (II) **Rev:** Trident **Mint:** Shahabad **Note:** Weight varies: 10.70-11.60 grams.

Date	Mintage	Good	VG	F	VF	XF
AH1188//16	—	9.00	17.50	25.00	35.00	55.00
AH1189//16	—	9.00	17.50	25.00	35.00	55.00
AH1190//17	—	9.00	17.50	25.00	35.00	55.00

KM# 106.1 RUPEE
Silver **Obv. Inscription:** Shah Alam (II) **Rev:** Star **Mint:** Muradabad **Note:** Weight varies: 10.70-11.60 grams.

Date	Mintage	VG	F	VF	XF	Unc
AH1189//16	—	8.00	11.00	16.50	28.00	—
AH1189//17	—	8.00	11.00	16.50	28.00	—
AH1190//17	—	8.00	11.00	16.50	28.00	—
AH1190//18	—	8.00	11.00	16.50	28.00	—
AH1191//18	—	8.00	11.00	16.50	28.00	—
AH1191//19	—	8.00	11.00	16.50	28.00	—

KM# 36.3 RUPEE
Silver **Obv:** Star **Obv. Inscription:** Shah Alam (II) **Rev:** Bud **Mint:** Banaras **Note:** Weight varies: 10.70-11.60 grams.

Date	Mintage	Good	VG	F	VF	XF
AH1189//16	—	7.50	14.00	23.50	32.50	50.00

KM# 46.1 RUPEE
Silver **Obv. Legend:** "Fazl-i-Hami Din" **Obv. Inscription:** Shah Alam (II) **Rev:** Legend at lower left, without symbols **Rev. Legend:** "Bareli" **Mint:** Bareli **Note:** Weight varies: 10.70-11.60 grams.

Date	Mintage	Good	VG	F	VF	XF
AH1189//17	—	7.00	10.00	16.50	22.50	35.00

KM# 26.1 RUPEE
Silver **Obv:** Sword **Obv. Inscription:** Shah Alam (II) **Rev:** Inverted Persian letter "Nun" **Mint:** Asafnagar **Note:** Weight varies: 10.70-11.60 grams.

Date	Mintage	Good	VG	F	VF	XF
AH1189//17	—	8.00	20.00	31.50	42.50	60.00

KM# 26.2 RUPEE
Silver **Obv. Inscription:** Shah Alam (II) **Rev:** Fish and inverted Persian letter "Nun" **Mint:** Asafnagar **Note:** Weight varies: 10.70-11.60 grams.

Date	Mintage	Good	VG	F	VF	XF
AH1189//17	—	8.00	20.00	31.50	42.50	60.00
AH1190//18	—	8.00	20.00	31.50	42.50	60.00

KM# 6.2 RUPEE
Silver **Obv. Legend:** "Fazl-I-Shah-Alam" **Rev:** Pataka (banner) **Mint:** Allahabad **Note:** Weight varies: 10.70-11.60 grams.

Date	Mintage	Good	VG	F	VF	XF
AH1190//18	—	7.00	12.50	18.50	25.00	38.00
AH1191//18	—	7.00	12.50	18.50	25.00	38.00
AH1192//18	—	7.00	12.50	18.50	25.00	38.00
AH1192//19	—	7.00	12.50	18.50	25.00	38.00
AH1194//19	—	7.00	12.50	18.50	25.00	38.00

KM# 16.1 RUPEE
Silver **Obv. Inscription:** Shah Alam (II) **Rev:** Cluster of four crosses, sword **Mint:** Asafabad **Note:** Weight varies: 10.70-11.60 grams.

Date	Mintage	Good	VG	F	VF	XF
AH-//18	—	9.00	17.50	25.00	35.00	55.00

KM# 46.2 RUPEE
Silver **Obv. Inscription:** Shah Alam (II) **Rev:** Crescent **Mint:** Bareli **Note:** Weight varies: 10.70-11.60 grams.

Date	Mintage	Good	VG	F	VF	XF
AH1190//17	—	7.00	10.00	16.50	22.50	35.00
AH1191//18	—	7.00	10.00	16.50	22.50	35.00
AH1191//19	—	7.00	10.00	16.50	22.50	35.00

KM# 46.3 RUPEE
Silver **Obv. Inscription:** Shah Alam (II) **Rev:** Fish **Mint:** Bareli **Note:** Weight varies: 10.70-11.60 grams.

Date	Mintage	Good	VG	F	VF	XF
AH1190//18	—	7.00	10.00	16.50	22.50	35.00

INDIA-PRINCELY STATES — AWADH

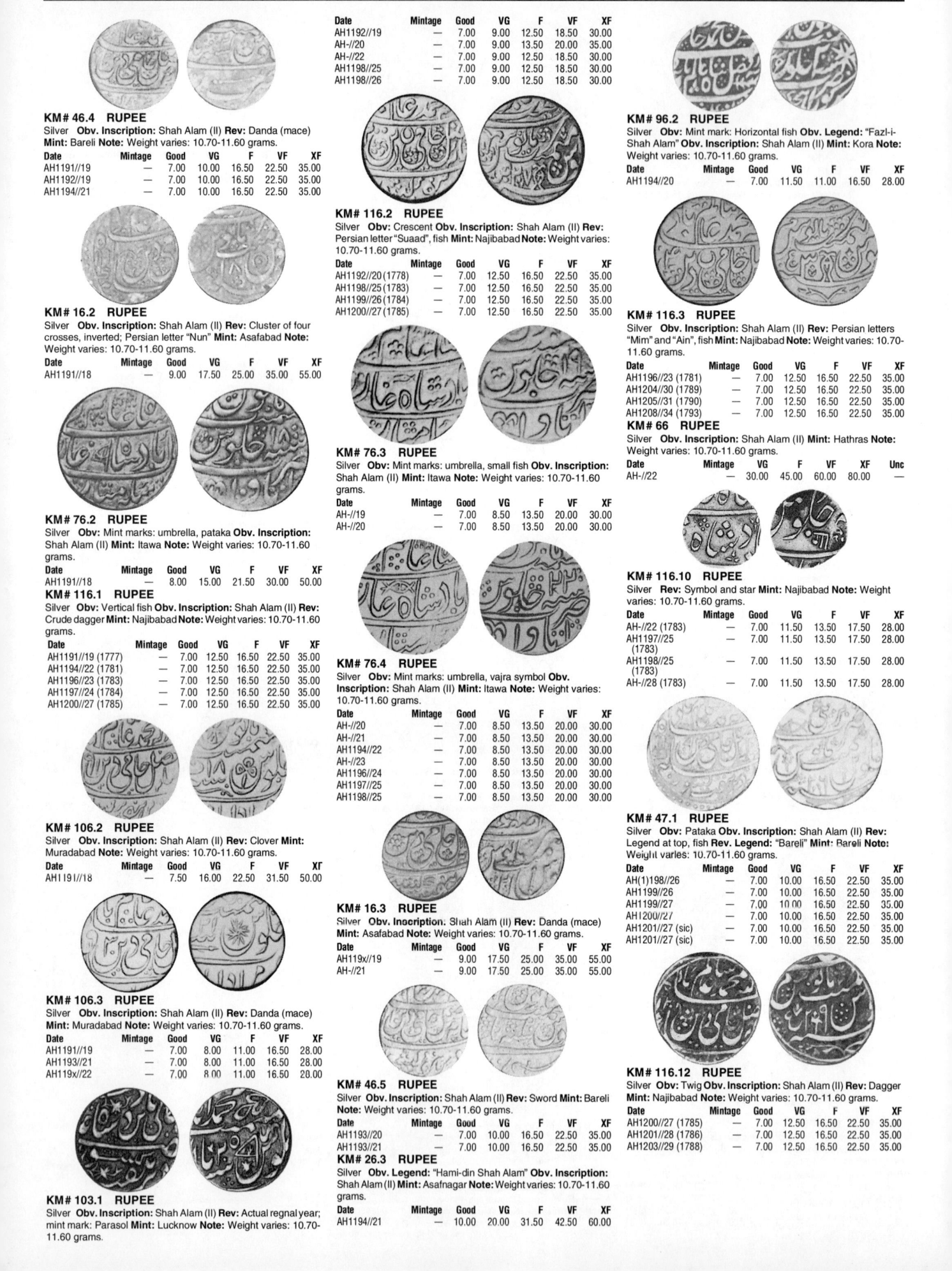

Date	Mintage	Good	VG	F	VF	XF
AH1192//19	—	7.00	9.00	12.50	18.50	30.00
AH-//20	—	7.00	9.00	13.50	20.00	35.00
AH-//22	—	7.00	9.00	12.50	18.50	30.00
AH1198//25	—	7.00	9.00	12.50	18.50	30.00
AH1198//26	—	7.00	9.00	12.50	18.50	30.00

KM# 46.4 RUPEE

Silver **Obv. Inscription:** Shah Alam (II) **Rev:** Danda (mace) **Mint:** Bareli **Note:** Weight varies: 10.70-11.60 grams.

Date	Mintage	Good	VG	F	VF	XF
AH1191/19	—	7.00	10.00	16.50	22.50	35.00
AH1192/19	—	7.00	10.00	16.50	22.50	35.00
AH1194/21	—	7.00	10.00	16.50	22.50	35.00

KM# 116.2 RUPEE

Silver **Obv:** Crescent **Obv. Inscription:** Shah Alam (II) **Rev:** Persian letter "Suad", fish **Mint:** Najibabad **Note:** Weight varies: 10.70-11.60 grams.

Date	Mintage	Good	VG	F	VF	XF
AH1192/20 (1778)	—	7.00	12.50	16.50	22.50	35.00
AH1198/25 (1783)	—	7.00	12.50	16.50	22.50	35.00
AH1199/26 (1784)	—	7.00	12.50	16.50	22.50	35.00
AH1200/27 (1785)	—	7.00	12.50	16.50	22.50	35.00

KM# 16.2 RUPEE

Silver **Obv. Inscription:** Shah Alam (II) **Rev:** Cluster of four crosses, inverted; Persian letter "Nun" **Mint:** Asafabad **Note:** Weight varies: 10.70-11.60 grams.

Date	Mintage	Good	VG	F	VF	XF
AH1191/18	—	9.00	17.50	25.00	35.00	55.00

KM# 76.2 RUPEE

Silver **Obv:** Mint marks: umbrella, pataka **Obv. Inscription:** Shah Alam (II) **Mint:** Itawa **Note:** Weight varies: 10.70-11.60 grams.

Date	Mintage	Good	VG	F	VF	XF
AH1191/18	—	8.00	15.00	21.50	30.00	50.00

KM# 116.1 RUPEE

Silver **Obv:** Vertical fish **Obv. Inscription:** Shah Alam (II) **Rev:** Crude dagger **Mint:** Najibabad **Note:** Weight varies: 10.70-11.60 grams.

Date	Mintage	Good	VG	F	VF	XF
AH1191/19 (1777)	—	7.00	12.50	16.50	22.50	35.00
AH1194/22 (1781)	—	7.00	12.50	16.50	22.50	35.00
AH1196/23 (1783)	—	7.00	12.50	16.50	22.50	35.00
AH1197/24 (1784)	—	7.00	12.50	16.50	22.50	35.00
AH1200/27 (1785)	—	7.00	12.50	16.50	22.50	35.00

KM# 76.3 RUPEE

Silver **Obv:** Mint marks: umbrella, small fish **Obv. Inscription:** Shah Alam (II) **Mint:** Itawa **Note:** Weight varies: 10.70-11.60 grams.

Date	Mintage	Good	VG	F	VF	XF
AH-//19	—	7.00	8.50	13.50	20.00	30.00
AH-//20	—	7.00	8.50	13.50	20.00	30.00

KM# 76.4 RUPEE

Silver **Obv:** Mint marks: umbrella, vajra symbol **Obv. Inscription:** Shah Alam (II) **Mint:** Itawa **Note:** Weight varies: 10.70-11.60 grams.

Date	Mintage	Good	VG	F	VF	XF
AH-//20	—	7.00	8.50	13.50	20.00	30.00
AH-//21	—	7.00	8.50	13.50	20.00	30.00
AH1194//22	—	7.00	8.50	13.50	20.00	30.00
AH-//23	—	7.00	8.50	13.50	20.00	30.00
AH1196//24	—	7.00	8.50	13.50	20.00	30.00
AH1197//25	—	7.00	8.50	13.50	20.00	30.00
AH1198//25	—	7.00	8.50	13.50	20.00	30.00

KM# 106.2 RUPEE

Silver **Obv. Inscription:** Shah Alam (II) **Rev:** Clover **Mint:** Muradabad **Note:** Weight varies: 10.70-11.60 grams.

Date	Mintage	Good	VG	F	VF	XF
AH1191/18	—	7.50	16.00	22.50	31.50	50.00

KM# 16.3 RUPEE

Silver **Obv. Inscription:** Shah Alam (II) **Rev:** Danda (mace) **Mint:** Asafabad **Note:** Weight varies: 10.70-11.60 grams.

Date	Mintage	Good	VG	F	VF	XF
AH119x/19	—	9.00	17.50	25.00	35.00	55.00
AH-//21	—	9.00	17.50	25.00	35.00	55.00

KM# 106.3 RUPEE

Silver **Obv. Inscription:** Shah Alam (II) **Rev:** Danda (mace) **Mint:** Muradabad **Note:** Weight varies: 10.70-11.60 grams.

Date	Mintage	Good	VG	F	VF	XF
AH1191/19	—	7.00	8.00	11.00	16.50	28.00
AH1193/21	—	7.00	8.00	11.00	16.50	28.00
AH119x/22	—	7.00	8.00	11.00	16.50	28.00

KM# 46.5 RUPEE

Silver **Obv. Inscription:** Shah Alam (II) **Rev:** Sword **Mint:** Bareli **Note:** Weight varies: 10.70-11.60 grams.

Date	Mintage	Good	VG	F	VF	XF
AH1193/20	—	7.00	10.00	16.50	22.50	35.00
AH1193/21	—	7.00	10.00	16.50	22.50	35.00

KM# 26.3 RUPEE

Silver **Obv.** Legend: "Hami-din Shah Alam" **Obv. Inscription:** Shah Alam (II) **Mint:** Asafnagar **Note:** Weight varies: 10.70-11.60 grams.

Date	Mintage	Good	VG	F	VF	XF
AH1194/21	—	10.00	20.00	31.50	42.50	60.00

KM# 103.1 RUPEE

Silver **Obv. Inscription:** Shah Alam (II) **Rev:** Actual regnal year; mint mark: Parasol **Mint:** Lucknow **Note:** Weight varies: 10.70-11.60 grams.

KM# 96.2 RUPEE

Silver **Obv:** Mint mark: Horizontal fish **Obv.** Legend: "Fazl-i-Shah Alam" **Obv. Inscription:** Shah Alam (II) **Mint:** Kora **Note:** Weight varies: 10.70-11.60 grams.

Date	Mintage	Good	VG	F	VF	XF
AH1194//20	—	7.00	11.50	11.00	16.50	28.00

KM# 116.3 RUPEE

Silver **Obv. Inscription:** Shah Alam (II) **Rev:** Persian letters "Mim" and "Ain", fish **Mint:** Najibabad **Note:** Weight varies: 10.70-11.60 grams.

Date	Mintage	Good	VG	F	VF	XF
AH1196/23 (1781)	—	7.00	12.50	16.50	22.50	35.00
AH1204/30 (1789)	—	7.00	12.50	16.50	22.50	35.00
AH1205/31 (1790)	—	7.00	12.50	16.50	22.50	35.00
AH1208/34 (1793)	—	7.00	12.50	16.50	22.50	35.00

KM# 66 RUPEE

Silver **Obv. Inscription:** Shah Alam (II) **Mint:** Hathras **Note:** Weight varies: 10.70-11.60 grams.

Date	Mintage	VG	F	VF	XF	Unc
AH-//22	—	30.00	45.00	60.00	80.00	—

KM# 116.10 RUPEE

Silver **Rev:** Symbol and star **Mint:** Najibabad **Note:** Weight varies: 10.70-11.60 grams.

Date	Mintage	Good	VG	F	VF	XF
AH-//22 (1783)	—	7.00	11.50	13.50	17.50	28.00
AH1197//25 (1783)	—	7.00	11.50	13.50	17.50	28.00
AH1198//25 (1783)	—	7.00	11.50	13.50	17.50	28.00
AH-//28 (1783)	—	7.00	11.50	13.50	17.50	28.00

KM# 47.1 RUPEE

Silver **Obv:** Pataka **Obv. Inscription:** Shah Alam (II) **Rev:** Legend at top, fish **Rev. Legend:** "Bareli" **Mint:** Bareli **Note:** Weight varies: 10.70-11.60 grams.

Date	Mintage	Good	VG	F	VF	XF
AH(1)198//26	—	7.00	10.00	16.50	22.50	35.00
AH1199//26	—	7.00	10.00	16.50	22.50	35.00
AH1199//27	—	7.00	10.00	16.50	22.50	35.00
AH1200//27	—	7.00	10.00	16.50	22.50	35.00
AH1201//27 (sic)	—	7.00	10.00	16.50	22.50	35.00
AH1201//27 (sic)	—	7.00	10.00	16.50	22.50	35.00

KM# 116.12 RUPEE

Silver **Obv:** Twig **Obv. Inscription:** Shah Alam (II) **Rev:** Dagger **Mint:** Najibabad **Note:** Weight varies: 10.70-11.60 grams.

Date	Mintage	Good	VG	F	VF	XF
AH1200//27 (1785)	—	7.00	12.50	16.50	22.50	35.00
AH1201/28 (1786)	—	7.00	12.50	16.50	22.50	35.00
AH1203/29 (1788)	—	7.00	12.50	16.50	22.50	35.00

Date	Mintage	Good	VG	F	VF	XF
AH1206//32	—	7.00	12.50	16.50	22.50	35.00
AH1207//33	—	7.00	12.50	16.50	22.50	35.00
AH1213//40	—	7.00	12.50	16.50	22.50	35.00
AH1214//41	—	7.00	12.50	16.50	22.50	35.00

KM# 47.2 RUPEE

Silver **Obv:** Cross **Obv. Inscription:** Shah Alam (II) **Rev:** Fish, Persian letter "Mim" **Mint:** Bareli **Note:** Weight varies: 10.70-11.60 grams.

Date	Mintage	Good	VG	F	VF	XF
AH1202//28 (sic)	—	7.00	10.00	16.50	22.50	35.00
AH1202//29 (sic)	—	7.00	10.00	16.50	22.50	35.00
AH1203//29 (sic)	—	7.00	10.00	16.50	22.50	35.00

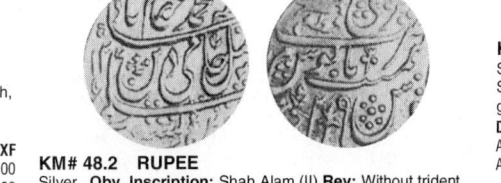

KM# 48.2 RUPEE

Silver **Obv. Inscription:** Shah Alam (II) **Rev:** Without trident **Mint:** Bareli **Note:** Weight varies: 10.70-11.60 grams.

Date	Mintage	Good	VG	F	VF	XF
AH1207//29 (sic)	—	7.00	10.00	16.50	22.50	35.00

KM# 116.5 RUPEE

Silver **Obv:** Crescent **Obv. Inscription:** Shah Alam (II) **Rev:** Swastika, fish **Mint:** Najibabad **Note:** Weight varies: 10.70-11.60 grams.

Date	Mintage	Good	VG	F	VF	XF
AH1210//36	—	7.00	12.50	16.50	22.50	35.00
AH1211//36	—	7.00	12.50	16.50	22.50	35.00

KM# 117 RUPEE

Silver **Obv. Inscription:** Shah Alam (II) **Rev:** "Vajra" symbol **Mint:** Najibabad **Note:** Weight varies: 10.70-11.60 grams.

Date	Mintage	Good	VG	F	VF	XF
AH1210//38	—	45.00	65.00	85.00	135	180

KM# 76.5 RUPEE

Silver **Obv:** Mint marks: umbrella, sword **Obv. Inscription:** Shah Alam (II) **Mint:** Itawa **Note:** Weight varies: 10.70-11.60 grams.

Date	Mintage	Good	VG	F	VF	XF
AH-//29	—	8.00	15.00	21.50	30.00	45.00

KM# 49.1 RUPEE

Silver **Obv:** Cross **Obv. Legend:** "Sahib Qirani" **Obv. Inscription:** Shah Alam (II) **Rev:** Legend at top, fish, Persian letters "Mim" and "Ain", trident with crescent **Rev. Legend:** "Bareli Qita" **Mint:** Bareli **Note:** Weight varies: 10.70-11.60 grams.

Date	Mintage	Good	VG	F	VF	XF
AH1208//31 (sic)	—	7.00	10.00	16.50	22.50	35.00

KM# 50.1 RUPEE

Silver **Obv. Inscription:** Shah Alam (II) **Rev:** Legend in center, Persian letter "Re", fish, crescent **Rev. Legend:** "Asafabad Bareli" **Mint:** Bareli **Note:** Weight varies: 10.70-11.60 grams.

Date	Mintage	Good	VG	F	VF	XF
AH1209//35 (sic)	—	15.00	37.50	50.00	70.00	100
AH1210//35 (sic)	—	15.00	37.50	50.00	70.00	100

KM# 76.6 RUPEE

Silver **Obv:** Mint marks: umbrella, sword, shamrock **Obv. Inscription:** Shah Alam (II) **Mint:** Itawa **Note:** Weight varies: 10.70-11.60 grams.

Date	Mintage	Good	VG	F	VF	XF
AH-//30	—	7.00	11.50	18.50	24.00	35.00

KM# 76.8 RUPEE

Silver **Obv:** Mint marks: umbrella, stylized fish, star **Obv. Inscription:** Shah Alam (II) **Mint:** Itawa **Note:** Weight varies: 10.70-11.60 grams.

Date	Mintage	Good	VG	F	VF	XF
AH-//35	—	7.00	9.00	13.50	20.00	30.00

KM# 50.2 RUPEE

Silver **Obv. Inscription:** Shah Alam (II) **Rev:** Persian letter "Re", fish, swastika **Mint:** Bareli **Note:** Weight varies: 10.70-11.60 grams.

Date	Mintage	Good	VG	F	VF	XF
AH1210//35 (sic)	—	15.00	37.50	50.00	70.00	100

KM# 76.7 RUPEE

Silver **Obv:** Mint marks: umbrella, stylized fish, shamrock **Obv. Inscription:** Shah Alam (II) **Mint:** Itawa **Note:** Weight varies: 10.70-11.60 grams.

Date	Mintage	Good	VG	F	VF	XF
AH-//31	—	7.00	9.00	13.50	20.00	30.00
AH-//32	—	7.00	9.00	13.50	20.00	30.00
AH-//33	—	7.00	9.00	13.50	20.00	30.00

KM# 49.2 RUPEE

Silver **Obv. Inscription:** Shah Alam (II) **Rev:** Fish, Persian letter "Re", star-shaped flower **Mint:** Bareli **Note:** Weight varies: 10.70-11.60 grams.

Date	Mintage	Good	VG	F	VF	XF
AH1209//31 (sic)	—	7.00	10.00	16.50	22.50	35.00
AH1209//35 (sic)	—	7.00	10.00	16.50	22.50	35.00

KM# 50.3 RUPEE

Silver **Obv. Inscription:** Shah Alam (II) **Rev:** Fish, Persian letter "Alif" **Mint:** Bareli **Note:** Weight varies: 10.70-11.60 grams.

Date	Mintage	Good	VG	F	VF	XF
AH1210//35 (sic)	—	15.00	37.50	50.00	70.00	100

KM# 50.4 RUPEE

Silver **Obv. Inscription:** Shah Alam (II) **Rev:** Fish and symbol **Mint:** Bareli **Note:** Weight varies: 10.70-11.60 grams.

Date	Mintage	Good	VG	F	VF	XF
AH1210//35 (sic)	—	15.00	37.50	50.00	70.00	100

KM# 48.1 RUPEE

Silver **Obv:** Cross **Obv. Inscription:** Shah Alam (II) **Rev:** Legend at top, fish, Persian letters "Mim" and "Ain", trident **Rev. Legend:** "Bareli Qita" **Mint:** Bareli **Note:** Weight varies: 10.70-11.60 grams.

Date	Mintage	Good	VG	F	VF	XF
AH1205//29	—	7.00	10.00	16.50	22.50	35.00
AH1206//29	—	7.00	10.00	16.50	22.50	35.00

KM# 49.3 RUPEE

Silver **Obv. Inscription:** Shah Alam (II) **Rev:** Legend near center **Rev. Legend:** "Bareli Qita" **Mint:** Bareli **Note:** Weight varies: 10.70-11.60 grams.

Date	Mintage	Good	VG	F	VF	XF
AH1209	—	—	—	—	—	—

KM# 116.13 RUPEE

Silver **Obv. Inscription:** Shah Alam (II) **Rev:** Eight-pointed star **Mint:** Najibabad **Note:** Weight varies: 10.70-11.60 grams.

Date	Mintage	Good	VG	F	VF	XF
AH1209//35	—	7.00	12.50	16.50	22.50	35.00

KM# 51.1 RUPEE

Silver **Obv. Inscription:** Shah Alam (II) **Rev:** Legend at top, fish, Persian letter "Alif" **Rev. Legend:** "Bareli Qita" **Mint:** Bareli **Note:** Weight varies: 10.70-11.60 grams.

Date	Mintage	Good	VG	F	VF	XF
AH1211//35 (sic)	—	7.00	10.00	16.50	22.50	35.00
AH1211//36 (sic)	—	7.00	10.00	16.50	22.50	35.00

KM# 116.4 RUPEE

Silver **Obv. Inscription:** Shah Alam (II) **Rev:** Persian letters "Mim", bud or halberd, fish **Mint:** Najibabad **Note:** Weight varies: 10.70-11.60 grams.

KM# 51.2 RUPEE

Silver **Obv. Inscription:** Shah Alam (II) **Rev:** Fish, Persian letter "Mim", trident **Rev. Legend:** "Bareli Qita" **Mint:** Bareli **Note:** Weight varies: 10.70-11.60 grams.

Date	Mintage	Good	VG	F	VF	XF
AH1211//37 (sic)	—	7.00	10.00	16.50	22.50	35.00
AH1212//37 (sic)	—	7.00	10.00	16.50	22.50	35.00

KM# 116.14 RUPEE

Silver **Obv. Inscription:** Shah Alam (II) **Rev:** Symbol, bud, and fish **Mint:** Najibabad **Note:** Weight varies: 10.70-11.60 grams.

Date	Mintage	Good	VG	F	VF	XF
AH1211//37 (1796)	—	7.00	12.50	16.50	22.50	35.00
AH1212//37 (1797)	—	7.00	12.50	16.50	22.50	35.00

KM# 116.9 RUPEE

Silver **Obv. Inscription:** Shah Alam (II) **Rev:** Star and symbol **Mint:** Najibabad **Note:** Weight varies: 10.70-11.60 grams.

Date	Mintage	Good	VG	F	VF	XF
AH1212/38 (1797)	—	7.00	11.50	13.50	17.50	28.00
AH1213//40 (1798)	—	7.00	11.50	13.50	17.50	28.00
AH-//41 (1799)	—	7.00	11.50	13.50	17.50	28.00

KM# 51.3 RUPEE

Silver **Obv. Inscription:** Shah Alam (II) **Rev:** Fish, Persian letters "Mim" and "Nun", dagger **Mint:** Bareli **Note:** Weight varies: 10.70-11.60 grams.

Date	Mintage	Good	VG	F	VF	XF
AH1212/37 (sic)	—	7.00	10.00	16.50	22.50	35.00
AH1213/37 (sic)	—	7.00	10.00	16.50	22.50	35.00

KM# 51.4 RUPEE

Silver **Obv. Inscription:** Shah Alam (II) **Rev:** Fish, Persian letter "Mim", trident, dagger **Mint:** Bareli **Note:** Weight varies: 10.70-11.60 grams.

Date	Mintage	Good	VG	F	VF	XF
AH1213/37 (sic)	—	7.00	10.00	16.50	22.50	35.00
AH1214//37 (sic)	—	7.00	10.00	16.50	22.50	35.00
AH1215/37 (sic)	—	7.00	10.00	16.50	22.50	35.00

KM# 116.6 RUPEE

Silver **Obv. Inscription:** Shah Alam (II) **Rev:** Persian letter "Mim", bud, fish, dagger **Mint:** Najibabad **Note:** Weight varies: 10.70-11.60 grams.

Date	Mintage	Good	VG	F	VF	XF
AH1213//39	BV	7.00	11.00	16.50	28.00	

KM# 116.15 RUPEE

Silver **Obv. Inscription:** Shah Alam (II) **Rev:** Persian letter "Mim", bud, and fish **Mint:** Najibabad **Note:** Weight varies: 10.70-11.60 grams.

Date	Mintage	Good	VG	F	VF	XF
AH1213//40	—	7.00	12.50	16.50	22.50	32.50
AH1214//41	—	7.00	12.50	16.50	22.50	32.50

KM# 51.5 RUPEE

Silver **Obv. Inscription:** Shah Alam (II) **Rev:** Fish, Persian letter "Mim", star-shaped flower, dagger **Mint:** Bareli **Note:** Weight varies: 10.70-11.60 grams.

Date	Mintage	Good	VG	F	VF	XF
AH1215//37 (sic)	—	7.00	10.00	16.50	22.50	35.00

KM# 51.7 RUPEE

Silver **Obv. Inscription:** Shah Alam (II) **Rev:** Fish, Persian letter "Mim", star-shaped flower, swastika **Mint:** Bareli **Note:** Weight varies: 10.70-11.60 grams.

Date	Mintage	Good	VG	F	VF	XF
AH1215//37 (sic)	—	7.00	10.00	16.50	22.50	35.00

KM# 37 NAZARANA RUPEE

Silver **Obv. Inscription:** Shah Alam (II) **Rev:** Banner **Mint:** Banaras **Note:** Weight varies: 10.70-11.60 grams.

Date	Mintage	VG	F	VF	XF	Unc
AH1183//11 Rare	—	—	—	—	—	—

KM# 118 DOUBLE RUPEE

Silver **Obv. Inscription:** Shah Alam (II) **Mint:** Najibabad **Note:** Weight varies: 21.40-23.20 grams.

Date	Mintage	Good	VG	F	VF	XF
AH1195//22	—	—	125	175	225	300

KM# 38 MOHUR

Gold **Obv. Inscription:** Shah Alam (II) **Rev:** Trisul **Mint:** Banaras

Date	Mintage	VG	F	VF	XF	Unc
AH1181//8 Rare	—	—	—	—	—	—

KM# 120 MOHUR

Gold **Obv. Inscription:** Shah Alam (II) **Mint:** Najibabad **Note:** Weight varies: 10.70-11.40 grams.

Date	Mintage	VG	F	VF	XF	Unc
AH(11)91//18	—	—	425	475	600	—
AH-//24	—	—	425	475	600	—
AH-//25	—	—	425	475	600	—
AH-//26	—	—	425	475	600	—

BAHAWALPUR

The Amirs of Bahawalpur established their independence from Afghan control towards the close of the 18th century. In the 1830's the state's independence under British suzerainty became guaranteed by treaty. With the creation of Pakistan in 1947 Bahawalpur, with an area of almost 17,500 square miles, became its premier Princely State. Bahawalpur State, named after its capital, stretched for almost three hundred miles along the left bank of the Sutlej, Panjnad and Indus rivers.

For earlier issues in the names of the Durrani rulers, see Afghanistan.

RULERS
Amirs
Muhammad Bahawal Khan II, AH1186-1224/1772-1809AD

MINTS

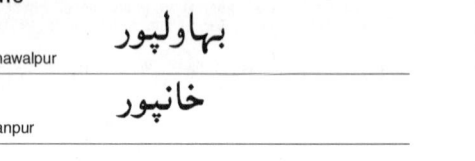

Bahawalpur

Khanpur

ANONYMOUS HAMMERED COINAGE

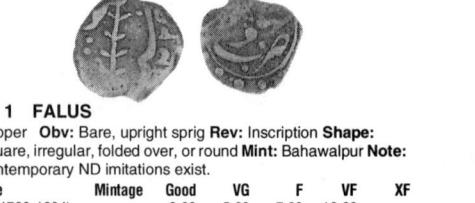

Y# 1 FALUS

Copper **Obv:** Bare, upright sprig **Rev:** Inscription **Shape:** Square, irregular, folded over, or round **Mint:** Bahawalpur **Note:** Contemporary ND imitations exist.

Date	Mintage	Good	VG	F	VF	XF
ND(1790-1864)	—	3.00	5.00	7.00	10.00	—
AH1205	—	3.00	5.00	7.00	10.00	—
AH1206	—	3.00	5.00	7.00	10.00	—
AH1214	—	3.00	5.00	7.00	10.00	—

Muhammad Bahawal Khan II
AH1186-1224 / 1772-1809AD

ANONYMOUS HAMMERED COINAGE

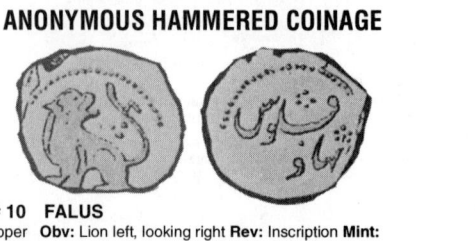

C# 10 FALUS

Copper **Obv:** Lion left, looking right **Rev:** Inscription **Mint:** Ahmadpur

Date	Mintage	Good	VG	F	VF	XF
ND(1772-1809)	—	7.50	12.50	20.00	30.00	—

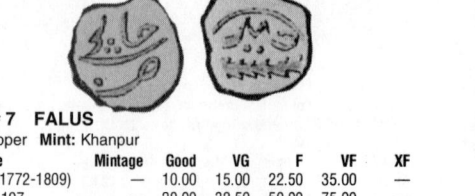

C# 7 FALUS

Copper **Mint:** Khanpur

Date	Mintage	Good	VG	F	VF	XF
ND(1772-1809)	—	10.00	15.00	22.50	35.00	—
AH1197	—	20.00	32.50	50.00	75.00	—

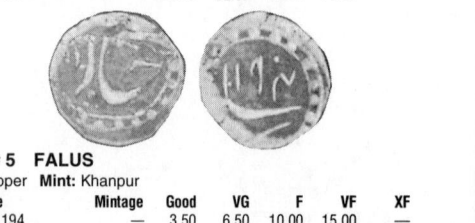

C# 5 FALUS

Copper **Mint:** Khanpur

Date	Mintage	Good	VG	F	VF	XF
AH1194	—	3.50	6.50	10.00	15.00	—
AH1195	—	3.50	6.50	10.00	15.00	—
AH1196	—	3.50	6.50	10.00	15.00	—
AH1197	—	3.50	6.50	10.00	15.00	—
AH1197 Date retrograde	—	3.50	6.50	10.00	15.00	—

BANSWARA

This state in southern Rajputana was founded in 1538 when the state of Dungarpur was divided between 2 sons of the Maharawal, the younger receiving the territory of Banswara with the title also of Maharawal. The rulers of Banswara were Sissodia Rajputs who claimed descent from the powerful Maharanas of Mewar-Udaipur.

Constantly harassed by the Marathas during the 18th Century, Banswara concluded an alliance in 1818 with the British who provided protection from external enemies in exchange for a portion of the state's revenues. In 1935 the state comprised 1,606 square miles with a population of 225,000, a quarter of whom were aboriginal Bhil tribal people.

ANONYMOUS HAMMERED COINAGE

Ra'ej Series

KM# 79 1/2 PAISA
Copper **Obv:** Mace **Rev:** "Ra'ej" in dotted circle

Date	Mintage	Good	VG	F	VF	XF
ND(1778)	—	7.50	10.00	15.00	22.00	—

KM# 30 PAISA
Copper **Note:** Dated in years of Shah Alam II.

Date	Mintage	Good	VG	F	VF	XF
AH1192	—	3.00	4.50	7.00	11.00	—

KM# 31 PAISA
Copper **Note:** Dated in years of Shah Alam II.

Date	Mintage	Good	VG	F	VF	XF
AH1192//20	—	2.00	3.00	4.50	7.50	—

KM# 32 PAISA
Copper **Note:** Dated in years of Shah Alam II.

Date	Mintage	Good	VG	F	VF	XF
AH1197//24	—	2.50	3.50	7.00	11.00	—

KM# 33 PAISA
Copper **Note:** Dated in years of Shah Alam II.

Date	Mintage	Good	VG	F	VF	XF
AH119x//25	—	1.75	2.75	4.00	7.00	—

KM# 34 PAISA
Copper **Note:** Dated in years of Shah Alam II.

Date	Mintage	Good	VG	F	VF	XF
AH1198//26	—	3.00	4.50	7.00	11.00	—

KM# 35 PAISA
Copper **Note:** Dated in years of Shah Alam II.

Date	Mintage	Good	VG	F	VF	XF
AH11xx//27	—	1.75	2.75	4.00	7.00	—

KM# 40 PAISA
Copper **Obv:** Leaf **Note:** Dated in years of Shah Alam II.

Date	Mintage	Good	VG	F	VF	XF
ND(1793)	—	1.75	2.75	4.00	7.00	—

KM# 82 PAISA
Copper **Obv:** Sunface **Note:** Dated in years of Shah Alam II.

Date	Mintage	Good	VG	F	VF	XF
ND(1800)//59	—	3.00	4.00	4.50	6.00	—

KM# 83 PAISA
Copper **Obv:** Broad axe **Note:** Dated in years of Shah Alam II.

Date	Mintage	Good	VG	F	VF	XF
ND(1800)//59	—	3.50	4.50	5.00	7.00	—

KM# 84 PAISA
Copper **Obv:** Flower **Note:** Dated in years of Shah Alam II.

Date	Mintage	Good	VG	F	VF	XF
ND(1800)//5x	—	3.50	4.50	5.50	7.50	—

KM# 81 PAISA
Copper **Obv:** Branch **Note:** Dated in years of Shah Alam II.

Date	Mintage	Good	VG	F	VF	XF
AH120x//30	—	4.00	4.50	5.00	7.00	—

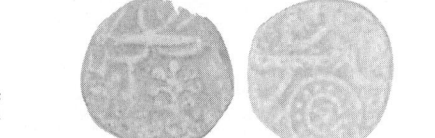

KM# 85 PAISA
Copper **Obv:** 7-petalled flower **Note:** Dated in years of Shah Alam II.

Date	Mintage	Good	VG	F	VF	XF
ND(1800)	—	—	—	—	—	—

KM# 86 PAISA
Copper **Obv:** Leaf **Note:** Dated in years of Shah Alam II.

Date	Mintage	Good	VG	F	VF	XF
ND(1777)//20	—	—	—	—	—	—

KM# 80 PAISA
Copper **Obv:** Scimitar **Note:** Dated in years of Shah Alam II. Prev. KM#41.

Date	Mintage	Good	VG	F	VF	XF
AH12xx//30	—	5.00	5.50	6.00	8.00	—

KM# 36 PAISA
Copper **Note:** Dated in years of Shah Alam II.

Date	Mintage	Good	VG	F	VF	XF
AH120x//30	—	1.75	2.75	4.00	7.00	—

KM# 37 PAISA
Copper **Note:** Dated in years of Shah Alam II.

Date	Mintage	Good	VG	F	VF	XF
AH120x//31	—	1.75	2.75	4.00	7.00	—

KM# 38 PAISA
Copper **Note:** Dated in years of Shah Alam II.

Date	Mintage	Good	VG	F	VF	XF
AH120x//34	—	1.75	2.75	4.00	7.00	—

KM# 39 PAISA
Copper **Note:** Dated in years of Shah Alam II.

Date	Mintage	Good	VG	F	VF	XF
ND(1790-93)	—	1.75	2.75	4.00	7.00	—

Jambusar

جمبوسر

Petlad

پتلاد

MINT MARKS
Ahmadabad Mint

म

Ma - Manaji Rao's Shah Alam II coins, Baroda Mint.

आ

A - Anand Rao's Muhammad Akbar II coins, Baroda Mint.

HAMMERED COINAGE

C# 5 RUPEE
11.5000 g., Silver **Obv. Inscription:** Shah Alam II **Mint:** Jambusar

Date	Mintage	Good	VG	F	VF	XF
AH--//22	—	35.00	90.00	150	225	325

Manaji Rao
Regent: AH1204-1208 / 1789-1793AD

HAMMERED COINAGE

C# 14 1/2 RUPEE
Silver, 15-16 mm. **Mint:** Baroda **Note:** Weight varies: 5.35-5.80 grams. Size varies.

Date	Mintage	VG	F	VF	XF	Unc
ND(1790-91)//2	—	7.00	11.00	16.50	25.00	—
ND(1792-93)//4	—	7.00	11.00	16.50	25.00	—

C# A17 RUPEE
Silver **Mint:** Baroda **Note:** Weight varies: 10.70-11.60 grams.

Date	Mintage	VG	F	VF	XF	Unc
AH--//3	—	8.50	13.50	20.00	28.50	—
AH--//4	—	8.50	13.50	20.00	28.50	—

Anand Rao
AH1215-1235 / 1800-1819AD

HAMMERED COINAGE

BARODA

Maratha state located in western India. The ruling line was descended from Damaji, a Maratha soldier, who received the title of "Distinguished Swordsman" in 1721 (hence the scimitar on most Baroda coins). The Baroda title "Gaikwara" comes from "gaikwar" or cow herd, Damaji's father's occupation.

The Maratha rulers of Baroda, the Gaekwar family rose to prominence in the mid-18th century by carving out for themselves a dominion from territories, which were previously under the control of the Poona Marathas, and to a lesser extent, of the Raja of Jodhpur. Chronic internal disputes regarding the succession to the masnad culminated in the intervention of British troops in support of one candidate, Anand Rao Gaekwar, in 1800. Then, in 1802, an agreement with the East India Company released the Baroda princes from their fear of domination by the Maratha Peshwa of Poona but subordinated them to Company interests. Nevertheless, for almost the next century and a half Baroda maintained a good relationship with the British and continued as a major Princely State right up to 1947, when it acceded to the Indian Union.

RULERS
Gaekwars
Govind Rao (first reign), AH1182-1185/1768-1771AD
Sayaji Rao I, AH1185-1192/1771-1778AD
Fatah Singh (regent), AH1192-1204/1778-1789AD
Manaji Rao (regent), AH1204-1208/1789-1793AD
Govind Rao (second reign), AH1208-1215/1793-1800AD
Anand Rao, AH1215-1235/1800-1819AD

MINTS

بروده

Baroda

C# 10 PAISA
Copper, 20 mm. **Obv:** Inscription **Rev:** Scimitar **Mint:** Petlad
Note: Regnal years 1-7 of Anand Rao.

Date	Mintage	Good	VG	F	VF	XF
AH-11-	—	2.50	3.50	4.50	7.00	—

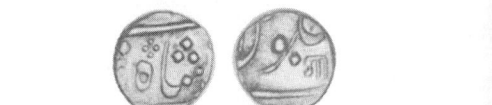

C# 17 1/4 RUPEE
Silver **Obv:** Value **Obv. Inscription:** Shah Alam II **Rev:** Mint mark **Mint:** Ahmadabad

Date	Mintage	Good	VG	F	VF	XF
ND(1759-1806)	—	6.00	15.00	25.00	40.00	60.00

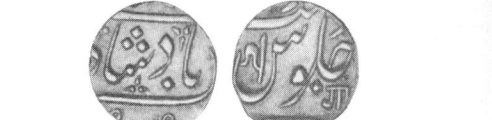

C# 18 1/2 RUPEE
Silver **Obv:** Inscription **Obv. Inscription:** "Shah Alam II" **Rev:** Inscription, mint mark **Mint:** Ahmadabad **Note:** Weight varies: 5.35-5.80 grams.

Date	Mintage	Good	VG	F	VF	XF
ND//4x(1798-1806)	—	6.00	15.00	25.00	40.00	60.00

INDIA-PRINCELY STATES — BARODA

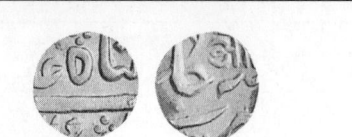

C# 12 1/2 RUPEE
Silver **Obv:** Value **Rev:** Nagari A **Mint:** Petlad

Date	Mintage	Good	VG	F	VF	XF
ND(1800-19)	—	10.00	25.00	40.00	60.00	85.00

C# 19 RUPEE
Silver **Obv:** Inscription **Obv. Inscription:** Shah Alam (II) **Rev:** Inscription, mint mark **Mint:** Ahmadabad **Note:** Weight varies: 10.70-11.60 grams. Varities exists with 2 "leaves" attached to ankus.

Date	Mintage	Good	VG	F	VF	XF
ND//3x (1788-98)	—	BV	7.00	11.00	18.00	28.00
ND//40 (1798-99)	—	BV	7.00	11.00	18.00	28.00
ND//41(1799-1800)	—	BV	7.00	11.00	18.00	28.00

Uncertain Mint
Possibly the fortress of Ver (Wair).
Arabic *Wa* = ver?

Mint mark

Date	Mintage	Good	VG	F	VF	XF
AH12xx//35	—	10.00	15.00	25.00	50.00	—
AH-//37	—	10.00	15.00	25.00	50.00	—
AH-//39	—	10.00	15.00	25.00	50.00	—

HAMMERED COINAGE

KM# 4 1/4 RUPEE
Silver **Obv. Inscription:** Shah Alam (II) **Mint:** Akbarabad **Note:** Weight varies: 2.75-2.80 grams.

Date	Mintage	Good	VG	F	VF	XF
AH-//2	—	10.00	20.00	35.00	50.00	75.00

KM# 91 PAISA
Copper **Obv. Inscription:** Shah Alam (II) **Mint:** Uncertain Mint **Note:** Mint name unclear. Possibly the fortress of Ver (Wair).

Date	Mintage	Good	VG	F	VF	XF
AH-//27	—	4.00	6.50	10.00	15.00	—
AH-//30	—	4.00	6.50	10.00	15.00	—

KM# 5 1/2 RUPEE
Silver **Obv. Inscription:** Shah Alam (II) **Mint:** Akbarabad **Note:** Weight varies: 5.50-5.60 grams.

Date	Mintage	Good	VG	F	VF	XF
AH1181//6 (sic)	—	10.00	20.00	35.00	50.00	75.00
AH1181//8	—	10.00	20.00	35.00	50.00	75.00

BHARATPUR

State located in Rajputana in northwest India.

Bharatpur was founded by Balchand, a Jat chieftain who took advantage of Mughal confusion and weakness after the death of Aurangzeb to seize the area. In 1756 the ruler at that time, Suraj Mal, received the title of Raja. Bharatpur became increasingly associated with Maratha ambitions and, in spite of treaty ties to the East India Company, assisted the Maratha Confederacy in their struggles against the British. This gained them few friends in British circles, but the early attempts by the British to force the submission of Bharatpur fortress proved abortive. In 1826 however, the British took the opportunity offered by a bitter internal feud concerning the succession finally to reduce the stronghold. The rival claimant was exiled to Allahabad and Balwant Singh, then a child of seven, was placed on the throne under the supervision of a British Political Agent. From that time onwards Bharatpur came under British control until it acceded to the Indian Union at Independence.

RULERS
Suraj Mal, AH1170-1177/1756-1763AD
Jawahir Singh, AH1177-1182/1764-1768AD
Ratan Singh, AH1182-1183/1768-1769AD
Kehri Singh, AH1183-1190/1769-1776AD
Ranjit Singh, AH1190-1220/1776-1805AD

MINTS

Akbarabad

Agra or Akbarabad was controlled by the Bharatpur Jats from AH1175-1186/1761-1773AD. For earlier or later issues see Mughal Empire: Akbarabad Mint.

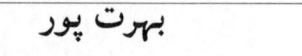

Bharatpur
Braj Indrapur

Mint marks

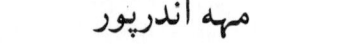

Dig
Mahe Indrapur

Mint mark

Sa, = Sanh, "year"

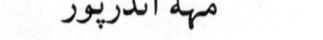

Kumber
Maha Indrapur

Mint mark

KM# 30 PAISA
Copper, 20 mm. **Obv. Inscription:** Shah Alam II **Mint:** Mahe Indrapur

Date	Mintage	Good	VG	F	VF	XF
AH-//13	—	—	—	—	—	—
AH1206/5	—	—	—	—	—	—

KM# 2 PAISA
Bronze **Obv. Inscription:** Shah Alam (II) **Mint:** Akbarabad

Date	Mintage	VG	F	VF	XF	Unc
AH1202	—	—	—	—	—	—

KM# 27 RUPEE
Silver **Obv. Inscription:** Alamgir (II) **Mint:** Mahe Indrapur **Note:** Weight varies: 11.00-11.20 grams.

Date	Mintage	Good	VG	F	VF	XF
AH(11)69//3	—	10.00	20.00	35.00	60.00	100
AH-//4	—	10.00	20.00	35.00	60.00	100
AH-//5	—	10.00	20.00	35.00	60.00	100
AH1172//5	—	10.00	20.00	35.00	60.00	100
AH1172//6	—	10.00	20.00	35.00	60.00	100
AH1176//6 error	—	10.00	20.00	35.00	60.00	100

KM# 11 TAKKA
Copper **Obv:** Inscription **Obv. Inscription:** Shah Alam (II) **Rev:** Inscription, katar **Mint:** Bharatpur **Note:** Weight varies: 17.50-18.50 grams.

Date	Mintage	Good	VG	F	VF	XF
AH-//4	—	3.00	5.00	10.00	15.00	—
AH-//24	—	3.00	5.00	10.00	15.00	—
AH-//25	—	3.00	5.00	10.00	15.00	—
AH-//29	—	3.00	5.00	10.00	15.00	—
AH-//33	—	3.00	5.00	10.00	15.00	—
AH-//41	—	3.00	5.00	10.00	15.00	—
AH1214//42	—	3.00	5.00	10.00	15.00	—

KM# 29 RUPEE
Silver **Obv. Inscription:** Shah Jahan III **Mint:** Mahe Indrapur **Note:** Weight varies: 11.00-11.20 grams.

Date	Mintage	Good	VG	F	VF	XF
AH1173/1 (sic)	—	18.50	45.00	90.00	150	225
AH1174/1 (sic)	—	18.50	45.00	90.00	150	225

KM# A31 TAKKA
18.0000 g., Copper **Rev:** With mint marks **Mint:** Mahe Indrapur

Date	Mintage	Good	VG	F	VF	XF
AH-//13	—	10.00	15.00	20.00	35.00	—

KM# 36 RUPEE
Silver **Mint:** Mahe Indrapur **Note:** Weight varies: 11.00-11.20 grams.

Date	Mintage	Good	VG	F	VF	XF
AH1175/3	—	7.00	10.00	15.00	25.00	35.00
AH1176/4	—	7.00	10.00	15.00	25.00	35.00
AH1177/4	—	7.00	10.00	15.00	25.00	35.00
AH1178/6	—	7.00	10.00	15.00	25.00	35.00
AH-//6	—	7.00	10.00	15.00	25.00	35.00
AH1178/5	—	7.00	10.00	15.00	25.00	35.00
AH1179//7	—	7.00	10.00	15.00	25.00	35.00
AH118x//7	—	7.00	10.00	15.00	25.00	35.00
AH1181//8	—	7.00	10.00	15.00	25.00	35.00
AH-//9	—	7.00	10.00	15.00	25.00	35.00

KM# 31 TAKKA
18.0000 g., Copper **Rev:** Without mint marks **Mint:** Mahe Indrapur

BHAUNAGAR

KM# 6 RUPEE

Silver **Obv. Inscription:** Shah Alam (II) **Mint:** Akbarabad **Note:** Weight varies: 11.00-11.20 grams.

Date	Mintage	Good	VG	F	VF	XF
AH1175//2	—	7.00	10.00	15.00	25.00	35.00
AH1175//3	—	7.00	10.00	15.00	25.00	35.00
AH1176//3	—	7.00	10.00	15.00	25.00	35.00
AH1176//4	—	7.00	10.00	15.00	25.00	35.00
AH1177//4	—	7.00	10.00	15.00	25.00	35.00
AH1177//5	—	7.00	10.00	15.00	25.00	35.00
AH1178//5	—	7.00	10.00	15.00	25.00	35.00
AH1179//6	—	7.00	10.00	15.00	25.00	35.00
AH1180//7	—	7.00	10.00	15.00	25.00	35.00
AH1180//8	—	7.00	10.00	15.00	25.00	35.00
AH1181//8	—	7.00	10.00	15.00	25.00	35.00
AH1182//9	—	7.00	10.00	15.00	25.00	35.00
AH1182//10	—	7.00	10.00	15.00	25.00	35.00
AH1184//11	—	7.00	10.00	15.00	25.00	35.00
AH1184//12	—	7.00	10.00	15.00	25.00	35.00
AH1185//14 (sic)	—	7.00	10.00	15.00	25.00	35.00

KM# 46 RUPEE

Silver **Mint:** Mahe Indrapur **Note:** Weight varies: 11.00-11.10 grams.

Date	Mintage	VG	F	VF	XF	Unc
AH1182//9	—	10.00	15.00	25.00	40.00	—
AH1183//10	—	10.00	15.00	25.00	40.00	—

KM# 56 RUPEE

Silver **Mint:** Mahe Indrapur **Note:** Weight varies: 10.70-11.60 grams.

Date	Mintage	Good	VG	F	VF	XF
AH118x//13	—	7.00	10.00	15.00	25.00	40.00
AH1185//14 (sic)	—	7.00	10.00	15.00	25.00	40.00
AH1186//14	—	7.00	10.00	15.00	25.00	40.00
AH1187//15	—	7.00	10.00	15.00	25.00	40.00
AH1189//16	—	7.00	10.00	15.00	25.00	40.00
AH118x//16	—	7.00	10.00	15.00	25.00	40.00
AH1189//17	—	7.00	10.00	15.00	25.00	40.00

KM# 26 RUPEE

Silver **Obv:** Inscription **Rev:** Inscription, star **Mint:** Braj Indrapur **Note:** Weight varies: 11.00-11.10 grams.

Date	Mintage	Good	VG	F	VF	XF
AH118x//14	—	7.00	10.00	15.00	25.00	40.00
AH1195//23	—	7.00	10.00	15.00	25.00	40.00
AH12xx//29	—	7.00	10.00	15.00	25.00	40.00
AH-//30	—	7.00	10.00	15.00	25.00	40.00
AH1207//30	—	7.00	10.00	15.00	25.00	40.00
AH12xx//31	—	7.00	10.00	15.00	25.00	40.00
AH-//32	—	7.00	10.00	15.00	25.00	40.00
AH12xx//33	—	7.00	10.00	15.00	25.00	40.00
AH1206//34	—	7.00	10.00	15.00	25.00	40.00
AH1207//34	—	7.00	10.00	15.00	25.00	40.00
AH12xx//35	—	7.00	10.00	15.00	25.00	40.00
AH1209//37	—	7.00	10.00	15.00	25.00	40.00
AH-//38	—	7.00	10.00	15.00	25.00	40.00
AH-//39	—	7.00	10.00	15.00	25.00	40.00
AH12xx//40	—	7.00	10.00	15.00	25.00	40.00
AH1214//42	—	7.00	10.00	15.00	25.00	40.00
AH1214//43	—	7.00	10.00	15.00	25.00	40.00

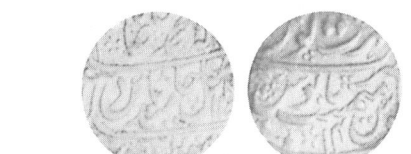

KM# 16 RUPEE

Silver **Mint:** Bharatpur **Note:** Weight varies: 11.00-11.10 grams.

Date	Mintage	Good	VG	F	VF	XF
AH1187//14	—	10.00	15.00	25.00	35.00	50.00

KM# 66 RUPEE

Silver **Obv:** Inscription **Obv. Inscription:** Shah Alam (II) **Rev:** Inscription, star **Mint:** Kumber **Note:** Weight varies: 11.00-11.10 grams.

Date	Mintage	Good	VG	F	VF	XF
AH1196//24	—	—	10.00	20.00	35.00	50.00
AH-//29	—	—	10.00	20.00	35.00	50.00
AH1204//32	—	—	10.00	20.00	35.00	50.00
AH1205//33	—	—	10.00	20.00	35.00	50.00
AH1206//34	—	—	10.00	20.00	35.00	50.00
AH1209//34	—	—	10.00	20.00	35.00	50.00
AH12xx//40	—	—	10.00	20.00	35.00	50.00
AH121x//41	—	—	10.00	20.00	35.00	50.00
AH121x//42	—	—	10.00	20.00	35.00	50.00

KM# 86 RUPEE

Silver **Mint:** Mahe Indrapur **Note:** Weight varies: 10.70-11.60 grams.

Date	Mintage	Good	VG	F	VF	XF
AH1202//31	—	8.00	14.00	18.00	30.00	48.00
AH1206//34	—	8.00	14.00	18.00	30.00	48.00

KM# 88 RUPEE

Silver **Mint:** Mahe Indrapur **Note:** Weight varies: 10.70-11.60 grams.

Date	Mintage	Good	VG	F	VF	XF
AH120x//29	—	10.00	15.00	25.00	35.00	50.00

KM# 28 MOHUR

Silver **Mint:** Mahe Indrapur

Date	Mintage	VG	F	VF	XF	Unc
AH-//4	—	—	—	—	—	—

KM# 40 MOHUR

Gold, 20 mm. **Mint:** Mahe Indrapur **Note:** Weight varies: 10.70-11.20 grams.

Date	Mintage	VG	F	VF	XF	Unc
AH1175//2	—	—	425	525	750	—
AH-//4	—	—	425	525	750	—
AH1176//4	—	—	425	525	750	—

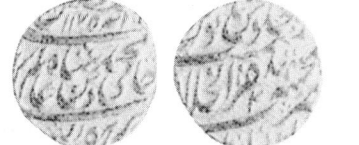

KM# 8 MOHUR

Gold **Obv. Inscription:** "Shah Alam II" **Mint:** Akbarabad **Note:** Weight varies: 10.70-11.40 grams.

Date	Mintage	VG	F	VF	XF	Unc
AH1175//2	—	—	450	550	775	—
AH1175//6 (sic) retrograde "2"	—	—	450	550	775	—

KM# 50 MOHUR

Gold, 22 mm. **Mint:** Mahe Indrapur **Note:** Weight varies: 10.70-11.40 grams.

Date	Mintage	VG	F	VF	XF	Unc
AH1182//9	—	—	425	525	750	—
AH1183//10	—	—	425	525	750	—

KM# 37 NAZARANA RUPEE

Silver **Mint:** Mahe Indrapur **Note:** Weight varies: 11.00-11.20 grams.

Date	Mintage	VG	F	VF	XF	Unc
AH1176//4	—	75.00	125	200	300	—

BHAUNAGAR

State located in northwest India on the west shore of the Gulf of Cambay.

The Thakurs of Bhaunagar, as the rulers were titled, were Gohel Rajputs. They traced their control of the area back to the 13th century. Under the umbrella of British paramountcy, the Thakurs of Bhaunagar were regarded as relatively enlightened rulers. The State was absorbed into Saurashtra in February 1948.

Anonymous Types: Bearing the distinguishing Nagari legend *Bahadur* in addition to the Mughal legends.

MONETARY SYSTEM

2 Trambiyo = 1 Dokda

1-1/2 Dokda = 1 Dhingla

Thakurs of Bhaunagar
Gohel Rajputs

MUGHAL COINAGE

C# 25 DOKDO

Copper **Obv:** Inscription **Obv. Inscription:** Shah Alam (II) **Rev:** Inscription, date

Date	Mintage	Good	VG	F	VF	XF
ND(1759-1806)	—	2.50	4.50	6.50	10.00	—

Thakurs of Bhaunagar

MUGHAL COINAGE

C# 13 1/4 TRAMBIYO

Copper **Obv. Inscription:** Shah Jahan III

Date	Mintage	Good	VG	F	VF	XF
ND(1759-60)	—	2.00	3.25	5.00	8.50	—

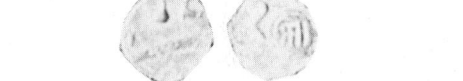

C# 14 TRAMBIYO

Copper **Obv. Inscription:** Shah Jahan III

Date	Mintage	Good	VG	F	VF	XF
ND(1759-60)	—	2.50	4.50	6.50	10.00	—

C# 15 DOKDO

Copper **Obv. Inscription:** Shah Jahan III **Rev:** Without "Sri" scimitar curved up

Date	Mintage	Good	VG	F	VF	XF
ND(1759-60)	—	2.50	4.50	6.50	10.00	—

C# 15.1 DOKDO

Copper **Obv. Inscription:** Shah Jahan III **Rev:** Without "Sri" scimitar curved down

Date	Mintage	Good	VG	F	VF	XF
ND(1759-60)	—	2.50	4.50	6.50	10.00	—

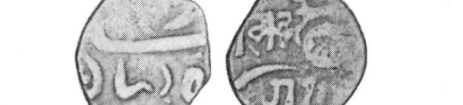

C# 15a DOKDO

Copper **Obv. Inscription:** Shah Jahan III **Rev:** Nagari "Sri" added **Note:** "Sri" may be in relief or incuse, right-side-up or inverted.

Date	Mintage	Good	VG	F	VF	XF
ND(1759-60)	—	2.50	4.50	6.50	10.00	—

INDIA-PRINCELY STATES

BHAUNAGAR

RULERS
Lakshman Singh, 1833-1847AD
Bhau Pratap Singh, 1847-1900AD

HAMMERED COINAGE

KM# 15 RUPEE
Silver **Obv:** Inscription, sun below **Obv. Inscription:** Shah Alam (II) **Rev:** Inscription **Note:** Weight varies: 10.70-11.60 grams.

Date	Mintage	Good	VG	F	VF	XF
ND(1759-1806)	—	7.00	12.50	21.00	28.50	40.00

C# 20 DHINGLO

7.9400 g., Copper **Note:** Inscription: Shah Jahan III.

Date	Mintage	Good	VG	F	VF	XF
ND(1759-60)	—	25.00	60.00	90.00	125	—

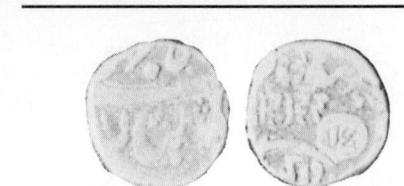

BHOPAL

Bhopal was the second largest Muslim state located in central India. It was founded in 1723 by Dost Muhammed Khan, an Afghan adventurer of the Mirazi Khel clan, who was in the service of Aurangzeb. After the Emperor's death in 1707 Dost Muhammed asserted his independence. Early in the following century his successors, threatened by the Marathas and subjected to Pindari raids into their territory, sought to cultivate a good relationship with the British. In 1817, at the time of the Maratha and Pindari War, Bhopal signed a treaty with the British East India Company, which placed them squarely under imperial protection and control. After 1897 the British rupee was recognized as the only legal tender.

MINT

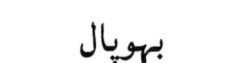

Bhopal

HAMMERED COINAGE

Mughal Series

C# 12 RUPEE
Silver **Obv:** Inscription **Obv. Inscription:** Shah Alam (II) **Rev:** Inscription, trident at upper right **Mint:** Bhopal **Note:** Weight varies: 10.70-11.60 grams.

Date	Mintage	Good	VG	F	VF	XF
AH-//12	—	10.00	15.00	20.00	35.00	50.00

Note: Without mintmark

Date	Mintage	Good	VG	F	VF	XF
AH-//13	—	10.00	15.00	20.00	35.00	50.00
AH-//14	—	10.00	15.00	20.00	35.00	50.00
AH-//15	—	10.00	15.00	20.00	35.00	50.00
AH-//16	—	10.00	15.00	20.00	35.00	50.00
AH-//17	—	10.00	15.00	20.00	35.00	50.00
AH1191//19	—	10.00	15.00	20.00	35.00	50.00
AH1192//20	—	10.00	15.00	20.00	35.00	50.00
AH1192//25 (sic)	—	10.00	15.00	20.00	35.00	50.00
AH119x//21	—	10.00	15.00	20.00	35.00	50.00
AH119x//23	—	10.00	15.00	20.00	35.00	50.00
AH119x//24	—	10.00	15.00	20.00	35.00	50.00
AH1198//25	—	10.00	15.00	20.00	35.00	50.00
AH1199//26	—	10.00	15.00	0.20	35.00	50.00
AH1200//28	—	10.00	15.00	20.00	35.00	50.00
AH1201//31 (sic)	—	10.00	15.00	20.00	35.00	50.00
AH1201//29	—	10.00	15.00	20.00	35.00	50.00
AH1201//30 (sic)	—	10.00	15.00	20.00	35.00	50.00
AH1202//30	—	10.00	15.00	20.00	35.00	50.00
AH1203//30	—	10.00	15.00	20.00	35.00	60.00
AH1205//33	—	10.00	15.00	20.00	35.00	50.00
AH120x//32	—	10.00	15.00	20.00	35.00	50.00
AH1206//33	—	10.00	15.00	20.00	35.00	50.00
AH1206//34	—	10.00	15.00	20.00	35.00	50.00
AH1207//35	—	10.00	15.00	20.00	35.00	50.00
AH1208//30 (sic)	—	10.00	15.00	20.00	35.00	50.00
AH1208//36	—	10.00	15.00	20.00	35.00	50.00
AH1208//37 (sic)	—	10.00	15.00	20.00	35.00	50.00
AH1214//43	—	10.00	15.00	20.00	35.00	50.00
AH-//44	—	12.00	18.00	25.00	42.00	60.00
AH1215//42	—	10.00	15.00	20.00	35.00	50.00
AH1215//45	—	12.00	18.00	25.00	42.00	60.00

BIJAWAR

State located in Bundelkhand District in north-central India. The rulers of Bijawar were Bundela Rajputs. They were descended from Maharaja Chhatarsal who, earlier, having ruled a much larger territory, became forebearer to a number of Rajput royal families in the region. As far as the British were concerned, the authority of the rulers of Bijawar stemmed from a mandate issued by the East India Company in 1811, which required, in return, a guarantee of allegiance. In 1866 the ruler became a maharaja.

BIKANIR

Bikanir, located in Rajputana was established as a state sometime between 1465 and 1504 by Jodhpur Rathor Rajput named Rao Bikaji. During the period of the Great Mughals Bikanir was intimately linked to Delhi by ties of both loyalty and marriage. Both Akbar and Jahangir contracted marriages with princesses of the Bikanir Rajputs,and the Bikanir nobility rendered outstanding service in the Mughal armies. Bikanir came under British influence in 1817 and after 1947 was incorporated into Rajasthan.

RULERS
Gaj Singh, AH1159-1201/1746-1786AD
Raj Singh, AH1201/1786AD
Partap Singh, AH1201-1204/1786-1788AD
Surat Singh, AH1204-1244/1788-1828AD

MINT

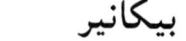

Bikanir

RULER'S SYMBOLS

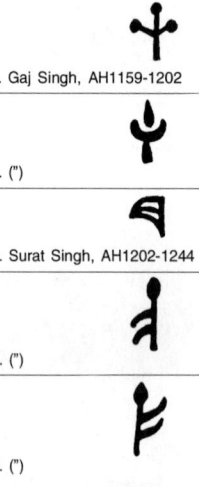

1. Gaj Singh, AH1159-1202

2. (")

3. Surat Singh, AH1202-1244

4. (")

5. (")

NOTE: The above symbols normally occur in groups on the obverse or reverse of the coins; the various combinations are shown for each series.

Gaj Singh
AH1159-1201 / 1746-1786AD

MUGHAL COINAGE

KM# 5 PAISA
Copper **Obv. Inscription:** Alamgir (II)

Date	Mintage	Good	VG	F	VF	XF
AH-//35	—	7.00	10.00	15.00	20.00	—
AH--//36	—	7.00	10.00	15.00	20.00	—

KM# 9 RUPEE
Silver **Obv. Inscription:** Alamgir (II) **Note:** Weight varies: 10.70-11.60 grams. Mint name: Garh Bikanir.

Date	Mintage	Good	VG	F	VF	XF
AH1167 Ahad (1)	—	50.00	100	125	175	250
AH1168 Ahad (1)	—	50.00	100	125	175	250
AH1168//2	—	50.00	100	125	175	250

KM# 10 RUPEE
Silver **Obv:** Alamgir (II) **Note:** Weight varies: 10.70-11.60 grams. Mint name: Garh Bikanir. Cruder style.

Date	Mintage	Good	VG	F	VF	XF
AH-//2	—	7.50	18.50	26.50	37.50	55.00
AH-//3	—	7.50	18.50	26.50	37.50	55.00
AH-//5	—	7.50	18.50	26.50	37.50	55.00
AH-//6	—	7.50	18.50	26.50	37.50	55.00
AH-//7	—	7.50	18.50	26.50	37.50	55.00
AH-//9	—	7.50	18.50	26.50	37.50	55.00
AH-//10	—	7.50	18.50	26.50	37.50	55.00
AH-//11	—	7.50	18.50	26.50	37.50	55.00
AH-//13	—	7.50	18.50	26.50	37.50	55.00
AH-//15	—	7.50	18.50	26.50	37.50	55.00
AH-//16	—	7.50	18.50	26.50	37.50	55.00
AH-//17	—	7.50	18.50	26.50	37.50	55.00
AH-//21	—	7.50	18.50	26.50	37.50	55.00
AH-//22	—	7.50	18.50	26.50	37.50	55.00
AH-//26	—	7.50	18.50	26.50	37.50	55.00

KM# 12 NAZARANA RUPEE
11.2000 g., Silver **Obv. Inscription:** Shah Alam (II) **Note:** Weight varies: 10.70-11.60 grams.

Date	Mintage	Good	VG	F	VF	XF
AH114 Error	—	50.00	75.00	90.00	125	150

KM# 10a NAZARANA RUPEE
Silver **Obv. Inscription:** Alamgir II **Note:** Weight varies: 10.70-11.60 grams. Mint name: Garh Bikanir.

Date	Mintage	Good	VG	F	VF	XF
AH-//2	—	50.00	75.00	90.00	125	150
AH-//6	—	50.00	75.00	90.00	125	150

Surat Singh
AH1204-1244 / 1788-1828AD

MUGHAL COINAGE

KM# 14 PAISA
Copper **Obv:** Inscription **Obv. Inscription:** Alamgir (II) **Rev:** Mark #3 **Note:** Regnal years 28-52 of Shah Alam II. Year 47 is of much cruder fabric.

Date	Mintage	Good	VG	F	VF	XF
AH-//41 (1799)	—	1.50	2.25	3.00	4.00	—

KM# 17 RUPEE
Silver **Obv:** Mark #1 **Obv. Inscription:** Alamgir (II) **Rev:** Mark

#3 **Note:** Regnal years 28-52 of Shah Alam II. Weight varies: 10.70-11.60 grams.

Date	Mintage	Good	VG	F	VF	XF
AH1204//28 (sic)	—	BV	8.00	12.50	20.00	30.00
AH1205//32	—	BV	8.00	12.50	20.00	30.00
AH1205//34	—	BV	8.00	12.50	20.00	30.00
AH1205//35 (sic)	—	BV	8.00	12.50	20.00	30.00
AH1205//37 (sic)	—	BV	8.00	12.50	20.00	30.00
AH1209//42 (sic)	—	BV	8.00	12.50	20.00	30.00

KM# 17a NAZARANA RUPEE

Silver, 29 mm. **Obv. Inscription:** Alamgir II **Note:** Weight varies: 10.70-11.60 grams.

Date	Mintage	VG	F	VF	XF	Unc
AH1204	—	75.00	90.00	125	150	—

BINDRABAN

This city, the modern Vrindavan, was not a princely state. The area surrounding the city, including the neighboring city of Mathura, was under Jat control in the mid-18th century, although nominally subject to Awadh. After varying fortunes the area passed to the East India Company in 1803-05 (i.e. AH1217-1220; VS1860-1862). The coins below display symbols of Awadh, Mughals, Delhi and Bharatpur, although it is clear that they were not mints of any of those authorities, especially in the British period.

MINTS AND MINT NAMES

بندربن

Bindraban

مؤمن اباد

Muminabad

شاه جهان اباد

Shahjahanabad

گوکل

Gokul

متهرہ

Mathura
Islamabad

CITY

HAMMERED COINAGE

KM# 4 PAISA

Copper **Obv. Inscription:** Shah Alam (II) **Rev:** Trident and Arabic "N" **Mint:** Shahjahanabad

Date	Mintage	Good	VG	F	VF	XF
AH-//27	—	5.00	10.00	15.00	25.00	—
AH1202//30	—	5.00	10.00	15.00	25.00	—
AH1209//36	—	5.00	10.00	15.00	25.00	—

KM# 2 PAISA

Copper **Obv. Inscription:** Shah Alam (II) **Rev:** Fish left **Mint:** Shahjahanabad

Date	Mintage	Good	VG	F	VF	XF
AH-//32	—	5.00	10.00	15.00	25.00	—

KM# 3 PAISA

Copper **Obv. Inscription:** Shah Alam (II) **Rev:** Fish right **Mint:** Shahjahanabad

Date	Mintage	Good	VG	F	VF	XF
AH1205//32	—	5.00	10.00	15.00	25.00	—
AH1206//33	—	5.00	10.00	15.00	25.00	—
AH1208//35	—	5.00	10.00	15.00	25.00	—
AH1209//36	—	5.00	10.00	15.00	25.00	—
AH1210//38	—	5.00	10.00	15.00	25.00	—
AH1212//39	—	5.00	10.00	15.00	25.00	—
AH1214//41	—	5.00	10.00	15.00	25.00	—

KM# 6 PAISA

3.2900 g., Copper, 18 mm. **Mint:** Mathura

Date	Mintage	VG	F	VF	XF	Unc
AH1206	—	—	—	—	—	—

KM# 5 PAISA

Copper **Obv:** Inscription, date **Obv. Inscription:** Shah Alam (II) **Rev:** Fish, small sun below **Mint:** Muminabad

Date	Mintage	Good	VG	F	VF	XF
AH1211//36	—	5.00	10.00	15.00	25.00	—
AH1611 Error for 1211	—	5.00	10.00	15.00	25.00	—
AH1211//40 (sic)	—	5.00	10.00	15.00	25.00	—
AH1212//44	—	5.00	10.00	15.00	25.00	—
AH1212//40	—	5.00	10.00	15.00	25.00	—
AH1212//41	—	5.00	10.00	15.00	25.00	—
AH1212//36 (sic) Error	—	5.00	10.00	15.00	25.00	—

KM# 10.1 RUPEE

Silver **Obv. Inscription:** Shah Alam (II) **Rev:** Scimitar and trident **Note:** Weight varies: 10.70-11.60 grams.

Date	Mintage	Good	VG	F	VF	XF
AH1194//22	—	10.00	20.00	30.00	50.00	75.00
AH-//23	—	10.00	20.00	30.00	50.00	75.00
AH-//24	—	10.00	20.00	30.00	50.00	75.00
AH1199//27	—	10.00	20.00	30.00	50.00	75.00

KM# 10.2 RUPEE

Silver **Obv. Inscription:** Shah Alam (II) **Rev:** Scimitar, dagger, trident, and "Sri" **Note:** Weight varies: 10.70-11.60 grams.

Date	Mintage	Good	VG	F	VF	XF
AH-//23	—	10.00	20.00	30.00	50.00	60.00
AH120(9)//37	—	10.00	20.00	30.00	50.00	60.00

KM# 10.7 RUPEE

Silver **Obv. Inscription:** Shah Alam (II) **Rev:** Scimitar, swastika, and trident **Note:** Weight varies: 10.70-11.60 grams.

Date	Mintage	Good	VG	F	VF	XF
AH12xx//37	—	10.00	20.00	30.00	50.00	75.00
AH120x//37	—	10.00	20.00	30.00	50.00	75.00

KM# 10.2a RUPEE

Silver **Rev:** Scimitar, bow and arrow, "Sri" and trident **Mint:** Bindraban

Date	Mintage	VG	F	VF	XF	Unc
AH-//37	—	—	—	—	—	—

KM# 15 MOHUR

Gold **Obv. Inscription:** "Shah Alam II" **Note:** Weight varies: 10.70-11.40 grams.

Date	Mintage	VG	F	VF	XF	Unc
AH1192//20	—	—	350	500	700	—

LOCAL COINAGE

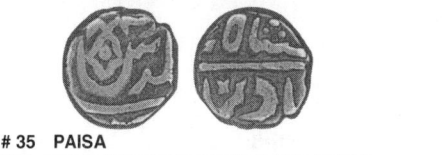

KM# 35 PAISA

6.0000 g., Copper **Obv. Inscription:** Shah Alam (II) **Mint:** Mathura

Date	Mintage	Good	VG	F	VF	XF
ND(1794)	—	5.00	10.00	15.00	25.00	—

KM# 36 PAISA

6.0000 g., Copper **Obv. Inscription:** Shah Alam (II) **Mint:** Mathura

Date	Mintage	Good	VG	F	VF	XF
AH-//36	—	3.00	8.00	10.00	20.00	—
AH121x//39	—	3.00	8.00	10.00	20.00	—

KM# 40.1 RUPEE

Silver **Obv. Inscription:** Shah Alam (II) **Rev:** Scimitar in "seen" of "manus" **Mint:** Mathura

Date	Mintage	Good	VG	F	VF	XF
AH-//18	—	10.00	20.00	30.00	50.00	75.00
AH119x//23	—	10.00	20.00	30.00	50.00	75.00
AH1199//26	—	10.00	20.00	30.00	50.00	75.00
AH1199//27	—	10.00	20.00	30.00	50.00	75.00
AH1202//29	—	10.00	20.00	30.00	50.00	75.00
AH-//30	—	10.00	20.00	30.00	50.00	75.00
AH12xx//34	—	10.00	20.00	30.00	50.00	75.00

KM# 40.2 RUPEE

Silver **Obv. Inscription:** Shah Alam (II) **Rev:** Scimitar and dagger **Mint:** Mathura

Date	Mintage	Good	VG	F	VF	XF
AH-//35	—	10.00	20.00	30.00	50.00	75.00

KM# 40.3 RUPEE

Silver **Obv. Inscription:** Shah Alam (II) **Rev:** Scimitar in "seen" of "manus" **Mint:** Mathura

Date	Mintage	Good	VG	F	VF	XF
AH-//35	—	10.00	20.00	30.00	50.00	75.00

KM# 20 RUPEE

Silver **Obv. Inscription:** Shah Alam (II) **Rev:** Flower **Mint:** Gokul **Note:** Weight varies: 10.70-11.60 grams.

Date	Mintage	Good	VG	F	VF	XF
AH-//36	—	11.00	27.50	40.00	52.50	75.00

KM# 21 RUPEE

Silver **Obv. Inscription:** Shah Alam (II) **Rev:** "Shri" **Mint:** Gokul **Note:** Weight varies: 10.70-11.60 grams.

Date	Mintage	Good	VG	F	VF	XF
AH-//39	—	11.00	27.50	40.00	52.50	75.00

INDIA-PRINCELY STATES

BINDRABAN

Date	Mintage	Good	VG	F	VF	XF
AH-//3	—	10.00	15.00	20.00	35.00	50.00
AH11xx//4	—	10.00	15.00	20.00	35.00	50.00
AH1172/5	—	10.00	15.00	20.00	35.00	50.00
AH1181//9	—	10.00	15.00	20.00	35.00	50.00

KM# 45 MOHUR
Gold **Obv. Inscription:** "Shah Alam II" **Mint:** Mathura **Note:** Weight varies: 10.70-11.40 grams.

Date	Mintage	VG	F	VF	XF	Unc
AH1182/9	—	—	550	750	1,000	—

BROACH

From very early times Broach, located on the north bank of the Narmada River 30 miles from the Gulf of Cambay, was an important port on the sea route to Europe. It was known as Barukachha to early Chinese travellers, and as Barygaza to Ptolemy. After the Islamic invasions of India it was incorporated into the Muslim kingdom of Gujarat and remained so until 1572 when it was annexed by Akbar. During the reign of Aurangzeb, Broach first began to experience Maratha incursions. In 1772, it came briefly under British influence before being ceded to Sindhia in 1783. It was returned to the East India Company in 1803 and thereafter remained in British control.

RULERS
Town ruled by Nawabs, AH1150-1186/1736-1772AD
Nek Nam Khan, AH1168-1182/1754-1768AD
Imtya-Ud-Daula, AH1182-1186/1768-1772AD
To British 1772-1783 and 1803 on
To Gwalior 1783-1803

MINT

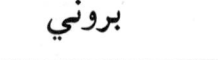

Broach

MINT MARKS

Flower (Nawabs)

Cross of St. Stephan (Gwalior and E.I.C.)

Nek Nam Khan
AH1168-1182 / 1754-1768AD

HAMMERED COINAGE

C# 20 PAISA
Copper

Date	Mintage	Good	VG	F	VF	XF
AH1176	—	5.00	8.00	15.00	25.00	—

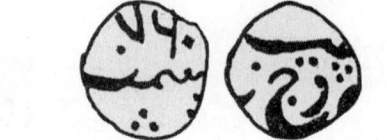

Imtaya-ud-Daula
AH1182-1186 / 1768-1772AD

HAMMERED COINAGE

C# 25 PAISA
Copper, 17 mm. **Note:** Similar to 1 Rupee, C#36.

Date	Mintage	Good	VG	F	VF	XF
ND(1761-88)	—	5.00	10.00	15.00	25.00	—

C# 34 1/2 RUPEE
Silver **Note:** Weight varies: 5.35-5.80 grams.

Date	Mintage	Good	VG	F	VF	XF
AH-//2x	—	5.00	10.00	15.00	25.00	40.00

C# 35 RUPEE
Silver **Rev:** Mint mark flower **Note:** Weight varies: 10.70-11.60 grams.

BUNDI

State in Rajputana in northwest India. Bundi was founded in 1342 by a Chauhan Rajput, Rao Dewa (Deoraj). Until the Marathas defeat early in the 19th century, Bundi was greatly harassed by the forces of Holkar and Sindhia. In 1818 it came under British protection and control and remained so until 1947. In 1948 the State was absorbed into Rajasthan.

RULERS
Ajit Singh, AH1185-1187/ VS1828-1830/1771-1773AD
Bishen Singh, AH1187-1236/ VS1830-1878/1773-1821AD

MINT

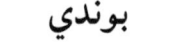

Bundi
Mint name: Bundi

All of the coins of Bundi struck prior to the Mutiny (1857) are in the name of the Mughal emperor and bear the following 2 marks on the reverse, to the left and right of the regnal year, respectively:

On all Mughal issues

Only on Muhammad Akbar and Muhammad Bahadur issues

The same symbols appear on the coins of Kotah, but the difference is that the Kotah pieces have the mintname *Kotahurt Nandgaon* and later issues only have *Nandgaon*.

HAMMERED COINAGE
Mughal Series

C# 5.1 TAKKA
Copper **Obv:** Inscription **Obv. Inscription:** Shah Alam (II) **Rev:** Inscription, flower symbol **Note:** Weight varies: 17.50-18.00 grams.

Date	Mintage	Good	VG	F	VF	XF
AH-//2	—	5.00	10.00	15.00	25.00	—
AH-//3	—	5.00	10.00	15.00	25.00	—
AH-//5	—	5.00	10.00	15.00	25.00	—
AH-//9	—	5.00	10.00	15.00	25.00	—
AH-//11	—	5.00	10.00	15.00	25.00	—
AH-//20	—	5.00	10.00	15.00	25.00	—
AH-//21	—	5.00	10.00	15.00	25.00	—
AH-//22	—	5.00	10.00	15.00	25.00	—
AH-//23	—	5.00	10.00	15.00	25.00	—
AH-//24	—	5.00	10.00	15.00	25.00	—
AH-//25	—	5.00	10.00	15.00	25.00	—
AH-//26	—	5.00	10.00	15.00	25.00	—
AH //27	—	5.00	10.00	15.00	25.00	—
AH-//28	—	5.00	10.00	15.00	25.00	—
AH-//29	—	5.00	10.00	15.00	25.00	—
AH-//30	—	5.00	10.00	15.00	25.00	—
AH-//31	—	5.00	10.00	15.00	25.00	—
AH-//32	—	5.00	10.00	15.00	25.00	—
AH-//33	—	5.00	10.00	15.00	25.00	—
AH-//34	—	5.00	10.00	15.00	25.00	—
AH-//35	—	5.00	10.00	15.00	25.00	—
AH-//36	—	5.00	10.00	15.00	25.00	—
AH-//39	—	5.00	10.00	15.00	25.00	—
AH1208//40 (sic)	—	5.00	10.00	15.00	25.00	—
AH-//41	—	5.00	10.00	15.00	25.00	—
AH-//42	—	5.00	10.00	15.00	25.00	—

Date	Mintage	Good	VG	F	VF	XF
AH-//10	—	7.00	10.00	15.00	22.50	38.00
AH-//12	—	7.00	10.00	15.00	22.50	38.00
AH-//16	—	7.00	10.00	15.00	22.50	38.00
AH-//18	—	7.00	10.00	15.00	22.50	38.00
AH-//20	—	7.00	10.00	15.00	22.50	38.00
AH-//21	—	7.00	10.00	15.00	22.50	38.00
AH-//23	—	7.00	10.00	15.00	22.50	38.00
AH-//24	—	7.00	10.00	15.00	22.50	38.00
AH-//25	—	7.00	10.00	15.00	22.50	38.00
AH-//27	—	7.00	10.00	15.00	22.50	38.00
AH-//28	—	7.00	10.00	15.00	22.50	38.00
AH-//29	—	7.00	10.00	15.00	22.50	38.00
AH-//30	—	7.00	10.00	15.00	22.50	38.00
AH-//31	—	7.00	10.00	15.00	22.50	38.00
AH-//32	—	7.00	10.00	15.00	22.50	38.00
AH1204//33 (sic)	—	7.00	10.00	15.00	22.50	38.00
AH-//34	—	7.00	10.00	15.00	22.50	38.00
AH-//37	—	7.00	10.00	15.00	22.50	38.00
AH-//40	—	7.00	10.00	15.00	22.50	38.00

C# 10a NAZARANA RUPEE
Silver **Obv. Inscription:** Shah Alam (II) **Shape:** Square **Note:** Weight varies: 11.00-11.10 grams.

Date	Mintage	Good	VG	F	VF	XF
AH-//9	—	20.00	40.00	65.00	85.00	145
AH-//28	—	20.00	40.00	65.00	85.00	145
AH-//37	—	20.00	40.00	65.00	85.00	145
AH-//42	—	20.00	40.00	65.00	85.00	145

C# 14 MOHUR
10.7800 g., Gold **Obv. Inscription:** "Shah Alam II"

Date	Mintage	VG	F	VF	XF	Unc
AH-//39	—	—	475	575	850	—

C# 10.1 RUPEE
Silver **Obv:** Inscription **Obv. Inscription:** Shah Alam (II) **Rev:** Inscription **Note:** Weight varies: 10.90-11.15 grams.

Date	Mintage	Good	VG	F	VF	XF
AH-// Ahad (1)	—	7.00	10.00	15.00	22.50	38.00
AH-//2	—	7.00	10.00	15.00	22.50	38.00
AH-//3	—	7.00	10.00	15.00	22.50	38.00
AH-//7	—	7.00	10.00	15.00	22.50	38.00

CANNANORE

Cannanore, on the Malabar Coast in southwest India, was ruled by the Cherakal Rajas. Late in the 18th century it was overrun by Haider Ali, the Muslim ruler of Mysore. Then, in AH1198/1783, Cannanore was captured from Haider Ali's son, Tipu Sultan, by the East India Company. From that time onwards Cannanore was reduced to the status of a British tributary.

RULER
Ali Rajas, Lords of the deep,
AH1122-1231/1710-1815AD

BRITISH TRIBUTARY

HAMMERED COINAGE

KM# 5 1/5 RUPEE
Silver **Obv:** Inscription **Rev:** Inscription, date **Note:** Varieties exist. Weight varies: 2.14-2.32 grams.

Date	Mintage	Good	VG	F	VF	XF
AH1121	—	2.35	6.00	9.00	13.50	20.00
AH1122	—	2.35	6.00	9.00	13.50	20.00
AH1123	—	2.35	6.00	9.00	13.50	20.00
AH1124	—	2.35	6.00	9.00	13.50	20.00
AH1132	—	2.35	6.00	9.00	13.50	20.00
AH1134	—	2.35	6.00	9.00	13.50	20.00
AH1137	—	2.35	6.00	9.00	13.50	20.00
AH1139	—	2.35	5.00	8.50	12.50	18.50
AH1143	—	2.00	5.00	8.50	12.50	18.50
AH1144	—	2.00	5.00	8.50	12.50	18.50
AH1145	—	2.00	5.00	8.50	12.50	18.50
AH1146	—	2.00	5.00	8.50	12.50	18.50
AH1148	—	2.00	5.00	8.50	12.50	18.50
AH1163	—	2.00	5.00	8.50	12.50	18.50
AH1164	—	2.00	5.00	8.50	12.50	18.50
AH1169	—	2.00	5.00	8.50	12.50	18.50
AH1173	—	2.00	5.00	8.50	12.50	18.50
AH1181	—	2.00	5.00	8.50	12.50	18.50
AH1187	—	1.50	4.00	7.00	10.00	15.00
AH1188	—	1.50	4.00	7.00	10.00	15.00
AH1194	—	1.50	4.00	7.00	10.00	15.00
AH1199	—	1.50	4.00	7.00	10.00	15.00
AH122 Error for 1202	—	2.00	5.00	8.50	12.50	18.50

KM# 10 2 FANAMS
Gold, 16 mm. **Note:** Weight varies: 0.70-0.80 grams.

Date	Mintage	VG	F	VF	XF	Unc
AH1194	—	—	135	165	200	—

CHHATARPUR

Chhatarpur in Bundelkhand was founded about 1785 by a Ponwar Rajput. In 1806 the State accepted a mandate (sanad) from the British and acquiesced to East India Company protection. Sixteen years later in 1822,Chhatarpur came under direct British control.

Mint struck ca. 1816-1882AD, w/frozen date AH1192, (sometimes blundered).

MINT

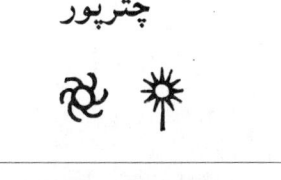

Chhatarpur

Mint mark

Shah Alam II
AH1173-1221/1759-1806AD
HAMMERED DUMP COINAGE

KM# 2 PAISA
Copper, 15 mm. **Obv. Inscription:** Shah Alam (II)

Date	Mintage	Good	VG	F	VF	XF
ND(1765-81)	—	5.00	10.00	20.00	35.00	—

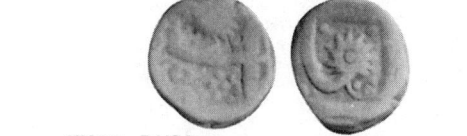

KM# 5 1/4 RUPEE
Copper **Obv. Inscription:** Shah Alam (II) **Note:** Weight varies 2.68 - 2.90 grams.

Date	Mintage	Good	VG	F	VF	XF
ND/25 (1783-84)	—	5.00	15.00	25.00	40.00	75.00

KM# 21 RUPEE
Silver

Date	Mintage	Good	VG	F	VF	XF
ND(1765-81)	—	7.00	10.00	15.00	25.00	50.00

KM# 15.1 RUPEE
Silver **Obv:** Trisul **Obv. Inscription:** Shah Alam (II) **Note:** Weight varies 10.7 - 11.6 grams.

Date	Mintage	Good	VG	F	VF	XF
ND//9 (1767-68)	—	7.00	9.00	15.00	21.50	35.00
ND//11 (1769-70)	—	7.00	9.00	15.00	21.50	35.00

KM# 15.2 RUPEE
Silver **Obv:** Small circle within dotted circle **Obv. Inscription:** Shah Alam (II) **Rev:** Mint marks cross of St. Stephan, trident below

Date	Mintage	Good	VG	F	VF	XF
ND//10 (1768-69)	—	7.00	9.00	15.00	21.50	35.00

KM# 17 RUPEE
Silver **Obv:** Chakra **Obv. Inscription:** Shah Alam (II)

Date	Mintage	Good	VG	F	VF	XF
ND/15 (1773-74)	—	7.00	9.00	15.00	21.50	35.00

KM# 20 RUPEE
Silver **Obv:** Elephant goad

Date	Mintage	Good	VG	F	VF	XF
AH1192	—	7.00	9.00	15.00	21.00	35.00

KM# 19 RUPEE
Silver **Obv:** Pataka **Obv. Inscription:** Shah Alam (II)

Date	Mintage	Good	VG	F	VF	XF
ND//24 (1782-83)	—	7.00	8.00	11.00	16.50	25.00
AH1192//25 (sic)	—	BV	7.00	9.00	12.50	18.50
AH1211	—	BV	7.00	9.00	12.50	18.50
AH1212//24	—	7.00	8.00	10.00	15.00	22.00

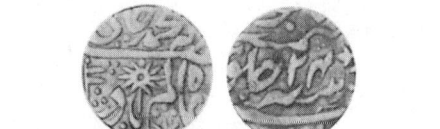

HAMMERED DUMP COINAGE
Uncertain Types

C# 15 RUPEE
Silver **Note:** Types to be determined. Weight varies 10.70-11.60 grams.

Date	Mintage	Good	VG	F	VF	XF
ND//7 (1765-66)	—	7.00	9.50	15.00	21.00	35.00
ND//10 (1768-69)	—	7.00	9.50	15.00	21.00	35.00
ND//11 (1769-70)	—	7.00	9.50	15.00	21.00	35.00
ND//12 (1770-71)	—	7.00	9.50	15.00	21.00	35.00
ND//16 (1774-75)	—	7.00	9.50	15.00	21.00	35.00
ND//17 (1775-76)	—	7.00	9.50	15.00	21.00	35.00
ND//20 (1778-79)	—	7.00	9.50	15.00	21.00	35.00
ND//21 (1779-80)	—	7.00	9.50	15.00	21.00	35.00
ND//22 (1780-81)	—	7.00	9.50	15.00	21.00	35.00

COCHIN

Located on the Malabar Coast, at the southern tip of India. Although the name Cochin appears to have come into use only at the end of the 15th century, this was a very ancient state whose origins were lost in antiquity. In Roman times there was a steady trade between Cochin and the West, but from that time onward Cochin's history is largely conjecture until the arrival of the Portuguese under Vasco de Gama in the 15th century. In 1663 Cochin came under Dutch occupation and remained so for almost a hundred years until Haider Ali and Tipu Sultan of Mysore over-ran the region. In 1791, largely to escape the demands of Mysore, the Raja of Cochin placed himself under British protection. In 1809 a second treaty strengthened British control of the State.

In 1949 Cochin merged with Travencore forming the state of Travancore and Cochin which became part of the new state of Kerala in 1956.

See Netherlands possessions in India for similar coins prior to 1795AD.

BRITISH PROTECTORATE
HAMMERED COINAGE

KM# 1 PUTTUN
0.3240 g., Silver **Obv:** Sun and moon above "lazy J" and dots **Rev:** Conch shell

Date	Mintage	Good	VG	F	VF	XF
ND(1795-1850)	—	—	4.00	6.00	9.00	13.50

KM# 2 2 PUTTUNS
1.0000 g., Silver **Obv:** Sun and moon above "lazy J" and dots **Rev:** Conch shell

Date	Mintage	Good	VG	F	VF	XF
ND(1795-1850)	—	—	6.00	9.00	13.50	20.00

KM# 10 FANAM
Gold **Obv:** Sun and moon above dots **Rev:** Conch shell

Date	Mintage	VG	F	VF	XF	Unc
ND(1795-1850)	—	7.00	11.00	16.50	25.00	—

COOCH BEHAR

Cooch Behar was relatively peaceful until there was a dispute over the succession in 1772. After a confusing period during which the Bhutanese installed their own nominated ruler and captured Dhairyendra Narandra, the Chief Minister appealed to the British for assistance. With an eye on the potentially lucrative Tibetan trade, which had increased somewhat in volume since Prithvi Narayan's rise to power in Nepal, the British agreed to support Darendra Narayan, so long as British suzerainty was acknowledged.

Over the following decades the British gradually increased their control over the state. After large numbers of debased silver half, or "Narainy" rupees had been struck, the British decided to close the mint, and after that a few coins only were struck at the coronation of each ruler, although it was only in 1866 that the local coins ceased to be legal tender.

RULERS
Nripendra Narayan, CB353-401/SE1785-1833/1863-1911AD
Raja Rajendra Narayan, CB401-403/SE1833-1835/1911-1913AD
Jitendra Narayan, CB403-412/SE1835-1844/1913-1922AD
Jagaddipendra Narayan, CB412-439/SE1844-1871/1922-1949AD

BRITISH PROTECTORATE

Rupa Narayan
SE1617-1637 / 1695-1715AD

KM# 109 1/2 RUPEE
Silver

Date	Mintage	Good	VG	F	VF	XF
ND(1695-1715)	—	4.00	6.50	11.00	16.50	—

Upendra Narayan
SE1637-1686 / 1715-1764AD

STANDARD COINAGE

KM# 115 1/2 RUPEE
Silver **Note:** "Pendra" center left on obverse. Weight varies 5.35-5.80 grams.

Date	Mintage	Good	VG	F	VF	XF
ND(1715-64)	—	4.00	6.00	9.00	15.00	—

Devendra Narayan
SE1686-1688 / 1764-1766AD

STANDARD COINAGE

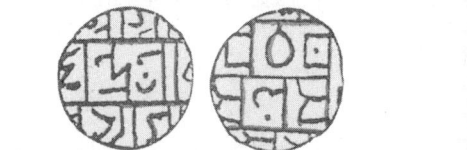

KM# 121 1/2 RUPEE
Silver **Note:** "Vendra" center left on obverse. Weight varies 5.35-5.80 grams.

Date	Mintage	Good	VG	F	VF	XF
ND(1764-66)	—	3.50	6.00	9.00	12.00	18.00

Dhairjendra Narayan
SE1688-1693 / 1766-1772AD

STANDARD COINAGE

KM# 127 1/2 RUPEE
Silver **Note:** "Yendra" center left on obverse. Weight varies 5.35-5.80 grams.

Date	Mintage	VG	F	VF	XF	Unc
ND(1780-83)	—	3.50	6.00	9.00	12.00	18.00

Rajendra Narayan
SE1693-1695 / 1771-1773AD

STANDARD COINAGE

KM# 133 1/2 RUPEE
4.7000 g., Silver **Note:** "Jendra" center left on obverse.

Date	Mintage	Good	VG	F	VF	XF
ND(1771-73)	—	3.00	5.00	8.00	11.00	16.50

Darendra Narayan// Narendra Narayan
SE1695-1761 / 1773-1839AD

HAMMERED COINAGE
Presentation Issues

KM# 141 1/2 RUPEE
4.7000 g., Silver **Obv:** Inscription, "Rendra" center left **Rev:** Inscription **Note:** Ruler names cannot be differentiated.

Date	Mintage	Good	VG	F	VF	XF
ND(1773-1839)	—	3.00	5.00	8.00	11.00	16.50

COORG

Kurg

A landlocked district in Karnataka, located between the districts of South Kanare and Mysore.

The name Coorg is an anglicization of Kodagu which, in turn, is probably derived from Kudu meaning steep or hilly. From the 11th century onward most of Coorg was under the control of the Changalva rajas, although at different times the Changalvas themselves became feudatories to the Cholas, the Hoysalas or to the rulers of Vijayanagar. After the fall of Vijayanagar to the Muslim alliance of the Deccan in the 16th century, Coorg was ruled by a Bednur prince. The State was annexed by the East India Company in 1834, and was administered by the chief commissioner of Mysore from 1881-1947. The coinage, bearing neither ascription nor date, is typically South Indian.

PRINCIPALITY

Chikkvirappa Wodeyar

HAMMERED COINAGE

KM# 1 FANAM
0.3900 g., Silver, 7-8 mm. **Obv:** Devanagari "Ka" above **Rev:** Vira Raya **Note:** Similar to KM#2. Size varies.

Date	Mintage	Good	VG	F	VF	XF
ND//10 (1736-66)	—	1.65	4.00	6.00	9.00	15.00

KM# 2 FANAM
0.3800 g., Silver **Obv:** Devanagari "Ka" above **Rev:** Vira Raya **Note:** Struck at Mercara.

Date	Mintage	Good	VG	F	VF	XF
ND//20 (1736-66)	—	2.75	7.00	11.00	16.50	25.00

DATIA

State located in north-central India, governed by Maharajas. Datia was founded in 1735 by Bhagwan Das, son of Narsingh Dev of the Orchha royal house. In 1804 the State concluded its first treaty with the East India Company and thereafter came under British protection and control.

MINT

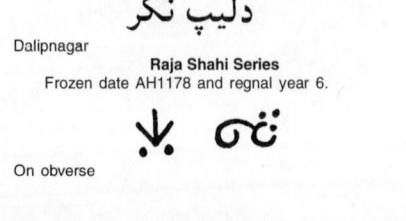

Dalipnagar

Raja Shahi Series
Frozen date AH1178 and regnal year 6.

On obverse

On reverse.

BRITISH PROTECTORATE

HAMMERED COINAGE
Raja Shahi Series

KM# 7 RUPEE
Silver **Obv:** Small sword; Shah Alam (II). **Obv. Inscription:** Shah Alam (II)

Date	Mintage	Good	VG	F	VF	XF
AH1194//22	—	13.00	32.50	45.00	62.50	85.00

C# 25 1/4 RUPEE
Silver **Note:** Weight varies 2.68-2.90 grams.

Date	Mintage	Good	VG	F	VF	XF
AH1178//6	—	10.00	15.00	25.00	50.00	75.00

C# 21 TEGH SHAHI PAISA
Copper **Obv:** Shah Alam (II)..

Date	Mintage	Good	VG	F	VF	XF
ND//1 (1781)	—	3.00	5.00	10.00	15.00	—

C# 26 1/2 RUPEE
Silver, 14-15 mm. **Note:** Weight varies 5.35-5.80 grams. Size varies.

Date	Mintage	Good	VG	F	VF	XF
AH1178/6	—	5.00	10.00	15.00	35.00	50.00

DHOLPUR

State located in Rajputana, northwest India.

Dholpur had a varied and turbulent history. From the 8th until the 12th centuries it was ruled by Tonwar Rajputs. Early in the 16th century the entire region came under the Mughals. It was included by Akbar in Agra province. With Mughal decline after 1707, Dholpur experienced many masters until, in 1782, it fell into the hands of Sindhia. In 1803 the territory was captured by the British and in 1805 it was returned to the ranas of Gohad, Bamradia Jats, from whom it had earlier been wrested by Sindhia. The ranas of Gohad opened the mint which operated until 1857.

RULER

Kirat Singh,
AH1203-1221/1788-1806AD, in Gohad

MINT

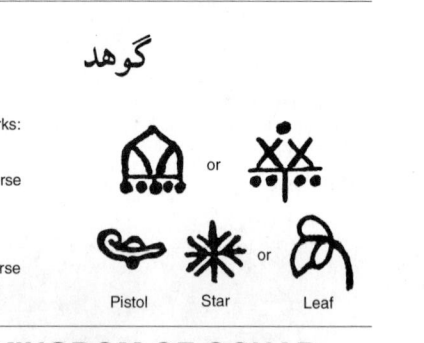

Gohad

Mint marks:

On obverse

On reverse

Pistol   Star   Leaf

KINGDOM OF GOHAD

HAMMERED COINAGE

C# 27 RUPEE
Silver **Note:** Weight varies 10.70-11.60 grams.

Date	Mintage	Good	VG	F	VF	XF
AH1171//6 (Error)	—	7.00	10.00	15.00	25.00	40.00
AH1171//6 (Error)	—	7.00	10.00	15.00	25.00	40.00
AH1177//6	—	7.00	10.00	15.00	25.00	40.00
AH1178//6	—	7.00	10.00	15.00	25.00	40.00
AH(117)8//6	—	7.00	10.00	15.00	25.00	40.00
AH1181//6 (Error)	—	7.00	10.00	15.00	25.00	40.00
AH1182//6 (Error)	—	7.00	10.00	15.00	25.00	40.00
AH81811/6 (Error)	—	7.00	10.00	15.00	25.00	40.00
AH8811//6 (Error)	—	7.00	10.00	15.00	25.00	40.00
AH1187//6	—	7.00	10.00	15.00	25.00	40.00
AH1188//6 (Error)	—	7.00	10.00	15.00	25.00	40.00
AH11782//6 (Error)	—	7.00	10.00	15.00	25.00	40.00
AH1811//6 (Error)	—	7.00	10.00	15.00	25.00	40.00
AH117112//6 (Error)	—	7.00	10.00	15.00	25.00	40.00

HAMMERED COINAGE
Gaja Shahi Series

C# 38 RUPEE
Silver **Obv:** Inscription, mint mark **Rev:** Inscription, mint mark **Note:** Weight varies 10.70-11.60 grams.

Date	Mintage	Good	VG	F	VF	XF
AH1211//39	—	7.00	10.00	15.00	20.00	35.00
AH1211//43	—	7.00	10.00	15.00	20.00	35.00
AH1214//42	—	7.00	10.00	15.00	20.00	35.00
AH1215//23	—	7.00	10.00	15.00	20.00	35.00

Shah Alam II
AH1173-1221 / 1759-1806AD

MUGHAL COINAGE

KM# 6 RUPEE
Silver **Obv. Inscription:** Shah Alam (II) **Mint:** Dalipnagar **Note:** Weight varies 10.70-11.60 grams.

Date	Mintage	Good	VG	F	VF	XF
AH1178/6	—	11.00	27.50	40.00	52.50	75.00

C# 2 PAISA
Copper **Obv:** Pistol **Obv. Inscription:** Shah Alam (II) **Note:** Struck at Gohad Mint.

Date	Mintage	VG	F	VF	XF	Unc
AH1197//25	—	—	—	—	—	—

C# 5.1 RUPEE
11.2000 g., Silver **Obv:** Inscription, date **Obv. Inscription:** Shah Alam II **Rev:** Pistol **Mint:** Gohad

Date	Mintage	Good	VG	F	VF	XF
AH1185//13	—	10.00	25.00	40.00	60.00	85.00
AH1186//14	—	10.00	25.00	40.00	60.00	85.00
AH1188//16	—	10.00	25.00	40.00	60.00	85.00
AH1189//17	—	10.00	25.00	40.00	60.00	85.00
AH1190//18	—	10.00	25.00	40.00	60.00	85.00
AH1191//19	—	10.00	25.00	40.00	60.00	85.00

C# 4 RUPEE
11.2400 g., Silver **Obv:** Inscription **Obv. Inscription:** Shah Alam (II) **Mint:** Gohad

Date	Mintage	VG	F	VF	XF	Unc
AH1187//10	—	—	—	—	—	—

KM# 3 TIMASHA
Silver **Obv:** Inscription; Corruption of KM#2 **Obv. Inscription:** Farrukhsiyar **Rev:** Corruption of KM#2 **Note:** Weight varies: 2.16-2.39 grams.

Date	Mintage	Good	VG	F	VF	XF
AH-//29	—	—	25.00	35.00	45.00	60.00

C# 3 TIMASHA
Silver **Obv. Inscription:** Shah Alam (II)

Date	Mintage	Good	VG	F	VF	XF
ND(1759-72) Rare	—	—	—	—	—	—

C# 5.2 RUPEE
11.0000 g., Silver **Obv. Inscription:** Shah Alam (II) **Rev:** Pistol **Mint:** Gwalior **Note:** This coin was struck at the Gwalior Fort mint after capture by Rana of Gohad

Date	Mintage	Good	VG	F	VF	XF
AH1195//23	—	50.00	150	250	350	500

Note: Values listed for coins with full mint name visable.

GARHWAL

Garhwal was a rugged tract embracing a number of peaks over twenty-three thousand feet in north India. The state dated from the 14th century when a number of local chieftains came under the sway of Ajai Pal. From that time onward his descendants ruled over this Himalayan kingdom until 1803, when the Gurkhas invaded both Garhwal and Kumaon. Shortly afterwards, in the Nepal War of 1814-1816, these States fell under British control and the State was then partially restored to its original ruler.

The Gurkhas captured Almora, the principal town of Kumaon, in 1790 and went on to seize Garhwal and Sirmur in 1803. From then until their definitive defeat at the hands of the East India Company, the Gurkhas issued coins from the Srinagar (Garhwal), Almora (Kumaon) and Nahan (Sirmur) mints.

MINT

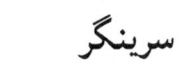

Srinagar

KINGDOM

Fath Shah
VS1743-1774 / 1686-1717AD

HAMMERED COINAGE

KM# 2 TIMASHA
Silver **Obv. Inscription:** Farrukhsiyar **Rev:** Corruption of KM#1
Note: Weight varies: 2.56-2.62 grams.

Date	Mintage	Good	VG	F	VF	XF
AH1125//2 Retrograde	—	26.50	65.00	100	150	225
AH1126//2x	—	26.50	65.00	100	150	225

Pradip Shah
VS1774-1829 / 1717-1772AD

HAMMERED COINAGE

C# 5 TACA
Copper **Obv. Inscription:** Farrukhsiyar

Date	Mintage	Good	VG	F	VF	XF
VS1827	—	3.00	5.00	8.00	12.00	—
VS1829	—	3.00	5.00	8.00	12.00	—
VS1830	—	3.00	5.00	8.00	12.00	—

C# 10 TIMASHA
Silver **Obv. Inscription:** Shah Alam (II)

Date	Mintage	Good	VG	F	VF	XF
ND-//1 (1759)	—	3.00	5.00	10.00	15.00	20.00
ND//2 (1760-61)	—	3.00	5.00	10.00	15.00	20.00
ND/3 (1761-62)	—	3.00	5.00	10.00	15.00	20.00
ND//4 (1762-63)	—	3.00	5.00	10.00	15.00	20.00
ND/5 (1763-64)	—	3.00	5.00	10.00	15.00	20.00
ND//7 (1765-66)	—	3.00	5.00	10.00	15.00	20.00
ND/8 (1766-67)	—	3.00	5.00	10.00	15.00	20.00
ND/9 (1767-68)	—	3.00	5.00	10.00	15.00	20.00
ND/11 (1769-70)	—	3.00	5.00	10.00	15.00	20.00
ND//12 (1770-71)	—	3.00	5.00	10.00	15.00	20.00
ND//14 (1772-73)	—	3.00	5.00	10.00	15.00	20.00
ND/15 (1773-74)	—	3.00	5.00	10.00	15.00	20.00

C# 10a TIMASHA
Silver **Obv. Inscription:** Shah Alam (II)

Date	Mintage	Good	VG	F	VF	XF
AH1181	—	5.00	10.00	15.00	20.00	30.00
AH1182	—	5.00	10.00	15.00	20.00	30.00

Lallat Shah
VS1829-1838 / 1772-1781AD

HAMMERED COINAGE

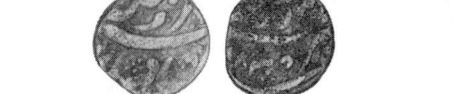

C# 15 TACA
Copper **Obv. Inscription:** Shah Alam (II)

Date	Mintage	Good	VG	F	VF	XF
VS1830	—	5.00	10.00	15.00	25.00	—
VS1831	—	5.00	10.00	15.00	25.00	—
VS1835	—	5.00	10.00	15.00	25.00	—
VS1837	—	5.00	10.00	15.00	25.00	—
VS1838	—	5.00	10.00	15.00	25.00	—

C# 20 TIMASHA
Silver **Obv. Inscription:** Shah Alam (II)

Date	Mintage	Good	VG	F	VF	XF
AH1188/VS1831	—	5.00	10.00	15.00	25.00	50.00
AH1189/VS1832	—	5.00	10.00	15.00	25.00	50.00
AH1xxx/VS1834 Mule	—	—	—	—	—	—
AH1190/VS1833	—	5.00	10.00	15.00	25.00	50.00
AH1191/VS1834	—	5.00	10.00	15.00	25.00	50.00
AH1192/VS1835	—	5.00	10.00	15.00	25.00	50.00
AH1192/VS1836	—	5.00	10.00	15.00	25.00	50.00

C# 20a TIMASHA
Silver **Obv. Inscription:** Shah Alam (II) **Rev:** Trident replaces AH date

Date	Mintage	Good	VG	F	VF	XF
VS1837	—	5.00	10.00	15.00	25.00	50.00

Parduman Shah
VS1842-1860 / 1785-1803AD

HAMMERED COINAGE

C# 25.1 TACA
Copper **Note:** Error: Mule-doubled.

Date	Mintage	Good	VG	F	VF	XF
ND(1785-1803)	—	—	—	—	—	—

C# 25 TACA
Copper, 16-17 mm. **Rev:** Katar

Date	Mintage	Good	VG	F	VF	XF
VS1844	—	—	—	—	—	—
VS1845	—	5.00	10.00	15.00	25.00	—
VS1846	—	5.00	10.00	15.00	25.00	—
VS1849	—	5.00	10.00	15.00	25.00	—
VS1853	—	5.00	10.00	15.00	25.00	—
VS1835(sic) Error	—	—	—	—	—	—
VS1855	—	5.00	10.00	15.00	25.00	—
VS1856	—	5.00	10.00	15.00	25.00	—

C# 24 TACA
Copper **Note:** Date error.

Date	Mintage	Good	VG	F	VF	XF
VS1145(1845)	—	5.00	10.00	15.00	25.00	—

GWALIOR

Sindhia

State located in central India. Capital originally was Ujjain (= Daru-l-fath), but was later transferred to Gwalior in 1810. The Gwalior ruling family, the Sindhias, were descendants of the Maratha chief Ranoji Sindhia (d.1750). His youngest son, Mahadji Sindhia (d.1794) was anxious to establish his independence from the overlordship of the Peshwas of Poona. Unable to achieve this alone, it was the Peshwa's crushing defeat by Ahmad Shah Durrani at Panipat in 1761, which helped realize his ambitions. Largely in the interests of sustaining this autonomy, but partly as a result of a defeat at East India Company hands in 1781, Mahadji concluded an alliance with the British in 1782. In 1785, he reinstalled the fallen Mughal Emperor, Shah Alam, on the throne at Dehli. Very early in the 19th century, Gwalior's relationship with the British began to deteriorate, a situation which culminated in the Anglo-Maratha War of 1803. Gwalior's forces under Daulat Rao were defeated. In consequence, and by the terms of the peace treaty which followed, his territory was truncated. In 1818, Gwalior suffered a further loss of land at British hands. In the years that ensued, as the East India Company's possessions became transformed into empire and as the Pax Britannica swept across the subcontinent, the Sindhia family's relationship with their British overlords steadily improved.

RULERS
Jayapa Rao, AH1164-1175/1750-1761AD
Mahadji Rao, AH1175-1209/1761-1794AD
Daulat Rao, AH1209-1243/1794-1827AD

MINTS

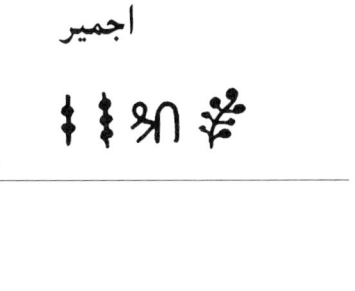

Ajmir

Mint marks

GWALIOR

بسوده

Basoda

With additional mint mark

بروني

Broach

برهانپور

Burhanpur

دار السرور

Dar-as-Surar
Abode of Happiness

Mint mark on reverse

چندیری

Chanderi
Mint name: Kankurti

چندیری | *

Mint mark

گوالیار

Gwalior Fort

Mint marks:
Copper and silver coins on reverse

Silver coins on obverse

لاشکار

Lashkar

نرور

Narwar

نرور

Sipri
Narwar

اجین دارالفتح

Ujjain, dar ul Fateh

Mint marks On most issues

On many copper issues

decades, and in many other cases, the dates remained frozen while the ruler's initial changed. The frozen dates may be either AH dates or regnal years, or both.

Regularly dated series often continued over long durations, such as the Ujjain rupees (C#259); the lists of such coins are probably very fragmentary, and many unlisted dates will be discovered. In general, unlisted dates are worth no more than listed dates of the same type.

KINGDOM

HAMMERED COINAGE

KM# 33 PAISA
Copper **Obv. Inscription:** Shah Alam II **Mint:** Broach

Date	Mintage	Good	VG	F	VF	XF
AH1173-1221	—	—	—	—	—	—
ND//3 (1797)	—	2.50	4.50	7.50	12.50	—

KM# 1 PAISA
Copper **Obv. Inscription:** "Shah Alam II" **Mint:** Ajmir

Date	Mintage	Good	VG	F	VF	XF
AH-//6	—	3.00	5.00	8.00	12.50	—
AH1196//24	—	3.00	5.00	8.00	12.50	—

KM# 94 PAISA
Copper **Obv:** Scimitar and katar **Mint:** Jawad

Date	Mintage	Good	VG	F	VF	XF
ND	—	2.50	4.50	6.50	18.00	—

KM# 95 PAISA
Copper **Obv:** Leaf and scimitar **Mint:** Jawad

Date	Mintage	Good	VG	F	VF	XF
ND	—	2.50	4.50	6.50	18.00	—

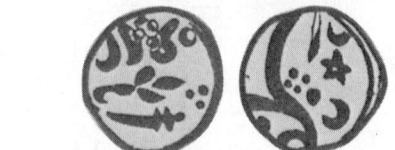

KM# 96 PAISA
Copper **Obv:** Lotus bud and scimitar **Mint:** Jawad

Date	Mintage	Good	VG	F	VF	XF
ND	—	2.50	4.50	6.50	18.00	—

KM# 97 PAISA
Copper **Obv:** Scimitar **Mint:** Jawad

Date	Mintage	Good	VG	F	VF	XF
ND	—	2.50	4.50	6.50	18.00	—

KM# 98 PAISA
Copper **Obv:** Spear and scimitar **Mint:** Jawad

Date	Mintage	Good	VG	F	VF	XF
ND	—	2.50	4.50	6.50	18.00	—

KM# 99 PAISA
Copper **Obv:** Spear right and scimitar **Rev:** Star added **Mint:** Jawad

Date	Mintage	Good	VG	F	VF	XF
ND	—	2.50	4.50	6.50	18.00	—

KM# 100 PAISA
Copper **Obv:** Spear, snake and scimitar **Mint:** Jawad

Date	Mintage	Good	VG	F	VF	XF
ND	—	2.50	4.50	6.50	18.00	—

KM# 101 PAISA
Copper **Obv:** Spear left above scimitar **Mint:** Jawad

Date	Mintage	Good	VG	F	VF	XF
ND	—	2.50	4.50	6.50	18.00	—

KM# 102 PAISA
Copper **Obv:** Banner and scimitar **Mint:** Jawad

Date	Mintage	Good	VG	F	VF	XF
VS1840	—	2.50	4.50	6.50	18.00	—

KM# 2 RUPEE
Silver **Obv. Inscription:** "Shah Alam II" **Mint:** Ajmir **Note:** Weight varies 10.70-11.60 grams. Without mint mark.

Date	Mintage	Good	VG	F	VF	XF
ND//1 (1759-60)	—	7.00	9.00	13.00	22.00	35.00
ND//2 (1760-61)	—	7.00	9.00	13.00	22.00	35.00
ND//3 (1761-62)	—	7.00	9.00	13.00	22.00	35.00
ND//4 (1762-63)	—	7.00	9.00	13.00	22.00	35.00
ND//5 (1763-64)	—	7.00	9.00	13.00	22.00	35.00
AH1178//6	—	7.00	10.00	18.00	28.00	45.00
AH1181//6	—	7.00	10.00	18.00	28.00	45.00
ND//10 (1768-69)	—	7.00	9.00	13.00	22.00	35.00

KM# 3 RUPEE
Silver **Obv. Inscription:** "Shah Alam II" **Rev:** Mint mark: 3 knots
Mint: Ajmir

Date	Mintage	Good	VG	F	VF	XF
AH1188//14 (sic)	—	7.00	9.00	13.00	22.00	35.00
AH1189//14 (sic)	—	7.00	9.00	13.00	22.00	35.00
AH1190//14 (sic)	—	7.00	9.00	13.00	22.00	35.00

KM# 4 RUPEE
Silver **Obv. Inscription:** "Shah Alam II" **Rev:** Mint mark: 2 knots
Mint: Ajmir **Note:** Without "Sri"

Date	Mintage	Good	VG	F	VF	XF
AH1196//24	—	7.00	8.00	11.00	18.00	30.00
AH1197//24	—	7.00	8.00	11.00	18.00	30.00
AH1198//24 (sic)	—	7.00	8.00	11.00	18.00	30.00
AH1200//26 (sic)	—	7.00	8.00	11.00	18.00	30.00
AH1202//31	—	7.00	8.00	11.00	18.00	30.00
AH1203//31	—	7.00	8.00	11.00	18.00	30.00

NOTE: None of the coins of Gwalior prior to the beginning of machine-struck coinage in 1889AD bears the name of the Sindhia (ruler of Gwalior), but beginning with the reign of Baija Bao, a Nagari letter is used to indicate the ruler under whom it was struck, as follows:

However, not all the coins bear the initial of the ruler, especially the copper.

The coinage of Gwalior is extremely complicated and not fully understood. Each mint, and there were probably more than twenty in all, maintained its own styles and types, and operated fully independently of every other mint. Hence it is most logical to list the issues of each mint together, rather than attempt to list the coins by reign or denomination. The mints are best identified by the presence of special symbols on the obverse or reverse of the coins, and those symbols are noted whenever possible. Types are listed with designation of reign only when the initial of the ruler appears on the coin; others are assigned a single number for the full duration of their issuance.

Most of the coins of Gwalior are undated, or issued overlong periods of time with frozen dates, in order to discourage the nefarious practice of devaluing coins of older dates (for example, one-year old coins might be devalued 1%, two-year olds 2%, and so forth). Many of the types were struck with frozen dates for several

GWALIOR — INDIA-PRINCELY STATES

KM# 5 RUPEE
Silver **Obv. Inscription:** "Shah Alam II" **Rev:** "Shri" to left of regnal year, branch in Persian letter "S" **Mint:** Ajmir

Date	Mintage	Good	VG	F	VF	XF
AH1203//31	—	10.00	20.00	31.50	42.50	60.00

Jayapa Rao AH1158-1173 / 1745-1759AD HAMMERED COINAGE

KM# 212 RUPEE
Silver **Obv. Inscription:** Alamgir (II) **Mint:** Ujjain **Note:** Weight varies 10.70-11.60 grams.

Date	Mintage	Good	VG	F	VF	XF
AH11xx//5	—	7.00	12.50	18.50	25.00	40.00
AH11xx//7	—	7.00	12.50	18.50	25.00	40.00
AH169	—	7.00	12.50	18.50	25.00	40.00

Mahadji Rao AH1175-1209 / 1761-1794AD HAMMERED COINAGE

KM# 214 1/8 RUPEE
Silver **Obv. Inscription:** Shah Alam (II) **Mint:** Ujjain **Note:** Weight varies 1.34-1.45 grams.

Date	Mintage	Good	VG	F	VF	XF
AH1176//3	—	2.25	5.50	8.00	12.50	18.50

KM# 215 1/4 RUPEE
Silver, 13 mm. **Obv. Inscription:** Shah Alam (II) **Mint:** Ujjain **Note:** Weight varies 2.68-2.90 grams.

Date	Mintage	Good	VG	F	VF	XF
ND/4 (1762-63)	—	2.25	5.50	9.00	13.50	20.00
AH11xx//7	—	2.25	5.50	9.00	13.50	20.00
AH1187//15	—	2.25	5.50	9.00	13.50	20.00
AH1191//19	—	2.25	5.50	9.00	13.50	20.00
AH1193/2x	—	2.25	5.50	9.00	13.50	20.00
AH1197	—	2.25	5.50	9.00	13.50	20.00
AH1200//26	—	2.25	5.50	9.00	13.50	20.00
AH1201//28	—	2.25	5.50	9.00	13.50	20.00
AH1212//36	—	2.25	5.50	9.00	13.50	20.00

KM# 216 1/2 RUPEE
Silver **Obv. Inscription:** Shah Alam (II) **Mint:** Ujjain **Note:** Weight varies 5.35-5.80 grams.

Date	Mintage	Good	VG	F	VF	XF
AH119x//20	—	2.65	6.50	10.00	15.00	22.50
AH-//22	—	2.65	6.50	10.00	15.00	22.50
AH-//26	—	2.65	6.50	10.00	15.00	22.50
AH-//28	—	2.65	6.50	10.00	15.00	22.50
AH1201//30	—	2.65	6.50	10.00	15.00	22.50
ND//31 (1789)	—	2.65	6.50	10.00	15.00	22.50

KM# 218 RUPEE
Silver **Obv. Inscription:** Shah Alam (II) **Rev:** Scimitar **Mint:** Ujjain

Date	Mintage	Good	VG	F	VF	XF
AH11xx//8	—	7.00	9.00	13.50	20.00	30.00
AH1187//15	—	7.00	9.00	13.50	20.00	30.00
AH1188	—	7.00	9.00	13.50	20.00	30.00
AH1188//16	—	7.00	9.00	13.50	20.00	30.00
AH1189//12 year error for 16	—	7.00	9.00	13.50	20.00	30.00
AH1189//16	—	7.00	9.00	13.50	20.00	30.00
AH1189//17	—	7.00	9.00	13.50	20.00	30.00
AH-//18	—	7.00	9.00	13.50	20.00	30.00
AH1192//19	—	7.00	9.00	13.50	20.00	30.00
AH1193//19 (sic)	—	7.00	9.00	13.50	20.00	30.00
AH1193//20	—	7.00	9.00	13.50	20.00	30.00
AH1194//20 (sic)	—	7.00	9.00	13.50	20.00	30.00
AH1194//21	—	7.00	9.00	13.50	20.00	30.00
AH1195//22	—	7.00	9.00	13.50	20.00	30.00
AH1197//23 (sic)	—	7.00	9.00	13.50	20.00	30.00
AH1198//24 (sic)	—	7.00	9.00	13.50	20.00	30.00
AH1198//25	—	7.00	9.00	13.50	20.00	30.00
AH1199//25 (sic)	—	7.00	9.00	13.50	20.00	30.00
AH1199//26	—	7.00	9.00	13.50	20.00	30.00
AH1200//26 (sic)	—	7.00	9.00	13.50	20.00	30.00
AH1200//27	—	7.00	9.00	13.50	20.00	30.00
AH1201//27 (sic)	—	7.00	9.00	13.50	20.00	30.00
AH1201//30	—	7.00	9.00	13.50	20.00	30.00
AH1201//28	—	7.00	9.00	13.50	20.00	30.00
AH1201//29	—	7.00	9.00	13.50	20.00	30.00
AH1204//30	—	7.00	9.00	13.50	20.00	30.00
AH1202//31 (sic)	—	7.00	9.00	13.50	20.00	30.00
AH1203//31	—	7.00	9.00	13.50	20.00	30.00
AH1203//32 (sic)	—	7.00	9.00	13.50	20.00	30.00
AH1204//32	—	7.00	9.00	13.50	20.00	30.00
AH1204//33 (sic)	—	7.00	9.00	13.50	20.00	30.00
AH1205//33	—	7.00	9.00	13.50	20.00	30.00
AH1205//34 (sic)	—	7.00	9.00	13.50	20.00	30.00
AH1206//34	—	7.00	9.00	13.50	20.00	30.00
AH1206//35 (sic)	—	7.00	9.00	13.50	20.00	30.00
AH1207//35	—	7.00	9.00	13.50	20.00	30.00
AH1208//36	—	7.00	9.00	13.50	20.00	30.00

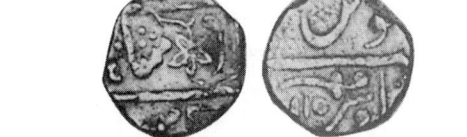

KM# 213.1 PAISA
Copper **Obv:** Flower **Obv. Inscription:** Shah Alam (II) **Rev:** Scimitar **Mint:** Ujjain **Note:** Weight varies: 13.5-14 grams.

Date	Mintage	Good	VG	F	VF	XF
ND//15 (1773-74)	—	4.00	6.00	10.00	15.00	—

KM# 54 PAISA
Copper **Obv. Inscription:** Shah Alam (II) **Mint:** Gwalior Fort

Date	Mintage	Good	VG	F	VF	XF
AH1201//29	—	1.25	2.00	3.00	5.00	—

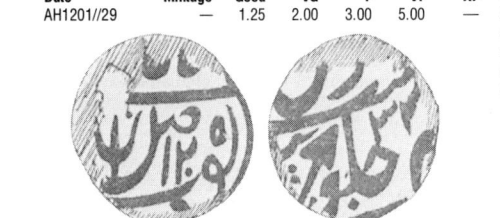

KM# 213.2 PAISA
Copper **Obv. Inscription:** Shah Alam (II) **Rev:** Spear **Mint:** Ujjain

Date	Mintage	Good	VG	F	VF	XF
AH1205//33	—	1.50	3.00	5.00	7.50	—

KM# 36 PAISA
Copper **Obv. Inscription:** Shah Alam (II) **Mint:** Burhanpur **Note:** Weight varies 19.00-20.00 grams.

Date	Mintage	Good	VG	F	VF	XF
AH1206//32 (sic)	—	3.50	5.50	8.50	13.50	—

KM# 55 RUPEE
Silver **Obv. Inscription:** Shah Alam (II) **Mint:** Gwalior Fort **Note:** Weight varies 10.70-11.60 grams.

Date	Mintage	Good	VG	F	VF	XF
AH1174//1	—	7.00	9.00	18.00	28.00	45.00
AH1175//2	—	7.00	9.00	18.00	28.00	45.00
AH1176//4	—	7.00	9.00	18.00	28.00	45.00
AH1177//4	—	7.00	9.00	18.00	28.00	45.00
AH1178//5	—	7.00	9.00	18.00	28.00	45.00
AH1179//6	—	7.00	9.00	18.00	28.00	45.00
AH1179//7	—	7.00	9.00	18.00	28.00	45.00
AH1180//7	—	7.00	9.00	18.00	28.00	45.00
AH1183//11	—	7.00	9.00	18.00	28.00	45.00
AH1184//12	—	7.00	9.00	18.00	28.00	45.00
AH1185//13	—	7.00	9.00	18.00	28.00	45.00
AH1187//14	—	7.00	9.00	18.00	28.00	45.00

KM# 56 RUPEE
Silver **Obv:** Flower **Obv. Inscription:** Shah Alam (II) **Mint:** Gwalior Fort

Date	Mintage	Good	VG	F	VF	XF
AH1191//19	—	7.00	10.00	15.00	25.00	45.00

KM# 217 RUPEE
Silver **Obv. Inscription:** Shah Alam (II) **Rev:** Without scimitar **Mint:** Ujjain **Note:** Weight varies 10.70-11.60 grams.

Date	Mintage	VG	F	VF	XF	Unc
AH117x//2	—	11.50	17.50	23.50	32.50	—
AH1176//3	—	11.50	17.50	23.50	32.50	—
AH11xx//8	—	11.50	17.50	23.50	32.50	—

KM# 38.1 RUPEE
Copper **Obv. Inscription:** Shah Alam (II) **Mint:** Burhanpur **Note:** Weight varies 10.70-11.60 grams.

Date	Mintage	Good	VG	F	VF	XF
AH1194//2x	—	7.00	8.00	12.00	20.00	30.00
AH1195//2x	—	7.00	8.00	12.00	20.00	30.00
AH1196//23	—	7.00	8.00	12.00	20.00	30.00
AH1197//24	—	7.00	8.00	12.00	20.00	30.00
AH1198//24	—	7.00	8.00	12.00	20.00	30.00
AH1200//26 (sic)	—	7.00	8.00	12.00	20.00	30.00
AH1201//2x	—	7.00	8.00	12.00	20.00	30.00
AH1202	—	7.00	8.00	12.00	20.00	30.00
AH1203//30 (sic)	—	7.00	8.00	12.00	20.00	30.00
AH1204//3x	—	7.00	8.00	12.00	20.00	30.00
AH1205//3x	—	7.00	8.00	12.00	20.00	30.00
AH1206//3x	—	7.00	8.00	12.00	20.00	30.00

KM# 57 RUPEE
Silver **Obv:** Flower **Obv. Inscription:** Shah Alam (II) **Rev:** Dagger like stalk **Mint:** Gwalior Fort

Date	Mintage	Good	VG	F	VF	XF
AH1197//25	—	7.00	8.50	13.00	22.00	35.00
AH1200//28	—	7.00	8.50	13.00	22.00	35.00
AH1201//29	—	7.00	8.50	13.00	22.00	35.00

INDIA-PRINCELY STATES — GWALIOR

Date	Mintage	Good	VG	F	VF	XF
AH1203/31	—	7.00	8.50	13.00	22.00	35.00
AH1204//32	—	7.00	8.50	13.00	22.00	35.00
AH1206/34	—	7.00	8.50	13.00	22.00	35.00

KM# 57.2 RUPEE
Silver **Obv. Inscription:** "Shah Alam II" **Mint:** Gwalior Fort **Note:** Weight varies 10.70-11.60 grams.

Date	Mintage	Good	VG	F	VF	XF
AH1203/31	—	7.00	9.00	13.50	20.00	28.50
AH1210	—	7.00	9.00	13.50	20.00	28.50
AH1212/40	—	7.00	9.00	13.50	20.00	28.50
AH1213//41	—	7.00	9.00	13.50	20.00	28.50
AH12xx//41	—	7.00	9.00	13.50	20.00	28.50

KM# 39 MOHUR
11.0200 g., Gold **Obv. Inscription:** Shah Alam (II) **Mint:** Burhanpur

Date	Mintage	VG	F	VF	XF	Unc
AH1195//22	—	—	—	—	—	—

Daulat Rao
AH1209-1243 / 1794-1827AD
HAMMERED COINAGE

KM# 40.2 PAISA
Copper **Obv. Inscription:** "Shah Alam II" **Mint:** Burhanpur **Note:** Full mint name and date.

Date	Mintage	Good	VG	F	VF	XF
AH1206/32 (sic)	—	2.50	4.00	6.50	10.00	—

KM# 117 1/4 RUPEE
Silver **Obv. Inscription:** "Shah Alam II" **Mint:** Lashkar **Note:** Weight varies 2.68-2.90 grams.

Date	Mintage	Good	VG	F	VF	XF
ND(1759-1806)	—	2.35	6.00	9.00	13.50	20.00

KM# A38 1/4 RUPEE
Silver, 15 mm. **Mint:** Burhanpur **Note:** Weight varies 2.68-2.90 grams.

Date	Mintage	Good	VG	F	VF	XF
AH1214	—	10.00	25.00	40.00	60.00	85.00

KM# A34 1/2 RUPEE
Silver **Obv. Inscription:** "Shah Alam II" **Mint:** Broach **Note:** Weight varies 5.35-5.80 grams.

Date	Mintage	Good	VG	F	VF	XF
ND(1759-1806)	—	7.50	15.00	25.00	37.50	—

KM# B38 1/2 RUPEE
Silver, 17 mm. **Mint:** Burhanpur **Note:** Weight varies 5.35-5.70 grams.

Date	Mintage	Good	VG	F	VF	XF
AH1214	—	12.00	30.00	50.00	80.00	120

KM# 46 1/2 RUPEE
Silver **Obv. Inscription:** Shah Alam II **Mint:** Chanderi **Note:** Mint name: Kankurti.

Date	Mintage	Good	VG	F	VF	XF
ND	—	—	—	—	—	—

KM# 119 RUPEE
Silver **Obv. Inscription:** "Shah Alam II" **Mint:** Lashkar **Note:** Weight varies 10.70-11.60 grams.

Date	Mintage	Good	VG	F	VF	XF
ND(1759-1806)	—	7.00	10.00	15.00	21.50	35.00

KM# 221 PAISA
Copper **Obv. Inscription:** "Shah Alam II" **Mint:** Ujjain **Note:** Square flan.

Date	Mintage	Good	VG	F	VF	XF
ND(1794-1827)	—	1.50	3.00	5.00	7.50	—

KM# 47 RUPEE
Silver Weight varies 10.70-11.60g. **Obv. Inscription:** "Shah Alam II" **Mint:** Chanderi **Note:** Mint name Kankurti

Date	Mintage	Good	VG	F	VF	XF
ND(1759-1806)	—	7.00	8.50	12.00	18.00	28.00
ND/7 (1700-61)	—	7.00	10.00	13.50	20.00	35.00

KM# 34 RUPEE
Silver **Obv. Inscription:** "Shah Alam II" **Mint:** Broach **Note:** Weight varies 10.70-11.60 grams.

Date	Mintage	Good	VG	F	VF	XF
ND/27 (1785-86)	—	7.00	8.00	10.00	17.50	28.00
ND/23 (1787-88)	—	7.00	8.00	10.00	17.50	28.00
ND/32 (1800-01)	—	7.00	8.00	10.00	17.50	28.00

KM# 205 RUPEE
Silver **Obv. Inscription:** "Shah Alam II" **Mint:** Sipri **Note:** Weight varies 10.70-11.60 grams.

Date	Mintage	Good	VG	F	VF	XF
AH1120/32 (sic)	—	7.00	9.00	14.00	24.00	38.00
AH1120/33 (sic)	—	7.00	9.00	14.00	24.00	38.00
AH1130/33 (sic)	—	7.00	9.00	14.00	24.00	38.00
AH1106/34 (sic)	—	7.00	9.00	14.00	24.00	38.00
AH1106/35 (sic)	—	7.00	9.00	14.00	24.00	38.00
AH1106/37 (sic)	—	7.00	9.00	14.00	24.00	38.00
AH1106/40 (sic)	—	7.00	9.00	14.00	24.00	38.00
AH1106/41 (sic)	—	7.00	9.00	14.00	24.00	38.00

KM# 219 PAISA
Copper **Obv. Inscription:** "Shah Alam II" **Mint:** Ujjain **Note:** Weight varies 12.83-14.00 grams. With continued regnal years of Shah Alam II.

Date	Mintage	Good	VG	F	VF	XF
ND(1794-1827)	—	1.50	3.00	5.00	7.50	—

KM# 220 PAISA
Copper **Obv. Inscription:** "Shah Alam II" **Mint:** Ujjain

Date	Mintage	Good	VG	F	VF	XF
ND(1794-1827)	—	1.50	3.00	5.00	7.50	—

KM# A20 1/8 RUPEE
Silver **Obv. Inscription:** "Muhammad Akbar II" **Mint:** Bhilsa

Date	Mintage	Good	VG	F	VF	XF
ND//- (1794-1827)	—	10.00	25.00	40.00	60.00	85.00

KM# 38.2 RUPEE
Silver **Obv. Inscription:** "Muhammad Akbar" **Mint:** Burhanpur **Note:** Weight varies 10.70-11.60 grams.

Date	Mintage	Good	VG	F	VF	XF
AH1209	—	7.00	8.00	12.00	20.00	35.00
AH1210/84 (sic)	—	7.00	8.00	12.00	20.00	35.00
AH1211//3x	—	7.00	8.00	12.00	20.00	35.00
AH1213/3x	—	7.00	8.00	12.00	20.00	35.00
AH1214	—	7.00	8.00	12.00	20.00	35.00
AH1215//4x	—	7.00	8.00	12.00	20.00	35.00

KM# 86 RUPEE
Silver **Obv:** Cannon left **Obv. Inscription:** "Muhammad Akbar II" **Rev:** Bhilsa leaf and battle axe **Mint:** Isagarh

Date	Mintage	Good	VG	F	VF	XF
ND-//(1794-1827)	—	7.50	13.50	20.00	27.50	40.00

KM# 88 RUPEE
Silver **Obv:** Cannon right and snake **Obv. Inscription:** "Muhammad Akbar II" **Rev:** Bhilsa leaf and battle axe **Mint:** Isagarh

Date	Mintage	Good	VG	F	VF	XF
AH-//(1794-1827)	—	7.50	13.50	20.00	27.50	45.00

KM# 223 RUPEE
Silver **Obv:** AH date below **Obv. Inscription:** "Shah Alam II" **Mint:** Ujjain **Note:** Weight varies 10.70-11.60 grams.

Date	Mintage	Good	VG	F	VF	XF
AH1208/37 (sic)	—	BV	7.00	8.00	10.00	18.00
AH1209/38 (sic)	—	BV	7.00	8.00	10.00	18.00
AH1211/38	—	BV	7.00	8.00	10.00	18.00
AH1210/39 (sic)	—	BV	7.00	8.00	10.00	18.00
AH1212/35 (sic)	—	BV	7.00	8.00	10.00	18.00
AH1212/39	—	BV	7.00	8.00	10.00	18.00
AH1211/40 (sic)	—	BV	7.00	8.00	10.00	18.00
AH1212/40	—	BV	7.00	8.00	10.00	18.00
AH1213/40	—	BV	7.00	8.00	10.00	18.00
AH1214/41	—	BV	7.00	8.00	10.00	18.00
AH1215/41 (sic)	—	BV	7.00	8.00	10.00	18.00
AH1215/42	—	BV	7.00	8.00	10.00	18.00

KM# 35 NAZARANA RUPEE
Silver **Obv. Inscription:** "Shah Alam II" **Mint:** Broach **Note:** Weight varies 10.70-11.60 grams.

Date	Mintage	Good	VG	F	VF	XF
AH1212/3 Rare	—	—	—	—	—	—

KM# 58 NAZARANA 1/3 MOHUR
Gold, 18 mm. **Obv. Inscription:** "Muhammad Shah" **Mint:** Gwalior Fort **Note:** Weight varies 3.57-3.80 grams.

Date	Mintage	Good	VG	F	VF	XF
AH1130/2 Frozen	—	—	—	165	225	275

KM# A59 MOHUR
Gold **Obv. Inscription:** "Shah Alam II" **Mint:** Gwalior Fort **Note:** Weight varies 10.70-11.40 grams.

Date	Mintage	Good	VG	F	VF	XF
AH1215/42	—	—	—	450	575	850

Jayaji Rao
AH1259-1304 / 1843-1886AD
HAMMERED COINAGE

KM# 116 1/8 RUPEE
Silver, 12 mm. **Obv. Inscription:** "Shah Alam II" **Mint:** Lashkar **Note:** Weight varies 1.34-1.45 grams.

Date	Mintage	Good	VG	F	VF	XF
ND(1759-1806)	—	3.50	6.00	9.00	13.50	20.00

KM# 118 1/2 RUPEE
Silver, 16 mm. **Obv. Inscription:** "Shah Alam II" **Mint:** Lashkar **Note:** Weight varies 5.35-5.80 grams.

Date	Mintage	Good	VG	F	VF	XF
ND(1759-1806)	—	4.00	7.00	11.00	16.50	30.00

HYDERABAD

Haidarabad

Hyderabad State, the argest Indian State and the last remnant of Mughal suzerainty in South or Central India, traced its foundation to Nizam-ul Mulk, the Mughal viceroy in the Deccan. From about 1724 the first nizam, as the rulers of Hyderabad came to be called, took advantage of Mughal decline in the North to assert an all but ceremonial independence of the emperor. The East India Company defeated Hyderabad's natural enemies, the Muslim rulers of Mysore and the Marathas, with the help of troops furnished under alliances between them and the Nizam. This formed the beginning of a relationship, which persisted for a century and a half until India's Independence. Hyderabad was the premier Princely State, with a population (in 1935) of fourteen and a half million. It was not absorbed into the Indian Union until 1948. Hyderabad City is located beside Golkonda, the citadel of the Qutb Shahi sultans until they were overthrown by Aurangzeb in 1687. A beautifully located city on the bank of the Musi river, the mint epithet was appropriately Farkhanda Bunyad, "of happy foundation".

Hyderabad exercised authority over a number of feudatories or samasthans. Some of these, such as Gadwal and Shorapur, paid tribute to both the Nizam and the Marathas. These feudatories were generally in the hands of local rajas whose ancestry predated the establishment of Hyderabad State. There were also many mints in the State, both private and government. There was little or no standardization of the purity of silver coinage until the 20th century. At least one banker, Pestonji Meherji by name, was distinguished by minting his own coins.

RULERS
Nizam Ali Khan, AH1175-1218/1761-1803AD

MINTS

اورنگ اباد

Aurangabad

Mint mark

خجسته بنیاد

Mint name: Khujista Bunyad

دولت اباد دولتاباد

Daulatabad

ن

Reverse: Persian letter *N*

حیدراباد

Haidarabad

فرخنده بنیاد

Mint name: Farkhanda Bunyad

Mint mark

ن

Reverse: Persian letter *N*

NIZAMATE

Nizam Ali Khan
AH1175-1218 / 1761-1803AD

HAMMERED 'DUMP' COINAGE

KM# 11 PAISA
6.7000 g., Copper **Obv. Inscription:** Shah Alam II **Mint:** Daulatabad

Date	Mintage	Good	VG	F	VF	XF
AH1312//40 (error for 1213)	—	6.00	9.00	14.00	20.00	—

KM# 12 2 PAISA
Copper **Obv. Inscription:** Shah Alam II **Mint:** Daulatabad **Note:** Struck at Daulatabad Mint.

Date	Mintage	Good	VG	F	VF	XF
AH1213//40	—	6.50	10.00	17.00	25.00	—

KM# 18 RUPEE
Silver **Obv. Inscription:** Shah Alam II **Mint:** Daulatabad **Note:** Weight varies 10.7 - 11.6 grams; Struck at Daulatabad Mint.

Date	Mintage	Good	VG	F	VF	XF
AH1187//14	—	7.00	15.00	25.00	35.00	50.00
AH1195//2x	—	7.00	15.00	25.00	35.00	50.00
AH1197//24	—	7.00	15.00	25.00	35.00	50.00
AH1199//26	—	7.00	15.00	25.00	35.00	50.00
AH1200//27	—	7.00	15.00	25.00	35.00	50.00

KM# 25.1 RUPEE
Silver **Obv. Inscription:** Shah Alam (II) **Mint:** Haidarabad (Farkhanda Bunyad) **Note:** With Persian "N". Weight varies: 10.7-11.6 grams. Struck at Farkhanda Bunyad Mint.

Date	Mintage	Good	VG	F	VF	XF
AH1193//19 (sic)	—	—	—	—	—	—

KM# 25.2 RUPEE
Silver **Obv. Inscription:** Shah Alam (II) **Mint:** Haidarabad (Farkhanda Bunyad) **Note:** Without Persian "N". Weight varies: 10.7-11.6 grams. Struck at Farkhanda Bunyad Mint.

Date	Mintage	Good	VG	F	VF	XF
AH1193//19 (sic)	—	—	—	—	—	—

HAMMERED COINAGE

KM# 2 PAISA
Copper **Obv. Inscription:** "Shah Alam II" **Mint:** Aurangabad

Date	Mintage	Good	VG	F	VF	XF
ND(1798-1805)	—	5.00	8.00	15.00	25.00	—
AH1213	—	5.00	8.00	15.00	25.00	—

KM# 5 RUPEE
Silver **Obv. Inscription:** "Shah Alam II" **Mint:** Aurangabad **Note:** Weight varies: 10.7-11.6 grams.

Date	Mintage	Good	VG	F	VF	XF
AH1176//3	—	—	10.00	17.50	30.00	45.00
AH1177//4	—	—	10.00	17.50	30.00	45.00
AH1178//5	—	—	10.00	17.50	30.00	45.00
AH1179//6	—	—	10.00	17.50	30.00	45.00
AH1182//10	—	—	10.00	17.50	30.00	45.00
AH1187	—	—	10.00	17.50	30.00	45.00
AH1193//19 (sic)	—	—	10.00	17.50	30.00	45.00

HYDERABAD FEUDATORIES-ELICHPUR

HAMMERED COINAGE

KM# 3 PAISA
Copper **Note:** Weight varies: 15.6-19.6 grams.

Date	Mintage	Good	VG	F	VF	XF
AH1177	—	4.50	7.50	12.50	20.00	—
AH1178//4 (sic)	—	4.50	7.50	12.50	20.00	—
AH(11)78//7 (sic)	—	4.50	7.50	12.50	20.00	—
ND//8 (1766-67)	—	4.50	7.50	12.50	20.00	—
ND	—	4.50	7.50	12.50	20.00	—
ND//15 (1773-74)	—	4.50	7.50	12.50	20.00	—

HYDERABAD FEUDATORIES-FIROZNAGAR

Shah Alam II
AH1173-1221/1759-1806AD

HAMMERED 'DUMP' COINAGE

KM# 2 RUPEE
Silver **Note:** Possibly restruck in AH1241, bearing that date, but unconfirmed. 10.70-11.60 grams.

Date	Mintage	Good	VG	F	VF	XF
ND//1 (1759)	—	—	50.00	100	150	220

HYDERABAD FEUDATORIES-GADWAL

LOCAL RAJAS

HAMMERED COINAGE

C# 18 1/4 RUPEE
Silver **Note:** Weight varies: 2.6-2.9 grams.

Date	Mintage	Good	VG	F	VF	XF
ND(1771-73)	—	12.00	30.00	45.00	70.00	100

C# 19 1/2 RUPEE
Silver **Note:** Weight varies: 5.35-5.80 grams.

Date	Mintage	Good	VG	F	VF	XF
ND(1771-73)	—	8.00	20.00	30.00	50.00	70.00

C# 20 RUPEE
Silver **Note:** Weight varies 10.7 - 11.6 grams.

Date	Mintage	Good	VG	F	VF	XF
AH1185	—	15.00	37.50	65.00	150	225
AH1186//11	—	15.00	37.50	65.00	150	225

HYDERABAD FEUDATORIES-KALAYANI

Kallian
A town located in north Mysore.

Nawab
Mohammad Shah Khair al-Din

کلیان

Mint mark

TOWN
(Kallian)

Mohammad Shah Khair al-Din
Nawab

HAMMERED COINAGE

KM# 6 RUPEE
Silver **Rev:** Persian 'Ha' to right of tiger

Date	Mintage	Good	VG	F	VF	XF
ND(1797-1812)	—	—	60.00	100	150	220
AH1212	—	—	60.00	100	150	220
AH1215	—	—	60.00	100	160	230

KM# 5 RUPEE
Silver **Rev:** Without Persian 'Ha' to right of tiger **Note:** Weight varies: 10.7-11.6 grams.

Date	Mintage	Good	VG	F	VF	XF
AH1212	—	—	55.00	90.00	150	220

KM# 9 MOHUR
10.9400 g., Gold **Note:** Similar to 1 Rupee, KM#6.

Date	Mintage	Good	VG	F	VF	XF
AH12xx Rare	—	—	—	—	—	—

HYDERABAD FEUDATORIES-NARAYANPETT

Local Rajas
Dilshadabad on coins.

MINT MARKS

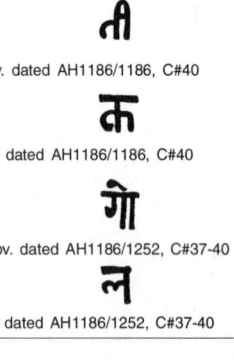

Ti obv. dated AH1186/1186, C#40

K rev. dated AH1186/1186, C#40

Go obv. dated AH1186/1252, C#37-40

L rev. dated AH1186/1252, C#37-40

Shah Alam II
AH1173-1221 / 1759-1806AD

HAMMERED COINAGE

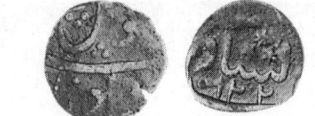

C# 34 PAISA
Copper **Obv. Inscription:** Shah Alam (II) **Mint:** Dilshadabad

Date	Mintage	Good	VG	F	VF	XF
AH1202	—	5.00	10.00	15.00	25.00	—

C# 37 1/8 RUPEE
Silver **Obv. Inscription:** Shah Alam (II) **Mint:** Dilshadabad **Note:** Weight varies 1.34 - 1.45 grams.

Date	Mintage	Good	VG	F	VF	XF
AH1186/1252	—	—	12.00	20.00	30.00	45.00

C# 38 1/4 RUPEE
Silver, 13 mm. **Obv. Inscription:** Shah Alam (II) **Mint:** Dilshadabad **Note:** Weight varies 2.68 - 2.9 grams.

Date	Mintage	Good	VG	F	VF	XF
AH1186/1252	—	—	12.00	20.00	30.00	45.00

C# 39 1/2 RUPEE
Silver, 16 mm. **Obv. Inscription:** Shah Alam (II) **Mint:** Dilshadabad **Note:** Weight varies 5.35-5.8 grams.

Date	Mintage	Good	VG	F	VF	XF
AH1186/1252	—	—	20.00	32.00	50.00	70.00

C# 40 RUPEE
Silver **Obv. Inscription:** Shah Alam (II) **Mint:** Dilshadabad **Note:** Weight varies: 10.7-11.6 grams.

Date	Mintage	Good	VG	F	VF	XF
AH1181	—	—	18.00	36.00	60.00	90.00
AH1186/1186	—	—	18.00	36.00	60.00	90.00

INDORE

The Holkars were one of the three dominant Maratha powers (with the Peshwas and Sindhias), with major landholdings in Central India.

Indore State originated in 1728 with a grant of land north of the Narbada river by the Maratha Peshwa of Poona to Malhar Rao Holkar, a cavalry commander in his service. After Holkar's death (ca.1765) his daughter-in-law, Ahalya Bai, assumed the position of Queen Regent. Together with Tukoji Rao she effectively ruled the State until her death thirty years later. But it was left to Tukoji's son, Jaswant Rao, to challenge the dominance of the Poona Marathas in the Maratha Confederacy, eventually defeating the Peshwa's army in 1802. But at this point the fortunes of the Holkars suffered a serious reverse. Although Jaswant Rao had initially defeated a small British force under Col. William Monson, he was badly beaten by a contingent under Lord Lake. As a result Holkar was forced to cede a considerable portion of his territory and from this time until India's independence in 1947, the residual State of Indore was obliged to accept British protection.

For more detailed data on the Indore series, see *A Study of Holkar State Coinage*, by P.K.Sethi, S.K. Bhatt and R. Holkar (1976).

HOLKAR RULERS
Malhar Rao I, AH1141-1179/1728-1765AD
Ahalya Bai, AH1179-1210/1765-1795AD
Tukoji Rao I, AH1210-1212/1795-1797AD
Kashi Rao, AH1212-1213/1797-1798AD
Jaswant Rao, SE1719-1734/AH1213-1226/1798-1811AD

HONORIFIC TITLE
Bahadur

REGNAL YEARS

In reference to:
Alamgir II, Year 1/AH1167-1168
Shah Alam II, Year 1/AH1173-1174
Malhar Rao I, as Subehdar, Year 1/AH1170-1171

MINTS

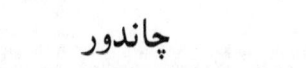

Chandor
In operation from 1773 to the early 1800's.

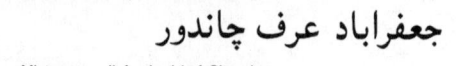

Mint name: Ja'farabad 'urf Chandor

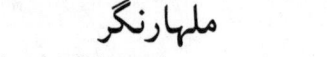

Maheshwar (see Malharnagar)
In operation from 1767 to 1803.
Distinctive marks

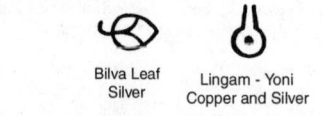

Bilva Leaf — Silver
Lingam - Yoni — Copper and Silver

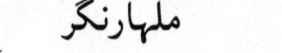

Malharnagar
Located in capital, Indore City. In operation regularly from 1768 to 1878.
Distinctive marks

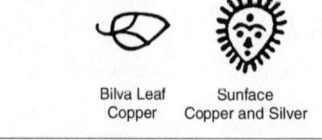

Bilva Leaf — Copper
Sunface — Copper and Silver

Sironj

NOTE: According to Sethi, Bhatt and Holkar, the coins of both the Maheshwar and Malharnagar Mints bear the mint name "Malharnagar" in honor of Malhar Rao I, founder of the state. They can only be distinguished by their distinctive mint marks, as noted below.

MUGHAL ISSUES

In the name of Shah Alam II
AH1173-1221/1759-1806AD

Until AH1296/1880AD all coinage of Indore was struck in the name of Shah Alam II, with the exception of a few rare special or nazarana issues. The coinage of the individual rulers, until 1880AD, cannot be told apart except by the date, as no change of type was made for more than a century

BRITISH PROTECTORATE
HAMMERED COINAGE

KM# 60 1/2 PAISA
3.8000 g., Copper **Obv. Inscription:** Shah Alam (II) **Mint:** Malharnagar

Date	Mintage	Good	VG	F	VF	XF
ND(1790-95)	—	5.00	7.50	10.00	13.50	—
ND//32 (1790-91)	—	5.00	7.50	10.00	13.50	—
AH1209	—	5.00	7.50	10.00	13.50	—

KM# A61.1 PAISA
7.1500 g., Copper **Obv:** Katar **Obv. Inscription:** Shah Alam (II)
Rev: 3 dots in sun face **Mint:** Malharnagar

Date	Mintage	Good	VG	F	VF	XF
ND//30 (1787-88)	—	2.00	4.00	6.50	10.00	—

KM# A61.2 PAISA
7.1500 g., Copper **Obv. Inscription:** Shah Alam (II) **Rev:** 4 dots in sun face **Mint:** Malharnagar

Date	Mintage	Good	VG	F	VF	XF
ND(1796)	—	6.00	10.00	14.00	20.00	—

KM# A51 1/8 ANNA
Copper **Rev:** Lingam in frame **Mint:** Maheshwar

Date	Mintage	Good	VG	F	VF	XF
ND(1787-88)	—	—	—	—	—	—

KM# B51 1/8 ANNA
Copper **Obv:** Lingam **Rev:** Lingam **Mint:** Maheshwar

Date	Mintage	Good	VG	F	VF	XF
	—	5.00	10.00	17.50	25.00	—
ND(1788-89)	—	5.00	10.00	17.50	25.00	—

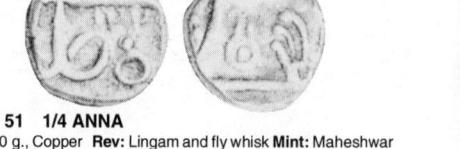

KM# 51 1/4 ANNA
8.7000 g., Copper **Rev:** Lingam and fly whisk **Mint:** Maheshwar

Date	Mintage	Good	VG	F	VF	XF
AH1202	—	2.00	2.75	3.50	5.00	—
AH1203	—	2.00	2.75	3.50	5.00	—
AH1204	—	2.00	2.75	3.50	5.00	—

KM# 52 1/4 ANNA
7.3000 g., Copper **Rev:** Lingam **Mint:** Maheshwar

Date	Mintage	Good	VG	F	VF	XF
AH1203	—	2.00	2.75	3.50	5.00	—
AH1207	—	2.00	2.75	3.50	5.00	—

Maheshwar **Note:** Weight varies: 13.50-16.50 grams. Square flan.

Date	Mintage	Good	VG	F	VF	XF
ND/4x (1798-99)	—	—	—	—	—	—

KM# A53 1/2 ANNA

Copper **Obv:** Lion right, palm branch **Rev:** Lingam **Mint:** Maheshwar **Note:** Weight varies: 13.50-16.50 grams.

Date	Mintage	Good	VG	F	VF	XF
AH11)94	—	—	—	—	—	—

KM# B53 1/2 ANNA

Copper **Rev:** Leaves **Mint:** Maheshwar **Note:** Weight varies: 13.50-16.50 grams.

Date	Mintage	Good	VG	F	VF	XF
ND(1785-86)	—	—	—	—	—	—

KM# C53 1/2 ANNA

Copper **Rev:** Lingam with snake around **Mint:** Maheshwar **Note:** Weight varies: 13.50-16.50 grams.

Date	Mintage	Good	VG	F	VF	XF
ND(1786-87)	—	—	—	—	—	—

KM# 53 1/2 ANNA

Copper **Rev:** Leaves and lingam **Mint:** Maheshwar **Note:** Weight varies: 13.50-16.50 grams.

Date	Mintage	Good	VG	F	VF	XF
—	—	2.50	3.25	4.00	6.00	—
AH1202	—	2.50	3.25	4.00	6.00	—

KM# B54 1/2 ANNA

Copper **Obv:** Sun face **Rev:** Lingam **Mint:** Maheshwar

Date	Mintage	Good	VG	F	VF	XF
ND(1202)	—	—	—	—	—	—

KM# 54 1/2 ANNA

Copper **Rev:** Lingam and fly whisk **Mint:** Maheshwar **Note:** Weight varies: 13.50-16.50 grams.

Date	Mintage	Good	VG	F	VF	XF
AH1203	—	2.50	3.25	4.00	6.00	—

KM# 90.1 1/2 ANNA

Copper **Rev. Legend:** Bilva leaf and dagger **Mint:** Uncertain Mint

Date	Mintage	Good	VG	F	VF	XF
AH1203	—	3.50	4.50	5.50	7.50	—

KM# 90.2 1/2 ANNA

Copper **Rev. Legend:** Lingam and fly whisk **Mint:** Uncertain Mint

Date	Mintage	Good	VG	F	VF	XF
AH1203	—	3.50	4.50	5.50	7.50	—
AH1207	—	3.50	4.50	5.50	7.50	—

KM# A54 1/2 ANNA

Copper **Obv:** Fly whisk and trident **Rev:** Lingam **Mint:**

Date	Mintage	Good	VG	F	VF	XF
AH1207	—	6.00	15.00	25.00	40.00	60.00
AH1211//38	—	6.00	15.00	25.00	40.00	60.00

KM# 69 RUPEE

Silver **Obv. Inscription:** Shah Alam (II) **Rev:** Sunface **Mint:** Malharnagar **Note:** Weight varies: 10.70-11.60 grams.

Date	Mintage	Good	VG	F	VF	XF
AH1174//7 (sic) Rare	—	—	—	—	—	—

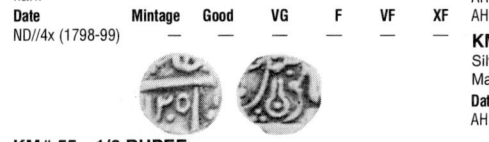

KM# 55 1/8 RUPEE

Silver **Obv. Inscription:** Shah Alam (II) **Rev:** Bilva leaf and lingam **Mint:** Maheshwar **Note:** Weight varies: 1.34-1.45 grams.

Date	Mintage	VG	F	VF	XF	Unc
AH1205	—	7.00	11.00	16.50	25.00	—

KM# 1 1/4 RUPEE

Silver **Obv. Inscription:** Shah Alam (II) **Mint:** Chandor **Note:** Weight varies 2.68-2.90 grams.

Date	Mintage	Good	VG	F	VF	XF
ND(1773)	—	3.50	8.50	13.50	20.00	32.50

KM# 56.1 1/4 RUPEE

Silver **Obv. Inscription:** Shah Alam (II) **Rev:** Lingam **Mint:** Maheshwar **Note:** Weight varies: 2.68-2.90 grams.

Date	Mintage	Good	VG	F	VF	XF
AH1185//15 (sic)	—	—	8.50	13.50	20.00	28.50

KM# 56.2 1/4 RUPEE

Silver **Obv. Inscription:** "Shah Alam II" **Rev:** Bilva leaf and lingam **Mint:** Maheshwar **Note:** Weight varies: 2.68-2.90 grams.

Date	Mintage	Good	VG	F	VF	XF
AH1202	—	5.00	12.50	20.00	30.00	50.00
AH1203	—	5.00	12.50	20.00	30.00	50.00
AH1204	—	5.00	12.50	20.00	30.00	50.00
AH1205	—	5.00	12.50	20.00	30.00	50.00
AH(1)208	—	5.00	12.50	20.00	30.00	50.00
AH1211//38	—	5.00	12.50	20.00	30.00	50.00
AH1215	—	5.00	12.50	20.00	30.00	50.00

KM# 72 1/4 RUPEE

Silver **Obv. Inscription:** "Shah Alam II" **Rev:** Sun face **Mint:** Malharnagar **Note:** Weight varies 2.68-2.90 grams.

Date	Mintage	Good	VG	F	VF	XF
AH1214	—	1.20	3.50	5.00	7.00	12.50

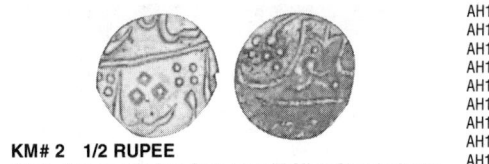

KM# 2 1/2 RUPEE

Silver **Obv. Inscription:** Shah Alam (II) **Mint:** Chandor **Note:** Weight varies 5.35-5.80 grams.

Date	Mintage	Good	VG	F	VF	XF
ND(1774)	—	3.50	8.00	13.50	20.00	32.50

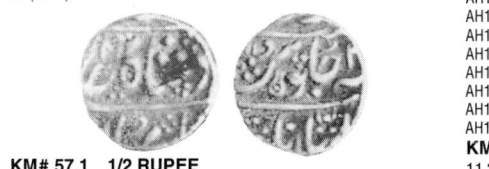

KM# 57.1 1/2 RUPEE

Silver **Obv. Inscription:** Shah Alam (II) **Rev:** Lingam **Mint:** Maheshwar **Note:** Weight varies: 5.35-5.80 grams.

Date	Mintage	Good	VG	F	VF	XF
AH1192//2x	—	5.00	12.50	18.50	25.00	35.00
AH1197//24	—	5.00	12.50	18.50	25.00	35.00

KM# 57.2 1/2 RUPEE

Silver **Obv. Inscription:** "Shah Alam II" **Rev:** Bilva leaf and lingam **Mint:** Maheshwar **Note:** Weight varies: 5.35-5.80 grams.

Date	Mintage	Good	VG	F	VF	XF
AH1202	—	6.00	15.00	25.00	40.00	60.00
AH1203//3x	—	6.00	15.00	25.00	40.00	60.00
AH1205	—	6.00	15.00	25.00	40.00	60.00

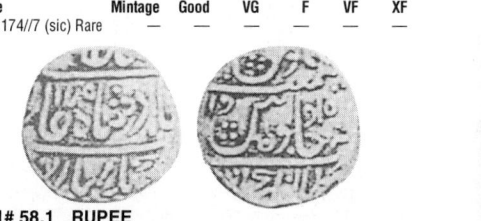

KM# 58.1 RUPEE

Silver **Obv. Inscription:** Shah Alam (II) **Rev:** Lingam **Mint:** Maheshwar **Note:** Weight varies: 10.70-11.60 grams.

Date	Mintage	Good	VG	F	VF	XF
AH1180//11 (sic)	—	10.00	25.00	37.50	50.00	75.00
AH1181//11 (sic)	—	7.00	15.00	21.50	30.00	50.00
AH1185//15 (sic)	—	7.00	8.00	11.00	16.50	28.00
AH1186//15 (sic)	—	7.00	8.00	11.00	16.50	28.00
AH1186//16 (sic)	—	7.00	8.00	11.00	16.50	28.00
AH1186//17 (sic)	—	7.00	8.00	11.00	16.50	28.00
AH1190//18 (sic)	—	7.00	8.00	11.00	16.50	28.00
AH1190//19 (sic)	—	7.00	8.00	11.00	16.50	28.00
AH1191//19	—	7.00	8.00	11.00	16.50	28.00
AH1191//20 (sic)	—	7.00	8.00	12.00	17.50	28.00
AH1190//20 (sic)	—	7.00	8.00	11.00	16.50	28.00
AH1191//21 (sic)	—	7.00	8.00	12.00	17.50	28.00
AH1192//22 (sic)	—	7.00	8.00	12.00	17.50	28.00
AH1193//23 (sic)	—	7.00	8.00	12.00	17.50	28.00
AH1194//24 (sic)	—	7.00	8.00	12.00	17.50	28.00
AH1197//24	—	7.00	8.00	12.00	17.50	28.00
AH1198//25	—	7.00	8.00	12.00	17.50	28.00
AH1197//25	—	7.00	8.00	12.00	17.50	28.00

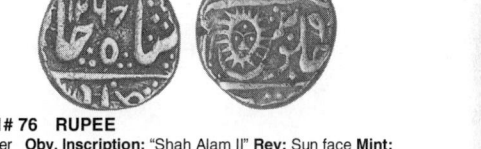

KM# 76 RUPEE

Silver **Obv. Inscription:** "Shah Alam II" **Rev:** Sun face **Mint:** Malharnagar **Note:** Weight varies: 10.70-11.60 grams.

Date	Mintage	Good	VG	F	VF	XF
AH1185//12	—	BV	7.00	8.00	12.00	20.00
AH1185//15 (sic)	—	BV	7.00	8.00	12.00	20.00
AH1186//15 (sic)	—	BV	7.00	8.00	12.00	20.00
AH1186//16 (sic)	—	BV	7.00	8.00	12.00	20.00
AH1187//17 (sic)	—	BV	7.00	8.00	12.00	20.00
AH1190//18 (sic)	—	BV	7.00	8.00	12.00	20.00
AH1195	—	BV	7.00	8.00	12.00	20.00
AH1197//24	—	BV	7.00	8.00	12.00	20.00
AH1198//25	—	BV	7.00	8.00	12.00	20.00
AH1199//26	—	BV	7.00	8.00	12.00	20.00
AH1200//27	—	BV	7.00	8.00	12.00	20.00
AH1201//28	—	BV	7.00	8.00	12.00	20.00
AH1202//29	—	BV	7.00	8.00	12.00	20.00
AH1201//29	—	BV	7.00	8.00	12.00	20.00
AH1203//30	—	BV	7.00	8.00	12.00	20.00
AH1204//32	—	BV	7.00	8.00	12.00	20.00
AH1205//32	—	BV	7.00	8.00	12.00	20.00
AH1206//33	—	BV	7.00	8.00	12.00	20.00
AH(120)6//34	—	BV	7.00	8.00	12.00	20.00
AH1207//35	—	BV	7.00	8.00	12.00	20.00
AH1208	—	BV	7.00	8.00	12.00	20.00
AH1209	—	BV	7.00	8.00	12.00	20.00
AH1210	—	BV	7.00	8.00	12.00	20.00
AH1211	—	BV	7.00	8.00	12.00	20.00
AH1212	—	BV	7.00	8.00	12.00	20.00
AH1213//4x	—	BV	7.00	8.00	12.00	20.00
AH1214	—	BV	7.00	8.00	12.00	20.00
AH1215//42	—	BV	7.00	8.00	12.00	20.00

KM# 4 RUPEE

11.2000 g., Silver, 20 mm. **Mint:** Vaphgaon **Note:** Wadgaon mint.

Date	Mintage	VG	F	VF	XF	Unc
AH-/12	—	12.00	25.00	40.00	55.00	—

KM# 3.1 RUPEE

Silver **Obv. Inscription:** Shah Alam (II) **Mint:** Chandor

Date	Mintage	Good	VG	F	VF	XF
ND/13 (1771-72)	—	7.00	8.50	13.50	22.50	37.50
ND/66 (1780-81) Error for 22	—	7.00	10.00	15.00	25.00	40.00
AH194	—	7.00	8.50	13.50	22.50	37.50

INDIA-PRINCELY STATES — INDORE

Date	Mintage	Good	VG	F	VF	XF
AH1196//23	—	7.00	8.50	13.50	22.50	37.50
ND/25 (1783-84)	—	7.00	8.50	13.50	22.50	37.50
AH1199/24 (sic)	—	7.00	8.50	13.50	22.50	37.50
ND//27 (1785-86)	—	7.00	8.50	13.50	22.50	37.50
ND//28 (1786-87)	—	7.00	8.50	13.50	22.50	37.50

KM# 58.2 RUPEE
Silver **Obv. Inscription:** "Shah Alam II" **Rev:** Bilva leaf and lingam **Mint:** Maheshwar **Note:** Weight varies: 10.70-11.60 grams.

Date	Mintage	Good	VG	F	VF	XF
AH1200/28	—	BV	7.00	10.00	14.00	20.00
AH1201/28	—	BV	7.00	10.00	14.00	20.00
AH1202//29	—	BV	7.00	10.00	14.00	20.00
AH1203/31	—	BV	7.00	10.00	14.00	20.00
AH1205/33	—	BV	7.00	10.00	14.00	20.00
AH1207/35	—	BV	7.00	10.00	14.00	20.00
AH1208/35	—	BV	7.00	10.00	14.00	20.00
AH1209/3x	—	BV	7.00	10.00	14.00	20.00
AH1211/38	—	BV	7.00	10.00	14.00	20.00
AH1215/42	—	BV	7.00	10.00	14.00	20.00

KM# 58.3 RUPEE
Silver **Obv. Inscription:** Shah Alam (II) **Rev:** Dagger **Mint:** Maheshwar **Note:** Weight varies: 10.70-11.60 grams.

Date	Mintage	Good	VG	F	VF	XF
AH198	—	—	10.00	15.00	25.00	40.00

KM# 77 NAZARANA RUPEE
Silver, 30 mm. **Obv. Inscription:** "Shah Alam II" **Rev:** Sun face **Mint:** Malharnagar **Note:** Weight varies 10.70-11.60 grams.

Date	Mintage	Good	VG	F	VF	XF
AH1202//29	—	100	200	325	500	700

Ahalya Bai
AH1179-1210 / 1765-1795AD

HAMMERED COINAGE

C# 51 1/4 ANNA
Copper **Obv:** Star, inscription **Obv. Inscription:** Shah Alam II **Rev:** Leaf, trident **Mint:** Uncertain Mint

Date	Mintage	Good	VG	F	VF	XF
AH1197//24	—	—	—	—	—	—

INDORE FEUDATORY
HAMMERED COINAGE

KM# 102 MOHUR
10.8300 g., Gold

Date	Mintage	Good	VG	F	VF	XF
AH1168	—	—	—	—	—	—

Alamgir II

HAMMERED COINAGE

KM# 100 RUPEE
Silver **Obv. Inscription:** Alamgir (II) **Mint:** Sironj **Note:** Weight varies: 10.7-11.6 grams.

Date	Mintage	Good	VG	F	VF	XF
AH1167//1	—	—	25.00	40.00	85.00	175

Date	Mintage	Good	VG	F	VF	XF
AH1168//1	—	—	25.00	40.00	85.00	175
AH1169//1	—	—	45.00	65.00	125	275
AH1172//6	—	—	45.00	65.00	125	275

KM# A101 MOHUR
Gold **Mint:** Sironj

Date	Mintage	VG	F	VF	XF	Unc
AH1168/2	—	400	650	1,000	1,350	—

Shah Alam
HAMMERED COINAGE

KM# 111 RUPEE
Silver **Obv. Inscription:** Shah Alam (II) **Mint:** Sironj **Note:** Weight varies: 10.7-11.6 grams.

Date	Mintage	Good	VG	F	VF	XF
AH11xx//7	—	—	8.00	20.00	35.00	50.00	70.00
AH1172 Ahad	—	—	8.00	20.00	35.00	50.00	70.00
AH1172//10	—	—	8.00	20.00	35.00	50.00	70.00
AH1178 Ahad	—	—	8.00	20.00	35.00	50.00	70.00
error for AH1172						
AH1178	—	—	8.00	20.00	35.00	50.00	70.00
AH1181//9	—	—	8.00	20.00	35.00	50.00	70.00
AH1184//12	—	—	8.00	20.00	35.00	50.00	70.00
AH1185//12	—	—	8.00	20.00	35.00	50.00	70.00
AH187	—	—	8.00	20.00	35.00	50.00	70.00
AH1188//16	—	—	8.00	20.00	35.00	50.00	70.00
AH1189//16	—	—	8.00	20.00	35.00	50.00	70.00
AH1190//17	—	—	8.00	20.00	35.00	50.00	70.00
AH1190//18	—	—	8.00	20.00	35.00	50.00	70.00
AH1193//-	—	—	8.00	20.00	35.00	50.00	70.00
AH1192//20	—	—	8.00	20.00	35.00	50.00	70.00
AH119x//20	—	—	8.00	20.00	35.00	50.00	70.00
AH1194//21	—	—	8.00	20.00	35.00	50.00	70.00
AH195	—	—	8.00	20.00	35.00	50.00	70.00
AH1195)//23	—	—	8.00	20.00	35.00	50.00	70.00
AH1196//24	—	—	8.00	20.00	35.00	50.00	70.00
AH1199//25	—	—	8.00	20.00	35.00	50.00	70.00
AH1200//27	—	—	8.00	20.00	35.00	50.00	70.00

JAIPUR

Tradition has it that the region of Jaipur, located in northwest India, once belonged to an ancient Kachwaha Rajput dynasty which claimed descent from Kush, one of the sons of Rama, King of Ayodhya. But the Princely State of Jaipur originated in the 12th century. Comparatively small in size, the State remained largely unnoticed until after the 16th century when the Jaipur royal house became famous for its military skills and thereafter supplied the Mughals with some of their more distinguished generals. The city of Jaipur was founded about 1728 by Maharaja Jai Singh II who was well known for his knowledge of mathematics and astronomy. The late 18th and early 19th centuries were difficult times for Jaipur. They were marked by internal rivalry, exacerbated by Maratha or Pindari incursions. In 1818 this culminated with a treaty whereby Jaipur came under British protection and oversight.

RULERS
Sawai Jai Singh, AH1111-1156/1699-1743AD
Isvari Singh, AH1156-1174/1743-1760AD
Madho Singh, AH1174-1192/1760-1778AD
Pratap Singh, AH1192-1218/1778-1803AD

All coins struck prior to AH1274/1857AD are in the name of the Mughal emperor. The corresponding AH date is listed in ( ) with each regnal year. Some overlapping of AH dates with regnal years will be found. Partial dates and recorded full dates are represented by partial ( ) or without ( ).

Beginning in 1857AD, coins were struck jointly in the names and corresponding AD dates of the British sovereign and the names and regnal years of the Maharajas of Jaipur.

The coins ordinarily bear both the AH date before 1857 or the AD date after 1857, as well as the regnal year, but as it is found only at the extreme right of the obverse die, it is almost never visible on the regular coinage but generally legible on the Nazarana coins which were struck utilizing the entire dies.

The listing of regnal years is very incomplete and many more years will turn up. In general, unlisted years are usually worth no more than years listed.

MINT NAMES

Coins were struck at two mints, which bear the following characteristic marks on the reverse:

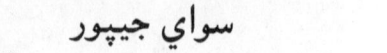

Sawai Jaipur

Sawai Madhopur

NOTE: *Sawai* is merely an honorific title accorded each of the two cities.

MINT MARKS

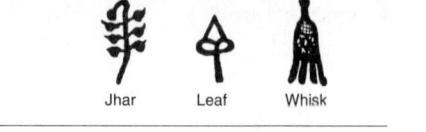

Jhar — Leaf — Whisk

HAMMERED COINAGE

KM# A4 PAISA
18.1000 g., Copper **Obv:** Leaf symbol **Obv. Inscription:** "Ahmad Shah Bahadur" **Mint:** Sawai Jaipur **Note:** Weight varies: 10.70-11.60 grams.

Date	Mintage	Good	VG	F	VF	XF
ND//4 (1750-51)	—	5.00	10.00	15.00	25.00	—

KM# 15 PAISA
Copper **Obv. Inscription:** "Alamgir II" **Mint:** Sawai Jaipur

Date	Mintage	VG	F	VF	XF	Unc
ND//4 (1750-51)	—	5.00	10.00	15.00	25.00	—
ND//5 (1751-52)	—	5.00	10.00	15.00	25.00	—
ND//6 (1752)	—	5.00	10.00	15.00	25.00	—

KM# 28 PAISA
Copper, 26 mm. **Obv. Inscription:** "Shah Alam II" **Mint:** Sawai Jaipur

Date	Mintage	Good	VG	F	VF	XF
ND//1 (1759-60)	—	—	—	—	—	—
ND//4 (1762-63)	—	—	—	—	—	—
ND//5 (1763-64)	—	—	—	—	—	—

KM# 29 PAISA
Copper **Obv. Inscription:** "Shah Alam II" **Mint:** Sawai Jaipur

Date	Mintage	Good	VG	F	VF	XF
ND//4 (1762-63)	—	3.00	5.00	10.00	15.00	—
ND//8 (1763-64)	—	3.00	5.00	10.00	15.00	—
ND//12 (1770-71)	—	3.00	5.00	10.00	15.00	—
ND//13 (1771-72)	—	3.00	5.00	10.00	15.00	—
ND//14 (1772-73)	—	3.00	5.00	10.00	15.00	—
ND//15 (1773-74)	—	3.00	5.00	10.00	15.00	—
ND//16 (1774-75)	—	3.00	5.00	10.00	15.00	—
ND//17 (1775-76)	—	3.00	5.00	10.00	15.00	—
ND//18 (1776-77)	—	3.00	5.00	10.00	15.00	—
ND//19 (1777-78)	—	3.00	5.00	10.00	15.00	—
AH1195//22	—	3.00	5.00	10.00	15.00	—

KM# 32 PAISA
Copper **Obv. Inscription:** "Shah Alam II" **Rev:** Cross **Mint:** Sawai Jaipur **Note:** For crude degenerate copies of KM#32, see Kishangarh.

Date	Mintage	Good	VG	F	VF	XF
ND//20 (1778-79)	—	5.00	10.00	15.00	25.00	—
ND//21 (1779-80)	—	5.00	10.00	15.00	25.00	—

Date	Mintage	Good	VG	F	VF	XF
ND//22 (1780)	—	5.00	10.00	15.00	25.00	—
ND//23 (1781-82)	—	5.00	10.00	15.00	25.00	—
ND//24 (1782-83)	—	5.00	10.00	15.00	25.00	—
ND//25 (1783-84)	—	5.00	10.00	15.00	25.00	—

Copper **Obv. Inscription:** "Shah Alam II" **Rev:** Jhar at right **Mint:** Sawai Jaipur

Date	Mintage	Good	VG	F	VF	XF
AH1190//18	—	30.00	50.00	75.00	90.00	—

KM# 33 NAZARANA PAISA
Copper **Obv. Inscription:** "Shah Alam II" **Rev:** Cross **Mint:** Sawai Jaipur

Date	Mintage	Good	VG	F	VF	XF
ND//23 (1781-82)	—	30.00	50.00	75.00	90.00	—

KM# 38 NAZARANA PAISA
Copper **Obv. Inscription:** "Shah Alam II" **Rev:** Leaf and fish **Mint:** Sawai Jaipur

Date	Mintage	Good	VG	F	VF	XF
ND//33 (1791-92)	—	30.00	50.00	75.00	90.00	—
ND//34 (1792-93)	—	30.00	50.00	75.00	90.00	—

KM# 58 PAISA
Copper **Obv. Inscription:** "Shah Alam II" **Mint:** Sawai Madhopur

Date	Mintage	Good	VG	F	VF	XF
ND//25 (1783-84)	—	5.00	10.00	15.00	25.00	—
ND//32 (1790-91)	—	5.00	10.00	15.00	25.00	—
ND//33 (1791-92)	—	5.00	10.00	15.00	25.00	—
ND//36 (1794-95)	—	5.00	10.00	15.00	25.00	—
ND//37 (1795-96)	—	5.00	10.00	15.00	25.00	—
ND//42 (1800-01)	—	5.00	10.00	15.00	25.00	—

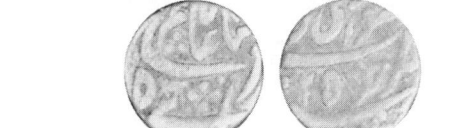

KM# 34 PAISA
Copper **Obv. Inscription:** "Shah Alam II" **Rev:** Three-lobed flower **Mint:** Sawai Jaipur

Date	Mintage	Good	VG	F	VF	XF
ND//25 (1783-84)	—	5.00	10.00	15.00	25.00	—

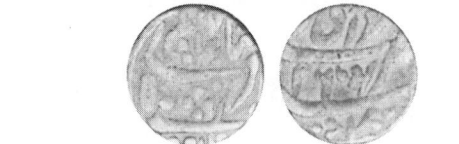

KM# 35 PAISA
Copper **Obv. Inscription:** "Shah Alam II" **Rev:** Three-lobed leaf **Mint:** Sawai Jaipur

Date	Mintage	Good	VG	F	VF	XF
ND//26 (1784-85)	—	5.00	10.00	15.00	25.00	—

KM# 36 PAISA
Copper **Obv. Inscription:** "Shah Alam II" **Rev:** Fish **Mint:** Sawai Jaipur

Date	Mintage	Good	VG	F	VF	XF
ND//26 (1784-85)	—	5.00	10.00	15.00	25.00	—
ND//27 (1785-86)	—	5.00	10.00	15.00	25.00	—
ND//28 (1786-87)	—	5.00	10.00	15.00	25.00	—
ND//29 (1787-88)	—	5.00	10.00	15.00	25.00	—
ND//30 (1788-89)	—	5.00	10.00	15.00	25.00	—
ND//31 (1789)	—	5.00	10.00	15.00	25.00	—
ND//37 (1795-96)	—	5.00	10.00	15.00	25.00	—

KM# 37 PAISA
Copper, 26 mm. **Obv. Inscription:** "Shah Alam II" **Rev:** Fish and leaf **Mint:** Sawai Jaipur

Date	Mintage	Good	VG	F	VF	XF
ND//30 (1788-89)	—	5.00	10.00	15.00	25.00	—
ND//31 (1789)	—	5.00	10.00	15.00	25.00	—
ND//32 (1790-91)	—	5.00	10.00	15.00	25.00	—
ND//33 (1791-92)	—	5.00	10.00	15.00	25.00	—
ND//34 (1792-93)	—	5.00	10.00	15.00	25.00	—
ND//35 (1793-94)	—	5.00	10.00	15.00	25.00	—

KM# 2 1/4 RUPEE
Silver **Obv. Inscription:** Ahmad Shah Bahadur **Mint:** Sawai Jaipur **Note:** Weight varies: 2.67-2.90 grams.

Date	Mintage	Good	VG	F	VF	XF
AH116x//3	—	5.00	10.00	15.00	35.00	50.00

KM# 44 1/4 RUPEE
Silver **Obv. Inscription:** Shah Alam (II) **Mint:** Sawai Jaipur **Note:** Mint mark: Flower. Weight varies: 2.67-2.90 grams.

Date	Mintage	Good	VG	F	VF	XF
ND//15 (1773-74)	—	4.50	11.50	18.50	30.00	45.00
ND//18 (1776-77)	—	4.50	11.50	18.50	30.00	45.00

KM# 45 1/4 RUPEE
Silver **Obv. Inscription:** Shah Alam (II) **Mint:** Sawai Jaipur **Note:** Mint mark: Jhar. Weight varies: 2.67-2.90 grams.

Date	Mintage	Good	VG	F	VF	XF
ND//19 (1777-78)	—	5.00	12.50	20.00	35.00	60.00

KM# 3 1/2 RUPEE
Silver **Obv. Inscription:** Muhammad Shah **Mint:** Sawai Jaipur **Note:** Weight varies: 5.35-5.80 grams.

Date	Mintage	Good	VG	F	VF	XF
AH1159//29	—	5.50	13.50	22.50	32.50	45.00

KM# 47 1/2 RUPEE
Silver **Obv. Inscription:** Shah Alam (II) **Mint:** Sawai Jaipur **Note:** Mint mark: Flower. Weight varies: 5.35-5.80 grams.

Date	Mintage	Good	VG	F	VF	XF
ND//15 (1773-74)	—	4.50	11.50	18.50	30.00	50.00

KM# 48 1/2 RUPEE
Silver **Obv. Inscription:** Shah Alam (II) **Mint:** Sawai Jaipur **Note:** Mint mark: Jhar. Weight varies: 5.35-5.80 grams.

Date	Mintage	Good	VG	F	VF	XF
ND//16 (1774-75)	—	5.00	12.50	20.00	35.00	60.00

KM# 4 RUPEE
Silver **Obv. Inscription:** Muhammad Shah **Mint:** Sawai Jaipur **Note:** Weight varies: 10.70-11.60 grams.

Date	Mintage	Good	VG	F	VF	XF
AH1153//23	—	7.00	13.00	21.50	30.00	45.00
AH1155//24	—	7.00	13.00	21.50	30.00	45.00
AH1156//25	—	7.00	13.00	21.50	30.00	45.00
AH1155//25	—	7.00	13.00	21.50	30.00	45.00
AH1156//26	—	7.00	13.00	21.50	30.00	45.00
AH1157//26	—	7.00	13.00	21.50	30.00	45.00
AH115x//27	—	7.00	13.00	21.50	30.00	45.00
AH1157//27	—	7.00	13.00	21.50	30.00	45.00
AH1158//28	—	7.00	13.00	21.50	30.00	45.00
AH1159//29	—	7.00	13.00	21.50	30.00	45.00
AH116(1)//31	—	7.00	13.00	21.50	30.00	45.00
AH11xx//30	—	7.00	13.00	21.50	30.00	45.00

KM# 8 RUPEE
Silver, 21 mm. **Obv. Inscription:** "Ahmad Shah Bahadur" **Mint:** Sawai Jaipur **Note:** Weight varies: 10.70-11.60 grams.

Date	Mintage	Good	VG	F	VF	XF
AH1161//1	—	7.00	11.50	17.50	23.50	35.00
AH1162//1	—	7.00	11.50	17.50	23.50	35.00
AH1162//2	—	7.00	11.50	17.50	23.50	35.00
AH1163//3	—	7.00	11.50	17.50	23.50	35.00
AH1164//4	—	7.00	11.50	17.50	23.50	35.00
AH1165//5	—	7.00	11.50	17.50	23.50	35.00
AH1167//6	—	7.00	11.50	17.50	23.50	35.00

KM# 30 NAZARANA PAISA

KM# 21 RUPEE
Silver **Obv. Inscription:** "Alamgir II" **Mint:** Sawai Jaipur **Note:** Weight varies: 10.70-11.60 grams.

Date	Mintage	Good	VG	F	VF	XF
ND//1 (1748)	—	7.00	10.00	15.00	21.00	32.00
ND//2 (1748-49)	—	7.00	10.00	15.00	21.00	32.00
ND//3 (1749-50)	—	7.00	10.00	15.00	21.00	32.00
ND//4 (1750-51)	—	7.00	10.00	15.00	21.00	32.00
ND//5 (1751-52)	—	7.00	10.00	15.00	21.00	32.00
ND//6 (1752-53)	—	7.00	10.00	15.00	21.00	32.00

KM# 63 RUPEE
Silver **Obv. Inscription:** "Shah Alam II" **Mint:** Sawai Madhopur **Note:** Weight varies: 10.70-11.60 grams.

Date	Mintage	Good	VG	F	VF	XF
ND//7 (1765-66)	—	7.00	8.00	10.00	15.00	25.00
ND//13 (1771-72)	—	7.00	8.00	10.00	15.00	25.00
ND//14 (1772-73)	—	7.00	8.00	10.00	15.00	25.00
ND//21 (1779-80)	—	7.00	8.00	10.00	15.00	25.00
ND//27 (1785-86)	—	7.00	8.00	10.00	15.00	25.00
ND//28 (1786-87)	—	7.00	8.00	10.00	15.00	25.00
AH1203//31	—	7.00	8.00	10.00	15.00	25.00
ND//33 (1791-92)	—	7.00	8.00	10.00	15.00	25.00
ND//38 (1796-97)	—	7.00	8.00	10.00	15.00	25.00
ND//41 (1799-1800)	—	7.00	8.00	10.00	15.00	25.00

KM# 9 NAZARANA RUPEE
Silver **Obv. Inscription:** "Ahmad Shah Bahadur" **Mint:** Sawai Jaipur **Note:** Weight varies: 10.70-11.60 grams.

Date	Mintage	Good	VG	F	VF	XF
AH1166//6	—	—	55.00	90.00	125	175
AH1167//7	—	—	55.00	90.00	125	175

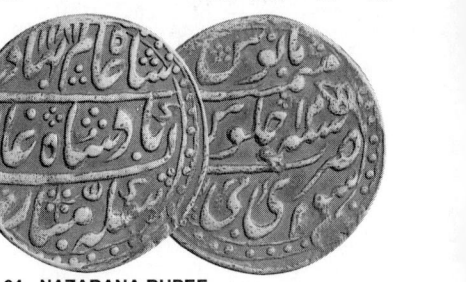

KM# 64 NAZARANA RUPEE
Silver **Obv. Inscription:** Shah Alam (II) **Mint:** Sawai Madhopur **Note:** Weight varies: 10.70-11.60 grams.

Date	Mintage	Good	VG	F	VF	XF
AH1178//6	—	—	45.00	70.00	100	140
AH1181//12 (sic)	—	—	45.00	70.00	100	140
AH1186//10 (sic)	—	—	45.00	70.00	100	140
AH1186//12 (sic)	—	—	45.00	70.00	100	140

KM# 13 MOHUR
Gold **Obv. Inscription:** "Ahmad Shah Bahadur" **Mint:** Sawai Jaipur **Note:** Weight varies: 10.70-11.40 grams.

Date	Mintage	Good	VG	F	VF	XF
ND (1748-54)	—	—	—	—	—	—
Note: Reported, not confirmed						

KM# 25 MOHUR
Gold **Obv. Inscription:** "Alamgir II" Sawai Jaipur **Note:** Weight varies: 10.70-11.40 grams.

Date	Mintage	Good	VG	F	VF	XF
AH-//2	—	—	—	425	450	550
AH1169//3	—	—	—	425	450	550
ND//4 (1757-58)	—	—	—	425	450	550
AH117x//6	—	—	—	425	450	550

INDIA-PRINCELY STATES

JAIPUR

Date	Mintage	Good	VG	F	VF	XF
ND//40 (1798-99)	—	BV	7.00	8.00	12.50	20.00
ND//41 (1799-1800)	—	BV	7.00	8.00	12.50	20.00

KM# 66 NAZARANA 1/4 RUPEE
Silver, 18.4 mm. **Obv. Inscription:** Shah Alam (II) **Mint:** Sawai Madhopur **Note:** Weight varies: 10.70-11.60 grams.

Date	Mintage	Good	VG	F	VF	XF
AH1192//25 (sic)	—	—	—	—	—	—

KM# 55 MOHUR
Gold **Obv. Inscription:** "Shah Alam II" **Mint:** Sawai Jaipur **Note:** Weight varies: 10.70-11.40 grams.

Date	Mintage	Good	VG	F	VF	XF
ND//15 (1773-74)	—	—	—	BV	425	475
AH11xx//25	—	—	—	BV	425	475

HAMMERED COINAGE
Mughal Style

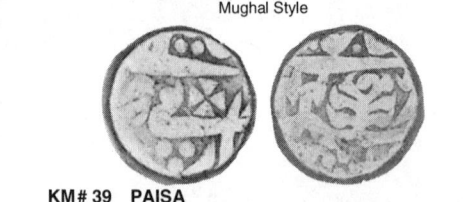

KM# 39 PAISA
Copper **Obv. Inscription:** "Shah Alam II" **Rev:** Large Jhar **Mint:** Sawai Jaipur

Date	Mintage	Good	VG	F	VF	XF
ND/35 (1793-94)	—	5.00	10.00	15.00	25.00	—
ND/36 (1794-95)	—	5.00	10.00	15.00	25.00	—
ND/37 (1795-96)	—	5.00	10.00	15.00	25.00	—
ND/38 (1796-97)	—	5.00	10.00	15.00	25.00	—
ND/39 (1797-98)	—	5.00	10.00	15.00	25.00	—
ND/40 (1798-99)	—	5.00	10.00	15.00	25.00	—
ND/41 (1799-1800)	—	5.00	10.00	15.00	25.00	—

KM# 40 NAZARANA PAISA
Copper **Obv. Inscription:** "Shah Alam II" **Rev:** Large Jhar **Mint:** Sawai Jaipur

Date	Mintage	Good	VG	F	VF	XF
ND/37 (1795-96)	—	30.00	50.00	75.00	90.00	—
ND/38 (1796-97)	—	30.00	50.00	75.00	90.00	—
ND/39 (1797-98)	—	30.00	50.00	75.00	90.00	—

KM# 61 1/4 RUPEE
Silver **Obv. Inscription:** Shah Alam (II) **Mint:** Sawai Madhopur **Note:** Weight varies: 2.67-2.90 grams.

Date	Mintage	Good	VG	F	VF	XF
ND//5 (1763-64)	—	5.00	10.00	15.00	20.00	30.00
ND//12 (1770-71)	—	5.00	10.00	15.00	20.00	30.00
ND//14 (1772-73)	—	5.00	10.00	15.00	20.00	30.00

KM# 62 1/2 RUPEE
Silver **Obv. Inscription:** Shah Alam (II) **Mint:** Sawai Madhopur **Note:** Weight varies: 5.35-5.80 grams.

Date	Mintage	Good	VG	F	VF	XF
ND//13 (1771-72)	—	5.00	10.00	15.00	20.00	30.00

KM# 50 RUPEE
Silver **Obv. Inscription:** "Shah Alam II" **Mint:** Sawai Jaipur **Note:** Mint mark: Jhar. Weight varies: 10.70-11.60 grams.

Date	Mintage	Good	VG	F	VF	XF
ND//17 (1775-76)	—	BV	7.00	8.00	12.50	20.00
ND//20 (1778-79)	—	BV	7.00	8.00	12.50	20.00
ND//24 (1782-83)	—	BV	7.00	8.00	12.50	20.00
ND//25 (1783-84)	—	BV	7.00	8.00	12.50	20.00
AH1198//26	—	BV	7.00	8.00	12.50	20.00
AH1199//26	—	BV	7.00	8.00	12.50	20.00
ND//28 (1786-87)	—	BV	7.00	8.00	12.50	20.00
ND//32 (1790-91)	—	BV	7.00	8.00	12.50	20.00
ND//33 (1791-92)	—	BV	7.00	8.00	12.50	20.00
ND//34 (1792-93)	—	BV	7.00	8.00	12.50	20.00
AH1209//37	—	BV	7.00	8.00	12.50	20.00
ND//38 (1796-97)	—	BV	7.00	8.00	12.50	20.00
ND//39 (1797-98)	—	BV	7.00	8.00	12.50	20.00

KM# 51 NAZARANA RUPEE
Silver, 35 mm. **Obv. Inscription:** "Shah Alam II" **Mint:** Sawai Jaipur **Note:** Large flan. Weight varies: 10.70-11.60 grams.

Date	Mintage	Good	VG	F	VF	XF
AH1176//3	—	21.50	42.50	70.00	100	150
AH1178//6	—	21.50	42.50	70.00	100	150
AH1182//10	—	21.50	42.50	70.00	100	150
AH1192//19	—	21.50	42.50	70.00	100	150
AH1206//34	—	21.50	42.50	70.00	100	150
AH1207//33 (sic)	—	21.50	42.50	70.00	100	150
AH1208//34 (sic)	—	21.50	42.50	70.00	100	150
AH1214//40 (sic)	—	21.50	42.50	70.00	100	150

JAISALMIR

Although the ruling Rajputs (or rawals) of this desert territory, located in northwest India traced their ancestry back to pre-Asokan times, the State of Jaisalmir was founded by Deoraj, the first rawal, only in the 10th century. Jaisalmir city was established by Rawal Jaisal, after whom both the city and the State were named. Like Jaipur, Jaisalmir reached its zenith in Mughal times, after being forced to acknowledge the supremacy of Delhi in the time of the Emperor Shah Jahan. With Mughal disintegration, Jaisalmir also fell upon hard times and most of its outlying provinces were lost. The state came under British protection in 1818, and on March 30th, 1949 it was merged into Rajasthan.

RULERS
Budh Singh, AH1119-1135/1707-1721AD
Tej Singh, AH1135-1136/1721-1722AD
Sawai Singh, AH1136/1722AD
Akhey Singh, AH1136-1176/1722-1762AD
Mulraj Singh, AH1176-1235/1762-1819AD

MINT

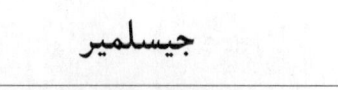

Jaisalmir

Anonymous

ANONYMOUS HAMMERED COINAGE
Mughal Style

KM# 7 1/8 RUPEE
1.3655 g., Silver **Series:** Akhey Shahi **Obv. Inscription:** "Muhammad Shah" **Note:** Struck 1756-1860AD. Prev. C#7.

Date	Mintage	Good	VG	F	VF	XF
AH1153//22 Frozen	—	—	15.00	25.00	35.00	50.00

KM# 8 1/4 RUPEE
2.4310 g., Silver **Series:** Akhey Shahi **Obv:** Gujarati "105" (inverted) above "n" in "qiran" **Obv. Inscription:** "Muhammad Shah" **Note:** Struck 1756-1860AD. Prev. C#8.

Date	Mintage	Good	VG	F	VF	XF
AH1153//22 Frozen	—	—	10.00	15.00	20.00	35.00

KM# 5.1 RUPEE
10.9240 g., Silver **Series:** Akhey Shahi **Obv. Inscription:** "Muhammad Shah" **Note:** Struck 1756-1860AD.

Date	Mintage	Good	VG	F	VF	XF
AH1152//22 Frozen	—	—	12.00	20.00	30.00	50.00
AH1153//22 Frozen	—	—	9.00	15.00	21.50	35.00
AH1155//25	—	—	—	—	—	—

KM# 5.2 RUPEE
10.9240 g., Silver **Series:** Akhey Shahi **Obv. Inscription:** "Muhammad Shah" **Rev:** Swastika at lower right

Date	Mintage	Good	VG	F	VF	XF
AH1153//22 Frozen	—	8.00	12.00	20.00	30.00	45.00

KM# 10.1 RUPEE
10.9240 g., Silver **Series:** Akhey Shahi **Obv:** Gujarati "1" (inverted) above "n" in "giran" **Obv. Inscription:** "Muhammad Shah" **Note:** Struck 1756-1860AD.

Date	Mintage	Good	VG	F	VF	XF
AH1153// Frozen	—	—	—	—	—	—

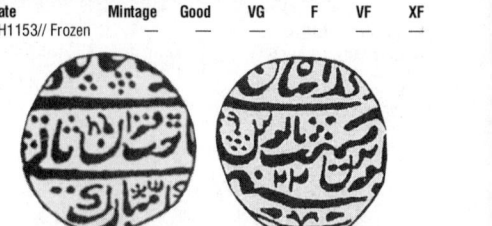

KM# 10.2 RUPEE
10.9240 g., Silver **Series:** Akhey Shahi **Obv:** Gujarati "15" (inverted) above "n" in "giran" **Obv. Inscription:** "Muhammad Shah" **Note:** Struck 1756-1860AD.

Date	Mintage	Good	VG	F	VF	XF
AH1153//22 Frozen	—	—	—	—	—	—

KM# 10.3 RUPEE
10.9240 g., Silver **Obv:** Gujarati "106" above "n" in "giran" **Obv. Inscription:** "Muhammad Shah" **Note:** Struck 1756-1860AD.

Date	Mintage	Good	VG	F	VF	XF
AH1150//22 Frozen	—	—	—	—	—	—

KM# 9 1/2 RUPEE
5.4620 g., Silver **Series:** Akhey Shahi **Obv:** Gujarati "106" above "n" in "qiran" **Obv. Inscription:** "Muhammad Shah" **Note:** Struck 1756-1860AD. Prev. C#9.

Date	Mintage	Good	VG	F	VF	XF
AH1153//22 Frozen	—	10.00	15.00	20.00	35.00	—

KM# 10.4 RUPEE
10.9240 g., Silver **Series:** Akhey Shahi **Obv:** Gujarati "601" above "n" in "giran" **Obv. Inscription:** "Muhammad Shah" **Note:** Struck 1756-1860AD.

Date	Mintage	Good	VG	F	VF	XF
AH115-//22 Frozen	—	10.00	15.00	25.00	35.00	60.00

JIND

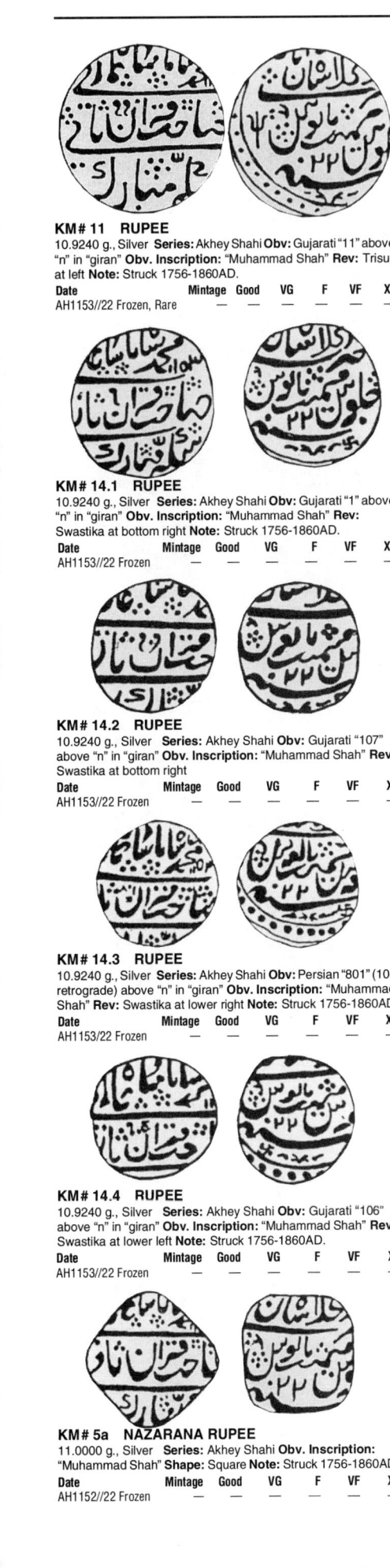

KM# 11 RUPEE
10.9240 g., Silver **Series:** Akhey Shahi **Obv:** Gujarati "11" above "n" in "giran" **Obv. Inscription:** "Muhammad Shah" **Rev:** Trisul at left **Note:** Struck 1756-1860AD.

Date	Mintage	Good	VG	F	VF	XF
AH1153//22 Frozen, Rare	—	—	—	—	—	—

KM# 14.1 RUPEE
10.9240 g., Silver **Series:** Akhey Shahi **Obv:** Gujarati "1" above "n" in "giran" **Obv. Inscription:** "Muhammad Shah" **Rev:** Swastika at bottom right **Note:** Struck 1756-1860AD.

Date	Mintage	Good	VG	F	VF	XF
AH1153//22 Frozen	—	—	—	—	—	—

KM# 14.2 RUPEE
10.9240 g., Silver **Series:** Akhey Shahi **Obv:** Gujarati "107" above "n" in "giran" **Obv. Inscription:** "Muhammad Shah" **Rev:** Swastika at bottom right

Date	Mintage	Good	VG	F	VF	XF
AH1153//22 Frozen	—	—	—	—	—	—

KM# 14.3 RUPEE
10.9240 g., Silver **Series:** Akhey Shahi **Obv:** Persian "801" (108 retrograde) above "n" in "giran" **Obv. Inscription:** "Muhammad Shah" **Rev:** Swastika at lower right **Note:** Struck 1756-1860AD.

Date	Mintage	Good	VG	F	VF	XF
AH1153//22 Frozen	—	—	—	—	—	—

KM# 14.4 RUPEE
10.9240 g., Silver **Series:** Akhey Shahi **Obv:** Gujarati "106" above "n" in "giran" **Obv. Inscription:** "Muhammad Shah" **Rev:** Swastika at lower left **Note:** Struck 1756-1860AD.

Date	Mintage	VG	F	VF	XF
AH1153//22 Frozen	—	—	—	—	—

KM# 5a NAZARANA RUPEE
11.0000 g., Silver **Series:** Akhey Shahi **Obv. Inscription:** "Muhammad Shah" **Shape:** Square **Note:** Struck 1756-1860AD.

Date	Mintage	Good	VG	F	VF	XF
AH1152//22 Frozen	—	—	—	—	—	—

KM# 5b NAZARANA RUPEE
11.0000 g., Silver, 29 mm. **Series:** Akhey Shahi **Obv. Inscription:** Muhammad Shah **Note:** Cf#10a; Struck 1756-1860AD.

Date	Mintage	Good	VG	F	VF	XF
AH1152//22 Frozen	—	—	45.00	75.00	110	150

KM# 10a NAZARANA RUPEE
10.9240 g., Silver, 31 mm. **Series:** Akhey Shahi **Obv:** Gujarati "1" above "n" in "giran" **Obv. Inscription:** Muhammad Shah **Rev:** Swastika at bottom right **Note:** Struck 1756-1860AD.

Date	Mintage	Good	VG	F	VF	XF
AH1153//22 Frozen	—	—	—	—	—	—

KM# 4 1/2 NAZARANA RUPEE
5.4620 g., Silver **Series:** Akhey Shahi **Obv. Inscription:** Muhammad Shah **Shape:** Square **Note:** Struck 1756-1860AD.

Date	Mintage	Good	VG	F	VF	XF
AH1153//22 Frozen	—	20.00	40.00	65.00	100	—

KM# 15 NAZARANA 2-1/2 RUPEE
28.0000 g., Silver **Series:** Akhey Shahi **Obv:** Persian "801" (108 retrograde) above "n" in "giran" **Obv. Inscription:** Muhammad Shah **Rev:** Swastika at bottom right **Shape:** Square

Date	Mintage	Good	VG	F	VF	XF
AH1153//22 Frozen; Rare	—	—	—	—	—	—

HAMMERED COINAGE
Regal Style

C# 15 MOHUR
Gold, 22 mm. **Note:** Struck 1756-1860AD; weight varies 10.7 - 10.8 grams.

Date	Mintage	VG	F	VF	XF	Unc
AH1153//22 Frozen	—	155	185	225	325	—

Sidi Ibrahim Khan II
First Reign: AH1204-1206 / 1789-1792AD

HAMMERED COINAGE

KM# 5 PAISA
Copper

Date	Mintage	Good	VG	F	VF	XF
ND(1789)	—	10.00	15.00	25.00	35.00	—

JAORA

Ghafar Khan (d.1825), the first Nawab of Jaora, was brother-in-law to Amir Khan, the Pindari leader. Jaora was subordinate to Indore, having been granted control of the territory in central India in return for the maintenance of a body of cavalry and, later, of foot soldiers which were to be made available to Indore when required. The nawabs of Jaora maintained a good relationship with the British which, after 1818, left them in control of the area independently of Indore. In August 1948 Jaora was absorbed into Madhya Pradesh.

MINT

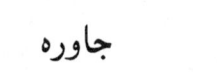

Jaora

HAMMERED COINAGE

KM# 1 PAISA
Copper **Mint:** Jaora

Date	Mintage	Good	VG	F	VF	XF
ND-//15	—	—	—	—	—	—

JANJIRA ISLAND

Island near Bombay. Dynasty of Nawabs dates from 1489AD.

The origin of the nawabs of Janjira is obscure. They were Sidi or Abyssinian Muslims whose ancestors, serving as admirals to the Muslim rulers of the Deccan, had been granted jagirs (revenue-producing land tenures) under the Adil Shahi sultans of Bijapur. In 1870, Janjira came under direct British rule. Until 1924 the nawabs of Janjira also exercised suzerainty over Jafarabad on the Kathiawar peninsular.

RULER
Sidi Ibrahim Khan III, AH1265-1297 / 1848-1879AD

JIND

State located in the southern Punjab and north Haryana States.

The ruling princes belonged to the same Jat family as the maharajas of Patiala. Like them, they traced their ancestry back to Baryam, a revenue collector under Babur (1526). The state was founded by Gajpat Singh after he took part in the Sikh uprising against the Afghan governor of Sirhind in 1763. One of Gajpat Singh's daughters became the mother of Ranjit Singh.

RULERS
Gajpat Singh, 1764-1786AD
Bhag Singh, 1786-1819AD

NOTE: These are believed to have been struck for Gajpat Singh, Sangat Singh and Sarup Singh and are not distinguishable.

BRITISH PROTECTORATE
Gajpat Singh
HAMMERED COINAGE

KM# 1 RUPEE
Silver, 16-18 mm. **Note:** Weight varies: 10.70-11.60 grams. Size varies.

Date	Mintage	Good	VG	F	VF	XF
ND/4(1764-86) Frozen	—	10.00	25.00	75.00	125	175

KM# 2 MOHUR
Gold, 16-18 mm. **Note:** Weight varies: 10.70-11.40 grams. Size varies.

Date	Mintage	Good	VG	F	VF	XF
ND/(4)(1764-86) Frozen	—	—	—	350	400	550

Bhag Singh
VS1843-1892 / 1786-1819AD

HAMMERED COINAGE

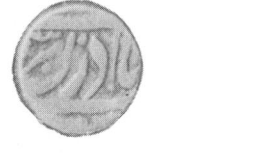

KM# 3 RUPEE
Silver, 16-18 mm. **Note:** Weight varies: 10.70-11.60 grams. Size varies. Uniface.

Date	Mintage	Good	VG	F	VF	XF
ND(1786-1819)	—	10.00	25.00	75.00	125	175

INDIA-PRINCELY STATES — JODHPUR

JODHPUR

Jodhpur, also known as Marwar, located in northwest India, was the largest Princely State in the Rajputana Agency. Its population in 1941 exceeded two and a half million. The "Maharajadhirajas" ("Great Kings of Kings") of Jodhpur were Rathor Rajputs who claimed an extremely ancient ancestry from Rama, king of Ayodhya. With the collapse of the Rathor rulers of Kanauj in 1194 the family entered Marwar where they laid the foundation of the new state. The city of Jodhpur was built by Rao Jodha in 1459, and the city and the state were named after him. In 1561 the Mughal Emperor Akbar invaded Jodhpur, forcing its submission. In 1679 Emperor Aurangzeb sacked the city, an experience which stimulated the Rajput royal house to forge a new unity among themselves in order to extricate themselves from Mughal hegemony. Internal dissension once again asserted itself and Rajput unity, which had both benefited from and accelerated Mughal decline, fell apart before the Marathas. In 1818 Jodhpur came under British protection and control and after Indian independence in 1947 the State was merged into Rajasthan. Jodhpur is best known for its particular style of riding breeches (jodhpurs), which became very popular in the West in the late 19th century.

RULERS

The issues of the first four rulers before 1858AD bearing both the AH and VS dates as well as the regnal years, are rarely actual dates and years, but were "frozen" and used for many years without change, and were often quite indiscriminately applied. Mismatched regnal years and dates are frequently encountered, as well as blundered dates of all sorts. Dates lying outside the reigns of the rulers named on coins (after 1858AD) were often used. Thus the date or regnal year may not represent the actual dating of the coin.

Coinage of the first four rulers (until 1858AD) is not distinguished by reign, but by type of inscription, mint, and pseudodate.

Bijay Singh, AH1166-1207/1752-1793AD
Bhim Singh, AH1207-1218/1792-1803AD

MINTS

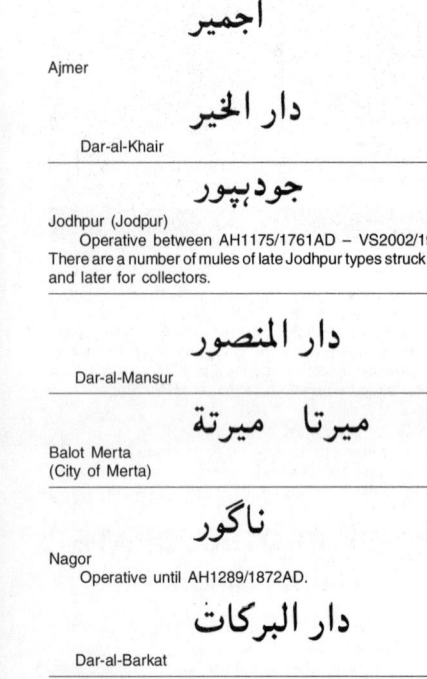

Ajmer

Dar-al-Khair

Jodhpur (Jodpur)

Operative between AH1175/1761AD – VS2002/1945AD. There are a number of mules of late Jodhpur types struck in 1945 and later for collectors.

Dar-al-Mansur

Balot Merta (City of Merta)

Nagor

Operative until AH1289/1872AD.

Dar-al-Barkat

MINT MARKS

Before 1858AD

Nagor
Usually on obverse

KINGDOM HAMMERED COINAGE

KM# A172 PAISA

Copper **Mint:** Nagor **Note:** Weight varies 15-22 grams. Square countermark "Barkat Nagore" struck over anonymous Mughal Falus, KM#730.

Date	Mintage	Good	VG	F	VF	XF
ND(1751)	—	5.00	10.00	15.00	20.00	—

KM# 11 PAISA

Copper **Mint:** Jodhpur

Date	Mintage	Good	VG	F	VF	XF
ND(1792)	—	3.00	5.00	10.00	20.00	—

KM# 12.1 TAKKA (2 Paisas)

Copper Weight varies: 19.5-21.5g. **Series:** Dhabu Shahi **Mint:** Jodhpur **Note:** Medium legends.

Date	Mintage	Good	VG	F	VF	XF
AH1192	—	3.00	5.00	10.00	20.00	—

KM# 12.2 TAKKA (2 Paisas)

Copper Weight varies: 19.5-21.5g. **Series:** Dhabu Shahi **Obv:** Large legends **Rev:** Large legends **Mint:** Jodhpur

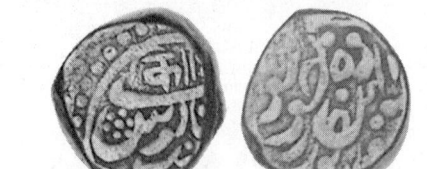

Date	Mintage	Good	VG	F	VF	XF
AH(11)92	—	3.00	5.00	10.00	20.00	—
AH1205//35 (sic)	—	3.00	5.00	10.00	20.00	—
AH1205//45	—	3.00	5.00	10.00	20.00	—

KM# 12.3 TAKKA (2 Paisas)

Copper Weight varies: 19.5-21.5g. **Series:** Dhabu Shahi **Obv:** "Ki" at top **Mint:** Jodhpur

Date	Mintage	Good	VG	F	VF	XF
ND(1790)	—	3.00	5.00	10.00	20.00	—

KM# 14.1 TAKKA (2 Paisas)

Copper Weight varies: 19.5-21.5g. **Series:** Bhim Shahi **Obv:** Nagari "K" at top **Mint:** Jodhpur

Date	Mintage	Good	VG	F	VF	XF
AHxxxx	—	—	—	—	—	—

KM# 13 TAKKA (2 Paisas)

Copper Weight varies: 19.5-21.5g. **Series:** Dhabu Shahi **Mint:** Jodhpur **Note:** Small legends.

Date	Mintage	Good	VG	F	VF	XF
AH1205//35 (sic)	—	5.00	10.00	15.00	20.00	—
AH//45	—	5.00	10.00	15.00	20.00	—

KM# 5 1/2 RUPEE

5.0000 g., Silver **Obv. Inscription:** "Shah Alam II" **Mint:** Ajmer

Date	Mintage	Good	VG	F	VF	XF
AH1203//31	—	10.00	15.00	25.00	35.00	50.00

KM# 17 1/2 RUPEE

Silver **Series:** Bijai Shahi **Obv:** Sword **Obv. Inscription:** "Shah Alam II" **Mint:** Jodhpur **Note:** Weight varies 5.35-5.80 grams.

Date	Mintage	Good	VG	F	VF	XF
AH1203//31	—	—	15.00	25.00	35.00	50.00

KM# 172 PAISA

Copper **Mint:** Nagor **Note:** Weight varies 15.00-18.00 grams.

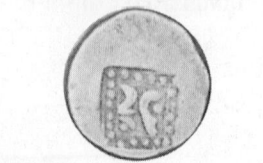

Date	Mintage	Good	VG	F	VF	XF
ND(1751)	—	5.00	10.00	15.00	20.00	—

KM# 176 RUPEE

Silver **Obv. Inscription:** "Alamgir II" **Mint:** Nagor **Note:** Weight varies 11.20-11.35 grams.

Date	Mintage	Good	VG	F	VF	XF
AH1167/1	—	11.50	28.50	47.50	65.00	90.00
AH1168/1	—	13.00	32.50	52.50	75.00	110
AH1169/3	—	11.50	28.50	47.50	65.00	90.00
AH1170/3	—	11.50	28.50	47.50	65.00	90.00
AH1170/4	—	11.50	28.50	47.50	65.00	90.00
AH1172/4 (sic)	—	11.50	28.50	47.50	65.00	90.00
AH1172/5	—	11.50	28.50	47.50	65.00	90.00
AH1173/6	—	11.50	28.50	47.50	65.00	90.00
AH1174/6	—	11.50	28.50	47.50	65.00	90.00
AH1176/6 (sic)	—	11.50	28.50	47.50	65.00	90.00
AH1184/9	—	11.50	28.50	47.50	65.00	90.00

Note: Posthumous issue

KM# 18 RUPEE

11.3000 g., Silver **Series:** Bijai Shahi **Obv:** Various styles of swords **Obv. Inscription:** "Shah Alam II" **Mint:** Jodhpur

Date	Mintage	Good	VG	F	VF	XF
ND//14 (1772-73)	—	7.00	8.00	10.00	15.00	25.00
AH1192/20	—	7.00	8.00	10.00	15.00	25.00
AH1197/25	—	7.00	8.00	10.00	15.00	25.00
AH1199/26	—	7.00	8.00	10.00	15.00	25.00
AH1204	—	7.00	8.00	10.00	15.00	25.00
AH1201/33 (sic)	—	7.00	8.00	10.00	15.00	25.00
AH1203/33 (sic)	—	7.00	8.00	10.00	15.00	25.00
AH1205/33	—	7.00	8.00	10.00	15.00	25.00
AH1206/xx	—	7.00	8.00	10.00	15.00	25.00
AH1206/36	—	7.00	8.00	10.00	15.00	25.00
AH1209/36	—	7.00	8.00	10.00	15.00	25.00
AH1212/40	—	7.00	8.00	10.00	15.00	25.00
AH1213/41	—	7.00	8.00	10.00	15.00	25.00
AH1212/42 (sic)	—	7.00	8.00	10.00	15.00	25.00
AH1215/42	—	7.00	8.00	10.00	15.00	25.00

KM# 166 RUPEE

Silver **Obv. Inscription:** "Shah Alam II" **Mint:** Merta **Note:** Weight varies 10.70-11.60 grams.

Date	Mintage	Good	VG	F	VF	XF
AH1188	—	8.00	12.50	21.50	30.00	45.00
AH1201/28	—	8.00	12.50	21.50	30.00	45.00
AH1201/29	—	8.00	12.50	21.50	30.00	45.00
AH1202/30	—	8.00	12.50	21.50	30.00	45.00
AH1203/31	—	8.00	12.50	21.50	30.00	45.00
AH1203//32 (sic)	—	8.00	12.50	21.50	30.00	45.00
AH1203//33 (sic)	—	8.00	12.50	21.50	30.00	45.00
AH1206//35 (sic)	—	8.00	12.50	21.50	30.00	45.00
AH1207//36 (sic)	—	8.00	12.50	21.50	30.00	45.00
AH1209//37	—	8.00	12.50	21.50	30.00	45.00

KM# 177.1 RUPEE

Silver **Obv. Inscription:** "Shah Alam II" **Rev:** "Nagore" at top **Mint:** Nagor **Note:** Weight varies 11.20-11.30 grams.

Date	Mintage	Good	VG	F	VF	XF
AH1190//18	—	8.00	15.00	25.00	40.00	60.00
AH1191	—	8.00	15.00	25.00	40.00	60.00
AH1193//19 (sic)	—	8.00	15.00	25.00	40.00	60.00
AH1194	—	8.00	15.00	25.00	40.00	60.00
AH1197//24	—	8.00	15.00	25.00	40.00	60.00
AH1196//26 (sic)	—	8.00	15.00	25.00	40.00	60.00
AH1200//28	—	8.00	15.00	25.00	40.00	60.00

Date	Mintage	Good	VG	F	VF	XF
AH1201/28	—	8.00	15.00	25.00	40.00	60.00
AH1203	—	8.00	15.00	25.00	40.00	60.00
AH1204/33	—	8.00	15.00	25.00	40.00	60.00
AH1215	—	8.00	15.00	25.00	40.00	60.00

RULERS
Desu Singh, 1767-1787AD
Lal Singh, 1781-1819AD

MINT MARKS

Katar   jhar on reverse

Identifying marks

HAMMERED COINAGE

KM# 6 RUPEE

Silver **Obv. Inscription:** "Shah Alam II" **Rev:** Nagari "Sri" and Jhar **Mint:** Ajmer **Note:** Weight varies 10.80-11.90 grams. See also Gwalior-Ajmir and Kuchaman Mint listings.

Date	Mintage	Good	VG	F	VF	XF
AH1203/31	—	10.00	15.00	20.00	30.00	45.00

KM# 10 RUPEE

Silver **Obv. Inscription:** Shah Alam (II) **Note:** Weight varies: 10.70-11.60 grams.

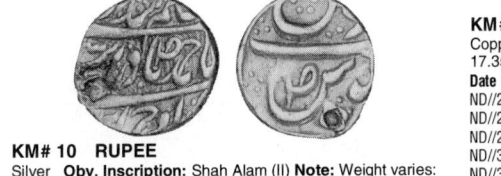

Date	Mintage	Good	VG	F	VF	XF
ND(1767-1819)	—	15.00	25.00	35.00	50.00	75.00

KM# 226 RUPEE

Silver **Obv. Inscription:** "Shah Alam II" **Mint:** Sojat **Note:** Weight varies 11.2-11.30 grams. Fictitious mint name: Jodhpur.

Date	Mintage	Good	VG	F	VF	XF
AH1204//23	—	7.00	8.00	12.50	18.50	30.00
AH12084//23 (sic)	—	7.00	8.00	12.50	18.50	30.00
AH12x4//23	—	7.00	8.00	12.50	18.50	30.00

KM# 177a RUPEE

Silver **Obv:** Sword **Mint:** Nagor **Note:** Weight varies 11.20-11.30 grams.

Date	Mintage	VG	F	VF	XF	Unc
AH1215//42	—	—	—	—	—	—

KM# 11 MOHUR

10.7700 g., Gold, 14 mm. **Obv. Inscription:** Shah Alam (II)

Date	Mintage	Good	VG	F	VF	XF
ND(1767-1819)	—	—	600	850	1,350	2,000

KALSIA

A Cis-Sutlej (Sikh) state (located in the Punjab) until 1849 when the Punjab was annexed and the states were merged into the new province of British India. Most of the Cis-Sutlej states distinguished themselves on the side of the British during the great revolt of 1857.

MINT

Chhachrauli

BRITISH PROTECTORATE

HAMMERED COINAGE

KM# 22 NAZARANA RUPEE

11.3000 g., Silver **Series:** Bijai Shahi **Obv. Inscription:** "Shah Alam II" **Mint:** Jodhpur **Note:** Round flan. Size varies 32-33mm.

Date	Mintage	Good	VG	F	VF	XF
AH1209/36	—	—	60.00	85.00	120	170

JODHPUR FEUDATORY - KUCHAMAN

Kuchaman was a semi-independent feudatory. The Thakur of Kuchaman, an Udawat Rajput, was the only feudatory of Jodhpur permitted to strike his own coinage.

Refer also to Gwalior-Ajmir Mint and Maratha Confederacy-Ajmir Mint.

KUCHAMAN

Shah Alam II

AH1173-1221 / 1759-1806AD

HAMMERED COINAGE

KM# 274 1/4 RUPEE

2.7000 g., Silver, 13 mm. **Series:** Bopushahi

Date	Mintage	Good	VG	F	VF	XF
AH1203//31	—	2.75	7.00	11.00	16.50	25.00

KM# 275 1/2 RUPEE

Silver, 16-17 mm. **Note:** Weight varies: 5.3-5.4 grams. Size varies.

Date	Mintage	Good	VG	F	VF	XF
AH1203//31	—	3.00	7.50	12.50	18.50	27.50

KM# 276 RUPEE

Silver **Note:** Weight varies: 10.5-10.9 grams.

Date	Mintage	Good	VG	F	VF	XF
AH1203//31	—	7.00	8.00	10.00	15.00	25.00

KAITHAL

A town located in Haryana in northwest India. The jat rajas of this small feudatory were descended from the elder branch of the Patiala royal family.

KM# 32 PAISA

Copper **Obv:** Dagger mint mark **Rev:** Quatrefoil and sword

Date	Mintage	Good	VG	F	VF	XF
AH1214/41 (1799)	—	15.00	25.00	40.00	60.00	—
AH1215//41 (sic) (1800)	—	15.00	25.00	40.00	60.00	—
AH1215/42 (1800)	—	15.00	25.00	40.00	60.00	—

KARAULI

State located in Rajputana, northwest India. Karauli was established in the 11th century by Jadon Rajputs, of the same stock as the royal house of Jaisalmir. They are thought to have migrated to Rajasthan from the Mathura region some years earlier. The state passed successively under Mughal and Maratha suzerainty before coming under British authority in 1817.

The Maharajas of Karauli first struck coins in the reign of Manak Pal.

RULER
Manak Pal, AH1186-1233/1772-1817AD

MINT

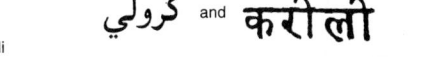

Karauli

MINT NAME

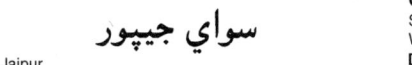

Sawai Jaipur

KINGDOM, BRITISH PROTECTORATE

HAMMERED COINAGE

Mughal Style

KM# 11 TAKKA (2 Paise)

Copper **Obv. Inscription:** "Shah Alam II" **Note:** Weight varies 17.35-17.8 grams; similar to one Rupee, KM#16.

Date	Mintage	Good	VG	F	VF	XF
ND//25 (1783-84)	—	3.00	6.00	10.00	16.50	—
ND//26 (1784-85)	—	3.00	6.00	10.00	16.50	—
ND//28 (1786-87)	—	3.00	6.00	10.00	16.50	—
ND/30 (1788-89)	—	3.00	6.00	10.00	16.50	—
ND//33 (1791-92)	—	3.00	6.00	10.00	16.50	—
ND//38 (1796-97)	—	3.00	6.00	10.00	16.50	—

KM# 16 RUPEE

Silver **Obv. Inscription:** "Shah Alam II" **Note:** Weight varies: 10.8-11.2 grams.

Date	Mintage	Good	VG	F	VF	XF
ND//18 (1776-77)	—	8.00	20.00	31.50	42.50	60.00
AH1197/24	—	8.00	20.00	31.50	42.50	60.00
ND//26 (1784-85)	—	8.00	20.00	32.50	42.50	60.00
ND//28 (1786-87)	—	8.00	20.00	31.50	42.50	60.00
ND//29 (1787-88)	—	8.00	20.00	31.50	42.50	60.00
ND/30 (1788-89)	—	8.00	20.00	31.50	42.50	60.00
ND//32 (1790-91)	—	8.00	20.00	31.50	42.50	60.00
ND//38 (1797-98)	—	8.00	20.00	31.50	42.50	60.00
ND//40 (1798-99)	—	8.00	20.00	31.50	42.50	60.00
ND//39 (1798-99)	—	8.00	20.00	31.50	42.50	60.00
ND//41 (1799-1800)	—	8.00	20.00	31.50	42.50	60.00
ND//42 (1800-01)	—	8.00	20.00	31.50	42.50	60.00

KISHANGARH

The maharajas of Kishangarh, a small state in northwest India, in the vicinity of Ajmer, belonged to the Rathor Rajputs. The town of Kishangarh, which gave its name to the state, was founded in 1611 and was itself named after Kishen Singh, the first ruler. The maharajas succeeded in reaching terms with Akbar in the late 6th century, and again in 1818 with the British. In 1949 the state was merged into Rajasthan.

RULERS
Birad Singh, VS1838-1845/1781-1788AD
Pratap Sinah, VS1845-1854/1788-1797AD
Kalyan Singh, VS1854-1889/1797-1832AD

MINT

Kishangarh

MINT MARK

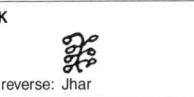

Symbol on reverse: Jhar

KINGDOM

HAMMERED COINAGE

Mughal Style

C# 4 1/4 PAISA

Copper **Obv. Inscription:** "Shah Alam II" **Mint:** Kishangarh **Note:** Weight varies 3.5-3.6 grams.

Date	Mintage	Good	VG	F	VF	XF
AH1199//25	—	3.50	6.00	10.00	16.50	—

C# 8 1/4 RUPEE

Silver **Obv. Inscription:** "Shah Alam II" **Mint:** Kishangarh **Note:** Weight varies 2.68-2.9 grams.

Date	Mintage	Good	VG	F	VF	XF
AH1198//24	—	—	12.50	18.50	25.00	35.00

C# 10.2 RUPEE

Silver **Obv. Inscription:** "Shah Alam II" **Rev:** Flowers **Mint:** Kishangarh **Note:** Weight varies 10.6-10.95 grams.

Date	Mintage	Good	VG	F	VF	XF
AH1197//24	—	—	16.50	23.50	32.50	50.00
AH1198//24	—	—	16.50	23.50	32.50	50.00

C# 10.1 RUPEE

Silver **Obv. Inscription:** "Shah Alam II" **Rev:** Jhar **Mint:** Kishangarh **Note:** Weight varies 10.75-10.85 grams.

Date	Mintage	Good	VG	F	VF	XF
AH1197//24	—	—	13.50	20.00	27.50	37.50
AH1198//24	—	—	13.50	20.00	27.50	37.50
AH1198//25	—	—	13.50	20.00	27.50	37.50
AH1199//24	—	—	13.50	20.00	27.50	37.50

C# 17 MOHUR

Gold **Obv. Inscription:** "Shah Alam II" **Mint:** Kishangarh **Note:** Weight varies 10.9-11.0 grams.

Date	Mintage	Good	VG	F	VF	XF
ND//24 (1782)	—	—	BV	450	650	1,000

KOLHAPUR

Maratha state is located in southwest India between Goa and Bombay.

The maharajas of Kolhapur traced their origins and ancestry to Raja Ram, son of Shivaji, the founder of the Maratha kingdom, and to his courageous wife Tarabai, who officiated as regent on behalf of her son after Raja Ram's death in 1698. Kolhapur's existence as a separate state dates from about 1730 when a family quarrel left Sambaji, the great-grandson of Sivaji, as the first raja of Kolhapur. In recognition of their special eminence among the Maratha chieftains, the rulers of Kolhapur bore the honorific title of "Chhatrapati Maharaja". Between 1811 and 1862 Kolhapur concluded a series of treaties and agreements with the British whereby the state came increasingly under British protection and control.

The mint closed ca. 1850AD.

MINT

اعظم نگر

Mint name: A'zamnagar Gokak, Pseudo

BRITISH PROTECTORATE

Muhammad Shah

AH1131-1161 / 1719-1748AD

HAMMERED COINAGE

Mughal Style

C# 14 1/4 RUPEE

Silver, 12 mm. **Obv. Inscription:** "Muhammad Shah" **Note:** Weight varies 2.68-2.90 grams.

Date	Mintage	Good	VG	F	VF	XF
ND(1759-1839)	—	5.00	12.50	20.00	30.00	50.00

C# 15 1/2 RUPEE

Silver, 15 mm. **Obv. Inscription:** "Muhammad Shah" **Note:** Weight varies 5.35-5.80 grams.

Date	Mintage	Good	VG	F	VF	XF
ND(1759-1839)	—	5.00	12.50	20.00	30.00	50.00

C# 16 RUPEE

Silver **Obv. Inscription:** "Muhammad Shah" **Note:** Weight varies 10.70-11.60 grams.

Date	Mintage	Good	VG	F	VF	XF
ND(1759-1839)	—	7.00	9.00	15.00	25.00	45.00

KOTAH

Kotah State, located in northwest India was subdivided out of Bundi early in the 17th century when it was given to a younger son of the Bundi raja by the Mughal emperor. The ruler, or maharao, was a Chauhan Rajput. During the years of Maratha ascendancy Kotah fell on hard times, especially from the depredations of Holkar. In 1817 the State came under treaty with the British.

MINT

نندگانو

Mint name: *Nandgaon*

نندگانو عرف کوته

Kotah urf Nandgaon
or *Nandgaon urf Kotah* on earliest issues.

MINT MARKS

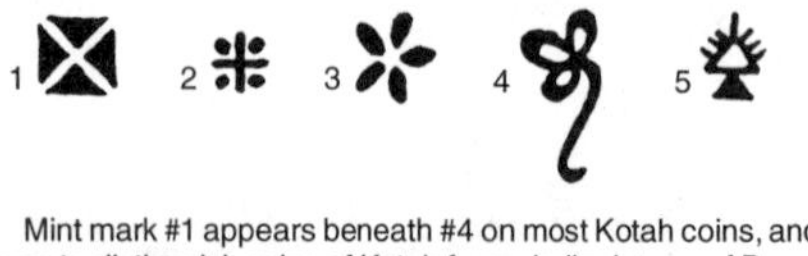

Mint mark #1 appears beneath #4 on most Kotah coins, and serves to distinguish coins of Kotah from similar issues of Bundi in the pre-Victoria period.

C#28 has mint mark #2 on obv., #1, 3 and 4 on rev. All later issues have #1 on obv., #1, 5 and 4 on rev.

BRITISH PROTECTORATE

HAMMERED COINAGE

Mughal Style

C# 20 TAKKA

Copper **Obv. Inscription:** "Shah Alam II" **Note:** Weight varies 17.5-18.5 grams.

Date	Mintage	Good	VG	F	VF	XF
ND//23 (1781-82)	—	3.00	4.00	5.50	8.00	—
ND//25 (1783-84)	—	3.00	4.00	5.50	8.00	—
ND//28 (1786-87)	—	3.00	4.00	5.50	8.00	—
ND//30 (1788-89)	—	3.00	4.00	5.50	8.00	—
ND//31(1789-90)	—	3.00	4.00	5.50	8.00	—
ND//39 (1797-98)	—	3.00	4.00	5.50	8.00	—
ND//41 (1798-99)	—	3.00	4.00	5.50	8.00	—

C# 10 RUPEE

11.3500 g., Silver **Obv. Inscription:** "Alamgir (II) Badshah Ghazi..." **Edge:** Plain

Date	Mintage	Good	VG	F	VF	XF
ND//6 (1752-53)	—	—	—	—	—	—

C# 28.1 RUPEE

Silver **Obv. Inscription:** Shah Alam (II) **Rev:** Flower mint mark in front of regnal year **Note:** Struck at Kotah urf Nandgaon; weight varies 11.05-11.2 grams.

Date	Mintage	Good	VG	F	VF	XF
AH-//2	—	7.00	9.00	13.50	20.00	30.00
AH-//4	—	7.00	9.00	13.50	20.00	30.00
AH118x//5	—	7.00	9.00	13.50	20.00	30.00
ND//7 (1765-66)	—	7.00	9.00	13.50	20.00	30.00
ND//8 (1766-67)	—	7.00	9.00	13.50	20.00	30.00
AH118x//9 (1767-68)	—	7.00	9.00	13.50	20.00	30.00

C# 28.2 RUPEE

Silver **Obv. Inscription:** Shah Alam (II) **Rev:** Flower mint mark in front of regnal year **Note:** Struck at Kotah urfNandgaon; weight varies 11.05-11.20 grams.

Date	Mintage	Good	VG	F	VF	XF
ND//10 (1769)	—	7.00	9.00	13.50	20.00	30.00

C# 28.3 RUPEE

Silver **Obv. Inscription:** "Shah Alam II" **Rev:** Flower mint mark in front of regnal year **Mint:** Nandgaon **Note:** Weight varies 11.05-11.20 grams.

Date	Mintage	Good	VG	F	VF	XF
AH-//12	—	7.00	9.00	13.50	20.00	30.00
AH-//14	—	7.00	9.00	13.50	20.00	30.00
AH-//15	—	7.00	9.00	13.50	20.00	30.00
AH-//17	—	7.00	9.00	13.50	20.00	30.00
AH-//18	—	7.00	9.00	13.50	20.00	30.00
AH-//19	—	7.00	9.00	13.50	20.00	30.00
AH-//20	—	7.00	9.00	13.50	20.00	30.00
AH-//23	—	7.00	9.00	13.50	20.00	30.00
ND//24 (1782-83)	—	7.00	9.00	13.50	20.00	30.00
AH-//25	—	7.00	9.00	13.50	20.00	30.00
ND//26 (1784-85)	—	7.00	9.00	13.50	20.00	30.00
AH1199//25 (sic)	—	7.00	9.00	13.50	20.00	30.00
ND//27 (1785-86)	—	7.00	9.00	13.50	20.00	30.00
ND//28 (1786-87)	—	7.00	9.00	13.50	20.00	30.00
ND//29 (1787-88)	—	7.00	9.00	13.50	20.00	30.00
ND//30 (1788-89)	—	7.00	9.00	13.50	20.00	30.00
ND//31 (1789)	—	7.00	9.00	13.50	20.00	30.00
ND//32 (1790-91)	—	7.00	9.00	13.50	20.00	30.00
ND//33 (1791-92)	—	7.00	9.00	13.50	20.00	30.00
ND//34 (1792-93)	—	7.00	9.00	13.50	20.00	30.00
ND//35 (1793-94)	—	7.00	9.00	13.50	20.00	30.00
ND//36 (1794-95)	—	7.00	9.00	13.50	20.00	30.00
ND//37 (1795-96)	—	7.00	9.00	13.50	20.00	30.00
ND//38 (1796-97)	—	7.00	9.00	13.50	20.00	30.00
AH-//40(1798-99)	—	7.00	9.00	13.50	20.00	30.00
ND//41 (1799-1800)	—	7.00	9.00	13.50	20.00	30.00
ND//42 (1800-01)	—	7.00	9.00	13.50	20.00	30.00

C# A28 NAZARANA RUPEE

11.2000 g., Silver **Obv. Inscription:** "Shah Alam II" **Mint:** Nandgaon

Date	Mintage	Good	VG	F	VF	XF
Ah1215//41(sic)	—	60.00	120	200	300	425

C# B28 MOHUR

10.6700 g., Gold **Obv. Inscription:** "Shah Alam II" **Mint:** Nandgaon

Date	Mintage	VG	F	VF	XF	Unc
ND//32 (1790-91)	—	425	475	600	800	—

LADAKH

Ladakh, a district in northern India, contained the western Himalayas and the valley of the upper Indus river. Area: 45,762 sq. mi. Capital: Leh.

In 1639, the Moghuls marched on Ladakh and defeated them near Karpu. The King Sen-ge-rnam-rgyal promised to pay tribute, if allowed to return home, but never did. In 1665, the Moghul governor of Kashmir demanded the acceptance of Moghul suzerainty under threat of invasion. Knowing the strength of Aurangzeb, King Deb-Idan-rnam-rgyal sent a tribute of gold ashraphis, rupees and other precious objects. It is probable that coins were struck for this occasion in the name of Aurangzeb but no such coins have yet been discovered.

For the next century no further mention is made of coins until in 1781 it is recorded that a Muslim goldsmith from Leh was hired to strike Ladakhi coins called ja'u.

The obverse of the first Ladakhi timashas or ja'u is a close copy of the Farrukhsiyar inscription of the early Garhwali timashas even including the regnal year at the bottom. The reverse has a clearly written Zarb Tibet at the bottom and dots at the top. At the center are crescents and an illegible inscription.

On some of the early Ladakh coins Hejira dates appear which coincide with the period when the Garhwal mint was closed and trade was diverted from Garhwal to Ladakh. No other Ladakh coins of this first issue have been discovered with a literate date. Between 1781 and 1803 it is likely that a considerable number of ja'u were struck. Most specimens were of good silver but later issues were very debased because of the scarcity of silver.

The next type of coin has a different obverse with the Muslim title of the King of Ladakh clearly inscribed as well as the number 14 at the lower left. This issue may have been prompted to demonstrate Ladakhi independence and is the only ja'u to bear a date.

The most remarkable of all Ladakhi coins has a fully legible inscription on the obverse in smaller writing and is enclosed in a circle with no regnal year. The reverse legend refers to the prime minister as well as the title of the king and is the only Ladakhi coin to do so and is very rare.

The appearance of Mahmud Shah on the obverse of the next type coin is thought to acknowledge suzerainty of the ruler of Kashmir. There is a plain circle surrounded by a border of dots. The reverse reverts to the earlier designs but has a finer style with thicker writing.

The next change in type took place after the conquest of Ladakh by Gulab Singh and the Dogra army in 1835.After a crushing defeat of the Dogra army in Tibet, the Ladakhis tried to shake off the Dogra supremacy but the rebellion was crushed. Ladakh was now firmly incorporated within the Empire of Jammu and the monarchy was abolished. Until 1845, Gulab Singh acknowledged Sikh suzerainty but ruled Ladakh as a part of Jammu.

After the defeat of the Sikhs by the British, Gulab Singh offered to pay the war indemnities to the British in exchange for being made independent ruler of Jammu and Kashmir.

Two types of ja'u were struck during the period of the Dogra domination. One combined the tiger knife and Mahmud Shah design and the other the tiger knife and Raja Gulab Singh in Nagari script.

Between 1867 and 1870 an issue of copper coins was made for Ladakh for local use and in 1871 a small issue of ja'u was made. Neither of these coins seemed to have much commercial impact in Ladakh and their issue was suspended after 1871. No special currency was struck in or for Ladakh after this.

KINGDOM

HAMMERED COINAGE

KM# 1.3 JA'U

Silver **Obv:** Rosettes at bottom

Date	Mintage	Good	VG	F	VF	XF
ND(1771-1815)	—	5.00	10.00	15.00	25.00	—

KM# 2 JA'U

Silver **Obv:** Square around "Siyar" of Farrukhsiyar

Date	Mintage	Good	VG	F	VF	XF
ND(1771-1815)	—	35.00	60.00	90.00	125	—

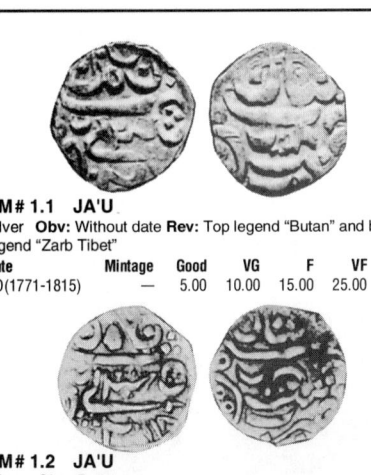

KM# 1.1 JA'U
Silver **Obv:** Without date **Rev:** Top legend "Butan" and bottom legend "Zarb Tibet"

Date	Mintage	Good	VG	F	VF	XF
ND(1771-1815)	—	5.00	10.00	15.00	25.00	—

KM# 1.2 JA'U
Silver **Obv:** Date

Date	Mintage	Good	VG	F	VF	XF
AH114x (sic)	—	7.50	12.50	20.00	30.00	—
AH1185	—	8.50	15.00	25.00	35.00	—
AH1186	—	8.50	15.00	25.00	35.00	—

MALER KOTLA

State located in the Punjab in northwest India, founded by the Maler Kotla family who were Sherwani Afghans who had travelled to India from Kabul in 1467 as officials of the Delhi emperors.

Coins are rupees of Ahmad Shah Durrani, and except for the last ruler, contain the chief's initial on the reverse. The chiefs were called Ra'is until 1821, Nawabs thereafter.

For similar issues see Jind, Nabha and Patiala.

RULERS

Umar Khan, AH1182-1192/1768-1778AD

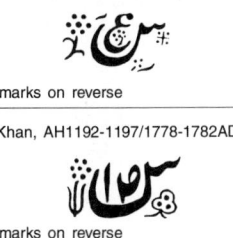

Identifying marks on reverse

Asadullah Khan, AH1192-1197/1778-1782AD

Identifying marks on reverse

Umar Khan
AH1182-1192 / 1768-1778AD

HAMMERED COINAGE

C# 5 RUPEE
Silver, 17 mm. **Note:** 10.70-11.60 grams.

Date	Mintage	Good	VG	F	VF	XF
ND/4 (1768-78) Frozen	—	7.00	12.00	20.00	27.50	37.50

Asadullah Khan
AH1192-1197 / 1778-1782AD

HAMMERED COINAGE

C# 10 RUPEE
Silver, 17 mm. **Note:** 10.70-11.60 grams.

Date	Mintage	Good	VG	F	VF	XF
ND/4 (1778-82) Frozen	—	7.00	10.00	16.50	25.00	35.00

MEWAR

State located in Rajputana, northwest India. Capital:Udaipur.

The rulers of Mewar were universally regarded as the highest ranking Rajput house in India. The maharana of Mewar was looked upon as the representative of Rama, the ancient king of Ayodhya - and the family who were Sesodia Rajputs of the Gehlot clan, traced its descent through Rama to Kanak Sen who ruled in the 2nd century. The clan is believed to have migrated to Chitor from Gujarat sometime in the 8th century.

None of the indigenous rulers of India resisted the Muslim invasions into India with greater tenacity than the Rajputs of Mewar. It was their proud boast that they had never permitted a daughter to go into the Mughal harem. Three times the fortress and town of Chitor had fallen to Muslim invaders, to Alauddin Khilji (1303), to Bahadur Shah of Gujarat (1534) and to Akbar (1568). Each time Chitor gradually recovered but the last was the most traumatic experience of all. Rather than to submit to the Mughal onslaught, the women burned themselves on funeral pyres in a fearful rite called jauhar, and the men fell on the swords of the invaders.

After the sacking of Chitor the rana, Udai Singh, retired to the Aravali hills where he founded Udaipur, the capital after 1570. Udai Singh's son, Partab, refused to submit to the Mughal and recovered most of the territory lost in 1568. In the early 19th century Mewar suffered much at the hands of Marathas - Holkar, Sindhia and the Pindaris - until, in 1818, the State came under British supervision. In April 1948 Mewar was merged into Rajasthan and the maharana became governor Maharaj pramukh of the new province.

RULERS

Jai Singh II, AH1168-1175/1753-1760AD
Ari Singh II, AH1175-1187/1760-1772AD
Hammir Singh II, AH1187-1192/1772-1777AD
Bhim Singh, AH1192-1244/1777-1828AD

MINTS

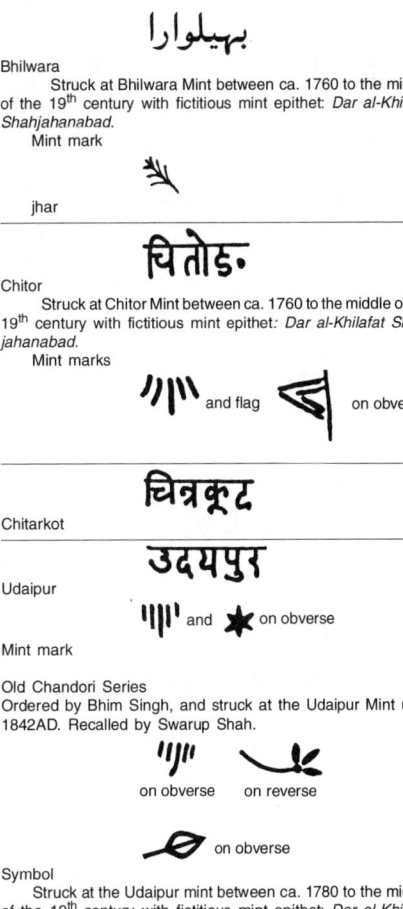

Bhilwara

Struck at Bhilwara Mint between ca. 1760 to the middle of the 19th century with fictitious mint epithet: *Dar al-Khilafat Shahjahanabad.*

Mint mark

jhar

Chitor

Struck at Chitor Mint between ca. 1760 to the middle of the 19th century with fictitious mint epithet: *Dar al-Khilafat Shahjahanabad.*

Mint marks

and flag on obverse

Chitarkot

Udaipur

Mint mark

Old Chandori Series
Ordered by Bhim Singh, and struck at the Udaipur Mint until 1842AD. Recalled by Swarup Shah.

on obverse — on reverse

Symbol

Struck at the Udaipur mint between ca. 1780 to the middle of the 19th century with fictitious mint epithet: *Dar al-Khilafat Shahjahanabad.*

NOTE: All Mewar coinage is struck without ruler's name, and is largely undated. Certain types were generally struck over several reigns.

BRITISH PROTECTORATE

HAMMERED COINAGE

C# 2.5 PAISA
Copper **Obv:** Symbol vertical **Obv. Inscription:** "Shah Alam (II)" **Mint:** Bhilwara

Date	Mintage	Good	VG	F	VF	XF
ND//4 (1760-1806)	—	3.00	5.00	7.50	11.50	—

Note: Known as the old Bhilwari Paisa, struck between 1780 and 1800AD

C# 3.1 PAISA
Copper **Obv:** Leaf **Obv. Inscription:** "Shah Alam (II)" **Mint:** Bhilwara

Date	Mintage	Good	VG	F	VF	XF
ND(1760-1806)	—	1.50	2.50	4.00	6.50	—

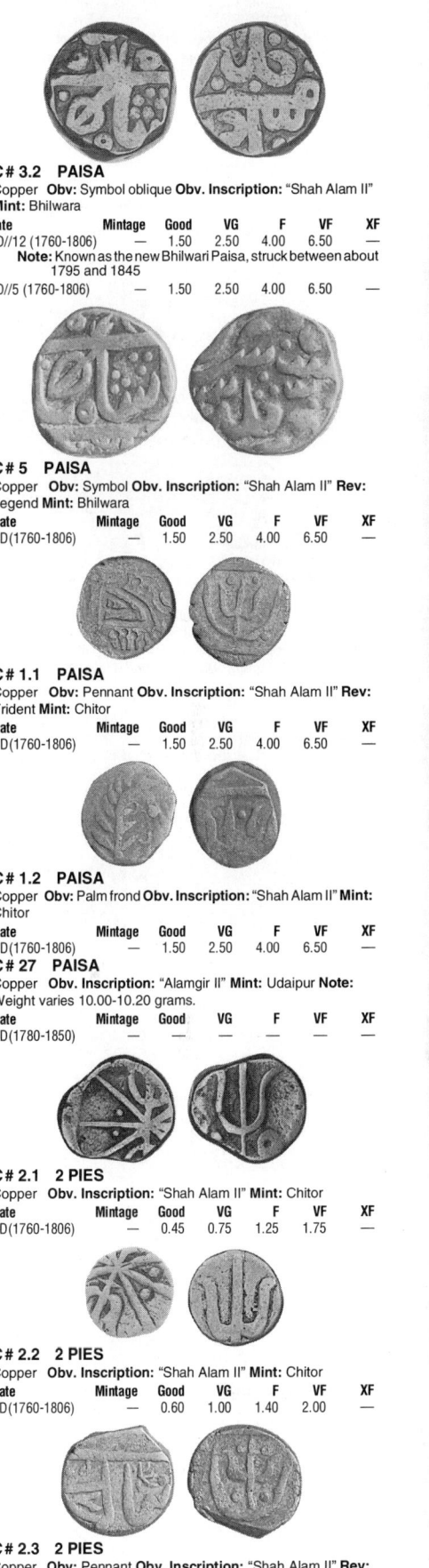

C# 3.2 PAISA
Copper **Obv:** Symbol oblique **Obv. Inscription:** "Shah Alam II" **Mint:** Bhilwara

Date	Mintage	Good	VG	F	VF	XF
ND//12 (1760-1806)	—	1.50	2.50	4.00	6.50	—

Note: Known as the new Bhilwari Paisa, struck between about 1795 and 1845

Date	Mintage	Good	VG	F	VF	XF
ND//5 (1760-1806)	—	1.50	2.50	4.00	6.50	—

C# 5 PAISA
Copper **Obv:** Symbol **Obv. Inscription:** "Shah Alam II" **Rev:** Legend **Mint:** Bhilwara

Date	Mintage	Good	VG	F	VF	XF
ND(1760-1806)	—	1.50	2.50	4.00	6.50	—

C# 1.1 PAISA
Copper **Obv:** Pennant **Obv. Inscription:** "Shah Alam II" **Rev:** Trident **Mint:** Chitor

Date	Mintage	Good	VG	F	VF	XF
ND(1760-1806)	—	1.50	2.50	4.00	6.50	—

C# 1.2 PAISA
Copper **Obv:** Palm frond **Obv. Inscription:** "Shah Alam II" **Mint:** Chitor

Date	Mintage	Good	VG	F	VF	XF
ND(1760-1806)	—	1.50	2.50	4.00	6.50	—

C# 27 PAISA
Copper **Obv. Inscription:** "Alamgir II" **Mint:** Udaipur **Note:** Weight varies 10.00-10.20 grams.

Date	Mintage	Good	VG	F	VF	XF
ND(1780-1850)	—	—	—	—	—	—

C# 2.1 2 PIES
Copper **Obv. Inscription:** "Shah Alam II" **Mint:** Chitor

Date	Mintage	Good	VG	F	VF	XF
ND(1760-1806)	—	0.45	0.75	1.25	1.75	—

C# 2.2 2 PIES
Copper **Obv. Inscription:** "Shah Alam II" **Mint:** Chitor

Date	Mintage	Good	VG	F	VF	XF
ND(1760-1806)	—	0.60	1.00	1.40	2.00	—

C# 2.3 2 PIES
Copper **Obv:** Pennant **Obv. Inscription:** "Shah Alam II" **Rev:** Trident **Mint:** Chitor

Date	Mintage	Good	VG	F	VF	XF
ND(1760-1806)	—	1.50	2.50	4.00	6.50	—

Note: Struck by local coppersmiths

C# 22 1/16 RUPEE
0.7000 g., Silver **Obv. Inscription:** "Alamgir II" **Mint:** Chitor

Date	Mintage	Good	VG	F	VF	XF
ND(1760-1850)	—	3.00	7.50	12.50	20.00	30.00

INDIA-PRINCELY STATES

MEWAR

C# 23 1/8 RUPEE
1.3000 g., Silver **Obv. Inscription:** "Alamgir II" **Mint:** Chitor

Date	Mintage	Good	VG	F	VF	XF
ND(1760-1850)	—	3.00	7.50	12.50	20.00	30.00

C# 24 1/4 RUPEE
Silver **Obv. Inscription:** "Alamgir II" **Mint:** Chitor **Note:** Weight varies 2.60-2.70 grams.

Date	Mintage	Good	VG	F	VF	XF
ND(1760-1850)	—	2.50	6.00	10.00	15.00	25.00

C# 30 1/4 RUPEE
2.7000 g., Silver **Obv. Inscription:** "Alamgir II" **Mint:** Udaipur

Date	Mintage	Good	VG	F	VF	XF
ND(1780-1850)	—	3.00	7.50	12.50	20.00	30.00

C# 25 1/2 RUPEE
Silver **Obv. Inscription:** "Alamgir II" **Mint:** Chitor **Note:** Weight varies 5.30-5.40 grams.

Date	Mintage	Good	VG	F	VF	XF
ND(1760-1850)	—	2.50	6.00	10.00	15.00	25.00

C# 43 1/2 RUPEE
Silver **Obv. Inscription:** "Alamgir II" **Mint:** Udaipur **Note:** Weight varies 5.35-5.80 grams.

Date	Mintage	Good	VG	F	VF	XF
ND(1777-1842)	—	2.75	7.00	11.00	16.50	25.00

C# 31 1/2 RUPEE
5.4000 g., Silver **Obv. Inscription:** "Alamgir II" **Mint:** Udaipur

Date	Mintage	Good	VG	F	VF	XF
ND(1780-1850)	—	3.00	7.50	12.50	20.00	30.00

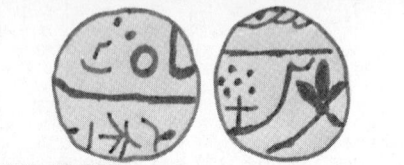

C# 26 RUPEE
Silver **Obv. Inscription:** "Alamgir II" **Mint:** Chitor **Note:** Weight varies 10.70-11.10 grams.

Date	Mintage	Good	VG	F	VF	XF
ND(1760-1850)	—	7.00	9.00	12.00	15.00	25.00
AH1180	—	7.00	10.00	20.00	30.00	50.00

C# 44 RUPEE
Silver **Obv. Inscription:** "Alamgir II" **Mint:** Udaipur **Note:** Weight varies 10.90-11.00 grams.

Date	Mintage	Good	VG	F	VF	XF
ND(1777-1842)	—	7.00	9.00	12.00	16.50	28.00

C# 32 RUPEE
11.8000 g., Silver **Obv. Inscription:** "Alamgir II" **Mint:** Udaipur

Date	Mintage	Good	VG	F	VF	XF
ND(1780-1850)	—	7.00	8.00	10.00	12.50	20.00

C# A27 NAZARANA RUPEE
Silver **Obv. Inscription:** "Alamgir II Shah" **Mint:** Chitor **Note:** Weight varies 10.70-11.10 grams.

Date	Mintage	Good	VG	F	VF	XF
ND(1760-1850)	—	—	—	—	—	—

Fatteh Singh
VS1941-1986 / 1884-1929AD

HAMMERED COINAGE

C# 38 RUPEE
Silver **Mint:** Bhilwara **Note:** Weight varies: 10.70-11.10 grams.

Date	Mintage	Good	VG	F	VF	XF
AH-//1	—	7.00	10.00	20.00	30.00	45.00
ND//1 (1760-1850)	—	7.00	10.00	20.00	30.00	45.00
ND//2 (1760-1850)	—	7.00	10.00	20.00	30.00	45.00
ND//3 (1760-1850)	—	7.00	10.00	20.00	30.00	45.00
ND//4 (1760-1850)	—	7.00	10.00	20.00	30.00	45.00
ND//5 (1760-1850)	—	7.00	10.00	20.00	30.00	45.00
ND//6 (1760-1850)	—	7.00	10.00	20.00	30.00	45.00
ND//7 (1760-1850)	—	7.00	10.00	20.00	30.00	45.00
ND//8 (1760-1850)	—	7.00	10.00	20.00	30.00	45.00

MYSORE

Large state in Southern India. Governed until 1761AD by various Hindu dynasties, then by Haider Ali and Tipu Sultan.

In 1831, Krishnaraja being deposed for mal-administration and pensioned off, the administration of Mysore State then came directly under the British. The coinage of Mysore ceased in 1843. After the Great Revolt of 1857, the policy of eliminating Indian princes was discontinued and as a result, Mysore was returned in 1881 to the control of an adopted son of Krishnaraja Wodeyar. The Wodeyars continued to hold the State until 1947 although they did not issue coins. In November 1956 modern Mysore was inaugurated as a linguistic state within the Indian Union.

NOTE: For earlier issues see Mysore, Independent Kingdoms during British rule.

RULER
Dewan Purnaiya, regent AH1214-1225/1799-1810AD

MINTS

مہیسور   مہي سور

Mysore

ناگور

Nagar

MONETARY SYSTEM
2 Fanams = 1 Anna
4 Annas = 1 Pavali
4 Pavalis = 1 Rupee

BRITISH PROTECTORATE

ANONYMOUS HAMMERED COINAGE

C# 199 1/6 PAVALI
Silver **Obv. Inscription:** "Shah Alam II" **Mint:** Mysore **Note:** Weight varies 0.45-0.48 grams.

Date	Mintage	Good	VG	F	VF	XF
ND(1799-1810)	—	2.25	5.50	11.00	18.00	25.00

C# 200 1/3 PAVALI
Silver **Obv:** Dancing figure (Chamundi) **Obv. Inscription:** "Shah Alam II" **Mint:** Mysore **Note:** Weight varies 0.89-0.96 grams.

Date	Mintage	VG	F	VF	XF	Unc
ND(1799-1810)	—	12.50	25.00	42.00	70.00	—

C# 201 2/3 PAVALI
Silver **Obv:** Dancing figure (Chamundi) **Obv. Inscription:** "Shah Alam II" **Mint:** Mysore **Note:** Weight varies: 1.78-1.92 grams.

Date	Mintage	Good	VG	F	VF	XF
ND(1799-1810)	—	5.00	12.50	25.00	42.00	70.00

C# 202 1/4 RUPEE (Pavali)
Silver **Obv:** Dancing figure (Chamundi) **Obv. Inscription:** "Shah Alam II" **Mint:** Mysore **Note:** Weight varies: 2.68-2.90 grams.

Date	Mintage	Good	VG	F	VF	XF
AH1214	—	3.00	7.50	15.00	25.00	35.00

C# 206 1/2 RUPEE
Silver **Obv. Inscription:** "Shah Alam II" **Mint:** Mysore **Note:** Weight varies 5.35-5.80 grams.

Date	Mintage	Good	VG	F	VF	XF
ND//35 (1793-94)	—	6.00	15.00	25.00	40.00	60.00
ND//39 (1797-98)	—	6.00	15.00	25.00	40.00	60.00

C# 207 RUPEE
Silver **Obv. Inscription:** "Shah Alam II" **Mint:** Mysore **Note:** Weight varies 10.70-11.60 grams.

Date	Mintage	Good	VG	F	VF	XF
AH1214//39 (sic)	—	7.00	9.00	12.50	20.00	35.00
AH1215//39 (sic)	—	8.00	10.00	15.00	25.00	40.00

C# 212 FANAM
Gold **Subject:** Narasimha **Obv. Inscription:** "Shah Alam II" **Mint:** Mysore **Note:** Weight varies: 0.33-0.40 grams.

Date	Mintage	Good	VG	F	VF	XF
ND(1799-1810)	—	—	7.50	10.00	20.00	30.00

Dewan Purnaiya
AH1214-1225 / 1799-1810AD

HAMMERED COINAGE

C# 185 6-1/4 CASH
Copper **Obv:** Sardula (mythical tiger) **Rev:** Without value, with Mysore **Mint:** Mysore

Date	Mintage	Good	VG	F	VF	XF
ND(1799-1810)	—	4.00	6.50	10.00	16.00	—

C# 185a 6-1/4 CASH
Copper **Obv:** Sardula (mythical tiger) **Rev:** Without value or Mysore **Mint:** Mysore

Date	Mintage	Good	VG	F	VF	XF
ND(1799-1810)	—	5.00	10.00	15.00	20.00	—

C# 185b 6-1/4 CASH
Copper **Obv:** Sardula (mythical tiger) **Rev:** Value in English, with Mysore **Mint:** Mysore

Date	Mintage	Good	VG	F	VF	XF
ND(1799-1810)	—	3.00	5.50	9.00	14.00	—
ND(1799-1810) CASH retrograde	—	4.00	6.50	10.00	16.00	—

C# 186 12-1/2 CASH
Copper **Obv:** Sardula (mythical tiger) **Mint:** Mysore

Date	Mintage	Good	VG	F	VF	XF
ND(1799-1810)	—	7.00	12.00	18.00	28.00	—

C# 187 25 CASH
Copper **Obv:** Sardula (mythical tiger) **Rev:** English legend often blundered **Mint:** Mysore

Date	Mintage	Good	VG	F	VF	XF
ND(1799-1810)	—	10.00	15.00	25.00	50.00	—

NAWANAGAR

HAMMERED COINAGE

C# 189 75 CASH

23.5900 g., Copper **Obv:** Sardula (mythical tiger) **Mint:** Mysore

Date	Mintage	Good	VG	F	VF	XF
ND(1799-1810)	—	—	—	—	—	—

Note: Silver coinage of Dewan Purnaiya is identical to that of Krishna Raja Wodeyar and they are all listed together following these copper issues

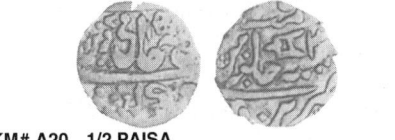

KM# A20 1/2 PAISA

3.3700 g., Copper **Obv:** Inscription **Obv. Inscription:** Shah Alam (II) **Rev:** Horizontal katar **Note:** Struck during the reign of local ruler Daulat Rao, AH1209-43/1794-1827AD.

Date	Mintage	Good	VG	F	VF	XF
AH1205/3x	—	1.75	3.00	5.00	8.00	—
AH1206/3x	—	1.75	3.00	5.00	8.00	—
AH1207/35	—	1.75	3.00	5.00	8.00	—
AH1207/46	—	1.75	3.00	5.00	8.00	—
AH1208/46	—	1.75	3.00	5.00	8.00	—
AH1210/4x	—	1.75	3.00	5.00	8.00	—
AH1211//43	—	1.75	3.00	5.00	8.00	—
AH1215/35	—	1.75	3.00	5.00	8.00	—

KM# 20 RUPEE

Silver **Obv. Inscription:** Shah Alam (II) **Rev:** Lotus bud and quatrefoil **Note:** Weight varies: 10.70-11.60 grams. Struck during the reign of local ruler Mahadji Rao, AH1175-1209/1761-94AD.

Date	Mintage	VG	F	VF	XF	Unc
AH1192/23	—	7.00	11.00	16.50	25.00	—
AH1195/25	—	7.00	11.00	16.50	25.00	—
AH1201/29	—	8.00	13.50	20.00	28.50	—
AH1202/30	—	7.00	11.00	16.50	25.00	—
AH1202/31	—	7.00	11.00	16.50	25.00	—
AH1203/31	—	7.00	11.00	16.50	25.00	—
AH12(0)4/31	—	7.00	11.00	16.50	25.00	—
AH12(0)4/32	—	7.00	11.00	16.50	25.00	—
AH1205/32	—	7.00	11.00	16.50	25.00	—
AH1205/33	—	7.00	11.00	16.50	25.00	—
AH1206/34	—	7.00	11.00	16.50	25.00	—
AH1207/35	—	7.00	11.00	16.50	25.00	—
AH1208/35	—	7.00	11.00	16.50	25.00	—

NABHA

Cis-Sutlej state located in the Punjab in northwest India founded in the 18th century.

The ancestry of these rulers was identical to that of Jind. Until 1845 Nabha's history closely paralleled that of Patiala. At this point, however, the raja sided with the Sikhs. It was left to his son to make amends to the British in 1847 after the first Sikh war (1845-46). Their independence became somewhat circumscribed and in 1849 the Punjab was annexed and the states were merged into the new province of British India.

RULERS

Bharpur Singh, VS1903-1920/1846-1863AD
Identifying Marks:

On reverse

Hira Singh, VS1928-1968/1871-19
Identifying Marks:

On reverse

MINTS

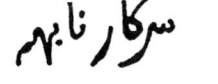

Sarkar Nabha

Jaswant Singh
VS1840-1897 / 1783-1840AD
HAMMERED COINAGE

C# 20.1 RUPEE

Silver **Obv. Inscription:** Ahmad Shah Durrani **Rev:** Cross-like symbol below "Sin"

Date	Mintage	Good	VG	F	VF	XF
ND(1782-1840)	—	11.00	—	—	70.00	100

NARWAR

Narwar was a tiny state in western Malwa with a population of about four thousand (ca.1900). The ruling chiefs were Jhala Rajputs. In AH1220/1805AD it came under Gwalior.

For later issues see Gwalior - Narwar Mint listings.

RULERS

Mahadji Rao, AH1175-1209/1761-1794AD
Daulat Rao, AH1209-1243/1794-1827AD

MNT MARKS

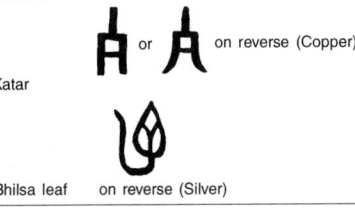

Katar — or — on reverse (Copper)

Bhilsa leaf — on reverse (Silver)

KM# 22 1/2 PAISA

3.3700 g., Copper **Obv. Inscription:** "Shah Alam II" **Rev:** Vertical katar **Note:** Struck during the reign of local ruler Daulat Rao, AH1209-43/1794-1827AD.

Date	Mintage	Good	VG	F	VF	XF
AH1215//43	—	1.75	3.00	5.00	8.00	—
AH1215//42	—	1.75	3.00	5.00	8.00	—

KM# 24 1/4 RUPEE

Silver **Obv. Inscription:** Shah Alam (II) **Note:** Weight varies: 2.68-2.90 grams. Struck during the reign of local ruler Daulat Rao, AH1209-43/1794-1827AD.

Date	Mintage	VG	F	VF	XF	Unc
AH1207/3x	—	6.50	10.00	15.00	22.50	—

KM# 10 1/2 RUPEE

Silver **Obv. Inscription:** Shah Alam (II) **Note:** Weight varies: 5.35-5.80 grams. Struck during the reign of local ruler Mahadji Rao, AH1175-1209/1761-94AD.

Date	Mintage	VG	F	VF	XF	Unc
ND(1761-94)	—	15.00	25.00	35.00	50.00	—

KM# 16 RUPEE

Silver **Obv. Inscription:** Shah Alam (II) **Note:** Weight varies: 10.70-11.60 grams. Struck during the reign of local ruler Mahadji Rao, AH1175-1209/1761-94AD.

Date	Mintage	VG	F	VF	XF	Unc
AH(11)75//2	—	20.00	35.00	50.00	75.00	—
AH1174/1	—	20.00	35.00	50.00	75.00	—
AH-/2	—	20.00	35.00	50.00	75.00	—
AH1176//4	—	20.00	35.00	50.00	75.00	—
AH1177//2	—	20.00	35.00	50.00	75.00	—
AH1177//5	—	20.00	35.00	50.00	75.00	—
AH(117)8//5	—	20.00	35.00	50.00	75.00	—
AH1179//6	—	20.00	35.00	50.00	75.00	—
AH1183//10	—	20.00	35.00	50.00	75.00	—
AH1185//13	—	20.00	35.00	50.00	75.00	—
AH1188//14	—	20.00	35.00	50.00	75.00	—
AH(11)89//16	—	20.00	35.00	50.00	75.00	—
AH1190//18	—	20.00	35.00	50.00	75.00	—
AH(119)2//21	—	20.00	35.00	50.00	75.00	—
AH(119)4//21	—	20.00	35.00	50.00	75.00	—
AH1195//22	—	20.00	35.00	50.00	75.00	—
AH1195//23	—	20.00	35.00	50.00	75.00	—

KM# 17 RUPEE

Silver **Obv. Inscription:** Shah Alam (II) **Rev:** Katar **Note:** Weight varies: 10.70-11.60 grams. Struck during the reign of local ruler Mahadji Rao, AH1175-1209/1761-94AD.

Date	Mintage	VG	F	VF	XF	Unc
AH1179//6	—	14.00	27.50	45.00	65.00	—

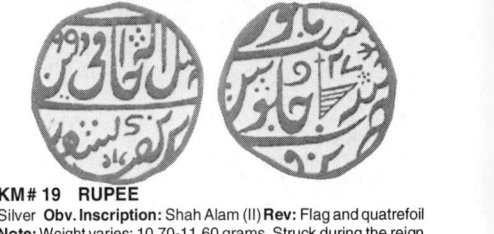

KM# 19 RUPEE

Silver **Obv. Inscription:** Shah Alam (II) **Rev:** Flag and quatrefoil **Note:** Weight varies: 10.70-11.60 grams. Struck during the reign of local ruler Mahadji Rao, AH1175-1209/1761-94AD.

Date	Mintage	VG	F	VF	XF	Unc
AH1197/27	—	14.00	23.50	32.50	45.00	—

Mahadji Rao
AH1175-1209/1761-94AD
HAMMERED COINAGE

KM# 18 RUPEE

Silver **Obv. Inscription:** Shah Alam (II) **Rev:** Floral symbols **Note:** Weight varies: 10.70-11.60 grams.

Date	Mintage	VG	F	VF	XF	Unc
AH1189/16	—	14.00	23.50	32.50	45.00	—
AH1190/17	—	14.00	23.50	32.50	45.00	—
AH1191/18	—	14.00	23.50	32.50	45.00	—
AH1192/24	—	14.00	23.50	32.50	45.00	—
AH1292/23	—	14.00	23.50	32.50	45.00	—
AH1293/2x	—	14.00	23.50	32.50	45.00	—
AH1196/24	—	14.00	23.50	32.50	45.00	—
AH1295/25	—	14.00	23.50	32.50	45.00	—
AH1199/27	—	14.00	23.50	32.50	45.00	—

NAWANAGAR

(Navanagar)

State located on the Kathiawar peninsula, west-central India.

The rulers, or jams, of Kutch were Jareja Rajputs who had entered the Kathiawar peninsular from Kutch and dispossessed the ancient family of Jathwas. Nawanagar was founded about 1535 by Jam Raval, who was possibly the elder brother of the Jam of Kutch. The great fort of Nawanagar was built by Jam Jasaji (d. 1814). The state became tributary to the Gaekwar family and, in the 19th century, also to the British. In 1948 the state was merged into Saurashtra.

MONETARY SYSTEM

2 Trambiyo = 1 Dokda
3 Trambiyo = 1 Dhinglo
8 Dokda = 1 Kori

Early Types: Stylized imitations of the coins of Muzaffar III of Gujarat (156-173AD), dated AH978 (= 1570AD), were struck from the end of the 16th century until the early part of the reign of Vibhaji. These show a steady degradation of style over the nearly 300 years of issue, but no types can be dated to specific rulers. The former attribution of these coins to Ranmalji II (1820-1852AD) is incorrect. All are inscribed Sri Jamji, title of all rulers of Nawanagar.

Varieties in this series are the rule, not the exception. These include legend style, small marks in the field such as a crescent, Katar (dagger), etc., and weight ranges.

BRITISH PROTECTORATE
HAMMERED COINAGE
Crude Style; ca. 1570 - 1850AD

Marks #4 through #10 are found in addition to Mark#1. The Datia copies can only be distinguished by the mintmarks, other than #1, which is common to both series for the list of Datia marks, see listings under that state.

There seems to be no correspondence between AH dates on the obverse and regnal years on the reverse.

BRITISH PROTECTORATE

Vikramajit Mahendra
AH1211-1233 / 1796-1817AD

HAMMERED COINAGE

KM# 1 TRAMBIYO
Copper **Note:** Weight varies: 3.2-4 grams.

Date	Mintage	Good	VG	F	VF	XF
AH9)78 frozen	—	2.00	3.00	5.00	10.00	—

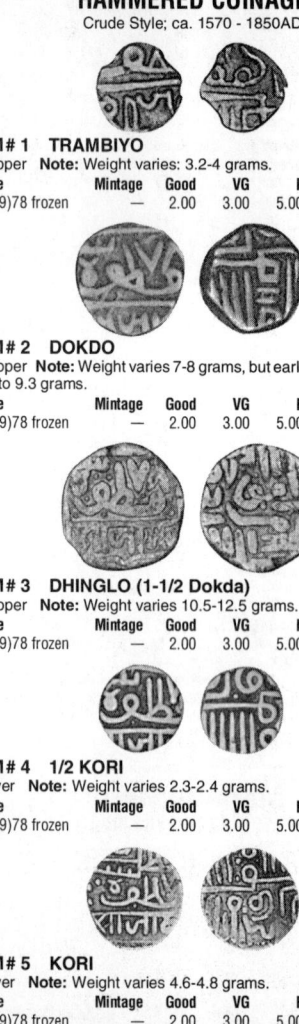

KM# 2 DOKDO
Copper **Note:** Weight varies 7-8 grams, but earlier issues weigh up to 9.3 grams.

Date	Mintage	Good	VG	F	VF	XF
AH(9)78 frozen	—	2.00	3.00	5.00	10.00	—

KM# 3 DHINGLO (1-1/2 Dokda)
Copper **Note:** Weight varies 10.5-12.5 grams.

Date	Mintage	Good	VG	F	VF	XF
AH(9)78 frozen	—	2.00	3.00	5.00	10.00	—

KM# 4 1/2 KORI
Silver **Note:** Weight varies 2.3-2.4 grams.

Date	Mintage	Good	VG	F	VF	XF
AH(9)78 frozen	—	2.00	3.00	5.00	10.00	—

KM# 5 KORI
Silver **Note:** Weight varies 4.6-4.8 grams.

Date	Mintage	Good	VG	F	VF	XF
AH(9)78 frozen	—	2.00	3.00	5.00	10.00	—

ORCHHA

State located in north-central India.

Orchha, the oldest and highest ranking of all the Bundela States, was founded by Rudra Pratap, a Garhwar Rajput, early in the 16th century. During the years of Mughal expansion, Orchha came under the supervision of Delhi. A few years later Jujhar Singh (1626-1635) rebelled but was defeated and dispossessed. Shah Jahan installed his brother as ruler in 1641. In the 18th century, as the Marathas took control of the region, only Orchha from among the Bundela States was not totally subjugated by the Peshwa. In the 19th century Orchha came under British protection.

The Orchha coinage was called Gaja Shahi because of the gaja or mace which was its symbol.

RULER
Vikramajit Mahendra, AH1211-1233/1796-1817AD

MINT MARKS

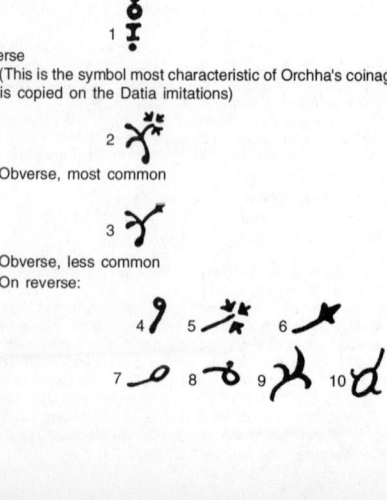

1 ☸ Reverse
(This is the symbol most characteristic of Orchha's coinage and is copied on the Datia imitations)

2 ✡ Obverse, most common

3 ✡ Obverse, less common
On reverse:

4 5 6 7 8 9 10

Date	Mintage	Good	VG	F	VF	XF
AH1240//29	—	7.00	10.00	14.00	22.00	—
AH1211//39	—	7.00	10.00	14.00	22.00	—
AH1211//41	—	7.00	10.00	14.00	22.00	—
AH1211//43	—	7.00	10.00	14.00	22.00	—
AH1211//44	—	7.00	10.00	14.00	22.00	—
AH1212//40	—	7.00	10.00	14.00	22.00	—
AH1212//41	—	7.00	10.00	14.00	22.00	—
AH1212//45	—	7.00	10.00	14.00	22.00	—
AH1213//42	—	7.00	10.00	14.00	22.00	—
AH1214//40	—	7.00	10.00	14.00	22.00	—
AH1214//41	—	7.00	10.00	14.00	22.00	—
AH1214//42	—	7.00	10.00	14.00	22.00	—
AH1214//43	—	7.00	10.00	14.00	22.00	—
AH1214//44	—	7.00	10.00	14.00	22.00	—
AH1214//45	—	7.00	10.00	14.00	22.00	—
AH1214//46	—	7.00	10.00	14.00	22.00	—
AH1215//43	—	7.00	10.00	14.00	22.00	—

C# 24 1/2 PAISA
Copper, 16 mm. **Obv. Inscription:** "Shah Alam II"

Date	Mintage	Good	VG	F	VF	XF
AH(12)32 (1816-17)	—	3.00	5.00	10.00	15.00	—

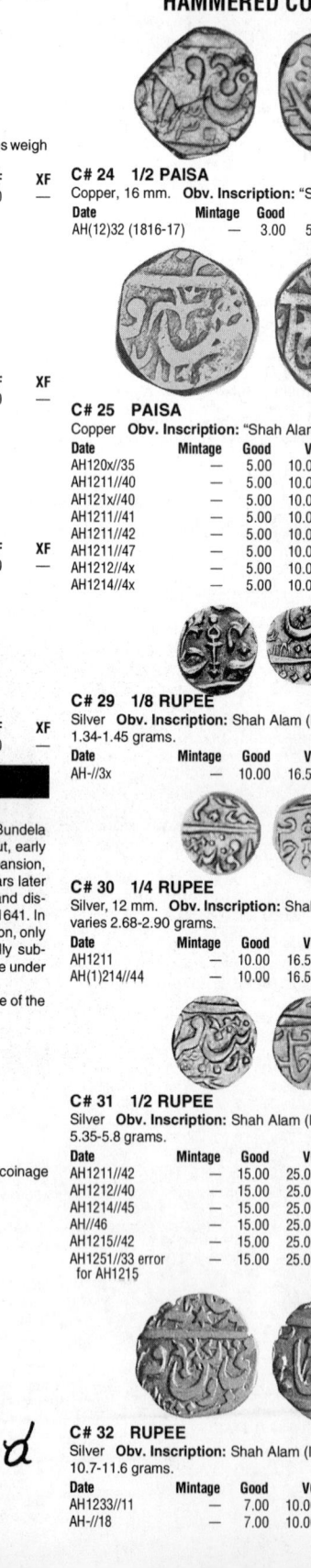

C# 25 PAISA
Copper **Obv. Inscription:** "Shah Alam II"

Date	Mintage	Good	VG	F	VF	XF
AH120x//35	—	5.00	10.00	15.00	25.00	—
AH1211//40	—	5.00	10.00	15.00	25.00	—
AH121x//40	—	5.00	10.00	15.00	25.00	—
AH1211//41	—	5.00	10.00	15.00	25.00	—
AH1211//42	—	5.00	10.00	15.00	25.00	—
AH1211//47	—	5.00	10.00	15.00	25.00	—
AH1212//4x	—	5.00	10.00	15.00	25.00	—
AH1214//4x	—	5.00	10.00	15.00	25.00	—

C# 29 1/8 RUPEE
Silver **Obv. Inscription:** Shah Alam (II) **Note:** Weight varies 1.34-1.45 grams.

Date	Mintage	Good	VG	F	VF	XF
AH-//3x	—	10.00	16.50	25.00	35.00	—

C# 30 1/4 RUPEE
Silver, 12 mm. **Obv. Inscription:** Shah Alam (II) **Note:** Weight varies 2.68-2.90 grams.

Date	Mintage	Good	VG	F	VF	XF
AH1211	—	10.00	16.50	25.00	35.00	—
AH(1)214//44	—	10.00	16.50	25.00	35.00	—

C# 31 1/2 RUPEE
Silver **Obv. Inscription:** Shah Alam (II) **Note:** Weight varies: 5.35-5.8 grams.

Date	Mintage	Good	VG	F	VF	XF
AH1211//42	—	15.00	25.00	40.00	60.00	—
AH1212//40	—	15.00	25.00	40.00	60.00	—
AH1214//45	—	15.00	25.00	40.00	60.00	—
AH//46	—	15.00	25.00	40.00	60.00	—
AH1215//42	—	15.00	25.00	40.00	60.00	—
AH1251//33 error for AH1215	—	15.00	25.00	40.00	60.00	—

C# 32 RUPEE
Silver **Obv. Inscription:** Shah Alam (II) **Note:** Weight varies 10.7-11.6 grams.

Date	Mintage	Good	VG	F	VF	XF
AH1233//11	—	7.00	10.00	14.00	22.00	—
AH-//18	—	7.00	10.00	14.00	22.00	—

C# 33 NAZARANA 2 RUPEE
21.8300 g., Silver, 31 mm. **Obv:** 3-line inscription with Mughal ruler's titles **Obv. Inscription:** Shah Alam II **Rev:** 3-line inscription with mint and date **Mint:** Orchha

Date	Mintage	VG	F	VF	XF	Unc
AH1214/45 1 known	—	—	—	—	—	—

PANNA

State located in central India.

The ruling family of Panna was descended from Rudra Pratap, founder of the Orchha royal house. Rudra Pratap's great grandson, Champat Rai, declared his independence of both Orchha and the Mughals. Champat Rai's son, Maharaja Chhatrasal, greatly extended the principality when he acquired extensive tracts of land elsewhere in Bundelkhand. In 1807 the Panna chief Kishor Singh obtained a sanad from the British, and thereafter came under British supervision.

MINT MARK

Kukureti

Hanuman (monkey god) running

Shah Alam II
AH1173-1221 / 1759-1806AD

HAMMERED COINAGE

KM# 10 PAISA
Copper **Obv:** Hanuman running **Obv. Inscription:** Shah Alam (II)

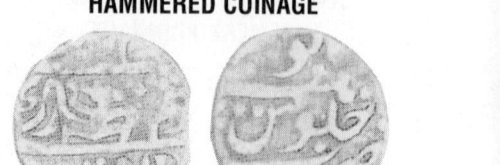

Date	Mintage	Good	VG	F	VF	XF
AH-//24	—	7.00	12.00	17.00	—	25.00

PARTABGARH

Pratapgarh

The rulers of Partabgarh, a state located in northwest India, the maharawals, were Sesodia Rajputs who are believed to have migrated in 1553 from Mewar, where their ancestors once ruled. Arriving in the area they seized control from the local Bhil chieftains but it was not until the early 18th century that Partabgarh town was founded by Maharawal Partab Singh. Partabgarh was tributary to Holkar until 1818 when, with the collapse of the Maratha states, the state came under British protection. The state was then managed through the Rajputana Agency until, in April 1948, it was merged into Rajasthan.

RULERS
Salim Singh, AH1167-1189/1753-1775 AD
Sawant Singh, AH1189-1241/1775-1825AD

MINT

Deogarh

BRITISH PROTECTORATE

Sawant Singh
AH1189-1241 / 1775-1825AD

HAMMERED COINAGE

KM# 10 1/8 RUPEE
1.3000 g., Silver, 11 mm.

Date	Mintage	Good	VG	F	VF	XF
AH1199/29	—	—	3.50	6.00	9.00	14.00

KM# 5 1/4 RUPEE
Silver **Obv. Inscription:** Shah Alam (II) **Note:** Second type with frozen date "AH1199" and regnal date "yr.26"; weight varies 2.72 - 2.82 grams. Prev. KM#3.

Date	Mintage	Good	VG	F	VF	XF
AH1199//26	—	—	7.50	12.50	18.50	27.50

KM# 11 1/4 RUPEE
2.6500 g., Silver

Date	Mintage	Good	VG	F	VF	XF
AH1199/29	—	2.00	5.00	7.00	10.00	16.00

KM# 2 1/2 RUPEE
Silver **Obv. Inscription:** "Shah Alam (II)" **Note:** Weight varies 5.4-5.6 grams. Prev. KM#4.

Date	Mintage	Good	VG	F	VF	XF
AH1185/xx	—	—	7.00	10.00	16.50	25.00
AH1189/16	—	—	7.00	11.00	16.50	25.00
AH1193/20	—	—	7.00	11.00	16.50	25.00
AH1197//2x	—	—	7.00	11.00	16.50	25.00
AH1198/25	—	—	7.00	11.00	16.50	25.00

KM# 6 1/2 RUPEE
Silver **Obv. Inscription:** Shah Alam (II) **Note:** Second type with frozen date "AH1199" and regnal date "yr.26". Weight varies: 5.4-5.6 grams. Prev. KM#7.

Date	Mintage	Good	VG	F	VF	XF
AH1199/26	—	—	7.00	11.00	16.50	25.00

KM# 12 1/2 RUPEE
5.3000 g., Silver

Date	Mintage	Good	VG	F	VF	XF
AH1199/29	—	2.25	3.50	6.00	9.00	14.00

KM# 3 RUPEE
Silver **Obv. Inscription:** Shah Alam (II) **Note:** Weight varies: 10.9-11.3 grams. Prev. KM#5.

Date	Mintage	Good	VG	F	VF	XF
AH1184//11	—	—	11.50	17.50	23.50	32.50
AH1185//12	—	—	11.50	17.50	23.50	32.50
AH1186//13	—	—	11.50	17.50	23.50	32.50
AH1187//14	—	—	11.50	17.50	23.50	32.50
AH1189//16	—	—	11.50	17.50	23.50	32.50
AH1190//17	—	—	11.50	17.50	23.50	32.50
AH1191//18	—	—	11.50	17.50	23.50	32.50
AH1192//19	—	—	11.50	17.50	23.50	32.50
AH1192//20	—	—	11.50	17.50	23.50	32.50
AH1193/20	—	—	11.50	17.50	23.50	32.50
AH1193//21	—	—	11.50	17.50	23.50	32.50
AH1195//22	—	—	11.50	17.50	23.50	32.50
AH1196//23	—	—	11.50	17.50	23.50	32.50
AH1196//24	—	—	11.50	17.50	23.50	32.50
AH1197//24	—	—	11.50	17.50	23.50	32.50
AH1198//25	—	—	11.50	17.50	23.50	32.50
AH1199//26	—	—	11.50	17.50	23.50	32.50

KM# 7 RUPEE
10.7000 g., Silver **Obv. Inscription:** Shah Alam (II) **Note:** Second type with frozen date "AH1199" and regnal date "yr.26".

Date	Mintage	Good	VG	F	VF	XF
AH1199/26 Frozen date	—	—	11.50	17.50	23.50	32.50

KM# 13 RUPEE
10.7000 g., Silver, 19-20 mm. **Note:** Size varies.

Date	Mintage	Good	VG	F	VF	XF
AH1199/29	—	7.00	8.00	10.00	12.00	20.00

KM# 4 NAZARANA RUPEE
10.9500 g., Silver **Obv. Inscription:** Shah Alam (II) **Shape:** Square **Note:** Weight varies: 10.9-11.3 grams. Prev. KM#6.

Date	Mintage	Good	VG	F	VF	XF
AH1193//20	—	—	40.00	70.00	90.00	120

KM# 14 NAZARANA RUPEE
10.8500 g., Silver **Shape:** Square

Date	Mintage	Good	VG	F	VF	XF
AH1199/29	—	17.50	35.00	60.00	85.00	125

PATIALA

State located in the Punjab in northwest India. In the mid-18th century the Raja was given his title and mint right by Ahmad Shah Durrani of Afghanistan, whose coin he copied.

The rulers became Maharajas in 1810AD. The maharaja of Patiala was also recognized as the leader of the Phulkean tribe. Unlike others, Patiala's Sikh rulers had never hesitated to seek British assistance at those times when they felt threatened by their co-religionist neighbors. In 1857, Patiala's forces were immediately made available on the side of the British.

RULERS
Amar Singh, AH1179-96/1765-81AD

Identifying marks on reverse.

Sahib Singh, AH1196-1229/1781-1813AD

Identifying marks on reverse.

MINT

Sirhind (Sahrind)

Amar Singh
AH1179-1196 / 1765-1781AD

HAMMERED COINAGE

C# 9 1/2 RUPEE
Silver **Obv. Inscription:** Ahamad Shah Durrani **Note:** Weight varies, 5.50-5.62 grams.

Date	Mintage	Good	VG	F	VF	XF
ND/4 (1765-81) Rare, frozen	—	—	—	—	—	—

C# 10 RUPEE
Silver **Obv. Inscription:** Ahmad Shah Durrani **Note:** 11.10-11.20 grams.

Date	Mintage	Good	VG	F	VF	XF
ND/4 (1765-81) Frozen	—	10.00	20.00	31.50	42.50	65.00

Sahib Singh
AH1196-1229 / 1781-1813AD

HAMMERED COINAGE

C# 20 RUPEE
Silver **Obv:** Similar to 1 Rupee, C#10 **Obv. Legend:** Durrani legend **Obv. Inscription:** Ahmad Shah Durrani **Rev. Legend:** Flower Symbol similar to that of his predecessor, Raja Amar Singh **Note:** Weight varies: 11.10-11.20 grams.

Date	Mintage	Good	VG	F	VF	XF
ND(1781-1813)	—	9.00	17.50	25.00	35.00	55.00

RATLAM

State located northwest of Indore in Madhya Pradesh. The rajas of Ratlam were Rathor Rajputs, descendants of the younger branch of the Jodhpur ruling family. Ratlam became the premier Rajput state in western Malwa. The founder, Ratan Singh, received the territory as a grant from Shah Jahan in 1631. Before Maratha collapse some 15% of the state's annual revenue went to Sindhia as tribute. Under British protection it was supervised by the Central India Agency and in 1948 Ratlam became a district of Madhya Bharat.

MINT

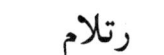

Ratlam

KM# 21 PAISA
Copper **Obv:** "Ra'ej" retrograde in dotted circle **Rev:** Spade symbol

Date	Mintage	Good	VG	F	VF	XF
ND(1785-89)	—	6.50	12.00	20.00	30.00	—

Shah Alam II
AH1173-1221 / 1759-1806AD

HAMMERED COINAGE

KM# 10 PAISA
11.1000 g., Copper **Obv:** "Ratlam" below "Ra'ej" in dotted circle

Date	Mintage	Good	VG	F	VF	XF
ND(1759-1806)//2x	—	6.50	12.00	20.00	30.00	—

KM# 5 PAISA
11.1000 g., Copper **Obv. Inscription:** "Ratlam" below "Shah Alam" **Note:** Struck at Ratlam.

Date	Mintage	Good	VG	F	VF	XF
ND(1759-1806)	—	5.00	10.00	18.00	25.00	—

SELAM

HAMMERED COINAGE

KM# 5 PAISA
6.4000 g., Copper

Date	Mintage	Good	VG	F	VF	XF
AH1213	—	25.00	50.00	75.00	150	—

TRAVANCORE

State located in extreme southwest India. A mint was established in ME965/1789-1790AD.

The region of Travancore had a lengthy history before being annexed by the Vijayanagar kingdom. With Vijayanagar's defeat at the battle of Talikota in 1565, Travancore passed under Muslim control until the late 18th century, when it merged as a state in its own right under Raja Martanda Varma. At this time the raja allied himself with British interests as a protection against the Muslim dynasty of Mysore. In 1795 the raja of Travancore officially accepted a subsidiary alliance with the East India Company, and remained within the orbit of British influence from then until India's independence.

RULER
Bala Rama Varma I, ME973-986/1798-1810AD

MONETARY SYSTEM
16 Cash (Kasu) = 1 Chuckram
4 Chuckram = 1 Fanam
2 Fanams = 1 Anantaraya
7 Fanams = 1 Rupee
52-1/2 Fanam = 1 Pagoda

DATING
ME dates are of the Malabar Era. Add 824 or 825 to the ME date for the AD date. (i.e., ME1112 plus 824-825 =1936-1937AD).

BRITISH PROTECTORATE

Uncertain Ruler

HAMMERED COINAGE

KM# 15 PAISA
Copper **Obv:** Katar **Rev:** Sword

Date	Mintage	Good	VG	F	VF	XF
ND(c.1780-1806)	—	5.00	10.00	18.00	25.00	—

KINGDOM

HAMMERED COINAGE

KM# 1 CHUCKRAM
Silver **Obv:** Left and right angles with dots at bottom

Date	Mintage	Good	VG	F	VF	XF
ND(1600-1847)	—	1.00	2.50	5.00	8.00	12.00

Bala Rama Varma I
ME973-986 / 1798-1810AD

HAMMERED COINAGE

KM# 2 1/2 ANANTARAYA (Fanam)
Gold

Date	Mintage	Good	VG	F	VF	XF
ND(1790-1830)	—	—	7.00	10.00	15.00	25.00

KM# 3 ANANTARAYA (2 Fanam)
Gold

Date	Mintage	Good	VG	F	VF	XF
ND(1790-1860)	—	—	10.00	15.00	22.00	40.00

Note: For similar coins with leaf sprays on the obverse, see KM#23 in the 19th century listings

EUROPEAN INFLUENCES IN INDIA

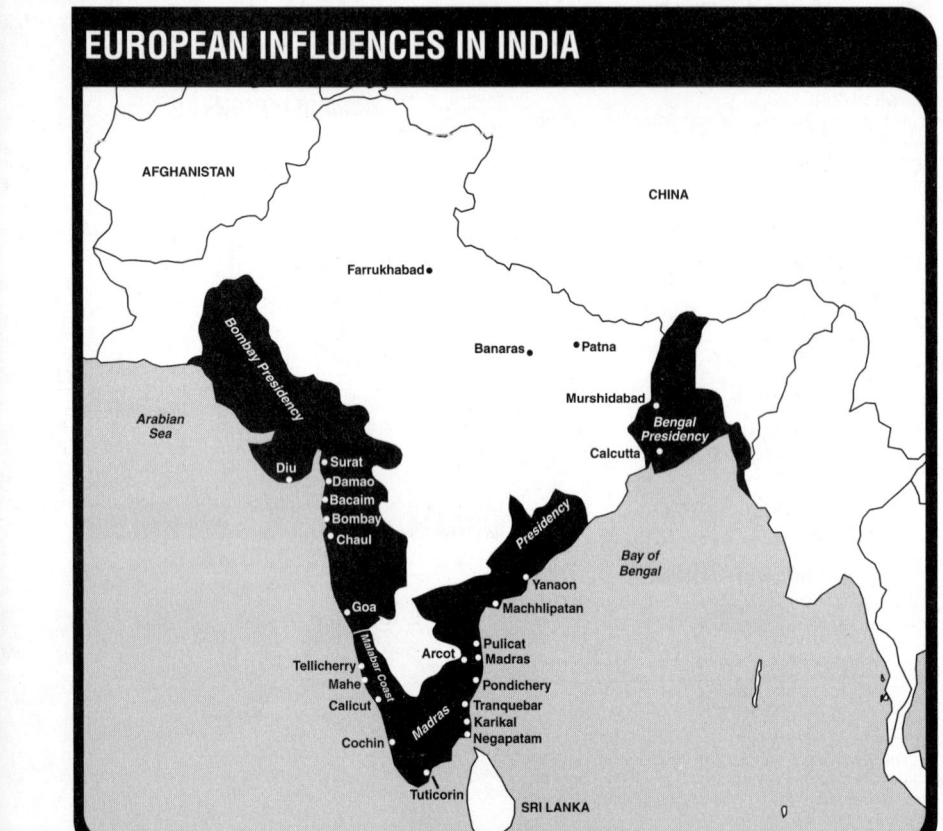

Danish India or Tranquebar is a town and former Danish colony on the southeast coast of India. In Danish times, 1620-1845, it was a factory site and seaport operated by the Danish Asiatic Company. Tranquebar and the other Danish settlements in India were sold to the British East India Company in 1845.

RULER
Danish, until 1845
ADMINISTRATION OF TRANQUEBAR
Danish East India Company (DOC)
    1670-1729
Danish Crown
    1729-1732
    Frederick IV, 1099-1730
    Christian VI, 1730-1746
Danish Asiatic Company (DOC)
    1732-1777
Danish Crown
    1777-Oct. 1845
    British Occupation May, 1801-Aug., 1802

MONETARY SYSTEM
80 Kas (Cash) = Royaliner (Fano or
8 Royaliner = 1 Rupee
18 Royaliner = 1 Speciesdaler

DANISH COLONY

HAMMERED COINAGE

KM# 122 CASH
Copper **Ruler:** Frederik IV **Issuer:** Danish East India Company **Obverse:** Crowned double F4 monogram **Reverse:** Crowned DOC monogram

Date	Mintage	Good	VG	F	VF	XF
ND	—	7.00	11.00	25.00	55.00	—

KM# 123.1 CASH
Copper **Ruler:** Frederik IV **Issuer:** Danish East India Company **Obverse:** Crowned F4 monogram using one vertical for both **Reverse:** Crowned DOC monogram **Note:** Weight varies: 0.40-1.65 grams.

Date	Mintage	Good	VG	F	VF	XF
ND	—	3.00	5.00	10.00	25.00	—

KM# 123.2 CASH
Copper **Ruler:** Frederik IV **Issuer:** Danish East India Company **Reverse:** Inverted DOC monogram

Date	Mintage	VG	F	VF	XF
—	—	—	—	—	—

KM# 124 CASH
Copper **Ruler:** Frederik IV **Issuer:** Danish East India Company **Obverse:** Crowned F4 monogram **Reverse:** Crowned DOC monogram **Note:** Weight varies: 0.40-1.65 grams.

Date	Mintage	Good	VG	F	VF	XF
ND	—	8.00	12.00	25.00	60.00	—

KM# 130 CASH
0.8000 g., Copper **Ruler:** Christian VI **Issuer:** Danish Royal Colony **Obv:** Crowned C6 monogram divides date **Rev:** Norse lion on battle axe to left

Date	Mintage	Good	VG	F	VF	XF
1731	—	20.00	30.00	70.00	150	—
1732	—	20.00	30.00	70.00	150	—
ND	—	50.00	100	200	300	—

KM# 131 CASH
0.8000 g., Copper **Ruler:** Christian VI **Issuer:** Danish Royal Colony **Obv:** Crowned C6 monogram, C and 6 separate **Rev:** Crowned DAC monogram

Date	Mintage	Good	VG	F	VF	XF
ND	—	5.00	15.00	30.00	60.00	—

KM# A133 CASH
0.8000 g., Copper **Ruler:** Christian VI **Issuer:** Danish Royal Colony **Obv:** Crowned C6 monogram **Rev:** DAC monogram without crown

Date	Mintage	Good	VG	F	VF	XF
ND Rare	—	—	—	—	—	—

KM# 133 CASH
0.8000 g., Copper **Ruler:** Christian VI **Issuer:** Danish Royal Colony **Obv:** C6 monogram **Rev:** DAC monogram

Date	Mintage	Good	VG	F	VF	XF
ND	—	5.00	15.00	30.00	60.00	—

KM# 134 CASH
0.8000 g., Copper **Ruler:** Christian VI **Issuer:** Danish Royal Colony **Obv:** C6 monogram **Rev:** T B ligate

Date	Mintage	Good	VG	F	VF	XF
ND	—	10.00	20.00	40.00	80.00	—

KM# 132 CASH
0.8000 g., Copper **Ruler:** Christian VI **Issuer:** Danish Royal Colony **Obv:** Crowned C6 monogram, C and 6 entwined **Rev:** Crowned DAC monogram **Note:** Varieties exist.

Date	Mintage	Good	VG	F	VF	XF
ND	—	5.00	10.00	20.00	40.00	—

KM# 143 CASH
0.6000 g., Copper **Ruler:** Frederik V **Issuer:** Danish Asiatic Company **Obv:** Crowned F5 monogram, block F **Rev:** Crowned DAC monogram divides date, 1 below

Date	Mintage	Good	VG	F	VF	XF
1761	—	50.00	100	250	450	—

KM# 150 CASH
0.6000 g., Copper **Ruler:** Christian VII **Issuer:** Danish Royal Colony **Obv:** Crowned C7 monogram **Rev:** Crowned DAC monogram between date, 1 below

Date	Mintage	Good	VG	F	VF	XF
1767	—	25.00	40.00	75.00	180	—
1768	—	25.00	40.00	75.00	180	—
1770	—	30.00	45.00	85.00	200	—
1777 Rare	—	—	—	—	—	—
1780	—	—	—	—	80.00	180

KM# 135 2 CASH
1.6000 g., Copper **Ruler:** Christian VI **Issuer:** Danish Royal Colony **Obv:** Crowned C6 monogram, C and 6 separate **Rev:** Crowned DAC monogram, 2 below

Date	Mintage	Good	VG	F	VF	XF
ND	—	10.00	20.00	40.00	100	—

KM# 136 2 CASH
1.6000 g., Copper **Ruler:** Christian VI **Issuer:** Danish Royal Colony **Obv:** Crowned C6 monogram, C and 6 entwined **Rev:** Crowned DAC monogram, 2 below

Date	Mintage	Good	VG	F	VF	XF
ND	—	5.00	10.00	25.00	60.00	—

KM# 137 2 CASH
1.6000 g., Copper **Ruler:** Christian VI **Issuer:** Danish Royal Colony **Obv:** C6 monogram **Rev:** DAC monogram, 2 KAS below

Date	Mintage	Good	VG	F	VF	XF
ND Rare	—	—	—	—	—	—

KM# 144 2 CASH
1.2000 g., Copper **Ruler:** Frederik V **Issuer:** Danish Asiatic Company **Obv:** Crowned F5 monogram, block F **Rev:** Crowned DAC monogram divides date, 2 below

Date	Mintage	Good	VG	F	VF	XF
1761	—	15.00	30.00	60.00	150	—

KM# 152 2 CASH
1.2000 g., Copper **Ruler:** Christian VII **Issuer:** Danish Royal Colony **Obv:** Crowned C7 monogram **Rev:** Crowned DAC monogram between date, 2 below

Date	Mintage	Good	VG	F	VF	XF
1767	—	25.00	40.00	75.00	180	—
1768	—	20.00	35.00	65.00	150	—
1770	—	15.00	30.00	60.00	150	—
1777	—	—	130	250	400	—

KM# 153 2 CASH

1.2000 g., Copper **Ruler:** Christian VII **Issuer:** Danish Royal Colony **Rev:** Retrograde 2 **Note:** Previously KM#153.2.

Date	Mintage	Good	VG	F	VF	XF
1780	—	—	70.00	150	300	—

KM# 139 4 CASH

3.2000 g., Copper **Ruler:** Christian VI **Issuer:** Danish Royal Colony **Obv:** Crowned retrograde C6 monogram **Rev:** Crowned DAC monogram **Note:** Varieties exist.

Date	Mintage	Good	VG	F	VF	XF
ND	—	25.00	40.00	100	200	—

KM# 138.1 4 CASH

3.2000 g., Copper **Ruler:** Christian VI **Issuer:** Danish Royal Colony **Obv:** Crowned C6 monogram, C and 6 separate **Rev:** Crowned DAC monogram, 4 below between dots **Note:** Varieties exist.

Date	Mintage	Good	VG	F	VF	XF
ND	—	5.00	10.00	20.00	50.00	—

KM# 138.2 4 CASH

3.2000 g., Copper **Ruler:** Christian VI **Issuer:** Danish Royal Colony **Obv:** Crowned C6 monogram, C and 6 entwined **Rev:** Crowned DAC monogram, 4 below between dots

Date	Mintage	Good	VG	F	VF	XF
ND	—	7.00	10.00	30.00	60.00	—

KM# 145 4 CASH

2.4000 g., Copper **Ruler:** Frederik V **Issuer:** Danish Asiatic Company **Obv:** Crowned F5 monogram, block F **Rev:** Crowned DAC monogram divides date, 4 below

Date	Mintage	Good	VG	F	VF	XF
1761	—	10.00	20.00	40.00	100	—
1763	—	8.00	15.00	35.00	80.00	—

KM# 154.1 4 CASH

2.4000 g., Copper **Ruler:** Christian VII **Issuer:** Danish Royal Colony **Obv:** Crowned C7 monogram **Rev:** Crowned DAC monogram between date, 4 below

Date	Mintage	Good	VG	F	VF	XF
1767	—	7.00	15.00	30.00	70.00	—
1768	—	6.00	10.00	25.00	60.00	—
1770	—	5.00	7.00	15.00	50.00	—
1777	—	6.00	15.00	30.00	70.00	—

KM# 154.2 4 CASH

2.4000 g., Copper **Ruler:** Christian VII **Issuer:** Danish Royal Colony **Rev:** Second 7 in date retrograde

Date	Mintage	Good	VG	F	VF	XF
1770	—	10.00	20.00	40.00	80.00	—

KM# 155 4 CASH

2.4000 g., Copper **Ruler:** Christian VII **Issuer:** Danish Royal Colony **Obv:** Crowned C7 monogram **Rev:** Value and date

Date	Mintage	Good	VG	F	VF	XF
1782	—	6.00	10.00	25.00	60.00	—
1786	—	6.00	10.00	25.00	60.00	—
1787	—	6.00	10.00	25.00	60.00	—
1788	—	6.00	10.00	25.00	60.00	—
1790	—	5.00	7.00	15.00	40.00	—
1797	—	6.00	10.00	20.00	50.00	—

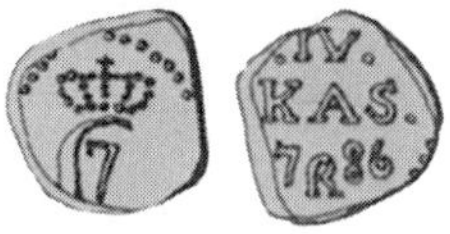

KM# 156 4 CASH

2.4000 g., Copper **Ruler:** Christian VII **Issuer:** Danish Royal Colony **Obv:** Crowned C7 monogram **Rev:** R between date

Date	Mintage	Good	VG	F	VF	XF
1786	—	10.00	20.00	40.00	100	—

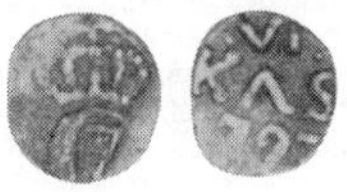

KM# 157 4 CASH

2.4000 g., Copper **Ruler:** Christian VII **Issuer:** Danish Royal Colony **Obv:** Crowned C7 monogram **Rev:** Value VI for IV

Date	Mintage	Good	VG	F	VF	XF
1797	—	10.00	15.00	35.00	80.00	—
1799	—	10.00	15.00	35.00	80.00	—
1800	—	7.00	10.00	30.00	70.00	—

KM# 163 10 CASH

Copper **Ruler:** Christian VII **Issuer:** Danish Royal Colony **Obv:** Crowned double C7 monogram **Rev:** Crowned DAC monogram, value 10 below date

Date	Mintage	Good	VG	F	VF	XF
1768	—	60.00	90.00	300	700	—

KM# 164 10 CASH

Copper **Ruler:** Christian VII **Issuer:** Danish Royal Colony **Obv:** Crowned monogram **Rev:** Value appears X.KAS above date, crowned DAC monogram above

Date	Mintage	Good	VG	F	VF	XF
1768	—	30.00	70.00	140	400	—
1770	—	20.00	50.00	130	300	—
1777	—	20.00	50.00	130	300	—

KM# 165 10 CASH

Copper **Ruler:** Christian VII **Issuer:** Danish Royal Colony **Obv:** Crowned C7 **Rev:** Value appears .X./.KAS. on two lines

Date	Mintage	Good	VG	F	VF	XF
1782	—	25.00	40.00	80.00	240	—
1786	—	25.00	40.00	80.00	240	—
1788	—	25.00	40.00	80.00	240	—
1790	—	25.00	40.00	80.00	260	—

KM# 128 ROYALIN

1.5500 g., Silver **Ruler:** Frederik IV **Issuer:** Danish East India Company **Obv:** Crowned F4 monogram divides date **Rev:** Crowned Norse lion on battle axe to left

Date	Mintage	Good	VG	F	VF	XF
1730	—	100	300	700	1,500	—

KM# 140 ROYALIN

Silver **Ruler:** Christian VI **Issuer:** Danish Royal Colony **Obv:** Crowned C6 monogram divides date **Rev:** Crowned Norse lion on battle axe to left

Date	Mintage	Good	VG	F	VF	XF
1731	—	200	400	800	1,800	—

KM# 146 ROYALIN

Silver **Ruler:** Frederik V **Issuer:** Danish Asiatic Company **Obv:** Crowned F5 monogram **Rev:** Arms divide date, value at top

Date	Mintage	Good	VG	F	VF	XF
1755	—	60.00	140	280	500	—
ND	—	50.00	140	280	500	—

KM# 147 ROYALIN

Silver **Ruler:** Frederik V **Issuer:** Danish Asiatic Company **Obv:** Crowned F5 monogram, block F **Rev:** Arms divide date, value at top

Date	Mintage	Good	VG	F	VF	XF
1756	—	30.00	70.00	150	320	—
1762	—	60.00	150	300	580	—
1763 Rare	—	—	—	—	—	—
1764	—	60.00	250	500	1,000	—
1765	—	70.00	150	300	600	—
1766	—	100	200	400	800	—

KM# 168 ROYALIN

Silver **Ruler:** Christian VII **Issuer:** Danish Royal Colony **Obv:** Crowned C7 monogram **Rev:** Value, arms with lion between date

Date	Mintage	VG	F	VF	XF	Unc
1767	—	40.00	80.00	150	300	—
1768 Rare	—	—	—	—	—	—
1769	—	50.00	100	200	400	—
1770	—	70.00	140	280	550	—
1771	—	60.00	100	200	400	—
1772 Rare	—	—	—	—	—	—
1772 Retrograde 2	—	—	—	800	1,500	—
1773	—	15.00	30.00	70.00	140	—
1774	—	20.00	30.00	75.00	150	—
1775	—	40.00	80.00	150	300	—
1776	—	20.00	40.00	80.00	150	—
1779	—	40.00	80.00	150	300	—
1780	—	20.00	40.00	80.00	150	—
1781	—	15.00	30.00	60.00	140	—
1783	—	20.00	50.00	100	200	—
1784	—	60.00	120	250	500	—
1786	—	20.00	50.00	100	200	—
1787	—	40.00	80.00	150	300	—
1788	—	60.00	120	250	500	—
1789	—	40.00	80.00	150	300	—
1791 Rare	—	—	—	—	—	—
1792	—	20.00	40.00	90.00	200	—
1793	—	70.00	140	280	550	—
1794	—	20.00	40.00	90.00	200	—
1795	—	20.00	40.00	90.00	200	—
1796	—	20.00	40.00	90.00	200	—
1797	—	20.00	40.00	90.00	200	—
1799	—	25.00	60.00	140	300	—

KM# 169 ROYALIN

Silver **Ruler:** Christian VII **Issuer:** Danish Royal Colony **Obv:** Crowned C7 monogram **Rev:** Value, arms with lion between date

Date	Mintage	VG	F	VF	XF	Unc
1786R Rare	—	—	—	—	—	—

KM# 142 2 ROYALINER (2 Fano, 2 Fanams)

Silver **Ruler:** Christian VI **Issuer:** Danish Royal Colony **Obv:** Crowned C6 monogram divides date **Rev:** Crowned Norse lion on battle axe to left

Date	Mintage	Good	VG	F	VF	XF
1731	—	300	550	1,100	2,500	—

KM# 141 2 ROYALINER (2 Fano, 2 Fanams)

Silver **Ruler:** Christian VI **Issuer:** Danish East India Company **Obv:** Crowned F4 monogram divides date **Rev:** Crowned Norse lion on battle axe to left **Note:** Posthumous issue.

Date	Mintage	Good	VG	F	VF	XF
1731	—	250	700	1,400	3,000	—

KM# 148 2 ROYALINER (2 Fano, 2 Fanams)

Silver **Ruler:** Frederik V **Issuer:** Danish Asiatic Company **Obv:** Crowned F5 monogram **Rev:** Arms divide date, value at top

Date	Mintage	Good	VG	F	VF	XF
1755	—	200	300	400	1,000	—
ND	—	175	275	400	1,000	—

KM# 149 2 ROYALINER (2 Fano, 2 Fanams)

Silver **Ruler:** Frederik V **Issuer:** Danish Asiatic Company **Obv:** Crowned F5 monogram, block F **Rev:** Arms divide date, value at top

Date	Mintage	Good	VG	F	VF	XF
1756	—	100	200	350	700	—
1762	—	125	250	500	900	—
1764 Rare	—	—	—	—	—	—
1765	—	125	250	500	900	—
1766 Rare	—	—	—	—	—	—

KM# 171 2 ROYALINER (2 Fano, 2 Fanams)

Silver **Ruler:** Christian VII **Issuer:** Danish Royal Colony **Obv:** Crowned C7 monogram **Rev:** Arms divides date, value above

Date	Mintage	VG	F	VF	XF	Unc
1767	—	100	200	350	600	—
1768	—	100	200	350	600	—
1769 Rare	—	—	—	—	—	—
1770	—	100	200	350	600	—
1771	—	100	200	350	600	—
1772	—	120	250	500	800	—
1773	—	25.00	70.00	150	300	—
1774	—	30.00	80.00	200	400	—
1775	—	10.00	100	200	400	—
1776	—	25.00	70.00	150	300	—
1779	—	100	200	350	600	—
1780	—	30.00	60.00	120	250	—
1781	—	20.00	40.00	100	200	—
1783	—	25.00	70.00	150	300	—

INDIA-DANSIH, TRANQUEBAR

Date	Mintage	VG	F	VF	XF	Unc
1784	—	20.00	50.00	120	240	—
1786	—	20.00	50.00	150	300	—
1787	—	20.00	40.00	100	200	—
1788	—	20.00	40.00	100	200	—
1789	—	40.00	100	200	400	—
1792	—	40.00	100	200	400	—
1793	—	100	200	400	700	—
1794	—	40.00	100	200	400	—
1795	—	30.00	70.00	150	300	—
1796	—	30.00	60.00	120	250	—
1797	—	30.00	60.00	120	250	—
1799	—	45.00	120	250	500	—

KM# 172 2 ROYALINER (2 Fano, 2 Fanams)

Silver **Ruler:** Christian VII **Issuer:** Danish Royal Colony **Obv:** Crowned C7 monogram **Rev:** Arms divides date, value above

Date	Mintage	VG	F	VF	XF	Unc
1786R	—	200	300	500	1,400	—

KM# 174 PAGODE (Pagoda)

Gold **Ruler:** Christian VII **Issuer:** Danish Royal Colony **Obv:** Crowned C7 monogram in oval on granulated field **Rev:** Indian diety

Date	Mintage	VG	F	VF	XF	Unc
ND(1789)	—	—	—	5,000	10,000	—

TRIAL STRIKES

KM#	Date	Mintage Identification	Mkt Val
TS9	1756	— 2 Royaliner. Billon. Counterstamp on Danish 2 Skilling.	2,000
TS1	1756	— Royalin. Billon. Counterstamp on Danish 1 Skilling.	2,500
TS7	1756	— Royalin. Gold.	—
TS2	1756	— Royalin. Billon. Counterstamp on Danish 2 Skilling.	—
TS3	1756	— Royalin. Tin.	—
TS4	ND	— Royalin. Tin.	—
TS10	ND	— 2 Royaliner. Tin.	—
TS11	1756	— 2 Royaliner. Silver. Thin planchet.	1,000
TS12	1756	— 2 Royaliner. Silver. Thick planchet.	—
TS13	ND	— 2 Royaliner. Silver.	1,100
TS5	1756	— Royalin. Silver.	1,500
TS14	1756	— 2 Royaliner. Gold.	1,600
TS6	ND	— Royalin. Silver.	2,500
TS15	ND	— 2 Royaliner. Gold.	8,000
TS8	ND	— Royalin. Gold.	1,650

INDIA-FRENCH

It was not until 1664, during the reign of Louis XIV, that the Compagnie des Indes Orientales was formed for the purpose of obtaining holdings on the subcontinent of India. Between 1666 and 1721, French settlements were established at Arcot, Mahe, Surat, Pondichery, Masulipatam, Karikal, Yanam, Murshidabad, Chandernagore, Balasore and Calicut. War with Britain reduced the French holdings to Chandernagore, Pondichery, Karikal, Yanam and Mahe. Chandernagore voted in 1949 to join India and became part of the Republic of India in 1950. Pondichery, Karikal, Yanam and Mahe formed the Pondichery union territory and joined the republic of India in 1954.

RULER
French, until 1954

MINTS

اركات

Arcot (Arkat)
Mint mark:

Crescent

A crescent moon mint mark is found to left of the regnal year for those struck at the Pondichery Mint. For listings of similar coins with lotus mint mark refer to India-British-Madras Presidency.

مچهلي پتن

Masulipatnam

Mint mark
Trident

مرشداباد

Murshidabad
(Moxoudabat)

In 1738, Dupleix, then the governor of Chandernagor obtained coining rights. These issues are very similar to the late issues of the Mughals. For later issues refer to India-British-Bengal Presidency.

Mint mark
Jasmine Flower

پانديچري

Pondichery

A city south of Madras on the southeast coast which became the site of the French Mint from 1700 to 1841. Pondichery was settled by the French in 1683. It became their main Indian possession even though it was occupied by the Dutch in 1693-1698 and several times by the British from 1761-1816.

سورت

Surat

The French silver coins struck similar to late Mughal issues in two different periods. See also India-British, Bombay Presidency.

MONETARY SYSTEM
Cache Kas or Cash
Doudou = 4 Caches
Biche = 1 Pice
2 Royalins = 1 Fanon Pondichery
5 Heavy Fanons = 1 Rupee Mahe
64 Biches = 1 Rupee

NOTE: The undated coinage was struck ca. 1720 well into the early 19th century.

ARCOT

HAMMERED COINAGE

KM# A28 1/32 RUPEE

0.3600 g., Silver **Ruler:** Shah Alam II **Obv:** Persian - Shah Alam (II) couplet **Rev:** Persian - Julus (formula), mint name **Mint:** Murshidabad

Date	Mintage	VG	F	VF	XF	Unc
AH1183 //0	—	125	225	375	500	—

KM# B28 1/16 RUPEE

0.7200 g., Silver **Ruler:** Shah Alam II **Obv:** Persian - Shah Alam (II) couplet **Rev:** Persian - Julus (formula), mint name **Mint:** Murshidabad

Date	Mintage	VG	F	VF	XF	Unc
AH1183 //0	—	125	225	375	500	—

KM# 3 1/4 RUPEE

2.8100 g., Silver **Ruler:** Muhammad Shah **Obv:** Persian - Muhammad Shah, regal title **Rev:** Persian - Julus (formula), mint name **Mint:** Arkat

Date	Mintage	VG	F	VF	XF	Unc
AH1149 //19 (1737)	—	80.00	135	225	325	—

KM# 25 1/4 RUPEE

2.8000 g., Silver **Ruler:** Muhammad Shah **Obv:** Persian - Muhammed Shah **Rev:** Persian - Julus (formula), mint name **Mint:** Murshidabad

Date	Mintage	VG	F	VF	XF	Unc
AH1151 //21	—	20.00	30.00	100	140	—
AH115x //24	—	20.00	30.00	100	140	—

KM# 6 1/4 RUPEE

2.8000 g., Silver **Ruler:** Ahmad Shah Bahadur **Obv:** Persian - Ahmad Shah Bahadur **Rev:** Persian - Julus (formula), mint name **Mint:** Arkat

Date	Mintage	VG	F	VF	XF	Unc
AH1163 //3	—	90.00	150	225	325	—
AH1165 //5	—	90.00	150	225	325	—

KM# 10 1/4 RUPEE

2.8000 g., Silver **Ruler:** Alamgir II **Obv:** Persian - Alamgir (II) **Rev:** Persian - Julus (formula), mint name **Mint:** Arkat

Date	Mintage	VG	F	VF	XF	Unc
AH1168 //1	—	60.00	120	175	250	—
AH1169 //3	—	30.00	60.00	85.00	125	—
AH1171 //4	—	30.00	60.00	85.00	125	—

KM# 28 1/4 RUPEE

2.8000 g., Silver **Ruler:** Shah Alam II **Obv:** Persian - Shah Alam (II) couplet **Rev:** Persian - Julus (formula), mint name **Mint:** Murshidabad

Date	Mintage	VG	F	VF	XF	Unc
AH1183 //10	—	15.00	25.00	65.00	100	—
AH1184 //11	—	15.00	25.00	65.00	100	—
AH1185 //12	—	15.00	25.00	65.00	100	—

KM# 13 1/4 RUPEE

2.8000 g., Silver **Ruler:** Shah Alam II **Obv:** Persian - Shah Alam II couplet **Rev:** Persian - Julus (formula), mint name **Mint:** Arkat
Note: Similar coins with crescent mint mark were also issued by Mysore Sate, using the latter mint name.

Date	Mintage	Good	VG	F	VF	XF
AH1184//10	—	—	21.50	42.00	85.00	120

KM# 4 1/2 RUPEE

5.6300 g., Silver **Ruler:** Muhammad Shah **Obv:** Persian - Muhammad Shah **Rev:** Persian - Julus (formula), mint name **Mint:** Arkat

Date	Mintage	VG	F	VF	XF	Unc
AH1149 //19	—	90.00	150	240	350	—

KM# 26 1/2 RUPEE

5.8000 g., Silver **Ruler:** Muhammad Shah **Obv:** Persian - Muhammed Shah **Rev:** Persian - Julus (formula), mint name **Mint:** Murshidabad

Date	Mintage	VG	F	VF	XF	Unc
AH1151 //21	—	20.00	30.00	100	140	—

KM# 7 1/2 RUPEE

5.6000 g., Silver **Ruler:** Ahmad Shah Bahadur **Obv:** Persian - Ahmad Shah Bahadur **Rev:** Persian - Julus (formula), mint name **Mint:** Arkat

Date	Mintage	VG	F	VF	XF	Unc
AH116x //3	—	90.00	150	225	325	—

KM# 11 1/2 RUPEE

5.7000 g., Silver **Ruler:** Alamgir II **Obv:** Persian - Alamgir (II) **Rev:** Persian - Julus (formula), mint name **Mint:** Arkat

Date	Mintage	VG	F	VF	XF	Unc
AH1167 //1	—	30.00	60.00	85.00	125	—
AH1168 //0	—	60.00	120	175	250	—

KM# 29 1/2 RUPEE

5.8000 g., Silver **Ruler:** Shah Alam II **Obv:** Persian - Shah Alam (II) couplet **Rev:** Persian - Julus (formula), mint name **Mint:** Murshidabad

Date	Mintage	VG	F	VF	XF	Unc
AH1183 //10	—	18.50	30.00	70.00	115	—
AH1184 //11	—	18.50	30.00	70.00	115	—
AH1185 //12	—	18.50	30.00	70.00	115	—

KM# 14 1/2 RUPEE

5.7000 g., Silver **Ruler:** Shah Alam II **Obv:** Persian - Shah Alam II couplet **Rev:** Persian - Julus (formula), mint name **Mint:** Arcot

Date	Mintage	Good	VG	F	VF	XF
AH1184//10	—	12.50	25.00	45.00	90.00	130
AH1198//32(sic)	—	12.50	25.00	45.00	90.00	130
AH1205//32(sic)	—	12.50	25.00	45.00	90.00	130

KM# 5 RUPEE

11.2600 g., Silver **Ruler:** Muhammad Shah **Obv:** Persian - Muhammad Shah **Rev:** Persian - Julus (formula), mint name **Mint:** Arkat

Date	Mintage	VG	F	VF	XF	Unc
AH1149 //19	—	25.00	45.00	75.00	125	—
AH1153 //23	—	25.00	45.00	75.00	125	—
AH115x //24	—	25.00	45.00	75.00	125	—
AH1155 //25	—	25.00	45.00	75.00	125	—
AH1156 //26	—	25.00	45.00	75.00	125	—
AH1159 //29	—	25.00	45.00	75.00	125	—
AH116x //30	—	17.50	30.00	45.00	75.00	—

INDIA-FRENCH

KM# 27 RUPEE
11.6000 g., Silver **Ruler:** Muhammad Shah **Obv:** Persian - Muhammed Shah **Rev:** Persian - Julus (formula), mint name **Mint:** Murshidabad

Date	Mintage	VG	F	VF	XF	Unc
AH1151/21	—	30.00	45.00	100	150	—
AH1152/22	—	30.00	45.00	100	150	—

Date	Mintage	Good	VG	F	VF	XF
AH1177//4	—	7.00	12.50	20.00	30.00	50.00
AH1178//5	—	7.00	12.50	20.00	30.00	50.00
AH1181//7	—	7.00	12.50	20.00	30.00	50.00
AH1182//8	—	7.00	12.50	20.00	30.00	50.00
AH1183//8	—	7.00	12.50	20.00	30.00	50.00
AH1183//9	—	7.00	12.50	20.00	30.00	50.00
AH1184//10	—	7.00	12.50	20.00	30.00	50.00
AH1185//10	—	7.00	12.50	20.00	30.00	50.00
AH1186//11	—	7.00	12.50	20.00	30.00	50.00
AH1187//12	—	7.00	12.50	20.00	30.00	50.00
AH1188//13	—	7.00	12.50	20.00	30.00	50.00
AH1189//14	—	7.00	12.50	20.00	30.00	50.00
AH1189//15	—	7.00	12.50	20.00	30.00	50.00
AH1190//15	—	7.00	12.50	20.00	30.00	50.00
AH1191//16	—	7.00	12.50	20.00	30.00	50.00
AH1191//17	—	7.00	12.50	20.00	30.00	50.00
AH1197//22	—	7.00	12.50	20.00	30.00	50.00
AH1198/32(sic)	—	7.00	12.50	20.00	30.00	50.00
AH1199//24	—	7.00	12.50	20.00	30.00	50.00
AH1200//25	—	7.00	12.50	20.00	30.00	50.00
AH1201//26	—	7.00	12.50	20.00	30.00	50.00
AH1202//27	—	7.00	12.50	20.00	30.00	50.00
AH1203//27	—	7.00	12.50	20.00	30.00	50.00
AH1203//28	—	7.00	12.50	20.00	30.00	50.00
AH1204//29	—	7.00	12.50	20.00	30.00	50.00
AH1205//30	—	7.00	12.50	20.00	30.00	50.00
AH1206//31	—	7.00	12.50	20.00	30.00	50.00
AH1207//32	—	7.00	12.50	20.00	30.00	50.00
AH1208//34	—	7.00	12.50	20.00	30.00	50.00

KM# 2 MOHUR
Gold **Ruler:** Muhammad Shah **Obv:** Persian - Muhammad Shah **Rev:** Persian - Julus (formula), mint name **Mint:** Arkat

Date	Mintage	VG	F	VF	XF	Unc
AH1150/20 //20	—	—	—	—	—	—
Rare						

KM# 8 RUPEE
11.5000 g., Silver **Ruler:** Ahmad Shah Bahadur **Obv:** Persian - Ahmad Shah Bahadur **Rev:** Persian - Julus (formula), mint name **Mint:** Arkat

Date	Mintage	VG	F	VF	XF	Unc
AH1161 //1	—	18.50	35.00	60.00	85.00	—
AH1162 //2	—	18.50	35.00	60.00	85.00	—
AH1163 //3	—	18.50	35.00	60.00	85.00	—
AH1164 //4	—	18.50	35.00	60.00	85.00	—
AH1165 //5	—	18.50	35.00	60.00	85.00	—
AH1166 //6	—	18.50	35.00	60.00	85.00	—
AH1167 //7	—	18.50	35.00	60.00	85.00	—

KM# A6 PAISA
10.1400 g., Copper **Ruler:** Ahmad Shah Bahadur **Obv:** Persian - Ahmad Shah Bahadur **Rev:** Persian - Julus (formula), mint name **Mint:** Arkat

Date	Mintage	VG	F	VF	XF	Unc
AH- //2	—	10.00	16.50	22.00	—	—

KM# 23 ANNA
0.6000 g., Silver **Ruler:** Muhammad Shah **Obv:** Persian - Muhammed Shah **Rev:** Persian - Julus (formula), mint name **Mint:** Murshidabad

Date	Mintage	VG	F	VF	XF	Unc
AH- //21	—	—	—	—	—	—

KM# 30 RUPEE
11.6000 g., Silver **Ruler:** Shah Alam II **Obv:** Persian - Shah Alam (II) couplet **Rev:** Persian - Julus (formula), mint name **Mint:** Murshidabad **Note:** For other years refer to India-British-Bengal Presidency.

Date	Mintage	VG	F	VF	XF	Unc
AH1183 //10	—	22.50	37.50	75.00	125	—
AH1184 //11	—	22.50	37.50	75.00	125	—
AH1185 //12	—	22.50	37.50	75.00	125	—

KARIKAL

A town south of Pondichery on the southeast coast. It was ceded to France in 1739. Coins listed here were struck at the Pondichery Mint.

HAMMERED COINAGE

KM# 20 RUPEE
11.4000 g., Silver **Ruler:** Ahmad Shah Bahadur **Obv:** Persian - Ahmad Shah Bahadur **Rev:** Persian - Julus (formula), mint name **Mint:** *Machhlipatan* **Note:** Mint mark: Trident.

Date	Mintage	VG	F	VF	XF	Unc
AH- //2 Trisul (Trident)	—	50.00	80.00	200	275	—
AH- //4 Trisul (Trident)	—	50.00	80.00	200	275	—

KM# 21 RUPEE
Silver **Ruler:** Alamgir II **Obv:** Persian - Alamgir (II) **Rev:** Persian - Julus (formula), mint name **Mint:** *Machhlipatan* **Note:** Mint mark: Trident.

Date	Mintage	VG	F	VF	XF	Unc
AH- //1 Trisul (Trident)	—	55.00	90.00	225	300	—
AH- //6 Trisul (Trident)	—	55.00	90.00	225	300	—

KM# 9 NAZARANA RUPEE
11.5000 g., Silver **Ruler:** Ahmad Shah Bahadur **Obv:** Persian - Ahmad Shah Bahadur **Rev:** Persian - Julus (formula), mint name **Mint:** Arkat

Date	Mintage	VG	F	VF	XF	Unc
AH1164 //4	—	—	350	550	900	—

KM# 58 CACHE
1.2000 g., Copper **Obv:** Tamil - ka/reik/kal **Rev:** Tamil - Puda/Tche/ri

Date	Mintage	Good	VG	F	VF	XF
ND(1740)	—	4.00	6.50	14.00	25.00	—

KM# 59 1/2 DOUDOU
3.0000 g., Copper, 12-13 mm. **Obv:** Tamil - ka/reik/kal **Rev:** Tamil - Puda/Tche/ri **Note:** Size varies.

Date	Mintage	Good	VG	F	VF	XF
ND(1740)	—	6.00	10.00	17.50	30.00	—

KM# 12 RUPEE
11.4000 g., Silver **Ruler:** Alamgir II **Obv:** Persian - Alamgir (II) **Rev:** Persian - Julus (formula), mint name **Mint:** Arkat

Date	Mintage	VG	F	VF	XF	Unc
AH1167 ////1 Ahad	—	20.00	42.50	85.00	120	—
AH116x //2	—	20.00	42.50	85.00	120	—
AH11xx //3	—	20.00	42.50	85.00	120	—
AH1171 //4	—	20.00	42.50	85.00	120	—
AH117x //5	—	20.00	42.00	85.00	120	—

KM# 16 NAZARANA RUPEE
11.4000 g., Silver, 32-33 mm. **Ruler:** Shah Alam II **Obv:** Persian - Shah Alam II couplet **Rev:** Persian - Julius (formula), mint name **Mint:** Arcot **Note:** Size varies.

Date	Mintage	VG	F	VF	XF	Unc
AH1178//5	—	150	250	450	750	—
AH1181//6	—	150	250	450	750	—
AH1183//9	—	150	250	450	750	—
AH1184//10	—	150	250	450	750	—
AH1185//10	—	150	250	450	750	—
AH1185//11	—	150	250	450	750	—
AH1198//32(sic)	—	150	250	450	750	—
AH1199//24	—	150	250	450	750	—
AH1201//26	—	150	250	450	750	—

KM# 60 DOUDOU
3.2000 g., Copper **Obv:** Tamil - ka/reik/kal **Rev:** Tamil - Puda/Tche/ri

Date	Mintage	Good	VG	F	VF	XF
ND(1740)	—	6.00	10.00	17.50	30.00	—

MAHE

A town south of Tellicherry on the southwest coast. It was ceded to France in 1726. Coins listed here were struck at the Pondichery Mint.

HAMMERED COINAGE

KM# 17.1 NAZARANA 2 RUPEES
22.5000 g., Silver **Ruler:** Shah Alam II **Obv:** Persian - Shah Alam (II) couplet **Rev:** Persian - Julus (formula), mint name **Edge:** Reeded **Mint:** Arkat

Date	Mintage	VG	F	VF	XF	Unc
AH1181 //6	—	—	600	1,000	1,750	—

KM# 17.2 NAZARANA 2 RUPEES
22.5000 g., Silver **Ruler:** Shah Alam II **Obv:** Persian - Shah Alam (II) couplet **Rev:** Persian - Julus (formula), mint name **Edge:** Plain **Mint:** Arkat

Date	Mintage	VG	F	VF	XF	Unc
AH1181 //6	—	—	600	1,000	1,750	—

KM# 15 RUPEE
11.4000 g., Silver **Ruler:** Shah Alam II **Obv:** Persian-Shah Alam(II) couplet **Obv. Inscription:** "Shah Alam II" **Rev:** Persian-Julus (formula), mint name **Mint:** Arcot

KM# 66 FANON (1/5 Rupee)
Silver **Obv:** Persian - Frans/campangi **Rev:** Persian - mint name **Mint:** *Bhultcheri*

Date	Mintage	VG	F	VF	XF	Unc
1731	—	15.00	21.50	30.00	40.00	—
1732	—	15.00	21.50	30.00	40.00	—
1733	—	15.00	21.50	30.00	40.00	—
1734	—	15.00	21.50	30.00	40.00	—
1735	—	15.00	21.50	30.00	40.00	—

INDIA-FRENCH

KM# 67 FANON (1/5 Rupee)
Silver Obv: Persian - Frans/campangi Rev: Persian - mint name
Mint: *Bhultcheri*

Date	Mintage	VG	F	VF	XF	Unc
1738P	—	13.50	20.00	27.50	37.50	—
1743P	—	13.50	20.00	27.50	37.50	—
1744P	—	13.50	20.00	27.50	37.50	—
1749P	—	13.50	20.00	27.50	37.50	—
1750P	—	13.50	20.00	27.50	37.50	—
1751P	—	13.50	20.00	27.50	37.50	—
1752P	—	13.50	20.00	27.50	37.50	—
1753P	—	13.50	20.00	27.50	37.50	—
1754P	—	13.50	20.00	27.50	37.50	—
1755P	—	13.50	20.00	27.50	37.50	—
1766P	—	13.50	20.00	27.50	37.50	—
1767P	—	13.50	20.00	27.50	37.50	—
1768P	—	13.50	20.00	27.50	37.50	—
1771P	—	13.50	20.00	27.50	37.50	—
1774P	—	13.50	20.00	27.50	37.50	—
1775P	—	13.50	20.00	27.50	37.50	—
1776P	—	13.50	20.00	27.50	37.50	—
1777P	—	13.50	20.00	27.50	37.50	—
1778P	—	13.50	20.00	27.50	37.50	—
1782P	—	13.50	20.00	27.50	37.50	—
1788P	—	13.50	20.00	27.50	37.50	—
1792P	—	13.50	20.00	27.50	37.50	—

KM# 63 1/4 BICHE
1.4000 g., Bronze Obv: 5 fleur-de-lis Rev: Date

Date	Mintage	Good	VG	F	VF	XF
1752	—	12.50	20.00	35.00	60.00	—
1753	—	12.50	20.00	35.00	60.00	—
1767	—	12.50	20.00	35.00	60.00	—
1769	—	12.50	20.00	35.00	60.00	—

KM# 64 1/2 BICHE
3.5000 g., Bronze Obv: 5 fleur-de-lis Rev: Date

Date	Mintage	Good	VG	F	VF	XF
1730	—	7.50	13.50	22.50	30.00	—
1731	—	8.50	16.50	25.00	35.00	—
1743	—	6.50	13.50	22.50	30.00	—
1752	—	6.50	13.50	22.50	30.00	—
1753	—	6.50	13.50	22.50	30.00	—
1769	—	6.50	13.50	22.50	30.00	—
1785	—	6.50	13.50	22.50	30.00	—

KM# 65 BICHE
6.3500 g., Bronze Obv: 5 fleur-de-lis Rev: Date

Date	Mintage	Good	VG	F	VF	XF
1730	—	8.00	13.50	30.00	45.00	—
1731	—	7.50	11.50	20.00	27.50	—
1736	—	7.50	11.50	20.00	27.50	—
1740	—	7.50	11.50	20.00	27.50	—
1750	—	7.50	11.50	20.00	27.50	—
1752	—	7.50	11.50	20.00	27.50	—
1753	—	7.50	11.50	20.00	27.50	—
1755	—	7.50	11.50	20.00	27.50	—
1756	—	7.50	11.50	20.00	27.50	—
1767	—	8.00	13.50	25.00	40.00	—
1769	—	8.00	13.50	25.00	40.00	—
1785	—	6.50	11.50	17.50	25.00	—
1787	—	6.50	11.50	17.50	25.00	—
1790	—	6.50	10.00	15.00	25.00	—

PONDICHERY

HAMMERED COINAGE

KM# 33 CACHE
1.6000 g., Bronze Obv: Fleur-de-lis Mint: Tamil - *Pudu/tche/ri*

Date	Mintage	Good	VG	F	VF	XF
ND(1720-1835)	—	3.50	6.50	13.50	25.00	—

KM# 34 1/2 DOUDOU
Bronze, 13-15 mm. Obv: Fleur-de-lis Mint: Tamil - *Pudu/tche/ri*
Note: Weight varies: 2.00-2.50 grams. Size varies.

Date	Mintage	Good	VG	F	VF	XF
ND(1720-1835)	—	2.00	3.00	6.00	15.00	—

KM# 35 DOUDOU
4.2000 g., Copper Obv: Fleur-de-lis Mint: Tamil - *Pudu/tche/ri*

Date	Mintage	Good	VG	F	VF	XF
ND(1720-1835)	—	2.00	3.00	5.00	12.00	—

KM# 37 1/2 FANON
Silver Obv: Small pearled crown Rev: 5 fleur-de-lis **Note:** Weight varies 0.50-0.70 grams.

Date	Mintage	VG	F	VF	XF	Unc
ND(1715-20)	—	10.00	17.50	35.00	60.00	—

KM# 39 1/2 FANON
Silver Obv: Large pearley crown Rev: 5 Fleur-de-lis **Note:** Weight varies 0.50-0.70 grams.

Date	Mintage	Good	VG	F	VF	XF
ND(1720-1837)	—	5.00	10.00	15.00	25.00	40.00

KM# 36 1/2 FANON
Bronze, 19-20 mm. Obv: Crown Rev: 10 small Fleur-de-lis **Note:** Size varies.

Date	Mintage	Good	VG	F	VF	XF
ND(1723)	—	25.00	50.00	100	175	—

KM# 41 FANON
Silver Obv: Small pearled crown Rev: 5 fleur-de-lis

Date	Mintage	VG	F	VF	XF	Unc
ND(1715-1720)	—	25.00	45.00	125	200	—

KM# A41 FANON
2.5000 g., 0.9480 Silver 0.0762 oz. ASW Obv: Crowned Lis
Rev: Lis in center of outlined cross

Date	Mintage	VG	F	VF	XF	Unc
ND(1720)	—	40.00	65.00	175	250	—

KM# 42 FANON
Bronze Obv: Crown Rev: 9 fleur-de-lis

Date	Mintage	Good	VG	F	VF	XF
ND(1723)	—	20.00	40.00	100	175	—

KM# 43 FANON
1.6000 g., Silver Obv: Crown Rev: 5 fleur-de-lis

Date	Mintage	VG	F	VF	XF	Unc
ND(1750)	—	15.00	25.00	80.00	140	—

KM# 44 FANON
Silver Obv: Pearled crown Rev: 5 fleur-de-lis **Note:** Weight varies 1.50-1.60 grams.

Date	Mintage	VG	F	VF	XF	Unc
ND(1760)	—	10.00	15.00	28.00	45.00	—

KM# 49 2 FANON
3.0000 g., Silver, 14-15 mm. Obv: Ornamented crown Rev: 5 fleur-de-lis **Note:** Size varies.

Date	Mintage	Good	VG	F	VF	XF
ND(1720-1837)	—	8.50	16.50	28.50	45.00	75.00

KM# 46 2 FANON
0.9480 Silver Obv: Crowned lis Rev: Lis in center of outlined cross **Note:** Weight varies 5.00-6.00 grams.

Date	Mintage	VG	F	VF	XF	Unc
ND(1720)	—	75.00	125	200	325	—

KM# 48 2 FANON
3.0000 g., Silver, 15-16 mm. Obv: Pearled crown Rev: 5 fleur-de-lis **Note:** Size varies.

Date	Mintage	Good	VG	F	VF	XF
ND(1720-1837)	—	8.50	16.50	28.50	45.00	75.00

KM# 47 2 FANON
3.0000 g., Silver, 18-20 mm. Obv: Ornamented crown Rev: 5 fleur-de-lis **Note:** Size varies.

Date	Mintage	VG	F	VF	XF	Unc
ND(1770)	—	55.00	75.00	100	250	—

KM# 50 PAGODA
3.4000 g., Gold Obv: Deity Kali Rev: Crescent in granular field

Date	Mintage	VG	F	VF	XF	Unc
ND(1715-74)	—	125	175	300	500	—

YANAON

Located on the Golconda coast northeast of Mazulipatam. This pagoda was struck at the Pondichery Mint.

HAMMERED COINAGE

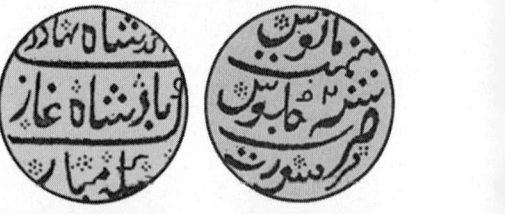

KM# 72 RUPEE
11.4000 g., Silver **Ruler:** Ahmad Shah Bahadur **Obv:** Persian - Ahmad Shah Bahadur **Rev:** Persian - Julus (formula), mint name
Mint: Surat

Date	Mintage	VG	F	VF	XF	Unc
AH- //2	—	55.00	85.00	175	250	—

KM# 74 RUPEE
11.4000 g., Silver **Ruler:** Alamgir II **Obv:** Persian - Alamgir (II)
Rev: Persian - Julus (formula), mint name **Mint:** Surat

Date	Mintage	VG	F	VF	XF	Unc
AH- //2	—	55.00	85.00	175	250	—

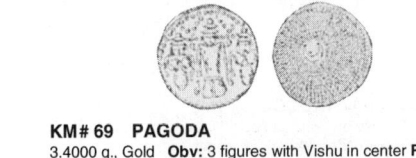

KM# 69 PAGODA
3.4000 g., Gold **Obv:** 3 figures with Vishu in center **Rev:** Crescent in granular field **Mint:** Pondichery

Date	Mintage	VG	F	VF	XF	Unc
ND(1715-1774)	—	120	210	400	650	—

PATTERNS

Including off metal strikes

KM#	Date	Mintage	Identification	Mkt Val
Pn1	ND(1720-1835)	—	Doudou. Bronze. 4.4000 g.	—

INDIA-DUTCH

The Netherlands, operating as the United East India Company of the Netherlands, were the real successors to the Portuguese in India. They maintained a number of thriving establishments on the subcontinent until 1795, when Robert Clive, founder of the empire of British India, completed Britain's conquest of Bengal. Thereafter the Dutch holdings were gradually ceded to Britain, the most important to numismatics being Cochin, ceded in 1814; Negapatnam, ceded in 1784; Pulicat, ceded in 1824; and Tuticorin, ceded in 1795.

MINTS

Cochin

Cochin, which is located on the west coast in South India, was acquired from Portugal in 1663. Even though the British occupied it in 1795 it wasn't ceded to them until 1814. Later issues are referenced with Indian Princely States - Cochin.

Jagganthapur

Masulipatnam

A Dutch trading station since 1605AD. The gold coins were struck on the old South Indian standards, mainly to pay the rent to the local ruler. Taken over by the French in 1751AD.

Negapatnam

Taken from the Portuguese in 1658AD. Mint right established in 1662. VOC - head-office of the Coromandel (Southeast Indian coast) from 1690AD to the British takeover in 1784AD.

Pulicat

VOC head office of the Coromandel (South East Indian coast) from its establishment in 1610-1690 and after 1784. Fortress Geldria was the first company mint in India. It was a British possession from 1781-1784, 1795-1818 and finally ceded to Great Britain in 1824.

Tuticorin

MONETARY SYSTEM
80 Cash = 1 Silver Fanam
6 Stuivers = 1 Silver Fanam
24 Gold Fanam = 1 Pagoda

MINT MARKS

NOTE: On Princely style coins the Dutch East India Company often used the mint mark: Lazy J (possibly a Kris: Malay knife).

MONETARY SYSTEM

(1724-1795)
8 Bazaruk = 1 Duit
4 Duiten = 1 Stuiver
8 Silver Fanams = 1 Stuiver

COLONY

HAMMERED COINAGE

KM# 3 BAZARUK
Tin **Obv:** 8/VOC monogram **Rev:** Oval shield **Mint:** Cochin **Note:** 1/8 Duit.

Date	Mintage	Good	VG	F	VF	XF
ND(1724-95)	—	—	—	—	—	—

KM# 9 1/2 RUPEE
Silver **Mint:** Jagganthapur

Date	Mintage	VG	F	VF	XF	Unc
NDYr.28	—	—	—	—	—	—

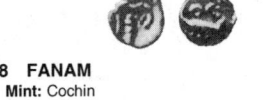

KM# 7 FANAM
Silver **Mint:** Cochin

Date	Mintage	VG	F	VF	XF	Unc
ND(1782-91)	—	10.00	15.00	20.00	35.00	—

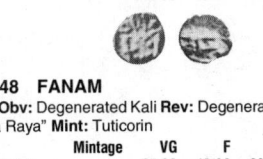

KM# 8 FANAM
Silver **Mint:** Cochin

Date	Mintage	VG	F	VF	XF	Unc
—	—	10.00	15.00	20.00	35.00	—

KM# 48 FANAM
Gold **Obv:** Degenerated Kali **Rev:** Degenerated Nagari legend "Rama Raya" **Mint:** Tuticorin

Date	Mintage	VG	F	VF	XF	Unc
ND(1785-92)	—	25.00	42.00	90.00	150	—

Note: Similar coins were struck at Negapatnam, KM#31, the difference is in the shape of the letter "Ra"

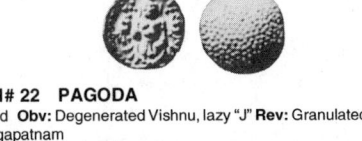

KM# 22 PAGODA
Gold **Obv:** Degenerated Vishnu, lazy "J" **Rev:** Granulated **Mint:** Negapatnam

Date	Mintage	VG	F	VF	XF	Unc
ND(1747-84)	—	85.00	115	180	325	—

Note: Pagodas with devices on reverse were struck in Tranquebar KM#174, Madras KM#303, Pondichery KM#129, Arcot KM#14, and Mysore KM#15; Three main varieties exist of the above coin: gold contents of .800 (1747-67), .769 (1767-81) and .675 (1781-84); For similar coins without lazy J see Tuticorn

KM# 49 PAGODA
0.6250 Gold **Obv:** Degenerated Vinshnu, without lazy "J" at three-o'clock **Rev:** Granulated **Mint:** Tuticorin

Date	Mintage	VG	F	VF	XF	Unc
ND(1784-94)	7,100	25.00	48.00	95.00	180	—

Note: From 1784-85, Tuticorin coins were struck at Colombo where they also circulated

KM# 44 CASH
Copper **Obv:** P/VOC monogram **Rev:** Legend, date around G (elria) **Rev. Legend:** PALCATE **Mint:** Pulicat **Note:** Third Series.

Date	Mintage	VG	F	VF	XF	Unc
1743	—	25.00	40.00	50.00	75.00	—

Note: Struck between 1740-1790, although 1743 is the only confirmed date; Many varieties in spelling

KM# 45 2 CASH
Copper **Obv:** P/VOC monogram **Rev:** Legend, date around G (elria) **Rev. Legend:** PALCATE **Mint:** Pulicat **Note:** Third Series.

Date	Mintage	VG	F	VF	XF	Unc
1780	—	30.00	45.00	70.00	100	—

INDIA-PORTUGUESE

Vasco da Gama, the Portuguese explorer, first visited India in 1498. Portugal seized control of a number of islands and small enclaves on the west coast of India, and for the next hundred years enjoyed a monopoly on trade. With the arrival of powerful Dutch and English fleets in the first half of the 17th century, Portuguese power in the area declined until virtually all of India that remained under Portuguese control were the west coast enclaves of Goa, Damao and Diu. They were forcibly annexed by India in 1962.

RULER
Portuguese, until 1961

IDENTIFICATION

The undated coppers are best identified by the shape of the coat of arms.

Maria I – somewhat triangular shield (Baroque style)
Joao VI, as Regent: oval shield

DENOMINATION

The denomination of most copper coins appears in numerals on the reverse, though 30 Reis is often given as "1/2 T", and 60 Reis as "T" (T = Tanga). The silver coins have the denomination in words, usually on the obverse until 1850, then on the reverse.

BACAIM

(Bessein)

Located less than 30 miles north of Bombay on the Gulf of Cambay. In 1611 the Portuguese opened a mint at Bacaim. The greatest minting activity was between 1678 and 1697. Many issues for Bacaim were in conjunction with other Portuguese settlements. The British took Bacaim in 1780.

MINT MARK
B - Bacain

MONETARY SYSTEM
375 Bazarucos = 1 Pardao
2 Pardaos = 1 Rupia

COLONY

HAMMERED COINAGE

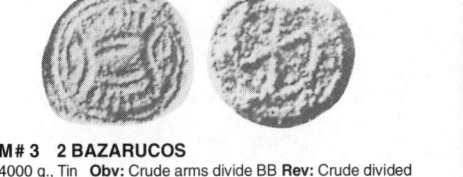

KM# 3 2 BAZARUCOS
4.4000 g., Tin **Obv:** Crude arms divide BB **Rev:** Crude divided concentric circles

Date	Mintage	Good	VG	F	VF	XF
ND(1706-50)	—	15.00	30.00	50.00	100	—

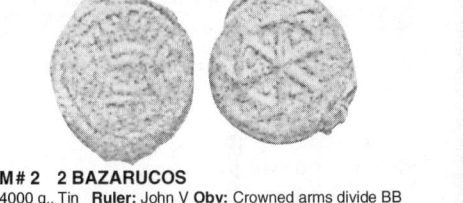

KM# 2 2 BAZARUCOS
4.4000 g., Tin **Ruler:** John V **Obv:** Crowned arms divide BB
Rev: Divided concentric circles

Date	Mintage	VG	F	VF	XF	Unc
ND(1706-50)	—	35.00	60.00	125	—	—

KM# 7 5 BAZARUCOS
Tin **Ruler:** Jose (Joseph) I

Date	Mintage	Good	VG	F	VF	XF
1770	—	15.00	30.00	50.00	100	—

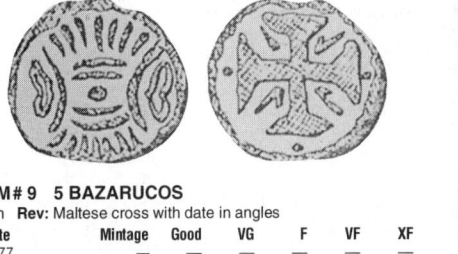

KM# 9 5 BAZARUCOS
Tin **Rev:** Maltese cross with date in angles

Date	Mintage	Good	VG	F	VF	XF
1777	—	—	—	—	—	—

Note: Reported, not confirmed

KM# 8 10 BAZARUCOS
Tin **Ruler:** Jose (Joseph) I **Obv:** Crowned arms **Rev:** Maltese cross divides date

Date	Mintage	Good	VG	F	VF	XF
1770	—	16.50	32.00	55.00	110	—

INDIA-PORTUGUESE

BACAIM

KM# 6 PARDAO
Silver **Ruler:** Jose (Joseph) I **Obv:** Crowned arms **Rev:** Designed cross divides date

Date	Mintage	Good	VG	F	VF	XF
1766	—	55.00	90.00	150	225	—

KM# 5 RUPIA
Silver **Ruler:** Jose (Joseph) I **Obv:** Crowned arms **Rev:** Designed cross divides date

Date	Mintage	Good	VG	F	VF	XF
1759	—	35.00	60.00	100	165	—
1764	—	40.00	65.00	110	175	—
1765	—	45.00	75.00	120	185	—
1766	—	55.00	90.00	150	225	—
1771	—	45.00	72.50	120	200	—

KM# 18 5 BAZARUCOS
5.1000 g., Tin **Ruler:** Jose (Joseph) I **Obv:** Crowned arms divides JA **Rev:** Maltese cross divides date

Date	Mintage	Good	VG	F	VF	XF
1770	—	10.00	20.00	40.00	80.00	—

KM# A18 10 BAZARUCOS
18.9500 g., Tin **Ruler:** John V **Subject:** For Bacaim and Diu **Obv:** Crowned arms divide DB in plain circle **Rev:** Numerals of date in angles of cross in plain circle

Date	Mintage	Good	VG	F	VF	XF
1723	—	75.00	125	250	500	—
1734	—	100	175	325	650	—

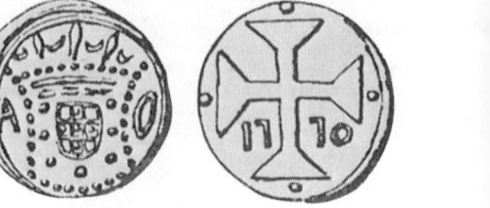

KM# 19 10 BAZARUCOS
9.5000 g., Tin **Ruler:** Jose (Joseph) I **Obv:** Crowned arms divides AO **Rev:** Maltese cross divides date

Date	Mintage	Good	VG	F	VF	XF
1770	—	12.00	25.00	50.00	100	—

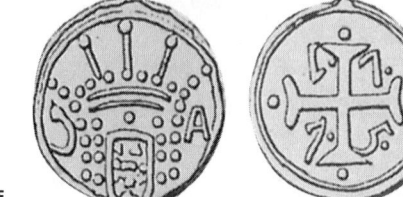

KM# 20 5 BAZARUCOS
5.1000 g., Tin **Ruler:** Jose (Joseph) I **Obv:** Crowned arms divides JA **Rev:** Maltese cross divides date in angles

Date	Mintage	Good	VG	F	VF	XF
1775	—	12.00	25.00	50.00	100	—

DAMAO

(Daman)

A city located 100 miles north of Bombay. It was captured by the Portuguese in 1559. A mint was opened in Damao in 1611. This mint continued in operation until 1854. While important to early Portuguese trade, Damao dwindled as time passed. It was annexed to India in 1962.

MONETARY SYSTEM
375 Bazacucos = 300 Reis
300 Reis = 1 Pardao
60 Reis = 1 Tanga
2 Pardao (Xerafins) = 1 Rupia

COLONY
CAST COINAGE

KM# 7 2 BAZARUCOS
3.2000 g., Tin **Ruler:** John V **Obv:** Crowned arms divide DA **Rev:** Divided concentric circles

Date	Mintage	Good	VG	F	VF	XF
ND(1706-50)	—	15.00	30.00	50.00	100	—

KM# 8 5 BAZARUCOS
5.1000 g., Tin **Ruler:** John V **Obv:** Crowned arms divide DA **Rev:** Divided concentric circle, retrograde 5 at right

Date	Mintage	Good	VG	F	VF	XF
ND(1706-50)	—	20.00	40.00	70.00	150	—

KM# 9 5 BAZARUCOS
5.1000 g., Tin **Obv:** Crowned arms divides DA **Rev:** Maltese cross

Date	Mintage	Good	VG	F	VF	XF
ND	—	10.00	20.00	35.00	70.00	—

KM# 10 10 BAZARUCOS
19.8000 g., Tin **Ruler:** John V **Obv:** Crowned arms divide DA **Rev:** Divided concentric circles

Date	Mintage	Good	VG	F	VF	XF
ND(1706-50)	—	15.00	30.00	60.00	125	—

KM# 11 10 BAZARUCOS
19.5900 g., Tin **Ruler:** John V **Obv:** Crowned arms divide DB **Rev:** Divided concentric circles **Note:** For Damao and Bacaim.

Date	Mintage	Good	VG	F	VF	XF
ND(1706-50)	—	40.00	80.00	150	300	—

KM# 12 10 BAZARUCOS
21.7100 g., Tin **Ruler:** John V **Obv:** Crowned arms divide DC **Rev:** Divided concentric circles **Note:** For Damao and Chaul.

Date	Mintage	Good	VG	F	VF	XF
ND(1706-50)	—	70.00	130	250	500	—

HAMMERED COINAGE

KM# 14 10 REIS
8.0000 g., Copper **Ruler:** John V **Obv:** Crowned I V in branches, date below **Rev:** Three crossed arrows pointing downward between DB, value below

Date	Mintage	Good	VG	F	VF	XF
1735	—	50.00	100	200	400	—

KM# 15 20 REIS
18.0000 g., Copper **Ruler:** John V **Obv:** Crowned I V in branches, date below **Rev:** Three crossed arrows pointing downward between DB, value below

Date	Mintage	Good	VG	F	VF	XF
1735	—	40.00	80.00	175	350	—

KM# 13 2 XERAFINS
1.5300 g., Gold **Ruler:** Jose (Joseph) I

Date	Mintage	Good	VG	F	VF	XF
ND	—	550	900	1,600	2,500	—

KM# 16 5 XERAFINS
2.8700 g., Gold **Ruler:** Jose (Joseph) I **Obv:** Crowned arms **Rev:** Designed cross divides date

Date	Mintage	Good	VG	F	VF	XF
1755	—	600	1,000	1,850	2,850	—

KM# 17 10 XERAFINS
Gold **Ruler:** Jose (Joseph) I **Obv:** Crowned arms **Rev:** Designed cross **Note:** Weight varies: 5.69-5.70 grams.

Date	Mintage	Good	VG	F	VF	XF
1755	—	750	1,200	2,250	3,500	—

DIU

A district in Western India formerly belonging to Portugal. It is 170 miles northwest of Bombay on the Kathiawar peninsula. The Portuguese settled here and built a fort in 1535. A mint was opened in 1685 and was closed in 1859. As with Damao, the importance of Diu diminished with the passage of time. It was annexed to India in 1962.

MONETARY SYSTEM
750 Bazarucos = 600 Reis
40 Atia = 10 Tanga = 1 Rupia

DIU

COLONY

CAST COINAGE

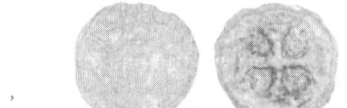

KM# 48 3 BAZARUCOS
2.4000 g., Tin **Ruler:** Joao, as Prince Regent **Obv:** Crowned arms **Rev:** Maltese cross divides date in angles

Date	Mintage	Good	VG	F	VF	XF
1799	—	12.00	25.00	45.00	90.00	—
1800	—	10.00	17.50	27.50	45.00	—

KM# 35 5 BAZARUCOS
4.1000 g., Tin **Ruler:** Jose (Joseph) I **Obv:** Crowned arms **Rev:** Maltese cross divides date in angles

Date	Mintage	Good	VG	F	VF	XF
1765	—	6.00	12.00	25.00	50.00	—
1768	—	7.00	15.00	30.00	60.00	—
1777	—	5.00	10.00	20.00	40.00	—

KM# 44 5 BAZARUCOS
Lead Or Tin **Ruler:** Maria I **Obv:** Crude crowned arms **Rev:** Maltese cross divides date in angles

Date	Mintage	Good	VG	F	VF	XF
1799	—	10.00	20.00	40.00	80.00	—
1800	—	6.00	12.00	25.00	45.00	—

KM# 28 10 BAZARUCOS
8.0000 g., Tin **Ruler:** John V **Obv:** Crowned arms divide OD (retrograde) in plain circle **Rev:** Numerals of date in angles of cross

Date	Mintage	Good	VG	F	VF	XF
1748	—	18.00	35.00	70.00	120	—

KM# 39 10 BAZARUCOS
8.7000 g., Tin **Ruler:** Jose (Joseph) I **Note:** Similar to 5 Bazarucos, KM#35.

Date	Mintage	Good	VG	F	VF	XF
1777	—	10.00	20.00	35.00	55.00	—

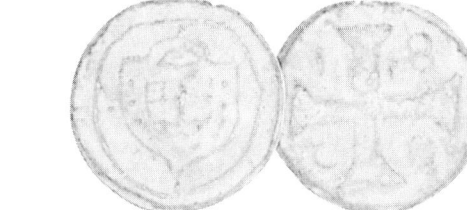

KM# 45 10 BAZARUCOS
Lead Or Tin **Ruler:** Joao, as Prince Regent **Obv:** Arms **Rev:** Maltese cross divides date in angles

Date	Mintage	Good	VG	F	VF	XF
1799	—	10.00	20.00	35.00	70.00	—
1800	—	9.00	17.50	27.50	45.00	—

KM# 30 20 BAZARUCOS
16.0000 g., Tin **Ruler:** John V **Obv:** Crowned arms divide DO **Rev:** Maltese cross divides date in angles

Date	Mintage	Good	VG	F	VF	XF
1748	—	25.00	50.00	80.00	125	—

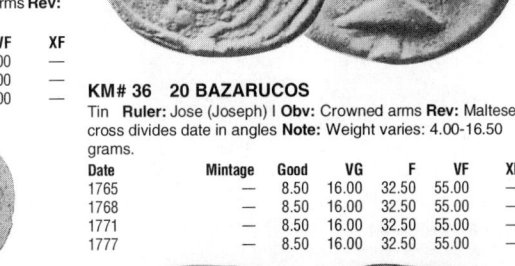

KM# 36 20 BAZARUCOS
Tin **Ruler:** Jose (Joseph) I **Obv:** Crowned arms **Rev:** Maltese cross divides date in angles **Note:** Weight varies: 4.00-16.50 grams.

Date	Mintage	Good	VG	F	VF	XF
1765	—	8.50	16.00	32.50	55.00	—
1768	—	8.50	16.00	32.50	55.00	—
1771	—	8.50	16.00	32.50	55.00	—
1777	—	8.50	16.00	32.50	55.00	—

KM# 47 20 BAZARUCOS
Tin **Ruler:** Maria I **Obv:** Crude crowned arms **Rev:** Maltese cross divides date in angles **Note:** Weight varies: 14.00-16.50 grams.

Date	Mintage	Good	VG	F	VF	XF
1799	—	12.00	25.00	50.00	90.00	—
1800	—	10.00	20.00	40.00	70.00	—

HAMMERED COINAGE

KM# 25 5 BAZARUCOS
4.6000 g., Copper **Ruler:** John V **Obv:** Crowned large arms divide retrograde OD in plain circle **Rev:** Maltese cross divides date in angles

Date	Mintage	Good	VG	F	VF	XF
1745	—	6.50	12.50	27.50	55.00	—
1748	—	6.00	12.00	25.00	50.00	—

KM# 26 5 BAZARUCOS
3.6000 g., Copper **Ruler:** John V **Obv:** Crowned medium arms divide DO in plain circle **Rev:** Maltese cross divides date in angles

Date	Mintage	Good	VG	F	VF	XF
1748	—	6.00	12.00	25.00	50.00	—

KM# 18 10 BAZARUCOS
18.9500 g., Tin **Subject:** John V **Obv:** Crowned arms divide DB in plain circle **Rev:** Numerals of date in angles of cross in plain circle **Note:** For Bacaim and Diu. Varieties in crown and arms.

Date	Mintage	Good	VG	F	VF	XF
1723	—	75.00	125	250	500	—
1734	—	100	175	325	650	—

KM# 31 1/8 ATIA
1.5000 g., Copper **Ruler:** John V **Obv:** Crowned arms in plain circle **Rev:** Maltese cross divides date in angles

Date	Mintage	Good	VG	F	VF	XF
1750	—	—	7.50	14.50	25.00	50.00	—

KM# 32 1/4 ATIA
3.0000 g., Copper **Ruler:** John V **Obv:** Crowned arms divide DO in plain circle **Rev:** Maltese cross divides date in angles

Date	Mintage	Good	VG	F	VF	XF
1750	—	10.00	20.00	35.00	60.00	—

KM# 40 1/4 ATIA
Copper **Ruler:** Maria I and Pedro III

Date	Mintage	Good	VG	F	VF	XF
1778	—	12.00	25.00	40.00	70.00	—

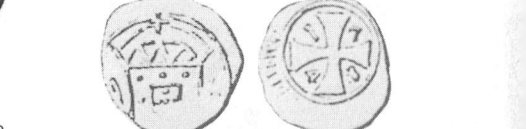

KM# 16 1/2 ATIA (1/8 Tanga)
4.0000 g., Copper **Ruler:** John V **Obv:** Arms divide DO **Rev:** Numerals of date in angles of cross potent

Date	Mintage	Good	VG	F	VF	XF
1721 Rare	—	—	—	—	—	—

KM# 27 1/2 ATIA (1/8 Tanga)
4.6000 g., Copper **Ruler:** John V **Obv:** Crowned arms divide DO in plain circle **Rev:** Maltese cross divides date in angles within circle

Date	Mintage	Good	VG	F	VF	XF
1748	—	8.00	16.00	35.00	70.00	—

KM# 33 1/2 ATIA (1/8 Tanga)
5.0000 g., Copper **Ruler:** John V **Obv:** Crowned arms divide DO in plain circle **Rev:** Maltese cross divides date in angles

Date	Mintage	Good	VG	F	VF	XF
1750	—	7.00	15.00	30.00	65.00	—

KM# 37 1/2 ATIA (1/8 Tanga)
5.0000 g., Copper **Ruler:** Jose (Joseph) I **Obv:** Crowned arms **Rev:** Maltese cross divides date in angles within circle **Note:** Weight varies: 4.20-4.90 grams.

Date	Mintage	Good	VG	F	VF	XF
1767	—	6.00	12.00	28.00	55.00	—
1768	—	5.00	10.00	20.00	40.00	—

INDIA-PORTUGUESE — DIU

KM# 41 1/2 ATIA (1/8 Tanga)
5.0000 g., Copper **Ruler:** Maria I and Pedro III **Obv:** Crowned arms **Rev:** Maltese cross within circle

Date	Mintage	Good	VG	F	VF	XF
1778	—	6.00	12.00	25.00	50.00	—
1780	—	5.00	10.00	20.00	40.00	—
1785	—	5.00	10.00	20.00	40.00	—
1787	—	5.00	10.00	20.00	40.00	—
1789	—	7.00	15.00	30.00	60.00	—
1799	—	7.00	15.00	30.00	60.00	—

KM# 17 ATIA (1/4 Tanga)
7.3000 g., Copper **Ruler:** John V **Obv:** Arms divide DO **Rev:** Numerals of date in angles of cross potent

Date	Mintage	Good	VG	F	VF	XF
1721 Rare	—	—	—	—	—	—

KM# 46 ATIA (1/4 Tanga)
Copper Or Tin **Ruler:** Joao, as Prince Regent **Obv:** Crowned arms divides JO **Rev:** Maltese cross divides date in angles

Date	Mintage	Good	VG	F	VF	XF
1799	—	2.00	5.00	10.00	20.00	—

KM# 15.1 5 XERAFINS
2.8700 g., Gold **Ruler:** John V **Obv:** Crowned arms with grate design **Rev:** St. Thomas facing divides date

Date	Mintage	Good	VG	F	VF	XF
1718	—	750	1,200	2,100	3,850	—
1719	—	800	1,250	2,300	4,400	—
1721	—	850	1,350	2,500	4,950	—
1726	—	850	1,350	2,500	4,950	—
1727	—	750	1,200	2,100	3,850	—
1728	—	850	1,350	2,500	4,950	—

KM# 21 1/2 XERAFIM
5.1800 g., Silver **Ruler:** John V **Obv:** Arms in branches **Rev:** Numerals of date in angles of ornamented cross

Date	Mintage	Good	VG	F	VF	XF
1736	—	150	275	550	1,000	—
1738	—	150	275	550	1,000	—

KM# 15.2 5 XERAFINS
2.8700 g., Gold **Ruler:** John V **Obv:** Crowned arms with dot design divides DO **Rev:** St. Thomas facing divides date

Date	Mintage	Good	VG	F	VF	XF
1721	—	850	1,350	2,500	4,950	—
1723	—	850	1,350	2,500	4,950	—
1726	—	850	1,350	2,500	4,950	—

KM# 29 ATIA (1/4 Tanga)
9.0000 g., Copper **Ruler:** John V **Obv:** Crowned arms divide DO in plain circle **Rev:** Maltese cross divides date in angles within circle

Date	Mintage	Good	VG	F	VF	XF
1748	—	10.00	20.00	35.00	70.00	—

KM# 8 XERAFIM
10.6300 g., Silver **Ruler:** Peter II **Obv:** Crowned arms divide DO within circle **Rev:** Numerals of date in angles of cross within circle

Date	Mintage	Good	VG	F	VF	XF
1706	—	65.00	135	235	450	—

KM# 19 1/2 PARDAO
2.6200 g., Silver **Ruler:** John V **Obv:** Arms **Rev:** Maltese cross divides date in angles

Date	Mintage	Good	VG	F	VF	XF
1726-4	—	125	250	500	900	—
1726	—	125	250	500	900	—

KM# 34 ATIA (1/4 Tanga)
9.0000 g., Copper **Ruler:** John V **Obv:** Crowned arms **Rev:** Maltese cross divides date in angles, 4 below

Date	Mintage	Good	VG	F	VF	XF
1750	—	5.00	10.00	20.00	40.00	—

KM# 13 XERAFIM
10.3500 g., Silver **Ruler:** John V **Obv:** Crowned arms divide DO in within circle **Rev:** Numerals of date in angles of cross

Date	Mintage	Good	VG	F	VF	XF
1707	—	80.00	160	270	500	—
1710	—	90.00	180	300	550	—
1711	—	80.00	160	270	500	—
1712	—	75.00	150	250	480	—
1713	—	70.00	140	230	460	—
1716	—	75.00	150	250	480	—
1719	—	70.00	140	230	460	—

KM# 22 1/2 PARDAO
2.9700 g., Silver **Ruler:** John V **Obv:** Crowned arms **Rev:** Numerals of date in angles of voided cross

Date	Mintage	Good	VG	F	VF	XF
1741	—	45.00	90.00	165	325	—
1744	—	50.00	100	175	350	—
1749	—	45.00	90.00	165	325	—

KM# 38 ATIA (1/4 Tanga)
Copper **Ruler:** Jose (Joseph) I **Obv:** Crowned arms divides DO **Rev:** Maltese cross divides date in angles within circle. Weight varies: 9.00-9.20 grams.

Date	Mintage	Good	VG	F	VF	XF
1764	—	—	—	—	—	—
1766	—	—	—	—	—	—
1767	—	6.50	12.50	223	45.00	—
1768	—	5.00	8.00	15.00	30.00	—
1777	—	6.50	12.50	22.50	45.00	—

KM# 14 XERAFIM
0.5600 g., Gold **Ruler:** John V **Obv:** Arms **Rev:** Numerals of date in angles of cross

Date	Mintage	Good	VG	F	VF	XF
1717	—	600	1,000	1,850	3,300	—

KM# 20 XERAFIM
11.9000 g., Silver **Obv:** Crowned arms divide DO in plain circle **Rev:** Numerals of date in angles of ornamented cross

Date	Mintage	Good	VG	F	VF	XF
1729	—	60.00	120	225	435	—
1731	—	50.00	90.00	165	350	—
1735	—	40.00	75.00	150	300	—
1736	—	40.00	75.00	150	300	—
1737	—	45.00	85.00	160	350	—
1738	—	45.00	85.00	160	350	—
1739	—	40.00	75.00	150	300	—

KM# 23 PARDAO
5.7700 g., Silver **Ruler:** John V **Obv:** Crowned arms **Rev:** Numerals of date in angles of ornamented voided cross

Date	Mintage	Good	VG	F	VF	XF
1741	—	60.00	120	250	500	—
1744	—	60.00	120	250	500	—
1749	—	60.00	120	250	500	—

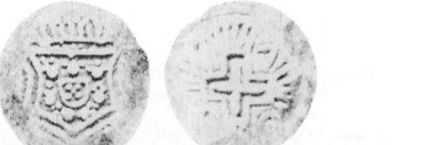

KM# A24 RUPIA (600 Reis)
11.0000 g., Silver **Ruler:** John V **Obv:** Cross of St. Thomas with DO

Date	Mintage	Good	VG	F	VF	XF
1728	—	—	—	—	—	—
1729	—	—	—	—	—	—

KM# 42 ATIA (1/4 Tanga)
Copper **Ruler:** Maria I and Pedro III **Obv:** Crowned arms **Rev:** Maltese cross divides date in angles within circle

Date	Mintage	Good	VG	F	VF	XF
1778	—	3.00	6.00	12.00	20.00	—
1789	—	3.00	6.00	12.00	20.00	—

KM# A15 2-1/2 XERAFINS
1.4000 g., Gold **Ruler:** John V **Obv:** Crowned arms divide DO within circle **Rev:** Standing figure of St. Thomas divide dates

Date	Mintage	Good	VG	F	VF	XF
1730	—	750	1,400	2,450	4,200	—

KM# 24 RUPIA (600 Reis)
11.0000 g., Silver **Ruler:** Jose (Joseph) I **Obv:** Crowned arms **Rev:** Numerals of date in angles of ornamented cross

Date	Mintage	Good	VG	F	VF	XF
1741	—	25.00	50.00	100	165	—
1744	—	25.00	50.00	100	165	—
1747	—	25.00	50.00	100	165	—

Date	Mintage	Good	VG	F	VF	XF
1749	—	27.50	55.00	110	175	—
1750	—	27.50	55.00	110	175	—
1766	—	25.00	50.00	100	165	—

KM# 43 RUPIA (600 Reis)
10.6300 g., Silver **Ruler:** Maria I and Pedro III **Obv:** Accolated bust of Maria and Pedro **Rev:** Crowned arms

Date	Mintage	Good	VG	F	VF	XF
1781	—	65.00	125	250	400	—

GOA

Goa was the capitol of Portuguese India and is located 250 miles south of Bombay on the west coast of India. It was taken by Albuquerque in 1510. A mint was established immediately and operated until closed by the British in 1869. Later coins were struck at Calcutta and Bombay. Goa was annexed by India in 1962.

MONETARY SYSTEM
375 Bazarucos = 300 Reis
240 Reis = 1 Pardao
2 Xerafim = 1 Rupia

NOTE: The silver Xerafim was equal to the silver Pardao, but the gold Xerafim varied according to fluctuations in the gold/silver ratio.

COLONY

CAST COINAGE

KM# 80 BAZARUCO
2.6900 g., Tin **Ruler:** John V **Obv:** Crowned arms divide GA in plain circle **Rev:** Latin cross with floreate bottom in plain circle

Date	Mintage	Good	VG	F	VF	XF
ND(1706-50)	—	12.00	25.00	45.00	85.00	—

KM# 81 1-1/2 REALS (Roda)
2.6000 g., Tin **Ruler:** John V **Obv:** Crowned arms divide GA within circle **Rev:** Divided concentric circles **Note:** "Roda" is Portuguese for "wheel" and is used in reference to any coin with a wheel design.

Date	Mintage	Good	VG	F	VF	XF
ND(1706-50)	—	12.50	25.00	50.00	100	—

KM# 82 2 BAZARUCOS
3.9600 g., Tin **Ruler:** John V **Obv:** Crowned arms divide GA **Rev:** Cross on mound divides star and 2

Date	Mintage	Good	VG	F	VF	XF
ND(1706-50)	—	18.00	35.00	70.00	150	—

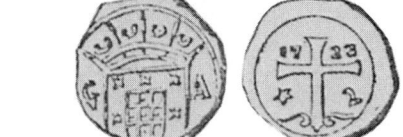

KM# 101 2 BAZARUCOS
2.6000 g., Tin **Ruler:** John V **Obv:** Crowned arms divide GA **Rev:** Cross divides date at top, star, and 2

Date	Mintage	Good	VG	F	VF	XF
1722	—	15.00	30.00	60.00	135	—

KM# 102 2-1/2 BAZARUCOS
3.3000 g., Tin **Ruler:** John V **Obv:** Crowned arms divide GA **Rev:** I S divided by date, value below

Date	Mintage	Good	VG	F	VF	XF
1722	—	12.50	25.00	45.00	90.00	—

KM# 83 5 BAZARUCOS (3 Rodas)
5.2800 g., Tin **Ruler:** John V **Obv:** Crowned arms divide GA **Rev:** Divided concentric circles

Date	Mintage	Good	VG	F	VF	XF
ND(1706-50)	—	12.50	25.00	50.00	100	—

KM# 84 5 BAZARUCOS (3 Rodas)
6.7700 g., Tin **Ruler:** John V **Obv:** Crowned arms divide GA **Rev:** Cross on mound divides star and 5

Date	Mintage	Good	VG	F	VF	XF
ND(1706-50)	—	10.00	20.00	40.00	80.00	—

KM# 103 5 BAZARUCOS (3 Rodas)
6.6000 g., Tin **Ruler:** John V **Obv:** Crowned arms divide GA **Rev:** Cross divides date at top and star and 5 at bottom

Date	Mintage	Good	VG	F	VF	XF
1722	—	12.50	22.50	45.00	90.00	—

KM# 136 5 BAZARUCOS (3 Rodas)
4.1000 g., Tin **Ruler:** Jose (Joseph) I **Obv:** Crowned arms divide GA **Rev:** Value, date within wreath

Date	Mintage	Good	VG	F	VF	XF
1760	—	12.50	22.50	45.00	90.00	—

KM# 85 7-1/2 BAZARUCOS
13.6000 g., Tin **Ruler:** John V **Obv:** Crowned arms divide GA **Rev:** Letters I and S topped by O, star above, value below

Date	Mintage	Good	VG	F	VF	XF
ND(1706-50)	—	20.00	45.00	100	200	—

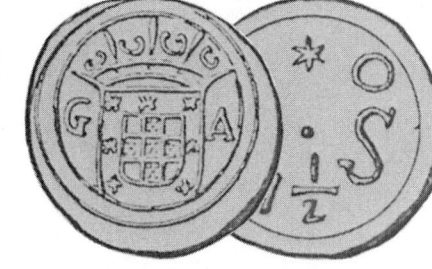

KM# 86 7-1/2 BAZARUCOS
12.3000 g., Tin **Ruler:** John V **Obv:** Crowned arms divide GA **Rev:** Letters I and S topped by O divided by value, star above

Date	Mintage	Good	VG	F	VF	XF
ND(1706-50)	—	15.00	35.00	85.00	175	—

KM# 104 7-1/2 BAZARUCOS
9.0000 g., Tin **Ruler:** John V **Obv:** Crowned arms divide GA **Rev:** Letters I and S topped by O divided by date, star above, value below

Date	Mintage	Good	VG	F	VF	XF
1722	—	12.50	25.00	75.00	165	—

KM# 105 7-1/2 BAZARUCOS
10.6000 g., Tin **Ruler:** John V **Obv:** Crowned arms divide GA **Rev:** Letters I and S topped by O divided by value, star and date above

Date	Mintage	Good	VG	F	VF	XF
1722	—	20.00	45.00	100	200	—

KM# 87 10 BAZARUCOS
11.6000 g., Tin **Ruler:** John V **Obv:** Crowned arms divide GA within circle **Rev:** I at left, 10 at right, O above, all within circle

Date	Mintage	Good	VG	F	VF	XF
ND(1706-50)	—	18.00	40.00	90.00	185	—

KM# 106 10 BAZARUCOS
9.6000 g., Tin **Ruler:** John V **Obv:** Crowned arms divide GA **Rev:** I topped by O at left, date above 10 at right

Date	Mintage	Good	VG	F	VF	XF
1722	—	18.00	40.00	90.00	185	—

KM# 107 10 BAZARUCOS
8.9000 g., Tin **Ruler:** John V **Obv:** Crowned arms divide GA **Rev:** Date above I at left, O above 10 at right, all within circle

Date	Mintage	Good	VG	F	VF	XF
1722	—	15.00	35.00	85.00	175	—

INDIA-PORTUGUESE GOA

KM# 137.1 10 BAZARUCOS
8.2000 g., Tin **Ruler:** Jose (Joseph) I **Obv:** Crowned arms divide GA **Rev:** Value, date within wreath

Date	Mintage	Good	VG	F	VF	XF
1760	—	10.00	20.00	60.00	125	—

KM# 137.2 10 BAZARUCOS
6.8000 g., Tin **Ruler:** Jose (Joseph) I **Obv:** Crowned arms divide GA **Rev:** Value, date within wreath

Date	Mintage	Good	VG	F	VF	XF
1769	—	10.00	20.00	60.00	125	—

KM# 138.1 15 BAZARUCOS
Tin **Ruler:** Jose (Joseph) I **Obv:** Crowned arms divide GA **Rev:** Value, date within wreath **Note:** Weight varies: 12.00-13.70 grams.

Date	Mintage	Good	VG	F	VF	XF
1760	—	12.00	25.00	65.00	135	—

KM# 138.2 15 BAZARUCOS
11.6000 g., Tin **Ruler:** Jose (Joseph) I **Obv:** Crowned arms divide GA **Rev:** Value, date within wreath

Date	Mintage	Good	VG	F	VF	XF
1769	—	10.00	20.00	60.00	125	—

KM# 88 15 BAZARUCOS
15.3000 g., Tin **Ruler:** John V **Obv:** Crowned arms divide GA within circle **Rev:** I topped by O at left, value at right

Date	Mintage	Good	VG	F	VF	XF
ND(1706-50)	—	25.00	55.00	125	250	—

KM# 151 2 REIS
2.2000 g., Tin **Ruler:** Jose (Joseph) I **Obv:** Crowned arms divide GA within circle **Rev:** II

Date	Mintage	Good	VG	F	VF	XF
ND(1769)	—	20.00	40.00	90.00	200	—

KM# 152 4 REIS
Tin **Ruler:** Jose (Joseph) I **Obv:** Crowned arms divide GA **Rev:** IV, date within thin wreath

Date	Mintage	Good	VG	F	VF	XF
1769	—	12.50	25.00	50.00	125	—

KM# 89 15 BAZARUCOS
19.0000 g., Tin **Ruler:** John V **Obv:** Crowned arms divide GA within circle **Rev:** Divided concentric circles with value above

Date	Mintage	Good	VG	F	VF	XF
ND(1706-50)	—	40.00	100	225	450	—

KM# 153 6 REIS
8.6000 g., Tin **Ruler:** Jose (Joseph) I **Obv:** Crowned arms divide GA **Rev:** VI, date within thin wreath

Date	Mintage	Good	VG	F	VF	XF
1769	—	12.50	25.00	50.00	125	—

KM# 154 12 REIS
Tin **Ruler:** Jose (Joseph) I **Obv:** Crowned arms divide GA **Rev:** XII, date within thin wreath

Date	Mintage	Good	VG	F	VF	XF
1769	—	12.50	25.00	50.00	125	—

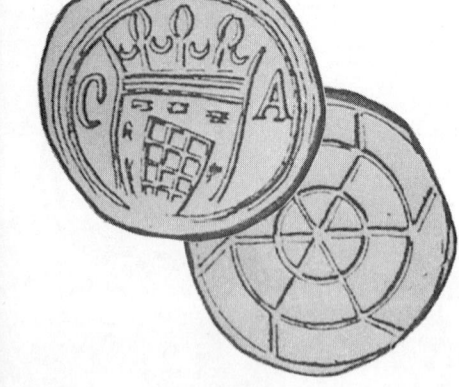

KM# 90 15 BAZARUCOS
20.0000 g., Tin **Ruler:** John V **Obv:** Crowned arms divide GA within circle **Rev:** Divided concentric circles

Date	Mintage	Good	VG	F	VF	XF
ND(1706-50)	—	50.00	120	250	500	—

HAMMERED COINAGE

KM# 165 1-1/2 REIS
Copper **Ruler:** Maria I and Pedro III **Obv:** Crowned shield **Rev:** Denomination

Date	Mintage	Good	VG	F	VF	XF
ND	—	18.00	35.00	75.00	150	—

KM# 143 2 REIS
1.2000 g., Copper **Ruler:** Jose (Joseph) I **Obv:** Crowned arms **Rev:** Value, date

Date	Mintage	Good	VG	F	VF	XF
1763	—	25.00	50.00	100	225	—

KM# 166 3 REIS
Copper **Ruler:** Maria I and Pedro III **Note:** Similar to 6 Reis, KM#168.

Date	Mintage	Good	VG	F	VF	XF
ND	—	10.00	20.00	40.00	80.00	—

KM# 167 4-1/2 REIS
Copper **Ruler:** Maria I and Pedro III **Note:** Similar to 6 Reis, KM#168.

Date	Mintage	Good	VG	F	VF	XF
ND	—	8.50	15.00	35.00	75.00	—

KM# 95 5 REIS
4.5000 g., Copper **Ruler:** John V **Obv:** Crowned IV monograms; date below **Rev:** Value in wreath

Date	Mintage	Good	VG	F	VF	XF
1711	—	15.00	30.00	60.00	160	—
1712	—	15.00	30.00	60.00	160	—
1715	—	18.00	35.00	70.00	175	—

KM# 156 5 REIS
3.3000 g., Copper **Ruler:** Jose (Joseph) I **Obv:** Crowned arms **Rev:** Value, date

Date	Mintage	Good	VG	F	VF	XF
1774	—	12.50	25.00	50.00	125	—

KM# 139 6 REIS
Copper **Ruler:** Jose (Joseph) I **Obv:** Crowned arms **Rev:** Value, date **Note:** Weight varies: 3.70-4.30 grams.

Date	Mintage	Good	VG	F	VF	XF
1762	—	10.00	20.00	35.00	90.00	—
1764	—	12.00	25.00	45.00	100	—
1768	—	10.00	20.00	35.00	90.00	—

KM# 168 6 REIS
Copper **Ruler:** Maria I and Pedro III **Obv:** Crowned arms **Rev:** Value, date **Note:** Weight varies: 3.70-4.30 grams.

Date	Mintage	Good	VG	F	VF	XF
ND	—	6.00	10.00	20.00	40.00	—

KM# 96 7-1/2 REIS
6.6000 g., Copper **Ruler:** John V **Obv:** Crowned IV monogram; date below **Rev:** Value in wreath

Date	Mintage	Good	VG	F	VF	XF
1711	—	15.00	30.00	60.00	145	—
1715	—	20.00	40.00	80.00	185	—

KM# A119 10 REIS
Copper **Ruler:** Jose (Joseph) I **Obv:** Crowned arms **Rev:** Value

Date	Mintage	Good	VG	F	VF	XF
ND	—	12.50	25.00	50.00	125	—

GOA

KM# 157 10 REIS
Copper **Ruler:** Jose (Joseph) I **Obv:** Crowned arms **Rev:** value, date within wreath

Date	Mintage	Good	VG	F	VF	XF
1774	—	10.00	20.00	40.00	90.00	—

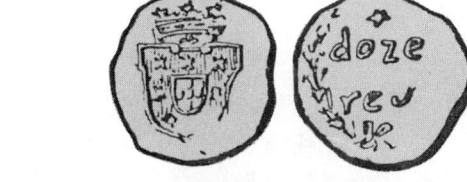

KM# 120 12 REIS
Copper **Ruler:** Jose (Joseph) I **Obv:** Crowned arms **Rev:** Value within wreath

Date	Mintage	Good	VG	F	VF	XF
ND	—	15.00	30.00	60.00	135	—

KM# 140 12 REIS
Copper **Ruler:** Jose (Joseph) I **Obv:** Crowned arms **Rev:** Value, date within wreath

Date	Mintage	Good	VG	F	VF	XF
1762	—	7.50	15.00	32.00	65.00	—
1767	—	7.50	15.00	32.00	65.00	—
1768	—	7.50	15.00	32.00	65.00	—
1769	—	7.50	15.00	32.00	65.00	—

KM# 169 12 REIS
Copper **Ruler:** Maria I and Pedro III **Note:** Similar to 6 Reis, KM#168.

Date	Mintage	Good	VG	F	VF	XF
ND	—	6.00	10.00	27.50	50.00	—

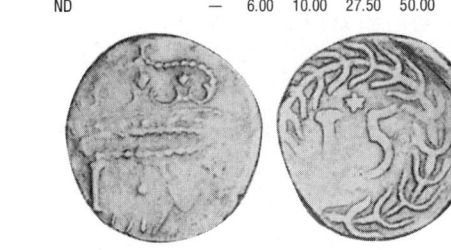

KM# 91 15 REIS
15.1800 g., Copper **Ruler:** John V **Obv:** Crowned I V monogram **Rev:** Value within wreath, star above and below value

Date	Mintage	Good	VG	F	VF	XF
1717	—	25.00	50.00	120	250	—

KM# 121 20 REIS
Copper **Ruler:** Jose (Joseph) I **Obv:** Crowned arms **Rev:** Star above value within wreath

Date	Mintage	Good	VG	F	VF	XF
ND	—	10.00	20.00	40.00	85.00	—

KM# 155 20 REIS
Copper **Ruler:** Jose (Joseph) I **Obv:** Crowned arms **Rev:** Value, date within wreath

Date	Mintage	Good	VG	F	VF	XF
1770	—	9.00	18.00	35.00	75.00	—
1772	—	9.00	18.00	35.00	75.00	—
1774	—	9.00	18.00	35.00	75.00	—

KM# 170 20 REIS
Copper **Ruler:** Maria I and Pedro III **Note:** Similar to 6 Reis, KM#161.

Date	Mintage	Good	VG	F	VF	XF
ND	—	6.00	10.00	25.00	—	—

KM# 196 20 REIS
Copper **Ruler:** Maria I **Obv:** Crowned arms **Rev:** Star above value, date within wreath

Date	Mintage	Good	VG	F	VF	XF
1787	—	8.00	—	30.00	60.00	—

KM# 108 1/2 TANGA (30 Reis)
0.5700 g., Silver **Ruler:** John V **Obv:** Crown between branches, date below **Rev:** Value in wreath **Note:** Varieties exist.

Date	Mintage	Good	VG	F	VF	XF
1726	—	30.00	60.00	175	350	—
ND(1727)	—	20.00	40.00	150	325	—

KM# 118.1 1/2 TANGA (30 Reis)
0.6000 g., Silver **Ruler:** John V **Obv:** Head right, date below **Rev:** Crown above date

Date	Mintage	Good	VG	F	VF	XF
1740	—	16.00	32.00	75.00	165	—
1741	—	20.00	40.00	80.00	175	—
1742	—	20.00	40.00	80.00	175	—
1744	—	16.00	32.00	75.00	165	—
1745	—	20.00	40.00	80.00	175	—
1750	—	20.00	40.00	80.00	175	—
1751	—	20.00	40.00	80.00	175	—

KM# 118.2 1/2 TANGA (30 Reis)
0.5800 g., Silver **Ruler:** John V **Obv:** Head right **Rev:** Crown above retrograde value

Date	Mintage	Good	VG	F	VF	XF
1742	—	20.00	40.00	80.00	175	—

KM# 122 1/2 TANGA (30 Reis)
Copper **Ruler:** Jose (Joseph) I **Obv:** Crowned arms **Rev:** Stars above value within wreath

Date	Mintage	Good	VG	F	VF	XF
ND	—	10.00	20.00	40.00	80.00	—

KM# 123 1/2 TANGA (30 Reis)
Copper **Rev:** Value

Date	Mintage	Good	VG	F	VF	XF
ND	—	15.00	30.00	65.00	150	—

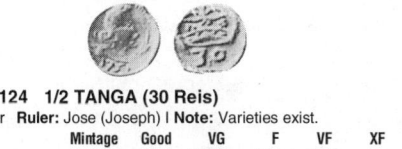

KM# 124 1/2 TANGA (30 Reis)
Copper **Ruler:** Jose (Joseph) I **Note:** Varieties exist.

Date	Mintage	Good	VG	F	VF	XF
ND	—	25.00	50.00	110	220	—
1751	—	20.00	40.00	100	200	—
1755	—	20.00	40.00	100	200	—
1756	—	20.00	40.00	100	200	—
1761	—	30.00	60.00	120	240	—
1764	—	20.00	40.00	100	200	—

KM# 135 1/2 TANGA (30 Reis)
Copper **Ruler:** Jose (Joseph) I **Obv:** Crowned arms **Rev:** Value, stars and date within wreath

Date	Mintage	Good	VG	F	VF	XF
1759	—	12.00	25.00	50.00	125	—
1762	—	12.00	25.00	50.00	125	—
1764	—	12.00	25.00	50.00	125	—
1766	—	12.00	25.00	50.00	125	—
1768	—	12.00	25.00	50.00	125	—
1769	—	12.00	25.00	50.00	125	—
1770	—	12.00	25.00	50.00	125	—
1771	—	10.00	20.00	45.00	100	—
1773	—	10.00	20.00	45.00	100	—
1774	—	10.00	20.00	45.00	100	—
1776	—	10.00	20.00	45.00	100	—

KM# 171 1/2 TANGA (30 Reis)
Copper **Ruler:** Maria I and Pedro III **Note:** Similar to 6 Reis, KM#168.

Date	Mintage	Good	VG	F	VF	XF
ND	—	6.00	10.00	25.00	50.00	—

KM# 172 1/2 TANGA (30 Reis)
0.6000 g., Silver **Obv:** Bust of Maria in veil **Rev:** Arms in irregular shield

Date	Mintage	Good	VG	F	VF	XF
ND	—	100	200	300	650	—

KM# 193 1/2 TANGA (30 Reis)
0.6000 g., Silver **Ruler:** Maria I and Pedro III

Date	Mintage	Good	VG	F	VF	XF
1784 Rare	—	—	—	—	—	—

KM# 197 1/2 TANGA (30 Reis)
Copper **Ruler:** Maria I **Rev:** Date below value 30 in wreath

Date	Mintage	Good	VG	F	VF	XF
1787	—	100	200	300	650	—

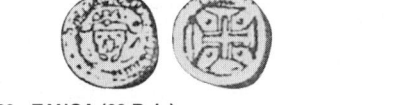

KM# 92 TANGA (60 Reis)
1.9800 g., Silver **Ruler:** John V **Obv:** Crowned arms in circle **Rev:** Dots in angles of cross in circle

Date	Mintage	Good	VG	F	VF	XF
ND(1706-50)	—	25.00	50.00	125	250	—

KM# 93 TANGA (60 Reis)
1.9800 g., Silver **Ruler:** John V **Obv:** Crown above value 60 in circle **Rev:** Small crosses in angles of maltese cross in circle

Date	Mintage	Good	VG	F	VF	XF
ND(1706-50)	—	25.00	50.00	125	250	—

INDIA-PORTUGUESE — GOA

KM# 94 TANGA (60 Reis)
1.1900 g., Silver **Ruler:** John V **Obv:** Head right **Rev:** Crown above value

Date	Mintage	Good	VG	F	VF	XF
ND(1706-50)	—	25.00	50.00	125	250	—

KM# 109 TANGA (60 Reis)
1.1500 g., Silver **Ruler:** John V **Obv:** Crown above branches, date below **Rev:** Value 60 in wreath

Date	Mintage	Good	VG	F	VF	XF
1726	—	25.00	50.00	125	250	—
1727	—	20.00	40.00	—	200	—

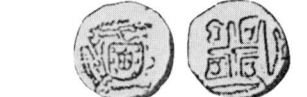

KM# 115 TANGA (60 Reis)
1.1600 g., Silver **Ruler:** John V **Obv:** Crowned arms **Rev:** Cross divides date in angles

Date	Mintage	Good	VG	F	VF	XF
1729	—	17.50	35.00	80.00	165	—
1730	—	17.50	35.00	80.00	165	—
1733	—	20.00	40.00	90.00	175	—
1738	—	15.00	30.00	70.00	155	—

KM# 116 TANGA (60 Reis)
1.3500 g., Silver **Ruler:** John V **Obv:** Value 60 in wreath **Rev:** Numerals of date in angles of cross

Date	Mintage	Good	VG	F	VF	XF
1733	—	20.00	40.00	100	200	—

KM# 119 TANGA (60 Reis)
1.2000 g., Silver **Ruler:** John V **Obv:** Head right, date below **Rev:** Crown above value 60 in circle

Date	Mintage	Good	VG	F	VF	XF
1740	—	16.00	32.00	75.00	165	—
1741	—	15.00	30.00	60.00	150	—
1744	—	16.00	32.00	75.00	165	—
1745	—	16.00	32.00	75.00	165	—
1747	—	20.00	40.00	80.00	175	—
1748	—	15.00	30.00	60.00	150	—
1749	—	15.00	30.00	60.00	150	—
1750	—	16.00	32.00	75.00	165	—
1751	—	16.00	32.00	75.00	165	—

KM# 125 TANGA (60 Reis)
Copper **Ruler:** Jose (Joseph) I **Obv:** Crowned arms **Rev:** Star above value within wreath

Date	Mintage	Good	VG	F	VF	XF
ND	—	10.00	20.00	40.00	100	—

KM# 126 TANGA (60 Reis)
Copper **Obv:** Crowned arms **Rev:** Value

Date	Mintage	Good	VG	F	VF	XF
ND	—	15.00	30.00	55.00	125	—

KM# 127 TANGA (60 Reis)
Silver **Obv:** Crowned arms **Rev:** Maltese cross

Date	Mintage	Good	VG	F	VF	XF
ND	—	25.00	50.00	125	250	—

KM# 128 TANGA (60 Reis)
Silver **Obv:** Crown above value **Rev:** Maltese cross

Date	Mintage	Good	VG	F	VF	XF
ND	—	25.00	50.00	125	250	—

KM# 130.2 TANGA (60 Reis)
Silver **Ruler:** Jose (Joseph) I **Obv:** Head right **Rev:** Value stated "06", crown above

Date	Mintage	Good	VG	F	VF	XF
1751	—	20.00	35.00	70.00	165	—

KM# 130.1 TANGA (60 Reis)
Silver **Ruler:** Jose (Joseph) I **Obv:** Head right **Rev:** Crown above value **Note:** Varieties exist.

Date	Mintage	Good	VG	F	VF	XF
1751	—	20.00	30.00	65.00	160	—
1754	—	15.00	25.00	45.00	150	—
1755	—	20.00	30.00	65.00	160	—
1756	—	25.00	40.00	90.00	200	—
1760	—	20.00	35.00	70.00	165	—
1761	—	25.00	40.00	90.00	200	—

KM# 134 TANGA (60 Reis)
Silver **Ruler:** Jose (Joseph) I **Obv:** Head right **Rev:** Crowned arms

Date	Mintage	Good	VG	F	VF	XF
1756	—	35.00	60.00	125	275	—

KM# 173 TANGA (60 Reis)
Ruler: Maria I and Pedro III **Note:** Similar to 6 Reis, KM#168.

Date	Mintage	Good	VG	F	VF	XF
ND	—	35.00	60.00	100	200	—

KM# 174 TANGA (60 Reis)
1.1000 g., Silver **Obv:** Head right, with widow's veil **Rev:** Crowned arms

Date	Mintage	Good	VG	F	VF	XF
ND	—	40.00	80.00	160	300	—

KM# 198 TANGA (60 Reis)
Copper **Ruler:** Maria I and Pedro III **Obv:** Crowned arms **Rev:** Star above value within wreath

Date	Mintage	Good	VG	F	VF	XF
1781	—	15.00	30.00	65.00	145	—
1787	—	15.00	30.00	65.00	145	—

KM# 194 TANGA (60 Reis)
1.1000 g., Silver **Ruler:** Maria I and Pedro III **Obv:** Conjoined heads, right **Rev:** Crowned arms

Date	Mintage	Good	VG	F	VF	XF
1784	—	45.00	90.00	180	350	—
1785	—	45.00	90.00	180	350	—

KM# 110 1/2 PARDAO (150 Reis)
Silver **Ruler:** John V **Obv:** Bust right, date below **Rev:** Crowned arms divide GA **Note:** 2.80-2.95 grams.

Date	Mintage	Good	VG	F	VF	XF
1726	—	40.00	80.00	200	400	—
1727	—	30.00	65.00	175	375	—
1728	—	30.00	65.00	175	375	—

KM# 113 1/2 PARDAO (150 Reis)
Silver **Ruler:** John V **Obv:** Head right, date below **Rev:** Crowned arms **Note:** Weight varies: 2.80-2.95 grams. Varieties exist.

Date	Mintage	Good	VG	F	VF	XF
1728	—	40.00	80.00	130	250	—
1729	—	35.00	70.00	120	225	—
1731	—	35.00	70.00	120	225	—
1732	—	35.00	70.00	120	225	—
1734	—	35.00	70.00	120	225	—
1735	—	35.00	70.00	120	225	—
1738	—	35.00	70.00	120	225	—
1739	—	35.00	70.00	120	225	—
1740	—	30.00	65.00	110	210	—
1741	—	30.00	65.00	110	210	—
1742	—	30.00	65.00	110	210	—
1743	—	30.00	65.00	110	210	—
1744	—	35.00	60.00	120	225	—
1745	—	35.00	70.00	100	200	—
1746	—	35.00	70.00	120	225	—
1747	—	35.00	70.00	120	225	—
1748	—	35.00	70.00	120	225	—
1749	—	30.00	60.00	100	200	—
1750	—	35.00	70.00	120	225	—

KM# 133 1/2 PARDAO (150 Reis)
Silver **Ruler:** Jose (Joseph) I **Obv:** Head right, date below **Rev:** Crowned arms **Note:** Weight varies: 2.80-2.95 grams. Varieties exist.

Date	Mintage	Good	VG	F	VF	XF
1752	—	30.00	60.00	120	230	—
1753	—	30.00	60.00	120	230	—
1755	—	40.00	75.00	125	250	—
1760	—	40.00	75.00	125	250	—
1761	—	45.00	85.00	135	265	—
1762	—	40.00	75.00	125	250	—
1764	—	40.00	75.00	125	250	—

KM# 158 1/2 PARDAO (150 Reis)
Silver **Ruler:** Jose (Joseph) I **Obv:** Head right **Rev:** Crowned arms **Note:** Weight varies: 2.80-2.95 grams. Varieties exist.

Date	Mintage	Good	VG	F	VF	XF
1775	—	15.00	30.00	60.00	150	—
1776	—	15.00	30.00	60.00	150	—
1777	—	30.00	50.00	85.00	175	—

KM# 181 1/2 PARDAO (150 Reis)
Silver **Ruler:** Maria I and Pedro III **Obv:** Bust right **Rev:** Crowned arms **Note:** Weight varies: 2.80-2.95 grams. Value: MEIO PARDAO.

Date	Mintage	Good	VG	F	VF	XF
1777	—	20.00	40.00	75.00	160	—
1780	—	20.00	40.00	75.00	160	—

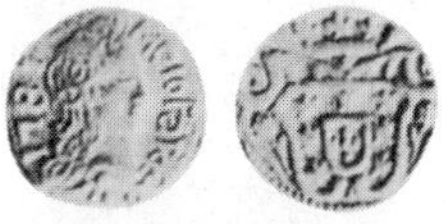

KM# 182 1/2 PARDAO (150 Reis)
Silver **Ruler:** Maria I and Pedro III **Obv:** Head right **Rev:** Crowned arms **Note:** Weight varies: 2.80-2.95 grams.

Date	Mintage	Good	VG	F	VF	XF
1781	—	25.00	50.00	110	225	—

KM# 189 1/2 PARDAO (150 Reis)
Silver **Ruler:** Maria I and Pedro III **Obv:** Conjoined heads right, date below **Rev:** Crowned arms **Note:** Weight varies: 2.80-2.95 grams.

Date	Mintage	Good	VG	F	VF	XF
1782	—	20.00	40.00	85.00	175	—
1784	—	20.00	40.00	85.00	175	—
1785	—	20.00	40.00	85.00	175	—
1786	—	20.00	40.00	85.00	175	—

KM# 188 1/2 PARDAO (150 Reis)
Silver **Ruler:** Maria I and Pedro III **Obv:** Young draped bust of Pedro III alone **Note:** Weight varies: 2.80-2.95 grams. Value: 150 R.

Date	Mintage	Good	VG	F	VF	XF
1782	—	25.00	50.00	110	225	—

KM# 199 1/2 PARDAO (150 Reis)
Silver **Ruler:** Maria I **Obv:** Head right **Rev:** Crowned arms **Note:** Weight varies: 2.80-2.95 grams.

Date	Mintage	Good	VG	F	VF	XF
1787	—	20.00	40.00	85.00	175	—
1788	—	20.00	40.00	85.00	175	—
1790	—	20.00	40.00	85.00	175	—
1791	—	20.00	40.00	85.00	175	—
1793	—	20.00	40.00	85.00	175	—
1794	—	20.00	40.00	85.00	175	—

KM# 203 1/2 PARDAO (150 Reis)
Silver **Ruler:** Maria I **Obv:** Value: 150 R **Note:** Weight varies: 2.80-2.95 grams.

Date	Mintage	Good	VG	F	VF	XF
1796	—	20.00	40.00	85.00	175	—
1797	—	20.00	40.00	85.00	175	—

KM# 206 1/2 PARDAO (150 Reis)
Silver **Ruler:** Maria I **Obv:** Head right, value: 150 REIS **Rev:** Crowned arms **Note:** Weight varies: 2.80-2.95 grams.

Date	Mintage	Good	VG	F	VF	XF
1798	—	20.00	40.00	85.00	175	—
1799	—	20.00	40.00	85.00	175	—

KM# 111 PARDAO (300 Reis)
Silver **Ruler:** John V **Obv:** Head right, date below **Rev:** Crowned arms **Note:** Weight varies: 5.84-5.95 grams. Varieties exist.

Date	Mintage	Good	VG	F	VF	XF
1726	—	60.00	125	275	500	—
1728	—	45.00	100	220	400	—
1730	—	35.00	80.00	200	375	—
1732	—	55.00	110	245	450	—
1733	—	35.00	80.00	200	375	—
1737	—	30.00	70.00	175	350	—
1739	—	30.00	60.00	150	300	—
1740	—	30.00	70.00	175	350	—
1741	—	30.00	60.00	150	300	—
1742	—	30.00	65.00	160	325	—
1744	—	30.00	60.00	150	300	—
1745	—	30.00	60.00	150	300	—
1746	—	30.00	60.00	150	300	—
1747	—	30.00	70.00	175	350	—
1748	—	55.00	110	220	400	—
1749	—	30.00	60.00	150	300	—
1750	—	30.00	70.00	175	350	—
1751	—	30.00	70.00	175	350	—

KM# 131 PARDAO (300 Reis)
Silver **Ruler:** Jose (Joseph) I **Obv:** Head right, date below **Obv. Legend:** JOZE... **Rev:** Crowned arms **Note:** Weight varies: 5.84-5.95 grams. Varieties exist.

Date	Mintage	Good	VG	F	VF	XF
1751	—	55.00	110	245	450	—
1752	—	55.00	110	245	450	—
1753	—	45.00	100	220	400	—
1754	—	45.00	100	225	425	—
1755	—	45.00	100	230	435	—
1756	—	45.00	100	230	435	—
1761	—	60.00	115	255	475	—
1762	—	55.00	110	245	450	—
1763	—	55.00	110	245	450	—
1764	—	45.00	100	430	435	—

KM# 159 PARDAO (300 Reis)
Silver **Ruler:** Jose (Joseph) I **Obv:** Head right, date **Rev:** Crowned arms **Note:** Weight varies: 5.84-5.95 grams.

Date	Mintage	Good	VG	F	VF	XF
1775	—	20.00	45.00	90.00	185	—
1776	—	15.00	35.00	80.00	175	—

KM# 179 PARDAO (300 Reis)
Silver **Ruler:** Maria I and Pedro III **Note:** Weight varies: 5.84-5.95 grams.

Date	Mintage	Good	VG	F	VF	XF
1779	—	25.00	50.00	100	200	—
1780	—	25.00	50.00	100	200	—

KM# 183 PARDAO (300 Reis)
Silver **Ruler:** Maria I and Pedro III **Obv:** Head right, date **Rev:** Crowned arms **Note:** Weight varies: 5.84-5.95 grams.

Date	Mintage	Good	VG	F	VF	XF
1781	—	30.00	60.00	150	300	—
1782	—	30.00	60.00	150	300	—

KM# 190 PARDAO (300 Reis)
Silver **Ruler:** Maria I and Pedro III **Obv:** Similar to KM#195 **Rev:** Arms **Note:** Weight varies: 5.84-5.95 grams.

Date	Mintage	Good	VG	F	VF	XF
1782	—	12.50	25.00	60.00	150	—
1783	—	12.50	25.00	60.00	150	—

KM# 195 PARDAO (300 Reis)
Silver **Ruler:** Maria I and Pedro III **Obv:** Conjoined heads right, date below **Rev:** Crowned arms **Note:** Weight varies: 5.84-5.95 grams.

Date	Mintage	Good	VG	F	VF	XF
1784	—	10.00	20.00	45.00	100	—
1785	—	10.00	20.00	45.00	100	—
1786	—	10.00	20.00	45.00	100	—
1787	—	10.00	20.00	45.00	100	—

KM# 200 PARDAO (300 Reis)
Silver **Ruler:** Maria I **Note:** Weight varies: 5.84-5.95 grams. Similar to 60 Reis, KM#174.

Date	Mintage	Good	VG	F	VF	XF
1787	—	20.00	40.00	90.00	200	—
1789	—	20.00	40.00	90.00	200	—
1791	—	20.00	40.00	90.00	200	—
1792	—	20.00	40.00	90.00	200	—
1793	—	20.00	40.00	90.00	200	—

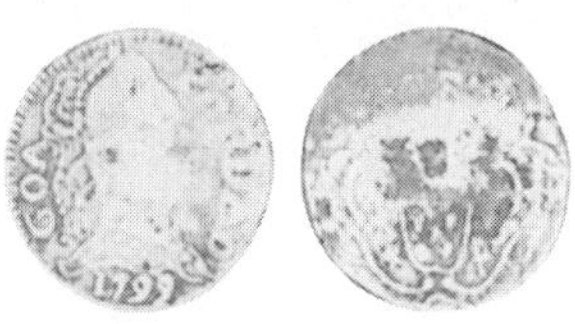

KM# 204 PARDAO (300 Reis)
Silver **Ruler:** Maria I **Obv:** Head right, date below **Rev:** Crowned arms **Note:** Weight varies 5.84-5.95 grams.

Date	Mintage	Good	VG	F	VF	XF
1796	—	10.00	20.00	55.00	135	—
1797	—	10.00	20.00	55.00	135	—
1798	—	10.00	20.00	55.00	135	—
1799	—	10.00	20.00	55.00	135	—
1800	—	10.00	20.00	55.00	135	—

KM# 97 XERAFIM
0.5700 g., Gold **Ruler:** John V **Obv:** Crowned arms divide GA **Rev:** Numerals of date in angles of cross

Date	Mintage	Good	VG	F	VF	XF
ND(1714)	—	125	250	425	750	—
1715	—	125	275	450	775	—
1716	—	125	275	450	775	—
1717	—	150	300	500	850	—
1718	—	125	250	425	750	—
1721	—	125	250	425	750	—
1728	—	125	250	425	750	—

KM# 117 XERAFIM
11.8000 g., Silver **Ruler:** John V **Obv:** Crowned arms **Rev:** Maltese cross divides date in angles

Date	Mintage	Good	VG	F	VF	XF
1737	—	50.00	125	250	400	—
1740	—	35.00	100	185	350	—

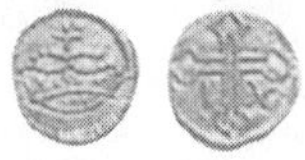

KM# 129 XERAFIM
Gold **Ruler:** Jose (Joseph) I **Obv:** Crown **Rev:** Designed cross **Note:** Weight varies: 0.40-0.41 grams.

Date	Mintage	Good	VG	F	VF	XF
ND(1766)	—	200	400	700	1,200	—

KM# 112 RUPIA
11.8000 g., Silver **Ruler:** John V **Obv:** Head right, date below **Rev:** Crowned arms **Note:** Varieties exist.

Date	Mintage	Good	VG	F	VF	XF
1726	—	70.00	140	275	500	—
1727	—	70.00	140	275	500	—
1728	—	40.00	85.00	175	350	—
1729	—	40.00	85.00	175	350	—
1730	—	40.00	85.00	175	350	—
1732	—	30.00	70.00	150	300	—
1733	—	30.00	70.00	150	300	—
1734	—	30.00	70.00	150	300	—
1735	—	30.00	70.00	150	300	—
1737	—	30.00	70.00	150	300	—
1740	—	22.50	45.00	100	225	—
1741	—	30.00	70.00	150	300	—
1742	—	25.00	60.00	120	250	—
1743	—	25.00	60.00	120	250	—
1744	—	30.00	70.00	150	300	—
1745	—	30.00	70.00	150	300	—
1746	—	25.00	60.00	120	250	—
1747	—	25.00	60.00	120	250	—
1748	—	22.50	45.00	100	225	—
1749	—	25.00	60.00	120	250	—
1750	—	25.00	60.00	120	250	—
1751 Posthumous	—	22.50	45.00	100	225	—
1752 Posthumous	—	30.00	70.00	150	300	—

INDIA-PORTUGUESE GOA

Date	Mintage	Good	VG	F	VF	XF
1791	—	16.50	27.50	45.00	80.00	—
1792	—	16.50	27.50	45.00	80.00	—
1793	—	16.50	27.50	45.00	80.00	—
1794	—	16.50	27.50	45.00	80.00	—
1795	—	16.50	27.50	45.00	80.00	—

KM# 132 RUPIA
11.8000 g., Silver **Ruler:** Jose (Joseph) I **Obv:** Head right, date below **Rev:** Crowned arms **Note:** Varieties exist.

Date	Mintage	Good	VG	F	VF	XF
1751	—	40.00	85.00	175	350	—
1752	—	40.00	85.00	175	350	—
1753	—	40.00	85.00	175	350	—
1755	—	40.00	85.00	175	350	—
1756	—	50.00	100	200	400	—
1757	—	45.00	90.00	185	375	—
1761	—	45.00	90.00	185	375	—
1762	—	45.00	90.00	185	375	—

KM# 160 RUPIA
11.8000 g., Silver **Ruler:** Jose (Joseph) I **Obv:** Bust right **Rev:** Crowned arms **Note:** Varieties exist.

Date	Mintage	Good	VG	F	VF	XF
1775	—	25.00	45.00	90.00	200	—
1776	—	25.00	45.00	90.00	200	—
1777	—	25.00	45.00	90.00	200	—

KM# 175 RUPIA
11.8000 g., Silver **Ruler:** Maria I and Pedro III

Date	Mintage	Good	VG	F	VF	XF
1778	—	20.00	45.00	100	225	—
1779	—	20.00	45.00	100	225	—
1780	—	20.00	45.00	100	225	—
1781	—	20.00	45.00	100	225	—

KM# 185 RUPIA
11.8000 g., Silver **Ruler:** Maria I and Pedro III **Obv:** Similar to KM#91 **Rev:** Similar to KM#184

Date	Mintage	Good	VG	F	VF	XF
1781	—	20.00	40.00	85.00	175	—
1782	—	20.00	40.00	85.00	175	—

KM# 184 RUPIA
11.8000 g., Silver **Ruler:** Maria I and Pedro III **Obv:** Head right, date **Rev:** Crowned arms **Note:** Posthumous issue of Joseph I.

Date	Mintage	Good	VG	F	VF	XF
1781	—	30.00	55.00	120	250	—

KM# 191 RUPIA
11.8000 g., Silver **Ruler:** Maria I and Pedro III **Obv:** Conjoined heads, right, date below **Rev:** Crowned arms

Date	Mintage	Good	VG	F	VF	XF
1782	—	12.50	20.00	35.00	65.00	—
1783	—	12.50	20.00	35.00	65.00	—
1784	—	12.50	20.00	35.00	65.00	—
1785	—	12.50	20.00	35.00	65.00	—
1786	—	12.50	20.00	35.00	65.00	—
1786	—	16.50	27.50	45.00	80.00	—

Note: Inverted A for V in RVPIA

1787	—	12.50	20.00	35.00	65.00	—
1787	—	16.50	27.50	45.00	80.00	—

Note: Inverted A for V in RVPIA

KM# 201 RUPIA
11.8000 g., Silver **Ruler:** Maria I **Obv:** Bust right **Rev:** Crowned arms

Date	Mintage	Good	VG	F	VF	XF
1787	—	16.50	27.50	45.00	80.00	—
1788	—	16.50	27.50	45.00	80.00	—
1789	—	16.50	27.50	45.00	80.00	—
1790	—	16.50	27.50	45.00	80.00	—

KM# 205 RUPIA
11.8000 g., Silver **Ruler:** Maria I **Obv:** Head right **Rev:** Crowned arms **Note:** Several varieties exist.

Date	Mintage	Good	VG	F	VF	XF
1796	—	11.50	18.50	30.00	50.00	—
1797	—	11.50	18.50	30.00	50.00	—
1798	—	11.50	18.50	30.00	50.00	—
1799	—	11.50	18.50	30.00	50.00	—
1800	—	11.50	18.50	30.00	50.00	—

KM# 141 2 XERAFINS
0.8100 g., Gold **Ruler:** Jose (Joseph) I **Obv:** Crowned arms **Rev:** Cross divides date

Date	Mintage	Good	VG	F	VF	XF
1762	—	350	650	1,150	2,000	—

KM# 146 2 XERAFINS
0.8100 g., Gold **Ruler:** Jose (Joseph) I **Obv:** Crowned arms **Rev:** Cross divides value and date

Date	Mintage	Good	VG	F	VF	XF
1766	—	250	400	650	1,150	—
1772	—	250	400	650	1,150	—

KM# 147.1 2 XERAFINS
0.8100 g., Gold **Ruler:** Jose (Joseph) I **Obv:** Crown without bottom loop **Rev:** Cross

Date	Mintage	Good	VG	F	VF	XF
1766	—	250	425	725	1,250	—

KM# 147.2 2 XERAFINS
0.8100 g., Gold **Ruler:** Jose (Joseph) I **Obv:** Crown with bottom loop **Rev:** Cross divides date

Date	Mintage	Good	VG	F	VF	XF
1766	—	200	350	650	1,000	—
1767	—	225	425	725	1,200	—
1768	—	200	350	650	1,000	—
1769	—	250	450	750	1,250	—
1772	—	200	350	650	1,000	—
1774	—	250	450	750	1,250	—

KM# 161 2 XERAFINS
0.8100 g., Gold **Ruler:** Jose (Joseph) I **Obv:** Crown above star **Rev:** Cross

Date	Mintage	Good	VG	F	VF	XF
1775	—	300	500	900	1,600	—

KM# 176 2 XERAFINS
0.8100 g., Gold **Ruler:** Maria I and Pedro III **Obv:** Crowned arms **Rev:** Value and date in angles of cross

Date	Mintage	Good	VG	F	VF	XF
1778	—	350	650	1,250	2,000	—
1786	—	—	—	—	—	—

KM# 207 2 XERAFINS
0.8100 g., Gold **Ruler:** Maria I

Date	Mintage	Good	VG	F	VF	XF
1799	—	300	550	1,250	2,750	—

KM# 98 2-1/2 XERAFINS
1.4000 g., Gold **Ruler:** John V **Obv:** Crowned arms divide GA in circle **Rev:** Standing figure of St. Thomas divides date

Date	Mintage	Good	VG	F	VF	XF
1714	—	300	600	1,000	2,200	—
1715	—	300	600	1,000	2,200	—
1716	—	300	600	1,000	2,200	—
1717	—	300	600	1,000	2,200	—
1720	—	350	650	1,250	2,400	—
ND	—	200	400	800	1,800	—

KM# 144 4 XERAFINS
1.6300 g., Gold **Ruler:** Jose (Joseph) I **Obv:** Crowned arms **Rev:** Cross divides date

Date	Mintage	Good	VG	F	VF	XF
1763	—	450	900	1,500	2,500	—
1764	—	450	900	1,500	2,500	—
1765	—	450	900	1,500	2,500	—

KM# 148 4 XERAFINS
1.6300 g., Gold **Ruler:** Jose (Joseph) I **Obv:** Crowned arms **Rev:** Cross divides date

Date	Mintage	Good	VG	F	VF	XF
1765	—	175	350	600	1,100	—
1766	—	175	350	600	1,100	—
1768	—	250	450	750	1,400	—
1769	—	300	500	900	1,650	—
1771	—	350	600	1,000	1,800	—
1774	—	250	450	750	1,400	—

KM# 162 4 XERAFINS
1.6300 g., Gold **Ruler:** Jose (Joseph) I **Obv:** Crowned arms **Rev:** Cross divides date

Date	Mintage	Good	VG	F	VF	XF
1775	—	350	600	1,000	1,750	—

KM# 177 4 XERAFINS
1.6300 g., Gold **Ruler:** Maria I and Pedro III **Obv:** Crowned arms **Rev:** Value and date in angles of cross

Date	Mintage	Good	VG	F	VF	XF
1778	—	—	—	—	—	—

Note: Reported, not confirmed

KM# 202 4 XERAFINS
1.6300 g., Gold **Ruler:** Maria I **Obv:** Crowned arms **Rev:** Cross divides value and date

Date	Mintage	Good	VG	F	VF	XF
1791	—	300	650	1,450	2,800	—
1795	—	300	650	1,450	2,800	—

KM# 99 5 XERAFINS
2.8000 g., Gold **Ruler:** John V **Obv:** Crowned arms **Rev:** Standing figure of St. Thomas left divides date

Date	Mintage	Good	VG	F	VF	XF
1714	—	450	950	1,900	3,750	—
1715	—	450	950	1,900	3,750	—
1716	—	450	950	1,900	3,750	—
1717	—	450	950	1,900	3,750	—
1718	—	450	950	1,900	3,750	—
1720	—	450	950	1,900	3,750	—

KM# 145 8 XERAFINS
3.2500 g., Gold **Ruler:** Jose (Joseph) I **Obv:** Crowned arms **Rev:** Cross divides date

Date	Mintage	Good	VG	F	VF	XF
1763	—	600	1,000	1,850	3,500	—

Date	Mintage	Good	VG	F	VF	XF
1762	—	400	650	1,000	1,700	—
1763	—	350	600	950	1,600	—
1764	—	350	600	950	1,600	—
1765	—	400	650	1,000	1,700	—

KM# 149 8 XERAFINS
3.2500 g., Gold **Ruler:** Jose (Joseph) I **Obv:** Crowned arms **Rev:** Cross divides date, value in angles

Date	Mintage	Good	VG	F	VF	XF
1766	—	300	550	950	1,650	—
1768	—	300	550	950	1,650	—
1769	—	300	550	950	1,650	—
1771	—	300	550	950	1,650	—
1773	—	300	550	950	1,650	—

KM# 163 8 XERAFINS
3.2500 g., Gold **Ruler:** Jose (Joseph) I **Obv:** Crowned arms **Rev:** Cross divides date

Date	Mintage	Good	VG	F	VF	XF
1775	—	350	600	1,000	1,850	—

KM# 178 8 XERAFINS
3.2500 g., Gold **Ruler:** Maria I and Pedro III **Obv:** Crowned arms **Rev:** Value and date in angles of cross

Date	Mintage	Good	VG	F	VF	XF
1778	—	500	900	1,350	2,250	—

KM# 192.1 8 XERAFINS
3.2500 g., Gold **Ruler:** Maria I and Pedro III

Date	Mintage	Good	VG	F	VF	XF
1782	—	700	1,200	2,000	4,250	—
1784	—	700	1,200	2,000	4,250	—
1787	—	700	1,200	2,000	4,250	—

KM# 192.2 8 XERAFINS
3.2500 g., Gold **Ruler:** Maria I **Obv:** Crowned round arms **Rev:** Cross divides value and date

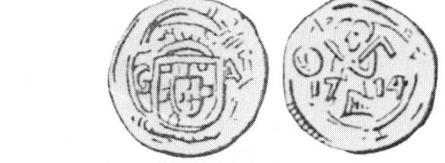

Date	Mintage	Good	VG	F	VF	XF
1788	—	500	850	1,500	2,850	—
1791	—	500	850	1,500	2,850	—
1793	—	500	850	1,500	2,850	—
1794	—	500	850	1,500	2,850	—
1795	—	500	850	1,500	2,850	—

KM# 100 10 XERAFINS
5.6000 g., Gold **Ruler:** John V **Obv:** Crowned arms divide GA in circle **Rev:** Standing figure of St. Thomas left divides date

Date	Mintage	Good	VG	F	VF	XF
1714 Rare	—	—	—	—	—	—

KM# 114 10 XERAFINS
5.7000 g., Gold **Ruler:** John V **Obv:** Crowned arms **Rev:** Cross divides date

Date	Mintage	Good	VG	F	VF	XF
1728	—	600	1,000	1,850	3,750	—
1729	—	600	1,000	1,850	3,750	—
1732	—	600	1,000	1,850	3,750	—
1737	—	600	1,000	1,850	3,750	—

KM# 142 12 XERAFINS
4.8700 g., Gold **Ruler:** Jose (Joseph) I **Obv:** Crowned arms **Rev:** Cross divides date

KM# 150 12 XERAFINS
4.8700 g., Gold **Obv:** Crowned arms **Rev:** Cross divides value and date

Date	Mintage	Good	VG	F	VF	XF
1766	—	350	600	950	1,600	—
1767	—	350	600	950	1,600	—
1768	—	350	600	950	1,600	—
1769	—	350	600	950	1,600	—
1770	—	350	600	950	1,600	—
1771	—	350	600	950	1,600	—
1772	—	350	600	950	1,600	—
1773	—	350	600	950	1,600	—
1774	—	350	600	950	1,600	—
1775	—	350	600	950	1,600	—
1776	—	350	600	950	1,600	—
1781	—	350	600	950	1,600	—

Note: Value 11x (error for 12x)

Date	Mintage	Good	VG	F	VF	XF
1781	—	350	600	950	1,600	—
1782	—	350	600	950	1,600	—

KM# 164 12 XERAFINS
4.8700 g., Gold **Obv:** Crowned arms **Rev:** Cross divides date

Date	Mintage	Good	VG	F	VF	XF
1775	—	350	600	950	1,600	—
1776	—	350	600	950	1,600	—
1777	—	350	600	950	1,600	—
1778	—	350	600	950	1,600	—
1780	—	350	600	950	1,600	—

KM# 180 12 XERAFINS
4.8700 g., Gold **Ruler:** Maria I and Pedro III **Obv:** Crowned arms **Rev:** Cross divides date and value

Date	Mintage	Good	VG	F	VF	XF
1779	—	600	1,000	1,850	3,500	—

KM# 187 12 XERAFINS
4.8700 g., Gold **Ruler:** Maria I **Obv:** Crowned arms **Rev:** Cross divides value and date

Date	Mintage	Good	VG	F	VF	XF
1781	—	350	600	950	1,600	—
1782	—	350	600	950	1,600	—
1783	—	350	600	950	1,600	—
1784	—	350	600	950	1,600	—
1785	—	350	600	950	1,600	—
1786	—	350	600	950	1,600	—
1787	—	350	600	950	1,600	—
1788	—	350	600	950	1,600	—
1789	—	350	600	900	1,550	—
1790	—	350	600	900	1,550	—
1791	—	350	600	900	1,550	—
1792	—	350	600	900	1,550	—
1793	—	300	550	900	1,550	—
1794	—	300	550	900	1,550	—
1795	—	300	550	900	1,550	—
1796	—	300	550	900	1,550	—
1797	—	300	550	900	1,550	—
1799	—	300	550	900	1,550	—
1800	—	300	550	900	1,550	—

INDIA - BRITISH

The civilization of India, which began about 2500 B.C., flourished under a succession of empires - notably those of the Mauryas, the Kushans, the Guptas, the Delhi Sultans and the Mughals – until undermined in the 18th and 19th centuries by European colonial powers.

The Portuguese were the first to arrive, off Calicut in May 1498. It wasn't until 1612, after the Portuguese and Spanish power had begun to wane, that the British East India Company established its initial settlement at Surat. Britain could not have chosen a more propitious time as the central girdle of petty states, and the southern Vijayanagar Empire were crumbling and ripe for foreign exploitation. By the end of the century, English traders were firmly established in Bombay, Madras, Calcutta and lesser places elsewhere, and Britain was implementing its announced policy to create such civil and military institutions as may be the foundation of secure English domination for all time'. By 1757, following the successful conclusion of a war of colonial rivalry with France during which the military victories of Robert Clive, a young officer with the British East India Company, made him a powerful man in India, the British were firmly settled in India not only as traders but as conquerors. During the next 60 years, the British East India Company acquired dominion over most of India by bribery and force, and governed it directly or through puppet princelings.

As a result of the Sepoy Mutiny of 1857-58, a large scale mutiny among Indian soldiers of the Bengal army, control of the government of India was transferred from the East India Company to the British Crown. At this point in world history, India was the brightest jewel in the British imperial diadem, but even then a movement for greater Indian representation in government presaged the Indian Empire's twilight hour less than a century later - it would pass into history on Aug. 15, 1947.

BENGAL PRESIDENCY

East India Company
(Until 1835)

In 1633 a group of 8 Englishmen obtained a permit to trade in Bengal from the Nawab of Orissa. Shortly thereafter trading factories were established at Balasore and Hariharpur. Although greater trading privileges were granted to the East India Company by the Emperor Shah Jahan in 1634, by 1642 the 2 original factories were abandoned.

In 1651, through an English surgeon named Broughton, a permit was acquired to trade at Bengal. Hugli was the first location, followed by Kasimbazar, Balasore and Patna (the last 3 in 1653). Calcutta became of increasing importance in this area and on December 20, 1699 Calcutta was declared a presidency and renamed Fort William.

During these times there were many conflicts with the Nawab, both diplomatic and military, and the ultimate outcome was the intervention of Clive and the restoration of Calcutta as an important trading center.

During the earlier trading times in Bengal most of the monies used were imported rupees from the Madras factory. These were primarily of the Arcot type. After Clive's victory one of the concessions in the peace treaty was the right to make Mughal type coinage. The Nawab gave specific details as to what form the coinage should take.

In 1765 Emperor Shah Alam gave the East India Company possessions in Bengal, Orissa and Bihar. This made the company nominally responsible only to the Emperor.

In 1777 the "Frozen Year 19" (of Shah Alam) rupees were made at Calcutta and were continued until 1835. The Arcot rupees were discontinued at Calcutta about 1777.

MINTS

علي نگر كلكته

Alinagar Kalkatah (Calcutta)

عظيم اباد

Azimabad (Patna)

بنارس

Banaras
(Banares, Varanasi)

NOTE: Coins of similar dates with different legends are listed in Indian Princely States, Awadh under Lucknow Mint, with fixed regnal year 26.

كلكته

Calcutta (Kalkatah)

جهانگيرنگر

Jahangirnagar

مرشداباد

Murshidabad

INDIA-BRITISH — BENGAL PRESIDENCY

Patna

NOTE: For further information refer to *The Coins of the Commonwealth of Nations* Part 4, India -Volume 1: *East India Company Presidency Series* ca.1642-1835 by F. Pridmore (Spink & Son Ltd.).

MONETARY SYSTEM
3 Pies = 1 Pice (Paisa)

BRITISH COLONY
HAMMERED COINAGE

KM# 4 1/16 RUPEE
Silver **Issuer:** East India Company **Obv. Inscription:** Persian-Alamgir (II) **Rev. Inscription:** Persian-julus (formula), mint name **Mint:** Alinagar Kalkattah **Note:** Weight varies: 0.67-0.73 grams.

Date	Mintage	VG	F	VF	XF	Unc
AH117x/5	—	50.00	100	200	300	—
AH-//6	—	50.00	100	200	300	—

KM# 80.1 1/16 RUPEE
0.7300 g., Silver **Obv:** Inscription **Obv. Inscription:** Shah Alam (II) Badshah, couplet **Rev:** Inscription **Rev. Inscription:** Persian-julus (forumula), mint name **Mint:** Murshidabad

Date	Mintage	VG	F	VF	XF	Unc
AH-//6	—	15.00	35.00	75.00	125	—
AH-//8	—	15.00	35.00	75.00	125	—
AH-//9	—	15.00	35.00	75.00	125	—
AH-//10	—	15.00	35.00	75.00	125	—

KM# 15 PICE
10.0600 g., Copper **Issuer:** East India Company **Obv:** Darogah's mark of stylized fish **Obv. Inscription:** Persian-falus, Shah Alam (II) **Rev. Inscription:** Persian mint name **Mint:** Muhammadabad Banaras

Date	Mintage	Good	VG	F	VF	XF
AH-//17	—	3.50	6.00	12.00	20.00	—
AH-//18	—	3.50	6.00	12.00	20.00	—
AH-//19	—	3.50	6.00	12.00	20.00	—
AH-//28	—	3.50	6.00	12.00	20.00	—

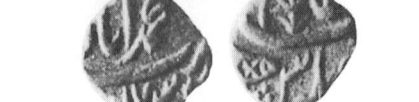

KM# 80.2 1/16 RUPEE
0.7300 g., Silver **Obv. Inscription:** Shah Alam (II) Badshah, couplet **Rev. Inscription:** Persian-julus (formula), mint name **Mint:** Murshidabad

Date	Mintage	VG	F	VF	XF	Unc
AH-//11	—	15.00	35.00	75.00	125	—
AH-//12	—	15.00	35.00	75.00	125	—
AH-//15	—	15.00	35.00	75.00	125	—

KM# 80.3 1/16 RUPEE
0.7300 g., Silver **Obv. Inscription:** Shah Alam (II) Badshah, couplet **Rev. Inscription:** Persian-julus (formula), mintname **Mint:** Murshidabad

Date	Mintage	VG	F	VF	XF	Unc
AH-//19	—	15.00	35.00	75.00	125	—

KM# 16 PICE
10.0600 g., Copper **Issuer:** East India Company **Obv:** Trisul (trident) symbol **Obv. Inscription:** "falus..Shah Alam II" **Rev:** Trisul (trident) symbol, Persian mint name **Mint:** Muhammadabad Banaras

Date	Mintage	Good	VG	F	VF	XF
AH-//28	—	2.00	5.00	10.00	20.00	—
AH-//35	—	2.00	5.00	10.00	20.00	—
AH-//42	—	2.00	5.00	10.00	20.00	—
AH-//43	—	2.00	5.00	10.00	20.00	—

KM# 32 1/16 RUPEE
Silver **Issuer:** East India Company **Obv:** Darogah's marks and stylized fish with "antenna" within Persian inscription, couplet **Obv. Inscription:** "Shah Alam II Badshah" **Rev:** Darogah's mark of flower, Persian-julus (formula), mint name **Mint:** Muhammadabad Banaras **Note:** Weight varies: 0.67-0.73 grams. A transitional type.

Date	Mintage	Good	VG	F	VF	XF
AH1193//17-20	—	10.00	25.00	6,060	100	175
AH119x//17-21	—	10.00	25.00	60.00	100	175

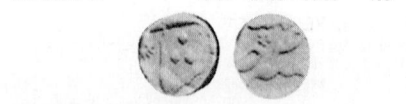

KM# 5 1/8 RUPEE
Silver **Issuer:** East India Company **Obv:** Inscription **Obv. Inscription:** Persian-Alamgir (II) **Rev:** Inscription **Rev. Inscription:** Persian-julus (formula) mint name **Mint:** Kalkattah **Note:** Weight varies 1.34-1.45 grams.

Date	Mintage	VG	F	VF	XF	Unc
AH117x/4	—	40.00	100	200	300	—
AH117x/5	—	40.00	100	200	300	—

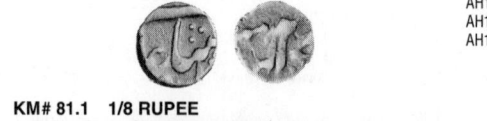

KM# 17 1/2 ANNA
14.4500 g., Copper **Issuer:** East India Company **Obv. Inscription:** Persian-Shah Alam (II) Badshah **Rev. Inscription Rev. Inscription:** Persian mint name, value 1/10 of 5 Annas **Mint:** Kalkattah **Note:** Pr190.

Date	Mintage	Good	VG	F	VF	XF
AH1188	—	15.00	25.00	45.00	100	—

KM# 81.1 1/8 RUPEE
1.4500 g., Silver **Obv. Inscription:** Shah Alam (II) Badshah, couplet **Rev:** Inscription **Rev. Inscription:** Persian-julus (formula), mint name **Mint:** Murshidabad

Date	Mintage	VG	F	VF	XF	Unc
AH-/ahd (1)	—	10.00	25.00	50.00	100	—
AH-//7	—	10.00	25.00	50.00	100	—
AH-//8	—	10.00	25.00	50.00	100	—
AH-//9	—	10.00	25.00	50.00	100	—

KM# 18 ANNA
28.2800 g., Copper **Issuer:** East India Company **Obv. Inscription:** Persian-Shah Alam (II) Badshah **Rev. Inscription Rev. Inscription:** Persian mint name, value 1 Anna **Mint:** Kalkattah

Date	Mintage	Good	VG	F	VF	XF
AH1177	—	65.00	100	150	225	—
AH1188	—	—	—	—	—	—

KM# 81.2 1/8 RUPEE
1.4500 g., Silver **Obv. Inscription:** Shah ALam (II) Badshah, couplet **Rev. Inscription:** Persian-julus (formula), mint name **Mint:** Murshidabad

Date	Mintage	VG	F	VF	XF	Unc
AH-//11	—	10.00	25.00	50.00	100	—
AH-//12	—	10.00	25.00	50.00	100	—
AH-//15	—	10.00	25.00	50.00	100	—

KM# A80 1/64 RUPEE
Silver **Mint:** Murshidabad

Date	Mintage	F	VF	XF	Unc	BU
AH-//11	—	—	—	—	—	—

KM# 81.3 1/8 RUPEE
1.4500 g., Silver **Obv. Inscription:** Shah Alam (II) Badshah, couplet **Rev. Inscription:** Persian-julus (formula), mint name **Mint:** Murshidabad

Date	Mintage	VG	F	VF	XF	Unc
AH-//19	—	10.00	25.00	50.00	100	—

KM# 33 1/8 RUPEE
Silver **Issuer:** East India Company **Obv:** Darogah's marks and stylized fish within Persian inscription, couplet **Obv. Inscription:** "Shah Alam II Badshah" **Rev:** Darogah's mark of flower, Persian-julus (formula), mint name **Mint:** Muhammadabad Banaras

Date	Mintage	Good	VG	F	VF	XF
AH1193//17-20	—	15.00	40.00	100	200	300
AH119x//17-24	—	15.00	40.00	100	200	300
AH119x//17-30	—	15.00	40.00	100	200	300
AH120x//17-30	—	15.00	40.00	100	200	300

KM# 6 1/4 RUPEE
Silver **Issuer:** East India Company **Obv:** Inscription **Obv. Inscription:** Persian-Alamgir (II) **Rev:** Inscription **Rev. Inscription:** Persian-julus (formula), mint name **Mint:** Kalkattah **Note:** Weight varies 2.68-2.91 grams.

Date	Mintage	VG	F	VF	XF	Unc
AH117x//4	—	100	200	400	600	—

KM# 82.1 1/4 RUPEE
2.9000 g., Silver **Obv. Inscription:** Shah Alam (II) Badshah, couplet **Rev. Inscription:** Persian-julus (formula), mint name **Mint:** Murshidabad

Date	Mintage	VG	F	VF	XF	Unc
AH-//4	—	10.00	35.00	75.00	125	—
AH-//5	—	10.00	35.00	75.00	125	—
AH-//6	—	10.00	35.00	75.00	125	—
AH-//7	—	10.00	35.00	75.00	125	—
AH-//9	—	10.00	35.00	75.00	125	—

KM# 82.2 1/4 RUPEE
2.9000 g., Silver **Obv. Inscription:** Shah Alam (II) Badshah, couplet **Rev. Inscription:** Persian-julus (formula), mint name **Mint:** Murshidabad

Date	Mintage	VG	F	VF	XF	Unc
AH-//11	—	10.00	35.00	75.00	125	—
AH-//12	—	10.00	35.00	75.00	125	—
AH-//15	—	10.00	35.00	75.00	125	—

KM# 34.1 1/4 RUPEE
Silver **Issuer:** East India Company **Obv:** Darogah's marks and stylized fish within Persian inscription, couplet **Obv. Inscription:** "Shah Alam II Badshah" **Rev:** Darogah's mark of flower, Persian-julus (formula), mint name **Mint:** Banaras **Note:** Weight varies: 2.68-2.91 grams.

Date	Mintage	Good	VG	F	VF	XF
AII119x//17-26	—	20.00	50.00	150	300	400
AH120x//17-30	—	20.00	50.00	150	300	400
AH121x//17-42	—	20.00	50.00	150	300	400
AH121x//17-43	—	20.00	50.00	150	300	400

KM# 82.3 1/4 RUPEE
2.9000 g., Silver **Obv. Inscription:** Shah Alam (II) Badshah, couplet **Rev:** Inscription **Rev. Inscription:** Persian-julus (formula), mint name **Mint:** Murshidabad

Date	Mintage	VG	F	VF	XF	Unc
AH-//19	—	7.50	15.00	25.00	50.00	—

KM# A34 1/4 RUPEE
Silver **Mint:** Muhammadabad Banaras **Note:** without Darogah's marks.

Date	Mintage	VG	F	VF	XF	Unc
AH1201//29	—	45.00	70.00	110	185	—

KM# 7 1/2 RUPEE
Silver **Issuer:** East India Company **Obv. Inscription:** Persian-Alamgir (II) **Rev. Inscription:** Persian-julus (formula) mint name **Mint:** Kalkattah **Note:** Weight varies 5.35-5.82 grams.

Date	Mintage	VG	F	VF	XF	Unc
AH1171//4	—	200	400	750	1,000	—

BENGAL PRESIDENCY INDIA-BRITISH 877

KM# 83.1 1/2 RUPEE

5.8000 g., Silver **Obv. Inscription:** Persian-Shah Alam (II) Badshah, couplet **Rev. Inscription:** Persian-julus (formula), mint name **Mint:** Murshidabad

Date	Mintage	VG	F	VF	XF	Unc
AH1181//8	—	35.00	75.00	125	250	—
AH1181//8	—	25.00	100	200	300	—

KM# 83.2 1/2 RUPEE

5.8000 g., Silver **Obv. Inscription:** Persian-Shah Alam (II) Badshah, couplet **Rev. Inscription:** Persian-julus (formula), mint name **Mint:** Murshidabad

Date	Mintage	VG	F	VF	XF	Unc
AH11xx//11	—	25.00	100	200	300	—
AH11xx//12	—	25.00	100	200	300	—

KM# 83.3 1/2 RUPEE

5.8000 g., Silver **Obv:** Inscription **Obv. Inscription:** Persian-Shah Alam (II) Badshah, couplet **Rev:** Inscription **Rev. Inscription:** Persian-julus (formula), mint name **Mint:** Murshidabad

Date	Mintage	VG	F	VF	XF	Unc
AH119x//19	—	25.00	100	200	300	—

KM# 37 1/2 RUPEE

Silver **Issuer:** East India Company **Obv:** Darogah's marks of stylized fish within Persian inscription, couplet **Obv. Inscription:** "Shah Alam II Badshah" **Rev:** Darogah's mark of flower, Persian-julus (formula), mint name **Mint:** Banaras **Note:** Weight varies: 5.35-5.82 grams.

Date	Mintage	Good	VG	F	VF	XF
AH1193//17-20	—	60.00	150	300	650	950

KM# 8.1 RUPEE

Silver **Issuer:** East India Company **Obv. Inscription:** Persian-Alamgir (II) regal title **Rev. Inscription:** Persian-julus (formula), mint name **Mint:** Kalkattah **Note:** Weight varies 10.70-11.60 grams.

Date	Mintage	VG	F	VF	XF	Unc
AH1170//4 Rare	—	—	—	—	—	—

KM# 8.2 RUPEE

Silver **Issuer:** East India Company **Obv:** Inscription **Obv. Inscription:** Persian-Alamgir (II) regal title **Rev:** Inscription **Rev. Inscription:** Persian-julus (formula), mint name **Mint:** Kalkattah **Note:** Weight varies 10.70-11.60 grams.

Date	Mintage	VG	F	VF	XF	Unc
AH1171//4	—	250	450	750	1,000	—
AH1171//5	—	250	450	750	1,000	—
AH1172//5	—	250	450	750	1,000	—
AH-//6	—	250	450	750	1,000	—

KM# 84.1 RUPEE

11.6000 g., Silver **Obv:** Inscription **Obv. Inscription:** Persian-Shah Alam (II) Badshah, couplet **Rev:** Inscription **Rev. Inscription:** Persian-julus (formula), mint name **Mint:** Murshidabad **Note:** Mint mark: Star or radiant sun.

Date	Mintage	VG	F	VF	XF	Unc
AH1178//5	—	40.00	75.00	120	185	—
AH1179//5	—	15.00	35.00	75.00	125	—
AH1179//7	—	10.00	20.00	35.00	75.00	—
AH1180//7	—	10.00	20.00	35.00	75.00	—
AH1180//8	—	10.00	20.00	35.00	75.00	—
AH1181//8	—	10.00	20.00	35.00	75.00	—
AH1181//9	—	10.00	20.00	35.00	75.00	—
AH1182//9	—	10.00	20.00	35.00	75.00	—
AH1182//10	—	10.00	20.00	35.00	75.00	—
AH1183//10	—	10.00	20.00	35.00	75.00	—

KM# 19 RUPEE

Silver **Issuer:** East India Company **Obv:** Inscription **Obv. Inscription:** Persian-Shah Alam (II) Badshah, couplet **Rev:** Inscription **Rev. Inscription:** Persian-julus (formula), mint name **Mint:** Azimabad **Note:** Weight varies 10.70-11.60 grams. Mint mark: Trident. For earlier Rupee issues refer to Mughal listings.

Date	Mintage	VG	F	VF	XF	Unc
AH1179//7	—	35.00	75.00	125	250	—
AH1180//8	—	35.00	75.00	125	250	—
AH1181//9	—	35.00	75.00	125	250	—
AH1182//10	—	35.00	75.00	125	250	—
AH1182//9	—	35.00	75.00	125	250	—
AH1183//11	—	35.00	75.00	125	250	—

KM# 20 RUPEE

Silver **Issuer:** East India Company **Obv:** Inscription **Rev:** Inscription **Mint:** Azimabad **Note:** Weight varies 10.70-11.60 grams. Mint mark: flower bud.

Date	Mintage	VG	F	VF	XF	Unc
AH1183//11	—	50.00	125	250	350	—
AH118x//15 Rare	—	—	—	—	—	—

KM# 84.2 RUPEE

11.6000 g., Silver **Obv:** Inscription **Obv. Inscription:** Persian-Shah Alam (II) Badshah, couplet **Rev:** Inscription **Rev. Inscription:** Persian-julus (formula), mint name **Mint:** Murshidabad **Note:** Mint mark: Crescent.

Date	Mintage	Good	VG	F	VF	XF
AH1183//10	—	7.00	10.00	20.00	35.00	75.00
AH1183//11	—	7.00	8.00	12.00	25.00	50.00
AH1184//11	—	7.00	8.00	12.00	25.00	50.00
AH1185//11	—	7.00	8.00	12.00	25.00	50.00
AH1185//12	—	7.00	8.00	12.00	25.00	50.00
AH1186//12 frozen	—	7.00	8.00	12.00	25.00	50.00
AH1187//12 frozen	—	7.00	8.00	12.00	25.00	50.00
AH1187//15 frozen	—	7.00	8.00	12.00	25.00	50.00
AH1188//12 frozen	—	7.00	8.00	12.00	25.00	50.00
AH1189//12 frozen	—	7.00	8.00	12.00	25.00	50.00
AH1189//15 frozen	—	7.00	8.00	12.00	25.00	50.00
AH1190//15 frozen	—	7.00	8.00	12.00	25.00	50.00
AH1190//19 frozen	—	7.00	8.00	12.00	25.00	50.00
AH1191//19	—	7.00	8.00	12.00	25.00	50.00
AH1192//19	—	7.00	8.00	12.00	25.00	50.00
AH1193//19 forzen	—	7.00	8.00	12.00	25.00	50.00
AH1194//19 frozen	—	7.00	8.00	12.00	25.00	50.00
AH1195//19 frozen	—	7.00	8.00	12.00	25.00	50.00
AH1196//19 frozen	—	7.00	8.00	12.00	25.00	50.00
AH1197//19 frozen	—	7.00	8.00	12.00	25.00	50.00
AH1198//19 frozen	—	7.00	8.00	12.00	25.00	50.00
AH1199//19 frozen	—	7.00	8.00	12.00	25.00	50.00
AH1200//19 frozen	—	7.00	8.00	12.00	25.00	50.00
AH1201//19 frozen	—	7.00	8.00	12.00	25.00	50.00
AH1202//19 frozen	—	7.00	8.00	12.00	25.00	50.00
AH1203//19 frozen	—	7.00	8.00	12.00	25.00	50.00
AH1204//19 frozen	—	7.00	8.00	12.00	25.00	50.00

KM# 40.1 RUPEE

11.3300 g., Silver **Issuer:** East India Company **Obv:** Darogah's marks and stylized fish within Persian inscription, couplet **Obv. Inscription:** "Shah Alam II Badshah" **Rev:** Darogah's mark of flower, Persian-julus (formula), mint name **Mint:** Muhammadabad Banaras **Note:** Prev. KM#40.

Date	Mintage	Good	VG	F	VF	XF
AH1190//17	—	7.00	14.00	23.50	32.50	55.00
AH1191//17	—	7.00	14.00	23.50	32.50	55.00
AH1192//17	—	7.00	14.00	23.50	32.50	55.00
AH1193//17-20	—	7.00	14.00	23.50	32.50	55.00
AH1193//17-21	—	7.00	14.00	23.50	32.50	55.00
AH1194//17-21	—	7.00	14.00	23.50	32.50	55.00
AH1194//17-22	—	7.00	14.00	23.50	32.50	55.00
AH1195//17-22	—	7.00	14.00	23.50	32.50	55.00
AH1195//17-23	—	7.00	14.00	23.50	32.50	55.00
AH1196//17-24	—	7.00	14.00	23.50	32.50	55.00
AH1197//17-25	—	7.00	14.00	23.50	32.50	55.00
AH1198//17-26	—	7.00	14.00	23.50	32.50	55.00
AH1199//17-26	—	7.00	14.00	23.50	32.50	55.00
AH1199//17-27	—	7.00	14.00	23.50	32.50	55.00
AH1200//17-27	—	7.00	14.00	23.50	32.50	55.00
AH1201//17-28	—	7.00	14.00	23.50	32.50	55.00
AH1201//17-29	—	7.00	14.00	23.50	32.50	55.00
AH1202//17-28	—	7.00	15.00	25.00	35.00	60.00
Note: Error						
AH1202//17-29	—	7.00	14.00	23.50	32.50	55.00
AH1202//17-30	—	7.00	14.00	23.50	32.50	55.00
AH1203//17-30	—	7.00	14.00	23.50	32.50	55.00
AH1203//17-31	—	7.00	14.00	23.50	32.50	55.00
AH1204//17-32	—	7.00	14.00	23.50	32.50	55.00
AH1205//17-33	—	7.00	14.00	23.50	32.50	55.00
AH1206//17-33	—	7.00	14.00	23.50	32.50	55.00
AH1206//17-34	—	7.00	14.00	23.50	32.50	55.00
AH1207//17-34	—	7.00	14.00	23.50	32.50	55.00
AH1207//17-35	—	7.00	14.00	23.50	32.50	55.00
AH1208//17-35	—	7.00	14.00	23.50	32.50	55.00
AH1208//17-36	—	7.00	14.00	23.50	32.50	55.00
AH1209//17-36	—	7.00	14.00	23.50	32.50	55.00
AH1209//17-37	—	7.00	14.00	23.50	32.50	55.00
AH1210//17-37	—	7.00	14.00	23.50	32.50	55.00
AH1210//17-38	—	7.00	14.00	23.50	32.50	55.00
AH1211//17-38	—	7.00	14.00	23.50	32.50	55.00
AH1211//17-39	—	7.00	14.00	23.50	32.50	55.00
AH1212//17-39	—	7.00	14.00	23.50	32.50	55.00
AH1212//17-40	—	7.00	14.00	23.50	32.50	55.00
AH1213//17-33	—	7.00	15.00	25.00	35.00	55.00
Note: Error						
AH1213//17-40	—	7.00	14.00	23.50	25.00	55.00
AH1213//17-41	—	7.00	14.00	23.50	25.00	55.00
AH1214//17-41	—	7.00	14.00	23.50	25.00	55.00
AH1214//17-42	—	7.00	14.00	23.50	25.00	55.00
AH1215//17-42	—	7.00	14.00	23.50	25.00	55.00

KM# 21 NAZARANA RUPEE

11.6400 g., Silver **Issuer:** East India Company **Obv:** Inscription **Obv. Inscription:** Persian-Shah Alam (II) Badshah, couplet **Rev:** Inscription **Rev. Inscription:** Persian-julus (formula), mint name **Mint:** Kalkattah

Date	Mintage	VG	F	VF	XF	Unc
AH1175//3 Rare	—	—	—	—	—	—
AH1176//4 Rare	—	—	—	—	—	—

KM# 22 NAZARANA RUPEE

11.6400 g., Silver **Issuer:** East India Company **Obv:** Inscription **Obv. Inscription:** Persian-Shah Alam (II) Badshah, couplet **Rev:** Inscription **Rev. Inscription:** Persian-julus (formula), mint name **Mint:** Jahangirnagar

Date	Mintage	VG	F	VF	XF	Unc
AH1183//10	—	—	—	—	—	—

KM# A23 NAZARANA RUPEE

11.6700 g., Silver **Mint:** Murshidabad **Note:** Presentation issue of second standard.

Date	Mintage	VG	F	VF	XF	Unc
AH1185//12	—	500	700	925	1,200	—

KM# 43.1 NAZARANA RUPEE

11.6400 g., Silver **Issuer:** East India Company **Obv:** Inscription **Obv. Inscription:** Persian-Shah Alam (II) Badshah, couplet **Rev:** Inscription **Rev. Inscription:** Persian-julus (formula), mint name **Mint:** Muhammadabad Banaras **Note:** Full flan in dotted border.

Date	Mintage	VG	F	VF	XF	Unc
AH1201//17-29	—	100	200	350	600	—

INDIA-BRITISH BENGAL PRESIDENCY

KM# 43.2 NAZARANA RUPEE

11.6400 g., Silver **Issuer:** East India Company **Obv. Inscription:** Persian-Shah Alam (II) Badshah, couplet **Rev. Inscription:** Persian-julus (formula), mint name **Mint:** Muhammadabad Banaras **Note:** Flan without dotted border.

Date	Mintage	VG	F	VF	XF	Unc
AH1207//17-35	—	100	200	350	600	—

KM# 23 1/16 MOHUR

0.7700 g., Gold **Obv. Inscription:** Persian-Shah Alam (II) Badshah, couplet **Rev. Inscription:** Persian-julus (formula), mint name **Mint:** Azimabad

Date	Mintage	VG	F	VF	XF	Unc
AH1182//10 Rare	—	—	—	—	—	—

KM# 87 1/16 MOHUR

0.7700 g., Gold, 11 mm. **Obv:** Inscription **Obv. Inscription:** Persian-Shah Alam (II) Badshah, fine style **Rev:** Inscription **Rev. Inscription:** Persian-sanat, mint name, fine style **Mint:** Murshidabad

Date	Mintage	VG	F	VF	XF	Unc
AH1182//10	—	70.00	140	275	450	—
AH1183//10 Frozen	—	70.00	140	275	450	—
AH1202//19 Frozen	—	49.50	85.00	165	325	—
AH1203//19 Frozen	—	49.50	85.00	165	325	—

KM# 88 1/16 MOHUR

0.7700 g., Gold **Obv:** Inscription **Obv. Inscription:** Shah Alam (II) Badshah, large style **Rev:** Inscription **Rev. Inscription:** Julus, Zarb, mint name, large style **Mint:** Murshidabad

Date	Mintage	VG	F	VF	XF	Unc
AH118x//15	—	—	—	—	—	—

KM# A89 1/8 MOHUR

1.5000 g., Gold **Obv. Inscription:** Shah Alam (II) Badshah, crude style **Rev. Inscription:** Julus, Zark, mint name, (Calcutta), large style **Mint:** Murshidabad **Note:** Mint mark: Large C.

Date	Mintage	VG	F	VF	XF	Unc
AH1180//7	—	—	—	—	—	—

KM# 89 1/8 MOHUR

1.5000 g., Gold, 14 mm. **Obv:** Inscription **Obv. Inscription:** Persian-Shah Alam (II) Badshah, fine style **Rev:** Inscription **Rev. Inscription:** Sanat, Zarb, mint name, fine style **Mint:** Murshidabad

Date	Mintage	VG	F	VF	XF	Unc
AH1182//10	—	100	165	300	500	—
AH1183//10 Frozen	—	100	165	300	500	—
AH1200//19 Frozen	—	—	—	—	—	—
AH1202//19 Frozen	—	65.00	110	220	375	—
AH1203//19 Frozen	—	65.00	110	220	375	—

KM# 90 1/8 MOHUR

1.5000 g., Gold **Obv:** Inscription **Obv. Inscription:** Shah Alam (II) Badshah, large style **Rev:** Inscription **Rev. Inscription:** Julus, Zarb, mint name, (Calcutta), large style **Mint:** Murshidabad

Date	Mintage	VG	F	VF	XF	Unc
AH118x//15 Rare	—	—	—	—	—	—

KM# 10 1/4 MOHUR

2.8000 g., Gold **Obv. Inscription:** Persian-Alamgir (II) regal title **Rev. Inscription:** Persian-julus (formula), mint name **Mint:** Kalkattah

Date	Mintage	VG	F	VF	XF	Unc
AH1171//5 Rare	—	—	—	—	—	—
AH1172//6 Rare	—	—	—	—	—	—

KM# A91 1/4 MOHUR

3.0900 g., Gold **Obv. Inscription:** Shah Alam (II) Badshah, large style **Rev. Inscription:** Julus, Zarb, mint name, large style **Mint:** Calcutta **Note:** Mint mark: Large "C".

Date	Mintage	VG	F	VF	XF	Unc
AH1180//7	—	—	—	—	—	—

KM# 91 1/4 MOHUR

3.0900 g., Gold **Obv:** Inscription **Obv. Inscription:** Shah Alam

(II) Badshah, couplet, fine style **Rev:** Inscription **Rev. Inscription:** Julus (formula), mint name **Mint:** Murshidabad

Date	Mintage	VG	F	VF	XF	Unc
AH1182//10	—	120	200	450	850	—
AH1202//19 Frozen	—	120	200	450	850	—
AH1203//19 Frozen	—	120	200	450	850	—

KM# 11 1/2 MOHUR

5.5000 g., Gold **Obv. Inscription:** Persian-Alamgir (II) **Rev. Inscription:** Persian-julus (formula), mint name **Mint:** Kalkattah

Date	Mintage	VG	F	VF	XF	Unc
AH1171//5 Rare	—	—	—	—	—	—
AH1172//6 Rare	—	—	—	—	—	—

KM# 93 1/2 MOHUR

6.1800 g., Gold **Obv. Inscription:** Persian-Shah Alam (II) Badshah, couplet, large style **Rev. Inscription:** Persian-julus (formula), mint name, large style **Mint:** Calcutta

Date	Mintage	VG	F	VF	XF	Unc
AH1179//7	—	750	1,250	1,850	2,750	—
AH1180//8	—	750	1,250	1,850	2,750	—
AH1181//9	—	750	1,250	1,850	2,750	—
AH1182//10	—	750	1,250	1,850	2,750	—

KM# A92 1/2 MOHUR

6.1800 g., Gold **Mint:** Calcutta **Note:** Mint mark: Large "C".

Date	Mintage	VG	F	VF	XF	Unc
AH1180//7	—	—	—	—	—	—

KM# 92 1/2 MOHUR

6.1800 g., Gold **Obv:** Inscription **Obv. Inscription:** Persian-Shah Alam (II) Badshah, couplet, fine style **Rev:** Inscription **Rev. Inscription:** Persian-julus (formula), mint name, fine style **Mint:** Calcutta

Date	Mintage	VG	F	VF	XF	Unc
AH1182//10	—	350	500	750	1,250	—
AH1183//11	—	350	500	750	1,250	—

KM# 12.1 MOHUR

Gold **Obv. Inscription:** Persian-ALamgir (III) **Rev. Inscription:** Persian-julus (formula), mint name **Mint:** A'linagar Kalkattah

Date	Mintage	VG	F	VF	XF	Unc
AH-//4 Rare	—	—	—	—	—	—

KM# 12.2 MOHUR

Gold **Obv:** Inscription **Rev:** Inscription **Mint:** Kalkattah

Date	Mintage	VG	F	VF	XF	Unc
AH1171//5 Rare	—	—	—	—	—	—
AH1174//6	—	—	—	—	—	—

Error; Rare

KM# 95 MOHUR

12.3600 g., Gold **Obv. Inscription:** Persian-Shah Alam (II) Badshah, couplet, large style **Rev. Inscription:** Persian-julus (formula), mint name, large stylo **Mint:** Calcutta

Date	Mintage	VG	F	VF	XF	Unc
AH1179//7	—	750	1,250	1,850	2,750	—
AH1180//8	—	750	1,250	1,850	2,750	—
AH1181//9	—	750	1,250	1,850	2,750	—
AH1182//10	—	750	1,250	1,850	2,750	—

KM# 94.2 MOHUR

12.3600 g., Gold, 21-22 mm. **Obv:** Persian-Shah Alam (11) Badshah, couplet, fine style **Rev:** Persian-julus (formula), mint name, fine style **Mint:** Calcutta **Note:** Struck at Calcutta Mint. Mint name: Murshidabad. Reduced size varies.

Date	Mintage	VG	F	VF	XF	Unc
AH1183//11	—	450	600	1,000	1,750	—
AH1184//11	—	450	600	1,000	1,750	—

Date	Mintage	VG	F	VF	XF	Unc
AH1194//19 Frozen	—	450	550	900	1,600	—
AH1195//19 Frozen	—	450	550	900	1,600	—
AH1196//19 Frozen	—	450	550	900	1,600	—
AH1197//19 Frozen	—	450	550	900	1,600	—
AH1198//19 Frozen	—	450	550	900	1,600	—
AH1199//19 Frozen	—	450	550	900	1,600	—
AH1200//19 Frozen	—	450	550	900	1,600	—
AH1201//19 Frozen	—	450	550	900	1,600	—
AH1202//19 Frozen	—	450	550	900	1,600	—

KM# A95 MOHUR

12.3600 g., Gold **Obv:** Persian inscription, couplet **Obv. Inscription:** Shah Alam (II) Badshsh **Rev:** Persian inscription, julus (formula), mint name, fine style **Mint:** Calcutta **Note:** Mule - old obverse die, reverse KM#94.1. Mint name: Murshidabad.

Date	Mintage	VG	F	VF	XF	Unc
AH1188//12	—	—	—	—	—	—
AH1189//12	—	—	—	—	—	—

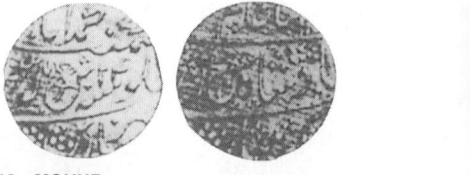

KM# 13 MOHUR

Gold **Obv:** Inscription **Obv. Inscription:** Persian-Shah Alam (II) Badshah, couplet **Rev:** Inscription **Rev. Inscription:** Persian-julus (formula), mint name **Mint:** Muhammadabad Banaras

Date	Mintage	VG	F	VF	XF	Unc
AH11xx//24 Rare	—	—	—	—	—	—

KM# 31 MOHUR

Gold **Obv:** Inscription **Obv. Inscription:** Persian-Shah Alam (II) Badshah, couplet **Rev:** Inscription **Rev. Inscription:** Persian-julus (formula), mint name **Mint:** Muhammadabad Banaras **Note:** Mint mark: stylized fish, sunburst//flowers.

Date	Mintage	Good	VG	F	VF	XF
AH1199//17-26	—	—	BV	550	1,150	1,850
AH1201//17-29	—	—	BV	550	1,150	1,850
AH1202//17-29	—	—	BV	550	1,150	1,850
AH1202//30	—	—	BV	550	1,150	1,850
AH1203//32	—	—	BV	550	1,150	1,850
AH1203//31	—	—	BV	550	1,150	1,850
AH1204//32	—	—	BV	550	1,150	1,850
AH1209//37	—	—	BV	550	1,150	1,850
AH1213//41	—	—	BV	550	1,150	1,850

KM# 94.1 MOHUR

12.3600 g., Gold, 25-26 mm. **Obv:** Persian-Shah Alam (II) Badshah, couplet, fine style **Rev:** Persian-julus (formula), mint name, fine style **Mint:** Calcutta **Note:** Size varies.

Date	Mintage	VG	F	VF	XF	Unc
AH1182//10	—	450	550	900	1,600	—
AH1183//10	—	450	550	900	1,600	—
AH1185//12	—	450	550	900	1,600	—
AH1186//12 Frozen	—	450	550	900	1,600	—
AH1187//15	—	450	550	900	1,600	—
AH1188//12	—	450	550	900	1,600	—
AH1189//12	—	450	550	900	1,600	—
AH1189//15	—	450	550	900	1,600	—
AH1190//15	—	450	550	900	1,600	—

DUMP TOKEN COINAGE

KM# Tn1 ANNA

Copper **Obv. Inscription:** Patna Post, value **Rev. Inscription:** Persian-Azimabad dak ani **Mint:** Azimabad

Date	Mintage	Good	VG	F	VF	XF
1774	—	50.00	75.00	110	—	—

Inscription: Persian-julus (formula), mint name **Edge:** Plain **Mint:** Falta

Date	Mintage	VG	F	VF	XF	Unc
AH1195//22	—	2.50	4.00	8.00	15.00	—
AH1195//22 Proof	—	—	—	—	65.00	—

Persian-Shah Alam (II) Badshah, couplet **Rev:** Inscription **Rev. Inscription:** Persian-julus (formula), mint name **Edge:** Plain **Mint:** Falta

Date	Mintage	VG	F	VF	XF	Unc
AH1195//22	—	3.50	6.00	11.00	23.00	—
AH1195//22 Proof	—	Value: 85.00				

KM# Tn2 2 ANNAS

Copper **Obv. Inscription:** Patna Post, value **Rev. Inscription:** Persian-Azimabad dak do ani **Mint:** Azimabad

Date	Mintage	Good	VG	F	VF	XF
1774	—	65.00	100	150	—	—

MILLED COINAGE

KM# 121 1/16 ANNA

1.8100 g., Copper **Obv:** Inscription **Obv. Inscription:** Persian-Shah Alam (II) Badshah, couplet **Rev:** Inscription **Rev. Inscription:** Persian-julus (formula), mint name **Edge:** Plain **Mint:** Falta

Date	Mintage	VG	F	VF	XF	Unc
AH1195//22	—	2.50	4.00	8.00	15.00	—

KM# 127 1/2 ANNA

14.5400 g., Copper, 26 mm. **Obv:** Inscription **Obv. Inscription:** Persian-Shah Alam (II) Badshah, couplet **Rev:** Inscription **Rev. Inscription:** Persian-julus (formula), mint name **Edge:** Plain **Mint:** Falta

Date	Mintage	VG	F	VF	XF	Unc
AH1195//22	—	3.50	6.00	11.00	23.00	—

KM# 50 1/2 PICE

5.8200 g., Copper, 23-24 mm. **Obv:** Inscription **Obv. Inscription:** Persian-Shah Alam (II), Badshah, julus **Rev:** Inscription **Rev. Inscription:** Value in Bangali, Persian and Hindi **Edge:** Plain **Note:** Size varies.

Date	Mintage	VG	F	VF	XF	Unc
AH-//37	—	4.50	9.00	15.00	25.00	—

KM# 51 1/2 PICE

4.3600 g., Copper **Obv. Inscription:** Persian-Shah Alam (II), Badshah julus **Rev. Inscription:** Value in Bangali, Persian and Hindi **Edge:** Plain

Date	Mintage	VG	F	VF	XF	Unc
AH-//37	—	3.50	6.00	10.00	16.00	—

KM# 122 1/8 ANNA

3.6400 g., Copper, 19.6 mm. **Obv:** Inscription **Obv. Inscription:** Persian-Shah Alam (II) Badshah, couplet **Rev:** Inscription **Rev. Inscription:** Persian-julus (formula), mint name **Edge:** Plain **Mint:** Falta

Date	Mintage	VG	F	VF	XF	Unc
AH1195//22	—	3.00	4.50	10.00	18.00	—
AH1195//22 Proof	—	Value: 70.00				

KM# A122 1/8 ANNA

3.6400 g., Copper, 19.6 mm. **Obv. Inscription:** Persian-Shah Alam (II) Badshah, couplet **Rev. Inscription:** Persian-julus (formula), mintname **Edge:** Plain **Mint:** Falta

Date	Mintage	VG	F	VF	XF	Unc
AH1195//22 Proof	—	Value: 70.00				

KM# 96.1 1/4 RUPEE

2.9000 g., Silver **Obv. Inscription:** Shah Alam (II) Badshah, couplet **Rev. Inscription:** Persian-sanat (year, mint name) **Edge:** Oblique milling **Mint:** Murshidabad **Note:** Prev. KM#96. Struck at Calcutta Mint, 1793-1818.

Date	Mintage	F	VF	XF	Unc	BU
AH1204//19 Frozen	—	2.00	5.00	15.00	25.00	—
AH1204//19 Proof; Frozen	—	Value: 300				

KM# 96.2 1/4 RUPEE

2.9000 g., Silver **Obv. Inscription:** Shah Alam (II) Badshah, couplet **Rev. Inscription:** Persian-sanat (year, mint name) **Edge:** Oblique milling **Mint:** Murshidabad **Note:** Struck at Dacca Mint, 1793-1797.

Date	Mintage	F	VF	XF	Unc	BU
AH1204//19 Frozen	—	3.00	10.00	30.00	50.00	—

KM# 25 PICE

6.2000 g., Copper **Mint:** Calcutta

Date	Mintage	VG	F	VF	XF	Unc
AH-//37	—	10.00	20.00	30.00	50.00	—
AH-//37 Proof	—	Value: 90.00				

KM# 123 1/8 ANNA

3.6400 g., Copper, 18.3 mm. **Obv. Inscription:** Persian-Shah Alam (II) Badshah, couplet **Rev:** Inscription **Rev. Inscription:** Persian-julus (formula), mint name **Edge:** Plain **Mint:** Falta

Date	Mintage	VG	F	VF	XF	Unc
AH1195//22	—	2.50	4.00	8.00	15.00	—

KM# A124 1/4 ANNA

7.2700 g., Copper, 23.7 mm. **Obv. Inscription:** Persian-Shah Alam (II) Badshah, couplet **Rev. Inscription:** Persian-julus (formula), mintname **Edge:** Plain **Mint:** Falta

Date	Mintage	VG	F	VF	XF	Unc
AH1195//22 Proof	—	Value: 75.00				

KM# 124 1/4 ANNA

7.2700 g., Copper, 23.7 mm. **Obv. Inscription:** Persian-Shah Alam (II) Badshah, couplet **Rev. Inscription:** Persian-julus (formula), mint name **Edge:** Plain **Mint:** Falta

Date	Mintage	VG	F	VF	XF	Unc
AH1195//22	—	3.00	5.00	12.50	25.00	—
AH1195//22 Proof	—	Value: 75.00				

KM# 125 1/4 ANNA

7.2700 g., Copper, 22.8 mm. **Obv. Inscription:** Persian-Shah Alam (II) Badshah, couplet **Rev. Inscription:** Persian-julus (formula), mint name **Edge:** Plain **Mint:** Falta

Date	Mintage	VG	F	VF	XF	Unc
AH1195//22	—	3.00	5.00	12.50	25.00	—

KM# 96.3 1/4 RUPEE

2.9000 g., Silver **Obv. Inscription:** Shah Alam (II) Badshah, couplet **Rev. Inscription:** Persian-sanat (year, mint name) **Edge:** Oblique milling **Mint:** Murshidabad **Note:** Struck at Murshidabad Mint, 1793-1797.

Date	Mintage	F	VF	XF	Unc	BU
AH1204//19 Frozen	—	2.00	5.00	15.00	25.00	—

KM# 96.4 1/4 RUPEE

2.9000 g., Silver **Obv. Inscription:** Shah Alam (II) Badshah, couplet **Rev. Inscription:** Persian-sanat (year, mint name) **Edge:** Oblique milling **Mint:** Murshidabad **Note:** Struck at Patna Mint, 1793-1797.

Date	Mintage	F	VF	XF	Unc	BU
AH1204//19 Frozen	—	3.00	10.00	30.00	50.00	—

KM# 52 PICE

11.6400 g., Copper, 29-30 mm. **Obv:** Inscription **Obv. Inscription:** Persian-Shah Alam (II) Badshah julus **Rev:** Inscription **Rev. Inscription:** Value in Bengali, Persian and Hindi **Edge:** Plain **Note:** Size varies.

Date	Mintage	VG	F	VF	XF	Unc
AH-//37	—	5.50	11.50	18.50	30.00	—

KM# 53 PICE

8.7300 g., Copper, 27-30 mm. **Obv. Inscription:** Persian-Shah Alam (II) Badshah julus **Rev. Inscription:** Value in Bengali, Persian and Hindi **Edge:** Plain **Note:** Size varies.

Date	Mintage	VG	F	VF	XF	Unc
AH-//37	—	2.00	3.50	6.00	10.00	—

KM# A120 1/16 ANNA

1.8100 g., Copper, 14.5 mm. **Obv. Inscription:** Persian-Shah Alam (II) Badshah, couplet **Rev. Inscription:** Persian-julus (formula), mintname **Mint:** Falta

Date	Mintage	VG	F	VF	XF	Unc
AH1195//22 Proof	—	Value: 65.00				

KM# A126 1/2 ANNA

14.5400 g., Copper, 26 mm. **Obv. Inscription:** Persian-Shah Alam (II) Badshah, couplet **Rev. Inscription:** Persian-julus (formula), mintname **Edge:** Plain **Mint:** Falta

Date	Mintage	VG	F	VF	XF	Unc
AH1195//22 Proof	—	Value: 85.00				

KM# 97.2 1/2 RUPEE

5.8000 g., Silver **Obv:** Persian inscription, couplet **Obv. Inscription:** "Shah Alam II Badshah" **Rev:** Persian-julus (formula), mint name **Mint:** Dacca **Note:** Privy mark in center of first circle.

Date	Mintage	Good	VG	F	VF	XF
ND-//19 Frozen	—	3.50	5.00	7.50	25.00	75.00

KM# 97.3 1/2 RUPEE

5.8000 g., Silver **Obv:** Persian inscription, couplet **Obv. Inscription:** "Shah Alam II Badshah" **Rev:** Persian-julus (formula), mint name **Mint:** Murshidabad **Note:** Privy mark in center of second circle.

Date	Mintage	Good	VG	F	VF	XF
ND-//19 Frozen	—	3.50	5.00	7.50	25.00	75.00

KM# 97.4 1/2 RUPEE

5.8000 g., Silver **Obv:** Persian inscription, couplet **Obv. Inscription:** "Shah Alam II Badshah" **Rev:** Persian - julus (formula), mint name **Rev. Inscription:** "Murshidabad" **Mint:** Patna **Note:** Privy mark in center of third dot group.

Date	Mintage	Good	VG	F	VF	XF
ND-//19 Frozen	—	3.50	5.00	7.50	25.00	75.00
ND-//19 Proof; Frozen	—	Value: 400				

KM# 120 1/16 ANNA

1.8100 g., Copper, 15.8 mm. **Obv:** Inscription **Obv. Inscription:** Persian-Shah Alam (II) Badshah, couplet **Rev:** Inscription **Rev.**

KM# 126 1/2 ANNA

14.5400 g., Copper, 29 mm. **Obv:** Inscription **Obv. Inscription:**

INDIA-BRITISH — BENGAL PRESIDENCY

name **Mint:** Calcutta **Note:** Struck at Calcutta, Dacca, Murshidabad Mints.

Date	Mintage	F	VF	XF	Unc	BU
AH1202//19 Frozen	—	13.50	27.50	45.00	75.00	—

KM# 97.1 1/2 RUPEE

5.8000 g., Silver **Obv:** Persian inscription, couplet **Obv. Inscription:** "Shah Alam II Badshah" **Rev:** Milling: Persian-julus (formula), mint name **Edge:** Oblique **Note:** Struck at Calcutta, Dacca, Murshidabad, Patna Mint. Privy mark - top line. Mint mark: 6 petalled rosette.

Date	Mintage	Good	VG	F	VF	XF
AH-//19 Frozen	—	—	BV	3.50	8.50	25.00

KM# 85 RUPEE

11.6000 g., Silver **Obv:** KM#84 **Obv. Inscription:** Persian-Shah Alam (II) Badshah, couplet **Rev:** KM#86 **Rev. Inscription:** Persian-julus (formula), mint name **Mint:** Murshidabad **Note:** Mule.

Date	Mintage	VG	F	VF	XF	Unc
AH1190 (sic)//19	—	—	—	—	—	—

KM# 98.2 RUPEE

11.6000 g., Silver **Obv:** Persian inscription, couplet **Obv. Inscription:** Shah Alam (II) Badshah **Rev:** Persian-julus (formula), mint name **Mint:** Murshidabad **Note:** Narrow, fine stroke border. Struck at Calcutta, Dacca, Murshidabad mints.

Date	Mintage	F	VF	XF	Unc	BU
AH1202/19 Frozen	—	27.50	55.00	90.00	—	—

KM# 106 RUPEE

11.6000 g., Silver **Obv:** Inscription **Obv. Inscription:** Persian-Shah Alam (II) Badshah, couplet **Rev:** Inscription **Rev. Inscription:** Persian-julus (formula), mint name **Edge:** Oblique milling **Mint:** Calcutta **Note:** Broad dentilated border. Mint name: Murshidabad.

Date	Mintage	F	VF	XF	Unc	BU
AH1202/19 Frozen	—	45.00	90.00	150	250	—

KM# 86 RUPEE

11.6000 g., Silver **Obv:** Inscription **Obv. Inscription:** Persian-Shah Alam (II) Badshah, couplet **Rev:** Inscription **Rev. Inscription:** Persian-julus (formula), mint name **Mint:** Murshidabad **Note:** Large flan.

Date	Mintage	F	VF	XF	Unc	BU
AH1205//19 Frozen	—	30.00	60.00	125	250	—

KM# 98.1 RUPEE

11.6000 g., Silver **Obv.** Inscription: Persian-Shah Alam (II) Badshah, couplet **Rev. Inscription:** Persian-julus (formula), mint

KM# 99 RUPEE

11.6000 g., Silver **Obv.** Inscription **Obv. Inscription:** Persian-Shah Alam (II) Badshah, couplet **Rev:** Inscription **Rev. Inscription:** Persian-julus (formula), mint name **Edge:** Oblique **Mint:** Calcutta **Note:** Privy mark - top line. Struck at Calcutta, Darra, Murshidabad, Patna Mint.

Date	Mintage	F	VF	XF	Unc	BU
AH-//19	—	15.00	25.00	45.00	90.00	—

KM# 99.2 RUPEE

11.6000 g., Silver **Obv. Inscription:** Persian-Shah Alam (II) Badshah, couplet **Rev. Inscription:** Persian-julus (formula), mintname **Mint:** Dacca **Note:** Privy mark - center of first circle. Struck at Dacca Mint.

Date	Mintage				
AH-//19	—	25.00	50.00	75.00	125	—

KM# 99.3 RUPEE

11.6000 g., Silver **Obv. Inscription:** Persian-Shah Alam (II) Badshah, couplet **Rev. Inscription:** Persian-julus (formula), mintname **Mint:** Murshidabad **Note:** Privy mark - center of second circle.

Date	Mintage				
AH-//19	—	25.00	50.00	75.00	125	—

KM# 99.4 RUPEE

11.6000 g., Silver **Obv. Inscription:** Persian-Shah Alam (II) Badshah, couplet **Rev. Inscription:** Persian-julus (formula), mintname **Mint:** Patna **Note:** Privy mark - center of third dot group.

Date	Mintage				
AH-//19	—	15.00	25.00	45.00	90.00	—

KM# 100 1/4 MOHUR

3.0900 g., 0.9960 Gold 0.0989 oz. AGW **Obv:** Inscription **Obv. Inscription:** "Shah Alam II Badshah" **Rev:** Sanat, mint name **Edge:** Oblique milling **Mint:** Murshidabad

Date	Mintage	Good	VG	F	VF	XF
AH1204/19 Frozen	—	BV	120	130	175	

KM# 111 1/2 MOHUR

6.6300 g., 0.9170 Gold 0.1955 oz. AGW **Obv:** Persian inscription, couplet **Obv. Inscription:** "Shah Alam II Badshah" **Rev:** Persian-julus (formula), mint name Murshidabad **Edge:** Vertical milling **Mint:** Murshidabad

Date	Mintage	Good	VG	F	VF	XF
AH1202//19	—	—	BV	250	300	400
AH1202//19 Proof	—	Value: 1,600				

KM# 101 1/2 MOHUR

6.1800 g., 0.9960 Gold 0.1979 oz. AGW **Obv:** Persian inscription, couplet **Obv. Inscription:** "Shah Alam II Badshah" **Rev:** Persian-julus (formula), mint name Murshidabad **Edge:** Oblique milling **Mint:** Calcutta

Date	Mintage	VG	F	VF	XF	Unc
AH1202//19	—	BV	250	300	400	—

KM# A94 MOHUR

12.3600 g., Gold **Obv:** Inscription **Obv. Inscription:** Persian-Shah Alam (II) Badshah, couplet **Rev:** Inscription **Rev. Inscription:** Persian-julus (formula), mint name **Mint:** Calcutta **Note:** Mint mark: Large "C".

Date	Mintage	VG	F	VF	XF	Unc
AH1180/8	—	—	5,000	—	—	—

KM# 102 MOHUR

12.3600 g., Gold **Obv:** Inscription **Obv. Inscription:** Persian-Shah Alam (II) Badshah, couplet **Rev:** Inscription **Rev. Inscription:** Persian-julus (formula), mint name **Edge:** Oblique **Mint:** Calcutta

Date	Mintage	VG	F	VF	XF	Unc
AH1202//19	—	—	—	450	500	600

KM# 103.1 MOHUR

12.3600 g., 0.9960 Gold 0.3958 oz. AGW **Obv:** Persian inscription, couplet **Obv. Inscription:** "Shah Alam II Badshah" **Rev:** Persian-julus (formula), mint name Murshidabad **Edge:** Oblique milling **Mint:** Calcutta

Date	Mintage	VG	F	VF	XF	Unc
AH1202//19	—	—	BV	475	525	650

KM# 103.2 MOHUR

12.3600 g., 0.9960 Gold 0.3958 oz. AGW **Obv:** Persian inscription, couplet **Obv. Inscription:** "Shah Alam II Badshah" **Rev:** Persian-julus (formula), mint name Murshidabad **Edge:** Oblique milling **Mint:** Murshidabad **Note:** Prev. KM#103.

Date	Mintage	VG	F	VF	XF	Unc
AH1202/19 Rare	—	—	—	—	—	—

TRIAL STRIKES

KM# TS2 PICE

1.4500 g., Copper, 15 mm. **Rev:** Scales, Persian-Adil (Justice) **Shape:** Hexagonal **Note:** P#367.

Date	Mintage	F	VF	XF	Unc	BU
ND(1792)	—	—	—	—	—	—

KM# TS1 PICE

1.4500 g., Copper, 15 mm. **Obv:** U.E.I.Co. bale mark **Shape:** Hexagonal **Note:** Prid.#366.

Date	Mintage	F	VF	XF	Unc	BU
1792	—	—	—	—	—	—

PATTERNS

Including off metal strikes

Due to extensive revisions and new information, the following section in part is listed by Pridmore(P#) numbers. These are in reference to The Coins of the Commonwealth of Nations, Part 4, India - Volume I: East India Company Presidency Series ca. 1642-1835, by F. Pridmore (Spink and Son, Ltd.).

KM#	Date	Mintage	Identification	Mkt Val
PnA1	AH1180//8	—	Nazarana Rupee. Silver. KM#84.1.	—

Pn1	AH1182//10	—	Rupee. Silver. P#343.	—

BOMBAY PRESIDENCY

KM#	Date	Mintage	Identification	Mkt Val
PnA2	AH1183//11	—	Nazarana Rupee. Silver. P#109.	—
PnB2	AH1184//11	—	Nazarana Rupee. Silver. KM#84.1.	—

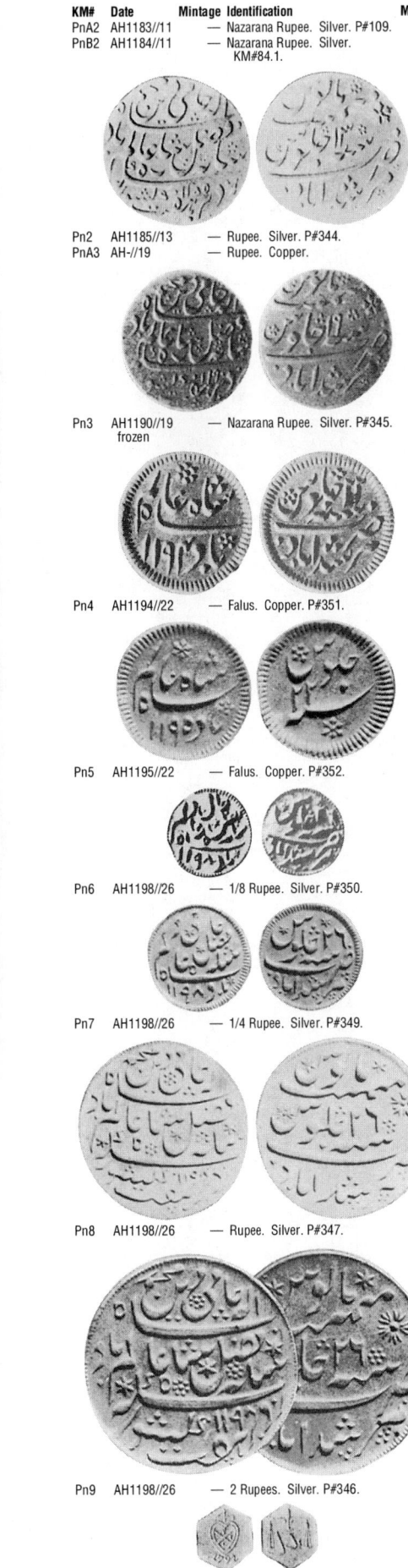

KM#	Date	Mintage	Identification	Mkt Val
Pn2	AH1185//13	—	Rupee. Silver. P#344.	2,000
PnA3	AH-//19	—	Rupee. Copper.	—
Pn3	AH1190//19 frozen	—	Nazarana Rupee. Silver. P#345.	—
Pn4	AH1194//22	—	Falus. Copper. P#351.	—
Pn5	AH1195//22	—	Falus. Copper. P#352.	—
Pn6	AH1198//26	—	1/8 Rupee. Silver. P#350.	—
Pn7	AH1198//26	—	1/4 Rupee. Silver. P#349.	—
Pn8	AH1198//26	—	Rupee. Silver. P#347.	—
Pn9	AH1198//26	—	2 Rupees. Silver. P#346.	3,000
Pn10	1792	—	1/2 Pice. Copper. P#368.	—

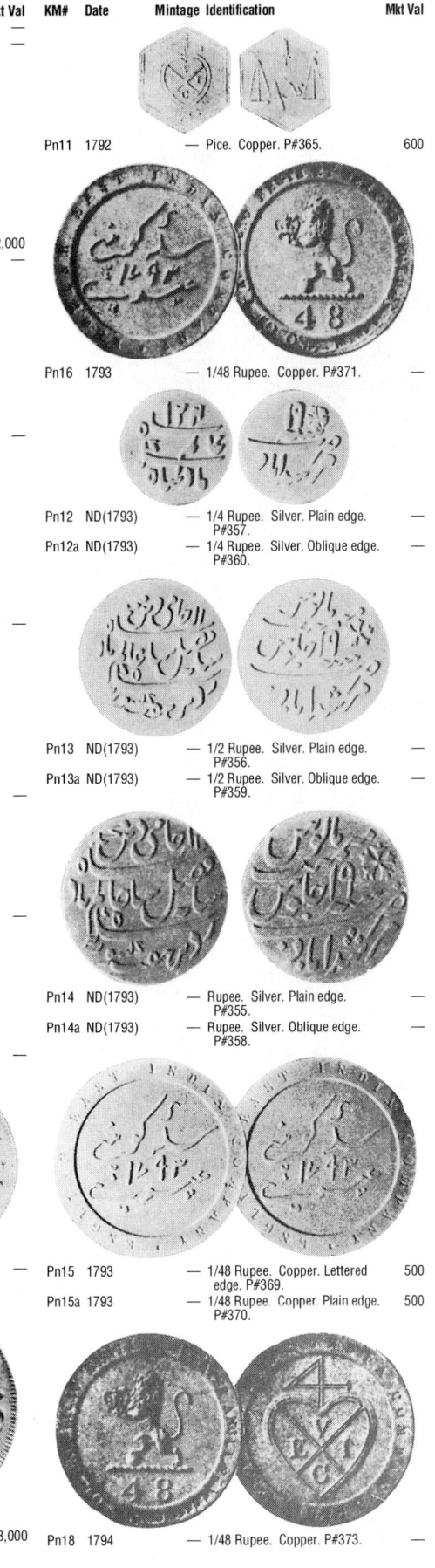

KM#	Date	Mintage	Identification	Mkt Val
Pn11	1792	—	Pice. Copper. P#365.	600
Pn16	1793	—	1/48 Rupee. Copper. P#371.	—
Pn12	ND(1793)	—	1/4 Rupee. Silver. Plain edge. P#357.	—
Pn12a	ND(1793)	—	1/4 Rupee. Silver. Oblique edge. P#360.	—
Pn13	ND(1793)	—	1/2 Rupee. Silver. Plain edge. P#356.	—
Pn13a	ND(1793)	—	1/2 Rupee. Silver. Oblique edge. P#359.	—
Pn14	ND(1793)	—	Rupee. Silver. Plain edge. P#355.	—
Pn14a	ND(1793)	—	Rupee. Silver. Oblique edge. P#358.	—
Pn15	1793	—	1/48 Rupee. Copper. Lettered edge. P#369.	500
Pn15a	1793	—	1/48 Rupee. Copper. Plain edge. P#370.	500
Pn18	1794	—	1/48 Rupee. Copper. P#373.	—

KM#	Date	Mintage	Identification	Mkt Val
Pn17	1794	—	1/48 Rupee. Copper. P#372.	850
Pn19	ND(1795)	—	Pice. Copper. Plain edge. P#380.	—
Pn19a	ND(1795)	—	Pice. Copper. Milled edge. P#381.	—
Pn19b	ND(1795)	—	Pice. Copper Gilt. Plain edge. P#382.	—
Pn19c	ND(1795)	—	Pice. Pewter. P#383.	—
Pn26	ND(1818)	—	Rupee. Silver. Shield within circle. Value within wreath. Prid.#361.	3,500

BOMBAY PRESIDENCY

Following a naval victory over the Portuguese on December 24, 1612 negotiations were started that developed into the opening of the first East India Company factory in Surat in 1613. Silver coins for the New World as well as various other foreign coins were used in early trade. Within the decade the Mughal mint at Surat was melting all of these foreign coins and re-minting them as various denominations of Mughal coinage.

Bombay became an English holding as part of the dowry of Catherine of Braganza, Princess of Portugal when she was betrothed to Charles II of England. Also included in the dowry was Tangier and $500,000. With this acquisition the trading center of the Indian West Coast moved from Surat to Bombay.

Possession of Bombay Island took place on February 8, 1665 and by 1672 the East India Company had a mint in Bombay to serve their trading interests. European designed coins were struck here until 1717. Experimental issues of Mughal style rupees with regnal years pertaining to the reigns of James II and William and Mary were made in 1693-94.

From 1717 to 1778 the Mughal style Bombay rupee was the principal coin of the West India trade, although bulk foreign coins were used for striking rupees at Surat.

After the East India Company took over the city of Surat in 1800 they slowed the mint production and finally transferred all activity to Mumbai in 1815.

MINTS

Bombay (Mumbai) منبی

Surat سورت

Tellicherry تلجری تالچری

MONETARY SYSTEM

3 Pies = 1 Pice (Paisa)

11 Tinnys (Bujruk) = 1 Copperoon (Pice)

48 Copperoons = 1 Anglina (Rupee)

BRITISH COLONY

CAST COINAGE

KM# 155 TINNY (Bujruk)

1.6500 g., Tin Obv: U.E.I.Co. bale mark Rev: Date

Date	Mintage	Good	VG	F	VF	XF
1716	—	150	200	250	300	—

INDIA-BRITISH — BOMBAY PRESIDENCY

KM# 170 1/4 PICE
3.4800 g., Tin **Obv:** U.E.I.Co. bale mark **Rev. Inscription:** 1/4 Pice

Date	Mintage	Good	VG	F	VF	XF
ND(1757)	—	150	200	250	300	—

Rev: Inscription **Rev. Inscription:** AUSPICIO / REGIS ET / SENATUS / ANGLIAE **Note:** P230-P239.

Date	Mintage	Good	VG	F	VF	XF
1717	—	20.00	33.00	50.00	75.00	—
1718	—	20.00	33.00	50.00	75.00	—
1732	—	20.00	33.00	50.00	75.00	—
1733	—	20.00	33.00	50.00	75.00	—
1741	—	20.00	33.00	50.00	75.00	—
1742	—	20.00	33.00	50.00	75.00	—
1743	—	20.00	33.00	50.00	75.00	—
1748	—	20.00	33.00	50.00	75.00	—
ND(1754)	—	20.00	33.00	50.00	75.00	—
1761	—	20.00	33.00	50.00	75.00	—
1771	—	20.00	33.00	50.00	75.00	—
1771 SENATUT	—	—	—	—	—	—

KM# A173 1/2 PICE
Copper **Obv:** Very large crown divides G-R at top, "BOMB" below

Date	Mintage	Good	VG	F	VF	XF
ND(1728-49)	—	10.00	18.50	28.50	40.00	—

KM# 151a 1/2 PICE
1.3700 g., Copper, 8.9 mm. **Obv:** Center of U.E.I.Co. bale mark **Rev:** Date

Date	Mintage	Good	VG	F	VF	XF
(1)786	—	7.50	13.50	20.00	30.00	—

KM# 169 1/2 PICE
6.8000 g., Tin, 27 mm. **Obv:** Large crown with "Bomb" below **Rev:** Inscription **Rev. Inscription:** Auspicio / Regis ET / Senatus / Angliae **Note:** P247.

Date	Mintage	Good	VG	F	VF	XF
ND(1754)	—	100	200	300	400	—

KM# 149 PICE
13.6500 g., Copper **Obv:** Large crown, 2 stars above, 1 below **Rev:** Inscription **Rev. Inscription:** AUSPICIO/REGIS ET/SENATUS/ANGLIU with ornaments above and below

Date	Mintage	Good	VG	F	VF	XF
ND(1704-16)	—	25.00	42.00	55.00	80.00	—

KM# 171 1/2 PICE
6.9500 g., Tin **Obv:** U.E.I. Co. Bale mark **Rev:** 1/2 Pice **Note:** P248.

Date	Mintage	Good	VG	F	VF	XF
ND(1757)	—	150	200	250	300	—

KM# 157.2 2 PICE (8 Reas = Nim (1/2) Anna)
27.2100 g., Tin **Note:** P240.

Date	Mintage	Good	VG	F	VF	XF
ND(1754)	—	18.00	30.00	48.00	70.00	—

HAMMERED COINAGE

KM# 187 1/4 PICE
Copper **Obv:** U.E.I.Co. bale mark **Rev:** 1/4

Date	Mintage	Good	VG	F	VF	XF
ND(1773)	—	7.50	13.50	20.00	30.00	—

KM# 150 PICE
Copper, 15.7 mm. **Obv:** U.E.I. Co. Bale mark **Rev:** Date **Note:** Weight varies 3.17-5.96 grams. For previously listed 1 Pice, KM#153, date 1714, with lion refer to St. Helena.

Date	Mintage	Good	VG	F	VF	XF
1705	—	7.50	13.50	20.00	35.00	—
1729	—	7.50	13.50	20.00	35.00	—
1731	—	7.50	13.50	20.00	35.00	—
1732	—	7.50	13.50	20.00	35.00	—
1734	—	7.50	13.50	20.00	35.00	—
1739	—	7.50	13.50	20.00	35.00	—
1742	—	7.50	13.50	20.00	35.00	—
1743	—	7.50	13.50	20.00	35.00	—
1747	—	—	—	—	—	—
1752	—	7.50	13.50	20.00	35.00	—
1773						
1779	—	7.50	13.50	20.00	35.00	—

KM# 172 1/2 PICE
6.7500 g., Copper **Obv:** Large crown, 2 stars above, 1 below **Rev:** Inscription **Rev. Inscription:** Company motto in four lines

Date	Mintage	Good	VG	F	VF	XF
ND(1704-16)	—	10.00	18.50	28.50	40.00	—

KM# 156.1 PICE
13.6000 g., Tin, 32-34 mm. **Obv:** Large crown, "BOMB" below **Rev:** Inscription **Rev. Inscription:** AUSPICIO / REGIS ET / SENATUS / ANGLIAE **Note:** Size varies. P241-P245.

Date	Mintage	Good	VG	F	VF	XF
1717	—	18.00	30.00	48.00	80.00	—
1741	—	18.00	30.00	48.00	80.00	—
1743	—	—	—	—	—	—
1747	—	—	—	—	—	—
1771	—	—	—	—	—	—

KM# 156.2 PICE
13.6000 g., Tin **Rev:** Ornament below "ANGLIAE"

Date	Mintage	Good	VG	F	VF	XF
ND(1754)	—	12.00	25.00	42.00	70.00	—

KM# A165 PICE
Bronze **Obv:** Very large crown divides G-R at top, "BOMB" below **Rev:** Inscription **Rev. Inscription:** AUSPICIO/REGIS ET/SENATUS/ANGLIAE **Note:** Size varies 16-18 mm

Date	Mintage	Good	VG	F	VF	XF
ND(1728-49)	—	—	—	—	—	—

KM# 151 1/2 PICE
Copper, 12 mm. **Obv:** Center of U.E.I. Co. Bale mark **Rev:** Date **Note:** Weight varies 1.02-1.08 g. For previously listed 1/2 Piece, KM#152, dated 1714, with lion reverse, refer to St. Helena.

Date	Mintage	Good	VG	F	VF	XF
1710	—	7.50	13.50	20.00	30.00	—
1712	—	7.50	13.50	20.00	30.00	—
1726	—	7.50	13.50	20.00	30.00	—
1741	—	7.50	13.50	20.00	30.00	—
1753	—	7.50	13.50	20.00	30.00	—
1759	—	7.50	13.50	20.00	30.00	—
1785	—	7.50	13.50	20.00	30.00	—

KM# 165 PICE
Copper **Obv:** Large crown divides G-R at top, "BOMB" below **Rev:** Inscription **Rev. Inscription:** AUSPICIO/REGIS ET/SENATUS/ANGLIAE with ornaments above and below **Note:** Weight varies 8.55-8.87 grams. P104.

Date	Mintage	Good	VG	F	VF	XF
1728	—	15.00	25.00	36.00	50.00	—
173x	—	15.00	25.00	36.00	50.00	—

KM# 164 1/2 PICE
2.6300 g., Copper, 15 mm. **Obv:** U.E.I. Co. Bale mark **Rev:** 1/2

Date	Mintage	Good	VG	F	VF	XF
ND(1723)	—	10.00	18.50	28.50	40.00	—

KM# 173 1/2 PICE
Copper **Obv:** Large crown divides G-R at top, "BOMB" below **Rev:** Inscription **Note:** Weight varies 3.23-4.40 grams.

Date	Mintage	Good	VG	F	VF	XF
ND(1728-49)	—	10.00	18.50	28.50	40.00	—

KM# 157.1 2 PICE (8 Reas = Nim (1/2) Anna)
27.2100 g., Tin **Obv:** Large crown divides G-R, "BOMB" below

KM# 167 PICE
Copper **Obv:** Large crown divides G-R at top, "BOMB" below

BOMBAY PRESIDENCY INDIA-BRITISH

Rev: Inscription **Rev. Inscription:** AUSPICIO/REGIS ET/SENATUS/ANGLIAE with ornaments above and below **Note:** Weight varies 5.90-6.10 grams.

Date	Mintage	Good	VG	F	VF	XF
1749	—	15.00	25.00	36.00	50.00	—

Inscription: "Shah Alam II Badshah" **Rev:** Persian-julus (formula), mint name **Mint:** Surat **Note:** Privy mark #1.

Date	Mintage	Good	VG	F	VF	XF
AH-//46	—	1.25	2.00	5.00	10.00	15.00

KM# 210.2 1/4 RUPEE

2.8800 g., Silver **Obv:** Persian inscription, couplet **Obv. Inscription:** "Shah Alam II Badshah" **Rev:** Persian-julus (formula), mint name **Mint:** Mumbai **Note:** Privy mark #7.

Date	Mintage	Good	VG	F	VF	XF
AH-//46	—	1.25	2.00	5.00	10.00	15.00

KM# 159 1/2 RUPEE

Silver **Obv. Inscription:** Persian-Shah Jahan (II) couplet **Rev. Inscription:** Persian-julus (formula), mintname **Mint:** Mumbai **Note:** Struck at Mumbai (Bombay) Mint. Weight varies 5.66-5.73 grams.

Date	Mintage	VG	F	VF	XF	Unc
AH1131//1 (1719)	—	30.00	60.00	90.00	150	—

KM# 188 PICE

5.1300 g., Copper **Obv:** U.E.I. Co. Bale mark **Rev:** Inscription **Rev. Inscription:** 1/PICE/BOMB/1773 in 4 lines

Date	Mintage	Good	VG	F	VF	XF
1773	—	10.00	18.50	28.50	40.00	—
1775	—	10.00	18.50	28.50	40.00	—

KM# 275 1/5 RUPEE

Silver **Obv:** Inscription **Rev:** Inscription **Mint:** Mumbai

Date	Mintage	VG	F	VF	XF	Unc
AH-//2	—	7.50	12.50	20.00	30.00	—

KM# 270 1/5 RUPEE

Silver **Obv:** Persian inscription **Obv. Inscription:** Sha(h) (Jahan II) (Bad) Shah **Rev:** Inscription **Rev. Inscription:** Persian-julus (formula), mint name **Mint:** Mumbai **Note:** Weight varies 2.20-2.29 grams.

Date	Mintage	VG	F	VF	XF	Unc
AH(11)31//1	—	30.00	50.00	80.00	110	—

KM# 162 1/2 RUPEE

5.8000 g., Silver **Obv:** Inscription **Obv. Inscription:** Persian-Muhammad Shah, couplet **Rev:** Inscription **Rev. Inscription:** Persian-julus (formula), mint name **Mint:** Mumbai

Date	Mintage	VG	F	VF	XF	Unc
AH1134//4 (1722)	—	25.00	50.00	75.00	125	—
AH11xx//9 (1727)	—	25.00	50.00	75.00	125	—
AH1147//17 (1734)	—	25.00	50.00	75.00	125	—
AH11xx//18 (1735)	—	25.00	50.00	75.00	125	—
AH1151//21 (1738)	—	25.00	50.00	75.00	125	—

KM# 166 2 PICE (8 Reas = Nim (1/2) Anna)

17.8200 g., Copper **Obv:** Large crown divides G-R at top, "BOMB" below **Rev:** Inscription **Rev. Inscription:** AUSPICIO/REGIS ET/SENATUS/ANGLIAE **Mint:** Mumbai **Note:** Weight varies 3.17-5.96 grams. For previously listed 2 Pice, KM#154, date 1714, with lion refer to St. Helena.

Date	Mintage	Good	VG	F	VF	XF
1728	—	15.00	25.00	36.00	50.00	—
1730	—	15.00	25.00	36.00	50.00	—
1733	—	15.00	25.00	36.00	50.00	—
1735	—	15.00	25.00	36.00	50.00	—
1737	—	15.00	25.00	36.00	50.00	—

KM# 274 1/5 RUPEE

Silver **Obv:** Inscription **Rev:** Inscription **Mint:** Cannanore

Date	Mintage	VG	F	VF	XF	Unc
AH-//9	—	7.50	12.50	20.00	30.00	—

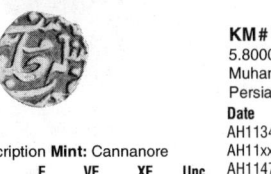

KM# 273 1/5 RUPEE

Silver **Obv:** Character "5" inverted, cruder legends **Rev:** Inscription **Mint:** Mumbai

Date	Mintage	VG	F	VF	XF	Unc
ND(1730-96)	—	2.50	5.00	10.00	20.00	—

KM# 175 1/2 RUPEE

5.8000 g., Silver **Obv:** Inscription **Obv. Inscription:** Persian-Alamgir (II) couplet **Rev:** Inscription **Rev. Inscription:** Persian-julus (formula), mint name **Mint:** Mumbai

Date	Mintage	VG	F	VF	XF	Unc
AH1169//2 (1756)	—	15.00	25.00	50.00	100	—
AH1170//3 (1757)	—	15.00	25.00	50.00	100	—
AH1172//5 (1759)	—	15.00	25.00	50.00	100	—

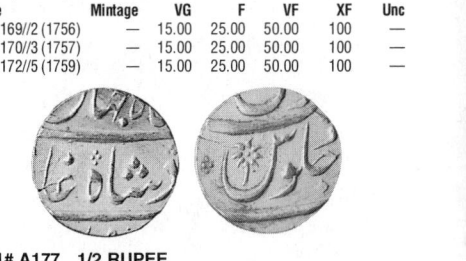

KM# 189 2 PICE (8 Reas = Nim (1/2) Anna)

10.2800 g., Copper **Obv:** Large crown divides G-R at top, "BOMB" below **Rev:** U.E.I. Co. Bale mark **Mint:** Bombay

Date	Mintage	Good	VG	F	VF	XF
1773	—	10.00	18.50	28.50	40.00	—

KM# 161 1/12 RUPEE

Silver **Obv:** Inscription **Obv. Inscription:** Persian-Muhammad Shah couplet **Rev:** Inscription **Rev. Inscription:** Persian-julus (formula), mint name **Mint:** Mumbai

Date	Mintage	VG	F	VF	XF	Unc
AH1138//8	—	15.00	25.00	35.00	50.00	—

KM# 209.1 1/8 RUPEE

1.4400 g., Silver **Obv:** Persian inscription, couplet **Obv. Inscription:** "Shah Alam II Badshah" **Rev:** Persian-julus (formula), mint name **Mint:** Surat **Note:** Privy mark #1.

Date	Mintage	Good	VG	F	VF	XF
ND-//46	—	3.00	7.50	13.50	25.00	42.00

KM# 209.2 1/8 RUPEE

1.4400 g., Silver **Obv:** Persian inscription, couplet **Obv. Inscription:** "Shah Alam II Badshah" **Rev:** Persian-julus (formula), mint name **Mint:** Mumbai **Note:** Privy mark #6.

Date	Mintage	Good	VG	F	VF	XF
ND-//46	—	3.00	7.50	13.50	25.00	42.00

KM# 271 1/5 RUPEE

Silver **Obv:** Inscription **Rev:** Ano of Muhammad Shah **Mint:** Mumbai

Date	Mintage	VG	F	VF	XF	Unc
AH-//1	—	3.50	7.50	15.00	35.00	—
AH-//2	—	3.50	7.50	15.00	35.00	—
AH1133//3	—	3.50	7.50	15.00	35.00	—
AH1135//5	—	3.50	7.50	15.00	35.00	—
AH-//8	—	3.50	7.50	15.00	35.00	—
AH1139//9	—	3.50	7.50	15.00	35.00	—
AH-//11	—	3.50	7.50	15.00	35.00	—
AH-//12	—	3.50	7.50	15.00	35.00	—
AH-//13	—	3.50	7.50	15.00	35.00	—
AH-//21	—	3.50	7.50	15.00	35.00	—
AH1124//24	—	3.50	7.50	15.00	35.00	—
AH-//25	—	3.50	7.50	15.00	35.00	—

KM# 272 1/5 RUPEE

Silver **Subject:** Posthumous Issue **Obv:** Inscription **Rev:** Inscription **Rev. Inscription:** Persian-julus (formula), mint name **Mint:** Mumbai

Date	Mintage	VG	F	VF	XF	Unc
AH1188//9	—	3.50	7.50	15.00	30.00	—

KM# 269 1/5 RUPEE

Silver **Obv:** Persian inscription, couplet **Obv. Inscription:** Alamgir (II) **Mint:** Mumbai

Date	Mintage	VG	F	VF	XF	Unc
AH1214//2	—	3.50	7.50	15.00	35.00	—

KM# 276 1/5 RUPEE

2.3200 g., Silver **Obv:** Inscription **Obv. Inscription:** T99, Persian-Sikkanishin (government coin), date **Rev:** Inscription **Rev. Inscription:** Persian-Zarb, mint name, julus **Mint:** Tellicherry

Date	Mintage	VG	F	VF	XF	Unc
AH1214//(17)99	—	2.50	4.50	8.50	13.50	—

KM# A177 1/2 RUPEE

5.7200 g., Silver **Mint:** Surat **Note:** Prev. India, Mughal Empire, 1/2 Rupee KM#470.3

Date	Mintage	VG	F	VF	XF	Unc
AHxxxx//1 Ahad	—	—	—	—	—	—

KM# 177 1/2 RUPEE

5.8000 g., Silver **Obv. Inscription:** Persian-Alamgir (II), couplet **Rev:** Crescent privy mark **Rev. Inscription:** Persian-julus (formula), mint name **Mint:** Mumbai **Note:** Posthumous issue. Similar to 1 Rupee, KM#178. Date AH1188/9 is reported, not confirmed for KM#177.

Date	Mintage	VG	F	VF	XF	Unc
AH1176//9 (1774)	—	15.00	25.00	50.00	100	—

KM# 174 1/4 RUPEE

2.8800 g., Silver **Obv:** Inscription **Obv. Inscription:** Persian-Alamgir (II) couplet **Rev:** Crescent privy mark **Rev. Inscription:** Persian-julus (formula), mint name

Date	Mintage	VG	F	VF	XF	Unc
AH1188//9 Frozen	—	5.00	15.00	30.00	50.00	—
AH-//10 Frozen	—	5.00	15.00	30.00	50.00	—

KM# 211.1 1/2 RUPEE

5.7600 g., Silver **Obv:** Persian inscription, couplet **Obv. Inscription:** "Shah Alam II Badshah" **Rev:** Persian-julus (formula), mint name **Mint:** Surat **Note:** Privy mark #1.

Date	Mintage	Good	VG	F	VF	XF
AH-//46	—	2.25	4.00	8.00	15.00	25.00

KM# 210.1 1/4 RUPEE

2.8800 g., Silver **Obv:** Persian inscription, couplet **Obv.**

KM# 211.2 1/2 RUPEE

5.7600 g., Silver **Obv:** Persian inscription, couplet **Obv. Inscription:** "Shah Alam II Badshah" **Rev:** Persian-julus (formula), mint name **Mint:** Mumbai **Note:** Privy mark #6. For listings of coins with regnal year 52 see India-French.

Date	Mintage	Good	VG	F	VF	XF
AH-//46	—	2.25	4.00	8.00	15.00	25.00

KM# 168 RUPEE

11.6000 g., Silver **Obv:** Inscription **Obv. Inscription:** Persian-Ahmad Shah Bahadur, couplet **Rev:** Inscription **Rev. Inscription:** Persian-julus (formula), mint name

Date	Mintage	VG	F	VF	XF	Unc
AH-//3	—	10.00	25.00	50.00	100	—
AH1165//4	—	10.00	25.00	50.00	100	—
AH1166//5	—	10.00	25.00	50.00	100	—
AH1167//6	—	10.00	25.00	50.00	100	—

KM# 213 1/15 MOHUR (Gold Rupee)

0.7700 g., Gold **Obv:** Persian inscription, couplet **Obv. Inscription:** "Shah Alam II Badshah" **Rev:** Persian-julus (formula), mint name **Mint:** Surat **Note:** Size varies 7-8mm.

Date	Mintage	Good	VG	F	VF	XF
AH-//46	—	—	33.00	55.00	90.00	160

KM# 184 1/4 MOHUR

2.7400 g., Gold **Obv:** E.I. Co. arms **Obv. Legend:** ENGLISH EAST INDIA COMPANY **Rev:** Ornamentation above and below **Rev. Inscription:** BOMBAY/1765 **Mint:** Mumbai **Note:** English style.

Date	Mintage	VG	F	VF	XF	Unc
1765	—	2,500	4,000	7,000	11,500	—

KM# 158 RUPEE

Silver **Obv:** Inscription **Obv. Inscription:** Persian-Farrukh Siyar, couplet **Rev:** Inscription **Rev. Inscription:** Persian-julus (formula), mint name **Note:** Weight varies 10.70-11.60 grams.

Date	Mintage	VG	F	VF	XF	Unc
AH1126//2	—	25.00	50.00	100	200	—
AH1127//3	—	20.00	40.00	65.00	140	—
AH1129//6	—	15.00	35.00	75.00	125	—
AH1130//7	—	15.00	35.00	75.00	125	—

KM# 176 RUPEE

11.6000 g., Silver **Obv:** Inscription **Obv. Inscription:** Persian-Alamgir (II), couplet **Rev:** Inscription **Rev. Inscription:** Persian-julus (formula), mint name **Note:** P67-P70.

Date	Mintage	VG	F	VF	XF	Unc
AH1169//2 (1756)	—	15.00	35.00	75.00	125	—
AH1170//2 frozen (1757)	—	15.00	35.00	75.00	125	—
AH1173//5 frozen (1760)	—	15.00	35.00	75.00	125	—

KM# A178 RUPEE

11.4400 g., Silver **Obv. Inscription:** Persian, Shah Jahan III **Mint:** Surat **Note:** Prev. India Mughal Empire, 1 Rupee, KM#475.4.

Date	Mintage	VG	F	VF	XF	Unc
AHxxxx//1	—	75.00	120	175	250	—

KM# 180 1/4 MOHUR

3.8400 g., Gold **Obv:** Inscription **Obv. Inscription:** Persian-Alamgir (II), couplet **Rev:** Inscription **Rev. Inscription:** Persian-julus (formula), mint name **Mint:** Mumbai **Note:** Posthumous issue.

Date	Mintage	VG	F	VF	XF	Unc
AH1188//9	—	—	—	—	—	—

KM# 160 RUPEE

Silver **Obv:** Inscription **Obv. Inscription:** Persian-Shah Jahan (II), couplet **Rev:** Inscription **Rev. Inscription:** Persian-julus (formula), mint name

Date	Mintage	VG	F	VF	XF	Unc
AH1131//1 (Ahad)	—	35.00	75.00	150	250	—

KM# B178 RUPEE

Gold **Mint:** Surat **Note:** Prev. India Mughal Empire, 1 Rupee, KM#478.6.

Date	Mintage	Good	VG	F	VF	XF
AH1174//1	—	—	425	700	1,000	1,600
AH1175//1	—	—	425	700	1,000	1,600

KM# 185 1/2 MOHUR

5.4800 g., Gold **Obv:** E.I. Co. arms **Obv. Legend:** ENGLISH EAST INDIA COMPANY **Rev:** Ornamentation above and below **Rev. Inscription:** BOMBAY/1765 **Mint:** Mumbai **Note:** English style.

Date	Mintage	VG	F	VF	XF	Unc
1765	—	3,500	5,500	8,500	13,500	—

KM# 181 1/2 MOHUR

5.7700 g., Gold **Obv. Inscription:** Persian-Alamgir (II) couplet **Rev. Inscription:** Persian-julus (formula), mint name **Mint:** Mumbai **Note:** Posthumous issue.

Date	Mintage	VG	F	VF	XF	Unc
AH1188//9	—	—	—	—	—	—

KM# 163 RUPEE

11.6000 g., Silver **Obv:** Inscription **Obv. Inscription:** Persian-Muhammad Shah, couplet **Rev:** Inscription **Rev. Inscription:** Persian-julus (formula), mint name **Mint:** Mumbai

Date	Mintage	VG	F	VF	XF	Unc
AH1132//2	—	15.00	40.00	75.00	125	—
AH11xx//3	—	25.00	50.00	100	200	—
AH1134//4	—	15.00	40.00	75.00	125	—
AH1135//5	—	15.00	40.00	75.00	125	—
AH1136//6	—	15.00	40.00	75.00	125	—
AH1136//7	—	15.00	40.00	75.00	125	—
AH1137//7	—	15.00	40.00	75.00	125	—
AH1138//8	—	15.00	40.00	75.00	125	—
AH1139//9	—	15.00	40.00	75.00	125	—
AH1141//11	—	15.00	40.00	75.00	125	—
AH1142//12	—	15.00	40.00	75.00	125	—
AH1143//13	—	15.00	40.00	75.00	125	—
AH1144//14	—	15.00	40.00	75.00	125	—
AH1145//15	—	15.00	40.00	75.00	125	—
AH1146//16	—	15.00	40.00	75.00	125	—
AH1147//17	—	15.00	40.00	75.00	125	—
AH1148//18	—	15.00	40.00	75.00	125	—
AH1149//19	—	15.00	40.00	75.00	125	—
AH1150//19	—	15.00	40.00	75.00	125	—
AH1151//21	—	15.00	40.00	75.00	125	—
AH1152//22	—	15.00	40.00	75.00	125	—
AH1155//25	—	15.00	40.00	75.00	125	—
AH1156//26	—	15.00	40.00	75.00	125	—
AH1157//27	—	15.00	40.00	75.00	125	—
AH1159//29	—	15.00	40.00	75.00	125	—
AH11xx//30	—	15.00	40.00	75.00	125	—
AH1161//31	—	15.00	40.00	75.00	125	—

KM# 178 RUPEE

11.6000 g., Silver **Obv:** Inscription **Obv. Inscription:** Persian-Shah Alam (II) Badshah, couplet **Rev:** Inscription **Rev. Inscription:** Persian-julus (formula), mint name **Mint:** Mumbai **Note:** Posthumous issue. Privy mark: Crescent.

Date	Mintage	VG	F	VF	XF	Unc
AH1188//6 Frozen	—	7.50	15.00	25.00	75.00	—
AH1188//9 Frozen	—	7.50	15.00	25.00	75.00	—

KM# 212.1 RUPEE

11.5900 g., Silver **Obv. Inscription:** Shah Alam II Badshah **Rev:** Persian-julus (formula), mint name **Mint:** Surat **Note:** Privy mark #1.

Date	Mintage	Good	VG	F	VF	XF
AH-//46	—	BV	7.00	10.00	15.00	25.00

KM# 182 MOHUR

11.5500 g., Gold **Obv:** Inscription **Obv. Inscription:** Persian-Alamgir (II) couplet **Rev:** Inscription **Rev. Inscription:** Persian-julus (formula), mint name **Mint:** Mumbai **Note:** Posthumous issue.

Date	Mintage	VG	F	VF	XF	Unc
AH1188//9	—	350	400	550	775	—

KM# 212.2 RUPEE

11.5900 g., Silver **Obv. Inscription:** Shah Alam II Badshah **Rev:** Persian-julus (formula), mint name **Mint:** Mumbai **Note:** Privy mark #6. For coins with regnal years 51-54 see India-French listings.

Date	Mintage	Good	VG	F	VF	XF
AH-//46	—	BV	7.00	10.00	15.00	25.00

KM# 179 1/15 MOHUR (Gold Rupee)

0.7600 g., Gold **Obv:** Inscription **Obv. Inscription:** Persian-Shah Alam (II) Badshah, couplet **Rev:** Inscription **Rev. Inscription:** Persian-julus (formula), mint name **Mint:** Mumbai **Note:** Posthumous issue.

Date	Mintage	VG	F	VF	XF	Unc
AH1188//9 (1774)	—	—	120	300	450	—

KM# 186 MOHUR (15 Rupees)

10.9500 g., Gold **Obv:** E.I. Co. arms **Obv. Legend:** ENGLISH EAST INDIA COMPANY **Rev:** Ornamentation above and below **Rev. Inscription:** BOMBAY/1765 **Mint:** Mumbai **Note:** English style.

Date	Mintage	VG	F	VF	XF	Unc
1765	—	4,500	7,500	12,500	25,000	—

KM# 183 MOHUR (15 Rupees)
10.9500 g., Gold **Obv:** Inscription **Obv. Inscription:** Persian-Alamgir (II) couplet **Rev:** Inscription **Rev. Inscription:** BOMBAY/1770/15 Rups, ornamentation above and below **Note:** Posthumous issue.

Date	Mintage	VG	F	VF	XF	Unc
1770	—	—	—	—	—	—

MILLED COINAGE

چیناپتن

Chinapattan

مچهلي پتن

Masulipatnam (Machilipatnam)

KM# 196 2 PICE (8 Reas = Nim (1/2) Anna)
12.9500 g., Copper, 30.5 mm. **Obv:** U.E.I. Co Bale mark **Rev:** Scales, Persian-Adil (just)

Date	Mintage	VG	F	VF	XF	Unc
1791	—	2.50	3.50	7.50	15.00	—
1791 Proof	—	Value: 120				
1794	—	2.50	3.50	7.50	15.00	—
1794 Proof	—	Value: 120				

KM# 196a 2 PICE (8 Reas = Nim (1/2) Anna)
12.9500 g., Copper Gilt, 30.5 mm.

Date	Mintage	VG	F	VF	XF	Unc
1791 Proof	—	Value: 175				
1794 Proof	—	Value: 175				

COUNTERMARKED COINAGE

KM# 192 1/2 PICE
6.7500 g., Copper, 20 mm. **Obv:** U.E.I. Co. bale mark **Rev:** Scales, Persian-Adil (just)

Date	Mintage	VG	F	VF	XF	Unc
1791	—	1.25	2.50	5.00	10.00	—
1791 Proof	—	Value: 70.00				
1794	—	1.25	2.50	5.00	10.00	—
1794 Proof	—	Value: 70.00				

KM# 192a 1/2 PICE
5.3100 g., Copper **Note:** Gilt.

Date	Mintage	VG	F	VF	XF	Unc
1791 Proof	—	Value: 125				
1794 Proof	—	Value: 125				

KM# 193 PICE
6.4700 g., Copper, 25.4 mm. **Obv:** U.E.I. Co. Bale mark **Rev:** Scales, Persian-Adil (just) **Edge:** Plain **Mint:** Bombay

Date	Mintage	VG	F	VF	XF	Unc
1791	—	1.50	3.00	6.00	12.00	—
1791 Proof	—	Value: 80.00				
1794	—	1.50	3.00	6.00	12.00	—
1794 Proof	—	Value: 80.00				

KM# 193a PICE
10.6200 g., Copper **Edge:** Plain **Mint:** Bombay **Note:** Gilt.

Date	Mintage	VG	F	VF	XF	Unc
1791 Proof	—	Value: 135				
1794 Proof	—	Value: 135				

KM# 190 PICE
Copper **Countermark:** BOMB/1788 in beaded rectangle on various native dump coins **Mint:** Bombay

CM Date	Host Date	Good	VG	F	VF	XF
1788	1788 Large date, Rare	—	—	—	—	—
ND	1788 Large date; Rare	—	—	—	—	—

KM# 191 PICE
Copper **Countermark:** BOMB/1788 in beaded rectangle on various native dump coins **Mint:** Bombay

CM Date	Host Date	Good	VG	F	VF	XF
1788	1788 Small date, Rare	—	—	—	—	—

KM# 195 1-1/2 PICE (6 Reas)
9.7100 g., Copper, 29 mm. **Obv:** U.E.I. Co. Bale mark **Rev:** Large scales Persian-Adil (just) **Edge:** Oblique milling

Date	Mintage	VG	F	VF	XF	Unc
1791	—	3.00	6.00	10.00	20.00	—
1791 Proof	—	Value: 125				
1794 Proof	—	Value: 125				

KM# 195a 1-1/2 PICE (6 Reas)
9.7100 g., Copper Gilt

Date	Mintage	VG	F	VF	XF	Unc
1791 Proof	—	Value: 175				

KM# 194 1-1/2 PICE (6 Reas)
9.7100 g., Copper **Rev:** Small scales, vertical milling

Date	Mintage	VG	F	VF	XF	Unc
1791 Proof	—	Value: 200				

PATTERNS
Including off metal strikes

KM#	Date	Mintage Identification	Mkt Val
Pn5	1791	— 1-1/2 Pice. Copper. 9.7100 g. Vertical milling edge. KM#124.	—

MADRAS PRESIDENCY

English trade was begun on the east coast of India in 1611. The first factory was at Mazulipatam and was maintained intermittently until modern times.

Madras was founded in 1639 and Fort St. George was made the chief factory on the east coast in 1641. A mint was established at Fort St. George where coins of the style of Vijayanagar were struck.

The Madras mint began minting copper coins after the renovation. In 1609 silver fanams were authorized to be struck by the new Board of Directors.

In 1692 the Mughal Emperor Aurangzeb gave permission for Mughal type rupees to be struck at Madras. These circulated locally and were also sent to Bengal. The chief competition for the Madras coins were the Arcot rupees. Some of the bulk coins from Madras were sent to the Nawabs mint to be made into Arcot rupees.

In 1742 the East India Company applied for and received permission to make their own Arcot rupees. Coining operations ceased in Madras in 1869.

MONETARY SYSTEM
1 Dudu = 10 Cash
8 Dudu = 1 Fanam
36 Fanam = 1 Pagoda (1688-1802)
3-1/2 Rupees = 1 Pagoda

MINTS

اركات

Arcot

BRITISH COLONY

HAMMERED COINAGE

KM# 365 CASH
Copper **Obv:** Bale mark with E E I C **Rev:** Standing deity

Date	Mintage	Good	VG	F	VF	XF
ND(1701)	—	—	—	—	—	—

KM# 301 CASH
0.8800 g., Copper, 8.0 mm. **Obv:** Bale mark with date divided between upper and lower halves

Date	Mintage	Good	VG	F	VF	XF
1702	—	7.00	13.00	22.00	35.00	—
1705	—	7.00	13.00	22.00	35.00	—

KM# 302 CASH
1.2000 g., Copper, 8-10 mm. **Obv:** E.I. Co. bale mark **Rev:** Date in beaded circle **Note:** Size varies.

Date	Mintage	Good	VG	F	VF	XF
173(0)	—	—	—	—	—	—
1731	—	5.00	9.00	15.00	25.00	—
1733	—	5.00	9.00	15.00	25.00	—
1734	—	5.00	9.00	15.00	25.00	—
1736	—	5.00	9.00	15.00	25.00	—
1737 IEC (retrograde)	—	5.00	9.00	15.00	25.00	—
1739	—	5.00	9.00	15.00	25.00	—
1748	—	5.00	9.00	15.00	25.00	—
1752	—	5.00	9.00	15.00	25.00	—

KM# 378 CASH
Copper **Obv:** Tamil inscription - Sri (Honorable) **Rev:** Tamil inscription - Kumpini (company) **Note:** Struck at Tegnapatam (Fort St. David) Mint.

Date	Mintage	Good	VG	F	VF	XF
ND(ca.1740)	—	4.00	9.00	15.00	27.50	45.00

KM# 379 CASH
Copper **Obv:** Star **Rev:** Tamil inscription - Kumpini (company) **Note:** Struck at Tegnapatam (Fort St. David) Mint.

Date	Mintage	Good	VG	F	VF	XF
ND(ca.1741)	—	4.00	10.00	15.00	26.00	42.00

KM# 311 CASH
Copper, 9.5-10.5 mm. **Obv:** Inverted heart shield with "G V E I" **Rev:** Double lined square **Rev. Inscription:** Persian, date **Note:** Weight varies 0.97-1.23 grams. Size varies.

Date	Mintage	Good	VG	F	VF	XF
AH-//VII(1211)	—	3.00	6.00	10.00	15.00	—

KM# 312 CASH
Copper

Date	Mintage	Good	VG	F	VF	XF
AH1212	—	3.00	6.00	10.00	15.00	—

KM# 313 CASH
Copper **Obv:** Inverted heartshield wtih "V E I G" **Note:** Many varieties exist.

Date	Mintage	Good	VG	F	VF	XF
ND	—	3.00	6.00	10.00	15.00	—

KM# 290 1/2 DUDU (5 Cash)
4.4300 g., Copper **Obv:** Bale mark with CC/E or GC/E **Rev:** Date in 2 lines

Date	Mintage	Good	VG	F	VF	XF
1705	—	7.00	11.00	22.00	35.00	—
1726	—	7.00	11.00	22.00	35.00	—

KM# 305 1/2 DUDU (5 Cash)
4.4300 g., Copper

Date	Mintage	Good	VG	F	VF	XF
1755	—	5.00	8.00	18.00	30.00	—
1777	—	5.00	8.00	18.00	30.00	—
1784	—	5.00	8.00	18.00	30.00	—
1786	—	5.00	8.00	18.00	30.00	—

KM# 291 DUDU (10 Cash)
Copper, 16.9 mm. **Obv:** Bale mark with CC/E or GC/E **Rev:** Date with wavy lines above and below **Note:** Weight varies 8.21-8.35 grams.

Date	Mintage	Good	VG	F	VF	XF
1702	—	3.50	9.00	15.00	25.00	—
1703	—	3.50	9.00	15.00	25.00	—
1706	—	3.50	9.00	15.00	25.00	—
1709	—	3.50	9.00	15.00	25.00	—
1716	—	3.50	9.00	15.00	25.00	—
1720	—	—	9.00	15.00	25.00	—
1722	—	3.50	9.00	15.00	25.00	—
1726	—	3.50	9.00	15.00	25.00	—
1739	—	3.50	9.00	15.00	25.00	—
1741	—	3.50	9.00	15.00	25.00	—
1744	—	3.50	9.00	15.00	25.00	—
1748	—	3.50	9.00	15.00	25.00	—

KM# 306 DUDU (10 Cash)
Copper **Obv:** Bale mark with CC/E **Rev:** Date with wavy lines above and below **Note:** Weight varies 8.21-8.35 grams.

Date	Mintage	Good	VG	F	VF	XF
1755	—	2.00	4.00	10.00	15.00	—
1756	—	2.00	4.00	10.00	15.00	—
1761	—	2.00	4.00	10.00	15.00	—
1765	—	—	—	—	—	—
Note: Reported, not confirmed						
1768	—	2.00	4.00	10.00	15.00	—
1769	—	2.00	4.00	10.00	15.00	—
1774	—	2.00	4.00	10.00	15.00	—
1777	—	—	—	—	—	—
Note: Reported, not confirmed						
1780	—	—	—	—	—	—
Note: Reported, not confirmed						
1784	—	2.00	4.00	10.00	15.00	—
1786	—	2.00	4.00	10.00	15.00	—
1787	—	—	—	—	—	—
Note: Reported, not confirmed						
1788	—	—	—	—	—	—
Note: Reported, not confirmed						
1789	—	—	—	—	—	—
Note: Reported, not confirmed						
1790	—	—	—	—	—	—
Note: Reported, not confirmed						
1795	—	2.00	4.00	10.00	15.00	—
1796	—	2.00	4.00	10.00	15.00	—
1798	—	—	—	—	—	—
Note: Reported, not confirmed						
1800	—	2.00	4.00	10.00	15.00	—

KM# 385 1/2 DUB
Copper, 16 mm. **Obv. Inscription:** "Mubarak julus sanah" **Rev. Inscription:** "Zarb bandar machhlipatan sanah" **Mint:** *Machhlipatan* **Note:** Weight varies 6.60-6.90 grams. Prid#302. Year of Shah Alam II. Earlier years are listed as 1/2 Paisas.

Date	Mintage	Good	VG	F	VF	XF
AH1189//20	—	2.40	6.00	12.00	20.00	—

KM# 386 DUB
Copper, 20 mm. **Obv. Inscription:** "Mubarak julus sanah" **Rev. Inscription:** "Zarb bandar machhlipatan sanah" **Mint:** *Machhlipatan* **Note:** Prid#301. Weight varies 13.00-14.00 grams. Years of Shah alam II. Earlier years are listed as Paisas.

Date	Mintage	Good	VG	F	VF	XF
AH1174//1	—	4.50	11.00	22.00	35.00	—
AH1175//4	—	4.50	11.00	22.00	35.00	—
AH1180//9	—	4.50	11.00	22.00	35.00	—
AH1186//16	—	4.50	11.00	22.00	35.00	—
AH1189//20	—	4.50	11.00	22.00	35.00	—
1189//25(sic)	—	4.50	11.00	22.00	35.00	—
AH1191//xx	—	4.50	11.00	22.00	35.00	—
AH1199//xx	—	4.50	11.00	22.00	35.00	—
AH1213//xx	—	4.50	11.00	22.00	35.00	—
AH1214//xx	—	4.50	11.00	22.00	35.00	—

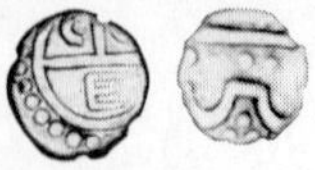

KM# 294.1 FANAM
Silver, 11.6 mm. **Obv:** Bale mark with CC/E **Rev:** Large Persian inscription **Rev. Inscription:** In griz / Kmpny

Date	Mintage	Good	VG	F	VF	XF
ND(1704)	—	—	—	—	—	—

KM# 294.2 FANAM
Silver **Obv:** Bale mark with CC/E **Rev:** Small Persian inscription **Rev. Inscription:** In Griz / Kmpny

Date	Mintage	Good	VG	F	VF	XF
ND(1704)	—	—	—	—	—	—

KM# 307 FANAM
0.9100 g., Silver **Obv:** Large deity Vishnu **Note:** Prid#19.

Date	Mintage	Good	VG	F	VF	XF
ND(1764-1807)	—	1.50	3.00	7.00	17.50	40.00

KM# 299 2 FANAM
2.0700 g., Silver **Rev:** Without bead at left and right

Date	Mintage	VG	F	VF	XF	Unc
ND(ca. 1750s)	—	6.50	16.00	40.00	80.00	—

KM# 308 2 FANAM
1.8300 g., Silver

Date	Mintage	Good	VG	F	VF	XF
ND(1764-1807)	—	1.50	4.00	10.00	25.00	50.00

KM# 380 1/16 RUPEE
0.7300 g., Silver, 8.8 mm. **Obv:** Couplet **Obv. Inscription:** "Alamgir II" **Rev:** Julus (formula), mint name **Mint:** Arcot **Note:** Struck at Calcutta, Dacca, Madras, Murshidabad Mint. Mint name: Arkat (Arcot). The regnal year 6 was a frozen date struck until 1809. Prid#145.

Date	Mintage	Good	VG	F	VF	XF
ND-//6 Frozen	—	4.00	10.00	15.00	35.00	75.00

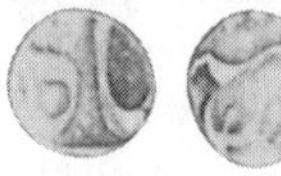

KM# 381 1/8 RUPEE
1.4200 g., Silver, 11 mm. **Obv:** Inscription and couplet **Obv. Inscription:** "Alamgir II" **Rev:** Julus (formula), mint name **Note:** Struck at Calcutta, Dacca, Madras, Murshidabad Mint. Mint name: Arcot. The regnal year 6 was a frozen date struck until 1809. Prid#144.

Date	Mintage	Good	VG	F	VF	XF
ND-//6 Frozen	—	4.00	10.00	15.00	35.00	75.00

KM# C302 1/4 RUPEE
2.8610 g., Silver **Obv:** Couplet **Obv. Legend:** FARRUKHSIYAR **Rev:** Legend in Persian **Rev. Legend:** julus **Mint:** Chinapattan **Note:** Prev. KM#374.1.

Date	Mintage	VG	F	VF	XF	Unc
AH1128//5	—	150	275	400	—	—
AH1130 Rare	—	150	275	400	—	—

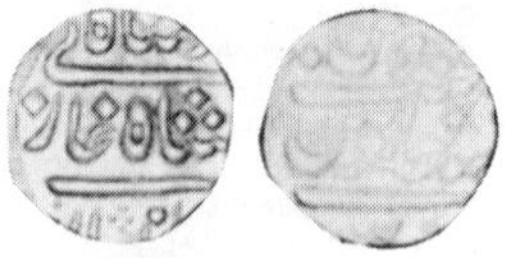

KM# F302 1/4 RUPEE
2.8610 g., Silver **Obv:** Legend in Persian **Obv. Legend:** MUHAMMAD SHAH **Rev:** Legend in Persian **Rev. Legend:** julus **Mint:** Chinapattan **Note:** Prev. KM#431.1.

Date	Mintage	VG	F	VF	XF	Unc
ND(1719-48) Rare	—	—	—	—	—	—

KM# 382 1/4 RUPEE
Silver, 15.5 mm. **Obv:** Inscription, couplet **Obv. Inscription:** "Alamgir II" **Rev:** Julus (formula) mint name **Note:** Weight varies 2.81-2.86 grams. Struck at Calcutta, Dacca, Madras, Murshidabad Mint. Mint name: Arcot. Prid#143.

Date	Mintage	Good	VG	F	VF	XF
ND-//6 Frozen	—	5.00	10.00	25.00	50.00	100

KM# 388 1/4 RUPEE
Silver **Obv:** Inscription **Obv. Inscription:** Alamgir (II) couplet **Rev:** Inscription **Rev. Inscription:** Julus (formula) mint name **Mint:** *Machhlipatan* **Note:** Mint name: Machhilipatan. P299, P300.

Date	Mintage	VG	F	VF	XF	Unc
AH1200//(27)	—	15.00	45.00	75.00	150	—
AH1210//(37)	—	15.00	45.00	75.00	150	—

KM# D302 1/2 RUPEE
5.7220 g., Silver **Obv:** Couplet, legend in Persian **Obv. Legend:** FARRUKHSIYAR **Rev:** Legend in Persian **Rev. Legend:** julus **Mint:** Chinapattan **Note:** Prev. KM#375.3.

Date	Mintage	VG	F	VF	XF	Unc
AH1129//6 Rare	—	—	—	—	—	—

KM# 375 1/2 RUPEE
5.7200 g., Silver, 17 mm. **Obv. Inscription:** Ahmad Shah Bahadur, couplet **Rev. Inscription:** Julus (formula), mint name **Mint:** Arcot **Note:** Struck at Arcot Mint. Mint name: Arcot. P141.

Date	Mintage	VG	F	VF	XF	Unc
ND(1748)	—	—	—	—	—	—

KM# 383 1/2 RUPEE
5.7200 g., Silver **Obv. Inscription:** Alamgir (II), couplet **Rev. Inscription:** Julus (formula), mint name **Note:** Struck at Calcutta, Dacca, Madras, Murshidabad Mint. Mint name: Arcot. Similar to 1/2 Rupee, KM#389 without AH. P142.

Date	Mintage	VG	F	VF	XF	Unc
ND-//6 Frozen	—	10.00	25.00	65.00	100	—

KM# 389 1/2 RUPEE
5.6400 g., Silver **Obv:** Inscription **Obv. Inscription:** Alamgir (II) couplet **Rev:** Inscription **Rev. Inscription:** Julus (formula), mint name **Mint:** *Machhlipatan* **Note:** Mint name: Machhilipatan. P296-P298.

Date	Mintage	VG	F	VF	XF	Unc
AH118x//x	—	—	—	—	—	—
AH1198//(21)	—	35.00	75.00	150	300	—
AH1199//2(2)	—	35.00	75.00	150	300	—
AH1204//(27)	—	35.00	75.00	150	300	—

KM# A289 RUPEE
11.5900 g., Silver **Obv:** Inscription in Persian **Obv. Inscription:** "Aurangzeb Alamgir..." **Rev:** Inscription in Persian **Mint:** Chinapattan **Note:** It has been determined that the AH date is lacking for all but AH1103//38. Prev. KM#300.25.

Date	Mintage	Good	VG	F	VF	XF
AH-//48	—	10.00	18.00	35.00	65.00	100
AH-//49	—	10.00	18.00	35.00	65.00	100
AH-//50	—	10.00	18.00	35.00	65.00	100
AH-//51	—	10.00	18.00	35.00	65.00	100

KM# A302 RUPEE
11.5700 g., Silver, 23.4 mm. **Obv:** Legend in Persian **Obv. Legend:** SHAH ALAM BAHADUR **Rev:** Legend in Persian **Rev. Legend:** julus **Mint:** Chinapattan **Note:** Prev. KM#347.7.

Date	Mintage	Good	VG	F	VF	XF
AH1119//1	—	10.00	20.00	40.00	65.00	95.00
AH1119//2	—	10.00	20.00	40.00	65.00	95.00
AH1120//2	—	10.00	20.00	40.00	65.00	95.00
AH1120//3	—	10.00	20.00	40.00	65.00	95.00
AH1121//3	—	10.00	20.00	40.00	65.00	95.00
AH1121//4	—	10.00	20.00	40.00	65.00	95.00
AH1122//4	—	10.00	20.00	40.00	65.00	95.00
AH1122//5	—	10.00	20.00	40.00	65.00	95.00
AH1123//5	—	10.00	20.00	40.00	65.00	95.00
AH1123//6	—	10.00	20.00	40.00	65.00	95.00
AH1124//6	—	10.00	20.00	40.00	65.00	95.00

KM# B302 RUPEE

11.5700 g., Silver **Obv:** Couplet, legend in Persian **Obv. Legend:** JAHANDAR SHAH **Rev:** Legend in Persian **Rev. Legend:** julus **Note:** Prev. KM#364.9.

Date	Mintage	VG	F	VF	XF	Unc
AH1124//1	—	30.00	60.00	100	160	—

KM# 390 RUPEE

11.4300 g., Silver, 21.2 mm. **Obv:** Inscription **Obv. Inscription:** Alamgir (II), regal title **Rev:** Inscription **Rev. Inscription:** Julus (formula), mint name **Mint:** *Machhlipatam* **Note:** P292-P295.

Date	Mintage	VG	F	VF	XF	Unc
AH1176//8	—	375	550	750	1,000	—
AH1195//2x	—	50.00	100	200	400	—
AH1197//24	—	50.00	100	200	400	—
AH1199//2x	—	50.00	100	200	400	—
AH1205//(32)	—	35.00	50.00	150	350	—
AH1211//(38)	—	35.00	50.00	150	350	—
AH1212//(39)	—	35.00	50.00	150	350	—
AH1213//(40)	—	35.00	50.00	150	350	—

KM# 392b 1/96 RUPEE (1/2 Dub)

Gold **Obv:** Crowned and supported arms **Rev. Legend:** UNITED EAST INDIA COMPANY

Date	Mintage	F	VF	XF	Unc	BU
1794 Proof; Rare	—	—	—	—	—	—

KM# 393 1/96 RUPEE (1/2 Dub)

Copper **Obv:** KM#397 **Rev:** KM#392 **Note:** Mule.

Date	Mintage	F	VF	XF	Unc	BU
1794 Proof	—	Value: 100				

KM# 392c 1/96 RUPEE (1/2 Dub)

Bronze **Note:** P320.

Date	Mintage	F	VF	XF	Unc	BU
1794 Proof	—	Value: 85.00				

KM# 392a 1/96 RUPEE (1/2 Dub)

Copper Gilt **Note:** P321.

Date	Mintage	F	VF	XF	Unc	BU
1794 Proof	—	—	—	—	—	—

KM# E302 RUPEE

11.5700 g., Silver **Obv:** Couplet, legend in Persian **Obv. Legend:** FARRUHHSIYAR **Rev:** Legend in Persian **Rev. Legend:** julus **Mint:** Chinapattan **Note:** Prev. KM#377.23.

Date	Mintage	Good	VG	F	VF	XF
AH1125//2	—	7.00	10.00	16.00	28.00	40.00
AH1126//2	—	7.00	10.00	16.00	28.00	40.00
AH1126//3	—	7.00	10.00	16.00	28.00	40.00
AH1128//5	—	7.00	10.00	16.00	28.00	40.00
AH1129//5	—	7.00	10.00	16.00	28.00	40.00
AH1129//6	—	7.00	10.00	16.00	28.00	40.00
AH1130//6	—	7.00	10.00	16.00	28.00	40.00
AH1130//7	—	7.00	10.00	16.00	28.00	40.00

KM# 392 1/96 RUPEE (1/2 Dub)

6.6700 g., Copper, 24.5 mm. **Obv:** E.I. Co. arms **Obv. Legend:** AUSPICIO REGIS ET SENATUS ANGLIAE UNITED EAST INDIA COMPANY **Rev:** Bale mark **Rev. Legend:** ENGLISH UNITED EAST INDIA COMPANY (incuse) **Edge:** Lettered **Mint:** Soho **Note:** Struck at Soho, Birmingham Mint. P319, P320.

Date	Mintage	F	VF	XF	Unc	BU
1794	—	2.50	5.00	10.00	20.00	—
1794 Proof	—	Value: 85.00				

KM# 391 2 RUPEES

22.5500 g., Silver, 32.4 mm. **Obv:** Inscription **Obv. Inscription:** Alamgir (II), regal title **Rev:** Inscription **Rev. Inscription:** Julus (formula), mint name **Edge:** Plain **Mint:** *Machhlipatam* **Note:** Mint name: Machhlipatam (Masulipatnam). P291. Prev. catalogued in British Museum Catalog (#145) as a double rupee. It is believed the above is a specimen strike.

Date	Mintage	VG	F	VF	XF	Unc
AH1194//2 Rare	—	—	—	—	—	—

KM# G302 RUPEE

11.5700 g., Silver **Obv:** Legend in Persian **Obv. Legend:** MUHAMMAD SHAH **Rev:** Legend in Persian **Rev. Legend:** julus **Note:** Struck at Chinapattan Mint. Prev. KM#436.22.

Date	Mintage	Good	VG	F	VF	XF
AHxxxx//4	—	7.00	10.00	20.00	32.50	50.00
AHxxxx//7	—	7.00	10.00	20.00	32.50	50.00
AHxxxx//8	—	7.00	10.00	20.00	32.50	50.00
AHxxxx//9	—	7.00	10.00	20.00	32.50	50.00
AHxxxx//11	—	7.00	10.00	20.00	32.50	50.00

KM# 397 1/96 RUPEE (1/2 Dub)

6.6700 g., Copper, 24.5 mm. **Obv:** E.I. Co. arms **Obv. Legend:** AUSPICIO REGIS ET SENATUS ANGLIAE UNITED EAST INDIA COMPANY **Rev:** Bale mark **Rev. Legend:** ENGLISH UNITED EAST INDIA COMPANY (incuse) **Note:** P323, P324.

Date	Mintage	F	VF	XF	Unc	BU
1797	—	2.50	5.00	10.00	20.00	—
1797 Proof	—	Value: 85.00				

KM# 397a 1/96 RUPEE (1/2 Dub)

Bronze **Note:** P324.

Date	Mintage	F	VF	XF	Unc	BU
1797 Proof	—	Value: 85.00				

KM# 397b 1/96 RUPEE (1/2 Dub)

Copper Gilt **Note:** P325.

Date	Mintage	F	VF	XF	Unc	BU
1797 Proof	—	—	—	—	—	—

KM# 397c 1/96 RUPEE (1/2 Dub)

7.6000 g., Silver, 17.7 mm. **Note:** P326.

Date	Mintage	F	VF	XF	Unc	BU
1797 Proof	—	—	—	—	—	—

KM# B289 MOHUR

11.0100 g., Gold **Obv:** Couplet, legend in Persian **Obv. Legend:** AURANGZEB ALAMGIR **Rev:** Legend in Persian **Rev. Legend:** julus **Mint:** Chinapattan

Date	Mintage	VG	F	VF	XF	Unc
AH1114//47 Rare	—	—	—	—	—	—

HAMMERED COINAGE

Pagoda Series

KM# 304 PAGODA

3.4300 g., Gold, 12-14 mm. **Obv:** Three 1/2 figure deities (3 Swami Pagoda) **Rev:** Granulated **Mint:** Fort St. George **Note:** Size varies. Prid#3B.

Date	Mintage	Good	VG	F	VF	XF
ND(1740-1807)	—	—	BV	125	165	265

KM# 376 RUPEE

11.4300 g., Silver **Obv:** Inscription **Obv. Inscription:** Ahmad Shah Bahadur couplet **Rev:** Inscription **Rev. Inscription:** Julus (formula), mint name **Mint:** Arcot **Note:** Mint name: Arkat (Arcot). P135-P137.

Date	Mintage	VG	F	VF	XF	Unc
AH-//(1) (Ahad)	—	50.00	85.00	125	200	—
AH-//2	—	50.00	85.00	125	200	—
AH-//3	—	50.00	85.00	125	200	—
AH-//4	—	50.00	85.00	125	200	—
AH-//7	—	80.00	125	175	250	—

KM# 394a 1/48 RUPEE (Dub)

Bronze

Date	Mintage	F	VF	XF	Unc	BU
1794 Proof	—	Value: 100				

KM# 394b 1/48 RUPEE (Dub)

Copper Gilt

Date	Mintage	F	VF	XF	Unc	BU
1794 Proof	—	—	—	—	—	—

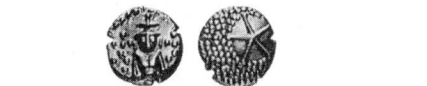

KM# 303 PAGODA

Gold, 10-11 mm. **Obv:** "Star Pagoda" diety Vishnu **Rev:** Star in center, granulations around **Mint:** Fort St. George **Note:** Size varies. Prid#9, Prid#10.

Date	Mintage	Good	VG	F	VF	XF
ND(1740-1807)	—	—	BV	120	150	200

MILLED COINAGE

KM# 310 V (5) CASH

4.4300 g., Copper **Obv:** Solid line above denomination

Date	Mintage	Good	VG	F	VF	XF
ND(1790-1800)	—	—	—	—	—	—

KM# 384 RUPEE

11.4300 g., Silver **Obv:** Inscription **Obv. Inscription:** Alamgir (II), couplet **Rev:** Inscription **Rev. Inscription:** Julus (formula), mint name **Mint:** Arcot **Note:** P138-P140. Year 6 was struck at Calcutta, Dacca, Madras, Murshidabad.

Date	Mintage	VG	F	VF	XF	Unc
AH-//2	—	7.50	25.00	50.00	100	—
AH-//3	—	7.50	25.00	50.00	100	—
AH-//4	—	7.50	25.00	50.00	75.00	—
AH-//5	—	7.50	25.00	50.00	75.00	—
AH-//6 Frozen	—	BV	7.50	12.50	25.00	—

KM# 396 1/48 RUPEE (Dub)

13.3400 g., Copper **Edge:** Plain (error) **Note:** P313.

Date	Mintage	F	VF	XF	Unc	BU
1794	—	—	—	—	—	—

KM# 395 1/48 RUPEE (Dub)

13.3400 g., Copper, 31.0 mm. **Subject:** Mule **Obv:** KM#398 **Rev:** KM#394 **Note:** P314.

Date	Mintage	F	VF	XF	Unc	BU
1794 Proof	—	Value: 125				

INDIA-BRITISH — MADRAS PRESIDENCY

KM# 394 1/48 RUPEE (Dub)
13.3400 g., Copper, 31.0 mm. **Obv:** E.I. Co. arms **Obv. Legend:** AUSPICIO REGIS T SENATUS ANGLIAE UNITED EAST INDIA COMPANY **Rev:** Bale mark **Rev. Legend:** ENGLISH UNITED EAST INDIA COMPANY (incuse) **Mint:** Soho **Note:** Struck at Soho, Birmingham Mint. P310, P311.

Date	Mintage	F	VF	XF	Unc	BU
1794	—	3.50	6.50	12.50	25.00	—
1794 Proof	—	Value: 100				

KM# 398a 1/48 RUPEE (Dub)
Copper Gilt **Note:** P318.

Date	Mintage	F	VF	XF	Unc	BU
1797 Proof	—	—	—	—	—	—

KM# 398c 1/48 RUPEE (Dub)
Bronze

Date	Mintage	F	VF	XF	Unc	BU
1797 Proof	—	Value: 100				

KM# 398b 1/48 RUPEE (Dub)
Gold **Obv:** Crowned and supported arms **Rev. Legend:** UNITED EAST INDIA COMPANY

Date	Mintage	F	VF	XF	Unc	BU
1797 Proof; Rare	—	—	—	—	—	—

KM# 398 1/48 RUPEE (Dub)
13.3400 g., Copper **Obv:** E.I. Co. arms **Obv. Legend:** AUSPICIO REGIS ET SENATUS ANGLIAE UNITED EAST INDIA COMPANY **Rev:** Bale mark **Rev. Legend:** ENGLISH UNITED EAST INDIA COMPANY (incuse) **Note:** P316, P317

Date	Mintage	F	VF	XF	Unc	BU
1797	—	3.50	6.50	12.50	25.00	—
1797 Proof	—	Value: 100				

MILLED COINAGE
Rupee Series

KM# 418 MOHUR
11.6600 g., Gold, 27.8 mm. **Obv:** Inscription, regal title **Obv. Inscription:** "Alamgir II" **Rev:** Julus (formula), Arkat **Edge:** Indented cord milling **Mint:** Madras **Note:** Mint mark: Lotus. Prid.#238.

Date	Mintage	Good	VG	F	VF	XF
AH1172//6 Frozen	—	BV	450	500	750	1,250

PATTERNS
Including off metal strikes

KM#	Date	Mintage Identification	Mkt Val
Pn1	1798	— 5 Cash. Copper. Prid#341.	—

IRAN

The Islamic Republic of Iran, located between the Caspian Sea and the Persian Gulf in southwestern Asia, has an area of 636,296 sq. mi. (1,648,000 sq. km.) and a population of 40 million. Capital: Tehran. Although predominantly an agricultural state, Iran depends heavily on oil for foreign exchange. Crude oil, carpets and agricultural products are exported.

Iran (historically known as Persia until 1931AD) is one of the world's most ancient and resilient nations. Strategically astride the lower land gate to Asia, it has been conqueror and conquered, sovereign nation and vassal state, ever emerging from its periods of glory or travail with its culture and political individuality intact. Iran (Persia) was a powerful empire under Cyrus the Great (600-529 B.C.), its borders extending from the Indus to the Nile. It has also been conquered by the predatory empires of antique and recent times - Assyrian, Medean, Macedonian, Seljuq, Turk, Mongol - and more recently been coveted by Russia, the Third Reich and Great Britain. Revolts against the absolute power of the Persian shahs resulted in the establishment of a constitutional monarchy in1906.

With 4,000 troops, Reza Khan marched on the capital arriving in Tehran in the early morning of Feb. 22,1921. The government was taken over with hardly a shot and Zia ad-Din was set up as premier, but the real power was with Reza Khan, although he was officially only the minister of war. In 1923, Reza Khan appointed himself prime minister and summoned the "majlis." Who eventually gave him military powers and he became independent of the shah's authority. In 1925 Reza Khan Pahlavi was elected Shah of Persia. A few weeks later his eldest son, Shahpur Mohammed Reza was appointed Crown Prince and was crowned on April 25, 1926.

In 1931 the Kingdom of Persia became known as the Kingdom of Iran. In 1979 the monarchy was toppled and an Islamic Republic proclaimed.

MINT EPITHET

Dar al-Khilafat

RULERS

Safavid Dynasty

Husayn I, AH1105-1135/1694-1722AD

Tahmasp II, AH1135-1145/1722-1732AD

Malik Mahmud, rebel at Mashhad, AH1137-38/1724-25AD

Abbas III, AH1145-1148/1732-1736AD

Sam Mirza, In Tabriz only, AH1160/1747AD

Sulayman II, AH1163/1750AD

Isma'il III, AH1163-69/1750-56AD

Safavid Dynasty Rebel

Sayyid Ahmed, rebel at Kirman, AH1138-41/1725-28AD

Hotaki Dynasty

Mahmud, AH1135-1137/1722-1725AD

Ashraf, AH1137-1142/1725-1729AD

Azad Khan, AH1163-1170/1750-1757AD

Afsharid Dynasty

Nadir Shah as Viceroy in the East, AH1142-48/1729-35AD
As King, AH1148-1160/1736-1747AD

Adil Shah (Ali), AH1160-1161/1747-1748AD

Jumada II – Dhu'l-Hijja, AH1161/1748AD

Amir Arslan Khan at Tabriz, AH1161/1748AD

Ibrahim, AH1161-1162/1748-1749AD

Shahrukh, Viceroy at Herat, AH1151-60/1739-47AD
King of Iran AH1161-63/1748-49AD
2nd Reign AH1163/1750AD (first quarter)
3rd Reign AH1168-1210/1755-1796AD

Nadir Mirza, AH1210-1218/1796-1803AD

Zand Dynasty

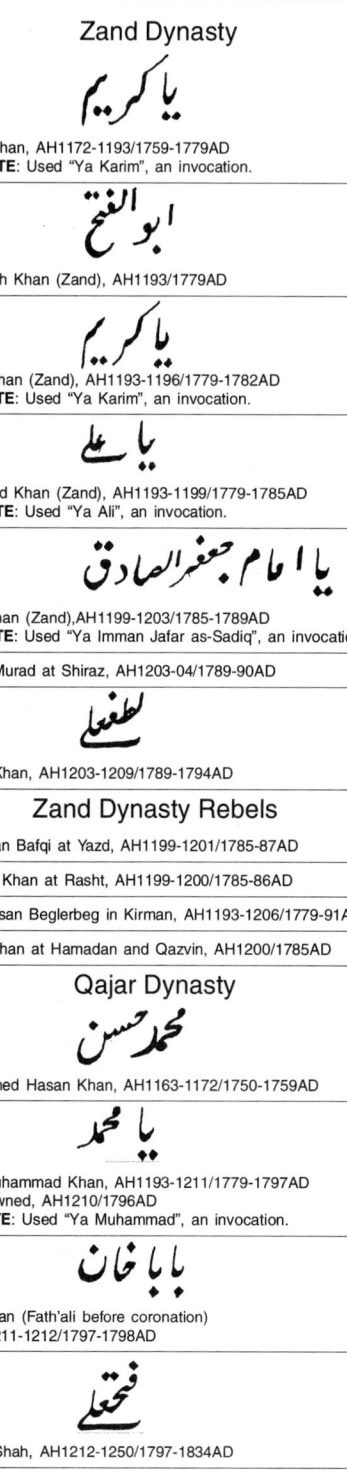

Karim Khan, AH1172-1193/1759-1779AD
NOTE: Used "Ya Karim", an invocation.

Abul-Fath Khan (Zand), AH1193/1779AD

Sadiq Khan (Zand), AH1193-1196/1779-1782AD
NOTE: Used "Ya Karim", an invocation.

Ali Murad Khan (Zand), AH1193-1199/1779-1785AD
NOTE: Used "Ya Ali", an invocation.

Ja'far Khan (Zand),AH1199-1203/1785-1789AD
NOTE: Used "Ya Imman Jafar as-Sadiq", an invocation.

Sayyid Murad at Shiraz, AH1203-04/1789-90AD

Luft'Ali Khan, AH1203-1209/1789-1794AD

Zand Dynasty Rebels

Taqi Khan Bafqi at Yazd, AH1199-1201/1785-87AD

Hedayat Khan at Rasht, AH1199-1200/1785-86AD

Abu'l-Hasan Beglerbeg in Kirman, AH1193-1206/1779-91AD

Isma'il Khan at Hamadan and Qazvin, AH1200/1785AD

Qajar Dynasty

Mohammed Hasan Khan, AH1163-1172/1750-1759AD

Agha Muhammad Khan, AH1193-1211/1779-1797AD
Crowned, AH1210/1796AD
NOTE: Used "Ya Muhammad", an invocation.

Baba Khan (Fath'ali before coronation)
AH1211-1212/1797-1798AD

Fath'Ali Shah, AH1212-1250/1797-1834AD

MINT NAMES

Mint Name	Arabic/Persian Script	Mint Name	Arabic/Persian Script
Abu Shahr (Bushire)	ابو شهر	Mashhad (Meshad Iman Rida)	مشهد
Ardebil (Ardabil)	اردبيل	Mazandaran	مازندران
Ahmadabad	احمداباد	Muhammadabad Banaras	محمداباد بنارس
Astarabad (Iran)	استراباد	Multan	ملتان
Azimabad	عظيم اباد	Murshidabad	مرشداباد
Bandar Abbas	بندر عباس	Nahawand	نهاوند
Bandar Abu Shahr	بندر ابو شهر	Nakhjawan (Azerbaijan)	نخجوان
Basra (al-Basrah, Iraq)	البصره	Naseri	ناصري
Behbahan (Bihbihan)	بهبهان	Nukhwi	نخوی
Bahkar (Afghanistan)	بهکر	Panahabad (Azerbaijan)	پناه اباد
Borujerd	بروجرد	Peshawar (Afghanistan)	بشاور
Darband	دربند	Qandahar (Kandahar, Afghanistan)	قندهار
Dezful	دزفول	Qazvin	قزوين
Eravan (Iravan, Armenia)	ايروان	Qomm (Kumm, Qumm)	قم
Fouman	فومان	Ra'nash (Ramhurmuz)	رعنش
Ganjeh (Ganja, Azerbaijan)	کنجه	Rasht	رشت
Gilan	کيلان	Rekab (Rikab)	رکاب
Hamadan	همدان	Reza'iyeh (Army Mint)	رضائية
Herat, (Afghanistan)	هراة هرات	Sahrind	سرهند سهرند
Huwayza	حويزة	Sarakhs	سرخس
Isfahan (Esfahan)	اصفهان	Sari	ساري
Jelou (Army Mint)	ابرقوه	Sawuj Balagh	ساوج بلاق
Kashan	کاشان	Shamakha (Shemakhi, Shimakhi, Azerbaijan)	شماخه
Kirman (Kerman)	کرمان	Shikarpur	شکارپور
Kirmanshahan (Kermanshah)	کرمانشاهان		
Khoy (Khoi, Khuy)	خوی		
Lahijan	لاهيجان		
Lahore (Afghanistan)	لاهور		
Maragheh	مراغه		

IRAN

City	Script
Shiraz	شیراز
Shirwan (Azerbaijan)	شیروان
Shushtar	شوشتر
Simnan (Semnan)	سمنان
Sind (Afghanistan)	سند
Sultanabad	سلطانآباد
Tabaristan (Tabarestan, region N.W. of Iran)	طبرستان
Tabriz	تبریز
Tatta	تته
Tehran	طهران
Tiflis (Georgia)	تفلیس
Tuyserkan	توی سرکان
Urumi (Reza'iyeh)	ارومی
Yazd	یزد
Zanjan	زنجان

MONETARY SYSTEM

1797-98 (AH 1211-12)

50 Dinars = 1 Shahi
15 Shahis = 1 Rupee (?)
12 Rupees and 2 Shahis = 1 Toman
200 Dinars = 1 Abbasi

NOTE: The Shahi was a fixed unit, first coined in AD1501, equal to 50 Dinars. The Toman, introduced as a unit of account about AH1240 (1824AD), was always fixed at 10,000 Dinars. The value of the Rupee for this period is not known with certainty.

1798-1825 (AH 1212-1241)

1250 Dinars = 1 Riyal
8 Riyals = 1 Toman

SILVER and GOLD COINAGE

The precious metal monetary system of Qajar Persia prior to the reforms of 1878 was the direct descendant of the Mongol system introduced by Ghazan Mahmud in 1297AD, and was the last example of a medieval Islamic coinage. It is not a modern system, and cannot be understood as such. It is not possible to list types, dates, and mints as for other countries, both because of the nature of the coinage, and because very little research has been done on the series. The following comments should help elucidate its nature.

STANDARDS: The weight of the primary silver and gold coins was set by law and was expressed in terms of the Mesqal (about 4.61 g) and the Nokhod (24 Nokhod = 1 Meqal). The primary silver coin was the Rupee from AH1211-1212, the Riyal from AH1212-1241, and the Gheran from AH1241-1344. The standard gold coin was the Toman. Currently the price of gold is quoted in Mesqals.

DENOMINATIONS: In addition to the primary denominations, noted in the last paragraph, fractional pieces were coined, valued at one-eighth, one-fourth, and one-half the primary denomination, usually in much smaller quantities. These were ordinarily struck from the same dies as the larger pieces, sometimes on broad, thin flans, sometimes on thick, dumpy flans. On the smaller coins, the denomination can best be determined only by weighing the coin. The denomination is almost never expressed on the coin!

DEVALUATIONS: From time to time, the standard for silver and gold was reduced, and the old coin recalled and replaced with lighter coin, the difference going to the government coffers. The effect was that of a devaluation of the primary silver and gold coins, or inversely regarded, an increase in the price of silver and gold. The durations of each standard varied from about 2 to 20 years. The standards are given for each ruler, as the denomination can only be determined when the standard is known.

LIGHTWEIGHT AND ALLOYED PIECES: Most of the smaller denomination coins were issued at lighter weights than those prescribed by law, with the difference going to the pockets of the mintmasters. Other mints, notably Hamadan, added excessive amounts of alloy to the coins, and some mintmasters lost their heads as a result. Discrepancies in weight of as much as 15 percent and more are observed, with the result that it is often quite impossible to determine the denomination of a coin!

OVERSIZE COINS: Occasionally, multiples of the primary denominations were produced, usually on special occasions for presentation by the Shah to his favorites. These coins did not circulate (except as bullion), and were usually worn as ornaments. They were the 'NCLT's' of their day.

MINTS & EPITHETS: Qajar coinage was struck at 34 mints (plus at least a dozen others striking only copper Falus), which are listed previously, with drawings of the mint names in Persian, as they appear on the coins. However, the Persian script admits of infinite variation and stylistic whimsy, so the forms given are only guides, and not absolute. Only a knowledge of the script will assure correct reading. In addition to the city name, most mint names were given identifying epithets, which occasionally appear in lieu of the mint name, particularly at Iravan and Mashhad.

TYPES: There were no types in the modern sense, but the arrangement of the legends and the ornamental borders were frequently changed. These changes do not coincide with changes in standards, and cannot be used to determine the mint, which must be found by actually reading the reverse inscriptions. The following listings are arranged first by ruler, with various standards explained. Then, the coins are listed by denomination within each reign. For each denomination, one or more pieces, when available, are illustrated, with the mint and date noted beneath each photo. For each type, a date range is given, but this range indicates the years during which the particular type was current, and does not imply that every year of the interval is known on actual coins. Because dates were carelessly engraved, and old dies were used until they wore out or broke, we occasionally find coins of a particular type dated before or after the indicated interval. Such coins command no premium. No attempt has been made to determine which mints actually exist for which types.

KINGDOM

Anonymous

HAMMERED COINAGE

KM# A21 FALUS
16.0000 g., Copper, 35 mm. **Obv:** Lion walking right **Rev:** Mint, date

Date	Mintage	Good	VG	F	VF	XF
AH1122 Istahan	—	30.00	60.00	100	150	—

KM# 9 FALUS
Copper **Obv:** Lion attacking stag **Rev:** Inscription

Date	Mintage	Good	VG	F	VF	XF
ND	—	9.00	15.00	25.00	45.00	—

Dezful

KM# 12 FALUS
Copper **Obv:** Lyre bird **Rev:** Inscription

Date	Mintage	Good	VG	F	VF	XF
ND	—	6.50	11.50	18.50	30.00	—

KM# 13 FALUS
Copper **Obv:** Fish

Date	Mintage	Good	VG	F	VF	XF
ND	—	7.50	12.50	20.00	35.00	—

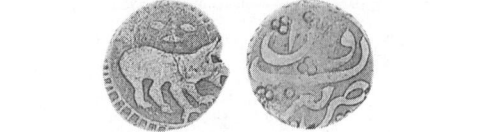

KM# 14 FALUS
Copper **Obv:** Bull **Rev:** Legend **Rev. Legend:** "Farahabad"

Date	Mintage	Good	VG	F	VF	XF
ND	—	11.50	18.50	30.00	50.00	—

Eravan

KM# 20 FALUS
Copper **Obv:** Lion and sun **Rev:** Inscription

Date	Mintage	Good	VG	F	VF	XF
AH1204	—	9.00	15.00	25.00	40.00	—

Gilan

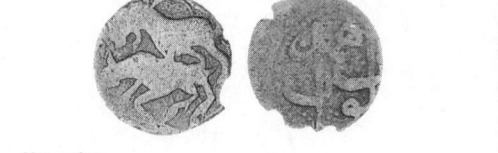

KM# 61 FALUS
Copper **Obv:** Rider on camel right

Date	Mintage	Good	VG	F	VF	XF
ND	—	11.50	18.50	30.00	50.00	—

Abu Shahr

KM# 1 FALUS
Copper **Obv:** Sun face

Date	Mintage	Good	VG	F	VF	XF
AH1214	—	9.00	15.00	25.00	45.00	—

Bandar

KM# 8 FALUS
Copper **Obv:** Lion **Rev:** Inscription

Date	Mintage	Good	VG	F	VF	XF
AH1211	—	11.50	18.50	30.00	50.00	—

Hamadan

KM# 17 FALUS
Copper **Obv:** Lion attacking wolf **Rev:** Inscription

Date	Mintage	Good	VG	F	VF	XF
ND	—	7.50	12.50	20.00	35.00	—

Kashan

KM# 23.1 FALUS
Copper **Obv:** Small sunface **Rev:** Inscription

Date	Mintage	Good	VG	F	VF	XF
ND	—	7.50	12.50	20.00	35.00	—

KM# 23.2 FALUS
Copper **Obv:** Large sun face **Rev:** Inscription

Date	Mintage	Good	VG	F	VF	XF
AH1139	—	7.50	12.50	20.00	35.00	—

KM# 22 FALUS
Copper **Obv:** Boar **Rev:** Inscription

Date	Mintage	Good	VG	F	VF	XF
AH1206	—	9.00	15.00	25.00	40.00	—

Khoy

KM# 25 FALUS
Copper **Obv:** Lion and sun **Rev:** Inscription within circle

Date	Mintage	Good	VG	F	VF	XF
AH1189	—	9.00	15.00	25.00	45.00	—
AH1191	—	9.00	15.00	25.00	45.00	—

KM# A26 FALUS
Copper **Obv:** Two fish **Rev:** Inscription

Date	Mintage	Good	VG	F	VF	XF
AH1193	—	9.00	15.00	25.00	45.00	—

Lahijan

KM# 30 FALUS
Copper **Obv:** Peacock **Rev:** Inscription within square

Date	Mintage	Good	VG	F	VF	XF
ND	—	11.50	18.50	30.00	50.00	—

KM# A30 FALUS
Copper **Obv:** Lion and sun **Rev:** Inscription

Date	Mintage	Good	VG	F	VF	XF
AH1203	—	7.50	12.50	20.00	32.50	—

Mazandaran

KM# 33 FALUS
Copper **Obv:** Peacock **Rev:** Inscription

Date	Mintage	Good	VG	F	VF	XF
AH1167	—	9.00	15.00	25.00	45.00	—

KM# 65 FALUS
Copper **Obv:** Peacock left

Date	Mintage	Good	VG	F	VF	XF
AH1198	—	9.00	15.00	25.00	45.00	—

Qandahar

KM# 90 FALUS
Copper **Obv:** Stag left **Rev:** Inscription

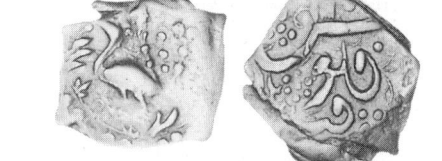

Date	Mintage	Good	VG	F	VF	XF
ND	—	9.00	15.00	25.00	40.00	—

KM# 91.1 FALUS
Copper **Obv:** Peacock left **Rev:** Inscription

Date	Mintage	Good	VG	F	VF	XF
ND	—	9.00	15.00	25.00	40.00	—

KM# 91.2 FALUS
Copper **Obv:** Peacock left **Rev:** Inscription

Date	Mintage	Good	VG	F	VF	XF
ND	—	9.00	15.00	25.00	40.00	—

KM# 92 FALUS
Copper **Obv:** Two fish around six-pointed star in circle **Rev:** Inscription within circle

Date	Mintage	Good	VG	F	VF	XF
ND	—	9.00	15.00	25.00	40.00	—

Sari

KM# 38 FALUS
Copper **Obv:** Sun face **Rev:** Inscription

Date	Mintage	Good	VG	F	VF	XF
ND	—	7.50	12.50	20.00	35.00	—

KM# 66 FALUS
Copper **Obv:** Bird right

Date	Mintage	Good	VG	F	VF	XF
ND	—	7.50	12.50	20.00	35.00	—

Shushtar

KM# 42 FALUS
Copper **Obv:** Inscription **Rev:** Inscription

Date	Mintage	Good	VG	F	VF	XF
ND	—	6.50	11.50	18.50	30.00	—

Sultanabad

KM# 43 FALUS
Copper **Obv:** Lion and sun **Rev:** Inscription within wreath

Date	Mintage	Good	VG	F	VF	XF
ND	—	8.00	13.50	21.50	35.00	—

Tabaristan

KM# 95 FALUS
Copper **Obv:** Lion and sun **Rev:** Inscription

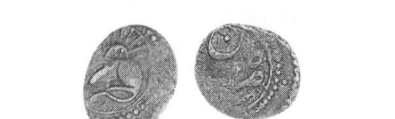

Date	Mintage	Good	VG	F	VF	XF
ND	—	6.50	11.50	18.50	30.00	—

KM# 96 FALUS
12.0000 g., Copper **Obv:** Peacock left **Rev:** Inscription within circle

Date	Mintage	Good	VG	F	VF	XF
ND	—	21.50	35.00	60.00	100	—

KM# 97 FALUS
3.4000 g., Copper **Obv:** Inverted retrograde "RD" above bull moose, sturgeon fish below **Rev:** Inscription

Date	Mintage	Good	VG	F	VF	XF
ND	—	18.50	30.00	50.00	85.00	—

Tabriz

KM# A106 FALUS
Copper **Obv:** Brahma bull right **Rev:** Inscription

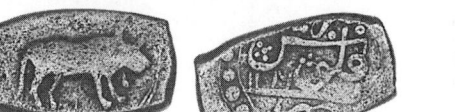

Date	Mintage	Good	VG	F	VF	XF
AH1116	—	9.00	15.00	25.00	40.00	—

KM# 106 FALUS
Copper **Obv:** Lion right and sun

Date	Mintage	Good	VG	F	VF	XF
AH1126	—	11.00	18.00	30.00	50.00	—

KM# 107 FALUS
Copper **Obv:** Brahma bull left **Rev:** Inscription

Date	Mintage	Good	VG	F	VF	XF
AH1133	—	15.00	25.00	40.00	65.00	—

KM# A108 FALUS
Copper **Obv:** Brahma bull right

Date	Mintage	Good	VG	F	VF	XF
AH1134	—	11.50	18.50	30.00	50.00	—

KM# 109 FALUS
Copper **Obv:** Lion right and sun **Rev:** Inscription, date

Date	Mintage	Good	VG	F	VF	XF
AH1136	—	9.00	15.00	25.00	40.00	—

KM# 110 FALUS
Copper **Obv:** Lion left and sun

Date	Mintage	Good	VG	F	VF	XF
AH117x	—	11.50	18.50	30.00	50.00	—

KM# 111 FALUS
Copper **Obv:** Lion right and sun

Date	Mintage	Good	VG	F	VF	XF
AH(1)17x	—	11.50	18.50	30.00	50.00	—

IRAN

KM# 113 FALUS
Copper **Obv:** Brahma bull right, fish below **Rev:** Inscription within circle

Date	Mintage	Good	VG	F	VF	XF
AH1202	—	11.50	18.50	30.00	50.00	—

Note: Coin originally struck round, but shaped for ornamental purposes.

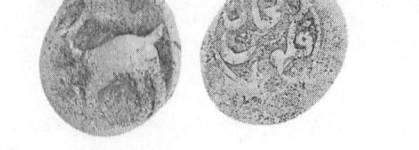

Zanjan

KM# 55 FALUS
Copper **Obv:** Deer **Rev:** Inscription

Date	Mintage	Good	VG	F	VF	XF
ND	—	11.50	18.50	30.00	50.00	—

HAMMERED COINAGE

Bhakkar

KM# 356 FALUS
Copper

Date	Mintage	VG	F	VF	XF	Unc
AH1156	—	18.00	30.00	50.00	—	—
AH1158	—	18.00	30.00	50.00	—	—

Peshawar

KM# 357 FALUS
Copper **Note:** Previous Afghanistan, KM# A685.

Date	Mintage	VG	F	VF	XF	Unc
AH1157	—	20.00	35.00	60.00	—	—
AH1160	—	20.00	35.00	60.00	—	—

Sind

KM# 358 FALUS
Copper

Date	Mintage	Good	VG	F	VF	XF
ND(1735-47)	—	9.00	18.00	30.00	50.00	—

Urumi

KM# 51 FALUS
Copper **Obv:** Scorpion

Date	Mintage	Good	VG	F	VF	XF
AHxxxx	—	11.50	18.50	30.00	50.00	—

KM# 52 FALUS
Copper **Obv:** Small bird **Rev:** Inscription within circle

Date	Mintage	Good	VG	F	VF	XF
AH120x	—	9.00	15.00	25.00	50.00	—

KM# 50 FALUS
Copper **Obv:** Lion with fancy tail **Rev:** Inscription

Date	Mintage	Good	VG	F	VF	XF
AH1210	—	9.00	15.00	25.00	50.00	—

Yazd

KM# 54 FALUS
Copper **Obv:** Lion and sun **Rev:** Inscription

Date	Mintage	Good	VG	F	VF	XF
ND	—	7.50	12.50	20.00	35.00	—

KM# A54 FALUS
Copper **Obv:** Lion right **Rev:** Inscription

Date	Mintage	Good	VG	F	VF	XF
ND	—	7.50	12.50	20.00	35.00	—

KM# 53 FALUS
Copper **Obv:** Man riding beast **Rev:** Inscription

Date	Mintage	Good	VG	F	VF	XF
AH1188	—	9.00	15.00	25.00	40.00	—

Eravan

KM# 267.1 SHAHI (50 Dinars)
1.7300 g., Silver **Note:** Type C (normal variant). Round flan.

Date	Mintage	F	VF	XF	Unc	BU
AH1124	—	25.00	35.00	45.00	—	—
AH1125	—	25.00	35.00	45.00	—	—
AH1126	—	25.00	35.00	45.00	—	—
AH1129	—	25.00	35.00	45.00	—	—
ND	—	10.00	15.00	20.00	—	—

Note: Date and/or mint missing

KM# 274.1 SHAHI (50 Dinars)
Silver **Shape:** Rectangular **Note:** Type C (normal variant).

Date	Mintage	F	VF	XF	Unc	BU
ND	—	50.00	70.00	100	—	—

Note: Central lozenge containing date and mint

Date	Mintage	F	VF	XF	Unc	BU
ND	—	50.00	70.00	100	—	—

Note: Plain

KM# 280.1 SHAHI (50 Dinars)
1.3400 g., Silver **Note:** Type D.

Date	Mintage	F	VF	XF	Unc	BU
AH1134	—	20.00	30.00	40.00	—	—
ND	—	7.50	11.00	15.00	—	—

Note: Date and/or mint missing

Ganjah

KM# 256.2 SHAHI (50 Dinars)
1.8400 g., Silver **Note:** Type B.

Date	Mintage	VG	F	VF	XF	Unc
AH1118	—	12.00	30.00	42.00	60.00	—

KM# 280.2 SHAHI (50 Dinars)
1.3400 g., Silver **Note:** Type D.

Date	Mintage	F	VF	XF	Unc	BU
AH1131	—	20.00	30.00	40.00	—	—

Husayn I
AH1105-1135 / 1694-1722AD

Husayn, son of Sulayman I, was enthroned on 14 Dhu'l-Hijja 1105 (August 6, 1694), and abdicated under pressure from the Afghan invaders on 11 Muharram 1135 (October 23, 1722). He was murdered by his Afghan mentors in AH1142 (1729AD). He is sometimes known as Husayn I, to distinguish him from a pretender who set himself up in the mid-18th century, but struck no coins.

Silver types for this reign:

A. Obverse couplet, *zad za toufiq-e haqq be-chehre-ye zar / seeke-ye soltan Hosein-e din-parvar,* "Upon the face of precious metal, by the grace of God, was imprinted the stamp of Sultan Husayn, the nurturer of the religion". Used AH1105-1107 only. Struck to the 1925 nokhod standard in use since AH1054.

B. Obverse couplet, *gasht saheb-e sekke az toufiq-e rab ol-mashreqein / dar jahan kalb-e amir ol-mo'menin soltan Hosayn,* "In this world, the dog of the commander of the believers (i.e., Ali ibn Abi Talib), Sultan Husayn, became master of the die, by the grace of the Lord of the Two Easts". Used AH1107-1123.

NOTE: Because the mint is normal at the bottom of the die and the date near the top, specimens with date and mint of Types A and B are relatively scarce, especially for the smaller denominations.

C. Obverse, mint and date, plus the formula *bande-ye shah-e velayat Hosein* (cf. Type D of Abbas I). Struck to the standard of 1800 nokhod (abbasi = 6.91 g).

D. As Type C, but to the standard of 1400 nokhod (abbasi = 5.34 g). During the siege of Isfahan, in AH1134 (1721-22AD), the Isfahan abbasi was reduced to the 1200 nokhod standard (abbasi = 4.61 g). The 1400 standard was retained at all other mints.

E. Obverse, mint and date, plus the formula *kalb-e astan-e Ali Hosein,* "Husayn, the dog on the doorstep of Ali". Used only at Mashhad. Struck in AH1123 to the 1800 nokhod standard and from AH1130-1137 to the 1400 standard. Issues of AH1135-1137 were ordered by Shah Mahmud Sistani, who later in AH1137-1138, struck coins in his own name.

As in the previous reign, there are a great variety of presentation pieces, few of which have been published. Only a small number are listed here. Most are extremely rare.

HAMMERED COINAGE

KM# 256 SHAHI (50 Dinars)
1.8400 g., Silver **Note:** Type B.

Date	Mintage	VG	F	VF	XF	Unc
AH1116	—	10.00	25.00	36.00	48.00	—
AH1116	—	12.00	30.00	42.00	60.00	—
AH1118	—	12.00	30.00	42.00	60.00	—
AH1118	—	12.00	30.00	42.00	60.00	—
AH1118	—	12.00	30.00	42.00	60.00	—
ND	—	4.00	9.00	15.00	25.00	—

Note: Date and/or mint missing

Isfahan

KM# 256.3 SHAHI (50 Dinars)
1.8400 g., Silver **Note:** Type B.

Date	Mintage	VG	F	VF	XF	Unc
AH1116	—	10.00	25.00	36.00	48.00	—

KM# 263 SHAHI (50 Dinars)
1.7300 g., Silver **Note:** Type C (early variant).

Date	Mintage	F	VF	XF	Unc	BU
AH1117	—	20.00	30.00	40.00	—	—
AH1119	—	20.00	30.00	40.00	—	—
AH1120	—	20.00	30.00	40.00	—	—

KM# 267.2 SHAHI (50 Dinars)
1.7300 g., Silver **Note:** Type C (normal variant). Round flan.

Date	Mintage	F	VF	XF	Unc	BU
AH1123	—	25.00	35.00	45.00	—	—
AH1124	—	25.00	35.00	45.00	—	—
AH1126	—	25.00	35.00	45.00	—	—
AH1128	—	25.00	35.00	45.00	—	—

KM# 274.2 SHAHI (50 Dinars)
Silver **Note:** Type C (normal variant). Rectangular flan, central lozenge containing date and mint.

Date	Mintage	F	VF	XF	Unc	BU
ND	—	65.00	90.00	125	—	—

KM# 280.3 SHAHI (50 Dinars)
1.3400 g., Silver **Note:** Type D.

Date	Mintage	F	VF	XF	Unc	BU
AH1131	—	17.50	25.00	35.00	—	—
AH1132	—	15.00	20.00	30.00	—	—
AH1133	—	17.50	25.00	35.00	—	—

Kashan

KM# 280.4 SHAHI (50 Dinars)
1.3400 g., Silver **Note:** Type D.

Date	Mintage	F	VF	XF	Unc	BU
AH1130	—	20.00	30.00	40.00	—	—

Mashhad

KM# 290 SHAHI (50 Dinars)
Silver **Note:** Type E.

Date	Mintage	F	VF	XF	Unc	BU
AHxxxx	—	30.00	40.00	55.00	—	—

Nakhchawan

KM# 256.4 SHAHI (50 Dinars)
1.8400 g., Silver **Note:** Struck at Nakhchawan.

Date	Mintage	F	VF	XF	Unc	BU
AH1118	—	25.00	35.00	50.00	—	—

Nakhjavan

KM# 280.5 SHAHI (50 Dinars)
1.3400 g., Silver **Note:** Type D.

Date	Mintage	F	VF	XF	Unc	BU
AH1130	—	25.00	35.00	45.00	—	—
AH1131	—	15.00	20.00	30.00	—	—

Qazvin

KM# 280.6 SHAHI (50 Dinars)
1.3400 g., Silver **Note:** Type D.

Date	Mintage	F	VF	XF	Unc	BU
AH1131	—	20.00	30.00	40.00	—	—

Rasht

KM# 280.7 SHAHI (50 Dinars)
1.3400 g., Silver **Note:** Type D.

Date	Mintage	F	VF	XF	Unc	BU
AH1131	—	15.00	20.00	30.00	—	—

Tabriz

KM# 267.3 SHAHI (50 Dinars)
1.7300 g., Silver **Note:** Type C(normal variant). Round flan.

Date	Mintage	F	VF	XF	Unc	BU
AH1125	—	25.00	35.00	45.00	—	—
AH1129	—	25.00	35.00	45.00	—	—

KM# 280.8 SHAHI (50 Dinars)
1.3400 g., Silver **Note:** Type D.

Date	Mintage	F	VF	XF	Unc	BU
AH1131	—	25.00	35.00	45.00	—	—
AH1134	—	15.00	20.00	30.00	—	—

Tiflis

KM# 256.5 SHAHI (50 Dinars)
1.8400 g., Silver **Note:** Struck at Tiflis.

Date	Mintage	F	VF	XF	Unc	BU
AH1116	—	25.00	35.00	50.00	—	—
AH1118	—	25.00	35.00	50.00	—	—

KM# 274.3 SHAHI (50 Dinars)
Silver **Note:** Type C (normal variant).

Date	Mintage	F	VF	XF	Unc	BU
AH1127	—	50.00	70.00	100	—	—

KM# 267.4 SHAHI (50 Dinars)
1.7300 g., Silver **Note:** Type C (normal variant). Round flan.

Date	Mintage	F	VF	XF	Unc	BU
AH1128	—	35.00	50.00	70.00	—	—

KM# 280.9 SHAHI (50 Dinars)
1.3400 g., Silver **Note:** Type D.

Date	Mintage	F	VF	XF	Unc	BU
AH1131	—	17.50	25.00	35.00	—	—
AH1132	—	20.00	30.00	40.00	—	—

Eravan

KM# 268.1 2 SHAHI (Mahmudi)
3.4500 g., Silver **Obv:** Inscription **Rev:** Inscription, date within circle **Note:** Type C (normal variant).

Date	Mintage	F	VF	XF	Unc	BU
AH1123	—	30.00	40.00	50.00	—	—
AH1126	—	30.00	40.00	50.00	—	—
ND	—	10.00	15.00	20.00	—	—

Note: Date and/or mint missing

KM# 275.1 2 SHAHI (Mahmudi)
3.4500 g., Silver **Obv:** Inscription **Rev:** Inscription **Shape:** Rectangular **Note:** Type C (normal variant).

Date	Mintage	F	VF	XF	Unc	BU
AH1128	—	50.00	70.00	90.00	—	—
AH1129	—	50.00	75.00	100	—	—

Note: Mint and date in central cartouche

Date	Mintage	F	VF	XF	Unc	BU
ND	—	20.00	30.00	40.00	—	—

Note: Date and/or mint missing

KM# 281.1 2 SHAHI (Mahmudi)
2.6800 g., Silver **Obv:** Inscription **Rev:** Inscription **Note:** Type D.

Date	Mintage	F	VF	XF	Unc	BU
AH1131	—	15.00	20.00	28.50	—	—
ND	—	7.50	11.00	15.00	—	—

Note: Date and/or mint missing

Ganjah

KM# 281.2 2 SHAHI (Mahmudi)
2.6800 g., Silver **Obv:** Inscription **Rev:** Inscription **Note:** Type D.

Date	Mintage	F	VF	XF	Unc	BU
AH1134	—	20.00	30.00	45.00	—	—

Isfahan

KM# 264 2 SHAHI (Mahmudi)
3.4500 g., Silver **Note:** Type C (early variant).

Date	Mintage	F	VF	XF	Unc	BU
AH1117	—	40.00	50.00	65.00	—	—
AH1119	—	40.00	50.00	65.00	—	—

KM# 268.2 2 SHAHI (Mahmudi)
3.4500 g., Silver **Obv:** Inscription **Rev:** Inscription, date within circle **Note:** Type C (normal variant).

Date	Mintage	F	VF	XF	Unc	BU
AH1123	—	30.00	40.00	50.00	—	—
AH1128	—	30.00	40.00	50.00	—	—

KM# 275.2 2 SHAHI (Mahmudi)
3.4500 g., Silver **Note:** Type C (normal variant).

Date	Mintage	F	VF	XF	Unc	BU
AH1127	—	50.00	70.00	90.00	—	—

Note: Plain obverse field

KM# 281.3 2 SHAHI (Mahmudi)
2.6800 g., Silver **Obv:** Inscription **Rev:** Inscription **Note:** Type D.

Date	Mintage	F	VF	XF	Unc	BU
AH1130	—	12.50	16.50	25.00	—	—
AH1131	—	12.50	16.50	25.00	—	—
AH1132	—	12.50	16.50	25.00	—	—
AH1133	—	12.50	16.50	25.00	—	—
AH1134	—	12.50	16.50	25.00	—	—

Kashan

KM# 281.4 2 SHAHI (Mahmudi)
2.6800 g., Silver **Obv:** Inscription **Rev:** Inscription **Note:** Type D.

Date	Mintage	F	VF	XF	Unc	BU
AH1130	—	12.50	16.50	25.00	—	—

Nakhjavan

KM# 281.5 2 SHAHI (Mahmudi)
2.6800 g., Silver **Obv:** Inscription **Rev:** Inscription **Note:** Type D.

Date	Mintage	F	VF	XF	Unc	BU
AH1130	—	15.00	20.00	28.50	—	—
AH1131	—	—	—	—	—	—
AH1132	—	12.50	16.50	25.00	—	—

Qazvin

KM# 281.6 2 SHAHI (Mahmudi)
2.6800 g., Silver **Obv:** Inscription **Rev:** Inscription **Note:** Type D.

Date	Mintage	F	VF	XF	Unc	BU
AH1131	—	12.50	16.50	25.00	—	—

Tabriz

KM# 268.3 2 SHAHI (Mahmudi)
3.4500 g., Silver **Obv:** Inscription **Rev:** Inscription, date within circle **Note:** Type C (normal variant).

Date	Mintage	F	VF	XF	Unc	BU
AH1125	—	25.00	35.00	45.00	—	—
AH1128	—	25.00	35.00	45.00	—	—
AH1129	—	25.00	35.00	45.00	—	—

KM# 275.3 2 SHAHI (Mahmudi)
3.4500 g., Silver **Obv:** Inscription **Rev:** Inscription **Note:** Type C (normal variant).

Date	Mintage	F	VF	XF	Unc	BU
AH1126	—	50.00	70.00	90.00	—	—

Note: Plain obverse field

Date	Mintage	F	VF	XF	Unc	BU
AH1129	—	50.00	75.00	100	—	—

Note: Mint and date in central cartouche

KM# 281.7 2 SHAHI (Mahmudi)
2.6800 g., Silver **Obv:** Inscription **Rev:** Inscription **Note:** Type D.

Date	Mintage	F	VF	XF	Unc	BU
AH1130	—	12.50	16.50	25.00	—	—
AH1132	—	12.50	16.50	25.00	—	—

Tiflis

KM# 275.4 2 SHAHI (Mahmudi)
3.4500 g., Silver **Obv:** Inscription **Rev:** Inscription **Note:** Type C (normal variant).

Date	Mintage	F	VF	XF	Unc	BU
AH1127	—	40.00	60.00	80.00	—	—

Note: Plain obverse field

Date	Mintage	F	VF	XF	Unc	BU
AH1128	—	40.00	60.00	80.00	—	—

Note: Plain obverse field

KM# 281.8 2 SHAHI (Mahmudi)
2.6800 g., Silver **Obv:** Inscription **Rev:** Inscription **Note:** Type D.

Date	Mintage	F	VF	XF	Unc	BU
AH1130	—	20.00	30.00	45.00	—	—
AH1131	—	15.00	20.00	28.50	—	—
AH1132	—	15.00	20.00	28.50	—	—
AH1134	—	20.00	30.00	45.00	—	—

Eravan

KM# 269 ABBASI
6.9100 g., Silver **Note:** Type C (normal version).

Date	Mintage	F	VF	XF	Unc	BU
AH1123	—	12.50	20.00	30.00	—	—
AH1124	—	9.00	15.00	25.00	—	—
AH1125	—	9.00	15.00	25.00	—	—
AH1126	—	9.00	15.00	25.00	—	—
ND	—	4.50	6.00	12.50	—	—

Note: Date and/or mint missing

KM# 282.1 ABBASI
5.3700 g., Silver **Obv:** Inscription **Rev:** Inscription **Note:** Type D. Reduced full weight. Varieties exist.

Date	Mintage	F	VF	XF	Unc	BU
AH1130	—	5.00	8.00	15.00	—	—
AH1131	—	5.00	8.00	15.00	—	—
AH1132	—	5.00	10.00	17.00	—	—
AH1133	—	5.00	10.00	17.00	—	—
AH1134	—	6.00	10.00	17.50	—	—
ND	—	4.00	5.00	8.50	—	—

Note: Date and/or mint missing

Ganjah

KM# 269.2 ABBASI
6.9100 g., Silver **Note:** Type C (normal version).

Date	Mintage	F	VF	XF	Unc	BU
AH1123	—	9.00	15.00	25.00	—	—

KM# 282.2 ABBASI
5.3700 g., Silver **Obv:** Inscription **Rev:** Inscription **Note:** Type D. Reduced full weight. Varieties exist.

Date	Mintage	F	VF	XF	Unc	BU
AH1132	—	5.00	12.00	20.00	—	—
AH1133	—	6.00	12.00	20.00	—	—
AH1134	—	6.00	10.00	17.50	—	—

Isfahan

KM# 265 ABBASI
7.3900 g., Silver **Note:** Type C (early version).

Date	Mintage	F	VF	XF	Unc	BU
AH1117	—	20.00	30.00	45.00	—	—
AH1120	—	20.00	30.00	45.00	—	—

KM# 269.3 ABBASI
6.9100 g., Silver **Note:** Type C (normal version).

Date	Mintage	F	VF	XF	Unc	BU
AH1123	—	25.00	35.00	45.00	—	—
AH1124	—	9.00	15.00	25.00	—	—
AH1126	—	9.00	15.00	25.00	—	—

KM# 282.3 ABBASI
5.3700 g., Silver **Obv:** Inscription **Rev:** Inscription **Note:** Type D. Reduced full weight. Varieties exist.

Date	Mintage	F	VF	XF	Unc	BU
AH1129	—	10.00	14.00	25.00	—	—
AH1130	—	5.00	8.00	15.00	—	—
AH1131	—	5.00	8.00	15.00	—	—
AH1132	—	5.00	8.00	15.00	—	—
AH1133	—	5.00	8.00	15.00	—	—
AH1134	—	6.00	10.00	17.50	—	—

KM# 282.2a ABBASI
4.6200 g., Silver **Note:** Type D. Reduced weight. Struck during the Afghan siege of Isfahan. Distinguishable from full-weight abbasis only by weight. Coins dated AH1133 must have been struck in AH1134 with old dies.

Date	Mintage	F	VF	XF	Unc	BU
AH1133	—	15.00	20.00	27.50	—	—
AH1134	—	12.50	17.50	27.50	—	—

Kashan

KM# 282.4 ABBASI
5.3700 g., Silver **Obv:** Inscription **Rev:** Inscription **Note:** Type D. Reduced full weight. Varieties exist.

Date	Mintage	F	VF	XF	Unc	BU
AH1130	—	10.00	14.00	25.00	—	—
AH1131	—	15.00	20.00	30.00	—	—
AH1134	—	15.00	20.00	30.00	—	—

Mashhad

KM# 291 ABBASI
6.9100 g., Silver **Note:** Type E.

Date	Mintage	F	VF	XF	Unc	BU
AH1123	—	25.00	37.50	50.00	—	—

KM# 291a ABBASI
5.3400 g., Silver **Note:** Type E. Reduced weight.

Date	Mintage	F	VF	XF	Unc	BU
AH1130	—	10.00	14.00	22.50	—	—
AH1131	—	10.00	14.00	22.50	—	—
AH1132	—	10.00	14.00	22.50	—	—

IRAN

Date	Mintage	F	VF	XF	Unc	BU
AH1133	—	10.00	14.00	22.50	—	—
AH1135	—	12.50	17.50	27.50	—	—
AH1136	—	12.50	17.50	27.50	—	—
AHxxxx	—	5.00	6.50	12.50	—	—

KM# 282.5 ABBASI
5.3700 g., Silver **Obv:** Inscription **Rev:** Inscription **Note:** Type D. Reduced full weight. Varieties exist.

Date	Mintage	F	VF	XF	Unc	BU
AH1134	—	10.00	17.50	25.00	—	—
AH1137	—	15.00	25.00	35.00	—	—

KM# 314 ABBASI
5.4000 g., Silver **Note:** Type D.

Date	Mintage	F	VF	XF	Unc	BU
AH1136	—	10.00	17.50	25.00	—	—
AH1137	—	10.00	17.50	25.00	—	—

Note: Coins struck in his name at Mashhad after his deposal at Isfahan

Nakhjavan

KM# 282.6 ABBASI
5.3700 g., Silver **Obv:** Inscription **Rev:** Inscription **Note:** Type D. Reduced full weight. Varieties exist.

Date	Mintage	F	VF	XF	Unc	BU
AH1130	—	5.00	12.00	20.00	—	—
AH1131	—	5.00	12.00	20.00	—	—
AH1132	—	5.00	12.00	20.00	—	—
AH1133	—	5.00	12.00	20.00	—	—
AH1134	—	6.00	15.00	20.00	—	—

Qazvin

KM# 282.7 ABBASI
5.3700 g., Silver **Obv:** Inscription **Rev:** Inscription **Note:** Type D. Reduced full weight. Varieties exist.

Date	Mintage	F	VF	XF	Unc	BU
AH1130	—	5.00	8.00	15.00	—	—
AH1131	—	5.00	8.00	15.00	—	—

Note: Some types of Qazvin AH1131 are struck in ornate designs, and are worth from two to five times more than ordinary sorts.

AH1132	—	5.00	8.00	15.00	—	—
AH1133	—	5.00	8.00	15.00	—	—

Rasht

KM# 282.8 ABBASI
5.3700 g., Silver **Obv:** Inscription **Rev:** Inscription **Note:** Type D. Reduced full weight. Varieties exist.

Date	Mintage	F	VF	XF	Unc	BU
AH1131	—	5.00	8.00	15.00	—	—
AH1132	—	5.00	8.00	15.00	—	—
AH1133	—	5.00	8.00	15.00	—	—

Shiraz

KM# 282.9 ABBASI
5.3700 g., Silver **Obv:** Inscription **Rev:** Inscription **Note:** Type D. Reduced full weight. Varieties exist.

Date	Mintage	F	VF	XF	Unc	BU
AH1129	—	5.00	8.00	15.00	—	—
AH1130	—	15.00	20.00	30.00	—	—
AH1132	—	15.00	20.00	30.00	—	—

Tabriz

KM# A265 ABBASI
5.1200 g., Silver **Obv:** Tughra of Ottoman Sultan Ahmed III, AH1115-43/1703-30AD. **Rev. Inscription:** Struck in Tabriz 1115. **Note:** Issued during Ottoman occupation of northwestern Iran AH1135-48/1722-35AD. Struck to the weight standard of Husayn's Type D coinage.

Date	Mintage	VG	F	VF	XF	Unc
AH1115	—	45.00	75.00	125	225	—

KM# 269.4 ABBASI
6.9100 g., Silver **Note:** Type C (normal version).

Date	Mintage	F	VF	XF	Unc	BU
AH1123	—	9.00	15.00	25.00	—	—
AH1124	—	9.00	15.00	25.00	—	—
AH1125	—	9.00	15.00	25.00	—	—
AH1126	—	9.00	15.00	25.00	—	—
AH1127	—	15.00	22.50	30.00	—	—

KM# 282.10 ABBASI
5.3700 g., Silver **Obv:** Inscription **Rev:** Inscription **Note:** Type D. Reduced full weight. Varieties exist.

Date	Mintage	F	VF	XF	Unc	BU
AH1130	—	5.00	8.00	15.00	—	—
AH1131	—	5.00	8.00	15.00	—	—
AH1132	—	5.00	8.00	15.00	—	—
AH1133	—	5.00	8.00	15.00	—	—
AH1134	—	5.00	8.00	15.00	—	—
AH1135	—	10.00	15.00	25.00	—	—
AH1136	—	12.50	20.00	30.00	—	—

Note: The Tabriz AH1136 is probably struck from dies prepared in the previous year with the new date.

Tiflis

KM# 269.5 ABBASI
6.9100 g., Silver **Note:** Type C (normal version).

Date	Mintage	F	VF	XF	Unc	BU
AH1123	—	9.00	15.00	25.00	—	—

KM# 282.11 ABBASI
5.3700 g., Silver **Obv:** Inscription **Rev:** Inscription **Note:** Type D. Reduced full weight. Varieties exist.

Date	Mintage	F	VF	XF	Unc	BU
AH1130	—	5.00	8.00	15.00	—	—
AH1131	—	5.00	15.00	25.00	—	—
AH1132	—	5.00	15.00	25.00	—	—
AH1133	—	5.00	8.00	15.00	—	—
AH1134	—	6.00	10.00	17.50	—	—

KM# 258 ABBASI (type 258)
7.3900 g., Silver **Note:** Type B. Coins are known of this type dated AH1123. All coins AH1120 and later are scarce.

Date	Mintage	F	VF	XF	Unc	BU
ND	—	5.00	7.00	15.00	—	—

Note: Date and/or mint missing

Eravan

KM# 258.1 ABBASI (type 258)
9.2400 g., Silver **Note:** Type B.

Date	Mintage	VG	F	VF	XF	Unc
AH1113	—	5.00	12.00	18.00	30.00	—
AH1115	—	5.00	12.00	18.00	30.00	—
AH1117	—	5.00	12.00	18.00	30.00	—
AH1118	—	5.00	12.00	18.00	30.00	—
AH1119	—	5.00	12.00	18.00	30.00	—

Ganjah

KM# 258.2 ABBASI (type 258)
9.2400 g., Silver **Note:** Type B.

Date	Mintage	VG	F	VF	XF	Unc
AH1115	—	6.00	15.00	20.00	33.00	—
AH1116	—	6.00	15.00	20.00	33.00	—
AH1120	—	6.00	15.00	20.00	33.00	—
AH1121	—	7.00	18.00	25.00	36.00	—

Herat

KM# 258.3 ABBASI (type 258)
9.2400 g., Silver **Note:** Type B.

Date	Mintage	F	VF	XF	Unc	BU
AH1122	—	30.00	45.00	60.00	—	—

Isfahan

KM# 258.4 ABBASI (type 258)
9.2400 g., Silver **Note:** Type B.

Date	Mintage	VG	F	VF	XF	Unc
AH1113	—	5.00	12.00	18.00	30.00	—
AH1114	—	5.00	12.00	18.00	30.00	—
AH1118	—	5.00	12.00	18.00	30.00	—

Nakhchawan

KM# 258.5 ABBASI (type 258)
9.2400 g., Silver **Note:** Type B.

Date	Mintage	VG	F	VF	XF	Unc
AH1115	—	7.00	18.00	30.00	42.00	—

Rasht

KM# 258.6 ABBASI (type 258)
9.2400 g., Silver **Note:** Type B.

Date	Mintage	VG	F	VF	XF	Unc
AH1113	—	7.00	18.00	30.00	42.00	—

Tabriz

KM# 258.7 ABBASI (type 258)
9.2400 g., Silver **Note:** Type B.

Date	Mintage	VG	F	VF	XF	Unc
AH1114	—	5.00	12.00	18.00	30.00	—
AH1117	—	5.00	12.00	18.00	30.00	—
AH1118	—	5.00	12.00	18.00	30.00	—
AH1120	—	6.00	15.00	20.00	33.00	—

Tiflis

KM# 258.8 ABBASI (type 258)
9.2400 g., Silver **Note:** Type B.

Date	Mintage	VG	F	VF	XF	Unc
AH1113	—	5.00	12.00	18.00	30.00	—
AH1114	—	5.00	12.00	18.00	30.00	—
AH1115	—	5.00	12.00	18.00	30.00	—
AH1116	—	5.00	12.00	18.00	30.00	—
AH1117	—	5.00	12.00	18.00	30.00	—
AH1118	—	5.00	12.00	18.00	30.00	—
AH1119	—	5.00	12.00	18.00	30.00	—
AH1120	—	6.00	15.00	20.00	33.00	—
AH1121	—	7.00	18.00	25.00	36.00	—

Eravan

KM# 276.1 5 SHAHI
8.6400 g., Silver **Shape:** Rectangular **Note:** Type C. Rectangular flan, plain field obverse.

Date	Mintage	F	VF	XF	Unc	BU
AH1123	—	25.00	35.00	45.00	—	—
AH1124	—	25.00	35.00	45.00	—	—
AH1125	—	30.00	40.00	50.00	—	—
AH1126	—	25.00	35.00	45.00	—	—
AH1127	—	25.00	35.00	45.00	—	—
AH1128	—	25.00	35.00	45.00	—	—
ND	—	—	—	—	—	—

Note: Date and/or mint missing

KM# A276.1 5 SHAHI
8.6400 g., Silver **Obv:** Inscription within beaded circle **Rev:** Inscription, date within circle **Note:** Type C. Similar mint and date in central cartouche obverse.

Date	Mintage	F	VF	XF	Unc	BU
AH1130	—	35.00	45.00	60.00	—	—

Isfahan

KM# 259.3 5 SHAHI
9.2400 g., Silver **Note:** Type B.

Date	Mintage	VG	F	VF	XF	Unc
AH1113	—	25.00	48.00	70.00	110	—
AH1114	—	25.00	48.00	70.00	110	—
AH1115	—	25.00	48.00	70.00	110	—

KM# A276.2 5 SHAHI
8.6400 g., Silver **Obv:** Inscription within beaded circle **Rev:** Inscription, date within circle **Note:** Type C. Similar mint and date in central cartouche obverse.

Date	Mintage	VG	F	VF	XF	Unc
AH1126	—	12.00	30.00	40.00	50.00	—

KM# 276.2 5 SHAHI
8.6400 g., Silver **Shape:** Rectangular **Note:** Type C. Plain field obverse.

Date	Mintage	F	VF	XF	Unc	BU
AH1126	—	30.00	40.00	50.00	—	—
AH1127	—	30.00	40.00	50.00	—	—
AH1128	—	30.00	40.00	50.00	—	—

Tabriz

KM# 276.3 5 SHAHI
8.6400 g., Silver **Note:** Type C. Plain field obverse.

Date	Mintage	F	VF	XF	Unc	BU
AH1123	—	25.00	35.00	45.00	—	—
AH1124	—	25.00	35.00	45.00	—	—
AH1126	—	25.00	35.00	45.00	—	—
AH1127	—	25.00	35.00	45.00	—	—
AH1128	—	25.00	35.00	45.00	—	—

KM# A276.3 5 SHAHI
8.6400 g., Silver **Obv:** Inscription within beaded circle **Rev:** Inscription, date within circle **Note:** Type C. Similar mint and date in central cartouche obverse.

Date	Mintage	F	VF	XF	Unc	BU
AH1128	—	35.00	45.00	60.00	—	—
AH1129	—	22.50	32.50	45.00	—	—
AH1130	—	35.00	45.00	60.00	—	—

Tiflis

KM# 276.4 5 SHAHI
8.6400 g., Silver **Shape:** Rectangular **Note:** Type C. Plain field obverse.

Date	Mintage	F	VF	XF	Unc	BU
AH1126	—	30.00	40.00	50.00	—	—
AH1127	—	30.00	40.00	50.00	—	—

KM# A276.4 5 SHAHI
8.6400 g., Silver **Obv:** Inscription within beaded circle **Rev:** Inscription, date within circle **Note:** Type C. Similar mint and date in central cartouche obverse.

Date	Mintage	F	VF	XF	Unc	BU
AH1129	—	30.00	40.00	55.00	—	—
AH1130	—	35.00	45.00	60.00	—	—

Isfahan

KM# 260 2-1/2 ABBASI (10 Shahi)
17.3800 g., Silver **Shape:** Round **Note:** Type B.

Date	Mintage	F	VF	XF	Unc	BU
AH1115	—	250	300	500	—	—

KM# 270 2-1/2 ABBASI (10 Shahi)
17.3800 g., Silver **Obv:** Inscription **Rev:** Inscription, date within circle **Note:** Type C.

Date	Mintage	F	VF	XF	Unc	BU
AH1123	—	150	200	300	—	—

KM# 285 2-1/2 ABBASI (10 Shahi)
Silver **Obv:** Name and titles in Arabic, as on 16th century Safavid coins **Note:** Special type. About 14.00 grams. Denomination may be 8 shahis to second standard (13.82 grams in theory).

Date	Mintage	F	VF	XF	Unc	BU
AHxxxx	—	400	650	1,200	—	—

Isfahan

KM# 271 5 ABBASI (20 Shahi)
26.7000 g., Silver **Note:** Type C.

Date	Mintage	F	VF	XF	Unc	BU
AH1123 Rare	—	—	—	—	—	—

KM# 283.1 5 ABBASI (20 Shahi)
26.7000 g., Silver **Note:** Type D variety. Shah Sultan Husayn in center obverse, long Arabic titles around in field.

Date	Mintage	F	VF	XF	Unc	BU
AH1132 Rare	—	—	—	—	—	—

Qazvin

KM# 283.2 5 ABBASI (20 Shahi)
26.7000 g., Silver **Note:** Type D variety. Shah Sultan Husayn in center obverse, long Arabic titles around in field.

Date	Mintage	F	VF	XF	Unc	BU
—	—	—	—	—	—	—
AH1131	—	—	—	—	—	—

Isfahan

KM# 284 10 ABBASI (40 Shahi)
53.4000 g., Silver **Obv:** Inscription within circle **Rev:** Inscription **Note:** Type D variety.

Date	Mintage	F	VF	XF	Unc	BU
AH1118 Rare	—	—	—	—	—	—
AH1132 Rare	—	—	—	—	—	—

Isfahan

KM# 287.1 ASHRAFI
3.5000 g., Gold **Obv:** Inscription, date within beaded circle **Rev:** Inscription within circle **Note:** Type D variety. Coins prior to AH1129 have date and calligraphy as Type C silver. Later dates resemble Type D silver coins.

Date	Mintage	F	VF	XF	Unc	BU
AH1127	—	180	225	300	—	—
AH1128	—	180	225	300	—	—
AH1129	—	225	300	425	—	—

Note: Extra outer marginal inscription obverse

Date	Mintage	F	VF	XF	Unc	BU
AH1130	—	165	210	300	—	—
AH1133	—	165	210	300	—	—
AH1134	—	145	175	265	—	—
ND	—	BV	145	180	—	—

Note: Date and/or mint missing

Kashan

KM# 287.2 ASHRAFI
3.5000 g., Gold **Obv:** Inscription, date within beaded circle **Rev:** Inscription within circle **Note:** Type D variety. Coins prior to AH1129 have date and calligraphy as Type C silver. Later dates resemble Type D silver coins.

Date	Mintage	F	VF	XF	Unc	BU
AH1130	—	180	225	300	—	—

Mashhad

KM# 287.3 ASHRAFI
3.8000 g., Gold **Obv:** Inscription, date within beaded circle **Rev:** Inscription within circle **Note:** Type D variety. Coins prior to AH1129 have date and calligraphy as Type C silver. Later dates resemble Type D silver coins.

Date	Mintage	F	VF	XF	Unc	BU
AH1134	—	180	225	300	—	—

Qazvin

KM# 287.4 ASHRAFI
3.5000 g., Gold **Obv:** Inscription, date within beaded circle **Rev:** Inscription within circle **Note:** Type D variety. Coins prior to AH1129 have date and calligraphy as Type C silver. Later dates resemble Type D silver coins.

Date	Mintage	F	VF	XF	Unc	BU
AH1130	—	180	225	300	—	—
AH1132	—	180	225	300	—	—

Shah Mahmud
AH1135-1137 / 1722-1725AD

Types for this reign:

A. Couplet obverse, with mint & date. Reverse has the Sunni Kalima.

Sekkeh zad as mashreq-e Iran cho qors-e aftab Shah Mahmud-e Jahangir-e siyadat-ansab.

"From the east of Iran, Shah Mahmud, the world- conqueror of Sayyid descent, has struck coin like (i.e., as brilliant as) the solar disk."

B. As type A, but a different couplet:

Foru ravad be-zamin mah o aftab-e monir za reshk-e sekke-ye Mahmud Shah-e alamgir.

"The moon and the shining sun shall set, out of envy of the coin of Mahmud Shah the world conqueror."

C. As type A, but a different couplet:

Cho mehr o mah zar-e shahanshahi mahmud-e alam shod keh naqd-e qalbash az feyz-e Khoda az ghash mossalam shod.

"Like the sun and the moon, the imperial precious metal is praised throughout the world, for the currency of his (Mahmud's) heart has, by the benevolence of God, been cleansed of impurity." (There are numerous puns in this distich that do not survive translation).

D. As type A, but different couplet:

Din-e Haqqra sekkeh bar zar kard az hokm-e Elah Aqebat Mahmud bashad Padshah-e din-e Khoda.

"At God's command, he struck coin in precious metal for the sake of the True Religion. In the end, Mahmud shall be king in accordance with God's Religion." The second part may also be translated, "In the end, the King of the Religion of God (i.e., Ali ibn Abi Talib) shall be praised," meaning that the Shiite sect shall ultimately prevail. The use of puns and word plays in Persian poetry is renowned. As a result, most of the elegance and humor of such verse is lost in translation.

E. As type A, but only a half-couplet, still only tentatively read:

Be Mahmud-e arshad dad Khoda Shahi.

"To Mahmud, the Elder, did God grant kingship." There appears to be one additional word, still not deciphered, in this text.

HAMMERED COINAGE

Isfahan

KM# 321 2 SHAHI (Mahmudi)
2.3000 g., Silver **Note:** Type A.

Date	Mintage	F	VF	XF	Unc	BU
AH1135	—	50.00	75.00	100	—	—

KM# 330 2 SHAHI (Mahmudi)
2.3000 g., Silver **Note:** Type E.

Date	Mintage	F	VF	XF	Unc	BU
AH1137 Rare	—	—	—	—	—	—

Isfahan

KM# 322 ABBASI
4.6000 g., Silver **Obv:** Inscription, date within beaded circle **Rev:** Inscription **Note:** Type A.

Date	Mintage	F	VF	XF	Unc	BU
AH1135	—	25.00	40.00	70.00	—	—
AH1137	—	30.00	45.00	80.00	—	—

Note: Coins dated AH1137 are believed to be coins of AH1135 with broken "5"

KM# 324 ABBASI
4.6000 g., Silver **Note:** Type B.

Date	Mintage	F	VF	XF	Unc	BU
AH1135	—	25.00	40.00	70.00	—	—

Isfahan

KM# 326.1 5 SHAHI
Silver **Obv:** Inscription **Rev:** Inscription **Note:** Type C. 7.30-7.40 grams.

Date	Mintage	F	VF	XF	Unc	BU
AH1135	—	30.00	50.00	75.00	—	—
AH1136	—	30.00	50.00	75.00	—	—

KM# 327 5 SHAHI
Silver **Note:** Type D.

Date	Mintage	F	VF	XF	Unc	BU
AH1136	—	40.00	75.00	110	—	—

Kashan

KM# 326.2 5 SHAHI
Silver **Obv:** Inscription **Rev:** Inscription **Note:** Type C. Weight varies 7.30-7.40 grams.

Date	Mintage	F	VF	XF	Unc	BU
AH1136	—	40.00	75.00	110	—	—

Isfahan

KM# A327 2 ABBASI (8 Shahi)
9.2000 g., Silver **Note:** Type A. Denomination uncertain. Known only from damaged specimens. Rectangular flan.

Date	Mintage	F	VF	XF	Unc	BU
ND Rare	—	—	—	—	—	—

Note: Date off flan

Isfahan

KM# 328 RUPI (10 Shahi)
14.6000 g., Silver **Obv:** Inscription, date within flower design **Rev:** Inscription **Note:** Type D.

Date	Mintage	F	VF	XF	Unc	BU
AH1135	—	300	500	800	—	—
AH1136	—	300	500	800	—	—

Qandahar

KM# 323 RUPI (10 Shahi)
11.5000 g., Silver **Obv:** Inscription **Rev:** Inscription **Note:** Type A.

Date	Mintage	F	VF	XF	Unc	BU
AH1135	—	60.00	100	160	—	—
ND	—	35.00	60.00	100	—	—

Isfahan

KM# 325.1 ASHRAFI
Gold **Obv:** Inscription **Rev:** Inscription **Note:** Type B. Weight varies 3.50-3.55 grams.

Date	Mintage	F	VF	XF	Unc	BU
AH1135	—	225	300	525	—	—
AH1136	—	225	300	525	—	—

KM# 329 ASHRAFI
Gold **Note:** Type D. Weight varies: 3.50-3.55 grams.

Date	Mintage	F	VF	XF	Unc	BU
AH1137	—	265	350	450	—	—

IRAN

Kashan

KM# 325.2 ASHRAFI

Gold Obv: Inscription Note: Type B. Weight varies 3.50-3.55 grams.

Date	Mintage	F	VF	XF	Unc	BU
AH1136	—	265	375	650	—	—

Tahmasp II

AH1135-1145 / 1722-1732AD

Types for this reign:

A. Obverse couplet, together with mint and date, the mint in the bottom line, the date in various locations in the field. Reverse has the Shiite formula, usually with the names of the 12 Imams in a circular marginal legend around.

Be-giti sekke-ye sahebqerani Zad az toufiq-e haqq Tahmasp-e thani

"By the grace of God, Tahmasp the Second struck the sahebqerani coin throughout the world."

B. Obverse simple inscription, with mint below, and date in field. Reverse as type A, always with the names of the Imams. Used only at Yazd Mint.

Tahmasp-e Ghazi Bande-ye Shah-e Velayat

"Tahmasp the Second, servant of the king of the Velayat (i.e., Ali ibn Abi Talib)".

C. Obverse simple inscription, mint and date below. Reverse as type A, but without names of the Imams. Used only at Kirman Mint.

Gholam-e Shah-e Din Tahmasp-e Thani

"Tahmasp the Second, servant of the king of faith"

Again a reference to Tahmasp's Shiite belief, as the "king of faith" is yet another epithet of Ali ibn Abi Talib.

D. Obverse couplet, with mint and date below as usual. Reverse as type A, with the names of the Imams.

Sekkeh zad Tahmasp-e Thani bar zar-e kamel'ayyar La fata illa 'Ali la seyf ella Zolfegar

"Tahmasp the Second struck coin in precious metal of full alloy. There is no other warrior like Ali (ibn Abi Talib), no other sword like Zolfegar (the legendary sword used by Ali ibn Abi Talib)".

HAMMERED COINAGE

Tabriz

KM# 300 PUL (1/2 Shahi)

0.6700 g., Silver Obv: Inscription Rev: Inscription Note: Type A.

Date	Mintage	F	VF	XF	Unc	BU
AH1143	—	40.00	60.00	80.00	—	—

Astarabad

KM# 301.1 SHAHI (50 Dinars)

1.3500 g., Silver Obv: Inscription Rev: Inscription Note: Type A.

Date	Mintage	F	VF	XF	Unc	BU
AH1141	—	25.00	40.00	60.00	—	—

Ganjah

KM# 301.2 SHAHI (50 Dinars)

1.3500 g., Silver Obv: Inscription Rev: Inscription Note: Type A.

Date	Mintage	F	VF	XF	Unc	BU
AH1135	—	10.00	20.00	30.00	—	—

Isfahan

KM# 301.3 SHAHI (50 Dinars)

1.3500 g., Silver Obv: Inscription Rev: Inscription Note: Type A.

Date	Mintage	F	VF	XF	Unc	BU
AH1142	—	20.00	30.00	45.00	—	—
AH1143	—	25.00	40.00	55.00	—	—

Mashhad

KM# 301.4 SHAHI (50 Dinars)

1.3500 g., Silver Obv: Inscription Rev: Inscription Note: Type A.

Date	Mintage	F	VF	XF	Unc	BU
AH1139	—	17.50	27.50	40.00	—	—

Mazandaran

KM# 301.5 SHAHI (50 Dinars)

1.3500 g., Silver Obv: Inscription Rev: Inscription Note: Type A.

Date	Mintage	F	VF	XF	Unc	BU
AH1139	—	20.00	35.00	50.00	—	—

Nakhjavan

KM# 301.6 SHAHI (50 Dinars)

1.3500 g., Silver Obv: Inscription Rev: Inscription Note: Type A.

Date	Mintage	F	VF	XF	Unc	BU
AH1135	—	10.00	20.00	30.00	—	—

Qazvin

KM# 301.7 SHAHI (50 Dinars)

1.3500 g., Silver Obv: Inscription Rev: Inscription Note: Type A.

Date	Mintage	F	VF	XF	Unc	BU
AH1135	—	30.00	45.00	60.00	—	—

Tabriz

KM# 301.8 SHAHI (50 Dinars)

1.3500 g., Silver Obv: Inscription Rev: Inscription Note: Type A.

Date	Mintage	F	VF	XF	Unc	BU
AH1135	—	30.00	45.00	60.00	—	—
AH1136	—	12.50	22.50	35.00	—	—
AH1143	—	10.00	20.00	30.00	—	—
AH1144	—	10.00	20.00	30.00	—	—

Note: A shahi of Isfahan AH1144 is known as a gold off-metal strike (rare)

Tehran

KM# 301.9 SHAHI (50 Dinars)

1.3500 g., Silver Obv: Inscription Rev: Inscription Note: Type A.

Date	Mintage	F	VF	XF	Unc	BU
AH1137	—	25.00	45.00	65.00	—	—

Isfahan

KM# 302.1 2 SHAHI (Mahmudi)

2.7000 g., Silver Note: Type A.

Date	Mintage	F	VF	XF	Unc	BU
AH1142	—	20.00	35.00	50.00	—	—
AH1143	—	20.00	35.00	50.00	—	—

Kashan

KM# 302.2 2 SHAHI (Mahmudi)

2.7000 g., Silver Note: Type A.

Date	Mintage	F	VF	XF	Unc	BU
AH1135	—	30.00	45.00	60.00	—	—

Lahijan

KM# 302.3 2 SHAHI (Mahmudi)

2.7000 g., Silver Note: Type A.

Date	Mintage	F	VF	XF	Unc	BU
AH1139	—	30.00	45.00	60.00	—	—

Mazandaran

KM# 302.4 2 SHAHI (Mahmudi)

2.7000 g., Silver Note: Type A.

Date	Mintage	F	VF	XF	Unc	BU
AH1138	—	25.00	40.00	55.00	—	—
AH1139	—	25.00	40.00	55.00	—	—

Nakhjavan

KM# 302.5 2 SHAHI (Mahmudi)

2.7000 g., Silver Note: Type A.

Date	Mintage	F	VF	XF	Unc	BU
AH1135	—	35.00	50.00	70.00	—	—

Tabriz

KM# 302.6 2 SHAHI (Mahmudi)

2.7000 g., Silver Note: Type A.

Date	Mintage	F	VF	XF	Unc	BU
AH1135	—	15.00	25.00	35.00	—	—
AH1136	—	15.00	25.00	35.00	—	—
AH1137	—	20.00	30.00	40.00	—	—
AH1143	—	15.00	25.00	35.00	—	—

Rasht

Astarabad

KM# 303.1 ABBASI

5.4000 g., Silver Obv: Inscription Rev: Inscription Note: Type A.

Date	Mintage	F	VF	XF	Unc	BU
AH1139	—	30.00	45.00	65.00	—	—

Eravan

KM# 303.2 ABBASI

5.4000 g., Silver Obv: Inscription Rev: Inscription Note: Type A.

Date	Mintage	F	VF	XF	Unc	BU
AH1135	—	20.00	35.00	50.00	—	—

Ganjah

KM# 303.3 ABBASI

5.4000 g., Silver Obv: Inscription Rev: Inscription Note: Type A.

Date	Mintage	F	VF	XF	Unc	BU
AH1135	—	25.00	40.00	55.00	—	—
AH1136	—	25.00	40.00	55.00	—	—

Isfahan

KM# 303.4 ABBASI

5.4000 g., Silver Obv: Inscription Rev: Inscription Note: Type A.

Date	Mintage	F	VF	XF	Unc	BU
AH1142	—	8.00	14.00	22.50	—	—
AH1143	—	8.00	14.00	22.50	—	—
AH1144	—	8.00	14.00	22.50	—	—
AH1145	—	15.00	25.00	35.00	—	—

Kashan

KM# 303.5 ABBASI

5.4000 g., Silver Obv: Inscription Rev: Inscription Note: Type A.

Date	Mintage	F	VF	XF	Unc	BU
AH1135	—	25.00	40.00	55.00	—	—

Kirman

KM# 309 ABBASI

5.4000 g., Silver Note: Type C.

Date	Mintage	F	VF	XF	Unc	BU
AH1135	—	30.00	45.00	65.00	—	—

KM# 303.6 ABBASI

5.4000 g., Silver Obv: Inscription Rev: Inscription Note: Type A.

Date	Mintage	F	VF	XF	Unc	BU
AH1142	—	30.00	45.00	65.00	—	—

Lahijan

KM# 303.7 ABBASI

5.4000 g., Silver Obv: Inscription Rev: Inscription Note: Type A.

Date	Mintage	F	VF	XF	Unc	BU
AH1137	—	10.00	17.50	30.00	—	—
AH1138	—	10.00	17.50	27.50	—	—
AH1139	—	10.00	17.50	27.50	—	—

Mashhad

KM# 303.8 ABBASI

5.4000 g., Silver Obv: Inscription Rev: Inscription Note: Type A.

Date	Mintage	F	VF	XF	Unc	BU
AH1139	—	10.00	16.00	25.00	—	—
AH1140	—	10.00	16.00	25.00	—	—
AH1141	—	10.00	16.00	25.00	—	—
AH1142	—	12.50	20.00	30.00	—	—

Mazandaran

KM# 303.9 ABBASI

5.4000 g., Silver Obv: Inscription Rev: Inscription Note: Type A.

Date	Mintage	F	VF	XF	Unc	BU
AH1138	—	15.00	25.00	35.00	—	—
AH1140	—	15.00	25.00	35.00	—	—
AH1141	—	12.50	20.00	30.00	—	—
AH1142	—	12.50	20.00	30.00	—	—
AH1143	—	15.00	25.00	35.00	—	—

Nakhjavan

KM# 303.10 ABBASI

5.4000 g., Silver Obv: Inscription Rev: Inscription Note: Type A.

Date	Mintage	F	VF	XF	Unc	BU
AH1135	—	25.00	40.00	55.00	—	—
AH1137	—	30.00	45.00	65.00	—	—

Qazvin

KM# 303.11 ABBASI

5.4000 g., Silver Obv: Inscription Rev: Inscription Note: Type A.

Date	Mintage	F	VF	XF	Unc	BU
AH1135	—	8.00	14.00	22.50	—	—
AH1142	—	10.00	17.50	25.00	—	—
AH1143	—	10.00	17.50	25.00	—	—

Qomm

KM# 303.12 ABBASI

5.4000 g., Silver Obv: Inscription Rev: Inscription Note: Type A.

Date	Mintage	F	VF	XF	Unc	BU
AH1136	—	15.00	25.00	35.00	—	—
AH1144	—	30.00	45.00	65.00	—	—

Rasht

KM# 303.13 ABBASI

5.4000 g., Silver Obv: Inscription Rev: Inscription Note: Type A.

Date	Mintage	F	VF	XF	Unc	BU
AH1135	—	17.50	30.00	45.00	—	—
AH1136	—	25.00	40.00	55.00	—	—
AH1137	—	17.50	30.00	45.00	—	—
AH1139	—	15.00	25.00	35.00	—	—

Shiraz

KM# 303.14 ABBASI

5.4000 g., Silver Obv: Inscription Rev: Inscription Note: Type A.

Date	Mintage	F	VF	XF	Unc	BU
AH1136	—	20.00	35.00	50.00	—	—
AH1142	—	15.00	25.00	35.00	—	—
AH1143	—	15.00	25.00	35.00	—	—
AH1144	—	15.00	25.00	35.00	—	—
AH1145	—	15.00	25.00	35.00	—	—

Tabriz

KM# 303.15 ABBASI

5.4000 g., Silver Obv: Inscription Rev: Inscription Note: Type A. Coins of Tabriz are reported with the date AH1134, possibly an error, possibly a misreading of AH1136.

Date	Mintage	F	VF	XF	Unc	BU
AH1135	—	6.00	10.00	20.00	—	—
AH1153 Error for 1135	—	—	—	—	—	—
Error for 1135	—	—	—	—	—	—
AH1136	—	8.00	14.00	22.50	—	—
AH1137	—	8.00	14.00	22.50	—	—
AH1138	—	15.00	25.00	37.50	—	—
AH1142	—	20.00	30.00	40.00	—	—
AH1143	—	6.00	10.00	17.50	—	—
AH1144	—	6.00	10.00	17.50	—	—

Tehran

KM# 303.16 ABBASI
5.4000 g., Silver Obv: Inscription Rev: Inscription Note: Type A.

Date	Mintage	F	VF	XF	Unc	BU
AH1137	—	25.00	40.00	55.00	—	—
AH1143	—	25.00	40.00	55.00	—	—
AH1144	—	25.00	40.00	55.00	—	—

Yazd

KM# 308 ABBASI
5.4000 g., Silver Note: Type B.

Date	Mintage	F	VF	XF	Unc	BU
AH1135	—	35.00	50.00	70.00	—	—

KM# 303.17 ABBASI
5.4000 g., Silver Obv: Inscription Rev: Inscription Note: Type A.

Date	Mintage	F	VF	XF	Unc	BU
AH1137	—	25.00	40.00	55.00	—	—

Isfahan

KM# 304.1 2-1/2 ABBASI (10 Shahi)
13.5000 g., Silver Note: Type A.

Date	Mintage	F	VF	XF	Unc	BU
AH1142 Rare	—	—	—	—	—	—
AH1144 Rare	—	—	—	—	—	—

Tabriz

KM# 304.2 2-1/2 ABBASI (10 Shahi)
13.5000 g., Silver Note: Type A.

Date	Mintage	F	VF	XF	Unc	BU
AH1135	—	150	200	—	—	—

Isfahan

KM# 305 5 ABBASI (20 Shahi)
27.0000 g., Silver Obv: Inscription Rev: Inscription Note: Type A.

Date	Mintage	F	VF	XF	Unc	BU
AH1142	—	150	250	400	—	—

Kirman

KM# 310 5 ABBASI (20 Shahi)
27.0000 g., Silver Obv: Inscription Rev: Inscription Note: Type D.

Date	Mintage	F	VF	XF	Unc	BU
AH1135 Rare	—	—	—	—	—	—

Astarabad

KM# 306.1 ASHRAFI
Gold Obv: Inscription Rev: Inscription Note: Type D. Weight varies 3.50-3.55 grams.

Date	Mintage	F	VF	XF	Unc	BU
AH1141	—	240	300	400	—	—

Ganjah

KM# 306.2 ASHRAFI
Gold Obv: Inscription Rev: Inscription Note: Type D. Weight varies 3.5-3.55 grams.

Date	Mintage	F	VF	XF	Unc	BU
AH1135 Rare	—	—	—	—	—	—

Isfahan

KM# 306.3 ASHRAFI
Gold Obv: Inscription Rev: Inscription Note: Type D. Weight varies 3.50-3.55 grams.

Date	Mintage	F	VF	XF	Unc	BU
AH1142	—	165	220	265	—	—
AH1143	—	165	220	265	—	—
AH1144	—	165	220	265	—	—

Mashhad

KM# 306.4 ASHRAFI
Gold Obv: Inscription Rev: Inscription Note: Type D. Weight varies 3.50-3.55 grams.

Date	Mintage	F	VF	XF	Unc	BU
AH1139	—	190	240	300	—	—
AH1140	—	190	240	300	—	—

Nakhjavan

KM# 306.5 ASHRAFI
Gold Obv: Inscription Rev: Inscription Note: Type D. Weight varies 3.50-3.55 grams.

Date	Mintage	F	VF	XF	Unc	BU
AH1135 Rare	—	—	—	—	—	—

Qazvin

KM# 306.6 ASHRAFI
Gold Obv: Inscription Rev: Inscription Note: Type D. Weight varies 3.50-3.55 grams.

Date	Mintage	F	VF	XF	Unc	BU
AH1135	—	225	300	375	—	—
AH1142	—	190	240	300	—	—
AH1144	—	190	240	300	—	—

Qomm

KM# 306.7 ASHRAFI
Gold Obv: Inscription Rev: Inscription Note: Type D. Weight varies 3.50-3.55 grams.

Date	Mintage	F	VF	XF	Unc	BU
AH1144	—	240	300	400	—	—

Shiraz

KM# 306.8 ASHRAFI
Gold Obv: Inscription Rev: Inscription Note: Type D. Weight varies 3.50-3.55 grams.

Date	Mintage	F	VF	XF	Unc	BU
AH1143	—	190	240	300	—	—

Tabriz

KM# 306.9 ASHRAFI
Gold Obv: Inscription Rev: Inscription Note: Type D. Weight varies 3.50-3.55 grams.

Date	Mintage	F	VF	XF	Unc	BU
AH1136	—	190	240	300	—	—
AH1143	—	150	210	265	—	—

Tabriz

KM# 307 10 ASHRAFI
Gold Note: Type D. Weight varies: 35.00-36.00 grams.

Date	Mintage	F	VF	XF	Unc	BU
AH1135 Rare	—	—	—	—	—	—

Malik Mahmud at Mashhad
AH1137-1138 / 1724-1725AD
HAMMERED COINAGE

Mashhad

KM# 317 ABBASI
5.4000 g., Silver Note: Type D.

Date	Mintage	F	VF	XF	Unc	BU
AH1137	—	150	200	250	—	—
AH1138	—	150	200	250	—	—

Ashraf
AH1137-1142 / 1725-1729AD

Types for this reign:

A. Obverse couplet, with mint below. Reverse, Sunni Kalima, together with date.

Be-Ashrafi athar-e nam-e anjenab rasid Sharaf zu sekke-ye Ashraf bar aftab rasid.

"As the name of that noble person (Ashraf) was traced upon the coin (ashraf), from the coin of Ashraf, (his) honor surpassed (that of) the sun".

B. Similar to type A, but a different couplet:

Khor o mah chun tala o nogreh az feyzash monavvar shod Sharaf bar aftab az name-e Ashraf sekkeh bar zar shod.

"The sun and moon, like gold and silver, were illuminated by his (Ashraf's) generosity. From the name Ashraf, coin in precious metal gained honor above (that of) the sun.

C. Similar to type A, but different couplet. The accessional year 1137 is normally added to the reverse, with the actual year of issue appearing on the obverse.

Az altaf-e Shah Ashraf-e haqq-shenas be-zar naqsh shod sekke-ye Char Yar.

"Courtesy of the rights-respecting Shah Ashraf, the coin of the Four Friends was struck in precious metal." The Four Friends are the four caliphs who followed the death of the Prophet Muhammad, who are honored by Sunnis in their sectarian opposition to the Shi-ites. This difficult couplet contains numerous untranslatable puns.

D. Obverse couplet, with date below. Reverse, short inscription as on the Mughal coinage, including the mint, its epitherical designation, and the accessional date of Shah Ashraf. Obverse couplet:

Dast-zad bar jalalaho bovad gonah Dad-e Taghyir-e sekke-ye Ashraf Shah.

"The crime of counterfeiting the coin of Ashraf Shah would be (tantamount to) an offence the Glorious." The last part could equally well be translated as "an attack against his glory," either the Glory of God or the glory of Ashraf Shah. All these meanings are intended in the Persian text. Still other puns can be found in this distich. The reverse inscription is:

Jolus-e meymanat-ma nus-e Dar os-Saltanat Isfahan 1137.

"1137, (year of) the auspicious enthronement, at the Abode of the Sultanate, Isfahan".

HAMMERED COINAGE

Isfahan

KM# 340 SHAHI (50 Dinars)
1.1500 g., Silver Note: Type C undetermined. Surviving examples show portions of couplet, which appears to be different from couplets on types A through D.

Date	Mintage	F	VF	XF	Unc	BU
AHxxxx Date off flan	—	50.00	75.00	100	—	—

Isfahan

KM# 337 2 SHAHI (Mahmudi)
3.0000 g., Silver Note: Type C. Rectangular. Probably based on the heavy shahi of 1.35 grams, as the coins of type B, rather than on the shahi of 1.15 grams, as the round silver abbasi of type C.

Date	Mintage	F	VF	XF	Unc	BU
AH1138	—	60.00	100	150	—	—

Isfahan

KM# 338.1 ABBASI
4.6000 g., Silver Obv: Inscription Rev: Inscription Note: Type C.

Date	Mintage	F	VF	XF	Unc	BU
AH1138	—	25.00	45.00	65.00	—	—
AH1139	—	25.00	45.00	65.00	—	—
AH1141	—	25.00	45.00	65.00	—	—

KM# 339 ABBASI
4.6000 g., Silver Obv: Inscription Rev: Dated AH1137, Inscription Note: Type D.

Date	Mintage	F	VF	XF	Unc	BU
AH1140/1137	—	20.00	35.00	55.00	—	—
AH1340/1137	—	40.00	60.00	80.00	—	—
AH1141/1137	—	20.00	35.00	55.00	—	—

Qazvin

KM# 338.2 ABBASI
4.6000 g., Silver Obv: Inscription Rev: Inscription Note: Type C.

Date	Mintage	F	VF	XF	Unc	BU
AH1139	—	30.00	55.00	75.00	—	—

Shiraz

KM# 338.3 ABBASI
4.6000 g., Silver Obv: Inscription Rev: Inscription Note: Type C.

Date	Mintage	F	VF	XF	Unc	BU
AH1142	—	50.00	80.00	100	—	—

Isfahan

KM# 336 5 SHAHI
Silver Obv: Inscription Rev: Inscription Note: Type B. Weight varies: 7.00-7.20 grams. Denominations may be 6 shahi.

Date	Mintage	F	VF	XF	Unc	BU
AH1137	—	50.00	75.00	100	—	—
AH1138	—	50.00	75.00	100	—	—

898 IRAN

Date	Mintage	F	VF	XF	Unc	BU
AH1145	—	6.00	10.00	20.00	—	—
AH1146	—	6.00	10.00	20.00	—	—
AH1147	—	6.00	10.00	20.00	—	—
AH1148	—	6.00	10.00	20.00	—	—

Qazvin

KM# 369.6 ABBASI
5.4000 g., Silver **Obv:** Inscription **Rev:** Inscription within flower design **Note:** Type B.

Date	Mintage	F	VF	XF	Unc	BU
AH1149	—	25.00	40.00	65.00	—	—

Mashhad

KM# 353 ASHRAFI
3.5000 g., Gold **Note:** Type A.

Date	Mintage	F	VF	XF	Unc	BU
AH1146	—	190	265	350	—	—
AH1148	—	190	265	350	—	—

Isfahan

KM# 335.1 ASHRAFI
Silver **Obv:** Inscription **Rev:** Inscription **Note:** Type A.

Date	Mintage	F	VF	XF	Unc	BU
AH1137	—	150	200	350	—	—
AH1139	—	150	200	350	—	—
AH1140	—	150	200	350	—	—

Qazvin

KM# 335.2 ASHRAFI
Silver **Obv:** Inscription **Rev:** Inscription **Note:** Type A.

Date	Mintage	F	VF	XF	Unc	BU
AH1139	—	175	240	450	—	—

Sultan Ahmad AH1138-1141 / 1726-1728AD

HAMMERED COINAGE

Kirman

KM# 319 ABBASI
5.4000 g., Silver **Note:** Type D.

Date	Mintage	F	VF	XF	Unc	BU
AH113x	—	150	200	250	—	—

Nadir Shah AH1142-1148 / 1729-1735AD

As viceroy in the eastern provinces,

Nadir Shah was the commanding general and engineer of the defeat of the Afghans under Shah Ashraf at Isfahan in AH1142/1729. He was granted autonomy in Khorasan in reward for that service. Other provinces were later added to his vice-regency.

There is only one type, with the following couplet on the obverse, the Shiite formula on the reverse.

Az Khorasan sekkeh bar zar shod be-toufiq-e Khoda Nosrat o emdad-e Shah-e Din Ali-ye Musa Reza.

"From Khorasan, the coin of precious metal became, by the grace of God, succor and reinforcements for the King of the Religion, Ali, son of Musa, (known as) Reza."

The reference is to the 8th Imam of the Twelver sect of Shiites.

HAMMERED COINAGE

Mazandaran

KM# 350 PUL (1/2 Shahi)
0.6800 g., Silver **Note:** Type A.

Date	Mintage	F	VF	XF	Unc	BU
AH114x	—	30.00	55.00	85.00	—	—

Mashhad

KM# 351 SHAHI (50 Dinars)
1.3500 g., Silver **Note:** Type A.

Date	Mintage	F	VF	XF	Unc	BU
AH1143	—	20.00	35.00	50.00	—	—

Herat

KM# A352.1 2 SHAHI (Mahmudi)
2.7000 g., Silver **Note:** Type A.

Date	Mintage	F	VF	XF	Unc	BU
AH1146	—	45.00	70.00	100	—	—

Herat

KM# 352.1 ABBASI
5.4000 g., Silver **Obv:** Inscription **Rev:** Inscription **Note:** Type A. Varieties exist.

Date	Mintage	F	VF	XF	Unc	BU
AH1146	—	30.00	50.00	80.00	—	—

Mashhad

KM# 352.3 ABBASI
5.4000 g., Silver **Obv:** Inscription **Rev:** Inscription **Note:** Type A. Varieties exist.

Date	Mintage	F	VF	XF	Unc	BU
AH1143	—	6.00	10.00	20.00	—	—
AH1144	—	6.00	10.00	20.00	—	—

Shah Abbas III AH1145-1148 / 1732-1736AD

There is only one type for this reign, bearing the following couplet:

Sekkeh bar zar zad be-toufiq-e elahi dar jahan Zell-e Haqq Abbas-e thaleht thani sahebqeran.

"The shadow of God (on earth), Abbas the Third, the second Sahebqeran, struck coin in precious metal in the world, by divine grace." Sahebqeran is an astrological term referring to a person born under certain conjunctions and was originally assumed by the Mongol conqueror Tamerlane in the 14th century. Shah Abbas III, who was a child and the puppet of the leading general (the future Nadir Shah), was hardly a conqueror by any stretch of the imagination. The title of "shadow of God on earth" was commonly adopted.

HAMMERED COINAGE

Eravan

KM# 344.1 SHAHI (50 Dinars)
1.3500 g., Silver **Note:** Type A.

Date	Mintage	F	VF	XF	Unc	BU
AH1148	—	50.00	75.00	100	—	—

Isfahan

KM# 344.2 SHAHI (50 Dinars)
1.3500 g., Silver **Note:** Type A.

Date	Mintage	F	VF	XF	Unc	BU
ND	—	15.00	25.00	37.50	—	—

Qazvin

KM# 344.3 SHAHI (50 Dinars)
1.3500 g., Silver **Note:** Type A.

Date	Mintage	F	VF	XF	Unc	BU
AH1145	—	20.00	35.00	50.00	—	—

Rasht

KM# 344.4 SHAHI (50 Dinars)
103500.0000 g., Silver **Note:** Type A.

Date	Mintage	F	VF	XF	Unc	BU
AH1145	—	30.00	45.00	65.00	—	—

Qazvin

KM# 345.1 2 SHAHI (Mahmudi)
2.7000 g., Silver **Note:** Type A.

Date	Mintage	F	VF	XF	Unc	BU
AH1145	—	30.00	50.00	75.00	—	—

Tiflis

KM# 345.2 2 SHAHI (Mahmudi)
2.7000 g., Silver **Note:** Type A.

Date	Mintage	F	VF	XF	Unc	BU
AH1148	—	50.00	80.00	125	—	—

Eravan

KM# 346.1 ABBASI
5.4000 g., Silver **Obv:** Inscription **Rev:** Inscription **Note:** Type A.

Date	Mintage	F	VF	XF	Unc	BU
AH1148	—	50.00	75.00	100	—	—

Isfahan

KM# 346.2 ABBASI
5.4000 g., Silver **Obv:** Inscription **Rev:** Inscription **Note:** Type A.

Date	Mintage	F	VF	XF	Unc	BU
AH1145	—	17.50	27.50	40.00	—	—
AH1146	—	17.50	27.50	40.00	—	—
AH1147	—	17.50	27.50	40.00	—	—

Maragheh

KM# 346.3 ABBASI
5.4000 g., Silver **Obv:** Inscription **Rev:** Inscription **Note:** Type A.

Date	Mintage	F	VF	XF	Unc	BU
AH1146	—	40.00	65.00	90.00	—	—

Nakhjavan

KM# 346.4 ABBASI
5.4000 g., Silver **Obv:** Inscription **Rev:** Inscription **Note:** Type A.

Date	Mintage	F	VF	XF	Unc	BU
AH1148	—	40.00	65.00	90.00	—	—

Qazvin

KM# 346.5 ABBASI
5.4000 g., Silver **Obv:** Inscription **Rev:** Inscription **Note:** Type A.

Date	Mintage	F	VF	XF	Unc	BU
AH1145	—	20.00	35.00	50.00	—	—
AH1147	—	20.00	35.00	50.00	—	—

Rasht

KM# 346.6 ABBASI
5.4000 g., Silver **Obv:** Inscription **Rev:** Inscription **Note:** Type A.

Date	Mintage	F	VF	XF	Unc	BU
AH0012	—	25.00	40.00	60.00	—	—

Shiraz

KM# 346.7 ABBASI
5.4000 g., Silver **Obv:** Inscription **Rev:** Inscription **Note:** Type A.

Date	Mintage	F	VF	XF	Unc	BU
AH1145	—	25.00	40.00	60.00	—	—
AH1146	—	20.00	35.00	50.00	—	—
AH1147	—	20.00	35.00	50.00	—	—
AH1148	—	20.00	35.00	50.00	—	—

Shushtar

KM# 346.8 ABBASI
5.4000 g., Silver **Obv:** Inscription **Rev:** Inscription **Note:** Type A.

Date	Mintage	F	VF	XF	Unc	BU
AH1145	—	35.00	55.00	80.00	—	—
AH1146	—	35.00	55.00	80.00	—	—

Tabriz

KM# 346.9 ABBASI
5.4000 g., Silver **Obv:** Inscription **Rev:** Inscription **Note:** Type A.

Date	Mintage	F	VF	XF	Unc	BU
AH1145	—	20.00	35.00	50.00	—	—
AH1146	—	20.00	35.00	50.00	—	—
AH1147	—	20.00	35.00	50.00	—	—
AH1148	—	20.00	35.00	50.00	—	—

Tehran

KM# 346.10 ABBASI
5.4000 g., Silver **Obv:** Inscription **Rev:** Inscription **Note:** Type A.

Date	Mintage	F	VF	XF	Unc	BU
AH1145	—	35.00	55.00	80.00	—	—
AH1148	—	35.00	55.00	80.00	—	—

Tiflis

KM# 346.11 ABBASI
5.4000 g., Silver **Obv:** Inscription **Rev:** Inscription **Note:** Type A.

Date	Mintage	F	VF	XF	Unc	BU
AH1148	—	40.00	65.00	100	—	—

Shiraz

KM# 347 5 ABBASI (20 Shahi)
27.0000 g., Silver **Note:** Type A.

Date	Mintage	F	VF	XF	Unc	BU
AH1145	—	250	350	600	—	—

Isfahan

KM# 348.1 ASHRAFI
3.5000 g., Gold **Obv:** Inscription **Rev:** Inscription **Note:** Type A.

Date	Mintage	F	VF	XF	Unc	BU
AH1145	—	165	255	350	—	—
AH1148	—	165	255	350	—	—

Maragheh

KM# 348.2 ASHRAFI
3.5000 g., Gold **Obv:** Inscription **Rev:** Inscription **Note:** Type A.

Date	Mintage	F	VF	XF	Unc	BU
Rare	—	—	—	—	—	—
AH1146 Rare	—	—	—	—	—	—

Qazvin

KM# 348.3 ASHRAFI
3.5000 g., Gold **Obv:** Inscription **Rev:** Inscription **Note:** Type A.

Date	Mintage	F	VF	XF	Unc	BU
AH1145	—	190	280	375	—	—

Tabriz

KM# 348.4 ASHRAFI
3.5000 g., Gold **Obv:** Inscription **Rev:** Inscription **Note:** Type A.

Date	Mintage	F	VF	XF	Unc	BU
AH1146	—	190	280	375	—	—

Tiflis

KM# 348.5 ASHRAFI
3.5000 g., Gold **Obv:** Inscription **Rev:** Inscription **Note:** Type A.

Date	Mintage	F	VF	XF	Unc	BU
AH1148	—	240	350	550	—	—

Nadir Shah AH1148-1160 / 1736-1747AD

Types for this reign:

A. (Toughra type) Couplet on obverse, as below, sometimes, with mint & date. Reverse chronogram in the form of a toughra, usually with the date below, and with mint when mint not on obverse.

Sekkeh bar zar kard nam-e saltanat-ra dar jahan Nader-e Iran-zamin o Khosrov-e Giti-setan.

"The Nadir of the land of Iran, the Caesar who seizes the world, coin in precious metal broadcast the name of this sultanate (throughout) the world." Nadir means "rare" "unparalleled," whence the pun. The reverse chronogram, in Arabic, is as follows:

Be-tarikh-e al-khayr fi ma waqa.

"In the year, what has happened is good." According to the abjad system of date reckoning, the total values of the letters in this expression 1148.

B. (Julus type.) Obverse couplet as type A, with mint and date below. Reverse has the same chronogram, not in the form of a toughra, within a circular border, with several additional words:

Tarikh-e jolus-e meymanat-ma'nus-e al-khayr fi ma waqa'.

"In the year of the auspicious enthronement, 'what has happened good.' The year AH1148 is often cited on the reverse, with the actual date of issue on the obverse.

C. Obverse *al-soltan Nader* and the benediction *khalad Allah mulkahu.*

"May God prolong his kingship," together with mint and date.

D.1 Couplet obverse, with the same reverse as type C (usually without the benediction).

Hast Soltan bar salatin-e jahan Shah-e Shahan Nader-e sahebqeran.

"The shah of shahs, Nadir, the sahebqeran, is sultan over the sultans of the world."

D.2 Same as D.1 but with benediction *khalad Allah mulkahu* added to reverse (used only in Afghanistan and India).

E. Inscriptional obverse. Reverse as Type F. *Sekke-ye mobarak-e padshah-e ghazi Nader Shah,* Fortunate coin of the victorious shah Nader shah.

F. couplet obverse. Reverse as the standard jolus reverse of the 18th century of the Mughal Empire, with mint and regnal year.

Dadeh zib-e tazeh-ye ru bar mehr o mah / as sekke-ye Nader Shah-e giti-panah, Given beauth fresh of face on the sun and moon, By the die of Nadir Shah, the asylum of the World.

OCCUPATION COINAGE

Najibabad

KM# 391 FALUS
Copper Or Bronze **Note:** Prev. Afghanistan, KM#A685.

Date	Mintage	Good	VG	F	VF	XF
AH1160 (1747)	—	—	—	—	—	—

Bhakkar

KM# 393 RUPI
Silver **Note:** Weight varies: 11.00-11.60 g. Prev. Afghanistan KM#A280.

Date	Mintage	VG	F	VF	XF	Unc
AH1155 (1742)	—	35.00	50.00	80.00	125	—
AH1156 (1743)	—	35.00	50.00	80.00	125	—
AH1158 (1745)	—	35.00	50.00	80.00	125	—

Derajat

KM# 394 RUPI
Silver **Note:** Weight varies: 11.20-11.40 g. Prev. Afghanistan KM#336.

Date	Mintage	VG	F	VF	XF	Unc
AH1159 (1746)	—	35.00	50.00	80.00	125	—
AH1160 (1747)	—	35.00	50.00	80.00	125	—

Najibabad

KM# 395 RUPI
Silver **Note:** Weight varies: 11.20-11.40 g. Prev. Afghanistan KM#685.

Date	Mintage	VG	F	VF	XF	Unc
AH1153 (1740)	—	35.00	50.00	80.00	125	—
AH1160 (1747)	—	35.00	50.00	80.00	125	—

Peshawar

KM# 396 RUPI
Silver **Note:** Prev. Afghanistan KM#685.

Date	Mintage	VG	F	VF	XF	Unc
AH1153 (1740)	—	35.00	50.00	80.00	125	—

Shahjahanabad

KM# 397 RUPI
Silver **Note:** Weight varies: 11.00-11.60 g. Prev. Afghanistan KM#A759.

Date	Mintage	VG	F	VF	XF	Unc
AH1151 (1738)	—	45.00	100	150	200	—

Sind

KM# 398 RUPI
Silver

Date	Mintage	VG	F	VF	XF	Unc
ND(1735-47)	—	35.00	50.00	80.00	125	—

HAMMERED COINAGE

Kabul

KM# 359 FALUS
12.0000 g., Copper **Note:** Type A.

Date	Mintage	VG	F	VF	XF	Unc
AH1159	—	30.00	50.00	80.00	—	—

Shiraz

KM# 366 PUL (1/2 Shahi)
0.6500 g., Silver **Note:** Type B.

Date	Mintage	F	VF	XF	Unc	BU
AHxxxx	—	20.00	30.00	40.00	—	—

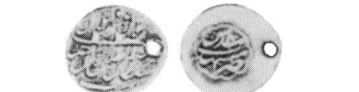

Darband

KM# 383.1 SHAHI (50 Dinars)
1.1500 g., Silver **Obv:** Inscription **Rev:** Inscription within flower design **Note:** Type D.

Date	Mintage	F	VF	XF	Unc	BU
AH1154	—	30.00	50.00	75.00	—	—

Ganjah

KM# 383.2 SHAHI (50 Dinars)
1.1500 g., Silver **Obv:** Inscription, hole at right **Rev:** Inscription within flower design, hole at right **Note:** Type D.

Date	Mintage	F	VF	XF	Unc	BU
AH1154	—	15.00	25.00	40.00	—	—

Isfahan

KM# 367.1 SHAHI (50 Dinars)
1.3500 g., Silver **Note:** Type B.

Date	Mintage	VF	XF	Unc	BU
AH1148	—	10.00	17.50	30.00	—

KM# 360.1 SHAHI (50 Dinars)
1.3500 g., Silver **Note:** Type A.

Date	Mintage	F	VF	XF	Unc	BU
AH1149	—	35.00	60.00	100	—	—

KM# 373.1 SHAHI (50 Dinars)
1.1500 g., Silver **Obv:** Inscription within beaded circle **Note:** Type C.

Date	Mintage	F	VF	XF	Unc	BU
AH1150	—	30.00	50.00	75.00	—	—

KM# 383.3 SHAHI (50 Dinars)
1.1500 g., Silver **Obv:** Inscription, hole at right **Rev:** Inscription within flower design, hole at right **Note:** Type D.

Date	Mintage	F	VF	XF	Unc	BU
AH1154	—	20.00	32.50	50.00	—	—
AH1156	—	20.00	30.00	50.00	—	—
AH1157	—	20.00	30.00	50.00	—	—
AH1158	—	15.00	25.00	40.00	—	—
AH1159	—	10.00	18.50	32.50	—	—

Mashhad

KM# 373.2 SHAHI (50 Dinars)
1.1500 g., Silver **Obv:** Inscription **Rev:** Inscription within beaded circle **Note:** Type C.

Date	Mintage	F	VF	XF	Unc	BU
AH1150	—	10.00	20.00	35.00	—	—
AH1151	—	10.00	20.00	35.00	—	—
AH1152	—	10.00	20.00	35.00	—	—

KM# 383.4 SHAHI (50 Dinars)
1.1500 g., Silver **Obv:** Inscription, hole at right **Rev:** Inscription within flower design, hole at right **Note:** Type D.

Date	Mintage	F	VF	XF	Unc	BU
AH1152	—	25.00	45.00	75.00	—	—
AH1153//1152	—	50.00	70.00	100	—	—
AH1154	—	25.00	45.00	75.00	—	—
AH1155	—	50.00	70.00	100	—	—
AH1156	—	30.00	50.00	80.00	—	—
ND	—	30.00	50.00	80.00	—	—

Qazvin

KM# 367.2 SHAHI (50 Dinars)
1.3500 g., Silver **Note:** Type B.

Date	Mintage	F	VF	XF	Unc	BU
AHxxxx	—	30.00	50.00	75.00	—	—

Rasht

KM# 360.2 SHAHI (50 Dinars)
1.3500 g., Silver **Note:** Type A.

Date	Mintage	F	VF	XF	Unc	BU
AH114x	—	25.00	42.50	60.00	—	—

Shamakha

KM# 367.3 SHAHI (50 Dinars)
1.3500 g., Silver **Note:** Type B.

Date	Mintage	F	VF	XF	Unc	BU
AH1149	—	20.00	35.00	50.00	—	—

Shiraz

KM# 373.3 SHAHI (50 Dinars)
1.1500 g., Silver **Obv:** Inscription **Rev:** Inscription within beaded circle **Note:** Type C.

Date	Mintage	F	VF	XF	Unc	BU
AH1151	—	20.00	35.00	55.00	—	—

Tabriz

KM# 367.4 SHAHI (50 Dinars)
1.3500 g., Silver **Note:** Type B.

Date	Mintage	F	VF	XF	Unc	BU
AH1149	—	35.00	60.00	90.00	—	—

KM# 373.4 SHAHI (50 Dinars)
1.1500 g., Silver **Obv:** Inscription **Rev:** Inscription within beaded circle **Note:** Type C.

Date	Mintage	F	VF	XF	Unc	BU
AH1150	—	25.00	40.00	60.00	—	—
AH1151	—	25.00	40.00	60.00	—	—

900 IRAN

KM# 383.5 SHAHI (50 Dinars)
1.1500 g., Silver Obv: Inscription, hole at right Rev: Inscription within flower design, hole at right Note: Type D.

Date	Mintage	F	VF	XF	Unc	BU
AH1152	—	15.00	25.00	40.00	—	—
AH1153	—	50.00	75.00	100	—	—
AH1154	—	15.00	25.00	40.00	—	—
AH1155	—	20.00	32.50	50.00	—	—
AH1156	—	15.00	25.00	40.00	—	—
AH1157	—	15.00	25.00	40.00	—	—
AH1158	—	15.00	25.00	40.00	—	—

Tiflis

KM# 367.5 SHAHI (50 Dinars)
1.3500 g., Silver Note: Type B.

Date	Mintage	F	VF	XF	Unc	BU
AH1149	—	50.00	75.00	100	—	—

KM# 373.5 SHAHI (50 Dinars)
1.1500 g., Silver Obv: Inscription Rev: Inscription within beaded circle Note: Type C.

Date	Mintage	F	VF	XF	Unc	BU
AH1152	—	30.00	50.00	75.00	—	—

Ahmadabad

KM# 384.1 2 SHAHI (Mahmudi)
2.3000 g., Silver Note: Type D

Date	Mintage	VG	F	VF	XF	Unc
AH1152 Rare	—	—	—	—	—	—

Bukhara

KM# 374 2 SHAHI (Mahmudi)
2.3000 g., Silver Obv: Inscription Rev: Inscription, date Note: Type C.

Date	Mintage	F	VF	XF	Unc	BU
AH1153	—	75.00	125	200	—	—

Eravan

KM# 361 2 SHAHI (Mahmudi)
2.7000 g., Silver Obv: Inscription Rev: Toughra type design Note: Type A.

Date	Mintage	F	VF	XF	Unc	BU
AH1148	—	50.00	75.00	100	—	—

Ganjah

KM# 368.1 2 SHAHI (Mahmudi)
2.7000 g., Silver Note: Type B.

Date	Mintage	F	VF	XF	Unc	BU
AH1150	—	50.00	75.00	100	—	—

Isfahan

KM# 384 2 SHAHI (Mahmudi)
2.3000 g., Silver Obv: Inscription Rev: Inscription within small circle Note: Type D.

Date	Mintage	F	VF	XF	Unc	BU
AH1157	—	40.00	65.00	100	—	—

KM# 384.2 2 SHAHI (Mahmudi)
2.3000 g., Silver Note: Type D

Date	Mintage	Good	VG	F	VF	XF
AH1157	—	8.00	20.00	40.00	65.00	100

Mazandaran

KM# A352.2 2 SHAHI (Mahmudi)
2.7000 g., Silver Note: Type A. Varieties exist.

Date	Mintage	F	VF	XF	Unc	BU
AH1144	—	40.00	65.00	90.00	—	—
AH1148	—	40.00	65.00	90.00	—	—

Shamakha

KM# 368.2 2 SHAHI (Mahmudi)
2.7000 g., Silver Note: Type B.

Date	Mintage	F	VF	XF	Unc	BU
AH1149	—	50.00	75.00	100	—	—

Tabriz

KM# 368.3 2 SHAHI (Mahmudi)
2.7000 g., Silver Note: Type B.

Date	Mintage	F	VF	XF	Unc	BU
AH1150	—	30.00	50.00	70.00	—	—

Tiflis

KM# 368.4 2 SHAHI (Mahmudi)
2.7000 g., Silver Note: Type B.

Date	Mintage	F	VF	XF	Unc	BU
AH1149	—	35.00	55.00	80.00	—	—
AH1150	—	35.00	55.00	80.00	—	—

Eravan

KM# 362.1 ABBASI
5.4000 g., Silver Obv: Toughra type design in center Rev: Inscription Note: Type A.

Date	Mintage	F	VF	XF	Unc	BU
AH1148	—	25.00	40.00	60.00	—	—

Ganjah

KM# 369.1 ABBASI
5.4000 g., Silver Obv: Inscription Rev: Inscription within flower design Note: Type B.

Date	Mintage	F	VF	XF	Unc	BU
AH1150	—	40.00	65.00	90.00	—	—

KM# 375.1 ABBASI
4.6000 g., Silver Note: Type C.

Date	Mintage	F	VF	XF	Unc	BU
AH1151 Rare	—	—	—	—	—	—

Isfahan

KM# 362.2 ABBASI
5.4000 g., Silver Obv: Toughra type design in center Rev: Inscription Note: Type A.

Date	Mintage	F	VF	XF	Unc	BU
AH1148	—	25.00	40.00	60.00	—	—

KM# 369.2 ABBASI
5.4000 g., Silver Obv: Inscription Rev: Inscription within flower design Note: Type B.

Date	Mintage	F	VF	XF	Unc	BU
AH1149	—	17.50	25.00	40.00	—	—

Kirman

KM# 352.2 ABBASI
5.4000 g., Silver Obv: Inscription Rev: Inscription Note: Type A. Varieties exist.

Date	Mintage	F	VF	XF	Unc	BU
AHxxxx	—	25.00	40.00	65.00	—	—

KM# 362.3 ABBASI
5.4000 g., Silver Obv: Toughra type design in center Rev: Inscription Note: Type A.

Date	Mintage	F	VF	XF	Unc	BU
AH1148	—	30.00	45.00	70.00	—	—

Mashhad

KM# 362.4 ABBASI
5.4000 g., Silver Obv: Toughra type design in center Rev: Inscription Note: Type A.

Date	Mintage	F	VF	XF	Unc	BU
AH1148	—	50.00	75.00	100	—	—
AH1149	—	30.00	45.00	70.00	—	—
AH1150	—	25.00	40.00	60.00	—	—

KM# 369.3 ABBASI
5.4000 g., Silver Obv: Inscription Rev: Inscription within flower design Note: Type B.

Date	Mintage	F	VF	XF	Unc	BU
AH1150	—	20.00	30.00	45.00	—	—

Mazandaran

KM# 352.4 ABBASI
5.4000 g., Silver Obv: Inscription Rev: Inscription Note: Type A. Varieties exist.

Date	Mintage	F	VF	XF	Unc	BU
AH1143	—	20.00	35.00	55.00	—	—
AH1144	—	10.00	20.00	30.00	—	—
AH1146	—	12.50	20.00	30.00	—	—
AH1148	—	12.50	20.00	30.00	—	—

KM# 369.4 ABBASI
5.4000 g., Silver Obv: Inscription Rev: Inscription within flower design Note: Type B.

Date	Mintage	F	VF	XF	Unc	BU
AH1148	—	30.00	50.00	75.00	—	—
AH1149	—	30.00	50.00	75.00	—	—

Nakhjavan

KM# 362.5 ABBASI
5.4000 g., Silver Obv: Toughra type design in center Rev: Inscription Note: Type A.

Date	Mintage	F	VF	XF	Unc	BU
AH1148	—	30.00	45.00	70.00	—	—
AH1149	—	25.00	40.00	60.00	—	—

KM# 369.5 ABBASI
5.4000 g., Silver Obv: Inscription Rev: Inscription within flower design Note: Type B.

Date	Mintage	F	VF	XF	Unc	BU
AH1149	—	40.00	65.00	90.00	—	—

Qazvin

KM# 362.6 ABBASI
5.4000 g., Silver Obv: Toughra type design in center Rev: Inscription Note: Type A.

Date	Mintage	F	VF	XF	Unc	BU
AH1148	—	50.00	75.00	100	—	—
AH1149	—	35.00	55.00	75.00	—	—

Rasht

KM# 352.5 ABBASI
5.4000 g., Silver Obv: Inscription Rev: Inscription Note: Type A. Varieties exist.

Date	Mintage	F	VF	XF	Unc	BU
AH1147	—	15.00	25.00	40.00	—	—
AH1148	—	15.00	25.00	40.00	—	—

Shiraz

KM# 362.7 ABBASI
5.4000 g., Silver Obv: Toughra type design in center Rev: Inscription Note: Type A.

Date	Mintage	F	VF	XF	Unc	BU
AH1148	—	25.00	40.00	65.00	—	—
AH1149	—	25.00	40.00	60.00	—	—

KM# 369.7 ABBASI
5.4000 g., Silver Obv: Inscription Rev: Inscription within flower design Note: Type B.

Date	Mintage	F	VF	XF	Unc	BU
AH1149	—	20.00	30.00	45.00	—	—

Simnan

KM# 352.6 ABBASI
5.4000 g., Silver Obv: Inscription Rev: Inscription Note: Type A. Varieties exist.

Date	Mintage	F	VF	XF	Unc	BU
AH1142	—	—	—	—	—	—
Note: Reported, not confirmed						
AH1144	—	20.00	30.00	45.00	—	—

Tabriz

KM# 369.8 ABBASI
5.4000 g., Silver Obv: Inscription Rev: Inscription within flower design Note: Type B.

Date	Mintage	F	VF	XF	Unc	BU
AH1149	—	25.00	40.00	60.00	—	—
AH1150	—	25.00	40.00	60.00	—	—

Tiflis

KM# 362.8 ABBASI
5.4000 g., Silver Obv: Toughra type design in center Rev: Inscription Note: Type A.

Date	Mintage	F	VF	XF	Unc	BU
AH1148	—	50.00	75.00	100	—	—
AH1149	—	50.00	75.00	100	—	—

KM# 369.9 ABBASI
5.4000 g., Silver Obv: Inscription Rev: Inscription within flower design Note: Type B.

Date	Mintage	F	VF	XF	Unc	BU
AH1149	—	20.00	30.00	45.00	—	—
AH1150	—	20.00	30.00	45.00	—	—
AH1151	—	20.00	30.00	45.00	—	—

KM# 375.2 ABBASI
4.6000 g., Silver Note: Type C.

Date	Mintage	F	VF	XF	Unc	BU
AH1151 Rare	—	—	—	—	—	—

Yazd

KM# 352.7 ABBASI
5.4000 g., Silver Obv: Inscription Rev: Inscription Note: Type A. Varieties exist.

Date	Mintage	F	VF	XF	Unc	BU
AH1144	—	40.00	65.00	100	—	—

Isfahan

KM# 376.1 6 SHAHI
6.9000 g., Silver Obv: Inscription Rev: Inscription within small circle in center Note: Type C.

Date	Mintage	Good	VG	F	VF	XF
AH1150	—	—	1.50	4.00	7.00	12.50
AH1151	—	—	1.50	4.00	7.00	12.50
AH1152	—	—	1.50	4.00	7.00	12.50

Mashhad

KM# 376.2 6 SHAHI
6.9000 g., Silver Obv: Inscription Rev: Inscription within small circle in center Note: Type C.

Date	Mintage	Good	VG	F	VF	XF
AH1150	—	—	1.50	4.00	7.00	12.50
AH1151	—	—	1.50	4.00	7.00	12.50
AH1152	—	—	2.00	5.00	8.50	15.00

Nadirabad

KM# 376.3 6 SHAHI
6.9000 g., Silver Obv: Inscription Rev: Inscription within small circle in center Note: Type C.

Date	Mintage	Good	VG	F	VF	XF
AH1151	—	—	4.00	10.00	17.50	30.00

Qandahar

KM# 376.4 6 SHAHI

6.9000 g., Silver **Obv:** Inscription within small circle in center **Note:** Type C.

Date	Mintage	Good	VG	F	VF	XF
AH1150	—	—	4.00	10.00	17.50	30.00
AH1151	—	—	—	10.00	17.50	30.00

Note: Reported, not confirmed

Shiraz

KM# 376.5 6 SHAHI

6.9000 g., Silver **Obv:** Inscription within small circle in center **Note:** Type C.

Date	Mintage	Good	VG	F	VF	XF
AH1150	—	—	2.00	5.00	8.50	15.00
AH1151	—	—	2.00	5.00	8.50	15.00

Tabriz

KM# 376.6 6 SHAHI

6.9000 g., Silver **Obv:** Inscription within small circle in center **Note:** Type C.

Date	Mintage	Good	VG	F	VF	XF
AH1150	—	—	1.50	4.00	7.00	12.50
AH1151	—	—	1.50	4.00	7.00	12.50
AH1152	—	—	1.50	4.00	7.00	12.50

Tiflis

KM# 376.7 6 SHAHI

6.9000 g., Silver **Obv:** Inscription within small circle in center **Note:** Type C.

Date	Mintage	Good	VG	F	VF	XF
AH1150	—	—	2.00	5.00	8.50	15.00
AH1151	—	—	2.00	5.00	8.50	15.00
AH1152	—	—	2.00	5.00	8.50	15.00

Murshidabad

KM# C385 1/16 RUPI

0.7100 g., Silver **Note:** Type F.

Date	Mintage	Good	VG	F	VF	XF
AH1152	—	40.00	100	200	350	—

Murshidabad

KM# D385 1/8 RUPI

1.4300 g., Silver **Note:** Type F.

Date	Mintage	Good	VG	F	VF	XF
AH1152	—	40.00	100	200	350	—

Murshidabad

KM# E385 1/4 RUPI

2.8700 g., Silver **Note:** Type F.

Date	Mintage	Good	VG	F	VF	XF
AH1152	—	40.00	100	200	350	—

Murshidabad

KM# F385 1/2 RUPI

5.7500 g., Silver **Note:** Type F.

Date	Mintage	Good	VG	F	VF	XF
AH1152	—	40.00	100	200	350	—

Ahmadabad

KM# A385.1 RUPI

11.5000 g., Silver **Rev. Inscription:** "Khalad Allah Mulkahu" added **Note:** Type D.2

Date	Mintage	Good	VG	F	VF	XF
AH1152	—	30.00	—	75.00	150	250

Azimabad

KM# B385 RUPI

11.5000 g., Silver **Note:** Type E.

Date	Mintage	Good	VG	F	VF	XF
AH1151 Rare	—	—	—	—	—	—

Bhakkar

KM# A385.2 RUPI

11.5000 g., Silver **Rev. Inscription:** "Khalad Allah Mulkahu" added **Note:** Type D. Previous Afghanistan KM# A280.

Date	Mintage	Good	VG	F	VF	XF
AH1153	—	6.00	15.00	30.00	50.00	75.00
AH1154	—	6.00	15.00	30.00	50.00	75.00
AH1155	—	6.00	15.00	30.00	50.00	75.00
AH1156	—	6.00	15.00	30.00	50.00	75.00
AH1157	—	6.00	15.00	30.00	50.00	75.00
AH1158	—	6.00	15.00	30.00	50.00	75.00
AH1159	—	6.00	15.00	30.00	50.00	75.00
AH1160	—	6.00	15.00	30.00	50.00	75.00

Derajat

KM# A385.3 RUPI

11.5000 g., Silver **Rev. Inscription:** "Khalad Allah Mulkahu" added **Note:** Type D.2. Prev. Afghanistan KM# 336.

Date	Mintage	Good	VG	F	VF	XF
AH1158	—	18.00	45.00	90.00	150	225
AH1159	—	12.00	30.00	60.00	100	150
AH1160	—	12.00	30.00	60.00	100	150

Kabul

KM# 385A.4 RUPI

11.5000 g., Silver **Rev. Inscription:** "Khalad Allah Mulkahu" added **Note:** Type D.2. AH1159 mintname is Qabul while AH1158 and 1160 are Kabul.

Date	Mintage	Good	VG	F	VF	XF
AH1157	—	18.00	45.00	90.00	150	225
AH1158	—	18.00	45.00	90.00	150	225
AH1159	—	25.00	60.00	120	200	300

Lahore

KM# A385.5 RUPI

11.5000 g., Silver **Rev. Inscription:** "Khalad Allah Mulkahu" added **Note:** Type D.2

Date	Mintage	Good	VG	F	VF	XF
AH1152 Rare	—	—	—	—	—	—

Multan

KM# A385.6 RUPI

11.5000 g., Silver **Rev. Inscription:** "Khalad Allah Mulkahu" and "Dar al-Aman" **Note:** Type D.2

Date	Mintage	Good	VG	F	VF	XF
AH1152	—	25.00	62.50	135	225	335

Murshidabad

KM# G385.2 RUPI

11.5000 g., Silver **Note:** Type F.

Date	Mintage	Good	VG	F	VF	XF
AH1151	—	60.00	150	300	500	—
AH1152	—	60.00	150	300	500	—

Peshawar

KM# A385.7 RUPI

11.5000 g., Silver **Rev. Inscription:** "Khalad Allah Mulkahu" **Note:** Type D.2. Prev. Afghanistan KM# 685.

Date	Mintage	Good	VG	F	VF	XF
AH1153	—	8.00	20.00	40.00	65.00	100
AH1154	—	9.00	24.00	48.00	80.00	120
AH1155	—	9.00	24.00	48.00	80.00	120
AH1157	—	8.00	20.00	40.00	65.00	100
AH1158	—	8.00	20.00	40.00	65.00	100
AH1159	—	8.00	20.00	40.00	65.00	100
AH1160	—	8.00	20.00	40.00	65.00	100

Sahrind

KM# A385.8 RUPI

11.5000 g., Silver **Rev. Inscription:** "Khalad Allah Mulkahu" and "Dar al-Aman" **Note:** Type D.2

Date	Mintage	Good	VG	F	VF	XF
AH1152	—	18.00	45.00	90.00	150	225

Shahjahanabad

KM# A385.9 RUPI

11.5000 g., Silver **Rev. Inscription:** "Khalad Allah Mulkahu" and "Dar al-Khilafa" **Note:** Type D.2. Prev. Afghanistan KM# A759.

Date	Mintage	Good	VG	F	VF	XF
AH1151	—	12.00	30.00	60.00	100	150
AH1152	—	12.00	30.00	60.00	100	150

Shikarpur

KM# AA385.10 RUPI

11.5000 g., Silver **Rev. Inscription:** "Khalad Allah Mulkahu" **Note:** Type D.2

Date	Mintage	Good	VG	F	VF	XF
AH1155 Rare	—	—	—	—	—	—

Sind

KM# A385.10 RUPI

11.5000 g., Silver **Note:** Type D.1

Date	Mintage	Good	VG	F	VF	XF
ND(1740-47) Date off flan	—	9.00	22.50	45.00	75.00	110
AH1153	—	15.00	37.50	75.00	125	180
AH1155	—	15.00	37.50	75.00	125	180
AH1156	—	18.00	45.00	90.00	150	225
AH1157	—	15.00	37.50	75.00	125	180
AH1158	—	18.00	45.00	90.00	150	225
AH1160	—	20.00	50.00	100	175	260

Tatta

KM# A385.11 RUPI

11.5000 g., Silver **Rev. Inscription:** "Khalad Allah Mulkahu" **Note:** Type D.2

Date	Mintage	Good	VG	F	VF	XF
ND(1738-47)	—	25.00	67.50	135	225	335

Bahkar

KM# 385.1 RUPI (10 Shahi)

11.5000 g., Silver **Obv:** Inscription **Rev:** Inscription, date within small circle at upper right **Note:** Type D.

Date	Mintage	F	VF	XF	Unc	BU
AH1159	—	—	—	—	—	—

Daghistan

KM# 385.2 RUPI (10 Shahi)

11.5000 g., Silver **Obv:** Inscription, date within small circle at upper right **Note:** Type D.

Date	Mintage	F	VF	XF	Unc	BU
AH1154	—	100	150	250	—	—

Darband

KM# 385.3 RUPI (10 Shahi)

11.5000 g., Silver **Obv:** Inscription **Rev:** Inscription, date within small circle at upper right **Note:** Type D.

Date	Mintage	F	VF	XF	Unc	BU
AH1154	—	75.00	125	200	—	—

Ganjah

KM# 385.4 RUPI (10 Shahi)

11.5000 g., Silver **Obv:** Inscription **Rev:** Inscription, date within small circle at upper right **Note:** Type D.

Date	Mintage	F	VF	XF	Unc	BU
AH1154	—	40.00	60.00	90.00	—	—

Isfahan

KM# 385.5 RUPI (10 Shahi)

11.5000 g., Silver **Obv:** Inscription **Rev:** Inscription, date within small circle at upper right **Note:** Type D.

Date	Mintage	F	VF	XF	Unc	BU
AH1151	—	15.00	25.00	40.00	—	—
AH1152	—	8.00	12.50	20.00	—	—
AH1153	—	8.00	12.50	20.00	—	—
AH1154	—	8.00	12.50	20.00	—	—
AH1155	—	8.00	12.50	20.00	—	—
AH1156	—	8.00	12.50	20.00	—	—
AH1157	—	8.00	12.50	20.00	—	—
AH1158	—	8.00	12.50	20.00	—	—
AH1159	—	8.00	12.50	20.00	—	—
AH1160	—	8.00	12.50	20.00	—	—

Kabul

KM# 385.6 RUPI (10 Shahi)

11.5000 g., Silver **Obv:** Inscription **Rev:** Inscription, date within small circle at upper right **Note:** Type D.

Date	Mintage	F	VF	XF	Unc	BU
AH1157	—	80.00	125	180	—	—
AH1160	—	80.00	125	180	—	—

Mashhad

KM# 385.7 RUPI (10 Shahi)

11.5000 g., Silver **Obv:** Inscription **Rev:** Inscription, date within small circle at upper right **Note:** Type D.

Date	Mintage	F	VF	XF	Unc	BU
ND	—	8.00	12.50	20.00	—	—
AH1151	—	15.00	25.00	40.00	—	—
AH1152	—	10.00	15.00	25.00	—	—
AH1153	—	10.00	15.00	25.00	—	—
AH1154	—	10.00	15.00	25.00	—	—
AH1155	—	10.00	15.00	25.00	—	—
AH1156	—	10.00	15.00	25.00	—	—
AH1157	—	10.00	15.00	25.00	—	—
AH1158	—	12.50	20.00	30.00	—	—
AH1159	—	15.00	25.00	40.00	—	—
AH1160	—	15.00	25.00	40.00	—	—

Muhammadabad Banaras

KM# G385.1 RUPI (10 Shahi)

11.5000 g., Silver **Note:** Type F.

Date	Mintage	Good	VG	F	VF	XF
AH115x	—	60.00	150	300	500	—

Nadirabad

KM# 385.8 RUPI (10 Shahi)

11.5000 g., Silver **Obv:** Inscription **Rev:** Inscription, date within small circle at upper right **Note:** Type D.

Date	Mintage	F	VF	XF	Unc	BU
AH1153	—	45.00	70.00	110	—	—

Qazvin

KM# 385.9 RUPI (10 Shahi)

11.5000 g., Silver **Obv:** Inscription **Rev:** Inscription, date within small circle at upper right **Note:** Type D.

Date	Mintage	F	VF	XF	Unc	BU
AH1153	—	30.00	50.00	75.00	—	—

Shiraz

KM# 385.10 RUPI (10 Shahi)

11.5000 g., Silver **Obv:** Inscription **Rev:** Inscription, date within small circle at upper right **Note:** Type D.

Date	Mintage	F	VF	XF	Unc	BU
AH1152	—	20.00	32.50	50.00	—	—
AH1153	—	20.00	32.50	50.00	—	—

IRAN

Tabriz

KM# 385.11 RUPI (10 Shahi)
11.5000 g., Silver **Obv:** Inscription **Rev:** Inscription, date within small circle at upper right **Note:** Type D.

Date	Mintage	F	VF	XF	Unc	BU
AH1152	—	8.00	12.50	20.00	—	—
AH1153	—	8.00	12.50	20.00	—	—
AH1154	—	8.00	12.50	20.00	—	—
AH1155	—	8.00	12.50	20.00	—	—
AH1156	—	8.00	12.50	20.00	—	—
AH1157	—	8.00	12.50	20.00	—	—
AH1158	—	8.00	12.50	20.00	—	—
AH1159	—	8.00	12.50	20.00	—	—
AH1160	—	8.00	12.50	20.00	—	—

Tiflis

KM# 385.12 RUPI (10 Shahi)
11.5000 g., Silver **Obv:** Inscription **Rev:** Inscription, date within small circle at upper right **Note:** Type D.

Date	Mintage	F	VF	XF	Unc	BU
AH1152	—	20.00	32.50	50.00	—	—
AH1159	—	25.00	40.00	60.00	—	—

Kabul

KM# 377.1 2 RUPI (20 Shahi)
23.0000 g., Silver **Obv:** Inscription within beaded circle **Rev:** Inscription **Note:** Type C.

Date	Mintage	F	VF	XF	Unc	BU
AHxxxx	—	75.00	125	200	—	—

Lahore

KM# 377.2 2 RUPI (20 Shahi)
23.0000 g., Silver **Obv:** Inscription within beaded circle **Rev:** Inscription **Note:** Type C.

Date	Mintage	F	VF	XF	Unc	BU
AH1152	—	75.00	125	200	—	—

Mashhad

KM# 377.3 2 RUPI (20 Shahi)
23.0000 g., Silver **Obv:** Inscription within beaded circle **Rev:** Inscription **Note:** Type C.

Date	Mintage	F	VF	XF	Unc	BU
AH1151	—	60.00	90.00	140	—	—

Multan

KM# H385 2 RUPI (20 Shahi)
23.0000 g., Silver **Rev. Inscription:** "Dar al-Amân **Note:** Type D.2

Date	Mintage	Good	VG	F	VF	XF
AH1152 Rare	—	—	—	—	—	—

Nadirabad

KM# 377.4 2 RUPI (20 Shahi)
23.0000 g., Silver **Obv:** Inscription within beaded circle **Rev:** Inscription **Note:** Type C.

Date	Mintage	F	VF	XF	Unc	BU
AH1151	—	30.00	50.00	85.00	—	—

Peshawar

KM# 377.6 2 RUPI (20 Shahi)
23.0000 g., Silver **Obv:** Inscription within beaded circle **Rev:** Inscription **Note:** Type C.

Date	Mintage	F	VF	XF	Unc	BU
AH1151	—	75.00	125	200	—	—

Qandahar

KM# 377.5 2 RUPI (20 Shahi)
23.0000 g., Silver **Obv:** Inscription within beaded circle **Rev:** Inscription **Note:** Type C.

Date	Mintage	F	VF	XF	Unc	BU
AH1150	—	25.00	40.00	70.00	—	—
AH1151	—	35.00	60.00	100	—	—

Isfahan

KM# 363.1 ASHRAFI
3.5000 g., Gold **Obv:** Inscription **Rev:** Inscription within center circle **Note:** Type A.

Date	Mintage	F	VF	XF	Unc	BU
AH1148	—	225	300	425	—	—

KM# 378.1 ASHRAFI
3.5000 g., Gold **Obv:** Inscription within small circle in center **Rev:** Inscription **Note:** Type C.

Date	Mintage	F	VF	XF	Unc	BU
AH1151	—	225	300	375	—	—
AH1152	—	265	350	450	—	—

KM# 388.1 ASHRAFI
3.5000 g., Gold **Note:** Type D.

Date	Mintage	F	VF	XF	Unc	BU
AH1152	—	225	350	500	—	—
AH1159	—	—	—	—	—	—

Note: Reported, not confirmed

Mashhad

KM# 363.2 ASHRAFI
3.5000 g., Gold **Obv:** Inscription **Rev:** Inscription within center circle **Note:** Type A.

Date	Mintage	F	VF	XF	Unc	BU
AH1149	—	225	300	425	—	—
AH1150	—	225	300	425	—	—

KM# 378.2 ASHRAFI
3.5000 g., Gold **Obv:** Inscription within small circle in center **Rev:** Inscription **Note:** Type C.

Date	Mintage	F	VF	XF	Unc	BU
AH1150	—	225	300	375	—	—
AH1151	—	225	300	375	—	—

KM# 388.2 ASHRAFI
3.5000 g., Gold **Note:** Type D.

Date	Mintage	F	VF	XF	Unc	BU
ND	—	190	240	350	—	—

Shiraz

KM# 363.3 ASHRAFI
3.5000 g., Gold **Obv:** Inscription **Rev:** Inscription within center circle **Note:** Type A.

Date	Mintage	F	VF	XF	Unc	BU
AH1149	—	225	300	425	—	—

KM# 370.2 ASHRAFI
3.5000 g., Gold **Note:** Type B.

Date	Mintage	VG	F	VF	XF	Unc
AH1150	—	150	225	300	375	—

KM# 378.3 ASHRAFI
3.5000 g., Gold **Obv:** Inscription within small circle in center **Rev:** Inscription **Note:** Type C.

Date	Mintage	F	VF	XF	Unc	BU
AH1151	—	265	350	450	—	—

Tabriz

KM# 363.4 ASHRAFI
3.5000 g., Gold **Obv:** Inscription **Rev:** Inscription within center circle **Note:** Type A.

Date	Mintage	F	VF	XF	Unc	BU
AH1149	—	225	300	425	—	—

KM# 378.4 ASHRAFI
3.5000 g., Gold **Obv:** Inscription within small circle in center **Rev:** Inscription **Note:** Type C.

Date	Mintage	F	VF	XF	Unc	BU
AH1151	—	265	350	450	—	—

Tiflis

KM# 378.5 ASHRAFI
3.5000 g., Gold **Obv:** Inscription within small circle in center **Rev:** Inscription **Note:** Type C.

Date	Mintage	F	VF	XF	Unc	BU
AH1152	—	265	350	450	—	—

Bahkar

KM# 390.1 ASHRAFI (Mohur)
11.0000 g., Gold **Note:** Type D.2

Date	Mintage	Good	VG	F	VF	XF
AH1158 Rare	—	—	—	—	—	—

Derajat

KM# 390.2 ASHRAFI (Mohur)
11.0000 g., Gold **Note:** Type D.2

Date	Mintage	Good	VG	F	VF	XF
AH1159	—	—	500	1,000	1,500	—
AH1160	—	—	500	1,000	1,500	—

Isfahan

KM# 389.1 ASHRAFI (Mohur)
11.0000 g., Gold **Obv:** Inscription **Rev:** Inscription within small circle in center **Note:** Type D.

Date	Mintage	F	VF	XF	Unc	BU
AH1153	—	450	525	675	—	—
AH1154	—	450	525	675	—	—
AH1156	—	450	525	675	—	—
AH1157	—	450	525	675	—	—
AH1158	—	450	525	675	—	—
AH1159	—	450	525	675	—	—
AH1160	—	450	525	675	—	—

Kabul

KM# 390.3 ASHRAFI (Mohur)
11.0000 g., Gold **Note:** Type D.2

Date	Mintage	Good	VG	F	VF	XF
AH1157	—	—	500	675	975	—
AH1160	—	—	500	675	975	—

Mashhad

KM# 379.1 ASHRAFI (Mohur)
11.0000 g., Gold **Note:** Type C.

Date	Mintage	F	VF	XF	Unc	BU
AH1150	—	475	650	775	—	—

KM# 389.2 ASHRAFI (Mohur)
11.0000 g., Gold **Obv:** Inscription **Rev:** Inscription within small circle in center **Note:** Type D.

Date	Mintage	F	VF	XF	Unc	BU
AH1156	—	450	525	675	—	—
AH1157	—	500	575	725	—	—

Peshawar

KM# 390.4 ASHRAFI (Mohur)
11.0000 g., Gold **Note:** Type D.2

Date	Mintage	Good	VG	F	VF	XF
AH1154	—	—	525	1,050	1,500	—
AH1155	—	—	525	1,050	1,500	—
AH1157	—	—	525	1,050	1,500	—
AH1159	—	—	525	1,050	1,500	—

Shiraz

KM# 379.2 ASHRAFI (Mohur)
11.0000 g., Gold **Note:** Type C.

Date	Mintage	F	VF	XF	Unc	BU
AH1151	—	—	—	—	—	—

Note: Reported, not confirmed

Sind

KM# 389.4 ASHRAFI (Mohur)
11.0000 g., Gold **Note:** Type D.1

Date	Mintage	Good	VG	F	VF	XF
ND(1738-47)	—	—	475	700	900	—

Tabriz

KM# 389.3 ASHRAFI (Mohur)
11.0000 g., Gold **Obv:** Inscription **Rev:** Inscription within small circle in center **Note:** Type D.

Date	Mintage	F	VF	XF	Unc	BU
AH1154	—	450	525	675	—	—
AH1157	—	450	525	675	—	—
AH1158	—	450	525	675	—	—

KM# 386 1/12 MOHUR
0.9000 g., Gold **Note:** Type D.

Date	Mintage	F	VF	XF	Unc	BU
AH1158 Isfahan	—	150	190	270	—	—

Isfahan

KM# 387 1/6 MOHUR
1.8300 g., Gold **Obv:** Inscription **Rev:** Inscription within small circle in center **Note:** Type D.

Date	Mintage	F	VF	XF	Unc	BU
AH115x	—	120	180	240	—	—

Shahrukh, Viceroy at Herat
AH1151-1160 / 1739-1747AD

Type for this ruler:

A. Couplet, divided on the two faces of the coin, with the date added to obverse or reverse field.

Amr shod az shah-e shahan Nader-e Sahebqeran Sekke yabad az Harat az Shahrokh nam o neshan.

"It was ordered by the king of kings, Nadir, the Sahebqiran, that the coin of Herat should bear the name and sign of Shahrukh."

HAMMERED COINAGE

Herat

KM# 431 RUPI (10 Shahi)
11.5000 g., Silver **Obv:** Inscription **Rev:** Inscription **Note:** Type A.

Date	Mintage	F	VF	XF	Unc	BU
ND	—	15.00	25.00	45.00	—	—
AH1153	—	25.00	40.00	65.00	—	—
AH1155	—	25.00	40.00	65.00	—	—
AH1157	—	25.00	40.00	65.00	—	—
AH1159	—	25.00	40.00	65.00	—	—

Sam Mirza
AH1160 / 1747AD

Types for this reign:

A. Obverse title and name of the ruler, *Bande-ye shah-e velayat Sam ebn-e Soltan Hoseyn*, plus mint and date. Reverse, Shiite formula.

B. Obverse couplet. Reverse, the Shiite formula in central circle, the names of the 12 Imams around.

Sekkeh zad bar zar be-giti chun tolu-e neyreyn Vareth-e molk-e Soleyman Sam ebn-e Soltan Hoseyn.

"Heir to the kingdom of Solomon, Sam, son of Sultan, Husayn, has struck coin in precious metal in the world, like the rise of the two brilliances (i.e., the sun and the moon)."

HAMMERED COINAGE

Tabriz

KM# 427 SHAHI (50 Dinars)
1.1500 g., Silver **Note:** Type A.

Date	Mintage	F	VF	XF	Unc	BU
AH1160	—	50.00	90.00	150	—	—

Tabriz

KM# 429 ABBASI
4.6000 g., Silver **Obv:** Inscription **Rev:** Inscription **Note:** Type B.

Date	Mintage	F	VF	XF	Unc	BU
AH1160	—	65.00	110	200	—	—

Tabriz

KM# 428 5 SHAHI
5.7500 g., Silver **Obv:** Inscription **Rev:** Inscription **Note:** Type A. Rectangular flan.

Date	Mintage	F	VF	XF	Unc	BU
AH1160	—	100	175	275	—	—

Adel Shah (Ali)
AH1160-1161 / 1747-1748AD

Types for this reign:

A. Obverse short couplet, as below, with mint below, and date, if any, somewhere in the field. Reverse, the Shiite formula, sometimes with the names of the 12 Imams in a surrounding marginal legend.

Gasht rayej be-hokm-e Lam-Yazli Sekke-ye Saltanat be-nam-e Ali.

"By the order of the Eternal One, the coin of the sultanate has become current in the name of Ali." Ali was another name of Adel Shah.

On some examples, the word *be-hokm-e* is replaced by *be-amr-e,* with the same meaning.

B. Obverse long couplet, with mint and date below. Reverse, the Shiite formula.

Za ba'd-e dorr-e douran-e edalat sekke bar zar shod Be-nam-e shah-e din Soltan Ali alam monavvar shod.

"After the pearl of the age of justice (i.e., Nadir Shah), coin was struck in precious metal. In the name of the king of the faith, Sultan Ali, the world was illuminated." This difficult passage is replete with wordplays lost in translation. Sultan Ali here refers simultaneously to Adel Shah himself, to Ali ibn Abi Talib, and to the eighth Shiite Imam (to whom the evocation on type C).

C. Obverse evocation of the eighth Imam, *Ya 'Ali ebn-e Musa al-Reza,* O Ali, son of Musa, al-Reza." Reverse as type A. Type C is anonymous, and many have been struck largely during the interregnum of a couple months that followed the overthrow of Adel Shah.

HAMMERED COINAGE

Isfahan

KM# 401.1 SHAHI (50 Dinars)
1.1500 g., Silver **Note:** Type A.

Date	Mintage	F	VF	XF	Unc	BU
AHxxxx	—	20.00	40.00	65.00	—	—

Mashhad

KM# 401.2 SHAHI (50 Dinars)
1.1500 g., Silver **Note:** Type A.

Date	Mintage	F	VF	XF	Unc	BU
AH1160	—	25.00	45.00	75.00	—	—

Mazandaran

KM# 401.3 SHAHI (50 Dinars)
1.1500 g., Silver **Note:** Type A.

Date	Mintage	F	VF	XF	Unc	BU
AH1161	—	25.00	45.00	75.00	—	—

Qazvin

KM# 401.4 SHAHI (50 Dinars)
1.1500 g., Silver **Note:** Type A.

Date	Mintage	F	VF	XF	Unc	BU
AH1160	—	25.00	45.00	75.00	—	—

Herat

KM# 402.1 ABBASI
4.6000 g., Silver **Obv:** Inscription **Rev:** Inscription **Note:** Type A.

Date	Mintage	F	VF	XF	Unc	BU
AH1160	—	15.00	25.00	40.00	—	—

Isfahan

KM# 402.2 ABBASI
4.6000 g., Silver **Obv:** Inscription **Rev:** Inscription **Note:** Type A.

Date	Mintage	F	VF	XF	Unc	BU
AH1160	—	6.00	10.00	16.00	—	—
AH1161	—	6.00	10.00	16.00	—	—

KM# 407.1 ABBASI
4.6000 g., Silver **Note:** Type C.

Date	Mintage	F	VF	XF	Unc	BU
AH1160	—	20.00	35.00	50.00	—	—
AH1161	—	8.00	14.00	22.50	—	—

Mashhad

KM# 402.3 ABBASI
4.6000 g., Silver **Obv:** Inscription **Rev:** Inscription **Note:** Type A.

Date	Mintage	F	VF	XF	Unc	BU
AH1160	—	7.00	11.50	18.00	—	—
AH1161	—	7.00	11.50	18.00	—	—

Mazandaran

KM# 403.3 RUPI (10 Shahi)
11.5000 g., Silver **Note:** Type A.

Date	Mintage	F	VF	XF	Unc	BU
AH1161	—	22.50	35.00	50.00	—	—

KM# 406 RUPI (10 Shahi)
11.5000 g., Silver **Obv:** Inscription **Rev:** Inscription **Note:** Type B.

Date	Mintage	F	VF	XF	Unc	BU
AH1161	—	40.00	75.00	125	—	—

Mazandaran

KM# 405 ABBASI
4.6000 g., Silver **Obv:** Inscription **Rev:** Inscription **Note:** Type B.

Date	Mintage	F	VF	XF	Unc	BU
AH1161	—	30.00	50.00	80.00	—	—

Qazvin

KM# 402.4 ABBASI
4.6000 g., Silver **Obv:** Inscription **Rev:** Inscription **Note:** Type A.

Date	Mintage	F	VF	XF	Unc	BU
AH1160	—	6.00	10.00	16.00	—	—
AH1161	—	6.00	10.00	16.00	—	—

KM# 407.2 ABBASI
4.6000 g., Silver **Note:** Type C.

Date	Mintage	F	VF	XF	Unc	BU
AH1161	—	6.00	10.00	17.50	—	—

Rasht

KM# 407.3 ABBASI
4.6000 g., Silver **Note:** Type C.

Date	Mintage	F	VF	XF	Unc	BU
AH1161	—	20.00	35.00	50.00	—	—
AH1163 (sic)	—	25.00	45.00	75.00	—	—

Shiraz

KM# 402.5 ABBASI
4.6000 g., Silver **Obv:** Inscription **Rev:** Inscription **Note:** Type A.

Date	Mintage	F	VF	XF	Unc	BU
AH1160	—	7.00	11.50	18.00	—	—
AH1161	—	6.00	10.00	16.00	—	—

Tabriz

KM# 402.6 ABBASI
4.6000 g., Silver **Obv:** Inscription **Rev:** Inscription **Note:** Type A.

Date	Mintage	F	VF	XF	Unc	BU
AH1160	—	8.00	12.50	20.00	—	—
AH1161	—	10.00	16.00	25.00	—	—

KM# 407.4 ABBASI
4.6000 g., Silver **Note:** Type C.

Date	Mintage	F	VF	XF	Unc	BU
AH1161	—	25.00	45.00	75.00	—	—

Herat

KM# 403.1 RUPI (10 Shahi)
11.5000 g., Silver **Note:** Type A.

Date	Mintage	F	VF	XF	Unc	BU
AH1160	—	15.00	25.00	40.00	—	—
AH1161	—	15.00	25.00	40.00	—	—

KM# 408.1 RUPI (10 Shahi)
11.5000 g., Silver **Obv:** Inscription **Rev:** Inscription **Note:** Type C.

Date	Mintage	F	VF	XF	Unc	BU
AH1160 Herat	—	45.00	70.00	125	—	—

Kirman

KM# 408.2 RUPI (10 Shahi)
11.5000 g., Silver **Obv:** Inscription **Rev:** Inscription **Note:** Type C.

Date	Mintage	F	VF	XF	Unc	BU
AH1161	—	35.00	60.00	100	—	—
AH1162	—	40.00	70.00	120	—	—

Mashhad

KM# 408.4 RUPI (10 Shahi)
11.5000 g., Silver **Note:** Type C. With this type, the Shiite formula is arranged with the last words "Ali Wali Allah" in a central circle. The rest of the formula is written around in a circle.

Date	Mintage	F	VF	XF	Unc	BU
AH1161	—	8.00	14.00	25.00	—	—

KM# 403.2 RUPI (10 Shahi)
11.5000 g., Silver **Note:** Type A.

Date	Mintage	F	VF	XF	Unc	BU
AH1161	—	15.00	25.00	40.00	—	—

Rasht

KM# 408.3 RUPI (10 Shahi)
11.5000 g., Silver **Obv:** Inscription **Rev:** Inscription **Note:** Type C.

Date	Mintage	F	VF	XF	Unc	BU
AH1160	—	20.00	35.00	50.00	—	—
AH1161	—	10.00	16.00	27.50	—	—
AH1162	—	10.00	16.00	27.50	—	—

Herat

KM# 404.1 2 RUPI (20 Shahi)
23.0000 g., Silver **Obv:** Inscription within circle in center **Rev:** Inscription **Note:** Type A. With this type, the Shiite formula is arranged with the last words "Ali Wali Allah" in a central circle. The rest of the formula is written around in a circle.

Date	Mintage	F	VF	XF	Unc	BU
AH1161 Herat	—	60.00	100	150	—	—

Mashhad

KM# 404.2 2 RUPI (20 Shahi)
23.0000 g., Silver **Obv:** Inscription within circle in center **Rev:** Inscription **Note:** Type A. With this type, the Shiite formula is arranged with the last words "Ali Wali Allah" in a central circle. The rest of the formula is written around in a circle.

Date	Mintage	F	VF	XF	Unc	BU
AH1160	—	45.00	75.00	125	—	—

KM# 410 2 RUPI (20 Shahi)
11.5000 g., Silver **Obv:** Inscription **Rev:** Inscription **Note:** Type C.

Date	Mintage	F	VF	XF	Unc	BU
AH1161	—	100	150	200	—	—

KM# A404.2 2 RUPI (20 Shahi)
11.5000 g., Silver **Obv:** Inscription **Rev:** Inscription **Note:** Type A. Formula similar to 1 Rupi, KM#408.2.

Date	Mintage	F	VF	XF	Unc	BU
AH1161	—	15.00	25.00	45.00	—	—

904 IRAN

Isfahan

KM# 411 MOHUR
11.0000 g., Gold **Note:** Type C.

Date	Mintage	F	VF	XF	Unc	BU
AH1161 Rare	—	—	—	—	—	—

Tabriz

KM# 415 2 SHAHI (Mahmudi)
2.3000 g., Silver **Note:** Type B.

Date	Mintage	F	VF	XF	Unc	BU
AH1162	—	40.00	70.00	115	—	—

Date	Mintage	F	VF	XF	Unc	BU
AH1160 (sic)	—	60.00	90.00	140	—	—
AH1161	—	50.00	80.00	125	—	—
AH1162	—	50.00	80.00	125	—	—

Rasht

KM# 414.3 3 ABBASI (12 Shahi)
13.8000 g., Silver **Obv:** Inscription **Rev:** Inscription within circle **Note:** Type A.

Date	Mintage	F	VF	XF	Unc	BU
AH1161	—	60.00	100	150	—	—
AH1162	—	60.00	100	150	—	—

Shiraz

KM# 414.4 3 ABBASI (12 Shahi)
13.8000 g., Silver **Obv:** Inscription **Rev:** Inscription within circle **Note:** Type A.

Date	Mintage	F	VF	XF	Unc	BU
AH1162	—	75.00	125	200	—	—

Tabriz

KM# 414.5 3 ABBASI (12 Shahi)
13.8000 g., Silver **Obv:** Inscription **Rev:** Inscription within circle **Note:** Type A.

Date	Mintage	F	VF	XF	Unc	BU
AH1161	—	50.00	80.00	125	—	—
AH1162	—	50.00	80.00	125	—	—

Tiflis

KM# 414.6 3 ABBASI (12 Shahi)
13.8000 g., Silver **Obv:** Inscription **Rev:** Inscription within circle **Note:** Type A.

Date	Mintage	F	VF	XF	Unc	BU
AH1162	—	60.00	100	150	—	—

Amir Arslan Khan at Tabriz
AH1161 / 1748AD

Type for this reign:

A. An anonymous type assigned to Amir Arslan, in the name of the eighth Imam, 'Ali ibn Musa al-Reza. Obverse couplet, with mint and date below. Reverse, the Shiite formula with the names of the 12 Imams around. Struck only at Tabriz.

Za feyz-e Hazrat-e Bari o sarnevesht-e qaza Ravaj yaft be-zar sekke-ye Emam-Reza.

"By the favor of the Lord Creator and the vicissitudes of fortune, the coin of the Imam Reza has become current in precious metal."

HAMMERED COINAGE

Tabriz

KM# 418 SHAHI (50 Dinars)
1.1500 g., Silver **Note:** Type A.

Date	Mintage	F	VF	XF	Unc	BU
AH1161	—	35.00	60.00	100	—	—

Tabriz

KM# 419 ABBASI
4.6000 g., Silver **Obv:** Inscription **Rev:** Inscription **Note:** Type A.

Date	Mintage	F	VF	XF	Unc	BU
AH1161	—	20.00	35.00	65.00	—	—
AH1162	—	40.00	70.00	110	—	—

Tabriz

KM# 420 ASHRAFI
3.5000 g., Gold **Note:** Type A.

Date	Mintage	F	VF	XF	Unc	BU
AH1161 Rare	—	—	—	—	—	—

Astarabad

KM# 413.1 ABBASI
4.6000 g., Silver **Obv:** Inscription **Rev:** Inscription within circle in center **Note:** Type A.

Date	Mintage	F	VF	XF	Unc	BU
AH116x Astarabad	—	30.00	45.00	70.00	—	—

KM# 416.1 ABBASI
4.6000 g., Silver **Note:** Type B.

Date	Mintage	F	VF	XF	Unc	BU
AHxxxx	—	30.00	45.00	70.00	—	—

Ganjah

KM# 413.2 ABBASI
4.6000 g., Silver **Obv:** Inscription **Rev:** Inscription within circle in center **Note:** Type A.

Date	Mintage	F	VF	XF	Unc	BU
AH1162	—	40.00	65.00	100	—	—

Shiraz

KM# 413.3 ABBASI
4.6000 g., Silver **Obv:** Inscription **Rev:** Inscription within circle in center **Note:** Type A.

Date	Mintage	F	VF	XF	Unc	BU
AH1162	—	50.00	80.00	125	—	—

Tiflis

KM# 416.2 ABBASI
4.6000 g., Silver **Note:** Type B.

Date	Mintage	F	VF	XF	Unc	BU
AH1161	—	40.00	70.00	115	—	—
AH1162	—	40.00	70.00	115	—	—

Astarabad

KM# 422 6 SHAHI
6.9000 g., Silver **Obv:** Inscription within circle **Rev:** Inscription **Note:** Type D.

Date	Mintage	F	VF	XF	Unc	BU
AH1161	—	40.00	70.00	115	—	—
AH1162	—	40.00	70.00	115	—	—
ND	—	25.00	45.00	75.00	—	—

Tabriz

KM# 417 ASHRAFI
3.5000 g., Gold **Note:** Type B.

Date	Mintage	F	VF	XF	Unc	BU
AH1162 Rare	—	—	—	—	—	—

Ganjah

KM# 423 1/4 MOHUR
2.7500 g., Gold **Note:** Type D.

Date	Mintage	F	VF	XF	Unc	BU
AH1162 Rare	—	—	—	—	—	—

Ibrahim
AH1161-1162 / 1748-1749AD

Types for this reign:

A. Obverse couplet, reverse mint and date, the mint usual with its epithet.

Sekke-ye sahebqerani zad be-toufiq-e Allah Hamcho khor-shid-e jahan-afruz Ebrahim Shah.

"Like the world-illuminating sun, Ibrahim Shah has struck, by God's favor, the Sahebqirani coin."

B. As type A, but with a different couplet:

Beneshasf cho aftab naqsh-e zar o sim Ta yaft sharaf za sekke-ye Ebrahim.

"The image of gold and silver remained like the sun not yet risen, until it received the honor of the stamp of Ibrahim."

D. Obverse, the name *al-Sultan Ebrahim.* Reverse, the benediction *khalad Allah mulkahu* as on Nadir Shah's type C, together with the mint and date. Struck only at Astarabad & Ganja.

HAMMERED COINAGE

Ganjah

KM# 421.1 SHAHI (50 Dinars)
1.1500 g., Silver **Note:** Type D.

Date	Mintage	F	VF	XF	Unc	BU
AH1162 Ganja	—	30.00	50.00	75.00	—	—

Tabriz

KM# 421.2 SHAHI (50 Dinars)
1.1500 g., Silver **Note:** Type D.

Date	Mintage	F	VF	XF	Unc	BU
AH1162	—	25.00	40.00	60.00	—	—

KM# A415 SHAHI (50 Dinars)
1.1500 g., Silver **Note:** Type B.

Date	Mintage	F	VF	XF	Unc	BU
AH1161	—	40.00	70.00	115	—	—

Tiflis

KM# 421.3 SHAHI (50 Dinars)
1.1500 g., Silver **Note:** Type D.

Date	Mintage	F	VF	XF	Unc	BU
AH1162	—	25.00	40.00	60.00	—	—

Mazandaran

KM# 414.1 3 ABBASI (12 Shahi)
13.8000 g., Silver **Obv:** Inscription **Rev:** Inscription within circle **Note:** Type A.

Date	Mintage	F	VF	XF	Unc	BU
ND	—	75.00	125	200	—	—

Qazvin

KM# 414.2 3 ABBASI (12 Shahi)
13.8000 g., Silver **Obv:** Inscription **Rev:** Inscription within circle **Note:** Type A.

Shahrukh, King of Iran
AH1161-1163 / 1748-1749AD

Type for this ruler's 1st reign:

B. Obverse, couplet as below. Reverse mint and date, usually with the mint epithet as well.

Sekke zad dar jahan be-hokm-e Khoda Shahrokh kalb-e astan-e Reza.

"Shahrukh, the dog at the doorstep of Reza, struck coin in the world by God's command". The reference to the "dog" is self-effacing, and refers to the idea that Shahrukh is devoted to Reza, the eighth Imam, whose tomb is at Mashhad, Shahrukh's capital. This type was struck at various northwestern mints as late as AH1170.

C. Obverse, the name *al-Sultan Shahrokh.* Reverse, the benediction, mint and date, as on Nadir Shah's type C.

HAMMERED COINAGE

Ganjah

KM# 432.1 SHAHI (50 Dinars)
1.1500 g., Silver **Note:** Type B.

Date	Mintage	F	VF	XF	Unc	BU
AH1164 Ganja	—	30.00	50.00	85.00	—	—
AH1166 Ganja	—	30.00	50.00	85.00	—	—

Herat

KM# 430 SHAHI (50 Dinars)
1.1500 g., Silver **Note:** Type A.

Date	Mintage	F	VF	XF	Unc	BU
AHxxxx	—	25.00	40.00	65.00	—	—

Mashhad

KM# 435.1 SHAHI (50 Dinars)
1.1500 g., Silver **Obv:** Inscription **Rev:** Inscription **Note:** Type C.

Date	Mintage	F	VF	XF	Unc	BU
AH1162	—	30.00	50.00	85.00	—	—

Mazandaran

KM# 435.2 SHAHI (50 Dinars)
1.1500 g., Silver **Obv:** Inscription **Rev:** Inscription **Note:** Type C.

Date	Mintage	F	VF	XF	Unc	BU
AH1162	—	30.00	50.00	85.00	—	—

Tabriz

KM# 432.2 SHAHI (50 Dinars)
1.1500 g., Silver **Note:** Type B.

Date	Mintage	F	VF	XF	Unc	BU
AH1162	—	22.50	35.00	60.00	—	—

Eravan

KM# 433.1 ABBASI
4.6000 g., Silver **Obv:** Inscription **Rev:** Inscription **Note:** Type B.

Date	Mintage	F	VF	XF	Unc	BU
AH1163	—	50.00	85.00	135	—	—

Ganjah

KM# 433.2 ABBASI
4.6000 g., Silver **Obv:** Inscription **Rev:** Inscription **Note:** Type B.

Date	Mintage	F	VF	XF	Unc	BU
AH1162	—	20.00	32.50	50.00	—	—
AH1163	—	20.00	32.50	50.00	—	—
AH1164	—	25.00	40.00	65.00	—	—
AH1165	—	20.00	32.50	50.00	—	—
AH1166	—	25.00	40.00	65.00	—	—
AH1167	—	30.00	50.00	80.00	—	—
AH1168	—	25.00	40.00	65.00	—	—

Qazvin

KM# 433.3 ABBASI
4.6000 g., Silver **Obv:** Inscription **Rev:** Inscription **Note:** Type B.

Date	Mintage	F	VF	XF	Unc	BU
AH1162	—	8.00	13.50	20.00	—	—

Shiraz

KM# 433.4 ABBASI
4.6000 g., Silver **Obv:** Inscription **Rev:** Inscription **Note:** Type B.

Date	Mintage	F	VF	XF	Unc	BU
AH1162	—	6.00	10.00	16.00	—	—
AH1163	—	8.00	13.50	20.00	—	—

Tabriz

KM# 433.5 ABBASI
4.6000 g., Silver **Obv:** Inscription **Rev:** Inscription **Note:** Type B.

Date	Mintage	F	VF	XF	Unc	BU
AH1162	—	10.00	17.50	27.50	—	—
AH1163	—	10.00	17.50	27.50	—	—
AH1164	—	20.00	35.00	55.00	—	—
AH1165	—	20.00	35.00	55.00	—	—
AH1166	—	20.00	35.00	55.00	—	—

Tiflis

KM# 433.6 ABBASI
4.6000 g., Silver **Obv:** Inscription **Rev:** Inscription **Note:** Type B.

Date	Mintage	F	VF	XF	Unc	BU
AH1162	—	20.00	35.00	55.00	—	—
AH1163	—	20.00	35.00	55.00	—	—
AH1164	—	20.00	35.00	55.00	—	—
AH1169	—	22.50	35.00	55.00	—	—
AH1170	—	30.00	50.00	80.00	—	—

Astarabad

KM# 436.1 6 SHAHI
6.9000 g., Silver **Note:** Type C.

Date	Mintage	F	VF	XF	Unc	BU
AH1162 Astarabad	—	40.00	65.00	110	—	—

Mashhad

KM# 436.2 6 SHAHI
6.9000 g., Silver **Note:** Type C.

Date	Mintage	F	VF	XF	Unc	BU
AH1161	—	40.00	65.00	110	—	—
AH1162	—	40.00	65.00	110	—	—

Eravan

KM# 434.1 RUPI (10 Shahi)
11.5000 g., Silver **Obv:** Inscription **Rev:** Inscription within flower design **Note:** Type B.

Date	Mintage	F	VF	XF	Unc	BU
AH1161	—	50.00	85.00	135	—	—

Herat

KM# 434.2 RUPI (10 Shahi)
11.5000 g., Silver **Obv:** Inscription **Rev:** Inscription within flower design **Note:** Type B.

Date	Mintage	F	VF	XF	Unc	BU
AH1161	—	20.00	35.00	55.00	—	—
AH1162	—	20.00	35.00	55.00	—	—

Mashhad

KM# 434.3 RUPI (10 Shahi)
11.5000 g., Silver **Obv:** Inscription **Rev:** Inscription within flower design **Note:** Type B.

Date	Mintage	F	VF	XF	Unc	BU
AH1161	—	12.50	20.00	35.00	—	—
AH1162	—	12.50	20.00	35.00	—	—

Mazandaran

KM# 437.1 RUPI (10 Shahi)
11.5000 g., Silver **Obv:** Inscription **Rev:** Inscription **Note:** Type C.

Date	Mintage	F	VF	XF	Unc	BU
AH1162 Astarabad	—	50.00	85.00	140	—	—

KM# 437.2 RUPI (10 Shahi)
11.5000 g., Silver **Obv:** Inscription **Rev:** Inscription **Note:** Type C.

Date	Mintage	F	VF	XF	Unc	BU
AH1162	—	40.00	70.00	110	—	—

Qazvin

KM# 434.4 RUPI (10 Shahi)
11.5000 g., Silver **Obv:** Inscription **Rev:** Inscription within flower design **Note:** Type B.

Date	Mintage	F	VF	XF	Unc	BU
AH1160 (sic)	—	20.00	35.00	55.00	—	—
AH1161	—	15.00	25.00	40.00	—	—
AH1163	—	15.00	25.00	40.00	—	—

Rasht

KM# 437.3 RUPI (10 Shahi)
11.5000 g., Silver **Obv:** Inscription **Rev:** Inscription **Note:** Type C.

Date	Mintage	F	VF	XF	Unc	BU
AH1162	—	50.00	85.00	140	—	—

KM# 434.5 RUPI (10 Shahi)
11.5000 g., Silver **Obv:** Inscription **Rev:** Inscription within flower design **Note:** Type B.

Date	Mintage	F	VF	XF	Unc	BU
AH1161	—	—	—	—	—	—
AH1162	—	12.50	20.00	35.00	—	—
AH1163	—	15.00	25.00	40.00	—	—

Shiraz

KM# 434.6 RUPI (10 Shahi)
11.5000 g., Silver **Obv:** Inscription **Rev:** Inscription within flower design **Note:** Type B.

Date	Mintage	F	VF	XF	Unc	BU
AH1162	—	30.00	45.00	75.00	—	—

Mashhad

KM# 438 2 RUPI (20 Shahi)
23.0000 g., Silver **Obv:** Inscription within center circle **Rev:** Inscription within circle **Note:** Type C.

Date	Mintage	F	VF	XF	Unc	BU
AH1161	—	20.00	40.00	75.00	—	—
AH1162	—	20.00	40.00	75.00	—	—
AH1163	—	30.00	50.00	85.00	—	—

Mashhad

KM# 439 1/2 ASHRAFI
1.7300 g., Gold **Note:** Type C.

Date	Mintage	F	VF	XF	Unc	BU
AH1161 Rare	—	—	—	—	—	—

Mashhad

KM# A435 ASHRAFI
3.5000 g., Gold **Note:** Type B.

Date	Mintage	F	VF	XF	Unc	BU
ND	—	175	225	300	—	—

Mashhad

KM# 440 MOHUR
11.0000 g., Gold **Obv:** Inscription within center circle **Note:** Type C.

Date	Mintage	F	VF	XF	Unc	BU
AH1162	—	525	600	725	—	—
AH1163	—	500	575	675	—	—

KM# 444 MOHUR
11.0000 g., Gold **Obv:** Inscription **Rev:** Inscription within small circle **Note:** Type D.

Date	Mintage	F	VF	XF	Unc	BU
AH1163	—	500	575	675	—	—

Shah Sulayman II
AH1163 / 1750AD

Types for the reign:

A. Obverse couplet, with mint & date. Reverse, Shiite formula, with names of the twelve Imams around.

Zad az lotf-e Haqq sekke-ye kamrani Shah-e 'adl-gostar Soleyman-e Thani.

"By the grace of God, the justice-dispensing shah, Sulayman the Second, struck the coin of prosperity."

B. Obverse, the ruler's name, *al-Soltan Soleyman*. Reverse, benediction, mint and date as on Nadir Shah's type C.

HAMMERED COINAGE

Mazandaran

KM# 451 ABBASI
4.6000 g., Silver **Obv:** Inscription **Rev:** Inscription **Note:** Type A.

Date	Mintage	F	VF	XF	Unc	BU
AH1163	—	100	175	275	—	—

Mazandaran

KM# 455 6 SHAHI
6.9000 g., Silver **Obv:** Inscription **Rev:** Inscription **Note:** Type B.

Date	Mintage	F	VF	XF	Unc	BU
AH1163	—	125	185	275	—	—

Mashhad

KM# 452 2 RUPI (20 Shahi)
23.0000 g., Silver **Note:** Type A.

Date	Mintage	F	VF	XF	Unc	BU
AH1163 Rare	—	—	—	—	—	—

Mashhad

KM# 453 3 RUPI (30 Shahi)
34.5000 g., Silver **Note:** Type A.

Date	Mintage	F	VF	XF	Unc	BU
AH1163 Rare	—	—	—	—	—	—

Mashhad

KM# 454 2 MOHURS
22.0000 g., Gold **Obv:** Inscription **Rev:** Inscription **Note:** Type A.

Date	Mintage	F	VF	XF	Unc	BU
AH1163	—	975	1,250	1,750	—	—

Shahrukh, 2nd Reign
AH1163-1168 / 1750-1755AD

Type for this ruler's 2nd reign:

D. Couplet obverse, with reverse as on type B. Struck only at Mashhad and Rasht.

Dou-bareh doulat-e Iran gereft az sar javani-ra Be-nam-e Shahrokh zad sekke-ye sahebqerani-ra.

"Once again, the state of Iran has taken on youthful vigor, for Sahebqirani coin has been struck in the name of Shahrukh."

IRAN

HAMMERED COINAGE

Mashhad

KM# 441 SHAHI (50 Dinars)
1.1500 g., Silver **Note:** Type D.

Date	Mintage	F	VF	XF	Unc	BU
AH1165	—	30.00	50.00	90.00	—	—

KM# 446 SHAHI (50 Dinars)
1.1500 g., Silver **Note:** Type E.

Date	Mintage	F	VF	XF	Unc	BU
ND	—	30.00	50.00	90.00	—	—

Isfahan

KM# 442.1 RUPI (10 Shahi)
11.5000 g., Silver **Obv:** Inscription **Rev:** Inscription within design **Note:** Type D.

Date	Mintage	F	VF	XF	Unc	BU
AH1163	—	45.00	75.00	115	—	—

Mashhad

KM# 442.2 RUPI (10 Shahi)
11.5000 g., Silver **Obv:** Inscription **Rev:** Inscription within design **Note:** Type D.

Date	Mintage	F	VF	XF	Unc	BU
AH1163	—	—	—	—	—	—
AH1168	—	30.00	50.00	80.00	—	—

Rasht

KM# 442.3 RUPI (10 Shahi)
11.5000 g., Silver **Obv:** Inscription **Rev:** Inscription within design **Note:** Type D.

Date	Mintage	F	VF	XF	Unc	BU
AH1164	—	35.00	55.00	80.00	—	—

Mashhad

KM# 443 ASHRAFI
3.5000 g., Gold **Obv:** Inscription **Rev:** Inscription within small circle **Note:** Type D.

Date	Mintage	F	VF	XF	Unc	BU
ND	—	145	180	240	—	—
AH1164	—	150	195	265	—	—
AH1165	—	150	195	265	—	—

Shah Isma'il III
AH1163-1169 / 1750-1756AD

Types for this ruler's 3rd Reign:

E. As B, but a different couplet. Struck only at Mashhad. *Sekkeh zad az sa'y-e nader-e thani sahebqeran. Kalb-e soltan-e Khorasan Shahrokh shah-e jahan.*

"The dog of the sultan of Khorasan (i.e., the 8th Imam), Shahrukh, king of the world, has struck coin, by the efforts of Nadir, the second Sahebqiran." However, the puns and word plays enable various nuances of meaning that cannot be captured in translation.

F. Unread couplet obverse. Reverse as type E.

HAMMERED COINAGE

Astarabad

KM# 465.1 SHAHI (50 Dinars)
1.1500 g., Silver **Note:** Type D.

Date	Mintage	F	VF	XF	Unc	BU
AH1166	—	30.00	50.00	80.00	—	—

Isfahan

KM# 464.1 SHAHI (50 Dinars)
1.1500 g., Silver **Obv:** Inscription **Rev:** Inscription **Note:** Type C.

Date	Mintage	F	VF	XF	Unc	BU
AH1165	—	40.00	70.00	110	—	—

Mazandaran

KM# 464.2 SHAHI (50 Dinars)
1.1500 g., Silver **Obv:** Inscription **Rev:** Inscription **Note:** Type C.

Date	Mintage	F	VF	XF	Unc	BU
AH116x	—	25.00	45.00	75.00	—	—

KM# 462.1 SHAHI (50 Dinars)
1.1500 g., Silver **Obv:** Inscription **Rev:** Inscription **Note:** Type B.

Date	Mintage	F	VF	XF	Unc	BU
AH1166	—	—	—	—	—	—

KM# 465.2 SHAHI (50 Dinars)
1.1500 g., Silver **Note:** Type D.

Date	Mintage	F	VF	XF	Unc	BU
AH1166	—	30.00	—	80.00	—	—

Shiraz

KM# 462.2 SHAHI (50 Dinars)
1.1500 g., Silver **Obv:** Inscription **Rev:** Inscription **Note:** Type B.

Date	Mintage	F	VF	XF	Unc	BU
AH1163	—	40.00	70.00	110	—	—

Mazandaran

KM# 466 2 SHAHI (Mahmudi)
2.3000 g., Silver **Note:** Type D.

Date	Mintage	F	VF	XF	Unc	BU
AH1167	—	50.00	85.00	140	—	—

Isfahan

KM# 463.1 ABBASI
4.6000 g., Silver **Obv:** Inscription **Rev:** Inscription **Note:** Type B.

Date	Mintage	F	VF	XF	Unc	BU
AH1163	—	50.00	80.00	125	—	—

Qazvin

KM# 463.2 ABBASI
4.6000 g., Silver **Obv:** Inscription **Rev:** Inscription **Note:** Type B.

Date	Mintage	F	VF	XF	Unc	BU
AH1163	—	50.00	80.00	125	—	—

Rasht

KM# 463.3 ABBASI
4.6000 g., Silver **Obv:** Inscription **Rev:** Inscription **Note:** Type B.

Date	Mintage	F	VF	XF	Unc	BU
AH1163	—	—	—	—	—	—
Note: Reported, not confirmed						
AH1164	—	50.00	80.00	125	—	—

Shiraz

KM# 463.4 ABBASI
4.6000 g., Silver **Obv:** Inscription **Rev:** Inscription **Note:** Type B.

Date	Mintage	F	VF	XF	Unc	BU
AH1163	—	50.00	80.00	125	—	—

Astarabad

KM# 467.1 6 SHAHI
6.9000 g., Silver **Note:** Type D.

Date	Mintage	F	VF	XF	Unc	BU
AH1166	—	40.00	60.00	90.00	—	—
AH1167	—	40.00	60.00	90.00	—	—

Mazandaran

KM# 467.2 6 SHAHI
6.9000 g., Silver **Note:** Type D.

Date	Mintage	F	VF	XF	Unc	BU
AH1166	—	30.00	50.00	80.00	—	—
AH1167	—	30.00	50.00	80.00	—	—

Mazandaran

KM# 461.1 RUPI (10 Shahi)
11.5000 g., Silver **Obv:** Inscription within circle **Rev:** Inscription within beaded circle **Note:** Type A.

Date	Mintage	F	VF	XF	Unc	BU
AH1166	—	40.00	65.00	100	—	—
AH1167	—	35.00	55.00	90.00	—	—
AH1168	—	50.00	85.00	140	—	—

Rasht

KM# 461.2 RUPI (10 Shahi)
11.5000 g., Silver **Obv:** Inscription within circle **Rev:** Inscription within beaded circle **Note:** Type A.

Date	Mintage	F	VF	XF	Unc	BU
AH1166	—	35.00	55.00	90.00	—	—
AH1167	—	35.00	55.00	90.00	—	—
AH1168	—	45.00	80.00	130	—	—

Azad Khan
AH1163-1170 / 1750-1757AD

Types for this reign:

A. Obverse couplet. Reverse, mint & date, usually with the mint epithet.

Ta ke azad dar jahan bashad Sekke-ye Saheb Zaman bashad.

"So long as Azad is in the world, there shall be the coin of the Master of Time." The Master of Time, Saheb, oz-Zaman, refers to the 12th Imam, who is believed to have disappeared in the 9th century, and will reappear as the Messiah at the end of time.

B. Same obverse couplet, with mint & date below. Reverse, the Sunni kalima.

C. Obverse couplet. Reverse, mint & date, usually with the mint epithet.

Ta zar o sim dar jahan bashad Sekke-ye Saheb oz-Zaman bashad.

"So long as gold and silver are in the world, there shall be the coin of the Master of Time." Note that there is no reference to Azad by name in this couplet.

D. Same obverse as C, but mint & date below obverse. Reverse, Shiite formula, with the names of the 12 Imams. Used at Qazvin only.

E. Obverse, *Ya Saheb oz-Zaman,* "O Master of Time." Reverse, mint and date, with mint epithet. Used only for the shahi.

F. Obverse, *Udrikni ya Saheb oz-Zaman,* "Give me succor, O Master of Time." Reverse, mint, date, and mint epithet. Used only for the shahi.

G. Obverse couplet, mint and date below. Reverse Shiite formula (?).

Sim o zar anche dar jahan bashad Sekke-ye Saheb oz-Zaman bashad.

"Whatever silver and gold is in the world, shall be (minted into) the coin of the Master of Time." The attribution of this type to Azad Khan is tentative. Used only at Kirman.

H. Obverse, the Sunni Kalima. Reverse, *Ya saheb oz-zaman* above date and mint.

HAMMERED COINAGE

Isfahan

KM# 471 SHAHI (50 Dinars)
1.1500 g., Silver **Note:** Type A.

Date	Mintage	F	VF	XF	Unc	BU
AH1167	—	30.00	50.00	85.00	—	—
AH1168	—	30.00	50.00	85.00	—	—

KM# 485.1 SHAHI (50 Dinars)
1.1500 g., Silver **Obv:** Inscription **Rev:** Inscription **Note:** Type E.

Date	Mintage	F	VF	XF	Unc	BU
AH1167	—	25.00	40.00	70.00	—	—
AH1168	—	25.00	40.00	70.00	—	—
AH1170	—	25.00	40.00	70.00	—	—

KM# 486 SHAHI (50 Dinars)
1.1500 g., Silver **Obv:** Inscription **Rev:** Inscription **Note:** Type F.

Date	Mintage	F	VF	XF	Unc	BU
AH1169	—	35.00	60.00	100	—	—

Rasht

KM# 488 SHAHI (50 Dinars)
1.1500 g., Silver **Note:** Type H.

Date	Mintage	F	VF	XF	Unc	BU
AH1170	—	50.00	75.00	100	—	—

Shiraz

KM# 485.2 SHAHI (50 Dinars)
1.1500 g., Silver **Obv:** Inscription **Rev:** Inscription **Note:** Type E.

Date	Mintage	F	VF	XF	Unc	BU
AH1167	—	40.00	70.00	100	—	—

Tabriz

KM# 479 SHAHI (50 Dinars)
1.1500 g., Silver **Note:** Type C.

Date	Mintage	F	VF	XF	Unc	BU
AH1168	—	30.00	55.00	90.00	—	—

Tabriz

KM# 475 2 SHAHI (Mahmudi)
2.3000 g., Silver **Note:** Type B.

Date	Mintage	F	VF	XF	Unc	BU
AH1169	—	50.00	85.00	140	—	—

Isfahan

KM# 480.1 ABBASI
4.6000 g., Silver **Obv:** Inscription **Rev:** Inscription within flower design **Note:** Type C.

Date	Mintage	F	VF	XF	Unc	BU
AH1170	—	35.00	60.00	90.00	—	—

Kashan

KM# 472 ABBASI
4.6000 g., Silver **Note:** Type A.

Date	Mintage	F	VF	XF	Unc	BU
AH1170	—	35.00	60.00	100	—	—

Qazvin

KM# 476.1 ABBASI
4.6000 g., Silver **Obv:** Inscription **Rev:** Inscription **Note:** Type B.

Date	Mintage	F	VF	XF	Unc	BU
AH1167	—	30.00	50.00	85.00	—	—
AH1168	—	30.00	50.00	85.00	—	—

KM# 484 ABBASI
4.6000 g., Silver **Obv:** Inscription **Rev:** Inscription **Note:** Type D.

Date	Mintage	F	VF	XF	Unc	BU
AH1167	—	20.00	35.00	55.00	—	—
AH1168	—	20.00	35.00	55.00	—	—

Tabriz

KM# 480.2 ABBASI
4.6000 g., Silver **Obv:** Inscription **Rev:** Inscription within flower design **Note:** Type C.

Date	Mintage	F	VF	XF	Unc	BU
AH1167	—	50.00	100	150	—	—
AH1168	—	—	—	—	—	—

Note: Reported, not confirmed

KM# 476.2 ABBASI
4.6000 g., Silver **Obv:** Inscription **Rev:** Inscription **Note:** Type B.

Date	Mintage	F	VF	XF	Unc	BU
AH1168	—	35.00	55.00	90.00	—	—
AH1169	—	35.00	55.00	90.00	—	—

Isfahan

KM# 481.1 RUPI (10 Shahi)
11.5000 g., Silver **Obv:** Inscription **Rev:** Inscription within circle **Note:** Type C.

Date	Mintage	F	VF	XF	Unc	BU
AH1167	—	30.00	50.00	80.00	—	—
AH1168	—	—	—	—	—	—

KM# 473.1 RUPI (10 Shahi)
11.5000 g., Silver **Note:** Type A.

Date	Mintage	F	VF	XF	Unc	BU
AH1170	—	40.00	70.00	110	—	—

Kashan

KM# 473.2 RUPI (10 Shahi)
11.5000 g., Silver **Note:** Type A.

Date	Mintage	F	VF	XF	Unc	BU
AH1170	—	45.00	80.00	125	—	—

Kirman

KM# 481.2 RUPI (10 Shahi)
11.5000 g., Silver **Obv:** Inscription **Rev:** Inscription within circle **Note:** Type C.

Date	Mintage	F	VF	XF	Unc	BU
ND	—	50.00	80.00	125	—	—

KM# 487 RUPI (10 Shahi)
11.5000 g., Silver **Note:** Type G.

Date	Mintage	F	VF	XF	Unc	BU
ND	—	50.00	80.00	125	—	—

Tabriz

KM# 477 1/12 MOHUR
0.9000 g., Gold **Note:** Type B.

Date	Mintage	F	VF	XF	Unc	BU
AH1169 Rare	—	—	—	—	—	—

Isfahan

KM# 482 1/3 MOHUR
3.6500 g., Gold **Obv:** Inscription **Rev:** Inscription within flower design **Note:** Type C.

Date	Mintage	F	VF	XF	Unc	BU
AH1167	—	225	375	575	—	—

Isfahan

KM# 483.1 MOHUR
11.0000 g., Gold **Obv:** Inscription **Rev:** Inscription within flower design **Note:** Type C.

Date	Mintage	F	VF	XF	Unc	BU
AH1167	—	450	525	675	—	—
AH1168	—	450	525	675	—	—

KM# 474 MOHUR
11.0000 g., Gold **Obv:** Inscription **Rev:** Inscription within flower design **Note:** Type A.

Date	Mintage	F	VF	XF	Unc	BU
AH1168	—	450	600	825	—	—
AH1170	—	525	750	975	—	—

Shiraz

KM# 483.2 MOHUR
11.0000 g., Gold **Obv:** Inscription **Rev:** Inscription within flower design **Note:** Type C.

Date	Mintage	F	VF	XF	Unc	BU
AH1167	—	500	650	975	—	—

Tabriz

KM# 478 MOHUR
11.0000 g., Gold **Note:** Type B.

Date	Mintage	F	VF	XF	Unc	BU
AH1169	—	600	750	975	—	—

Muhammad Hasan Khan
AH1163-1172 / 1750-1759AD

Until AH1168, his coins are in the name of Isma'il III, and are listed under that ruler; from AH1168-1172, he struck anonymous coinage.

Types for this reign:

A. Obverse couplet, with mint and date. Reverse, the Shiite formula, usually within a small central cartouche surrounded by a broad blank margin.

Be-zar sekkeh az meymanat zad qaza Be-nam-e 'Ali ebn-e Musa or-Reza.

"Fate has auspiciously struck coin in precious metal, in the name of Ali Reza, son of Musa, (i.e., the 8th Imam)".

B. Obverse evocation of the 8th Imam, *Ya 'Ali ebn-e Musa or-Reza.* Reverse, mint. Date usually on obverse. Used for the shahi only.

C. Obverse couplet, with mint and date. Reverse as type A.

Shod za yomn-e din-e haqq rayej be-toufiq-e Khoda Sekke-ye eqbal bar nam-e 'Ali ebn-e Musa ar-Reza.

"Because of the flourishing of the true religion, the coin of prosperity has become current, by God's grace, in the name of Ali Reza, son of Musa."

HAMMERED COINAGE

Isfahan

KM# 507.1 SHAHI (50 Dinars)
1.1500 g., Silver **Note:** Type B.

Date	Mintage	F	VF	XF	Unc	BU
AH1170	—	20.00	35.00	70.00	—	—
AH1171	—	20.00	35.00	70.00	—	—

Mazandaran

KM# 507.2 SHAHI (50 Dinars)
1.1500 g., Silver **Note:** Type B.

Date	Mintage	F	VF	XF	Unc	BU
AH1168	—	25.00	45.00	85.00	—	—

Tabriz

KM# 501 SHAHI (50 Dinars)
1.1500 g., Silver **Note:** Type A.

Date	Mintage	F	VF	XF	Unc	BU
AH1171	—	35.00	55.00	90.00	—	—

Isfahan

KM# 502.1 2 SHAHI (Mahmudi)
2.3000 g., Silver **Note:** Type A.

Date	Mintage	F	VF	XF	Unc	BU
AH1171 Isfahan	—	50.00	80.00	120	—	—

Mazandaran

KM# 502.2 2 SHAHI (Mahmudi)
2.3000 g., Silver **Note:** Type A.

Date	Mintage	F	VF	XF	Unc	BU
AH1171	—	40.00	70.00	110	—	—

Rasht

KM# 502.3 2 SHAHI (Mahmudi)
2.3000 g., Silver **Note:** Type A.

Date	Mintage	F	VF	XF	Unc	BU
ND	—	35.00	55.00	80.00	—	—

Eravan

KM# 503.1 ABBASI
4.6000 g., Silver **Note:** Type A.

Date	Mintage	F	VF	XF	Unc	BU
AH1171	—	60.00	100	150	—	—

Isfahan

KM# 503.2 ABBASI
4.6000 g., Silver **Note:** Type A.

Date	Mintage	F	VF	XF	Unc	BU
AH1171	—	40.00	65.00	110	—	—

Kashan

KM# 503.3 ABBASI
4.6000 g., Silver **Note:** Type A.

Date	Mintage	F	VF	XF	Unc	BU
AH1169	—	35.00	60.00	100	—	—

Mazandaran

KM# 503.4 ABBASI
4.6000 g., Silver **Note:** Type A.

Date	Mintage	F	VF	XF	Unc	BU
AH1170	—	40.00	65.00	110	—	—

Tabriz

KM# 503.5 ABBASI
4.6000 g., Silver **Note:** Type A.

Date	Mintage	F	VF	XF	Unc	BU
AH1170	—	40.00	65.00	110	—	—
AH1171	—	40.00	65.00	110	—	—
AH1172	—	40.00	65.00	110	—	—

Isfahan

KM# 504.1 RUPI (10 Shahi)
11.5000 g., Silver **Note:** Type A.

Date	Mintage	F	VF	XF	Unc	BU
AH1171	—	40.00	70.00	115	—	—

Kashan

KM# 504.2 RUPI (10 Shahi)
11.5000 g., Silver **Note:** Type A.

Date	Mintage	F	VF	XF	Unc	BU
AH1170	—	40.00	70.00	115	—	—
AH1171	—	40.00	70.00	115	—	—
AH1174 Posthumous	—	50.00	85.00	140	—	—

Karim Khan
AH1166-1193 / 1753-1779AD

All coinage of this ruler is, strictly speaking, anonymous. Most is identified by the evocation *Ya Karim*, which may be translated either as "O Karim" or as "O Generous One," Karim being one of the many names of God. In the type descriptions, this phrase is noted as the ruler's evocation.

Types for this reign:

A. Obverse couplet, with mint below, date somewhere in field. Reverse, the Shiite formula.

Shod aftab o mah zar o sim dar jahan Az sekke-ye Emam be-haqq Saheb oz-Zaman

"The sun and moon have become gold and silver throughout the world, from the coin of the Imam, indeed the Master of Time."

B. Same obverse couplet, but without mint. Reverse, mint and date, usually with epithet, usually in ornamental cartouche in larger field. The date may appear on either obverse or reverse, more frequently on reverse.

B*. As type B, but the ruler's evocation *Ya Karim* added to the obverse field in miniscule letters.

C. As type B, but the ruler's evocation is added at the top of the reverse, above the mint and date. The date may appear on obverse, on reverse, on both faces, or twice on the reverse.

D. Obverse, the Shiite formula. Reverse, mint, date, and ruler's evocation as on type C.

E. Obverse as type B. Reverse, mint and date, with epithet, in central area, with the Shiite kalima around. Used only at Qazvin.

F. Obverse, exactly as type A. Reverse, the ruler's evocation, together with the usual benedication, *khalad Allah mulkahu*, "May God perpetuate his kingship.

In addition, there are several local types used by mints at Ganja, Iravan, Nukhwi, Shemakhi, and Tiflis by local rulers. These are listed in Caucasia, under Russia.

HAMMERED COINAGE

Ganjah

KM# 521.1 SHAHI (50 Dinars)
1.1500 g., Silver Note: Type C.

Date	Mintage	F	VF	XF	Unc	BU
AH1182	—	20.00	40.00	65.00	—	—
AH1183	—	20.00	40.00	65.00	—	—
AH1184	—	20.00	40.00	65.00	—	—
AH1186	—	20.00	40.00	65.00	—	—

Isfahan

KM# 514.1 SHAHI (50 Dinars)
1.1500 g., Silver Note: Type B.

Date	Mintage	F	VF	XF	Unc	BU
AH1166	—	30.00	50.00	75.00	—	—

Kashan

KM# 521.2 SHAHI (50 Dinars)
1.1500 g., Silver Note: Type C.

Date	Mintage	F	VF	XF	Unc	BU
AH1191	—	20.00	40.00	70.00	—	—

Rasht

KM# 521.3 SHAHI (50 Dinars)
1.1500 g., Silver Note: Type C.

Date	Mintage	F	VF	XF	Unc	BU
AH1189	—	25.00	45.00	75.00	—	—

Shiraz

KM# 514.2 SHAHI (50 Dinars)
1.1500 g., Silver Note: Type B.

Date	Mintage	F	VF	XF	Unc	BU
AH1170	—	30.00	50.00	75.00	—	—
AH1178	—	25.00	40.00	60.00	—	—

KM# 521.4 SHAHI (50 Dinars)
1.1500 g., Silver Note: Type C.

Date	Mintage	F	VF	XF	Unc	BU
AH1184	—	20.00	35.00	60.00	—	—
AH1189	—	20.00	35.00	60.00	—	—
AH1192	—	20.00	35.00	60.00	—	—
AH1193	—	20.00	35.00	60.00	—	—

Tabriz

KM# 527 SHAHI (50 Dinars)
1.1500 g., Silver Note: Type D.

Date	Mintage	F	VF	XF	Unc	BU
AH1182	—	17.50	30.00	50.00	—	—
AH1184	—	17.50	30.00	50.00	—	—
AH1186	—	17.50	30.00	50.00	—	—
AH1187	—	17.50	30.00	50.00	—	—
AH1188	—	17.50	30.00	50.00	—	—

Astarabad

KM# 511.1 ABBASI
4.6000 g., Silver Obv: Inscription Rev: Inscription Note: Type A.

Date	Mintage	F	VF	XF	Unc	BU
ND	—	25.00	45.00	70.00	—	—

KM# 515.1 ABBASI
4.6000 g., Silver Obv: Inscription Rev: Inscription Note: Type B.

Date	Mintage	F	VF	XF	Unc	BU
AH1177	—	20.00	35.00	50.00	—	—

KM# 522.1 ABBASI
4.6000 g., Silver Obv: Inscription Rev: Inscription Note: Type C.

Date	Mintage	F	VF	XF	Unc	BU
AH1177	—	15.00	25.00	40.00	—	—

Basra

KM# 528.1 ABBASI
4.6000 g., Silver Obv: Inscription Rev: Inscription Note: Type D.

Date	Mintage	F	VF	XF	Unc	BU
ND	—	75.00	125	200	—	—

Eravan

KM# 522.2 ABBASI
4.6000 g., Silver Obv: Inscription Rev: Inscription Note: Type C.

Date	Mintage	F	VF	XF	Unc	BU
ND	—	30.00	55.00	85.00	—	—

KM# 528.2 ABBASI
4.6000 g., Silver Obv: Inscription Rev: Inscription Note: Type D.

Date	Mintage	F	VF	XF	Unc	BU
ND	—	50.00	85.00	140	—	—
AH1179	—	60.00	100	150	—	—

Ganjah

KM# 522.3 ABBASI
4.6000 g., Silver Obv: Inscription Rev: Inscription Note: Type C.

Date	Mintage	F	VF	XF	Unc	BU
AH1182	—	20.00	35.00	50.00	—	—
AH1183	—	20.00	35.00	50.00	—	—
AH1184	—	20.00	35.00	50.00	—	—
AH1185	—	20.00	35.00	50.00	—	—
AH1186	—	20.00	35.00	50.00	—	—
AH1187	—	20.00	35.00	50.00	—	—
AH1188	—	20.00	35.00	50.00	—	—
AH1189	—	20.00	35.00	50.00	—	—

Isfahan

KM# 522.4 ABBASI
4.6000 g., Silver Obv: Inscription Rev: Inscription Note: Type C.

Date	Mintage	VG	F	VF	XF	Unc
AH1173	—	4.00	10.00	17.50	27.50	—
AH1174	—	2.75	7.00	12.50	20.00	—
AH1175	—	2.75	7.00	12.50	20.00	—
AH1176	—	2.75	7.00	12.50	20.00	—
AH1177	—	2.75	7.00	12.50	20.00	—
AH1178	—	2.75	7.00	12.50	20.00	—
AH1179	—	2.75	7.00	12.50	20.00	—
AH1180	—	2.75	7.00	12.50	20.00	—
AH1181	—	3.25	8.50	15.00	24.00	—

KM# 515a.1 ABBASI
4.6000 g., Silver Obv: "Ya Karim" added in field Note: Type B.

Date	Mintage	F	VF	XF	Unc	BU
AH1175	—	10.00	17.50	27.50	—	—

KM# 515.2 ABBASI
4.6000 g., Silver Obv: Inscription Rev: Inscription Note: Type B.

Date	Mintage	F	VF	XF	Unc	BU
AH(11)75	—	9.00	16.00	25.00	—	—

Kashan

KM# 515.3 ABBASI
4.6000 g., Silver Obv: Inscription Rev: Inscription Note: Type B.

Date	Mintage	F	VF	XF	Unc	BU
AH1172	—	15.00	25.00	40.00	—	—
AH1173	—	10.00	17.50	27.50	—	—
AH1174	—	7.00	12.50	20.00	—	—
AH1175	—	7.00	12.50	20.00	—	—
AH1176	—	7.00	12.50	20.00	—	—
AH1177	—	8.50	15.00	25.00	—	—

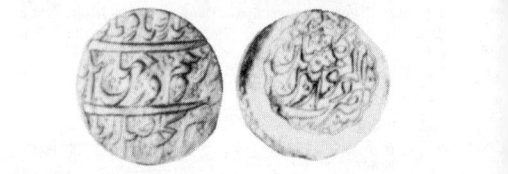

KM# 522.5 ABBASI
4.6000 g., Silver Obv: Inscription Rev: Inscription Note: Type C.

Date	Mintage	F	VF	XF	Unc	BU
AH1177	—	10.00	17.50	27.50	—	—
AH1178	—	7.00	12.50	20.00	—	—
AH1179	—	8.00	14.00	22.50	—	—
AH1180	—	8.00	14.00	22.50	—	—
AH1181	—	8.00	14.00	22.50	—	—
AH1182	—	10.00	17.50	27.50	—	—
AH1189	—	15.00	22.50	35.00	—	—

Khoy

KM# 522.6 ABBASI
4.6000 g., Silver Obv: Inscription Rev: Inscription Note: Type C.

Date	Mintage	F	VF	XF	Unc	BU
AH1189	—	50.00	80.00	125	—	—
AH1190	—	50.00	80.00	125	—	—

Kirman

KM# 522.7 ABBASI
4.6000 g., Silver Obv: Inscription Rev: Inscription Note: Type C.

Date	Mintage	F	VF	XF	Unc	BU
ND	—	15.00	25.00	40.00	—	—
AH1180	—	17.50	27.50	40.00	—	—
AH1182	—	17.50	27.50	40.00	—	—

Mazandaran

KM# 504.3 RUPI (10 Shahi)
11.5000 g., Silver Note: Type A.

Date	Mintage	F	VF	XF	Unc	BU
AH1168	—	30.00	55.00	90.00	—	—
AH1169	—	25.00	50.00	80.00	—	—
AH1170	—	40.00	40.00	115	—	—
AH1171	—	40.00	60.00	175	—	—

Qazvin

KM# 504.4 RUPI (10 Shahi)
11.5000 g., Silver Note: Type A.

Date	Mintage	F	VF	XF	Unc	BU
AH1169	—	40.00	70.00	115	—	—
AH1170	—	22.50	70.00	70.00	—	—

Qomm

KM# 504.5 RUPI (10 Shahi)
11.5000 g., Silver Note: Type A.

Date	Mintage	F	VF	XF	Unc	BU
AH1171	—	45.00	110	135	—	—

Rasht

KM# 508 RUPI (10 Shahi)
11.5000 g., Silver Note: Type C.

Date	Mintage	F	VF	XF	Unc	BU
AH1168	—	50.00	85.00	140	—	—

KM# 504.6 RUPI (10 Shahi)
11.5000 g., Silver Note: Type A.

Date	Mintage	F	VF	XF	Unc	BU
AH1168	—	35.00	60.00	100	—	—
AH1169	—	25.00	50.00	80.00	—	—
AH1170	—	40.00	40.00	115	—	—
AH1171	—	40.00	80.00	115	—	—

KM# 504.8 RUPI (10 Shahi)
11.5000 g., Silver Note: Type A.

Date	Mintage	F	VF	XF	Unc	BU
AH1172	—	45.00	70.00	135	—	—

Tabriz

KM# 504.7 RUPI (10 Shahi)
11.5000 g., Silver Note: Type A.

Date	Mintage	F	VF	XF	Unc	BU
AH1170	—	22.50	40.00	70.00	—	—
AH1171	—	22.50	70.00	70.00	—	—

Isfahan

KM# 505.1 1/4 MOHUR
2.7500 g., Gold Note: Type A.

Date	Mintage	F	VF	XF	Unc	BU
AH1169(?)	—	265	425	600	—	—

Tabriz

KM# 505.2 1/4 MOHUR
2.7500 g., Gold Note: Type A.

Date	Mintage	F	VF	XF	Unc	BU
AH1170	—	225	375	525	—	—
AH1171	—	225	375	525	—	—
AH1173 Posthumous	—	265	425	600	—	—

Isfahan

KM# 506.1 MOHUR
11.0000 g., Gold Note: Type A.

Date	Mintage	F	VF	XF	Unc	BU
AH1169 Rare	—	—	—	—	—	—

Yazd

KM# 506.2 MOHUR
11.0000 g., Gold Note: Type A.

Date	Mintage	F	VF	XF	Unc	BU
AH1170 Rare	—	—	—	—	—	—

Mazandaran

KM# 511.3 ABBASI
4.6000 g., Silver **Obv:** Inscription **Rev:** Inscription **Note:** Type A.

Date	Mintage	F	VF	XF	Unc	BU
AH1175	—	30.00	50.00	85.00	—	—

KM# 522.8 ABBASI
4.6000 g., Silver **Obv:** Inscription **Rev:** Inscription **Note:** Type C.

Date	Mintage	F	VF	XF	Unc	BU
AH1177	—	10.00	17.50	27.50	—	—
AH1180	—	10.00	17.50	27.50	—	—
AH1181	—	10.00	17.50	27.50	—	—
AH1182	—	10.00	17.50	27.50	—	—
AH1186	—	12.50	20.00	32.50	—	—
AH1187	—	12.50	20.00	32.50	—	—
AH1189	—	12.50	20.00	32.50	—	—
AH1192	—	12.50	20.00	32.50	—	—
AH1193	—	12.50	20.00	32.50	—	—

KM# 515.4 ABBASI
4.6000 g., Silver **Obv:** Inscription **Rev:** Inscription **Note:** Type B.

Date	Mintage	F	VF	XF	Unc	BU
AH1178	—	25.00	50.00	80.00	—	—
AH1187 (sic)	—	25.00	50.00	80.00	—	—

KM# 533 ABBASI
4.6000 g., Silver **Note:** Type F.

Date	Mintage	F	VF	XF	Unc	BU
AH1178	—	20.00	35.00	55.00	—	—
AH1179	—	25.00	40.00	65.00	—	—

KM# A533 ABBASI
Silver **Obv:** Type A **Rev:** Inscription and date in teardrop cartouche **Rev. Inscription:** "Ya Karim"

Date	Mintage	Good	VG	F	VF	XF
AH1180	—	—	—	—	—	—

KM# 534 ABBASI
4.6000 g., Silver **Obv:** Type A **Rev:** Type C, without epithet **Note:** Miscellaneous type. Mule.

Date	Mintage	F	VF	XF	Unc	BU
AH1187	—	30.00	50.00	75.00	—	—
ND	—	22.50	35.00	60.00	—	—

Nakhjavan

KM# 522.9 ABBASI
4.6000 g., Silver **Obv:** Inscription **Rev:** Inscription **Note:** Type C.

Date	Mintage	F	VF	XF	Unc	BU
AH1181	—	40.00	65.00	100	—	—
AH1182	—	40.00	65.00	100	—	—
AH1183	—	40.00	65.00	100	—	—

Qazvin

KM# 532 ABBASI
4.6000 g., Silver **Obv:** Inscription within circle **Rev:** Inscription **Note:** Type E.

Date	Mintage	F	VF	XF	Unc	BU
AH1170 (sic)	—	25.00	40.00	60.00	—	—

Note: Error, struck AH1174-75

Date	Mintage	F	VF	XF	Unc	BU
AH1172	—	15.00	25.00	37.50	—	—
AH1173	—	10.00	18.00	27.50	—	—
AH1174	—	10.00	18.00	27.50	—	—
AH1176	—	13.50	22.50	35.00	—	—

KM# 528.3 ABBASI
4.6000 g., Silver **Obv:** Inscription **Rev:** Inscription **Note:** Type D.

Date	Mintage	F	VF	XF	Unc	BU
AH1175	—	12.50	20.00	32.50	—	—
AH1176	—	12.50	20.00	32.50	—	—

KM# 522.10 ABBASI
4.6000 g., Silver **Obv:** Inscription **Rev:** Inscription **Note:** Type C.

Date	Mintage	F	VF	XF	Unc	BU
AH1177	—	10.00	17.50	27.50	—	—
AH1178	—	10.00	17.50	27.50	—	—
AH1179	—	10.00	17.50	27.50	—	—
AH1180	—	10.00	17.50	27.50	—	—
AH1181	—	10.00	17.50	27.50	—	—
AH1182	—	10.00	17.50	27.50	—	—
AH1183	—	10.00	17.50	27.50	—	—
AH1185	—	12.50	20.00	32.50	—	—
AH1186	—	10.00	17.50	27.50	—	—

Qazvin

KM# 511.4 ABBASI
4.6000 g., Silver **Obv:** Inscription **Rev:** Inscription **Note:** Type A.

Date	Mintage	F	VF	XF	Unc	BU
AH1166	—	40.00	70.00	110	—	—
AH1167	—	40.00	70.00	110	—	—

Qomm

KM# 515.5 ABBASI
4.6000 g., Silver **Obv:** Inscription **Rev:** Inscription **Note:** Type B.

Date	Mintage	F	VF	XF	Unc	BU
AH1171	—	40.00	75.00	110	—	—

Rasht

KM# 511a ABBASI
4.6000 g., Silver **Obv:** Inscription **Obv. Legend:** "Ya Karim" added **Rev:** Inscription **Note:** Type A.

Date	Mintage	F	VF	XF	Unc	BU
AH1175	—	10.00	16.00	27.50	—	—
AH1176	—	10.00	16.00	27.50	—	—
AH1177	—	10.00	16.00	27.50	—	—
AH1178	—	10.00	16.00	27.50	—	—
ND	—	6.00	10.00	17.50	—	—

KM# 515.6 ABBASI
4.6000 g., Silver **Obv:** Inscription **Rev:** Inscription **Note:** Type B.

Date	Mintage	F	VF	XF	Unc	BU
AH1175	—	15.00	25.00	40.00	—	—

KM# 511b ABBASI
4.6000 g., Silver **Obv:** Type A **Rev:** Similar to type C **Note:** Type A. Mule.

Date	Mintage	F	VF	XF	Unc	BU
AH1181	—	25.00	45.00	80.00	—	—

KM# 522.11 ABBASI
4.6000 g., Silver **Obv:** Inscription **Rev:** Inscription **Note:** Type C.

Date	Mintage	F	VF	XF	Unc	BU
AH1181	—	15.00	25.00	40.00	—	—
AH1182	—	10.00	17.50	27.50	—	—
AH1188	—	—	—	—	—	—

Note: Reported, not confirmed

Rekab

KM# 515.7 ABBASI
4.6000 g., Silver **Obv:** Inscription **Rev:** Inscription **Note:** Type B.

Date	Mintage	F	VF	XF	Unc	BU
AH1173	—	17.50	30.00	45.00	—	—
AH1174	—	15.00	25.00	40.00	—	—

KM# A529 ABBASI
4.6000 g., Silver **Rev:** Without evocative "Ya Karim" **Note:** Type D.

Date	Mintage	F	VF	XF	Unc	BU
AH1174	—	15.00	25.00	37.50	—	—

KM# 528.4 ABBASI
4.6000 g., Silver **Obv:** Inscription **Rev:** Inscription **Note:** Type D.

Date	Mintage	F	VF	XF	Unc	BU
AH1175	—	15.00	25.00	37.50	—	—
AH1176	—	15.00	25.00	37.50	—	—
AH1177	—	15.00	25.00	37.50	—	—
AH1178	—	12.50	20.00	32.50	—	—
AH1182	—	25.00	40.00	65.00	—	—

Shiraz

KM# 511.5 ABBASI
4.6000 g., Silver **Obv:** Inscription **Rev:** Inscription **Note:** Type A.

Date	Mintage	F	VF	XF	Unc	BU
AH1166	—	40.00	70.00	110	—	—
AH1173	—	25.00	45.00	70.00	—	—

KM# 515.8 ABBASI
4.6000 g., Silver **Obv:** Inscription **Rev:** Inscription **Note:** Type B.

Date	Mintage	F	VF	XF	Unc	BU
AH1173	—	9.00	16.00	25.00	—	—
AH1174	—	9.00	16.00	25.00	—	—
AH1175	—	9.00	16.00	25.00	—	—
AH1176	—	7.00	10.00	17.50	—	—
AH1177	—	7.00	10.00	17.50	—	—
AH1178	—	7.00	10.00	17.50	—	—

KM# 515a.2 ABBASI
4.6000 g., Silver **Obv:** "Ya Karim" added in field **Note:** Type B.

Date	Mintage	F	VF	XF	Unc	BU
AH1173	—	10.00	17.50	27.50	—	—
AH1174	—	10.00	17.50	27.50	—	—
AH1175	—	10.00	17.50	27.50	—	—

KM# 522.12 ABBASI
4.6000 g., Silver **Obv:** Inscription **Rev:** Inscription **Note:** Type C.

Date	Mintage	F	VF	XF	Unc	BU
AH1179	—	7.00	10.00	17.50	—	—
AH1180	—	8.50	12.50	20.00	—	—
AH1181	—	8.50	12.50	20.00	—	—
AH1188	—	12.50	20.00	30.00	—	—

Tabriz

KM# 528.5 ABBASI
4.6000 g., Silver **Obv:** Inscription **Rev:** Inscription **Note:** Type D.

Date	Mintage	F	VF	XF	Unc	BU
AH1174	—	—	—	—	—	—

Note: Reported, not confirmed

Date	Mintage	F	VF	XF	Unc	BU
AH1175	—	12.50	20.00	35.00	—	—
AH1177	—	12.50	20.00	35.00	—	—
AH1178	—	12.50	20.00	35.00	—	—

Note: Reported, not confirmed

KM# 522.13 ABBASI
4.6000 g., Silver **Obv:** Inscription **Rev:** Inscription **Note:** Type C.

Date	Mintage	F	VF	XF	Unc	BU
AH1179	—	12.50	20.00	30.00	—	—
AH1181	—	9.00	15.00	22.50	—	—
AH1182	—	9.00	15.00	22.50	—	—
AH1183	—	9.00	15.00	22.50	—	—
AH1184	—	9.00	15.00	22.50	—	—
AH1185	—	9.00	15.00	22.50	—	—
AH1186	—	9.00	15.00	22.50	—	—
AH1187	—	12.50	20.00	30.00	—	—
AH1189	—	12.50	20.00	30.00	—	—

Tehran

KM# 522.14 ABBASI
4.6000 g., Silver **Obv:** Inscription **Rev:** Inscription **Note:** Type C.

Date	Mintage	F	VF	XF	Unc	BU
AH1178	—	20.00	35.00	55.00	—	—
AH1179	—	20.00	35.00	55.00	—	—
AH1180	—	20.00	35.00	55.00	—	—
AH1181	—	20.00	35.00	55.00	—	—

Yazd

KM# 515.9 ABBASI
4.6000 g., Silver **Obv:** Inscription **Rev:** Inscription **Note:** Type B.

Date	Mintage	F	VF	XF	Unc	BU
AH1178	—	15.00	25.00	40.00	—	—

KM# 522.15 ABBASI
4.6000 g., Silver **Obv:** Inscription **Rev:** Inscription **Note:** Type C.

Date	Mintage	F	VF	XF	Unc	BU
AH1179	—	9.00	15.00	22.50	—	—
AH1180	—	9.00	15.00	22.50	—	—
AH1181	—	9.00	15.00	22.50	—	—
AH1182	—	11.00	17.50	27.50	—	—
AH1186	—	15.00	22.50	35.00	—	—
AH1187	—	12.50	20.00	30.00	—	—

Mazandaran

KM# A512 6 SHAHI
6.9000 g., Silver **Obv:** Type A **Rev:** "Ya Karim" and date in fancy cartouche **Note:** Type A - variation.

Date	Mintage	F	VF	XF	Unc	BU
AH1174	—	50.00	85.00	140	—	—

Rasht

KM# 516 6 SHAHI
6.9000 g., Silver **Obv:** Inscription **Rev:** Inscription within small circle **Note:** Type A - variation.

Date	Mintage	F	VF	XF	Unc	BU
AH1174	—	50.00	85.00	140	—	—

Basra

KM# 529 2 ABBASI (8 Shahi)
9.2000 g., Silver **Note:** Type D.

Date	Mintage	F	VF	XF	Unc	BU
AH1190	—	100	175	250	—	—

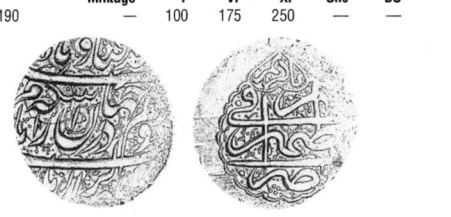

Eravan

KM# 523.1 2 ABBASI (8 Shahi)
9.2000 g., Silver **Obv:** Inscription **Rev:** Inscription within flower design **Note:** Type C.

Date	Mintage	F	VF	XF	Unc	BU
ND	—	45.00	80.00	125	—	—

IRAN

Isfahan

KM# 523.2 2 ABBASI (8 Shahi)
9.2000 g., Silver **Obv:** Inscription **Rev:** Inscription within flower design **Note:** Type C.

Date	Mintage	F	VF	XF	Unc	BU
AH1181	—	12.50	20.00	30.00	—	—
AH1182	—	10.00	17.50	27.50	—	—
AH1183	—	12.50	20.00	30.00	—	—
AH1184	—	12.50	20.00	30.00	—	—
AH1190	—	15.00	25.00	40.00	—	—

Kashan

KM# 523.3 2 ABBASI (8 Shahi)
9.2000 g., Silver **Obv:** Inscription **Rev:** Inscription within flower design **Note:** Type C.

Date	Mintage	F	VF	XF	Unc	BU
AH1182	—	12.50	20.00	30.00	—	—
AH1183	—	12.50	20.00	30.00	—	—
AH1184	—	12.50	20.00	30.00	—	—
AH1185	—	12.50	20.00	30.00	—	—
AH1186	—	11.50	17.50	27.50	—	—
AH1187	—	12.50	20.00	30.00	—	—
AH1188	—	12.50	20.00	30.00	—	—
AH1189	—	12.50	20.00	30.00	—	—
AH1190	—	12.50	20.00	30.00	—	—
AH1191	—	15.00	25.00	37.50	—	—
AH1192	—	15.00	25.00	37.50	—	—

Kirman

KM# 523.4 2 ABBASI (8 Shahi)
9.2000 g., Silver **Obv:** Inscription **Rev:** Inscription within flower design **Note:** Type C.

Date	Mintage	F	VF	XF	Unc	BU
AH1180	—	30.00	50.00	75.00	—	—
AH1182	—	30.00	50.00	75.00	—	—
AH1186	—	30.00	50.00	75.00	—	—
AH1187/1188	—	30.00	50.00	75.00	—	—
AH1187//189	—	30.00	50.00	75.00	—	—

Mazandaran

KM# 523.5 2 ABBASI (8 Shahi)
9.2000 g., Silver **Obv:** Inscription **Rev:** Inscription within flower design **Note:** Type C.

Date	Mintage	F	VF	XF	Unc	BU
AH1180	—	15.00	25.00	37.50	—	—
AH1181	—	10.00	17.50	27.50	—	—
AH1182	—	10.00	17.50	27.50	—	—
AH1183	—	10.00	17.50	27.50	—	—
AH1184	—	10.00	17.50	27.50	—	—
AH1185	—	10.00	17.50	27.50	—	—
AH1186	—	10.00	17.50	27.50	—	—
AH1187	—	10.00	17.50	27.50	—	—
AH1188	—	12.50	20.00	30.00	—	—
AH1189	—	12.50	20.00	30.00	—	—
AH1190	—	12.50	20.00	30.00	—	—
AH1192	—	15.00	25.00	37.50	—	—

Qazvin

KM# 523.6 2 ABBASI (8 Shahi)
9.2000 g., Silver **Obv:** Inscription **Rev:** Inscription within flower design **Note:** Type C.

Date	Mintage	F	VF	XF	Unc	BU
AH1180	—	14.00	22.50	35.00	—	—
AH1182	—	14.00	22.50	35.00	—	—
AH1183	—	14.00	22.50	35.00	—	—
AH1185	—	14.00	22.50	35.00	—	—
AH1186	—	14.00	22.50	35.00	—	—
AH1187	—	14.00	22.50	35.00	—	—
AH1188	—	14.00	22.50	35.00	—	—
AH1192	—	20.00	35.00	50.00	—	—

Rasht

KM# 523.7 2 ABBASI (8 Shahi)
9.2000 g., Silver **Obv:** Inscription **Rev:** Inscription within flower design **Note:** Type C.

Date	Mintage	F	VF	XF	Unc	BU
AH1180	—	12.50	20.00	30.00	—	—
AH1182	—	10.00	17.50	27.50	—	—
AH1183	—	10.00	17.50	27.50	—	—
AH1184	—	10.00	17.50	27.50	—	—
AH1185	—	10.00	17.50	27.50	—	—
AH1186	—	12.50	20.00	30.00	—	—
AH1187	—	12.50	20.00	30.00	—	—
AH1188	—	12.50	20.00	30.00	—	—
AH1189	—	12.50	20.00	30.00	—	—
AH1190	—	12.50	20.00	30.00	—	—
AH1193	—	15.00	25.00	40.00	—	—

Shiraz

KM# 523.8 2 ABBASI (8 Shahi)
9.2000 g., Silver **Obv:** Inscription **Rev:** Inscription within flower design **Note:** Type C.

Date	Mintage	F	VF	XF	Unc	BU
AH1180	—	17.50	30.00	50.00	—	—
AH1181	—	10.00	17.50	27.50	—	—
AH1182	—	10.00	17.50	27.50	—	—
AH1183	—	12.50	20.00	30.00	—	—
AH1193	—	15.00	25.00	40.00	—	—

Tabriz

KM# 523.9 2 ABBASI (8 Shahi)
9.2000 g., Silver **Obv:** Inscription **Rev:** Inscription within flower design **Note:** Type C.

Date	Mintage	F	VF	XF	Unc	BU
AH1182	—	12.50	20.00	30.00	—	—
AH1183	—	12.50	20.00	30.00	—	—
AH1186	—	12.50	20.00	30.00	—	—
AH1187	—	12.50	20.00	30.00	—	—
AH1188	—	12.50	20.00	30.00	—	—

Tehran

KM# 523.10 2 ABBASI (8 Shahi)
9.2000 g., Silver **Obv:** Inscription **Rev:** Inscription within flower design **Note:** Type C.

Date	Mintage	F	VF	XF	Unc	BU
AH1182	—	30.00	50.00	80.00	—	—
AH1186	—	30.00	50.00	80.00	—	—

Yazd

KM# 523.11 2 ABBASI (8 Shahi)
9.2000 g., Silver **Obv:** Inscription **Rev:** Inscription within flower design **Note:** Type C.

Date	Mintage	F	VF	XF	Unc	BU
AH1182	—	20.00	35.00	55.00	—	—
AH1186	—	20.00	35.00	55.00	—	—
AH1189	—	20.00	35.00	55.00	—	—

Astarabad

KM# 512.1 RUPI (10 Shahi)
11.5000 g., Silver **Obv:** Inscription **Rev:** Inscription within circle **Note:** Type A.

Date	Mintage	F	VF	XF	Unc	BU
AH1172	—	40.00	70.00	115	—	—
AH1173	—	40.00	70.00	115	—	—

Isfahan

KM# 512a RUPI (10 Shahi)
11.5000 g., Silver **Rev:** Mint and date **Note:** Type A.

Date	Mintage	F	VF	XF	Unc	BU
AH1166	—	50.00	100	150	—	—

KM# 517.1 RUPI (10 Shahi)
11.5000 g., Silver **Obv:** Inscription **Rev:** Inscription **Note:** Type B.

Date	Mintage	F	VF	XF	Unc	BU
AH1166	—	35.00	60.00	90.00	—	—
AH1169	—	35.00	60.00	100	—	—

KM# 524.1 RUPI (10 Shahi)
11.5000 g., Silver **Note:** Type C.

Date	Mintage	F	VF	XF	Unc	BU
AH1190	—	25.00	45.00	75.00	—	—
AH1192	—	25.00	45.00	75.00	—	—

Kashan

KM# 517.2 RUPI (10 Shahi)
11.5000 g., Silver **Obv:** Inscription **Rev:** Inscription **Note:** Type B.

Date	Mintage	F	VF	XF	Unc	BU
AH1171	—	45.00	75.00	120	—	—

Kirman

KM# 517.3 RUPI (10 Shahi)
11.5000 g., Silver **Obv:** Inscription **Rev:** Inscription **Note:** Type B.

Date	Mintage	F	VF	XF	Unc	BU
AH1174	—	55.00	90.00	150	—	—

Mazandaran

KM# 512.2 RUPI (10 Shahi)
11.5000 g., Silver **Obv:** Inscription **Rev:** Inscription within circle **Note:** Type A.

Date	Mintage	F	VF	XF	Unc	BU
AH1172	—	25.00	45.00	75.00	—	—
AH1173	—	25.00	45.00	75.00	—	—
AH1175	—	25.00	45.00	75.00	—	—

Note: Coins of Mazandaran dated AH1175 have sometimes been misread as AH1170

Qazvin

KM# 517.4 RUPI (10 Shahi)
11.5000 g., Silver **Obv:** Inscription **Rev:** Inscription **Note:** Type B.

Date	Mintage	F	VF	XF	Unc	BU
AH1171	—	45.00	75.00	120	—	—
AH1173	—	45.00	75.00	120	—	—

Rasht

KM# 512.3 RUPI (10 Shahi)
Silver **Obv:** Inscription **Rev:** Inscription within circle **Note:** Type A.

Date	Mintage	F	VF	XF	Unc	BU
AH1172	—	30.00	50.00	85.00	—	—
AH1173	—	30.00	50.00	85.00	—	—

Shiraz

KM# 517.5 RUPI (10 Shahi)
11.5000 g., Silver **Obv:** Inscription **Rev:** Inscription **Note:** Type B.

Date	Mintage	F	VF	XF	Unc	BU
AH1168	—	35.00	60.00	90.00	—	—
AH1169	—	35.00	60.00	90.00	—	—
AH1170	—	30.00	50.00	80.00	—	—
AH1171	—	35.00	60.00	90.00	—	—
AH1172	—	30.00	50.00	80.00	—	—
AH1172/6	—	—	—	—	—	—
AH1173	—	40.00	65.00	100	—	—

KM# 524.2 RUPI (10 Shahi)
11.5000 g., Silver **Note:** Type C.

Date	Mintage	F	VF	XF	Unc	BU
AH1193	—	25.00	45.00	75.00	—	—

Yazd

KM# A525 1/8 MOHUR
1.3800 g., Gold **Note:** Type C.

Date	Mintage	F	VF	XF	Unc	BU
AH1186	—	100	160	220	—	—

Astarabad

KM# 530.1 1/4 MOHUR
2.7500 g., Gold **Obv:** Inscription within circle **Rev:** Inscription **Note:** Type D.

Date	Mintage	F	VF	XF	Unc	BU
AH1184	—	175	280	400	—	—

Basra

KM# 530.2 1/4 MOHUR
2.7500 g., Gold **Obv:** Inscription within circle **Rev:** Inscription **Note:** Type D.

Date	Mintage	F	VF	XF	Unc	BU
AH1191	—	300	500	750	—	—

Isfahan

KM# 518.1 1/4 MOHUR
2.7500 g., Gold **Obv:** Inscription **Rev:** Inscription within beaded circle **Note:** Type B.

Date	Mintage	F	VF	XF	Unc	BU
AH1169	—	145	240	325	—	—
AH1171	—	145	240	325	—	—
AH1172	—	145	240	325	—	—

KM# 525.1 1/4 MOHUR
2.7500 g., Gold **Obv:** Inscription **Rev:** Inscription within flower design **Note:** Type C.

Date	Mintage	F	VF	XF	Unc	BU
AH1172	—	130	175	225	—	—
AH1177	—	130	175	225	—	—
AH1178	—	130	175	225	—	—
AH1179	—	130	175	225	—	—
AH1183	—	130	175	225	—	—
AH1187	—	130	175	225	—	—

Kashan

KM# 518.2 1/4 MOHUR
2.7500 g., Gold **Obv:** Inscription **Rev:** Inscription within beaded circle **Note:** Type B.

Date	Mintage	F	VF	XF	Unc	BU
AH1174	—	160	265	350	—	—

KM# 525.2 1/4 MOHUR
2.7500 g., Gold **Obv:** Inscription **Rev:** Inscription within flower design **Note:** Type C.

Date	Mintage	F	VF	XF	Unc	BU
AH1178	—	130	175	225	—	—
AH1179	—	130	175	225	—	—
AH1180	—	130	175	225	—	—
AH1182	—	130	175	225	—	—
AH1184	—	110	145	210	—	—

Date	Mintage	F	VF	XF	Unc	BU
AH1185	—	110	145	210	—	—
AH1186	—	110	145	210	—	—
AH1187	—	110	145	210	—	—
AH1188	—	110	145	210	—	—
AH1189	—	130	175	225	—	—
AH1190	—	105	130	200	—	—
AH1191	—	110	145	210	—	—
AH1192	—	110	145	210	—	—

Khoy

KM# 530.4 1/4 MOHUR

2.7500 g., Gold **Obv:** Inscription within circle **Rev:** Inscription **Note:** Type D.

Date	Mintage	F	VF	XF	Unc	BU
AH1189	—	155	210	280	—	—

KM# 525.3 1/4 MOHUR

2.7500 g., Gold **Obv:** Inscription within flower design **Note:** Type C.

Date	Mintage	F	VF	XF	Unc	BU
AH1190	—	135	200	280	—	—
AH1191	—	135	200	280	—	—
AH1192	—	135	200	280	—	—
AH1193	—	135	200	280	—	—

Kirman

KM# 530.3 1/4 MOHUR

2.7500 g., Gold **Obv:** Inscription within circle **Rev:** Inscription **Note:** Type D.

Date	Mintage	F	VF	XF	Unc	BU
AH1180	—	155	180	245	—	—

Mazandaran

KM# 525.4 1/4 MOHUR

2.7500 g., Gold **Obv:** Inscription within flower design **Note:** Type C.

Date	Mintage	F	VF	XF	Unc	BU
AH1189	—	—	—	—	—	—
Note: Reported, not confirmed						
AH1190	—	—	—	—	—	—
Note: Reported, not confirmed						
AH1191	—	130	185	225	—	—

Qazvin

KM# 525.5 1/4 MOHUR

2.7500 g., Gold **Obv:** Inscription **Rev:** Inscription within flower design **Note:** Type C.

Date	Mintage	F	VF	XF	Unc	BU
AH1177	—	110	145	210	—	—
AH1178	—	110	145	210	—	—
AH1179	—	110	145	210	—	—
AH1181	—	110	145	210	—	—
AH1182	—	110	145	210	—	—
AH1183	—	110	145	210	—	—
AH1184	—	110	145	210	—	—
AH1186	—	105	130	200	—	—
AH1187	—	105	130	200	—	—
AH1190	—	105	130	200	—	—
AH1191	—	110	145	210	—	—
AH1192	—	110	145	210	—	—

Rasht

KM# 525.6 1/4 MOHUR

2.7500 g., Gold **Obv:** Inscription **Rev:** Inscription within flower design **Note:** Type C.

Date	Mintage	F	VF	XF	Unc	BU
AH1183	—	130	175	230	—	—
AH1186	—	130	175	230	—	—

Rekab

KM# 518.3 1/4 MOHUR

2.7500 g., Gold **Obv:** Inscription **Rev:** Inscription within beaded circle **Note:** Type B.

Date	Mintage	F	VF	XF	Unc	BU
AH1174	—	175	265	350	—	—

KM# 530.5 1/4 MOHUR

2.7500 g., Gold **Obv:** Inscription within circle **Rev:** Inscription **Note:** Type D.

Date	Mintage	F	VF	XF	Unc	BU
AH1176	—	145	190	255	—	—
AH1177	—	145	190	290	—	—
AH1178	—	130	175	255	—	—

Shiraz

KM# 518.4 1/4 MOHUR

2.7500 g., Gold **Obv:** Inscription **Rev:** Inscription within beaded circle **Note:** Type B.

Date	Mintage	F	VF	XF	Unc	BU
AH1169	—	145	240	325	—	—

KM# 530.6 1/4 MOHUR

2.7500 g., Gold **Obv:** Inscription within circle **Rev:** Inscription **Note:** Type D.

Date	Mintage	F	VF	XF	Unc	BU
AH1179	—	145	190	255	—	—
AH1181	—	240	325	425	—	—
AH1193	—	—	—	—	—	—

KM# 525.7 1/4 MOHUR

2.7500 g., Gold **Obv:** Inscription **Rev:** Inscription within flower design **Note:** Type C.

Date	Mintage	F	VF	XF	Unc	BU
AH1193	—	135	190	255	—	—

Tabriz

KM# 530.7 1/4 MOHUR

2.7500 g., Gold **Obv:** Inscription within circle **Rev:** Inscription **Note:** Type D.

Date	Mintage	F	VF	XF	Unc	BU
AH1178	—	130	175	230	—	—
AH1180	—	130	175	230	—	—
AH1182	—	130	175	230	—	—
AH1184	—	130	175	230	—	—
AH1185	—	130	175	230	—	—
AH1186	—	130	175	230	—	—
AH1187	—	130	175	230	—	—
AH1188	—	130	175	230	—	—
AH1189	—	130	175	230	—	—
AH1190	—	130	175	230	—	—
AH1191	—	130	175	230	—	—

Tehran

KM# 525.8 1/4 MOHUR

2.7500 g., Gold **Obv:** Inscription **Rev:** Inscription with flower design **Note:** Type C.

Date	Mintage	F	VF	XF	Unc	BU
AH1181	—	155	225	325	—	—
AH1182	—	155	225	325	—	—

Yazd

KM# 525.9 1/4 MOHUR

2.7500 g., Gold **Obv:** Inscription **Rev:** Inscription with flower design **Note:** Type C.

Date	Mintage	F	VF	XF	Unc	BU
AH1179	—	130	175	225	—	—
AH1180	—	130	175	225	—	—
AH1181	—	130	175	225	—	—
AH1186	—	110	145	210	—	—
AH1187	—	105	130	190	—	—
AH1188	—	105	130	190	—	—
AH1189	—	105	130	190	—	—
AH1190	—	105	130	190	—	—
AH1191	—	105	130	190	—	—
AH1192	—	105	130	190	—	—
AH1193	—	105	130	190	—	—

Isfahan

KM# 520.1 MOHUR

11.0000 g., Gold **Obv:** Inscription **Rev:** Inscription within flower design **Note:** Type B.

Date	Mintage	F	VF	XF	Unc	BU
AH1169	—	475	775	1,100	—	—

Jelou

KM# 520.2 MOHUR

11.0000 g., Gold **Obv:** Inscription within flower design **Note:** Type B.

Date	Mintage	F	VF	XF	Unc	BU
Rare	—	—	—	—	—	—
AH1172 Rare	—	—	—	—	—	—

Mazandaran

KM# 513 MOHUR

11.0000 g., Gold **Rev:** Mint and date in small cartouche **Note:** Type B.

Date	Mintage	F	VF	XF	Unc	BU
AH1176 Rare	—	—	—	—	—	—

Shiraz

KM# 520.3 MOHUR

11.0000 g., Gold **Obv:** Inscription **Rev:** Inscription within flower design **Note:** Type B.

Date	Mintage	F	VF	XF	Unc	BU
AH1171	—	475	775	1,100	—	—

Basra

KM# 531.1 1/2 MOHUR

5.5000 g., Gold **Obv:** Evocation "Ya Karim" added **Rev:** Inscription within circle **Note:** Type D.

Date	Mintage	F	VF	XF	Unc	BU
AH1190	—	425	600	775	—	—

Rasht

KM# 526 1/2 MOHUR

5.5000 g., Gold **Obv:** Evocation "Ya Karim" added **Rev:** Inscription **Note:** Type C.

Date	Mintage	F	VF	XF	Unc	BU
AH1185	—	275	450	575	—	—
AH1188	—	225	325	450	—	—
AH1189	—	225	325	450	—	—
AH1190	—	225	275	375	—	—
AH1191	—	225	275	375	—	—
AH1192	—	225	325	450	—	—
AH1193	—	225	325	450	—	—

Shiraz

KM# 519 1/2 MOHUR

5.5000 g., Gold **Obv:** Evocation "Ya Karim" added **Note:** Type B.

Date	Mintage	F	VF	XF	Unc	BU
AH1176	—	350	550	775	—	—

KM# 531.2 1/2 MOHUR

5.5000 g., Gold **Obv:** Evocation "Ya Karim" added **Rev:** Inscription within circle **Note:** Type D.

Date	Mintage	F	VF	XF	Unc	BU
AH1184	—	250	350	500	—	—
AH1186	—	250	350	500	—	—
AH1187	—	250	350	500	—	—
AH1192	—	250	350	500	—	—
AH1193	—	250	350	500	—	—

Tabriz

KM# 531.3 1/2 MOHUR

5.5000 g., Gold **Obv:** Evocation "Ya Karim" added **Rev:** Inscription within circle **Note:** Type D.

Date	Mintage	F	VF	XF	Unc	BU
AH1184	—	275	400	575	—	—
AH1187	—	275	400	575	—	—

KM# 520a MOHUR

11.0000 g., Gold **Obv:** Inscription **Obv. Legend:** "Ya Karim" added **Rev:** Inscription within design **Note:** Type B.

Date	Mintage	F	VF	XF	Unc	BU
AH1174	—	550	850	1,200	—	—
AH1175	—	550	850	1,200	—	—

KM# A532 MOHUR

11.0000 g., Gold **Note:** Type C.

Date	Mintage	F	VF	XF	Unc	BU
AH1178	—	550	850	1,200	—	—

Shahrukh, 3rd Reign
AH1168-1210 / 1755-1796AD

Types for this ruler's 3rd Reign:

E. As B, but a different couplet. Struck only at Mashhad. *Sekkeh zad az sa'y-e nader-e thani sahebqeran. Kalb-e soltan-e Khorasan Shahrokh shah-e jahan.*

"The dog of the sultan of Khorasan (i.e., the 8th Imam), Shahrukh, king of the world, has struck coin, by the efforts of Nadir, the second Sahebqiran." However, the puns and word plays enable various nuances of meaning that cannot be captured in translation.

F. Unread couplet obverse. Reverse as type E.

HAMMERED COINAGE

Mashhad

KM# 447 RUPI (10 Shahi)

11.5000 g., Silver **Obv:** Inscription **Rev:** Inscription within cartouche **Note:** Type E.

Date	Mintage	F	VF	XF	Unc	BU
AH1186	—	50.00	80.00	135	—	—
AH1187	—	25.00	42.50	75.00	—	—
AH1189	—	25.00	42.50	75.00	—	—
AH1193	—	35.00	55.00	90.00	—	—
AH1195	—	35.00	55.00	90.00	—	—
AH1197	—	40.00	65.00	100	—	—

Note: Coins of AH1197 have not been re-examined and may be type F rather than type E

912 IRAN

KM# 449 RUPI (10 Shahi)
11.5000 g., Silver Note: Type F.

Date	Mintage	F	VF	XF	Unc	BU
AH1198	—	70.00	100	150	—	—

Mashhad

KM# 448 MOHUR
11.0000 g., Gold Note: Type E.

Date	Mintage	F	VF	XF	Unc	BU
AH1186	—	450	625	900	—	—

Abu'l Fath Khan
AH1193 / 1779AD

Types for this reign:

A. (Couplet Type) As type C of Karim Khan, but evocation *Abu'l-Fath.*

B. (Kalima Type) As type D of Karim Khan, but evocation *Abu'l-Fath.*

HAMMERED COINAGE

Shiraz

KM# 541 SHAHI (50 Dinars)
1.1500 g., Silver **Obv:** Inscription **Rev:** Inscription **Note:** Type A.

Date	Mintage	F	VF	XF	Unc	BU
AH1193	—	60.00	110	175	—	—

KM# 542 RUPI (10 Shahi)
11.5000 g., Silver Note: Type A. Mint unknown.

Date	Mintage	F	VF	XF	Unc	BU
AH1193 Rare	—	—	—	—	—	—

Isfahan

KM# 544.1 1/4 MOHUR
2.7500 g., Gold Note: Type B.

Date	Mintage	F	VF	XF	Unc	BU
AH1193	—	275	450	650	—	—

Shiraz

KM# 543.1 1/4 MOHUR
2.7500 g., Gold **Obv:** Inscription **Rev:** Inscription within design Note: Type A.

Date	Mintage	F	VF	XF	Unc	BU
AH1193	—	—	—	—	—	—

Note: Reported, not confirmed

KM# 544.2 1/4 MOHUR
2.7500 g., Gold Note: Type B.

Date	Mintage	F	VF	XF	Unc	BU
AH1193	—	275	450	650	—	—

Yazd

KM# 543.2 1/4 MOHUR
2.7500 g., Gold **Obv:** Inscription **Rev:** Inscription within design Note: Type A.

Date	Mintage	F	VF	XF	Unc	BU
AH1193	—	275	450	650	—	—

Sadiq Khan
AH1193-1196 / 1779-1781AD

Types for this reign:

All coins of this reign bear the evocation *Ya Karim* as used by Karim Khan. Coins dated AH1193 may belong to either Karim Khan or Sadiq Khan, and are listed under Karim Khan.

A. (Couplet Type) Identical to type C of Karim Khan, including the evocation *Ya Karim.*

B. (Kalima Type) Identical to type D of Karim Khan, with evocation as last.

HAMMERED COINAGE

Tabriz

KM# 553 SHAHI (50 Dinars)
1.1500 g., Silver **Obv:** Inscription within circle **Rev:** Inscriptionn within design **Note:** Type B.

Date	Mintage	F	VF	XF	Unc	BU
AH1194	—	40.00	65.00	110	—	—
AH1195	—	40.00	65.00	110	—	—

Yazd

KM# 547 SHAHI (50 Dinars)
1.1500 g., Silver **Note:** Type A.

Date	Mintage	F	VF	XF	Unc	BU
AH1195	—	40.00	70.00	110	—	—

Mazandaran

KM# 548 ABBASI
4.6000 g., Silver **Note:** Type A.

Date	Mintage	F	VF	XF	Unc	BU
AH1194	—	30.00	50.00	85.00	—	—

Mazandaran

KM# 549 2 ABBASI (8 Shahi)
9.2000 g., Silver **Obv:** Inscription **Rev:** Inscription **Note:** Type A.

Date	Mintage	F	VF	XF	Unc	BU
AH1194	—	35.00	60.00	100	—	—

Isfahan

KM# 550.1 RUPI (10 Shahi)
11.5000 g., Silver **Obv:** Inscription **Rev:** Inscription, date **Note:** Type A.

Date	Mintage	F	VF	XF	Unc	BU
AH1194	—	35.00	60.00	100	—	—
AH1195	—	35.00	60.00	100	—	—
AH1196	—	35.00	60.00	100	—	—

KM# A551 RUPI (10 Shahi)
11.5000 g., Silver **Rev:** "Ya Karim" omitted from legend **Note:** Type A.

Date	Mintage	F	VF	XF	Unc	BU
AH1195	—	45.00	75.00	115	—	—

Kashan

KM# 550.2 RUPI (10 Shahi)
11.5000 g., Silver **Obv:** Inscription **Rev:** Inscription, date **Note:** Type A.

Date	Mintage	F	VF	XF	Unc	BU
AH1194	—	40.00	65.00	100	—	—
AH1195	—	40.00	65.00	100	—	—
AH1196	—	40.00	65.00	100	—	—

Khoy

KM# 550.3 RUPI (10 Shahi)
11.5000 g., Silver **Obv:** Inscription **Rev:** Inscription, date **Note:** Type A.

Date	Mintage	F	VF	XF	Unc	BU
AH1195	—	50.00	80.00	145	—	—

Shiraz

KM# 550.4 RUPI (10 Shahi)
11.5000 g., Silver **Obv:** Inscription **Rev:** Inscription, date **Note:** Type A.

Date	Mintage	F	VF	XF	Unc	BU
AH1193	—	40.00	65.00	100	—	—
AH1194	—	35.00	60.00	100	—	—
AH1195	—	35.00	60.00	100	—	—
AH1196	—	40.00	65.00	100	—	—

Kirman

KM# 554 1/8 MOHUR
1.3800 g., Gold **Note:** Type B.

Date	Mintage	F	VF	XF	Unc	BU
AH1195	—	165	220	300	—	—

Kashan

KM# 551.1 1/4 MOHUR
2.7500 g., Gold **Obv:** Inscription, date within small circle **Rev:** Inscription **Note:** Type A.

Date	Mintage	F	VF	XF	Unc	BU
AH1195	—	155	195	280	—	—
AH1196	—	155	195	280	—	—
AH1197 (sic)	—	155	195	280	—	—

Khoy

KM# 551.2 1/4 MOHUR
2.7500 g., Gold **Obv:** Inscription, date within small circle **Rev:** Inscription **Note:** Type A.

Date	Mintage	F	VF	XF	Unc	BU
AH1194	—	155	210	325	—	—
AH1195	—	155	210	325	—	—

Kirman

KM# 551.3 1/4 MOHUR

2.7500 g., Gold **Obv:** Inscription, date within small circle **Rev:** Inscription **Note:** Type A.

Date	Mintage	F	VF	XF	Unc	BU
AH1196	—	170	230	350	—	—

Qazvin

KM# 551.4 1/4 MOHUR
2.7500 g., Gold **Obv:** Inscription, date within small circle **Rev:** Inscription **Note:** Type A.

Date	Mintage	F	VF	XF	Unc	BU
AH1194	—	155	195	280	—	—
AH1195	—	155	195	280	—	—

Yazd

KM# 551.5 1/4 MOHUR
2.7500 g., Gold **Obv:** Inscription, date within small circle **Rev:** Inscription **Note:** Type A.

Date	Mintage	F	VF	XF	Unc	BU
AH1194	—	155	195	280	—	—
AH1195	—	155	195	280	—	—
AH1196	—	155	195	280	—	—

Shiraz

KM# A552 1/2 MOHUR
5.5000 g., Gold **Note:** Type B.

Date	Mintage	F	VF	XF	Unc	BU
AH1195	—	240	300	425	—	—

Shiraz

KM# 552 MOHUR
11.0000 g., Gold **Obv:** Inscription **Rev:** Inscription within circle **Note:** Type A.

Date	Mintage	F	VF	XF	Unc	BU
AH1194	—	600	1,150	1,200	—	—
AH1195	—	600	900	1,200	—	—

Agha Muhammad Khan
AH1193-1211 / 1779-97AD

Types for this reign:

A. Obverse couplet. Reverse, mint and date, normally with the mint epithet.

Be-zar sekkeh az meymanat zad qaza Be-nam-e 'Ali ebn-e Musa or-Reza.

"Fate has auspiciously struck coin in precious metal, in the name of Ali, son of Musa, Reza (i.e., the 8th Imam)." (Same couplet as type A of Muhammad Hasan Khan Qajar)

B1. Obverse couplet. Reverse, mint, date, usually the epithet, and the evocation *Ya Mohammad,* "O Muhammad".

Be-zar o sim ta neshan bashad Sekke-ye Saheb oz-Zaman bashad.

"So long as there shall be a stamp upon gold and silver, there shall be coin of the Master of Time".

B2. As B1, but variant of the couplet:

Ta zar o sim-ra neshan bashad Sekke-ye Saheb oz-Zaman bashad.

"So long as gold and silver shall have a design, there shall be coin of the Master of Time".

B3. As B1, but variant of the couplet:

Ta zar o sim dar jahan bashad Sekke-ye Saheb oz-Zaman bashad.

"So long as there is gold and silver in the world, there shall be coin of the Master of Time".

C. Obverse couplet. Reverse, mint, date, epithet and evocation as on type B.

Shod aftab o mah zar o sim dar jahan Az sekke-ye Emam be-haqq Saheb oz-Zaman.

"The sun and moon have become gold and silver throughout the world, from the coin of the Imam, indeed the Master of Time." This is the same couplet found on most types of Karim Khan Zand and the later Zands. The type is distinguished by the evocation.

C*. As type C, but without the evocation. These are coins of the rebellion of Ahmad Khan Donboli in Azerbayjan, but are traditionally, though somewhat incorrectly, assigned to Agha Muhammad Khan.

D. Obverse, the Shiite formula. Reverse, mint, date, epithet and evocation as on type B.

E. Obverse, within ornate border, the evocation *Ya Ali Vali Allah,* "O Ali, Friend of God". Reverse, mint and date (no epithet), with evocation, *Ya Mohammad.*

NOTE: The coinage of Agha Muhammad Khan is not well understood. The types are clear, but the denominations are tentative. In all probability, there were multiple monetary systems in use in different parts of Iran during his turbulent reign. However, there is at present no clear correlation between type, mint, and denomination. The silver coinage is particularly confused. The schema offered here is tentative. The rupi is believed to have been equal to 10 shahis, with a weight of 11.5 grams. It was gradually replaced after AH1204 with a riyal, weighing 12.67 grams, but reckoned as 20 shahis, thus incorporating a significant devaluation of the shahi. A large number of coins, particularly in gold, have been published without mention of type or denomination. These have been disregarded in the following listings, which are thus quite incomplete.

HAMMERED COINAGE

Isfahan

KM# 608.1 SHAHI (50 Dinars)
1.1500 g., Silver **Note:** Type B. Types B1, B2, and B3 are indicated here, with the variant noted after the name of the mint.

Date	Mintage	F	VF	XF	Unc	BU
AH1204 (B1)	—	25.00	40.00	65.00	—	—

KM# 629.1 SHAHI (50 Dinars)
1.1500 g., Silver **Note:** Type D.

Date	Mintage	F	VF	XF	Unc	BU
AH1211	—	40.00	65.00	100	—	—

Khoy

KM# 629.2 SHAHI (50 Dinars)
1.1500 g., Silver **Note:** Type D.

Date	Mintage	F	VF	XF	Unc	BU
AH1210	—	40.00	65.00	100	—	—

Shiraz

KM# 608.2 SHAHI (50 Dinars)
1.1500 g., Silver **Note:** Type B. Types B1, B2 and B3 are indicated here, with the variant noted after the date.

Date	Mintage	F	VF	XF	Unc	BU
AH1207 (B3)	—	25.00	40.00	65.00	—	—
AH1209 (B3)	—	25.00	40.00	65.00	—	—

Rasht

KM# A601 2 SHAHI
Silver **Obv:** Type C **Rev:** Mint

Date	Mintage	Good	VG	F	VF	XF
ND	—	—	—	—	—	—

Astarabad

KM# 601 ABBASI
4.6000 g., Silver **Note:** Type A.

Date	Mintage	F	VF	XF	Unc	BU
ND	—	35.00	60.00	90.00	—	—

Isfahan

KM# 609.1 ABBASI
4.6000 g., Silver **Note:** Type B.

Date	Mintage	F	VF	XF	Unc	BU
AH1207 (B2?)	—	25.00	40.00	65.00	—	—
AH1208 (B1)	—	25.00	40.00	65.00	—	—
AH1208 (B2)	—	25.00	40.00	65.00	—	—

Kashan

KM# 609.2 ABBASI
4.6000 g., Silver **Note:** Type B.

Date	Mintage	F	VF	XF	Unc	BU
AH1203 (B3)	—	40.00	65.00	100	—	—

Rasht

KM# 621.1 ABBASI
4.6000 g., Silver **Note:** Type C.

Date	Mintage	F	VF	XF	Unc	BU
AH1202	—	30.00	50.00	80.00	—	—
AH1210	—	30.00	50.00	80.00	—	—
AH1201 Error for 1210	—	30.00	50.00	80.00	—	—

Shiraz

KM# 609.3 ABBASI
4.6000 g., Silver **Note:** Type B.

Date	Mintage	F	VF	XF	Unc	BU
AH1206 (B3)	—	30.00	50.00	80.00	—	—
AH1207 (B3)	—	30.00	50.00	80.00	—	—

Yazd

KM# 621.2 ABBASI
4.6000 g., Silver **Note:** Type C.

Date	Mintage	F	VF	XF	Unc	BU
AH1204 (?)	—	50.00	85.00	125	—	—

Astarabad

KM# 602.1 2 ABBASI (8 Shahi)
9.2000 g., Silver **Note:** Type A.

Date	Mintage	F	VF	XF	Unc	BU
AH1200	—	40.00	65.00	100	—	—
ND	—	40.00	65.00	100	—	—

Isfahan

KM# 602.2 2 ABBASI (8 Shahi)
9.2000 g., Silver **Note:** Type A.

Date	Mintage	F	VF	XF	Unc	BU
AH1199	—	40.00	65.00	100	—	—

Mazandaran

KM# 602.3 2 ABBASI (8 Shahi)
9.2000 g., Silver **Note:** Type A.

Date	Mintage	F	VF	XF	Unc	BU
AH1194	—	30.00	45.00	75.00	—	—
AH1195	—	30.00	45.00	75.00	—	—
AH1196	—	30.00	45.00	75.00	—	—
AH1198	—	30.00	45.00	75.00	—	—

KM# 611 2 ABBASI (8 Shahi)
9.2000 g., Silver **Note:** Type B.

Date	Mintage	F	VF	XF	Unc	BU
AH1201 (B1)	—	40.00	65.00	100	—	—

Isfahan

KM# 603.1 RUPI (10 Shahi)
11.5000 g., Silver **Note:** Type A.

Date	Mintage	F	VF	XF	Unc	BU
AH1199	—	70.00	100	150	—	—

KM# 622.1 RUPI (10 Shahi)
11.0000 g., Silver **Note:** Type C.

Date	Mintage	F	VF	XF	Unc	BU
AH1201	—	25.00	40.00	65.00	—	—

KM# 612.1 RUPI (10 Shahi)
11.5000 g., Silver **Note:** Type B.

Date	Mintage	F	VF	XF	Unc	BU
AH1204 (B1)	—	30.00	65.00	70.00	—	—

KM# 612a RUPI (10 Shahi)
8.9000 g., Silver **Note:** Type B. Reduced standard. Believed to be an imitation struck in the Durrani lands (modern Afghanistan or Pakistan). Most specimens are struck from substantially debased metal.

Date	Mintage	F	VF	XF	Unc	BU
AH1206 (B1)	—	10.00	17.50	27.50	—	—
ND (B1)	—	10.00	17.50	27.50	—	—

Kashan

KM# 603.2 RUPI (10 Shahi)
11.5000 g., Silver **Note:** Type A.

Date	Mintage	F	VF	XF	Unc	BU
AH1195 (sic)	—	80.00	125	200	—	—
AH1200	—	80.00	125	200	—	—

Khoy

KM# 622.2 RUPI (10 Shahi)
11.0000 g., Silver **Note:** Type C.

Date	Mintage	F	VF	XF	Unc	BU
AH1199	—	50.00	85.00	130	—	—

Mashhad

KM# 622.3 RUPI (10 Shahi)
11.0000 g., Silver **Note:** Type C.

Date	Mintage	F	VF	XF	Unc	BU
AH1211	—	50.00	85.00	130	—	—

Note: 30,000 pieces were struck in Mashhad in AH1211, as tribute to the conqueror Qajar army, who occupied the city for several weeks at the beginning of that year

Qazvin

KM# 612.2 RUPI (10 Shahi)
11.5000 g., Silver **Note:** Type B.

Date	Mintage	F	VF	XF	Unc	BU
AH1204 (B2)	—	40.00	45.00	100	—	—

Shiraz

KM# 612.3 RUPI (10 Shahi)
11.5000 g., Silver **Note:** Type B.

Date	Mintage	F	VF	XF	Unc	BU
AH1207 (B3)	—	40.00	45.00	100	—	—
AH1209 (B3)	—	40.00	45.00	100	—	—

KM# 630 RUPI (10 Shahi)
11.5000 g., Silver **Note:** Type D.

Date	Mintage	F	VF	XF	Unc	BU
AH1209	—	30.00	50.00	80.00	—	—
AH1211	—	30.00	50.00	80.00	—	—

Tabriz

KM# 622.4 RUPI (10 Shahi)
11.0000 g., Silver **Note:** Type C.

Date	Mintage	F	VF	XF	Unc	BU
AH1212	—	40.00	60.00	85.00	—	—

Isfahan

KM# 610.1 5 ABBASI (20 Shahi)
5.7500 g., Silver **Note:** Type B.

Date	Mintage	F	VF	XF	Unc	BU
AH1201 (B1)	—	30.00	45.00	75.00	—	—

Note: Probably error for 1210

Date	Mintage	F	VF	XF	Unc	BU
AH1210 (B1)	—	30.00	45.00	75.00	—	—
AH1211 (B1)	—	25.00	40.00	665	—	—

Kashan

KM# 610.2 5 ABBASI (20 Shahi)
5.7500 g., Silver **Note:** Type B.

Date	Mintage	F	VF	XF	Unc	BU
AH1211 (B2)	—	40.00	65.00	100	—	—

Tehran

KM# 610.3 5 ABBASI (20 Shahi)
5.7500 g., Silver **Note:** Type B.

Date	Mintage	F	VF	XF	Unc	BU
AH1210 (B1)	—	40.00	65.00	100	—	—

Tabriz

KM# 631 1/2 RIAL
6.3300 g., Silver **Note:** Type D.

Date	Mintage	F	VF	XF	Unc	BU
AH1211	—	35.00	60.00	90.00	—	—

Ganjah

KM# 632.1 RIAL (20 Shahi)
12.6700 g., Silver **Note:** Type D.

Date	Mintage	F	VF	XF	Unc	BU
AH1204	—	65.00	100	160	—	—

KM# 638 RIAL (20 Shahi)
12.6700 g., Silver **Note:** Type E.

Date	Mintage	F	VF	XF	Unc	BU
AH1208	—	65.00	100	160	—	—
AH1210	—	65.00	100	160	—	—
AH1211	—	65.00	100	160	—	—
AH1212	—	65.00	100	160	—	—

Isfahan

KM# 613.1 RIAL (20 Shahi)
12.6700 g., Silver **Note:** Type B.

Date	Mintage	F	VF	XF	Unc	BU
AH1206 (B1)	—	40.00	65.00	100	—	—

Kashan

KM# 623.1 RIAL (20 Shahi)
12.6700 g., Silver **Note:** Type C.

Date	Mintage	F	VF	XF	Unc	BU
AH1209	—	35.00	55.00	90.00	—	—
AH1210	—	35.00	55.00	90.00	—	—

Khoy

KM# 623.2 RIAL (20 Shahi)
12.6700 g., Silver **Note:** Type C.

Date	Mintage	F	VF	XF	Unc	BU
AH1204 (C*)	—	50.00	85.00	125	—	—
AH1205 (C*)	—	50.00	85.00	125	—	—
AH1206	—	40.00	65.00	100	—	—
AH1207	—	40.00	65.00	100	—	—
AH1208	—	40.00	65.00	100	—	—
AH1209	—	—	—	—	—	—

Note: Reported, not confirmed

KM# 632.2 RIAL (20 Shahi)
12.6700 g., Silver **Note:** Type D.

Date	Mintage	F	VF	XF	Unc	BU
AH1210	—	35.00	65.00	100	—	—
AH1211	—	35.00	65.00	100	—	—
AH1212	—	40.00	70.00	100	—	—

Mazandaran

KM# 623.3 RIAL (20 Shahi)
12.6700 g., Silver **Note:** Type C.

Date	Mintage	F	VF	XF	Unc	BU
ND	—	35.00	55.00	80.00	—	—

Qazvin

KM# 623.4 RIAL (20 Shahi)
12.6700 g., Silver **Note:** Type C.

Date	Mintage	F	VF	XF	Unc	BU
AH1207	—	30.00	45.00	70.00	—	—
AH1208	—	30.00	45.00	70.00	—	—
AH1209	—	30.00	45.00	70.00	—	—
AH1210	—	30.00	45.00	70.00	—	—
AH1211	—	30.00	45.00	70.00	—	—

IRAN

Rasht

KM# 623.5 RIAL (20 Shahi)
12.6700 g., Silver Note: Type C.

Date	Mintage	F	VF	XF	Unc	BU
AH1210	—	35.00	55.00	80.00	—	—
AH1211	—	35.00	55.00	80.00	—	—

Shiraz

KM# 613.2 RIAL (20 Shahi)
12.6700 g., Silver Note: Type B.

Date	Mintage	F	VF	XF	Unc	BU
AH1208 (B3)	—	40.00	65.00	100	—	—

Tabriz

KM# 623.6 RIAL (20 Shahi)
12.6700 g., Silver Note: Type C.

Date	Mintage	F	VF	XF	Unc	BU
AH1204 (C*)	—	40.00	70.00	110	—	—
AH1205 (C*)	—	40.00	70.00	110	—	—
AH1206	—	25.00	40.00	60.00	—	—
AH1207	—	25.00	40.00	60.00	—	—
AH1208	—	25.00	40.00	65.00	—	—
AH1209	—	25.00	40.00	65.00	—	—

KM# 632.3 RIAL (20 Shahi)
12.6700 g., Silver Note: Type D.

Date	Mintage	F	VF	XF	Unc	BU
AH1211	—	40.00	70.00	100	—	—

Tehran

KM# 613.3 RIAL (20 Shahi)
12.6700 g., Silver Note: Type B.

Date	Mintage	F	VF	XF	Unc	BU
AH1210 (B2)	—	50.00	85.00	140	—	—

Note: The riyal of Tehran AH1210 has the month Muhrarram

Urumi

KM# 623.7 RIAL (20 Shahi)
12.6700 g., Silver Note: Type C.

Date	Mintage	F	VF	XF	Unc	BU
AH1204 (C*)	—	60.00	100	175	—	—

Yazd

KM# 613.4 RIAL (20 Shahi)
12.6700 g., Silver Note: Type B.

Date	Mintage	F	VF	XF	Unc	BU
AH1210 (B1)	—	50.00	85.00	140	—	—

KM# 632.4 RIAL (20 Shahi)
12.6700 g., Silver Note: Type D.

Date	Mintage	F	VF	XF	Unc	BU
AH1211	—	50.00	85.00	125	—	—

Isfahan

KM# 624a.1 1/4 TOMAN
2.8800 g., Gold Note: Type C.

Date	Mintage	F	VF	XF	Unc	BU
AH1204	—	140	190	260	—	—

Kashan

KM# 624a.2 1/4 TOMAN
2.8800 g., Gold Note: Type C.

Date	Mintage	F	VF	XF	Unc	BU
AH1203	—	155	210	325	—	—
AH1205	—	135	155	210	—	—

Khoy

KM# 625 1/4 TOMAN
2.0500 g., Gold Note: Type C.

Date	Mintage	F	VF	XF	Unc	BU
AH1208	—	190	250	375	—	—

Mazandaran

KM# 624a.3 1/4 TOMAN
2.8800 g., Gold Note: Type C.

Date	Mintage	F	VF	XF	Unc	BU
AH1204	—	155	210	325	—	—

Rasht

KM# 624 1/4 TOMAN
3.2000 g., Gold Note: Type C.

Date	Mintage	F	VF	XF	Unc	BU
AH1201	—	125	155	195	—	—

KM# 624a.4 1/4 TOMAN
2.8800 g., Gold Note: Type C.

Date	Mintage	F	VF	XF	Unc	BU
AH1202	—	110	140	175	—	—
AH1203	—	110	140	175	—	—
AH1204	—	110	140	175	—	—
AH1205	—	110	140	175	—	—

Isfahan

KM# 615.1 1/2 TOMAN
4.1000 g., Gold Note: Type B.

Date	Mintage	F	VF	XF	Unc	BU
AH1204 (B1)	—	200	270	375	—	—

Kashan

KM# 626.1 1/2 TOMAN
4.1000 g., Gold Note: Type C.

Date	Mintage	F	VF	XF	Unc	BU
AH1205	—	220	260	350	—	—

KM# 615.2 1/2 TOMAN
4.1000 g., Gold Note: Type B.

Date	Mintage	F	VF	XF	Unc	BU
AH1209 (B2)	—	180	250	350	—	—

Khoy

KM# 633.1 1/2 TOMAN
4.1000 g., Gold Note: Type D.

Date	Mintage	F	VF	XF	Unc	BU
AH1211	—	190	240	350	—	—

Rasht

KM# 626.2 1/2 TOMAN
4.1000 g., Gold Note: Type C.

Date	Mintage	F	VF	XF	Unc	BU
AH1206	—	170	200	270	—	—
AH1207	—	170	200	270	—	—
AH1208	—	170	200	270	—	—
AH1209	—	200	250	350	—	—

Shiraz

KM# 615.3 1/2 TOMAN
4.1000 g., Gold Note: Type B.

Date	Mintage	F	VF	XF	Unc	BU
AH1206	—	220	290	375	—	—
AH1209 (B3)	—	220	290	400	—	—

Tabriz

KM# 633.2 1/2 TOMAN
4.1000 g., Gold Note: Type D.

Date	Mintage	F	VF	XF	Unc	BU
AH1211	—	220	280	450	—	—
AH1212	—	190	240	350	—	—

Tehran

KM# 633.3 1/2 TOMAN
4.1000 g., Gold Note: Type D.

Date	Mintage	F	VF	XF	Unc	BU
AH1211	—	190	240	350	—	—

Tehran

KM# 617 2 TOMAN
16.4000 g., Gold Note: Type B.

Date	Mintage	F	VF	XF	Unc	BU
AH1209 (B1); Rare	—	—	—	—	—	—

Tehran

KM# 643.2 10 TOMAN
81.0000 g., Gold Note: Type B. Similar to type D.

Date	Mintage	F	VF	XF	Unc	BU
AH1210 Rare	—	—	—	—	—	—
AH1211 Rare	—	—	—	—	—	—

Astarabad

KM# 604.1 1/4 MOHUR
2.7500 g., Gold Note: Type A.

Date	Mintage	F	VF	XF	Unc	BU
AH1198	—	155	210	280	—	—

Kashan

KM# 604.2 1/4 MOHUR
2.7500 g., Gold Note: Type A.

Date	Mintage	F	VF	XF	Unc	BU
AH1200	—	155	195	260	—	—
AH1201	—	155	195	260	—	—

Mazandaran

KM# 604.3 1/4 MOHUR
2.7500 g., Gold Note: Type A.

Date	Mintage	F	VF	XF	Unc	BU
AH1195	—	140	180	250	—	—
AH1197	—	140	180	250	—	—
AH1199	—	140	180	250	—	—

PRESENTATION COINAGE

Isfahan

KM# 643.1 10 TOMAN
81.0000 g., Gold Note: Type B. Similar to type D.

Date	Mintage	F	VF	XF	Unc	BU
AH1210 Rare	—	—	—	—	—	—

Tehran

KM# 645 20 TOMAN
162.0000 g., Gold Obv: Peacock in full splendor Rev: Mint, date, and epithet Note: Type B.

Date	Mintage	F	VF	XF	Unc	BU
AH1210 Rare	—	—	—	—	—	—

KM# 646 20 TOMAN
162.0000 g., Gold Obv: Lion left with tail upraised, sun rising behind Note: Type B.

Date	Mintage	F	VF	XF	Unc	BU
AH1210 Rare	—	—	—	—	—	—

KM# 644 20 TOMAN
162.0000 g., Gold Note: Type B. Similar to type D.

Date	Mintage	F	VF	XF	Unc	BU
AH1210 Rare	—	—	—	—	—	—

Tehran

KM# 647 50 TOMAN
402.0000 g., Gold Note: Type B. Similar to type D but with ornate outer margins. Square.

Date	Mintage	F	VF	XF	Unc	BU
AH1210 Rare	—	—	—	—	—	—

Ali Murad Khan
AH1196-1199 / 1781-1785AD

Types for this reign:
A. (Couplet Type) As type C of Karim Khan, but evocation *Ya Ali.*
B. (Kalima Type) As type D of Karim Khan, but evocation *Ya Ali.*

HAMMERED COINAGE

Isfahan

KM# 557.1 SHAHI (50 Dinars)
1.1500 g., Silver Obv: Inscription Rev: Inscription Note: Type A.

Date	Mintage	F	VF	XF	Unc	BU
AH1197	—	20.00	35.00	60.00	—	—
AH1198	—	20.00	35.00	60.00	—	—

Shiraz

KM# 557.2 SHAHI (50 Dinars)
1.1500 g., Silver Obv: Inscription Rev: Inscription Note: Type A.

Date	Mintage	F	VF	XF	Unc	BU
AH1198	—	30.00	50.00	80.00	—	—

Rasht

KM# 558 1/3 RUPI
3.8300 g., Silver Obv: Inscription Rev: Inscription within design Note: Type A.

Date	Mintage	F	VF	XF	Unc	BU
AH1196	—	30.00	50.00	80.00	—	—
AH1197	—	30.00	50.00	80.00	—	—

Date	Mintage	F	VF	XF	Unc	BU
AH1198	—	35.00	55.00	90.00	—	—
AH1199	—	30.00	50.00	80.00	—	—

Date	Mintage	F	VF	XF	Unc	BU
AH1199	—	—	—	—	—	—

Note: Reported, not confirmed

Mazandaran

KM# 559 2 ABBASI (8 Shahi)
9.2000 g., Silver **Note:** Type A. Retrograde date known on specimens.

Date	Mintage	F	VF	XF	Unc	BU
AH1197	—	50.00	80.00	120	—	—

Shiraz

KM# 564 MOHUR
11.0000 g., Gold **Obv:** Inscription **Rev:** Inscription **Note:** Type B.

Date	Mintage	F	VF	XF	Unc	BU
AH1197	—	475	650	900	—	—
AH1198	—	475	650	900	—	—

Isma'il Khan
AH1200 / 1785AD

Type for this reign:

A. (Couplet Type) As type C of Karim Khan or type A of Ali Morad, but without evocation. The only type known for reign.

HAMMERED COINAGE

Qazvin

KM# 573 1/4 MOHUR
2.7500 g., Gold **Note:** Type A.

Date	Mintage	F	VF	XF	Unc	BU
AH1200	—	210	325	450	—	—
AH1201 (sic)	—	180	290	350	—	—

Hedayat Khan
AH1199-1200 / 1785-1786AD

Type for this reign:

A. (Kalima Type) As type D of Karim Khan, including the evocation *Ya Karim*. The only type known for reign.

HAMMERED COINAGE

Rasht

KM# 570 1/3 RUPI
3.8300 g., Silver **Note:** Type A.

Date	Mintage	F	VF	XF	Unc	BU
AH1200	—	60.00	90.00	140	—	—

Rasht

KM# 571 1/4 MOHUR
2.7500 g., Gold **Rev:** Invocation "Ya Allah" instead of "Ya Karim" **Note:** Type A.

Date	Mintage	F	VF	XF	Unc	BU
AH1200	—	240	300	400	—	—

Taqi Khan Bafqi
AH1199-1201 / 1785-1787AD

Types for this reign:

A. (Couplet Type) As type C of Karim Khan or type A of Ali Morad, but without evocation. The only type known for reign.

HAMMERED COINAGE

Yazd

KM# A567 RUPI (10 Shahi)
Silver **Obv:** Inscription **Rev:** Inscription within design **Note:** Type A.

Date	Mintage	F	VF	XF	Unc	BU
AH1199 Rare	—	—	—	—	—	—

Yazd

KM# 567 1/4 MOHUR
2.7500 g., Gold **Note:** Type A.

Date	Mintage	F	VF	XF	Unc	BU
AH1199	—	190	270	350	—	—

Ja'far Khan
AH1199-1203 / 1785-1789AD

Type for this reign:

A. Obverse evocation, *Ya Emam Ja'far Sadeq*, "O Imam Ja'far Sadeq." Reverse: Mint, mint epithet, and date. The only type known for reign.

NOTE: Ja'far was murdered on 25 Rabi II AH1203/23 January 1789, but coins were struck posthumously in his name at Shiraz by the partisans of Lutf Ali Khan in AH1204 and AH1205.

HAMMERED COINAGE

Isfahan

KM# 560.1 RUPI (10 Shahi)
11.5000 g., Silver **Obv:** Inscription **Rev:** Inscription **Note:** Type A.

Date	Mintage	F	VF	XF	Unc	BU
AH1194	—	40.00	60.00	100	—	—
AH1196	—	30.00	45.00	70.00	—	—
AH1197	—	30.00	45.00	70.00	—	—
AH1198	—	30.00	45.00	70.00	—	—

Kashan

KM# 560.2 RUPI (10 Shahi)
11.5000 g., Silver **Obv:** Inscription **Rev:** Inscription **Note:** Type A.

Date	Mintage	F	VF	XF	Unc	BU
AH1196	—	35.00	55.00	85.00	—	—
AH1198	—	35.00	55.00	85.00	—	—

Qazvin

KM# 560.3 RUPI (10 Shahi)
11.5000 g., Silver **Obv:** Inscription **Rev:** Inscription **Note:** Type A.

Date	Mintage	F	VF	XF	Unc	BU
AH1198	—	40.00	65.00	90.00	—	—

Shiraz

KM# 560.4 RUPI (10 Shahi)
11.5000 g., Silver **Obv:** Inscription **Rev:** Inscription **Note:** Type A.

Date	Mintage	F	VF	XF	Unc	BU
AH1196	—	30.00	50.00	75.00	—	—
AH1197	—	30.00	50.00	75.00	—	—
AH1198	—	30.00	50.00	75.00	—	—

Kashan

KM# 561.1 1/4 MOHUR
2.7500 g., Gold **Obv:** Inscription **Rev:** Inscription within design **Note:** Type A.

Date	Mintage	F	VF	XF	Unc	BU
AH1197	—	145	180	235	—	—
AH1198	—	145	180	235	—	—
AH1199	—	145	180	235	—	—

Mazandaran

KM# 561.2 1/4 MOHUR
2.7500 g., Gold **Obv:** Inscription **Rev:** Inscription within design **Note:** Type A.

Date	Mintage	F	VF	XF	Unc	BU
AH1198	—	170	230	295	—	—

Qazvin

KM# 561.3 1/4 MOHUR
2.7500 g., Gold **Obv:** Inscription **Rev:** Inscription within design **Note:** Type A.

Date	Mintage	F	VF	XF	Unc	BU
AH1198	—	150	190	260	—	—

Rasht

KM# 561.4 1/4 MOHUR
2.7500 g., Gold **Obv:** Inscription **Rev:** Inscription within design **Note:** Type A.

Date	Mintage	F	VF	XF	Unc	BU
AH1196	—	130	170	220	—	—
AH1197	—	130	170	220	—	—
AH1198	—	130	170	220	—	—
AH1199	—	130	170	220	—	—

Yazd

KM# 561.5 1/4 MOHUR
2.7500 g., Gold **Obv:** Inscription **Rev:** Inscription within design **Note:** Type A.

Date	Mintage	F	VF	XF	Unc	BU
AH1197	—	130	170	220	—	—
AH1198	—	130	170	220	—	—

Isfahan

KM# 576.1 SHAHI (50 Dinars)
1.1000 g., Silver **Obv:** Inscription **Rev:** Inscription **Note:** Type A.

Date	Mintage	F	VF	XF	Unc	BU
AH1199	—	50.00	85.00	140	—	—

Shiraz

KM# 576.2 SHAHI (50 Dinars)
1.1000 g., Silver **Obv:** Inscription **Rev:** Inscription **Note:** Type A.

Date	Mintage	F	VF	XF	Unc	BU
AH1199	—	40.00	70.00	110	—	—
AH1202	—	40.00	70.00	110	—	—

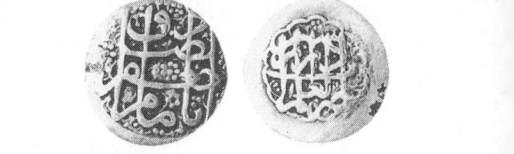

Shiraz

KM# 577 ABBASI
4.6000 g., Silver **Obv:** Inscription **Rev:** Inscription within flower design **Note:** Type A.

Date	Mintage	F	VF	XF	Unc	BU
AH1200	—	60.00	100	160	—	—
AH1201	—	60.00	100	160	—	—
AH1205 (sic)	—	75.00	125	185	—	—

Isfahan

KM# 578.1 RUPI (10 Shahi)
11.5000 g., Silver **Obv:** Inscription **Rev:** Inscription within circle **Note:** Type A.

Date	Mintage	F	VF	XF	Unc	BU
AH1199	—	75.00	125	200	—	—

Shiraz

KM# 578.2 RUPI (10 Shahi)
11.5000 g., Silver **Obv:** Inscription **Rev:** Inscription within circle **Note:** Type A.

Date	Mintage	F	VF	XF	Unc	BU
AH1199	—	60.00	100	160	—	—
AH1200	—	60.00	100	160	—	—
AH1201	—	60.00	100	160	—	—
AH1202	—	75.00	125	200	—	—
AH1203	—	75.00	125	200	—	—
AH1204	—	75.00	125	200	—	—

Shiraz

KM# 579 1/4 MOHUR
2.7500 g., Gold **Note:** Type A.

Date	Mintage	F	VF	XF	Unc	BU
AH1201	—	325	525	825	—	—
AH1203	—	325	525	825	—	—

IRAN

Shiraz

KM# 580 MOHUR
11.0000 g., Gold Note: Type A.

Date	Mintage	F	VF	XF	Unc	BU
AH1199	—	475	725	1,200	—	—
AH1200	—	475	725	1,200	—	—
AH1201	—	475	725	1,200	—	—
AH1202	—	475	725	1,200	—	—

Sayyid Murad
AH1203-1204 / 1789-1790AD

Type for this reign:
A. (Couplet Type) As type C of Karim Khan, with evocation Sayyid Murad.

HAMMERED COINAGE

Shiraz

KM# 583 SHAHI (50 Dinars)
1.1500 g., Silver Note: Type A.

Date	Mintage	F	VF	XF	Unc	BU
AH1203	—	125	200	300	—	—

Shiraz

KM# 584 RUPI (10 Shahi)
11.5000 g., Silver Note: Type A.

Date	Mintage	F	VF	XF	Unc	BU
AH1203	—	200	300	400	—	—

Lutf Ali Khan
AH1203-1209 / 1789-1794AD

Types for this reign:
A. As Type D of Karim Khan, including invocation *Ya Karim*.
B. Obverse inscription, *Sekken bar zar gasht din-e Ja'far az Lutf-e 'Ali*, "By the grace of Ali, the religion of Ja'far (i.e., Twelver Shi'ism) became the golden coin of the realm." Reverse, mint and epithet, with date and evocation, *Lutf 'Ali*.

NOTE: A third type is said to exist, similar to type C of Karim Khan, but with evocation *Lutf 'Ali*. No specimen has been confirmed, though the Shiraz gold coin of undetermined denomination reported by Markov is probably of this type.

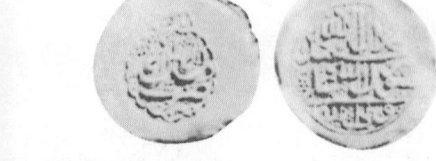

HAMMERED COINAGE

Kirman

KM# 587 1/4 TOMAN
Gold Note: Type A. Approx. 2.7 grams.

Date	Mintage	F	VF	XF	Unc	BU
AH1204	—	220	325	525	—	—
AH1205	—	220	325	525	—	—
AH1206	—	220	325	525	—	—

KM# 588 1/4 TOMAN
2.0500 g., Gold Note: Type B.

Date	Mintage	F	VF	XF	Unc	BU
AH1207	—	220	325	525	—	—

Note: It is not known whether AH1207 is KM#587 or KM#588

Date	Mintage	F	VF	XF	Unc	BU
AH1208	—	220	325	525	—	—

Fath Ali Shah
AH1212-1250 / 1797-1834AD

Fath Ali Khan succeeded his uncle, Agha Muhammad Shah, upon the latter's death on 16 June 1797, striking coins with the nickname Baba Khan. His formal enthronement took place three months later, on 15 or 16 September 1797, at which time he received the name Fath Ali Shah. His coin types are distinguished both by inscription, calligraphy, and weight standard. As the silver and gold weight standards were not altered simultaneously, the type sequences for silver and gold differ.

Note: All coins of this and succeeding reigns for hammered coinage bear the mint & date on the reverse, the mint usually with its distinguishing epithet. Only the obverse is noted in the type descriptions.

Coinage Standards of Fath Ali Shah

NOTE: Prices for silver coins are for average strikes, with some weakness or unevenness. Poorly struck coins are worth less, well-struck and well-centered coins can be worth from 25-100% more, depending on eye appeal and ornateness of design.

Gold coins are generally better struck, but really attractive strikes or fancy designs also command a premium.

NOTE: Coins without legible date are worth about half the price of the cheapest date of the mint & type. Coins without legible mint are of little value. This and the previous note apply to coins of the later rulers Muhammad Shah and Nasir al-Din Shah as well as those of Fath Ali Shah.

Silver Types:
CO (Coronation Type). Obverse, double legend: *Amadeh az Fath-e 'Ali sekke be-zar-e shahi*, "From Fath Ali came the die to the royal precious metals." Standard for the rial (=1250 dinars) was 11.52 g.

A. Obverse, name of ruler with title *al-sultan*. Standard for the rial was 10.36 g.

B. Obverse, name of ruler with the expanded title *al-sultan, ibn al-sulan*, "Sultan, son of the sultan." Plain backgrounds with rather thick calligraphy. Same standard as Type A.

C. Obverse, as Type B, but with floriated backgrounds and finer calligraphy. Same standard as Types A and B.

D. Obverse, as Type C, similar backgrounds & calligraphy, but standard reduced to 9.21 g for the rial.

E. Obverse, new form of the royal protocol, *Fath 'Ali Shah Qajar Khusro-ve Sahebqeran*, "Fath Ali Shah Qajar, Caesar, Sahebqeran (i.e., possessor of an auspicious conjunction)." The rial was abandoned except at Mashhad and replaced by a qiran (kran) of 1000 dinars weighing 6.91 g.

F. Obverse, as Type E but the final portion of the protocol is *Khosro-ve Keshvarsetan*, "World-conquering Caesar." Same standard as type, with which it is contemporary (1246-1250). All Type F silver coins are probably mules with obverse dies intended for the gold. There are also a number of local types, which have not been assigned type letters and are listed following the regular imperial types.

Gold Types:

R. Same as silver Type CO (Coronation Type). Standard for the toman (=10,000 dinars) is 6.14 g.

S. Inscriptions as Type A (Type S.1) or as Type B (Type S.2) same standard as Type R.

T. Inscriptions as Type B (Type T.1) or as Type C (Type T.2), based on a toman of 5.76 g. (No examples of Type T.2 with mint & date are confirmed at the present time.)

U. Inscriptions as Type C, based on a toman of 5.37 g.

V. Inscriptions as Type C, based on a toman of 4.80 g.

W. Inscriptions as Type C or D, based on a toman of 4.61 g (one mithqal weight).

X. Inscriptions as Type E (*sahebqeran* type), based on a toman of 4.61 g.

Y. Inscriptions as Type F (*keshvarsetan* type), based on a toman of 3.45 g.

HAMMERED COINAGE
Riyal Standard

Khoy

KM# 668 1/12 RIAL
0.8700 g., Silver **Note:** Type A. Riyal standard.

Date	Mintage	F	VF	XF	Unc	BU
AH1214(?) Khuy	—	35.00	45.00	60.00	—	—
AH1214(?)	—	35.00	45.00	60.00	—	—

Note: All known specimens lack a clear date

Mazandaran

KM# 691 1/12 RIAL
0.8600 g., Silver **Note:** Type D.

Date	Mintage	F	VF	XF	Unc	BU
AHxxxx	—	35.00	50.00	65.00	—	—

Tehran

KM# 670 1/6 RIAL
1.7300 g., Silver **Note:** Type A. Some authorities regard this coin as a 4/25 rial, equal to four shahis (1.66 grams). Final determination will require the study of many more specimens.

Date	Mintage	F	VF	XF	Unc	BU
AH1213	—	30.00	45.00	60.00	—	—

Yazd

KM# 671 1/5 RIAL
2.0700 g., Silver **Note:** Type A.

Date	Mintage	F	VF	XF	Unc	BU
AHxxxx	—	20.00	27.50	35.00	—	—

Note: Not yet attested with legible date; Such a specimen would be worth about double the price shown

Kirman

KM# 672.3 1/4 RIAL
2.5900 g., Silver **Note:** Type A. Dar al-Imam mint epithet.

Date	Mintage	F	VF	XF	Unc	BU
ND(AH1212-17)	—	60.00	100	160	225	—

Tehran

KM# 672.1 1/4 RIAL
2.5900 g., Silver **Note:** Type A.

Date	Mintage	F	VF	XF	Unc	BU
AH1213	—	25.00	35.00	50.00	—	—

Yazd

KM# 672.2 1/4 RIAL
2.5900 g., Silver **Note:** Type A.

Date	Mintage	F	VF	XF	Unc	BU
ND(AH1212-17)	—	25.00	35.00	50.00	—	—

Isfahan

KM# 686 1/3 RIAL
3.4500 g., Silver **Note:** Type C. Struck on rectangular flan.

Date	Mintage	F	VF	XF	Unc	BU
AHxxxx	—	60.00	75.00	100	—	—

Kirman

KM# 673.2 1/2 RIAL
5.1800 g., Silver **Note:** Type A.

Date	Mintage	VG	F	VF	XF	Unc
AH1214	—	15.00	35.00	47.50	65.00	—

Kirmanshahan

KM# 673.3 1/2 RIAL
5.1800 g., Silver **Note:** Type A.

Date	Mintage	VG	F	VF	XF	Unc
—	—	22.50	50.00	70.00	90.00	

Mazandaran

KM# 696.5 1/2 RIAL
4.6100 g., Silver

Date	Mintage	VG	F	VF	XF	Unc
AH1233	—	8.00	20.00	30.00	40.00	

Rasht

KM# 664 1/2 RIAL
5.7600 g., Silver **Note:** Type CO.

Date	Mintage	F	VF	XF	Unc	BU
AH1212	—	80.00	100	150	—	—

KM# 673.5 1/2 RIAL
5.1800 g., Silver **Note:** Type A.

Date	Mintage	VG	F	VF	XF	Unc
AH1213	—	10.00	25.00	35.00	50.00	—

Tehran

KM# 673.6 1/2 RIAL
5.1800 g., Silver **Note:** Type A.

Date	Mintage	F	VF	XF	Unc	BU
AH1213	—	25.00	35.00	50.00	—	—

Astarabad

KM# 674.1 RIAL
10.3600 g., Silver **Note:** Type A.

Date	Mintage	F	VF	XF	Unc	BU
AH1213	—	12.50	20.00	30.00	—	—
AH1214	—	12.50	20.00	30.00	—	—
AH1215	—	12.50	20.00	30.00	—	—

Isfahan

KM# 674.3 RIAL
10.3600 g., Silver **Note:** Type A.

Date	Mintage	F	VF	XF	Unc	BU
AH1213	—	10.00	15.00	25.00	—	—
AH1214	—	10.00	15.00	25.00	—	—
AH1215	—	10.00	15.00	25.00	—	—

KM# 665.1 RIAL
11.5200 g., Silver **Note:** Type CO.

Date	Mintage	F	VF	XF	Unc	BU
AH1213	—	75.00	100	150	—	—

Kashan

KM# 665.2 RIAL
11.5200 g., Silver **Note:** Type CO.

Date	Mintage	F	VF	XF	Unc	BU
AH1212	—	80.00	115	175	—	—

KM# 674.4 RIAL
10.3600 g., Silver **Note:** Type A.

Date	Mintage	F	VF	XF	Unc	BU
AH1213	—	15.00	22.50	35.00	—	—
AH1215	—	12.50	20.00	30.00	—	—

Khoy

KM# 665.3 RIAL
11.5200 g., Silver **Note:** Type CO.

Date	Mintage	F	VF	XF	Unc	BU
AH1213	—	80.00	115	175	—	—

HAMMERED COINAGE

KM# A658 RUPI (10 Shahi)
11.5000 g., Silver **Note:** Type A. Rupee standard. Coronation commemorative.

Date	Mintage	F	VF	XF	Unc	BU
AH1212	—	55.00	90.00	150.00		

HAMMERED COINAGE
Gold Toman Issues

KM# 674.5 RIAL
10.3600 g., Silver **Note:** Type A.

Date	Mintage	F	VF	XF	Unc	BU
AH1214	—	17.50	27.50	40.00	—	—
AH1215	—	17.50	27.50	40.00	—	—

Kirman

KM# 674.6 RIAL
10.3600 g., Silver **Note:** Type A.

Date	Mintage	F	VF	XF	Unc	BU
AH1214	—	22.50	35.00	50.00	—	—

Kirmanshahan

KM# 674.7 RIAL
10.3600 g., Silver **Note:** Type A.

Date	Mintage	F	VF	XF	Unc	BU
AH1215 w/Baldat	—	17.50	35.00	50.00	—	—

Lahijan

KM# 674.8 RIAL
10.3600 g., Silver **Note:** Type A.

Date	Mintage	F	VF	XF	Unc	BU
AH1213	—	45.00	70.00	100	—	—
AH1215	—	40.00	60.00	90.00	—	—

Maragheh

KM# 674.9 RIAL
10.3600 g., Silver **Note:** Type A.

Date	Mintage	F	VF	XF	Unc	BU
AH1215	—	50.00	75.00	110	—	—

Mazandaran

KM# 674.10 RIAL
10.3600 g., Silver **Note:** Type A.

Date	Mintage	F	VF	XF	Unc	BU
AH1213	—	12.50	20.00	30.00	—	—
AH1214	—	12.50	20.00	30.00	—	—
AH1215	—	12.50	20.00	30.00	—	—

Qazvin

KM# 665.4 RIAL
11.5200 g., Silver **Note:** Type CO.

Date	Mintage	F	VF	XF	Unc	BU
AH1212	—	80.00	115	175	—	—
AH1213	—	80.00	115	175	—	—

KM# 674.11 RIAL
10.3600 g., Silver **Note:** Type A.

Date	Mintage	F	VF	XF	Unc	BU
AH1213	—	10.00	15.00	25.00	—	—

Rasht

KM# 674.12 RIAL
10.3600 g., Silver **Note:** Type A.

Date	Mintage	F	VF	XF	Unc	BU
AH1213	—	10.00	15.00	25.00	—	—

Rekab

KM# 674.13 RIAL
10.3600 g., Silver **Note:** Type A.

Date	Mintage	F	VF	XF	Unc	BU
AH1213	—	35.00	55.00	80.00	—	—

Shiraz

KM# 674.14 RIAL
10.3600 g., Silver **Note:** Type A.

Date	Mintage	F	VF	XF	Unc	BU
AH1213	—	10.00	15.00	25.00	—	—
AH1214	—	10.00	15.00	25.00	—	—
AH1215	—	10.00	15.00	25.00	—	—

Simnan

KM# 674.15 RIAL
10.3600 g., Silver **Note:** Type A.

Date	Mintage	F	VF	XF	Unc	BU
AH12xx (1213)	—	50.00	75.00	110	—	—
AH1214	—	50.00	75.00	110	—	—

Tabriz

KM# 665.5 RIAL
11.5200 g., Silver **Note:** Type CO.

Date	Mintage	F	VF	XF	Unc	BU
AH1212	—	80.00	115	175	—	—

KM# 674.16 RIAL
10.3600 g., Silver **Note:** Type A.

Date	Mintage	F	VF	XF	Unc	BU
AH1213	—	10.00	15.00	25.00	—	—
AH1214	—	10.00	15.00	25.00	—	—
AH1215	—	10.00	15.00	25.00	—	—

Tehran

KM# 665.6 RIAL
11.5200 g., Silver **Note:** Type CO.

Date	Mintage	F	VF	XF	Unc	BU
AH1212	—	55.00	80.00	135	—	—

KM# 674.17 RIAL
10.3600 g., Silver **Note:** Type A.

Date	Mintage	F	VF	XF	Unc	BU
AH1213	—	10.00	15.00	25.00	—	—
AH1214	—	10.00	15.00	25.00	—	—
AH1215	—	10.00	15.00	25.00	—	—

Yazd

KM# 674.18 RIAL
10.3600 g., Silver **Note:** Type A.

Date	Mintage	F	VF	XF	Unc	BU
AH1213	—	11.50	17.50	27.50	—	—
AH1214	—	10.00	15.00	25.00	—	—

Tabriz

KM# A690 3 RIALS
28.4900 g., Silver **Note:** Type D.

Date	Mintage	F	VF	XF	Unc	BU
AH1213 Rare	—	—	—	—	—	—

HAMMERED COINAGE
Kran Standard

Sistan

KM# 821.7A 1/8 KRAN
0.7200 g., Silver **Obv:** Name and titles of ruler **Rev:** Mint and epithet "Dar al-Nasr" in square **Note:** struck on both sides, not uniface

Date	Mintage	F	VF	XF	Unc	BU
ND1797 Rare	—					

Isfahan

KM# 736.1 1/2 TOMAN
3.0700 g., Gold **Note:** Type R.

Date	Mintage	F	VF	XF	Unc	BU
AH1213	—	220	275	325	—	—

Rasht

KM# 736.2 1/2 TOMAN
3.0700 g., Gold **Note:** Type R.

Date	Mintage	F	VF	XF	Unc	BU
AH1212	—	220	275	325	—	—

Tabriz

KM# 736.3 1/2 TOMAN
3.0700 g., Gold **Note:** Type R.

Date	Mintage	F	VF	XF	Unc	BU
AH1212	—	220	275	325	—	—

Tehran

KM# 736.4 1/2 TOMAN
3.0700 g., Gold **Note:** Type R.

Date	Mintage	F	VF	XF	Unc	BU
AH1213	—	220	275	325	—	—

Isfahan

KM# 739.1 TOMAN
6.1400 g., Gold **Note:** Type S.

Date	Mintage	F	VF	XF	Unc	BU
AH1213	—	250	325	450	—	—

Khoy

KM# 739.2 TOMAN
6.1400 g., Gold **Note:** Type S.

Date	Mintage	F	VF	XF	Unc	BU
AH1215	—	300	375	500	—	—

Lahijan

KM# 739.3 TOMAN
6.1400 g., Gold **Note:** Type S.

Date	Mintage	F	VF	XF	Unc	BU
AH1213	—	300	375	450	—	—

Mazandaran

KM# 739.4 TOMAN
6.1400 g., Gold **Note:** Type S.

Date	Mintage	F	VF	XF	Unc	BU
AH1213	—	300	375	450	—	—

Rasht

KM# 739.5 TOMAN
6.1400 g., Gold **Note:** Type S.

Date	Mintage	F	VF	XF	Unc	BU
AH1213	—	250	350	500	—	—

Rekab

KM# 739.6 TOMAN
6.1400 g., Gold **Note:** Type S.

Date	Mintage	F	VF	XF	Unc	BU
AH1213	—	300	375	450	—	—

Shiraz

KM# 739.7 TOMAN
6.1400 g., Gold **Note:** Type S.

Date	Mintage	F	VF	XF	Unc	BU
AH1213	—	265	350	425	—	—

IRAN

Tabriz

KM# 739.8 TOMAN
6.1400 g., Gold **Note:** Type S.

Date	Mintage	F	VF	XF	Unc	BU
AH1214	—	265	350	425	—	—

Tehran

KM# 739.9 TOMAN
6.1400 g., Gold **Note:** Type S.

Date	Mintage	F	VF	XF	Unc	BU
AH1213	—	265	350	425	—	—

Yazd

KM# 739.10 TOMAN
6.1400 g., Gold **Note:** Type S.

Date	Mintage	F	VF	XF	Unc	BU
AH1213	—	265	350	425	—	—
AH1214	—	265	350	425	—	—

Baba Khan
AH1211-1212 / 1797 -1798AD

(Fath ali before coronation.)

Baba Khan was the name used by Fath'ali Shah for about 3 months prior to his official julius, or coronation. Mint premiums as for Fath'ali Shah. All known coins of Baba Khan are dated AH1212. They fall into two standards, the first based on a Rupee of 60 Nokhod (= 11.50 g), the second on a Riyal of 54 Nokhod (= 10.40 g).

Types for this reign:

A. Obverse name and benediction, *al-mulk lillah al-Sultan Baba Khan* ("the kingdom is God's, Sultan Baba Khan"). Reverse, mint (sometimes with epithet) & date, with pious evocation above, *al-izzat lillah,* "God's is the glory".

B. Similar to type A, but without the pious evocation above the reverse. Sometimes undated. Type B coins almost always have the mint with its epithet.

C. Obverse, the Shiite formula. Reverse, mint, usually with epithet, and date. Above, in smaller letters, *Baba*

HAMMERED COINAGE

KM# 658 SHAHI SEFID (White Shahi)
1.1500 g., Silver **Note:** Type C.

Date	Mintage	F	VF	XF	Unc	BU
AH1212	—	45.00	75.00	115.00		

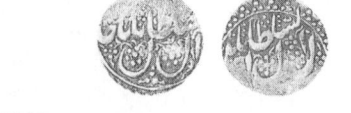

Isfahan

KM# 654.1 SHAHI SEFID (White Shahi)
1.1500 g., Silver **Note:** Type B.

Date	Mintage	F	VF	XF	Unc	BU
ND(1211-12)	—	40.00	65.00	100	—	—
AH1212	—	40.00	65.00	100	—	—

Kashan

KM# 654.2 SHAHI SEFID (White Shahi)
1.1500 g., Silver **Note:** Type B.

Date	Mintage	F	VF	XF	Unc	BU
AH1212	—	45.00	75.00	120	—	—

KM# 659.1 1/2 RIAL
5.7500 g., Silver **Note:** Type C.

Date	Mintage	F	VF	XF	Unc	BU
AH1211	—	50.00	80.00	125	—	—
AH1212	—	50.00	80.00	125	—	—

Shiraz

KM# 659.2 1/2 RIAL
5.7500 g., Silver **Note:** Type C.

Date	Mintage	F	VF	XF	Unc	BU
AH1212	—	35.00	60.00	100	—	—

Astarabad

KM# 655.1 RIAL (20 Shahi)
11.5000 g., Silver **Note:** Type B.

Date	Mintage	F	VF	XF	Unc	BU
AH1212	—	80.00	120	200	—	—
ND	—	75.00	110	180	—	—

Isfahan

KM# 655.2 RIAL (20 Shahi)
11.5000 g., Silver **Note:** Type B.

Date	Mintage	F	VF	XF	Unc	BU
AH1212	—	60.00	90.00	125	—	—

Kashan

KM# 660.1 RIAL (20 Shahi)
11.5000 g., Silver **Note:** Type C.

Date	Mintage	F	VF	XF	Unc	BU
AH1212	—	70.00	120	185	—	—

Khoy

KM# 655.3 RIAL (20 Shahi)
11.5000 g., Silver **Note:** Type B.

Date	Mintage	F	VF	XF	Unc	BU
AH1212	—	75.00	110	160	—	—

Maragheh

KM# 651 RIAL (20 Shahi)
11.5000 g., Silver **Note:** Type A.

Date	Mintage	F	VF	XF	Unc	BU
AH1212	—	80.00	125	200	—	—

Mazandaran

KM# 655.4 RIAL (20 Shahi)
11.5000 g., Silver **Note:** Type B.

Date	Mintage	F	VF	XF	Unc	BU
AH1211	—	75.00	110	160	—	—

Note: Some examples of Mazandaran AH1211 have

Rasht

KM# 660.2 RIAL (20 Shahi)
11.5000 g., Silver **Note:** Type C.

Date	Mintage	F	VF	XF	Unc	BU
AH1212	—	70.00	120	185	—	—

Shiraz

KM# 655.5 RIAL (20 Shahi)
11.5000 g., Silver **Note:** Type B.

Date	Mintage	F	VF	XF	Unc	BU
AH1212	—	60.00	90.00	125	—	—

Tabriz

KM# 655.6 RIAL (20 Shahi)
11.5000 g., Silver **Note:** Type B.

Date	Mintage	F	VF	XF	Unc	BU
AH1212	—	60.00	90.00	125	—	—

Tehran

KM# 660.3 RIAL (20 Shahi)
11.5000 g., Silver **Note:** Type C.

Date	Mintage	F	VF	XF	Unc	BU
AH1212	—	50.00	85.00	130	—	—

Tehran

KM# 662 1/2 TOMAN
Gold **Note:** Type C. Approx. 3.4 grams.

Date	Mintage	F	VF	XF	Unc	BU
AH1212 Rare	—	—	—	—	—	—

MESOPOTAMIA

MONETARY SYSTEM
40 Para = 1 Piastre (Kurus)

MINT NAME

بغداد

Baghdad

البصرة

al-Basrah (Basra)

الحلة

al-Hille

Mahmud I
1730-1754AD

HAMMERED COINAGE

KM# 39 5 PARA
Copper **Obv:** Toughra **Rev:** Mint name

Date	Mintage	Good	VG	F	VF	XF
AH1143 (1730)	—	—	50.00	80.00	150	225

KM# 39a 5 PARA
2.6400 g., Silver **Obv:** Toughra **Rev:** Duriba fi Baghdad, date

Date	Mintage	Good	VG	F	VF	XF
AH1143 (1730)	—	—	75.00	150	225	385

Mustafa III
1751-1773AD

HAMMERED COINAGE

KM# 42 PARA
Copper **Obv:** Toughra **Rev:** Duriba fi Baghdad

Date	Mintage	Good	VG	F	VF	XF
ND (1751)	—	12.00	20.00	35.00	55.00	—
AH(11)78 (1764)	—	12.00	20.00	35.00	55.00	—

Abdul Hamid I
1773-1789AD

HAMMERED COINAGE

KM# 45 5 PARA
2.1000 g., Billon **Note:** Similar to 10 Para, KM#48.1

Date	Mintage	Good	VG	F	VF	XF
AH1187//9 //9 (1780) Rare	—	—	—	—	—	—

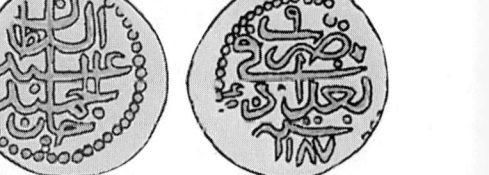

KM# 48.1 10 PARA
4.4000 g., Billon

Date	Mintage	Good	VG	F	VF	XF
AH1187//95 (1780) Rare	—	—	—	—	—	—

KM# 48.2 10 PARA
2.1800 g., Billon

Date	Mintage	Good	VG	F	VF	XF
AH1187//9 (1780) Rare	—	—	—	—	—	—

IRAQ

The Republic of Iraq, historically known as Mesopotamia, is located in the Near East and is bordered by Kuwait, Iran, Turkey, Syria, Jordan and Saudi Arabia. It has area of 167,925 sq. mi. (434,920 sq. km.) and a population of 14 million. Capital: Baghdad. The economy of Iraq is based on agriculture and petroleum. Crude oil accounted for 94 percent of the exports before the war with Iran began in 1980.

Mesopotamia was the site of a number of flourishing civilizations of antiquity - Sumeria, Assyria, Babylonia, Parthia, Persia and the Biblical cities of Ur, Ninevehah and Babylon. Desired because of its favored location, which embraced the fertile alluvial plains of the Tigris and Euphrates Rivers, Mesopotamia - 'land between the rivers'- was conquered by Cyrus the Great of Persia, Alexander of Macedonia and by Arabs who made the legendary city of Baghdad the capital of the ruling caliphate. Suleiman the Magnificent conquered Mesopotamia for Turkey in1534, and it formed part of the Ottoman Empire until 1623, and from 1638 to 1917. Great Britain, given a League of Nations mandate over the territory in 1920, recognized Iraq as a kingdom in 1922. Iraq became an independent constitutional monarchy presided over by the Hashemite family, direct descendants of the prophet Mohammed, in 1932. In 1958, the army-led revolution of July 14 overthrew the monarchy and proclaimed a republic.

RULER
Ottoman, until 1917

IRELAND

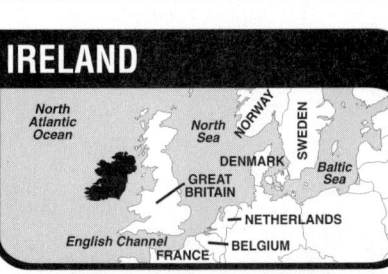

Ireland, the island located in the Atlantic Ocean west of Great Britain, was settled by a race of tall, red-haired Celts from Gaul about 400 BC. They assimilated the native Erainn and Picts and established a Gaelic civilization. After the arrival of St. Patrick in 432 AD, Ireland evolved into a center of Latin learning, which sent missionaries to Europe and possibly North America. In 1154, Pope Adrian IV gave all of Ireland to English King Henry II to administer as a Papal fief. Because of the enactment of anti-Catholic laws and the awarding of vast tracts of Irish land to Protestant absentee landowners, English control did not become reasonably absolute until 1800 when England and Ireland became the "United Kingdom of Great Britain and Ireland". Religious freedom was restored to the Irish in 1829, but agitation for political autonomy continued until the Irish Free State was established as a Dominion on Dec. 6, 1921 while Northern Ireland remained under the British rule.

RULER
British to 1921

MONETARY SYSTEM
4 Farthings = 1 Penny
12 Pence = 1 Shilling
5 Shillings = 1 Crown

UNITED KINGDOM

STANDARD COINAGE

KM# 115 FARTHING
Copper **Obv. Legend:** ends: ...:D:G:REX. **Rev:** Harp at left

Date	Mintage	VG	F	VF	XF	Unc
1722.	—	75.00	200	700	1,600	5,000

KM# 118 FARTHING
Copper **Obv. Legend:** ends: ....:D:G:REX. **Rev:** Harp at right

Date	Mintage	VG	F	VF	XF	Unc
1723.	—	25.00	50.00	150	550	1,450

KM# 119 FARTHING
Copper **Obv. Legend:** ends: ...:DEI • GRATIA • REX • **Rev:** Harp at right

Date	Mintage	VG	F	VF	XF	Unc
1723.	—	15.00	25.00	75.00	400	1,500
1724	—	30.00	60.00	200	850	3,500
1724.	—	30.00	60.00	200	750	2,000

KM# 119a FARTHING
Silver **Obv. Legend:** ends: ...:DEI • GRATIA • REX • **Rev:** Harp at right

Date	Mintage	VG	F	VF	XF	Unc
1723.	—	Value: 5,000				
1724 Proof, Rare	—	—	—	—	—	—
1724. Proof, Rare	—	—	—	—	—	—

KM# 126 FARTHING
Copper **Obv. Legend:** Small letters **Rev. Legend:** Small letters

Date	Mintage	F	VF	XF	Unc	BU
1737	—	9.00	55.00	150	450	—
1737 Proof	—	Value: 1,200				
1738	—	5.00	45.00	125	350	—

KM# 126a FARTHING
Silver **Obv. Legend:** Small letters **Rev. Legend:** Small letters

Date	Mintage	F	VF	XF	Unc	BU
1737 Proof	—	Value: 5,000				

KM# 131 FARTHING
Copper **Obv. Legend:** Large letters **Rev. Legend:** Large letters

Date	Mintage	F	VF	XF	Unc	BU
1744	—	5.00	45.00	120	350	—

KM# 135 FARTHING
Copper **Obv. Legend:** Large letters **Rev. Legend:** Large letters

Date	Mintage	F	VF	XF	Unc	BU
1760	—	10.00	75.00	200	550	1,000

KM# 116 1/2 PENNY
Copper **Rev:** Harp at left

Date	Mintage	VG	F	VF	XF	Unc
1722	—	50.00	100	300	950	2,000
1722 Proof	—	Value: 2,000				

KM# 116a 1/2 PENNY
Silver **Rev:** Harp at left

Date	Mintage	VG	F	VF	XF	Unc
1722 Proof, Rare	—	Value: 27,000				

KM# 117.1 1/2 PENNY
Copper **Rev:** Harp at right **Note:** Many varieties exist, especially of the 1723.

Date	Mintage	VG	F	VF	XF	Unc
1722.	—	15.00	100	500	800	1,250
1722. Proof	—	Value: 2,200				
1722. Second 2 inverted, Rare	—	—	—	—	—	—
1723/2.	—	25.00	50.00	225	650	2,000
1723.	—	12.50	25.00	100	350	1,100
1723. Proof	—	Value: 2,000				

KM# 117.1a 1/2 PENNY
Silver **Rev:** Harp at right

Date	Mintage	VG	F	VF	XF	Unc
1723. Proof, Rare	—	—	—	—	—	—

KM# 117.2 1/2 PENNY
Copper **Obv. Legend:** R's are altered B's **Rev:** Harp at right

Date	Mintage	VG	F	VF	XF	Unc
1723.	—	20.00	40.00	100	350	—

KM# 117.3 1/2 PENNY
Copper **Rev:** Star in legend

Date	Mintage	VG	F	VF	XF	Unc
1723. Rare	—	—	—	—	—	—

KM# 117.4 1/2 PENNY
Copper **Rev:** Without dot before HIBERNIA

Date	Mintage	VG	F	VF	XF	Unc
1723.	—	25.00	50.00	120	450	—
1723. Proof	—	Value: 2,350				

KM# 120 1/2 PENNY
Copper **Rev:** Legend divided

Date	Mintage	VG	F	VF	XF	Unc
1724.	—	15.00	30.00	100	375	—

KM# 121 1/2 PENNY
Copper **Obv:** Legend continuous **Rev:** Legend divided

Date	Mintage	VG	F	VF	XF	Unc
1724	—	15.00	65.00	200	700	2,500
1724.	—	15.00	75.00	300	1,000	3,000

KM# 121a 1/2 PENNY
Silver **Obv:** Legend continuous **Rev:** Legend divided

Date	Mintage	VG	F	VF	XF	Unc
1724. Proof, Rare	—	—	—	—	—	—

KM# 125 1/2 PENNY
Copper **Obv:** Small letters **Rev:** Small letters

Date	Mintage	F	VF	XF	Unc	BU
1736	—	10.00	75.00	250	650	—
1736 Proof	—	Value: 800				
1737	—	10.00	75.00	250	650	—
1738	—	7.50	50.00	200	550	—

KM# 125a 1/2 PENNY
Silver **Obv:** Small letters **Rev:** Small letters

Date	Mintage	F	VF	XF	Unc	BU
1736 Proof	—	Value: 4,000				

KM# 130.1 1/2 PENNY
Copper **Obv:** Large letters **Rev:** Large letters

Date	Mintage	F	VF	XF	Unc	BU
1741	—	10.00	55.00	125	400	—
1742	—	10.00	55.00	125	400	—
1743	—	20.00	75.00	150	500	—
1744/3	—	15.00	75.00	150	500	—
1744	—	15.00	75.00	150	500	—
1746	—	15.00	75.00	150	500	—

IRELAND

KM# 130.2 1/2 PENNY
Copper **Obv:** Large letters **Obv. Legend:** GEORGIVS... **Rev:** Large letters **Note:** No genuine 1755 1/2 Penny is known to exist, all know examples are counterfeit.

Date	Mintage	F	VF	XF	Unc	BU
1747	—	5.00	30.00	100	450	—
1748	—	5.00	30.00	100	450	—
1749	—	5.00	30.00	100	450	—
1750	—	5.00	30.00	100	450	—
1751	—	5.00	30.00	100	450	—
1752	—	5.00	30.00	100	450	—
1753	—	8.00	35.00	110	475	—

KM# 136 1/2 PENNY
Copper

Date	Mintage	F	VF	XF	Unc	BU
1760	—	6.00	30.00	150	600	2,000

KM# 137 1/2 PENNY
Copper **Obv:** Type I, short bust

Date	Mintage	F	VF	XF	Unc	BU
1766	—	3.50	30.00	200	600	—
1769	—	3.50	30.00	200	600	—

KM# 138 1/2 PENNY
5.4500 g., Copper, 26 mm. **Obv:** Type 2, long bust

Date	Mintage	F	VF	XF	Unc	BU
1769	—	3.50	30.00	200	600	—

KM# 140 1/2 PENNY
Copper **Obv:** Type 3, long hair

Date	Mintage	F	VF	XF	Unc	BU
1775	—	5.00	35.00	110	450	—
1775 Proof	—	Value: 800				
1776	—	15.00	80.00	300	950	—
1781	—	3.50	30.00	100	450	—
1782	—	3.50	30.00	100	450	—
1782 Proof	—	Value: 600				

TRADESMEN'S TOKEN COINAGE

Various token issues exist which include the following: VOCE POPULI with HIBERNIA reverse of the 1760s, many varieties of imitation regal harp Halfpennies of the 18th Century, genuine trade tokens issued by various merchants between 1789-1804, lead tokens ca. 1780-1820, silver issues including countermarked foreign coins ca. 1804, copper tokens ca. 1805-1830 followed by the Farthing tokens of 1830-1856. These are found listed in Seabys Coins and Tokens of Ireland, 1970 edition.

KM# TTN1 1/2 PENNY
Copper **Note:** 'VOCE POPULI' 1/2 penny token of 1760.

Date	Mintage	F	VF	XF	Unc	BU
1760	—	—	—	—	—	—

KM# TTN2 1/2 PENNY
Copper **Obv:** Seated Brittania right, leaning on anchor **Rev:** Square design above date **Note:** Dublin 1/2 Penny token of 1795.

Date	Mintage	F	VF	XF	Unc	BU
1795	—	—	—	—	—	—

PATTERNS
Including off metal strikes

KM#	Date	Mintage	Identification	Mkt Val
Pn18	1722	—	1/2 Penny. Copper. Head. Hibernia seated with rocks at right.	10,000
Pn19	1724	—	Farthing. Copper. Head. Hibernia seated with rocks at right.	—
Pn20	1724	—	Farthing. Silver.	—
Pn21	1724	—	Farthing. Copper. Hibernia leaning on harp at right. Knot holding crossed trident and sceptre.	—
Pn22	1724	—	1/2 Penny. Copper. Head. Hibernia with harp at right.	—
Pn23	1724	—	1/2 Penny. Bell Metal.	—
Pn24	1724	—	1/2 Penny. Copper. Head. Knot holding crossed trident and sceptre.	22,000
Pn25	1742	—	1/2 Penny. Copper. Head. Crowned harp.	—
PNA27	1773	—	1/2 Penny. Copper. Head right, more curls in hair and larger bow. Crowned harp.	—
Pn27	1773	—	1/2 Penny. Copper. Head right. Crowned harp.	—

KM#	Date	Mintage	Identification	Mkt Val
Pn28	1774	5	1/2 Penny. Copper.	1,200

KM#	Date	Mintage	Identification	Mkt Val
Pn29	1775	—	1/2 Penny. Silver Plated Copper. KM140.	1,400

KM#	Date	Mintage	Identification	Mkt Val
Pn30	1789	—	Penny. Bronze. Bust right. Hibernia and Britannia clasping hands.	1,500
Pn31	1799	11	Penny. Bronze. Women shaking hands, Mossops pattern, unfinished.	1,750
Pn32	1799	6	Penny. Bronze. Women shaking hands, Mossops pattern, finished.	2,000

ISLE de BOURBON

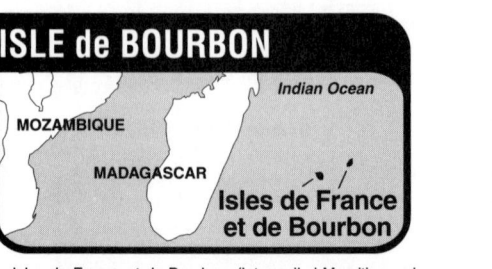

Isles de France et de Bourbon, (later called Mauritius and Reunion) are located in the Indian Ocean about 500 miles east of Madagascar, were administered by France as a single colony. They utilized a common currency issue. Ownership of the isle passed to Great Britain in 1814. Isle de Bourbon, renamed Reunion in 1793, remained a French possession and is now an Overseas Department.

RULER
French, until 1810

MONETARY SYSTEM
20 Sols (Sous) = 1 Livre

FRENCH COLONY
STANDARD COINAGE

KM# 1 3 SOUS
Billon **Obv:** Crown above 3 fleur de lis's **Obv. Legend:** LOUIS XVI • R • DE.... **Rev:** Value, date within circle **Rev. Legend:** DE BOURBON...

Date	Mintage	Good	VG	F	VF	XF
1779A	1,900,000	10.00	20.00	65.00	125	375
1780A	130,000	12.00	35.00	85.00	200	450

KM# 2 3 SOLS
Billon **Obv:** Crown above 3 fleur de lis's **Obv. Legend:** LOUIS XVI • R • DE... **Rev:** Value, date **Rev. Legend:** DE BOURBON...

Date	Mintage	Good	VG	F	VF	XF
1781A	6,700,000	15.00	40.00	90.00	220	485

PATTERNS
Including off metal strikes

KM#	Date	Mintage	Identification	Mkt Val
Pn1	1780A	—	2 Sols. Billon.	1,750

ISLE OF MAN

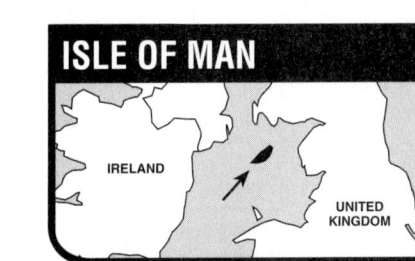

The Isle of Man, a dependency of the British Crown located in the Irish Sea equidistant from Ireland, Scotland and England, has an area of 227 sq. mi. (588 sq. km.) and a population of 68,000. Capital: Douglas. Agriculture, dairy farming, fishing and tourism are the chief industries.

The prevalence of prehistoric artifacts and monuments on the island give evidence that its' mild, almost sub-tropical climate was enjoyed by mankind before the dawn of history. Vikings came to the Isle of Man during the 9th century and remained until ejected by the Scottish in 1266. The island came under the protection of the British Crown in 1288, and in 1406 was granted, in perpetuity, to the earls of Derby, from whom it was inherited, 1736, by the Duke of Atholl. The British Crown purchased the rights and title in 1765; the remaining privileges of the Atholl family were transferred to the crown in 1829. The Isle of Man is ruled by its own legislative council and the House of Keys, one of the oldest legislative assemblies in the world. Acts of Parliament passed in London do not affect the island unless it is specifically mentioned.

RULERS
James Murray, Duke of Atholl, 1736-1765
British Commencing 1765

MONETARY SYSTEM
14 Pence (Manx) = 1 Shilling
5 Shillings = 1 Crown
20 Shillings = 1 Pound

BRITISH DEPENDENCY

STANDARD COINAGE

KM# 1 1/2 PENNY
Copper **Obv:** Eagle and child **Rev:** Triskeles

Date	Mintage	F	VF	XF	Unc	BU
1709 Rare	90,000	25.00	60.00	150	—	—

KM# 3 1/2 PENNY
Copper **Obv:** Eagle and child **Obv. Legend:** SANS • CHANGER **Rev:** Triskeles divide ID **Rev. Legend:** QUOCUNQUE • IECERIS • STABIT •

Date	Mintage	F	VF	XF	Unc	BU
1733	96,000	15.00	45.00	175	350	—
1733 Proof	—	Value: 650				

KM# 3a 1/2 PENNY
Bronze

Date	Mintage	F	VF	XF	Unc	BU
1733	60,000	15.00	45.00	175	350	—
1733 Proof	—	Value: 650				

KM# 3b.1 1/2 PENNY
Bath Metal **Obv:** Plain cap of maintenance

Date	Mintage	F	VF	XF	Unc	BU
1733 Rare	60,000	10.00	30.00	150	—	—

KM# 3b.2 1/2 PENNY
Bath Metal **Obv:** Frosted cap of maintenance

Date	Mintage	F	VF	XF	Unc	BU
1733 Rare	Inc. above	10.00	40.00	180	—	—

KM# 4b.1 1/2 PENNY
Silver **Obv:** Plain cap of maintenance

Date	Mintage	F	VF	XF	Unc	BU
1733 Proof	—	Value: 700				

KM# 4b.2 1/2 PENNY
Silver **Obv:** Frosted cap of maintenance

Date	Mintage	F	VF	XF	Unc	BU
1733 Proof	—	Value: 700				

KM# 6 1/2 PENNY
Copper **Obv:** Crowned *DA* monogram above date **Rev:** Triskeles **Rev. Legend:** QUOCUNQUE • IECERIS • STABIT •

Date	Mintage	F	VF	XF	Unc	BU
1758	72,000	10.00	40.00	125	275	—
1758 Proof; Rare	—	—	—	—	—	—

KM# 8 1/2 PENNY
Copper **Obv:** Head right **Obv. Legend:** GEORGIVS III DEI GRATIA • **Rev:** Triskeles **Rev. Legend:** QUOCUNQVE IECERIS • STABIT

Date	Mintage	F	VF	XF	Unc	BU
1786	—	7.50	30.00	100	220	—
		Note: Engrailed edge				
1786	—	30.00	100	300	450	—
		Note: Plain edge				
1786 Proof	—	Value: 375				
		Note: Engrailed edge				
1786 Proof	—	Value: 850				
		Note: Plain edge				

KM# 8a 1/2 PENNY
Bronze

Date	Mintage	F	VF	XF	Unc	BU
1786 Proof	—	Value: 450				

KM# 10 1/2 PENNY
Copper **Obv:** Bust right within circle **Obv. Legend:** GEORGIVS III • D:G • REX • **Rev:** Triskeles within circle **Rev. Legend:** QVOCVNQVE IECERIS STABIT

Date	Mintage	F	VF	XF	Unc	BU
1798	—	5.00	30.00	100	220	—
1798 Proof	—	Value: 350				

KM# 10a 1/2 PENNY
Copper Gilt **Obv:** Bust right within circle **Rev:** Triskeles within circle

Date	Mintage	F	VF	XF	Unc	BU
1798 Proof; Rare	—	—	—	—	—	—

KM# 10b 1/2 PENNY
Bronze **Obv:** Bust right within circle **Rev:** Triskeles within circle

Date	Mintage	F	VF	XF	Unc	BU
1798 Proof	—	Value: 375				

KM# 2 PENNY
Copper **Obv:** Eagle and child **Obv. Legend:** SANS CHANGER **Rev:** Triskeles **Rev. Legend:** QVOCVNQVE • GESSERIS • STABIT

Date	Mintage	F	VF	XF	Unc	BU
1709 Proof; Rare	90,000	—	—	—	—	—

KM# 2a PENNY
Brass

Date	Mintage	F	VF	XF	Unc	BU
1709 Rare	—	25.00	80.00	185	—	—

KM# 2b PENNY
Silver

Date	Mintage	F	VF	XF	Unc	BU
1709 Proof; Rare	—	—	—	—	—	—

KM# 5 PENNY
Copper **Issuer:** James Stanley, 10th Earl of Derby **Obv:** Eagle and child on cap of maintenance (Stanley crest) **Obv. Legend:** SANS • CHANGER **Rev:** Triskeles divide IDJ (for 'Iacobus Darbiensis, 1 [Penny]) **Rev. Legend:** QUOCUNQUE • IECERIS • STABIT •

Date	Mintage	F	VF	XF	Unc	BU
1733	72,000	25.00	60.00	125	285	—

KM# 5a PENNY
Bronze

Date	Mintage	F	VF	XF	Unc	BU
1733	60,000	25.00	60.00	125	285	—
1733 Proof	—	Value: 500				

KM# 5b PENNY
Bath Metal

Date	Mintage	F	VF	XF	Unc	BU
1733 Rare	60,000	7.50	25.00	150	—	—

KM# 5c PENNY
Brass

Date	Mintage	F	VF	XF	Unc	BU
1733 Rare	—	20.00	60.00	250	—	—

KM# 5d.1 PENNY
Silver **Obv:** Plain cap of maintenance

Date	Mintage	F	VF	XF	Unc	BU
1733 Proof	—	Value: 600				

KM# 5d.2 PENNY
Silver **Obv:** Frosted cap of maintenance

Date	Mintage	F	VF	XF	Unc	BU
1733 Proof	—	Value: 650				

KM# 5.1 PENNY
Copper **Obv. Legend:** QUOCUNQUE...

Date	Mintage	F	VF	XF	Unc	BU
1733 Rare	—	15.00	50.00	225	—	—

KM# 7 PENNY
Copper **Obv:** Crowned DA monogram above date **Rev:** Triskeles **Rev. Legend:** QUOCUNQUE • IECERIS • STABIT •

Date	Mintage	F	VF	XF	Unc	BU
1758	60,000	5.00	35.00	125	285	—
1758 Proof; Rare	—	—	—	—	—	—

KM# 7a PENNY
Silver

Date	Mintage	F	VF	XF	Unc	BU
1758 Proof	—	Value: 850				

KM# 9.1 PENNY
Copper **Obv:** Head right **Obv. Legend:** GEORGIVS III DEI GRATIA • **Rev:** Triskeles **Rev. Legend:** QVOCVNQVE IECERIS • STABIT **Edge:** Engrailed

Date	Mintage	F	VF	XF	Unc	BU
1786	—	10.00	35.00	100	225	—
1786 Proof	—	Value: 400				

ISLE OF MAN

KM# 9.2 PENNY
Copper **Obv:** 3 laurel leaves point to left of numerals III **Edge:** Plain

Date	Mintage	F	VF	XF	Unc	BU
1786 Proof	—	Value: 900				

KM# 11 PENNY
Copper **Obv:** Bust right within circle **Obv. Legend:** GEORGIVS III. D:G. REX. 1813 **Rev:** Triskeles within circle **Rev. Legend:** STABIT QVOCVNQVE IECERIS

Date	Mintage	F	VF	XF	Unc	BU
1798	—	8.00	35.00	100	225	—
1798 Proof	—	Value: 375				

KM# 11a PENNY
Bronze **Obv:** Bust right within circle **Rev:** Triskeles within circle

Date	Mintage	F	VF	XF	Unc	BU
1798 Proof	—	Value: 1,250				

KM# 11b PENNY
Silver

Date	Mintage	F	VF	XF	Unc	BU
1798 Proof; Rare	—	—	—	—	—	—

KM#	Date	Mintage	Identification	Mkt Val
Pn19	1732	—	Penny. Bronze. 10.9000 g.	650
PnA19	1732	—	Penny. Bronze. 9.3500 g.	900

PIEFORTS

KM#	Date	Mintage	Identification	Mkt Val
P1	1733	—	Penny. Bronze. KM5a	—
P2	1733	—	Penny. Bath Metal. KM5b.	—
P3	1758	—	1/2 Penny. Copper.	—

PATTERNS
Including off metal strikes

KM#	Date	Mintage	Identification	Mkt Val
Pn1	1721	—	1/2 Penny. Bronze.	—
Pn2	1721	—	Penny. Bronze.	—
Pn3	1722	—	Penny. Copper.	—
Pn4	1722	—	Penny. Silver.	—

KM#	Date	Mintage	Identification	Mkt Val
Pn5	1723	—	1/2 Penny. Copper.	700

KM#	Date	Mintage	Identification	Mkt Val
Pn6	1723	—	1/2 Penny. Bronze.	—
Pn7	1723	—	1/2 Penny. Bronze. Struck on penny flan.	400
Pn8	1723	—	1/2 Penny. Bronze. Thick flan.	—
Pn9	1723	—	1/2 Penny. Princess Metal.	—
Pn10	1723	—	1/2 Penny. Silver. Engrailed edge.	175
Pn11	1723	—	1/2 Penny. Silver. Thick flan.	300
Pn12	1723	—	1/2 Penny. Silver. Thin flan.	—
Pn13	1723	—	Penny. Copper.	275
Pn14	1723	—	Penny. Bronze.	—
Pn15	1723	—	Penny. Princess Metal.	—
Pn16	1723	—	Penny. Silver.	500

Note: The William Wood patterns of 1721-32 are extremely rare. The values indicated reflect prices realized for examples of various grades offered in the Spink R.J. Ford sale of 10-90

KM#	Date	Mintage	Identification	Mkt Val
Pn17	1724	—	Penny. Copper.	—

KM#	Date	Mintage	Identification	Mkt Val
Pn18	1725	—	Penny. Silver.	9,120

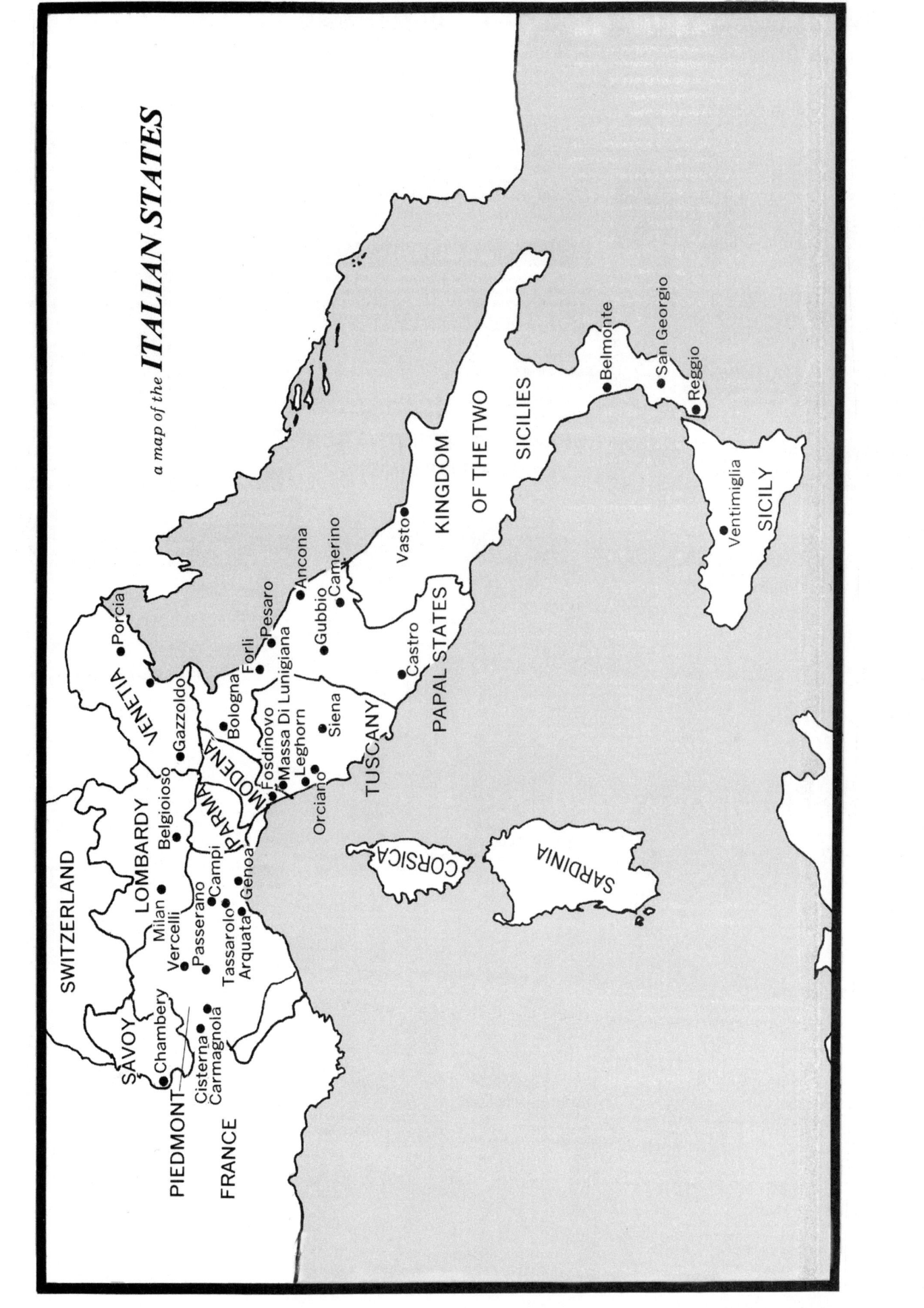

ALESSANDRIA

RULER
Carlo Emanuele III, 1730-1773

CITY

SIEGE COINAGE

Issue of the Sardinian defenders

C# 1 10 SOLDI
10.0000 g., Billon **Ruler:** Carlo Emanuele III **Obv:** Crowned imperial eagle **Rev:** Inscription, date within wreath **Rev. Inscription:** BLOC ARCIS ALEX ...

Date	Mintage	Good	VG	F	VF	XF
1746	—	—	—	200	375	750

PATTERNS

Including off metal strikes

KM#	Date	Mintage	Identification	Mkt Val
Pn1	1746	—	10 Soldi. Silver. C#1.	—

BELGIOJOSO

The county of Belgiojoso was located in Lombardy and was ruled by the Bariano family. Count Antonio assumed the title in 1769, was created a prince and given the coinage right.

RULER
Antonio I, 1769-1779

PRINCIPALITY

STANDARD COINAGE

C# 1 SCUDO (Tallero)
Silver **Ruler:** Antonio I **Obv:** Armored bust, right **Obv. Legend:** ANTONIUS.... **Rev:** Crowned mantled arms with supporters **Rev. Legend:** COMES.... **Note:** Dav. #1356.

Date	Mintage	Good	VG	F	VF	XF
1769	—	—	200	500	2,500	4,000

TRADE COINAGE

C# 2 DUCAT (Zecchino)
3.5000 g., 0.9860 Gold 0.1109 oz. AGW **Ruler:** Antonio I **Obv:** Armored bust, right **Obv. Legend:** ANTON•I•BARBIANI... **Rev:** Crowned flagged arms with supporters **Rev. Legend:** COMCUNIIETL...

Date	Mintage	Good	VG	F	VF	XF
1769	—	—	—	1,500	4,500	9,000

BELMONTE

RULER
Anthony Pignatelli

PRINCIPALITY

STANDARD COINAGE

FR# 79 ZECCHINO
3.5000 g., 0.9860 Gold 0.1109 oz. AGW **Ruler:** Anthony Pignatelli **Obv:** Head of Anthony Pignatelli right **Rev:** Crowned and mantled arms

Date	Mintage	Good	VG	F	VF	XF
1733	—	—	1,500	3,500	7,500	14,000
1738 Reported not confirmed	—	—	—	—	—	—

CAGLIARI

The ancient city of Calaris, founded by the Phoenicians about 540 BC on the south coast of Sardinia, was devastated by the Muslims during the period of their conquests. In 1323, Jaime II of Aragon (1291-1327) reconquered the island and began a long period of Spanish rule. Cagliari passed to the control of Savoy in 1720.

RULERS
Filippo V, King of Spain, 1700-1719

Reference:
V = Alberto Varesi, *Monete Italiane Regionali: Piemonte, Sardegna, Liguria, Isola di Corsica.* Pavia, 1996

SPANISH ADMINISTRATION

STANDARD COINAGE

FR# 145 SCUDO D'ORO
3.5000 g., 0.9860 Gold 0.1109 oz. AGW **Ruler:** Filippo II King of Spain **Obv:** Crowned ornate arms within beaded circle **Rev:** Short ornate cross within beaded circle

Date	Mintage	Good	VG	F	VF	XF
1701	—	—	500	1,000	2,000	4,000
1702	—	—	220	500	1,000	2,000
1703	—	—	275	600	1,100	2,200
1705 Rare	—	—	—	—	—	—

FR# 146 SCUDO D'ORO
3.5000 g., 0.9860 Gold 0.1109 oz. AGW **Ruler:** Carlo V Emperor **Obv:** Crowned ornate arms within beaded circle **Rev:** Short ornate cross within beaded circle

Date	Mintage	Good	VG	F	VF	XF
1710	—	—	325	550	1,100	2,200
1711	—	—	325	550	1,100	2,200
1712	—	—	375	650	1,250	2,500
1713	—	—	600	1,200	2,000	3,500
1714	—	—	600	1,200	2,000	3,500

KM# 1 2-1/2 REALES
5.8000 g., 0.8970 Silver 0.1673 oz. ASW **Ruler:** Carlo V Emperor **Obv:** Crowned bust right separates 12 and 6, date in exergue **Rev:** Short ornate cross within circle

Date	Mintage	Good	VG	F	VF	XF
1709	—	75.00	150	300	700	1,450
1710	—	65.00	125	250	550	1,200
1711	—	65.00	125	250	550	1,200
1712	—	—	—	—	—	—
1714	—	—	—	—	—	—
1716	—	—	—	—	—	—
1717	—	—	—	—	—	—

CASALE

Of very ancient origin, the city of Casale, 40 miles (67 kilometers) southwest of Milan, became the capital of Monferrat, a marquisate erected in 967 by Emperor Otto I (936-73). The first ruling dynasty of the Aleramidi died out in 1305 and Casale passed to the Paleologi, which in turn became extinct in the male line in 1533. The marchese was raised to the rank of Prince of the Empire in 1464. Emperor Carlo V (1516-56) assigned the succession of Casale to the Gonzaga Duke of Mantua (which see), who married the daughter of the last Paleologo marchese. Austrian and Spanish forces besieged the French defenders in the city from 1628 to 1630, resulting in several issues of obsidional coinage. When a later Gonzaga ruler was accused of a felony in 1703, Emperor Leopold I (1658-1705) transferred Casale to Savoy, an act which was finalized as a part of the Treaty of Utrecht in 1713.

RULERS
Ferdinando Carlo Gonzaga, 1669-1707

Arms:
2-fold, divided horizontally, upper half shaded (early type)

Reference:
V = Alberto Varesi, *Monete Italiane Regionali: Piemonte, Sardegna, Liguria, Isola di Corsica.* Pavia, 1996

DUCHY

STANDARD COINAGE

KM# 86 MADONNINA
Silver **Obv:** Madonna and child **Rev:** 20 stars **Note:** 1.05-1.34 grams.

Date	Mintage	VG	F	VF	XF	Unc
1706	—	20.00	40.00	75.00	150	—

CASTIGLIONE DEI GATTI

More properly, the ancient Castiglione dei Pepoli, named for the illustrious family of the Pepoli, the town is located some 25 miles (41 kilometers) south-southwest of Bologna. Although the Pepoli controlled local affairs from at least the early 14th century, the lord of the town was only formally invested by Emperor Carlo IV in 1369. Emperor Leopold I reconfirmed the concession in 1700.

RULERS
Ercole and Cornelius Pepoli, ca. 1700
Alessandro and Sicinio Pepoli, 1703-1713

Arms
Checkerboard

Reference
V = Alberto Varesi, *Monete Italiane Regionali: Emelia.* Pavia, 1998.

COUNTSHIP

TRADE COINAGE

FR# 208 DUCAT
3.5000 g., 0.9860 Gold 0.1109 oz. AGW **Ruler:** Alessandro and Sicinius Pepoli **Obv:** 5-line inscription on ornamental tablet **Obv. Legend:** ALEXANDER ET... **Rev:** Eagle with crowned arms on breast

Date	Mintage	Good	VG	F	VF	XF
ND Rare	—	—	—	—	—	—

CISALPINE REPUBLIC

Transpadane Republic, a revolutionary state founded in northern Italy by Napoleon, came into being at Milan, Lombardy, in July 1797. It was subsequently enlarged by the addition of the Cispadine Republic and territory from the Venetian hinterlands and the Swiss Cantons of the Valtellina. It collapsed upon the conquest of Italy by an Austro-Russian army, but was restored by Napoleon in 1800.

MONETARY SYSTEM
20 Soldi = 1 Lira
6 Lire = 1 Scudo

REVOLUTIONARY STATE

STANDARD COINAGE

GENOA

C# 2 SCUDO DI LIRE SEI (Scudo of 6 Lire)

23.1300 g., 0.8960 Silver 0.6663 oz. ASW **Obv:** Seated and standing figures **Rev:** Value, inscription within wreath **Rev. Inscription:** SCUDO DI LIRE SEI 27 • PRATILE ANNOVIII **Note:** Dav. #199.

Date	Mintage	Good	VG	F	VF	XF
(1800)VIII	150,000	—	100	200	600	1,100

CISPADINE REPUBLIC

A short-lived revolutionary state comprising the northern Italian districts of Reggio nell'Emilia, Modena and Bologna, was formed in Oct. 1796. In July 1797 it merged into the Cisalpine Republic.

REVOLUTIONARY STATE

STANDARD COINAGE

C# 1 DOPPIA D'ORO

5.4690 g., 0.9170 Gold 0.1612 oz. AGW **Obv:** Flags, Anno Primo, quiver **Rev:** Madonna with child

Date	Mintage	Good	VG	F	VF	XF
1797 Rare	—	—	—	—	—	—

Note: Considered by some to be a medal.

PATTERNS

Including off metal strikes

KM#	Date	Mintage Identification	Mkt Val

Pn1	1797	— 4 Baiocchi. Copper.	

Pn2	1797	— Doppia. Lead. Quiver with arrows over crossed banners. REPUBLICA • CISPADANA • ANNO • PRIM. Madonna and Child in clouds. Bell. PRESIDIVM • ET • DECVS • BONONIA • Very rare.	

CORSICA

Napoleon's Island birthplace in the Mediterranean. Mostly under the control of Genoa until 1762 when it became a Republic under General Pasquale Paoli which lasted 6years. The island then came under the control of France.

RULERS
Theodor, Baron Neuhof as King - 1736
General Pasquale Paoli - 1762-1768

MONETARY SYSTEM
12 Denari = 1 Soldo
20 Soldi = 1 Lira

KINGDOM

STANDARD COINAGE

C# 1 2-1/2 SOLDI

Copper **Ruler:** Theodor Theodor, Baron Neuhof as King **Obv:** Crowned TR in branches, date divided below **Rev:** Value in inner circle

Date	Mintage	VG	F	VF	XF	Unc
1736	—	4,000	6,000	8,000	—	—

C# 2 5 SOLDI

Copper **Ruler:** Theodor Theodor, Baron Neuhof as King **Obv:** Crowned TR in branches, date divided below **Rev:** Value in inner circle

Date	Mintage	VG	F	VF	XF	Unc
1736	—	2,500	4,500	7,000	—	—

REPUBLIC

STANDARD COINAGE

C# 4 8 DENARI

Billon **Ruler:** General Pasquale Paoli **Obv:** Crowned arms with mermaid supporters **Rev:** Value and date in wreath

Date	Mintage	VG	F	VF	XF	Unc
1762	—	12.50	18.50	40.00	90.00	—
1763 Reported not confirmed	—	—	—	—	—	—
1764 Reported not confirmed	—	—	—	—	—	—
1765 Reported not confirmed	—	—	—	—	—	—
1766 Reported not confirmed	—	—	—	—	—	—
1767 Reported not confirmed	—	—	—	—	—	—
1768	—	12.50	18.50	40.00	90.00	—

C# 5 SOLDO

Billon **Ruler:** General Pasquale Paoli **Obv:** Hat on pole within ornate design **Rev:** Value, date within ornate design

Date	Mintage	VG	F	VF	XF	Unc
1768	—	22.50	35.00	70.00	125	—

C# 6 2 SOLDI

Billon **Ruler:** General Pasquale Paoli **Obv:** Crowned arms with mermaid supporters **Rev:** Value, date within ornate design

Date	Mintage	VG	F	VF	XF	Unc
1762	—	12.50	20.00	45.00	95.00	—
1763 Reported not confirmed	—	—	—	—	—	—
1764	—	12.50	20.00	45.00	95.00	—
1765 Reported not confirmed	—	—	—	—	—	—
1766	—	12.50	20.00	45.00	95.00	—
1767 Reported not confirmed	—	—	—	—	—	—
1768 Reported not confirmed	—	—	—	—	—	—

C# 7 4 SOLDI

Billon **Ruler:** General Pasquale Paoli **Obv:** Crowned arms with mermaid supporters **Rev:** Value, date within wreath

Date	Mintage	VG	F	VF	XF	Unc
1762	—	9.00	15.00	35.00	75.00	—
1763	—	9.00	15.00	35.00	75.00	—
1764	—	20.00	60.00	150	350	—
1765	—	9.00	15.00	35.00	75.00	—
1766	—	9.00	15.00	35.00	75.00	—
1767	—	9.00	15.00	35.00	75.00	—
1768 Reported not confirmed	—	—	—	—	—	—

C# 8 10 SOLDI

Silver **Ruler:** General Pasquale Paoli **Obv:** Crowned arms with mermaid supporters **Rev:** Value and date in wreath

Date	Mintage	VG	F	VF	XF	Unc
1762	—	22.50	35.00	75.00	150	—
1763	—	22.50	35.00	75.00	150	—
1764	—	22.50	35.00	75.00	150	—

C# 9 20 SOLDI

Silver **Ruler:** General Pasquale Paoli **Obv:** Crowned arms with mermaid supporters **Rev:** Value and date in wreath

Date	Mintage	VG	F	VF	XF	Unc
1762	—	20.00	30.00	65.00	125	—
1763	—	20.00	30.00	65.00	125	—
1764	—	20.00	30.00	65.00	125	—
1765	—	20.00	30.00	65.00	125	—
1766	—	20.00	30.00	65.00	125	—
1767	—	20.00	30.00	65.00	125	—
1768	—	20.00	30.00	65.00	125	—

CORTE

Town

After several centuries of turmoil and insurrections against Genoese rule, Corte, a town in north-central Sardinia, gained a measure of independence. The local government instituted by General Pasquale Paoli, struck coins during the 1760s.

RULER
Pasquale Paoli, 1762-1768

Arms:
Head to left

Reference:
Alberto Varesi, *Monete Italiane Regionali: Piemonte, Sardegna, Liguria, Isola di Corsica.* Pavia, 1996.

CITY

REGULAR COINAGE

KM# 1 8 DENARI

Billon Weight varies: 0.65-0.75g, 14-15 mm. **Obv:** Crowned shield of city arms between two winged genii armed with mallets **Rev:** 3-line inscription with date **Rev. Inscription:** 8/DENARI/(date) **Note:** Varesi 8.

Date	Mintage	Good	VG	F	VF	XF
1762	—	—	75.00	140	265	450
1768	—	—	75.00	140	265	450

KM# 8 SOLDO

Billon Weight varies: 1.07-1.17g, 16 mm. **Obv:** Cap on a vertical pike within cartouche **Rev:** 3-line inscription in cartouche **Rev. Inscription:** I/SOLDO/(date) **Note:** Varesi 7.

Date	Mintage	Good	VG	F	VF	XF
1768	—	—	80.00	165	315	550

KM# 2 2 SOLDI

Billon Weight varies: 1.05-1.59g, 18-19 mm. **Obv:** Crowned shield of city arms between two winged genii armed with mallets **Rev:** 3-line inscription with date in circle **Rev. Inscription:** 2/SOLDI/(date) **Note:** Varesi 5.

Date	Mintage	Good	VG	F	VF	XF
1762	—	—	15.00	28.00	75.00	165
1766	—	—	15.00	28.00	75.00	165

KM# 6 2 SOLDI

Billon Weight varies: 1.08-1.32g, 18.5 mm. **Obv:** Crowned shield of city arms between two winged genii armed with mallets **Rev:** 3-line inscription with date in baroque frame **Rev. Inscription:** 2/SOLDI/(date) **Note:** Varesi 6.

Date	Mintage	Good	VG	F	VF	XF
1764	—	—	15.00	28.00	75.00	165

KM# 3 4 SOLDI

Billon Weight varies: 1.04-2.85g, 21-23 mm. **Obv:** Crowned shield of city arms between two winged genii armed with mallets **Rev:** 3-line inscription with date in either beaded circle or wreath **Rev. Inscription:** 4/SOLDI/(date) **Note:** Varesi 4. Varieties exist.

Date	Mintage	Good	VG	F	VF	XF
1762	—	—	15.00	28.00	75.00	165
1763	—	—	15.00	28.00	75.00	165
1764	—	—	15.00	28.00	75.00	165
1765	—	—	15.00	28.00	75.00	165
1766	—	—	15.00	28.00	75.00	165
1767	—	—	15.00	28.00	75.00	165

KM# 4 10 SOLDI

Silver Weight varies: 2.03-2.32g, 21.5-22.5 mm. **Obv:** Crowned shield of city arms between two winged genii armed with mallets **Rev:** 3-line inscription with date between two palm fronds **Rev. Inscription:** 10/SOLDI/(date) **Note:** Varesi 3. Varieties exist.

Date	Mintage	Good	VG	F	VF	XF
1762	—	—	30.00	55.00	135	275
1763	—	—	30.00	55.00	135	275
1764	—	—	30.00	55.00	135	275

KM# 5 20 SOLDI

Silver Weight varies: 2.87-4.55g, 24-25 mm. **Obv:** Crowned shield of city arms between two winged genii armed with mallets **Rev:** 3-line inscription with date in wreath **Rev. Inscription:** 20/SOLDI/(date) **Note:** Varesi 1. Varieties exist.

Date	Mintage	Good	VG	F	VF	XF
1762	—	—	60.00	110	250	450
1763	—	—	60.00	110	250	450
1764	—	—	60.00	110	250	450
1765	—	—	60.00	110	250	450
1766	—	—	60.00	110	250	450

KM# 7 20 SOLDI

Silver Weight varies: 2.99-3.27g, 24-25 mm. **Obv:** Crowned shield of city arms between two winged genii armed with mallets **Rev:** 3-line inscription with date in baroque frame **Rev. Inscription:** 20/SOLDI/(date) **Note:** Varesi 2.

Date	Mintage	Good	VG	F	VF	XF
1766	—	—	60.00	110	250	450
1767	—	—	60.00	110	250	450
1768	—	—	60.00	110	250	450

GENOA

A seaport in Liguria, Genoa was a dominant republic and colonial power in the Middle Ages. In 1798 Napoleon remodeled it into the Ligurian Republic, and in 1805 it was incorporated in the Kingdom of Italy. Following a brief restoration of the republic, it was absorbed by the Kingdom of Sardinia in 1815.

MONETARY SYSTEM
12 Denari = 1 Soldo
20 Soldi = 10 Parpagliola = 5 Cavallotti = 1 Lira (Madonnina)

REPUBLIC

STANDARD COINAGE

KM# 161 4 DENARI
Billon **Obv:** Bust of Madonna and child **Rev:** Cross

Date	Mintage	Good	VG	F	VF	XF
1719 FMS	—	—	—	—	—	—
1721 FMS	—	—	—	—	—	—

KM# 205 4 DENARI
1.5000 g., Billon **Obv:** Crowned shield **Rev:** Ram's head

Date	Mintage	Good	VG	F	VF	XF
1740	—	—	—	—	—	—

KM# 115 8 DENARI
3.1000 g., Billon **Obv:** Three stars surround shield **Rev:** Bust of Madonna and child

Date	Mintage	Good	VG	F	VF	XF
1719 FMS	—	8.00	18.00	37.50	85.00	—
1724 FMS	—	8.00	18.00	37.50	85.00	—
1725 FMS	—	8.00	18.00	37.50	85.00	—
1726 FMS	—	8.00	18.00	37.50	85.00	—
1727 FMS	—	8.00	18.00	37.50	85.00	—
1736 OM	—	8.00	18.00	37.50	85.00	—
1742 OM	—	8.00	18.00	37.50	85.00	—

KM# 167.1 2 SOLDI (Parapagliola)
Billon **Obv:** Crowned shield **Obv. Legend:** DVX ET GVB REIP GENV **Rev:** Bust of Mary, 2 below **Rev. Legend:** ET REGE EOS

Date	Mintage	Good	VG	F	VF	XF
1710 FMS	—	10.00	20.00	35.00	70.00	—

KM# 167.2 2 SOLDI (Parapagliola)
Billon **Obv:** S 2 below shield

Date	Mintage	Good	VG	F	VF	XF
1710 FMS	—	8.00	16.00	32.00	65.00	—
1711 FMS	—	8.00	16.00	32.00	65.00	—
1718 FMS	—	8.00	16.00	32.00	65.00	—
1719 FMS	—	8.00	16.00	32.00	65.00	—
1720 FMS	—	8.00	16.00	32.00	65.00	—
1721 FMS	—	8.00	16.00	32.00	65.00	—
1722 FMS	—	8.00	16.00	32.00	65.00	—
1723 FMS	—	8.00	16.00	32.00	65.00	—
1724 FMS	—	8.00	16.00	32.00	65.00	—
1725 FMS	—	8.00	16.00	32.00	65.00	—
1735 OM	—	8.00	16.00	32.00	65.00	—
1736 OM	—	8.00	16.00	32.00	65.00	—
1739 OM	—	8.00	16.00	32.00	65.00	—
1743 OM	—	8.00	16.00	32.00	65.00	—
1745 OM	—	8.00	16.00	32.00	65.00	—

KM# 195 4 SOLDI (Cavalotto)
Billon **Obv:** Cross with S4 in angles **Rev:** St. George **Note:** Weight varies: 3.8-4 grams.

Date	Mintage	Good	VG	F	VF	XF
1736 OM	—	15.00	30.00	65.00	120	—
1737 OM	—	15.00	30.00	65.00	120	—
1743 OM	—	15.00	30.00	65.00	120	—
1745 OM	—	15.00	30.00	65.00	120	—
1746 OM	—	15.00	30.00	65.00	120	—
1747 OM	—	15.00	30.00	65.00	120	—

KM# 182 12 SOLDI
Silver **Obv:** Two crowned shields, S 12 **Rev:** St. George slaying dragon **Note:** Weight varies: 2.9-3.10 grams.

Date	Mintage	VG	F	VF	XF	Unc
1722 FMS	—	—	—	—	—	—
1723 FMS	—	—	—	—	—	—
1724 FMS	—	—	—	—	—	—

KM# 147 20 SOLDI (Lira)
6.3000 g., 0.8590 Silver 0.1740 oz. ASW **Obv:** Crowned shield **Rev:** St. John, 20 below

Date	Mintage	VG	F	VF	XF	Unc
1709	—	24.00	48.00	115	225	—
1710	—	24.00	48.00	115	225	—

KM# 207 20 SOLDI (Madonnia)
4.1600 g., 0.8590 Silver 0.1149 oz. ASW **Obv:** Griffins support crowned shield **Rev:** Mary as the Immaculate Conception

Date	Mintage	VG	F	VF	XF	Unc
1745 OM	—	—	—	—	—	—
1746 OM	—	—	—	—	—	—
1747 OM	—	—	—	—	—	—

KM# 183 24 SOLDI
Silver **Obv:** Two crowned shields **Obv. Legend:** DVX ET GVB REIP GENV **Rev:** St. George slaying dragon **Rev. Legend:** EX PROBAITATE ROGVR **Note:** Weight varies: 5.6-5.9 grams.

Date	Mintage	VG	F	VF	XF	Unc
1722 FMS	—	—	—	—	—	—
1723 FMS	—	—	—	—	—	—
1724 FMS	—	—	—	—	—	—
1725 FMS	—	—	—	—	—	—

KM# 173 6/8 LIRE
Silver **Obv:** Crowned arms divide denomination **Obv. Legend:** DVX ET GVB REIP GENV **Rev:** Madonna and child in clouds **Rev. Legend:** ET REGE EOS **Note:** Weight varies: 2.6-2.8 grams.

Date	Mintage	VG	F	VF	XF	Unc
1719 FMS	—	—	—	—	—	—
1720 FMS	—	—	—	—	—	—

KM# 208 6/8 LIRE
Silver **Obv:** Griffins support crowned arms **Rev:** Mary as the Immaculate Conception divides denomination

Date	Mintage	VG	F	VF	XF	Unc
1745 OM	—	—	—	—	—	—
1746 OM	—	—	—	—	—	—

KM# 148 2 LIRE
10.0000 g., 0.8890 Silver 0.2858 oz. ASW **Obv:** Griffins support crowned shield **Rev:** St. John

Date	Mintage	VG	F	VF	XF	Unc
1709 FMS	—	50.00	75.00	150	280	—
1712 FMS	—	50.00	75.00	150	280	—

KM# 150 2 LIRE
10.0000 g., 0.8890 Silver 0.2858 oz. ASW **Obv:** Griffins support crowned arms **Obv. Legend:** DVX ET GVBER REIPV GENVEN **Rev:** St. John **Rev. Legend:** NON SVRREXIT MAIOR

Date	Mintage	VG	F	VF	XF	Unc
1709 FMS	—	55.00	100	225	375	—
1710 FMS	—	55.00	100	225	375	—
1712 FMS	—	55.00	100	225	375	—
1716 FMS	—	55.00	100	225	375	—

KM# 196 5 LIRE
Silver **Obv:** Griffins flank two crowned shields **Rev:** Madonna and Jesus in clouds

Date	Mintage	VG	F	VF	XF	Unc
1736 OM	—	—	—	—	—	—

KM# 170 8 REALI
25.0000 g., Silver **Obv:** Crowned and supported arms above sprays **Rev:** Clasped hands, fasces and cornucopia behind **Note:** Dav. #1367.

Date	Mintage	VG	F	VF	XF	Unc
1715 FMS Rare	—	—	—	—	—	—

KM# 80 1/4 SCUDO (Stretto)
0.8890 Silver **Obv:** Cross **Rev:** Madonna and child **Note:** Weight varies: 8.70-9.50 grams.

Date	Mintage	VG	F	VF	XF	Unc
1717 FMS Rare	—	—	—	—	—	—

KM# 81.1 1/2 SCUDO (Stretto)
0.8890 Silver **Obv:** Cross **Rev:** Madonna and child **Note:** Weight varies: 18.4-18.6 grams.

Date	Mintage	VG	F	VF	XF	Unc
1704 IBM Rare	—	—	—	—	—	—
1705 IBM Rare	—	—	—	—	—	—
1713 FMS Rare	—	—	—	—	—	—
1715 FMS Rare	—	—	—	—	—	—
1717 FMS Rare	—	—	—	—	—	—
1721 FMS Rare	—	—	—	—	—	—

KM# 81.2 1/2 SCUDO (Largo)
0.8890 Silver **Note:** Weight varies: 18.4-18.6 grams.

Date	Mintage	VG	F	VF	XF	Unc
1702 IBM Rare	—	—	—	—	—	—
1704 IBM Rare	—	—	—	—	—	—
1712 FMS Rare	—	—	—	—	—	—
1714 FMS Rare	—	—	—	—	—	—
1715 FMS Rare	—	—	—	—	—	—
1717 FMS Rare	—	—	—	—	—	—
1721 FMS Rare	—	—	—	—	—	—

KM# 79 SCUDO (Stretto)
19.0000 g., 0.8890 Silver 0.5430 oz. ASW **Obv:** Cross with four stars in angles **Rev:** Virgin and child on cloud **Note:** Dav. #3901. Illustration reduced.

Date	Mintage	VG	F	VF	XF	Unc
1701 IBM	—	—	300	900	1,800	—
1702 IBM	—	—	300	900	1,800	—
1704 IBM	—	—	300	900	1,800	—
1705 IBM	—	—	300	900	1,800	—
1712 FMS	—	—	300	900	1,800	—
1713 FMS	—	—	300	900	1,800	—
1714 FMS	—	—	300	900	1,800	—
1715 FMS	—	—	300	900	1,800	—
1717 FMS	—	—	300	900	1,800	—
1719 FMS	—	—	300	900	1,800	—
1721 FMS	—	—	300	900	1,800	—
1725 FMS	—	—	300	900	1,800	—

KM# 113 SCUDO (Largo)
38.0000 g., Silver **Obv:** Ornate cross with cherub heads and wings in angles **Obv. Legend:** GVBERNATORES * REIP * GENV + DVX * ET * **Rev:** Madonna and child on cloud, two cherubs above **Rev. Legend:** * ET * REGE *.... **Note:** Dav. #LS555. Illustration reduced.

Date	Mintage	VG	F	VF	XF	Unc
1702 IBM	—	550	1,150	2,250	4,500	—
1704 IBM	—	550	1,150	2,250	4,500	—
1705 IBM	—	550	1,150	2,250	4,500	—
1712 FMS	—	550	1,150	2,250	4,500	—
1713 FMS	—	550	1,150	2,250	4,500	—
1714 FMS	—	550	1,150	2,250	4,500	—
1715 FMS	—	550	1,150	2,250	4,500	—
1719 FMS	—	550	1,150	2,250	4,500	—

GENOA — ITALIAN STATES

KM# 84 4 SCUDI
152.0000 g., Silver **Note:** Similar to 2 Scudi, Dav. #1364. Dav. #1362, #LS551. Illustration reduced.

Date	Mintage	VG	F	VF	XF	Unc
1705 IBM	—	1,500	3,000	5,300	9,000	—
1706 IBI	—	1,500	3,000	5,300	9,000	—
1712 FMS	—	1,500	3,000	5,300	9,000	—
1713 FMS	—	1,500	3,000	5,300	9,000	—
1715 FMS	—	1,500	3,000	5,300	9,000	—
1719 FMS	—	1,500	3,000	5,300	9,000	—

KM# 158 6 SCUDI
230.0000 g., Silver **Note:** Similar to 2 Scudi, Dav. #1364. Dav. #1361, #LS549.

Date	Mintage	VG	F	VF	XF	Unc
1705 IBM Rare	—	—	—	—	—	—
1711 FMS Rare	—	—	—	—	—	—
1712 FMS Rare	—	—	—	—	—	—
1715 FMS	—	—	—	—	—	—

KM# 169 10 SCUDI
382.0000 g., Silver **Note:** Similar to 2 Scudi, Dav. #1364. Dav. #1360, #LS548.

Date	Mintage	VG	F	VF	XF	Unc
1712 FMS Rare	—	—	—	—	—	—

KM# 106 1/4 DOPPIA
1.7500 g., 0.9860 Gold 0.0555 oz. AGW **Obv:** Madonna and child on cloud in stars, date in legend **Rev:** Ornate cross

Date	Mintage	VG	F	VF	XF	Unc
1721	—	—	1,000	1,500	3,000	—

KM# 180 4 DOPPIE (Quadrupla)
28.0000 g., 0.9860 Gold 0.8876 oz. AGW **Obv:** Ornate cross in inner circle **Rev:** Madonna and child on cloud in stars, date in legend

Date	Mintage	VG	F	VF	XF	Unc
1720 FMS	—	2,400	3,600	7,200	15,000	—

KM# 86 12-1/2 DOPPIE
0.9860 Gold **Obv:** Cherubs between ends of cross within circle **Rev:** Madonna and child on cloud in stars, date in legend **Note:** 82-85 grams.

Date	Mintage	VG	F	VF	XF	Unc
1706 IBI Rare	—	—	—	—	—	—
1711 FMS Rare	—	—	—	—	—	—

KM# 82 2 SCUDI
76.0000 g., 0.8890 Silver 2.1721 oz. ASW **Obv:** Ornate cross with cherub heads and wings in angles **Rev:** Madonna and child on cloud, two cherubs above **Note:** Dav. #LS553. Illustration reduced.

Date	Mintage	VG	F	VF	XF	Unc
1702 IBM	—	500	800	1,500	2,500	—
1704 IBM	—	500	800	1,500	2,500	—
1705 IBM	—	500	800	1,500	2,500	—
1712 FMS	—	500	800	1,500	2,500	—
1713 FMS	—	500	800	1,500	2,500	—
1714 FMS	—	500	800	1,500	2,500	—
1715 FMS	—	500	800	1,500	2,500	—
1717 FMS	—	500	800	1,500	2,500	—
1719 FMS	—	500	800	1,500	2,500	—

KM# 83 3 SCUDI
114.0000 g., 0.8890 Silver 3.2582 oz. ASW **Note:** Similar to 2 Scudi, Dav. #1364. Dav. #1363, #LS552.

Date	Mintage	VG	F	VF	XF	Unc
1712 FMS	—	975	1,900	3,000	4,900	—
1713 FMS	—	975	1,900	3,000	4,900	—
1715 FMS	—	975	1,900	3,000	4,900	—
1717 FMS	—	975	1,900	3,000	4,900	—
1719 FMS	—	975	1,900	3,000	4,900	—
1725 FMS	—	975	1,900	3,000	4,900	—

KM# 90 1/2 DOPPIA
3.5000 g., 0.9860 Gold 0.1109 oz. AGW **Obv:** Madonna and child on cloud in stars, date in legend **Rev:** Ornate cross in inner circle

Date	Mintage	VG	F	VF	XF	Unc
1709 OM	—	—	1,000	1,800	3,500	—
1710 FMS	—	—	1,000	1,800	3,500	—
1711 FMS	—	—	1,000	1,800	3,500	—
1714 FMS	—	—	1,000	1,800	3,500	—
1717 FMS	—	—	1,000	1,800	3,500	—
1720 FMS	—	—	1,000	1,800	3,500	—
1721 FMS	—	—	1,000	1,800	3,500	—
1722 FMS	—	—	1,000	1,800	3,500	—
1725 FMS	—	—	1,000	1,800	3,500	—
1728 FMS	—	—	1,000	1,800	3,500	—
1731 OM	—	—	1,000	1,800	3,500	—
1735 OM	—	—	1,000	1,800	3,500	—
1736 OM	—	—	1,000	1,800	3,500	—
1747 OM	—	—	1,000	1,800	3,500	—
1749	—	—	1,000	1,800	3,500	—

KM# 87 25 DOPPIE
175.0000 g., 0.9860 Gold 5.5474 oz. AGW **Obv:** Madonna and child on cloud

Date	Mintage	VG	F	VF	XF	Unc
1714 FMS Rare	—	—	—	—	—	—

REFORM COINAGE

KM# 220 DENARO
3.9000 g., Copper **Obv:** Value **Rev:** Cross

Date	Mintage	VG	F	VF	XF	Unc
ND(1752)	—	5.00	10.00	20.00	45.00	—

KM# 221 2 DENARI
1.0900 g., Copper **Obv:** Value **Rev:** Cross

Date	Mintage	VG	F	VF	XF	Unc
ND(1752)	—	5.00	10.00	20.00	45.00	—

KM# 222 3 DENARI
1.6000 g., Copper **Obv:** Value **Rev:** Cross

Date	Mintage	VG	F	VF	XF	Unc
ND(1752)	—	5.00	10.00	20.00	45.00	—

KM# 223 QUATTRO (4) DENARI
1.5000 g., Billon **Obv:** Half figure of Madonna **Rev:** Value (D-4) in angles of cross

Date	Mintage	VG	F	VF	XF	Unc
ND(1752)	—	7.50	15.00	30.00	70.00	—

KM# 99 DOPPIA (2 Scudi)
7.0000 g., 0.9860 Gold 0.2219 oz. AGW **Rev:** Madonna and child on cloud

Date	Mintage	VG	F	VF	XF	Unc
1714 FMS	—	600	1,200	2,000	3,000	—
1720 FMS	—	600	1,200	2,000	3,000	—
1721	—	600	1,200	2,000	3,000	—

KM# 85 2 DOPPIE
14.0000 g., 0.9860 Gold 0.4438 oz. AGW **Rev:** Madonna and child on cloud

Date	Mintage	VG	F	VF	XF	Unc
1714 FMS	—	1,500	3,000	5,000	6,000	—
1720 FMS	—	1,500	3,000	5,000	6,000	—
1721 FMS	—	1,500	3,000	5,000	6,000	—
1722 FMS	—	1,500	3,000	5,000	6,000	—

KM# 235 QUATTRO (4) DENARI
1.5000 g., Billon **Obv:** Crowned oval arms **Rev:** Value, date within sprig and laurel wreath

Date	Mintage	Good	VG	F	VF	XF
1767	—	1.50	2.75	5.50	12.00	—
1768	—	1.50	2.75	5.50	12.00	—
1772	—	1.50	2.75	5.50	12.00	—
1773	—	1.50	2.75	5.50	12.00	—
1777	—	1.50	2.75	5.50	12.00	—
1780	—	1.50	2.75	5.50	12.00	—
1781	—	1.50	2.75	5.50	12.00	—
1783	—	1.50	2.75	5.50	12.00	—
1793	—	1.50	2.75	5.50	12.00	—

ITALIAN STATES — GENOA

KM# 258 QUATTRO (4) DENARI
1.5000 g., Billon **Obv:** ARMS **Rev:** Value: QUATTRO and Date

Date	Mintage	Good	VG	F	VF	XF
1794	—	1.25	2.50	5.00	10.00	—
1795	—	1.25	2.50	5.00	10.00	—
1796	—	1.25	2.50	5.00	10.00	—
1797	—	1.25	2.50	5.00	10.00	—

KM# 185 8 DENARI
1.0500 g., Billon **Obv:** Crowned arms in cartouche **Rev:** Madonna

Date	Mintage	VG	F	VF	XF	Unc
1724	—	4.00	10.00	20.00	35.00	100
1725	—	4.00	10.00	20.00	35.00	100
1726	—	4.00	10.00	20.00	35.00	100
1727	—	4.00	10.00	20.00	35.00	100
1742	—	4.00	10.00	20.00	35.00	100
1756	—	4.00	10.00	20.00	35.00	100

KM# 236 8 DENARI
1.0400 g., Billon **Obv:** Crowned arms **Obv. Legend:** DUX • ET • GUB-REIP • GENU • **Rev:** Madonna and child **Rev. Legend:** ET REGE EOS

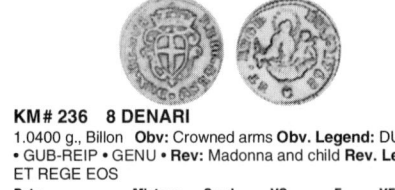

Date	Mintage	Good	VG	F	VF	XF
1767	—	—	5.00	20.00	50.00	100
1768	—	—	5.00	20.00	50.00	100
1772	—	—	5.00	20.00	50.00	100
1773	—	—	5.00	20.00	50.00	100
1774	—	—	5.00	20.00	50.00	100
1780	—	—	5.00	20.00	50.00	100
1782	—	—	5.00	20.00	50.00	100
1793	—	—	5.00	20.00	50.00	100
1794	—	—	5.00	20.00	50.00	100
1795	—	—	5.00	20.00	50.00	100
1796	—	—	5.00	20.00	50.00	100

KM# 199 2 SOLDI
Billon **Obv:** Crowned arms in cartouche **Rev:** Madonna

Date	Mintage	VG	F	VF	XF	Unc
1739	—	2.50	5.00	15.00	30.00	—
1743	—	2.50	5.00	15.00	30.00	—
1745	—	2.50	5.00	15.00	30.00	—
1748	—	2.50	5.00	15.00	30.00	—
1749	—	2.50	5.00	15.00	30.00	—

KM# 197 4 SOLDI
Billon **Obv:** Crowned arms in cartouche **Rev:** St. George and dragon

Date	Mintage	VG	F	VF	XF	Unc
1736	—	2.50	5.00	15.00	30.00	—
1737	—	2.50	5.00	15.00	30.00	—
1743	—	2.50	5.00	15.00	30.00	—
1745	—	2.50	5.00	15.00	30.00	—
1746	—	2.50	5.00	15.00	30.00	—
1748	—	2.50	5.00	15.00	30.00	—
1749	—	2.50	5.00	15.00	30.00	—
1756	—	2.50	5.00	15.00	30.00	—

KM# 246 CINQUE (5) SOLDI
3.9700 g., Billon **Obv:** St. George and dragon without legend **Rev:** Value, date

Date	Mintage	VG	F	VF	XF	Unc
1792	—	—	10.00	20.00	40.00	100

KM# 252 CINQUE (5) SOLDI
3.9700 g. Billon **Obv:** Figure, DUX ET G.R. GEN around **Rev:** Value, date

Date	Mintage	Good	VG	F	VF	XF
1793	—	—	4.00	10.00	20.00	50.00
1794	—	—	4.00	10.00	20.00	50.00

KM# 247.1 10 SOLDI
Billon **Obv:** Arms **Obv. Legend:** DUX • ET • GUB-REIP • GENU • **Rev:** Value, date in wreath

Date	Mintage	Good	VG	F	VF	XF
1792	—	3.00	5.00	10.00	22.00	—

KM# 247.2 10 SOLDI
3.7000 g., Billon **Obv:** Crowned arms **Obv. Legend:** DUX • ET • GUB REIP • GEN • U • **Rev:** Value, date within wreath **Rev. Legend:** SOLDI / DIECI (10) / DATE

Date	Mintage	Good	VG	F	VF	XF
1792	—	—	4.50	12.00	25.00	50.00
1793	—	—	4.50	12.00	25.00	50.00
1794	—	—	4.50	12.00	25.00	50.00

KM# 209 1/3 LIRA
1.3800 g., 0.8890 Silver 0.0394 oz. ASW **Obv:** Crowned arms in cartouche **Rev:** The Annunciation

Date	Mintage	VG	F	VF	XF	Unc
1745	—	15.00	35.00	75.00	150	—
1746	—	15.00	35.00	75.00	150	—

KM# 210 1/2 LIRA
2.0800 g., 0.8890 Silver 0.0594 oz. ASW **Obv:** Crowned arms in cartouche **Rev:** The Annunciation

Date	Mintage	VG	F	VF	XF	Unc
1745	—	20.00	40.00	80.00	175	—
1746	—	20.00	40.00	80.00	175	—

KM# 211 LIRA
4.1600 g., 0.8890 Silver 0.1189 oz. ASW **Obv:** Crowned arms in cartouche **Rev:** The Annunciation

Date	Mintage	VG	F	VF	XF	Unc
1745	—	22.00	45.00	90.00	185	—
1746	—	22.00	45.00	110	200	—
1747	—	22.00	45.00	90.00	185	—
1748	—	22.00	45.00	90.00	185	—
1749	—	22.00	45.00	90.00	185	—

KM# 211a LIRA
4.1600 g., 0.8890 Silver 0.1189 oz. ASW **Obv:** Crowned arms with supporters on mantle above value **Obv. Legend:** DUX • ET • GUB REIP • GENU • **Rev:** Standing St. holding staff with banner **Rev. Legend:** NON • SURREXIT • MAJOR

Date	Mintage	VG	F	VF	XF	Unc
1793	—	5.00	10.00	100	200	400
1794	—	5.00	10.00	50.00	100	200
1795	—	5.00	10.00	50.00	100	200

KM# 213 2 LIRE
8.9000 g., 0.8890 Silver 0.2544 oz. ASW **Obv:** Griffins support crowned arms **Rev:** Mary as the Immaculate Conception

Date	Mintage	VG	F	VF	XF	Unc
1747 0M	—	—	—	—	—	—

KM# 212 2 LIRE
8.9000 g., 0.8890 Silver 0.2544 oz. ASW **Obv:** Crowned arms in cartouche **Rev:** The Annunciation

Date	Mintage	VG	F	VF	XF	Unc
1747	—	22.00	45.00	90.00	185	—

KM# A244 2 LIRE
8.3200 g., 0.9000 Silver 0.2407 oz. ASW **Obv:** Crowned arms with griffon supporters, value divided below **Rev:** John the Baptist standing facing with banner in left hand, date in legend

Date	Mintage	VG	F	VF	XF	Unc
1792	—	—	50.00	150	300	600
1793	—	—	50.00	150	300	600

KM# 244 2 LIRE
8.3200 g., 0.8890 Silver 0.2378 oz. ASW **Obv:** Crowned arms with supporters on mantle above lion head and value **Obv. Legend:** DUX • ET • GUB REIP • GENU • **Rev:** Standing St. holding staff with banner **Rev. Legend:** NON • SURREXIT • MAJOR •

Date	Mintage	VG	F	VF	XF	Unc
1793	—	—	50.00	100	300	—
1794	—	—	250	700	1,300	—
1795	—	—	50.00	100	300	—
1796	—	—	250	700	1,300	—

with supporters, value divided below **Obv. Legend:** DUX • ET • GUB REIP • GEN • **Rev:** John the Baptist holding staff with banner **Rev. Legend:** NON SURREXIT MAJOR

Date	Mintage	VG	F	VF	XF	Unc
1792	—	—	75.00	150	400	800
1793	—	—	75.00	150	400	800

KM# 248 4 LIRE
16.6400 g., 0.8890 Silver 0.4756 oz. ASW **Obv:** Crowned arms with supporters on mantle above lion head and value **Obv. Legend:** DUX • ET • GUB REIP... **Rev:** Standing St. holding staff with banner **Rev. Legend:** NON • SURREXIT MAJOR •

Date	Mintage	VG	F	VF	XF	Unc
1793	—	20.00	100	250	500	1,000
1794	—	20.00	100	250	500	1,000
1795	—	20.00	100	250	500	1,000
1796	—	20.00	100	250	500	1,000
1797	—	20.00	100	250	500	1,000

KM# 198 5 LIRE
Silver **Obv:** Crowned and supported arms, value: L5 below **Rev:** Madonna and child on cloud **Note:** Dav. #1368.

Date	Mintage	VG	F	VF	XF	Unc
1736 Rare	—	—	—	—	—	—

KM# A248 4 LIRE
16.6400 g., 0.9000 Silver 0.4815 oz. ASW **Obv:** Crowned arms

KM# A249 8 LIRE
33.2700 g., 0.8890 Silver 0.9509 oz. ASW **Obv:** Crowned arms with supporters, value divided below **Obv. Legend:** DUX • ET • GUB REIP • GEN • **Rev:** John the Baptist holding staff with banner, date in legend **Rev. Legend:** NON SURREXIT REIP MAJOR **Note:** Dav. #1369.

Date	Mintage	VG	F	VF	XF	Unc
1792	—	—	150	225	400	800
1793	—	—	150	225	400	800

KM# 249 8 LIRE
33.2700 g., 0.8890 Silver 0.9509 oz. ASW **Obv:** Crowned arms with supporters on mantle above lion head and value **Obv. Legend:** DUX • ET • GUB REIP • GENU • **Rev:** Standing St. holding staff with banner **Rev. Legend:** NON • SURREXIT • MAJOR • **Note:** Dav. #1370.

Date	Mintage	VG	F	VF	XF	Unc
1793	—	—	95.00	500	1,000	2,000
1794	—	—	95.00	500	1,000	2,000
1795	—	—	95.00	500	1,000	2,000
1796	—	—	95.00	500	1,000	2,000
1797	—	—	95.00	500	1,000	2,000

Date	Mintage	VG	F	VF	XF	Unc
1796	—	400	650	1,600	3,000	6,000
1797	—	400	650	1,600	3,000	6,000

KM# 254 12 LIRE
3.1510 g., 0.9090 Gold 0.0921 oz. AGW **Obv:** Crowned arms with supporters on mantle **Obv. Legend:** DUX • ET • GUB REIP • GENU **Rev:** Madonna and child above value **Rev. Legend:** ET • REGE • EOS •

Date	Mintage	VG	F	VF	XF	Unc
1793	—	350	700	1,500	3,000	8,000
1794	—	475	850	1,800	4,200	8,000
1795	—	1,000	2,000	4,000	8,000	—

KM# 225 12-1/2 LIRE
3.6500 g., 0.9090 Gold 0.1067 oz. AGW **Obv:** Crowned arms with griffon supporters **Rev:** Madonna and child on cloud, date in legend

Date	Mintage	VG	F	VF	XF	Unc
1758	—	1,200	3,600	7,200	14,000	—
1759	—	2,000	4,000	8,000	15,000	—
1760	—	2,000	4,000	8,000	15,000	—
1763	—	2,000	4,000	8,000	15,000	—
1764	—	—	—	—	—	—
1765	—	—	—	—	—	—
1766	—	2,000	4,000	8,000	15,000	—
1767	—	2,000	4,000	8,000	15,000	—

KM# 255 24 LIRE
0.9090 Gold **Obv:** Crowned arms with supporters on mantle above lion head **Obv. Legend:** DUX • ET • GUB REIP • GENU **Rev:** Madonna and child above value **Rev. Legend:** ET • REGE • EOS • **Note:** Weight varies: 6.28-6.31 grams.

Date	Mintage	VG	F	VF	XF	Unc
1793	—	350	650	1,100	2,500	4,000
1795	—	350	650	1,100	2,500	4,000

KM# 226 25 LIRE
6.5600 g., 0.9090 Gold 0.1917 oz. AGW **Obv:** Crowned arms with griffin supporters **Rev:** Madonna and child on cloud, date in legend

Date	Mintage	VG	F	VF	XF	Unc
1758	—	1,000	3,000	7,000	12,000	—
1759	—	1,000	3,000	7,000	12,000	—
1760	—	1,000	3,000	7,000	12,000	—
1763	—	1,000	3,000	7,000	12,000	—
1764	—	1,000	3,000	7,000	12,000	—
1765	—	1,000	3,000	7,000	12,000	—
1766	—	1,000	3,000	7,000	12,000	—
1767	—	1,000	3,000	7,000	12,000	—

KM# A245 48 LIRE
0.9090 Gold **Obv:** Crowned arms with supporters **Obv. Legend:** DUX • ET • GUB REIP • GENU **Rev:** Seated Madonna with child on cloud **Rev. Legend:** ET • REGE • EOS • **Note:** Weight varies: 12.54-12.63 grams. Similar to 96 Lire, KM#24.1.

Date	Mintage	VG	F	VF	XF	Unc
1792	—	400	650	2,500	5,000	—
1793	—	400	650	2,500	5,000	—

KM# 245 48 LIRE
12.6070 g., 0.9090 Gold 0.3684 oz. AGW **Obv:** Crowned arms with supporters on mantle **Obv. Legend:** DUX • ET • GUB REIP • GENU • **Rev:** Madonna and child above value **Rev. Legend:** ET • REGE • EOS •

Date	Mintage	VG	F	VF	XF	Unc
1793	—	400	650	1,600	3,000	6,000
1794	—	400	650	1,600	3,000	6,000
1795	—	400	650	1,600	3,000	6,000

KM# 227 50 LIRE
13.2500 g., 0.9090 Gold 0.3872 oz. AGW **Obv:** Crowned arms **Obv. Legend:** DUX • ET • GUB REIP • GENU • **Rev:** Madonna and child **Rev. Legend:** ET • REGE • EOS •

Date	Mintage	VG	F	VF	XF	Unc
1758	—	1,600	2,400	4,000	8,000	—
1759	—	1,600	2,400	4,000	8,000	—
1760	—	1,600	2,400	4,000	8,000	—
1762	—	1,600	2,400	4,000	8,000	—
1763	—	1,600	2,400	4,000	8,000	—
1764	—	1,600	2,400	4,000	8,000	—
1767	—	—	—	—	—	—
1768	—	—	—	—	—	—

KM# A251 96 LIRE
25.2140 g., 0.9090 Gold 0.7368 oz. AGW **Obv:** Crowned arms with supporters • **Rev:** Madonna and child, divided value below **Obv. Inscription:** DUX • ET • GUB REIP • GENU • Rev: Madonna and child, divided value below **Rev. Legend:** ET • REGE • EOS • **Note:** Weight varies: 24.96-25.47 grams.

Date	Mintage	VG	F	VF	XF	Unc
1792	—	850	1,500	2,000	3,000	6,000
1793	—	850	1,500	2,000	3,000	6,000

KM# 251 96 LIRE
25.2140 g., 0.9090 Gold 0.7368 oz. AGW **Obv:** Crowned arms with supporters on mantle above lion head **Obv. Legend:** DUX • ET • GUB REIP • GENU • **Rev:** Madonna and child above value **Rev. Legend:** ET • REGE • EOS •

Date	Mintage	VG	F	VF	XF	Unc
1793	—	900	1,500	2,000	3,000	6,000
1795	—	900	1,500	2,000	3,000	6,000
1796	—	900	1,500	2,000	3,000	—
1797	—	900	1,500	2,000	3,500	—

KM# 228 100 LIRE
26.2500 g., 0.9090 Gold 0.7671 oz. AGW **Obv:** Crowned arms with supporters **Obv. Legend:** DUX • ET • GUB REIP • GENU • **Rev:** Madonna and child **Rev. Legend:** ET • REGE • EOS •

Date	Mintage	VG	F	VF	XF	Unc
1758	—	1,500	3,000	6,000	12,000	—
1760	—	3,000	6,000	12,000	20,000	—
1761	—	3,000	6,000	12,000	20,000	—
1762	—	3,000	6,000	12,000	20,000	—
1763	—	3,000	6,000	12,000	20,000	—
1764	—	3,000	6,000	12,000	20,000	—
1767	—	3,000	6,000	12,000	20,000	—

TRADE COINAGE

KM# 184 1/2 ZECCHINO
1.7500 g., 0.9860 Gold 0.0555 oz. AGW **Obv:** Crowned arms **Rev:** St. George on horseback slaying dragon

Date	Mintage	VG	F	VF	XF	Unc
1723 FMS Rare	—	—	—	—	—	—

KM# 186 1/2 ZECCHINO
1.7500 g., 0.9860 Gold 0.0555 oz. AGW **Rev:** St. John standing

Date	Mintage	VG	F	VF	XF	Unc
1724 FMS	—	400	600	900	3,500	—
1734 OM	—	400	600	900	3,500	—
1735 OM	—	400	600	900	3,500	—
1736 OM	—	400	600	900	3,500	—

KM# 171 ZECCHINO
3.5000 g., 0.9860 Gold 0.1109 oz. AGW **Obv:** Crowned arms **Rev:** St. George on horseback slaying dragon

Date	Mintage	VG	F	VF	XF	Unc
1718 FMS Rare	—	—	—	—	—	—
1721 FMS Rare	—	—	—	—	—	—
1722 FMS Rare	—	—	—	—	—	—
1723 FMS Rare	—	—	—	—	—	—

KM# 187 ZECCHINO
3.5000 g., 0.9860 Gold 0.1109 oz. AGW **Obv:** Crowned ornate arms **Rev:** St. John holding staff with banner

Date	Mintage	VG	F	VF	XF	Unc
1724 FMS	—	200	300	600	1,000	—
1727 FMS	—	200	300	600	1,000	—
1729 FMS	—	200	300	600	1,000	—
1730 OM	—	200	300	600	1,000	—
1731 OM	—	200	300	600	1,000	—
1732 OM	—	200	300	600	1,000	—
1733 OM	—	200	300	600	1,000	—
1734 OM	—	200	300	600	1,000	—
1735 OM	—	200	300	600	1,000	—
1736 OM	—	200	300	600	1,000	—
1737 OM	—	200	300	600	1,000	—
1739 OM	—	200	300	600	1,000	—

LIGURIAN REPUBLIC
1798-1805

STANDARD COINAGE

KM# 261 10 SOLDI
3.1000 g., Billon **Obv:** Ornate oval shield, liberty cap above **Obv. Legend:** REPUBLICA LIGURE • ANNO • 1 • **Rev:** Value, date within wreath

Date	Mintage	VG	F	VF	XF	Unc
1798//I	—	15.00	35.00	60.00	125	—
1799//II	—	—	490	1,000	4,000	—

KM# 263 LIRA
4.1600 g., 0.8890 Silver 0.1189 oz. ASW **Obv:** Shield within wreath, value below, liberty cap above **Obv. Legend:** REPUBLICA LIGURE • ANNO • 1 • **Rev:** Conjoined standing figures, liberty cap on pole, date below **Rev. Legend:** LIBERTA EGUAGLIANZA

Date	Mintage	VG	F	VF	XF	Unc
1798//1	—	—	500	1,000	2,500	5,000

KM# 264 2 LIRE
8.3200 g., 0.8890 Silver 0.2378 oz. ASW **Obv:** Shield within wreath, value below, liberty cap above **Obv. Legend:**

REPUBLICA • LIGURE • ANNO • 1 • **Rev:** Conjoined standing figures, liberty cap on pole, date below **Rev. Legend:** LIBERTA ' EGUAGLIANZA

Date	Mintage	VG	F	VF	XF	Unc
1798	—	—	600	1,200	3,500	7,000

KM# 265 4 LIRE

16.6400 g., 0.8890 Silver 0.4756 oz. ASW **Obv:** Shield within wreath, liberty cap above, value below **Obv. Legend:** REPUBLICA • LIGURE • ANNO • 1 • **Rev:** Conjoined standing figures, liberty cap on pole, date below **Rev. Legend:** LIBERTA ' EGUAGLIANZA

Date	Mintage	VG	F	VF	XF	Unc
1798//I	—	—	500	1,000	3,000	6,000
1799//III	—	—	500	1,000	3,000	6,000

KM# 266.1 8 LIRE

33.2700 g., 0.8890 Silver 0.9509 oz. ASW **Obv:** Shield within wreath, liberty cap above, value below **Obv. Legend:** REPUBLICA • LIGURE • ANNO • 1 • **Rev:** Conjoined standing figures, liberty cap on pole, date below **Rev. Legend:** LIBERTA ' EGUAGLIANZA **Note:** Dav. #1371.

Date	Mintage	VG	F	VF	XF	Unc
1798//I	—	—	650	1,000	3,500	7,000
1799//II	—	—	650	1,000	4,000	7,000

KM# 267 12 LIRE

3.1515 g., 0.9170 Gold 0.0929 oz. AGW **Obv:** Liguria seated **Rev:** Fasces within wreath

Date	Mintage	VG	F	VF	XF	Unc
1798//I	—	1,200	7,000	10,000	15,000	20,000

KM# 268 24 LIRE

6.3030 g., 0.9170 Gold 0.1858 oz. AGW **Obv:** Seated crowned female left, with shield and spear, value below **Obv. Legend:** REPUBLICA LIGURE • ANNO • 1 • **Rev:** Fasces with liberty cap within wreath **Rev. Legend:** NELL'UNIONE LA • FORZA

Date	Mintage	F	VF	XF	Unc	BU
1798//I	—	—	6,000	9,000	12,000	20,000

KM# 269 48 LIRE

12.6070 g., 0.9090 Gold 0.3684 oz. AGW **Obv:** Seated crowned female left, with shield and spear, value below **Obv. Legend:** REPUBLICA LIGURE • AN • VII • **Rev:** Fasces with liberty cap within wreath, date below **Rev. Legend:** NELL'UNIONE LA • FORZA

Date	Mintage	F	VF	XF	Unc	BU
1798//1	—	900	2,000	4,000	8,000	15,000
1798//I	—	1,000	3,000	5,000	9,000	16,000

KM# 270 96 LIRE

25.2140 g., 0.9170 Gold 0.7433 oz. AGW **Obv:** Seated crowned female left, with shield and spear, value below **Obv. Legend:** REPUBLICA • LIGURE • AN • IV **Rev:** Fasces with liberty cap within wreath, date below **Rev. Legend:** NELL 'UNIONE LA FORZA

Date	Mintage	F	VF	XF	Unc	BU
1798//I	—	—	2,000	4,000	9,000	16,000

GORIZIA

Goricia, Gorz

A city in Venetia, passed to Maximilian I of Austria in 1500, and became the holding of Charles, son of Austrian emperor Ferdinand I in 1564.

RULER
Franz II (Austria) 1792-1835

MINT MARKS
A, W - Wien - Vienna
F, H, HA - Hall
G - Graz
G - Nagybanya
H - Gunzburg
K - Kremnitz
O - Oravitza
S - Schmollnitz

MONETARY SYSTEM
20 Soldi = 1 Lira

COUNTY
STANDARD COINAGE

C# 5.2 1/2 SOLDO

1.2000 g., Copper **Ruler:** Leopold II

Date	Mintage	VG	F	VF	XF	Unc
1791	—	6.00	11.50	22.50	45.00	—

C# 7 1/2 SOLDO

1.2000 g., Copper **Ruler:** Franz II **Obv:** Crowned arms **Rev:** Value, date within cartouche

Date	Mintage	VG	F	VF	XF	Unc
1792	—	2.50	4.50	12.00	30.00	—
1793	—	2.50	4.50	12.00	30.00	—
1794	—	2.50	4.50	12.00	30.00	—
1799 Rare	—	—	—	—	—	—

C# 2 SOLDO

2.8000 g., Copper, 26.5 mm. **Ruler:** Maria Theresa **Obv:** Crowned arms **Rev:** Value, date within cartouche **Edge:** Plain

Date	Mintage	VG	F	VF	XF	Unc
1733	—	3.00	6.50	15.00	30.00	—
1734	—	3.00	6.50	15.00	30.00	—
1741	—	3.00	6.50	15.00	30.00	—
1742	—	3.00	6.50	15.00	30.00	—
1743	—	3.00	6.50	15.00	30.00	—
1744	—	3.00	6.50	15.00	30.00	—
1745	—	3.00	6.50	15.00	30.00	—
1747	—	3.00	6.50	15.00	30.00	—
1760	—	3.00	6.50	15.00	30.00	—
1761	—	3.00	6.50	15.00	30.00	—
1762	—	3.00	6.50	15.00	30.00	—
1763	—	3.00	6.50	15.00	30.00	—
1764	—	3.00	6.50	15.00	30.00	—
1765	—	3.00	6.50	15.00	30.00	—
1766	—	3.00	6.50	15.00	30.00	—
1767	—	3.00	6.50	15.00	30.00	—
1768	—	2.00	4.00	8.00	20.00	—
1769	—	2.00	4.00	8.00	20.00	—
1770	—	3.00	6.50	15.00	30.00	—

C# 1 1/2 SOLDO

Copper **Ruler:** Maria Theresa **Obv:** Crowned arms **Rev:** Value and date in cartouche

Date	Mintage	VG	F	VF	XF	Unc
1733	—	2.00	4.00	10.00	20.00	—
1741	—	2.00	3.00	9.00	18.00	—
1743	—	2.00	4.00	10.00	20.00	—
1744	—	2.00	4.00	10.00	20.00	—
1747	—	2.00	4.00	10.00	20.00	—
1761G	—	2.00	4.00	10.00	20.00	—
1762G	—	2.00	3.00	9.00	18.00	—

C# 1.1 1/2 SOLDO

1.2000 g., Copper **Ruler:** Maria Theresa **Note:** Without mint mark.

Date	Mintage	VG	F	VF	XF	Unc
1763	—	2.00	3.00	9.00	18.00	—
1764	—	2.00	3.00	9.00	18.00	—
1766	—	2.00	4.00	10.00	20.00	—
1767	—	2.00	4.00	10.00	20.00	—
1768	—	2.00	3.00	9.00	18.00	—

C# 3 1/2 SOLDO

1.2000 g., Copper **Ruler:** Joseph II **Obv:** Crowned arms **Rev:** Value and date in cartouche

Date	Mintage	VG	F	VF	XF	Unc
1783	—	2.00	3.00	8.00	16.00	—
1785	—	2.00	3.00	8.00	16.00	—
1788	—	2.00	3.00	8.00	16.00	—
1789	—	2.00	3.00	8.00	16.00	—
1790	—	2.00	3.00	8.00	16.00	—
1793	—	2.00	3.00	8.00	16.00	—

C# 3.1 1/2 SOLDO

1.2000 g., Copper **Ruler:** Joseph II

Date	Mintage	VG	F	VF	XF	Unc
1783	—	3.00	5.00	10.00	20.00	—

C# 3.2 1/2 SOLDO

1.2000 g., Copper **Ruler:** Joseph II

Date	Mintage	VG	F	VF	XF	Unc
1788	—	3.00	5.00	10.00	20.00	—
1789	—	3.00	5.00	10.00	20.00	—

C# 5.1 1/2 SOLDO

1.2000 g., Copper **Ruler:** Leopold II

Date	Mintage	VG	F	VF	XF	Unc
1791	—	4.00	8.50	17.50	35.00	—

C# 2.3 SOLDO

2.8000 g., Copper **Ruler:** Maria Theresa

Date	Mintage	VG	F	VF	XF	Unc
1748	—	3.00	6.50	15.00	30.00	—
1749	—	3.00	6.50	12.50	25.00	—
1750	—	3.00	6.50	15.00	30.00	—
1753	—	3.00	6.50	12.50	25.00	—
1754	—	3.00	6.50	15.00	30.00	—
1755	—	3.00	6.50	12.50	25.00	—
1757	—	3.00	6.50	15.00	30.00	—
1758	—	3.00	6.50	15.00	30.00	—
1759	—	3.00	6.50	12.50	25.00	—

C# 2.2 SOLDO

2.8000 g., Copper **Ruler:** Maria Theresa **Note:** Without mint mark.

Date	Mintage	VG	F	VF	XF
1760	—	3.00	6.50	15.00	30.00
1763	—	3.00	6.50	15.00	30.00
1764	—	3.00	6.50	25.00	50.00

C# 2.1 SOLDO

2.8000 g., Copper **Ruler:** Maria Theresa **Rev:** Rosette below cartouche

Date	Mintage	VG	F	VF	XF	Unc
1762	—	3.00	6.00	15.00	30.00	—
1763	—	3.00	6.50	15.00	30.00	—
1765	—	3.00	6.50	15.00	30.00	—
1766	—	3.00	6.50	15.00	30.00	—
1767	—	3.00	6.50	15.00	30.00	—
1768	—	3.00	6.50	15.00	30.00	—
1769	—	3.00	6.50	15.00	30.00	—

C# 2.4 SOLDO

2.8000 g., Copper **Ruler:** Maria Theresa

Date	Mintage	VG	F	VF	XF	Unc
1763	—	3.00	6.50	12.50	25.00	—
1764	—	3.00	6.50	12.50	25.00	—
1766	—	3.00	6.50	15.00	30.00	—
1767	—	3.00	6.50	10.00	20.00	—
1768	—	3.00	6.50	15.00	30.00	—

Date	Mintage	VG	F	VF	XF	Unc
1769	—	3.00	6.50	9.00	18.50	—
1770	—	3.00	6.50	10.00	20.00	—

C# 4.1 SOLDO

2.8000 g., Copper **Ruler:** Joseph II **Obv:** Crowned arms **Rev:** Value and date in cartouche

Date	Mintage	VG	F	VF	XF	Unc
1783	—	2.50	5.00	10.00	20.00	—

Note: Varieties exist for 1783-dated coins.

Date	Mintage	VG	F	VF	XF	Unc
1785	—	2.50	5.00	10.00	20.00	—
1786	—	2.50	5.00	10.00	20.00	—
1787	—	3.50	7.00	15.00	30.00	—
1788	—	2.50	5.00	10.00	20.00	—
1789	—	2.50	5.00	10.00	20.00	—
1790	—	2.50	5.00	10.00	20.00	—

C# 4.2 SOLDO

2.8000 g., Copper **Ruler:** Joseph II **Note:** Varieties exist.

Date	Mintage	VG	F	VF	XF	Unc
1788	—	3.00	7.00	12.00	22.00	—

C# 4.3 SOLDO

2.8000 g., Copper **Ruler:** Joseph II

Date	Mintage	VG	F	VF	XF	Unc
1790	—	2.50	5.00	10.00	20.00	—

C# 6.1 SOLDO

2.8000 g., Copper **Ruler:** Leopold II

Date	Mintage	VG	F	VF	XF	Unc
1791 Rare	—	—	—	—	—	—

C# 6.2 SOLDO

2.8000 g., Copper **Ruler:** Leopold II

Date	Mintage	VG	F	VF	XF	Unc
1791	—	6.00	12.50	25.00	50.00	—

C# 9.4 2 SOLDI

5.5000 g., Copper **Ruler:** Franz II

Date	Mintage	VG	F	VF	XF	Unc
1799	—	2.50	5.00	10.00	22.00	—

C# 9.5 2 SOLDI

5.5000 g., Copper **Ruler:** Franz II

Date	Mintage	VG	F	VF	XF	Unc
1799	—	2.50	5.00	10.00	22.00	—

GUASTALLA

Countship, Duchy

Located on the south side of the River Po, some 16 miles (26 kilometers) south-southwest of Mantua, Guastalla was controlled by the Visconti and then the Torelli families during the late Middle Ages. The town and environs were ceded to the Gonzagas of Mantua in 1539, who were then invested as counts by Emperor Carlo V (1519-56). In 1557, the count received the mint right and later was raised to the rank of duke in 1621. At the death of Ferrante III in 1678, the Gonzaga duke of Mantua took possession of Guastalla until it was restored to the branch line of the family in 1692. Upon the death of the last of the line in 1746, Emperor Francesco I transferred Guastalla to the duke of Parma. The duchy was annexed to the Kingdom of Italy during the Napoleonic Era. In 1847, it passed to Modena and became part of modern Italy in 1859.

RULERS

Vincenzo Gonzaga, 1692-1702
Ferdinando Carlo, 2nd time, 1702-1706
Vincenzo, 2nd time, 1706-1714
Antonio Ferdinando Gonzaga, 1714-1729
Giuseppe Maria Gonzaga, 1729-1746

Note that the given name, Ferrante, is rendered as Ferdinando on the coins.

Reference:

Alberto Varesi, *Monete Italiane Regionali:* Emilia. Pavia, 1998.

DUCHY

STANDARD COINAGE

C# 8.1 SOLDO

2.8000 g., Copper **Ruler:** Leopold II **Obv:** Crowned arms **Rev:** Value, date within cartouche

Date	Mintage	VG	F	VF	XF	Unc
1792	—	6.00	12.00	25.00	50.00	—
1793	—	3.50	7.00	15.00	30.00	—
1794	—	3.50	7.00	15.00	30.00	—
1795	—	3.50	7.00	15.00	30.00	—
1796	—	3.50	7.00	15.00	30.00	—
1797	—	3.00	6.00	12.00	25.00	—
1798	—	3.00	6.00	12.00	25.00	—
1799	—	3.00	6.00	12.00	25.00	—
1800	—	4.00	8.00	16.50	35.00	—

C# 8.2 SOLDO

2.8000 g., Copper **Ruler:** Leopold II

Date	Mintage	VG	F	VF	XF	Unc
1794	—	—	—	—	—	—

C# 8.3 SOLDO

2.8000 g., Copper **Ruler:** Franz II

Date	Mintage	VG	F	VF	XF	Unc
1796	—	—	—	—	—	—

C# 8.4 SOLDO

2.8000 g., Copper **Ruler:** Franz II

Date	Mintage	VG	F	VF	XF	Unc
1798	—	3.00	6.00	12.00	25.00	—
1799	—	3.00	6.00	12.00	25.00	—

Note: Varieties exist for 1799-dated coins

Date	Mintage	VG	F	VF	XF	Unc
1800	—	3.00	6.00	12.00	25.00	—

C# 9.1 2 SOLDI

5.5000 g., Copper **Ruler:** Franz II **Obv:** Crowned arms **Rev:** Value, date within cartouche **Note:** Without mint mark.

Date	Mintage	VG	F	VF	XF	Unc
1799 Rare	—	—	—	—	—	—

C# 9.2 2 SOLDI

5.5000 g., Copper **Ruler:** Franz II **Obv:** Crowned arms **Rev:** Value, date

Date	Mintage	VG	F	VF	XF	Unc
1799	—	3.00	6.00	12.00	27.50	—

C# 9.3 2 SOLDI

5.5000 g., Copper **Ruler:** Franz II

Date	Mintage	VG	F	VF	XF	Unc
1799	—	10.00	20.00	35.00	65.00	—

KM# 86 5 SOLDI

Billon Weight varies: 0.97-1.88g., 18-19 mm. **Ruler:** Giuseppe Maria Gonzaga **Obv:** Crowned shield of 4-fold arms with central shield **Obv. Legend:** IOS. MA. G. GVA. SAB. DVX. P. BOZ. **Rev:** Standing figure of crowned St. Catherine hold wheel and palm frond, value 'V' in exergue **Rev. Legend:** S. CATARINA. PROTECTRIX. **Note:** Varesi 428.

Date	Mintage	Good	VG	F	VF	XF
ND(1729-46)	—	—	15.00	32.00	70.00	110

KM# 88 10 SOLDI (Cavallotto)

Silver Weight varies: 2.05-2.60g., 22 mm. **Ruler:** Giuseppe Maria Gonzaga **Obv:** Crowned shield of 4-fold arms with central shield in baroque frame **Obv. Legend:** IOS. MA. GVA. SAB. DVX. P. BO. **Rev:** Horse rearing to left, value 'X' in exergue **Rev. Legend:** IVSTITIÆ. FRÆNO. **Note:** Varesi 427.

Date	Mintage	Good	VG	F	VF	XF
ND(1729-46)	—	—	25.00	45.00	85.00	140

KM# 90 LIRA (20 Soldi)

Silver Weight varies: 2.78-3.68g., 23 mm. **Ruler:** Giuseppe Maria Gonzaga **Obv:** Crowned oval shield of 4-fold arms with central shield in baroque frame **Obv. Legend:** IOS. MA. GVA. SAB. DVX. P. BO. **Rev:** Crowned facing figure of St. Mary in robe, value 'XX' in exergue **Rev. Legend:** IN. PRETIO. - PRETIVM. **Note:** Varesi 426.

Date	Mintage	Good	VG	F	VF	XF
ND(1729-46)	—	—	200	385	1,000	1,650

KM# 92 SCUDO

Silver Weight varies: 19.69-20.60g., 39 mm. **Ruler:** Giuseppe Maria Gonzaga **Obv:** Armored bust to right **Obv. Legend:** IOS. MA. GON. GVAS. SAB. DVX. BOZ. PRIN. &c. **Rev:** Full-length figure of Ferrante I trampling satyr and stabbing it with lance, date in exergue **Rev. Legend:** IMMORTALE. DECVS. VIRTVTIS. AVITÆ. **Edge Lettering:** PETITVS. HONOR. VNQE. COMENDAT. **Note:** Dav. 1372; Varesi 425.

Date	Mintage	VG	F	VF	XF	Unc
1732 Rare	—	—	—	—	—	—

LIVORNO

Livorno (Leghorn), a city on the Tyrrhenian Sea in western Tuscany, had a mint at which the Medici dukes struck coins with the mark LIBVRNI.

RULERS

Cosimo III Medici, 1670-1723
Giovanni Gastone Medici, 1723-1737

CITY

STANDARD COINAGE

KM# 15.3 PEZZA DELLA ROSA

Silver **Ruler:** Cosimo III **Obv:** Crowned arms of Medici break legend **Obv. Legend:** COSMVS • III • D • G • M • DVX • ETRVRIAE • **Rev:** Rosebush **Rev. Legend:** GRATIA... **Note:** Dav. #1499.

Date	Mintage	VG	F	VF	XF	Unc
1701	—	125	250	400	650	—
1703	—	100	200	350	600	—
1703/1	—	125	250	400	650	—
1706	—	125	250	400	650	—

KM# 15.4 PEZZA DELLA ROSA

Silver **Ruler:** Cosimo III **Obv:** Higher, narrower crown **Obv. Legend:** COSMVS • IIID • G • M • DVX• ETRVRIAE • **Rev:** Rosebush **Rev. Legend:** GRATIA... **Note:** Dav. #1501.

Date	Mintage	VG	F	VF	XF	Unc
1706	—	100	225	375	650	—
1707	—	100	200	350	600	—
1713	—	100	200	350	600	—
1716	—	100	200	350	600	—
1718	—	100	200	350	600	—

KM# 46 PEZZA DELLA ROSA

Silver **Ruler:** Giovanni Gastone **Obv:** Crowned arms of Medici, IOAN **Note:** Dav. #1503.

Date	Mintage	VG	F	VF	XF	Unc
1726	—	175	350	700	1,200	—

ITALIAN STATES — LIVORNO

Obv. Legend: IOAN • GASTO • I • D • G • MAG • DVX • ETRVR • VII • **Rev:** Fortress (at Livorno) below crown **Rev. Legend:** ET PATET ET FAVET **Note:** Dav. #1502.

Date	Mintage	VG	F	VF	XF	Unc
1723	—	250	500	900	1,500	—
1724	—	250	500	900	1,500	—
1725	—	250	500	900	1,500	—
1726	—	250	500	900	1,500	—

KM# 41 1/2 PEZZA D'ORO
3.4000 g., Gold **Ruler:** Cosimo III **Obv:** Crowned arms of Medici **Rev:** Rosebush

Date	Mintage	VG	F	VF	XF	Unc
1718	—	1,200	2,000	4,000	10,000	—
1720	—	900	1,600	3,250	7,000	—

KM# 16.5 TOLLERO
27.0000 g., Silver **Ruler:** Cosimo III **Obv:** Crowned armored bust, right **Obv. Legend:** COSMVS • III • D • G • MAG • DVX • ETRVRIÆ • VI • **Rev:** Port of Livorno within roped circle **Rev. Legend:** ET PATET ET FAVET **Note:** Dav. #1498.

Date	Mintage	VG	F	VF	XF	Unc
1701	—	85.00	175	300	500	—
1702	—	85.00	175	300	500	—
1703	—	85.00	175	300	500	—
1704	—	85.00	175	300	500	—

KM# 40 PEZZA D'ORO
6.9000 g., Gold **Ruler:** Cosimo III **Obv:** Crowned arms of Medici **Obv. Legend:** COSMVS • III • D • G • M • DVX.... **Rev:** Rosebush **Rev. Legend:** GRATIA • OBVIA • VLTIO.... **Note:** Fr. #466.

Date	Mintage	VG	F	VF	XF	Unc
1717	—	750	1,500	3,000	6,000	—
1718	—	750	1,500	3,000	6,000	—
1721	—	750	1,500	3,000	6,000	—

KM# 42 2 PEZZA D'ORO
13.5000 g., Gold **Ruler:** Cosimo III **Obv:** Crowned arms of Medici **Rev:** Rosebush

Date	Mintage	VG	F	VF	XF	Unc
1718 Rare	—	—	—	—	—	—

LUCCA

Luca, Lucensis
Lucca and Piombino

A town in Tuscany and the residence of a marquis, was nominally a fief but managed to maintain a *de facto* independence until awarded by Napoleon to his sister Elisa in 1805. In 1814 it was occupied by the Neapolitans, from 1817 to 1847 it was a duchy of the queen of Etruria, after which it became a division of Tuscany.

Republic, 1369-1799

MONETARY SYSTEM
2 Quattrini = 1 Duetto
3 Quattrini = 1 Soldo
12 Soldi = 6 Bolognini = 2 Grossi = 1 Barbone
25 Soldi = 1 Santa Croce
2 Scudi D'oro = 1 Doppia

REPUBLIC

STANDARD COINAGE

KM# 52 1/2 SOLDO
1.6500 g., Copper **Obv:** Crowned city arms **Rev:** Value and date in cartouche

Date	Mintage	VG	F	VF	XF	Unc
1733	—	3.00	6.00	15.00	25.00	—
1734	—	3.00	6.00	15.00	25.00	—
1736	—	3.00	6.00	15.00	25.00	—
1738	—	3.00	6.00	15.00	25.00	—
1790	—	3.00	6.00	15.00	25.00	—

KM# 35 TOLLERO
27.0000 g., Silver **Ruler:** Cosimo III **Obv:** Uncrowned bust right **Obv. Legend:** COSMVS • III • D • G • MAG • DVX • ETRVRIÆ • VI • **Rev:** Fortress (at Livorno) below crown **Rev. Legend:** ET PATET ET FAVET **Note:** Dav. #1500.

Date	Mintage	VG	F	VF	XF	Unc
1707	—	100	200	350	600	—
1708	—	100	200	350	600	—
1710	—	100	200	350	600	—
1711	—	100	200	350	600	—
1712	—	125	300	800	1,400	—
1717	—	100	200	350	600	—
1720	—	100	200	350	600	—
1722	—	100	200	350	600	—
1723	—	100	200	350	600	—

KM# 52.2 1/2 SOLDO
Copper **Obv:** Crowned arms to left of rampant spotted leopard, date below **Note:** The date range for this coin is 1733-1790. Varieties exist.

Date	Mintage	VG	F	VF	XF	Unc
1735	—	3.00	6.00	15.00	25.00	—

KM# 42 PANTERINO
Copper **Obv:** Oval republic arms **Rev:** City arms **Note:** Weight varies: 0.60-1.00 grams.

Date	Mintage	VG	F	VF	XF	Unc
1715	—	8.00	16.00	30.00	50.00	—
1716	—	8.00	16.00	30.00	50.00	—
1718	—	8.00	16.00	30.00	50.00	—

KM# 30 GROSSETTO
Billon **Obv:** Arms in cartouche **Obv. Legend:** OTTO **Rev:** St. Peter **Note:** Weight varies: 0.80-1.52 grams.

Date	Mintage	VG	F	VF	XF	Unc
1705	—	11.00	18.00	33.00	60.00	—

KM# 45 TOLLERO
27.0000 g., Silver **Ruler:** Giovanni Gastone **Obv:** Bust right

KM# 40 DUETTO (2 Quattrino)
1.5000 g., Billon **Obv:** LVCA cruciform around center rosette, date at bottom **Obv. Legend:** CARLO.L.O.D.I.D. ... **Rev:** St. Peter standing

Date	Mintage	VG	F	VF	XF	Unc
1754	—	11.00	18.00	30.00	55.00	—
1757	—	11.00	18.00	30.00	55.00	—

KM# 63 DUETTO (2 Quattrino)
1.5000 g., Billon **Countermark:** City arms held by panther

Date	Mintage	VG	F	VF	XF	Unc
1754	—	7.00	12.00	20.00	35.00	—

KM# 67 DUETTO (2 Quattrino)
1.5000 g., Billon **Rev:** St. Peter walking right **Note:** C#2a.

Date	Mintage	VG	F	VF	XF	Unc
1757	—	7.00	12.00	20.00	35.00	—
1758	—	7.00	12.00	20.00	35.00	—
1760	—	7.00	12.00	20.00	35.00	—
1789	—	7.00	12.00	20.00	35.00	—
1790	—	7.00	12.00	20.00	35.00	—

KM# 64 SOLDO
Billon **Obv:** Crowned republic arms **Rev:** Facing figure of St. Paul with mitre and crozier

Date	Mintage	VG	F	VF	XF	Unc
1754	—	7.00	12.00	22.00	38.00	—
1755	—	7.00	12.00	22.00	38.00	—
1756	—	7.00	12.00	22.00	38.00	—
1757	—	7.00	12.00	22.00	38.00	—
1758	—	7.00	12.00	22.00	38.00	—

KM# 65 SOLDO
Billon **Rev:** City arms held by panther

Date	Mintage	VG	F	VF	XF	Unc
1754	—	7.00	12.00	22.00	38.00	—
1755	—	7.00	12.00	22.00	38.00	—
1758	—	7.00	12.00	22.00	38.00	—

KM# 47 MEZZO (1/2) GROSSO
Billon **Obv:** Crowned arms of the republic **Rev:** Crowned arms of the city, date below

Date	Mintage	VG	F	VF	XF	Unc
1717	—	40.00	80.00	150	—	—
1768	—	22.50	50.00	75.00	100	—

KM# 51 GROSSO
1.5700 g., 0.7010 Silver 0.0354 oz. ASW **Obv:** Crowned arms **Obv. Legend:** RES • PUB... **Rev:** Crowned St. Vultus **Rev. Legend:** VULTUS.

Date	Mintage	VG	F	VF	XF	Unc
1732	—	10.00	20.00	60.00	100	—
1733	—	10.00	20.00	60.00	100	—
1735	—	10.00	20.00	60.00	100	—
1766	—	10.00	20.00	60.00	100	—

KM# 34 BARBONE (Grosso - 12 Soldi)
Silver **Obv:** Crowned arms with supporters **Rev:** Justice seated **Note:** Weight varies: 2.94-3.11 grams.

Date	Mintage	VG	F	VF	XF	Unc
1716	—	37.50	75.00	180	300	—
1717	—	37.50	75.00	180	300	—
1718	—	37.50	75.00	180	300	—
1719	—	37.50	75.00	180	300	—
1725	—	37.50	75.00	180	300	—

KM# 45 BARBONE (Grosso of 3)
1.2600 g., Silver **Obv:** L-V-C-A in Latin characters **Rev:** Bust of St. Vultus

Date	Mintage	VG	F	VF	XF	Unc
1715	—	15.00	30.00	90.00	150	—
1716	—	15.00	30.00	90.00	150	—
1721	—	15.00	30.00	90.00	150	—
1725	—	15.00	30.00	90.00	150	—

KM# 46 BARBONE (Grosso of 6)
3.0000 g., Silver **Obv:** L-V-C-A in Gothic script

Date	Mintage	VG	F	VF	XF	Unc
1715	—	25.00	50.00	120	200	—
1717	—	25.00	50.00	120	200	—
1718	—	25.00	50.00	120	200	—
1721	—	25.00	50.00	120	200	—

Date	Mintage	VG	F	VF	XF	Unc
1725	—	25.00	50.00	120	200	—
1726	—	25.00	50.00	120	200	—

KM# 50.1 BARBONE (2 Grossi)

2.7500 g., 0.7430 Silver 0.0657 oz. ASW **Obv:** Crowned republic arms **Obv. Legend:** Ends with ... LVCENS **Rev:** Seated figure of Justice

Date	Mintage	VG	F	VF	XF	Unc
1731	—	20.00	40.00	90.00	150	—
1732	—	20.00	40.00	90.00	150	—
1733	—	20.00	40.00	90.00	150	—
1736	—	20.00	40.00	90.00	150	—
1737	—	20.00	40.00	90.00	150	—
1751	—	20.00	40.00	90.00	150	—
1757	—	20.00	40.00	90.00	150	—

KM# 61 BARBONE (2 Grossi)

2.7500 g., 0.7430 Silver 0.0657 oz. ASW **Obv:** Crowned city arms **Rev:** Bust of St. Vultus

Date	Mintage	VG	F	VF	XF	Unc
1751	—	20.00	40.00	90.00	150	—

KM# 50.2 BARBONE (2 Grossi)

2.7500 g., 0.7430 Silver 0.0657 oz. ASW **Obv. Legend:** Ends with ... LVCENSI

Date	Mintage	VG	F	VF	XF	Unc
1757	—	20.00	40.00	90.00	150	—

KM# 48 BOLOGNINO (2 Soldi)

Billon **Obv:** City arms held by panther, branch at left has 9 leaves, date below **Rev:** Facing figure of St. Peter holding keys

Date	Mintage	VG	F	VF	XF	Unc
1717	—	—	—	—	—	—
1790	—	15.00	30.00	45.00	65.00	—

KM# 16 SANTACROCE (25 Soldi)

8.6400 g., 0.8950 Silver 0.2486 oz. ASW **Obv:** Crowned republic arms, date below **Obv. Legend:** LUCENSIS • RESPUBLICA **Rev:** St. Vultus on cross **Rev. Legend:** ...VULTUS •

Date	Mintage	VG	F	VF	XF	Unc
1734	—	60.00	120	225	375	—
1735	—	60.00	120	225	375	—
1742	—	60.00	120	225	375	—
1748	—	60.00	120	225	375	—
1756	—	60.00	120	225	375	—

KM# 53 SCUDO

26.5200 g., 0.9160 Silver 0.7810 oz. ASW **Obv:** Crowned ornamental republic arms in branches, date below **Obv. Legend:** LUCENSIS RESPUBLICA **Rev:** Standing figure beside equestrian **Rev. Legend:** SANCTUS... **Note:** Varieties exist. Dav. #1373.

Date	Mintage	VG	F	VF	XF	Unc
1735	—	40.00	60.00	80.00	150	—
1737	—	40.00	60.00	80.00	150	—
1741	—	40.00	60.00	80.00	150	—
1742	—	40.00	60.00	80.00	150	—
1743	—	45.00	70.00	120	240	—
1744	—	40.00	60.00	80.00	150	—
1747	—	40.00	60.00	80.00	150	—
1749	—	40.00	60.00	80.00	150	—
1750	—	40.00	60.00	80.00	150	—

KM# 60 SCUDO

26.5200 g., 0.9160 Silver 0.7810 oz. ASW **Obv:** Different shield with garlands at sides **Obv. Legend:** LUCENSIS RESPUBLICA **Rev:** Standing figure beside equestrian **Rev. Legend:** SANCTU... **Note:** Dav. #1374.

Date	Mintage	VG	F	VF	XF	Unc
1750	—	35.00	50.00	80.00	150	—
1751	—	35.00	50.00	80.00	150	—
1752	—	35.00	50.00	80.00	150	—
1754	—	35.00	50.00	80.00	150	—

KM# 56 1/2 DOPPIA

3.5000 g., 0.9860 Gold 0.1109 oz. AGW **Obv:** Republic arms within circle **Rev:** Crowned bust facing, date below

Date	Mintage	VG	F	VF	XF	Unc
1749	—	300	500	900	2,150	—
1750	—	500	1,000	2,000	4,000	—

KM# 57.1 DOPPIA

7.0000 g., 0.9860 Gold 0.2219 oz. AGW **Obv:** Crowned republic arms **Obv. Legend:** LUCENSIS RESPUBLICA **Rev:** St. Vultus, facing **Rev. Legend:** VULTVS SANCTVS

Date	Mintage	VG	F	VF	XF	Unc
1749	—	200	450	850	2,000	4,500

KM# 57.2 DOPPIA

7.0000 g., 0.9860 Gold 0.2219 oz. AGW **Obv:** Modified crowned arms **Obv. Legend:** LUCENSIS RESPUBLICA **Rev:** Portrait altered **Rev. Legend:** VULTVS SANCTVS

Date	Mintage	VG	F	VF	XF	Unc
1750	—	200	450	850	2,000	—

KM# 68 DOPPIA

7.0000 g., 0.9860 Gold 0.2219 oz. AGW **Obv:** Crowned ornamental republic arms **Rev:** St. Paul seated facing left

Date	Mintage	VG	F	VF	XF	Unc
1758	—	1,250	2,500	5,000	9,000	—

KM# 55 2 DOPPIE

14.0000 g., 0.9860 Gold 0.4438 oz. AGW **Obv:** Crowned republic arms **Rev:** Facing bust of St. Vultus

Date	Mintage	VG	F	VF	XF	Unc
1748	—	600	1,250	3,500	6,500	—

KM# 62 SCUDO

26.5200 g., 0.9160 Silver 0.7810 oz. ASW **Obv:** Crowned republic arms with supporters **Obv. Legend:** LUCENSIS RESPUBLICA **Rev:** Standing figure beside equestrian **Rev. Legend:** SANCT... **Note:** Dav. #1375.

Date	Mintage	VG	F	VF	XF	Unc
1753	—	40.00	60.00	100	200	—

KM# 66 SCUDO

26.5200 g., 0.9160 Silver 0.7810 oz. ASW **Obv:** Crowned republic arms with supporters **Obv. Legend:** LUCENSIS RESPUBLICA **Rev:** Standing figure beside equestrian **Rev. Legend:** SANCT... **Note:** Dav. #1376.

Date	Mintage	VG	F	VF	XF	Unc
1754	—	35.00	50.00	75.00	150	—
1755	—	35.00	50.00	75.00	150	—
1756	—	35.00	50.00	75.00	150	—

MANTUA

Mantova

A city of Lombardy, was taken by the Lombards in 568 and became a fief of the princely Italian Gonzaga family in 1328. It was stormed and sacked by the Austrians in 1630. Besieged by Napoleon in June 1796, it held until February of 1797. After forming part of the Cisalpine and Italian Republics it fell again to Austria in 1799. It was restored to the French in 1801, but reverted to Austria again as part of the Kingdom of Lombardy-Venetia, 1814-1866.

RULERS
Ferdinando Carlo Gonzaga Nevers, 1665-1707
    w/Maria Isabella as regent, 1665-1707
Austrian, 1708-1797
Charles VI, Emperor of Austria, 1711-1740
Maria Teresa, 1740-1780
Cisalpine Republic, 1797-1802

MONETARY SYSTEM
6 Denari = 1 Sesino
2 Sesini = 1 Soldo
20 Soldi = 1 Lira
12 Lire = 1 Tallero

MINT
Mantua

MINTMASTERS' INITIALS
CT - Carol Torre
GM, GMF - Gaspare Molo

DUCHY

Gonzaga Family

STANDARD COINAGE

KM# 436 20 SOLDI

Silver **Ruler:** Ferdinando **Obv:** Bust of Ferdinand Carol right **Rev:** War trophies **Note:** Weight varies: 1.59-1.63 grams.

Date	Mintage	VG	F	VF	XF	Unc
1701	—	15.00	30.00	50.00	90.00	—
1702	—	15.00	30.00	50.00	90.00	—

AUSTRIAN ADMINISTRATION

STANDARD COINAGE

KM# 438 40 SOLDI (2 Lire)

Silver **Ruler:** Ferdinando **Obv:** Bust right **Obv. Legend:** FERD • CAR • D • G • DVX • MANT • M • **Rev:** War trophies **Rev. Legend:** CONVENIENTIA CVIQVE **Note:** Weight varies: 3.07-3.40 grams.

Date	Mintage	VG	F	VF	XF	Unc
1701	—	25.00	50.00	90.00	200	—
1702	—	25.00	50.00	90.00	200	—
1703	—	25.00	50.00	90.00	200	—
1704	—	25.00	50.00	90.00	200	—
1706	—	25.00	50.00	90.00	200	—

KM# 439 80 SOLDI (1/2 Ducatone)

Silver **Ruler:** Ferdinando **Obv:** Bust right **Obv. Legend:** FERD • CAR • D • G • DVX • MANT • M • **Rev:** War trophies **Rev. Legend:** CONVENIENTIA CVIQVE **Note:** Weight varies: 6.16-6.60 grams.

Date	Mintage	VG	F	VF	XF	Unc
1701	—	35.00	70.00	120	275	—
1702	—	35.00	70.00	120	275	—
1706	—	35.00	70.00	120	275	—

KM# 440 1/2 SCUDO (60 Soldi = 1/2 Tallero)

Silver **Ruler:** Ferdinando **Obv:** Bust of Ferdinand Carol right **Rev:** War trophies **Note:** Weight varies: 12.60-12.80 grams.

Date	Mintage	VG	F	VF	XF	Unc
1701	—	75.00	150	300	750	—
1702	—	75.00	150	300	750	—

KM# 442 SCUDO

Silver **Obv:** Bust right **Obv. Legend:** FERD • CARD • G • DVX • ... **Rev:** War trophies **Rev. Legend:** CONVENIENTIA CVIQVE **Note:** Weight varies: 24.98-25.85 grams. Dav. #1377.

Date	Mintage	VG	F	VF	XF	Unc
1703	—	125	225	475	1,200	—
1706	—	125	225	475	1,200	—
1706 FER. D. Error	—	125	225	475	1,200	—
1707	—	125	225	475	1,200	—

KM# 481 2 TALLERO (12 Lire)

Silver **Obv:** Bust right **Obv. Legend:** CAROL: VI: D: G:... **Rev:** Crowned double eagle with Latin cross for Mantua on breast **Note:** Dav. #1378A.

Date	Mintage	VG	F	VF	XF	Unc
1736 Rare	—	—	—	—	—	—

KM# 467 SESINO (1/6 Soldi)

0.9500 g., Copper **Obv:** Value: SESINO/DI•MAN•/TOVA in cartouche **Rev:** Crowned cross in branches, date below

Date	Mintage	VG	F	VF	XF	Unc
1732	—	2.50	6.00	20.00	40.00	—
1733	—	2.50	6.00	20.00	40.00	—
1736	—	2.50	6.00	20.00	40.00	—
1738	—	2.50	6.00	20.00	40.00	—
ND	—	2.50	6.00	20.00	40.00	—

KM# 490 SESINO (1/6 Soldi)

0.9500 g., Copper **Obv:** Value in cartouche **Rev:** Crowned cross in cartouche over date

Date	Mintage	VG	F	VF	XF	Unc
1750	—	3.50	9.00	20.00	50.00	—
1754	—	3.50	9.00	20.00	50.00	—
1755	—	3.50	9.00	20.00	50.00	—
1756	—	3.50	9.00	20.00	50.00	—
1757	—	3.50	9.00	20.00	50.00	—
1758	—	3.50	9.00	20.00	50.00	—

KM# 461 1/2 SOLDO

1.6000 g., Copper **Obv:** Crowned shield **Obv. Legend:** FRAN • II • D • G • ... **Rev:** Value, date

Date	Mintage	VG	F	VF	XF	Unc
1793	—	20.00	45.00	90.00	200	—

KM# 463 SOLDO

2.0000 g., Copper **Obv:** Radiant sun face **Obv. Legend:** CAR • IMP • DVX • ... **Rev:** Value, inscription

Date	Mintage	VG	F	VF	XF	Unc
1731	—	3.50	8.50	20.00	50.00	—
1732	—	3.50	8.50	20.00	50.00	—
1734	—	3.50	8.50	20.00	50.00	—
1736	—	3.50	8.50	20.00	50.00	—
ND Rare	—	—	—	—	—	—

KM# 492 SOLDO

2.0000 g., Copper **Obv:** Radiant sun face **Rev:** Value

Date	Mintage	VG	F	VF	XF	Unc
1750	—	4.50	12.00	28.00	60.00	100
1754	—	4.50	12.00	28.00	60.00	100
1755	—	4.50	12.00	28.00	60.00	100
1756	—	4.50	12.00	28.00	60.00	100
1757	—	4.50	12.00	28.00	60.00	100
1758	—	4.50	12.00	28.00	60.00	100

KM# 469 SOLDONE (2 Soldi)

4.9000 g., Copper **Obv:** Crowned ornate arms **Obv. Legend:** CAR • VI • ROM • ... **Rev:** Value, date within ornate design

Date	Mintage	VG	F	VF	XF	Unc
1732	—	9.00	20.00	45.00	110	—

KM# 471 SOLDONE (2 Soldi)

4.9000 g., Copper **Obv:** Legend begins at lower left

Date	Mintage	VG	F	VF	XF	Unc
1732	—	9.00	20.00	45.00	110	—

KM# 473 SOLDONE (2 Soldi)

4.9000 g., Copper **Rev:** Value: SLODONE (error)

Date	Mintage	VG	F	VF	XF	Unc
1732	—	12.00	25.00	60.00	145	—

KM# 494 SOLDONE (2 Soldi)

5.0000 g., Copper **Obv:** Crowned Austrian arms in cartouche **Rev:** Value and date in cartouche

Date	Mintage	VG	F	VF	XF	Unc
1750	—	10.00	22.00	50.00	120	150

Date	Mintage	VG	F	VF	XF	Unc
1754	—	10.00	22.00	50.00	120	150
1755	—	10.00	22.00	50.00	120	150
1757	—	10.00	22.00	50.00	120	150
1758	—	10.00	22.00	50.00	120	150

KM# 475 5 SOLDI

0.3500 g., Billon **Obv:** Bust of Charles VI right, date below **Rev:** Crowned imperial eagle, value divided below

Date	Mintage	VG	F	VF	XF	Unc
1732	—	15.00	37.50	100	250	—
1733	—	15.00	37.50	100	250	—
1736	—	15.00	37.50	100	250	—

KM# 496 5 SOLDI

1.1500 g., Billon **Obv:** Bust of Maria Theresa right, value below S.5. **Rev:** Arms on breast of crowned imperial eagle, date below

Date	Mintage	VG	F	VF	XF	Unc
1750	—	10.00	25.00	60.00	150	—
1754	—	10.00	25.00	60.00	150	—
1755	—	10.00	25.00	60.00	150	—

KM# 500 5 SOLDI

2.2500 g., Billon **Obv:** Value: S.V.

Date	Mintage	VG	F	VF	XF	Unc
1756	—	12.00	28.00	65.00	170	—
1757	—	10.00	25.00	60.00	150	—

KM# 477 10 SOLDI

2.0000 g., Billon **Obv:** Bust of Charles VI right, value below **Rev:** Crowned imperial eagle, date in legend

Date	Mintage	VG	F	VF	XF	Unc
1732	—	25.00	60.00	140	275	—
1733	—	25.00	60.00	140	275	—
1734	—	25.00	60.00	140	275	—
1735	—	25.00	60.00	140	275	—
1736	—	25.00	60.00	140	275	—

KM# 498 10 SOLDI

2.0000 g., Billon **Obv:** Bust of Maria Theresa right, value below S. 10. **Rev:** Arms on breast of crowned imperial eagle, date below

Date	Mintage	VG	F	VF	XF	Unc
1750	—	20.00	50.00	110	220	—
1754	—	20.00	50.00	110	220	—
1755	—	20.00	50.00	110	220	—
1756	—	20.00	50.00	110	220	—

KM# 502 10 SOLDI

2.0000 g., Billon **Obv:** Value: S.X.

Date	Mintage	VG	F	VF	XF	Unc
1757	—	25.00	60.00	140	275	—

KM# 450 20 SOLDI

4.0000 g., Billon **Obv:** Bust of Charles VI right, value below **Rev:** Crowned imperial eagle, date in legend

Date	Mintage	VG	F	VF	XF	Unc
1714	—	20.00	45.00	100	200	—
1732	—	20.00	45.00	100	200	—
1733	—	20.00	45.00	100	200	—
1734	—	20.00	45.00	100	200	—
1735	—	20.00	45.00	100	200	—
1736	—	20.00	45.00	100	200	—

KM# 485 20 SOLDI

6.0000 g., Billon **Obv:** Bust of Maria Theresa right, value below S. 20., legend begins at upper right **Rev:** Arms on breast of crowned imperial eagle, date below, legend begins at upper right

Date	Mintage	VG	F	VF	XF	Unc
1750	—	25.00	50.00	120	300	—
1754	—	25.00	50.00	120	300	—

KM# 487 20 SOLDI

4.0000 g., Billon **Rev:** Legend begins at lower left

Date	Mintage	VG	F	VF	XF	Unc
1754	—	35.00	75.00	160	350	—

KM# 489 20 SOLDI

4.0000 g., Billon **Obv:** Bust right, value S. XX. below **Rev:** Crowned double-headed eagle

Date	Mintage	VG	F	VF	XF	Unc
1755	—	22.00	45.00	100	280	—
1756	—	22.00	45.00	100	280	—
1757	—	22.00	45.00	100	280	—

KM# 504 40 SOLDI

8.8500 g., 0.9000 Silver 0.2561 oz. ASW **Obv:** Bust of Maria Theresa right, value below **Rev:** Arms on breast of crowned imperial eagle, date below

Date	Mintage	VG	F	VF	XF	Unc
1757	—	45.00	100	220	450	600
1758	—	45.00	100	220	450	600

KM# 506 60 SOLDI

12.0000 g., 0.9000 Silver 0.3472 oz. ASW **Obv:** Bust of Maria Theresa right, value below **Rev:** Arms on breast of crowned imperial eagle, date below

Date	Mintage	VG	F	VF	XF	Unc
1757	—	100	250	375	600	800
1758	—	100	250	375	600	800

KM# 465 1/2 TALLERO (6 Lire)
17.2800 g., 0.9000 Silver 0.5000 oz. ASW **Subject:** Charles VI
Note: Similar to Tallero, KM#111.

Date	Mintage	VG	F	VF	XF	Unc
1732	—	300	600	1,000	1,800	—
1733	—	300	600	1,000	1,800	—
1736	—	300	600	1,000	1,800	—

KM# 479 TALLERO
35.4800 g., 0.9000 Silver 1.0266 oz. ASW **Subject:** Charles VI
Obv: Bust right **Obv. Legend:** CAROL • VI • D: G: R: I: S: A: ....
Rev: Crowned double eagle **Rev. Legend:** ARCH: AUST: DUX: BU: ET • MANTU... **Note:** Dav. #1378.

Date	Mintage	VG	F	VF	XF	Unc
ND1733	—	1,000	2,000	3,250	5,500	—
ND1736	—	1,000	2,000	3,250	5,500	—

KM# 531 MEZZA (1/2) LIRA
3.1000 g., 0.5520 Silver 0.0550 oz. ASW **Obv:** Crowned arms
Obv. Legend: LEOP • II • D • G • R • I • S • A • ... **Rev:** Value, date within wreath

Date	Mintage	VG	F	VF	XF	Unc
1791	—	30.00	75.00	150	375	—

KM# 527 UNA (1) LIRA
6.2500 g., 0.5520 Silver 0.1109 oz. ASW **Obv:** Crowned arms
Obv. Legend: Ends: ...MANT **Rev:** Value, date within wreath

Date	Mintage	VG	F	VF	XF	Unc
1791	—	35.00	85.00	175	425	—

KM# 529 UNA (1) LIRA
6.2500 g., 0.5520 Silver 0.1109 oz. ASW **Obv. Legend:** Ends: ...MAN

Date	Mintage	VG	F	VF	XF	Unc
1791	—	35.00	85.00	175	425	—

KM# 515 3 LIRE
Silver **Obv:** Veiled bust of Maria Theresa right **Rev:** Crowned arms in branches, value below

Date	Mintage	VG	F	VF	XF	Unc
1779	—	60.00	150	300	600	—

SIEGE COINAGE
1796

KM# 533 20 SOLDI (Lira)
3.3000 g., Silver **Obv:** Crowned shield **Rev:** Value, date below designs within wreath

Date	Mintage	VG	F	VF	XF	Unc
1796 Rare	—	—	350	800	1,600	—
1796 Error	—	—	—	—	—	—

Note: Retrograde S in SOLDI

SIEGE COINAGE
1799

Issues of the French defenders

KM# 535 UN (1) SOLDO
13.0000 g., Bronze **Obv:** Fasces with liberty cap within sprigs
Rev: Value **Note:** Cast.

Date	Mintage	VG	F	VF	XF	Unc
ND//7 (1799)	—	18.00	35.00	100	200	—

KM# 537 V (5) SOLDI
3.0000 g., Billon **Obv:** Fasces with liberty cap **Rev:** Value

Date	Mintage	VG	F	VF	XF	Unc
ND//VII (1799)	—	30.00	40.00	110	200	—

KM# 539 X (10) SOLDI
6.0000 g., Billon **Note:** Similar to 5 Soldi, C#32.

Date	Mintage	VG	F	VF	XF	Unc
ND//VII (1799)	—	40.00	100	200	400	—

MASSA-CARRARA

A small state in Tuscany, a territorial division consisting of the western part of the center of the Italian peninsula, attained the ranking of a principality in 1568 and of a duchy in 1663. The minting privilege was granted to the Marquis of Massa in 1559

RULER
Austrian until 1796

MONETARY SYSTEM
3 Quattrini = 1 Soldo
20 Soldi = 1 Lira

DUCHY
STANDARD COINAGE

C# 1 QUATTRINO
Copper **Obv:** Crowned arms within legend **Rev:** Value above date

Date	Mintage	Good	VG	F	VF	XF
1792	—	—	20.00	35.00	65.00	150

C# 2 2 SOLDI
Copper **Obv:** Crowned shield **Obv. Legend:** MAR • BEATRIX • ARCHID • ... **Rev:** Value, date **Rev. Legend:** DUX • MASSAE •

Date	Mintage	Good	VG	F	VF	XF
1792	—	—	20.00	40.00	75.00	200

C# 3 4 SOLDI
Billon **Note:** Similar to Due (2) Soldi, C#2.

Date	Mintage	Good	VG	F	VF	XF
1792	—	—	25.00	50.00	90.00	225

C# 4 10 SOLDI
Billon **Note:** Similar to Due (2) Soldi, C#2.

Date	Mintage	Good	VG	F	VF	XF
1792	—	—	25.00	55.00	100	240

MILAN

A city in Lombardy, was ruled by the Lombards before falling to the Franks in 774. It was a dependency of the Spanish Crown from 1535 until the War of the Spanish Succession in 1714. Then it was handed over to Austria who ruled over it until the Napoleonic campaign of 1796 and then became part of the Cisalpine Republic in 1797. In 1802 it became part of the Italian Republic and was part of the Kingdom of Napoleon from 1805 to 1814. From 1814 it was incorporated within Lombardy-Venetia, again under Austrian rule. The Lombard campaign of 1859 restored Milan under the Kingdom of Italy.

RULERS
Spanish, until 1714
Austrian, 1714-1796
French, 1796-1814

MINT OFFICIAL

Date	Official
1798-1840	Luigi Manfredini, die-cutter

MINT MARKS
M - Milan
S - Schmollnitz
W - Vienna
None - Milan

MONETARY SYSTEM
2 Denari = 1 Sestino
2 Sestini = 1 Quattrini
2 Sesini = 1 Soldo
20 Soldi = 1 Lira
6 Lire = 1 Scudo

ARMS
Snake, coiled wavelike vertically, sometimes with crown
Dragon, in various forms

Reference:
N&V = Raffaele Negrini and Alberto Varesi, *La Monetazione di Milano (dal 756 al 1802)*. Milan, 1991.

DUCHY
REGULAR COINAGE

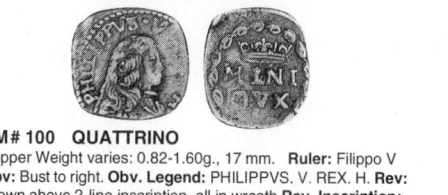

KM# 100 QUATTRINO
Copper Weight varies: 0.82-1.60g., 17 mm. **Ruler:** Filippo V
Obv: Bust to right. **Obv. Legend:** PHILIPPVS. V. REX. H. **Rev:** Crown above 2-line inscription, all in wreath **Rev. Inscription:** MLNI/DVX **Note:** N&V 419.

Date	Mintage	Good	VG	F	VF	XF
ND(1701-13)	—	—	18.00	40.00	80.00	165

KM# 113 QUATTRINO
Copper Weight varies: 1.16-2.32g., 16-17 mm. **Ruler:** Carlo III
Obv: Bust to right **Obv. Legend:** CAROLVS. III. REX. HISP. **Rev:** Crown above 2-line inscription, all in wreath **Rev. Inscription:** MLNI/DVX **Note:** N&V 424.

Date	Mintage	Good	VG	F	VF	XF
1707	—	—	2.00	5.00	10.00	35.00

KM# 144 QUATTRINO
Copper Weight varies: 0.73-2.30g., 14x14 mm. **Ruler:** Carlo III
Obv: Laureate bust to right, date below. **Obv. Legend:** CAROLVS. VI. IMP. ET. H. R. **Rev:** Crown above 2-line inscription, all in wreath **Rev. Inscription:** MLNI/DVX **Shape:** square **Note:** N&V 441. Varieties exist.

Date	Mintage	Good	VG	F	VF	XF
1725	—	—	2.00	5.00	10.00	30.00
1726	—	—	2.00	5.00	10.00	30.00
1728	—	—	2.00	5.00	10.00	30.00
1736	—	—	2.00	5.00	10.00	30.00

KM# 143 QUATTRINO
Copper Weight varies: 0.73-2.30g., 14x14 mm. **Ruler:** Carlo III
Obv: Laureate bust to right, date below. **Obv. Legend:** CAROLVS. III. REX. HISP. **Rev:** Crown above 2-line inscription, all in wreath **Rev. Inscription:** MLNI/DVX **Shape:** square **Note:** N&V 441a.

Date	Mintage	Good	VG	F	VF	XF
1725	—	—	30.00	60.00	100	165

KM# 168 QUATTRINO
Copper Weight varies: 1.31-2.49g., 17 mm. **Ruler:** Maria Theresa **Obv:** Bust to right **Obv. Legend:** M. TH. D.G. I. R. H. ET. B. **Rev:** Crown with 2 branches above shield of 4-fold arms, date below (where present) **Rev. Legend:** MEDIO. - DUX. ET. **Note:** Previous C#2 & 5. N&V 453.

Date	Mintage	Good	VG	F	VF	XF
1750	—	—	115	250	375	650
ND(1750-60)	—	—	115	250	375	650

KM# 182 QUATTRINO
Copper Weight varies: 1.61-2.15g., 17 mm. **Ruler:** Maria Theresa **Obv:** Crowned shield of 2-fold arms between garlands **Obv. Legend:** M • THER • D • G • R • I • H • B • R • A

936 ITALIAN STATES MILAN

• A • D • MED • **Rev:** 3-line inscription with date **Rev. Inscription:** UN/QUATTRINO/(date) **Note:** Previous C#4. N&V 464.

Date	Mintage	Good	VG	F	VF	XF
1776	—	—	3.00	5.00	10.00	35.00
1777	—	—	3.00	5.00	10.00	35.00
1779	—	—	3.00	5.00	10.00	35.00

KM# 184 1/2 SOLDO (Mezzo Soldo)

Copper Weight varies: 3.66-4.13g., 21 mm. **Ruler:** Maria Theresa **Obv:** Crowned shield of 2-fold arms in frame ornamented with garlands **Obv. Legend:** M • THER • D • G • R • I • H • B • R • A • A • D • MED • **Rev:** 3-line inscription with date in wreath **Rev. Inscription:** MEZZO/SOLDO/(date) **Note:** Previous C#9. N&V 463.

Date	Mintage	Good	VG	F	VF	XF
1776	—	—	12.00	25.00	50.00	100
1777/000	—	—	7.00	15.00	40.00	85.00

Note: Varieties in letter size exist for 1777

Date	Mintage	Good	VG	F	VF	XF
1777	—	—	5.00	10.00	30.00	65.00

Note: Varieties in letter size exist for 1777

Date	Mintage	Good	VG	F	VF	XF
1779	—	—	5.00	10.00	30.00	65.00

KM# 180 SESINO

Copper Weight varies: 1.20-1.37g., 16 mm. **Ruler:** Maria Theresa **Obv:** Crowned shield of 2-fold arms between garlands **Obv. Legend:** M. THER. D.G. R.I.H.B.R.A.A.D.MED. **Rev:** 3-line inscription with date in plain field **Rev. Inscription:** UN/SESTINO/(date) **Note:** Previous C#1. N&V 465. Varieties exist

Date	Mintage	Good	VG	F	VF	XF
1777	—	—	2.00	4.00	10.00	25.00
1779	—	—	2.00	4.00	10.00	25.00

Note: Varieties in letter size exist for 1779

KM# 186 SOLDO

Copper Weight varies: 7.24-7.78g., 23-24 mm. **Ruler:** Maria Theresa **Obv:** Veiled bust to right, mintmark below (where present) **Obv. Legend:** M. THERESIA. D.G. R. I. H. B. R. A. A. D. MED. **Rev:** 3-line inscription with date in wreath **Rev. Inscription:** UN/SOLDO/(date) **Note:** Previous C#10. N&V 462.

Date	Mintage	Good	VG	F	VF	XF
1777	—	—	40.00	80.00	165	325
1777S	—	—	5.00	10.00	20.00	40.00
1777W	—	—	5.00	10.00	40.00	85.00
1779	—	—	40.00	80.00	165	325
1779S	—	—	5.00	10.00	40.00	85.00
1779W	—	—	5.00	10.00	40.00	85.00

KM# 166 PARPAGLIOLA (2-1/2) SOLDI

Billon Weight varies: 1.37-1.62g., 16 mm. **Ruler:** Maria Theresa **Obv:** Bust to right **Obv. Legend:** M. TH. D.G. - I. R. H. ET. B. **Rev:** 3-line inscription with date in cartouche **Rev. Inscription:** MLNI/DUX/(date) **Note:** Previous C#17. N&V 452. Varieties exist.

Date	Mintage	Good	VG	F	VF	XF
1749	—	—	7.00	15.00	40.00	85.00
1750	—	—	7.00	15.00	40.00	85.00
1758	—	—	7.00	15.00	40.00	85.00
1763	—	—	60.00	125	250	415

KM# 135 5 SOLDI

Billon Weight varies: 2.40-2.73g., 20-21 mm. **Ruler:** Carlo III **Obv:** Crowned imperial eagle, shield of 4-fold arms on breast, date divided at top **Obv. Legend:** CAROLVS. VI. - D.G. IMP. ET. C. **Rev:** Facing bust of St. Ambrose **Rev. Legend:** MEDIOLANVM - S. AMBROSIVS. **Note:** N&V 440.

Date	Mintage	Good	VG	F	VF	XF
1722	—	—	20.00	40.00	80.00	180
1737	—	—	30.00	65.00	115	250

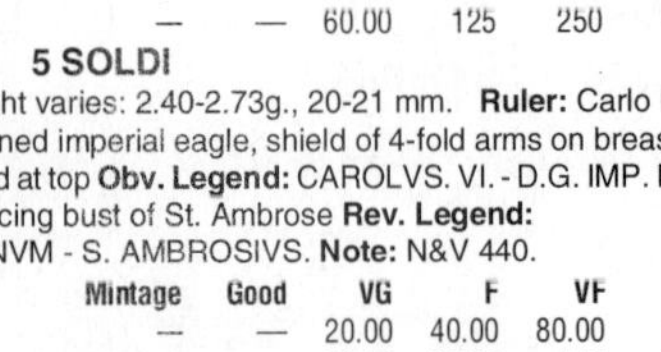

KM# 170 5 SOLDI

0.5520 g., Billon Weight varies: 2.51-3.29g., 20 mm. **Ruler:** Maria Theresa **Obv:** Bust rightto **Obv. Legend:** M. TH. D.G. - I. R. H. ET. B. **Rev:** 3-line inscription with date in cartouche, value 'S.V.' below **Rev. Inscription:** MLNI/DUX/(date) **Note:** Previous C#18. N&V 451. Varieties exist.

Date	Mintage	Good	VG	F	VF	XF
1750	—	—	15.00	30.00	65.00	150
1758	—	—	15.00	30.00	65.00	150
1763	—	—	20.00	40.00	85.00	210

KM# 188 5 SOLDI

0.5520 g., Silver Weight varies: 1.44-1.56g., 20 mm. **Ruler:** Maria Theresa **Obv:** Crowned shield of Milan snake arms, ornamented with garlands at sides **Obv. Legend:** M. THER. D.G. R. I. H. B. R. A. A. D. MED. **Rev:** 2-line inscription in wreath, divided date below **Rev. Inscription:** 5/SOLDI **Note:** Previous C#31. N&V 461.

Date	Mintage	Good	VG	F	VF	XF
1778	—	—	40.00	80.00	200	415
1779	—	—	20.00	40.00	115	250
1780	—	—	20.00	40.00	115	250

KM# 204 5 SOLDI

0.5520 g., Silver Weight varies: 1.44-1.58g., 19 mm. **Ruler:** Joseph II **Obv:** Crowned shield of Milan snake arms, ornamented with garlands at sides **Obv. Legend:** IOS. II. D.G. R. I. S. A. G. H. B. R. A. A. D. MED. **Rev:** 2-line inscription in wreath, divided date below **Rev. Inscription:** 5/SOLDI **Note:** Previous C#41. N&V 478.

Date	Mintage	Good	VG	F	VF	XF
1780	—	—	15.00	30.00	65.00	165
1781	—	—	15.00	30.00	65.00	165
1784	—	—	15.00	30.00	65.00	165
1787	—	—	15.00	30.00	65.00	165

KM# 123 10 SOLDI

0.5520 g., Silver Weight varies: 1.70-2.05g., 18 mm. **Ruler:** Carlo III **Obv:** Laureate bust to right **Obv. Legend:** CAROLVS. VI. R. IMP. HISP. REX. **Rev:** 3-line inscription with date in crowned cartouche **Rev. Inscription:** MLNI/DVX/(date) **Note:** N&V 438. Varieties exist.

Date	Mintage	Good	VG	F	VF	XF
1711 Rare	—	—	—	—	—	—
1713	—	—	12.00	25.00	80.00	210
1719	—	—	60.00	125	285	625

KM# 137 10 SOLDI

0.5520 g., Silver Weight varies: 1.41-1.82g., 18.5 mm. **Ruler:** Carlo III **Obv:** Laureate bust to right **Obv. Legend:** CAROLVS. VI. IMP. ET. HIS. REX. **Rev:** Crown with 2 branches above shield of 4-fold arms, value 'X' below **Rev. Legend:** MEDIO. - DVX. ET. **Note:** N&V 439. Varieties exist.

Date	Mintage	Good	VG	F	VF	XF
1723	—	—	100	210	375	700
1724	—	—	35.00	65.00	125	285
1725	—	—	100	210	375	700
1726	—	—	35.00	65.00	125	285
1727	—	—	18.00	35.00	80.00	225

KM# 172 10 SOLDI

0.5520 g., Silver Weight varies: 1.70-1.90g., 18.5 mm. **Ruler:** Maria Theresa **Obv:** Bust to right, date below **Obv. Legend:** MA. THER. D.G. IMP. R. H. B. H. **Rev:** Crowned shield of 4-fold arms, value 'X' below **Rev. Legend:** MEDIOL. - DUX. ET. C. **Note:** Previous C#20. N&V 449.

Date	Mintage	Good	VG	F	VF	XF
1762	—	—	20.00	40.00	85.00	165
1767	—	—	—	—	—	—

Note: Reported, not confirmed.

KM# 176 10 SOLDI

Silver Weight varies: 1.76-1.86g., 19 mm. **Ruler:** Maria Theresa **Obv:** Veiled bust to right, date below **Obv. Legend:** M. THERES. D.G. R. IMP. H. &. B. REGA. A. **Rev:** Snake arms of Milan between 2 palm fronds, value 'X' below **Rev. Legend:** MEDIOL. - DVX. **Note:** Previous C#22. N&V 450.

Date	Mintage	Good	VG	F	VF	XF
1771	—	—	20.00	40.00	85.00	165
1774	—	—	30.00	65.00	150	250

KM# 102 1/8 FILIPPO

Silver Weight varies: 3.32-3.44g., 26 mm. **Ruler:** Filippo V **Obv:** Bust to right, date below **Obv. Legend:** PHILIPPVS. V. REX. HISPANIARVM. **Rev:** Crowned shield of manifold arms in ornamented frame **Rev. Legend:** MEDIOLANI. - DVX. ET. C. **Note:** N&V 418.

Date	Mintage	Good	VG	F	VF	XF
1701	—	—	250	525	825	2,250
1702	—	—	—	—	—	—

Note: Reported, not confirmed.

KM# 115 1/8 FILIPPO

Silver Weight varies: 3.35-3.45g., 25 mm. **Ruler:** Carlo III **Obv:** Bust to right, date below **Obv. Legend:** CAROLVS. III. REX. HISP. **Rev:** Crowned shield of manifold arms in ornamented frame **Rev. Legend:** MEDIOLANI. - DVX. ET. C. **Note:** N&V 423.

Date	Mintage	Good	VG	F	VF	XF
1707	—	—	200	415	825	1,650

KM# 131 1/8 FILIPPO

Silver Weight varies: 3.39-3.48g., 24 mm. **Ruler:** Carlo III **Obv:** Laureate bust to right, date below **Obv. Legend:** CAROLVS. III. REX. HISPANIAR. **Rev:** Crowned shield of manifold arms in ornamented frame **Rev. Legend:** MEDIOLANI. - DVX. ET. C. **Note:** N&V 433.

Date	Mintage	Good	VG	F	VF	XF
1721 Rare	—	—	—	—	—	—

KM# 155 1/8 FILIPPO

Silver Weight varies: 3.39-3.48g., 24 mm. **Ruler:** Carlo III **Obv:** Laureate bust to right, date below **Obv. Legend:** CAROLVS. VI. D.G. IMP. ET. HIS. REX. **Rev:** Crowned shield of manifold arms in ornamented frame **Rev. Legend:** MEDIOLANI. - DVX. ET. C. **Note:** N&V 434.

Date	Mintage	Good	VG	F	VF	XF
1736	—	—	135	285	550	1,250

KM# 157 1/8 FILIPPO

0.9580 Silver Weight varies: 2.80-3.47g., 24-25 mm. **Ruler:** Maria Theresa **Obv:** Bust to right **Obv. Legend:** MARIA. THERESIA. D.G. REG. HUN. BOH. **Rev:** Crowned shield of manifold arms between branches, date below **Rev. Legend:** MEDIOLANI. - DUX. ETC. **Note:** Previous C#12. N&V 446.

Date	Mintage	Good	VG	F	VF	XF
1741	—	—	400	825	1,650	3,300
1744	—	—	400	825	1,650	3,300

KM# 200 1/2 LIRA (Mezza Lira)

0.5520 g., Silver Weight varies: 3.08-3.13g., 25 mm. **Ruler:** Maria Theresa **Obv:** Veiled bust to right **Obv. Legend:** M. THERESIA. D.G. R. IMP. HU. BO. REG. A. A. **Rev:** Crowned oval shield of 4-fold arms with central shield, crossed branches below, date at end of legend, value 'MEZZA LIRA' at bottom **Rev. Legend:** MEDIOLANI - DUX. **Note:** Previous C#33. N&V 460.

Date	Mintage	Good	VG	F	VF	XF
1779	—	—	40.00	80.00	200	415

Note: Issues of this type dated 1778 and 1780 are considered to be trial strikes.

KM# 206 1/2 LIRA (Mezza Lira)

0.5520 g., Silver Weight varies: 2.60-3.11g., 23 mm. **Ruler:** Joseph II **Obv:** Laureate bust to right **Obv. Legend:** IOSEPH. II. D.G. R. IMP. S. AUG. G. H. ET. B. REX. A. A. **Rev:** Crowned oval shield of 4-fold arms with central shield, crossed branches below, date at end of legend, value 'MEZZA LIRA' at bottom **Rev. Legend:** MEDIOLANI. ET - MANT. DUX. **Note:** Previous C#42. N&V 477.

Date	Mintage	Good	VG	F	VF	XF
1781 LB	—	—	25.00	55.00	125	325
1782 LB	—	—	25.00	55.00	125	325
1783/2 LB	—	—	25.00	55.00	125	325
1783 LB	—	—	25.00	55.00	125	325
1784 LB	—	—	25.00	55.00	125	325
1787 LB	—	—	25.00	55.00	125	325

KM# 202 LIRA

Silver Weight varies: 5.85-6.33g., 28-29 mm. **Ruler:** Maria Theresa **Obv:** Veiled bust to right **Obv. Legend:** M. THERESIA. D.G. R. IMP. HU. BO. REG. A. A. **Rev:** Crowned oval shield of 4-fold arms with central shield, crossed branches below, date at end of legend, value 'UNA LIRA' at bottom **Rev. Legend:** MEDIOLANI - DUX. **Note:** Previous C#34. N&V 459.

Date	Mintage	Good	VG	F	VF	XF
1779	—	—	50.00	100	250	550
1780	—	—	50.00	100	250	550

Note: Issue of this type dated 1778 is considered to be a trial strike.

KM# 208 LIRA
Silver Weight varies: 5.33-6.25g., 26 mm. **Ruler:** Joseph II **Obv:** Laureate bust to right **Obv. Legend:** IOSEPH. II. D.G. R. IMP. S. AUG. G. H. ET. B. REX. A. A. **Rev:** Crowned oval shield of 4-fold arms with central shield, crossed branches below, date at end of legend, value 'UNA LIRA' at bottom **Rev. Legend:** MEDIOLANI. ET - MANT. DUX. **Note:** Previous C#43. N&V 476.

Date	Mintage	Good	VG	F	VF	XF
1781 LB	—	—	40.00	80.00	150	325
1782 LB	—	—	40.00	80.00	150	325
1783 LB	—	—	40.00	80.00	150	325
1784 LB	—	—	60.00	125	210	500
1785 LB	—	—	60.00	125	210	500
1786 LB	—	—	40.00	80.00	150	325
1787 LB	—	—	40.00	80.00	150	325
1790 LB	—	—	60.00	125	210	500

KM# 230 LIRA
0.5520 g., Silver Weight varies: 594-6.24g., 27 mm. **Ruler:** Leopold II **Obv:** Laureate bust to right **Obv. Legend:** LEOPOLD. II. D.G. R. IMP. S. AUG. G. H. ET. B. REX. A. A. **Rev:** Crowned oval shield of 4-fold arms with central shield, crossed branches below, date at end of legend, value 'UNA LIRA' at bottom **Rev. Legend:** MEDIOLANI. ET - MANT. DUX. **Note:** Previous C#52. N&V 483.

Date	Mintage	Good	VG	F	VF	XF
1790 LB	—	—	200	415	825	2,250
1791 LB	—	—	200	415	825	2,250

KM# 133 20 SOLDI
Silver weight varies: 3.76-3.85g., 23-24 mm. **Ruler:** Carlo III **Obv:** Laureate bust to right **Obv. Legend:** CAROLVS • VI • IMP • ET • HIS • REX **Rev:** 3-line inscription with date in crowned cartouche, value 'XX' below **Rev. Inscription:** MLNI/DVX/(date) **Note:** Previous C#23. N&V 436.

Date	Mintage	Good	VG	F	VF	XF
1721	—	—	30.00	65.00	150	400
1722	—	—	30.00	65.00	150	400

KM# 139 20 SOLDI
Silver Weight varies: 3.60-3.70g., 22 mm. **Ruler:** Carlo III **Obv:** Laureate bust to right, date below **Obv. Legend:** CAROLVS. VI. IMP. ET. HI. REX. **Rev:** Crown and 2 branches above shield of 4-fold arms, value 'XX' below **Rev. Legend:** MEDIO. - DVX. ET. C. **Note:** N&V 437. Varieties exist.

Date	Mintage	Good	VG	F	VF	XF
1723	—	—	50.00	110	250	600
1724	—	—	30.00	65.00	150	400
1725	—	—	30.00	65.00	150	400
1726	—	—	50.00	110	250	600

KM# 174 20 SOLDI
Silver Weight varies: 3.60-3.74g., 23 mm. **Ruler:** Maria Theresa **Obv:** Head to right, date below **Obv. Legend:** MA. THERE. D.G. IMP. R. H. B. ET. C. **Rev:** Crown with 2 branches above shield of 4-fold arms, value 'XX' below **Rev. Legend:** MEDIOL. - DUX. ETC. **Note:** Previous C#24. N&V 447.

Date	Mintage	Good	VG	F	VF	XF
1762	—	—	30.00	65.00	150	400
1767 Reported, not confirmed	—	—	—	—	—	—

KM# 178 20 SOLDI
Silver Weight varies: 3.62-3.80g., 23 mm. **Ruler:** Maria Theresa **Obv:** Veiled bust to right, date below **Obv. Legend:** M. THERES. D.G. R. IMP. B. &. H. REGA. A. **Rev:** Crowned oval shield of 4-fold arms between palm fronds, value 'XX' below **Rev. Legend:** MEDIOL. - DVX. ETC. **Note:** Previous C#24.5. N&V 448.

Date	Mintage	Good	VG	F	VF	XF
1771	—	—	25.00	50.00	150	325
1773	—	—	—	—	—	—

Note: Reported, not confirmed.

Date	Mintage	Good	VG	F	VF	XF
1774	—	—	40.00	80.00	210	415

KM# 105 1/4 FILIPPO
Silver Weight varies: 6.80-7.05g., 32-33 mm. **Ruler:** Filippo V **Obv:** Bust to right, date below **Obv. Legend:** PHILIPPVS. V. REX. HISPANIARVM. **Rev:** Crowned shield of manifold arms **Rev. Legend:** MEDIOLANI - DVX. ET. C. **Note:** N&V 416. Struck on thin flan from 1/2 Filippo dies, KM#107.

Date	Mintage	Good	VG	F	VF	XF
1702 Rare	—	—	—	—	—	—

KM# 104 1/4 FILIPPO
Silver Weight varies: 6.69-6.88g., 29-30 mm. **Ruler:** Filippo V **Obv:** Bust to right, date below **Obv. Legend:** PHILIPPVS. V. REX. HISPANIAR. **Rev:** Crowned shield of manifold arms **Rev. Legend:** MEDIOLANI - DVX. ET. C. **Note:** N&V 417.

Date	Mintage	Good	VG	F	VF	XF
1702	—	—	675	1,250	2,000	5,000

KM# 117 1/4 FILIPPO
Silver Weight varies: 6.45-6.71g., 28-29 mm. **Ruler:** Carlo III **Obv:** Bust to right, date below **Obv. Legend:** CAROLVS. III. REX. HISPANIAR. **Rev:** Crowned shield of manifold arms in ornamented frame **Rev. Legend:** MEDIOLANI. - DVX. ET. C. **Note:** N&V 422.

Date	Mintage	Good	VG	F	VF	XF
1707 Rare	—	—	—	—	—	—

KM# 160 1/4 FILIPPO
6.9100 g., Silver, 31 mm. **Ruler:** Carlo III **Obv:** Laureate bust to right, date below **Obv. Legend:** CAROLVS. III. D.G. IMP. ET. HIS. REX. **Rev:** Crowned shield of manifold arms **Rev. Legend:** MEDIOLANI - DVX. ET. C. **Note:** N&V 432.

Date	Mintage	Good	VG	F	VF	XF
1728	—	—	525	1,000	2,150	4,000

KM# 159 1/4 FILIPPO
0.9580 Silver Weight varies: 6.86-6.99g., 28-29 mm. **Ruler:** Maria Theresa **Obv:** Bust to right **Obv. Legend:** MARIA. THERESIA. D.G. REG. NUNG. BOH. ARCH. AUST. **Rev:** Crowned ornate shield of manifold arms between branches, date below **Rev. Legend:** MEDIOLANI. - DUX. ETC. **Note:** Previous C#13. N&V 445.

Date	Mintage	Good	VG	F	VF	XF
1741	—	—	600	1,100	1,850	3,750
1744	—	—	600	1,100	1,850	3,750

KM# 244 30 SOLDI
0.6840 Silver Weight varies: 6.77-7.33g., 29 mm. **Ruler:** Franz II **Obv:** Laureate bust to right **Obv. Legend:** FRANC. II. D.G. R. IMP. S. AUG. G. H. ET. B. REX. A. A. **Rev:** Crowned spade-shaped shield of 4-fold arms with central shield, value 'SOLDI 30' below, date at end of legend **Rev. Legend:** MEDIOLANI - DUX. **Note:** Previous C#58. N&V 487.

Date	Mintage	VG	F	VF	XF	Unc
1794	—	25.00	55.00	100	250	—
1794 MEDILANI Error, Rare	—	—	—	—	—	—
1795	—	60.00	125	225	525	—
1796	—	25.00	55.00	100	250	—
1799	—	40.00	100	300	500	1,200
1800	—	25.00	55.00	100	250	—

KM# 146 60 SOLDI
11.2000 g., 0.6840 Silver 0.2463 oz. ASW, 32 mm. **Ruler:** Carlo III **Obv:** Laureate bust to right, value 'S.60' below **Obv. Legend:** CAROLVS. VI. D.G. IMP. ET. HIS. REX. **Rev:** Crowned imperial eagle, crowned shield of 4-fold arms on breast, date divided at bottom **Rev. Legend:** MEDIOLANI - DVX. ET. C. **Note:** B&V 435.

Date	Mintage	Good	VG	F	VF	XF
1725	—	—	600	1,000	2,500	4,100

KM# 108 1/2 FILIPPO
Silver Weight varies: 12.87-13.50g., 39-40 mm. **Ruler:** Filippo V **Obv:** Bust to right, date below **Obv. Legend:** PHILIPPVS. V. REX. HISPANIARVM. **Rev:** Crowned shield of manifold arms **Rev. Legend:** MEDIOLANI. - DVX. ET. C. **Note:** N&V 414. Struck on thin flan from full Filippo dies, KM#110.

Date	Mintage	Good	VG	F	VF	XF
1702 Rare	—	—	—	—	—	—

KM# 107 1/2 FILIPPO
Silver Weight varies: 13.43-13.85g., 34 mm. **Ruler:** Filippo V **Obv:** Bust to right, date below **Obv. Legend:** PHILIPPVS. V. REX. HISPANIARVM. **Rev:** Crowned shield of manifold arms **Rev. Legend:** MEDIOLANI. - DVX. ET. C. **Note:** N&V 415.

Date	Mintage	Good	VG	F	VF	XF
1702	—	—	675	1,250	2,250	5,000

KM# 119 1/2 FILIPPO
Silver Weight varies: 13.81-13.89g., 33-34 mm. **Ruler:** Carlo III **Obv:** Bust to right, date below **Obv. Legend:** CAROLVS. III. REX. HISPANIAR. **Rev:** Crowned shield of manifold arms **Rev. Legend:** MEDIOLANI. - DVX. ET. C. **Note:** N&V 421.

Date	Mintage	Good	VG	F	VF	XF
1707	—	—	375	650	1,650	4,000

KM# 127 1/2 FILIPPO
Silver Weight varies: 13.74-13.82g., 34 mm. **Ruler:** Carlo III **Obv:** Laureate bust to right, date below **Obv. Legend:** CAROLVS. III. REX. HISPANIAR. **Rev:** Crowned shield of manifold arms **Rev. Legend:** MEDIOLANI. - DVX. ET. C. **Note:** N&V 430.

Date	Mintage	Good	VG	F	VF	XF
1720 Rare	—	—	—	—	—	—
1721 Rare	—	—	—	—	—	—

KM# 152 1/2 FILIPPO
Silver Weight varies: 13.74-13.82g., 34 mm. **Ruler:** Carlo III **Obv:** Laureate bust to right, date below **Obv. Legend:** CAROLVS. VI. D.G. IMP. ET. HIS. REX. **Rev:** Crowned shield of manifold arms **Rev. Legend:** MEDIOLANI. - DVX. ET. C. **Note:** N&V 431.

Date	Mintage	Good	VG	F	VF	XF
1728	—	—	875	1,650	1,250	5,500
1733 Rare	—	—	—	—	—	—
1736	—	—	875	1,650	3,250	5,500

KM# 153 1/2 FILIPPO
Silver Weight varies: 13.50-13.68g., 44 mm. **Ruler:** Carlo III **Obv:** Laureate bust to right, date below **Obv. Legend:** CAROLVS. VI. D.G. IMP. ET. HIS. REX. **Rev:** Crowned shield of manifold arms in baroque frame **Rev. Legend:** MEDIOLANI. - DVX. ET. C. **Note:** N&V 429. Struck on thin flan from full Filippo dies, KM#148.

Date	Mintage	Good	VG	F	VF	XF
1728	—	—	1,200	2,500	5,500	8,500
1733	—	—	1,200	2,500	5,500	8,500

ITALIAN STATES - MILAN

KM# 161 1/2 FILIPPO
0.9580 Silver Weight varies: 13.66-13.95g., 33-34 mm. **Ruler:** Maria Theresa **Obv:** Bust to right **Obv. Legend:** MARIA. THERESIA. D.G. REG. HUN(G). BOH. ARCH. AUST. **Rev:** Crowned ornate shield of manifold arms between branches, date below **Rev. Legend:** MEDIOLANI. - DUX. ET. C. **Note:** Previous C#14. N&V 444. Varieties exist.

Date	Mintage	VG	F	VF	XF
1741	—	—	750	1,400	2,350	4,100
1744	—	—	750	1,400	2,350	4,100
1749	—	—	750	1,400	2,350	4,100

KM# 162 1/2 FILIPPO
Silver Weight varies: 13.60-13.86g., 40-41 mm. **Ruler:** Maria Theresa **Obv:** Bust to right **Obv. Legend:** MARIA. THERESIA. D.G. REG. HUNG. BOH. ARCH. AUST. **Rev:** Crowned ornate shield of manifold arms between branches, date below **Rev. Legend:** MEDIOLANI. - DUX. ET. C. **Note:** Previous C#14a. N&V 443. Struck on thin flan from full Filippo dies, KM#164.

Date	Mintage	Good	VG	F	VF	XF
1741 Rare	—	—	—	—	—	—

KM# 190 1/2 SCUDO (3 Lire)
0.8960 Silver Weight varies: 11.16-11.55g., 32 mm. **Ruler:** Maria Theresa **Obv:** Veiled bust to right **Obv. Legend:** M. THERESIA. D.G. R. IMP. HU. BO. REG. A. A. **Rev:** Crowned oval shield of 4-fold arms with central shield, crossed branches below, date at end of legend **Rev. Legend:** MEDIOLANI - DUX. **Note:** Previous C#35. N&V 458.

Date	Mintage	Good	VG	F	VF	XF
1777 Reported, not confirmed	—	—	—	—	—	—
1778	—	—	40.00	80.00	210	415
1779	—	—	60.00	110	265	550
1780	—	—	45.00	80.00	225	500

KM# 210 1/2 SCUDO (3 Lire)
0.8960 Silver Weight varies: 10.47-11.55g., 31-32 mm. **Ruler:** Joseph II **Obv:** Laureate bust to right **Obv. Legend:** IOSEPH. II. D.G. R. IMP. S. AUG. G. H. ET. B. REX. A. A. **Rev:** Crowned oval shield of 4-fold arms with central shield, crossed branches below, date at end of legend **Rev. Legend:** MEDIOLANI. ET - MANT. DUX. **Note:** Previous C#44. N&V 475.

Date	Mintage	Good	VG	F	VF	XF
1781 LB	—	—	40.00	80.00	150	375
1782 LB	—	—	40.00	80.00	150	375
1783 LB	—	—	40.00	80.00	150	375
1784 LB	—	—	40.00	80.00	150	375
1785 LB	—	—	40.00	80.00	150	375

KM# 218 1/2 CROCIONE (1/2 Kronenthaler)
0.8730 Silver Weight varies: 14.33-14.72g., 33-34 mm. **Ruler:** Joseph II **Obv:** Laureate bust to right, mintmark below **Obv. Legend:** IOSEPH. II. D.G. R. I. S. A. GER. HIE. HVN. BOH. REX. **Rev:** Foliated cross in form of 'X', crownes in angles at left, top and right, Order of Golden Fleece in lower angle, date at end of legend **Rev. Legend:** ARCH. AVST. DVX. BVRG. LOTH. BRAB. COM. FLAN. **Note:** Previous C#48. N&V 474.

Date	Mintage	Good	VG	F	VF	XF
1786M	—	—	60.00	125	210	525
1787M	—	—	60.00	125	210	525
1788M	—	—	—	—	—	—
Reported, not confirmed						
1789M	—	—	60.00	125	210	525
1790M	—	—	60.00	125	210	525

KM# 235 1/2 CROCIONE (1/2 Kronenthaler)
0.8730 Silver Weight varies: 14.60-14.72g., 34 mm. **Ruler:** Leopold II **Obv:** Laureate head right **Obv. Legend:** LEOPOLD. II. D.G. R. I. S. A. GER. HIE. HVN. BOH. REX. **Rev:** Crowns within cross-like design **Rev. Legend:** ARCH. AVST. DVX. BVRG. LOTH. BRAB. COM. FLAN. **Note:** Previous C#53. N&V 482.

Date	Mintage	Good	VG	F	VF	XF
1791M	—	—	600	1,250	2,500	5,500

manifold arms in ornamented frame **Rev. Legend:** MEDIOLANI. - DVX. ET. C. **Note:** N&V 420. Dav.#1380.

Date	Mintage	VG	F	VF	XF	Unc
1707	—	275	575	1,325	3,300	—

KM# 125 FILIPPO
Silver Weight varies: 27.20-27.80g., 42-43 mm. **Ruler:** Carlo III **Obv:** Armored bust to right, date below **Obv. Legend:** CAROLVS. III. REX. HISPANIAR. **Rev:** Crowned shield of manifold arms in ornamented frame **Rev. Legend:** MEDIOLANI. - DVX. ET. C. **Note:** N&V 427. Dav.#1382.

Date	Mintage	VG	F	VF	XF	Unc
1719	—	850	1,650	3,300	6,650	—
1720	—	850	1,650	3,300	6,650	—

KM# 148 FILIPPO
Silver Weight varies: 27.20-27.80g., 42-43 mm. **Ruler:** Carlo III **Obv:** Laureate armored bust to right, date below **Obv. Legend:** CAROLVS. VI. D.G. IMP. ET. HIS. REX. **Rev:** Crowned shield of manifold arms in ornamented frame **Rev. Legend:** MEDIOLANI. - DVX. ET. C. **Note:** N&V 428. Dav.#1382. Varieties exist.

Date	Mintage	VG	F	VF	XF	Unc
1728	—	550	1,075	2,325	4,150	—
1733	—	850	1,650	3,300	6,650	—
1736	—	650	1,325	2,825	5,400	—

Note: Some dates listed by Davenport do not exist.

KM# 110 FILIPPO
Silver Weight varies: 27.10-27.78g., 45-46 mm. **Ruler:** Filippo V **Obv:** Bust to right, date below **Obv. Legend:** PHILIPPVS. V. REX. HISPANIAR. **Rev:** Crowned shield of manifold arms in baroque frame, legend begins at upper right **Rev. Legend:** MEDIOLANI. - DVX. ET. C. **Note:** N&V 412. Dav.#1379.

Date	Mintage	VG	F	VF	XF	Unc
1702	—	200	500	2,500	—	—

KM# 111 FILIPPO
27.5200 g., Silver, 45-46 mm. **Ruler:** Filippo V **Obv:** Bust to right, date below **Obv. Legend:** PHILIPPVS. V. REX. HISPANIAR. **Rev:** Crowned shield of manifold arms in baroque frame, legend begins at lower left **Rev. Legend:** MEDIOLANI. - DVX. ET. C. **Note:** N&V 413.

Date	Mintage	VG	F	VF	XF	Unc
1702	—	200	500	2,000	5,800	—

KM# 164 FILIPPO
0.9580 Silver Weight varies: 26.93-27.95g., 41-42 mm. **Ruler:** Maria Theresa **Obv:** Bust to right **Obv. Legend:** MARIA. THERESIA. D.G. REG. HUN(G). BOH. ARCH. AUST. **Rev:** Crowned ornate shield of manifold arms between branches, date below **Rev. Legend:** MEDIOLANI. - DUX. ET. C. **Note:** Previous C#15. N&V 442. Dav.#1384. Varieties exist.

Date	Mintage	VG	F	VF	XF	Unc
1741	—	500	1,500	3,000	5,800	—
1744	—	1,200	2,100	3,300	5,400	—
1749	—	1,200	2,100	3,300	5,400	—

KM# 192 SCUDO (6 Lire)
0.8960 Silver Weight varies: 23.07-23.12, 38 mm. **Ruler:** Maria Theresa **Obv:** Veiled bust to right **Obv. Legend:** M. THERESIA. D.G. R. IMP. HU. BO. REG. A. A. **Rev:** Crowned oval shield of 4-fold arms with central shield, crossed branches below, date at end of legend **Rev. Legend:** MEDIOLANI - DUX. **Note:** Previous C#36. N&V 457. Dav.#1386.

Date	Mintage	VG	F	VF	XF	Unc
1778	—	60.00	100	285	800	1,500
1779	—	75.00	150	325	900	1,500
1780	—	60.00	100	285	800	1,500

KM# 121 FILIPPO
Silver Weight varies: 26.08-27.80g., 41-42 mm. **Ruler:** Carlo III **Obv:** Armored bust to right, date below shoulder **Obv. Legend:** CAROLVS. III. REX. HISPANIAR. **Rev:** Crowned shield of

KM# 212 SCUDO (6 Lire)
0.8960 Silver Weight varies: 22.64-23.12g., 39-40 mm. **Ruler:** Joseph II **Obv:** Laureate bust to right **Obv. Legend:** IOSEPH. II. D.G. R. IMP. S. AUG. G. H. ET B. REX. A. A. **Rev:** Crowned oval shield of 4-fold arms with central shield, crossed branches below, date at end of legend **Rev. Legend:** MEDIOLANI ET - MANT. DUX **Note:** Previous C#45. N&V 473. Dav.#1387.

Date	Mintage	VG	F	VF	XF	Unc
1781 LB	—	50.00	100	165	450	—
1782 LB	—	50.00	100	165	450	—
1783 LB	—	50.00	100	165	450	—
1784 LB	—	50.00	100	165	450	—
1785 LB	—	50.00	100	165	450	—
1786 LB	—	20.00	50.00	100	200	—

REX. **Rev:** Foliated cross in form of 'X,' crowns in angles at left, top and right, Order of Golden Fleece in lower angle, date at end of legend **Rev. Legend:** ARCH. AVST. DVX. BVRG. LOTH. BRAB. COM. FLAN. **Edge Lettering:** LEGE ET FIDE **Note:** Previous C#59.1. N&V 486. Dav.#1390.

Date	Mintage	VG	F	VF	XF	Unc
1792M	—	45.00	100	250	500	—
1793M	—	30.00	50.00	180	400	—
1794M	—	30.00	50.00	180	400	—
1795M	—	60.00	200	500	1,000	2,000
1796M	—	60.00	200	500	1,000	2,000
1799M	—	100	300	1,000	2,000	5,000

KM# 246 CROCIONE (Kronenthaler)
0.8730 Silver Weight varies: 29.29-29.55g., 41 mm. **Ruler:** Franz II **Obv:** Laureate bust to right, mintmark below **Obv. Legend:** FRANCISC. II. D.G. R. I. S. A. GER. HIE. HVN. BOH. REX. **Rev:** Foliated cross in form of 'X,' crowns in angles at left, top and right, Order of Golden Fleece in lower angle, date at end of legend **Rev. Legend:** ARCH. AVST. DVX. BVRG. LOTH. BRAB. COM. FLAN. **Edge Lettering:** IVSTITIA ET FIDE **Note:** Previous C#59.2. N&V 486. Dav.#1390.

Date	Mintage	VG	F	VF	XF	Unc
1799M Rare	—	—	1,500	3,000	7,000	15,000
1800M Rare	—	—	1,200	2,500	7,000	12,500

Date	Mintage	VG	F	VF	XF	Unc
1783 LB Reported not confirmed	—	—	—	—	—	—
1784 LB	—	250	375	650	1,250	—

KM# 213 ZECCHINO
3.4200 g., 0.9860 Gold 0.1084 oz. AGW, 22 mm. **Ruler:** Joseph II **Subject:** Homage of Milan to Joseph II **Obv:** Laureate bust to right **Obv. Legend:** IOS. II. D.G. R. I. S. A. G. H. B. R. A. A. D. MED. ET. MANT. **Rev:** Crown above 6-line inscription with date, crossed branches below. **Rev. Inscription:** LONGOBARD / FIDES / SACRAMENTO / FIRMATA / DIE 25 IULII / 1781. **Note:** Fr.#737.

Date	Mintage	VG	F	VF	XF	Unc
1781	—	—	575	850	1,250	1,800	—

KM# 156 2 FILIPPI
Silver 53-54g., 42-43 mm. **Ruler:** Carlo III **Obv:** Laureate armored bust to right, date below **Obv. Legend:** CAROLVS. VI. D.G. IMP. ET. HIS. REX. **Rev:** Crowned shield of manifold arms in ornamented frame **Rev. Legend:** MEDIOLANI. - DVX. ET. C. **Note:** Dav.#1381. Struck on thick flan from Filippi dies, KM#148.

Date	Mintage	VG	F	VF	XF	Unc
1736 Rare	—	—	—	—	—	—

KM# 165 2 FILIPPI
0.9580 Silver Weight varies: 54-56g., 41-42 mm. **Ruler:** Maria Theresa **Obv:** Bust to right **Obv. Legend:** MARIA. THERESIA. D.G. REG. HUNG. BOH. ARCH. AUST. **Rev:** Crowned ornate shield of manifold arms between branches, date below **Rev. Legend:** MEDIOLANI. - DUX. ET. C. **Note:** Previous C#16. Dav.#1383. Struck on thick flan from Filippo dies, KM#164.

Date	Mintage	VG	F	VF	XF	Unc
1741	—	1,500	2,500	5,000	8,500	—
1744	—	1,500	2,500	5,000	8,500	—

TRADE COINAGE

KM# 141 SCUDO D'ORO
Gold Weight varies: 3.26-3.45g., 18 mm. **Ruler:** Carlo III **Obv:** Laureate bust to right **Obv. Legend:** CAROLVS. - VI. IMP. ET. H. R. **Rev:** Crown with 2 branches above shield of 4-fold arms, date at bottom **Rev. Legend:** MEDIO. - DVX. & C. **Note:** N&V 426; Fr.#730.

Date	Mintage	VG	F	VF	XF	Unc
1723	—	1,650	3,300	6,650	12,500	—
1724	—	1,800	3,750	7,500	13,325	—

KM# 191 ZECCHINO
3.4900 g., 0.9860 Gold 0.1106 oz. AGW **Ruler:** Maria Theresa **Obv:** Veiled bust to right **Rev:** Figure of St. Ambrose standing on clouds **Rev. Legend:** S. AMBROSIUS - PATR. MEDIOL. **Note:** Previous C#37.

Date	Mintage	VG	F	VF	XF	Unc
ND(1777) Rare	—	—	—	—	—	—

Note: Existence of this coin is doubtful.

KM# 222 DUCATO (Zecchino)
3.4700 g., 0.9860 Gold 0.1100 oz. AGW, 22 mm. **Ruler:** Joseph II **Obv:** Laureate bust to right, mintmark below **Obv. Legend:** IOS. II. D.G. R. I. S. A. - GE. HV. BO. REX. **Rev:** Crowned imperial eagle, crowned shield of manifold arms on breast, date at end of legend **Rev. Legend:** ARCH. A. D. BVRG. - LOTH. M. D. H. **Note:** N&V 470; Fr.#739.

Date	Mintage	VG	F	VF	XF	Unc
1786M	—	250	415	750	1,325	—
1787M	—	250	415	750	1,325	—
1788M	—	250	415	750	1,325	—

KM# 220 CROCIONE (Kronenthaler)
0.8730 Silver Weight varies: 29.38-29.49g., 41 mm. **Ruler:** Joseph II **Obv:** Laureate bust to right, mintmark below **Obv. Legend:** IOSEPH. II. D.G. R. I. S. A. GER. HIE. HVN. BOH. REX. **Rev:** Foliated cross in form of 'X,' crowns in angles at left, top and right, Order of Golden Fleece in lower angle, date at end of legend **Rev. Legend:** ARCH. AVST. DVX. BVRG. LOTH. BRAB. COM. FLAN. **Note:** Previous C#49. N&V 472. Dav.#1388.

Date	Mintage	VG	F	VF	XF	Unc
1786M	—	50.00	100	150	425	—
1787M	—	50.00	100	150	425	—
1788M	—	65.00	125	185	525	—
1789M	—	65.00	125	185	525	—
1790M	—	65.00	125	185	525	—

KM# 228 1/2 SOVRANO
0.9000 Gold Weight varies: 5.33-5.56g., 23-24 mm. **Ruler:** Joseph II **Obv:** Laureate bust to right, mintmark below **Obv. Legend:** IOSEPH. II. D.G. R. IMP. S. A. GE. HIE. HV. BO. REX. **Rev:** Crowned oval shield of Austro-Burgundian arms, Order of Golden Fleece around, date at end of legend **Rev. Legend:** ARCH. AVST. DVX. BVRG. LOTH. BRAB. COM. FLAN. **Note:** Previous C#50. N&V 469; Fr.#739c.

Date	Mintage	F	VF	XF	Unc	BU
1787M	—	200	400	500	750	1,400
1788M Reported not confirmed	—	—	—	—	—	—
1789M	—	350	500	700	1,100	1,800
1790M	—	350	500	700	1,100	1,800

KM# 236 CROCIONE (Kronenthaler)
0.8730 Silver Weight varies: 29.08-29.47g., 40 mm. **Ruler:** Leopold II **Obv:** Laureate bust to right, mintmark below **Obv. Legend:** LEOPOLD. II. D.G. R. I. S. A. GER. HIE. HVN. BOH. REX. **Rev:** Foliated cross in form of 'X,' crowns in angles at left, top and right, Order of Golden Fleece in lower angle, date at end of legend **Rev. Legend:** ARCH. AVST. DVX. BVRG. LOTH. BRAB. COM. FLAN. **Note:** Previous C#54. N&V 481. Dav.#1389.

Date	Mintage	VG	F	VF	XF	Unc
1791M	—	150	325	650	1,325	2,000
1792M	—	100	210	415	1,075	2,000

KM# 194 ZECCHINO
0.9100 Gold Weight varies: 3.33-3.48g., 21 mm. **Ruler:** Maria Theresa **Obv:** Veiled bust to right **Obv. Legend:** M. THERESIA. D.G. R. IMP. HU. BO. REG. A. A. **Rev:** Crowned oval shield of 4-fold arms with central shield, crossed branches below, date at end of legend **Rev. Legend:** MEDIOLANI - DUX. **Note:** Previous C#38. N&V 456; Fr.#735.

Date	Mintage	VG	F	VF	XF	Unc
1778	—	450	850	1,500	2,500	—
1779	—	450	850	1,500	2,500	—
1780	—	550	1,000	2,000	3,300	—

KM# 232 1/2 SOVRANO
0.9000 Gold Weight varies: 4.85-5.48g., 24 mm. **Ruler:** Leopold II **Obv:** Laureate bust to right, mintmark below **Obv. Legend:** LEOPOLD. II. D.G. R. IMP. S. A. GE. HIE. HV. BO. REX. **Rev:** Crowned oval shield of Austro-Burgundian arms, Order of Golden Fleece around date at end of legend **Rev. Legend:** ARCH. AVST. DVX. BVRG. LOTH. BRAB. COM. FLAN. **Note:** Previous C#56. N&V 480; Fr.#739e. Varieties exist.

Date	Mintage	F	VF	XF	Unc	BU
1790M	—	900	1,500	2,500	4,750	—
1791M	—	900	1,500	2,500	4,750	—
1792M	—	900	1,500	2,500	4,750	—

KM# 238 1/2 SOVRANO
5.5700 g., 0.9190 Gold 0.1646 oz. AGW **Ruler:** Leopold II **Rev:** Larger crowned arms **Note:** Previous C#56a.

Date	Mintage	F	VF	XF	Unc	BU
1791M	—	450	1,050	2,550	4,500	—

KM# 239 CROCIONE (Kronenthaler)
0.8730 Silver Weight varies: 29.29-29.55g., 41 mm. **Ruler:** Franz II **Obv:** Laureate bust to right, mintmark below **Obv. Legend:** FRANCISC. II. D.G. R. I. S. A. GER. HIE. HVN. BOH.

KM# 214 ZECCHINO
3.4700 g., 0.9860 Gold 0.1100 oz. AGW, 21 mm. **Ruler:** Joseph II **Obv:** Laureate bust to right **Obv. Legend:** IOSEPH. II. D.G. R. IMP. S. AUG. G. H. ET B. REX. A. A. **Rev:** Crowned oval shield of 4-fold arms with central shield, crossed branches below, date at end of legend. **Rev. Legend:** MEDIOLANI ET - MANT. DUX. **Note:** Previous C#46. N&V 471; Fr.#739.

Date	Mintage	VG	F	VF	XF	Unc
1781 LB	—	250	375	650	1,250	—
1782 LB	—	250	375	650	1,250	—

KM# 248 1/2 SOVRANO
5.5500 g., 0.9000 Gold 0.1606 oz. AGW, 22 mm. **Ruler:** Franz II **Obv:** Laureate bust to right, mintmark below **Obv. Legend:** FRANCISC. II. D.G. R. IMP. S. A. GE. HIE. HV. BO. REX. **Rev:** Crowned oval shield of Austro-Burgundian arms, order of Golden Fleece around, date at end of legend **Rev. Legend:** ARCH. AVST. DVX. BVRG. LOTH. BRAB. COM. FLAN. **Note:** Previous C#60. N&V 485; Fr.#741b.

Date	Mintage	F	VF	XF	Unc	BU
1800 Rare	—	—	—	—	—	—

Note: For similar coins with other mint marks refer to Austrian Netherlands

ITALIAN STATES — MILAN

KM# 129 DOPPIA
Gold Weight varies: 6.57-6.60g., 22 mm. **Ruler:** Carlo III **Obv:** Laureate bust to right **Obv. Legend:** CAROLVS. VI. IMP. ET. HIS. R. **Rev:** Crown with 2 branches above shield of 4-fold arms, date below **Rev. Legend:** MEDI. - DVX. ET. **Note:** N&V 425; Fr.#729. Varieties exist.

Date	Mintage	VG	F	VF	XF	Unc
1720	—	5,000	8,300	14,000	25,000	—

Note: Bowers and Merena Guia sale 3-89 XF 1720 realized $16,500

Date	Mintage	VG	F	VF	XF	Unc
1724	—	3,500	6,650	12,500	21,000	—

Note: Superior Pipito Sale 12-87 XF 1724 realized $19,525

KM# 196 DOPPIA
0.9000 Gold Weight varies: 6.23-6.28g., 24 mm. **Ruler:** Maria Theresa **Obv:** Veiled bust to right **Obv. Legend:** M. THERESIA. D.G. R. IMP. HU. BO. REG. A. A. **Rev:** Crowned oval shield of 4-fold arms with central shield, crossed branches below, date at end of legend **Rev. Legend:** MEDIOLANI - DUX. **Note:** Previous C#39. N&V 455; Fr.#735.

Date	Mintage	VG	F	VF	XF	Unc
1778	—	450	825	1,650	3,750	—
1779	—	800	1,500	2,500	5,000	—
1780	—	675	1,250	1,900	4,150	—

KM# 216 DOPPIA
0.9860 Gold Weight varies: 6.20-6.30g., 24 mm. **Ruler:** Joseph II **Obv:** Laureate bust to right **Obv. Legend:** IOSEPH. II. D.G. R. IMP. S. AUG. G. H. ET. B. REX. A. A. **Rev:** Crowned square shield of 4-fold arms with central shield, crossed branches below, date at end of legend **Rev. Legend:** MEDIOLANI ET - MANT. DUX. **Note:** Previous C#47. N&V 468; Fr.#738.

Date	Mintage	VG	F	VF	XF	Unc
1781 LB	—	775	1,500	2,500	5,400	8,000
1783 LB	—	775	1,500	2,500	5,400	8,000
1784 LB	—	775	1,500	2,500	5,400	8,000
1785 LB	—	775	1,500	2,500	5,400	8,000

KM# 224 2 DUCATO
6.9500 g., 0.9860 Gold 0.2203 oz. AGW, 25 mm. **Ruler:** Joseph II **Obv:** Laureate bust to right, mintmark below **Obv. Legend:** IOSEPH. II. D.G. R. I. S. A. - GERM. HV. BO. REX. **Rev:** Crowned imperial eagle, crowned shield of manifold arms on breast, value (2) in cartouche at bottom, date at end of legend **Rev. Legend:** ARCH. AVST. D. BVRG. - LOTH. M. D. HET. **Note:** N&V 467; Fr.#737a.

Date	Mintage	VG	F	VF	XF	Unc
1786M	—	850	1,650	3,150	5,400	—

KM# 226 SOVRANO
0.9000 Gold Weight varies: 10.57-11.10g., 28 mm. **Ruler:** Joseph II **Obv:** Laureate bust to right, mintmark below **Obv. Legend:** IOSEPH. II. D.G. R. IMP. S. A. GE. HIE. HV. BO. REX. **Rev:** Crowned oval shield of Austro-Burgundian arms, Order of Golden Fleece around, date at end of legend **Rev. Legend:** ARCH. AVST. DVX. BVRG. LOTH. BRAB. COM. FLAN. **Note:** Previous C#51. N&V 466; Fr.#739a.

Date	Mintage	VG	F	VF	XF	Unc
1786M	—	BV	450	600	850	1,500
1787M	—	BV	450	600	850	1,500
1788M	—	BV	500	700	900	1,500
1789M	—	BV	500	700	900	1,500
1790M	—	BV	500	700	900	1,500

KM# 234 SOVRANO
0.9190 Gold Weight varies: 11.04-11.06g., 29 mm. **Ruler:** Leopold II **Obv:** Laureate bust to right, mintmark below **Obv. Legend:** LEOPOLD. II. D.G. R. IMP. S. A. GE. HIE. HV. BO. REX. **Rev:** Crowned oval shield of Austro-Burgundian arms, Order of Golden Fleece around, date at end of legend **Rev. Legend:** ARCH. AVST. DVX. BVRG. LOTH. BRAB. COM. FLAN. **Note:** Previous C#57. N&V 479; Fr.#739d.

Date	Mintage	F	VF	XF	Unc	BU
1790M	—	625	1,500	2,500	5,000	8,000
1791M Rare	—	750	1,900	3,150	6,300	8,000
1792M Rare	—	750	1,900	2,750	6,300	8,000

KM# 241 SOVRANO
0.9190 Gold Weight varies: 10.62-11.10g., 30 mm. **Ruler:** Franz II **Obv:** Laureate bust to right, mintmark below **Obv. Legend:** FRANCISC. II. D.G. R. IMP. S. A. GE. HIE. HV. BO. REX. **Rev:** Crowned oval shield of Austro-Burgundian arms, Order of Golden Fleece around, date at end of legend **Rev. Legend:** ARCH. AVST. DVX. BVRG. LOTH. BRAB. COM. FLAN. **Note:** Previous C#61a. N&V 484; Fr.#741a.

Date	Mintage	F	VF	XF	Unc	BU
1792M	—	850	1,500	3,000	5,000	—
1793M Rare	—	480	700	1,000	1,750	—
1794M Rare	—	480	700	1,000	1,750	—
1795M Rare	—	480	700	1,000	2,500	—
1796M Rare	—	480	700	1,000	2,500	—
1799M Rare	—	—	—	—	—	—
1800M	—	480	700	1,000	1,750	—

Note: For similar coins with other mint marks refer to Austrian Netherlands

KM# 242 SOVRANO
0.9190 Gold Weight varies: 10.62-11.10g., 30 mm. **Ruler:** Franz II **Obv:** Laureate bust to right, mintmark below **Obv. Legend:** FRANC. II. D.G. R. IMP. S. A. GE. HIE. HV. BO. REX. **Rev:** Crowned oval shield of Austro-Burgundian arms, Order of Golden Fleece around, date at end of legend **Rev. Legend:** ARCH. AVST. DVX. BVRG. LOTH. BRAB. COM. FLAN. **Note:** Previous C#61. N&V 484; Fr.#741a.

Date	Mintage	F	VF	XF	Unc	BU
1793M	—	500	1,000	1,600	3,000	—

KM# 198 2 DOPPIE (Quadrupla)
0.9100 Gold Weight varies: 12.43-12.60g., 28 mm. **Ruler:** Maria Theresa **Obv:** Veiled bust to right **Obv. Legend:** M. THERESIA. D.G. R. IMP. HU. BO. REG. A. A. **Rev:** Crowned oval shield of 4-fold arms with central shield, crossed branches below, date at end of legend **Rev. Legend:** MEDIOLANI - DUX. **Note:** Previous C#40. N&V 454; Fr.#733.

Date	Mintage	VG	F	VF	XF	Unc
1778	—	—	1,200	2,000	4,000	8,000
1779	—	—	1,200	2,000	4,000	8,000

KM# 237 1/4 SOVRANO
2.7650 g., 0.9190 Gold 0.0817 oz. AGW **Ruler:** Leopold II **Obv:** Leopold II **Rev:** Crowned arms **Note:** Previous C#55.

Date	Mintage	VG	F	VF	XF	Unc
1791M	—	450	700	2,000	4,000	—

KM# 124 12 SCUDI D'ORO
39.7100 g., Gold **Ruler:** Carlo III **Obv:** Laureate bust to right **Obv. Legend:** CAROLVS. VI. D.G. IMPER. ET. HISP. REX. **Rev:** Crowned shield of manifold arms **Rev. Legend:** MEDIOLANI - DVX. ET. C. **Note:** Fr.#731.

Date	Mintage	VG	F	VF	XF	Unc
ND(1711-40) Rare	—	—	—	—	—	—

Note: Superior Pipito Sale 12-87 VF realized $50,600

PATTERNS
Including off metal strikes

KM#	Date	Mintage	Identification	Mkt Val
Pn1	1766	—	10 Soldi. Silver. Value: 10. Previous C#21.	—

KM#	Date	Mintage	Identification	Mkt Val
Pn2	1776	—	6 Quattrini. Copper. Veiled bust of Maria Theresa right. SEI/QUATTRINI/1776 in wreath. Previous C#11.	—

KM#	Date	Mintage	Identification	Mkt Val
Pn3	1777	—	10 Soldi. Copper. Bust of Maria Theresa to right, date below. Snake arms between 2 branches.	—
Pn4	1777	—	Scudo. Silver. Bust to right. DUX, date at left of arms. Dav. #1385	—

MODENA

Mutina

The ancient Mutina is a territorial division of Italy fronting on the Adriatic Sea between Venetia and Marches which became Roman in 215-212 B.C. Ravaged by Attila and Lombard attacks, it was rebuilt in the 9th century. Obizzo d'Este became its lord in 1288 and it was constituted a duchy in favor of Borso d'Este in 1452.Modena was included in the Napoleonic complex from 1796 to 1813, after which it was governed by the House of Austria-Este. Modena began coining in the 13th century and ceased in 1796.

RULERS
Rinaldo D'Este, 1694-1737
Francesco III d'Este, 1737-1780
Ercole (Hercules) III d'Este 1780-1796

MONETARY SYSTEM
12 Denari = 2 Sesini = 1 Soldo
20 Bolognini = 10 Muraglioli = 4 Giorgini = 3 Capellone = 1 Lira
3 Small Scudi = 1 Tallero

DUCHY

STANDARD COINAGE

C# 13 QVATTRO (4) DENARI
Copper **Obv:** Crowned lily **Rev:** Value

Date	Mintage	VG	F	VF	XF	Unc
ND	—	5.00	10.00	20.00	40.00	—

C# 1 SESINO
Copper **Obv:** Bust of Francesco right, without legend **Rev:** Crowned shield

Date	Mintage	VG	F	VF	XF	Unc
ND	—	10.00	20.00	40.00	75.00	—

C# 2 UN (VN = 1) SOLDO

Copper **Obv:** Fleur-de-lys **Rev:** Value

Date	Mintage	VG	F	VF	XF	Unc
ND	—	6.00	12.00	25.00	50.00	—

C# 14 UN (VN = 1) SOLDO

Copper **Obv:** Date within wreath **Rev:** Value within wreath **Note:** Varieties exist.

Date	Mintage	VG	F	VF	XF	Unc
1783	—	4.50	9.00	18.00	35.00	—
1784	—	4.50	9.00	18.00	35.00	—

C# 3 UN (VN = 1) BOLOGNINO

Copper **Obv:** Displayed d'Este eagle **Rev:** Value

Date	Mintage	VG	F	VF	XF	Unc
ND	—	6.00	12.00	25.00	50.00	—

C# 15 UN (VN = 1) BOLOGNINO

Copper **Obv:** d'Este eagle **Rev:** Value

Date	Mintage	VG	F	VF	XF	Unc
1783	—	4.50	9.00	18.00	35.00	—
1784	—	4.50	9.00	18.00	35.00	—

C# 4 DUE (2) BOLOGNINI (Muragliolo)

Billon **Obv:** Crowned arms **Rev:** Value over date

Date	Mintage	VG	F	VF	XF	Unc
1740	—	5.00	10.00	20.00	40.00	—
1741	—	5.00	10.00	20.00	40.00	—
1747	—	5.00	10.00	20.00	40.00	—

C# 16 DUE (2) BOLOGNINI (Muragliolo)

Billon **Obv:** Eagle **Rev:** Value

Date	Mintage	VG	F	VF	XF	Unc
1783	—	8.00	16.00	30.00	50.00	—
1784	—	8.00	16.00	30.00	50.00	—

C# 5 4 BOLOGNINI

Billon **Obv:** Bust of Francesco right **Rev:** Crowned eagle

Date	Mintage	VG	F	VF	XF	Unc
1739	—	12.00	25.00	45.00	85.00	—
1740	—	12.00	25.00	45.00	85.00	—

C# 6 5 SOLDI (Giorgino)

Billon **Obv:** Crowned eagle **Rev:** Saint standing

Date	Mintage	VG	F	VF	XF	Unc
1740	—	6.00	12.00	25.00	50.00	—
1741	—	6.00	12.00	25.00	50.00	—
1742	—	6.00	12.00	25.00	50.00	—
1750	—	6.00	12.00	25.00	50.00	—
1762	—	6.00	12.00	25.00	50.00	—

C# 7 6 BOLOGNINI 8 DENARI (Capellone)

Billon **Obv:** Bust of Francesco right **Rev:** Value and date

Date	Mintage	VG	F	VF	XF	Unc
1750	—	6.00	12.00	25.00	50.00	—
1751	—	6.00	12.00	25.00	50.00	—

C# 8 10 SOLDI (1/2 Lira)

Billon **Obv:** Crowned eagle **Note:** Similar to Scudo, C#12.

Date	Mintage	VG	F	VF	XF	Unc
1738	—	15.00	30.00	55.00	100	—

C# 9 LIRA

Billon **Obv:** Crowned eagle **Note:** Similar to Scudo, C#12.

Date	Mintage	VG	F	VF	XF	Unc
1738	—	20.00	40.00	85.00	200	—
1739	—	20.00	40.00	85.00	200	—

C# 11 2 LIRE

Billon **Obv:** Crowned eagle **Note:** Similar to Scudo, C#12.

Date	Mintage	VG	F	VF	XF	Unc
1738	—	30.00	60.00	120	275	—

C# 12.2 SCUDO

Silver **Ruler:** Francesco III d'Este **Rev. Legend:** VETERIS MONVME - NTVM ... **Note:** Dav#1392A.

Date	Mintage	VG	F	VF	XF	Unc
1739	—	—	—	—	—	—

C# 17 SCUDO

9.2310 g., 0.9100 Silver 0.2701 oz. ASW **Ruler:** Ercole (Hercules) III d'Este **Obv:** Bust left **Obv. Legend:** HERCVLES • III • D • G • .... **Rev:** Crowned shield in Order chain **Rev. Legend:** PROXIMA SOLI •

Date	Mintage	VG	F	VF	XF	Unc
1782	—	100	200	400	850	—
1783	—	100	200	400	850	—

C# 1394 TALLERO (Levant)

25.8100 g., 0.9100 Silver 0.7551 oz. ASW **Ruler:** Ercole (Hercules) III d'Este **Obv:** Bust left **Obv. Legend:** HERCVLES • III • D • G • .... **Rev:** Crowned, flagged shield **Rev. Legend:** DEXTERA • DOMINI • EXALTAVIT • ME • 1796

Date	Mintage	VG	F	VF	XF	Unc
1795	—	60.00	250	650	1,150	—
1796	—	100	250	650	1,150	—

C# 20.2 TALLERO (Levant)

25.8100 g., 0.9100 Silver 0.7551 oz. ASW **Ruler:** Ercole (Hercules) III d'Este **Obv. Legend:** Ends with ... MIR • EC • DVX • **Note:** Dav#1394A.

Date	Mintage	VG	F	VF	XF	Unc
1795	—	150	325	650	1,150	—
1796	—	150	325	650	1,150	—

C# 18 2 SCUDI

18.4620 g., 0.9100 Silver 0.5401 oz. ASW **Ruler:** Ercole (Hercules) III d'Este **Obv:** Bust left **Obv. Legend:** HERCVLES • III • D • G • .... **Rev:** Crowned shield in Order chain **Rev. Legend:** PROXIMA SOLI •

Date	Mintage	VG	F	VF	XF	Unc
1782	—	90.00	180	375	800	—
1783	—	90.00	180	375	800	—

DAV# 1391 DUCATO

Silver **Ruler:** Rinaldo d'Este **Obv:** Bust right, date below **Obv. Legend:** RAYNALDVS • I • MVT • REG • E (C OR R) • D • XI • MI • I • **Rev:** St. Gontard kneeling left **Rev. Legend:** PROTECTOR • NOSTE(R) ASPICE :

Date	Mintage	VG	F	VF	XF	Unc
1719	—	100	300	800	1,500	—
1720	—	100	300	800	1,500	—
1721	—	100	300	800	1,500	—

C# 12.1 SCUDO

Silver **Ruler:** Francesco III d'Este **Obv:** Armored bust right **Obv. Legend:** FRANCISCUS • III • MUT • REG • MIR • DUX • **Rev:** Crowned ornate shield **Rev. Legend:** VETERIS MONU - MENTUM DECORIS **Note:** Dav. #1392.

Date	Mintage	VG	F	VF	XF	Unc
1739	—	350	750	1,500	2,500	—

C# 19.1 3 SCUDI

27.6930 g., 0.9100 Silver 0.8102 oz. ASW **Ruler:** Ercole (Hercules) III d'Este **Obv:** Bust left **Obv. Legend:** HERCVLES • III • D • G • .... **Rev:** Crowned shield in Order chain **Rev. Legend:** PROXIMA SOLI • **Note:** Dav. #1393.

Date	Mintage	VG	F	VF	XF	Unc
1782	—	145	275	575	950	—

C# 19.2 3 SCUDI

27.6930 g., 0.9100 Silver 0.8102 oz. ASW **Ruler:** Ercole (Hercules) III d'Este **Rev:** Date below arms **Note:** Dav#1393A.

Date	Mintage	VG	F	VF	XF	Unc
1783	—	145	275	575	950	—

NAPLES & SICILY

Two Sicilies

Consisting of Sicily and the south of Italy, Naples & Sicily came into being in 1130. It passed under Spanish control in 1502; Naples was conquered by Austria in 1707. In 1733 Don Carlos of Spain was recognized as king. From then until becoming part of the United Kingdom of Italy, Naples and Sicily, together and separately, were contested for by Spain, Austria, France, and the republican and monarchial factions of Italy.

RULERS

Bourbon

Charles VI, 1707-1734
Carlo III, 1734-1759
Ferdinando IV, 1759-1799 (1st reign)
Ferdinando IV, 1799-1805 (2nd reign)
1815-1816 (restored in Naples)
1816-1825 (as King of the Two Sicilies)
Neapolitan Republic, 1799

MINT OFFICIALS' INITIALS

Initials	Date	Name

ITALIAN STATES

NAPLES & SICILY

Initial	Date	Name
AG	1683-1714	Andrea Giovane
CC	1759	Cesare Coppola
FB	1734, 1736-43	Francesco Maria Berio
GB	1716-30	Giuseppe Basile
GV	1730	Geronimo Vespoli
MF	1715, 1730-34	Don Mattia de Franco
MM	1744-59	Marchese Vincenzo Maria Mazzara
VM	1731-33	Virgilio Martenise

ASSAYERS' INITIALS

Initial	Date	Name
A	1730-47	Francesco Antonio Ariani
C	1776	G. Batt Cangiano
R	1744	Giovanni Russo

ENGRAVERS' INITIALS

Usually found on the obverse below the portrait.

Initial	Date	Name
BP	1769-98	Bernhard Perger
FA	1766	Ferdinando Aveta
GG	1730-34, 1736-55, 1763	Giovanni de Gennard
IA, IA monogram	1754	Ingnazio Aveta
MM	1751	Domenico Maria Mazzara

MONETARY SYSTEM

(Until 1813)

6 Cavalli = 1 Tornese
240 Tornese = 120 Grana = 12 Carlini= 6 Tari = 1 Piastra
5 Grana = 1 Cinquina
100 Grana = 1 Ducato (Tallero)

KINGDOM
Bourbon Rule

STANDARD COINAGE

• SICILIAR • ET • HIE • REX **Rev:** Crowned shield with garland divides initials **Rev. Legend:** HISPANIAR · INFANS **Note:** Dav. #1406.

Date	Mintage	VG	F	VF	XF	Unc
1786 P//C-C	—	10.00	35.00	50.00	300	1,000
1786 BP//C-C	—	10.00	35.00	50.00	300	1,000
1787 DP//C-C	—	10.00	35.00	50.00	300	1,000
1788 DP//C-C	—	10.00	35.00	50.00	300	1,000
1788 P//C-C	—	10.00	35.00	50.00	300	1,000
1788 C-C	—	10.00	35.00	50.00	300	1,000
1788 BP/C-C	—	10.00	35.00	50.00	300	1,000
1789 P//C-C	—	15.00	50.00	200	700	2,000
1789 P//C-C	—	10.00	35.00	50.00	300	1,000
1790 P//M, R-C	—	10.00	35.00	50.00	300	1,000
1790 P//M, A-P	—	10.00	35.00	50.00	300	1,000
1791 P//C-C	—	10.00	35.00	50.00	300	1,000
1791 P//M, A-P	—	10.00	35.00	50.00	300	1,000
1791 P//A-P	—	15.00	50.00	200	700	2,000
1792 P//C-C	—	10.00	35.00	50.00	300	1,000
1792 P//M, A-P	—	10.00	35.00	50.00	300	1,000
1793 P//C-C	—	10.00	35.00	50.00	300	1,000
1793 P//M, A-P	—	10.00	35.00	50.00	300	1,000
1794 P//C-C	—	10.00	35.00	50.00	300	1,000
1794 P//M, A-P	—	10.00	35.00	50.00	300	1,000

C# 75 6 DUCATI

8.7980 g., 0.9060 Gold 0.2563 oz. AGW **Ruler:** Ferdinando IV 1st reign **Obv:** Bust right **Obv. Legend:** FERDINAND • IV • D • G • ... **Rev:** Crowned shield divides initials **Legend:** HISPANIAR • INFANS 1761 •

Date	Mintage	VG	F	VF	XF	Unc
1759 C-C R Rare	—	—	600	1,000	2,500	—
1760 C-C R Rare	—	—	500	1,000	2,500	5,000
1761 IA//C-C R	—	—	400	600	1,000	—
1762 IA//C-C R	—	—	400	600	1,000	—
1763 IA//C-C R	—	—	400	600	1,000	—
1763 DG//C-C R	—	—	400	600	1,000	—
1764 IA//C-C R	—	—	400	600	1,000	—
1765 DG//C-C R	—	—	400	600	1,000	—
1765 G//C-C R	—	—	400	600	1,000	—
1766 DG//C-C R	—	—	400	600	1,000	—
1767 DG//C-C R	—	—	400	600	1,000	—
1768 DG//C-C R	—	—	400	600	1,000	—

C# 76 6 DUCATI

8.7980 g., 0.9060 Gold 0.2563 oz. AGW **Ruler:** Ferdinando IV 1st reign **Obv:** Bust right **Obv. Legend:** FERDINAN • IV • D • G • SICIL • ... **Rev:** Crowned oval shield within sprays **Rev. Legend:** HISPANIAR • INFANS

Date	Mintage	VG	F	VF	XF	Unc
1768 BP//CC R	—	—	400	500	800	1,500
1768 CC R	—	—	400	500	800	1,500
1768 CC	—	—	400	500	800	1,500
1769 CC	—	—	400	500	800	1,500
1770 BP//CC R	—	—	400	500	800	1,500
1771 BP//CC R	—	—	400	500	800	1,500
1772 BP//CC R	—	—	400	500	800	1,500
1773 BP//CC R	—	—	400	500	800	1,500
1774 BP//CC R	—	—	400	500	800	1,500
1775 BP//CC R	—	—	400	500	800	1,500
1776 BP//CC C	—	—	400	500	800	1,500
1777 BP//CC C	—	—	400	500	800	1,500
1777 BP//CC	—	—	400	500	800	1,500
1778 BP//CC C	—	—	400	500	1,000	2,000
1781 BP//CC C Rare	—	—	—	—	—	—

C# 68 PIASTRA OF 120 GRANA

27.5320 g., 0.8330 Silver 0.7373 oz. ASW **Ruler:** Ferdinando IV 1st reign **Obv:** Conjoined busts right **Obv. Legend:** FERDINANDVS IV • ET M • CAROLINA VNDIQ • FELICES **Rev:** World globe divides date below radiant sun **Rev. Legend:** SOLI REDVCI **Note:** Varieties exist. Dav. #1408.

Date	Mintage	VG	F	VF	XF	Unc
1791 P-AP	—	—	100	500	2,000	—
1791 P-AP, M	—	—	100	500	2,000	—

C# 64 PIASTRA OF 120 GRANA

25.4830 g., 0.9170 Silver 0.7513 oz. ASW **Ruler:** Ferdinando IV 1st reign **Obv:** Bust right **Obv. Legend:** FERDINAN • IV • D • G • SICILIAR • ET HIER • REX • **Rev:** Crowned, oval ornate shield, divides initials **Rev. Legend:** HISPANIAR • INFANS **Note:** Dav. #1401.

Date	Mintage	VG	F	VF	XF	Unc
1766 FA-CC	—	50.00	100	400	1,000	—

C# 66b PIASTRA OF 120 GRANA

27.2650 g., 0.8330 Silver 0.7302 oz. ASW **Ruler:** Ferdinando IV 1st reign **Obv:** Head right **Obv. Legend:** FERDINAN • IV • D • G • SICILIAR • ET • HIE • REX **Rev:** Crowned shield with garland divides initials **Rev. Legend:** HISPANIAR INFANS **Note:** Dav. #1409.

Date	Mintage	VG	F	VF	XF	Unc
1795 P//A-P	—	35.00	50.00	100	200	800
1795 P//M, A-P	—	35.00	50.00	100	200	800
1796 P//A-P	—	35.00	50.00	100	200	800
1796 P//M, A-P	—	35.00	50.00	70.00	180	700
1798 P//A-P	—	35.00	50.00	70.00	180	700
1798 P//M, A-P	—	35.00	50.00	70.00	180	700
1799 P//M, A-P	—	35.00	50.00	150	600	1,500
1800 P//M, A-P	—	35.00	100	500	1,400	—
Rare						

C# 66a PIASTRA OF 120 GRANA

27.2650 g., 0.8330 Silver 0.7302 oz. ASW **Ruler:** Ferdinando IV 1st reign **Obv:** Bust right **Obv. Legend:** FERDINAN • IV • D • G

KINGDOM OF NAPLES
Spanish Rule

STANDARD COINAGE

C# 1 3 CAVALLI (1/2 Tornese)

1.5000 g., Copper **Ruler:** Carlo III **Obv:** Bust right **Obv. Legend:** CAR • D • G • ... **Rev:** 3 in cartouche, date below

Date	Mintage	VG	F	VF	XF	Unc
1755	—	3.00	6.00	12.00	25.00	—
1756	—	3.00	6.00	12.00	25.00	—
1757	—	3.00	6.00	12.00	25.00	—

C# 29 3 CAVALLI (1/2 Tornese)

1.5000 g., Copper **Ruler:** Ferdinando IV 1st reign **Obv:** Head right **Obv. Legend:** FERDINAN • IV • SICIL • REX • **Rev:** Maltese cross divides C3, date below

Date	Mintage	VG	F	VF	XF	Unc
1788 P	—	2.50	5.00	10.00	100	250
1789 P	—	2.50	5.00	10.00	100	250
1790 P	—	2.50	5.00	10.00	100	250
1791 P	—	2.50	5.00	10.00	100	250
1792 P	—	2.50	5.00	10.00	100	250

C# 2 4 CAVALLI
2.1000 g., Copper **Ruler:** Carlo III **Obv:** Bust right **Rev:** 4 in cartouche, date below

Date	Mintage	VG	F	VF	XF	Unc
1751	—	3.00	6.00	12.00	100	300
1752	—	3.00	6.00	12.00	100	300
1753	—	3.00	6.00	12.00	100	300
1754	—	3.00	6.00	12.00	100	300
1755	—	3.00	6.00	12.00	100	300
1756	—	3.00	6.00	12.00	100	300
1757	—	3.00	6.00	12.00	100	300

C# 31 4 CAVALLI

2.1000 g., Copper **Ruler:** Ferdinando IV 1st reign **Obv:** Head right **Obv. Legend:** FERDINAN • IV • SICIL • REX • **Rev:** Grape cluster divides C4, date below

Date	Mintage	VG	F	VF	XF	Unc
1788 P	—	4.00	7.00	14.00	100	200
1789 P	—	4.00	7.00	14.00	100	200
1790 P	—	4.00	7.00	14.00	100	200
1791 P	—	4.00	7.00	14.00	100	200
1792 P	—	4.00	7.00	14.00	100	200

C# 2.5 TORNESE (6 Cavalli)

3.0500 g., Copper **Ruler:** Carlo III **Obv:** Bust right **Rev:** HILA/RI/TAS, date below

Date	Mintage	VG	F	VF	XF	Unc
1754	—	3.50	7.00	14.00	100	300
1755	—	3.50	7.00	14.00	100	300
1756	—	3.50	7.00	14.00	100	300
1757	—	3.50	7.00	14.00	100	300

C# 33 TORNESE (6 Cavalli)

3.0500 g., Copper **Ruler:** Ferdinando IV 1st reign **Obv:** Head right **Obv. Legend:** FERDINAN • IV • SICIL • REX • **Rev:** Value, date within thin wreath

Date	Mintage	VG	F	VF	XF	Unc
1788 P	—	3.50	7.00	14.00	100	300
1789 P	—	3.50	7.00	14.00	100	300
1790 P	—	3.50	7.00	14.00	100	300
1791 P	—	3.50	7.00	14.00	100	300
1792/1 P	—	4.00	8.00	16.00	100	300
1792 P	—	3.50	7.00	14.00	100	300

C# 3 9 CAVALLI
4.6800 g., Copper **Ruler:** Carlo III **Obv:** Bust right **Rev:** 9 in cartouche, date below

Date	Mintage	VG	F	VF	XF	Unc
1756	—	6.00	12.00	25.00	100	400
1757	—	6.00	12.00	25.00	100	400

C# 37 9 CAVALLI

4.6800 g., Copper **Ruler:** Ferdinando IV 1st reign **Obv:** Bust right **Obv. Legend:** FERDINAN • IV • SICIL • REX • **Rev:** Short towered building divides C.9, date below

Date	Mintage	VG	F	VF	XF	Unc
1788 P	—	5.00	10.00	20.00	100	400
1789 P	—	5.00	10.00	20.00	100	400
1790 P	—	5.00	10.00	20.00	100	400
1791 P	—	5.00	10.00	20.00	100	400
1792 P	—	5.00	10.00	20.00	100	400

C# 5 GRANO (12 Cavalli)
6.3000 g., Copper **Ruler:** Carlo III **Obv:** Bust right **Rev:** HILA/RI/TAS, date below

Date	Mintage	VG	F	VF	XF	Unc
1756	—	6.00	12.00	25.00	50.00	—
1757	—	6.00	12.00	25.00	50.00	—

C# 39 GRANO (12 Cavalli)

6.3000 g., Copper **Ruler:** Ferdinando IV 1st reign **Obv:** Bust right **Obv. Legend:** FERDINAN • IV • SICILIAR • REX • **Rev:** Inscription, value, date within thin wreath

Date	Mintage	VG	F	VF	XF	Unc
1788 CC	—	3.50	8.00	16.00	100	400
1789 CC	—	3.50	8.00	16.00	100	400
1790 CC	—	3.50	8.00	16.00	100	400
1791 CC	—	3.50	8.00	16.00	100	400
1791 AP	—	3.50	8.00	16.00	100	400
1792 AP	—	3.00	8.00	16.00	100	400
1792 CC	—	3.50	8.00	16.00	100	400
1793 CC	—	3.50	8.00	16.00	100	400
1797 AP	—	9.00	60.00	250	800	1,600
1798 AP	—	16.00	80.00	300	1,000	2,000
1800 AP	—	—	300	500	2,000	4,000

C# 7 3 TORNESI
Copper **Ruler:** Carlo III **Obv:** Bust right **Rev:** Inscription: PUBLICA/LAETI/TIA, date below

Date	Mintage	VG	F	VF	XF	Unc
1756	—	7.00	15.00	30.00	60.00	—
1757	—	7.00	15.00	30.00	60.00	—

C# 8 3 TORNESI
9.2100 g., Copper **Ruler:** Ferdinando IV 1st reign **Obv:** Head right **Rev:** Inscription within wreath **Rev. Inscription:** PUBLI/CA/LETI/TIA

Date	Mintage	VG	F	VF	XF	Unc
1770 Rare	—	—	—	—	—	—
1778 Rare	—	—	—	—	—	—

C# 43 3 TORNESI

9.2100 g., Copper **Ruler:** Ferdinando IV 1st reign **Obv:** Bust right **Obv. Legend:** FERDINAN IV SICIL ET HIER REX **Rev:** Crown above inscription, date within wreath

Date	Mintage	VG	F	VF	XF	Unc
1788 P	—	7.00	15.00	100	200	500
1789 P	—	7.00	15.00	100	200	500
1790 P	—	7.00	15.00	100	200	500
1791 P	—	7.00	15.00	100	200	500
1792 P	—	7.00	15.00	100	200	500
1793 P	—	7.00	15.00	100	200	500

C# 10 5 GRANI
Silver **Ruler:** Carlo III **Obv:** Bust right **Rev:** 5 in cartouche, date below

Date	Mintage	VG	F	VF	XF	Unc
1735	—	5.00	10.00	20.00	40.00	—

C# 13 5 GRANI

Silver **Ruler:** Carlo III **Obv:** Bust right **Obv. Legend:** CAR • D • G • ... **Rev:** Figure of Abundantia seated, date in exergue

Date	Mintage	VG	F	VF	XF	Unc
1755 IA MM	—	5.00	10.00	50.00	10.00	—
1756 IA MM	—	5.00	10.00	50.00	100	—
1757 IA MM	—	5.00	10.00	50.00	100	—
1758 IA MMR	—	5.00	10.00	50.00	100	—
1759 IA CCR	—	5.00	10.00	50.00	100	—

C# 45a 5 TORNESI

12.5000 g., Copper, 30 mm. **Ruler:** Ferdinando IV 1st reign **Obv:** Shield within wreath **Rev:** Crown above divides R.C., T.5. and date below

Date	Mintage	VG	F	VF	XF	Unc
1755 IA MMR	—	5.00	10.00	22.00	50.00	—
1756 IA MMR	—	5.00	10.00	22.00	50.00	—
1798 P//R. G.	—	5.00	9.00	25.00	60.00	—

C# 45 5 TORNESI

12.5000 g., Copper, 26-27 mm. **Ruler:** Ferdinando IV 1st reign **Obv:** Shield within wreath **Rev:** Crown above divides R.C., T.5. and date below **Note:** Size varies.

Date	Mintage	VG	F	VF	XF	Unc
1797 P//R. G.	—	5.00	10.00	85.00	100	600
1798 P//R. G.	—	5.00	10.00	25.00	100	600

C# 49 8 TORNESI

16.0000 g., Copper **Ruler:** Ferdinando IV 1st reign **Obv:** Head right **Obv. Legend:** FERDIN • IV • D • G • SICIL • ET HIE • REX • **Rev:** Value, date

Date	Mintage	VG	F	VF	XF	Unc
1796 P//R. G.	—	10.00	40.00	100	400	1,000
1797 P//R. G.	—	10.00	40.00	100	400	1,000

C# 51 10 TORNESI

23.0000 g., Copper **Ruler:** Ferdinando IV 1st reign **Obv:** Laureate head right **Obv. Legend:** FERDINAN • IV • SICILIAR • REX • **Rev:** Crown above value and date

Date	Mintage	VG	F	VF	XF	Unc
1798 P//R. C.	—	7.00	15.00	100	500	1,000

C# 15 CARLINO
2.2900 g., 0.8330 Silver 0.0613 oz. ASW **Ruler:** Carlo III **Obv:** Bust right **Rev:** Cross at center with date below

Date	Mintage	VG	F	VF	XF	Unc
1755 DeG MMR	—	6.00	12.00	25.00	50.00	250

C# 53 CARLINO

2.2940 g., 0.8330 Silver 0.0614 oz. ASW **Ruler:** Ferdinando IV 1st reign **Obv:** Laureate head right **Obv. Legend:** FERDINAN • IV • SICIL • REX • **Rev:** Radiant cross, date below **Rev. Legend:** IN HOC SIGNO VINCES

Date	Mintage	VG	F	VF	XF	Unc
1788 P//C C	—	6.00	10.00	50.00	150	400
1791 P//A P	—	6.00	10.00	15.00	50.00	250
1792 P//A P	—	6.00	10.00	50.00	150	400
1794 P//A P	—	6.00	10.00	15.00	50.00	200
1795 P//A P	—	6.00	10.00	50.00	150	400
1798 P//A P	—	6.00	10.00	25.00	50.00	200

C# 55 20 GRANA (Tari)
5.5440 g., 0.8330 Silver 0.1485 oz. ASW **Ruler:** Ferdinando IV 1st reign **Obv:** Head right **Rev:** Crowned arms, value below

Date	Mintage	VG	F	VF	XF	Unc
1788 P//C C	—	15.00	60.00	200	500	1,500
1790 P//C C	—	15.00	70.00	250	300	1,800

C# 57 20 GRANA (Tari)

5.5440 g., 0.8330 Silver 0.1485 oz. ASW **Ruler:** Ferdinando IV 1st reign **Obv:** Head right **Obv. Legend:** FERDINAN • IV • SICILIAR • ... **Rev:** Crown within wreath, date in legend **Rev. Legend:** A • P • HISPANIAR • INFANS 1796

Date	Mintage	VG	F	VF	XF	Unc
1790 P//C C	—	8.00	30.00	150	500	1,200
1792 P//C C	—	8.00	10.00	40.00	110	500
1793 P//C C	—	8.00	10.00	40.00	110	500
1794 P//C C	—	8.00	10.00	40.00	110	500
1795 P//A P	—	8.00	10.00	40.00	110	500
1796 P//A P	—	8.00	10.00	40.00	110	500
1798 P//A P	—	8.00	10.00	40.00	110	500

C# 59 50 GRANA (1/2 Piastra)

11.3500 g., 0.8330 Silver 0.3040 oz. ASW **Ruler:** Ferdinando IV 1st reign **Obv:** Head right **Rev:** Crowned arms, value in exergue

Date	Mintage	VG	F	VF	XF	Unc
1784 BP	—	20.00	60.00	100	185	—
1785 BP	—	15.00	50.00	80.00	155	—

C# 60 60 GRANA (1/2 Piastra)

12.7410 g., 0.9170 Silver 0.3756 oz. ASW **Ruler:** Ferdinando IV 1st reign **Obv:** Young, small bust right **Obv. Legend:** FERDINAND • IV • D • G • ... **Rev. Legend:** HISPANIAR • ...

Date	Mintage	VG	F	VF	XF	Unc
1760 IA//C C Rare	—	60.00	400	2,000	7,000	—

C# 19 60 GRANA (1/2 Piastra)

Silver **Ruler:** Carlo III **Obv:** Crowned shield **Obv. Legend:** CAR : D : G : REX ... **Rev:** Seated river god, volcano behind **Rev. Legend:** ...PRINCEPS •

Date	Mintage	VG	F	VF	XF	Unc
1734 FBA//DeG	—	15.00	30.00	60.00	120	—
1735 FBA//DeG	—	15.00	30.00	60.00	120	—
1736 FBA//DeG	—	15.00	30.00	60.00	120	—
1747 MM-A//DeG	—	15.00	30.00	60.00	120	—
1748 MMR D'G	—	15.00	30.00	60.00	120	—
1749 MM-R//D-G	—	15.00	30.00	60.00	120	—

C# 21 60 GRANA (1/2 Piastra)

Silver **Ruler:** Carlo III **Subject:** Birth of Prince Philip **Obv:** Accolated busts of Carlo and Maria Amalia right **Rev:** Woman seated holding child, monograms at sides, date in exergue

Date	Mintage	VG	F	VF	XF	Unc
1747	—	—	25.00	50.00	100	—

C# 61 60 GRANA (1/2 Piastra)

13.7660 g., 0.8330 Silver 0.3687 oz. ASW **Ruler:** Ferdinando IV 1st reign **Obv:** Bust right **Obv. Legend:** FERDINAN • IV • D • G • ... **Rev:** Crowned shield with garland divides initials **Rev. Legend:** HISPANIAR ...

Date	Mintage	VG	F	VF	XF	Unc
1785 BP//C C	—	50.00	200	500	1,200	—
1786 BP//C C	—	20.00	50.00	200	600	1,500
1788 BP//C C	—	20.00	50.00	200	600	1,500
1791 BP//C C Rare	—	100	400	1,000	2,500	—
1792 BP//C C	—	50.00	100	350	700	1,800
1793 BP//C C	—	100	300	800	2,200	—
1794 BP//C C	—	80.00	200	700	2,000	—

C# 61a 60 GRANA (1/2 Piastra)

13.7660 g., 0.8330 Silver 0.3687 oz. ASW **Ruler:** Ferdinando IV 1st reign **Obv:** Head right **Obv. Legend:** FERDINAN • IV • D • G • ... **Rev:** Crowned shield with garland divides initials **Rev. Legend:** HISPANIAR ...

Date	Mintage	VG	F	VF	XF	Unc
1796 BP//A P	—	15.00	70.00	150	500	1,500
1798 BP//A P	—	15.00	70.00	150	500	1,500

DAV# 1396 PIASTRA OF 120 GRANA

25.0000 g., 0.9610 Silver 0.7724 oz. ASW **Ruler:** Charles VI **Obv:** Bust right **Rev:** Crowned arms, date, and value: L.120 below

Date	Mintage	VG	F	VF	XF	Unc
1731	—	150	250	400	700	—
1733	—	150	250	400	700	—

C# 22 60 GRANA (1/2 Piastra)

Silver **Ruler:** Carlo III **Obv:** Bust right **Obv. Legend:** CAR • D • G • UTR • SIC • ET NIER • REX • **Rev:** Crowned shield divides initials **Rev. Legend:** HISPANIAR • INFANS •

Date	Mintage	VG	F	VF	XF	Unc
1750 DeG MMR	—	20.00	40.00	80.00	175	—
1752 DeG MMR	—	20.00	40.00	80.00	175	—
1753 DeG MMR	—	20.00	40.00	80.00	175	—
1754 DeG MMR	—	20.00	40.00	80.00	175	—

C# 24 PIASTRA OF 120 GRANA

25.1000 g., 0.9610 Silver 0.7755 oz. ASW **Ruler:** Carlo III **Subject:** Birth of Prince Philip **Obv:** Conjoined busts right **Obv. Legend:** CAR • UTR • SIC • REX • - & MAR • AMAL • REG • **Rev:** Seated female with child **Rev. Legend:** FIRMATA SECURITAS **Note:** Dav. #1398.

Date	Mintage	VG	F	VF	XF	Unc
1747 MMR	—	50.00	75.00	150	300	—

C# 23 PIASTRA OF 120 GRANA

25.1000 g., 0.9610 Silver 0.7755 oz. ASW **Obv:** Crowned shield divides initials **Obv. Legend:** CAR : D : G : REX • NEA • HISP : INFANS • & (c) **Rev:** Seated river god, volcano behind **Rev. Legend:** DE SOCIO PRINCEPS **Note:** Dav. #1397.

Date	Mintage	VG	F	VF	XF	Unc
1734 FBA DeG	—	20.00	40.00	150	300	—
1735 FBA GH	—	20.00	40.00	150	300	—
1736 FBA DeG	—	20.00	40.00	150	300	—
1747 MMA DeG	—	20.00	40.00	150	300	—

C# 23a PIASTRA OF 120 GRANA

25.6100 g., 0.9610 Silver 0.7912 oz. ASW **Ruler:** Carlo III **Obv:** Crowned shield with MV and MM monograms at sides **Obv. Legend:** CAR : D : G : REX NEA • HISP : INFANS & co. **Rev:** Seated river god, volcano behind, date below **Rev. Legend:** DE SOCIO PRINCEPS **Note:** Dav. #1399.

Date	Mintage	VG	F	VF	XF	Unc
1748 MMR D'G	—	20.00	40.00	60.00	135	—
1749 MMR D'G	—	20.00	40.00	60.00	135	—

C# 25 PIASTRA OF 120 GRANA

25.6100 g., 0.9610 Silver 0.7912 oz. ASW **Ruler:** Carlo III **Obv:**

NAPLES & SICILY

Bust right **Obv. Legend:** CAR • D • G • UTR • SIC • ET HIER • REX **Rev:** Crowned shield divides monograms **Rev. Legend:** HISPANIAR • INFANS • **Note:** Dav. #1400.

Date	Mintage	VG	F	VF	XF	Unc
1750 DeG//MM-R	—	40.00	100	300	800	—
1752 DeG//MM-R	—	40.00	100	300	800	—
1753 DeG//MM-R	—	25.00	50.00	100	150	—
1754/3 DeG//MM-R	—	25.00	50.00	100	150	—
1754 DeG//MM-R	—	25.00	50.00	100	150	—

C# 64a PIASTRA OF 120 GRANA

25.4830 g., 0.9170 Silver 0.7513 oz. ASW **Ruler:** Ferdinando IV 1st reign **Obv:** Smaller youthful bust right **Note:** Dav. #1402.

Date	Mintage	VG	F	VF	XF	Unc
1767 FA-CC	—	50.00	150	700	2,000	—

1st reign **Obv:** Conjoined busts right **Obv. Legend:** FERDINANDVS IV • ET MARIA CAROLINA **Rev:** Standing and kneeling figure, volcano behind **Rev. Legend:** PRO FAVSIO PP • REDITV V • S • - A • P • / M (AT RIGHT) 1791 (BELOW) **Note:** Dav. #1407.

Date	Mintage	VG	F	VF	XF	Unc
1791 AP	—	50.00	100	150	500	1,500
1791 DP-AP, M	—	50.00	100	150	500	1,500

C# 27 4 DUCATI

5.8650 g., 0.9060 Gold 0.1708 oz. AGW **Ruler:** Carlo III **Obv:** Head right **Rev:** Crowned arms, date in legend, value below

Date	Mintage	VG	F	VF	XF	Unc
1744 MM R DG	—	280	350	600	1,000	—
1749 MM R DG	—	280	350	600	1,000	—
1750 MM R DG	—	280	350	600	1,000	—
1751 MM R DG	—	280	350	600	1,000	—
1752 MM R DG	—	280	350	600	1,000	—
1753 MM R DG	—	280	350	600	1,000	—
1754 MM R DG	—	280	350	600	1,000	—
1755 MM R DG	—	280	350	600	1,000	—

C# 73 4 DUCATI

5.8650 g., 0.9060 Gold 0.1708 oz. AGW **Ruler:** Ferdinando IV 1st reign **Obv:** Bust right **Obv. Legend:** FERDINAN • IV • D • G • ... **Rev:** Crowned arms above value **Rev. Legend:** HISPANIAR • INFANS • 1768 •

Date	Mintage	VG	F	VF	XF	Unc
1760 CC R	—	280	350	500	1,000	2,000
1761 IA/CC R	—	280	350	500	1,000	2,000
1762 IA/CC R	—	280	350	500	1,000	2,000
1763 IA/CC R	—	280	350	500	1,000	2,000
1764 IA/CC R 2 known	—	—	—	—	—	—
1765 DG//CC R	—	280	350	500	1,000	2,000
1767 DG/CC R	—	280	350	500	1,000	2,000

C# 65 PIASTRA OF 120 GRANA

25.4830 g., 0.9170 Silver 0.7513 oz. ASW **Ruler:** Ferdinando IV 1st reign **Subject:** Birth of Princess Maria Theresa **Obv:** Conjoined busts right **Obv. Legend:** FERDINANDDVS REX MARIA CAROLINA REGINA **Rev:** Seated female with child **Rev. Legend:** FECUNDITAS/M•THERESIA•NATA/(BELOW) NON • IVNI • B • P • (AT LEFT) R • (AT RIGHT) **Note:** Dav. #1403.

Date	Mintage	VG	F	VF	XF	Unc
1772 CC-BP	—	150	450	1,000	2,000	—

DAV# 1395 DUCATO

Silver Ruler: Charles VI **Obv:** Bust right **Obv. Legend:** • CAR • VI • D • G • ... **Rev:** Crowned arms, date divided below **Rev. Legend:** SICI • REX • HISP • VTRI •

Date	Mintage	VG	F	VF	XF	Unc
1715	—	125	200	350	550	—

C# 63 DUCATO (100 Grani)

22.5000 g., 0.8330 Silver 0.6026 oz. ASW **Ruler:** Ferdinando IV 1st reign **Obv:** Head right **Rev:** Crowned arms in sprays, value below **Note:** Dav. #1404.

Date	Mintage	VG	F	VF	XF	Unc
1784 CC	—	50.00	150	500	1,000	—
1785 CC	—	50.00	150	500	1,000	—

C# 74 4 DUCATI

5.8650 g., 0.9060 Gold 0.1708 oz. AGW **Ruler:** Ferdinando IV 1st reign **Obv:** Older bust right **Obv. Legend:** FERDINAN • IV • D • G • SICIL • ... **Rev:** Crowned oval ornate shield **Rev. Legend:** HISPANIAR INFANS (N's are backwards)

Date	Mintage	VG	F	VF	XF	Unc
1769 P//C-C R	—	280	350	500	1,000	2,000
1770 P//C-C R	—	280	350	500	1,000	2,000
1772 P//C-C R	—	280	350	500	1,000	2,000
1774 P//C-C R	—	280	350	500	1,000	2,000
1776 P//C-C C B	—	400	500	1,200	3,000	—

C# 66 PIASTRA OF 120 GRANA

27.2650 g., 0.8330 Silver 0.7302 oz. ASW **Ruler:** Ferdinando IV 1st reign **Obv:** Head right **Rev:** Crowned plain arms over value **Note:** Dav. #1405.

Date	Mintage	VG	F	VF	XF	Unc
1784 P//C-C Rare	—	60.00	150	500	2,000	—
1785 BP//C-C	—	50.00	100	300	1,000	2,500

C# 26 2 DUCATI

7.0000 g., 0.9860 Gold 0.2219 oz. AGW **Ruler:** Carlo III **Obv:** Bust right **Obv. Legend:** CAR • D • G • ... **Rev:** Crowned shield **Rev. Legend:** HISPANIAR • INFANS •

Date	Mintage	VG	F	VF	XF	Unc
1749 DG//MM-R	—	350	400	500	1,000	—
1750 DG//MM-R	—	350	400	500	1,000	—
1751 DG//MM-R	—	350	400	500	1,000	—
1752 DG//MM-R	—	350	400	500	1,000	—
1753 DG//MM-R	—	350	400	500	1,000	—
1754 DG//MM-R	—	350	400	500	1,000	—
1755 DG//MM-R	—	350	400	500	1,000	—

C# 28 6 DUCATI

8.7980 g., 0.9060 Gold 0.2563 oz. AGW **Ruler:** Carlo III **Obv:** Bust right **Obv. Legend:** CAR • D • G • VTR • SIC • ... **Rev:** Crowned shield divides initials **Rev. Legend:** HISPANIAR INFANS

Date	Mintage	VG	F	VF	XF	Unc
1749 DG//MM R	—	280	385	600	1,200	2,500
1750 DG//MM R	—	280	385	600	1,200	2,500
1751 DG//MM R	—	280	385	600	1,200	2,500
1752 DG//MM R	—	280	385	600	1,200	2,500
1753 DG//MM R	—	280	385	600	1,200	2,500
1754 DG//MM R	—	280	385	600	1,200	2,500
1755 DG//MM R	—	280	385	600	1,200	2,500

C# 28a 6 DUCATI

8.7980 g., 0.9060 Gold 0.2563 oz. AGW **Ruler:** Carlo III **Obv:** Bust right **Obv. Legend:** CAR.D.G. SIC... **Rev:** Crowned shield divides initials

Date	Mintage	VG	F	VF	XF	Unc
1752	—	—	—	—	—	—

Note: Reported, not confirmed

C# 69 2 DUCATI

2.9320 g., 0.9060 Gold 0.0854 oz. AGW **Ruler:** Ferdinando IV 1st reign **Obv:** Young bust right **Obv. Legend:** FERDINAND • IV • D • G • ... **Rev:** Crowned shield above value **Rev. Legend:** HISPANIAR • INFANS • **Note:** Fr. #848.

Date	Mintage	VG	F	VF	XF	Unc
1762 CC R IA Rare	—	400	600	800	1,500	—

C# 76a 6 DUCATI

8.7980 g., 0.9060 Gold 0.2563 oz. AGW **Ruler:** Ferdinando IV 1st reign **Obv:** Old bust right **Obv. Legend:** FERDINAN.IV.. **Rev:** Crowned, oval shield within sprays **Rev. Legend:** INFANS..

Date	Mintage	VG	F	VF	XF	Unc
1783 BP-CC C BP	—	600	1,000	2,000	4,000	—
1784 BP-CC C BP	—	600	1,000	2,000	4,000	—
1785 BP-CC C BP	—	600	1,000	2,000	4,000	—

C# 67 PIASTRA OF 120 GRANA

27.5320 g., 0.8330 Silver 0.7373 oz. ASW **Ruler:** Ferdinando IV

C# 71 2 DUCATI

2.9320 g., 0.9060 Gold 0.0854 oz. AGW **Ruler:** Ferdinando IV 1st reign **Obv:** Older bust right **Obv. Legend:** FERDINAN • IV • D • G • ... **Rev:** Crowned arms in sprays over value **Rev. Legend:** HISPANIAR INFANS

Date	Mintage	VG	F	VF	XF	Unc
1771 CC R P Rare	—	400	600	800	1,800	—

ITALIAN STATES

NAPLES & SICILY

NEAPOLITAN REPUBLIC
Parthenopean Republic
STANDARD COINAGE

C# 81 QVATTRO (4) TORNESI
12.6700 g., Copper **Obv:** Fasces, liberty cap above **Obv. Legend:** REPUBLICA NAPOLITANA **Rev:** Value within wreath
Note: Two varieties exist.

Date	Mintage	VG	F	VF	XF	Unc
VII (1799)	—	5.00	30.00	100	500	1,000

Note: 3 varieties exist

C# 83 SEI (6) CARLINI (1/2 Piastra)
13.7500 g., 0.8330 Silver 0.3682 oz. ASW **Obv:** Liberty standing **Rev:** Value

Date	Mintage	VG	F	VF	XF	Unc
VII (1799)	—	30.00	150	500	1,000	—

C# 82.1 SEI (6) TORNESI
18.0000 g., Copper **Obv:** Fasces **Rev:** TORNESI

Date	Mintage	VG	F	VF	XF	Unc
VII (1799)	—	20.00	100	400	1,000	1,500

C# 82.2 SEI (6) TORNESI
Copper **Obv:** Fasces **Rev:** TORNESI Z. N.

Date	Mintage	VG	F	VF	XF	Unc
Anno 7 (1799)	—	5.00	15.00	35.00	85.00	—

C# 84.1 DODICI (12) CARLINI (Piastra)
27.5300 g., 0.8330 Silver 0.7373 oz. ASW **Obv:** Liberty standing **Obv. Legend:** ...NAPOLITAN **Rev:** Value **Note:** Dav. #1410A.

Date	Mintage	VG	F	VF	XF	Unc
VII (1799) Rare	—	50.00	150	700	1,500	—

C# 84.2 DODICI (12) CARLINI (Piastra)
27.5300 g., 0.8330 Silver 0.7373 oz. ASW **Obv:** Standing female holding pole with liberty cap **Obv. Legend:** REPUBLICA NAPOLITANA **Rev:** "CAR LINI DODI CI" within wreath **Rev. Legend:** ANNO SETTIMO DELLA LIBERTA **Note:** Dav. #1410.

Date	Mintage	VG	F	VF	XF	Unc
VII (1799)	—	30.00	100	400	1,000	—

KINGDOM OF NAPLES
Bourbon Rule

STANDARD COINAGE

C# 94.5 VN (1) GRANO
6.3800 g., Copper **Obv:** Head of Ferdinand IV right **Rev:** Value within wreath

Date	Mintage	VG	F	VF	XF	Unc
1800 Rare	—	—	—	—	—	—

C# 95 4 TORNESI
Copper **Obv:** Head of Ferdinand IV right **Rev:** Value

Date	Mintage	VG	F	VF	XF	Unc
1799 RC	—	6.50	50.00	100	800	—
1800 AP	—	6.50	50.00	100	800	—

C# 96 6 TORNESI
Copper **Ruler:** Ferdinando IV 2nd reign **Obv:** Head right **Obv. Legend:** FERDINAN • IV • SICIL • ET HIE • REX **Rev:** Value above date

Date	Mintage	VG	F	VF	XF	Unc
1799 R C	—	10.00	30.00	100	300	1,000
1799 A P	—	10.00	30.00	100	300	1,000
1800 R C	—	10.00	30.00	100	300	1,000
1800 A P	—	10.00	30.00	100	300	1,000

C# 98 120 GRANA
27.5000 g., 0.8330 Silver 0.7365 oz. ASW **Ruler:** Ferdinando IV 2nd reign **Obv:** Head right **Obv. Legend:** FERDINAN IV D • G • SICILIAR ET HIE REX **Rev:** Crowned shield **Rev. Legend:** HISPANIAR INFANS **Note:** Dav. #1409.

Date	Mintage	VG	F	VF	XF	Unc
1799 P-AP	—	25.00	80.00	200	500	1,000
1800 P-AP	—	25.00	150	600	1,200	—

ORBETELLO

Reali Presidii

A small commune in southwestern Tuscany, which was a possession of the kingdom of Naples and Sicily until 1808.

RULER
Ferdinand IV, 1759-1808

MONETARY SYSTEM
60 Quattrini = 1 Lira

COMMUNE
STANDARD COINAGE

C# 2 2 QUATTRINI
3.1600 g., Copper **Ruler:** Ferdinand IV **Obv:** Bust right **Rev:** Value

Date	Mintage	Good	VG	F	VF	XF
1782	—	—	7.00	20.00	50.00	100
1791	—	—	7.00	20.00	50.00	100
1798	—	—	7.00	20.00	50.00	100

C# 3 4 QUATTRINI
6.2300 g., Copper **Ruler:** Ferdinand IV **Obv:** Bust right **Obv. Legend:** FERDINANDVS • IV • D • G • SICILIAR • REX • **Rev:** Crown divides initials above inscription, divided date within wreath

Date	Mintage	Good	VG	F	VF	XF
1782	—	—	9.00	40.00	100	200
1791	—	—	9.00	40.00	110	250
1798	—	—	9.00	40.00	100	200

C# 1 QUATTRINO
2.0000 g., Copper **Ruler:** Ferdinand IV **Obv:** Bust right **Obv. Legend:** FERDIN•IV•... **Rev:** Crown above divides initials above inscription, date

Date	Mintage	Good	VG	F	VF	XF
1782	—	—	7.00	20.00	50.00	100
1791	—	—	7.00	20.00	50.00	100
1798	—	—	7.00	20.00	50.00	100

OREZZO

A French adventurer seized this Genovese territory and proclaimed himself king for a reign of eight months.

RULER
Teodoro I, 1736

KINGDOM
STANDARD COINAGE

KM# 5 2-1/2 SOLDI
Copper Weight varies: 2.02-2.58g, 18-19 mm. **Ruler:** Teodoro I **Obv:** Crowned T + R between two crossed palm fronds, date below **Rev:** 3-line inscription within beaded circle **Rev. Legend:** PRO. BO. PBCO. RO. CE. **Rev. Inscription:** SDI/DVE/E.M.
Note: Varesi 11.

Date	Mintage	Good	VG	F	VF	XF
1736	—	—	60.00	110	275	450

KM# 6 5 SOLDI
Copper Weight varies: 3.17-3.94g, 22 mm. **Ruler:** Teodoro I **Obv:** Crowned T.R between two crossed palm fronds, date below **Rev:** 2-line inscription in beaded circle **Rev. Legend:** PRO. BONO. PVBLICO. RE. CE. **Rev. Inscription:** SOLDI/CINQVE
Note: Varesi 10.

Date	Mintage	Good	VG	F	VF	XF
1736	—	—	85.00	165	325	550

KM# 7 1/2 SCUDO
Silver Weight varies: 10.41-14.20g, 34 mm. **Ruler:** Teodoro I **Obv:** Large crown above chain with 3 links and head to right **Obv. Legend:** THEODORVS. REX. CORSICE. **Rev:** Full-length figure of St. Mary, standing on upturned crescent moon, divides date

PAPAL STATES — ITALIAN STATES

Rev. Legend: MONSTRA. TE. ESSE. MATREM. S. P. **Note:** Varesi 9.

Date	Mintage	Good	VG	F	VF	XF
1736	—	—	250	550	1,600	2,750

ORTA

Town

A town in Piedmont on a lake of the same name, west of Lago Maggiore and about 60 miles (100 kilometers) northeast of Torino. The town revolted against the rule of the Vescari in 1738-1741. A single issue bears witness to this event.

Reference:

Alberto Varesi, *Monete Italiane Regionali: Piemonte, Sardegna, Liguria, Isola di Corsica.* Pavia, 1996.

TOWN

INSURRECTION COINAGE

KM# 1 2 SOLDI

8.2000 g., Lead, 21 mm. **Obv:** Inscription in two lines, legend around **Obv. Legend:** COMVNITA' D'ORTA. **Obv. Inscription:** SOLDI/DVE **Note:** Uniface. Varesi 893.

Date	Mintage	Good	VG	F	VF	XF
ND(1738-41)	—	—	—	—	—	—
Rare						

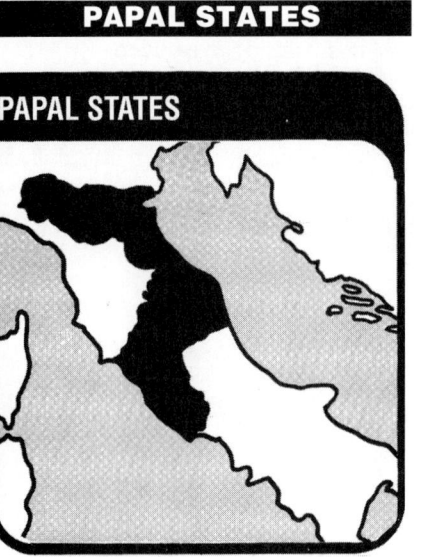

During many centuries prior to the formation of the unified Kingdom of Italy, when Italy was divided into numerous independent papal and ducal states, the Popes held temporal sovereignty over an area in central Italy comprising some 17,000 sq. mi. (44,030 sq. km.) including the city of Rome. At the time of the general unification of Italy under the Kingdom of Sardinia, 1861, the papal dominions beyond Rome were acquired by that kingdom diminishing the Pope's sovereignty to Rome and its environs. In 1870, while France's opposition to papal dispossession was neutralized by its war with Prussia, the Italian army seized weakly defended Rome and made it the capital of Italy, thereby abrogating the last vestige of papal temporal power. In 1871, the Italian Parliament enacted the Law of Guarantees, which guaranteed a special status for the Vatican area, and spiritual freedom and a generous income for the Pope. Pope Pius IX and his successors adamantly refused to acknowledge the validity of these laws and voluntarily "imprisoned" themselves in the Vatican. The impasse between State and Church lasted until the signing of the Lateran Treaty, Feb. 11, 1929, by which Italy recognized the sovereignty and independence of the new Vatican City state.

PONTIFFS

Clement XI, 1700-1721
Sede Vacante, 1721
Innocent XIII, 1721-1724
Sede Vacante, 1724
Benedict XIII, 1724-1730
Sede Vacante, 1730
Clement XII, 1730-1740
Sede Vacante, 1740
Benedict XIV, 1740-1758
Sede Vacante, 1758
Clement XIII, 1758-1769
Sede Vacante, Feb. 2-May 19, 1769
Clement XIV, 1769-1774
Sede Vacante, Sept. 22, 1774-Feb. 15, 1775
Pius VI (Sextus), 1775-1799
Pius VII, 1800-1823

MINT MARKS

B - Bologna
R — Rome

NOTE: For similar coins dated 1775-1797 with and without "B" mint mark see Papal City States, Bologna.

MONETARY SYSTEM

(Until 1860)

5 Quattrini = 1 Baiocco
5 Baiocchi = 1 Grosso
6 Grossi = 4 Carlini = 3 Giulio =
3 Paoli = 1 Testone.
14 Carlini = 1 Piastre
100 Baiocchi = 1 Scudo
10 Testone = Doppia

PAPACY

STANDARD COINAGE

KM# 884 QUATTRINO

2.1000 g., Copper **Ruler:** Clement XII **Obv:** Papal arms **Rev:** Value within wreath

Date	Mintage	Good	VG	F	VF	XF
1738-IX	—	5.00	10.00	17.50	25.00	45.00
1740-I	—	5.00	10.00	20.00	30.00	50.00
1742-I	—	5.00	10.00	20.00	30.00	50.00
1742-II	—	5.00	10.00	20.00	30.00	50.00

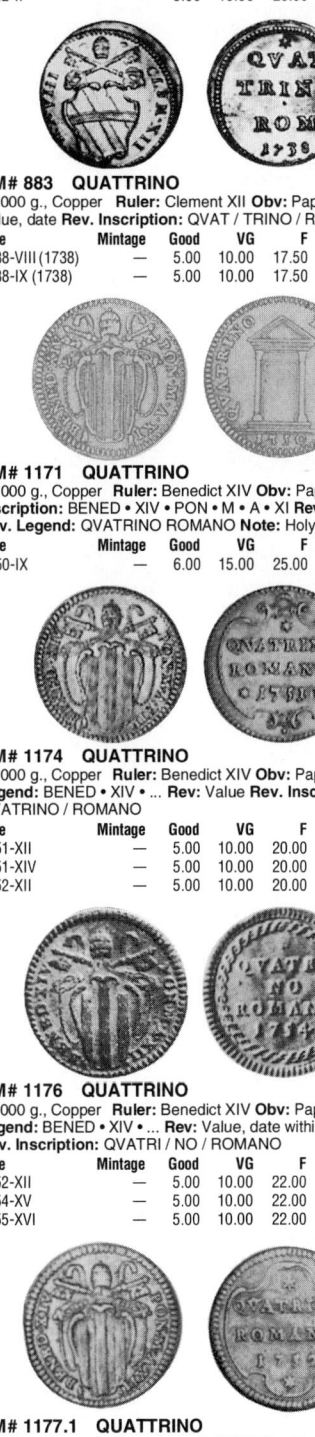

KM# 883 QUATTRINO

2.1000 g., Copper **Ruler:** Clement XII **Obv:** Papal arms **Rev:** Value, date **Rev. Inscription:** QVAT / TRINO / ROM

Date	Mintage	Good	VG	F	VF	XF
1738-VIII (1738)	—	5.00	10.00	17.50	25.00	45.00
1738-IX (1738)	—	5.00	10.00	17.50	25.00	45.00

KM# 1171 QUATTRINO

2.1000 g., Copper **Ruler:** Benedict XIV **Obv:** Papal arms **Obv. Inscription:** BENED • XIV • PON • M • A • XI **Rev:** Holy Door **Rev. Legend:** QVATRINO ROMANO **Note:** Holy year issue.

Date	Mintage	Good	VG	F	VF	XF
1750-IX	—	6.00	15.00	25.00	38.00	50.00

KM# 1174 QUATTRINO

2.1000 g., Copper **Ruler:** Benedict XIV **Obv:** Papal arms **Obv. Legend:** BENED • XIV • ... **Rev:** Value **Rev. Inscription:** QVATRINO / ROMANO

Date	Mintage	Good	VG	F	VF	XF
1751-XII	—	5.00	10.00	20.00	30.00	45.00
1751-XIV	—	5.00	10.00	20.00	30.00	45.00
1752-XII	—	5.00	10.00	20.00	30.00	45.00

KM# 1176 QUATTRINO

2.1000 g., Copper **Ruler:** Benedict XIV **Obv:** Papal arms **Obv. Legend:** BENED • XIV • ... **Rev:** Value, date within rope wreath **Rev. Inscription:** QVATRI / NO / ROMANO

Date	Mintage	Good	VG	F	VF	XF
1752-XII	—	5.00	10.00	22.00	35.00	55.00
1754-XV	—	5.00	10.00	22.00	35.00	55.00
1755-XVI	—	5.00	10.00	22.00	35.00	55.00

KM# 1177.1 QUATTRINO

2.1000 g., Copper **Ruler:** Benedict XIV **Obv:** Papal arms **Obv. Legend:** BENED • XIV • ... **Rev:** Inscription, date with star above and below within cartouche **Rev. Inscription:** Qvatrino / Romano

Date	Mintage	Good	VG	F	VF	XF
1752-XII	—	5.00	10.00	20.00	30.00	50.00

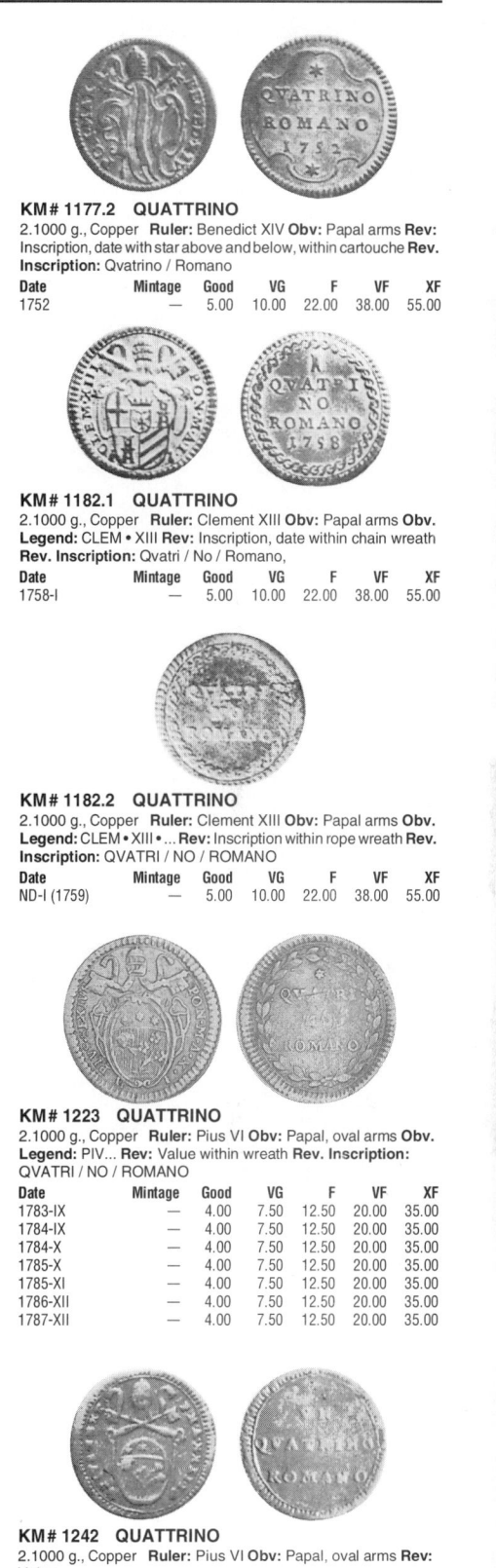

KM# 1177.2 QUATTRINO

2.1000 g., Copper **Ruler:** Benedict XIV **Obv:** Papal arms **Rev:** Inscription, date with star above and below, within cartouche **Rev. Inscription:** Qvatrino / Romano

Date	Mintage	Good	VG	F	VF	XF
1752	—	5.00	10.00	22.00	38.00	55.00

KM# 1182.1 QUATTRINO

2.1000 g., Copper **Ruler:** Clement XIII **Obv:** Papal arms **Obv. Legend:** CLEM • XIII **Rev:** Inscription, date within chain wreath **Rev. Inscription:** Qvatri / No / Romano,

Date	Mintage	Good	VG	F	VF	XF
1758-I	—	5.00	10.00	22.00	38.00	55.00

KM# 1182.2 QUATTRINO

2.1000 g., Copper **Ruler:** Clement XIII **Obv:** Papal arms **Obv. Legend:** CLEM • XIII • ... **Rev:** Inscription within rope wreath **Rev. Inscription:** QVATRI / NO / ROMANO

Date	Mintage	Good	VG	F	VF	XF
ND-I (1759)	—	5.00	10.00	22.00	38.00	55.00

KM# 1223 QUATTRINO

2.1000 g., Copper **Ruler:** Pius VI **Obv:** Papal, oval arms **Obv. Legend:** PIV... **Rev:** Value within wreath **Rev. Inscription:** QVATRI / NO / ROMANO

Date	Mintage	Good	VG	F	VF	XF
1783-IX	—	4.00	7.50	12.50	20.00	35.00
1784-IX	—	4.00	7.50	12.50	20.00	35.00
1784-X	—	4.00	7.50	12.50	20.00	35.00
1785-X	—	4.00	7.50	12.50	20.00	35.00
1785-XI	—	4.00	7.50	12.50	20.00	35.00
1786-XII	—	4.00	7.50	12.50	20.00	35.00
1787-XII	—	4.00	7.50	12.50	20.00	35.00

KM# 1242 QUATTRINO

2.1000 g., Copper **Ruler:** Pius VI **Obv:** Papal, oval arms **Rev:** Value

Date	Mintage	Good	VG	F	VF	XF
1797-XXIII	—	5.00	10.00	20.00	30.00	50.00
1798-XXIII	—	5.00	10.00	20.00	30.00	50.00

KM# 885 MEZZO (1/2) BAIOCCO

5.2000 g., Copper **Ruler:** Clement XIII **Rev:** Value in cartouche **Rev. Inscription:** MEZZO / BAIOCCO / ROM

Date	Mintage	Good	VG	F	VF	XF
1738-VIII	—	5.00	10.00	20.00	32.00	50.00
1739-IX	—	5.00	10.00	20.00	32.00	50.00

KM# 886 MEZZO (1/2) BAIOCCO

5.2000 g., Copper **Ruler:** Clement XII **Rev:** Value in laurel or fleur wreath

Date	Mintage	Good	VG	F	VF	XF
1738-IX	—	4.00	7.50	15.00	30.00	50.00

KM# 900.1 MEZZO (1/2) BAIOCCO
5.2000 g., Copper **Ruler:** Clement XII **Rev:** Value in plain field

Date	Mintage	Good	VG	F	VF	XF
1738-VIII	—	4.00	7.50	15.00	30.00	50.00
1738-IX	—	4.00	7.50	15.00	30.00	50.00

KM# 900.2 MEZZO (1/2) BAIOCCO
5.2000 g., Copper **Ruler:** Clement XII **Rev:** Value in palm wreath

Date	Mintage	Good	VG	F	VF	XF
1738-IX	—	4.00	7.50	15.00	30.00	50.00

KM# 1181 MEZZO (1/2) BAIOCCO
5.1000 g., Copper **Ruler:** Benedict XIV **Obv:** Papal arms **Obv. Legend:** BENED • XIV •... **Rev:** Inscription, date within wreath **Rev. Inscription:** MEZZO / BAIOCCO / ROM

Date	Mintage	Good	VG	F	VF	XF
1755-XV	—	7.50	18.50	25.00	38.00	60.00

KM# 1227 MEZZO (1/2) BAIOCCO
5.1000 g., Copper **Ruler:** Pius VI **Obv:** Papal arms within circle **Rev:** Inscription within wreath, with stars above, within circle **Rev. Inscription:** MEZZO / BAIOCCO / ROMANO

Date	Mintage	Good	VG	F	VF	XF
ND(1786)-XII	—	—	5.00	12.00	20.00	40.00
ND(1788)-XIV	—	—	5.00	12.00	20.00	40.00
ND(1789)-XV	—	—	5.00	12.00	20.00	40.00
ND(1790)-XVI	—	—	10.00	30.00	85.00	170
ND(1797)-XXIII	—	—	5.00	12.00	20.00	40.00

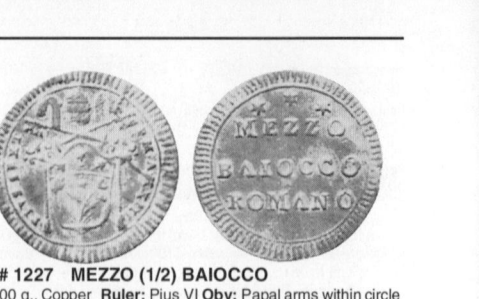

KM# 1153 MEZZO (1/2) BAIOCCO
5.2000 g., Copper **Ruler:** Benedict XIV **Obv:** Papal arms **Obv. Legend:** BENED • XIV •... **Rev:** Inscription, date within wreath **Rev. Inscription:** MEZZO / BAIOCCO / ROM • **Note:** Varieties exist.

Date	Mintage	Good	VG	F	VF	XF
1740-I	—	6.00	10.00	16.00	35.00	55.00
1741-I	—	6.00	10.00	16.00	35.00	55.00
1742-I	—	6.00	10.00	16.00	35.00	55.00
1742-II	—	6.00	10.00	16.00	35.00	55.00
1751-XII	—	6.00	10.00	16.00	35.00	55.00
1755-XV	—	6.00	10.00	16.00	35.00	55.00

KM# 1183.1 MEZZO (1/2) BAIOCCO
5.1000 g., Copper **Ruler:** Clement XIII **Obv:** Papal arms **Obv. Legend:** CLEM • XIII •... **Rev:** Inscription within wreath **Rev. Inscription:** MEZZO / BAIOCCO / ROM

Date	Mintage	Good	VG	F	VF	XF
ND(1758)-I	—	5.00	10.00	20.00	35.00	55.00

KM# 1243 MEZZO (1/2) BAIOCCO
5.1000 g., Copper **Ruler:** Pius VI **Obv:** Papal arms **Rev:** Date and star within circle **Rev. Inscription:** MEZZO / BAIOCCO / ROMANO

Date	Mintage	Good	VG	F	VF	XF
1797-XXIII	—	5.00	10.00	20.00	35.00	55.00

KM# 920 BAIOCCO
10.6000 g., Copper **Ruler:** Clement XII **Obv:** Papal arms **Rev:** Value in cartouche **Rev. Legend:** VN BAIOCCO ROM

Date	Mintage	Good	VG	F	VF	XF
1740-X	—	5.00	12.00	25.00	40.00	70.00

KM# 1157 MEZZO (1/2) BAIOCCO
5.1000 g., Copper **Ruler:** Benedict XIV **Obv:** Papal arms **Obv. Legend:** BEN • XIV • P • M • A • I • **Rev:** Inscription, date within wreath **Rev. Inscription:** MEZZO / BAIOCCO / ROM

Date	Mintage	Good	VG	F	VF	XF
1741-I	—	6.00	10.00	16.00	35.00	55.00

KM# 1183.2 MEZZO (1/2) BAIOCCO
5.1000 g., Copper **Ruler:** Clement XIII **Obv:** Papal arms **Obv. Legend:** CLEM • XIII •... **Rev:** Inscription, date within wreath **Rev. Inscription:** MEZZO / BAIOCCO / ROM

Date	Mintage	Good	VG	F	VF	XF
1758-I	—	5.00	10.00	20.00	35.00	55.00

KM# 1158 MEZZO (1/2) BAIOCCO
5.1000 g., Copper **Ruler:** Benedict XIV **Obv:** Papal arms **Obv. Legend:** BENEDICT • XIV •... **Rev:** Inscription, date within cartouche **Rev. Inscription:** MEZZO / BAIOCCO / ROM

Date	Mintage	Good	VG	F	VF	XF
1742-II	—	6.00	10.00	16.00	35.00	55.00

KM# 1188 MEZZO (1/2) BAIOCCO
5.1000 g., Copper **Ruler:** Clement XIII **Obv:** Papal arms **Obv. Legend:** CLEM • XIII •... **Rev:** Inscription, date within wreath **Rev. Inscription:** MEZZO / BAIOCCO / ROM

Date	Mintage	Good	VG	F	VF	XF
1759-I	—	5.00	10.00	20.00	35.00	55.00
.1759.-I	—	5.00	10.00	20.00	35.00	55.00

KM# 1154 BAIOCCO
10.6000 g., Copper **Ruler:** Benedict XIV **Obv:** Papal arms **Obv. Legend:** BENED • XIV •... **Rev:** Inscription, date within cartouche **Rev. Inscription:** VN / BAIOCCO / ROM **Note:** Varieties exist.

Date	Mintage	Good	VG	F	VF	XF
1740-I	—	5.00	12.00	25.00	40.00	70.00
1741-I	—	5.00	12.00	25.00	40.00	70.00
1742-II	—	5.00	12.00	25.00	40.00	70.00
1742-III	—	5.00	12.00	25.00	40.00	70.00
1743	—	5.00	12.00	25.00	40.00	70.00
ND	—	5.00	12.00	25.00	40.00	70.00

KM# 1172 MEZZO (1/2) BAIOCCO
5.1000 g., Copper **Ruler:** Benedict XIV **Obv:** Papal arms **Rev:** Holy door **Note:** Holy year issue.

Date	Mintage	Good	VG	F	VF	XF
1750-X	—	7.50	12.50	25.00	40.00	60.00
1750-XI	—	7.50	12.50	25.00	40.00	60.00
1750-XII	—	7.50	12.50	25.00	40.00	60.00

KM# 1224 MEZZO (1/2) BAIOCCO
5.1000 g., Copper **Ruler:** Pius VI **Obv:** Papal, oval arms **Obv. Legend:** PIVS... **Rev:** Inscription within wreath **Rev. Inscription:** MEZZO / BAIOCCO / ROMANO

Date	Mintage	Good	VG	F	VF	XF
1783-IX	—	4.00	7.50	15.00	30.00	50.00
1784-X	—	4.00	7.50	15.00	30.00	50.00

KM# 1173 MEZZO (1/2) BAIOCCO
5.1000 g., Copper **Ruler:** Benedict XIV **Obv:** Papal arms **Rev:** Holy door open with rays **Note:** Holy year issue.

Date	Mintage	Good	VG	F	VF	XF
1750-X	—	7.50	12.50	25.00	40.00	60.00

KM# 1155.3 BAIOCCO
10.6000 g., Copper **Ruler:** Benedict XIV **Obv:** Papal arms **Obv. Legend:** BEND • XIV • PONT • MAX • **Rev:** Inscription within wreath **Rev. Inscription:** VN / BAIOCCO / ROM

Date	Mintage	Good	VG	F	VF	XF
ND	—	—	17.00	25.00	40.00	70.00

Legend: BENED ? XIV PON ? M ? A ? XII ? **Rev:** Inscription, date in cartouche **Rev. Inscription:** VN / BAIOCCO / ROMANO

Date	Mintage	Good	VG	F	VF	XF
1752-XII	—	—	15.00	25.00	40.00	70.00

KM# 1156 BAIOCCO

10.6000 g., Copper **Ruler:** Benedict XIV **Obv:** Papal arms **Obv. Legend:** BENEDIC • XIV • P • M • **Rev:** Inscription within wreath **Rev. Inscription:** VN / BAIOCCO / ROM

Date	Mintage	Good	VG	F	VF	XF
ND	—	—	15.00	25.00	40.00	70.00

KM# 1155.1 BAIOCCO

10.6000 g., Copper **Ruler:** Benedict XIV **Obv:** Papal arms **Obv. Legend:** BENED • XIV • ... **Rev:** Inscription within wreath **Rev. Inscription:** VN / BAIOCCO / ROM

Date	Mintage	Good	VG	F	VF	XF
ND (1744)	—	—	15.00	25.00	40.00	70.00

KM# 1155.2 BAIOCCO

10.6000 g., Copper **Ruler:** Benedict XIV **Obv:** Papal arms **Obv. Legend:** BENED • XIV PONTMAX **Rev:** Inscription within wreath **Rev. Inscription:** VN / BAIOCCO / ROM

Date	Mintage	Good	VG	F	VF	XF
ND (1744)	—	—	15.00	25.00	40.00	70.00

KM# 1175 BAIOCCO

10.6000 g., Copper **Ruler:** Benedict XIV **Obv:** Papal arms **Obv. Legend:** BENED • XIV PON • M • A • XVI **Rev:** Inscription, date within wreath **Rev. Inscription:** VN / BAIOCCO / ROMANO **Note:** Varieties exist.

Date	Mintage	Good	VG	F	VF	XF
1751-XII	—	—	15.00	25.00	40.00	70.00
1752-XII	—	—	15.00	25.00	40.00	70.00
1756-XVI	—	—	15.00	25.00	40.00	70.00

KM# 1178 BAIOCCO

10.6000 g., Copper **Ruler:** Benedict XIV **Obv:** Papal arms **Obv.**

KM# 1184 BAIOCCO

10.6000 g., Copper **Ruler:** Clement XIII **Obv:** Papal arms **Obv. Legend:** CLEM • XIII **Rev:** Inscription within circle **Rev. Inscription:** VN / BAIOCCO / ROMANO

Date	Mintage	Good	VG	F	VF	XF
1758-I	—	—	15.00	25.00	50.00	70.00
1759-I	—	—	15.00	25.00	50.00	70.00

KM# 1185 BAIOCCO

Billon **Ruler:** Clement XIII **Obv:** Seated figure below radiant sun **Rev:** Value

Date	Mintage	Good	VG	F	VF	XF
ND(1758-69)	—	—	20.00	35.00	55.00	75.00

KM# 1191 BAIOCCO

10.6000 g., Copper **Ruler:** Clement XIII **Obv:** Papal arms **Rev:** Value within wreath

Date	Mintage	Good	VG	F	VF	XF
ND(1760)-III	—	—	15.00	25.00	50.00	70.00

KM# 1221 BAIOCCO

Billon **Ruler:** Pius VI **Obv:** Crossed keys **Rev:** Value above star within circle

Date	Mintage	Good	VG	F	VF	XF
1780	—	—	15.00	25.00	50.00	70.00
1782	—	—	15.00	25.00	50.00	70.00
1783	—	—	15.00	25.00	50.00	70.00

KM# 1222 BAIOCCO

10.6000 g., Copper **Ruler:** Pius VI **Obv:** Papal oval arms **Rev:** Value within wreath

Date	Mintage	Good	VG	F	VF	XF
ND(1782)-VIII	—	—	8.50	15.00	30.00	50.00
ND(1783)-IX	—	—	8.50	15.00	30.00	50.00
ND(1785)-XI	—	—	25.00	60.00	160	250
ND(1787)-XIII	—	—	8.50	15.00	30.00	50.00
ND(1789)-XV	—	—	20.00	40.00	160	250
ND(1790)-XVI	—	—	8.50	15.00	30.00	50.00
ND(1791)-XVII	—	—	8.50	15.00	30.00	50.00
ND(1793)-XIX	—	—	8.50	15.00	30.00	50.00
ND(1794)-XX	—	—	8.50	15.00	30.00	50.00

KM# 1228 BAIOCCO

10.6000 g., Copper **Ruler:** Pius VI

Date	Mintage	Good	VG	F	VF	XF
1783	—	6.00	15.00	25.00	40.00	70.00

KM# 1225 BAIOCCO

10.6000 g., Copper **Ruler:** Pius VI **Obv:** Papal arms within circle **Obv. Legend:** PIVS... **Rev:** Value within circle **Rev. Inscription:** VN / BAIOCCO / ROMANO

Date	Mintage	Good	VG	F	VF	XF
ND(1797)-XXIII	—	5.00	12.00	20.00	30.00	60.00

KM# 1246 BAIOCCO

12.0000 g., Copper **Ruler:** Pius VII **Obv:** Legend around Papal arms within circle **Obv. Legend:** PIUS VII... **Rev:** Inscription within wreath and circle **Rev. Inscription:** VN / BAIOCCO / ROMANO

Date	Mintage	VG	F	VF	XF	Unc
MDCCC (1800)-IR	—	12.00	50.00	100	200	500

KM# 921 2 BAIOCCHI (Muraiola)

Billon **Ruler:** Clement XII **Obv:** Crossed keys **Rev:** Value **Rev. Inscription:** DVE / BAIOC / CHI

Date	Mintage	Good	VG	F	VF	XF
1740-X	—	6.00	15.00	25.00	40.00	70.00

KM# 1159 2 BAIOCCHI (Muraiola)

Billon **Ruler:** Benedict XIV **Obv:** Crossed keys above date **Obv. Legend:** BE NED XIV **Rev:** Written value

Date	Mintage	Good	VG	F	VF	XF
1746	—	6.00	15.00	30.00	45.00	75.00
1747	—	6.00	15.00	30.00	60.00	100
1748	—	6.00	15.00	30.00	45.00	75.00
1749	—	6.00	15.00	30.00	45.00	75.00

KM# 1160 2 BAIOCCHI (Muraiola)

Billon **Ruler:** Clement XIII **Obv:** Seated figure below radiant sun **Rev:** Written value

Date	Mintage	Good	VG	F	VF	XF
ND(1758-69)	—	10.00	22.00	40.00	60.00	85.00

KM# 1205 2 BAIOCCHI (Muraiola)

Billon **Ruler:** Clement XIV **Obv:** Crossed keys above date **Obv. Legend:** CLE MENS XIV **Rev:** Written value

Date	Mintage	Good	VG	F	VF	XF
1771	—	10.00	28.00	45.00	50.00	100

KM# 1220 2 BAIOCCHI (Muraiola)

Billon **Ruler:** Pius VI **Obv:** Crossed keys above date **Obv. Legend:** PIVS... **Rev:** Written value

Date	Mintage	Good	VG	F	VF	XF
1777	—	5.00	12.00	25.00	40.00	60.00
1778	—	5.00	12.00	25.00	40.00	60.00
1794	—	5.00	12.00	25.00	40.00	60.00
1796	—	5.00	12.00	25.00	40.00	60.00

950 ITALIAN STATES PAPAL STATES

KM# 1226.1 2 BAIOCCHI (Muraiola)

20.0000 g., Copper **Ruler:** Pius VI **Obv:** Papal arms **Obv. Legend:** PIVS • SEXTVS • ... **Rev:** Written value within wreath

Date	Mintage	Good	VG	F	VF	XF
ND(1785)-XI	—	5.00	12.00	25.00	45.00	60.00
ND(1786)-XII	—	5.00	12.00	25.00	45.00	60.00
ND(1787)-XIII	—	5.00	12.00	25.00	45.00	60.00
ND(1788)-XIV	—	5.00	12.00	25.00	45.00	60.00
ND(1789)-XV	—	5.00	12.00	25.00	45.00	60.00
ND(1790)-XVI	—	5.00	12.00	25.00	45.00	60.00
ND(1791)-XVII	—	5.00	12.00	25.00	45.00	60.00
ND(1792)-XVIII	—	5.00	12.00	25.00	45.00	60.00
ND(1793)-XIX	—	5.00	12.00	25.00	45.00	60.00
ND(1794)-XX	—	5.00	12.00	25.00	45.00	60.00
ND(1795)-XXI	—	5.00	12.00	25.00	45.00	60.00
ND(1797)-XXIII	—	5.00	12.00	25.00	45.00	60.00

KM# 1226.2 2 BAIOCCHI (Muraiola)

20.0000 g., Copper **Ruler:** Pius VI

Date	Mintage	Good	VG	F	VF	XF
1797-XXIII	—	5.00	12.50	25.00	45.00	60.00

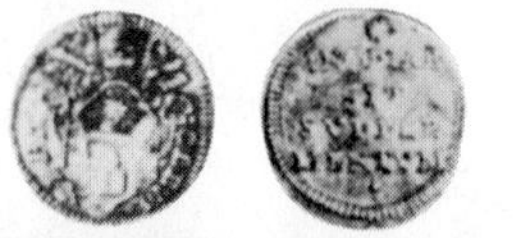

KM# 674 1/2 GROSSO

0.6700 g., 0.9170 Silver 0.0198 oz. ASW **Ruler:** Clement XI **Obv:** Papal arms **Rev:** Inscription **Rev. Inscription:** INOPIARE / SIT / SVPPLE : / MENTVM

Date	Mintage	Good	VG	F	VF	XF
ND(1705)-V	—	—	10.00	20.00	35.00	60.00

KM# 679 1/2 GROSSO

0.6700 g., 0.9170 Silver 0.0198 oz. ASW **Ruler:** Clement XI **Obv:** Arms **Rev. Inscription:** PAVPERI / PORRIGE / MANVM

Date	Mintage	Good	VG	F	VF	XF
ND(1706)-VI	—	—	10.00	20.00	35.00	60.00

KM# 704 1/2 GROSSO

0.6700 g., 0.9170 Silver 0.0198 oz. ASW **Ruler:** Clement XI **Obv:** Arms **Rev:** Inscription in laurel wreath **Rev. Inscription:** NEQUE / DIVITIAS

Date	Mintage	Good	VG	F	VF	XF
ND(1708)-VII	—	—	10.00	20.00	35.00	60.00

KM# 711 1/2 GROSSO

0.6700 g., 0.9170 Silver 0.0198 oz. ASW **Ruler:** Clement XI **Obv:** Arms **Rev:** Inscription with floral ornaments

Date	Mintage	Good	VG	F	VF	XF
ND(1709)-IX	—	—	10.00	20.00	35.00	60.00

KM# 712 1/2 GROSSO

0.6700 g., 0.9170 Silver 0.0198 oz. ASW **Ruler:** Clement XI **Rev:** Inscription in cartouche

Date	Mintage	Good	VG	F	VF	XF
ND(1709)-IX	—	—	10.00	20.00	35.00	60.00

KM# 713 1/2 GROSSO

0.6700 g., 0.9170 Silver 0.0198 oz. ASW **Ruler:** Clement XI **Obv:** Arms **Rev:** Bust of St. Peter right

Date	Mintage	Good	VG	F	VF	XF
ND(1709)-IX	—	—	12.00	25.00	45.00	75.00

KM# 735 1/2 GROSSO

0.6700 g., 0.9170 Silver 0.0198 oz. ASW **Ruler:** Clement XI **Rev. Inscription:** DA / ET / ACCIPE

Date	Mintage	Good	VG	F	VF	XF
ND(1710)-X	—	—	10.00	20.00	35.00	60.00

KM# 745 1/2 GROSSO

0.6700 g., 0.9170 Silver 0.0198 oz. ASW **Ruler:** Clement XI **Obv:** Arms **Rev:** Inscription in cartouche **Rev. Inscription:** CONSER / VATAE / PEREVNT

Date	Mintage	Good	VG	F	VF	XF
ND(1712)-XII	—	—	10.00	20.00	35.00	60.00

KM# 746 1/2 GROSSO

0.6700 g., 0.9170 Silver 0.0198 oz. ASW **Ruler:** Clement XI **Obv:** Arms **Rev. Inscription:** MODI / CVM / IVSTO

Date	Mintage	Good	VG	F	VF	XF
ND(1712)-XII	—	—	10.00	20.00	35.00	60.00
ND(1713)-XIII	—	—	10.00	20.00	35.00	60.00
ND(1714)-XIV	—	—	10.00	20.00	35.00	60.00

KM# 759 1/2 GROSSO

0.6700 g., 0.9170 Silver 0.0198 oz. ASW **Ruler:** Clement XI **Obv:** Papal arms **Rev:** Inscription **Rev. Inscription:** NOCET / MINVS

Date	Mintage	Good	VG	F	VF	XF
ND(1715)-XV	—	—	10.00	20.00	35.00	60.00

KM# 777 1/2 GROSSO

0.6700 g., 0.9170 Silver 0.0198 oz. ASW **Ruler:** Innocent XIII **Obv:** Arms **Rev:** Inscription in cartouche **Rev. Inscription:** SATIS / AD / NOCEN / DVM

Date	Mintage	Good	VG	F	VF	XF
ND(1721-24)	—	—	15.00	30.00	55.00	90.00

KM# 776 1/2 GROSSO

0.6700 g., 0.9170 Silver 0.0198 oz. ASW **Ruler:** Innocent XIII **Obv:** Arms **Rev:** Inscription in cartouche **Rev. Inscription:** SACROSAN / BASILICAE / LATERAN / POSSESS / 1721 **Note:** Lateran issue.

Date	Mintage	Good	VG	F	VF	XF
1721	—	—	15.00	30.00	55.00	90.00

KM# 787 1/2 GROSSO

0.6700 g., 0.9170 Silver 0.0198 oz. ASW **Ruler:** Innocent XIII **Obv:** Arms **Rev:** Inscription in cartouche **Rev. Inscription:** CHARI / TAS / FLVIT

Date	Mintage	Good	VG	F	VF	XF
ND(1722)-II	—	—	15.00	30.00	55.00	90.00

KM# 791 1/2 GROSSO

0.6700 g., 0.9170 Silver 0.0198 oz. ASW **Ruler:** Innocent XIII **Obv:** Arms **Rev:** Inscription in cartouche **Rev. Inscription:** IN / EGENOS / 1723

Date	Mintage	Good	VG	F	VF	XF
1723-II	—	—	15.00	30.00	55.00	90.00

KM# 793 1/2 GROSSO

0.6700 g., 0.9170 Silver 0.0198 oz. ASW **Ruler:** Benedict XIII **Obv:** Tiara over crossed keys **Rev:** Inscription in cartouche **Rev. Inscription:** PRO / TE / EXORABIT

Date	Mintage	Good	VG	F	VF	XF
1724-I	—	—	14.00	28.00	50.00	85.00

KM# 805 1/2 GROSSO

0.6700 g., 0.9170 Silver 0.0198 oz. ASW **Ruler:** Benedict XIII **Obv:** Arms **Rev:** Holy door **Note:** Holy Year Issue.

Date	Mintage	Good	VG	F	VF	XF
1725	—	—	18.00	35.00	65.00	110

KM# 813 1/2 GROSSO

0.6700 g., 0.9170 Silver 0.0198 oz. ASW **Ruler:** Benedict XIII **Obv:** Arms **Rev:** Inscription in cartouche **Rev. Inscription:** PETENTI / TRIBVE

Date	Mintage	Good	VG	F	VF	XF
1726-III	—	—	14.00	28.00	50.00	85.00

KM# 816 1/2 GROSSO

0.6700 g., 0.9170 Silver 0.0198 oz. ASW **Ruler:** Benedict XIII **Obv:** Arms **Rev:** Inscription in cartouche **Rev. Inscription:** SOLATI / VM / MISERIS

Date	Mintage	Good	VG	F	VF	XF
ND(1727)-IV	—	—	14.00	28.00	50.00	85.00

KM# 817 1/2 GROSSO

0.6700 g., 0.9170 Silver 0.0198 oz. ASW **Ruler:** Benedict XIII **Obv:** Arms **Rev:** Inscription in cartouche **Rev. Inscription:** SERITE / IN / CHARI / TATE

Date	Mintage	Good	VG	F	VF	XF
ND(1728)-V	—	—	14.00	28.00	50.00	85.00

KM# 831 1/2 GROSSO

0.6700 g., 0.9170 Silver 0.0198 oz. ASW **Ruler:** Clement XII **Obv:** Arms **Rev:** Inscription in cartouche **Rev. Inscription:** VT / SALVI / FIANT

Date	Mintage	Good	VG	F	VF	XF
ND(1730-40)	—	—	10.00	20.00	35.00	60.00

KM# 830 1/2 GROSSO

0.6700 g., 0.9170 Silver 0.0198 oz. ASW **Ruler:** Clement XII **Obv:** Arms **Rev:** Inscription in cartouche **Rev. Inscription:** ET / MORIEN / TVR IN SITI **Note:** Reform weight.

Date	Mintage	Good	VG	F	VF	XF
ND(1730-40)	—	—	12.00	22.00	40.00	65.00

KM# 902 1/2 GROSSO

0.6700 g., 0.9170 Silver 0.0198 oz. ASW **Ruler:** Clement XII **Obv:** Arms **Rev:** Inscription in cartouche **Rev. Inscription:** NON EST / PAX

Date	Mintage	Good	VG	F	VF	XF
ND(1739)-IX	—	—	12.00	22.00	40.00	65.00

KM# 903 1/2 GROSSO

0.6700 g., 0.9170 Silver 0.0198 oz. ASW **Ruler:** Clement XII **Obv:** Arms **Rev. Inscription:** BENE / FAC / HVMILI

Date	Mintage	Good	VG	F	VF	XF
ND(1739)-IX	—	—	12.00	22.00	40.00	65.00
ND(1740)-X	—	—	12.00	22.00	40.00	65.00

KM# 922 1/2 GROSSO

0.6700 g., 0.9170 Silver 0.0198 oz. ASW **Ruler:** Benedict XIV **Obv:** Papal arms **Rev:** Inscription within cartouche

Date	Mintage	Good	VG	F	VF	XF
ND(1740)-I	—	—	10.00	20.00	35.00	60.00

KM# 923 1/2 GROSSO

0.6700 g., 0.9170 Silver 0.0198 oz. ASW **Ruler:** Benedict XIV **Obv:** Papal arms **Rev:** Inscription within cartouche **Rev. Inscription:** BEATI / AVPERES

Date	Mintage	Good	VG	F	VF	XF
ND(1740)-I	—	—	8.00	15.00	25.00	40.00
ND(1742)-III	—	—	8.00	15.00	25.00	40.00
ND(1747)-VIII	—	—	8.00	15.00	25.00	40.00

KM# 965 1/2 GROSSO

0.6700 g., 0.9170 Silver 0.0198 oz. ASW **Ruler:** Benedict XIV **Obv:** Papal arms **Obv. Legend:** BEN • XIV • ... **Rev:** Holy Door **Note:** Holy Year issue.

Date	Mintage	Good	VG	F	VF	XF
1750-XI	—	—	9.00	20.00	35.00	55.00
1750-XII	—	—	9.00	20.00	35.00	55.00

KM# 966 1/2 GROSSO

0.6700 g., 0.9170 Silver 0.0198 oz. ASW **Ruler:** Benedict XIV **Obv:** Papal arms **Obv. Legend:** BEN • XIV • ... **Rev:** Holy Door open with rays **Note:** Holy Year issue.

Date	Mintage	Good	VG	F	VF	XF
1750-VIIII	—	—	10.00	22.00	38.00	60.00
1750-IVB	—	—	10.00	22.00	38.00	60.00

KM# 975 1/2 GROSSO

0.6700 g., 0.9170 Silver 0.0198 oz. ASW **Ruler:** Benedict XIV **Obv:** Papal arms **Rev:** Inscription and date within cartouche

Date	Mintage	Good	VG	F	VF	XF
1757-XVIII	—	—	15.00	25.00	45.00	75.00

KM# 995 1/2 GROSSO

0.6700 g., 0.9170 Silver 0.0198 oz. ASW **Ruler:** Clement XIII **Obv:** Papal arms **Rev:** Inscription, date in oval cartouche **Rev. Inscription:** VAE • VOBIS / DIVITIBVS

Date	Mintage	Good	VG	F	VF	XF
1760-III	—	—	5.00	12.00	22.00	40.00
1761-IV	—	—	5.00	12.00	22.00	40.00
1762-IV	—	—	6.00	12.00	22.00	40.00

KM# 1237 2-1/2 BAIOCCHI

25.2000 g., Copper **Ruler:** Pius VI **Obv:** Star above written value and date within circle **Rev:** St. Peter looking upwards **Rev. Legend:** PRINCEPS APOST •

Date	Mintage	Good	VG	F	VF	XF
1795	—	15.00	25.00	40.00	90.00	—

KM# 1239 2-1/2 BAIOCCHI
25.2000 g., Copper **Ruler:** Pius VI **Obv:** Stars above written value and date **Rev:** St. Peter looking backwards **Rev. Legend:** APOST PRINCEPS •

Date	Mintage	Good	VG	F	VF	XF
1796	—	15.00	25.00	70.00	150	350

KM# 1240 2-1/2 BAIOCCHI
25.2000 g., Copper **Ruler:** Pius VI **Obv:** Stars above written value and date within circle **Rev:** St. Peter left **Rev. Legend:** S • P • APOSTOLORUM PRINCEPS

Date	Mintage	Good	VG	F	VF	XF
1796	—	10.00	30.00	100	200	400
1797	—	10.00	30.00	100	200	400

KM# 1244 2-1/2 BAIOCCHI
25.2000 g., Copper **Ruler:** Pius VI **Obv:** Stars above written value and date within circle **Rev:** St. Peter left **Rev. Legend:** PAPOSTOLORUM PRINC •

Date	Mintage	Good	VG	F	VF	XF
1797	—	10.00	22.00	38.00	70.00	110

KM# 1161 4 BAIOCCHI
Billon **Ruler:** Benedict XIV **Obv:** Crossed keys above divided date **Obv. Legend:** BE NED XIV **Rev:** Written value

Date	Mintage	Good	VG	F	VF	XF
1747	—	7.50	18.00	30.00	45.00	70.00
1748	—	7.50	18.00	30.00	45.00	70.00

KM# 1162 4 BAIOCCHI
Billon **Ruler:** Clement XIII **Obv:** Seated figure below radiant sun **Rev:** Written value

Date	Mintage	Good	VG	F	VF	XF
ND(1758-69)	—	15.00	30.00	40.00	75.00	125

KM# 1206 4 BAIOCCHI
Billon **Ruler:** Clement XIV **Obv:** Crossed keys above date **Obv. Legend:** CLE MENS XIV **Rev:** Written value

Date	Mintage	Good	VG	F	VF	XF
1771	—	12.50	27.50	40.00	75.00	125

KM# 1211 4 BAIOCCHI
Billon **Ruler:** Pius VI **Obv:** Crossed keys above divided date **Obv. Legend:** PIVS SEX TVS **Rev:** Written value

Date	Mintage	Good	VG	F	VF	XF
1777	—	10.00	22.00	38.00	60.00	95.00
1793	—	10.00	22.00	38.00	80.00	120
1794	—	10.00	22.00	38.00	80.00	120

KM# 657 GROSSO
1.3400 g., 0.9170 Silver 0.0395 oz. ASW **Ruler:** Clement XI **Obv:** Papal arms **Rev:** Inscription within laurel wreath **Rev. Inscription:** PAVPERI/PORRIGE/MANVM/TVAM

Date	Mintage	VG	F	VF	XF	Unc
ND(1701)-II	—	10.00	22.00	38.00	60.00	95.00
ND	—	10.00	22.00	38.00	60.00	95.00

KM# 658 GROSSO
1.3400 g., 0.9170 Silver 0.0395 oz. ASW **Ruler:** Clement XI **Obv:** Papal arms **Rev:** Inscription in cartouche

Date	Mintage	VG	F	VF	XF	Unc
ND(1701)-II	—	10.00	22.00	38.00	60.00	95.00

KM# 638 GROSSO
1.3400 g., 0.9170 Silver 0.0395 oz. ASW **Ruler:** Clement XI **Obv:** Papal arms **Rev:** Inscription in cartouche **Rev. Inscription:** SACRS / BASILIC / LATERANEN / POSSESS / MDCCI **Note:** Lateran Issue.

Date	Mintage	VG	F	VF	XF	Unc
MDCCI	—	12.00	22.00	40.00	65.00	100

KM# 659 GROSSO
1.3400 g., 0.9170 Silver 0.0395 oz. ASW **Ruler:** Clement XI **Obv:** Papal arms **Rev:** Inscription in cartouche **Rev. Inscription:** SACRS / BASILIC / LATERANEN / POSSESS **Note:** Lateran Issue.

Date	Mintage	VG	F	VF	XF	Unc
MDCCI	—	14.00	28.00	50.00	85.00	110

KM# 660 GROSSO
1.3400 g., 0.9170 Silver 0.0395 oz. ASW **Ruler:** Clement XI **Obv:** Papal arms **Rev:** Inscription in cartouche **Rev. Inscription:** IN / SVDORE / VVLIVS / TVI

Date	Mintage	VG	F	VF	XF	Unc
ND(1703)-IIII	—	10.00	22.00	38.00	60.00	95.00
ND(1704)-V	—	—	—	—	—	—

KM# 675 GROSSO
1.3400 g., 0.9170 Silver 0.0395 oz. ASW **Ruler:** Clement XI **Obv:** Papal arms **Rev:** Inscription in cartouche **Rev. Inscription:** VIDEANT / PAVPERES ET / LATENTVR

Date	Mintage	VG	F	VF	XF	Unc
ND(1705)-VI	—	10.00	22.00	38.00	60.00	95.00

KM# 680 GROSSO
1.3400 g., 0.9170 Silver 0.0395 oz. ASW **Ruler:** Clement XI **Obv:** Papal arms **Rev:** Bust of St. Paul right

Date	Mintage	VG	F	VF	XF	Unc
ND(1706)-VII	—	12.00	25.00	45.00	75.00	110
ND(1708)-IX	—	12.00	25.00	45.00	75.00	110

KM# 691 GROSSO
1.3400 g., 0.9170 Silver 0.0395 oz. ASW **Ruler:** Clement XI **Obv:** Papal arms **Rev:** Inscription in cartouche **Rev. Inscription:** PAVPERI / PORRIGE / MANVM

Date	Mintage	VG	F	VF	XF	Unc
ND(1707)-VIII	—	10.00	22.00	38.00	60.00	95.00

KM# 724 GROSSO
1.3400 g., 0.9170 Silver 0.0395 oz. ASW **Ruler:** Clement XI **Obv:** Papal arms **Rev:** Bust of St. Paul left radiant

Date	Mintage	VG	F	VF	XF	Unc
ND(1708)-IX	—	12.00	25.00	45.00	75.00	110

KM# 705 GROSSO
1.3400 g., 0.9170 Silver 0.0395 oz. ASW **Ruler:** Clement XI **Obv:** Papal arms **Rev:** Inscription in cartouche **Rev. Inscription:** DATE / ET / DABITVR

Date	Mintage	VG	F	VF	XF	Unc
ND(1709)-X	—	10.00	22.00	38.00	60.00	95.00
ND(1710)-XI	—	10.00	22.00	38.00	60.00	95.00
ND(1711)-XII	—	10.00	22.00	38.00	60.00	95.00
ND(1712)-XIII	—	10.00	22.00	38.00	60.00	95.00

KM# 740 GROSSO
1.3400 g., 0.9170 Silver 0.0395 oz. ASW **Ruler:** Clement XI **Obv:** Papal arms **Rev:** Inscription in cartouche **Rev. Inscription:** MANVM / SVAM / APERVIT / INOPI

Date	Mintage	VG	F	VF	XF	Unc
ND(1711)-XII	—	10.00	22.00	38.00	60.00	95.00

KM# 751 GROSSO
1.3400 g., 0.9170 Silver 0.0395 oz. ASW **Ruler:** Clement XI **Obv:** Papal arms **Rev:** Inscription in cartouche **Rev. Inscription:** NOLI / COR / APPONERE

Date	Mintage	VG	F	VF	XF	Unc
ND(1713)-XIV	—	10.00	22.00	38.00	60.00	95.00

KM# 754 GROSSO
1.3400 g., 0.9170 Silver 0.0395 oz. ASW **Ruler:** Clement XI **Obv:** Papal arms **Rev:** Bust of St. Paul left

Date	Mintage	VG	F	VF	XF	Unc
ND(1714)-XV	—	12.00	25.00	45.00	75.00	110

KM# 760 GROSSO
1.3400 g., 0.9170 Silver 0.0395 oz. ASW **Ruler:** Clement XI **Obv:** Papal arms **Rev:** Bust of St. Paul, left

Date	Mintage	VG	F	VF	XF	Unc
ND(1715)-XVI	—	12.00	25.00	45.00	75.00	110

KM# 779 GROSSO
1.3400 g., 0.9170 Silver 0.0395 oz. ASW **Ruler:** Innocent XIII **Obv:** Papal arms **Rev:** Inscription in cartouche **Rev. Inscription:** ERIGIT / ELISOS

Date	Mintage	VG	F	VF	XF	Unc
ND(1721)-I	—	20.00	40.00	75.00	125	200
ND(1722)-II	—	20.00	40.00	75.00	125	200
1723-III	—	20.00	40.00	75.00	125	200

KM# 778 GROSSO
1.3400 g., 0.9170 Silver 0.0395 oz. ASW **Ruler:** Innocent XIII **Obv:** Papal arms **Rev:** Inscription in cartouche **Rev. Inscription:** SACROSAN / BASILICAE / LATERAN / POSSESS **Note:** Lateran Issue.

Date	Mintage	VG	F	VF	XF	Unc
1721	—	35.00	70.00	125	200	250

KM# 794 GROSSO
1.3400 g., 0.9170 Silver 0.0395 oz. ASW **Ruler:** Innocent XIII **Obv:** Tiara over crossed keys **Rev:** Inscription **Rev. Inscription:** SACROSAN / BASILICAE / LATERAN / POSSESS / 1724

Date	Mintage	VG	F	VF	XF	Unc
1724	—	20.00	40.00	70.00	120	200

KM# 795 GROSSO
1.3400 g., 0.9170 Silver 0.0395 oz. ASW **Ruler:** Innocent XIII **Obv:** Papal arms **Rev:** Inscription in cartouche **Rev. Inscription:** IVVAT / ET / NOCET

Date	Mintage	VG	F	VF	XF	Unc
ND(1724)-IIII	—	20.00	40.00	70.00	120	200

KM# 808 GROSSO
1.3400 g., 0.9170 Silver 0.0395 oz. ASW **Ruler:** Innocent XIII **Obv:** Papal arms **Rev:** Inscription in cartouche **Rev. Inscription:** PRODERIT IN TEMPORE

Date	Mintage	VG	F	VF	XF	Unc
ND(1725)-V	—	20.00	40.00	70.00	120	200

KM# 807 GROSSO
1.3400 g., 0.9170 Silver 0.0395 oz. ASW **Ruler:** Benedict XIII **Obv:** Papal arms **Rev:** Holy door **Note:** Holy Year Issue.

Date	Mintage	VG	F	VF	XF	Unc
MDCCXXV (1725)	—	35.00	70.00	125	200	325

KM# 814 GROSSO
1.3400 g., 0.9170 Silver 0.0395 oz. ASW **Ruler:** Benedict XIII **Obv:** Papal arms **Rev:** Inscription in cartouche **Rev. Inscription:** BENE / FAC / HVMILI

Date	Mintage	VG	F	VF	XF	Unc
1726	—	20.00	40.00	70.00	120	200

KM# 815 GROSSO
1.3400 g., 0.9170 Silver 0.0395 oz. ASW **Ruler:** Benedict XIII
Obv: Papal arms **Rev:** Inscription in cartouche **Rev. Inscription:** DANE / NOCEAT

Date	Mintage	VG	F	VF	XF	Unc
ND(1726)-VI	—	20.00	40.00	70.00	120	200

KM# 832 GROSSO
1.3400 g., 0.9170 Silver 0.0395 oz. ASW **Ruler:** Clement XII
Obv: Papal arms **Rev:** Inscription in cartouche **Rev. Inscription:** SACROSANC / BASILICAE / LATERANEN / POSSESSIO **Note:** Lateran Issue.

Date	Mintage	VG	F	VF	XF	Unc
1730	—	15.00	30.00	55.00	90.00	125

KM# 833 GROSSO
1.3400 g., 0.9170 Silver 0.0395 oz. ASW **Ruler:** Clement XII
Obv: Papal arms **Rev:** Inscription in cartouche **Rev. Inscription:** VANVM / EST / VOBIS **Note:** Reform weight.

Date	Mintage	VG	F	VF	XF	Unc
ND(1730-40)	—	12.00	22.00	40.00	65.00	90.00

KM# 843 GROSSO
1.3400 g., 0.9170 Silver 0.0395 oz. ASW **Ruler:** Clement XII
Obv: Papal arms **Rev:** Inscription in cartouche **Rev. Inscription:** PAVPERI / PORRIGE

Date	Mintage	VG	F	VF	XF	Unc
1732-III	—	10.00	22.00	38.00	60.00	95.00
1733-IV	—	10.00	22.00	38.00	60.00	95.00

KM# 856 GROSSO
1.3400 g., 0.9170 Silver 0.0395 oz. ASW **Ruler:** Clement XII
Rev: Bust of St. Peter left

Date	Mintage	VG	F	VF	XF	Unc
ND(1735)-V	—	15.00	30.00	55.00	90.00	125

KM# 857 GROSSO
1.3400 g., 0.9170 Silver 0.0395 oz. ASW **Ruler:** Clement XII
Rev: Bust of St. Paul right

Date	Mintage	VG	F	VF	XF	Unc
1735-V	—	15.00	30.00	55.00	90.00	125

KM# 870 GROSSO
1.3400 g., 0.9170 Silver 0.0395 oz. ASW **Ruler:** Clement XII
Obv: Papal arms **Rev:** Inscription in palm wreath **Rev. Inscription:** IN CIBOS / PAVPER / VM

Date	Mintage	VG	F	VF	XF	Unc
1736-VI	—	10.00	22.00	38.00	60.00	95.00
1737-VII	—	10.00	22.00	38.00	60.00	95.00
1738-VIII	—	10.00	22.00	38.00	60.00	95.00
1738-IX	—	10.00	22.00	38.00	60.00	95.00

KM# 871 GROSSO
1.3400 g., 0.9170 Silver 0.0395 oz. ASW **Ruler:** Clement XII
Obv: Papal arms **Rev:** Inscription in cartouche **Rev. Inscription:** TOLLE / ET / PROIICE

Date	Mintage	VG	F	VF	XF	Unc
1736-VII	—	10.00	22.00	38.00	60.00	95.00
1737-VII	—	10.00	22.00	38.00	60.00	95.00

KM# 881 GROSSO
1.3400 g., 0.9170 Silver 0.0395 oz. ASW **Ruler:** Clement XII
Obv: Papal arms **Rev:** Inscription in laurel wreath

Date	Mintage	VG	F	VF	XF	Unc
1737-VIII	—	12.00	22.00	40.00	65.00	90.00

KM# 904 GROSSO
1.3400 g., 0.9170 Silver 0.0395 oz. ASW **Ruler:** Clement XII
Obv: Papal arms **Rev:** Inscription in cartouche **Rev. Inscription:** IN VIA / VIRTVTIS

Date	Mintage	VG	F	VF	XF	Unc
1739-IX	—	12.00	22.00	40.00	65.00	90.00

KM# 905 GROSSO
1.3400 g., 0.9170 Silver 0.0395 oz. ASW **Ruler:** Clement XII
Obv: Papal arms **Rev:** Inscription in cartouche **Rev. Inscription:** HABETIS / PAVPERES

Date	Mintage	VG	F	VF	XF	Unc
1739-IX	—	12.00	22.00	40.00	65.00	90.00
1739-X	—	12.00	22.00	40.00	65.00	90.00

KM# 906 GROSSO
1.3400 g., 0.9170 Silver 0.0395 oz. ASW **Ruler:** Clement XII
Obv: Papal arms **Rev:** Inscription in cartouche **Rev. Inscription:** PAVPERI / PORRIGE / MANVM

Date	Mintage	VG	F	VF	XF	Unc
ND(1739)-X	—	15.00	30.00	55.00	90.00	125

KM# 907 GROSSO
1.3400 g., 0.9170 Silver 0.0395 oz. ASW **Ruler:** Clement XII
Obv: Papal arms **Rev:** Inscription in cartouche **Rev. Inscription:** IMPLETI / ILLVSIO / NIBVS

Date	Mintage	VG	F	VF	XF	Unc
1739-X	—	15.00	30.00	55.00	90.00	125

KM# 928 GROSSO
1.3400 g., 0.9170 Silver 0.0395 oz. ASW **Ruler:** Benedict XIV
Obv: Papal arms **Rev:** St. Peter left **Rev. Legend:** S • PETRVS...

Date	Mintage	VG	F	VF	XF	Unc
ND(1740)-I	—	8.00	13.00	30.00	45.00	70.00
ND(1741)-II	—	8.00	13.00	30.00	45.00	70.00

KM# 926 GROSSO
1.3400 g., 0.9170 Silver 0.0395 oz. ASW **Ruler:** Benedict XIV
Obv: Papal arms **Rev:** Inscription in cartouche **Note:** Varieties exist.

Date	Mintage	VG	F	VF	XF	Unc
1740-I	—	6.00	12.50	25.00	40.00	70.00
ND(1740)-I	—	6.00	12.50	25.00	40.00	70.00
1741-I	—	6.00	12.50	25.00	40.00	70.00
1741-I	—	6.00	12.50	25.00	40.00	70.00

KM# 927 GROSSO
1.3400 g., 0.9170 Silver 0.0395 oz. ASW **Ruler:** Benedict XIV
Obv: Papal arms **Rev:** St. Peter right **Note:** Varieties exist.

Date	Mintage	VG	F	VF	XF	Unc
ND(1740)-I	—	8.00	15.00	30.00	45.00	70.00
ND(1742)-III	—	8.00	15.00	30.00	45.00	70.00
ND(1743)-IV	—	8.00	15.00	30.00	40.00	70.00
ND(1744)-V	—	8.00	15.00	30.00	45.00	70.00
ND(1745)-VI	—	8.00	15.00	30.00	45.00	70.00
ND(1746)-VII	—	8.00	15.00	30.00	45.00	70.00
ND(1747)-VIII	—	8.00	15.00	30.00	45.00	70.00

KM# 925 GROSSO
1.3400 g., 0.9170 Silver 0.0395 oz. ASW **Ruler:** Benedict XIV
Rev: Radiant dove, clouds below

Date	Mintage	VG	F	VF	XF	Unc
MDCCXL (1740)	—	20.00	40.00	75.00	125	200

KM# 806 GROSSO
1.3400 g., 0.9170 Silver 0.0395 oz. ASW **Ruler:** Benedict XIII
Obv: Tiara over crossed keys **Rev:** Holy door **Note:** Holy Year Issue.

Date	Mintage	VG	F	VF	XF	Unc
MDCCXXV (1740)	—	35.00	70.00	125	200	300

KM# 924 GROSSO
1.3400 g., 0.9170 Silver 0.0395 oz. ASW **Obv:** Arms of Cardinal Annibale Albant **Rev:** Radiant dove **Note:** Sede Vacante Issue.

Date	Mintage	VG	F	VF	XF	Unc
MDCCXL (1740)	—	20.00	40.00	75.00	125	200

KM# 941 GROSSO
1.3400 g., 0.9170 Silver 0.0395 oz. ASW **Ruler:** Benedict XIV
Obv: Papal arms **Rev:** Inscription, date within wreath **Rev. Inscription:** SACROSAN / BASILICAE / LATERANEN / POSSESS **Note:** Lateran Issue.

Date	Mintage	VG	F	VF	XF	Unc
1741-I	—	15.00	30.00	55.00	90.00	125

KM# 944 GROSSO
1.3400 g., 0.9170 Silver 0.0395 oz. ASW **Ruler:** Benedict XIV
Obv: Papal arms **Rev:** Inscription, date within cartouche **Rev. Inscription:** DISPERSIT / DEDIT / PAVPERIBVS

Date	Mintage	VG	F	VF	XF	Unc
ND(1741)-II	—	8.00	15.00	30.00	45.00	70.00
1742-III	—	8.00	15.00	30.00	45.00	70.00
1743-III	—	8.00	15.00	30.00	45.00	70.00

KM# 945 GROSSO
1.3400 g., 0.9170 Silver 0.0395 oz. ASW **Ruler:** Benedict XIV
Obv: Papal arms **Rev:** Inscription within wreath **Rev. Inscription:** EDENT / PAVPERES / ET SATVR / ABVNTVR

Date	Mintage	VG	F	VF	XF	Unc
ND(1741)-II	—	12.50	25.00	45.00	70.00	110
ND(1742)-III	—	12.50	25.00	45.00	70.00	110

KM# 948 GROSSO
1.3400 g., 0.9170 Silver 0.0395 oz. ASW **Ruler:** Benedict XIV
Obv: Papal arms **Rev:** Inscription within wreath **Rev. Inscription:** NOVIT / IVSTVS / CAVSAM / PAVPERVM

Date	Mintage	VG	F	VF	XF	Unc
ND(1742)-III	—	10.00	22.00	38.00	60.00	95.00
ND(1743)-IV	—	10.00	22.00	38.00	60.00	95.00

KM# 949 GROSSO
1.3400 g., 0.9170 Silver 0.0395 oz. ASW **Ruler:** Benedict XIV
Obv: Papal arms **Rev:** Inscription within wreath **Rev. Inscription:** OCVLI / ELVS / IN / PAVPEREM

Date	Mintage	VG	F	VF	XF	Unc
1743-III	—	8.00	15.00	30.00	45.00	70.00
1743-IV	—	8.00	15.00	30.00	45.00	70.00
1743-IIII	—	8.00	15.00	30.00	45.00	70.00
1743-V	—	8.00	15.00	30.00	45.00	70.00
1744-V	—	8.00	15.00	30.00	45.00	70.00
ND(1744)-IV	—	8.00	15.00	30.00	45.00	70.00

KM# 950 GROSSO
1.3400 g., 0.9170 Silver 0.0395 oz. ASW **Ruler:** Benedict XIV
Obv: Papal arms within sprigs **Rev:** St. Paul right

Date	Mintage	VG	F	VF	XF	Unc
ND(1744)-IV	—	8.00	15.00	30.00	45.00	70.00
ND(1745)-V	—	8.00	15.00	30.00	45.00	70.00
ND(1746)-VI	—	8.00	15.00	30.00	45.00	70.00
ND(1747)-VII	—	8.00	15.00	30.00	45.00	70.00
ND(1748)-VIII	—	8.00	15.00	30.00	45.00	70.00

KM# 951 GROSSO
1.3400 g., 0.9170 Silver 0.0395 oz. ASW **Ruler:** Benedict XIV
Obv: Papal arms within sprigs **Obv. Legend:** BENED • XIV • PON • ... **Rev:** Madonna **Rev. Inscription:** MACULA NON EST IN TE

Date	Mintage	VG	F	VF	XF	Unc
ND(1747)-VII	—	10.00	22.00	38.00	60.00	95.00
ND(1748)-VIII	—	10.00	22.00	38.00	60.00	95.00

KM# 953 GROSSO
1.3400 g., 0.9170 Silver 0.0395 oz. ASW **Ruler:** Benedict XIV
Obv: Papal arms within sprigs **Rev:** St. Peter **Rev. Inscription:** TIBI DABO CLAVES REGNI

Date	Mintage	VG	F	VF	XF	Unc
1748	—	12.50	25.00	45.00	70.00	110

PAPAL STATES

Obv: Papal arms **Rev:** Inscription in cartouche **Rev. Inscription:** SACROSAN : / BASILIE : / LATERAN : / POSSESS

Date	Mintage	VG	F	VF	XF	Unc
1758-I	—	8.00	15.00	30.00	45.00	70.00

KM# 955 GROSSO

1.3400 g., 0.9170 Silver 0.0395 oz. ASW **Ruler:** Benedict XIV **Obv:** Papal arms **Rev:** Inscription in arched lines within cartouche

Date	Mintage	VG	F	VF	XF	Unc
1748-IX	—	8.00	15.00	30.00	45.00	70.00
1749-IX	—	8.00	15.00	30.00	45.00	70.00

KM# 954 GROSSO

1.3400 g., 0.9170 Silver 0.0395 oz. ASW **Ruler:** Benedict XIV **Obv:** Papal arms **Rev:** Inscription in cartouche **Rev. Inscription:** VT / ALAT / EOS / IN . FAME

Date	Mintage	VG	F	VF	XF	Unc
ND(1749)-IX	—	8.00	15.00	30.00	45.00	70.00
ND(1750)-X	—	8.00	15.00	30.00	45.00	70.00

KM# 940 GROSSO

1.3400 g., 0.9170 Silver 0.0395 oz. ASW **Ruler:** Benedict XIV **Obv:** Papal arms **Rev:** St. Peter 3/4 left looking upwards

Date	Mintage	VG	F	VF	XF	Unc
ND(1749)-X	—	8.00	15.00	30.00	45.00	70.00

KM# 968 GROSSO

1.3400 g., 0.9170 Silver 0.0395 oz. ASW **Ruler:** Benedict XIV **Obv:** Papal arms **Rev:** Holy Door divides date **Note:** Holy Year issue.

Date	Mintage	VG	F	VF	XF	Unc
1750-XI	—	12.50	25.00	45.00	70.00	110
1750-XII	—	12.50	25.00	45.00	70.00	110

KM# 967 GROSSO

1.3400 g., 0.9170 Silver 0.0395 oz. ASW **Ruler:** Benedict XIV **Obv:** Papal arms **Rev:** Holy Door divides date **Note:** Holy Year issue.

Date	Mintage	VG	F	VF	XF	Unc
1750-X (1750)	—	12.50	25.00	45.00	70.00	110
1750-XI (1750)	—	12.50	25.00	45.00	70.00	110

KM# 969 GROSSO

1.3400 g., 0.9170 Silver 0.0395 oz. ASW **Ruler:** Benedict XIV **Obv:** Papal arms **Rev:** Madonna

Date	Mintage	VG	F	VF	XF	Unc
ND(1751)-XII	—	8.00	15.00	30.00	45.00	70.00
ND(1752)-XIII	—	8.00	15.00	30.00	45.00	70.00
ND(1753)-XIV	—	8.00	15.00	30.00	45.00	70.00
ND(1754)-XV	—	8.00	15.00	30.00	45.00	70.00
ND(1755)-XVI	—	8.00	15.00	30.00	45.00	70.00

KM# 977 GROSSO

1.3400 g., 0.9170 Silver 0.0395 oz. ASW **Ruler:** Benedict XIV

KM# 978 GROSSO

1.3400 g., 0.9170 Silver 0.0395 oz. ASW **Ruler:** Clement XIII **Obv:** Papal arms **Rev:** Inscription, date in cartouche **Rev. Inscription:** DA / PAVPERI

Date	Mintage	VG	F	VF	XF	Unc
1758-I	—	8.00	15.00	30.00	45.00	70.00

KM# 976 GROSSO

1.3400 g., 0.9170 Silver 0.0395 oz. ASW **Obv:** Cardinal arms **Rev:** Radiant dove above date **Note:** Sede Vacante issue.

Date	Mintage	VG	F	VF	XF	Unc
1758	—	25.00	45.00	75.00	100	150

KM# 996 GROSSO

1.3400 g., 0.9170 Silver 0.0395 oz. ASW **Ruler:** Clement XIII **Obv:** Papal arms **Rev:** Inscription, date in cartouche **Rev. Inscription:** MISERICORS / ET / JVSTVS

Date	Mintage	VG	F	VF	XF	Unc
1760-II	—	8.00	15.00	30.00	45.00	70.00

KM# 1002 GROSSO

1.3400 g., 0.9170 Silver 0.0395 oz. ASW **Ruler:** Clement XIII **Obv:** Papal arms **Rev:** Inscription, date in cartouche **Rev. Inscription:** VTERE / QVASI . HOMO / FRVGI

Date	Mintage	VG	F	VF	XF	Unc
1762-IV	—	8.00	15.00	30.00	45.00	70.00

KM# 1003 GROSSO

1.3400 g., 0.9170 Silver 0.0395 oz. ASW **Ruler:** Clement XIII **Obv:** Papal arms **Rev:** Inscription, date within wreath **Rev. Inscription:** VTERE / QVASI . HOMO / FRVGI

Date	Mintage	VG	F	VF	XF	Unc
1763-V	—	8.00	15.00	30.00	45.00	70.00
1764-VII	—	8.00	15.00	30.00	45.00	70.00
1765-VIII	—	8.00	15.00	30.00	45.00	70.00
1767-IX	—	8.00	15.00	30.00	45.00	/0.00

KM# 1005 GROSSO

1.3400 g., 0.9170 Silver 0.0395 oz. ASW **Ruler:** Clement XIV **Obv:** Papal arms **Rev:** Inscription, date in cartouche **Rev. Inscription:** FIAT . PAX / IN / VIRTVTE / TVA

Date	Mintage	VG	F	VF	XF	Unc
1769-I	—	8.00	15.00	30.00	45.00	70.00
1771-III	—	8.00	15.00	30.00	45.00	70.00
1772-III	—	8.00	15.00	30.00	45.00	70.00
1773-IV	—	8.00	15.00	30.00	45.00	70.00
1774-V	—	8.00	15.00	30.00	45.00	70.00

KM# 1025 GROSSO

1.3400 g., 0.9170 Silver 0.0395 oz. ASW **Ruler:** Pius VI **Obv:** Papal arms **Rev:** Holy Door **Note:** Holy Year Issue.

Date	Mintage	VG	F	VF	XF	Unc
1775-I	—	15.00	30.00	55.00	90.00	125

KM# 1033 GROSSO

1.3400 g., 0.9170 Silver 0.0395 oz. ASW **Ruler:** Pius VI **Obv:** Papal arms **Rev:** Star above inscription and date within wreath

Date	Mintage	VG	F	VF	XF	Unc
1777-III	—	5.00	10.00	17.50	30.00	50.00
1778-III	—	5.00	10.00	17.50	30.00	50.00
1778-IV	—	5.00	10.00	17.50	30.00	50.00
1783-VIII	—	5.00	10.00	17.50	30.00	50.00

KM# 1047 GROSSO

1.3400 g., 0.9170 Silver 0.0395 oz. ASW **Ruler:** Pius VI **Obv:** Papal arms **Rev:** Star above inscription within wreath

Date	Mintage	VG	F	VF	XF	Unc
1784-X	—	5.00	10.00	50.00	100	200
1786-XXI	—	5.00	10.00	50.00	100	200
1787-XIII	—	5.00	10.00	50.00	100	200

KM# 1245 5 BAIOCCHI

1.3300 g., 0.9000 Silver 0.0385 oz. ASW **Ruler:** Pius VI **Obv:** Value, star above, all within circle **Rev:** Madonna

Date	Mintage	Good	VG	F	VF	XF
1797-XXIII	—	5.00	15.00	30.00	60.00	—
1799-XXIII	—	5.00	15.00	30.00	60.00	—

KM# 1165 CARLINO

2.3000 g., 0.9170 Silver 0.0678 oz. ASW **Ruler:** Benedict XIV **Obv:** Papal arms **Rev:** Value, date within cartouche

Date	Mintage	Good	VG	F	VF	XF
1747-VIII	—	8.00	15.00	22.00	38.00	—
1748-VIII	—	8.00	15.00	22.00	38.00	—
1749-VIII	—	8.00	15.00	22.00	38.00	—
1749-IX	—	8.00	15.00	22.00	38.00	—
1749-X	—	8.00	15.00	22.00	38.00	—
1750-X	—	8.00	15.00	22.00	38.00	—
1750-XI	—	8.00	15.00	22.00	38.00	—
1751-XI	—	8.00	15.00	22.00	38.00	—

KM# 1207 CARLINO

2.3000 g., 0.9170 Silver 0.0678 oz. ASW **Ruler:** Clement XIV **Obv:** Papal arms **Rev:** Value, date in cartouche

Date	Mintage	Good	VG	F	VF	XF
1771-III	—	8.00	18.00	27.50	45.00	—

KM# 1212.1 CARLINO

2.3000 g., 0.9170 Silver 0.0678 oz. ASW **Ruler:** Pius VI **Obv:** Crown above crossed keys **Rev:** Value, date in cartouche with garland

Date	Mintage	Good	VG	F	VF	XF
1777-III	—	8.00	16.50	25.00	42.00	—

ITALIAN STATES

PAPAL STATES

Date	Mintage	Good	VG	F	VF	XF
1780-VI	—	8.00	15.00	22.50	40.00	—
1792-XVII	—	8.00	15.00	22.50	40.00	—
1794-XX	—	8.00	15.00	22.50	40.00	—
1796-XXII	—	8.00	15.00	22.50	40.00	—

KM# 1212.2 CARLINO
2.3000 g., 0.9170 Silver 0.0678 oz. ASW **Ruler:** Pius VI **Rev:** Inscription without ROMANO

Date	Mintage	Good	VG	F	VF	XF
1777-III	—	20.00	40.00	75.00	120	—

KM# 1235 OTTO (8) BAIOCCHI
3.6800 g., 0.9170 Silver 0.1085 oz. ASW **Ruler:** Pius VI **Obv:** Crossed keys **Obv. Legend:** PIVS SEX TVS **Rev:** Value **Rev. Legend:** OTTO BAIOC CHI

Date	Mintage	Good	VG	F	VF	XF
1793	—	9.00	18.00	30.00	45.00	—

KM# A660 GIULIO
2.6900 g., 0.9000 Silver 0.0778 oz. ASW **Ruler:** Clement XI **Obv:** Papal arms **Rev:** Inscription in cartouche **Rev. Inscription:** BASILICA / LATERANE / NOLITE / COR / APPONERE **Note:** Lateran Issue.

Date	Mintage	VG	F	VF	XF	Unc
MDCCI-I (1701)	—	22.00	45.00	85.00	140	225

KM# B660 GIULIO
2.6900 g., 0.9000 Silver 0.0778 oz. ASW **Ruler:** Clement XI **Obv:** Arms **Rev. Inscription:** BASILIC / LATERANEN / POSSESS / MDCCI **Note:** Lateran Issue.

Date	Mintage	VG	F	VF	XF	Unc
NDMDCCI-I (1701)	—	22.00	45.00	85.00	140	225

KM# 661 GIULIO
2.6900 g., 0.9000 Silver 0.0778 oz. ASW **Ruler:** Clement XI **Obv:** Papal arms **Rev:** Inscription **Rev. Inscription:** SI / AFFLVANT / NOLITE / COR / APPONERE

Date	Mintage	VG	F	VF	XF	Unc
1702-II	—	22.00	45.00	85.00	140	225
1703-II	—	22.00	45.00	85.00	140	225

KM# 668 GIULIO
2.6900 g., 0.9000 Silver 0.0778 oz. ASW **Ruler:** Clement XI **Obv:** Papal arms **Rev:** Inscription **Rev. Inscription:** NOLI / LABORARE / VT / DITERIS / 1704

Date	Mintage	VG	F	VF	XF	Unc
1704-IIII	—	22.00	45.00	85.00	140	225

KM# 669 GIULIO
2.6900 g., 0.9000 Silver 0.0778 oz. ASW **Ruler:** Clement XI **Obv:** Papal arms **Rev:** Inscription in cartouche **Rev. Inscription:** NON / CONCVPISCES / ARGENTVM

Date	Mintage	VG	F	VF	XF	Unc
ND(1704)-IV	—	22.00	45.00	85.00	140	225
ND(1705)-V	—	22.00	45.00	85.00	140	225
ND(1706)-VI	—	22.00	45.00	85.00	140	225
ND(1707)-VII	—	22.00	45.00	85.00	140	225
ND(1708)-VIII	—	22.00	45.00	85.00	140	225
ND(1709)-IX	—	22.00	45.00	85.00	140	225

KM# 692 GIULIO
2.6900 g., 0.9000 Silver 0.0778 oz. ASW **Ruler:** Clement XI **Obv:** Papal arms **Rev:** St. Francis kneeling receiving the stigmata

Date	Mintage	VG	F	VF	XF	Unc
ND(1705)-V	—	35.00	75.00	135	225	350

KM# 693 GIULIO
2.6900 g., 0.9000 Silver 0.0778 oz. ASW **Ruler:** Clement XI **Obv:** Papal arms **Rev:** Kneeling Holy Mother Church, left, in prayer

Date	Mintage	VG	F	VF	XF	Unc
1707-VII	—	50.00	95.00	175	285	400

KM# 715 GIULIO
2.6900 g., 0.9000 Silver 0.0778 oz. ASW **Ruler:** Clement XI **Obv:** Papal arms **Rev:** Inscription in laurel wreath **Rev. Inscription:** NON / CONCVPISCES / ARGENTVM

Date	Mintage	VG	F	VF	XF	Unc
ND(1709)-IX	—	22.00	45.00	85.00	140	225

KM# 736 GIULIO
2.6900 g., 0.9000 Silver 0.0778 oz. ASW **Ruler:** Clement XI **Obv:** Papal arms **Rev:** Inscription **Rev. Inscription:** DELICTA / OPERIT / CHARITAS **Note:** Varieties with serif exist.

Date	Mintage	VG	F	VF	XF	Unc
ND(1710)-X	—	22.00	45.00	85.00	140	225

KM# 747 GIULIO
2.6900 g., 0.9000 Silver 0.0778 oz. ASW **Ruler:** Clement XI **Obv:** Papal arms **Rev:** Inscription in cartouche **Rev. Inscription:** REDDE / PROXIMO / IN TEMPORE / SVO

Date	Mintage	VG	F	VF	XF	Unc
ND(1712)-XII	—	22.00	45.00	85.00	140	225

KM# 748 GIULIO
2.6900 g., 0.9000 Silver 0.0778 oz. ASW **Ruler:** Clement XI **Obv:** Capped bust right **Obv. Legend:** CLEMENS * XI PONT * M * **Rev:** Papal arms

Date	Mintage	VG	F	VF	XF	Unc
ND(1712)-XII	—	50.00	95.00	175	285	400

KM# 755 GIULIO
2.6900 g., 0.9000 Silver 0.0778 oz. ASW **Ruler:** Clement XI **Obv:** Papal arms **Rev:** St. Peter seated right

Date	Mintage	VG	F	VF	XF	Unc
ND(1714)-XIV	—	25.00	50.00	90.00	150	240

KM# 756 GIULIO
2.6900 g., 0.9000 Silver 0.0778 oz. ASW **Ruler:** Clement XI **Obv:** Papal arms **Rev:** St. Paul standing

Date	Mintage	VG	F	VF	XF	Unc
ND(1714)-XIV	—	25.00	50.00	90.00	150	240
ND(1715)-XV	—	25.00	50.00	90.00	150	240

KM# 766 GIULIO
2.6900 g., 0.9000 Silver 0.0778 oz. ASW **Ruler:** Clement XI **Obv:** Papal arms **Rev:** St. Peter standing

Date	Mintage	VG	F	VF	XF	Unc
ND(1717)-XVII	—	22.00	45.00	85.00	140	240

KM# 780 GIULIO
2.6900 g., 0.9000 Silver 0.0778 oz. ASW **Ruler:** Innocent XIII **Obv:** Papal arms **Rev:** Inscription in cartouche **Rev. Inscription:** BEATVS / QVI / INTELLEGIT / SVPER / EGENVM

Date	Mintage	VG	F	VF	XF	Unc
ND(1721-30)	—	50.00	200	500	800	—

KM# 781 GIULIO
2.6900 g., 0.9000 Silver 0.0778 oz. ASW **Ruler:** Clement XI **Rev. Inscription:** SACROSAN / BASILICAE / LATERAN / POSSESS **Note:** Lateran Issue.

Date	Mintage	VG	F	VF	XF	Unc
1721	—	60.00	125	225	460	—

KM# 788 GIULIO
2.6900 g., 0.9000 Silver 0.0778 oz. ASW **Ruler:** Innocent XIII **Rev. Inscription:** QVI / ACERVAT / ALIIS / CONGREGAT

Date	Mintage	VG	F	VF	XF	Unc
ND(1722)-II	—	50.00	100	200	325	—

KM# 798 GIULIO
2.6900 g., 0.9000 Silver 0.0778 oz. ASW **Ruler:** Innocent XIII **Obv:** Papal arms **Rev:** Inscription in cartouche **Rev. Inscription:** CORONAT • TE / IN / MISERICORDIA

Date	Mintage	VG	F	VF	XF	Unc
1724-I	—	50.00	100	185	300	—

KM# 797 GIULIO
2.6900 g., 0.9000 Silver 0.0778 oz. ASW **Ruler:** Benedict XIII **Obv:** Papal arms **Obv. Legend:** BENEDICTVS • XIII • P • M • A • I • **Rev:** Inscription, date in cartouche **Rev. Inscription:** SACROSAN / BASILICAE / LATERAN / POSSESS **Note:** Lateran Issue.

Date	Mintage	VG	F	VF	XF	Unc
1724	—	50.00	100	200	325	—

KM# 796 GIULIO
2.6900 g., 0.9000 Silver 0.0778 oz. ASW **Obv:** Arms of Cardinal Annibale Albani **Rev:** Radiant dove **Note:** Sede Vacante Issue.

Date	Mintage	VG	F	VF	XF	Unc
MDCCXXIV	—	85.00	165	300	500	—

KM# 818 GIULIO
2.6900 g., 0.9000 Silver 0.0778 oz. ASW **Ruler:** Benedict XIII **Obv:** Papal arms **Rev:** Inscription in cartouche **Rev. Inscription:** IN / CHARITATE / MVLTIPLI / CABITVR

Date	Mintage	VG	F	VF	XF	Unc
1728-V	—	50.00	100	185	300	—
ND-VI	—	50.00	100	185	300	—

KM# 835 GIULIO
2.6900 g., 0.9000 Silver 0.0778 oz. ASW **Ruler:** Clement XII **Obv:** Papal arms **Obv. Legend:** CLEMENS • XII • ... **Rev:** Inscription, divided date in cartouche **Rev. Inscription:** DIADEMA / SPECIEI / DE MANV / DOMININI

Date	Mintage	VG	F	VF	XF	Unc
1730	—	40.00	85.00	150	250	—

KM# 834 GIULIO
2.6900 g., 0.9000 Silver 0.0778 oz. ASW **Obv:** Arms of Cardinal Annibale Albani **Rev:** Radiant dove **Note:** Sede Vacante Issue.

Date	Mintage	VG	F	VF	XF	Unc
MDCCXXX	—	50.00	100	200	325	—

KM# 836 GIULIO
2.6900 g., 0.9000 Silver 0.0778 oz. ASW **Ruler:** Benedict XIII **Obv:** Cappd bust right **Rev:** Inscription in cartouche **Rev. Inscription:** SACROSANC / BAISILCAE / LATERANEN / POSSESSIO **Note:** Lateran Issue.

Date	Mintage	VG	F	VF	XF	Unc
MDCCXXX Rare	—	—	—	—	—	—

KM# 837 GIULIO
2.6900 g., 0.9000 Silver 0.0778 oz. ASW **Ruler:** Benedict XIII **Obv:** Papal arms **Note:** Lateran Issue.

Date	Mintage	VG	F	VF	XF	Unc
MDCCXXX	—	35.00	70.00	125	200	—

KM# 809 GIULIO
2.6900 g., 0.9000 Silver 0.0778 oz. ASW **Ruler:** Benedict XIII **Obv:** Papal arms **Rev:** Holy Door with pilgrims **Note:** Holy Year Issue.

Date	Mintage	VG	F	VF	XF	Unc
MDCCXXV-I	—	50.00	100	200	325	—

KM# 841 GIULIO
2.6900 g., 0.9000 Silver 0.0778 oz. ASW **Ruler:** Clement XII **Obv:** Papal arms **Obv. Legend:** CLEM • XII • ... **Rev:** Inscription in cartouche **Rev. Inscription:** VAE • VOBIIS / QVI / SATVRATI / ESTIS

Date	Mintage	VG	F	VF	XF	Unc
ND(1731)-II	—	22.00	45.00	85.00	140	225
ND(1732)-III	—	22.00	45.00	85.00	140	225

KM# 846 GIULIO
2.6900 g., 0.9000 Silver 0.0778 oz. ASW **Ruler:** Clement XII **Obv:** Papal arms **Rev:** Inscription within laurel wreath

Date	Mintage	VG	F	VF	XF	Unc
ND(1734)-IV	—	25.00	50.00	200	500	800

KM# 847 GIULIO
2.6900 g., 0.9000 Silver 0.0778 oz. ASW **Ruler:** Clement XII **Obv:** Capped bust right **Rev:** Inscription in laurel wreath

Date	Mintage	VG	F	VF	XF	Unc
ND(1734)-V	—	25.00	50.00	90.00	150	240

KM# 848 GIULIO
2.6900 g., 0.9000 Silver 0.0778 oz. ASW **Ruler:** Clement XII
Obv: Papal arms **Rev:** Inscription in palm wreath

Date	Mintage	VG	F	VF	XF	Unc
ND(1734)-V	—	25.00	50.00	90.00	150	240
ND(1735)-VI	—	25.00	50.00	90.00	150	240
ND(1736)-VII	—	25.00	50.00	90.00	150	240

KM# 849 GIULIO
2.6900 g., 0.9000 Silver 0.0778 oz. ASW **Ruler:** Clement XII
Obv: Papal arms **Rev:** Inscription in cartouche

Date	Mintage	VG	F	VF	XF	Unc
ND(1734)-V	—	25.00	50.00	90.00	150	240
ND(1735)-VI	—	25.00	50.00	90.00	150	240
ND(1736)-VII	—	25.00	50.00	90.00	150	240

KM# 850 GIULIO
2.6900 g., 0.9000 Silver 0.0778 oz. ASW **Ruler:** Clement XII
Obv: Papal arms **Rev:** Inscription in cartouche **Rev. Inscription:** ABVNDET / IN / GLORIAM / DEI

Date	Mintage	VG	F	VF	XF	Unc
ND(1734)-IV	—	25.00	50.00	90.00	150	240
1735-V	—	25.00	50.00	90.00	150	240
ND(1736)-VI	—	25.00	50.00	90.00	150	240

KM# 851 GIULIO
2.6900 g., 0.9000 Silver 0.0778 oz. ASW **Ruler:** Clement XII
Obv: Papal arms **Rev:** Palm wreath replaces cartouche

Date	Mintage	VG	F	VF	XF	Unc
ND(1734)-IV	—	32.00	65.00	110	200	325

KM# 858 GIULIO
2.6900 g., 0.9000 Silver 0.0778 oz. ASW **Ruler:** Clement XII
Obv: Capped bust right **Rev:** Inscription within ornamental/wreath
Rev. Inscription: AAA / FF / RESTITVTVM / COMMERC

Date	Mintage	VG	F	VF	XF	Unc
1735-V	—	35.00	70.00	125	200	350
ND(1735)-V	—	35.00	70.00	125	200	350

KM# 859 GIULIO
2.6900 g., 0.9000 Silver 0.0778 oz. ASW **Ruler:** Clement XII
Obv: Papal arms **Rev:** Inscription in ornamental wreath

Date	Mintage	VG	F	VF	XF	Unc
1735-V	—	20.00	40.00	75.00	125	250
1735-VI	—	20.00	40.00	75.00	125	250

KM# 860 GIULIO
2.6900 g., 0.9000 Silver 0.0778 oz. ASW **Ruler:** Clement XII
Obv: Capped bust right **Rev:** Inscription in palm wreath

Date	Mintage	VG	F	VF	XF	Unc
ND(1735)-VI	—	25.00	50.00	90.00	150	240

KM# 861 GIULIO
2.6900 g., 0.9000 Silver 0.0778 oz. ASW **Ruler:** Clement XII
Obv: Capped bust right **Rev:** Inscription in cartouche

Date	Mintage	VG	F	VF	XF	Unc
ND(1735)-VI	—	25.00	50.00	90.00	150	240

KM# 882 GIULIO
2.6900 g., 0.9000 Silver 0.0778 oz. ASW **Ruler:** Clement XII
Obv: Papal arms **Rev:** Inscription in cartouche **Rev. Inscription:** ABVNDET / IN / GLORIAM / DEI **Note:** Reform weight.

Date	Mintage	VG	F	VF	XF	Unc
1735-IV	—	22.00	45.00	80.00	135	225
ND(1737)-VI	—	22.00	45.00	80.00	135	225

KM# 942 GIULIO
2.6900 g., 0.9000 Silver 0.0778 oz. ASW **Ruler:** Benedict XIV
Obv: Papal arms **Rev:** Inscription in cartouche **Rev. Inscription:** SACROSANC / BASILICAE / LATERANEN / POSSESSIO **Note:** Lateran Issue.

Date	Mintage	VG	F	VF	XF	Unc
MDCCXLI-I (1741)	—	20.00	40.00	75.00	125	250

KM# 929 GIULIO
2.6900 g., 0.9000 Silver 0.0778 oz. ASW **Ruler:** Benedict XIV
Obv: Arms of Cardinal Annibale Albani **Rev:** Radiant dove **Note:** Sede Vacante Issue.

Date	Mintage	VG	F	VF	XF	Unc
MDCCXL (1741)	—	135	275	500	850	—

KM# 972 GIULIO
2.6900 g., 0.9000 Silver 0.0778 oz. ASW **Ruler:** Benedict XIV
Obv: Papal arms **Obv. Legend:** BENEDICT • XIV • ... **Rev:** Inscription in cartouche

Date	Mintage	VG	F	VF	XF	Unc
MDCCXLI (1741)	—	20.00	40.00	75.00	125	250

KM# 1022 GIULIO
2.6900 g., 0.9000 Silver 0.0778 oz. ASW **Obv:** Cardinal arms
Obv. Legend: SEDE • VACAN • TE • MDCCL XXIV **Rev:** Radiant dove **Note:** Sede Vacante Issue.

Date	Mintage	VG	F	VF	XF	Unc
MDCCLXXIV (1774)	—	17.50	35.00	60.00	90.00	175

KM# 1026 GIULIO
2.6900 g., 0.9000 Silver 0.0778 oz. ASW **Ruler:** Pius VI **Obv:** Papal arms **Obv. Legend:** PIVS • VI • ... **Rev:** Holy Door open with rays **Note:** Holy Year issue.

Date	Mintage	VG	F	VF	XF	Unc
1775-I	—	12.50	25.00	50.00	80.00	165

KM# 997 GIULIO
2.6900 g., 0.9000 Silver 0.0778 oz. ASW **Ruler:** Clement XIII
Obv: Papal arms **Obv. Legend:** CLEM • XIII • ... **Rev:** Radiant seated figure facing right

Date	Mintage	VG	F	VF	XF	Unc
1760-III	—	20.00	40.00	100	200	1,100

KM# 1000 GIULIO
2.6900 g., 0.9000 Silver 0.0778 oz. ASW **Ruler:** Clement XIII
Obv: Papal arms **Rev:** Inscription in palms **Rev. Inscription:** THESAVRIZATE / IN / COELIS

Date	Mintage	VG	F	VF	XF	Unc
1761-III	—	10.00	20.00	30.00	50.00	100
1761-IV	—	10.00	20.00	30.00	50.00	100

KM# 1004 GIULIO
2.6900 g., 0.9000 Silver 0.0778 oz. ASW **Ruler:** Clement XIII
Obv: Papal arms **Obv. Legend:** CLEN • XIII • PONT • .... **Rev:** Inscription, divided date in wreath

Date	Mintage	VG	F	VF	XF	Unc
1763-V	—	6.00	15.00	32.00	60.00	100
1763-VI	—	6.00	15.00	25.00	45.00	90.00
1764-VI	—	6.00	15.00	25.00	45.00	90.00
1764-VII	—	6.00	15.00	25.00	45.00	90.00
1765-VIII	—	6.00	15.00	25.00	45.00	90.00

KM# 1006 GIULIO
2.6900 g., 0.9000 Silver 0.0778 oz. ASW **Obv:** Cardinal arms
Rev: Radiant dove **Note:** Sede Vacante Issue.

Date	Mintage	VG	F	VF	XF	Unc
MDCCLXIX (1774)	—	17.50	35.00	60.00	90.00	175

KM# 1252 DODICI (12) BAIOCCHI
3.2200 g., 0.9170 Silver 0.0949 oz. ASW **Ruler:** Pius VI **Obv:** Crossed keys above divided date **Obv. Legend:** PIVS SEX TVS
Rev: Written value

Date	Mintage	VG	F	VF	XF	Unc
1793	—	38.00	75.00	120	240	—

KM# 1164.1 DUE (2) CARLINI
1.6000 g., 0.9170 Silver 0.0472 oz. ASW **Ruler:** Benedict XIV
Obv: Papal arms **Obv. Legend:** BENED • XIV • ... **Rev:** Inscription, date in curved lines in carcouche and sprigs **Rev. Inscription:** DVE CARLINI ROMANI

Date	Mintage	VG	F	VF	XF	Unc
1747-VIII	—	20.00	35.00	60.00	90.00	—
1748-VIII	—	20.00	35.00	60.00	90.00	—
1749-VIII	—	20.00	35.00	60.00	90.00	—

KM# 1164.2 DUE (2) CARLINI
1.6000 g., 0.9170 Silver 0.0472 oz. ASW **Ruler:** Benedict XIV
Obv: Papal arms **Obv. Legend:** BENED • XIV • ... **Rev:** Inscription, date in cartouche **Rev. Inscription:** DVE CARLINI ROMANI

Date	Mintage	Good	VG	F	VF	XF
1749-IX	—	8.00	18.00	30.00	48.00	75.00
1749-X	—	8.00	18.00	30.00	48.00	75.00
1750-X	—	8.00	18.00	30.00	48.00	75.00
1751-X	—	8.00	18.00	30.00	48.00	75.00
1752-X	—	8.00	18.00	30.00	48.00	75.00
1752-XII	—	8.00	18.00	30.00	48.00	75.00

ITALIAN STATES — PAPAL STATES

KM# 1215 DUE (2) CARLINI
1.6000 g., 0.9170 Silver 0.0472 oz. ASW **Ruler:** Pius VI **Obv:** Crown above crossed keys **Obv. Legend:** PIVS • SEX • ... **Rev:** Inscription, date in cartouche with garland **Rev. Inscription:** DVE CARLINI ROMANI

Date	Mintage	Good	VG	F	VF	XF
1777-III	—	10.00	25.00	38.00	60.00	95.00
1780-VI	—	10.00	22.00	38.00	60.00	95.00
1780-VII	—	10.00	22.00	38.00	60.00	95.00
1781-VI	—	10.00	22.00	38.00	60.00	95.00
1781-VIII	—	10.00	22.00	38.00	60.00	95.00
ND(1784)-X	—	10.00	22.00	38.00	60.00	95.00
ND(1785)-XI	—	10.00	22.00	38.00	60.00	95.00
1794-XX	—	10.00	22.00	38.00	60.00	95.00
1795-XX	—	10.00	22.00	38.00	60.00	95.00
1796-XXI	—	10.00	22.00	38.00	60.00	95.00
1796-XXII	—	10.00	22.00	38.00	60.00	95.00

KM# 979 DOPPIO (2) GIULIO (1/5 Scudo)
5.3800 g., 0.9000 Silver 0.1557 oz. ASW **Obv:** Cardinal arms **Rev:** Radiant dove **Note:** Sede Vacante Issue.

Date	Mintage	VG	F	VF	XF	Unc
MDCCLVIII (1758)	—	40.00	70.00	125	200	—

KM# 1027 DOPPIO (2) GIULIO (1/5 Scudo)
5.3800 g., 0.9000 Silver 0.1557 oz. ASW **Ruler:** Pius VI **Obv:** Crown within crossed keys above inscription in cartouche **Obv. Legend:** PIVS • VI • PONT • ... **Rev:** Radiant seated figure, facing **Note:** Lateran Issue.

Date	Mintage	VG	F	VF	XF	Unc
1775-I	—	20.00	40.00	75.00	110	—

KM# 974 DOPPIO (2) GIULIO (1/5 Scudo)
5.3800 g., 0.9000 Silver 0.1557 oz. ASW **Ruler:** Benedict XIV **Obv:** Bust right **Obv. Legend:** BEN • XIV • PON • M • A • XVI • **Rev:** Radiant seated female **Rev. Legend:** MDCC LVI

Date	Mintage	VG	F	VF	XF	Unc
MDCCLIII-XIV	—	20.00	40.00	75.00	120	—
MDCCLIV-XIV	—	20.00	40.00	75.00	120	—
MDCCLIV-XV	—	20.00	40.00	75.00	120	—
MDCCLV-XV	—	20.00	40.00	75.00	120	—
MDCCLV-XVI	—	20.00	40.00	75.00	120	—
MDCCLVI-XVI	—	20.00	40.00	75.00	120	—
MDCCLVI-XVII	—	20.00	40.00	75.00	120	—
MDCCLVII-XVII	—	20.00	40.00	75.00	120	—

KM# 998 DOPPIO (2) GIULIO (1/5 Scudo)
5.3800 g., 0.9000 Silver 0.1557 oz. ASW **Ruler:** Clement XIII **Obv:** Bust left **Obv. Legend:** CLEM • XIII **Rev:** Radiant seated figure, right **Rev. Legend:** PETRAM • ...

Date	Mintage	VG	F	VF	XF	Unc
1760-II	—	10.00	22.00	35.00	60.00	—
1761-III	—	10.00	22.00	35.00	60.00	—
1762-V	—	10.00	22.00	35.00	60.00	—
1765-VIII	—	10.00	22.00	35.00	60.00	—
1766-VIII	—	10.00	22.00	35.00	60.00	—

KM# 1028 DOPPIO (2) GIULIO (1/5 Scudo)
5.3800 g., 0.9000 Silver 0.1557 oz. ASW **Ruler:** Pius VI **Obv:** Papal arms **Obv. Legend:** PIVS • VI • PONT • ... **Rev:** Radiant seated figure, facing

Date	Mintage	VG	F	VF	XF	Unc
1775-I (1775)	—	15.00	25.00	40.00	75.00	—

KM# 1009 DOPPIO (2) GIULIO (1/5 Scudo)
5.3800 g., 0.9000 Silver 0.1557 oz. ASW **Ruler:** Clement XIV **Obv:** Papal arms **Obv. Legend:** CLEMENS • XIV • ... **Rev:** Holy Mother Church, seated

Date	Mintage	VG	F	VF	XF	Unc
1769-I	—	10.00	22.00	36.00	60.00	—
1771-II	—	10.00	22.00	36.00	60.00	—
1772-III	—	10.00	22.00	36.00	60.00	—
1772-IV	—	10.00	22.00	36.00	60.00	—
1773-V	—	10.00	22.00	36.00	60.00	—

KM# 1007 DOPPIO (2) GIULIO (1/5 Scudo)
5.3800 g., 0.9000 Silver 0.1557 oz. ASW **Obv:** Cardinal arms **Obv. Legend:** SEDE • VACAN • TE • ... **Rev:** Radiant dove **Note:** Sede Vacante Issue.

Date	Mintage	VG	F	VF	XF	Unc
MDCCLXIX (1769)	—	15.00	25.00	45.00	70.00	—

KM# 1030 DOPPIO (2) GIULIO (1/5 Scudo)
5.3800 g., 0.9000 Silver 0.1557 oz. ASW **Ruler:** Pius VI **Obv:** Bust right **Obv. Legend:** PIVS • VI • PONT • M • A • II **Rev:** Holy Mother Church, seated

Date	Mintage	VG	F	VF	XF	Unc
1776-II	—	15.00	27.50	45.00	80.00	—
1777-II	—	15.00	27.50	45.00	80.00	—

KM# 980 DOPPIO (2) GIULIO (1/5 Scudo)
5.3800 g., 0.9000 Silver 0.1557 oz. ASW **Ruler:** Clement XIII **Obv:** Crown within crossed keys above inscription, date in cartouche **Obv. Legend:** CLEM • XIII • PONT • M • A • I • **Obv. Inscription:** SACRO SAN : / BASILIE : / LATERAN : / POSSESS **Rev:** Holy Mother Church, seated

Date	Mintage	VG	F	VF	XF	Unc
1758-I	—	10.00	22.50	38.00	60.00	—

KM# 1008 DOPPIO (2) GIULIO (1/5 Scudo)
5.3800 g., 0.9000 Silver 0.1557 oz. ASW **Ruler:** Clement XIV **Obv:** Crown within crossed keys above inscription in cartouche **Obv. Legend:** CLEM • XIV • ... **Obv. Inscription:** SACROSAN : / BASILIC : / LATERAN : / POSSESS **Rev:** Holy Mother Church, seated **Note:** Lateran Issue.

Date	Mintage	VG	F	VF	XF	Unc
1769-I	—	15.00	25.00	45.00	75.00	—

KM# 1034 DOPPIO (2) GIULIO (1/5 Scudo)
5.3800 g., 0.9000 Silver 0.1557 oz. ASW **Ruler:** Pius VI **Obv:** Bust right **Obv. Legend:** PIVS • SEXTVS • PONT • ... **Rev:** Holy Mother Church, seated

Date	Mintage	VG	F	VF	XF	Unc
1777-IV	—	10.00	22.00	80.00	150	—
1778-IV	—	10.00	22.00	80.00	150	—
1779-IV	—	10.00	22.00	80.00	150	—
1779-V	—	10.00	22.00	40.00	50.00	—
1780-V	—	10.00	22.00	40.00	50.00	—
1780-VI	—	10.00	22.00	40.00	50.00	—
1780-VII	—	10.00	22.00	40.00	50.00	—
1781-VII	—	10.00	22.00	40.00	50.00	—
1782-VII	—	10.00	22.00	40.00	50.00	—
1782-VIII	—	10.00	22.00	40.00	50.00	—
1783-IX	—	10.00	22.00	40.00	50.00	—
1784-IX	—	10.00	22.00	40.00	50.00	—
1784-X	—	10.00	22.00	40.00	50.00	—

KM# 981 DOPPIO (2) GIULIO (1/5 Scudo)
5.3800 g., 0.9000 Silver 0.1557 oz. ASW **Ruler:** Clement XIII **Obv:** Papal arms **Obv. Legend:** CLEMENS • XIII • PONT • M • AN • II • **Rev:** Holy Mother Church, seated

Date	Mintage	VG	F	VF	XF	Unc
1758-I	—	10.00	30.00	60.00	120	—
1759-II	—	10.00	30.00	60.00	120	—
1766-X	—	10.00	30.00	60.00	120	—
1767-X	—	10.00	30.00	60.00	120	—
1769-XI	—	10.00	30.00	60.00	120	—

KM# 1023 DOPPIO (2) GIULIO (1/5 Scudo)
5.3800 g., 0.9000 Silver 0.1557 oz. ASW **Obv:** Cardinal arms **Obv. Legend:** SEDE • VACAN • TE • ... **Rev:** Radiant dove **Note:** Sede Vacante Issue.

Date	Mintage	VG	F	VF	XF	Unc
MDCCLXXIV (1773)	—	15.00	25.00	45.00	75.00	—

KM# 1045 DOPPIO (2) GIULIO (1/5 Scudo)
5.3900 g., 0.9000 Silver 0.1560 oz. ASW **Ruler:** Pius VI **Obv:** Papal arms **Obv. Legend:** PIVS • SEX PONT • M • A • X U I **Rev:** Holy Mother Church, seated

Date	Mintage	VG	F	VF	XF	Unc
1783-IX	—	7.50	18.00	34.00	50.00	—
1784-IX	—	7.50	18.00	34.00	50.00	—
1784-X	—	7.50	18.00	34.00	50.00	—
1786-XIII	—	7.50	18.00	34.00	50.00	—
1787-XIII	—	7.50	18.00	34.00	50.00	—

PAPAL STATES

Date	Mintage	VG	F	VF	XF	Unc
1788-XIV	—	7.50	18.00	34.00	50.00	—
1790-XV	—	7.50	18.00	34.00	50.00	—
1790-XVI	—	7.50	18.00	34.00	50.00	—
1792-XVIII	—	7.50	18.00	34.00	50.00	—
1796-XXII	—	7.50	18.00	34.00	50.00	—

KM# 1238 VENTICINQUE (25) BAIOCCHI
6.7200 g., 0.9170 Silver 0.1981 oz. ASW **Ruler:** Pius VI **Obv:** Crown above crossed keys **Obv. Legend:** PIVS • SEX • TVS • ... **Rev:** Inscription, date in cartouche **Rev. Inscription:** VENTICIN / QVE / BAIOCCHI

Date	Mintage	Good	VG	F	VF
1795-XX	—	12.00	25.00	38.00	60.00
1795-XXI	—	12.00	25.00	38.00	60.00
1796-XXI	—	12.00	25.00	38.00	60.00
1796-XXII	—	12.00	25.00	38.00	60.00

KM# 662 TESTONE (30 Baiocchi)
7.9500 g., 0.9170 Silver 0.2344 oz. ASW **Ruler:** Clement XI **Obv:** Papal arms **Obv. Legend:** PONT • M • A • II • CLEMENS • XI **Rev:** Table with bags of coins within circle **Rev. Legend:** * I MPERAT•AVT•SERVIT*

Date	Mintage	VG	F	VF	XF	Unc
1702-II	—	80.00	165	300	500	—
1703-III	—	80.00	165	300	500	—

KM# 670 TESTONE (30 Baiocchi)
7.9500 g., 0.9170 Silver 0.2344 oz. ASW **Ruler:** Clement XI **Obv:** Papal arms **Obv. Legend:** P O N T • M • A • N • IV C L E M E N S • X I **Rev:** Inscription, date in cartouche **Rev. Inscription:** FOENERATVR / DIMINO QVI / MISERETVR / PAVPERIS

Date	Mintage	VG	F	VF	XF	Unc
1704-IV	—	35.00	75.00	135	225	—

KM# 676 TESTONE (30 Baiocchi)
7.9500 g., 0.9170 Silver 0.2344 oz. ASW **Ruler:** Clement XI **Obv:** Papal arms **Obv. Legend:** CLEMENS • XI • PONT • ... **Rev:** Ducal Palace at Urbino

Date	Mintage	VG	F	VF	XF	Unc
ND(1705)-V	—	100	200	350	575	—

KM# 694 TESTONE (30 Baiocchi)
7.9500 g., 0.9170 Silver 0.2344 oz. ASW **Ruler:** Clement XI **Obv:** Papal arms **Obv. Legend:** CLEMENS • XI • ... **Rev:** Inscription in cartouche **Rev. Inscription:** QVI / MISERETVR / PAVPERI / BEATVS • ERIT

Date	Mintage	VG	F	VF	XF	Unc
ND(1705)-V	—	35.00	75.00	135	225	—
ND(1706)-VI	—	35.00	75.00	135	225	—
ND(1707)-VII	—	35.00	75.00	135	225	—
ND(1708)-VIII	—	35.00	75.00	135	225	—
ND(1709)-VIIII	—	35.00	75.00	135	225	—

KM# 695 TESTONE (30 Baiocchi)
7.9500 g., 0.9170 Silver 0.2344 oz. ASW **Ruler:** Benedict XIV **Obv:** Capped bust left **Rev:** Madonna standing with child

Date	Mintage	VG	F	VF	XF	Unc
MDCCVII-VI	—	70.00	135	250	400	—

KM# 696 TESTONE (30 Baiocchi)
7.9500 g., 0.9170 Silver 0.2344 oz. ASW **Ruler:** Clement XI **Obv:** Papal arms

Date	Mintage	VG	F	VF	XF	Unc
MDCCVII-VII	—	60.00	125	225	375	—

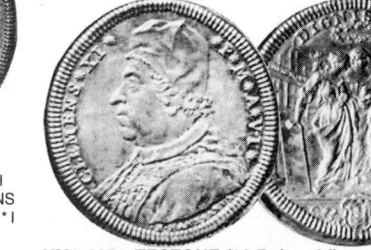

KM# 697 TESTONE (30 Baiocchi)
7.9500 g., 0.9170 Silver 0.2344 oz. ASW **Ruler:** Clement XI **Obv:** Capped bust left **Obv. Legend:** CLEMENS * XI * P * M * A * V • I * **Rev:** Three Graces standing in the campidoglio **Rev. Legend:** ...DIGNIS • VICTORIAM

Date	Mintage	VG	F	VF	XF	Unc
ND(1707)-VI	—	75.00	150	275	450	—

KM# 698 TESTONE (30 Baiocchi)
7.9500 g., 0.9170 Silver 0.2344 oz. ASW **Ruler:** Clement XI **Obv:** Papal arms

Date	Mintage	VG	F	VF	XF	Unc
ND(1707)-VI	—	70.00	135	250	400	—

KM# 706 TESTONE (30 Baiocchi)
7.9500 g., 0.9170 Silver 0.2344 oz. ASW **Ruler:** Clement XI **Obv:** Papal arms **Rev:** Legend in laurel wreath

Date	Mintage	VG	F	VF	XF	Unc
ND(1708)-VIII	—	40.00	80.00	200	400	—

KM# 707 TESTONE (30 Baiocchi)
7.9500 g., 0.9170 Silver 0.2344 oz. ASW **Ruler:** Clement XI **Obv:** Papal arms **Rev:** St. Joseph and child

Date	Mintage	VG	F	VF	XF	Unc
ND(1708)-VII	—	50.00	100	185	300	—

KM# 708 TESTONE (30 Baiocchi)
7.9500 g., 0.9170 Silver 0.2344 oz. ASW **Ruler:** Clement XI **Obv:** Papal arms **Obv. Legend:** CLEMENS * XI * * P * M * AN * VIII • **Rev:** Charity standing with 3 children **Rev. Legend:** ... * PRO * DIO *

Date	Mintage	VG	F	VF	XF	Unc
ND(1708)-VIII	—	40.00	85.00	150	250	—

KM# 737 TESTONE (30 Baiocchi)
7.9500 g., 0.9170 Silver 0.2344 oz. ASW **Ruler:** Clement XI **Obv:** Papal arms **Obv. Legend:** * CLEMENS * XI * ... **Rev:** Inscription in cartouche **Rev. Inscription:** NE / OBLIVISCARIS / PAVPERVM

Date	Mintage	VG	F	VF	XF	Unc
ND(1710)-X	—	35.00	75.00	135	225	—

KM# 741 TESTONE (30 Baiocchi)
7.9500 g., 0.9170 Silver 0.2344 oz. ASW **Ruler:** Clement XI **Obv:** Papal arms **Rev:** Inscription in cartouche **Rev. Inscription:** MVLTOS / PERDIDIT / ARGENTVM

Date	Mintage	VG	F	VF	XF	Unc
ND(1711)-XI	—	35.00	75.00	135	225	—
ND(1712)-XII	—	35.00	75.00	135	225	—
ND(1713)-XIII	—	35.00	75.00	135	225	—

KM# 767 TESTONE (30 Baiocchi)
7.9500 g., 0.9170 Silver 0.2344 oz. ASW **Ruler:** Clement XI **Obv:** Papal arms **Rev:** St. Peter standing

Date	Mintage	VG	F	VF	XF	Unc
ND(1717)-XVII	—	45.00	95.00	175	285	—

KM# 783 TESTONE (30 Baiocchi)
7.9500 g., 0.9170 Silver 0.2344 oz. ASW **Ruler:** Innocent XIII **Obv:** Papal arms **Rev:** Inscription in cartouche **Rev. Inscription:** NVLLVS / ARGENTO / COLOR EST / AVARIS

Date	Mintage	VG	F	VF	XF	Unc
ND(1721)-I	—	100	200	350	575	—

KM# 782 TESTONE (30 Baiocchi)
7.9500 g., 0.9170 Silver 0.2344 oz. ASW **Obv:** Arms of Cardinal Annibale Albani **Rev:** Radiant dove **Note:** Sede Vacante Issue.

Date	Mintage	VG	F	VF	XF	Unc
MDCCXXI (1721)	—	200	350	600	1,000	—

KM# 789 TESTONE (30 Baiocchi)
7.9500 g., 0.9170 Silver 0.2344 oz. ASW **Ruler:** Innocent XIII **Obv:** Papal arms **Obv. Legend:** INNOC * XIII ... **Rev:** Inscription in cartouche **Rev. Inscription:** CONTEMPTA / PECVNIA / DITAT

Date	Mintage	VG	F	VF	XF	Unc
ND(1722)-II	—	100	200	350	575	—

KM# 799 TESTONE (30 Baiocchi)
7.9500 g., 0.9170 Silver 0.2344 oz. ASW **Obv:** Arms of Cardinal Annibale Albani **Rev:** Radiant dove **Note:** Sede Vacante Issue.

Date	Mintage	VG	F	VF	XF	Unc
MDCCXXIV (1724)	—	120	225	400	650	—

KM# 810 TESTONE (30 Baiocchi)
7.9500 g., 0.9170 Silver 0.2344 oz. ASW **Ruler:** Benedict XIII **Obv:** Papal arms **Rev:** Holy door with pilgrims at left **Note:** Holy Year issue.

Date	Mintage	VG	F	VF	XF	Unc
ND(1725)-I	—	800	1,500	2,500	4,250	—

KM# 864 TESTONE (30 Baiocchi)
7.9500 g., 0.9170 Silver 0.2344 oz. ASW **Ruler:** Benedict XIII **Obv:** Capped bust right **Rev:** St. Andrew Corsini receiving mitre from angel **Rev. Legend:** PRAESIDIVM ET DECVS

Date	Mintage	VG	F	VF	XF	Unc
MDCCXXV (1725)	—	60.00	125	225	400	—

KM# 819 TESTONE (30 Baiocchi)
7.9500 g., 0.9170 Silver 0.2344 oz. ASW **Ruler:** Benedict XIII **Obv:** Papal arms **Rev:** Inscription in cartouche **Rev. Inscription:** FOENERATVR / DIMINO • QVI / MISERETVR / PAVPERIS

Date	Mintage	VG	F	VF	XF	Unc
ND(1723)-V	—	120	225	400	650	—

KM# 838 TESTONE (30 Baiocchi)
7.9500 g., 0.9170 Silver 0.2344 oz. ASW **Obv:** Arms of Cardinal Annibale Albani **Rev:** Radiant dove **Note:** Sede Vacante Issue.

Date	Mintage	VG	F	VF	XF	Unc
ND(1730)	—	70.00	135	250	400	—

ITALIAN STATES — PAPAL STATES

KM# 845 TESTONE (30 Baiocchi)
7.9500 g., 0.9170 Silver 0.2344 oz. ASW **Ruler:** Clement XII
Obv: Papal arms **Obv. Legend:** CLEM · XII P · M · AN · IV **Rev:**
Inscription in cartouche **Rev. Inscription:** POPVLIS / IMMVNI /
EMPORIO / DONATIS

Date	Mintage	VG	F	VF	XF	Unc
ND(1733)-IV	—	10.00	40.00	100	200	—
ND(1734)-V	—	10.00	40.00	100	200	—

KM# 863 TESTONE (30 Baiocchi)
7.9500 g., 0.9170 Silver 0.2344 oz. ASW **Ruler:** Clement XII
Rev: Inscription within palm wreath

Date	Mintage	VG	F	VF	XF	Unc
MDCCXXXV-V (1735)	—	30.00	80.00	200	600	—
MDCCXXXV-VI (1735)	—	30.00	60.00	175	350	—

KM# 865 TESTONE (30 Baiocchi)
7.9500 g., 0.9170 Silver 0.2344 oz. ASW **Ruler:** Clement XII
Obv: Capped bust right **Rev:** St. Andrew Corsini receiving mitre
from angel **Rev. Legend:** GENVSALTO A SANGVINE

Date	Mintage	VG	F	VF	XF	Unc
MDCCXXXV-V (1735)	—	50.00	100	185	400	—
MDCCXXXVI-VI (1736)	—	50.00	100	185	400	—

KM# 872 TESTONE (30 Baiocchi)
7.9500 g., 0.9170 Silver 0.2344 oz. ASW **Ruler:** Clement XII
Obv: Papal arms

Date	Mintage	VG	F	VF	XF	Unc
MDCCXXXVI-VI (1736)	—	50.00	100	185	300	—

KM# 873 TESTONE (30 Baiocchi)
7.9500 g., 0.9170 Silver 0.2344 oz. ASW **Ruler:** Clement XII
Obv: Papal arms

Date	Mintage	VG	F	VF	XF	Unc
MDCCXXXVI-VI (1736)	—	50.00	100	185	300	—

KM# 853 TESTONE (30 Baiocchi)
7.9500 g., 0.9170 Silver 0.2344 oz. ASW **Ruler:** Clement XII
Obv: Capped bust right **Obv. Legend:** CLEMENS XII • P • M •
AN • V **Rev:** Papal arms

Date	Mintage	VG	F	VF	XF	Unc
ND(1734)-V	—	60.00	125	225	375	—

KM# 874 TESTONE (30 Baiocchi)
7.9500 g., 0.9170 Silver 0.2344 oz. ASW **Ruler:** Clement XII
Obv: Papal arms **Rev:** Fortune seated left **Rev. Legend:** ...TAS
• VIARVM • REDVX

Date	Mintage	VG	F	VF	XF	Unc
MDCCXXXVI (1736)	—	65.00	120	200	325	—

KM# 844 TESTONE (30 Baiocchi)
7.9500 g., 0.9170 Silver 0.2344 oz. ASW **Ruler:** Clement XII
Obv: Papal arms **Obv. Legend:** C L E M E N S • X I I • ... **Rev:**
Inscription in cartouche **Rev. Inscription:** NE • FORRE /
OFFENDICVLVM / FIAT

Date	Mintage	VG	F	VF	XF	Unc
MDCCXXXIII-III (1734)	—	30.00	60.00	125	200	—

KM# 875 TESTONE (30 Baiocchi)
7.9500 g., 0.9170 Silver 0.2344 oz. ASW **Ruler:** Clement XII
Obv: Capped bust right **Obv. Legend:** C L E M E N S X I I • P
: M : AN : V I I • **Rev:** Fortune seated left **Rev. Legend:** ...TAS
• VIARVM • REDVR

Date	Mintage	VG	F	VF	XF	Unc
MDCCXXXVI-VII (1736)	—	85.00	150	250	425	—

KM# 876 TESTONE (30 Baiocchi)
7.9500 g., 0.9170 Silver 0.2344 oz. ASW **Ruler:** Clement XII
Obv: Capped bust right **Rev:** Inscription within palm wreath **Rev.
Inscription:** DABIS / DISCERNERE / INTERMALVM

Date	Mintage	VG	F	VF	XF	Unc
ND(1736)-VI	—	30.00	60.00	175	350	—

KM# 877 TESTONE (30 Baiocchi)
7.9500 g., 0.9170 Silver 0.2344 oz. ASW **Ruler:** Clement XII
Obv: Papal arms

Date	Mintage	VG	F	VF	XF	Unc
ND(1736)-VI	—	30.00	60.00	125	200	—
ND(1736)-VII	—	30.00	60.00	125	200	—

KM# 878 TESTONE (30 Baiocchi)
7.9500 g., 0.9170 Silver 0.2344 oz. ASW **Ruler:** Clement XII
Obv: Papal arms

Date	Mintage	VG	F	VF	XF	Unc
1736	—	30.00	60.00	150	600	—

KM# 852 TESTONE (30 Baiocchi)
7.9500 g., 0.9170 Silver 0.2344 oz. ASW **Ruler:** Clement XII
Obv: Papal arms **Obv. Legend:** CLEM • XII • ... **Rev:** Inscription
in cartouche **Rev. Inscription:** QVAERITE / VT / ABVNDETIS

Date	Mintage	VG	F	VF	XF	Unc
MDCCXXXIV-III (1/34)	—	30.00	60.00	125	200	—
MDCCXXXIV-V (1734)	—	30.00	60.00	125	200	—

KM# 862 TESTONE (30 Baiocchi)
7.9500 g., 0.9170 Silver 0.2344 oz. ASW **Ruler:** Clement XII
Obv: Papal arms **Obv. Legend:** CLEMENS • XII • ... **Rev:**
Inscription in cartouche **Rev. Inscription:** VRBE I / NOBILITATA

Date	Mintage	VG	F	VF	XF	Unc
MDCCXXXV-V (1735)	—	30.00	60.00	125	200	—
MDCCXXXV (1735)	—	30.00	60.00	125	200	—

KM# 952 TESTONE (30 Baiocchi)
7.9280 g., 0.9170 Silver 0.2337 oz. ASW **Ruler:** Benedict XIV
Obv: Papal arms **Rev:** St. Peter and St. Paul standing

Date	Mintage	VG	F	VF	XF	Unc
MDCCXLVI-VI (1756)	—	75.00	125	200	300	—

KM# 1001 TESTONE (30 Baiocchi)
7.9280 g., 0.9170 Silver 0.2337 oz. ASW **Ruler:** Clement XIII
Obv: Papal arms **Obv. Legend:** CLEMENS • XIII • ... **Rev:** St.
Peter and St. Paul standing, radiant dove above, temple between

Date	Mintage	VG	F	VF	XF	Unc
MDCCLXI-IV (1761)	—	—	50.00	150	300	—
MDCCLXIII-VI (1763)	—	—	50.00	150	300	—
MDCCLXVII-IX (1767)	—	—	50.00	150	300	—
MDCCLXVII-X (1767)	—	—	50.00	150	300	—

KM# 1020 TESTONE (30 Baiocchi)
7.9280 g., 0.9170 Silver 0.2337 oz. ASW **Ruler:** Clement XIV
Obv: Papal arms **Obv. Legend:** CLEMENS • XIV ... **Rev:** St.
Peter and St. Paul standing, radiant dove above

Date	Mintage	VG	F	VF	XF	Unc
MDCCLXX-II (1770)	—	20.00	40.00	85.00	150	—
1773-V	—	—	—	—	—	—

KM# 1021 TESTONE (30 Baiocchi)
7.9280 g., 0.9170 Silver 0.2337 oz. ASW **Ruler:** Clement XIV
Obv: Papal arms **Obv. Legend:** C L E M E N S • X I V... **Rev:**
St. Peter and Paul standing, radiant dove above **Rev. Legend:**
...S • P A V L V S

Date	Mintage	VG	F	VF	XF	Unc
1773-V	—	20.00	40.00	85.00	150	—

KM# 1048 TESTONE (30 Baiocchi)
7.9280 g., 0.9170 Silver 0.2337 oz. ASW **Ruler:** Pius VI **Obv:**
Papal arms **Obv. Legend:** P I V S • REXTVS • PON • ... **Rev:**
St. Peter and Paul, standing

Date	Mintage	VG	F	VF	XF	Unc
1785-XI	—	17.50	35.00	60.00	100	—
1786-XI	—	17.50	35.00	60.00	100	—
1786-XII	—	17.50	35.00	60.00	100	—
1790-XV	—	17.50	35.00	60.00	100	—
1790-XVI	—	17.50	35.00	60.00	100	—
1796-XXII	—	17.50	35.00	60.00	100	—

KM# 663 1/2 PIASTRA
13.2140 g., 0.9170 Silver 0.3896 oz. ASW **Ruler:** Clement XI
Obv: Arms of Clement XI supported by angel **Obv. Legend:**
CLEMENS • XI • ... **Rev:** St. Crescentius on horseback, right,
spearing dragon **Rev. Legend:** S • CRESCENTIN ...

Date	Mintage	VG	F	VF	XF	Unc
1702-II	—	85.00	185	300	500	—
1703-III	—	85.00	185	300	500	—
1704-III	—	85.00	250	600	1,000	—

KM# 681 1/2 PIASTRA
13.2140 g., 0.9170 Silver 0.3896 oz. ASW **Ruler:** Clement XI
Obv: Papal arms **Obv. Legend:** CLEMENS • XI PONT • M • A •
V • **Rev:** View of Urbino

Date	Mintage	VG	F	VF	XF	Unc
MDCCV-V (1705)	—	125	250	400	650	—

KM# 682 1/2 PIASTRA
13.2140 g., 0.9170 Silver 0.3896 oz. ASW **Ruler:** Clement XI **Obv:** Capped bust right **Obv. Legend:** CLEMENS XI • ... **Rev:** View of the Port of Ripetta

Date	Mintage	VG	F	VF	XF	Unc
1706-VI	—	175	250	600	1,000	—

KM# 699 1/2 PIASTRA
13.2140 g., 0.9170 Silver 0.3896 oz. ASW **Ruler:** Clement XI **Obv:** Papal arms **Rev:** Tobias and Angel

Date	Mintage	VG	F	VF	XF	Unc
ND(1707)-VII	—	85.00	185	300	500	—

KM# 709 1/2 PIASTRA
13.2140 g., Silver **Ruler:** Clement XI **Obv:** Papal arms **Obv. Legend:** CLEMENS * XI * * P * M * A N * VIII * **Rev:** Inscription in cartouche **Rev. Inscription:** FIAT PAX / IN VIRTVTE / TVA

Date	Mintage	VG	F	VF	XF	Unc
ND(1708)-VIII	—	85.00	185	400	700	—
ND(1708)-VIIII	—	85.00	185	300	500	—

KM# 742 1/2 PIASTRA
13.2140 g., 0.9170 Silver 0.3896 oz. ASW **Ruler:** Clement XI **Obv:** Capped bust left **Obv. Legend:** CLEMENS * XI * * P * M * A N * XI **Rev:** Pantheon **Rev. Legend:** ... COREM • DOMVS • TV Æ •

Date	Mintage	VG	F	VF	XF	Unc
ND(1711)-XI	—	150	250	550	1,000	—

KM# 761 1/2 PIASTRA
13.2140 g., 0.9170 Silver 0.3896 oz. ASW **Ruler:** Clement XI **Obv:** Papal arms **Obv. Legend:** CLEMENS * XI * * P * M * ... **Rev:** Inscription in cartouche **Rev. Inscription:** ÆRVGO ANIMI / CVRA PECVLII

Date	Mintage	VG	F	VF	XF	Unc
MDCCXV-XV (1715)	—	85.00	185	300	500	—

KM# 784 1/2 PIASTRA
13.2140 g., 0.9170 Silver 0.3896 oz. ASW **Ruler:** Innocent XIII **Obv:** Papal arms **Obv. Legend:** INNOC • XIII • ... **Rev:** 2 reapers

Date	Mintage	VG	F	VF	XF	Unc
ND(1721)-I	—	165	300	500	825	—
ND(1722)-II	—	165	300	500	825	—

KM# 801 1/2 PIASTRA
13.2140 g., 0.9170 Silver 0.3896 oz. ASW **Ruler:** Clement XII **Obv:** Papal arms **Obv. Legend:** CLEMENS • XII • ... **Rev:** Inscription in cartouche

Date	Mintage	VG	F	VF	XF	Unc
ND(1724)-IV	—	75.00	150	250	450	—
ND(1725)-V	—	75.00	150	250	450	—

KM# 800 1/2 PIASTRA
13.2140 g., 0.9170 Silver 0.3896 oz. ASW **Obv:** Arms of Cardinal Annibale Albanti **Rev:** Radiant dove **Note:** Sede Vacante Issue.

Date	Mintage	VG	F	VF	XF	Unc
MDCCXXIV (1724)	—	325	575	975	1,650	—
ND (1724)	—	325	575	975	1,650	—

KM# 879 1/2 PIASTRA
13.2140 g., 0.9170 Silver 0.3896 oz. ASW **Ruler:** Clement XII **Subject:** Restoration of St. John of Florentines **Obv:** Capped bust right **Obv. Legend:** CLEMENS XII • P : M : A : VII **Rev:** Facade of St. John of Florentines in Rome **Rev. Legend:** ... C V S P A T R I Æ

Date	Mintage	VG	F	VF	XF	Unc
MDCCXXXVI-VII (1734)	—	165	300	500	825	—

KM# 946 1/2 PIASTRA
13.2140 g., 0.9170 Silver 0.3896 oz. ASW **Ruler:** Benedict XIV **Obv:** Capped bust right **Rev:** St. Peter standing, Hospital of the Holy Spirit in background

Date	Mintage	VG	F	VF	XF	Unc
MDCCXLII-III (1742)	—	135	275	450	750	—

KM# 947 1/2 PIASTRA
13.2140 g., 0.9170 Silver 0.3896 oz. ASW **Ruler:** Benedict XIV **Rev:** St. Peter standing

Date	Mintage	VG	F	VF	XF	Unc
MDCCXLII-III (1742)	—	125	250	400	650	—

KM# 664 PIASTRA (Scudo of 80 Bolognini)
26.7500 g., 0.9170 Silver 0.7886 oz. ASW **Ruler:** Clement XI **Subject:** Church of S. Maria in Trastevere - portico addition **Obv:** Capped bust left **Obv. Legend:** CLEMENS • XI • PONT ... **Rev:** Madonna and child enthroned between two angels, Pope Innocent II kneeling below **Note:** Dav. #1429.

Date	Mintage	VG	F	VF	XF	Unc
1702-II	—	400	650	1,000	1,600	—

KM# 671 PIASTRA (Scudo of 80 Bolognini)
13.2140 g., 0.9170 Silver 0.3896 oz. ASW **Ruler:** Clement XI **Obv:** Papal arms **Obv. Legend:** CLEMENS • XI • PONT • M • AN • IV **Rev:** Presentation of Jesus at the temple **Note:** Dav. #1432.

Date	Mintage	VG	F	VF	XF	Unc
1704-VI	—	400	650	1,100	1,750	—

KM# 665 PIASTRA (Scudo of 80 Bolognini)
26.7500 g., 0.9170 Silver 0.7886 oz. ASW **Ruler:** Clement XI **Obv:** Capped bust left **Obv. Legend:** CLEMENS • XI • PONT ... **Rev:** St. Clement seated on clouds **Note:** Dav. #1430.

Date	Mintage	VG	F	VF	XF	Unc
1702-II	—	750	1,350	2,200	3,650	—

KM# 672 PIASTRA (Scudo of 80 Bolognini)
13.2140 g., 0.9170 Silver 0.3896 oz. ASW **Ruler:** Clement XI **Obv:** Capped bust left **Obv. Legend:** CLEMENS • XI • PONT MAX • A • VI **Rev:** Pope enthroned right in Church of S. Maria Maggiore **Note:** Dav. #1433.

Date	Mintage	VG	F	VF	XF	Unc
ND(1704)-VI	—	500	700	1,250	2,000	—

KM# 667 PIASTRA (Scudo of 80 Bolognini)
26.7500 g., 0.9170 Silver 0.7886 oz. ASW **Ruler:** Clement XI **Obv:** Papal arms **Rev:** Church of St. Theodore Al Palatino **Note:** Dav. #1431.

Date	Mintage	VG	F	VF	XF	Unc
1703-III	—	450	725	1,200	1,900	—

KM# 673 PIASTRA (Scudo of 80 Bolognini)
13.2140 g., 0.9170 Silver 0.3896 oz. ASW **Ruler:** Clement XI **Obv:** Papal arms within wreath **Obv. Legend:** C L E M E N S • XI • PONT • M • A • V I • **Rev:** Papal audience **Note:** Dav. #1434.

Date	Mintage	VG	F	VF	XF	Unc
ND(1704)-VI	—	400	650	1,100	1,750	—

ITALIAN STATES — PAPAL STATES

KM# 677 PIASTRA (Scudo of 80 Bolognini)
13.2140 g., 0.9170 Silver 0.3896 oz. ASW **Ruler:** Clement XI **Obv:** Papal arms within FEISTOONS **Obv. Legend:** * CLEMENS * XI * * P * M * ANN * VI * **Rev:** Papal audience **Note:** Dav. #1435.

Date	Mintage	VG	F	VF	XF	Unc
ND(1705)-V	—	400	650	1,100	1,750	—

KM# 710 PIASTRA (Scudo of 80 Bolognini)
13.2140 g., 0.9170 Silver 0.3896 oz. ASW **Ruler:** Clement XI **Obv:** Papal arms, legend starts at upper right **Obv. Legend:** CLEMENS • XI • P • M • ANN • VII **Rev:** Inscription in cartouche **Rev. Inscription:** FIAT PAX / IN VIRTVTE / TVA **Note:** Dav. #1438.

Date	Mintage	VG	F	VF	XF	Unc
ND(1708)-VII	—	400	650	1,000	1,600	—

KM# 716 PIASTRA (Scudo of 80 Bolognini)
13.2140 g., 0.9170 Silver 0.3896 oz. ASW **Ruler:** Clement XI **Obv:** Papal arms, legend starts at lower left **Note:** Dav. #1441.

Date	Mintage	VG	F	VF	XF	Unc
ND(1709)-IX	—	400	650	1,000	1,600	—

KM# 683 PIASTRA (Scudo of 80 Bolognini)
13.2140 g., 0.9170 Silver 0.3896 oz. ASW **Ruler:** Clement XI **Obv:** Capped bust left **Obv. Legend:** CLEMENS • XIP M • AN • VI **Rev:** St. Peter in ship, right two seraphim above **Note:** Dav. #1436.

Date	Mintage	VG	F	VF	XF	Unc
ND(1706)-VI	—	750	1,350	2,200	3,100	—

KM# 752 PIASTRA (Scudo of 80 Bolognini)
13.2140 g., 0.9170 Silver 0.3896 oz. ASW **Ruler:** Clement XI **Obv:** Papal arms **Obv. Legend:** * CLEMENS * XIP * M * AN * XIII * **Rev:** Fountain of Piazza del Pantheon shown within Piazza **Note:** Dav. #1445.

Date	Mintage	VG	F	VF	XF	Unc
ND(1713)-XIII	—	300	650	1,300	2,200	—

KM# 753 PIASTRA (Scudo of 80 Bolognini)
13.2140 g., 0.9170 Silver 0.3896 oz. ASW **Ruler:** Clement XI **Obv:** Papal arms **Obv. Legend:** * CLEMENS * XI - P * M * AN * XIII * **Rev:** Fountain of Piazza del Pantheon without Piazza **Note:** Dav. #1446.

Date	Mintage	VG	F	VF	XF	Unc
ND(1713)-XIII	—	300	650	1,300	2,200	—

KM# 743 PIASTRA (Scudo of 80 Bolognini)
13.2140 g., 0.9170 Silver 0.3896 oz. ASW **Ruler:** Clement XI **Subject:** Construction of Bridge at Civita Castellana **Obv:** Papal arms **Obv. Legend:** CLEMENS * XI * ... **Rev:** Bridge of Civita Castellana **Note:** Dav. #1443.

Date	Mintage	VG	F	VF	XF	Unc
ND(1711)-XI	—	500	700	1,250	2,000	—

KM# 700 PIASTRA (Scudo of 80 Bolognini)
13.2140 g., 0.9170 Silver 0.3896 oz. ASW **Ruler:** Clement XI **Obv:** Capped bust left **Obv. Legend:** CLEMENS • XI • • P • M • AN • VII **Rev:** St. Clement kneeling left before Angus Dei, Peace standing **Note:** Dav. #1437.

Date	Mintage	VG	F	VF	XF	Unc
MDCCVII-VII (1707)	—	450	725	1,250	1,900	—

KM# 762 PIASTRA (Scudo of 80 Bolognini)
13.2140 g., 0.9170 Silver 0.3896 oz. ASW **Ruler:** Clement XI **Obv:** Capped bust left **Obv. Legend:** CLEMENS • XI • • P • M • AN • XV **Rev:** Papal arms **Note:** Dav. #1447.

Date	Mintage	VG	F	VF	XF	Unc
ND(1715)-XV	—	500	700	1,250	2,000	—

PAPAL STATES

KM# 930 PIASTRA (Scudo of 80 Bolognini)
13.2140 g., 0.9170 Silver 0.3896 oz. ASW **Obv:** Arms of Cardinal Annibale Albani **Rev:** Radiant dove among clouds **Note:** Sede Vacante Issue. Dav. #1456.

Date	Mintage	VG	F	VF	XF	Unc
MDCCXL (1740)	—	950	1,650	2,800	3,650	—

KM# 1236.1 SESSANTA (60) BAIOCCHI
16.1400 g., 0.9170 Silver 0.4758 oz. ASW

Date	Mintage	Good	VG	F	VF	XF
1769-XXII (sic)	—	75.00	125	150	200	—

Obv: Papal arms **Obv. Legend:** CLEMENS • XIII... **Rev:** Holy Mother Church, seated

Date	Mintage	Good	VG	F	VF	XF
1759-I	—	75.00	100	150	200	—

KM# 763 PIASTRA (Scudo of 80 Bolognini)
13.2140 g., 0.9170 Silver 0.3896 oz. ASW **Ruler:** Clement XI
Obv: Capped bust right **Obv. Legend:** C L E M E N S * * X I * P * M * A * X V **Rev:** Papal arms **Note:** Dav. #1448.

Date	Mintage	VG	F	VF	XF	Unc
ND(1715)-XV (1715)	—	400	650	1,000	1,750	—

KM# 1236.2 SESSANTA (60) BAIOCCHI
16.1400 g., 0.9170 Silver 0.4758 oz. ASW **Ruler:** Pius VI **Obv:** Papal arms **Obv. Legend:** PIVS SEXTVS PONT MAXIMVS ANNO XXII **Rev:** Stars above written value, date, all within circle

Date	Mintage	Good	VG	F	VF	XF
1793-XIX	—	40.00	80.00	130	300	—
1795-XXI	—	40.00	80.00	130	300	—
1796-XXII	—	35.00	60.00	100	150	—
1797-XXII	—	35.00	60.00	100	150	—
1797-XXIII	—	35.00	60.00	100	150	—
1799-XXV	—	35.00	60.00	100	150	—

KM# 1200 1/2 SCUDO
13.2500 g., 0.9170 Silver 0.3906 oz. ASW **Ruler:** Clement XIII
Obv: Capped bust, left **Obv. Legend:** CLEMENS • XIII... **Rev:** Radiant seated figure, facing right

Date	Mintage	Good	VG	F	VF	XF
1760-III	—	75.00	125	200	350	—

KM# 1179 1/2 SCUDO
13.2500 g., 0.9170 Silver 0.3906 oz. ASW **Obv:** Capped bust, right **Obv. Legend:** BENED • XIV • PONT • ... **Rev:** Holy Mother Church, seated

Date	Mintage	Good	VG	F	VF	XF
MDCCLIII-XIV	—	35.00	70.00	125	225	—
MDCCLIV-XIV	—	35.00	70.00	125	225	—
MDCCLIV-XV	—	35.00	70.00	125	225	—

KM# 1208 1/2 SCUDO
13.2500 g., 0.9170 Silver 0.3906 oz. ASW **Ruler:** Clement XIV
Obv: Papal arms **Obv. Legend:** CLEMENS • XIV... **Rev:** Holy Mother Church, seated

Date	Mintage	Good	VG	F	VF	XF
1773-IV	—	35.00	70.00	125	225	—

KM# 802 PIASTRA (Scudo of 80 Bolognini)
13.2140 g., 0.9170 Silver 0.3896 oz. ASW **Obv:** Arms of Cardinal Annibale Albani **Obv. Legend:** SEDE • VACANTE •
Rev: Radiant dove **Note:** Sede Vacante Issue. Dav. #1453.

Date	Mintage	VG	F	VF	XF	Unc
MDCCXXIV (1724)	—	1,000	1,800	3,000	5,000	—
ND (1724)	—	1,000	1,800	3,000	5,000	—

KM# 1210 1/2 SCUDO
13.2140 g., 0.9170 Silver 0.3896 oz. ASW **Ruler:** Pius VI **Obv:** Papal arms **Obv. Legend:** PIVS • VI • PONT ... **Rev:** Holy Mother Church, seated

Date	Mintage	Good	VG	F	VF	XF
1775-I	—	35.00	70.00	125	225	—
1775-II	—	35.00	70.00	125	225	—
1776-II	—	35.00	70.00	125	225	—
1777/6-II	—	35.00	70.00	125	225	—
1777-II	—	35.00	70.00	125	225	—

KM# 1186 1/2 SCUDO
13.2000 g., 0.9170 Silver 0.3891 oz. ASW **Obv:** Cardinal arms **Obv. Legend:** SEDE • VACAN TE • M D ... **Rev:** Radiant dove above small cardinal arms with garland **Note:** Sede Vacante Issue.

Date	Mintage	Good	VG	F	VF	XF
MDCCLVIII (1758)	—	100	200	325	600	—

KM# 1213 1/2 SCUDO
13.2140 g., 0.9170 Silver 0.3896 oz. ASW **Ruler:** Pius VI **Obv:** Bust right **Obv. Legend:** PIVS • SEXTVS • ... **Rev:** Holy Mother Church, seated **Rev. Legend:** AVXILIVM • DE • SANCTO

Date	Mintage	Good	VG	F	VF	XF
1777-III	—	35.00	70.00	125	225	—

KM# 842 PIASTRA (Scudo of 80 Bolognini)
13.2140 g., 0.9170 Silver 0.3896 oz. ASW **Ruler:** Clement XII
Obv: Capped bust right **Rev:** Abundance and Justice seated
Note: Dav. #1455.

Date	Mintage	VG	F	VF	XF	Unc
MDCCXXXI (1731)	—	3,000	5,500	9,000	—	—

KM# 1189 1/2 SCUDO
13.2500 g., 0.9170 Silver 0.3906 oz. ASW **Ruler:** Clement XIII

Date	Mintage	Good	VG	F	VF	XF
MDCCLIII-XIV (1753)	—	85.00	150	250	375	—
MDCCLIV-XV (1754)	—	85.00	150	250	375	—

KM# 1214 1/2 SCUDO
13.2140 g., 0.9170 Silver 0.3896 oz. ASW **Ruler:** Pius VI **Obv:** Papal arms **Obv. Legend:** PIVS • SEXTVS ... **Rev:** Holy Mother Church, seated **Rev. Legend:** AVXILIVM • DE • SANCTO

Date	Mintage	Good	VG	F	VF	XF
1778-IV	—	35.00	70.00	125	225	—
1778-V	—	35.00	70.00	125	225	—
1779-V	—	35.00	70.00	125	225	—
1780-V	—	35.00	70.00	125	225	—
1780-VI	—	35.00	70.00	125	225	—
1785-XI	—	35.00	70.00	125	225	—
1796-XXII	—	35.00	70.00	125	225	—

KM# 1187 SCUDO
26.4280 g., 0.9170 Silver 0.7791 oz. ASW **Obv:** Cardinal arms **Obv. Legend:** SEDE • VACANTE • MDCCLVIII **Rev:** Radiant dove **Rev. Legend:** ...VLT • SPIRAT • **Note:** Sede Vacante Issue.

Date	Mintage	Good	VG	F	VF	XF
MDCCLVIII (1758)	—	180	325	450	1,000	—

KM# 1190 SCUDO
26.4280 g., 0.9170 Silver 0.7791 oz. ASW **Ruler:** Clement XIII **Obv:** Papal arms **Obv. Legend:** CLEMENT • XIII ... **Rev:** Holy Mother Church, seated **Rev. Legend:** ...TRAM **Note:** Dav. #1463.

Date	Mintage	Good	VG	F	VF	XF
1759-I	—	175	350	650	1,250	—

KM# 1209 1/2 SCUDO
13.2500 g., 0.9170 Silver 0.3906 oz. ASW **Ruler:** Pius VI **Obv:** Cardinal arms **Obv. Legend:** SEDE • VACANTE • MDCCLXXIV **Rev:** Radiant dove **Rev. Legend:** ...MEN * CORDIVM * ... **Note:** Sede Vacante Issue.

Date	Mintage	Good	VG	F	VF	XF
MDCCLXXIV (1794)	—	35.00	70.00	175	300	—

KM# 1247 1/2 SCUDO
13.2500 g., 0.9170 Silver 0.3906 oz. ASW **Ruler:** Pius VII **Obv:** Papal arms **Obv. Legend:** PIVS ... **Rev:** Seated female in clouds holding keys and church

Date	Mintage	VG	F	VF	XF	Unc
1800-IR	—	—	50.00	100	250	800

KM# 1180 SCUDO
26.4250 g., 0.9170 Silver 0.7790 oz. ASW **Ruler:** Benedict XIV **Obv:** Bust right **Obv. Legend:** ... PONT • MAX • AN • XIV • **Rev:** Holy Mother Church, seated **Rev. Legend:** MDCCLIII **Note:** Dav. #1459.

KM# 1216.1 SCUDO
26.4280 g., 0.9170 Silver 0.7791 oz. ASW **Ruler:** Pius VI **Obv:** Papal arms **Obv. Legend:** PIUS • SEXTUS ... **Rev:** Holy Mother Church, seated **Rev. Legend:** AUXILIUM DE SANCTO **Note:** Dav. #1471.

Date	Mintage	Good	VG	F	VF	XF
1780-VI	—	50.00	100	150	250	—

KM# 1216.2 SCUDO
26.4280 g., 0.9170 Silver 0.7791 oz. ASW **Ruler:** Pius VI **Rev. Legend:** AVXILIVM **Note:** For similar coins with A mint mark refer to Papal City States - Ancona.

Date	Mintage	Good	VG	F	VF	XF
1780-VI	—	50.00	100	150	250	—

KM# 1248.2 SCUDO
26.4280 g., 0.9170 Silver 0.7791 oz. ASW **Ruler:** Pius VII **Rev. Legend:** PIUS VII

Date	Mintage	Good	VG	F	VF	XF
1800-IR D PIUSR	11,500	50.00	85.00	200	500	1,000

KM# 1248.1 SCUDO
26.4280 g., 0.9170 Silver 0.7791 oz. ASW **Ruler:** Pius VII **Rev. Legend:** PIVS VII **Note:** Dav. #1479.

Date	Mintage	Good	VG	F	VF	XF
1800-IR	—	40.00	50.00	100	300	750

KM# 684 1/2 SCUDO D'ORO
1.7500 g., 0.9860 Gold 0.0555 oz. AGW **Ruler:** Clement XI **Obv:** Papal arms **Rev:** Bust of St. Peter left

Date	Mintage	VG	F	VF	XF	Unc
1706-XVII	—	650	1,250	2,500	3,750	—

KM# 685 1/2 SCUDO D'ORO
1.7500 g., 0.9860 Gold 0.0555 oz. AGW **Ruler:** Clement XI **Obv:** 3 stony points rising from the sea

Date	Mintage	VG	F	VF	XF	Unc
1706	—	650	1,250	2,500	3,750	—

KM# 686 1/2 SCUDO D'ORO
1.7500 g., 0.9860 Gold 0.0555 oz. AGW **Ruler:** Clement XI **Obv:** Papal arms **Rev:** Legend in cartouche **Rev. Legend:** NON / IN . AVA / RITIAM

Date	Mintage	VG	F	VF	XF	Unc
ND (1706)	—	650	1,200	2,000	3,000	—

KM# 717 1/2 SCUDO D'ORO
1.7500 g., 0.9860 Gold 0.0555 oz. AGW **Ruler:** Clement XI **Rev:** Head of St. Peter right

Date	Mintage	VG	F	VF	XF	Unc
ND(1709)-IX	—	650	1,200	2,000	3,000	—

KM# 768 1/2 SCUDO D'ORO
1.7500 g., 0.9860 Gold 0.0555 oz. AGW **Ruler:** Clement XI **Obv:** Bust right **Rev:** Bust of St. Peter left

Date	Mintage	VG	F	VF	XF	Unc
ND(1717)-XVII	—	650	1,200	2,000	3,000	—

PAPAL STATES

KM# 769 1/2 SCUDO D'ORO
1.7500 g., 0.9860 Gold 0.0555 oz. AGW **Ruler:** Clement XI **Rev:** Bust of St. Peter 1/2 right

Date	Mintage	VG	F	VF	XF	Unc
ND(1717)-XVII	—	650	1,200	2,000	3,000	—

KM# 803 1/2 SCUDO D'ORO
1.7500 g., 0.9860 Gold 0.0555 oz. AGW **Ruler:** Innocent XIII **Obv:** Papal arms **Rev:** Crowned eagle with wings spread of Conti arms

Date	Mintage	VG	F	VF	XF	Unc
ND(1724)-III	—	650	1,250	2,150	3,750	—

KM# 919 1/2 SCUDO ROMANO
1.7500 g., 0.5550 Gold 0.0312 oz. AGW **Ruler:** Clement XII **Obv:** Inscription below tiara and crossed keys **Obv. Inscription:** CLEM / XII **Rev:** Bust of St. Peter right

Date	Mintage	VG	F	VF	XF	Unc
ND (1739)	—	650	1,200	2,000	3,000	—

KM# 937 1/2 SCUDO ROMANO
1.7500 g., 0.5550 Gold 0.0312 oz. AGW **Obv:** Inscription in branches below, ceremonial umbrella above crossed keys **Obv. Inscription:** SEDE / VAC **Note:** Sede Vacante Issue.

Date	Mintage	VG	F	VF	XF	Unc
1740	—	450	800	1,400	2,000	—

KM# 939 1/2 SCUDO ROMANO (1/2 Scudo)
1.7500 g., 0.5550 Gold 0.0312 oz. AGW **Ruler:** Benedict XIV **Obv:** Crown above crossed keys and ruler's title **Obv. Inscription:** BEN / XIV **Rev:** Bust right

Date	Mintage	VG	F	VF	XF	Unc
1740	—	350	650	800	1,250	—
1741	—	350	650	800	1,250	—
1742	—	350	650	800	1,250	—
1751	—	350	650	800	1,250	—
ND	—	350	650	800	1,250	—

KM# 973 1/2 SCUDO ROMANO (1/2 Scudo)
1.7500 g., 0.5550 Gold 0.0312 oz. AGW **Ruler:** Benedict XIV **Obv:** Papal arms **Rev:** Head right

Date	Mintage	VG	F	VF	XF	Unc
MDCCLI (1751)	—	350	650	800	1,250	—

KM# 666 SCUDO D'ORO
3.5000 g., 0.9860 Gold 0.1109 oz. AGW **Ruler:** Clement XI **Obv:** Papal arms **Rev:** Large head of St. Paul right

Date	Mintage	VG	F	VF	XF	Unc
ND(1702)-II	—	350	650	950	1,600	—
ND(1703)-III	—	350	650	950	1,600	—

KM# 678 SCUDO D'ORO
3.5000 g., 0.9860 Gold 0.1109 oz. AGW **Ruler:** Clement XI **Rev:** Head of St. Paul right

Date	Mintage	VG	F	VF	XF	Unc
ND(1705)-V	—	350	650	950	1,600	—

KM# 687 SCUDO D'ORO
3.5000 g., 0.9860 Gold 0.1109 oz. AGW **Ruler:** Clement XI **Rev:** Anchor upright on sea, date in exergue

Date	Mintage	VG	F	VF	XF	Unc
1706-VI	—	450	900	1,800	2,850	—

KM# 718 SCUDO D'ORO
3.5000 g., 0.9860 Gold 0.1109 oz. AGW **Ruler:** Clement XI **Rev:** Head of St. Peter left

Date	Mintage	VG	F	VF	XF	Unc
ND(1709)-IX	—	350	650	950	1,600	—

KM# 719 SCUDO D'ORO
3.5000 g., 0.9860 Gold 0.1109 oz. AGW **Ruler:** Clement XI **Rev:** Radiant head of St. Peter left

Date	Mintage	VG	F	VF	XF	Unc
ND(1709)-IX	—	350	650	950	1,600	—

KM# 720 SCUDO D'ORO
3.5000 g., 0.9860 Gold 0.1109 oz. AGW **Ruler:** Clement XI **Obv:** Oval Papal arms

Date	Mintage	VG	F	VF	XF	Unc
ND(1709)-IX	—	350	650	950	1,600	—

KM# 738 SCUDO D'ORO
3.5000 g., 0.9860 Gold 0.1109 oz. AGW **Ruler:** Clement XI **Obv:** Bust right **Rev:** Papal arms

Date	Mintage	VG	F	VF	XF	Unc
ND(1710)-X	—	500	1,000	2,000	3,250	—

KM# 744 SCUDO D'ORO
3.5000 g., 0.9860 Gold 0.1109 oz. AGW **Ruler:** Clement XI **Obv:** Papal arms **Rev:** Inscription in cartouche and branches **Rev. Inscription:** DIVITAE / NON / PRODE / RVNT

Date	Mintage	VG	F	VF	XF	Unc
ND(1711)-XI	—	350	650	950	1,600	—

KM# 749 SCUDO D'ORO
3.5000 g., 0.9860 Gold 0.1109 oz. AGW **Ruler:** Clement XI **Rev:** Inscription in cartouche **Rev. Inscription:** FERRO / NOCEN / TIVS / AVRVM

Date	Mintage	VG	F	VF	XF	Unc
ND(1712)-XII	—	350	650	950	1,600	—

KM# 757 SCUDO D'ORO
3.5000 g., 0.9860 Gold 0.1109 oz. AGW **Ruler:** Clement XI **Rev:** Inscription in cartouche **Rev. Inscription:** IN / SVDORE / VVLTVS / TVI

Date	Mintage	VG	F	VF	XF	Unc
ND(1714)-XIV	—	350	650	950	1,600	—

KM# 764 SCUDO D'ORO
3.5000 g., 0.9860 Gold 0.1109 oz. AGW **Ruler:** Clement XI **Rev:** Inscription in cartouche **Rev. Inscription:** AVRI / IMPERIO / NE / PARITO

Date	Mintage	VG	F	VF	XF	Unc
ND(1715)-XV	—	400	675	1,000	1,800	—

KM# 765 SCUDO D'ORO
3.5000 g., 0.9860 Gold 0.1109 oz. AGW **Ruler:** Clement XI **Rev:** Bow and arrow pointing up

Date	Mintage	VG	F	VF	XF	Unc
1716-XVI	—	450	900	1,800	2,850	—

KM# 770 SCUDO D'ORO
3.5000 g., 0.9860 Gold 0.1109 oz. AGW **Ruler:** Clement XI **Rev:** Inscription in cartouche **Rev. Inscription:** VT / FACIANT / IVSTITIAS . ET / ELEEMOSYN

Date	Mintage	VG	F	VF	XF	Unc
ND(1717)-XVIII	—	350	650	950	1,600	—

KM# 771 SCUDO D'ORO
3.5000 g., 0.9860 Gold 0.1109 oz. AGW **Ruler:** Clement XI **Obv:** Papal arms **Rev:** Faith standing left

Date	Mintage	VG	F	VF	XF	Unc
ND(1718)-XVIII	—	350	650	950	1,600	—

KM# 775 SCUDO D'ORO
3.5000 g., 0.9860 Gold 0.1109 oz. AGW **Ruler:** Clement XI **Rev:** Olive tree

Date	Mintage	VG	F	VF	XF	Unc
ND(1720)-XX	—	450	900	1,800	2,850	—

KM# 785 SCUDO D'ORO
3.5000 g., 0.9860 Gold 0.1109 oz. AGW **Obv:** Arms of Cardinal Annibale Albani **Rev:** Radiant and flaming dove, date in exergue **Note:** Sede Vacante Issue.

Date	Mintage	VG	F	VF	XF	Unc
MDCCXXI (1721)	—	1,000	2,000	3,750	6,500	—

KM# 790 SCUDO D'ORO
3.5000 g., 0.9860 Gold 0.1109 oz. AGW **Ruler:** Innocent XIII **Obv:** Papal arms **Obv. Legend:** INNOCENT • XIII • ... **Rev:** Inscription in cartouche **Rev. Inscription:** SECTA / MINI / CHARITA / TEM

Date	Mintage	VG	F	VF	XF	Unc
ND(1722)-II	—	600	1,200	2,200	3,500	—

KM# 792 SCUDO D'ORO
3.5000 g., 0.9860 Gold 0.1109 oz. AGW **Ruler:** Innocent XIII **Obv:** Capped bust right **Obv. Legend:** INNOC • XIII • ... **Rev:** Crowned eagle with wings spread of Conti arms

Date	Mintage	VG	F	VF	XF	Unc
ND(1723)-III	—	675	1,350	2,500	4,000	—

KM# 804 SCUDO D'ORO
3.5000 g., 0.9860 Gold 0.1109 oz. AGW **Ruler:** Innocent XIII **Obv:** Arms of Cardinal Annibale Albani **Rev:** Radiant and flaming dove

Date	Mintage	VG	F	VF	XF	Unc
1724	—	1,350	2,750	5,000	8,750	—

KM# 811 SCUDO D'ORO
3.5000 g., 0.9860 Gold 0.1109 oz. AGW **Ruler:** Benedict XIII **Obv:** Papal arms **Rev:** Ceremony of opening the Holy Door **Note:** Holy Year Issue.

Date	Mintage	VG	F	VF	XF	Unc
MDCCXXV-II (1725)	—	675	1,350	2,500	4,000	—

KM# 854 SCUDO D'ORO
3.5000 g., 0.9860 Gold 0.1109 oz. AGW **Ruler:** Clement XII **Obv:** Papal arms **Rev:** Inscription with date below in cartouche with straight sides **Rev. Inscription:** LVMEN / RECTIS

Date	Mintage	VG	F	VF	XF	Unc
1734-V	—	350	650	800	1,250	—

KM# 866 SCUDO D'ORO
3.5000 g., 0.9860 Gold 0.1109 oz. AGW **Ruler:** Clement XII **Rev:** Inscription as above, cartouche with arched side, sea shell at top

Date	Mintage	VG	F	VF	XF	Unc
1735-V	—	350	650	800	1,250	—

KM# 867 SCUDO D'ORO
3.5000 g., 0.9860 Gold 0.1109 oz. AGW **Ruler:** Clement XII **Rev:** Inscription and cartouche as above, cherub face at top

Date	Mintage	VG	F	VF	XF	Unc
1735-V	—	350	650	800	1,250	—

KM# 868 SCUDO D'ORO
3.5000 g., 0.9860 Gold 0.1109 oz. AGW **Ruler:** Clement XII **Obv:** Oval Papal arms **Rev:** Inscription date in cartouche **Rev. Inscription:** LABOR / ADDITVS

Date	Mintage	VG	F	VF	XF	Unc
1735-VI	—	350	650	800	1,250	—

KM# 869 SCUDO D'ORO
3.5000 g., 0.9860 Gold 0.1109 oz. AGW **Ruler:** Clement XII **Obv:** Bust right

Date	Mintage	VG	F	VF	XF	Unc
1735-VI	—	450	650	800	1,500	—

KM# 880 SCUDO D'ORO
3.5000 g., 0.9860 Gold 0.1109 oz. AGW **Ruler:** Clement XII **Rev:** Inscription date in wreath **Rev. Inscription:** LABOR / ADDITVS

Date	Mintage	VG	F	VF	XF	Unc
1736-VI	—	450	650	800	1,500	—

ITALIAN STATES — PAPAL STATES

KM# 887 SCUDO D'ORO
3.5000 g., 0.9860 Gold 0.1109 oz. AGW **Ruler:** Clement XII
Obv: Capped bust right **Obv. Legend:** CLEM : XII • P • M • A •
IX **Rev:** Inscription, date within wreath **Rev. Inscription:**
DE.LVTO / FAECIS

Date	Mintage	VG	F	VF	XF	Unc
1738-VIII	—	350	650	800	1,250	—
1738-IX	—	350	650	800	1,250	—

KM# 688 DOPPIA (2) SCUDO D'ORO
7.0000 g., 0.9860 Gold 0.2219 oz. AGW **Ruler:** Clement XI
Obv: Papal arms on globe **Rev. Inscription:** QVI . AVRVM •
DILIGIT / NON . IVSTI / FICABITVR

Date	Mintage	VG	F	VF	XF	Unc
ND(1706)-VI	—	1,150	2,200	4,000	6,500	—

KM# 701 DOPPIA (2) SCUDO D'ORO
7.0000 g., 0.9860 Gold 0.2219 oz. AGW **Ruler:** Clement XI
Obv: Papal arms **Rev:** St. Francis kneeling left receiving the stigmata

Date	Mintage	VG	F	VF	XF	Unc
ND(1707)-VII	—	1,350	2,750	5,000	8,500	—

KM# 721 DOPPIA (2) SCUDO D'ORO
7.0000 g., 0.9860 Gold 0.2219 oz. AGW **Ruler:** Clement XI
Obv: Ornate Papal arms **Rev:** Radiant St. Francis

Date	Mintage	VG	F	VF	XF	Unc
ND(1709)-IX	—	1,350	2,750	5,000	8,500	—

KM# 739 DOPPIA (2) SCUDO D'ORO
7.0000 g., 0.9860 Gold 0.2219 oz. AGW **Ruler:** Clement XI
Obv: Bust left **Obv. Legend:** CLEMENS • XI • P • M • ... **Rev:**
Inscription in cartouche **Rev. Inscription:** REDDE / PROXIMO /
IN • TEMPORE / SVO

Date	Mintage	VG	F	VF	XF	Unc
ND(1710)-X	—	1,150	2,200	4,000	6,500	—

KM# 750 DOPPIA (2) SCUDO D'ORO
7.0000 g., 0.9860 Gold 0.2219 oz. AGW **Ruler:** Clement XI
Obv: Papal arms **Rev:** Inscription date in cartouche **Rev. Inscription:** FERRO / NOCENTIVS / AVRVM

Date	Mintage	VG	F	VF	XF	Unc
1712-XII	—	1,150	2,200	4,000	6,500	—

KM# 758 DOPPIA (2) SCUDO D'ORO
7.0000 g., 0.9860 Gold 0.2219 oz. AGW **Ruler:** Clement XI
Obv: Bust left **Rev. Inscription:** FOENVS / PECVNIAE / FVNVS
/ EST / ANIMAE

Date	Mintage	VG	F	VF	XF	Unc
ND(1714)-XIV	—	1,150	2,200	4,000	6,500	—

KM# 786 DOPPIA (2) SCUDO D'ORO
7.0000 g., 0.9860 Gold 0.2219 oz. AGW **Obv:** Arms of Cardinal Annibale Albani **Rev:** Radiant and flaming dove **Note:** Sede Vacante Issue.

Date	Mintage	VG	F	VF	XF	Unc
ND(1721)	—	—	—	7,500	—	—

KM# 812 DOPPIA (2) SCUDO D'ORO
7.0000 g., 0.9860 Gold 0.2219 oz. AGW **Ruler:** Benedict XIII
Obv: Papal arms **Rev:** Ceremony of opening the Holy Door **Note:**
Holy Year Issue.

Date	Mintage	VG	F	VF	XF	Unc
MDCCXXV-II (1725)	—	1,650	3,250	6,000	9,000	—

KM# 839 DOPPIA (2) SCUDO D'ORO
7.0000 g., 0.9860 Gold 0.2219 oz. AGW **Obv:** Arms of Cardinal Annibale Albani **Rev:** Radiant and flaming dove **Note:** Sede Vacante Issue.

Date	Mintage	VG	F	VF	XF	Unc
MDCCXXX (1730)	—	—	—	6,000	—	—

KM# 690 QUADRUPLA (4) SCUDO D'ORO
14.0000 g., 0.9860 Gold 0.4438 oz. AGW **Ruler:** Clement XI
Obv: Bust right **Rev:** Piety (left) at altar attempting to drive away Discord (right), date in exergue

Date	Mintage	VG	F	VF	XF	Unc
1706-VI Rare	—	—	—	—	—	—

KM# 689 QUADRUPLA (4) SCUDO D'ORO
14.0000 g., 0.9860 Gold 0.4438 oz. AGW **Ruler:** Clement XI
Obv: Papal arms **Rev:** Madonna with child standing, date in exergue

Date	Mintage	VG	F	VF	XF	Unc
MDCCVI-VI (1706)	—	3,000	6,000	9,500	14,500	—

KM# 702 QUADRUPLA (4) SCUDO D'ORO
14.0000 g., 0.9860 Gold 0.4438 oz. AGW **Ruler:** Clement XI
Obv: Papal arms **Rev:** Charity standing with children

Date	Mintage	VG	F	VF	XF	Unc
ND(1707)-VII	—	3,000	6,000	9,500	14,500	—

KM# 703 QUADRUPLA (4) SCUDO D'ORO
14.0000 g., 0.9860 Gold 0.4438 oz. AGW **Ruler:** Clement XI
Rev: The 3 Graces standing before a temple

Date	Mintage	VG	F	VF	XF	Unc
ND(1707)-VII Rare	—	—	—	—	—	—

KM# 223 MEZZO (1/2) ZECCHINO
1.7260 g., 0.9980 Gold 0.0554 oz. AGW **Ruler:** Clement XII
Obv: Holy Mother Church seated in clouds **Rev:** Papal arms

Date	Mintage	VG	F	VF	XF	Unc
1739	—	350	650	950	1,600	—

KM# 932 MEZZO (1/2) ZECCHINO
1.7260 g., 0.9980 Gold 0.0554 oz. AGW **Ruler:** Benedict XIV
Obv: Radiant Holy Mother Church, seated **Rev:** Papal arms **Rev. Legend:** DEDIT PIGNVS

Date	Mintage	VG	F	VF	XF	Unc
1740	—	350	650	950	1,600	—
1741	—	350	650	950	1,600	—

KM# 931 MEZZO (1/2) ZECCHINO
1.7260 g., 0.9980 Gold 0.0554 oz. AGW **Obv:** Cardinal arms of Annibale Albani **Rev:** Radiant Holy Mother Church, seated **Note:** Sede Vacante Issue.

Date	Mintage	VG	F	VF	XF	Unc
1740	—	350	650	950	1,600	—

KM# 933 MEZZO (1/2) ZECCHINO
1.7260 g., 0.9980 Gold 0.0554 oz. AGW **Ruler:** Benedict XIV
Obv: Radiant Holy Mother Church, seated **Rev:** Papal arms **Rev. Legend:** REPENTE DE CAELO **Note:** Varieties exist in shield shape.

Date	Mintage	VG	F	VF	XF	Unc
1740-I	—	350	650	950	1,600	2,500
1741	—	350	650	950	1,600	2,500
1743	—	350	650	950	1,600	2,500
1746	—	350	650	950	1,600	2,500
1747	—	350	650	950	1,600	2,500
1749-IX	—	350	650	950	1,600	2,500
1750-IVB.	—	350	650	950	1,600	2,500
1751-BEN.XVI. Error	—	350	650	950	1,600	2,500
1751-XI	—	350	650	950	1,600	2,500
1753-XIII	—	350	650	950	1,600	2,500
1755-XV	—	350	650	950	1,600	2,500
1756-XVI	—	350	650	950	1,600	2,500

KM# 970 MEZZO (1/2) ZECCHINO
1.7260 g., 0.9980 Gold 0.0554 oz. AGW **Ruler:** Benedict XIV
Obv: Radiant Holy Mother Church, seated **Obv. Legend:** BEN
• XIV • P M A • IVB **Rev:** Papal arms **Note:** Holy Year Issue.

Date	Mintage	VG	F	VF	XF	Unc
1750	—	350	650	950	1,600	—

KM# 982 MEZZO (1/2) ZECCHINO
1.7260 g., 0.9980 Gold 0.0554 oz. AGW **Ruler:** Clement XIII
Obv: Papal arms **Obv. Legend:** CLEMENS XIII **Rev:** Radiant Holy Mother Church, seated

Date	Mintage	VG	F	VF	XF	Unc
1758-I	—	350	650	950	1,600	2,500
1767-IX	—	350	650	950	1,600	2,500

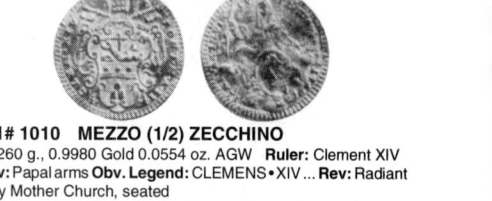

KM# 1010 MEZZO (1/2) ZECCHINO
1.7260 g., 0.9980 Gold 0.0554 oz. AGW **Ruler:** Clement XIV
Obv: Papal arms **Obv. Legend:** CLEMENS • XIV ... **Rev:** Radiant Holy Mother Church, seated

Date	Mintage	VG	F	VF	XF	Unc
1769-I	—	350	650	950	1,600	2,500
1769-II	—	350	650	950	1,600	2,500

KM# 1241 MEZZO (1/2) ZECCHINO
1.7260 g., 0.9980 Gold 0.0554 oz. AGW **Ruler:** Pius VI **Obv:**
Papal oval arms **Obv. Legend:** PIVS • SEXTVS • ... **Rev:** Radiant Holy Mother Church, seated

Date	Mintage	VG	F	VF	XF	Unc
1796-XXII	—	350	650	950	1,600	—
1797-XXII	—	—	—	—	—	—

KM# 820 ZECCHINO
3.4520 g., 0.9980 Gold 0.1108 oz. AGW **Ruler:** Benedict XIII
Obv: Holy Mother Church seated in clouds **Rev:** Rose with buds and stem, value above, date in exergue

Date	Mintage	VG	F	VF	XF	Unc
1729	—	750	1,500	2,500	3,500	—

KM# 840 ZECCHINO
3.4520 g., 0.9980 Gold 0.1108 oz. AGW **Rev:** Arms of Cardinal Annibale Albani **Note:** Sede Vacante issue.

Date	Mintage	VG	F	VF	XF	Unc
1730	—	800	1,600	2,750	4,000	—

KM# 888 ZECCHINO
3.4520 g., 0.9980 Gold 0.1108 oz. AGW **Ruler:** Clement XII
Obv: Holy Mother Church, seated **Obv. Legend:** CLEMENS •
XII ... **Rev:** Radiant dove above Papal arms **Note:** Slight variations in shield shape.

Date	Mintage	VG	F	VF	XF	Unc
1738	—	400	650	1,000	2,000	3,500
1739	—	400	650	1,000	2,000	3,500
ND	—	400	650	1,000	2,000	3,500

KM# 889 ZECCHINO
3.4520 g., 0.9980 Gold 0.1108 oz. AGW **Ruler:** Clement XII
Obv: Papal arms, value at sides

Date	Mintage	VG	F	VF	XF	Unc
ND (1739) Rare	—	—	—	—	—	—

KM# 934 ZECCHINO
3.4520 g., 0.9980 Gold 0.1108 oz. AGW **Obv:** Radiant Holy Mother Church, seated **Obv. Legend:** SEDE VACAN 1740 **Rev:** Radiant dove above Cardinal arms **Note:** Sede Vacante issue. Varieties in size of Church figure and shield shape.

Date	Mintage	VG	F	VF	XF	Unc
1740	—	400	650	1,000	2,000	3,500

Date	Mintage	VG	F	VF	XF	Unc
1775-I	—	350	650	950	1,600	2,500
1776-II	—	350	650	950	1,600	2,500

KM# 935 ZECCHINO

3.4520 g., 0.9980 Gold 0.1108 oz. AGW **Ruler:** Benedict XIV **Obv:** Radiant Holy Mother Church, seated **Obv. Legend:** BEN • XIV • P • M • ... **Rev:** Radiant dove above Papal arms **Rev. Legend:** DEDIT-DIGNVS

Date	Mintage	VG	F	VF	XF	Unc
1740-I	—	350	650	950	1,600	2,500

KM# 936 ZECCHINO

3.4520 g., 0.9980 Gold 0.1108 oz. AGW **Obv:** Radiant Holy Mother Church, seated **Rev:** Radiant dove above Papal arms

Date	Mintage	VG	F	VF	XF	Unc
1740-I	—	350	650	950	1,600	2,500

KM# 943 ZECCHINO

3.4520 g., 0.9980 Gold 0.1108 oz. AGW **Ruler:** Benedict XIV **Obv:** Radiant Holy Mother Church, seated **Obv. Legend:** BEN • XIV • P • M • ... **Rev:** Radiant dove above Papal arms **Rev. Legend:** REPENTE DE CAELO **Note:** Varieties of shield shape.

Date	Mintage	VG	F	VF	XF	Unc
1741-I	—	350	650	950	1,600	2,500
1741-II	—	350	650	950	1,600	2,500
1742	—	350	650	950	1,600	2,500
1743	—	350	650	950	1,600	2,500
1744	—	350	650	950	1,600	2,500
1745	—	350	650	950	1,600	2,500
1746	—	350	650	950	1,600	2,500
1747	—	350	650	950	1,600	2,500
1748-IX	—	350	650	950	1,600	2,500
1749-IX	—	350	650	950	1,600	2,500
1751-XI	—	350	650	950	1,600	2,500
1752-XII	—	350	650	950	1,600	2,500
1752-XIII	—	350	650	950	1,600	2,500
1753-XIII	—	350	650	950	1,600	2,500
1753-XIV	—	350	650	950	1,600	2,500
1754-XIV	—	350	650	950	1,600	2,500
1754-XV	—	350	650	950	1,600	2,500
1755-XVI	—	350	650	950	1,600	2,500
1756-XVI	—	350	650	950	1,600	2,500
1756-XVII	—	350	650	950	1,600	2,500

KM# 971 ZECCHINO

3.4520 g., 0.9980 Gold 0.1108 oz. AGW **Ruler:** Benedict XIV **Obv:** Radiant Holy Mother Church, seated **Obv. Legend:** BEN • XIV • P • M • A • IVB **Rev:** Radiant dove above Papal arms **Rev. Legend:** REPENTE DE CAELO **Note:** Holy Year Issue.

Date	Mintage	VG	F	VF	XF	Unc
1750	—	350	650	950	1,600	2,500

KM# 983 ZECCHINO

3.4520 g., 0.9980 Gold 0.1108 oz. AGW **Ruler:** Benedict XIV **Obv:** Radiant Holy Mother Church, seated **Obv. Legend:** BEN • XIV • ... **Rev:** Radiant dove above Papal arms **Rev. Legend:** REPENTE DE CAELO **Note:** Sede Vacante issue.

Date	Mintage	VG	F	VF	XF	Unc
1758	—	350	650	950	1,600	2,500

KM# 984 ZECCHINO

3.4520 g., 0.9980 Gold 0.1108 oz. AGW **Ruler:** Clement XIII **Obv:** Papal arms **Obv. Legend:** CLEMENS • XIII • ... **Rev:** Radiant Holy Mother Church, seated

Date	Mintage	VG	F	VF	XF	Unc
1758-I	—	350	650	950	1,600	2,500
1759-II	—	350	650	950	1,600	2,500
1764-V	—	350	650	950	1,600	2,500
1764-VI	—	350	650	950	1,600	2,500
1766-VIII	—	350	650	950	1,600	2,500
1769-XI	—	350	650	950	1,600	2,500

KM# 999 ZECCHINO

3.4520 g., 0.9980 Gold 0.1108 oz. AGW **Ruler:** Clement XIII **Obv:** Papal arms **Obv. Legend:** CLEMENS • XIII • PONT • ... **Rev:** Radiant seated figure, right

Date	Mintage	VG	F	VF	XF	Unc
1760-III	—	350	650	950	1,600	2,500
1761-IV	—	350	650	950	1,600	2,500
1762-IV	—	350	650	950	1,600	2,500

KM# 1012 ZECCHINO

3.4520 g., 0.9980 Gold 0.1108 oz. AGW **Ruler:** Clement XIV **Obv:** Papal arms **Obv. Legend:** CLEMENS • XIV • PONT • ... **Rev:** Radiant Holy Mother Church, seated

Date	Mintage	VG	F	VF	XF	Unc
1769-I	—	350	650	950	1,600	2,500
1770-II	—	350	650	950	1,600	2,500
ND-II	—	350	650	950	1,600	—
1772-III	—	350	650	950	1,600	2,500
1773-V	—	350	650	950	1,600	2,500

KM# 1011 ZECCHINO

3.4520 g., 0.9980 Gold 0.1108 oz. AGW **Obv:** Radiant dove above Cardinal arms **Obv. Legend:** SEDE • VA CANTE • **Rev:** Radiant Holy Mother Church, seated **Note:** Sede Vacante Issue.

Date	Mintage	VG	F	VF	XF	Unc
1769	—	400	650	1,000	2,000	3,500

KM# 1024 ZECCHINO

3.4520 g., 0.9980 Gold 0.1108 oz. AGW **Obv:** Radiant dove above Cardinal arms **Obv. Legend:** SEDE • VA CANTE • **Rev:** Radiant Holy Mother Church, seated **Note:** Sede Vacante Issue.

Date	Mintage	VG	F	VF	XF	Unc
1774	—	400	650	1,000	2,000	3,700

KM# 1029 ZECCHINO

3.4520 g., 0.9980 Gold 0.1108 oz. AGW **Ruler:** Pius VI **Obv:** Papal arms **Obv. Legend:** PIVS • VI • PONT • ... **Rev:** Radiant Holy Mother Church, seated

KM# 1046 ZECCHINO

3.4520 g., 0.9980 Gold 0.1108 oz. AGW **Ruler:** Pius VI **Obv:** Papal oval arms **Obv. Legend:** PIVS • SEXTVS • PON • ... **Rev:** Radiant Holy Mother Church, seated

Date	Mintage	VG	F	VF	XF	Unc
1776-II	—	—	—	—	—	—
1783-IX	—	350	650	950	1,600	2,500
1784-IX	—	350	650	950	1,600	2,500
1784-X	—	350	650	950	1,600	2,500

KM# 855 2 ZECCHINI

6.9040 g., 0.9980 Gold 0.2215 oz. AGW **Ruler:** Clement XII **Obv:** Papal arms **Rev:** Figure of Church seated in clouds

Date	Mintage	VG	F	VF	XF	Unc
ND(1731)-II Rare	—	—	—	—	—	—
1739-IX Rare	—	—	—	—	—	—

KM# 938 2 ZECCHINI

6.9040 g., 0.9980 Gold 0.2215 oz. AGW **Obv:** Figure of Church seated in clouds, date in legend **Rev:** Arms of Cardinal Annibale Albani **Note:** Sede Vacante Issue.

Date	Mintage	VG	F	VF	XF	Unc
1740	—	1,000	2,000	3,500	—	—

KM# 956 2 ZECCHINI

6.9040 g., 0.9980 Gold 0.2215 oz. AGW **Ruler:** Benedict XIV **Obv:** Radiant Holy Mother Church, seated **Obv. Legend:** BENEDIC • XIV • PONT • ... **Rev:** Radiant dove above Papal arms **Rev. Legend:** REPENTE DE CAELO

Date	Mintage	VG	F	VF	XF	Unc
1748-VIII	—	600	900	1,600	2,750	—

KM# 985 2 ZECCHINI

6.9040 g., 0.9980 Gold 0.2215 oz. AGW **Ruler:** Clement XIII **Obv:** Papal oval arms **Obv. Legend:** CLEMENS • XIII • PONT • ... **Rev:** Radiant Holy Mother Church, seated

Date	Mintage	VG	F	VF	XF	Unc
1759-I	—	500	750	1,500	2,200	—
1766-VIII	—	500	750	1,500	2,200	—

KM# 1031 15 PAOLI (Mezza Doppia D'oro)

2.7345 g., 0.9170 Gold 0.0806 oz. AGW **Ruler:** Pius VI **Obv:** Flower sprigs above date **Obv. Legend:** FLORET • IN • DOMO • DOMINI **Rev:** St. seated in clouds **Rev. Legend:** APOSTOLOR PRINCEPS

Date	Mintage	F	VF	XF	Unc	BU
1776	—	350	650	950	1,600	2,500
1777	—	350	650	950	1,600	2,500
1778	—	350	650	950	1,600	2,500
1782	—	350	650	950	1,600	2,500

ITALIAN STATES — PAPAL STATES

Date	Mintage	F	VF	XF	Unc	BU
1783	—	350	650	950	1,600	2,500
1784	—	350	650	950	1,600	2,500

KM# 1050 15 PAOLI (Mezza Doppia D'oro)
2.7345 g., 0.9170 Gold 0.0806 oz. AGW **Ruler:** Pius VI

Date	Mintage	F	VF	XF	Unc	BU
1787	—	350	650	950	1,600	—

KM# 1032 30 PAOLI (Doppia D'oro)
5.4690 g., 0.9170 Gold 0.1612 oz. AGW **Ruler:** Pius VI **Obv:** Flower sprigs above date **Obv. Legend:** FLORET • IN • DOMO • DOMINI **Rev:** Value .P. 30 in exergue **Rev. Legend:** APOSTOLOR • PRINCEPS •

Date	Mintage	F	VF	XF	Unc	BU
1776	—	500	650	950	1,600	2,500
1777	—	500	650	950	1,600	2,500
1778	—	500	650	950	1,600	2,500
1779	—	500	650	950	1,600	2,500
1780	—	500	650	950	1,600	2,500
1781	—	500	650	950	1,600	2,500
1782	—	500	650	950	1,600	2,500
1783	—	500	650	950	1,600	2,500
1784	—	500	650	950	1,600	2,500
1785	—	500	650	950	1,600	2,500

KM# 1049 30 PAOLI (Doppia D'oro)
5.4690 g., 0.9170 Gold 0.1612 oz. AGW **Ruler:** Pius VI **Obv:** Flower sprigs above date **Obv. Legend:** FLOR ET • IN • DOMO • DOMINI **Rev:** Value without .P. 30 in exergue **Rev. Legend:** APOSTOLOR PRINCEPS

Date	Mintage	F	VF	XF	Unc	BU
1786	—	500	650	950	1,600	2,500
1787	—	500	650	950	1,600	2,500
1788	—	500	650	950	1,600	2,500
1790	—	500	650	950	1,600	2,500
1791	—	500	650	950	1,600	2,500
1792	—	500	650	950	1,600	2,500
1793	—	500	650	950	1,600	2,500

KM# 1070 DOPPIA
5.4690 g., 0.9170 Gold 0.1612 oz. AGW **Ruler:** Pius VII **Obv:** Papal arms **Obv. Legend:** PIVS VII... **Rev:** Seated Saint in clouds, facing **Rev. Legend:** APOSTOLOR...

Date	Mintage	F	VF	XF	Unc	BU
I (1801)R	—	500	650	950	1,700	2,500

KM# 1035 60 PAOLI (Due Doppie D'oro)
10.9380 g., 0.9170 Gold 0.3225 oz. AGW **Ruler:** Pius VI **Obv:** Flower sprigs above date **Obv. Legend:** FLORET • IN • DOMO DOMINI * **Rev:** Radiant, seated figure on clouds **Rev. Legend:** APOSTOLOR PRINCEPS *

Date	Mintage	F	VF	XF	Unc	BU
1777	—	650	950	1,300	2,200	—

PAPAL STATES-ANCONA

Ancona

A city in the Marches, was founded by Syracusan refugees about 390 B.C. It became a semi-independent republic under papal protection in the 14th century, and a papal state in 1532. From 1797 until the formation of the United Kingdom of Italy it was part of the Roman Republic(1798-99), a papal state (1799-1808), part of the Italian Kingdom of Napoleon (1808-14), a papal state (1814-48), a part of the Roman Republic (1848-49), and a papal state(1849-60).

MINT MARK
A – Ancona

MONETARY SYSTEM
100 Baiocchi = 1 Scudo

NOTE: For later issues see Papal-Roman Republic-Ancona.

CITY

EMERGENCY COINAGE

KM# 1 BAIOCCO
10.6000 g., Copper **Obv:** Papal arms **Rev:** Written value, date within wreath

Date	Mintage	Good	VG	F	VF	XF
1796//XXI	—	9.00	20.00	30.00	50.00	—
1796//XXII	—	9.00	20.00	30.00	50.00	—

KM# 4 BAIOCCO
10.6000 g., Copper **Obv:** Papal arms **Rev:** Written value above star within wreath

Date	Mintage	Good	VG	F	VF	XF
ND//XXI	—	9.00	20.00	30.00	50.00	—
ND//XXII	—	9.00	20.00	30.00	50.00	—

KM# 2 2 BAIOCCHI
20.0000 g., Copper **Obv:** Papal arms **Obv. Legend:** PIVS • SEXTVS .... **Rev:** Written value, date within wreath

Date	Mintage	Good	VG	F	VF	XF
1796//XXII	—	9.00	20.00	35.00	60.00	—

KM# 5 2 BAIOCCHI
20.0000 g., Copper **Obv:** Papal arms **Obv. Legend:** PIVS • SEXTVS ... **Rev:** Written value, date within wreath

Date	Mintage	Good	VG	F	VF	XF
1796//XXII	—	9.00	20.00	35.00	60.00	—

KM# 3 2-1/2 BAIOCCHI
25.2000 g., Copper **Obv:** Stars above written value, date **Rev:** Saint's bust left **Rev. Legend:** ...PRINCEPS

Date	Mintage	Good	VG	F	VF	XF
1796	—	10.00	20.00	50.00	160	—

PAPAL STATES-ASCOLI

A city in the Marches, was ruled by prince-bishops from Charlemagne's time until becoming a free republic in 1185. It became a papal possession in 1426.

NOTE: For later issues see Papal-Roman Republic-Ascoli.

CITY

EMERGENCY COINAGE

KM# A1 QUATTRINI
2.1000 g., Copper **Obv:** Papal arms **Obv. Legend:** PIVS SEXTVS PON M A XX **Rev:** Standing figure of Pope **Rev. Legend:** S FELICIANO

Date	Mintage	Good	VG	F	VF	XF
1794	—	15.00	35.00	60.00	100	—
1795	—	15.00	35.00	60.00	100	—

KM# 1 QUATTRINI
2.1000 g., Copper **Obv:** Papal arms **Obv. Legend:** PIVS SEXTVS P M A XXIII **Rev:** Stars above written value, date

Date	Mintage	Good	VG	F	VF	XF
1797//XXIII	—	27.50	60.00	95.00	150	—

KM# 2 1/2 BAIOCCO
5.2000 g., Copper **Obv:** Papal arms **Obv. Legend:** PIVS SEXT P M A XXIII **Rev:** Stars above written value

Date	Mintage	Good	VG	F	VF	XF
1797//XXIII	—	25.00	40.00	75.00	120	—

KM# 3 BAIOCCO
10.6000 g., Copper **Obv:** Papal arms **Obv. Legend:** PIVS SEXTVS P M A XXIII **Rev:** Written value, date

Date	Mintage	Good	VG	F	VF	XF
1797//XXIII	—	25.00	40.00	75.00	120	—

KM# 4 2-1/2 BAIOCCHI
25.2000 g., Copper **Obv:** Stars above written value, date **Rev:** St. Peter **Rev. Legend:** S • P • APOSI...

Date	Mintage	Good	VG	F	VF	XF
ND	—	40.00	75.00	125	200	—
1797	—	40.00	75.00	125	200	—

KM# 5 5 BAIOCCHI
50.3400 g., Copper **Obv:** Star above written value within inner circle, date in outer circle with legend **Rev:** St. Peter **Rev. Legend:** SANCTA DEI GENITRIX

Date	Mintage	Good	VG	F	VF	XF
1797//XXIII	—	30.00	50.00	85.00	175	—
1798//XXIII	—	50.00	75.00	125	250	—
1799//XXIII	—	100	175	250	350	—

PAPAL STATES-BOLOGNA

Bolonia

A city in Emilia, began as an independent commune, and after serving under various masters became a papal possession in 1506. Except for the Napoleonic period (1797-1815) and the revolutions of 1821 and 1831, it remained a papal state until 1860.

MINT OFFICIALS' INITIALS

Initials	Date	Name
AB	1721-30	Angelo Bazzanelli
CF	1700-21	Carlo Falconi
GB	1700-21	Girolamo Bevilacqua
GP, PG	1775-99	Girolamo Pignoni
MP	1724-74	Matteo Pignoni

MINT MARK
B – Bologna

MONETARY SYSTEM

(Until 1777)
6 Quattrini = 1 Bolognino
12 Bolognini = 1 Giulio = 1 Bianco
80 to 108 Bolognini = 1 Scudo

(After 1777)
6 Quattrini = 1 Bolognino = 1 Baicco
5 Baiocchi = 1 Grossi
6 Grossi = 1 Giulio = 1 Paolo
3 Paoli = 1 Testone
100 Baiocchi = 20 Grossi = 1 Scudo
3 Scudi = 1 Doppia

CITY

STANDARD COINAGE

KM# 140 QUATTRINO

2.1000 g., Copper **Ruler:** Clement XI **Subject:** Clement XI **Obv:** Lion rampant left with banner **Rev:** Inscription **Rev. Inscription:** BONO/NIA/DOCET

Date	Mintage	VG	F	VF	XF	Unc
1706	—	6.00	10.00	16.50	30.00	—
1707	—	6.00	10.00	16.50	30.00	—
1708	—	6.00	10.00	16.50	30.00	—
1709	—	6.00	10.00	16.50	30.00	—
1710	—	6.00	10.00	16.50	30.00	—
1711	—	6.00	10.00	16.50	30.00	—
1712	—	6.00	10.00	16.50	30.00	—
1713	—	6.00	10.00	16.50	30.00	—
1714	—	6.00	10.00	16.50	30.00	—
1715	—	6.00	10.00	16.50	30.00	—
1716	—	6.00	10.00	16.50	30.00	—
1717	—	6.00	10.00	16.50	30.00	—
1718	—	6.00	10.00	16.50	30.00	—
1719	—	6.00	10.00	16.50	30.00	—
1720	—	6.00	10.00	16.50	30.00	—

KM# 157 QUATTRINO

2.1000 g., Copper **Ruler:** Clement XI **Obv:** Lion rampant left, banner inscribed LIBER **Rev:** Inscription within oak wreath **Rev. Inscription:** BONO/NIA/DOCET

Date	Mintage	VG	F	VF	XF	Unc
1712	—	7.00	12.00	20.00	35.00	—

KM# 158 QUATTRINO

2.1000 g., Copper **Ruler:** Clement XI **Rev:** Inscription in cartouche **Rev. Inscription:** BONO/NIA/DOCET

Date	Mintage	VG	F	VF	XF	Unc
1715	—	6.00	10.00	16.50	30.00	—
1716	—	6.00	10.00	16.50	30.00	—
1717	—	6.00	10.00	16.50	30.00	—
1718	—	6.00	10.00	16.50	30.00	—

KM# 160 QUATTRINO

2.1000 g., Copper **Ruler:** Innocent XIII **Subject:** Innocent XIII **Obv:** Lion rampant left with banner **Rev:** Inscription **Rev. Inscription:** BONO/NIA/DOCET

Date	Mintage	VG	F	VF	XF	Unc
1721	—	10.00	18.00	30.00	50.00	—
1722	—	10.00	18.00	30.00	50.00	—
1723	—	10.00	18.00	30.00	50.00	—

KM# 174 QUATTRINO

2.1000 g., Copper **Ruler:** Benedict XIII **Subject:** Benedict XIII **Obv:** Lion rampant left with banner **Rev:** Inscription **Rev. Inscription:** BONO/NIA/DOCET **Note:** Varieties exist.

Date	Mintage	VG	F	VF	XF	Unc
1724	—	9.00	16.00	26.00	40.00	—
1725	—	9.00	16.00	26.00	40.00	—
1726	—	9.00	16.00	26.00	40.00	—
1727	—	9.00	16.00	26.00	40.00	—
1728	—	9.00	16.00	26.00	40.00	—
1729	—	9.00	16.00	26.00	40.00	—
1730	—	9.00	16.00	26.00	40.00	—

KM# 190 QUATTRINO

2.1000 g., Copper **Subject:** Clement XII **Obv:** Lion rampant left **Rev:** Inscription **Rev. Inscription:** BONO/NIA/DOCET

Date	Mintage	VG	F	VF	XF	Unc
1730	—	6.00	10.00	16.50	30.00	—
1731	—	6.00	10.00	16.50	30.00	—
1732	—	6.00	10.00	16.50	30.00	—
1733	—	6.00	10.00	16.50	30.00	—
1734	—	6.00	10.00	16.50	30.00	—
1735	—	6.00	10.00	16.50	30.00	—
1736	—	6.00	10.00	16.50	30.00	—
1737	—	6.00	10.00	16.50	30.00	—
1738	—	6.00	10.00	16.50	30.00	—
1739	—	6.00	10.00	16.50	30.00	—
1740	—	6.00	10.00	16.50	30.00	—

KM# 225 QUATTRINO

2.1000 g., Copper **Ruler:** Benedict XIV **Obv:** Rampant lion left **Rev:** Inscription, date in exergue **Rev. Inscription:** BONO/NIA/DOCET

Date	Mintage	VG	F	VF	XF	Unc
1741	—	3.00	7.50	15.00	30.00	—
1742	—	3.00	7.50	15.00	30.00	—
1743	—	3.00	7.50	15.00	30.00	—
1744	—	3.00	7.50	15.00	30.00	—
1745	—	3.00	7.50	15.00	30.00	—
1746	—	3.00	7.50	15.00	30.00	—
1747	—	3.00	7.50	15.00	30.00	—
1748	—	3.00	7.50	15.00	30.00	—
1749	—	3.00	7.50	15.00	30.00	—
1750	—	3.00	7.50	15.00	30.00	—
1751	—	3.00	7.50	15.00	30.00	—
1752	—	3.00	7.50	15.00	30.00	—
1753	—	3.00	7.50	15.00	30.00	—
1754	—	3.00	7.50	15.00	30.00	—
1755	—	4.00	10.00	20.00	40.00	—
1756	—	3.00	7.50	15.00	30.00	—
1757	—	3.00	7.50	15.00	30.00	—
1758	—	3.00	7.50	15.00	30.00	—

KM# 266 QUATTRINO

Copper **Ruler:** Pius VI (Sestus) **Obv:** Papal arms **Obv. Legend:** PIVS • VI • ... **Rev:** Inscription, date within wreath **Rev. Inscription:** BONO NIA DOCET

Date	Mintage	VG	F	VF	XF	Unc
1778	—	2.00	3.00	8.00	18.00	—

KM# 267 QUATTRINO

2.1000 g., Copper **Ruler:** Pius VI (Sestus) **Obv:** Papal arms **Obv. Legend:** PIVS • VI • PONT • M **Rev:** Inscription, date within wreath **Rev. Inscription:** BONO NIA DOCET

Date	Mintage	VG	F	VF	XF	Unc
1778	—	2.00	3.00	8.00	18.00	—
1779	—	2.00	3.00	8.00	18.00	—

KM# 268 QUATTRINO

2.1000 g., Copper **Ruler:** Pius VI (Sestus) **Obv:** Papal arms **Obv. Legend:** PIVS • VI • PONT • M **Rev:** Inscription, date within wreath **Rev. Inscription:** BONO NIA DOCET

Date	Mintage	VG	F	VF	XF	Unc
1778	—	2.50	4.00	9.00	20.00	—
1779	—	2.50	4.00	9.00	20.00	—

KM# 284 QUATTRINO

2.1000 g., Copper **Ruler:** Pius VI (Sestus) **Obv:** Papal arms **Obv. Legend:** PIVS • VI • • PONT • M **Rev:** Inscription, date within wreath **Rev. Inscription:** BONO NIA DOCET

Date	Mintage	VG	F	VF	XF	Unc
1779	—	2.00	3.00	8.00	18.00	—

KM# 285 QUATTRINO

2.1000 g., Copper **Ruler:** Pius VI (Sestus) **Obv:** Papal arms **Obv. Legend:** PIVS • VI • PONT • M **Rev:** Inscription, date within wreath **Rev. Inscription:** BONO *NIA* DOCET

Date	Mintage	VG	F	VF	XF	Unc
1779	—	2.00	3.00	8.00	18.00	—
1784	—	2.00	3.00	8.00	18.00	—

KM# 286 QUATTRINO

2.1000 g., Copper **Ruler:** Pius VI (Sestus) **Obv:** Papal arms **Obv. Legend:** PIVS • VI • PONT • M **Rev:** Star above inscription, date within wreath **Rev. Inscription:** BONO *NIA* DOCET

Date	Mintage	VG	F	VF	XF	Unc
1779	—	2.00	7.00	15.00	35.00	—
1784	—	2.00	3.00	8.00	18.00	—

KM# 301 QUATTRINO

2.1000 g., Copper **Ruler:** Pius VI (Sestus) **Obv:** Papal arms **Obv. Legend:** PIVS • VI • PONT • M **Rev:** Inscription, date within wreath **Rev. Inscription:** BONO *NIA* DOCET

Date	Mintage	VG	F	VF	XF	Unc
1784	—	2.00	3.00	8.00	18.00	—

KM# 320 QUATTRINO

2.1000 g., Copper **Ruler:** Pius VI (Sestus) **Obv:** Rampant lion above date **Obv. Legend:** BONON * DOCET * **Rev:** Inscription, above written value and stars **Rev. Inscription:** *PIVS* SEXTVS ....

Date	Mintage	VG	F	VF	XF	Unc
1795	—	2.50	4.00	12.50	25.00	—

KM# 325 QUATTRINO

2.1000 g., Copper **Ruler:** Pius VI (Sestus) **Obv:** Rampant lion above date **Obv. Legend:** BONON • DOCET • **Rev:** Inscription above written value and stars **Rev. Inscription:** *PIVS* SEXTVS....

Date	Mintage	VG	F	VF	XF	Unc
1796	—	2.50	4.00	12.50	25.00	—

KM# 138 1/2 BOLOGNINO

3.0700 g., Copper **Ruler:** Clement XI **Subject:** Clement XI **Obv:** Inscription: BONONIA DOCET in shield **Rev:** Value: MEZO BOLOGNINO, half lion rampant left

Date	Mintage	VG	F	VF	XF	Unc
1709	—	12.00	20.00	35.00	60.00	—
1710	—	12.00	20.00	35.00	60.00	—
1711	—	12.00	20.00	35.00	60.00	—
1712	—	12.00	20.00	35.00	60.00	—
1713	—	12.00	20.00	35.00	60.00	—
1714	—	12.00	20.00	35.00	60.00	—
1715	—	12.00	20.00	35.00	60.00	—

KM# 156 1/2 BOLOGNINO

3.0700 g., Copper **Ruler:** Clement XI **Rev:** Value: MEZO BOLOGNINO, lion rampant right

Date	Mintage	VG	F	VF	XF	Unc
1715	—	12.00	20.00	35.00	60.00	—
1716	—	12.00	20.00	35.00	60.00	—
1717	—	12.00	20.00	35.00	60.00	—
1718	—	12.00	20.00	35.00	60.00	—
1719	—	12.00	20.00	35.00	60.00	—
1720	—	12.00	20.00	35.00	60.00	—
1721	—	12.00	20.00	35.00	60.00	—

KM# 161 1/2 BOLOGNINO

3.0700 g., Copper **Ruler:** Innocent XIII **Subject:** Innocent XIII **Obv:** Inscription: BONONIA DOCET, AB below in shield **Rev:** Value: MEZO BOLOGNINO, lion rampant right **Note:** The addition of initials AB distinguish the 1/2 Bolonino of Innocent XIII from those of Clement XI.

Date	Mintage	VG	F	VF	XF	Unc
1721	—	20.00	38.00	65.00	100	—
1722	—	20.00	38.00	65.00	100	—
1723	—	25.00	65.00	120	250	—
1724	—	20.00	38.00	65.00	100	—

KM# 175 1/2 BOLOGNINO

3.0700 g., Copper **Ruler:** Benedict XIII **Subject:** Benedict XIII **Obv:** Inscription: BONONIA DOCET on shield **Rev:** Value: MEZO BOLOGNINO, lion rampant right

Date	Mintage	VG	F	VF	XF	Unc
1724	—	18.00	36.00	60.00	95.00	—
1725	—	18.00	36.00	60.00	95.00	—
1726	—	18.00	36.00	60.00	95.00	—
1727	—	18.00	36.00	60.00	95.00	—
1728	—	18.00	36.00	60.00	95.00	—
1729	—	18.00	36.00	60.00	95.00	—
1730	—	18.00	36.00	60.00	95.00	—

KM# 191 1/2 BOLOGNINO

3.0700 g., Copper **Ruler:** Clement XII **Subject:** Clement XII **Obv:** Inscription: BONONIA DOCET on shield **Rev:** Value: MEZO BOLOGNINO, lion rampant right above cartouche

Date	Mintage	VG	F	VF	XF	Unc
1730	—	8.00	30.00	150	250	—
1731	—	8.00	30.00	150	250	—
1732	—	8.00	30.00	150	250	—
1733	—	8.00	30.00	150	250	—

KM# 201 1/2 BOLOGNINO

3.0700 g., Copper **Ruler:** Clement XII **Rev:** Lion rampant right without cartouche

Date	Mintage	VG	F	VF	XF	Unc
1734	—	8.00	15.00	25.00	40.00	—
1735	—	8.00	15.00	25.00	40.00	—
1736	—	8.00	15.00	25.00	40.00	—
1737	—	8.00	15.00	25.00	40.00	—
1738	—	8.00	15.00	25.00	40.00	—
1739	—	8.00	15.00	25.00	40.00	—
1740	—	8.00	15.00	25.00	40.00	—

KM# 220 1/2 BOLOGNINO

3.0700 g., Copper **Obv:** Ornate shield **Obv. Legend:** BONONIA • DOCET **Rev:** Value: MEZO BOLOGNINO (as legend) Rampant lion, right

Date	Mintage	VG	F	VF	XF	Unc
1740	—	4.00	10.00	18.00	32.50	—
1741	—	4.00	10.00	18.00	32.50	—
1742	—	4.00	10.00	18.00	32.50	—
1743	—	4.00	10.00	18.00	32.50	—
1744	—	4.00	10.00	18.00	32.50	—
1745	—	4.00	10.00	18.00	32.50	—
1747	—	4.00	10.00	18.00	32.50	—
1753	—	4.00	10.00	18.00	32.50	—
1755	—	4.00	10.00	18.00	32.50	—
1756	—	4.00	10.00	18.00	32.50	—

KM# 259 1/2 BOLOGNINO

3.0700 g., Copper **Ruler:** Pius VI (Sestus) **Obv:** Ornate shield **Rev:** Rampant lion, right

Date	Mintage	VG	F	VF	XF	Unc
1777	—	12.50	25.00	50.00	100	—

KM# 293 1/2 BAIOCCO

5.2000 g., Copper **Ruler:** Pius VI (Sestus) **Obv:** Double oval shields with lion head and hat above **Obv. Legend:** MEZZO * BAI ... **Rev:** Inscription, date within wreath **Rev. Inscription:** *PIVS* * VI * PONT * MAX * * AN * VII *

Date	Mintage	VG	F	VF	XF	Unc
1781//VII	—	5.00	12.50	25.00	45.00	—
1784//X	—	5.00	12.50	25.00	45.00	—

KM# 321 1/2 BAIOCCO

5.2000 g., Copper **Ruler:** Pius VI (Sestus) **Obv:** Rampant lion, left **Obv. Legend:** BONONIA DOCET **Rev:** Inscription **Rev. Inscription:** *PIUS * SEXTVS * PONTIFEX MAXIMVS...

Date	Mintage	VG	F	VF	XF	Unc
1795//X	—	5.00	12.50	20.00	37.50	—
1796//X	—	5.00	12.50	20.00	37.50	—

KM# 290 BAIOCCO

10.6000 g., Copper **Ruler:** Pius VI (Sestus) **Obv:** Double shields with lion head and hat above **Obv. Legend:** * BONONIA * DOCET * BAIOCCO * **Rev:** Flower sprigs within wreath above date **Rev. Legend:** ....* MAX * VNN * VI * (The V, in VNN, is upside down on coin)

Date	Mintage	VG	F	VF	XF	Unc
1780//VI	—	6.00	15.00	30.00	50.00	—

KM# 291 BAIOCCO

10.6000 g., Copper **Ruler:** Pius VI (Sestus) **Obv:** Double oval shields with lion head and hat above **Obv. Legend:** DOCET * BONON **Rev:** Flower sprigs above date **Rev. Legend:** ...NTVS * PONT * MAX *

Date	Mintage	VG	F	VF	XF	Unc
1780//VI	—	6.00	15.00	25.00	42.50	—

KM# 292 BAIOCCO

10.6000 g., Copper **Ruler:** Pius VI (Sestus) **Obv:** Double oval shields with lion head and hat above **Obv. Legend:** DOCET * * BONON * **Rev:** Flower sprigs above date **Rev. Legend:** ...TVS * PONT * MAX *

Date	Mintage	VG	F	VF	XF	Unc
1780	—	6.00	15.00	25.00	42.50	—

KM# 294 BAIOCCO

10.6000 g., Copper **Ruler:** Pius VI (Sestus) **Obv:** Two shields **Rev:** Inscription, date within wreath **Rev. Inscription:** PIVS*/ VI*PON*/ *MAX*/ ANN*VII

Date	Mintage	VG	F	VF	XF	Unc
1781//VI	—	6.00	15.00	25.00	42.50	—

KM# 295 BAIOCCO

10.6000 g., Copper

Date	Mintage	VG	F	VF	XF	Unc
1781//VII	—	6.00	15.00	25.00	42.50	—

KM# 302.1 BAIOCCO

10.6000 g., Copper **Ruler:** Pius VI (Sestus) **Obv:** Double oval shields with lion head and hat above **Obv. Legend:** * BAIOCCO * **Rev:** Inscription, date within wreath **Rev. Inscription:** PIVS/ VI • PONT/ MAX*/ ANN • X •

Date	Mintage	VG	F	VF	XF	Unc
1784//X	—	6.00	15.00	25.00	42.50	—

KM# 302.2 BAIOCCO

10.6000 g., Copper **Ruler:** Pius VI (Sestus) **Obv:** Double oval shields with lion head and hat above **Obv. Legend:** * BAIOCCO * **Rev:** Inscription, date and stars within wreath **Rev. Inscription:** *PIVS*/VI*PONT*/MAX*/ANN*X

Date	Mintage	VG	F	VF	XF	Unc
1784//X	—	6.00	15.00	25.00	42.50	—

KM# 302.3 BAIOCCO

10.6000 g., Copper **Ruler:** Pius VI (Sestus) **Obv:** Double oval shields with lion head and hat above **Obv. Legend:** * BAIOCCO * **Rev:** Inscription above date within wreath **Rev. Inscription:** PIVS*/VI PONT*/MAX*/ANN*X*

Date	Mintage	VG	F	VF	XF	Unc
1784//X	—	6.00	15.00	25.00	42.50	—

KM# 322 BAIOCCO

10.6000 g., Copper **Ruler:** Pius VI (Sestus) **Obv:** Rampant lion, left **Obv. Legend:** * DOCET * BONONIA * **Rev:** Inscription **Rev. Inscription:** PIUS/SEXTVS/PONTI FEX/MAXIMVS

Date	Mintage	VG	F	VF	XF	Unc
MDCCXCV (1795)	—	5.00	40.00	140	280	—
MDCCXCVI (1796)	—	5.00	40.00	140	280	—

KM# 145 2 BOLOGNINI

1.4000 g., Billon **Ruler:** Clement XI **Rev:** St. Peter standing, crosier in left hand **Rev. Legend:** Ends: ... PROTEC

Date	Mintage	VG	F	VF	XF	Unc
1710	—	7.00	14.00	25.00	40.00	—
ND	—	7.00	14.00	25.00	40.00	—

KM# 146 2 BOLOGNINI

1.4000 g., Billon **Ruler:** Clement XI **Obv:** Capped bust right, value 2 below **Note:** With and without reverse exergue line.

Date	Mintage	VG	F	VF	XF	Unc
1710	—	7.00	14.00	25.00	40.00	—
ND	—	7.00	14.00	25.00	40.00	—

KM# 150 2 BOLOGNINI

1.4000 g., Billon **Ruler:** Clement XI **Rev:** St. Peter standing, crosier in right hand

Date	Mintage	VG	F	VF	XF	Unc
1712	—	7.00	14.00	25.00	40.00	—
1713	—	7.00	14.00	25.00	40.00	—
1714	—	7.00	14.00	25.00	40.00	—
1715	—	7.00	14.00	25.00	40.00	—
1716	—	7.00	14.00	25.00	40.00	—

KM# 151 2 BOLOGNINI

1.4000 g., Billon **Ruler:** Clement XI **Obv:** Capped bust right **Rev:** St. Peter standing, crosier in left hand **Rev. Legend:** Ends: ... DE BON

Date	Mintage	VG	F	VF	XF	Unc
1712	—	7.00	15.00	40.00	60.00	—
1713	—	7.00	14.00	25.00	40.00	—
1714	—	7.00	14.00	25.00	40.00	—
1715	—	7.00	14.00	25.00	40.00	—
1716	—	7.00	14.00	25.00	40.00	—

KM# 162 2 BOLOGNINI

1.4000 g., Billon **Ruler:** Innocent XIII **Obv:** Capped bust left **Rev:** St. Peter standing

Date	Mintage	VG	F	VF	XF	Unc
1721	—	15.00	30.00	55.00	90.00	—
1722	—	15.00	30.00	55.00	90.00	—
1723	—	15.00	30.00	55.00	90.00	—
1724	—	15.00	30.00	55.00	90.00	—

KM# 176 2 BOLOGNINI

1.4000 g., Billon **Ruler:** Innocent XIII **Obv:** Two shields below canopy and keys **Note:** Sede Vacante Issue

Date	Mintage	VG	F	VF	XF	Unc
1724	—	17.50	35.00	65.00	110	—

KM# 177 2 BOLOGNINI

1.4000 g., Billon **Ruler:** Benedict XIII **Obv:** Capped bust right **Rev:** St. Peter standing, value 2 below **Note:** Sede Vacante Issue

Date	Mintage	VG	F	VF	XF	Unc
1724	—	10.00	22.00	40.00	65.00	—
1725	—	10.00	22.00	40.00	65.00	—
1726	—	10.00	22.00	40.00	65.00	—
1727	—	10.00	22.00	40.00	65.00	—
1728	—	10.00	22.00	40.00	65.00	—

KM# 183 2 BOLOGNINI

1.4000 g., Billon **Ruler:** Benedict XIII **Rev:** St. Petronius standing without value

Date	Mintage	VG	F	VF	XF	Unc
1729	—	10.00	22.00	40.00	65.00	—

KM# 192 2 BOLOGNINI

1.4000 g., Billon **Ruler:** Benedict XIII **Obv:** Two shields below canopy and keys **Rev:** St. Peter standing **Note:** Sede Vacante Issue

Date	Mintage	VG	F	VF	XF	Unc
1730	—	10.00	20.00	38.00	62.50	—

KM# 198 2 BOLOGNINI

1.4000 g., Billon **Ruler:** Clement XII **Obv:** Capped bust right **Rev:** St. Peter standing, hand raised in Benediction

Date	Mintage	VG	F	VF	XF	Unc
1731	—	7.00	14.00	25.00	40.00	—
1732	—	7.00	14.00	25.00	40.00	—
1733	—	7.00	14.00	25.00	40.00	—

KM# 202 2 BOLOGNINI

1.4000 g., Billon **Ruler:** Clement XII **Obv:** Capped bust left

Date	Mintage	VG	F	VF	XF	Unc
1734	—	7.00	14.00	25.00	40.00	—

KM# 203 2 BOLOGNINI

1.4000 g., Billon **Ruler:** Clement XII **Obv:** Capped bust left, value 2 below

Date	Mintage	VG	F	VF	XF	Unc
1734	—	7.00	14.00	25.00	40.00	—

KM# 206 2 BOLOGNINI

1.4000 g., Billon **Ruler:** Clement XII **Obv:** Capped bust right **Rev:** St. Peter standing, hand low

Date	Mintage	VG	F	VF	XF	Unc
1735	—	7.00	14.00	25.00	40.00	—
1736	—	7.00	14.00	25.00	40.00	—
1737	—	7.00	14.00	25.00	40.00	—

KM# 227 2 BOLOGNINI

1.4000 g., Billon **Ruler:** Benedict XIV **Obv:** Capped bust right **Rev:** St. Peter **Rev. Legend:** S • PETRON • ...

Date	Mintage	VG	F	VF	XF	Unc
1742	—	5.00	15.00	25.00	40.00	—
1744	—	5.00	15.00	25.00	40.00	—
1745	—	5.00	15.00	25.00	40.00	—
1746	—	5.00	15.00	25.00	40.00	—
1753	—	5.00	15.00	25.00	40.00	—
1756	—	5.00	15.00	25.00	40.00	—

KM# 269 2 BOLOGNINI

1.4000 g., Billon **Ruler:** Pius VI (Sestus) **Obv:** Capped bust right **Obv. Legend:** PEVS • VI • PONT • MAX • **Rev:** St. Peter **Rev. Legend:** S • PETRON • ... **Note:** Weight varies: 1.20-1.80 grams

Date	Mintage	VG	F	VF	XF	Unc
1778	—	3.00	10.00	20.00	38.00	—
1779	—	3.00	10.00	20.00	38.00	—
1784	—	3.00	10.00	20.00	38.00	—
1785	—	3.00	10.00	20.00	38.00	—
1786	—	3.00	10.00	20.00	38.00	—
1787	—	3.00	10.00	20.00	38.00	—
1788	—	3.00	10.00	20.00	38.00	—
1789	—	3.00	10.00	20.00	38.00	—
1790	—	3.00	10.00	20.00	38.00	—
1791	—	3.00	10.00	20.00	38.00	—
1792	—	3.00	10.00	20.00	38.00	—
1793	—	3.00	10.00	20.00	38.00	—
1794	—	3.00	10.00	20.00	38.00	—
1795	—	3.00	10.00	20.00	38.00	—
1796	—	3.00	10.00	20.00	38.00	—

KM# 323 2 BAIOCCHI

20.0000 g., Copper **Ruler:** Pius VI (Sestus) **Obv:** Rampant lion, left **Obv. Legend:** * DOCET * BONONIA * **Rev:** Inscription, stars **Rev. Legend:** PIUS/SEXTVS/PONTIFEX/MAXIMVS

Date	Mintage	VG	F	VF	XF	Unc
1795	—	7.50	20.00	30.00	50.00	—
1796	—	7.50	20.00	30.00	50.00	—

KM# 139 4 BOLOGNINI

2.1000 g., Billon **Ruler:** Clement XI **Obv:** Capped bust right **Rev:** St. Peter seated on cloud blessing city below

Date	Mintage	VG	F	VF	XF	Unc
1709	—	10.00	20.00	35.00	60.00	—
1710	—	10.00	20.00	35.00	60.00	—
1711	—	10.00	20.00	35.00	60.00	—
1712	—	10.00	20.00	35.00	60.00	—
1713	—	10.00	20.00	35.00	60.00	—
1714	—	10.00	20.00	35.00	60.00	—
1715	—	10.00	20.00	35.00	60.00	—
1716	—	10.00	20.00	35.00	60.00	—
ND	—	10.00	20.00	35.00	60.00	—

KM# 147 4 BOLOGNINI

2.1000 g., Billon **Ruler:** Clement XI **Obv:** Capped bust left

Date	Mintage	VG	F	VF	XF	Unc
1710	—	10.00	20.00	35.00	60.00	—
1711	—	10.00	20.00	35.00	60.00	—
1712	—	10.00	20.00	35.00	60.00	—
1713	—	10.00	20.00	35.00	60.00	—
1714	—	10.00	20.00	35.00	60.00	—
1715	—	10.00	20.00	35.00	60.00	—
1716	—	10.00	20.00	35.00	60.00	—

KM# 148 4 BOLOGNINI

2.1000 g., Billon **Obv:** Capped bust left **Rev:** St. Peter kneeling left blessing city

Date	Mintage	VG	F	VF	XF	Unc
ND	—	10.00	20.00	35.00	60.00	—

KM# 163 4 BOLOGNINI

2.1000 g., Billon **Ruler:** Innocent XIII **Obv:** Capped bust right **Rev:** St. Peter standing, value IIII below

Date	Mintage	VG	F	VF	XF	Unc
1721	—	22.00	45.00	80.00	135	—
1722	—	22.00	45.00	80.00	135	—
1723	—	22.00	45.00	80.00	135	—
1724	—	22.00	45.00	80.00	135	—

KM# 171 4 BOLOGNINI

2.1000 g., Billon **Ruler:** Innocent XIII **Rev:** Without value IIII

Date	Mintage	VG	F	VF	XF	Unc
1722	—	22.00	45.00	80.00	135	—
1723	—	22.00	45.00	80.00	135	—

KM# 179 4 BOLOGNINI

2.1000 g., Billon **Ruler:** Benedict XIII **Obv:** Capped bust right

Date	Mintage	VG	F	VF	XF	Unc
1724	—	16.50	35.00	60.00	100	—
1725	—	16.50	35.00	60.00	100	—
1726	—	16.50	35.00	60.00	100	—
1727	—	16.50	35.00	60.00	100	—

KM# 178 4 BOLOGNINI

2.1000 g., Billon **Ruler:** Benedict XIII **Obv:** Two shields below canopy and keys **Rev:** St. Peter standing **Note:** Sede Vacante Issue

Date	Mintage	VG	F	VF	XF	Unc
1724	—	28.00	50.00	90.00	150	—

KM# 184 4 BOLOGNINI

2.1000 g., Billon **Ruler:** Benedict XIII **Obv:** Capped bust left

Date	Mintage	VG	F	VF	XF	Unc
1729	—	16.50	35.00	60.00	100	—

KM# 194 4 BOLOGNINI

2.1000 g., Billon **Ruler:** Clement XII **Obv:** Capped bust left

Date	Mintage	VG	F	VF	XF	Unc
1730	—	8.50	16.50	30.00	50.00	—
1731	—	8.50	16.50	30.00	50.00	—
1732	—	8.50	16.50	30.00	50.00	—
1733	—	8.50	16.50	30.00	50.00	—

KM# 193 4 BOLOGNINI

2.1000 g., Billon **Ruler:** Clement XII **Obv:** Two shields below canopy and keys **Note:** Sede Vacante Issue

Date	Mintage	VG	F	VF	XF	Unc
1730	—	20.00	38.00	70.00	120	—

KM# 204 4 BOLOGNINI

2.1000 g., Billon **Ruler:** Clement XII **Obv:** Capped bust right

Date	Mintage	VG	F	VF	XF	Unc
1734	—	8.50	16.50	30.00	50.00	—
1735	—	8.50	16.50	30.00	50.00	—
1736	—	8.50	16.50	30.00	50.00	—
1737	—	8.50	16.50	30.00	50.00	—

KM# 207 4 BOLOGNINI

2.1000 g., Billon **Ruler:** Clement XII **Rev. Legend:** Ends: ...BONONIAE

Date	Mintage	VG	F	VF	XF	Unc
1735	—	8.50	16.50	30.00	50.00	—

KM# 226 4 BOLOGNINI

2.1000 g., Billon **Ruler:** Benedict XIV **Obv:** Capped bust, left **Obv. Legend:** BENEDICTVS • XIV • F • M • **Rev:** St. Peter **Rev. Legend:** S • PETRONIVS • .... **Note:** Varieties exist.

Date	Mintage	VG	F	VF	XF	Unc
ND(1741)//II	—	6.00	18.00	30.00	50.00	—
1744	—	6.00	18.00	30.00	50.00	—
1745	—	6.00	18.00	30.00	50.00	—
1746	—	6.00	18.00	30.00	50.00	—
1747	—	6.00	18.00	30.00	50.00	—
1748	—	6.00	18.00	30.00	50.00	—
1750	—	6.00	18.00	30.00	50.00	—
1754	—	6.00	18.00	30.00	50.00	—

KM# 270 4 BOLOGNINI

2.1000 g., Billon **Ruler:** Pius VI (Sestus) **Obv:** Crossed keys **Obv. Legend:** PIVS • VI • PON • MAX • **Rev:** St. Peter **Rev. Legend:** S • PETRONIVS • PON • ... **Note:** Weight varies: 3.00-3.50 grams.

Date	Mintage	VG	F	VF	XF	Unc
1778	—	7.50	20.00	30.00	60.00	—

KM# 271 4 BOLOGNINI

2.1000 g., Billon **Ruler:** Pius VI (Sestus) **Obv:** Capped bust, right **Obv. Legend:** PIVS • VI • PONT • MAX • **Rev:** St. Peter **Rev. Legend:** S • PETRON • ...

Date	Mintage	VG	F	VF	XF	Unc
1778	—	6.00	15.00	25.00	40.00	—
1778//IIII	—	6.00	15.00	25.00	40.00	—
1779//IIII	—	6.00	15.00	25.00	40.00	—
1785	—	6.00	15.00	25.00	40.00	—
1786	—	6.00	15.00	25.00	40.00	—
1789	—	6.00	15.00	25.00	40.00	—
1790	—	6.00	15.00	25.00	40.00	—
1791	—	6.00	15.00	25.00	40.00	—
1793	—	6.00	15.00	25.00	40.00	—
1794	—	6.00	15.00	25.00	40.00	—
1795	—	6.00	15.00	25.00	40.00	—
1796	—	6.00	15.00	25.00	40.00	—

KM# A325 4 BOLOGNINI

2.1000 g., Billon **Ruler:** Clement XI **Obv:** Capped bust, right **Obv. Legend:** PIVS • VI • PONT • MAX • **Rev:** St. Peter **Rev. Legend:** S • PETRON • ....

Date	Mintage	VG	F	VF	XF	Unc
1796	—	—	—	—	—	—

KM# 136 5 BOLOGNINI (Carlino)

1.3200 g., 0.9170 Silver 0.0389 oz. ASW **Subject:** Clement XI

Date	Mintage	VG	F	VF	XF	Unc
1702	—	20.00	40.00	75.00	125	—
1703	—	20.00	40.00	75.00	125	—
1704	—	20.00	40.00	75.00	125	—
1705	—	20.00	40.00	75.00	125	—
1706	—	20.00	40.00	75.00	125	—
1707	—	20.00	40.00	75.00	125	—
1708	—	20.00	40.00	75.00	125	—
1709	—	20.00	40.00	75.00	125	—
1710	—	20.00	40.00	75.00	125	—
1711	—	20.00	40.00	75.00	125	—
1712	—	20.00	40.00	75.00	125	—
1713	—	20.00	40.00	75.00	125	—
1714	—	20.00	40.00	75.00	125	—
1715	—	20.00	40.00	75.00	125	—
1716	—	20.00	40.00	75.00	125	—
1717	—	20.00	40.00	75.00	125	—
1718	—	20.00	40.00	75.00	125	—

KM# 172 5 BOLOGNINI (Carlino)

1.3200 g., 0.9170 Silver 0.0389 oz. ASW **Ruler:** Innocent XIII **Subject:** Innocent XIII

Date	Mintage	VG	F	VF	XF	Unc
1722	—	40.00	75.00	125	200	—
1723	—	40.00	75.00	125	200	—

KM# 195 5 BOLOGNINI (Carlino)

1.3200 g., 0.9170 Silver 0.0389 oz. ASW **Ruler:** Clement XII **Obv:** Capped bust left, BS below **Rev. Legend:** BONONIA DOCET on shield

Date	Mintage	VG	F	VF	XF	Unc
ND	—	10.00	20.00	38.00	65.00	—

KM# 196 5 BOLOGNINI (Carlino)

1.3200 g., 0.9170 Silver 0.0389 oz. ASW **Obv:** Shield **Rev:** Tiara above crossed keys, *B • 5* below

Date	Mintage	VG	F	VF	XF	Unc
ND	—	10.00	20.00	38.00	65.00	—

KM# 208 5 BOLOGNINI (Carlino)

1.3200 g., 0.9170 Silver 0.0389 oz. ASW **Ruler:** Clement XII **Rev:** Value: CINQUE/BOLOGNI/NI in cartouche **Note:** Varieties exist with serif.

Date	Mintage	VG	F	VF	XF	Unc
1736	—	10.00	20.00	38.00	65.00	—
1737	—	10.00	20.00	38.00	65.00	—

KM# 213 5 BOLOGNINI (Carlino)

1.3200 g., 0.9170 Silver 0.0389 oz. ASW **Ruler:** Clement XII **Rev:** Value: CINQUE/BOLOGNI/NI in palm fronds

Date	Mintage	VG	F	VF	XF	Unc
1738	—	10.00	20.00	38.00	65.00	—
1739	—	10.00	20.00	38.00	65.00	—
1740	—	10.00	20.00	38.00	65.00	—

KM# 221 5 BOLOGNINI (Carlino)

1.3200 g., 0.9170 Silver 0.0389 oz. ASW **Ruler:** Benedict XIV **Obv:** Oval ornate shield **Rev:** Inscription, date in cartouche **Rev. Inscription:** CINQVE/BOLOGNI/NI

Date	Mintage	VG	F	VF	XF	Unc
1740	—	12.50	20.00	35.00	50.00	—
1741	—	12.50	20.00	35.00	50.00	—
1742	—	12.50	20.00	35.00	50.00	—
1743	—	12.50	20.00	35.00	50.00	—
1744	—	12.50	20.00	35.00	50.00	—
1745	—	12.50	20.00	35.00	50.00	—
1746	—	12.50	20.00	35.00	50.00	—
1747	—	12.50	20.00	35.00	50.00	—
1749	—	12.50	20.00	35.00	50.00	—
1753	—	12.50	20.00	35.00	50.00	—
1755	—	12.50	20.00	35.00	50.00	—
1758	—	12.50	20.00	35.00	50.00	—

KM# 240 5 BOLOGNINI (Carlino)

1.3200 g., 0.9170 Silver 0.0389 oz. ASW

Date	Mintage					
1765	—	12.50	25.00	40.00	75.00	—

KM# 241 5 BOLOGNINI (Carlino)

1.3200 g., 0.9170 Silver 0.0389 oz. ASW **Ruler:** Clement XIII **Obv:** Oval shield **Rev:** Inscription, date in cartouche

Date	Mintage	VG	F	VF	XF	Unc
1769	—	8.50	16.00	25.00	55.00	—

KM# 242 5 BOLOGNINI (Carlino)

1.3200 g., 0.9170 Silver 0.0389 oz. ASW **Ruler:** Clement XIII **Obv:** Oval shield **Rev:** Inscription, date in cartouche

Date	Mintage	VG	F	VF	XF	Unc
1769	—	8.50	16.00	25.00	55.00	—

KM# 250 5 BOLOGNINI (Carlino)

1.3200 g., 0.9170 Silver 0.0389 oz. ASW **Ruler:** Clement XIV **Obv:** Ornate shield **Rev:** Written value, date within wreath

Date	Mintage	VG	F	VF	XF	Unc
1771	—	8.50	16.00	25.00	50.00	—

KM# 251 5 BOLOGNINI (Carlino)

1.3200 g., 0.9170 Silver 0.0389 oz. ASW **Ruler:** Clement XIV **Rev:** Written value, date in cartouche

Date	Mintage	VG	F	VF	XF	Unc
1771	—	8.50	16.00	25.00	50.00	—

KM# 261 5 BOLOGNINI (Carlino)

1.3210 g., 0.9170 Silver 0.0389 oz. ASW **Ruler:** Pius VI (Sestus) **Obv:** Flower sprigs above value **Obv. Legend:** PIVS • VI • PONT • MAXIM • **Rev:** Ornate shield above date

Date	Mintage	VG	F	VF	XF	Unc
1777	—	3.50	7.00	20.00	30.00	—
1778	—	3.50	7.00	20.00	30.00	—

KM# 260 5 BOLOGNINI (Carlino)

1.3210 g., 0.9170 Silver 0.0389 oz. ASW **Ruler:** Pius VI (Sestus) **Obv:** Ornate shield **Rev:** Written value, date in cartouche

Date	Mintage	VG	F	VF	XF	Unc
1777 (1777)	—	3.50	7.00	20.00	30.00	—

KM# 272 5 BOLOGNINI (Carlino)

1.3210 g., 0.9170 Silver 0.0389 oz. ASW **Ruler:** Pius VI (Sestus)

Date	Mintage	VG	F	VF	XF	Unc
1778	—	3.50	7.00	20.00	30.00	—
1779	—	3.50	7.00	20.00	30.00	—
1780	—	3.50	7.00	20.00	30.00	—
1783	—	3.50	7.00	20.00	30.00	—

KM# 273 5 BOLOGNINI (Carlino)

1.3210 g., 0.9170 Silver 0.0389 oz. ASW **Ruler:** Pius VI (Sestus)

Date	Mintage	VG	F	VF	XF	Unc
1778	—	5.00	12.00	22.50	40.00	—

KM# 274 5 BOLOGNINI (Carlino)

1.3210 g., 0.9170 Silver 0.0389 oz. ASW **Ruler:** Pius VI (Sestus) **Obv:** Papal arms **Rev:** City arms

Date	Mintage	VG	F	VF	XF	Unc
1778	—	7.50	12.50	20.00	40.00	—
1780	—	3.50	10.00	20.00	35.00	—

KM# 275 5 BOLOGNINI (Carlino)

1.3210 g., 0.9170 Silver 0.0389 oz. ASW **Ruler:** Pius VI (Sestus) **Obv:** Ornate shield **Rev:** Flower sprigs **Rev. Legend:** PIVS • VI • ...

Date	Mintage	VG	F	VF	XF	Unc
1778	—	3.50	10.00	20.00	35.00	—

KM# 326 5 BOLOGNINI (Carlino)

1.3210 g., 0.9170 Silver 0.0389 oz. ASW **Ruler:** Pius VI (Sestus) **Obv:** Flower sprigs **Obv. Legend:** PIVS • VI • ...

Date	Mintage	VG	F	VF	XF	Unc
1796	—	10.00	15.00	30.00	50.00	—

KM# 149 8 BOLOGNINI (Giulio)

2.1101 g., 0.9170 Silver 0.0622 oz. ASW **Ruler:** Clement XI **Obv:** Capped bust right **Rev:** St. Peter seated on cloud

Date	Mintage	VG	F	VF	XF	Unc
1710 Rare	—	—	—	—	—	—

KM# 296 10 BOLOGNINI (Bianca)

2.6420 g., 0.9170 Silver 0.0779 oz. ASW **Ruler:** Pius VI (Sestus) **Obv:** Papal oval arms **Obv. Legend:** PIVS • VI • ... **Rev:** Madonna and child **Rev. Legend:** PRAESID • ...

Date	Mintage	VG	F	VF	XF	Unc
1781	—	6.00	15.00	28.00	40.00	—
1785	—	6.00	15.00	28.00	40.00	—
1786	—	6.00	15.00	30.00	45.00	—

KM# 222 12 BOLOGNINI (Bianca)

3.3600 g., 0.9170 Silver 0.0991 oz. ASW **Ruler:** Benedict XIV **Subject:** Benedict XIV **Obv:** Capped bust, right **Obv. Legend:** BENEDICTVS • XIV • ... **Rev:** Rampant lion, left **Rev. Legend:** BONONIA • MAT • STUDIORUM

Date	Mintage	VG	F	VF	XF	Unc
1740	—	90.00	150	250	350	—
1742	—	85.00	135	200	300	—

KM# 229 12 BOLOGNINI (Bianca)

3.3600 g., 0.9170 Silver 0.0991 oz. ASW **Ruler:** Benedict XIV **Obv:** Capped bust, right **Obv. Legend:** BENEDIC • XIV • ... **Rev:** Value below rampant lion, left **Rev. Legend:** BONONIA DOCET

Date	Mintage	VG	F	VF	XF	Unc
1743	—	75.00	125	175	225	—
1745	—	75.00	125	175	225	—
1749	—	75.00	125	175	225	—
1754	—	75.00	125	175	225	—

KM# 237 12 BOLOGNINI (Bianca)

3.3600 g., 0.9170 Silver 0.0991 oz. ASW **Ruler:** Clement XIII **Obv:** Capped bust, left **Obv. Legend:** CLEMEN • XIII • P • M • **Rev:** Rampant lion, left **Rev. Legend:** BONON • DOCET **Note:** Varieties exist.

Date	Mintage	Good	VG	F	VF	XF
1759	—	15.00	25.00	40.00	75.00	—
1760	—	15.00	25.00	40.00	75.00	—
1762	—	15.00	25.00	40.00	75.00	—
1763	—	15.00	25.00	40.00	75.00	—
1764	—	15.00	25.00	40.00	75.00	—
1765	—	15.00	25.00	40.00	75.00	—
1766	—	15.00	25.00	40.00	75.00	—
1767	—	15.00	25.00	40.00	75.00	—
1768	—	15.00	25.00	40.00	75.00	—

KM# 236 12 BOLOGNINI (Bianca)

3.3600 g., 0.9170 Silver 0.0991 oz. ASW **Ruler:** Clement XIII **Obv:** Capped bust, left **Obv. Legend:** CLEM • XIII • P • M • AN • I • **Rev:** Lion rampant right with banner **Rev. Legend:** BONON • DOCET

Date	Mintage	Good	VG	F	VF	XF
1759//I	—	15.00	25.00	40.00	75.00	—

KM# 245 12 BOLOGNINI (Bianca)

3.3600 g., 0.9170 Silver 0.0991 oz. ASW **Ruler:** Clement XIII **Rev. Legend:** BONONIA-DOCET

Date	Mintage	Good	VG	F	VF	XF
1761//I	—	15.00	25.00	40.00	75.00	—

KM# 253 12 BOLOGNINI (Bianca)

3.3600 g., 0.9170 Silver 0.0991 oz. ASW **Ruler:** Clement XIV **Subject:** Clement XIV **Obv:** Capped bust, right **Obv. Legend:** CLEME • XIV • P • M • **Rev:** Rampant lion, left **Rev. Legend:** BONO • DOCET •

Date	Mintage	Good	VG	F	VF	XF
1773	—	20.00	35.00	60.00	100	—

KM# 329 12 BOLOGNINI (Bianca)

3.5000 g., 0.9170 Silver 0.1032 oz. ASW **Ruler:** Pius VI (Sestus) **Subject:** Pius VI **Obv:** Capped bust, right **Obv. Legend:** PIVS • VI • PON • MAX • **Rev:** Rampant lion left **Rev. Legend:** BONONIA • DOCET •

Date	Mintage	Good	VG	F	VF	XF
1795	—	20.00	40.00	75.00	115	—

KM# 209 16 BOLOGNINI
4.2400 g., 0.9170 Billon 0.1250 oz. **Ruler:** Clement XII **Obv:** Capped bust right **Rev:** St. Peter standing, value: 16 in exergue

Date	Mintage	VG	F	VF	XF	Unc
1736	—	25.00	45.00	80.00	135	—

KM# 137 20 BOLOGNINI (Lira)
5.2850 g., 0.9170 Silver 0.1558 oz. ASW **Ruler:** Clement XI **Subject:** Clement XI **Obv:** Arms, two shields at sides **Rev:** Rampant lion with banner left

Date	Mintage	VG	F	VF	XF	Unc
1702	—	85.00	165	300	500	—
ND	—	85.00	165	300	500	—

KM# 152 20 BOLOGNINI (Lira)
5.2850 g., 0.9170 Silver 0.1558 oz. ASW **Ruler:** Clement XI **Obv:** Arms, two different shields at sides

Date	Mintage	VG	F	VF	XF	Unc
1712	—	85.00	165	300	500	—

KM# 164 20 BOLOGNINI (Lira)
5.2850 g., 0.9170 Silver 0.1558 oz. ASW **Ruler:** Innocent XIII **Subject:** Innocent XIII **Obv:** Arms, two shields at sides

Date	Mintage	VG	F	VF	XF	Unc
ND	—	70.00	145	265	435	—

KM# 181 20 BOLOGNINI (Lira)
5.2850 g., 0.9170 Silver 0.1558 oz. ASW **Ruler:** Benedict XIII **Subject:** Benedict XIII **Obv:** Arms, two shields at sides **Rev:** Lion rampant with banner left **Rev. Legend:** BONONIA DOCET

Date	Mintage	VG	F	VF	XF	Unc
1724	—	70.00	145	260	425	—
1725	—	70.00	145	260	425	—
1726	—	70.00	145	260	425	—

KM# 180 20 BOLOGNINI (Lira)
5.2850 g., 0.9170 Silver 0.1558 oz. ASW **Ruler:** Benedict XIII **Obv:** Two shields below canopy and keys **Note:** Sede Vacante Issue.

Date	Mintage	VG	F	VF	XF	Unc
1724	—	165	300	500	825	—

KM# 185 20 BOLOGNINI (Lira)
5.2850 g., 0.9170 Silver 0.1558 oz. ASW **Ruler:** Benedict XIII **Obv:** Arms with different shields at sides

Date	Mintage	VG	F	VF	XF	Unc
1729	—	70.00	145	260	425	—

KM# 197 20 BOLOGNINI (Lira)
5.2850 g., 0.9170 Silver 0.1558 oz. ASW **Ruler:** Benedict XIII **Obv:** Two shields below canopy and keys **Note:** Sede Vacante Issue.

Date	Mintage	VG	F	VF	XF	Unc
1730	—	150	250	400	650	—

KM# 199 20 BOLOGNINI (Lira)
5.2850 g., 0.9170 Silver 0.1558 oz. ASW **Ruler:** Clement XII **Subject:** Clement XII **Obv:** Arms, two shields at sides **Rev:** Inscription within wreath **Rev. Inscription:** DEFLVIT/ET/INFLVIT

Date	Mintage	VG	F	VF	XF	Unc
1732	—	35.00	75.00	135	225	—
ND	—	35.00	75.00	135	225	—

KM# 205 20 BOLOGNINI (Lira)
5.2850 g., 0.9170 Silver 0.1558 oz. ASW **Ruler:** Clement XII **Obv:** Arms with different shields at sides

Date	Mintage	VG	F	VF	XF	Unc
1734	—	35.00	75.00	135	225	—

KM# 262 20 BOLOGNINI (Lira)
5.2850 g., 0.9170 Silver 0.1558 oz. ASW **Ruler:** Pius VI (Sestus) **Obv. Legend:** PONTIF • PIVS VI

Date	Mintage	Good	VG	F	VF	XF
1777	—	10.00	20.00	40.00	80.00	—

KM# 276 20 BOLOGNINI (Lira)
5.2850 g., 0.9170 Silver 0.1558 oz. ASW **Ruler:** Pius VI (Sestus) **Obv:** Papal arms **Obv. Legend:** PIVS • VI • ... **Rev:** Rampant lion, left **Rev. Legend:** BONON • DOCET •

Date	Mintage	Good	VG	F	VF	XF
1778	—	10.00	20.00	40.00	80.00	—
1779	—	10.00	20.00	40.00	80.00	—
1780	—	10.00	20.00	40.00	80.00	—

KM# 306 20 BOLOGNINI (Lira)
5.2850 g., 0.9170 Silver 0.1558 oz. ASW **Ruler:** Pius VI (Sestus) **Obv:** Different shield **Note:** Varieties exist.

Date	Mintage	Good	VG	F	VF	XF
1786	—	10.00	20.00	40.00	80.00	—
1787	—	10.00	20.00	40.00	80.00	—
1793	—	10.00	30.00	50.00	90.00	—

KM# 170 30 BOLOGNINI (Testone)
7.9280 g., 0.9170 Silver 0.2337 oz. ASW **Ruler:** Innocent XIII **Obv:** Capped bust right **Rev:** Shield **Rev. Legend:** BONONIA DOCET

Date	Mintage	VG	F	VF	XF	Unc
1721	—	135	275	500	825	—

KM# 263 30 BOLOGNINI (Testone)
7.9280 g., 0.9170 Silver 0.2337 oz. ASW **Ruler:** Pius VI (Sestus) **Subject:** Pius VI **Obv:** Capped bust, right **Obv. Legend:** PIVS • VI • PON • MAX • III • **Rev:** Ornate oval shield **Rev. Legend:** BONONIA * * DOCET 1777

Date	Mintage	VG	F	VF	XF	Unc
1777//III	—	17.50	35.00	65.00	120	—
1778//IIII	—	17.50	35.00	65.00	120	—
1779	—	15.00	30.00	60.00	110	—
1785	—	15.00	30.00	60.00	110	—
1786	—	15.00	30.00	60.00	110	—
1792	—	15.00	30.00	60.00	110	—

KM# 297 30 BOLOGNINI (Testone)
7.9280 g., 0.9170 Silver 0.2337 oz. ASW **Ruler:** Pius VI (Sestus) **Obv:** Capped bust, right **Obv. Legend:** PIVS • SEXTVS • PONT • MAX • AN • VIII **Rev:** Temple, flanked by shields below **Rev. Legend:** ...NIVS • OPT • IMI • PRINCIPIS •

Date	Mintage	VG	F	VF	XF	Unc
1782//VIII	—	22.50	40.00	80.00	160	—

KM# 135 40 BOLOGNINI (1/2 Scudo - 2 Lire)
13.2500 g., 0.9170 Silver 0.3906 oz. ASW **Ruler:** Clement XI **Subject:** Clement XI

Date	Mintage	VG	F	VF	XF	Unc
ND	—	225	420	700	1,150	—

KM# 166 40 BOLOGNINI (1/2 Scudo - 2 Lire)
13.2500 g., 0.9170 Silver 0.3906 oz. ASW **Ruler:** Innocent XIII **Subject:** Innocent XIII **Obv:** Arms **Rev:** Floral cross, two shields

Date	Mintage	VG	F	VF	XF	Unc
1721	—	400	700	1,200	2,000	—

KM# 167 40 BOLOGNINI (1/2 Scudo - 2 Lire)
13.2500 g., 0.9170 Silver 0.3906 oz. ASW **Ruler:** Innocent XIII **Rev:** Different shields

Date	Mintage	VG	F	VF	XF	Unc
1721	—	400	700	1,200	2,000	—
1722	—	400	700	1,200	2,000	—
1723	—	400	700	1,200	2,000	—

KM# 165 40 BOLOGNINI (1/2 Scudo - 2 Lire)
13.2500 g., 0.9170 Silver 0.3906 oz. ASW **Ruler:** Innocent XIII **Obv:** Two shields below canopy and crossed keys **Rev:** Floral cross **Rev. Legend:** BONONIA DOCET **Note:** Sede Vacante Issue.

Date	Mintage	VG	F	VF	XF	Unc
1721	—	400	700	1,200	2,000	—

KM# 249 40 BOLOGNINI (1/2 Scudo - 2 Lire)
13.2500 g., 0.9170 Silver 0.3906 oz. ASW **Obv:** Cardinal arms, with 2 oval shields above date **Obv. Legend:** SEDE * VACANTE * **Rev:** Floreated cross **Rev. Legend:** BONONIA * DOCET * **Note:** Sede Vacante Issue.

Date	Mintage	VG	F	VF	XF	Unc
1769	—	60.00	100	150	200	—

KM# 243 40 BOLOGNINI (1/2 Scudo)
13.2500 g., 0.9170 Silver 0.3906 oz. ASW **Ruler:** Clement XIV **Obv:** Oval, ornate Papal arms **Obv. Legend:** CLEMENS • XIV • PONT • M • A • I • **Rev:** Floreated cross, 2 oval shields below **Rev. Legend:** BONONIA * DOCET *

Date	Mintage	VG	F	VF	XF	Unc
1769//I	—	35.00	70.00	100	140	—

KM# 244 40 BOLOGNINI (1/2 Scudo)
13.2500 g., 0.9170 Silver 0.3906 oz. ASW **Ruler:** Clement XIV **Obv:** Ornate Papal arms **Obv. Legend:** CLEMENS • XIV • PONT • M • A • **Rev:** Floreated cross, shields below **Rev. Legend:** BONONIA DOCET

Date	Mintage	VG	F	VF	XF	Unc
1769//I	—	35.00	70.00	100	140	—

KM# 254 40 BOLOGNINI (1/2 Scudo)
13.2500 g., 0.9170 Silver 0.3906 oz. ASW **Ruler:** Clement XIV **Obv:** Ornate Papal arms **Obv. Legend:** CLEMENS • XIV PONT • MAX • AN * **Rev:** floreated cross, 2 oval shields below **Rev. Legend:** BONONIA * DOCET *

Date	Mintage	VG	F	VF	XF	Unc
1773//V	—	35.00	70.00	100	140	—

KM# 264 40 BOLOGNINI (1/2 Scudo)
13.2140 g., 0.9170 Silver 0.3896 oz. ASW **Ruler:** Pius VI (Sestus) **Obv:** Arms **Obv. Legend:** PIVS SEXTUS **Rev:** St. Peter standing

Date	Mintage	VG	F	VF	XF	Unc
ND(1777)//III	—	50.00	75.00	125	175	—

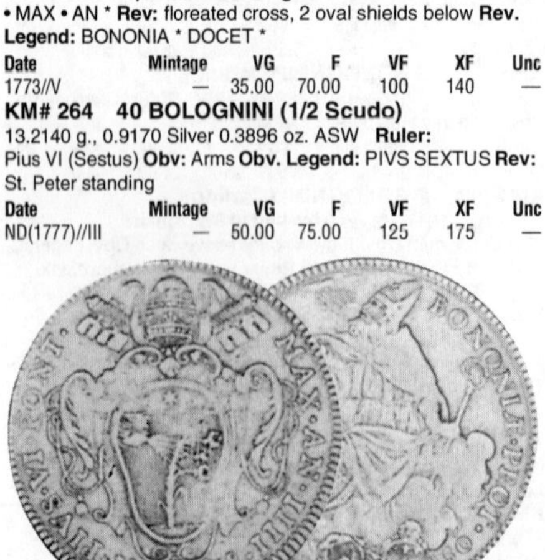

KM# 277 50 BOLOGNINI
16.5600 g., 0.9170 Silver 0.4882 oz. ASW **Ruler:** Pius VI (Sestus) **Subject:** PIVS VI **Obv:** Ornate Papal arms **Obv. Legend:** PIVS • VI • PONT • MAX • AN • IIII • **Rev:** Two small shields divide F • BAL, value: 50 below St. Peter **Rev. Legend:** ...BONONIÆ • PROT •

Date	Mintage	VG	F	VF	XF	Unc
1778//IIII	—	30.00	60.00	115	160	—

KM# 278 50 BOLOGNINI
16.5600 g., 0.9170 Silver 0.4882 oz. ASW **Ruler:** Pius VI (Sestus) **Rev:** Two small shields divide F • B • or • F • B • F • and value: 50

Date	Mintage	VG	F	VF	XF	Unc
1778//1111	—	30.00	60.00	115	160	—

KM# 298 50 BOLOGNINI
16.5600 g., 0.9170 Silver 0.4882 oz. ASW **Ruler:** Pius VI (Sestus) **Obv:** Capped bust, right **Rev:** Temple flanked by oval shields below **Rev. Legend:** ...*OBTI * MI * PRINCIPIS *

Date	Mintage	VG	F	VF	XF	Unc
1782//VIII	—	35.00	70.00	100	150	—

KM# 304 50 BOLOGNINI
16.5600 g., 0.9170 Silver 0.4882 oz. ASW, 33 mm. **Ruler:** Pius VI (Sestus) **Rev:** St. Peter seated facing with 50 in exergue **Note:** Small flan.

Date	Mintage	VG	F	VF	XF	Unc
1784	—	25.00	50.00	100	150	—
1795	—	25.00	50.00	100	150	—

KM# 305 50 BOLOGNINI
16.5600 g., 0.9170 Silver 0.4882 oz. ASW, 36 mm. **Ruler:** Pius VI (Sestus) **Obv:** Papal arms, 2 shields below, above date **Obv. Legend:** PIVS • VI • ... **Rev:** St. Peter seated in clouds **Rev. Legend:** ...BONONÆ * PROT * **Note:** Larger flan.

Date	Mintage	VG	F	VF	XF	Unc
1785	—	25.00	50.00	115	175	—

KM# 153 80 BOLOGNIA (4 Lire - Scudo)
20.7500 g., 0.9170 Silver 0.6117 oz. ASW **Ruler:** Clement XI **Subject:** Clement XI **Note:** Dav. #1444.

Date	Mintage	VG	F	VF	XF	Unc
1712	—	300	550	950	1,550	—
1713	—	300	550	950	1,550	—

KM# 168 80 BOLOGNIA (4 Lire - Scudo)
20.7500 g., 0.9170 Silver 0.6117 oz. ASW **Ruler:** Innocent XIII **Subject:** Innocent XIII **Obv:** Legend begins at lower left, arms **Rev:** Floral cross, two shields at sides **Note:** Dav. #1450.

Date	Mintage	VG	F	VF	XF	Unc
1721	—	1,350	2,500	4,000	6,500	—

KM# 169 80 BOLOGNIA (4 Lire - Scudo)
20.7500 g., 0.9170 Silver 0.6117 oz. ASW **Ruler:** Clement XI **Obv:** Legend begins at upper right, arms **Rev:** Floral cross, two different shields at sides **Note:** Dav. #1451.

Date	Mintage	VG	F	VF	XF	Unc
1721	—	1,000	1,800	3,000	5,000	—

KM# 173 80 BOLOGNIA (4 Lire - Scudo)
20.7500 g., 0.9170 Silver 0.6117 oz. ASW **Ruler:** Innocent XIII **Obv. Legend:** Ends:...*PONTE*MAX*** **Note:** Dav. #1452.

Date	Mintage	VG	F	VF	XF	Unc
1722	—	1,000	1,800	3,000	5,000	—
1723	—	1,000	1,800	3,000	5,000	—
1724	—	1,000	1,800	3,000	5,000	—

KM# 182 80 BOLOGNIA (4 Lire - Scudo)
20.7000 g., 0.9170 Silver 0.6103 oz. ASW **Ruler:** Innocent XIII **Obv:** Two shields below canopy and keys **Rev:** Inscription, floral cross **Note:** Dav. #1454.

Date	Mintage	VG	F	VF	XF	Unc
1724 Rare	—	—	—	—	—	—

KM# 223 80 BOLOGNIA (4 Lire - Scudo)
20.7500 g., 0.9170 Silver 0.6117 oz. ASW **Ruler:** Benedict XIV **Obv:** Papal arms **Obv. Legend:** BENEDICTVS • XIV • P • M • .... **Rev:** Floreated cross, shields below **Rev. Legend:** ...DOCET • **Note:** Dav. #1457.

Date	Mintage	VG	F	VF	XF	Unc
1740	—	300	650	850	1,500	—

KM# 255 80 BOLOGNIA (4 Lire - Scudo)
20.7500 g., 0.9170 Silver 0.6117 oz. ASW **Obv:** Cardinal arms, 2 shields below **Obv. Legend:** SEDE * VACANTE * MDCCLXXIV **Rev:** St. Peter kneeling **Note:** Sede Vacante Issue. Dav. #1464.

Date	Mintage	VG	F	VF	XF	Unc
1774	—	250	375	625	800	—

KM# 256 80 BOLOGNIA (4 Lire - Scudo)
20.7500 g., 0.9170 Silver 0.6117 oz. ASW **Obv:** Cardinal arms, 2 shields below **Obv. Legend:** SED • VA C * M DCCLXXV • **Rev:** St. Peter kneeling **Note:** Sede Vacante Issue. Dav. #1465.

Date	Mintage	VG	F	VF	XF	Unc
1775	—	250	375	625	800	—

KM# 258 80 BOLOGNIA (4 Lire - Scudo)
20.7500 g., 0.9170 Silver 0.6117 oz. ASW **Ruler:** Pius VI (Sestus) **Obv:** Ornate, oval Papal arms **Obv. Legend:** PIVS • VI • PON • MAX • ANNO • BILAEI • IV • **Rev:** St. Peter kneeling **Rev. Legend:** ...BON • PROT • **Note:** Dav. #1467.

Date	Mintage	VG	F	VF	XF	Unc
1775//IV	—	200	300	500	750	—

KM# 257 80 BOLOGNIA (4 Lire - Scudo)
20.7500 g., 0.9170 Silver 0.6117 oz. ASW **Ruler:** Pius VI (Sestus) **Obv:** Papal arms **Obv. Legend:** PIVS • VI • PON • ... **Rev:** St. Peter kneeling **Rev. Inscription:** ...BON • PROT • **Note:** Dav. #1468.

Date	Mintage	VG	F	VF	XF	Unc
1775//I	—	200	300	450	700	—
ND//I	—	200	300	450	700	—

PAPAL STATES-BOLOGNA

KM# 210 SCUDO D'ORO
3.5000 g., 0.9860 Gold 0.1109 oz. AGW **Ruler:** Clement XII **Obv:** Papal arms **Rev:** Floriate cross divides date, two small shields at bottom

Date	Mintage	VG	F	VF	XF	Unc
1736	—	925	1,800	3,300	6,000	—

KM# 211 1/2 ZECCHINO
1.8600 g., 0.9860 Gold 0.0590 oz. AGW **Ruler:** Clement XII **Subject:** Clement XII **Obv:** Two shields below canopy and crossed keys **Rev:** Lion rampant left with banner **Rev. Legend:** BONONIA DOCET

Date	Mintage	VG	F	VF	XF	Unc
1737	—	825	1,700	3,100	5,600	—
1738	—	825	1,700	3,100	5,600	—

KM# 307 1/2 ZECCHINO
1.7260 g., 0.9860 Gold 0.0547 oz. AGW **Ruler:** Pius VI (Sestus) **Obv:** Papal oval arms **Obv. Legend:** PIVS • VI • PONT • M • A • X • **Rev:** St. Peter flanked by shields below

Date	Mintage	VG	F	VF	XF	Unc
1786	—	350	450	725	1,000	—

KM# 212 ZECCHINO
3.4520 g., 0.9860 Gold 0.1094 oz. AGW **Ruler:** Clement XII **Obv:** Two shields below canopy, value above **Rev:** Lion rampant wtih banner, date in legend

Date	Mintage	VG	F	VF	XF	Unc
1737 Rare	—	—	—	—	—	—
1738 Rare	—	—	—	—	—	—

KM# 224 ZECCHINO
3.4520 g., 0.9860 Gold 0.1094 oz. AGW **Ruler:** Clement XII **Obv:** Two shields below canopy, date divided near top **Rev:** Lion rampant with banner, value in legend **Note:** Sede Vacante Issue.

Date	Mintage	VG	F	VF	XF	Unc
1740 Rare	—	—	—	—	—	—

KM# 230 ZECCHINO
3.5000 g., 0.9860 Gold 0.1109 oz. AGW **Ruler:** Benedict XIV **Obv:** Capped bust, left **Obv. Legend:** BENEDICTVS • XIV • P • M • BON • **Rev:** Felsina

Date	Mintage	VG	F	VF	XF	Unc
ND(1742)//II	—	450	725	1,100	2,000	—

KM# 231 ZECCHINO
3.5000 g., 0.9860 Gold 0.1109 oz. AGW **Ruler:** Benedict XIV **Obv:** Cardinal arms flanked by shields below **Rev:** Rampant lion with banner, date in legend

Date	Mintage	VG	F	VF	XF	Unc
1746	—	400	700	850	1,500	—

KM# 235 ZECCHINO
3.5000 g., 0.9860 Gold 0.1109 oz. AGW **Ruler:** Benedict XIV **Obv:** Papal arms **Obv. Legend:** BENEDIC • XIV • P • M • **Rev:** Floreated cross divides date above, flanked by shields below **Rev. Legend:** BONONIA DOCET

Date	Mintage	VG	F	VF	XF	Unc
1751	—	400	700	850	1,500	—

KM# 252 ZECCHINO
3.5000 g., 0.9860 Gold 0.1109 oz. AGW **Ruler:** Clement XIV **Obv:** Cardinal arms flanked by shields below **Rev:** Rampant lion, left **Rev. Legend:** BONONIA DOCET •

Date	Mintage	VG	F	VF	XF	Unc
1771	—	1,300	2,750	3,850	5,600	—

KM# 279 ZECCHINO
3.5000 g., 0.9860 Gold 0.1109 oz. AGW **Ruler:** Pius VI (Sestus) **Obv:** Ornate, oval Papal arms **Obv. Legend:** PIVS • VI • ... **Rev:** St. Peter above 2 shields

Date	Mintage	VG	F	VF	XF	Unc
1778 GP	—	350	450	700	1,000	—
1779 GP	—	350	450	700	1,000	—
1780 GP	—	350	450	700	1,000	—
1786 GP	—	350	450	700	1,000	—
1787 GP	—	350	450	700	1,000	—

KM# 265 100 BOLOGNIA (Scudo)
26.4280 g., 0.9170 Silver 0.7791 oz. ASW **Ruler:** Pius VI (Sestus) **Obv:** Ornate, oval Papal arms **Obv. Legend:** PIVS • VI • PON • MAX • AN • III * **Rev:** St. Peter standing **Rev. Legend:** ...BON • PROT •

Date	Mintage	VG	F	VF	XF	Unc
1777//III	—	60.00	85.00	150	225	—
1778//IIII	—	60.00	85.00	150	225	—
1780//VI	—	60.00	85.00	150	225	—

KM# 300 100 BOLOGNIA (Scudo)
26.4280 g., 0.9170 Silver 0.7791 oz. ASW **Ruler:** Pius VI (Sestus) **Obv:** Capped bust, right **Obv. Legend:** * PIVS * SEXTVS * PONT * MAX * AN * VIII **Rev:** Temple, flanked by 2 shields below **Rev. Legend:** ...OPT * IMI * PRINCIPIS * **Rev. Inscription:** BONONIA • 1782/100 **Note:** Dav. #1473.

Date	Mintage	VG	F	VF	XF	Unc
1782//VIII	—	85.00	135	200	300	—

KM# 299 100 BOLOGNIA (Scudo)
26.4280 g., 0.9170 Silver 0.7791 oz. ASW **Ruler:** Pius VI (Sestus) **Obv:** Capped bust, right **Obv. Legend:** * PIVS * SEXTVS * PONT * MAX * AN * VIII **Rev:** Temple, flanked by 2 shields below **Rev. Legend:** ...OPT * IMI * PRINCIPIS * **Rev. Inscription:** • BONONIA • 1782 • **Note:** Dav. #1474.

Date	Mintage	VG	F	VF	XF	Unc
1782//VIII	—	85.00	135	250	400	—

KM# 324 100 BOLOGNIA (Scudo)
26.4280 g., 0.9170 Silver 0.7791 oz. ASW **Ruler:** Pius VI (Sestus) **Obv:** Papal arms, flanked by shields below **Obv. Legend:** PIVS * VI * PONT * .... **Rev:** St. Petronius on cloud above city **Rev. Legend:** ...BONON * PROT * **Note:** Dav. #1475.

Date	Mintage	VG	F	VF	XF	Unc
1795	—	75.00	125	175	225	—

KM# 154 SCUDO D'ORO
3.5000 g., 0.9860 Gold 0.1109 oz. AGW **Ruler:** Clement XI **Subject:** Clement XI **Obv:** Papal arms in inner circle **Rev:** Floriate cross, two shields

Date	Mintage	VG	F	VF	XF	Unc
1713 Rare	—	—	—	—	—	—

KM# 200 SCUDO D'ORO
3.5000 g., 0.9860 Gold 0.1109 oz. AGW **Ruler:** Clement XII **Obv:** Papal arms, date in legend **Rev:** Floriate cross with two small shields at bottom

Date	Mintage	VG	F	VF	XF	Unc
1732	—	850	1,650	3,000	5,000	—

KM# A301 ZECCHINO
3.5000 g., 0.9860 Gold 0.1109 oz. AGW **Ruler:** Pius VI (Sestus) **Obv:** Capped bust, right **Obv. Legend:** PIVS • SEXTVS • PONT • MAX • AN • VIII • **Rev:** Temple flanked by shields

Date	Mintage	VG	F	VF	XF	Unc
1782//VIII	—	350	450	700	1,250	—

KM# 228 2 ZECCHINI
7.0000 g., 0.9860 Gold 0.2219 oz. AGW **Ruler:** Benedict XIV **Obv:** Capped bust, left **Obv. Legend:** BENEDICTVS • XIV • ... **Rev:** Felsina **Rev. Legend:** PACRI PATRIÆ

Date	Mintage	VG	F	VF	XF	Unc
ND(1742)//II	—	850	1,400	1,950	3,450	—

KM# 308 2 ZECCHINI
7.0000 g., 0.9860 Gold 0.2219 oz. AGW **Ruler:** Pius VI (Sestus) **Obv:** Ornate, oval Papal arms **Obv. Legend:** PIVS • VI • PONT • M • **Rev:** St. Petronius seated on cloud, 2 shields below **Rev. Legend:** S • PETRON • BON • PROT • 1786

Date	Mintage	VG	F	VF	XF	Unc
1786	—	550	650	800	1,200	—
1787	—	550	650	800	1,200	—

KM# 313 5 ZECCHINI
17.5000 g., 0.9860 Gold 0.5547 oz. AGW **Ruler:** Pius VI (Sestus) **Obv:** Papal arms within sprigs **Obv. Legend:** PIVS • VI • PONT... **Rev:** St. Petronius seated on cloud, 2 shields below **Rev. Legend:** S • PETRON • BON • PROT • 1787 •

Date	Mintage	VG	F	VF	XF	Unc
1787//XIII GP	—	700	800	1,150	1,650	—

KM# 309 10 ZECCHINI
35.0000 g., 0.9860 Gold 1.1095 oz. AGW **Ruler:** Pius VI (Sestus) **Obv:** Ornate, oval Papal arms **Obv. Legend:** PIVS • VI • PONT • ... **Rev:** St. Petronius seated on cloud, flanked by shields below **Rev. Legend:** S • PETRON • BON • PROT • AN • 1787 •

Date	Mintage	VG	F	VF	XF	Unc
1786//XII	—	1,150	1,500	3,000	8,000	—
1787//XII	—	1,150	1,500	3,000	8,000	—

KM# 280 15 PAOLI = 1/2 DOPPIA D'ORO
2.7340 g., 0.9170 Gold 0.0806 oz. AGW **Ruler:** Pius VI (Sestus) **Obv:** Flower sprig **Obv. Legend:** PIVS • VI • PONT: ... **Rev:** Date below shield

Date	Mintage	VG	F	VF	XF	Unc
1778 PG	—	350	450	600	800	—

KM# 281 15 PAOLI = 1/2 DOPPIA D'ORO
2.7340 g., 0.9170 Gold 0.0806 oz. AGW **Obv:** Date below flower sprig **Obv. Legend:** PIVS • VI • PONT • MAX M • **Rev:** Value: P • 15 below shields **Rev. Legend:** BON • DOCET

Date	Mintage	VG	F	VF	XF	Unc
1778	—	350	450	600	900	—
1779	—	350	450	600	900	—
1786	—	350	450	550	850	—
1787	—	350	450	550	850	—
1788	—	350	450	550	850	—
1791	—	350	450	600	900	—

KM# 155 DOPPIA D'ORO
5.4700 g., 0.9170 Gold 0.1613 oz. AGW **Ruler:** Clement XI **Obv:** Oval papal arms

Date	Mintage	VG	F	VF	XF	Unc
1713 Rare	—	—	—	—	—	—
1714 Rare	—	—	—	—	—	—

KM# 282 DOPPIA D'ORO (30 Paoli)
5.4690 g., 0.9170 Gold 0.1612 oz. AGW **Ruler:** Pius VI (Sestus) **Obv:** Date below flower sprig **Obv. Legend:** PIVS • VI • PONT • MAXIM • **Rev:** Value: P • 30 below 2 shields **Rev. Legend:** BON • DOCET

Date	Mintage	VG	F	VF	XF	Unc
1778	—	360	460	800	1,000	—
1779	—	360	460	800	1,000	—
1785	—	360	460	800	1,000	—

KM# 310 DOPPIA D'ORO (30 Paoli)
5.4690 g., 0.9170 Gold 0.1612 oz. AGW **Ruler:** Pius VI (Sestus) **Obv:** Date below flower sprig **Obv. Legend:** PIVS • VI • PONT • MAXIM • **Rev:** Initials below 2 shields **Rev. Legend:** BON • DOCET

Date	Mintage	VG	F	VF	XF	Unc
1786 GP	—	360	460	800	1,000	—
1787 GP	—	360	460	800	1,000	—
1788 GP	—	360	460	800	1,000	—
1789 GP	—	360	460	800	1,000	—
1790 GP	—	360	460	800	1,000	—
1791 GP	—	360	460	800	1,000	—
1792 GP	—	360	460	800	1,000	—

KM# 314 DOPPIA D'ORO (30 Paoli)
5.4690 g., 0.9170 Gold 0.1612 oz. AGW **Ruler:** Pius VI (Sestus) **Obv:** Date below flower sprig **Obv. Legend:** PIVS • VI • PONT • MAXIM • **Rev:** Value: 1 DOP below 2 shields **Rev. Legend:** BONON • DOCET

Date	Mintage	VG	F	VF	XF	Unc
1787	—	360	460	800	1,000	—
1788	—	360	460	800	1,000	—

KM# 283 2 DOPPIE D'ORO (60 Paoli)
10.9380 g., 0.9170 Gold 0.3225 oz. AGW **Ruler:** Pius VI (Sestus) **Subject:** Pius VI **Obv:** Value: P • 60 below flower sprig **Obv. Inscription:** PIVS • VI • PONT • MAXIM • **Rev:** Date below 2 shields **Rev. Inscription:** BONON • DOCET

Date	Mintage	VG	F	VF	XF	Unc
1778	—	500	700	900	1,500	—

ITALIAN STATES

PAPAL STATES-BOLOGNA

Date	Mintage	VG	F	VF	XF	Unc
1780	—	500	700	900	1,500	—
1781	—	500	700	900	1,500	—

KM# 311 2 DOPPIE D'ORO (60 Paoli)
10.9380 g., 0.9170 Gold 0.3225 oz. AGW **Ruler:** Pius VI (Sestus) **Obv:** Initials below flower sprig **Obv. Legend:** PIVS • VI • PONT • MAXIM • **Rev:** Date below 2 shields **Rev. Legend:** BONON • DOCET

Date	Mintage	VG	F	VF	XF	Unc
1786 GP	—	500	700	900	1,500	—
1787 GP	—	500	700	900	1,500	—

KM# 317 2 DOPPIE D'ORO (60 Paoli)
10.9380 g., 0.9170 Gold 0.3225 oz. AGW **Ruler:** Pius VI (Sestus) **Obv:** Date above flower sprig **Obv. Legend:** PIVS • VI • PONT • MAX • A • XIII **Rev:** Initials below 2 shields **Rev. Legend:** BONON • DOCET

Date	Mintage	VG	F	VF	XF	Unc
1786//XIII GP	—	500	700	900	1,500	3,500
1787//XIII GP	—	500	700	900	1,500	3,500

KM# 315 2 DOPPIE D'ORO (60 Paoli)
10.9380 g., 0.9170 Gold 0.3225 oz. AGW **Ruler:** Pius VI (Sestus) **Obv:** Stars **Rev:** Initials

Date	Mintage	VG	F	VF	XF	Unc
ND(1787)//XIII DD	—	500	700	900	1,500	—

KM# 316 2 DOPPIE D'ORO (60 Paoli)
10.9380 g., 0.9170 Gold 0.3225 oz. AGW **Ruler:** Pius VI (Sestus) **Obv:** Date below flower sprig **Obv. Legend:** PIVS • VI • PONT • MAX • A • XIII • **Rev:** Value: 2 DOP below 2 shields **Rev. Legend:** BONON • DOCET •

Date	Mintage	VG	F	VF	XF	Unc
1787//XIII	—	500	700	900	1,500	—
1796	—	500	700	900	1,500	—

KM# 312 4 DOPPIE D'ORO (Quadrupla)
21.8760 g., 0.9170 Gold 0.6449 oz. AGW **Ruler:** Pius VI (Sestus) **Obv:** Value: 4 DOP below flower sprig **Obv. Legend:** PIVS • VI • PONT • MAX • A • XII **Rev:** Date below 2 shields **Rev. Legend:** BONON • DOCET

Date	Mintage	VG	F	VF	XF	Unc
1786//XII	—	900	1,000	1,200	2,200	—

KM# 318 4 DOPPIE D'ORO (Quadrupla)
21.8760 g., 0.9170 Gold 0.6449 oz. AGW **Ruler:** Pius VI (Sestus) **Obv:** Value: 4 DOP below flower sprig **Obv. Legend:** PIVS • VI • PONT • MAX • A • XIII **Rev:** Date below 2 shields **Rev. Legend:** BONON • DOCET •

Date	Mintage	VG	F	VF	XF	Unc
1787//XIII	—	900	1,000	1,200	2,200	—

MEDALLIC COINAGE

KM# M1 SCUDO (9 Giulii)
26.4900 g., Silver **Ruler:** Benedict XIV **Obv:** Capped bust left **Obv. Legend:** BENEDICTVS • XIV • P • M • ET • ARCH • BON • **Rev:** Inscription **Rev. Inscription:** PASTORI / ET / PRINCIPI. / SENATUS / BONONIENSIS / MDCCXLI **Note:** Dav. #1458.

Date	Mintage	VG	F	VF	XF	Unc
1741//MDCCXLI	—	475	650	800	1,500	—

KM# M2 SCUDO (9 Giulii)
26.1000 g., Silver **Ruler:** Benedict XIV **Obv:** Capped bust, right **Obv. Legend:** B E N E D I C T • X I V • P • M • B O N O N • A • X V I I **Rev:** Inscription **Rev. Inscription:** VNVM / OMNIVM VOTVM / SALVS / PRINCIPIS / S.P.Q.B. **Note:** Dav. #1460.

Date	Mintage	VG	F	VF	XF	Unc
ND(1756)//XVII	—	1,000	1,250	1,000	3,500	—

KM# M3 SCUDO (9 Giulii)
26.4900 g., Silver **Ruler:** Benedict XIV **Obv:** Capped bust right **Obv. Legend:** B E N E D I C T • X I V • P • M • B O N O N • A • X V I I **Rev:** Inscription **Rev. Inscription:** PATRIA / ET / SCIENTIARVM / INSTITVTO / MAGNIFICE / AVCTO / S.P.Q.B. **Note:** Dav. #1461.

Date	Mintage	VG	F	VF	XF	Unc
ND(1756)//XVII	—	1,000	1,250	1,800	3,500	—

KM# M4 10 SCUDI
17.3300 g., Gold **Ruler:** Benedict XIV **Obv:** Capped bust right **Rev:** Inscription **Rev. Inscription:** VNVM... **Note:** Struck with 1 Scudo dies, KM#M2 (Dav. #1460).

Date	Mintage	VG	F	VF	XF	Unc
1756//XVII Unique	—	—	—	—	—	—

REVOLUTIONARY GOVERNMENT 1796-1797

STANDARD COINAGE

KM# 335 1/2 QUATTRINO (1/2 Carlino)
1.1000 g., Copper **Obv:** Rampant lion, left **Obv. Legend:** BONON • • DOCET **Rev:** Stars, written value, date

Date	Mintage	VG	F	VF	XF	Unc
1796	—	20.00	35.00	60.00	110	—

KM# 336 CARLINO
2.6000 g., Billon **Obv:** Papal arms **Obv. Legend:** COMVNITAS • ET • SENATVS • BONON • **Rev:** Inscription within wreath

Date	Mintage	VG	F	VF	XF	Unc
ND(1796)	—	20.00	40.00	75.00	110	—

KM# 337.1 2 CARLINI
5.6400 g., 0.9170 Billon 0.1663 oz. **Obv:** Papal arms **Rev:** Inscription with stars in lower field, within wreath

Date	Mintage	VG	F	VF	XF	Unc
ND(1796)	—	15.00	30.00	60.00	90.00	—

KM# 337.2 2 CARLINI
5.6400 g., 0.9170 Billon 0.1663 oz. **Obv:** Papal arms **Rev:** Inscription without stars in lower field, within wreath

Date	Mintage	VG	F	VF	XF	Unc
ND(1796)	—	15.00	30.00	60.00	90.00	—

KM# 338 5 PAOLI (1/2 Scudo)
14.5000 g., 0.8330 Silver 0.3883 oz. ASW **Obv:** Papal arms in sprigs **Obv. Legend:** POPVLVS • ET • SENATVS • BONON • **Rev:** Madonna and child in cloud above city view

Date	Mintage	VG	F	VF	XF	Unc
1796	—	35.00	60.00	100	200	—
1797	—	35.00	60.00	100	200	—

KM# 340 10 PAOLI (Scudo)
29.0000 g., 0.8330 Silver 0.7766 oz. ASW **Obv:** Papal arms in sprigs **Obv. Legend:** POPVLVS • ET • SENATVS • BONON • **Rev:** Madonna with child in clouds above city view, legend in exergue **Rev. Legend:** PRESIDIVM * ET * DECVS * **Note:** Dav. #1358.

Date	Mintage	VG	F	VF	XF	Unc
1796	—	60.00	100	200	400	—
1797	—	60.00	100	200	400	—

KM# 339 10 PAOLI (Scudo)
29.0000 g., 0.8330 Silver 0.7766 oz. ASW **Obv:** Papal arms in sprigs **Obv. Legend:** POPVLVS • ET • SENATVS • BONON • **Rev:** Larger Madonna with child in clouds above city view **Rev. Legend:** * PRÆSIDIVM * ET * DECVS * **Note:** Dav. #1359.

Date	Mintage	VG	F	VF	XF	Unc
1796	—	60.00	100	200	400	—
1797	—	60.00	100	200	400	—

KM# 341 10 PAOLI (Scudo)
29.0000 g., 0.8330 Silver 0.7766 oz. ASW **Obv:** Papal arms **Obv. Legend:** COMVNITAS • ET • SENATVS • BONON • **Rev:** Madonna with child in clouds above city view, legend in exergue **Rev. Legend:** * PRÆSIDIVM * ET * DECVS * **Note:** Varieties exist. Dav. #1357.

Date	Mintage	VG	F	VF	XF	Unc
MDCCXCVI (1796)	—	50.00	100	200	400	—

PAPAL STATES-CIVITAVECCHIA

A seaport in Latium and one of the oldest papal states founded by Roman emperor Trajan, destroyed by the Saracens in 812, and rebuilt by Pope Leo IV.

NOTE: For later issues see Papal-Roman Republic-Civitavecchia.

CITY

EMERGENCY COINAGE

KM# 5a 2-1/2 BAIOCCHI
25.3000 g., Copper, 25 mm. **Obv:** Inscription, date below stars **Obv. Inscription:** BAIOCCHI/DVE E MEZZO/CIVITA/VECCHIA **Note:** Reduced size.

Date	Mintage	Good	VG	F	VF	XF
1797	—	12.00	16.00	32.50	45.00	—

KM# 6.1 5 BAIOCCHI
21.3400 g., Copper **Obv:** Inscription above stars within circle, date below **Obv. Legend:** PIVS PAPA SEXTUS... **Obv. Inscription:** BAIOC/...../CIVITA/VECCHIA **Rev:** Madonna **Rev. Legend:** SANCTA DEI GENITRIX

Date	Mintage	Good	VG	F	VF	XF
1797//XXIII	—	15.00	25.00	40.00	60.00	—

KM# 6.2 5 BAIOCCHI
21.3400 g., Copper **Obv:** Without inner circle around inscription

Date	Mintage	Good	VG	F	VF	XF
1797//XXIII	—	15.00	25.00	40.00	60.00	—

PAPAL STATES-FANO

A coastal city in the Marches, became a papal possession in 1462.

CITY

EMERGENCY COINAGE

KM# 1 2-1/2 BAIOCCHI
25.3000 g., Copper **Obv:** Inscription, date below stars within circle **Obv. Inscription:** BAIOCCHI/DVE E MEZZO/FANO **Rev:** St. Peter bust, left **Rev. Legend:** ...APOSTOLORUM PRINC

Date	Mintage	Good	VG	F	VF	XF
1796	—	40.00	65.00	85.00	175	230
1797	—	40.00	65.00	85.00	175	—

KM# 2 5 BAIOCCHI
21.3400 g., Copper **Obv:** Inscription below star within circle, legend around **Obv. Inscription:** BAIOC/CINQVE/FANO **Rev:** Madonna **Rev. Legend:** SANCTA DEI GENITRIX

Date	Mintage	Good	VG	F	VF	XF
1797//XXIII	—	40.00	65.00	85.00	175	—

PAPAL STATES-FERMO

A city in the Marches, was founded as a Latin colony in 264 B.C., became a free city in 1199, and was acquired by the papacy in 1550.

NOTE: For later issues see Roman Republic-Fermo.

CITY

EMERGENCY COINAGE

KM# 1.1 1/2 BAIOCCO
4.5000 g., Copper **Rev:** FERMO

Date	Mintage	Good	VG	F	VF	XF
1797//XXIII	—	5.00	10.00	35.00	70.00	—
1798//XXIII	—	5.00	10.00	25.00	40.00	—

KM# 5 2-1/2 BAIOCCHI
25.2000 g., Copper, 30 mm. **Obv:** Inscription below stars **Obv. Inscription:** BAIOCCHI / DVE E MEZZO / CIVITA / VECCHIA **Rev:** Saints' bust, left **Rev. Legend:** S • P APOSTOLORUM PRINCEPS

Date	Mintage	Good	VG	F	VF	XF
1796	—	15.00	25.00	35.00	60.00	—
1797	—	15.00	25.00	35.00	60.00	—

PAPAL STATES-FERRARA

A city located in northeastern Italy in Emalia. With the Papacy 1598-1859.

MINT OFFICIAL'S INITIALS

Initials	Date	Name
GB	1740-48	Uncertain

KM# 1.2 1/2 BAIOCCO
4.5000 g., Copper **Obv:** Written value, date below stars within circle **Rev:** Inscription within wreath **Rev. Inscription:** PIVS PAPAVI AN• XXIII

Date	Mintage	Good	VG	F	VF	XF
1798//XXIII	—	12.00	20.00	30.00	50.00	—

KM# 2.1 2-1/2 BAIOCCHI
17.2000 g., Copper **Obv:** Written value, date below stars within circle **Rev:** Saints' bust, left **Rev. Legend:** S P APOSTOLORUM PRINCEPS

Date	Mintage	Good	VG	F	VF	XF
1796	—	12.00	20.00	50.00	150	300
1797	—	12.00	20.00	50.00	150	300

KM# 2.2 2-1/2 BAIOCCHI
17.2000 g., Copper **Rev:** Saints' bust, left **Rev. Legend:** S P PETRUS APOSTOL • PRINC •

Date	Mintage	Good	VG	F	VF	XF
1796	—	12.00	20.00	30.00	50.00	—

KM# 2.3 2-1/2 BAIOCCHI
17.2000 g., Copper **Rev. Legend:** S P APOSTOLORUM PRINCDDS

Date	Mintage	Good	VG	F	VF	XF
1796	—	12.00	20.00	30.00	50.00	—

KM# 2.4 2-1/2 BAIOCCHI
17.2000 g., Copper **Rev:** Saints' bust, left **Rev. Legend:** S P APOSTOLOR PRINCEPS

Date	Mintage	Good	VG	F	VF	XF
1797	—	12.00	20.00	30.00	50.00	—

KM# 2.5 2-1/2 BAIOCCHI
17.2000 g., Copper **Rev. Legend:** S P APOST PRINCEPS

Date	Mintage	Good	VG	F	VF	XF
1797	—	12.00	20.00	30.00	100	220

KM# 3.1 5 BAIOCCHI
21.3400 g., Copper **Obv:** Inscription within circle, legend around **Obv. Legend:** PIVS PAPA SEXTVS ANNO ... **Obv. Inscription:** BAIOC/CINQVE/FERMO **Rev:** Madonna

Date	Mintage	Good	VG	F	VF	XF
1797//XXIII	—	10.00	18.00	100	220	—
1799//XXV	—	10.00	18.00	30.00	50.00	—

KM# 3.2 5 BAIOCCHI
21.3400 g., 0.9170 Copper 0.6291 oz. **Rev:** L CHOTOTM appears below bust

Date	Mintage	Good	VG	F	VF	XF
1797//XXIII	—	12.00	20.00	35.00	60.00	—
1799//XXV	—	12.00	20.00	35.00	60.00	—

KM# 3.3 5 BAIOCCHI
Copper **Obv:** Inscription below star within circle, legend around, with date below **Obv. Legend:** PIVS PAPA SEXTVS ANNO.... **Obv. Inscription:** BAIOC/CHI/CINQVE, without FERMO

Date	Mintage	Good	VG	F	VF	XF
1799	—	10.00	30.00	100	250	—

KM# 4 60 BAIOCCHI
4.0008 g., Billon **Obv:** Oval Papal arms **Obv. Legend:** PIVS SEXTVS PONT... **Rev:** Inscription, date below stars within circle and wreath

Date	Mintage	Good	VG	F	VF	XF
1799//XXV	—	50.00	100	125	165	—

PROVISIONAL REPUBLIC
1798

STANDARD COINAGE

KM# 5 1/2 BAIOCCO
5.5000 g., Copper **Obv:** Inscription within wreath **Obv. Inscription:** MEZZO/BAIOCCO/FERMO **Rev:** Shield within circle, legend around **Rev. Legend:** *ANNO*PMO*REIP*FIRM*1798

Date	Mintage	Good	VG	F	VF	XF
ND1798 Rare	—	—	—	—	—	—

CITY

STANDARD COINAGE

KM# 125 QUATTRINO
2.1000 g., Copper **Subject:** Clement XI **Obv:** Arms **Rev:** Bust of St. Peter

Date	Mintage	VG	F	VF	XF	Unc
ND(1718)//XIX	—	6.50	13.50	25.00	40.00	—
ND(1719)//XX	—	6.50	13.50	25.00	40.00	—

KM# 126 QUATTRINO
2.1000 g., Copper **Obv:** Papal arms **Rev:** St. Peter

Date	Mintage	VG	F	VF	XF	Unc
ND	—	25.00	45.00	75.00	120	—

KM# 135 QUATTRINO
2.1000 g., Copper **Ruler:** Benedict XIV **Obv:** Papal arms **Rev:** Inscription within cartouche **Rev. Inscription:** FER/RARI/17/E44
Note: Many varieties of arms and cartouche.

Date	Mintage	VG	F	VF	XF	Unc
1744	—	6.00	12.00	25.00	40.00	—
1745	—	6.00	12.00	25.00	40.00	—
1746	—	6.00	12.00	25.00	40.00	—
1747	—	6.00	12.00	25.00	40.00	—
1748	—	6.00	12.00	25.00	40.00	—
ND	—	6.00	12.00	25.00	40.00	—

KM# 140 QUATTRINO
2.1000 g., Copper **Ruler:** Benedict XIV **Obv:** Papal arms **Rev:** EER RA • RI, date in cartouche

Date	Mintage	VG	F	VF	XF	Unc
1746	—	6.00	12.00	25.00	40.00	—

KM# 141 QUATTRINO
2.1000 g., Copper **Ruler:** Benedict XIV **Obv:** Papal arms **Rev:** FER/RARI/ within palm wreath

Date	Mintage	VG	F	VF	XF	Unc
1746	—	6.00	12.50	22.50	40.00	—
1747	—	6.00	12.50	22.50	40.00	—
1748	—	6.00	12.50	22.50	40.00	—

KM# 136 QUATTRINO
2.1000 g., Copper **Ruler:** Benedict XIV **Obv:** Papal arms **Rev:** FER/RARA in cartouche **Note:** Many varieties.

Date	Mintage	VG	F	VF	XF	Unc
ND (1749)	—	6.00	12.00	25.00	40.00	—

KM# 127 1/2 BAIOCCO
5.2000 g., Copper **Ruler:** Clement XI **Subject:** Clement XI **Obv:** Papal arms **Rev:** MEZO/BAIOC/CO/FERRAR in cartouche

Date	Mintage	VG	F	VF	XF	Unc
ND(1719)//XIX	—	7.00	14.00	25.00	42.50	—
ND(1720)//XX	—	7.00	14.00	25.00	42.50	—

KM# 130 1/2 BAIOCCO
5.2000 g., Copper **Ruler:** Innocent XIII **Subject:** Innocent XIII **Obv:** Papal arms **Rev:** Value: MEZO/BAIOC/CO/FERRAR

Date	Mintage	VG	F	VF	XF	Unc
ND(1721)//1	—	22.00	45.00	85.00	140	—

KM# 137 1/2 BAIOCCO
5.2000 g., Copper **Ruler:** Benedict XIV **Obv:** Papal arms **Obv. Legend:** BENEDICT • XIV • ... **Rev:** Written value, date above shield in cartouche **Note:** Many varieties.

Date	Mintage	VG	F	VF	XF	Unc
1744//IV	—	7.00	14.00	25.00	40.00	—
ND//IV	—	7.00	14.00	25.00	40.00	—
1744//V	—	7.00	14.00	25.00	40.00	—
1745//IV	—	7.00	14.00	25.00	40.00	—
1745//VI	—	7.00	14.00	25.00	40.00	—
1746//VI	—	7.00	14.00	25.00	40.00	—
1746//VII	—	7.00	14.00	25.00	40.00	—
1748//VIII	—	7.00	14.00	25.00	40.00	—
1748//IX	—	7.00	14.00	25.00	40.00	—
ND//IX	—	7.00	14.00	25.00	40.00	—
ND//X	—	7.00	14.00	25.00	40.00	—
1750//VI	—	7.00	14.00	25.00	40.00	—
1751	—	7.00	14.00	25.00	40.00	—
ND//XI	—	7.00	14.00	25.00	40.00	—

KM# 139 1/2 BAIOCCO
5.2000 g., Copper **Ruler:** Benedict XIV **Obv:** Papal arms **Obv. Legend:** BENEDICT • XIV PM AVI **Rev:** MEZZO/BAIOCCO/FERRARA, shield divides date below, all in cartouche

Date	Mintage	VG	F	VF	XF	Unc
1745//V	—	7.00	14.00	25.00	40.00	—

KM# 143 1/2 BAIOCCO
5.2000 g., Copper **Ruler:** Benedict XIV **Obv:** Papal arms **Obv. Legend:** BENEDICT • XIV • P • M • A • VII • **Rev:** MEZZO/BAIOCCO/FERRARA, shield below divides date, all within sprigs

Date	Mintage	VG	F	VF	XF	Unc
1747//VII	—	7.00	14.00	25.00	40.00	—

KM# 138 BAIOCCO
10.6000 g., Copper **Ruler:** Benedict XIV **Obv:** Papal arms **Obv. Legend:** BENEDICT • XIV • P • M • .... **Rev:** I/BAIOCCO/FERRARA, date above shield in cartouche **Note:** Many varieties.

Date	Mintage	VG	F	VF	XF	Unc
1744//IV	—	10.00	20.00	35.00	50.00	—
1744//V	—	10.00	20.00	35.00	50.00	—
1745//IV	—	10.00	20.00	35.00	50.00	—
1746//V	—	10.00	20.00	35.00	50.00	—
1747//VIII	—	10.00	20.00	35.00	50.00	—
1748//VIII	—	10.00	20.00	35.00	50.00	—
1748//IX	—	10.00	20.00	35.00	50.00	—
1749//IX	—	10.00	20.00	35.00	50.00	—
1750//IX	—	10.00	20.00	35.00	50.00	—
1751//XI	—	10.00	20.00	35.00	50.00	—
ND//XII	—	10.00	20.00	35.00	50.00	—

KM# 142 BAIOCCO
10.6000 g., Copper **Ruler:** Benedict XIV **Obv:** Papal arms **Obv. Legend:** BENEDICT • XIV • P • M • A • VI • **Rev:** I/BAIOCCO/FERRARA, date above shield in cartouche

Date	Mintage	VG	F	VF	XF	Unc
1746//VI	—	10.00	20.00	35.00	50.00	—

KM# 144 BAIOCCO
10.6000 g., Copper **Ruler:** Benedict XIV **Obv:** Papal arms **Obv. Legend:** BENEDICT XIV P M A VII **Rev:** Written value above divided date and shield in cartouche

Date	Mintage	VG	F	VF	XF	Unc
1747//VII	—	10.00	20.00	35.00	50.00	—

PAPAL STATES-FERRARA

KM# 150 BAIOCCO
10.6000 g., Copper **Ruler:** Benedict XIV **Obv:** Papal arms **Obv. Legend:** BENED • XIV • P • M • ... **Rev:** Written value, date above shield in cartouche

Date	Mintage	VG	F	VF	XF	Unc
1751//IX	—	12.00	25.00	40.00	55.00	—

KM# 151 BAIOCCO
10.6000 g., Copper **Obv:** Papal arms **Obv. Legend:** BENED • XIV • ... **Rev:** Written value above shield in cartouche

Date	Mintage	VG	F	VF	XF	Unc
ND//XII	—	10.00	20.00	35.00	50.00	—

KM# 153 GROSETTO
1.3400 g., 0.9170 Billon 0.0395 oz. **Ruler:** Benedict XIV **Subject:** Benedict XIV **Note:** Counterstamped with wreath on KM#105.

Date	Mintage	VG	F	VF	XF	Unc
ND(1756)//1709	—	18.00	35.00	65.00	110	—

KM# 104 2 GROSETTO (26 Quattrini)
2.6900 g., 0.9170 Billon 0.0793 oz. **Ruler:** Clement XI **Subject:** Clement XI **Obv:** Value: 26 below arms **Rev:** St. George slaying dragon

Date	Mintage	VG	F	VF	XF	Unc
1709//IX	—	30.00	65.00	120	200	—

KM# 152 2 GROSETTO (26 Quattrini)
8.6900 g., 0.9170 Billon 0.2562 oz. **Ruler:** Benedict XIV **Subject:** Benedict XIV **Note:** Counterstamped with wreath on KM#104.

Date	Mintage	VG	F	VF	XF	Unc
ND(1756)//1709	—	35.00	70.00	125	220	—

KM# 100 MURAIOLA (2 Baiocchi)
Billon **Ruler:** Clement XI **Obv:** Capped bust left **Rev:** St. Maurelius standing, two hands outstretched

Date	Mintage	VG	F	VF	XF	Unc
1708//VIII	—	7.00	14.00	25.00	42.50	—
1709//IX	—	7.00	14.00	25.00	42.50	—

KM# 110 MURAIOLA (2 Baiocchi)
Billon **Ruler:** Clement XI **Obv:** Capped bust left **Rev:** St. Maurelius standing, one hand raised

Date	Mintage	VG	F	VF	XF	Unc
1710//X	—	7.00	14.00	25.00	42.50	—
1711//XI	—	7.00	14.00	25.00	42.50	—

KM# 114 MURAIOLA (2 Baiocchi)
Billon **Ruler:** Clement XI **Rev:** St. George standing **Rev. Legend:** PROTEC • FERRARIAE

Date	Mintage	VG	F	VF	XF	Unc
1716	—	7.00	14.00	25.00	42.50	—

KM# 115 MURAIOLA (2 Baiocchi)
Billon **Ruler:** Clement XI **Rev:** St. George standing **Rev. Legend:** S. GEORGIVS PROT. FERRAE

Date	Mintage	VG	F	VF	XF	Unc
1716	—	7.00	14.00	25.00	42.50	—
1717	—	7.00	14.00	25.00	42.50	—

KM# 101 MURAIOLA (4 Baiocchi)
Billon **Ruler:** Clement XI

Date	Mintage	VG	F	VF	XF	Unc
1708//VIII	—	10.00	20.00	35.00	60.00	—
1709//X	—	10.00	20.00	35.00	60.00	—

KM# 111 MURAIOLA (4 Baiocchi)
Billon **Ruler:** Clement XI

Date	Mintage	VG	F	VF	XF	Unc
1710//X	—	10.00	20.00	35.00	60.00	—
1711//XI	—	10.00	20.00	35.00	60.00	—

KM# 116 MURAIOLA (4 Baiocchi)
Billon **Ruler:** Clement XI **Obv:** Capped bust right **Rev:** St. George slaying dragon

Date	Mintage	VG	F	VF	XF	Unc
1716	—	10.00	20.00	35.00	60.00	—
1717	—	10.00	20.00	35.00	60.00	—

KM# 103 1/2 PIASTRA
13.2140 g., 0.9170 Silver 0.3896 oz. ASW **Ruler:** Clement XI **Obv:** Capped bust left **Obv. Legend:** CLEMENS • XI • P • M • AN • VIII **Rev:** St. George slaying dragon, date in exergue **Rev. Legend:** S • GEORGIVS - FERRARIÆ PROTEC • **Note:** Dav. #1439.

Date	Mintage	VG	F	VF	XF	Unc
1708/VIII	—	350	700	1,200	2,000	—

KM# 119 MURAIOLA (8 Baiocchi)
Billon **Ruler:** Clement XI **Obv:** Capped bust right with N oval **Rev:** St. Maurelius and St. George standing

Date	Mintage	VG	F	VF	XF	Unc
1717//VIII	—	30.00	65.00	120	200	—

KM# 105 MURAIOLA (13 Quattrini)
Billon **Ruler:** Clement XI **Obv:** Papal arms **Rev:** St. George slaying dragon

Date	Mintage	VG	F	VF	XF	Unc
1709//IX	—	12.00	22.00	40.00	65.00	—
1709//X	—	12.00	22.00	40.00	65.00	—

KM# 102 TESTONE
7.9500 g., 0.9170 Silver 0.2344 oz. ASW **Ruler:** Clement XI **Obv:** Capped bust left

Date	Mintage	VG	F	VF	XF	Unc
1708//VIII	—	100	200	350	575	—

KM# 112 TESTONE
7.9500 g., 0.9170 Silver 0.2344 oz. ASW **Ruler:** Clement XI **Obv:** Capped bust left **Rev:** St. George slaying dragon with different shield

Date	Mintage	VG	F	VF	XF	Unc
1710//X	—	100	200	350	575	—
1710//XI	—	100	200	350	575	—

KM# 117 TESTONE
7.9500 g., 0.9170 Silver 0.2344 oz. ASW **Ruler:** Clement XI **Rev:** St. George slaying dragon with different shield

Date	Mintage	VG	F	VF	XF	Unc
1716//XVI	—	100	200	350	575	—

KM# 118 TESTONE
7.9500 g., 0.9170 Silver 0.2344 oz. ASW **Ruler:** Clement XI **Obv:** Papal arms

Date	Mintage	VG	F	VF	XF	Unc
1716	—	100	200	350	575	—
1717	—	100	200	350	575	—

KM# 120 TESTONE
7.9500 g., 0.9170 Silver 0.2344 oz. ASW **Ruler:** Clement XI **Rev:** Inscription **Rev. Inscription:** DEXTERADOMINI / FECIT / VIRTVTEM / 1717

Date	Mintage	VG	F	VF	XF	Unc
1717	—	65.00	135	250	400	—

KM# 121 TESTONE
7.9500 g., 0.9170 Silver 0.2344 oz. ASW **Ruler:** Clement XI **Rev:** Inscription **Rev. Inscription:** SECLERVM / MATER / AVARITIA / 1717 / FERRAR

Date	Mintage	VG	F	VF	XF	Unc
1717	—	65.00	135	250	400	—

KM# 122 TESTONE
7.9500 g., 0.9170 Silver 0.2344 oz. ASW **Ruler:** Clement XI **Rev:** Inscription **Rev. Inscription:** QVIS / PAVPER / AVARVS 1717

Date	Mintage	VG	F	VF	XF	Unc
1717	—	65.00	135	250	400	—

KM# 106 1/2 PIASTRA
13.2140 g., 0.9170 Silver 0.3896 oz. ASW **Ruler:** Clement XI **Obv:** Inscription in exergue, Papal arms **Obv. Legend:** CLEMENS * * * XI * P * M * A * IX **Rev:** Inscription in frame over shield in cartouche **Rev. Inscription:** IN/ TESTIMONIA/ TVA ET MON IN/ AVARTIAM **Note:** Dav. #1440.

Date	Mintage	VG	F	VF	XF	Unc
1709//IX	—	2,000	3,500	6,000	9,000	—

KM# 113 1/2 PIASTRA
13.2140 g., 0.9170 Silver 0.3896 oz. ASW **Ruler:** Clement XI **Obv:** Inscription in exergue, capped bust left **Obv. Inscription:** CIV FERRARIA **Rev:** Inscription above Papal arms **Rev. Inscription:** NON/ AVRVM/ SED/ NOMEN/ date **Note:** Dav. #1442.

Date	Mintage	VG	F	VF	XF	Unc
1710//X	—	3,500	5,500	9,500	14,500	—

KM# 124 1/2 PIASTRA
13.2140 g., 0.9170 Silver 0.3896 oz. ASW **Ruler:** Clement XI **Obv:** Capped bust right **Rev:** Inscription **Rev. Inscription:** DEFLUIT/ ET/ INFLVIT/ 1717 **Note:** Dav. #1449.

Date	Mintage	VG	F	VF	XF	Unc
1717	—	3,500	5,500	9,500	14,500	—

KM# 123 1/2 PIASTRA
13.2400 g., 0.9170 Silver 0.3903 oz. ASW **Ruler:** Clement XI **Obv:** Bust in tiara, right **Rev:** Papal arms **Rev. Legend:** IVLIVS • S • R • E • CARD • PIAZZA • FERR

Date	Mintage	VG	F	VF	XF	Unc
1717//XVII	—	350	700	1,200	2,000	—

PAPAL STATES-FOLIGNO

Fvligno

A city in Umbria, was governed by deputies of the Holy See from 1305 to 1439, and was a possession of the papacy until 1860.

NOTE: For later issues see Roman Republic-Foligno.

CITY

EMERGENCY COINAGE

KM# 1 QUATTRINO
2.1000 g., Copper **Obv:** Papal arms **Obv. Legend:** PIVS SEXTVS PON MA • **Rev:** St. Peter **Rev. Legend:** S • FELI CIANO

Date	Mintage	Good	VG	F	VF	XF
NDXX (1794)	—	18.00	35.00	75.00	120	—
NDXXI (1795)	—	18.00	35.00	75.00	120	—

KM# 2 1/2 BAIOCCO

5.2000 g., Copper **Obv:** Papal oval arms **Obv. Legend:** PIUS SEXTVS PON M A • **Rev:** Written value, city name above star within wreath **Note:** KM#2 also exists with "FOLIGNO" instead of "FVLIGNO".

Date	Mintage	Good	VG	F	VF	XF
XX (1794)	—	12.50	25.00	40.00	70.00	—
XXI (1795)	—	12.50	25.00	40.00	70.00	—

KM# 6 1/2 BAIOCCO

5.2000 g., Copper **Obv:** Papal oval arms **Rev:** Written value, city name, date within wreath

Date	Mintage	Good	VG	F	VF	XF
XXI//1795	—	12.50	25.00	40.00	70.00	—

KM# 7 1/2 BAIOCCO

5.2000 g., Copper **Obv:** Papal arms **Obv. Legend:** PIVS SEXT P M A XXIII **Rev:** Written value, city name below stars

Date	Mintage	Good	VG	F	VF	XF
XXIII (1797)	—	12.50	25.00	40.00	70.00	—
XXIII (1798)	—	12.50	25.00	40.00	70.00	—

KM# 3 BAIOCCO

10.6000 g., Copper **Obv:** Papal oval arms **Obv. Legend:** PIVS • SEXTVS • PON • M • A • XX **Rev:** Written value, city name within wreath **Note:** KM#3 also exists with date on reverse; also exists with "FOLIGNO" instead of "FVLIGNO".

Date	Mintage	Good	VG	F	VF	XF
XX (1794)	—	15.00	30.00	45.00	75.00	—
XXI (1795)	—	15.00	30.00	45.00	75.00	—

KM# 4 BAIOCCO

10.6000 g., Copper **Obv:** Papal oval arms **Obv. Legend:** PIVS • SEXTVS • PON • M • A • XX **Rev:** Written value, city name **Note:** KM#4 also exists with date on reverse; also exists with "FOLIGNO" instead of "FULIGNO".

Date	Mintage	Good	VG	F	VF	XF
XX (1794)	—	15.00	25.00	40.00	70.00	—
XXI (1795)	—	15.00	25.00	40.00	70.00	—

KM# 5 2 BAIOCCHI

20.0000 g., Copper **Obv:** Papal oval arms **Obv. Legend:** PIVS • SEXTVS • PON • M • A • XXI **Rev:** Written value, city name within wreath **Note:** KM#5 also exists with "FOLIGNO" instead of "FULIGNO".

Date	Mintage	VG	F	VF	XF	Unc
XX (1794)	—	35.00	65.00	100	—	—
XXI (1795)	—	35.00	65.00	100	—	—

KM# A6 2 BAIOCCHI

20.0000 g., Copper **Obv:** Papal arms **Rev:** St. Peter **Note:** Varieties exists with "PRINC" instead of "PRINCEPS".

Date	Mintage	VG	F	VF	XF	Unc
1796	—	30.00	45.00	75.00	—	—
1797	—	30.00	45.00	75.00	—	—

KM# 8 5 BAIOCCHI

15.6000 g., Copper **Obv:** Written value, city name below star within circle **Obv. Legend:** FVLIGNO PIVS SEXTVS ANNO XXIII **Rev:** Bust of Virgin Mary left **Rev. Legend:** SANCTA DEI GENITRIX

Date	Mintage	VG	F	VF	XF	Unc
XXIII//1797 TM	—	30.00	45.00	85.00	—	—

PAPAL STATES-GUBBIO

A city in Umbria, was part of the donation of Charlemagne to the pope in 774. It became a consul-governed republic in 1151, came under the dukes of Urbino in 1387, and was ceded to the pope in 1624.

NOTE: For later issues see Roman Republic-Gubbio.

CITY

STANDARD COINAGE

KM# 77 QUATTRINO

2.1000 g., Copper **Ruler:** Clement XI **Subject:** Clement XI **Obv:** Papal arms **Rev:** St. Paul standing

Date	Mintage	VG	F	VF	XF	Unc
(1702)-III	—	13.50	25.00	40.00	75.00	—

KM# 78 QUATTRINO

2.1000 g., Copper **Ruler:** Clement XI **Rev:** Bust of St. Paul right

Date	Mintage	VG	F	VF	XF	Unc
(1702)-III	—	13.50	25.00	40.00	75.00	—

KM# 79 QUATTRINO

2.1000 g., Copper **Ruler:** Clement XI **Rev:** St. Peter standing

Date	Mintage	VG	F	VF	XF	Unc
(1702)-III	—	13.50	25.00	40.00	75.00	—

KM# 80 QUATTRINO

2.1000 g., Copper **Ruler:** Clement XI **Rev:** Bust of St. Peter left

Date	Mintage	VG	F	VF	XF	Unc
(1702)-III	—	13.50	25.00	40.00	75.00	—

KM# 81 QUATTRINO

2.1000 g., Copper **Ruler:** Clement XI **Rev:** Legend without EPISCOPVS, St. Ubaldus standing

Date	Mintage	VG	F	VF	XF	Unc
(1702)-III	—	13.50	25.00	40.00	75.00	—
(1703)-IIII	—	13.50	25.00	40.00	75.00	—
(1704)-V	—	13.50	25.00	40.00	75.00	—
(1705)-VI	—	13.50	25.00	40.00	75.00	—
(1706)-VII	—	13.50	25.00	40.00	75.00	—
(1707)-VIII	—	13.50	25.00	40.00	75.00	—
(1708)-IX	—	13.50	25.00	40.00	75.00	—
(1709)-X	—	13.50	25.00	40.00	75.00	—
(1710)-XI	—	13.50	25.00	40.00	75.00	—
(1711)-XII	—	13.50	25.00	40.00	75.00	—
(1712)-XIII	—	13.50	25.00	40.00	75.00	—
(1713)-XIV	—	13.50	25.00	40.00	75.00	—
(1714)-XV	—	13.50	25.00	40.00	75.00	—
(1715)-XVI	—	13.50	25.00	40.00	75.00	—
(1716)-XVII	—	13.50	25.00	40.00	75.00	—

KM# 82 QUATTRINO

2.1000 g., Copper **Ruler:** Clement XI **Rev. Legend:** EPISCOPVS

Date	Mintage	VG	F	VF	XF	Unc
(1702)-III	—	13.50	25.00	40.00	75.00	—
(1703)-IIII	—	13.50	25.00	40.00	75.00	—
(1704)-V	—	13.50	25.00	40.00	75.00	—
(1705)-VI	—	13.50	25.00	40.00	75.00	—
(1706)-VII	—	13.50	25.00	40.00	75.00	—
(1707)-VIII	—	13.50	25.00	40.00	75.00	—
(1708)-IX	—	13.50	25.00	40.00	75.00	—
(1709)-X	—	13.50	25.00	40.00	75.00	—
(1710)-XI	—	13.50	25.00	40.00	75.00	—
(1711)-XII	—	13.50	25.00	40.00	75.00	—
(1712)-XIII	—	13.50	25.00	40.00	75.00	—
(1713)-XIV	—	13.50	25.00	40.00	75.00	—

KM# 83 QUATTRINO

2.1000 g., Copper **Rev:** Bust of St. Ubaldus, mitred left

Date	Mintage	VG	F	VF	XF	Unc
(1702)-III	—	13.50	25.00	40.00	75.00	—

KM# 86 QUATTRINO

2.1000 g., Copper **Ruler:** Clement XI **Rev:** Bust of St. Paul left

Date	Mintage	VG	F	VF	XF	Unc
(1706)-VII	—	13.50	25.00	40.00	75.00	—
(1707)-VIII	—	13.50	25.00	40.00	75.00	—
(1708)-IX	—	13.50	25.00	40.00	75.00	—
(1709)-X	—	13.50	25.00	40.00	75.00	—
(1710)-XI	—	13.50	25.00	40.00	75.00	—
(1711)-XII	—	13.50	25.00	40.00	75.00	—
(1712)-XIII	—	13.50	25.00	40.00	75.00	—
(1713)-XIV	—	13.50	25.00	40.00	75.00	—
(1714)-XV	—	13.50	25.00	40.00	75.00	—
(1715)-XVI	—	13.50	25.00	40.00	75.00	—
(1716)-XVII	—	13.50	25.00	40.00	75.00	—
(1717)-XVIII	—	13.50	25.00	40.00	75.00	—
(1718)-XIX	—	13.50	25.00	40.00	75.00	—
(1719)-XX	—	13.50	25.00	40.00	75.00	—

KM# 87 QUATTRINO

2.1000 g., Copper **Ruler:** Clement XI **Rev:** Bust of St. Peter left

Date	Mintage	VG	F	VF	XF	Unc
(1706)-VII	—	13.50	25.00	40.00	75.00	—
(1707)-VIII	—	13.50	25.00	40.00	75.00	—
(1708)-IX	—	13.50	25.00	40.00	75.00	—
(1709)-X	—	13.50	25.00	40.00	75.00	—
(1710)-XI	—	13.50	25.00	40.00	75.00	—
(1711)-XII	—	13.50	25.00	40.00	75.00	—
(1712)-XIII	—	13.50	25.00	40.00	75.00	—
(1713)-XIV	—	13.50	25.00	40.00	75.00	—
(1714)-XV	—	13.50	25.00	40.00	75.00	—
(1715)-XVI	—	13.50	25.00	40.00	75.00	—
(1716)-XVII	—	13.50	25.00	40.00	75.00	—
(1717)-XVIII	—	13.50	25.00	40.00	75.00	—
(1718)-XIX	—	13.50	25.00	40.00	75.00	—
(1719)-XX	—	13.50	25.00	40.00	75.00	—

KM# 90 QUATTRINO

2.1000 g., Copper **Ruler:** Clement XI **Rev:** Radiant bust of St. Peter right

Date	Mintage	VG	F	VF	XF	Unc
(1716)-XVII	—	15.00	28.00	48.00	85.00	—
(1717)-XVIII	—	15.00	28.00	48.00	85.00	—

KM# 91 QUATTRINO

2.1000 g., Copper **Ruler:** Clement XI **Rev:** Bust of St. Paul left

Date	Mintage	VG	F	VF	XF	Unc
(1717)-XVIII	—	15.00	28.00	48.00	85.00	—

KM# 95 QUATTRINO

2.1000 g., Copper **Ruler:** Clement XI

Date	Mintage	VG	F	VF	XF	Unc
ND (1718)	—	24.00	42.00	70.00	100	—

KM# 96 QUATTRINO

2.1000 g., Copper **Rev:** Bust of St. Peter right

Date	Mintage
	—

KM# 97 QUATTRINO

2.1000 g., Copper **Ruler:** Clement XI **Rev:** Legend without EPISCOP, St. Ubaldus standing

Date	Mintage	VG	F	VF	XF	Unc
ND (1720)	—	24.00	42.00	70.00	100	—

KM# 98 QUATTRINO

2.1000 g., Copper **Ruler:** Clement XI **Rev:** EPISCOP in legend

Date	Mintage	VG	F	VF	XF	Unc
ND (1720)	—	24.00	42.00	70.00	100	—

KM# 102 QUATTRINO

2.1000 g., Copper **Ruler:** Clement XI **Rev:** Bust of St. Paul left

Date	Mintage	VG	F	VF	XF	Unc
ND (1721)	—	16.50	30.00	50.00	80.00	—

KM# 103 QUATTRINO

2.1000 g., Copper **Ruler:** Innocent XIII **Rev:** Bust of St. Peter right

Date	Mintage	VG	F	VF	XF	Unc
ND (1722)	—	16.50	30.00	50.00	80.00	—

KM# 105 QUATTRINO

2.1000 g., Copper **Ruler:** Benedict XIII **Rev:** St. Ubaldus standing **Rev. Legend:** EPISCVPVS

Date	Mintage	VG	F	VF	XF	Unc
ND (1724)	—	16.50	30.00	50.00	80.00	—

KM# 106 QUATTRINO

2.1000 g., Copper **Ruler:** Innocent XIII **Rev:** St. Ubaldus standing **Rev. Legend:** EVGVBILL

Date	Mintage	VG	F	VF	XF	Unc
ND (1724)	—	16.50	30.00	50.00	80.00	—

KM# 107 QUATTRINO

2.1000 g., Copper **Ruler:** Benedict XIII **Rev:** Holy door **Note:** Holy Year issue.

Date	Mintage	VG	F	VF	XF	Unc
ND (1725)	—	16.50	30.00	50.00	80.00	—

KM# 120 QUATTRINO

2.1000 g., Copper **Ruler:** Clement XII **Subject:** Clement XII **Rev:** Value and date **Rev. Legend:** QVAT/TRINO/GVBBIO

Date	Mintage	VG	F	VF	XF	Unc
ND1738	—	10.00	18.00	50.00	110	—
ND1739	—	10.00	18.00	50.00	110	—

KM# 135 QUATTRINO

2.1000 g., Copper **Ruler:** Benedict XIV **Obv:** Papal arms **Rev:** Written value, date

Date	Mintage	VG	F	VF	XF	Unc
1740	—	20.00	50.00	100	200	—

KM# 121 QUATTRINO

2.1000 g., Copper **Ruler:** Benedict XIV **Rev:** Head of St. Paul left

Date	Mintage	VG	F	VF	XF	Unc
ND (1740)	—	10.00	18.00	50.00	100	—

KM# 122 QUATTRINO

2.1000 g., Copper **Ruler:** Benedict XIV **Rev:** St. Paul standing

Date	Mintage	VG	F	VF	XF	Unc
ND (1741)	—	10.00	18.00	30.00	45.00	—

KM# 123 QUATTRINO

2.1000 g., Copper **Ruler:** Benedict XIV **Rev:** Head of St. Peter right

Date	Mintage	VG	F	VF	XF	Unc
ND (1742)	—	10.00	18.00	30.00	45.00	—

KM# 124 QUATTRINO

2.1000 g., Copper **Ruler:** Benedict XIV **Rev:** Head of St. Peter right and upwards

Date	Mintage	VG	F	VF	XF	Unc
ND (1743)	—	10.00	18.00	30.00	45.00	—

KM# 125 QUATTRINO

2.1000 g., Copper **Ruler:** Benedict XIV **Rev:** St. Peter standing

Date	Mintage	VG	F	VF	XF	Unc
ND (1744)	—	10.00	18.00	30.00	45.00	—

KM# 126 QUATTRINO

2.1000 g., Copper **Ruler:** Benedict XIV **Rev:** St. Ubaldus standing

Date	Mintage	VG	F	VF	XF	Unc
ND (1745)	—	10.00	18.00	30.00	45.00	—

KM# 127 QUATTRINO

2.1000 g., Copper **Ruler:** Benedict XIV **Rev:** St. Ubaldus standing, mitred, crosier right

Date	Mintage	VG	F	VF	XF	Unc
ND (1745)	—	10.00	18.00	30.00	45.00	—

KM# 128 QUATTRINO

2.1000 g., Copper **Ruler:** Benedict XIV **Rev:** St. Ubaldus standing, mitred, crosier left

Date	Mintage	VG	F	VF	XF	Unc
ND (1745)	—	10.00	18.00	30.00	45.00	—

KM# 129 QUATTRINO

2.1000 g., Copper **Ruler:** Benedict XIV **Rev:** St. Ubaldus standing, head bare

Date	Mintage	VG	F	VF	XF	Unc
ND (1746)	—	10.00	18.00	30.00	45.00	—

976 ITALIAN STATES PAPAL STATES-GUBBIO

KM# 136 QUATTRINO

2.1000 g., Copper **Ruler:** Benedict XIV **Obv:** Papal arms **Rev:** St. Peter right

Date	Mintage	VG	F	VF	XF	Unc
(1746)III	—	10.00	18.00	35.00	50.00	—

KM# 137 QUATTRINO

2.1000 g., Copper **Ruler:** Benedict XIV **Obv:** Papal arms **Rev:** St. Paul, head right

Date	Mintage	VG	F	VF	XF	Unc
(1747)III	—	8.00	15.00	25.00	40.00	—

KM# 138 QUATTRINO

2.1000 g., Copper **Ruler:** Benedict XIV **Obv:** Papal arms **Rev:** Saints' head, right

Date	Mintage	VG	F	VF	XF	Unc
(1747)III	—	8.00	15.00	25.00	40.00	—

KM# 139 QUATTRINO

2.1000 g., Copper **Ruler:** Benedict XIV **Obv:** Papal arms **Rev:** Peter and Paul, conjoined heads left

Date	Mintage	VG	F	VF	XF	Unc
ND (1748)	—	15.00	25.00	45.00	70.00	—

KM# 140 QUATTRINO

2.1000 g., Copper **Ruler:** Benedict XIV **Obv:** Papal arms **Rev:** St. Paul standing

Date	Mintage	VG	F	VF	XF	Unc
ND (1749)	—	8.00	15.00	25.00	40.00	—

KM# 141 QUATTRINO

2.1000 g., Copper **Ruler:** Benedict XIV **Obv:** Papal arms **Rev:** St. Ubaldus

Date	Mintage	VG	F	VF	XF	Unc
ND (1749)	—	8.00	15.00	25.00	40.00	—

KM# 150 QUATTRINO

2.1000 g., Copper **Ruler:** Benedict XIV **Rev:** Holy Door **Note:** Holy Year Issue

Date	Mintage	VG	F	VF	XF	Unc
1750	—	25.00	45.00	75.00	150	—

KM# 151 QUATTRINO

2.1000 g., Copper **Ruler:** Clement XIII **Obv:** Papal arms **Obv. Legend:** CLE M XIII • P M **Rev:** Saint's head right **Rev. Legend:** S PET • A **Note:** Varieties exist.

Date	Mintage	VG	F	VF	XF	Unc
ND (1761)	—	5.00	10.00	15.00	30.00	—

KM# 152 QUATTRINO

2.1000 g., Copper **Ruler:** Clement XIII **Obv:** Papal arms **Obv. Legend:** CLE • X III • P • M **Rev:** St. head, right **Rev. Legend:** S • PAV • A **Note:** Varieties exist.

Date	Mintage	VG	F	VF	XF	Unc
ND (1762)	—	5.00	10.00	15.00	30.00	—

KM# 153 QUATTRINO

2.1000 g., Copper **Ruler:** Clement XIII **Obv:** Papal arms **Obv. Legend:** CLE M X III • P **Rev:** Standing figure of St. Ubaldus **Rev. Legend:** S • VBAL • EP • EV **Note:** Varieties exist.

Date	Mintage	VG	F	VF	XF	Unc
ND (1763)	—	10.00	15.00	30.00	—	—

KM# 84 1/2 BAIOCCO

5.2000 g., Copper **Ruler:** Clement XI **Subject:** Clement XI **Rev:** Value, MEZZO/BAIOC/CO within wreath

Date	Mintage	VG	F	VF	XF	Unc
(1703)-IV	—	8.00	15.00	25.00	45.00	—
(1704)-V	—	8.00	15.00	25.00	45.00	—
(1705)-VI	—	8.00	15.00	25.00	45.00	—
(1706)-VII	—	8.00	15.00	25.00	45.00	—
(1707)-VIII	—	8.00	15.00	25.00	45.00	—
(1708)-IX	—	8.00	15.00	25.00	45.00	—
(1710)-XI	—	8.00	15.00	25.00	45.00	—
(1711)-XII	—	8.00	15.00	25.00	45.00	—
(1712)-XIII	—	8.00	15.00	25.00	45.00	—
(1713)-XIV	—	8.00	15.00	25.00	45.00	—
(1714)-XV	—	8.00	15.00	25.00	45.00	—
(1714)-XVI	—	8.00	15.00	25.00	45.00	—
(1716)-XVII	—	8.00	15.00	25.00	45.00	—
(1717)-XVIII	—	8.00	15.00	25.00	45.00	—
(1718)-XIX	—	8.00	15.00	25.00	45.00	—

KM# 85 1/2 BAIOCCO

5.2000 g., Copper **Ruler:** Clement XI **Rev:** Value, MEZZO/BAIOC/CO in cartouche

Date	Mintage	VG	F	VF	XF	Unc
(1703)-IV	—	8.00	15.00	25.00	45.00	—
(1704)-V	—	8.00	15.00	25.00	45.00	—
(1705)-VI	—	8.00	15.00	25.00	45.00	—
(1706)-VII	—	8.00	15.00	25.00	45.00	—
(1707)-VIII	—	8.00	15.00	25.00	45.00	—
(1708)-IX	—	8.00	15.00	25.00	45.00	—
(1709)-X	—	8.00	15.00	25.00	45.00	—
(1710)-XI	—	8.00	15.00	25.00	45.00	—
(1711)-XII	—	8.00	15.00	25.00	45.00	—
(1712)-XIII	—	8.00	15.00	25.00	45.00	—
(1713)-XIV	—	8.00	15.00	25.00	45.00	—
(1714)-XV	—	8.00	15.00	25.00	45.00	—
(1715)-XVI	—	8.00	15.00	25.00	45.00	—
(1716)-XVII	—	8.00	15.00	25.00	45.00	—
(1717)-XVIII	—	8.00	15.00	25.00	45.00	—
(1718)-XIX	—	8.00	15.00	25.00	45.00	—

KM# 99 1/2 BAIOCCO

5.2000 g., Copper **Subject:** Innocent XIII **Rev:** Value, MEZO/BAIOC/CO within circle and laurel wreath

Date	Mintage	VG	F	VF	XF	Unc
1721	—	10.00	20.00	35.00	60.00	—
1722-11	—	10.00	20.00	35.00	60.00	—
1723	—	10.00	20.00	35.00	60.00	—
ND	—	10.00	20.00	35.00	60.00	—

KM# 100 1/2 BAIOCCO

5.2000 g., Copper **Ruler:** Clement XI **Rev:** Without inner circle

Date	Mintage	VG	F	VF	XF	Unc
1721	—	10.00	30.00	60.00	100	—

KM# 101 1/2 BAIOCCO

5.2000 g., Copper **Ruler:** Innocent XIII **Rev:** Value, MEZO/BAIOC/CO within cartouche

Date	Mintage	VG	F	VF	XF	Unc
(1722)-11	—	10.00	20.00	35.00	60.00	—

KM# 110 1/2 BAIOCCO

5.2000 g., Copper **Ruler:** Benedict XIII **Rev:** Holy Door **Note:** Holy Year Issue.

Date	Mintage	VG	F	VF	XF	Unc
1725	—	20.00	40.00	65.00	120	—

KM# 109 1/2 BAIOCCO

5.2000 g., Copper **Rev:** Legend without circle and in oak wreath

Date	Mintage	VG	F	VF	XF	Unc
ND	—	9.00	18.00	30.00	50.00	—

KM# 117 1/2 BAIOCCO

5.2000 g., Copper **Ruler:** Clement XII **Subject:** Clement XII **Rev:** Value, MEZZO/BAIOC/CO/GVBBIO/date in cartouche

Date	Mintage	VG	F	VF	XF	Unc
(1731)-II	—	6.00	30.00	80.00	120	—
(1732)-III	—	6.00	30.00	80.00	120	—
(1733)-IIII	—	6.00	12.00	20.00	35.00	—
(1734)-V	—	6.00	12.00	20.00	35.00	—
(1735)-VI	—	6.00	12.00	20.00	35.00	—
(1736)-VII	—	6.00	12.00	20.00	35.00	—
(1737)-VIII	—	6.00	12.00	20.00	35.00	—
1738	—	6.00	12.00	20.00	35.00	—
1739	—	6.00	12.00	20.00	35.00	—
ND	—	6.00	12.00	20.00	35.00	—

KM# 119 1/2 BAIOCCO

5.2000 g., Copper **Ruler:** Clement XII **Rev:** Ivy wreath replaces cartouche

Date	Mintage	VG	F	VF	XF	Unc
(1735)-VI	—	6.00	12.00	20.00	35.00	—
(1736)-VII	—	6.00	12.00	20.00	35.00	—
(1737)-VIII	—	6.00	12.00	20.00	35.00	—

KM# 143 1/2 BAIOCCO

5.2000 g., Copper **Ruler:** Benedict XIV **Obv:** Papal arms **Rev:** Written value within wreath

Date	Mintage	VG	F	VF	XF	Unc
(1741)-II	—	15.00	25.00	45.00	70.00	—

KM# 144 1/2 BAIOCCO

5.2000 g., Copper **Ruler:** Benedict XIV **Obv:** Papal arms **Obv. Legend:** BENEDIC • XIV • **Rev:** Written value, date within wreath **Note:** Many varieties.

Date	Mintage	VG	F	VF	XF	Unc
1743-IV	—	7.00	14.00	25.00	40.00	—
1744-IV	—	7.00	14.00	25.00	40.00	—
1745-IV	—	7.00	14.00	25.00	40.00	—
1745-VI	—	7.00	14.00	25.00	40.00	—
1746-VII	—	7.00	14.00	25.00	40.00	—
1747-VIII	—	7.00	14.00	25.00	40.00	—
1748-VIII	—	7.00	14.00	25.00	40.00	—
1749-VIIII	—	7.00	14.00	25.00	40.00	—
1750	—	7.00	14.00	25.00	40.00	—
1751	—	7.00	14.00	25.00	40.00	—

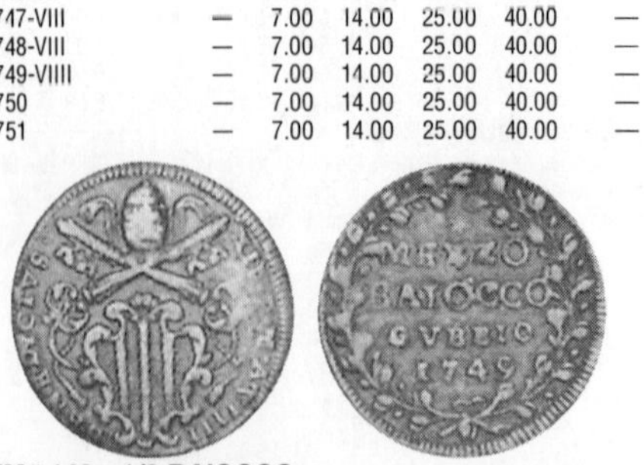

KM# 146 1/2 BAIOCCO

5.2000 g., Copper **Ruler:** Benedict XIV **Obv:** Papal arms **Obv. Legend:** BENEDICTVS • XIV • P • M • A ... **Rev:** Written value, date within wreath

Date	Mintage	VG	F	VF	XF	Unc
1749-IX	—	7.00	14.00	22.50	40.00	—

KM# 154 1/2 BAIOCCO

5.2000 g., Copper **Ruler:** Benedict XIV **Obv:** Papal arms **Obv. Legend:** BENED • XIV • **Rev:** Written value, date within thin, leafy wreath

Date	Mintage	VG	F	VF	XF	Unc
1751	—	10.00	20.00	35.00	50.00	—
1752	—	10.00	20.00	35.00	50.00	—
1753	—	10.00	20.00	35.00	50.00	—
1755	—	10.00	20.00	35.00	50.00	—
1757	—	10.00	20.00	35.00	50.00	—

KM# 157 1/2 BAIOCCO

5.2000 g., Copper **Ruler:** Benedict XIV **Obv:** Papal arms **Obv. Legend:** BENED • XIV • P • M • A • **Rev:** Value, MEZ/BAIOCCO/CVB/date in wreath

Date	Mintage	VG	F	VF	XF	Unc
1754-IV	—	10.00	20.00	35.00	50.00	—

KM# 158 1/2 BAIOCCO

5.2000 g., Copper **Ruler:** Clement XIII **Obv:** Papal arms **Obv. Legend:** CLEM XIII ... **Rev:** Written value, date within rope wreath

Date	Mintage	VG	F	VF	XF	Unc
1759	—	10.00	17.50	35.00	—	—

KM# 170 1/2 BAIOCCO

5.2000 g., Copper **Ruler:** Pius VI (Sextus) **Obv:** Papal arms **Obv. Legend:** PIVS • SEXTVS .... **Rev:** Written value, stars within wreath

Date	Mintage	VG	F	VF	XF	Unc
1789-XV	—	12.50	25.00	40.00	75.00	—
1790-XV	—	12.50	25.00	40.00	75.00	—
1790-XVI	—	12.50	25.00	40.00	75.00	—
1791-XVI	—	12.50	25.00	40.00	75.00	—
1794-XX	—	12.50	25.00	40.00	75.00	—
1795-XX	—	12.50	25.00	40.00	75.00	—

KM# 111 BAIOCCO

10.6000 g., Copper **Ruler:** Benedict XIII **Subject:** Benedict XIII **Obv:** Papal arms **Rev:** Value, VN/BAIOCCO/GVBBIO/date, in ivy wreath

Date	Mintage	VG	F	VF	XF	Unc
1726-II	—	12.00	25.00	70.00	100	—
1727-III	—	12.00	25.00	40.00	70.00	—
1728-IIII	—	12.00	25.00	40.00	70.00	—
1729-V	—	12.00	25.00	40.00	70.00	—
1730-VI	—	12.00	25.00	40.00	70.00	—

KM# 112 BAIOCCO

10.6000 g., Copper **Ruler:** Benedict XIII **Obv:** Dog in Papal Arms incorrectly faces right

Date	Mintage	VG	F	VF	XF	Unc
1726-II Rare	—	—	—	—	—	—
1729-V	—	—	—	—	—	—

KM# 115 BAIOCCO

10.6000 g., Copper **Ruler:** Clement XII **Subject:** Clement XII **Obv:** Papal arms **Rev:** Value, VN/BAIOCIO/GVBBIO in circle within ivy wreath

Date	Mintage	VG	F	VF	XF	Unc
1730-I	—	10.00	30.00	80.00	120	—
1731-II	—	10.00	20.00	35.00	60.00	—
1732-III	—	10.00	20.00	35.00	60.00	—
1733-IV	—	10.00	20.00	35.00	60.00	—
1734-V	—	10.00	20.00	35.00	60.00	—
1735-VI	—	10.00	20.00	35.00	60.00	—
1736-VII	—	10.00	20.00	35.00	60.00	—
1737-VIII	—	10.00	20.00	35.00	60.00	—
1738-VIIII	—	10.00	20.00	35.00	60.00	—

KM# 116 BAIOCCO

10.6000 g., Copper **Ruler:** Benedict XIII **Rev:** Roses replace ivy

Date	Mintage	VG	F	VF	XF	Unc
1730-I	—	10.00	20.00	35.00	60.00	—

KM# 118 BAIOCCO

10.6000 g., Copper **Ruler:** Clement XII **Rev:** Cartouche replaces wreath

Date	Mintage	VG	F	VF	XF	Unc
1732-II	—	10.00	20.00	35.00	60.00	—
1732-III	—	10.00	20.00	35.00	60.00	—
1734-IV	—	10.00	20.00	35.00	60.00	—
1735-V	—	10.00	20.00	35.00	60.00	—
1736-VI	—	10.00	20.00	35.00	60.00	—

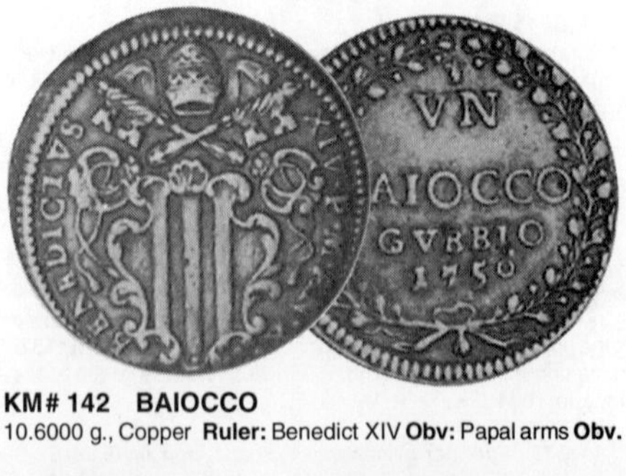

KM# 142 BAIOCCO

10.6000 g., Copper **Ruler:** Benedict XIV **Obv:** Papal arms **Obv.**

PAPAL STATES-MONTALTO

Legend: BENEDICTVS • XIV • P • M • AN • X • **Rev:** Written value, date within wreath

Date	Mintage	VG	F	VF	XF	Unc
1740-I	—	10.00	20.00	35.00	50.00	—
1741-I	—	10.00	20.00	35.00	50.00	—
1741-II	—	10.00	20.00	35.00	50.00	—
1742-II	—	10.00	20.00	35.00	50.00	—
1742-III	—	10.00	20.00	35.00	50.00	—
1743-IV	—	10.00	20.00	35.00	50.00	—
1744-V	—	10.00	20.00	35.00	50.00	—
1745-V	—	10.00	20.00	35.00	50.00	—
1745-VI	—	10.00	20.00	35.00	50.00	—
1745-VII	—	10.00	20.00	35.00	50.00	—
1746-VII	—	10.00	20.00	35.00	50.00	—
1747	—	10.00	20.00	35.00	50.00	—
1747-VI	—	10.00	20.00	35.00	50.00	—
1747-VII	—	10.00	20.00	35.00	50.00	—
1748	—	10.00	20.00	35.00	50.00	—
1749-VIIII	—	10.00	20.00	35.00	50.00	—
1749	—	10.00	20.00	35.00	50.00	—
1750-X	—	10.00	20.00	35.00	50.00	—
1751	—	10.00	20.00	35.00	50.00	—
1751-X	—	10.00	20.00	35.00	50.00	—
1752	—	10.00	20.00	35.00	50.00	—
1753-X	—	10.00	20.00	35.00	50.00	—
1753-XI	—	10.00	20.00	35.00	50.00	—
1753-XIII	—	10.00	20.00	35.00	50.00	—
1754	—	10.00	20.00	35.00	50.00	—
1754-XIV	—	10.00	20.00	35.00	50.00	—
1755	—	10.00	20.00	35.00	50.00	—
1756	—	10.00	20.00	35.00	50.00	—
1757	—	10.00	20.00	35.00	50.00	—

KM# 145 BAIOCCO
10.6000 g., Copper **Ruler:** Benedict XIV **Obv:** Papal arms **Obv. Legend:** BENED • XIV • P • M • **Rev:** Value, date in cartouche

Date	Mintage	VG	F	VF	XF	Unc
1748 Retrograde 4	—	10.00	25.00	35.00	50.00	—

KM# 155 BAIOCCO
10.6000 g., Copper **Ruler:** Benedict XIV **Obv:** Papal arms **Obv. Legend:** BENE • XIV P M A XII **Rev:** Written value, date in cartouche

Date	Mintage	VG	F	VF	XF	Unc
1752-XII	—	12.00	25.00	40.00	55.00	—

KM# 156 BAIOCCO
10.6000 g., Copper **Ruler:** Benedict XIV **Obv:** Papal arms **Obv. Legend:** BENEDIC • XIV • P • M • A • **Rev:** Written value, date in cartouche

Date	Mintage	VG	F	VF	XF	Unc
1753-XIV	—	10.00	25.00	35.00	50.00	—

KM# 159 BAIOCCO
10.6000 g., Copper **Ruler:** Clement XIII **Obv. Legend:** CLEM-XIII-PON.M.A.I

Date	Mintage	VG	F	VF	XF	Unc
1759-I	—	12.50	20.00	35.00	—	—

KM# 160 BAIOCCO
10.6000 g., Copper **Ruler:** Clement XIII **Obv:** Papal arms **Obv. Legend:** CLEM • XIII • PON • M • **Rev:** Written value, date within rope wreath

Date	Mintage	VG	F	VF	XF	Unc
1759	—	20.00	30.00	50.00	—	—

KM# 161 BAIOCCO
10.6000 g., Copper **Ruler:** Clement XIII **Obv:** Papal arms **Obv. Legend:** CLEM • XIII • PON • M • A • I • **Rev:** Written value, date within wreath

Date	Mintage	VG	F	VF	XF	Unc
1759-I	—	20.00	30.00	50.00	—	—

KM# 162 BAIOCCO
10.6000 g., Copper **Ruler:** Clement XIII **Obv:** Papal arms **Obv. Legend:** CLEM • XIII • PON • M • A • **Rev:** Written value, date within wreath

Date	Mintage	Good	VG	F	VF	XF
1759-I	—	7.50	12.50	20.00	35.00	—

KM# 163 BAIOCCO
10.6000 g., Copper **Ruler:** Clement XIII **Obv:** Papal arms **Obv. Legend:** CLEM • XIII • PON • M • A • I • **Rev:** Written value, date within rope wreath

Date	Mintage	Good	VG	F	VF	XF
1759-I	—	7.50	12.50	20.00	35.00	—

KM# 164 BAIOCCO
10.6000 g., Copper **Ruler:** Clement XIII **Obv:** Papal arms **Obv. Legend:** CLEMENS • XIII • P • M • **Rev:** Written value, date within wreath

Date	Mintage	Good	VG	F	VF	XF
1759	—	7.50	12.50	20.00	35.00	—

KM# 165 BAIOCCO
10.6000 g., Copper **Ruler:** Clement XIII **Obv:** Papal arms **Obv. Legend:** CLEMENS • XIII • P • M • **Rev:** Written value, date within wreath

Date	Mintage	Good	VG	F	VF	XF
1759	—	7.50	12.50	20.00	35.00	—

KM# 166 BAIOCCO
10.6000 g., Copper **Ruler:** Clement XIII **Obv:** Papal arms **Obv. Legend:** CLEMENS • XIII • P • M • **Rev:** Written value, date in cartouche

Date	Mintage	Good	VG	F	VF	XF
1759	—	10.00	20.00	35.00	60.00	—

KM# 171 BAIOCCO

10.6000 g., Copper **Ruler:** Pius VI (Sextus) **Obv:** Papal oval arms **Obv. Legend:** PIVS • SEXTVS ... **Rev:** Written value in wreath **Note:** Varieties exist.

Date	Mintage	Good	VG	F	VF	XF
1789-XV	—	5.00	12.00	20.00	32.00	—
1790-XV	—	5.00	12.00	20.00	32.00	—
1791-XVII	—	5.00	12.00	20.00	32.00	—
1792-XVII	—	5.00	12.00	20.00	32.00	—
1792-XVIII	—	5.00	12.00	20.00	32.00	—
1793-XVIII	—	5.00	12.00	20.00	32.00	—
1794-XX	—	5.00	12.00	20.00	32.00	—
1795-XX	—	5.00	12.00	20.00	32.00	—

KM# 172 2 BAIOCCHI
20.0000 g., Copper **Ruler:** Pius VI (Sextus) **Obv:** Papal arms **Obv. Legend:** PIVS • SEXTVS • PON • ... **Rev:** Written value in wreath

Date	Mintage	Good	VG	F	VF	XF
1789-XV	—	10.00	17.50	28.00	40.00	—
1790-XV	—	10.00	17.50	28.00	40.00	—

KM# 175 2 BAIOCCHI
20.0000 g., Copper **Ruler:** Pius VI (Sextus) **Obv:** Papal arms **Obv. Legend:** PIVS • SEXTVS • PON • ... **Rev:** Written value within wreath

Date	Mintage	Good	VG	F	VF	XF
1790-XVI	—	10.00	17.50	28.00	40.00	—
1791-XVI	—	10.00	17.50	28.00	40.00	—
1795-XXI	—	10.00	17.50	28.00	40.00	—
1796-XXI	—	10.00	17.50	28.00	40.00	—

EMERGENCY COINAGE

KM# 176 2-1/2 BAIOCCHI
25.2000 g., Copper **Ruler:** Pius VI (Sextus) **Obv:** Written value, date below stars **Rev:** St. Peter bust left **Rev. Legend:** S P APOSTOLORUM PRINCEPS

Date	Mintage	Good	VG	F	VF	XF
1796	—	5.00	12.00	20.00	35.00	—

KM# 177 2-1/2 BAIOCCHI
25.2000 g., Copper **Ruler:** Pius VI (Sextus) **Obv:** Written value, date below stars **Rev:** St. Peter's bust left

Date	Mintage	Good	VG	F	VF	XF
1796	—	20.00	35.00	60.00	125	—

KM# 178 5 BAIOCCHI
40.0000 g., Copper **Ruler:** Pius VI (Sextus) **Obv:** Written value below star within circle, legend around, with date below **Obv. Legend:** PIVS PAPA SEXTVS ... **Rev:** Madonna **Rev. Legend:** SANCTA DEI GENITRIX

Date	Mintage	Good	VG	F	VF	XF
1797-XXIII	—	10.00	17.50	35.00	50.00	—

PAPAL STATES-MACERATA

A city in the Marches, was, except for a period of French occupation during the Napoleonic era, a faithful papal subject from the 13th century until the dismembering of the papal states.

NOTE: For later issues see Roman Republic-Macerata.

CITY

EMERGENCY COINAGE

KM# 1 5 BAIOCCHI
40.0000 g., Copper **Obv:** Written value below star within circle **Rev:** Madonna **Rev. Legend:** SANCTA DEI GENITRIX

Date	Mintage	Good	VG	F	VF	XF
1797//XXIII	—	65.00	85.00	150	250	—
1798//XXIII	—	65.00	85.00	150	250	—

KM# 2 60 BAIOCCHI
Billon **Obv:** Papal oval arms **Obv. Legend:** PIVS SEXTVS PONT... **Rev:** Written value, date below stars within circle and wreath

Date	Mintage	Good	VG	F	VF	XF
1799//XXV	—	100	200	300	475	—

PAPAL STATES-MATELICA

A city and papal possession in Macerata.

CITY

EMERGENCY COINAGE

KM# 1 QUATTRINO
3.1000 g., Copper **Obv:** Papal arms **Obv. Legend:** PIVS SEX P M A XXIII **Rev:** Written value within circle **Note:** Varieties exist with PIVS SEXT PM A XXIII and PIVS SEX P M A XIII on obverse.

Date	Mintage	Good	VG	F	VF	XF
1797//XXIII	—	90.00	125	175	350	—
1798//XXIII	—	90.00	125	175	350	—

KM# 2 1/2 BAIOCCO
5.2000 g., Copper **Obv:** Papal arms **Obv. Legend:** PIVS SEXT P M A XXIII **Rev:** Written value below star within circle

Date	Mintage	Good	VG	F	VF	XF
1797//XXIII	—	100	150	195	375	—
1798//XXIII	—	100	150	195	375	—

KM# 3 2-1/2 BAIOCCHI
20.2500 g., Copper **Obv:** Written value, date below stars within circle **Rev:** St. Peter bust, left **Rev. Legend:** S P APOSTOLORUM PRINC

Date	Mintage	Good	VG	F	VF	XF
1797//XXIII	—	100	150	200	375	—

KM# 4 5 BAIOCCHI
40.0000 g., Copper **Obv:** Written value below star within circle, legend around with date below **Obv. Legend:** PIVS PAPA SEXTVS ANNO XXIII **Rev:** Madonna **Rev. Legend:** SANCTA DEI GENITRIX

Date	Mintage	Good	VG	F	VF	XF
1797//XXIII TM	—	100	150	200	375	—

PAPAL STATES-MONTALTO

A city and papal possession in the province of Ascoli, Marches.

CITY

EMERGENCY COINAGE

KM# 1.1 2-1/2 BAIOCCHI
20.2500 g., Copper **Rev:** St. Peter **Rev. Legend:** S P APOSTOLORUM PRINCEPS

Date	Mintage	Good	VG	F	VF	XF
1797	—	60.00	95.00	135	250	—

KM# 1.2 2-1/2 BAIOCCHI
20.2500 g., Copper **Obv:** Written value, date, city name below stars within circle **Rev:** St. Peter's bust left **Rev. Legend:** S P APOSTOLOR PRINCEPS

Date	Mintage	Good	VG	F	VF	XF
1797	—	50.00	95.00	135	250	—

KM# 1.3 2-1/2 BAIOCCHI
20.2500 g., Copper **Rev. Legend:** S P APOOLORU PRINCEPS

Date	Mintage	Good	VG	F	VF	XF
1797	—	50.00	95.00	135	250	—

KM# 1.4 2-1/2 BAIOCCHI
20.2500 g., Copper **Rev. Legend:** S P APOOLORU PRINCEPS P

Date	Mintage	Good	VG	F	VF	XF
1797	—	50.00	95.00	135	250	—

KM# 2 5 BAIOCCHI
40.0000 g., Copper **Obv:** Written value, city name **Rev:** Madonna **Rev. Legend:** SANCTA DEI GENITRIX

Date	Mintage	Good	VG	F	VF	XF
1797//XXIII	—	60.00	95.00	135	250	—

PAPAL STATES-PERGOLA

A city and papal possession in the province of Pesaro, Urbino.

NOTE: For later issues see Roman Republic-Pergola.

CITY

EMERGENCY COINAGE

KM# 1 1/2 BAIOCCO
5.2000 g., Copper **Obv:** Value, PERGOLA 1797 **Rev:** Papal arms **Rev. Legend:** PIVS SEXT P M A XXIII

Date	Mintage	Good	VG	F	VF	XF
1797//XXIII	—	60.00	100	200	350	—

KM# 2 2-1/2 BAIOCCHI
20.2500 g., Copper **Obv:** Written value, city name, date below stars **Rev:** St. Peter's bust left **Rev. Legend:** S P APOSTOLORUM PRINCEPS

Date	Mintage	Good	VG	F	VF	XF
1796	—	50.00	75.00	100	175	—
1797	—	50.00	75.00	100	175	—

KM# 3 5 BAIOCCHI
40.0000 g., Copper **Obv:** Written value, city name below star within circle, legend around **Rev:** Madonna **Rev. Legend:** SANCTA DEI GENITRIX

Date	Mintage	Good	VG	F	VF	XF
1797//XXIII TM	—	75.00	150	200	300	—

PAPAL STATES-PERUGIA

A city in Umbria, passed under the popes in the 9th century but continued to maintain an independent existence until occupied by the French in 1797. It was seized by Austria in 1849 and annexed to Piedmont in1860.

NOTE: For later issues see Roman Republic-Perugia.

CITY

EMERGENCY COINAGE

KM# 4 1/2 BAIOCCO
5.2000 g., Copper **Obv:** Papal arms **Obv. Legend:** PIVS SEXTVS P M A XXIII **Rev:** Written value, date within circle

Date	Mintage	Good	VG	F	VF	XF
1797 XXIII	—	15.00	25.00	45.00	75.00	—

KM# 1 BAIOCCO
10.6000 g., Copper **Obv:** Papal arms **Obv. Legend:** PIVS SEXTVS POM M A XXI **Rev:** Written value, date within circle, legend around **Rev. Legend:** PERVSIA AVGVSTA

Date	Mintage	Good	VG	F	VF	XF
1795 XXI	—	15.00	25.00	45.00	75.00	—

KM# 5 BAIOCCO
10.6000 g., Copper **Obv:** Papal arms **Obv. Legend:** PIVS SEXTVS P M A XXIII **Rev:** Written value, date

Date	Mintage	Good	VG	F	VF	XF
1797 XXIII	—	15.00	25.00	40.00	70.00	—

KM# 2 2 BAIOCCHI
20.0000 g., Copper **Obv:** Papal arms **Obv. Legend:** PIVS • SEXTVS PON • M • A • XXI **Rev:** Written value, date within circle, legend around **Rev. Legend:** ...AVGVSTA

Date	Mintage	Good	VG	F	VF	XF
1795 XXI	—	20.00	40.00	65.00	90.00	—
1799 XXI	—	20.00	40.00	65.00	90.00	—

KM# 6 2 BAIOCCHI
20.0000 g., Copper **Obv:** Papal arms within circle **Obv. Legend:** PIVS • SEXTVS • PO • N • M • A • X • XIII **Rev:** Written value, city name, •P• within circle

Date	Mintage	Good	VG	F	VF	XF
ND(1797) XXIII	—	15.00	25.00	40.00	70.00	—
1798 XXIII	—	15.00	25.00	40.00	70.00	—

KM# 3 2-1/2 BAIOCCHI
25.2000 g., Copper **Obv:** Written value, city name, date below stars within circle **Rev:** St. Peter's bust, left **Rev. Legend:** S P APOSTOLORUM PRINCEPS

Date	Mintage	Good	VG	F	VF	XF
1796	—	15.00	25.00	40.00	70.00	—
1797	—	15.00	25.00	40.00	70.00	—

KM# 7 4 BAIOCCHI
Billon **Obv:** Legend around PERV/GIA, date **Obv. Legend:** PIVS • SEXTVS • P • M • A • X • XIII **Rev:** Written value

Date	Mintage	Good	VG	F	VF	XF
1797 XXIII	—	30.00	55.00	75.00	120	—

KM# 8 5 BAIOCCHI
40.0000 g., Copper **Obv:** Written value in circle, legend around with date below **Rev:** Madonna **Rev. Legend:** SANCTA DEI GENITRIX **Note:** Varieties exist with error in reverse legend as GENETRIX and/or obverse as PAPA PIVS instead of PIVS.

Date	Mintage	Good	VG	F	VF	XF
1797 XXIII	—	10.00	15.00	40.00	70.00	—
1798 XXIII	—	10.00	15.00	40.00	70.00	—

KM# 9 6 BAIOCCHI
Billon **Obv:** Legend around PERV/GIA, date **Obv. Legend:** PIVS • SEXTVS • P • M • A • X • XIII **Rev:** Written value within circle

Date	Mintage	Good	VG	F	VF	XF
1797 XXIII	—	30.00	55.00	75.00	125	—

KM# 10 8 BAIOCCHI
Billon **Obv:** Legend around PERV/GIA/1797 within circle **Obv. Legend:** PIVS • SEXTVS • P • M • ANNO • XXII * **Rev:** Written value within circle

Date	Mintage	Good	VG	F	VF	XF
1797 XXIII	—	25.00	50.00	75.00	125	—

PAPAL STATES-RAVENNA

A city located in northern Italy near the Adriatic Sea. It was founded over 2000 years ago and was used as a capitol by both Roman and Byzantine emperors. Ravenna was a part of the Papal States from 1509-1860 and is world renowned for its architecture from the 5th to 8th centuries.

CITY

STANDARD COINAGE

KM# 5 QUATTRINO
2.1000 g., Copper **Subject:** Benedict XIV **Obv:** Papal arms **Rev:** Small pine cone in sprigs above date **Rev. Legend:** ANTIQUE CIV RAVENNE

Date	Mintage	VG	F	VF	XF	Unc
1744	—	15.00	22.00	38.00	75.00	—

KM# 6 QUATTRINO
2.1000 g., Copper **Obv:** Papal arms **Rev:** Inscription in cartouche **Rev. Inscription:** 1745/RAVEN/NA

Date	Mintage	VG	F	VF	XF	Unc
1745	—	15.00	20.00	35.00	65.00	—

KM# 8 QUATTRINO
2.1000 g., Copper **Obv:** Papal arms **Rev:** Inscription in squarish cartouche **Rev. Inscription:** 1746/RAVEN/NA

Date	Mintage	VG	F	VF	XF	Unc
1746	—	15.00	20.00	35.00	65.00	—

KM# 10 QUATTRINO
2.1000 g., Copper **Subject:** Holy Year issue **Obv:** Papal arms in sprigs **Rev:** Open Holy Door divides date

Date	Mintage	VG	F	VF	XF	Unc
1750	—	25.00	38.00	60.00	85.00	—

KM# 12 QUATTRINO
2.1000 g., Copper 0 **Obv:** Papal arms in sprigs

Date	Mintage	VG	F	VF	XF	Unc
ND	—	25.00	45.00	65.00	100	—

KM# 13 QUATTRINO
2.1000 g., Copper **Obv:** Papal arms in sprigs **Rev:** St. Apollinaris

Date	Mintage	VG	F	VF	XF	Unc
ND	—	15.00	20.00	35.00	65.00	—

KM# 14 QUATTRINO
2.1000 g., Copper **Obv:** Papal arms **Rev:** Value: VN/QVATTR/INO in cartouche

Date	Mintage	VG	F	VF	XF	Unc
ND	—	17.50	25.00	38.00	75.00	—

KM# 15 QUATTRINO
2.1000 g., Copper **Obv:** Papal arms **Rev:** Cluster of flower sprigs

Date	Mintage	VG	F	VF	XF	Unc
ND	—	15.00	20.00	35.00	65.00	—

KM# 16 QUATTRINO
2.1000 g., Copper **Obv:** Papal oval arms **Obv. Legend:** BEN • XIV • ... **Rev:** Mantled shield with rampant lions

Date	Mintage	VG	F	VF	XF	Unc
ND	—	35.00	50.00	75.00	125	—

KM# 7 1/2 BAIOCCO
5.0000 g., Copper **Subject:** Benedict XIV **Obv:** Papal arms **Obv. Legend:** BEN • XIV • PM • **Rev:** Written value, city name, date in cartouche

Date	Mintage	VG	F	VF	XF	Unc
1745	—	10.00	20.00	35.00	60.00	—

KM# 11 1/2 BAIOCCO
5.0000 g., Copper **Subject:** Holy Year issue **Obv:** Papal arms in sprigs **Rev:** Holy door, radiant cap within, flanked by cornucopias

Date	Mintage	VG	F	VF	XF	Unc
1750	—	25.00	60.00	80.00	100	—

KM# 17 1/2 BAIOCCO
5.0000 g., Copper **Obv:** Papal arms in sprigs **Rev:** Written value, small rampant lion below within ornate shield

Date	Mintage	VG	F	VF	XF	Unc
ND	—	10.00	20.00	35.00	60.00	—

KM# 18 1/2 BAIOCCO
5.0000 g., Copper **Obv:** Papal arms in sprigs **Rev:** Written value within wreath

Date	Mintage	VG	F	VF	XF	Unc
ND	—	10.00	20.00	35.00	60.00	—

KM# 19 1/2 BAIOCCO
5.0000 g., Copper **Obv:** Papal arms within sprigs **Rev:** Written value, small rampant lion within designed wreath

Date	Mintage	VG	F	VF	XF	Unc
ND	—	10.00	20.00	35.00	60.00	—

KM# 9 BAIOCCO
10.6000 g., Copper **Subject:** Benedict XIV **Obv:** Papal arms **Obv. Legend:** BENED : XIV • P • M • **Rev:** Written value, date in cartouche

Date	Mintage	VG	F	VF	XF	Unc
1747	—	12.50	28.00	40.00	75.00	—

KM# 20 BAIOCCO
10.6000 g., Copper **Obv:** Papal arms in sprigs **Obv. Legend:** BENE • XIV • P • M • **Rev:** Written value in cartouche

Date	Mintage	VG	F	VF	XF	Unc
ND	—	12.50	28.00	40.00	75.00	—

KM# 21 BAIOCCO
10.6000 g., Copper **Obv:** Papal arms in sprigs **Obv. Legend:** BENE .... **Rev:** Written value within designed wreath

Date	Mintage	VG	F	VF	XF	Unc
ND	—	12.50	28.00	40.00	75.00	—

KM# 1 GROSSO
1.3600 g., 0.9170 Silver 0.0401 oz. ASW **Subject:** Clement XII **Obv:** Papal arms **Rev:** DAT/IN/PRE/TIVM on cartouche

Date	Mintage	VG	F	VF	XF	Unc
ND	—	—	—	—	—	—

KM# 2 GIULIO
2.6900 g., 0.9170 Silver 0.0793 oz. ASW **Subject:** Clement XII **Obv:** Papal arms **Rev:** DAT • IN/PRETIVM on cartouche

Date	Mintage	VG	F	VF	XF	Unc
VII (1736)	—	35.00	70.00	125	220	—

KM# 3 GIULIO
2.6900 g., Silver **Obv:** Papal arms **Rev:** ESVRIEN/TES/IMPLEBO on cartouche

Date	Mintage	VG	F	VF	XF	Unc
VIII (1737)	—	35.00	70.00	125	220	—

PAPAL STATES-RONCIGLIONE

A town and papal possession in Latium.

MINT OFFICIAL'S INITIALS

Date	Initials	Name
1799	CAG	Carlo Alberto Garofolini

TOWN

STANDARD COINAGE

KM# 2 3 BAIOCCHI
30.2000 g., Copper **Obv:** Written value within circle **Obv. Inscription:** BRIOCCHI/TRE/RANCIGLIONTE/1799 **Rev:** Madonna **Rev. Legend:** FEDELTA E/RELIGIONE

Date	Mintage	Good	VG	F	VF	XF
1799 CAG	—	25.00	50.00	175	350	700

Note: Varieties exist

KM# 3 3 BAIOCCHI
30.2000 g., Copper **Obv:** Written value, city name, date within circle

Date	Mintage	Good	VG	F	VF	XF
1799 CAG	—	30.00	55.00	110	185	—

KM# 4 3 BAIOCCHI
30.2000 g., Copper **Obv:** Written value, city name, date within circle

Date	Mintage	Good	VG	F	VF	XF
1799 CAG	—	30.00	55.00	110	185	—

KM# 5 3 BAIOCCHI
30.2000 g., Copper **Obv:** Written value, city name, retrograde date within circle **Rev:** Madonna **Rev. Legend:** ....RELIGIONE

Date	Mintage	Good	VG	F	VF	XF
1799 CAG	—	40.00	65.00	120	200	—

KM# 6 3 BAIOCCHI
30.2000 g., Copper **Obv:** City in flames, legend around **Obv. Legend:** INUENDIO NE RONCIGLIONE ANNE 1799 **Rev:** Madonna **Rev. Legend:** ...RELIGIONE

Date	Mintage	Good	VG	F	VF	XF
1799 Rare	—	—	—	500	1,000	2,000

PAPAL STATES-SAN SEVERINO

A city and papal possession in Macerata.

MINT OFFICIAL'S INITIALS

Initials	Date	Name
TM	1797	Tommaso Mercandetti

CITY

EMERGENCY COINAGE

KM# 1 QUATTRINO
2.1000 g., Copper **Obv:** Papal oval arms **Obv. Legend:** PIVS SEXT P M A XXIII **Rev:** Written value

Date	Mintage	Good	VG	F	VF	XF
(1797)XXIII	—	15.00	25.00	40.00	70.00	—
1798//XXIII	—	15.00	25.00	40.00	70.00	—

KM# 2 1/2 BAIOCCO
5.2000 g., Copper **Obv:** Arms **Obv. Legend:** PICS SEXT PM...

Date	Mintage
ND(1796) XXII	—	10.00	17.50	28.00	40.00	—
ND(1797) XXII	—	10.00	17.50	28.00	40.00	—
1797 XXIII	—	10.00	17.50	28.00	40.00	—
1797 XXIII	—	10.00	17.50	28.00	40.00	—
(1798) XXIII	—	10.00	17.50	28.00	40.00	—

KM# 3 2-1/2 BAIOCCHI
25.2000 g., Copper **Obv:** S SEVERINO below value **Rev:** Large bust of St. Peter **Note:** Varieties also exist with reverse legend as S P APOSTOLOR PRINCEPS and S P APOST PRINC.

Date	Mintage
1796	—	10.00	17.50	28.00	40.00	—
1797	—	10.00	17.50	28.00	40.00	—

KM# 4 2-1/2 BAIOCCHI
25.2000 g., Copper **Obv:** S • SEVERINO above written value, date **Rev:** St. Peter's bust, left **Rev. Legend:** S P APOSTOLORUM PRINCEPS

Date	Mintage	Good	VG	F	VF	XF
1769(sic)	—	25.00	50.00	75.00	125	—

KM# 5 2-1/2 BAIOCCHI
25.2000 g., Copper **Obv:** S • SEVERINO above written value, date **Rev:** Small bust of St. Peter, left **Rev. Legend:** S P APOSTOLORVM PRINCEPS

Date	Mintage	Good	VG	F	VF	XF
1797	—	15.00	25.00	30.00	45.00	—

KM# 6 5 BAIOCCHI
40.0000 g., Copper **Obv:** Written value within circle, legend around with date below **Obv. Legend:** PIVS PAPA SEXTVS... **Rev:** Madonna **Rev. Legend:** SANCTA DEI GENITRIX

Date	Mintage	Good	VG	F	VF	XF
1797//XXIII TM	—	15.00	25.00	40.00	70.00	—

PAPAL STATES-SPOLETO

Spoletvm

A town in Umbria, was bequeathed to Pope Gregory VII by the empress Matilda, but maintained its independence until definitely occupied by Gregory IX in 1213. In 1809 it served as the capital of the French department of Trasimene.

TOWN

STANDARD COINAGE

KM# 1 5 BAIOCCHI
40.0000 g., Copper **Obv:** Legend around value and inscription **Obv. Legend:** PIVS PAPA SEXTVS ANNO XXIII **Obv. Inscription:** SPOLETVM/UMB • CAP **Rev:** Madonna **Rev. Legend:** SANCTA DEI GENITRIX

Date	Mintage	Good	VG	F	VF	XF
1797//XXIII	—	25.00	50.00	85.00	130	—

KM# 2 5 BAIOCCHI
40.0000 g., Copper **Obv:** Value and inscription **Obv. Inscription:** ...SPOLETVM/VMB • CAP

Date	Mintage	Good	VG	F	VF	XF
1797//XXIII	—	25.00	50.00	85.00	130	—

KM# 3 6 BAIOCCHI
40.3000 g., Silver **Obv:** Legend around inscription **Obv. Legend:** PIVS SEXTVS P • M • A • XXIII **Obv. Inscription:** SPOLE/TVM/VMB CAP **Rev:** Written value within circle

Date	Mintage	Good	VG	F	VF	XF
(1797)//XXIII	—	55.00	80.00	100	160	—

KM# 4 6 BAIOCCHI
40.3000 g., Silver **Obv. Legend:** ...P • M • A • XX • III

Date	Mintage	Good	VG	F	VF	XF
(1797)//XXIII	—	55.00	80.00	100	160	—

PAPAL STATES-TERNI

A town in Umbria founded in 672 B.C., during most of the Middle Ages and up until 1860, it was a papal possession.

TOWN

EMERGENCY COINAGE

KM# 1 4 BAIOCCHI
Silver **Obv:** City name, date within circle, legend around **Obv. Legend:** PIVS SEXTVS P M A XXIII **Rev:** Written value

Date	Mintage	Good	VG	F	VF	XF
1797//XXIII	—	50.00	100	175	225	—

KM# 2 5 BAIOCCHI
40.3000 g., Copper **Obv:** Written value, city name within circle, legend around **Obv. Legend:** PIVS PAPA SEXTVS ANNO XXIII **Rev:** Madonna **Rev. Legend:** SANCTA DEI GENITRIX

Date	Mintage	Good	VG	F	VF	XF
1797//XXIII	—	30.00	55.00	90.00	150	—

KM# 3 6 BAIOCCHI
Billon **Obv:** City name, date within circle, legend around **Obv. Legend:** PIVS SEXTVS P.M... **Rev:** Written value within circle

Date	Mintage	Good	VG	F	VF	XF
1797//XXIII	—	50.00	100	125	165	—

KM# 4 8 BAIOCCHI
Billon **Obv:** City name, date within circle, legend around **Obv. Legend:** PIVS SEXTVS P.M... **Rev:** Written value

Date	Mintage	Good	VG	F	VF	XF
1797//XXIII	—	50.00	100	130	175	—

KM# 5 8 BAIOCCHI
Billon **Obv:** Legend begins at bottom

Date	Mintage	Good	VG	F	VF	XF
1797//XXIII	—	50.00	100	125	165	—

PAPAL STATES-TIVOLI

A small town approximately 15 miles (24 km.) north of Rome.

TOWN

EMERGENCY COINAGE

KM# 2 5 BAIOCCHI
40.0000 g., Copper **Obv:** Written value, city name within circle, legend around, date below **Obv. Legend:** PIVS PAPA SEXTVS... **Rev:** Madonna **Rev. Legend:** SANCTA DEI GENITRIX

Date	Mintage	Good	VG	F	VF	XF
1797//XXIII	—	25.00	55.00	85.00	135	—

PAPAL STATES-VITERBO

A city and papal possession in Latium.

CITY

EMERGENCY COINAGE

KM# 1 1/2 BAIOCCO
5.2000 g., Copper **Obv:** Papal arms **Obv. Legend:** PIVS SEXTVS P M A XXIII **Rev:** Written value, date, city name below stars

Date	Mintage	Good	VG	F	VF	XF
1797//XXIII	—	10.00	20.00	35.00	75.00	—

KM# 2 2-1/2 BAIOCCHI
25.2000 g., Copper **Obv:** Written value, city name, date below stars within circle **Rev:** Large bust of St. Peter left **Rev. Legend:** S P APOSTOLORUM PRINCEPS

Date	Mintage	Good	VG	F	VF	XF
1796	—	15.00	25.00	75.00	150	—

KM# 3 2-1/2 BAIOCCHI
17.0000 g., Copper **Obv:** Written value, city name below stars within circle **Rev:** Small bust of St. Peter left **Rev. Legend:** S P APOSTOLORUM PRINC •

Date	Mintage	Good	VG	F	VF	XF
1797	—	15.00	25.00	35.00	95.00	—
1798	—	15.00	25.00	35.00	95.00	—

KM# 4 5 BAIOCCHI
40.0000 g., Copper **Obv:** Written value, city name below stars within circle, legend around, date below **Rev:** Madonna **Rev. Legend:** SANCTA DEI GENITRIX

Date	Mintage	Good	VG	F	VF	XF
1797//XXIII	—	15.00	25.00	40.00	100	—

PARMA

A town in Emilia, which was a papal possession from 1512 to 1545, was seized by France in 1796, and was attached to the Napoleonic Empire in 1808. In 1814, Parma was assigned to Marie Louise, empress of Napoleon I. It was annexed to Sardinia in 1860.

RULERS
Francesco Farnese I, 1694-1727
Filippo di Borbone, 1737-1765
Ferdinando di Borbone, 1765-1802

MONETARY SYSTEM
12 Denari = 2 Sesini = 1 Soldo
20 Soldi = 1 Lira
7 Lire = 1 Ducato

DUCHY

STANDARD COINAGE

C# 3 SESINO
1.2000 g., Copper **Ruler:** Ferdinando di Borbone **Obv:** Crowned shield **Rev:** Written value, town name, date within wreath

Date	Mintage	VG	F	VF	XF	Unc
1784	—	1.00	5.00	9.00	18.00	—
1785	—	1.00	5.00	9.00	18.00	—
1787	—	1.00	5.00	9.00	18.00	—
1788	—	1.00	5.00	9.00	18.00	—
1790	—	1.00	5.00	9.00	18.00	—
1792	—	1.00	5.00	9.00	18.00	—
1793	—	1.00	5.00	9.00	18.00	—
1795	—	1.00	5.00	9.00	18.00	—
1796	—	1.00	5.00	9.00	18.00	—
1797	—	1.00	5.00	9.00	18.00	—
1798	—	1.00	5.00	9.00	18.00	—

C# 4 5 SOLDI
1.0000 g., Billon **Ruler:** Ferdinando di Borbone **Obv:** Crowned shield **Rev:** Madonna

Date	Mintage	VG	F	VF	XF	Unc
1784	—	1.00	5.00	15.00	30.00	—
1785	—	1.00	5.00	15.00	30.00	—

C# 5 5 SOLDI
1.0000 g., Billon **Ruler:** Ferdinando di Borbone **Obv:** Madonna **Rev:** Value **Rev. Legend:** SOLDI V/PAENT/YEAR

Date	Mintage	VG	F	VF	XF	Unc
1792	—	1.00	5.00	10.00	20.00	—
1793	—	1.00	5.00	10.00	20.00	—
1795	—	1.00	5.00	10.00	20.00	—
1796	—	1.00	5.00	10.00	20.00	—
1797	—	1.00	5.00	10.00	20.00	—
1798	—	1.00	5.00	10.00	20.00	—
1799	—	1.00	5.00	10.00	20.00	—

C# 6 10 SOLDI
2.0000 g., Billon **Ruler:** Ferdinando di Borbone **Obv:** Crowned shield **Rev:** St. Thomas **Rev. Legend:** SOLDI X

Date	Mintage	VG	F	VF	XF	Unc
1783	—	4.00	10.00	25.00	50.00	—
1784	—	4.00	10.00	25.00	50.00	—
1785	—	4.00	10.00	25.00	50.00	—
1786	—	2.50	5.00	10.00	25.00	—
1788	—	2.50	5.00	10.00	25.00	—
1789	—	2.50	5.00	10.00	25.00	—
1790	—	4.00	10.00	25.00	50.00	—
1792	—	2.50	5.00	10.00	25.00	—
1793	—	2.50	5.00	10.00	25.00	—
1795	—	2.50	5.00	10.00	25.00	—

C# 7 20 SOLDI
4.0000 g., Billon **Ruler:** Ferdinando di Borbone **Obv:** Crowned, oval shield in sprigs **Rev:** St. Thomas **Rev. Legend:** S • THOMAS • APOST • PAR • ...

Date	Mintage	VG	F	VF	XF	Unc
1783	—	5.00	10.00	20.00	50.00	—
1784	—	5.00	10.00	20.00	50.00	—
1785	—	5.00	10.00	20.00	50.00	—
1786	—	4.00	7.50	15.00	30.00	—
1787	—	4.00	7.50	15.00	30.00	—
1789	—	4.00	7.50	15.00	30.00	—
1790	—	4.00	7.50	15.00	30.00	—
1792	—	4.00	7.50	15.00	30.00	—
1793	—	8.00	20.00	60.00	80.00	—
1794	—	8.00	20.00	50.00	100	—
1795	—	4.00	7.50	15.00	30.00	—

ITALIAN STATES

PARMA

Date	Mintage	VG	F	VF	XF	Unc
1796	—	4.00	7.50	15.00	30.00	—
1797	—	4.00	7.50	15.00	30.00	—

KM# 8 LIRA
3.4100 g., Billon, 26 mm. **Ruler:** Francesco Farnese I **Obv:** Crowned arms **Rev:** St. Thomas with spear **Edge:** Plain

Date	Mintage	VG	F	VF	XF	Unc
1727	—	—	—	—	—	—

C# 8 3 LIRE
3.6720 g., 0.8330 Silver 0.0983 oz. ASW **Ruler:** Ferdinando di Borbone **Obv:** Head right **Rev:** Value

Date	Mintage	VG	F	VF	XF	Unc
1790	—	30.00	40.00	75.00	180	—
1791	—	35.00	50.00	175	300	—
1792	—	35.00	50.00	175	300	—
1793	—	30.00	40.00	75.00	150	—
1795	—	30.00	40.00	75.00	150	—

C# 9 SEI (6) LIRE
7.3440 g., 0.8330 Silver 0.1967 oz. ASW **Ruler:** Ferdinando di Borbone **Obv:** Head right **Obv. Legend:** FERDIN • I • H • I • D • G • PAR • ... **Rev:** Written value, town name, date within wreath

Date	Mintage	VG	F	VF	XF	Unc
1795	—	150	250	400	800	—
1796	—	150	250	400	800	—

C# 2 FILIPPO (150 Soldi)
Silver **Ruler:** Filippo di Borbone **Obv:** Head of Filippo left **Rev:** Crowned arms, date in legend **Note:** Dav. #1478.

Date	Mintage	VG	F	VF	XF	Unc
1751	—	500	1,000	2,000	3,000	—

C# 10 1/14 DUCATO
1.8300 g., 0.9020 Silver 0.0531 oz. ASW **Ruler:** Ferdinando di Borbone **Obv:** Head right **Rev:** Crowned oval arms

Date	Mintage	VG	F	VF	XF	Unc
1784	—	100	200	400	700	—
1786	—	100	200	400	700	—

C# 11.1 1/7 DUCATO
3.6720 g., 0.9020 Silver 0.1065 oz. ASW **Ruler:** Ferdinando di Borbone **Obv:** Head right **Obv. Legend:** FERDINANDVS • I • HISPAN • ... **Rev:** Crowned oval shield in wreath, legend around **Rev. Legend:** D • G • PARMÆ PLAC • ET VAST • DVX

Date	Mintage	VG	F	VF	XF	Unc
1784	—	100	200	400	700	—
1785	—	100	200	400	700	—
1787	—	100	200	400	700	—

C# 11.2 1/7 DUCATO
3.6720 g., 0.9020 Silver 0.1065 oz. ASW **Ruler:** Ferdinando di Borbone **Obv:** Head right **Obv. Legend:** FERDINANDVS • I • HISPAN • INFANS **Rev:** Crowned oval shield **Rev. Legend:** D • G • PARMÆ PLAC • ET VAST • DVX

Date	Mintage	VG	F	VF	XF	Unc
1785	—	100	200	500	800	—

C# 12 1/2 DUCATO
12.8520 g., 0.9020 Silver 0.3727 oz. ASW **Ruler:** Ferdinando di Borbone **Obv:** Head right **Rev:** Crowned arms in order chain

Date	Mintage	VG	F	VF	XF	Unc
1784	—	100	250	500	1,000	—

C# 13 1/2 DUCATO
12.8520 g., 0.9020 Silver 0.3727 oz. ASW **Ruler:** Ferdinando di Borbone **Obv:** Head right **Rev:** Crowned oval arms

Date	Mintage	VG	F	VF	XF	Unc
1786	—	100	250	500	1,000	—
1787	—	100	250	500	1,000	—
1790	—	100	250	500	1,000	—

C# 14 DUCATON
25.7040 g., 0.9020 Silver 0.7454 oz. ASW **Ruler:** Ferdinando di Borbone **Obv:** Head right **Obv. Legend:** FERDINANDVS • I • HISP • INFANS • **Rev:** Crowned arms in order chain **Rev. Legend:** D • G •PARMÆ PLAC VAST • DVX • 1784 **Note:** Dav. #1479.

Date	Mintage	VG	F	VF	XF	Unc
1784	—	120	350	700	1,400	—

C# 15 DUCATON
25.7040 g., 0.9020 Silver 0.7454 oz. ASW **Ruler:** Ferdinando di Borbone **Obv:** Head right **Obv. Legend:** FERDINANDVS I • HISPAN • INFANS **Rev:** Crowned arms in leafy sprigs **Rev. Legend:** D • G • PERMÆ PLAC • ET VAST • DVX 1786 **Note:** Dav. #1480.

Date	Mintage	VG	F	VF	XF	Unc
1786	—	120	350	700	1,100	—
1789	—	120	350	700	1,100	—
1790	—	120	350	700	1,100	—

C# 15a DUCATON
25.7040 g., 0.9020 Silver 0.7454 oz. ASW **Ruler:** Ferdinando di Borbone **Obv:** Head right **Obv. Legend:** FERDINANDVS I • HISPAN • INFANS **Rev:** Oval arms in leafy sprigs **Rev. Legend:** D • G •PARMÆ PLAC • ET VAST • DVX 1786 **Note:** Dav. #1481.

Date	Mintage	VG	F	VF	XF	Unc
1796	—	120	350	700	1,400	—
1797	—	120	350	700	1,400	—
1799	—	120	350	700	1,400	—

C# 16 ZECCHINO
3.5000 g., 0.9000 Gold 0.1013 oz. AGW **Ruler:** Ferdinando di Borbone **Obv:** Head right **Rev:** Crowned arms in order chain

Date	Mintage	VG	F	VF	XF	Unc
1784	—	450	800	2,000	5,500	—

C# 17 1/2 DOPPIA
3.5700 g., 0.8910 Gold 0.1023 oz. AGW **Ruler:** Ferdinando di Borbone **Obv:** Head right **Obv. Legend:** FERDINANDVS I HISPAN INFANS **Rev:** Crowned arms in sprigs **Rev. Legend:** D • G • PARMÆ PLAC • ET VAST • DVX

Date	Mintage	VG	F	VF	XF	Unc
1785	—	360	460	600	1,000	—
1786 S	—	360	460	600	1,000	—
1787 S	—	360	460	600	1,000	—
1788 S	—	360	460	600	1,000	—
1789 S	—	360	460	600	1,000	—
1790 S	—	360	460	600	1,000	—
1791 S	—	360	460	600	1,000	—
1792 S	—	360	460	600	1,000	—
1793 S	—	360	460	600	1,000	—
1797 S	—	360	460	600	1,000	—

C# 18 DOPPIA
7.1410 g., 0.8910 Gold 0.2046 oz. AGW **Ruler:** Ferdinando di Borbone **Obv:** Head right **Obv. Legend:** FERDINANDVS I • HISPANIAR • INFANS **Rev:** Crowned arms in order chain **Rev. Legend:** D • G • PARMÆ.....

Date	Mintage	VG	F	VF	XF	Unc
1784	—	500	650	800	1,250	—

C# 18a DOPPIA
7.1410 g., 0.8910 Gold 0.2046 oz. AGW **Ruler:** Ferdinando di Borbone **Obv:** Head right **Obv. Legend:** FERDINANDVS I • HISPANIAR • INFANS **Rev:** Crowned arms in order chain **Rev. Legend:** D • G • PARMÆ PLAC • ET VAST • DVX

Date	Mintage	VG	F	VF	XF	Unc
1786 S	—	500	650	800	1,250	2,700
1787 S	—	500	650	800	1,250	2,700
1788 S	—	500	650	800	1,250	2,700
1789 S	—	500	650	800	1,250	2,700
1790 S	—	500	650	800	1,250	2,700
1791 S	—	500	650	800	1,250	2,700
1792 S	—	500	650	800	1,250	2,700
1793 S	—	500	650	800	1,250	2,700
1796 S	—	500	650	800	1,250	2,700

C# 19 3 DOPPIE
21.4230 g., 0.8910 Gold 0.6137 oz. AGW **Ruler:** Ferdinando di Borbone **Obv:** Head right **Rev:** Crowned oval arms

Date	Mintage	VG	F	VF	XF	Unc
1786 Rare	—	—	—	—	—	—

C# 20 4 DOPPIE
22.4800 g., 0.8910 Gold 0.6439 oz. AGW **Ruler:** Ferdinando di Borbone **Obv:** Head right **Obv. Legend:** FERDINANDVS I • HISPAN • INFANS **Rev:** Crowned arms in order chain **Rev. Legend:** D • G • PARMÆ ....

Date	Mintage	VG	F	VF	XF	Unc
1784	—	1,200	2,000	3,000	5,500	—

C# 20a 4 DOPPIE
28.5640 g., 0.8910 Gold 0.8182 oz. AGW **Ruler:** Ferdinando di Borbone **Obv:** Head right **Obv. Legend:** FERDINANDVS I • HISPAN • INFANS **Rev:** Crowned arms in order chain **Rev. Inscription:** D • G • PARMÆ PLAC • ET VAST • DVX

Date	Mintage	VG	F	VF	XF	Unc
1787 S	—	1,500	2,000	3,000	6,000	—
1790 S	—	1,500	2,000	3,000	6,000	—
1792 S	—	1,500	2,000	3,000	6,000	—
1796 S	—	1,500	2,000	3,000	6,000	—

C# 21 6 DOPPIE

42.8460 g., 0.8910 Gold 1.2273 oz. AGW **Ruler:** Ferdinando di Borbone **Obv:** Head right **Obv. Legend:** FERDINANDVS I • HISPAN • INFANS **Rev:** Crowned arms in leafy sprigs **Rev. Legend:** D • G • PARMÆ PLAC • ET VAST • DVX

Date	Mintage	VG	F	VF	XF	Unc
1786 S	—	1,750	3,200	7,000	12,000	—

C# 22a 8 DOPPIE

57.1280 g., 0.8910 Gold 1.6364 oz. AGW **Ruler:** Ferdinando di Borbone **Obv:** Head right **Obv. Legend:** FERDINANDVS I • HISPAN • INFANS **Rev:** Crowned arms in leafy sprigs **Rev. Legend:** D • G • PARMÆ PLAC • ET VAST • DVX

Date	Mintage	VG	F	VF	XF	Unc
1786 S Rare	—	2,500	3,500	7,000	14,000	24,000
1789 S Rare	—	2,500	3,500	7,000	14,000	24,000
1791 S Rare	—	2,750	4,500	10,000	20,000	30,000
1792 S Rare	—	2,500	3,500	7,000	14,000	24,000
1796 S Rare	—	2,500	3,500	7,000	14,000	24,000

PIACENZA

Placentia

A town and episcopal see that is located in the northwestern corner of the Italian territorial division of Emilia. It was made a Roman colony in 218 B.C., later becoming an important road center of the Roman Empire. Once a leading member of the Lombard League, it was united with Parma in 1545 to form a hereditary duchy in favor of the son of Pope Paul III. In 1731 it passed to Parma, then to the house of Hapsburg, and finally back to Parma in 1748.

RULERS
Maria Theresa as Duchess of Piacenza, 1740-1744
Carlo Emanuel III of Sardinia as Duke of Piacenza, 1744-1745
Philip of Bourbon as Duke of Parma and Piacenza, 1748-1765
Ferdinando di Borbone, 1765-1802

MONETARY SYSTEM
12 Denari = 2 Sesini = 1 Soldo
20 Soldi = 1 Lira

DUCHY

STANDARD COINAGE

C# 1 SESINO
1.2000 g., Copper **Obv:** Crowned arms **Rev:** Cross, SALUS MUNDI at sides

Date	Mintage	VG	F	VF	XF	Unc
ND	—	15.00	30.00	65.00	150	—

C# 2 SESINO
1.2000 g., Bronze **Obv:** Crown above knot

Date	Mintage	VG	F	VF	XF	Unc
ND	—	7.00	15.00	30.00	70.00	—

C# A3 SESINO
1.2000 g., Bronze **Obv:** C E S R in angles of cross **Rev:** Crown above knot divides value, date at bottom

Date	Mintage	VG	F	VF	XF	Unc
1745	—	7.00	15.00	30.00	70.00	—

C# 3 SESINO
1.2000 g., Copper **Obv:** Crowned 5-field arms **Rev:** Floreated cross, SALUS MUNDI at sides

Date	Mintage	VG	F	VF	XF	Unc
ND	—	7.00	15.00	30.00	70.00	—

C# 3a SESINO
1.2000 g., Copper **Obv:** Crowned 5-field arms **Rev:** Cross, SALUS MUNDI at sides **Note:** Klippe.

Date	Mintage	VG	F	VF	XF	Unc
ND	—	—	—	—	—	—

C# 4 SESINO
1.2000 g., Copper, 16 mm. **Ruler:** Ferdinando di Borbone **Obv:** Crowned arms in legend **Rev:** Legend, date **Rev. Legend:** SESINO DI PIACENZA

Date	Mintage	VG	F	VF	XF	Unc
1783	—	12.00	25.00	50.00	125	—

C# 5 SESINO
1.2000 g., Copper **Ruler:** Ferdinando di Borbone **Obv:** Crowned arms in legend **Rev:** Cross between SALUS and MUNDI

Date	Mintage	VG	F	VF	XF	Unc
1784	—	3.50	7.00	15.00	35.00	—

C# 6.1 5 SOLDI
Billon, 19 mm. **Ruler:** Ferdinando di Borbone **Obv:** Crowned arms with garlands **Rev:** St. Justine **Note:** Weight varies: 1.35-1.55 grams.

Date	Mintage	VG	F	VF	XF	Unc
1784	—	7.00	15.00	30.00	70.00	—

C# 6.2 5 SOLDI
Billon **Ruler:** Ferdinando di Borbone **Rev:** Crowned arms without garlands **Note:** Weight varies: 1.35-1.55 grams.

Date	Mintage	VG	F	VF	XF	Unc
1785	—	7.00	15.00	30.00	70.00	—
1786	—	7.00	15.00	30.00	70.00	—
1787	—	7.00	15.00	30.00	70.00	—
1788	—	7.00	15.00	30.00	70.00	—

C# 6.3 5 SOLDI
1.2000 g., Billon, 17 mm. **Ruler:** Ferdinando di Borbone **Note:** Weight varies: 1.35-1.55 grams. Reduced size.

Date	Mintage	VG	F	VF	XF	Unc
1792	—	4.50	9.00	18.00	40.00	—
1793	—	4.50	9.00	18.00	40.00	—
1794	—	4.50	9.00	18.00	40.00	—
1795	—	4.50	9.00	18.00	40.00	—

C# 7.1 10 SOLDI
Billon **Ruler:** Ferdinando di Borbone **Obv:** Crowned arms **Obv. Legend:** Ends ...PARM • V • DUX **Rev:** St. Anthony on horseback **Note:** Size varies: 21-23 millimeters. Weight varies: 2.00-2.58 grams.

Date	Mintage	VG	F	VF	XF	Unc
1784	—	18.00	35.00	70.00	160	—

C# 7.2 10 SOLDI
Billon **Ruler:** Ferdinando di Borbone **Obv:** Crowned arms **Obv. Legend:** FERD • I • H • I • D • G • PLAC • PAR • V • DVX • 1791 **Rev:** St. Anthony on horseback **Rev. Legend:** S • ANTO • PROT • PLAC **Note:** Size varies: 21-23 millimeters. Weight varies: 2.00-2.58 grams.

Date	Mintage	VG	F	VF	XF	Unc
1785	—	7.50	12.50	22.00	50.00	—
1786	—	7.50	12.50	22.00	50.00	—
1787	—	7.50	12.50	22.00	50.00	—
1788	—	7.50	12.50	22.00	50.00	—
1789	—	7.50	12.50	22.00	50.00	—
1790	—	7.50	12.50	22.00	50.00	—
1791	—	7.50	12.50	22.00	50.00	—
1794	—	7.50	12.50	22.00	50.00	—
1795	—	7.50	12.50	22.00	50.00	—

C# 7.3 10 SOLDI
Billon **Ruler:** Ferdinando di Borbone **Obv. Legend:** Ends ...PAR • D **Rev:** St. Antony on horseback **Note:** Size varies: 21-23 millimeters. Weight varies: 2.00-2.58 grams.

Date	Mintage	VG	F	VF	XF	Unc
1792	—	7.50	12.50	22.00	50.00	—
1793	—	7.50	12.50	22.00	50.00	—

PIEDMONT REPUBLIC

Established by Napoleon in 1798 in the Piedmont area of northwest Italy. It was the mainland possession of the kingdom of Sardinia. The republic was overthrown by Austro-Russian forces in 1799.

REPUBBLICA PIEMONTESE

STANDARD COINAGE

C# 1 QUARTO (1/4) DI SCUDO
8.7900 g., 0.9060 Silver 0.2560 oz. ASW **Obv:** Written value within wreath **Obv. Legend:** LIBERTA • PIEMONTESE • ANNO • VII **Rev:** Standing figure with hand on fasces with liberty cap **Rev. Legend:** LIBERTA • VIRTU • EGUAGLIANZA •

Date	Mintage	Good	VG	F	VF	XF
ANNO VII (1798-	140,000	—	75.00	250	800	2,000

C# 2 MEZZO (1/2) SCUDO
17.5800 g., 0.9060 Silver 0.5121 oz. ASW **Obv:** Written value within wreath **Obv. Legend:** LIBERTA • PIEMONTESE * ANNO VII • EP • I • DELLA • **Rev:** Standing figure with hand on fasces with liberty cap **Rev. Legend:** LIBERTA • VIRTU • EGUAGLIANZA •

Date	Mintage	F	VF	XF	Unc	BU
ANNO VII (1799)	300,000	250	800	2,000	3,500	5,000

C# 2a MEZZO (1/2) SCUDO
17.5800 g., 0.9060 Silver 0.5121 oz. ASW **Obv:** Designer's name, LAVY **Rev:** Standing figure with hand on fasces with liberty cap

Date	Mintage	F	VF	XF	Unc	BU
ANNO VII (1798-	150,000	250	800	2,000	3,500	5,000

NAZIONE PIEMONTESE

STANDARD COINAGE

C# 3 DUE (2) SOLDI
10.6000 g., Bronze **Obv:** Written value within circle, legend around **Obv. Legend:** NAZIONE * PIEMONTESE * **Rev:** Triangle design with liberty cap, A • 9 • below, all within wreath **Rev. Legend:** LIBERTA ....

Date	Mintage	Good	VG	F	VF	XF
A(nno)9 (1800)	—	—	9.00	20.00	50.00	100

REPUBLIC

STANDARD COINAGE

C# 4 5 FRANCS
25.0000 g., 0.9000 Silver 0.7234 oz. ASW **Obv:** Standing figures with Liberty cap on pole **Obv. Legend:** GAULE SUBALPINE **Rev:** Value within wreath **Rev. Legend:** LIBERTE' EGALITE...

Date	Mintage	VG	F	VF	XF	Unc
L'AN 9 (1800)	19,000	150	275	450	650	1,000

C# 5 20 FRANCS
6.4500 g., 0.9000 Gold 0.1866 oz. AGW **Obv:** Laureate bust left **Obv. Legend:** L'ITALIE DELIVREE... **Rev:** Value within wreath **Rev. Legend:** LIBERTE' EGALITE...

Date	Mintage	Good	VG	F	VF	XF
L'AN 9 (1800)	2,820	400	800	1,400	2,200	—

PISA

A city located on the Arno River in western Tuscany on the Tyrrhenian Sea, site of the famous leaning tower and mint. Rebelled against Florentine rule 1494-1509 and was under the Medici lineage of the Tuscan Grand Dukes, except for the French occupation between 1807-14. It joined the Kingdom of Italy in 1860.

GRAND DUKES
Cosimo III de'Medici, 1670-1723
Gian Gastone, 1723-1737
Francesco I Lorraine, 1737-1765

MINT NAME
Pisa

CITY

STANDARD COINAGE

KM# 35 2 QUATTRINI (1 Duetto)
Copper **Ruler:** Fian Gastone **Obv:** Medici arms **Obv. Legend:** QVAT TRIN. II. **Rev:** Pisan cross, date **Note:** Weight varies: 1.06-1.40 grams.

Date	Mintage	VG	F	VF	XF	Unc
1731	—	12.00	22.00	45.00	80.00	—
1737	—	12.00	22.00	45.00	80.00	—

KM# 36 3 QUATTRINI (1 Soldo)
Billon **Ruler:** Fian Gastone **Obv:** Medici arms **Obv. Legend:** QVAT TRINI. III **Rev:** Pisan cross **Note:** Weight varies: 1.14-1.18 grams.

Date	Mintage	VG	F	VF	XF	Unc
1705	—	15.00	25.00	50.00	90.00	—
1710	—	15.00	25.00	50.00	90.00	—
1717	—	15.00	25.00	50.00	90.00	—
1718	—	15.00	25.00	50.00	90.00	—
1719	—	15.00	25.00	50.00	90.00	—
1720	—	15.00	25.00	50.00	90.00	—
1726	—	15.00	25.00	50.00	90.00	—
1727	—	15.00	25.00	50.00	90.00	—
1736	—	15.00	25.00	50.00	90.00	—

KM# 40 1/2 GIULIO (Grosso)
Silver **Ruler:** Cosimo III de'Medici **Obv:** Pisan cross **Obv. Legend:** ASPICE.PIS AS **Rev:** Bust of Madonna right **Note:** Weight varies: 1.20-1.39 grams.

Date	Mintage	VG	F	VF	XF	Unc
1714	—	20.00	35.00	60.00	100	—
1715	—	20.00	35.00	60.00	100	—
1717	—	20.00	35.00	60.00	100	—
1718	—	20.00	35.00	60.00	100	—
1719	—	20.00	35.00	60.00	100	—
1721	—	20.00	35.00	60.00	100	—
1722	—	20.00	35.00	60.00	100	—
1727	—	20.00	35.00	60.00	100	—
1735	—	20.00	35.00	60.00	100	—
1736	—	20.00	35.00	60.00	100	—
1737	—	20.00	35.00	60.00	100	—

KM# 45 1/2 GIULIO (Grosso)
Silver **Ruler:** Francesco I Lorraine **Note:** Weight varies: 1.20-1.39 grams.

Date	Mintage	VG	F	VF	XF	Unc
1738	—	20.00	35.00	60.00	100	—

PORCIA

RULER
Hannibal Alfonso Emanuel

PRINCIPALITY

STANDARD COINAGE

FR# 976 ZECCHINO
3.5000 g., 0.9860 Gold 0.1109 oz. AGW **Ruler:** Hannibal Alfonso Emanuel **Obv:** Bust of Hannibal right **Rev:** Arms in inner circle

Date	Mintage	Good	VG	F	VF	XF
1704 Rare	—	—	—	—	—	—

REGGIO EMILA

City, Duchy

The ancient city of Rhegium Lepidi, Reggio is situated halfway between Parma and Modena in Emilia. It was ruled by the Este family, dukes of Modena, from the 13th century. The dukes had coinage struck for Reggio until the death of Alfonso II in 1597, after which coins of Modena were utilized.

Arms:
cross (city)

Reference:
Alberto Varesi, *Monete Italiane Regionali: Emilia*, Pavia

RETEGNO

Trivulzio

A commune in the province of Milan, it was made a barony in 1654 by Ferdinand II. The mint right was given to Cardinal Gian Giacomo Teodoro Trivulzio. The family held the county of Misox in Switzerland.

RULERS
Antonio Gaetano Trivulzio-Gallio, 1679-1705
Antonio Tolomeo Trivulzio-Gallio, 1707-1767

BARONY

STANDARD COINAGE

KM# 35 1/2 TALLERO
14.6000 g., Silver **Ruler:** Antonio Tolomeo Trivulzio-Gallio **Obv:** Bust right **Obv. Legend:** ANT PTOLOM : TRIVULTIUS **Rev:** Crowned, mantled oval arms **Rev. Legend:** S • R • I • PRINC & BARO • RETENY • IMP •

Date	Mintage	Good	VG	F	VF	XF
1726	—	200	350	600	1,000	—

KM# 36 TALLERO
Silver **Ruler:** Antonio Tolomeo Trivulzio-Gallio **Obv:** Bust right **Obv. Legend:** ANT PTOLOM : TRIVULTIUS **Rev:** Crowned, mantled oval arms **Rev. Legend:** S • R • I • PRINC & BARO • RETENY • IMP • **Note:** Dav. #1482. Weight varies: 29.02-29.20 grams.

Date	Mintage	Good	VG	F	VF	XF
1726	—	350	650	1,200	2,000	—

KM# 34 DUCAT
3.5000 g., 0.9860 Gold 0.1109 oz. AGW **Ruler:** Antonio Tolomeo Trivulzio-Gallio **Obv:** Bust right **Obv. Legend:** ANT • PTOLO : TRIVULTIUS • **Rev:** Crowned, mantled oval arms, date in legend **Rev. Legend:** S • R • I • PRIN & BARO • RETENY • IMP •

Date	Mintage	Good	VG	F	VF	XF
1724	—	800	1,500	4,000	8,000	—
1726	—	800	1,500	4,000	8,000	—

ROMAN REPUBLIC

Repubblica Romana

A short-lived Republican movement fostered by the French Revolution, submerged the Papal States in 1798-99. They reappeared in 1814, and except for the Republican movement of 1848-49, maintained their authority until 1860.

MINT MARKS
B - Bologna
R - Rome

FIRST REPUBLIC
1798-1799

STANDARD COINAGE

KM# 1a 1/2 BAIOCCO
Copper **Obv:** Fasces with liberty cap **Obv. Legend:** ROMANA REPVBBLICA **Rev:** Written value within wreath **Note:** Weights 3.500 - 6.500g

Date	Mintage	Good	VG	F	VF	XF
ND (1798)	—	4.00	12.50	25.00	60.00	—

KM# 1 1/2 BAIOCCO
Copper **Obv:** Fasces with liberty cap **Obv. Legend:** ROMANA REPVBLICA **Rev:** Written value within wreath **Note:** Weights 3.500-6.500g

Date	Mintage	Good	VG	F	VF	XF
ND (1798)	—	4.00	12.50	25.00	60.00	—

Note: 4 varieties exist

ROMAN REPUBLIC

KM# 2 BAIOCCO
12.6000 g., Copper **Obv:** Liberty cap on pole flanked by 2 fasces **Obv. Legend:** ROMANA REPVBBLICA **Rev:** Written value within square

Date	Mintage	Good	VG	F	VF	XF
(1798)-Anne VI	—	25.00	50.00	100	500	1,000

KM# 3 BAIOCCO
Copper **Obv:** Fasces within legend **Obv. Legend:** REPUBLICA ROMANA **Rev:** Value within wreath **Note:** Weights 7.000 - 8.500

Date	Mintage	Good	VG	F	VF	XF
ND (1799)	—	4.00	12.50	50.00	250	—

KM# 7.1 2 BAIOCCHI
Copper Weight 13-28 **Obv:** Fasces with liberty cap **Obv. Legend:** ROMANA REPUBLICA **Rev:** Written value within wreath

Date	Mintage	Good	VG	F	VF	XF
ND(1799)	—	6.50	12.50	135	170	—
ND(1799) G • H	—	6.50	12.50	135	170	—
ND(1799) G • H•	—	6.50	12.50	135	170	—
ND(1799) HT	—	6.50	12.50	135	170	—

Note: 16 varieties exist including KM#1.2, KM#1.3, KM#1.4, and KM#1.5

KM# 8.2 2 BAIOCCHI
Copper **Obv:** Legend around fasces **Obv. Legend:** REPVBBLICA ROMANA

Date	Mintage	Good	VG	F	VF	XF
ND(1799) TM	—	12.50	25.00	50.00	100	200

KM# 9 5 BAIOCCHI
Copper Weight 16-21g **Obv:** Written value **Rev:** Madonna **Rev. Legend:** SANCTA DEI GENITRIX

Date	Mintage	Good	VG	F	VF	XF
ND(1799) Star	—	—	25.00	100	300	800
ND(1799) 3 stars	—	—	25.00	100	300	800
ND(1799) Rosette	—	—	25.00	100	300	800
ND(1799) 3 rosettes	—	—	25.00	100	300	800
1799 TM; 3 rosettes	—	—	25.00	100	300	800

KM# 4 2 BAIOCCHI
Copper Weight 12.5 - 18.0 **Obv:** Fasces with liberty cap **Obv. Legend:** ROMAN REPVBLICA **Rev:** Written value, date

Date	Mintage	Good	VG	F	VF	XF
1798 Rare	—	—	500	3,000	8,000	12,000
1798 Star	—	—	50.00	300	800	2,000

KM# 7.2 2 BAIOCCHI
Copper **Obv:** Fasces with liberty cap **Obv. Legend:** ROMANA REPUBLICA **Rev:** Written value, •R• below within wreath

Date	Mintage	Good	VG	F	VF	XF
ND(1799)R	—	6.50	12.50	25.00	45.00	—
ND(1799) • R •	—	6.50	12.50	25.00	45.00	—

KM# 5 2 BAIOCCHI
Copper Weight 12.5-19 **Obv:** Crowned eagle on fasces within thin wreath **Obv. Legend:** ROMANA REPVBBLICA **Rev:** Written value within fasces's in form of triangle

Date	Mintage	Good	VG	F	VF	XF
(1798)-Sesto (6) TM	—	300	600	1,500	3,000	—

KM# 7.3 2 BAIOCCHI
Copper **Obv:** Fasces with liberty cap **Obv. Legend:** ROMANA REPVBLICA **Rev:** Written value within wreath

Date	Mintage	Good	VG	F	VF	XF
ND(1799)	—	6.50	12.50	50.00	100	200
ND(1799) TM	—	6.50	12.50	50.00	100	200

KM# 7.4 2 BAIOCCHI
Copper

Date	Mintage	Good	VG	F	VF	XF
ND(1799) • R •	—	6.50	12.50	25.00	45.00	—

KM# 6 2 BAIOCCHI
Copper Weight 14-18 **Obv:** Fasces in center of crossed flags **Obv. Legend:** ROMANA REPVBBLICA **Rev:** Written value within triangle, flanked by sprigs

Date	Mintage	Good	VG	F	VF	XF
(1798)-Sesto (6)	—	30.00	125	500	1,300	1,800

KM# 5a 2 BAIOCCHI
Bronze Weight 13-17 **Obv:** Fases without axe

Date	Mintage	Good	VG	F	VF	XF
ND(1798) (1798) TM Rare	—	—	—	600	1,200	—

KM# 7.5 2 BAIOCCHI
Copper **Obv:** Fasces with liberty cap **Obv. Legend:** ROMANA REPVBBLICA **Rev:** Written value within wreath

Date	Mintage	Good	VG	F	VF	XF
ND(1799)	—	6.50	12.50	25.00	45.00	—
ND(1799) Rosette	—	6.50	12.50	25.00	45.00	—
ND(1799) TM	—	6.50	12.50	25.00	45.00	—

KM# 8.1 2 BAIOCCHI
Copper Weights 17-20 **Obv:** Legend around fasces **Obv. Legend:** REPVBLICA ROMANA **Rev:** Value: DVE/BAIOCCHI/ROMANI in wreath

Date	Mintage	Good	VG	F	VF	XF
ND(1799)	—	12.50	25.00	50.00	100	200

KM# 11 SCUDO
26.7600 g., 0.9170 Silver 0.7889 oz. ASW **Obv:** Standing figure with fasces and liberty cap on pole **Obv. Legend:** ROMANA REPVBLICA **Rev:** Written value within wreath **Note:** Dav. #1486.

Date	Mintage	Good	VG	F	VF	XF
ND(1799)	—	—	—	500	1,000	2,000

MEDALLIC COINAGE

NEAPOLITAN OCCUPATION 1800

STANDARD COINAGE

KM# 30 1/2 SCUDO
13.2500 g., 0.9170 Silver 0.3906 oz. ASW **Ruler:** Ferdinand IV **Subject:** Ferdinand IV of Naples **Obv:** Inscription within wreath **Obv. Inscription:** FERDINAND.... **Rev:** Radiant Church standing **Rev. Legend:** RELIGIONIS DEFENSORI *

Date	Mintage	VG	F	VF	XF	Unc
1800R Rare	—	—	—	—	—	—

ROMAN REPUBLIC - ANCONA

Anconna

A city in the Marches, was founded by Syracusan refugees about 390 B.C. It became a semi-independent republic under papal protection in the 14th century, and a papal state in 1532. From 1797 until the formation of the United Kingdom of Italy it was part of the Roman Republic (1798-99), a papal state (1799-1808), part of the Italian Kingdom of Napoleon (1808-14), a papal state (1814-48), a part of the Roman Republic (1848-49), and a papal state(1849-60).

NOTE: For earlier issues see Papal States - Ancona

MINT MARK
A – Ancona

MINT OFFICIALS' INITIALS

Initials	Year	Name
AP	1798	Andronico Perpenti
TM	1799	Tommaso Mercandetti

FIRST REPUBLIC 1798-1799

SIEGE COINAGE 1799

Restruck Papal types during the siege of Ancona

Legend: ROMANA REPVBBLICA **Rev:** Written value within leafy wreath

Date	Mintage	Good	VG	F	VF	XF
ND A/P	—	15.00	35.00	100	300	—
ND A./P.	—	15.00	35.00	100	300	—
ND TM	—	15.00	35.00	100	300	—

KM# 7 2 BAIOCCHI
Copper Weight 12-21g **Obv:** Fasces with liberty cap **Rev:** Written value

Date	Mintage	Good	VG	F	VF	XF
ND	—	—	100	300	800	1,600

Note: 6 varieties exist

ROMAN REPUBLIC-ASCOLI

NOTE: For earlier issues see Papal States - Ascoli.

FIRST REPUBLIC 1798-1799

STANDARD COINAGE

KM# 6 QUATTRINO
8.1000 g., Copper **Obv:** Fasces divides R R **Rev:** ASCO/LI within wreath

Date	Mintage	VG	F	VF	XF	Unc
ND Rare	—	—	—	—	—	—

KM# 7 1/2 BAIOCCO
4.8000 g., Copper **Obv:** Fasces with liberty cap divides initials **Rev:** Written value below star

Date	Mintage	VG	F	VF	XF	Unc
ND Rare	—	—	—	—	—	—

KM# 32 SCUDO
26.2500 g., 0.9170 Silver 0.7739 oz. ASW **Ruler:** Ferdinand IV **Obv:** 3 Fleur-de-lis above inscription within wreath **Obv. Inscription:** FERDINANDUS IV UTB • SLC • REX **Rev:** Holy Mother Church seated on cloud **Rev. Legend:** AUXILIUM DE SANCTO 1800 **Note:** Cross-reference number Dav. #1488.

Date	Mintage	VG	F	VF	XF	Unc
1800 (R)	—	—	20,000	30,000	60,000	—

KM# 8.1 2 BAIOCCHI
Copper **Obv:** Fasces with liberty cap **Obv. Legend:** ROMANA REPVBBLICA **Rev:** DVE/BAIOCCHI/ASCOLI within wreath

Date	Mintage	VG	F	VF	XF	Unc
ND	—	25.00	50.00	200	500	—

Note: 10 varieties exist

KM# 8.2 2 BAIOCCHI
15.8000 g., Copper **Obv:** Fasces with liberty cap **Obv. Legend:** REPVBLICA ROMANA **Rev:** Value: DVE/BAIOCCHI/ASCOLI

Date	Mintage	VG	F	VF	XF	Unc
ND	—	25.00	50.00	100	200	—

KM# 9.1 2 BAIOCCHI
21.0000 g., Copper **Obv:** Fasces with liberty cap **Obv. Legend:** REPVBBLICA ROMANA **Rev:** Value: DVE/BAIOC/CHI/ASCOLI

Date	Mintage	VG	F	VF	XF	Unc
ND	—	25.00	50.00	100	200	—

KM# 9.2 2 BAIOCCHI
Copper **Obv:** Fasces with liberty cap **Obv. Legend:** REPVBLICA ROMANA **Rev:** Value: DVE/BAIOC/CHI/ASCOLI

Date	Mintage	VG	F	VF	XF	Unc
ND	—	25.00	50.00	100	200	—

KM# 31 SCUDO
26.2500 g., 0.9170 Silver 0.7739 oz. ASW **Ruler:** Ferdinand IV **Subject:** Ferdinand IV of Naples **Obv:** 3 Fleur-de-lis above inscription within wreath **Obv. Inscription:** FERDINANDUS IV NEAP • ET • SIC • REX **Rev:** Radiant Church standing **Rev. Legend:** RELIGIONE DEFENSA **Note:** Cross-reference number Dav. #1489.

Date	Mintage	VG	F	VF	XF	Unc
MDCCC (1800)	—	—	25,000	50,000	100,000	—

PATTERNS
Including off metal strikes

KM#	Date	Mintage Identification	Mtl	Val

Pn2	(1798)-Anno Sesto	— Baiocco. Bronze.		—
Pn3	(1798)-Anno Sesto	— 2 Baiocchi. Bronze. C#4		—
Pn1	ND	— Scudo. Bronze. KM#11		—

KM# 9 1/2 SCUDO
13.6000 g., 0.6000 Silver 0.2623 oz. ASW **Obv:** Papal arms **Obv. Legend:** PIVS SEXTVS PON SILVER MA XXII **Rev:** Holy Mother Church seated on cloud **Rev. Legend:** AVXILIVM DE SANCTO 1778

Date	Mintage	Good	VG	F	VF	XF
1778 Rare	—	—	—	—	—	—

KM# 10 SCUDO
26.3400 g., 0.6000 Silver 0.5081 oz. ASW **Obv:** Papal oval arms **Obv. Legend:** PIVS SEXTVS PONT M A VI **Rev:** Holy Mother Church seated on cloud **Rev. Legend:** AVXILIVM DE SANCTO 1780

Date	Mintage	Good	VG	F	VF	XF
1780 Rare	—	—	—	—	—	—

STANDARD COINAGE

KM# 6 2 BAIOCCHI
Copper Weight 12-21g **Obv:** Fasces with liberty cap **Obv.**

ROMAN REPUBLIC-CIVITAVECCHIA

NOTE: For earlier issues see Papal States-Civitavecchia. CAMERINO

MINT MARK
\ C \ - Civitavecchia

MINT OFFICIALS' INITIALS

Initials	Date	Name
GH	1798-99	Gioacchino Hamera

FIRST REPUBLIC
1798-1799
STANDARD COINAGE

KM# 11 2 BAIOCCHI
Copper Weight 22-23g **Obv:** Madonna **Obv. Legend:** SANCTA DEI GENITRIX **Rev:** Written value **Rev. Legend:** PIVS PAPA SEXTVS ANNO XXIII (letters N are backwards on coin)

Date	Mintage	Good	VG	F	VF	XF
ND C GH	—	15.00	30.00	50.00	85.00	—

KM# 12 2 BAIOCCHI
Copper Weight 22-23g **Note:** Muled reverses of KM#11.

Date	Mintage	Good	VG	F	VF	XF
ND	—	15.00	30.00	50.00	85.00	—

ROMAN REPUBLIC-CLITUNNO

A department under the Roman Republic (1798-99) during the Napoleonic period.

NOTE: For earlier issues see Papal States-Spoleto.

FIRST REPUBLIC
1798-1799
STANDARD COINAGE

KM# 1 BAIOCCO
Copper Weight 4-12g **Obv:** Fasces with liberty cap **Obv. Legend:** ROMANA REPVBBLICA **Rev:** Written value

Date	Mintage	Good	VG	F	VF	XF
ND Rare	—	—	—	—	—	—

KM# 2.1 2 BAIOCCHI
14.0000 g., Copper **Obv:** Fasces with liberty cap **Obv. Legend:** REPV+*ROM*DP*CLITVNNO **Rev:** Written value within wreath

Date	Mintage	Good	VG	F	VF	XF
ND	—	100	200	1,000	2,000	4,000

KM# 2.2 2 BAIOCCHI
14.0000 g., Copper **Obv:** Fasces with liberty cap **Obv. Legend:** REPV*ROM*DP*CLITVNNO **Rev:** Written value within wreath

Date	Mintage	Good	VG	F	VF	XF
ND	—	100	200	1,000	2,000	4,000

KM# 3 2 BAIOCCHI
14.0000 g., Copper **Obv:** Fasces with liberty cap **Obv. Legend:** *R*PUBL*ROMANA*CLITUNNO **Rev:** Written value within wreath

Date	Mintage	Good	VG	F	VF	XF
ND	—	100	200	1,000	2,000	4,000

ROMAN REPUBLIC-FERMO

NOTE: For earlier issues see Papal States-Fermo.

FIRST REPUBLIC
1798-1799
STANDARD COINAGE

KM# 6 QUATTRINO
Copper Weight 1.2-2.8g **Obv:** Fasces with liberty cap **Obv. Legend:** ROMANA REPVBLICA **Rev:** Written value, city name

Date	Mintage	Good	VG	F	VF	XF
ND Fermo Rare	—	—	—	—	—	—

KM# 8 1/2 BAIOCCO
Copper Weight 5-7 **Obv:** Fasces with liberty cap **Rev:** Written value, city name within circle

Date	Mintage	Good	VG	F	VF	XF
ND Fermo	—	—	50.00	200	400	—

KM# 7 1/2 BAIOCCO
Copper Weight 5-7g **Obv:** Written value, city name within wreath **Rev:** Inscription within wreath **Rev. Inscription:** ANNO/* PMO */DELLA.REP/ROMANA/FIRM

Date	Mintage	Good	VG	F	VF	XF
I (1798) Fermo	—	10.00	20.00	60.00	200	—

KM# 9.1 BAIOCCO
Copper Weight 6-12g **Obv:** ROMA NA within inner wreath, legend around **Obv. Legend:** ANNO PMO DELLA REPVB **Rev:** Written value, city name within circle and wreath

Date	Mintage	Good	VG	F	VF	XF
I (1798) Fermo	—	—	50.00	150	300	—

KM# 9.2 BAIOCCO
Copper Weight 6-12g **Obv. Legend:** ANNO PMO DELLA REPV **Rev. Legend:** TEPUBLICA/ROMANA

Date	Mintage	Good	VG	F	VF	XF
1798/I (1798) Fermo	—	—	50.00	200	400	—

KM# 10.1 BAIOCCO
Copper Weight 6-12g **Obv:** ANNO I within inner wreath, legend around **Obv. Legend:** ROMANA REPVBLICA **Rev:** Written value, city name within wreath

Date	Mintage	Good	VG	F	VF	XF
NDI (1798) Fermo	—	—	50.00	200	400	—

KM# 10.2 BAIOCCO
Copper Weight 6-12g **Obv:** ANNO I within inner wreath, legend around **Obv. Legend:** ROMANA REPVBLICA **Rev:** Written value, city name, date within wreath

Date	Mintage	Good	VG	F	VF	XF
NDI (1798) Fermo	—	—	50.00	200	400	—

KM# 11 BAIOCCO
Copper **Obv:** Fasces with liberty cap within circle **Obv. Legend:** ROMANA REPVBLICA **Rev:** Written value, city name within circle **Note:** Weight 6-12g

Date	Mintage	Good	VG	F	VF	XF
ND(1798) Fermo	—	—	50.00	100	300	500

KM# 12 2 BAIOCCHI
Copper Weight 12-24g **Obv:** Fasces with liberty cap **Obv. Legend:** ROMANA REPVBLICA **Rev:** Written value, city name, date within circle

Date	Mintage	Good	VG	F	VF	XF
1798 Fermo	—	8.50	15.00	100	400	800

KM# 15 2 BAIOCCHI
Copper Weight 12-24g **Obv:** Fasces with liberty cap **Obv.**

ROMAN REPUBLIC-FERMO

Legend: ROMANA REPVBLICA **Rev:** Written value, city name within circle **Note:** Mule.

Date	Mintage	Good	VG	F	VF	XF
1798 Fermo	—	—	100	400	800	—

KM# 16 2 BAIOCCHI
Copper Weight 12-14g **Obv. Legend:** DELLA REPVBLICA ROMANO

Date	Mintage	Good	VG	F	VF	XF
NDI (1798)	—	8.50	15.00	100	400	800

KM# 13 2 BAIOCCHI
Copper Weight 12-24g **Obv:** Legend around wreath **Obv. Legend:** ANNO PMO DELLA REPVB **Rev:** Written value, city name, date

Date	Mintage	Good	VG	F	VF	XF
I (1798)	—	—	18.00	100	400	800

KM# 17 2 BAIOCCHI
Copper Weight 12-24g **Obv. Legend:** ANNO PMO. DELLA REPV

Date	Mintage	Good	VG	F	VF	XF
1798/I (1798)	—	—	—	100	400	800

KM# 14 2 BAIOCCHI
Copper Weight 12-24g **Obv:** ANNO I within wreath, legend around **Obv. Legend:** ROMANA REPVBLICA **Rev:** Written value, city name within circle

Date	Mintage	Good	VG	F	VF	XF
NDI (1798) Fermo	—	8.50	15.00	100	400	800

ROMAN REPUBLIC-FOLIGNO

NOTE: For earlier issues see Papal States - Foligno.

FIRST REPUBLIC 1798-1799

STANDARD COINAGE

KM# 14.1 QUATTRINO
Copper Weight 1.8-2.8g **Obv:** Written value, city name below star within wreath **Obv. Legend:** ...D • I/FVLIGNO **Rev:** Legend, bishop standing **Rev. Legend:** S • FELICIANO

Date	Mintage	Good	VG	F	VF	XF
ND Rare	—	—	—	—	—	—

KM# 14.2 QUATTRINO
Copper Weight 1.8-2.8g **Obv. Legend:** ... DI/FVLIGNO

Date	Mintage	Good	VG	F	VF	XF
ND Rare	—	—	—	—	—	—

C# 8 1/2 BAIOCCO
3.1000 g., Copper **Obv:** Legend around 6-pointed star **Obv. Legend:** DE FVLIGNO

Date	Mintage
ND Rare	—

ROMAN REPUBLIC-GUBBIO

NOTE: For earlier issues see Papal States-Gubbio.

MINT OFFICIAL'S INITIALS

Initials	Date	Name
A.P.	1798	Andronica Perpenti

FIRST REPUBLIC 1798-1799

STANDARD COINAGE

KM# 41.1 1/2 BAIOCCO
3.1000 g., Copper **Obv. Legend:** ... GVBBIO **Rev. Legend:** ... GVBBIO

Date	Mintage	Good	VG	F	VF	XF
ND	—	20.00	35.00	60.00	90.00	—

Note: 30 varieties

KM# 41.2 1/2 BAIOCCO
3.0000 g., Copper **Obv. Legend:** ... GVBBIO **Rev:** ... GUBBIO

Date	Mintage	Good	VG	F	VF	XF
ND	—	20.00	35.00	60.00	90.00	—

KM# 41.3 1/2 BAIOCCO
3.0000 g., Copper **Obv. Legend:** ... GUBBIO **Rev. Legend:** ... GUBBIO

Date	Mintage	Good	VG	F	VF	XF
ND	—	20.00	35.00	60.00	90.00	—

KM# 42.1 2 BAIOCCHI
Copper Weight 3.5-4g **Obv:** Fasces, legend **Obv. Legend:** REPVBBLICA ROMANA

Date	Mintage	Good	VG	F	VF	XF
1798 AP	—	15.00	25.00	100	400	800

KM# 42.2 2 BAIOCCHI
Copper Weight 3.5-4g **Obv:** Fasces with liberty cap within flower sprigs **Obv. Legend:** ROMANA REPVBBLICA **Rev:** Written value within wreath

Date	Mintage	Good	VG	F	VF	XF
ND AP	—	15.00	40.00	200	500	1,000

ROMAN REPUBLIC-MACERATA

NOTE: For earlier issues see Papal States-Macerata.

FIRST REPUBLIC 1798-1799

STANDARD COINAGE

KM# 3 QUATTRINO
2.4000 g., Copper **Obv:** Fasces with liberty cap in flower sprigs within circle **Rev:** Written value, city name, star above and below within circle

Date	Mintage	VG	F	VF	XF	Unc
ND(1798)	—	35.00	175	350	800	—

KM# 4.1 1/2 BAIOCCO
4.2000 g., Copper **Obv. Legend:** A.I. DELLA-LIB. ITAL

Date	Mintage	VG	F	VF	XF	Unc
ND(1798)	—	50.00	100	300	700	—

KM# 4.2 1/2 BAIOCCO
4.2000 g., Copper **Obv:** Fasces with liberty cap in flower sprigs within circle **Obv. Legend:** AI • DELLA • LIB • ITAL **Rev:** Written value, city name below star within circle

Date	Mintage	VG	F	VF	XF	Unc
ND(1798)	—	50.00	100	300	700	—

ROMAN REPUBLIC-PERGOLA

NOTE: For earlier issues see Papal States-Pergola.

MINT OFFICIAL'S INITIALS

Initials	Date	Name
AP	1798	Andronico Perpenti

FIRST REPUBLIC 1798-1799

STANDARD COINAGE

KM# 4.1 1/2 BAIOCCO
Copper Weights 3-6.2g **Obv:** Value: MEZZO BAIOCOO PERGO LA within wreath **Rev:** Value: MEZZO BAIOCCO PERGO LA within wreath

Date	Mintage	Good	VG	F	VF	XF
ND(1798)	—	—	50.00	200	500	1,000

KM# 4.2 1/2 BAIOCCO
Copper Weights 3-6.2g **Obv:** Value: MEZZO BAIOCCO PERGO LA within chain wreath **Rev:** Value: MEZZO BAIOCCO PERGOL within beaded circle

Date	Mintage	Good	VG	F	VF	XF
ND(1798)	—	—	50.00	200	500	1,000

KM# 5.1 BAIOCCO
10.6000 g., Copper **Obv:** Value: VN BAIOCCO PERGOLA 1798 within rope wreath **Rev:** Value: VN BAIOCCO PERGO LA within wreath

Date	Mintage	Good	VG	F	VF	XF
1798 AP	—	—	100	250	700	1,400

KM# 5.2 BAIOCCO
10.6000 g., Copper **Rev:** Without ++ above VN

Date	Mintage	Good	VG	F	VF	XF
1798 AP	—	—	100	250	700	1,400

KM# 6 2 BAIOCCHI
Copper Weight 12-16.5g **Obv:** Legend around fasces with liberty cap within sprigs **Obv. Legend:** REPVBLICA ROMANA **Rev:** Value: DVE ... PERGOLA, date

Date	Mintage	Good	VG	F	VF	XF
1798 AP	—	—	100	400	900	1,800

KM# 15 2 BAIOCCHI
Copper Weight 17-20g **Obv:** Fasces with liberty cap divides inscription **Obv. Legend:** REP/ROM/AN/VII **Rev:** Value within triangle

Date	Mintage	Good	VG	F	VF	XF
ND(1799)/VII	—	—	—	300	1,000	1,800

KM# 16 2 BAIOCCHI
Copper **Obv:** Fasces with liberty cap within sprigs **Obv. Legend:** Ends: ...A • VII • REP **Note:** Varieties exist.

Date	Mintage	Good	VG	F	VF	XF
ND(1799)/VII	—	12.50	25.00	50.00	90.00	—

KM# 7.1 2 BAIOCCHI
Copper Weight 12-16.5g **Obv:** Legend around fasces with liberty cap within sprigs **Obv. Legend:** ROMANA REPVBBLICA **Rev:** Value: DVE ... PERGO/LA

Date	Mintage	Good	VG	F	VF	XF
ND(1798) AP	—	—	100	400	900	1,800

KM# 7.2 2 BAIOCCHI
Copper Weight 12-16.5g **Rev:** Value: ... PERGOLA

Date	Mintage	Good	VG	F	VF	XF
ND(1798) AP	—	—	100	400	900	1,800

KM# 7.3 2 BAIOCCHI
Copper Weight 12-16.5 **Rev:** Value: ... PERGO/LA with flower buds

Date	Mintage	Good	VG	F	VF	XF
ND(1798) AP	—	—	100	400	900	1,800

KM# 7.4 2 BAIOCCHI
Copper Weight 12-16.5g **Rev:** Value: ... PERGOLA with flower buds

Date	Mintage	Good	VG	F	VF	XF
ND(1798) AP	—	—	100	400	900	1,800

KM# 18 2 BAIOCCHI
Copper Weight 7-18g **Obv:** Fasces with liberty cap in sprigs within rope wreath **Rev:** Value: BAIOC/DVE/PERVGIA

Date	Mintage	Good	VG	F	VF	XF
ND(1799) Pergia	—	—	100	575	1,250	—

Note: 2 varieties exist

KM# 19 2 BAIOCCHI
Copper **Obv. Legend:** REPVBLICA ROMANA **Rev:** Value: DVE BAIOC .P.

Date	Mintage	Good	VG	F	VF	XF
ND(1799) GH	—	12.50	25.00	40.00	85.00	—

KM# 20 2 BAIOCCHI
Copper

Date	Mintage	Good	VG	F	VF	XF
ND(1799) PC	—	12.50	25.00	40.00	85.00	—

KM# 17 2 BAIOCCHI
Copper **Obv:** Fasces with liberty cap in sprigs within rope wreath **Rev:** Value: DVE/BAIOCCHI/PERVGIA/A • VII • RE within circle **Note:** Varieties exist.

Date	Mintage	Good	VG	F	VF	XF
ND(1799)/VII Perugia	—	—	50.00	300	600	800

Note: 4 varieties exist

KM# 27 5 BAIOCCHI
12.0000 g., Copper **Obv:** Fasces with liberty cap within circle **Rev:** Madonna **Note:** Counterstamp on various 2 Baiocchi using 5 Baiocchi dies, KM#8.

Date	Mintage	Good	VG	F	VF	XF
ND(1799) Perugia	—	25.00	50.00	100	200	—

ROMAN REPUBLIC-PERUGIA

NOTE: For earlier listings see Papal States-Perugia.

MINT OFFICIAL'S INITIALS

Initials	Date	Name
GH	1799	Gioachino Hamerani

FIRST REPUBLIC 1798-1799

STANDARD COINAGE

KM# 13 2 BAIOCCHI
Copper Weight 16-22g **Obv:** Fasces with liberty cap divides script letters **Rev:** Value within triangle

Date	Mintage	Good	VG	F	VF	XF
ND(1799)/7	—	—	—	250	500	1,000

KM# 14 2 BAIOCCHI
Copper Weight 17-20g **Obv. Legend:** REP/ROM/AN/VII/

Date	Mintage	Good	VG	F	VF	XF
ND(1799)/AN VII	—	—	—	300	1,000	1,500

KM# 21 2 BAIOCCHI
13.0000 g., Copper **Obv:** Fasces with liberty cap, legend around **Obv. Legend:** ROMANA * REPVBBLICA **Rev:** Value: DVE/BAIOCCHI/PERVGIA/A • VII • REP

Date	Mintage	Good	VG	F	VF	XF
ND(1799)/VII Perugia	—	—	22.50	100	400	800

KM# 22 2 BAIOCCHI
18.0000 g., Copper **Obv:** Legend around fasces in branches **Obv. Legend:** REPVBBLICA/ROMANA **Rev:** Value: DVE/BAIOCCHI/A • VII •

Date	Mintage	Good	VG	F	VF	XF
ND(1799)/VII R.	—	10.00	50.00	200	400	—

KM# 23 2 BAIOCCHI
Copper **Obv. Legend:** REPVBLICA ROMANA **Rev:** Value: DVE BAIOCCHI A:VII

Date	Mintage	Good	VG	F	VF	XF
ND(1799)/VII R	—	7.50	18.00	45.00	85.00	—

KM# 24 2 BAIOCCHI
Copper **Obv. Legend:** REPUBLICA ROMANA **Rev. Legend:** Value: DVE/BAIOCCHI/A•VII•R

Date	Mintage	Good	VG	F	VF	XF
ND(1799)/VII R	—	—	35.00	100	350	700

KM# 25 2 BAIOCCHI
Copper **Obv:** Legend around fasces **Obv. Legend:** ROMANA REPVBLICA

Date	Mintage	Good	VG	F	VF	XF
ND(1799)/VII R	—	7.50	18.00	45.00	85.00	—

KM# 26 2 BAIOCCHI
12.0000 g., Copper **Obv:** Fasces in branches **Obv. Legend:** REPUBLICA/ROMANA **Rev:** Value: DVE/BAIOC/CHI/P in wreath

Date	Mintage	Good	VG	F	VF	XF
ND(1799) Perugia	—	80.00	200	400	—	—

Note: 4 varieties exist

KM# 28 SCUDO
98.0000 g., Silver **Obv:** Eagle, wings spread, sprig in beak, above PERUGIA A VII **Obv. Legend:** ROMANA * REPUBLICA **Rev:** Value within wreath **Note:** Dav. #1487; Struck at Perugia.

Date	Mintage	Good	VG	F	VF	XF
(1799) / VII Perugia	—	—	—	4,000	10,000	30,000

ITALIAN STATES

ROMAN REPUBLIC-PERUGIA

TRIAL STRIKES

KM#	Date	Mintage	Identification	Mkt Val
TS1	Yr. VII (1798)	—	Scudo. Copper. KM#28. Square planchet.	—

| TS2 | Yr. VII (1798) | — | Scudo. Copper. KM#28. Square planchet. | — |

SAN GEORGIO

San Giorgio, in the province of Reggio, had been a feudal fief of the Spanish kings. In 1731 Giovanni Domenico, marchese of San Giorgio and Polistina, was made a prince of the Empire by Charles VI with permission to strike coins. He and his son each struck scudos for a single year at the Vienna mint.

RULERS
Giovanni Dominic Milano, 1731-1740
Giacomo Francesco Milano, 1740-

PRINCIPALITY

STANDARD COINAGE

C# 1 1/2 SCUDO
Silver **Ruler:** Giacomo Francesco Milano **Obv:** Armored bust right **Rev:** Crowned and mantled arms, date in legend

Date	Mintage	Good	VG	F	VF	XF
1753	—	150	300	650	1,250	

DAV# 1490 SCUDO
Silver **Ruler:** Giovanni Dominic Milano **Obv:** Armored bust right **Rev:** Crowned and mantled arms, date in legend

Date	Mintage	Good	VG	F	VF	XF
1732	—	—	2,000	4,000	6,500	9,000

FR# 1012 ZECCHINO
3.5000 g., 0.9860 Gold 0.1109 oz. AGW **Ruler:**
Giovanni Dominic Milano **Obv:** Bust left **Rev:** Arms in inner circle

Date	Mintage	Good	VG	F	VF	XF
1732 Rare	—	—	—	—	—	—

FR# 1011 2 ZECCHINI
7.0000 g., 0.9860 Gold 0.2219 uz. AGW **Ruler.**
Giovanni Dominic Milano **Obv:** Bust right in inner circle **Rev:** Arms in inner circle

Date	Mintage	Good	VG	F	VF	XF
1732 Rare	—	—	—	—	—	—

SAN MARTINO

A commune in the province of Mantua was a fief given to the Gonzaga family who were also lords of Bozzolo.

RULER
Scipione Gonzaga, prince of Bozzolo

COMMUNE

STANDARD COINAGE

KM# A16 15 SOLDI
5.2400 g., Silver, 28 mm. **Obv:** Lucca shield **Rev:** San Martino on horseback

Date	Mintage	VG	F	VF	XF	Unc
1742	—	50.00	100	200	—	—
1743	—	50.00	100	200	—	—
1744	—	50.00	100	200	—	—
1745	—	50.00	100	200	—	—
1746	—	50.00	100	200	—	—
1746						

Note: With c/m, rampant lion left on reverse

| 1746/5 Rare | — | — | — | — | — | — |

SARDINIA

Sardinia is an island located in the Mediterranean Sea, west of the southern Italian peninsula, 9,301 sq. mi.; population 1,645,192. Along with some minor islands, it constitutes an autonomous region of Italy separated on the north from Corsica, France by the Strait of Bonifacio.

Settled by Phoenician's and Greeks before it came under control of Carthage during 600 BC; taken by the Romans in 238 BC; in the Vandal Kingdom during the5th century; re-conquered by the Byzantine Empire in533 AD. From the 8th century it was frequently raided by Muslims whose threat was eliminated by Pisa in 1016 as an object of a rivalrous bet. The Genoese and Pisans were driven out by the Aragonese during the 14th-15th centuries, remaining under Spanish rule until 1708; held by Austria 1708-17, regained by the Spanish in 1717 until it was finally ceded to Savoy in 1720 in exchange for Sicily, after which the ruler of Savoy and Piedmont took the title as King of Sardinia.

RULERS
Spanish, until 1708, 1717-1720
Austrian, 1708-1717
Vittorio Amedeo II as King of Sicily, 1713-1718
as King of Sardinia, 1718-1730
Carlo Emanuele III, 1730-1773
Vittorio Amedeo III 1773-1796
Carlo Emanuele IV 1796-1802

MINT MARKS
None Before 1802 = Turin (Torino)
Firenze = Florence
B = Bologna
(g) Anchor = Genoa
M = Milan

MINT OFFICIALS' MARKS
P in oval = Andrea O Luca Podesta
L in diamond = Felippo Lavy
P in shield = Giovanni Parodi
B in shield = Tommaso Battilana

MONETARY SYSTEM
12 Denari = 6 Cagliarese = 1 Soldo
50 Soldi = 10 Reales = 2 1/2 Lire = 1 Scudo Sardo
20 Soldi = 1 Lira
6 Lire = 1 Scudo
2 Scudi Sardi = 1 Doppietta

KINGDOM

ISLAND COINAGE

C# 34 1/2 CAGLIARESE
1.2000 g., Copper **Ruler:** Carlo Emanuele III **Obv:** Armored bust right, date below **Rev:** Voided cross with Moor heads in angles

Date	Mintage	VG	F	VF	XF	Unc
1736	—	3.00	6.00	12.00	50.00	—
1741	—	3.00	6.00	12.00	50.00	—
1745	—	3.00	6.00	12.00	50.00	—

C# 35 CAGLIARESE
2.3000 g., Copper **Ruler:** Carlo Emanuele III **Obv:** Armored bust right **Rev:** Voided cross with Moor heads in angles, date at top

Date	Mintage	VG	F	VF	XF	Unc
1732	—	3.00	6.00	12.00	50.00	—
1741	—	3.00	6.00	12.00	50.00	—

C# 36 CAGLIARESE
2.3000 g., Copper **Ruler:** Carlo Emanuele III **Obv:** Cross with Moor heads in angles, date at top **Rev:** Knot in wreath

Date	Mintage	VG	F	VF	XF	Unc
1763	—	3.00	6.00	12.00	25.00	—
1764	—	3.00	6.00	12.00	25.00	—
1766	—	3.00	6.00	12.00	25.00	—
1768		3.00	6.00	12.00	25.00	

C# 70 CAGLIARESE
2.3400 g., Copper, 17 mm. **Ruler:** Victorio Amedeo III **Obv:** Legend, cross **Obv. Legend:** VIC. AM. D.G. REX. SAR **Rev:** Knot in wreath

Date	Mintage	VG	F	VF	XF	Unc
1788	55,000	15.00	25.00	40.00	75.00	
1792	5,000	15.00	25.00	40.00	75.00	

C# 37 TRE (3) CAGLIARESE
6.9000 g., Bronze **Ruler:** Carlo Emanuele III **Obv:** Armored bust right divides value **Rev:** Voided cross with Moor heads in angles, date at top

Date	Mintage	VG	F	VF	XF	Unc
1732	—	3.50	10.00	50.00	150	—
1741	—	3.50	7.00	15.00	50.00	—

C# 38 SOLDO
2.2300 g., Billon **Ruler:** Carlo Emanuele III **Obv:** Cross with Moor heads in angles in wreath, date below **Rev:** Crown over crossed sceptre baton, value below

Date	Mintage	VG	F	VF	XF	Unc
1768	—	3.00	6.00	12.00	28.00	—
1769	—	3.00	6.00	12.00	28.00	—
1770	—	3.00	6.00	12.00	28.00	—
1771	—	3.00	6.00	12.00	28.00	—
1772	—	3.00	6.00	12.00	28.00	—

C# 71 SOLDO
2.7300 g., Billon **Ruler:** Victorio Amedeo III **Obv:** Legend, cross in wreath, date **Obv. Legend:** VIC. AM. D.G. REX. CYP. ET. IER **Rev:** Crown above crossed scepter and baton, value below

Date	Mintage	VG	F	VF	XF	Unc
1773	17,000	30.00	100	125	250	—
1774	89,000	10.00	35.00	50.00	80.00	—
1786	125,000	10.00	35.00	50.00	80.00	—
1788	125,000	10.00	35.00	50.00	80.00	—
1792	125,000	10.00	35.00	50.00	80.00	—

C# 41 1/2 REALE
3.7000 g., Silver **Ruler:** Carlo Emanuele III **Obv:** Armored bust right **Rev:** Arms on cross with rosettes in angles, date below

Date	Mintage	VG	F	VF	XF	Unc
1732	—	10.00	20.00	50.00	100	—

C# 39 1/2 REALE
2.7300 g., Billon **Ruler:** Carlo Emanuele III **Obv:** Head right, date below **Rev:** Crowned round arms

Date	Mintage	VG	F	VF	XF	Unc
1768	—	5.00	10.00	20.00	40.00	—
1769	—	5.00	10.00	20.00	40.00	—
1770	—	5.00	10.00	20.00	40.00	—
1771	—	5.00	10.00	20.00	40.00	—
1772	—	5.00	10.00	20.00	40.00	—

C# 72 1/2 REALE
2.1000 g., Billon, 21 mm. **Ruler:** Victorio Amedeo III **Obv:** Legend, head right, date **Obv. Legend:** VIC. AM. D.G. REX. SAR. CYP. ET. IER **Rev:** Crown above cross, value

Date	Mintage	F	VF	XF	Unc	BU
1773 Rare	500	—	—	—	—	—
1774	47,000	10.00	25.00	50.00	100	—
1786	105,000	10.00	25.00	50.00	100	—
1788	102,000	10.00	25.00	50.00	100	—
1790	107,000	10.00	25.00	50.00	100	—
1792 Rare	4,500	—	—	—	—	—
1793	115,000	10.00	25.00	50.00	100	—
1795	102,000	10.00	25.00	50.00	100	—
1796	71,000	10.00	125	175	250	—

C# 42 REALE
2.3400 g., Silver **Ruler:** Carlo Emanuele III **Obv:** Armored bust **Rev:** Arms on cross with rosettes in angles, date below

Date	Mintage	VG	F	VF	XF	Unc
1732	—	10.00	60.00	200	400	—

C# 40 REALE
3.2700 g., Billon **Ruler:** Carlo Emanuele III **Obv:** Head right, date below **Rev:** Crowned ornate arms

Date	Mintage	VG	F	VF	XF	Unc
1768	—	—	10.00	20.00	40.00	—
1769	—	—	10.00	20.00	40.00	—
1770	—	—	10.00	20.00	40.00	—
1771	—	—	10.00	20.00	40.00	—
1772	—	—	10.00	20.00	40.00	—

C# 73 REALE
3.2800 g., Billon, 22 mm. **Ruler:** Victorio Amedeo III **Obv:** Legend, head right, date **Obv. Legend:** VIC. AM. D.G. REX. SAR. CYP. ET. IER **Rev:** Arms

Date	Mintage	F	VF	XF	Unc	BU
1773 Rare	500	60.00	300	600	1,000	—
1774	47,000	30.00	50.00	100	300	—
1785	6,000	30.00	50.00	100	300	—
1786	122,000	30.00	50.00	100	300	—
1788	116,000	30.00	50.00	100	300	—
1790	98,000	30.00	50.00	100	300	—
1792	135,000	15.00	25.00	50.00	100	—
1793	105,000	15.00	25.00	50.00	100	—
1795	99,000	15.00	25.00	50.00	100	—
1796	1,210	10.00	125	200	400	—

C# 87 REALE
3.2000 g., Billon **Ruler:** Carlo Emanuele IV **Obv:** Legend, head **Obv. Legend:** CAROLUS EMANUEL IV **Rev:** Legend, date

Date	Mintage	F	VF	XF	Unc	BU
1797 Rare	—	20.00	60.00	200	600	—
1798 Rare	—	20.00	60.00	200	600	—
1799	—	20.00	35.00	50.00	150	—

C# 47 DOPPIETTA
3.2000 g., 0.8910 Gold 0.0917 oz. AGW, 22 mm. **Ruler:** Carlo Emanuele III **Obv:** Bust left, date below **Obv. Legend:** CAR * EM * D * G * REX *.... **Rev:** Crowned arms **Rev. Legend:** MONTISFER * PRINC * PED * DVX * SAB * ET *

Date	Mintage	VG	F	VF	XF	Unc
1768	—	300	625	1,250	2,500	—
1769	—	300	625	1,250	2,500	—

SARDINIA

Date	Mintage	VG	F	VF	XF	Unc
1770	—	300	625	1,250	2,500	—
1771	—	300	625	1,250	2,500	—
1772	—	300	625	1,250	2,500	—

CAR • EM • D • G • REX • SAR • CVP • ET • IER • Rev: Crowned arms **Rev. Legend:** MONTISFER • PRINC • PED • DVX • SAB • ET •

Date	Mintage	VG	F	VF	XF	Unc
1768	—	50.00	100	200	400	—
1769	—	50.00	100	200	400	—
1770	—	50.00	100	200	400	—
1771	—	50.00	100	200	400	—
1772	—	50.00	100	200	400	—

C# 45 1/2 SCUDO

11.7930 g., 0.8950 Silver 0.3393 oz. ASW, 33 mm. **Ruler:** Carlo Emanuele III **Obv:** Head of left, date below **Rev:** Crowned arms in Order collar

Date	Mintage	VG	F	VF	XF	Unc
1768	—	50.00	200	500	1,000	—
1769	—	50.00	200	500	1,000	—
1770	—	50.00	200	500	1,000	—
1771	—	50.00	200	500	1,000	—
1772	—	50.00	200	500	1,000	—

C# 77.5 DOPPIETTA

3.2000 g., 0.8910 Gold 0.0917 oz. AGW **Ruler:** Victorio Amedeo III **Obv:** Bust left, date below **Obv. Legend:** VIC • AM • D • G • REX • SAR • CYP • ET • IER • Rev: Crowned arms **Rev. Legend:** MONTISFER • PRINC • PED • DVX • SAB • ET •

Date	Mintage	VG	F	VF	XF	Unc
1773	—	—	850	1,550	3,250	6,250
1786	—	—	850	1,550	3,250	6,250
1787	—	—	850	1,550	3,250	6,250

C# 48 2 1/2 DOPPIETTE (1/2 Carlino)

8.0260 g., 0.8910 Gold 0.2299 oz. AGW, 27 mm. **Ruler:** Carlo Emanuele III **Obv:** Bust left, date below **Obv. Legend:** CAR • EM • D • G • REX • SAR • CYP • ET • IER • Rev: Crowned arms **Rev. Legend:** MONTISFER • PRINC • PED • DVX • SAB • ET •

Date	Mintage	VG	F	VF	XF	Unc
1768 -	—	1,650	2,950	6,500	12,000	—
1769 -	—	1,650	2,950	6,500	12,000	—
1770 -	—	1,650	2,950	6,500	12,000	—
1771 -	—	1,650	2,950	5,200	8,500	—

C# 77.7 2 1/2 DOPPIETTE (1/2 Carlino)

8.0260 g., 0.8910 Gold 0.2299 oz. AGW **Ruler:** Victorio Amedeo III **Obv:** Bust left **Obv. Legend:** VIC • AM • D • G • REX • SAR • CYP • ET • IER • Rev: Crowned arms **Rev. Legend:** MONTISFER • PRINC • PED • DVX • SAB • ET •

Date	Mintage	VG	F	VF	XF	Unc
1773 Rare	—	—	1,500	2,500	8,000	16,000
1774 Rare	—	—	1,500	2,500	8,000	16,000

C# 49 5 DOPPIETTE

16.0530 g., 0.8910 Gold 0.4598 oz. AGW, 31 mm. **Ruler:** Carlo Emanuele III **Obv:** Bust left, date below **Rev:** Crowned oval arms in Order collar

Date	Mintage	VG	F	VF	XF	Unc
1768 Rare	—	—	—	—	—	—
1769 Rare	—	—	—	—	—	—

C# 76 1/2 SCUDO

11.7930 g., 0.8950 Silver 0.3393 oz. ASW **Ruler:** Victorio Amedeo III **Obv:** Legend, head left, date below **Obv. Legend:** VIC• AM• D•G• REX• SAR• CYP• ET• IER• Rev: Crowned arms, legend

Date	Mintage	VG	F	VF	XF	Unc
1773 Rare	—	—	—	—	—	—
1774 Rare	—	—	—	—	—	—
1792 Rare	—	—	—	—	—	—
1793 Rare	—	—	—	—	—	—

C# 50 2 DENARI

2.0000 g., Copper **Ruler:** Victorio Amedeo III **Obv:** Cross, legend around **Obv. Legend:** VIC• AM• D•G•R• SAR• Rev: Crowned knot, date

Date	Mintage	VG	F	VF	XF	Unc
1773	—	5.00	10.00	15.00	30.00	—
1774	—	5.00	10.00	15.00	30.00	—
1775	—	12.50	25.00	35.00	55.00	—
1776	—	25.00	50.00	70.00	125	—
1777	—	5.00	10.00	15.00	30.00	—
1778	—	5.00	10.00	15.00	30.00	—
1779	—	5.00	10.00	15.00	30.00	—
1780	—	5.00	10.00	15.00	30.00	—
1781	—	5.00	10.00	15.00	30.00	—
1782	—	25.00	50.00	70.00	125	—
1783	—	5.00	10.00	15.00	30.00	—
1784	—	5.00	10.00	15.00	30.00	—
1785	—	25.00	50.00	70.00	125	—
1786	—	50.00	75.00	100	150	—
1787	—	5.00	10.00	15.00	30.00	—
1789	—	12.50	25.00	35.00	55.00	—
1790	—	5.00	10.00	17.00	35.00	—
1791	—	5.00	10.00	15.00	30.00	—
1792	—	5.00	10.00	17.00	35.00	—
1796	—	5.00	10.00	15.00	30.00	—

C# 79 2 DENARI

1.8000 g., Copper **Ruler:** Carlo Emanuele IV **Obv:** Legend, cross **Obv. Legend:** CAROLUS• EM• IV• D•G• REX• CYP• ET• IER **Rev:** Crowned knot, date

Date	Mintage	VG	F	VF	XF	Unc
1798 Rare	—	—	—	—	—	—
1799	—	2.50	5.00	9.00	20.00	—
1800	—	2.50	5.00	9.00	20.00	—

C# 46 SCUDO

23.5860 g., 0.8950 Silver 0.6787 oz. ASW, 38 mm. **Ruler:** Carlo Emanuele III **Obv:** Head left, date below **Obv. Legend:** CAR • EM • D • G • REX • SAR • CYP • ET • IER • **Rev:** Crowned arms in Order collar **Rev. Legend:** MONTISFER • PRINC • PED • DVX • SAB • ET • **Note:** Dav. #1495.

Date	Mintage	VG	F	VF	XF	Unc
1768 Rare	—	—	—	—	—	—
1769 Rare	—	—	—	—	—	—

C# 77 SCUDO

23.5860 g., 0.8950 Silver 0.6787 oz. ASW **Ruler:** Carlo Emanuele III **Obv:** Legend, head left, date **Rev:** Crowned arms, legend

Date	Mintage	F	VF	XF	Unc	BU
1773	1,030	800	1,200	2,500	6,000	—

C# 78 5 DOPPIETTE

16.0530 g., 0.8910 Gold 0.4598 oz. AGW **Ruler:** Victorio Amedeo III **Obv:** Bust left **Obv. Legend:** VIC • AM • D • G • REX • SAR • CYP • ET • IER • Rev: Crowned arms, legend **Rev. Legend:** MONTISFER • PRINC • PED • DVX • SAB • ET •

Date	Mintage	VG	F	VF	XF	Unc
1773 Rare	—	—	—	—	—	—
1774 Rare	—	—	—	—	—	—

Note: Bowers and Merena Guia sale 3-88 XF realized $14,300.

C# 75 1/4 SCUDO

5.8960 g., 0.8950 Silver 0.1696 oz. ASW **Ruler:** Victorio Amedeo III **Obv:** Legend, head left, date **Obv. Legend:** VIC• AM• D•G• REX• SAR• CYP• ET• IER• **Rev:** Crowned arms, legend

Date	Mintage	VG	F	VF	XF	Unc
1773 R	—	—	—	—	—	—
1774 R	—	—	—	—	—	—
1792 RRR	2,130	—	—	—	—	—

C# 43 1/4 SCUDO

5.8960 g., 0.8950 Silver 0.1696 oz. ASW, 28 mm. **Ruler:** Carlo Emanuele III **Obv:** Armored bust right **Rev:** Crown above 2 shields - Sardinia and Savoy, date at top

Date	Mintage	VG	F	VF	XF	Unc
1732 Rare	—	—	—	—	—	—

C# 44 1/4 SCUDO

5.8960 g., 0.8950 Silver 0.1696 oz. ASW **Ruler:** Carlo Emanuele III **Obv:** Head left, date below **Obv. Legend:**

MAINLAND COINAGE

C# 1 2 DENARI

1.6000 g., Copper, 16.5 mm. **Ruler:** Carlo Emanuele III **Obv:** Voided cross **Rev:** Crown above knot, date below

Date	Mintage	VG	F	VF	XF	Unc
1732	—	2.50	5.00	10.00	22.00	—
1733	—	2.50	5.00	10.00	22.00	—
1734	—	2.50	5.00	10.00	22.00	—
1735	—	2.50	5.00	10.00	22.00	—
1738	—	2.50	5.00	10.00	22.00	—
1740	—	2.50	5.00	10.00	22.00	—
1741	—	2.50	5.00	10.00	22.00	—
1742	—	2.50	5.00	10.00	22.00	—
1744	—	2.50	5.00	10.00	22.00	—
1745	—	2.50	5.00	10.00	22.00	—
1746	—	2.50	5.00	10.00	22.00	—
1748	—	2.50	5.00	10.00	22.00	—
1749	—	2.50	5.00	10.00	22.00	—
1750	—	2.50	5.00	10.00	22.00	—
1755	—	2.50	5.00	10.00	22.00	—
1756	—	2.50	5.00	10.00	22.00	—
1757	—	2.50	5.00	10.00	22.00	—
1758	—	2.50	5.00	10.00	22.00	—
1760	—	2.50	5.00	10.00	22.00	—
1762	—	2.50	5.00	10.00	22.00	—

Date	Mintage	VG	F	VF	XF	Unc
1763	—	2.50	5.00	10.00	22.00	—
1764	—	2.50	5.00	10.00	22.00	—
1765	—	2.50	5.00	10.00	22.00	—
1766	—	2.50	5.00	10.00	22.00	—
1767	—	2.50	5.00	10.00	22.00	—
1768	—	2.50	5.00	10.00	22.00	—
1770	—	2.50	5.00	10.00	22.00	—
1771	—	2.50	5.00	10.00	22.00	—
1772	—	2.50	5.00	10.00	22.00	—

C# 52 1/2 SOLDO

1.8500 g., Billon **Ruler:** Victorio Amedeo III **Obv:** Cross **Obv. Legend:** VIC • AM • D • G • R • SA • CY • ET • IE • **Rev:** Crowned monogram divides initials **Rev. Legend:** MONTISF • PR • PED • DVX • SAB • ET •

Date	Mintage	VG	F	VF	XF	Unc
1780 Rare	—	—	—	—	—	—
1781	—	12.50	25.00	40.00	60.00	—
1782	—	12.50	25.00	40.00	60.00	—
1783	—	12.50	25.00	40.00	60.00	—
1784	—	12.50	25.00	40.00	60.00	—
1785	—	12.50	25.00	40.00	60.00	—
1787 Rare	—	—	—	—	—	—
1789	—	25.00	50.00	100	150	—

C# 2 SOLDO

2.1000 g., Billon **Ruler:** Carlo Emanuele III **Obv:** Voided cross with crowns at end of arms and crosses in angles, date at top **Rev:** Crowned double CE monogram, crown divides value

Date	Mintage	VG	F	VF	XF	Unc
1732	—	2.50	5.00	10.00	22.00	—
1734	—	2.50	5.00	10.00	22.00	—
1735	—	2.50	5.00	10.00	22.00	—
1736	—	2.50	5.00	10.00	22.00	—
1740	—	2.50	5.00	10.00	22.00	—
1745	—	2.50	5.00	10.00	22.00	—
1746	—	2.50	5.00	10.00	22.00	—
1747	—	2.50	5.00	10.00	22.00	—
1749	—	2.50	5.00	10.00	22.00	—
1750	—	2.50	5.00	10.00	22.00	—
1755	—	2.50	5.00	10.00	22.00	—
1762	—	2.50	5.00	10.00	22.00	—
1772	—	2.50	5.00	10.00	22.00	—

C# 53 SOLDO

2.1000 g., Billon **Ruler:** Victorio Amedeo III **Obv:** Legend, cross, date **Obv. Legend:** VIC • AM • D • G • REX • SAR • CVP • ET •

990 ITALIAN STATES SARDINIA

IER **Rev:** Crowned ornate monogram divides initials **Rev. Legend:** MONTISF • PRINC • PED • DVX • SAB • ET •

Date	Mintage	VG	F	VF	XF	Unc
1773	—	50.00	100	200	300	—
1774	—	50.00	100	200	300	—
1775	—	50.00	100	200	300	—
1778	—	30.00	40.00	60.00	100	—
1780	—	5.00	10.00	20.00	35.00	—
1781	—	5.00	10.00	20.00	35.00	—
1782	—	5.00	10.00	20.00	35.00	—
1783	—	5.00	10.00	20.00	35.00	—
1785	—	5.00	10.00	20.00	35.00	—
1789 Rare	—	—	—	—	—	—

C# 80 SOLDO

1.8500 g., Billon **Ruler:** Carlo Emanuele IV **Obv:** Legend, cross, date **Obv. Legend:** CAROLUS EMANUEL IV **Rev:** Ornate monogram, crown above

Date	Mintage	VG	F	VF	XF	Unc
1797	—	2.50	10.00	20.00	50.00	—
1798	—	2.50	5.00	10.00	22.00	—

C# 32 2 1/2 DOPPIETTE (1/2 Carlino)

23.9400 g., Gold **Ruler:** Carlo Emanuele III **Obv:** Bust left, date below **Obv. Legend:** CAR • EM • D • G • REX • SAR • CYP • ET • IER • **Rev:** Crowned round arms in Order collar **Rev. Legend:** MONTISFER • PRINC • PED • & • DVX • SAB • ET •

Date	Mintage	VG	F	VF	XF	Unc
1755 Rare	—	—	—	—	—	—
Note: Superior Pipito sale 12-87 VF realized $13,750.						
1756 Rare	—	—	—	—	—	—
1757 Rare	—	—	—	—	—	—

C# 68 2 1/2 DOPPIETTE (1/2 Carlino)

22.7800 g., 0.9050 Gold 0.6628 oz. AGW **Ruler:** Victorio Amedeo III **Obv:** Head left, date below **Obv. Legend:** VIC • AM • D • G • REX • SARDINIAE • **Rev:** Eagle on crossed baton and scepter, crown above **Rev. Legend:** * PRINC • PEDEM * DVX • SABAVD *

Date	Mintage	VG	F	VF	XF	Unc
1786	—	2,000	5,000	10,000	20,000	30,000

C# 3 2-1/2 SOLDI

3.7000 g., Billon **Ruler:** Carlo Emanuele III **Obv:** Armored bust right **Rev:** Crowned arms divide FE-RT, date above crown

Date	Mintage	VG	F	VF	XF	Unc
1732	—	3.00	6.00	15.00	30.00	—
1733	—	3.00	6.00	15.00	30.00	—
1735	—	3.00	6.00	15.00	30.00	—
1739	—	3.00	6.00	15.00	30.00	—
1740	—	3.00	6.00	15.00	30.00	—

C# 4 2-1/2 SOLDI

3.2000 g., Billon **Ruler:** Carlo Emanuele III **Obv:** Head left, date below **Rev:** Crowned arms divide FE-RT

Date	Mintage	VG	F	VF	XF	Unc
1744	—	3.00	6.00	15.00	30.00	—
1747	—	3.00	6.00	15.00	30.00	—

C# 6 2.6 SOLDI

3.8500 g., Billon **Ruler:** Carlo Emanuele III **Obv:** Armored bust right **Rev:** Crowned arms divide FE-RT, date above crown

Date	Mintage	VG	F	VF	XF	Unc
1732	—	5.00	10.00	20.00	40.00	—
1733	—	5.00	10.00	20.00	40.00	—
1734	—	5.00	10.00	20.00	40.00	—
1735	—	5.00	10.00	20.00	40.00	—
1736	—	5.00	10.00	20.00	40.00	—
1737	—	5.00	10.00	20.00	40.00	—
1738	—	5.00	10.00	20.00	40.00	—
1739	—	5.00	10.00	20.00	40.00	—

C# 6a 2.6 SOLDI

4.5000 g., Billon **Ruler:** Carlo Emanuele III **Obv:** Smaller bust right **Rev:** Crowned tapered arms divide FE-RT, crown divides date

Date	Mintage	VG	F	VF	XF	Unc
1741	—	5.00	10.00	20.00	40.00	—

C# 7 2.6 SOLDI

3.8000 g., Billon **Ruler:** Carlo Emanuele III **Obv:** Head left, date below **Rev:** Crowned arms divide FE-RT

Date	Mintage	VG	F	VF	XF	Unc
1742	—	5.00	10.00	20.00	40.00	—
1743	—	5.00	10.00	20.00	40.00	—
1744	—	5.00	10.00	20.00	40.00	—
1745	—	5.00	10.00	20.00	40.00	—
1746	—	5.00	10.00	20.00	40.00	—
1747	—	5.00	10.00	20.00	40.00	—

C# 5 2.6 SOLDI

2.3500 g., Billon **Ruler:** Carlo Emanuele III **Obv:** Head right **Obv. Legend:** CAR • EM • D • G • REX • ..... **Rev:** Crowned displayed eagle with arms of Savoy on breast **Rev. Legend:** MONTISF • PRINC • PED • ....

Date	Mintage	VG	F	VF	XF	Unc
1755	—	3.00	30.00	100	150	—
1756	—	3.00	6.00	15.00	30.00	—
1757	—	3.00	6.00	15.00	30.00	—
1758	—	3.00	6.00	15.00	30.00	—

C# 54 2.6 SOLDI

2.6000 g., Billon **Ruler:** Victorio Amedeo III **Obv:** Legend, head right, date **Rev:** Eagle, Savoy cross on breast

Date	Mintage	VG	F	VF	XF	Unc
1781	—	6.50	15.00	25.00	50.00	—
1782	—	6.50	15.00	25.00	50.00	—
1783	—	6.50	15.00	25.00	50.00	—
1784	—	6.50	15.00	25.00	50.00	—
1785	—	6.50	15.00	25.00	50.00	—

C# 81 2.6 SOLDI

2.3000 g., Billon **Ruler:** Carlo Emanuele IV **Obv:** Head right **Obv. Legend:** CAROLUS • EMANUEL • IV • **Rev:** Crowned displayed eagle with arms of Savoy on breast

Date	Mintage	F	VF	XF	Unc	BU
1798	—	5.00	10.00	20.00	40.00	—
1799	—	5.00	50.00	100	200	—

C# 51 5 SOLDI

5.3500 g., Copper **Ruler:** Victorio Amedeo III **Obv:** Bust right **Obv. Legend:** VIC • AMED • D • G • REX • SARD • **Rev:** Standing figure above value

Date	Mintage	VG	F	VF	XF	Unc
1794	—	4.00	15.00	40.00	80.00	—
1795	—	4.00	7.00	15.00	30.00	—
1796	—	4.00	7.00	15.00	30.00	—

C# 8 7.6 SOLDI

0.7650 g., Billon **Ruler:** Carlo Emanuele III **Obv:** Head right, date below **Rev:** Crowned arms in cartouche, value below

Date	Mintage	VG	F	VF	XF	Unc
1755	—	4.00	8.00	17.50	40.00	—
1756	—	4.00	8.00	17.50	40.00	—
1757	—	4.00	8.00	17.50	40.00	—
1758	—	4.00	8.00	17.50	40.00	—

C# 55 7.6 SOLDI

4.7500 g., Billon **Ruler:** Victorio Amedeo III **Obv:** Legend, bust right, date **Obv. Legend:** VIC• AM• D•G• REX• SAR• CYP• ET• TER **Rev:** Eagle on shield, crown above

Date	Mintage	VG	F	VF	XF	Unc
1781	—	10.00	20.00	30.00	65.00	—
1782	—	25.00	50.00	100	200	—
1783	—	10.00	15.00	25.00	45.00	—
1784	—	10.00	15.00	25.00	45.00	—
1785	—	10.00	15.00	25.00	45.00	—
1789	—	150	300	400	600	—
1791	—	10.00	25.00	35.00	80.00	—
1793	—	10.00	15.00	25.00	45.00	—
1794	—	10.00	25.00	35.00	80.00	—
1795	—	10.00	50.00	100	300	—

C# 82 7.6 SOLDI

4.4500 g., Billon **Ruler:** Carlo Emanuele IV **Obv:** Head right **Obv. Legend:** CAROLUS • EMANUEL • IV **Rev:** Crowned oval arms **Rev. Legend:** SARD • CYP • ET • IER • ...

Date	Mintage	F	VF	XF	Unc	BU
1798 Rare	—	—	—	—	—	—
1799	—	10.00	200	500	800	—
1800	—	7.00	12.00	22.00	45.00	—

C# 56 10 SOLDI

3.1000 g., Billon **Ruler:** Victorio Amedeo III **Obv:** Legend, bust right, date **Obv. Legend:** VIC• AMED• D•G• REX• SARD **Rev:** Crowned arms

Date	Mintage	VG	F	VF	XF	Unc
1794	—	7.50	20.00	35.00	60.00	—
1795	—	7.50	20.00	35.00	60.00	—
1796	—	7.50	20.00	35.00	60.00	—

C# 9 10 SOLDI

2.9000 g., Silver **Ruler:** Carlo Emanuele III **Obv:** Armored bust right **Rev:** Crowned arms, date at upper left, value at upper right

Date	Mintage	VG	F	VF	XF	Unc
1732 Rare	—	—	—	—	—	—
1733 Rare	—	—	—	—	—	—

C# 10 10 SOLDI

Silver **Ruler:** Carlo Emanuele III **Obv:** Head left, date below **Rev:** Crowned arms in Order collar, crown divides value

Date	Mintage	VG	F	VF	XF	Unc
1742	—	6.00	50.00	100	200	—

C# 57 15 SOLDI

4.8000 g., Billon **Ruler:** Victorio Amedeo III **Obv:** Legend, head right, date **Obv. Legend:** VIC • AM • D • G • REX • SAR • CYP • ET • IER • **Rev:** Value in wreath

Date	Mintage	VG	F	VF	XF	Unc
1794	—	15.00	30.00	60.00	90.00	—

C# 58 20 SOLDI

5.6000 g., Billon **Ruler:** Victorio Amedeo III **Obv:** Legend, bust right, date **Obv. Legend:** VICT• AMED• D•G• REX• SARD• **Rev:** Crowned arms

Date	Mintage	VG	F	VF	XF	Unc
1794	—	7.50	12.50	25.00	45.00	—
1795	—	7.50	20.00	60.00	120	—
1796	—	7.50	15.00	40.00	80.00	—

C# 11 20 SOLDI

5.9700 g., Silver **Ruler:** Carlo Emanuele III **Obv:** Armored bust right **Rev:** Crowned arms, date at upper left, value at upper right

Date	Mintage	VG	F	VF	XF	Unc
1732 Rare	—	—	—	—	—	—

C# 12 20 SOLDI

5.6000 g., Silver **Ruler:** Carlo Emanuele III **Obv:** Head left, date below **Obv. Legend:** CAR • EM • D • G • REX • SAR • CYP • ET • IER • **Rev:** Crowned arms in Order collar, crown divides value **Rev. Legend:** MONT ISF • PRINC • PED • DVX • SAB • ET •

Date	Mintage	VG	F	VF	XF	Unc
1742	—	10.00	20.00	40.00	80.00	—
1747	—	10.00	20.00	40.00	80.00	—
1748	—	10.00	20.00	40.00	80.00	—

C# 13 1/8 SCUDO

3.6000 g., Silver **Ruler:** Carlo Emanuele III **Obv:** Armored bust right **Rev:** Crowned arms in Order collar, date divided at top

Date	Mintage	VG	F	VF	XF	Unc
1733 Rare	—	15.00	200	800	1,000	—

C# 14 1/8 SCUDO

4.3000 g., 0.9000 Silver 0.1244 oz. ASW **Ruler:** Carlo Emanuele III **Obv:** Bust left, date below **Rev:** Crowned arms in Order collar

Date	Mintage	VG	F	VF	XF	Unc
1755	—	6.00	12.00	25.00	50.00	—
1756	—	6.00	12.00	25.00	50.00	—
1757 Rare	—	—	—	—	—	—
1758 Rare	—	—	—	—	—	—

C# 15 1/4 SCUDO

7.3500 g., Silver **Ruler:** Carlo Emanuele III **Obv:** Armored bust right **Rev:** Crowned arms in Order collar, date divided at top

Date	Mintage	VG	F	VF	XF	Unc
1733	—	—	1,000	5,000	10,000	—

C# 16 1/4 SCUDO

8.8000 g., 0.9000 Silver 0.2546 oz. ASW **Ruler:** Carlo Emanuele III **Obv:** Bust left, date below **Rev:** Crowned round arms in Order collar

Date	Mintage	VG	F	VF	XF	Unc
1755	—	10.00	20.00	40.00	80.00	—
1756	—	10.00	20.00	40.00	80.00	—
1757	—	10.00	20.00	75.00	150	—
1758	—	10.00	20.00	75.00	150	—
1759	—	10.00	20.00	75.00	150	—
1760	—	10.00	20.00	75.00	150	—
1762	—	10.00	20.00	75.00	150	—
1763	—	10.00	20.00	40.00	80.00	—
1764	—	10.00	20.00	40.00	80.00	—
1765	—	10.00	20.00	40.00	80.00	—
1766	—	30.00	100	200	400	—
1768	—	10.00	20.00	40.00	80.00	—
1769	—	10.00	20.00	40.00	80.00	—
1770	—	10.00	20.00	40.00	80.00	—
1771	—	10.00	20.00	40.00	80.00	—
1772	—	10.00	20.00	40.00	80.00	—

C# 59 1/4 SCUDO

8.7910 g., 0.9040 Silver 0.2555 oz. ASW **Ruler:** Victorio Amedeo III **Obv:** Bust left **Obv. Legend:** VIC • AM • D • G • REX • SAR • CYP • ET • IER • **Rev:** Crowned arms in order chain **Rev. Legend:** MONTISFER • PRINC • PEDEM • DVX • SABAVD • ET •

Date	Mintage	F	VF	XF	Unc	BU
1773	—	50.00	100	200	700	—
1774	—	50.00	100	200	700	—
1775	—	50.00	100	200	700	—
1776	—	50.00	100	200	700	—
1777	—	100	200	500	1,000	—
1778	—	50.00	100	200	700	—
1779	—	50.00	100	200	700	—
1780	—	50.00	100	200	700	—
1781	—	50.00	100	200	700	—
1786	—	50.00	100	200	700	—
1787	—	50.00	100	200	700	—
1788	—	100	200	500	1,000	—
1789	—	50.00	100	200	700	—
1790	—	50.00	100	200	700	—
1791	—	50.00	100	200	700	—
1792	—	50.00	100	200	700	—
1793	—	50.00	100	200	700	—

Victorio Amedeo III **Obv:** Bust left **Obv. Legend:** VIC • AM • D • G • REX • CYP • ET • IER • **Rev:** Crowned arms in order collar **Rev. Legend:** MONTISFER • PRINC • PEDEM • DVX • SABAVD • ET •

Date	Mintage	F	VF	XF	Unc	BU
1773	—	100	200	300	700	—
1774	—	100	200	300	700	—
1775	—	100	200	300	700	—
1776	—	100	200	300	700	—
1777	—	100	200	300	700	—
1778	—	100	200	300	700	—
1779	—	100	200	300	700	—
1780	—	100	200	300	700	—
1781	—	100	200	300	700	—
1782	—	150	300	500	1,000	—
1784	—	150	300	500	1,000	—
1785	—	150	300	500	1,000	—
1786	—	100	200	550	1,000	—
1787	—	100	200	300	700	—
1788	—	100	200	300	700	—
1789	—	100	200	300	700	—
1790	—	100	200	300	700	—
1791	—	100	200	300	700	—
1792	—	100	200	300	700	—
1793	—	100	200	300	700	—

C# 20 SCUDO

35.1500 g., 0.9000 Silver 1.0170 oz. ASW **Ruler:** Carlo Emanuele III **Obv:** Bust left **Obv. Legend:** CAR • EM • D • G • REX• SAR • CYP• ET • IER • **Note:** Dav. #1494.

Date	Mintage	VG	F	VF	XF	Unc
1755	—	1,000	2,000	4,000	—	—
1756 Rare	—	—	—	—	—	—
1757	—	1,000	2,000	4,000	—	—
1758	—	1,000	2,000	4,000	—	—
1760	—	—	—	—	—	—
1763	—	1,000	2,000	4,000	—	—
1765	—	1,000	2,000	4,000	—	—
1769 Rare	—	—	—	—	—	—

C# 83 1/4 SCUDO

8.7910 g., 0.9050 Silver 0.2558 oz. ASW **Ruler:** Carlo Emanuele IV **Obv:** Armored bust left **Obv. Legend:** CAROLUS • EMANUEL • IV • **Rev:** Crowned arms in order collar **Rev. Legend:** SARD • CYP • ET • IER • ...

Date	Mintage	F	VF	XF	Unc	BU
1797 Rare	—	—	—	—	—	—
1798 Rare	—	—	—	—	—	—
1799 Rare	—	—	—	—	—	—

C# 17 1/2 SCUDO

16.7500 g., Silver **Ruler:** Carlo Emanuele III **Obv:** Armored bust right **Rev:** Crowned arms in Order collar, date divided at top

Date	Mintage	VG	F	VF	XF	Unc
1733 Rare	—	—	—	—	—	—

C# 84 1/2 SCUDO

17.5820 g., 0.9050 Silver 0.5116 oz. ASW **Ruler:** Carlo Emanuele IV **Obv:** Bust left **Obv. Legend:** CAROLUS • EMANUEL • IV • **Rev:** Crowned arms in order collar **Rev. Legend:** SAR • CYP • ET • IER • & D • G • REX

Date	Mintage	F	VF	XF	Unc	BU
1797	—	200	300	600	1,200	—
1798	—	200	300	600	1,200	—
1799	—	200	300	600	1,200	—
1800	—	1,000	2,000	8,000	15,000	—

DAV# 1492 SCUDO

35.1500 g., 0.9040 Silver 1.0216 oz. ASW **Ruler:** Austrian **Obv:** Bust of Victor Amedeo II right **Rev:** Crowned and supported arms, date below

Date	Mintage	VG	F	VF	XF	Unc
1711	—	650	1,200	2,000	3,500	—

C# 18 1/2 SCUDO

18.7000 g., 0.9000 Silver 0.5411 oz. ASW **Ruler:** Carlo Emanuele III **Obv:** Bust left **Obv. Legend:** CAR • EM • D • G • REX • SAR • ... **Rev:** Crowned arms in order collar **Rev. Legend:** MONTISFER • PRINC • PEDEM • DVX • SABAVD • ET •

Date	Mintage	VG	F	VF	XF	Unc
1755	—	20.00	40.00	80.00	175	—
1756	—	20.00	80.00	240	480	—
1757	—	20.00	40.00	80.00	175	—
1758	—	20.00	40.00	80.00	175	—
1759	—	20.00	40.00	80.00	175	—
1760	—	20.00	40.00	80.00	175	—
1761 Rare	—	—	—	—	—	—
1762	—	20.00	40.00	80.00	175	—
1763	—	20.00	40.00	80.00	175	—
1764	—	20.00	40.00	80.00	175	—
1765	—	20.00	100	200	600	—
1766	—	20.00	40.00	80.00	175	—
1767	—	20.00	40.00	80.00	175	—
1769	—	20.00	40.00	80.00	175	—
1770	—	20.00	40.00	80.00	175	—
1771	—	50.00	200	500	1,000	—
1772 Rare	—	—	—	—	—	—

C# 61 SCUDO

35.1640 g., 0.9040 Silver 1.0220 oz. ASW **Ruler:** Victorio Amedeo III **Obv:** Bust left **Obv. Legend:** VIC • AM • D • G • REX• SAR • CYP • ET • IER • **Rev:** Crowned arms in order collar **Rev. Legend:** MONTISFER • PRINC • PEDEM • DVX • SABAVD • ET • **Note:** Dav. #1496.

Date	Mintage	VG	F	VF	XF	Unc
1773 Rare	—	—	—	—	—	—
1776 Rare	—	—	—	—	—	—

DAV# 1497 SCUDO

35.1640 g., 0.9040 Silver 1.0220 oz. ASW **Ruler:** Victorio Amedeo III **Obv:** Head left **Rev:** Crowned arms in chain

Date	Mintage	VG	F	VF	XF	Unc
1773 Rare	—	—	—	—	—	—
1774 Rare	—	—	—	—	—	—

C# 29 1/4 DOPPIA

3.2800 g., 0.9050 Gold 0.0954 oz. AGW **Ruler:** Carlo Emanuele III **Obv:** Bust left, date below **Rev:** Crowned round arms in Order collar

Date	Mintage	VG	F	VF	XF	Unc
1755 Rare	—	—	—	—	—	—
1756 Rare	—	—	—	—	—	—
1757 Rare	—	—	—	—	—	—

C# 60 1/2 SCUDO

17.5820 g., 0.9040 Silver 0.5110 oz. ASW **Ruler:**

C# 19 SCUDO

29.7000 g., Silver **Ruler:** Carlo Emanuele III **Obv:** Bust right **Obv. Legend:** CAR • EM • D • G • REX • SAR • CYP • ET • IER • **Rev:** Crowned arms **Rev. Legend:** MON TISFER • PRINC • PED • DVX • SAB • ET • **Note:** Dav. #1493.

Date	Mintage	VG	F	VF	XF	Unc
1733	—	1,000	2,000	5,000	12,000	—
1734	—	1,000	2,000	5,000	12,000	—
1735	—	1,000	2,000	5,000	12,000	—

C# 62 1/4 DOPPIA

2.2790 g., 0.9050 Gold 0.0663 oz. AGW **Ruler:** Victorio Amedeo III **Obv:** Legend, head left, date **Obv. Legend:** VIC • AM • D • G • REX • SAR • CYP • ET • IER • **Rev:** Crowned arms in order collar **Rev. Legend:** MONTISFER • PRINC • PED • DVX • SAB • ET •

Date	Mintage	VG	F	VF	XF	Unc
1773 Rare	—	—	—	—	—	—
1777 Rare	—	—	—	—	—	—

ITALIAN STATES — SARDINIA

Date	Mintage	VG	F	VF	XF	Unc
1782 Rare	—	—	—	—	—	—
1785	—	500	950	2,250	3,250	—

C# 63 1/4 DOPPIA
2.2790 g., 0.9050 Gold 0.0663 oz. AGW **Ruler:** Victorio Amedeo III **Obv:** Legend, head left, date **Obv. Legend:** VIC • AM • D • G • REX • SARDINIAE • **Rev:** Eagle on crossed baton and scepter, crown above **Rev. Legend:** PRINC • PEDEM • DVX • SABAVD •

Date	Mintage	VG	F	VF	XF	Unc
1786	—	500	600	950	1,500	—

C# 21 1/2 DOPPIA
3.9200 g., 0.9050 Gold 0.1141 oz. AGW **Ruler:** Carlo Emanuele III **Obv:** Draped bust right **Rev:** Crowned arms in Order collar, date divided at top

Date	Mintage	VG	F	VF	XF	Unc
1733	—	—	2,500	5,500	9,500	—
1734	—	—	2,500	5,500	9,500	—

C# 22 1/2 DOPPIA
3.5500 g., 0.9040 Gold 0.1032 oz. AGW **Ruler:** Carlo Emanuele III **Obv:** Armored bust left, date below **Rev:** Crowned arms in Order collar

Date	Mintage	VG	F	VF	XF	Unc
1741	—	—	2,500	5,500	9,500	—
1742	—	—	2,500	5,500	9,500	—

C# 30 1/2 DOPPIA
4.7600 g., 0.9050 Gold 0.1385 oz. AGW **Ruler:** Carlo Emanuele III **Obv:** Head left **Obv. Legend:** CAR • EM • D • G • REX • SAR • CYP • ET • IER • **Rev:** Crowned arms in Order collar **Rev. Legend:** MONTISFER • PRINC • PED • & • DVX • SAB • ET •

Date	Mintage	VG	F	VF	XF	Unc
1755	—	500	800	1,500	3,000	—
1756	—	500	800	1,500	3,000	—
1757	—	500	800	1,500	3,000	—
1758	—	500	800	1,500	3,000	—
1759	—	500	800	1,500	3,000	—
1760	—	500	800	1,500	3,000	—
1763	—	500	800	1,500	3,000	—
1764	—	500	800	1,500	3,000	—
1765	—	500	800	1,500	3,000	—
1766	—	500	800	1,500	3,000	—
1767	—	500	800	1,500	3,000	—
1768	—	500	800	1,500	3,000	—
1769	—	500	800	1,500	3,000	—
1770	—	500	800	1,500	3,000	—
1771	—	500	800	1,500	3,000	—
1772	—	500	800	1,500	3,000	—

C# 64 1/2 DOPPIA
4.7500 g., 0.9050 Gold 0.1382 oz. AGW **Ruler:** Victorio Amedeo III **Obv:** Head left **Obv. Legend:** VIC • AM • D • G • REX • SAR • CYP • ET • IER • **Rev:** Crowned arms in Order collar **Rev. Legend:** MONTISFER • PRINC • PED • & • DVX • SAB • ET •

Date	Mintage	VG	F	VF	XF	Unc
1773	—	650	1,250	2,200	3,250	—
1774	—	650	1,250	2,200	3,250	—
1775	—	650	1,250	2,200	3,250	—
1776	—	650	1,250	2,200	3,250	—
1777	—	650	1,250	2,200	3,250	—
1778	—	650	1,250	2,200	3,250	—
1780	—	650	1,250	2,200	—	—
1781	—	650	1,250	2,200	3,250	—
1784	—	—	—	—	—	—

C# 65 1/2 DOPPIA
4.5580 g., 0.9050 Gold 0.1326 oz. AGW **Ruler:**

Victorio Amedeo III **Obv:** Head left **Obv. Legend:** VIC • AM • D • G • SARDINIAE • **Rev:** Eagle on crossed baton and scepter, crown above **Rev. Legend:** PRINC • PEDEM * DVX * SABAVD *

Date	Mintage	VG	F	VF	XF	Unc
1786	—	650	1,000	2,000	3,000	—
1787	—	650	1,000	2,000	3,000	—
1788	—	650	1,000	2,000	3,000	—
1789	—	650	1,000	2,000	3,000	—
1790	—	650	1,000	2,000	3,000	—
1791	—	650	1,000	2,000	3,000	—
1792	—	650	1,000	2,000	3,000	—
1793 Rare	—	—	—	—	—	—
1794	—	650	1,000	2,000	3,000	—
1795 Rare	—	—	—	—	—	—
1796	—	400	600	1,750	4,000	—

C# 85 1/2 DOPPIA
4.5580 g., 0.9050 Gold 0.1326 oz. AGW **Ruler:** Carlo Emanuele IV **Obv:** Head left **Obv. Legend:** C A R O L U S • E M A N U E L • I V • **Rev:** Eagle on crossed baton and scepter, crown above

Date	Mintage	F	VF	XF	Unc	BU
1797	—	800	1,500	3,000	4,500	—
1798	—	1,000	2,000	4,000	7,000	—

C# 23 DOPPIA
9.6400 g., 0.9050 Gold 0.2805 oz. AGW **Ruler:** Carlo Emanuele III **Obv:** Armored bust right **Obv. Legend:** CAR • EM • D • G • REX SAR • CVP • ET IER • **Rev:** Crowned arms in Order collar, divided date above **Rev. Legend:** MON TISF • PRINC • PED • DVX • SAB • ET •

Date	Mintage	VG	F	VF	XF	Unc
1733 Rare	—	—	—	—	—	—

Note: Swiss Bank sale #21 1-89 VF realized $10,560.

Date	Mintage	VG	F	VF	XF	Unc
1734 Rare	—	—	—	—	—	—

C# 24 DOPPIA
9.6400 g., 0.9500 Gold 0.2944 oz. AGW **Ruler:** Carlo Emanuele III **Obv:** Armored bust left, date below **Rev:** Crowned arms in Order collar

Date	Mintage	VG	F	VF	XF	Unc
1741 Rare	—	—	—	—	—	—

C# 31 DOPPIA
9.6400 g., 0.9050 Gold 0.2805 oz. AGW **Ruler:** Carlo Emanuele III **Obv:** Head left, date below **Obv. Legend:** CAR • EM • D • G • REX •SAR • CYP • ET •IER • **Rev:** Crowned arms in Order collar **Rev. Legend:** MONTISFER • PRINC • PED • & • DVX • SAB • ET •

Date	Mintage	VG	F	VF	XF	Unc
1755	—	600	1,250	2,250	3,250	5,500
1756	—	600	1,250	2,250	3,250	5,500
1757	—	600	1,250	2,250	3,250	5,500
1758	—	600	1,250	2,250	3,250	5,500
1760	—	600	1,250	2,250	3,250	5,500
1761	—	600	1,250	2,250	3,250	5,500
1762	—	600	1,250	2,250	3,250	5,500
1763	—	600	1,250	2,250	3,250	5,500
1764	—	600	1,250	2,250	3,250	5,500
1765	—	600	1,250	2,250	3,250	5,500
1766	—	600	1,250	2,250	3,250	5,500
1767	—	600	1,250	2,250	3,250	5,500
1768	—	600	1,250	2,250	3,250	5,500
1769	—	600	1,250	2,250	3,250	5,500
1770	—	600	1,250	2,250	3,250	5,500
1771	—	600	1,250	2,250	3,250	5,500
1772	—	600	1,250	2,250	3,250	5,500

C# 66 DOPPIA
9.6000 g., 0.9050 Gold 0.2793 oz. AGW **Ruler:** Victorio Amedeo III **Obv:** Legend, head left, date **Obv. Legend:** VIC• AM• D•G• REX• SAR• CYP• ET• IER • **Rev:** Crowned arms

Date	Mintage	VG	F	VF	XF	Unc
1773	—	700	1,550	3,000	6,000	—
1776	—	700	1,550	3,000	6,000	—
1777	—	700	1,550	3,000	6,000	—

Date	Mintage	VG	F	VF	XF	Unc
1778	—	700	1,550	3,000	6,000	—
1779	—	700	1,550	3,000	6,000	—
1780	—	700	1,550	3,000	6,000	—
1782	—	700	1,550	3,000	6,000	—

C# 67 DOPPIA
9.1160 g., 0.9050 Gold 0.2652 oz. AGW **Ruler:** Victorio Amedeo III **Obv:** Head left, date below **Obv. Legend:** VIC • AM • D • G • REX • SARDINIAE • **Rev:** Eagle on crossed baton and scepter, crown above **Rev. Legend:** * PRINC • PEDEM * * DVX • SABAVD *

Date	Mintage	VG	F	VF	XF	Unc
1786	—	600	700	825	1,400	3,000
1787	—	600	700	825	1,400	3,000
1788	—	600	700	825	1,400	3,000
1789	—	600	700	825	1,400	3,000
1790	—	600	700	825	1,400	3,000
1791	—	600	700	825	1,400	3,000
1792	—	600	700	825	1,400	3,000
1793	—	600	700	825	1,400	3,000
1794 Rare	—	—	—	—	—	—
1795 Rare	—	—	—	—	—	—
1796	—	600	700	825	1,400	3,000

C# 86 DOPPIA
9.1160 g., 0.9050 Gold 0.2652 oz. AGW **Ruler:** Carlo Emanuele IV **Obv:** Head left, date below **Obv. Legend:** CAROLUS • EMANUEL • I V • **Rev:** Eagle on crossed baton and scepter, crown above **Rev. Inscription:** SAR • CYP • ET • IER • & • D • G • REX •

Date	Mintage	VG	F	VF	XF	Unc
1797	—	—	1,000	1,500	3,000	6,000
1798	—	—	1,000	1,500	3,000	6,000
1799	—	—	1,000	2,500	4,000	7,000
1800	—	—	1,000	2,000	5,000	10,000

C# 33 5 DOPPIE (Carlino)
33.1300 g., 0.9050 Gold 0.9639 oz. AGW **Ruler:** Carlo Emanuele III **Obv:** Head left, date below **Obv. Legend:** CAR • EM • D • G • REX • SAR • CYP • ET • IER • **Rev:** Crowned arms in Order collar **Rev. Legend:** MONTISFER • PRINC • PED • & • DVX • SAB • ET • **Note:** Struck at Turin.

Date	Mintage	VG	F	VF	XF	Unc
1755 Rare	—	—	—	—	—	—

Note: Stack's International sale 3-88 VF/XF realized $12,100.

Date	Mintage	VG	F	VF	XF	Unc
1756 Rare	—	—	—	—	—	—
1757 Rare	—	—	—	—	—	—
1758 Rare	—	—	—	—	—	—
1768 Rare	—	—	—	—	—	—

Note: Bowers and Merena Guia sale 3-88 XF realized $14,300.

C# 69 5 DOPPIE (Carlino)

45.5600 g., 0.9050 Gold 1.3256 oz. AGW **Ruler:** Victorio Amedeo III **Obv:** Head left, date below **Obv. Legend:** VIC • AM • D • G • REX • SARDINIAE • **Rev:** Eagle on crossed baton and scepter, crown above **Rev. Legend:** * PRINC • PEDEM * * DVX • SABAVD *

Date	Mintage	VG	F	VF	XF	Unc
1786	—	3,500	7,000	15,000	30,000	40,000

C# A25 1/8 ZECCHINO

0.4375 g., 0.9860 Gold 0.0139 oz. AGW **Obv:** Angel Gabriel in flight, value below **Rev:** Virgin Mary kneeling, illuminated by the Holy Spirit

Date	Mintage	VG	F	VF	XF	Unc
ND Rare	—	—	—	—	—	—

C# 25 1/6 ZECCHINO

0.5833 g., 0.9860 Gold 0.0185 oz. AGW **Obv:** Angel Gabriel in flight, value below **Rev:** Virgin Mary kneeling, illuminated by the Holy Spirit

Date	Mintage	VG	F	VF	XF	Unc
ND -	—	1,000	2,500	4,750	8,000	—

C# 26 1/2 ZECCHINO

1.7500 g., 0.9860 Gold 0.0555 oz. AGW **Ruler:** Carlo Emanuele III **Obv:** Eagle on crossed baton and scepter within Order collar, crown above **Obv. Legend:** CAROLVS • EMANVEL • D • G • SARDINIÆ • REX **Rev:** Angel in flight, kneeling figure above date **Note:** Similar to Zecchino, C#27.

Date	Mintage	VG	F	VF	XF	Unc
1744	—	400	700	1,200	2,500	—
1745	—	400	700	1,200	2,500	—
1746	—	400	700	1,200	2,500	—

C# 27 ZECCHINO

3.5000 g., 0.9860 Gold 0.1109 oz. AGW **Ruler:** Carlo Emanuele III **Obv:** Eagle on crossed baton and scepter within Order collar, crown above **Obv. Legend:** CAROLVS • EMANVEL • D • G • SARDINIÆ • REX **Rev:** Angel in flight, kneeling figure **Note:** Variations in the Annunciation scene exist.

Date	Mintage	VG	F	VF	XF	Unc
1743	—	400	700	1,200	2,500	—
1744	—	400	700	1,200	2,500	—
1745	—	400	700	1,200	2,500	—
1746	—	400	700	1,200	2,500	—

C# 28 4 ZECCHINI

14.0000 g., 0.9860 Gold 0.4438 oz. AGW **Ruler:** Carlo Emanuele III **Obv:** Eagle on crossed baton and scepter within Order collar, crown above **Obv. Legend:** CAROLVS • EMANVEL • D • G • SARDINIÆ • REX **Rev:** Angel in flight, kneeling figure above date

Date	Mintage	VG	F	VF	XF	Unc
1745 Rare	—	—	—	—	—	—
1746 Rare	—	—	—	—	—	—

PATTERNS

Including off metal strikes

KM#	Date	Mintage	Identification	Mkt Val
Pn1	1735	—	2 Denari. Silver. C1.	—
Pn2	1749	—	2 Denari. Billon. C1.	—
Pn3	1757	—	1/8 Scudo. Copper. C14.	—
Pn4	1832	—	2 Lire. 0.9000 Silver. C#112.2.	—

SAVOY

(Savoia)

The territory of Savoy encompassed the northwestern corner of Italy and parts of southeastern France, although the extent of its borders fluctuated over the centuries. Savoy was part of the Kingdom of Arles until 1032, when a son of a count of Bellay gained a measure of independence with the title Count of Aosta-Maurienne. His son, Oddone (1056-60), is recognized as the first ruler of the House of Savoy, but it was not until 1125 that the title became Count of the Empire. During the next few centuries, Savoy expanded to include most of the territory south of Lake Geneva (now in Switzerland) and gained Piedmont, with its capital of Torino (Turin). The count was raised to the rank of Prince of the Empire in 1310 and became Duke of Savoy in 1416.

Savoy was almost constantly caught up in conflicts between the various powers of Europe - the Empire, France and Spain. During 1533 to 1536, Savoy lost consecutively Vaud, Geneva, Valais, Chablais and Gex, then suffered French occupation until 1559. Montferrat was partly acquired in 1631, with the rest following in 1708. The Countship of Desana (see) also became part of the duchy in 1676. During the war year of 1713, Savoy conquered a number of fortresses along the French frontier and was given Sicily in reward. That island was exchanged with Austria for Sardinia in 1720 and all the holdings of the House of Savoy became the Kingdom of Sardinia (see), also called Sardinia-Piedmont.

RULER

Vittorio Amedeo II, as Duke, 1680-1720, King of Sardinia, 1720-1730

MINT OFFICIALS' INITIALS

Initials	Date	Name
P	1640-1642	Pietro Perrinet in Chambéry

MONETARY SYSTEM

9 Fiorini = 1 Scudo

ARMS

Plain cross with equal length arms

REFERENCE

Cud = Sergio Cudazzo, **Monete Italiane Regionali: Casa Savoia**, Pavia: Numismatica Varesi, 2005.

DUCHY

STANDARD COINAGE

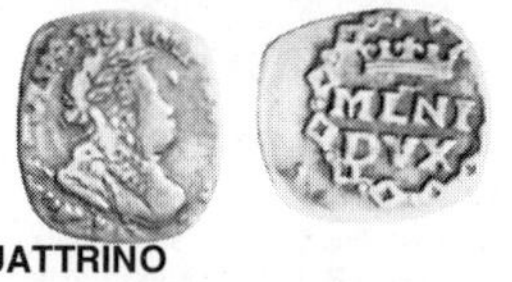

KM# 4 QUATTRINO

Copper **Ruler:** Vittorio Amedeo II (under regency)

Date	Mintage	Good	VG	F	VF	XF
1726	—	—	5.00	10.00	20.00	50.00

KM# 351 3 QUATTRINI

1.7800 g., Billon, 20 mm. **Ruler:** Vittorio Amedeo II (alone) **Obv:** VA monogram divides date within chain of knots, no legend **Rev:** Crowned shield of Savoy arms **Rev. Legend:** QVAT - TRINI. III. **Note:** Ref. Cud. 878.

Date	Mintage	VG	F	VF	XF	Unc
1709 Rare	—	—	—	—	—	—

KM# 331 2 DENARI

Copper Weight varies: 2.15-2.16g., 18 mm. **Ruler:** Vittorio Amedeo II (alone) **Obv:** Plain cross **Obv. Legend:** VIC. AM. II. D. G. D. SAB. P. P(ED). R(EX). CYP. **Rev:** large crown and 2 rosettes above knot, date below, no legend **Note:** Ref. Cud. 877. Varieties exist.

Date	Mintage	Good	VG	F	VF	XF
1704 Rare	—	—	—	—	—	—
1706 Rare	—	—	—	—	—	—
1707 Rare	—	—	—	—	—	—
1708 Rare	—	—	—	—	—	—
1709 Rare	—	—	—	—	—	—

KM# 362 2 DENARI

Copper Weight varies: 1.55-1.65g., 16 mm. **Ruler:** Vittorio Amedeo II (alone) **Obv:** Plain cross **Obv. Legend:** VIC. AM. D. G. SI. IE. ET. CY. R. D. SA. ET. MF. P. PE. **Rev:** Large crown and 2 rosettes above knot, date below, no legend **Note:** Ref. Cud. 889.

Date	Mintage	Good	VG	F	VF	XF
1717 Rare	—	—	—	—	—	—
1718	—	7.00	15.00	35.00	85.00	—

KM# 352 SOLDO

Billon Weight varies: 1.72-1.86g., 22 mm. **Ruler:** Vittorio Amedeo II (alone) **Obv:** 3-line inscription with date within wreath **Obv. Legend:** VIC. AM. II. D. G. D. SAB. PR. PE. REX. CY. **Obv. Inscription:** (date) / SOLDI / VNO **Rev:** Plain cross, crown at each end, small cross in each angle, no legend **Note:** Ref. Cud. 873.

Date	Mintage	VG	F	VF	XF	Unc
1709	—	40.00	85.00	240	450	—

KM# 363 SOLDO

Billon Weight varies: 1.90-2.03g., 21 mm. **Ruler:** Vittorio Amedeo II (alone) **Obv:** 3-line inscription with date within wreath **Obv. Legend:** VIC. AM. D. G. SIC. IE. ET. CY. R. D. SA. ET. M. F. P. PE. **Obv. Inscription:** (date) / SOLDI / VNO **Rev:** Plain cross, crown at each end, small cross in each angle, no legend **Note:** Ref. Cud. 888.

Date	Mintage	VG	F	VF	XF	Unc
1717	—	30.00	60.00	165	325	—
1718	—	30.00	60.00	165	325	—

KM# 343 5 SOLDI

Billon Weight varies: 4.84-5.10g., 27-28 mm. **Ruler:** Vittorio Amedeo II (alone) **Obv:** Draped bust to right, date below **Obv. Legend:** VIC. AM. II. D. - G. DVX. SAB. **Rev:** Crowned shield of Savoy arms divides FE - RT, value '5. S' below in margin **Note:** Ref. Cud. 871.

Date	Mintage	Good	VG	F	VF	XF
1701 Rare	—	—	—	—	—	—
1704	—	45.00	100	200	575	—
1705 Rare	—	—	—	—	—	—
1706	—	45.00	100	200	575	—
1707	—	50.00	110	215	650	—
1709	—	70.00	150	325	1,000	—

KM# 346 1/2 LIRA (10 Soldi)

Silver Weight varies: 2.85-2.98g., 22 mm. **Ruler:** Vittorio Amedeo II (alone) **Obv:** Armored bust to right **Obv. Legend:** VIC. AM. II. - D. G. DVX. SAB. **Rev:** Crowned shield of manifold arms with central shield of Savoy, date divided at top, value 'S. 10' at bottom **Rev. Legend:** PRIN. PEDE - REX. CYPRI. **Note:** Ref. Cud. 868.

Date	Mintage	VG	F	VF	XF	Unc
1704	—	375	725	1,300	1,850	—
1709 Rare	—	—	—	—	—	—

KM# 364 1/2 LIRA (10 Soldi)

Silver Weight varies: 2.99-3.02g., 22 mm. **Ruler:** Vittorio Amedeo II (alone) **Obv:** Armored bust to right **Obv. Legend:** VIC. AM. D. G. SIC. IER. ET. CYP. REX. **Rev:** Crowned shield of manifold arms with central shield of Savoy, date divided at top, vale 'S. 10' at bottom **Rev. Legend:** DVX. SAB. ET. MON - TISF. PRIN. PED. &c. **Note:** Ref. Cud. 887.

Date	Mintage	VG	F	VF	XF	Unc
1717	—	1,000	1,600	2,250	3,000	—
1718	—	150	325	700	1,150	—

KM# 344 LIRA (20 Soldi)

Silver Weight varies: 5.83-6.05g., 29 mm. **Ruler:** Vittorio Amedeo II (alone) **Obv:** Draped and armored bust to right **Obv. Legend:** VIC. AM. II. D. - G. DVX. SAB. **Rev:** Crowned shield of manifold arms, with central shield of Savoy, in baroque frame, date divided at top, value 'S. 20' in margin at bottom **Rev. Legend:** PRIN. PEDE - REX. CYPRI. **Note:** Ref. Cud. 864, 865.

Date	Mintage	VG	F	VF	XF	Unc
1704	—	100	225	600	1,050	—
1705	—	125	275	700	1,150	—
1709	—	225	450	900	1,400	—
1711	32,000	375	725	2,000	3,200	—

KM# 347 LIRA (20 Soldi)

Silver, 29 mm. **Ruler:** Vittorio Amedeo II (alone) **Obv:** Draped and armored bust to right, date below **Obv. Legend:** VIC. AM. II. D. - G. DVX. SAB. **Rev:** Crowned shield of manifold arms, with central shield of Savoy, in baroque frame, date divided at top, value 'S. 20' in margin at bottom **Rev. Legend:** PRIN. PEDE - REX. CYPRI. **Note:** Ref. Cud. 864c.

Date	Mintage	VG	F	VF	XF	Unc
1704//1704 Rare	—	—	—	—	—	—

KM# 357 LIRA (20 Soldi)

Silver Weight varies: 5.95-6.08g., 29 mm. **Ruler:** Vittorio Amedeo II (alone) **Obv:** Head to right **Obv. Legend:** VIC. AM. D. G. SIC. IER. ET. CYP. REX. **Rev:** Crowned shield of manifold arms, with central shield of Savoy, in baroque frame, date divided at top, value 'S. 20' in margin at bottom **Rev. Legend:** DVX. SAB. ET. MON - TISF. PRIN. PED. &c. **Note:** Ref. Cud. 885.

Date	Mintage	VG	F	VF	XF	Unc
1714	—	2,250	4,800	8,500	17,500	—

KM# 365 LIRA (20 Soldi)

Silver Weight varies: 5.88-6.12g., 29 mm. **Ruler:** Vittorio Amedeo II (alone) **Obv:** Armored bust to right **Obv. Legend:** VIC. AM. D.G. SIC. IER. ET. CYP. REX. **Rev:** Crowned shield of manifold arms, with central shield of Savoy, date divided at top, value 'S.20' in margin below **Rev. Legend:** DVX. SAB. ET. MON - TISF. PRIN. PED. &C. **Note:** Cud. 886a,b.

Date	Mintage	VG	F	VF	XF	Unc
1717	—	275	450	975	1,350	—
1718	—	275	450	975	1,350	—

KM# 354 2 LIRE (40 Soldi)

Silver Weight varies: 12.00-12.05g., 31 mm. **Ruler:** Vittorio Amedeo II (alone) **Obv:** Armored bust to right **Obv. Legend:** VICTOR. AM II. D. G. DVX. SAB. **Rev:** Crowned shield of manifold arms, with central shield of Savoy, date divided above, value 'S. 40' in margin below **Rev. Legend:** PRIN. PEDE - REX. CYPRI. **Note:** Ref. Cud. 860.

Date	Mintage	VG	F	VF	XF	Unc
1711	—	2,300	4,800	8,500	17,000	—

994 ITALIAN STATES SAVOY

KM# 358 2 LIRE (40 Soldi)
Silver Weight varies: 12.15-12.18g., 32 mm. **Ruler:** Vittorio Amedeo II (alone) **Obv:** Head to right **Obv. Legend:** VIC. AM. D.G. SIC. IER. ET. CYP. REX. **Rev:** Crowned shield of manifold arms with central shield of Savoy, date divided above, value 'S.40' below in margin **Rev. Legend:** DVX. SAB. ET. MON - TISF. PRIN. PED. &C. **Note:** Cud. 883.

Date	Mintage	VG	F	VF	XF	Unc
1714	—	1,575	2,150	3,950	6,200	—

KM# 366 2 LIRE (40 Soldi)
Silver Weight varies: 12.00-12.15g., 32 mm. **Ruler:** Vittorio Amedeo II (alone) **Obv:** Armored bust to right **Obv. Legend:** VIC. AM. D. G. SIC. IER. ET. CYP. REX. **Rev:** Crowned shield of manifold arms, with central shield of Savoy, date divided above, value 'S. 40' in margin below **Rev. Legend:** DVX. SAB. ET. MON - TISF. PRIN. PED. &c. **Note:** Ref. Cud. 884.

Date	Mintage	VG	F	VF	XF	Unc
1717	—	800	1,500	2,500	5,500	—

KM# 367 2 1/2 LIRE (50 Soldi)
15.3000 g., Silver, 35 mm. **Ruler:** Vittorio Amedeo II (alone) **Obv:** Armored bust to right **Obv. Legend:** VIC. AM. D. G. SIC. IER. ET. CYP. REX. **Rev:** Crowned shield of manifold arms, with central shield of Savoy, date above, value 'S. 50' in margin below **Rev. Legend:** DVX. SAB. ET. MON - TISF. PRIN. PED. &c. **Note:** Ref. Cud. 882.

Date	Mintage	VG	F	VF	XF	Unc
1717 Rare	—	—	—	—	—	—

KM# 368 3 LIRE (60 Soldi)
Silver Weight varies: 18.05-18.30g., 39 mm. **Ruler:** Vittorio Amedeo II (alone) **Obv:** Armored bust to right **Obv. Legend:** VIC. AM. D. G. SIX. IER. ET. CYP. REX. **Rev:** Crowned shield of manifold arms, with central shield of Savoy, date divided above, value 'S. 60' in margin below **Rev. Legend:** DVX. SAB. ET. MON - TISF. PRIN. PED. &c. **Note:** Ref. Cud. 881.

Date	Mintage	VG	F	VF	XF	Unc
1717	300,000	750	1,550	3,000	6,250	—
1718 Rare	Inc. above	—	—	—	—	—

KM# 355 SCUDO BIANCO
Silver Weight varies: 27.05-27.15g., 42 mm. **Ruler:** Vittorio Amedeo II (alone) **Obv:** Armored bust to right **Obv. Legend:** VICTOR • AM • II • - D • G • DVX • SAB • **Rev:** Crowned shield of Savoy arms supported by 2 lions, date in exergue **Rev. Legend:** PRIN • PEDE • REX • CYPRI • **Note:** Ref. Cud. 855; Dav. 1492.

Date	Mintage	Good	VG	F	VF	XF
1711	—	—	500	1,000	1,850	3,000

TRADE COINAGE

KM# 348 1/2 DOPPIA
0.9260 Gold Weight varies: 3.20-3.35g., 22 mm. **Ruler:** Vittorio Amedeo II (alone) **Obv:** Draped and armored bust to right **Obv. Legend:** VIC. AM. II. D. - G. DVX. SAB. **Rev:** Crowned shield of manifold arms, with central shield of Savoy, in baroque frame, chain of order around, date at end of legend **Rev. Legend:** PRIN. PEDEM - REX. CYP. **Note:** Cud. 852; Fr. 1100.

Date	Mintage	VG	F	VF	XF	Unc
1704 Rare	—	—	—	—	—	—
1709 Rare	—	—	—	—	—	—

KM# 349 DOPPIA
6.6400 g., 0.9860 Gold 0.2105 oz. AGW, 26 mm. **Ruler:** Vittorio Amedeo II (alone) **Obv:** Mature bust to right **Obv. Legend:** VICTOR. AM. II. D. - G. DVX. SAB. **Rev:** Crowned shield of manifold arms with central shield of Savoy in baroque frame, order collar of the Annunziata, date at end of legend **Rev. Legend:** PRIN. PEDEM. - REX. CYP. **Note:** Cud. 848; Fr. 1099.

Date	Mintage	Good	VG	F	VF	XF
1704 Rare	—	—	—	—	—	—
1706 Rare	—	—	—	—	—	—

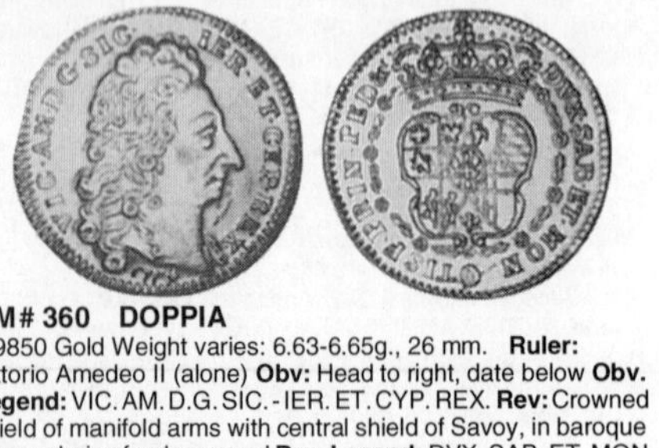

KM# 360 DOPPIA
0.9850 Gold Weight varies: 6.63-6.65g., 26 mm. **Ruler:** Vittorio Amedeo II (alone) **Obv:** Head to right, date below **Obv. Legend:** VIC. AM. D.G. SIC. - IER. ET. CYP. REX. **Rev:** Crowned shield of manifold arms with central shield of Savoy, in baroque frame, chain of order around **Rev. Legend:** DVX. SAB. ET. MON - TISF. PRIN. PED. &c. **Note:** Cud. 879; Fr. 1100a.

Date	Mintage	Good	VG	F	VF	XF
1714	—	—	4,500	7,200	9,500	17,500

Note: Bowers & Merena Guia Sale 3-88, XF realized $14,300.00

Date	Mintage	Good	VG	F	VF	XF
1717 Rare	—	—	—	—	—	—
1718 Rare	—	—	—	—	—	—

Note: An example in XF-AU realized approximately $20,000 in a Nomisma auction, October 2004.

SICILY

Has a history of occupation extending back to the ancient Phoenicians. In more recent times it was part of the Kingdom of Naples and Sicily.

RULERS

Philip V (of Spain), 1701-1713
Victor Amadeus II (of Savoy), 1713-1720
Charles III (VI of Austria), 1720-1734
Charles Bourbon, Carlo III, 1734-1759
Ferdinando III, 1759-1825

MINT OFFICIALS' INITIALS

Initials	Date	Name
AO	1752	Antonio Oca
DD-AC		Don Antonio Caicerano
FN	1734-49	Francesco Notarbartolo
GLC, GLCI	1775-90	Gabriel Lancilotto Castello
JVI	1798-1807	Guiseppe Ugo
NdOV	1793-98	Nicola d'Ogremont Vigevi
PN	1750-58	Placido Norarbartolo
SM		Simone Maurigi

MONETARY SYSTEM

6 Cavalli = 1 Grano
20 Grani = 2 Carlini = 1 Tari
12 Tari = 1 Piastra
15 Tari = 1 Scudo
2 Scudi = 1 Oncia

KINGDOM

STANDARD COINAGE

C# 1 3 CAVALLI
1.7500 g., Copper **Ruler:** Carlo III **Obv:** Crowned displayed eagle, MM initials below **Rev:** 3 in cartouche, date below

Date	Mintage	VG	F	VF	XF	Unc
1738 FN	—	10.00	30.00	100	150	—
1747 FN	—	10.00	20.00	40.00	60.00	—

C# 1a 3 CAVALLI
2.0500 g., Copper **Ruler:** Carlo III **Obv:** Larger eagle **Rev:** Different cartouche around 3

Date	Mintage	VG	F	VF	XF	Unc
1755 PN	—	10.00	20.00	40.00	60.00	—

C# 16 3 CAVALLI
2.1000 g., Copper **Ruler:** Ferdinando III **Obv:** Crowned eagle **Rev:** Value and date in ornamental cartouche

Date	Mintage	VG	F	VF	XF	Unc
1775 GLC	—	2.00	4.00	12.00	28.00	—
1776 GLC	—	2.00	4.00	12.00	28.00	—
1779 GLC	—	2.00	4.00	12.00	28.00	—
1782 GLC	—	2.00	4.00	12.00	28.00	—
1783 GLC	—	2.00	4.00	12.00	28.00	—
1791 GLCI	—	2.00	4.00	12.00	28.00	—
1793 NdOV	—	2.00	4.00	12.00	28.00	—
1794 NdOV	—	2.00	4.00	12.00	28.00	—
1795 NdOV	—	2.00	4.00	12.00	28.00	—

C# AA1 UN (1) GRANO
4.7000 g., Copper, 22.5 x 23.5 mm. **Ruler:** Victor Amadeus II **Obv:** Crowned eagle **Rev:** Inscription within ornamental frame **Edge:** Plain

Date	Mintage	F	VF	XF	Unc	BU
1716CP/DDAC	—	—	—	—	—	—

C# 3 UN (1) GRANO
4.2100 g., Bronze **Ruler:** Carlo III **Obv:** Displayed eagle divides FN **Obv. Legend:** CAR • III • SIC • REX • **Rev:** VT/COMMO/DIVS, date in cartouche

Date	Mintage	VG	F	VF	XF	Unc
1737 FN	—	10.00	20.00	40.00	60.00	—
1738 FN	—	10.00	20.00	40.00	60.00	—
1747 FN	—	10.00	60.00	120	200	—

C# 3a UN (1) GRANO
4.3000 g., Copper **Ruler:** Carlo III **Obv:** Larger eagle **Rev:** Different cartouche around inscription and date

Date	Mintage	VG	F	VF	XF	Unc
1755 PN	—	10.00	20.00	40.00	60.00	—

C# 18a UN (1) GRANO
4.6500 g., Copper **Ruler:** Ferdinando III **Obv:** Larger, crowned displayed eagle **Rev:** VT/COMMO/DIUS, date in ornamental cartouche

Date	Mintage	VG	F	VF	XF	Unc
1795 NdOV	—	6.00	8.50	12.50	28.00	—

C# 4 DUE (2) GRANI
7.6500 g., Copper **Ruler:** Carlo III **Obv:** Crowned displayed eagle divides FN below **Rev:** VT COMMO DIVS, date in circle surrounded by ornamental cartouche

Date	Mintage	VG	F	VF	XF	Unc
1738 FN	—	—	10.00	50.00	180	400
1747 FN	—	—	100	350	750	1,350

C# 4a DUE (2) GRANI
8.3500 Copper **Ruler:** Carlo III **Obv:** Crowned, displayed eagle **Rev:** Different cartouche FN/V.B.

Date	Mintage	VG	F	VF	XF	Unc
1755 PN Rare	—	—	—	—	—	—

C# 20.1 DUE (2) GRANI
5.4000 g., Copper **Ruler:** Ferdinando III **Obv:** Crowned, displayed eagle, head left **Rev:** VT COMMODIUS and date in ornamental cartouche

Date	Mintage	VG	F	VF	XF	Unc
1775 GLC Large eagle, Rare	—	10.00	50.00	150	300	—
1775 GLC Small eagle, Rare	—	10.00	50.00	150	300	—
1776 GLC	—	5.00	7.00	10.00	40.00	—
1777 GLC	—	5.00	7.00	10.00	40.00	—
1778 GLC	—	5.00	7.00	10.00	40.00	—
1779 GLC	—	5.00	7.00	10.00	40.00	—
1780 GLC	—	5.00	7.00	10.00	40.00	—
1782 GLC	—	5.00	7.00	10.00	40.00	—
1783 GLC	—	5.00	7.00	10.00	40.00	—
1784 GLC	—	5.00	7.00	10.00	40.00	—
1785 GLC	—	5.00	7.00	10.00	40.00	—
1791 GLCI	—	6.50	10.00	15.00	50.00	—
1793 NdOV	—	10.00	50.00	150	300	—

C# 20.2 DUE (2) GRANI
5.4000 g., Copper **Ruler:** Ferdinando III **Obv:** Crowned eagle, head right **Rev:** UT COMMODIUS and date in different ornamental cartouche

Date	Mintage	VG	F	VF	XF	Unc
1795 NdOV	—	5.00	7.00	10.00	40.00	—

C# 5 3 GRANI
13.1200 g., Copper **Ruler:** Carlo III **Obv:** Crowned displayed eagle divides FN **Rev:** VT/COMMO/DIVS/, date in circle, ornamentation in outer circle

Date	Mintage	VG	F	VF	XF	Unc
1746 FN Rare	—	—	—	—	—	—

C# 5a 3 GRANI
12.8000 g., Copper **Ruler:** Carlo III **Obv:** Crowned, displayed eagle **Rev:** Different cartouche in outer circle

Date	Mintage	VG	F	VF	XF	Unc
1747 FN Rare	—	—	—	—	—	—

C# 26.1 20 GRANI (1 Tari)
2.2000 g., 0.8530 Silver 0.0603 oz. ASW **Ruler:** Ferdinando III **Obv:** Head right **Rev:** Small crowned eagle **Rev. Legend:** HISP. INF.

Date	Mintage	VG	F	VF	XF	Unc
1785 GLC	—	5.00	10.00	50.00	110	—
1786 GLC	—	5.00	10.00	50.00	110	—

C# 26.2 20 GRANI (1 Tari)
2.2000 g., 0.8540 Silver 0.0604 oz. ASW **Ruler:** Ferdinando III **Obv:** Larger head right **Rev:** Larger crowned eagle **Rev. Legend:** HISPAN. INFANS

Date	Mintage	VG	F	VF	XF	Unc
1787 GLC	—	5.00	10.00	50.00	110	—
1788 GLC	—	5.00	10.00	50.00	110	—
1789 GLC	—	5.00	10.00	50.00	110	—
1796 NdOV	—	5.00	10.00	50.00	110	—

C# 5.1 CINQUE (5) GRANI
0.6000 g., 0.9080 Silver 0.0175 oz. ASW **Ruler:** Carlo III **Obv:** Head right **Rev:** 5 in circular legend, date below

Date	Mintage	VG	F	VF	XF	Unc
1737	—	100	500	1,000	2,000	—

C# 5.2 CINQUE (5) GRANI
21.7000 g., Copper **Ruler:** Carlo III **Obv:** Crowned displayed eagle divides FN **Rev:** VT/COMMO/DIVS/, date in circle, ornamentation in outer circle

Date	Mintage	VG	F	VF	XF	Unc
1746 FN	—	150	800	2,000	4,000	—

C# 5.2a CINQUE (5) GRANI
21.7000 g., Copper **Ruler:** Carlo III **Rev:** Different cartouche in outer circle

Date	Mintage	VG	F	VF	XF	Unc
1747 FN	—	150	800	2,000	4,000	—

C# 23 DIECI (10) GRANI (1/2 Tari)
1.1500 g., 0.8330 Silver 0.0308 oz. ASW **Ruler:** Ferdinando III **Obv:** Head right, value below **Rev:** Crowned eagle, date above

Date	Mintage	VG	F	VF	XF	Unc
1796 NdOV	—	—	50.00	150	400	1,100

C# 5.3 1/2 TARI
Silver **Ruler:** Carlo III **Subject:** Coronation **Obv:** Laureate bust right **Obv. Legend:** CAR. D. G. SIC. REX **Rev:** Crowned displayed eagle, dtae below **Rev. Legend:** CO-RO-NA-TVS

Date	Mintage	VG	F	VF	XF	Unc
1735	—	100	500	1,000	2,000	—

C# 5.3a 1/2 TARI
Silver **Ruler:** Carlo III **Obv:** Laureate bust right **Rev:** Date at top **Rev. Legend:** HIS INF

Date	Mintage	VG	F	VF	XF	Unc
1739 FN Rare	—	—	—	—	—	—

C# 5.3b 1/2 TARI
Silver **Ruler:** Carlo III **Obv:** Laureate bust right **Rev:** Date at bottom **Rev. Legend:** RE. SI. ET. HI

Date	Mintage	VG	F	VF	XF	Unc
1751 Rare	—	—	—	—	—	—

KM# 5.3a 1/2 TARI
1.1000 g., 0.9080 Silver 0.0321 oz. ASW, 16.3 mm. **Ruler:** Carlo III's Laureate bust right **Rev:** Crowned eagle divides date at top **Edge:** Plain

Date	Mintage	F	VF	XF	Unc	BU
1739FN	—	30.00	70.00	150	300	—

KM# 5.3b 1/2 TARI
1.1000 g., 0.9080 Silver 0.0321 oz. ASW, 16.6 mm. **Ruler:** Carlo III **Obv:** Carlo III's laureate bust right **Rev:** Crowned eagle above date **Edge:** Crude reeding

Date	Mintage	F	VF	XF	Unc	BU
1751	—	10.00	25.00	50.00	100	250

C# 5.4 TARI
2.4600 g., 0.9080 Silver 0.0718 oz. ASW **Ruler:** Carlo III **Obv:** Bust right **Rev:** Crowned displayed eagle, date below

Date	Mintage	VG	F	VF	XF	Unc
1734 FN Rare	—	—	—	—	—	—
1735 FN Rare	—	—	—	—	—	—

C# 5.5 TARI
8.1500 g., 0.9080 Silver 0.2379 oz. ASW **Ruler:** Carlo III **Subject:** Coronation **Obv:** Thin laureate bust right

Date	Mintage	VG	F	VF	XF	Unc
1735 FN	—	100	250	500	1,000	—
1737 FN	—	100	250	500	1,000	—
1739 FN	—	100	250	500	1,000	—

C# 5.5a TARI
2.1000 g., 0.9080 Silver 0.0613 oz. ASW **Ruler:** Carlo III **Obv:** Thin laureate bust right **Rev. Legend:** HIS-PAN-INF-ANS

Date	Mintage	VG	F	VF	XF	Unc
1754 PN	—	100	500	1,000	2,000	—

C# 6 2 TARI
4.2000 g., 0.9080 Silver 0.1226 oz. ASW **Ruler:** Charles III **Obv. Legend:** CAROLVS • III • D • G • **Rev:** Crowned displayed eagle, date below

Date	Mintage	VG	F	VF	XF	Unc
1735 FN	—	150	750	1,500	3,000	—

C# 7 2 TARI
4.2000 g., 0.9080 Silver 0.1226 oz. ASW **Ruler:** Carlo III **Subject:** Coronation **Obv:** Thin armored bust right **Rev:** Date below eagle **Rev. Legend:** FAVSTO CORONAT ANNO

Date	Mintage	VG	F	VF	XF	Unc
1735 FN	—	10.00	20.00	40.00	85.00	—

Note: 3 varieties exist

C# 6a 2 TARI
4.4000 g., 0.9080 Silver 0.1284 oz. ASW **Ruler:** Carlo III **Obv:** Laureate bust right **Rev:** Crowned, displayed eagle **Rev. Legend:** HIS-PA-IN-FANS

Date	Mintage	VG	F	VF	XF	Unc
1736 FN	—	10.00	20.00	40.00	85.00	—
1737 FN	—	10.00	20.00	40.00	85.00	—
1739 FN	—	10.00	20.00	40.00	85.00	—
1743 FN	—	50.00	250	500	1,000	—
1744 FN	—	10.00	20.00	40.00	85.00	—
1754 PN	—	10.00	20.00	40.00	85.00	—
1756 PN	—	10.00	20.00	40.00	85.00	—
1757 PN	—	10.00	20.00	40.00	85.00	—

C# 6b 2 TARI
4.3000 g., 0.9080 Silver 0.1255 oz. ASW **Ruler:** Carlo III **Obv:** Without laurel wreath on head **Rev:** Crowned displayed eagle, date below

Date	Mintage	VG	F	VF	XF	Unc
1753 PN Rare	—	—	—	—	—	—

C# 27.1 2 TARI
4.5000 g., 0.8540 Silver 0.1236 oz. ASW **Ruler:** Ferdinando III **Obv:** Head right **Rev:** Crowned eagle

Date	Mintage	VG	F	VF	XF	Unc
1785 GLC	—	50.00	200	500	1,200	—
1786 GLC	—	50.00	200	500	1,200	—
1787 GLC	—	12.50	25.00	40.00	100	—
1788 GLC	—	12.50	25.00	40.00	100	—
1789 GLC	—	50.00	200	500	1,200	—

C# 27.2 2 TARI
4.5000 g., 0.8330 Silver 0.1205 oz. ASW **Ruler:** Ferdinando III **Rev:** Crowned eagle, date below

Date	Mintage	VG	F	VF	XF	Unc
1789 GLC	—	50.00	300	700	1,500	—
1793 NdOV	—	50.00	300	700	1,500	—

C# 27.3 2 TARI
4.5000 g., 0.8330 Silver 0.1205 oz. ASW **Ruler:** Ferdinando III **Obv:** Value below head

Date	Mintage	VG	F	VF	XF	Unc
1796 NdOV	—	—	30.00	100	400	1,000

C# 8 3 TARI
Silver **Ruler:** Carlo III **Subject:** Coronation **Obv:** Laureate head right **Rev:** Cross with crowns at end of top three arms, date below **Rev. Legend:** FAVSTO CORONATIONIS ANNO

Date	Mintage	VG	F	VF	XF	Unc
1735 FN	—	7.50	15.00	30.00	65.00	—

Note: 5 varieties

C# 9 3 TARI
4.3000 g., 0.9160 Silver 0.1266 oz. ASW **Ruler:** Carlo III **Rev. Legend:** HIS-PA-IN-FANS

Date	Mintage	VG	F	VF	XF	Unc
1736 FN	—	—	15.00	60.00	200	500
1743 FN	—	10.00	20.00	40.00	85.00	—
1744 FN	—	10.00	20.00	40.00	85.00	—
1749 FN	—	10.00	20.00	40.00	85.00	—
1753 PFN	—	10.00	20.00	40.00	85.00	—
1757 FN	—	10.00	20.00	40.00	85.00	—

C# 10 3 TARI
6.3000 g., 0.9160 Silver 0.1855 oz. ASW **Ruler:** Carlo III **Obv:** Without laurel wreath on head

Date	Mintage	VG	F	VF	XF	Unc
1753 Rare	—	—	—	—	—	—
1754 Rare	—	—	—	—	—	—
1756 Rare	—	—	—	—	—	—
1757 Rare	—	—	—	—	—	—

C# 29 3 TARI
6.4000 g., 0.8330 Silver 0.1714 oz. ASW **Ruler:** Ferdinando III **Obv:** Head right, value below **Rev:** Crowned cross, date below **Rev. Legend:** HI SPAN. INFANS

Date	Mintage	VG	F	VF	XF	Unc
1785 GLC HISP. INF.	—	20.00	50.00	100	300	—
1786 GLC	—	20.00	50.00	100	300	—
1787 GLC	—	20.00	50.00	100	300	—
1788 GLC	—	20.00	50.00	100	300	—
1793 NdOV	—	20.00	50.00	100	300	—
1796 NdOV	—	12.50	20.00	35.00	75.00	—
1798 NdOV	—	20.00	50.00	100	300	—

C# 10.1 4 TARI
3.7000 g., 0.9160 Silver 0.1090 oz. ASW **Ruler:** Carlo III **Obv:** Bust right **Rev:** Crowned displayed eagle, date below

Date	Mintage	VG	F	VF	XF	Unc
1734 FN Rare	—	—	—	—	—	—

C# 10.2 4 TARI
4.7000 g., 0.9160 Silver 0.1384 oz. ASW **Ruler:** Carlo III **Obv:** Laureate bust right **Rev. Legend:** FAVSTO CORONATIONIS ANNO

Date	Mintage	VG	F	VF	XF	Unc
1735 FN	—	10.00	60.00	80.00	150	—

Note: 7 varieties

C# 10.3 4 TARI
8.9000 g., 0.9160 Silver 0.2621 oz. ASW **Ruler:** Carlo III **Obv:** Bust right **Obv. Legend:** CAROLVS • D • G • SICILY .... **Rev:** Crowned displayed eagle divides FN **Rev. Legend:** HISPA NIARVM INFANS

Date	Mintage	VG	F	VF	XF	Unc
1736 FN	—	10.00	60.00	100	200	—

C# 10.4 4 TARI
8.9000 g., 0.9160 Silver 0.2621 oz. ASW **Ruler:** Carlo III **Obv:** Without laurel wreath on head

Date	Mintage	VG	F	VF	XF	Unc
1753 PN	—	100	700	1,500	3,000	—

C# 10.5 4 TARI
8.9000 g., 0.9160 Silver 0.2621 oz. ASW **Ruler:** Carlo III **Rev. Legend:** HIS-PAN-INF-ANS

Date	Mintage	VG	F	VF	XF	Unc
1754 PN	—	50.00	200	500	1,000	—
1755 PN	—	50.00	200	500	1,000	—
1756 PN	—	50.00	200	500	1,000	—

C# 30.1 4 TARI
9.1000 g., 0.9160 Silver 0.2680 oz. ASW **Ruler:** Ferdinando III **Obv:** Crude portrait of Ferdinando III right **Rev:** Crowned eagle

Date	Mintage	VG	F	VF	XF	Unc
1785 GLC	—	—	700	1,000	2,000	—

C# 30.2 4 TARI
8.7000 g., 0.8330 Silver 0.2330 oz. ASW **Ruler:** Ferdinando III **Obv:** Head right, date below **Rev:** Crowned eagle **Rev. Legend:** HISPAN INFANS

Date	Mintage	VG	F	VF	XF	Unc
1786 GLC Rare	—	—	—	—	—	—
1787 GLC Rare	—	—	—	—	—	—
1789 GLC Reported not confirmed	—	—	—	—	—	—
1793 NdOV HISPANIARVM, Rare	—	—	—	—	—	—
1796 NdOV HISPANIARVM, Rare	—	—	—	—	—	—

C# 10.8 6 TARI
13.5800 g., 0.9160 Silver 0.3999 oz. ASW **Ruler:** Carlo III **Subject:** Coronation **Obv:** Bust right **Rev:** Cross with fleur-de-lis in angles, crown above

Date	Mintage	VG	F	VF	XF	Unc
1735 FN	—	—	70.00	150	300	—

Note: 5 varieties exist

C# 11 6 TARI
Silver **Ruler:** Carlo III **Rev:** Without fleur-de-lis in angles of cross **Rev. Legend:** FAVSTO CORONATIONIS ANNO

Date	Mintage	VG	F	VF	XF	Unc
1735 FN	—	25.00	50.00	100	200	—

Note: 8 varieties exist

C# 12 6 TARI
13.5800 g., 0.9160 Silver 0.3999 oz. ASW **Ruler:** Carlo III **Rev:** Fleur-de-lis in angles of cross **Rev. Legend:** HIS-PAN-INEF-ANS

Date	Mintage	VG	F	VF	XF	Unc
1754 PN	—	50.00	100	200	400	—
1755 PN	—	50.00	100	200	400	—

C# 31 6 TARI
13.6320 g., 0.8330 Silver 0.3651 oz. ASW **Ruler:** Ferdinando III

ITALIAN STATES

SICILY

Obv: Bust right **Rev:** Fleur-de-lis in angles of cross, crown above, divided initials and date below **Rev. Legend:** HIS/PAN/INF/ANS/•

Date	Mintage	VG	F	VF	XF	Unc
1785 GLC Rare	—	—	—	—	—	—
1786 GLC Rare	—	—	—	—	—	—
1787 GLC Rare	—	—	—	—	—	—
1788 GLC Rare	—	—	—	—	—	—
1789 GLC Rare	—	—	—	—	—	—
1793 NdOV Rare	—	—	—	—	—	—
1794 NdOV Rare	—	—	—	—	—	—
1795 NdOV Rare	—	—	—	—	—	—
1796 GLC Rare	—	—	—	—	—	—

C# 33 6 TARI
13.7660 g., 0.8330 Silver 0.3687 oz. ASW **Ruler:** Ferdinando III
Obv: Head right, value below **Rev:** Crowned eagle, date below

Date	Mintage	VG	F	VF	XF	Unc
1796 NdOV	—	45.00	65.00	100	200	—
1797 NdOV	—	45.00	65.00	100	200	—
1798 NdOV	—	45.00	100	400	800	—
1799 JVI	—	45.00	65.00	100	200	—

C# 48.5 6 TARI
13.6600 g., 0.8540 Silver 0.3750 oz. ASW **Ruler:** Ferdinando III
Obv: Head right **Rev:** Eagle

Date	Mintage	VG	F	VF	XF	Unc
1799 JVI	—	15.00	50.00	100	200	—
1799 JVI Error, T.12 for T.6	—	15.00	50.00	100	200	—
1800 JVI	—	15.00	50.00	100	200	—

DAV# 1411 SCUDO OF 12 TARI
27.9500 g., 0.9160 Silver 0.8231 oz. ASW **Ruler:** Charles III
Obv: Bust right, C * P below **Rev:** Crowned eagle dividing SM, date below

Date	Mintage	VG	F	VF	XF	Unc
1730	—	225	375	750	1,500	—
1731	—	225	375	750	1,500	—

DAV# 1412 SCUDO OF 12 TARI
28.2500 g., 0.9160 Silver 0.8319 oz. ASW **Ruler:** Charles III
Obv: Laureate head right, C.P. below **Rev. Legend:** REX. SIC. ET. HIE

Date	Mintage	VG	F	VF	XF	Unc
1732	—	650	1,150	2,000	3,500	—

C# 35a.2 PIASTRA OF 12 TARI
27.2650 g., 0.8330 Silver 0.7302 oz. ASW **Ruler:** Ferdinando III
Obv: Modified effigy **Note:** Dav. #1421.

Date	Mintage	VG	F	VF	XF	Unc
1793 NdOV	—	225	375	750	1,500	—

Note: 5 varieties

C# 36 12 TARI
27.5330 g., 0.8330 Silver 0.7373 oz. ASW **Ruler:** Ferdinando III
Obv: Bust right Obv. **Legend:** FERDINAN • D • G • SICIL • ET • HIE • REX • **Rev:** Crowned, displayed eagle, shield on breast, date below **Rev. Legend:** HISPA NIA RUM • INFANS • **Note:** Dav. #1424A.

Date	Mintage	VG	F	VF	XF	Unc
1797 NdOV	—	50.00	100	170	400	—
1798 JVI	—	50.00	100	170	400	—
1798 N•d O.V	—	50.00	100	170	400	—
1799 JVI	—	50.00	100	170	400	—

C# 49 12 TARI
27.5330 g., 0.8330 Silver 0.7373 oz. ASW **Ruler:** Ferdinando III
Obv: Bust right Obv. **Legend:** FERDINAN • D • G • SICIL... **Rev:** Crowned, displayed eagle **Note:** Dav. #1425.

Date	Mintage	VG	F	VF	XF	Unc
1799 JVI	—	40.00	75.00	125	250	—

Note: 1799 exists with REX • and REX

Date	Mintage	VG	F	VF	XF	Unc
1800 JVI	—	40.00	75.00	125	250	—

C# 35a.3 12 TARI
27.5330 g., 0.8330 Silver 0.7373 oz. ASW **Ruler:** Ferdinando III
Obv: Value: T. 12 below bust right **Obv. Legend:** FERDINANDVS • D • G • SICIL • ET • HIER • REX • **Rev:** Crowned, displayed eagle divides initials, date below **Rev. Legend:** HISPA NIA RVM • INFANS • **Note:** Dav. #1423.

Date	Mintage	VG	F	VF	XF	Unc
1794 NdOV	—	75.00	150	300	550	—
1795 NdOV	—	75.00	150	300	550	—

C# 49a 12 TARI
27.5330 g., 0.8330 Silver 0.7373 oz. ASW **Ruler:** Ferdinando III
Obv: Bust right **Obv. Legend:** FERDINAN • III • D • G • SICIL • ... **Rev:** Crowned, displayed eagle, shield on breast, divided initials and date below **Rev. Legend:** HISPA NIA RUM • INFANS •

Date	Mintage	VG	F	VF	XF	Unc
1799 JVI	—	50.00	90.00	150	275	—

Note: 1799 exists with REX. and REX

Date	Mintage	VG	F	VF	XF	Unc
1800 JVI	—	50.00	90.00	150	275	—

C# 13 SCUDO OF 12 TARI
27.9500 g., 0.9160 Silver 0.8231 oz. ASW **Ruler:** Carlo III
Subject: Coronation Obv: Laureate bust right **Rev:** Crowned, displayed eagle divides FN, date below **Rev. Legend:** AVSTO CORONATIONIS ANNO **Note:** Dav. #1415.

Date	Mintage	VG	F	VF	XF	Unc
1735 FN	—	50.00	400	1,000	2,000	—

Note: 5 varieties

C# 35.1 PIASTRA OF 12 TARI
27.2650 g., 0.8330 Silver 0.7302 oz. ASW **Ruler:** Ferdinando III
Obv: Head right, date below **Rev:** Large crowned eagle **Note:** Dav. #1417.

Date	Mintage	VG	F	VF	XF	Unc
1785 GLC	—	100	500	1,000	2,000	—

C# 35.2 PIASTRA OF 12 TARI
27.2650 g., 0.8330 Silver 0.7302 oz. ASW **Ruler:** Ferdinando III
Obv: Date in legend **Rev:** Small crowned eagle **Note:** Dav. #1418.

Date	Mintage	VG	F	VF	XF	Unc
1786 GLC	—	100	500	1,000	2,000	—

C# 35a.1 PIASTRA OF 12 TARI
27.2650 g., 0.8330 Silver 0.7302 oz. ASW **Ruler:** Ferdinando III
Obv: Head right, value below **Rev:** Large crowned eagle, date below **Note:** Dav. #1419.

Date	Mintage	VG	F	VF	XF	Unc
1787 GLC	—	100	500	1,000	2,200	—
1788 GLC	—	200	700	1,500	3,000	—
1789 GLC	—	100	500	1,000	2,000	—
1790 GLC	—	100	500	1,000	2,000	—

C# 35a.4 12 TARI
27.5330 g., 0.8330 Silver 0.7373 oz. ASW **Ruler:** Ferdinando III
Obv: Bust right **Obv. Legend:** FERDINANDUS • D • G • SICIL • ET • HIER • REX • **Rev:** Crowned, displayed eagle, shield on breast, date below **Rev. Legend:** HISPA NIA RUM • INFANS • **Note:** Dav. #1424.

Date	Mintage	VG	F	VF	XF	Unc
1796 NdOV	—	50.00	100	200	400	—

SICILY

DAV# 1413 ONCIA OF 30 TARI

Silver, 57 mm. **Ruler:** Charles III **Obv:** Laureate head right, C.P. below **Obv. Legend:** CAROL • III • D • G • SICIL • ET • HIER • REX • **Rev:** Sun above phoenix rising from flame, date **Rev. Legend:** OBLITA • EX • AVRO • ARGENTEA • RESVRGIT •

Date	Mintage	VG	F	VF	XF	Unc
1732	—	550	1,000	1,800	3,000	—

DAV# 1414 ONCIA OF 30 TARI

Silver, 55 mm. **Ruler:** Charles III **Obv:** Laureate head right **Obv. Legend:** CAROL • III • D • G • SICIL • ET • HIER • REX • **Rev:** Radiant sun above phoenix rising out of flames, divided S M below, all within circle **Rev. Legend:** • ET • AVRO ARGENTEA RESVRGIT • 1733

Date	Mintage	VG	F	VF	XF	Unc
1733	—	500	900	1,700	2,800	—

C# 37 ONCIA OF 30 TARI

69.0000 g., 0.8330 Silver 1.8479 oz. ASW **Ruler:** Ferdinando III **Obv:** Bust right, date below **Obv. Legend:** FERDINANDVS • D • G • SICIL • ET • HIER • REX • **Rev:** Radiant sun above phoenix rising out of flames divides G•L•C•, all within circle **Rev. Legend:** EX • AVRO • ARGENTEA • RESVRCIT • **Note:** Dav. #1416.

Date	Mintage	VG	F	VF	XF	Unc
1785 GLC Rare	—	—	—	—	—	—

C# 38 ONCIA OF 30 TARI

69.0000 g., 0.8330 Silver 1.8479 oz. ASW **Ruler:** Ferdinando III **Obv:** Bust right **Obv. Legend:** FERDINAND • G • SICIL • ET • HIER • REX • **Rev:** Radiant sun to upper right of phoenix rising out of fire, date below **Rev. Legend:** EX • AVRO • ARGENTEA • RE SVRGT • **Note:** Dav. #1422.

Date	Mintage	VG	F	VF	XF	Unc
1793 NdOV Rare	—	—	—	—	—	—

C# 37a ONCIA OF 30 TARI

69.0000 g., 0.8330 Silver 1.8479 oz. ASW **Ruler:** Ferdinando III **Obv:** Bust right **Obv. Legend:** FERDINANDVS • D • G • SICIL • ET • HIER • REX • **Rev:** Date below phoenix, divided initials, all within circle, legend around **Rev. Legend:** EX AVRO ARGENTEA RESVRGIT • 1791 **Note:** Dav. #1420.

Date	Mintage	VG	F	VF	XF	Unc
1791 GLCI Rare	—	—	—	—	—	—

FR# 885 ONCIA

4.4000 g., 0.9060 Gold 0.1282 oz. AGW **Ruler:** Charles III **Obv:** Laureate head right, value below **Obv. Legend:** CAROL • ... **Rev:** Phoenix rising from flames, radiant sun above in inner circle, date below

Date	Mintage	VG	F	VF	XF	Unc
1733	—	350	450	600	850	—
1734	—	350	450	600	850	—

C# 14 ONCIA

3.7860 g., 0.9060 Gold 0.1103 oz. AGW **Ruler:** Carlo III **Obv:** Bust right **Rev:** Phoenix rising from flames, radiant sun above in inner circle, date at bottom

Date	Mintage	VG	F	VF	XF	Unc
1735	—	350	450	700	1,200	—

C# 14a ONCIA

4.4000 g., 0.9060 Gold 0.1282 oz. AGW **Ruler:** Carlo III **Obv:** Bust right **Rev:** Phoenix head to right rising from flames, radiant sun above, date below **Note:** Many varieties exist.

Date	Mintage	VG	F	VF	XF	Unc
1735	—	350	450	500	700	—
1736	—	350	450	500	700	—
1730 Error	—	—	—	—	—	—
1737	—	350	450	500	700	—
1739	—	350	450	500	700	—
1741	—	350	450	500	700	—
1742	—	350	450	500	700	—
1743	—	350	450	500	700	—
1744	—	350	450	500	700	—
1745	—	350	450	500	700	—
1746	—	350	450	500	700	—
1747	—	350	450	500	700	—
1747 VB	—	350	450	500	700	—
1747 FN	—	350	450	500	700	—
1750 FN	—	350	450	500	700	—
1750 VB/FN	—	350	450	500	700	—
1750 PN	—	350	450	500	700	—
1751	—	350	450	500	700	—
1752	—	350	450	500	700	—

C# 14b ONCIA

4.4000 g., 0.9060 Gold 0.1282 oz. AGW **Ruler:** Carlo III **Obv:** Bust right **Obv. Legend:** CAROLVS • D • G • ... **Rev:** Phoenix head to left rising from flames, radiant sun above, date below **Note:** Many varieties exist.

Date	Mintage	VG	F	VF	XF	Unc
1752 PN/AO	—	400	500	1,000	2,000	—
1752 PN	—	350	400	500	1,000	—
1753 PN	—	350	400	500	1,000	—
1754 PN	—	350	400	500	1,000	—
1755 PN	—	350	400	500	1,000	—
1756 PN	—	350	400	500	1,000	—
1757 PN	—	350	400	500	1,000	—
1758 PN	—	350	400	500	1,000	—

C# 15 2 ONCIE

8.8150 g., 0.9060 Gold 0.2568 oz. AGW **Ruler:** Carlo III **Obv:** Bust right **Obv. Legend:** CAROLVS • D • G • SIC • ET • ... **Rev:** Crowned, displayed eagle with arms on chest, date below **Rev. Legend:** HIS PAN INF ANS

Date	Mintage	VG	F	VF	XF	Unc
1752 PN/AOA	—	450	600	1,000	2,000	—
1753 PN	—	450	600	1,000	2,000	—
1754 PN	—	450	600	1,000	2,000	—
1755 PN Rare	—	—	—	—	—	—

C# 15a 2 ONCIE

8.8150 g., 0.9060 Gold 0.2568 oz. AGW **Ruler:** Carlo III **Obv:** Different bust right **Rev:** Crowned, displayed eagle, shield on breast

Date	Mintage	VG	F	VF	XF	Unc
1756 PN	—	480	600	1,000	2,000	—
1757 PN	—	480	600	1,000	2,000	—

C# 15b 2 ONCIE

8.8150 g., 0.9060 Gold 0.2568 oz. AGW **Ruler:** Carlo III **Obv:** Older head right

Date	Mintage	VG	F	VF	XF	Unc
1757 PN	—	480	600	1,000	2,000	—
1758 PN	—	480	600	1,000	2,000	—

FR# A882 DUCATO

1.2650 g., 0.9860 Gold 0.0401 oz. AGW **Ruler:** Victor Amadeus II **Obv:** Bust right **Rev:** Crowned eagle with arms on breast, date at top

Date	Mintage	VG	F	VF	XF	Unc
1713 DD-AC/CP Rare	—	—	—	—	—	—

FR# D882 DUCATO

1.2630 g., 0.9860 Gold 0.0400 oz. AGW **Ruler:** Charles III **Obv:** Laureate head right **Rev:** Crowned eagle with wings spread over palm branches, date below

Date	Mintage	VG	F	VF	XF	Unc
1723 FN Rare	—	—	—	—	—	—

FR# A884 2 DUCATI

2.8200 g., 0.9960 Gold 0.0903 oz. AGW **Ruler:** Victor Amadeus II **Obv:** Bust right **Rev:** Crowned eagle with arms on breast, date at top

Date	Mintage	VG	F	VF	XF	Unc
1713 DD-AC/CP Rare	—	—	—	—	—	—

FR# B884 2 DUCATI

2.8200 g., 0.9960 Gold 0.0903 oz. AGW **Ruler:** Charles III **Obv:** Head right **Rev:** Radiant sun above Sicily island view, date below in legend

Date	Mintage	VG	F	VF	XF	Unc
1723 FN Rare	—	—	—	—	—	—

FR# 884 2 DUCATI

2.8200 g., 0.9960 Gold 0.0903 oz. AGW **Ruler:** Charles III **Obv:** Laureate bust right **Rev:** Crossed sword and sceptre between crown and orb, date below

Date	Mintage	VG	F	VF	XF	Unc
1727 TS/SM Rare	—	—	—	—	—	—

ITALIAN STATES

SICILY

FR# B882 3 DUCATI

3.7860 g., 0.9960 Gold 0.1212 oz. AGW **Ruler:** Victor Amadeus II **Obv:** Bust right **Rev:** Cross between two crowned shields of arms

Date	Mintage	VG	F	VF	XF	Unc
1713 DD-AC/CP Rare	—	—	—	—	—	—

FR# C882 4 DUCATI

5.0500 g., 0.9960 Gold 0.1617 oz. AGW **Ruler:** Victor Amadeus II **Obv:** Bust right **Rev:** Crowned eagle with arms on breast, date at top

Date	Mintage	VG	F	VF	XF	Unc
1713 DD-AC/CP Rare	—	—	—	—	—	—

FR# 883 4 DUCATI

5.0500 g., 0.9960 Gold 0.1617 oz. AGW **Ruler:** Charles III **Obv:** Laureate bust right **Rev:** Crossed sword and sceptre between crown and orb, date below

Date	Mintage	VG	F	VF	XF	Unc
1727 (Monogram) Rare	—	—	—	—	—	—

PATTERNS

Including off metal strikes

KM#	Date	Mintage Identification		Mkt Val
Pn1	1735	— Oncia. Gold. 22 mm.		—
Pn2	1750	— Oncia. Gold. 22 mm. Phoenix under sun in cartouche.		—
Pn3	1750	— Oncia. Gold. 22 mm. Phoenix under sun in circle, ornamental outer circle.		—

SORAGNA

A town within the province of Parma first mentioned in 712 AD. Located 17 miles (28 kilometers) northwest of Parma, Soragna came under the influence of the Lupi family of Cremona in the early 13th century. When the last male Lupi died, the title passed by marriage to the Meli family. Emperor Carlo V (1519-56) invested the successor with the name Meli-Lupi in 1530. The marchese was raised to the rank of prince in 1709 and given the mint right. Only one member of the line ever struck a single coin. The castle of Soragna is still the home of the present-day Prince of Meli-Lupi.

RULER
Niccolò Meli-Lupi, 1731-1741

REFERENCE:
Alberto Varesi, *Monete Italiane Regionali: Emilia.* Pavia, 1998.

PRINCIPALITY

TRADE COINAGE

K# 1 SCUDO D'ORO

Gold Weight varies: 3.66-3.74g., 22 mm. **Ruler:** Niccolò Meli-Lupi **Obv:** Crowned and mantled shield of 4-fold arms in ornate frame **Obv. Legend:** NICOL. MARCH. MELCI.LUPI. S. R. I. PRINC. SORANEAE. **Rev:** Crowned imperial eagle, crowned shield of arms on breast, date at end of legend **Rev. Legend:** SUB PROTECTIONE CAESAREA. **Note:** Fr. 1171; Varesi 1361.

Date	Mintage	VG	F	VF	XF	Unc
1731 Rare	—	—	—	—	—	—

TRENTO

RULER
Peter Vigilius, 1776-1800

BISHOPRIC

STANDARD COINAGE

KM# 1 1/2 SOLDO

1.1000 g., Copper, 17.9 mm. **Ruler:** no Ruler Name **Obv:** Tyrolean eagle **Rev:** Value in ornamental border **Note:** Schon #35.

Date	Mintage	VG	F	VF	XF	Unc
1739	—	20.00	40.00	75.00	—	—

KM# 2 SOLDO

2.2000 g., Copper, 20.8 mm. **Ruler:** no Ruler Name **Obv:** Tyrolean eagle **Rev:** Value in ornamental border **Note:** Schon #36.

Date	Mintage	VG	F	VF	XF	Unc
1739	—	20.00	45.00	90.00	—	—

TRADE COINAGE

FR# 1 DUCAT

3.5000 g., 0.9860 Gold 0.1109 oz. AGW **Ruler:** Peter Vigilius **Subject:** Election as Bishop **Obv:** Bust right **Rev:** Crowned oval, mantled arms

Date	Mintage	Good	VG	F	VF	XF
1776	—	850	1,750	3,000	4,500	

FR# 1a DUCAT

3.5000 g., 0.9860 Silver 0.1109 oz. ASW **Ruler:** Peter Vigilius **Obv:** Bust right **Rev:** Crowned oval, mantled arms

Date	Mintage	VG	F	VF	XF	Unc
1776	—	—	—	—	—	—

TUSCANY

Etruria

An Italian territorial division on the west-central peninsula, belonged to the Medici from 1530 to 1737, when it was given to Francis, duke of Lorraine. In 1800 the French established it as part of the Spanish dominions; from 1807 to 1809 it was a French department. After the fall of Napoleon it reverted to its pre-Napoleonic owner, Ferdinand III.

RULERS
Cosimo III, 1670-1723
Giovanni Gaston, 1723-1737
Francesco II, 1737-1746
As Emperor Francis I, 1746-1765
Pietro Leopoldo, 1765-1790
As Emperor Leopold II, 1790-1792
Ferdinando III, 1791-1801

MINT MARKS
FIRENZE - Florence
LEGHORN - Livorno
PISIS – Pisa

MONETARY SYSTEM
Until 1826
12 Denari = 3 Quattrini = 1 Soldo
20 Soldi = 1 Lira
10 Lire = 1 Dena
40 Quattrini = 1 Paolo
1-1/2 Paoli = 1 Lira
10 Paoli = 1 Francescone, Scudo, Tallero
3 Zecchini = 1 Ruspone = 40 Lire

GRAND DUCHY

STANDARD COINAGE

C# 12 QUATTRINO

0.9800 Copper **Ruler:** Pietro Leopoldo **Obv:** Crowned arms **Rev:** Value and date

Date	Mintage	VG	F	VF	XF	Unc
1771	—	4.00	6.50	12.50	30.00	—
1778	—	4.00	6.50	12.50	30.00	—
1779	—	4.00	6.50	12.50	30.00	—
1780	—	4.00	6.50	12.50	30.00	—
1781	—	4.00	6.50	12.50	30.00	—
1782	—	4.00	6.50	12.50	30.00	—
1783	—	4.00	6.50	12.50	30.00	—
1784	—	1.00	6.50	12.50	30.00	—
1787	—	4.00	6.50	12.50	30.00	—
1788	—	4.00	6.50	12.50	30.00	—
1789	—	4.00	6.50	12.50	30.00	—
1790	—	4.00	6.50	12.50	30.00	—

C# 29 QUATTRINO

0.6500 Copper **Ruler:** Ferdinando III **Obv:** Crowned arms **Rev:** Value, date

Date	Mintage	VG	F	VF	XF	Unc
1791 Rare	—	5.00	10.00	50.00	100	—
1792	—	3.00	5.00	10.00	25.00	—
1795	—	3.00	5.00	10.00	25.00	—
1796 Rare	—	5.00	10.00	50.00	100	—
1798	—	3.00	5.00	10.00	25.00	—
1799 Rare	—	5.00	10.00	25.00	50.00	—
1800	—	3.00	5.00	10.00	25.00	—

C# 13 2 QUATTRINI (1/2 Soldo)

1.2000 g., Copper **Ruler:** Pietro Leopoldo **Obv:** Crowned arms **Rev:** Value and date

Date	Mintage	VG	F	VF	XF	Unc
1778	—	3.00	6.50	12.50	30.00	—
1783	—	3.00	6.50	12.50	30.00	—
1785	—	3.00	6.50	12.50	30.00	—

C# 1 3 QUATTRINI (Soldo)

2.2100 g., Copper **Ruler:** Francesco III **Obv:** Crowned arms **Rev:** Patriarch's cross

Date	Mintage	VG	F	VF	XF	Unc
1710	—	5.00	7.00	15.00	35.00	—
1741	—	4.50	6.50	12.50	30.00	—

C# 14 3 QUATTRINI (Soldo)

2.2000 g., Copper **Ruler:** Pietro Leopoldo **Obv:** Crowned arms **Rev:** Value and date

Date	Mintage	VG	F	VF	XF	Unc
1778	—	5.00	7.50	15.00	35.00	—
1780	—	5.00	7.50	15.00	35.00	—
1782	—	5.00	7.50	15.00	35.00	—
1785	—	5.00	7.50	15.00	35.00	—
1790	—	5.00	7.50	15.00	35.00	—

C# 31 3 QUATTRINI (Soldo)

Copper **Ruler:** Ferdinando III **Obv:** Crowned arms in sprigs **Obv. Legend:** FERD • III • A • A • ... **Rev:** Value in cartouche

Date	Mintage	VG	F	VF	XF	Unc
1791	12,000	100	200	450	800	—

C# 2 DIECI (10) QUATTRINI (2 Crazie)

2.1000 g., Billon **Ruler:** Francesco III, as Emperor Francis I **Obv:** Bust right **Rev:** Crowned arms

Date	Mintage	VG	F	VF	XF	Unc
1754	—	5.00	10.00	20.00	45.00	—
1759	—	5.00	10.00	20.00	45.00	—
1764	—	5.00	10.00	20.00	45.00	—

C# 15 DIECI (10) QUATTRINI

2.0100 g., Billon **Ruler:** Pietro Leopoldo **Obv:** Bust right **Obv. Legend:** P • LEOPOLDVS • D • G • ... **Rev:** Crowned, mantled arms **Rev. Legend:** QUATTRINI DIECI

Date	Mintage	VG	F	VF	XF	Unc
1778	—	3.75	6.00	12.00	25.00	—
1780	—	3.75	6.00	12.00	25.00	—
1781	—	3.75	6.00	12.00	25.00	—
1782	—	3.75	6.00	12.00	25.00	—
1785	—	3.75	6.00	12.00	25.00	—
1786	—	3.75	6.00	12.00	25.00	—
1787	—	3.75	6.00	12.00	25.00	—
1788	—	3.75	6.00	12.00	25.00	—

C# 32 DIECI (10) QUATTRINI

2.0000 g., Billon **Ruler:** Ferdinando III **Obv:** Crowned shield **Rev:** Inscription within square design

Date	Mintage	VG	F	VF	XF	Unc
1800 Rare	—	—	—	—	—	—

C# 16 1/2 PAOLO (4 Crazie)

1.3700 g., 0.9200 Silver 0.0405 oz. ASW **Ruler:** Pietro Leopoldo **Obv:** Bust right **Rev:** Crowned arms

Date	Mintage	VG	F	VF	XF	Unc
1783	—	9.00	15.00	28.00	45.00	—
1784	—	9.00	15.00	28.00	45.00	—

C# 33 1/2 PAOLO (4 Crazie)

1.3750 g., 0.9200 Silver 0.0407 oz. ASW **Ruler:** Ferdinando III **Obv:** Bust right **Rev:** Crowned arms

Date	Mintage	VG	F	VF	XF	Unc
1792	—	20.00	40.00	100	200	—

C# 4 PAOLO (8 Crazie)

2.2750 g., 0.9200 Silver 0.0673 oz. ASW **Ruler:** Francesco III **Obv:** Laureate head right **Rev:** Crowned arms in branches

Date	Mintage	VG	F	VF	XF	Unc
1738	—	9.00	16.00	28.00	50.00	—

TUSCANY — ITALIAN STATES

C# 17 PAOLO (8 Crazie)
2.7400 g., 0.9200 Silver 0.0810 oz. ASW **Ruler:** Pietro Leopoldo **Obv:** Bust right **Obv. Legend:** P • LEOP • D • G • .... **Rev:** Crowned arms in order chain with spikes

Date	Mintage	VG	F	VF	XF	Unc
1783	—	20.00	40.00	60.00	200	—

C# 6 1/2 FRANCESCONE (5 Paoli)
13.6000 g., 0.9170 Silver 0.4009 oz. ASW **Ruler:** Francesco III **Obv:** Bust right **Obv. Legend:** FRANC • III • D • G • LOTH • ... **Rev:** Crowned arms in sprigs

Date	Mintage	VG	F	VF	XF	Unc
1738	—	35.00	55.00	145	300	—
1739	—	35.00	55.00	145	300	—
1740	—	35.00	55.00	145	300	—
1741	—	35.00	55.00	145	300	—
1742	—	35.00	55.00	145	300	—
1743	—	35.00	55.00	145	300	—
1745	—	35.00	55.00	145	300	—

C# 17a PAOLO (8 Crazie)
2.7400 g., 0.9200 Silver 0.0810 oz. ASW **Ruler:** Pietro Leopoldo **Obv:** Bust right **Obv. Legend:** P • LEOP • D • G • .... **Rev:** Crowned, oval arms in Order chain with spikes

Date	Mintage	VG	F	VF	XF	Unc
1788	—	9.00	20.00	50.00	100	—
1789	—	9.00	20.00	50.00	100	—
1790	—	12.00	30.00	50.00	100	—

C# 34 PAOLO (8 Crazie)
2.7510 g., 0.9200 Silver 0.0814 oz. ASW **Ruler:** Ferdinando III **Obv:** Bust right **Rev:** Crowned arms

Date	Mintage	VG	F	VF	XF	Unc
1791 Rare	—	50.00	200	400	800	—

C# 8 FRANCESCONE (10 Paoli)
27.5000 g., 0.9170 Silver 0.8107 oz. ASW **Ruler:** Francesco III, as Emperor Francis I **Obv:** Bust right **Obv. Legend:** FRANCISCVS • D • G • R • I • S • A • ... **Rev:** Crowned double-headed eagle with crowned shield on breast **Note:** Dav. #1504.

Date	Mintage	VG	F	VF	XF	Unc
1747	—	60.00	120	250	450	—

C# 7 1/2 FRANCESCONE (5 Paoli)
13.7500 g., 0.9170 Silver 0.4054 oz. ASW **Ruler:** Francesco III, as Emperor Francis I **Obv:** Bust right **Obv. Legend:** FRANCISCVS • D • G • R • I • S • A • .... **Rev:** Crowned double-headed eagle with crowned shield on breast

Date	Mintage	VG	F	VF	XF	Unc
1746	—	50.00	100	200	400	—
1756	—	35.00	55.00	145	300	—
1758	—	35.00	55.00	145	300	—
1763	—	35.00	55.00	145	300	—
1764	—	35.00	55.00	145	300	—

C# 5 2 PAOLI (16 Crazie)
5.6500 g., 0.9200 Silver 0.1671 oz. ASW **Ruler:** Francesco III, as Emperor Francis I **Obv:** Head right **Obv. Legend:** FRANC • III • D • G • LOTH • BAR • ... **Rev:** Crowned oval arms in sprigs

Date	Mintage	VG	F	VF	XF	Unc
1738	—	15.00	25.00	45.00	90.00	—
1745	—	15.00	25.00	45.00	90.00	—
1747	—	15.00	25.00	45.00	90.00	—
1761	—	15.00	25.00	45.00	90.00	—
1762	—	15.00	25.00	45.00	90.00	—

C# 19 5 PAOLI (1/2 Francescone)
13.7500 g., 0.9170 Silver 0.4054 oz. ASW **Ruler:** Pietro Leopoldo **Obv:** Bust right **Obv. Legend:** P • LEOPOLDVS • ..... **Rev:** Crowned, oval shield with spikes in order chain

Date	Mintage	VG	F	VF	XF	Unc
1777	—	75.00	150	300	500	—
1778	—	75.00	150	300	500	—
1779	—	75.00	150	300	500	—

C# 19a 5 PAOLI (1/2 Francescone)
13.7500 g., 0.9170 Silver 0.4054 oz. ASW **Ruler:** Pietro Leopoldo **Obv:** Bust right with bound hair **Rev:** Crowned, oval shield with spikes in order chain

Date	Mintage	VG	F	VF	XF	Unc
1778	—	75.00	150	300	500	—
1779	—	75.00	150	300	500	—
1787	—	40.00	60.00	125	250	—

C# 18 2 PAOLI (16 Crazie)
5.4800 g., 0.9200 Silver 0.1621 oz. ASW **Ruler:** Pietro Leopoldo **Obv:** Bust right **Obv. Legend:** P • LEOP • D • G • P • R • ... **Rev:** Crowned, oval arms in Order chain with spikes

Date	Mintage	VG	F	VF	XF	Unc
1770	—	20.00	40.00	100	200	—
1780	—	20.00	40.00	100	200	—
1782	—	20.00	40.00	100	200	—
1787	—	20.00	40.00	100	200	—

C# 8a FRANCESCONE (10 Paoli)
27.5000 g., 0.9170 Silver 0.8107 oz. ASW **Ruler:** Francesco III, as Emperor Francis I **Obv:** Larger bust right **Obv. Legend:** FRANCISCVS • D • G • R • I • S • A • ... **Rev:** Crowned double-headed eagle with crowned shield on breast **Note:** Dav. #1505.

Date	Mintage	VG	F	VF	XF	Unc
1747	—	40.00	80.00	200	400	—
1758	—	40.00	80.00	200	400	—
1759	—	40.00	80.00	200	400	—
1760	—	40.00	80.00	200	400	—
1761	—	40.00	80.00	200	400	—
1762	—	40.00	80.00	200	400	—
1763	—	40.00	80.00	200	400	—
1764	—	40.00	80.00	200	400	—

C# 20 5 PAOLI (1/2 Francescone)
13.7500 g., 0.9170 Silver 0.4054 oz. ASW **Ruler:** Pietro Leopoldo, as Emperor Leopold II **Obv:** Bust right **Obv. Legend:** LEOPOLDVS • II • D • G • ..... **Rev:** Crowned arms in sprigs

Date	Mintage	VG	F	VF	XF	Unc
1790	—	200	500	1,000	2,000	—

C# 36 5 PAOLI (1/2 Francescone)
13.7500 g., 0.9170 Silver 0.4054 oz. ASW **Ruler:** Pietro Leopoldo, as Emperor Leopold II **Obv:** Head right **Rev:** Oval arms

Date	Mintage	VG	F	VF	XF	Unc
1791	—	100	200	500	1,000	—

C# 8c FRANCESCONE (10 Paoli)
27.5000 g., 0.9170 Silver 0.8107 oz. ASW **Ruler:** Francesco III, as Emperor Francis I **Obv:** Bust right **Obv. Legend:** FRANCISCVS • D • G • R • I • S • A • ... **Rev:** Roman numeral date **Note:** Dav. #1506.

Date	Mintage	VG	F	VF	XF	Unc
1748	—	40.00	80.00	200	400	—

C# 35 2 PAOLI (16 Crazie)
5.5020 g., 0.9170 Silver 0.1622 oz. ASW **Ruler:** Ferdinando III **Obv:** Bust right **Obv. Legend:** FERD • III • D • G • P • R • .... **Rev:** Crowned, oval arms with spikes in Order chain, divided date below

Date	Mintage	VG	F	VF	XF	Unc
1791 Rare	—	100	250	500	1,000	—

LEOPOLDVS • .... **Rev:** Crowned ornate shield **Rev. Legend:** DIRIGEDOM.... **Note:** Dav. #1509.

Date	Mintage	VG	F	VF	XF	Unc
1766	—	100	165	300	600	—

Date	Mintage	VG	F	VF	XF	Unc
1769 LSF	—	50.00	100	500	1,000	—
1773 LSF	—	50.00	100	500	1,000	—
1774 LSF	—	50.00	100	500	1,000	—

C# 8b FRANCESCONE (10 Paoli)
27.5000 g., 0.9170 Silver 0.8107 oz. ASW **Ruler:** Francesco III, as Emperor Francis I **Obv:** Bust right **Obv. Legend:** FRANCISCVS • D • G • R • I • S • A • ... **Rev:** Crowned double-headed eagle with crowned shield on breast, PISIS divides date below **Note:** Dav. #1507.

Date	Mintage	VG	F	VF	XF	Unc
1748	—	50.00	90.00	200	400	—
1749	—	50.00	90.00	200	400	—
1750	—	50.00	90.00	200	400	—
1753	—	50.00	90.00	200	400	—
1754	—	50.00	90.00	200	400	—
1755	—	50.00	90.00	200	400	—
1756	—	50.00	90.00	200	400	—
1758	—	50.00	90.00	200	400	—

C# 21 FRANCESCONE (10 Paoli)
27.5000 g., 0.9170 Silver 0.8107 oz. ASW **Ruler:** Pietro Leopoldo, as Emperor Leopold II **Obv:** Bust right **Rev:** Crowned narrow oval arms **Note:** Dav. #1508.

Date	Mintage	VG	F	VF	XF	Unc
1765	—	100	200	800	1,000	—
1766	—	100	200	800	1,000	—

C# 21b FRANCESCONE (10 Paoli)
27.5000 g., 0.9170 Silver 0.8107 oz. ASW **Ruler:** Pietro Leopoldo **Obv:** Bust right **Obv. Legend:** PETRVS LEOPOLDVS ..... **Rev:** Crowned ornate shield **Rev. Legend:** DIRIG..... **Note:** Dav. #1510.

Date	Mintage	VG	F	VF	XF	Unc
1766	—	200	400	800	1,000	—
1767	—	100	200	500	1,000	—
1768	—	100	200	500	1,000	—
1769	—	50.00	90.00	200	400	—
1770	—	50.00	90.00	300	800	—
1771	—	50.00	90.00	200	400	—

C# 24.1 FRANCESCONE (10 Paoli)
27.5000 g., 0.9170 Silver 0.8107 oz. ASW **Ruler:** Pietro Leopoldo **Obv:** Bust right **Obv. Legend:** P • L E O P O L D V S • D • G • .... **Rev:** Crowned shield with spikes in order chain **Note:** Dav. #1514.

Date	Mintage	VG	F	VF	XF	Unc
1771	—	30.00	100	200	400	—
1772	—	30.00	100	200	400	—
1773	—	30.00	100	200	400	—
1774	—	30.00	100	200	400	—
1775	—	30.00	100	200	400	—
1776	—	30.00	75.00	150	300	—
1777	—	30.00	75.00	150	300	—

C# 24.2 FRANCESCONE (10 Paoli)
27.5000 g., 0.9170 Silver 0.8107 oz. ASW **Ruler:** Pietro Leopoldo **Obv:** Small high-collared bust **Note:** Varieties exist. Dav. #1515.

Date	Mintage	VG	F	VF	XF	Unc
1777	—	40.00	75.00	150	300	—
1778	—	40.00	75.00	150	300	—
1779	—	40.00	75.00	150	300	—
1780	—	40.00	75.00	150	300	—
1781	—	40.00	75.00	150	300	—
1782	—	40.00	75.00	150	300	—

C# 8d FRANCESCONE (10 Paoli)
27.5000 g., 0.9170 Silver 0.8107 oz. ASW **Ruler:** Francesco III, as Emperor Francis I **Obv:** Bust right **Obv. Legend:** FRANCISCVS • D • G • R • I • S • A • ... **Rev:** Crowned double-headed eagle with crowned shield on breast **Note:** Dav. #1505A.

Date	Mintage	VG	F	VF	XF	Unc
1765	—	100	165	300	600	—

C# 22 FRANCESCONE (10 Paoli)
27.5000 g., 0.9170 Silver 0.8107 oz. ASW **Ruler:** Pietro Leopoldo **Obv:** Bust left **Obv. Legend:** PETRVS LEOPOLDVS D • G • .... **Rev:** Crowned ornate shield **Note:** Dav. #1511.

Date	Mintage	VG	F	VF	XF	Unc
1767	—	200	500	1,000	2,000	—
1768	—	200	500	1,000	2,000	—

C# 23.1 FRANCESCONE (10 Paoli)
27.5000 g., 0.9170 Silver 0.8107 oz. ASW **Ruler:** Pietro Leopoldo **Obv:** Larger legend lettering **Note:** Dav. #1512.

Date	Mintage	VG	F	VF	XF	Unc
1769	—	100	300	600	1,000	—

C# 21a FRANCESCONE (10 Paoli)
27.5000 g., 0.9170 Silver 0.8107 oz. ASW **Ruler:** Pietro Leopoldo **Obv:** Bust right **Obv. Legend:** PETRVS

C# 23.2 FRANCESCONE (10 Paoli)
28.2500 g., 0.9170 Silver 0.8328 oz. ASW **Ruler:** Pietro Leopoldo **Obv:** Bust right, smaller legend lettering **Obv. Legend:** P • LEOP • D • G • .... **Rev:** Crowned shield with spikes **Note:** For use in the Levant States. Dav. #1513.

C# 24.3 FRANCESCONE (10 Paoli)
27.5000 g., 0.9170 Silver 0.8107 oz. ASW **Ruler:** Pietro Leopoldo **Obv:** Bust right, head breaks legend **Obv. Legend:** P • L E O P O L D V S • D • G .... **Rev:** Crowned shield with spikes in order chain **Note:** Dav. #1516.

Date	Mintage	VG	F	VF	XF	Unc
1783	—	40.00	75.00	150	300	—
1784	—	40.00	75.00	150	300	—
1785	—	40.00	75.00	150	300	—
1786	—	40.00	75.00	150	300	—

C# 24.4 FRANCESCONE (10 Paoli)
27.5000 g., 0.9170 Silver 0.8107 oz. ASW **Ruler:** Pietro Leopoldo **Obv:** Smaller bust **Note:** Dav. #1517.

Date	Mintage	VG	F	VF	XF	Unc
1785	—	40.00	75.00	150	300	—
1786	—	40.00	75.00	150	300	—

TUSCANY — ITALIAN STATES

Date	Mintage	VG	F	VF	XF	Unc
1719	—	300	550	750	1,000	—
1720	—	300	550	750	1,000	—
1721	—	300	550	750	1,000	—
1722	—	300	550	750	1,000	—
1723	—	300	550	750	1,000	—

FR# 328 FLORINO
3.1800 g., 0.9990 Gold 0.1021 oz. AGW **Ruler:** Giovanni Gaston **Obv:** Fleur-de-lis **Obv. Legend:** IOAN • GASTO • I • .... **Rev:** Seated figure **Rev. Legend:** S • I O A N N E S • B A ....

Date	Mintage	VG	F	VF	XF	Unc
1723	—	300	400	500	1,000	—
1724	—	300	400	500	1,000	—
1725	—	300	400	500	1,000	—
1726	—	300	400	500	1,000	—
1727	—	350	500	800	1,500	—
1728	—	300	400	500	1,000	—
1729	—	300	400	500	1,000	—
1731	—	300	400	500	1,000	—
1732	—	300	400	500	1,000	—
1733	—	300	400	500	1,000	—
1734	—	300	400	500	1,000	—
1735	—	300	400	500	1,000	—
1736	—	300	400	500	1,000	—

C# 24.5 FRANCESCONE (10 Paoli)
27.5000 g., 0.9170 Silver 0.8107 oz. ASW **Ruler:** Pietro Leopoldo **Obv:** Bust right, larger continuous lettering **Obv. Legend:** P • L E O P O L D V S • D • G .... **Rev:** Crowned shield with spikes in order chain **Note:** Dav. #1518.

Date	Mintage	VG	F	VF	XF	Unc
1786	—	40.00	75.00	150	300	—
1787	—	40.00	75.00	150	300	—
1789	—	40.00	75.00	150	300	—
1790	—	40.00	75.00	150	300	—

C# 25 FRANCESCONE (10 Paoli)
27.5000 g., 0.9170 Silver 0.8107 oz. ASW **Ruler:** Pietro Leopoldo, as Emperor Leopold II **Obv:** Bust right **Obv. Legend:** LEOPOLDVS • II • D • G • H • ... **Rev:** Crowned double-headed eagle with 2 small crowns on shield on breast **Note:** Dav. #1520.

Date	Mintage	VG	F	VF	XF	Unc
1790	—	200	500	1,000	2,000	—

C# 9 UNGHERO
3.5000 g., 0.9860 Gold 0.1109 oz. AGW **Ruler:** Francesco III **Obv:** Head right **Obv. Legend:** FRANC • III • D • G • LOTH • ... **Rev:** Crowned oval shield with center shield, within sprigs

Date	Mintage	VG	F	VF	XF	Unc
1738	—	1,000	3,000	6,000	15,000	—
1741	—	1,000	3,000	6,000	15,000	—

C# 10 ZECCHINO (Fiorino)
3.4880 g., 0.9990 Gold 0.1120 oz. AGW **Ruler:** Francesco III **Obv:** Fleur-de-lis **Rev:** St. John the Baptist seated

Date	Mintage	VG	F	VF	XF	Unc
1737	—	300	400	500	1,000	—
1738	—	300	400	500	1,000	—
1739	—	300	400	500	1,000	—
1741	—	300	400	500	1,000	—
1742	—	300	400	500	1,000	—
1743	—	300	400	500	1,000	—

C# 24.6 FRANCESCONE (10 Paoli)
27.5000 g., 0.9170 Silver 0.8107 oz. ASW **Ruler:** Pietro Leopoldo **Obv:** Smaller legend lettering, modified bust **Obv. Legend:** P • LEOPOLDVS • D • G • .... **Rev:** Crowned shield with spikes in order chain **Note:** Dav. #1518A.

Date	Mintage	VG	F	VF	XF	Unc
1790	—	200	500	1,000	2,000	—

C# 37 FRANCESCONE (10 Paoli)
27.5000 g., 0.9170 Silver 0.8107 oz. ASW **Ruler:** Ferdinando III **Obv:** Head right **Obv. Legend:** FERDINANDVS • III • D • G • ... **Rev:** Crowned shield with spikes in order chain **Note:** Dav. #1521.

Date	Mintage	VG	F	VF	XF	Unc
1791	—	200	500	1,000	2,000	—
1792	—	200	500	1,000	2,000	—
1793	—	200	500	1,000	2,000	—
1794	—	25.00	50.00	100	200	—
1795	—	25.00	50.00	100	200	—
1796	—	25.00	50.00	100	200	—
1797	—	25.00	50.00	100	200	—
1798	—	200	500	1,000	2,000	—
1799	—	25.00	50.00	200	500	1,300
1800	—	200	500	1,000	2,000	—

FR# 313 SCUDO D'ORO
3.5000 g., 0.9860 Gold 0.1109 oz. AGW **Obv:** Spade-shaped arms **Rev:** Ornate cross in inner circle **Note:** Struck at Florence.

Date	Mintage	VG	F	VF	XF	Unc
ND	—	—	—	—	—	—

FR# 329 1/2 FLORINO
1.7400 g., 0.9990 Gold 0.0559 oz. AGW **Ruler:** Giovanni Gaston **Obv:** Fleur-de-lis **Rev:** St. John the Baptist

Date	Mintage	VG	F	VF	XF	Unc
1726	—	800	1,600	3,250	8,000	—

C# 27 ZECCHINO (Fiorino)
3.4880 g., 0.9990 Gold 0.1120 oz. AGW **Ruler:** Pietro Leopoldo **Obv:** Fleur-de-lis **Obv. Legend:** P • LEOPOLDVS • ... **Rev:** Seated figure **Rev. Legend:** • S • IOANNES • ...

Date	Mintage	VG	F	VF	XF	Unc
1779	—	300	400	500	1,000	—
1780	—	500	1,000	2,000	3,500	—
1787	—	300	400	500	1,000	—
1788	—	300	400	500	1,000	—
1789	—	350	600	1,200	2,000	—

C# 38 ZECCHINO (Fiorino)
3.4880 g., 0.9990 Gold 0.1120 oz. AGW **Ruler:** Pietro Leopoldo, as Emperor Leopold II

Date	Mintage	VG	F	VF	XF	Unc
1791 Rare	—	—	—	—	—	—
1792 Rare	—	—	—	—	—	—
1799	—	300	500	1,000	1,800	—

C# 26 FRANCESCONE (10 Paoli)
27.5000 g., 0.9170 Silver 0.8107 oz. ASW **Ruler:** Pietro Leopoldo, as Emperor Leopold II **Obv:** Bust right **Obv. Legend:** LEOPOLDVS • II • D • G • ... **Rev:** Crowned arms with supporters **Note:** Dav. #1519.

Date	Mintage	VG	F	VF	XF	Unc
1790	—	200	500	1,000	2,000	—

FR# 326 FLORINO
3.1800 g., 0.9990 Gold 0.1021 oz. AGW **Ruler:** Cosimo III **Rev:** St. John the Baptist

Date	Mintage	VG	F	VF	XF	Unc
1712	—	300	550	750	1,000	—
1713	—	300	550	750	1,000	—
1714	—	300	550	750	1,000	—
1718	—	350	600	1,000	2,000	—

FR# 325 RUSPONE (3 Zecchini)
10.4640 g., 0.9990 Gold 0.3361 oz. AGW **Ruler:** Cosimo III

ITALIAN STATES — TUSCANY

Obv: Fleur-de-lis **Obv. Legend:** COSMVS • III • D • G • M • DVX ... **Rev:** Seated figure **Rev. Legend:** S • IOANNES BAPTISTA •

Date	Mintage	VG	F	VF	XF	Unc
1719	—	700	1,200	3,000	8,000	—

FR# 327 RUSPONE (3 Zecchini)
10.4640 g., 0.9990 Gold 0.3361 oz. AGW **Ruler:** Giovanni Gaston

Date	Mintage	VG	F	VF	XF	Unc
1724	—	750	1,500	3,000	8,000	—

C# 11 RUSPONE (3 Zecchini)
10.4640 g., 0.9990 Gold 0.3361 oz. AGW **Ruler:** Francesco III **Obv:** Fleur-de-lis **Obv. Legend:** "AS GRAND DUKE" **Rev:** St. John the Baptist seated

Date	Mintage	VG	F	VF	XF	Unc
1743	—	700	800	1,000	1,900	—
1744	—	700	800	1,000	1,900	—
1745	—	700	800	1,000	1,900	—

C# 11a RUSPONE (3 Zecchini)
10.4640 g., 0.9990 Gold 0.3361 oz. AGW **Ruler:** Francesco III, as Emperor Francis I **Obv:** Legend as emperor, fleur-de-lis **Obv. Legend:** F R A N C I S V S • D • G • ... **Rev:** St. John the Baptist, seated **Rev. Legend:** • S • I O A N N E S B A P T I S T A •

Date	Mintage	VG	F	VF	XF	Unc
1746	—	650	700	800	1,500	—
1748	—	650	700	800	1,500	—
1749	—	650	700	800	1,500	—
1750	—	650	700	800	1,500	—
1752	—	675	1,000	2,000	3,000	—
1753	—	650	700	800	1,500	—
1754	—	650	700	800	1,500	—
1756	—	650	700	800	1,500	—
1757	—	650	700	800	1,500	—
1758	—	675	1,000	2,000	3,000	—
1759	—	650	700	800	1,500	—
1760	—	650	700	800	1,500	—
1761	—	650	700	800	1,500	—
1763	—	750	1,500	3,000	5,000	—
1764 Reported not confirmed	—	—	—	—	—	—

C# 28 RUSPONE (3 Zecchini)
10.4640 g., 0.9990 Gold 0.3361 oz. AGW **Ruler:** Pietro Leopoldo **Obv:** Fleur-de-lis **Obv. Legend:** P • LEOPOLDVS • D • G • A • A • M • D • ETR **Rev:** St. John the Baptist, seated **Rev. Legend:** S • IOANNES BAPTISTA •

Date	Mintage	VG	F	VF	XF	Unc
1765	—	750	800	1,000	8,000	—
1/66	—	750	800	1,000	8,000	—
1768	—	750	800	1,000	8,000	—
1769	—	750	800	1,000	8,000	—
1770 Reported but not confirmed	—	—	—	—	—	—
1771	—	750	800	1,000	8,000	—
1772	—	750	800	1,000	8,000	—
1773	—	750	800	1,000	8,000	—
1774	—	750	800	1,000	8,000	—
1775	—	750	800	1,000	8,000	—
1776 Reported but not confirmed	—	—	—	—	—	—
1777	—	750	800	1,000	8,000	—
1778	—	750	800	1,000	8,000	—
1779	—	750	800	1,000	8,000	—
1780	—	775	1,000	2,000	8,000	—
1781	—	750	800	1,000	8,000	—
1782	—	750	800	1,000	8,000	—
1783	—	750	800	1,000	8,000	—
1784	—	750	800	1,000	8,000	—
1786	—	775	1,000	2,000	8,000	—
1787	—	750	800	1,000	8,000	—
1789	—	750	800	1,000	8,000	—
1790	—	750	800	1,000	8,000	—

C# 28a RUSPONE (3 Zecchini)
10.4640 g., 0.9990 Gold 0.3361 oz. AGW **Ruler:** Pietro Leopoldo, as Emperor Leopold II **Obv:** Fleur-de-lis **Obv. Legend:** LEOPOLDUS II D • G • H • R **Rev:** St. John the Baptist, seated

Date	Mintage	VG	F	VF	XF	Unc
1790	—	750	900	1,300	2,100	—

C# 28b RUSPONE (3 Zecchini)
10.4640 g., 0.9990 Gold 0.3361 oz. AGW **Ruler:** Pietro Leopoldo, as Emperor Leopold II **Obv:** Fleur-de-lis **Obv. Legend:** LEOPOLDUS II D • G • R • I • **Rev:** St. John the Baptist, seated

Date	Mintage	VG	F	VF	XF	Unc
1790	—	750	850	1,100	2,200	—

C# 39 RUSPONE (3 Zecchini)
10.4610 g., 0.9990 Gold 0.3360 oz. AGW **Ruler:** Ferdinando III **Obv:** Fleur-de-lis **Obv. Legend:** FERDINANDVS • III • ... **Rev:** St. John the Baptist, seated **Rev. Legend:** S • IOANNES BAPTISTA

Date	Mintage	VG	F	VF	XF	Unc
1791 Rare	—	1,000	2,600	4,000	8,000	—
1793 Rare	—	1,000	2,600	4,000	8,000	—
1794 Rare	—	1,000	2,600	4,000	8,000	—
1796 Rare	—	1,000	2,600	4,000	9,000	—
1797 Rare	—	1,000	2,600	4,000	9,000	—
1798 Rare	—	1,000	2,600	4,000	9,000	—
1799 Rare	—	800	1,500	3,000	6,000	—
1800 Rare	—	800	1,500	3,000	6,000	—

FR# 323 DOPPIA
7.0000 g., 0.9860 Gold 0.2219 oz. AGW **Ruler:** Cosimo III **Obv:** Crowned arms **Obv. Legend:** COSMVS III... **Rev:** Ornate cross
Note: Struck at Florence Mint.

Date	Mintage	VG	F	VF	XF	Unc
1711	—	600	1,200	3,000	9,000	—
1716	—	600	1,200	3,000	9,000	—

VASTO

Vasto was given to a member of the Avalo(s) family by Alphonso V of Aragon. Don Cesare was created a prince of the Empire by Leopold I in 1704, and was given the mint privilege. He coined only in 1706-07. In 1806, Vasto was incorporated into the Two Sicilies.

RULER
Cesare D'Avalos, 1704-1729

PRINCIPALITY

STANDARD COINAGE

KM# 5 1/2 TALLERO
14.1200 g., 0.9170 Silver 0.4163 oz. ASW **Ruler:** Cesare D'Avalos **Obv:** Bust right **Rev:** Crowned arms in elaborate frame

Date	Mintage	VG	F	VF	XF	Unc
1706	—	400	1,900	3,500	—	7,000

DAV# 1523 TALLERO
28.2500 g., 0.9170 Silver 0.8328 oz. ASW **Ruler:**

Cesare D'Avalos **Obv:** Bust right **Rev:** Crowned arms in elaborate frame

Date	Mintage	VG	F	VF	XF	Unc
1706	—	1,300	2,700	5,000	9,500	—

FR# 1214 1/2 ZECCHINO
1.7500 g., 0.9860 Gold 0.0555 oz. AGW **Ruler:** Cesare D'Avalos **Obv:** Bust right **Rev:** Crowned ornate arms

Date	Mintage	VG	F	VF	XF	Unc
1707	—	700	1,500	2,500	4,500	—

FR# 1213 ZECCHINO
3.5000 g., 0.9860 Gold 0.1109 oz. AGW **Ruler:** Cesare D'Avalos **Obv:** Bust right **Rev:** Crowned ornate arms in order chain

Date	Mintage	VG	F	VF	XF	Unc
1706	—	1,000	2,000	3,750	7,000	—

VENICE

Venezia

A seaport of Venetia was founded by refugees from the Hun invasions. From that time until the arrival of Napoleon in 1797, it maintained an enormous foreign trade involving the possession of many islands in the Mediterranean while keeping a state of quasi-independence despite the antagonism of jealous Italian states and the Ottoman Turks. During the French Occupation Napoleon handed it over to Austria. Later, upon the defeat of the Austrians by Prussia in 1860, Venice then became a part of the United Kingdom of Italy.

RULERS
Alois Mocenigo II, 1700-1709
Giovanni Corner II, 1709-1722
Sebastiano Mocenigo, 1722-1732
Carlo Ruzzini, 1732-1735
Alvise Pisani, 1735-1741
Pietro Grimani, 1741-1752
Francesco Loredan, 1752-1762
Marco Foscarini, 1762-1763
Alvise Giovanni Mocenigo IV, 1763-1778
Paolo Renier, 1779-1789
Lodovico Manin, 1789-1797
Franz II (of Austria) 1798-1806

MINT MARKS
A - Vienna
F - Hall
V - Venice
ZV - Zecca Venezia - Venice
None - Venice

MINT OFFICIALS' INITIALS FOR SILVER

Initials	Dates	Name
AB	1751	Zan Alvise Barbaro
AB	1706-07	Lodovico (Alvise) Benzon
AB	1718-19	Alvise Bon
AB	1763, 1785-86	Andrea Bon
AC	1792-93	Antonio Cicogna
AD	1755	Antonio Diedo
AD	1739	Anzolo Dolfin
AM	1719	Anzolo Malipiero
AM	1714-15	Alvise Minotto
AMP	1775-76	Anzolo Maria Priuli
AM3	1737	Anzolo Terzo Memmo
AO	1785	Anzolo Orio
AP	1718	Alvise Pizzamano
AS	1738	Alessandro Semitecolo
BC	1769-70; 78-79	Benetto Capello
BC2o, BC	1705	Benetto Civran
BG	1727-29	Benetto Grimani
BG GB	1705-06	Bernardo Gritti
BV	1731	Benetto Valier
BZ	1733	Bortolomio Zen
CB	1713-14	Cornelio Badoer
DB	1793-94	Daniele Balbi
DD	1715	Domenego Diedo
DG	1762-63; 1767	Domenego Gritti
DT	1781-82	Domenego Trevisan
FAB	1758-59	Francesco Antonio Bonlini
FAF	1742-43	Francesco Antonio Foscarini
FAP	1709	Francesco Antonio Paruta

VENICE

Initials	Dates	Name
FAP	1717-18	Francesco Antonio Pasqualigo
FB	1796	Francesco Barbaro
FD	1784-85	Fantin Dandolo
FD	1782-83	Francesco Dandolo
FMR	1786	Francesco Maria Rizzi
FP	1741	Francesco Pasqualigo
FT	1755-56	Francesco Trevisan
FZ	1795-96	Francesco Zane
GAC	1751-52	Giacomo Antonio Contarini
GAF	1772-73	Giacomo Anzolo Foscarini
GAS	1759-60	Gerolamo Antonio Soranzo
GB	1699-1701	Gerolamo Barbaro
GB	1756-57	Gerolamo Bonlini
GD	1749	Gerolamo Dona
GF	1706	Gerolamo Falier
GF	1786-87	Gerolamo Foscarini
GF	1788-89	Giacomo Foscarini
GM	1703-05	Giulio Minotto
GMB	1773-74	Giustiniano Maria Badoer
GP	1773	Giacomo Pasqualigo
GTS	1701-02	Gian Tommaso Soranzo
GZ	1730	Gerolamo Zolio
HAL	1707-09	Gerolamo Antonio Lombardo
LAF	1777-78	Lunardo Alvise Foscarini
LB	1774-75	Lorenzo Bonlini
LM	1709-10	Lorenzo Marcello
LM II	1747-48	Lodovico Morosini II
MAB	1710-11	Marc' Antonio Bon
MAT	1771-72	Marc' Antonio Trevisan
MB	1790	Maffio Badoer
MB	1717	Marin Bembo
MD	1711-13	Marc'Antonio Dolfin
MF	1763-64	Marchio Foscarini
MS	1764-66	Mario Soranzo
MS	1735	Michiel Soranzo
NB	1723	Nicolo Bembo
NMB	1742	Nicolo Maria Bembo
NP	1770-71	Nicolo Pisani
PAB	1792	Pier Antonio Bembo
PAB, PB	1766-67	Pier Alvise Barbaro
PAT	1725	Pier Antonio Trevisan
PB, BP	1702-03	Piero Basadonna
PD	1703	Piero Diedo
PD	1745; 1776-77	Piero Dona
PM	1701	Pietro Magno
PM	1702	Piero Manolesso
PM	1707	Piero Morosini
PP	1759	Piero Pasta
PQ	1726	Piero Querini
RB	1780	Rizzardo Balbi
RB	1779-80	Raimondo Bembo
RB, RBP	1768-69	Rizzardo Balbi
SB	1753	Stefano Barbaro
VAAM	1721	Vettor Antonio Alvise Marcello
VAB	1769	Vincenzo Antonio Bragadin
VAC	1754-55	Ulisse Antonio Corner
VETM	1761-62	Vettor Morosini
VL	1743-45	Vincenzo Longo
VQ	1722	Vincenzo Querini
VS	1777	Valerio Soranzo
VV	1775	Valerio Valier
VV	1729	Vincenzo Vanaxel
ZAMB	1746	Zan Alvise Maria Dona
ZAMD	1746	Zan Alvise Maria Dona
ZAP	1746-47	Zan Andrea Pasqualigo
ZB	1750-51	Zuane Balbi
ZBV	1711	Zuane Bortolomio Vitturi
ZD	1761	Zuane Dolfin
ZF	1734	Zorzi Foscolo
ZM	1781	Zan Francesco Moro

MINT OFFICIALS' INITIALS FOR GOLD

Initials	Dates	Name
AB	1761-62	Antonio Boldu
AC	1786-87	Alvise Corner
AF	1779-81	Alvise Foscarini
GC	1734	Gerolamo Cicogna
GP	1762	Giulio Pasqualigo
IP	1751-53	Iseppo Pizzamano
IP	1708-09	Iseppo Priuli
Mac	1740-49	Marc' Antonio Gritti
MAT	1722	Marc' Antonio Trevisan
NC	1787-89	Nicolo Corner
NP	1778	Nicolo Pizzamano
VD	1731	Vincenzo Dona
ZAB	1793-94	Zan Andrea Bonlini
ZD	1789-90	Zuanne Diedo
ZDL	1747-48	Zan Domenego Loredan

MONETARY SYSTEM

6 Denari = 1 Bezzo
12 Denari = 1 Soldo
20 Soldi = 1 Lira
30 Soldi = 1 Lirazza
124 Soldi = 1 Ducatone = 1 Ducato
140 Soldi = 1 Scudo = 1 Tallero = 1 Zecchino
160 Soldi = 1 Scudo
2 Scudi = 1 Doppia

WEIGHTS

Zechhino = 3.45 g
Doppia = 6.90 g

NOTE: Venice struck many types of gold coins using billon or silver coinage dies. They also struck many denominations from the same dies, so it is most important to check the weight to determine the proper denomination.

DIE VARIETIES

Throughout this series there is great variety in the abbreviation within the legends while various stars, dots, colons, diamonds, rosettes and other devices were used in separating them.

CITY OCCUPATION COINAGE

C# 155 DIECI (10) LIRE

28.4700 g., 0.8260 Silver 0.7560 oz. ASW **Obv:** ZECCA V below Liberty **Obv. Legend:** LIBERTA ... **Rev:** Written value within wreath **Note:** Dav. #1576.

Date	Mintage	VG	F	VF	XF	Unc
1797 AS	—	60.00	200	400	800	—
1.797 AS	—	60.00	200	400	800	—

C# 155a DIECI (10) LIRE

28.4700 g., 0.8260 Silver 0.7560 oz. ASW **Obv:** Z V below liberty **Obv. Legend:** LIBERTAD ... **Rev:** Written value within wreath, date below **Rev. Legend:** ANNO I DELLA LIBERTA ITALIANA **Note:** Dav. #1577.

Date	Mintage	VG	F	VF	XF	Unc
1797	—	65.00	200	400	800	—

C# 155b DIECI (10) LIRE

28.4700 g., 0.8260 Silver 0.7560 oz. ASW **Obv:** ZECCA V below Liberty **Rev:** Written value within wreath, date below **Note:** Mule. Dav. #1576A.

Date	Mintage	VG	F	VF	XF	Unc
1797 Rare	—	—	—	—	—	—

C# 160 MEZZA (1/2) LIRA (10 Soldi)

2.2000 g., 0.2500 Billon 0.0177 oz. **Ruler:** Franz II of Austria **Obv:** Crowned double-headed eagle, FII in circle on breast **Rev:** Written value and date within wreath **Note:** Two varieties exist. Overstruck on Austria 6 Kruezer, KM#2127.

Date	Mintage	VG	F	VF	XF	Unc
1800	—	12.50	25.00	90.00	245	—

C# 161 UNA (1) LIRA (20 Soldi)

5.3000 g., 0.2500 Billon 0.0426 oz. **Ruler:** Franz II of Austria **Obv:** Crowned double-headed eagle, FII in circle on breast **Obv. Legend:** PROVINCIALE IMP • VENETA MONETA **Rev:** Written value and date within wreath

Date	Mintage	VG	F	VF	XF	Unc
1800	—	20.00	40.00	100	260	—

Note: Overstruck on Austria 12 Kreuzer, KM#2137

FR# 1617 ZECCHINO

3.4900 g., 0.9870 Gold 0.1107 oz. AGW **Ruler:** Franz II of Austria **Obv:** Christ holding orb **Note:** New type

Date	Mintage	VG	F	VF	XF	Unc
ND(1798-1806)	—	350	550	1,650	3,000	—

FR# 1516 ZECCHINO

3.4900 g., 0.9870 Gold 0.1107 oz. AGW **Ruler:** Franz II of Austria **Obv:** St. Mark, Doge **Obv. Legend:** FRANC• II• S• M• VENET **Rev:** Christ holding gospel **Rev. Legend:** SIT• T• XPE• DAT• Q• TV REGIS• ISTE• DVCA **Note:** Old type

Date	Mintage	VG	F	VF	XF	Unc
ND(1798-1806)	—	350	500	1,550	2,850	—

PROVISIONAL GOVERNMENT
1797-1798

PROVISIONAL COINAGE

REPUBLIC

STANDARD COINAGE

C# 1 6 DENARI (Bezzo)

0.7600 g., Billon **Obv:** Winged lion, kneeling figure above value **Obv. Legend:** F R A N C • L A V R E D * * S • M • V • **Rev:** Standing Saint, facing **Rev. Legend:** * D E F E N S • N O S T E R *

Date	Mintage	VG	F	VF	XF	Unc
ND(1752-62)	—	3.00	5.00	15.00	35.00	—

C# 84 6 DENARI (Bezzo)

0.7600 g., Billon **Obv:** Legend around figures, value **Obv. Legend:** S. M. V. PAVL RAINER **Rev:** Standing Saint, facing **Rev. Legend:** DEFENS NOSTER

Date	Mintage	VG	F	VF	XF	Unc
ND(1779-89)	—	3.00	10.00	100	200	—

C# 2 12 DENARI (Soldo)

1.8000 g., Billon **Obv:** Winged lion, kneeling figure above value

Obv. Legend: FRANC • .... **Rev:** Standing Saint, facing **Rev. Legend:** * D E F E N S * N O S T E R *

Date	Mintage	VG	F	VF	XF	Unc
ND(1752-62)	—	3.00	5.00	15.00	30.00	—

C# 26 12 DENARI (Soldo)
1.5300 g., Billon **Obv:** Winged lion, kneeling figure above value **Obv. Legend:** S • M • V • M • FOSCARENVS **Rev:** Standing Saint, facing **Rev. Legend:** * D E F E N S • N O S T E R *

Date	Mintage	VG	F	VF	XF	Unc
ND(1762-63)	—	3.00	20.00	60.00	130	—

C# 49 12 DENARI (Soldo)
1.1900 g., Billon **Obv:** Winged lion, kneeling figure above value **Obv. Legend:** S • M • V • ALOY... **Rev:** Standing Saint, facing **Rev. Legend:** * D E F E N S • N O S T E R *

Date	Mintage	VG	F	VF	XF	Unc
ND(1763-78)	—	3.00	5.00	20.00	50.00	—

C# 85 12 DENARI (Soldo)
1.7600 g., Billon **Obv:** Winged lion, kneeling figure above value **Obv. Legend:** S • M • V • PAVL • RAIN • **Rev:** Standing Saint, facing **Rev. Legend:** * D E F E N S • N O S T E R *

Date	Mintage	VG	F	VF	XF	Unc
ND(1779-89)	—	2.50	10.00	60.00	80.00	—

C# 118 12 DENARI (Soldo)
1.5500 g., Billon **Obv:** Winged lion, kneeling figure above value **Obv. Legend:** S • M • V • LVDO • MANIN • **Rev:** Standing Saint, facing **Rev. Legend:** * D E F E N S • • N O S T E R *

Date	Mintage	VG	F	VF	XF	Unc
ND(1789-97)	—	3.00	5.00	10.00	25.00	—

C# 3 (5 SOLDI)
1.2400 g., 0.3900 Silver 0.0155 oz. ASW **Ruler:** Francesco Loredan **Obv:** Winged lion above date **Obv. Legend:** S • M • V • FRANC • LAVREDANO **Rev:** Seated crowned Justice flanked by lion heads **Rev. Legend:** IVDICIVM RECTVM *

Date	Mintage	VG	F	VF	XF	Unc
ND1752-62	—	30.00	50.00	120	200	—

C# 27 (5 SOLDI)
1.2400 g., 0.3900 Silver 0.0155 oz. ASW **Ruler:** Marco Foscarini **Obv:** Winged lion above date **Obv. Legend:** S • M • V • MARC • FOSCARENVS • **Rev:** Seated crowned Justice flanked by lion heads **Rev. Legend:** IVDICIVM RECTVM *

Date	Mintage	VG	F	VF	XF	Unc
ND1762-63	—	20.00	40.00	80.00	150	—

C# 50 (5 SOLDI)
1.1100 g., 0.3900 Silver 0.0139 oz. ASW **Ruler:** Alvise Giovanni Mocenigo **Obv:** Winged lion above date **Obv. Legend:** S • M • V • ALOY MOCENI • **Rev:** Seated crowned Justice flanked by lion heads **Rev. Legend:** IVDICIVM RECTVM •

Date	Mintage	VG	F	VF	XF	Unc
1763	—	2.00	5.00	10.00	25.00	—
1777	—	3.00	5.00	10.00	25.00	—

C# 86 (5 SOLDI)
1.0300 g., 0.3900 Silver 0.0129 oz. ASW **Ruler:** Alvise Giovanni Mocenigo **Obv:** Winged lion above date **Rev:** Seated crowned Justice flanked by lion heads **Rev. Legend:** IVDIVM RECTVM

Date	Mintage	VG	F	VF	XF	Unc
1778	—	2.00	5.00	10.00	25.00	—

C# 119 (5 SOLDI)
1.0600 g., 0.3900 Silver 0.0133 oz. ASW **Ruler:** Lodovico Manin **Obv:** Winged lion above date **Obv. Legend:** S • M • V • LVDO • MANIN • D • Rev: Seated crowned Justice flanked by lion heads **Rev. Legend:** IVDICIVM RECTVM

Date	Mintage	VG	F	VF	XF	Unc
1789	—	5.00	10.00	20.00	30.00	—
1797	—	5.00	10.00	20.00	30.00	—

C# 4 (10 SOLDI)
2.4800 g., 0.3900 Silver 0.0311 oz. ASW **Ruler:** Francesco Loredan **Obv:** Kneeling figure above date **Obv. Legend:** FRANC • LAVREDANO • **Rev:** Winged lion above flower **Rev. Legend:** SANCT • MARCVS • VEN •

Date	Mintage	VG	F	* VF	XF	Unc
1752	—	25.00	50.00	100	200	—

C# 28 (10 SOLDI)
2.4800 g., 0.3900 Silver 0.0311 oz. ASW **Ruler:** Marco Foscarini **Obv:** Kneeling figure above date **Obv. Legend:** MARC • FOSCARENVS • **Rev:** Winged lion above flower **Rev. Legend:** SANCT * MARCVS * VEN *

Date	Mintage	VG	F	VF	XF	Unc
1762	—	17.50	35.00	65.00	100	—

C# 51 (10 SOLDI)
2.4600 g., 0.3900 Silver 0.0308 oz. ASW, 21 mm. **Ruler:** Alvise Giovanni Mocenigo **Obv:** Kneeling figure above date **Obv. Legend:** ALOY • MOCENI • D • **Rev:** Winged lion above flower **Rev. Legend:** SANCT * MARCVS * VEN *

Date	Mintage	VG	F	VF	XF	Unc
1763	—	5.00	10.00	15.00	30.00	—
1777	—	5.00	10.00	15.00	30.00	—

C# 87 (10 SOLDI)
2.2600 g., 0.3900 Silver 0.0283 oz. ASW, 21 mm. **Ruler:** Paolo Renier **Obv:** Kneeling figure above date **Obv. Legend:** PAVL • RAINERIVS • D **Rev:** Winged lion above flower **Rev. Legend:** SANCT * MARCVS * VEN * VS • D

Date	Mintage	VG	F	VF	XF	Unc
1778	—	5.00	10.00	20.00	30.00	—
1781	—	5.00	10.00	20.00	30.00	—

C# 120 (10 SOLDI)
2.5300 g., 0.3900 Silver 0.0317 oz. ASW, 21 mm. **Ruler:** Lodovico Manin **Obv:** Kneeling figure above date **Obv. Legend:** LVDO • MANIN • D • **Rev:** Winged lion above flower **Rev. Legend:** SANCT * MARCVS * VEN *

Date	Mintage	VG	F	VF	XF	Unc
1789	—	5.00	10.00	15.00	30.00	—
1791	—	5.00	10.00	15.00	30.00	—
1797	—	5.00	10.00	15.00	30.00	—

C# 5 (15 SOLDI)
3.7200 g., 0.3900 Silver 0.0466 oz. ASW **Ruler:** Francesco Loredan **Obv:** Kneeling figure above date **Obv. Legend:** FRANC • LAVREDANO • D • **Rev:** Winged lion above flowers **Rev. Legend:** SANCT * MARCVS * VEN *

Date	Mintage	VG	F	VF	XF	Unc
1752	—	30.00	75.00	150	300	—

C# 29 (15 SOLDI)
3.7200 g., 0.3900 Silver 0.0466 oz. ASW **Ruler:** Marco Foscarini **Obv:** Kneeling figure above date **Obv. Legend:** MARC • FOSCARENVS • D • **Rev:** Winged lion above flowers **Rev. Legend:** SANCT * MARCVS * VEN *

Date	Mintage	VG	F	VF	XF	Unc
1762	—	20.00	80.00	200	400	—

C# 52 (15 SOLDI)
2.3100 g., 0.3900 Silver 0.0290 oz. ASW **Ruler:** Alvise Giovanni Mocenigo **Obv:** Kneeling figure above date **Obv. Legend:** ALOY • MOCENI • * D • **Rev:** Winged lion above flowers **Rev. Legend:** SANCT * MARCVS * VENET *

Date	Mintage	VG	F	VF	XF	Unc
1763	—	10.00	20.00	50.00	100	—
1777	—	10.00	20.00	50.00	100	—

VENICE — ITALIAN STATES

C# 90 1/8 SCUDO
3.9400 g., 0.9480 Silver 0.1201 oz. ASW **Obv:** Floral cross, leaves in angles, LAF below **Obv. Legend:** PAVL RAINE DVX VENE **Rev:** Winged lion holding gospel in shield above value **Rev. Legend:** SANCT • MARCVS • VENET •

Date	Mintage	VG	F	VF	XF	Unc
ND(1779-89) LAF	—	6.00	20.00	40.00	80.00	—

C# 88 (15 SOLDI)
3.7200 g., 0.3900 Silver 0.0466 oz. ASW **Ruler:** Paolo Renier **Obv:** Kneeling figure above date **Obv. Legend:** PAUL • RAINERIVS • D • **Rev:** Winged lion above flowers **Rev. Legend:** SANCT • MARCVS • VEN •

Date	Mintage	VG	F	VF	XF	Unc
1778	—	8.00	10.00	20.00	60.00	—
1781	—	8.00	10.00	20.00	60.00	—

C# 123 1/8 SCUDO
3.9000 g., 0.9480 Silver 0.1189 oz. ASW **Obv:** Floral cross, leaves in angles, GF. below **Obv. Legend:** LUDOVIC MANIN DVX. VENE **Rev:** Winged lion holding gospel in shield above value **Rev. Legend:** SANCT • MARCVS • VENET •

Date	Mintage	VG	F	VF	XF	Unc
ND(1789) GF	—	10.00	25.00	50.00	100	—

C# 122.2 30 SOLDI
7.4400 g., Silver **Ruler:** Lodovico Manin **Obv. Legend:** SANCTVS-MARCVS. VENET.

Date	Mintage	VG	F	VF	XF	Unc
1796	—	6.00	10.00	20.00	40.00	—

C# 14 QVAR (1/4) DUCATO
4.8500 g., 0.8264 Silver 0.1289 oz. ASW **Obv:** Seated Saint, kneeling figure above G•A•C **Obv. Legend:** S • M • V • FRANC • LAVREDANO **Rev:** Winged lion above flowers **Rev. Legend:** QVAR • DVCAT • VENET •

Date	Mintage	VG	F	VF	XF	Unc
ND(1752-62) GAC	—	6.00	10.00	20.00	75.00	—

C# 121 (15 SOLDI)
3.7200 g., Silver **Ruler:** Lodovico Manin **Obv:** Kneeling figure above date **Obv. Legend:** LVDO • MANIN • D • **Rev:** Winged lion above flowers **Rev. Legend:** SANCT • MARCVS • VEN •

Date	Mintage	VG	F	VF	XF	Unc
1789	—	8.00	10.00	20.00	40.00	—

Note: A variety exists in which 8 appears as 3.

Date	Mintage	VG	F	VF	XF	Unc
1791	—	8.00	10.00	20.00	40.00	—
1797	—	8.00	10.00	20.00	40.00	—

C# 10 1/8 DUCATONE
3.5129 g., 0.9480 Silver 0.1071 oz. ASW **Obv:** Winged lion, kneeling figure above GAC **Obv. Legend:** S • M • V • FRANC • LAVREDANO • D **Rev:** Standing figure, facing **Rev. Legend:** MEMOR • ERO • TVI • IVST • VIRGO

Date	Mintage	VG	F	VF	XF	Unc
ND(1752-62) GAC	—	40.00	125	250	500	—

C# 35 1/8 DUATONE
3.5129 g., 0.9480 Silver 0.1071 oz. ASW **Obv:** Winged lion, kneeling figure above Z•D **Obv. Legend:** S • M • V • M • FOSCARENVS • D • **Rev:** Standing figure, facing above value **Rev. Legend:** MEMOR ERO TVI IVST VIRGO

Date	Mintage	VG	F	VF	XF	Unc
ND(1762-63) ZD	—	40.00	125	250	500	—

C# 58 1/8 DUCATONE
3.5129 g., 0.9480 Silver 0.1071 oz. ASW **Obv:** Winged lion, kneeling figure above D•G **Obv. Legend:** S • M • V • ALOY • MOCENI • • D • **Rev:** Standing figure, facing above value **Rev. Legend:** MEMOR•ERO•TVI•IVST•VIRGO

Date	Mintage	VG	F	VF	XF	Unc
ND(1763-78) DG	—	20.00	50.00	100	200	—

C# 94 1/8 DUCATONE
3.5129 g., 0.9480 Silver 0.1071 oz. ASW **Obv:** Winged lion, kneeling figure above L•A•F **Obv. Legend:** * S • M • V • PAVL • RAINER • D **Rev:** Standing figure, facing above value **Rev. Legend:** MEMOR • ERO • TVI • IVST • VIRGO

Date	Mintage	VG	F	VF	XF	Unc
ND(1779-89) LAF	—	9.00	17.00	35.00	75.00	—

C# 127 1/8 DUCATONE
3.5129 g., 0.9480 Silver 0.1071 oz. ASW **Obv:** Winged lion, kneeling figure above G•F **Obv. Legend:** S • M • V • LVDOVI • MANIN • D **Rev:** Standing figure, facing above value **Rev. Legend:** MEMOR • ERO • TVI • IVST • VIRGO

Date	Mintage	VG	F	VF	XF	Unc
ND(1789-97) GF	—	12.00	25.00	50.00	100	—

C# 6 1/8 SCUDO
2.7700 g., 0.9680 Silver 0.0862 oz. ASW **Obv:** Floral cross, leaves in angles, G•A•C below **Obv. Legend:** FRANC • LAVREDANO • DVX • VENET • **Rev:** Winged lion holding gospel in shield above value **Rev. Legend:** SANCT • MARCVS • VENET •

Date	Mintage	VG	F	VF	XF	Unc
ND(1752-62) GAC	—	40.00	100	200	400	—

C# 31 1/8 SCUDO
3.2300 g., 0.9480 Silver 0.0984 oz. ASW **Obv:** Floral cross, leaves in angles, Z D below **Obv. Legend:** MARC • FOSCARENVS • DVX • VENETIAR **Rev:** Winged lion holding gospel in shield above value **Rev. Legend:** SANCT • MARCVS • VENET •

Date	Mintage	VG	F	VF	XF	Unc
ND(1762-63) ZD	—	25.00	75.00	150	300	—

C# 54 1/8 SCUDO
3.7500 g., 0.9480 Silver 0.1143 oz. ASW **Obv:** Floral cross, leaves in angles, D•G below **Obv. Legend:** ALOY : MOCENICO • DVX • VENETIAR **Rev:** Winged lion holding gospel in shield above value **Rev. Legend:** SANCT • MARCVS • VENET •

Date	Mintage	VG	F	VF	XF	Unc
ND(1763-78) DG	—	25.00	75.00	150	300	—

C# 30 30 SOLDI
7.4400 g., Silver **Ruler:** Marco Foscarini **Obv:** Large winged lion, facing right **Obv. Legend:** SANTVS • MARCVS • VENETVS • **Rev:** Seated crowned Justice, facing, date below **Rev. Legend:** ...ITIAM DILIGITE •

Date	Mintage	VG	F	VF	XF	Unc
1762	—	12.00	20.00	40.00	100	—

C# 53 30 SOLDI
7.4400 g., Silver **Ruler:** Alvise Giovanni Mocenigo **Obv:** Large winged lion, facing **Obv. Legend:** SANCTVS • MARCVS • VENETVS • **Rev:** Seated crowned Justice, facing, date below **Rev. Legend:** ...IAM DILIGITE •

Date	Mintage	VG	F	VF	XF	Unc
1767	—	6.00	10.00	20.00	75.00	—
1772	—	6.00	10.00	20.00	75.00	—
1777	—	6.00	10.00	20.00	75.00	—
1778	—	6.00	10.00	20.00	75.00	—

C# 89 30 SOLDI
7.4400 g., Silver **Ruler:** Paolo Renier **Obv:** Large winged lion, facing **Obv. Legend:** SANCTVS•MARCVS•VENETVS• **Rev:** Seated crowned Justice, facing, date below **Rev. Legend:** ...IAM DILIGIT • **Note:** Similar to C#53.

Date	Mintage	VG	F	VF	XF	Unc
1781	—	7.50	12.50	25.00	75.00	—
1784	—	7.50	12.50	25.00	75.00	—

C# 122.1 30 SOLDI
7.4400 g., Silver **Ruler:** Lodovico Manin **Obv:** Large winged lion, facing **Obv. Legend:** SANCTVS • MARCVS • VENETVS **Rev:** Seated crowned Justice, facing, date below **Rev. Legend:** ...IAM DILIGITE • **Note:** Similar to C#53.

Date	Mintage	VG	F	VF	XF	Unc
1789	—	6.00	10.00	20.00	40.00	—
1791	—	6.00	10.00	20.00	40.00	—
1796	—	6.00	10.00	20.00	40.00	—
1797	—	6.00	10.00	20.00	40.00	—

C# 38 QVAR (1/4) DUCATO
4.8500 g., 0.8264 Silver 0.1289 oz. ASW **Obv:** Seated Saint, kneeling figure above Z•D **Obv. Legend:** S • M • V • MARC • FOSCAREN • D • **Rev:** Winged lion above flower and stars **Rev. Legend:** QVAR • DVCAT • VENETVS •

Date	Mintage	VG	F	VF	XF	Unc
ND(1762-63) ZD	—	25.00	80.00	200	400	—

C# 62 QVAR (1/4) DUCATO
1.6200 g., 0.8264 Silver 0.0430 oz. ASW **Obv:** Seated Saint, kneeling figure **Obv. Legend:** S • M • V • ALOY • MOCENI • D • **Rev:** Winged lion **Note:** Legend varieties exist.

Date	Mintage	VG	F	VF	XF	Unc
ND(1763-78) DG	—	9.00	15.00	50.00	100	—
ND(1772-73) GAF	—	9.00	15.00	50.00	100	—
ND(1775) VV	—	9.00	15.00	50.00	100	—

C# 98 QVAR (1/4) DUCATO
5.8500 g., 0.8264 Silver 0.1554 oz. ASW **Obv:** Seated Saint, kneeling figure above A•C **Obv. Legend:** S • M • V • PAVL • RAINERIVS • D • **Rev:** Winged lion above flowers

Date	Mintage	VG	F	VF	XF	Unc
ND(1779-89) LAF	—	9.00	20.00	60.00	120	—
ND(1779) BC	—	9.00	20.00	60.00	120	—
ND(1779) RB	—	9.00	20.00	60.00	120	—
ND(1789) AC	—	9.00	20.00	60.00	120	—

ITALIAN STATES — VENICE

C# 131 QVAR (1/4) DUCATO
5.8500 g., 0.8264 Silver 0.1554 oz. ASW **Obv:** Seated Saint, kneeling figure above G•F **Obv. Legend:** S • M • V • LVDOV • MAININ • D • **Rev:** Winged lion above flowers

Date	Mintage	VG	F	VF	XF	Unc
ND(1789-97) GF	—	9.00	15.00	25.00	60.00	—
ND(1796) FB	—	9.00	15.00	25.00	60.00	—

C# 11 1/4 DUCATONE
7.0258 g., 0.9480 Silver 0.2141 oz. ASW **Obv:** Winged lion, kneeling figure above G•A•C **Obv. Legend:** S • M • V • FRANC • LAVREDANO • D **Rev:** Standing figure, facing above value **Rev. Legend:** ...ERO • TVI • IVSTINA • VIR

Date	Mintage	VG	F	VF	XF	Unc
ND(1752-62)	—	—	—	—	—	—
GAC 2 known						

C# 36 1/4 DUCATONE
6.2000 g., 0.9480 Silver 0.1890 oz. ASW **Obv:** Winged lion, kneeling figure above Z•D **Obv. Legend:** * S • M • V • M * FOSCARENVS * D • **Rev:** Standing figure, facing above value

Date	Mintage	VG	F	VF	XF	Unc
ND(1762-63) ZD	—	30.00	175	350	700	—

C# 59 1/4 DUCATONE
6.7100 g., 0.9480 Silver 0.2045 oz. ASW **Obv:** Winged lion, kneeling figure above D•G **Obv. Legend:** * S • M • V • ALOY : MOCENI • * D • **Rev:** Standing figure, facing above value **Rev. Inscription:** ...ERO • TVI • IVSTINA VIR

Date	Mintage	VG	F	VF	XF	Unc
ND(1763-78) DG	—	25.00	70.00	150	300	—

C# 95.1 1/4 DUCATONE
7.0258 g., 0.9480 Silver 0.2141 oz. ASW **Obv:** Winged lion, kneeling figure above L•A•F **Obv. Legend:** S • M • V • PAVL * RAINERI • D • **Rev:** Standing figure, facing above value **Rev. Legend:** ... • ERO • TVI • IVSTINA • VIR

Date	Mintage	VG	F	VF	XF	Unc
ND(1779-89) LAF	—	15.00	50.00	100	200	—

C# 95.2 1/4 DUCATONE
5.9600 g., 0.9480 Silver 0.1816 oz. ASW **Rev. Legend:** MEMOR• ERO• TVI• IVSINA• VIRGO•

Date	Mintage	VG	F	VF	XF	Unc
ND(1779) LAF	—	15.00	25.00	50.00	125	—

C# 128 1/4 DUCATONE
6.9600 g., 0.9480 Silver 0.2121 oz. ASW **Obv:** Winged lion, kneeling figure above G•F **Obv. Legend:** * S • M • V • LVDOV • MANIN • D • **Rev:** Standing figure, facing above value **Rev. Legend:** ...RO • TVI • IVSTINA • VIRGO

Date	Mintage	VG	F	VF	XF	Unc
ND(1789-97) GF	—	15.00	50.00	100	200	—

C# 7 1/4 SCUDO
7.9570 g., 0.9480 Silver 0.2425 oz. ASW **Obv:** Floral cross, leaves in angles, G•A•C below **Obv. Legend:** FRANC * LAVREDANO * DVX * VENET * **Rev:** Winged lion holding gospel in shield above value **Rev. Legend:** SANCTVS * MARC * VENET *

Date	Mintage	VG	F	VF	XF	Unc
ND(1752) GAC	—	15.00	50.00	100	200	—

C# 32 1/4 SCUDO
5.3200 g., 0.9480 Silver 0.1621 oz. ASW **Obv:** Floral cross, leaves in angles, Z•D below **Obv. Legend:** MARC • FOSCARENUS • DVX • VENETIAR **Rev:** Winged lion holding gospel in shield above value **Rev. Legend:** SANCTVS • MARC • VENET

Date	Mintage	VG	F	VF	XF	Unc
ND(1762-63) ZD	—	30.00	100	200	400	—

C# 55.1 1/4 SCUDO
7.9570 g., 0.9480 Silver 0.2425 oz. ASW **Obv:** Floral cross, leaves in angles, D•G below **Obv. Legend:** ALOYSIVS • MOCNICO • DVX • VENETIAR **Rev:** Winged lion holding gospel in shield above value **Rev. Legend:** SANCTVS • MARC • VENET •

Date	Mintage	VG	F	VF	XF	Unc
ND(1763-78) DG	—	12.00	35.00	75.00	150	—
ND(1771-72) MAT	—	12.00	35.00	75.00	150	—

C# 55.2 1/4 SCUDO
7.9570 g., Silver **Obv:** Floral cross, leaves in angles, initials below **Obv. Legend:** ALOYSIUS • MOCENICO... **Rev:** Winged lion holding gospel in shield above value

Date	Mintage	VG	F	VF	XF	Unc
ND(1763-78) DG	—	—	—	—	—	—

C# 91.1 1/4 SCUDO
7.9570 g., Silver **Obv:** Floral cross, leaves in angles, L•A•F below **Obv. Legend:** PAUL * RAINE * DVX* VENE* **Rev:** Winged lion holding gospel in shield above value **Rev. Legend:** SANCTVS • MARC • VENET •

Date	Mintage	VG	F	VF	XF	Unc
ND(1779-89) LAF	—	12.00	35.00	75.00	150	—

C# 91.2 1/4 SCUDO
7.9570 g., Silver **Obv:** Floral cross, leaves in angles, LAF below **Obv. Legend:** PAULUS•FRENERIVS... **Rev:** Winged lion holding gospel in shield above value

Date	Mintage	VG	F	VF	XF	Unc
ND(1779) LAF	—	—	—	—	—	—

C# 91.3 1/4 SCUDO
7.9570 g., Silver **Obv:** Floral cross, leaves in angles, LAF below **Obv. Legend:** PAULUS • RAINE• ... **Rev:** Winged lion holding gospel in shield above value

Date	Mintage	VG	F	VF	XF	Unc
ND(1779) LAF	—	—	—	—	—	—

C# 124 1/4 SCUDO
7.7800 g., 0.9480 Silver 0.2371 oz. ASW **Obv:** Floral cross, leaves in angles, G F below **Obv. Legend:** LUDOVIC * MANIN * DVX * VENETIAR **Rev:** Winged lion holdin gospel in shield above value **Rev. Legend:** SANCTVS • MARCVS • VENET •

Date	Mintage	VG	F	VF	XF	Unc
ND(1789-97) GF	—	15.00	25.00	40.00	100	—

C# 39 MEDI (1/2) DUCATO
11.7000 g., 0.8264 Silver 0.3108 oz. ASW **Obv:** Seated and kneeling figure above Z•D **Obv. Legend:** S * M * V * MARC * FOSCARENVS * D * **Rev:** Winged lion above flowers **Rev. Legend:** MEDI * DVCAT * VENET

Date	Mintage	VG	F	VF	XF	Unc
ND(1762-63) ZD	—	35.00	100	300	600	—

C# 63 MEDI (1/2) DUCATO
11.7000 g., 0.8264 Silver 0.3108 oz. ASW **Obv:** Seated and kneeling figure above D•G **Obv. Legend:** S * M * V * ALOY: MOCENICO * D • **Rev:** Winged lion above flowers **Rev. Legend:** MEDI * DVCAT * VENET *

Date	Mintage	VG	F	VF	XF	Unc
ND(1763-78) DG	—	15.00	35.00	75.00	150	—
ND(1772-73) GAF	—	—	—	—	—	—
ND(1773) GP	—	—	—	—	—	—

C# 99 MEDI (1/2) DUCATO
11.3500 g., 0.8264 Silver 0.3015 oz. ASW **Obv:** Seated and kneeling figure above R•B **Obv. Legend:** S • M • V • PAVL • RAINERIVS • D • **Rev:** Winged lion above flowers **Rev. Legend:** MEDI * DVCAT * VENET

Date	Mintage	VG	F	VF	XF	Unc
ND(1779-89) LAF	—	15.00	35.00	75.00	150	—
ND(1779) BC	—	—	—	—	—	—
ND(1779-80) RB	—	—	—	—	—	—
ND(1786-87) GF	—	—	—	—	—	—
ND(1789) AC	—	—	—	—	—	—

C# 132 MEDI (1/2) DUCATO
11.7000 g., 0.8264 Silver 0.3108 oz. ASW **Obv:** Seated and kneeling figure above F • B **Obv. Legend:** S • M • V• LVDOVIC • MANIN • D **Rev:** Winged lion above flowers **Rev. Legend:** MEDI * DVCAT * VENET **Note:** Legend varieties exist.

Date	Mintage	VG	F	VF	XF	Unc
ND(1789-97) GF	—	15.00	35.00	75.00	150	—
ND(1796) FB	—	—	—	—	—	—

C# 12 1/2 DUCATONE
14.0515 g., 0.9480 Silver 0.4283 oz. ASW **Obv:** Winged lion, kneeling figure above G• A • C **Obv. Legend:** S • M • V • FRANC * LAVREDANO • D * **Rev:** Standing figure, facing above value **Rev. Legend:** MEMOR * ERO * TVI * IVSTINA * VIR •

Date	Mintage	VG	F	VF	XF	Unc
ND(1752-62) GAC	—	75.00	150	400	800	—

C# 60 1/2 DUCATONE
14.0515 g., 0.9480 Silver 0.4283 oz. ASW **Obv:** Winged lion, kneeling figure above D • G **Obv. Legend:** S • M • V • ALOY : MOCENICO * D * **Rev:** Standing figure, facing above value **Rev. Legend:** MEMOR * ERO * TVI * IVSTINA * VIR •

Date	Mintage	VG	F	VF	XF	Unc
ND(1763-78) DG	—	30.00	120	250	500	—

C# 96 1/2 DUCATONE
14.0515 g., 0.9480 Silver 0.4283 oz. ASW **Obv:** Winged lion, kneeling figure above L • A • F **Obv. Legend:** S • M • V • PAVL • RAINERIVS • D • **Rev:** Standing figure, facing above value **Rev. Legend:** MEMOR * ERO * TVI * IVSTINA * VIR •

Date	Mintage	VG	F	VF	XF	Unc
ND(1779-89) LAF	—	30.00	100	200	400	—

C# 15 MEDI (1/2) DUCATO
10.9800 g., 0.8264 Silver 0.2917 oz. ASW **Obv:** Seated and kneeling figure above G•A•C **Obv. Legend:** S * M * V * FRANC * LAVREDANO * D * **Rev:** Winged lion above flowers **Rev. Legend:** MEDI * DVCAT * VENET *

Date	Mintage	VG	F	VF	XF	Unc
ND(1752-62) GAC	—	12.00	35.00	75.00	150	—

C# 129 1/2 DUCATONE

12.6500 g., 0.9480 Silver 0.3855 oz. ASW **Obv:** Winged lion, kneeling figure above G • F **Obv. Legend:** S • M • V • LVDOVI • MANIN • D • **Rev:** Standing figure, facing above value **Rev. Legend:** MEMOR • ERO • TVI • IVSTINA • VIR •

Date	Mintage	VG	F	VF	XF	Unc
ND(1789) GF	—	35.00	75.00	150	300	—

C# 8 1/2 SCUDO (70 Soldi)

15.9145 g., 0.9480 Silver 0.4850 oz. ASW **Obv:** Floral cross, leaves in angles, G•A•C below **Obv. Legend:** FRANC • LAVREDANO • DVX • VENET **Rev:** Winged lion holding gospel in shield above value **Rev. Legend:** SANCTVS • MARCVS • VENET •

Date	Mintage	VG	F	VF	XF	Unc
ND(1752-62) GAC	—	25.00	50.00	100	200	—

Note: Reverse legend with retrograde N's

| ND(1752) GAC | — | — | — | — | — |

Note: Reverse legend with normal N's

C# 92 1/2 SCUDO (70 Soldi)

13.2300 g., 0.9480 Silver 0.4032 oz. ASW **Obv:** Floral cross, leaves in angles, L•A•F below **Obv. Legend:** PAULUS RAINE DVX VENET **Rev:** Winged lion holding gospel in shield above value **Rev. Legend:** SANCTVS • MARCVS • VENET •

Date	Mintage	VG	F	VF	XF	Unc
ND(1779-89) LAF	—	20.00	40.00	100	200	—

Note: Reverse legend with retrograde N's

| ND(1779) LAF | — | — | — | — | — |

Note: Reverse legend with normal N's

FR# 1475 1/2 SCUDO (5 Zecchini)

17.4400 g., 0.9990 Gold 0.5601 oz. AGW **Obv:** Floral cross, leaves in angles **Obv. Legend:** ALOYSIUS • PISANI • DVX • V • C • G • **Rev:** Winged lion holding gospel in shield **Rev. Legend:** SANCTVS • MARCVS • VENETVS •

Date	Mintage	VG	F	VF	XF	Unc
ND(1735-41) GC Rare	—	1,500	3,000	7,500	15,000	—

C# 23 1/2 SCUDO (5 Zecchini)

17.3300 g., 0.9990 Gold 0.5566 oz. AGW **Obv:** Floral cross, leaves in angles **Obv. Legend:** FRANC • LAVRED • DVX • VENET • P • I • **Rev:** Winged lion holding gospel in shield **Rev. Legend:** SANCTVS • MARCVS • VENETVS •

Date	Mintage	VG	F	VF	XF	Unc
ND(1752-62) IP Rare	—	—	—	—	—	—

C# 46 1/2 SCUDO (5 Zecchini)

13.8900 g., 0.9990 Gold 0.4461 oz. AGW **Obv:** Floral cross, leaves in angles **Obv. Legend:** M • FOSCARENVS • DVX • VENE • B • A • **Rev:** Winged lion holding gospel in shield **Rev. Legend:** SANCTVS • MARCVS • VENETVS •

Date	Mintage	VG	F	VF	XF	Unc
ND(1763) AB Rare	—	—	—	—	—	—

C# 33 1/2 SCUDO (70 Soldi)

15.9145 g., 0.9480 Silver 0.4850 oz. ASW **Obv:** Floral cross, leaves in angles, Z.D below **Obv. Legend:** MARCUS • FOSCARENVS • DVX • VENETIAR **Rev:** Winged lion holding gospel in shield above value **Rev. Legend:** SANCTVS • MARCVS • VENET •

Date	Mintage	VG	F	VF	XF	Unc
ND(1762-63) ZD	—	40.00	200	500	1,000	—

Note: Reverse legend with retrograde N's

| ND(1762) ZD | — | — | — | — | — |

Note: Reverse legend with normal N's

C# 125 1/2 SCUDO (70 Soldi)

15.9145 g., 0.9480 Silver 0.4850 oz. ASW **Obv:** Floral cross, leaves in angles, G•F• below **Obv. Legend:** LUDOV MANIN DVX VENE **Rev:** Winged lion holding gospel in shield above value **Rev. Legend:** SANCTVS • MARCVS • VENET •

Date	Mintage	VG	F	VF	XF	Unc
ND(1789-97) GF	—	15.00	30.00	75.00	150	—

C# 81 1/2 SCUDO (5 Zecchini)

17.4000 g., 0.9990 Gold 0.5588 oz. AGW **Obv:** Floral cross, leaves in angles **Obv. Legend:** ALOI MOCENICO • DVX • VENE • P • G • **Rev:** Winged lion holding gospel in shield **Rev. Legend:** SANCTVS • MARCVS • VENETVS •

Date	Mintage	VG	F	VF	XF	Unc
ND(1773-78) GP Rare	—	—	—	—	—	—

C# 149 1/2 SCUDO

1.6900 g., 0.9170 Gold 0.0498 oz. AGW **Obv:** Floral cross, leaves in angles **Obv. Legend:** LVD • MANIN • DVX • VEN • C • N • **Rev:** Winged lion holding gospel in shield **Rev. Legend:** SANCTVS • MARCVS • VENETVS •

Date	Mintage	VG	F	VF	XF	Unc
ND(1789-97) NC	—	200	400	900	1,800	—

C# 115 1/2 SCUDO (5 Zecchini)

20.6000 g., 0.9990 Gold 0.6616 oz. AGW **Obv:** Floral cross, leaves in angles **Obv. Legend:** PAVL • RAINE • DVX • VEN • • P • N • **Rev:** Winged lion holding gospel in shield **Rev. Legend:** SANCTVS • MARCVS • VENETVS •

Date	Mintage	VG	F	VF	XF	Unc
ND(1779-89) NP Rare	—	—	—	—	—	—

FR# 1472 1/2 SCUDO (5 Zecchini)

11.2700 g., 0.9990 Gold 0.3620 oz. AGW **Obv:** Floral cross, leaves in angles, G.P below **Obv. Legend:** ALOI • MOCENICO • DVX • VENE • G • P **Rev:** Winged lion holding gospel in shield **Rev. Legend:** SANCTVS • MARCVS • VENETVS

Date	Mintage	VG	F	VF	XF	Unc
ND(1722-32) MAT Rare	—	1,500	3,000	7,500	15,000	—

C# 56 1/2 SCUDO (70 Soldi)

15.9145 g., 0.9480 Silver 0.4850 oz. ASW **Obv:** Floral cross, leaves in angles, D.G below **Obv. Legend:** ALOYSIUS • MOCENICO • DVX • VENETIAR • **Rev:** Winged lion holding gospel in shield above value **Rev. Legend:** SANCTVS • MARCVS • VENET •

Date	Mintage	VG	F	VF	XF	Unc
ND(1763-78) DG	—	20.00	40.00	100	200	—

Note: Reverse legend with retrograde N's

| ND(1763) DG | — | — | — | — | — |

Note: Reverse legend with normal N's

| ND(1771-72) MAT | — | — | — | — | — |

FR# 1473 1/2 SCUDO (5 Zecchini)

1.6900 g., 0.9990 Gold 0.0543 oz. AGW **Obv:** Floral cross, leaves in angles **Obv. Legend:** CAROLVS • RVZINI • DVX • V • D • V **Rev:** Winged lion holding gospel in shield **Rev. Legend:** SANCTVS • MARCVS • VENETVS •

Date	Mintage	VG	F	VF	XF	Unc
ND(1732-35) VD Rare	—	1,500	3,000	7,500	15,000	—

DAV# 1527 DUCATO

22.3700 g., 0.8264 Silver 0.5943 oz. ASW **Ruler:** Alvise II Mocenigo **Obv. Legend:** * S * M * V * ALOY * MOCENICO • DV * **Note:** Legend varieties exist.

Date	Mintage	VG	F	VF	XF	Unc
ND(1701) PM Rare	—	—	—	—	—	—
ND(1702-02) GTS Rare	—	—	—	—	—	—
ND(1702-03) RPB Rare	—	—	—	—	—	—

ITALIAN STATES — VENICE

C# 40 DUCATO

22.5000 g., 0.8264 Silver 0.5978 oz. ASW **Obv:** Seated and kneeling figure above Z • D **Obv. Legend:** S * M * V * MARC * FOSCARENVS * D **Rev:** Winged lion above flowers **Rev. Legend:** DVCATVS * VENETVS * **Note:** Dav. #1555.

Date	Mintage	VG	F	VF	XF	Unc
ND(1762-63) ZD	—	50.00	200	600	800	—

DAV# 1533 DUCATO

22.2300 g., 0.8264 Silver 0.5906 oz. ASW **Ruler:** Giovanni Corner **Obv:** Seated and kneeling figure above initials **Obv. Legend:** * S * M * V * IOAN * CORNELIO • D • **Rev:** Winged lion above flowers **Note:** Legend varieties exist.

Date	Mintage	VG	F	VF	XF	Unc
ND(1709-22) FAP	—	35.00	75.00	150	300	—
ND(1714-15) AM	—	35.00	75.00	150	300	—
ND(1715) DD	—	35.00	75.00	150	300	—
ND(1717) MB	—	35.00	75.00	150	300	—

DAV# 1543 DUCATO

22.4600 g., 0.8264 Silver 0.5967 oz. ASW **Ruler:** Alvise Pisani **Obv:** Seated and kneeling figure above M * S **Obv. Legend:** * S * M * V * ALOYsivs * PISANI * D * **Rev:** Winged lion above flowers **Rev. Legend:** DVCATVS * VENETVS * **Note:** 5 legend varieties exist.

Date	Mintage	VG	F	VF	XF	Unc
ND(1735-41) ZF	—	50.00	100	200	400	—
ND(1735) MS	—	50.00	100	200	400	—

C# 64 DUCATO

22.6500 g., 0.8264 Silver 0.6018 oz. ASW **Obv:** Seated and kneeling figure above G • P **Obv. Legend:** S • M • V • ALOY : MOCENICO • D • **Rev:** Winged lion above flowers **Rev. Legend:** DVCATVS * VENETVS * **Note:** Legend varieties exist. Dav. #1561.

Date	Mintage	VG	F	VF	XF	Unc
ND(1763-78) DG	—	35.00	80.00	350	800	1,200
ND(1768-69) RBP	—	35.00	80.00	350	800	1,200
ND(1772-73) GAF	—	35.00	80.00	350	800	1,200
ND(1773) GP	—	35.00	80.00	350	800	1,200
ND(1773-74) GMB	—	35.00	80.00	350	800	1,200
ND(1774-75) LB	—	35.00	80.00	350	800	1,200
ND(1775) VV	—	35.00	80.00	350	800	1,200
ND(1775-76) AMP	—	35.00	80.00	350	800	1,200
ND(1776-77) PD	—	35.00	80.00	350	800	1,200
ND(1777) VS	—	35.00	80.00	350	800	1,200

DAV# 1537 DUCATO

23.4000 g., 0.8264 Silver 0.6217 oz. ASW **Ruler:** Sebastiano Mocenigo **Obv:** Seated and kneeling figure above initials **Obv. Legend:** * S * M * V * ALOY * MOOENICO • D • **Rev:** Winged lion above flowers **Rev. Legend:** DVCATVS * VENETVS * **Note:** Legend varieties exist.

Date	Mintage	VG	F	VF	XF	Unc
ND(1722-32) VQ	—	80.00	150	300	600	—

DAV# 1547 DUCATO

22.4300 g., 0.8264 Silver 0.5959 oz. ASW **Ruler:** Pietro Grimani **Obv:** St. Mark seated and Doge kneeling, A * B in exergue **Obv. Legend:** * S * M * V * PETRVS * GRIMANI * D • **Rev:** Winged lion above flowers **Rev. Legend:** DVCATVS * VENETVS *

Date	Mintage	VG	F	VF	XF	Unc
ND(1741-52) FP	—	50.00	100	200	400	—
ND(1742-43) FAF	—	50.00	100	200	400	—
ND(1751) AB	—	50.00	100	200	400	—

C# 100 DUCATO

22.8500 g., 0.8264 Silver 0.6071 oz. ASW **Obv:** Seated and kneeling figure above B • C **Obv. Legend:** S • M • V • PAVL • RAINERIVS • D • **Rev:** Winged lion above flowers **Rev. Legend:** DVCATVS * VENETVS * **Note:** Dav. #1567.

Date	Mintage	VG	F	VF	XF	Unc
ND(1779-89) LAF	—	30.00	100	200	400	—
ND(1779) BC	—	30.00	100	200	400	—
ND(1780) RB	—	30.00	100	200	400	—
ND(1782-83) FD	—	30.00	100	200	400	—
ND(1785) AO	—	30.00	100	200	400	—
ND(1785-86) AB	—	30.00	100	200	400	—
ND(1786) FR	—	30.00	100	200	400	—
ND(1786-87) GF	—	30.00	100	200	400	—
ND(1789) AF	—	30.00	100	200	400	—
ND(1789) AC	—	30.00	100	200	400	—
ND(1789) AD	—	30.00	100	200	400	—

C# 16 DUCATO

22.4300 g., 0.8264 Silver 0.5959 oz. ASW **Obv:** Seated and kneeling figure above S • B **Obv. Legend:** S • M • V • FRANC • LAVREDANO • D • **Rev:** Winged lion above flowers **Rev. Legend:** DVCATVS * VENETVS * **Note:** Dav. #1551.

Date	Mintage	VG	F	VF	XF	Unc
ND(1752-62) GAC	—	50.00	100	200	400	—
ND(1753) SB	—	50.00	100	200	400	—

DAV# 1540 DUCATO

22.7600 g., 0.8264 Silver 0.6047 oz. ASW **Ruler:** Carlo Ruzzini **Obv:** Seated and kneeling figure above B * V **Obv. Legend:** * S * M * V * CAROLVS * RVZINI * D * **Rev:** Winged lion above flowers **Rev. Legend:** DVCATVS * VENETVS * **Note:** 3 legend varieties exist.

Date	Mintage	VG	F	VF	XF	Unc
ND(1732-35) BV	—	80.00	135	225	375	—
ND(1733) BZ	—	80.00	135	225	375	—

C# 133 DUCATO

22.3100 g., 0.8264 Silver 0.5927 oz. ASW **Obv:** Seated and kneeling figure above F • B **Obv. Legend:** S • M • V • LVDOVICVS • MANIN • D • **Rev:** Winged lion above flowers **Rev. Legend:** DVCATVS * VENETVS **Note:** Legend varieties exist. Dav. #1574.

Date	Mintage	VG	F	VF	XF	Unc
ND(1789-97) GF	—	30.00	100	200	400	—
ND(1792) AC	—	30.00	100	200	400	—
ND(1796) FB	—	30.00	100	200	400	—
ND(1797) DB	—	30.00	100	200	400	—

kneeling figure above G • A • C **Obv. Legend:** S • M • V • FRANC * LAVREDANO • DVX * **Rev:** Standing figure, facing above value **Rev. Legend:** MEMOR * ERO * TVI * IVSTINA * VIRGO **Note:** Dav. 1549.

Date	Mintage	VG	F	VF	XF	Unc
ND(1752-62) GAC	—	110	240	400	650	—

DAV# 1525 124 SOLDI (Ducatone)
27.5200 g., 0.9480 Silver 0.8387 oz. ASW **Obv:** Winged lion, kneeling figure above B * C **Obv. Legend:** * S * M * V * ALOY * MOCENICO * D * B **Rev:** Standing figure, facing above value

Date	Mintage	VG	F	VF	XF	Unc
ND(1700-09) BP	—	100	200	400	800	—
ND(1705) BC	—	100	200	400	800	—

DAV# 1539 124 SOLDI (Ducatone)
28.1030 g., 0.9480 Silver 0.8565 oz. ASW **Obv:** Winged lion, kneeling figure above B * V **Obv. Legend:** * S * M * V * CAROLVS * RVZINI * D * **Rev:** Standing figure, facing above value **Rev. Legend:** MEMOR * ERO * TVI * IVSTINA * VIRG

Date	Mintage	VG	F	VF	XF	Unc
ND(1732-35) BV	—	150	300	500	1,200	—

C# 37 124 SOLDI (Ducatone)
27.2600 g., 0.9480 Silver 0.8308 oz. ASW **Obv:** Winged lion, kneeling figure above Z • D **Obv. Legend:** S • M • V • M * FOSCARENVS * DVX * **Rev:** Standing figure, facing above value **Rev. Legend:** MEMOR * ERO * TVI * IVSTINA * VIRGO **Note:** Dav. 1554.

Date	Mintage	VG	F	VF	XF	Unc
ND(1762-63) ZD	—	200	500	1,000	2,200	—

DAV# 1531 124 SOLDI (Ducatone)
17.9000 g., 0.9480 Silver 0.5455 oz. ASW **Obv:** Winged lion, kneeling figure above F • A • P **Obv. Legend:** * S * M * V * IOAN * CORNEL * D * **Rev:** Standing figure, facing above value **Rev. Legend:** MEMOR • ERO • TVI • IVSTINA • VIR **Note:** Legend varieties exist.

Date	Mintage	VG	F	VF	XF	Unc
ND(1709-22) FAP	—	100	200	400	800	—

DAV# 1542 124 SOLDI (Ducatone)
27.4000 g., 0.9480 Silver 0.8351 oz. ASW **Obv:** Winged lion, kneeling figure above Z * F **Obv. Legend:** * S * M * V * ALOYSVS * PISANI * D * **Rev:** Standing figure, facing above value **Rev. Legend:** MEMOR * ERO * TVI * IVSTINA * VIRGO **Note:** Legend varieties exist with ZF.

Date	Mintage	VG	F	VF	XF	Unc
ND(1735-41) ZF	—	100	200	400	800	—
ND(1735) MS	—	100	200	400	800	—

DAV# 1536 124 SOLDI (Ducatone)
27.5500 g., 0.9480 Silver 0.8397 oz. ASW **Obv:** Winged lion, kneeling figure above V * Q **Obv. Legend:** * S * M * V * ALOY * MOCENI * D * **Rev:** Standing figure, facing above value **Rev. Legend:** MEMOR * ERO * TVI * IVSTINA * VIR **Note:** Legend varieties exist.

Date	Mintage	VG	F	VF	XF	Unc
ND(1722-32) VQ	—	100	200	400	800	—

DAV# 1545 124 SOLDI (Ducatone)
27.7800 g., 0.9480 Silver 0.8467 oz. ASW **Obv:** Winged lion, kneeling figure above F * P **Obv. Legend:** * S * M * V * PETRBS * GRIMANI * D * **Rev:** Standing figure, facing above value **Rev. Legend:** MEMOR * ERO * TVI * IVSTINA * VIRGO

Date	Mintage	VG	F	VF	XF	Unc
ND(1741-52) FP	—	140	240	400	650	—

C# 61 124 SOLDI (Ducatone)
26.6800 g., 0.9480 Silver 0.8131 oz. ASW **Obv:** Winged lion, kneeling figure above D • G **Obv. Legend:** S • M • V • ALOY : MOCENICO • DVX • **Rev:** Standing figure, facing above value **Rev. Legend:** MEMOR • ERO • TVI • IVSTINA • VIRGO **Note:** Legend varieties exist. Dav. #1559.

Date	Mintage	VG	F	VF	XF	Unc
ND(1763-78) DG	—	85.00	150	300	600	—

C# 13 124 SOLDI (Ducatone)
27.9200 g., 0.9480 Silver 0.8509 oz. ASW **Obv:** Winged lion,

C# 97 124 SOLDI (Ducatone)
27.8700 g., 0.9480 Silver 0.8494 oz. ASW **Obv:** Winged lion, kneeling figure above B • C **Obv. Legend:** S • M • V • PAVL • RAINERIVS • DVX • **Rev:** Standing figure, facing above value **Rev. Legend:** MEMOR * ERO * TVI * IVSTINA * VIRGO • **Note:** Legend varieties exist. Dav. #1565.

Date	Mintage	VG	F	VF	XF	Unc
ND(1779-89) BC	—	85.00	150	300	600	—

ITALIAN STATES — VENICE

C# 130 124 SOLDI (Ducatone)
27.9500 g., 0.9480 Silver 0.8518 oz. ASW • **Obv:** Winged lion, kneeling figure above G • F **Obv. Legend:** S • M • V • LVDOVI • MANIN • DVX • **Rev:** Standing figure, facing above value **Rev. Legend:** MEMOR • ERO • TVI • IVSTINA • VIRGO **Note:** Legend varieties exist. Dav. #1572.

Date	Mintage	VG	F	VF	XF	Unc
ND(1789-91) GF	—	85.00	150	400	600	—

DAV# 1535 SCUDO (140 Soldi)
31.8290 g., 0.9480 Silver 0.9701 oz. ASW **Ruler:** Sebastiano Mocenigo **Obv:** Floral cross, leaves in angles, V*Q below **Obv. Legend:** ALOYSIVS * MOCENICO * DVX * VEN **Rev:** Winged lion holding gospel in shield above value **Rev. Legend:** SANCTVS * MARCVS * VENET * **Note:** Three legend varieties exist.

Date	Mintage	VG	F	VF	XF	Unc
ND(1722-32) VQ	—	80.00	150	300	600	—

C# 34 SCUDO (140 Soldi)
31.3500 g., 0.9480 Silver 0.9555 oz. ASW **Obv:** Floral cross, leaves in angles, Z D below **Obv. Legend:** MARCUS • FOSCARENVS • DVX • VENETIAR **Rev:** Winged lion holding gospel in shield above value **Rev. Legend:** SANCTVS * MARCVS * VENET * **Note:** Dav. #1553.

Date	Mintage	VG	F	VF	XF	Unc
ND(1762-63) ZD	—	70.00	150	300	600	—

DAV# 1538 SCUDO (140 Soldi)
31.6000 g., 0.9480 Silver 0.9631 oz. ASW **Ruler:** Carlo Ruzzini **Obv:** Floral cross, leaves in angles, B V below **Obv. Legend:** CAROLVS * RVZINI * VENETIAR • **Rev:** Winged lion holding gospel in shield above value **Rev. Legend:** SANCTVS • MARCVS • VENET **Note:** Four legend varieties exist.

Date	Mintage	VG	F	VF	XF	Unc
ND(1732-35) BV	—	60.00	125	250	500	—

DAV# 1541 SCUDO (140 Soldi)
31.1700 g., 0.9480 Silver 0.9500 oz. ASW **Ruler:** Alvise Pisani **Obv:** Floral cross, leaves in angles, Z F below **Obv. Legend:** ALOYSIVS PISANI DVX * VENETIAR **Rev:** Winged lion holding gospel in shield above value **Rev. Legend:** SANCTVS • MARCVS • VENET **Note:** Three legend varieties exist.

Date	Mintage	VG	F	VF	XF	Unc
ND(1735-41) ZF	—	100	200	400	800	—

C# 57 SCUDO (140 Soldi)
31.7000 g., 0.9480 Silver 0.9661 oz. ASW **Obv:** Floral cross, leaves in angles, D•G below **Obv. Legend:** ALOYSIVS • MOCENICO•DVX•VENETIAR **Rev:** Winged lion holding gospel in shield above value **Rev. Legend:** SANCTVS • MARCVS • VENET **Note:** Dav. #1557.

Date	Mintage	VG	F	VF	XF	Unc
ND(1763-78) DG	—	70.00	125	250	500	—
ND(1771-72) MAT	—	70.00	125	250	500	—

DAV# 1524 SCUDO (140 Soldi)
31.8290 g., 0.9480 Silver 0.9701 oz. ASW **Ruler:** Alvise II Mocenigo **Obv:** Floral cross, leaves in angles, B•C below **Obv. Legend:** ALOYSIV * MOCENICO * DVX * VENET **Rev:** Winged lion holding gospel in shield above value **Rev. Legend:** SANCTVS • MARCVS • VENET •

Date	Mintage	VG	F	VF	XF	Unc
ND(1700-09) PB	—	100	200	600	800	—

DAV# 1530 SCUDO (140 Soldi)
31.8290 g., 0.9480 Silver 0.9701 oz. ASW **Ruler:** Giovanni Corner **Obv:** Floral cross, leaves in angles **Obv. Legend:** IOANNES * CORNELIO * DVX * VEN **Rev:** Winged lion holding gospel in shield above value **Rev. Legend:** SANCTVS • MARCVS • VENET • **Note:** Legend varieties exist.

Date	Mintage	VG	F	VF	XF	Unc
ND(1709-22) FAP	—	50.00	125	250	500	—
ND(1714-15) AM	—	50.00	125	250	500	—

DAV# 1544 SCUDO (140 Soldi)
31.3100 g., 0.9480 Silver 0.9543 oz. ASW **Ruler:** Pietro Grimani **Obv:** Floral cross, leaves in angles, F P below **Obv. Legend:** PETRVS GRIMANI DVX VENETIA **Rev:** Winged lion holding gospel in shield above value **Rev. Legend:** SANCTVS • MARCVS • VENET •

Date	Mintage	VG	F	VF	XF	Unc
ND(1741-51) FP	—	70.00	125	240	500	—

C# 9 SCUDO (140 Soldi)
30.6600 g., 0.9480 Silver 0.9344 oz. ASW **Obv:** Floral cross, leaves in angles, G•A•C below **Obv. Legend:** FRANC * LAVREDANO * DVX * VENETIAR * **Rev:** Winged lion holding gospel in shield above value **Rev. Legend:** SANCTVS * MARCVS * VENET * **Note:** Dav. #1548.

Date	Mintage	VG	F	VF	XF	Unc
ND(1752-62) GAC	—	70.00	125	250	500	—

C# 93 SCUDO (140 Soldi)
31.0900 g., 0.9480 Silver 0.9475 oz. ASW **Obv:** Floral cross, leaves in angles, L•A•F below **Obv. Legend:** PAULUS • RAINERIUS • DVX •. VENETIAR • **Rev:** Winged lion holding gospel in shield above value **Rev. Legend:** SANCTVS • MARCVS • VENET **Note:** Dav. #1564.

Date	Mintage	VG	F	VF	XF	Unc
ND(1779-0) LAF	—	70.00	125	250	500	—

VENICE

C# 126 SCUDO (140 Soldi)

31.8290 g., 0.9480 Silver 0.9701 oz. ASW **Obv:** Floral cross, leaves in angles, G.F below **Obv. Legend:** LUDOVICUS MANIN DVX VENETIAR **Rev:** Winged lion holding gospel in shield above value **Rev. Legend:** SANCTVS MARCVS VENET **Note:** Dav. #1570.

Date	Mintage	VG	F	VF	XF	Unc
ND(1789) GF	—	70.00	125	250	500	—

FR# 1471 SCUDO D'ORO (1/2 Doppia)

3.3800 g., 0.9170 Gold 0.0996 oz. AGW **Obv:** Floral cross, leaves in angles, I.P below **Obv. Legend:** * IOAN * CORNEL * DVX * VEN * **Rev:** Winged lion holding gospel in shield **Rev. Legend:** * SANCTVS * MARCVS * VENET * *

Date	Mintage	VG	F	VF	XF	Unc
ND(1707-22) IP	—	1,200	2,500	4,500	7,000	—

FR# 1476 SCUDO D'ORO (1/2 Doppia)

3.3800 g., 0.9170 Gold 0.0996 oz. AGW **Obv:** Floral cross, leaves in angles, Z•D•L below **Obv. Legend:** * PETRVS * GRIMANI * DVX * VENE * **Rev:** Winged lion holding gospel in shield **Rev. Legend:** SANCTVS * MARCVS * VENET *

Date	Mintage	VG	F	VF	XF	Unc
ND(1741-52) MAC	—	1,200	2,500	4,500	7,500	—
ND(1747-48) ZDL	—	1,200	2,500	4,500	7,500	—

C# 24 SCUDO D'ORO (1/2 Doppia)

3.3810 g., 0.9170 Gold 0.0997 oz. AGW **Obv:** Floral cross, leaves in angles, I.P. below **Obv. Legend:** FRANC * LAVREDANO * DVX * VEN **Rev:** Winged lion holding gospel in shield **Rev. Legend:** SANCTVS * MARCVS * VENET *

Date	Mintage	VG	F	VF	XF	Unc
ND(1752-62) IP	—	1,000	2,500	5,000	10,000	—

C# 47 SCUDO D'ORO (1/2 Doppia)

3.3810 g., 0.9170 Gold 0.0997 oz. AGW **Obv:** Floral cross, leaves in angles, A•B below **Obv. Legend:** M * FOSCARENVS * DVX * VENE * **Rev:** Winged lion holding gospel in shield **Rev. Legend:** SANCTVS * MARCVS * VENET *

Date	Mintage	VG	F	VF	XF	Unc
ND(1762-63) AB	—	1,000	2,100	4,500	7,500	—

C# 82 SCUDO D'ORO (1/2 Doppia)

3.3810 g., 0.9170 Gold 0.0997 oz. AGW **Obv:** Floral cross, leaves in angles, G P below **Obv. Legend:** * ALOY : MOCENICO * DVX * VENET * **Rev:** Winged lion holding gospel in shield **Rev. Legend:** SANCTVS * MARCVS * VENET *

Date	Mintage	VG	F	VF	XF	Unc
ND(1763-78) GP	—	1,250	2,000	4,500	7,000	—

C# 116 SCUDO D'ORO (1/2 Doppia)

3.3810 g., 0.9170 Gold 0.0997 oz. AGW **Ruler:** Paolo Renier **Obv:** Floral cross, leaves in angles, N.P. below **Obv. Legend:** PAUL RAINE DVX VENE **Rev:** Winged lion holding gospel in shield **Rev. Legend:** SANCTVS * MARCVS * VENET *

Date	Mintage	VG	F	VF	XF	Unc
ND(1779-89) NP	—	1,250	2,000	4,500	9,000	—

gospel in shield **Rev. Legend:** SANCTVS * MARCVS * VENETVS *

Date	Mintage	VG	F	VF	XF	Unc
ND(1762-63) AB	—	—	—	—	—	—
3 known						

C# 150 SCUDO D'ORO (1/2 Doppia)

3.2700 g., 0.9170 Gold 0.0964 oz. AGW **Obv:** Floral cross, leaves in angles, N•C below **Obv. Legend:** * LVDOVIC * MANIN * DVX * VENE * **Rev:** Winged lion holding gospel in shield **Rev. Legend:** SANCTVS * MARCVS * VENET *

Date	Mintage	VG	F	VF	XF	Unc
ND(1789-97) NC	—	450	700	1,800	2,600	—

C# 74 SCUDO D'ORO (12 Zecchini)

0.9990 Gold **Obv. Legend:** ALOY. MOCENICO... **Note:** Similar to 50 Zecchini, C#79. 39.60-41.80 grams. 50 millimeters.

Date	Mintage	VG	F	VF	XF	Unc
ND(1722-32)	—	3,000	4,500	8,500	16,000	—

C# 76 SCUDO D'ORO (20 Zecchini)

69.7000 g., 0.9990 Gold 2.2386 oz. AGW **Obv:** Doge kneeling before St. Mark **Obv. Legend:** ALOY * MOCENICO ... **Rev:** Christ standing in starred field **Rev. Legend:** SIT T XPE DAT Q TV ...

Date	Mintage	VG	F	VF	XF	Unc
ND(1722-32) Rare	—	—	—	—	—	—

Note: Stack's International sale 3-88 XF realized $15,950

FR# 1474 2 SCUDI (Doppia)

6.7620 g., 0.9170 Gold 0.1994 oz. AGW **Obv:** Floral cross, leaves in angles, G•C below **Obv. Legend:** * ALOYSIUS * PISANI * DVX * VENET * **Rev:** Winged lion holding gospel in shield **Rev. Legend:** SANCTVS * MARCVS * VENET *

Date	Mintage	VG	F	VF	XF	Unc
ND(1735-41) GC 2	—	—	—	—	—	—
known						

C# 25 2 SCUDI (Doppia)

6.7620 g., 0.9170 Gold 0.1994 oz. AGW **Obv:** Floral cross, leaves in angles, I.P. below **Obv. Legend:** FRANC * LAVREDANO * DVX * VENET **Rev:** Winged lion holding gospel in shield **Rev. Legend:** SANCTVS * MARCVS * VENETVS

Date	Mintage	VG	F	VF	XF	Unc
ND(1752-62) IP Rare	—	—	—	—	—	—

C# 48 2 SCUDI (Doppia)

6.7620 g., 0.9170 Gold 0.1994 oz. AGW **Obv:** Floral cross, leaves in angles, A.B. below **Obv. Legend:** MARC * FOSCARENVS * DVX * VENETIAR * **Rev:** Winged lion holding

C# 83 2 SCUDI (Doppia)

6.7600 g., 0.9170 Gold 0.1993 oz. AGW **Obv:** Floral cross, leaves in angles, G P below **Obv. Legend:** ALOY : MOCENICO * DVX * VENETIAR * **Rev:** Winged lion holding gospel in shield **Rev. Legend:** SANCTVS * MARCVS * VENETVS *

Date	Mintage	VG	F	VF	XF	Unc
ND(1763-78) GP	—	—	—	—	—	—
2 known						

C# 117 2 SCUDI (Doppia)

6.9000 g., 0.9170 Gold 0.2034 oz. AGW **Obv:** Floral cross, leaves in angles, L•A•F below **Obv. Legend:** PAUL RAINE DVX VENE **Rev:** Winged lion holding gospel in shield **Rev. Legend:** SANCTVS * MARCVS * VENETVS *

Date	Mintage	VG	F	VF	XF	Unc
ND(1779-89) LAF	—	1,250	3,000	5,000	12,000	—

C# 151 2 SCUDI (Doppia)

6.4800 g., 0.9170 Gold 0.1910 oz. AGW **Obv:** Floral cross, leaves in angles, N*C below **Obv. Legend:** LUDOVIC MANIN DVX VENE **Rev:** Winged lion holding gospel in shield **Rev. Legend:** SANCTVS * MARCVS * VENETVS *

Date	Mintage	VG	F	VF	XF	Unc
ND(1789) NC	—	800	1,200	2,000	3,500	—

DAV# 1528 LEONE

26.9700 g., 0.7390 Silver 0.6408 oz. ASW **Obv:** Rearing lion of St. Mark's with cross right **Obv. Legend:** ALOY * MOCEN * ... **Rev:** Standing saint with kneeling figure

Date	Mintage	VG	F	VF	XF	Unc
ND(1700-09) BC	—	—	—	—	—	—
2 known						

DAV# 1534 LEONE

27.1200 g., 0.7390 Silver 0.6443 oz. ASW **Obv. Legend:** IOAN * CORNEL * ...

Date	Mintage	VG	F	VF	XF	Unc
ND(1709-22) AM	—	700	1,250	2,500	5,000	—

C# 101 1/8 TALLERO

3.5700 g., 0.8350 Silver 0.0958 oz. ASW **Obv:** Bust right, with tiara **Obv. Legend:** RESPUBLICA VENETA * **Rev:** Seated, winged lion with gospel above date **Rev. Legend:** PAULO RAINERIO DUCE

Date	Mintage	VG	F	VF	XF	Unc
1780	—	50.00	100	200	400	—
1781	—	50.00	100	200	400	—
1786	—	50.00	100	200	400	—

ITALIAN STATES — VENICE

C# 134 1/8 TALLERO

3.5700 g., 0.8350 Silver 0.0958 oz. ASW **Obv:** Bust right, with tiara **Obv. Legend:** RESPUBLICA VENETA * **Rev:** Seated, winged lion with gospel above date **Rev. Legend:** * LUDOVICO MANINDUCE

Date	Mintage	VG	F	VF	XF	Unc
1790	—	50.00	100	200	400	—
1794	—	50.00	100	200	400	—
1796	—	50.00	100	200	400	—

C# 65 1/4 TALLERO

7.1400 g., Silver **Obv:** Bust right, with jewels on crown **Obv. Legend:** * RESPUBLICA VENETA * **Rev:** Winged, rampant lion with gospel in ornate shield **Rev. Legend:** * ALOYSII MOCENICO DUCE 1766 *

Date	Mintage	VG	F	VF	XF	Unc
1766	—	—	—	—	—	—

C# 102 1/4 TALLERO

6.9000 g., 0.8350 Silver 0.1852 oz. ASW **Obv:** Bust right, with tiara **Obv. Legend:** RESPUBLICA VENETA * **Rev:** Seated, winged lion with gospel above date **Rev. Legend:** PAULO RAINERIO DUCE

Date	Mintage	VG	F	VF	XF	Unc
1780	—	50.00	100	200	400	—
1781	—	50.00	100	200	400	—
1786	—	50.00	100	200	400	—

C# 135 1/4 TALLERO

7.1400 g., 0.8350 Silver 0.1917 oz. ASW **Obv:** Bust right, with tiara **Obv. Legend:** RESPUBLICA VENETA **Rev:** Seated, winged lion with gospel above date **Rev. Legend:** LUDOVICO MANIN DUCE

Date	Mintage	VG	F	VF	XF	Unc
1790	—	50.00	100	200	400	—
1791	—	50.00	100	200	400	—
1794	—	50.00	100	200	400	—

C# 17 1/2 TALLERO

14.2800 g., 0.8350 Silver 0.3833 oz. ASW **Obv:** Bust right, with jewels on crown **Obv. Legend:** RESPUBLICA VENETA **Rev:**

Winged, rampant lion with gospel in ornate shield **Rev. Legend:** FRANC LAUREDANO DUCE 1756

Date	Mintage	VG	F	VF	XF	Unc
1756	—	85.00	180	350	725	—

C# 41 1/2 TALLERO

11.0500 g., 0.8350 Silver 0.2966 oz. ASW **Obv:** Bust right, with jewels on crown **Obv. Inscription:** * RESPUBLICA VENETA * **Rev:** Winged, rampant lion with gospel in ornate shield **Rev:** Winged, rampant lion with gospel in ornate shield **Rev. Legend:** * MARCO FOSCARENO DUCE 1762 *

Date	Mintage	VG	F	VF	XF	Unc
1762	—	85.00	180	350	725	—

C# 66 1/2 TALLERO

14.2800 g., 0.8350 Silver 0.3833 oz. ASW **Obv:** Bust right, with jewels on crown **Obv. Legend:** * RESPUBLICA VENETA * **Rev:** Winged, rampant lion with gospel in ornate shield **Rev. Legend:** ALOYS II MOCENICO

Date	Mintage	VG	F	VF	XF	Unc
1764	—	90.00	180	350	725	—
1766	—	90.00	180	350	725	—

C# 103 1/2 TALLERO

13.8700 g., 0.8350 Silver 0.3723 oz. ASW **Obv:** Bust right, with tiara **Obv. Legend:** * RESPUBLICA VENETA * **Rev:** Seated, winged lion with gospel above date **Rev. Legend:** PAULO RAINERIO DUCE

Date	Mintage	VG	F	VF	XF	Unc
1780	—	30.00	75.00	150	300	—
1781	—	30.00	75.00	150	300	—
1784	—	30.00	75.00	150	300	—
1786	—	30.00	75.00	150	300	—
1787	—	30.00	75.00	150	300	—

C# 136 1/2 TALLERO

13.7800 g., 0.8350 Silver 0.3699 oz. ASW **Obv:** Bust right, with tiara **Obv. Legend:** RESPUBLICA VENETA **Rev:** Seated, winged lion with gospel above date **Rev. Legend:** LUDOVICO MANIN DUCE

Date	Mintage	VG	F	VF	XF	Unc
1789	—	37.50	75.00	150	300	—
1790	—	37.50	75.00	150	300	—
1791	—	37.50	75.00	150	300	—
1792	—	37.50	75.00	150	300	—
1796	—	37.50	75.00	150	300	—
1797	—	37.50	75.00	150	300	—

C# 18.1 TALLERO

28.5600 g., 0.8350 Silver 0.7667 oz. ASW **Obv:** Bust right, with jewels on crown **Obv. Legend:** * RESPUBLICA VENETA * **Rev:** Winged, rampant lion with gospel in ornate shield **Rev. Legend:** FRANC • LAUREDANO DUCE 1756 **Note:** Dav. #1552.

Date	Mintage	VG	F	VF	XF	Unc
1756	—	120	270	775	1,100	8,500

C# 18.2 TALLERO

28.5600 g., 0.8350 Silver 0.7667 oz. ASW **Obv:** Bust right, with jewels on crown **Obv. Legend:** * RESPUBLICA VENETA * **Rev:** Winged, rampant lion with gospel in ornate shield **Rev. Inscription:** FRANC : LAUREDANO DUCE 1756

Date	Mintage	VG	F	VF	XF	Unc
1756	—	85.00	300	850	1,800	—
1760	—	85.00	180	350	725	—
1761	—	85.00	180	350	725	—

C# 42 TALLERO

28.5600 g., 0.8350 Silver 0.7667 oz. ASW **Obv:** Bust right, with jewels on crown **Obv. Legend:** RESPUBLICA VENETA **Rev:** Winged, rampant lion with gospel in ornate shield **Rev. Legend:** MARCO FOSCARENO DUCE 1762 **Note:** Dav. #1556.

Date	Mintage	VG	F	VF	XF	Unc
1762	—	90.00	180	425	850	—

C# 67 TALLERO

28.5600 g., 0.8350 Silver 0.7667 oz. ASW **Obv:** Bust right, with jewels on crown **Obv. Legend:** RESPUBLICA VENETA **Rev:** Winged, rampant lion with gospel in ornate shield **Rev. Legend:** ALOYSII MOCENICO DUCE 1766 **Note:** Dav. #1562.

Date	Mintage	VG	F	VF	XF	Unc
1764	—	90.00	180	425	850	—
1766	—	90.00	180	425	850	—

C# 68 TALLERO

28.5600 g., 0.8350 Silver 0.7667 oz. ASW **Obv:** Bust right, with tiara **Obv. Legend:** RESPUBLICA VENETA **Rev:** Seated, winged lion with gospel above date **Rev. Legend:** ALOYSIO MOCENICO DUCE **Note:** Dav. #1563.

Date	Mintage	VG	F	VF	XF	Unc
1768	—	120	200	400	800	—
1769	—	120	200	400	800	—

VENICE — ITALIAN STATES

C# 104 TALLERO
28.4700 g., 0.8350 Silver 0.7643 oz. ASW **Obv:** Bust right, with tiara **Obv. Legend:** RESPUBLICA VENETA **Rev:** Seated, winged lion with gospel above date **Rev. Legend:** PAULO RAINERIO DUCE **Note:** Cross-reference number Dav. #1568.

Date	Mintage	VG	F	VF	XF	Unc
1781	—	40.00	100	200	400	—
1782	—	—	—	—	—	—
1783	—	—	—	—	—	—
1784	—	40.00	100	200	400	—
1785	—	40.00	100	200	400	—
1786	—	40.00	100	200	400	—
1787	—	40.00	100	200	400	—
1788	—	40.00	100	200	400	—

FR# 1381 1/4 ZECCHINO
0.8730 g., 0.9990 Gold 0.0280 oz. AGW **Obv:** Doge kneeling before St. Mark **Obv. Legend:** ALOY • MOC... **Rev:** Christ standing in starred field **Rev. Legend:** * LVX • MVN • EGO • SVM *

Date	Mintage	VG	F	VF	XF	Unc
ND(1722-32)	—	200	300	400	800	—

FR# 1386 1/4 ZECCHINO
0.8730 g., 0.9990 Gold 0.0280 oz. AGW **Obv:** Doge kneeling before St. Mark **Obv. Legend:** CAR • RVZ.... **Rev:** Christ standing in starred field **Rev. Legend:** * LVX • MVN • EGO • SVM *

Date	Mintage	VG	F	VF	XF	Unc
ND(1732-35)	—	200	250	380	680	—

FR# 1393 1/4 ZECCHINO
0.8730 g., 0.9990 Gold 0.0280 oz. AGW **Obv:** Doge kneeling before St. Mark **Obv. Legend:** ALOY • PIS... **Rev:** Christ standing in starred field **Rev. Legend:** * LVX • MVN • EGO • SVM *

Date	Mintage	VG	F	VF	XF	Unc
ND(1735-41)	—	200	250	300	700	—

FR# 1403 1/4 ZECCHINO
0.8730 g., 0.9990 Gold 0.0280 oz. AGW **Obv:** Doge kneeling before St. Mark **Obv. Legend:** PET • GRIM... **Rev:** Christ standing in starred field **Rev. Legend:** * LVX • MVN • EGO • SVM *

Date	Mintage	VG	F	VF	XF	Unc
ND(1741-52)	—	200	250	350	700	—

C# 19 1/4 ZECCHINO
0.8730 g., 0.9990 Gold 0.0280 oz. AGW **Obv:** Doge kneeling before St. Mark **Obv. Legend:** FRANC • LAVRED... **Rev:** Christ standing in starred field **Rev. Legend:** * LVX * MVN * EGO * SVM *

Date	Mintage	VG	F	VF	XF	Unc
ND(1752-62)	—	200	250	350	700	—

C# 137 TALLERO
28.5600 g., 0.8350 Silver 0.7667 oz. ASW **Obv:** Bust right, with tiara **Obv. Legend:** RESPUBLICA VENETA **Rev:** Seated, winged lion with gospel above date **Rev. Legend:** LUDOVICO MANIN DUCE **Note:** Dav. #1575.

Date	Mintage	VG	F	VF	XF	Unc
1789	—	35.00	100	200	400	—
1790	—	35.00	100	200	400	—
1791	—	35.00	100	200	400	—
1792	—	35.00	100	200	400	—
1794	—	35.00	100	200	400	—
1795	—	35.00	100	200	400	—
1796	—	35.00	100	200	400	—
1797	—	35.00	100	200	400	—

C# 43.1 1/4 ZECCHINO
0.8730 g., 0.9990 Gold 0.0280 oz. AGW **Obv:** Doge kneeling before St. Mark **Obv. Legend:** M • FOSCAREN... **Rev:** Christ standing in starred field **Rev. Legend:** * LVX * MVN * EGO * SVM *

Date	Mintage	VG	F	VF	XF	Unc
ND(1762-78)	—	500	1,000	2,000	4,000	—

C# 43.2 1/4 ZECCHINO
0.8730 g., 0.9990 Gold 0.0280 oz. AGW **Obv:** Doge kneeling before St. Mark **Obv. Legend:** M • FOSCARE... **Rev:** Christ standing in starred field **Rev. Legend:** *LVX * MVN * EGO * SVM*

Date	Mintage	VG	F	VF	XF	Unc
ND(1762-63)	—	—	—	—	—	—

FR# 1374 1/4 ZECCHINO
0.8730 g., 0.9990 Gold 0.0280 oz. AGW **Obv:** Doge kneeling before St. Mark **Obv. Legend:** IOAN • CORN... **Rev:** Christ standing in starred field **Rev. Legend:** * LVX • MVN • EGO • SVM *

Date	Mintage	VG	F	VF	XF	Unc
ND(1709-22)	—	400	1,000	2,000	4,000	—

C# 69 1/4 ZECCHINO
0.8730 g., 0.9990 Gold 0.0280 oz. AGW **Obv:** Doge kneeling before St. Mark **Obv. Legend:** ALO • MOCEN... **Rev:** Christ standing in starred field **Rev. Legend:** * LVX * MVN * EGO * SVM *

Date	Mintage	VG	F	VF	XF	Unc
ND(1763-78)	—	200	250	350	600	—

C# 105 1/4 ZECCHINO
0.8730 g., 0.9990 Gold 0.0280 oz. AGW **Obv:** Doge kneeling before St. Mark **Obv. Legend:** PAVL • RAINE... **Rev:** Christ standing in starred field **Rev. Legend:** * LVX * MVN * EGO * SVM *

Date	Mintage	VG	F	VF	XF	Unc
ND(1779-89)	—	200	250	350	500	—

C# 138 1/4 ZECCHINO
0.8730 g., 0.9990 Gold 0.0280 oz. AGW **Obv:** Doge kneeling before St. Mark **Obv. Legend:** LVD MANIN... **Rev:** Christ standing in starred field **Rev. Legend:** * LVX * MVN * EGO * SVM *

Date	Mintage	VG	F	VF	XF	Unc
ND(1789-97)	—	200	250	350	600	—

FR# 1373 1/2 ZECCHINO
1.7470 g., 0.9990 Gold 0.0561 oz. AGW **Obv:** Doge kneeling before St. Mark **Obv. Legend:** IOAN • CORN... **Rev:** Christ standing in starred field **Rev. Legend:** * LVX • MVN • EGO • SVM *

Date	Mintage	VG	F	VF	XF	Unc
ND(1709-22)	—	1,000	1,200	2,500	5,000	—

FR# 1380 1/2 ZECCHINO
1.7470 g., 0.9990 Gold 0.0561 oz. AGW **Obv:** Doge kneeling before St. Mark **Obv. Legend:** ALOY • MOCE... **Rev:** Christ standing in starred field **Rev. Legend:** * LVX • MVN • EGO • SVM *

Date	Mintage	VG	F	VF	XF	Unc
ND(1722-32)	—	200	250	400	900	—

FR# 1385 1/2 ZECCHINO
1.7470 g., 0.9990 Gold 0.0561 oz. AGW **Obv:** Doge kneeling before St. Mark **Obv. Legend:** CAR • RVZINI... **Rev:** Christ standing in starred field **Rev. Legend:** * LVX • MVN • EGO • SVM *

Date	Mintage	VG	F	VF	XF	Unc
ND(1732-35)	—	200	250	650	900	—

FR# 1392 1/2 ZECCHINO
1.7470 g., 0.9990 Gold 0.0561 oz. AGW **Obv:** Doge kneeling before St. Mark **Obv. Legend:** ALOY • PIS... **Rev:** Christ standing in starred field **Rev. Legend:** LVX • MVN • EGO • SVM •

Date	Mintage	VG	F	VF	XF	Unc
ND(1735-41)	—	200	250	450	900	—

FR# 1402 1/2 ZECCHINO
1.7470 g., 0.9990 Gold 0.0561 oz. AGW **Obv:** Doge kneeling before St. Mark **Obv. Legend:** PET • GRIMANI... **Rev:** Christ standing in starred field **Rev. Legend:** * LVX • MVN • EGO • SVM *

Date	Mintage	VG	F	VF	XF	Unc
ND(1741-52)	—	200	250	450	900	—

ITALIAN STATES — VENICE

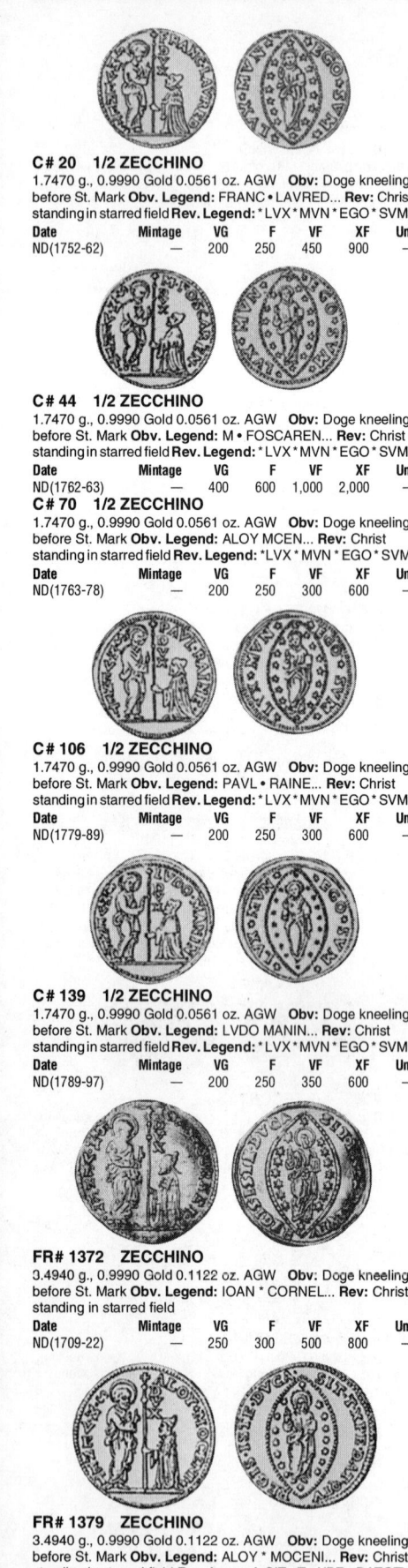

C# 20 1/2 ZECCHINO
1.7470 g., 0.9990 Gold 0.0561 oz. AGW **Obv:** Doge kneeling before St. Mark **Obv. Legend:** FRANC • LAVRED... **Rev:** Christ standing in starred field **Rev. Legend:** * LVX * MVN * EGO * SVM *

Date	Mintage	VG	F	VF	XF	Unc
ND(1752-62)	—	200	250	450	900	—

C# 44 1/2 ZECCHINO
1.7470 g., 0.9990 Gold 0.0561 oz. AGW **Obv:** Doge kneeling before St. Mark **Obv. Legend:** M • FOSCAREN... **Rev:** Christ standing in starred field **Rev. Legend:** * LVX * MVN * EGO * SVM *

Date	Mintage	VG	F	VF	XF	Unc
ND(1762-63)	—	400	600	1,000	2,000	—

C# 70 1/2 ZECCHINO
1.7470 g., 0.9990 Gold 0.0561 oz. AGW **Obv:** Doge kneeling before St. Mark **Obv. Legend:** ALOY MCEN... **Rev:** Christ standing in starred field **Rev. Legend:** *LVX * MVN * EGO * SVM*

Date	Mintage	VG	F	VF	XF	Unc
ND(1763-78)	—	200	250	300	600	—

C# 106 1/2 ZECCHINO
1.7470 g., 0.9990 Gold 0.0561 oz. AGW **Obv:** Doge kneeling before St. Mark **Obv. Legend:** PAVL • RAINE... **Rev:** Christ standing in starred field **Rev. Legend:** * LVX * MVN * EGO * SVM *

Date	Mintage	VG	F	VF	XF	Unc
ND(1779-89)	—	200	250	300	600	—

C# 139 1/2 ZECCHINO
1.7470 g., 0.9990 Gold 0.0561 oz. AGW **Obv:** Doge kneeling before St. Mark **Obv. Legend:** LVDO MANIN... **Rev:** Christ standing in starred field **Rev. Legend:** * LVX * MVN * EGO * SVM *

Date	Mintage	VG	F	VF	XF	Unc
ND(1789-97)	—	200	250	350	600	—

FR# 1372 ZECCHINO
3.4940 g., 0.9990 Gold 0.1122 oz. AGW **Obv:** Doge kneeling before St. Mark **Obv. Legend:** IOAN * CORNEL... **Rev:** Christ standing in starred field

Date	Mintage	VG	F	VF	XF	Unc
ND(1709-22)	—	250	300	500	800	—

FR# 1379 ZECCHINO
3.4940 g., 0.9990 Gold 0.1122 oz. AGW **Obv:** Doge kneeling before St. Mark **Obv. Legend:** ALOY * MOCENI... **Rev:** Christ standing in starred field **Rev. Legend:** SIT • T • XPE • DATQTV REGIS • ISTE • DVCA •

Date	Mintage	VG	F	VF	XF	Unc
ND(1722-32)	—	250	300	500	800	—

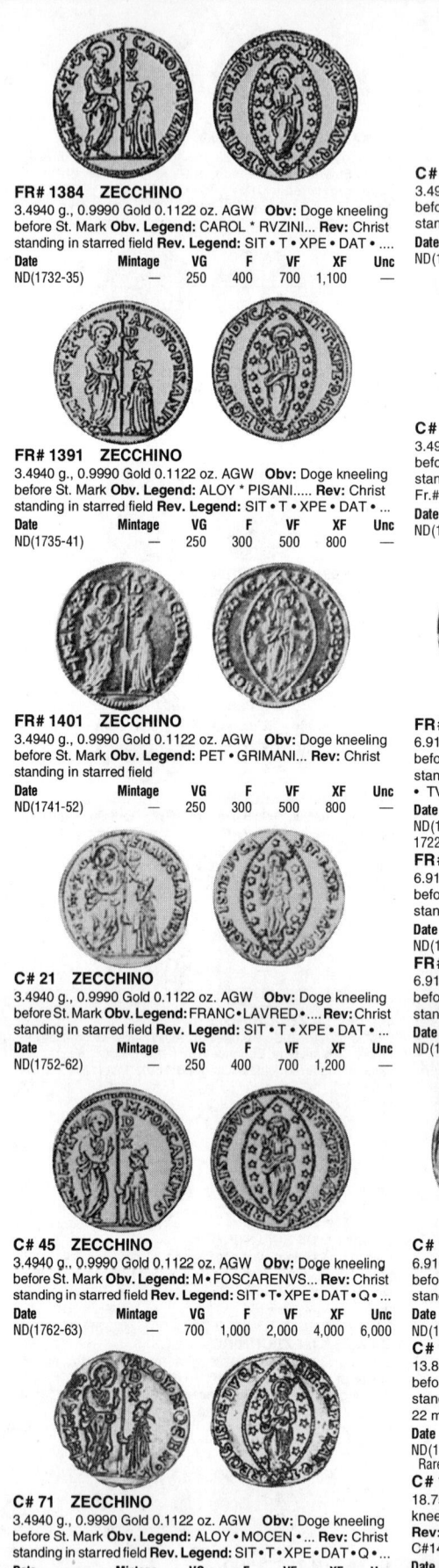

FR# 1384 ZECCHINO
3.4940 g., 0.9990 Gold 0.1122 oz. AGW **Obv:** Doge kneeling before St. Mark **Obv. Legend:** CAROL * RVZINI... **Rev:** Christ standing in starred field **Rev. Legend:** SIT • T • XPE • DAT • ....

Date	Mintage	VG	F	VF	XF	Unc
ND(1732-35)	—	250	400	700	1,100	—

FR# 1391 ZECCHINO
3.4940 g., 0.9990 Gold 0.1122 oz. AGW **Obv:** Doge kneeling before St. Mark **Obv. Legend:** ALOY * PISANI..... **Rev:** Christ standing in starred field **Rev. Legend:** SIT • T • XPE • DAT • ...

Date	Mintage	VG	F	VF	XF	Unc
ND(1735-41)	—	250	300	500	800	—

FR# 1401 ZECCHINO
3.4940 g., 0.9990 Gold 0.1122 oz. AGW **Obv:** Doge kneeling before St. Mark **Obv. Legend:** PET • GRIMANI... **Rev:** Christ standing in starred field

Date	Mintage	VG	F	VF	XF	Unc
ND(1741-52)	—	250	300	500	800	—

C# 21 ZECCHINO
3.4940 g., 0.9990 Gold 0.1122 oz. AGW **Obv:** Doge kneeling before St. Mark **Obv. Legend:** FRANC • LAVRED • .... **Rev:** Christ standing in starred field **Rev. Legend:** SIT • T • XPE • DAT • ...

Date	Mintage	VG	F	VF	XF	Unc
ND(1752-62)	—	250	400	700	1,200	—

C# 45 ZECCHINO
3.4940 g., 0.9990 Gold 0.1122 oz. AGW **Obv:** Doge kneeling before St. Mark **Obv. Legend:** M • FOSCARENVS... **Rev:** Christ standing in starred field **Rev. Legend:** SIT • T• XPE • DAT • Q • ...

Date	Mintage	VG	F	VF	XF	Unc
ND(1762-63)	—	700	1,000	2,000	4,000	6,000

C# 71 ZECCHINO
3.4940 g., 0.9990 Gold 0.1122 oz. AGW **Obv:** Doge kneeling before St. Mark **Obv. Legend:** ALOY • MOCEN • ... **Rev:** Christ standing in starred field **Rev. Legend:** SIT • T • XPE • DAT • Q • ...

Date	Mintage	VG	F	VF	XF	Unc
ND(1763-78)	—	250	300	500	800	—

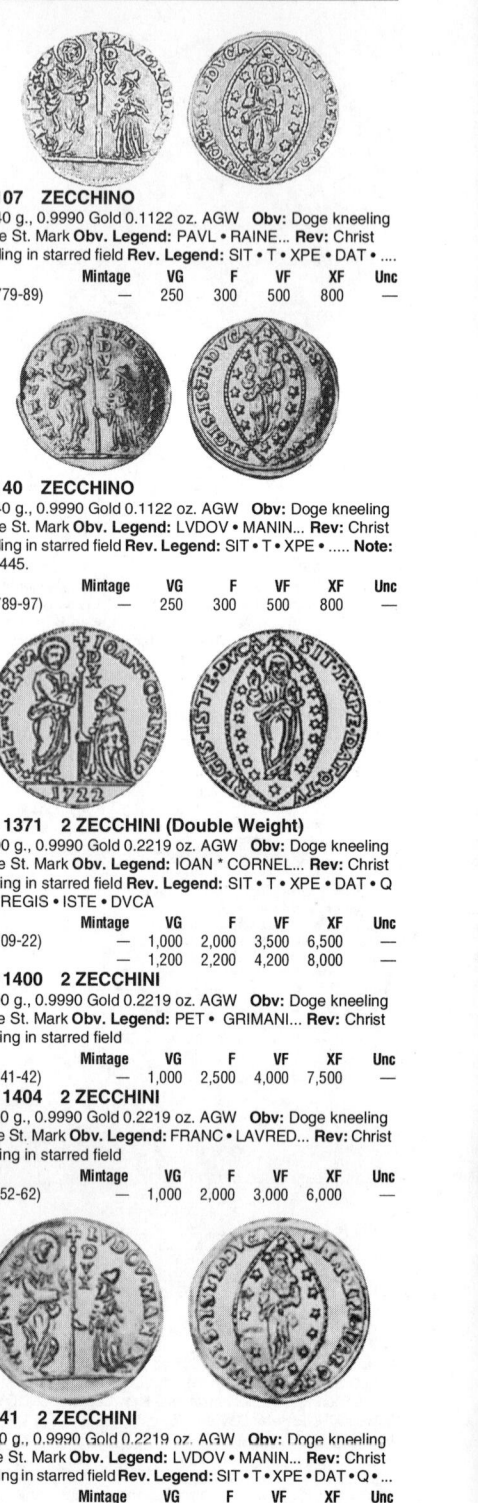

C# 107 ZECCHINO
3.4940 g., 0.9990 Gold 0.1122 oz. AGW **Obv:** Doge kneeling before St. Mark **Obv. Legend:** PAVL • RAINE... **Rev:** Christ standing in starred field **Rev. Legend:** SIT • T • XPE • DAT • ....

Date	Mintage	VG	F	VF	XF	Unc
ND(1779-89)	—	250	300	500	800	—

C# 140 ZECCHINO
3.4940 g., 0.9990 Gold 0.1122 oz. AGW **Obv:** Doge kneeling before St. Mark **Obv. Legend:** LVDOV • MANIN... **Rev:** Christ standing in starred field **Rev. Legend:** SIT • T • XPE • ..... **Note:** Fr.#1445.

Date	Mintage	VG	F	VF	XF	Unc
ND(1789-97)	—	250	300	500	800	—

FR# 1371 2 ZECCHINI (Double Weight)
6.9100 g., 0.9990 Gold 0.2219 oz. AGW **Obv:** Doge kneeling before St. Mark **Obv. Legend:** IOAN * CORNEL... **Rev:** Christ standing in starred field **Rev. Legend:** SIT • T • XPE • DAT • Q • TV REGIS • ISTE • DVCA

Date	Mintage	VG	F	VF	XF	Unc
ND(1709-22)	—	1,000	2,000	3,500	6,500	—
1722	—	1,200	2,200	4,200	8,000	—

FR# 1400 2 ZECCHINI
6.9100 g., 0.9990 Gold 0.2219 oz. AGW **Obv:** Doge kneeling before St. Mark **Obv. Legend:** PET • GRIMANI... **Rev:** Christ standing in starred field

Date	Mintage	VG	F	VF	XF	Unc
ND(1741-42)	—	1,000	2,500	4,000	7,500	—

FR# 1404 2 ZECCHINI
6.9100 g., 0.9990 Gold 0.2219 oz. AGW **Obv:** Doge kneeling before St. Mark **Obv. Legend:** FRANC • LAVRED... **Rev:** Christ standing in starred field

Date	Mintage	VG	F	VF	XF	Unc
ND(1752-62)	—	1,000	2,000	3,000	6,000	—

C# 141 2 ZECCHINI
6.9100 g., 0.9990 Gold 0.2219 oz. AGW **Obv:** Doge kneeling before St. Mark **Obv. Legend:** LVDOV • MANIN... **Rev:** Christ standing in starred field **Rev. Legend:** SIT • T • XPE • DAT • Q • ...

Date	Mintage	VG	F	VF	XF	Unc
ND(1789-97)	—	800	1,000	2,500	5,000	—

C# 108 4 ZECCHINI
13.8000 g., 0.9990 Gold 0.4432 oz. AGW **Obv:** Doge kneeling before St. Mark **Obv. Legend:** PAVL * RAINER * ... **Rev:** Christ standing in starred field **Note:** Similar to 10 Zecchini, C#110. 21-22 mm.

Date	Mintage	VG	F	VF	XF	Unc
ND(1779-89)	—	—	—	—	—	—
Rare						

C# 142 5 ZECCHINI
18.7500 g., 0.9990 Gold 0.6022 oz. AGW, 24.5 mm. **Obv:** Doge kneeling before St. Mark **Obv. Legend:** LUDOV * MANIN * ... **Rev:** Christ standing in starred field **Note:** Similar to 10 Zecchini, C#146.

Date	Mintage	VG	F	VF	XF	Unc
ND(1789-97)	—	1,200	2,500	4,000	11,000	—

C# 143 6 ZECCHINI
20.1700 g., 0.9990 Gold 0.6478 oz. AGW **Obv. Legend:** LUDOV. MANIN... **Note:** Similar to 10 Zecchini, C#146. 18 milimeters.

Date	Mintage	VG	F	VF	XF	Unc
ND(1789-97)	—	1,800	3,200	4,500	13,000	—

VENICE — ITALIAN STATES

FR# 1370 8 ZECCHINI
27.2400 g., 0.9990 Gold 0.8749 oz. AGW **Obv. Legend:** IOAN. CORNEL...

Date	Mintage	VG	F	VF	XF	Unc
ND(1709-22)	—	1,800	2,850	4,950	11,000	13,000

C# 72 8 ZECCHINI
27.6000 g., 0.9990 Gold 0.8864 oz. AGW **Obv. Legend:** ALOY. MOCENICO... **Note:** Similar to 50 Zecchini, C#79. 50 milimeters.

Date	Mintage	VG	F	VF	XF	Unc
ND(1763-78)	—	2,200	4,400	8,800	13,000	—

C# 109 8 ZECCHINI
27.6000 g., 0.9990 Gold 0.8864 oz. AGW **Ruler:** Paolo Renier **Obv. Legend:** PAVL. RAINER... **Note:** Similar to 10 Zecchini, C#110.

Date	Mintage	VG	F	VF	XF	Unc
ND(1779-89)	—	1,800	3,000	5,500	13,000	—

FR# 1369 10 ZECCHINI
34.7800 g., 0.9990 Gold 1.1170 oz. AGW **Obv. Legend:** IOAN. CORNEL... **Note:** Varieties exist.

Date	Mintage	VG	F	VF	XF	Unc
ND(1709-22)	—	2,500	5,000	9,000	14,000	—

FR# 1390 10 ZECCHINI
34.6200 g., 0.9990 Gold 1.1119 oz. AGW **Obv. Legend:** ALOYSIUS. PISANI...

Date	Mintage	VG	F	VF	XF	Unc
ND(1735-41)	—	2,800	4,400	8,800	14,000	—

FR# 1399 10 ZECCHINI
34.6000 g., 0.9990 Gold 1.1113 oz. AGW **Obv. Legend:** PETRVS. GRIMANI...

Date	Mintage	VG	F	VF	XF	Unc
ND(1741-52)	—	3,000	5,500	11,000	17,000	—

FR# 1377 10 ZECCHINI
34.7000 g., 0.9990 Gold 1.1145 oz. AGW **Obv. Legend:** ALOYS. MOCENICO...

Date	Mintage	VG	F	VF	XF	Unc
ND(1722-32)	—	2,500	5,000	9,000	16,000	—

C# 73 10 ZECCHINI
0.9990 Gold, 50 mm. **Obv. Legend:** ALOY. MOCENICO... **Note:** 34.82-35.20 grams.

Date	Mintage	VG	F	VF	XF	Unc
ND(1763-78)	—	2,500	3,000	6,000	14,000	—

C# 110 10 ZECCHINI
34.6500 g., 0.9990 Gold 1.1129 oz. AGW **Obv. Legend:** PAVL. RAINER...

Date	Mintage	VG	F	VF	XF	Unc
ND(1779-89)	—	2,500	4,000	7,000	14,000	—

C# 144 8 ZECCHINI
0.9990 Gold, 55 mm. **Obv. Legend:** LUDOV / MANIN... **Note:** Similar to 10 Zecchini, C#146. 27.87-28.04 grams.

Date	Mintage	VG	F	VF	XF	Unc
ND(1789-97)	—	2,000	3,500	6,500	13,000	—

C# 145 9 ZECCHINI
0.9990 Gold **Obv. Legend:** LUDOV. MANIN... **Note:** Similar to 10 Zecchini, C#146. 50 millimeters. 37.83-44.77 grams.l

Date	Mintage	VG	F	VF	XF	Unc
ND(1789-97)	—	2,500	4,000	7,000	13,000	—

FR# 1382 10 ZECCHINI
34.8200 g., 0.9990 Gold 1.1183 oz. AGW **Obv. Legend:** CAROLVS. RVZINI...

Date	Mintage	VG	F	VF	XF	Unc
ND(1732-35)	—	2,800	5,500	11,000	17,000	—

C# 146 10 ZECCHINI
34.5000 g., 0.9990 Gold 1.1080 oz. AGW **Obv. Legend:** LUDOV MANIN...

Date	Mintage	VG	F	VF	XF	Unc
ND(1789-97)	—	2,500	4,000	6,000	14,000	—

ITALIAN STATES — VENICE

C# 111 18 ZECCHINI

65.5900 g., 0.9990 Gold 2.1066 oz. AGW **Obv:** Doge kneeling before St. Mark **Obv. Legend:** PAVL * RAINER * ... **Rev:** Christ standing in starred field **Rev. Legend:** SIT • T • XPE • DAT • ...

Date	Mintage	VG	F	VF	XF	Unc
ND(1779-89)	—	4,500	5,000	10,000	18,000	—

C# 77 25 ZECCHINI

86.6500 g., 0.9990 Gold 2.7830 oz. AGW, 51 mm. **Obv:** Doge kneeling before St. Mark **Obv. Legend:** ALOYS * MOCENICO... **Rev:** Christ standing in starred field **Rev. Legend:** * SIT * T * XPE * DAT * Q * TV * ....

Date	Mintage	VG	F	VF	XF	Unc
ND(1763-78) Rare	—	—	—	—	—	—

FR# 1395 28 ZECCHINI

97.7000 g., 0.9990 Gold 3.1379 oz. AGW **Obv:** Doge kneeling before St. Mark **Obv. Legend:** PETRVS • GRIMANI **Rev:** Christ standing in starred field

Date	Mintage	VG	F	VF	XF	Unc
ND(1741-52)	—	—	—	—	—	—
Rare, Unique						

FR# 1388 30 ZECCHINI

104.5000 g., 0.9990 Gold 3.3563 oz. AGW **Obv:** Doge kneeling before St. Mark **Obv. Legend:** ALOYSIUS PISANI... **Rev:** Christ standing in starred field

Date	Mintage	VG	F	VF	XF	Unc
ND(1735-41) Rare	—	—	—	—	—	—

C# 78 30 ZECCHINI

104.7000 g., 0.9990 Gold 3.3627 oz. AGW, 51 mm. **Obv:** Doge kneeling before St. Mark **Obv. Legend:** ALOY•MOCENICO... **Rev:** Christ standing in starred field **Note:** Similar to 50 Zecchini, C#79.

Date	Mintage	VG	F	VF	XF	Unc
ND(1763-78) Rare	—	—	—	—	—	—

C# 112.5 30 ZECCHINI

104.7000 g., 0.9990 Gold 3.3627 oz. AGW, 51 mm. **Obv:** Doge kneeling before St. Mark **Obv. Legend:** PAVL RAINER... **Rev:** Christ standing in starred field **Note:** Similar to 50 Zecchini, C#110.

Date	Mintage	VG	F	VF	XF	Unc
ND(1779-89) Rare	—	—	—	—	—	—

FR# 1368 12 ZECCHINI

41.7700 g., 0.9990 Gold 1.3415 oz. AGW **Obv. Legend:** IOAN. CORNEL...

Date	Mintage	VG	F	VF	XF	Unc
ND(1709-22)	—	3,000	5,000	8,500	16,000	—

FR# 1430 12 ZECCHINI

41.9000 g., 0.9990 Gold 1.3457 oz. AGW **Obv. Legend:** PAVL. RAINER...

Date	Mintage	VG	F	VF	XF	Unc
ND(1779-89)	—	3,000	4,500	8,500	16,000	—

FR# 1367 15 ZECCHINI

52.1400 g., 0.9990 Gold 1.6746 oz. AGW **Obv. Legend:** IOAN CORNEL...

Date	Mintage	VG	F	VF	XF	Unc
ND(1709-22)	—	—	—	—	—	—
Rare						

FR# 1398 15 ZECCHINI

47.9600 g., 0.9990 Gold 1.5403 oz. AGW **Obv:** Doge kneeling before St. Mark **Obv. Legend:** PETRVS * GRIMANI * ... **Rev:** Christ standing in starred field **Rev. Legend:** SIT * T * XPE * DAT * Q * T V * ...

Date	Mintage	VG	F	VF	XF	Unc
ND(1741-52)	—	—	—	—	—	—
Rare						

FR# 1366 16 ZECCHINI

55.5800 g., 0.9990 Gold 1.7851 oz. AGW **Obv:** Doge kneeling before St. Mark **Obv. Legend:** IOAN * CORNEL * ... **Rev:** Christ standing in starred field

Date	Mintage	VG	F	VF	XF	Unc
ND(1709-22)	—	—	—	—	—	—
Rare						

C# 75 18 ZECCHINI

62.6700 g., 0.9990 Gold 2.0128 oz. AGW **Obv:** Doge kneeling before St. Mark **Obv. Legend:** ALOY * MOCENICO * ... **Rev:** Christ standing in starred field **Note:** Similar to 50 Zecchini, C#79.

Date	Mintage	VG	F	VF	XF	Unc
ND(1763-78)	—	—	—	—	—	—
Rare, unique						

FR# 1365 20 ZECCHINI

69.6000 g., 0.9990 Gold 2.2354 oz. AGW **Obv:** Doge kneeling before St. Mark **Obv. Legend:** IOAN * CORNEL * ... **Rev:** Christ standing in starred field **Rev. Legend:** SIT * T * XPE * DAT * ...

Date	Mintage	VG	F	VF	XF	Unc
ND(1709-22) Rare	—	—	—	—	—	—

KM# A76 20 ZECCHINI

69.7000 g., 0.9990 Gold 2.2386 oz. AGW **Ruler:** Paolo Renier **Obv:** Doge kneeling before St. Mark **Obv. Legend:** PAVL RAINER... **Rev:** Christ standing in starred field

Date	Mintage	VG	F	VF	XF	Unc
ND(1779-89)	—	—	—	—	—	—
Rare, unique						

C# 112.1 24 ZECCHINI

83.6300 g., 0.9990 Gold 2.6860 oz. AGW **Obv:** Doge kneeling before St. Mark **Obv. Legend:** PAVL RAINER... **Rev:** Christ standing in starred field **Note:** Similar to 10 Zecchini, C#110.

Date	Mintage	VG	F	VF	XF	Unc
ND(1779-89)	—	—	—	—	—	—
Rare, unique						

FR# 1364 25 ZECCHINI

86.8000 g., 0.9990 Gold 2.7878 oz. AGW **Obv:** Doge kneeling before St. Mark **Obv. Legend:** IOAN • CORNEL... **Rev:** Christ standing in starred field

Date	Mintage	VG	F	VF	XF	Unc
ND(1709-22) Rare	—	—	—	—	—	—

FR# 1396 25 ZECCHINI

97.7000 g., 0.9990 Gold 3.1379 oz. AGW **Obv:** Doge kneeling before St. Mark **Obv. Legend:** PETRVS•GRIMANI... **Rev:** Christ standing in starred field

Date	Mintage	VG	F	VF	XF	Unc
ND(1741-52) Rare	—	—	—	—	—	—

FR# 1363 33 ZECCHINI

115.1000 g., 0.9990 Gold 3.6967 oz. AGW **Obv:** Doge kneeling

VENICE

before St. Mark **Obv. Legend:** IOAN * CORNEL * ... **Rev:** Christ standing in starred field **Rev. Legend:** SIT * T * XPE * DAT * Q * T • V * ... **Note:** Klippe. Illustration reduced.

Date	Mintage	VG	F	VF	XF	Unc
ND(1709-22) Rare	—	—	—	—	—	—

FR# 1362 36 ZECCHINI

125.4800 g., 0.9990 Gold 4.0301 oz. AGW **Obv:** Doge kneeling before St. Mark **Obv. Legend:** IOAN * CORNEL * ... **Rev:** Christ standing in starred field. **Rev. Legend:** SIT * T * XPE * DAT * ...

Date	Mintage	VG	F	VF	XF	Unc
ND(1709-22) Rare	—	—	—	—	—	—

C# 79.5 60 ZECCHINI

0.9990 Gold **Obv:** Doge kneeling before St. Mark **Obv. Legend:** ALOYSIUS • MOCENICO... **Rev:** Christ standing in starred field **Note:** Similar to 50 Zecchini, C#79I.

Date	Mintage	VG	F	VF	XF	Unc
ND(1763-78) Rare	—	—	—	—	—	—

PATTERNS

Including off metal strikes

KM#	Date	Mintage Identification	Mkt Val

Pn1	ND(1612) FS	— Zecchino. Gold. 52.1500 g. Leonardo Dona. Dav. #4231.	—

FR# 1387 40 ZECCHINI

138.3000 g., 0.9990 Gold 4.4418 oz. AGW **Obv:** Doge kneeling before St. Mark **Obv. Legend:** ALOYSIVSPISANI •... **Rev:** Christ standing in starred field **Rev. Legend:** SIT * T * XPE * DAT * Q * TV * ...

Date	Mintage	VG	F	VF	XF	Unc
ND(1735-41) Rare, Unique	—	—	—	—	—	—

C# 113 40 ZECCHINI

138.3000 g., 0.9990 Gold 4.4418 oz. AGW **Obv:** Doge kneeling before St. Mark **Obv. Legend:** PAVL RAINER... **Rev:** Christ standing in starred field **Note:** Similar to 10 Zecchini, C#110.

Date	Mintage	VG	F	VF	XF	Unc
ND(1779-89) Rare	—	—	—	—	—	—

FR# 1376 50 ZECCHINI

174.1000 g., 0.9990 Gold 5.5916 oz. AGW **Obv:** Doge kneeling before St. Mark **Obv. Legend:** ALOYS * MOCENICO... **Rev:** Christ standing in starred field **Rev. Legend:** SIT * T * XPE * DAT * Q * TV * ...

Date	Mintage	VG	F	VF	XF	Unc
ND(1722-32) Rare	—	—	—	—	—	—

FR# 1394 50 ZECCHINI

174.6400 g., 0.9990 Gold 5.6090 oz. AGW **Obv:** Doge kneeling before St. Mark **Obv. Legend:** PETRVS • GRIMANI... **Rev:** Christ standing in starred field

Date	Mintage	VG	F	VF	XF	Unc
ND(1741-52) Rare	—	—	—	—	—	—

C# 79 50 ZECCHINI

174.7700 g., 0.9990 Gold 5.6131 oz. AGW **Obv:** Doge kneeling before St. Mark **Obv. Legend:** ALOY * MOCENICO... **Rev:** Christ standing in starred field **Rev. Legend:** SIT T XPE DAT Q TV .....

Date	Mintage	VG	F	VF	XF	Unc
ND(1763-78) Rare	—	—	—	—	—	—

C# 114 50 ZECCHINI

192.5000 g., 0.9990 Gold 6.1826 oz. AGW, 76 mm. **Obv:** Doge kneeling before St. Mark **Obv. Legend:** PAVLVS • RAINERIVS... **Rev:** Christ standing in starred field **Note:** Similar to 10 Zecchini, C#110.

Date	Mintage	VG	F	VF	XF	Unc
ND(1779-89) Rare, Unique	—	—	—	—	—	—

C# 147 50 ZECCHINI

174.2500 g., 0.9990 Gold 5.5964 oz. AGW **Obv:** Doge kneeling before St. Mark **Obv. Legend:** LUDOVICVS MANIN... **Rev:** Christ standing in starred field **Note:** Similar to 10 Zecchini, C#146.

Date	Mintage	VG	F	VF	XF	Unc
ND(1789-97) Rare	—	—	—	—	—	—

C# 114.5 55 ZECCHINI

0.9990 Gold **Obv:** Doge kneeling before St. Mark **Obv. Legend:** PAULUS • RAINERIVS... **Rev:** Christ standing in starred field

Date	Mintage	VG	F	VF	XF	Unc
ND(1779-89) Rare	—	—	—	—	—	—

C# 80 100 ZECCHINI

349.5000 g., 0.9990 Gold 11.225 oz. AGW, 74 mm. **Obv:** Doge kneeling before St. Mark **Obv. Legend:** ALOYSVS * MOCENICO... **Rev:** Christ standing in starred field **Rev. Legend:** SIT * T * XPE * DAT * Q * TV .... **Note:** Illustration reduced.

Date	Mintage	VG	F	VF	XF	Unc
ND(1763-78) Rare, Unique	—	—	—	—	—	—

Pn2	ND(1623-24)	— Piastre. 0.9480 Silver. 26.9100 g. Francesco Contarini.	—
Pn3	ND(1623-24)	— Reale. 0.9480 Silver. 26.7500 g. Francesco Contarini.	—

Pn4	ND(1631-46)	— 4 Soldi. Billon. 3.9850 g. Francesco Erizzo.	—

Pn5	ND(1631-46)	— 5 Soldi. Billon. 2.1700 g. Francesco Erizzo.	—
Pn8	ND(1639-40) GC	— 2 Scudi. Silver. 64.0000 g. Francesco Erizzo. Dav. #4248.	2,000
Pn9	ND(1641) OZ	— 2 Scudi. Silver. 64.0000 g. Francesco Erizzo. Dav. #4248.	2,000

C# 148 105 ZECCHINI

367.4100 g., 0.9990 Gold 11.800 oz. AGW, 79 mm. **Obv:** Doge kneeling before St. Mark **Obv. Legend:** LUDOVICVS * MANIN * ... **Rev:** Christ standing in starred field **Rev. Inscription:** SIT * T * XPE * DAT * Q * TV ... **Note:** Illustration reduced.

Date	Mintage	VG	F	VF	XF	Unc
ND(1760) Rare	—	—	—	—	—	—

ITALIAN STATES — VENICE

KM#	Date	Mintage	Identification	Mkt Val

Pn7 1644 ZMB — Reale. Silver. 13.9300 g. Francesco Erizzo. —

Pn6 ND(1645-46) MB — 72 Soldi. 13.1300 g. Francesco Erizzo. —

Pn10 ND(1646) MB — 2 Scudi. Silver. 64.0000 g. Francesco Molin. Dav. #4251. 2,000

Pn11 ND(1659-60) BB — 2 Scudi. Silver. 64.0000 g. Domenico Contarini. Dav. #4262. 2,000

Pn12 ND(1662-63) GD — 2 Ducatone. Silver. 56.0000 g. Domenico Contarini. Dav. #4264. 1,000

Pn13 ND(1666-67) AD — 2 Ducato. Silver. 47.0000 g. Domenico Contarini. Dav. #4266. 1,000

Pn14 ND(1668) LP — 2 Ducato. Silver. 47.0000 g. Domenico Contarini. Dav. #4266. 1,000

Pn16 ND(1679) AC — 2 Ducato. Silver. 47.0000 g. Alvise Contarini. Dav. #A4274. 1,000

Pn15 ND(1679-81) GZ — 2 Scudi. Silver. 64.0000 g. Alvise Contarini. Dav. #4271. 2,000

Pn17 ND(1694-1700) FT — 2 Ducato. Silver. 47.0000 g. Silvestro Valier. Dav. #4285. 1,000

Pn18 ND(1700-09) — 2 Ducato. Silver. 47.0000 g. Alvise Mociengo II; Dav.#1526. —

Pn19 ND(1709-22) — 2 Ducato. Silver. 47.0000 g. Giovanni Corner II, 1709-22; D1532. —

Pn20 ND(1709-22) FAP — 140 Soldi. Gold. 17.3700 g. Giovanni Corner II; Dav#1530. 3,500

PnB21 ND(1732-35) — 1/4 Ducato. Gold. 6.9400 g. Carlo Ruzzini. 1,500

PnA21 ND(1735-41) — 1/4 Ducato. Gold. 6.9400 g. Alvise Pisani. 1,500

Pn22 ND(1735-41) — 2 Ducato. Silver. 47.0000 g. Alvise Pisani, 1735-41. DA1543. —

Pn21 1736 — Leone. 0.8750 Silver. 19.1500 g. Alvise Pisani, 1735-41. Maritime Provinces. —

Pn23 ND(1741-52) — 2 Ducato. Silver. 47.0000 g. Pietro Grimani, 1741-52. D1546. —

Pn24 ND(1742-43) FAF — 1/4 Ducato. Gold. Pietro Grimani. C#62. —

Pn25 ND(1752-62) — 2 Ducato. Silver. 47.0000 g. Francesco Luredan, 1752-62. C#16; D#1550. —

Pn26 ND(1752) GAC — Ducato. Gold. 27.9700 g. Francesco Luredan. C#16. —

Pn27 ND(1752) GAC — Ducatone. Gold. 34.7800 g. Francesco Luredan. C#13. —

Pn28 ND(1752) GAC — Scudo. Gold. 41.4500 g. Francesco Luredan. C#9. —

Pn29 ND(1762-63) — 2 Scudi. Silver. 63.0000 g. Marco Foscarini, 1762-63. C#34, D#1553A. —

PnA31 ND(1762-63) VQ — Ducato. Gold. 35.0000 g. Marco Foscarini. Dav#1537. —

Pn30 ND(1762-63) ZD — 1/2 Ducato. Gold. 13.8600 g. Marco Foscarini. C#39. —

Pn31 ND(1762-63) ZD — 1/2 Ducato. Gold. 17.4500 g. Marco Foscarini. C#39. —

Pn32 ND(1762-63) ZD — Ducato. Gold. 27.8700 g. Marco Foscarini. C#40. —

Pn33 ND(1762-63) ZD — Scudo. Gold. 41.8800 g. Marco Foscarini. C#34. —

PnA32 ND(1763) DG — 2 Ducato. Silver. 46.8900 g. Alvise Mocienigo IV, 1763-78. C#64, D#1560. 1,700

PnB31 ND(1763-78) — 2 Ducatone. Silver. 47.0000 g. Alvise Mocienigo IV, 1763-78. C#61, D#1558. 2,000

Pn36 ND(1767) DG — 1/2 Ducato. Gold. 21.0400 g. Alvise Mocienigo IV. C#63. —

Pn37 ND(1767) DG — Ducato. Gold. 27.7800 g. Alvise Mocienigo IV. C#64. —

Pn38 ND(1767) DG — 1/2 Ducatone. Gold. 13.9300 g. Alvise Mocienigo IV. C#60. —

Pn39 ND(1767) DG — 1/2 Ducatone. Gold. 20.8300 g. Alvise Mocienigo IV. C#60. —

Pn40 ND(1767) DG — Ducatone. Gold. 34.8100 g. Alvise Mocienigo IV. C#61. —

Pn41 ND(1767) DG — Ducatone. Gold. 41.7500 g. Alvise Mocienigo IV. C#61. —

Pn42 ND(1767) DG — 1/4 Scudo. Gold. 10.4200 g. Alvise Mocienigo IV. C#55. —

Pn44 ND(1767) DG — 1/2 Scudo. Gold. 20.8900 g. Alvise Mocienigo IV. C#56. —

Pn45 ND(1767) DG — Scudo. Gold. 34.8700 g. Alvise Mocienigo IV. C#57. —

Pn46 ND(1767) DG — Scudo. Gold. 41.6800 g. Alvise Mocienigo IV. C#57. —

Pn48 ND(1767) DG — Scudo. Gold. 55.4200 g. Alvise Mocienigo IV. C#57. —

PnA33 ND(1768-69) RBP — 2 Ducato. Silver. 46.8900 g. Alvise Mocienigo IV, 1763-78. C#64, D#1560. 1,700

Pn43 ND(1771-72) MAT — 1/2 Scudo. Gold. 17.4400 g. Alvise Mocienigo IV. C#56. —

Pn47 ND(1771-72) MAT — Scudo. Gold. 41.6800 g. Alvise Mocienigo IV. C#57. —

Pn35 ND(1775-76) AMP — 2 Ducato. Silver. 46.8900 g. Alvise Mocienigo IV, 1763-78. C#64, D#1560. 1,700

KM#	Date	Mintage	Identification	Mkt Val
Pn34	ND(1775) VV	—	2 Ducato. Silver. 46.8900 g. Alvise Mocienigo IV, 1763-78. C#64, D#1560.	1,700
PnA36	ND(1778) BC	—	1/4 Ducato. Gold. 6.8400 g. Alvise Mocienigo IV. C#98.	2,000

KM#	Date	Mintage	Identification	Mkt Val
Pn50	ND(1779-80) RB	—	1/4 Ducato. Gold. Paola Renier, 1779-89. C#98.	—
Pn49	ND(1779) LAF	—	2 Ducato. Silver. 46.8900 g. Paola Renier, 1779-89. C#100, D#1566.	1,700
Pn52	ND(1779-89)	—	Ducato. Gold. 41.6000 g. Paola Renier. C#100.	—
Pn51	ND(1779) LAF	—	1/2 Ducato. Gold. 10.3800 g. Paola Renier. C#99.	—
Pn53	ND(1779) LAF	—	1/4 Scudo. Gold. 10.4400 g. Paola Renier. C#91.	—
Pn54	ND(1779) LAF	—	Scudo. Gold. 41.8400 g. Paola Renier. C#93.	—
Pn55	ND(1779) LAF	—	Scudo. Gold. 69.7400 g. Paola Renier. C#93.	—
Pn56	1785	—	Tallero. Gold. 52.3200 g. Paola Renier. C#104.	—
Pn57	1787	—	Tallero. Gold. 41.8400 g. Paola Renier. C#104.	—
Pn60	ND(1789-97)	—	2 Ducatone. Silver. 55.6000 g. Lodovico Manin, 1789-97. C#130, D#1571.	1,800
Pn61	ND(1789-97)	—	2 Scudi. Silver. 63.0000 g. Lodovico Manin, 1789-97. C#126, D#1569.	—
Pn58	ND(1789) GF	—	2 Ducato. Silver. 45.0000 g. Lodovico Manin, 1789-97. C#133, D#1573.	—
Pn63	ND(1789) GF	—	1/2 Ducatone. Gold. 17.2500 g. Lodovico Manin. C#129.	—
Pn64	ND(1789) GF	—	Ducatone. Gold. 83.6800 g. Lodovico Manin. C#130.	—
Pn65	1791	—	Tallero. Gold. 41.8600 g. Lodovico Manin. C#137.	—
Pn59	ND(1796) FB	—	2 Ducato. Silver. 45.0000 g. Lodovico Manin, 1789-97. C#133, D#1573.	—
Pn62	ND(1796) FB	—	Ducato. Gold. 34.6800 g. Lodovico Manin, 1789-97. C#133.	—
Pn66	1802	—	1-1/2 Lire. 0.2500 Silver. C#165.	—

VENTIMIGLIA

Vintimille

Ventigimiglia is a commune located in West Liguria, northwest Italy on the Ligurean Sea across the border from Menton, France with a population of 25,564. The economy is growing fruit and tourism.

RULER
John VI

COMMUNE

TRADE COINAGE

FR# 1519 2 DUCAT
7.0000 g., 0.9860 Gold 0.2219 oz. AGW **Ruler:** John VI **Obv:** Bust of John VI right **Rev:** Crowned and mantled arms, date in legend

Date	Mintage	Good	VG	F	VF	XF
1725 Rare	—	—	—	—	—	—

JAMAICA

Jamaica, a Constitutional Monarchy within the British Commonwealth is situated in the Caribbean Sea 90 miles south of Cuba, has an area of 4,244 sq. mi. (10,990 sq. km.) and a population of 2.1 million. Capital: Kingston. The economy is founded chiefly on mining, tourism and agriculture. Aluminum, bauxite, sugar, rum and molasses are exported.

Jamaica was discovered by Columbus on May 3, 1494, and settled by Spain in 1509. The island was captured in1655 by a British naval force under the command of Admiral William Penn, sent by Oliver Cromwell and ceded to Britain by the Treaty of Madrid, 1670. For more than 150 years, the Jamaican economy of sugar, slaves and piracy was one of the most prosperous in the new world. Dissension between the property-oriented island legislature and the home government prompted parliament to establish a crown colony government for Jamaica in 1866. From 1958 to 1961 Jamaica was a member of the West Indies Federation, withdrawing when Jamaican voters rejected the association. The colony attained independence on Aug. 6, 1962. Jamaica is a member of the Commonwealth of Nations. Elizabeth II is the Head of State, as Queen of Jamaica.

In 1758, the Jamaican Assembly authorized stamping a certain amount of Spanish milled coinage. Token coinage by merchants aided the island's monetary supply in the early 19th century. Sterling coinage was introduced in Jamaica in 1825, with the additional silver three halfpence under William IV and Victoria. Certain issues of three pence of William IV and Victoria were intended for colonial use, including Jamaica, as were the last dates of three pence for George VI.

There was an extensive token and work tally coinage for Jamaica in the late 19th and early 20th centuries.

A decimal standard currency system was adopted on Sept. 8, 1969.

RULER
British, until 1962

MONETARY SYSTEM
4 Farthings = 1 Penny
12 Pence = 1 Shilling
8 Reales = 6 Shillings, 8 Pence

COMMONWEALTH

COUNTERSTAMPED COINAGE

1758

A flowery GR monogram in a circular indentation is the only official Jamaican counterstamp and is always found on silver Spanish Colonial coins of the pillar type and on gold Spanish coins of the portrait type; each coin was counterstamped on obverse and reverse.

KM# 1.1 5 PENCE
1.6500 g., 0.9030 Silver 0.0479 oz. ASW **Counterstamp:** GR monogram **Note:** Counterstamp on Mexico 1/2 Real, KM#66.

CS Date	Host Date	Good	VG	F	VF	XF
—	1742-47	—	250	450	700	1300

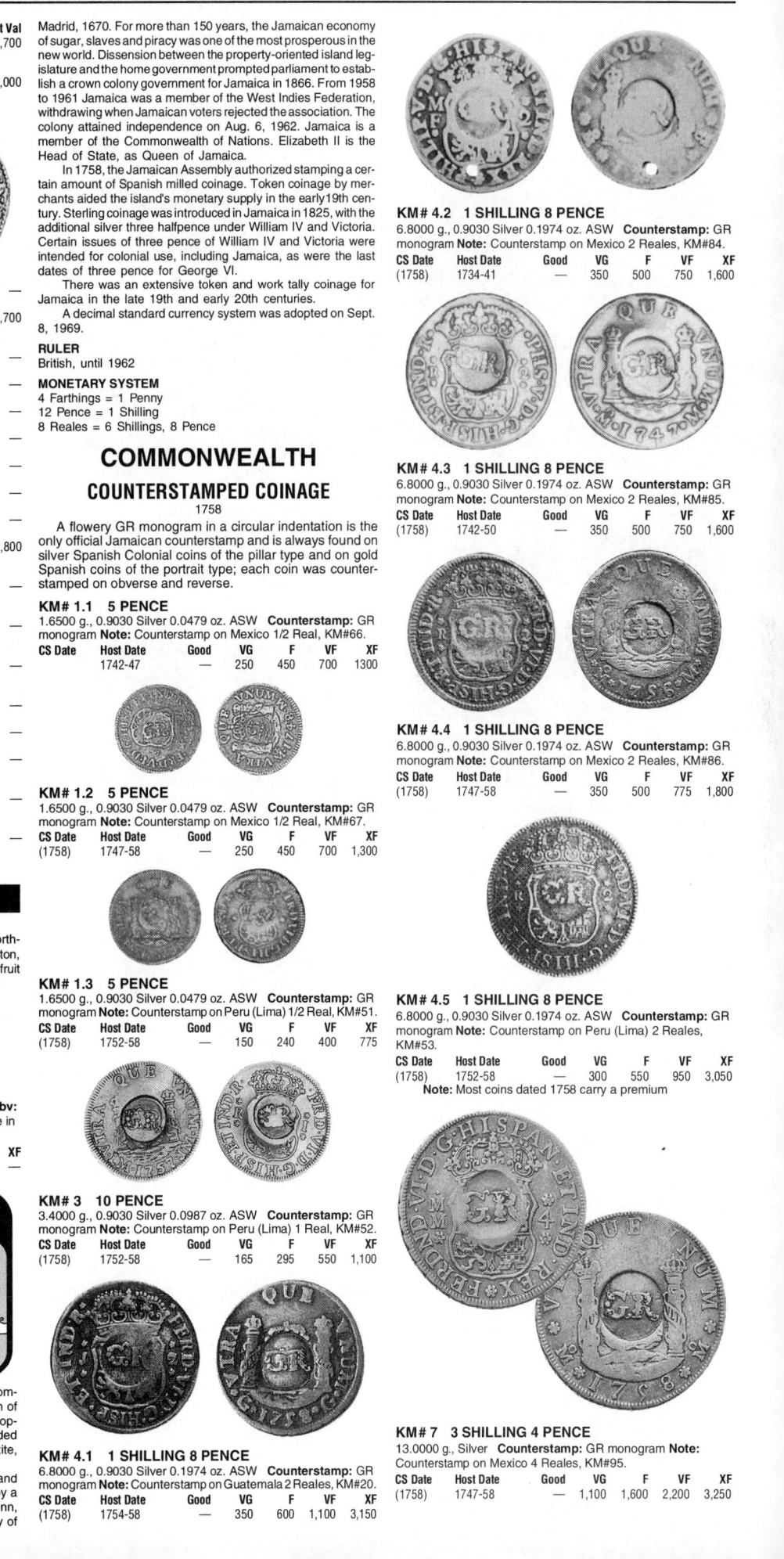

KM# 1.2 5 PENCE
1.6500 g., 0.9030 Silver 0.0479 oz. ASW **Counterstamp:** GR monogram **Note:** Counterstamp on Mexico 1/2 Real, KM#67.

CS Date	Host Date	Good	VG	F	VF	XF
(1758)	1747-58	—	250	450	700	1,300

KM# 1.3 5 PENCE
1.6500 g., 0.9030 Silver 0.0479 oz. ASW **Counterstamp:** GR monogram **Note:** Counterstamp on Peru (Lima) 1/2 Real, KM#51.

CS Date	Host Date	Good	VG	F	VF	XF
(1758)	1752-58	—	150	240	400	775

KM# 3 10 PENCE
3.4000 g., 0.9030 Silver 0.0987 oz. ASW **Counterstamp:** GR monogram **Note:** Counterstamp on Peru (Lima) 1 Real, KM#52.

CS Date	Host Date	Good	VG	F	VF	XF
(1758)	1752-58	—	165	295	550	1,100

KM# 4.1 1 SHILLING 8 PENCE
6.8000 g., 0.9030 Silver 0.1974 oz. ASW **Counterstamp:** GR monogram **Note:** Counterstamp on Guatemala 2 Reales, KM#20.

CS Date	Host Date	Good	VG	F	VF	XF
(1758)	1754-58	—	350	600	1,100	3,150

KM# 4.2 1 SHILLING 8 PENCE
6.8000 g., 0.9030 Silver 0.1974 oz. ASW **Counterstamp:** GR monogram **Note:** Counterstamp on Mexico 2 Reales, KM#84.

CS Date	Host Date	Good	VG	F	VF	XF
(1758)	1734-41	—	350	500	750	1,600

KM# 4.3 1 SHILLING 8 PENCE
6.8000 g., 0.9030 Silver 0.1974 oz. ASW **Counterstamp:** GR monogram **Note:** Counterstamp on Mexico 2 Reales, KM#85.

CS Date	Host Date	Good	VG	F	VF	XF
(1758)	1742-50	—	350	500	750	1,600

KM# 4.4 1 SHILLING 8 PENCE
6.8000 g., 0.9030 Silver 0.1974 oz. ASW **Counterstamp:** GR monogram **Note:** Counterstamp on Mexico 2 Reales, KM#86.

CS Date	Host Date	Good	VG	F	VF	XF
(1758)	1747-58	—	350	500	775	1,800

KM# 4.5 1 SHILLING 8 PENCE
6.8000 g., 0.9030 Silver 0.1974 oz. ASW **Counterstamp:** GR monogram **Note:** Counterstamp on Peru (Lima) 2 Reales, KM#53.

CS Date	Host Date	Good	VG	F	VF	XF
(1758)	1752-58	—	300	550	950	3,050

Note: Most coins dated 1758 carry a premium

KM# 7 3 SHILLING 4 PENCE
13.0000 g., Silver **Counterstamp:** GR monogram **Note:** Counterstamp on Mexico 4 Reales, KM#95.

CS Date	Host Date	Good	VG	F	VF	XF
(1758)	1747-58	—	1,100	1,600	2,200	3,250

JAMAICA

KM# 8.1 6 SHILLING 8 PENCE

Silver **Counterstamp:** GR monogram **Note:** 26.75-27.05 grams. Counterstamp on (4 Reales size) Guatemala 8 Reales, KM#18.

CS Date	Host Date	Good	VG	F	VF	XF
(1758)	1754-58	—	1,750	3,000	3,750	5,300

KM# 8.2 6 SHILLING 8 PENCE

Silver **Counterstamp:** GR monogram **Note:** Weight varies: 26.75-27.05 grams. Counterstamp on Mexico 8 Reales, KM#104.1.

CS Date	Host Date	Good	VG	F	VF	XF
(1758)	1747-58	—	550	900	1,400	2,500

KM# 11.3 5 POUNDS

27.0000 g., 0.9170 Gold 0.7960 oz. AGW **Counterstamp:** GR monogram **Note:** Counterstamp on Peru (Lima) 8 Excudos, KM#50.

CS Date	Host Date	Good	VG	F	VF	XF
(1758)	1751 4 known	—	—	—	—	—

Note: Sotheby's Brand sale 6-85 VF realized $23,750

KM# 10.1 1 POUND 5 SHILLING

6.7000 g., 0.9160 Gold 0.1973 oz. AGW **Counterstamp:** GR monogram **Note:** Counterstamp on Colombia (Bogota) 2 Escudos, KM#30.1.

CS Date	Host Date	Good	VG	F	VF	XF
(1758)	1757 Unique	—	—	—	—	—

Note: Spink (London) No. 87 10-91 VF realized $28,900

KM# 11.4 5 POUNDS

27.0000 g., 0.9170 Gold 0.7960 oz. AGW **Counterstamp:** GR monogram **Note:** Counterstamp on Peru (Lima) 8 Excudos, KM#59.

CS Date	Host Date	Good	VG	F	VF	XF
(1759)	1759 Rare	—	—	—	—	—

Note: Authorized mintage of 2,000; Swiss Bank sale No. 24 1-90 XF realized $28,900, Bonhams Patterson sale 7-96 VF realized $14,640

KM# 8.3 6 SHILLING 8 PENCE

Silver **Counterstamp:** GR monogram **Note:** Smaller counterstamp on (4 Reales size) Mexico 8 Reales, KM#104.2.

CS Date	Host Date	Good	VG	F	VF	XF
(1758)	1758	—	900	1,350	1,900	2,800

KM# 10.2 1 POUND 5 SHILLING

6.7000 g., 0.9160 Gold 0.1973 oz. AGW **Counterstamp:** GR monogram **Note:** Counterstamp on Colombia (Popayan) 2 Escudos, KM#30.2.

CS Date	Host Date	Good	VG	F	VF	XF
(1758)	1758 Unique	—	—	—	—	—

Note: Jess Peters Byrne sale 6-75 choice VF dated 1758 realized $6,500

CS Date	Host Date	Good	VG	F	VF	XF
(1759)	1759 Unique	—	—	—	—	—

COUNTERMARKED COINAGE

1773

To relieve problems of light gold coinage, Jamaica legally adopted Spanish gold currency standards with a weight rating of 26.96 grams for the 8 Escudos and imposed penalties of 3 Pence per grain for the circulation of underweight gold coinage. As a result some underweight cobs were privately plugged to attain full weight and countermarked with a crocodile above the script initials GC. It is suspected that this work was done by George Clinton, an area goldsmith of this era.

KM# 11.1 5 POUNDS

27.0000 g., 0.9170 Gold 0.7960 oz. AGW **Counterstamp:** GR monogram **Note:** Counterstamp on Chile 8 Escudos, KM#3.

CS Date	Host Date	Good	VG	F	VF	XF
(1758)	1753 Unique	—	—	—	—	—

KM# 8.4 6 SHILLING 8 PENCE

Silver **Counterstamp:** GR monogram **Note:** Weight varies: 26.75-27.05 grams. Counterstamp on Mexico 8 Reales, KM#103.

CS Date	Host Date	Good	VG	F	VF	XF
(1758)	1732-47	—	700	1,200	2,000	4,000

KM# 12.1 8 ESCUDOS

26.9200 g., Gold **Countermark:** Crocodile **Note:** Countermark above script GC on Peru (Lima) plugged 8 Escudos, KM#30.1.

CM Date	Host Date	Good	VG	F	VF	XF
ND(1773)	1738 Unique	—	—	—	—	—

KM# 11.2 5 POUNDS

27.0000 g., 0.9170 Gold 0.7960 oz. AGW **Counterstamp:** GR monogram **Note:** Counterstamp on Mexico 8 Escudos, KM#148.

CS Date	Host Date	Good	VG	F	VF	XF
(1758)	1742 Unique	—	—	—	—	—

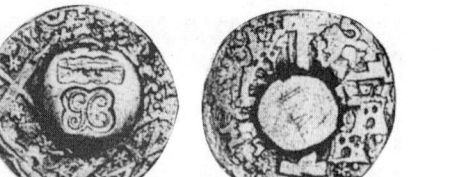

KM# 12.2 8 ESCUDOS

26.8800 g., Gold **Countermark:** Crocodile **Note:** Countermark above script GC on Peru (Lima) plugged 8 Escudos, KM#38.2.

CM Date	Host Date	Good	VG	F	VF	XF
ND(1773)	174x	—	—	—	—	—

Note: Sotheby's Brand sale 6-85 VF realized $23,750

JAPAN

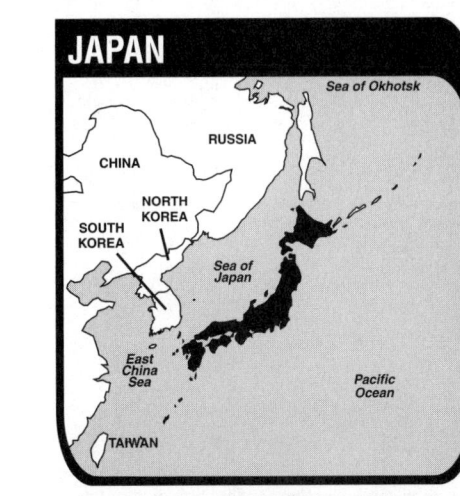

Japan, a constitutional monarchy situated off the east coast of Asia, has an area of 145,809 sq. mi. (377,835 sq. km.) and a population of 123.2 million. Capital: Tokyo. Japan, one of the major industrial nations of the world, exports machinery, motor vehicles, electronics and chemicals.

Japan, founded (so legend holds) in 660 B.C. by a direct descendant of the Sun Goddess, was first brought into contact with the west by a storm-blown Portuguese ship in 1542. European traders and missionaries proceeded to enlarge the contact until the Shogunate, sensing a military threat in the foreign presence, expelled all foreigners and restricted relations with the outside world in the 17th century. After Commodore Perry's U.S. flotilla visited in 1854, Japan rapidly industrialized, abolished the Shogunate and established a parliamentary form of government, and by the end of the 19th century achieved the status of a modern economic and military power. A series of wars with China and Russia, and participation with the allies in World War I, enlarged Japan territorially but brought its interests into conflict with the Far Eastern interests of the United States, Britain and the Netherlands, causing it to align with the Axis Powers for the pursuit of World War II. After its defeat in World War II, General Douglas MacArthur forced Japan to renounce military aggression as a political instrument, and he instituted constitutional democratic self-government. Japan quickly gained a position as an economic world power.

Japanese coinage of concern to this catalog includes those issued for the Ryukyu Islands (also called Liuchu), a chain of islands extending southwest from Japan toward Taiwan (Formosa), before the Japanese government converted the islands into a prefecture under the name Okinawa. Many of the provinces of Japan issued their own definitive coinage under the Shogunate.

RULERS

Shoguns

Tsunayoshi, 1680-1709
Iyenobu, 1709-1712
Iyetsugu, 1713-1716
Yoshimune, 1716-1745
Iyeshize, 1754-1760
Iyeharu, 1760-1786
Iyenari, 1787-1837

NOTE: The personal name of the emperor is followed by the name that he chose for his regnal era.

MONETARY SYSTEM

Until 1870

Prior to the Meiji currency reform, there was no fixed exchange rate between the various silver, gold and copper "cash" coins (which previously included Chinese "cash") in circulation. Each coin exchanged on the basis of its own merits and the prevailing market conditions. The size and weight of the copper coins and the weight and fineness of the silver and gold coins varied widely. From time to time the government would declare an official exchange rate, but this was usually ignored. For gold and silver, nominal equivalents were:
16 Shu = 4 Bu = 1 Ryo

MONETARY UNITS

Momme — 匁

Ryo — 两

Bu — 分

Shu — 朱

Mon — 文

Rin — 厘

MINT MARKS ON MON

A - Edo (Tokyo) — 文

B -Sado — 佐佐 佐

C -Jiuman Tsubo — 十

D -Koume Mura — 小

E -Ichi-no-se — 一

F -Onagi-gawa — 川

G -Osaka — 元

H -Nagasaki — 長

I -Ashio — 足

J -Sendai — 仙

K -Sendai — 千

L -Kuji (Hitachi Ohta) — 久

M -Mito — ト,卜

N -Aizu — ノ

O - Ise — 1

P - Morioka — 盛

Q - Hiroshima — 了

R - Yamanouchi — 山

LEGENDS

Reading top-bottom, right-left.

Kanei Tsuho

Hoei Mitsu-ho (three characters *ho*, 1710-11)

Vertical stroke in era designator *ho* extends completely through the character from top to bottom.

Hoei Yoei Yotsu-ho (Four characters *ho*, 1711-12)

Era designator resembles the *ho* of the *Futatsu-ho* variety, except that a spike extends up from each end of the bottom horizontal stroke.

Shotoku-Kyoho Eras (1714-36)

As for the Keicho period pieces, there is no era designator for this period. Compare the style of the characters and designs with those of the Keicho period to distinguish between them.

Key to Dating Modern Mameita Gin
Genbun Period, 1736-1818
(Used 1736-1818)

One of the above characters is usually found on the obverse of C#8 or both sides of C#8a and C#8b. The same characters are found at both ends of chogin pieces C#9. Era designators were used continuously until the next one was introduced, regardless of intervening eras.

NOTE: Values are for pieces weighing 5-8 grams. Pieces over 10 grams may command up to twice the values shown; pieces under 5 grams somewhat less.

Cho Gin
Key to Dating modern Cho Gin (Silver)

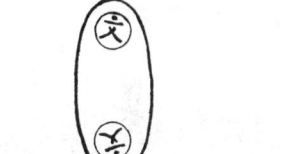

Genbun Era, 1736-41

Key to Dating 1 and 2 BU

Genroku Period
(Used 1695-1706)

Hoei Period
(Used 1710-14)

Shotoku Period
(Used 1714)

Kyoho Period
(1714-36)

NOTE: Characters illustrated for the Shotoku and Kyoho periods are not era marks but are varieties of writing mintmaster names.

SADO MINES

(Used 1714)

NOTE: A mark used to indicate use of gold from the Sado Island mines on regular circulation pieces.

Genbun Period 1 Bu

1736-41
(Used 1736-1818)

Mameitagin 'Bean' Silver

HOEI ERA

Hoei Futatsu-ho (two characters ho, 1706-10)

Vertical stroke in era designator *ho* starts at second horizontal stroke and continues downward; does not extend up to top of character. There is a slight knob at each end of the bottom horizontal stroke. Compare with the era designator for the *Yotsu-ho* variety.

Hoei Ei-Ji (character *ei*, 1710)

Era designator is character *ei*, as used at bottom of Kanei Tsuho copper coinage.

JAPAN

SHOGUNATE

CAST COINAGE

C# 1.3 MON
Cast Copper, Bronze Or Brass **Obv. Inscription:** Ka-nei Tsu-ho

Date	Mintage	VG	F	VF	XF	Unc
ND(1714-1862)(B)	—	2.00	4.00	6.00	8.00	—

C# 1.5s MON
Cast Copper, Bronze Or Brass

Date	Mintage	VG	F	VF	XF	Unc
ND(1736)(C)	—	—	—	—	200	—

Note: C#1.5 is known only as "bosen" - seed or mother coins

C# 1.5a MON
Cast Copper **Obv:** Mint mark on outer rim **Obv. Inscription:** Ka-nei Tsu-ho **Rev:** Plain

Date	Mintage	VG	F	VF	XF	Unc
ND(1736)c(C)	—	15.00	22.00	27.00	35.00	—
ND(1739)(C)	—	15.00	22.00	27.00	35.00	—

C# 1.6 MON
Cast Copper, Bronze Or Brass **Obv. Inscription:** Ka-nei Tsu-ho

Date	Mintage	VG	F	VF	XF	Unc
ND(1737)(D)	—	2.50	4.50	6.00	8.00	—

C# 1.1a MON
Iron **Obv. Inscription:** Ka-nei Tsu-ho **Rev:** Plain

Date	Mintage	VG	F	VF	XF	Unc
ND(1739-1867)	—	2.50	5.00	7.50	15.00	—

C# 1.6a MON
Iron **Obv. Inscription:** Ka-nei Tsu-ho

Date	Mintage	VG	F	VF	XF	Unc
ND(1739)(D)	—	15.00	25.00	35.00	55.00	—

C# 1.12 MON
Iron **Obv. Inscription:** Ka-nei Tsu-ho

Date	Mintage	VG	F	VF	XF	Unc
ND(1739)(K)	—	3.00	5.00	8.00	15.00	—

C# 1.5b MON
Iron **Obv:** Mint mark on outer rim **Obv. Inscription:** Ka-nei Tsu-ho **Rev:** Plain

Date	Mintage	VG	F	VF	XF	Unc
ND(1739)(C)	—	15.00	25.00	30.00	40.00	—

C# 1.7a MON
Iron

Date	Mintage	VG	F	VF	XF	Unc
ND(1740)(F)	—	15.00	22.50	30.00	40.00	—

C# 1.10a MON
Iron **Obv. Inscription:** Ka-nei Tsu-ho

Date	Mintage	VG	F	VF	XF	Unc
ND(1740)(E)	—	35.00	50.00	75.00	100	—

C# 1.10 MON
Cast Copper, Bronze Or Brass **Obv. Inscription:** Ka-nei Tsu-ho

Date	Mintage	VG	F	VF	XF	Unc
ND(1740)(E)	—	20.00	30.00	50.00	65.00	—

C# 1.7s MON
Cast Copper, Bronze Or Brass

Date	Mintage	VG	F	VF	XF	Unc
ND(1740)(F) "Bosen"	—	—	—	—	1,200	—

Note: C#1.7 is known only as "bosen" - seed or mother coins

C# 1.8 MON
Cast Copper, Bronze Or Brass **Obv. Inscription:** Ka-nei Tsu-ho

Date	Mintage	VG	F	VF	XF	Unc
ND(1741)(G)	—	0.55	0.75	1.25	2.50	—

C# 1.9 MON
Cast Copper, Bronze Or Brass **Obv. Inscription:** Ka-nei Tsu-ho

Date	Mintage	VG	F	VF	XF	Unc
ND(1741)(I)	—	1.75	3.00	4.50	6.50	—

C# 1.4 MON
Cast Copper, Bronze Or Brass **Obv. Inscription:** Ka-nei Tsu-ho

Date	Mintage	VG	F	VF	XF	Unc
ND(1748)(J)	—	25.00	30.00	35.00	40.00	—

C# 1.11 MON
Cast Copper, Bronze Or Brass **Obv. Inscription:** Ka-nei Tsu-ho

Date	Mintage	VG	F	VF	XF	Unc
ND(1767)(H)	—	1.75	2.50	4.00	7.50	—

C# 1.13 MON
Iron **Obv. Inscription:** Ka-nei Tsu-ho

Date	Mintage	VG	F	VF	XF	Unc
ND(1768)(L)	—	3.00	6.00	10.00	17.50	—

C# 1.15 MON
Iron **Rev:** "Ni" (2) below

Date	Mintage	VG	F	VF	XF	Unc
ND(1774)(L)	—	2.00	4.00	7.00	12.00	—

C# 4.1 4 MON
Cast Brass, 27.5 mm. **Obv. Inscription:** "Kwan-Ei (Kanei) Tsu-Ho" **Rev:** 21 waves

Date	Mintage	VG	F	VF	XF	Unc
ND(1768)	—	1.75	2.50	4.00	6.00	—

C# 4.2 4 MON
Cast Copper Or Brass **Obv:** Inscription **Rev:** 11 waves

Date	Mintage	VG	F	VF	XF	Unc
ND(1769-1860)	—	1.00	2.50	5.00	15.00	—

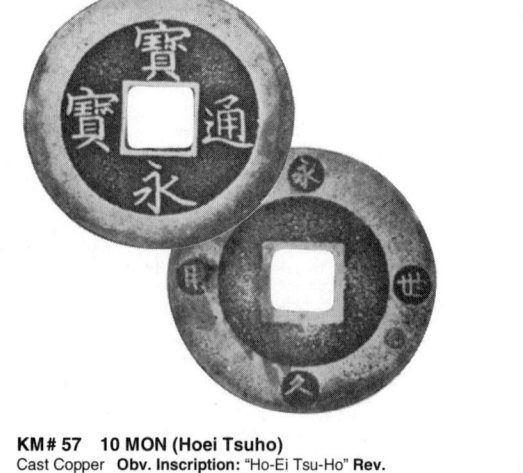

KM# 57 10 MON (Hoei Tsuho)
Cast Copper **Obv. Inscription:** "Ho-Ei Tsu-Ho" **Rev. Inscription:** "Ei Kyu Sei Yo" with "Chin" (precious) mark near the rim

Date	Mintage	VG	F	VF	XF	Unc
ND(1708)	—	15.00	25.00	35.00	45.00	—

BULLION COINAGE

KM# 25.1 MAMEITA GIN
0.5000 Silver **Obv:** One or more characters, without "God of Plenty"; Era designator "ho" between characters **Rev:** Chop marks

Date	Mintage	VG	F	VF	XF	Unc
ND(1706)	—	100	150	200	300	—

KM# 25.2 MAMEITA GIN
0.5000 Silver **Obv:** "God of Plenty" with other characters; Era designator "ho" between characters and on God's belly.

Date	Mintage	VG	F	VF	XF	Unc
ND(1706)	—	200	350	500	650	—

KM# 26 MAMEITA GIN
0.5000 Silver **Obv:** "God of Plenty" design; Era designator on belly **Rev:** "God of Plenty" design; Era designator on belly

Date	Mintage	VG	F	VF	XF	Unc
ND(1706)	—	400	500	750	1,000	—

KM# 27 MAMEITA GIN
0.5000 Silver **Obv:** "God of Plenty" design **Rev:** Single large or multiple small era designators.

Date	Mintage	VG	F	VF	XF	Unc
ND(1706)	—	1,000	1,250	1,650	2,000	—

KM# 30.1 MAMEITA GIN
0.4000 Silver **Obv:** One or more characters, without "God of Plenty"; Era designator "ei" between characters **Rev:** Chop marks

Date	Mintage	VG	F	VF	XF	Unc
ND(1710)	—	1,000	1,500	2,500	3,500	—

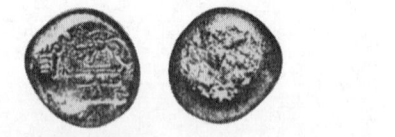

KM# 30.2 MAMEITA GIN
0.4000 Silver **Obv:** "God of Plenty" with other characters; Era designator "ei" between characters and on God's belly

Date	Mintage	VG	F	VF	XF	Unc
ND(1710)	—	2,000	2,500	4,000	6,000	—

HAMMERED COINAGE

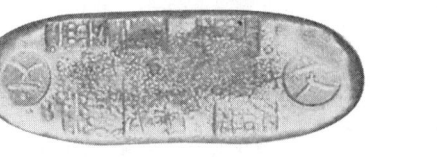

KM# 31.1 MAMEITA GIN
0.3200 Silver **Obv:** One or more characters, without "God of Plenty"; Era designator "ho" between characters **Rev:** Chop marks

Date	Mintage	VG	F	VF	XF	Unc
ND(1710)	—	150	200	300	400	—

KM# 31.2 MAMEITA GIN
0.3200 Silver **Obv:** "God of Plenty" with other characters; Era designator "ho" between characters and on God's belly

Date	Mintage	VG	F	VF	XF	Unc
ND(1710)	—	250	350	500	700	—

KM# 32 MAMEITA GIN
0.3200 Silver **Obv:** "God of Plenty" design, era designator on belly **Rev:** "God of Plenty" design, era designator "Ho" on belly

Date	Mintage	VG	F	VF	XF	Unc
ND(1710)	—	600	750	1,000	1,400	—

KM# 33 MAMEITA GIN
0.3200 Silver **Obv:** "God of Plenty" design **Rev:** Single large or multiple small era designators

Date	Mintage	VG	F	VF	XF	Unc
ND(1710)	—	1,000	1,500	2,000	2,500	—

KM# 40.1 MAMEITA GIN
0.2000 Silver **Obv:** One or more characters, without "God of Plenty"; Era designator "ho" between characters **Rev:** Chop marks

Date	Mintage	VG	F	VF	XF	Unc
ND(1711)	—	250	350	450	550	—

KM# 40.2 MAMEITA GIN
0.2000 Silver **Obv:** "God of Plenty" with other characters; Era designator "ho" between characters

Date	Mintage	VG	F	VF	XF	Unc
ND(1711)	—	500	750	1,100	1,500	—

KM# 45.1 MAMEITA GIN
0.8000 Silver **Obv:** One or more bold-stroke characters, without "God of Plenty"; Without era designators between characters **Rev:** Chop marks

Date	Mintage	VG	F	VF	XF	Unc
ND(1714)	—	20.00	30.00	40.00	55.00	—

KM# 45.2 MAMEITA GIN
0.8000 Silver **Obv:** "God of Plenty" with other characters; Thick calligraphy

Date	Mintage	VG	F	VF	XF	Unc
ND(1714)	—	30.00	40.00	55.00	75.00	—

KM# 46 MAMEITA GIN
0.8000 Silver **Obv:** "God of Plenty" design; Without era designator on belly **Rev:** "Gold of Plenty" design; Without era designator on belly

Date	Mintage	VG	F	VF	XF	Unc
ND(1714)	—	100	200	300	400	—

C# 8.1a MAMEITA GIN
0.4600 Silver **Obv:** One or more large characters, without "God of Plenty"; Era designator "Bun" between characters **Rev:** Blank or with chop marks

Date	Mintage	VG	F	VF	XF	Unc
ND(1736-1818)	—	20.00	25.00	40.00	55.00	—

C# 8.1b MAMEITA GIN
0.4600 Silver **Obv:** "God of Plenty" with other large characters; Era designator "Bun" between characters and on God's belly

Date	Mintage	VG	F	VF	XF	Unc
ND(1736-1818)	—	30.00	40.00	60.00	75.00	—

Date	Mintage	VG	F	VF	XF	Unc
ND(1736-1818)	—	50.00	85.00	150	250	—

C# 8b.1 MAMEITA GIN
0.4600 Silver **Obv:** "God of Plenty" design **Rev:** Single large "Bun" or multiple small era designator

Date	Mintage	VG	F	VF	XF	Unc
ND(1736-1818)	—	800	1,000	1,300	1,600	—

C# 8a.1 MAMEITA GIN
0.4600 Silver **Obv:** "God of Plenty" design, era designator on belly

C# 9 CHOGIN
0.4600 Silver **Obv:** Era marks at each end; Miscellaneous marks elsewhere **Rev:** Blank except for occasional chop marks **Note:** Illustration reduced.

Date	Mintage	VG	F	VF	XF	Unc
ND(1736-1818)	—	300	400	500	600	—

KM# 55 CHOGIN
0.5000 Silver **Obv:** Era marks at each end; Miscellaneous characters and designs elsewhere **Rev:** Chop marks

Date	Mintage	VG	F	VF	XF	Unc
ND(1706) Rare	—	—	—	—	—	—

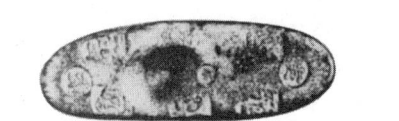

KM# 60 CHOGIN
0.4000 Silver **Obv:** Era marks of "Mitsu-ho" style at each end, small "ei" era mark near center; Miscellaneous characters and designs elsewhere **Rev:** Chop marks

Date	Mintage	VG	F	VF	XF	Unc
ND(1710) Rare	—	—	—	—	—	—

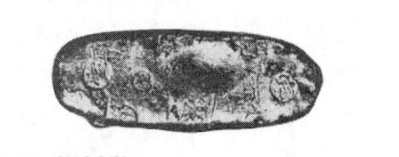

KM# 61 CHOGIN
0.3200 Silver **Obv:** Era marks at each end, smaller era mark near center; Miscellaneous characters and designs elsewhere **Rev:** Chop marks

Date	Mintage	VG	F	VF	XF	Unc
ND(1710) Rare	—	—	—	—	—	—

Note: The style of the era marks, not the number stamped, determines the variety

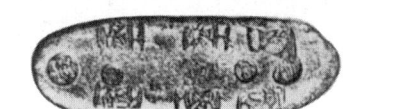

KM# 62 CHOGIN
0.2000 Silver **Obv:** Era marks at each end, smaller era mark inboard of each regular size era mark; Miscellaneous characters and designs elsewhere **Rev:** Chop marks

Date	Mintage	VG	F	VF	XF	Unc
ND(1711)	—	6,500	7,500	8,000	9,000	—

Note: The style of the era marks, not the number stamped, determines the variety

KM# 63 CHOGIN
0.8000 Silver **Obv:** Miscellaneous characters and designs throughout; Characters are composed of bold strokes and large dots. No era designators **Rev:** Chop marks

Date	Mintage	VG	F	VF	XF	Unc
ND(1714)	—	350	450	900	1,500	—

C# 10 GO (5) MOMME
18.7500 g., 0.4600 Silver 0.2773 oz. ASW **Subject:** Meiwa

Date	Mintage	VG	F	VF	XF	Unc
ND(1765-72)	3,361,000	600	900	1,200	1,600	—

C# 13 2 SHU (Nishu Gin)
10.1900 g., 0.9780 Silver 0.3204 oz. ASW **Note:** Meiwa-Ko-Nanryo

Date	Mintage	VG	F	VF	XF	Unc
ND(1772-1824)	47,464,000	150	225	275	325	—

FR# 26 BU (Ichibu)
2.3300 g., 0.8340 Gold alloyed with silver 0.0625 oz. AGW **Subject:** Hoei era marker **Note:** .834 Gold and .166 Silver.

Date	Mintage	VG	F	VF	XF	Unc
ND(1710-14)	—	—	500	650	1,200	—

FR# A27 BU (Ichibu)
4.4300 g., 0.8570 Gold alloyed with silver 0.1221 oz. AGW **Subject:** Shotoku **Note:** .857 Gold and .143 Silver.

Date	Mintage	VG	F	VF	XF	Unc
ND(1714)	—	—	4,000	5,500	8,500	—

FR# A28 BU (Ichibu)
4.4300 g., 0.8610 Gold alloyed with silver 0.1226 oz. AGW **Subject:** Sado **Note:** .861 Gold and .139 Silver.

Date	Mintage	VG	F	VF	XF	Unc
ND(1714)	—	—	12,000	15,000	20,000	—

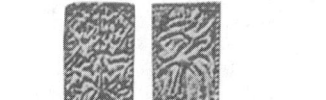

FR# 27 BU (Ichibu)
4.4000 g., 0.8610 Gold alloyed with silver. 0.1218 oz. AGW **Subject:** Kyoho **Note:** .861 Gold and .139 Silver.

Date	Mintage	VG	F	VF	XF	Unc
ND(1716-36)	—	—	250	320	550	—

FR# 11 KOBAN (1 Ryo)
9.3400 g., 0.8340 Gold alloyed with silver 0.2504 oz. AGW **Subject:** Hoei **Note:** .834 Gold and .166 Silver.

Date	Mintage	VG	F	VF	XF	Unc
ND(1710-14)	11,515,500	—	6,000	8,000	12,000	—

JAPAN

FR# 11a KOBAN (1 Ryo)
17.7200 g., 0.8570 Gold alloyed with silver 0.4882 oz. AGW
Subject: Shotoku **Note:** .857 Gold and .143 Silver.

Date	Mintage	VG	F	VF	XF	Unc
ND(1714)	213,500	—	9,000	12,000	20,000	—

C# 22 KOBAN (1 Ryo)
13.1000 g., 0.6530 Gold alloyed with silver. 0.2750 oz. AGW
Subject: Genbun **Note:** .653 Gold and .347 Silver. Genbun era.

Date	Mintage	VG	F	VF	XF	Unc
ND(1736-1818)	17,436,000	—	1,350	1,650	2,200	—

C# 24.1 OBAN
165.3800 g., 0.6760 Gold alloyed with silver. 3.5942 oz. AGW, 94x153 mm. **Subject:** Kyoho **Note:** .676 Gold and .324 Silver. Kyoho era.

Date	Mintage	VG	F	VF	XF	Unc
ND(1725-1837)	8,515	—	—	25,000	35,000	—
Note: Original inking						
ND(1725-1837)	Inc. above	—	—	20,000	27,500	—
Note: Re-inked during Tempo period						

FR# 12 KOBAN (1 Ryo)
17.7800 g., 0.8610 Gold alloyed with silver. 0.4922 oz. AGW
Subject: Kyoho **Note:** .861 Gold and .139 Silver.

Date	Mintage	VG	F	VF	XF	Unc
ND(1714-36)	8,280,000	—	3,000	3,600	4,700	—

FR# A13 KOBAN (1 Ryo)
17.7800 g., 0.8610 Gold alloyed with silver. 0.4922 oz. AGW
Subject: Sado Mines **Note:** .861 Gold and .139 Silver.

Date	Mintage	VG	F	VF	XF	Unc
ND	—	—	20,000	25,000	36,000	—

PROVINCE

PROVINCIAL COINAGE

KM# 90 KAKU SHU-NAKA KIN (Rectangular Half Shu Gold)
0.4000 g., Gold, 6x8 mm.

Date	Mintage	VG	F	VF	XF	Unc
ND	—	700	900	1,200	1,600	—

KM# 91 SHU-NAKA KIN (Half Shu Gold)
Gold, 8.5-9.5 mm. **Note:** Similar to Ichi-Bu KM#94. Weight varies: 0.40-0.50 grams. Size varies.

Date	Mintage	VG	F	VF	XF	Unc
ND	—	3,000	5,000	5,500	6,500	—

KM# 92 ISSHU KIN (One Shu Gold)
Gold, 11-12 mm. **Note:** Similar to Ichi-Bu KM#94. Weight varies: 0.90-1.00 grams. Size varies.

Date	Mintage	VG	F	VF	XF	Unc
ND	—	425	650	850	1,100	—

KM# 93 NISSHU KIN (Two Shu Gold)
1.9000 g., Gold, 12-13 mm. **Note:** Similar to Ichi-Bu KM#94. Size varies.

Date	Mintage	VG	F	VF	XF	Unc
ND	—	500	600	700	800	—

KM# 94 ICHI-BU KIN (One Bu Gold)
Gold, 14-17 mm. **Note:** Similar to Ichi-Bu KM#94. Weight varies: 3.70-4.00 Size varies.

Date	Mintage	VG	F	VF	XF	Unc
ND	—	600	700	900	1,100	—

KM# 95 ICHI-BU ISSHU KIN (One Bu One Shu Gold)
4.8000 g., Gold, 18 mm. **Note:** Similar to Ichi-Bu KM#94.

Date	Mintage	VG	F	VF	XF	Unc
ND Rare	—	—	—	—	—	—

KM# 96 ICHI-BU NISSHU KIN (One Bu Two Shu Gold)
5.0000 g., Gold, 16 mm. **Note:** Similar to Ichi-Bu KM#94.

Date	Mintage	VG	F	VF	XF	Unc
ND Rare	—	—	—	—	—	—

KM# 97 NI-BU KIN (Two Bu Gold)
Gold, 18-19 mm. **Note:** Similar to Ichi-Bu KM#94. Weight varies: 7.00-7.50 grams. Size varies.

Date	Mintage	VG	F	VF	XF	Unc
ND Rare	—	—	—	—	—	—

KM# 98 NI-BU ISSHU KIN (Two Bu One Shu Gold)
8.8000 g., Gold, 24 mm. **Note:** Similar to Ichi-Bu KM#94.

Date	Mintage	VG	F	VF	XF	Unc
ND Rare	—	—	—	—	—	—

KM# 99 RYO KIN (One Ryo Gold)
Gold, 16-19 mm. **Note:** Rounded "nugget" shape with stamps, similar to Ichi-Bu KM#94. Weight varies: 14.70-15.30 grams. Size varies.

Date	Mintage	VG	F	VF	XF	Unc
ND Rare	—	—	—	—	—	—

MIMASAKA PROVINCE

PROVINCIAL COINAGE

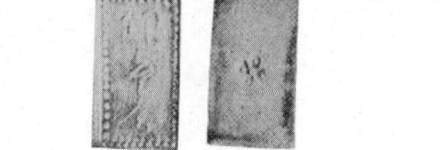

KM# 46 BU
Silver

Date	Mintage	VG	F	VF	XF	Unc
ND	—	1,500	2,000	2,300	2,750	—

KAGA

CITY AND PROVINCE

PROVINCIAL COINAGE

KM# 35 NAN RYO
Silver

Date	Mintage	VG	F	VF	XF	Unc
ND	—	1,250	1,750	2,200	3,300	—

KOSHU

A province, (formal name Kai, now Yamanashi Prefecture), located in central Honshu west of Tokyo.

The following listings are representative of a very complex series of gold coinage. Other obscure or odd denominations may exist. This series contains many varieties. The characters usually found stamped on the reverse are hallmarks.

SENDAI

Chief city of Rikuzen Province (now part of Miyagi Prefecture) in northern Honshu.

CITY

PROVINCIAL COINAGE

KM# 60 MON
Iron **Rev:** Blank

Date	Mintage	Good	VG	F	VF	XF
ND(1784)	—	20.00	30.00	45.00	60.00	100

KM# 60a MON

Copper **Rev:** Blank **Note:** This type is the "bosen" or mother coin used in making the sand molds for casting KM#60.

Date	Mintage	Good	VG	F	VF	XF
ND (1784)	—	—	—	150	200	300

TAJIMA PROVINCE

PROVINCIAL COINAGE

KM# 65 NAN RYO

Silver

Date	Mintage	VG	F	VF	XF	Unc
ND	—	800	1,200	1,500	1,800	—

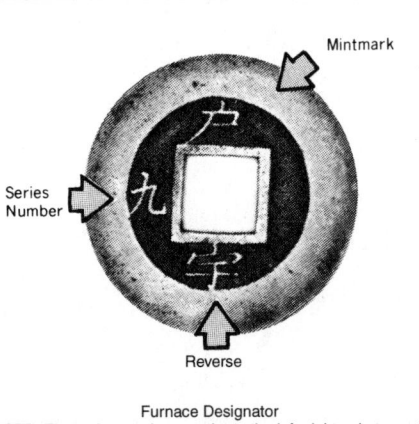

NOTE: The series number may be to the left, right or bottom of the center hole. The furnace designator may be either a numeral or a character from the *Thousand Character Classic.*

SERIES CHARACTERS

天 *Ch'on*, heaven | 地 *Chi*, earth | 玄 *Hyon*, dark

黄 *Hwang*, Yellow | 宇 *U*, Space | 宙 *Chu*, Infinite time

洪 *Hong*, Vast | 荒 *Hwang*, Barren | 日 *Il*, Sun

月 *Wol*, Moon | 盈 *Yong*, Full | 昃 *Ch'u'uk*, Declining afternoon sun

辰 *Chin*, Heavenly body | 宿 *Suk*, Lunar station | 列 *Yol*, Arranged in order

張 *Chang*, Extend | 寒 *Han*, Cold | 來 *Nae*, Comes

暑 *So*, Heat | 往 *Wang*, Depart | 秋 *Ch'u*, Autumn

收 *Su*, Harvest | 冬 *Tong*, Winter | 奉 *Chang*, Hoard

閏 *Yun*, Intercalary | 餘 *Yo*, Surplus | 成 *Song*, Completes

歲 *Se*, A year | 律 *Yul*, Yang, male pitch pipes | 呂 *Yin*, Yo, female pitch pipes

調 *Cho*, Harmonize | 陽 *Yang*, The male element in nature | 雲 *Un*, Clouds

騰 *Tung*, Ascending | 致 *Ch'i*, Cause | 雨 *U*, Rain

露 *No*, Dew | 結 *Kyol*, Congeals | 爲 *Wi*, Makes

霜 *Sang*, Frost | 金 *Kum*, Gold | 生 *Saeng*, Produce

麗 *Yo*, Li, Beautiful | 水 *Su*, Water | 玉 *Ok*, Jade

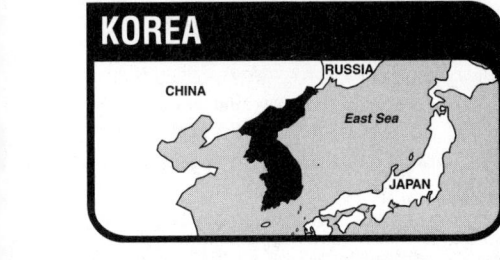

Korea, 'Land of the Morning Calm', occupies a mountainous peninsula in northeast Asia bounded by Manchuria, the Yellow Sea and the Sea of Japan.

According to legend, the first Korean dynasty, that of the House of Tangun, ruled from 2333 B.C. to 1122 B.C. It was followed by the dynasty of Kija, a Chinese scholar, which continued until 193 B.C. and brought a high civilization to Korea. The first recorded period in the history of Korea, the period of the Three Kingdoms, lasted from 57 B.C. to 935 A.D. and achieved the first political unification of the peninsula. The Kingdom of Koryo, from which Korea derived its name, was founded in 935 and continued until 1392, when the Yi Dynasty of King Yi superseded it. Sung Kye was to last until the Japanese annexation in 1910.

At the end of the 16th century Korea was invaded by Japan, a conflict lasting seven years. From 1627 until the late 19th century, Korea shared a friendly relationship with China, but was replaced by Japan as the predominant foreign influence at the end of the Sino-Japanese War (1894-95), only to find her position threatened by Russian influence from 1896 to 1904. The Russian threat was eliminated following the Russo-Japanese War (1904-05). In 1905 Japan established a direct protectorate over Korea. On Aug. 22,1910, the last Korean ruler signed the treaty that annexed Korea to Japan as a government generalcy in the Japanese Empire. Japanese suzerainty was maintained until the end of World War II.

From 1633 to 1891 the monetary system of Korea employed cast coins with a square center hole. Fifty-two agencies were authorized to procure these coins from a lesser number of coin foundries. They exist in thousands of varieties. Seed, or mother coins, were used to make the impressions in the molds in which the regular cash coins were cast. Czarist-Russia Korea experimented with Korean coins when Alexiev of Russia, Korea's Financial Advisor, founded the First Asian Branch of the Russo-Korean Bank on March 1, 1898, and authorized the issuing of a set of new Korean coins with a crowned Russian-style quasi-eagle. British-Japanese opposition and the Russo-Japanese War operated to end the Russian coinage experiment in 1904.

RULERS

Yi Sun (Sukjong Hyonui), 1675-1721
Yi Kyun (Kyongjong Tokman), 1721-1725
Yi Um (Yongjo Hyonhyo), 1725-1777
Yi Sun (Chongjo Changhyo), 1777-1801

MONETARY UNITS

文 Mun | 兩 Yang, Niang | 分 Fun

圜 Hwan, Warn | 錢 Chon | 圓 Won, Whan, Hwan

Mintmark

出 *Ch'ul*, Comes out of | 崑 *Kon*, Kun Lun Mountains | 木 *Kang*, Mountain ridge

NOTE: In many cases where the classic numbering system is used, character #823, meaning different, strange or foreign, is used in lieu of Ch'uk, the declining afternoon sun for the number 12.

FIVE ELEMENTS

火 *Hwa*, Fire | 土 *T'o*, Earth | 木 *Mok*, Wood

水 *Kum*, Metal | 水 *Su*, Water

TEN CELESTIAL STEMS

甲 *Kap* | 乙 *Ul* | 丙 *Pyong* | 丁 *Chong* | 戊 *Mu*

己 *Ki* | 庚 *Kyong* | 辛 *Sin* | 壬 *Im* | 癸 *Kye*

EIGHT TRIGRAMS

乾 ☰ *Kon*, The creative | 兌 ☱ *T'ae*, The joyous | 離 ☲ *I*, The clinging

震 ☳ *Chin*, The arousing | 巽 ☴ *Son*, The gentle | 坎 ☵ *Kam*, The abysmal

艮 ☶ *Kan*, Keeping still | 坤 ☷ *Kon*, The receptive

TWELVE TERRESTRIAL BRANCHES

子 *Cha*, Rat | 丑 *Ch'uk*, Ox | 寅 *In*, Tiger | 卯 *Myo*, Hare

辰 *Chin*, Dragon | 巳 *Sa*, Serpent | 午 *O*, Horse | 未 *Mi*, Goat

申 *Sin*, Monkey | 酉 *Yu*, Rooster | 戌 *Sul*, Dog | 亥 *Hae*, Boar

MISCELLANEOUS CHARACTERS

The following characters also appear on the reverse of *Sang P'yong T'ong Bo* coins.

入 *Ip*, To enter | 大 *Tae*, Great, big, large, vast | 工 *Kong*, Labor, a job | 千 *Ch'on*, Thousand

文 *Mun*, Cash coin, civil officials, literature | 元 *Won*, The first | 中 *Chung*, Middle, center

正 *Chong*, Upright, true | 生 *Saeng*, To produce, to be born | 光 *Kwang*, Light, favor, honor

全 *Chon*, Perfect, complete | 吉 *Kil*, Lucky, auspicious | 完 *Wan*, To finish, to complete, whole

SEED COINS

Seed coins are specially prepared examples, perfectly round, with sharp characters, used in the preparation of clay or sand molds

Seed types for value 2 and 5 Mun are not included as they are very scarce and seldom are encountered in today's market.

MINT MARKS

Ho
Treasury Department

KOREA

Kong 工
Ministry of Industry

Kyong 閔
Bureau of Royal Transportation

Chin 賑
Charity Office in Seoul

Hyang 向
Food Supply Office

Son 宣
Rice & Cloth Department

Hye 惠
Rice & Cloth Department

Pyong 兵
Ministry of Defense

Pi 備 or 偹
National Defense Bureau

Ch'ong 捴
General Military Office

Yong 營 or 营
Special Army Unit

Mu 武
Armaments Bureau

Kum 禁
Court Guard Military Unit

Hun 訓 or 訓
Military Training Command

Ch'o
Commando Military Unit

T'ong 統 or 統
T'ongyong Naval Office
Military Office in Seoul

Su 守
Seoul Defense Fort

Song 松
Kaesong Township Military Office

Su 水
Suwon Township Military Office

Won 原
Wonju Township Military Office

Hae 海
Haeju Township Military Office

Ki 坊
Kwangju Township Military Office
in Kyonggi Province

Kyong 京
Kyonggi Provincial Office

Kyong Su 京水
Kyonggi Naval Station

Hwang 黃
Hwanghae Provincial Office

P'yong 平
P'yongan Provincial Office

Ham 咸
Hamgyong Provincial Office

Ham Puk 咸北
North Hamgyong Provincial Office

Ham Nam
South Hamgyong Provincial Office

Kang 江
Kangwon Provincial Office

Sang 尚
Kyongsang Provincial Office

Sang Su 尚水
Kyongsang Naval Station

Sang U 尚右
Kyongsang Right Naval Base

Sang Chwa 尚左
Kyongsang Left Naval Base

Chon 全
Cholla Provincial Office

Chon Pyong 全兵
Cholla Military Fort

Ch'ung 忠
Ch'ungch'ong Provincial Office

KINGDOM

TREASURY DEPARTMENT

(Ho Jo)

KM# 8.12 MUN
Cast Copper Or Bronze **Obv:** 2 dot "Tong", and "Pyong" with hooks

Date	Mintage	Good	VG	F	VF	XF
ND(1731) Series 2	—	2.00	3.00	5.00	8.00	—

KM# 8.19 MUN
Cast Copper Or Bronze **Rev:** Sun at lower right

Date	Mintage	Good	VG	F	VF	XF
ND(1731) Series 9	—	2.00	3.00	5.00	8.00	—

KM# 8 MUN
Cast Copper Or Bronze, 23-27 mm. **Rev:** Sorico number at bottom **Note:** Size varies.

Date	Mintage	Good	VG	F	VF	XF
ND(1731) Series 1-10	—	2.00	3.00	5.00	8.00	—

KM# 8s MUN
Cast Copper Or Bronze

Date	Mintage	Good	VG	F	VF	XF
ND(1731) Series 1-10	—	—	—	—	—	115

KM# 21as MUN
Cast Copper Or Bronze **Note:** Seed type.

Date	Mintage	Good	VG	F	VF	XF
ND(1757-1806) Series 1-10	—	—	—	—	—	175

KM# 21 MUN
Cast Copper Or Bronze, 24 mm. **Obv:** 2 dot "Tong", and "P'yong" with hooks **Rev:** Circle at right, series number below

Date	Mintage	Good	VG	F	VF	XF
ND(1757-1806) Series 1-10	—	3.00	5.00	7.00	10.00	—

KM# 21a MUN
Cast Copper Or Bronze, 23-25 mm. **Obv:** 2 dot "Tong", and "P'yong" with hooks **Rev:** Circle at right, series number below **Note:** Size varies.

Date	Mintage	Good	VG	F	VF	XF
ND(1757-1806) Series 1-10	—	3.00	5.00	7.00	10.00	—

KM# 21s MUN
Cast Copper Or Bronze **Note:** Seed type.

Date	Mintage	Good	VG	F	VF	XF
ND(1757-1806) Series 1-10	—	—	—	—	—	125

KM# 22as MUN
Cast Copper Or Bronze **Note:** Seed type.

Date	Mintage	Good	VG	F	VF	XF
ND(1757-1806) Series 1-10	—	—	—	—	—	125

KM# 22 MUN
Cast Copper Or Bronze, 23 mm. **Obv:** 2 dot "Tong" and "P'yong" with hooks **Rev:** Circle at left, series number below

Date	Mintage	Good	VG	F	VF	XF
ND(1757-1806) Series 1-10	—	3.00	5.00	7.00	10.00	—

KM# 22a MUN
Cast Copper Or Bronze **Obv:** 2 dot "Tong" and "P'yong" with hooks **Rev:** Circle at left, series number below

Date	Mintage	Good	VG	F	VF	XF
ND(1757-1806) Series 1-10	—	3.00	5.00	7.00	10.00	—

KM# 22s MUN
Cast Copper Or Bronze **Note:** Seed type.

Date	Mintage	Good	VG	F	VF	XF
ND(1757-1806) Series 1-10	—	—	—	—	—	125

KM# 29as MUN
Cast Copper Or Bronze **Note:** Seed type.

Date	Mintage	Good	VG	F	VF	XF
ND(1757-1806) Series 1-10	—	—	—	—	—	125

KM# 29 MUN
Cast Copper Or Bronze, 24 mm. **Rev:** Crescent at right, series number at bottom

Date	Mintage	Good	VG	F	VF	XF
ND(1757-1806) Series 1-10	—	3.00	5.00	7.00	10.00	—

KM# 29a MUN
Cast Copper Or Bronze, 23-24 mm. **Obv:** Without "P'yong" **Note:** Size varies.

Date	Mintage	Good	VG	F	VF	XF
ND(1757-1806) Series 1-10	—	3.00	5.00	7.00	10.00	—

KM# 29s MUN
Cast Copper Or Bronze **Note:** Seed type.

Date	Mintage	Good	VG	F	VF	XF
ND(1757-1806) Series 1-10	—	—	—	—	—	125

KM# 29b MUN
Cast Copper Or Bronze **Rev:** Star in crescent

Date	Mintage	Good	VG	F	VF	XF
ND(1757-1806) Series 6	—	3.00	5.00	7.00	10.00	—

KM# 30 MUN
Cast Copper Or Bronze **Obv:** Without "P'yong, tong" with 1 dot **Rev:** Crescent at left, series number at bottom

Date	Mintage	Good	VG	F	VF	XF
ND(1757-1806) Series 1-10	—	3.00	5.00	7.00	10.00	—

KM# 30c MUN
Cast Copper Or Bronze, 25 mm. **Obv:** Without "P'yong, tong" with 1 dot **Rev:** Crescent at left, series number at bottom

Date	Mintage	Good	VG	F	VF	XF
ND(1757-1806) Series 1-10	—	3.00	5.00	7.00	10.00	—

KM# 30a MUN
Cast Copper Or Bronze **Obv:** Without "P'yong, tong" with 1 dot **Rev:** Crescent at left, series number at bottom

Date	Mintage	Good	VG	F	VF	XF
ND(1757-1806) Series 1-10	—	3.00	5.00	7.00	10.00	—

KM# 30s MUN
Cast Copper Or Bronze **Note:** Seed type.

Date	Mintage	Good	VG	F	VF	XF
ND(1757-1806) Series 1-10	—	—	—	—	—	125

KM# 30b MUN
Cast Copper Or Bronze **Obv:** Without "P'yong, tong" with 1 dot, star at lower left **Rev:** Crescent at left, series number at bottom

Date	Mintage	Good	VG	F	VF	XF
ND(1757-1806) Series 7	—	3.00	5.00	7.00	10.00	—

KM# 32 MUN
Cast Copper Or Bronze, 25 mm. **Rev:** Dot at right, crescent at left, series number at bottom

Date	Mintage	Good	VG	F	VF	XF
ND(1778-1806) Series 1-10	—	3.00	5.00	8.00	12.00	—

KM# 33 MUN
Cast Copper Or Bronze, 26 mm. **Rev:** Crescent at right, dot at left, series number at bottom

Date	Mintage	Good	VG	F	VF	XF
ND(1778-1806) Series 1-10	—	3.00	5.00	8.00	12.00	—

KM# 33s MUN
Cast Copper Or Bronze **Note:** Seed type. Struck at Ho Jo.

Date	Mintage	Good	VG	F	VF	XF
ND(1778-1806) Series 1-10	—	—	—	—	—	125

KM# 11s MUN
Cast Copper Or Bronze

Date	Mintage	Good	VG	F	VF	XF
ND(1778-1800) Series 1	—	—	—	—	—	115

KM# 12s MUN
Cast Copper Or Bronze

Date	Mintage	Good	VG	F	VF	XF
ND(1778-1800) Series 1	—	—	—	—	—	115

KM# 11 MUN
Cast Copper Or Bronze **Rev:** "Ho" in different style, series number at right

Date	Mintage	Good	VG	F	VF	XF
ND(1778-1800) Series 1	—	2.50	3.50	5.00	9.00	—

KM# 12 MUN
Cast Copper Or Bronze **Rev:** Series number at left

Date	Mintage	Good	VG	F	VF	XF
ND(1778-1800) Series 1	—	2.00	3.00	5.00	8.00	—

KM# 27 MUN
Cast Copper Or Bronze **Rev:** Dot at right, circle at left, series number at bottom

Date	Mintage	Good	VG	F	VF	XF
ND(1778-1806) Series 1-10	—	3.00	5.00	7.00	10.00	—

KM# 27s MUN
Cast Copper Or Bronze **Note:** Seed type.

Date	Mintage	Good	VG	F	VF	XF
ND(1778-1806) Series 1-10	—	—	—	—	—	125

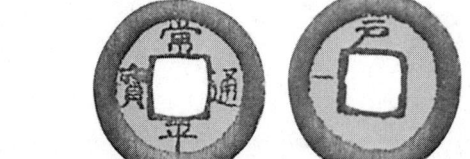

KM# 75 2 MUN
Cast Copper Or Brass **Rev:** "Ho" with dot at right **Note:** Weight varies 8.00-9.00 grams.

Date	Mintage	Good	VG	F	VF	XF
ND(1724-52)	—	3.00	4.00	6.00	10.00	—

KM# 114 2 MUN
Cast Copper Or Brass **Rev:** "Wang" at bottom **Note:** Small characters. Weight varies 8.00-9.00 grams.

Date	Mintage	Good	VG	F	VF	XF
ND(1742-52)	—	3.00	4.00	6.00	7.00	—

KM# 116 2 MUN
Cast Copper Or Brass **Rev:** "Ch'u" at bottom **Note:** Small characters. Weight varies 8.00-9.00 grams.

Date	Mintage	Good	VG	F	VF	XF
ND(1742-52)	—	3.00	4.00	6.00	10.00	—

KM# 118 2 MUN
Cast Copper Or Brass **Rev:** "Su" at bottom **Note:** Small characters. Weight varies 8.00-9.00 grams.

Date	Mintage	Good	VG	F	VF	XF
ND(1742-52)	—	3.00	4.00	6.00	10.00	—

KM# 124 2 MUN
Cast Copper Or Brass **Rev:** "Yun" at bottom **Note:** Small characters. Weight varies 8.00-9.00 grams.

Date	Mintage	Good	VG	F	VF	XF
ND(1742-52)	—	3.00	4.00	6.00	10.00	—

KM# 126 2 MUN
Cast Copper Or Brass **Rev:** "Yo" (surplus) at bottom **Note:** Small characters. Weight varies 8.00-9.00 grams.

Date	Mintage	Good	VG	F	VF	XF
ND(1742-52)	—	3.00	4.00	6.00	10.00	—

KM# 130 2 MUN
Cast Copper Or Brass **Rev:** "Se" at bottom **Note:** Small characters. Weight varies 8.00-9.00 grams.

Date	Mintage	Good	VG	F	VF	XF
ND(1742-52)	—	3.00	4.00	6.00	10.00	—

KM# 76 2 MUN
Cast Copper Or Brass **Rev:** "Ch'on" at bottom **Note:** Small characters. Weight varies 8.00-9.00 grams.

Date	Mintage	Good	VG	F	VF	XF
ND(1742-52)	—	3.00	4.00	6.00	10.00	—

KM# 28 MUN
Cast Copper Or Bronze **Rev:** Circle at right, dot at left, series number at bottom

Date	Mintage	Good	VG	F	VF	XF
ND(1778-1806) Series 1-5	—	3.00	5.00	7.00	10.00	—

KM# 28s MUN
Cast Copper Or Bronze **Note:** Seed type.

Date	Mintage	Good	VG	F	VF	XF
ND(1778-1806) Series 1-5	—	—	—	—	—	125

KM# 31s MUN
Cast Copper Or Bronze **Note:** Seed type.

Date	Mintage	Good	VG	F	VF	XF
ND(1778-1806) Series 9	—	—	—	—	—	125

KM# 32s MUN
Cast Copper Or Bronze **Note:** Seed type.

Date	Mintage	Good	VG	F	VF	XF
ND(1778-1806) Series 1-10	—	—	—	—	—	125

KM# 31 MUN
Cast Copper Or Bronze **Rev:** Vertical line at right, crescent at left, number 9 at bottom

Date	Mintage	Good	VG	F	VF	XF
ND(1778-1806) Series 9	—	2.00	3.00	5.00	8.00	—

KM# 78 2 MUN
Cast Copper Or Brass **Rev:** "Chi" at bottom **Note:** Small characters. Weight varies 8.00-9.00 grams.

Date	Mintage	Good	VG	F	VF	XF
ND(1742-52)	—	3.00	4.00	6.00	10.00	—

KM# 80 2 MUN
Cast Copper Or Brass **Rev:** "Hyon" at bottom **Note:** Small characters. Weight varies 8.00-9.00 grams.

Date	Mintage	Good	VG	F	VF	XF
ND(1742-52)	—	3.00	4.00	6.00	10.00	—

KM# 82 2 MUN
Cast Copper Or Brass **Rev:** "Hwang" (yellow) at bottom **Note:** Small characters. Weight varies 8.00-9.00 grams.

Date	Mintage	Good	VG	F	VF	XF
ND(1742-52)	—	3.00	4.00	6.00	10.00	—

KM# 84 2 MUN
Cast Copper Or Brass **Rev:** "U" at bottom **Note:** Small characters. Weight varies 8.00-9.00 grams.

Date	Mintage	Good	VG	F	VF	XF
ND(1742-52)	—	3.00	4.00	6.00	10.00	—

KM# 86 2 MUN
Cast Copper Or Brass **Rev:** "Chu: at bottom **Note:** Small characters. Weight varies 8.00-9.00 grams.

Date	Mintage	Good	VG	F	VF	XF
ND(1742-52)	—	3.00	4.00	6.00	10.00	—

KM# 88 2 MUN
Cast Copper Or Brass **Rev:** "Hong" at bottom **Note:** Small characters. Weight varies 8.00-9.00 grams.

Date	Mintage	Good	VG	F	VF	XF
ND(1742-52)	—	3.00	4.00	6.00	10.00	—

KM# 120 2 MUN
Cast Copper Or Brass **Rev:** "Tong" at bottom **Note:** Small characters. Weight varies 8.00-9.00 grams.

Date	Mintage	Good	VG	F	VF	XF
ND(1742-52)	—	3.00	4.00	6.00	10.00	—

KM# 122 2 MUN
Cast Copper Or Brass **Rev:** "Chang" (hoard) at bottom **Note:** Small characters. Weight varies 8.00-9.00 grams.

Date	Mintage	Good	VG	F	VF	XF
ND(1742-52)	—	3.00	4.00	6.00	10.00	—

KM# 128 2 MUN
Cast Copper Or Brass **Rev:** "Song" at bottom **Note:** Small letters. Weight varies 8.00-9.00 grams.

Date	Mintage	Good	VG	F	VF	XF
ND(1742-52)	—	3.00	4.00	6.00	10.00	—

KM# 91 2 MUN
Cast Copper Or Brass **Note:** Large characters. Weight varies 8.00-9.00 grams.

Date	Mintage	Good	VG	F	VF	XF
ND(1742-52)	—	3.00	4.00	6.00	10.00	—

KM# 93 2 MUN
Cast Copper Or Brass **Note:** Large characters. Weight varies 8.00-9.00 grams.

Date	Mintage	Good	VG	F	VF	XF
ND(1742-52)	—	3.00	4.00	6.00	10.00	—

KM# 95 2 MUN
Cast Copper Or Brass **Note:** Large characters. Weight varies 8.00-9.00 grams.

Date	Mintage	Good	VG	F	VF	XF
ND(1742-52)	—	3.00	4.00	6.00	10.00	—

KM# 97 2 MUN
Cast Copper Or Brass **Note:** Large characters. Weight varies 8.00-9.00 grams.

Date	Mintage	Good	VG	F	VF	XF
ND(1742-52)	—	3.00	4.00	6.00	10.00	—

KM# 99 2 MUN
Cast Copper Or Brass **Note:** Large characters. Weight varies 8.00-9.00 grams.

Date	Mintage	Good	VG	F	VF	XF
ND(1742-52)	—	3.00	4.00	6.00	10.00	—

KM# 101 2 MUN
Cast Copper Or Brass **Note:** Large characters. Weight varies 8.00-9.00 grams.

Date	Mintage	Good	VG	F	VF	XF
ND(1742-52)	—	3.00	4.00	6.00	10.00	—

KOREA

KM# 103 2 MUN
Cast Copper Or Brass **Note:** Large characters. Weight varies 8.00-9.00 grams.

Date	Mintage	Good	VG	F	VF	XF
ND(1742-52)	—	3.00	4.00	6.00	10.00	—

KM# 105 2 MUN
Cast Copper Or Brass **Note:** Large characters. Weight varies 8.00-9.00 grams.

Date	Mintage	Good	VG	F	VF	XF
ND(1742-52)	—	3.00	4.00	6.00	10.00	—

KM# 107 2 MUN
Cast Copper Or Brass **Note:** Large characters. Weight varies 8.00-9.00 grams.

Date	Mintage	Good	VG	F	VF	XF
ND(1742-52)	—	3.00	4.00	6.00	10.00	—

KM# 109 2 MUN
Cast Copper Or Brass **Note:** Large characters. Weight varies 8.00-9.00 grams.

Date	Mintage	Good	VG	F	VF	XF
ND(1742-52)	—	3.00	4.00	6.00	10.00	—

KM# 111 2 MUN
Cast Copper Or Brass **Note:** Large characters. Weight varies 8.00-9.00 grams.

Date	Mintage	Good	VG	F	VF	XF
ND(1742-52)	—	3.00	4.00	6.00	10.00	—

KM# 113 2 MUN
Cast Copper Or Brass **Note:** Large characters. Weight varies 8.00-9.00 grams.

Date	Mintage	Good	VG	F	VF	XF
ND(1742-52)	—	3.00	4.00	6.00	10.00	—

KM# 115 2 MUN
Cast Copper Or Brass **Note:** Large characters. Weight varies 8.00-9.00 grams.

Date	Mintage	Good	VG	F	VF	XF
ND(1742-52)	—	3.00	4.00	6.00	10.00	—

KM# 117 2 MUN
Cast Copper Or Brass **Note:** Large characters. Weight varies 8.00-9.00 grams.

Date	Mintage	Good	VG	F	VF	XF
ND1742-52)	—	3.00	4.00	6.00	10.00	—

KM# 125 2 MUN
Cast Copper Or Brass **Note:** Large characters. Weight varies 8.00-9.00 grams.

Date	Mintage	Good	VG	F	VF	XF
ND(1742-52)	—	3.00	4.00	6.00	10.00	—

KM# 127 2 MUN
Cast Copper Or Brass **Note:** Large characters. Weight varies 8.00-9.00 grams.

Date	Mintage	Good	VG	F	VF	XF
ND(1742-52)	—	3.00	4.00	6.00	10.00	—

KM# 129 2 MUN
Cast Copper Or Brass **Note:** Large characters. Weight varies 8.00-9.00 grams.

Date	Mintage	Good	VG	F	VF	XF
ND(1742-52)	—	3.00	4.00	6.00	10.00	—

KM# 131 2 MUN
Cast Copper Or Brass **Note:** Large characters. Weight varies 8.00-9.00 grams.

Date	Mintage	Good	VG	F	VF	XF
ND(1742-52)	—	3.00	4.00	6.00	10.00	—

KM# 132 2 MUN
Cast Copper Or Brass **Rev:** "Yul" at bottom **Note:** Large characters. Weight varies 8.00-9.00 grams.

Date	Mintage	Good	VG	F	VF	XF
ND(1742-52)	—	3.00	4.00	6.00	10.00	—

KM# 133 2 MUN
Cast Copper Or Brass **Rev:** "Yo" (yin) at bottom **Note:** Large characters. Weight varies 8.00-9.00 grams.

Date	Mintage	Good	VG	F	VF	XF
ND(1742-52)	—	3.00	4.00	6.00	10.00	—

KM# 134 2 MUN
Cast Copper Or Brass **Rev:** "Cho" at bottom **Note:** Large characters. Weight varies 8.00-9.00 grams.

Date	Mintage	Good	VG	F	VF	XF
ND(1742-52)	—	3.00	4.00	6.00	10.00	—

KM# 135 2 MUN
Cast Copper Or Brass **Rev:** "Hwang" at bottom, "Il" (1) at right **Note:** Large characters. Weight varies 8.00-9.00 grams.

Date	Mintage	Good	VG	F	VF	XF
ND(1742-52)	—	3.00	3.00	6.00	10.00	—

KM# 77 2 MUN
Cast Copper Or Brass **Note:** Large characters. Weight varies 8.00-9.00 grams.

Date	Mintage	Good	VG	F	VF	XF
ND(1742-52)	—	3.00	4.00	6.00	10.00	—

KM# 79 2 MUN
Cast Copper Or Brass **Note:** Large characters. Weight varies 8.00-9.00 grams.

Date	Mintage	Good	VG	F	VF	XF
ND(1742-52)	—	3.00	4.00	6.00	10.00	—

KM# 81 2 MUN
Cast Copper Or Brass **Note:** Large characters. Weight varies 8.00-9.00 grams.

Date	Mintage	Good	VG	F	VF	XF
ND(1742-52)	—	3.00	4.00	6.00	10.00	—

KM# 83 2 MUN
Cast Copper Or Brass **Note:** Large characters. Weight varies 8.00-9.00 grams.

Date	Mintage	Good	VG	F	VF	XF
ND(1742-52)	—	3.00	4.00	6.00	10.00	—

KM# 85 2 MUN
Cast Copper Or Brass **Note:** Large characters. Weight varies 8.00-9.00 grams.

Date	Mintage	Good	VG	F	VF	XF
ND(1742-52)	—	3.00	4.00	6.00	10.00	—

KM# 87 2 MUN
Cast Copper Or Brass **Note:** Large characters. Weight varies 8.00-9.00 grams.

Date	Mintage	Good	VG	F	VF	XF
ND(1742-52)	—	3.00	4.00	6.00	10.00	—

KM# 89 2 MUN
Cast Copper Or Brass **Note:** Large characters. Weight varies 8.00-9.00 grams.

Date	Mintage	Good	VG	F	VF	XF
ND(1742-52)	—	3.00	4.00	6.00	10.00	—

KM# 119 2 MUN
Cast Copper Or Brass **Note:** Large characters. Weight varies 8.00-9.00 grams.

Date	Mintage	Good	VG	F	VF	XF
ND(1742-52)	—	3.00	4.00	6.00	10.00	—

KM# 121 2 MUN
Cast Copper Or Brass **Note:** Large characters. Weight varies 8.00-9.00 grams.

Date	Mintage	Good	VG	F	VF	XF
ND(1742-52)	—	3.00	4.00	6.00	10.00	—

KM# 123 2 MUN
Cast Copper Or Brass **Note:** Large characters. Weight varies 8.00-9.00 grams.

Date	Mintage	Good	VG	F	VF	XF
ND(1742-52)	—	3.00	4.00	6.00	10.00	—

KM# 90 2 MUN
Cast Copper Or Brass **Rev:** "Hwang" (barren) at bottom **Note:** Small characters. Weight varies 8.00-9.00 grams.

Date	Mintage	Good	VG	F	VF	XF
ND(1742-52)	—	3.00	4.00	6.00	10.00	—

KM# 92 2 MUN
Cast Copper Or Brass **Rev:** "Il" at bottom **Note:** Small characters. Weight varies 8.00-9.00 grams.

Date	Mintage	Good	VG	F	VF	XF
ND(1742-52)	—	3.00	4.00	6.00	10.00	—

KM# 94 2 MUN
Cast Copper Or Brass **Rev:** "Wol" at bottom **Note:** Small characters. Weight varies 8.00-9.00 grams.

Date	Mintage	Good	VG	F	VF	XF
ND(1742-52)	—	3.00	4.00	6.00	10.00	—

KM# 96 2 MUN
Cast Copper Or Brass **Rev:** "Yong" at bottom **Note:** Small characters. Weight varies 8.00-9.00 grams.

Date	Mintage	Good	VG	F	VF	XF
ND(1742-52)	—	3.00	4.00	6.00	10.00	—

KM# 98 2 MUN
Cast Copper Or Brass **Rev:** "Ch'uk" at bottom **Note:** Small characters. Weight varies 8.00-9.00 grams.

Date	Mintage	Good	VG	F	VF	XF
ND(1742-52)	—	3.00	4.00	6.00	10.00	—

KM# 100 2 MUN
Cast Copper Or Brass **Rev:** "Chin" at bottom **Note:** Small characters. Weight varies 8.00-9.00 grams.

Date	Mintage	Good	VG	F	VF	XF
ND(1742-52)	—	3.00	4.00	6.00	10.00	—

KM# 102 2 MUN
Cast Copper Or Brass **Rev:** "Suk" at bottom **Note:** Small characters. Weight varies 8.00-9.00 grams.

Date	Mintage	Good	VG	F	VF	XF
ND(1742-52)	—	3.00	4.00	6.00	10.00	—

KM# 104 2 MUN
Cast Copper Or Brass **Rev:** "Yol" at bottom **Note:** Small characters. Weight varies 8.00-9.00 grams.

Date	Mintage	Good	VG	F	VF	XF
ND(1742-52)	—	3.00	4.00	6.00	10.00	—

KM# 106 2 MUN
Cast Copper Or Brass **Rev:** "Chang" (extend) at bottom **Note:** Small characters. Weight varies 8.00-9.00 grams.

Date	Mintage	Good	VG	F	VF	XF
ND(1742-52)	—	3.00	4.00	6.00	10.00	—

KM# 108 2 MUN
Cast Copper Or Brass **Rev:** "Han" at bottom **Note:** Small characters. Weight varies 8.00-9.00 grams.

Date	Mintage	Good	VG	F	VF	XF
ND(1742-52)	—	3.00	4.00	6.00	10.00	—

KM# 110 2 MUN
Cast Copper Or Brass **Rev:** "Nae" at bottom **Note:** Small characters. Weight varies 8.00-9.00 grams.

Date	Mintage	Good	VG	F	VF	XF
ND(1742-52)	—	3.00	4.00	6.00	10.00	—

KM# 112 2 MUN
Cast Copper Or Brass **Rev:** "So" at bottom **Note:** Small characters. Weight varies 8.00-9.00 grams.

Date	Mintage	Good	VG	F	VF	XF
ND(1742-52) 1742	—	3.00	4.00	6.00	10.00	—

SEOUL CHARITY OFFICE
(Chinh Yu Chong)

KM# 159 MUN
4.5000 g., Cast Copper Or Brass **Rev:** Double circle at right

Date	Mintage	Good	VG	F	VF	XF
ND(1742) Series 1, 5	—	40.00	65.00	100	200	—

KM# 159s MUN
4.5000 g., Cast Copper Or Brass

Date	Mintage	Good	VG	F	VF	XF
ND(1742) Series 1, 5	—	2.00	3.00	5.00	8.00	—

KM# 158 MUN
4.5000 g., Cast Copper Or Brass **Note:** Large characters.

Date	Mintage	Good	VG	F	VF	XF
ND(1742) Series 1-10	—	2.00	3.00	5.00	8.00	—

KM# 157s MUN
4.5000 g., Cast Copper Or Brass **Note:** Seed type.

Date	Mintage	Good	VG	F	VF	XF
ND(1742) Series 1-10	—	—	—	—	—	115

KM# 158s MUN
4.5000 g., Cast Copper Or Brass **Note:** Seed type.

Date	Mintage	Good	VG	F	VF	XF
ND(1742) Series 1-10	—	—	—	—	—	115

KM# 157 MUN
4.5000 g., Cast Copper Or Brass **Rev:** "Chin" at top, series number at bottom **Note:** Small characters.

Date	Mintage	Good	VG	F	VF	XF
ND(1742) Series 1-10	—	2.00	3.00	5.00	8.00	—

KM# 164 2 MUN
Cast Copper, 29-30 mm. **Note:** Weight varies 8.00-9.00 grams. Reduced size.

Date	Mintage	Good	VG	F	VF	XF
ND(1742-52)	—	3.00	4.00	6.00	10.00	—

KM# 167 2 MUN
Cast Copper, 29-30 mm. **Note:** Weight varies 8.00-9.00 grams. Reduced size.

Date	Mintage	Good	VG	F	VF	XF
ND(1742-52)	—	3.00	4.00	6.00	10.00	—

KM# 170 2 MUN
Cast Copper, 29-30 mm. **Note:** Weight varies 8.00-9.00 grams. Retued size.

Date	Mintage	Good	VG	F	VF	XF
ND(1742-52)	—	3.00	4.00	6.00	10.00	—

FOOD SUPPLY OFFICE
(Yang Hyang Ch'ong)

KM# 172.1 2 MUN
Cast Copper, 31 mm. **Obv:** "Tong" with 2 dots, different "Hyang"

Date	Mintage	Good	VG	F	VF	XF
ND(1742)	—	3.50	6.50	12.00	18.00	—

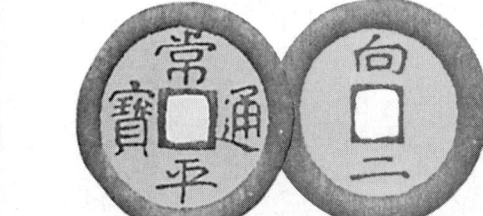

KM# 172 2 MUN
Cast Copper, 30 mm. **Rev:** "I" (2) at bottom **Note:** Weight varies 8.00-9.00 grams.

Date	Mintage	Good	VG	F	VF	XF
ND(1742)	—	3.50	6.50	12.00	18.00	—

RICE AND CLOTH DEPARTMENT
(Son Hye Ch ong)

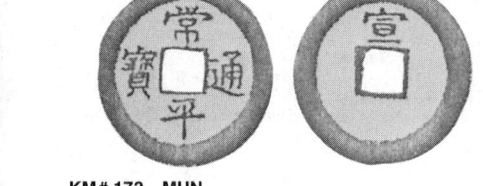

KM# 173 MUN
4.0000 g., Cast Copper Or Bronze **Rev:** "Son" at top

Date	Mintage	Good	VG	F	VF	XF
ND(1742) Series 1 Rare	—	—	—	—	—	—

KM# 179 2 MUN
Cast Copper Or Bronze, 30 mm. **Rev:** "Ch'on" at bottom

Date	Mintage	Good	VG	F	VF	XF
ND(1742-52)	—	3.00	4.00	6.00	10.00	—

KM# 180 2 MUN
Cast Copper Or Bronze **Rev:** "Chi" at bottom

Date	Mintage	Good	VG	F	VF	XF
ND(1742-52)	—	3.00	4.00	6.00	10.00	—

KM# 181 2 MUN
Cast Copper Or Bronze **Rev:** "Hyon" at bottom

Date	Mintage	Good	VG	F	VF	XF
ND(1742-52)	—	3.00	4.00	6.00	10.00	—

KM# 182 2 MUN
Cast Copper Or Bronze **Rev:** "Hwang" (yellow) at bottom

Date	Mintage	Good	VG	F	VF	XF
ND(1742-52)	—	3.00	4.00	6.00	10.00	—

KM# 183 2 MUN
Cast Copper Or Bronze **Rev:** "U" at bottom

Date	Mintage	Good	VG	F	VF	XF
ND(1742-52)	—	3.00	4.00	6.00	10.00	—

KM# 184 2 MUN
Cast Copper Or Bronze **Rev:** "Chu" at bottom

Date	Mintage	Good	VG	F	VF	XF
ND(1742-52)	—	3.00	4.00	6.00	10.00	—

KM# 185 2 MUN
Cast Copper Or Bronze **Rev:** "Hong" at bottom

Date	Mintage	Good	VG	F	VF	XF
ND(1742-52)	—	3.00	4.00	6.00	10.00	—

KM# 186 2 MUN
Cast Copper Or Bronze **Rev:** "Hwang" (barren) at bottom

Date	Mintage	Good	VG	F	VF	XF
ND(1742-52)	—	3.00	4.00	6.00	10.00	—

KM# 187 2 MUN
Cast Copper Or Bronze **Rev:** "Il" at bottom

Date	Mintage	Good	VG	F	VF	XF
ND(1742-52)	—	3.00	4.00	6.00	10.00	—

KM# 188 2 MUN
Cast Copper Or Bronze **Rev:** "Wol" at bottom

Date	Mintage	Good	VG	F	VF	XF
ND(1742-52)	—	3.00	4.00	6.00	10.00	—

KM# 189 2 MUN
Cast Copper Or Bronze **Rev:** "Yong" at bottom

Date	Mintage	Good	VG	F	VF	XF
ND(1742-52)	—	3.00	4.00	6.00	10.00	—

KM# 190 2 MUN
Cast Copper Or Bronze **Rev:** "Ch'uk" at bottom

Date	Mintage	Good	VG	F	VF	XF
ND(1742-52)	—	3.00	4.00	6.00	10.00	—

KM# 191 2 MUN
Cast Copper Or Bronze **Rev:** "Chin" at bottom

Date	Mintage	Good	VG	F	VF	XF
ND(1742-52)	—	3.00	4.00	6.00	10.00	—

KM# 192 2 MUN
Cast Copper Or Bronze **Rev:** "Suk" at bottom

Date	Mintage	Good	VG	F	VF	XF
ND(1742-52)	—	3.00	4.00	6.00	10.00	—

KM# 193 2 MUN
Cast Copper Or Bronze **Rev:** "Yol"at bottom

Date	Mintage	Good	VG	F	VF	XF
ND(1742-52)	—	3.00	4.00	6.00	10.00	—

KM# 194 2 MUN
Cast Copper Or Bronze **Rev:** "Chang" (extend) at bottom

Date	Mintage	Good	VG	F	VF	XF
ND(1742-52)	—	3.00	4.00	6.00	10.00	—

KM# 195 2 MUN
Cast Copper Or Bronze **Rev:** "Han" at bottom

Date	Mintage	Good	VG	F	VF	XF
ND(1742-52)	—	3.00	4.00	6.00	10.00	—

KM# 196 2 MUN
Cast Copper Or Bronze **Rev:** "Nae" at bottom

Date	Mintage	Good	VG	F	VF	XF
ND(1742-52)	—	3.00	4.00	6.00	10.00	—

KM# 197 2 MUN
Cast Copper Or Bronze **Rev:** "So" at bottom

Date	Mintage	Good	VG	F	VF	XF
ND(1742-52)	—	3.00	4.00	6.00	10.00	—

KM# 198 2 MUN
Cast Copper Or Bronze **Rev:** "Wang"at bottom

Date	Mintage	Good	VG	F	VF	XF
ND(1742-52)	—	3.00	4.00	6.00	10.00	—

KM# 199 2 MUN
Cast Copper Or Bronze **Rev:** "Ch'u" at bottom

Date	Mintage	Good	VG	F	VF	XF
ND(1742-52)	—	3.00	4.00	6.00	10.00	—

KM# 200 2 MUN
Cast Copper Or Bronze **Rev:** "Su" at bottom

Date	Mintage	Good	VG	F	VF	XF
ND(1742-52)	—	3.00	4.00	6.00	10.00	—

KM# 201 2 MUN
Cast Copper Or Bronze **Rev:** "Tong" at bottom

Date	Mintage	Good	VG	F	VF	XF
ND(1742-52)	—	3.00	4.00	6.00	10.00	—

KM# 202 2 MUN
Cast Copper Or Bronze **Rev:** "Chang" (hoard) at bottom

Date	Mintage	Good	VG	F	VF	XF
ND(1742-52)	—	3.00	4.00	6.00	10.00	—

KM# 203 2 MUN
Cast Copper Or Bronze **Rev:** "Yun" at bottom

Date	Mintage	Good	VG	F	VF	XF
ND(1742-52)	—	3.00	4.00	6.00	10.00	—

KM# 204 2 MUN
Cast Copper Or Bronze **Rev:** "Yo" (surplus) at bottom

Date	Mintage	Good	VG	F	VF	XF
ND(1742-52)	—	3.00	4.00	6.00	10.00	—

KM# 205 2 MUN
Cast Copper Or Bronze **Rev:** "Song" at bottom

Date	Mintage	Good	VG	F	VF	XF
ND(1742-52)	—	3.00	4.00	6.00	10.00	—

KM# 206 2 MUN
Cast Copper Or Bronze **Rev:** "Se" at bottom

Date	Mintage	Good	VG	F	VF	XF
ND(1742-52)	—	3.00	4.00	6.00	10.00	—

KM# 207 2 MUN
Cast Copper Or Bronze **Rev:** "Yul" at bottom

Date	Mintage	Good	VG	F	VF	XF
ND(1742-52)	—	3.00	4.00	6.00	10.00	—

KM# 208 2 MUN
Cast Copper Or Bronze **Rev:** "Yo" (yin) at bottom

Date	Mintage	Good	VG	F	VF	XF
ND(1742-52)	—	3.00	4.00	6.00	10.00	—

KM# 178 2 MUN
Cast Copper Or Bronze **Rev:** "I" (02) at bottom **Note:** Size varies 30-31 mm.

Date	Mintage	Good	VG	F	VF	XF
ND(1742-52)	—	3.00	4.00	6.00	10.00	—

MINISTRY OF DEFENSE
(Pyong Jo)

KM# A212s MUN
4.5000 g., Cast Copper

Date	Mintage	Good	VG	F	VF	XF
ND(1742)	—	—	—	—	—	335

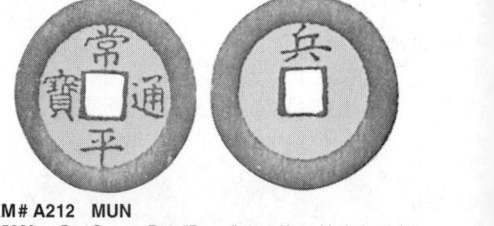

KM# A212 MUN
4.5000 g., Cast Copper **Rev:** "Pyong" at top **Note:** Varieties exist.

Date	Mintage	Good	VG	F	VF	XF
ND(1742)	—	40.00	70.00	100	200	—

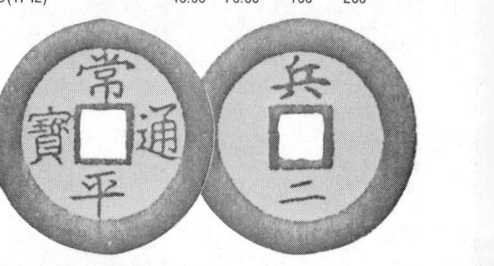

KM# B212 2 MUN
Cast Copper **Rev:** "Pyong" at top, "I" (2) at bottom **Note:** Weight varies 8.00-9.00 grams.

Date	Mintage	Good	VG	F	VF	XF
ND(1742)	—	3.50	6.50	12.00	18.00	—

NATIONAL DEFENSE BUREAU
(Pi By On Sa)

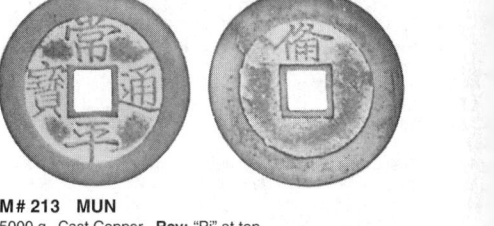

KM# 213 MUN
4.5000 g., Cast Copper **Rev:** "Pi" at top

Date	Mintage	Good	VG	F	VF	XF
ND(1742)	—	20.00	30.00	45.00	65.00	—

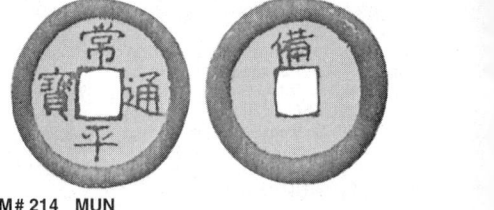

KM# 214 MUN
4.5000 g., Cast Copper **Rev:** "Pi" in different style at top

Date	Mintage	Good	VG	F	VF	XF
ND(1742)	—	27.50	40.00	60.00	85.00	—

KM# 215 2 MUN
Cast Copper **Rev:** "Pi" at top, "I" (3) at bottom **Note:** Weight varies 8.00-9.00 grams.

Date	Mintage	Good	VG	F	VF	XF
ND(1742)	—	3.00	4.00	6.00	10.00	—

KOREA

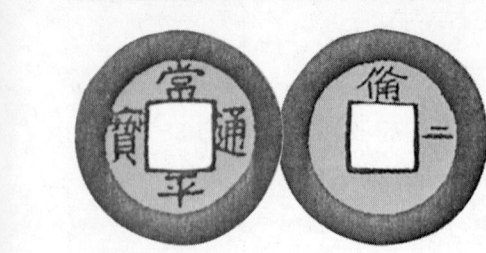

KM# 216 2 MUN
Cast Copper **Rev:** "I" (2) at right **Note:** Weight varies 8.00-9.00 grams.

Date	Mintage	Good	VG	F	VF	XF
ND(1742)	—	50.00	100	165	225	—

GENERAL MILITARY OFFICE

(Ch'ong Yung Ch'ong)

KM# 218s MUN
Cast Copper Or Bronze, 25-26 mm. **Note:** Seed type; size varies.

Date	Mintage	Good	VG	F	VF	XF
ND(1757) Series 1-10	—	—	—	—	—	115

KM# 218as MUN
Cast Copper Or Bronze, 25-26 mm. **Obv:** Without "P'yong" **Note:** Seed type; size varies.

Date	Mintage	Good	VG	F	VF	XF
ND(1757)	—	—	—	—	—	115

KM# 218 MUN
Cast Copper Or Bronze, 25-26 mm. **Rev:** Circle at right, series number at bottom **Note:** Size varies.

Date	Mintage	Good	VG	F	VF	XF
ND(1757) Series 1-10	—	2.00	3.00	5.00	8.00	—

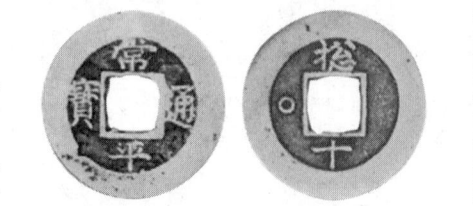

KM# 218a MUN
Cast Copper Or Bronze, 25-26 mm. **Obv:** Without "Pyong" **Note:** Size varies.

Date	Mintage	Good	VG	F	VF	XF
ND(1757) Series 1-10	—	2.00	3.00	5.00	8.00	—

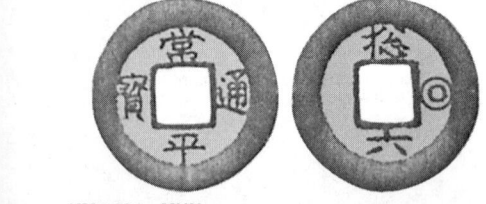

KM# 221 MUN
Cast Copper Or Bronze **Rev:** Double circle at right, series number at bottom

Date	Mintage	Good	VG	F	VF	XF
ND(1757) Series 6	—	50.00	75.00	125	200	—

KM# 221s MUN
Cast Copper Or Bronze

Date	Mintage	Good	VG	F	VF	XF
ND(1757) Series 6	—	—	—	—	—	—

KM# 220 MUN
Cast Copper Or Bronze, 25-26 mm. **Rev:** Circle at left, series number at bottom **Note:** Size varies.

Date	Mintage	Good	VG	F	VF	XF
ND(1757) Series 1-10	—	2.00	3.00	5.00	8.00	—

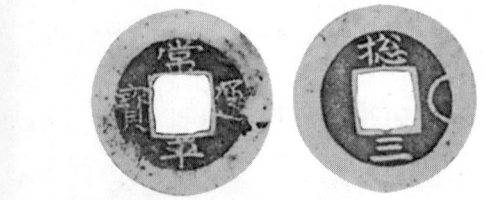

KM# 222 MUN
Cast Copper Or Bronze, 25 mm. **Rev:** Crescent at right, series number at bottom

Date	Mintage	Good	VG	F	VF	XF
ND(1757) Series 1-10	—	2.00	3.00	5.00	8.00	—

KM# 222a MUN
Cast Copper Or Bronze **Obv:** Without "P'yong"

Date	Mintage	Good	VG	F	VF	XF
ND(1757) Series 1-10	—	2.00	3.00	5.00	8.00	—

KM# B224 MUN
Cast Copper Or Bronze **Rev:** Dot in crescent at right, series number at bottom

Date	Mintage	Good	VG	F	VF	XF
ND(1757) Series 8	—	25.00	40.00	60.00	100	—

KM# 219 MUN
Cast Copper Or Bronze, 22-23 mm. **Note:** Reduced size.

Date	Mintage	Good	VG	F	VF	XF
ND(1757) Series 1-10	—	2.00	3.00	5.00	8.00	—

KM# A220 MUN
Cast Copper Or Bronze, 22-23 mm. **Note:** Reduced size.

Date	Mintage	Good	VG	F	VF	XF
ND(1757) Series 1-10	—	2.00	3.00	5.00	8.00	—

KM# 223 MUN
Cast Copper Or Bronze, 24 mm. **Note:** Reduced size.

Date	Mintage	Good	VG	F	VF	XF
ND(1757) Series 1-10	—	2.00	3.00	5.00	8.00	—

KM# A224 MUN
Cast Copper Or Bronze, 22-23 mm. **Note:** Reduced size.

Date	Mintage	Good	VG	F	VF	XF
ND(1757) Series 1-10	—	2.00	3.00	5.00	8.00	—

KM# 219s MUN
Cast Copper Or Bronze **Note:** Seed type.

Date	Mintage	Good	VG	F	VF	XF
ND(1757) Series 1-10	—	—	—	—	—	115

KM# 220s MUN
Cast Copper Or Bronze **Note:** Seed type.

Date	Mintage	Good	VG	F	VF	XF
ND(1757) Series 1-10	—	—	—	—	—	115

KM# 222s MUN
Cast Copper Or Bronze **Note:** Seed type.

Date	Mintage	Good	VG	F	VF	XF
ND(1757) Series 1-10	—	—	—	—	—	115

KM# 223s MUN
Cast Copper Or Bronze **Note:** Seed type.

Date	Mintage	Good	VG	F	VF	XF
ND(1757) Series 1-10	—	—	—	—	—	115

KM# 224 MUN
Cast Copper Or Bronze, 25-26 mm. **Rev:** Crescent at left, series number at bottom **Note:** Size varies.

Date	Mintage	Good	VG	F	VF	XF
ND(1757) Series 1-10	—	2.00	3.00	5.00	8.00	—

KM# 224s MUN
Cast Copper Or Bronze **Rev:** Crescent at left, series number at bottom **Note:** Seed type.

Date	Mintage	Good	VG	F	VF	XF
ND(1757)	—	—	—	—	—	115

KM# 229 2 MUN
Cast Copper **Rev:** "Ch'on" at bottom **Note:** Large characters. Weight varies 0.00-9.00 grams.

Date	Mintage	Good	VG	F	VF	XF
ND(1742-52)	—	3.00	4.00	6.00	10.00	—

KM# 231 2 MUN
Cast Copper **Rev:** "Chi" at bottom **Note:** Large characters. Weight varies 8.00-9.00 grams.

Date	Mintage	Good	VG	F	VF	XF
ND(1742-52)	—	3.00	4.00	6.00	10.00	—

KM# 233 2 MUN
Cast Copper **Rev:** "Hyon" at bottom **Note:** Large characters. Weight varies 8.00-9.00 grams.

Date	Mintage	Good	VG	F	VF	XF
ND(1742-52)	—	3.00	4.00	6.00	10.00	—

KM# 235 2 MUN
Cast Copper **Rev:** "Hwang" (yellow) at bottom **Note:** Large characters. Weight varies 8.00-9.00 grams.

Date	Mintage	Good	VG	F	VF	XF
ND(1742-52)	—	3.00	4.00	6.00	10.00	—

KM# 237 2 MUN
Cast Copper **Rev:** "U" at bottom **Note:** Large characters. Weight varies 8.00-9.00 grams.

Date	Mintage	Good	VG	F	VF	XF
ND(1742-52)	—	3.00	4.00	6.00	10.00	—

KM# 239 2 MUN
Cast Copper **Rev:** "Chu" at bottom **Note:** Large characters. Weight varies 8.00-9.00 grams.

Date	Mintage	Good	VG	F	VF	XF
ND(1742-52)	—	3.00	4.00	6.00	10.00	—

KM# 241 2 MUN
Cast Copper **Rev:** "Hong" at bottom **Note:** Large characters. Weight varies 8.00-9.00 grams.

Date	Mintage	Good	VG	F	VF	XF
ND(1742-52)	—	3.00	4.00	6.00	10.00	—

KM# 243 2 MUN
Cast Copper **Rev:** "Hwang" (barren) at bottom **Note:** Large characters. Weight varies 8.00-9.00 grams.

Date	Mintage	Good	VG	F	VF	XF
ND(1742-52)	—	3.00	4.00	6.00	10.00	—

KM# 245 2 MUN
Cast Copper **Rev:** "Il" at bottom **Note:** Large characters. Weight varies 8.00-9.00 grams.

Date	Mintage	Good	VG	F	VF	XF
ND(1742-52)	—	3.00	4.00	6.00	10.00	—

KM# 247 2 MUN
Cast Copper **Rev:** "Wol" at bottom **Note:** Large characters. Weight varies 8.00-9.00 grams.

Date	Mintage	Good	VG	F	VF	XF
ND(1742-52)	—	3.00	4.00	6.00	10.00	—

KM# 249 2 MUN
Cast Copper **Rev:** "Yong" at bottom **Note:** Large characters. Weight varies 8.00-9.00 grams.

Date	Mintage	Good	VG	F	VF	XF
ND(1742-52)	—	3.00	4.00	6.00	10.00	—

KM# 251 2 MUN
Cast Copper **Rev:** "Ch'uk" at bottom **Note:** Large characters. Weight varies 8.00-9.00 grams.

Date	Mintage	Good	VG	F	VF	XF
ND(1742-52)	—	3.00	4.00	6.00	10.00	—

KM# 253 2 MUN
Cast Copper **Rev:** "Chin" at bottom **Note:** Large characters. Weight varies 8.00-9.00 grams.

Date	Mintage	Good	VG	F	VF	XF
ND(1742-52)	—	3.00	4.00	6.00	10.00	—

KM# 255 2 MUN
Cast Copper **Rev:** "Suk" at bottom **Note:** Large characters. Weight varies 8.00-9.00 grams.

Date	Mintage	Good	VG	F	VF	XF
ND(1742-52)	—	3.00	5.00	7.00	10.00	—

KM# 257 2 MUN
Cast Copper **Rev:** "Yol" at bottom **Note:** Large characters. Weight varies 8.00-9.00 grams.

Date	Mintage	Good	VG	F	VF	XF
ND(1742-52)	—	3.00	4.00	6.00	10.00	—

KM# 259 2 MUN
Cast Copper **Rev:** "Chang" (extend) at bottom **Note:** Large characters. Weight varies 8.00-9.00 grams.

Date	Mintage	Good	VG	F	VF	XF
ND(1742-52)	—	3.00	4.00	6.00	10.00	—

KM# 261 2 MUN
Cast Copper **Rev:** "Han" at bottom **Note:** Large characters. Weight varies 8.00-9.00 grams.

Date	Mintage	Good	VG	F	VF	XF
ND(1742-52)	—	3.00	4.00	6.00	10.00	—

KM# 263 2 MUN
Cast Copper **Rev:** "Nae" at bottom **Note:** Large characters. Weight varies 8.00-9.00 grams.

Date	Mintage	Good	VG	F	VF	XF
ND(1742-52)	—	3.00	4.00	6.00	10.00	—

KM# 265 2 MUN
Cast Copper **Rev:** "So" at bottom **Note:** Large characters. Weight varies 8.00-9.00 grams.

Date	Mintage	Good	VG	F	VF	XF
ND(1742-52)	—	3.00	4.00	6.00	10.00	—

KM# 230 2 MUN
Cast Copper **Note:** Small characters. Weight varies 8.00-9.00 grams.

Date	Mintage	Good	VG	F	VF	XF
ND(1742-52)	—	3.00	4.00	6.00	10.00	—

KM# 232 2 MUN
Cast Copper **Note:** Small characters. Weight varies 8.00-9.00 grams.

Date	Mintage	Good	VG	F	VF	XF
ND(1742-52)	—	3.00	4.00	6.00	10.00	—

KM# 266 2 MUN
Cast Copper **Note:** Small characters. Weight varies 8.00-9.00 grams.

Date	Mintage	Good	VG	F	VF	XF
ND(1742-52)	—	3.00	4.00	6.00	10.00	—

KM# 268 2 MUN
Cast Copper **Note:** Small characters. Weight varies 8.00-9.00 grams.

Date	Mintage	Good	VG	F	VF	XF
ND(1742-52)	—	3.00	4.00	6.00	10.00	—

SPECIAL ARMY UNIT
(O Yong Ch'ong)

KM# 234 2 MUN
Cast Copper **Note:** Small characters. Weight varies 8.00-9.00 grams.

Date	Mintage	Good	VG	F	VF	XF
ND(1750)	—	3.00	4.00	6.00	10.00	—

KM# 236 2 MUN
Cast Copper **Note:** Small characters. Weight varies 8.00-9.00 grams.

Date	Mintage	Good	VG	F	VF	XF
ND(1750)	—	3.00	4.00	6.00	10.00	—

KM# 238 2 MUN
Cast Copper **Note:** Small characters. Weight varies 8.00-9.00 grams.

Date	Mintage	Good	VG	F	VF	XF
ND(1750)	—	3.00	4.00	6.00	10.00	—

KM# 240 2 MUN
Cast Copper **Note:** Small characters. Weight varies 8.00-9.00 grams.

Date	Mintage	Good	VG	F	VF	XF
ND(1750)	—	3.00	4.00	6.00	10.00	—

KM# 242 2 MUN
Cast Copper **Note:** Small characters. Weight varies 8.00-9.00 grams.

Date	Mintage	Good	VG	F	VF	XF
ND(1750)	—	3.00	4.00	6.00	10.00	—

KM# 244 2 MUN
Cast Copper **Note:** Small characters. Weight varies 8.00-9.00 grams.

Date	Mintage	Good	VG	F	VF	XF
ND(1750)	—	3.00	4.00	6.00	10.00	—

KM# 246 2 MUN
Cast Copper **Note:** Small characters. Weight varies 8.00-9.00 grams.

Date	Mintage	Good	VG	F	VF	XF
ND(1750)	—	3.00	4.00	6.00	10.00	—

KM# 248 2 MUN
Cast Copper **Note:** Small characters. Weight varies 8.00-9.00 grams.

Date	Mintage	Good	VG	F	VF	XF
ND(1750)	—	3.00	4.00	6.00	10.00	—

KM# 250 2 MUN
Cast Copper **Note:** Small characters. Weight varies 8.00-9.00 grams.

Date	Mintage	Good	VG	F	VF	XF
ND(1750)	—	3.00	4.00	6.00	10.00	—

KM# 252 2 MUN
Cast Copper **Note:** Small characters. Weight varies 8.00-9.00 grams.

Date	Mintage	Good	VG	F	VF	XF
ND(1750)	—	3.00	4.00	6.00	10.00	—

KM# 254 2 MUN
Cast Copper **Note:** Small characters. Weight varies 8.00-9.00 grams.

Date	Mintage	Good	VG	F	VF	XF
ND(1750)	—	3.00	4.00	6.00	10.00	—

KM# 256 2 MUN
Cast Copper **Note:** Small characters. Weight varies 8.00-9.00 grams.

Date	Mintage	Good	VG	F	VF	XF
ND(1750)	—	3.00	4.00	6.00	10.00	—

KM# 258 2 MUN
Cast Copper **Note:** Small characters. Weight varies 8.00-9.00 grams.

Date	Mintage	Good	VG	F	VF	XF
ND(1750)	—	3.00	4.00	6.00	10.00	—

KM# 260 2 MUN
Cast Copper **Note:** Small characters. Weight varies 8.00-9.00 grams.

Date	Mintage	Good	VG	F	VF	XF
ND(1750)	—	3.00	4.00	6.00	10.00	—

KM# 262 2 MUN
Cast Copper **Note:** Small characters. Weight varies 8.00-9.00 grams.

Date	Mintage	Good	VG	F	VF	XF
ND(1750)	—	3.00	4.00	6.00	10.00	—

KM# 264 2 MUN
Cast Copper **Note:** Small characters. Weight varies 8.00-9.00 grams.

Date	Mintage	Good	VG	F	VF	XF
ND(1750)	—	3.00	4.00	6.00	10.00	—

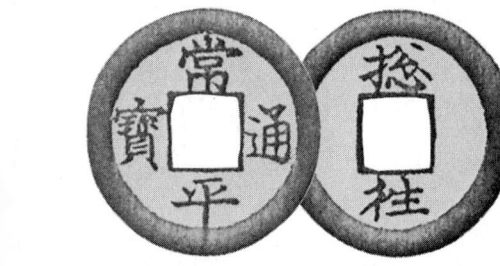

KM# 267 2 MUN
Cast Copper **Rev:** "Wang" at bottom **Note:** Large characters. Weight varies 8.00-9.00 grams.

Date	Mintage	Good	VG	F	VF	XF
ND(1750)	—	3.00	4.00	6.00	10.00	—

KM# 273a MUN
4.5000 g., Cast Copper, 24 mm. **Obv:** 2 dots "Tong" and "P'yong" with hooks

Date	Mintage	Good	VG	F	VF	XF
ND(1742) Series 1-10	—	2.00	3.00	5.00	8.00	—

KM# A270 MUN
4.5000 g., Cast Copper **Note:** Large characters.

Date	Mintage	Good	VG	F	VF	XF
ND(1742) Series 1-10	—	2.00	3.00	5.00	8.00	—

KM# 270s MUN
4.5000 g., Cast Copper **Note:** Seed type.

Date	Mintage	Good	VG	F	VF	XF
ND(1742) Series 1-10	—	—	—	—	—	115

KM# 271s MUN
4.5000 g., Cast Copper **Note:** Seed type.

Date	Mintage	Good	VG	F	VF	XF
ND(1742) Series 11-12	—	—	—	—	—	115

KM# 273s MUN
4.5000 g., Cast Copper **Note:** Seed type.

Date	Mintage	Good	VG	F	VF	XF
ND(1742) Series 1-10	—	—	—	—	—	115

KM# 275s MUN
4.5000 g., Cast Copper **Note:** Seed type.

Date	Mintage	Good	VG	F	VF	XF
ND(1742) Series 1-10	—	—	—	—	—	115

KM# 277s MUN
4.5000 g., Cast Copper **Note:** Seed type.

Date	Mintage	Good	VG	F	VF	XF
ND(1742) Series 1-10	—	—	—	—	—	115

KM# 273b MUN
4.5000 g., Cast Copper, 22-23 mm. **Obv:** 2 dots "Tong" without "P'yong" **Note:** Size varies.

Date	Mintage	Good	VG	F	VF	XF
ND(1742) Series 1-10	—	—	—	—	—	—

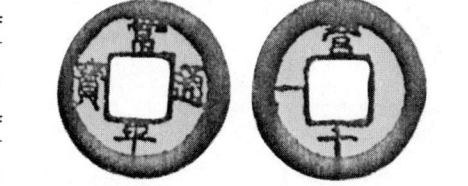

KM# 270 MUN
4.5000 g., Cast Copper **Rev:** Series number at bottom **Note:** Small characters.

Date	Mintage	Good	VG	F	VF	XF
ND(1742) Series 1-10	—	2.00	3.00	5.00	8.00	—

KM# 271 MUN
4.5000 g., Cast Copper **Rev:** S"Sip" (10) at bottom, additional series number at left **Note:** Small characters.

Date	Mintage	Good	VG	F	VF	XF
ND(1742) Series 11-12	—	2.50	3.50	6.00	8.00	—

KM# 273 MUN
4.5000 g., Cast Copper, 24 mm. **Rev:** Circle at right, series number at bottom **Note:** Small characters.

Date	Mintage	Good	VG	F	VF	XF
ND(1742) Series 1-10	—	2.00	3.00	5.00	8.00	—

KM# 275 MUN
4.5000 g., Cast Copper **Rev:** Circle at left, series number at bottom **Note:** Small characters.

Date	Mintage	Good	VG	F	VF	XF
ND(1742) Series 1-10	—	2.00	3.00	5.00	8.00	—

KM# 277 MUN
4.5000 g., Cast Copper **Rev:** Crescent at right, series number at bottom **Note:** Small characters.

Date	Mintage	Good	VG	F	VF	XF
ND(1742) Series 1-10	—	2.00	3.00	5.00	8.00	—

KM# 279 MUN
4.5000 g., Cast Copper **Rev:** Crescent at left, series number at bottom **Note:** Small characters.

Date	Mintage	Good	VG	F	VF	XF
ND(1742) Series 1-10	—	2.00	3.00	5.00	8.00	—

KM# 279s MUN
4.5000 g., Cast Copper **Note:** Seed type.

Date	Mintage	Good	VG	F	VF	XF
ND(1742) Series 1-10	—	—	—	—	—	115

KM# 280s MUN
4.5000 g., Cast Copper **Note:** Seed type.

Date	Mintage	Good	VG	F	VF	XF
ND(1750) Series 1-10	—	—	—	—	—	115

KM# 278s MUN
4.5000 g., Cast Copper **Note:** Seed type.

Date	Mintage	Good	VG	F	VF	XF
ND(1750) Series 1-10	—	—	—	—	—	115

KM# 276s MUN
4.5000 g., Cast Copper **Note:** Seed type.

Date	Mintage	Good	VG	F	VF	XF
ND(1750) Series 1-10	—	—	—	—	—	115

KM# 274s MUN
4.5000 g., Cast Copper **Note:** Seed type.

Date	Mintage	Good	VG	F	VF	XF
ND(1750) Series 1-10	—	—	—	—	—	115

KM# 272s MUN
4.5000 g., Cast Copper **Note:** Seed type.

Date	Mintage	Good	VG	F	VF	XF
ND(1750) Series 1-2	—	—	—	—	—	115

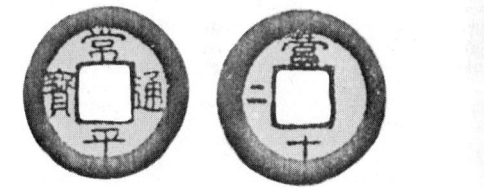

KM# 272 MUN
4.5000 g., Cast Copper **Note:** Large characters.

Date	Mintage	Good	VG	F	VF	XF
ND(1750) Series 1-2	—	2.00	3.00	5.00	8.00	—

KM# 274 MUN
4.5000 g., Cast Copper **Note:** Large characters.

Date	Mintage	Good	VG	F	VF	XF
ND(1750) Series 1-10	—	2.00	3.00	5.00	8.00	—

KM# 276 MUN
4.5000 g., Cast Copper, 24 mm. **Note:** Large characters.

Date	Mintage	Good	VG	F	VF	XF
ND(1750) Series 1-10	—	2.00	3.00	5.00	8.00	—

KM# 278 MUN
4.5000 g., Cast Copper **Note:** Large characters.

Date	Mintage	Good	VG	F	VF	XF
ND(1750) Series 1-10	—	2.00	3.00	5.00	8.00	—

KM# 280 MUN
4.5000 g., Cast Copper **Note:** Large characters.

Date	Mintage	Good	VG	F	VF	XF
ND(1750) Series 1-10	—	2.00	3.00	5.00	8.00	—

KM# 276.12 MUN
4.5000 g., Cast Copper **Rev:** Large sun

Date	Mintage	Good	VG	F	VF	XF
ND(1750) Series 2	—	2.00	3.00	5.00	8.00	—

KM# 276.19 MUN
4.5000 g., Cast Copper **Rev:** Star at lower left

Date	Mintage	Good	VG	F	VF	XF
ND(1750) Series 9	—	2.00	3.00	5.00	8.00	—

KM# 278.13 MUN
4.5000 g., Cast Copper **Obv:** Star at lower right, without "P'yong"

Date	Mintage	Good	VG	F	VF	XF
ND(1750) Series 3	—	2.00	3.00	5.00	8.00	—

KOREA

KM# 313 2 MUN
6.7500 g., Cast Bronze Rev: "Chi" at bottom

Date	Mintage	Good	VG	F	VF	XF
ND(1742-52)	—	3.00	4.00	6.00	10.00	—

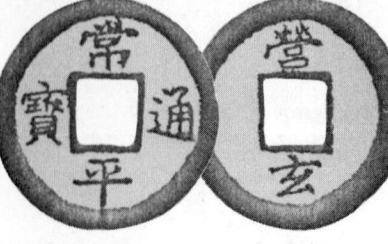

KM# 314 2 MUN
6.7500 g., Cast Bronze Rev: "Hyon" at bottom

Date	Mintage	Good	VG	F	VF	XF
ND(1742-52)	—	3.00	4.00	6.00	10.00	—

KM# 315 2 MUN
6.7500 g., Cast Bronze Rev: "Hwang" (yellow) at bottom

Date	Mintage	Good	VG	F	VF	XF
ND(1742-52)	—	3.00	4.00	6.00	10.00	—

KM# 316 2 MUN
6.7500 g., Cast Bronze Rev: "U" at bottom

Date	Mintage	Good	VG	F	VF	XF
ND(1742-52)	—	3.00	4.00	6.00	10.00	—

KM# 317 2 MUN
6.7500 g., Cast Bronze Rev: "Chu" at bottom

Date	Mintage	Good	VG	F	VF	XF
ND(1742-52)	—	3.00	4.00	6.00	10.00	—

KM# 318 2 MUN
6.7500 g., Cast Bronze Rev: "Hong" at bottom

Date	Mintage	Good	VG	F	VF	XF
ND(1742-52)	—	3.00	4.00	6.00	10.00	—

KM# 319 2 MUN
6.7500 g., Cast Bronze Rev: "Hwang" (barren) at bottom

Date	Mintage	Good	VG	F	VF	XF
ND(1742-52)	—	3.00	4.00	6.00	10.00	—

KM# 320 2 MUN
6.7500 g., Cast Bronze Rev: "Il" at bottom

Date	Mintage	Good	VG	F	VF	XF
ND(1742-52)	—	4.00	4.00	6.00	10.00	—

KM# 321 2 MUN
6.7500 g., Cast Bronze Rev: "Wol" at bottom

Date	Mintage	Good	VG	F	VF	XF
ND(1742-52)	—	3.00	4.00	6.00	10.00	—

KM# 322 2 MUN
6.7500 g., Cast Bronze Rev: "Yong" at bottom

Date	Mintage	Good	VG	F	VF	XF
ND(1742-52)	—	3.00	4.00	6.00	10.00	—

KM# 323 2 MUN
6.7500 g., Cast Bronze Rev: "Ch'uk" at bottom

Date	Mintage	Good	VG	F	VF	XF
ND(1742-52)	—	3.00	4.00	6.00	10.00	—

KM# 324 2 MUN
6.7500 g., Cast Bronze Rev: "Chin" at bottom

Date	Mintage	Good	VG	F	VF	XF
ND(1742-52)	—	3.00	4.00	6.00	10.00	—

KM# 325 2 MUN
6.7500 g., Cast Bronze Rev: "Suk" at bottom

Date	Mintage	Good	VG	F	VF	XF
ND(1742-52)	—	3.00	4.00	6.00	10.00	—

KM# 326 2 MUN
6.7500 g., Cast Bronze Rev: "Yol" at bottom

Date	Mintage	Good	VG	F	VF	XF
ND(1742-52)	—	3.00	4.00	6.00	10.00	—

KM# A326 2 MUN
6.7500 g., Cast Bronze Rev: "Chang" (extend) at bottom

Date	Mintage	Good	VG	F	VF	XF
ND(1742-52)	—	3.00	4.00	6.00	10.00	—

KM# B326 2 MUN
6.7500 g., Cast Bronze Rev: "Han" at bottom

Date	Mintage	Good	VG	F	VF	XF
ND(1742-52)	—	3.00	4.00	6.00	10.00	—

KM# C326 2 MUN
6.7500 g., Cast Bronze Rev: "Nae" at bottom

Date	Mintage	Good	VG	F	VF	XF
ND(1742-52)	—	3.00	4.00	6.00	10.00	—

KM# D326 2 MUN
6.7500 g., Cast Bronze Rev: "So" at bottom

Date	Mintage	Good	VG	F	VF	XF
ND(1742-52)	—	3.00	4.00	6.00	10.00	—

KM# E326 2 MUN
6.7500 g., Cast Bronze Rev: "Wang" at bottom

Date	Mintage	Good	VG	F	VF	XF
ND(1742-52)	—	3.00	4.00	6.00	10.00	—

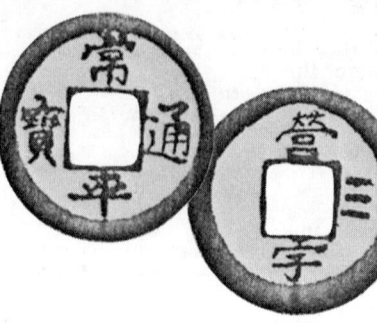

KM# 327 2 MUN
6.7500 g., Cast Bronze Rev: "U" at bottom, "Sam" (3) at right

Date	Mintage	Good	VG	F	VF	XF
ND(1742-52)	—	3.00	4.00	6.00	10.00	—

KM# 328 2 MUN
Cast Bronze Rev: "U" at bottom, "Sam" (3) at left

Date	Mintage	Good	VG	F	VF	XF
ND(1742-52)	—	10.00	17.50	25.00	40.00	—

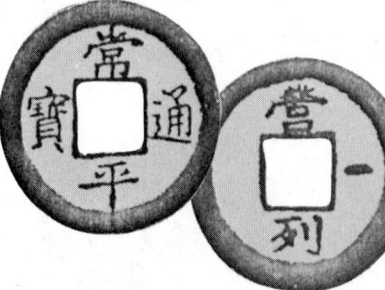

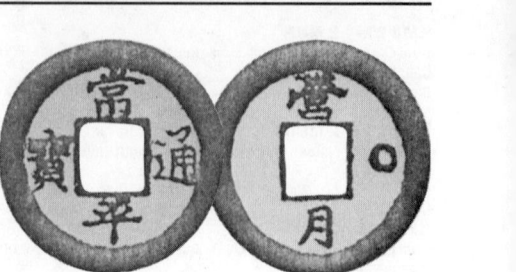

KM# 332 2 MUN
6.7500 g., Cast Bronze Rev: "Wol" at bottom, circle at right

Date	Mintage	Good	VG	F	VF	XF
ND(1742-52)	—	3.00	4.00	6.00	10.00	—

KM# 333.1 2 MUN
6.7500 g., Cast Bronze Rev: "Chu" at bottom, crescent at right, circle at left

Date	Mintage	Good	VG	F	VF	XF
ND(1742-52) Series 1	—	3.00	4.00	6.00	10.00	—

KM# 329 2 MUN
6.7500 g., Cast Bronze Rev: "Yol" at bottom, "Il" (1) at right

Date	Mintage	Good	VG	F	VF	XF
ND(1742-52)	—	3.00	4.00	6.00	10.00	—

KM# 334.1 2 MUN
6.7500 g., Cast Bronze Rev: "Hwang" (barren) at bottom, crescent at right

Date	Mintage	Good	VG	F	VF	XF
ND(1742-52) Series 1	—	3.50	5.50	9.00	12.50	—

KM# 312 2 MUN
6.7500 g., Cast Bronze, 29-31 mm. Rev: "Ch'on" at bottom **Note:** Size varies.

Date	Mintage	Good	VG	F	VF	XF
ND(1742-52)	—	3.00	4.00	6.00	10.00	—

KM# 282 2 MUN
Cast Bronze **Note:** Small characters.

Date	Mintage	Good	VG	F	VF	XF
ND(1742-52)	—	3.00	4.00	6.00	10.00	—

KM# 295 2 MUN
6.7500 g., Cast Bronze Rev: "Hwa" at bottom **Note:** Struck at O Yong Ch'ong.

Date	Mintage	Good	VG	F	VF	XF
ND(1752)	—	3.00	4.00	6.00	10.00	—

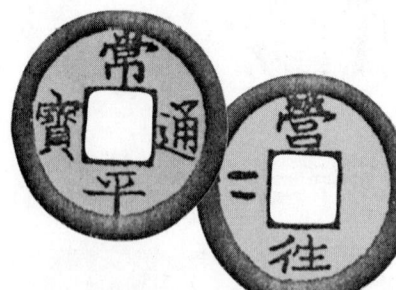

KM# 330 2 MUN
6.7500 g., Cast Bronze Rev: "Chang" (extend) at bottom, "Il" (1) at right

Date	Mintage	Good	VG	F	VF	XF
ND(1742-52)	—	3.00	4.00	6.00	10.00	—

KM# 283 2 MUN
6.7500 g., Cast Bronze, 28 mm. **Note:** Reduced size.

Date	Mintage	Good	VG	F	VF	* XF
ND(1752)	—	3.00	4.00	6.00	10.00	—

KM# 294s 2 MUN
6.7500 g., Cast Bronze **Note:** Seed type.

Date	Mintage	Good	VG	F	VF	XF
ND(1752) Series 1-5	—	—	—	—	—	115

KM# 296s 2 MUN
6.7500 g., Cast Bronze **Note:** Seed type.

Date	Mintage	Good	VG	F	VF	XF
ND(1752) Series 1-5	—	—	—	—	—	115

KM# 299s 2 MUN
6.7500 g., Cast Bronze **Note:** Seed type.

Date	Mintage	Good	VG	F	VF	XF
ND(1752) Series 1-5	—	—	—	—	—	115

KM# 331.1 2 MUN
6.7500 g., Cast Bronze Rev: "Wang" at bottom, series number at left

Date	Mintage	Good	VG	F	VF	XF
ND(1742-52) Series 1	—	3.00	4.00	6.00	10.00	—

KM# 331.2 2 MUN
6.7500 g., Cast Bronze Rev: "Wang" at bottom, series number at left

Date	Mintage	Good	VG	F	VF	XF
ND(1742-52) Series 2	—	3.00	4.00	6.00	10.00	—

KM# 304s 2 MUN
6.7500 g., Cast Bronze **Note:** Seed type.

Date	Mintage	Good	VG	F	VF	XF
ND(1752) Series 1-5	—	—	—	—	—	115

KM# 310s 2 MUN
6.7500 g., Cast Bronze **Note:** Seed type.

Date	Mintage	Good	VG	F	VF	XF
ND(1752) Series 1-5	—	—	—	—	—	115

KM# 283s 2 MUN
6.7500 g., Cast Bronze

Date	Mintage	Good	VG	F	VF	XF
ND(1752)	—	—	—	—	—	115

KM# 284 2 MUN
6.7500 g., Cast Bronze **Rev:** Circle at right

Date	Mintage	Good	VG	F	VF	XF
ND(1752)	—	3.00	4.00	6.00	10.00	—

KM# 284s 2 MUN
6.7500 g., Cast Bronze

Date	Mintage	Good	VG	F	VF	XF
ND(1752)	—	—	—	—	—	115

KM# 285 2 MUN
6.7500 g., Cast Bronze **Rev:** Circle at left

Date	Mintage	Good	VG	F	VF	XF
ND(1752)	—	3.00	4.00	6.00	10.00	—

KM# 286 2 MUN
6.7500 g., Cast Bronze **Rev:** Double circle at right

Date	Mintage	Good	VG	F	VF	XF
ND(1752)	—	3.00	4.00	6.00	10.00	—

KM# 287 2 MUN
6.7500 g., Cast Bronze **Rev:** Double circle at left

Date	Mintage	Good	VG	F	VF	XF
ND(1752)	—	3.00	4.00	6.00	10.00	—

KM# 288 2 MUN
6.7500 g., Cast Bronze **Rev:** Double circle at left and right

Date	Mintage	Good	VG	F	VF	XF
ND(1752)	—	10.00	20.00	30.00	50.00	—

KM# 289 2 MUN
6.7500 g., Cast Bronze **Rev:** Crescent at right

Date	Mintage	Good	VG	F	VF	XF
ND(1752)	—	3.00	4.00	6.00	10.00	—

KM# 289s 2 MUN
6.7500 g., Cast Bronze

Date	Mintage	Good	VG	F	VF	XF
ND(1752)	—	—	—	—	—	115

KM# 290s 2 MUN
6.7500 g., Cast Bronze

Date	Mintage	Good	VG	F	VF	XF
ND(1752)	—	—	—	—	—	115

KM# 291s 2 MUN
6.7500 g., Cast Bronze

Date	Mintage	Good	VG	F	VF	XF
ND(1752)	—	—	—	—	—	125

KM# 292s 2 MUN
6.7500 g., Cast Bronze

Date	Mintage	Good	VG	F	VF	XF
ND(1752)	—	—	—	—	—	115

KM# 293 2 MUN
6.7500 g., Cast Bronze **Rev:** "Mok" at bottom

Date	Mintage	Good	VG	F	VF	XF
ND(1752)	—	3.00	4.00	6.00	10.00	—

KM# 290 2 MUN
6.7500 g., Cast Bronze **Rev:** Outward crescent at left

Date	Mintage	Good	VG	F	VF	XF
ND(1752)	—	3.00	4.00	6.00	10.00	—

KM# 294 2 MUN
6.7500 g., Cast Bronze **Rev:** "Mok" at bottom, series number at left

Date	Mintage	Good	VG	F	VF	XF
ND(1752) Series 1-5	—	3.00	4.00	6.00	10.00	—

KM# A294.3 2 MUN
6.7500 g., Cast Bronze **Rev:** Circle added at right

Date	Mintage	Good	VG	F	VF	XF
ND(1752) Series 3	—	25.00	40.00	75.00	110	—

KM# 295s 2 MUN
6.7500 g., Cast Bronze

Date	Mintage	Good	VG	F	VF	XF
ND(1752)	—	—	—	—	—	115

KM# 291 2 MUN
6.7500 g., Cast Bronze **Rev:** Inward crescent at left

Date	Mintage	Good	VG	F	VF	XF
ND(1752)	—	10.00	15.00	25.00	40.00	—

KM# 292 2 MUN
6.7500 g., Cast Bronze **Rev:** Crescent at right, circle at left

Date	Mintage	Good	VG	F	VF	XF
ND(1752)	—	3.00	4.00	6.00	10.00	—

KM# 285s 2 MUN
6.7500 g., Cast Bronze

Date	Mintage	Good	VG	F	VF	XF
ND(1752)	—	—	—	—	—	115

KM# 286s 2 MUN
6.7500 g., Cast Bronze

Date	Mintage	Good	VG	F	VF	XF
ND(1752)	—	—	—	—	—	115

KM# 287s 2 MUN
6.7500 g., Cast Bronze

Date	Mintage	Good	VG	F	VF	XF
ND(1752)	—	—	—	—	—	115

KM# 288s 2 MUN
6.7500 g., Cast Bronze

Date	Mintage	Good	VG	F	VF	XF
ND(1752)	—	—	—	—	—	125

KM# 296 2 MUN
6.7500 g., Cast Bronze **Rev:** "Hwa" at bottom, series number at left

Date	Mintage	Good	VG	F	VF	XF
ND(1752) Series 1-5	—	3.00	4.00	6.00	10.00	—

KM# 297.2 2 MUN
6.7500 g., Cast Bronze **Rev:** "Hwa" at bottom, circle at right, series number at left

Date	Mintage	Good	VG	F	VF	XF
ND(1752) Series 2	—	20.00	35.00	60.00	100	—

KM# 297s 2 MUN
6.7500 g., Cast Bronze

Date	Mintage	Good	VG	F	VF	XF
ND(1752) Series 2	—	—	—	—	—	175

KM# 298 2 MUN
6.7500 g., Cast Bronze **Rev:** "T'o" at bottom

Date	Mintage	Good	VG	F	VF	XF
ND(1752)	—	3.00	4.00	6.00	10.00	—

KM# 298s 2 MUN
6.7500 g., Cast Bronze

Date	Mintage	Good	VG	F	VF	XF
ND(1752)	—	—	—	—	—	115

KM# 299 2 MUN
6.7500 g., Cast Bronze **Rev:** "T'o" at bottom, series number at left

Date	Mintage	Good	VG	F	VF	XF
ND(1752) Series 1-5	—	3.00	4.00	6.00	10.00	—

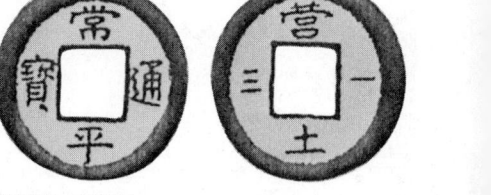

KM# 300 2 MUN
6.7500 g., Cast Bronze **Rev:** "T'o" at bottom, "Il" (1) at right, "Sam" (3) at left

Date	Mintage	Good	VG	F	VF	XF
ND(1752)	—	3.00	4.00	6.00	10.00	—

KM# 300s 2 MUN
6.7500 g., Cast Bronze

Date	Mintage	Good	VG	F	VF	XF
ND(1752)	—	—	—	—	—	115

KM# 301 2 MUN
6.7500 g., Cast Bronze **Rev:** "T'o" at bottom, crescent at right

Date	Mintage	Good	VG	F	VF	XF
ND(1752)	—	3.00	4.00	6.00	10.00	—

KM# 301s 2 MUN
6.7500 g., Cast Bronze

Date	Mintage	Good	VG	F	VF	XF
ND(1752)	—	—	—	—	—	115

KM# 302 2 MUN
6.7500 g., Cast Bronze **Rev:** "T'o" at bottom, crescent at left

Date	Mintage	Good	VG	F	VF	XF
ND(1752)	—	3.00	4.00	6.00	10.00	—

KM# 302s 2 MUN
6.7500 g., Cast Bronze

Date	Mintage	Good	VG	F	VF	XF
ND(1752)	—	—	—	—	—	115

KM# A302 2 MUN
6.7500 g., Cast Bronze **Rev:** "Mok" at bottom, crescent at left

Date	Mintage	Good	VG	F	VF	XF
ND(1752)	—	3.00	4.00	6.00	10.00	—

KM# B302 2 MUN
6.7500 g., Cast Bronze **Rev:** "Hwa" at bottom, crescent at left

Date	Mintage	Good	VG	F	VF	XF
ND(1752)	—	3.00	4.00	6.00	10.00	—

KM# C302 2 MUN
6.7500 g., Cast Bronze **Rev:** "Kum" at bottom, crescent at left

Date	Mintage	Good	VG	F	VF	XF
ND(1752)	—	3.00	4.00	6.00	10.00	—

KM# D302 2 MUN
6.7500 g., Cast Bronze **Rev:** "Su" at bottom, crescent at left

Date	Mintage	Good	VG	F	VF	XF
ND(1752)	—	3.00	4.00	6.00	10.00	—

KM# 303 2 MUN
6.7500 g., Cast Bronze **Rev:** "Kum" at bottom

Date	Mintage	Good	VG	F	VF	XF
ND(1752)	—	3.00	4.00	6.00	10.00	—

KM# 303s 2 MUN
6.7500 g., Cast Bronze

Date	Mintage	Good	VG	F	VF	XF
ND(1752)	—	—	—	—	—	115

ARMAMENTS BUREAU
(Mu Bi Sa)

KM# 304 2 MUN
6.7500 g., Cast Bronze **Rev:** "Kum" at bottom, series number at left

Date	Mintage	Good	VG	F	VF	XF
ND(1752) Series 1-5	—	3.00	4.00	6.00	10.00	—

KM# 305 2 MUN
6.7500 g., Cast Bronze **Rev:** "Kum" at bottom, circle at right, series number at left

Date	Mintage	Good	VG	F	VF	XF
ND(1752) Series 4	—	20.00	30.00	60.00	100	—

KM# 305s 2 MUN
6.7500 g., Cast Bronze

Date	Mintage	Good	VG	F	VF	XF
ND(1752) Series 4	—	—	—	—	—	175

KM# 306 2 MUN
6.7500 g., Cast Bronze **Rev:** "Kum" at bottom, crescent at right

Date	Mintage	Good	VG	F	VF	XF
ND(1752)	—	3.00	4.00	6.00	10.00	—

KM# 306s 2 MUN
6.7500 g., Cast Bronze

Date	Mintage	Good	VG	F	VF	XF
ND(1752)	—	—	—	—	—	115

KM# 307 2 MUN
6.7500 g., Cast Bronze **Rev:** "Kum" at bottom, crescent at left

Date	Mintage	Good	VG	F	VF	XF
ND(1752)	—	3.00	4.00	6.00	10.00	—

KM# 307s 2 MUN
6.7500 g., Cast Bronze

Date	Mintage	Good	VG	F	VF	XF
ND(1752)	—	—	—	—	—	115

KM# 309 2 MUN
6.7500 g., Cast Bronze **Rev:** "Su" at bottom

Date	Mintage	Good	VG	F	VF	XF
ND(1752)	—	3.00	4.00	6.00	10.00	—

KM# 309s 2 MUN
6.7500 g., Cast Bronze

Date	Mintage	Good	VG	F	VF	XF
ND(1752)	—	—	—	—	—	115

KM# 310 2 MUN
6.7500 g., Cast Bronze **Rev:** "Su" at bottom, series number at left

Date	Mintage	Good	VG	F	VF	XF
ND(1752) Series 1-5	—	3.00	4.00	6.00	10.00	—

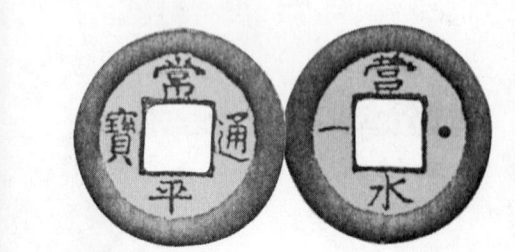

KM# 311 2 MUN
6.7500 g., Cast Bronze **Rev:** "Su" at bottom, dot at right, series number at left

Date	Mintage	Good	VG	F	VF	XF
ND(1752) Series 1	—	3.00	4.00	6.00	10.00	—

KM# 311s 2 MUN
6.7500 g., Cast Bronze

Date	Mintage	Good	VG	F	VF	XF
ND(1752) Series 1	—	—	—	—	—	115

KM# 335 MUN
4.5000 g., Cast Copper, 25 mm. **Rev:** "Mu" at top

Date	Mintage	Good	VG	F	VF	XF
ND(1742) Rare	—	—	—	—	—	—

KM# 336.1 2 MUN
Cast Copper, 31 mm. **Rev:** "I" (2) at bottom **Note:** Weight varies 8.00-9.00 grams.

Date	Mintage	Good	VG	F	VF	XF
ND(1742-52)	—	3.00	4.00	6.00	10.00	—

KM# 336.2 2 MUN
Cast Copper, 31 mm. **Rev:** Star at lower left **Note:** Weight varies 8.00-9.00 grams.

Date	Mintage	Good	VG	F	VF	XF
ND(1742-52)	—	3.00	4.00	6.00	10.00	—

COURT GUARD
(Kum Wi Yong)

KM# 342 MUN
Cast Bronze, 25 mm. **Rev:** Circle at right, series number at bottom

Date	Mintage	Good	VG	F	VF	XF
ND(1742) Series 1-10	—	2.00	3.00	5.00	8.00	—

KM# 343 MUN
Cast Bronze, 24 mm. **Rev:** Circle at left, series number at bottom

Date	Mintage	Good	VG	F	VF	XF
ND(1742) Series 1-10	—	2.00	3.00	5.00	8.00	—

KM# 343a MUN
Cast Bronze **Obv:** Star above "Tong"

Date	Mintage	Good	VG	F	VF	XF
ND(1742) Series 2	—	1.50	2.25	3.00	5.00	—

KM# 345 MUN
Cast Bronze, 24.5 mm. **Rev:** Crescent at left, orice number at bottom

Date	Mintage	Good	VG	F	VF	XF
ND(1742) Series 1-10	—	2.00	3.00	5.00	8.00	—

KM# 342s MUN
Cast Bronze **Note:** Seed type.

Date	Mintage	Good	VG	F	VF	XF
ND(1742) Series 1-10	—	—	—	—	—	115

KM# 343s MUN
Cast Bronze **Note:** Seed type.

Date	Mintage	Good	VG	F	VF	XF
ND(1742) Series 1-10	—	—	—	—	—	115

KM# 344s MUN
Cast Bronze, 25 mm. **Note:** Seed type.

Date	Mintage	Good	VG	F	VF	XF
ND(1742) Series 1-10	—	—	—	—	—	115

KM# 345s MUN
Cast Bronze **Note:** Seed type.

Date	Mintage	Good	VG	F	VF	XF
ND(1742) Series 1-10	—	—	—	—	—	115

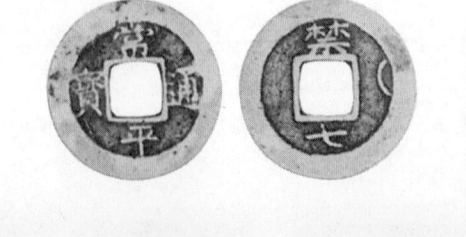

KM# 344 MUN
Cast Bronze, 23.5-24.8 mm. **Rev:** Crescent at right, series number at bottom **Note:** Size varies.

Date	Mintage	Good	VG	F	VF	XF
ND(1742) Series 1-10	—	2.00	3.00	5.00	8.00	—

KM# 388s 2 MUN
6.7500 g., Cast Copper Or Bronze

Date	Mintage	Good	VG	F	VF	XF
ND(1752)	—	—	—	—	—	115

KM# 346 2 MUN
6.7500 g., Cast Copper Or Bronze **Rev:** "I" (2) at bottom

Date	Mintage	Good	VG	F	VF	XF
ND(1752)	—	3.00	4.00	6.00	10.00	—

KM# 347 2 MUN
6.7500 g., Cast Copper Or Bronze **Rev:** Crescent at left

Date	Mintage	Good	VG	F	VF	XF
ND	—	8.50	15.00	25.00	40.00	—

KM# 347s 2 MUN
6.7500 g., Cast Copper Or Bronze

Date	Mintage	Good	VG	F	VF	XF
ND(1752)	—	—	—	—	—	125

KM# 348s 2 MUN
6.7500 g., Cast Copper Or Bronze

Date	Mintage	Good	VG	F	VF	XF
ND(1752)	—	—	—	—	—	115

KM# 350a 2 MUN
6.7500 g., Cast Copper Or Bronze **Obv:** "P'yong" with hooks

Date	Mintage	Good	VG	F	VF	XF
ND(1752)	—	3.00	4.00	6.00	10.00	—

KM# 350s 2 MUN
6.7500 g., Cast Copper Or Bronze

Date	Mintage	Good	VG	F	VF	XF
ND(1752)	—	—	—	—	—	115

KM# 352a 2 MUN
6.7500 g., Cast Copper Or Bronze **Obv:** "P'yong" with hooks

Date	Mintage	Good	VG	F	VF	XF
ND(1752)	—	3.00	4.00	6.00	10.00	—

KM# 352s 2 MUN
6.7500 g., Cast Copper Or Bronze

Date	Mintage	Good	VG	F	VF	XF
ND(1752)	—	—	—	—	—	115

KM# 354a 2 MUN
6.7500 g., Cast Copper Or Bronze **Obv:** "P'yong" with hooks

Date	Mintage	Good	VG	F	VF	XF
ND(1752)	—	3.00	4.00	6.00	10.00	—

KM# 354s 2 MUN
6.7500 g., Cast Copper Or Bronze

Date	Mintage	Good	VG	F	VF	XF
ND(1752)	—	—	—	—	—	115

KM# 356a 2 MUN
6.7500 g., Cast Copper Or Bronze **Obv:** "P'yong" with hooks

Date	Mintage	Good	VG	F	VF	XF
ND(1752)	—	3.00	4.00	6.00	10.00	—

KM# 356s 2 MUN
6.7500 g., Cast Copper Or Bronze

Date	Mintage	Good	VG	F	VF	XF
ND(1752)	—	—	—	—	—	115

KM# 360a 2 MUN
6.7500 g., Cast Copper Or Bronze **Obv:** "P'yong" with hooks

Date	Mintage	Good	VG	F	VF	XF
ND(1752)	—	3.00	4.00	6.00	10.00	—

KM# 360s 2 MUN
6.7500 g., Cast Copper Or Bronze

Date	Mintage	Good	VG	F	VF	XF
ND(1752)	—	—	—	—	—	115

KM# 358a 2 MUN
6.7500 g., Cast Copper Or Bronze **Obv:** "P'yong" with hooks

Date	Mintage	Good	VG	F	VF	XF
ND(1752)	—	3.00	4.00	6.00	10.00	—

KM# 358s 2 MUN
6.7500 g., Cast Copper Or Bronze

Date	Mintage	Good	VG	F	VF	XF
ND(1752)	—	—	—	—	—	115

KM# 362a 2 MUN
6.7500 g., Cast Copper Or Bronze **Obv:** "P'yong" with hooks

Date	Mintage	Good	VG	F	VF	XF
ND(1752)	—	3.00	4.00	6.00	10.00	—

KM# 362s 2 MUN
6.7500 g., Cast Copper Or Bronze

Date	Mintage	Good	VG	F	VF	XF
ND(1752)	—	—	—	—	—	115

KM# 364a 2 MUN
6.7500 g., Cast Copper Or Bronze **Obv:** "P'yong" with hooks

Date	Mintage	Good	VG	F	VF	XF
ND(1752)	—	3.00	4.00	6.00	10.00	—

KM# 364s 2 MUN

6.7500 g., Cast Copper Or Bronze

Date	Mintage	Good	VG	F	VF	XF
ND(1752)	—	—	—	—	—	115

KM# 366a 2 MUN

6.7500 g., Cast Copper Or Bronze **Obv:** "P'yong" with hooks

Date	Mintage	Good	VG	F	VF	XF
ND(1752)	—	3.00	4.00	6.00	10.00	—

KM# 366s 2 MUN

6.7500 g., Cast Copper Or Bronze

Date	Mintage	Good	VG	F	VF	XF
ND(1752)	—	—	—	—	—	115

KM# 368a 2 MUN

6.7500 g., Cast Copper Or Bronze **Obv:** "P'yong" with hooks

Date	Mintage	Good	VG	F	VF	XF
ND(1752)	—	—	—	—	—	—

KM# 368s 2 MUN

6.7500 g., Cast Copper Or Bronze

Date	Mintage	Good	VG	F	VF	XF
ND(1752)	—	—	—	—	—	115

KM# 370a 2 MUN

6.7500 g., Cast Copper Or Bronze **Obv:** "P'yong" with hooks

Date	Mintage	Good	VG	F	VF	XF
ND(1752)	—	3.00	4.00	6.00	10.00	—

KM# 370s 2 MUN

6.7500 g., Cast Copper Or Bronze

Date	Mintage	Good	VG	F	VF	XF
ND(1752)	—	—	—	—	—	115

KM# 372a 2 MUN

6.7500 g., Cast Copper Or Bronze **Obv:** "P'yong" with hooks

Date	Mintage	Good	VG	F	VF	XF
ND(1752)	—	3.00	4.00	6.00	10.00	—

KM# 372s 2 MUN

6.7500 g., Cast Copper Or Bronze

Date	Mintage	Good	VG	F	VF	XF
ND(1752)	—	—	—	—	—	115

KM# 374a 2 MUN

6.7500 g., Cast Copper Or Bronze **Obv:** "P'yong" with hooks

Date	Mintage	Good	VG	F	VF	XF
ND(1752)	—	3.00	4.00	6.00	10.00	—

KM# 374s 2 MUN

6.7500 g., Cast Copper Or Bronze

Date	Mintage	Good	VG	F	VF	XF
ND(1752)	—	—	—	—	—	115

KM# 348 2 MUN

6.7500 g., Cast Copper Or Bronze **Rev:** "Ch'on" at bottom **Note:** Large characters.

Date	Mintage	Good	VG	F	VF	XF
ND(1752)	—	3.00	4.00	6.00	10.00	—

KM# 348a 2 MUN

6.7500 g., Cast Copper Or Bronze **Obv:** "P'yong" with hooks **Note:** Large characters.

Date	Mintage	Good	VG	F	VF	XF
ND(1752)	—	3.00	4.00	6.00	10.00	—

KM# 350 2 MUN

6.7500 g., Cast Copper Or Bronze **Rev:** "Chi" at bottom **Note:** Large characters.

Date	Mintage	Good	VG	F	VF	XF
ND(1752)	—	3.00	4.00	6.00	10.00	—

KM# 352 2 MUN

6.7500 g., Cast Copper Or Bronze **Rev:** "Hyon" at bottom **Note:** Large characters.

Date	Mintage	Good	VG	F	VF	XF
ND(1752)	—	3.00	4.00	6.00	10.00	—

KM# 354 2 MUN

6.7500 g., Cast Copper Or Bronze **Rev:** "Hwang" (yellow) at bottom **Note:** Large characters.

Date	Mintage	Good	VG	F	VF	XF
ND(1752)	—	3.00	4.00	6.00	10.00	—

KM# 356 2 MUN

6.7500 g., Cast Copper Or Bronze **Rev:** "U" at bottom **Note:** Large characters.

Date	Mintage	Good	VG	F	VF	XF
ND(1752)	—	3.00	4.00	6.00	10.00	—

KM# 358 2 MUN

6.7500 g., Cast Copper Or Bronze **Rev:** "Chu" at bottom **Note:** Large characters.

Date	Mintage	Good	VG	F	VF	XF
ND(1752)	—	3.00	4.00	6.00	10.00	—

KM# 360 2 MUN

6.7500 g., Cast Copper Or Bronze **Rev:** "Hong" at bottom **Note:** Large characters.

Date	Mintage	Good	VG	F	VF	XF
ND(1752)	—	3.00	4.00	6.00	10.00	—

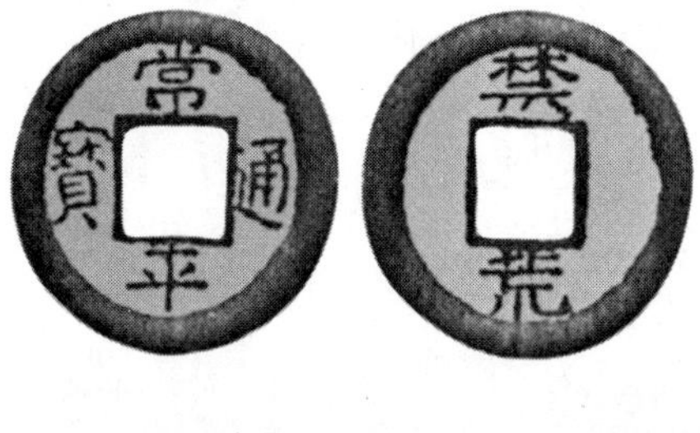

KM# 362 2 MUN

6.7500 g., Cast Copper Or Bronze **Rev:** "Hwang" (barren) at bottom **Note:** Large characters.

Date	Mintage	Good	VG	F	VF	XF
ND(1752)	—	3.00	4.00	6.00	10.00	—

KM# 364 2 MUN

6.7500 g., Cast Copper Or Bronze **Rev:** "Il" (sun) at bottom **Note:** Large characters.

Date	Mintage	Good	VG	F	VF	XF
ND(1752)	—	3.00	4.00	6.00	10.00	—

KM# 366 2 MUN

6.7500 g., Cast Copper Or Bronze **Rev:** "Wol" at bottom **Note:** Large characters.

Date	Mintage	Good	VG	F	VF	XF
ND(1752)	—	3.00	4.00	6.00	10.00	—

KM# 368 2 MUN

6.7500 g., Cast Copper Or Bronze **Rev:** "Yong" at bottom **Note:** Large characters.

Date	Mintage	Good	VG	F	VF	XF
ND(1752)	—	3.00	4.00	6.00	10.00	—

KM# 370 2 MUN

6.7500 g., Cast Copper Or Bronze **Rev:** "Ch'uk" at bottom **Note:** Large characters.

Date	Mintage	Good	VG	F	VF	XF
ND(1752)	—	3.00	4.00	6.00	10.00	—

KM# 372 2 MUN

6.7500 g., Cast Copper Or Bronze **Rev:** "Chin" at bottom **Note:** Large characters.

Date	Mintage	Good	VG	F	VF	XF
ND(1752)	—	3.00	4.00	6.00	10.00	—

KM# 374 2 MUN

6.7500 g., Cast Copper Or Bronze **Rev:** "Suk" at bottom **Note:** Large characters.

Date	Mintage	Good	VG	F	VF	XF
ND(1752)	—	3.00	4.00	6.00	10.00	—

KM# 376 2 MUN

6.7500 g., Cast Copper Or Bronze **Rev:** "Yol" at bottom **Note:** Large characters.

Date	Mintage	Good	VG	F	VF	XF
ND(1752)	—	3.00	4.00	6.00	10.00	—

KM# 378 2 MUN

6.7500 g., Cast Copper Or Bronze **Rev:** "Chang" (extend) at bottom **Note:** Large characters.

Date	Mintage	Good	VG	F	VF	XF
ND(1752)	—	3.00	4.00	6.00	10.00	—

KM# 380 2 MUN

6.7500 g., Cast Copper Or Bronze **Rev:** "Han" at bottom **Note:** Large characters.

Date	Mintage	Good	VG	F	VF	XF
ND(1752)	—	3.00	4.00	6.00	10.00	—

KM# 382 2 MUN

6.7500 g., Cast Copper Or Bronze **Rev:** "Nae" at bottom **Note:** Large characters.

Date	Mintage	Good	VG	F	VF	XF
ND(1752)	—	3.00	4.50	6.50	10.00	—

KM# 384 2 MUN

6.7500 g., Cast Copper Or Bronze **Rev:** "So" at bottom **Note:** Large characters.

Date	Mintage	Good	VG	F	VF	XF
ND(1752)	—	3.00	4.50	6.50	10.00	—

KM# 388 2 MUN

6.7500 g., Cast Copper Or Bronze **Rev:** "Ch'u" at bottom **Note:** Large characters.

Date	Mintage	Good	VG	F	VF	XF
ND(1752)	—	3.00	4.50	6.50	10.00	—

KM# 353 2 MUN

6.7500 g., Cast Copper Or Bronze **Note:** Small characters.

Date	Mintage	Good	VG	F	VF	XF
ND(1752)	—	3.00	4.00	6.00	10.00	—

KM# 378a 2 MUN

6.7500 g., Cast Copper Or Bronze **Obv:** "P'yong" with hooks

Date	Mintage	Good	VG	F	VF	XF
ND(1752)	—	3.00	4.00	6.00	10.00	—

KM# 378s 2 MUN

6.7500 g., Cast Copper Or Bronze

Date	Mintage	Good	VG	F	VF	XF
ND(1752)	—	—	—	—	—	115

KM# 380s 2 MUN

6.7500 g., Cast Copper Or Bronze

Date	Mintage	Good	VG	F	VF	XF
ND(1752)	—	—	—	—	—	115

KM# 376a 2 MUN

6.7500 g., Cast Copper Or Bronze **Obv:** "P'yong" with hooks

Date	Mintage	Good	VG	F	VF	XF
ND(1752)	—	3.00	4.00	6.00	10.00	—

KM# 376s 2 MUN

6.7500 g., Cast Copper Or Bronze

Date	Mintage	Good	VG	F	VF	XF
ND(1752)	—	—	—	—	—	115

KM# 382s 2 MUN

6.7500 g., Cast Copper Or Bronze

Date	Mintage	Good	VG	F	VF	XF
ND(1752)	—	—	—	—	—	115

KM# 384s 2 MUN

6.7500 g., Cast Copper Or Bronze

Date	Mintage	Good	VG	F	VF	XF
ND(1752)	—	—	—	—	—	115

KM# 386 2 MUN

6.7500 g., Cast Copper Or Bronze **Rev:** "Wang" at bottom

Date	Mintage	Good	VG	F	VF	XF
ND(1753)	—	3.00	4.50	6.50	10.00	—

KM# 386s 2 MUN

6.7500 g., Cast Copper Or Bronze

Date	Mintage	Good	VG	F	VF	XF
ND(1752)	—	—	—	—	—	115

KM# 387s 2 MUN

6.7500 g., Cast Copper Or Bronze

Date	Mintage	Good	VG	F	VF	XF
ND(1753)	—	—	—	—	—	115

KM# 385s 2 MUN

6.7500 g., Cast Copper Or Bronze

Date	Mintage	Good	VG	F	VF	XF
ND(1753)	—	—	—	—	—	115

KM# 383s 2 MUN

6.7500 g., Cast Copper Or Bronze

Date	Mintage	Good	VG	F	VF	XF
ND(1753)	—	—	—	—	—	115

KM# 377s 2 MUN

6.7500 g., Cast Copper Or Bronze

Date	Mintage	Good	VG	F	VF	XF
ND(1753)	—	—	—	—	—	115

KM# 381s 2 MUN

6.7500 g., Cast Copper Or Bronze

Date	Mintage	Good	VG	F	VF	XF
ND(1753)	—	—	—	—	—	115

KM# 355 2 MUN

6.7500 g., Cast Copper Or Bronze **Note:** Small characters.

Date	Mintage	Good	VG	F	VF	XF
ND(1753)	—	3.00	4.00	6.00	10.00	—

KM# 357 2 MUN

6.7500 g., Cast Copper Or Bronze **Note:** Small characters.

Date	Mintage	Good	VG	F	VF	XF
ND(1753)	—	3.00	4.00	6.00	10.00	—

KM# 359 2 MUN

6.7500 g., Cast Copper Or Bronze **Note:** Small characters.

Date	Mintage	Good	VG	F	VF	XF
ND(1753)	—	3.00	4.00	6.00	10.00	—

KM# 363 2 MUN

6.7500 g., Cast Copper Or Bronze **Note:** Small characters.

Date	Mintage	Good	VG	F	VF	XF
ND(1753)	—	3.00	4.00	6.00	10.00	—

KM# 365 2 MUN

6.7500 g., Cast Copper Or Bronze **Note:** Small characters.

Date	Mintage	Good	VG	F	VF	XF
ND(1753)	—	3.00	4.00	6.00	10.00	—

KM# 367 2 MUN

6.7500 g., Cast Copper Or Bronze **Note:** Small characters.

Date	Mintage	Good	VG	F	VF	XF
ND(1753)	—	3.00	4.00	6.00	10.00	—

KM# 369 2 MUN

6.7500 g., Cast Copper Or Bronze **Note:** Small characters.

Date	Mintage	Good	VG	F	VF	XF
ND(1753)	—	3.00	4.00	6.00	10.00	—

KM# 371 2 MUN

6.7500 g., Cast Copper Or Bronze **Note:** SMall characters.

Date	Mintage	Good	VG	F	VF	XF
ND(1753)	—	3.00	4.00	6.00	10.00	—

KM# 373 2 MUN

6.7500 g., Cast Copper Or Bronze **Note:** Small characters.

Date	Mintage	Good	VG	F	VF	XF
ND(1753)	—	3.00	4.00	6.00	10.00	—

KM# 375 2 MUN

6.7500 g., Cast Copper Or Bronze **Note:** Small characters.

Date	Mintage	Good	VG	F	VF	XF
ND(1753)	—	3.00	4.00	6.00	10.00	—

KM# 377 2 MUN

6.7500 g., Cast Copper Or Bronze **Note:** Small characters.

Date	Mintage	Good	VG	F	VF	XF
ND(1753)	—	3.00	4.00	6.00	10.00	—

KM# 379 2 MUN

6.7500 g., Cast Copper Or Bronze **Note:** Small characters.

Date	Mintage	Good	VG	F	VF	XF
ND(1753)	—	3.00	4.00	6.00	10.00	—

KM# 381 2 MUN

6.7500 g., Cast Copper Or Bronze **Note:** Small characters.

Date	Mintage	Good	VG	F	VF	XF
ND(1753)	—	3.00	4.00	6.00	10.00	—

KM# 383 2 MUN

6.7500 g., Cast Copper Or Bronze **Note:** Small characters.

Date	Mintage	Good	VG	F	VF	XF
ND(1753)	—	3.00	4.50	6.50	10.00	—

KOREA

KM# 385 2 MUN
6.7500 g., Cast Copper Or Bronze Note: Small characters.

Date	Mintage	Good	VG	F	VF	XF
ND(1753)	—	3.00	4.50	6.50	10.00	—

KM# 387 2 MUN
6.7500 g., Cast Copper Or Bronze Note: Small characters.

Date	Mintage	Good	VG	F	VF	XF
ND(1753)	—	3.00	4.50	6.50	10.00	—

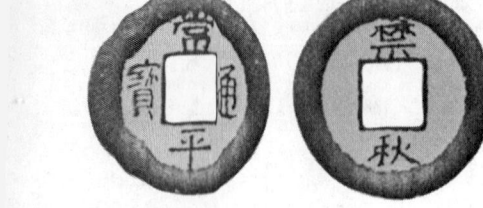

KM# 389 2 MUN
6.7500 g., Cast Copper Or Bronze Note: Small characters.

Date	Mintage	Good	VG	F	VF	XF
ND(1753)	—	3.00	4.50	6.50	10.00	—

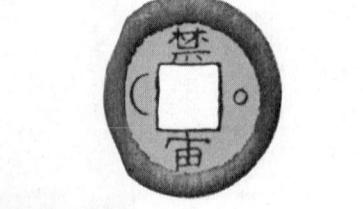

KM# 445 2 MUN
6.7500 g., Cast Copper Or Bronze Rev: "Chu" at bottom, circle at right, inward crescent at left Note: Struck at Kum Wi Yong.

Date	Mintage	Good	VG	F	VF	XF
ND(1753)	—	3.50	5.50	9.00	15.00	—

KM# 379s 2 MUN
6.7500 g., Cast Copper Or Bronze Note: Seed type.

Date	Mintage	Good	VG	F	VF	XF
ND(1753)	—	—	—	—	—	115

KM# 349 2 MUN
6.7500 g., Cast Copper Or Bronze Note: Small characters.

Date	Mintage	Good	VG	F	VF	XF
ND(1753)	—	3.00	4.00	6.00	10.00	—

KM# 351 2 MUN
6.7500 g., Cast Copper Or Bronze Note: Small characters.

Date	Mintage	Good	VG	F	VF	XF
ND(1753)	—	3.00	4.00	6.00	10.00	—

KM# 375s 2 MUN
6.7500 g., Cast Copper Or Bronze

Date	Mintage	Good	VG	F	VF	XF
ND(1753)	—	—	—	—	—	115

KM# 373s 2 MUN
6.7500 g., Cast Copper Or Bronze

Date	Mintage	Good	VG	F	VF	XF
ND(1753)	—	—	—	—	—	115

KM# 371s 2 MUN
6.7500 g., Cast Copper Or Bronze

Date	Mintage	Good	VG	F	VF	XF
ND(1753)	—	—	—	—	—	115

KM# 369s 2 MUN
6.7500 g., Cast Copper Or Bronze

Date	Mintage	Good	VG	F	VF	XF
ND(1753)	—	—	—	—	—	115

KM# 367s 2 MUN
6.7500 g., Cast Copper Or Bronze

Date	Mintage	Good	VG	F	VF	XF
ND(1753)	—	—	—	—	—	115

KM# 365s 2 MUN
6.7500 g., Cast Copper Or Bronze

Date	Mintage	Good	VG	F	VF	XF
ND(1753)	—	—	—	—	—	115

KM# 363s 2 MUN
6.7500 g., Cast Copper Or Bronze

Date	Mintage	Good	VG	F	VF	XF
ND(1753)	—	—	—	—	—	115

KM# 359s 2 MUN
6.7500 g., Cast Copper Or Bronze

Date	Mintage	Good	VG	F	VF	XF
ND(1753)	—	—	—	—	—	115

KM# 361 2 MUN
6.7500 g., Cast Copper Or Bronze

Date	Mintage	Good	VG	F	VF	XF
ND(1753)	—	3.00	4.00	6.00	10.00	—

KM# 361s 2 MUN
6.7500 g., Cast Copper Or Bronze

Date	Mintage	Good	VG	F	VF	XF
ND(1753)	—	—	—	—	—	115

KM# 357s 2 MUN
6.7500 g., Cast Copper Or Bronze

Date	Mintage	Good	VG	F	VF	XF
ND(1753)	—	—	—	—	—	115

KM# 355s 2 MUN
6.7500 g., Cast Copper Or Bronze

Date	Mintage	Good	VG	F	VF	XF
ND(1753)	—	—	—	—	—	115

KM# 353s 2 MUN
6.7500 g., Cast Copper Or Bronze

Date	Mintage	Good	VG	F	VF	XF
ND(1753)	—	—	—	—	—	115

KM# 351s 2 MUN
6.7500 g., Cast Copper Or Bronze

Date	Mintage	Good	VG	F	VF	XF
ND(1753)	—	—	—	—	—	115

KM# 349s 2 MUN
6.7500 g., Cast Copper Or Bronze

Date	Mintage	Good	VG	F	VF	XF
ND(1753)	—	—	—	—	—	115

KM# 389s 2 MUN
6.7500 g., Cast Copper Or Bronze

Date	Mintage	Good	VG	F	VF	XF
ND(1753)	—	—	—	—	—	115

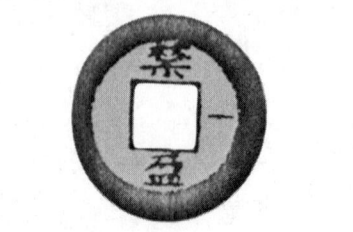

KM# 390 2 MUN
6.7500 g., Cast Copper Or Bronze Rev: "Yong" at bottom, series number at right

Date	Mintage	Good	VG	F	VF	XF
ND(1753) Series 1, 2	—	3.00	4.00	6.00	10.00	—

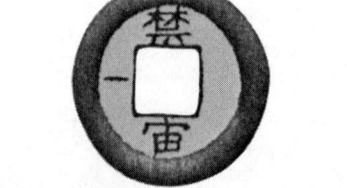

KM# 391.1 2 MUN
6.7500 g., Cast Copper Or Bronze Rev: "Chu" at bottom, series number at left

Date	Mintage	Good	VG	F	VF	XF
ND(1753) Series 1	—	3.00	4.00	6.00	10.00	—

KM# 392 2 MUN
6.7500 g., Cast Copper Or Bronze Rev: "Ch'on" at bottom, crescent at right

Date	Mintage	Good	VG	F	VF	XF
ND(1753)	—	3.00	4.00	6.00	10.00	—

KM# 392s 2 MUN
6.7500 g., Cast Copper Or Bronze

Date	Mintage	Good	VG	F	VF	XF
ND(1753)	—	—	—	—	—	115

KM# 393 2 MUN
6.7500 g., Cast Copper Or Bronze Rev: "Chi" at bottom, crescent at right

Date	Mintage	Good	VG	F	VF	XF
ND(1753)	—	3.00	4.00	6.00	10.00	—

KM# 393s 2 MUN
6.7500 g., Cast Copper Or Bronze

Date	Mintage	Good	VG	F	VF	XF
ND(1753)	—	—	—	—	—	115

KM# 394 2 MUN
6.7500 g., Cast Copper Or Bronze Rev: "Hyon" at bottom, crescent at right

Date	Mintage	Good	VG	F	VF	XF
ND(1753)	—	3.00	4.00	6.00	10.00	—

KM# 394s 2 MUN
6.7500 g., Cast Copper Or Bronze

Date	Mintage	Good	VG	F	VF	XF
ND(1753)	—	—	—	—	—	115

KM# 395 2 MUN
6.7500 g., Cast Copper Or Bronze Rev: "Hwang" (yellow) at bottom, crescent at right

Date	Mintage	Good	VG	F	VF	XF
ND(1753)	—	3.00	4.00	6.00	10.00	—

KM# 395s 2 MUN
6.7500 g., Cast Copper Or Bronze

Date	Mintage	Good	VG	F	VF	XF
ND(1753)	—	—	—	—	—	115

KM# 396 2 MUN
6.7500 g., Cast Copper Or Bronze Rev: "U" at bottom, crescent at right

Date	Mintage	Good	VG	F	VF	XF
ND(1753)	—	3.00	4.00	6.00	10.00	—

KM# 396a 2 MUN
6.7500 g., Cast Copper Or Bronze Obv: Clouds at left, "P'yong" with hooks

Date	Mintage	Good	VG	F	VF	XF
ND(1753)	—	3.00	4.00	6.00	10.00	—

KM# 396s 2 MUN
6.7500 g., Cast Copper Or Bronze

Date	Mintage	Good	VG	F	VF	XF
ND(1753)	—	—	—	—	—	115

KM# 397 2 MUN
6.7500 g., Cast Copper Or Bronze Rev: "Chu" at bottom, crescent at right

Date	Mintage	Good	VG	F	VF	XF
ND(1753)	—	3.00	4.00	6.00	10.00	—

KM# 397s 2 MUN
6.7500 g., Cast Copper Or Bronze

Date	Mintage	Good	VG	F	VF	XF
ND(1753)	—	—	—	—	—	115

KM# 398 2 MUN
6.7500 g., Cast Copper Or Bronze Rev: "Hong" at bottom, crescent at right

Date	Mintage	Good	VG	F	VF	XF
ND(1753)	—	3.00	4.00	6.00	10.00	—

KM# 398s 2 MUN
6.7500 g., Cast Copper Or Bronze

Date	Mintage	Good	VG	F	VF	XF
ND(1753)	—	—	—	—	—	115

KM# 399 2 MUN
6.7500 g., Cast Copper Or Bronze Rev: "Hwang" (barren) at bottom, crescent at right

Date	Mintage	Good	VG	F	VF	XF
ND(1753)	—	3.00	4.00	6.00	10.00	—

KM# 399s 2 MUN
6.7500 g., Cast Copper Or Bronze

Date	Mintage	Good	VG	F	VF	XF
ND(1753)	—	—	—	—	—	115

KM# 400 2 MUN
6.7500 g., Cast Copper Or Bronze Rev: "Il" (sun) at bottom, crescent at right

Date	Mintage	Good	VG	F	VF	XF
ND(1753)	—	3.00	4.00	6.00	10.00	—

KM# 400s 2 MUN
6.7500 g., Cast Copper Or Bronze

Date	Mintage	Good	VG	F	VF	XF
ND(1753)	—	—	—	—	—	115

KM# 401 2 MUN
6.7500 g., Cast Copper Or Bronze Rev: "Wol" at bottom, crescent at right

Date	Mintage	Good	VG	F	VF	XF
ND(1753)	—	3.00	4.00	6.00	10.00	—

KM# 401s 2 MUN
6.7500 g., Cast Copper Or Bronze

Date	Mintage	Good	VG	F	VF	XF
ND(1753)	—	—	—	—	—	115

KM# 402 2 MUN
6.7500 g., Cast Copper Or Bronze Rev: "Yong" at bottom, crescent at right

Date	Mintage	Good	VG	F	VF	XF
ND(1753)	—	3.00	4.00	6.00	10.00	—

KM# 402s 2 MUN
6.7500 g., Cast Copper Or Bronze

Date	Mintage	Good	VG	F	VF	XF
ND(1753)	—	—	—	—	—	115

KM# 403 2 MUN
6.7500 g., Cast Copper Or Bronze Rev: "Ch'uk" at bottom, crescent at right

Date	Mintage	Good	VG	F	VF	XF
ND(1753)	—	3.00	4.00	6.00	10.00	—

KM# 403s 2 MUN
6.7500 g., Cast Copper Or Bronze

Date	Mintage	Good	VG	F	VF	XF
ND(1753)	—	—	—	—	—	115

KM# 404 2 MUN
6.7500 g., Cast Copper Or Bronze Rev: "Chin" at bottom, crescent at right

Date	Mintage	Good	VG	F	VF	XF
ND(1753)	—	3.00	4.00	6.00	10.00	—

KM# 404s 2 MUN
6.7500 g., Cast Copper Or Bronze

Date	Mintage	Good	VG	F	VF	XF
ND(1753)	—	—	—	—	—	115

KM# 405 2 MUN
6.7500 g., Cast Copper Or Bronze **Rev:** "Suk" at bottom, crescent at right

Date	Mintage	Good	VG	F	VF	XF
ND(1753)	—	3.00	4.00	6.00	10.00	—

KM# 405s 2 MUN
6.7500 g., Cast Copper Or Bronze

Date	Mintage	Good	VG	F	VF	XF
ND(1753)	—	—	—	—	—	115

KM# 406 2 MUN
6.7500 g., Cast Copper Or Bronze **Rev:** "Yol" at bottom, crescent at right

Date	Mintage	Good	VG	F	VF	XF
ND(1753)	—	3.00	4.00	6.00	10.00	—

KM# 406s 2 MUN
6.7500 g., Cast Copper Or Bronze

Date	Mintage	Good	VG	F	VF	XF
ND(1753)	—	—	—	—	—	115

KM# 407 2 MUN
6.7500 g., Cast Copper Or Bronze **Rev:** "Chang" (extend) at bottom, crescent at right

Date	Mintage	Good	VG	F	VF	XF
ND(1753)	—	3.00	4.00	6.00	10.00	—

KM# 407s 2 MUN
6.7500 g., Cast Copper Or Bronze

Date	Mintage	Good	VG	F	VF	XF
ND(1753)	—	—	—	—	—	115

KM# 408 2 MUN
6.7500 g., Cast Copper Or Bronze **Rev:** "Han" at bottom, crescent at right

Date	Mintage	Good	VG	F	VF	XF
ND(1753)	—	3.00	4.00	6.00	10.00	—

KM# 408s 2 MUN
6.7500 g., Cast Copper Or Bronze

Date	Mintage	Good	VG	F	VF	XF
ND(1753)	—	—	—	—	—	115

KM# 409 2 MUN
6.7500 g., Cast Copper Or Bronze **Rev:** "Nae" at bottom, crescent at right

Date	Mintage	Good	VG	F	VF	XF
ND(1753)	—	3.00	4.00	6.00	10.00	—

KM# 409s 2 MUN
6.7500 g., Cast Copper Or Bronze

Date	Mintage	Good	VG	F	VF	XF
ND(1753)	—	—	—	—	—	115

KM# 410 2 MUN
6.7500 g., Cast Copper Or Bronze **Rev:** "So" at bottom, crescent at right

Date	Mintage	Good	VG	F	VF	XF
ND(1753)	—	3.00	4.00	6.00	10.00	—

KM# 410s 2 MUN
6.7500 g., Cast Copper Or Bronze

Date	Mintage	Good	VG	F	VF	XF
ND(1753)	—	—	—	—	—	115

KM# 411 2 MUN
6.7500 g., Cast Copper Or Bronze **Rev:** "Wang" at bottom, crescent at right

Date	Mintage	Good	VG	F	VF	XF
ND(1753)	—	3.00	4.00	6.00	10.00	—

KM# 411s 2 MUN
6.7500 g., Cast Copper Or Bronze

Date	Mintage	Good	VG	F	VF	XF
ND(1753)	—	—	—	—	—	115

KM# 412 2 MUN
6.7500 g., Cast Copper Or Bronze **Rev:** "Ch'u" at bottom, crescent at right

Date	Mintage	Good	VG	F	VF	XF
ND(1753)	—	3.00	4.00	6.00	10.00	—

KM# 412s 2 MUN
6.7500 g., Cast Copper Or Bronze

Date	Mintage	Good	VG	F	VF	XF
ND(1753)	—	—	—	—	—	115

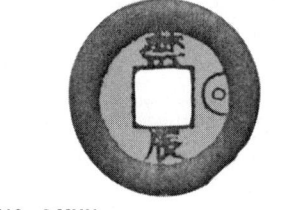

KM# 413 2 MUN
6.7500 g., Cast Copper Or Bronze **Rev:** "Chin" at bottom, circle in crescent at right

Date	Mintage	Good	VG	F	VF	XF
ND(1753)	—	3.00	4.00	6.00	10.00	—

KM# 414 2 MUN
6.7500 g., Cast Copper Or Bronze **Rev:** "Chu" at bottom, inward crescent at left

Date	Mintage	Good	VG	F	VF	XF
ND(1753)	—	3.00	4.00	6.00	10.00	—

KM# 415 2 MUN
6.7500 g., Cast Copper Or Bronze **Rev:** "Chon" at bottom, crescent at right, series number at left

Date	Mintage	Good	VG	F	VF	XF
ND(1753) Series 1	—	3.00	4.50	7.00	12.00	—

KM# 415s 2 MUN
6.7500 g., Cast Copper Or Bronze

Date	Mintage	Good	VG	F	VF	XF
ND(1753) Series 1	—	—	—	—	—	115

KM# 416 2 MUN
6.7500 g., Cast Copper Or Bronze **Rev:** "Chi" at bottom, crescent at right, series number at left

Date	Mintage	Good	VG	F	VF	XF
ND(1753)	—	6.00	10.00	15.00	25.00	—

KM# 416s 2 MUN
6.7500 g., Cast Copper Or Bronze

Date	Mintage	Good	VG	F	VF	XF
ND(1753) Series 1	—	—	—	—	—	115

KM# 417 2 MUN
6.7500 g., Cast Copper Or Bronze **Rev:** "Hyon" at bottom, crescent at right, series number at left

Date	Mintage	Good	VG	F	VF	XF
ND(1753) Series 1	—	6.00	10.00	15.00	25.00	—

KM# 417s 2 MUN
6.7500 g., Cast Copper Or Bronze

Date	Mintage	Good	VG	F	VF	XF
ND(1753) Series 1	—	—	—	—	—	115

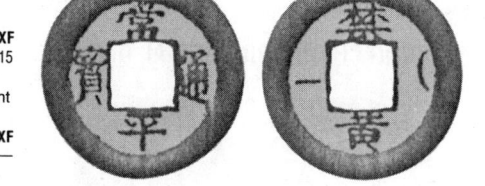

KM# 418 2 MUN
6.7500 g., Cast Copper Or Bronze **Rev:** "Hwang" (yellow) at bottom, crescent at right, series number at left

Date	Mintage	Good	VG	F	VF	XF
ND(1753) Series 1	—	3.00	4.50	7.00	12.00	—

KM# 418s 2 MUN
6.7500 g., Cast Copper Or Bronze

Date	Mintage	Good	VG	F	VF	XF
ND(1753) Series 1	—	—	—	—	—	115

KM# 419 2 MUN
6.7500 g., Cast Copper Or Bronze **Rev:** "U" at bottom, crescent at right, series number at left

Date	Mintage	Good	VG	F	VF	XF
ND(1753) Series 1	—	6.00	10.00	15.00	25.00	—

KM# 419s 2 MUN
6.7500 g., Cast Copper Or Bronze

Date	Mintage	Good	VG	F	VF	XF
ND(1753) Series 1	—	—	—	—	—	115

KM# 420 2 MUN
6.7500 g., Cast Copper Or Bronze **Rev:** "Chu" at bottom, outward crescent at right, series number at left

Date	Mintage	Good	VG	F	VF	XF
ND(1753) Series 1	—	3.00	4.50	7.00	12.00	—

KM# 420s 2 MUN
6.7500 g., Cast Copper Or Bronze

Date	Mintage	Good	VG	F	VF	XF
ND(1753) Series 1	—	—	—	—	—	115

KM# 421 2 MUN
6.7500 g., Cast Copper Or Bronze **Rev:** "Ch'on" at bottom, inward crescent at right, series number at left

Date	Mintage	Good	VG	F	VF	XF
ND(1753) Series 1	—	3.00	4.00	6.00	10.00	—

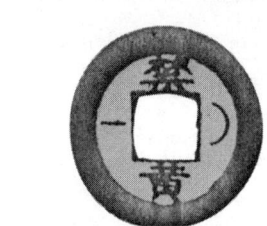

KM# 422 2 MUN
6.7500 g., Cast Copper Or Bronze **Rev:** "Hwang" (yellow) at bottom, inward crescent at right, series number at left

Date	Mintage	Good	VG	F	VF	XF
ND(1753) Series 1	—	3.00	4.00	6.00	10.00	—

KM# 423 2 MUN
6.7500 g., Cast Copper Or Bronze **Rev:** "Chu" at bottom, inward crescent at right, series number at left

Date	Mintage	Good	VG	F	VF	XF
ND(1753) Series 1	—	3.00	4.00	6.00	10.00	—

KM# 424 2 MUN
6.7500 g., Cast Copper Or Bronze **Rev:** "Ch'on" at bottom, crescent at right, circle at left

Date	Mintage	Good	VG	F	VF	XF
ND(1753)	—	3.50	5.50	9.00	15.00	—

KM# 425 2 MUN
6.7500 g., Cast Copper Or Bronze **Rev:** "Chi" at bottom, crescent at right, circle at left

Date	Mintage	Good	VG	F	VF	XF
ND(1753)	—	3.50	5.50	9.00	15.00	—

KM# 421s 2 MUN
6.7500 g., Cast Copper Or Bronze

Date	Mintage	Good	VG	F	VF	XF
ND(1753) Series 1	—	—	—	—	—	115

KM# 422s 2 MUN
6.7500 g., Cast Copper Or Bronze

Date	Mintage	Good	VG	F	VF	XF
ND(1753) Series 1	—	—	—	—	—	115

KM# 423s 2 MUN
6.7500 g., Cast Copper Or Bronze

Date	Mintage	Good	VG	F	VF	XF
ND(1753) Series 1	—	—	—	—	—	115

KM# 424s 2 MUN
6.7500 g., Cast Copper Or Bronze

Date	Mintage	Good	VG	F	VF	XF
ND(1753)	—	—	—	—	—	115

KM# 425s 2 MUN
6.7500 g., Cast Copper Or Bronze

Date	Mintage	Good	VG	F	VF	XF
ND(1753)	—	—	—	—	—	115

KM# 426 2 MUN
6.7500 g., Cast Copper Or Bronze **Rev:** "Hyon" at bottom, crescent at right, circle at left

Date	Mintage	Good	VG	F	VF	XF
ND(1753)	—	3.50	5.50	9.00	15.00	—

KM# 426s 2 MUN
6.7500 g., Cast Copper Or Bronze

Date	Mintage	Good	VG	F	VF	XF
ND(1753)	—	—	—	—	—	115

KM# 427 2 MUN
6.7500 g., Cast Copper Or Bronze **Rev:** "Hwang" (yellow) at bottom, crescent at right, circle at left

Date	Mintage	Good	VG	F	VF	XF
ND(1753)	—	3.50	5.50	9.00	15.00	—

KM# 427s 2 MUN
6.7500 g., Cast Copper Or Bronze

Date	Mintage	Good	VG	F	VF	XF
ND(1753)	—	—	—	—	—	115

KM# 428 2 MUN
6.7500 g., Cast Copper Or Bronze **Rev:** "U" at bottom, crescent at right, circle at left

Date	Mintage	Good	VG	F	VF	XF
ND(1753)	—	3.50	5.50	9.00	15.00	—

KM# 428s 2 MUN
6.7500 g., Cast Copper Or Bronze

Date	Mintage	Good	VG	F	VF	XF
ND(1753)	—	—	—	—	—	115

KM# 429 2 MUN
6.7500 g., Cast Copper Or Bronze **Rev:** "Chu" at bottom, crescent at right, circle at left

Date	Mintage	Good	VG	F	VF	XF
ND(1753)	—	3.50	5.50	9.00	15.00	—

KM# 429s 2 MUN
6.7500 g., Cast Copper Or Bronze

Date	Mintage	Good	VG	F	VF	XF
ND(1753)	—	—	—	—	—	115

KM# 430 2 MUN
6.7500 g., Cast Copper Or Bronze **Rev:** "Hon" at bottom, crescent at right, circle at left

Date	Mintage	Good	VG	F	VF	XF
ND(1753)	—	3.50	5.50	9.00	15.00	—

KM# 430s 2 MUN
6.7500 g., Cast Copper Or Bronze

Date	Mintage	Good	VG	F	VF	XF
ND(1753)	—	—	—	—	—	115

KOREA

KM# 431 2 MUN
6.7500 g., Cast Copper Or Bronze Rev: "Hwang" (barren) at bottom, crescent right, circle at left

Date	Mintage	Good	VG	F	VF	XF
ND(1753)	—	3.50	5.50	9.00	15.00	—

KM# 431s 2 MUN
6.7500 g., Cast Copper Or Bronze

Date	Mintage	Good	VG	F	VF	XF
ND(1753)	—	—	—	—	—	115

KM# 432 2 MUN
6.7500 g., Cast Copper Or Bronze Rev: "Il" at bottom, crescent at right, circle at lt

Date	Mintage	Good	VG	F	VF	XF
ND(1753)	—	3.50	5.50	9.00	15.00	—

KM# 432s 2 MUN
6.7500 g., Cast Copper Or Bronze

Date	Mintage	Good	VG	F	VF	XF
ND(1753)	—	—	—	—	—	115

KM# 433 2 MUN
6.7500 g., Cast Copper Or Bronze Rev: "Wol" at bottom, crescent at right, circle at left

Date	Mintage	Good	VG	F	VF	XF
ND(1753)	—	3.50	5.50	9.00	15.00	—

KM# 433s 2 MUN
6.7500 g., Cast Copper Or Bronze

Date	Mintage	Good	VG	F	VF	XF
ND(1753)	—	—	—	—	—	115

KM# 434 2 MUN
6.7500 g., Cast Copper Or Bronze Rev: "Yong" at bottom, crescent at right, circle at left

Date	Mintage	Good	VG	F	VF	XF
ND(1753)	—	3.50	5.50	9.00	15.00	—

KM# 434s 2 MUN
6.7500 g., Cast Copper Or Bronze

Date	Mintage	Good	VG	F	VF	XF
ND(1753)	—	—	—	—	—	115

KM# 435s 2 MUN
6.7500 g., Cast Copper Or Bronze

Date	Mintage	Good	VG	F	VF	XF
ND(1753)	—	—	—	—	—	115

KM# 436s 2 MUN
6.7500 g., Cast Copper Or Bronze

Date	Mintage	Good	VG	F	VF	XF
ND(1753)	—	—	—	—	—	115

KM# 437s 2 MUN
6.7500 g., Cast Copper Or Bronze

Date	Mintage	Good	VG	F	VF	XF
ND(1753)	—	—	—	—	—	115

KM# 438s 2 MUN
6.7500 g., Cast Copper Or Bronze

Date	Mintage	Good	VG	F	VF	XF
ND(1753)	—	—	—	—	—	115

KM# 435 2 MUN
6.7500 g., Cast Copper Or Bronze Rev: "Ch'uk" at bottom, crescent at right, circle at left

Date	Mintage	Good	VG	F	VF	XF
ND(1753)	—	3.50	5.50	9.00	15.00	—

KM# 436 2 MUN
6.7500 g., Cast Copper Or Bronze Rev: "Chin" at bottom, crescent at right, circle at left

Date	Mintage	Good	VG	F	VF	XF
ND(1753)	—	3.50	5.50	9.00	15.00	—

KM# 437 2 MUN
6.7500 g., Cast Copper Or Bronze Rev: "Suk" at bottom, crescent at right, circle at left

Date	Mintage	Good	VG	F	VF	XF
ND(1753)	—	3.50	5.50	9.00	15.00	—

KM# 438 2 MUN
6.7500 g., Cast Copper Or Bronze Rev: "Yol" at bottom, crescent at right, circle at left

Date	Mintage	Good	VG	F	VF	XF
ND(1753)	—	3.50	5.50	9.00	15.00	—

KM# 439 2 MUN
6.7500 g., Cast Copper Or Bronze Rev: "Chang" (extend) at bottom, crescent at right, circle at left

Date	Mintage	Good	VG	F	VF	XF
ND(1753)	—	3.50	5.50	9.00	15.00	—

KM# 440 2 MUN
6.7500 g., Cast Copper Or Bronze Rev: "Han" at bottom, crescent at right, circle at left

Date	Mintage	Good	VG	F	VF	XF
ND(1753)	—	3.50	5.50	9.00	15.00	—

KM# 441 2 MUN
6.7500 g., Cast Copper Or Bronze Rev: "Nae" at bottom, crescent at right, circle at left

Date	Mintage	Good	VG	F	VF	XF
ND(1753)	—	3.50	5.50	9.00	15.00	—

KM# 442 2 MUN
6.7500 g., Cast Copper Or Bronze Rev: "So" at bottom, crescent at right, circle at left

Date	Mintage	Good	VG	F	VF	XF
ND(1753)	—	3.50	5.50	9.00	15.00	—

KM# 443 2 MUN
6.7500 g., Cast Copper Or Bronze Rev: "Wang" at bottom, crescent at right, circle at left

Date	Mintage	Good	VG	F	VF	XF
ND(1753)	—	3.50	5.50	9.00	15.00	—

KM# 444 2 MUN
6.7500 g., Cast Copper Or Bronze Rev: "Ch'uk" at bottom, circle at right, crescent at left

Date	Mintage	Good	VG	F	VF	XF
ND(1753)	—	3.50	5.50	9.00	15.00	—

KM# 439s 2 MUN
6.7500 g., Cast Copper Or Bronze

Date	Mintage	Good	VG	F	VF	XF
ND(1753)	—	—	—	—	—	115

KM# 440s 2 MUN
6.7500 g., Cast Copper Or Bronze

Date	Mintage	Good	VG	F	VF	XF
ND(1753)	—	—	—	—	—	115

KM# 441s 2 MUN
6.7500 g., Cast Copper Or Bronze

Date	Mintage	Good	VG	F	VF	XF
ND(1753)	—	—	—	—	—	115

KM# 442s 2 MUN
6.7500 g., Cast Copper Or Bronze

Date	Mintage	Good	VG	F	VF	XF
ND(1753)	—	—	—	—	—	115

KM# 443s 2 MUN
6.7500 g., Cast Copper Or Bronze

Date	Mintage	Good	VG	F	VF	XF
ND(1753)	—	—	—	—	—	115

CH'UNG CH'ONG PROVINCIAL OFFICE
(Ch'ung Ch'ong Kam Yong)

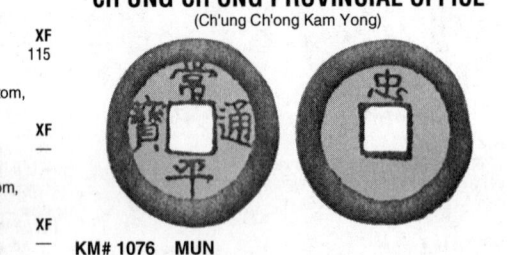

KM# 1076 MUN
4.5000 g., Cast Copper Rev: "Ch'ung" at top

Date	Mintage	Good	VG	F	VF	XF
ND(1742) Rare	—	—	—	—	—	—

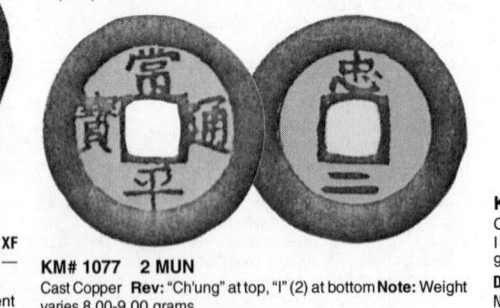

KM# 1077 2 MUN
Cast Copper Rev: "Ch'ung" at top, "I" (2) at bottom **Note:** Weight varies 8.00-9.00 grams.

Date	Mintage	Good	VG	F	VF	XF
ND(1742)	—	60.00	100	150	225	—

MILITARY TRAINING COMMAND
(Hul Ly On Do Gam)

Obverse Character

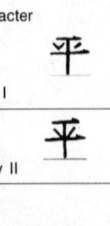

P yong variety I

P yong variety II

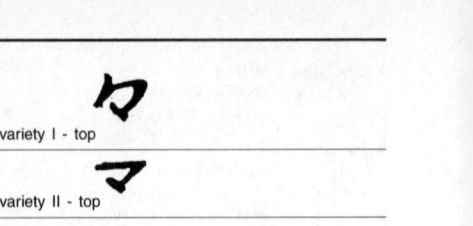

T'ong variety I - top

T'ong variety II - top

KM# 524 2 MUN
Cast Copper Obv: "P'yong" variety I, "T'ong" variety II

Date	Mintage	Good	VG	F	VF	XF
ND(1742-52)	—	3.00	4.00	6.00	10.00	—

KM# 486 2 MUN
6.7500 g., Cast Copper Obv: "P'yong" variety I, "T'ong" variety II

Date	Mintage	Good	VG	F	VF	XF
ND(1742-52)	—	3.00	4.00	6.00	10.00	—

KM# 500 2 MUN
Cast Copper Obv: "P'yong" variety I, "T'ong" variety II

Date	Mintage	Good	VG	F	VF	XF
ND(1742-52)	—	3.00	4.00	6.00	10.00	—

KM# 531 2 MUN
Cast Copper, 30-32 mm. Obv: "P'yong" variety I, "T'ong" variety I Rev: "Suk" at bottom **Note:** Size varies. Weight varies 8.00-9.00 grams.

Date	Mintage	Good	VG	F	VF	XF
ND(1742-52)	—	3.00	4.00	6.00	10.00	—

KM# 532 2 MUN
Cast Copper, 30-32 mm. Obv: "P'yong" variety I, "T'ong" variety II **Note:** Size varies. Weight varies 8.00-9.00 grams.

Date	Mintage	Good	VG	F	VF	XF
ND(1742-52)	—	3.00	4.00	6.00	10.00	—

KM# 487 2 MUN
Cast Copper, 30-32 mm. Obv: "P'yong" variety I, "T'ong" variety II Rev: "Hyon" at bottom **Note:** Size varies. Weight varies 8.00-9.00 grams.

Date	Mintage	Good	VG	F	VF	XF
ND(1742-52)	—	3.00	4.00	6.00	10.00	—

KM# 488 2 MUN
Cast Copper, 30-32 mm. Obv: "P'yong" variety I, "T'ong" variety II **Note:** Size varies. Weight varies 8.00-9.00 grams.

Date	Mintage	Good	VG	F	VF	XF
ND(1742-52)	—	3.00	4.00	6.00	10.00	—

KM# 491 2 MUN
Cast Copper, 30-32 mm. Obv: "P'yong" variety I, "T'ong" variety I Rev: "Hwang" (yellow) at bottom **Note:** Size varies. Weight varies 8.00-9.00 grams.

Date	Mintage	Good	VG	F	VF	XF
ND(1742-52)	—	3.00	4.00	6.00	10.00	—

KM# 492 2 MUN
Cast Copper, 30-32 mm. Obv: "P'yong" variety I, "T'ong" variety II **Note:** Size varies. Weight varies 8.00-9.00 grams.

Date	Mintage	Good	VG	F	VF	XF
ND(1742-52)	—	3.00	4.00	6.00	10.00	—

KM# 495 2 MUN
Cast Copper, 30-32 mm. Obv: "P'yong" variety I, "T'ong" variety I Rev: "U" at bottom **Note:** Size varies. Weight varies 8.00-9.00 grams.

Date	Mintage	Good	VG	F	VF	XF
ND(1742-52)	—	3.00	4.00	6.00	10.00	—

KM# 496 2 MUN
Cast Copper, 30-32 mm. Obv: "P'yong" variety I, "T'ong" variety II **Note:** Size varies. Weight varies 8.00-9.00 grams.

Date	Mintage	Good	VG	F	VF	XF
ND(1742-52)	—	3.00	4.00	6.00	10.00	—

KM# 499 2 MUN
Cast Copper, 31-32 mm. **Obv:** "P'yong" variety I, "T'ong" variety I Rev: "Chu" at bottom **Note:** Size varies. Weight varies 8.00-9.00 grams.

Date	Mintage	Good	VG	F	VF	XF
ND(1742-52)	—	3.00	4.00	6.00	10.00	—

KM# 503 2 MUN
Cast Copper, 30-32 mm. **Obv:** "P'yong" variety I, "T'ong" variety I Rev: "Hong" at bottom **Note:** Size varies. Weight varies 8.00-9.00 grams.

Date	Mintage	Good	VG	F	VF	XF
ND(1742-52)	—	3.00	4.00	6.00	10.00	—

KM# 504 2 MUN
Cast Copper, 30-32 mm. **Obv:** "P'yong" variety I, "T'ong" variety II **Note:** Size varies. Weight varies 8.00-9.00 grams.

Date	Mintage	Good	VG	F	VF	XF
ND(1742-52)	—	3.00	4.00	6.00	10.00	—

KM# 507 2 MUN
Cast Copper, 30-32 mm. **Obv:** "P'yong" variety I, "T'ong" variety I Rev: "Hwang" (barren) at bottom **Note:** Size varies. Weight varies 8.00-9.00 grams.

Date	Mintage	Good	VG	F	VF	XF
ND(1742-52)	—	3.00	4.00	6.00	10.00	—

KM# 508 2 MUN

Cast Copper, 30-32 mm. **Obv:** "P'yong" variety I, "T'ong" variety II **Note:** Size varies. Weight varies 8.00-9.00 grams.

Date	Mintage	Good	VG	F	VF	XF
ND(1742-52)	—	3.00	4.00	6.00	10.00	—

KM# 515 2 MUN

Cast Copper, 30-32 mm. **Obv:** "P'yong" variety I, "T'ong" variety I **Rev:** "Wol" at bottom **Note:** Size varies. Weight varies 8.00-9.00 grams.

Date	Mintage	Good	VG	F	VF	XF
ND(1742-52)	—	3.00	4.00	6.00	10.00	—

KM# 516 2 MUN

Cast Copper, 30-32 mm. **Obv:** "P'yong" variety I, "T'ong" variety II **Note:** Size varies. Weight varies 8.00-9.00 grams.

Date	Mintage	Good	VG	F	VF	XF
ND(1742-52)	—	3.00	4.00	6.00	10.00	—

KM# 519 2 MUN

Cast Copper, 30-32 mm. **Obv:** "P'yong" variety I, "T'ong" variety I **Rev:** "Yong" at bottom **Note:** Size varies. Weight varies 8.00-9.00 grams.

Date	Mintage	Good	VG	F	VF	XF
ND(1742-52)	—	3.00	4.00	6.00	10.00	—

KM# 520 2 MUN

Cast Copper, 30-32 mm. **Obv:** "P'yong" variety I, "T'ong" variety II **Note:** Size varies. Weight varies 8.00-9.00 grams.

Date	Mintage	Good	VG	F	VF	XF
ND(1742-52)	—	3.00	4.00	6.00	10.00	—

KM# 527 2 MUN

Cast Copper, 30-32 mm. **Obv:** "P'yong" variety I, "T'ong" variety I **Rev:** "Chin" at bottom **Note:** Size varies. Weight varies 8.00-9.00 grams.

Date	Mintage	Good	VG	F	VF	XF
ND(1742-52)	—	3.00	4.00	6.00	10.00	—

KM# 528 2 MUN

Cast Copper, 30-32 mm. **Obv:** "P'yong" variety I, "T'ong" variety II **Note:** Size varies. Weight varies 8.00-9.00 grams.

Date	Mintage	Good	VG	F	VF	XF
ND(1742-52)	—	3.00	4.00	6.00	10.00	—

KM# 535 2 MUN

Cast Copper, 30-32 mm. **Obv:** "P'yong" variety I, "T'ong" variety I **Rev:** "Yol" at bottom **Note:** Size varies. Weight varies 8.00-9.00 grams.

Date	Mintage	Good	VG	F	VF	XF
ND(1742-52)	—	3.00	4.00	6.00	10.00	—

KM# 535a 2 MUN

Cast Copper, 30-32 mm. **Rev:** Star at lower left **Note:** Size varies. Weight varies 8.00-9.00 grams.

Date	Mintage	Good	VG	F	VF	XF
ND(1742-52)	—	3.00	4.00	6.00	10.00	—

KM# 536 2 MUN

Cast Copper, 30-32 mm. **Obv:** "P'yong" variety I, "T'ong" variety II **Note:** Size varies. Weight varies 8.00-9.00 grams.

Date	Mintage	Good	VG	F	VF	XF
ND(1742-52)	—	3.00	4.00	6.00	10.00	—

KM# 539 2 MUN

Cast Copper, 30-32 mm. **Obv:** "P'yong" variety I, "T'ong" variety I **Rev:** "Chang" (extend) at bottom **Note:** Size varies. Weight varies 8.00-9.00 grams.

Date	Mintage	Good	VG	F	VF	XF
ND(1742-52)	—	3.00	4.00	6.00	10.00	—

KM# 540 2 MUN

Cast Copper, 30-32 mm. **Obv:** "P'yong" variety I, "T'ong" variety II **Note:** Size varies. Weight varies 8.00-9.00 grams.

Date	Mintage	Good	VG	F	VF	XF
ND(1742-52)	—	3.00	4.00	6.00	10.00	—

KM# 541 2 MUN

Cast Copper, 30-32 mm. **Obv:** "P'yong" variety I, "T'ong" variety I **Rev:** "Han" at bottom **Note:** Size varies. Weight varies 8.00-9.00 grams.

Date	Mintage	Good	VG	F	VF	XF
ND(1742-52)	—	3.00	4.00	6.00	10.00	—

KM# 542 2 MUN

Cast Copper, 30-32 mm. **Obv:** "P'yong" variety I, "T'ong" variety II **Note:** Size varies. Weight varies 8.00-9.00 grams.

Date	Mintage	Good	VG	F	VF	XF
ND(1742-52)	—	3.00	4.00	6.00	10.00	—

KM# 543 2 MUN

Cast Copper, 30-32 mm. **Obv:** "P'yong" variety I, "T'ong" variety I **Note:** Size varies. Weight varies 8.00-9.00 grams.

Date	Mintage	Good	VG	F	VF	XF
ND(1742-52)	—	3.00	4.00	6.00	10.00	—

KM# 544 2 MUN

Cast Copper, 30-32 mm. **Obv:** "P'yong" variety I, "T'ong" variety II **Note:** Size varies. Weight varies 8.00-9.00 grams.

Date	Mintage	Good	VG	F	VF	XF
ND(1742-52)	—	3.00	4.00	6.00	10.00	—

KM# 545 2 MUN

Cast Copper, 30-32 mm. **Obv:** "P'yong" variety I, "T'ong" variety I **Rev:** "So" at bottom **Note:** Size varies. Weight varies 8.00-9.00 grams.

Date	Mintage	Good	VG	F	VF	XF
ND(1742-52)	—	3.00	4.00	6.00	10.00	—

KM# 546 2 MUN

Cast Copper, 30-32 mm. **Obv:** "P'yong" variety I, "T'ong" variety II **Note:** Size varies. Weight varies 8.00-9.00 grams.

Date	Mintage	Good	VG	F	VF	XF
ND(1742-52)	—	3.00	4.00	6.00	10.00	—

KM# 547 2 MUN

Cast Copper, 30-32 mm. **Obv:** "P'yong" variety I, "T'ong" variety I **Rev:** "Wang" at bottom **Note:** Size varies. Weight varies 8.00-9.00 grams.

Date	Mintage	Good	VG	F	VF	XF
ND(1742-52)	—	3.00	4.00	6.00	10.00	—

KM# 548 2 MUN

Cast Copper, 30-32 mm. **Obv:** "P'yong" variety I, "T'ong" variety II **Note:** Size varies. Weight varies 8.00-9.00 grams.

Date	Mintage	Good	VG	F	VF	XF
ND(1742-52)	—	3.00	4.00	6.00	10.00	—

KM# 549 2 MUN

Cast Copper, 30-32 mm. **Rev:** "Suk" at bottom, crescent at right, dot at left **Note:** Size varies. Weight varies 8.00-9.00 grams.

Date	Mintage	Good	VG	F	VF	XF
ND(1742-52)	—	3.00	4.00	6.00	10.00	—

KM# 511 2 MUN

Cast Copper **Obv:** "P'yong" variety I, "T'ong" variety I **Rev:** "Il" at bottom

Date	Mintage	Good	VG	F	VF	XF
ND(1742-52)	—	3.00	4.00	6.00	10.00	—

KM# 512 2 MUN

Cast Copper **Obv:** "P'yong" variety I, "T'ong" variety II

Date	Mintage	Good	VG	F	VF	XF
ND(1742-52)	—	3.50	6.50	10.00	15.00	—

KM# 479 2 MUN

Cast Bronze, 30-32 mm. **Obv:** "P'yong" variety I, "T'ong" variety I **Rev:** "Ch'on" at bottom **Note:** Size varies.

Date	Mintage	Good	VG	F	VF	XF
ND(1742-52)	—	3.00	4.00	6.00	10.00	—

KM# 480 2 MUN

Cast Bronze, 30-32 mm. **Obv:** "P'yong" variety I, "T'ong" variety II **Note:** Size varies.

Date	Mintage	Good	VG	F	VF	XF
ND(1742-52)	—	3.00	6.00	10.00	15.00	—

KM# 523 2 MUN

Cast Copper **Obv:** "P'yong" variety I, "T'ong" variety I **Rev:** "Ch'uk" at bottom **Note:** Struck at Hul Ly On Do Gam.

Date	Mintage	Good	VG	F	VF	XF
ND(1742-52)	—	3.00	4.00	6.00	10.00	—

KM# 483 2 MUN

Cast Copper, 30-32 mm. **Obv:** "P'yong" variety II, "T'ong" variety II **Rev:** "Chi" at bottom **Note:** Weight varies 8.00-9.00 grams. Size varies.

Date	Mintage	Good	VG	F	VF	XF
ND(1742-52)	—	3.00	4.00	6.00	10.00	—

KM# 484 2 MUN

Cast Copper, 30-32 mm. **Obv:** "P'yong" variety I, "T'ong" variety II **Note:** Weight varies 8.00-9.00 grams. Size varies.

Date	Mintage	Good	VG	F	VF	XF
ND(1742-52)	—	3.00	4.00	6.00	10.00	—

KM# 481s 2 MUN

6.7500 g., Cast Bronze

Date	Mintage	Good	VG	F	VF	XF
ND(1752)	—	—	—	—	—	115

KM# 482 2 MUN

Cast Copper, 31-32 mm. **Obv:** "P'yong" variety II, "T'ong" variety II **Note:** Weight varies 8.00-9.00 grams. Size varies.

Date	Mintage	Good	VG	F	VF	XF
ND(1752)	—	3.00	4.00	6.00	10.00	—

KM# 556 2 MUN

Cast Copper, 27-28.5 mm. **Obv:** "P'yong" variety II **Rev:** "Ch'on" at bottom, circle at left **Note:** Size varies.

Date	Mintage	Good	VG	F	VF	XF
ND(1752)	—	3.00	4.00	6.00	10.00	—

KM# 513s 2 MUN

6.7500 g., Cast Copper

Date	Mintage	Good	VG	F	VF	XF
ND(1752)	—	—	—	—	—	115

KM# 514 2 MUN

6.7500 g., Cast Copper **Obv:** "P'yong" variety II, "T'ong" variety II

Date	Mintage	Good	VG	F	VF	XF
ND(1752)	—	3.00	4.00	6.00	10.00	—

KM# 514s 2 MUN

6.7500 g., Cast Copper

Date	Mintage	Good	VG	F	VF	XF
ND(1752)	—	—	—	—	—	115

KM# 517s 2 MUN

6.7500 g., Cast Copper

Date	Mintage	Good	VG	F	VF	XF
ND(1752)	—	—	—	—	—	115

KM# 518 2 MUN

6.7500 g., Cast Copper **Obv:** "P'yong" variety II, "T'ong" variety II

Date	Mintage	Good	VG	F	VF	XF
ND(1752)	—	3.00	4.00	6.00	10.00	—

KM# 518s 2 MUN

6.7500 g., Cast Copper

Date	Mintage	Good	VG	F	VF	XF
ND(1752)	—	—	—	—	—	115

KM# 522 2 MUN

6.7500 g., Cast Copper **Obv:** "P'yong" variety II, "T'ong" variety II

Date	Mintage	Good	VG	F	VF	XF
ND(1752)	—	3.00	4.00	6.00	10.00	—

KM# 522a 2 MUN

6.7500 g., Cast Copper **Rev:** Star at upper right

Date	Mintage	Good	VG	F	VF	XF
ND(1752)	—	3.00	4.00	6.00	10.00	—

KM# 522s 2 MUN

6.7500 g., Cast Copper

Date	Mintage	Good	VG	F	VF	XF
ND(1752)	—	—	—	—	—	115

KM# 554s 2 MUN

Cast Copper, 31-32 mm. **Note:** Size varies. Weight varies 8.00-9.00 grams.

Date	Mintage	Good	VG	F	VF	XF
ND(1752)	—	—	—	—	—	120

KM# 555 2 MUN

Cast Copper, 31-32 mm. **Rev:** "Chin" at bottom, dot at left **Note:** Size varies. Weight varies 8.00-9.00 grams.

Date	Mintage	Good	VG	F	VF	XF
ND(1752)	—	8.50	12.50	20.00	30.00	—

KM# 561 2 MUN

Cast Copper, 31-32 mm. **Rev:** Series number at bottom **Note:** Size varies. Weight varies 8.00-9.00 grams.

Date	Mintage	Good	VG	F	VF	XF
ND(1752) Series 1-10	—	2.00	4.00	6.00	10.00	—

KM# 564 2 MUN

Cast Copper, 31-32 mm. **Rev:** "Sip" (10) at bottom, additional series number at right, crescent at left **Note:** Size varies. Weight varies 8.00-9.00 grams.

Date	Mintage	Good	VG	F	VF	XF
ND(1752) Series 11-15	—	3.00	4.00	6.00	10.00	—

KM# 526 2 MUN

Cast Copper, 31-32 mm. **Obv:** "P'yong" variety II, "T'ong" variety II **Note:** Size varies. Weight varies 8.00-9.00 grams.

Date	Mintage	Good	VG	F	VF	XF
ND(1752)	—	3.00	4.00	6.00	10.00	—

KM# 501s 2 MUN

6.7500 g., Cast Copper

Date	Mintage	Good	VG	F	VF	XF
ND(1752)	—	—	—	—	—	115

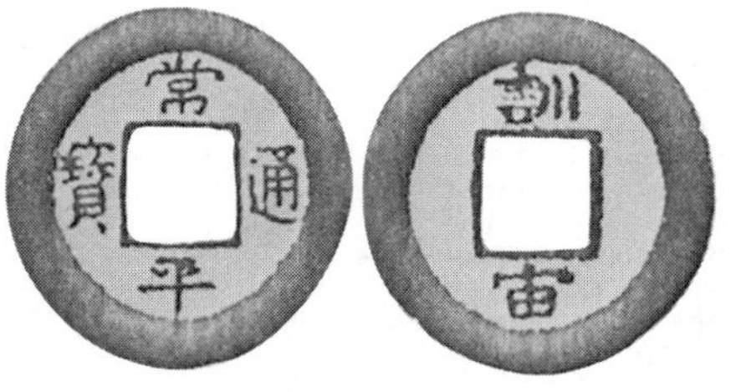

KM# 502 2 MUN

6.7500 g., Cast Copper **Obv:** "P'yong" variety II, "T'ong" variety II

KOREA

Date	Mintage	Good	VG	F	VF	XF
ND(1752)	—	3.00	4.00	6.00	10.00	—

KM# 502s 2 MUN
6.7500 g., Cast Copper

Date	Mintage	Good	VG	F	VF	XF
ND(1752)	—	—	—	—	—	115

KM# 505s 2 MUN
6.7500 g., Cast Copper

Date	Mintage	Good	VG	F	VF	XF
ND(1752)	—	—	—	—	—	115

KM# 506 2 MUN
6.7500 g., Cast Copper **Obv:** "P'yong" variety II, "T'ong" variety II

Date	Mintage	Good	VG	F	VF	XF
ND(1752)	—	3.00	4.00	6.00	10.00	—

KM# 506s 2 MUN
6.7500 g., Cast Copper

Date	Mintage	Good	VG	F	VF	XF
ND(1752)	—	—	—	—	—	115

KM# 509s 2 MUN
6.7500 g., Cast Copper

Date	Mintage	Good	VG	F	VF	XF
ND(1752)	—	—	—	—	—	115

KM# 510 2 MUN
6.7500 g., Cast Copper **Obv:** "P'yong" variety II, "T'ong" variety II

Date	Mintage	Good	VG	F	VF	XF
ND(1752)	—	3.00	4.00	6.00	10.00	—

KM# 510s 2 MUN
6.7500 g., Cast Copper

Date	Mintage	Good	VG	F	VF	XF
ND(1752)	—	—	—	—	—	115

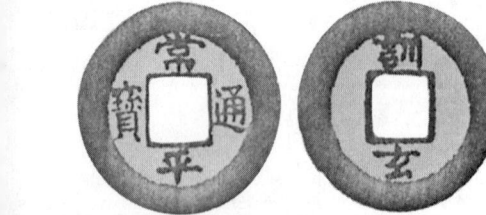

KM# 490 2 MUN
6.7500 g., Cast Copper **Obv:** "P'yong" variety I, "T'ong" variety II

Date	Mintage	Good	VG	F	VF	XF
ND(1752)	—	3.00	4.00	6.00	10.00	—

KM# 482s 2 MUN
Cast Copper

Date	Mintage	Good	VG	F	VF	XF
ND(1752)	—	—	—	—	—	115

KM# 485s 2 MUN
Cast Copper

Date	Mintage	Good	VG	F	VF	XF
ND(1752)	—	—	—	—	—	115

KM# 486s 2 MUN
Cast Copper

Date	Mintage	Good	VG	F	VF	XF
ND(1752)	—	—	—	—	—	115

KM# 489s 2 MUN
Cast Copper

Date	Mintage	Good	VG	F	VF	XF
ND(1752)	—	—	—	—	—	115

KM# 490s 2 MUN
Cast Copper

Date	Mintage	Good	VG	F	VF	XF
ND(1752)	—	—	—	—	—	115

KM# 493s 2 MUN
6.7500 g., Cast Copper

Date	Mintage	Good	VG	F	VF	XF
ND(1752)	—	—	—	—	—	115

KM# 494 2 MUN
6.7500 g., Cast Copper **Obv:** "P'yong" variety II, "T'ong" variety II

Date	Mintage	Good	VG	F	VF	XF
ND(1752)	—	3.00	4.00	6.00	10.00	—

KM# 494s 2 MUN
6.7500 g., Cast Copper

Date	Mintage	Good	VG	F	VF	XF
ND(1752)	—	—	—	—	—	115

KM# 497s 2 MUN
6.7500 g., Cast Copper

Date	Mintage	Good	VG	F	VF	XF
ND(1752)	—	—	—	—	—	115

KM# 498 2 MUN
6.7500 g., Cast Copper **Obv:** "P'yong" variety II, "T'ong" variety II

Date	Mintage	Good	VG	F	VF	XF
ND(1752)	—	3.00	4.00	6.00	10.00	—

KM# 498a 2 MUN
6.7500 g., Cast Copper **Rev:** Star right of "Hun"

Date	Mintage	Good	VG	F	VF	XF
ND(1752)	—	3.00	4.00	6.00	10.00	—

KM# 498s 2 MUN
6.7500 g., Cast Copper

Date	Mintage	Good	VG	F	VF	XF
ND(1752)	—	—	—	—	—	115

KM# 525s 2 MUN
6.7500 g., Cast Copper

Date	Mintage	Good	VG	F	VF	XF
ND(1752)	—	—	—	—	—	115

KM# 526s 2 MUN
Cast Copper

Date	Mintage	Good	VG	F	VF	XF
ND(1752)	—	—	—	—	—	115

KM# 529s 2 MUN
6.7500 g., Cast Copper

Date	Mintage	Good	VG	F	VF	XF
ND(1752)	—	—	—	—	—	115

KM# 530 2 MUN
6.7500 g., Cast Copper **Obv:** "P'yong" variety II, "T'ong" variety II

Date	Mintage	Good	VG	F	VF	XF
ND(1752)	—	3.00	4.00	6.00	10.00	—

KM# 530s 2 MUN
6.7500 g., Cast Copper

Date	Mintage	Good	VG	F	VF	XF
ND(1752)	—	—	—	—	—	115

KM# 534 2 MUN
6.7500 g., Cast Copper **Obv:** "P'yong" variety II, "T'ong" variety II

Date	Mintage	Good	VG	F	VF	XF
ND(1752)	—	3.00	4.00	6.00	10.00	—

KM# 534s 2 MUN
6.7500 g., Cast Copper

Date	Mintage	Good	VG	F	VF	XF
ND(1752)	—	—	—	—	—	115

KM# 537s 2 MUN
6.7500 g., Cast Copper

Date	Mintage	Good	VG	F	VF	XF
ND(1752)	—	—	—	—	—	115

KM# 538 2 MUN
6.7500 g., Cast Copper **Obv:** "P'yong" variety II, "T'ong" variety II

Date	Mintage	Good	VG	F	VF	XF
ND(1752)	—	3.00	4.00	6.00	10.00	—

KM# 538s 2 MUN
6.7500 g., Cast Copper

Date	Mintage	Good	VG	F	VF	XF
ND(1752)	—	—	—	—	—	115

KM# 550s 2 MUN
6.7500 g., Cast Copper

Date	Mintage	Good	VG	F	VF	XF
ND(1752)	—	—	—	—	—	115

KM# A550 2 MUN
6.7500 g., Cast Copper **Rev:** "Chi" at bottom, dot at right

Date	Mintage	Good	VG	F	VF	XF
ND(1752)	—	8.50	12.50	20.00	30.00	—

KM# 551 2 MUN
6.7500 g., Cast Copper **Rev:** "Chi" at bottom, dot at left

Date	Mintage	Good	VG	F	VF	XF
ND(1752)	—	8.50	12.50	20.00	30.00	—

KM# 551s 2 MUN
6.7500 g., Cast Copper

Date	Mintage	Good	VG	F	VF	XF
ND(1752)	—	—	—	—	—	120

KM# 552 2 MUN
6.7500 g., Cast Copper **Rev:** "Hong" at bottom, dot at left

Date	Mintage	Good	VG	F	VF	XF
ND(1752)	—	8.50	12.50	20.00	30.00	—

KM# 552s 2 MUN
6.7500 g., Cast Copper

Date	Mintage	Good	VG	F	VF	XF
ND(1752)	—	—	—	—	—	120

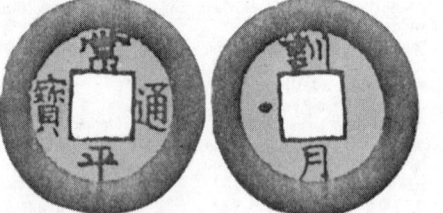

KM# 553 2 MUN
6.7500 g., Cast Copper **Rev:** "Wol" at bottom, dot at left

Date	Mintage	Good	VG	F	VF	XF
ND(1752)	—	8.50	12.50	20.00	30.00	—

KM# 553s 2 MUN
6.7500 g., Cast Copper

Date	Mintage	Good	VG	F	VF	XF
ND(1752)	—	—	—	—	—	120

KM# 554 2 MUN
6.7500 g., Cast Copper **Rev:** "Ch'uk" at bottom, dot at left

Date	Mintage	Good	VG	F	VF	XF
ND(1752)	—	8.50	12.50	20.00	30.00	—

KM# 555s 2 MUN
Cast Copper

Date	Mintage	Good	VG	F	VF	XF
ND(1752)	—	—	—	—	—	120

KM# 556s 2 MUN
Cast Copper

Date	Mintage	Good	VG	F	VF	XF
ND(1752)	—	—	—	—	—	115

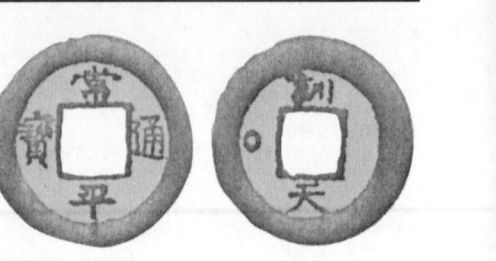

KM# 557 2 MUN
Cast Copper **Obv:** "P'yong" in different style

Date	Mintage	Good	VG	F	VF	XF
ND(1752)	—	6.00	10.00	15.00	25.00	—

KM# 557s 2 MUN
Cast Copper

Date	Mintage	Good	VG	F	VF	XF
ND(1752)	—	—	—	—	—	115

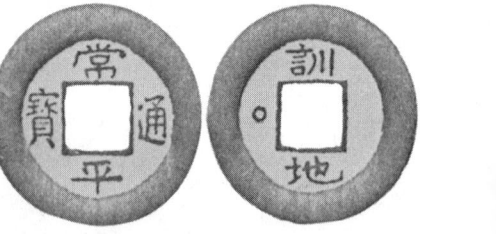

KM# 558 2 MUN
Cast Copper **Obv:** "P'yong" variety II **Rev:** "Chi" at botom, circle at left

Date	Mintage	Good	VG	F	VF	XF
ND(1752)	—	3.00	4.50	7.00	12.00	—

KM# 558s 2 MUN
Cast Copper

Date	Mintage	Good	VG	F	VF	XF
ND(1752)	—	—	—	—	—	115

KM# A558 2 MUN
Cast Copper **Obv:** "P'yong" variety I **Rev:** "Chi" at bottom, circle at left

Date	Mintage	Good	VG	F	VF	XF
ND(1752)	—	6.00	10.00	15.00	25.00	—

KM# 559 2 MUN
Cast Copper **Obv:** "P'yong" variety II **Rev:** "Hyon" at bottom, circle at left

Date	Mintage	Good	VG	F	VF	XF
ND(1752)	—	3.00	4.00	6.00	10.00	—

KM# 559s 2 MUN
Cast Copper

Date	Mintage	Good	VG	F	VF	XF
ND(1752)	—	—	—	—	—	115

KM# 560 2 MUN
Cast Copper **Rev:** "Hyon" at bottom, crescent at right

Date	Mintage	Good	VG	F	VF	XF
ND(1752)	—	3.00	4.00	6.00	10.00	—

KM# 560s 2 MUN
Cast Copper

Date	Mintage	Good	VG	F	VF	XF
ND(1752)	—	—	—	—	—	115

KM# 562 2 MUN
Cast Copper **Rev:** "Sip" (10) at bottom, additional series number at right

Date	Mintage	Good	VG	F	VF	XF
ND(1752) Series 11-15	—	3.00	4.00	6.00	10.00	—

KM# 563 2 MUN
Cast Copper, 28 mm. **Obv:** 2 dot "Tong" **Rev:** Series number at bottom, crescent at left

Date	Mintage	Good	VG	F	VF	XF
ND(1752) Series 1-10	—	3.00	4.00	6.00	10.00	—

KOREA

KM# 563a 2 MUN
Cast Copper **Obv:** 1 dot "Tong"

Date	Mintage	Good	VG	F	VF	XF
ND(1752) Series 1-10	—	3.00	4.00	6.00	10.00	—

KM# 533s 2 MUN
6.7500 g., Cast Copper **Note:** "P'yong" variety I, "T'ong" variety II

Date	Mintage	Good	VG	F	VF	XF
ND(1752)	—	—	—	—	—	115

KM# 481 2 MUN
6.7500 g., Cast Bronze, 27-29 mm. **Obv:** "P'yong" variety I, "T'ong" variety II **Note:** Reduced size.

Date	Mintage	Good	VG	F	VF	XF
ND(1752)	—	3.00	4.00	6.00	10.00	—

KM# 485 2 MUN
6.7500 g., Cast Copper, 27-29 mm. **Obv:** "P'yong" variety I, "T'ong" variety II **Note:** Reduced size.

Date	Mintage	Good	VG	F	VF	XF
ND(1752)	—	3.00	4.00	6.00	10.00	—

KM# 489 2 MUN
6.7500 g., Cast Copper, 27-29 mm. **Obv:** "P'yong" variety I, "T'ong" variety II **Note:** Reduced size.

Date	Mintage	Good	VG	F	VF	XF
ND(1752)	—	3.00	4.00	6.00	10.00	—

KM# 493 2 MUN
6.7500 g., Cast Copper, 27-29 mm. **Obv:** "P'yong" variety I, "T'ong" variety II **Note:** Reduced size.

Date	Mintage	Good	VG	F	VF	XF
ND(1752)	—	3.00	4.00	6.00	10.00	—

KM# 497 2 MUN
6.7500 g., Cast Copper, 27-29 mm. **Obv:** "P'yong" variety I, "T'ong" variety II **Note:** Reduced size.

Date	Mintage	Good	VG	F	VF	XF
ND(1752)	—	3.00	4.00	6.00	10.00	—

KM# 501 2 MUN
6.7500 g., Cast Copper, 27-29 mm. **Obv:** "P'yong" variety I, "T'ong" variety II **Note:** Reduced size.

Date	Mintage	Good	VG	F	VF	XF
ND(1752)	—	3.00	4.00	6.00	10.00	—

KM# 505 2 MUN
6.7500 g., Cast Copper, 27-29 mm. **Obv:** "P'yong" variety I, "T'ong" variety II **Note:** Reduced size.

Date	Mintage	Good	VG	F	VF	XF
ND(1752)	—	3.00	4.00	6.00	10.00	—

KM# 509 2 MUN
6.7500 g., Cast Copper, 27-29 mm. **Obv:** "P'yong" variety I, "T'ong" variety II **Note:** Reduced size.

Date	Mintage	Good	VG	F	VF	XF
ND(1752)	—	3.00	4.00	6.00	10.00	—

KM# 513 2 MUN
6.7500 g., Cast Copper, 27-29 mm. **Obv:** "P'yong" variety I, "T'ong" variety II **Note:** Reduced size.

Date	Mintage	Good	VG	F	VF	XF
ND(1752)	—	3.00	4.00	6.00	10.00	—

KM# 517 2 MUN
6.7500 g., Cast Copper, 27-29 mm. **Obv:** "P'yong" variety I, "T'ong" variety II **Note:** Reduced size.

Date	Mintage	Good	VG	F	VF	XF
ND(1752)	—	3.00	4.00	6.00	10.00	—

KM# 521 2 MUN
6.7500 g., Cast Copper, 27-29 mm. **Obv:** "P'yong" variety I, "T'ong" variety II **Note:** Reduced size.

Date	Mintage	Good	VG	F	VF	XF
ND(1752)	—	3.00	4.00	6.00	10.00	—

KM# 525 2 MUN
6.7500 g., Cast Copper, 27-29 mm. **Obv:** "P'yong" variety I, "T'ong" variety II **Note:** Reduced size.

Date	Mintage	Good	VG	F	VF	XF
ND(1752)	—	3.00	4.00	6.00	10.00	—

KM# 529 2 MUN
6.7500 g., Cast Copper, 27-29 mm. **Obv:** "P'yong" variety I, "T'ong" variety II **Note:** Reduced size.

Date	Mintage	Good	VG	F	VF	XF
ND(1752)	—	3.00	4.00	6.00	10.00	—

KM# 533 2 MUN
6.7500 g., Cast Copper, 27-29 mm. **Obv:** "P'yong" variety I, "T'ong" variety II **Note:** Reduced size.

Date	Mintage	Good	VG	F	VF	XF
ND(1752)	—	3.00	4.00	6.00	10.00	—

KM# 537 2 MUN
6.7500 g., Cast Copper, 27-29 mm. **Obv:** "P'yong" variety I, "T'ong" variety II **Note:** Reduced size.

Date	Mintage	Good	VG	F	VF	XF
ND(1752)	—	3.00	4.00	6.00	10.00	—

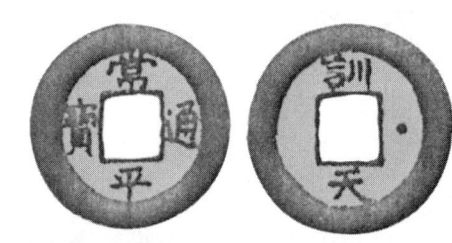

KM# 550 2 MUN
6.7500 g., Cast Copper, 27-29 mm. **Rev:** "Ch'on" at bottom, dot at right **Note:** Reduced size.

Date	Mintage	Good	VG	F	VF	XF
ND(1752)	—	8.50	12.50	20.00	30.00	—

KM# 564s 2 MUN
Cast Copper **Note:** Seed type

Date	Mintage	Good	VG	F	VF	XF
ND(1752) Series 11-15	—	—	—	—	—	115

KM# 521s 2 MUN
6.7500 g., Cast Copper **Note:** Seed type.

Date	Mintage	Good	VG	F	VF	XF
ND(1752)	—	—	—	—	—	115

KM# 561s 2 MUN
Cast Copper **Note:** Seed type.

Date	Mintage	Good	VG	F	VF	XF
ND(1752) Series 1-10	—	—	—	—	—	115

KM# 562s 2 MUN
Cast Copper **Note:** Seed type.

Date	Mintage	Good	VG	F	VF	XF
ND(1752) Series 11-15	—	—	—	—	—	115

KM# 563s 2 MUN
Cast Copper **Note:** Seed type.

Date	Mintage	Good	VG	F	VF	XF
ND(1752) Series 1-10	—	—	—	—	—	115

T'ONGYONG NAVAL OFFICE
(T'ong Yong)

KM# 567 MUN
4.5000 g., Cast Copper **Rev:** "T'ong" at top

Date	Mintage	Good	VG	F	VF	XF
ND(1727) Rare	—	—	—	—	—	—

KM# 568 2 MUN
Cast Copper Or Brass, 27-28 mm. **Rev:** "I" (2) at bottom **Note:** Size varies. Weight varies 8.00-9.00 grams.

Date	Mintage	Good	VG	F	VF	XF
ND(1727-42)	—	6.50	12.50	20.00	28.50	—

KM# 628 2 MUN
Cast Copper Or Brass, 27-28 mm. **Rev:** "Chu" at bottom, dot in cloud at left **Note:** Size varies. Weight varies 8.00-9.00 grams.

Date	Mintage	Good	VG	F	VF	XF
ND(1742)	—	8.50	12.50	20.00	30.00	—

KM# 629 2 MUN
Cast Copper Or Brass, 27-28 mm. **Obv:** "Large characters, "P'yong" variety I **Rev:** "Ch'on" ast bottom, "Chin" at right **Note:** Size varies. Weight varies 8.00-9.00 grams.

Date	Mintage	Good	VG	F	VF	XF
ND(1742-52)	—	3.00	4.00	6.00	10.00	—

KM# 630 2 MUN
Cast Copper Or Brass, 27-28 mm. **Obv:** "P'yong" variety II **Note:** Size varies. Weight varies 8.00-9.00 grams.

Date	Mintage	Good	VG	F	VF	XF
ND(1742-52)	—	3.00	4.00	6.00	10.00	—

KM# 631 2 MUN
Cast Copper Or Brass, 27-28 mm. **Obv:** Small characters, "Po" in different style **Note:** Size varies. Weight varies 8.00-9.00 grams.

Date	Mintage	Good	VG	F	VF	XF
ND(1742-52)	—	3.50	5.50	7.00	10.00	—

KM# 632 2 MUN
Cast Copper Or Brass, 27-28 mm. **Obv:** Large characters, "P'yong" variety I **Rev:** "Chi" at bottom, "Chin" at right **Note:** Size varies. Weight varies 8.00-9.00 grams.

Date	Mintage	Good	VG	F	VF	XF
ND(1742-52)	—	3.50	5.50	7.00	10.00	—

KM# 633 2 MUN
Cast Copper Or Brass, 27-28 mm. **Obv:** "P'yong" variety II **Note:** Size varies. Weight varies 8.00-9.00 grams.

Date	Mintage	Good	VG	F	VF	XF
ND(1742-52)	—	3.50	5.50	7.00	10.00	—

KM# 634 2 MUN
Cast Copper Or Brass, 27-28 mm. **Obv:** Small characters, "Po" in different style **Note:** Size varies. Weight varies 8.00-9.00 grams.

Date	Mintage	Good	VG	F	VF	XF
ND(1742-52)	—	3.50	5.50	7.00	10.00	—

KM# 653 2 MUN
Cast Copper Or Brass **Obv:** Large characters, "P'yong" variety I **Rev:** "Il" at bottom, "Chin" at right **Note:** Size varies 27-28 millimeters. Weight varies 8.00-9.00 grams.

Date	Mintage	Good	VG	F	VF	XF
ND(1742-52)	—	3.50	5.50	7.00	10.00	—

KM# 697 2 MUN
Cast Copper Or Brass **Rev:** "Yol" at bottom, "Kon" at right **Note:** Size varies 27-28 millimeters. Weight varies 8.00-9.00 grams. Struck at T'ong Yong.

Date	Mintage	Good	VG	F	VF	XF
ND(1742-52)	—	4.00	6.00	9.00	15.00	—

KM# 698 2 MUN
Cast Copper Or Brass **Rev:** "Im" at right, series number at bottom **Note:** Size varies 27-28 millimeters. Weight varies 8.00-9.00 grams. Struck at T'ong Yong.

Date	Mintage	Good	VG	F	VF	XF
ND(1742-52) Series 1	—	6.50	10.00	15.00	25.00	—

KM# 573 2 MUN
Cast Copper Or Brass **Note:** Size varies 30-32 millimeters. Weight varies 8.00-9.00 grams. Struck at T'ong Yong.

Date	Mintage	Good	VG	F	VF	XF
ND(1742-52)	—	3.00	4.00	6.00	10.00	—

KM# 575 2 MUN
Cast Copper Or Brass **Rev:** "Hwang" (yellow) at bottom **Note:** Size varies 30-32 millimeters. Weight varies 8.00-9.00 grams. Struck at T'ong Yong.

Date	Mintage	Good	VG	F	VF	XF
ND(1742-52)	—	3.00	4.00	6.00	10.00	—

KM# 581 2 MUN
Cast Copper Or Brass **Rev:** "Hong" at bottom **Note:** Size varies 30-32 millimeters. Weight varies 8.00-9.00 grams. Struck at T'ong Yong.

Date	Mintage	Good	VG	F	VF	XF
ND(1742-52)	—	3.00	4.00	6.00	10.00	—

KM# 587 2 MUN
Cast Copper Or Brass **Rev:** "Wol" at bottom **Note:** Size varies 30-32 millimeters. Weight varies 8.00-9.00 grams. Struck at T'ong Yong.

Date	Mintage	Good	VG	F	VF	XF
ND(1742-52)	—	3.00	4.00	6.00	10.00	—

KM# 589 2 MUN
Cast Copper Or Brass **Rev:** "Yong" at bottom **Note:** Size varies 30-32 millimeters. Weight varies 8.00-9.00 grams. Struck at T'ong Yong.

Date	Mintage	Good	VG	F	VF	XF
ND(1742-52)	—	3.00	4.00	6.00	10.00	—

KM# 591 2 MUN
Cast Copper Or Brass **Rev:** "Ch'uk" at bottom **Note:** Size varies 30-32 millimeters. Weight varies 8.00-9.00 grams. Struck at T'ong Yong.

Date	Mintage	Good	VG	F	VF	XF
ND(1742-52)	—	3.00	4.00	6.00	10.00	—

KM# 597 2 MUN
Cast Copper Or Brass **Rev:** "Yol" at bottom **Note:** Size varies 30-32 millimeters. Weight varies 8.00-9.00 grams. Struck at T'ong Yong.

Date	Mintage	Good	VG	F	VF	XF
ND(1742-52)	—	3.00	4.00	6.00	10.00	—

KM# 599 2 MUN
Cast Copper Or Brass **Rev:** "Chang" (extend) at bottom **Note:** Size varies 30-32 millimeters. Weight varies 8.00-9.00 grams. Struck at T'ong Yong.

Date	Mintage	Good	VG	F	VF	XF
ND(1742-52)	—	3.00	4.00	6.00	10.00	—

1042 KOREA

KM# 603 2 MUN

Cast Copper Or Brass **Rev:** "Nae" at bottom **Note:** Size varies 30-32 millimeters. Weight varies 8.00-9.00 grams. Struck at T'ong Yong.

Date	Mintage	Good	VG	F	VF	XF
ND(1742-52)	—	3.00	4.00	6.00	10.00	—

KM# 609 2 MUN

Cast Copper Or Brass **Rev:** "Ch'u" at bottom **Note:** Size varies 30-32 millimeters. Weight varies 8.00-9.00 grams. Struck at T'ong Yong.

Date	Mintage	Good	VG	F	VF	XF
ND(1742-52)	—	3.00	4.00	6.00	10.00	—

KM# 610 2 MUN

Cast Copper Or Brass **Rev:** "Su" at bottom **Note:** Size varies 30-32 millimeters. Weight varies 8.00-9.00 grams. Struck at T'ong Yong.

Date	Mintage	Good	VG	F	VF	XF
ND(1742-52)	—	3.00	4.00	6.00	10.00	—

KM# 612 2 MUN

Cast Copper Or Brass **Rev:** "Chang" (hoard) at bottom **Note:** Size varies 30-32 millimeters. Weight varies 8.00-9.00 grams. Struck at T'ong Yong.

Date	Mintage	Good	VG	F	VF	XF
ND(1742-52)	—	3.00	4.00	6.00	10.00	—

KM# 617 2 MUN

Cast Copper Or Brass **Rev:** "Chi" at bottom, crescent at left **Note:** Size varies 30-32 millimeters. Weight varies 8.00-9.00 grams. Struck at T'ong Yong.

Date	Mintage	Good	VG	F	VF	XF
ND(1742-52)	—	5.00	8.50	12.50	20.00	—

KM# B621 2 MUN

Cast Copper Or Brass **Rev:** "Hwang" at bottom, crescent at left **Note:** Size varies 30-32 millimeters. Weight varies 8.00-9.00 grams. Struck at T'ong Yong.

Date	Mintage	Good	VG	F	VF	XF
ND(1742-52)	—	5.00	8.50	12.50	20.00	—

KM# B622 2 MUN

Cast Copper Or Brass **Rev:** "Ch'uk" at bottom, crescent at left **Note:** Size varies 30-32 millimeters. Weight varies 8.00-9.00 grams. Struck at T'ong Yong.

Date	Mintage	Good	VG	F	VF	XF
ND(1742-52)	—	5.00	8.50	12.50	20.00	—

KM# 571 2 MUN

Cast Copper Or Brass **Note:** Size varies 30-32 mm. Weight varie 8.00-9.00 grams.

Date	Mintage	Good	VG	F	VF	XF
ND(1742-52)	—	3.00	4.00	6.00	10.00	—

KM# 577 2 MUN

Cast Copper Or Brass **Rev:** "U" at bottom **Note:** Size varies 30-32 mm. Weight varies 8.00-9.00 grams.

Date	Mintage	Good	VG	F	VF	XF
ND(1742-52)	—	3.00	4.00	6.00	10.00	—

KM# 579 2 MUN

Cast Copper Or Brass **Rev:** "Chu" at bottom **Note:** Size varies 30-32 mm. Weight varies 8.00-9.00 grams.

Date	Mintage	Good	VG	F	VF	XF
ND(1742-52)	—	3.00	4.00	6.00	10.00	—

KM# 583 2 MUN

Cast Copper Or Brass **Rev:** "Hwang" (barren) at bottom **Note:** Size varies 30-32 mm. Weight varies 8.00-9.00 grams.

Date	Mintage	Good	VG	F	VF	XF
ND(1742-52)	—	3.00	4.00	6.00	10.00	—

KM# 585 2 MUN

Cast Copper Or Brass **Rev:** "Il" at bottom **Note:** Size varies 30-32 mm. Weight varies 8.00-9.00 grams.

Date	Mintage	Good	VG	F	VF	XF
ND(1742-52)	—	3.00	4.00	6.00	10.00	—

KM# 593 2 MUN

Cast Copper Or Brass **Rev:** "Chin" at bottom **Note:** Size varies 30-32 mm. Weight varies 8.00-9.00 grams.

Date	Mintage	Good	VG	F	VF	XF
ND(1742-52)	—	3.00	4.00	6.00	10.00	—

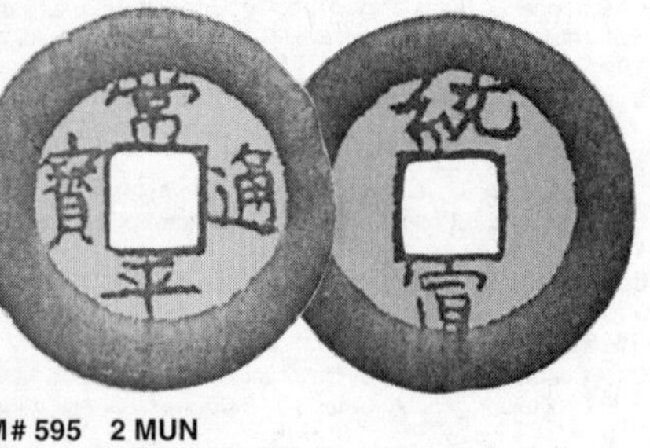

KM# 595 2 MUN

Cast Copper Or Brass **Rev:** "Suk" at bottom **Note:** Size varies 30-32 mm. Weight varies 8.00-9.00 grams.

Date	Mintage	Good	VG	F	VF	XF
ND(1742-52)	—	3.00	4.00	6.00	10.00	—

KM# 601 2 MUN

Cast Copper Or Brass **Rev:** "Han" at bottom **Note:** Size varies 30-32 mm. Weight varies 8.00-9.00 grams.

Date	Mintage	Good	VG	F	VF	XF
ND(1742-52)	—	3.00	4.00	6.00	10.00	—

KM# 605 2 MUN

Cast Copper Or Brass **Rev:** "So" at bottom **Note:** Size varies 30-32 mm. Weight varies 8.00-9.00 grams.

Date	Mintage	Good	VG	F	VF	XF
ND(1742-52)	—	3.00	4.00	6.00	10.00	—

KM# 607 2 MUN

Cast Copper Or Brass **Rev:** "Wang" at bottom **Note:** Size varies 30-32 mm. Weight varies 8.00-9.00 grams.

Date	Mintage	Good	VG	F	VF	XF
ND(1742-52)	—	3.00	4.00	6.00	10.00	—

KM# 611 2 MUN

Cast Copper Or Brass **Rev:** "Tong" at bottom **Note:** Size varies 30-32 mm. Weight varies 8.00-9.00 grams.

Date	Mintage	Good	VG	F	VF	XF
ND(1742-52)	—	3.00	4.00	6.00	10.00	—

KM# 613 2 MUN

Cast Copper Or Brass **Rev:** "Yun" at bottom **Note:** Size varies 30-32 mm. Weight varies 8.00-9.00 grams.

Date	Mintage	Good	VG	F	VF	XF
ND(1742-52)	—	3.00	4.00	6.00	10.00	—

KM# 614 2 MUN

Cast Copper Or Brass **Rev:** "Yo" at bottom **Note:** Size varies 30-32 mm. Weight varies 8.00-9.00 grams.

Date	Mintage	Good	VG	F	VF	XF
ND(1742-52)	—	3.00	4.00	6.00	10.00	—

KM# 615 2 MUN

Cast Copper Or Brass **Rev:** "Il" at bottom, three pellets at left **Note:** Size varies 30-32 mm. Weight varies 8.00-9.00 grams.

Date	Mintage	Good	VG	F	VF	XF
ND(1742-52)	—	10.00	15.00	25.00	40.00	—

KM# 616 2 MUN

Cast Copper Or Brass **Rev:** "Ch'on" at bottom, crescent at left **Note:** Size varies 30-32 mm. Weight varies 8.00-9.00 grams.

Date	Mintage	Good	VG	F	VF	XF
ND(1742-52)	—	5.00	8.50	12.50	20.00	—

KM# 618 2 MUN

Cast Copper Or Brass **Rev:** "Hyon" at bottom, crescent at left **Note:** Size varies 30-32 mm. Weight varies 8.00-9.00 grams.

Date	Mintage	Good	VG	F	VF	XF
ND(1742-52)	—	5.00	8.50	12.50	20.00	—

KM# 619 2 MUN

Cast Copper Or Brass **Rev:** "Hwang" (yellow) at bottom, crescent at left **Note:** Size varies 30-32 mm. Weight varies 8.00-9.00 grams.

Date	Mintage	Good	VG	F	VF	XF
ND(1742-52)	—	5.00	8.50	12.50	20.00	—

KM# 620 2 MUN

Cast Copper Or Brass **Rev:** "U" at bottom, crescent at left **Note:** Size varies 30-32 mm. Weight varies 8.00-9.00 grams.

Date	Mintage	Good	VG	F	VF	XF
ND(1742-52)	—	5.00	8.50	12.50	20.00	—

KM# 621 2 MUN

Cast Copper Or Brass **Rev:** "Chu" at bottom, crescent at left **Note:** Size varies 30-32 mm. Weight varies 8.00-9.00 grams.

Date	Mintage	Good	VG	F	VF	XF
ND(1742-52)	—	5.00	8.50	12.50	20.00	—

KM# A621 2 MUN

Cast Copper Or Brass **Rev:** "Hong" at bottom, crescent at left **Note:** Size varies 30-32 mm. Weight varies 8.00-9.00 grams.

Date	Mintage	Good	VG	F	VF	XF
ND(1742-52)	—	5.00	8.50	12.50	20.00	—

KM# C621 2 MUN

Cast Copper Or Brass **Rev:** "Il" at bottom, crescent at left **Note:** Size varies 30-32 mm. Weight varies 8.00-9.00 grams.

Date	Mintage	Good	VG	F	VF	XF
ND(1742-52)	—	5.00	8.50	12.50	20.00	—

KM# 622 2 MUN

Cast Copper Or Brass **Rev:** "Wol" at bottom, crescent at left **Note:** Size varies 30-32 mm. Weight varies 8.00-9.00 grams.

Date	Mintage	Good	VG	F	VF	XF
ND(1742-52)	—	5.00	8.50	12.50	20.00	—

KM# A622 2 MUN

Cast Copper Or Brass **Rev:** "Yong" at bottom, crescent at left **Note:** Size varies 30-32 mm. Weight varies 8.00-9.00 grams.

Date	Mintage	Good	VG	F	VF	XF
ND(1742-52)	—	5.00	8.50	12.50	20.00	—

KM# 623 2 MUN

Cast Copper Or Brass **Rev:** "Chin" at bottom, crescent at left **Note:** Size varies 30-32 mm. Weight varies 8.00-9.00 grams.

Date	Mintage	Good	VG	F	VF	XF
ND(1742-52)	—	5.00	8.50	12.50	20.00	—

KM# 624 2 MUN

Cast Copper Or Brass **Rev:** "Yol" at bottom, crescent at left **Note:** Size varies 30-32 mm. Weight varies 8.00-9.00 grams.

Date	Mintage	Good	VG	F	VF	XF
ND(1742-52)	—	5.00	8.50	12.50	20.00	—

KM# 625 2 MUN

Cast Copper Or Brass **Rev:** "Hwang" (barren) at bottom, cloud form at left **Note:** Size varies 30-32 mm. Weight varies 8.00-9.00 grams.

Date	Mintage	Good	VG	F	VF	XF
ND(1742-52)	—	8.50	12.50	20.00	30.00	—

KM# 626 2 MUN

Cast Copper Or Brass **Rev:** "Ch'on" at bottom, dot in crescent at left **Note:** Size varies 30-32 mm. Weight varies 8.00-9.00 grams.

Date	Mintage	Good	VG	F	VF	XF
ND(1742-52)	—	5.00	8.50	12.50	20.00	—

KM# 627 2 MUN

Cast Copper Or Brass **Rev:** "Ch'on" at bottom, dot at right, dot in crescent below circle at left **Note:** Size varies 30-32 mm. Weight varies 8.00-9.00 grams.

Date	Mintage	Good	VG	F	VF	XF
ND(1742)	—	5.00	8.50	12.50	20.00	—

KM# 635 2 MUN

Cast Copper Or Brass **Obv:** Large characters, "P'yong" variety I **Rev:** "Hyon" at bottom, "Chin" at right **Note:** Size varies 27-28 mm. Weight varies 8.00-9.00 grams.

Date	Mintage	Good	VG	F	VF	XF
ND(1742-52)	—	3.50	5.50	7.00	10.00	—

KM# 636 2 MUN

Cast Copper Or Brass **Obv:** "P'yong" variety II **Note:** Size varies 27-28 mm. Weight varies 8.00-9.00 grams.

Date	Mintage	Good	VG	F	VF	XF
ND(1742-52)	—	3.50	5.50	7.00	10.00	—

KM# 637 2 MUN

Cast Copper Or Brass **Obv:** Small characters, "Po" in different style **Note:** Size varies 27-28 mm. Weight varies 8.00-9.00 grams.

Date	Mintage	Good	VG	F	VF	XF
ND(1742-52)	—	3.50	5.50	7.00	10.00	—

KM# 638 2 MUN

Cast Copper Or Brass **Obv:** Large characters, "P'yong" variety I **Rev:** "Hwang" (yellow) at bottom, "Chin" at right **Note:** Size varies 27-28 mm. Weight varies 8.00-9.00 grams.

Date	Mintage	Good	VG	F	VF	XF
ND(1742-52)	—	3.50	5.50	7.00	10.00	—

KM# 639 2 MUN

Cast Copper Or Brass **Obv:** "P'yong" variety II **Note:** Size varies 27-28 mm. Weight varies 8.00-9.00 grams.

Date	Mintage	Good	VG	F	VF	XF
ND(1742-52)	—	3.50	5.50	7.00	10.00	—

KM# 640 2 MUN

Cast Copper Or Brass **Obv:** Small characters, "Po" in different style **Note:** Size varies 27-28 mm. Weight varies 8.00-9.00 grams.

Date	Mintage	Good	VG	F	VF	XF
ND(1742-52)	—	3.50	5.50	7.00	10.00	—

KM# 641 2 MUN

Cast Copper Or Brass **Obv:** Large characters, "P'yong" variety I **Rev:** "U" at bottom, "Chin" at right **Note:** Size varies 27-28 mm. Weight varies 8.00-9.00 grams.

Date	Mintage	Good	VG	F	VF	XF
ND(1742-52)	—	3.50	5.50	7.00	10.00	—

KM# 642 2 MUN

Cast Copper Or Brass **Obv:** "P'yong" variety II **Note:** Size varies 27-28 mm. Weight varies 8.00-9.00 grams.

Date	Mintage	Good	VG	F	VF	XF
ND(1742-52)	—	3.50	5.50	7.00	10.00	—

KM# 643 2 MUN

Cast Copper Or Brass **Obv:** Small characters, "Po" in different style **Note:** Size varies 27-28 mm. Weight varies 8.00-9.00 grams.

Date	Mintage	Good	VG	F	VF	XF
ND(1742-52)	—	3.50	5.50	7.00	10.00	—

KM# 644 2 MUN

Cast Copper Or Brass **Obv:** Large characters, "P'yong" variety I **Rev:** "Chu" at bottom, "Chin" at right **Note:** Size varies 27-28 mm. Weight varies 8.00-9.00 grams.

Date	Mintage	Good	VG	F	VF	XF
ND(1742-62)	—	3.50	5.50	7.00	10.00	—

KM# 645 2 MUN

Cast Copper Or Brass **Obv:** "P'yong" variety II **Note:** Size varies 27-28 mm. Weight varies 8.00-9.00 grams.

Date	Mintage	Good	VG	F	VF	XF
ND(1742-52)	—	3.50	5.50	7.00	10.00	—

KM# 646 2 MUN

Cast Copper Or Brass **Obv:** Small characters, "Po" in different style **Note:** Size varies 27-28 mm. Weight varies 8.00-9.00 grams.

Date	Mintage	Good	VG	F	VF	XF
ND(1742-52)	—	3.50	5.50	7.00	10.00	—

KM# 647 2 MUN

Cast Copper Or Brass **Obv:** Large characters, "P'yong" variety I **Rev:** "Hong" at bottom, "Chin" at right **Note:** Size varies 27-28 mm. Weight varies 8.00-9.00 grams.

Date	Mintage	Good	VG	F	VF	XF
ND(1742-52)	—	3.50	5.50	7.00	10.00	—

KM# 648 2 MUN

Cast Copper Or Brass **Obv:** "P'yong" variety II **Note:** Size varies 27-28 mm. Weight varies 8.00-9.00 grams.

Date	Mintage	Good	VG	F	VF	XF
ND(1742-52)	—	3.50	5.50	7.00	10.00	—

KM# 649 2 MUN

Cast Copper Or Brass **Obv:** Small characters, "Po" in different style **Note:** Size varies 27-28 mm. Weight varies 8.00-9.00 grams.

Date	Mintage	Good	VG	F	VF	XF
ND(1742-52)	—	3.50	5.50	7.00	10.00	—

KM# 650 2 MUN

Cast Copper Or Brass **Obv:** Large characters, "P'yong" variety I **Rev:** "Hwang" (barren) at bottom, "Chin" at right **Note:** Size varies 27-28 mm. Weight varies 8.00-9.00 grams.

Date	Mintage	Good	VG	F	VF	XF
ND(1742-52)	—	3.50	5.50	7.00	10.00	—

KM# 651 2 MUN

Cast Copper Or Brass **Obv:** "P'yong" variety II **Note:** Size varies 27-28 mm. Weight varies 8.00-9.00 grams.

Date	Mintage	Good	VG	F	VF	XF
ND(1742-52)	—	3.50	5.50	7.00	10.00	—

KM# 652 2 MUN

Cast Copper Or Brass **Obv:** Small characters, "Po" in different style **Note:** Size varies 27-28 mm. Weight varies 8.00-9.00 grams.

Date	Mintage	Good	VG	F	VF	XF
ND(1742-52)	—	3.50	5.50	7.00	10.00	—

KM# 654 2 MUN

Cast Copper Or Brass **Obv:** "P'yong" variety II **Note:** Size varies 27-28 mm. Weight varies 8.00-9.00 grams.

Date	Mintage	Good	VG	F	VF	XF
ND(1742-52)	—	3.50	5.50	7.00	10.00	—

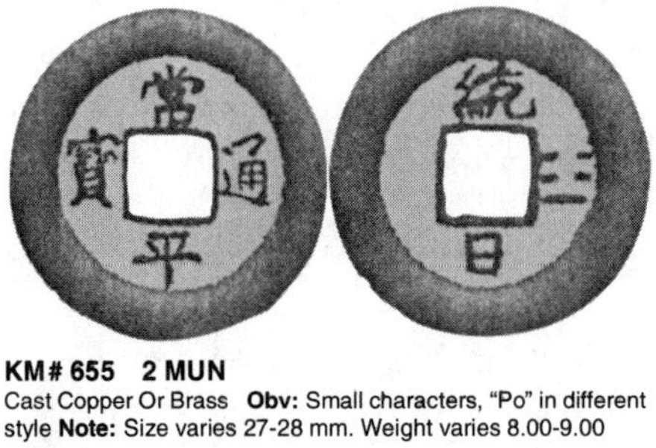

KM# 655 2 MUN

Cast Copper Or Brass **Obv:** Small characters, "Po" in different style **Note:** Size varies 27-28 mm. Weight varies 8.00-9.00 grams.

Date	Mintage	Good	VG	F	VF	XF
ND(1742-52)	—	3.50	5.50	7.00	10.00	—

KM# 656 2 MUN

Cast Copper Or Brass **Obv:** Large characters, "P'yong" variety I **Rev:** "Wol" at bottom, "Chin" at right **Note:** Size varies 27-28 mm. Weight varies 8.00-9.00 grams.

Date	Mintage	Good	VG	F	VF	XF
ND(1742-52)	—	3.50	5.50	7.00	10.00	—

KM# 657 2 MUN

Cast Copper Or Brass **Obv:** "P'yong" variety II **Note:** Size varies 27-28 mm. Weight varies 8.00-9.00 grams.

Date	Mintage	Good	VG	F	VF	XF
ND(1742-52)	—	3.50	5.50	7.00	10.00	—

KM# A657 2 MUN

Cast Copper Or Brass **Obv:** Small characters, "Wol" in different style **Note:** Size varies 27-28 mm. Weight varies 8.00-9.00 grams.

Date	Mintage	Good	VG	F	VF	XF
ND(1742-52)	—	3.50	5.50	7.00	10.00	—

KM# 658 2 MUN

Cast Copper Or Brass **Obv:** "P'yong" variety I **Rev:** "Yong" at bottom, "Chin" at right **Note:** Size varies 27-28 mm. Weight varies 8.00-9.00 grams.

Date	Mintage	Good	VG	F	VF	XF
ND(1742-52)	—	3.00	4.00	6.00	10.00	—

KM# 659 2 MUN

Cast Copper Or Brass **Obv:** "P'yong" variety II **Note:** Size varies 27-28 mm. Weight varies 8.00-9.00 grams.

Date	Mintage	Good	VG	F	VF	XF
ND(1742-52)	—	3.00	4.00	6.00	10.00	—

KM# 660 2 MUN

Cast Copper Or Brass **Obv:** "P'yong" variety I **Rev:** "Ch'uk" at bottom, "Chin" at right **Note:** Size varies 27-28 mm. Weight varies 8.00-9.00 grams.

Date	Mintage	Good	VG	F	VF	XF
ND(1742-52)	—	3.00	4.00	6.00	10.00	—

KM# 661 2 MUN

Cast Copper Or Brass **Obv:** "P'yong" variety II **Note:** Size varies 27-28 mm. Weight varies 8.00-9.00 grams.

Date	Mintage	Good	VG	F	VF	XF
ND(1742-52)	—	3.00	4.00	6.00	10.00	—

KM# 662 2 MUN

Cast Copper Or Brass **Obv:** "P'yong" variety I **Rev:** "Chin" at bottom, "Chin" at right **Note:** Size varies 27-28 mm. Weight varies 8.00-9.00 grams.

Date	Mintage	Good	VG	F	VF	XF
ND(1742-52)	—	3.00	4.00	6.00	10.00	—

KM# 663 2 MUN

Cast Copper Or Brass **Obv:** "P'yong" variety II **Note:** Size varies 27-28 mm. Weight varies 8.00-9.00 grams.

Date	Mintage	Good	VG	F	VF	XF
ND(1742-52)	—	3.00	4.00	6.00	10.00	—

KM# 664 2 MUN

Cast Copper Or Brass **Obv:** "P'yong" variety I **Rev:** "Suk" at bottom, "Chin" at right **Note:** Size varies 27-28 mm. Weight varies 8.00-9.00 grams.

Date	Mintage	Good	VG	F	VF	XF
ND(1742-52)	—	3.00	4.00	6.00	10.00	—

KM# 665 2 MUN

Cast Copper Or Brass **Obv:** "P'yong" variety II **Note:** Size varies 27-28 mm. Weight varies 8.00-9.00 grams.

Date	Mintage	Good	VG	F	VF	XF
ND(1742-52)	—	3.00	4.00	6.00	10.00	—

KM# 666 2 MUN

Cast Copper Or Brass **Obv:** "P'yong" variety I **Rev:** "Yol" at bottom, "Chin" at right **Note:** Size varies 27-28 mm. Weight varies 8.00-9.00 grams.

Date	Mintage	Good	VG	F	VF	XF
ND(1742-52)	—	3.00	4.00	6.00	10.00	—

KM# 667 2 MUN

Cast Copper Or Brass **Obv:** "P'yong" variety II **Note:** Size varies 27-28 mm. Weight varies 8.00-9.00 grams.

Date	Mintage	Good	VG	F	VF	XF
ND(1742-52)	—	3.00	4.00	6.00	10.00	—

KM# 668 2 MUN

Cast Copper Or Brass **Obv:** "P'yong" variety I **Rev:** "Chang" (extend) at bottom, "Chin" at right **Note:** Size varies 27-28 mm. Weight varies 8.00-9.00 grams.

Date	Mintage	Good	VG	F	VF	XF
ND(1742-52)	—	4.00	6.00	8.00	12.00	—

KM# 669 2 MUN

Cast Copper Or Brass **Obv:** "P'yong" variety II **Note:** Size varies 27-28 mm. Weight varies 8.00-9.00 grams.

Date	Mintage	Good	VG	F	VF	XF
ND(1742-52)	—	4.00	6.00	8.00	12.00	—

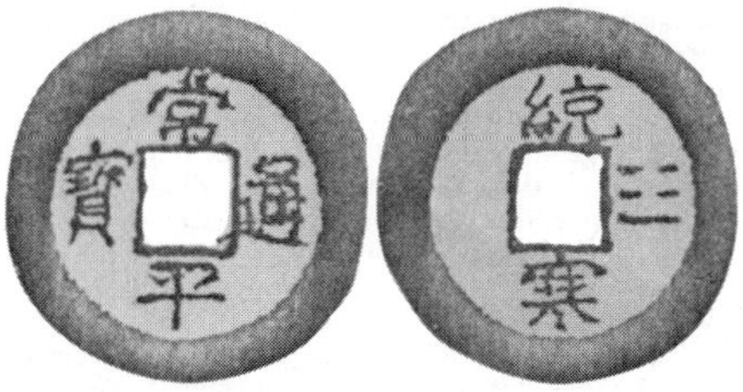

KM# 670 2 MUN

Cast Copper Or Brass **Obv:** "P'yong" variety I **Rev:** "Han" at bottom, "Chin" at right **Note:** Size varies 27-28 mm. Weight varies 8.00-9.00 grams.

Date	Mintage	Good	VG	F	VF	XF
ND(1742-52)	—	3.00	4.00	6.00	10.00	—

KM# 671 2 MUN

Cast Copper Or Brass **Obv:** "P'yong" variety II **Note:** Size varies 27-28 mm. Weight varies 8.00-9.00 grams.

Date	Mintage	Good	VG	F	VF	XF
ND(1742-52)	—	3.00	4.00	6.00	10.00	—

KM# 672 2 MUN

Cast Copper Or Brass **Obv:** "P'yong" variety I **Rev:** "Nae" at bottom, "Chin" at right **Note:** Size varies 27-28 mm. Weight varies 8.00-9.00 grams.

Date	Mintage	Good	VG	F	VF	XF
ND(1742-52)	—	3.00	4.00	6.00	10.00	—

KM# 673 2 MUN

Cast Copper Or Brass **Obv:** "P'yong" variety II **Note:** Size varies 27-28 mm. Weight varies 8.00-9.00 grams.

Date	Mintage	Good	VG	F	VF	XF
ND(1742-52)	—	3.00	4.00	6.00	10.00	—

KM# 674 2 MUN

Cast Copper Or Brass **Obv:** "P'yong" variety I **Rev:** "So" at bottom, "Chin" at right **Note:** Size varies 27-28 mm. Weight varies 8.00-9.00 grams.

Date	Mintage	Good	VG	F	VF	XF
ND(1742-52)	—	4.00	6.00	8.00	12.00	—

KM# 675 2 MUN

Cast Copper Or Brass **Obv:** "P'yong" variety II **Note:** Size varies 27-28 mm. Weight varies 8.00-9.00 grams.

Date	Mintage	Good	VG	F	VF	XF
ND(1742-52)	—	4.00	6.00	8.00	12.00	—

KM# 676 2 MUN

Cast Copper Or Brass **Obv:** "P'yong" variety I **Rev:** "Wang" at bottom, "Chin" at right **Note:** Size varies 27-28 mm. Weight varies 8.00-9.00 grams.

Date	Mintage	Good	VG	F	VF	XF
ND(1742-52)	—	3.00	4.00	6.00	10.00	—

KM# 677 2 MUN

Cast Copper Or Brass **Obv:** "P'yong" variety II **Note:** Size varies 27-28 mm. Weight varies 8.00-9.00 grams.

Date	Mintage	Good	VG	F	VF	XF
ND(1742-52)	—	3.00	4.00	6.00	10.00	—

KM# 678 2 MUN

Cast Copper Or Brass **Obv:** "P'yong" variety I **Rev:** "Ch'u" at bottom, "Chin" at right **Note:** Size varies 27-28 mm. Weight varies 8.00-9.00 grams.

Date	Mintage	Good	VG	F	VF	XF
ND(1742-52)	—	3.00	4.00	6.00	10.00	—

KM# 679 2 MUN

Cast Copper Or Brass **Obv:** "P'yong" variety II **Note:** Size varies 27-28 mm. Weight varies 8.00-9.00 grams.

Date	Mintage	Good	VG	F	VF	XF
ND(1742-52)	—	3.00	4.00	6.00	10.00	—

KM# 680 2 MUN

Cast Copper Or Brass **Obv:** "P'yong" variety I **Rev:** "Su" at bottom, "Chin" at right **Note:** Size varies 27-28 mm. Weight varies 8.00-9.00 grams.

Date	Mintage	Good	VG	F	VF	XF
ND(1742-52)	—	3.00	4.00	6.00	10.00	—

KM# 681 2 MUN

Cast Copper Or Brass **Obv:** "P'yong" variety II **Note:** Size varies 27-28 mm. Weight varies 8.00-9.00 grams.

Date	Mintage	Good	VG	F	VF	XF
ND(1742-52)	—	3.00	4.00	6.00	10.00	—

KM# 682 2 MUN

Cast Copper Or Brass **Rev:** "Yol" at bottom, "Chin" at right, crescent at left **Note:** Size varies 27-28 mm. Weight varies 8.00-9.00 grams.

Date	Mintage	Good	VG	F	VF	XF
ND(1742-52)	—	3.00	4.00	6.00	10.00	—

KM# 683 2 MUN

Cast Copper Or Brass **Rev:** "Chon" at bottom, "Kon" at right **Note:** Size varies 27-28 mm. Weight varies 8.00-9.00 grams.

Date	Mintage	Good	VG	F	VF	XF
ND(1742-52)	—	4.00	6.00	9.00	15.00	—

KM# 684 2 MUN

Cast Copper Or Brass **Rev:** "Chi" at bottom, "Kon" at right **Note:** Size varies 27-28 mm. Weight varies 8.00-9.00 grams.

Date	Mintage	Good	VG	F	VF	XF
ND(1742-52)	—	4.00	6.00	9.00	15.00	—

KM# 685 2 MUN

Cast Copper Or Brass **Rev:** "Hyon" at bottom, "Kon" at right **Note:** Size varies 27-28 mm. Weight varies 8.00-9.00 grams.

Date	Mintage	Good	VG	F	VF	XF
ND(1742-52)	—	4.00	6.00	9.00	15.00	—

KM# 686 2 MUN

Cast Copper Or Brass **Rev:** "Hwang" (yellow) at bottom, "Kon" at right **Note:** Size varies 27-28 mm. Weight varies 8.00-9.00 grams.

Date	Mintage	Good	VG	F	VF	XF
ND(1742-52)	—	4.00	6.00	9.00	15.00	—

1044 KOREA

KM# 687 2 MUN

Cast Copper Or Brass **Rev:** "U" at bottom, "Kon" at right **Note:** Size varies 27-28 mm. Weight varies 8.00-9.00 grams.

Date	Mintage	Good	VG	F	VF	XF
ND(1742-52)	—	4.00	6.00	9.00	15.00	—

KM# 688 2 MUN

Cast Copper Or Brass **Rev:** "Chu" at bottom, "Kon" at right **Note:** Size varies 27-28 mm. Weight varies 8.00-9.00 grams.

Date	Mintage	Good	VG	F	VF	XF
ND(1742-52)	—	4.00	6.00	9.00	15.00	—

KM# 689 2 MUN

Cast Copper Or Brass **Rev:** "Hong" at bottom, "Kon" at right **Note:** Size varies 27-28 mm. Weight varies 8.00-9.00 grams.

Date	Mintage	Good	VG	F	VF	XF
ND(1742-52)	—	4.00	6.00	9.00	15.00	—

KM# 690 2 MUN

Cast Copper Or Brass **Rev:** "Hwang" (barren) at bottom, "Kon" at right **Note:** Size varies 27-28 mm. Weight varies 8.00-9.00 grams.

Date	Mintage	Good	VG	F	VF	XF
ND(1742-52)	—	4.00	6.00	9.00	15.00	—

KM# 691 2 MUN

Cast Copper Or Brass **Rev:** "Il" at bottom, "Kon" at right **Note:** Size varies 27-28 mm. Weight varies 8.00-9.00 grams.

Date	Mintage	Good	VG	F	VF	XF
ND(1742-52)	—	4.00	6.00	9.00	15.00	—

KM# 692 2 MUN

Cast Copper Or Brass **Rev:** "Wol" at bottom, "Kon" at right **Note:** Size varies 27-28 mm. Weight varies 8.00-9.00 grams.

Date	Mintage	Good	VG	F	VF	XF
ND(1742-52)	—	4.00	6.00	9.00	15.00	—

KM# 693 2 MUN

Cast Copper Or Brass **Rev:** "Yong" at bottom, "Kon" at right **Note:** Size varies 27-28 mm. Weight varies 8.00-9.00 grams.

Date	Mintage	Good	VG	F	VF	XF
ND(1742-52)	—	4.00	6.00	9.00	15.00	—

KM# 694 2 MUN

Cast Copper Or Brass **Rev:** "Ch'uk" at bottom, "Kon" at right **Note:** Size varies 27-28 mm. Weight varies 8.00-9.00 grams.

Date	Mintage	Good	VG	F	VF	XF
ND(1742-52)	—	4.00	6.00	9.00	15.00	—

KM# 695 2 MUN

Cast Copper Or Brass **Rev:** "Chin" at bottom, "Kon" at right **Note:** Size varies 27-28 mm. Weight varies 8.00-9.00 grams.

Date	Mintage	Good	VG	F	VF	XF
ND(1742-52)	—	4.00	6.00	9.00	15.00	—

KM# 696 2 MUN

Cast Copper Or Brass **Rev:** "Suk" at bottom, "Kon" at right **Note:** Size varies 27-28 mm. Weight varies 8.00-9.00 grams.

Date	Mintage	Good	VG	F	VF	XF
ND(1742-52)	—	4.00	6.00	9.00	15.00	—

KM# 700 2 MUN

Cast Copper Or Brass **Rev:** "Chon" at bottom, "Im" at right **Note:** Size varies 27-28 mm. Weight varies 8.00-9.00 grams.

Date	Mintage	Good	VG	F	VF	XF
ND(1752)	—	3.50	5.50	8.50	12.50	—

KM# A700 2 MUN

Cast Copper Or Brass **Rev:** "Chi" at bottom, "Im" at right **Note:** Size varies 27-28 mm. Weight varies 8.00-9.00 grams.

Date	Mintage	Good	VG	F	VF	XF
ND(1752)	—	3.00	5.50	8.50	12.50	—

KM# 701 2 MUN

Cast Copper Or Brass **Rev:** "Chu" at bottom, "Im" at right **Note:** Size varies 27-28 mm. Weight varies 8.00-9.00 grams.

Date	Mintage	Good	VG	F	VF	XF
ND(1752)	—	3.50	5.50	8.50	12.50	—

KM# A701 2 MUN

Cast Copper Or Brass **Rev:** "Hong" at bottom, "Im" at right **Note:** Size varies 27-28 mm. Weight varies 8.00-9.00 grams.

Date	Mintage	Good	VG	F	VF	XF
ND(1752)	—	3.50	5.50	8.50	12.50	—

KM# D701 2 MUN

Cast Copper Or Brass **Rev:** "Wol" at bottom, "Im" at right **Note:** Size varies 27-28 mm. Weight varies 8.00-9.00 grams.

Date	Mintage	Good	VG	F	VF	XF
ND(1752)	—	3.50	5.50	8.50	12.50	—

KM# E701 2 MUN

Cast Copper Or Brass **Rev:** "Yong" at bottom, "Im" at right **Note:** Size varies 27-28 mm. Weight varies 8.00-9.00 grams.

Date	Mintage	Good	VG	F	VF	XF
ND(1752)	—	3.50	5.50	8.50	12.50	—

KM# F701 2 MUN

Cast Copper Or Brass **Rev:** "Ch'uk" at bottom, "Im" at right **Note:** Size varies 27-28 mm. Weight varies 8.00-9.00 grams.

Date	Mintage	Good	VG	F	VF	XF
ND(1752)	—	3.50	5.50	8.50	12.50	—

KM# G701 2 MUN

Cast Copper Or Brass **Rev:** "Chin" at bottom, "Im" at right **Note:** Size varies 27-28 mm. Weight varies 8.00-9.00 grams.

Date	Mintage	Good	VG	F	VF	XF
ND(1752)	—	3.50	5.50	8.50	12.50	—

KM# 702 2 MUN

Cast Copper Or Brass **Rev:** "Han" at bottom, "Im" at right **Note:** Size varies 27-28 mm. Weight varies 8.00-9.00 grams.

Date	Mintage	Good	VG	F	VF	XF
ND(1752)	—	3.50	5.50	8.50	12.50	—

KM# 702a 2 MUN

Cast Copper Or Brass **Obv:** "P'yong" without hooks **Note:** Size varies 27-28 mm. Weight varies 8.00-9.00 grams.

Date	Mintage	Good	VG	F	VF	XF
ND(1752)	—	3.50	5.50	8.50	12.50	—

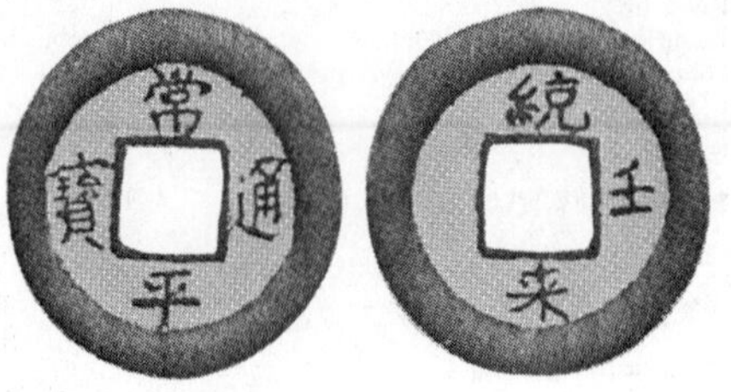

KM# 703 2 MUN

Cast Copper Or Brass **Rev:** "Nae" at bottom, "Im" at right **Note:** Size varies 27-28 mm. Weight varies 8.00-9.00 grams.

Date	Mintage	Good	VG	F	VF	XF
ND(1752)	—	3.50	5.50	8.50	12.50	—

KM# 706 2 MUN

Cast Copper Or Brass **Rev:** "Ch'u" at bottom, "Im" at right **Note:** Size varies 27-28 mm. Weight varies 8.00-9.00 grams.

Date	Mintage	Good	VG	F	VF	XF
ND(1752)	—	3.50	5.50	8.50	12.50	—

KM# 707 2 MUN

Cast Copper Or Brass **Rev:** "Su" at bottom, "Im" at right **Note:** Size varies 27-28 mm. Weight varies 8.00-9.00 grams.

Date	Mintage	Good	VG	F	VF	XF
ND(1752)	—	3.50	5.50	8.50	12.50	—

KM# 708 2 MUN

Cast Copper Or Brass **Rev:** "Tong" at bottom, "Im" at right **Note:** Size varies 27-28 mm. Weight varies 8.00-9.00 grams.

Date	Mintage	Good	VG	F	VF	XF
ND(1752)	—	3.50	5.50	8.50	12.50	—

KM# 709 2 MUN

Cast Copper Or Brass **Rev:** "Chang" (hoard) at bottom, "Im" at right **Note:** Size varies 27-28 mm. Weight varies 8.00-9.00 grams.

Date	Mintage	Good	VG	F	VF	XF
ND(1752)	—	3.50	5.50	8.50	12.50	—

KM# 710 2 MUN

Cast Copper Or Brass **Rev:** "Yun" at bottom, "Im" at right **Note:** Size varies 27-28 mm. Weight varies 8.00-9.00 grams.

Date	Mintage	Good	VG	F	VF	XF
ND(1752)	—	3.50	5.50	8.50	12.50	—

KM# 711 2 MUN

Cast Copper Or Brass **Rev:** "Yo" (surplus) at bottom, "Im" at right **Note:** Size varies 27-28 mm. Weight varies 8.00-9.00 grams.

Date	Mintage	Good	VG	F	VF	XF
ND(1752)	—	3.50	5.50	8.50	12.50	—

KM# 712 2 MUN

Cast Copper Or Brass **Rev:** "Song" at bottom, "Im" at right **Note:** Size varies 27-28 mm. Weight varies 8.00-9.00 grams.

Date	Mintage	Good	VG	F	VF	XF
ND(1752)	—	3.50	5.50	8.50	12.50	—

KM# 712a 2 MUN

Cast Copper Or Brass **Obv:** "P'yong" without hooks **Note:** Size varies 27-28 mm. Weight varies 8.00-9.00 grams.

Date	Mintage	Good	VG	F	VF	XF
ND(1752)	—	3.50	5.50	8.50	12.50	—

KM# 713 2 MUN

Cast Copper Or Brass **Rev:** "Se" at bottom, "Im" at right **Note:** Size varies 27-28 mm. Weight varies 8.00-9.00 grams.

Date	Mintage	Good	VG	F	VF	XF
ND(1752)	—	3.50	5.50	8.50	12.50	—

KM# 713a 2 MUN

Cast Copper Or Brass **Obv:** "P'yong" without hooks **Note:** Size varies 27-28 mm. Weight varies 8.00-9.00 grams.

Date	Mintage	Good	VG	F	VF	XF
ND(1752)	—	3.50	5.50	8.50	12.50	—

KM# 714 2 MUN

Cast Copper Or Brass **Rev:** "Yul" at bottom, "Im" at right **Note:** Size varies 27-28 mm. Weight varies 8.00-9.00 grams.

Date	Mintage	Good	VG	F	VF	XF
ND(1752)	—	3.50	5.50	8.50	12.50	—

KM# 716 2 MUN

Cast Copper Or Brass **Rev:** "Ch'on" at bottom, "Im" at left **Note:** Size varies 27-28 mm. Weight varies 8.00-9.00 grams.

Date	Mintage	Good	VG	F	VF	XF
ND(1752)	—	3.00	4.00	6.00	10.00	—

KM# 717 2 MUN

Cast Copper Or Brass **Rev:** "Chi" at bottom, "Im" at left **Note:** Size varies 27-28 mm. Weight varies 8.00-9.00 grams.

Date	Mintage	Good	VG	F	VF	XF
ND(1752)	—	3.00	4.00	6.00	10.00	—

KM# 718 2 MUN

Cast Copper Or Brass **Rev:** "Hyon" at bottom, "Im" at left **Note:** Size varies 27-28 mm. Weight varies 8.00-9.00 grams.

Date	Mintage	Good	VG	F	VF	XF
ND(1752)	—	3.00	4.00	6.00	10.00	—

KM# 719 2 MUN

Cast Copper Or Brass **Rev:** "Hwang" (yellow) at bottom, "Im" at left **Note:** Size varies 27-28 mm. Weight varies 8.00-9.00 grams.

Date	Mintage	Good	VG	F	VF	XF
ND(1752)	—	3.00	4.00	6.00	10.00	—

KM# 720 2 MUN

Cast Copper Or Brass **Rev:** "U" at bottom, "Im" at left **Note:** Size varies 27-28 mm. Weight varies 8.00-9.00 grams.

Date	Mintage	Good	VG	F	VF	XF
ND(1752)	—	3.00	4.00	6.00	10.00	—

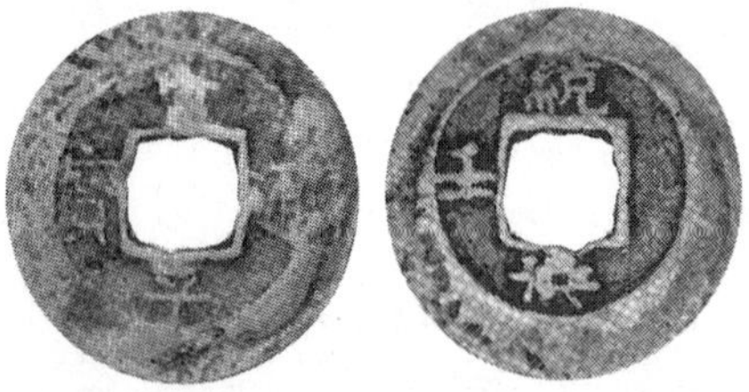

KM# 721 2 MUN

Cast Copper Or Brass **Rev:** "Hong" at bottom, "Im" at left **Note:** Size varies 27-28 mm. Weight varies 8.00-9.00 grams.

Date	Mintage	Good	VG	F	VF	XF
ND(1752)	—	3.00	4.00	6.00	10.00	—

KM# 722 2 MUN

Cast Copper Or Brass **Rev:** "Hwang" (barren) at bottom, "Im" at left **Note:** Size varies 27-28 mm. Weight varies 8.00-9.00 grams.

Date	Mintage	Good	VG	F	VF	XF
ND(1752)	—	3.00	4.00	6.00	10.00	—

KM# 723 2 MUN

Cast Copper Or Brass **Rev:** "Il" at bottom, "Im" at left **Note:** Size varies 27-28 mm. Weight varies 8.00-9.00 grams.

Date	Mintage	Good	VG	F	VF	XF
ND(1752)	—	3.00	4.00	6.00	10.00	—

KM# 724 2 MUN

Cast Copper Or Brass **Rev:** "Wol" at bottom, "Im" at left **Note:** Size varies 27-28 mm. Weight varies 8.00-9.00 grams.

Date	Mintage	Good	VG	F	VF	XF
ND(1752)	—	3.00	4.00	6.00	10.00	—

KM# 725 2 MUN

Cast Copper Or Brass **Rev:** "Yong" at bottom, "Im" at left **Note:** Size varies 27-28 mm. Weight varies 8.00-9.00 grams.

Date	Mintage	Good	VG	F	VF	XF
ND(1752)	—	3.00	4.00	6.00	10.00	—

KM# 726 2 MUN

Cast Copper Or Brass **Rev:** "Ch'uk" at bottom, "Im" at left **Note:** Size varies 27-28 mm. Weight varies 8.00-9.00 grams.

Date	Mintage	Good	VG	F	VF	XF
ND(1752)	—	3.00	4.00	6.00	10.00	—

KM# 727 2 MUN

Cast Copper Or Brass **Rev:** "Chin" at bottom, "Im" at left **Note:** Size varies 27-28 mm. Weight varies 8.00-9.00 grams.

Date	Mintage	Good	VG	F	VF	XF
ND(1752)	—	3.00	4.00	6.00	10.00	—

KM# 728 2 MUN

Cast Copper Or Brass **Rev:** "Suk" at bottom, "Im" at left **Note:** Size varies 27-28 mm. Weight varies 8.00-9.00 grams.

Date	Mintage	Good	VG	F	VF	XF
ND(1752)	—	3.00	4.00	6.00	10.00	—

KM# 729 2 MUN

Cast Copper Or Brass **Rev:** "Yol" at bottom, "Im" at left **Note:** Size varies 27-28 mm. Weight varies 8.00-9.00 grams.

Date	Mintage	Good	VG	F	VF	XF
ND(1752)	—	3.00	4.00	6.00	10.00	—

KM# 730 2 MUN

Cast Copper Or Brass **Rev:** "Chang" (extend) at bottom, "Im" at left **Note:** Size varies 27-28 mm. Weight varies 8.00-9.00 grams.

Date	Mintage	Good	VG	F	VF	XF
ND(1752)	—	3.00	4.00	6.00	10.00	—

KM# 569 2 MUN

Cast Copper Or Brass **Rev:** "Ch'on" at bottom **Note:** Size varies 30-32 mm.

Date	Mintage	Good	VG	F	VF	XF
ND(1752)	—	3.00	4.00	6.00	10.00	—

KM# B701 2 MUN
Cast Copper Or Brass **Rev:** "Hwang" (barren) at bottom, "Im" at right **Note:** Size varies 27-28 millimeters. Weight varies 8.00-9.00 grams. Struck at T'ong Yong.

Date	Mintage	Good	VG	F	VF	XF
ND(1752)	—	3.50	5.50	8.50	12.50	—

KM# C701 2 MUN
Cast Copper Or Brass **Rev:** "Il" at bottom, "Im" at right **Note:** Size varies 27-28 millimeters. Weight varies 8.00-9.00 grams. Struck at T'ong Yong.

Date	Mintage	Good	VG	F	VF	XF
ND(1752)	—	3.50	5.50	8.50	12.50	—

KM# H701 2 MUN
Cast Copper Or Brass **Rev:** "Suk" at bottom, "Im" at right **Note:** Size varies 27-28 millimeters. Weight varies 8.00-9.00 grams. Struck at T'ong Yong.

Date	Mintage	Good	VG	F	VF	XF
ND(1752)	—	3.50	5.50	8.50	12.50	—

KM# I701 2 MUN
Cast Copper Or Brass **Rev:** "Yol" at bottom, "Im" at right **Note:** Size varies 27-28 millimeters. Weight varies 8.00-9.00 grams. Struck at T'ong Yong.

Date	Mintage	Good	VG	F	VF	XF
ND(1752)	—	3.50	5.50	8.50	12.50	—

KM# J701 2 MUN
Cast Copper Or Brass **Rev:** "Chang" (extend) at bottom, "Im" at right **Note:** Size varies 27-28 millimeters. Weight varies 8.00-9.00 grams. Struck at T'ong Yong.

Date	Mintage	Good	VG	F	VF	XF
ND(1752)	—	3.50	5.50	8.50	12.50	—

KM# 578 2 MUN
6.7500 g., Cast Copper Or Brass **Note:** Reduced size 27-29 mm.

Date	Mintage	Good	VG	F	VF	XF
ND(1752)	—	3.00	4.00	6.00	10.00	—

KM# 572 2 MUN
6.7500 g., Cast Copper Or Brass **Note:** Reduced size, 27-29 millimeters. Struck at T'ong Yong.

Date	Mintage	Good	VG	F	VF	XF
ND(1752)	—	3.00	4.00	6.00	10.00	—

KM# 574 2 MUN
6.7500 g., Cast Copper Or Brass **Note:** Reduced size, 27-29 millimeters. Struck at T'ong Yong.

Date	Mintage	Good	VG	F	VF	XF
ND(1752)	—	3.00	4.00	6.00	10.00	—

KM# 580 2 MUN
6.7500 g., Cast Copper Or Brass **Note:** Reduced size, 27-29 millimeters. Struck at T'ong Yong.

Date	Mintage	Good	VG	F	VF	XF
ND(1752)	—	3.00	4.00	6.00	10.00	—

KM# 582 2 MUN
6.7500 g., Cast Copper Or Brass **Note:** Reduced size, 27-29 millimeters. Struck at T'ong Yong.

Date	Mintage	Good	VG	F	VF	XF
ND(1752)	—	3.00	4.00	6.00	10.00	—

KM# 588 2 MUN
6.7500 g., Cast Copper Or Brass **Note:** Reduced size, 27-29 millimeters. Struck at T'ong Yong.

Date	Mintage	Good	VG	F	VF	XF
ND(1752)	—	3.00	4.00	6.00	10.00	—

KM# 590 2 MUN
6.7500 g., Cast Copper Or Brass **Note:** Reduced size, 27-29 millimeters. Struck at T'ong Yong.

Date	Mintage	Good	VG	F	VF	XF
ND(1752)	—	3.00	4.00	6.00	10.00	—

KM# 596 2 MUN
6.7500 g., Cast Copper Or Brass **Note:** Reduced size, 27-29 millimeters. Struck at T'ong Yong.

Date	Mintage	Good	VG	F	VF	XF
ND(1752)	—	3.00	4.00	6.00	10.00	—

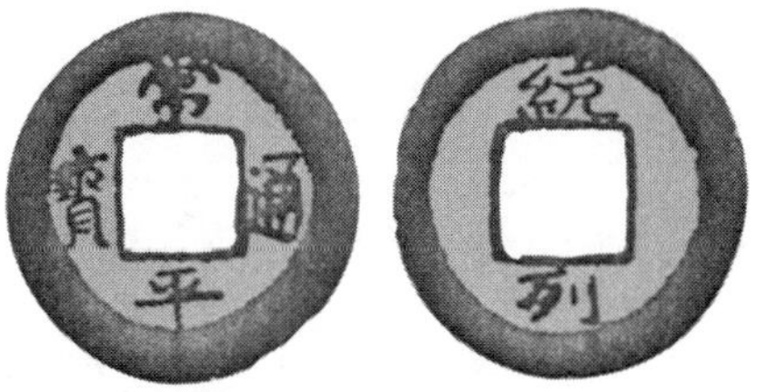

KM# 598 2 MUN
6.7500 g., Cast Copper Or Brass **Note:** Reduced size, 27-29 millimeters. Struck at T'ong Yong.

Date	Mintage	Good	VG	F	VF	XF
ND(1752)	—	3.00	4.00	6.00	10.00	—

KM# 604 2 MUN
6.7500 g., Cast Copper Or Brass **Note:** Reduced size, 27-29 millimeters. Struck at T'ong Yong.

Date	Mintage	Good	VG	F	VF	XF
ND(1752)	—	3.00	4.00	6.00	10.00	—

KM# 608 2 MUN
6.7500 g., Cast Copper Or Brass **Note:** Reduced size, 27-29 millimeters. Struck at T'ong Yong.

Date	Mintage	Good	VG	F	VF	XF
ND(1752)	—	3.00	4.00	6.00	10.00	—

KM# 570 2 MUN
6.7500 g., Cast Copper Or Brass **Note:** Reduced size, 27-29 mm.

Date	Mintage	Good	VG	F	VF	XF
ND(1752)	—	3.00	4.00	6.00	10.00	—

KM# 576 2 MUN
6.7500 g., Cast Copper Or Brass **Note:** Reduced size, 27-29 mm.

Date	Mintage	Good	VG	F	VF	XF
ND(1752)	—	3.00	4.00	6.00	10.00	—

KM# 584 2 MUN
6.7500 g., Cast Copper Or Brass **Note:** Reduced size, 27-29 mm.

Date	Mintage	Good	VG	F	VF	XF
ND(1752)	—	3.00	4.00	6.00	10.00	—

KM# 586 2 MUN
6.7500 g., Cast Copper Or Brass **Note:** Reduced size, 27-29 mm.

Date	Mintage	Good	VG	F	VF	XF
ND(1752)	—	3.00	4.00	6.00	10.00	—

KM# 592 2 MUN
6.7500 g., Cast Copper Or Brass **Note:** Reduced size, 27-29 mm.

Date	Mintage	Good	VG	F	VF	XF
ND(1752)	—	3.00	4.00	6.00	10.00	—

KM# 594 2 MUN
6.7500 g., Cast Copper Or Brass **Note:** Reduced size, 27-29 mm.

Date	Mintage	Good	VG	F	VF	XF
ND(1752)	—	3.00	4.00	6.00	10.00	—

KM# 600 2 MUN
6.7500 g., Cast Copper Or Brass **Note:** Reduced size, 27-29 mm.

Date	Mintage	Good	VG	F	VF	XF
ND(1752)	—	3.00	4.00	6.00	10.00	—

KM# 602 2 MUN
6.7500 g., Cast Copper Or Brass **Note:** Reduced size, 27-29 mm.

Date	Mintage	Good	VG	F	VF	XF
ND(1752)	—	3.00	4.00	6.00	10.00	—

KM# 606 2 MUN
6.7500 g., Cast Copper Or Brass **Note:** Reduced size, 27-29 mm.

Date	Mintage	Good	VG	F	VF	XF
ND(1752)	—	3.00	4.00	6.00	10.00	—

KM# 699 2 MUN
6.7500 g., Cast Copper Or Brass **Rev:** "Im" at right, series number at bottom **Note:** Reduced size.

Date	Mintage	Good	VG	F	VF	XF
ND(1752) Series 1-3	—	6.50	10.00	15.00	25.00	—

KM# A700a 2 MUN
Cast Copper Or Brass, 29.5 mm. **Obv:** "P'yong" without hooks **Note:** Weight varies 8.00-9.00 grams.

Date	Mintage	Good	VG	F	VF	XF
ND(1752)	—	3.50	5.50	8.50	12.50	—

KM# 703a 2 MUN
Cast Copper Or Brass, 29 mm. **Note:** Weight varies 8.00-9.00 grams.

Date	Mintage	Good	VG	F	VF	XF
ND(1752)	—	3.50	5.50	8.50	12.50	—

KM# 704 2 MUN
Cast Copper Or Brass, 28 mm. **Rev:** "So" at bottom, "Im" at right **Note:** Weight varies 8.00-9.00 grams.

Date	Mintage	Good	VG	F	VF	XF
ND(1752)	—	3.50	5.50	8.50	12.50	—

KM# B700 2 MUN
Cast Copper Or Brass **Rev:** "Hyon" at bottom, "Im" at right **Note:** Weight varies 8.00-9.00 grams. Struck at T'ong Yong.

Date	Mintage	Good	VG	F	VF	XF
ND(1752)	—	3.50	5.50	8.50	12.50	—

KM# C700 2 MUN
Cast Copper Or Brass, 28 mm. **Rev:** "Hwang" (yellow) at bottom, "Im" at right **Note:** Weight varies 8.00-9.00 grams. Struck at T'ong Yong.

Date	Mintage	Good	VG	F	VF	XF
ND(1752)	—	3.50	5.50	8.50	12.50	—

KM# D700 2 MUN
Cast Copper Or Brass **Rev:** "U" at bottom, "Im" at right **Note:** Weight varies 8.00-9.00 grams. Struck at T'ong Yong.

Date	Mintage	Good	VG	F	VF	XF
ND(1752)	—	3.50	5.50	8.50	12.50	—

KM# 705 2 MUN
Cast Copper Or Brass **Rev:** "Wang" at bottom, "Im" at right **Note:** Size varies 27-28 mm; Weight varies 8.00-9.00 grams.

Date	Mintage	Good	VG	F	VF	XF
ND(1752)	—	3.50	5.50	8.50	12.50	—

KM# 715 2 MUN
Cast Copper Or Brass **Rev:** "Yo" (yin) at bottom, "Im" at right **Note:** Size varies 28-29 mm. Weight varies 8.00-9.00 grams.

Date	Mintage	Good	VG	F	VF	XF
ND(1752)	—	3.50	5.50	8.50	12.50	—

KM# F747 2 MUN
Cast Copper Or Brass **Rev:** "Yol" at bottom, "Kye" at left **Note:** Size varies 27-28mm. Weight varies 8.00-9.00 grams.

Date	Mintage	Good	VG	F	VF	XF
ND(1753)	—	4.00	6.50	9.00	15.00	—

KM# B732 2 MUN
Cast Copper Or Brass **Rev:** "Hyon" at bottom, "Kye" at right **Note:** Size varies 27-28 millimeters. Weight varies 8.00-9.00 grams. Struck at T'ong Yong.

Date	Mintage	Good	VG	F	VF	XF
ND(1753)	—	3.00	4.50	7.00	11.50	—

KM# C732 2 MUN
Cast Copper Or Brass **Rev:** "Hwang" (yellow) at bottom, "Kye" at right **Note:** Size varies 27-28 millimeters. Weight varies 8.00-9.00 grams. Struck at T'ong Yong.

Date	Mintage	Good	VG	F	VF	XF
ND(1753)	—	3.00	4.50	7.00	11.50	—

KM# B742 2 MUN
Cast Copper Or Brass **Rev:** "Chang" (extend) at bottom, "Kye" at right **Note:** Size varies 27-28 millimeters. Weight varies 8.00-9.00 grams. Struck at T'ong Yong.

Date	Mintage	Good	VG	F	VF	XF
ND(1753)	—	3.50	6.50	9.00	15.00	—

KM# C742 2 MUN
Cast Copper Or Brass **Rev:** "Han" at bottom, "Kye" at right **Note:** Size varies 27-28 millimeters. Weight varies 8.00-9.00 grams. Struck at T'ong Yong.

Date	Mintage	Good	VG	F	VF	XF
ND(1753)	—	3.50	6.50	9.00	15.00	—

KM# E742 2 MUN
Cast Copper Or Brass **Rev:** "So" at bottom, "Kye" at right **Note:** Size varies 27-28 millimeters. Weight varies 8.00-9.00 grams. Struck at T'ong Yong.

Date	Mintage	Good	VG	F	VF	XF
ND(1753)	—	3.50	6.50	9.00	15.00	—

KM# F742 2 MUN
Cast Copper Or Brass **Rev:** "Wang" at bottom, "Kye" at right **Note:** Size varies 27-28 millimeters. Weight varies 8.00-9.00 grams. Struck at T'ong Yong.

Date	Mintage	Good	VG	F	VF	XF
ND(1753)	—	3.50	6.50	9.00	15.00	—

KM# G742 2 MUN
Cast Copper Or Brass **Rev:** "Ch'u" at bottom, "Kye" at right **Note:** Size varies 27-28 millimeters. Weight varies 8.00-9.00 grams. Struck at T'ong Yong.

Date	Mintage	Good	VG	F	VF	XF
ND(1753)	—	3.50	6.50	9.00	15.00	—

KM# H742 2 MUN
Cast Copper Or Brass **Rev:** "Su" at bottom, "Kye" at right **Note:** Size varies 27-28 millimeters. Weight varies 8.00-9.00 grams. Struck at T'ong Yong.

Date	Mintage	Good	VG	F	VF	XF
ND(1753)	—	3.50	6.50	9.00	15.00	—

KM# I742 2 MUN
Cast Copper Or Brass **Rev:** "Tong" at bottom, "Kye" at right **Note:** Size varies 27-28 millimeters. Weight varies 8.00-9.00 grams. Struck at T'ong Yong.

Date	Mintage	Good	VG	F	VF	XF
ND(1753)	—	3.50	6.50	9.00	15.00	—

KM# B743 2 MUN
Cast Copper Or Brass **Rev:** "Song" at bottom, "Kye" at right **Note:** Size varies 27-28 millimeters. Weight varies 8.00-9.00 grams. Struck at T'ong Yong.

Date	Mintage	Good	VG	F	VF	XF
ND(1753)	—	3.50	6.50	9.00	15.00	—

KM# B746 2 MUN
Cast Copper Or Brass **Rev:** "Chu" at bottom, "Kye" at left **Note:** Size varies 27-28 millimeters. Weight varies 8.00-9.00 grams. Struck at T'ong Yong.

Date	Mintage	Good	VG	F	VF	XF
ND(1753)	—	4.00	6.50	9.00	15.00	—

KM# B747 2 MUN
Cast Copper Or Brass **Rev:** "Yong" at bottom, "Kye" at left **Note:** Size varies 27-28 millimeters. Weight varies 8.00-9.00 grams. Struck at T'ong Yong.

Date	Mintage	Good	VG	F	VF	XF
ND(1753)	—	4.00	6.50	9.00	15.00	—

KM# C747 2 MUN
Cast Copper Or Brass **Rev:** "Ch'uk" at bottom, "Kye" at left **Note:** Size varies 27-28 millimeters. Weight varies 8.00-9.00 grams. Struck at T'ong Yong.

Date	Mintage	Good	VG	F	VF	XF
ND(1753)	—	4.00	6.50	9.00	15.00	—

KM# D747 2 MUN
Cast Copper Or Brass **Rev:** "Chin" at bottom, "Kye" at left **Note:** Size varies 27-28 millimeters. Weight varies 8.00-9.00 grams. Struck at T'ong Yong.

Date	Mintage	Good	VG	F	VF	XF
ND(1753)	—	4.00	6.50	9.00	15.00	—

1046 KOREA

KM# 731 2 MUN

Cast Copper Or Brass **Rev:** "Kye" at right, series number at bottom **Note:** Size varies 27-28 mm. Weight varies 8.00-9.00 grams.

Date	Mintage	Good	VG	F	VF	XF
ND(1753) Series 1-3	—	3.50	6.00	9.00	15.00	—

KM# 732 2 MUN

Cast Copper Or Brass **Rev:** "Chon" at bottom, "Kye" at right **Note:** Size varies 27-28 mm. Weight varies 8.00-9.00 grams.

Date	Mintage	Good	VG	F	VF	XF
ND(1753)	—	3.00	4.50	7.00	11.50	—

KM# 732a 2 MUN

Cast Copper Or Brass **Obv:** "P'yong" without hooks **Note:** Size varies 27-28 mm. Weight varies 8.00-9.00 grams.

Date	Mintage	Good	VG	F	VF	XF
ND(1753)	—	3.00	4.50	7.00	11.50	—

KM# A732 2 MUN

Cast Copper Or Brass **Rev:** "Chi" at bottom, "Kye" at right **Note:** Size varies 27-28 mm. Weight varies 8.00-9.00 grams.

Date	Mintage	Good	VG	F	VF	XF
ND(1753)	—	3.00	4.50	7.00	11.50	—

KM# 733 2 MUN

Cast Copper Or Brass **Rev:** "U" at bottom, "Kye" at right **Note:** Size varies 27-28 mm. Weight varies 8.00-9.00 grams.

Date	Mintage	Good	VG	F	VF	XF
ND(1753)	—	3.00	4.50	7.00	11.50	—

KM# 734 2 MUN

Cast Copper Or Brass **Rev:** "Chu" at bottom, "Kye" at right **Note:** Size varies 27-28 mm. Weight varies 8.00-9.00 grams.

Date	Mintage	Good	VG	F	VF	XF
ND(1753)	—	3.00	4.50	7.00	11.50	—

KM# 735 2 MUN

Cast Copper Or Brass **Rev:** "Hong" at bottom, "Kye" at right **Note:** Size varies 27-28 mm. Weight varies 8.00-9.00 grams.

Date	Mintage	Good	VG	F	VF	XF
ND(1753)	—	3.00	4.50	7.00	11.50	—

KM# 736 2 MUN

Cast Copper Or Brass **Rev:** "Hwang" (barren) at bottom, "Kye" at right **Note:** Size varies 27-28 mm. Weight varies 8.00-9.00 grams.

Date	Mintage	Good	VG	F	VF	XF
ND(1753)	—	3.00	4.50	7.00	11.50	—

KM# 737 2 MUN

Cast Copper Or Brass **Rev:** "Il" at bottom, "Kye" at right **Note:** Size varies 27-28 mm. Weight varies 8.00-9.00 grams.

Date	Mintage	Good	VG	F	VF	XF
ND(1753)	—	3.00	4.50	7.00	11.50	—

KM# 738 2 MUN

Cast Copper Or Brass **Rev:** "Wol" at bottom, "Kye" at right **Note:** Size varies 27-28 mm. Weight varies 8.00-9.00 grams.

Date	Mintage	Good	VG	F	VF	XF
ND(1753)	—	3.00	4.50	7.00	11.50	—

KM# 739 2 MUN

Cast Copper Or Brass **Rev:** "Yong" at bottom, "Kye" at right **Note:** Size varies 27-28 mm. Weight varies 8.00-9.00 grams.

Date	Mintage	Good	VG	F	VF	XF
ND(1753)	—	3.00	4.50	7.00	11.50	—

KM# 740 2 MUN

Cast Copper Or Brass **Rev:** "Ch'uk" at bottom, "Kye" at right **Note:** Size varies 27-28 mm. Weight varies 8.00-9.00 grams.

Date	Mintage	Good	VG	F	VF	XF
ND(1753)	—	3.00	4.50	7.00	11.50	—

KM# 741 2 MUN

Cast Copper Or Brass **Rev:** "Chin" at bottom, "Kye" at right **Note:** Size varies 27-28 mm. Weight varies 8.00-9.00 grams.

Date	Mintage	Good	VG	F	VF	XF
ND(1753)	—	3.00	4.50	7.00	11.50	—

KM# 742 2 MUN

Cast Copper Or Brass **Rev:** "Suk" at bottom, "Kye" at right **Note:** Size varies 27-28 mm. Weight varies 8.00-9.00 grams.

Date	Mintage	Good	VG	F	VF	XF
ND(1753)	—	3.00	4.50	7.00	11.50	—

KM# A742 2 MUN

Cast Copper Or Brass **Rev:** "Yol" at bottom, "Kye" at right **Note:** Size varies 27-28 mm. Weight varies 8.00-9.00 grams.

Date	Mintage	Good	VG	F	VF	XF
ND(1753)	—	3.50	6.50	9.00	15.00	—

KM# D742 2 MUN

Cast Copper Or Brass **Rev:** "Nae" at bottom, "Kye" at right **Note:** Size varies 27-28 mm. Weight varies 8.00-9.00 grams.

Date	Mintage	Good	VG	F	VF	XF
ND(1753)	—	3.50	6.50	9.00	15.00	—

KM# J742 2 MUN

Cast Copper Or Brass **Rev:** "Chang" (hoard) at bottom, "Kye" at right **Note:** Size varies 27-28 mm. Weight varies 8.00-9.00 grams.

Date	Mintage	Good	VG	F	VF	XF
ND(1753)	—	3.50	6.50	9.00	15.00	—

KM# 743 2 MUN

Cast Copper Or Brass **Rev:** "Yun" at bottom, "Kye" at right **Note:** Size varies 27-28 mm. Weight varies 8.00-9.00 grams.

Date	Mintage	Good	VG	F	VF	XF
ND(1753)	—	3.50	6.50	9.00	15.00	—

KM# A743 2 MUN

Cast Copper Or Brass **Rev:** "Yo" (surplus) at bottom, "Kye" at right **Note:** Size varies 27-28 mm. Weight varies 8.00-9.00 grams.

Date	Mintage	Good	VG	F	VF	XF
ND(1753)	—	3.50	6.50	9.00	15.00	—

KM# C743 2 MUN

Cast Copper Or Brass **Rev:** "Se" at bottom, "Kye" at right **Note:** Size varies 27-28 mm. Weight varies 8.00-9.00 grams.

Date	Mintage	Good	VG	F	VF	XF
ND(1753)	—	3.50	6.50	9.00	15.00	—

KM# D743 2 MUN

Cast Copper Or Brass **Rev:** "Yul" at bottom, "Kye" at right **Note:** Size varies 27-28 mm. Weight varies 8.00-9.00 grams.

Date	Mintage	Good	VG	F	VF	XF
ND(1753)	—	3.50	6.50	9.00	15.00	—

KM# E743 2 MUN

Cast Copper Or Brass **Rev:** "Yo" at bottom, "Kye" at right **Note:** Size varies 27-28 mm. Weight varies 8.00-9.00 grams.

Date	Mintage	Good	VG	F	VF	XF
ND(1753)	—	3.50	6.50	9.00	15.00	—

KM# 744 2 MUN

Cast Copper Or Brass **Rev:** "Ch'on" at bottom, "Kye" at left **Note:** Size varies 27-28 mm. Weight varies 8.00-9.00 grams.

Date	Mintage	Good	VG	F	VF	XF
ND(1753)	—	4.00	6.50	9.00	15.00	—

KM# A744 2 MUN

Cast Copper Or Brass **Rev:** "Chi" at bottom, "Kye" at left **Note:** Size varies 27-28 mm. Weight varies 8.00-9.00 grams.

Date	Mintage	Good	VG	F	VF	XF
ND(1753)	—	4.00	6.50	9.00	15.00	—

KM# 745 2 MUN

Cast Copper Or Brass **Rev:** "Hyon" at bottom, "Kye" at left **Note:** Size varies 27-28 mm. Weight varies 8.00-9.00 grams.

Date	Mintage	Good	VG	F	VF	XF
ND(1753)	—	4.00	6.50	9.00	15.00	—

KM# 746 2 MUN

Cast Copper Or Brass **Rev:** "Hwang" (yellow) at bottom, "Kye" at left **Note:** Size varies 27-28 mm. Weight varies 8.00-9.00 grams.

Date	Mintage	Good	VG	F	VF	XF
ND(1753)	—	4.00	6.50	9.00	15.00	—

KM# A746 2 MUN

Cast Copper Or Brass **Rev:** "U" at bottom, "Kye" at left **Note:** Size varies 27-28 mm. Weight varies 8.00-9.00 grams.

Date	Mintage	Good	VG	F	VF	XF
ND(1753)	—	4.00	6.50	9.00	15.00	—

KM# C746 2 MUN

Cast Copper Or Brass **Rev:** "Hong" at bottom, "Kye" at left **Note:** Size varies 27-28 mm. Weight varies 8.00-9.00 grams.

Date	Mintage	Good	VG	F	VF	XF
ND(1753)	—	4.00	6.50	9.00	15.00	—

KM# D746 2 MUN

Cast Copper Or Brass **Rev:** "Hwang" (barren) at bottom, "Kye" at left **Note:** Size varies 27-28 mm. Weight varies 8.00-9.00 grams.

Date	Mintage	Good	VG	F	VF	XF
ND(1753)	—	4.00	6.50	9.00	15.00	—

KM# 747 2 MUN

Cast Copper Or Brass **Rev:** "Il" at bottom, "Kye" at left **Note:** Size varies 27-28 mm. Weight varies 8.00-9.00 grams.

Date	Mintage	Good	VG	F	VF	XF
ND(1753)	—	4.00	6.50	9.00	15.00	—

KM# A747 2 MUN

Cast Copper Or Brass **Rev:** "Wol" at bottom, "Kye" at left **Note:** Size varies 27-28 mm. Weight varies 8.00-9.00 grams.

Date	Mintage	Good	VG	F	VF	XF
ND(1753)	—	4.00	6.50	9.00	15.00	—

KM# E747 2 MUN

Cast Copper Or Brass **Rev:** "Suk" at bottom, "Kye" at left **Note:** Size varies 27-28 mm. Weight varies 8.00-9.00 grams.

Date	Mintage	Good	VG	F	VF	XF
ND(1753)	—	4.00	6.50	9.00	15.00	—

KM# 748 2 MUN

Cast Copper Or Brass **Rev:** "Chang" (extend) at bottom, "Kye" at left **Note:** Size varies 27-28 mm. Weight varies 8.00-9.00 grams.

Date	Mintage	Good	VG	F	VF	XF
ND(1753)	—	4.00	6.50	9.00	15.00	—

KM# 749 2 MUN

Cast Copper Or Brass **Rev:** "Han" at bottom, "Kye" at left **Note:** Size varies 27-28 mm. Weight varies 8.00-9.00 grams.

Date	Mintage	Good	VG	F	VF	XF
ND(1753)	—	4.00	6.50	9.00	15.00	—

KM# 750 2 MUN

Cast Copper Or Brass **Rev:** "Nae" at bottom, "Kye" at left **Note:** Size varies 27-28 mm. Weight varies 8.00-9.00 grams.

Date	Mintage	Good	VG	F	VF	XF
ND(1753)	—	4.00	6.50	9.00	15.00	—

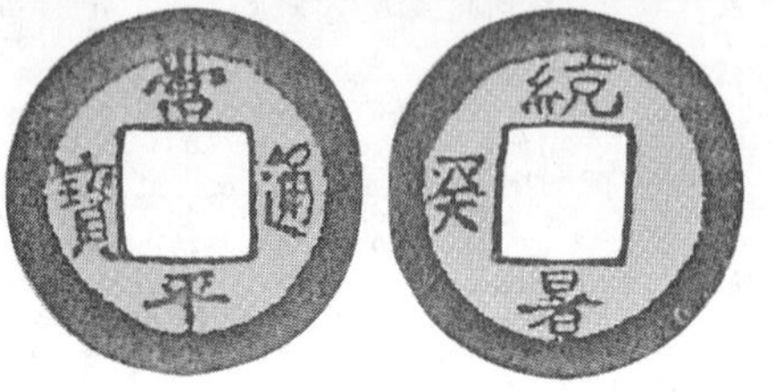

KM# 751 2 MUN

Cast Copper Or Brass **Rev:** "So" at bottom, "Kye" at left **Note:** Size varies 27-28 mm. Weight varies 8.00-9.00 grams.

Date	Mintage	Good	VG	F	VF	XF
ND(1753)	—	4.00	6.50	9.00	15.00	—

KM# 752 2 MUN

Cast Copper Or Brass **Rev:** "Wang" at bottom, "Kye" at left **Note:** Size varies 27-28 mm. Weight varies 8.00-9.00 grams.

Date	Mintage	Good	VG	F	VF	XF
ND(1753)	—	4.00	6.50	9.00	15.00	—

KM# 753 2 MUN

Cast Copper Or Brass **Rev:** "Ch'u" at bottom, "Kye" at left **Note:** Size varies 27-28 mm. Weight varies 8.00-9.00 grams.

Date	Mintage	Good	VG	F	VF	XF
ND(1753)	—	4.00	6.50	9.00	15.00	—

KM# 754 2 MUN

Cast Copper Or Brass **Rev:** "Su" at bottom, "Kye" at left **Note:** Size varies 27-28 mm. Weight varies 8.00-9.00 grams.

Date	Mintage	Good	VG	F	VF	XF
ND(1753)	—	4.00	6.50	9.00	15.00	—

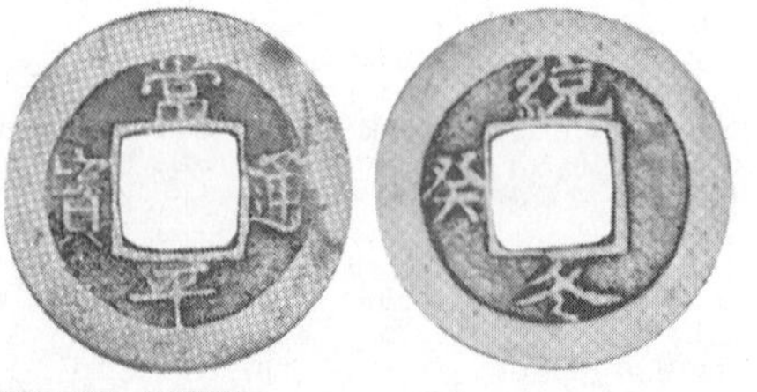

KM# 755 2 MUN

Cast Copper Or Brass **Rev:** "Tong" at bottom, "Kye" at left **Note:** Size varies 27-28 mm. Weight varies 8.00-9.00 grams.

Date	Mintage	Good	VG	F	VF	XF
ND(1753)	—	4.00	6.50	9.00	15.00	—

KM# 756 2 MUN

Cast Copper Or Brass **Rev:** "Chang" (hoard) at bottom, "Kye" at left **Note:** Size varies 27-28 mm. Weight varies 8.00-9.00 grams.

Date	Mintage	Good	VG	F	VF	XF
ND(1753)	—	4.00	6.50	9.00	15.00	—

KM# 757 2 MUN

Cast Copper Or Brass **Rev:** "Yun" at bottom, "Kye" at left **Note:** Size varies 27-28 mm. Weight varies 8.00-9.00 grams.

Date	Mintage	Good	VG	F	VF	XF
ND(1753)	—	4.00	6.50	9.00	15.00	—

KM# 758 2 MUN

Cast Copper Or Brass **Rev:** "Yo" (surplus) at bottom, "Kye" at left **Note:** Size varies 27-28 mm. Weight varies 8.00-9.00 grams.

Date	Mintage	Good	VG	F	VF	XF
ND(1753)	—	4.00	6.50	9.00	15.00	—

KM# 759 2 MUN

Cast Copper Or Brass **Rev:** "Song" at bottom, "Kye" at left **Note:** Size varies 27-28 mm. Weight varies 8.00-9.00 grams.

Date	Mintage	Good	VG	F	VF	XF
ND(1753)	—	4.00	6.50	9.00	15.00	—

KM# 760 2 MUN

Cast Copper Or Brass **Rev:** "Se" at bottom, "Kye" at left **Note:** Size varies 27-28 mm. Weight varies 8.00-9.00 grams.

Date	Mintage	Good	VG	F	VF	XF
ND(1753)	—	4.00	6.50	9.00	15.00	—

KM# 761 2 MUN
Cast Copper Or Brass **Rev:** "Yul" at bottom, "Kye" at left **Note:** Size varies 27-28 mm. Weight varies 8.00-9.00 grams.

Date	Mintage	Good	VG	F	VF	XF
ND(1753)	—	4.00	6.50	9.00	15.00	—

KM# 762 2 MUN
Cast Copper Or Brass **Rev:** "Yo" (yin) at bottom, "Kye" at left **Note:** Size varies 27-28 mm. Weight varies 8.00-9.00 grams.

Date	Mintage	Good	VG	F	VF	XF
ND(1753)	—	4.00	6.50	9.00	15.00	—

SEOUL DEFENSE FORT
(Su O Ch'ong)

KM# 767 MUN
4.5000 g., Cast Copper **Rev:** "Su" at top

Date	Mintage	Good	VG	F	VF	XF
ND(1742) Rare	—	—	—	—	—	—

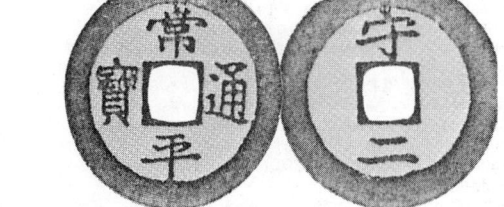

KM# 768 2 MUN
Cast Copper **Rev:** "Su" at top, "I" (2) at bottom **Note:** Weight varies 8.00-9.00 grams.

Date	Mintage	Good	VG	F	VF	XF
ND(1742-52)	—	3.00	4.00	6.00	10.00	—

KM# 769 2 MUN
Cast Copper **Rev:** Dot at right **Note:** Weight varies 8.00-9.00 grams.

Date	Mintage	Good	VG	F	VF	XF
ND(1742-52)	—	3.00	4.50	6.00	10.00	—

KM# 770 2 MUN
Cast Copper **Rev:** Dot at lower left **Note:** Weight varies 8.00-9.00 grams.

Date	Mintage	Good	VG	F	VF	XF
ND(1742-52)	—	3.00	4.50	6.00	10.00	—

SONG (SONG DO KWAL LI YONG)
(Song Do is another name for Kae Song)

KM# 814 2 MUN
Cast Copper **Rev:** "Ch'on" at bottom **Note:** Weight varies 8.00-9.00 grams.

Date	Mintage	Good	VG	F	VF	XF
ND(1742-52)	—	3.00	4.00	6.00	10.00	—

KM# 815 2 MUN
Cast Copper **Rev:** "Chi" at bottom **Note:** Weight varies 8.00-9.00 grams.

Date	Mintage	Good	VG	F	VF	XF
ND(1742-52)	—	3.00	4.00	6.00	10.00	—

KM# 816 2 MUN
Cast Copper **Rev:** "Hyon" at bottom **Note:** Weight varies 8.00-9.00 grams.

Date	Mintage	Good	VG	F	VF	XF
ND(1742-52)	—	3.00	4.00	6.00	10.00	—

KM# 817 2 MUN
Cast Copper **Rev:** "Hwang" (yellow) at bottom **Note:** Weight varies 8.00-9.00 grams.

Date	Mintage	Good	VG	F	VF	XF
ND(1742-52)	—	3.00	4.00	6.00	10.00	—

KM# 818 2 MUN
Cast Copper **Rev:** "U" at bottom **Note:** Weight varies 8.00-9.00 grams.

Date	Mintage	Good	VG	F	VF	XF
ND(1742-52)	—	3.00	4.00	6.00	10.00	—

KM# 819 2 MUN
Cast Copper **Rev:** "Chu" at bottom **Note:** Weight varies 8.00-9.00 grams.

Date	Mintage	Good	VG	F	VF	XF
ND(1742-52)	—	3.00	4.00	6.00	10.00	—

KM# 820 2 MUN
Cast Copper **Rev:** "Hong" at bottom **Note:** Weight varies 8.00-9.00 grams.

Date	Mintage	Good	VG	F	VF	XF
ND(1742-52)	—	3.00	4.00	6.00	10.00	—

KM# 821 2 MUN
Cast Copper **Rev:** "Hwang" (barren) at bottom **Note:** Weight varies 8.00-9.00 grams.

Date	Mintage	Good	VG	F	VF	XF
ND(1742-52)	—	3.00	4.00	6.00	10.00	—

KM# 822 2 MUN
Cast Copper **Rev:** "Il" at bottom **Note:** Weight varies 8.00-9.00 grams.

Date	Mintage	Good	VG	F	VF	XF
ND(1742-52)	—	3.00	4.00	6.00	10.00	—

KM# 823 2 MUN
Cast Copper **Rev:** "Wol" at bottom **Note:** Weight varies 8.00-9.00 grams.

Date	Mintage	Good	VG	F	VF	XF
ND(1742-52)	—	3.00	4.00	6.00	10.00	—

KM# 824 2 MUN
Cast Copper **Rev:** "Yong" at bottom **Note:** Weight varies 8.00-9.00 grams.

Date	Mintage	Good	VG	F	VF	XF
ND(1742-52)	—	3.00	4.00	6.00	10.00	—

KM# 825 2 MUN
Cast Copper **Rev:** "Ch'uk" at bottom **Note:** Weight varies 8.00-9.00 grams.

Date	Mintage	Good	VG	F	VF	XF
ND(1742-52)	—	3.00	4.00	6.00	10.00	—

KM# 826 2 MUN
Cast Copper **Rev:** "Chin" at bottom **Note:** Weight varies 8.00-9.00 grams.

Date	Mintage	Good	VG	F	VF	XF
ND(1742-52)	—	3.00	4.00	6.00	10.00	—

KM# 827 2 MUN
Cast Copper **Rev:** "Suk" at bottom **Note:** Weight varies 8.00-9.00 grams.

Date	Mintage	Good	VG	F	VF	XF
ND(1742-52)	—	3.00	4.00	6.00	10.00	—

KM# 828 2 MUN
Cast Copper **Rev:** "Yol" at bottom **Note:** Weight varies 8.00-9.00 grams.

Date	Mintage	Good	VG	F	VF	XF
ND(1742-52)	—	3.00	4.00	6.00	10.00	—

KM# 829 2 MUN
Cast Copper **Rev:** "Chang" (extend) at bottom **Note:** Weight varies 8.00-9.00 grams.

Date	Mintage	Good	VG	F	VF	XF
ND(1742-52)	—	3.00	4.00	6.00	10.00	—

KM# 830 2 MUN
Cast Copper **Rev:** "Han" at bottom **Note:** Weight varies 8.00-9.00 grams.

Date	Mintage	Good	VG	F	VF	XF
ND(1742-52)	—	3.00	4.00	6.00	10.00	—

KM# 831 2 MUN
Cast Copper **Rev:** "Nae" at bottom **Note:** Weight varies 8.00-9.00 grams.

Date	Mintage	Good	VG	F	VF	XF
ND(1742-52)	—	3.00	4.00	6.00	10.00	—

KM# 832 2 MUN
Cast Copper **Rev:** "So" at bottom **Note:** Weight varies 8.00-9.00 grams.

Date	Mintage	Good	VG	F	VF	XF
ND(1742-52)	—	3.00	4.00	6.00	10.00	—

KM# 833 2 MUN
Cast Copper **Rev:** "Wang" at bottom **Note:** Weight varies 8.00-9.00 grams.

Date	Mintage	Good	VG	F	VF	XF
ND(1742-52)	—	3.00	4.00	6.00	10.00	—

SUWON TOWNSHIP MILITARY OFFICE
(Su Won Kwal Li Yong)

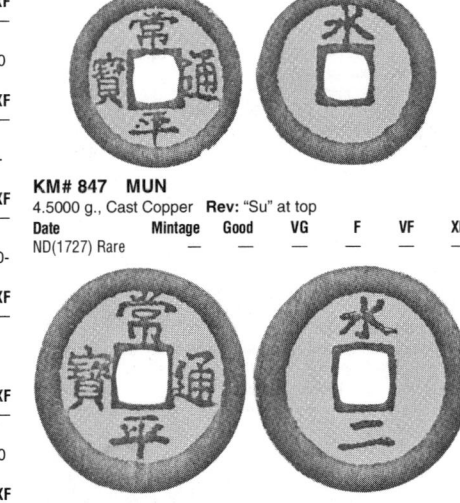

KM# 847 MUN
4.5000 g., Cast Copper **Rev:** "Su" at top

Date	Mintage	Good	VG	F	VF	XF
ND(1727) Rare	—	—	—	—	—	—

KM# 848 2 MUN
Cast Copper **Rev:** "Su" at top, "I" (2) at bottom **Note:** Weight varies 8.00-9.00 grams.

Date	Mintage	Good	VG	F	VF	XF
ND(1727-52)	—	7.50	15.00	22.50	30.00	—

WONJU TOWNSHIP MILITARY OFFICE
(Won Ju Kwal Li Yong)

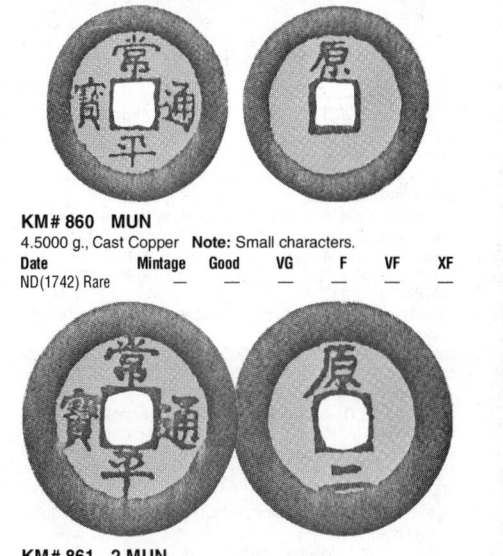

KM# 860 MUN
4.5000 g., Cast Copper **Note:** Small characters.

Date	Mintage	Good	VG	F	VF	XF
ND(1742) Rare	—	—	—	—	—	—

KM# 861 2 MUN
Cast Copper Or Bronze **Rev:** "Won" at top, "I" (2) at bottom **Note:** Weight varies 8.00-9.00 grams.

Date	Mintage	Good	VG	F	VF	XF
ND(1742)	—	75.00	125	175	250	—

HAEJU TOWNSHIP MILITARY OFFICE
(Hae Ju Kwal Li Yong)

KM# 862 MUN
4.5000 g., Cast Copper **Obv:** Large characters **Rev:** "Hae" at top

Date	Mintage	Good	VG	F	VF	XF
ND(1742) Rare	—	—	—	—	—	—

KM# 863 MUN
4.5000 g., Cast Copper **Obv:** Small characters

Date	Mintage	Good	VG	F	VF	XF
ND(1742) Rare	—	—	—	—	—	—

KM# 866 2 MUN
Cast Copper **Rev:** Dot at right **Note:** Weight varies 8.00-9.00 grams.

Date	Mintage	Good	VG	F	VF	XF
ND(1742-52)	—	3.00	4.00	6.00	10.00	—

KM# A866 2 MUN
Cast Copper **Rev:** Dot at left **Note:** Weight varies 8.00-9.00 grams.

Date	Mintage	Good	VG	F	VF	XF
ND(1742-52)	—	3.00	4.00	6.00	10.00	—

KM# 867 2 MUN
Cast Copper **Rev:** Dot at lower left **Note:** Weight varies 8.00-9.00 grams.

Date	Mintage	Good	VG	F	VF	XF
ND(1742-52)	—	3.00	4.00	6.00	10.00	—

KM# A867 2 MUN
Cast Copper **Rev:** Dot at lower right **Note:** Weight varies 8.00-9.00 grams.

Date	Mintage	Good	VG	F	VF	XF
ND(1742-52)	—	3.00	4.00	6.00	10.00	—

KM# 867a 2 MUN
Cast Copper **Rev:** Large star at right **Note:** Weight varies 8.00-9.00 grams.

Date	Mintage	Good	VG	F	VF	XF
ND(1742-52)	—	3.00	4.00	6.00	10.00	—

KM# 868 2 MUN
Cast Copper **Rev:** Dot at right and left **Note:** Weight varies 8.00-9.00 grams.

Date	Mintage	Good	VG	F	VF	XF
ND(1742-52)	—	3.00	4.00	6.00	10.00	—

KOREA

KM# 869 2 MUN
Cast Copper **Rev:** Small circle at right **Note:** Weight varies 8.00-9.00 grams.

Date	Mintage	Good	VG	F	VF	XF
ND(1742-52)	—	20.00	30.00	40.00	60.00	—

KM# 870 2 MUN
Cast Copper **Rev:** Large circle at right **Note:** Weight varies 8.00-9.00 grams.

Date	Mintage	Good	VG	F	VF	XF
ND(1742-52)	—	10.00	15.00	20.00	30.00	—

KM# 871 2 MUN
Cast Copper **Rev:** Crescent at left **Note:** Weight varies 8.00-9.00 grams.

Date	Mintage	Good	VG	F	VF	XF
ND(1742-52)	—	3.00	4.00	6.00	10.00	—

KM# 872 2 MUN
Cast Copper **Rev:** Crescent at right **Note:** Weight varies 8.00-9.00 grams.

Date	Mintage	Good	VG	F	VF	XF
ND(1742-52)	—	3.00	4.00	6.00	10.00	—

KM# A872 2 MUN
Cast Copper **Rev:** Crescent at left, dot at lower left **Note:** Weight varies 8.00-9.00 grams.

Date	Mintage	Good	VG	F	VF	XF
ND(1742-52)	—	4.00	6.00	10.00	15.00	—

KM# 865 2 MUN
Cast Copper **Rev:** "Hae" in different style **Note:** Weight varies 8.00-9.00 grams.

Date	Mintage	Good	VG	F	VF	XF
ND(1752)	—	10.00	20.00	32.50	50.00	—

KWANG JU TOWNSHIP MILITARY OFFICE
(Kwang Ju Kwai Li Yong)

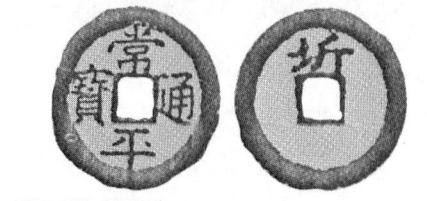

KM# 888 MUN
4.5000 g., Cast Copper **Rev:** "Ki" at top

Date	Mintage	Good	VG	F	VF	XF
ND(1742) Rare	—	—	—	—	—	—

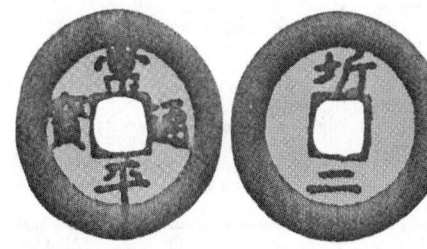

KM# 897 2 MUN
Cast Copper Or Bronze **Rev:** "Ki" at top, "I" (2) at bottom **Note:** Weight varies 8.00-9.00 grams.

Date	Mintage	Good	VG	F	VF	XF
ND(1742-52)	—	3.00	4.00	6.00	10.00	—

KM# 898 2 MUN
Cast Copper Or Bronze **Rev:** Dot at right **Note:** Weight varies 8.00-9.00 grams.

Date	Mintage	Good	VG	F	VF	XF
ND(1742-52)	—	3.00	4.00	6.00	10.00	—

KM# 898a 2 MUN
Cast Copper Or Bronze **Rev:** Large dot at right **Note:** Weight varies 8.00-9.00 grams.

Date	Mintage	Good	VG	F	VF	XF
ND(1742-52)	—	3.00	4.00	6.00	10.00	—

KM# 899 2 MUN
Cast Copper Or Bronze **Rev:** Dot at left **Note:** Weight varies 8.00-9.00 grams.

Date	Mintage	Good	VG	F	VF	XF
ND(1742-52)	—	3.00	4.50	6.50	10.00	—

KM# 901 2 MUN
Cast Copper Or Bronze **Rev:** Circle at right **Note:** Weight varies 8.00-9.00 grams.

Date	Mintage	Good	VG	F	VF	XF
ND(1742-52)	—	3.50	5.00	8.00	14.00	—

KM# 902 2 MUN
Cast Copper Or Bronze **Rev:** Double circle at right **Note:** Weight varies 8.00-9.00 grams.

Date	Mintage	Good	VG	F	VF	XF
ND(1742-52)	—	3.50	5.00	8.00	14.00	—

KM# 903 2 MUN
Cast Copper Or Bronze **Rev:** Inward crescent at right **Note:** Weight varies 8.00-9.00 grams.

Date	Mintage	Good	VG	F	VF	XF
ND(1742-52)	—	20.00	40.00	65.00	100	—

KM# 904 2 MUN
Cast Copper Or Bronze **Rev:** Inward crescent at left **Note:** Weight varies 8.00-9.00 grams.

Date	Mintage	Good	VG	F	VF	XF
ND(1742-52)	—	3.50	5.00	8.00	14.00	—

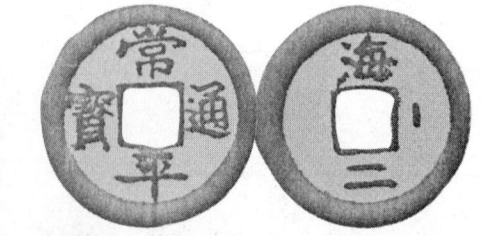

KM# 873 2 MUN
Cast Copper **Rev:** Vertical line at right **Note:** Weight varies 8.00-9.00 grams.

Date	Mintage	Good	VG	F	VF	XF
ND(1742-52)	—	3.00	4.00	6.00	10.00	—

KM# A873 2 MUN
Cast Copper **Rev:** 3 dots vertically at right **Note:** Weight varies 8.00-9.00 grams.

Date	Mintage	Good	VG	F	VF	XF
ND(1742-52)	—	10.00	20.00	30.00	50.00	—

KM# 864b 2 MUN
Cast Copper **Obv:** 2 dot "Tong", large star at left **Note:** Weight varies 8.00-9.00 grams. Size varies 29-30.5 mm.

Date	Mintage	Good	VG	F	VF	XF
ND(1742-52)	—	3.00	4.00	6.00	10.00	—

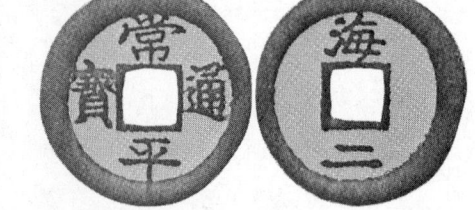

KM# 864 2 MUN
Cast Copper **Rev:** "Hae" at top, "I" at bottom **Note:** Weight varies 8.00-9.00 grams.

Date	Mintage	Good	VG	F	VF	XF
ND(1742-52)	—	3.00	4.00	6.00	10.00	—

KM# 864a 2 MUN
Cast Copper **Obv:** 2 dot "Tong" **Note:** Weight varies 8.00-9.00 grams.

Date	Mintage	Good	VG	F	VF	XF
ND(1742-52)	—	3.00	4.00	6.00	10.00	—

KM# 905 2 MUN
Cast Copper Or Bronze **Rev:** Circle at right, inward crescent at left **Note:** Weight varies 8.00-9.00 grams.

Date	Mintage	Good	VG	F	VF	XF
ND(1742-52)	—	3.50	5.00	8.00	14.00	—

KM# A905 2 MUN
Cast Copper Or Bronze **Rev:** With additional dot at upper right **Note:** Weight varies 8.00-9.00 grams.

Date	Mintage	Good	VG	F	VF	XF
ND(1742-52)	—	3.50	5.00	8.00	14.00	—

KM# B905 2 MUN
Cast Copper Or Bronze **Rev:** With additional dot at upper left **Note:** Weight varies 8.00-9.00 grams.

Date	Mintage	Good	VG	F	VF	XF
ND(1742-52)	—	3.50	5.00	8.00	14.00	—

KM# 900 2 MUN
Cast Copper Or Bronze **Rev:** Dot at right and left **Note:** Weight varies 8.00-9.00 grams. Size varies 29-31 mm.

Date	Mintage	Good	VG	F	VF	XF
ND(1742-52)	—	3.00	4.50	6.50	10.00	—

KYONGGI PROVINCIAL OFFICE
(Kyong Gi Kam Yong)

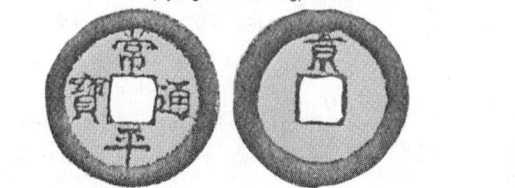

KM# 906 MUN
4.5000 g., Cast Copper **Rev:** "Kyong" at top

Date	Mintage	Good	VG	F	VF	XF
ND(1742) Rare	—	—	—	—	—	—

KYONGGI NAVAL STATION
(Kyong Gi Su Yong)

KM# 908 MUN
4.5000 g., Cast Copper **Rev:** "Kyong" at top, "Su" at bottom

Date	Mintage	Good	VG	F	VF	XF
ND(1742) Rare	—	—	—	—	—	—

KM# 909 2 MUN
Cast Copper Or Bronze **Rev:** "Kyong" at top, "Su" at right, "I" (2) at left **Note:** Weight varies 8.00-9.00 grams.

Date	Mintage	Good	VG	F	VF	XF
ND(1742-52)	—	3.00	4.00	6.00	10.00	—

HWANGHAE PROVINCIAL OFFICE
(Hwang Hae Kam Yong)

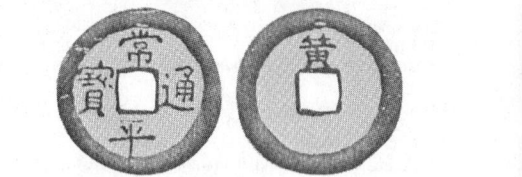

KM# 910 MUN
Cast Copper **Rev:** "Hwang" at top

Date	Mintage	Good	VG	F	VF	XF
ND(1742) Rare	—	—	—	—	—	—

KM# 911 MUN
Cast Copper **Rev:** Dot at lower left

Date	Mintage	Good	VG	F	VF	XF
ND(1742) Rare	—	—	—	—	—	—

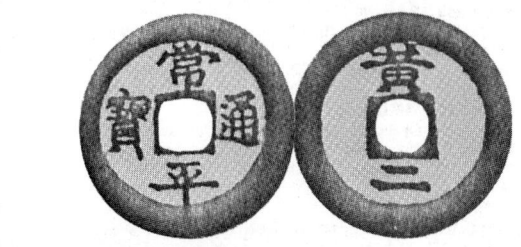

KM# 912 2 MUN
Cast Copper Or Bronze **Rev:** "Hwang" at top, "I" (2) at bottom **Note:** Weight varies 8.00-9.00 grams.

Date	Mintage	Good	VG	F	VF	XF
ND(1742-52)	—	4.00	8.00	12.00	16.00	—

KM# 999s 2 MUN
Cast Copper Or Bronze **Note:** Weight varies 8.00-9.00 grams.

Date	Mintage	Good	VG	F	VF	XF
ND(1742-52)	—	—	—	—	—	115

P'YONGAN PROVINCIAL OFFICE
(P'yong An Kam Yong)

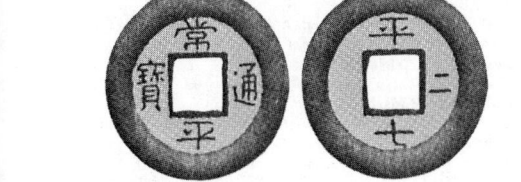

KM# 916 MUN
4.5000 g., Cast Copper, 26 mm. **Rev:** "I" (2) at right, series number at bottom

Date	Mintage	Good	VG	F	VF	XF
ND(1724) Series 1-7	—	2.00	3.00	5.00	8.00	—

KM# 916.11 MUN
4.5000 g., Cast Copper **Rev:** Star at lower right

Date	Mintage	Good	VG	F	VF	XF
ND(1724) Series 1	—	2.00	3.00	5.00	8.00	—

KM# 916s MUN
4.5000 g., Cast Copper **Note:** Seed type.

Date	Mintage	Good	VG	F	VF	XF
ND(1724) Series 1-7	—	—	—	—	—	115

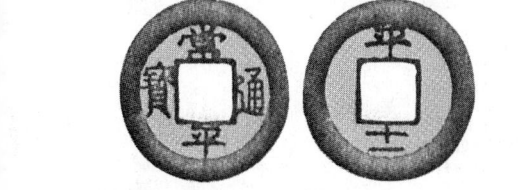

KM# 914 MUN
4.5000 g., Cast Copper **Rev:** "P'yong" at top, series number at bottom **Note:** Size varies 23-26 mm.

Date	Mintage	Good	VG	F	VF	XF
ND(1727) Series 1-12	—	2.00	3.00	5.00	8.00	—

KM# 914s MUN
4.5000 g., Cast Copper **Note:** Seed type.

Date	Mintage	Good	VG	F	VF	XF
ND(1727) Series 1-12	—	—	—	—	—	115

KM# 926 2 MUN
Cast Copper **Rev:** "Ch'on" at bottom, "I" (2) at right **Note:** Weight varies 8.00-9.00 grams.

Date	Mintage	Good	VG	F	VF	XF
ND(1742-52)	—	4.00	6.00	10.00	15.00	—

KM# 927 2 MUN
Cast Copper **Rev:** "Chi" at bottom **Note:** Weight varies 8.00-9.00 grams.

Date	Mintage	Good	VG	F	VF	XF
ND(1742-52)	—	4.00	6.00	10.00	15.00	—

KM# 928 2 MUN
Cast Copper **Rev:** "Hyon" at bottom **Note:** Weight varies 8.00-9.00 grams.

Date	Mintage	Good	VG	F	VF	XF
ND(1742-52)	—	4.00	6.00	10.00	15.00	—

KM# 929 2 MUN
Cast Copper **Rev:** "Hwang" (yellow) at bottom **Note:** Weight varies 8.00-9.00 grams.

Date	Mintage	Good	VG	F	VF	XF
ND(1742-52)	—	4.00	6.00	10.00	15.00	—

KM# 930 2 MUN
Cast Copper **Rev:** "U" (space) at bottom **Note:** Weight varies 8.00-9.00 grams.

Date	Mintage	Good	VG	F	VF	XF
ND(1742-52)	—	2.50	4.50	6.50	10.00	—

KM# 931 2 MUN
Cast Copper **Rev:** "Chu" at bottom **Note:** Weight varies 8.00-9.00 grams.

Date	Mintage	Good	VG	F	VF	XF
ND(1742-52)	—	4.00	6.00	10.00	15.00	—

KM# 932 2 MUN
Cast Copper **Rev:** "Hong" at bottom **Note:** Weight varies 8.00-9.00 grams.

Date	Mintage	Good	VG	F	VF	XF
ND(1742-52)	—	4.00	6.00	10.00	15.00	—

KM# 933 2 MUN
Cast Copper **Rev:** "Hwang" (barren) at bottom **Note:** Weight varies 8.00-9.00 grams.

Date	Mintage	Good	VG	F	VF	XF
ND(1742-52)	—	4.00	6.00	10.00	15.00	—

KM# 934 2 MUN
Cast Copper **Rev:** "Il" (sun) at bottom **Note:** Weight varies 8.00-9.00 grams.

Date	Mintage	Good	VG	F	VF	XF
ND(1742-52)	—	4.00	6.00	10.00	15.00	—

KM# 935 2 MUN
Cast Copper **Rev:** "Wol" at bottom **Note:** Weight varies 8.00-9.00 grams.

Date	Mintage	Good	VG	F	VF	XF
ND(1742-52)	—	4.00	6.00	10.00	15.00	—

KM# 936 2 MUN
Cast Copper **Rev:** "Yong" at bottom **Note:** Weight varies 8.00-9.00 grams.

Date	Mintage	Good	VG	F	VF	XF
ND(1742-52)	—	4.00	6.00	10.00	15.00	—

KM# 937 2 MUN
Cast Copper **Rev:** "Ch'uk" at bottom **Note:** Weight varies 8.00-9.00 grams.

Date	Mintage	Good	VG	F	VF	XF
ND(1742-52)	—	4.00	6.00	10.00	15.00	—

KM# 938 2 MUN
Cast Copper **Rev:** "Chin" at bottom **Note:** Weight varies 8.00-9.00 grams.

Date	Mintage	Good	VG	F	VF	XF
ND(1742-52)	—	4.00	6.00	10.00	15.00	—

KM# 939 2 MUN
Cast Copper **Rev:** "Suk" at bottom **Note:** Weight varies 8.00-9.00 grams.

Date	Mintage	Good	VG	F	VF	XF
ND(1742-52)	—	4.00	6.00	10.00	15.00	—

KM# 940 2 MUN
Cast Copper **Rev:** "Yol" at bottom **Note:** Weight varies 8.00-9.00 grams.

Date	Mintage	Good	VG	F	VF	XF
ND(1742-52)	—	4.00	6.00	10.00	15.00	—

KM# 941 2 MUN
Cast Copper **Rev:** "Chang" (extend) at bottom **Note:** Weight varies 8.00-9.00 grams.

Date	Mintage	Good	VG	F	VF	XF
ND(1742-52)	—	4.00	6.00	10.00	15.00	—

KM# 942 2 MUN
Cast Copper **Rev:** "Han" at bottom **Note:** Weight varies 8.00-9.00 grams.

Date	Mintage	Good	VG	F	VF	XF
ND(1742-52)	—	4.00	6.00	10.00	15.00	—

KM# 943 2 MUN
Cast Copper **Rev:** "Nae" at bottom **Note:** Weight varies 8.00-9.00 grams.

Date	Mintage	Good	VG	F	VF	XF
ND(1742-52)	—	4.00	6.00	10.00	15.00	—

KM# 944 2 MUN
Cast Copper **Rev:** "So" at bottom **Note:** Weight varies 8.00-9.00 grams.

Date	Mintage	Good	VG	F	VF	XF
ND(1742-52)	—	4.00	6.00	10.00	15.00	—

KM# 945 2 MUN
Cast Copper **Rev:** "Wang" at bottom **Note:** Weight varies 8.00-9.00 grams.

Date	Mintage	Good	VG	F	VF	XF
ND(1742-52)	—	4.00	6.00	10.00	15.00	—

KM# 946 2 MUN
Cast Copper **Rev:** "Ch'u" at bottom **Note:** Weight varies 8.00-9.00 grams.

Date	Mintage	Good	VG	F	VF	XF
ND(1742-52)	—	4.00	6.00	10.00	15.00	—

KM# 947 2 MUN
Cast Copper **Rev:** "Su" (harvest) at bottom **Note:** Weight varies 8.00-9.00 grams.

Date	Mintage	Good	VG	F	VF	XF
ND(1742-52)	—	4.00	6.00	10.00	15.00	—

KM# 948 2 MUN
Cast Copper **Rev:** "Tong" at bottom **Note:** Weight varies 8.00-9.00 grams.

Date	Mintage	Good	VG	F	VF	XF
ND(1742-52)	—	4.00	6.00	10.00	15.00	—

KM# 949 2 MUN
Cast Copper **Rev:** "Chang' (hoard) at bottom **Note:** Weight varies 8.00-9.00 grams.

Date	Mintage	Good	VG	F	VF	XF
ND(1742-52)	—	4.00	6.00	10.00	15.00	—

KM# 950 2 MUN
Cast Copper **Rev:** "Yun" at bottom **Note:** Weight varies 8.00-9.00 grams.

Date	Mintage	Good	VG	F	VF	XF
ND(1742-52)	—	4.00	6.00	10.00	15.00	—

KM# 951 2 MUN
Cast Copper **Rev:** "Yo" at bottom **Note:** Weight varies 8.00-9.00 grams.

Date	Mintage	Good	VG	F	VF	XF
ND(1742-52)	—	4.00	6.00	10.00	15.00	—

KM# 952 2 MUN
Cast Copper **Rev:** "Song" at bottom **Note:** Weight varies 8.00-9.00 grams.

Date	Mintage	Good	VG	F	VF	XF
ND(1742-52)	—	4.00	6.00	10.00	15.00	—

KM# 953 2 MUN
Cast Copper **Rev:** "Se" at bottom **Note:** Weight varies 8.00-9.00 grams.

Date	Mintage	Good	VG	F	VF	XF
ND(1742-52)	—	4.00	6.00	10.00	15.00	—

KM# 954 2 MUN
Cast Copper **Rev:** "Yul" at bottom **Note:** Weight varies 8.00-9.00 grams.

Date	Mintage	Good	VG	F	VF	XF
ND(1742-52)	—	4.00	6.00	10.00	15.00	—

KM# 955 2 MUN
Cast Copper **Rev:** "Yo" (female) at bottom **Note:** Weight varies 8.00-9.00 grams.

Date	Mintage	Good	VG	F	VF	XF
ND(1742-52)	—	4.00	6.00	10.00	15.00	—

KM# 956 2 MUN
Cast Copper **Rev:** "Cho" at bottom **Note:** Weight varies 8.00-9.00 grams.

Date	Mintage	Good	VG	F	VF	XF
ND(1742-52)	—	4.00	6.00	10.00	15.00	—

KM# 957 2 MUN
Cast Copper **Rev:** "Yang" at bottom **Note:** Weight varies 8.00-9.00 grams.

Date	Mintage	Good	VG	F	VF	XF
ND(1742-52)	—	5.00	8.50	12.50	20.00	—

KM# 958 2 MUN
Cast Copper **Rev:** "Un" at bottom **Note:** Weight varies 8.00-9.00 grams.

Date	Mintage	Good	VG	F	VF	XF
ND(1742-52)	—	5.00	8.50	12.50	20.00	—

KM# 959 2 MUN
Cast Copper **Rev:** "Tung" at bottom **Note:** Weight varies 8.00-9.00 grams.

Date	Mintage	Good	VG	F	VF	XF
ND(1742-52)	—	6.00	10.00	16.50	25.00	—

KM# 960 2 MUN
Cast Copper **Rev:** "Ch'i" at bottom **Note:** Weight varies 8.00-9.00 grams.

Date	Mintage	Good	VG	F	VF	XF
ND(1742-52)	—	5.00	8.50	12.50	20.00	—

KM# 961 2 MUN
Cast Copper **Rev:** "U" at bottom **Note:** Weight varies 8.00-9.00 grams.

Date	Mintage	Good	VG	F	VF	XF
ND(1742-52)	—	5.00	8.50	12.50	20.00	—

KM# 962 2 MUN
Cast Copper **Rev:** "No" at bottom **Note:** Weight varies 8.00-9.00 grams.

Date	Mintage	Good	VG	F	VF	XF
ND(1742-52)	—	5.00	8.50	12.50	20.00	—

KM# 963 2 MUN
Cast Copper **Rev:** "Kyol" at bottom **Note:** Weight varies 8.00-9.00 grams.

Date	Mintage	Good	VG	F	VF	XF
ND(1742-52)	—	5.00	8.50	12.50	20.00	—

KM# 964 2 MUN
Cast Copper **Rev:** "Wi" at bottom **Note:** Weight varies 8.00-9.00 grams.

Date	Mintage	Good	VG	F	VF	XF
ND(1742-52)	—	6.00	10.00	16.50	25.00	—

KM# 965 2 MUN
Cast Copper **Rev:** "Sang" at bottom **Note:** Weight varies 8.00-9.00 grams.

Date	Mintage	Good	VG	F	VF	XF
ND(1742-52)	—	6.00	10.00	16.50	25.00	—

KM# 966 2 MUN
Cast Copper **Rev:** "Kum" at bottom **Note:** Weight varies 8.00-9.00 grams.

Date	Mintage	Good	VG	F	VF	XF
ND(1742-52)	—	6.00	10.00	16.50	25.00	—

KM# 967 2 MUN
Cast Copper **Rev:** "Saeng" at bottom **Note:** Weight varies 8.00-9.00 grams.

Date	Mintage	Good	VG	F	VF	XF
ND(1742-52)	—	5.00	8.50	12.50	20.00	—

KM# 968 2 MUN
Cast Copper **Rev:** "Yo" (beautiful) at bottom **Note:** Weight varies 8.00-9.00 grams.

Date	Mintage	Good	VG	F	VF	XF
ND(1742-52)	—	9.00	12.50	20.00	35.00	—

KOREA

KM# 969 2 MUN
Cast Copper **Rev:** "Su" (water) at bottom **Note:** Weight varies 8.00-9.00 grams.

Date	Mintage	Good	VG	F	VF	XF
ND(1742-52)	—	6.00	10.00	16.50	25.00	—

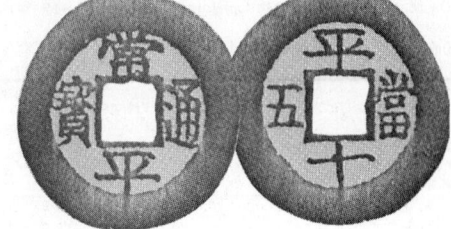

KM# 970 5 MUN
Cast Bronze **Rev:** Series number at bottom, "Tang" at right, "O" (5) at left

Date	Mintage	Good	VG	F	VF	XF
ND(1742-52) Series 1-10	—	4.00	5.00	7.00	12.00	—

KM# 970s 5 MUN
Cast Bronze **Note:** Seed type.

Date	Mintage	Good	VG	F	VF	XF
ND(1742-52) Series 1-10	—	—	—	—	—	115

HAMGYONG PROVINCIAL OFFICE
(Ham Gyong Kam Yong)

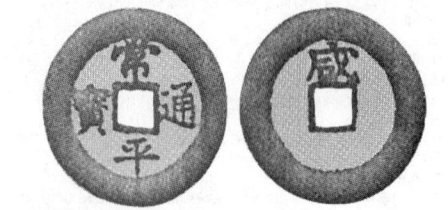

KM# 973 MUN
4.5000 g., Cast Copper **Rev:** "Ham" at top

Date	Mintage	Good	VG	F	VF	XF
ND(1742) Rare	—	—	—	—	—	—

KM# 975s 2 MUN
Cast Copper Or Bronze

Date	Mintage	Good	VG	F	VF	XF
ND(1742-52)	—	—	—	—	—	115

KM# 990s 2 MUN
Cast Copper Or Bronze

Date	Mintage	Good	VG	F	VF	XF
ND(1742-52)	—	—	—	—	—	115

KM# B1005s 2 MUN
Cast Copper Or Bronze **Note:** Seed type. Weight varies 8.00-9.00 grams. Struck at Ham Gyong Kam Yong.

Date	Mintage	Good	VG	F	VF	XF
ND(1742-52)	—	—	—	—	—	115

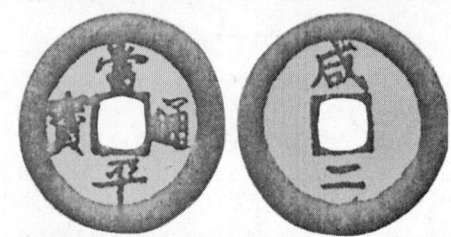

KM# 975 2 MUN
Cast Copper Or Bronze **Rev:** "Ham" at top, "I" (2) at bottom **Note:** Weight varies 8.00-9.00 grams.

Date	Mintage	Good	VG	F	VF	XF
ND(1742-52)	—	4.00	6.00	8.50	12.50	—

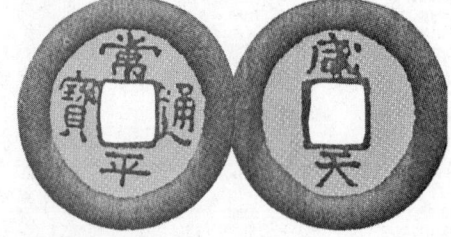

KM# 976 2 MUN
Cast Copper Or Bronze **Obv:** Large characters **Rev:** "Ch'on" at bottom **Note:** Weight varies 8.00-9.00 grams.

Date	Mintage	Good	VG	F	VF	XF
ND(1742-52)	—	3.00	4.00	6.00	10.00	—

KM# 977 2 MUN
Cast Copper Or Bronze **Obv:** Small characters **Note:** Weight varies 8.00-9.00 grams.

Date	Mintage	Good	VG	F	VF	XF
ND(1742-52)	—	3.00	4.00	6.00	10.00	—

KM# 978 2 MUN
Cast Copper Or Bronze **Obv:** Large characters **Rev:** "Chi" at bottom **Note:** Weight varies 8.00-9.00 grams.

Date	Mintage	Good	VG	F	VF	XF
ND(1742-52)	—	3.00	4.00	6.00	10.00	—

KM# 979 2 MUN
Cast Copper Or Bronze **Obv:** Small characters **Note:** Weight varies 8.00-9.00 grams.

Date	Mintage	Good	VG	F	VF	XF
ND(1742-52)	—	3.00	4.00	6.00	10.00	—

KM# 980 2 MUN
Cast Copper Or Bronze **Obv:** Large characters **Rev:** "Hyon" at bottom **Note:** Weight varies 8.00-9.00 grams.

Date	Mintage	Good	VG	F	VF	XF
ND(1742-52)	—	3.00	4.00	6.00	10.00	—

KM# 981 2 MUN
Cast Copper Or Bronze **Obv:** Small characters **Note:** Weight varies 8.00-9.00 grams.

Date	Mintage	Good	VG	F	VF	XF
ND(1742-52)	—	3.00	4.00	6.00	10.00	—

KM# 982 2 MUN
Cast Copper Or Bronze **Obv:** Large characters **Rev:** "Hwang" (yellow) at bottom **Note:** Weight varies 8.00-9.00 grams.

Date	Mintage	Good	VG	F	VF	XF
ND(1742-52)	—	3.00	4.00	6.00	10.00	—

KM# 983 2 MUN
Cast Copper Or Bronze **Obv:** Small characters **Note:** Weight varies 8.00-9.00 grams.

Date	Mintage	Good	VG	F	VF	XF
ND(1742-52)	—	3.00	4.00	6.00	10.00	—

KM# 976s 2 MUN
Cast Copper Or Bronze **Note:** Weight varies 8.00-9.00 grams.

Date	Mintage	Good	VG	F	VF	XF
ND(1742-52)	—	—	—	—	—	115

KM# 977s 2 MUN
Cast Copper Or Bronze **Note:** Weight varies 8.00-9.00 grams.

Date	Mintage	Good	VG	F	VF	XF
ND(1742-52)	—	—	—	—	—	115

KM# 978s 2 MUN
Cast Copper Or Bronze **Note:** Weight varies 8.00-9.00 grams.

Date	Mintage	Good	VG	F	VF	XF
ND(1742-52)	—	—	—	—	—	115

KM# 979s 2 MUN
Cast Copper Or Bronze **Note:** Weight varies 8.00-9.00 grams.

Date	Mintage	Good	VG	F	VF	XF
ND(1742-52)	—	—	—	—	—	115

KM# 980s 2 MUN
Cast Copper Or Bronze **Note:** Weight varies 8.00-9.00 grams.

Date	Mintage	Good	VG	F	VF	XF
ND(1742-52)	—	—	—	—	—	115

KM# 981s 2 MUN
Cast Copper Or Bronze **Note:** Weight varies 8.00-9.00 grams.

Date	Mintage	Good	VG	F	VF	XF
ND(1742-52)	—	—	—	—	—	115

KM# 982s 2 MUN
Cast Copper Or Bronze **Note:** Weight varies 8.00-9.00 grams.

Date	Mintage	Good	VG	F	VF	XF
ND(1742-52)	—	—	—	—	—	115

KM# 983s 2 MUN
Cast Copper Or Bronze **Note:** Weight varies 8.00-9.00 grams.

Date	Mintage	Good	VG	F	VF	XF
ND(1742-52)	—	—	—	—	—	115

KM# 984s 2 MUN
Cast Copper Or Bronze **Note:** Weight varies 8.00-9.00 grams.

Date	Mintage	Good	VG	F	VF	XF
ND(1742-52)	—	—	—	—	—	115

KM# 984 2 MUN
Cast Copper Or Bronze **Obv:** Large characters **Rev:** "U" at bottom **Note:** Weight varies 8.00-9.00 grams.

Date	Mintage	Good	VG	F	VF	XF
ND(1742-52)	—	3.00	4.00	6.00	10.00	—

KM# 985 2 MUN
Cast Copper Or Bronze **Obv:** Small characters **Note:** Weight varies 8.00-9.00 grams.

Date	Mintage	Good	VG	F	VF	XF
ND(1742-52)	—	3.00	4.00	6.00	10.00	—

KM# 986 2 MUN
Cast Copper Or Bronze **Obv:** Large characters **Rev:** "Chu" at bottom **Note:** Weight varies 8.00-9.00 grams.

Date	Mintage	Good	VG	F	VF	XF
ND(1742-52)	—	3.00	4.00	6.00	10.00	—

KM# 987 2 MUN
Cast Copper Or Bronze **Obv:** Small characters **Note:** Weight varies 8.00-9.00 grams.

Date	Mintage	Good	VG	F	VF	XF
ND(1742-52)	—	3.00	4.00	6.00	10.00	—

KM# 988 2 MUN
Cast Copper Or Bronze **Obv:** Large characters **Rev:** "Hong" at bottom **Note:** Weight varies 8.00-9.00 grams.

Date	Mintage	Good	VG	F	VF	XF
ND(1742-52)	—	3.00	4.00	6.00	10.00	—

KM# 989 2 MUN
Cast Copper Or Bronze **Obv:** SMall characters **Note:** Weight varies 8.00-9.00 grams.

Date	Mintage	Good	VG	F	VF	XF
ND(1742-52)	—	3.00	4.00	6.00	10.00	—

KM# 990 2 MUN
Cast Copper Or Bronze **Obv:** Large characters **Rev:** "Hwang" (barren) at bottom **Note:** Weight varies 8.00-9.00 grams.

Date	Mintage	Good	VG	F	VF	XF
ND(1742-52)	—	3.00	4.00	6.00	10.00	—

KM# 991 2 MUN
Cast Copper Or Bronze **Obv:** Small characters **Note:** Weight varies 8.00-9.00 grams.

Date	Mintage	Good	VG	F	VF	XF
ND(1742-52)	—	3.00	4.00	6.00	10.00	—

KM# 992 2 MUN
Cast Copper Or Bronze **Obv:** Large characters **Rev:** "Il" at bottom **Note:** Weight varies 8.00-9.00 grams.

Date	Mintage	Good	VG	F	VF	XF
ND(1742-52)	—	3.00	4.00	6.00	10.00	—

KM# 993 2 MUN
Cast Copper Or Bronze **Obv:** Small characters **Note:** Weight varies 8.00-9.00 grams.

Date	Mintage	Good	VG	F	VF	XF
ND(1742-52)	—	3.00	4.00	6.00	10.00	—

KM# 994 2 MUN
Cast Copper Or Bronze **Obv:** Large characters **Rev:** "Wol" at bottom **Note:** Weight varies 8.00-9.00 grams.

Date	Mintage	Good	VG	F	VF	XF
ND(1742-52)	—	3.00	4.00	6.00	10.00	—

KM# 995 2 MUN
Cast Copper Or Bronze **Obv:** Small characters **Note:** Weight varies 8.00-9.00 grams.

Date	Mintage	Good	VG	F	VF	XF
ND(1742-52)	—	3.00	4.00	6.00	10.00	—

KM# 996 2 MUN
Cast Copper Or Bronze **Obv:** Large characters **Rev:** "Yong" at bottom **Note:** Weight varies 8.00-9.00 grams.

Date	Mintage	Good	VG	F	VF	XF
ND(1742-52)	—	3.00	4.00	6.00	10.00	—

KM# 997 2 MUN
Cast Copper Or Bronze **Obv:** Small characters **Note:** Weight varies 8.00-9.00 grams.

Date	Mintage	Good	VG	F	VF	XF
ND(1742-52)	—	3.00	4.00	6.00	10.00	—

KM# 985s 2 MUN
Cast Copper Or Bronze **Note:** Weight varies 8.00-9.00 grams.

Date	Mintage	Good	VG	F	VF	XF
ND(1742-52)	—	—	—	—	—	115

KM# 986s 2 MUN
Cast Copper Or Bronze **Note:** Weight varies 8.00-9.00 grams.

Date	Mintage	Good	VG	F	VF	XF
ND(1742-52)	—	—	—	—	—	115

KM# 987s 2 MUN
Cast Copper Or Bronze **Note:** Weight varies 8.00-9.00 grams.

Date	Mintage	Good	VG	F	VF	XF
ND(1742-52)	—	—	—	—	—	115

KM# 988s 2 MUN
Cast Copper Or Bronze **Note:** Weight varies 8.00-9.00 grams.

Date	Mintage	Good	VG	F	VF	XF
ND(1742-52)	—	—	—	—	—	115

KM# 989s 2 MUN
Cast Copper Or Bronze **Note:** Weight varies 8.00-9.00 grams.

Date	Mintage	Good	VG	F	VF	XF
ND(1742-52)	—	—	—	—	—	115

KM# 991s 2 MUN
Cast Copper Or Bronze **Note:** Weight varies 8.00-9.00 grams.

Date	Mintage	Good	VG	F	VF	XF
ND(1742-52)	—	—	—	—	—	115

KM# 992s 2 MUN
Cast Copper Or Bronze **Note:** Weight varies 8.00-9.00 grams.

Date	Mintage	Good	VG	F	VF	XF
ND(1742-52)	—	—	—	—	—	115

KM# 993s 2 MUN
Cast Copper Or Bronze **Note:** Weight varies 8.00-9.00 grams.

Date	Mintage	Good	VG	F	VF	XF
ND(1742-52)	—	—	—	—	—	115

KM# 994s 2 MUN
Cast Copper Or Bronze **Note:** Weight varies 8.00-9.00 grams.

Date	Mintage	Good	VG	F	VF	XF
ND(1742-52)	—	—	—	—	—	115

KM# 995s 2 MUN
Cast Copper Or Bronze **Note:** Weight varies 8.00-9.00 grams.

Date	Mintage	Good	VG	F	VF	XF
ND(1742-52)	—	—	—	—	—	115

KM# 996s 2 MUN
Cast Copper Or Bronze **Note:** Weight varies 8.00-9.00 grams.

Date	Mintage	Good	VG	F	VF	XF
ND(1742-52)	—	—	—	—	—	115

KM# 997s 2 MUN
Cast Copper Or Bronze **Note:** Weight varies 8.00-9.00 grams.

Date	Mintage	Good	VG	F	VF	XF
ND(1742-52)	—	—	—	—	—	115

KM# 998s 2 MUN
Cast Copper Or Bronze **Note:** Weight varies 8.00-9.00 grams.

Date	Mintage	Good	VG	F	VF	XF
ND(1742-52)	—	—	—	—	—	115

KM# 1000s 2 MUN
Cast Copper Or Bronze **Note:** Weight varies 8.00-9.00 grams.

Date	Mintage	Good	VG	F	VF	XF
ND(1742-52)	—	—	—	—	—	115

KM# 1001s 2 MUN
Cast Copper Or Bronze **Note:** Weight varies 8.00-9.00 grams.

Date	Mintage	Good	VG	F	VF	XF
ND(1742-52)	—	—	—	—	—	115

KM# 1002s 2 MUN
Cast Copper Or Bronze **Note:** Weight varies 8.00-9.00 grams.

Date	Mintage	Good	VG	F	VF	XF
ND(1742-52)	—	—	—	—	—	115

KM# 1003s 2 MUN
Cast Copper Or Bronze **Note:** Weight varies 8.00-9.00 grams.

Date	Mintage	Good	VG	F	VF	XF
ND(1742-52)	—	—	—	—	—	115

KM# 1004s 2 MUN
Cast Copper Or Bronze **Note:** Weight varies 8.00-9.00 grams.

Date	Mintage	Good	VG	F	VF	XF
ND(1742-52)	—	—	—	—	—	115

KM# 1005s 2 MUN
Cast Copper Or Bronze **Note:** Weight varies 8.00-9.00 grams.

Date	Mintage	Good	VG	F	VF	XF
ND(1742-52)	—	—	—	—	—	115

KM# A1005s 2 MUN
Cast Copper Or Bronze **Note:** Weight varies 8.00-9.00 grams.

Date	Mintage	Good	VG	F	VF	XF
ND(1742-52)	—	—	—	—	—	115

KM# 998 2 MUN
Cast Copper Or Bronze **Obv:** Large characters **Rev:** "Ch'uk" at bottom **Note:** Weight varies 8.00-9.00 grams.

Date	Mintage	Good	VG	F	VF	XF
ND(1742-52)	—	3.00	4.00	6.00	10.00	—

KM# 999 2 MUN
Cast Copper Or Bronze **Obv:** Small characters **Note:** Weight varies 8.00-9.00 grams.

Date	Mintage	Good	VG	F	VF	XF
ND(1742-52)	—	3.00	4.00	6.00	10.00	—

KM# 1000 2 MUN
Cast Copper Or Bronze **Obv:** Large characters **Rev:** "Chin" at bottom **Note:** Weight varies 8.00-9.00 grams.

Date	Mintage	Good	VG	F	VF	XF
ND(1742-52)	—	3.00	4.00	6.00	10.00	—

KM# 1001 2 MUN
Cast Copper Or Bronze **Obv:** Small characters **Note:** Weight varies 8.00-9.00 grams.

Date	Mintage	Good	VG	F	VF	XF
ND(1742-52)	—	3.00	4.00	6.00	10.00	—

KM# 1002 2 MUN
Cast Copper Or Bronze **Obv:** Large characters **Rev:** "Suk" at bottom **Note:** Weight varies 8.00-9.00 grams.

Date	Mintage	Good	VG	F	VF	XF
ND(1742-52)	—	3.00	4.00	6.00	10.00	—

KM# 1003 2 MUN
Cast Copper Or Bronze **Obv:** Small characters **Note:** Weight varies 8.00-9.00 grams.

Date	Mintage	Good	VG	F	VF	XF
ND(1742-52)	—	3.00	4.00	6.00	10.00	—

KM# 1004 2 MUN
Cast Copper Or Bronze **Obv:** Large characters **Rev:** "Yol" at bottom **Note:** Weight varies 8.00-9.00 grams.

Date	Mintage	Good	VG	F	VF	XF
ND(1742-52)	—	3.00	4.00	6.00	10.00	—

KM# 1005 2 MUN
Cast Copper Or Bronze **Obv:** Small characters **Note:** Weight varies 8.00-9.00 grams.

Date	Mintage	Good	VG	F	VF	XF
ND(1742-52)	—	3.00	4.00	6.00	10.00	—

KM# A1005 2 MUN
Cast Copper Or Bronze **Obv:** Large characters **Rev:** "Chang" (extend) at bottom **Note:** Weight varies 8.00-9.00 grams.

Date	Mintage	Good	VG	F	VF	XF
ND(1742-52)	—	3.00	4.00	6.00	10.00	—

KM# B1005 2 MUN
Cast Copper Or Bronze **Obv:** Small characters **Note:** Weight varies 8.00-9.00 grams.

Date	Mintage	Good	VG	F	VF	XF
ND(1742-52)	—	3.00	4.00	6.00	10.00	—

NORTH HAMGYONG PROVINCIAL OFFICE
(Ham Gyong Pug Yong)

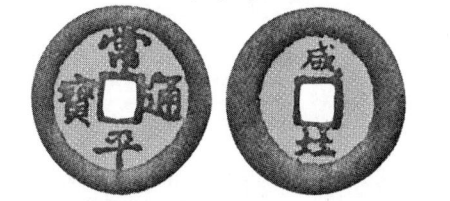

KM# 1006 MUN
4.5000 g., Cast Copper **Rev:** "Ham" at top, "Puk" (north) at bottom

Date	Mintage	Good	VG	F	VF	XF
ND(1742) Rare	—	—	—	—	—	—

SOUTH HAMGYONG PROVINCIAL OFFICE
(Ham Gyong Nam Yong)

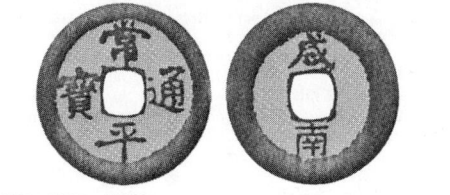

KM# 1007 MUN
4.5000 g., Cast Copper **Rev:** "Ham" at top, "Nam" (south) at bottom

Date	Mintage	Good	VG	F	VF	XF
ND(1742) Rare	—	—	—	—	—	—

KANGWON PROVINCIAL OFFICE
(Kang Won Kam Yong)

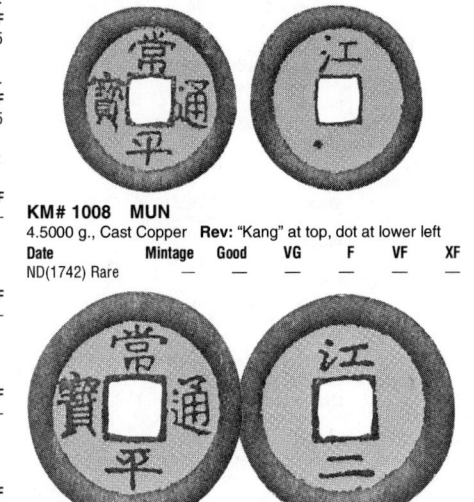

KM# 1008 MUN
4.5000 g., Cast Copper **Rev:** "Kang" at top, dot at lower left

Date	Mintage	Good	VG	F	VF	XF
ND(1742) Rare	—	—	—	—	—	—

KM# 1009 2 MUN
Cast Copper **Rev:** "Kang" at top, "I" (2) at bottom **Note:** Weight varies 8.00-9.00 grams. Size varies 29-30 mm.

Date	Mintage	Good	VG	F	VF	XF
ND(1742-52)	—	3.00	4.00	6.00	10.00	—

KYONGSANG PROVINCIAL OFFICE
(Kyong Sang Kam Yong)

KM# 1012 2 MUN
Cast Copper **Rev:** "Sang" at top, "Ch'on" at bottom **Note:** Weight varies 8.00-9.00 grams.

Date	Mintage	Good	VG	F	VF	XF
ND(1742-52)	—	3.00	4.00	6.00	10.00	—

KM# 1013 2 MUN
Cast Copper **Rev:** "Chi" at bottom **Note:** Weight varies 8.00-9.00 grams.

Date	Mintage	Good	VG	F	VF	XF
ND(1742-52)	—	3.00	4.00	6.00	10.00	—

KM# 1014 2 MUN
Cast Copper **Rev:** "Hyon" at bottom **Note:** Weight varies 8.00-9.00 grams.

Date	Mintage	Good	VG	F	VF	XF
ND(1742-52)	—	3.00	4.00	6.00	10.00	—

KM# 1015 2 MUN
Cast Copper **Rev:** "Hwang" (yellow) at bottom **Note:** Weight varies 8.00-9.00 grams.

Date	Mintage	Good	VG	F	VF	XF
ND(1742-52)	—	3.00	4.00	6.00	10.00	—

KM# 1016 2 MUN
Cast Copper **Rev:** "U" at bottom **Note:** Weight varies 8.00-9.00 grams.

Date	Mintage	Good	VG	F	VF	XF
ND(1742-52)	—	3.00	4.00	6.00	10.00	—

KM# 1017 2 MUN
Cast Copper **Rev:** "Chu" at bottom **Note:** Weight varies 8.00-9.00 grams.

Date	Mintage	Good	VG	F	VF	XF
ND(1742-52)	—	3.00	4.00	6.00	10.00	—

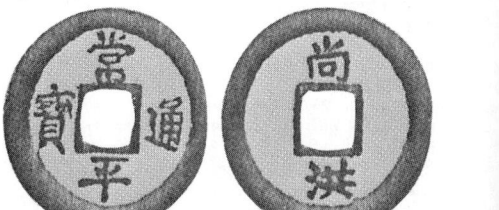

KM# 1018 2 MUN
Cast Copper **Rev:** "Hong" at bottom **Note:** Weight varies 8.00-9.00 grams.

Date	Mintage	Good	VG	F	VF	XF
ND(1742-52)	—	3.00	4.00	6.00	10.00	—

KM# 1019 2 MUN
Cast Copper **Rev:** "Hwang" (barren) at bottom **Note:** Weight varies 8.00-9.00 grams.

Date	Mintage	Good	VG	F	VF	XF
ND(1742-52)	—	3.00	4.00	6.00	10.00	—

KM# 1020 2 MUN
Cast Copper **Rev:** "Il" at bottom **Note:** Weight varies 8.00-9.00 grams.

Date	Mintage	Good	VG	F	VF	XF
ND(1742-52)	—	3.00	4.00	6.00	10.00	—

KM# 1021 2 MUN
Cast Copper **Rev:** "Wol" at bottom **Note:** Weight varies 8.00-9.00 grams.

Date	Mintage	Good	VG	F	VF	XF
ND(1742-52)	—	3.00	4.00	6.00	10.00	—

KM# 1022 2 MUN
Cast Copper **Rev:** "Yong" at bottom **Note:** Weight varies 8.00-9.00 grams.

Date	Mintage	Good	VG	F	VF	XF
ND(1742-52)	—	3.00	4.00	6.00	10.00	—

KM# 1023 2 MUN
Cast Copper **Rev:** "Ch'uk" at bottom **Note:** Weight varies 8.00-9.00 grams.

Date	Mintage	Good	VG	F	VF	XF
ND(1742-52)	—	3.00	4.00	6.00	10.00	—

KM# 1024 2 MUN
Cast Copper **Rev:** "Chin" at bottom **Note:** Weight varies 8.00-9.00 grams.

Date	Mintage	Good	VG	F	VF	XF
ND(1742-52)	—	3.00	4.00	6.00	10.00	—

KM# 1025 2 MUN
Cast Copper **Rev:** "Suk" at bottom **Note:** Weight varies 8.00-9.00 grams.

Date	Mintage	Good	VG	F	VF	XF
ND(1742-52)	—	3.00	4.00	6.00	10.00	—

KM# 1026 2 MUN
Cast Copper **Rev:** "Yol" at bottom **Note:** Weight varies 8.00-9.00 grams.

Date	Mintage	Good	VG	F	VF	XF
ND(1742-52)	—	3.00	4.00	6.00	10.00	—

KM# 1027 2 MUN
Cast Copper **Rev:** "Chang" (extend) at bottom **Note:** Weight varies 8.00-9.00 grams.

Date	Mintage	Good	VG	F	VF	XF
ND(1742-52)	—	3.00	4.00	6.00	10.00	—

KM# 1028 2 MUN
Cast Copper **Rev:** "Han" at bottom **Note:** Weight varies 8.00-9.00 grams.

Date	Mintage	Good	VG	F	VF	XF
ND(1742-52)	—	5.50	8.50	12.50	20.00	—

KM# 1029 2 MUN
Cast Copper **Rev:** "Nae" at bottom **Note:** Weight varies 8.00-9.00 grams.

Date	Mintage	Good	VG	F	VF	XF
ND(1742-52)	—	3.00	4.00	6.00	10.00	—

KM# 1030 2 MUN
Cast Copper **Rev:** "So" at bottom **Note:** Weight varies 8.00-9.00 grams.

Date	Mintage	Good	VG	F	VF	XF
ND(1742-52)	—	5.50	8.50	12.50	20.00	—

KOREA

KM# 1031 2 MUN
Cast Copper Rev: "Wang" at bottom **Note:** Weight varies 8.00-9.00 grams.

Date	Mintage	Good	VG	F	VF	XF
ND(1742-52)	—	3.00	4.00	6.00	10.00	—

KM# 1032 2 MUN
Cast Copper Rev: "Ch'u" at bottom **Note:** Weight varies 8.00-9.00 grams.

Date	Mintage	Good	VG	F	VF	XF
ND(1742-52)	—	5.50	8.50	12.50	20.00	—

KM# 1033 2 MUN
Cast Copper Rev: "Su" at bottom **Note:** Weight varies 8.00-9.00 grams.

Date	Mintage	Good	VG	F	VF	XF
ND(1742-52)	—	3.00	4.00	6.00	10.00	—

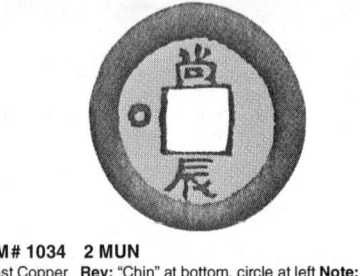

KM# 1034 2 MUN
Cast Copper Rev: "Chin" at bottom, circle at left **Note:** Weight varies 8.00-9.00 grams.

Date	Mintage	Good	VG	F	VF	XF
ND(1742-52)	—	3.50	5.50	8.50	12.50	—

KM# 1035 2 MUN
Cast Copper Rev: "Chon" at bottom, crescent at right **Note:** Weight varies 8.00-9.00 grams.

Date	Mintage	Good	VG	F	VF	XF
ND(1742-52)	—	3.00	4.00	6.00	10.00	—

KM# 1036 2 MUN
Cast Copper Rev: "Il" at bottom, cloud form at right **Note:** Weight varies 8.00-9.00 grams.

Date	Mintage	Good	VG	F	VF	XF
ND(1742-52)	—	3.50	5.50	8.50	12.50	—

CHOLLA PROVINCIAL OFFICE
(Chol La Kam Yong)

KM# 1063 2 MUN
Cast Copper Rev: "Han" at bottom **Note:** Size varies 31-32 millimeters. Weight varies 8.00-9.00 grams.

Date	Mintage	Good	VG	F	VF	XF
ND(1742-52)	—	3.00	4.00	6.00	10.00	—

KM# 1047 2 MUN
Cast Copper Rev: "Chon" at top, "Ch'on" at bottom **Note:** Size varies 31-32 mm. Weight varies 8.00-9.00 grams.

Date	Mintage	Good	VG	F	VF	XF
ND(1742-52)	—	3.00	4.00	6.00	10.00	—

KM# 1048 2 MUN
Cast Copper Rev: "Chi" at bottom **Note:** Size varies 31-32 mm. Weight varies 8.00-9.00 grams.

Date	Mintage	Good	VG	F	VF	XF
ND(1742-52)	—	3.00	4.00	6.00	10.00	—

KM# 1049 2 MUN
Cast Copper Rev: "Hyon" at bottom **Note:** Size varies 31-32 mm. Weight varies 8.00-9.00 grams.

Date	Mintage	Good	VG	F	VF	XF
ND(1742-52)	—	3.00	4.00	6.00	10.00	—

KM# 1050 2 MUN
Cast Copper Rev: "Hwang" (yellow) at bottom **Note:** Size varies 31-32 mm. Weight varies 8.00-9.00 grams.

Date	Mintage	Good	VG	F	VF	XF
ND(1742-52)	—	3.00	4.00	6.00	10.00	—

KM# 1051 2 MUN
Cast Copper Rev: "U" at bottom **Note:** Size varies 31-32 mm. Weight varies 8.00-9.00 grams.

Date	Mintage	Good	VG	F	VF	XF
ND(1742-52)	—	3.00	4.00	6.00	10.00	—

KM# 1052 2 MUN
Cast Copper Rev: "Chu" at bottom **Note:** Size varies 31-32 mm. Weight varies 8.00-9.00 grams.

Date	Mintage	Good	VG	F	VF	XF
ND(1742-52)	—	3.00	4.00	6.00	10.00	—

KM# 1053 2 MUN
Cast Copper Rev: "Hong" at bottom **Note:** Size varies 31-32 mm. Weight varies 8.00-9.00 grams.

Date	Mintage	Good	VG	F	VF	XF
ND(1742-52)	—	3.00	4.00	6.00	10.00	—

KM# 1054 2 MUN
Cast Copper Rev: "Hwang" at bottom **Note:** Size varies 31-32 mm. Weight varies 8.00-9.00 grams.

Date	Mintage	Good	VG	F	VF	XF
ND(1742-52)	—	3.00	4.00	6.00	10.00	—

KM# 1055 2 MUN
Cast Copper Rev: "Il" at bottom **Note:** Size varies 31-32 mm. Weight varies 8.00-9.00 grams.

Date	Mintage	Good	VG	F	VF	XF
ND(1742-52)	—	3.00	4.00	6.00	10.00	—

KM# 1056 2 MUN
Cast Copper Rev: "Wol" at bottom **Note:** Size varies 31-32 mm. Weight varies 8.00-9.00 grams.

Date	Mintage	Good	VG	F	VF	XF
ND(1742-52)	—	3.00	4.00	6.00	10.00	—

KM# 1056a 2 MUN
Cast Copper Rev: Star right of "Chon" **Note:** Size varies 31-32 mm. Weight varies 8.00-9.00 grams.

Date	Mintage	Good	VG	F	VF	XF
ND(1742-52)	—	2.50	3.50	4.50	6.50	—

KM# 1057 2 MUN
Cast Copper Rev: "Yong" at bottom **Note:** Size varies 31-32 mm. Weight varies 8.00-9.00 grams.

Date	Mintage	Good	VG	F	VF	XF
ND(1742-52)	—	3.00	4.00	6.00	10.00	—

KM# 1058 2 MUN
Cast Copper Rev: "Ch'uk" at bottom **Note:** Size varies 31-32 mm. Weight varies 8.00-9.00 grams.

Date	Mintage	Good	VG	F	VF	XF
ND(1742-52)	—	3.00	4.00	6.00	10.00	—

KM# 1059 2 MUN
Cast Copper Rev: "Chin" at bottom **Note:** Size varies 31-32 mm. Weight varies 8.00-9.00 grams.

Date	Mintage	Good	VG	F	VF	XF
ND(1742-52)	—	3.00	4.00	6.00	10.00	—

KM# 1060 2 MUN
Cast Copper Rev: "Suk" at bottom **Note:** Size varies 31-32 mm. Weight varies 8.00-9.00 grams.

Date	Mintage	Good	VG	F	VF	XF
ND(1742-52)	—	3.00	4.00	6.00	10.00	—

KM# 1061 2 MUN
Cast Copper Rev: "Yol" at bottom **Note:** Size varies 31-32 mm. Weight varies 8.00-9.00 grams.

Date	Mintage	Good	VG	F	VF	XF
ND(1742-52)	—	3.00	4.00	6.00	10.00	—

KM# 1061a 2 MUN
Cast Copper Rev: Star at upper right **Note:** Size varies 31-32 mm. Weight varies 8.00-9.00 grams.

Date	Mintage	Good	VG	F	VF	XF
ND(1742-52)	—	2.50	3.50	4.50	6.50	—

KM# 1062 2 MUN
Cast Copper Rev: "Chang" at bottom **Note:** Size varies 31-32 mm. Weight varies 8.00-9.00 grams.

Date	Mintage	Good	VG	F	VF	XF
ND(1742-52)	—	3.00	4.00	6.00	10.00	—

KM# 1062a 2 MUN
Cast Copper Rev: Star at lower left **Note:** Size varies 31-32 mm. Weight varies 8.00-9.00 grams.

Date	Mintage	Good	VG	F	VF	XF
ND(1742-52)	—	2.50	3.50	4.50	6.50	—

KM# 1064 2 MUN
Cast Copper Rev: "Nae" at bottom **Note:** Size varies 31-32 mm. Weight varies 8.00-9.00 grams.

Date	Mintage	Good	VG	F	VF	XF
ND(1742-52)	—	3.00	4.00	6.00	10.00	—

KM# 1064a 2 MUN
Cast Copper Rev: Star at lower left **Note:** Size varies 31-32 mm. Weight varies 8.00-9.00 grams.

Date	Mintage	Good	VG	F	VF	XF
ND(1742-52)	—	2.50	3.50	4.50	6.50	—

KM# 1065 2 MUN
Cast Copper Rev: "So" at bottom **Note:** Size varies 31-32 mm. Weight varies 8.00-9.00 grams.

Date	Mintage	Good	VG	F	VF	XF
ND(1742-52)	—	3.00	4.00	6.00	10.00	—

KM# 1066 2 MUN
Cast Copper Rev: "Wang" at bottom **Note:** Size varies 31-32 mm. Weight varies 8.00-9.00 grams.

Date	Mintage	Good	VG	F	VF	XF
ND(1742-52)	—	3.00	4.00	6.00	10.00	—

KM# 1067 2 MUN
Cast Copper Rev: "Ch'u" at bottom **Note:** Size varies 31-32 mm. Weight varies 8.00-9.00 grams.

Date	Mintage	Good	VG	F	VF	XF
ND(1742-52)	—	3.00	4.00	6.00	10.00	—

KM# 1068 2 MUN
Cast Copper Rev: "Su" at bottom **Note:** Size varies 31-32 mm. Weight varies 8.00-9.00 grams.

Date	Mintage	Good	VG	F	VF	XF
ND(1742-52)	—	3.00	4.00	6.00	10.00	—

KM# 1069 2 MUN
Cast Copper Rev: "Tong" at bottom **Note:** Size varies 31-32 mm. Weight varies 8.00-9.00 grams.

Date	Mintage	Good	VG	F	VF	XF
ND(1742-52)	—	3.00	4.00	6.00	10.00	—

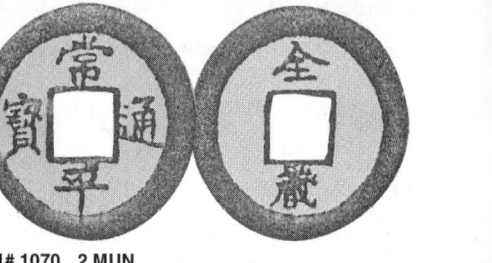

KM# 1070 2 MUN
Cast Copper Rev: "Chang" (hoard) at bottom **Note:** Size varies 31-32 mm. Weight varies 8.00-9.00 grams.

Date	Mintage	Good	VG	F	VF	XF
ND(1742-52)	—	3.00	4.00	6.00	10.00	—

KM# 1071 2 MUN
Cast Copper Rev: "Yun" at bottom **Note:** Size varies 31-32 mm. Weight varies 8.00-9.00 grams.

Date	Mintage	Good	VG	F	VF	XF
ND(1742-52)	—	3.00	4.00	6.00	10.00	—

TEST COINAGE
Treasury Department

KM# Tc5 CHON
Cast Bronze Obv. Legend: "SANG P'YONG T'ONG BO" Rev: "Ho" at top, "Sip" (10) at bottom

Date	Mintage	Good	VG	F	VF	XF
ND(1777-1800)	—	—	—	—	—	—

Rare

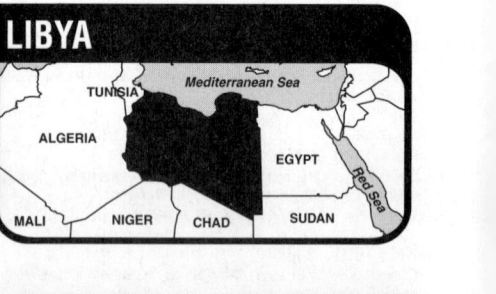

LIBYA

TRIPOLI

Tripoli (formerly Ottoman Empire Area of antique Tripolitania, 700-146 B.C.), the capital city and chief port of the Libyan Arab Jamahiriya, is situated on the North African coast on a promontory stretching out into the Mediterranean Sea. It was probably founded by Phoenicians from Sicily, but was under Roman control from 146 B.C. until 450 A.D. Invasion by Vandals and conquest by the Byzantines preceded the Arab invasions of the 11th century which, by destroying the commercial centers of Sabratha and Leptis, greatly enhanced the importance of Tripoli, an importance maintained through periods of Norman and Spanish control. Tripoli fell to the Turks, who made it the capital of the vilayet of Tripoli in 1551 and remained in their hands until 1911, when it was occupied by the Italians who made it the capital of the Italian province of Tripolitania. British forces entered the city on January 23, 1943, and administered it until establishment of the independent Kingdom of Libya on December 24, 1951.

RULERS
Ottoman, until 1911
refer to Turkey

LOCAL PASHAS
Ahmad Pasha Qaramanli I,
AH1123-1158/1711-1745AD
Muhammad Pasha Qaramanli,
AH1158-1167/1745-1754AD
Ali Pasha Qaramanli I,
AH1167-1208/1754-1793AD
Ali Burghul Pasha, (rebel)
AH1208-1209/1793-1795AD
Ahmad Pasha Qaramanli II,
AH1209-1210/1795-1796AD
Yusuf Pasha Qaramanli,
AH1210-1248/1796-1833AD (resigned)

TRIPOLI

MINT NAME

طرابلس

Tarabalus

طرابلس غرب

Tarabalus Gharb = (Tripoli West)

The appellation west serving to distinguish it from Tripoli in Lebanon, which had been an Ottoman Mint in the 16th century. On some of the copper coins, Gharb is omitted; several types come both with and without Gharb. The mint closed between the 28th and 29th year of the reign of Mahmud II.

MONETARY SYSTEM

The monetary system of Tripoli was confused and is poorly understood. Theoretically, 40 Para were equal to one Piastre, but due to the debasement of the silver coinage, later issues are virtually pure copper, though the percentage of alloy varies radically even within a given year. The 10 Para and 20 Para pieces were a little heavier than the copper Paras, with which they could easily be confounded, except that the copper Paras were generally thicker, and bear simpler inscriptions. It is not known how many of the coppers were tariffed to the debased Piastre and its fractions. Some authorities consider the copper pieces to be Beshliks (5 Para coins).

The gold coinage came in two denominations, the Zeri Mahbub (2.4-2.5 g), and the Sultani Altin (3.3-3.4 g). The ratio of the billon Piastres to the gold coins fluctuated from day to day.

BARBARY STATE
OTTOMAN COINAGE

KM# 58 MANGIR
Copper **Ruler:** Selim III **Note:** Weight varies 1.75-2.36 grams. Size varies.

Date	Mintage	VG	F	VF	XF	Unc
AH1203 (1789)	—	—	50.00	75.00	100	—

KM# 25 MANGHIR
Copper, 22.5-24 mm. **Ruler:** Ahmed III **Obv:** Titles of Ahmed III **Rev:** Mint and date **Note:** Size varies. Weight varies: 4.2-4.6 grams.

Date	Mintage	VG	F	VF	XF	Unc
AH1115	—	45.00	60.00	85.00	100	—

KM# 24 MANGHIR
Copper, 15 mm. **Ruler:** Ahmed III **Obv. Legend:** "SULTAN AHMED HAN" **Rev:** Mint name

Date	Mintage	VG	F	VF	XF	Unc
AH1134	—	35.00	50.00	75.00	90.00	—

KM# 34 MANGHIR
0.8000 g., Copper, 11-13 mm. **Ruler:** Osman III **Note:** Size varies.

Date	Mintage	Good	VG	F	VF	XF
AH1168	—	30.00	50.00	75.00	100	—

KM# 39 MANGHIR
0.9090 g., Copper, 12-15 mm. **Ruler:** Mustafa III **Rev:** Legend in hexagram **Note:** Size varies.

Date	Mintage	Good	VG	F	VF	XF
ND	—	25.00	40.00	65.00	90.00	—

KM# 38 MANGHIR
2.1000 g., Copper, 20 mm. **Ruler:** Mustafa III **Obv:** Inscription **Rev:** Mint name, date

Date	Mintage	Good	VG	F	VF	XF
AH(11)77	—	25.00	40.00	65.00	90.00	—

KM# 30 ASPER
0.2400 g., Silver, 12-13 mm. **Ruler:** Mahmud I **Note:** Size varies.

Date	Mintage	VG	F	VF	XF	Unc
AH1044 Error; Rare	—	—	—	—	—	—
AH1144	—	50.00	75.00	100	150	—

KM# 45 PARA
2.4500 g., Copper, 19-20 mm. **Ruler:** Abdul Hamid I **Obv:** Toughra **Rev:** Mint name **Note:** Size varies.

Date	Mintage	Good	VG	F	VF	XF
AH118(-)	—	20.00	35.00	60.00	85.00	—

KM# 53 PARA
Copper **Ruler:** Abdul Hamid I **Obv:** Inscription within square **Rev:** Legend in triangle, trilobe **Note:** Weight varies: 2.40-2.75 grams.

Date	Mintage	Good	VG	F	VF	XF
AH1188	—	15.00	25.00	40.00	55.00	—

KM# 46 5 PARA
2.0000 g., Billon, 22 mm. **Ruler:** Abdul Hamid I **Obv:** Toughra **Rev:** Mint name

Date	Mintage	Good	VG	F	VF	XF
AH1187	—	50.00	75.00	150	225	—

KM# 47 5 PARA
Silver **Ruler:** Abdul Hamid I **Obv:** Toughra **Rev:** Mint name

Date	Mintage	Good	VG	F	VF	XF
AH1187	—	30.00	60.00	125	200	—

KM# 54 5 PARA
Silver, 24-25 mm. **Ruler:** Abdul Hamid I **Obv:** 4-line inscription **Rev:** 3-line inscription **Note:** Weight varies 1.60-2.90 grams. Size varies.

Date	Mintage	Good	VG	F	VF	XF
AH1188	—	30.00	60.00	125	200	—

KM# 63 5 PARA
Silver, 21 mm. **Ruler:** Selim III **Note:** Weight varies 0.85-1.20 grams.

Date	Mintage	VG	F	VF	XF	Unc
AH1210 (1796)	—	40.00	60.00	200	400	—

KM# 26 10 PARA
2.3000 g., Silver, 20-24 mm. **Ruler:** Ahmed III **Note:** Size varies.

Date	Mintage	VG	F	VF	XF	Unc
AH1115 Rare	—	—	—	—	—	—
AH1141 Rare	—	—	—	—	—	—

KM# 48.2 10 PARA
4.5000 g., Billon **Ruler:** Abdul Hamid I **Obv:** Flower at right of toughra

Date	Mintage	Good	VG	F	VF	XF
AH1187//11	—	150	200	300	400	—

KM# 48.1 10 PARA
Billon, 25 mm. **Ruler:** Abdul Hamid I **Obv:** Ornament at right of toughra **Rev:** 4-line inscription **Note:** Weight varies: 4.36-4.50 grams.

Date	Mintage	Good	VG	F	VF	XF
AH1187//11	—	100	125	150	200	—

Date	Mintage	VG	F	VF	XF	Unc
AH1210 (1796)	—	50.00	120	250	500	—
AH1212 (1797)	—	50.00	120	250	500	—
AH1203//10 (1798)	—	50.00	120	250	500	—
AH1213 (1798)	—	50.00	120	250	500	—
AH1214 (1799)	—	50.00	120	250	500	—

KM# 49 15 PARA
7.3500 g., Silver, 30 mm. **Ruler:** Abdul Hamid I

Date	Mintage	VG	F	VF	XF	Unc
ND(AH1187)//1	—	60.00	120	250	400	—

KM# 59 15 PARA
5.3000 g., Silver, 30 mm. **Ruler:** Selim III **Note:** Similar to 10 Para, KM#61.

Date	Mintage	VG	F	VF	XF	Unc
AH1205	—	50.00	100	200	300	—

KM# 64 20 PARA
Silver, 31 mm. **Ruler:** Selim III **Note:** Similar to Piastre, KM#60. Weight varies 7.81-7.86 grams.

Date	Mintage	VG	F	VF	XF	Unc
AH1203//10 (1788) Rare	—	—	—	—	—	—
AH1203//14 (1788)	—	100	150	250	400	—

KM# 51 30 PARA
Silver, 35 mm. **Ruler:** Abdul Hamid I **Obv:** Legend in 4 lines **Rev:** Legend in 4 lines **Note:** Weight varies: 15.23-15.75 grams.

Date	Mintage	VG	F	VF	XF	Unc
AH1187//1	—	200	250	350	500	—

KM# 67 100 PARA
Silver, 45 mm. **Ruler:** Selim III **Obv:** Toughra above text, date within circle **Rev:** 4-line inscription within circle **Note:** Weight varies 30.60-31.32 grams.

Date	Mintage	VG	F	VF	XF	Unc
AH1209	—	200	350	650	900	—
AH1210	—	200	350	650	900	—

KM# 61 10 PARA
Silver, 26 mm. **Ruler:** Selim III **Obv:** 4-Lined inscription within circle **Rev:** Mint name, date within circle **Note:** Weight varies 1.94-3.30 grams. There exists 3 different marks in place of the normal numeral for the reignal year.

KM# 55 PIASTRE
Silver, 38-40 mm. **Ruler:** Abdul Hamid I **Obv:** Toughra over mint

1054 LIBYA TRIPOLI

name and date **Rev:** Legend is 4 lines **Note:** Weight varies 18.24-18.75. Size varies.

Date	Mintage	VG	F	VF	XF	Unc
AH1187	—	250	300	400	650	—

KM# 42 SULTANI

Gold, 23-28 mm. **Ruler:** Mustafa III **Obv:** Legend **Rev:** Legend **Note:** Weight varies 3.23-3.40 grams. Size varies.

Date	Mintage	VG	F	VF	XF	Unc
AH1171	—	400	500	600	850	—

KM# 60 PIASTRE

Silver, 36-37 mm. **Ruler:** Selim III **Obv:** Toughra **Rev:** Mint name, date **Note:** Weight varies 11.80-12.52 grams. Size varies.

Date	Mintage	VG	F	VF	XF	Unc
AH1203/1	—	150	250	350	500	—
AH1203/2	—	150	250	350	500	—
AH1203/8	—	150	250	350	500	—
AH1203/01 Error for year 10	—	—	—	—	—	—
AH1203/10	—	150	250	350	500	—

KM# 62 SULTANI

3.5000 g., Gold, 23-27 mm. **Ruler:** Selim III **Obv:** 4-line inscription within circle **Rev:** 4-line inscription and date within circle **Note:** Size varies.

Date	Mintage	VG	F	VF	XF	Unc
AH1203 Rare	—	—	—	—	—	—
AH1203/12	—	400	800	1,400	3,000	—

KM# 52 1/2 ZERI MAHBUB

1.5000 g., Gold, 17 mm. **Ruler:** Abdul Hamid I

Date	Mintage	VG	F	VF	XF	Unc
AH1187	—	200	300	500	800	—

KM# 56 ZERI MAHBUB

2.5000 g., Gold, 20 mm. **Ruler:** Abdul Hamid I **Obv:** Toughra above text, date **Rev:** Legend **Note:** Weight varies: 2.50-2.55 grams.

Date	Mintage	VG	F	VF	XF	Unc
AH1187	—	350	650	1,250	1,750	—
AH1191	—	350	650	1,250	1,750	—

KM# 68 1/2 SULTANI

1.5500 g., Gold, 19 mm. **Ruler:** Selim III

Date	Mintage	VG	F	VF	XF	Unc
AH1203 Rare	—	—	—	—	—	—
AH1203/12 Rare	—	—	—	—	—	—
AH1213 Rare	—	—	—	—	—	—

KM# 27 SULTANI

Gold, 23 mm. **Ruler:** Ahmed III **Note:** Weight varies: 3.32-3.38 grams.

Date	Mintage	VG	F	VF	XF	Unc
AH1115 Rare	—	—	—	—	—	—
AH1142	—	—	—	—	—	—

KM# 31 SULTANI

Gold, 22-24 mm. **Ruler:** Mahmud I **Obv:** 3-line inscription **Rev:** 4-line inscription **Note:** Size varies. Weight varies: 3.25-3.40 grams.

Date	Mintage	VG	F	VF	XF	Unc
AH1143	—	—	700	1,000	1,400	—

KM# 35 SULTANI

Gold, 22-23 mm. **Ruler:** Osman III **Obv:** Inscription **Rev:** Legend **Note:** Size varies. Weight varies: 3.34-3.40 grams.

Date	Mintage	VG	F	VF	XF	Unc
AH1168	—	350	700	1,000	1,400	—

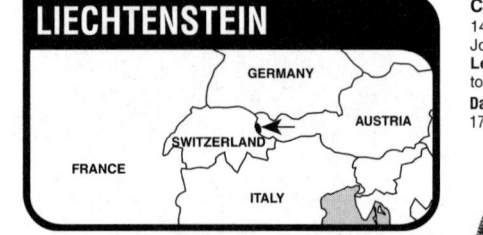

The Principality of Liechtenstein, located in central Europe on the east bank of the Rhine between Austria and Switzerland, has an area of 62 sq. mi. (160 sq. km.) and a population of 27,200. Capital: Vaduz. The economy is based on agriculture and light manufacturing. Canned goods, textiles, ceramics and precision instruments are exported.

The lordships of Schellenburg and Vaduz were merged into the principality of Liechtenstein. It was a member of the Rhine Confederation from 1806 to 1815, and of the German Confederation from 1815 to 1866 when it became independent. Liechtenstein's long and close association with Austria was terminated by World War I. In 1921 it adopted the coinage of Switzerland, and two years later entered into a customs union with the Swiss, who also operated its postal and telegraph systems and represented it in international affairs. The tiny principality abolished its army in 1868 and has avoided involvement in all European wars since that time.

RULERS
Josef Johann Adam, 1721-1732
Joseph Wenzel, 1748-1772
Franz Joseph I, 1772-1781

MINT MARKS
A - Vienna
B - Bern

PRINCIPALITY

STANDARD COINAGE

1-1/2 Florins = 1 Vereinsthaler

KM# 1 1/2 THALER

Silver **Ruler:** Josef Johann Adam **Obv:** Bust right **Obv. Legend:** IOSIOADGSRIP&GUB.... **Rev:** Crowned, mantled arms in order chain **Rev. Legend:** ...OPP&CARNDUXCRITB....

Date	Mintage	VG	F	VF	XF	Unc
1728	—	300	450	750	1,500	—
1729	—	525	825	1,050	2,250	—

C# 1 1/2 THALER

14.0000 g., 0.8330 Silver 0.3749 oz. ASW **Ruler:** Joseph Wenzel **Obv:** Joseph Wenzel bust facing right **Obv. Legend:** IOSIOA D G SRIP & GUB ... **Note:** Convention. Similar to 1 Thaler, KM#2.

Date	Mintage	VG	F	VF	XF	Unc
1758	—	100	200	400	650	—

C# 5 1/2 THALER

14.0000 g., 0.8330 Silver 0.3749 oz. ASW **Ruler:** Franz Joseph I **Obv:** Bust right **Rev:** Crowned oval arms in Order chain

Date	Mintage	VG	F	VF	XF	Unc
1778	—	85.00	165	300	500	—

C# 4 20 KREUZER

6.6800 g., 0.5830 Silver 0.1252 oz. ASW **Ruler:** Franz Joseph I **Obv:** Bust right **Obv. Legend:** FRANCIOS • D • G • S • R • I • P • R • & .... **Rev:** Crowned oval shield, value below within Order chain

Date	Mintage	VG	F	VF	XF	Unc
1778	—	15.00	30.00	60.00	145	—

KM# 2 THALER (Ein)

Silver **Ruler:** Josef Johann Adam **Obv:** Bust right **Rev:** Crowned, mantled arms in Order chain **Note:** Dav. #1578.

Date	Mintage	VG	F	VF	XF	Unc
1728	810	450	950	1,750	3,250	7,500

C# 3 DUCAT
3.4900 g., 0.9860 Gold 0.1106 oz. AGW **Ruler:** Joseph Wenzel
Obv: Bust right **Rev:** Crowned, oval arms in order chain

Date	Mintage	VG	F	VF	XF	Unc
1758	—	375	750	1,800	4,500	—

C# 3a DUCAT
3.4900 g., 0.9860 Gold 0.1106 oz. AGW **Ruler:** Joseph Wenzel
Obv: Bust right **Rev:** Crowned, oval arms in order chain

Date	Mintage	VG	F	VF	XF	Unc
1758M Restrike	100,000	—	—	—	—	175

C# 3b DUCAT
3.9600 g., Platinum APW **Ruler:** Joseph Wenzel **Obv:** Bust right
Rev: Crowned, oval arms in order chain

Date	Mintage	VG	F	VF	XF	Unc
1758 Restrike	—	—	—	—	—	250

C# 2 THALER (Ein)
28.0600 g., 0.8330 Silver 0.7515 oz. ASW **Ruler:** Joseph Wenzel **Obv:** Bust right **Obv. Legend:** I O S • W E N C • D • G • S • R • I • PR • ... **Rev:** Crowned, oval arms between cupids with Order chain, date below **Rev. Legend:** ...M • CONS • INI • & .... **Note:** Convention. Dav. #1579.

Date	Mintage	VG	F	VF	XF	Unc
1758	—	200	350	750	1,450	—

C# 7 DUCAT
3.4900 g., 0.9860 Gold 0.1106 oz. AGW **Ruler:** Franz Joseph I
Obv: Bust right **Rev:** Crowned, oval arms in order chain

Date	Mintage	F	VF	XF	Unc	BU
1778	—	600	1,200	2,400	3,600	—

C# 7a DUCAT
3.4900 g., 0.9860 Gold 0.1106 oz. AGW **Ruler:** Franz Joseph I
Obv: Bust right **Rev:** Crowned, oval arms in order chain

Date	Mintage	VG	F	VF	XF	Unc
1778M Restrike	100,000	—	—	—	—	175

C# 7b DUCAT
3.9800 g., Platinum APW **Ruler:** Franz Joseph I **Obv:** Bust right
Rev: Crowned, oval arms in order chain

Date	Mintage	F	VF	XF	Unc	BU
1778 Restrike	—	—	—	—	250	—

FR# 8 10 DUCAT
35.0000 g., 0.9860 Gold 1.1095 oz. AGW **Ruler:** Josef Johann Adam **Obv:** Bust right **Rev:** Crowned and mantled arms, date in legend

Date	Mintage	VG	F	VF	XF	Unc
1728	—	—	—	—	45,000	—

FR# 8a 10 DUCAT
35.0000 g., 0.9860 Gold 1.1095 oz. AGW **Ruler:** Josef Johann Adam **Obv:** Bust right **Rev:** Crowned and mantled arms, date in legend

Date	Mintage	VG	F	VF	XF	Unc
1728M Restrike	50,000	—	—	—	—	1,750

C# 6 THALER (Ein)
28.0600 g., 0.8330 Silver 0.7515 oz. ASW **Ruler:** Franz Joseph I **Obv:** Bust right **Obv. Legend:** FRANCIOS D G ..... **Rev:** Crowned, oval arms in Order chain **Note:** Dav. #1580.

Date	Mintage	VG	F	VF	XF	Unc
1778	—	125	200	375	900	—

TRADE COINAGE

FR# 9 DUCAT
3.4900 g., 0.9860 Gold 0.1106 oz. AGW **Ruler:** Josef Johann Adam **Obv:** Bust right **Rev:** Crowned, mantled arms in Order chain

Date	Mintage	VG	F	VF	XF	Unc
1728	—	550	1,250	3,000	5,500	—
1728M Restrike	100,000	—	—	—	—	175

Note: Small 'M' below bust

Date	Mintage	VG	F	VF	XF	Unc
1729	—	550	1,250	3,000	5,500	—

FR# 9a DUCAT
3.9800 g., Platinum APW **Ruler:** Josef Johann Adam **Obv:** Bust right **Rev:** Crowned, mantled arms in Order chain

Date	Mintage	VG	F	VF	XF	Unc
1728 Restrike	—	—	—	—	—	250

Since Belgium's independence in 1830, Liege is again recognized as a major river port, rail center and cosmopolitan hub for art, education and industry.

RULERS
Joseph Clement of Bavaria, 1694-1723
Sede Vacante, 1723-1724
George Louis of Berghes, 1724-1743
Sede Vacante, 1744
John Theodore of Bavaria, 1744-1763
Sede Vacante, 1763
Charles d'Outtremont, 1763-1771
Sede Vacante, 1771-1772
Francois-Charles de Velbruck, 1772-1784
Sede Vacante, 1784
Constantin de Hoensbroek, 1784-1792
Sede Vacante, 1792
Francois de Mean, 1792-1794

MONETARY SYSTEM
6 Sols = 1 Escalin
48 Sols = 1 Patagon

BISHOPRIC

STANDARD COINAGE

KM# 126 LIARD
Copper **Ruler:** Joseph Clement **Obv:** Crowned four-fold baroque arms divide date **Obv. Legend:** IOSEPH CLEM • D • G • ARC • COL • **Rev:** Cross of shields on crossed sword and scepter **Rev. Legend:** EP • ET • PRIN • LEO • DVX • BVL • M • F • C • L • H

Date	Mintage	VG	F	VF	XF	Unc
1716	—	3.00	5.00	10.00	30.00	—
1721	—	3.00	5.00	10.00	30.00	—
1722	—	3.00	5.00	10.00	30.00	—
1723	—	3.00	5.00	10.00	30.00	—

KM# 125 LIARD
Copper **Ruler:** Joseph Clement **Obv:** Crowned four-fold arms divides date **Obv. Legend:** IOSEPH • CLEM • D • G • ARC • COL **Rev:** Cross of shields on crossed sword and scepter **Rev. Legend:** EP • ET • PRI • LEO • DVX • BVL • M • F • C • L • H

Date	Mintage	VG	F	VF	XF	Unc
1722	—	4.00	8.00	16.00	35.00	—

KM# 127 LIARD
Copper **Subject:** Sede Vacante **Obv:** Bust of St. Lambert left **Obv. Legend:** S : LAMBERTVS • PATRO : LEOD • **Rev:** Cross of shields, date in angles **Rev. Legend:** SEDE • VACANTE DEC • ET • CAP • LEOD • **Note:** Struck at Liege. Sede vacante issue.

Date	Mintage	VG	F	VF	XF	Unc
1724	—	5.00	8.00	15.00	40.00	100

KM# 134 LIARD
Copper **Ruler:** George Louis **Obv:** Crowned oval arms over crossed sword and sceptre dividing date **Obv. Legend:** GEORGIUS LUD : DE BERGH ES • D • G • **Rev:** Cross of shields, without date **Rev. Legend:** EP • ET • PRIN • LEO •N DUX • BUL • M • F • C • L • H **Note:** Struck at Liege.

Date	Mintage	VG	F	VF	XF	Unc
1726	—	5.00	8.00	15.00	40.00	—
1727 Rare	—	—	—	—	—	—

Situated along the Meuse, Ourthe, and Sambre rivers, Liege was a bishopric which geographically completely divided the Austro-Spanish Netherlands.

Traditionally founded in the 7th Century by St. Lambert, Liege became a bishopric in 721 and by 1000, under Bishop Notga, thrived as an intellectual hub of the west and center for Mosan art. Internal struggles between citizens' guilds and prince-bishops did not weaken Liege to self-destruction. She resisted two sacks by Charles the Bold during 15th Century Burgundian domination of the Netherlands and completely rebuilt the city upon his death in 1477.

Liege was bombarded by the French in 1691, and during the War of Spanish Succession was taken by the English in 1702. After the death of Johann Theodor (Bishop, 1744-1763) there were no coin issues of the bishops. The only coin issues were the *Sede Vacante* issues of 1763, 1771, 1784 and 1792.

Ultimately the rule of the nobles ended in 1789 by a bloodless revolution which was followed by her annexation to France in 1795 and assignment with the rest of Belgium to the Netherlands in 1815.

LIEGE

Date	Mintage	VG	F	VF	XF	Unc
1750	—	15.00	25.00	50.00	100	—
1751	—	15.00	25.00	50.00	100	—
1752	—	15.00	25.00	50.00	100	—

KM# 146 LIARD

Copper **Ruler:** John Theodore **Obv:** Crowned 4-fold arms on crossed sword and sceptre, without date **Obv. Legend:** I • THEODORVS • D • G • BAU • D **Rev:** Date in angles of cross of shields **Rev. Legend:** EP • ET • PRINC • LEO • DVX • B • M • F • C • L • H **Note:** Struck at Liege.

Date	Mintage	VG	F	VF	XF	Unc
1744	—	2.50	5.00	10.00	25.00	—
1745	—	2.50	5.00	10.00	25.00	—
1746	—	2.50	5.00	10.00	25.00	—
ND	—	2.50	5.00	10.00	25.00	—

KM# 144 LIARD

Copper **Obv:** Bust of St. Lambert left **Obv. Legend:** S • LAMBERTUS • PATRO • LEOD **Rev:** Cross of shields, date in angles **Rev. Legend:** SEDE • VACANTE • DEC ET • CAP • LEOD • **Note:** Struck at Liege. Sede vacante issue.

Date	Mintage	VG	F	VF	XF	Unc
1744	—	8.00	15.00	30.00	60.00	120

KM# 145 LIARD

Copper **Ruler:** John Theodore **Obv:** Crowned four-fold arms on crossed sword and sceptre divides date **Obv. Legend:** I • THEODORVS • D • G • BAU **Rev:** Cross of shields **Rev. Legend:** EP • ET • PRIN • LEO • DVX • B • M • F • C • L • H **Note:** Struck at Liege.

Date	Mintage	VG	F	VF	XF	Unc
1744	—	8.00	15.00	30.00	60.00	—

KM# 150 LIARD

Copper **Ruler:** John Theodore **Obv:** Crowned 4-fold arms divides date **Obv. Legend:** I * THEODOR : US * D * G * BAV * D * **Rev:** Cross of shields on crossed sword and sceptre **Rev. Legend:** EP • ET • PRIN • LEO • DUX • BUL • M • F • C • L • H **Note:** Struck at Liege.

Date	Mintage	VG	F	VF	XF	Unc
1745	—	5.00	8.00	15.00	40.00	—
1746	—	5.00	8.00	15.00	40.00	—

KM# 155 LIARD

Copper **Ruler:** John Theodore **Obv:** Crowned four-fold arms on crossed sword and sceptre **Obv. Legend:** I • THEOD • CAR • D : G • BAU • D **Rev:** Cross of shields, date in angles **Rev. Legend:** EP • ET • PRIN • LEO • DUX • B • M • F • C • L • H **Note:** Struck at Liege.

Date	Mintage	VG	F	VF	XF	Unc
1750	—	2.50	5.00	10.00	25.00	—
1751	—	2.50	5.00	10.00	25.00	—
1752	—	2.50	5.00	10.00	25.00	—

KM# 154 2 LIARDS

Copper, 27 mm. **Ruler:** Joseph Clement **Obv:** Crowned four-fold baroque arms **Obv. Legend:** IOSE(P)(D)H • CLEM • D • G • ARC • COL **Rev:** Cross of shields on crossed sword and sceptre **Rev. Legend:** EP • ET • PRIN • LEO • DVX • BVL • M • F • C • L • H • **Note:** Struck at Liege.

Date	Mintage	VG	F	VF	XF	Unc
1722 Rare	—	—	—	—	—	—

KM# 156 2 LIARDS

Copper **Ruler:** John Theodore **Obv:** Crowned four-fold arms below cardinal's hat **Obv. Legend:** I • THEOD • CAR • D • G • BAU D **Rev:** Cross of shields, date in angles **Rev. Legend:** EP • ET • PRIN • LEO • DUX • B • M • F • C • L • H **Note:** Struck at Liege.

Date	Mintage	VG	F	VF	XF	Unc
1750	—	50.00	80.00	125	200	—

KM# 158 2 LIARDS

Copper **Ruler:** John Theodore **Obv:** Crowned arms on crossed sword and sceptre divides value **Obv. Legend:** I • THEOD * CAR • D • G • BAU • D **Rev:** Cross of shields, date in angles **Rev. Legend:** EP • ET • PRIN • LEO • DUX • B • M • F • C • L • H **Note:** Struck at Liege.

Date	Mintage	VG	F	VF	XF	Unc
1750	—	10.00	15.00	30.00	100	—
1751	—	10.00	15.00	30.00	100	—
1752	—	10.00	15.00	30.00	100	—

KM# 157 2 LIARDS

Copper **Ruler:** John Theodore **Obv:** Crowned 4-fold arms on crossed sword and sceptre **Obv. Legend:** I • THEOD • CAR • D • G : BAV • D **Rev:** Cross of shields, date in angles **Rev. Legend:** EP • ET • PRIN • LEO • DVX • B • M • F • C • L • H **Note:** Struck at Liege.

Date	Mintage	VG	F	VF	XF	Unc
1750	—	10.00	15.00	30.00	100	—

KM# 159 4 LIARDS

Copper, 29 mm. **Ruler:** John Theodore **Obv:** Crowned 4-fold arms on crossed sword and sceptre divides value **Obv. Legend:** I • THEOD • CAR • D • G • BAV • D **Rev:** Cross of shields, date in angles **Rev. Legend:** EP • ET • PRIN • LEO • DVX • B • M • F • C • L • H **Note:** Struck at Liege.

KM# 152 PLAQUETTE

Silver, 21 mm. **Ruler:** John Theodore **Obv:** Crowned, ornate four-fold arms on crossed sword and sceptre **Obv. Legend:** • I • THEOD • CAR • D • G • BAV • D • **Rev:** Oval shield, legend around **Rev. Legend:** EP • ET • PRIN • L • DVX • B • M • F • C • L • H

Date	Mintage	VG	F	VF	XF	Unc
1751	—	10.00	20.00	35.00	75.00	250
1752	—	10.00	20.00	35.00	75.00	250

KM# 135 ESCALIN (6 Sols)

Silver **Obv:** Rampant lion left with shield **Rev:** Bust of St. Lambert left **Note:** Sede Vacante issue. Struck at Liege. Prev. KM#140.1.

Date	Mintage	F	VF	XF	Unc	BU
1724	615	75.00	100	150	350	700

KM# 140.3 ESCALIN (6 Sols)

Silver **Obv:** Date above rampant lion left with capped shield **Rev:** Bust of St. Lambert left **Note:** Sede Vacante issue. Struck at Liege.

Date	Mintage	F	VF	XF	Unc	BU
1744	—	75.00	100	150	350	700

KM# 140.2 ESCALIN (6 Sols)

Silver **Obv:** Date in cartouche below rampant lion left with capped shield **Note:** Sede vacante issue. Struck at Liege.

Date	Mintage	F	VF	XF	Unc	BU
1744	—	90.00	130	200	450	900

KM# 140.1 ESCALIN (6 Sols)

Silver **Obv:** St. Lambert left **Obv. Legend:** S • LAMBERTVS PATRO : LEOD **Rev:** Crowned, rampant lion and oval shield above date **Rev. Legend:** SEDE • VACANTE DEC • ET • CAP • LEOD • **Note:** Sede Vacante issue. Prev. KM#140.1.

Date	Mintage	F	VF	XF	Unc	BU
1744	—	75.00	100	150	350	700

KM# 165 ESCALIN (6 Sols)

Silver **Ruler:** John Theodore **Obv:** Crowned eight-fold arms on crossed sword and sceptre divides date **Rev:** Rampant lion left with sword and Episcopal shield

Date	Mintage	F	VF	XF	Unc	BU
1752	—	75.00	100	150	350	800
1753	—	75.00	100	150	350	800

LIEGE

KM# 170 ESCALIN (6 Sols)
Silver **Obv:** Crowned, rampant lion with crowned oval shield **Obv. Legend:** S LAMBERTUS PATRONUS LEOD **Rev:** Bust of St. Lambert left **Rev. Legend:** SEDE • VACANTE • DEC • ET • CAP • LEOD **Note:** Sede Vacante issue.

Date	Mintage	F	VF	XF	Unc	BU
1763	1,000	75.00	100	150	350	800

KM# 112.1 PATAGON
Silver **Ruler:** Joseph Clement **Obv:** Smaller bust of Joseph Clement right, legend continuous **Obv. Legend:** IOSEPH • CLEM • D • G • AR • COL • P • E(L) • **Rev:** Capped nine-fold arms, date above **Rev. Legend:** EP • ET • PRINC • LEOD • DUX • BUL • MAR • FR • CO • LO • HO. **Note:** Dav. #4303. Varieties exist.

Date	Mintage	F	VF	XF	Unc	BU
1701 Rare	—	—	—	—	—	
1702 Rare	—	—	—	—	—	

KM# 130 PATAGON
Silver **Subject:** Sede Vacante **Obv:** Bust of St. Lambert left **Obv. Legend:** * S • LAMBERTUS • PATRONUS • LEODIENSIS * **Rev:** Crowned 5-fold arms divides date **Rev. Legend:** * MONETA • NOVA • CAPLI • LEOD • ... **Note:** Dav. #1585.

Date	Mintage	F	VF	XF	Unc	BU
1724	Inc. above	2,500	4,000	6,000	9,000	—

KM# 173 ESCALIN (6 Sols)
Silver **Obv:** Lion rampant left with capped shield **Rev:** Bust of St. Lambert left **Note:** Sede Vacante issue. Struck at Liege.

Date	Mintage	F	VF	XF	Unc	BU
1771	500	90.00	130	200	350	800

KM# 120 PATAGON
Silver **Ruler:** Joseph Clement **Obv:** Bust right, date below, at angle **Obv. Legend:** IOS • CLE • D • G • ARCH • COL ... **Rev:** Center circular Bavarian shield, four crowned shields in angles of crossed sword and sceptre **Rev. Legend:** E • P • LE • • D • BUL • ... **Note:** Dav. #1581. Struck at Liege.

Date	Mintage	F	VF	XF	Unc	BU
1716 Rare	—	—	—	—	—	

Note: Elson Auction 87, 3-06, VF-SF realized approximately $11,285.

KM# 175 ESCALIN (6 Sols)
Silver **Obv:** Crowned, rampant lion with crowned oval shield above date **Obv. Legend:** S • LAMBERTUS • PATRONUS • LEOD **Rev:** Bust of St. Lambert left **Rev. Legend:** SEDE VACANTE DEC•ET CAP•LEOD•**Note:** C#13b. Sede Vacante issue.

Date	Mintage	F	VF	XF	Unc	BU
1784	500	75.00	100	150	350	800

KM# 147 PATAGON
Silver **Obv:** Bust of St. Lambert left, date in legend **Obv. Legend:** S • LAMBERTUS • PATRONUS • LEODIENSIS • 1744 **Rev:** Crowned 5-fold arms **Rev. Legend:** SEDE • VACANTE • MONETA • NOVA • CAPLI • LEOD • **Note:** Dav. #1587. Sede vacante issue. Struck at Liege.

Date	Mintage	F	VF	XF	Unc	BU
1744	200	500	1,000	2,000	3,250	—

KM# 180 ESCALIN (6 Sols)
Silver **Obv:** Crowned, rampant lion with crowned oval shield above date **Obv. Legend:** S LAMBERTUS PATRONUS LEOD **Rev:** Bust of St. Lambert left **Rev. Legend:** SEDE VACANTE • DEC • ET CAP • LEOD • **Note:** C#13c. Sede Vacante issue. Struck at Liege.

Date	Mintage	F	VF	XF	Unc	BU
1792	500	100	150	250	450	960

KM# 128 PATAGON
Silver **Obv:** Bust of St. Lambert left **Obv. Legend:** * S • LAMBERTUS • PATRONUS • LEODIENSIS • * **Rev:** Crowned, mantled five-fold oval arms, crown divides date **Rev. Legend:** SEDE • VACANTE * MONETA • NOVA • CAPLI • LEOD • **Note:** Sede vacante issue. Dav. #1583.

Date	Mintage	F	VF	XF	Unc	BU
1724	Inc. below	250	450	1,250	2,750	—

KM# 161 2 ESCALIN
Silver **Ruler:** John Theodore **Obv:** Crowned eight-fold arms on crossed sword and sceptre **Obv. Legend:** I • THEOD • BAV • DUX • CAR • D • G **Rev:** Rampant lion with sword and Episcopal arms, left **Rev. Legend:** EP • ET • PR • LEOD • DUX • ...

Date	Mintage	F	VF	XF	Unc	BU
1753	—	45.00	75.00	100	165	360
1754	—	45.00	75.00	100	165	360

KM# 162 2 ESCALIN
Silver **Ruler:** John Theodore **Obv:** Curved capped eight-fold arms, center arms of Vavaria Palatinate have reversed quarters **Obv. Legend:** I • TEOD CAR • D • G • BAV • D **Rev. Legend:** EP • ET • PR • LEO • DVX... **Note:** Struck at Liege.

Date	Mintage	F	VF	XF	Unc	BU
1754	—	45.00	75.00	100	165	360

KM# 129 PATAGON
Silver **Obv:** Bust of St. Lambert left, date in legend **Obv. Legend:** S • LAMBERTVS • PATRONVS • LEODIENSIS • **Rev:** Crowned 4-fold arms **Rev. Legend:** MONETA • NOVA • CAPLI • LEOD • ... **Note:** Dav.#1584. Struck at Liege.

Date	Mintage	F	VF	XF	Unc	BU
1724	4,000	2,500	4,000	6,000	9,000	—

KM# 166 PATAGON (48 Sols)
Silver **Obv:** Bust of St. Lambert left, date in legend **Obv. Legend:** S • LAMBERTUS • PATRONUS • LEODIENSIS • 1763 **Rev:** Crowned, mantled oval 5-fold arms **Rev. Legend:** SEDE • VACANTE * MONETA • NOVA • CAPLI • LEOD • **Note:** Dav. #1588. Sede Vacant issue. Struck at Liege.

Date	Mintage	F	VF	XF	Unc	BU
1763	300	400	900	1,850	3,000	—

LIEGE

KM# 131 2 PATAGON

Silver **Obv:** Bust of St. lambert left **Obv. Legend:** S • LAMBERTUS • PATRONUS • LEODIENSIS • **Rev:** Crowned, mantled oval arms **Note:** Dav. #1582. Sede vacante issue. Struck at Liege.

Date	Mintage	VG	F	VF	XF	Unc
1724 Rare	—	—	—	—	—	—

KM# 148 2 PATAGON

Silver **Obv:** Bust of St. Lambert left, date in legend **Obv. Legend:** S • LAMBERTUS • PATRONUS • LEODIENSIS • **Rev:** Crowned 5-fold baroque arms **Rev. Legend:** MONETA • NOVA • CAPLI • LEOD • ... **Note:** Dav. #1586. Sede vacante issue. Struck at Liege.

Date	Mintage	VG	F	VF	XF	Unc
1744 Rare	—	—	—	—	—	—

TRADE COINAGE

KM# 171 PATAGON (48 Sols)

Silver **Obv:** Bust of St. Lambert left, date in legend **Obv. Legend:** S • LAMBERTUS • PATRONUS • LEODIENSIS • 1771 **Rev:** Crowned, mantled oval 5-fold arms **Rev. Legend:** SEDE • VACANTE * MONETA • NOVA • CAPLI • LEOD • **Note:** Dav. #1589. Sede Vacante issue.

Date	Mintage	F	VF	XF	Unc	BU
1771	150	500	1,000	2,000	3,250	—

KM# 176 PATAGON (48 Sols)

Silver **Obv:** Bust of St. Lambert left, date in legend **Obv. Legend:** S • LAMBERTUS • PATRONUS • LEODIENSIS • 1784 **Rev:** Crowned, mantled oval 5-fold arms **Rev. Legend:** SEDE • VACANTE * MONETA • NOVA • CAPLI • LEOD • **Note:** Dav. #1590. Sede Vacante issue.

Date	Mintage	F	VF	XF	Unc	BU
1784	150	500	1,000	2,000	3,250	—

KM# 181 PATAGON (48 Sols)

Silver **Obv:** Bust of St. Lambert left, date in legend **Obv. Legend:** S • LAMBERTUS • PATRONUS • LEODIENSIS • 1792 **Rev:** Crowned, mantled oval 5-fold arms **Rev. Legend:** SEDE • VACANTE * MONETA • NOVA • CAPLI • LEOD • **Note:** Dav. #1591. Sede Vacante issue.

Date	Mintage	F	VF	XF	Unc	BU
1792	150	500	1,000	2,000	3,250	—

KM# 132 DUCAT

3.5000 g., 0.9860 Gold 0.1109 oz. AGW **Ruler:** George Louis **Obv:** Bust of St. l ambert left, date below **Obv. Legend:** S • LAMBERTUS • PATRO : LEOD : **Rev:** Crowned, mantled 5-fold arms **Rev. Legend:** SEDE • VACANTE * DEC • ET • CAP • LEOD •

Date	Mintage	VG	F	VF	XF	Unc
1724	200	3,000	5,000	7,500	10,000	—

KM# 149 DUCAT

3.5000 g., 0.9860 Gold 0.1109 oz. AGW **Ruler:** John Theodore **Obv:** Bust of St. Lambert left **Rev:** Crowned, mantled 5-fold arms **Note:** Sede Vacante issue.

Date	Mintage	VG	F	VF	XF	Unc
1744	114	3,500	6,000	9,000	12,000	—

KM# 151 DUCAT

3.5000 g., 0.9860 Gold 0.1109 oz. AGW **Ruler:** John Theodore **Obv:** Bust left **Obv. Legend:** I • THEO • D • G • D • BA • CARD • **Rev:** Cardinal hat above crowned arms, date divided below **Rev. Legend:** EP • PR • FR • RAT • LOED • **Note:** C#10.

Date	Mintage	F	VF	XF	Unc	BU
1749 Rare	—	—	—	—	—	—

KM# 167 DUCAT

3.5000 g., 0.9860 Gold 0.1109 oz. AGW **Obv:** Bust of St. Lambert left **Obv. Legend:** S • LAMBERTUS • PATRONUS • LEODIENSIS • **Rev:** Crowned, mantled oval 5-fold arms **Rev. Legend:** SEDE • VACANTE • 1763 ' DEC • ET •CAP • LEOD • **Note:** Sede Vacante issue. C#15.

Date	Mintage	F	VF	XF	Unc	BU
1763	300	1,200	2,500	4,500	7,500	—

KM# 172 DUCAT

3.5000 g., 0.9860 Gold 0.1109 oz. AGW **Obv:** Bust of St. Lambert left **Obv. Legend:** S • LAMBERTUS • PATRONUS • LEODIENSIS • **Rev:** Crowned, mantled arms **Rev. Legend:** SEDE • VACANTE • * DEC • ET • CAPLI • LEOD • **Note:** C#15a. Sede Vacante issue.

Date	Mintage	F	VF	XF	Unc	BU
1771	150	3,000	5,000	7,500	10,000	—

KM# 177 DUCAT

3.5000 g., 0.9860 Gold 0.1109 oz. AGW **Obv:** Bust of St. Lambert left **Obv. Legend:** S LAMBERTUS PATRO • LEOD : **Rev:** Crowned, mantled 5-fold arms **Rev. Legend:** SEDE • VACANTE • * • DEC • ET • CAPLI • LEOD • **Note:** C#15b. Sede Vacante issue.

Date	Mintage	F	VF	XF	Unc	BU
1784	150	3,000	5,000	7,500	10,000	—

KM# 182 DUCAT

3.5000 g., 0.9860 Gold 0.1109 oz. AGW **Obv:** Bust of St. Lambert left **Obv. Legend:** S • LAMBERTUS • PATRO • LEOD • **Rev:** Crowned, mantled oval 5-fold arms **Rev. Legend:** SEDE • VACANTE • * • DEC • ET • CAPLI • LEOD • **Note:** C#15c. Sede Vacante issue.

Date	Mintage	F	VF	XF	Unc	BU
1792	150	3,000	5,000	7,500	10,000	—

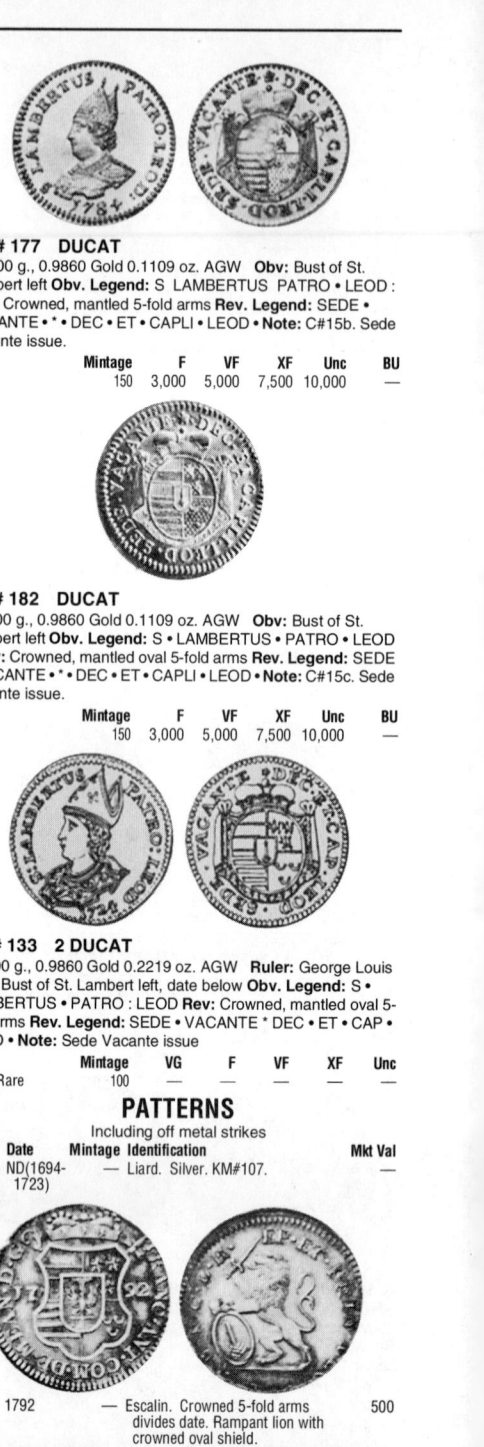

KM# 133 2 DUCAT

7.0000 g., 0.9860 Gold 0.2219 oz. AGW **Ruler:** George Louis **Obv:** Bust of St. Lambert left, date below **Obv. Legend:** S • LAMBERTUS • PATRO : LEOD **Rev:** Crowned, mantled oval 5-fold arms **Rev. Legend:** SEDE • VACANTE * DEC • ET • CAP • LEOD • **Note:** Sede Vacante issue

Date	Mintage	VG	F	VF	XF	Unc
1724 Rare	100	—	—	—	—	—

PATTERNS

Including off metal strikes

KM#	Date	Mintage	Identification	Mkt Val
PnA1	ND(1694-1723)	—	Liard. Silver. KM#107.	—
Pn1	1792	—	Escalin. Crowned 5-fold arms divides date. Rampant lion with crowned oval shield.	500

LITHUANIA

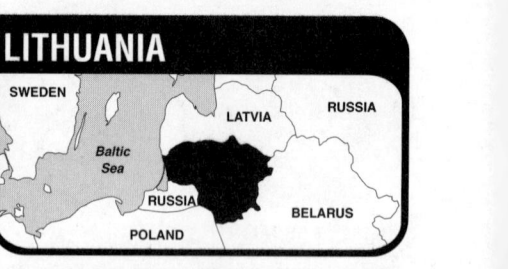

The Republic of Lithuania, southernmost of the Baltic states in east Europe, has an area of 25,174 sq. mi.(65,201 sq. km.) and a population of 3.6 million. Capital: Vilnius. The economy is based on livestock raising and manufacturing. Hogs, cattle, hides and electric motors are exported.

Lithuania emerged as a grand duchy in the 14th century. In the 15th century it was a major power of central Europe, stretching from the Baltic to the Black Sea. It was joined with Poland in 1569, but lost Smolensk, Chernigov&, and the left bank of the river Dnepr Ukraine in 1667. Following the third partition of Poland by Austria, Prussia and Russia, 1795, Lithuania came under Russian domination and did not regain its independence until shortly before the end of World War I when it declared itself a sovereign republic on Feb. 16, 1918. In fall of 1920, Poland captured Vilna (Vilnius). The republic was occupied by Soviet troops and annexed to the U.S.S.R. in 1940. Following the German occupation of 1941-44, it was retaken by Russia and reestablished as a member republic of the Soviet Union. Western countries, including the United States, did not recognize Lithuania's incorporation into the Soviet Union.

Lithuania declared its independence March 11, 1990 and it was recognized by the United States on Sept. 2, 1991, followed by the Soviet government in Moscow on Sept. 6. They were seated in the UN General Assembly on Sept. 17, 1991.

RULERS

Kings of Poland
Augustus II, (Augustus II) 1697-1704

MINT MARK
LMK – Vilna

GRAND DUCHY

STANDARD COINAGE

KM# 65 3 GROSZY
Silver **Obv:** Crowned bust right with value below **Rev:** Arms of Poland, Saxony and Lithuania, L-P at bottom, date in legend

Date	Mintage	VG	F	VF	XF	Unc
1706 LP	—	475	650	765	900	—

KM# 66 6 GROSZY
Silver **Obv:** Crowned bust of August II right **Rev:** Crown above value and 3 shields of arms, 2 above 1, date in legend

Date	Mintage	VG	F	VF	XF	Unc
1706 LP	—	225	325	425	575	—
1707 LP	—	425	500	575	775	—

TRADE COINAGE

KM# 93 DUCAT
3.5000 g., 0.9860 Gold 0.1109 oz. AGW **Obv:** Large draped bust right **Obv. Legend:** CAROLVS • XII • D • G • REX • SVE • **Rev:** Crown above towers divides date within circle

Date	Mintage	Good	VG	F	VF	XF
1701	—	—	1,200	2,750	4,500	7,500

KM# 92 DUCAT
3.5000 g., 0.9860 Gold 0.1109 oz. AGW **Obv:** Draped bust right **Obv. Legend:** CAROLVS • XII • D • G • REX • SVE • **Rev:** Crown above towers divides date within circle **Rev. Legend:** CIVITAT • RIGENSIS & MON • NOVA • AUREA

Date	Mintage	VG	F	VF	XF	Unc
1701	—	1,500	3,000	6,000	12,000	—

KM# 58.2 2 MARK
Silver **Countermark:** Crowned linked CC with XII at center **Note:** Countermark at center on Sweden 2 Mark, KM#314.

CM Date	Host Date	Good	VG	F	VF	XF
ND(1705)	1697-1705	—	70.00	180	360	720

KM# 60.1 4 MARK
Silver **Countermark:** Crowned linked CC with XII at center **Note:** Countermark at center on Sweden 4 Mark, KM#296.

CM Date	Host Date	Good	VG	F	VF	XF
ND(1705)	1683-1696	—	100	250	500	1,000

KM# 60.2 4 MARK
Silver **Countermark:** Crowned linked CC with XII at center **Note:** Countermark at center on Sweden 4 Mark, KM#315.

CM Date	Host Date	Good	VG	F	VF	XF
ND(1705)	1697-1700	—	120	300	600	1,200

COUNTERMARKED COINAGE

Siege of 1705

Countermark on coins of Charles XI and Charles XII during the siege of Riga in December by order of Governor-general Carl Gustav Frolich. Countermark appears as crown-linked CC with XII at center.

KM# 85 5 ORE
Silver **Countermark:** Crowned linked CC with XII at center **Note:** Countermark on Sweden KM#310.

CM Date	Host Date	Good	VG	F	VF	XF
ND(1705)	1690-1700	—	40.00	100	200	400

KM# 59.2 MARK
Silver **Countermark:** Crowned linked CC with XII at center **Note:** Countermark at center on Sweden 1 Mark, KM#295.

CM Date	Host Date	Good	VG	F	VF	XF
ND(1705)	1683-1697	—	65.00	180	360	720

KM# 59.3 MARK
Silver **Countermark:** Crowned linked CC with XII at center **Note:** Countermark at center on Sweden 1 Mark, KM#313.

CM Date	Host Date	Good	VG	F	VF	XF
ND(1705)	1697-1700	—	65.00	180	360	720

KM# 59.1 MARK
Silver **Countermark:** Crowned linked CC with XII at center **Note:** Countermark on Sweden KM#240.

CM Date	Host Date	Good	VG	F	VF	XF
ND(1705)	1663-1674	—	65.00	180	360	720

A former province of Russia, now partly in Latvia and partly in southern Estonia.

The division of Livonia left the northern part governed by Russia while the southern part fell under the dominion of Poland. In 1621 it was the theatre of a war between Sweden and Poland. Being conquered by Sweden, Livonia enjoyed 25 years of milder rule.

RIGA

Swedish Occupation

STANDARD COINAGE

KM# 91 1/24 THALER (1/24 Dalderi, Trispelher)
Silver **Obv:** Center shield of arms with lion

Date	Mintage	VG	F	VF	XF	Unc
1701	—	20.00	55.00	115	225	—

KM# 58.1 2 MARK
Silver **Countermark:** Crowned linked CC with XII at center **Note:** Countermark at center on Sweden 2 Mark, KM#282.1.

CM Date	Host Date	Good	VG	F	VF	XF
ND(1705)	1677-1697	—	60.00	150	300	600

A historic region at the eastern end of the Baltic Sea now known as Latvia and Estonia. It was originally inhabited by the Chudes, the Livs, the Narora, Letgola, Semigallians and Kors. The Germans first penetrated into Livonia in the 11th Century. Christianity was introduced by the Livonian Knights known as the Brothers of the Sword. They came under Polish rule in 1561, passed to Sweden in 1629 and was made part of Russia in 1721 following the Great Northern War, 1700-1721.

This special issue of coins was made following the issuing of the ukase of October 25, 1756 by Elizabeth, Czarina of all the Russias. The issue was to last only until the following year. For later coinage see Estonia and Latvia.

MONETARY SYSTEM
96 Kopecks = 1 Ruble

RUSSIAN ADMINISTRATION

STANDARD COINAGE

KM# 1.1 2 KOPECKS
1.0500 g., 0.3960 Silver 0.0134 oz. ASW **Obv:** Crown above

LIVONIA & ESTONIA

double-headed eagle **Rev:** 2 Shields, with bow above, divides date, value below

Date	Mintage	VG	F	VF	XF	Unc
1757	50,000	175	350	700	1,200	—

KM# 1.2 2 KOPECKS
1.0500 g., 0.3960 Silver 0.0134 oz. ASW **Obv:** Crown above double-headed eagle **Rev:** 2 Shields, with bow above

Date	Mintage	VG	F	VF	XF	Unc
1757	Inc. above	175	850	700	1,200	—

KM# 2 4 KOPECKS
1.0900 g., 0.7500 Silver 0.0263 oz. ASW **Obv:** Crown above double-headed eagle **Rev:** 2 Shields, with bow above, value below **Rev. Legend:** LIVOESTHONICA •

Date	Mintage	VG	F	VF	XF	Unc
1757	582,000	50.00	100	200	350	—

KM# 3 24 KOPECKS
6.5700 g., 0.7500 Silver 0.1584 oz. ASW **Obv:** Bust of Elizabeth, right **Rev:** Crowned double-headed eagle with 2 oval shields on breast, value below **Rev. Legend:** MONETA • LIVOESTHONICA •

Date	Mintage	VG	F	VF	XF	Unc
1757	126,000	700	1,250	2,250	3,500	9,000

KM# 4 48 KOPECKS
13.1900 g., 0.7500 Silver 0.3180 oz. ASW **Obv:** Bust of Elizabeth, right **Rev:** Crowned double-headed eagle with 2 oval shields on breast, value below **Rev. Legend:** MONETA • LIVOESTHONICA •

Date	Mintage	VG	F	VF	XF	Unc
1757	42,000	700	1,350	2,500	4,000	—

KM# 5 96 KOPECKS (Ruble)
26.3800 g., 0.7500 Silver 0.6361 oz. ASW **Obv:** Elizabeth **Rev. Legend:** MONETA • LIVOESTHONICA •

Date	Mintage	VG	F	VF	XF	Unc
1757	27,000	1,250	2,500	4,500	7,500	—

NOVODELS

KM#	Date	Mintage	Identification	Mkt Val
N1	1756	—	2 Kopecks. Silver. Oblique milled edge.	—
N2	1756	—	2 Kopecks. Copper. Oblique milled edge.	—
N4	1756	—	48 Kopecks. Silver. Die 1746 1/2 Ruble. Restrike.	—
N5	1756	—	48 Kopecks. Silver. Plain edge. 1746 1/2 Ruble.	—

KM#	Date	Mintage	Identification	Mkt Val
N3	1756 ММД	—	48 Kopecks. Silver. Die 1758 10 Rubles. Oblique milled edge.	—
N6	1757	—	4 Kopecks. Silver. Oblique milled edge.	—
N7	1757	—	4 Kopecks. Silver. Plain edge.	—

KM#	Date	Mintage	Identification	Mkt Val
N8	1757	—	24 Kopecks. Silver. Die 1/4 Ruble of Elizabeth. Oblique milled edge.	—
N9	1757	—	24 Kopecks. Silver. Die 20 Kopecks of Katherine II. Oblique milled edge.	—
N10	1757	—	24 Kopecks. Silver. Die 1755 5 Ruble. Chain edge. Restrike.	—
N11	1757	—	96 Kopecks. Silver. Cinquefoil and globe edge. Struck from original dies	—

KM#	Date	Mintage	Identification	Mkt Val
N12	1757 ММД	—	96 Kopecks. Silver. Die Moscow Ruble. Oblique milled edge.	—
N13	1757 СПб	—	96 Kopecks. Silver. Die St. Petersburg Ruble. Oblique milled edge.	—
N14	1757 СПб	—	96 Kopecks. Silver. Die St. Petersburg Ruble. Plain edge.	—

PATTERNS
Including off metal strikes

KM#	Date	Mintage	Identification	Mkt Val
Pn3	1756	10	4 Kopecks. Silver. LIVONICA • ET • ESTLANDIA •.	—
Pn4	1756	10	4 Kopecks. Silver. MONETA • LIVOESTHONICA •. Large eagle, KM#2.	—
Pn5	1756	10	24 Kopecks. Silver. MONETA • LIVOESTHONOICA •. Large eagle, KM#2.	—
Pn6	1756	10	24 Kopecks. Silver. MONETA • LIVON • ET • ESTLAND •.	—
Pn7	1756	10	48 Kopecks. Silver. MONETA • LIVOESTHONICA •.	—

KM#	Date	Mintage	Identification	Mkt Val
Pn10	1756	10	96 Kopecks. Silver. MONETA • LIVON • ET • ESTLAND.	—
Pn11	1756	10	96 Kopecks. Silver. MONETA • LIVOESTHONICA •. KM#5	—
Pn1	1756	10	2 Kopecks. Silver. Small date and value, KM#1.1.	—

KM#	Date	Mintage	Identification	Mkt Val
Pn8	1756	10	48 Kopecks. Silver. MONETA • LIVON • ET • ESTLAND •.	—
Pn9	1756	10	48 Kopecks. Silver. MONETA • LIVOESTHONICA •. KM#4	—

KM#	Date	Mintage	Identification	Mkt Val
Pn2	1756	10	2 Kopecks. Silver. Large date and value, KM#1.2.	—

LUXEMBOURG

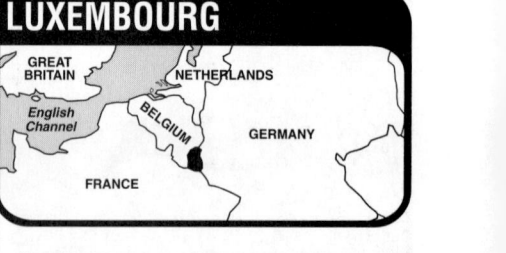

The Grand Duchy of Luxembourg is located in western Europe between Belgium, Germany and France, has an area of 1,103 sq. mi. (2,586 sq. km.) and a population of 377,100. Capital: Luxembourg. The economy is based on steel.

Founded about 963, Luxembourg was a prominent country of the Holy Roman Empire; one of its sovereigns became Holy Roman Emperor as Henry VII, 1308. After being made a duchy by Emperor Charles IV, 1354, Luxembourg passed under the domination of Burgundy, Spain, Austria and France, 1443-1815, regaining autonomy under the Treaty of Vienna, 1815, as a grand duchy in union with the Netherlands, though ostensibly a member of the German Confederation. When Belgium seceded from the Kingdom of the Netherlands, 1830, Luxembourg was forced to cede its greater western section to Belgium. The tiny duchy left the German Confederation in 1867 when the Treaty of London recognized it as an independent state and guaranteed its perpetual neutrality. Luxembourg was occupied by Germany and liberated by American troops in both World Wars.

RULERS
Maximilian Emanuel of Bavaria, 1711-1714
Maria Theresa, 1740-1780
Joseph II, 1780-1790
Leopold II, 1790-1792
Frans II, 1792-1795

MINT MARKS
A - Paris
(b) - Brussels, privy marks only
H - Gunzburg
(n) - lion - Namur
(u) - Utrecht, privy marks only

PRIVY MARKS
Angel's head, two headed eagle - Brussels

MONETARY SYSTEM
(Until 1795)
4 Liards = 1 Sol

GRAND DUCHY

STANDARD COINAGE

4 Liards = 1 Sol

KM# 5 1/8 SOL

Copper **Ruler:** Maria Theresa **Obv:** Crowned arms without legend **Rev:** Value and date, mm below

Date	Mintage	VG	F	VF	XF	Unc
1775(b)	2,709,033	7.50	10.00	40.00	100	—

KM# 10 1/2 LIARD

Copper **Ruler:** Joseph II **Obv:** Crowned arms without legend **Rev:** Written value, date, mint mark above **Note:** Similar to 1/8 Sols, KM#5, but with mint mark at top.

Date	Mintage	VG	F	VF	XF	Unc
1783(b)	1,362,000	4.00	8.00	30.00	75.00	—
1784(b)	1,466,000	4.00	8.00	30.00	75.00	—
1789(b)	1,577,000	3.50	7.00	25.00	50.00	—

KM# B1 LIARD

Copper **Ruler:** Maximilian Emanuel of Bavaria **Obv:** Shields of Bavaria, Pfalz and Luxembourg, upper shields have a lion **Rev:** Shield divides date

Date	Mintage	VG	F	VF	XF	Unc
1712(n)	—	200	400	1,000	2,000	—

Note: A variety (unique?) exists with 3 lions instead of 1 in the upper left shield

KM# A1 LIARD

Copper **Ruler:** Maximilian Emanuel of Bavaria **Obv:** Shields of Bavaria, Pfalz and Luxembourg, 1 crown, title of Maximilian Emanuel **Rev:** Crowned shield divides date **Note:** This coin is very similar to the same coin struck for Namur. The only difference is that this coin has the Luxembourg shield on the obverse, instead of the Namur shield, which has no lines behind the lion.

Date	Mintage	VG	F	VF	XF	Unc
1712(n)	—	150	300	750	1,500	—

KM# 1 LIARD

Copper **Ruler:** Maria Theresa **Obv:** Bust of Maria Theresa right **Obv. Legend:** M • T • D • G • R • JMP • G • H • B • REG • A • A • D • LUX • **Rev:** Legend in 4 lines and date in wreath **Rev. Legend:** AD/USUM/DUCATUS/LUXEM **Note:** Maria Theresa.

Date	Mintage	VG	F	VF	XF	Unc
1757(b)	—	10.00	20.00	75.00	150	—

KM# 3 LIARD

Copper **Ruler:** Maria Theresa **Note:** Similar to 2 Liards, KM#4.

Date	Mintage	VG	F	VF	XF	Unc
1759(b)	1,531,000	10.00	25.00	75.00	150	—
1760(b)	433,000	30.00	75.00	150	300	—
1761 Reported not confirmed	—	—	—	—	—	—

KM# 2 2 LIARDS

Copper **Ruler:** Maria Theresa **Obv:** Bust right, legend similar to KM 1 **Obv. Legend:** M • T • D • G • R • J • M P • G • H • E • REG • AA • D • LUX • **Rev:** Legend in 4 lines and date in wreath **Rev. Legend:** AD/USUM/DUCATUS/LUXEM

Date	Mintage	VG	F	VF	XF	Unc
1757(b)	—	15.00	30.00	100	300	—

KM# 4 2 LIARDS

Copper **Ruler:** Maria Theresa **Obv:** Crowned ornated shield and titles of Maria Theresa **Obv. Legend:** MAR • T • D : G • R • ... **Rev:** Crowned monogram **Rev. Legend:** IUSTITIA ET • CLEMENTIA

Date	Mintage	VG	F	VF	XF	Unc
1759(b)	283,000	15.00	35.00	100	200	—
1760(b)	213,000	30.00	70.00	175	350	—

KM# 14 2 LIARDS

Copper **Ruler:** Joseph II **Obv:** Crowned monogram of Joseph II **Obv. Legend:** J O S • II • D • G • R • IMP • DUX • LUXEMB **Rev:** Oval arms within sprigs, crown above divides date

Date	Mintage	VG	F	VF	XF	Unc
1789(b)	459,000	250	500	1,000	2,000	—

KM# 6 SOL

Billon **Ruler:** Maria Theresa **Obv:** Crowned arms, title of Maria Theresa **Rev:** Value and date, mint mark below

Date	Mintage	VG	F	VF	XF	Unc
1775(b)	305,629	100	175	300	600	—

KM# 11 SOL

Copper **Ruler:** Joseph II **Obv:** Legend around crowned arms **Obv. Legend:** IOS • D • G • R • I • H • B • R • DUX • LUXEMB **Rev:** Value, date

Date	Mintage	VG	F	VF	XF	Unc
1786(b)	400,000	25.00	50.00	150	300	—

KM# 15 SOL

Copper **Ruler:** Leopold II **Obv:** Crowned arms **Obv. Legend:** LEOP • II • D • G • H • B • R • DUX • LVX EMB • **Rev:** Value, date, H below

Date	Mintage	VG	F	VF	XF	Unc
1790H	864,000	20.00	40.00	100	200	—

KM# 7 3 SOLS

Billon **Ruler:** Maria Theresa **Obv:** Crowned arms, title of Maria Theresa **Rev:** Value and date, mint mark below

Date	Mintage	VG	F	VF	XF	Unc
1775(b)	220,909	30.00	75.00	300	600	—

KM# 16 3 SOLS

Billon **Ruler:** Leopold II **Obv:** Crowned arms **Obv. Legend:** LEOP • II • D • G • HV • BO • REX • DVX • LVXEMB **Rev:** Value, date, H below

Date	Mintage	VG	F	VF	XF	Unc
1790H	1,164,489	15.00	30.00	60.00	125	—

KM# 8 6 SOLS

3.2200 g., 0.6530 Silver 0.0676 oz. ASW **Ruler:** Maria Theresa **Obv:** Crowned arms, title of Maria Theresa **Rev:** Value and date, mint mark below

Date	Mintage	VG	F	VF	XF	Unc
1775(b)	71,000	65.00	200	800	1,700	—
1777/5(b)	78,000	120	250	1,000	2,000	—
1777(b)	Inc. above	70.00	200	900	2,000	—

KM# 12 6 SOLS

3.2500 g., 0.6530 Silver 0.0682 oz. ASW **Ruler:** Joseph II **Obv:** Legend, crowned arms **Obv. Legend:** IOS • II • D • G • R • IMP • S • A • H • B • R • DUX • LUXEMB **Rev:** Value, date

Date	Mintage	VG	F	VF	XF	Unc
1786(b)	70,755	75.00	150	700	1,500	—
1789(b)	52,931	100	175	750	1,600	—

KM# 17 6 SOLS

3.2000 g., 0.6530 Silver 0.0672 oz. ASW **Ruler:** Leopold II **Obv:** Crowned arms **Obv. Legend:** LEOP • II • D • G • HV • BO • REX • DVX • LVXEMB **Rev:** Value, date, H below

Date	Mintage	VG	F	VF	XF	Unc
1790H	727,651	25.00	50.00	150	300	—

KM# 9 12 SOLS

5.5000 g., 0.8410 Silver 0.1487 oz. ASW **Ruler:** Maria Theresa **Obv:** Veiled bust right, mint mark below **Rev:** Crowned arms divide value, date below

Date	Mintage	VG	F	VF	XF	Unc
1775(b)	29,753	150	300	1,000	2,000	—
1776(b)	57,031	150	300	1,000	2,000	—
1777(b)	33,615	150	300	1,000	2,000	—

KM# 13 12 SOLS

5.2200 g., 0.8410 Silver 0.1411 oz. ASW **Ruler:** Joseph II **Obv:** Laureate bust right **Obv. Legend:** IOS • II • D • G • R • ... **Rev:** Crowned arms divides value, date below

Date	Mintage	VG	F	VF	XF	Unc
1786(b)	37,196	200	400	700	2,000	—
1789(b)	53,715	150	300	800	1,750	—

SIEGE COINAGE

KM# 19 SOL

Copper **Ruler:** Frans II **Obv:** Crowned shield dividing F - II **Rev:** Value in 2 lines, date **Note:** Cast.

Date	Mintage	Good	VG	F	VF	XF
1795	—	10.00	20.00	50.00	120	—

KM# 20 72 ASSES (Sols)

Silver **Ruler:** Frans II **Obv:** Legend, date **Obv. Legend:** AD / USUM / LUXEMBURG / CCVALLATI **Rev:** Value, LXXII / ASSES, 13 in wreath

Date	Mintage	F	VF	XF	Unc	BU
1795	—	1,000	1,250	2,250	4,500	—

KEDAH

A state in northwestern Malaysia. Islam introduced in 15th century. Subject to Thailand from 1821-1909. Coins issued under Governor Tengku Anum.

TITLES

كداه

Kedah

Sultans
Muhammad Jiwa Zainal Shah II, 1710-60
Ahmad Taju'd-din Halim Shah, 1798-1843

SULTANATE

HAMMERED COINAGE

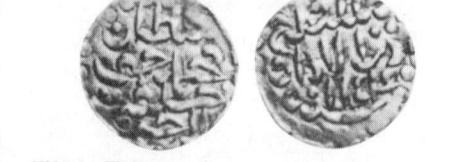

KM# 8 TRA
Tin, 21.5 mm. **Ruler:** Abdullah al-Muazzam Shah I **Obv:** Arabic legend, date **Obv. Legend:** Sultan Sanat

Date	Mintage	Good	VG	F	VF	XF
AH1117 Rare	—	—	—	—	—	—

KM# 18 REAL
3.1000 g., Silver **Ruler:** Muhammad Jiwa Zainal Shah II **Obv:** Arabic legend **Obv. Legend:** Bebalad Kedah Daru'l-Aman sanat 1141

Date	Mintage	Good	VG	F	VF	XF
AH1141	—	—	60.00	100	150	225

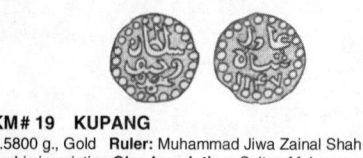

KM# 19 KUPANG
0.5800 g., Gold **Ruler:** Muhammad Jiwa Zainal Shah II **Obv:** Arabic inscription **Obv. Inscription:** Sultan Muhammad Jiwa **Rev:** Arabic inscription **Rev. Inscription:** Adil Shah

Date	Mintage	VG	F	VF	XF	Unc
AH1147 Rare	—	—	—	—	—	—

PENANG

Pulu Penang-Prince of Wales Island

An island off the west coast of Malaysia. Ceded to the British in 1791 by the sultan of Kedah and was the first British settlement in Malaya. Also known as Pulu Penang and Prince of Wales Island - which title it retained until1867.

The currency system depended on the Spanish dollar divided into 100 pice (or cents) until 1826 when 48 pice were deemed the equivalent of one Bengal rupee until1830. The coins are considered in three groups:

(a) The Company bale mark series, consisting of copper1/10, 1/2 and 1 pice of 1786/1787, and silver tenth, quarter and half dollars, dated 1788;

(b) Company coat of arms issues in copper between1810 and 1828 in denominations of 1/2, 1 and double pice pieces; and

(c) Tin issues of local mintage pice pieces of 1800-1809, which are extremely rare.

TITLES

فولو فنيغ

Pulu Penang

Acquired by the British East India Company in 1786.

MONETARY SYSTEM
100 Cents (Pice) = 1 Dollar

BRITISH ADMINISTRATION

STANDARD COINAGE

KM# 1 1/4 CENT (1 Keping)
Copper **Obv:** X within heart divides letters, large 4 above **Rev:** Legend **Rev. Legend:** Jazirah Ab-Wailis (Island of Wales) **Note:** Dump; varieties exist with star.

Date	Mintage	Good	VG	F	VF	XF
1787 last 7 inverted	—	—	50.00	75.00	125	200
1787 with star; Rare	—	—	—	—	—	—
1787 without star	—	—	15.00	30.00	60.00	125

KM# 2.1 1/2 CENT (1/2 Pice)
Copper, 22 mm. **Obv:** X within heart divides letters, large 4 above, star below divides date **Rev:** Legend **Note:** Dump; varieties exist.

Date	Mintage	Good	VG	F	VF	XF
1787	—	—	15.00	30.00	65.00	135

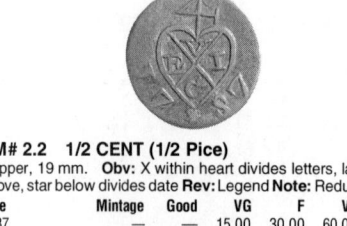

KM# 2.2 1/2 CENT (1/2 Pice)
Copper, 19 mm. **Obv:** X within heart divides letters, large 4 above, star below divides date **Rev:** Legend **Note:** Reduced size.

Date	Mintage	Good	VG	F	VF	XF
1787	—	—	15.00	30.00	60.00	125

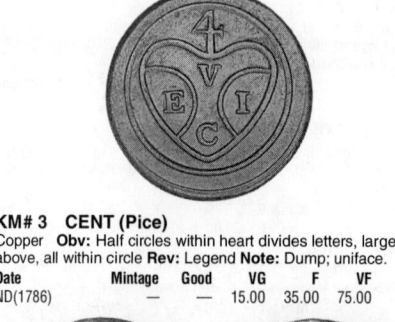

KM# 3 CENT (Pice)
Copper **Obv:** Half circles within heart divides letters, large 4 above, all within circle **Rev:** Legend **Note:** Dump; uniface.

Date	Mintage	Good	VG	F	VF	XF
ND(1786)	—	—	15.00	35.00	75.00	160

KM# 4 CENT (Pice)
Copper **Obv:** X within heart divides letters, large 4 above, star below divides date **Rev:** Legend **Note:** Uniface; varieties exist.

Date	Mintage	Good	VG	F	VF	XF
1787	—	—	8.00	20.00	40.00	80.00
1787 last '7' inverted	—	—	8.00	20.00	40.00	80.00

元

KM# 8 CENT (Pice)
40.3500 g., Tin **Obv:** "GL" within circle **Note:** Uniface; initial 'GL' (Governor Leith) in ring; countermark of Chinese character for Yuan.

Date	Mintage	Good	VG	F	VF	XF
ND(ca.1800-03)	—	—	1,600	3,650	5,500	7,330

KM# 5.1 1/10 DOLLAR
0.9020 Silver **Obv:** X within heart divides letters, large 4 above, star below divides date **Rev:** Legend **Note:** Dump; diameter varies 16-17 millimeters.

Date	Mintage	Good	VG	F	VF	XF
1787 star	—	—	75.00	125	225	375
1788 rosette	—	—	75.00	125	225	375

KM# 5.2 1/10 DOLLAR
0.9020 Silver **Obv:** X within heart divides letters, large 4 above, star below divides date **Rev:** Legend **Note:** Dump; diameter varies 16-17 millimeters.

Date	Mintage	Good	VG	F	VF	XF
1788 rosette	—	—	75.00	125	225	375

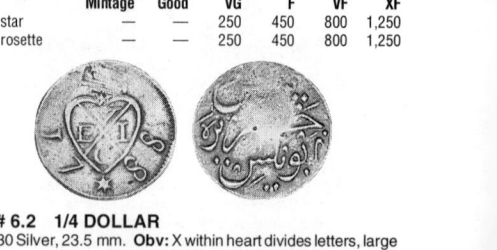

KM# 6.1 1/4 DOLLAR
0.9030 Silver, 26 mm. **Obv:** X within heart divides letters, large 4 above, star below divides date **Rev:** Legend **Rev. Legend:** Perrinsa Jazirah Ab Wailis (Prince Island of Wales)

Date	Mintage	Good	VG	F	VF	XF
1787 star	—	—	250	450	800	1,250
1787 rosette	—	—	250	450	800	1,250

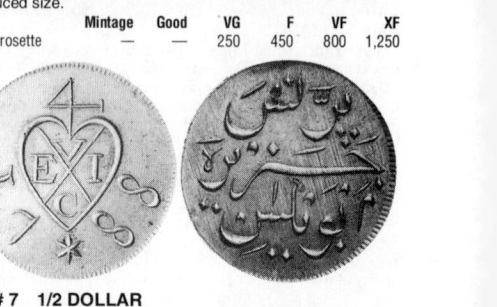

KM# 6.2 1/4 DOLLAR
0.9030 Silver, 23.5 mm. **Obv:** X within heart divides letters, large 4 above, star below divides date **Rev:** Legend **Rev. Legend:** Perrinsa Jazirah Ab Wailis (Prince Island of Wales) **Note:** Reduced size.

Date	Mintage	Good	VG	F	VF	XF
1788 rosette	—	—	250	450	800	1,250

KM# 7 1/2 DOLLAR
0.9020 Silver **Obv:** X within heart divides letters, large 4 above, star below divides date **Rev:** Legend **Note:** Dump.

Date	Mintage	Good	VG	F	VF	XF
1788 rosette	—	—	250	400	750	1,250
1788 star	—	—	250	400	750	1,250

TRENGGANU

A state in eastern Malaysia on the shore of the south China Sea. Area of dispute between Malacca and Thailand with the latter emerging with possession. Trengganu became a British dependency in 1909.

TITLES

خليفة المؤمنين

Khalifa(t) al-Mu'minin

ترغگانو

Trengganu

SULTANS
Zainal Abidin II, 1793-1808

MALDIVE ISLANDS

SULTANATE

STANDARD COINAGE

KM# A1 1/2 PITIS
Tin **Obv:** Arabic inscription **Obv. Inscription:** Kali Malik Al-Adil
Note: Similar to KM#2.1; Arabic inscription: Kali Malik Al-Adil.

Date	Mintage	Good	VG	F	VF	XF
ND	—	—	15.00	25.00	45.00	80.00

KM# 1 PITIS
Tin **Obv:** Inscription **Obv. Inscription:** Malik Al-Adil **Rev:** Inscription **Rev. Inscription:** Khalifat Al-Mu'minin

Date	Mintage	Good	VG	F	VF	XF
ND	—	—	15.00	25.00	45.00	80.00

Note: Believed struck during reign of Zainal Abidin II or shortly afterwards.

KM# 2.1 PITIS
Tin, 21-26 mm. **Obv:** Inscription **Obv. Inscription:** Kali Malik Al-Adil **Note:** Uniface; Arabic inscription. Size varies.

Date	Mintage	Good	VG	F	VF	XF
—	—	—	15.00	25.00	50.00	85.00

KM# 2.2 PITIS
Tin, 26 mm. **Obv:** Inscription **Rev:** Inscription

Date	Mintage	Good	VG	F	VF	XF
—	—	—	15.00	25.00	50.00	85.00

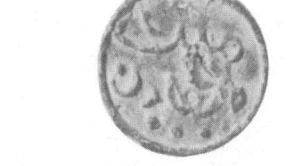

KM# 3 PITIS
Tin **Obv:** Inscription **Obv. Inscription:** Malik Al-Adil **Note:** Arabic inscription: Malik Al-Adil.

Date	Mintage	Good	VG	F	VF	XF
ND	—	—	15.00	25.00	50.00	85.00

KM# 4.1 PITIS
Tin **Obv:** Inscription **Note:** Varieties exist.

Date	Mintage	Good	VG	F	VF	XF
ND	—	—	15.00	25.00	40.00	75.00

Note: Probably issued throughout the first half of the 19th century.

KM# 4.2 PITIS
Tin **Obv:** Inscription

Date	Mintage	Good	VG	F	VF	XF
ND	—	—	15.00	25.00	40.00	75.00

KM# 5 PITIS
Tin **Obv:** Inscription within circle, designed wreath border **Note:** Similar to KM#10.

Date	Mintage	Good	VG	F	VF	XF
ND	—	—	20.00	40.00	60.00	90.00

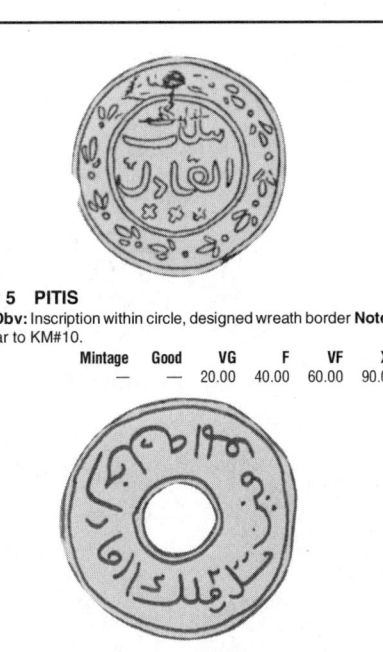

KM# 8 PITIS
Tin

Date	Mintage	Good	VG	F	VF	XF
AH1213	—	—	20.00	40.00	60.00	100

KM# A6 KUPANG
0.4500 g., Gold **Obv:** Arabic inscription: Sultan Zayn al-Abidin Shah **Rev:** Arabic inscription: Khalifat al-Mu'minin 1120 **Note:** Issue of Zaynal Abidin I.

Date	Mintage	Good	VG	F	VF	XF
AH1120 Rare	—	—	—	—	—	—

KM# 6 KUPANG
0.5800 g., Gold **Obv:** Arabic inscription: Sultan Zayn al-Abidin Shah **Rev:** Arabic inscription: Khalifat al-Mu'minin **Note:** Issue of Zaynal Abidin II.

Date	Mintage	Good	VG	F	VF	XF
ND	—	—	60.00	90.00	150	240

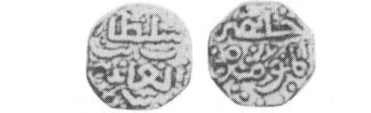

KM# 7 MAS
2.5000 g., Gold **Obv:** Inscription **Rev:** Inscription **Note:** Similar to KM#6.

Date	Mintage	Good	VG	F	VF	XF
ND	—	—	120	240	425	600

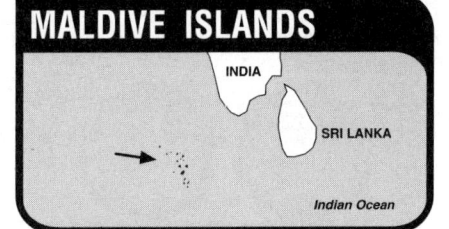

The Republic of Maldives, an archipelago of 2,000 coral islets in the northern Indian Ocean 417 miles (671 km.) west of Ceylon, has an area of 116 sq. mi. (298 sq. km.)and a population of 189,000. Capital: Male. Fishing employs 95 % of the male work force. Dried fish, copra and coir yarn are exported.

The Maldive Islands were visited by Arab traders and converted to Islam in 1153. After being harassed in the16th and 17th centuries by Mopla pirates of the Malabar coast and Portuguese raiders, the Maldivians voluntarily placed themselves under the suzerainty of Ceylon. In 1887 the islands became an internally self-governing British protectorate and a nominal dependency of Ceylon. Traditionally a sultanate, the Maldives became a republic in 1953 but restored the sultanate in 1954. The Sultanate of the Maldive Islands attained complete internal and external autonomy on July 26, 1965, and on Nov. 11,1968, again became a republic.

RULERS

Muhammad Imad al-Din II al-Muzaffar bin Muhammad, AH1116-1133/1704-1721AD

Ibrahim Iskandar II bin Muhammad Imad al-Din, AH1133-1163/1721-1750AD

Muhammad Imad al-Din III, AH1163-1168/1750-1754AD

Interregnum (Malabar Conquest), AH1168-1173/1754-1759AD

Hasan Izz al-Din, AH1173-1180/1759-1767AD

Muhammad Ghiyas al-Din, AH1180-1187/1767-1773AD

Muhammad Shams al-Din II, AH1187-1188/1773-1774AD (no coinage known)

Muhammad Muiz al-Din, AH1188-1192/1774-1778AD

Hasan Nur al-Din I, AH1192-1213/1778-1798AD

Muhammad Mu'in al-Din, AH1213-1250/1798-1835AD

MINT NAME

Mahle (Male)

MONETARY SYSTEM

100 Lari = 1 Rupee (Rufiyaa)

NOTE: The metrology of the early coinage is problematical. There seem to have been three denominations: a double Larin of 8-10 g, a Larin of approximately 4.8 g, and a half Larin that varied from 1.1 to 2.4 g, known as the Bodu Larin, Larin and Kuda Larin, respectively. In some years probably when copper was cheap (AH1276 & 1294),the Kuda (1/2) Larin is found with weights as high as 3.5 g. During the rule of Muhammad Imad Al-Din II Al-Muzaffar Bin Muhammad (1704-1721AD) additional denominations in the form of the 1/4, 1/8 and 1/16 Larin (1.17 g, 0.55 g and 0.29 g) were introduced on an experimental basis. This experiment was not followed by later rulers with the exception of Muhammad Imad Al-Din IV (1835-1882AD) who struck some lightweight coins of about 1.1 g which can be considered 1/4 Larins.

SULTANATE

Muhammad Imad al-Din II al-Muzaffar bin Muhammad

STANDARD COINAGE

KM# 12 1/4 LARIN
Billon **Obv:** Inscription **Rev:** Inscription, date **Note:** Weight varies: 0.55-1.20 g.

Date	Mintage	Good	VG	F	VF	XF
AH1116	—	5.00	8.50	12.50	18.00	—
AH1129	—	5.00	8.50	12.50	18.00	—
AH113x	—	5.00	8.50	12.50	18.00	—

KM# 13.1 1/2 LARIN (Kuda)
Billon **Obv:** Inscription **Rev:** Inscription **Note:** Weight varies: 1.50-2.60 g.

Date	Mintage	Good	VG	F	VF	XF
AH1122	—	5.00	8.50	12.00	17.00	—

KM# 13.2 1/2 LARIN (Kuda)
Billon **Obv:** Inscription, date **Rev:** Inscription **Note:** Weight varies: 1.50-2.60 g.

Date	Mintage	Good	VG	F	VF	XF
AH1129	—	3.50	6.00	8.50	12.50	—
AH1131	—	3.50	6.00	8.50	12.50	—

KM# 14.1 LARIN
Billon **Obv:** Inscription **Rev:** Inscription, date **Note:** Weight varies 4.60-4.80 grams.

Date	Mintage	Good	VG	F	VF	XF
AH1116	—	4.00	7.00	10.00	15.00	—
AH1121	—	4.00	7.00	10.00	15.00	—
AH1122	—	4.00	7.00	10.00	15.00	—
AH1123	—	4.00	7.00	10.00	15.00	—
AH1124	—	4.00	7.00	10.00	15.00	—
ND	—	4.00	7.00	10.00	15.00	—

MALDIVE ISLANDS

KM# 14.2 LARIN
Billon **Obv:** Inscription **Rev:** Inscription, date **Note:** Weight varies 4.60-4.80 grams. Varieties exist.

Date	Mintage	Good	VG	F	VF	XF
AH1129	—	5.50	9.00	12.00	17.00	—
AH1131	—	5.00	8.50	12.00	17.00	—

KM# 14.3 LARIN
Billon **Obv:** Inscription **Rev:** Inscription, date **Shape:** Octagonal **Note:** Weight varies 4.60-4.80 grams.

Date	Mintage	Good	VG	F	VF	XF
AH1131 Rare	—	—	—	—	—	—

Ibrahim Iskandar II bin Muhammad Imad al-Din

STANDARD COINAGE

KM# 15 1/2 LARIN (Kuda)
Billon **Obv:** Inscription, date **Rev:** Inscription **Note:** Weight varies: 1.50-2.60 g.

Date	Mintage	Good	VG	F	VF	XF
AH1134	—	9.00	15.00	22.00	32.00	—
ND	—	9.00	15.00	22.00	32.00	—

KM# 16.3 LARIN
Billon **Obv:** Inscription **Rev:** Inscription **Note:** Obverse and reverse with borders of diamonds. Weight varies 4.60-4.80 grams.

Date	Mintage	Good	VG	F	VF	XF
AH1134 Rare	—	—	—	—	—	—

KM# 16.2 LARIN
Billon **Obv:** Inscription **Note:** Obverse and reverse within escalloped circles. Weight varies 4.60-4.80 grams.

Date	Mintage	Good	VG	F	VF	XF
AH1134 Rare	—	—	—	—	—	—

KM# 16.1 LARIN
Billon **Obv:** Inscription **Rev:** Inscription, date **Note:** Weight varies 4.60-4.80 grams. Varieties exist.

Date	Mintage	Good	VG	F	VF	XF
AH1134	—	4.00	7.00	10.00	15.00	—
AH1153	—	4.00	7.00	10.00	15.00	—
AH1154	—	4.00	7.00	10.00	15.00	—

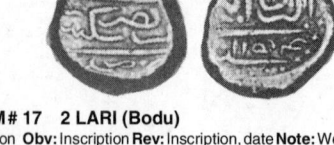

KM# 17 2 LARI (Bodu)
Billon **Obv:** Inscription **Rev:** Inscription, date **Note:** Weight varies 9.10-9.60 grams.

Date	Mintage	Good	VG	F	VF	XF
AH1146	—	5.00	8.00	11.50	17.50	—
AH1153	—	5.00	8.00	11.50	17.50	—
AH1154	—	5.00	8.00	11.50	17.50	—
AH1156	—	5.50	9.00	14.00	20.00	—
AH1160	—	6.00	10.00	15.00	22.50	—
AH1163	—	7.00	12.00	18.50	27.50	—

Note: AH1163 struck with retrograde 3. Varieties exist.

Muhammad Imad al-Din III

STANDARD COINAGE

KM# 21.1 RUPEE

Silver **Obv:** Inscription **Rev:** Inscription **Note:** Weight varies 13.74-13.97 grams.

Date	Mintage	Good	VG	F	VF	XF
AH1163 Rare	—	—	—	—	—	—

KM# 21.2 RUPEE
Silver **Obv:** Inscription **Rev:** Inscription **Note:** Weight varies 13.74-13.97 grams.

Date	Mintage	Good	VG	F	VF	XF
ND Rare	—	—	—	—	—	—

KM# 19.1 LARIN
Billon **Obv:** Inscription **Rev:** Inscription **Note:** Weight varies 4.60-4.80 grams.

Date	Mintage	Good	VG	F	VF	XF
AH1163	—	5.00	8.00	11.00	16.00	—
AH1164	—	5.00	8.00	11.00	16.00	—
AH1166	—	5.00	8.00	11.00	16.00	—

KM# 19.2 LARIN
Billon **Obv:** Inscription **Rev:** Inscription **Note:** Weight varies 4.60-4.80 grams.

Date	Mintage	Good	VG	F	VF	XF
AH1164	—	5.50	8.50	12.00	17.00	—

KM# 20 2 LARI (Bodu)
Billon **Obv:** Border with or without diamonds, inscription **Rev:** Inscription, date **Note:** Weight varies 9.10-9.60 grams. Varieties exist.

Date	Mintage	Good	VG	F	VF	XF
AH1163	—	4.50	9.00	12.50	17.50	—
AH1164	—	4.50	9.00	12.50	17.50	—
AH1166	—	4.50	9.00	12.50	17.50	—
AH1168	—	4.50	9.00	12.50	17.50	—

Hasan Izz al-Din

STANDARD COINAGE

KM# 22 LARIN
Billon **Obv:** Inscription **Rev:** Inscription, date **Note:** Weight varies 4.60-4.80 grams.

Date	Mintage	Good	VG	F	VF	XF
AH1173	—	3.50	7.00	10.00	15.00	—

KM# 23.1 2 LARI (Bodu)
Billon **Obv:** Inscription **Rev:** Inscription, date **Note:** Weight varies 9.10-9.60 grams.

Date	Mintage	Good	VG	F	VF	XF
AH1173	—	4.00	8.00	11.00	16.00	—

KM# 23.2 2 LARI (Bodu)
Billon **Obv:** Inscription **Rev:** Inscription, date **Note:** Weight varies 9.10-9.60 grams. Varieties exist.

Date	Mintage	Good	VG	F	VF	XF
AH1177	—	4.00	8.00	11.00	16.00	—

Muhammad Ghiyas al-Din Iskandar al-Ghazi

STANDARD COINAGE

KM# 24a 1/2 LARIN (Kuda)
0.8500 Silver **Obv:** Inscription **Rev:** Inscription **Note:** Weight varies: 1.25-2.60 g.

Date	Mintage	Good	VG	F	VF	XF
AH1180 Rare	—	—	—	—	—	—

Date	Mintage	Good	VG	F	VF	XF
AH1184 H Rare	—	—	—	—	—	—

Note: Probably a presentation strike

KM# 24 1/2 LARIN (Kuda)
Copper-Bronze **Obv:** Inscription, date **Note:** Obverse or reverse with or without border of pearls. Weight varies 1.50-2.60 grams.

Date	Mintage	Good	VG	F	VF	XF
AH1184	—	4.00	6.00	9.00	12.50	—
AH1186	—	4.00	6.00	9.00	12.50	—

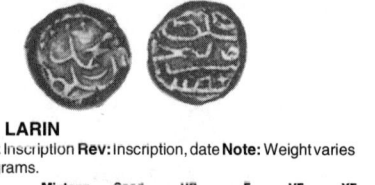

KM# 25 LARIN
Billon **Obv:** Inscription **Rev:** Inscription, date **Note:** Weight varies 4.60-4.80 grams.

Date	Mintage	Good	VG	F	VF	XF
AH1180	—	4.00	7.00	10.00	15.00	—

Note: No larins, except KM#A36 are known after this issue until the standard was changed in AH1300/1882AD to declare the 1/4 larin to be a new standard larin

KM# 26 2 LARI (Bodu)
Billon **Obv:** Inscription **Rev:** Border of diamonds, inscription, date **Note:** Weight varies 9.10-9.60 grams.

Date	Mintage	Good	VG	F	VF	XF
AH1182	—	5.00	8.00	11.00	16.00	—
AH1184	—	5.00	8.00	11.00	16.00	—

Muhammad Muiz al-Din

STANDARD COINAGE

KM# 27 1/2 LARIN (Kuda)
Bronze **Obv:** Inscription **Rev:** Inscription, date **Note:** Obverse and reverse with or without borders of diamonds. Weight varies: 1.50-2.60 g.

Date	Mintage	Good	VG	F	VF	XF
AH1188	—	4.00	6.00	9.00	13.50	—
ND	—	4.50	7.00	10.00	15.00	—

KM# 28.1 2 LARI (Bodu)
Billon **Obv:** Inscription **Rev:** Year in second line, inscription **Note:** Obverse and reverse with or without borders of diamonds. Weight varies 9.10-9.60 grams.

Date	Mintage	Good	VG	F	VF	XF
AH1189	—	6.00	8.50	12.50	17.50	—

KM# 28.2 2 LARI (Bodu)
Billon **Obv:** Inscription **Rev:** Year in third line, inscription **Note:** Weight varies 9.10-9.60 grams.

Date	Mintage	Good	VG	F	VF	XF
AH1189	—	6.00	8.50	12.50	17.50	—

Hasan Nur al-Din I

STANDARD COINAGE

KM# 29.1 1/2 LARIN (Kuda)
Bronze **Obv:** Inscription **Rev:** Inscription, line over date **Note:** Weight varies 1.50-2.60 grams.

Date	Mintage	Good	VG	F	VF	XF
AH1194	—	3.00	6.00	9.00	12.50	—

MALTA, ORDER OF

KM# 29.2 1/2 LARIN (Kuda)
Bronze **Obv:** Inscription **Rev:** Inscription, without line over date
Note: Weight varies 1.50-2.60 g.

Date	Mintage	Good	VG	F	VF	XF
AH1194	—	3.00	5.00	7.50	10.00	—
AH1197	—	3.00	5.00	7.50	10.00	—
AH1200	—	3.00	5.00	7.50	10.00	—
AH1202	—	3.00	5.00	7.50	10.00	—

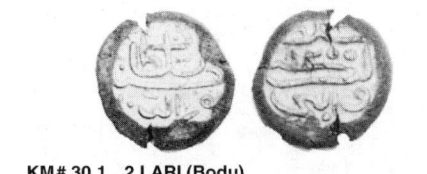

KM# 30.1 2 LARI (Bodu)
Billon **Obv:** Inscription, date **Note:** Obverse and reverse with or without borders of diamonds. Weight varies 9.10-9.60 grams.

Date	Mintage	Good	VG	F	VF	XF
AH1197	—	3.50	8.00	11.00	16.00	—
AH1200	—	3.50	8.00	11.00	16.00	—
AH1207	—	3.50	8.00	11.00	16.00	—

KM# 30.2 2 LARI (Bodu)
Billon **Obv:** Inscription **Rev:** Inscription, date in third line **Note:** Weight varies 9.10-9.60 grams.

Date	Mintage	Good	VG	F	VF	XF
AH1201	—	—	—	—	—	—

Reported, not confirmed.

KM# 30.3 2 LARI (Bodu)
Billon **Obv:** Inscription **Rev:** Inscription, date in fourth line **Note:** Weight varies 9.10-9.60 grams. Varieties exist.

Date	Mintage	Good	VG	F	VF	XF
AH1207	—	3.50	8.00	11.00	16.00	—

KM# A31 1/2 MOHUR
Gold **Obv:** Inscription **Rev:** Inscription, date **Note:** Weight varies 5.41-6.25 grams.

Date	Mintage	Good	VG	F	VF	XF
AH1202 Rare	—	—	—	—	—	—

KM# 31 MOHUR
Gold **Obv:** Inscription **Rev:** Inscription, date **Note:** Weight varies 10.82-12.50 grams.

Date	Mintage	Good	VG	F	VF	XF
AH1207 Rare	—	—	—	—	—	—
AH1257 Error	—	—	—	—	—	—

Note: Reported, not confirmed

Muhammad Mu'in al-Din Iskandar

STANDARD COINAGE

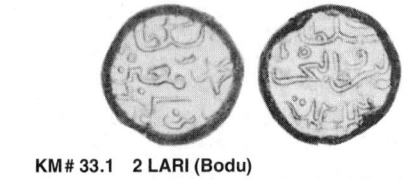

KM# 33.1 2 LARI (Bodu)
Billon **Obv:** Inscription in three lines **Rev:** Inscription, date **Note:** Weight varies 9.10-9.60 grams.

Date	Mintage	Good	VG	F	VF	XF
AH1214	—	5.00	8.00	11.00	16.00	—

KM# 33.2 2 LARI (Bodu)
Billon **Obv:** Inscription in four lines **Rev:** Inscription, date **Note:** Weight varies 9.10-9.60 grams.

Date	Mintage	Good	VG	F	VF	XF
AH1214	—	5.00	8.00	11.00	16.00	—

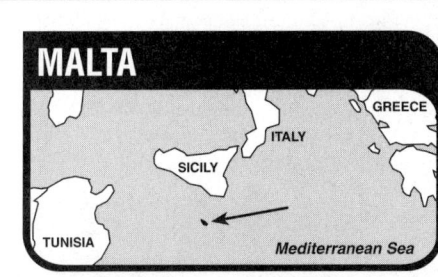

The Order of Malta, modern successor to the Sovereign Military Hospitaller Order of St. John of Jerusalem (the crusading Knights Hospitallers), derives its sovereignty from grants of extraterritoriality by Italy (1928) and the Vatican City (1953), and from its supranational character as a religious military order owing suzerainty to the Holy See. Its territory is confined to Palazzo Malta on Via Condotti, Villa Malta and the crest of the Aventine Hill, all in the city of Rome. The Order maintains diplomatic relations with about 35 governments, including Italy, Spain, Austria, State of Malta, Portugal, Brazil, Guatemala, Panama, Peru, Iran, Lebanon, Philippines, Liberia, Ethiopia, and several others.

The Knights Hospitallers were founded in 1099 just before the crusaders' capture of Jerusalem. Father Gerard (died 1120) was the founder and first rector of the Jerusalem hospital. The headquarters of the Order were successively at Jerusalem 1099-1187; Acre 1187-1291; Cyprus 1291-1310; Rhodes 1310-1522; Malta 1530-1798; Trieste 1798-1799; St. Petersburg 1799-1803; Catania 1803-1825; Ferrara 1826-1834; Rome 1834-Present.

RULERS
Ramon Perellos y Roccaful, 1697-1720
Marcantonio Zondadari, 1720-1722
Antonio Manoel de Vilhena, 1722-1736
Ramon Despuig, 1736-1741
Emmanuel Pinto, 1741-1773
Francisco Ximenez de Texada, 1773-1775
Emmanuel de Rohan, 1775-1797
Ferdinand Hompesch, 1797-1798
French, 1798-1800

MONETARY SYSTEM
20 Grani = 1 Tari
12 Tari = 1 Scudo

SOVEREIGN ORDER

STANDARD COINAGE

KM# 295 XV (15) PICCIOLI
Copper **Ruler:** Emmanuel de Rohan **Obv:** Crowned arms on breast of double-headed eagle **Rev:** Value, date within thin wreath

Date	Mintage	Good	VG	F	VF	XF
1776	—	—	20.00	30.00	50.00	100

Note: Three varieties of 1776 exist

| 1777 | — | — | 20.00 | 30.00 | 50.00 | 100 |

KM# 140 GRANO
Copper **Ruler:** Ramon Perellos y Roccaful **Obv:** Maltese cross divides date **Rev:** Paschal Lamb with banner **Rev. Legend:** RECTAM • FACIT • SEMITAM •

Date	Mintage	Good	VG	F	VF	XF
1703	—	—	20.00	40.00	60.00	120
1704	—	—	20.00	40.00	60.00	120
1706	—	—	20.00	40.00	60.00	120
1707	—	—	20.00	40.00	60.00	120
1709	—	—	20.00	40.00	60.00	120
9071 1709 reversed	—	—	20.00	50.00	75.00	150
1715	—	—	20.00	40.00	60.00	120
1717	—	—	20.00	40.00	60.00	120
1718	—	—	20.00	40.00	60.00	120
1720	—	—	20.00	40.00	60.00	120

KM# 141 GRANO
Copper **Ruler:** Ramon Perellos y Roccaful **Rev:** Paschal Lamb with banner **Rev. Legend:** VT TOLLAT PECCATA

Date	Mintage	Good	VG	F	VF	XF
1703	—	—	20.00	40.00	60.00	120

KM# 142 GRANO
Copper **Ruler:** Ramon Perellos y Roccaful **Rev:** Paschal Lamb with banner **Rev. Legend:** MISCE VTILE DVLCI

Date	Mintage	Good	VG	F	VF	XF
1703	—	—	20.00	40.00	60.00	120

KM# 144 GRANO
Copper **Ruler:** Ramon Perellos y Roccaful **Rev:** Paschal Lamb with banner **Rev. Legend:** ECCE QVI TOLLIT PECCATA

Date	Mintage	Good	VG	F	VF	XF
1709	—	—	20.00	40.00	60.00	120

KM# 193 GRANO
Copper **Ruler:** Antonio Manoel de Vilhena **Obv:** Arms of Vilhena **Rev:** Maltese cross **Note:** Varieties exist.

Date	Mintage	Good	VG	F	VF	XF
1726	—	—	20.00	50.00	75.00	120
1734	—	—	20.00	50.00	75.00	120

KM# 205 GRANO
Copper **Ruler:** Ramon Despuig **Obv:** Arms of Despvig within circle **Rev:** Maltese cross

Date	Mintage	Good	VG	F	VF	XF
1739	—	—	20.00	50.00	75.00	120

Note: Numerous legend varieties

KM# 239 GRANO
Copper **Ruler:** Emmanuel Pinto **Obv:** Five crescents at center **Rev:** Maltese cross with date in angles **Note:** Varieties exist.

Date	Mintage	Good	VG	F	VF	XF
1743	—	—	20.00	30.00	40.00	70.00
1744	—	—	20.00	30.00	40.00	70.00
1747	—	—	20.00	30.00	40.00	70.00
1750	—	—	20.00	30.00	40.00	70.00
1751	—	—	20.00	30.00	40.00	70.00
1752	—	—	20.00	30.00	40.00	70.00
1753	—	—	20.00	30.00	40.00	70.00
1754	—	—	20.00	30.00	40.00	70.00
1755	—	—	20.00	30.00	40.00	70.00
1757	—	—	20.00	30.00	40.00	70.00
1773	—	—	40.00	60.00	80.00	120

KM# 240 GRANO
Copper **Ruler:** Emmanuel Pinto **Obv:** Five crescents in inner circle **Note:** Varieties exist.

Date	Mintage	Good	VG	F	VF	XF
1743	—	—	20.00	40.00	60.00	120

KM# 245 GRANO
Copper **Ruler:** Emmanuel Pinto **Obv:** Horizontal N in PINTO

Date	Mintage	Good	VG	F	VF	XF
1751	—	—	40.00	60.00	75.00	150

KM# 246 GRANO
Copper **Ruler:** Emmanuel Pinto **Rev:** NOC instead of HOC

Date	Mintage	Good	VG	F	VF	XF
1751	—	—	40.00	60.00	75.00	150

KM# 296.1 GRANO
Copper **Ruler:** Emmanuel de Rohan **Obv:** Arms **Obv. Legend:** F • EMMANVEL DE ROHAN M **Rev:** Maltese cross with date in angles

Date	Mintage	Good	VG	F	VF	XF
1776	—	—	20.00	40.00	60.00	120

KM# 296.2 GRANO
Copper **Ruler:** Emmanuel de Rohan **Obv. Legend:** F • EMMANVEL DE ROHAN N M

Date	Mintage	Good	VG	F	VF	XF
1776	—	—	20.00	30.00	40.00	70.00

KM# 298.1 GRANO
Copper **Ruler:** Emmanuel de Rohan **Obv. Legend:** F • EMMANVEL DE ROHAN M **Rev:** G-I in circle, date in legend

Date	Mintage	Good	VG	F	VF	XF
1776	—	—	20.00	30.00	40.00	70.00

KM# 298.2 GRANO
Copper **Ruler:** Emmanuel de Rohan **Obv. Legend:** F EMMANUEL DE ROHAN M. M.

Date	Mintage	Good	VG	F	VF	XF
1777	—	—	20.00	30.00	40.00	70.00
1778	—	—	20.00	30.00	40.00	70.00

KM# 298.3 GRANO
Copper **Ruler:** Emmanuel de Rohan **Obv. Legend:** F. EMMANUEL DE ROHAN M. **Rev:** G. I in circle, date in legend

Date	Mintage	Good	VG	F	VF	XF
1777	—	—	20.00	30.00	40.00	70.00
1780	—	—	20.00	30.00	40.00	70.00

1066 MALTA, ORDER OF

KM# 298.4 GRANO

Copper **Ruler:** Emmanuel de Rohan **Obv:** Arms **Obv. Legend:** F. EMMANVEL DE ROHAN M **Rev:** G.I. above date within circle

Date	Mintage	Good	VG	F	VF	XF
1785	—	—	20.00	30.00	40.00	70.00
1786	—	—	20.00	30.00	40.00	70.00

KM# 298.5 GRANO

Copper **Ruler:** Emmanuel de Rohan **Obv. Legend:** F. EMMANUEL DE ROHAN M

Date	Mintage	Good	VG	F	VF	XF
1785	—	—	20.00	30.00	40.00	70.00

KM# 298.6 GRANO

Copper **Ruler:** Emmanuel de Rohan **Obv:** Retrograde N in ROHAN of legend

Date	Mintage	Good	VG	F	VF	XF
1785	—	—	—	—	—	—

KM# 143 V (5) GRANI (Cinquina)

Silver **Ruler:** Ramon Perellos y Roccaful **Obv:** Arms of the Order **Rev:** Clasped hands, value above, date below

Date	Mintage	VG	F	VF	XF	Unc
1707	—	50.00	100	150	200	—

KM# 151 V (5) GRANI (Cinquina)

Copper **Ruler:** Ramon Perellos y Roccaful **Obv:** Crowned ornamented shield of perollos y Roceafull **Rev:** Crowned ornamented shield with Arms of the Order

Date	Mintage	Good	VG	F	VF	XF
1719	—	—	25.00	50.00	100	150

KM# 194 V (5) GRANI (Cinquina)

Copper **Ruler:** Antonio Manoel de Vilhena **Obv:** Lion rampant **Rev:** Two clasped hands **Note:** Varieties exist.

Date	Mintage	Good	VG	F	VF	XF
1726	—	—	25.00	50.00	100	150
1734	—	—	25.00	50.00	100	150

KM# 206 V (5) GRANI (Cinquina)

Copper **Ruler:** Ramon Despuig **Obv:** Crown above Despvig's arms, fleur-de-lis at sides **Rev:** Two clasped hands

Date	Mintage	Good	VG	F	VF	XF
1739	—	—	25.00	50.00	100	150

KM# 241 V (5) GRANI (Cinquina)

Copper **Ruler:** Emmanuel Pinto **Obv:** Five crescents with crown and garlands above **Obv. Legend:** ... M • M • K • H • **Rev:** Casped hands with date above and value below

Date	Mintage	Good	VG	F	VF	XF
1748	—	—	25.00	30.00	50.00	75.00

KM# 247 V (5) GRANI (Cinquina)

Copper **Ruler:** Emmanuel Pinto **Obv:** Crowned oval arms with garlands

Date	Mintage	Good	VG	F	VF	XF
1751	—	—	40.00	50.00	75.00	100
1752	—	—	40.00	50.00	75.00	100
1753	—	—	40.00	50.00	75.00	100
1754	—	—	25.00	30.00	50.00	75.00
1755	—	—	25.00	30.00	50.00	75.00
1762	—	—	25.00	30.00	50.00	75.00

KM# 256 V (5) GRANI (Cinquina)

Copper **Ruler:** Emmanuel Pinto **Obv:** Crown above ornate arms within sprays **Obv. Legend:** F • EMMANVEL PINTO M • M • H • S • S • **Rev:** Standing figure facing right

Date	Mintage	Good	VG	F	VF	XF
1757	—	—	30.00	40.00	50.00	75.00

KM# 299.1 V (5) GRANI (Cinquina)

Copper **Ruler:** Emmanuel de Rohan **Obv:** Crowned arms over eagle **Obv. Legend:** F. EMMANUEL DE ROHAN M **Rev:** Clasped hands, date above, value below

Date	Mintage	Good	VG	F	VF	XF
1776	—	—	30.00	40.00	50.00	75.00
1780	—	—	30.00	40.00	50.00	75.00
1790	—	—	30.00	40.00	50.00	75.00

KM# 299.2 V (5) GRANI (Cinquina)

Copper **Ruler:** Emmanuel de Rohan **Obv. Legend:** F. EMMANVEL...

Date	Mintage	Good	VG	F	VF	XF
1780	—	—	30.00	40.00	50.00	75.00

KM# 152 X (10) GRANI (Carlino)

Copper **Ruler:** Ramon Perellos y Roccaful **Obv:** Crown above shield of Perellos y Roccafull **Rev:** Two clasped hands **Note:** Varieties exist.

Date	Mintage	Good	VG	F	VF	XF
1719	—	—	50.00	75.00	100	150
.1.7.1.9.	—	—	50.00	75.00	100	150

KM# 160 X (10) GRANI (Carlino)

Silver **Ruler:** Marcantonio Zondadari **Obv:** Crown above circular shield of the Order with palm branches and vertical lines in background **Rev:** Rose bush

Date	Mintage	VG	F	VF	XF	Unc
ND(1720-22)	—	100	150	200	250	—

KM# 161 X (10) GRANI (Carlino)

Silver **Ruler:** Marcantonio Zondadari **Obv:** Without vertical lines in background **Note:** Varieties of rose bush.

Date	Mintage	VG	F	VF	XF	Unc
ND(1720-22)	—	150	175	200	250	—

KM# 200 X (10) GRANI (Carlino)

Copper **Ruler:** Antonio Manoel de Vilhena **Obv:** Crowna above shield of Vilhena **Rev:** Two clasped hands

Date	Mintage	Good	VG	F	VF	XF
1734	—	—	40.00	50.00	75.00	120

KM# 207 X (10) GRANI (Carlino)

Copper **Ruler:** Ramon Despuig **Obv:** Crown above oval Despvig and shield **Rev:** Two clasped hands **Note:** Varieties exist.

Date	Mintage	Good	VG	F	VF	XF
1739	—	—	40.00	50.00	75.00	120

KM# 230 X (10) GRANI (Carlino)

Copper **Ruler:** Emmanuel Pinto **Obv:** Round arms in cartouche with magisterial berretto above **Rev:** Clasped hands with date above and value below

Date	Mintage	Good	VG	F	VF	XF
1742	—	—	30.00	40.00	50.00	75.00

KM# 242 X (10) GRANI (Carlino)

Copper **Ruler:** Emmanuel Pinto **Obv:** Arms topped by royal crown

Date	Mintage	Good	VG	F	VF	XF
1748	—	—	30.00	40.00	50.00	75.00
1752	—	—	30.00	40.00	50.00	75.00
1754	—	—	30.00	40.00	50.00	75.00
1755	—	—	30.00	40.00	50.00	75.00
1757	—	—	30.00	40.00	50.00	75.00
1771	—	—	30.00	40.00	50.00	75.00

KM# 300.1 X (10) GRANI (Carlino)

Copper **Ruler:** Emmanuel de Rohan **Obv:** Crowned arms above eagle **Obv. Legend:** F. EMMANUEL DE ROHAN M M H **Rev:** Clasped hands, date above, value below

Date	Mintage	Good	VG	F	VF	XF
1776	—	—	30.00	40.00	50.00	75.00

KM# 300.2 X (10) GRANI (Carlino)

Copper **Ruler:** Emmanuel de Rohan **Obv. Legend:** F. EMMANUEL DE ROHAN M

Date	Mintage	Good	VG	F	VF	XF
1776	—	—	30.00	40.00	50.00	75.00

KM# 300.3 X (10) GRANI (Carlino)

Copper **Ruler:** Emmanuel de Rohan **Obv. Legend:** F. EMMANVEL DE ROHAN M. M. H.

Date	Mintage	Good	VG	F	VF	XF
1776	—	—	30.00	40.00	50.00	75.00

KM# 300.4 X (10) GRANI (Carlino)

Copper **Ruler:** Emmanuel de Rohan **Obv. Legend:** F. EMMANUEL DE ROHAN M. M.

Date	Mintage	Good	VG	F	VF	XF
1786	—	—	30.00	40.00	50.00	75.00

KM# 300.5 X (10) GRANI (Carlino)

Copper **Ruler:** Emmanuel de Rohan **Obv. Legend:** F. EMMANVEL DE ROHAN M. M.

Date	Mintage	Good	VG	F	VF	XF
1786	—	—	30.00	40.00	50.00	75.00

KM# 300.6 X (10) GRANI (Carlino)

Copper **Ruler:** Emmanuel de Rohan **Obv:** Retrograde L in EMMANVEL of legend

Date	Mintage	Good	VG	F	VF	XF
1786	—	—	—	—	—	—

KM# 231 20 GRANI (Tari)

Copper **Ruler:** Emmanuel Pinto **Obv:** Head of John the Baptist toward right on platter **Rev:** Clasped hands with date above and value below in inner circle, legend divided by dots

Date	Mintage	Good	VG	F	VF	XF
1742	—	—	30.00	40.00	60.00	80.00

KM# 232 20 GRANI (Tari)

Copper **Ruler:** Emmanuel Pinto **Rev:** Legend divided by Maltese crosses

Date	Mintage	Good	VG	F	VF	XF
1742	—	—	40.00	50.00	75.00	120

KM# 248 20 GRANI (Tari)

Copper **Ruler:** Emmanuel Pinto **Obv:** Head of John the Baptist toward left on platter

Date	Mintage	Good	VG	F	VF	XF
1752	—	—	40.00	50.00	75.00	120
1762	—	—	40.00	50.00	75.00	120

KM# 249 20 GRANI (Tari)

Copper **Ruler:** Emmanuel Pinto **Rev:** Without inner circle

Date	Mintage	Good	VG	F	VF	XF
1754	—	—	40.00	50.00	60.00	90.00
1755	—	—	40.00	50.00	75.00	120
1757	—	—	40.00	50.00	75.00	120

KM# 169 TARI

Copper **Ruler:** Antonio Manoel de Vilhena **Obv:** Crown above Vilhena's arms **Rev:** Arms of the Order

Date	Mintage	Good	VG	F	VF	XF
ND(1722-36)	—	—	50.00	75.00	125	175

KM# 307.1 TARI

Silver **Ruler:** Emmanuel de Rohan **Obv:** Crowned oval arms in sprays **Rev:** Value in wreath, date in legend

Date	Mintage	VG	F	VF	XF	Unc
1777	—	50.00	60.00	75.00	90.00	—

KM# 307.2 TARI

Silver **Ruler:** Emmanuel de Rohan **Obv:** Crowned oval arms in sprays, retrograde N in ROHAN **Rev:** T • I and rosettes within thin wreath

Date	Mintage	VG	F	VF	XF	Unc
1777	—	60.00	75.00	100	120	—

KM# 331.3 TARI

Copper **Ruler:** Emmanuel de Rohan **Obv:** Crowned arms above eagle **Obv. Legend:** F • EMMANVEL DE ROHAN M • M • **Rev:** Head of John the Baptist on platter

Date	Mintage	Good	VG	F	VF	XF
1786	—	—	20.00	30.00	40.00	50.00

KM# 331.2 TARI

Copper **Ruler:** Emmanuel de Rohan **Obv. Legend:** F • EMMANUEL DE ROHAN M •

Date	Mintage	Good	VG	F	VF	XF
1786	—	—	20.00	30.00	40.00	50.00

KM# 332 TARI

Copper **Ruler:** Emmanuel de Rohan **Obv. Legend:** F • EMMANUEL DE ROHAN M • M • H • **Rev. Legend:** CONCUTIATIS NEMINEM

Date	Mintage	Good	VG	F	VF	XF
ND	—	—	30.00	40.00	50.00	75.00

KM# 333 TARI

Copper **Ruler:** Emmanuel de Rohan **Obv:** Without value **Obv. Legend:** F • EMMANUEL DE ROHAN M •

Date	Mintage	Good	VG	F	VF	XF
ND	—	—	30.00	40.00	50.00	75.00

KM# 178 2 TARI

Copper **Ruler:** Antonio Manoel de Vilhena **Obv:** Rampant lion **Rev:** Maltese cross

Date	Mintage	Good	VG	F	VF	XF
1723	—	—	50.00	75.00	125	200

KM# 201 2 TARI

Copper **Ruler:** Ramon Despuig **Obv:** Crown above arms of Despvig, divides value **Rev:** Maltese cross, stars in angles **Note:** Varieties in shape of shield.

Date	Mintage	Good	VG	F	VF	XF
1737	—	—	150	175	200	250

Date	Mintage	VG	F	VF	XF	Unc
1724	—	175	200	275	350	—
1728	—	150	175	250	300	—

KM# 219 2 TARI

Silver **Ruler:** Emmanuel Pinto **Obv:** Magisterial berretto above arms **Obv. Legend:** F • EMMANVEL • PINTO... **Rev:** Maltese cross, stars in angles

Date	Mintage	VG	F	VF	XF	Unc
1741	—	50.00	60.00	75.00	100	—

KM# 202 4 TARI

Silver **Ruler:** Ramon Despuig **Obv:** Bust right **Rev:** Crown above oval, ornate arms

Date	Mintage	VG	F	VF	XF	Unc
1737	—	100	125	150	200	—

KM# 220 4 TARI

Silver **Ruler:** Emmanuel Pinto **Obv:** Young armored bust right **Rev:** Crowned arms, crown divides date

Date	Mintage	VG	F	VF	XF	Unc
1741	—	75.00	100	125	150	—

KM# 221 4 TARI

Silver **Ruler:** Emmanuel Pinto **Obv:** Large armored bust left, legend broken **Rev:** Arms with coronet and magisterial cap above

Date	Mintage	VG	F	VF	XF	Unc
ND	—	75.00	100	125	150	—

KM# 222 4 TARI

Silver **Rev:** Crowned arms

Date	Mintage	VG	F	VF	XF	Unc
ND	—	75.00	100	125	150	—

KM# 223 4 TARI

Silver **Obv:** Small bust, continuous legend

Date	Mintage	VG	F	VF	XF	Unc
ND	—	75.00	100	125	150	—

KM# 290 2 TARI

Silver **Ruler:** Francisco Ximenez de Texada **Obv:** Crowned, oval arms within leafy sprigs **Obv. Legend:** F • D • FRAN : XIME-NEZ • **Rev:** Maltese cross

Date	Mintage	VG	F	VF	XF	Unc
1774	—	60.00	75.00	125	150	—

KM# 291 2 TARI

Silver **Ruler:** Francisco Ximenez de Texada

Date	Mintage	VG	F	VF	XF	Unc
1774	—	10.00	20.00	40.00	75.00	—

KM# 301.1 2 TARI

Silver **Ruler:** Emmanuel de Rohan **Obv:** Crowned arms above eagle **Rev:** Maltese cross in circle, date in angles, SPUL in legend

Date	Mintage	VG	F	VF	XF	Unc
1776	—	40.00	50.00	60.00	75.00	—

KM# 301.2 2 TARI

Silver **Ruler:** Emmanuel de Rohan **Rev:** SPU for SEPUL in legend

Date	Mintage	VG	F	VF	XF	Unc
1779	—	40.00	50.00	60.00	75.00	—

KM# 302 4 TARI

Silver **Ruler:** Emmanuel de Rohan **Obv:** Crown above shield on eagle breast **Obv. Legend:** F • EMMANUEL DE ROHAN M • M • H • S • S • **Rev:** Value, date within wreath

Date	Mintage	VG	F	VF	XF	Unc
1776	—	75.00	100	125	150	—
1779	—	75.00	100	125	150	—

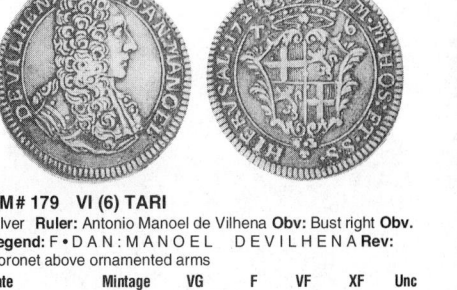

KM# 179 VI (6) TARI

Silver **Ruler:** Antonio Manoel de Vilhena **Obv:** Bust right **Obv. Legend:** F • DAN : MANOEL DEVILHENA **Rev:** Coronet above ornamented arms

Date	Mintage	VG	F	VF	XF	Unc
1723	—	150	350	450	500	—

KM# 208 VI (6) TARI

Silver **Ruler:** Ramon Despuig **Obv:** Coronet and cap above ornamented shield **Rev:** Head of John the Baptist on platter

Date	Mintage	VG	F	VF	XF	Unc
1739	—	—	—	3,500	4,500	—

KM# 303.2 VI (6) TARI

Silver **Ruler:** Emmanuel de Rohan **Obv:** Crown above shield on eagle breast **Obv. Legend:** M • M • H • S • ... **Rev:** Value, date within wreath

Date	Mintage	VG	F	VF	XF	Unc
1776	—	75.00	100	125	150	—

KM# 250 4 TARI

Silver **Ruler:** Emmanuel Pinto **Obv:** Armored bust left **Rev:** Crown divides date above ornate shield

Date	Mintage	VG	F	VF	XF	Unc
1756	—	75.00	100	125	150	—
1757	—	75.00	100	125	150	—

KM# 251 4 TARI

Silver **Ruler:** Emmanuel Pinto **Rev:** Without value, date in legend

Date	Mintage	VG	F	VF	XF	Unc
1756	—	75.00	100	125	150	—
1761	—	75.00	100	125	150	—

KM# 162 4 TARI

Silver **Ruler:** Marcantonio Zondadari **Obv:** Crowned ornate arms of Zondadari **Rev:** QVI DAT/PAVPERI/NON/INDIGEBIT, date within cartouche

Date	Mintage	VG	F	VF	XF	Unc
1720	—	350	400	450	500	—

KM# 303.1 VI (6) TARI

Silver **Ruler:** Emmanuel de Rohan **Obv:** Crown above shield on eagle breast **Obv. Legend:** F • EMMANUEL DE ROHAN M • M • H • S • S **Rev:** Value, date within wreath **Note:** Varieties exist.

Date	Mintage	VG	F	VF	XF	Unc
1776	—	75.00	100	125	150	—
1780	—	75.00	100	125	150	—

KM# 164 8 TARI

Silver **Ruler:** Antonio Manoel de Vilhena **Obv:** Bust right **Rev:** Coronet above ornamented arms

Date	Mintage	VG	F	VF	XF	Unc
1721 Rare	—	—	—	—	—	—
1722 Rare	—	—	—	—	—	—
1723 Rare	—	—	—	—	—	—

KM# 163 4 TARI

Silver **Ruler:** Marcantonio Zondadari **Obv:** Crown above ornate oval shield of Zondadari **Rev:** Head of John the Baptist on platter

Date	Mintage	VG	F	VF	XF	Unc
ND(1720-22)	—	300	350	400	450	—

KM# 170 4 TARI

Silver **Ruler:** Antonio Manoel de Vilhena **Obv:** Bust right **Rev:** Crown above ornate shield

Date	Mintage	VG	F	VF	XF	Unc
1722	—	150	175	250	300	—
1723	—	150	175	250	300	—

KM# 282 4 TARI

Silver **Ruler:** Emmanuel Pinto **Obv:** Armored bust right **Obv. Legend:** F • EMMANVEL PINTO M • M • **Rev:** Crowned shield

Date	Mintage	VG	F	VF	XF	Unc
1768	—	75.00	100	125	150	—

KM# 285 4 TARI

Silver **Ruler:** Francisco Ximenez de Texada **Obv:** Draped, armored bust right, date below **Obv. Legend:** FRAN XIMENEZ DE TEXADA • .. **Rev:** Crossed oval arms in branches, crown divides value

Date	Mintage	VG	F	VF	XF	Unc
1773	—	100	125	150	200	—
1774	—	100	125	150	200	—

KM# 252 XV (15) TARI

Silver **Ruler:** Emmanuel Pinto **Obv:** Crowned, ornate shield within sprays **Obv. Legend:** FEMMANVEL PINTO • M • M • H • ... **Rev:** John the Baptist standing with banner in right hand, value in exergue **Rev. Legend:** ...SVRREXIT MAIOR

Date	Mintage	VG	F	VF	XF	Unc
1756	—	125	150	200	240	—
1757	—	125	150	200	240	—
1759	—	125	150	200	240	—

KM# 257 XV (15) TARI

Silver **Ruler:** Emmanuel Pinto **Obv:** Palm spray at right of crowned arms **Rev:** Banner in crook of left arm, lamb standing

Date	Mintage	VG	F	VF	XF	Unc
1757	—	125	150	200	240	—
1759	—	125	150	200	240	—

MALTA, ORDER OF

KM# 258.1 XV (15) TARI
Silver **Ruler:** Emmanuel Pinto **Obv:** Crown above shield within sprays **Obv. Legend:** F • EMMANVEL PINTO • M • M • H • S • S • **Rev:** Banner hanging from cross in right hand **Rev. Legend:** ...SVRREXIT MAIOR **Note:** Prev. KM#258.

Date	Mintage	VG	F	VF	XF	Unc
1759	—	125	150	200	240	—
1761	—	125	150	200	240	—

KM# 259 XV (15) TARI
Silver **Ruler:** Emmanuel Pinto **Obv:** Crowned arms within sprays **Obv. Legend:** F • EMMANVEL PINTO • M • M • H • S • S • **Rev:** Banner in crook of John the Baptist's left arm, lamb standing at his feet **Rev. Legend:** ....SVRREXIT MAIOR

Date	Mintage	VG	F	VF	XF	Unc
1761	—	125	150	200	240	—
1764	—	125	150	200	240	—

KM# 258.2 XV (15) TARI
Silver **Ruler:** Emmanuel Pinto **Obv:** Crowned arms with solid ornamentation **Rev:** Banner hanging from cross in right hand

Date	Mintage	VG	F	VF	XF	Unc
1769	—	125	150	200	240	—

KM# 258.3 XV (15) TARI
Silver **Ruler:** Emmanuel Pinto **Obv:** Crowned arms on laurels **Rev:** Banner hanging from cross in right hand

Date	Mintage	VG	F	VF	XF	Unc
1772	—	125	150	200	240	—

KM# 304 XV (15) TARI
Silver **Ruler:** Emmanuel de Rohan **Obv:** Large bust right **Obv. Legend:** F • EMMANUELDE ROHAN • M • M • H • **Rev:** Crown divides value above 2 oval shields, divides date below

Date	Mintage	VG	F	VF	XF	Unc
1776	—	150	175	225	300	—
1777	—	150	175	225	300	—

KM# 316 XV (15) TARI
Silver **Ruler:** Emmanuel de Rohan **Obv:** Armored bust right **Obv. Legend:** F • EMMANUEL DE ROHAN • M • M • **Rev:** Crown above shield on eagle breast, date in legend above **Rev. Legend:** ... • HOSPITALS ET S •

Date	Mintage	VG	F	VF	XF	Unc
1779	—	150	175	225	300	—

KM# 325 XV (15) TARI
Silver **Ruler:** Emmanuel de Rohan **Obv:** Armored bust right **Obv. Legend:** F • EMMANUEL DE ROHAN • M • M • Rev: Crown divides date above shield on eagle breast

Date	Mintage	VG	F	VF	XF	Unc
1781	—	125	150	200	240	—

KM# 344 XV (15) TARI
Silver **Ruler:** Ferdinand Hompesch **Obv:** Armored bust left **Obv. Legend:** FERDINANDVS HOMPESCH ... **Rev:** Crown divides date above shield on eagle breast

Date	Mintage	VG	F	VF	XF	Unc
1798	—	200	225	275	325	—

Note: It is believed that KM#344 was struck during the French occupation of Malta

KM# 165 16 TARI
Silver **Ruler:** Antonio Manoel de Vilhena **Obv:** Bust right **Rev:** Coronet above ornamented arms

Date	Mintage	VG	F	VF	XF	Unc
1721	—	—	—	5,000	—	—
1723	—	—	—	5,000	—	—

KM# 326 16 TARI
Silver **Ruler:** Emmanuel de Rohan **Obv:** Bust right **Rev:** Crowned arms above eagle, date in legend, crown divides value

Date	Mintage	VG	F	VF	XF	Unc
1781	—	200	225	250	300	—

KM# 260 XXX (30) TARI
Silver **Ruler:** Emmanuel Pinto **Obv:** Crown above ornate shield **Obv. Legend:** F • EMMANVEL PINTO • M • M • H • S • S • **Rev:** Banner hanging from cross in right hand **Rev. Legend:** ...EXIT • MAIOR • **Note:** Varieties exist. Dav. #1602.

Date	Mintage	VG	F	VF	XF	Unc
1759	—	275	300	350	450	—
1761	—	275	300	350	450	—

KM# 266 XXX (30) TARI
Silver **Ruler:** Emmanuel Pinto **Obv:** Crown above ornate shield, date in legend **Obv. Legend:** F • EMMANUEL PIN : TO • M • M • H • S • S • **Rev:** Banner in left hand, lamb standing **Rev. Legend:** ...VRREXIT MAIOR **Note:** Varieties exist. Dav. #1604.

Date	Mintage	VG	F	VF	XF	Unc
1761	—	275	300	350	450	—
1768	—	275	300	350	450	—

KM# A256 XXX (30) TARI
Silver **Ruler:** Emmanuel Pinto **Obv:** Crowned arms, date in legend **Rev:** John the Baptist standing with banner in right hand, lamb lying at right, value in exergue **Note:** Varieties exist. Dav. #1600.

Date	Mintage	VG	F	VF	XF	Unc
1756	—	250	300	375	500	—
1757	—	250	300	375	500	—
1758	—	250	300	375	500	—
1759	—	250	300	375	500	—

KM# 265.1 XXX (30) TARI
Silver **Ruler:** Emmanuel Pinto **Obv:** Crowned ornate shield, date in legend **Obv. Legend:** F • EMMANVEL • PINTO • M • M • H • S • S • **Rev:** Standing figure, lamb standing at right **Rev. Legend:** ...SVRREXIT MAIOR **Note:** Dav. #1601.

Date	Mintage	VG	F	VF	XF	Unc
1761	—	275	300	350	450	—

KM# 265.2 XXX (30) TARI
Silver **Ruler:** Emmanuel Pinto **Rev:** Lamb reclining **Note:** Dav. #1601A.

Date	Mintage	VG	F	VF	XF	Unc
1761	—	275	300	350	450	—

KM# 265.3 XXX (30) TARI
Silver **Ruler:** Emmanuel Pinto **Obv:** Branches behind arms **Note:** Dav. #1601B.

Date	Mintage	VG	F	VF	XF	Unc
1761	—	275	300	350	450	—

KM# 327 XXX (30) TARI
Silver **Ruler:** Emmanuel de Rohan **Obv:** Armored bust right **Obv. Legend:** F • EMMANUEL DE ROHAN M • M • **Rev:** Crown above shield on eagle breast, date at upper left **Rev. Legend:** ...HOSPITA • ET S • **Note:** Varieties exist. Dav. #1608.

Date	Mintage	VG	F	VF	XF	Unc
1781	—	250	300	375	475	—
1785	—	250	300	375	475	—
1789	—	250	300	375	475	—
1790	—	250	300	375	475	—

KM# 308 XXX (30) TARI
Silver **Ruler:** Emmanuel de Rohan **Obv:** Armored bust right **Obv. Legend:** F • EMMANUEL DE ROHAN • M • M • H • S • S • **Rev:** Crown divides value above oval shields, divides date below **Note:** Dav. #1606.

Date	Mintage	VG	F	VF	XF	Unc
1777	—	100	150	300	500	—

KM# 335.1 XXX (30) TARI
Silver **Ruler:** Emmanuel de Rohan **Obv:** Eagle below modified bust, right **Obv. Legend:** F • EMMANUEL DE ROHAN M • M • **Rev:** Crown above shield on eagle breast **Rev. Legend:** ...HOSPITA • ET S • **Note:** Dav. #1609.

Date	Mintage	VG	F	VF	XF	Unc
1789	—	250	300	375	475	—
1790	—	250	300	375	475	—
1795	—	250	300	375	475	—
1796	—	250	300	375	475	—

KM# 335.2 XXX (30) TARI
Silver **Ruler:** Emmanuel de Rohan **Obv:** Without eagle below modified bust **Rev:** Crown above shield on eagle breast **Note:** Dav. #1609A.

Date	Mintage	VG	F	VF	XF	Unc
1789	—	250	300	375	475	—
1790	—	250	300	375	475	—
1795	—	250	300	375	475	—
1796	—	250	300	375	475	—

KM# 317 XXX (30) TARI
Silver **Ruler:** Emmanuel de Rohan **Obv:** Armored bust right **Obv. Legend:** F • EMMANUEL DE ROHAN M * M * **Rev:** Crown above shield on eagle breast, divided date above **Rev. Legend:** ...* HOSPITALIS ET S • **Note:** Dav. #1607.

Date	Mintage	VG	F	VF	XF	Unc
1779	—	200	250	350	450	—

bust **Obv. Legend:** F • FERDINANDVS HOMPESCH M • M **Rev:** Crown above shield on eagle breast, divided date above **Rev. Legend:** ...HOSPITAL ET **Note:** Dav. #1611.

Date	Mintage	VG	F	VF	XF	Unc
1798	—	300	350	425	550	—

KM# 345.2 XXX (30) TARI
Silver **Ruler:** Ferdinand Hompesch **Obv:** Eight-pointed star below shoulder **Note:** Dav. #1611A.

Date	Mintage	VG	F	VF	XF	Unc
1798	—	300	350	425	550	—

KM# 345.3 XXX (30) TARI
Silver **Ruler:** Ferdinand Hompesch **Obv:** Armored bust left, dot below bust **Obv. Legend:** F • FEDINANDVS HOMPESCH M • M • **Rev:** Crown above shield on eagle breast, divided date above **Note:** Dav. #1611B.

Date	Mintage	VG	F	VF	XF	Unc
1798	—	300	350	425	550	—

Note: It is believed that KM#345.3 was struck during the French occupation of Malta

KM# 345.4 XXX (30) TARI
Silver **Ruler:** Ferdinand Hompesch **Obv:** Dot in front of Grand Masters' nose **Note:** Dav. #1611C.

Date	Mintage	VG	F	VF	XF	Unc
1798	—	400	450	550	700	—

Note: It is believed that 345.4 was struck during the French occupation of Malta

KM# 345.1 XXX (30) TARI
Silver **Ruler:** Ferdinand Hompesch **Subject:** Ferdinand Hompesch **Obv:** Armored bust left, without cross or dot below

KM# 139 ZECCHINO
3.5000 g., 0.9860 Gold 0.1109 oz. AGW **Obv:** Crowned oval arms in sprays **Obv. Legend:** F • MARCVS ANTONIVS ZONDODARI • M • M • HOS: HIE • **Rev:** St. John standing presents Order flag to kneeling Grand Master **Rev. Legend:** PIETATE - VINCES

Date	Mintage	VG	F	VF	XF	Unc
ND(1720-22)	—	1,500	1,800	2,250	3,000	—

KM# 133 ZECCHINO
3.5000 g., 0.9860 Gold 0.1109 oz. AGW **Ruler:**

MALTA, ORDER OF

Ramon Perellos y Roccaful **Obv:** Crowned baroque shield in sprays **Obv. Legend:** F RAYMUNDVS PERELLOS M M H ET S S H **Rev:** St. John standing presents Order flag to kneeling Grand Master **Rev. Legend:** PIETATE - VINCES

Date	Mintage	VG	F	VF	XF	Unc
1705	—	1,500	1,800	2,250	3,000	—
1717	—	1,500	1,800	2,250	3,000	—

KM# 171 ZECCHINO
3.5000 g., 0.9860 Gold 0.1109 oz. AGW **Ruler:** Marcantonio Zondadari **Obv:** Crowned shovel point arms in sprays **Obv. Legend:** * F * MARCVS ANTONIVS ZONDODARI * M * M * H * H+ **Rev:** St. John standing presents Order flag to kneeling Grand Master

Date	Mintage	VG	F	VF	XF	Unc
1722	—	1,500	1,800	2,250	3,000	—

KM# 172 ZECCHINO
3.5000 g., 0.9860 Gold 0.1109 oz. AGW **Obv:** Crowned oval shield within sprigs **Rev:** St. John presenting banner to Grand Master

Date	Mintage	VG	F	VF	XF	Unc
ND	—	1,500	1,800	2,250	3,000	—

KM# 182 ZECCHINO
3.5000 g., 0.9860 Gold 0.1109 oz. AGW **Ruler:** Antonio Manoel de Vilhena **Obv:** Crowned ornate shield **Obv. Legend:** M • M • HOS : ET S • S • HIERV **Rev:** St. John presenting banner to Grand Master

Date	Mintage	VG	F	VF	XF	Unc
1723	—	1,500	1,800	2,250	3,000	—
1724	—	1,500	1,800	2,250	3,000	—

KM# 189 ZECCHINO
3.5000 g., 0.9860 Gold 0.1109 oz. AGW **Ruler:** Antonio Manoel de Vilhena **Obv:** Crowned ornate shield **Obv. Legend:** F • D • AN • MANOEL DE VILHENA M • M • H • **Rev:** St. John presenting banner to Grand Master

Date	Mintage	VG	F	VF	XF	Unc
1725	—	1,500	1,800	2,250	3,000	—

KM# 233 ZECCHINO
3.5000 g., 0.9860 Gold 0.1109 oz. AGW **Ruler:** Emmanuel Pinto **Obv:** Armored bust left **Obv. Legend:** F • EMMANVEL PINTO M • M • **Rev:** Crowned shield

Date	Mintage	VG	F	VF	XF	Unc
1742	—	700	900	1,200	1,500	—
ND	—	700	900	1,200	1,500	—

KM# 244 ZECCHINO
3.5000 g., 0.9860 Gold 0.1109 oz. AGW **Obv:** Armored bust left **Rev:** Crowned shield

Date	Mintage	VG	F	VF	XF	Unc
ND	—	—	—	—	—	—

KM# 183 2 ZECCHINO
7.0000 g., 0.9860 Gold 0.2219 oz. AGW **Ruler:** Antonio Manoel de Vilhena **Obv:** Armored bust right **Rev:** Crowned shield within sprigs **Note:** Varieties exist.

Date	Mintage	VG	F	VF	XF	Unc
1723	—	2,000	2,250	2,500	3,000	—

KM# 190 2 ZECCHINO
7.0000 g., 0.9860 Gold 0.2219 oz. AGW **Ruler:** Antonio Manoel de Vilhena **Obv:** Armored bust right **Rev:** Crowned, ornate round shield **Note:** Varieties exist.

Date	Mintage	VG	F	VF	XF	Unc
1724	—	325	475	850	1,650	—
1725	—	325	475	850	1,650	—
1726	—	325	475	850	1,650	—
1728	—	325	475	850	1,650	—

KM# 234 2 ZECCHINO
7.0000 g., 0.9860 Gold 0.2219 oz. AGW **Ruler:** Emmanuel Pinto **Obv:** Armored bust left **Obv. Legend:** F • EMMA NVEL PINTO **Rev:** Coronet above shield **Rev. Legend:** SEP • HIER • M • M •...

Date	Mintage	VG	F	VF	XF	Unc
1742	—	1,250	1,500	1,750	2,000	—
ND	—	1,250	1,500	1,750	2,000	—

KM# 235 2 ZECCHINO
7.0000 g., 0.9860 Gold 0.2219 oz. AGW **Ruler:** Emmanuel Pinto **Obv:** Small, armored bust left **Obv. Legend:** F • EMMANVEL PINTO M • M • **Rev:** Crowned shield **Rev. Legend:** HOSPI • ET SEP • HIER •

Date	Mintage	VG	F	VF	XF	Unc
ND	—	1,250	1,500	1,750	2,000	—

KM# 236 2 ZECCHINO
7.0000 g., 0.9860 Gold 0.2219 oz. AGW, 22 mm. **Obv:** Armored bust left **Rev:** Crowned shield **Note:** Reduced size.

Date	Mintage	VG	F	VF	XF	Unc
ND	—	1,250	1,500	1,750	2,000	—

KM# 134 4 ZECCHINI
14.0000 g., 0.9860 Gold 0.4438 oz. AGW **Ruler:** Ramon Perellos y Roccaful **Obv:** Crowned arms in palm branches **Rev:** St. John presenting banner to kneeling Grand Master

Date	Mintage	VG	F	VF	XF	Unc
1705	—	—	—	30,000	—	—

KM# 150 4 ZECCHINI
14.0000 g., 0.9860 Gold 0.4438 oz. AGW **Ruler:** Ramon Perellos y Roccaful **Obv:** Armored bust right, date below **Obv. Legend:** RAIMIN PERELLOS ET .... **Rev:** Crowned shield within sprigs

Date	Mintage	VG	F	VF	XF	Unc
1717	—	—	—	20,000	—	—
1718	—	—	—	20,000	—	—

KM# 153 4 ZECCHINI
14.0000 g., 0.9860 Gold 0.4438 oz. AGW **Ruler:** Ramon Perellos y Roccaful **Obv:** Armored bust right **Obv. Legend:** E • RAIMV • PERELLOS .... **Rev:** Crowned shield divides date

Date	Mintage	VG	F	VF	XF	Unc
1719	—	—	—	20,000	—	—

KM# 168.1 4 ZECCHINI
14.0000 g., 0.9860 Gold 0.4438 oz. AGW **Ruler:** Marcantonio Zondadari **Obv:** Armored bust right, small date below **Obv. Legend:** MARCVS ANTONIVS • ZONDODARI **Rev:** Crowned, oval ornate shield **Rev. Legend:** MAGNVS...

Date	Mintage	VG	F	VF	XF	Unc
1721	—	3,000	4,000	5,000	7,500	—
1722	—	3,000	4,000	5,000	7,500	—

KM# 166 4 ZECCHINI
14.0000 g., 0.9860 Gold 0.4438 oz. AGW **Ruler:** Marcantonio Zondadari **Obv:** Armored bust right **Obv. Legend:** MARCVS • ANTONIVS..... **Rev:** Inscription within cartouche

Date	Mintage	VG	F	VF	XF	Unc
1721	—	1,500	2,500	4,500	7,500	—

MALTA, ORDER OF

KM# 167 4 ZECCHINI
14.0000 g., 0.9860 Gold 0.4438 oz. AGW **Ruler:** Marcantonio Zondadari **Rev:** Crowned ornamental shield divides date

Date	Mintage	VG	F	VF	XF	Unc
1721	—	4,000	5,000	5,500	8,500	—

KM# 176 4 ZECCHINI
14.0000 g., 0.9860 Gold 0.4438 oz. AGW **Ruler:** Antonio Manoel de Vilhena **Obv:** Armored bust right **Obv. Legend:** DEVILHENA FD • AN • MANOEL **Rev:** Crowned ornate shield **Rev. Legend:** ...M • M • HOSP • ET

Date	Mintage	VG	F	VF	XF	Unc
1722	—	6,000	7,000	8,000	9,500	—
1723	—	6,000	7,000	8,000	9,500	—
1724	—	6,000	7,000	8,000	9,500	—

KM# 168.2 4 ZECCHINI
14.0000 g., 0.9860 Gold 0.4438 oz. AGW **Ruler:** Marcantonio Zondadari **Obv:** Armored bust right, date below **Rev:** Crowned oval, ornate shield **Rev. Legend:** M • MAGISTER...

Date	Mintage	VG	F	VF	XF	Unc
1722 Small date	—	3,000	4,000	5,000	7,500	—
1722 Large date	—	3,000	4,000	5,000	7,500	—

KM# 173 4 ZECCHINI
14.0000 g., 0.9860 Gold 0.4438 oz. AGW **Ruler:** Marcantonio Zondadari **Obv:** Armored bust right, small date at end of legend **Rev:** Crowned ornamental round arms **Rev. Legend:** M • MAGISTER...

Date	Mintage	VG	F	VF	XF	Unc
1722	—	6,000	7,000	8,500	10,000	—

KM# 174 4 ZECCHINI
14.0000 g., 0.9860 Gold 0.4438 oz. AGW **Ruler:** Antonio Manoel de Vilhena **Obv:** Armored bust right, date below **Rev:** Crowned shield

Date	Mintage	VG	F	VF	XF	Unc
1722	—	6,000	7,000	8,500	10,000	—

KM# 175 4 ZECCHINI
14.0000 g., 0.9860 Gold 0.4438 oz. AGW **Ruler:** Antonio Manoel de Vilhena **Obv:** Armored bust right **Rev:** Crowned ornamental arms with date below

Date	Mintage	VG	F	VF	XF	Unc
1722	—	6,000	7,000	8,500	10,000	—

KM# 184 4 ZECCHINI
14.0000 g., 0.9860 Gold 0.4438 oz. AGW **Ruler:** Antonio Manoel de Vilhena **Obv:** Armored bust right within broken circle **Obv. Legend:** DEVILHENA F • D • AN : MANOEL **Rev:** Crowned ornate arms with stars within circle **Rev. Legend:** ...M • M • HOSP : ET *

Date	Mintage	VG	F	VF	XF	Unc
1723	—	6,000	7,000	8,000	9,500	—
1724	—	6,000	7,000	8,000	9,500	—

KM# 185 4 ZECCHINI
14.0000 g., 0.9860 Gold 0.4438 oz. AGW **Ruler:** Antonio Manoel de Vilhena **Obv:** Armored bust right **Obv. Legend:** * F • D • AN : MANOEL DE VILHENA * **Rev:** Crowned ornamental oval arms

Date	Mintage	VG	F	VF	XF	Unc
1724	—	6,000	7,000	8,000	9,500	—
1725	—	6,000	7,000	8,000	9,500	—

KM# 191 4 ZECCHINI
14.0000 g., 0.9860 Gold 0.4438 oz. AGW **Ruler:** Antonio Manoel de Vilhena **Obv:** Armored bust right **Rev:** Crowned shield

Date	Mintage	VG	F	VF	XF	Unc
1724	—	6,000	7,000	8,000	9,500	—

KM# 237 4 ZECCHINI
14.0000 g., 0.9860 Gold 0.4438 oz. AGW **Ruler:** Emmanuel Pinto **Obv:** Armored bust left **Obv. Legend:** F • EMMANVEL PINTO M • M • **Rev:** Crowned ornate shield **Rev. Legend:** SEP • HIER • HOSPI • ET • S •

Date	Mintage	VG	F	VF	XF	Unc
ND(1741-73)	—	2,000	3,000	4,500	5,500	—
1742	—	2,000	3,000	4,500	5,500	—

KM# 238 4 ZECCHINI
14.0000 g., 0.9860 Gold 0.4438 oz. AGW, 26 mm. **Ruler:** Emmanuel Pinto **Obv:** Armored bust left **Obv. Legend:** F • EMMANVEL PINTO M • M • **Rev:** Crowned ornate shield **Rev. Legend:** SEP • HIER • HOSPI • ET • S • **Note:** Reduced size.

Date	Mintage	VG	F	VF	XF	Unc
ND(1741-73)	—	2,000	3,000	4,500	5,000	—

KM# 177 10 ZECCHINI
35.0000 g., 0.9860 Gold 1.1095 oz. AGW **Ruler:** Antonio Manoel de Vilhena **Obv:** Armored bust right **Rev:** Crowned shield

Date	Mintage	VG	F	VF	XF	Unc
1722 Rare	—	—	—	—	—	—

KM# 192 12 ZECCHINI
42.0000 g., 0.9860 Gold 1.3314 oz. AGW **Ruler:** Antonio Manoel de Vilhena **Obv:** Armored bust right within broken circle **Obv. Legend:** DEVILHENA F • D • AN : MANOEL **Rev:** Crowned, ornate oval shield **Rev. Legend:** ...M • M A G I S : H O S : E T

Date	Mintage	VG	F	VF	XF	Unc
1725 Rare	—	—	—	—	—	—

KM# 180 SCUDO (12 Tari)
Silver **Ruler:** Antonio Manoel de Vilhena **Obv:** Armored bust right **Obv. Legend:** F • D • AN • MANOEL • ... **Rev:** Coronet above ornamented arms **Note:** Legend varieties exist.

Date	Mintage	VG	F	VF	XF	Unc
1723	—	800	1,000	1,200	1,500	—
1724	—	2,000	2,500	3,000	3,500	—

KM# 203 SCUDO (12 Tari)
Silver **Ruler:** Ramon Despuig **Obv:** Armored bust right **Obv. Legend:** GRAIMVNDVS DESPVIG ... **Rev:** Coronet and cap above arms, divided date above

Date	Mintage	VG	F	VF	XF	Unc
1737	—	300	350	400	450	—
1738	—	300	350	400	450	—

KM# 224 SCUDO (12 Tari)
Silver **Ruler:** Emmanuel Pinto **Obv:** Armored bust left **Obv. Legend:** F • EMMAN VEL PINTO **Rev:** Crown divides date above ornate shield **Rev. Legend:** ...M • M • H • E • T • S **Note:** Varieties exist.

Date	Mintage	VG	F	VF	XF	Unc
1741	—	100	150	200	250	—

KM# 273 SCUDO (12 Tari)
Silver **Ruler:** Emmanuel Pinto **Obv:** Armored bust left **Obv. Legend:** F • EMMANVEL PINTO • M • M • H • **Rev:** Crowned ornate shield, without legend, value divided below

Date	Mintage	VG	F	VF	XF	Unc
1764	—	75.00	100	150	225	—

KM# 286 SCUDO (12 Tari)
Silver **Ruler:** Francisco Ximenez de Texada **Obv:** Armored bust right **Obv. Legend:** FR • D • FRANCISCVS ... **Rev:** Crown divides date above ornate oval shield

Date	Mintage	VG	F	VF	XF	Unc
1773	—	100	175	200	250	—
1774	—	100	175	200	250	—

MALTA, ORDER OF

KM# 305.1 SCUDO (12 Tari)
Silver **Ruler:** Emmanuel de Rohan **Obv:** Armored bust right **Obv. Legend:** F • EMMANUEL DE ROHAN M • M • H • S • S • **Rev:** Crown divides date above shield on eagle breast

Date	Mintage	VG	F	VF	XF	Unc
1776	—	100	175	200	250	—

KM# 305.2 SCUDO (12 Tari)
Silver **Ruler:** Emmanuel de Rohan **Obv:** Armored bust right **Obv. Legend:** F • EMMANVEL DE ROHAN M • M • **Rev:** Crown divides date above shield on eagle breast

Date	Mintage	VG	F	VF	XF	Unc
1776	—	100	175	200	250	—

KM# 342 SCUDO (12 Tari)
Silver **Ruler:** Emmanuel de Rohan **Obv:** Armored bust right **Obv. Legend:** F • EMMANUEL DE ROHAN M • M • **Rev:** Crowned oval shield, beaded and spiked, within sprigs, divided date above

Date	Mintage	VG	F	VF	XF	Unc
1796	—	100	175	200	250	—

KM# 181 2 SCUDI
Silver **Ruler:** Antonio Manoel de Vilhena **Obv:** Bust right within circle **Obv. Legend:** * F • D • AN : MANOEL * DE * VILHENA * **Rev:** Crown above oval shields **Rev. Legend:** M • MAGIS : HOS : ET S SEPVL : HIERVSALEM **Note:** Dav. #1593. Varieties exist.

Date	Mintage	VG	F	VF	XF	Unc
1723	—	700	800	1,000	1,200	—

KM# 186 2 SCUDI
Silver **Ruler:** Antonio Manoel de Vilhena **Obv:** Legend begins at top **Rev. Legend:** M. MAGIS(TER): HOS(P): ET S. S(EPVL): HIERVS(A) (L) (EM) **Note:** Dav. #1594. Die varieties exist.

Date	Mintage	VG	F	VF	XF	Unc
1724	—	700	800	1,000	1,200	—

KM# 187 2 SCUDI
Silver **Ruler:** Antonio Manoel de Vilhena **Obv:** Without inner circle **Rev:** Larger crowned arms without inner circle **Rev. Legend:** M. MAGISTER HOSP: *-* ET S. S. HIERVS: **Note:** Dav. #1595. Varieties exist.

Date	Mintage	VG	F	VF	XF	Unc
1724	—	700	800	1,000	1,200	—

KM# 188 2 SCUDI
Silver **Ruler:** Antonio Manoel de Vilhena **Obv:** Without stars at end of legend **Rev:** Legend unbroken at bottom **Note:** Dav. #1596. Varieties exist.

Date	Mintage	VG	F	VF	XF	Unc
1725	—	700	800	1,000	1,200	—

KM# 195.1 2 SCUDI
Silver **Ruler:** Antonio Manoel de Vilhena **Obv:** With inner circle **Rev. Legend:** ... HIERVS(A) **Note:** Dav. #1597.

Date	Mintage	VG	F	VF	XF	Unc
1728	—	700	800	1,000	1,200	—

KM# 195.2 2 SCUDI
Silver **Ruler:** Antonio Manoel de Vilhena **Obv:** Without inner circle **Note:** Dav. #1597.

Date	Mintage	VG	F	VF	XF	Unc
1728	—	700	800	1,000	1,200	—

KM# 204.1 2 SCUDI
Silver **Ruler:** Ramon Despuig **Obv:** Armored bust right **Obv. Legend:** F • D • RAIMVN : DESPVVG .... **Rev:** Tassles hang off ornamented shield in cartouche, divided date above, and S-2 below **Note:** Dav. #1598.

Date	Mintage	VG	F	VF	XF	Unc
1738	—	200	300	400	550	—

KM# 204.2 2 SCUDI
Silver **Ruler:** Ramon Despuig **Obv:** Armored bust right within circle **Obv. Legend:** F • D • RAYM VNDVS • DESPVVG ... **Rev:** Oval arms within ornamented cartouche without tassels, divided date above and S-2 below **Note:** Dav. #1598.

Date	Mintage	VG	F	VF	XF	Unc
1738	—	200	300	400	550	—

KM# 204.3 2 SCUDI
Silver **Ruler:** Ramon Despuig **Obv:** Armored bust right **Obv. Legend:** F • D • RAINVNDVS DESPVVG • ... **Rev:** Crowned shield within ornamented cartouche, divided date above **Note:** Dav. #1598.

Date	Mintage	VG	F	VF	XF	Unc
1738	—	200	300	400	550	—

KM# 225.1 2 SCUDI
Silver **Ruler:** Emmanuel Pinto **Obv:** Armored bust right divides legend **Obv. Legend:** F • D • EMMA NVEL PINTO **Rev:** Ornate arms with coronet **Note:** Dav. #1599.

Date	Mintage	VG	F	VF	XF	Unc
1741	—	100	200	300	450	—

KM# 225.2 2 SCUDI
Silver **Ruler:** Emmanuel Pinto **Obv:** Armored bust left, continuous legend **Rev:** Ornate arms with coronet **Note:** Dav. #1599A.

Date	Mintage	VG	F	VF	XF	Unc
1741	—	100	200	300	450	—

KM# 225.3 2 SCUDI
Silver **Ruler:** Emmanuel Pinto **Obv:** Armored bust left **Rev:** Crowned arms similar to 30 Tari, KM#256. **Note:** Dav. #1599B.

Date	Mintage	VG	F	VF	XF	Unc
1741	—	100	200	300	450	—

KM# 274 2 SCUDI
Silver **Ruler:** Emmanuel Pinto **Obv:** Armored bust left **Obv. Legend:** F • EMMANVEL PINTO • M • M • H • S • S • **Rev:** Crown above shields within sprigs, divided date above **Note:** Varieties exist. Dav. #1603.

Date	Mintage	VG	F	VF	XF	Unc
1764	—	700	1,500	2,000	2,500	—

KM# 287 2 SCUDI
Silver **Ruler:** Francisco Ximenez de Texada **Obv:** Armored bust right **Obv. Legend:** • FR • D • FRANCISCVS XIMENEZ • DE TEXADA **Rev:** Crown above shields within sprigs **Note:** Varieties exist. Dav. #1605.

Date	Mintage	VG	F	VF	XF	Unc
1773	—	200	300	400	550	—
1774	—	200	300	400	550	—
J774	—	200	300	400	550	—

KM# 343 2 SCUDI
Silver **Ruler:** Emmanuel de Rohan **Obv:** Armored bust right **Obv. Legend:** F • EMMANUEL DE ROHAN M • M • **Rev:** Crowned oval shield, beaded and spiked, within sprigs, divided date above **Note:** Varieties exist. Dav. #1610.

Date	Mintage	VG	F	VF	XF	Unc
1796	—	150	225	275	300	—

KM# 254 5 SCUDI
4.0000 g., 0.8400 Gold 0.1080 oz. AGW **Ruler:** Emmanuel Pinto **Obv:** Crowned shield, date in legend **Rev:** John the Baptist holding banner, lamb at right

Date	Mintage	VG	F	VF	XF	Unc
1756	—	300	600	750	1,200	—

KM# 318 5 SCUDI
4.0000 g., 0.8400 Gold 0.1080 oz. AGW **Ruler:** Emmanuel de Rohan **Obv:** Armored bust right **Obv. Legend:** F • EMMANUEL DE ROHAN **Rev:** Crown above pair of oval shields

Date	Mintage	F	VF	XF	Unc	BU
1779	—	300	600	750	1,200	—

KM# 255 10 SCUDI
8.0000 g., 0.8400 Gold 0.2160 oz. AGW **Ruler:** Emmanuel Pinto **Obv:** Crowned ornate shield, date in legend **Obv. Legend:** F • EMMANVEL PINTO • M • M • H • S • S • **Rev:** John the Baptist standing with banner, Paschal lamb lying at right, value in exergue

Date	Mintage	VG	F	VF	XF	Unc
1756	—	550	750	1,400	2,000	—
1761	—	550	750	1,400	2,000	—

KM# 267 10 SCUDI
8.0000 g., 0.8400 Gold 0.2160 oz. AGW **Ruler:** Emmanuel Pinto **Rev:** Banner hanging from cross, Paschal lamb standing facing left

Date	Mintage	VG	F	VF	XF	Unc
1761	—	550	750	1,400	2,000	—

KM# 268 10 SCUDI
8.0000 g., 0.8400 Gold 0.2160 oz. AGW **Ruler:** Emmanuel Pinto **Rev:** Lamb standing facing right

Date	Mintage	VG	F	VF	XF	Unc
1761	—	550	750	1,400	2,000	—

KM# 269 10 SCUDI
8.0000 g., 0.8400 Gold 0.2160 oz. AGW **Ruler:** Emmanuel Pinto **Obv:** Crowned ornate shield, date in legend **Obv. Legend:** F • EMMANVEL PINTO • M • M • H • S • S • **Rev:** Halo on St. John, Paschal lamb lying left, facing right **Rev. Legend:** ....SVRREXIT MAIOR

Date	Mintage	VG	F	VF	XF	Unc
1761	—	550	750	1,400	2,000	—

KM# A270 10 SCUDI
8.0000 g., 0.8400 Gold 0.2160 oz. AGW **Rev:** Paschal lamb standing left looking up at St. John

Date	Mintage	VG	F	VF	XF	Unc
1761	—	250	400	750	1,850	—

KM# 270 10 SCUDI
8.0000 g., 0.8400 Gold 0.2160 oz. AGW **Ruler:** Emmanuel Pinto **Obv:** Crowned oval shield within sprigs **Obv. Legend:** F • EMMANVEL PINTO • M • M • H • S • S • **Rev:** John the Baptist with banner, lamb at right

Date	Mintage	VG	F	VF	XF	Unc
1762	—	550	750	1,400	2,000	—

KM# 271 10 SCUDI
8.0000 g., 0.8400 Gold 0.2160 oz. AGW **Ruler:** Emmanuel Pinto **Obv:** Crowned oval shield within sprigs **Obv. Legend:** F • EMMANVEL PINTO • M • M • H • S • S • **Rev:** John the Baptist with banner, lamb at right

Date	Mintage	VG	F	VF	XF	Unc
1762	—	550	750	1,400	2,000	—

KM# 272 10 SCUDI
8.0000 g., 0.8400 Gold 0.2160 oz. AGW **Ruler:** Emmanuel Pinto **Obv:** Crowned oval shield within sprigs **Obv. Legend:** F • EMMANVEL PINTO • M • M • H • S • S • **Rev:** John the Baptist with banner, lamb at right

Date	Mintage	VG	F	VF	XF	Unc
1763	—	550	750	1,400	2,000	—

KM# 288 10 SCUDI
8.0000 g., 0.8400 Gold 0.2160 oz. AGW **Ruler:** Francisco Ximenez de Texada **Obv:** Armored bust right within circle **Obv. Legend:** D • FRAN : XIMENEZ DE TEXADA • **Rev:** Coronet above oval shields within circle

Date	Mintage	VG	F	VF	XF	Unc
1773	—	1,000	1,600	2,250	3,000	—

KM# 292 10 SCUDI
8.0000 g., 0.8400 Gold 0.2160 oz. AGW **Ruler:** Francisco Ximenez de Texada **Obv:** Without inner circle

Date	Mintage	VG	F	VF	XF	Unc
1774	—	1,000	1,600	2,250	3,000	—

KM# 293 10 SCUDI
8.0000 g., 0.8400 Gold 0.2160 oz. AGW **Ruler:** Francisco Ximenez de Texada **Rev:** Crowned arms on Maltese cross divide value

Date	Mintage	VG	F	VF	XF	Unc
1774	—	1,000	1,600	2,250	3,000	—

KM# 309 10 SCUDI
8.0000 g., 0.8400 Gold 0.2160 oz. AGW **Ruler:** Emmanuel de Rohan **Obv:** Armored bust right, date below **Obv. Legend:** F • EMMANUEL DE ROHAN M • M • **Rev:** Crown above pair of oval shields **Rev. Legend:** HOSPITALIS ET S • ...

Date	Mintage	F	VF	XF	Unc	BU
1778	—	1,000	1,600	2,250	3,000	—

KM# 310 10 SCUDI
8.0000 g., 0.8400 Gold 0.2160 oz. AGW **Ruler:** Emmanuel de Rohan **Obv:** Armored bust right **Obv. Legend:** F • EMMANUEL DE ROHAN M • M • **Rev:** Crown above pair of oval shields **Rev. Legend:** HOSPITAL • ET S • SEPUL • HIERUSAL •

Date	Mintage	F	VF	XF	Unc	BU
1778	—	750	1,300	1,850	2,500	—
1782	—	750	1,300	1,850	2,500	—

KM# 329 10 SCUDI
8.0000 g., 0.8400 Gold 0.2160 oz. AGW **Ruler:** Emmanuel de Rohan **Rev. Legend:** ...HIERUSA

Date	Mintage	F	VF	XF	Unc	BU
1782	—	750	1,300	1,850	2,500	—

KM# 275 20 SCUDI
16.0000 g., 0.8400 Gold 0.4321 oz. AGW **Ruler:** Emmanuel Pinto **Obv:** Crown above pair of oval shields **Rev:** John the Baptist with banner, lamb at right

Date	Mintage	VG	F	VF	XF	Unc
1764	—	1,000	2,000	2,250	2,750	—

KM# 276 20 SCUDI
16.0000 g., 0.8400 Gold 0.4321 oz. AGW **Ruler:** Emmanuel Pinto **Obv:** Armored bust left, date below **Rev:** Crowned arms on Maltese cross divides value

Date	Mintage	VG	F	VF	XF	Unc
1764	—	1,000	2,000	2,500	3,750	—

KM# 277 20 SCUDI
16.0000 g., 0.8400 Gold 0.4321 oz. AGW **Ruler:** Emmanuel Pinto **Obv:** Armored bust right, date below **Obv. Legend:** F • EMMANVEL PINTO • M • M • H • **Rev:** Crown above oval shield, beaded and spiked

Date	Mintage	VG	F	VF	XF	Unc
1765	—	1,000	2,000	2,500	3,750	—
1770	—	1,000	2,000	2,500	3,750	—
1772	—	1,000	2,000	2,500	3,750	—

KM# 289 20 SCUDI
16.0000 g., 0.8400 Gold 0.4321 oz. AGW **Ruler:** Francisco Ximenez de Texada **Obv:** Armored bust right within circle **Rev:** Coronet above pair of oval shields within circle

Date	Mintage	VG	F	VF	XF	Unc
1773	—	1,400	2,200	3,250	5,000	—

KM# 294 20 SCUDI
16.0000 g., 0.8400 Gold 0.4321 oz. AGW **Ruler:** Francisco Ximenez de Texada **Obv:** Armored bust right **Rev:** Coronet above oval shield, beaded and spiked

Date	Mintage	VG	F	VF	XF	Unc
1774	—	1,400	2,200	3,250	5,000	—

KM# 311 20 SCUDI
16.0000 g., 0.8400 Gold 0.4321 oz. AGW **Ruler:** Emmanuel de Rohan **Obv:** Armored bust right **Obv. Legend:** F • EMMANUEL DE ROHAN M * M * **Rev:** Crown above pair of oval shields **Rev. Legend:** • HOSPITALIS ET S • SEPUL * HIERUSAL * 1778

Date	Mintage	F	VF	XF	Unc	BU
1778	—	800	1,500	2,000	2,500	—

KM# 312 20 SCUDI
16.0000 g., 0.8400 Gold 0.4321 oz. AGW **Ruler:** Emmanuel de Rohan **Obv:** Date

Date	Mintage	F	VF	XF	Unc	BU
1778	—	800	1,500	2,000	2,500	—

KM# 334 20 SCUDI
16.0000 g., 0.8400 Gold 0.4321 oz. AGW **Ruler:** Emmanuel de Rohan **Obv:** Crowned arms on imperial eagle **Rev:** John the Baptist stands holding banner

Date	Mintage	F	VF	XF	Unc	BU
1778 Error	—	—	—	50,000	—	—

MALTA, ORDER OF

KM# 328 20 SCUDI
16.0000 g., 0.8400 Gold 0.4321 oz. AGW **Ruler:** Emmanuel de Rohan **Rev:** Stars divide legend, date

Date	Mintage	F	VF	XF	Unc	BU
1781	—	900	1,400	2,250	3,000	—
1782	—	1,000	1,500	2,500	3,250	—

KM# 330 20 SCUDI
16.0000 g., 0.8400 Gold 0.4321 oz. AGW **Ruler:** Emmanuel de Rohan **Rev:** Dots divide legend

Date	Mintage	F	VF	XF	Unc	BU
1782	—	900	1,400	2,250	3,000	—

SIEGE COINAGE
1798-1800

KM# 350 30 TARI
Silver **Obv:** Maltese cross flanked by R-F; T. 30 above, date below **Rev:** Incuse phrygian cap

Date	Mintage	VG	F	VF	XF	Unc
1800 Rare	—	—	—	—	—	—

KM# 351 2 SCUDI 11 CARLINI 13 GRANI
Silver **Note:** Similar to 16 Scudi, KM#355.

Date	Mintage	VG	F	VF	XF	Unc
ND Rare	—	—	—	—	—	—

KM# 352 3 SCUDI 2 CARLINI 18 GRANI
Silver **Note:** Similar to 16 Scudi, KM#355.

Date	Mintage	VG	F	VF	XF	Unc
ND Rare	—	—	—	—	—	—

KM# 353 3 SCUDI 4 CARLINI 6 GRANI
Silver **Note:** Similar to 16 Scudi, KM#355.

Date	Mintage	VG	F	VF	XF	Unc
ND Rare	—	—	—	—	—	—

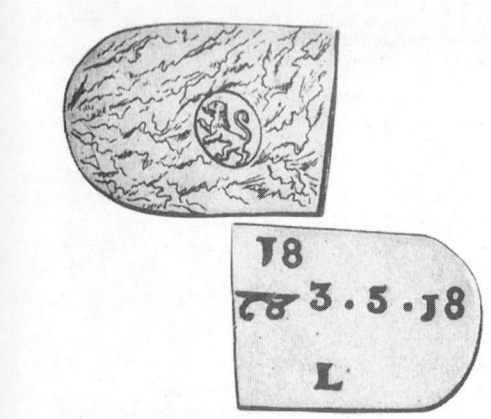

KM# 354 3 SCUDI 5 CARLINI 18 GRANI
Silver

Date	Mintage	VG	F	VF	XF	Unc
ND Rare	—	—	—	—	—	—

KM# 355 16 SCUDI 10 CARLINI
Gold

Date	Mintage	VG	F	VF	XF	Unc
ND Rare	—	—	—	—	—	—

COUNTERMARKED COINAGE

For over a century the two and four Tari copper coins struck during the reign of Jean-Paul Lascaris Castellar were countermarked as an expedient against the prevalent forging of these coins both in Malta and Messina.

A total of eight different countermarks were utilized. As many as seven can be found on the 2 Tari and all eight different may be encountered on the 4 Tari.

COUNTERMARKS

I. Imperial eagle in circle.

Initiated May 28, 1646.

II. Head of John the Baptist in oval.

Initiated April 19, 1662.

III. Crowned fleur-de-lis.

Initiated August 27, 1696.

For more information refer to The Coinage of the Knights in Malta by Felice Restelli and Joseph C. Sammut, 1977 by Emmanuel Said Publishers, Valettta, Malta.

NOTE: Coins are properly catalogued by the latest countermark. Obviously certain coins may lack one or more countermarks having been missed during such an extensive countermarking period. Prices for this section are based on common examples, which are likely to show less detail and tend to be cupped. The images shown here are exceptional examples and command premium prices.

KM# 215 2 TARI
Copper **Countermark:** Including Type IV **Obv. Legend:** F • 10 : PAVLVS : ... **Note:** Countermark on 2 Tari, KM#65.

CM Date	Host Date	Good	VG	F	VF	XF
ND(1740)	1636-43	22.50	36.00	50.00	65.00	—

KM# 216 2 TARI
Copper **Countermark:** Including Type IV **Obv. Legend:** F • IOANNES • PAVLVS • ... **Note:** Countermark on 2 Tari, KM#75.

CM Date	Host Date	Good	VG	F	VF	XF
ND(1740)	1643	22.50	36.00	50.00	80.00	—

KM# 227 2 TARI
Copper **Countermark:** Including Type V **Obv. Legend:** F • IOANNES • PAVLVS • ... **Note:** Countermark on 2 Tari, KM#75.

CM Date	Host Date	Good	VG	F	VF	XF
ND(1741)	1643	18.00	30.00	42.00	60.00	—

KM# 226 2 TARI
Copper **Countermark:** Including Type V **Obv. Legend:** F • IO : PAVLVS : ... **Note:** Countermark on 2 Tari, KM#65.

CM Date	Host Date	Good	VG	F	VF	XF
ND(1741)	1636-43	18.00	30.00	42.00	60.00	—

KM# 278 2 TARI
Copper **Countermark:** Including Type VI **Obv. Legend:** F • IO : PAVLVS : ... **Note:** Countermark on 2 Tari, KM#65.

CM Date	Host Date	Good	VG	F	VF	XF
ND(1766)	1636-43	16.00	25.00	36.00	55.00	—

KM# 279 2 TARI
Copper **Countermark:** Including Type VI **Obv. Legend:** F • IOANNES • PAVLVS • ... **Note:** Countermark on 2 Tari, KM#75.

CM Date	Host Date	Good	VG	F	VF	XF
ND(1766)	1643	16.00	25.00	36.00	55.00	—

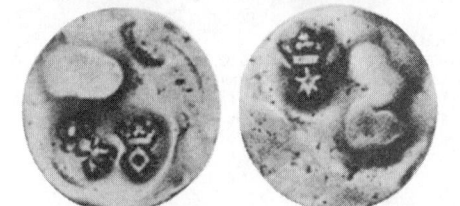

KM# 313 2 TARI
Copper **Countermark:** Including Type VII **Note:** Countermark on 2 Tari, KM#65.

CM Date	Host Date	Good	VG	F	VF	XF
ND(1778)	16xx	16.00	25.00	36.00	55.00	—

KM# 217 4 TARI
Copper **Countermark:** Including Type IV **Obv. Legend:** F • IO : PAVLVS : ... **Note:** Countermark on 4 Tari, KM#67.

CM Date	Host Date	Good	VG	F	VF	XF
ND(1740)	1636-51	25.00	39.00	55.00	80.00	—

KM# 218 4 TARI
Copper **Countermark:** Including Type IV **Obv. Legend:** F • IOANNES • PAVLVS • ... **Note:** Countermark on 4 Tari, KM#68.

CM Date	Host Date	Good	VG	F	VF	XF
ND(1740)	1636-47	25.00	39.00	55.00	80.00	—

KM# 229 4 TARI
Copper **Countermark:** Including Type V **Obv. Legend:** F • IOANNES • PAVLVS • ... **Note:** Countermark on 4 Tari, KM#68.

CM Date	Host Date	Good	VG	F	VF	XF
ND(1741)	1636-47	18.00	30.00	42.00	60.00	—

KM# 228 4 TARI
Copper **Countermark:** Including Type V **Obv. Legend:** F • IO : PAVLVS : ... **Note:** Countermark on 4 Tari, KM#67.

CM Date	Host Date	Good	VG	F	VF	XF
ND(1741)	1636-51	18.00	30.00	42.00	60.00	—

KM# 280 4 TARI
Copper **Countermark:** Including Type VI **Obv. Legend:** F • IO : PAVLVS : ... **Note:** Countermark on 4 Tari, KM#67.

CM Date	Host Date	Good	VG	F	VF	XF
ND(1766)	1636-51	18.00	30.00	42.00	60.00	—

KM# 281 4 TARI
Copper **Countermark:** Including Type VI **Obv. Legend:** F • IOANNES • PAVLVS • ... **Note:** Countermark on 4 Tari, KM#68.

CM Date	Host Date	Good	VG	F	VF	XF
ND(1766)	1636-47	18.00	30.00	42.00	60.00	—

KM# 315 4 TARI
Copper **Countermark:** Including Type VII **Obv. Legend:** F • IOANNES • PAVLVS • ... **Note:** Countermark on 4 Tari, KM#68.

CM Date	Host Date	Good	VG	F	VF	XF
ND(1778)	1636-47	18.00	30.00	42.00	60.00	—

KM# 314 4 TARI
Copper **Countermark:** Including Type VII **Obv. Legend:** F • IO : PAVLVS : ... **Note:** Countermark on 4 Tari, KM#67.

CM Date	Host Date	Good	VG	F	VF	XF
ND(1778)	1636-51	18.00	30.00	42.00	60.00	—

KM# 340 4 TARI
Copper **Countermark:** Including Type VIII **Obv. Legend:** F • IO : PAVLVS : ... **Note:** Countermark on 4 Tari, KM#67.

CM Date	Host Date	Good	VG	F	VF	XF
ND(1792)	1636-51	18.00	30.00	42.00	60.00	—

KM# 341 4 TARI
Copper **Countermark:** Including Type VIII **Obv. Legend:** F • IOANNES • PAVLVS • ... **Note:** Countermark on 4 Tari, KM#68.

CM Date	Host Date	Good	VG	F	VF	XF
ND(1792)	1636-47	18.00	30.00	42.00	60.00	—

PATTERNS
Including off metal strikes

KM#	Date	Mintage	Identification	Mkt Val
Pn1	1739	—	6 Tari. Copper.	—
Pn2	1768	—	4 Tari. Copper. Date below bust.	—
Pn3	1773	—	20 Scudi. Copper.	—
Pn4	1776	—	Scudo. Copper.	—
Pn5	1778	—	5 Scudi. Copper.	—
Pn6	1778	—	10 Scudi. Copper. Date on reverse.	—
Pn7	1778	—	10 Scudi. Copper. Date below bust.	—
Pn8	1778	—	20 Scudi. Copper. Date below bust.	—
Pn9	1779	—	5 Scudi. Copper.	—
Pn10	1782	—	10 Scudi. Copper. Date on reverse.	—
Pn11	1790	—	30 Tari. Copper.	—

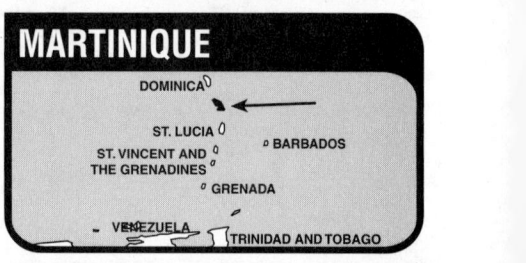

The French Overseas Department of Martinique, located in the Lesser Antilles of the West Indies between Dominica and Saint Lucia, has an area of 425 sq. mi.(1,100 sq. km.) and a population of 290,000. Capital: Fort-de-France. Agriculture and tourism are the major sources of income. Bananas, sugar, and rum are exported.

Christopher Columbus discovered Martinique, probably on June 15, 1502. France took possession on June 25, 1635, and has maintained possession since that time except for three short periods of British occupation during the Napoleonic Wars. A French department since 1946, Martinique voted a reaffirmation of that status in 1958, remaining within the new French Community. Martinique was the birthplace of Napoleon's Empress Josephine, and the site of the eruption of Mt. Pelee in 1902 that claimed 40,000 lives.

RULERS
French, 1635-1793
British, 1793-1801

FRENCH COLONY

COUNTERMARKED COINAGE
Type I - 1761-64

It is believed that circulating coins were holed in order to lower their intrinsic value below their face value thus keeping the coins from leaving the island. The heart-shaped center punches never circulated and did not have any legal tender status. Most were melted at the time of minting.

KM# 1 1/2 BIT

Silver **Countermark:** Crude heart-shaped hole **Note:** Countermark on Spanish or Colonial 1/2 Real.

CM Date	Host Date	Good	VG	F	VF	XF
ND(1761-64)	ND Rare	—	—	—	—	—
ND(1761-64)	ND Rare	—	—	—	—	—

KM# 2 BIT

Silver **Countermark:** Crude heart-shaped hole **Note:** Countermark on Spanish 1 Real, KM#354.

CM Date	Host Date	Good	VG	F	VF	XF
ND(1761-64)	ND(1731-45)	—	—	—	—	—
ND(1761-64)	ND(1761-64)	295	450	625	850	—

KM# 3 2 BITS

Silver **Countermark:** Crude heart-shaped hole **Note:** Countermark on Spanish 2 Reales, KM#297.

CM Date	Host Date	Good	VG	F	VF	XF
ND(1761-64)	ND(1716-29)	350	525	675	975	—

KM# 4 5 BITS

Silver **Countermark:** Crude heart-shaped hole **Note:** Countermark on Spanish or Colonial 4 Reales

CM Date	Host Date	Good	VG	F	VF	XF
ND(1761-1764)	ND Rare	—	—	—	—	—

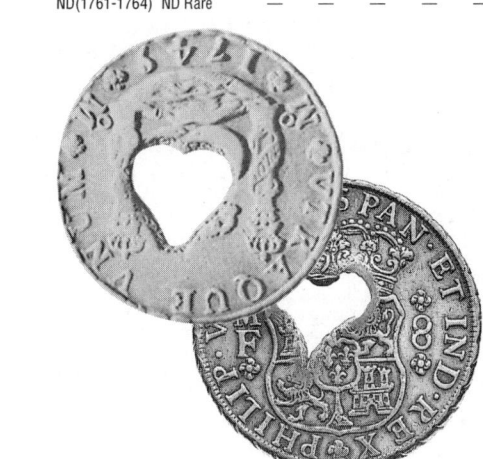

KM# 5 10 BITS

Silver **Countermark:** Crude heart-shaped hole **Note:** Countermark on Mexico City 8 Reales, KM#103.

CM Date	Host Date	Good	VG	F	VF	XF
ND(1761-64)	ND(1732-47) Rare	—	—	—	—	—

COUNTERMARKED COINAGE
Type II - 1764

KM# 6 1/2 BIT

Silver **Countermark:** Crude heart-shaped hole with bevelled edge **Note:** Countermark on Spanish or Colonial 1/2 Real.

CM Date	Host Date	Good	VG	F	VF	XF
ND(1764)	ND	—	—	—	—	—

KM# 7 BIT

Silver **Countermark:** Crude heart-shaped hole with bevelled edge **Note:** Countermark on Spanish or Colonial 1 Real.

CM Date	Host Date	Good	VG	F	VF	XF
ND(1764)	ND	—	—	—	—	—

KM# 8 2 BITS

Silver **Countermark:** Crude heart-shaped hole with bevelled edge **Note:** Countermark on Spanish or Colonial 2 Reales.

CM Date	Host Date	Good	VG	F	VF	XF
ND(1764)	1759-61	150	210	300	450	—

KM# 9 5 BITS

Silver **Countermark:** Crude heart-shaped hole with bevelled edge **Note:** Countermark on Spanish or Colonial 4 Reales.

CM Date	Host Date	Good	VG	F	VF	XF
ND(1764)	ND	—	—	—	—	—

KM# 10 10 BITS

Silver **Countermark:** Crude heart-shaped hole with bevelled edge **Note:** Countermark on Mexico City 8 Reales, KM#104.2.

CM Date	Host Date	Good	VG	F	VF	XF
ND(1764)	1754-60	—	—	—	—	—

COUNTERMARKED COINAGE
Type III - 1765

KM# 11 1/2 BIT

Silver **Countermark:** Pointed heart-shaped hole with ornamental edges **Note:** Countermark on Spanish or Colonial 1/2 Real.

CM Date	Host Date	Good	VG	F	VF	XF
ND(1765)	ND	—	—	—	—	—

KM# 12 BIT

Silver **Countermark:** Pointed heart-shaped hole with ornamental edges **Note:** Countermark on Spanish or Colonial 1 Real.

CM Date	Host Date	Good	VG	F	VF	XF
ND(1765)	ND	—	—	—	—	—

KM# 13 2 BITS

Silver **Countermark:** Pointed heart-shaped hole with ornamental edges **Note:** Countermark on Spanish or Colonial 2 Reales.

CM Date	Host Date	Good	VG	F	VF	XF
ND(1765)	ND	—	—	—	—	—

KM# 14 5 BITS

Silver **Countermark:** Pointed heart-shaped hole with ornamental edges **Note:** Countermark on Spanish or Colonial 4 Reales.

CM Date	Host Date	Good	VG	F	VF	XF
ND(1765)	ND Rare	—	—	—	—	—

KM# 15 10 BITS

Silver **Countermark:** Pointed heart-shaped hole with ornamental edges **Note:** Countermark on Mexico 8 Reales, KM#104.1.

CM Date	Host Date	Good	VG	F	VF	XF
ND(1765)	1747-54	295	500	775	1,100	—

COUNTERMARKED COINAGE
Type IV - 1770-72

KM# 16 1/2 BIT

Silver **Countermark:** Blunt heart-shaped hole with ornamented edges **Note:** Countermark on Mexico City 1/2 Real, KM#67.1.

CM Date	Host Date	Good	VG	F	VF	XF
ND(1770-72)	1747-57	100	160	240	350	—

KM# 17.1 BIT

Silver **Countermark:** Blunt heart-shaped hole with ornamented edges **Note:** Countermark on Mexico City 1 Real, KM#75.1.

CM Date	Host Date	Good	VG	F	VF	XF
ND(1770-72)	1732-41	210	300	425	575	—

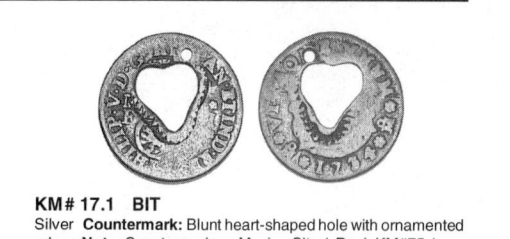

KM# 17.2 BIT

Silver **Countermark:** Blunt heart-shaped hole with ornamented edges **Note:** Countermark on Mexico City 1 Real, KM#76.1.

CM Date	Host Date	Good	VG	F	VF	XF
ND(1770-72)	1747-58	210	300	425	575	—

KM# 18 2 BITS

Silver **Countermark:** Blunt heart-shaped hole with ornamented edges **Note:** Countermark on Spanish 2 Reales, KM#297.

CM Date	Host Date	Good	VG	F	VF	XF
ND(1770-72)	1716-29	240	350	500	775	—

KM# 19 5 BITS

Silver **Countermark:** Blunt heart-shaped hole with ornamented edges **Note:** Countermark on Mexico City 4 Reales, KM#94.

CM Date	Host Date	Good	VG	F	VF	XF
ND(1770-72)	1732-47	—	—	6,400	9,800	—

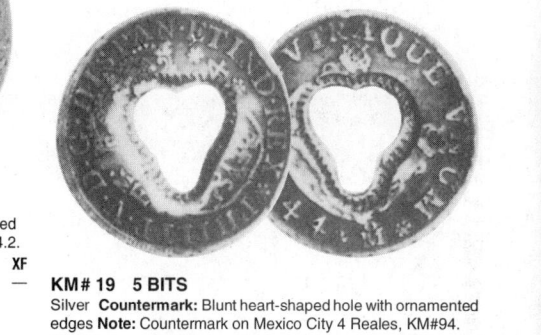

KM# 20 10 BITS

Silver **Countermark:** Blunt heart-shaped hole with ornamented edges **Note:** Countermark on Mexico City 8 Reales, KM#103.

CM Date	Host Date	Good	VG	F	VF	XF
ND(1770-72)	1732-47	750	1,250	2,250	3,750	5,500

BRITISH OCCUPATION

CUT AND COUNTERMARKED COINAGE
1793-1801

AR = Mr. Ruffy, goldsmith at St. Pierre

FA = Francois Arnsud, goldsmith at Fort Royal

22 or 20 = Fineness of gold

Eagle = Mr. Costet, goldsmith at St. Pierre

MARTNIQUE

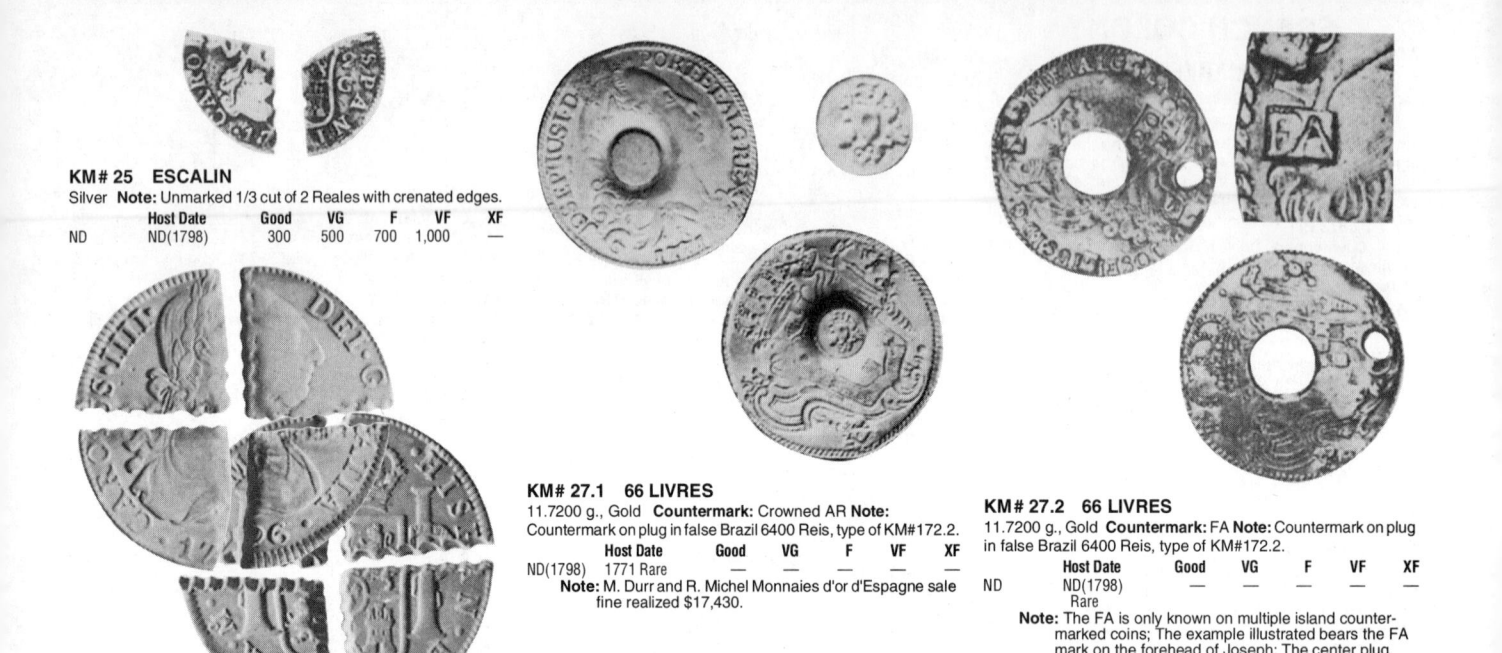

KM# 25 ESCALIN

Silver **Note:** Unmarked 1/3 cut of 2 Reales with crenated edges.

	Host Date	Good	VG	F	VF	XF
ND	ND(1798)	300	500	700	1,000	—

KM# 27.1 66 LIVRES

11.7200 g., Gold **Countermark:** Crowned AR **Note:** Countermark on plug in false Brazil 6400 Reis, type of KM#172.2.

	Host Date	Good	VG	F	VF	XF
ND(1798)	1771 Rare	—	—	—	—	—

Note: M. Durr and R. Michel Monnaies d'or d'Espagne sale fine realized $17,430.

KM# 27.2 66 LIVRES

11.7200 g., Gold **Countermark:** FA **Note:** Countermark on plug in false Brazil 6400 Reis, type of KM#172.2.

	Host Date	Good	VG	F	VF	XF
ND	ND(1798)	—	—	—	—	—
	Rare					

Note: The FA is only known on multiple island countermarked coins; The example illustrated bears the FA mark on the forehead of Joseph; The center plug, which should also have carried the FA countermark, was removed during the coin's travels; This example was sold in Baldwin's Ralph C. Gordon collection 10-96 VF holed realizing $9,760

KM# 26 3 ESCALINS

Silver **Note:** Unmarked 1/4 cut of Mexico City 8 Reales, KM#109, with crenated edges.

	Host Date	Good	VG	F	VF	XF
ND(1798)	1791-96	195	375	625	900	—

MEXICO

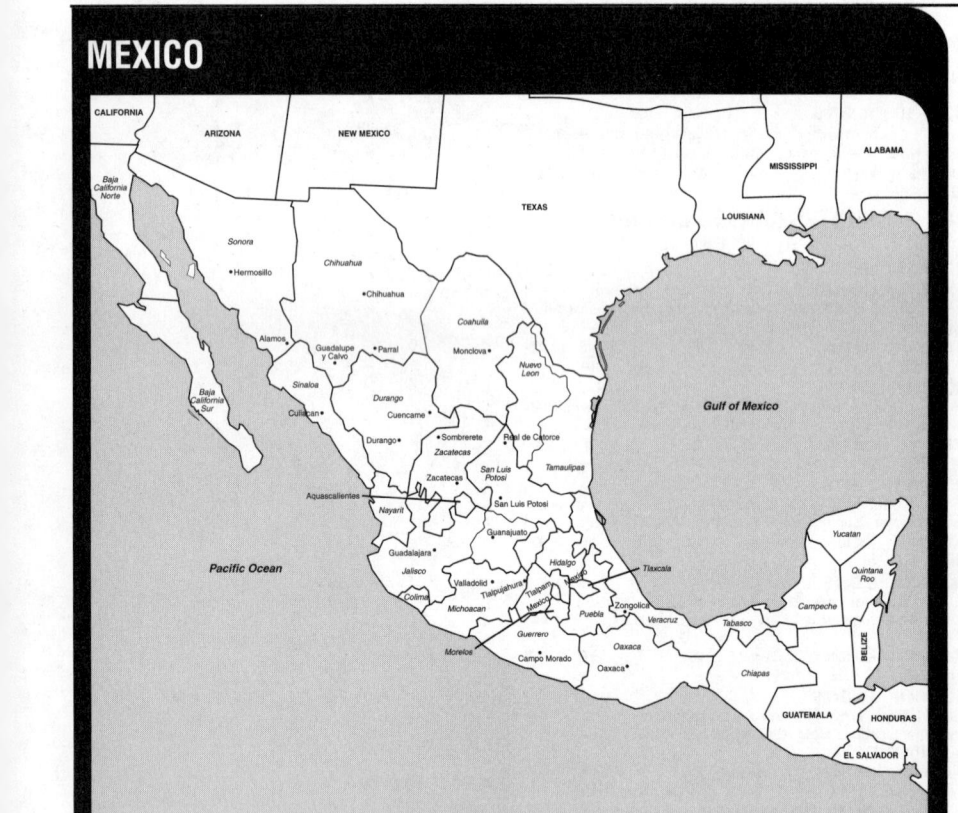

Mexico, located immediately south of the United States has an area of 759,529 sq. mi. (1,967,183 sq. km.) and an estimated population of 88 million. Capital: Mexico City. The economy is based on agriculture, manufacturing and mining. Oil, cotton, silver, coffee, and shrimp are exported.

Mexico was the site of highly advanced Indian civilizations 1,500 years before conquistador Hernando Cortes conquered the wealthy Aztec empire of Montezuma, 1519-21, and founded a Spanish colony which lasted for nearly 300 years. During the Spanish period, Mexico, then called New Spain, stretched from Guatemala to the present states of Wyoming and California.

Its' present northern boundary having been established by the secession of Texas during 1836 and the War of 1846-48 with the United States.

RULERS
Philip V, 1700-1746
Luis I, 1724
Ferdinand VI, 1746-59
Charles III, 1760-88
Charles IV, 1788-1808

MINT MARKS

Mo, Mxo — Mexico City Mint

Initials	Date	Name
L	1678-1703	Martin Lopez
J	1708-23	Jose E. de Leon
D	1724-27	?
R	1729-30	Nicolas de Roxas
G	1730	
F	1730-33	Felipe Rivas de Angulo
F	1733-84	Francisco de la Pena
M	1733-63	Manuel de la Pena
M	1754-70	Manuel Assorin
F	1762-70	Francisco de Rivera
M	1770-77	Manuel de Rivera
F	1777-1803	Francisco Arance Cobos
M	1784-1801	Mariano Rodriguez

SPANISH COLONY

COB COINAGE

KM# 24 1/2 REAL

1.6900 g., 0.9310 Silver 0.0506 oz. ASW **Ruler:** Philip V **Obv:** Legend around crowned PHILIPVS monogram **Rev:** Legend around cross, lions and castles **Mint:** Mexico City **Note:** Mint mark M, Mo. For this series completeness of date is a stronger determining factor of price than grade. The values listed below reflect a range for examples with an average amount of date visible.

Date	Mintage	Good	VG	F	VF	XF
ND(1701-28) Date off flan	—	—	25.00	40.00	65.00	—
1701 L	—	—	125	200	300	—
1702 L	—	—	125	200	300	—
1703 L	—	—	125	200	300	—
1704 L	—	—	125	200	300	—
1705 L	—	—	125	200	300	—
1706 J	—	—	125	200	300	—
1707 J	—	—	125	200	300	—
1708 J	—	—	125	200	285	—
1709 J	—	—	125	200	285	—
1710 J	—	—	125	200	285	—
1711 J	—	—	125	200	285	—
1712 J	—	—	125	200	285	—
1713 J	—	—	125	200	285	—
1714 J	—	—	125	200	285	—
1715 J	—	—	125	200	285	—
1716 J	—	—	125	200	285	—
1717 J	—	—	125	200	285	—
1718/7	—	—	—	—	—	—
1718 J	—	—	125	200	285	—
1719 J	—	—	125	200	285	—
1720 J	—	—	125	200	285	—
1721 J	—	—	125	200	285	—
1722 J	—	—	125	200	285	—
1723 J	—	—	125	200	285	—

Date	Mintage	Good	VG	F	VF	XF
1724 J	—	—	125	200	285	—
1724 D	—	—	125	200	285	—
1725 D	—	—	125	200	285	—
1726 D	—	—	125	200	285	—
1727 D	—	—	125	200	285	—
1728 D	—	—	125	200	285	—

KM# 25 1/2 REAL

1.6900 g., 0.9310 Silver 0.0506 oz. ASW **Ruler:** Luis I **Obv:** Legend around crowned LVDOVICVS monogram **Rev:** Legend around cross, lions and castles **Note:** Mint mark M, Mo.

Date	Mintage	Good	VG	F	VF	XF
ND(1724-25)	—	—	125	200	250	—
Date off flan						
1724 D Rare	—	—	—	—	—	—
1725 D Rare	—	—	—	—	—	—

KM# 24a 1/2 REAL

1.6900 g., 0.9160 Silver 0.0498 oz. ASW **Ruler:** Philip V **Obv:** Legend around crowned PHILIPPVS monogram **Rev:** Legend around cross, lions and castles **Mint:** Mexico City **Note:** Mint mark M, Mo.

Date	Mintage	Good	VG	F	VF	XF
ND(1729-33)	—	—	25.00	40.00	65.00	—
Date off flan						
1729 R	—	—	90.00	120	150	—
1730 R	—	—	90.00	120	150	—
1730 F Rare	—	—	—	—	—	—
1731 F	—	—	90.00	120	150	—
1732/1 F	—	—	90.00	120	150	—
1732 F	—	—	90.00	120	150	—
1733/2 F	—	—	90.00	120	150	—
1733 F	—	—	90.00	120	150	—

KM# 30 REAL

3.3800 g., 0.9310 Silver 0.1012 oz. ASW **Ruler:** Philip V **Obv:** Legend and date around crowned arms **Obv. Legend:** PHILIPPVS V DEI G **Rev:** Lions and castles in angles of cross **Mint:** Mexico City **Note:** Mint mark M, Mo. For this series completeness of date is a stronger determining factor of price than grade. The values listed below reflect a range for complete date examples.

Date	Mintage	Good	VG	F	VF	XF
ND(1701-28)	—	—	35.00	55.00	75.00	—
Date off flan						
1701 L	—	—	165	275	400	—
1702 L	—	—	165	275	400	—
1703 L	—	—	165	275	400	—
1704 L	—	—	165	275	400	—
1705 L	—	—	165	275	400	—
1706 J	—	—	165	275	400	—
1707 J	—	—	165	275	400	—
1708 J	—	—	165	275	400	—
1709 J	—	—	165	275	400	—
1710 J	—	—	165	275	400	—
1711 J	—	—	165	275	400	—
1712 J	—	—	165	275	400	—
1713 J	—	—	165	275	400	—
1714 J	—	—	165	275	400	—
1715 J	—	—	150	275	400	—
1716 J	—	—	150	275	400	—
1717 J	—	—	150	275	400	—
1718 J	—	—	150	275	400	—
1719 J	—	—	150	275	400	—
1720/19 J Rare	—	—	—	—	—	—
1720 J	—	—	150	275	400	—
1721 J	—	—	150	275	400	—
1722 J	—	—	150	275	400	—
1723 J	—	—	150	275	400	—
1726 D	—	—	150	275	400	—
1727 D	—	—	150	275	400	—
1728 D	—	—	150	275	400	—

KM# A31 REAL

3.3834 g., 0.9310 Silver 0.1013 oz. ASW **Ruler:** Luis I **Mint:** Mexico City **Note:** A significant portion of the legend must be visible for proper attribution. Mint mark M, Mo.

Date	Mintage	Good	VG	F	VF	XF
1724 D Rare	—	—	—	—	—	—
1725 D Rare	—	—	—	—	—	—

KM# 30a REAL

3.3800 g., 0.9160 Silver 0.0995 oz. ASW **Ruler:** Philip V **Obv:** Legend and date around crowned arms **Obv. Legend:** PHILIPPVS V DEI G **Rev:** Lions and castles in angles of cross **Mint:** Mexico City **Note:** Mint mark M, Mo.

Date	Mintage	Good	VG	F	VF	XF
ND(1729-32)	—	—	30.00	50.00	70.00	—
Date off flan						
1729 R	—	—	90.00	125	175	—
1730 R	—	—	90.00	125	175	—

Date	Mintage	Good	VG	F	VF	XF
1730 F	—	—	90.00	125	175	—
1730 G	—	—	90.00	125	175	—
1731 F	—	—	90.00	125	175	—
1732 F	—	—	90.00	125	175	—

KM# 35 2 REALES

6.7700 g., 0.9310 Silver 0.2026 oz. ASW **Ruler:** Philip V **Obv:** Legend and date around crowned arms **Obv. Legend:** PHILIPPVS V DEI G **Rev:** Lions and castles in angles of cross **Mint:** Mexico City **Note:** Mint mark M, Mo. For this series completeness of date is a stronger determining factor of price than grade. The values listed below reflect a range for examples with an average amount of date visible.

Date	Mintage	Good	VG	F	VF	XF
ND(1701-28)	—	—	45.00	65.00	90.00	—
Date off flan						
1701 L	—	—	175	300	450	—
1702 L	—	—	175	300	450	—
1703 L	—	—	175	300	450	—
1704 L	—	—	175	300	450	—
1705 L	—	—	175	300	450	—
1706 J	—	—	175	300	450	—
1707 J	—	—	175	300	450	—
1708 J	—	—	175	300	450	—
1709 J	—	—	175	300	450	—
1710 J	—	—	175	300	450	—
1711 J	—	—	175	300	450	—
1712 J	—	—	175	300	450	—
1713 J	—	—	175	300	450	—
1714 J	—	—	185	325	475	—
1715 J	—	—	185	325	475	—
1716 J	—	—	185	325	475	—
1717 J	—	—	185	325	475	—
1718 J	—	—	185	325	475	—
1719 J	—	—	185	325	475	—
1720 J	—	—	185	325	475	—
1721 J	—	—	185	325	475	—
1722 J	—	—	185	325	475	—
1723 J	—	—	185	325	475	—
1724 J	—	—	185	325	475	—
1725 D Rare	—	—	—	—	—	—
1726 D	—	—	185	325	475	—
1727 D	—	—	185	325	475	—
1728 D	—	—	185	325	475	—

KM# 35a 2 REALES

6.7700 g., 0.9160 Silver 0.1994 oz. ASW **Ruler:** Philip V **Obv:** Legend and date around crowned arms **Obv. Legend:** PHILIPPVS V DEI G **Rev:** Lions and castles in angles of cross **Mint:** Mexico City **Note:** Mint mark M, Mo.

Date	Mintage	Good	VG	F	VF	XF
ND(1729-32)	—	—	40.00	60.00	90.00	—
Date off flan						
1729 R	—	—	125	175	225	—
1730 R	—	—	125	175	225	—
1730 G Rare	—	—	—	—	—	—
1730 G/R Rare	—	—	—	—	—	—
1731 F	—	—	125	175	225	—
1731/0 F	—	Reported, not confirmed				
1732 F	—	—	125	175	225	—
1733 F Rare	—	—	—	—	—	—

KM# 40 4 REALES

13.5400 g., 0.9310 Silver 0.4053 oz. ASW **Ruler:** Philip V **Obv:** Legend and date around crowned arms **Obv. Legend:** PHILIPPVS V DEI G **Rev:** Lions and castles in angles of cross **Mint:** Mexico City **Note:** Mint mark M, Mo. For this series completeness of date is a stronger determining factor of price than grade. The values listed below reflect a range for examples with an average amount of date visible.

Date	Mintage	Good	VG	F	VF	XF
ND (1701-28)	—	—	50.00	75.00	100	—
Date off flan						
1701 L	—	—	225	475	800	—
1702 L	—	—	225	475	800	—
1703 L	—	—	225	475	800	—
1704 L	—	—	225	475	800	—
1705 L	—	—	225	475	800	—
1706 J	—	—	225	475	800	—
1707 J	—	—	225	475	800	—
1708 J	—	—	225	475	800	—

Date	Mintage	Good	VG	F	VF	XF
1709 J	—	—	225	475	800	—
1710 J	—	—	225	475	800	—
1711 J	—	—	200	425	700	—
1712 J	—	—	200	425	700	—
1713 J	—	—	200	425	700	—
1714 J	—	—	200	425	700	—
1715 J Rare	—	—	—	—	—	—
1716 J	—	—	250	600	1,000	—
1717 J	—	—	250	600	1,000	—
1718 J	—	—	250	600	1,000	—
1719 J	—	—	250	600	1,000	—
1720 J	—	—	250	600	1,000	—
1721 J	—	—	250	600	1,000	—
1722 J	—	—	250	600	1,000	—
1723 J	—	—	250	600	1,000	—
1726 D	—	—	250	600	1,000	—
1727 D	—	—	250	600	1,000	—
1728 D	—	—	250	600	1,000	—

KM# 42 4 REALES

13.5400 g., 0.9310 Silver 0.4053 oz. ASW **Ruler:** Luis I **Obv:** Legend around crowned arms **Obv. Legend:** LVDOVICVS I DEI G **Rev:** Lions and castles in angles of cross, legend around **Mint:** Mexico City **Note:** A significant portion of the legend must be visible for proper attribution. Mint mark M, Mo.

Date	Mintage	Good	VG	F	VF	XF
1724 D Rare	—	—	—	—	—	—
1725 D Rare	—	—	—	—	—	—

KM# 40a 4 REALES

13.5400 g., 0.9160 Silver 0.3987 oz. ASW **Ruler:** Philip V **Obv:** Legend and date around crowned arms **Obv. Legend:** PHILIPPVS V DEI G **Rev:** Lions and castles in angles of cross **Mint:** Mexico City **Note:** Mint mark M, Mo.

Date	Mintage	Good	VG	F	VF	XF
ND(1729-33)	—	—	50.00	75.00	100	—
Date off flan						
1729 R	—	—	150	250	350	—
1730 R	—	—	150	250	350	—
1730 F/G	—	—	150	250	375	—
1730 G	—	—	150	250	350	—
1731/0 F	—	—	150	250	375	—
1731 F	—	—	150	250	350	—
1732/1 F	—	—	150	250	350	—
1732 F	—	—	150	250	350	—
1733 F Rare	—	—	—	—	—	—
1733/2 F Rare	—	—	—	—	—	—

KM# 41 4 REALES

13.5400 g., 0.9160 Silver 0.3987 oz. ASW **Ruler:** Philip V **Obv:** Legend and date around crowned arms **Obv. Legend:** PHILIPPVS V DEI G **Rev:** Lions and castles in angles of cross, legend around **Mint:** Mexico City **Note:** Klippe. Similar to KM#40a. Mint mark M, Mo.

Date	Mintage	Good	VG	F	VF	XF
1733 MF	—	—	450	600	750	—
1734 MF Rare	—	—	—	—	—	—
1734/3 MF	—	—	450	600	750	—

MEXICO

KM# 47 8 REALES
27.0700 g., 0.9310 Silver 0.8102 oz. ASW **Ruler:** Philip V **Obv:** Legend and date around crowned arms **Obv. Legend:** PHILIPVS V DEI G **Rev:** Lions and castles in angles of cross, legend around **Mint:** Mexico City **Note:** Mint mark M, Mo. For this series completeness of date is a stronger determining factor of price than grade. The values listed below reflect a range for examples with an average amount of date visible.

Date	Mintage	Good	VG	F	VF	XF
ND(1701-28)	—	—	70.00	90.00	120	—
Date off flan						
1701 L Rare	—	—	—	—	—	—
1702 L Rare	—	—	—	—	—	—
1703 L Rare	—	—	—	—	—	—
1704 L Rare	—	—	—	—	—	—
1705 L Rare	—	—	—	—	—	—
1706 J Rare	—	—	—	—	—	—
1707 J Rare	—	—	—	—	—	—
1708 J Rare	—	—	—	—	—	—
1709 J Rare	—	—	—	—	—	—
1710 J Rare	—	—	—	—	—	—
1711 J	—	—	200	1,100	2,000	—
1712 J	—	—	200	1,100	2,000	—
1713 J	—	—	200	1,100	2,000	—
1714 J	—	—	200	1,100	2,000	—
1715 J	—	—	200	1,200	2,250	—
1716 J	—	—	575	2,300	4,500	—
1717 J	—	—	575	2,300	4,500	—
1718/7 J	—	—	575	2,300	4,500	—
1718 J	—	—	525	2,000	4,000	—
1719 J	—	—	525	2,000	4,000	—
1720 J	—	—	525	2,000	4,000	—
1721 J	—	—	525	2,000	4,000	—
1722 J	—	—	525	2,000	4,000	—
1723 J	—	—	525	2,000	4,000	—
1724 D	—	—	525	2,000	4,000	—
1725 D	—	—	525	2,000	4,000	—
1726 D	—	—	525	2,000	4,000	—
1727 D	—	—	525	2,000	4,000	—
1728 D	—	—	600	2,400	5,000	—

KM# 47a 8 REALES
27.0700 g., 0.9160 Silver 0.7972 oz. ASW **Ruler:** Philip V **Obv:** Legend and date around crowned arms **Obv. Legend:** PHILIPVS V DEI G **Rev:** Lions and castles in angles of cross, legend around **Mint:** Mexico City **Note:** Mint mark M, Mo.

Date	Mintage	Good	VG	F	VF	XF
ND(1729-33)	—	—	70.00	100	125	—
Date off flan						
1729 R	—	—	150	225	350	—
1730 G/R	—	—	150	225	350	—
1730 G	—	—	150	225	350	—
1730 R	—	—	150	225	350	—
1730 F	—	—	—	—	—	—
Reported, not confirmed						
1731/0 F	—	—	150	225	350	—
1731/0 F/G Rare	—	—	—	—	—	—
1731 F	—	—	135	210	325	—
1732/1 F	—	—	135	210	325	—
1732 F	—	—	135	210	350	—
1733/2 F	—	—	200	300	400	—
1733 F	—	—	200	300	400	—

KM# 51.1 ESCUDO
3.3800 g., 0.9170 Gold 0.0996 oz. AGW **Ruler:** Philip V **Obv:** Legend and date around crowned arms **Obv. Legend:** PHILIPVS V DEI G **Rev:** Lions and castles in angles of cross, legend around **Mint:** Mexico City

Date	Mintage	VG	F	VF	XF	Unc
ND(1702-13)	—	—	1,000	1,350	1,500	—
Date off flan						
1702MXo L Rare	—	—	—	—	—	—
1703/2MXo L Rare	—	—	—	—	—	—
1704MXo L Rare	—	—	—	—	—	—
1707MXo J Rare	—	—	—	—	—	—
1708MXo J Rare	—	—	—	—	—	—
1709MXo J Rare	—	—	—	—	—	—
1710MXo J Rare	—	—	—	—	—	—
1711MXo J	—	—	1,500	2,500	3,500	—
1712MXo J	—	—	1,500	2,500	3,500	—
1713MXo J	—	—	1,500	2,500	3,500	—

KM# 51.2 ESCUDO
3.3800 g., 0.9170 Gold 0.0996 oz. AGW **Ruler:** Philip V **Obv:** Legend and date around crowned arms **Obv. Legend:** PHILIPVS V DEI G **Rev:** Lions and castles in angles of cross, legend around **Mint:** Mexico City

Date	Mintage	VG	F	VF	XF	Unc
1712Mo J	—	—	2,000	3,000	4,000	—
1714Mo J	—	—	1,400	2,000	3,000	—
1714Mo J J's 1's (J7J4J) Rare	—	—	—	—	—	—
1715Mo J	—	—	2,000	3,000	4,000	—
1727Mo J Rare	—	—	—	—	—	—
1728Mo J Rare	—	—	—	—	—	—
1731 F Rare	—	—	—	—	—	—

Note: Die-struck counterfeits of 1731 F exist

KM# 52 2 ESCUDOS
6.7700 g., 0.9170 Gold 0.1996 oz. AGW **Ruler:** Philip V **Obv:** Legend and date around crowned arms **Obv. Legend:** CAROLVS II DEI G **Rev:** Legend around cross **Mint:** Mexico City

Date	Mintage	VG	F	VF	XF	Unc
1701MXo L Rare	—	—	—	—	—	—

KM# 46 8 REALES
27.0700 g., 0.9310 Silver 0.8102 oz. ASW **Ruler:** Charles II **Obv:** Legend and date around crowned arms **Obv. Legend:** CAROLVS II DEI G **Rev:** Legend around cross, lions and castles **Note:** Struck at Mexico City Mint, mint mark M, Mo.

Date	Mintage	Good	VG	F	VF	XF
1701 L Rare	—	—	—	—	—	—

KM# 49 8 REALES
27.0700 g., 0.9310 Silver 0.8102 oz. ASW **Ruler:** Luis I **Obv:** Legend and date around crowned arms **Obv. Legend:** LVDOVICVS I DEI G **Rev:** Lions and castles in angles of cross, legend around **Rev. Legend:** INDIARVM * REX HISPANIARV ... **Mint:** Mexico City **Note:** A significant portion of the legend must be visible for proper attribution. Mint mark M, Mo.

Date	Mintage	Good	VG	F	VF	XF
ND(1724-25)	—	—	—	—	—	—
Date off flan; Rare						
1724 D Rare	—	—	—	—	—	—
1725 D Rare	—	—	—	—	—	—

KM# 48 8 REALES
0.9160 g., Silver **Ruler:** Philip V **Obv:** Legend around crowned arms **Rev:** Lions and castles in angles of cross, legend around **Mint:** Mexico City **Note:** Klippe. Similar to KM#47a. Mint mark M, Mo.

Date	Mintage	Good	VG	F	VF	XF
ND(1733-34)	—	200	350	500	—	—
Date off flan						
1733 F	—	—	550	750	1,150	—
1733 MF	—	—	450	600	750	—
1734/3 MF	—	—	500	750	1,000	—
1734 MF	—	—	500	750	1,000	—

KM# 50 ESCUDO
3.3800 g., 0.9170 Gold 0.0996 oz. AGW **Ruler:** Charles II **Obv:** Legend and date around crowned arms **Obv. Legend:** CAROLVS II DEI G **Rev:** Lions and castles in angles of cross, legend around **Mint:** Mexico City

Date	Mintage	VG	F	VF	XF	Unc
1701/0MXo L Rare	—	—	—	—	—	—

KM# 53.1 2 ESCUDOS
6.7700 g., 0.9170 Gold 0.1996 oz. AGW **Ruler:** Philip V **Obv:** Legend and date around crowned arms **Obv. Legend:** PHILIPVS V DEI G **Rev:** Legend around cross **Mint:** Mexico City

Date	Mintage	VG	F	VF	XF	Unc
ND(1704-13)	—	—	1,250	1,500	2,000	—
Date off flan						
1704MXo L Rare	—	—	—	—	—	—
1708MXo J Rare	—	—	—	—	—	—
1710MXo J Rare	—	—	—	—	—	—
1711MXo J	—	—	2,500	3,500	4,500	—
1712MXo J	—	—	2,500	3,500	4,500	—
1713MXo J	—	—	2,500	3,500	4,500	—

KM# 53.2 2 ESCUDOS
6.7700 g., 0.9170 Gold 0.1996 oz. AGW **Ruler:** Philip V **Obv:** Legend and date around crowned arms **Obv. Legend:** PHILIPVS V DEI G **Rev:** Legend around cross **Mint:** Mexico City **Note:** Struck counterfeits exist for 1731.

Date	Mintage	VG	F	VF	XF	Unc
ND(1714-31) Date off flan	—	—	1,500	1,750	2,500	—
1714Mo J	—	—	—	2,500	3,500	—
1715Mo J	—	—	—	3,000	4,000	—
1717Mo J Rare	—	—	—	—	—	—
1722Mo J Rare	—	—	—	—	—	—
1729Mo R Rare	—	—	—	—	—	—
1731Mo F Rare	—	—	—	—	—	—

KM# A54 2 ESCUDOS

6.7700 g., 0.9170 Gold 0.1996 oz. AGW **Ruler:** Luis I **Obv:** Legend and date around crowned arms **Obv. Legend:** LVDOVICVS I DEI G. **Rev:** Legend around cross **Mint:** Mexico City **Note:** A significant portion of the legend must be visible for proper attribution.

Date	Mintage	VG	F	VF	XF	Unc
NDMo D Rare	—	—	—	—	—	—

KM# 54 4 ESCUDOS

13.5400 g., 0.9170 Gold 0.3992 oz. AGW **Ruler:** Charles II **Obv:** Legend and date around crowned arms **Obv. Legend:** CAROLVS II DEI G **Rev:** Legend around cross **Mint:** Mexico City

Date	Mintage	VG	F	VF	XF	Unc
1701MXo L Rare	—	—	—	—	—	—

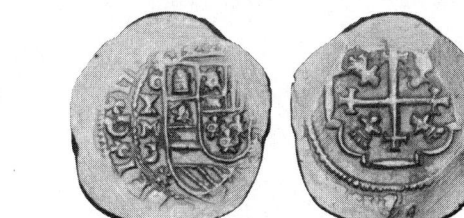

KM# 55.1 4 ESCUDOS

13.5400 g., 0.9170 Gold 0.3992 oz. AGW **Ruler:** Philip V **Obv:** Legend and date around crowned arms **Obv. Legend:** PHILIPVS V DEI G **Rev:** Legend around cross **Mint:** Mexico City

Date	Mintage	VG	F	VF	XF	Unc
ND(1705-13) Date off flan	—	—	2,500	3,000	4,000	—
1705MXo J Rare	—	—	—	—	—	—
1706MXo L Rare	—	—	—	—	—	—
1711MXo J	—	—	3,500	4,750	6,000	—
1712MXo J	—	—	3,500	4,750	6,000	—
1713MXo J	—	—	3,500	4,750	6,000	—

KM# 55.2 4 ESCUDOS

13.5400 g., 0.9170 Gold 0.3992 oz. AGW **Ruler:** Philip V **Obv:** Legend and date around crowned arms **Obv. Legend:** PHILIPVS V DEI G **Rev:** Legend around cross **Mint:** Mexico City

Date	Mintage	VG	F	VF	XF	Unc
ND(1714-20) Date off flan	—	—	2,500	3,500	4,500	—
1714Mo J	—	—	—	5,500	7,000	—
1715Mo J	—	—	—	5,500	7,000	—
1720Mo J Rare	—	—	—	—	—	—

KM# 57.1 8 ESCUDOS

27.0700 g., 0.9170 Gold 0.7981 oz. AGW **Ruler:** Philip V **Obv:** Legend and date around crowned arms **Obv. Legend:** PHILIPVS V DEI G **Rev:** Legend around cross **Mint:** Mexico City

Date	Mintage	VG	F	VF	XF	Unc
ND(1701-13) Date off flan	—	—	2,500	3,500	4,500	—
1701MXo L Rare	—	—	—	—	—	—
1703MXo L Rare	—	—	—	—	—	—
1706MXo J Rare	—	—	—	—	—	—
1708MXo J Rare	—	—	—	—	—	—
1709MXo J Rare	—	—	—	—	—	—
1710MXo J Rare	—	—	—	—	—	—
1711MXo J	—	—	3,500	4,500	6,000	—
1712MXo J	—	—	3,500	4,500	6,000	—
1713MXo J	—	—	3,500	4,500	6,000	—

KM# 57.2 8 ESCUDOS

27.0700 g., 0.9170 Gold 0.7981 oz. AGW **Ruler:** Philip V **Obv:** Legend and date around crowned arms **Obv. Legend:** PHILIPVS V DEI G **Rev:** Legend around cross **Mint:** Mexico City

Date	Mintage	VG	F	VF	XF	Unc
ND(1714-32)Mo Date off flan	—	—	2,750	3,750	5,000	—
1714Mo J	—	—	4,000	5,500	7,500	—
1714Mo Date over GRAT on obverse	—	—	6,000	7,500	9,000	—
1715Mo J	—	—	5,000	6,500	8,000	—
1717/6Mo J Rare	—	—	—	—	—	—
1720/19Mo J Rare	—	—	—	—	—	—
1723Mo J Rare	—	—	—	—	—	—
1727/6Mo D Rare	—	—	—	—	—	—
1728/7Mo D Rare	—	—	—	—	—	—
1729Mo R Rare	—	—	—	—	—	—
1730Mo R Rare	—	—	—	—	—	—
1730Mo F Rare	—	—	—	—	—	—
1731Mo F Rare	—	—	—	—	—	—
1732Mo F Rare	—	—	—	—	—	—

KM# 57.3 8 ESCUDOS

27.0700 g., 0.9170 Gold 0.7981 oz. AGW **Ruler:** Philip V **Obv:** Date around crowned arms **Obv. Legend:** PHILIPVS V DEI G **Rev:** Legend and date around cross **Mint:** Mexico City

Date	Mintage	VG	F	VF	XF	Unc
1714Mo J Date on reverse	—	—	6,000	7,500	9,000	—

KM# 58 8 ESCUDOS

27.0700 g., 0.9170 Gold 0.7981 oz. AGW **Ruler:** Luis I **Obv:** Legend and date around crowned arms **Obv. Legend:** LVDOVICVS I DEI G **Rev:** Legend around cross **Mint:** Mexico City **Note:** A significant portion of the legend must be visible for proper attribution.

Date	Mintage	VG	F	VF	XF	Unc
ND(1724-25)Mo D Rare	—	—	—	—	—	—

ROYAL COINAGE

Struck on specially prepared round planchets using well centered dies in excellent condition to prove the quality of the minting to the Viceroy or even to the King.

KM# R24 1/2 REAL

1.6917 g., 0.9310 Silver 0.0506 oz. ASW **Ruler:** Philip V **Mint:** Mexico City **Note:** Normally found holed. Mint mark Mo.

Date	Mintage	Good	VG	F	VF	XF
1715Mo J	—	—	250	400	575	750
1719Mo J	—	—	250	400	575	750
1721Mo J	—	—	250	400	575	750
1722Mo J	—	—	250	400	575	750
1726Mo D	—	—	250	400	575	750
1727Mo D	—	—	250	400	575	750

KM# R25 1/2 REAL

1.6917 g., 0.9310 Silver 0.0506 oz. ASW **Ruler:** Luis I **Obv:** Legend around crowned LVDOVICVS monogram **Rev:** Lions and castles in angles of cross, legend around **Mint:** Mexico City **Note:** Mint mark Mo.

Date	Mintage	Good	VG	F	VF	XF
1724Mo D Rare	—	—	—	—	—	—

KM# R24a 1/2 REAL

1.6917 g., 0.9170 Silver 0.0499 oz. ASW **Ruler:** Philip V **Mint:** Mexico City **Note:** Normally found holed. Mint mark Mo.

Date	Mintage	Good	VG	F	VF	XF
1730Mo D	—	—	250	400	575	750

KM# R30 REAL

3.3834 g., 0.9310 Silver 0.1013 oz. ASW **Ruler:** Philip V **Obv. Legend:** PHILIPVS V DEI G **Mint:** Mexico City **Note:** Mint mark Mo.

Date	Mintage	Good	VG	F	VF	XF
1715Mo J Rare	—	—	—	—	—	—
1716Mo J Rare	—	—	—	—	—	—
1718Mo J Rare	—	—	—	—	—	—

KM# R35 2 REALES

6.7668 g., 0.9310 Silver 0.2025 oz. ASW **Ruler:** Philip V **Obv. Legend:** PHILIPVS V DEI G **Mint:** Mexico City **Note:** Mint mark Mo.

Date	Mintage	Good	VG	F	VF	XF
1715Mo J Rare	—	—	—	—	—	—

KM# R35a 2 REALES

6.7668 g., 0.9170 Silver 0.1995 oz. ASW **Ruler:** Philip V **Mint:** Mexico City **Note:** Mint mark Mo.

Date	Mintage	Good	VG	F	VF	XF
1730Mo R Rare	—	—	—	—	—	—

KM# R40 4 REALES

13.5337 g., 0.9310 Silver 0.4051 oz. ASW **Ruler:** Philip V **Obv. Legend:** PHILIPVS V DEI G **Mint:** Mexico City **Note:** Mint mark Mo.

Date	Mintage	Good	VG	F	VF	XF
1716Mo J Rare	—	—	—	—	—	—
1719Mo J Rare	—	—	—	—	—	—
1721Mo J Rare	—	—	—	—	—	—
1722Mo J Rare	—	—	—	—	—	—
1723Mo J Rare	—	—	—	—	—	—

KM# R47 8 REALES

27.0674 g., 0.9310 Silver 0.8102 oz. ASW **Ruler:** Philip V **Obv. Legend:** PHILIPVS V DEI G **Mint:** Mexico City **Note:** Struck at Mexico City Mint, mint mark Mo.

Date	Mintage	Good	VG	F	VF	XF
1702Mo L Rare	—	—	—	—	—	—
1703Mo L Rare	—	—	—	—	—	—
1705Mo J Rare	—	—	—	—	—	—
1706Mo J Rare	—	—	—	—	—	—
1709Mo J Rare	—	—	—	—	—	—
1711Mo J Rare	—	—	—	—	—	—
1714Mo J Rare	—	—	—	—	—	—
1715Mo J Rare	—	—	—	—	—	—
1716Mo J Rare	—	—	—	—	—	—
1717Mo J Rare	—	—	—	—	—	—
1719Mo J Rare	—	—	—	—	—	—
1721Mo J Rare	—	—	—	—	—	—
1722Mo J Rare	—	—	—	—	—	—
1723Mo J Rare	—	—	—	—	—	—
1724Mo D Rare	—	—	—	—	—	—
1725Mo D Rare	—	—	—	—	—	—
1726/5Mo D Rare	—	—	—	—	—	—
1726Mo D Rare	—	—	—	—	—	—
1727Mo D Rare	—	—	—	—	—	—

KM# R49 8 REALES

27.0674 g., 0.9310 Silver 0.8102 oz. ASW **Ruler:** Luis I **Note:** Mint mark Mo.

Date	Mintage	Good	VG	F	VF	XF
1724 D Rare	—	—	—	—	—	—
1725 D Rare	—	—	—	—	—	—

KM# R47a 8 REALES

27.0674 g., 0.9170 Silver 0.7980 oz. ASW **Ruler:** Philip V **Mint:** Mexico City **Note:** Mint mark Mo.

Date	Mintage	Good	VG	F	VF	XF
1729Mo R Rare	—	—	—	—	—	—
1730Mo R/D Rare	—	—	—	—	—	—
1730Mo G Rare	—	—	—	—	—	—

KM# R51.2 ESCUDO

3.3834 g., 0.9170 Gold 0.0997 oz. AGW **Ruler:** Philip V **Mint:** Mexico City

Date	Mintage	Good	VG	F	VF	XF
1714Mo J Rare	—	—	—	—	—	—
1715Mo J Rare	—	—	—	—	—	—

KM# R53.1 2 ESCUDOS

6.7668 g., 0.9170 Gold 0.1995 oz. AGW **Ruler:** Philip V **Mint:** Mexico City

Date	Mintage	Good	VG	F	VF	XF
1711MXo J Rare	—	—	—	—	—	—
1712MXo J Rare	—	—	—	—	—	—

KM# R55.1 4 ESCUDOS

13.5337 g., 0.9170 Gold 0.3990 oz. AGW **Ruler:** Philip V **Mint:** Mexico City **Note:** Mint mark M, Mo.

Date	Mintage	Good	VG	F	VF	XF
1711 Rare	—	—	—	—	—	—

KM# R55.2 4 ESCUDOS

13.5337 g., 0.9170 Gold 0.3990 oz. AGW **Ruler:** Philip V **Mint:** Mexico City **Note:** Mint mark M, Mo.

Date	Mintage	Good	VG	F	VF	XF
1714 Rare	—	—	—	—	—	—

KM# R57.1 8 ESCUDOS

27.0674 g., 0.9170 Gold 0.7980 oz. AGW **Ruler:** Philip V **Mint:** Mexico City

Date	Mintage	Good	VG	F	VF	XF
1702MXo L Rare	—	—	—	—	—	—
1711MXo J Rare	—	—	—	—	—	—
1712MXo J Rare	—	—	—	—	—	—
1713MXo J Rare	—	—	—	—	—	—

KM# R57.3 8 ESCUDOS

27.0674 g., 0.9170 Gold 0.7980 oz. AGW **Ruler:** Philip V **Mint:** Mexico City

Date	Mintage	Good	VG	F	VF	XF
1714Mo J Rare	—	—	—	—	—	—
1715Mo J Rare	—	—	—	—	—	—
1717Mo J Rare	—	—	—	—	—	—
1718Mo J Rare	—	—	—	—	—	—
1723Mo J Rare	—	—	—	—	—	—

MILLED COINAGE

KM# 62 1/4 REAL

0.8458 g., 0.8960 Silver 0.0244 oz. ASW **Ruler:** Charles IV **Obv:** Crowned rampant lion, left **Rev:** Castle **Mint:** Mexico City **Note:** Mint mark Mo.

Date	Mintage	VG	F	VF	XF	Unc
1796	—	35.00	65.00	125	200	—
1797	—	35.00	65.00	125	200	—
1798	—	35.00	65.00	125	200	—
1799/8	—	35.00	65.00	125	200	—
1799	—	35.00	65.00	125	200	—
1800	—	35.00	65.00	125	200	—

KM# 65 1/2 REAL

1.6917 g., 0.9170 Silver 0.0499 oz. ASW **Ruler:** Philip V **Obv:** Crowned shield flanked by M F, rosettes and small cross **Obv. Legend:** PHILIP • V • D • G • HISPAN • ET IND • REX **Rev:** Crowned globes flanked by crowned pillars with banner, date below **Mint:** Mexico City **Note:** Mint mark M, Mo, MX.

Date	Mintage	VG	F	VF	XF	Unc
1732 Rare	—	—	—	—	—	—
1732 F	—	500	800	1,200	2,000	—
1733 MF (MX)	—	400	600	1,000	1,500	—
1733 F	—	200	325	550	800	—
1733/2 MF	—	300	400	600	800	—
1733 MF	—	300	400	600	800	—
1734/3 MF	—	20.00	50.00	100	150	—
1734 MF	—	20.00	50.00	100	150	—
1735/4 MF	—	20.00	50.00	100	150	—
1735 MF	—	20.00	50.00	100	150	—
1736/5 MF	—	20.00	50.00	100	150	—
1736 MF	—	20.00	50.00	100	150	—
1737/6 MF	—	20.00	50.00	100	150	—
1737 MF	—	20.00	50.00	100	150	—
1738/7 MF	—	20.00	50.00	100	150	—
1738 MF	—	20.00	50.00	100	150	—
1739 MF	—	20.00	50.00	100	150	—
1740/30 MF	—	20.00	50.00	100	150	—
1740 MF	—	20.00	50.00	100	150	—
1741 MF	—	20.00	50.00	100	150	—

KM# 66 1/2 REAL

1.6900 g., 0.9170 Silver 0.0498 oz. ASW **Ruler:** Philip V **Obv:** Crowned shield flanked by stars **Obv. Legend:** PHS • V • D • G • HISP • ET IND • R **Rev:** Crowned globes flanked by crowned pillars with banner, date below **Mint:** Mexico City **Note:** Mint mark M, Mo.

Date	Mintage	VG	F	VF	XF	Unc
1742 M	—	15.00	40.00	75.00	125	—
1743 M	—	15.00	40.00	75.00	125	—
1744/3 M	—	15.00	40.00	75.00	125	—
1744 M	—	15.00	40.00	75.00	125	—
1745 M Rare	—	—	—	—	—	—
Note: Legend variation: PHS. V. D. G. HISP. EST IND. R						
1745 M	—	15.00	40.00	75.00	125	—
1746/5 M	—	15.00	40.00	75.00	125	—
1746 M	—	15.00	40.00	75.00	125	—
1747 M	—	15.00	40.00	75.00	125	—

KM# 67.1 1/2 REAL

1.6900 g., 0.9170 Silver 0.0498 oz. ASW **Ruler:** Ferdinand VI **Obv:** Royal crown **Obv. Legend:** FRD • VI • D • G • HIPS • ET IND • R **Mint:** Mexico City **Note:** Mint mark M, Mo.

Date	Mintage	VG	F	VF	XF	Unc
1747/6 M	—	15.00	40.00	75.00	125	—
1747 M	—	15.00	40.00	75.00	125	—
1748/7 M	—	15.00	40.00	75.00	125	—
1748 M	—	15.00	40.00	75.00	125	—
1749 M	—	15.00	40.00	75.00	125	—
1750 M	—	15.00	40.00	75.00	125	—
1751 M	—	15.00	40.00	75.00	125	—
1752 M	—	15.00	40.00	75.00	125	—
1753 M	—	15.00	40.00	75.00	125	—
1754 M	—	15.00	40.00	75.00	125	—
1755/6 M	—	15.00	40.00	75.00	125	—
1755 M	—	15.00	40.00	75.00	125	—
1756/5 M	—	15.00	40.00	75.00	125	—
1756 M	—	15.00	40.00	75.00	125	—
1757/6 M	—	15.00	40.00	75.00	125	—
1757 M	—	15.00	40.00	75.00	125	—

KM# 67.2 1/2 REAL

1.6917 g., 0.9170 Silver 0.0499 oz. ASW **Ruler:** Ferdinand VI **Obv:** Different crown **Mint:** Mexico City **Note:** Mint mark M, Mo.

Date	Mintage	VG	F	VF	XF	Unc
1757 M	—	15.00	40.00	75.00	125	—
1758/7 M	—	15.00	40.00	75.00	125	—
1758 M	—	15.00	40.00	75.00	125	—
1759 M	—	15.00	40.00	75.00	125	—
1760/59 M	—	15.00	40.00	75.00	125	—
1760 M	—	15.00	40.00	75.00	125	—

KM# 68 1/2 REAL

1.6900 g., 0.9170 Silver 0.0498 oz. ASW **Ruler:** Charles III **Obv:** Crowned shield flanked by stars **Obv. Legend:** CAR • III • D • G • HISP • ET IND • R **Rev:** Crowned globes flanked by crowned pillars with banner, date below **Mint:** Mexico City **Note:** Mint mark M, Mo.

Date	Mintage	VG	F	VF	XF	Unc
1760/59 M	—	15.00	40.00	75.00	125	—
1760 M	—	15.00	40.00	75.00	125	—
1761 M	—	15.00	40.00	75.00	125	—
1762 M	—	15.00	40.00	75.00	125	—
1763/2 M	—	15.00	40.00	75.00	125	—
1763 M	—	15.00	40.00	75.00	125	—
1764 M	—	15.00	40.00	75.00	125	—
1765/4 M	—	15.00	40.00	75.00	125	—
1765 M	—	15.00	40.00	75.00	125	—
1766 M	—	15.00	40.00	75.00	125	—
1767 M	—	15.00	40.00	75.00	125	—
1768/6 M	—	15.00	40.00	75.00	125	—
1768 M	—	15.00	40.00	75.00	125	—
1769 M	—	15.00	40.00	75.00	125	—
1770 M	—	15.00	40.00	75.00	125	—
1770 F	—	15.00	40.00	75.00	125	—
1771 F	—	15.00	40.00	75.00	125	—

KM# 69.2 1/2 REAL

1.6917 g., 0.9030 Silver 0.0491 oz. ASW **Ruler:** Charles III **Obv:** Armored bust of Charles III, right **Obv. Legend:** CAROLUS • III • DEI • GRATIA **Rev:** Crown above shield flanked by pillars with banner, normal initials and mint mark **Mint:** Mexico City **Note:** Mint mark Mo.

Date	Mintage	VG	F	VF	XF	Unc
1772Mo FF	—	15.00	40.00	70.00	110	—
1773Mo FM	—	12.00	35.00	60.00	100	—
1773Mo FM CAROLS (error)	—	75.00	150	250	400	—
1774Mo FM	—	10.00	25.00	50.00	90.00	—
1775Mo FM	—	10.00	25.00	50.00	90.00	—
1776Mo FM	—	20.00	40.00	70.00	110	—
1777/6Mo FM	—	10.00	25.00	50.00	90.00	—
1777Mo FM	—	10.00	25.00	50.00	90.00	—
1778Mo FF	—	10.00	25.00	50.00	90.00	—
1779Mo FF	—	10.00	25.00	50.00	90.00	—
1780/79Mo FF	—	10.00	25.00	50.00	90.00	—
1780Mo FF	—	10.00	25.00	50.00	90.00	—
1781Mo FF	—	10.00	25.00	50.00	90.00	—
1782/1Mo FF	—	10.00	25.00	50.00	90.00	—
1782Mo FF	—	10.00	25.00	50.00	90.00	—
1783Mo FF	—	10.00	25.00	50.00	90.00	—
1783Mo FM	—	10.00	25.00	50.00	90.00	—
1784Mo FF	—	10.00	25.00	50.00	90.00	—
1784Mo FM	—	10.00	25.00	50.00	90.00	—

KM# 69.1 1/2 REAL

1.6900 g., 0.9030 Silver 0.0491 oz. ASW **Ruler:** Charles III **Obv. Legend:** CAROLUS • III • DEI • GRATIA **Rev:** Inverted FM and mint mark **Mint:** Mexico City **Note:** Mint mark Mo.

Date	Mintage	VG	F	VF	XF	Unc
1772Mo FM	—	12.00	35.00	60.00	100	—
1773Mo FM	—	10.00	25.00	50.00	90.00	—

KM# 69.2a 1/2 REAL

1.6917 g., 0.8960 Silver 0.0487 oz. ASW **Ruler:** Charles III **Rev:** Normal initials and mint mark **Note:** Mint mark M, Mo.

Date	Mintage	VG	F	VF	XF	Unc
1785/4 FM	—	10.00	25.00	50.00	90.00	—
1785 FM	—	10.00	25.00	50.00	90.00	—
1786 FM	—	10.00	25.00	50.00	90.00	—
1787 FM	—	10.00	25.00	50.00	90.00	—
1788 FM	—	10.00	25.00	50.00	90.00	—
1789 FM	—	12.00	35.00	60.00	100	—

KM# 70 1/2 REAL

1.6917 g., 0.8960 Silver 0.0487 oz. ASW **Ruler:** Charles IV **Obv:** Armored bust of Charles IV, right **Obv. Legend:** CAROLUS • IV •... **Rev:** Crown above shield flanked by pillars with banner **Mint:** Mexico City **Note:** Mint mark M, Mo.

Date	Mintage	VG	F	VF	XF	Unc
1789 FM	—	12.00	35.00	60.00	100	—
1790 FM	—	12.00	35.00	60.00	100	—

KM# 71 1/2 REAL

1.6917 g., 0.8960 Silver 0.0487 oz. ASW **Ruler:** Charles IV **Obv:** Armored bust of Charles IIII, right **Obv. Legend:** CAROLUS • IIII •... **Rev:** Crown above shield flanked by pillars with banner **Mint:** Mexico City **Note:** Mint mark M, Mo.

Date	Mintage	VG	F	VF	XF	Unc
1790 FM	—	12.00	35.00	60.00	100	—

KM# 72 1/2 REAL

1.6900 g., 0.9030 Silver 0.0491 oz. ASW **Ruler:** Charles IV **Obv:** Armored bust of Charles IIII, right **Obv. Legend:** CAROLUS • IIII • ... **Rev:** Crowned shield flanked by pillars with banner **Rev. Legend:** IND • R • .... **Mint:** Mexico City **Note:** Mint mark Mo.

Date	Mintage	VG	F	VF	XF	Unc
1792 FM	—	10.00	20.00	55.00	85.00	—
1793 FM	—	10.00	20.00	55.00	85.00	—
1794/3 FM	—	10.00	20.00	55.00	85.00	—
1794 FM	—	10.00	20.00	55.00	85.00	—
1795 FM	—	10.00	20.00	55.00	85.00	—
1796 FM	—	10.00	20.00	55.00	85.00	—
1797 FM	—	10.00	20.00	55.00	85.00	—
1798/7 FM	—	10.00	20.00	55.00	85.00	—
1798 FM	—	10.00	20.00	55.00	85.00	—
1799 FM	—	10.00	20.00	55.00	85.00	—
1800/799 FM	—	10.00	20.00	55.00	85.00	—
1800 FM	—	10.00	20.00	55.00	85.00	—

KM# 75.1 REAL

3.3834 g., 0.9170 Silver 0.0997 oz. ASW **Ruler:** Philip V **Obv:** Crowned shield flanked by MF I ** **Obv. Legend:** PHILIP • V • D • G • HISPAN • ET IND • REX **Rev:** Crowned globes flanked by crowned pillars with banner, date below **Mint:** Mexico City **Note:** Mint mark M, Mo, (MX).

Date	Mintage	VG	F	VF	XF	Unc
1732 Rare	—	—	—	—	—	—
1732 F	—	—	—	—	—	—
1733 F (MX)	—	150	350	425	750	—
1733 MF (MX)	—	150	350	425	750	—
1733 F Rare	—	—	—	—	—	—
1733 MF	—	100	200	300	500	—
1734/3 MF	—	35.00	60.00	125	175	—
1734 MF	—	35.00	60.00	125	175	—
1735 MF	—	35.00	60.00	125	175	—
1736 MF	—	35.00	60.00	125	175	—
1737 MF	—	35.00	60.00	125	175	—
1738 MF	—	35.00	60.00	125	175	—
1739 MF	—	35.00	60.00	125	175	—
1740 MF	—	35.00	60.00	125	175	—
1741 MF	—	35.00	60.00	125	175	—

KM# 75.2 REAL

3.3834 g., 0.9170 Silver 0.0997 oz. ASW **Ruler:** Philip V **Obv. Legend:** PHS • V • D • G • HISP • ET • IND • R **Note:** Mint mark M, Mo.

Date	Mintage	VG	F	VF	XF	Unc
1742 M	—	35.00	60.00	110	165	—
1743 M	—	35.00	60.00	110	165	—
1744/3 M	—	35.00	60.00	110	165	—
1744 M	—	35.00	60.00	110	165	—
1745 M	—	35.00	60.00	110	165	—
1746/5 M	—	35.00	60.00	110	165	—
1746 M	—	35.00	60.00	110	165	—
1747 M	—	35.00	60.00	110	165	—

KM# 76.1 REAL

3.3800 g., 0.9170 Silver 0.0996 oz. ASW **Ruler:** Ferdinand VI **Obv:** Crowned shield flanked by R I **Obv. Legend:** FRD • VI • D • G • HISP • ET IND • R **Rev:** Crowned globes flanked by crowned pillars with banner, date below **Mint:** Mexico City **Note:** Mint mark M, Mo.

Date	Mintage	VG	F	VF	XF	Unc
1747 M	—	30.00	50.00	100	150	—
1748/7 M	—	30.00	50.00	100	150	—
1748 M	—	30.00	50.00	100	150	—
1749 M	—	30.00	50.00	100	150	—
1750/40 M	—	30.00	50.00	100	150	—
1750 M	—	30.00	50.00	100	150	—
1751 M	—	30.00	50.00	100	150	—
1752 M	—	30.00	50.00	100	150	—
1753 M	—	30.00	50.00	100	150	—
1754 M	—	30.00	50.00	100	150	—
1755/4 M	—	30.00	50.00	100	150	—
1755 M	—	30.00	50.00	100	150	—
1756 M	—	30.00	50.00	100	150	—
1757 M	—	30.00	50.00	100	150	—
1758/5 M	—	30.00	50.00	100	150	—
1758 M	—	30.00	50.00	100	150	—

KM# 76.2 REAL

3.3834 g., 0.9170 Silver 0.0997 oz. ASW **Ruler:** Ferdinand VI **Obv:** Royal and Imperial crowns **Note:** Mint mark M, Mo.

Date	Mintage	VG	F	VF	XF	Unc
1757 M	—	30.00	50.00	100	150	—
1758/7 M	—	30.00	50.00	100	150	—
1758 M	—	30.00	50.00	100	150	—
1759 M	—	30.00	50.00	100	150	—
1760 M	—	30.00	50.00	100	150	—

KM# 77 REAL

3.3800 g., 0.9170 Silver 0.0996 oz. ASW **Ruler:** Charles III **Obv:** Crowned shield flanked by R I **Obv. Legend:** CAR • III • D • G • HISP • ET IND • R **Rev:** Crowned globes flanked by crowned pillars with banner, date below **Mint:** Mexico City **Note:** Mint mark M, Mo.

Date	Mintage	VG	F	VF	XF	Unc
1760 M	—	30.00	50.00	100	150	—
1761/0 M	—	30.00	50.00	100	150	—
1761 M	—	30.00	50.00	100	150	—
1762 M	—	30.00	50.00	100	150	—
1763/2 M	—	30.00	50.00	100	150	—
1763 M	—	30.00	50.00	100	150	—
1764 M	—	30.00	50.00	100	150	—
1765 M	—	30.00	50.00	100	150	—
1766 M	—	30.00	50.00	100	150	—
1767 M	—	30.00	50.00	100	150	—
1768 M	—	30.00	50.00	100	150	—
1769 M	—	30.00	50.00	100	150	—
1769/70 M	—	30.00	50.00	100	150	—
1770 M	—	30.00	50.00	100	150	—
1770 F	—	30.00	50.00	100	200	—
1771 F	—	30.00	50.00	100	200	—

KM# 78.1 REAL

3.3834 g., 0.9030 Silver 0.0982 oz. ASW **Ruler:** Charles III **Obv. Legend:** CAROLUS • III • DEI • GRATIA **Rev:** Inverted FM and mint mark **Note:** Mint mark M, Mo.

Date	Mintage	VG	F	VF	XF	Unc
1772 FM	—	25.00	40.00	80.00	125	—
1773 FM	—	25.00	40.00	80.00	125	—

KM# 78.2 REAL

3.3800 g., 0.9030 Silver 0.0981 oz. ASW **Ruler:** Charles III **Obv:** Armored bust of Charles III, right **Obv. Legend:** CAROLUS • III • DEI • GRATIA **Rev. Legend:** Crowned shield flanked by pillars with banner, normal initials and mint mark **Mint:** Mexico City **Note:** Mint mark M, Mo.

Date	Mintage	VG	F	VF	XF	Unc
1774 FM	—	20.00	35.00	65.00	100	—
1775/4 FM	—	20.00	35.00	65.00	100	—
1775 FM	—	20.00	35.00	65.00	100	—
1776 FM	—	20.00	35.00	65.00	100	—
1777 FM	—	20.00	35.00	65.00	100	—
1778 FF/M	—	20.00	35.00	65.00	100	—
1778 FF	—	20.00	35.00	65.00	100	—
1779 FF	—	20.00	35.00	65.00	100	—
1780 FF	—	20.00	35.00	65.00	100	—
1780 F F/M	—	20.00	35.00	65.00	100	—
1781 FF	—	20.00	35.00	65.00	100	—
1782 FF	—	20.00	35.00	65.00	100	—
1783 FF	—	20.00	35.00	65.00	100	—
1784 FF	—	20.00	35.00	65.00	100	—

KM# 78.2a REAL

3.3834 g., 0.8960 Silver 0.0975 oz. ASW **Ruler:** Charles III **Rev:** Normal initials and mint mark **Note:** Mint mark M, Mo.

Date	Mintage	VG	F	VF	XF	Unc
1785 FF	—	20.00	35.00	65.00	100	—
1785 FM	—	20.00	35.00	65.00	100	—
1786 FM	—	20.00	35.00	65.00	100	—
1787 FF	—	20.00	35.00	65.00	125	—
1787 FM	—	20.00	35.00	65.00	100	—
1788 FF	—	50.00	100	200	—	—
1788 FM	—	20.00	35.00	65.00	100	—
1789 FM	—	20.00	35.00	65.00	100	—

KM# 79 REAL

3.3800 g., 0.9030 Silver 0.0981 oz. ASW **Ruler:** Charles IV **Obv:** Armored bust of Charles III, right **Obv. Legend:** CAROLUS • IV • ... **Rev:** Crown above shield flanked by pillars with banner **Mint:** Mexico City **Note:** Mint mark M, Mo.

Date	Mintage	VG	F	VF	XF	Unc
1789 FM	—	20.00	35.00	65.00	150	—
1790 FM	—	20.00	35.00	65.00	150	—

KM# 80 REAL

3.3800 g., 0.9030 Silver 0.0981 oz. ASW **Ruler:** Charles IV **Obv:** Armored bust of Charles IIII, right **Obv. Legend:** CAROLUS • IIII • ... **Rev:** Crowned shield flanked by pillars with banner **Mint:** Mexico City **Note:** Mint mark M, Mo.

Date	Mintage	VG	F	VF	XF	Unc
1790 FM	—	20.00	35.00	70.00	165	—

KM# 81 REAL

3.3834 g., 0.8960 Silver 0.0975 oz. ASW **Ruler:** Charles IV **Obv:** Armored bust of Charles IIII, right **Obv. Legend:** CAROLUS • IIII • ... **Rev:** Crowned shield flanked by pillars with banner **Rev. Legend:** IND • REX ... **Mint:** Mexico City **Note:** Mint mark Mo.

Date	Mintage	VG	F	VF	XF	Unc
1792 FM	—	15.00	30.00	60.00	90.00	—
1793 FM	—	15.00	30.00	60.00	150	—
1794 FM	—	25.00	50.00	100	250	—
1795 FM	—	15.00	30.00	60.00	150	—
1796 FM	—	15.00	30.00	60.00	90.00	—
1797/6 FM	—	15.00	30.00	60.00	90.00	—
1797 FM	—	15.00	30.00	60.00	90.00	—
1798/7 FM	—	15.00	30.00	60.00	90.00	—
1798 FM	—	15.00	30.00	60.00	90.00	—
1799 FM	—	15.00	30.00	60.00	90.00	—
1800 FM	—	15.00	30.00	60.00	90.00	—

KM# 84 2 REALES

6.7668 g., 0.9170 Silver 0.1995 oz. ASW **Ruler:** Philip V **Obv:** Crowned shield flanked by M F 2 **Obv. Legend:** PHILIP • V • D • G • HISPAN • ET IND • REX **Rev:** Crowned globes flanked by crowned pillars with banner, date below **Rev. Legend:** VTRAQUE VNUM **Mint:** Mexico City **Note:** Mint mark M, Mo, (MX).

Date	Mintage	VG	F	VF	XF	Unc
1732 Rare	—	—	—	—	—	—
1732 F	—	800	1,300	1,750	2,750	—
1733 F	—	600	800	1,350	2,250	—
1733 MF (MX)	—	350	600	1,000	1,650	—
1733 MF	—	600	900	1,500	2,500	—
1734/3 MF	—	45.00	75.00	135	200	—
1734 MF	—	45.00	75.00	135	200	—
1735/3 MF	—	45.00	75.00	135	200	—
1735/4 MF	—	45.00	75.00	135	200	—
1735 MF	—	45.00	75.00	135	200	—
1736/3 MF	—	45.00	75.00	135	200	—
1736/4 MF	—	45.00	75.00	135	200	—
1736/5 MF	—	45.00	75.00	135	200	—
1736 MF	—	45.00	75.00	135	200	—
1737/3 MF	—	45.00	75.00	135	200	—
1737 MF	—	45.00	75.00	135	200	—
1738/7 MF	—	45.00	75.00	135	200	—
1738 MF	—	45.00	75.00	135	200	—
1739 MF	—	45.00	75.00	135	200	—
1740/30 MF	—	45.00	75.00	135	200	—

Date	Mintage	VG	F	VF	XF	Unc
1740 MF	—	45.00	75.00	135	200	—
1741 MF	—	45.00	75.00	135	200	—

KM# 85 2 REALES

6.7700 g., 0.9170 Silver 0.1996 oz. ASW **Ruler:** Philip V **Obv:** Crowned shield flanked by R 2 **Obv. Legend:** PHS • V • D • G • HISP • ET IND • R * **Rev:** Crowned globes flanked by crowned pillars with banner, date below **Rev. Legend:** VTRA QUE VNUM **Mint:** Mexico City **Note:** Mint mark M, Mo.

Date	Mintage	F	VF	XF	Unc	BU
1742 M	—	70.00	125	185	—	—
1743/2 M	—	70.00	125	185	—	—
1743 M	—	70.00	125	185	—	—
1744/3 M	—	70.00	125	185	—	—
1744 M	—	70.00	125	185	—	—
1745/4 M	—	70.00	125	185	—	—
1745 M	—	70.00	125	185	—	—
1745 M HIP Rare	—	—	—	—	—	—
1746/5 M	—	70.00	125	185	—	—
1746 M	—	70.00	125	185	—	—
1747 M	—	70.00	125	185	—	—
1750 M Rare	—	—	—	—	—	—

Note: Posthumous mule.

KM# 86.1 2 REALES

6.7668 g., 0.9170 Silver 0.1995 oz. ASW **Ruler:** Ferdinand VI **Obv:** Crowned shield flanked by R 2 **Obv. Legend:** FRD • VI • D • G • HISP • ET IND • R **Rev:** Crowned globes flanked by crowned pillars with banner, date below **Rev. Legend:** VTRA QUE VNUM **Mint:** Mexico City **Note:** Mint mark M, Mo.

Date	Mintage	VG	F	VF	XF	Unc
1747 M	—	35.00	60.00	110	175	—
1748/7 M	—	35.00	60.00	110	175	—
1748 M	—	35.00	60.00	110	175	—
1749 M	—	35.00	60.00	110	175	—
1750 M	—	35.00	60.00	110	175	—
1751/41 M	—	35.00	60.00	110	175	—
1751 M	—	35.00	60.00	110	175	—
1752 M	—	35.00	60.00	110	175	—
1753/2 M	—	35.00	60.00	110	175	—
1753 M	—	35.00	60.00	110	175	—
1754 M	—	35.00	60.00	110	175	—
1755/4 M	—	35.00	60.00	110	175	—
1755 M	—	35.00	60.00	110	175	—
1756/55 M	—	35.00	60.00	110	175	—
1756 M	—	35.00	60.00	110	175	—
1757/6 M	—	35.00	60.00	110	175	—
1757 M	—	35.00	60.00	110	175	—

KM# 86.2 2 REALES

6.7668 g., 0.9170 Silver 0.1995 oz. ASW **Ruler:** Ferdinand VI **Obv:** Royal and Imperial crowns **Note:** Mint mark M, Mo.

Date	Mintage	VG	F	VF	XF	Unc
1757 M	—	35.00	60.00	110	175	—
1758 M	—	35.00	60.00	110	175	—
1759/8 M	—	35.00	60.00	110	175	—
1759 M	—	35.00	60.00	110	175	—
1760 M	—	35.00	60.00	110	175	—

KM# 87 2 REALES

6.7700 g., 0.9170 Silver 0.1996 oz. ASW **Ruler:** Charles III **Obv:** Crowned shield flanked by R 2 **Obv. Legend:** CAR • III • D • G • HISP • ET IND • R **Rev:** Crowned globes flanked by crowned pillars with banner, date below **Rev. Legend:** VTRA QUE VNUM **Mint:** Mexico City **Note:** Mint mark M, Mo.

Date	Mintage	VG	F	VF	XF	Unc
1760 M	—	35.00	60.00	110	175	—
1761 M	—	35.00	60.00	110	175	—
1762/1 M	—	35.00	60.00	110	175	—
1762 M	—	35.00	60.00	110	175	—
1763/2 M	—	35.00	60.00	110	175	—
1763 M	—	35.00	60.00	110	175	—
1764 M	—	35.00	60.00	110	175	—
1765 M	—	35.00	60.00	110	175	—
1766 M	—	35.00	60.00	110	175	—
1767 M	—	35.00	60.00	110	175	—
1768/6 M	—	35.00	60.00	110	175	—
1768 M	—	35.00	60.00	110	175	—
1769 M	—	35.00	60.00	110	175	—
1770 M	—	350	550	—	—	—
1770 F Rare	—	—	—	—	—	—
1771 F	—	35.00	60.00	110	175	—

KM# 88.1 2 REALES

6.7668 g., 0.9030 Silver 0.1964 oz. ASW **Ruler:** Charles III **Obv:** Armored bust of Charles III, right **Obv. Legend:** CAROLUS • III • DEI • GRATIA **Rev:** Inverted FM and mint mark **Note:** Mint mark M, Mo.

Date	Mintage	VG	F	VF	XF	Unc
1772 FM	—	30.00	50.00	100	150	—
1773 FM	—	30.00	50.00	100	150	—

KM# 88.2 2 REALES

6.7700 g., 0.9030 Silver 0.1965 oz. ASW **Ruler:** Charles III **Obv:** Armored bust od Charles III, right **Obv. Legend:** CAROLUS • III • DEI • GRATIA • **Rev:** Crowned shield flanked by pillars with banner, normal initials and mint mark **Rev. Legend:** • HISPAN • ET IND • REX • ... **Mint:** Mexico City **Note:** Mint mark M, Mo.

Date	Mintage	VG	F	VF	XF	Unc
1773 FM	—	25.00	40.00	80.00	125	—
1774 FM	—	25.00	40.00	80.00	125	—
1775 FM	—	25.00	40.00	80.00	125	—
1776 FM	—	25.00	40.00	80.00	125	—
1777 FM	—	25.00	40.00	80.00	125	—
1778/7 FF	—	25.00	40.00	80.00	125	—
1778 F F/M	—	25.00	40.00	80.00	125	—
1778 FF	—	25.00	40.00	80.00	125	—
1779/8 FF	—	25.00	40.00	80.00	125	—
1779 FF	—	25.00	40.00	80.00	125	—
1780 FF	—	25.00	40.00	80.00	125	—
1781 FF	—	25.00	40.00	80.00	125	—
1782/1 FF	—	25.00	40.00	80.00	125	—
1782 FF	—	25.00	40.00	80.00	125	—
1783 FF	—	25.00	40.00	80.00	125	—
1784 FF	—	25.00	40.00	80.00	125	—
1784 FF DEI GRTIA (error)	—	100	150	250	600	—
1784 FM	—	70.00	120	225	575	—

KM# 88.2a 2 REALES

6.7668 g., 0.8960 Silver 0.1949 oz. ASW **Ruler:** Charles III **Obv:** Armored bust of Charles III, right **Rev:** Crowned shield flanked by pillars with banner **Mint:** Mexico City **Note:** Mint mark Mo.

Date	Mintage	VG	F	VF	XF	Unc
1785Mo FM	—	25.00	40.00	80.00	125	—
1786Mo FF	—	200	350	550	950	—
1786Mo FM	—	25.00	40.00	80.00	125	—
1787Mo FM	—	25.00	40.00	80.00	125	—
1788/98Mo FM	—	25.00	40.00	80.00	125	—
1788Mo FM	—	25.00	40.00	80.00	125	—
1789Mo FM	—	25.00	40.00	50.00	150	—

KM# 89 2 REALES

6.7700 g., 0.9030 Silver 0.1965 oz. ASW **Ruler:** Charles IV **Obv:** Armored bust of Charles IV, right **Obv. Legend:** CAROLUS • IV • DEI • GRATIA • **Rev:** Crowned shield flanked by pillars with banner **Rev. Legend:** • HISPAN • ET IND • REX • ... **Mint:** Mexico City **Note:** Mint mark M, Mo.

Date	Mintage	VG	F	VF	XF	Unc
1789 FM	—	25.00	40.00	75.00	200	—
1790 FM	—	25.00	40.00	75.00	200	—

KM# 90 2 REALES

6.7700 g., 0.9030 Silver 0.1965 oz. ASW **Ruler:** Charles IV **Obv:** Armored bust of Charles IIII, right **Obv. Legend:** CAROLUS • IIII • DEI • GRATIA • **Rev:** Crowned shield flanked by pillars with banner **Rev. Legend:** • HISPAN • ET IND REX • ... **Mint:** Mexico City **Note:** Mint mark M, Mo.

Date	Mintage	VG	F	VF	XF	Unc
1790 FM	—	25.00	40.00	80.00	200	—

KM# 91 2 REALES

6.7668 g., 0.8960 Silver 0.1949 oz. ASW **Ruler:** Charles IV **Obv:** Armored bust of Charles IIII, right **Obv. Legend:** CAROLUS • IIII • DEI • GRATIA • **Rev:** Crowned shield flanked by pillars with banner **Rev. Legend:** • HISPAN • ET IND REX • ... **Mint:** Mexico City **Note:** Mint mark Mo.

Date	Mintage	VG	F	VF	XF	Unc
1792 FM	—	20.00	35.00	60.00	200	—
1793 FM	—	20.00	35.00	60.00	200	—
1794/3 FM	—	50.00	100	200	450	—
1794 FM	—	40.00	75.00	150	400	—
1795 FM	—	20.00	35.00	70.00	100	—
1796 FM	—	20.00	35.00	70.00	100	—
1797 FM	—	20.00	35.00	70.00	100	—
1798 FM	—	20.00	35.00	70.00	100	—
1799/8 FM	—	20.00	35.00	70.00	100	—
1799 FM	—	20.00	35.00	70.00	100	—
1800 FM	—	20.00	35.00	70.00	100	—

KM# 94 4 REALES

13.5337 g., 0.9170 Silver 0.3990 oz. ASW **Ruler:** Philip V **Obv:** Crowned shield flanked by F 4 **Obv. Legend:** PHILLIP • V • D • G • HISPAN • ET IND • REX **Rev:** Crowned globes flanked by crowned pillars with banner, date below **Rev. Legend:** VTRAQUE VNUM **Mint:** Mexico City **Note:** Mint mark M, Mo, MX.

Date	Mintage	VG	F	VF	XF	Unc
1732 Rare; Specimen	—	—	—	—	—	—
1732 F	—	2,000	3,000	5,000	10,000	—
1733/2 F	—	1,500	2,000	4,000	6,500	—
1733 MF	—	1,100	1,650	2,250	4,250	—
1733 MF (MX)	—	1,500	2,200	3,250	5,500	—
1733 MX/XM	—	1,500	2,200	3,250	5,500	—
1734/3 MF	—	150	300	600	1,200	—
1734 MF	—	150	300	600	1,200	—
1735/4 MF	—	125	200	300	600	—
1735 MF	—	125	200	300	600	—
1736 MF	—	125	200	300	600	—
1737 MF	—	125	200	300	600	—
1738/7 MF	—	125	200	300	600	—
1738 MF	—	125	200	300	600	—
1739 MF	—	125	200	300	600	—
1740/30 MF	—	125	200	325	625	—
1740 MF	—	125	200	300	600	—
1741 MF	—	125	200	300	600	—
1742/1 MF	—	125	200	300	600	—

Date	Mintage	VG	F	VF	XF	Unc
1742/32 MF	—	125	200	300	600	—
1742 MF	—	110	185	300	600	—
1743 MF	—	110	185	300	600	—
1743/3 MF	—	125	200	325	625	—
1744 MF	—	110	185	300	600	—
1745 MF	—	110	185	300	600	—
1746 MF	—	110	185	300	600	—
1747 MF	—	150	275	400	650	—

KM# 95 4 REALES

13.5400 g., 0.9170 Silver 0.3992 oz. ASW **Ruler:** Ferdinand VI **Obv:** Crowned shield flanked by M F 4 **Obv. Legend:** FERDND • VI • D • G • HISPAN • ET IND • REX **Rev:** Crowned globes flanked by crowned pillars with banner, date below **Rev. Legend:** ...QUE VNUM **Mint:** Mexico City **Note:** Struck at Mexico City Mint, mint mark M, Mo.

Date	Mintage	VG	F	VF	XF	Unc
1747 MF	—	125	175	300	550	—
1748/7 MF	—	125	175	300	550	—
1748 MF	—	125	175	250	500	—
1749 MF	—	150	225	350	650	—
1750/40 MF	—	125	175	250	500	—
1751/41 MF	—	125	175	250	500	—
1751 MF	—	125	175	250	500	—
1752 MF	—	125	175	250	500	—
1753 MF	—	125	175	300	550	—
1754 MF	—	250	375	500	850	—
1755 MM	—	125	175	250	500	—
1756 MM	—	125	175	300	550	—
1757 MM	—	125	175	300	550	—
1758 MM	—	125	175	250	500	—
1759 MM	—	125	175	250	500	—
1760/59 MM	—	125	175	350	600	—
1760 MM	—	125	175	350	600	—

KM# 96 4 REALES

13.5400 g., 0.9170 Silver 0.3992 oz. ASW **Ruler:** Charles III **Obv:** Crowned shield flanked by F M 4 **Obv. Legend:** CAROLVS • III • D • G • HISPAN • ET IND • REX **Rev:** Crowned globes flanked by crowned pillars with banner, date below **Rev. Legend:** ...AQUE VNUM **Mint:** Mexico City **Note:** Mint mark M, Mo.

Date	Mintage	VG	F	VF	XF	Unc
1760 MM	—	125	175	250	900	—
1761 MM	—	125	175	250	900	—
1761 MM Cross between H and I	—	125	175	250	900	—
1762 MM	—	125	175	250	500	—
1763/1 MM	—	125	175	300	600	—
1763 MM	—	125	175	300	600	—
1764 MM	—	400	600	1,000	2,000	—
1764 MF	—	350	500	1,000	2,000	—
1765 MF	—	350	500	1,000	2,000	—
1766 MF	—	250	350	550	1,250	—
1767 MF	—	125	175	300	600	—
1768 MF	—	125	175	250	500	—
1769 MF	—	125	175	250	500	—
1770 MF	—	125	175	250	500	—
1771 MF	—	125	200	325	700	—

KM# 97.1 4 REALES

13.5337 g., 0.9030 Silver 0.3929 oz. ASW **Ruler:** Charles III **Obv:** Armored bust of Charles III, right **Obv. Legend:** CAROLUS • III • DEI • GRATIA • **Rev:** Crowned shield flanked by pillars with banner, inverted FM and mint mark **Rev. Legend:** • HISPAN • ET IND REX • ... **Mint:** Mexico City **Note:** Mint mark M, Mo.

Date	Mintage	VG	F	VF	XF	Unc
1772 FM	—	100	125	250	500	—
1773 FM	—	100	175	300	650	—

KM# 97.2 4 REALES

13.5400 g., 0.9030 Silver 0.3931 oz. ASW **Ruler:** Charles III **Obv:** Armored bust of Charles III, right **Obv. Legend:** CAROLUS • III • DEI • GRATIA • **Rev:** Crowned shield flanked by pillars with banner, normal initials and mint mark **Rev. Legend:** • HISPAN • ET IND REX • ... **Mint:** Mexico City **Note:** Mint mark M, Mo.

Date	Mintage	VG	F	VF	XF	Unc
1774 FM	—	70.00	100	200	500	—
1775 FM	—	70.00	100	200	500	—
1776 FM	—	70.00	100	200	500	—
1777 FM	—	70.00	100	200	500	—
1778 FF	—	70.00	100	200	500	—
1779 FF	—	70.00	100	200	500	—
1780 FF	—	70.00	100	200	500	—
1781 FF	—	70.00	100	200	500	—
1782 FF	—	70.00	100	200	500	—
1783 FF	—	70.00	100	200	500	—
1784 FF	—	70.00	100	200	500	—
1784 FM	—	100	200	350	600	—

KM# 97.2a 4 REALES

13.5337 g., 0.8960 Silver 0.3898 oz. ASW **Ruler:** Charles III **Obv:** Armored bust of Charles III, right **Obv. Legend:** CAROLUS • III • DEI • GRATIA • **Rev:** Crowned shield flanked by pillars with banner, normal initials and mint mark **Rev. Legend:** • HISPAN • ET IND REX • ... **Note:** Mint mark M, Mo.

Date	Mintage	VG	F	VF	XF	Unc
1785 FM	—	—	100	200	350	600
1786 FM	—	70.00	100	200	500	—
1787 FM	—	70.00	100	200	500	—
1788 FM	—	70.00	100	200	500	—
1789 FM	—	70.00	100	200	500	—

KM# 98 4 REALES

13.5400 g., 0.9030 Silver 0.3931 oz. ASW **Ruler:** Charles IV **Obv:** Armored bust of Charles III, right **Obv. Legend:** CAROLUS • IV • DEI • GRATIA • **Rev:** Crowned shield flanked by pillars with banner **Rev. Legend:** • HISPAN • ET IND REX • ... **Mint:** Mexico City **Note:** Mintint mark M, Mo, using old bust punch.

Date	Mintage	VG	F	VF	XF	Unc
1789 FM	—	75.00	125	250	550	—
1790 FM	—	70.00	100	200	500	—

KM# 99 4 REALES

13.5400 g., 0.9030 Silver 0.3931 oz. ASW **Ruler:** Charles IV **Obv:** Armored bust of Charles IIII, right **Obv. Legend:** CAROLUS • IIII • DEI • GRATIA • **Rev:** Crowned shield flanked by pillars with banner **Rev. Legend:** • HISPAN • ET IND • REX • ... **Mint:** Mexico City **Note:** Mint mark M, Mo, using old bust punch.

Date	Mintage	VG	F	VF	XF	Unc
1790 FM	—	75.00	125	250	550	—

KM# 103 8 REALES

27.0674 g., 0.9170 Silver 0.7980 oz. ASW **Ruler:** Philip V **Obv:** Crowned shield flanked by M F 8 **Obv. Legend:** PHILIP • V • D • G • HISPAN • ET IND • REX **Rev:** Crowned globes flanked by crowned pillars with banner, date below **Rev. Legend:** ...VNUM **Mint:** Mexico City **Note:** Mint mark M, Mo, MX.

Date	Mintage	VG	F	VF	XF	Unc
1732 F	—	2,750	4,750	8,000	15,000	—
1733/2 F (MX)	—	3,000	5,250	9,000	—	—
1733 F	—	2,000	3,000	5,000	9,000	—
1733 MF Large crown; Rare	—	—	—	—	—	—
1733 F (MX) Rare	—	—	—	—	—	—

Note: Bonhams Patterson sale 7-96 VF 1733 F (MX) realized $11,710

Date	Mintage	VG	F	VF	XF	Unc
1733 MF (MX) Rare	—	—	—	—	—	—
1733 MF Small crown	—	700	1,500	2,250	3,500	—
1734/3 MF	—	125	175	275	575	—
1734 MF	—	125	175	250	450	—
1735 MF	—	125	175	250	450	—
1736/5 MF	—	125	175	275	575	—
1736 MF	—	125	175	250	450	—
1736 MF Small planchet	—	125	175	250	450	—
1737 MF	—	100	150	250	400	—
1738/6 MF	—	100	150	250	400	—
1738/7 MF	—	100	150	250	400	—
1738 MF	—	100	150	250	400	—
1739 MF	—	100	150	250	400	—
1739/6 MF 9 over inverted 6	—	100	150	250	400	—
1740/30 MF	—	100	150	275	500	—
1740/39 MF	—	100	150	275	500	—
1740 MF	—	100	150	250	400	—
1741/31 MF	—	100	150	250	400	—
1741 MF	—	100	150	250	400	—
1742/32 MF	—	100	150	250	500	—
1742/1 MF	—	100	150	250	400	—
1742 MF	—	100	150	250	400	—
1743/2 MF	—	100	150	250	400	—
1743 MF	—	100	150	250	400	—
1744/34 MF	—	100	150	250	400	—
1744/3 MF	—	100	150	250	400	—
1744 MF	—	100	150	250	400	—
1745/4 MF	—	100	150	250	425	—
1745 MF	—	100	150	250	400	—
1746/5 MF	—	100	150	275	575	—
1746 MF	—	100	150	250	400	—
1747 MF	—	100	150	250	400	—

KM# 100 4 REALES

13.5337 g., 0.8960 Silver 0.3898 oz. ASW **Ruler:** Charles IV **Obv:** Armored bust of Charles IIII, right **Obv. Legend:** CAROLUS • IIII • DEI • GRATIA • **Rev:** Crowned shield flanked by pillars with banner **Rev. Legend:** • HISPAN • ET IND • REX • ... **Mint:** Mexico City **Note:** Mint mark Mo.

Date	Mintage	VG	F	VF	XF	Unc
1792 FM	—	60.00	85.00	150	400	—
1793 FM	—	75.00	125	200	500	—
1794/3 FM	—	60.00	85.00	150	400	—
1794 FM	—	60.00	85.00	150	400	—
1795 FM	—	60.00	85.00	150	400	—
1796 FM	—	150	250	400	800	—
1797 FM	—	70.00	120	200	500	—
1798/7 FM	—	60.00	85.00	150	400	—
1798 FM	—	60.00	85.00	150	400	—
1799 FM	—	60.00	85.00	150	400	—
1800 FM	—	60.00	85.00	150	400	—

KM# 104.1 8 REALES

27.0674 g., 0.9170 Silver 0.7980 oz. ASW **Ruler:** Ferdinand VI **Obv:** Crowned shield flaned by M F 8 **Obv. Legend:** FERDND • VI • D • G • HISPAN • ET IND • REX **Rev:** Crowned globes flanked by crowned pillars with banner, date below **Rev. Legend:** ...VNUM M **Mint:** Mexico City **Note:** Mint mark M, Mo.

Date	Mintage	VG	F	VF	XF	Unc
1747 MF	—	100	140	200	300	—
1748/7 MF	—	100	140	200	450	—
1748 MF	—	100	140	200	300	—
1749 MF	—	100	140	200	300	—
1749/8 MF	—	100	140	200	300	—
1750 MF	—	100	140	200	300	—
1751/0 MF	—	100	140	200	300	—
1751 MF	—	100	140	200	300	—
1752/1 MF	—	100	140	200	300	—
1752 MF	—	100	140	200	300	—
1753/2 MF	—	100	140	200	300	—
1753 MF	—	100	140	200	300	—

Date	Mintage	VG	F	VF	XF	Unc
1754/3 MF	—	100	140	200	325	—
1754 MF	—	100	140	200	300	—
1754 MM/MF	—	300	700	1,500	3,500	—
1754 MM	—	300	700	1,500	3,500	—

KM# 104.2 8 REALES

27.0674 g., 0.9170 Silver 0.7980 oz. ASW **Ruler:** Ferdinand VI **Obv:** Crowned shield flanked by M M 8 **Obv. Legend:** FERDND • VI • D • G • HISPAN • ET IND • REX **Rev:** Imperial crown on left pillar **Rev. Legend:** ...VNUM M **Mint:** Mexico City **Note:** Mint mark M, Mo.

Date	Mintage	VG	F	VF	XF	Unc
1754 MM	—	100	140	200	375	—
1754 MM/MF	—	100	140	250	500	—
1754 MF	—	150	285	550	950	—
1755/4 MM	—	100	140	200	325	—
1755 MM	—	100	140	200	300	—
1756/5 MM	—	100	140	200	300	—
1756 MM	—	100	140	200	300	—
1757/6 MM	—	100	140	200	300	—
1757 MM	—	100	140	200	325	—
1758 MM	—	100	140	200	300	—
1759 MM	—	100	140	200	300	—
1760/59 MM	—	100	140	200	300	—
1760 MM	—	100	140	200	300	—

KM# 106.1 8 REALES

27.0674 g., 0.9030 Silver 0.7858 oz. ASW **Ruler:** Charles III **Obv:** Armored bust of Charles III, right **Obv. Legend:** CAROLUS • III • DEI • GRATIA • **Rev:** Crowned shield flanked by pillars with banner, inverted initials and mint mark **Rev. Legend:** • HISPAN • ET IND • REX • ... **Mint:** Mexico City **Note:** Mint mark M, Mo. Mintmark and assayer facing rim.

Date	Mintage	VG	F	VF	XF	Unc
1772 FM	—	100	150	225	350	—
1772 MF	—	150	350	750	1,250	—
1773 FM	—	75.00	100	160	240	—

KM# 106.2 8 REALES

27.0674 g., 0.9030 Silver 0.7858 oz. ASW **Ruler:** Charles III **Obv:** Armored bust of Charles III, right **Obv. Legend:** CAROLUS • III • DEI • GRATIA • **Rev:** Crowned shield flanked by pillars with banner, normal initials and mint mark **Rev. Legend:** • HISPAN • ET IND • REX • ... **Note:** Mint mark M, Mo.

Date	Mintage	VG	F	VF	XF	Unc
1773 FM	—	75.00	100	150	225	—
1774 FM	—	75.00	100	150	225	—
1775 FM	—	75.00	100	150	225	—
1776 FM	—	100	150	225	350	—
1776 FF	—	75.00	100	150	225	—
1777/6 FM	—	75.00	100	150	225	—
1777 FM	—	75.00	100	150	225	—
1777 FF	—	75.00	100	150	225	—
1778 FM	—	—	—	—	—	—

Note: Superior Casterline sale 5-89 VF realized $17,600

Date	Mintage	VG	F	VF	XF	Unc
1778/7 FF	—	75.00	100	150	225	—
1778 FF	—	75.00	100	150	225	—
1779 FF	—	75.00	100	150	225	—
1780 FF	—	75.00	100	150	225	—
1781 FF	—	75.00	100	150	225	—
1782 FF	—	75.00	100	150	225	—
1783 FF	—	75.00	100	150	225	—
1783 FM	—	4,000	6,000	9,000	—	—
1784 FF	—	150	300	500	1,250	—
1784 FM	—	75.00	100	150	225	—

KM# 105 8 REALES

27.0674 g., 0.9170 Silver 0.7980 oz. ASW **Ruler:** Charles III **Obv:** Crowned shield flanked by M M 8 **Obv. Legend:** CAROLUS • III • D • G • HISPAN • ET IND • REX **Rev:** Crowned globes flanked by crowned pillars with banner, date below **Rev. Legend:** ...E VNUM M **Mint:** Mexico City **Note:** Mint mark M, Mo.

Date	Mintage	VG	F	VF	XF	Unc
1760/59 MM	—	450	700	—	—	—

Note: CAROLUS. III/Ferdin. Vi

Date	Mintage	VG	F	VF	XF	Unc
1760 MM	—	100	140	200	325	—

Note: CAROLUS. III/FERDIN. VI. recut die

Date	Mintage	VG	F	VF	XF	Unc
1760 MM	—	100	140	200	300	—
1761/50 MM	—	100	140	200	325	—

Note: Tip of cross between I and S in legend

Date	Mintage	VG	F	VF	XF	Unc
1761/51 MM	—	100	140	200	325	—

Note: Tip of cross between I and S in legend

Date	Mintage	VG	F	VF	XF	Unc
1761/0 MM	—	100	140	200	325	—

Note: Tip of cross between H and I in legend

Date	Mintage	VG	F	VF	XF	Unc
1761 MM	—	100	140	200	275	—

Note: Cross under I in legend

Date	Mintage	VG	F	VF	XF	Unc
1761 MM	—	100	140	200	275	—

Note: Tip of cross between H and I in legend

Date	Mintage	VG	F	VF	XF	Unc
1761 MM	—	100	140	200	325	—

Note: Tip of cross between I and S in legend

Date	Mintage	VG	F	VF	XF	Unc
1762/1 MM	—	100	140	200	450	—

Note: Tip of cross between H and I in legend

Date	Mintage	VG	F	VF	XF	Unc
1762/1 MM	—	100	140	200	450	—
1762 MM	—	100	140	200	275	—

Note: Tip of cross between H and I in legend

Date	Mintage	VG	F	VF	XF	Unc
1762 MM	—	100	140	200	250	—

Note: Tip of cross between I and S in legend

Date	Mintage	VG	F	VF	XF	Unc
1762 MF	—	500	750	1,250	2,300	—
1763/2 MM	—	300	450	750	1,350	—
1763 MM	—	450	650	1,150	2,250	—
1763/1 MF	—	100	140	200	250	—
1763/2 MF	—	100	140	200	250	—
1763 MF	—	100	140	200	250	—
1764 MF	—	100	140	200	275	—

Note: CAR/CRA

Date	Mintage	VG	F	VF	XF	Unc
1764 MF	—	100	140	200	250	—
1765 MF	—	100	140	200	250	—
1766/5 MF	—	100	150	200	575	—
1766 MF	—	100	140	200	250	—
1767/6 MF	—	100	140	200	250	—
1767 MF	—	100	140	200	250	—
1768/7 MF	—	100	165	250	600	—
1768 MF	—	100	140	200	250	—
1769 MF	—	100	140	200	250	—
1770/60 MF	—	100	185	300	650	—
1770 MF	—	100	140	200	250	—
1770/60 FM	—	100	185	300	650	—
1770/69 FM	—	100	185	300	650	—
1770 FM/F	—	100	40.00	200	250	—
1770 FM	—	100	140	200	250	—
1771/0 FM	—	100	140	200	250	—
1771 FM	—	100	140	200	250	—

KM# 107 8 REALES

27.0674 g., 0.9030 Silver 0.7858 oz. ASW **Ruler:** Charles IV **Obv:** Armored bust of Charles III, right **Obv. Legend:** CAROLUS • IV • DEI • GRATIA • **Rev:** Crowned shield flanked by pillars with banner **Rev. Legend:** • HISPAN • ET IND • REX • ... **Mint:** Mexico City **Note:** Mint mark M, Mo, using old bust punch.

Date	Mintage	VG	F	VF	XF	Unc
1789 FM	—	75.00	100	160	250	—
1790 FM	—	75.00	100	150	225	—

KM# 108 8 REALES

27.0674 g., 0.9030 Silver 0.7858 oz. ASW **Ruler:** Charles IV **Obv:** Armored bust of Charles III, right **Obv. Legend:** CAROLUS • IIII • DEI • GRATIA • **Rev:** Crowned shield flanked by pillars with banner **Rev. Legend:** • HISPAN • ET IND • REX • ... **Mint:** Mexico City **Note:** Mint mark M, Mo, using old portait punch.

Date	Mintage	VG	F	VF	XF	Unc
1790 FM	—	75.00	100	150	225	—

KM# 106.2a 8 REALES

27.0674 g., 0.8960 Silver 0.7797 oz. ASW **Ruler:** Charles III **Obv:** Armored bust of Charles III, right **Obv. Legend:** CAROLUS • III • DEI • GRATIA • **Rev:** Crowned shield flanked by pillars with banner, normal initials and mint mark **Rev. Legend:** • HISPAN • ET IND • REX • ... **Note:** Mint mark M, Mo.

Date	Mintage	VG	F	VF	XF	Unc
1785 FM	—	75.00	100	140	200	—
1786/5 FM	—	75.00	100	200	400	—
1786 FM	—	75.00	100	140	200	—
1787/6 FM	—	100	250	450	1,200	—
1787 FM	—	75.00	100	140	200	—
1788 FM	—	75.00	100	140	200	—
1789 FM	—	75.00	100	150	225	—

KM# 109 8 REALES

27.0674 g., 0.8960 Silver 0.7797 oz. ASW **Ruler:** Charles IV **Obv:** Armored bust of Charles IIII, right **Obv. Inscription:** CAROLUS • IIII • DEI • GRATIA • **Rev:** Crowned shield flanked by pillars with banner **Rev. Legend:** • HISPAN • ET IND • REX • ... **Mint:** Mexico City **Note:** Mint mark Mo.

Date	Mintage	VG	F	VF	XF	Unc
1791 FM	—	60.00	90.00	135	175	—
1792 FM	—	60.00	90.00	135	175	—
1793 FM	—	60.00	90.00	135	175	—
1794 FM	—	60.00	90.00	135	175	—
1795/4 FM	—	60.00	90.00	135	175	—
1795 FM	—	60.00	90.00	135	175	—
1796 FM	—	60.00	90.00	135	175	—
1797 FM	—	60.00	90.00	135	175	—
1798 FM	—	60.00	90.00	135	175	—
1799 FM	—	60.00	90.00	135	175	—
1800/700 FM	—	60.00	90.00	135	175	—
1800 FM	—	60.00	90.00	135	175	—
1801/0 FT/FM	—	60.00	90.00	135	175	—

KM# 113 ESCUDO

3.3834 g., 0.9170 Gold 0.0997 oz. AGW **Ruler:** Philip V **Obv:** Armored bust right **Obv. Legend:** PHILIP • V • D • G • HISPAN • ET IND • REX **Rev:** Crowned shield flanked by M F I **Mint:** Mexico City

Date	Mintage	VG	F	VF	XF	Unc
1732 F	—	1,000	2,000	3,000	4,000	—
1733/2 F	—	1,000	2,000	3,000	4,000	—
1734/3 MF	—	200	300	400	850	—

Date	Mintage	VG	F	VF	XF	Unc
1735/4 MF	—	200	300	400	850	—
1735 MF	—	200	300	400	850	—
1736/5 MF	—	200	300	400	850	—
1736 MF	—	200	300	400	850	—
1737 MF	—	200	300	600	1,200	—
1738/7 MF	—	200	300	600	1,200	—
1738 MF	—	200	300	600	1,200	—
1739 MF	—	200	300	600	1,200	—
1740/30 MF	—	200	300	600	1,200	—
1741 MF	—	200	300	600	1,200	—
1742 MF	—	200	300	600	1,200	—
1743/2 MF	—	200	300	450	800	—
1743 MF	—	200	300	400	700	—
1744/3 MF	—	200	300	400	700	—
1744 MF	—	200	300	400	700	—
1745 MF	—	200	300	400	700	—
1746/5 MF	—	200	300	400	700	—
1747 MF Rare	—	—	—	—	—	—

KM# 114 ESCUDO

3.3834 g., 0.9170 Gold 0.0997 oz. AGW **Ruler:** Ferdinand VI **Obv:** Armored bust right **Obv. Legend:** FERD • VI • D • G • HISPAN • ET IND • REX **Rev:** Crowned shield flanked by M F I **Mint:** Mexico City **Note:** Mint mark M, Mo.

Date	Mintage	VG	F	VF	XF	Unc
1747 MF	—	1,650	3,000	5,000	7,500	—

KM# 115.1 ESCUDO

3.3834 g., 0.9170 Gold 0.0997 oz. AGW **Ruler:** Ferdinand VI **Obv:** Short armored bust right **Obv. Legend:** FERD • VI • D • G • HISPAN • ET IND • REX **Rev:** Crowned shield **Mint:** Mexico City **Note:** Mint mark M, Mo.

Date	Mintage	VG	F	VF	XF	Unc
1748 MF	—	250	350	550	950	—
1749 MF	—	300	450	700	1,150	—
1750 MF	—	200	300	400	800	—
1751 MF	—	200	300	400	800	—

KM# 115.2 ESCUDO

3.3834 g., 0.9170 Gold 0.0997 oz. AGW **Ruler:** Ferdinand VI **Obv:** Short armored bust right **Obv. Legend:** FERD • VI • D • G • HISPAN • ET IND • REX **Rev:** Without 1 S flanking crowned shield **Mint:** Mexico City

Date	Mintage	VG	F	VF	XF	Unc
1752 MF	—	200	300	375	750	—
1753/2 MF	—	200	300	400	800	—
1753 MF	—	200	300	400	800	—
1754 MF	—	200	300	400	800	—
1755 MM	—	200	300	400	800	—
1756 MF	—	200	300	400	800	—

KM# A116 ESCUDO

3.3834 g., 0.9170 Gold 0.0997 oz. AGW **Ruler:** Ferdinand VI **Obv:** Armored bust right **Obv. Legend:** FERDIND • VI • D • G • HISPAN • ETIND • REX • **Rev:** Crowned shield **Rev. Legend:** M • NOMINA MAGNA SEQUOR • M **Mint:** Mexico City

Date	Mintage	VG	F	VF	XF	Unc
1757 MM	—	200	300	400	800	—
1759 MM	—	200	300	400	800	—

KM# 116 ESCUDO

3.3834 g., 0.9170 Gold 0.0997 oz. AGW **Ruler:** Charles III **Obv:** Armored bust right **Obv. Legend:** CAROLVS • III • D • G • HISPAN • ET IND • REX **Rev:** Crowned shield **Rev. Legend:** M • NOMINA MAGNA SEQUOR • M • **Mint:** Mexico City **Note:** Mint mark M, Mo.

Date	Mintage	VG	F	VF	XF	Unc
1760 MM	—	400	800	1,500	2,500	—
1761/0 MM	—	400	800	1,500	2,500	—
1761 MM	—	400	800	1,500	2,500	—

KM# 117 ESCUDO

3.3834 g., 0.9170 Gold 0.0997 oz. AGW **Ruler:** Charles III **Obv:** Large armored bust right **Obv. Legend:** CAR • III • D • G • HISP • ET IND • R **Rev:** Crowned shield **Rev. Legend:** IN • UTROQ • FELIX • **Mint:** Mexico City **Note:** Mint mark M, Mo.

Date	Mintage	VG	F	VF	XF	Unc
1762 MM	—	250	375	600	1,000	—
1763 MM	—	275	425	700	1,100	—
1764 MM	—	250	375	600	1,000	—
1765 MF	—	250	375	600	1,000	—
1766 MF	—	250	375	600	1,000	—
1767 MF	—	250	375	600	1,000	—
1768 MF	—	250	375	600	1,000	—
1769 MF	—	250	375	600	1,000	—
1770 MF	—	250	375	600	1,000	—
1771 MF	—	250	375	600	1,000	—

KM# 118.1 ESCUDO

3.3834 g., 0.9010 Gold 0.0980 oz. AGW **Ruler:** Charles III **Obv:** Large armored bust right **Obv. Legend:** CAROL • III • D • G • HISPAN • ET IND • R **Rev:** Crowned shield flanked by 1 S within order chain **Rev. Legend:** FELIX • A • D • ... **Mint:** Mexico City **Note:** Mint mark M, Mo.

Date	Mintage	VG	F	VF	XF	Unc
1772 MF	—	175	250	350	475	—
1772 FM	—	175	250	275	475	—
1773 FM	—	175	250	275	475	—

KM# 118.2 ESCUDO

3.3834 g., 0.9010 Gold 0.0980 oz. AGW **Ruler:** Charles III **Obv:** Large armored bust right **Obv. Legend:** CAROL • III • D • G • HISPAN • ET IND • R **Rev:** crowned shield in order chain, initials and mint mark inverted **Rev. Legend:** FELIX • A • D • ... **Mint:** Mexico City **Note:** Mint mark M, Mo.

Date	Mintage	VG	F	VF	XF	Unc
1773 FM	—	175	250	350	475	—
1774 FM	—	175	250	350	475	—
1775 FM	—	175	250	350	475	—
1776 FM	—	225	300	400	575	—
1777 FM	—	175	250	350	475	—
1778 FF	—	175	250	350	475	—
1779 FF	—	175	250	350	475	—
1780 FF	—	175	250	350	475	—
1781 FF	—	175	250	350	475	—
1782 FF	—	175	250	350	475	—
1783/2 FF	—	175	250	350	475	—
1783 FF	—	175	250	350	475	—
1784/3 FF	—	175	250	350	475	—
1784/3 FM/F	—	175	250	350	475	—

KM# 118.2a ESCUDO

3.3800 g., 0.8750 Gold 0.0951 oz. AGW **Ruler:** Charles III **Obv:** Large armored bust right **Obv. Legend:** CAROL • III • D • G • HISPAN • ET IND • R • **Rev:** Crowned shield in order chain, initials and mint mark inverted **Rev. Legend:** FELIX • A • D • ... **Mint:** Mexico City **Note:** Mint mark M, Mo.

Date	Mintage	VG	F	VF	XF	Unc
1785 FM	—	175	250	350	475	—
1786 FM	—	175	250	350	475	—
1787 FM	—	175	250	350	475	—
1788 FM	—	175	250	350	475	—

KM# 118.1a ESCUDO

3.3834 g., 0.8750 Gold 0.0952 oz. AGW **Ruler:** Charles III **Obv:** Large armored bust right **Obv. Legend:** CAROL • III • D • G • HISPAN • ET IND • R **Rev:** Crowned shield in order chain, initial letters and mint mark upright **Rev. Legend:** FELIX • A • D • ... **Mint:** Mexico City **Note:** Mint mark M, Mo.

Date	Mintage	VG	F	VF	XF	Unc
1788 FM	—	175	250	350	475	—

KM# 119 ESCUDO

3.3834 g., 0.8750 Gold 0.0952 oz. AGW **Ruler:** Charles IV **Obv:** Armored bust of Charles III, right **Obv. Legend:** CAROL • IV • D • G • ... **Rev:** Crowned shield in order chain, initial letters and mint mark upright **Rev. Legend:** FELIX • A • D • ... **Mint:** Mexico City **Note:** Mint mark M, Mo, using old portrait punch.

Date	Mintage	VG	F	VF	XF	Unc
1789 FM	—	300	550	1,000	2,000	—
1790 FM	—	300	550	1,000	2,000	—

KM# 120 ESCUDO

3.3834 g., 0.8750 Gold 0.0952 oz. AGW **Ruler:** Charles IV **Obv:** Armored bust right **Obv. Legend:** CAROL • IIII • D • G • ... **Rev:** Crowned shield in order chain, initial letters and mint mark upright **Rev. Legend:** FELIX • A • D • ... **Mint:** Mexico City **Note:** Mint mark Mo.

Date	Mintage	VG	F	VF	XF	Unc
1792 MF	—	150	225	300	375	—
1793 FM	—	150	225	300	375	—
1794 FM	—	150	225	300	375	—
1795 FM	—	150	225	300	375	—
1796 FM	—	150	225	300	375	—
1797 FM	—	150	225	300	375	—
1798 FM	—	150	225	300	375	—
1799 FM	—	150	225	300	375	—
1800 FM	—	150	225	300	375	—

KM# 124 2 ESCUDOS

6.7660 g., 0.9170 Gold 0.1995 oz. AGW **Ruler:** Philip V **Obv:** Armored bust right **Obv. Legend:** PHILIP • V • D • G • HISPAN • ET IND • REX **Rev:** Crowned shield flanked by M F 2 **Rev. Legend:** INITIUM SAPIENTIAE TIMOR DOMINI **Mint:** Mexico City

Date	Mintage	VG	F	VF	XF	Unc
1732 F	—	1,000	1,500	2,000	3,000	—
1733 F	—	750	1,000	1,500	2,500	—
1734/3 MF	—	400	500	900	1,400	—
1735 MF	—	400	500	900	1,400	—
1736/5 MF	—	400	500	900	1,400	—
1736 MF	—	400	500	900	1,400	—
1737 MF	—	400	500	900	1,400	—
1738/7 MF	—	400	500	900	1,400	—
1739 MF	—	400	500	900	1,400	—
1740/30 MF	—	400	500	900	1,400	—
1741 MF	—	400	500	900	1,400	—
1742 MF	—	400	500	900	1,400	—
1743 MF	—	400	500	900	1,400	—
1744/2 MF	—	400	500	900	1,400	—
1744 MF	—	400	500	900	1,400	—
1745 MF	—	400	500	900	1,400	—
1746/5 MF	—	400	500	900	1,400	—
1747 MF	—	400	500	900	1,400	—

KM# 125 2 ESCUDOS

6.7660 g., 0.9170 Gold 0.1995 oz. AGW **Ruler:** Ferdinand VI **Obv:** Large armored bust right **Obv. Legend:** FERD • VI • D • G • ... **Rev:** Crowned shield flanked by M F 2 **Rev. Legend:** INITIUM... **Mint:** Mexico City

Date	Mintage	VG	F	VF	XF	Unc
1747 MF	—	3,000	5,500	9,000	15,000	—

MEXICO

KM# 126.1 2 ESCUDOS
6.7660 g., 0.9170 Gold 0.1995 oz. AGW **Ruler:** Ferdinand VI **Obv:** Head right **Obv. Legend:** FERD • VI • D • G • ... **Rev:** Crowned shield **Rev. Legend:** NOMINA MAGNA SEQUOR **Mint:** Mexico City **Note:** Mint mark M, Mo.

Date	Mintage	VG	F	VF	XF	Unc
1748 MF	—	450	750	1,500	3,000	—
1749/8 MF	—	450	750	1,500	3,000	—
1750 MF	—	400	700	1,400	2,850	—
1751 MF	—	400	700	1,400	2,850	—

Date	Mintage	VG	F	VF	XF	Unc
1765 MF	—	500	900	1,850	3,750	—
1766 MF	—	500	900	1,850	3,750	—
1767 MF	—	500	900	1,850	3,750	—
1768 MF	—	500	900	1,850	3,750	—
1769 MF	—	500	900	1,850	3,750	—
1770 MF	—	500	900	1,850	3,750	—
1771 MF	—	500	900	1,850	3,750	—

Date	Mintage	VG	F	VF	XF	Unc
1793 FM	—	250	350	450	575	—
1794 FM	—	250	350	450	575	—
1795 FM	—	250	350	450	575	—
1796 FM	—	250	350	450	575	—
1797 FM	—	250	350	450	575	—
1798 FM	—	250	350	450	575	—
1799 FM	—	250	350	450	575	—
1800 FM	—	250	350	450	575	—

KM# 130.1 2 ESCUDOS
6.7668 g., 0.9010 Gold 0.1960 oz. AGW **Ruler:** Charles III **Obv:** Older, armored bust right **Obv. Legend:** CAROLUS • III • D • G • ... **Rev:** Crowned shield in order chain, initials and mint mark upright **Rev. Legend:** IN • UTROQ • FELIX • AUSPICE • DEO **Mint:** Mexico City **Note:** Mint mark M, Mo.

Date	Mintage	VG	F	VF	XF	Unc
1772 FM	—	300	400	550	1,000	—
1773 FM	—	300	400	550	1,000	—

KM# 130.2 2 ESCUDOS
6.7668 g., 0.9010 Gold 0.1960 oz. AGW **Ruler:** Charles III **Obv:** Older, armored bust right **Obv. Legend:** CAROLUS • III • D • G • ... **Rev:** Crowned shield in order chain, initials and mint mark inverted **Rev. Legend:** IN • UTROQ • FELIX • AUSPICE • DEO **Mint:** Mexico City **Note:** Mint mark M, Mo.

Date	Mintage	VG	F	VF	XF	Unc
1773 FM	—	300	400	550	1,000	—
1774 FM	—	300	400	550	1,000	—
1775 FM	—	300	400	550	1,000	—
1776 FM	—	350	500	675	1,000	—
1777 FM	—	300	400	500	900	—
1778 FF	—	300	400	500	900	—
1779 FF	—	300	400	500	900	—
1780 FF	—	300	400	500	900	—
1781 FM/M	—	300	400	500	900	—
1781 FF	—	300	400	500	900	—
1782 FF	—	300	400	500	900	—
1783 FF	—	300	400	500	900	—
1784 FF	—	300	400	500	900	—
1784 FM/F	—	300	400	500	900	—

KM# 126.2 2 ESCUDOS
6.7660 g., 0.9170 Gold 0.1995 oz. AGW **Ruler:** Ferdinand VI **Obv:** Head right **Obv. Legend:** FERD • VI • D • G • ... **Rev:** Without 2 S by crowned shield **Rev. Legend:** NOMINA MAGNA SEQUOR Mint: Mexico City **Note:** Mint mark M, Mo.

Date	Mintage	VG	F	VF	XF	Unc
1752 MF	—	400	700	1,400	2,850	—
1753 MF	—	400	700	1,400	2,850	—
1754 MF	—	600	850	1,750	3,500	—
1755 MM	—	400	700	1,400	2,850	—
1756 MF	—	600	850	1,750	3,500	—

KM# 127 2 ESCUDOS
6.7660 g., 0.9170 Gold 0.1995 oz. AGW **Ruler:** Ferdinand VI **Obv:** Armored bust right **Obv. Legend:** FERDIND • VI • D • G • ... **Rev:** Without 2 S by crowned shield **Rev. Legend:** NOMINA MAGNA SEQUOR **Mint:** Mexico City **Note:** Mint mark M, Mo.

Date	Mintage	VG	F	VF	XF	Unc
1757 MM	—	450	750	1,500	3,000	—
1759 MM	—	450	750	1,500	3,000	—

KM# 128 2 ESCUDOS
6.7660 g., 0.9170 Gold 0.1995 oz. AGW **Ruler:** Charles III **Obv:** Armored bust right **Obv. Legend:** CAROLVS • III • D • G • ... **Rev:** Without 2 S by crowned shield **Rev. Legend:** NOMINA MAGNA SEQUOR **Mint:** Mexico City **Note:** Mint mark M, Mo.

Date	Mintage	VG	F	VF	XF	Unc
1760 MM	—	550	1,000	2,000	4,000	—
1761 MM	—	550	1,000	2,000	4,000	—

KM# 129 2 ESCUDOS
6.7668 g., 0.9170 Gold 0.1995 oz. AGW **Ruler:** Charles III **Obv:** Large armored bust right **Obv. Legend:** CAROLUS • III • D • G • ... **Rev:** Without 2 S by crowned shield **Rev. Legend:** IN • UTROQ • FELIX • AUSPICE • DEO **Mint:** Mexico City **Note:** Mint mark M, Mo.

Date	Mintage	VG	F	VF	XF	Unc
1762 MF	—	500	900	1,850	3,750	—
1763 MF	—	500	900	1,850	3,750	—
1764/3 MF	—	500	900	1,850	3,750	—

KM# 130.2a 2 ESCUDOS
6.7668 g., 0.8750 Gold 0.1904 oz. AGW **Ruler:** Charles III **Obv:** Older, armored bust right **Obv. Legend:** CAROLUS • III • D • G • ... **Rev:** Crowned shield in order chain, initials and mint mark inverted **Rev. Legend:** IN • UTROQ • FELIX • AUSPICE • DEO **Mint:** Mexico City **Note:** Mint mark M, Mo.

Date	Mintage	VG	F	VF	XF	Unc
1785 FM	—	300	400	500	900	—
1786 FM	—	300	400	500	900	—
1787 FM	—	300	400	500	900	—
1788 FM	—	300	400	500	900	—

KM# 130.1a 2 ESCUDOS
6.7668 g., 0.8750 Gold 0.1904 oz. AGW **Ruler:** Charles III **Obv:** Older, armored bust right **Obv. Legend:** CAROLUS • III • D • G • ... **Rev:** Crowned shield in order chain, initials and mint mark upright **Rev. Legend:** IN • UTROQ • FELIX • AUSPICE • DEO **Mint:** Mexico City **Note:** Mint mark M, Mo.

Date	Mintage	VG	F	VF	XF	Unc
1788 FM	—	300	400	500	900	—

KM# 131 2 ESCUDOS
6.7668 g., 0.8750 Gold 0.1904 oz. AGW **Ruler:** Charles IV **Obv:** Armored bust of Charles III, right **Obv. Legend:** CAROL • IV • D • G • ... **Rev:** Crowned shield in order chain, initials and mint mark upright **Rev. Legend:** IN • UTROQ • FELIX • AUSPICE • DEO **Mint:** Mexico City **Note:** Mint mark M, Mo, using old portrait punch.

Date	Mintage	VG	F	VF	XF	Unc
1789 FM	—	650	1,200	2,000	3,500	—
1790 FM	—	650	1,200	2,000	3,500	—

KM# 132 2 ESCUDOS
6.7668 g., 0.8750 Gold 0.1904 oz. AGW **Ruler:** Charles IV **Obv:** Armored bust of Charles IIII, right **Obv. Legend:** CAROL • IIII • D • G • ... **Rev:** Crowned shield flanked by 2 S in order chain **Rev. Legend:** IN • UTROQ • FELIX • AUSPICE • DEO; initials and mint mark upright **Mint:** Mexico City **Note:** Mint mark Mo.

Date	Mintage	VG	F	VF	XF	Unc
1791 FM Mo over inverted Mo	—	300	400	600	950	—
1792 FM	—	250	350	450	575	—

KM# 135 4 ESCUDOS
13.5337 g., 0.9170 Gold 0.3990 oz. AGW **Ruler:** Philip V **Obv:** Armored bust right **Obv. Legend:** PHILIP • V • D • G • HISPAN • ET IND • REX **Rev:** Crowned shield flanked by F 4 **Rev. Legend:** INITIUM SAPIENTIAE TIMOR DOMINI **Mint:** Mexico City

Date	Mintage	VG	F	VF	XF	Unc
1732 Rare	—	—	—	—	—	—
1732 F Rare	—	—	—	—	—	—
1733 F Rare	—	—	—	—	—	—
1734/3 F	—	1,200	1,800	3,350	5,400	—
1734 MF	—	1,000	1,600	3,000	5,100	—
1735 MF	—	1,000	1,600	3,000	5,400	—
1736 MF	—	1,000	1,600	3,000	5,400	—
1737 MF	—	900	1,500	2,900	4,800	—
1738/7 MF	—	900	1,500	2,900	4,800	—
1738 MF	—	900	1,500	2,900	4,800	—
1739 MF	—	900	1,500	2,900	4,800	—
1740/30 MF	—	900	1,500	2,900	4,800	—
1740 MF	—	900	1,500	2,900	4,800	—
1741 MF	—	900	1,500	2,900	4,800	—
1742/32 MF	—	900	1,500	2,900	4,800	—
1743 MF	—	900	1,500	2,900	4,800	—
1744 MD	—	900	1,500	2,900	4,800	—
1745 MF	—	900	1,500	2,900	4,800	—
1746 MF	—	900	1,500	2,900	4,800	—
1747 MF	—	900	1,500	2,900	4,800	—
1746/5 MF	—	900	1,500	2,900	4,800	—

KM# 136 4 ESCUDOS
13.5337 g., 0.9170 Gold 0.3990 oz. AGW **Ruler:** Ferdinand VI **Obv:** Large, armored bust right **Obv. Legend:** FERDND • VI • D • G • ... **Rev:** Crowned shield flanked by F 4 **Rev. Legend:** INITIUM SAPIENTIAE TIMOR DOMINI **Mint:** Mexico City **Note:** Mint mark M, Mo.

Date	Mintage	VG	F	VF	XF	Unc
1747 MF	—	7,500	13,500	20,000	30,000	—

KM# 137 4 ESCUDOS
13.5337 g., 0.9170 Gold 0.3990 oz. AGW **Ruler:** Ferdinand VI **Obv:** Armored bust right **Obv. Legend:** FERDND • VI • D • G • ... **Rev:** Crowned shield flanked by 4 S **Rev. Legend:** NOMINA MAGNA SEQUOR **Mint:** Mexico City **Note:** Mint mark M, Mo.

Date	Mintage	VG	F	VF	XF	Unc
1748 MF	—	1,500	3,000	5,000	8,000	—
1749 MF	—	1,500	3,000	5,000	8,000	—
1750/48 MF	—	1,500	3,000	5,000	8,000	—
1750 MF	—	1,500	3,000	5,000	8,000	—
1751 MF	—	1,500	3,000	5,000	8,000	—

KM# 138 4 ESCUDOS

13.5337 g., 0.9170 Gold 0.3990 oz. AGW **Ruler:** Ferdinand VI **Obv:** Small, armored bust right **Obv. Legend:** FERDND • VI • D • G • ... **Rev:** Crowned shield, without value **Rev. Legend:** NOMINA MAGNA... **Mint:** Mexico City **Note:** Mint mark M, Mo.

Date	Mintage	VG	F	VF	XF	Unc
1752 MF	—	1,000	2,000	3,500	6,000	—
1753 MF	—	1,000	2,000	3,500	6,000	—
1754 MF	—	1,000	2,000	3,500	6,000	—
1755 MM	—	1,000	2,000	3,500	6,000	—
1756 MM	—	1,000	2,000	3,500	6,000	—

KM# 139 4 ESCUDOS

13.5337 g., 0.9170 Gold 0.3990 oz. AGW **Ruler:** Ferdinand VI **Obv:** Armored bust right **Obv. Legend:** FERDND • VI • D • G • ... **Rev:** Crowned shield, without value **Rev. Legend:** NOMINA MAGNA... **Mint:** Mexico City **Note:** Mint mark M, Mo.

Date	Mintage	VG	F	VF	XF	Unc
1757 MM	—	1,250	2,500	4,000	6,500	—
1759 MM	—	1,250	2,500	4,000	6,500	—

KM# 140 4 ESCUDOS

13.5337 g., 0.9170 Gold 0.3990 oz. AGW **Ruler:** Charles III **Obv:** Armored bust right **Obv. Legend:** CAROLVS • III • D • G • ... **Rev:** Crowned shield, without value **Rev. Legend:** NOMINA MAGNA SEQUOR **Mint:** Mexico City **Note:** Mint mark M, Mo.

Date	Mintage	VG	F	VF	XF	Unc
1760 MM	—	3,500	6,500	10,000	20,000	—
1761 MM	—	3,500	6,500	10,000	20,000	—

KM# 141 4 ESCUDOS

13.5337 g., 0.9170 Gold 0.3990 oz. AGW **Ruler:** Charles III **Obv:** Large, armored bust right **Obv. Legend:** CAROLUS • III • D • G •... **Rev:** Crowned shield in order chain, without value **Rev. Legend:** IN • UTROQ • FELIX • AUSPICE • DEO **Mint:** Mexico City **Note:** Mint mark M, Mo.

Date	Mintage	VG	F	VF	XF	Unc
1762 MF	—	2,500	4,500	7,500	15,000	—
1763 MF	—	2,500	4,500	7,500	15,000	—
1764 MF	—	2,500	4,500	7,500	15,000	—
1765 MF	—	2,500	4,500	7,500	15,000	—
1766/5 MF	—	2,500	4,500	7,500	15,000	—
1767 MF	—	2,500	4,500	7,500	15,000	—
1768 MF	—	2,500	4,500	7,500	15,000	—
1769 MF	—	2,500	4,500	7,500	15,000	—
1770 MF	—	2,500	4,500	7,500	15,000	—
1771 MF	—	2,500	4,500	7,500	15,000	—

KM# 142.1 4 ESCUDOS

13.5337 g., 0.9010 Gold 0.3920 oz. AGW **Ruler:** Charles III **Obv:** Large, armored bust right **Obv. Legend:** CAROL • III • D • G • ... **Rev:** Crowned shield in order chain, initials and mint mark upright **Rev. Legend:** IN • UTROQ • FELIX • AUSPICE • DEO **Mint:** Mexico City **Note:** Mint mark M, Mo.

Date	Mintage	VG	F	VF	XF	Unc
1772 FM	—	600	975	1,500	3,000	—
1773 FM	—	600	975	1,500	3,000	—

Date	Mintage	VG	F	VF	XF	Unc
1794/3 FM	—	500	600	750	1,500	—
1795 FM	—	500	600	750	1,500	—
1796 FM	—	500	600	750	1,500	—
1797 FM	—	500	600	750	1,500	—
1798/7 FM	—	500	600	750	1,500	—
1798 FM	—	500	600	750	1,500	—
1799 FM	—	500	600	750	1,500	—
1800 FM	—	500	600	750	1,500	—

KM# 142.2 4 ESCUDOS

13.5337 g., 0.9010 Gold 0.3920 oz. AGW **Ruler:** Charles III **Obv:** Large, armored bust right **Obv. Legend:** CAROL • III • D • G • ... **Rev:** Crowned shield flanked by 4 S in order chain, initials and mint mark inverted **Rev. Legend:** IN • UTROQ • FELIX • AUSPICE • DEO **Mint:** Mexico City **Note:** Mint mark M, Mo.

Date	Mintage	VG	F	VF	XF	Unc
1773 FM	—	525	725	1,100	2,200	—
1774 FM	—	525	725	1,100	2,200	—
1775 FM	—	525	725	1,100	2,200	—
1776 FM	—	525	725	1,100	2,200	—
1777 FM	—	525	725	1,100	2,200	—
1778 FF	—	525	725	1,100	2,200	—
1779 FF	—	525	725	1,100	2,200	—
1780 FF	—	525	725	1,100	2,200	—
1781 FF	—	525	725	1,100	2,200	—
1782 FF	—	525	725	1,100	2,200	—
1783 FF	—	525	725	1,100	2,200	—
1784 FF	—	525	725	1,100	2,200	—
1784/3 FM/F	—	525	725	1,100	2,200	—

KM# 142.2a 4 ESCUDOS

13.5337 g., 0.8750 Gold 0.3807 oz. AGW **Ruler:** Charles III **Obv:** Large, armored bust right **Obv. Legend:** CAROL • III • D • G • ... **Rev:** Crowned shield in order chain, initials and mint mark inverted **Rev. Legend:** IN • UTROQ • FELIX • AUSPICE • DEO **Mint:** Mexico City **Note:** Mint mark M, Mo.

Date	Mintage	VG	F	VF	XF	Unc
1785 FM	—	525	725	1,100	2,200	—
1786 FM/F	—	525	725	1,100	2,200	—
1786 FM	—	525	725	1,100	2,200	—
1787 FM	—	525	725	1,100	2,200	—
1788 FM	—	525	725	1,100	2,200	—

KM# 142.1a 4 ESCUDOS

13.5337 g., 0.8750 Gold 0.3807 oz. AGW **Ruler:** Charles III **Obv:** Large, armored bust right **Obv. Legend:** CAROL • III • D • G • ... **Rev:** Crowned shield in order chain, initials and mint mark upright **Rev. Legend:** IN • UTROQ • FELIX • AUSPICE • DEO **Mint:** Mexico City **Note:** Mint mark M, Mo.

Date	Mintage	VG	F	VF	XF	Unc
1788 FM	—	600	975	1,500	3,000	—

KM# 143.1 4 ESCUDOS

13.5337 g., 0.8750 Gold 0.3807 oz. AGW **Ruler:** Charles IV **Obv:** Armored bust of Charles III, right **Obv. Legend:** CAROL • IV • D • G • ... **Rev:** Crowned shield in order chain, initials and mint mark upright **Rev. Legend:** IN • UTROQ • FELIX • AUSPICE • DEO **Mint:** Mexico City **Note:** Mint mark M, Mo, using old portrait punch.

Date	Mintage	VG	F	VF	XF	Unc
1789 FM	—	550	750	1,100	2,150	—
1790 FM	—	550	750	1,100	2,150	—

KM# 143.2 4 ESCUDOS

13.5337 g., 0.8750 Gold 0.3807 oz. AGW **Ruler:** Charles IV **Obv:** Armored bust of Charles III, right **Obv. Legend:** CAROL • IIII • D • G • ... **Rev:** Crowned shield in order chain, initials and mint mark upright **Rev. Legend:** IN • UTROQ • FELIX • AUSPICE • DEO **Mint:** Mexico City **Note:** Mint mark M, Mo, using old portrait punch.

Date	Mintage	VG	F	VF	XF	Unc
1790 FM	—	600	1,000	1,800	3,000	—

KM# 144 4 ESCUDOS

13.5337 g., 0.8750 Gold 0.3807 oz. AGW **Ruler:** Charles IV **Obv:** Armored bust of Charles III, right **Obv. Legend:** CAROL • IIII • D • G • ... **Rev:** Crowned shield flanked by 4 S in order chain **Rev. Legend:** IN • UTROQ • FELIX • AUSPICE • DEO; initials and mint mark upright **Mint:** Mexico City **Note:** Mint mark Mo.

Date	Mintage	VG	F	VF	XF	Unc
1792 FM	—	500	600	750	1,500	—
1793 FM	—	500	600	750	1,500	—

KM# 148 8 ESCUDOS

27.0674 g., 0.9170 Gold 0.7980 oz. AGW **Ruler:** Philip V **Obv:** Large, armored bust right **Obv. Legend:** PHILIP • V • D • G • HISPAN • ET IND • REX **Rev:** Crowned shield flanked by M F 8 in order chain **Rev. Legend:** INITIUM SAPIENTIAE TIMOR DOMINI **Mint:** Mexico City **Note:** Mint mark M, Mo.

Date	Mintage	VG	F	VF	XF	Unc
1732 Rare	—	—	—	—	—	—
1732 F Rare	—	—	—	—	—	—
1733 F Rare	—	—	—	—	—	—

Note: Heritage World Coin Auctions #3004, 1-09, MS64 realized $54,625

Date	Mintage	VG	F	VF	XF	Unc
1734 MF	—	1,500	2,000	3,300	5,800	—
1734 MF/F	—	1,500	2,000	3,300	5,800	—
1735 MF	—	1,500	1,800	3,000	5,400	—
1736 MF	—	1,500	1,800	3,000	5,400	—
1737 MF	—	1,500	1,800	3,000	5,400	—
1738/7 MF	—	1,500	1,800	3,000	5,400	—
1738 MF	—	1,500	1,800	3,000	5,400	—
1739 MF	—	1,500	1,800	3,000	5,400	—
1740 MF	—	1,500	1,800	3,000	5,400	—
1740/30 MF	—	1,500	1,800	3,000	5,400	—
1741 MF	—	1,500	1,800	3,000	5,400	—
1742 MF	—	1,500	1,800	3,000	5,400	—
1743 MF	—	1,500	1,800	3,000	5,400	—
1744 MF	—	1,500	1,800	3,000	5,400	—
1744/3 MF	—	1,500	1,800	3,000	5,400	—
1745 MF	—	1,500	1,800	3,000	5,400	—
1745/4 MF	—	1,500	1,800	3,000	5,400	—
1746 MF	—	1,500	1,800	3,000	5,400	—
1746/5 MF	—	1,500	1,800	3,000	5,400	—
1747 MF	—	1,500	2,100	3,400	6,000	—

KM# 149 8 ESCUDOS

27.0674 g., 0.9170 Gold 0.7980 oz. AGW **Ruler:** Ferdinand VI **Obv:** Large, armored bust right **Obv. Legend:** FERDND • VI • D • G • ... **Rev:** Crowned shield flanked by M F 8 in order chain **Rev. Legend:** INITIUM SAPIENTIAE TIMOR DOMINI **Mint:** Mexico City **Note:** Mint mark M, Mo.

Date	Mintage	VG	F	VF	XF	Unc
1747 MF	—	9,000	15,000	22,000	35,000	—

KM# 150 8 ESCUDOS

27.0674 g., 0.9170 Gold 0.7980 oz. AGW **Ruler:** Ferdinand VI **Obv:** Small, armored bust right **Obv. Legend:** FERDND • VI •

MEXICO

D • G • ... **Rev:** Crowned shield flanked by 8 S in order chain **Rev. Legend:** NOMINA MAGNA SEQUOR **Mint:** Mexico City **Note:** Mint mark M, Mo.

Date	Mintage	VG	F	VF	XF	Unc
1748 MF	—	1,500	2,400	4,200	7,200	—
1749/8 MF	—	1,500	2,400	4,200	7,200	—
1749 MF	—	1,500	2,400	4,200	7,200	—
1750 MF	—	1,500	2,400	4,200	7,200	—
1751/0 MF	—	1,800	2,400	4,200	7,200	—
1751 MF	—	1,500	2,400	4,200	7,200	—

KM# 151 8 ESCUDOS

27.0674 g., 0.9170 Gold 0.7980 oz. AGW **Ruler:** Ferdinand VI **Obv:** Armored bust right **Obv. Legend:** FERDND • VI • D • G • ... **Rev:** Crowned shield in order chain **Rev. Legend:** NOMINA MAGNA SEQUOR **Mint:** Mexico City **Note:** Mint mark M, Mo.

Date	Mintage	VG	F	VF	XF	Unc
1752 MF	—	1,500	2,400	4,200	7,200	—
1753 MF	—	1,500	2,400	4,200	7,200	—
1754 MF	—	1,500	2,400	4,200	7,200	—
1755 MM	—	1,500	2,400	4,200	7,200	—
1756 MM	—	1,500	2,400	4,200	7,200	—

KM# 154 8 ESCUDOS

27.0674 g., 0.9170 Gold 0.7980 oz. AGW **Ruler:** Charles III **Obv:** Armored bust right **Obv. Legend:** CAROLVS • III • D • G • ... **Rev:** Crowned shield in order chain **Rev. Legend:** NOMINA MAGNA SEQUOR **Mint:** Mexico City **Note:** Mint mark M, Mo.

Date	Mintage	VG	F	VF	XF	Unc
1761 MM	—	2,100	3,600	6,300	11,500	—

KM# 156.2 8 ESCUDOS

27.0674 g., 0.9010 Gold 0.7841 oz. AGW **Ruler:** Charles III **Obv:** Large, armored bust right **Obv. Legend:** CAROL • III • D • G • ... **Rev:** Crowned shield flanked by 8 S in order chain, initials and mint mark inverted **Rev. Legend:** ... AUSPICE • DEO • **Mint:** Mexico City **Note:** Mint mark M, Mo.

Date	Mintage	VG	F	VF	XF	Unc
1773 FM	—	1,100	1,350	1,800	2,400	—
1774 FM	—	1,100	1,350	1,800	2,400	—
1775 FM	—	1,100	1,350	1,800	2,400	—
1776 FM	—	1,500	1,850	2,250	3,000	—
1777/6 FM	—	1,100	1,350	1,500	2,400	—
1777 FM	—	1,100	1,350	1,500	2,400	—
1778 FF	—	1,100	1,350	1,500	2,400	—
1779 FF	—	1,100	1,350	1,500	2,400	—
1780 FF	—	1,100	1,350	1,500	2,400	—
1781 FF	—	1,100	1,350	1,500	2,400	—
1782 FF	—	1,100	1,350	1,500	2,400	—
1783 FF	—	1,100	1,350	1,500	2,400	—
1784 FF	—	1,100	1,350	1,500	2,400	—
1784 FM/F	—	1,100	1,350	1,500	2,400	—
1784 FM	—	1,100	1,350	1,500	2,400	—
1785 FM	—	1,100	1,350	1,500	2,400	—

KM# 152 8 ESCUDOS

27.0674 g., 0.9170 Gold 0.7980 oz. AGW **Ruler:** Ferdinand VI **Obv:** Armored bust right **Obv. Legend:** FERDND • VI • D • G • ... **Rev:** Crowned shield in order chain **Rev. Legend:** NOMINA MAGNA SEQUOR **Mint:** Mexico City **Note:** Mint mark M, Mo.

Date	Mintage	VG	F	VF	XF	Unc
1757 MM	—	1,500	2,400	4,200	7,200	—
1758 MM	—	1,500	2,400	4,200	7,200	—
1759 MM	—	1,500	2,400	4,200	7,200	—

KM# 155 8 ESCUDOS

27.0674 g., 0.9170 Gold 0.7980 oz. AGW **Ruler:** Charles III **Obv:** Large, armored bust right **Obv. Legend:** CAROLUS • III • D • G • ... **Rev:** Crowned shield in order chain **Rev. Legend:** IN • UTROQ • FELIX • AUSPICE • DEO • **Mint:** Mexico City **Note:** Mint mark M, Mo.

Date	Mintage	VG	F	VF	XF	Unc
1762 MM	—	2,000	3,450	5,600	10,500	—
1763 MM	—	2,000	3,450	5,600	10,500	—
1764 MF	—	2,200	3,750	6,300	11,500	—
1764/2 MF	—	2,200	3,750	6,300	11,500	—
1764 MM	—	2,200	3,750	6,300	11,500	—
1765/4 MF	—	2,200	3,750	6,300	11,500	—
1765/4 MM	—	2,200	3,750	6,300	11,500	—
1765 MF	—	2,200	3,750	6,300	11,500	—
1765 MM	—	1,900	3,150	5,000	9,400	—
1766 MF	—	1,900	3,150	5,000	9,400	—
1767/6 MF	—	1,900	3,150	5,000	9,400	—
1767 MF	—	1,900	3,150	5,000	9,400	—
1768/7 MF	—	1,900	3,150	5,000	9,400	—
1768 MF	—	1,900	3,150	5,000	9,400	—
1769 MF	—	1,900	3,150	5,000	9,400	—
1770 MF	—	1,900	3,150	5,000	9,400	—
1771 MF	—	2,200	3,750	6,300	11,500	—

KM# 156.2a 8 ESCUDOS

27.0674 g., 0.8750 Gold 0.7614 oz. AGW **Ruler:** Charles III **Obv:** Large, armored bust right **Obv. Legend:** CAROL • III • D • G • ... **Rev:** Crowned shield flanked by 8 S in order chain, initials and mint mark inverted **Rev. Legend:** ... AUSPICE • DEO • **Mint:** Mexico City **Note:** Mint mark M, Mo.

Date	Mintage	VG	F	VF	XF	Unc
1786 FM	—	1,100	1,350	1,800	2,400	—
1787 FM	—	1,100	1,350	1,800	2,400	—
1788 FM	—	1,100	1,350	1,800	2,400	—

KM# 153 8 ESCUDOS

27.0674 g., 0.9170 Gold 0.7980 oz. AGW **Ruler:** Charles III **Obv:** Armored bust right **Obv. Legend:** CAROLVS • III • D • G • ... **Rev:** Crowned shield in order chain **Rev. Legend:** NOMINA MAGNA SEQUOR **Mint:** Mexico City **Note:** Mint mark M, Mo.

Date	Mintage	VG	F	VF	XF	Unc
1760 MM	—	2,100	3,600	6,000	11,000	—
1761/0 MM	—	2,400	4,200	6,600	12,000	—
1761 MM	—	2,400	4,200	6,600	12,000	—

KM# 156.1 8 ESCUDOS

27.0674 g., 0.9010 Gold 0.7841 oz. AGW **Ruler:** Charles III **Obv:** Large, armored bust right **Obv. Legend:** CAROL • III • D • G • ... **Rev:** Crowned shield flanked by 8 S in order chain, initials and mint mark upright **Rev. Legend:** ... AUSPICE • DEO • **Mint:** Mexico City **Note:** Mint mark M, Mo.

Date	Mintage	VG	F	VF	XF	Unc
1772 FM	—	1,100	1,500	2,000	2,750	—
1773 FM	—	1,100	1,500	2,000	2,750	—

KM# 156.1a 8 ESCUDOS

27.0674 g., 0.8750 Gold 0.7614 oz. AGW **Ruler:** Charles III **Obv:** Large, armored bust right **Obv. Legend:** CAROL • III • D • G • ... **Rev:** Crowned shield flanked by 8 S in order chain, initials and mint mark upright **Rev. Legend:** ... AUSPICE • DEO • **Mint:** Mexico City **Note:** Mint mark M, Mo.

Date	Mintage	VG	F	VF	XF	Unc
1788 FM	—	1,100	1,300	1,500	2,400	—

KM# 157 8 ESCUDOS
27.0674 g., 0.8750 Gold 0.7614 oz. AGW **Ruler:** Charles IV **Obv:** Armored bust of Charles III, right **Obv. Legend:** CAROL • IV • D • G • ... **Rev:** Crowned shield flanked by 8 S in order chain **Rev. Legend:** IN • UTROQ • ... **Mint:** Mexico City **Note:** Mint mark M, Mo, using old portrait punch.

Date	Mintage	VG	F	VF	XF	Unc
1789 FM	—	1,100	1,500	2,000	2,750	—
1790 FM	—	1,100	1,500	2,000	2,750	—

KM# 158 8 ESCUDOS
27.0674 g., 0.8750 Gold 0.7614 oz. AGW **Ruler:** Charles IV **Obv:** Armored bust of Charles III, right **Obv. Legend:** CAROL • IIII • D • G • ... **Rev:** Crowned shield flanked by 8 S in order chain **Rev. Legend:** IN • UTROQ • ... **Mint:** Mexico City **Note:** Mint mark M, Mo, using old portrait punch.

Date	Mintage	VG	F	VF	XF	Unc
1790 FM	—	1,100	1,500	2,000	2,750	—

KM# 159 8 ESCUDOS
27.0674 g., 0.8750 Gold 0.7614 oz. AGW **Ruler:** Charles IV **Obv:** Armored bust right **Obv. Legend:** CAROL • IIII • D • G • ... **Rev:** Crowned shield flanked by 8 S in order chain **Rev. Legend:** IN • UTROQ • ... **Mint:** Mexico City **Note:** Mint mark Mo.

Date	Mintage	VG	F	VF	XF	Unc
1791 FM	—	1,000	1,250	1,500	2,000	—
1792 FM	—	1,000	1,250	1,500	2,000	—
1793 FM	—	1,000	1,250	1,500	2,000	—
1794 FM	—	1,000	1,250	1,500	2,000	—
1795 FM	—	1,000	1,250	1,500	2,000	—
1796/5 FM	—	1,000	1,250	1,500	2,000	—
1796 FM	—	1,000	1,250	1,500	2,000	—
1797 FM	—	1,000	1,250	1,500	2,000	—
1797 FM EPLIX	—	1,000	1,250	1,500	2,000	—
1798 FM	—	1,000	1,250	1,500	2,000	—
1799 FM	—	1,000	1,250	1,500	2,000	—
1800 FM	—	1,000	1,250	1,500	2,000	—

PROCLAMATION MEDALLIC COINAGE

The Q used in the following listings refer to Standard Catalog of Mexican Coins, Paper Money, Stocks, Bonds, and Medals by Krause Publications, Inc., ©1981.

KM# Q22 1/2 REAL
1.6000 g., Silver **Issuer:** Mexico City **Obv:** Crowned shield flanked by crowned pillars with banner **Obv. Legend:** A CARLOS IV REY DE ESPANA Y DE LAS YNDIAS **Rev:** Legend, date within wreath **Rev. Legend:** PROCLAMADO EN MEXICO ANO DE 1789

Date	Mintage	F	VF	XF	Unc	BU
1789	—	40.00	70.00	120	—	—

KM# Q22a 1/2 REAL
Bronze **Issuer:** Mexico City **Obv:** Crowned shield flanked by crowned pillars with banner **Obv. Legend:** A CARLOS IV REY DE ESPANA Y DE LAS YNDIAS **Rev:** Legend, date within wreath **Rev. Legend:** PROCLAMADO EN MEXICO ANO DE 1789

Date	Mintage	F	VF	XF	Unc	BU
1789	—	45.00	90.00	150	—	—

KM# Q23 1/2 REAL
Silver **Issuer:** Mexico City **Obv:** Crowned arms in double-lined circle **Obv. Legend:** A CARLOS IV REY DE ESPANA Y DE LAS YNDIAS **Rev. Legend:** PROCLAMADO EN MEXICO ANO DE 1789

Date	Mintage	F	VF	XF	Unc	BU
1789	—	40.00	70.00	120	—	—

KM# Q23a 1/2 REAL
Bronze **Issuer:** Mexico City **Obv:** Crowned arms in double-lined circle **Obv. Legend:** A CARLOS IV REY DE ESPANA Y DE LAS YNDIAS **Rev. Legend:** PROCLAMADO EN MEXICO ANO DE 1789

Date	Mintage	F	VF	XF	Unc	BU
1789	—	45.00	90.00	150	—	—

KM# Q24 REAL
Silver **Issuer:** Mexico City **Obv:** Crowned shield flanked by crowned pillars with banner **Obv. Legend:** A CARLOS IV REY DE ESPANA Y DE LAS YNDIAS **Rev:** Legend, date, value within wreath **Rev. Legend:** PROCLAMADO EN MEXICO ANO DE 1789

Date	Mintage	F	VF	XF	Unc	BU
1789	—	40.00	70.00	120	—	—

KM# Q24a REAL
Bronze **Issuer:** Mexico City **Obv:** Crowned shield flanked by crowned pillars with banner **Obv. Legend:** A CARLOS IV REY DE ESPANA Y DE LAS YNDIAS **Rev:** Legend, date, value within wreath **Rev. Legend:** PROCLAMADO EN MEXICO ANO DE 1789

Date	Mintage	F	VF	XF	Unc	BU
1789	—	45.00	90.00	150	—	—

KM# Q-A24 REAL
Silver **Issuer:** Mexico City **Obv:** Crowned arms in double-lined circle **Obv. Legend:** A CARLOS IV REY DE ESPANA Y DE LAS YNDIAS **Rev. Legend:** PROCLAMADO EN MEXICO ANO DE 1789

Date	Mintage	F	VF	XF	Unc	BU
1789	—	40.00	70.00	120	—	—

KM# Q-A24a REAL
Copper **Issuer:** Mexico City **Obv:** Crowned arms in double-lined circle **Obv. Legend:** A CARLOS IV REY DE ESPANA Y DE LAS YNDIAS **Rev. Legend:** PROCLAMADO EN MEXICO ANO DE 1789

Date	Mintage	F	VF	XF	Unc	BU
1789	—	45.00	90.00	150	—	—

KM# Q25 2 REALES
6.7000 g., Silver **Issuer:** Mexico City **Obv:** Crowned shield flanked by crowned pillars with banner **Obv. Legend:** A CARLOS IV REY DE ESPANA Y DE LAS YNDIAS **Rev:** Legend, date, value within wreath **Rev. Legend:** PROCLAMADO EN MEXICO ANO DE 1789

Date	Mintage	F	VF	XF	Unc	BU
1789	—	70.00	125	225	—	—

KM# Q25a 2 REALES
6.7000 g., Bronze **Issuer:** Mexico City **Obv:** Crowned shield flanked by crowned pillars with banner **Obv. Legend:** A CARLOS IV REY DE ESPANA Y DE LAS YNDIAS **Rev:** Legend, date, value within wreath **Rev. Legend:** PROCLAMADO EN MEXICO ANO DE 1789

Date	Mintage	F	VF	XF	Unc	BU
1789	—	60.00	115	180	—	—

KM# Q27 4 REALES
13.6000 g., Silver **Issuer:** Mexico City **Obv:** Crowned shield flanked by crowned pillars with banner **Obv. Legend:** A CARLOS IV REY DE ESPANA Y DE LAS YNDIAS **Rev:** Legend date, value within wreath **Rev. Legend:** PROCLAMADO EN MEXICO ANO DE 1789

Date	Mintage	F	VF	XF	Unc	BU
1789	—	200	375	675	1,150	—

KM# Q27a 4 REALES
13.6000 g., Bronze **Issuer:** Mexico City **Obv:** Crowned shield flanked by crowned pillars with banner **Obv. Legend:** A CARLOS IV REY DE ESPANA Y DE LAS YNDIAS **Rev:** Legend, date, value within wreath **Rev. Legend:** PROCLAMADO EN MEXICO ANO DE 1789

Date	Mintage	F	VF	XF	Unc	BU
1789	—	140	250	450	—	—

KM# Q28 8 REALES
27.0000 g., Silver **Issuer:** Mexico City **Obv:** Crowned shield flanked by crowned pillars with banner **Obv. Legend:** A CARLOS IV REY DE ESPANA Y DE LAS YNDIAS **Rev:** Legend, date, value within wreath **Rev. Legend:** PROCLAMADO EN MEXICO ANO DE 1789

Date	Mintage	F	VF	XF	Unc	BU
1789	—	400	700	1,200	2,000	—

KM# Q28a 8 REALES
27.0000 g., Bronze **Issuer:** Mexico City **Obv:** Crowned shield flanked by crowned pillars with banner **Obv. Legend:** A CARLOS IV REY DE ESPANA Y DE LAS YNDIAS **Rev:** Legend, date, value within wreath **Rev. Legend:** PROCLAMADO EN MEXICO ANO DE 1789

Date	Mintage	F	VF	XF	Unc	BU
1789	—	140	250	450	—	—

PATTERNS
Including off metal strikes

KM#	Date	Mintage	Identification	Mkt Val

PnA1	1768 Mo	—	1/16 Real. Brass.	4,000
PnB1	1768 Mo	—	1/16 Real. Copper.	4,000

PnC1	1769 Mo	—	1/2 Grano. Copper.	2,500
			Note: Considered a circulating type by some authorities and very scarce	
PnD1	1769 Mo	—	Grano. Copper.	3,000
			Note: Considered a circulating type by some authorities, very scarce	

MOLDAVIA & WALLACHIA

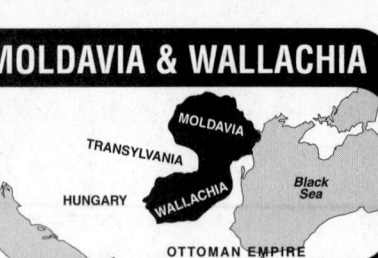

These two principalities have constituted the base of modern Romania. Wallachia and Moldova were established early in the 14th century. Following some wars against Hungarian kings, both principalities became independent.

For many years these principalities successfully defended themselves against attacks by foreign powers, especially the Turks. The local rulers trying to protect the country's independence had to choose between a policy of resistance and one of conciliation. In the 15th century, Wallachia and the early 16th century, Moldova signed a series of settlements with the Ottoman Empire. These bilateral treaties stipulated the unaltered maintenance of native institutions, the authority of princes in the country, respect for the Orthodox Christian faith, and the interdiction of any Islamic manifestations, limitation on the presence of Turk merchants in the territory; in exchange, they paid the annual tribute and provided military assistance to the Sultan when needed.

The 16th century brought new hardship to East Central Europe, especially after the Ottoman Empire reached the peak of its power under the Sultan Suleiman I the Magnificent (1520-1566). Thus, Belgrade (1521) fell to the Turks and with the defeat of Mohacs battle in 1526, Hungary came under Ottoman rule in 1526. Under these circumstances, Turkish control over Wallachia and Moldova became increasingly burdensome. From an economic standpoint, apart from the tribute, the princes paid the many gifts and bribes necessary to obtain and keep the throne, extraordinary services and the obligation of exporting certain goods only to the Empire. The local mints have been closed. Independent action in foreign affairs was severely restricted.

One of the most remarkable exceptions was the Prince Constantin Brancoveanu (1688-1714), who tried to maintain the autonomy of Wallachia. His relations with the Ottoman Empire worsened during the Russo-Turkish war (1711), when the prince took a neutral stance in the conflict. More, as defiance, he ordered a distinct coinage under his arms. These special coins, in gold and silver, were issued in Transylvania at Alba Iulia by the mintmaster Carl Josef Hoffman in 1713. Consequently, Brancoveanu's family was taken to Istanbul in April 1714, where the prince was tortured and executed together with his four sons.

Under these circumstances, the Turks imposed the so-called Phanariot regime in Moldova and Wallachia. These Phanariot rulers were usually Orthodox members of the noble Greek families from Istanbul. Thus, the autonomous status of the principalities was formally preserved, but considerable limitations were imposed upon them.

Because of the decline of Turkish power, Russian influence became preeminent in this area, which became a battle field. Wallachia was occupied by the Russian troops between 1769-74 and 1788-91. On its behalf, Moldova fell under Tsarist occupation in 1739, 1769-74 and 1788-91, in this period together with the Hapsburgs.

During the Russo-Turkish war (1768-74) a special coinage was made for the area, also known as Sadagura coins, the first commune coins for both principalities. The Russian administrator, the Marshall Rumeantsiev has accepted as an adventurer, the Baron Gartenberg, set up a mint at Sadagura near the city of Cernauti (region of Bukovina, in the north of Moldova). For these coins and patterns, the bronze from captured Turkish cannons was used.

The treaty of Kuchuk-Kainarji (1774), which ended the Russo-Turkish war, Moldova lost its northern region, Bukovina, to Austria in 1775, after a Russo-Austro-Turkish agreement.

In 1792, Russia annexed Transnistria, a territory extended east of the Nistru River under Ottoman suzerainty, but gave its administration to the Moldavian rulers.

PRINCIPALITY

STANDARD COINAGE

C# 2.1 3 DENGI (PARA)
12.0000 g., Bronze **Obv:** Crown above 2 oval shields above date **Rev:** Written value within square

Date	Mintage	VG	F	VF	XF	Unc
1771	—	18.00	35.00	70.00	150	—

Note: 4 die varieties exist for 1771

Date	Mintage	VG	F	VF	XF	Unc
1772	—	15.00	30.00	60.00	125	—

Note: 6 die varieties exist for 1772

Date	Mintage	VG	F	VF	XF	Unc
1773	—	100	250	—	—	—
1774 Unique	—	—	—	—	—	—

C# 2.2 3 DENGI (PARA)
Bronze **Obv:** Crown above 2 oval shields above date **Rev:** Written value within square

Date	Mintage	VG	F	VF	XF	Unc
1772 Rare	—	—	—	—	—	—

C# 3 2 PARA 3 KOPECK
22.2300 g., Bronze **Obv:** Crown above 2 oval shields above date **Rev:** Written value within square

Date	Mintage	VG	F	VF	XF	Unc
1772	—	15.00	30.00	60.00	125	—

Note: 7 die varieties exist for 1772

Date	Mintage	VG	F	VF	XF	Unc
1773	—	12.50	25.00	50.00	110	—

Note: 4 die varieties exist for 1773

Date	Mintage	VG	F	VF	XF	Unc
1774	—	20.00	40.00	75.00	160	—

Note: 5 die varieties exist for 1774

PATTERNS

Including off metal strikes

KM#	Date	Mintage	Identification	Mkt Val
Pn2	1771	—	3 Dengi. Bronze. E monograms, C1a	—
Pn3	1771	—	3 Dengi. Bronze. Value in exerque, C1b	—
Pn4	1771	—	3 Dengi. Bronze. Crowned local arms, value in square.	—

KM#	Date	Mintage	Identification	Mkt Val
Pn1	1771S	—	3 Dengi. Bronze. Imperial eagle, C1.	—
Pn6	1771S	—	5 Kopecks. Bronze. Without lines on obverse and reverse.	—
Pn5	1771	—	5 Kopecks. Bronze. 37.9000 g. With lines.	—
Pn7	1772	—	2 Para 3 Kopeck. Silver. 12.0000 g.	—
PnA7	1772	—	3 Dengi. Silver. 12.0000 g.	—

KM#	Date	Mintage	Identification	Mkt Val
Pn8	1773	—	3 Dengi. Silver.	—
Pn9	1773	—	3 Dengi. Bronze.	—
Pn10	1773	—	2 Para 3 Kopeck. Silver. 3 varieties exist.	—

MONACO

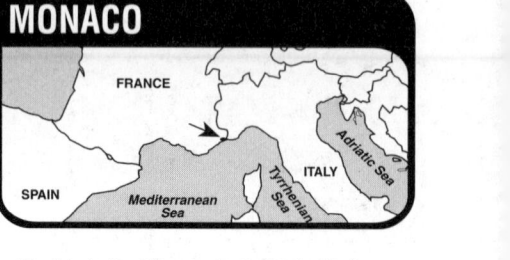

The Principality of Monaco, located on the Mediterranean coast nine miles from Nice, has an area of 0.58 sq. mi. (1.9 sq. km.) and a population of 26,000. Capital: Monaco-Ville. The economy is based on tourism and the manufacture of cosmetics, gourmet foods and highly specialized electronics. Monaco also derives its revenue from a tobacco monopoly and the sale of postage stamps for philatelic purpose. Gambling in Monte Carlo accounts for only a small fraction of the country's revenue.

Monaco derives its name from Monoikos', the Greek surname for Hercules, the mythological strong man who, according to legend, formed the Monacan headland during one of his twelve labors. Monaco has been ruled by the Grimaldi dynasty since 1297. - Prince Rainier III, the present and 31st monarch of Monaco, is still of that line - except for a period during the French Revolution until Napoleon's downfall when the Principality was annexed to France. Since 1865, Monaco has maintained a customs union with France which guarantees its privileged position as long as the royal line remains intact. Under the new constitution proclaimed on December 17, 1962, the Prince shares his power with an 18-member unicameral National Council.

RULERS
Louis I, 1662-1701
Antoine I, 1701-1731
Louise - Hypolite, 1731
Jacques I, 1731-1733
Honore III, 1733-1795
Honore IV, 1795-1819

MINT MARKS
M - Monaco
A - Paris

MINT PRIVY MARKS
(a) - Paris (privy marks only)
(fb) - Flower buds, 1720
(h) - Crowned H, 1701
(sb) - Scale, balance, 1701

MONETARY SYSTEM
3 Deniers = 1 Liard
4 Liards = 1 Sol
3 Sols = 1 Pezetta
20 Pezettas = 1 Scudo (Ecu)
4 Scudos = 1 Doppia (1 Louis D'or)

PRINCIPALITY

STANDARD COINAGE

KM# 67 2 DENIERS
Copper **Ruler:** Antoine I **Obv:** Bust right **Rev:** Standing saint divides date

Date	Mintage	VG	F	VF	XF	Unc
1703	—	225	325	550	1,000	—

KM# 75 2 DENIERS
Copper **Ruler:** Antoine I **Rev:** Crown above 3 diamonds, value below, date in legend

Date	Mintage	VG	F	VF	XF	Unc
1720	—	150	275	525	1,000	—

KM# 86 3 DENIERS (1 Liard)
Copper **Ruler:** Honore III **Obv:** Bust right **Rev:** Crowned H above 3 diamonds, value below, date in legend

Date	Mintage	VG	F	VF	XF	Unc
1735	—	125	225	450	800	—

KM# 76.1 4 DENIERS (Cavalla)
Copper **Ruler:** Antoine I **Obv:** Bust right **Obv. Legend:** ANT • I • D • G • PRIN • MONOECI **Rev:** Crowned A amidst 3 diamonds, value below, date in legend

Date	Mintage	VG	F	VF	XF	Unc
1720	—	100	200	350	650	—

MONTSERRAT

KM# 76.2 4 DENIERS (Cavalla)
Copper **Ruler:** Antoine I **Obv:** Bust right **Obv. Legend:** ANT • I • D • G • PRIN • MONOEC **Rev:** Crowned A amidst 3 diamonds, value below, date in legend

Date	Mintage	VG	F	VF	XF	Unc
1720	—	100	200	350	650	—

KM# 77 8 DENIERS (Dardenna)
Copper **Ruler:** Antoine I **Obv:** Crowned A among 3 diamonds, value below **Rev:** Standing saint with halo divides date

Date	Mintage	VG	F	VF	XF	Unc
1720	—	85.00	165	275	550	—

KM# 87.1 8 DENIERS (Dardenna)
Copper **Ruler:** Honore III **Obv:** Crowned H among 3 diamonds

Date	Mintage	VG	F	VF	XF	Unc
1735	—	75.00	150	250	525	—

KM# 87.2 8 DENIERS (Dardenna)
Copper **Ruler:** Honore III **Rev:** Standing saint without halo divides date

Date	Mintage	VG	F	VF	XF	Unc
1735	—	75.00	150	250	525	—

KM# 65 1-1/2 SOLS (1/2 Pezetta)
1.6500 g., Billon **Ruler:** Antoine I **Obv:** Crowned round arms in palm branches **Rev:** Cross with diamonds in angles, date in legend

Date	Mintage	VG	F	VF	XF	Unc
1701	—	175	325	550	1,100	—

KM# 89 1-1/2 SOLS (1/2 Pezetta)
1.6500 g., Billon **Ruler:** Honore III **Obv:** Bust right **Rev:** Cruciform crowned H's with diamonds in angles, date at top

Date	Mintage	VG	F	VF	XF	Unc
1735	—	200	350	600	1,200	—

KM# 69 1/4 ECU (15 Sols)
Silver **Ruler:** Antoine I **Obv:** Bust right **Obv. Legend:** ANT • I • D • G • ... **Rev:** Crowned arms

Date	Mintage	VG	F	VF	XF	Unc
1707	—	250	550	1,450	3,000	—

KM# 60.2 3 SOLS (Pezetta)
4.5000 g., Billon **Ruler:** Antoine I **Obv:** Modified portrait **Rev:** Cross with lozenges in angles

Date	Mintage	VG	F	VF	XF	Unc
1701 (h//sb)	—	175	350	670	1,250	—

KM# 66 3 SOLS (Pezetta)
4.5000 g., Billon **Ruler:** Antoine I **Obv:** Bust right **Rev:** Crowned round arms in palm branches, date in legend

Date	Mintage	VG	F	VF	XF	Unc
1701 (l)	—	200	350	750	1,350	—
1703	—	225	450	850	1,650	—

KM# 68 3 SOLS (Pezetta)
4.5000 g., Billon **Ruler:** Antoine I **Rev:** Crowned flat-sides shield of arms

Date	Mintage	VG	F	VF	XF	Unc
1707	—	175	320	550	1,100	—
1708	—	200	325	575	1,150	—

KM# 70 SCUDO (Ecu, 60 Sols)
Silver **Ruler:** Antoine I **Obv:** Bust right **Obv. Legend:** • ANT • I • D • G • PRIN • ... **Rev:** Crowned arms **Note:** DAV #1612.

Date	Mintage	VG	F	VF	XF	Unc
1707	—	2,500	5,000	8,500	12,500	—
1708	—	3,000	6,000	10,000	15,000	—

Note: 3 die varieties exist for 1707

KM# 78 1-1/2 SOLS (1/2 Pezetta)
1.6500 g., Billon **Ruler:** Antoine I **Obv:** Bust right **Rev:** Crowned arms, date at top

Date	Mintage	VG	F	VF	XF	Unc
1720	—	100	200	375	700	—

KM# 80.1 3 SOLS (Pezetta)
4.5000 g., Billon **Ruler:** Antoine I **Obv:** Bust right **Obv. Legend:** ANT • I • D • G • PRIN • ... **Rev:** Crowned hour-glass arms

Date	Mintage	VG	F	VF	XF	Unc
1720	—	165	300	500	1,000	—

KM# 80.2 3 SOLS (Pezetta)
4.5000 g., Billon **Ruler:** Antoine I **Obv:** Bust right **Rev:** Without rosettes above crown

Date	Mintage	VG	F	VF	XF	Unc
1720	—	175	320	550	1,100	—

KM# 79 1-1/2 SOLS (1/2 Pezetta)
1.6500 g., Billon **Ruler:** Antoine I **Obv:** Crowned A divides date **Rev:** Crowned arms with 5 vertical rows of diamonds

Date	Mintage	VG	F	VF	XF	Unc
1720	—	100	200	350	650	—

KM# 79a 1-1/2 SOLS (1/2 Pezetta)
1.6500 g., Billon **Ruler:** Antoine I **Rev:** Crowned arms with 7 vertical rows of diamonds

Date	Mintage	VG	F	VF	XF	Unc
1720	—	100	200	350	650	—

KM# 81 3 SOLS (Pezetta)
4.5000 g., Billon **Ruler:** Antoine I **Obv:** Bust right **Obv. Legend:** ANT • I • D • G • PRIN • ... **Rev:** Cruciform crowned A's with diamonds in angles, date at top **Rev. Legend:** AVX • MEVM • A • ...

Date	Mintage	VG	F	VF	XF	Unc
1720	—	200	325	575	1,150	—

KM# 88 1-1/2 SOLS (1/2 Pezetta)
1.6500 g., Billon **Ruler:** Honore III **Obv:** Crowned coat of arms **Rev:** Crowned H divided date

Date	Mintage	VG	F	VF	XF	Unc
1735	—	175	325	550	1,100	—

KM# 85 3 SOLS (Pezetta)
4.5000 g., Billon **Ruler:** Honore III **Obv:** Bust right **Rev:** Cruciform crowned H's with diamonds in angles, date above

Date	Mintage	VG	F	VF	XF	Unc
1734	—	125	250	500	1,100	—
1735	—	150	300	620	1,225	—

MONTSERRAT

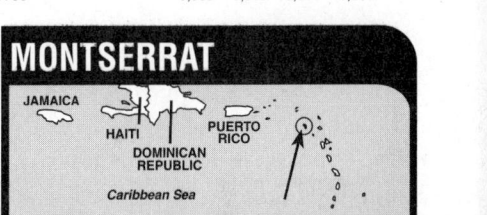

Montserrat, a British crown colony located in the Lesser Antilles of the West Indies 27 miles (43 km.) southwest of Antigua, has an area of 38 sq. mi. (100 sq. km.) and a population of 18,500. Capital: Plymouth. The island - actually a range of volcanic peaks rising from the Caribbean - exports cotton, limes and vegetables.

Columbus discovered Montserrat in 1493 and named it after Monserrado, a mountain in Spain. It was colonized by the English in 1632 and, except for brief periods of French occupancy in 1667 and 1782-83, has remained a British possession from that time. Currency of the British Caribbean Territories (Eastern Group) was used until later when the East Caribbean States coinage was introduced. Until becoming a separate colony in 1956, Montserrat was a presidency of the Leeward Islands.

The early 19th century countermarks of a crowned 3, 4,7, 9 or 18 over M as documented by Major Pridmore have been more correctly listed under St. Bartholomew.

RULER
British

BRITISH COLONY
COUNTERMARKED COINAGE

KM# 1 DOG (1-1/2 Pence)
Billon **Countermark:** M **Note:** Countermark on Cayenne 2 Sous, KM#1.

CM Date	Host Date	Good	VG	F	VF	XF
ND	1780-90	13.00	19.00	37.50	70.00	—

MONTSERRAT

KM# 3 3 DOGS (4-1/2 Pence - 1/2 Bit)
Silver **Countermark:** M **Note:** Countermark on 1/4 cut of Spanish Colonial 2 Reales.

CM Date	Host Date	Good	VG	F	VF	XF
ND	1772-99	195	325	525	850	—

KM# 4 3 DOGS (4-1/2 Pence - 1/2 Bit)
Silver **Countermark:** M **Note:** Countermark on Mexico 1/2 Real, KM#71.

CM Date	Host Date	Good	VG	F	VF	XF
ND	1790	90.00	195	325	525	—

KM# 6.1 6 DOGS (9 Pence - 1 Bit - 1/8 Dollar)
Silver **Countermark:** M **Note:** Countermark on 1/2 cut of Lima 2 Reales, KM#95.

CM Date	Host Date	Good	VG	F	VF	XF
ND	1791-99	195	325	500	725	—

KM# 6.2 6 DOGS (9 Pence - 1 Bit - 1/8 Dollar)
Silver **Countermark:** M **Note:** Countermark on 1/2 cut of Mexico City 2 Reales, KM#88.

CM Date	Host Date	Good	VG	F	VF	XF
ND	1772-89	195	325	500	725	—

KM# 8 6 DOGS (9 Pence - 1 Bit - 1/8 Dollar)
Silver **Countermark:** M **Note:** Countermark on 1/8 cut of Spanish Colonial 8 Reales.

CM Date	Host Date	Good	VG	F	VF	XF
ND	1772-99 Rare	—	—	—	—	—

KM# 12 12 DOGS (2 Bits - 1/4 Dollar)
Silver **Countermark:** Cross, crescent and star **Note:** Countermarks on Mexico City 2 Reales, KM#88.

CM Date	Host Date	Good	VG	F	VF	XF
ND	1772-89	225	375	600	1,150	—

KM# 10 12 DOGS (2 Bits - 1/4 Dollar)
Silver **Countermark:** Cross; M's **Note:** Countermarks on obverse and on reverse of 1/4 cut of Spanish Colonial 8 Reales.

CM Date	Host Date	Good	VG	F	VF	XF
ND	1772-89	900	1,500	2,400	3,450	—

KM# 14 48 DOGS (8 Bits - 1 Dollar)
Silver **Countermark:** 3 crosses **Note:** Countermarks on Mexico City 8 Reales, KM#106.

CM Date	Host Date	Good	VG	F	VF	XF
ND	1772-89 Rare.	—	—	—	—	—
	3 known.					

Note: Baldwin's Gordon sale 10-96 VF realized $38,220.

KM# 11.1 12 DOGS (2 Bits - 1/4 Dollar)
Silver **Countermark:** Cross, crescent and star **Note:** Countermarks on Mexico City 2 Reales, KM#85.

CM Date	Host Date	Good	VG	F	VF	XF
ND	1742-50	350	575	825	1,200	—

KM# 11.2 12 DOGS (2 Bits - 1/4 Dollar)
Silver **Countermark:** Cross, crescent and star **Note:** Countermarks on Mexico City 2 Reales, KM#86.

CM Date	Host Date	Good	VG	F	VF	XF
ND	1747-60	350	575	825	1,200	—

KM# 11.3 12 DOGS (2 Bits - 1/4 Dollar)
Silver **Countermark:** Cross, crescent and star **Note:** Countermarks on Mexico City 2 Reales, KM#87.

CM Date	Host Date	Good	VG	F	VF	XF
ND	1760-71	350	575	825	1,200	—

MOROCCO

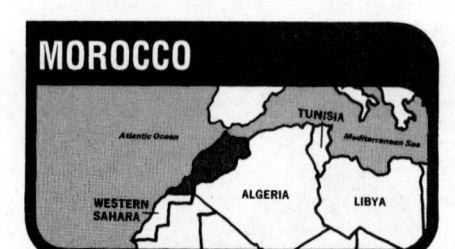

The Kingdom of Morocco, situated on the northwest corner of Africa, has an area of 432,620 sq. mi. (710,850 sq. km.). Capital: Rabat.

Morocco's strategic position at the gateway to western Europe has been the principal determinant of its violent, frequently unfortunate history. Time and again the fertile plain between the rugged Atlas Mountains and the sea has echoed the battle's trumpet as Phoenicians, Romans, Vandals, Visigoths, Byzantine Greeks and Islamic Arabs successively conquered and occupied the land. Modern Morocco is a remnant of an early empire formed by the Arabs at the close of the 7th century which encompassed all of northwest Africa and most of the Iberian Peninsula. During the 17th and 18th centuries, while under the control of native dynasties, it was the headquarters of the famous Sale pirates. Morocco's strategic position involved it in the competition of 19th century European powers for political influence in Africa, and resulted in the division of Morocco into French and Spanish spheres of interest which were established as protectorates in 1912. Morocco became independent on March 2, 1956, after France agreed to end its protectorate. Spain signed similar agreements on April 7 of the same year.

RULERS

Filali Sharifs
Isma'il, AH1082-1139/1672-1727AD
Ahmad al-Dhahabi, AH1139-1141/1727-1729AD
'Abdallah, AH1141-71/1729-57AD
Sidi Muhammed III, AH1171-1204/1757-1790AD
Muhammed al-Yazid, AH1204-1206/1790-1792AD
Moulay Hisham, AH1205-1212/1791-1797AD
Pretender at Marrakesh AH1205-09/1790-94AD
Pretender at Asfi AH1209-12/1794-97AD
Sulayman, AH1207-38/1793-1822AD
Al-Husayn, AH1209-12/1794-97AD,
Pretender at Marrakesh
NOTE: Several Filali Sharifs had the title 'Moulay" (my lord).

EARLY COINAGE

Prior to the introduction of modern machine-struck coinage in Morocco in AH1299/1882AD the coinage of the Filali Sharifs contained of a variety of primitive hammered copper and cast bronze coins as well as of crudely hammered silver and gold issues which were in circulation together with considerable quantities of foreign coins.

The cast bronze (starting with Al-Yazid in AH1204/1790AD) were produced in several denominations, multiples and fractions of the basic unit of the Falus (Felous). The expression Zelagh (Zalagh) was used for all fractions of the Falus. After the Monetary Reform of 1902AD the Mazuna (or Muzuna, Mouzuna, Mawzuna) was the standard bronze unit. The size and weights of the pre-1902AD coins vary, which sometimes makes its distinction difficult, in particular for earlier rulers. Early types are varied, with different ornamentation and designs, some undated and/or without mint name, which makes a complete presentation of all varieties impossible. Beginning in AH1208, the obverse bears the Seal of Solomon (hexagram) and the reverse includes the date and/or mint name. All cast bronzes with only ornaments or the Seal of Solomon on both sides are issues of Sulayman. The mint (if present) is in Arabic script and starting with issues of Mohammed III the date (when present) is in Western numerals. The bronze pieces were cast in "trees" and occasionally entire or partial "trees" are found in the market.

Some bronze issues of Mohammed IV with illegible dates and mints and often light in weight are considered contemporary counterfeits. The war with Spain led to a chaotic and bad economic period in Morocco, during which Dirhams have been counterfeited by silver-plating hammered copper and brass pieces with dates AH1283-89/1866-72AD of Mohammed IV.

The silver and gold coins usually have the mint name on one side and the date on the other side. The original silver unit was the "legal dirham" of 2.931 grams standard weight, changing to several lower standards depending on the economic situation. A ¼ Dirham was called Mazuna until AH1213. The gold units Dinar and beginning with Sulayman, the Benduqi (Bonduqi) had 3.52 grams standard weight.

All weights indicated in the following listings for bronze, silver and gold coins are standards weights; actual weights of coins found can differ considerably. Anonymous strikes can be assigned to individual rulers by date, design and weight standard. Prices are for specimens with clearly legible dates (if any) and mint names (if any). Illegible and defectively produced pieces are worth much less.

To have more information on Moroccan issues from AH1075-1400/1664-1980AD, refer to Corpus des Monnaies Alawites by Daniel Eustache, Rabat 1984. For professional comments and estimate of rarity for all weights standards, see A Checklist of Islamic Coins by Stephen Album, Santa Rosa 1998. Information on Mazuna-strikes of Fes of AH1320-1323/1902-1205AD can be found in Monedas de Marruecos by Sanchez-Giron Blasco, Ceuta 1980. For details of Moroccan issues from AH1297-1380/1879-1960AD, refer to Monnaies et Jetons des Colonies Francaises by Jean Lecompte, Monaco 2000. Excellent drawings of bronze coins of Morocco, from AH1184-1321/1770-1903AD, can be found in Modern Copper Coins of the Muhammadan States by W. H. Valentine, London 1911 (reprint 1969).

NOTE: Prices are for specimens with clearly legible dates and mint names (if any). Illegible, barbarous, and defectively produced pieces are worth much less. Between AH1221-36 due to the bad economic situation no Dirhams were minted.

NOTE: Falus, most issues show ornaments on both sides composed of interlacing lines in a circle/square with inscriptions around, some issues have octagonal/hexagonal designs besides inscriptions Bronze, 3.97 g, 18-24mm.

TITLES

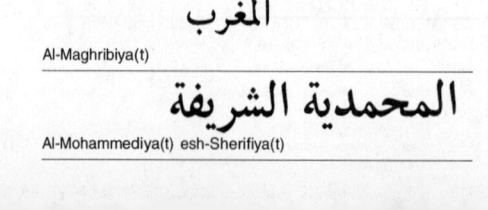

Al-Maghribiya(t)

Al-Mohammediya(t) esh-Sherifiya(t)

MINTS

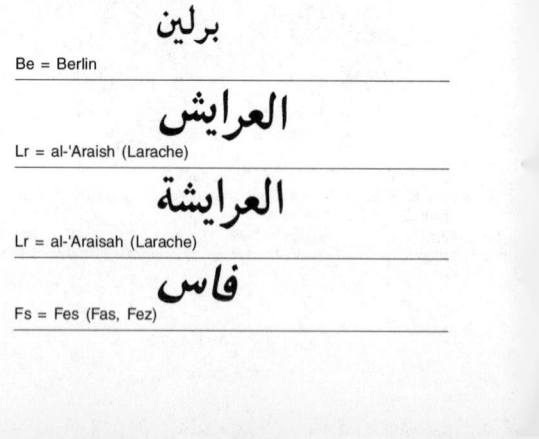

Be = Berlin

Lr = al-'Araish (Larache)

Lr = al-'Araisah (Larache)

Fs = Fes (Fas, Fez)

فاس حضرة

FH = Fes Hazrat

مراكش

Mr = Marrakesh (Marakesh)

مكناس

مولاي ابراهيم

Mk = Miknas (Meknes)

رباط

Rb = Rabat

رباط الفتح

RF = Rabat al-Fath

تطوان

Te = Tetuan

(NM) = No mint name on coin.

KINGDOM

Filali Sharifs - Alawi Dynasty

Isma'il

AH1082-1139/1672-1727AD

HAMMERED COINAGE

Asfi

KM# A28a.1 FALUS

3.9700 g., Copper, 18-24 mm. **Note:** Anonymous issue. Size varies.

Date	Mintage	Good	VG	F	VF	XF
AHxxxx Illegible date	—	20.00	40.00	80.00	—	—

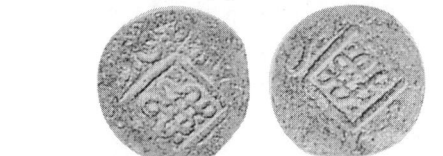

KM# A28.1 FALUS

3.9700 g., Copper, 18-24 mm. **Note:** Anonymous issues.

Date	Mintage	Good	VG	F	VF	XF
AHxxx Illegible date, Rare	—	—	—	—	—	—
AH1135 Rare	—	—	—	—	—	—

Fes Hazrat

KM# B28.1 MUZUNA

0.9400 g., Silver **Note:** Anonymous issue.

Date	Mintage	Good	VG	F	VF	XF
AH1133 Rare	—	—	—	—	—	—

Meknes Hazrat

KM# B28.5 MUZUNA

0.9400 g., Silver **Note:** Anonymous issues.

Date	Mintage	Good	VG	F	VF	XF
AH1114	—	12.00	25.00	50.00	100	—
AH1117 Rare	—	—	—	—	—	—
AH1118	—	5.00	10.00	20.00	40.00	—
AH1119	—	12.00	25.00	50.00	100	—
AH1123	—	15.00	30.00	60.00	120	—

Rabat al-Fath

KM# B28.2 MUZUNA

0.9400 g., Silver **Note:** Anonymous issue.

Date	Mintage	Good	VG	F	VF	XF
AH1129 Rare	—	—	—	—	—	—

Sijilmasah

KM# B28.6 MUZUNA

0.9400 g., Silver **Note:** Anonymous issue.

Date	Mintage	Good	VG	F	VF	XF
AH1115 Rare	—	—	—	—	—	—

KM# 28.3 DINAR

3.5200 g., Gold **Note:** Illegible mintname. Anonymous issues.

Date	Mintage	VG	F	VF	XF	Unc
AH1114	—	120	200	350	500	—
AH1131	—	120	200	350	500	—
AH1134	—	120	200	350	500	—

Fes Hazrat

KM# 28.1 DINAR

3.5200 g., Gold **Note:** Anonymous issues.

Date	Mintage	VG	F	VF	XF	Unc
AH1115	—	120	200	350	500	—
AH1120 Rare	—	—	—	—	—	—
AH1121 Rare	—	—	—	—	—	—
AH1122 Rare	—	—	—	—	—	—
AH1123 Rare	—	—	—	—	—	—
AH1124 Rare	—	—	—	—	—	—
AH1127 Rare	—	—	—	—	—	—
AH1128	—	175	300	450	700	—
AH1129 Rare	—	—	—	—	—	—
AH1130 Rare	—	—	—	—	—	—
AH1133 Rare	—	—	—	—	—	—
AH1136 Rare	—	—	—	—	—	—

Meknes Hazrat

KM# 28.2 DINAR

3.5200 g., Gold **Note:** Anonymous issues.

Date	Mintage	VG	F	VF	XF	Unc
AH1118	—	120	200	350	500	—
AH1130 Rare	—	—	—	—	—	—
AH1133 Rare	—	—	—	—	—	—

Muhammed III

AH1171-1204/1757-90AD

HAMMERED COINAGE

KM# 29.4 1/2 FALUS

1.7600 g., Copper **Note:** Anonymous issue.

Date	Mintage	Good	VG	F	VF	XF
AH1191 Rare	—	—	—	—	—	—

Fes Hazrat

KM# 29.1 1/2 FALUS

1.7600 g., Copper **Note:** Anonymous issues.

Date	Mintage	Good	VG	F	VF	XF
AH1188	—	30.00	60.00	120	—	—

KM# 29.5 1/2 FALUS

1.7600 g., Copper **Note:** Anonymous issue.

Date	Mintage	Good	VG	F	VF	XF
AH1195 Rare	—	—	—	—	—	—

Rabat al-Fath

KM# 29.2 1/2 FALUS

1.7600 g., Copper **Note:** Anonymous issues.

Date	Mintage	Good	VG	F	VF	XF
AH1188 Rare	—	—	—	—	—	—
AH1200	—	30.00	60.00	120	—	—

Tetuan

KM# 29.3 1/2 FALUS

1.7600 g., Copper **Note:** Anonymous issues.

Date	Mintage	Good	VG	F	VF	XF
AH1188 Rare	—	—	—	—	—	—
AH1193 Rare	—	—	—	—	—	—

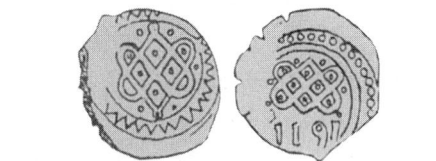

KM# 30.5 FALUS

3.5300 g., Copper **Obv:** Diamond-shaped ornament within circle **Rev:** Diamond-shaped ornament above date within circle **Note:** Without mint name. Anonymous issue.

Date	Mintage	Good	VG	F	VF	XF
AH1191	—	15.00	30.00	60.00	—	—
AH1203 Rare	—	—	—	—	—	—

al-Araish

KM# 30.7 FALUS

3.5300 g., Copper **Note:** Anonymous issue.

Date	Mintage	Good	VG	F	VF	XF
AH1188 Rare	—	—	—	—	—	—

Asfi

KM# 30.6 FALUS

3.5300 g., Copper **Note:** Anonymous issue.

Date	Mintage	Good	VG	F	VF	XF
AH1194 Rare	—	—	—	—	—	—

Essaouira

KM# 30.8 FALUS

3.5300 g., Copper **Note:** Anonymous issue.

Date	Mintage	Good	VG	F	VF	XF
AH1202 Rare	—	—	—	—	—	—

Fes Hazrat

KM# 30.2 FALUS

3.5300 g., Copper **Note:** Anonymous issue.

Date	Mintage	Good	VG	F	VF	XF
AH1188	—	40.00	75.00	120	—	—
AH1190	—	30.00	60.00	100	—	—
AH1199	—	40.00	75.00	120	—	—

Marrakesh

KM# 30.1 FALUS

3.5300 g., Copper **Obv:** Inscription **Rev:** Date within square **Note:** Anonymous issue.

Date	Mintage	Good	VG	F	VF	XF
AH1172	—	30.00	60.00	100	—	—
AH1173	—	30.00	60.00	100	—	—
AH1174	—	30.00	60.00	100	—	—
AH1184	—	20.00	40.00	80.00	—	—
AH1185	—	30.00	60.00	100	—	—
AH1190 Rare	—	—	—	—	—	—
AH1191	—	20.00	40.00	80.00	—	—
AH1194	—	20.00	40.00	80.00	—	—
AH1196 Rare	—	—	—	—	—	—
AH1201	—	20.00	40.00	80.00	—	—

Rabat

KM# 30.9 FALUS

3.5300 g., Copper **Note:** Anonymous issues.

Date	Mintage	Good	VG	F	VF	XF
AHxxxx Illegible date	—	30.00	60.00	100	—	—
AH1191	—	30.00	60.00	100	—	—

KM# 30.4 FALUS

3.5300 g., Copper **Note:** Anonymous issue.

Date	Mintage
AH1188	—	40.00	75.00	120	—	—

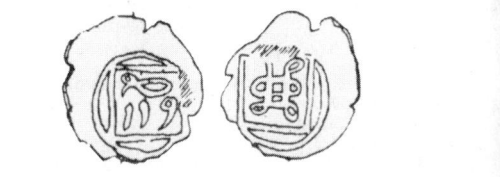

Tetuan

KM# 30.3 FALUS

3.5300 g., Copper **Obv:** Fish above date within square **Rev:** Ornament within square **Note:** Anonymous issues.

Date	Mintage	Good	VG	F	VF	XF
AH1188	—	20.00	40.00	80.00	—	—
AH1190	—	20.00	40.00	80.00	—	—
AH--61 (error for 1191), Rare	—	—	—	—	—	—

Asfi

KM# 31.2 MUZUNA (First Standard)

0.8800 g., Silver

Date	Mintage	Good	VG	F	VF	XF
AH1177 Rare	—	—	—	—	—	—
AH1178 Rare	—	—	—	—	—	—
AH1179 Rare	—	—	—	—	—	—

Fes Hazrat

KM# 31.1 MUZUNA (First Standard)

0.8800 g., Silver

Date	Mintage	Good	VG	F	VF	XF
AH1172 Rare	—	—	—	—	—	—
AH1176	—	40.00	70.00	120	180	—

MOROCCO

Date	Mintage	Good	VG	F	VF	XF
AH1177	—	15.00	25.00	50.00	100	—
AH1178	—	40.00	70.00	120	180	—
AH1183 Rare	—	—	—	—	—	—
AH1188 Rare	—	—	—	—	—	—

Sijilmasah

KM# 31.5 MUZUNA (First Standard)
0.8800 g., Silver **Note:** With name of ruler.

Date	Mintage	Good	VG	F	VF	XF
AH1175 Rare	—	—	—	—	—	—

Tanger

KM# 31.3 MUZUNA (First Standard)
0.8800 g., Silver

Date	Mintage	Good	VG	F	VF	XF
AH1179 Rare	—	—	—	—	—	—
AH1183	—	40.00	40.00	120	180	—

Tetuan

KM# 31.4 MUZUNA (First Standard)
0.8800 g., Silver

Date	Mintage	Good	VG	F	VF	XF
AH1179 Rare	—	—	—	—	—	—

Note: Some issues of first standard are anonymous, some are with the name of ruler

KM# A32.8 MUZUNA (Second Standard)
0.7300 g., Silver **Note:** Without mint name.

Date	Mintage	Good	VG	F	VF	XF
AH1186	—	40.00	70.00	100	180	—
AH1187	—	8.00	15.00	30.00	60.00	—
AH1188	—	8.00	15.00	30.00	60.00	—
AH1189	—	8.00	15.00	30.00	60.00	—
AH1190	—	30.00	50.00	80.00	140	—
AH1193	—	8.00	15.00	30.00	60.00	—
AH1194	—	30.00	50.00	80.00	140	—

al-Araish

KM# A32.5 MUZUNA (Second Standard)
0.7300 g., Silver

Date	Mintage	Good	VG	F	VF	XF
AH1184 Rare	—	—	—	—	—	—
AH1185 Rare	—	—	—	—	—	—
AH1186 Rare	—	—	—	—	—	—

Asfi

KM# A32.7 MUZUNA (Second Standard)
0.7300 g., Silver

Date	Mintage	Good	VG	F	VF	XF
AH1186	—	40.00	70.00	120	180	—

Essaouir

KM# A32.1 MUZUNA (Second Standard)
0.7300 g., Silver

Date	Mintage	Good	VG	F	VF	XF
AH1184 Rare	—	—	—	—	—	—
AH1189 Rare	—	—	—	—	—	—
AH1192 Rare	—	—	—	—	—	—

Fes Hazrat

KM# A32.2 MUZUNA (Second Standard)
0.7300 g., Silver

Date	Mintage	Good	VG	F	VF	XF
AH1184	—	40.00	70.00	120	180	—
AH1186 Rare	—	—	—	—	—	—
AH1190	—	30.00	50.00	80.00	140	—
AH1191	—	30.00	50.00	80.00	140	—
AH1192	—	20.00	40.00	60.00	100	—
AH1193 Rare	—	—	—	—	—	—
AH1194 Rare	—	—	—	—	—	—

KM# A32.10 MUZUNA (Second Standard)
0.7300 g., Silver

Date	Mintage	Good	VG	F	VF	XF
AH1188 Rare	—	—	—	—	—	—
AH1199	—	10.00	20.00	40.00	80.00	—

Marrakesh

KM# A32.3 MUZUNA (Second Standard)
0.7300 g., Silver

Date	Mintage	Good	VG	F	VF	XF
AH1184	—	30.00	50.00	80.00	140	—
AH1185	—	40.00	70.00	120	180	—
AH1186 Rare	—	—	—	—	—	—
AH1188 Rare	—	—	—	—	—	—
AH1190	—	30.00	50.00	80.00	140	—
AH1193	—	40.00	70.00	120	180	—
AH1194	—	30.00	50.00	80.00	140	—
AH1195	—	8.00	15.00	30.00	50.00	—
AH1196	—	20.00	40.00	60.00	100	—
AH1199	—	30.00	50.00	80.00	140	—

Miknas

KM# A32.9 MUZUNA (Second Standard)
0.7300 g., Silver

Date	Mintage	Good	VG	F	VF	XF
AH1190	—	30.00	50.00	80.00	140	—
AH1191	—	40.00	70.00	120	180	—
AH1192 Rare	—	—	—	—	—	—
AH1193	—	10.00	20.00	40.00	80.00	—

Date	Mintage	Good	VG	F	VF	XF
Note: All issues of Second Standard are anonymous.

| 1198 Rare | — | — | — | — | — | — |

Tanger

KM# A32.6 MUZUNA (Second Standard)
0.0730 g., Silver

Date	Mintage	Good	VG	F	VF	XF
AH1185	—	30.00	50.00	80.00	140	—

Tetuan

KM# A32.4 MUZUNA (Second Standard)
0.7300 g., Silver

Date	Mintage	Good	VG	F	VF	XF
AH1184	—	10.00	20.00	40.00	80.00	—
AH1185	—	20.00	40.00	60.00	100	—
AH1186 Rare	—	—	—	—	—	—
AH1193 Rare	—	—	—	—	—	—
AH1194	—	30.00	50.00	80.00	140	—
AH1195	—	10.00	20.00	40.00	80.00	—

Essaouir

KM# B32.6 MUZUNA (Third Standard)
0.6800 g., Silver

Date	Mintage	Good	VG	F	VF	XF
AH1203	—	10.00	20.00	40.00	80.00	—
AH1204 Rare	—	—	—	—	—	—

Note: All issues of Third Standard are anonymous

Fes

KM# B32.7 MUZUNA (Third Standard)
0.6800 g., Silver

Date	Mintage	Good	VG	F	VF	XF
AH1201 Rare	—	—	—	—	—	—
AH1202	—	30.00	50.00	80.00	140	—
AH1203	—	30.00	50.00	80.00	140	—
AH1204 Rare	—	—	—	—	—	—

Fes Hazrat

KM# B32.1 MUZUNA (Third Standard)
0.6800 g., Silver

Date	Mintage	Good	VG	F	VF	XF
AH1200	—	40.00	70.00	120	180	—
AH1201	—	30.00	50.00	80.00	140	—

Marrakesh

KM# B32.2 MUZUNA (Third Standard)
0.6800 g., Silver

Date	Mintage	Good	VG	F	VF	XF
AH1200	—	10.00	20.00	40.00	80.00	—
AH1201	—	10.00	20.00	40.00	80.00	—
AH1202	—	20.00	40.00	60.00	100	—

Miknas

KM# B32.4 MUZUNA (Third Standard)
0.6800 g., Silver

Date	Mintage	Good	VG	F	VF	XF
AH1201 Rare	—	—	—	—	—	—
AH1202 Rare	—	—	—	—	—	—

Rabat al-Fath

KM# B32.3 MUZUNA (Third Standard)
0.6800 g., Silver

Date	Mintage	Good	VG	F	VF	XF
AH1200	—	10.00	20.00	40.00	80.00	—
AH1201	—	30.00	50.00	80.00	140	—
AH1202 Rare	—	—	—	—	—	—

Tetuan

KM# B32.5 MUZUNA (Third Standard)
0.6800 g., Silver

Date	Mintage	Good	VG	F	VF	XF
AH1201	—	20.00	40.00	60.00	100	—
AH1202	—	30.00	50.00	80.00	140	—
AH1203	—	30.00	50.00	80.00	140	—

C# 32.1 DIRHAM (First Standard)
2.9300 g., Silver **Note:** Without mintname.

Date	Mintage	Good	VG	F	VF	XF
AH1186	—	8.00	15.00	30.00	60.00	—
AH1187	—	4.00	8.00	15.00	30.00	—
AH1188	—	4.00	8.00	15.00	30.00	—
AH1188/7	—	12.00	25.00	50.00	100	—
AH1189	—	4.00	8.00	15.00	30.00	—
AH1190	—	20.00	40.00	80.00	160	—
AH1192 Rare	—	—	—	—	—	—
AH1193	—	4.00	8.00	15.00	30.00	—
AH1194	—	4.00	8.00	15.00	30.00	—
AH1195	—	20.00	40.00	80.00	160	—
AH1197 Rare	—	—	—	—	—	—

al-Araish

C# 32.2 DIRHAM (First Standard)
2.9300 g., Silver

Date	Mintage	Good	VG	F	VF	XF
AH1180	—	15.00	30.00	60.00	120	—
AH1181	—	15.00	30.00	60.00	120	—
AH1182	—	15.00	30.00	60.00	120	—
AH1183	—	20.00	40.00	80.00	160	—
AH1186	—	15.00	30.00	60.00	120	—

Essaouir

C# 32.3 DIRHAM (First Standard)
2.9300 g., Silver **Obv:** Inscription within square **Rev:** Inscription, date within square

Date	Mintage	Good	VG	F	VF	XF
AH1180	—	8.00	15.00	30.00	60.00	—
AH1181/0	—	10.00	18.00	35.00	65.00	—
AH1181	—	8.00	15.00	30.00	60.00	—
AH1182	—	8.00	15.00	30.00	60.00	—
AH1183	—	8.00	15.00	30.00	60.00	—
AH1184	—	8.00	15.00	30.00	60.00	—
AH1185	—	40.00	60.00	100	180	—
AH1186	—	40.00	60.00	100	180	—
AH1188	—	5.00	10.00	20.00	40.00	—
AH1189	—	5.00	10.00	20.00	40.00	—
AH1191/0	—	5.00	10.00	20.00	40.00	—
AH1191	—	40.00	60.00	100	180	—
AH1192	—	40.00	60.00	100	180	—
AH1193	—	40.00	60.00	100	180	—

Fedala

C# 32.4 DIRHAM (First Standard)
2.9300 g., Silver

Date	Mintage	Good	VG	F	VF	XF
AH1186	—	50.00	90.00	175	300	—

Fes

KM# C32.17 DIRHAM (First Standard)
2.9300 g., Silver

Date	Mintage	Good	VG	F	VF	XF
AH1180 Rare	—	—	—	—	—	—
AH1184	—	4.00	8.00	15.00	30.00	—

Fes Hazrat

C# 32.5 DIRHAM (First Standard)
2.9300 g., Silver

Date	Mintage	Good	VG	F	VF	XF
AH1172	—	20.00	40.00	80.00	160	—
AH1173	—	15.00	30.00	60.00	120	—
AH1174	—	15.00	30.00	60.00	120	—
AH1175	—	15.00	30.00	60.00	120	—
AH1176 Rare	—	—	—	—	—	—
AH1177	—	15.00	30.00	60.00	120	—
AH1179	—	4.00	8.00	15.00	30.00	—
AH1180	—	4.00	8.00	15.00	30.00	—
AH1181	—	8.00	15.00	30.00	60.00	—
AH1182	—	4.00	8.00	15.00	30.00	—
AH1183	—	4.00	8.00	15.00	30.00	—
AH1184	—	4.00	8.00	15.00	30.00	—
AH1185	—	4.00	8.00	15.00	30.00	—
AH1186	—	4.00	8.00	15.00	30.00	—
AH1187	—	4.00	8.00	15.00	30.00	—
AH1188	—	4.00	8.00	15.00	30.00	—
AH1189	—	8.00	15.00	30.00	60.00	—

Marrakesh

C# 32.6 DIRHAM (First Standard)
2.9300 g., Silver

Date	Mintage	Good	VG	F	VF	XF
AH1172	—	20.00	40.00	80.00	160	—
AH1173	—	12.00	25.00	50.00	100	—
AH1174	—	12.00	25.00	50.00	100	—
AH1175	—	25.00	50.00	100	200	—
AH1176	—	4.00	8.00	15.00	30.00	—
AH1178	—	10.00	20.00	40.00	80.00	—
AH1179	—	10.00	20.00	40.00	80.00	—
AH1180	—	8.00	15.00	30.00	60.00	—
AH1181	—	8.00	15.00	30.00	60.00	—
AH1182	—	4.00	8.00	15.00	30.00	—
AH1183	—	4.00	8.00	15.00	30.00	—
AH1184	—	4.00	8.00	15.00	30.00	—
AH1185	—	15.00	30.00	60.00	100	—
AH1186	—	8.00	15.00	30.00	60.00	—
AH1190	—	4.00	8.00	15.00	30.00	—
AH1191	—	15.00	30.00	60.00	100	—
AH1194	—	4.00	8.00	15.00	30.00	—

KM# C32.18 DIRHAM (First Standard)
2.9300 g., Silver

Date	Mintage	Good	VG	F	VF	XF
AH1195	—	15.00	30.00	60.00	120	—
AH1196	—	45.00	80.00	150	250	—

Miknas

C# 32.7 DIRHAM (First Standard)
2.9300 g., Silver

Date	Mintage	Good	VG	F	VF	XF
AH1172 Rare	—	—	—	—	—	—
AH1173	—	8.00	15.00	30.00	60.00	—
AH1174	—	20.00	40.00	80.00	160	—
AH1175	—	4.00	8.00	15.00	30.00	—

Date	Mintage	Good	VG	F	VF	XF
AH1176	—	4.00	8.00	15.00	30.00	—
AH1177/6	—	8.00	15.00	30.00	60.00	—
AH1177	—	4.00	8.00	15.00	30.00	—
AH1178	—	4.00	8.00	15.00	30.00	—
AH1179	—	4.00	8.00	15.00	30.00	—
AH1180	—	4.00	8.00	15.00	30.00	—
AH1181	—	4.00	8.00	15.00	30.00	—
AH1182	—	4.00	8.00	15.00	30.00	—
AH1183	—	4.00	8.00	15.00	30.00	—
AH1184	—	4.00	8.00	15.00	30.00	—
AH1185	—	4.00	8.00	15.00	30.00	—
AH1186	—	8.00	15.00	30.00	60.00	—
AH1188 Rare	—	—	—	—	—	—
AH1189	—	8.00	15.00	30.00	60.00	—
AH1190	—	25.00	50.00	100	200	—
AH1193 Rare	—	—	—	—	—	—
AH1713 Error for 1173, rare	—	—	—	—	—	—

Rabat

C# 32.8 DIRHAM (First Standard)
2.9300 g., Silver

Date	Mintage	Good	VG	F	VF	XF
AH1189	—	10.00	20.00	40.00	80.00	—
AH1191	—	8.00	15.00	30.00	60.00	—

Rabat al-Fath

C# 32.9 DIRHAM (First Standard)
2.9300 g., Silver

Date	Mintage	Good	VG	F	VF	XF
AH1180 Rare	—	—	—	—	—	—
AH1181	—	8.00	15.00	30.00	60.00	—
AH1182	—	10.00	20.00	40.00	80.00	—
AH1194	—	8.00	15.00	30.00	60.00	—

Sale

C# 32.10 DIRHAM (First Standard)
2.9300 g., Silver

Date	Mintage	Good	VG	F	VF	XF
AH1187	—	30.00	60.00	100	175	—
AH1188	—	50.00	90.00	175	300	—

Tagr al-Araish

KM# C32.19 DIRHAM (First Standard)
2.9300 g., Silver

Date	Mintage	Good	VG	F	VF	XF
AH1183 Rare	—	—	—	—	—	—

Tagr er-Rabat

KM# C32.20 DIRHAM (First Standard)
2.9300 g., Silver

Date	Mintage	Good	VG	F	VF	XF
AH1181	—	50.00	100	175	300	—

Tanger

C# 32.11 DIRHAM (First Standard)
2.9300 g., Silver

Date	Mintage	Good	VG	F	VF	XF
AH1180 Rare	—	—	—	—	—	—
AH1184	—	50.00	90.00	175	280	—
AH1185 Rare	—	—	—	—	—	—
AH1186	—	18.00	35.00	70.00	140	—
AH1194	—	20.00	40.00	80.00	160	—

Tetuan

C# 32.12a DIRHAM (First Standard)
2.9300 g., Silver **Obv:** Inscription, date within circle **Rev:** Inscription, date

Date	Mintage	Good	VG	F	VF	XF
AH1181	—	8.00	15.00	30.00	60.00	—
AH1182	—	15.00	30.00	60.00	100	—
AH1183	—	8.00	15.00	30.00	60.00	—
AH1184	—	8.00	15.00	30.00	60.00	—
AH1185	—	4.00	8.00	15.00	30.00	—
AH1186	—	18.00	35.00	70.00	140	—
AH1188 Rare	—	—	—	—	—	—
AH1189	—	18.00	35.00	70.00	140	—
AH1190 Rare	—	—	—	—	—	—
AH1193 Rare	—	—	—	—	—	—
AH1194	—	4.00	8.00	15.00	30.00	—
AH1195	—	4.00	8.00	15.00	30.00	—
AH1196	—	4.00	8.00	15.00	30.00	—

C# 32.12b DIRHAM (First Standard)
2.9300 g., Silver **Note:** Mintname with additonal Koranic verses.

Date	Mintage	Good	VG	F	VF	XF
AH1195	—	60.00	110	200	300	—

Note: All issues of First Standard are anonymous.

El Bayda

C# 32.13 DIRHAM (Second Standard)
2.7300 g., Silver

Date	Mintage	Good	VG	F	VF	XF
AH1203 Rare	—	—	—	100	200	—

Essaouir

C# 32.14 DIRHAM (Second Standard)
2.7300 g., Silver

Date	Mintage	Good	VG	F	VF	XF
AH1202	—	10.00	20.00	40.00	80.00	—
AH1203	—	4.00	8.00	15.00	30.00	—
AH1204	—	10.00	20.00	40.00	80.00	—

Fes

C# 32.21 DIRHAM (Second Standard)
2.7300 g., Silver

Date	Mintage	Good	VG	F	VF	XF
AH1203	—	15.00	30.00	60.00	120	—
AH1204 Rare	—	—	—	—	—	—

Fes Hazrat

C# 32.15 DIRHAM (Second Standard)
2.7300 g., Silver

Date	Mintage	Good	VG	F	VF	XF
AH1200 Rare	—	—	—	—	—	—
AH1203	—	4.00	8.00	15.00	30.00	—
AH1204	—	10.00	15.00	30.00	60.00	—

Marrakesh

C# 32.16 DIRHAM (Second Standard)
2.7300 g., Silver

Date	Mintage	Good	VG	F	VF	XF
AH1204	—	4.00	8.00	15.00	30.00	—

Note: All issues of Second Standard are anonymous.

Miknas

C# 32.17 DIRHAM (Second Standard)
2.7300 g., Silver

Date	Mintage	Good	VG	F	VF	XF
AH1202	—	6.00	12.00	25.00	50.00	—
AH1203	—	10.00	20.00	40.00	80.00	—

Rabat al-Fath

C# 32.18 DIRHAM (Second Standard)
2.7300 g., Silver

Date	Mintage	Good	VG	F	VF	XF
AH1201	—	8.00	15.00	30.00	60.00	—

Taroudant

C# 32.19 DIRHAM (Second Standard)
2.7300 g., Silver

Date	Mintage	Good	VG	F	VF	XF
AH1201 Rare	—	—	—	—	—	—
AH1202	—	40.00	70.00	125	200	—

Marrakesh

C# A33.2 1/4 MITQAL (2 1/2 Dirhams)
7.3300 g., Silver **Note:** Anonymous issues.

Date	Mintage	Good	VG	F	VF	XF
AH1189 Rare	—	—	—	—	—	—
AH1190 Rare	—	—	—	—	—	—

Rabat al-Fath

C# A33.1 1/4 MITQAL (2 1/2 Dirhams)
7.3300 g., Silver **Note:** Anonymous issue.

Date	Mintage	Good	VG	F	VF	XF
AH1189 Rare	—	—	—	—	—	—

Marrakesh

C# B33.2 1/2 MITQAL (5 Dirhams)
14.6500 g., Silver **Note:** Anonymous issues.

Date	Mintage	Good	VG	F	VF	XF
AH1190 Rare	—	—	—	—	—	—

Rabat al-Fath

C# B33.1 1/2 MITQAL (5 Dirhams)
14.6500 g., Silver **Note:** Anonymous issues.

Date	Mintage	Good	VG	F	VF	XF
AH1189 Rare	—	—	—	—	—	—

Marrakesh

KM# 42 MITQAL (10 Dirhams)
29.3100 g., Silver **Obv:** Inscription within sun-like design **Rev:** Inscription, date within sun-like design

Date	Mintage	VG	F	VF	XF	Unc
AH1190	—	—	400	600	850	—

Rabat al-Fath

KM# 41 MITQAL (10 Dirhams)
29.3100 g., Silver **Obv:** Inscription within sun-like design **Rev:** Inscription, date within sun-like design **Note:** Square flan.

Date	Mintage	VG	F	VF	XF	Unc
AH1187	—	—	250	350	550	—
AH1188	—	—	250	350	550	—
AH1189	—	—	300	450	650	—

KM# 43 MITQAL (10 Dirhams)
29.3100 g., Silver **Obv:** Inscription within sun-like design **Rev:** Inscription, date within sun-like design **Note:** Round flan.

Date	Mintage	VG	F	VF	XF	Unc
AH1191	—	—	350	500	700	—

Tetuan

KM# 36 MITQAL (10 Dirhams)
29.3100 g., Silver **Obv:** 4 Lined inscription **Rev:** 4 Lined inscription **Note:** Dav. #46

Date	Mintage	VG	F	VF	XF	Unc
AH1195	—	—	800	1,400	2,500	3,500

KM# 37 MITQAL (10 Dirhams)
29.3100 g., Silver **Obv:** 4 Lined inscription within circle **Rev:** 4 Lined inscription, date within circle **Note:** Reduced size. Dav. #46A

Date	Mintage	VG	F	VF	XF	Unc
AH1195	—	—	500	800	1,500	2,500

Note: All Mitqals are anonymous.

Fes

KM# 38.1 1/2 DINAR
Gold **Note:** Struck at Fes Mint.

Date	Mintage	Good	VG	F	VF	XF
	—		90.00	150	250	350

MOROCCO

KM# 40.2 DINAR (First Standard)
3.5200 g., Gold **Note:** Illegible date and mintname.

Date	Mintage	Good	VG	F	VF	XF
AHxxxx Date Illegible, rare	—	—	—	—	—	—

Fes Hazrat

KM# 40.1 DINAR (First Standard)
3.5200 g., Gold **Note:** Illegible date.

Date	Mintage	Good	VG	F	VF	XF
AHxxxx Rare	—	—	—	—	—	—

Fes

KM# 40.3 DINAR (Second Standard)
3.1300 g., Gold

Date	Mintage	VG	F	VF	XF	Unc
AH1188	—	250	450	650	1,000	—
AH1189	—	125	250	400	600	—
AH1191	—	250	450	650	1,000	—
AH1192	—	150	300	500	750	—
AH1193	—	250	450	650	1,000	—

Fes Hazrat

KM# 40.4 DINAR (Second Standard)
3.1300 g., Gold

Date	Mintage	VG	F	VF	XF	Unc
AH1199	—	150	300	500	750	—

Marrakesh

KM# 40.5 DINAR (Second Standard)
3.1300 g., Gold **Obv:** Inscription within seal of Solomon **Rev:** Inscription, date within seal of Solomon

Date	Mintage	VG	F	VF	XF	Unc
AH1190	—	250	450	650	1,000	—
AH1194	—	250	450	650	1,000	—

Miknas

KM# 40.6 DINAR (Second Standard)
3.1300 g., Gold

Date	Mintage	VG	F	VF	XF	Unc
AH1191	—	250	450	650	1,000	—
AH1192	—	250	450	650	1,000	—

Marrakesh

KM# 40.7 DINAR (Third Standard - Humasi)
1.9500 g., Gold **Note:** Only the Dinar of the third standard is called Humasi.

Date	Mintage	VG	F	VF	XF	Unc
AH1200	—	125	250	400	600	—

Note: All issues of First, Second and Third Standards are anonymous.

Muhammed al-Yazid
AH1204-06/1790-92AD

HAMMERED COINAGE

C# 51.3 FALUS
3.5000 g., Bronze **Note:** Illegible mint. Anonymous issue.

Date	Mintage	Good	VG	F	VF	XF
AH1206	—	30.00	60.00	100	200	—

Fes

C# 51.1 FALUS
3.5000 g., Bronze **Note:** Anonymous issue.

Date	Mintage	Good	VG	F	VF	XF
AH1204 Rare	—	—	—	—	—	—

KM# 55.1 MUZUNA
0.6800 g., Silver **Note:** Without mintname. Issues with name of ruler.

Date	Mintage	Good	VG	F	VF	XF
AH1204 Rare	—	—	—	—	—	—
AH1205 Rare	—	—	—	—	—	—
AH1206 Rare	—	—	—	—	—	—

Fes

KM# 55.2 MUZUNA
0.6800 g., Silver **Note:** Issue with name of ruler.

Date	Mintage	Good	VG	F	VF	XF
ND Rare	—	—	—	—	—	—

C# 65.1 DIRHAM
2.7400 g., Silver **Note:** Without mint name.

Date	Mintage	Good	VG	F	VF	XF
ND Rare	—	—	—	—	—	—
AH1204	—	50.00	80.00	150	280	—
AH1206 Rare	—	—	—	—	—	—

Fes

C# 65.2 DIRHAM
2.7400 g., Silver

Date	Mintage	Good	VG	F	VF	XF
ND	—	50.00	80.00	150	280	—

Note: All Dirhams with name of ruler

Fes Hazrat

C# 65.3 DIRHAM
2.7400 g., Silver **Note:** Prev. C#65.2; Struck at Fes Hazrat Mint.

Date	Mintage	Good	VG	F	VF	XF
AH1205	—	30.00	60.00	100	200	—
AH1206	—	50.00	80.00	150	280	—

Tetuan

C# 65.4 DIRHAM
2.7000 g., Silver **Note:** Prev. C#65.3; Struck at Tetuan Mint.

Date	Mintage	Good	VG	F	VF	XF
AH1204	—	30.00	60.00	100	200	—
AH1206	—	50.00	80.00	150	280	—

Tetuan

KM# 69 1/4 DINAR
0.8800 g., Gold **Note:** Issue with name of ruler.

Date	Mintage	VG	F	VF	XF	Unc
AH1206	—	150	300	500	750	—

KM# 70.1 1/2 DINAR
1.7600 g., Gold **Note:** Without mint name. Issues with name of ruler.

Date	Mintage	VG	F	VF	XF	Unc
ND	—	250	450	650	1,000	—
AH1204	—	150	300	500	750	—
AH1205	—	250	450	650	1,000	—
AH1206	—	250	450	650	1,000	—

KM# 70.2 1/2 DINAR
1.7600 g., Gold **Note:** Issue with name of ruler.

Date	Mintage	VG	F	VF	XF	Unc
AH1205	—	80.00	150	300	500	—

Tetuan

KM# 70.3 1/2 DINAR
1.7600 g., Gold **Note:** Issue with name of ruler.

Date	Mintage	VG	F	VF	XF	Unc
AH1206	—	80.00	150	300	500	—

Hisham, pretender at Marrakesh
AH1205-09/1790-94AD

HAMMERED COINAGE

Marrakesh

KM# 80 1/2 FALUS
1.7000 g., Cast Bronze **Note:** Anonymous issue.

Date	Mintage	Good	VG	F	VF	XF
AH1208	—	20.00	40.00	80.00	160	—

KM# 83.1 MUZUNA (First Standard)
0.6800 g., Silver **Note:** Without mint name.

Date	Mintage	Good	VG	F	VF	XF
AH1208 Rare	—	—	—	—	—	—
AH1209	—	30.00	60.00	100	200	—

Marrakesh

KM# 83.2 MUZUNA (First Standard)
0.6800 g., Silver **Note:** Some issues of first standard are anonymous, some with name of ruler; prev. KM#83.3.

Date	Mintage	Good	VG	F	VF	XF
AH1207 Rare	—	—	—	—	—	—
AH1208	—	50.00	80.00	150	280	—

Asfi

KM# 83.3 MUZUNA (Second Standard)
0.5800 g., Silver **Note:** Anonymous issues; prev. KM#83.2.

Date	Mintage	Good	VG	F	VF	XF
AH1210	—	50.00	80.00	150	280	—
AH1211 Rare	—	—	—	—	—	—

KM# 86.1 DIRHAM (First Standard)
2.7300 g., Silver **Note:** Without mint name.

Date	Mintage	Good	VG	F	VF	XF
ND	—	30.00	60.00	100	200	—
AH1206	—	20.00	40.00	80.00	150	—
AH1207	—	20.00	40.00	100	150	—
AH1208	—	30.00	60.00	100	200	—
AH1209	—	30.00	60.00	30.00	200	—

Asfi

KM# 86.2 DIRHAM (First Standard)
2.7300 g., Silver

Date	Mintage	Good	VG	F	VF	XF
AH1206	—	50.00	80.00	150	280	—
AH1207	—	30.00	60.00	100	200	—
AH1208	—	30.00	60.00	100	200	—

Essaouira Mogador

KM# 86.3 DIRHAM (First Standard)
2.7300 g., Silver

Date	Mintage	Good	VG	F	VF	XF
AH1206	—	30.00	60.00	100	200	—
AH1207	—	50.00	80.00	150	280	—
AH1208 Rare	—	—	—	—	—	—

Marrakesh

KM# 86.4 DIRHAM (First Standard)
2.7300 g., Silver

Date	Mintage	Good	VG	F	VF	XF
AH1207	—	30.00	60.00	100	200	—
AH1208	—	30.00	60.00	100	200	—

Note: Some issues of first standard are anonymous, some with name of ruler.

Date	Mintage	Good	VG	F	VF	XF
AH1209 Rare	—	—	—	—	—	—

Asfi

KM# 86.5 DIRHAM (Second Standard)
2.3500 g., Silver **Note:** Anonymous issues.

Date	Mintage	Good	VG	F	VF	XF
AH1209	—	50.00	80.00	150	280	—
AH1210	—	25.00	50.00	95.00	180	—
AH1211	—	30.00	60.00	100	200	—
AH1212 Rare	—	—	—	—	—	—

Note: Sulayman also minted a Dirham AH1212 at Asfi; Refer to C#108

KM# 89.1 1/2 DINAR
1.7600 g., Gold **Note:** Without mint name.

Date	Mintage	VG	F	VF	XF	Unc
AH1207 Without ruler name	—	250	450	650	1,000	—
AH1208 With ruler name	—	250	450	650	1,000	—

Marrakesh

KM# 89.2 1/2 DINAR
1.7600 g., Gold

Date	Mintage	VG	F	VF	XF	Unc
AH1208 With ruler name	—	250	450	650	1,000	—

Moulay-Ibrahim

KM# 89.3 1/2 DINAR
1.7600 g., Gold

Date	Mintage	VG	F	VF	XF	Unc
AH1205 With ruler name	—	250	450	650	1,000	—

Sulayman II
AH1207-38/1793-1822AD

HAMMERED COINAGE

KM# 92.1 1/2 FALUS
1.7000 g., Cast Bronze, 12-16 mm. **Obv:** Seal of Solomon **Rev:** Date, without mintname **Note:** Without mintname; size varies.

Date	Mintage	Good	VG	F	VF	XF
AH1206 Rare	—	—	—	—	—	—
AH1208	—	10.00	20.00	40.00	80.00	—

1Without Mint Name

KM# 91 1/2 FALUS
1.7000 g., Cast Bronze, 12-16 mm. **Obv:** Seal of Solomon **Rev:** Seal of Solomon **Note:** Size varies.

Date	Mintage	Good	VG	F	VF	XF
ND(1792-1822)	—	10.00	20.00	40.00	80.00	—

KM# 90.1 1/2 FALUS
1.7000 g., Cast Bronze, 12-16 mm. **Obv:** Square design **Rev:** Flower design **Note:** Size varies.

Date	Mintage	Good	VG	F	VF	XF
ND(1792-1822)	—	8.00	15.00	30.00	60.00	—

KM# 90.2 1/2 FALUS
1.7000 g., Cast Bronze, 12-16 mm. **Obv:** Seal of solomon **Rev:** Ornamental design **Note:** Size varies.

Date	Mintage	Good	VG	F	VF	XF
ND(1792-1822)	—	8.00	15.00	30.00	60.00	—

Marrakesh

KM# 92.2 1/2 FALUS
1.7000 g., Cast Bronze, 12-16 mm. **Obv:** Seal of Solomon **Rev:** Mint within seal of Solomon **Note:** Size varies.

Date	Mintage	Good	VG	F	VF	XF
ND(1792-1822)	—	12.00	25.00	50.00	100	—

Rabat

KM# 92.3a 1/2 FALUS
1.7000 g., Cast Bronze, 12-16 mm. **Obv:** Interlacing lines in circle **Rev:** Year and mint **Note:** Size varies.

Date	Mintage	Good	VG	F	VF	XF
AH1206 Rare	—	—	—	—	—	—

KM# 92.3b 1/2 FALUS
1.7000 g., Cast Bronze, 12-16 mm. **Obv:** Octagonal design and mint **Rev:** Year **Note:** Size varies.

Date	Mintage	Good	VG	F	VF	XF
AH1208	—	12.00	25.00	50.00	100	—
AH1209 Rare	—	—	—	—	—	—

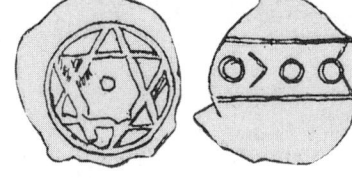

1Without Mint Name

KM# A95.1 FALUS
3.5000 g., Cast Bronze, 17-22 mm. **Obv:** Seal of Solomon **Rev:** Combination of symbols composed of circles and right or left angles between lines **Note:** Size varies.

Date	Mintage	Good	VG	F	VF	XF
ND(1792-1822)	—	10.00	20.00	40.00	80.00	—

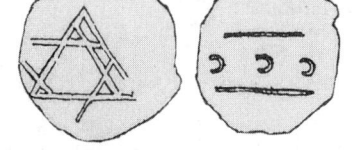

KM# A95.2 FALUS
3.5000 g., Cast Bronze, 17-22 mm. **Obv:** Seal of Solomon **Rev:** Symbols composed of retrograde CCCs between lines **Note:** Size varies.

Date	Mintage	Good	VG	F	VF	XF
ND(1792-1822)	—	12.00	25.00	50.00	100	—

KM# 93 FALUS
3.5000 g., Cast Bronze, 17-22 mm. **Obv:** Seal of Solomon **Rev:** Ornamental design **Note:** Size varies.

Date	Mintage	Good	VG	F	VF	XF
ND(1792-1822)	—	8.00	15.00	30.00	60.00	—

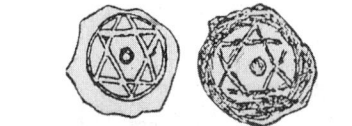

KM# 94 FALUS
3.5000 g., Cast Bronze, 17-22 mm. **Obv:** Seal of Solomon **Rev:** Seal of Solomon **Note:** Size varies.

Date	Mintage	Good	VG	F	VF	XF
ND(1792-1822)	—	8.00	15.00	30.00	60.00	—

Fes

KM# 95.5 FALUS
3.5000 g., Cast Bronze, 17-22 mm. **Obv:** Seal of Solomon **Rev:** Year and mint **Note:** Prev. KM#95.4.

Date	Mintage	Good	VG	F	VF	XF
AH1208 Rare	—	—	—	—	—	—
AH1211	—	20.00	40.00	80.00	160	—
AH1212	—	20.00	40.00	80.00	160	—
AH1214 Rare	—	—	—	—	—	—

Marrakesh

KM# 95.6 FALUS
3.5000 g., Cast Bronze, 17-22 mm. **Obv:** Seal of Solomon **Rev:** Year and mint **Note:** Prev. KM#95.5.

Date	Mintage	Good	VG	F	VF	XF
AH1214 Rare	—	—	—	—	—	—

Tetuan

KM# 95.9 FALUS
3.5000 g., Cast Bronze **Obv:** Seal of Solomon **Rev:** Year and mint **Note:** Prev. KM#95.8.

Date	Mintage	Good	VG	F	VF	XF
AH1211	—	15.00	30.00	60.00	120	—
AH1212 Rare	—	—	—	—	—	—

Without Mint Name

KM# 95.1 FALUS
3.5000 g., Cast Bronze, 17-22 mm. **Obv:** Seal of Solomon **Rev:** Year **Note:** Prev. C#95.1.

Date	Mintage	Good	VG	F	VF	XF
AH1214 Rare	—	—	—	—	—	—
AH1215 Rare	—	—	—	—	—	—

1Without Mint Name

KM# 96.1 2 FALUS
7.1000 g., Cast Bronze, 20-23 mm. **Obv:** Ornamental design **Rev:** Ornamental design **Note:** Size varies.

Date	Mintage	Good	VG	F	VF	XF
ND(1792-1822)	—	60.00	100	160	240	—

KM# 96.2 2 FALUS
7.1000 g., Cast Bronze, 20-23 mm. **Obv:** Seal of Solomon **Rev:** Seal of Solomon **Note:** Size varies.

Date	Mintage	Good	VG	F	VF	XF
ND(1792-1822)	—	10.00	20.00	30.00	60.00	—

Tetuan

KM# 97.5 2 FALUS
7.1000 g., Cast Bronze, 20-23 mm. **Obv:** Mint in circle **Rev:** Year in circular design **Note:** Size varieas.

Date	Mintage	Good	VG	F	VF	XF
AH1208	—	12.00	25.00	50.00	100	—
AH1209	—	8.00	15.00	30.00	60.00	—

1Without Mint Name

KM# 99.1 3 FALUS
10.6000 g., Cast Bronze, 24-27 mm. **Obv:** Seal of Solomon **Rev:** Ornamental design **Note:** Size varies.

Date	Mintage	Good	VG	F	VF	XF
ND(1792-1822)	—	15.00	25.00	50.00	100	—

KM# 99.2 3 FALUS
10.6000 g., Cast Bronze, 24-27 mm. **Obv:** Seal of Solomon **Rev:** Seal of Solomon **Note:** Size varies.

Date	Mintage	Good	VG	F	VF	XF
ND(1792-1822)	—	10.00	15.00	25.00	50.00	—

Essaouira

KM# 100.2 3 FALUS
10.6000 g., Cast Bronze, 24-27 mm. **Obv:** Seal of Solomon with year **Rev:** Octogram with mint **Note:** Size varies.

Date	Mintage	Good	VG	F	VF	XF
AH1213 Rare	—	—	—	—	—	—
AH1214	—	15.00	25.00	50.00	100	—
AH1215	—	15.00	25.00	50.00	100	—

Fes

KM# 100.3 3 FALUS
10.6000 g., Cast Bronze, 24-27 mm.

Date	Mintage	Good	VG	F	VF	XF
AH1212	—	15.00	25.00	50.00	100	—
AH1215	—	10.00	20.00	40.00	80.00	—

Without Mint Name

KM# 100.1 3 FALUS
10.6000 g., Cast Bronze, 24-27 mm. **Obv:** Seal of Solomon **Rev:** Year **Note:** Size varies.

Date	Mintage	Good	VG	F	VF	XF
AH1212	—	15.00	25.00	40.00	80.00	—
AH1214 Rare	—	—	—	—	—	—

1Without Mint Name

KM# 103 4 FALUS
14.1000 g., Cast Bronze, 28-34 mm. **Obv:** Seal of Solomon **Rev:** Seal of Solomon **Note:** Size varies.

Date	Mintage	Good	VG	F	VF	XF
ND(1792-1822)	—	12.00	25.00	60.00	120	—

KM# 102 4 FALUS
Cast Bronze 14.1, 28-34 mm. **Obv:** Seal of Solomon **Rev:** Flower in octogram **Note:** Size varies.

Date	Mintage	Good	VG	F	VF	XF
ND(1792-1822)	—	20.00	40.00	90.00	200	—

KM# 101 4 FALUS
14.1000 g., Cast Bronze, 28-34 mm. **Obv:** Ornamental design **Rev:** Ornamental design **Note:** Size varies.

Date	Mintage	Good	VG	F	VF	XF
ND(1792-1822)	—	15.00	30.00	70.00	150	—

Fes

KM# A105 MUZUNA (First Standard)
0.6800 g., Silver, 15-18 mm. **Note:** Prev. KM#105.

Date	Mintage	Good	VG	F	VF	XF
AH1207	—	15.00	30.00	60.00	120	—

Fes

KM# 105a.1 MUZUNA (Second Standard)
0.6100 g., Silver, 15-18 mm. **Note:** Size varies.

Date	Mintage	Good	VG	F	VF	XF
AH1208	—	10.00	30.00	60.00	120	—
AH1212	—	10.00	30.00	60.00	120	—

Marrakesh

KM# 105a.2 MUZUNA (Second Standard)
0.6800 g., Silver, 15-18 mm. **Note:** Size varies.

Date	Mintage	Good	VG	F	VF	XF
AH1212	—	10.00	30.00	60.00	120	—

Tetuan

KM# 105a.3 MUZUNA (Second Standard)
0.6100 g., Silver, 15-18 mm. **Note:** Size varies.

Date	Mintage	Good	VG	F	VF	XF
AH1208	—	10.00	30.00	60.00	120	—
AH1209	—	10.00	30.00	60.00	120	—
AH1211 Rare	—	—	—	—	—	—

al-Araish

C# 108a.1 DIRHAM (First Standard)
2.7400 g., Silver **Note:** Prev. C#108a.2.

Date	Mintage	Good	VG	F	VF	XF
AH1207 Rare	—	—	—	—	—	—

Fes

C# 108a.2 DIRHAM (First Standard)
2.7400 g., Silver **Note:** Prev. C#108a.1.

Date	Mintage	Good	VG	F	VF	XF
AH1206	—	15.00	30.00	60.00	100	—
AH1207	—	15.00	30.00	60.00	100	—

Miknas

C# 108a.3 DIRHAM (First Standard)
2.7400 g., Silver **Note:** 17-22mm.

Date	Mintage	Good	VG	F	VF	XF
AH1207	—	15.00	30.00	60.00	120	—

Rabat al-Fath

C# 108a.4 DIRHAM (First Standard)
2.7400 g., Silver

Date	Mintage	Good	VG	F	VF	XF
AH1206	—	15.00	30.00	50.00	100	—
AH1207	—	10.00	20.00	40.00	80.00	—
AH1208	—	30.00	50.00	80.00	140	—

Tetuan

C# 108a.5 DIRHAM (First Standard)
2.7400 g., Silver

Date	Mintage	Good	VG	F	VF	XF
AH1206 Rare	—	—	—	—	—	—
AH1207	—	20.00	50.00	80.00	130	—

al-Araish

C# 108b.1 DIRHAM (Second Standard)
2.4400 g., Silver **Note:** Prev. C#108b.3.

Date	Mintage	Good	VG	F	VF	XF
AH1208	—	20.00	40.00	80.00	160	—
AH1209	—	25.00	50.00	100	180	—
AH1210 Rare	—	—	—	—	—	—

Asfi

C# 108b.2 DIRHAM (Second Standard)
2.4400 g., Silver **Note:** Prev. C#108b.1.

Date	Mintage	Good	VG	F	VF	XF
AH1212	—	50.00	90.00	150	240	—

Note: Hisham also struck a Dirham dated AH1212 at Asfi. Refer to KM#86.2

Fes

C# 108b.3 DIRHAM (Second Standard)
2.4400 g., Silver **Note:** Prev. C#108b.2.

Date	Mintage	Good	VG	F	VF	XF
AH1208	—	15.00	30.00	50.00	100	—
AH1209	—	8.00	12.00	25.00	50.00	—
AH1210	—	8.00	12.00	25.00	50.00	—
AH1211 Rare	—	—	—	—	—	—
AH1213	—	20.00	40.00	80.00	150	—

Fes Hazrat

C# 108b.4 DIRHAM (Second Standard)
2.4400 g., Silver

Date	Mintage	Good	VG	F	VF	XF
AH1209 Rare	—	—	—	—	—	—
AH1210	—	15.00	30.00	50.00	100	—
AH1211	—	10.00	20.00	30.00	60.00	—
AH1212	—	10.00	20.00	30.00	60.00	—

Marrakesh

C# 108b.5 DIRHAM (Second Standard)
2.4400 g., Silver **Note:** Prev. C#108b.4.

Date	Mintage	Good	VG	F	VF	XF
AH1212	—	8.00	12.00	25.00	50.00	—

Note: Al-Husayn also minted a Dirham dated AH1212 at Marrakesh. Refer to KM#86.4

Miknas

C# 108b.6 DIRHAM (Second Standard)
2.4400 g., Silver **Note:** Prev. C#108b.5.

Date	Mintage	Good	VG	F	VF	XF
AH1208	—	10.00	20.00	40.00	80.00	—
AH1209	—	8.00	12.00	25.00	50.00	—
AH1210	—	8.00	12.00	25.00	50.00	—
AH1211	—	10.00	20.00	40.00	80.00	—

Rabat al-Fath

C# 108b.7 DIRHAM (Second Standard)
2.4400 g., Silver **Note:** Prev. C#108b.6.

Date	Mintage	Good	VG	F	VF	XF
AH1208	—	10.00	20.00	30.00	60.00	—
AH1209	—	10.00	15.00	25.00	40.00	—
AH1210	—	10.00	20.00	30.00	60.00	—
AH1211	—	15.00	30.00	50.00	100	—
AH1212	—	20.00	40.00	80.00	150	—
AH1213	—	20.00	40.00	80.00	150	—

Tetuan

C# 108b.8 DIRHAM (Second Standard)
2.4400 g., Silver **Note:** Prev. C#108b.7.

Date	Mintage	Good	VG	F	VF	XF
AH1208	—	8.00	15.00	20.00	30.00	—
AH1209	—	10.00	20.00	30.00	60.00	—
AH1210	—	8.00	15.00	20.00	30.00	—
AH1211	—	8.00	15.00	20.00	30.00	—
AH1212	—	15.00	30.00	60.00	120	—

Asfi

C# 108c.1 DIRHAM (Third Standard)
2.2500 g., Silver

Date	Mintage	Good	VG	F	VF	XF
AH1214	—	35.00	60.00	100	160	—

Essaouira Mogador

C# 108c.2 DIRHAM (Third Standard)
2.2500 g., Silver

Date	Mintage	Good	VG	F	VF	XF
AH1215	—	25.00	45.00	70.00	120	—

Fes Hazrat

C# 108c.3 DIRHAM (Third Standard)
2.2500 g., Silver

Date	Mintage	Good	VG	F	VF	XF
AH1213	—	10.00	15.00	20.00	30.00	—
AH1214	—	10.00	15.00	20.00	30.00	—
AH1215	—	10.00	15.00	20.00	30.00	—

Marrakesh

C# 108c.4 DIRHAM (Third Standard)
2.2500 g., Silver

Date	Mintage	Good	VG	F	VF	XF
AH1213	—	8.00	12.00	25.00	50.00	—
AH1214	—	8.00	12.00	25.00	50.00	—
AH1215 Rare	—	—	—	—	—	—

Rabat al-Fath

C# 108c.5 DIRHAM (Third Standard)
2.2500 g., Silver

Date	Mintage	Good	VG	F	VF	XF
AH1214	—	30.00	50.00	90.00	150	—

Fes

KM# 111 1/4 DINAR
0.8800 g., Gold

Date	Mintage	Good	VG	F	VF	XF
AH1206	—	100	200	350	600	—
AH1207	—	90.00	150	250	375	—
AH1208	—	100	200	350	600	—

al-Araish

KM# 112.1 1/2 DINAR
1.7600 g., Gold

Date	Mintage	VG	F	VF	XF	Unc
AH1209	—	100	200	350	600	—

Fes

KM# 112.2 1/2 DINAR
1.7600 g., Gold

Date	Mintage	VG	F	VF	XF	Unc
AH1206	—	90.00	150	250	375	—
AH1207	—	100	200	350	600	—
AH1208	—	100	200	350	600	—
AH1209	—	100	200	350	600	—

Rabat al-Fath

KM# 112.3 1/2 DINAR
1.7600 g., Gold

Date	Mintage	VG	F	VF	XF	Unc
AH1208	—	90.00	150	250	375	—
AH1209	—	100	200	350	600	—
AH1210	—	100	200	350	600	—

Tetuan

KM# 112.4 1/2 DINAR
1.7600 g., Gold

Date	Mintage	VG	F	VF	XF	Unc
AH1208	—	90.00	150	250	375	—
AH1209	—	90.00	150	250	375	—

Fes Hazrat

C# 115 BENDUQI
3.5200 g., Gold

Date	Mintage	VG	F	VF	XF	Unc
AH1209	—	100	150	300	500	—
AH1210	—	100	150	300	500	—
AH1212	—	100	150	300	500	—
AH1214	—	100	150	300	500	—

Al-Husayn
Pretender at Marrakesh
HAMMERED COINAGE

Marrakesh

KM# 117 FALUS
3.5000 g., Cast Bronze **Obv:** Mint name **Rev:** Date **Note:** Anonymous issue.

Date	Mintage	Good	VG	F	VF	XF
AH1211	—	35.00	60.00	100	160	—

Marrakesh

KM# 118 MUZUNA
0.6100 g., Silver **Note:** Anonymous issue.

Date	Mintage	Good	VG	F	VF	XF
AH1210	—	50.00	80.00	150	280	—

Without Mint Name

KM# 119 DIRHAM (First Standard)
2.4400 g., Silver

Date	Mintage	Good	VG	F	VF	XF
AH1209	—	30.00	60.00	100	200	—
AH1210	—	30.00	60.00	100	200	—

Marrakesh

KM# 119a.2 DIRHAM (Second Standard)
1.9500 g., Silver

Date	Mintage	Good	VG	F	VF	XF
AH1211	—	30.00	60.00	100	200	—
AH1212	—	25.00	50.00	90.00	180	—

Note: Sulayman also minted a dirham AH1212 Marrakesh, refer to C#108

KM# 119a.1 DIRHAM (Second Standard)
1.9500 g., Silver **Note:** Anonymous issue.

Date	Mintage	Good	VG	F	VF	XF
AH1211	—	25.00	50.00	90.00	180	—

Note: Coins dated AH1211 exist both with and without ruler's name

PATTERNS
Including off metal strikes

KM#	Date	Mintage	Identification	Mkt Val
PnC34	AH1186	—	Mitqal. Silver. 27.8000 g. 44 mm. Struck at Marrakesh Mint.	—

| PnA2 | AH1201 | — | 10 Mitqals. Pewter. Obverse only uniface strike, Madrid Mint. | — |
| PnA1 | AH1201 Ma | — | 10 Mitqals. Gold. 16.6000 g. Milled, prev. C#45. | 15,000 |

Note: Remelted due to the Madrid mint mark.

MOZAMBIQUE

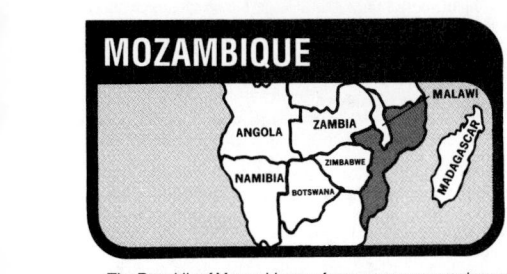

The Republic of Mozambique, a former overseas province of Portugal, stretches for 1,430 miles (2,301km.) along the southeast coast of Africa, has an area of 302,330 sq. mi. (801,590 sq. km.) and a population of 14.1 million, 99 % of whom are native Africans of the Bantu tribes. Capital: Maputo. Agriculture is the chief industry. Cashew nuts, cotton, sugar, copra and tea are exported.

Vasco da Gama explored all the coast of Mozambique in 1498 and found Arab trading posts already established along the coast. Portuguese settlement dates from the establishment of the trading post of Mozambique in 1505. Within five years Portugal absorbed all the former Arab sultanates along the east African coast. The area was organized as a colony in 1907 and became an overseas province in 1952. In Sept. of 1974, after more than a decade of guerrilla warfare with the forces of the Mozambique Liberation Front, Portugal agreed to the independence of Mozambique, effective June 25, 1975. The Socialist party, led by President Joaquim Chissano was in power until the 2nd of November, 1990 when they became a republic.

Mozambique became a member of the Commonwealth of Nations in November 1995. The President is Head of State; the Prime Minister is Head of Government.

RULER
Portuguese, until 1975

MONETARY SYSTEM
2880 Reis = 6 Cruzados = 1 Onca

PORTUGUESE COLONY

COLONIAL COINAGE

KM# 1 10 REIS
Copper **Obv:** Crowned arms divide ME **Rev:** I 10

Date	Mintage	VG	F	VF	XF	Unc
ND(1706-50)	—	40.00	120	200	—	—

KM# 2.1 15 REIS
Copper **Obv:** Crowned arms divide ME **Rev:** I 15

Date	Mintage	VG	F	VF	XF	Unc
ND(1706-50)	—	40.00	80.00	165	—	—

KM# 2.2 15 REIS
Copper **Obv:** Crowned arms divide ME **Rev:** I 15, with retrograde 5

Date	Mintage	VG	F	VF	XF	Unc
ND(1706-50)	—	45.00	90.00	185	—	—

KM# 3 30 REIS
Copper **Obv:** Crowned arms divide ME **Rev:** IoV / 30

Date	Mintage	VG	F	VF	XF	Unc
ND(1706-50)	—	450	900	1,750	—	—

KM# 8 100 REIS
1.6500 g., Silver **Obv:** Crowned arms divide date **Rev:** Globe on cross

Date	Mintage	VG	F	VF	XF	Unc
1755	4,314	300	600	1,200	2,000	—

KM# 4 200 REIS
0.9170 Silver **Obv:** Crowned arms divide GA **Rev:** Cross dividing date into quadrants, value below

Date	Mintage	VG	F	VF	XF	Unc
1735	—	850	1,750	3,500	—	—

KM# 9 200 REIS
3.3700 g., Silver **Obv:** Crowned arms divide date **Rev:** Globe on cross

Date	Mintage	VG	F	VF	XF	Unc
1755	3,285	150	350	750	—	—

KM# 6 400 REIS
0.9170 Silver **Obv:** Crowned arms divide GA **Rev:** Cross dividing date into quadrants, value below

Date	Mintage	VG	F	VF	XF	Unc
1737	—	750	1,500	3,000	—	—
1743	—	750	1,500	3,000	—	—

KM# 10 400 REIS
7.3000 g., Silver **Obv:** Crowned arms divide date **Rev:** Globe on cross

Date	Mintage	VG	F	VF	XF	Unc
1755	2,059	125	275	450	—	—

KM# 5 800 REIS
0.9170 Silver **Obv:** Crowned arms divide GA **Rev:** Cross dividing date into quadrants, value below

Date	Mintage	VG	F	VF	XF	Unc
1735	—	850	1,650	3,250	—	—
1737	—	750	1,500	3,000	—	—
1743	—	750	1,500	3,000	—	—

KM# 7 800 REIS
0.9170 Silver **Rev:** Value above cross

Date	Mintage	VG	F	VF	XF	Unc
1743	—	750	1,500	3,000	—	—

KM# 11 800 REIS
14.4000 g., Silver **Obv:** Crowned arms divide date **Rev:** Globe on cross

Date	Mintage	VG	F	VF	XF	Unc
1755	1,610	200	400	800	—	—

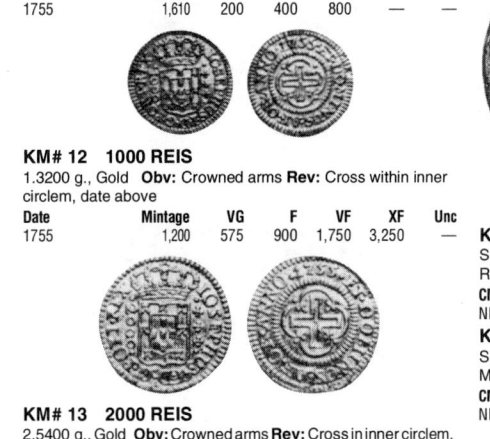

KM# 12 1000 REIS
1.3200 g., Gold **Obv:** Crowned arms **Rev:** Cross within inner circlem, date above

Date	Mintage	VG	F	VF	XF	Unc
1755	1,200	575	900	1,750	3,250	—

KM# 13 2000 REIS
2.5400 g., Gold **Obv:** Crowned arms **Rev:** Cross in inner circlem, date above

Date	Mintage	VG	F	VF	XF	Unc
1755	600	1,950	3,250	5,500	9,100	—

KM# 14 4000 REIS
5.0900 g., Gold **Obv:** Crowned arms **Rev:** Cross in inner circlem, date above

Date	Mintage	VG	F	VF	XF	Unc
1755	739	775	1,300	2,400	4,550	—

COUNTERMARKED COINAGE

Decree of May 28, 1767

This decree stated that all crown-sized coins were to be marked with a MR monogram and a 4. There are no known specimens listed in numismatic literature that tell of examples with the 4. The MR appears almost exclusively on Spanish Colonial Pillar dollars. Occasionally it appears on cob pieces and European coins. This countermark was to circulate for a longer period than any other Mozambique countermark.

KM# 27.1 8 REALES
Silver **Countermark:** MR **Note:** Countermark on Peru, Lima Mint 8 Reales, KM#55.1.

CM Date	Host Date	Good	VG	F	VF	XF
ND	ND Rare	150	240	400	600	—
ND	1751-60 Rare	—	—	—	—	—

KM# 27.2 8 REALES
Silver **Countermark:** MR **Note:** Countermark on Peru, Lima Mint 8 Reales, KM#A64.2

CM Date	Host Date	Good	VG	F	VF	XF
ND(1757)	1760-69	—	—	—	—	—

KM# 29 8 REALES
Silver **Countermark:** MR **Note:** Countermark on Mexico City 8 Reales, KM#105.

CM Date	Host Date	Good	VG	F	VF	XF
ND(1767)	1760-66	110	180	300	525	—

KM# 30 8 REALES
Silver **Countermark:** MR **Note:** Countermark on Hungarian Maria Theresa Thaler, KM#358.1.

CM Date	Host Date	Good	VG	F	VF	XF
ND(1767)	1753 KB	48.00	70.00	110	180	—

KM# 28 8 REALES
Silver **Countermark:** MR **Note:** Countermark on Mexico City 8 Reales, KM#104.1.

CM Date	Host Date	Good	VG	F	VF	XF
ND(1767)	1747-54	120	200	325	550	—

BURMA (Myanmar)

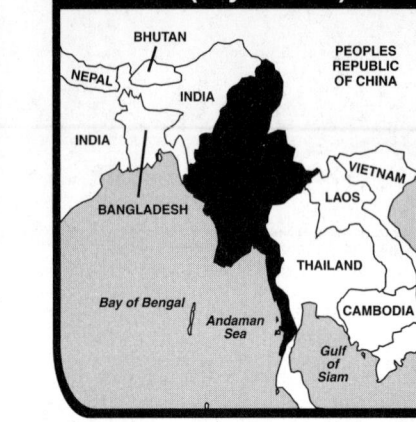

Burma, a country of Southeast Asia fronting on the Bay of Bengal and the Andaman Sea, had an area of 261,218 sq. mi. (678,500 sq. km.).

The first European to reach Burma, in about 1435, was Nicolo Di Conti, a Venetian merchant. During the beginning of the reign of Bodawpaya (1781-1819AD) the kingdom comprised most of the same area as it does today including Arakan which was taken over in 1784-85. The British East India Company, while unsuccessful in its 1612 effort to establish posts along the Bay of Bengal, was enabled by the Anglo-Burmese Wars of 1824-86 to expand to the whole of Burma and to secure its annexation to British India.

The coins issued by kings Mindon and Thibaw between 1852 and 1885 circulated in Upper Burma. Indian coins were current in Lower Burma, which was annexed in 1852. Burmese coins are frequently known by the equivalent Indian denominations, although their values are inscribed in Burmese units. Upper Burma was annexed in 1885 and the Burmese coinage remained in circulation until 1889, when Indian coins became current throughout Burma. The Chula-Sakarat (CS) dating is sometimes referred to as BE-Burmese Era and began in 638AD.

NOTE: For later coinage, see Myanmar.

RULERS

Arakanese
Sanda Thuriya, BE1093-96/1731-34AD
Narapawara, BE1097-98/1735-36AD
Sanda Wizala, BE1098-99/1736-37AD
Madant Raza, BE1099-1104/1737-42AD
Nara Apaya, BE1104-23/1742-61AD
Sanda Parama, BE1123-26/1761-64AD
Apaya Maha Raza, BE1126-35/1764-73AD
Sanda Thumana, BE1135-39/1773-77AD
Sanda Wimala, BE1139/1777AD
Thaditha Dhammant, BE1139-44/1777-82AD
Maha Thamada, BE1144-46/1782-84AD
Amarapura Lord, Bodawpaya, BE1146/1784AD

Burmese
Bodawpaya, CS1143-1181/1782-1819AD

MONETARY SYSTEM

Indian Equivalents
1 Silver Kyat = 1 Rupee = 16 Annas
1 Gold Kyat = 1 Mohur = 16 Rupees

STANDARD COINAGE

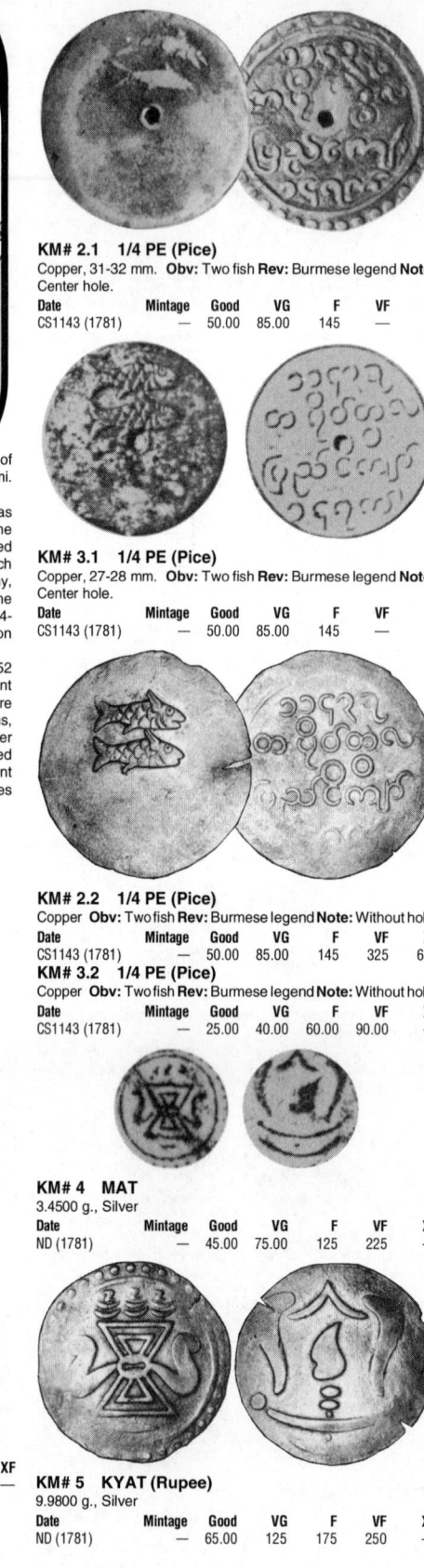

KM# 2.1 1/4 PE (Pice)
Copper, 31-32 mm. **Obv:** Two fish **Rev:** Burmese legend **Note:** Center hole.

Date	Mintage	Good	VG	F	VF	XF
CS1143 (1781)	—	50.00	85.00	145	—	—

KM# 3.1 1/4 PE (Pice)
Copper, 27-28 mm. **Obv:** Two fish **Rev:** Burmese legend **Note:** Center hole.

Date	Mintage	Good	VG	F	VF	XF
CS1143 (1781)	—	50.00	85.00	145	—	—

KM# 2.2 1/4 PE (Pice)
Copper **Obv:** Two fish **Rev:** Burmese legend **Note:** Without hole.

Date	Mintage	Good	VG	F	VF	XF
CS1143 (1781)	—	50.00	85.00	145	325	650

KM# 3.2 1/4 PE (Pice)
Copper **Obv:** Two fish **Rev:** Burmese legend **Note:** Without hole.

Date	Mintage	Good	VG	F	VF	XF
CS1143 (1781)	—	25.00	40.00	60.00	90.00	—

KM# 4 MAT
3.4500 g., Silver

Date	Mintage	Good	VG	F	VF	XF
ND (1781)	—	45.00	75.00	125	225	—

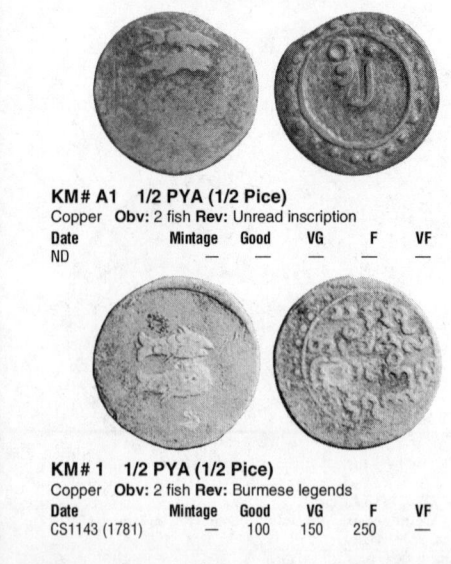

KM# A1 1/2 PYA (1/2 Pice)
Copper **Obv:** 2 fish **Rev:** Unread inscription

Date	Mintage	Good	VG	F	VF	XF
ND	—	—	—	—	—	—

KM# 5 KYAT (Rupee)
9.9800 g., Silver

Date	Mintage	Good	VG	F	VF	XF
ND (1781)	—	65.00	125	175	250	—

KM# 1 1/2 PYA (1/2 Pice)
Copper **Obv:** 2 fish **Rev:** Burmese legends

Date	Mintage	Good	VG	F	VF	XF
CS1143 (1781)	—	100	150	250	—	—

NEPAL

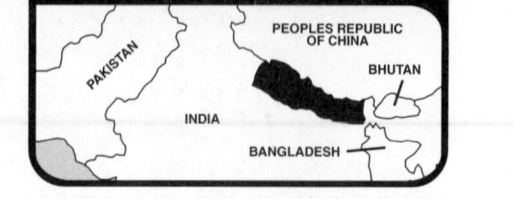

The Kingdom of Nepal, the world's only surviving Hindu kingdom, is a landlocked country occupying the southern slopes of the Himalayas. It has an area of 56,136 sq. mi. (140,800 sq. km.) and a population of 18 million. Capital: Kathmandu. Nepal has deposits of coal, copper, iron and cobalt, but they are largely unexploited. Agriculture is the principal economic activity. Rice, timber and jute are exported, with tourism being the other major foreign exchange earner.

Apart from a brief Muslim invasion in the 14th century, Nepal was able to avoid the mainstream of Northern Indian politics, due to its impregnable position in the mountains. It is therefore a unique survivor of the medieval Hindu and Buddhist culture of Northern India which was largely destroyed by the successive waves of Muslim invasions.

Prior to the late 18th century, Nepal, as we know it today, was divided among a number of small states. Unless otherwise stated, the term *Nepal* applies to the small fertile valley, about 4,500 ft. above sea level, in which the three main cities of Kathmandu, Patan and Bhatgaon are situated.

During the reign of King Yaksha Malla (1428-1482AD), the Nepalese kingdom, with capital at Bhatgaon, was extended northwards into Tibet, and also controlled a considerable area to the south of the hills. After Yaksha Malla's death, the Kingdom was divided among his sons, so four kingdoms were established with capitals at Bhatgaon, Patan, Kathmandu and Banepa, all situated within the small valley, less than 20 miles square. Banepa was quickly absorbed within the territory of Bhatgaon, but the other three kingdoms remained until 1769. The internecine strife between the three kings effectively stopped Nepal from becoming a major military force during this period, although with its fertile land and strategic position, it was by far the wealthiest and most powerful of the Himalayan states.

Apart from agriculture, Nepal owed its prosperity to its position on one of the easiest trade routes between the great monasteries of central Tibet, and India. Nepal made full use of this, and a trading community was set up in Lhasa during the 16th century, and Nepalese coins became the accepted currency medium in Tibet.

The seeds of discord between Nepal and Tibet were sown during the first half of the 18th century, when the Nepalese debased the coinage, and the fate of the Malla kings of Nepal was sealed when Prithvi Narayan Shah, King of the small state of Gorkha, to the west of Kathmandu, was able to gain control of the trans-himalayan trade routes during the years after 1750.

Prithvi Narayan spent several years consolidating his position in hill areas before he finally succeeded in conquering the Kathmandu Valley in 1768, where he established the Shah dynasty, and moved his capital to Kathmandu.

After Prithvi Narayan's death a period of political instability ensued which lasted until the 1840's when the Rana family reduced the monarch to a figurehead and established the post of hereditary Prime Minister. A popular revolution in 1950 toppled the Rana family and reconstituted power in the throne. In 1959 King Mahendra declared Nepal a constitutional monarchy, and in 1962 a new constitution set up a system of panchayat (village council) democracy. In 1990, following political unrest, the king's powers were reduced. The country then adopted a system of parliamentary democracy.

DATING

Nepal Samvat Era (NS)

All coins of the Malla kings are dated in the Nepal Samvat era (NS). Year 1 NS began in 881, so to arrive at the AD date add 880 to the NS date. This era was exclusive to Nepal, except for one gold coin of Prana Narayan of Cooch Behar.

Saka Era (SE)

Up until 1888AD all coins of the Gorkha Dynasty were dated in the Saka era (SE). To convert from Saka to AD take Saka date and add 78 to arrive at the AD date. Coins dated with this era have SE before the date in the following listing.

Vikram Samvat Era (VS)

From 1888AD most copper coins were dated in the Vikram Samvat (VS) era. To convert take VS date - 57 =AD date. Coins with this era have VS before the year in the listing. With the exception of a few gold coins struck in 1890 & 1892, silver and gold coins only changed to the VS era in 1911AD, but now this era is used for all coins struck in Nepal.

RULERS

KINGS OF KATHMANDU

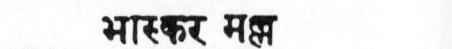

Bhaskara Malla,
NS821-835/1701-1715AD

महीन्द्र सिंह

Mahindra Simha,
NS835-842/1715-1722AD

जगउजय मल्ल

Jagajjaya Malla
NS842-855/1722-1735AD

जय प्रकाश मल्ल

Jaya Prakash Malla,
NS855-866,870-888/1735-1746,1750-1768AD

ज्योति प्रकाश मल्ल

Jyoti Prakash Malla,
NS866-870/1746-c.1750AD

KINGS OF PATAN

यो गनरेन्द्र मल्ल

Yoga Narendra Malla,
NS805-825/1685-1705AD

लोक प्रकाश मल्ल

Loka Prakash Malla,
NS825-826/1705-1706AD

इन्द्र मल्ल

Indra Malla (Purandara Malla),
NS826-829/1706-1709AD

वोर नरसिंह मल्ल

Vira Narasimha Malla,
NS829/1709AD

वोर महीन्द्र मल्ल

Vira Mahindra Malla,
NS829-835/1709-1715AD

ऋद्धि नरसिंह

Riddhi Narasimha,
NS835-837/1715-1717AD

महीन्द्र सिंह

Mahindra Simha, King of Kathmandu,
NS837-842/1717-1722AD

योग प्रकाश मल्ल

Yoga Prakash Malla,
NS842-849/1722-1729AD

विष्णु मल्ल

Vishnu Malla,
NS849-865/1729-1745AD

राज्य प्रकाश मल्ल

Rajya Prakash Malla,
NS865-878/1745-1758AD

विश्वजित मल्ल

Visvajit Malla,
NS878-880/1758-1760AD

जय प्रकाश मल्ल

Jaya Prakash Malla, King of Kathmandu,
NS880-881,883-884/1760-1761,1763-1764AD

रणजित मल्ल

Ranajit Malla, King of Bhatgaon,
NS882-883/1762-1763AD

दल मर्दन साह

Dala Mardana Saha,
NS884-885/1764-1765AD

तेज नरसिंह

Tej Narasimha Malla,
NS885-888/1765-1768AD

KINGS OF BHATGAON

भूपतीन्द मल्ल

Bhupatindra Malla,
NS816-842/1696-1722AD

रणजित मल्ल

Ranajit Malla,
NS842-889/1722-1769AD

SHAH DYNASTY

पृथ्वी नारायण

Prithvi Narayan
In Gorkha: SE1664-1690/1742-1768AD
In Kathmandu: SE1690-1696/1768-1775AD

Queen of Prithvi Narayan
SE1696-1699/1775-1777AD:

नरीन्द्र लक्ष्मी

Narindra Lakshmi

प्रताप सिंह

Pratap Simha

Queen of Pratap Simha
SE1699-1720/1777-1799AD:

राजेन्द्र लक्ष्मी •

Rajendra Lakshmi

रण बहादूर

Rana Bahadur

Queens of Rana Bahadur
SE1720-1738/1799-1816AD:

राज राज्येश्वरी

Raja Rajesvari

अमर राज्ये श्वरी

Amara Rajesvari

सुवर्ण प्रभा

Suvarna Prabha

महामहेस्वरी

Mahamahesvari

ललित त्रिपुर सुन्दरी

Lalita Tripura Sundari

गोर्वाण युद्ध विक्रम सा

Girvan Yuddha Vikrama

Queens of Girvan Yuddha Vikrama:

सिद्धि लक्ष्मी

Siddhi Lakshmi
Goraksha Rajya Lakshmi

MONETARY SYSTEM

Mohar Series

In about 1640 the weight standard of the Nepalese coinage was completely changed, and it is probable that all the old tanka coins were withdrawn from circulation.

The new standard coin was the Mohar, weighing about5.4 g, or rather more than half the old tanka. The Mohar was sub-divided in factors of 2, as follows:

2 Mohar (Rupee) = 10.80 g
1 Mohar = 5.40 g
1/2 Mohar = 2.70 g
1/4 Mohar (Suki) = 1.35 g
1/8 Mohar = 0.67 g
1/16 Mohar = 0.34 g
1/32 Mohar = 0.17 g
1/128 Mohar (Dam) = 0.04-0.08 g
1/512 Mohar (Jawa) = 0.01 g

The weights given above correspond to the average weight of actual specimens, rather than the theoretical weight, which has been said to be 86.4 grains, or 5.60 g.

The coinage was almost entirely of silver, with the tiny Jawa being easily the smallest coin in the world. Gold coins were struck on only one or two occasions during the Malla period, from the same dies as the silver coins, but these were probably only used for ceremonial purposes. Gold after 1777AD was struck in greater quantity.

Initially the coinage was of fine silver, in contrast to the tanka coins, which were frequently debased. During the early 18th century, however, the coins became debased, but the fineness was improved after 1753AD. The coinage was again debased in the first half of the 19th century.

Many of the mohars circulated in Tibet as well as in Nepal, and on a number of occasions coins were struck from bullion supplied by the Tibetan authorities. The smaller denominations never circulated in Tibet, but some of the mohars were cut for use as small change in Tibet.

In these listings only major changes in design have been noted. There are numerous minor varieties of ornamentation or spelling.

Initially the copper paisa was not fixed in value relative to the silver coins, and generally fluctuated in value from 1/32 mohar in 1865AD to around 1/50 mohar after c1880AD, and was fixed at that value in 1903AD.

4 Dam = 1 Paisa
2 Paisa = 1 Dyak, Adhani

CUT COINS

Relation between the Coins of Nepal and Tibet

Nepal	Sino-Tibetan Coinage	Tibetan Coinage
1 Mohar (8 petals)	1,5 Sho	1 Tangka 15 Skar
2/3 Mohar (5 petals)	1, 0 Sho	2/3 Tangka 10 Skar
½ Mohar (4 petals)	0, 75 Sho	½ Tangka 7-1/2 Skar
1/3 Mohar (3 petals)	0, 5 Sho	1/3 Tangka 5 Skar

NUMERALS

Nepal has used more variations of numerals on their coins than any other nation. The most common are illustrated in the numeral chart in the introduction. The chart below illustrates some variations encompassing the last four centuries.

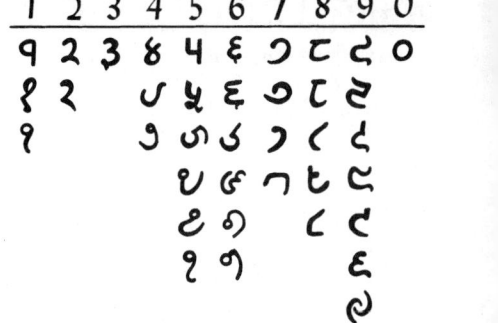

NEPAL

KINGDOM OF BHATGAON

NUMERICS

Half — आधा

One — एक

Two — दुड

Four — चार

Ten — पाच

Twenty — दसा

Twenty-five — बिसा

Fifty — पचीसा

Hundred — पचासा

DENOMINATIONS

Paisa — पैसा

Dam — दाम

Mohar — मोह

Rupee — रुपैयाँ

Ashrapi — असार्फी

Asarfi — अश्रपरी

KINGDOM OF BHATGAON

KINGDOM

Jaya Bhupatindra Malla
NS816-42 / 1696-1722AD

KM# 75 DAM
Silver **Inscription Obv:** "Shri Shri Bhupa"

Date	Mintage	Good	VG	F	VF	XF
ND (1696-1722)	—	—	—	20.00	35.00	—

KM# 76 DAM
Silver **Inscription Obv:** "Shri Shri Bhupa"

Date	Mintage	Good	VG	F	VF	XF
ND (1696-1722)	—	—	—	15.00	25.00	—

KM# 78 1/16 MOHAR
Silver

Date	Mintage	Good	VG	F	VF	XF
ND (1696-1722)	—	18.00	45.00	90.00	150	—

KM#80 DAM
Silver

Date	Mintage	Good	VG	F	VF	XF
ND (1696-1722)	—	18.00	45.00	90.00	150	—

Ranajit Malla
NS842-889 / 1722-1769AD

MOHAR COINAGE

KM# 91 DAM
Silver **Note:** Sword on stand.

Date	Mintage	Good	VG	F	VF	XF
ND	—	3.25	5.00	8.50	12.50	—

KM# 90 DAM
Silver **Note:** Uniface, without sword.

Date	Mintage	Good	VG	F	VF	XF
ND	—	2.50	4.00	7.00	10.00	—

KM# 92 DAM
Silver **Note:** Uniface; Sword not on stand.

Date	Mintage	Good	VG	F	VF	XF
ND	—	3.25	5.00	8.50	12.50	—

KM# 94 1/32 MOHAR
Silver

Date	Mintage	Good	VG	F	VF	XF
ND	—	12.50	21.50	35.00	50.00	—

KM# 96 1/16 MOHAR
Silver

Date	Mintage	Good	VG	F	VF	XF
ND	—	20.00	35.00	70.00	100	—

KM# 97 1/16 MOHAR
Silver

Date	Mintage	Good	VG	F	VF	XF
ND	—	10.00	20.00	35.00	60.00	—

KM# 99 1/8 MOHAR
Silver **Obv:** Sword on stand

Date	Mintage	Good	VG	F	VF	XF
ND	—	8.00	13.50	22.50	32.50	—

KM# 100 1/8 MOHAR
Silver **Obv:** Sword not on stand

Date	Mintage	Good	VG	F	VF	XF
ND	—	5.00	7.50	13.50	18.50	—

KM# 102 1/4 MOHAR
Silver **Rev:** Die of Bhupatinddra Malla in error

Date	Mintage	Good	VG	F	VF	XF
NS816	—	16.50	27.50	45.00	65.00	—

KM# 103 1/4 MOHAR
Silver

Date	Mintage	Good	VG	F	VF	XF
NS842 (1722)	—	6.50	10.50	17.50	35.00	50.00

KM# 105 1/2 MOHAR
Silver **Obv:** Coronation date, Vaisakh, Sudi 15, 842

Date	Mintage	Good	VG	F	VF	XF
NS842 (1722)	—	50.00	100	200	300	—

KM# 107 MOHAR
Silver

Date	Mintage	Good	VG	F	VF	XF
NS842 (1722)	—	40.00	75.00	150	200	—

KM# 108 MOHAR
Silver

Date	Mintage	Good	VG	F	VF	XF
NS842 (1722)	—	4.00	7.00	12.00	20.00	—

KINGDOM OF KATHMANDU

KINGDOM

Bhaskara Malla
NS821-835 / 1701-1715AD

MOHAR COINAGE

KM# 211 DAM
Silver **Note:** Uniface.

Date	Mintage	Good	VG	F	VF	XF
ND	—	5.00	7.50	10.00	15.00	—

KM# 213 1/32 MOHAR
Silver **Note:** Uniface.

Date	Mintage	Good	VG	F	VF	XF
ND	—	12.50	21.50	35.00	50.00	—

KM# 217 MOHAR
Silver **Note:** Varieties exist.

Date	Mintage	Good	VG	F	VF	XF
NS821 (1701)	—	8.00	13.50	22.50	32.50	—

Mahindra Simha
NS835-842 / 1715-1722AD

MOHAR COINAGE

KM# 219 DAM
Silver **Note:** Uniface.

Date	Mintage	Good	VG	F	VF	XF
ND	—	5.00	7.50	10.00	15.00	—

KM# 221 1/16 MOHAR
Silver, 12 mm.

Date	Mintage	Good	VG	F	VF	XF
ND	—	12.50	21.50	35.00	50.00	—

KINGDOM OF KATHMANDU

KM# 223 1/4 MOHAR
Silver

Date	Mintage	Good	VG	F	VF	XF
NS835 (1715)	—	8.00	13.50	22.50	32.50	—

KM# 226 1/4 MOHAR
Silver **Note:** In the names of Mahindra Simha and Queen Mahindra Lakshmi.

Date	Mintage	Good	VG	F	VF	XF
NS838 (1718)	—	10.00	18.50	30.00	45.00	—

KM# 225 MOHAR
Silver

Date	Mintage	Good	VG	F	VF	XF
NS835 (1715)	—	6.50	10.50	17.50	25.00	—

Jaya Jagajjaya Malla NS842-855 / 1722-1735AD

MOHAR COINAGE

KM# 227 DAM
Silver **Note:** Uniface.

Date	Mintage	Good	VG	F	VF	XF
ND	—	5.00	7.50	10.00	15.00	—

KM# 228 1/32 MOHAR
Silver **Note:** Uniface.

Date	Mintage	Good	VG	F	VF	XF
ND	—	12.50	21.50	35.00	50.00	—

KM# 229 1/16 MOHAR
Silver

Date	Mintage	Good	VG	F	VF	XF
ND	—	12.50	21.50	35.00	50.00	—

KM# 232 1/4 MOHAR
Silver **Note:** In the names of Jagajjaya Malla and Queen Kumudini Devi.

Date	Mintage	Good	VG	F	VF	XF
NS842 (1722)	—	16.50	27.50	45.00	65.00	—

KM# 233 1/4 MOHAR
Silver **Obv:** Longer legend **Note:** In the names of Jagajjaya Malla and Queen Kumudini Devi.

Date	Mintage	Good	VG	F	VF	XF
NS842 (1722)	—	8.00	13.50	22.50	32.50	—

KM# 230 MOHAR
Silver

Date	Mintage	Good	VG	F	VF	XF
NS842 (1722)	—	6.50	10.50	17.50	25.00	—

KM# 231 MOHAR
Silver **Note:** Varieties exist.

Date	Mintage	Good	VG	F	VF	XF
NS848 (1728)	—	6.50	10.50	17.50	25.00	—

Jaya Prakash Malla, first reign NS855-66 / 1735-1746AD

SILVER COINAGE

KM# 236 DAM
Silver **Obv:** Sword

Date	Mintage	Good	VG	F	VF	XF
ND	—	2.50	4.00	7.00	10.00	—

KM# 235 DAM
Silver **Obv:** Without sword **Note:** Uniface.

Date	Mintage	Good	VG	F	VF	XF
ND	—	2.50	4.00	7.00	10.00	—

KM# 239 1/32 MOHAR
Silver **Obv:** 4 characters, sword.

Date	Mintage	Good	VG	F	VF	XF
ND	—	10.00	16.50	26.50	37.50	—

KM# 240 1/32 MOHAR
Silver **Obv:** 5 characters

Date	Mintage	Good	VG	F	VF	XF
ND	—	10.00	16.50	26.50	37.50	—

KM# 243 1/16 MOHAR
Silver **Obv:** 4 characters **Rev:** 2 characters

Date	Mintage	Good	VG	F	VF	XF
ND	—	10.00	18.50	30.00	45.00	—

KM# 244 1/16 MOHAR
Silver **Obv:** 5 characters **Rev:** 3 characters

Date	Mintage	Good	VG	F	VF	XF
ND	—	10.00	18.50	30.00	45.00	—

KM# 247 1/8 MOHAR
Silver **Obv:** 4 characters **Rev:** 2 characters

Date	Mintage	Good	VG	F	VF	XF
ND	—	12.50	21.50	35.00	50.00	—

KM# 247a 1/8 MOHAR
Silver

Date	Mintage	Good	VG	F	VF	XF
ND	—	12.50	21.50	35.00	50.00	—

KM# 248 1/8 MOHAR
Silver

Date	Mintage	Good	VG	F	VF	XF
ND	—	12.50	21.50	35.00	50.00	—

KM# 255 1/2 MOHAR
Silver

Date	Mintage	Good	VG	F	VF	XF
NS856 (1736)	—	50.00	100	200	300	—

KM# 259 MOHAR
Silver **Note:** For clipped coinage of this piece refer to Clipped Coinage KM#264-265, 267-268, 270-271 at the end of this ruler.

Date	Mintage	Good	VG	F	VF	XF
NS856	—	5.00	8.00	12.00	18.00	—

GOLD COINAGE

KM# 237 DAM
Gold **Obv:** Sword **Note:** Similar to KM#236.

Date	Mintage	Good	VG	F	VF	XF
ND	—	20.00	32.50	55.00	75.00	—

KM# 241 1/32 MOHAR
Gold **Obv:** 5 characters **Note:** Uniface. Similar to KM#240.

Date	Mintage	Good	VG	F	VF	XF
ND	—	25.00	45.00	70.00	100	—

KM# 245 1/16 MOHAR
Gold **Obv:** 5 characters **Rev:** 3 characters **Note:** Similar to KM#244.

Date	Mintage	Good	VG	F	VF	XF
ND	—	32.50	55.00	90.00	125	—

KM# 249 1/8 MOHAR
Gold **Obv:** 4 characters **Rev:** 6 characters **Note:** Similar to KM#248.

Date	Mintage	Good	VG	F	VF	XF
ND	—	45.00	80.00	130	190	—

MOHAR
Note: Similar to KM#259.

Date	Mintage	Good	VG	F	VF	XF

Kumudini Devi
Regent for Jaya Prakash, NS855-866 / 1735-1746AD

MOHAR COINAGE

KM# 234 1/4 MOHAR
Silver

Date	Mintage	Good	VG	F	VF	XF
NS856 (1736)	—	8.00	13.50	22.50	32.50	—

Jaya Lakshmi Devi
Regent for Jyoti Prakash, NS866- / 1746-AD

MOHAR COINAGE

KM# 274 1/4 MOHAR
Silver

Date	Mintage	Good	VG	F	VF	XF
NS866 (1746)	—	18.50	32.50	55.00	75.00	—

KM# 275 1/4 MOHAR
Silver

Date	Mintage	Good	VG	F	VF	XF
NS866 (1746)	—	8.00	13.50	22.50	32.50	—

NEPAL — KINGDOM OF KATHMANDU

KM# 288 JAWA
Gold **Note:** Period of Jaya Prakash Malla.

Date	Mintage	Good	VG	F	VF	XF
ND	—	20.00	32.50	55.00	85.00	—

KM# 273 1/4 MOHAR
Silver **Note:** Two different forms of 6 in this date.

Date	Mintage	Good	VG	F	VF	XF
NS866 (1746)	—	16.50	27.50	45.00	65.00	—

Jyoti Prakash Malla NS866-870 / 1746-1750AD

MOHAR COINAGE

KM# 277 DAM
Silver **Note:** Uniface.

Date	Mintage	Good	VG	F	VF	XF
ND	—	3.25	5.00	8.50	12.50	—

KM# 280 MOHAR
Silver

Date	Mintage	Good	VG	F	VF	XF
NS866 (1746)	—	12.50	21.50	35.00	50.00	—

KM# 282 MOHAR
Silver

Date	Mintage	Good	VG	F	VF	XF
NS866 (1746)	—	75.00	125	200	300	—

KM# 279 MOHAR
Silver **Note:** Two forms of 6 in this date.

Date	Mintage	Good	VG	F	VF	XF
NS866 (1746)	—	16.50	27.50	45.00	65.00	—

KM# 281 MOHAR
Silver **Note:** Varieties exist.

Date	Mintage	Good	VG	F	VF	XF
NS866 (1746)	—	8.00	13.50	22.50	32.50	—

ANONYMOUS SILVER COINAGE

Period of Jaya Prakash Malla

KM# 290 1/4 MOHAR
0.0100 g., Silver **Note:** Period of Jaya Prakash Malla.

Date	Mintage	Good	VG	F	VF	XF
NS873 (1753)	—	16.50	27.50	45.00	65.00	—

KM# 284 1/4 JAWA
0.0020 g., Silver **Note:** 2x2 millimeter, square. Cut part of Jawa. Period of Jaya Prakash Malla.

Date	Mintage	Good	VG	F	VF	XF
ND	—	8.00	13.50	22.50	32.50	—

KM# 287 JAWA
0.0100 g., Silver **Note:** 4x4 millimeters, square. Period of Jaya Prakash Malla.

Date	Mintage	Good	VG	F	VF	XF
ND	—	16.50	27.50	45.00	65.00	—

ANONYMOUS GOLD COINAGE

Period of Jaya Prakash Malla

KM# 285 1/4 JAWA
Gold **Note:** Cut part of Jawa. Period of Jaya Prakash Malla.

Date	Mintage	Good	VG	F	VF	XF
ND	—	12.50	22.50	35.00	60.00	—

Jaya Prakash Malla, second reign

NS c.870-888; c.1750-1768AD

SILVER COINAGE

KM# 251 1/4 MOHAR
Silver

Date	Mintage	Good	VG	F	VF	XF
NS873 (1753)	—	16.50	27.50	45.00	65.00	—

KM# 256 1/2 MOHAR
Silver

Date	Mintage	Good	VG	F	VF	XF
NS873 (1753)	—	50.00	100	200	300	—

KM# 260 MOHAR
Silver

Date	Mintage	Good	VG	F	VF	XF
NS873 (1753)	—	12.50	21.50	35.00	50.00	—

KM# 261 MOHAR
Silver

Date	Mintage	Good	VG	F	VF	XF
NS873 (1753)	—	6.50	10.50	17.50	25.00	—

KM# 253 1/4 MOHAR
Gold **Obv:** 8 characters **Rev:** 6 characters **Note:** Similar to KM#251.

Date	Mintage	Good	VG	F	VF	XF
NS873 (1753)	—	80.00	130	225	325	—

KM# 257 1/2 MOHAR
Gold **Obv:** 5 characters **Rev:** 8 characters **Note:** Similar to KM#256.

Date	Mintage	Good	VG	F	VF	XF
NS873 (1753)	—	200	300	500	750	—

KM# 262 MOHAR
Gold **Obv:** Legend surrounded by 8 symbols **Note:** Similar to KM#261. For coins in the name of Jaya Prakash Malla dated NS880, see Kingdom of Patan.

Date	Mintage	Good	VG	F	VF	XF
NS873 (1753)	—	225	375	625	875	—

CUT COINAGE

The Mohar, KM#259, was struck in large quantities in base metal and sent to Tibet, where it was often cut for use as small change. The full coin circulated at the value of 1.5 Sho, and it was cut into fractions of 2/3, 1/2, and 1/3, circulating at 1 Sho, 0.75 Sho and 0.5 Sho. Two methods of cutting were used, the earliest method merely used a straight line cut, whereas during the early 19th century it became normal to cut much of the center out of the fractions. The denomination was determined by the number of petals visible and how it is cut. Lucky emblems were in petals. These pieces continued to circulate until the 1920s.

KM# 265 1/2 SHO
Silver **Note:** Center or other parts cut out, 3 petals.

Date	Mintage	Good	VG	F	VF	XF
NS856 (1736)	—	6.00	9.00	13.00	20.00	—

KM# 264 1/2 SHO
Silver **Note:** Cut with straight line, 3 petals.

Date	Mintage	Good	VG	F	VF	XF
NS856 (1736)	—	6.00	9.00	13.00	20.00	—

KM# 267 3/4 SHO
Silver **Note:** Cut with straight line, 4 petals.

Date	Mintage	Good	VG	F	VF	XF
NS856 (1736)	—	6.00	9.00	13.00	20.00	—

KM# 268 3/4 SHO
Silver **Note:** Center or other parts cut out, 4 petals.

Date	Mintage	Good	VG	F	VF	XF
NS856 (1736)	—	4.00	6.00	9.00	14.00	—

KM# 271 SHO
Silver **Note:** Center or other parts cut out, 5 petals. While most cut pieces are of this type, or of Pratap Simha Shah, 1775-1777, a few other types are known cut, but these have not been listed separately.

Date	Mintage	Good	VG	F	VF	XF
NS856 (1736)	—	4.50	7.00	10.00	15.00	—

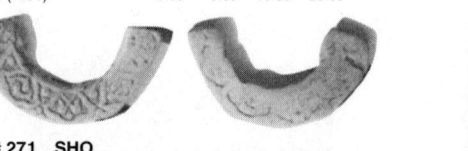

KM# 270 SHO
Silver **Note:** Cut with straight line, 5 petals.

Date	Mintage	Good	VG	F	VF	XF
NS856 (1736)	—	6.00	9.00	13.00	20.00	—

KINGDOM OF PATAN KINGDOM

Yoga Narendra Malla NS805-825 / 1685-1705AD

MOHAR COINAGE

KM# 312 DAM
0.0480 g., Silver **Note:** Uniface; Legend: SHRI YOGA.

Date	Mintage	Good	VG	F	VF	XF
ND	—	—	—	15.00	25.00	—

KM# 316 1/4 MOHAR
1.3830 g., Silver **Obv:** Date in square with vase **Obv. Legend:** Shri Shri Yoga Narendra Malla **Rev:** Legend around and at bottom **Rev. Legend:** Shri Shri Lokanatha...Shri Taleju

Date	Mintage	Good	VG	F	VF	XF
ND	—	25.00	60.00	120.00	200.00	—

KM# 317 1/4 MOHAR
1.3830 g., Silver **Obv:** Date in square **Obv. Legend:** Shri Yoga Narendra Malla **Rev:** Legend around **Rev. Legend:** Shri Shri Lokanatha...Shri Taleju

Date	Mintage	Good	VG	F	VF	XF
ND	—	20.00	50.00	100.00	165.00	—

KM# 328 1/4 MOHAR
Silver

Date	Mintage	Good	VG	F	VF	XF
ND	—	100.00	200.00	32.000	450.00	—

KINGDOM OF PATAN

Jaya Indra Malla
NS826-829 / 1706-1709AD
MOHAR COINAGE

KM# 349 DAM
Gold **Note:** In the name of Jaya Indra Malla.

Date	Mintage	Good	VG	F	VF	XF
ND	—	25.00	45.00	70.00	100	—

KM# 348 DAM
0.0450 g., Silver **Note:** Legend reads Shri Indra. Uniface. In the name of Jaya Indra Malla.

Date	Mintage	Good	VG	F	VF	XF
ND	—	10.00	15.00	25.00	50.00	—

KM# 330 1/2 MOHAR
Silver

Date	Mintage	Good	VG	F	VF	XF
ND	—	30.00	75.00	150.00	275.00	—

KM# 334 1/2 MOHAR
Silver

Date	Mintage	Good	VG	F	VF	XF
ND	—	30.00	75.00	150.00	275.00	—

Jaya Loka Prakash Molla
NS825-826 / 1705-1706AD
MOHAR COINAGE

KM# 339 DAM
Silver **Note:** Uniface.

Date	Mintage	Good	VG	F	VF	XF
ND	—	5.00	7.50	13.50	18.50	—

KM# 341 1/4 MOHAR
Silver

Date	Mintage	Good	VG	F	VF	XF
ND	—	50.00	75.00	125	200	—

KM# 343 MOHAR
Silver **Obv:** Legend reads "Shri 2 Jaya Lokaprakashna Malla Deva" around "Shri Karunamaya" in center **Rev:** Legend below date **Rev. Legend:** SHRI YOGAMATI **Note:** In the name of Loka Prakash Malla and Queen Yogamati.

Date	Mintage	Good	VG	F	VF	XF
NS826 (1706)	—	16.50	27.50	45.00	65.00	—

KM# 344 MOHAR
Silver **Obv:** Date **Rev:** Date **Note:** In the name of Loka Prakash Malla and Queen Yogamati.

Date	Mintage	Good	VG	F	VF	XF
NS826 (1706)	—	18.50	32.50	55.00	75.00	XF

KM# 346 MOHAR
Silver **Obv:** Date **Note:** In the name of Loka Prakash and Queen Yogamati.

Date	Mintage	Good	VG	F	VF	XF
NS826 (1706)	—	18.50	32.50	55.00	75.00	—

KM# 355 1/4 MOHAR
Silver **Note:** In the name of Jaya Indra Malla.

Date	Mintage	Good	VG	F	VF	XF
ND	—	32.50	55.00	90.00	125	—

KM# 354 1/4 MOHAR
Silver **Note:** Last digit of date badly formed. In the name of Purandara Malla.

Date	Mintage	Good	VG	F	VF	XF
NS826 (1706)	—	25.00	45.00	70.00	100	—

KM# 350 1/2 MOHAR
Silver **Note:** In the names of Jaya Indra Malla and Queen Bhagyavati.

Date	Mintage	Good	VG	F	VF	XF
NS826 (1706)	—	100	200	300	500	—

KM# 357 MOHAR
5.4380 g., Silver **Obv:** 2 letters on both sides of square **Note:** In the names of Jaya Indra Malla and Queen Bhagyavati.

Date	Mintage	Good	VG	F	VF	XF
NS826 (1706)	—	75.00	125	200	300	—

KM# 352 MOHAR
5.4380 g., Silver **Obv:** 3 letters on both sides of square **Note:** In the names of Jaya Indra Malla and Queen Bhagyavati. Varieties exist.

Date	Mintage	Good	VG	F	VF	XF
NS826 (1706)	—	20.00	25.00	40.00	50.00	—

Rajyesvari Devi
Regent for Vira Narashimha Malla;
ca. NS829 / ca.1709AD
MOHAR COINAGE

KM# 368 1/4 MOHAR
1.3950 g., Silver **Obv. Legend:** SHRI SHRI TALEJU **Rev. Legend:** SHRI SHRI RAJESVARI DEVI

Date	Mintage	Good	VG	F	VF	XF
ND	—	16.50	27.50	45.00	65.00	—

Vira Narashimha Malla
NS829 / 1709AD
MOHAR COINAGE

KM# 361 DAM
0.0490 g., Silver **Note:** Uniface. Legend reads SHRI VIRA. In the name of Vira Narasimha Malla alone.

Date	Mintage	Good	VG	F	VF	XF
ND	—	3.25	5.00	8.50	12.50	—

KM# 363 1/4 MOHAR
Silver **Note:** In the name of Vira Narasimha Malla alone.

Date	Mintage	Good	VG	F	VF	XF
ND	—	18.50	32.50	55.00	75.00	—

KM# 365 MOHAR
5.3400 g., Silver **Note:** In the name of Vira Narasimha Malla alone.

Date	Mintage	Good	VG	F	VF	XF
NS829 (1709)	—	75.00	125	200	300	—

KM# 359 MOHAR
5.3400 g., Silver **Rev:** Pellets **Note:** In the names of Vira Narasimha Malla and Queen Yogamati.

Date	Mintage	Good	VG	F	VF	XF
NS829 (1709)	—	16.50	27.50	45.00	65.00	—

KM# 366 MOHAR
5.3400 g., Silver **Rev:** Branches with buds **Note:** In the names of Vira Narasimha Malla and Queen Yogamati.

Date	Mintage	Good	VG	F	VF	XF
NS829 (1709)	—	16.50	27.50	45.00	65.00	—

Vira Mahindra Malla
NS829-835 / 1709-1715AD
MOHAR COINAGE

KM# 370 MOHAR
Silver **Note:** Varieties exist.

Date	Mintage	Good	VG	F	VF	XF
NS829 (1709)	—	10.00	16.50	26.50	37.50	—

Riddhi Narasimha
NS835-837 / 1715-1717AD

MOHAR COINAGE

KM# 372 1/4 MOHAR
1.2810 g., Silver **Obv. Legend:** SHRI RIDDHI NARSIM **Rev. Legend:** SHRI LOKANA

Date	Mintage	Good	VG	F	VF	XF
ND	—	40.00	60.00	100	150	—

MOHAR

Date	Mintage	Good	VG	F	VF	XF

KM# 374 MOHAR
Silver **Note:** Varieties exist.

Date	Mintage	Good	VG	F	VF	XF
NS835 (1715)	—	10.00	16.50	26.50	37.50	—

Jaya Mahindra Simha
NS837-842 / 1717-1722AD

MOHAR COINAGE

KM# 377 MOHAR
Silver

Date	Mintage	Good	VG	F	VF	XF
NS837 (1717)	—	6.50	10.50	17.50	25.00	—

Jaya Yoga Prakash Malla
NS842-849 / 1722-1729AD

MOHAR COINAGE

KM# 379 DAM
0.0400 g., Silver **Note:** Uniface.

Date	Mintage	Good	VG	F	VF	XF
ND	—	5.00	7.50	13.50	18.50	—

KM# 381 1/4 MOHAR
1.3250 g., Silver

Date	Mintage	Good	VG	F	VF	XF
NS842 (1722)	—	10.00	18.50	30.00	45.00	—

KM# 383 1/2 MOHAR
Silver

Date	Mintage	Good	VG	F	VF	XF
NS842 (1722)	—	100	200	300	500	—

KM# 385 MOHAR
5.4700 g., Silver **Rev:** Octagon in center

Date	Mintage	Good	VG	F	VF	XF
NS842 (1722)	—	25.00	45.00	70.00	100	—

KM# 386 MOHAR
5.4700 g., Silver **Rev:** Circle in center

Date	Mintage	Good	VG	F	VF	XF
NS842 (1722)	—	6.50	10.50	17.50	25.00	—

Jaya Vishnu Malla
NS849-865 / 1729-1745AD

SILVER COINAGE

KM# 388 DAM
0.0400 g., Silver **Note:** Uniface.

Date	Mintage	Good	VG	F	VF	XF
ND	—	10.00	12.50	18.50	30.00	—

KM# 390 1/8 MOHAR
Silver

Date	Mintage	Good	VG	F	VF	XF
ND	—	16.50	27.50	45.00	65.00	—

KM# 392 1/4 MOHAR
Silver

Date	Mintage	Good	VG	F	VF	XF
NS849 (1729)	—	10.00	18.50	30.00	45.00	—

KM# 395 MOHAR
Silver

Date	Mintage	Good	VG	F	VF	XF
NS849 (1729)	—	8.00	13.50	22.50	32.50	—

KM# 396 MOHAR
Silver

Date	Mintage	Good	VG	F	VF	XF
NS849 (1729)	—	10.00	16.50	26.50	37.50	—

KM# 397 MOHAR
Silver

Date	Mintage	Good	VG	F	VF	XF
NS849 (1729)	—	10.00	16.50	26.50	37.50	—

KM# 398 MOHAR
Silver

Date	Mintage	Good	VG	F	VF	XF
NS849 (1729)	—	25.00	45.00	70.00	100	—

KM# 399 MOHAR
Silver

Date	Mintage	Good	VG	F	VF	XF
NS849 (1729)	—	6.50	10.50	17.50	25.00	—

KM# 394 MOHAR
Silver **Note:** Flowers sprout from under sword.

Date	Mintage	Good	VG	F	VF	XF
NS849 (1729)	—	12.50	21.50	35.00	50.00	—

KM# 400 MOHAR
Silver

Date	Mintage	Good	VG	F	VF	XF
NS851 (1731)	—	5.00	7.50	13.50	18.50	—

Jaya Rajya Prakash Malla
NS865-878 / 1745-1758AD

GOLD COINAGE

KM# 401 DAM
0.0400 g., Gold **Obv:** 4 characters **Note:** Similar to KM#388.

Date	Mintage	Good	VG	F	VF	XF
ND	—	25.00	45.00	75.00	100	—

SILVER COINAGE

KM# 403 DAM
0.0400 g., Silver **Note:** 4 characters.

Date	Mintage	Good	VG	F	VF	XF
ND	—	3.25	5.00	8.50	12.50	—

KINGDOM OF PATAN

KM# 402 DAM
0.0400 g., Silver **Note:** Uniface. 3 characters.

Date	Mintage	Good	VG	F	VF	XF
ND	—	5.00	7.50	13.50	18.50	—

KM# 405 1/4 MOHAR
1.3390 g., Silver **Obv:** Without date

Date	Mintage	Good	VG	F	VF	XF
ND	—	16.50	27.50	45.00	65.00	—

KM# 406 1/4 MOHAR
1.4370 g., Silver **Obv:** Date at bottom

Date	Mintage	Good	VG	F	VF	XF
NS865 (1745)	—	5.00	7.50	13.50	18.50	—

KM# 407 1/4 MOHAR
1.4370 g., Silver **Rev:** Pellets in outer angles

Date	Mintage	Good	VG	F	VF	XF
NS865 (1745)	—	6.50	10.50	17.50	25.00	—

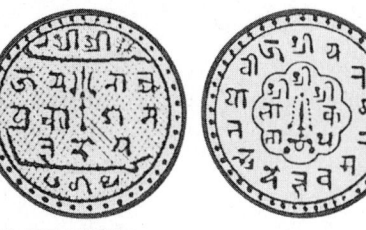

KM# 409 MOHAR
5.4270 g., Silver

Date	Mintage	Good	VG	F	VF	XF
NS865 (1745)	—	75.00	125	200	300	—

KM# 410 MOHAR
5.4270 g., Silver

Date	Mintage	Good	VG	F	VF	XF
NS865 (1745)	—	5.00	7.50	13.50	18.50	—

KM# 411 MOHAR
5.4270 g., Silver

Date	Mintage	Good	VG	F	VF	XF
NS865 (1745)	—	12.50	21.50	35.00	50.00	—

KM# 412 MOHAR
5.4270 g., Silver

Date	Mintage	Good	VG	F	VF	XF
NS865 (1745)	—	10.00	18.50	30.00	45.00	—

KM# 413 MOHAR
5.2710 g., Silver

Date	Mintage	Good	VG	F	VF	XF
NS865 (1745)	—	10.00	18.50	30.00	45.00	—

KM# 414 MOHAR
5.2710 g., Silver

Date	Mintage	Good	VG	F	VF	XF
NS865 (1745)	—	12.50	21.50	35.00	50.00	—

KM# 415 MOHAR
5.2710 g., Silver

Date	Mintage	Good	VG	F	VF	XF
NS865 (1745)	—	75.00	125	200	300	—

KM# 416 MOHAR
5.2710 g., Silver

Date	Mintage	Good	VG	F	VF	XF
NS865 (1745)	—	18.50	32.50	55.00	75.00	—

Jaya Visvajit Malla
NS878-880 / 1758-1760AD

MOHAR COINAGE

KM# 418 DAM
0.0400 g., Silver **Note:** Uniface.

Date	Mintage	Good	VG	F	VF	XF
ND	—	10.00	15.00	20.00	35.00	—

KM# 420 1/4 MOHAR
Silver

Date	Mintage	Good	VG	F	VF	XF
NS878	—	35.00	75.00	100	150	—

KM# 422 MOHAR
Silver

Date	Mintage	Good	VG	F	VF	XF
NS878	—	16.50	27.50	45.00	65.00	—

Jaya Prakash Malla
also King of Kathmandu; NS880-881 / 1760-1761AD

MOHAR COINAGE

KM# 424 MOHAR
Silver

Date	Mintage	Good	VG	F	VF	XF
NS880 (1760)	—	75.00	125	200	300	—

KM# 425 MOHAR
Silver

Date	Mintage	Good	VG	F	VF	XF
NS880 (1760)	—	75.00	125	200	300	—

Jaya Ranajit Malla
also King of Bhatgaon; NS882-883 / 1762-1763AD

MOHAR COINAGE

KM# 427 MOHAR
Silver

Date	Mintage	Good	VG	F	VF	XF
NS882 (1762)	—	18.50	32.50	55.00	75.00	—

Dala Mardana Saha
NS884-885 / 1764-1765AD

MOHAR COINAGE

KM# 430 DAM
0.0300 g., Silver **Note:** Sword.

Date	Mintage	Good	VG	F	VF	XF
ND	—	3.50	6.00	10.00	15.00	—

KM# 429 DAM
0.0300 g., Silver **Note:** Uniface. Without sword.

Date	Mintage	Good	VG	F	VF	XF
ND	—	3.25	5.00	8.50	12.50	—

KM# 432 MOHAR
5.5000 g., Silver

Date	Mintage	Good	VG	F	VF	XF
NS884 (1764)	—	75.00	125	200	300	—

KM# 433 MOHAR
5.4610 g., Silver **Obv:** Trident in center

Date	Mintage	Good	VG	F	VF	XF
NS884 (1764)	—	75.00	125	200	300	—

Matesvari Devi
Queen of Tej Narasimha; NS885 / 1765AD

MOHAR COINAGE

KM# 440 1/4 MOHAR
Silver **Obv. Legend:** Shri Janani Matesvari Devi, 885

Date	Mintage	Good	VG	F	VF	XF
NS885 (1765)	—	75.00	125	200	300	—

Tej Narasimha Malla
NS885-888 / 1765-1768AD

MOHAR COINAGE

KM# 435 DAM
Silver **Note:** Uniface.

Date	Mintage	Good	VG	F	VF	XF
ND	—	8.00	10.00	12.50	18.50	—

KM# 437 MOHAR
5.2000 g., Silver

Date	Mintage	Good	VG	F	VF	XF
NS885	—	75.00	125	200	300	—

KM# 438 MOHAR
5.2000 g., Silver

Date	Mintage	Good	VG	F	VF	XF
NS885	—	50.00	75.00	150	200	—

SHAH DYNASTY

KINGDOM
Shah Dynasty

Prithvi Narayan
In Kathmandu; SE1690-1696 / 1768-1775AD

COPPER COINAGE

With Arabic inscription. The Nepalese copper coins within the border of Nepal were struck in the Nepalese hills.

KM# 448 1/2 PAISA
5.0000 g., Copper **Note:** Similar to 1 Paisa, KM#449.

Date	Mintage	Good	VG	F	VF	XF
ND	—	—	4.00	7.00	12.00	25.00

KM# 449 PAISA
10.0000 g., Copper

Date	Mintage	Good	VG	F	VF	XF
ND	—	—	4.00	7.00	12.00	25.00

SILVER COINAGE

KM# 450.2 DAM
0.0040 g., Silver **Note:** Crescent above inscription; actual size varies 7 - 8 mm.

Date	Mintage	VG	F	VF	XF	Unc
ND	—	3.00	5.00	7.00	10.00	—

KM# 450.1 DAM
0.0040 g., Silver **Note:** Uniface; Size varies 7 - 8 mm.

Date	Mintage	VG	F	VF	XF	Unc
ND	—	3.00	5.00	7.00	10.00	—

KM# 451 1/16 MOHAR
0.3500 g., Silver **Note:** Uniface.

Date	Mintage	VG	F	VF	XF	Unc
ND	—	25.00	40.00	45.00	50.00	—

KM# 452 1/8 MOHAR
0.7000 g., Silver

Date	Mintage	VG	F	VF	XF	Unc
ND	—	35.00	50.00	60.00	75.00	—

KM# 463 1/4 MOHAR
1.4000 g., Silver **Note:** Also in the name of Queen Narindra Laksmi.

Date	Mintage	VG	F	VF	XF	Unc
ND	—	25.00	30.00	40.00	50.00	—

KM# 464 1/4 MOHAR
1.4000 g., Silver **Note:** Also in the name of Queen Narindra Laksmi.

Date	Mintage	VG	F	VF	XF	Unc
SE1690 (1768)	—	10.00	20.00	25.00	30.00	—
SE1691 (1769)	—	30.00	45.00	50.00	60.00	—
SE1692 (1770)	—	10.00	20.00	25.00	30.00	—
SE1693 (1771)	—	30.00	45.00	50.00	60.00	—

KM# 453 1/2 MOHAR
2.8000 g., Silver **Note:** Also in the name of Queen Narindra Laksmi.

Date	Mintage	VG	F	VF	XF	Unc
SE1693 (1771)	—	50.00	75.00	125	200	—

KM# A454 MOHAR
5.2000 g., Billon **Obv:** legend in scalloped square **Obv. Legend:** Sri Sri Prithvi Nareyan Shah Deva, 1671 **Note:** Also in the name of Queen Narindra Laksmi.

Date	Mintage	VG	F	VF	XF	Unc
SE1671 (1749)	—	100	150	250	400	—

KM# B454 MOHAR
5.1000 g., Silver **Obv:** Trident **Obv. Legend:** Sri Sri Prithvi Nareyam Shah Deva, 1671 **Note:** Also in the name of Queen Narindra Laksmi.

Date	Mintage	VG	F	VF	XF	Unc
SE1676 (1754)	—	150	200	350	500	—

KM# 454.1 MOHAR
5.6000 g., Silver **Obv:** Sun at left, moon at right above legend **Note:** Also in the name of Queen Narindra Laksmi.

Date	Mintage	VG	F	VF	XF	Unc
SE1676 (1754)	—	6.50	10.00	15.00	20.00	—

SHAH DYNASTY

KM# 454.2 MOHAR
5.6000 g., Silver **Obv:** Moon at left, sun at right above legend **Note:** Also in the name of Queen Narindra Laksmi.

Date	Mintage	VG	F	VF	XF	Unc
SE1676 (1754)	—	6.50	10.00	15.00	20.00	—
SE1678 (1756)	—	6.50	10.00	15.00	20.00	—
SE1682 (1760)	—	9.00	15.00	20.00	30.00	—
SE1683 (1761)	—	9.00	15.00	20.00	30.00	—
SE1690 (1768)	—	4.50	7.00	10.00	13.50	—
SE1691 (1769)	—	4.50	7.00	10.00	13.50	—
SE1692 (1770)	—	4.50	7.00	10.00	13.50	—
SE1693 (1771)	—	4.50	7.00	10.00	13.50	—
SE1694 (1772)	—	4.50	7.00	10.00	13.50	—
SE1695 (1773)	—	4.50	7.00	10.00	13.50	—
SE1696 (1774)	—	4.50	7.00	10.00	13.50	—

KM# 461 MOHAR
5.6000 g., Gold **Note:** Also in the name of Queen Narindra Laksmi.

Date	Mintage	VG	F	VF	XF	Unc
SE1693 (1771)	—	200	250	300	375	—
SE1694 (1772)	—	200	250	300	375	—
SE1695 (1773)	—	200	250	300	375	—

KM# 462 2 MOHARS
11.2000 g., Gold **Note:** Also in the name of Queen Narindra Laksmi.

Date	Mintage	VG	F	VF	XF	Unc
SE1693 (1771)	—	450	500	550	625	—
SE1695 (1773)	—	450	500	550	625	—
SE1696 (1774)	—	450	500	550	625	—

PRESENTATION COINAGE

KM# 465 2 RUPEES
23.3200 g., Gold **Rev. Legend:** Sri Sri Gorakhanatha **Note:** In the name of Queen Narindra Laksmi.

Date	Mintage	VG	F	VF	XF	Unc
SE1693 (1772)	—	1,500	2,000	2,500	3,500	—

Note: Struck c.1849AD

Pratap Simha
SE1696-1699 / 1775-1777AD

KM# 454.3 MOHAR
5.6000 g., Silver **Note:** Also in the name of Queen Narindra Laksmi.

Date	Mintage	VG	F	VF	XF	Unc
SE1695 (1763)	—	15.00	25.00	45.00	100	—

KM# 455 2 MOHARS
11.2000 g., Silver **Note:** Also in the name of Queen Narindra Laksmi.

Date	Mintage	VG	F	VF	XF	Unc
SE1693 (1771)	—	100	200	300	500	—

GOLD COINAGE

KM# 456 DAM
0.0440 g., Gold **Note:** Uniface. Similar to 1 Dam, KM#450.1.

Date	Mintage	VG	F	VF	XF	Unc
ND	—	25.00	35.00	45.00	60.00	—

KM# 457 1/32 MOHAR
0.1750 g., Gold **Note:** Uniface.

Date	Mintage	VG	F	VF	XF	Unc
ND	—	35.00	45.00	55.00	70.00	—

KM# 458 1/16 MOHAR
0.3500 g., Gold

Date	Mintage	Good	VG	F	VF	XF
ND	—	45.00	60.00	70.00	85.00	—

KM# 459 1/8 MOHAR
0.7000 g., Gold

Date	Mintage	Good	VG	F	VF	XF
ND	—	55.00	75.00	85.00	100	—

KM# 466 1/4 MOHAR
1.4000 g., Gold **Note:** Also in the name of Queen Narindra Laksmi.

Date	Mintage	Good	VG	F	VF	XF
SE1693 (1771)	—	75.00	100	125	150	—

KM# 460 1/2 MOHAR
2.8000 g., Gold **Note:** Also in the name of Queen Narindra Laksmi.

Date	Mintage	Good	VG	F	VF	XF
SE1693 (1771)	—	140	175	200	250	—

CUT COINAGE

The silver Mohar, KM#472.2, was struck in large quantities and sent to Tibet, where it was often cut for use as small change. The full coin circulated at the value of 1.5 Sho, and it was cut into fractions of 2/3, 1/2, and 1/3, circulating at 1 Sho, 0.75 Sho, and 0.5 Sho. Two methods of cutting were used, the earliest method merely used a straight line cut, while during the early 19th century it became normal to cut much of the center out of the fractions. The denomination was determined by the number of petals visible and how it is cut with letters in the petals. These pieces continued to circulate until the 1920s.

KM# 482 1/2 SHO (1/3 Mohar)
Silver **Note:** Center or other parts cut out, 3 petals.

Date	Mintage	VG	F	VF	XF	Unc
SE1697-99	—	4.00	6.00	10.00	18.00	—

KM# 481 1/2 SHO (1/3 Mohar)
Silver **Note:** Cut with straight line, 3 petals.

Date	Mintage	VG	F	VF	XF	Unc
SE1697-99	—	4.00	6.00	10.00	18.00	—

KM# 484 3/4 SHO (1/2 Mohar)
Silver **Note:** Center or other parts cut out, 4 petals.

Date	Mintage	VG	F	VF	XF	Unc
SE1697-99	—	3.00	5.00	8.00	15.00	—

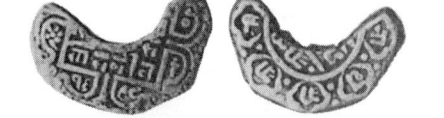

KM# 483 3/4 SHO (1/2 Mohar)
Silver **Note:** Cut with straight line, 4 petals.

Date	Mintage	VG	F	VF	XF	Unc
SE1697-99	—	3.00	5.00	8.00	15.00	—

KM# 486 SHO (2/3 Mohar)
Silver **Note:** Center or other parts cut out, 5 petals.

Date	Mintage	VG	F	VF	XF	Unc
SE1697-99	—	3.00	5.00	8.00	15.00	—

KM# 485 SHO (2/3 Mohar)
Silver **Note:** Cut with straight line, 5 petals.

Date	Mintage	VG	F	VF	XF	Unc
SE1697-99	—	4.00	6.00	10.00	18.00	—

COPPER COINAGE

With Arabic inscription. The Nepalese copper coins within the border of Nepal were struck in the Nepalese hills.

KM# A466 1/2 PAISA
5.0000 g., Copper **Note:** Similar to 1 Paisa, KM#B466.

Date	Mintage	Good	VG	F	VF	XF
ND	—	—	4.00	7.00	15.00	25.00

KM# B466 PAISA
10.0000 g., Copper

Date	Mintage	Good	VG	F	VF	XF
ND	—	—	4.00	7.00	15.00	25.00

SILVER COINAGE

KM# 467 DAM
Silver **Note:** Size varies 7 - 8 mm.

Date	Mintage	VG	F	VF	XF	Unc
ND	—	3.00	5.00	7.00	10.00	—

DAM
Note: Uniface; Size varies 7 - 8 mm.

Date	Mintage	VG	F	VF	XF	Unc

KM# 468 1/16 MOHAR
0.3500 g., Silver **Note:** Uniface.

Date	Mintage	VG	F	VF	XF	Unc
ND	—	25.00	40.00	45.00	50.00	—

KM# 469 1/8 MOHAR
0.7000 g., Silver

Date	Mintage	VG	F	VF	XF	Unc
ND	—	20.00	30.00	35.00	40.00	—

KM# 470.1 1/4 MOHAR
1.4000 g., Silver **Note:** Also in the name of Queen Rajendra Lakshmi.

Date	Mintage	VG	F	VF	XF	Unc
SE1696 (1774)	—	7.00	10.00	15.00	22.50	—
SE1697 (1775)	—	7.00	10.00	15.00	22.50	—
SE1698 (1776)	—	7.00	10.00	15.00	22.50	—
SE1699 (1777)	—	7.00	10.00	15.00	22.50	—

KM# 470.2 1/4 MOHAR
1.4000 g., Silver **Note:** Also in the name of Queen Rajendra Lakshmi.

Date	Mintage	VG	F	VF	XF	Unc
SE1700 (1778)	—	7.00	10.00	15.00	22.50	—

KM# 471 1/2 MOHAR
2.8000 g., Silver **Note:** Also in the name of Queen Rajendra Lakshmi.

Date	Mintage	VG	F	VF	XF	Unc
SE1697 (1775)	—	75.00	100	125	175	—

NEPAL — SHAH DYNASTY

KM# 472.2 MOHAR
5.6000 g., Billon **Note:** Also in the name of Queen Rajendra Lakshmi; Struck in billon for circulation in Tibet. For clipped or cut coins refert to Clipped Coinage at end of reign.

Date	Mintage	VG	F	VF	XF	Unc
SE1695 (1773)	—	40.00	50.00	65.00	90.00	—
SE1697 (1775)	—	5.00	8.00	13.00	20.00	—
SE1698 (1776)	—	5.00	8.00	13.00	20.00	—
SE1699 (1777)	—	7.00	10.00	16.00	24.00	—

KM# 472.1 MOHAR
5.6000 g., Silver **Note:** Also in the name of Queen Rajendra Lakshmi.

Date	Mintage	VG	F	VF	XF	Unc
SE1696 (1774)	—	4.50	7.00	10.00	13.50	—
SE1697 (1775)	—	4.50	7.00	10.00	13.50	—
SE1698 (1776)	—	4.50	7.00	10.00	13.50	—
SE1699 (1777)	—	6.50	10.00	15.00	20.00	—

KM# 473 2 MOHARS
11.2000 g., Silver **Note:** Also in the name of Queen Rajendra Lakshmi.

Date	Mintage	VG	F	VF	XF	Unc
SE1696 (1774)	—	100	175	250	300	—

GOLD COINAGE

KM# 474 DAM
0.0440 g., Gold **Note:** Uniface.

Date	Mintage	VG	F	VF	XF	Unc
ND	—	25.00	35.00	45.00	55.00	—

KM# 475 1/16 MOHAR
0.3500 g., Gold **Note:** Uniface.

Date	Mintage	Good	VG	F	VF	XF
ND	—	45.00	60.00	70.00	85.00	—

KM# 476 1/8 MOHAR
0.7000 g., Gold

Date	Mintage	Good	VG	F	VF	XF
ND	—	55.00	75.00	85.00	100	—

KM# 477.1 1/4 MOHAR
1.4000 g., Gold **Note:** Also in the name of Queen Rajendra Lakshmi.

Date	Mintage	Good	VG	F	VF	XF
SE1698 (1776)	—	55.00	70.00	85.00	100	—

KM# 477.2 1/4 MOHAR
1.4000 g., Gold **Note:** Also in the name of Queen Rajendra Lakshmi.

Date	Mintage	Good	VG	F	VF	XF
SE1700 (1778)	—	40.00	50.00	65.00	85.00	—

KM# 478 1/2 MOHAR
2.8000 g., Gold **Note:** Also in the name of Queen Rajendra Lakshmi.

Date	Mintage	Good	VG	F	VF	XF
SE1697 (1775)	—	140	175	200	250	—

KM# 479 MOHAR
5.6000 g., Gold **Note:** Also in the name of Queen Rajendra Lakshmi.

Date	Mintage	VG	F	VF	XF	Unc
SE1697 (1775)	—	200	250	300	375	—
SE1698 (1776)	—	200	250	300	375	—

KM# 480 2 MOHARS
11.2000 g., Gold **Note:** Also in the name of Queen Rajendra Lakshmi.

Date	Mintage	VG	F	VF	XF	Unc
SE1696 (1774)	—	900	1,000	1,100	1,250	—

PRESENTATION COINAGE

KM# 488 2 RUPEES
23.3200 g., Gold **Note:** Also in the name of Queen Rajendra Lakshmi.

Date	Mintage	VG	F	VF	XF	Unc
SE1698 (1776)	—	3,000	4,000	5,000	6,000	—

Note: Struck c.1849AD

Rana Bahadur
SE1699-1720 / 1777-1799AD

COPPER COINAGE

With Arabic inscription. The Nepalese copper coins within the border of Nepal were struck in the Nepalese hills.

KM# 489 1/2 PAISA
Copper

Date	Mintage	Good	VG	F	VF	XF
VS1834 (1777)	—	5.50	9.00	15.00	25.00	—
VS1844 (1787)	—	5.50	9.00	15.00	25.00	—
VS1849 (1792)	—	5.50	9.00	15.00	25.00	—

KM# 490 PAISA
Copper

Date	Mintage	Good	VG	F	VF	XF
VS1834 (1777)	—	4.50	7.50	12.00	20.00	—
VS1843 (1786)	—	4.50	7.50	12.00	20.00	—
VS1844 (1787)	—	4.50	7.50	12.00	20.00	—
VS1849 (1792)	—	4.50	7.50	12.00	20.00	—

SILVER COINAGE

KM# 492 1/32 MOHAR
0.1800 g., Silver **Note:** Uniface.

Date	Mintage	VG	F	VF	XF	Unc
ND	—	5.50	9.00	13.50	20.00	—

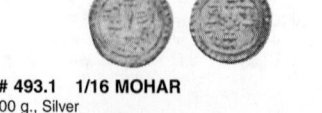

KM# 493.1 1/16 MOHAR
0.3500 g., Silver

Date	Mintage	VG	F	VF	XF	Unc
ND	—	7.50	11.50	16.50	22.50	—

KM# 493.2 1/16 MOHAR
0.3500 g., Silver **Obv:** Die of 1/32 Mohar used in error

Date	Mintage	VG	F	VF	XF	Unc
ND	—	15.00	20.00	25.00	30.00	—

KM# 494 1/8 MOHAR
0.7000 g., Silver

Date	Mintage	VG	F	VF	XF	Unc
ND	—	6.00	10.00	14.00	22.00	—

KM# 495 1/4 MOHAR
1.4000 g., Silver

Date	Mintage	VG	F	VF	XF	Unc
SE1707 (1785)	—	8.50	12.50	18.50	25.00	—
SE1708 (1786)	—	7.00	10.00	15.00	22.50	—
SE1712 (1790)	—	8.50	12.50	18.50	25.00	—

KM# 496 1/4 MOHAR
1.4000 g., Silver **Note:** In the name of Queen Raja Rajesvari.

Date	Mintage	VG	F	VF	XF	Unc
SE1711 (1789)	—	7.00	10.00	15.00	22.50	—
SE1712 (1790)	—	5.00	8.50	12.50	20.00	—
SE1716 (1794)	—	5.00	8.50	12.50	20.00	—
SE1722 (1800)	—	7.00	10.00	15.00	22.50	—

KM# 501 1/2 MOHAR
2.7700 g., Silver **Note:** Also in the name of Queen Lalita Tripura Sundari.

Date	Mintage	VG	F	VF	XF	Unc
SE1701 (1779)	—	6.00	10.00	15.00	22.50	—
SE1712 (1790)	—	4.50	7.50	12.50	18.50	—

KM# 502.1 MOHAR
5.6000 g., Silver **Note:** Also in the name of Queen Lalita Tripura Sundari.

Date	Mintage	VG	F	VF	XF	Unc
SE1699 (1777)	—	4.50	6.50	9.00	12.50	—
SE1700 (1778)	—	4.50	6.50	9.00	12.50	—
SE1701 (1779)	—	10.00	15.00	20.00	25.00	—
SE1702 (1780)	—	4.50	6.50	9.00	12.50	—
SE1703 (1781)	—	4.50	6.50	9.00	12.50	—
SE1704 (1782)	—	4.50	6.50	9.00	12.50	—
SE1705 (1783)	—	4.50	6.50	9.00	12.50	—
SE1706 (1784)	—	4.50	6.50	9.00	12.50	—
SE1707 (1785)	—	4.50	6.50	9.00	12.50	—
SE1708 (1786)	—	4.50	6.50	9.00	12.50	—
SE1709 (1787)	—	4.50	6.50	9.00	12.50	—
SE1710 (1788)	—	4.50	6.50	9.00	12.50	—
SE1711 (1789)	—	4.50	6.50	9.00	12.50	—

KM# 502.3 MOHAR

5.6000 g., Silver **Note:** Also in the name of Queen Lalita Tripura Sundari; Similar to 1 Mohar, KM#472.2.

Date	Mintage	VG	F	VF	XF	Unc
SE1699 (1777)	—	40.00	50.00	60.00	75.00	—

KM# 513 1/2 MOHAR

2.8000 g., Gold **Note:** Also in the name of Queen Lalita Tripura Sundari.

Date	Mintage	Good	VG	F	VF	XF
SE1701 (1779)	—	195	225	255	300	—
SE1712 (1790)	—	195	225	255	300	—

KM# 514.1 MOHAR

5.6000 g., Gold **Note:** Also in the name of Queen Lalita Tripura Sundari.

Date	Mintage	VG	F	VF	XF	Unc
SE1700 (1778)	—	350	375	425	500	—
SE1702 (1780)	—	350	375	425	500	—
SE1703 (1781)	—	350	375	425	500	—
SE1705 (1783)	—	350	375	425	500	—
SE1706 (1784)	—	350	375	425	500	—
SE1708 (1786)	—	350	375	425	500	—
SE1709 (1787)	—	350	375	425	500	—

KM# 514.2 MOHAR

5.6000 g., Gold **Note:** Also in the name of Queen Lalita Tripura Sundari.

Date	Mintage	VG	F	VF	XF	Unc
SE1716 (1794)	—	350	375	425	500	—
SE1719 (1797)	—	350	375	425	500	—
SE1720 (1798)	—	350	375	425	500	—

KM# 521 1/8 MOHAR

0.7000 g., Silver **Obv:** Shri above sword

Date	Mintage	VG	F	VF	XF	Unc
ND(1799-1816)	—	6.00	10.00	13.50	18.50	—

KM# 522 1/8 MOHAR

0.7000 g., Silver **Obv:** Umbrella above sword

Date	Mintage	VG	F	VF	XF	Unc
ND(1799-1816)	—	6.00	10.00	13.50	18.50	—

KM# 502.2 MOHAR

5.6000 g., Silver **Note:** Also in the name of Queen Lalita Tripura Sundari.

Date	Mintage	VG	F	VF	XF	Unc
SE1711 (1789)	—	4.50	6.50	9.00	12.50	—
SE1712 (1790)	—	4.50	6.50	9.00	12.50	—
SE1713 (1791)	—	4.50	6.50	9.00	12.50	—
SE1714 (1792)	—	4.50	6.50	9.00	12.50	—
SE1716 (1794)	—	4.50	6.50	9.00	12.50	—
SE1717 (1795)	—	4.50	6.50	9.00	12.50	—
SE1718 (1796)	—	4.50	6.50	9.00	12.50	—
SE1719 (1797)	—	4.50	6.50	9.00	12.50	—
SE1720 (1798)	—	4.50	6.50	9.00	12.50	—

KM# 523 1/8 MOHAR

0.7000 g., Silver **Obv:** Wreath around and umbrella above sword

Date	Mintage	VG	F	VF	XF	Unc
ND(1799-1816)	—	6.00	10.00	13.50	18.50	—

KM# A539 1/8 MOHAR

0.7000 g., Gold **Obv:** Wreath around and umbrella above sword

Date	Mintage	VG	F	VF	XF	Unc
ND(1799-1816)	—	18.50	25.00	40.00	60.00	—

KM# 515 2 MOHARS

11.2000 g., Gold **Note:** Also in the name of Queen Lalita Tripura Sundari.

Date	Mintage	VG	F	VF	XF	Unc
SE1711 (1789)	—	1,350	1,500	1,650	1,900	—

PRESENTATION COINAGE

KM# 503.1 2 MOHARS

11.2000 g., Silver, 28 mm. **Note:** Also in the name of Queen Lalita Tripura Sundari.

Date	Mintage	VG	F	VF	XF	Unc
SE1703 (1781)	—	30.00	50.00	70.00	115	—
SE1705 (1783)	—	30.00	50.00	70.00	115	—

KM# 503.2 2 MOHARS

11.2000 g., Silver, 25 mm. **Note:** Also in the name of Queen Lalita Tripura Sundari.

Date	Mintage	VG	F	VF	XF	Unc
SE1712 (1790)	—	16.00	30.00	40.00	75.00	—
SE1719 (1797)	—	25.00	40.00	60.00	100	—
SE1720 (1798)	—	20.00	35.00	50.00	85.00	—

KM# 516 2 RUPEES

23.3200 g., Gold **Note:** Also in the name of Queen Lalita Tripura Sundari.

Date	Mintage	VG	F	VF	XF	Unc
SE1718 (1796)	—	3,000	4,000	5,000	6,000	—

Note: Struck c.1849AD

KM# 526 1/2 MOHAR

2.7700 g., Silver

Date	Mintage	VG	F	VF	XF	Unc
SE1721 (1799)	—	7.50	12.50	20.00	30.00	—

GOLD COINAGE

KM# 504 DAM

0.0440 g., Gold **Note:** Uniface.

Date	Mintage	VG	F	VF	XF	Unc
ND	—	10.00	14.00	18.00	25.00	—

KM# 505 1/32 MOHAR

0.1750 g., Gold **Note:** Uniface.

Date	Mintage	VG	F	VF	XF	Unc
ND	—	14.00	20.00	25.00	35.00	—

KM# 506 1/16 MOHAR

0.3500 g., Gold

Date	Mintage	Good	VG	F	VF	XF
ND	—	15.00	22.50	27.50	40.00	—

Girvan Yuddha Vikrama
SE1720-1738 / 1799-1816AD

SILVER COINAGE

KM# 518 DAM

0.0400 g., Silver, 7-8 mm. **Note:** Uniface. Size varies.

Date	Mintage	VG	F	VF	XF	Unc
ND(1799-1816)	—	4.00	8.00	11.50	16.00	—

KM# 528 MOHAR

5.6000 g., Silver **Obv:** 2 "Shri's" above square

Date	Mintage	VG	F	VF	XF	Unc
SE1720 (1798)	—	10.00	13.50	17.50	23.50	—

KM# 507 1/8 MOHAR

0.7000 g., Gold

Date	Mintage	Good	VG	F	VF	XF
ND	—	25.00	30.00	40.00	55.00	—

1/4 MOHAR

Date	Mintage	Good	VG	F	VF	XF

KM# 509 1/4 MOHAR

1.4000 g., Gold **Note:** In the name of Queen Raja Rajesvari.

Date	Mintage	Good	VG	F	VF	XF
SE1716 (1794)	—	40.00	50.00	65.00	85.00	—

KM# 519 1/32 MOHAR

0.1800 g., Silver **Note:** Uniface.

Date	Mintage	VG	F	VF	XF	Unc
ND(1799-1816)	—	8.00	13.50	18.50	25.00	—

KM# 520 1/16 MOHAR

0.3500 g., Silver **Note:** Varieties exist.

Date	Mintage	VG	F	VF	XF	Unc
ND(1799-1816)	—	7.50	11.50	16.50	22.50	—

KM# 529 MOHAR

5.6000 g., Silver **Obv:** 3 "Shri's" above square

Date	Mintage	VG	F	VF	XF	Unc
SE1721 (1799)	—	4.50	6.50	9.00	11.50	—
SE1722 (1800)	—	4.50	6.50	9.00	11.50	—

GOLD COINAGE

KM# 535 DAM

0.0440 g., Gold **Note:** Uniface.

Date	Mintage	VG	F	VF	XF	Unc
ND(1799-1816)	—	10.00	14.00	20.00	30.00	—

KM# 536 1/32 MOHAR

0.1750 g., Gold **Note:** Uniface.

Date	Mintage	VG	F	VF	XF	Unc
ND(1799-1816)	—	14.00	20.00	25.00	40.00	—

NEPAL

SHAH DYNASTY

KM# F517 4 PAISA (Ganda)
Copper **Note:** Local issues. No inscription, plain both sides. Weight varies 39-42g. Slight traces of former Arabic inscription.

Date	Mintage	VG	F	VF	XF	Unc
ND(1799-1816)	—	3.00	5.00	10.00	15.00	—

KM# 537 1/16 MOHAR
0.3500 g., Gold **Note:** Three varieties exist.

Date	Mintage	VG	F	VF	XF	Unc
ND(1799-1816)	—	15.00	20.00	25.00	40.00	—

KM# 538 1/8 MOHAR
0.7000 g., Gold **Obv:** "Shr" above sword

Date	Mintage	VG	F	VF	XF	Unc
ND(1799-1816)	—	22.50	27.50	40.00	60.00	—

KM# D517 4 PAISA (Ganda)
40.0000 g., Copper **Note:** Local Issues. No inscription, plain both sides. Weight varies: 40-44g.

Date	Mintage	VG	F	VF	XF	Unc
ND(1799-1816)	—	4.00	6.00	10.00	15.00	—

KM# 539 1/8 MOHAR
0.7000 g., Gold **Obv:** Umbrella above sword

Date	Mintage	VG	F	VF	XF	Unc
ND(1799-1816)	—	22.50	27.50	40.00	60.00	—

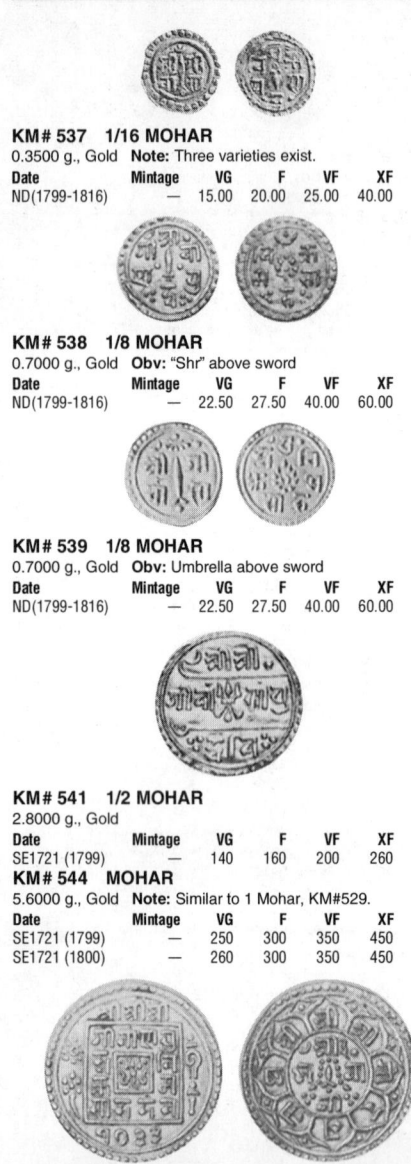

KM# 541 1/2 MOHAR
2.8000 g., Gold

Date	Mintage	VG	F	VF	XF	Unc
SE1721 (1799)	—	140	160	200	260	—

KM# 544 MOHAR
5.6000 g., Gold **Note:** Similar to 1 Mohar, KM#529.

Date	Mintage	VG	F	VF	XF	Unc
SE1721 (1799)	—	250	300	350	450	—
SE1721 (1800)	—	260	300	350	450	—

KM# 549 2 MOHARS
11.2000 g., Gold

Date	Mintage	VG	F	VF	XF	Unc
SE1721 (1799)	—	750	825	975	1,150	—

PRESENTATION COINAGE

KM# 552 2 RUPEES
23.3200 g., Gold **Note:** Also in the name of Queen Goraksha Rajya Lakshmi.

Date	Mintage	VG	F	VF	XF	Unc
SE1721 (1799)	—	1,500	2,000	2,500	3,000	—

Note: Struck c.1849AD

ANONYMOUS COINAGE

Without inscription

Fine copper pieces - non magnetic - and copper/iron alloy - magnetic - were produced in the hills. Mainly exported to India. The pieces are normally unstamped. The 4 Paisa sometimes has traces of the Arabic inscription.

KM# E517a PAISA
Copper Alloys **Note:** Local Issues. No inscription, plain both sides. Weight varies: 8-12g. Magnetic - Iron alloy.

Date	Mintage	VG	F	VF	XF	Unc
ND(1799-1816)	—	3.00	5.00	10.00	15.00	—

KM# B517 2 PAISA (Dhyak)
Copper **Note:** No incscription, plain both sides. Weight varies: 18-22g.

Date	Mintage	VG	F	VF	XF	Unc
ND(1799-1816)	—	3.00	5.00	10.00	15.00	—

KM# B517a 2 PAISA (Dhyak)
Copper **Note:** No inscription, plain both sides. Magnetic, copper-iron alloy. Weight varies: 18-22g.

Date	Mintage	VG	F	VF	XF	Unc
(1799-1816)	—	3.00	5.00	10.00	15.00	—

KM# D517a 4 PAISA (Ganda)
Copper **Note:** Local issue. No inscription, plain both sides. Weight varies: 40-44g. Copper-iron alloy, magnetic.

Date	Mintage	VG	F	VF	XF	Unc
ND(1799-1816)	—	3.00	5.00	10.00	15.00	—

NETHERLANDS

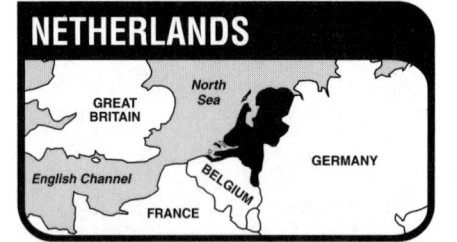

The Kingdom of the Netherlands, a country of western Europe fronting on the North Sea and bordered by Belgium and Germany, has an area of 15,770 sq. mi. (41,500 sq. km.) and a population of 16.4 million. Capital: Amsterdam, but the seat of government is at The Hague. The economy is based on dairy farming and a variety of industrial activities. Chemicals, yarns and fabrics, and meat products are exported.

After being a part of Charlemagne's empire in the 8th and 9th centuries, the Netherlands came under control of Burgundy and the Austrian Hapsburgs, and finally was subjected to Spanish dominion in the 16th century. Led by William of Orange, the Dutch revolted against Spain in 1568. The seven northern provinces formed the Union of Utrecht and declared their independence in 1581, becoming the Republic of the United Netherlands. In the ollowing century, the Golden Age of Dutch history, the Netherlands became a great sea and colonial power, a patron of the arts and a refuge for the persecuted. The United Dutch Republic ended in 1795 when the French formed the Batavian Republic. Napoleon made his brother Louis, the King of Holland in 1806, however he abdicated in 1810 when Napoleon annexed Holland. The French were expelled in 1813, and all the provinces of Holland and Belgium were merged into the Kingdom of the United Netherlands under William I, in 1814. The Belgians withdrew in 1830 to form their own kingdom, the last substantial change in the configuration of European Netherlands. German forces invaded in 1940 as the royal family fled to England where a government-in-exile was formed. A German High Commissioner, Arthur Seyss-Inquart, was placed in command until 1945 when the arrival of Allied military forces ended the occupation.

RULERS
United Netherlands, 1543-1795
BATAVIAN REPUBLIC
French domination, 1795-1806

MINT MARKS
B - Brussels (Belgium), 1821-1830
D - Denver, 1943-1945
P - Philadelphia, 1941-1945
S - San Francisco, 1944-1945

MINT PRIVY MARKS

Harderwijk (Gelderland)

Date	Privy Mark
1730-45	Horse on mountain
1750-52	Falconer
1753-57	Crane
1758-76	Tree
1782-1806	Ear of corn

Dordrecht (Holland)

Date	Privy Mark
1600-1806	Rosette
1795-1806	None

Enkhuizen (West Friesland)

Date	Privy Mark
1761-71	Ship
1791-96	Rosette
1796-1803	Star

Hoorn (West Friesland)

Date	Privy Mark
1751-61	Rooster
1781-91	Rosette

Kampen (Overyssel)

Date	Privy Mark
1763	Half eagle
1763-64, 1795-1807	Eagle
1764-65, 1795	3 dots

Medemblik (West Friesland)

Date	Privy Mark
1771-81	Ship

Middelburg (Zeeland)

Date	Privy Mark
1601-1799	Castle

Utrecht (Utrecht)

Date	Privy Mark
1738-1805	Shield

MONETARY SYSTEM
8 Duits = 1 Stuiver (Stiver)
6 Stuiver = 1 Schelling
20 Stuiver = 1 Gulden (Guilder or Florin)
50 Stuiver = 1 Rijksdaalder (Silver Ducat)
60 Stuiver = 1 Ducaton (Silver Rider)
14 Gulden = 1 Golden Rider

BATAVIAN REPUBLIC

From 1796 to 1806, the Netherlands was a confederation of seven provinces, each producing coins similar in design but differing in the coat of arms or inscription. Generally the coins of each province contained an abbreviation of the name of the province somewhere in the inscription. Under the Batavian Republic, the following abbreviations were used.

PROVINCE ABBREVIATIONS
G, GEL - Gelderland
HOL, HOLL - Holland
TRANSI - Overijsel
TRA, TRAI, TRAIECTUM - Utrecht
WESTF, WESTRI - Westfriesland
ZEL, ZEELANDIA - Zeeland

STANDARD COINAGE

KM# 5 DUIT
3.0600 g., Copper **Obv. Legend:** ZEELANDIA, ZEL

Date	Mintage	F	VF	XF	Unc	BU
1795/4	—	6.00	12.00	20.00	45.00	100
1795	—	6.00	12.00	20.00	45.00	100
1796/66	—	6.00	12.00	20.00	45.00	100
1796	—	7.00	15.00	25.00	50.00	40.00
1797/69	—	10.00	20.00	30.00	65.00	150
1797/6	—	6.00	12.00	20.00	45.00	100
1797	—	6.00	12.00	22.50	45.00	110

KM# 13 2 STUIVERS
1.6000 g., 0.5580 Silver 0.0287 oz. ASW, 20 mm. **Obv:** Inscription, date **Obv. Legend:** • N • / TRA / IEC / TUM / 1797
Rev: Crowned arms divides 2 S **Edge:** Reeded

Date	Mintage	F	VF	XF	Unc	BU
1796	2,110	70.00	150	250	400	500
1797	—	200	300	700	1,000	1,500
1799	4,070	65.00	120	250	400	500

KM# 13a 2 STUIVERS
3.5000 g., Gold **Obv:** Inscription, date **Obv. Inscription:** • N •
TRA IEC TUM date **Rev:** Crowned arms divides 2 S **Edge:** Reeded

Date	Mintage	F	VF	XF	Unc	BU
1797	—	—	—	1,500	2,500	3,250
1799	—	—	—	1,500	2,500	3,250

KM# 6 2-1/2 STUIVER (1/8 Livre Copper)
6.0000 g., Copper **Obv:** Inscription: ZEELANDIA

Date	Mintage	F	VF	XF	Unc	BU
1795	—	600	1,500	2,500	3,500	4,500

KM# 7 10 STUIVERS
5.3000 g., 0.9120 Silver 0.1554 oz. ASW **Obv:** Crowned arms divide N S **Obv. Legend:** MO : ARG : ORD : TRAI (=Utracht)
Rev: Standing figure leaning on short pillar **Rev. Legend:** HAC NITEMVR HANC TVEMVR **Edge:** Reeded

Date	Mintage	F	VF	XF	Unc	BU
1795	—	65.00	100	250	400	450
1796	696	200	600	1,000	2,000	2,500

KM# 10.1 RIJKSDAALDER (2-1/2 Gulden)
28.0800 g., 0.8680 Silver 0.7836 oz. ASW **Obv:** Standing armored knight, crowned shield by legs **Obv. Legend:** ...D: GEL: &: C: Z: **Rev:** Crowned shield divides date **Edge:** Reeded **Note:** Silver Ducat

Date	Mintage	F	VF	XF	Unc	BU
1795	5,000	800	1,200	1,700	2,400	3,000
1797	19,000	500	800	1,200	1,500	2,000
1800/1790	—	250	500	800	1,200	1,700
1800	253,925	250	500	800	1,200	1,700

KM# 10.3 RIJKSDAALDER (2-1/2 Gulden)
28.0800 g., 0.8680 Silver 0.7836 oz. ASW **Obv. Legend:** ....TRANSI. **Edge:** Reeded **Note:** Silver Ducat

Date	Mintage	F	VF	XF	Unc	BU
1795	49,000	600	1,200	2,500	3,500	4,000
1796	Inc. above	400	800	1,500	2,500	3,000

KM# 10.5 RIJKSDAALDER (2-1/2 Gulden)
28.0800 g., 0.8680 Silver 0.7836 oz. ASW **Obv. Legend:** ....WESTF, WESTRI. **Edge:** Reeded **Note:** Silver Ducat

Date	Mintage	F	VF	XF	Unc	BU
1795	—	300	700	1,450	2,200	2,600
1796	—	250	500	850	1,200	1,600

KM# 10.6 RIJKSDAALDER (2-1/2 Gulden)
28.0800 g., 0.8680 Silver 0.7836 oz. ASW **Obv. Legend:** ....ZELANDIA, ZEL. **Edge:** Reeded **Note:** Silver Ducat

Date	Mintage	F	VF	XF	Unc	BU
1795	—	65.00	120	200	300	350
1796	—	150	550	850	1,250	1,500
1798/6	99,000	65.00	120	200	300	350
1798/7	Inc. above	65.00	120	200	300	350
1798	Inc. above	65.00	120	200	300	350

KM# 10.4 RIJKSDAALDER (2-1/2 Gulden)
28.0800 g., 0.8680 Silver 0.7836 oz. ASW **Obv:** Standing armored knight, crowned shield by legs **Obv. Legend:** BELG : TRAI • MO : NO : ... **Rev:** Crowned arms divides date **Rev. Legend:** ...CONCORDIA RES... **Edge:** Reeded **Note:** Silver Ducat. 1795-1805 mintage total of 6,282,780

Date	Mintage	F	VF	XF	Unc	BU
1795	6,282,780	400	750	1,500	2,000	2,500
1796	Inc. above	40.00	70.00	120	200	250
1797	Inc. above	135	350	750	1,000	1,250
1798	Inc. above	40.00	75.00	140	250	300
1799	Inc. above	50.00	100	200	300	350
1800	Inc. above	40.00	70.00	120	170	200
1800 small 8	Inc. above	40.00	70.00	120	170	200

KM# 10.2 RIJKSDAALDER (2-1/2 Gulden)
28.0800 g., 0.8680 Silver 0.7836 oz. ASW **Obv:** Standing armored knight, crowned shield by legs **Obv. Legend:** BELG : HOLL: **Rev:** Crowned arms divides date **Rev. Legend:** ...CONCORDIA RES... **Edge:** Reeded **Note:** Silver Ducat. 1796-1802 mintage total of 2,667,670

Date	Mintage	F	VF	XF	Unc	BU
1796	2,667,670	100	200	300	450	700
1797/6	Inc. above	200	400	600	1,000	1,500
1797	—	750	1,500	2,000	3,000	4,000
1798	Inc. above	120	250	350	750	1,000
1799	Inc. above	200	400	750	1,250	1,750
1800	Inc. above	65.00	150	250	350	450

KM# 15 1/2 DUCATON
16.3000 g., 0.9350 Silver 0.4900 oz. ASW **Obv:** Armored Knight on horse above crowned arms **Obv. Legend:** FOE : BELG : PRO : TRAI • ... **Rev:** Crowned arms with supporters, date below in design **Rev. Legend:** CRESCUNT • CONCORDIA RES PARVAE • **Edge:** Reeded

Date	Mintage	F	VF	XF	Unc	BU
1796	—	500	1,000	2,000	4,000	5,000
1798	—	500	1,000	2,000	4,000	5,000

KM# 16 DUCATON
32.7800 g., 0.9350 Silver 0.9854 oz. ASW **Obv:** Armored Knight on horse above crowned shield **Obv. Legend:** FOE : BELG : PRO : TRAI • MO : NO : ARG : CON **Rev:** Crowned arms with supporters, date below in design **Rev. Legend:** PARVAE CRESCUNT • CONCORDIA RES **Edge:** Reeded

Date	Mintage	F	VF	XF	Unc	BU
1796	435	400	1,250	2,500	3,500	4,500
1798	360	400	1,250	2,500	3,500	4,500

KM# 14 1/2 GULDEN
5.3000 g., 0.9120 Silver 0.1554 oz. ASW **Obv. Legend:** ....WESTF • WESTRI **Edge:** Reeded

Date	Mintage	F	VF	XF	Unc	BU
1796	—	100	200	400	700	1,000

KM# 8.1 GULDEN
10.4700 g., 0.9120 Silver 0.3070 oz. ASW **Obv. Legend:** ....G, GEL **Edge:** Reeded

Date	Mintage	F	VF	XF	Unc	BU
1795	790,390	25.00	50.00	100	175	250
1796	Inc. above	40.00	120	170	300	400
1796/5	42,200	90.00	200	350	550	800

KM# 8.2 GULDEN
10.4700 g., 0.9120 Silver 0.3070 oz. ASW **Obv:** Crowned arms divides value **Obv. Legend:** MO : ARG : ORD : FOE : BELG : HOLL : **Rev:** Standing figure leaning on short pillar above date **Rev. Legend:** HAC NITEMVR HANC TVEMVR

Date	Mintage	F	VF	XF	Unc	BU
1795	731,680	25.00	70.00	150	200	250
1797	229,080	35.00	100	200	300	400
1797 Holl over Westf	—	50.00	150	300	400	500
1800	40,395	50.00	150	300	400	500

KM# 8.3 GULDEN
10.4700 g., 0.9120 Silver 0.3070 oz. ASW **Obv. Legend:** ....TRANSI •

Date	Mintage	F	VF	XF	Unc	BU
1795	615,105	25.00	100	200	300	400
1796	Inc. above	80.00	150	350	400	500
1796/95	—	80.00	150	350	400	500

KM# 8.4 GULDEN
10.4700 g., 0.9120 Silver 0.3070 oz. ASW **Obv. Legend:** ....TRA, TRAI

Date	Mintage	F	VF	XF	Unc	BU
1795	—	170	350	500	1,000	1,500
1798	16,300	170	350	500	1,000	1,500
1799	38,100	60.00	200	350	450	550

KM# 8.5 GULDEN
10.4700 g., 0.9120 Silver 0.3070 oz. ASW **Obv. Legend:** ....WESTF, WESTRI •

Date	Mintage	F	VF	XF	Unc	BU
1795	—	40.00	100	175	270	350
1796/4	—	80.00	200	400	600	800
1796 decorated altar, without garland	—	35.00	100	175	250	350
1796 round altar, with garland	—	35.00	100	175	250	350

KM# 18 GULDEN
0.9120 Silver **Obv. Legend:** ....HOL, HOLL • **Note:** Denomination: GL.

Date	Mintage	VG	F	VF	XF	Unc
1798 (1798)	—	100	175	225	330	—

Note: The above is considered a pattern by some experts

KM# 9.1 3 GULDEN
31.4200 g., 0.9150 Silver 0.9243 oz. ASW **Obv. Legend:** ....G, GEL.

Date	Mintage	F	VF	XF	Unc	BU
1795	178,450	70.00	150	250	350	450
1796/5	44,565	70.00	150	250	350	450
1796	Inc. above	80.00	250	350	450	600

KM# 9.3 3 GULDEN
0.9150 Silver **Obv. Legend:** ....TRA, TRAI.

Date	Mintage	F	VF	XF	Unc	BU
1795	1,713,000	30.00	85.00	160	250	350
1796	Inc. above	90.00	160	275	400	600

KM# 9.4 3 GULDEN
0.9150 Silver **Obv:** Crowned arms divides value **Obv. Legend:** BELG : WESTF : ... **Rev:** Standing figure leaning on short pillar above date **Rev. Legend:** HAC NITEMVR HANC TVEMVR

Date	Mintage	F	VF	XF	Unc	BU
1795	—	25.00	60.00	120	225	300
1796/5	—	120	225	350	550	800
1796	—	70.00	150	250	400	600

KM# 9.2 3 GULDEN
31.4200 g., 0.9150 Silver 0.9243 oz. ASW **Obv. Legend:** ...HOL: or HOLL **Rev:** Standing maiden, date below **Note:** 1795-1805 mintage total of 1,084,305

Date	Mintage	F	VF	XF	Unc	BU
1795/3	1,084,305	70.00	125	180	250	350
1795	Inc. above	60.00	100	160	225	350
1796	Inc. above	60.00	100	160	225	350
1797	Inc. above	60.00	100	160	225	325
1798	Inc. above	110	250	350	500	700
1800	Inc. above	60.00	125	200	275	375

TRADE COINAGE

KM# 11.1 DUCAT
3.4990 g., 0.9830 Gold 1800-1802 mintage total of 1,296,550 0.1106 oz. AGW **Obv:** Standing armored knight divides date **Obv. Legend:** ends:....G or GEL. **Rev:** Inscription within ornamented square

Date	Mintage	F	VF	XF	Unc	BU
1795	44,910	150	220	325	450	550
1796	—	850	1,300	2,000	2,600	3,200
1797	420	850	1,300	2,000	2,600	3,200
1800	1,296,550	170	250	375	550	700

KM# 11.3 DUCAT
3.4540 g., 0.9830 Gold 0.1092 oz. AGW **Obv:** Standing armored knight divides date **Obv. Legend:** PAR: CRES: TRA ... **Rev:** Inscription within ornamented square **Note:** 1788, 1795, 1800 and 1802 have also been struck at the Stuttgarter Munzstatte in Germany, quanity unknown. Struck in 1812 as payment for soliders, value unknown (recently discovered).

Date	Mintage	F	VF	XF	Unc	BU
1795	—	170	350	600	900	1,100
1796	—	170	350	600	900	1,100
1797	—	170	350	600	900	1,100
1798	—	170	350	600	900	1,100
1799	—	170	350	600	900	1,100
1800	1,400,000	160	200	250	350	450

KM# 11.2 DUCAT
3.4940 g., 0.9830 Gold 0.1104 oz. AGW **Obv:** Standing armored knight divides date **Obv. Legend:** ... Hol **Rev:** Inscription within ornamented square **Note:** Coins with the star were struck at the Enkhuizen Mint with a total mintage of 630,455. Coins without the star were struck at the Dordrecht Mint with a total mintage of 2,861,825.

Date	Mintage	F	VF	XF	Unc	BU
1795 without star	—	150	170	225	300	450
1796 without star	—	150	170	225	300	450
1796 star	—	250	600	800	1,000	1,500
1797/6 star	—	550	1,100	1,700	2,000	2,500
1797 without star	—	550	1,100	1,700	2,000	2,500
1797 star	—	550	1,100	1,700	2,000	2,500
1798 without star	6,930	550	1,100	1,700	2,000	2,500
1799 without star	6,370	550	1,100	1,700	2,000	2,500
1800/1799	—	425	650	800	1,000	1,500
1800 without star	—	150	170	225	300	400
1800 star	—	160	375	500	700	900
1801/1800 without star	—	400	600	800	1,000	1,200

KM# 12.1 2 DUCAT
7.0000 g., 0.9830 Gold 0.2212 oz. AGW **Obv:** Standing armored knight divides date **Obv. Inscription:** ends:...HOL or HOLL **Rev:** Inscription within ornamented square **Note:** Similar to 1 Ducat KM#11.2.

Date	Mintage	F	VF	XF	Unc	BU
1795	—	1,500	2,500	3,500	5,000	6,000

NETHERLANDS

KM# 12.2 2 DUCAT

7.0000 g., 0.9830 Gold 0.2212 oz. AGW **Obv:** Standing armored knight divides date **Obv. Legend:** PAR : CRES : TRA ... **Rev:** Inscription within ornamented square **Rev. Inscription:** MO : ORD : PROVIN : FOEDER : BELG * AD LEG * IMP **Note:** Similar to 1 Ducat KM#11.3

Date	Mintage	F	VF	XF	Unc	BU
1795	—	750	1,500	3,500	4,500	5,500
1796	—	900	2,000	3,000	3,750	4,500
1797	—	900	2,000	3,000	3,750	4,500
1798	—	900	2,000	3,000	3,750	4,500
1799	—	—	1,500	2,500	3,500	4,500	5,500
1800	350,000	750	1,500	2,000	2,500	3,000

Date	Mintage	VG	F	VF	XF	Unc
1702	—	1.50	7.50	20.00	40.00	80.00
1715	—	2.50	10.00	25.00	50.00	100
1717	—	1.50	7.50	20.00	40.00	80.00
1723	—	1.50	7.50	20.00	40.00	80.00
1724	—	1.50	7.50	20.00	40.00	80.00

PATTERNS

Including off metal strikes

KM#	Date	Mintage Identification	Mkt Val
Pn1	1796	— Rijksdaalder. Bronze.	2,500

Pn2	1800	— 2 Stuivers.
Pn3	1800	— 5 Stuivers.
Pn4	1800	— 10 Stuivers.
Pn5	1800	— Gulden.

Pn6	1800	— 3 Gulden.

PIEFORTS

KM#	Date	Mintage Identification	Mkt Val
P1	1775	— Ducaton. 0.9410 Silver.	—

DEVENTER PROVINCE

STANDARD COINAGE

KM# 77 2 STUIVERS

1.7300 g., 0.5830 Silver 0.0324 oz. ASW **Obv:** Crowned rampant lion left holding sword and arrows, value at sides **Rev:** DAVEN/TRIA/(date) **Note:** Mint mark: Sitting dog.

Date	Mintage	VG	F	VF	XF	Unc
1702	130,000	7.50	25.00	40.00	9.00	120
1707	23,000	7.50	25.00	40.00	90.00	120
1708	27,000	7.50	25.00	40.00	90.00	120

FRIESLAND PROVINCE

STANDARD COINAGE

KM# 80a DUIT

Silver **Obv:** Crowned arms **Rev:** Rampant lion above name, date and flowers

Date	Mintage	VG	F	VF	XF	Unc
1702	—	20.00	35.00	70.00	150	250
1703	—	20.00	35.00	70.00	150	250
1717/16	—	20.00	40.00	80.00	175	300
1717	—	20.00	35.00	70.00	150	300
1723	—	20.00	35.00	70.00	140	200
1724	—	20.00	35.00	70.00	140	200

KM# 80b DUIT

3.8500 g., Gold **Obv:** Crowned arms **Rev:** Rampant lion above name, date and flowers

Date	Mintage	VG	F	VF	XF	Unc
1702	—	—	—	—	—	3,000
1703	—	—	—	—	—	3,000
1717	—	—	—	—	—	4,500

KM# 42 STUIVER

1.3100 g., 0.3330 Silver 0.0140 oz. ASW **Obv. Inscription:** FRI / SIA **Rev:** Bundle of arrows divides value in wreath **Note:** Varieties exist.

Date	Mintage	Good	VG	F	VF	XF
1738	—	3.00	10.00	20.00	40.00	80.00

KM# 42a STUIVER

1.5000 g., Gold

Date	Mintage	VG	F	VF	XF	Unc
1738	100	200	300	600	1,000

KM# 32.3 2 STUIVERS

Silver 1.5 - 1.73 grams, weight varies **Obv. Inscription:** FRI / SIA / (date) **Rev:** Rampant lion left holding sword and arrows divides value 2 - S **Note:** Mint mark: Rampant lion. Varieties exist.

Date	Mintage	VG	F	VF	XF	Unc
1702	—	8.00	25.00	50.00	80.00	120
1704	—	8.00	25.00	50.00	80.00	120
1705	—	5.00	20.00	40.00	60.00	100
1706	—	5.00	20.00	40.00	60.00	100
1707	—	5.00	20.00	40.00	60.00	100
1708	—	5.00	20.00	40.00	60.00	100
1709	—	5.00	20.00	40.00	60.00	100
1710	—	5.00	20.00	40.00	60.00	100
1711	—	5.00	20.00	40.00	60.00	100
1712	—	5.00	20.00	40.00	60.00	100
1714	—	25.00	80.00	150	225	300

KM# 85 6 STUIVERS (Scheepjesschilling)

4.9500 g., Silver **Obv:** Crowned arms divide value, date above crown **Rev:** Sailing ship to right

Date	Mintage	VG	F	VF	XF	Unc
1711	—	200	800	1,500	2,000	2,500
1712	—	200	800	1,500	2,000	2,500

KM# 73 GULDEN (20 Stuivers)

10.6100 g., 0.9200 Silver 0.3138 oz. ASW **Obv:** Crowned lion shield divides value **Rev:** Standing female figure leaning on Bible on column, holding spear with Liberty cap, date in exergue **Note:** Varieties exist.

Date	Mintage	Good	VG	F	VF	XF
1705	—	20.00	70.00	150	300	500
1705/4	—	20.00	70.00	150	300	500
1714	—	20.00	70.00	150	300	500
1714 Mermaid	—	20.00	70.00	150	300	500
1721/14	—	25.00	80.00	170	330	550
1721	—	20.00	70.00	150	300	500

PIEFORTS

KM#	Date	Mintage Identification	Mkt Val
P15	1714	— Gulden. Silver. 23.8500 g. Square flan.	—

KM# 80 DUIT

3.0000 g., Copper, 22.2 mm. **Obv:** Crowned arms **Rev:** Rampant lion above name, date and flowers

GELDERLAND

Ducatus Gelriae

Gelder, a former duchy, was merged with the Hapsburg dominions in the Netherlands until the revolt of the Low Countries resulted in its partition. In 1579 the greater part of Gelder, comprising the quarters of Nijmegen, Arnhem, and Zutphen, became the province of Gelderland in the Dutch Republic.

PROVINCE

STANDARD COINAGE

KM# 47 DUIT

2.0000 g., Copper **Obv:** Crowned arms of Gelderland **Rev:** Inscription, date in wreath **Rev. Inscription:** .D. / GEL / RIÆ / (date)

Date	Mintage	Good	VG	F	VF	XF
1702	2,261,376	2.00	6.00	20.00	40.00	50.00

KM# 75 DUIT

2.0000 g., Copper **Obv:** Crowned arms of Gelderland **Obv. Legend:** IN • DEO • SP • NOS • **Rev:** Inscription, date **Rev. Inscription:** *D*/GEL/RIÆ

Date	Mintage	VG	F	VF	XF	Unc
1702	Inc. above	6.00	20.00	40.00	50.00	75.00
1703	—	4.00	10.00	25.00	35.00	70.00
1720	—	4.00	10.00	25.00	35.00	70.00

KM# 75a DUIT

Silver 3 - 5 grams, weight varies **Obv:** Crowned arms of Gelderland **Rev:** Inscription, date **Rev. Inscription:** *D*/GEL/RI/Æ

Date	Mintage	VG	F	VF	XF	Unc
1702	—	25.00	60.00	150	300	400
1703	—	30.00	70.00	200	350	450

KM# A80 DUIT

Obv. Inscription: HOL/LAN/DIA/date **Rev:** Stork in closed "Dutch" garden

Date	Mintage	VG	F	VF	XF	Unc
1702	—	5.00	10.00	25.00	50.00	—

KM# B80 DUIT

Obv. Inscription: HOL/LAN/DIA/date **Rev:** Standing lion with sword in closed "Dutch" garden

Date	Mintage
—	—

KM# 83 DUIT

3.0400 g., Copper **Obv:** Crowned arms of Gelderland within sprigs **Obv. Legend:** IN • DEO • SP • NOS • **Rev:** Inscription, date **Rev. Inscription:** *D*/GEL/RIÆ

Date	Mintage	VG	F	VF	XF	Unc
1739	—	2.00	5.00	12.00	25.00	35.00
1740	—	2.00	5.00	12.00	25.00	35.00
1751	—	2.00	5.00	12.00	25.00	40.00
1752	—	2.00	5.00	12.00	25.00	40.00

KM# 83b DUIT

3.5000 g., Gold **Obv:** Crowned arms of Gelderland, with flower decoration **Rev:** Inscription **Rev. Inscription:** D / GEL / RIAE

Date	Mintage	VG	F	VF	XF	Unc
1751 Rare	—	—	—	—	—	—

KM# 83a DUIT

3.0000 g., Silver **Obv:** Crowned arms of Gelderland within sprigs **Rev:** Inscription, date, **Rev. Inscription:** *D*/GEL/RIÆ

Date	Mintage	VG	F	VF	XF	Unc
1752	—	30.00	70.00	150	180	220

KM# 88 DUIT

3.8400 g., Copper **Obv:** Crowned arms of Gelderland **Obv. Legend:** IN • DEO • SP • NOS • **Rev:** Inscription, date in sprigs **Rev. Inscription:** *D*/GEL/RIÆ

Date	Mintage	VG	F	VF	XF	Unc
1753	—	2.00	5.00	12.00	20.00	40.00
1754	—	2.00	5.00	12.00	20.00	40.00
1755	—	2.00	5.00	12.00	20.00	40.00
1756	—	2.00	5.00	12.00	20.00	40.00
1757	—	2.00	5.00	12.00	20.00	40.00

KM# 88a DUIT

Silver **Obv:** Crowned arms of Gelderland **Rev:** Inscription, date in sprigs, **Rev. Inscription:** *D* GEL RIÆ

Date	Mintage	VG	F	VF	XF	Unc
1753	—	30.00	70.00	150	180	200
1755	—	30.00	70.00	150	180	200
1756	—	30.00	70.00	150	180	200
1757	—	30.00	70.00	150	180	200

KM# 91a DUIT

Silver 3 - 4.5 grams, weight varies **Obv:** Decorated crowned arms of Gelderland **Rev:** *D* GEL / RIÆ / date

Date	Mintage	VG	F	VF	XF	Unc
1754	—	40.00	100	150	200	300
1755	—	—	—	—	—	—
1756	—	—	—	—	—	—
1757	—	40.00	100	150	200	300

KM# 88c DUIT

3.5000 g., Gold **Obv:** Crowned arms of Gelderland **Rev:** Inscription, date in sprigs **Rev. Inscription:** *D* GEL RIÆ

Date	Mintage	VG	F	VF	XF	Unc
1755 Rare	—	—	—	—	—	—
1756 Rare	—	—	—	—	—	—

KM# 88b DUIT

1.8000 g., Gold **Obv:** Crowned arms of Gelderland **Rev:** Inscription above date in branches **Rev. Inscription:** D / GEL / RIAE.

Date	Mintage	VG	F	VF	XF	Unc
1757 Rare	—	—	—	—	—	—

KM# 91 DUIT

Silver **Obv:** Crowned arms of Gelderland **Obv. Legend:** IN • DEO • SP • NOS • **Rev:** Inscription, date **Rev. Inscription:** *D*/GEL/RIÆ

Date	Mintage	VG	F	VF	XF	Unc
1757 Proof	—	—	—	—	—	—

KM# 93 DUIT

3.8400 g., Copper **Obv:** Crowned arms of Gelderland **Obv. Legend:** IN • DEO • EST • SPES • NOSTRA • **Rev:** Inscription, date within baroque cartouche **Rev. Inscription:** *D*/GEL/RIÆ

Date	Mintage	VG	F	VF	XF	Unc
1758	—	1.50	6.00	12.00	20.00	40.00
1759	—	1.50	6.00	12.00	20.00	40.00
1760	—	1.50	6.00	12.00	20.00	40.00
1761	—	1.50	4.00	10.00	15.00	30.00
1762	—	1.50	4.00	10.00	15.00	30.00
1763	—	1.50	6.00	12.00	20.00	40.00
1764	—	1.50	6.00	12.00	20.00	40.00
1765	—	1.50	6.00	12.00	20.00	40.00
1766/65	—	1.50	6.00	12.00	20.00	45.00
1766	—	1.50	4.00	10.00	15.00	35.00
1767	—	1.50	4.00	10.00	15.00	35.00
1767/63	—	1.50	6.00	12.00	20.00	45.00
1768	—	1.50	4.00	10.00	15.00	35.00

KM# 93a DUIT

3.5000 g., Silver **Obv:** Crowned arms of Gelderland **Rev:** Inscription, date within baroque cartouche **Rev. Inscription:** *D* GEL RIÆ

Date	Mintage	VG	F	VF	XF	Unc
1759	—	25.00	50.00	100	150	200
1760	—	25.00	50.00	100	150	200
1761	—	25.00	50.00	100	150	200
1762	—	25.00	50.00	100	150	200
1765	—	25.00	50.00	100	150	200

KM# 93b DUIT

3.5000 g., Gold **Obv:** Crowned arms of Gelderland **Rev:** Inscription, date within baroque cartouche **Rev. Inscription:** *D* GEL RIÆ

Date	Mintage	VG	F	VF	XF	Unc
1759 Rare	—	—	—	—	—	1,500
1761	—	—	—	—	—	2,000
1762 Rare	—	—	—	—	—	—

KM# 105 DUIT

3.8400 g., Copper **Obv:** Crowned arms of Gelderland **Obv. Legend:** INDEO • EST • SPES • NOSTRA • **Rev:** Inscription, date **Rev. Inscription:** *D*/GEL/RIAE

Date	Mintage	VG	F	VF	XF	Unc
1783	—	1.50	4.00	10.00	30.00	50.00
1784	—	1.50	4.00	10.00	30.00	50.00
1785	—	2.00	8.00	15.00	35.00	60.00
1786	—	1.50	4.00	10.00	30.00	50.00
1787	—	—	—	—	—	—
1788	—	2.00	8.00	16.00	35.00	60.00

KM# 108 DUIT

3.8400 g., Copper **Obv:** Crowned arms of Gelderland **Obv. Legend:** INDEO • EST • SPES • NOSTRA • **Rev:** Inscription, date within ornamented border **Rev. Inscription:** *D*/GEL/RIAE

Date	Mintage	VG	F	VF	XF	Unc
1788	—	1.50	3.00	8.00	20.00	40.00
1793	—	1.50	3.00	8.00	20.00	40.00
1794	—	1.50	3.00	8.00	20.00	40.00

KM# 108a DUIT

4.4000 g., Silver **Obv:** Crowned arms of Gelderland **Rev:** Inscription, date within ornamented design **Rev. Inscription:** *D* GEL RI?

Date	Mintage	VG	F	VF	XF	Unc
1788	—	—	—	—	—	—

KM# 82 STUIVER (Bezemstuiver)

0.8100 g., 0.5830 Silver 0.0152 oz. ASW **Obv:** Bundle of arrows divides 1S **Rev:** Inscription, date **Rev. Inscription:** GEL/RIA/

Date	Mintage	VG	F	VF	XF	Unc
1738	341,449	4.00	10.00	20.00	35.00	50.00
1739	Inc. above	4.00	10.00	20.00	35.00	50.00
1759	242,708	4.00	10.00	20.00	35.00	50.00
1760	Inc. above	4.00	10.00	20.00	35.00	50.00
1761	Inc. above	4.00	10.00	20.00	35.00	50.00
1764	193,260	4.00	10.00	20.00	35.00	50.00
1765	Inc. above	4.00	10.00	20.00	35.00	50.00
1766	Inc. above	4.00	10.00	20.00	35.00	50.00

KM# 82a STUIVER (Bezemstuiver)

Gold 1.2-1.75 grams, weight varies **Obv:** Bundle of arrows divides 1S **Rev:** Inscription, date **Rev. Inscription:** GEL/RIA/

Date	Mintage	VG	F	VF	XF	Unc
1738	—	100	300	600	900	1,300
1747	—	100	300	600	900	1,300
1748	—	100	300	600	900	1,300
1749	—	100	300	600	900	1,300
1750	—	100	300	600	900	1,300
1751	—	100	300	600	900	1,300
1752	—	100	300	600	900	1,300
1753	—	100	300	600	900	1,300
1754	—	100	300	600	900	1,300
1755	—	100	300	600	900	1,300
1756	—	100	300	600	900	1,300
1757	—	100	300	600	900	1,300
1758	—	100	300	600	900	1,300
1759	—	100	300	600	900	1,300
1760	—	100	300	600	900	1,300
1761	—	100	300	600	900	1,300

KM# 82c STUIVER (Bezemstuiver)

1.2500 g., Gold **Obv:** Bundle of arrows divides 1S **Rev:** Inscription, above date **Rev. Inscription:** GEL/RIA incircle of dots

Date	Mintage	VG	F	VF	XF	Unc
1755	—	—	—	750	1,200	1,700

KM# 92 STUIVER (Bezemstuiver)

1.5300 g., Gold **Obv:** Crowned arms of Gelderland divide 1S **Rev:** Inscription above date **Rev. Inscription:** GEL/RIA

Date	Mintage	VG	F	VF	XF	Unc
1757	—	—	—	1,500	2,000	2,500

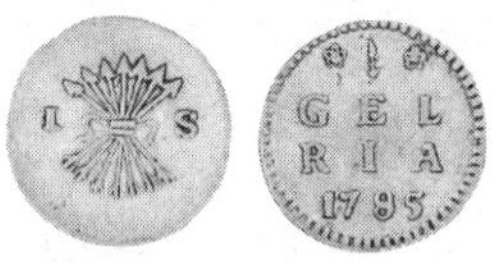

KM# 82b STUIVER (Bezemstuiver)

0.3330 Silver **Obv:** Bundle of arrow divides 1S **Rev:** Inscription above date **Rev. Inscription:** GEL/RIA

Date	Mintage	VG	F	VF	XF	Unc
1785	42,213	8.00	20.00	45.00	70.00	100

KM# 26.4 2 STUIVERS

1.7300 Silver **Obv:** Crowned lions with sword **Rev. Inscription:** GEL/RIA/date **Note:** Mint mark: Knight on horse.

Date	Mintage	VG	F	VF	XF	Unc
1704	—	4.00	10.00	20.00	30.00	70.00
1705	—	4.00	10.00	20.00	30.00	70.00
1706	—	4.00	10.00	20.00	30.00	70.00
1707	—	4.00	10.00	20.00	30.00	70.00
1708/7	—	4.00	10.00	20.00	30.00	70.00
1708	—	4.00	10.00	20.00	30.00	70.00
1710/9	—	4.00	10.00	20.00	30.00	70.00
1710	—	4.00	10.00	20.00	30.00	70.00
1711	—	4.00	10.00	20.00	30.00	70.00
1712/1	—	4.00	10.00	20.00	30.00	70.00
1712	—	4.00	10.00	20.00	30.00	70.00

KM# 26.5 2 STUIVERS

Silver **Note:** Mint mark: Horse on mountain. Varieties exist.

Date	Mintage	VG	F	VF	XF	Unc
1734	261,045	4.00	10.00	20.00	30.00	70.00

KM# 80b 2 STUIVERS

Gold 3-3.5 grams, weight varies **Obv:** Without rosettes at sides of mint mark **Rev:** Inscription above date, mint mark below **Rev. Inscription:** *D*/GEL/RIÆ

Date	Mintage	VG	F	VF	XF	Unc
1747	—	—	—	—	—	—
1757	—	—	—	—	—	—

KM# 80a 2 STUIVERS (Double Wapenstuiver)

1.6200 g., 0.5830 Silver 0.0304 oz. ASW **Obv:** Crowned arms of Gelderland divide 2S **Rev:** Inscription above date, mint mark below **Rev. Inscription:** *D*/GEL/RIÆ/mintmark

Date	Mintage	VG	F	VF	XF	Unc
1785	1,156,856	2.00	7.00	25.00	50.00	120

KM# 107 2 STUIVERS (Double Wapenstuiver)

1.6200 g., 0.5830 Silver 0.0304 oz. ASW **Obv:** Crowned arms of Gelderland divides 2S **Rev:** Mint mark between rosettes/GEL/RIA/date **Rev. Inscription:** GEL/RIA

Date	Mintage	VG	F	VF	XF	Unc
1785	1,156,405	—	—	—	—	—
1786	804,705	3.00	8.00	15.00	25.00	50.00
1789	Inc. above	3.00	8.00	15.00	25.00	50.00
1792	Inc. above	3.00	8.00	15.00	25.00	50.00

KM# 77a 6 STUIVERS (Scheepjesschelling)

4.9500 g., Silver **Obv:** Crowned arms of Gelderland divide value **Rev:** Ship sailing, date above

Date	Mintage	VG	F	VF	XF	Unc
1705	1,012,943	20.00	80.00	125	250	400
1706	Inc. above	20.00	80.00	125	250	400
1707	Inc. above	20.00	80.00	125	250	400
1709	1,224,894	20.00	80.00	125	250	400
1710	Inc. above	20.00	80.00	125	250	400
1711	Inc. above	20.00	80.00	125	250	400
1712	324,769	20.00	80.00	125	250	400
1715	—	—	—	—	—	—
1716	30,235	25.00	125	200	350	700
1734	78,975	20.00	80.00	125	250	400

1116 NETHERLANDS GELDERLAND

KM# 87 10 STUIVERS (1/2 Gulden)
5.3000 g., 0.9200 Silver 0.1568 oz. ASW **Obv:** Crowned arms of Gelderland divide value, 10 ST, date above **Obv. Legend:** MOARGORD FOE BELG D : GEL & C : Z • Rev: Standing figure holding pole with liberty cap, leaning on bible on column **Rev. Legend:** HANC TVEMVR HAC NITIMVR

Date	Mintage	VG	F	VF	XF	Unc
1751/50	—	50.00	100	175	200	400
1751	—	50.00	100	175	200	400
1761	—	—	—	—	—	—
1761/50	—	—	—	—	—	—

KM# 94 10 STUIVERS (1/2 Gulden)
5.3000 g., 0.9200 Silver 0.1568 oz. ASW **Obv:** Crowned arms of Gelderland divide value, X ST, date above **Obv. Legend:** MOARGORD FOE BELG D GEL & C Z **Rev:** Standing figure holding pole with liberty cap, leaning on bible on column **Rev. Legend:** HANC TVEMVR HAC NITIMVR

Date	Mintage	VG	F	VF	XF	Unc
1759	—	35.00	80.00	150	275	450
1760	—	25.00	60.00	125	200	300
1761	—	25.00	60.00	125	200	300
1762	—	25.00	60.00	125	200	300
1764/3	—	30.00	80.00	200	300	500
1764	—	25.00	60.00	125	200	300
1765	—	25.00	60.00	125	200	300

KM# 94a 10 STUIVERS (1/2 Gulden)
6.9000 g., Gold **Obv:** Crowned arms of Gelderland divide value, X ST, above crown **Rev:** Standing figure holding pole with liberty cap, leaning on bible on column

Date	Mintage	VG	F	VF	XF	Unc
1761 Rare	—	—	—	—	—	—

KM# 65.2 20 STUIVERS (Gulden)
10.6100 g., 0.9200 Silver 0.3138 oz. ASW **Obv:** Crowned arms of Gelderland divide value I-G **Rev:** Standing female figure leaning on Bible on column, holding pole with liberty cap, date in exergue **Note:** Mint mark: Knight on horse.

Date	Mintage	Good	VG	F	VF	XF
1701	—	—	12.00	50.00	40.00	80.00
1703	1,673,815	—	12.00	25.00	40.00	80.00
1704/1	Inc. above	—	12.00	25.00	40.00	80.00
1704/3	Inc. above	—	12.00	25.00	50.00	100
1704	Inc. above	—	8.00	20.00	50.00	70.00
1705/3	Inc. above	—	8.00	20.00	50.00	70.00
1705	Inc. above	—	8.00	20.00	50.00	70.00
1706	Inc. above	—	8.00	20.00	50.00	70.00
1707	Inc. above	—	8.00	20.00	50.00	70.00
1709	4,128,785	—	8.00	20.00	50.00	70.00
1710	Inc. above	—	8.00	20.00	30.00	80.00
1711	Inc. above	—	12.00	25.00	40.00	80.00
1712	Inc. above	—	8.00	20.00	35.00	70.00
1713	2,661,345	—	8.00	20.00	35.00	70.00
1713/10	Inc. above	—	10.00	30.00	60.00	100
1713/11	Inc. above	—	10.00	30.00	60.00	100
1714	Inc. above	—	8.00	20.00	30.00	50.00
1714/13	—	—	—	—	—	—

KM# 65.3 20 STUIVERS (Gulden)
Silver **Obv:** Crowned arms of Gelderland divide value **Rev:** Standing female figure leaning on Bible on column, holding pole with liberty cap, date in exergue **Note:** Mint mark: Crane.

Date	Mintage	VG	F	VF	XF	Unc
1715/1697	—	—	60.00	80.00	—	250
1715	2,018,820	8.00	17.00	30.00	60.00	150
1716	Inc. above	8.00	17.00	30.00	60.00	150
1717	Inc. above	10.00	20.00	60.00	80.00	250
1718/17	—	—	—	—	—	—
1718	1,554,500	10.00	20.00	60.00	80.00	150
1719	Inc. above	8.00	17.00	30.00	60.00	150
1720	Inc. above	8.00	17.00	30.00	60.00	150
1721	Inc. above	8.00	17.00	30.00	60.00	150
1723	460,824	8.00	17.00	30.00	60.00	150
1793 Error, wrong 1723 date	Inc. above	10.00	25.00	50.00	200	400

KM# 65.4 20 STUIVERS (Gulden)
10.6100 g., Silver **Obv:** Crowned arms of Gelderland divide value **Rev:** Standing female figure leaning on bible on column, holding pole with liberty cap **Note:** Mint mark: Fox.

Date	Mintage	VG	F	VF	XF	Unc
1730	2,370	—	—	—	—	—

KM# 65.5 20 STUIVERS (Gulden)
10.6100 g., Silver **Obv:** Crowned arms of Gelderland divide value, I-G **Rev:** Standing female figure leaning on bible on column, holding pole with liberty cap **Note:** Mint mark: Horse on mountain. Varieties exist.

Date	Mintage	VG	F	VF	XF	Unc
1733	453,250	8.00	17.00	30.00	50.00	100
1734	Inc. above	8.00	17.00	30.00	50.00	100
1735	Inc. above	8.00	17.00	30.00	50.00	100
1736	2,881,950	8.00	17.00	30.00	50.00	100
1736/35	Inc. above	8.00	17.00	30.00	50.00	100
1737	Inc. above	8.00	17.00	30.00	50.00	100
1738	Inc. above	8.00	17.00	30.00	50.00	100

KM# 63.2 48 STUIVERS (Silver Ducat)
28.2500 g., Silver **Obv:** Knight standing right, crowned lion shield at feet **Rev:** Crowned arms divide date, without inner circle **Note:** Mint mark: Knight horseback on reverse. Dav. #4891.

Date	Mintage	Good	VG	F	VF	XF
1701	—	—	20.00	30.00	80.00	150	250
1707	—	—	20.00	30.00	80.00	150	250
1708/7	—	—	20.00	30.00	80.00	150	250
1708	—	—	20.00	30.00	80.00	150	250
1709/8	—	—	20.00	30.00	80.00	150	250
1709	—	—	20.00	30.00	80.00	150	250
1711	—	—	20.00	30.00	80.00	150	250

KM# 68.3 60 STUIVERS (3 Gulden)
31.8200 g., Silver **Obv:** Value stated as 3-G **Rev:** Date in exergue **Note:** Mint mark: Crane.

Date	Mintage	VG	F	VF	XF	Unc
1721	—	35.00	100	200	350	450

KM# 89 1/4 GULDEN
2.6500 g., 0.9200 Silver 1756 - 21mm, 1759 - 22.5mm 0.0784 oz. ASW Crowned arms of Gelderland divide date **Obv. Legend:** MOARGORD FOE BELG D GEL & C • Z • **Rev:** Standing female figure leaning on bible on column, holding pole with liberty cap **Rev. Legend:** HANC TVEMVR HAC NITIMVR

Date	Mintage	VG	F	VF	XF	Unc
1756	14,600	15.00	25.00	50.00	80.00	150
1759	—	15.00	25.00	50.00	80.00	150

KM# 89a 1/4 GULDEN
Gold **Obv:** Crowned arms of gelderland divides date **Rev:** Standing female figure leaning on bible on column, holding pole with liberty cap

Date	Mintage	VG	F	VF	XF	Unc
1756 Rare	—	—	—	—	—	—
1759 Rare	—	—	—	—	—	—

KM# 103 3 GULDEN
31.8200 g., 0.9200 Silver 0.9412 oz. ASW **Obv:** Crowned arms of Gelderland, value 3-GL, legend **Obv. Legend:** MO : ARG : ORD : FOE : BELG : ... **Rev:** Standing figure holding pole with Liberty cap, leaning on Bible on column, date in exergue **Rev. Legend:** HANC TVEMVR HAC NITIMVR **Note:** Dav. #1849.

Date	Mintage	VG	F	VF	XF	Unc
1721	—	—	—	—	—	—
1764	231,765	20.00	40.00	80.00	150	250
1786	127,820	20.00	40.00	80.00	150	250
1786/85	Inc. above	30.00	60.00	125	250	400

KM# 100.1 GULDEN
10.6100 g., 0.9200 Silver 0.3138 oz. ASW **Obv:** Crowned arms of Gelderland divide value I-GL legend **Obv. Legend:** MO : ARG : ORD : FOE : BELG : GEL ... **Rev:** Standing figure holding pole with Liberty cap, leaning on Bible on column, date in exergue **Rev. Legend:** HANC TVEMVR HAC NITIMVR

Date	Mintage	VG	F	VF	XF	Unc
1760	371,120	6.00	15.00	25.00	40.00	80.00
1762	Inc. above	6.00	15.00	25.00	40.00	80.00
1763	3,846,265	6.00	15.00	25.00	40.00	80.00
1764/3	Inc. above	8.00	20.00	30.00	60.00	100
1764	Inc. above	6.00	15.00	25.00	40.00	80.00
1765	1,324,535	6.00	15.00	25.00	40.00	80.00
1786/65	300,000	12.50	30.00	50.00	100	150
1786	Inc. above	6.00	30.00	50.00	75.00	150
1794	—	6.00	15.00	25.00	40.00	80.00
1795	—	—	—	—	—	—

KM# 100.2 GULDEN
10.6100 g., 0.9200 Silver 0.3138 oz. ASW **Obv:** Crowned arms of Gelderland, legend **Rev:** Standing figure holding pole with Liberty cap, leaning on Bible on column, date in exergue **Rev. Legend:** HANC TVEMUR HAC NITIMVR

Date	Mintage	VG	F	VF	XF	Unc
1762	—	15.00	35.00	60.00	125	250

KM# 85.1 7 GULDEN
4.9650 g., 0.9170 Gold 0.1464 oz. AGW **Obv:** Mounted knight holding sword above crowned shield **Obv. Legend:** MO : AUR : PRO : CONFOED : BELG : D : G : & C : Z : **Rev:** Crowned arms of Gelderland divide value, date above **Rev. Legend:** CONCORDIA • RES PARVÆ CRESCUNT

Date	Mintage	VG	F	VF	XF	Unc
1750	—	200	250	350	550	800
1751	—	200	250	350	550	800
1761	—	225	300	500	750	1,000
1762	—	200	250	350	550	800

KM# 85.2 7 GULDEN
4.9650 g., 0.9170 Gold 0.1464 oz. AGW **Obv:** Mounted knight holding sword above crowned arms **Obv. Legend:** MO : AUR : PRO : CONFOED : BELG : D : G : & C : Z : **Rev:** Crowned arms of Gelderland divides value, date above **Rev. Legend:** CONCORDIA • RES PARVÆ • CRESCUNT

Date	Mintage	VG	F	VF	XF	Unc
1760	—	200	250	325	525	750

KM# 86.1 14 GULDEN
9.9300 g., 0.9170 Gold 0.2927 oz. AGW **Obv:** Mounted knight holding sword above crowned arms **Obv. Legend:** MO • AUR • PRO • CONFOED • BELG • D • G • & C • Z • **Rev:** Crowned arms of Gelderland divides value, date above **Rev. Legend:** CONCORDIA RES PARVÆ CRESCUNT •

Date	Mintage	VG	F	VF	XF	Unc
1750	—	285	325	450	700	1,000
1751	—	285	325	450	700	1,000
1762	—	285	325	450	700	1,000

GELDERLAND — NETHERLANDS

KM# 86.2 14 GULDEN
9.9300 g., 0.9170 Gold 0.2927 oz. AGW **Obv:** Mounted knight holding sword above crowned arms **Obv. Legend:** MO • AUR • PRO • CONFOE • BELG • D • G • 8 C • Z • **Rev:** Crowned arms of Gelderland divide value, date above **Rev. Legend:** CONCORDIA RES PARVÆ CRESCUNT •

Date	Mintage	VG	F	VF	XF	Unc
1760/50	—	285	400	750	1,000	1,400
1760	—	285	350	550	750	1,100

KM# 101.1 1/2 DUCATON (1/2 Silver Rider)
16.3900 g., 0.9410 Silver 0.4958 oz. ASW **Obv:** Knight on galloping horse **Obv. Legend:** MO • NO • ARG • CONFOE • BEL PRO • D **Rev:** Arms of Gelderland, legend around, date in cartouche **Edge:** Flowered

Date	Mintage	VG	F	VF	XF	Unc
1761	—	50.00	150	250	400	600
1762	—	50.00	150	250	400	600
1763/62	—	50.00	150	250	600	600
1764	—	50.00	150	250	400	600
1764/63	—	60.00	160	275	450	700
1765	—	30.00	100	150	300	450

KM# 101.2 1/2 DUCATON (1/2 Silver Rider)
16.3900 g., 0.9410 Silver 0.4958 oz. ASW **Obv:** Knight on galloping horse above crowned shield **Obv. Legend:** MO: NO: ARG: CONF BEL... **Rev:** Crowned arms of Gelderland, with supporters, legend around, date in cartouche **Rev. Legend:** CONCORDIA RESPARVÆ ... **Edge:** Corded

Date	Mintage	VG	F	VF	XF	Unc
1761	—	50.00	150	250	400	600
1762	—	50.00	150	250	400	600
1764/63	—	50.00	160	275	450	700
1765	—	50.00	150	250	400	600
1766	—	30.00	100	150	300	500
1767	—	30.00	100	150	300	500
1769	—	30.00	100	150	300	500
1773	104,000	30.00	100	150	300	500
1774	—	30.00	100	150	300	500
1775	—	30.00	100	150	300	500
1785 Mintage included with KM95	—	30.00	100	150	300	500
1790 Mintage include with KM95	—	30.00	100	150	300	500

KM# 95.3 DUCATON (Silver Rider)
32.7800 g., 0.9410 Silver 0.9917 oz. ASW **Obv:** Knight on horse above crowned shield **Obv. Legend:** MO : NO : ARG : PRO : CONF : .... **Rev:** Crowned arms of Gelderland, with supporters, date in cartouche below **Rev. Legend:** CONCORDIA.... **Note:** Dav. #1824.

Date	Mintage	VG	F	VF	XF	Unc
1704	120,688	50.00	150	300	450	575
1707	19,249	75.00	175	350	500	750
1711	268,042	75.00	175	350	500	750
1712	—	75.00	175	350	500	750
1717	846,737	75.00	175	350	500	750
1720	—	75.00	175	350	500	750
1721	—	75.00	175	350	500	750
1723	—	75.00	175	350	500	750
1730 FOX	—	75.00	175	350	500	750
1730 Horse on mountain	133,266	40.00	80.00	150	275	575
1733	319,227	40.00	80.00	150	275	575
1734/3	Inc. above	75.00	175	350	500	750
1734	Inc. above	40.00	125	250	350	500
1735	442,091	40.00	125	250	350	500
1736	Inc. above	40.00	125	250	350	500
1737	Inc. above	40.00	125	250	350	500
1738	Inc. above	40.00	125	250	350	500
1740	91,949	50.00	150	300	500	750
1744	28,865	80.00	175	325	500	850
1759	20,302	40.00	80.00	130	200	350
1760	Inc. above	75.00	150	275	475	700
1761	Inc. above	35.00	70.00	120	175	300
1764	—	35.00	70.00	120	175	300
1765	—	35.00	70.00	120	175	300
1766	177,000	35.00	70.00	120	175	300
1767	Inc. above	35.00	70.00	120	175	300
1773	104,000	40.00	80.00	150	250	500
1774	Inc. above	30.00	60.00	110	160	300
1775	Inc. above	30.00	60.00	110	160	300
1785/76/75	—	—	—	—	—	—
1785/76	—	40.00	80.00	150	250	500
1785	46,000	30.00	60.00	110	160	300
1789	367,000	30.00	60.00	110	160	300
1790	Inc. above	30.00	60.00	110	160	300
1791	Inc. above	30.00	60.00	110	160	300
1792	Inc. above	30.00	60.00	110	160	300

KM# 99.3 2 DUCATON
50.0700 g., Silver **Obv. Legend:** . . . O GEL C Z **Note:** Dav. #1823.

Date	Mintage	VG	F	VF	XF	Unc
1716	—	165	325	650	1,400	1,800
1717	—	165	325	650	1,400	1,800
1721	—	165	325	650	1,400	1,800

KM# 102 1/2 SILVER DUCAT
14.1200 g., 0.8730 Silver 0.3963 oz. ASW **Obv:** Knight standing holding crowned arms **Rev:** Crowned arms of Gelderland divides date

Date	Mintage	VG	F	VF	XF	Unc
1762	—	50.00	150	250	375	500
1763	—	70.00	200	350	500	800
1764	—	70.00	200	350	500	800
1765	—	50.00	150	250	375	500

KM# 38.1 SILVER DUCAT
28.2500 g., 0.8730 Silver 0.7929 oz. ASW **Obv:** Knight standing, small arms **Obv. Legend:** MO • ARG • PRO • CONFOE • BELG • D • GEL • C • Z • **Rev:** Legend, arms of Gelderland, date **Rev. Legend:** .... CRESCVNT • **Note:** Dav. #1837.

Date	Mintage	VG	F	VF	XF	Unc
1701	—	—	—	—	—	—
1707	705,720	60.00	110	200	250	350
1708/7	—	60.00	120	200	450	350
1708	—	60.00	110	200	420	500
1709/08	—	—	—	—	—	—
1709	—	60.00	110	200	420	500
1710	—	60.00	110	200	250	350
1711	—	60.00	110	200	250	350

KM# 38.2 SILVER DUCAT
28.2500 g., 0.8730 Silver 0.7929 oz. ASW **Obv. Legend:** .... CONF • BELG • GEL • C • Z • **Rev. Legend:** .... CRESCUNT **Note:** Small arms. Dav. #1838.

Date	Mintage	VG	F	VF	XF	Unc
1734	224,654	40.00	80.00	110	175	300
1750	601,931	100	250	450	800	1,200
1739	Inc. above	30.00	60.00	90.00	150	275
1745	79,410	30.00	60.00	90.00	150	300
1750	325,712	30.00	60.00	90.00	150	300
1753	223,873	30.00	60.00	90.00	150	300
1754	Inc. above	30.00	60.00	90.00	150	300
1755	Inc. above	30.00	60.00	90.00	150	300
1759	—	30.00	60.00	90.00	150	300
1760	371,000	80.00	200	350	500	700
1761	Inc. above	80.00	200	300	500	700
1762	Inc. above	80.00	200	350	500	700
1763	1,134,000	30.00	60.00	90.00	150	275
1764	Inc. above	30.00	60.00	90.00	150	275
1766	1,235,000	30.00	60.00	90.00	150	275
1767	Inc. above	30.00	60.00	90.00	150	275
1768	Inc. above	30.00	60.00	90.00	150	275
1771	Inc. above	40.00	80.00	160	250	400
1773	842,000	40.00	80.00	140	225	350
1774	Inc. above	30.00	60.00	90.00	150	275
1775	39,000	60.00	120	200	300	500

TRADE COINAGE

KM# 78 DUCAT
3.4900 g., 0.9860 Gold 0.1106 oz. AGW **Obv:** Standing Knight holding bundle of arrows divides date **Obv. Legend:**

CONCORDIA RES • PAR • CRES • D • G • 8C C • Z • **Rev:** Legend within ornamented square **Rev. Legend:** MO:ORD/ PROVIN/ FOEDER/ BELGAD/ LEG:IMP

Date	Mintage	VG	F	VF	XF	Unc
1708	—	190	250	475	700	850
1710	—	120	220	325	550	700
1711	—	150	170	200	400	57,555
1712/11	—	160	180	325	750	1,000
1712	—	150	170	200	475	750
1713	—	150	170	200	400	575
1715	—	170	220	325	550	800
1716	—	150	170	200	400	575
1717	—	150	170	200	400	575
1718/17	—	150	200	250	450	700
1718	—	150	170	200	400	475
1730	—	170	220	325	450	725
1731	—	170	250	525	900	1,300
1733	—	150	170	200	450	725
1737 M	—	225	375	800	1,200	1,600
1738	—	150	170	200	400	575
1740	—	150	170	200	400	575
1741	—	150	170	200	400	575
1742	—	150	170	200	400	575
1743	—	150	170	200	400	575
1744	—	150	170	200	400	575
1747	—	170	220	325	450	725
1749	—	225	250	800	1,200	1,600
1750	—	150	170	200	400	575
1758	592,000	150	170	200	400	575
1759	Inc. above	150	170	200	400	575
1760	Inc. above	170	220	325	450	525
1761	Inc. above	170	220	325	450	525
1762	125,000	170	220	325	450	525
1763	Inc. above	150	170	200	400	575
1763/58	—	170	250	325	450	725
1766	103,000	150	170	200	400	575
1767	Inc. above	150	170	200	400	575
1769	—	150	170	235	425	675
1786	64,000	170	220	325	450	725
1791	36,000	150	170	235	425	675
1792	Inc. above	170	220	325	525	675
1793	—	170	220	325	525	675

KM# 90 2 DUCAT
6.9800 g., 0.9860 Gold 0.2213 oz. AGW **Obv:** Standing Knight holding bundle of arrows divides date **Rev:** Legend within ornamented square

Date	Mintage	VG	F	VF	XF	Unc
1715	—	350	750	1,500	2,500	3,500
1756	—	320	500	1,000	2,000	3,000
1759	—	320	500	1,000	2,000	3,000
1760/59	—	350	750	1,500	2,500	3,500
1760	460,000	300	500	1,000	2,000	3,000
1761	—	350	750	1,500	2,500	3,500

PRUSSIAN GELDERLAND

STANDARD COINAGE

KM# 201 1/16 THALER
0.5630 Silver **Obv:** Crowned 3-fold shield, date **Rev:** Value within roped circle

Date	Mintage	VG	F	VF	XF	Unc
1719 HFH	—	125	225	325	550	—

KM# 202 1/8 THALER
0.5630 Silver **Obv:** Crown above 3 shields **Rev:** Value within branches

Date	Mintage	VG	F	VF	XF	Unc
1719 HFH	—	160	320	450	750	—

KM# 203 1/4 THALER
0.8680 Silver **Obv:** Crowned cruciform arms **Rev:** Value within wreath

Date	Mintage	VG	F	VF	XF	Unc
1719 HFH	—	200	400	650	1,000	—

NETHERLANDS

GELDERLAND

KM# 204 1/2 THALER
0.8680 Silver **Obv:** Bust of Friedrich Wilhelm right **Obv. Legend:** FRID • WILH • D • G • REX • ... **Rev:** Crowned shield in center of crowned arms

Date	Mintage	VG	F	VF	XF	Unc
1719 HF H	—	300	600	900	1,500	—

KM# 200 THALER
0.8680 Silver **Obv:** Bust of Friedrich Wilhelm right **Obv. Legend:** FRID • WILH • D • G • REX • ... **Rev:** Crowned shield in center of crowned arms

Date	Mintage	VG	F	VF	XF	Unc
1718 HF H	—	900	1,500	2,500	4,000	—

PATTERNS
Including off metal strikes

KM#	Date	Mintage	Identification	Mkt Val
Pn9	1703	—	Duit. Copper. KM75.	—
Pn10	1747	—	2 Stuivers. Gold. 3.5000 g. KM#26.5.	—
Pn11	1754	—	Duit. Silver. KM88.	100
Pn12	1756	—	1/2 Duit. Gold. 1.7500 g.	—
Pn13	1757	—	Duit. Silver. KM88.	100
Pn15	1757	—	Stuiver. Gold. 1.7500 g. KM#92.	—
Pn16	1757	—	2 Stuivers. Gold. 3.5000 g. KM#26.5.	—
Pn14	1757	—	Duit. Silver. Crowned arms. Crowned arms. Proof.	250
Pn17	1759	—	1/4 Gulden. Gold.	—
Pn18	1760	—	6 Stuivers. Gold. 7.0000 g. KM#77.	—
Pn19	1761	—	Duit. Silver. KM93.	100
Pn20	1767	—	Duit. Silver. KM93.	100
Pn21	1770	—	Duit. Silver. KM93.	100
Pn22	1785	—	6 Stuivers. Gold. 7.0000 g. KM#77.	—

PIEFORTS

KM#	Date	Mintage	Identification	Mkt Val
P19	1716	—	40 Stuivers. Silver. KM76.1.	—
P20	1717	—	40 Stuivers. Silver. KM76.2.	—
P21	1721	—	40 Stuivers. Silver. KM76.2.	—
P22	1755	—	Ducat. Silver. KM#33.1.	1,500

GRONINGEN AND OMMELAND

The province of Groningen is located in northern Netherlands and is drained by numerous rivers and canals.

The early history of Groningen is chiefly one of conflict between the city and the surrounding districts known as the Ommelanden. The city remained loyal to the Spanish king while the surrounding area supported the revolt against Spain. After 1594 Groningen and Ommeland were united into one republic but it was not until 1795 that they were merged into one province.

The Groningen Mint was closed in 1692. The following coins were struck at the Harderwyk Mint of Gelderland.

PROVINCE

STANDARD COINAGE

KM# 65 DUIT
3.8400 g., Copper **Obv:** Crowned arms of Groningen & Ommeland within sprigs **Rev:** Inscription above date **Rev. Inscription:** GRON/ EN/ OMMEL

Date	Mintage	VG	F	VF	XF	Unc
1770	—	4.00	10.00	20.00	40.00	60.00

KM# 66 DUIT
3.8400 g., Copper **Obv:** Crowned arms of Groningen & Ommeland within sprigs **Rev:** Inscription above date **Rev. Inscription:** GRON/ EN/ OMMEL **Note:** Large letters.

Date	Mintage	VG	F	VF	XF	Unc
1770	—	4.00	10.00	20.00	40.00	60.00
1771	—	4.00	10.00	20.00	40.00	60.00
1772	—	5.00	15.00	25.00	50.00	85.00

KM# 66a DUIT
3.8000 g., Silver **Obv:** Crowned arms of Groningen & Ommeland within sprigs **Rev:** Inscription above date **Rev. Inscription:** GRON/ EN/ OMMEL

Date	Mintage	VG	F	VF	XF	Unc
1771	—	20.00	45.00	100	150	250

KM# 55 STUIVER ((bezemstuier) = broom)
0.8100 g., 0.5830 Silver 0.0152 oz. ASW **Obv:** Inscription, date **Rev:** Bundle of arrows divide 1 S **Rev. Inscription:** GRON/ EN/ OML/

Date	Mintage	VG	F	VF	XF	Unc
1738	—	10.00	20.00	35.00	60.00	100
1765	—	10.00	20.00	35.00	60.00	100
1766	—	—	—	—	—	—

KM# 55a STUIVER (bezemstuier) = broom)
Gold 1.4 - 1.8 grams, weight varies **Obv. Inscription:** GRON / EN / OML / date **Rev:** Bundle of arrows divide 1 S

Date	Mintage	VG	F	VF	XF	Unc
1738	—	—	—	—	1,200	2,000
1765	—	—	—	—	1,000	1,800

KM# 60 7 GULDEN
4.9650 g., 0.9170 Gold 0.1464 oz. AGW **Obv:** Armored Knight on horse above crowned shield **Rev:** Crowned arms of Groningen & Ommeland divide value, date above

Date	Mintage	VG	F	VF	XF	Unc
1761	186,125	200	250	350	550	950

KM# 61 14 GULDEN
9.9300 g., 0.9170 Gold 0.2927 oz. AGW **Obv:** Armored Knight on horse above crowned shield **Rev:** Crowned arms of Groningen & Ommeland divides value, date above

Date	Mintage	VG	F	VF	XF	Unc
1761	—	385	450	550	850	1,500

Note: Mintage included with KM60

HOLLAND

Hollandia

Holland, a Dutch maritime province fronting on the North Sea, is the most important region of the Netherlands. It is a leader in maritime activities and in efficient agriculture. During the period of Spanish domination, Holland was the bulwark of the Protestant faith in the Netherlands and the focus of the resistance to Spanish tyranny.

MINT MARKS
Rose - Dordrecht
State Arms - Amsterdam

PROVINCE

STANDARD COINAGE

KM# 80 DUIT
3.8400 g., Copper **Obv:** Standing lion holding spear within closed "Dutch" garden **Rev:** Inscription above date **Rev. Inscription:** HOL/ LAN/ DIA + date

Date	Mintage	VG	F	VF	XF	Unc
1702	—	2.00	5.00	12.00	25.00	50.00
1707	—	2.00	5.00	12.00	25.00	50.00
1708	—	4.00	10.00	20.00	45.00	75.00
1709	—	3.00	8.00	15.00	35.00	60.00
1710	—	2.00	5.00	12.00	25.00	50.00
1711	—	4.00	8.00	15.00	35.00	60.00
1712	—	2.00	5.00	12.00	25.00	50.00
1713	—	3.00	8.00	15.00	35.00	60.00
1714	—	2.00	5.00	12.00	25.00	50.00
1715/14 M	—	2.00	5.00	12.00	25.00	50.00
1715	—	2.00	5.00	12.00	25.00	50.00
1716	—	2.00	5.00	12.00	25.00	50.00

Date	Mintage	VG	F	VF	XF	Unc
1717	—	2.00	5.00	12.00	25.00	50.00
1720	—	1.50	4.00	10.00	20.00	45.00
1721	—	1.50	4.00	10.00	20.00	45.00
1723	—	1.50	4.00	10.00	20.00	40.00
1739	5,250,000	1.50	4.00	10.00	20.00	40.00
1741	3,098,000	1.50	4.00	10.00	20.00	40.00
1742	—	1.50	4.00	10.00	20.00	40.00
1742/61	—	2.50	8.00	15.00	35.00	65.00
1749	—	—	—	—	—	—
1754	3,370,000	2.50	8.00	15.00	30.00	55.00
1765	3,557,000	1.50	4.00	10.00	16.00	30.00
1765/61	—	2.50	10.00	25.00	40.00	75.00
1766	—	1.50	4.00	10.00	16.00	30.00
1769	1,678,000	1.50	4.00	10.00	16.00	30.00
1780	3,457,000	1.00	3.00	6.00	14.00	25.00

KM# 80a DUIT
Silver **Obv:** Standing lion holding spear within closed "Dutch" garden **Rev:** Inscription above date **Rev. Inscription:** HOL/ LAN/ DIA / date

Date	Mintage	VG	F	VF	XF	Unc
1702	—	20.00	30.00	40.00	90.00	150
1710	—	30.00	40.00	80.00	150	250
1717	—	20.00	30.00	40.00	90.00	250
1725	—	—	—	—	—	—
1739	—	20.00	30.00	40.00	90.00	150
1740	—	20.00	30.00	40.00	90.00	150
1741	—	—	—	—	—	—
1742	—	20.00	50.00	40.00	90.00	150
1743	—	20.00	30.00	40.00	90.00	150
1744	—	20.00	30.00	40.00	90.00	150
1745	—	20.00	30.00	40.00	90.00	150
1746	—	20.00	30.00	40.00	90.00	150
1747	—	20.00	30.00	40.00	90.00	150
1748	—	20.00	30.00	40.00	90.00	150
1750	—	30.00	40.00	80.00	150	250
1751	—	20.00	30.00	40.00	90.00	150
1752	—	20.00	30.00	40.00	90.00	150
1753	—	20.00	30.00	40.00	90.00	150
1754	—	20.00	30.00	40.00	90.00	150
1755	—	20.00	30.00	40.00	90.00	150
1756	—	20.00	30.00	40.00	90.00	150
1757	—	20.00	30.00	40.00	90.00	150
1758	—	20.00	30.00	40.00	90.00	150
1759	—	20.00	30.00	40.00	90.00	150
1760	—	20.00	30.00	40.00	90.00	150
1761	—	20.00	30.00	40.00	90.00	150
1762	—	20.00	30.00	40.00	90.00	150
1768	—	20.00	30.00	40.00	90.00	150

KM# 80b DUIT
6.8500 g., Gold **Obv:** Standing lion holding spear within closed "Dutch" garden **Rev:** Inscription above date **Rev. Inscription:** HOL/LAN/DIA •

Date	Mintage	VG	F	VF	XF	Unc
1702	—	—	220	500	1,000	1,500
1717	—	—	220	500	1,000	1,500
1720	—	—	—	—	—	—
1723	—	—	220	500	1,000	1,500
1739	—	—	220	500	1,000	1,500
1740	—	—	220	500	1,000	1,500
1742	—	—	220	500	1,000	1,500
1744	—	—	220	500	1,000	1,500
1745	—	—	220	500	1,000	1,500
1749	—	—	220	500	1,000	1,500
1752	—	—	220	500	1,000	1,500
1753	—	—	—	—	—	—
1759	—	—	220	500	1,000	1,500
1760 Rare	—	—	—	—	—	—
1765 Rare	—	—	—	—	—	—

KM# 80c DUIT
5.2500 g., Gold **Obv:** Standing lion holding spear within closed "Dutch" garden **Rev:** Inscription above date **Rev. Inscription:** HOL/LAN/DIA ?

Date	Mintage	VG	F	VF	XF	Unc
1739	—	—	175	300	650	1,000
1749	—	—	175	300	650	1,000
1753	—	—	175	300	650	1,000
1755	—	—	175	300	650	1,000
1759	—	—	175	300	650	1,000
1763	—	—	—	—	—	—

KM# 85 STUIVER (Weapon)
0.8100 g., Silver **Obv:** Crowned arms of Holland divides value **Rev. Inscription:** HOL / LAN / DIA / Date)

Date	Mintage	VG	F	VF	XF	Unc
1724	50,062	3.00	8.00	15.00	30.00	50.00
1726	336,213	3.00	8.00	15.00	30.00	50.00
1727	Inc. above	3.00	8.00	15.00	30.00	50.00
1730	246,329	3.00	8.00	15.00	30.00	50.00
1733/27	748,962	10.00	40.00	70.00	105	250
1733	Inc. above	3.00	8.00	15.00	30.00	50.00
1734	Inc. above	3.00	8.00	15.00	30.00	50.00

Date	Mintage	VG	F	VF	XF	Unc
1736	150,471	3.00	8.00	15.00	30.00	50.00
1737	Inc. above	3.00	8.00	15.00	30.00	50.00

KM# 85a STUIVER (Weapon)

1.7500 g., Gold **Obv:** Crowned arms of Holland divides value **Rev:** Inscription above date **Rev. Inscription:** HOL/LAN/DIA •

Date	Mintage	VG	F	VF	XF	Unc
1724	—	75.00	125	170	250	450
1725	—	75.00	125	170	250	450
1726	—	75.00	125	170	250	450
1731	—	75.00	125	170	250	450
1732	—	90.00	160	220	350	550
1733	—	75.00	125	170	250	450
1734	—	75.00	125	170	250	450
1736/33	—	90.00	100	220	350	550
1736	—	100	125	250	400	550
1737/27	—	125	175	300	400	700
1737	—	100	125	250	300	450
1738	—	100	125	250	300	450

KM# 91 STUIVER (Broom)

0.8100 g., 0.5830 Silver 0.0152 oz. ASW **Obv. Inscription:** HOL / LAN / DIA• **Rev:** Bundle of arrows divides value in wreath **Rev. Inscription:** HOL/LAN/DIA•

Date	Mintage	VG	F	VF	XF	Unc
1738	3,599,929	3.00	8.00	15.00	35.00	60.00
1739/8	Inc. above	4.00	10.00	20.00	50.00	85.00
1739	Inc. above	2.00	5.00	10.00	17.00	45.00
1740/39	Inc. above	4.00	10.00	20.00	50.00	85.00
1740	Inc. above	3.00	8.00	15.00	35.00	60.00
1760	151,400	3.00	8.00	15.00	35.00	60.00
1764/3	226,987	5.00	15.00	25.00	60.00	120
1764	Inc. above	3.00	8.00	15.00	35.00	60.00

KM# 91a STUIVER (Broom)

1.7500 g., Gold **Obv:** Bundle of arrows divides value within wreath **Rev:** Inscription above date **Rev. Inscription:** HOL/LAN/DIA •

Date	Mintage	VG	F	VF	XF	Unc
1738	—	75.00	125	170	250	400
1739	—	75.00	125	170	250	400
1740	—	75.00	125	170	250	400
1741	—	60.00	75.00	250	400	600
1742	—	75.00	125	170	250	450
1743	—	75.00	125	170	250	450
1744	—	75.00	125	170	250	400
1745	—	75.00	125	170	250	450
1746	—	75.00	125	170	250	450
1747	—	100	175	250	350	550
1748/38	—	100	175	250	400	600
1748	—	75.00	125	170	250	450
1749	—	75.00	125	170	250	450
1750	—	75.00	125	170	250	450
1751	—	75.00	125	170	250	400
1752	—	75.00	125	170	250	475
1753	—	75.00	125	170	250	475
1754	—	75.00	125	170	250	475
1755	—	75.00	125	170	250	475
1756	—	100	175	250	300	500
1757	—	75.00	125	170	250	475
1758	—	75.00	125	170	250	475
1759	—	100	175	250	300	500
1760	—	100	175	250	300	500
1761	—	75.00	125	170	250	475
1762	—	75.00	125	170	250	475
1763	—	75.00	125	170	250	475
1764	—	75.00	125	170	250	475
1765	—	75.00	125	170	250	475
1766	—	75.00	125	170	250	475
1773	—	75.00	125	170	250	450

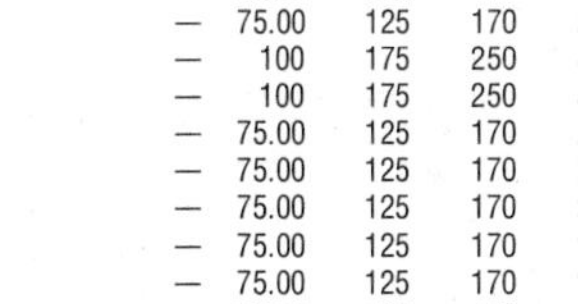

KM# 48 2 STUIVERS (Double Wapenstuiver)

1.6000 g., 0.5830 Silver 0.0300 oz. ASW, 19.6 mm. **Obv:** Crowned arms of Holland divides value **Rev. Inscription:** HOL/ LAN /DIA / (date)

Date	Mintage	VG	F	VF	XF	Unc
1701	—	2.00	5.00	8.00	14.00	35.00
1702	—	2.00	5.00	8.00	14.00	35.00
1703/2	—	2.00	8.00	14.00	22.00	55.00
1703	—	2.00	5.00	8.00	14.00	35.00
1705	—	2.00	5.00	8.00	14.00	35.00
1706	—	2.00	5.00	8.00	14.00	35.00
1707	—	2.00	5.00	8.00	14.00	35.00
1708/6	—	2.50	8.00	14.00	30.00	70.00
1708	—	2.00	5.00	8.00	14.00	35.00
1709	—	2.00	5.00	8.00	14.00	35.00
1710	—	2.00	5.00	8.00	14.00	35.00
1711	—	2.00	5.00	8.00	14.00	35.00
1712	—	2.00	5.00	8.00	14.00	35.00
1713	—	2.00	5.00	8.00	14.00	35.00
1715	—	2.00	5.00	8.00	14.00	35.00
1716/13	1,824,369	2.00	5.00	8.00	14.00	35.00
1716	Inc. above	2.00	5.00	8.00	14.00	35.00
1717	Inc. above	2.00	5.00	8.00	14.00	35.00
1718/7	936,173	2.00	8.00	14.00	25.00	60.00
1718	Inc. above	2.00	5.00	8.00	14.00	35.00
1719	Inc. above	2.00	5.00	8.00	14.00	35.00
1719/17	Inc. above	2.00	8.00	14.00	25.00	60.00
1720	Inc. above	2.00	5.00	8.00	14.00	35.00
1720/10	12,309,048	2.50	8.00	14.00	12.00	25.00
1720/19	Inc. above	2.50	8.00	14.00	25.00	60.00
1721	Inc. above	2.00	5.00	8.00	14.00	35.00
1722/11	Inc. above	2.50	8.00	16.00	25.00	60.00
1722	Inc. above	2.00	5.00	8.00	14.00	35.00
1723/2	9,177,173	2.50	8.00	14.00	25.00	60.00
1723	Inc. above	2.00	5.00	8.00	14.00	35.00
1724/2	Inc. above	2.50	8.00	14.00	25.00	60.00
1724/23	Inc. above	2.50	8.00	14.00	25.00	60.00
1724	Inc. above	2.00	5.00	8.00	14.00	35.00
1725/2	Inc. above	2.50	8.00	14.00	30.00	65.00
1725	5,845,049	2.00	5.00	8.00	14.00	30.00
1726/2	Inc. above	2.50	8.00	16.00	24.00	45.00
1726	Inc. above	2.00	5.00	8.00	14.00	30.00
1727/26	Inc. above	2.00	5.00	8.00	14.00	30.00
1727	Inc. above	2.00	5.00	8.00	14.00	30.00
1728	4,014,649	2.00	5.00	8.00	14.00	30.00
1729	Inc. above	2.00	5.00	8.00	14.00	30.00
1730/28	3,831,324	2.50	8.00	14.00	22.00	45.00
1730/29	Inc. above	2.50	8.00	14.00	30.00	50.00
1730	Inc. above	2.00	5.00	8.00	14.00	25.00
1731/21	Inc. above	2.50	8.00	16.00	22.00	45.00
1731	Inc. above	2.00	5.00	8.00	14.00	25.00
1732/22	Inc. above	2.50	8.00	14.00	22.00	45.00
1732/31	Inc. above	2.50	8.00	16.00	35.00	65.00
1732	Inc. above	2.00	5.00	8.00	14.00	25.00
1733/2	4,676,409	2.50	8.00	16.00	22.00	45.00
1733	Inc. above	2.00	5.00	8.00	14.00	25.00
1734/3	Inc. above	2.50	8.00	16.00	22.00	45.00
1734	Inc. above	2.00	5.00	8.00	14.00	25.00
1735	Inc. above	2.00	5.00	8.00	14.00	25.00
1736	1,924,831	2.00	5.00	8.00	14.00	25.00
1737/36	Inc. above	2.50	5.00	16.00	30.00	45.00
1737	Inc. above	2.00	5.00	8.00	14.00	25.00
1738	Inc. above	2.00	5.00	8.00	14.00	30.00
1739	Inc. above	2.00	5.00	8.00	14.00	25.00
1744	2,025,547	2.00	5.00	8.00	14.00	25.00
1745/4	325,262	2.50	9.00	17.00	28.00	45.00
1745	Inc. above	2.00	5.00	8.00	14.00	25.00
1746/35	207,076	2.50	9.00	18.00	30.00	50.00
1746/4	Inc. above	2.50	8.00	14.00	22.00	35.00
1746/5	Inc. above	2.50	8.00	14.00	22.00	35.00
1746	Inc. above	2.00	5.00	8.00	14.00	25.00
1748	198,969	2.50	6.00	12.00	17.00	35.00
1750/48	670,578	2.50	9.00	17.00	28.00	45.00
1750	Inc. above	2.00	5.00	8.00	14.00	25.00
1751	1,063,490	2.00	5.00	8.00	14.00	25.00
1752	Inc. above	2.00	5.00	8.00	14.00	25.00
1753	1,873,636	2.00	5.00	8.00	14.00	25.00
1754	Inc. above	2.00	5.00	8.00	14.00	25.00
1755/4	Inc. above	2.50	8.00	17.00	28.00	45.00
1755	Inc. above	2.00	5.00	8.00	14.00	30.00
1757/5	812,658	2.50	7.00	14.00	22.00	35.00
1757/6	Inc. above	2.50	6.00	12.00	17.00	30.00
1757	Inc. above	2.00	5.00	8.00	14.00	25.00
1758/54	1,844,766	2.50	8.00	17.00	30.00	70.00
1758/5	Inc. above	2.50	6.00	12.00	17.00	30.00
1758/57	Inc. above	2.50	8.00	17.00	30.00	70.00
1758	Inc. above	2.50	6.00	12.00	17.00	30.00
1759	Inc. above	2.00	5.00	8.00	14.00	25.00
1760	208,782	2.00	5.00	8.00	14.00	25.00
1761	Inc. above	2.00	5.00	8.00	14.00	25.00
1762	Inc. above	2.50	6.00	12.00	17.00	30.00
1763	1,257,102	2.00	5.00	9.00	14.00	25.00
1764/3	Inc. above	2.50	6.00	12.00	17.00	30.00
1764	Inc. above	2.00	5.00	9.00	14.00	25.00
1764/1	Inc. above	2.50	6.00	12.00	17.00	30.00
1765	1,336,747	2.00	5.00	9.00	14.00	25.00
1766/1	Inc. above	2.50	8.00	14.00	22.00	40.00
1766/4	Inc. above	2.50	8.00	14.00	22.00	40.00
1766	Inc. above	2.00	5.00	9.00	14.00	25.00
1767/6	Inc. above	2.50	8.00	12.00	17.00	30.00
1767	Inc. above	2.00	5.00	9.00	14.00	25.00
1768/7	Inc. above	2.50	8.00	12.00	17.00	30.00
1768	Inc. above	2.00	5.00	9.00	14.00	25.00
1769	705,991	2.00	5.00	9.00	14.00	25.00
1770	Inc. above	2.00	5.00	9.00	14.00	25.00
1771	Inc. above	2.50	8.00	12.00	17.00	30.00
1772	1,006,080	2.00	5.00	9.00	14.00	25.00
1773	Inc. above	2.00	5.00	9.00	14.00	25.00
1774	Inc. above	2.00	5.00	9.00	14.00	25.00
1775	960,000	2.00	5.00	9.00	14.00	25.00
1776	Inc. above	2.00	5.00	9.00	14.00	25.00
1777/78	Inc. above	2.00	8.00	12.00	17.00	30.00
1777	1,381,404	2.00	5.00	9.00	14.00	25.00
1778	Inc. above	2.00	5.00	9.00	14.00	25.00
1779	Inc. above	2.00	5.00	9.00	14.00	25.00
1780	Inc. above	2.00	5.00	9.00	14.00	25.00
1784/80	113,067	2.50	8.00	14.00	22.00	40.00
1784	Inc. above	2.00	5.00	9.00	14.00	25.00
1787	4,205,724	2.00	5.00	9.00	14.00	25.00
1788	Inc. above	2.00	5.00	9.00	14.00	25.00
1789	Inc. above	2.00	5.00	9.00	14.00	25.00
1790	4,137,244	2.00	5.00	9.00	14.00	25.00
1791	Inc. above	2.00	5.00	9.00	14.00	25.00
1792	Inc. above	2.00	5.00	9.00	14.00	25.00
1793	Inc. above	2.00	5.00	9.00	14.00	25.00

KM# 48a 2 STUIVERS (Double Wapenstuiver)

3.5000 g., Gold **Obv:** Crowned arms of Holland divides value **Rev:** Inscription above date **Rev. Inscription:** HOL/LAN/DIA ?

Date	Mintage	VG	F	VF	XF	Unc
1723	—	120	220	300	400	700
1724/22	—	120	220	300	400	700
1724/23	—	120	220	300	600	1,000
1724	—	120	220	300	400	700
1725	—	120	220	300	400	700
1726	—	120	220	300	400	700
1727	—	120	220	300	400	700
1729	—	120	220	300	400	700
1730	—	120	220	300	500	800
1731	—	120	220	300	500	800
1732	—	120	220	300	500	800
1733	—	120	220	300	400	700
1734/35	—	120	220	300	400	700
1734	—	120	220	300	400	700
1737	—	140	270	400	600	1,000
1738	—	120	220	300	400	700
1739	—	120	220	300	400	700
1740	—	120	220	300	400	700
1741	—	120	220	300	400	700
1742	—	120	220	300	400	700
1744/43	—	140	270	650	800	1,200
1744	—	120	220	300	400	700
1745	—	120	220	300	400	700
1746	—	120	220	300	400	700
1747	—	120	220	300	400	700
1748	—	120	220	300	400	700
1749	—	120	220	300	400	700
1750	—	—	—	—	—	—
1751	—	120	220	300	400	700
1752	—	120	220	300	400	700
1753	—	120	220	300	400	700
1754	—	120	220	300	400	700
1755	—	120	220	300	400	700
1756	—	120	220	300	400	700
1757	—	120	220	300	400	700
1758/57	—	140	270	600	800	1,200
1758	—	120	220	300	400	700
1759	—	120	220	300	400	700
1760	—	120	220	300	400	700
1761	—	120	220	300	400	700
1762	—	120	220	300	400	700
1763	—	120	220	300	400	700
1765	—	120	220	300	400	700
1766	—	120	220	300	400	700

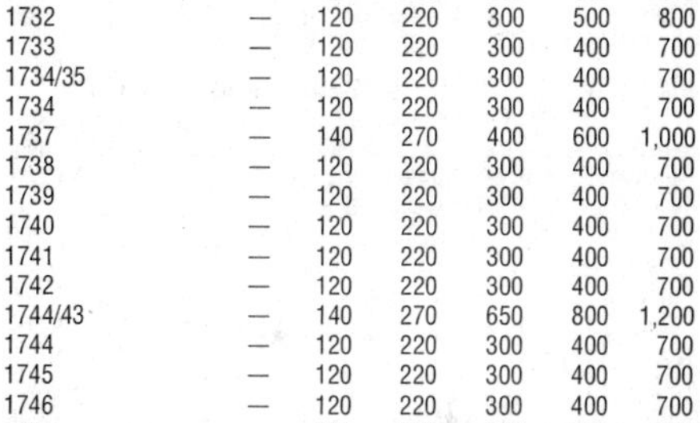

KM# 45 6 STUIVERS (Scheepjesschelling)

4.9500 g., 0.5830 Silver 0.0928 oz. ASW **Obv:** Crowned arms of Holland divides value, date above **Obv. Legend:** MO: NO: ORD: HOLL: ET WESTFRI: **Rev:** Sailing ship **Rev. Legend:** VIGILATE DEO CONFIDENTES • **Edge:** After 1750 edge: reeded, 1752: reeded or flowers

Date	Mintage	VG	F	VF	XF	Unc
1701	—	20.00	60.00	100	175	250
1702	—	15.00	40.00	75.00	125	200

1120 NETHERLANDS HOLLAND

Date	Mintage	VG	F	VF	XF	Unc
1705	—	15.00	40.00	75.00	125	200
1708	798,623	15.00	40.00	75.00	125	200
1709	Inc. above	15.00	40.00	75.00	125	200
1711	Inc. above	15.00	40.00	75.00	125	200
1712/11	567,254	25.00	75.00	125	200	300
1712	Inc. above	15.00	40.00	75.00	125	200
1713	Inc. above	15.00	40.00	75.00	125	200
1714	Inc. above	15.00	40.00	75.00	125	200
1716	633,966	15.00	40.00	75.00	125	200
1717	Inc. above	15.00	40.00	75.00	125	200
1718	Inc. above	15.00	40.00	75.00	125	200
1719	Inc. above	15.00	40.00	75.00	125	200
1721	2,636,797	15.00	40.00	75.00	125	150
1722/20	Inc. above	15.00	40.00	80.00	175	250
1722	Inc. above	15.00	40.00	75.00	125	200
1723	1,642,116	15.00	40.00	75.00	125	200
1724	Inc. above	10.00	30.00	60.00	125	200
1725	2,030,926	10.00	30.00	60.00	125	200
1726	Inc. above	10.00	30.00	60.00	125	200
1727	Inc. above	10.00	30.00	60.00	125	200
1728/7	607,232	10.00	30.00	60.00	125	200
1728	Inc. above	10.00	30.00	60.00	125	200
1730/29	189,616	10.00	30.00	60.00	125	200
1730	Inc. above	10.00	30.00	60.00	125	200
1732	161,593	10.00	30.00	60.00	125	200
1733	979,241	10.00	30.00	60.00	125	200
1734/3	Inc. above	10.00	30.00	60.00	125	200
1734	Inc. above	10.00	30.00	60.00	125	200
1735	Inc. above	10.00	30.00	60.00	125	200
1736/35	Inc. above	10.00	30.00	60.00	125	200
1736	353,677	10.00	30.00	60.00	125	200
1737	Inc. above	10.00	30.00	60.00	125	200
1745	49,262	10.00	30.00	60.00	125	200
1746	42,498	10.00	30.00	60.00	125	200
1748/6	23,325	10.00	30.00	60.00	125	200
1748/7	Inc. above	10.00	30.00	60.00	125	200
1748	Inc. above	10.00	30.00	60.00	125	200
1750	118,849	10.00	30.00	60.00	125	200
1751	191,786	10.00	30.00	60.00	125	200
1752	Inc. above	10.00	30.00	60.00	125	200
1753/2	160,011	15.00	40.00	80.00	175	250
1753	Inc. above	10.00	30.00	60.00	125	200
1754	Inc. above	10.00	30.00	60.00	125	200
1759	98,932	10.00	30.00	60.00	125	200
1761	107,975	10.00	30.00	60.00	125	200
1763	—	15.00	60.00	75.00	145	225
1767	—	15.00	60.00	75.00	145	225

KM# 45a 6 STUIVERS (Scheepjesschelling)

7.0000 g., Gold **Obv:** Crowned arms of Holland divides value, date above **Obv. Legend:** MO: NO: ORD: HOLL: ET WESTFRI: **Rev:** Sailing ship **Rev. Legend:** VIGILATE DEO CONFIDENTES •

Date	Mintage	VG	F	VF	XF	Unc
1702	—	225	425	600	1,300	2,000
1703/2	—	—	—	—	1,500	2,250
1703	—	225	425	600	1,300	2,000
1709	—	225	425	600	1,300	2,000
1722	—	225	425	600	1,300	2,000
1723	—	225	425	600	1,300	2,000
1724	—	225	425	600	1,300	2,000
1725/24	—	—	—	—	1,500	2,250
1725	—	225	425	600	1,300	2,000
1726	—	225	425	600	1,300	2,000
1727	—	225	425	600	1,300	2,000
1729	—	—	—	—	—	2,000
1730	—	—	—	—	—	2,000
1731	—	—	—	—	—	2,250
1732	—	—	—	—	—	2,000
1733	—	—	—	—	—	2,000
1734	—	250	550	850	1,500	2,250
1736/35	—	250	550	850	1,500	2,250
1736	—	250	550	850	1,500	2,250
1737	—	250	550	850	1,500	2,250
1738/36	—	250	550	850	1,500	2,250
1738	—	250	550	850	1,500	2,250
1739	—	250	550	850	1,500	2,250
1740	—	250	550	850	1,500	2,250
1741/40	—	250	550	850	1,500	2,250
1742	—	250	550	850	1,500	2,250
1743	—	250	550	850	1,500	2,250
1744	—	250	550	850	1,500	2,250
1745	—	250	550	850	1,500	2,250
1746	—	275	650	950	1,700	2,500
1747	—	250	550	850	1,500	2,250
1748	—	250	550	850	1,500	2,250
1749	—	225	425	600	1,300	2,000
1750	—	280	600	950	1,400	2,100
1751	—	280	600	950	1,400	2,100
1752	—	280	600	950	1,400	2,100
1753	—	280	600	950	1,400	2,100
1754	—	280	600	950	1,400	2,100
1755	—	280	600	950	1,400	2,100
1756	—	250	475	725	1,400	2,100
1757	—	250	475	725	1,400	2,100
1758	—	250	475	725	1,400	2,100
1759	—	250	475	725	1,400	2,100
1760	—	250	475	725	1,400	2,100
1761	—	250	475	725	1,400	2,100
1762	—	250	475	725	1,400	2,100
1763	—	250	475	725	1,400	2,100
1764	—	250	475	725	1,400	2,100
1765	—	250	475	725	1,400	2,100
1766/4	—	350	725	1,100	1,600	2,500
1766	—	250	550	850	1,500	2,250
1767	—	250	475	725	1,400	2,100
1768	—	350	725	1,100	1,600	2,500
1769	—	250	475	725	1,400	2,100
1770	—	250	475	725	1,400	2,100
1771	—	250	475	725	1,400	2,100
1772	—	250	475	725	1,400	2,100
1773	—	250	550	850	1,500	2,250
1774	—	250	550	850	1,500	2,250
1775	—	250	550	850	1,500	2,250
1776	—	250	475	725	1,400	2,100
1777	—	250	475	725	1,400	2,100
1778	—	250	475	725	1,400	2,100
1779	—	250	475	725	1,400	2,100
1780	—	250	475	850	1,400	2,100
1781	—	250	475	725	1,400	2,100
1782	—	350	725	1,100	1,600	2,500
1783	—	350	725	1,100	1,600	2,500
1784	—	350	725	1,100	1,600	2,500
1789	—	350	725	1,100	1,600	2,500
1790	—	350	725	1,100	1,600	2,500
1791	—	350	725	1,100	1,600	2,500
1792	—	350	725	1,100	1,600	2,500
1793	—	350	725	1,100	1,600	2,500
1794	—	350	725	1,100	1,600	2,500

KM# 45b 6 STUIVERS (Scheepjesschelling)

13.9500 g., Gold **Obv:** Crowned arms of Holland divides value, date above **Obv. Legend:** MO: NO: ORD: HOLL: ET WESTFRI: **Rev:** Sailing ship **Rev. Legend:** VIGILATE DEO CONFIDENTES •

Date	Mintage	VG	F	VF	XF	Unc
1747 Rare	—	—	—	—	—	—

KM# 95a 10 STUIVERS (1/2 Gulden)

Gold **Note:** 6.90-10.40 g.

Date	Mintage	VG	F	VF	XF	Unc
1734	—	—	—	—	—	5,000
1748	—	—	—	—	5,000	6,000
1749	—	—	—	—	5,000	6,000
1751	—	—	—	—	—	—
1752	—	—	—	—	5,000	6,000
1753	—	—	—	—	3,500	5,000
1754 flowered edge	—	—	—	—	4,000	5,000
1755	—	—	—	—	3,500	5,000
1756 Flowered edge	—	—	—	—	5,000	6,000

KM# 95.3 10 STUIVERS (1/2 Gulden)

5.3000 g., 0.9200 Silver 0.1568 oz. ASW **Obv:** Crowned arms of Holland divides X S, divided date above **Obv. Legend:** MO: ARG : ORD: FÆD: BELG : HOLL : **Rev:** Standing figure leaning on column holding pole with cap **Rev. Legend:** HANCTVEMVR HAC NITIMVR **Edge:** Reeded

Date	Mintage	VG	F	VF	XF	Unc
1748	—	20.00	40.00	80.00	125	200
1749/8	—	20.00	40.00	80.00	125	200
1749	—	20.00	40.00	80.00	125	200
1751	—	20.00	40.00	80.00	125	200
1761	—	20.00	40.00	80.00	125	200
1762	—	20.00	40.00	80.00	125	200

KM# 95 10 STUIVERS (1/2 Gulden)

5.3000 g., 0.9200 Silver 0.1568 oz. ASW **Obv:** Crowned arms of Holland divides X S, divided date above **Obv. Legend:** MO: ARG : ORD: FÆD: BELG : HOLL : **Rev:** Standing figure leaning on column holding pole with cap **Rev. Legend:** HANCTVEMVR HAC NITIMVR

Date	Mintage	VG	F	VF	XF	Unc
1748	193,090	14.00	30.00	60.00	100	175
1749	Inc. above	14.00	30.00	60.00	100	75.00
1749/8	—	—	—	—	—	—
1751	63,270	14.00	30.00	60.00	100	175
1761	—	—	—	—	—	—
1762	—	—	—	—	—	—

KM# 95.2 10 STUIVERS (1/2 Gulden)

5.3000 g., 0.9200 Silver 0.1568 oz. ASW **Obv:** Crowned arms of Holland divides X S, divided date above **Obv. Legend:** MO: ARG : ORD: FÆD: BELG : HOLL : **Rev:** Standing figure leaning on column holding pole with cap **Rev. Legend:** HANCTVEMVR HAC NITIMVR **Edge:** Flowers

Date	Mintage	VG	F	VF	XF	Unc
1751	—	30.00	70.00	125	250	350

KM# 100a 1/4 GULDEN (5 Stuiver)

5.2500 g., Gold **Obv:** Crowned arms of Holland divides date **Rev:** Standing figure leaning on column, holding pole with cap

Date	Mintage	VG	F	VF	XF	Unc
1759	—	—	—	—	1,500	2,500

KM# 100 1/4 GULDEN (5 Stuiver)

2.6500 g., 0.9200 Silver 0.0784 oz. ASW **Obv:** Crowned arms of Holland divides date **Obv. Legend:** MO: ARG : ORD: FÆD: BELG : HOLL : **Rev:** Standing figure leaning on column, holding pole with cap **Rev. Legend:** HANCTVEMVR HAC NITIMVR

Date	Mintage	VG	F	VF	XF	Unc
1759	—	7.00	20.00	35.00	80.00	150

KM# 63.5 GULDEN

Silver **Obv:** Crowned arms of Overyssel divide value **Rev:** Standing female figure leaning on Bible on column, holding spear with Liberty cap, date below figure

Date	Mintage	VG	F	VF	XF	Unc
1706	—	10.00	30.00	55.00	85.00	125
1761	—	10.00	30.00	55.00	85.00	125
1764	—	10.00	30.00	55.00	85.00	125
1765	—	—	—	—	—	—
1766	—	—	—	—	—	—

KM# 63.4 GULDEN

Silver **Obv:** Crowned arms of Overyssel divide value **Rev:** Standing female figure leaning on Bible on column, holding spear with Liberty cap, date below figure **Note:** Mintmark: Eagle.

Date	Mintage	VG	F	VF	XF	Unc
1763	—	10.00	30.00	55.00	85.00	125
1764	—	10.00	30.00	55.00	85.00	125
1765	—	10.00	30.00	55.00	85.00	125

KM# 73 GULDEN (20 Stuiver)

10.6100 g., 0.9200 Silver 0.3138 oz. ASW **Obv:** Crowned arms of Holland divides value I - G **Obv. Legend:** MO: ARG : ORD: FÆD: BELG : HOLL : **Rev:** Standing figure leaning on column, holding pole with cap, date below **Rev. Legend:** HANCTVEMVR HAC NITIMVR **Edge:** Plain, from 1762 edge: reeded

Date	Mintage	VG	F	VF	XF	Unc
1703	39,560	60.00	80.00	175	350	650
1713/1	962,389	25.00	50.00	100	200	300
1713	Inc. above	10.00	25.00	50.00	100	200
1714	Inc. above	40.00	80.00	75.00	350	450
1715/4	154,691	60.00	80.00	75.00	350	650
1715	Inc. above	25.00	70.00	110	160	225
1716/5	Inc. above	25.00	70.00	110	160	225
1716	Inc. above	10.00	25.00	50.00	100	200
1721	50,230	10.00	25.00	50.00	100	200
1734	768,461	8.00	22.50	40.00	60.00	100
1735	Inc. above	7.00	20.00	35.00	50.00	90.00
1736	160,027	7.00	20.00	30.00	45.00	85.00
1737/6	Inc. above	10.00	20.00	40.00	90.00	175
1737	Inc. above	8.00	20.00	40.00	60.00	100
1738	Inc. above	8.00	20.00	40.00	60.00	100
1748/37	619,614	40.00	80.00	175	350	450
1748	Inc. above	25.00	70.00	110	160	225
1748 Reeded edge	—	25.00	50.00	100	200	300
1749	54,386	25.00	70.00	110	160	225
1749 Reeded edge	—	25.00	70.00	110	180	250
1762	Inc. above	6.00	16.00	25.00	40.00	80.00
1763/2	—	10.00	20.00	40.00	90.00	175
1763	—	6.00	16.00	25.00	40.00	80.00
1764/3	—	—	—	—	—	—
1764	1,219,000	6.00	16.00	25.00	40.00	80.00
1765	Inc. above	7.00	18.00	30.00	45.00	85.00
1790	1,363,000	7.00	20.00	35.00	50.00	90.00
1791	Inc. above	7.00	18.00	25.00	45.00	85.00
1792	Inc. above	7.00	18.00	25.00	45.00	85.00
1793	4,877,937	7.00	18.00	25.00	45.00	85.00
1794	Inc. above	7.00	18.00	25.00	45.00	85.00

KM# 73a GULDEN (20 Stuiver)

Gold 13.8-17.2 grams, weight varies **Obv:** Crowned arms of Holland divides value **Rev:** Standing figure leaning on column, holding pole with cap, date below

Date	Mintage	VG	F	VF	XF	Unc
1734 Rare	—	—	—	—	—	—
1737 Rare	—	—	—	—	—	—
1748 Rare	—	—	—	—	—	—
1749 Rare	—	—	—	—	—	10,000

HOLLAND NETHERLANDS 1121

KM# 77 3 GULDEN (60 Stuiver)

31.8200 g., 0.9200 Silver 0.9412 oz. ASW **Rev:** Platform beneath standing Dutch maiden **Edge:** Reeded **Note:** Dav. #1850. Similar to 3 Guilden, KM#152.

Date	Mintage	VG	F	VF	XF	Unc
1763	—	35.00	65.00	125	200	400
1764	—	35.00	65.00	125	200	400
1774	—	40.00	100	200	350	700
1791	—	35.00	65.00	125	200	400
1792	—	35.00	65.00	125	200	400
1793	—	35.00	65.00	125	200	400
1794	—	35.00	65.00	125	200	400

KM# 96 7 GULDEN

4.9650 g., 0.9170 Gold 0.1464 oz. AGW **Obv:** Armored knight on horse above crowned shield **Obv. Legend:** BELG • ZELAND • M • O • AUR • PRO • CONFOED **Rev:** Crowned arms of Holland divides value, date above **Rev. Legend:** CONCORDIA RESPARVÆ CRESCUNT

Date	Mintage	VG	F	VF	XF	Unc
1749	—	150	200	300	500	800
1750/40	—	175	250	500	600	1,000
1750	—	150	200	300	500	800
1751	—	150	200	300	500	800
1760	—	150	200	300	500	800
1761	—	175	250	400	600	1,000
1762	—	175	375	500	700	1,000
1763	—	175	250	400	600	900

KM# 97 14 GULDEN

9.9300 g., 0.9170 Gold 0.2927 oz. AGW **Obv:** Armored Knight on horse above crowned shield **Obv. Legend:** BELG : HOLLAND : MO : AUR : PRO : CONFOED : **Rev:** Crowned arms of Holland divides value, date above **Rev. Legend:** CONCORDIA • RES • PARVÆ • CRESCUNT •

Date	Mintage	VG	F	VF	XF	Unc
1749	—	275	325	450	800	1,100
1750/49	—	325	575	850	1,100	1,200
1750	—	275	325	450	800	1,100
1751	—	275	325	450	800	1,100
1760	—	275	325	450	800	1,100
1761	—	275	325	450	800	1,100
1762	—	325	575	850	1,100	1,100
1763	—	275	325	450	800	1,100

KM# 105 1/2 DUCATON (1/2 Silver Rider)

16.3900 g., 0.9410 Silver 0.4958 oz. ASW **Obv:** Armores Knight on horse above crowned shield **Obv. Legend:** BELG : PRO : HOL : MO : NO : ARG : CON FOE : **Rev:** Crowned arms of Holland, with supporters, date in cartouche below **Rev. Legend:** CONCORDIA RES PARV...

Date	Mintage	VG	F	VF	XF	Unc
1765	—	30.00	80.00	150	250	400
1766	—	30.00	80.00	150	250	400
1767	—	30.00	80.00	150	250	400
1770	—	30.00	80.00	150	250	400
1771	—	30.00	80.00	150	250	400
1772	—	30.00	80.00	150	250	400
1773	—	30.00	80.00	150	250	400
1774	—	30.00	80.00	150	250	400
1775	—	30.00	80.00	150	250	400
1776/75	—	50.00	120	200	300	500
1776	—	30.00	80.00	150	250	400
1777	—	30.00	80.00	150	250	400
1780/67	—	50.00	120	200	300	500
1780/77	—	50.00	120	200	300	500
1780/76	—	50.00	120	200	300	500
1780/70	—	50.00	120	200	300	500
1780 Mintage included KM90	—	30.00	80.00	150	250	400
1788 Mintage included KM90	—	30.00	80.00	150	250	400
1789	—	30.00	80.00	150	250	400
1790 Mintage included KM90	—	30.00	80.00	150	250	400
1792	—	30.00	80.00	150	250	400

KM# 51 DUCATON

32.7800 g., 0.9410 Silver 0.9917 oz. ASW **Obv:** Knight on horseback right holds sword upright, crowned arms below **Obv. Legend:** BELG : PRO : HOLLAND : MO : NO : ARG : CONFOE **Rev:** Crowned arms of Holland, with supporters, date in cartouche below **Rev. Legend:** * CONCORDIA RES PARVAE CRESCUNT : **Note:** Dav. #4930. Similar to KM#90.

Date	Mintage	Good	VG	F	VF	XF
1716	162,504	22.00	50.00	100	200	350
1717	Inc. above	22.00	50.00	100	200	350
1721	9,332	22.00	50.00	100	200	350

KM# 90.1 DUCATON (Silver Rider)

Silver **Obv:** Armored Knight on horse holding sword above head, crowned arms below **Obv. Legend:** BELG : PRO : HOL : MO : NO : ARG : CON FOE : **Rev:** Crowned arms of Holland, with supporters, date in cartouche below **Rev. Legend:** CONCORDIA RES PAR... **Note:** Dav. #1827.

Date	Mintage	VG	F	VF	XF	Unc
1734	28,525	60.00	125	200	300	450
1741	204,823	50.00	100	185	240	350
1742/41	Inc. above	50.00	100	200	250	350
1742	Inc. above	50.00	100	185	240	350
1743/2	—	50.00	100	185	240	350
1743	—	50.00	100	185	240	350
1744	—	50.00	100	185	240	350
1745	33,978	50.00	100	185	240	350
1746	44,248	50.00	100	185	240	350
1747	Inc. above	50.00	100	185	240	350
1748/7	54,924	60.00	125	250	300	400
1748	Inc. above	50.00	100	180	240	350
1749	Inc. above	30.00	80.00	145	200	325
1750	41,020	30.00	80.00	145	200	325
1754	77,002	50.00	100	185	240	325
1756	91,767	25.00	70.00	125	185	300

KM# 90.3 DUCATON (Silver Rider)

Silver **Obv:** Armored Knight on horse holding sword above head, crowned arms below **Obv. Legend:** BELG : PRO : HOL : MO : NO : ARG : CON FOE : **Rev:** Crowned arms of Holland, with supporters, date in cartouche below **Rev. Legend:** CONCORDIA RES PAR... **Edge:** Flowers **Note:** Dav. #1827

Date	Mintage	VG	F	VF	XF	Unc
1750	—	40.00	80.00	150	400	600
1754	—	40.00	80.00	150	400	600
1756	—	40.00	80.00	150	400	600

KM# 90.2 DUCATON (Silver Rider)

Silver **Obv:** Armored Knight on horse holding sword above head, crowned arms below **Obv. Legend:** BELG : PRO : HOL : MO : NO : ARG : CON FOE : **Rev:** Crowned arms of Holland, with supporters, date in cartouche below **Rev. Legend:** CONCORDIA RES PAR... **Edge:** Reeded **Note:** Dav. #1827.

Date	Mintage	VG	F	VF	XF	Unc
1757	—	25.00	70.00	125	185	300
1758	—	25.00	70.00	125	185	300
1759	178,547	25.00	70.00	125	185	300
1760	Inc. above	25.00	70.00	125	185	300
1760/59	139,516	25.00	70.00	125	185	300
1761	Inc. above	25.00	70.00	125	185	300
1762	Inc. above	25.00	70.00	125	185	300
1765	32,000	25.00	75.00	125	185	300
1765/61	—	60.00	125	200	285	375
1765/62	—	60.00	125	200	300	400
1765/64	—	35.00	90.00	150	250	350
1766	202,000	45.00	100	185	240	350
1767	Inc. above	25.00	70.00	125	185	300
1770	161,000	25.00	70.00	125	185	300
1770/69	—	25.00	50.00	150	250	350
1771	Inc. above	25.00	70.00	125	185	300
1772	Inc. above	25.00	70.00	125	185	300
1773	235,000	25.00	70.00	125	185	300
1774	Inc. above	25.00	70.00	125	185	300
1774/3	Inc. above	25.00	70.00	125	185	300
1775	Inc. above	25.00	70.00	125	185	300
1777	—	100	200	400	800	1,200
1779	Inc. above	25.00	70.00	125	185	300
1779/8	90,000	25.00	70.00	125	185	300
1780	Inc. above	25.00	70.00	125	185	275
1780/76	—	30.00	90.00	140	200	300
1784	31,000	50.00	100	185	240	300
1788	76,000	25.00	70.00	125	185	275
1789	Inc. above	25.00	70.00	125	185	275
1790	96,000	25.00	70.00	125	185	275
1791	Inc. above	25.00	70.00	125	185	275
1792	Inc. above	25.00	70.00	125	185	275
1792/1	—	25.00	70.00	125	185	275
1793	50,000	25.00	70.00	125	185	275

KM# 90a DUCATON (Silver Rider)

41.6000 g., Gold **Obv:** Armored Knight on horse holding sword above head, crowned arms below **Obv. Legend:** BELG : PRO : HOL : MO : NO : ARG : CON FOE : **Rev:** Crowned arms of Holland, with supporters, date in cartouche below **Rev. Legend:** CONCORDIA RES .... **Note:** Dav. #1827.

Date	Mintage	VG	F	VF	XF	Unc
1758 Rare	2	—	—	—	—	—

Note: Bowers and Merena Guia sale 3-88 Unc. realized $11.550

Date	Mintage	VG	F	VF	XF	Unc
1790 Rare	3	—	—	—	—	—

KM# 83 2 DUCATON

64.9000 g., Silver **Obv:** Armored Knight on horse above crowned shield **Obv. Legend:** BELG : PRO : HOL : MO : NO : ARG : CON FOE : **Note:** Dav. #1826, Piefort of 1 Ducaton

Date	Mintage	VG	F	VF	XF	Unc
1745	—	—	—	1,500	2,500	2,500
1754	—	—	—	2,000	3,000	3,500

KM# 78 3 DUCATON

64.5000 g., Silver **Edge Lettering:** OTTO BUCK ET MARIA SIXTI CONIUG XXX ANNOR. DIE MART. VI **Note:** Similar to 2 Ducaton, KM#83. Piefort of 1 Ducaton

Date	Mintage	VG	F	VF	XF	Unc
1754	—	—	—	—	—	3,500

KM# 52.3 DUCAT

Silver **Obv:** Standing armored Knight with crowned shield at feet **Obv. Legend:** BELG : .. : HOL : MONO : ARG : PRO : CONFOE : **Rev:** Crowned arms of Holland divides date **Rev. Legend:** CONCORDIA RES PAR.... **Edge:** Reeded **Note:** Dav. #4898 and #1840.

Date	Mintage	VG	F	VF	XF	Unc
1752	—	35.00	100	150	200	300
1753	358,103	35.00	100	150	200	300
1755	Inc. above	35.00	100	150	200	300
1756	—	50.00	150	250	350	450
1762	39,239	35.00	100	150	200	300
1763	—	35.00	100	150	200	300
1767	41,059	35.00	100	150	200	300
1771	89,295	50.00	150	250	350	450
1772	41,224	35.00	100	150	200	300

KM# 52.1 DUCAT (48 Stuivers)

Silver **Obv:** Standing armored Knight with crowned shield at feet **Obv. Legend:** BELG : .. : HOL : MONO : ARG : PRO : CONFOE : **Rev:** Crowned arms of Holland divides date **Rev. Legend:** CONCORDIA RES PAR.... **Note:** Dav. #4898 and #1840.

Date	Mintage	VG	F	VF	XF	Unc
1734	105,861	60.00	200	275	400	500
1735	Inc. above	35.00	100	150	200	300

KM# 52.2 DUCAT (48 Stuivers)

Silver **Obv:** Standing armored Knight with crowned shield at feet **Obv. Legend:** BELG : .. : HOL : MONO : ARG : PRO : CONFOE : **Rev:** Crowned arms of Holland divides date **Rev. Legend:** CONCORDIA RES PAR.... **Edge:** flowered edge **Note:** Dav. #4898 and #1840.

Date	Mintage	VG	F	VF	XF	Unc
1751	—	35.00	100	150	200	300
1752	—	40.00	120	175	250	350

TRADE COINAGE

KM# 12.2 DUCAT

3.4900 g., 0.9860 Gold 0.1106 oz. AGW **Obv:** Armored,

1122 NETHERLANDS HOLLAND

standing Knight holding bundle of arrows divides date without inner circle **Obv. Legend:** CONCORDIA • RES PAR • CRES • HOL • **Rev:** Inscription within ornamented square **Rev. Inscription:** MO:ORD:/ PROVIN./ FOEDER BELGAD/ LEGIMP. **Note:** Fr. #249, 250.

Date	Mintage	VG	F	VF	XF	Unc
1702	31,640	150	175	205	275	400
1703	Inc. above	180	300	650	850	1,100
1707	45,990	180	300	650	850	1,100
1709	65,170	180	300	650	850	1,100
1715	—	180	300	650	850	1,100
1716	—	180	300	650	850	1,100
1718	—	150	325	650	850	1,100
1718/17	—	180	300	600	800	1,100
1719	—	180	300	600	800	1,000
1720	—	145	175	200	240	350
1721	—	145	175	200	240	350
1722	—	145	175	200	240	350
1723	—	145	175	200	240	350
1724	—	145	290	300	600	800
1725	—	145	175	200	240	350
1726	—	145	175	200	240	350
1727	—	145	175	200	240	350
1728	—	145	175	200	240	350
1729	—	120	290	300	600	800
1730	—	145	175	200	240	350
1731	—	145	175	200	240	350
1732	—	145	175	200	240	350
1733	—	145	175	200	240	350
1734	—	175	200	350	500	600
1735	—	175	200	350	500	600
1736	—	145	175	200	240	350
1737	—	145	175	200	240	350
1738/36	—	220	300	500	800	1,000
1738	—	145	175	200	240	350
1739	—	145	175	200	240	350
1740	—	145	175	200	240	350
1741	—	145	175	200	240	350
1742/1	—	180	300	500	800	1,000
1742	—	145	175	200	240	350
1743	—	145	175	200	240	350
1744	—	145	175	200	240	350
1745	—	145	175	200	240	350
1746	—	145	175	200	240	350
1747	—	145	175	200	240	350
1748	—	145	175	200	240	350

KM# 12.3 DUCAT

3.4900 g., 0.9860 Gold 0.1106 oz. AGW **Obv:** Armored, standing Knight holding bundle of arrows divides date without inner circle **Obv. Legend:** CONCORDIA • RES PAR • CRES • HOL • **Rev:** Inscription within ornamented square **Rev. Inscription:** MO:ORD:/ PROVIN./ FOEDER BELGAD/ LEGIMP. **Edge:** Reeded **Note:** Fr. #249, 250.

Date	Mintage	VG	F	VF	XF	Unc
1749	—	145	175	200	240	350
1749 With rosette between legs	—	145	175	200	240	350
1750	—	145	175	200	240	350
1751	—	145	175	200	240	350
1752	—	145	175	200	240	350
1752/50	—	155	190	240	300	350
1752/51	—	155	190	240	300	425
1753	—	145	175	200	240	350
1754	—	145	175	200	240	350
1755	—	145	175	200	240	350
1756	—	145	175	200	240	350
1756/55	—	145	175	200	240	350
1757	—	145	175	200	240	350
1757/56	—	145	175	200	240	350
1758	—	145	175	200	240	350
1759	—	145	175	200	240	350
1760	—	145	175	200	240	350
1761	—	145	175	200	240	350
1762	—	145	175	200	240	350
1763	—	145	175	200	240	350
1764	—	145	175	200	240	350
1765	—	145	175	200	240	350
1766	—	145	175	200	240	350
1767	—	145	175	200	240	350
1768	—	145	175	200	240	350
1769	—	145	175	200	240	350
1770	—	145	175	200	240	350
1771	—	145	175	200	240	350
1772	—	145	175	200	240	350
1773	—	145	175	200	240	350
1774	—	145	175	200	240	350
1775	—	145	175	200	240	350
1776	—	145	175	200	240	350
1777	—	145	175	200	240	350
1778	—	145	175	200	240	350
1779	—	145	175	200	240	350
1780	—	145	175	200	240	350
1781	—	145	175	200	240	350
1782	—	145	175	200	240	350
1783	—	145	175	200	240	350
1784	—	145	175	200	240	350
1790	—	145	175	200	240	350
1791	—	145	175	200	240	350
1792	—	145	175	200	240	350

KM# 47.1 2 DUCAT

6.9800 g., 0.9860 Gold 0.2213 oz. AGW **Obv:** Standing, armored knight holding bundle of arrows, divides date within broken circle **Obv. Legend:** CONCORDIA • RES PAR • CRES • HOL • **Rev:** Inscription within ornamented square **Rev. Inscription:** MO:ORD:/ PROVIN./ FOEDER/ BELG•AD/ LEG•IMP• **Edge:** Plain

Date	Mintage	VG	F	VF	XF	Unc
1716	—	400	1,100	1,550	2,350	2,700
1717	—	350	950	1,350	2,050	2,350
1719	—	285	350	800	1,200	1,600
1720/19	—	350	950	1,350	2,050	2,350
1720	—	285	350	800	1,200	1,600
1721	—	285	350	800	1,200	1,600
1724	—	285	350	800	1,200	1,600
1725	—	350	950	1,350	1,900	2,150
1726	—	285	350	800	1,200	1,600
1727	—	350	750	1,350	1,900	2,150
1728	—	350	950	1,350	1,900	2,150
1730	—	285	350	800	1,200	1,600
1731	—	350	950	1,350	1,900	2,150
1732	—	285	350	800	1,200	1,600
1734/33	—	350	950	1,350	1,900	2,150
1734	—	285	350	550	800	—
1735	—	285	350	800	1,200	1,600
1736	—	285	350	800	1,200	1,600
1737	—	350	950	1,350	1,900	2,150
1738/36	—	350	950	1,350	1,900	2,150
1738/37	—	350	950	1,350	1,900	2,150
1738	—	285	350	800	1,200	1,600
1739	—	285	350	800	1,200	1,600
1740	—	285	350	800	1,200	1,600
1742	—	285	350	800	1,200	1,600
1742/41	—	350	950	1,350	1,900	2,150
1743	—	350	950	1,350	1,900	2,150
1745	—	285	350	800	1,200	1,600
1746	—	285	350	800	1,200	1,600
1747	—	285	350	800	1,200	1,600
1748	—	285	350	800	1,200	1,600

KM# 79 2 DUCAT

Silver **Note:** DAV. #1839. Similar to 1 Ducat, KM#52. Piefort of 1 ducat.

Date	Mintage	VG	F	VF	XF	Unc
1734 Rare	—	—	—	—	—	—
1735 Rare	—	—	—	—	—	—
1796	—	35.00	100	150	200	—
1797	—	35.00	100	150	200	—
1798	—	35.00	100	150	200	—
1799	—	35.00	100	150	200	—
1800	—	35.00	100	150	200	—

KM# 47.2 2 DUCAT

6.9800 g., 0.9860 Gold 0.2213 oz. AGW **Obv:** Standing, armored knight holding bundle of arrows, divides date within broken circle **Obv. Legend:** CONCORDIA • RES PAR • CRES • HOL • **Rev:** Inscription within ornamented square **Rev. Inscription:** MO:ORD:/ PROVIN./ FOEDER/ BELG•AD/ LEG•IMP• **Edge:** Reeded

Date	Mintage	VG	F	VF	XF	Unc
1749	—	285	350	800	1,200	1,600
1750	—	285	350	800	1,200	1,600
1751	—	285	350	800	1,200	1,600
1752	—	285	350	800	1,200	1,600
1753	—	285	350	800	1,200	1,600
1754	—	285	350	800	1,200	1,600
1755	—	285	350	800	1,200	1,600
1756	—	285	350	800	1,200	1,600
1757	—	285	350	800	1,200	1,600
1758	—	285	350	800	1,200	1,600
1759	—	285	350	800	1,200	1,600
1760	—	285	350	800	1,200	1,600
1761	—	285	350	800	1,200	1,600
1762	—	285	350	800	1,200	1,600
1763	—	285	350	800	1,200	1,600
1764	—	285	350	800	1,200	1,600
1765	—	285	350	800	1,200	1,600
1766	—	285	350	800	1,200	1,600
1767	—	285	350	800	1,200	1,600
1768	—	285	350	800	1,200	1,600
1769	—	285	350	800	1,200	1,600
1770	—	285	350	800	1,200	1,600
1771	—	285	350	800	1,200	1,600
1772	—	285	350	800	1,200	1,600
1773	—	285	350	800	1,200	1,600
1774	—	285	350	800	1,200	1,600
1776	—	285	350	800	1,200	1,600
1777	—	285	350	800	1,200	1,600
1778	—	285	350	800	1,200	1,600
1779	—	285	350	800	1,200	1,600
1780	—	285	350	800	1,200	1,600
1781	—	285	350	800	1,200	1,600
1782	—	285	350	800	1,200	1,600
1783	—	285	350	800	1,200	1,600
1784	—	285	350	800	1,200	1,600
1785	—	285	350	800	1,200	1,600
1787	—	285	350	800	1,200	1,600
1790	—	350	950	1,350	1,900	2,300
1791	—	285	350	800	1,200	1,600
1793	—	285	350	800	1,200	1,600

PATTERNS

Including off metal strikes

KM#	Date	Mintage	Identification	Mkt Val
Pn27	1719	—	Ducaton. Gold. KM#51.	—
Pn28	1721	—	Ducaton. Gold. 34.5000 g. KM#51.	7,000
Pn29	1734	—	1/2 Gulden. Gold. 10.3000 g. KM#65a.	—
Pn30	1753	—	1/2 Gulden. Gold. 10.3000 g. KM#65a.	—
Pn31	1754	—	1/2 Gulden. Gold. 10.3000 g. KM#65a.	—
Pn32	1758	—	Ducaton. Gold. 42.0000 g. KM#50.	—
Pn33	1759	—	1/4 Gulden. Gold. 5.2500 g. KM#100a.	—
Pn34	1790	—	Ducaton. Gold. 41.6000 g. KM#95.3.	—

PIEFORTS

KM#	Date	Mintage	Identification	Mkt Val
P38	1703	—	Ducaton. Gold. 34.4900 g.	30,000
P40	1734	—	1/2 Gulden. Gold. 10.4800 g.	2,000
P41	1735	—	Ducat. Silver. 55.9700 g.	1,500

LIMBOURG PROVINCE-MAASTRICHT

Maestricht
Traiectum Ad Mosam

Maastricht, a commune in the province of Limburg in the Netherlands, was the seat of a bishop from 382 to 721. Once part of the Frankish realm, it was overtaken by Spaniards in 1579 and then ruled by the dukes of Brabant and the prince-bishops of Liege after 1673. It was taken by the French in 1673, 1748, and 1794. The Austrian defenders under the Prince of Hesse issued an emergency coinage for Maastricht during the 1794 siege.

CITY

COUNTERMARKED COINAGE

KM# 15 50 STUIVER

Silver **Countermark:** 1794, star and 50 St **Note:** Countermark on France 1/2 ECU of Louis XV.

CM Date	Host Date	Good	VG	F	VF	XF
1794	1794	—	500	750	1,000	1,200

KM# 16 100 STUIVERS

Silver **Countermark:** 1794, star and 100 St. **Note:** Countermark on France ECU of Louis XVI, KM#564.

CM Date	Host Date	Good	VG	F	VF	XF
1794	1794 Rare	—	—	—	—	—

SIEGE COINAGE

KM# 10 100 STIVERS

Silver **Note:** Uniface.

Date	Mintage	Good	VG	F	VF	XF
1794	—	150	250	350	450	600

KM# 5 50 STUIVER

Bronze **Note:** Uniface, similar to 50 Stivers, KM#6.

Date	Mintage	Good	VG	F	VF	XF
1794	—	60.00	110	175	250	350

KM# 6.1 50 STUIVER

Silver **Obv:** Date, star, 50 St, LE **Note:** Uniface.

Date	Mintage	Good	VG	F	VF	XF
1794 LE	—	150	250	400	500	700

KM# 7 100 STUIVERS

Silver

Date	Mintage	Good	VG	F	VF	XF
1794	—	300	600	900	1,200	1,500

KM# 8.1 100 STUIVERS

Silver **Obv:** TRAJECTUM AD MOSAM around star **Rev:** UBRE 1794 OBSESSA around 100/STRS

Date	Mintage	Good	VG	F	VF	XF
1794	—	200	400	600	900	1,500

KM# 8.2 100 STUIVERS

Bronze

Date	Mintage	Good	VG	F	VF	XF
1794	—	40.00	80.00	120	250	—

NIJMEGEN

PROVINCE

STANDARD COINAGE

KM# 33 DAALDER (30 Stuivers)

15.8800 g., Silver **Obv:** Standing knight with Weapon of Nijimegen **Rev:** Crowned Weapon of Nijimegen above 30 St **Note:** Reduced size.

Date	Mintage	VG	F	VF	XF	Unc
1703	—	50.00	90.00	150	250	500
1704/3	—	50.00	100	170	300	600
1704	—	50.00	90.00	150	250	500

PIEFORTS

KM#	Date	Mintage	Identification	Mkt Val
P9	1703	—	Daalder. Silver. 31.6000 g. Reduced size, KM33.	—

OVERYSSEL

Overijsel, Transisulania

Overyssel is a province in northeastern Netherlands whose name means *beyond the Issel*, a tributary of the Rhine. Originally known as the lordship of Oversticht it was a part of the holdings of the bishops of Utrecht. It was sold to Charles V in 1527 and made a part of the Habsburg domain. Three of its cities - Kampen, Deventer and Zwolle were important Hanseatic towns of the medieval period.

PROVINCE

STANDARD COINAGE

KM# 70 DUIT

3.8400 g., Copper **Obv:** Crowned arms of Overyssel **Rev:** Inscription above date **Rev. Inscription:** OVER/YSSEL

Date	Mintage	VG	F	VF	XF	Unc
1702	—	2.50	8.00	17.00	30.00	50.00
1703	—	2.50	8.00	17.00	30.00	50.00

KM# 70a DUIT

Silver 2.6 and 4.9 gram, weight varies **Obv:** Crowned arms of Overyssel **Rev:** Inscription above date **Rev. Inscription:** OVER/YSSEL

Date	Mintage	VG	F	VF	XF	Unc
1702	—	40.00	75.00	185	200	300
1703	—	50.00	100	200	300	400

KM# 90 DUIT

Copper **Obv:** Crowned arms of Overyssel **Obv. Legend:** VIGILATE ETORATE **Rev:** Inscription above date **Rev. Inscription:** OVER/YSSEL

Date	Mintage	VG	F	VF	XF	Unc
1741 Rosette	—	2.00	4.00	8.00	18.00	35.00
1750 Rosette	—	2.00	4.00	8.00	18.00	35.00
1753 Rosette	—	6.00	15.00	25.00	40.00	60.00
1764 Crane	—	2.00	4.00	9.00	20.00	40.00
1765/4 Crane	—	4.00	10.00	15.00	20.00	40.00
1765 Crane	—	4.00	10.00	15.00	22.50	45.00
1766 Crane	—	4.00	10.00	15.00	20.00	40.00
1767 Crane	—	6.00	15.00	25.00	40.00	60.00
1768 Crane	—	2.00	4.00	8.00	18.00	35.00
1769 Crane	—	2.00	4.00	8.00	18.00	35.00

KM# 90a DUIT

Silver 2.6 gram / 3.5-4.1 gram, weight varies **Obv:** Crowned arms of Overyssel **Obv. Legend:** VIGILATE ETORATE **Rev:** Inscription above date **Rev. Inscription:** OVER/YSSEL

Date	Mintage	VG	F	VF	XF	Unc
1741	—	15.00	25.00	40.00	65.00	130
1750	—	20.00	30.00	60.00	120	200
1766	—	—	—	—	—	—
1767	—	20.00	30.00	60.00	120	200
1769	—	15.00	25.00	40.00	65.00	130

KM# 90b DUIT

5.4800 g., Gold **Obv:** Crowned arms of Overyssel **Obv. Legend:** VIGILATE ETORATE **Rev:** Inscription above date **Rev. Inscription:** OVER / YSSEL

Date	Mintage	VG	F	VF	XF	Unc
1741	—	125	250	400	600	900

KM# 95 DUIT

Copper **Obv:** Crowned arms of Overyssel **Obv. Legend:** VIGILATE ? ETORATE ? **Rev:** Inscription above date within wreath **Rev. Inscription:** OVER/YSSEL

Date	Mintage	VG	F	VF	XF	Unc
1753	—	2.50	8.00	14.00	20.00	40.00
1753 V over E in 'OVER'	—	2.50	8.00	14.00	20.00	40.00
1754	—	2.50	8.00	14.00	20.00	40.00

KM# B102 DUIT

Silver 3.3 and 3.6 gram, weight varies **Obv:** Crowned arms of Overyssel **Rev:** Two crossed branches, OVER, USSEL, date, wreath branches

Date	Mintage	VG	F	VF	XF	Unc
1769	—	40.00	100	150	200	—

KM# A102 DUIT

3.4000 g., Silver **Obv:** Standing woman with anchor **Obv. Legend:** SPES MEA IN DEO **Rev:** Crowned weapon **Rev. Legend:** VIGILATE ET ORATE **Note:** Struck during the Batavian Rep.

Date	Mintage	VG	F	VF	XF	Unc
1770 Rare	—	—	—	200	300	400

KM# 87a STUIVER

1.7000 g., Gold **Obv:** Bundle of arrows divide 1S, rose mint mark **Rev:** Inscription above date **Rev. Inscription:** TRANS / ISALA / NIA

Date	Mintage	VG	F	VF	XF	Unc
1738	—	100	250	350	550	900
1739	—	100	250	350	550	900

KM# 87 STUIVER (Wapon)

0.8100 g., 0.5830 Silver 0.0152 oz. ASW **Obv:** Bundle of arrows divide 1S, rose mint mark **Rev:** Inscription above date **Rev. Inscription:** TRANS/ ISALA/ NIA

Date	Mintage	VG	F	VF	XF	Unc
1738 Crane	647,321	3.00	8.00	17.00	40.00	70.00
1739 Crane	Inc. above	3.00	8.00	17.00	40.00	70.00
1765 Rosette	94,973	3.00	8.00	17.00	40.00	70.00
1766 Rosette	Inc. above	3.00	8.00	17.00	40.00	70.00
1767 Rosette	240,000	3.00	8.00	17.00	40.00	70.00
1769 Rosette	Inc. above	3.00	8.00	17.00	40.00	70.00

KM# 63.1 GULDEN

10.6100 g., 0.9200 Silver 0.3138 oz. ASW **Obv:** Crowned arms of Overyssel divide value **Rev:** Standing female figure leaning on Bible on column, holding spear with Liberty cap, date below figure **Note:** Mint mark: Rose.

Date	Mintage	VG	F	VF	XF	Unc
1701	1,255,056	7.00	17.00	40.00	80.00	150
1702	Inc. above	7.00	17.00	35.00	70.00	120
1703	Inc. above	7.00	17.00	30.00	60.00	100
1704	Inc. above	7.00	17.00	30.00	60.00	100
1705	Inc. above	7.00	17.00	30.00	60.00	100
1706/5	2,166,820	8.00	20.00	35.00	70.00	120
1706	Inc. above	7.00	17.00	30.00	60.00	100
1707	Inc. above	7.00	17.00	30.00	60.00	100
1709	Inc. above	10.00	25.00	50.00	100	200
1710	34,290	10.00	25.00	50.00	100	200

KM# 63.2 GULDEN

Silver **Obv:** Crowned arms of Overyssel divide value **Rev:** Standing female figure leaning on Bible on column, holding spear with Liberty cap, date below figure **Note:** Mintmark: Crane.

Date	Mintage	VG	F	VF	XF	Unc
1715	—	7.00	17.00	30.00	60.00	100
1716	—	7.00	17.00	30.00	60.00	100
1717	2,955,945	7.00	17.00	30.00	60.00	100
1718	Inc. above	7.00	17.00	30.00	60.00	100
1719	Inc. above	7.00	17.00	30.00	60.00	100
1720	3,231,515	7.00	17.00	30.00	60.00	100
1721	Inc. above	7.00	17.00	30.00	60.00	100
1733	2,710,090	7.00	17.00	30.00	60.00	100
1734	Inc. above	7.00	17.00	30.00	60.00	100
1735	Inc. above	7.00	17.00	30.00	60.00	100
1736	Inc. above	7.00	17.00	30.00	60.00	100
1737	Inc. above	7.00	17.00	40.00	80.00	125
1730/18	Inc. above	7.00	17.00	40.00	80.00	125
1738/37	Inc. above	7.00	17.00	40.00	80.00	125
1738	Inc. above	7.00	17.00	30.00	60.00	100
1748	88,865	7.00	17.00	30.00	60.00	100
1749	Inc. above	7.00	17.00	30.00	60.00	100

KM# 63.3 GULDEN

Silver **Obv:** Crowned arms of Overyssel divide value **Rev:** Standing female figure leaning on Bible on column, holding spear with Liberty cap, date below figure **Note:** Mintmark: Lily.

Date	Mintage	VG	F	VF	XF	Unc
1722	837,770	7.00	17.00	30.00	60.00	100
1722/21	Inc. above	7.00	17.00	40.00	80.00	125
1723	2,183,300	7.00	17.00	30.00	60.00	100
1724	Inc. above	7.00	17.00	30.00	60.00	100
1725	Inc. above	7.00	17.00	30.00	60.00	100
1725/3	Inc. above	7.00	17.00	40.00	80.00	125
1733	2,710,090	7.00	17.00	30.00	60.00	100
1734	Inc. above	7.00	17.00	30.00	60.00	100
1735	Inc. above	7.00	17.00	30.00	60.00	100
1736	Inc. above	7.00	17.00	30.00	60.00	100
1737	Inc. above	7.00	17.00	40.00	80.00	125
1730/18	Inc. above	7.00	17.00	40.00	80.00	125
1738/37	Inc. above	7.00	17.00	40.00	80.00	125
1738	Inc. above	7.00	17.00	30.00	60.00	100
1748	88,865	7.00	17.00	30.00	60.00	100
1749	Inc. above	7.00	17.00	30.00	60.00	100

KM# 60 3 GULDEN (60 Stuiver)

31.8200 g., Silver **Obv:** Crowned arms of Overyssel divide value **Rev:** Standing female figure leaning on Bible on column, holding spear with Liberty cap, date below figure **Note:** Mint mark: Rose. Dav. #4957.

Date	Mintage	VG	F	VF	XF	Unc
1719	20,400	50.00	125	250	500	1,000
1721	378,760	40.00	100	175	250	400
1727	—	40.00	100	175	250	400

KM# 100 7 GULDEN

4.9650 g., 0.9170 Gold 0.1464 oz. AGW **Obv:** Mounted knight holding sword above arms **Rev:** Crowned arms divide value, date above **Note:** Tree struck at Harderwyh, star struck at Utrecht

Date	Mintage	VG	F	VF	XF	Unc
1760 Tree	54,000	200	275	325	600	1,000
1761 Tree	46,000	200	275	325	600	1,000
1762 Star	—	200	275	350	600	1,000
1763 Star	—	200	275	350	600	1,000

KM# 101 14 GULDEN

9.9300 g., 0.9170 Gold 0.2927 oz. AGW **Obv:** Mounted knight holding sword above arms **Rev:** Crowned arms divide value, date above **Note:** Tree struck at Harderwyh, star struck at Utrecht

Date	Mintage	VG	F	VF	XF	Unc
1760 Tree	—	385	400	525	750	1,500
1761 Tree	—	400	450	600	1,000	1,700
1763 Star	—	385	400	525	750	1,500

KM# 80 DUCATON (Silver Rider)

32.7800 g., 0.9410 Silver 0.9917 oz. ASW **Obv:** Mounted knight holding sword above arms **Rev:** Crowned arms with lion supporters, date in cartouche below **Note:** Mint mark: Crane

Date	Mintage	VG	F	VF	XF	Unc
1720	—	80.00	250	400	800	1,000
1732	—	35.00	70.00	140	300	600
1733	—	45.00	90.00	175	350	650
1734	—	45.00	90.00	175	350	650
1735	—	45.00	90.00	175	350	650
1736	—	35.00	70.00	140	300	600
1737	—	30.00	60.00	130	300	600
1738	—	30.00	60.00	130	300	600
1739	—	30.00	60.00	130	300	600
1740	—	45.00	90.00	175	350	650
1741	—	30.00	60.00	130	300	600
1742	473,592	30.00	60.00	130	300	600
1743	Inc. above	—	—	—	—	—
1744	Inc. above	85.00	180	275	400	600
1745/1	Inc. above	90.00	275	450	900	1,200
1745	Inc. above	30.00	60.00	130	300	600
1746	Inc. above	30.00	60.00	130	300	600
1747	Inc. above	30.00	60.00	130	300	600
1764 w/o mm sign	9,615	80.00	250	400	800	1,000

KM# 61 DUCAT (48 Stuiver)

28.2500 g., Silver **Obv:** Standing, armored knight with crowned shield at feet **Rev:** Crowned arms of Overyssel divides date **Note:** Mint mark: Rose. Dav. #4900.

Date	Mintage	VG	F	VF	XF	Unc
1707/6	326,714	40.00	100	175	250	450
1707	Inc. above	40.00	100	175	250	450
1708	Inc. above	40.00	100	175	250	450
1709	Inc. above	40.00	100	175	250	450

TRADE COINAGE

KM# 88 DUCAT (48 Stuiver)

28.2500 g., Silver **Obv:** Armored knight standing holding sword behind shield of arms **Obv. Legend:** MO. NO. ARG: CONFOE - BELG: PRO: TRANSI ? **Rev:** Crowned arms divide date **Rev. Legend:** CONCORDIA: RES: PARVAE: CRESCVNT **Note:** Mint mark: Crane. Dav. #1842.

Date	Mintage	Good	VG	F	VF	XF
1734	715,563	—	60.00	120	200	400
1735	Inc. above	—	60.00	120	200	400
1736	—	—	—	—	—	—
1737	721,398	—	35.00	75.00	150	300
1738	Inc. above	—	35.00	75.00	150	300
1739	—	—	35.00	75.00	150	300
1740	Inc. above	—	35.00	75.00	150	300
1741	Inc. above	—	35.00	75.00	150	300
1742	Inc. above	—	35.00	75.00	150	300
1743	160,888	—	60.00	120	200	400
1744	Inc. above	—	35.00	70.00	120	250
1745	Inc. above	—	35.00	75.00	150	300
1746	Inc. above	—	35.00	75.00	150	300

Date	Mintage	Good	VG	F	VF	XF
1747	Inc. above	—	35.00	75.00	150	300
1764	250,465	—	60.00	120	200	400
1767	Inc. above	—	60.00	120	200	400

KM# 53 DUCAT

3.5000 g., 0.9860 Gold 0.1109 oz. AGW **Obv:** Knight standing right divides date, without inner circle **Rev:** 5-line inscription on tablet **Note:** Fr. #268.

Date	Mintage	VG	F	VF	XF	Unc
1702	300,510	150	300	400	550	700
1703	Inc. above	150	300	400	550	700
1704	Inc. above	160	350	525	825	1,050
1705	233,730	160	350	525	825	1,050
1706	Inc. above	160	350	525	825	1,050
1707	Inc. above	150	225	300	425	525
1709	Inc. above	160	350	525	825	1,050
1710	4,830	175	375	575	900	1,200
1727 Rare	Inc. above	—	—	—	—	—

KM# 82 DUCAT

3.5000 g., 0.9860 Gold 0.1109 oz. AGW **Rev:** Rosette in small shield below tablet

Date	Mintage	VG	F	VF	XF	Unc
1733	46,830	150	190	350	500	700
1738 Rare	62,720	160	200	400	600	900
1748	34,930	150	190	350	500	700

KM# 89 2 DUCAT

56.5000 g., Silver **Obv:** Armored knight standing holding sword behind shield of arms **Obv. Legend:** MO. NO. ARG: CONFOE - BELG: PRO: TRANSI **Rev:** Crowned arms divide date **Rev. Legend:** CONCORDIA: RES: PARVAE: CRESCVNT **Note:** Mint mark: Stork. Dav. #A1842. Piefort of 1 ducat.

Date	Mintage	Good	VG	F	VF	XF
1737	—	—	—	—	—	—

PATTERNS

Including off metal strikes

KM#	Date	Mintage	Identification	Mkt Val
Pn9	1741	—	Ducat. Gold.	—
Pn10	1769	—	Duit. Silver.	—
Pn12	1770	—	Duit. Silver.	200

PIEFORTS

KM#	Date	Mintage	Identification	Mkt Val
P11	1718	—	Ducaton. Silver. 64.9300 g.	1,250
P12	1737	—	Ducaton. Silver. 67.9300 g.	3,000

UTRECHT

Trajectum

Utrecht (Trajectum), the smallest Netherlands province, represents the bulk of a see founded in 722. It was one of the seven provinces that signed the Union of Utrecht against Spain, a treaty regarded as the foundation of the Dutch Republic and later kingdom of the Netherlands.

PROVINCE

STANDARD COINAGE

KM# 85 DUIT

3.8400 g., Copper **Obv:** Crowned arms of Utrecht **Rev:** Inscription above date **Rev. Inscription:** STAD/UTRECHT

Date	Mintage	VG	F	VF	XF	Unc
1710	—	2.00	5.00	20.00	50.00	80.00
1711	—	2.00	5.00	20.00	50.00	80.00
1722/11	—	6.00	15.00	30.00	60.00	100
1722	—	2.00	5.00	20.00	50.00	80.00
1723	—	2.00	5.00	20.00	50.00	80.00
1724	—	4.00	10.00	25.00	55.00	90.00

KM# 85a DUIT

Silver **Obv:** Crowned arms of Utrecht **Rev:** Inscription above date **Rev. Inscription:** STAD/UTRECHT **Note:** Weight varies; 3.1-5.1 grams.

Date	Mintage	VG	F	VF	XF	Unc
1710	—	20.00	30.00	70.00	150	250
1711	—	20.00	30.00	70.00	150	250
1717	—	20.00	30.00	70.00	150	250
1722	—	20.00	30.00	70.00	150	250
1723	—	20.00	30.00	70.00	150	250

KM# 91 DUIT

2.8400 g., Copper, 21.5 mm. **Obv:** Crowned arms of Utrecht, with supporters on mantle **Rev:** Inscription above date **Rev. Inscription:** STAD/UTRECHT

Date	Mintage	VG	F	VF	XF	Unc
1739	—	1.50	4.00	7.00	20.00	40.00
1740	—	1.50	4.00	7.00	20.00	40.00
1742	—	1.50	4.00	7.00	20.00	40.00
1743	—	1.50	4.00	7.00	20.00	40.00
1744/43	—	6.00	15.00	30.00	60.00	90.00
1744	—	1.50	4.00	7.00	20.00	40.00
1745	—	1.50	4.00	7.00	20.00	40.00
1746	—	1.50	4.00	7.00	20.00	40.00
1747	—	1.50	4.00	7.00	20.00	40.00
1748/46	—	6.00	15.00	30.00	60.00	90.00
1748	—	4.00	10.00	20.00	40.00	70.00
1749	—	1.50	4.00	7.00	20.00	40.00
1750	—	6.00	15.00	30.00	60.00	90.00
1751	—	1.50	4.00	7.00	15.00	35.00
1752	—	2.00	5.00	10.00	30.00	60.00
1753	—	1.50	4.00	7.00	20.00	50.00
1754	—	1.50	4.00	7.00	20.00	50.00
1755	—	1.50	4.00	7.00	25.00	55.00
1756	—	1.50	4.00	7.00	20.00	50.00
1757/56	—	1.50	4.00	7.00	20.00	50.00
1757	—	1.50	4.00	7.00	20.00	50.00
1758	—	1.25	3.50	6.00	15.00	55.00
1759	—	1.25	3.50	6.00	15.00	35.00
1760	—	1.25	3.50	6.00	15.00	35.00
1761	—	1.25	3.50	6.00	15.00	35.00
1762	—	1.25	3.50	6.50	20.00	40.00
1763	—	1.25	3.50	6.00	15.00	35.00
1764/60	—	6.00	15.00	30.00	60.00	80.00
1764	—	1.25	3.50	6.00	15.00	35.00
1765/64	—	6.00	15.00	30.00	60.00	80.00
1765	—	1.25	3.50	6.00	15.00	35.00
1766	—	1.25	3.50	6.00	15.00	25.00
1767	—	1.25	3.50	6.00	15.00	25.00
1768	—	1.25	3.50	6.50	20.00	30.00
1780	—	1.25	3.50	6.50	20.00	30.00
1783	—	1.25	3.50	6.00	16.00	27.00
1784	—	1.25	3.50	6.50	20.00	30.00
1785	—	1.25	3.50	6.00	16.00	27.00
1786	—	1.25	3.50	6.00	15.00	25.00
1787	—	1.25	3.50	6.00	15.00	25.00
1788	—	1.25	3.50	6.00	15.00	25.00
1789	—	1.25	3.50	6.50	20.00	30.00
1790	—	1.25	3.50	6.50	20.00	30.00
1791	—	1.25	3.50	6.50	20.00	30.00
1792	—	1.25	3.50	6.50	20.00	30.00
1793	—	4.00	10.00	20.00	40.00	70.00

KM# 91b DUIT

3.5000 g., Gold **Obv:** Crowned arms of Utrecht, with supporters on mantle **Rev:** Inscription above date **Rev. Inscription:** STAD/UTRECHT

Date	Mintage	VG	F	VF	XF	Unc
1739	—	125	250	500	800	1,200
1740	—	125	250	500	800	1,200
1741	—	125	250	500	800	1,200
1743	—	125	250	500	800	1,200
1744	—	125	250	500	800	1,200
1745	—	125	250	500	800	1,200
1746	—	125	250	500	800	1,200
1749	—	125	250	500	800	1,200
1750	—	125	250	500	800	1,200
1751	—	125	250	500	800	1,200
1752	—	125	250	500	800	1,200
1754	—	125	250	500	800	1,200
1755	—	125	250	500	800	1,200
1758	—	125	250	500	800	1,200
1760	—	125	250	500	800	1,200
1763	—	125	250	500	800	1,200
1764	—	125	250	500	800	1,200
1765	—	125	250	500	800	1,200
1766	—	125	250	500	800	1,200
1767	—	125	250	500	800	1,200
1768	—	125	250	500	800	1,200
1784	—	125	250	500	800	1,200
1788	—	125	250	500	800	1,200
1789	—	125	250	500	800	1,200
1791	—	125	250	500	800	1,200
1792	—	125	250	500	800	1,200
1793	—	125	250	500	800	1,200
1794	—	125	250	500	800	1,200

KM# 91c DUIT

6.9000 g., Gold **Obv:** Crowned arms of Utrecht, with supporters on mantle **Rev:** Inscription above date **Rev. Inscription:** STAD/UTRECHT

Date	Mintage	VG	F	VF	XF	Unc
1739	—	—	—	750	1,250	1,850
1741 Rare	—	—	—	—	—	—
1760 Rare	—	—	—	—	—	—

KM# 91d DUIT

5.2500 g., Gold **Obv:** Crowned arms of Utrecht, with supporters on mantle **Rev:** Inscription above date **Rev. Inscription:** STAD/UTRECHT

Date	Mintage	VG	F	VF	XF	Unc
1739 Rare	—	—	—	—	—	—
1740 -	—	—	—	750	1,250	1,850
1741 Rare	—	—	—	—	—	—

KM# 91a DUIT

Silver **Obv:** Crowned arms of Utrecht, with supporters on mantle **Rev:** Inscription above date **Rev. Inscription:** STAD/UTRECHT **Note:** 3.3-3.75 grams, weight varies

Date	Mintage	VG	F	VF	XF	Unc
1739	—	20.00	30.00	50.00	90.00	175
1740	—	20.00	30.00	50.00	90.00	175
1741	—	20.00	30.00	50.00	90.00	175
1742	—	20.00	30.00	50.00	90.00	175
1743	—	20.00	30.00	50.00	90.00	175
1744	—	20.00	30.00	50.00	90.00	175
1745	—	20.00	30.00	50.00	90.00	175
1746	—	20.00	30.00	50.00	90.00	175
1747	—	20.00	30.00	50.00	90.00	175
1748/47	—	30.00	50.00	70.00	90.00	175
1748	—	20.00	30.00	50.00	90.00	175
1749	—	20.00	30.00	50.00	90.00	175
1750	—	20.00	30.00	50.00	90.00	175
1751	—	20.00	30.00	50.00	90.00	175
1752	—	20.00	30.00	50.00	90.00	175
1753	—	20.00	30.00	50.00	90.00	175
1754	—	20.00	30.00	50.00	90.00	175
1755	—	20.00	30.00	50.00	90.00	175
1756	—	20.00	30.00	50.00	90.00	175
1757	—	20.00	30.00	50.00	90.00	175
1758	—	20.00	30.00	50.00	90.00	175
1759	—	20.00	30.00	50.00	90.00	175
1760	—	20.00	30.00	50.00	90.00	175
1761	—	20.00	30.00	50.00	90.00	175
1762	—	20.00	30.00	50.00	90.00	175
1763	—	20.00	30.00	50.00	90.00	175
1764	—	20.00	30.00	50.00	90.00	175
1765	—	20.00	30.00	50.00	90.00	175
1766	—	20.00	30.00	50.00	90.00	175
1767	—	20.00	30.00	50.00	90.00	175
1768	—	20.00	30.00	50.00	90.00	175
1769	—	20.00	30.00	50.00	90.00	175
1770	—	20.00	30.00	50.00	90.00	175
1771	—	20.00	30.00	50.00	90.00	175
1772	—	20.00	30.00	50.00	90.00	175
1773	—	20.00	30.00	50.00	90.00	175
1774	—	20.00	30.00	50.00	90.00	175
1775	—	20.00	30.00	50.00	90.00	175
1776	—	20.00	30.00	50.00	90.00	175
1777	—	20.00	30.00	50.00	90.00	175
1778	—	20.00	30.00	50.00	90.00	175
1779	—	20.00	30.00	50.00	90.00	175
1780	—	20.00	30.00	50.00	90.00	175
1781	—	20.00	30.00	50.00	90.00	175
1782	—	20.00	30.00	50.00	90.00	175
1783	—	20.00	30.00	50.00	90.00	175
1784	—	20.00	30.00	50.00	90.00	175
1785	—	20.00	30.00	50.00	90.00	175
1786	—	20.00	30.00	50.00	90.00	175
1787	—	20.00	30.00	50.00	90.00	175
1788	—	20.00	30.00	50.00	90.00	175
1789	—	20.00	30.00	50.00	90.00	175
1790	—	20.00	30.00	50.00	90.00	175
1791	—	20.00	30.00	50.00	90.00	175
1792	—	20.00	30.00	50.00	90.00	175
1793	—	20.00	30.00	50.00	90.00	175
1794	—	20.00	30.00	50.00	90.00	175

KM# 90 STUIVER

0.8100 g., 0.5830 Silver 0.0152 oz. ASW **Obv:** Bundle of arrows divide 1 S within wreath **Rev:** Inscription above date **Rev. Inscription:** TRA/IEC/TUM

Date	Mintage	VG	F	VF	XF	Unc
1738	467,325	3.00	8.00	20.00	50.00	80.00
1739	Inc. above	3.00	8.00	20.00	50.00	80.00
1760	—	3.00	8.00	20.00	50.00	80.00
1763	—	3.00	8.00	20.00	50.00	80.00
1765	65,295	4.00	10.00	25.00	50.00	80.00

KM# 90a STUIVER

1.7600 g., Gold **Obv:** Bundle of arrows divide 1 S within wreath **Rev:** Inscription above date **Rev. Inscription:** TRA/IEC/TUM

Date	Mintage	VG	F	VF	XF	Unc
1738	—	—	125	250	400	900
1739	—	—	125	250	400	900
1740	—	—	125	250	400	900
1741	—	—	125	250	400	900
1742	—	—	125	250	400	900
1743	—	—	125	250	400	900
1744	—	—	125	250	400	900
1745	—	—	125	250	400	900
1746	—	—	125	250	400	900
1747	—	—	125	250	400	900

Date	Mintage	VG	F	VF	XF	Unc
1748	—	—	125	250	400	900
1749	—	—	125	250	400	900
1750	—	—	125	250	400	900
1751	—	—	125	250	400	900
1752	—	—	125	250	400	900
1755/54	—	—	125	250	400	900
1755	—	—	125	250	400	900
1757	—	—	125	250	400	900
1758	—	—	125	250	400	900
1760	—	—	125	250	400	900
1762	—	—	125	250	400	900
1763	—	—	125	250	400	900
1764	—	75.00	125	285	500	800
1765	—	75.00	125	285	500	800
1766	—	—	125	250	400	700
1767/8	—	—	125	285	500	675
1767	—	—	125	250	400	700
1769	—	—	125	250	400	700
1771	—	75.00	150	300	500	800
1772	—	—	125	250	600	700
1777	—	—	125	250	600	700
1778	—	—	125	250	600	700
1779	—	—	125	250	600	700
1780	—	—	125	250	600	700
1781	—	—	125	250	600	700
1782	—	—	125	250	600	700
1786	—	—	125	250	600	700
1787	—	—	125	250	600	700
1788	—	—	125	285	600	700
1789	—	—	125	250	600	700

KM# 112a 2 STUIVERS (Double Wapenstuiver)

3.4500 g., Gold **Obv:** Crowned arms of Utrecht divide value **Rev:** Inscription above date **Rev. Inscription:** TRA/IEC/TUM

Date	Mintage	VG	F	VF	XF	Unc
1733	—	—	—	500	1,000	1,500
1744	—	—	—	500	1,000	1,500
1748	—	—	—	500	1,000	1,500
1749	—	—	—	500	1,000	1,500
1750	—	—	—	500	1,000	1,500
1751	—	—	—	500	1,000	1,500
1752	—	—	—	500	1,000	1,500
1754	—	—	—	500	1,000	1,500
1755	—	—	—	500	1,000	1,500
1757	—	—	—	500	1,000	1,500
1758	—	—	—	500	1,000	1,500
1788	—	—	—	500	1,000	1,500
1790	—	—	—	500	1,000	1,500
1791	—	—	—	500	1,000	1,500
1793	—	—	—	500	1,000	1,500
1794	—	—	—	500	1,000	1,500

KM# 112 2 STUIVERS (Double Wapenstuiver)

1.6200 g., 0.5830 Silver 0.0304 oz. ASW **Obv:** Crowned arms of Utrecht divide value **Rev:** Inscription above date **Rev. Inscription:** TRA/IEC/TUM **Note:** Nickel coins were struck at Birmingham in the period 1834-44.

Date	Mintage	VG	F	VF	XF	Unc
1757	—	1.50	6.00	12.50	25.00	40.00
1780	—	1.50	6.00	12.50	25.00	40.00
1784	864,800	1.50	6.00	12.50	25.00	40.00
1785	Inc. above	1.50	6.00	12.50	25.00	40.00
Note: Varieties exist						
1786	Inc. above	1.50	6.00	12.50	25.00	40.00
Note: Varieties exist						
1787	851,640	1.50	6.00	12.50	25.00	40.00
1788	Inc. above	1.50	6.00	12.50	25.00	40.00
1789	Inc. above	2.50	10.00	25.00	50.00	70.00
1790	Inc. above	2.50	10.00	25.00	50.00	70.00
1791	2,260	2.50	10.00	25.00	50.00	70.00
1792	Inc. above	2.50	10.00	25.00	50.00	70.00
1793	4,975	2.50	10.00	25.00	50.00	70.00
1794	29,695	2.50	10.00	25.00	50.00	70.00

KM# 80 6 STUIVERS (Scheepjesschelling)

4.9500 g., 0.5830 Silver 0.0928 oz. ASW **Obv:** Crowned quartered arms with center shield divide value, branches below arms **Rev:** Ship sailing to right, date in legend

Date	Mintage	VG	F	VF	XF	Unc
1701	—	15.00	30.00	75.00	125	250
1702	—	15.00	30.00	75.00	125	250
1703	—	15.00	30.00	75.00	125	250

KM# 81 6 STUIVERS (Scheepjesschelling)

Silver **Obv:** Crowned quartered arms divide value in inner circle, date above crown **Rev:** Ship sailing to right

Date	Mintage	VG	F	VF	XF	Unc
1704	—	15.00	30.00	75.00	125	250
1705	—	15.00	30.00	75.00	125	250

KM# 81a 6 STUIVERS (Scheepjesschelling)

6.6900 g., Gold

Date	Mintage	VG	F	VF	XF	Unc
1704	—	—	750	1,750	2,500	3,000

KM# 82 6 STUIVERS (Scheepjesschelling)

Silver **Obv:** Center shield in arms, branch around arms.

Date	Mintage	VG	F	VF	XF	Unc
1706	—	15.00	30.00	75.00	125	250
1707	—	15.00	30.00	75.00	125	250
1710	—	15.00	35.00	90.00	150	300

KM# 82a 6 STUIVERS (Scheepjesschelling)

7.0000 g., Silver **Obv:** Center shield in arms, branch around arms.

Date	Mintage	VG	F	VF	XF	Unc
1725	—	—	—	900	1,750	2,500
1739	—	—	—	900	1,750	2,500

KM# 101a 6 STUIVERS (Scheepjesschelling)

Gold **Obv:** Crowned arms of Utrecht divides value, date above **Obv. Legend:** MO : NO : ARG : ORDIN : TRAIECT • **Rev:** Sailing ship **Rev. Legend:** CONCORDIA RESPARVÆ CRESCUNT •

Date	Mintage	VG	F	VF	XF	Unc
1740	—	—	—	—	2,000	2,750
1741	—	—	—	900	1,750	2,500
1742	—	—	—	900	1,750	2,500
1744	—	—	—	900	1,750	2,500
1746	—	—	—	900	1,750	2,500
1747	—	—	—	900	1,750	2,500
1748/7	—	—	—	900	1,750	2,500
1748	—	—	—	1,100	2,000	2,750
1749	—	—	—	1,100	2,000	2,750
1750	—	—	—	1,100	2,000	2,750
1751	—	—	—	1,100	2,000	2,750
1752	—	—	—	1,100	2,000	2,750
1753	—	—	—	1,100	2,000	2,750
1754	—	—	—	1,100	2,000	2,750
1755	—	—	—	1,100	2,000	2,750
1757	—	—	—	1,100	2,000	2,750
1760	—	—	—	1,100	2,000	2,750
1763	—	—	—	1,100	2,000	2,750
1764	—	—	—	1,100	2,000	2,750
1769	—	—	—	1,100	2,000	2,750
1772	—	—	—	1,100	2,000	2,750
1775	—	—	—	1,100	2,000	2,750
1784	—	—	—	—	—	—
1786	—	—	—	1,100	2,000	2,750
1787	—	—	—	1,100	2,000	2,750
1788	—	—	—	1,100	2,000	2,750
1789	—	—	—	1,100	2,000	2,750
1794	—	—	—	1,100	2,000	2,750

KM# 101.1 6 STUIVERS (Scheepjesschelling)

4.9500 g., 0.5830 Silver 0.0928 oz. ASW **Obv:** Crowned arms of Utrecht divides value, date above **Obv. Legend:** MO : NO : ARG : ORDIN : TRAIECT • **Rev:** Sailing ship **Rev. Legend:** CONCORDIA RESPARVÆ CRESCUNT •

Date	Mintage	VG	F	VF	XF	Unc
1742	—	8.00	15.00	30.00	60.00	100
1747	—	8.00	15.00	30.00	60.00	100
1750	—	8.00	15.00	30.00	60.00	100
1754	—	8.00	15.00	30.00	60.00	100
1755	—	8.00	15.00	30.00	60.00	100
1758	—	10.00	25.00	50.00	100	150
1764	33,710	10.00	25.00	50.00	100	150

KM# 101.2 6 STUIVERS (Scheepjesschelling)

4.9500 g., 0.5830 Silver 0.0928 oz. ASW **Obv:** Crowned arms of Utrecht divides value, date above **Obv. Legend:** MO : NO : ARG : ORDIN : TRAIECT • **Rev:** Sailing ship **Rev. Legend:** CONCORDIA RESPARVÆ CRESCUNT

Date	Mintage	VG	F	VF	XF	Unc
1785	2,915	15.00	50.00	100	200	300
1786	Inc. above	15.00	50.00	100	200	300
1787	2,320	15.00	50.00	100	200	300
1788	Inc. above	8.00	25.00	50.00	180	200
1789	—	8.00	25.00	50.00	180	200
1794	345	30.00	60.00	125	250	350

KM# 100a 10 STUIVERS (1/2 Gulden)

10.4000 g., Gold **Obv:** Crowned arms divide denomination **Rev:** Standing female leaning on column, holding spear with liberty cap

Date	Mintage	VG	F	VF	XF	Unc
1740	—	—	—	1,750	2,500	3,000

KM# 110 10 STUIVERS (1/2 Gulden)

5.3000 g., 0.9200 Silver 0.1568 oz. ASW **Obv:** Crowned arms of Utrecht divide value X - St **Obv. Legend:** MO : ARG : ORD : FOED : ... **Rev:** Standing figure leaning on column, holding pole with cap **Rev. Legend:** HACNITIMVR HANCTVEMVR

Date	Mintage	VG	F	VF	XF	Unc
1750	—	15.00	40.00	90.00	150	225
1751	—	15.00	40.00	90.00	150	225
1755	—	15.00	40.00	90.00	150	225
1756	—	15.00	40.00	90.00	150	225
1757	—	15.00	40.00	90.00	150	25.00
1758/7	—	30.00	90.00	175	250	325
1758	—	15.00	40.00	90.00	150	225
1759	—	15.00	40.00	90.00	150	225
1760	—	10.00	22.50	65.00	120	175
1761	—	8.00	20.00	50.00	100	150
1762	—	8.00	20.00	50.00	100	150
1763	—	8.00	20.00	50.00	100	150
1764	—	8.00	20.00	50.00	100	150
1765	—	8.00	20.00	50.00	100	150
1766	—	8.00	20.00	50.00	100	150
1767	—	8.00	20.00	50.00	100	150
1768	—	10.00	22.50	50.00	110	160
1771	—	8.00	20.00	50.00	100	150
1772	—	8.00	20.00	50.00	100	150
1773	—	10.00	30.00	70.00	120	180
1774/73	—	15.00	40.00	90.00	150	225
1774	—	8.00	20.00	50.00	110	150
1775	—	8.00	20.00	50.00	100	150
1776	—	10.00	22.50	50.00	110	160
1778	—	8.00	20.00	50.00	100	150
1779	—	8.00	20.00	50.00	100	150
1780	—	15.00	40.00	70.00	120	180
1781	—	15.00	40.00	70.00	120	180
1782	—	15.00	40.00	70.00	120	180
1783	—	8.00	20.00	50.00	100	150
1784	—	10.00	30.00	60.00	120	170
1785	—	10.00	30.00	70.00	120	180
1786	—	8.00	20.00	60.00	120	170
1787	—	8.00	20.00	50.00	100	150
1788	—	8.00	20.00	50.00	110	160
1789	—	8.00	20.00	50.00	100	150
1790	—	8.00	20.00	50.00	100	150
1791	—	8.00	20.00	50.00	100	150
1792	—	8.00	20.00	50.00	100	150
1793	—	10.00	22.50	50.00	110	160
1794	—	8.00	20.00	50.00	100	150

KM# 110b 10 STUIVERS (1/2 Gulden)

10.5000 g., Gold **Obv:** Crowned arms of Utrecht divide value **Obv. Legend:** MO: ARG: ORD: FOED: ... **Rev:** Standing figure leaning on column, holding pole with hat **Rev. Legend:** HACNITIMVR HANCTVEMVR

Date	Mintage	VG	F	VF	XF	Unc
1762	—	—	—	—	2,500	3,500
1763	—	—	—	—	2,500	3,500

KM# 118 10 STUIVERS (1/2 Gulden)

5.3000 g., 0.9200 Silver 0.1568 oz. ASW **Obv:** Crowned arms divide value "X - ST"

Date	Mintage	VG	F	VF	XF	Unc
1769	560	50.00	150	200	350	—
1770	740	50.00	150	200	350	—
1781	6,590	15.00	40.00	60.00	100	—
1782	Inc. above	15.00	40.00	60.00	100	—
1796	696	50.00	150	200	350	—

KM# 113 1/4 GULDEN (5 STUIVERS)

2.6500 g., 0.9200 Silver 0.0784 oz. ASW **Obv:** Crowned arms of Utrecht divide date **Obv. Legend:** MO : ARG : ORD : FOED : BELG : TRAI • **Rev:** Standing figure leaning on column holding pole with cap **Rev. Legend:** HACNITIMVR HANCTVEMVR

Date	Mintage	VG	F	VF	XF	Unc
1758	—	7.00	15.00	30.00	75.00	125
1759	—	7.00	15.00	30.00	75.00	125

KM# 113a 1/4 GULDEN (5 STUIVERS)

7.0000 g., Gold **Obv:** Crowned arms of Utrecht divide date **Obv. Legend:** MO: ARG: ORD: FOED: BELG: TRAI• **Rev:** Standing figure leaning on column, holding pole with cap **Rev. Legend:** HAC NITIMVR HANCTVEMVR

Date	Mintage	VG	F	VF	XF	Unc
1758 Rare	—	—	—	1,250	1,750	2,500
1759 Rare	—	—	—	1,250	1,750	2,500

KM# 100b 1/2 GULDEN

Gold 6.9-10.5 grams, weight varies **Obv:** Crowned arms divide denomination **Rev:** Standing female leaning on column, holding spear with liberty cap

Date	Mintage	VG	F	VF	XF	Unc
1724	—	—	—	—	5,000	6,500
1740	—	—	—	—	—	—

KM# 100 1/2 GULDEN (10 Stuivers)

5.3000 g., Silver **Obv:** Crowned arms of Utrecht divide value 1/2 - G **Obv. Legend:** MO : ARG : ORD : FOED : BELG : TRAI

1126 NETHERLANDS UTRECHT

• **Rev:** Standing figure leaning on column, holding pole with cap, date below **Rev. Legend:** HACNITIMVR HANCTVEMVR

Date	Mintage	VG	F	VF	XF	Unc
1724	—	30.00	80.00	150	200	300
1740	—	30.00	80.00	150	200	300

KM# 110a 1/2 GULDEN (10 Stuivers)

7.0000 g., Gold **Obv:** Crowned arms of Utrecht divide value **Obv. Legend:** MO: ARG: ORD: FOED: ... **Rev:** Standing figure leaning on column, holding pole with cap **Rev. Legend:** HACNITIMVR HANCTVEMVR

Date	Mintage	VG	F	VF	XF	Unc
1724	—	—	—	—	—	—
1755 Rare	—	—	—	—	—	—
1757 Rare	—	—	—	—	—	—
1759	—	—	—	—	2,500	3,000
1760	—	—	—	—	2,500	3,000
1764	—	—	—	—	2,500	3,000
1773	—	—	—	—	2,500	3,000
1774/3	—	—	—	—	2,500	3,000
1776	—	—	—	—	2,500	3,000
1780	—	—	—	—	2,500	3,000
1782	—	—	—	—	2,500	3,000
1784	—	—	—	—	2,500	3,000
1785	—	—	—	—	2,500	3,000
1786	—	—	—	—	2,500	3,000
1787	—	—	—	—	2,500	3,000
1790	—	—	—	—	2,500	3,000
1791	—	—	—	—	2,500	3,000
1792	—	—	—	—	2,500	3,000
1793	—	—	—	—	2,500	3,000
1794	—	—	—	—	2,500	3,000

KM# 76 GULDEN

Silver

Date	Mintage	VG	F	VF	XF	Unc
1701/0	—	17.00	35.00	70.00	150	—
1701	—	15.00	30.00	60.00	125	—
1703	—	15.00	30.00	60.00	125	—
1704	—	10.00	20.00	30.00	45.00	—
1705	—	10.00	20.00	30.00	45.00	—
1706	—	10.00	20.00	30.00	45.00	—
1712	—	10.00	20.00	30.00	45.00	—
1713	—	10.00	20.00	30.00	45.00	—
1714	—	10.00	20.00	30.00	45.00	—
1715	—	10.00	20.00	30.00	45.00	—
1716	—	10.00	20.00	30.00	45.00	—
1717	—	10.00	20.00	30.00	45.00	—
1718	—	10.00	20.00	30.00	45.00	—
1719	—	10.00	20.00	30.00	45.00	—
1720	—	10.00	20.00	30.00	45.00	—
1721	—	10.00	20.00	30.00	45.00	—
1723	—	10.00	20.00	30.00	45.00	—
1725	—	10.00	20.00	30.00	45.00	—
1727	—	10.00	20.00	30.00	45.00	—
1734	—	10.00	20.00	30.00	45.00	—
1735	—	10.00	20.00	30.00	45.00	—
1736	—	10.00	20.00	30.00	45.00	—
1737	—	10.00	20.00	30.00	45.00	—
1738/7	—	10.00	20.00	30.00	45.00	—
1738	—	10.00	20.00	30.00	45.00	—

KM# 102.1 GULDEN

10.4000 g., 0.9200 Silver 0.3076 oz. ASW **Obv:** Crowned arms of Utrecht divide value **Obv. Legend:** MO : ARG : ORD : FOED : ... **Rev:** Standing figure leaning on column with cap on pole, date below **Rev. Legend:** HANCTVEMVR HAC NITIMVR

Date	Mintage	VG	F	VF	XF	Unc
1701/1697	108,448	—	—	—	—	—
1701/1698	Inc. above	20.00	100	200	400	600
1701/1699	Inc. above	20.00	50.00	100	200	300
1701/1700	Inc. above	20.00	50.00	100	200	300
1701	Inc. above	15.00	30.00	75.00	100	150
1703/02	Inc. above	20.00	50.00	100	200	300
1703	Inc. above	20.00	50.00	100	200	300
1704	Inc. above	20.00	50.00	100	200	300
1705	Inc. above	20.00	50.00	100	200	300
1706	Inc. above	20.00	50.00	75.00	100	150
1712	883,339	—	—	—	—	—
1713	801,736	15.00	30.00	75.00	100	150
1714	Inc. above	15.00	30.00	75.00	125	200
1715	2,830,045	15.00	30.00	75.00	125	200
1716	Inc. above	15.00	30.00	75.00	125	200

KM# 102b GULDEN

17.4000 g., Gold

Date	Mintage	VG	F	VF	XF	Unc
1701 Rare	—	—	—	—	—	10,000

KM# 102a GULDEN

14.0000 g., Gold

Date	Mintage	VG	F	VF	XF	Unc
1715	—	—	—	—	—	—
1724 Rare	—	—	—	—	—	—
1729 Rare	—	—	—	—	—	—
1735 Rare	—	—	—	—	—	—
1739	—	—	—	—	6,000	7,000
1749	—	—	—	—	6,000	7,000
1750 Rare	—	—	—	—	—	—
1754 Rare	—	—	—	—	—	—
1758	—	—	—	—	—	—
1794	—	—	—	—	6,000	7,000

KM# 102.2 GULDEN

10.4000 g., 0.9200 Silver 0.3076 oz. ASW **Obv:** Crowned arms of Utrecht divide value **Obv. Legend:** MO : ARG : ORD : FOED : ... **Rev:** Standing figure leaning on column with cap on pole, date below **Rev. Legend:** HANCTVEMVR HAC NITIMVR **Note:** City arms at end of legend.

Date	Mintage	VG	F	VF	XF	Unc
1717	Inc. above	15.00	30.00	75.00	125	200
1718/7	127,708	25.00	50.00	100	175	250
1718	Inc. above	15.00	30.00	75.00	125	200
1719	Inc. above	15.00	30.00	75.00	125	200
1720	226,866	15.00	30.00	75.00	125	200
1721	Inc. above	15.00	30.00	75.00	125	200
1723	Inc. above	15.00	30.00	75.00	125	200
1725	150,006	15.00	30.00	75.00	125	200
1727	206,780	15.00	30.00	75.00	125	200
1734	2,053,947	15.00	30.00	75.00	125	200
1735	Inc. above	15.00	30.00	75.00	125	200
1735/20	Inc. above	15.00	30.00	75.00	125	200
1736	Inc. above	15.00	30.00	75.00	125	200
1737	589,086	15.00	30.00	75.00	125	200
1738	Inc. above	15.00	30.00	75.00	125	200
1739	Inc. above	15.00	30.00	75.00	125	200
1740	Inc. above	15.00	30.00	75.00	125	200
1750	Inc. above	10.00	25.00	50.00	100	150

KM# 102.3 GULDEN

10.4000 g., 0.9200 Silver 0.3076 oz. ASW **Obv:** Crowned arms of Utrecht divide value **Obv. Legend:** MO : ARG : ORD : FOED : ... **Rev:** Standing figure leaning on column with cap on pole, date below **Rev. Legend:** HANCTVEMVR HAC NITIMVR **Edge:** Reeded

Date	Mintage	VG	F	VF	XF	Unc
1748	192,580	10.00	25.00	50.00	100	150
1749	Inc. above	10.00	25.00	50.00	100	150
1760	11,000	10.00	25.00	50.00	100	150
1762	218,000	7.00	25.00	50.00	100	150
1763/62	—	25.00	50.00	100	175	250
1763	Inc. above	7.00	25.00	50.00	100	200
1764	1,044,999	7.00	25.00	50.00	100	150
1764/3	—	—	25.00	50.00	100	200
1765	Inc. above	17.50	35.00	65.00	90.00	140
1775	—	20.00	40.00	75.00	100	150
1776	—	17.50	35.00	65.00	90.00	150
1780	28,000	25.00	50.00	100	175	250
1781	5,360	20.00	35.00	70.00	100	170
1782	Inc. above	20.00	35.00	70.00	100	170
1784	—	25.00	50.00	80.00	120	250
1785	—	10.00	20.00	30.00	45.00	100
1786	—	12.50	25.00	40.00	60.00	110
1787	2,425	20.00	35.00	65.00	90.00	150
1788	Inc. above	20.00	35.00	65.00	90.00	150
1789	—	10.00	20.00	30.00	45.00	100
1790	—	10.00	20.00	30.00	45.00	110
1791	238,000	7.00	15.00	25.00	40.00	100
1792	Inc. above	7.00	15.00	25.00	40.00	100
1793	130,000	7.00	15.00	25.00	40.00	100
1794	844,000	7.00	15.00	25.00	40.00	100
1794/1	—	15.00	30.00	60.00	90.00	150

KM# 87 3 GULDEN (60 Stuiver)

31.8200 g., Silver **Obv:** Crowned arms of Utrecht between 3 - GL

Date	Mintage	VG	F	VF	XF	Unc
1714	514,653	50.00	100	200	300	600
1715	104,612	50.00	100	200	300	600
1716	—	50.00	100	200	300	600
1719	13,040	50.00	100	200	300	600
1721	4,091	50.00	100	200	300	600

KM# 117 3 GULDEN (60 Stuiver)

31.8200 g., 0.9200 Silver 0.9412 oz. ASW **Obv:** Crowned arms of Utrecht divide value **Obv. Legend:** MO : ARG : ORD : FOED : BELG • TRAI • **Rev:** Standing figure leaning on column with cap on pole, date below **Rev. Legend:** HACNITIMVR ... **Edge:** Reeded

Date	Mintage	VG	F	VF	XF	Unc
1763	225,000	20.00	35.00	70.00	140	200
1764	Inc. above	20.00	35.00	70.00	140	200
1785	234,000	20.00	35.00	70.00	140	200
1786	Inc. above	15.00	30.00	60.00	125	175
1791	62,000	20.00	35.00	70.00	140	200
1792/1	147,000	15.00	30.00	60.00	125	175
1792	Inc. above	15.00	30.00	60.00	110	160
1793	1,692,000	15.00	30.00	60.00	100	150
1794	1,713,000	15.00	30.00	60.00	110	160

KM# 103 7 GULDEN

4.9650 g., 0.9170 Gold 0.1464 oz. AGW **Obv:** Armored knight on horse above crowned shield **Rev:** Crowned arms of Utrecht divide value, date above **Rev. Legend:** CONCORDIA ...

Date	Mintage	VG	F	VF	XF	Unc
1749	—	200	250	425	850	1,100
1750/49	—	200	250	275	450	750
1750	—	200	250	275	450	750
1751	—	200	250	275	450	750
1760	347,000	200	250	275	450	750
1761	211,000	200	250	275	450	750
1762	Inc. above	200	250	275	450	750
1763	Inc. above	200	250	275	450	750

KM# 104 14 GULDEN

9.9300 g., 0.9170 Gold 0.2927 oz. AGW **Obv:** Armored knight on horse above crowned shield **Obv. Legend:** MO : AUR : PRO : CONFOED : BELG : TRAIECT • **Rev:** Crowned arms of Utrecht divide value, date above **Rev. Legend:** CONCORDIA RESPARVÆ CRESCUNT

Date	Mintage	VG	F	VF	XF	Unc
1749	—	450	550	700	1,000	1,300
1750	—	400	425	450	600	900
1751	—	400	425	450	600	900
1760	—	400	425	450	600	900
Note: Mintage included in KM#103						
1761	—	400	425	450	600	900
Note: Mintage included in KM#103						
1763	—	400	425	450	600	900
Note: Mintage included in KM#103						

KM# 115.1 1/2 DUCATON (1/2 Silver Rider)

16.3900 g., 0.9410 Silver 0.4958 oz. ASW **Obv:** Armored knight on horse above crowned shield **Obv. Legend:** MO : NO : ARG : CON : FOE : BELG : PRO : TRAI • **Rev:** Crowned arms of Utrecht, with supporters, date below **Rev. Legend:** CONCORDIA RES PARVÆ ... **Edge Lettering:** Reeded

Date	Mintage	VG	F	VF	XF	Unc
1761	—	35.00	100	175	250	500
1762	—	35.00	100	175	250	500
1763/2	—	35.00	100	175	250	600
1763	—	35.00	100	175	250	500
1764	—	35.00	100	175	250	500
1765	—	35.00	100	175	250	500
1766	—	35.00	100	175	250	500
1767	—	35.00	100	175	250	500
1768	—	35.00	100	175	250	500
1769	—	35.00	100	175	250	500
1770	—	35.00	100	175	250	500

Date	Mintage	VG	F	VF	XF	Unc
1771	—	35.00	100	175	250	500
1772	—	35.00	100	175	250	500
1773	—	35.00	100	175	250	500
1774	—	35.00	100	175	250	500
1775	—	35.00	100	175	250	500
1776	—	35.00	100	175	250	500
1778	—	35.00	100	175	250	500
1779	—	35.00	100	175	250	500
1780	—	35.00	100	175	250	500
1781	—	35.00	100	175	250	500
1782	—	35.00	100	175	250	500
1783	—	35.00	100	175	250	500
1784 Mintage included KM92	—	35.00	100	175	250	500
1785	—	35.00	100	150	225	450
1786/5	—	35.00	100	150	225	450
1786	—	35.00	100	150	225	450
1787	—	35.00	100	150	225	450
1788	—	35.00	100	150	225	450
1789	—	35.00	100	150	225	450
1790	—	35.00	100	150	225	450
1791	—	35.00	100	150	225	450
1792	—	35.00	100	150	225	450
1793	—	35.00	100	150	225	450
1794/2	—	35.00	100	150	225	450
1794	—	35.00	100	150	225	450

KM# 115.2 1/2 DUCATON (1/2 Silver Rider)

16.3900 g., 0.9410 Silver 0.4958 oz. ASW **Obv:** Armored knight on horse above crowned shield **Obv. Legend:** MO : NO : ARG : CON : FOE : BELG : PRO : TRAI • **Rev:** Crowned arms of Utrecht, with supporters, date below **Rev. Legend:** CONCORDIA RES PARVÆ ... **Edge:** Flowered edge

Date	Mintage	VG	F	VF	XF	Unc
1761	—	25.00	70.00	125	220	400
1762	—	25.00	70.00	125	220	400
1763	—	25.00	70.00	125	220	400
1764	—	25.00	70.00	125	220	400
1765	—	25.00	70.00	125	220	400
1766	—	25.00	70.00	125	220	400
1767	—	25.00	70.00	125	220	400
1768	—	25.00	70.00	125	220	400
1769	—	25.00	70.00	125	220	400
1770	—	25.00	70.00	125	220	400
1771	—	25.00	70.00	125	220	400
1772	—	25.00	70.00	125	220	400
1773	—	25.00	70.00	125	220	400
1774	—	25.00	70.00	125	220	400
1775	—	25.00	70.00	125	220	400
1776	—	25.00	70.00	125	220	400

KM# 115.1a 1/2 DUCATON (1/2 Silver Rider)

25.5000 g., Gold **Obv:** Armored knight on horse above crowned shield **Obv. Legend:** MO: NO: ARC: CON: FOE:... **Rev:** Crowned arms of Utrecht, with supporters, date below **Rev. Legend:** CONCORDIA RES PARVÆ ...

Date	Mintage	VG	F	VF	XF	Unc
1774 Rare	—	—	—	—	—	—
1794 Rare	—	—	—	—	—	—

KM# 83.1 DUCATON (60 Stuiver - Silver Rider)

32.7800 g., Silver **Obv:** Armored knight on horse above crowned shield **Obv. Legend:** MO : NO : ARG : PROCON FOE : ... **Rev:** Crowned arms of Utrecht, with supporters **Rev. Legend:** CONCORDIA RESP .... **Edge:** Plain **Note:** Without mint mark. Varieties exist.

Date	Mintage	VG	F	VF	XF	Unc
1709	18,573	30.00	90.00	150	250	400
1710	856,932	30.00	90.00	150	250	400
1711	Inc. above	30.00	90.00	150	250	400
1712	Inc. above	30.00	90.00	150	250	400
1715	831,174	30.00	90.00	150	250	400
1718	421,280	30.00	90.00	150	250	400
1720	101,439	30.00	90.00	150	250	400
1727	238,200	30.00	90.00	150	250	400
1729	—	30.00	90.00	150	250	400
1730	700,119	25.00	75.00	125	225	350
1731	243,906	25.00	75.00	125	225	350
1732	98,030	25.00	75.00	125	225	350
1735	157,090	25.00	75.00	125	225	350
1736	Inc. above	25.00	75.00	125	225	350

KM# 92a DUCATON (60 Stuiver - Silver Rider)

35.0000 g., Gold **Obv:** Armored knight on horse above crowned shield **Rev:** Crowned arms of Utrecht, with supporters, date below

Date	Mintage	VG	F	VF	XF	Unc
1726 Rare	—	—	—	—	—	—
1745 Rare	—	—	—	—	—	—

KM# 83.2 DUCATON (60 Stuiver - Silver Rider)

Silver **Note:** Mint mark: Tree.

Date	Mintage	VG	F	VF	XF	Unc
1732	—	30.00	75.00	125	225	350
1733	—	30.00	75.00	125	225	350
1735	—	30.00	75.00	125	225	350
1736	—	30.00	75.00	125	225	350

KM# 92.1 DUCATON (60 Stuiver - Silver Rider)

32.7800 g., 0.9410 Silver 0.9917 oz. ASW **Obv:** Armored knight on horse above crowned shield **Obv. Legend:** MO : NO : ARG : CON FOE : BELG : PRO : TRAI • **Rev:** Crowned arms of Utrecht with supporters, date below **Rev. Legend:** CONCORDIA RES PARVÆ CRESCUNT • **Edge:** Cabled

Date	Mintage	VG	F	VF	XF	Unc
1739	11,404	35.00	65.00	130	200	400
1740/30	163,660	70.00	125	250	400	600
1740/39	Inc. above	60.00	100	200	350	500
1740	Inc. above	35.00	65.00	130	250	400
1741	Inc. above	35.00	65.00	130	250	400
1742/1	89,135	50.00	75.00	150	275	425
1742	Inc. above	35.00	65.00	130	250	400
1743	84,090	35.00	65.00	130	275	425
1744	Inc. above	35.00	65.00	130	275	425
1745/4	181,492	35.00	65.00	130	275	425
1745	Inc. above	35.00	65.00	130	275	425
1746	Inc. above	35.00	65.00	130	275	425
1747	43,272	35.00	65.00	130	250	375
1748/47	28,520	35.00	65.00	130	250	400
1748	Inc. above	35.00	65.00	130	250	375
1749	Inc. above	35.00	65.00	130	250	375
1749/8	Inc. above	—	—	—	—	—
1750	Inc. above	35.00	65.00	130	250	375
1751	18,603	65.00	110	240	400	500
1752	—	30.00	65.00	130	250	350
1753	—	30.00	65.00	130	250	350
1754	174,072	30.00	65.00	130	250	350
1755/53	Inc. above	30.00	65.00	130	250	400
1755	Inc. above	30.00	65.00	130	250	350
1756/53	—	—	—	—	—	—
1756	—	30.00	65.00	130	250	350
1757/6	Inc. above	50.00	75.00	150	275	425
1757	Inc. above	30.00	65.00	130	250	350
1758	96,860	25.00	60.00	100	200	300
1759	Inc. above	25.00	60.00	100	200	300
1760	150,000	25.00	60.00	100	200	300
1761	Inc. above	30.00	65.00	125	225	300
1762/1	8,000	60.00	100	200	300	400
1762	Inc. above	60.00	100	200	300	400
1763	705	60.00	100	200	300	400
1764	—	60.00	100	125	225	300
1765/3	—	60.00	100	200	300	400
1765	1,620	30.00	65.00	125	225	300
1766	6,000	30.00	65.00	125	225	300
1767	Inc. above	30.00	65.00	125	225	300
1768	Inc. above	30.00	65.00	125	225	300
1769	42,000	30.00	65.00	125	225	300
1770	32,000	30.00	65.00	125	225	300
1771	65,000	30.00	65.00	125	225	300
1772	Inc. above	30.00	65.00	125	225	300
1773	Inc. above	30.00	65.00	125	225	300
1774	Inc. above	30.00	65.00	125	225	300
1775	Inc. above	30.00	65.00	125	225	300
1776	Inc. above	30.00	65.00	125	225	300
1778	20,000	30.00	65.00	125	225	300
1779	Inc. above	30.00	65.00	125	225	300
1780	Inc. above	30.00	65.00	125	225	300
1781/80	—	30.00	65.00	125	225	300
1781	86,000	30.00	65.00	125	225	300
1782	Inc. above	30.00	65.00	125	225	300
1783	152,000	50.00	75.00	125	225	300
1784	Inc. above	30.00	65.00	125	225	300
1785	Inc. above	30.00	65.00	125	225	300
1786	270,000	30.00	65.00	125	225	300
1787	Inc. above	30.00	65.00	125	225	300
1788	55,000	30.00	65.00	125	225	300
1789	118,000	30.00	60.00	125	225	300
1790	Inc. above	30.00	65.00	125	225	300
1791	124,000	30.00	65.00	125	225	300
1792	1,060	30.00	65.00	125	225	300
1793	52,000	20.00	55.00	125	225	300
1794	Inc. above	30.00	65.00	125	225	300

KM# 92.2 DUCATON (60 Stuiver - Silver Rider)

32.7800 g., 0.9410 Silver 0.9917 oz. ASW **Obv:** Armored knight on horse above crowned shield **Obv. Legend:** MO : NO : ARG : CON FOE : BELG : PRO : TRAI • **Rev:** Crowned arms of Utrecht with supporters, date below **Rev. Legend:** CONCORDIA RES PARVÆ CRESCUNT • **Edge:** Flowered edge

Date	Mintage	VG	F	VF	XF	Unc
1746	—	25.00	70.00	125	220	400
1747	—	25.00	70.00	125	220	400
1748	—	25.00	70.00	125	220	400
1749	—	25.00	70.00	125	220	400
1756	—	25.00	70.00	125	220	400
1757/56	—	25.00	70.00	125	220	400
1758	—	25.00	70.00	125	220	400
1759	—	25.00	70.00	125	220	400
1760	—	25.00	70.00	125	220	400
1761	—	25.00	70.00	125	220	400
1762	—	40.00	110	225	450	600
1763/2	—	25.00	70.00	125	220	400
1763	—	25.00	70.00	125	220	400
1764	—	35.00	90.00	175	350	500
1765/3	—	25.00	70.00	125	220	—
1765	—	25.00	70.00	125	220	400
1766	—	25.00	70.00	125	220	400
1767	—	25.00	70.00	125	220	400
1768	—	25.00	70.00	125	220	400
1769	—	25.00	70.00	125	220	400
1770	—	25.00	70.00	125	220	400
1771	—	40.00	110	225	450	600
1772	—	25.00	70.00	125	220	400
1773	—	25.00	70.00	125	220	400
1774	—	25.00	70.00	125	220	400
1775	—	25.00	70.00	125	220	400
1776	—	25.00	70.00	125	220	400
1778	—	25.00	70.00	125	220	400
1779	—	25.00	71,250	125	220	400

KM# 111 DUCATON (60 Stuiver - Silver Rider)

0.9410 Silver **Obv. Legend:** DOMINE SALVUM FAC PRINCIPEM

Date	Mintage	VG	F	VF	XF	Unc
1751	—	—	—	—	1,350	1,500

KM# 116 1/2 SILVER DUCAT (24 Stuiver)

14.1200 g., 0.8730 Silver 0.3963 oz. ASW **Obv:** Standing armored knight with crowned shield at feet **Obv. Legend:** MO : NO : ARG : PRO : CONFOE : BELG : TRAI • **Rev:** Crowned arms of Utrecht divide date **Rev. Legend:** CONCORDIA RES PARVÆ ... **Edge:** Cable

Date	Mintage	VG	F	VF	XF	Unc
1761	—	30.00	90.00	150	225	300
1762	—	30.00	90.00	150	225	300
1763	—	30.00	90.00	150	225	300
1764	—	30.00	90.00	150	225	300
1765	—	30.00	90.00	150	225	300
1766	—	30.00	90.00	150	225	300
1767	—	30.00	90.00	150	225	300
1768	—	30.00	90.00	150	225	300
1769	—	30.00	90.00	150	225	300
1770	—	30.00	90.00	150	225	300
1771	—	30.00	90.00	150	225	300
1773	—	30.00	90.00	150	225	300
1774	—	30.00	90.00	150	225	300
1775	—	30.00	90.00	150	225	300
1776	—	30.00	90.00	150	225	300
1781	—	30.00	90.00	150	225	300
1783	—	30.00	90.00	150	225	300

KM# 116a 1/2 SILVER DUCAT (24 Stuiver)

Silver **Obv. Legend:** MO NO ARG PRO CONFOE; BELG; TRAI **Edge:** Flowered

Date	Mintage	VG	F	VF	XF	Unc
1761	—	30.00	90.00	150	225	300
1762	—	30.00	90.00	150	225	300
1766	—	30.00	90.00	150	225	300

KM# 86 SILVER DUCAT (48 Stuiver)

28.2500 g., Silver **Obv:** Standing armored knight with crowned shield at feet, date at sides **Rev:** Crowned arms of Utrecht **Note:** Mint mark: Rosette.

Date	Mintage	VG	F	VF	XF	Unc
1711	34,027	60.00	150	300	400	650
1715	—	60.00	150	300	400	650
1721	73,098	50.00	100	200	300	350
1725	58,125	60.00	150	300	400	650
1727	64,920	60.00	150	300	400	650
1735	25,458	60.00	150	300	400	650
1738/7	26,240	—	—	—	—	—
1738	Inc. above	60.00	150	300	400	650

1128 NETHERLANDS UTRECHT

KM# 93.1 SILVER DUCAT (48 Stuiver)

28.2500 g., 0.8730 Silver 0.7929 oz. ASW **Obv:** Standing armored knight with crowned shield at feet **Obv. Legend:** MO : NO : ARG : PRO : CONFOE : BELG : TRAI • **Rev:** Crowned arms of Utrecht divide date **Rev. Legend:** CONCORDIA RES PARVÆ ... **Edge:** Cable **Note:** Dav. #1845.

Date	Mintage	VG	F	VF	XF	Unc
1739	209,800	35.00	75.00	150	250	350
1740	326,027	35.00	75.00	150	250	350
1741	Inc. above	35.00	75.00	150	250	350
1743	200,115	35.00	75.00	150	250	350
1746	440,310	60.00	150	250	350	450
1747	485,870	25.00	65.00	125	200	300
1748	—	25.00	65.00	125	200	300
1749	—	25.00	65.00	125	200	300
1751	425,010	25.00	65.00	125	200	300
1752	360,072	25.00	65.00	125	200	300
1753	Inc. above	25.00	65.00	125	200	300
1754/1	Inc. above	25.00	65.00	125	200	300
1755	Inc. above	25.00	65.00	125	200	300
1756	455,620	25.00	65.00	125	200	300
1757/0	366,054	50.00	130	200	300	400
1757/51	Inc. above	50.00	130	200	300	400
1757	Inc. above	25.00	65.00	125	200	300
1758	256,000	25.00	65.00	125	200	300
1760	Inc. above	25.00	65.00	125	200	300
1761	1,111,000	25.00	65.00	125	200	300
1762	Inc. above	25.00	65.00	125	200	300
1763	857,000	25.00	65.00	125	200	300
1764	107,000	25.00	65.00	125	200	300
1765	273,000	25.00	65.00	125	200	300
1766	272,000	25.00	65.00	125	200	300
1767	Inc. above	25.00	65.00	125	200	300
1768	—	60.00	150	250	350	450
1769	33,000	25.00	65.00	125	200	300
1770	385	90.00	190	275	400	500
1771	—	25.00	65.00	125	200	300
1772	1,196	25.00	65.00	125	200	300
1773	Inc. above	25.00	65.00	125	200	300
1774	Inc. above	25.00	65.00	125	200	300
1775	Inc. above	25.00	65.00	125	200	300
1776	—	25.00	65.00	125	200	300
1778	—	80.00	175	250	350	450
1779	356,000	25.00	65.00	125	200	300
1780	723,000	80.00	150	250	350	450
1781	Inc. above	25.00	55.00	110	175	275
1782	Inc. above	25.00	55.00	110	175	275
1783	1,425,000	25.00	55.00	110	175	275
1784	1,214,000	25.00	55.00	110	175	275
1785	Inc. above	25.00	65.00	125	200	300
1786	Inc. above	25.00	65.00	125	200	300
1787	546,000	25.00	65.00	125	200	300
1788	Inc. above	25.00	65.00	125	200	300
1789	1,156,000	25.00	65.00	125	200	300
1790	Inc. above	25.00	55.00	110	175	275
1791	Inc. above	25.00	55.00	110	175	275
1792	19,000	30.00	60.00	125	200	300
1793	182,000	25.00	55.00	110	175	275
1794	Inc. above	35.00	75.00	150	250	350

KM# 93a SILVER DUCAT (48 Stuiver)

34.8000 g., Gold **Obv:** Standing armored knight with crowned shield at feet **Obv. Legend:** MO: NO: ARG: PRO: CONFOE: .... **Rev:** Crowned arms of Utrecht divide date **Rev. Legend:** CONCORDIA RES PARVÆ ...

Date	Mintage	VG	F	VF	XF	Unc
1739 Rare	—	—	—	—	—	20,000
1743	—	—	—	—	—	25,000
1749 Rare	—	—	—	—	—	—

KM# 93.2 SILVER DUCAT (48 Stuiver)

28.2500 g., 0.8730 Silver 0.7929 oz. ASW **Obv:** Standing armored knight with crowned shield at feet **Obv. Legend:** MO : NO : ARG : PRO : CONFOE : BELG : TRAI • **Rev:** Crowned arms of Utrecht divide date **Rev. Legend:** CONCORDIA RES PARVÆ ... **Edge:** Flowered edge

Date	Mintage	VG	F	VF	XF	Unc
1748	—	60.00	150	225	325	425
1749	—	60.00	150	225	325	425
1755	—	60.00	150	225	325	425
1760	—	60.00	150	225	325	425
1761	—	60.00	150	225	325	425
1762	—	60.00	150	225	325	425
1763	—	60.00	150	225	325	425

TRADE COINAGE

KM# 7.1 DUCAT

3.5000 g., 0.9860 Gold 0.1109 oz. AGW **Obv:** Standing, armored knight holding bundle of arrows, divides date **Obv. Legend:** CONCORDIARES ... **Rev:** Inscription within ornamented tablet **Rev. Inscription:** MO/ ORD/ PROVIN/ FOEDER/ BELGAD/ LEGIMP **Note:** Fr. #284. Mintmark: Rose

Date	Mintage	VG	F	VF	XF	Unc
1701	—	150	225	300	600	700
1702	—	140	165	200	300	400
1703/2	—	150	225	300	600	700
1703	—	140	165	200	300	300
1704/3	—	150	225	300	600	700
1704	—	140	165	200	300	400
1705	—	140	165	200	300	400
1706	—	140	165	200	300	400
1707	—	140	165	200	300	400
1708/7	—	150	195	250	600	725
1708	—	150	195	250	600	725
1709	—	150	195	250	600	725
1710	—	150	195	250	600	725
1711/10	—	—	—	—	—	—
1711	—	150	195	250	600	725
1712	—	125	195	250	600	725
1713	—	150	195	250	600	725
1714	—	150	195	250	600	725
1715	—	150	195	250	600	725
1716	—	150	195	250	400	525
1717	—	150	195	250	400	525
1718	—	150	225	300	600	700
1719	—	150	225	300	600	700
1720	—	165	250	350	650	800
1721	—	165	250	350	650	800
1722	—	165	250	350	650	800
1723/21	—	165	250	350	650	800
1723	—	165	250	350	650	800
1724	6,505	165	275	400	700	850
Note: All known 1724 ducats are from the wreck of the Akerandam, and are VF or better in condition						
1725	—	165	250	350	650	800
1726	—	165	250	350	650	800
1727	—	165	250	350	650	800
1728	—	165	250	350	650	800
1729	—	165	250	350	650	800
1730	—	165	275	400	700	850
1731	—	165	250	350	650	800
1732	—	165	250	350	650	800
1733	—	165	250	350	650	800
1735	—	165	250	350	650	800
1736	—	165	250	350	650	800
1739	—	155	200	275	450	600
1740	—	155	200	275	450	600
1741	—	155	200	275	450	600
1742	—	155	200	275	450	600
1743	—	155	200	275	450	600

KM# 7.3 DUCAT

3.5000 g., 0.9860 Gold 0.1109 oz. AGW **Obv:** Standing, armored knight holding bundle of arrows, divides date **Obv. Legend:** CONCORDIARES ... **Rev:** Inscription within ornamented tablet **Rev. Inscription:** MO/ ORD/ PROVIN/ FOEDER/ BELGAD/ LEGIMP **Note:** Fr. #284. Mintmark: Tree

Date	Mintage	VG	F	VF	XF	Unc
1720	—	155	225	300	600	700
1732	—	155	225	300	600	700
1733	—	155	225	300	600	700

KM# 7.2 DUCAT

3.5000 g., 0.9860 Gold 0.1109 oz. AGW **Obv:** Standing, armored knight holding bundle of arrows, divides date **Obv. Legend:** CONCORDIARES ... **Rev:** Inscription within ornamented tablet **Rev. Inscription:** MO/ ORD/ PROVIN/ FOEDER/ BELGAD/ LEGIMP **Edge:** Cable **Note:** Fr. #284.

Date	Mintage	VG	F	VF	XF	Unc
1744	—	155	200	275	450	600
1745	—	155	200	275	450	600
1746	—	155	200	275	450	600
1747	—	155	200	275	450	600
1748/6	—	155	200	275	450	600
1748/7	—	155	200	275	450	600
1749	—	155	200	275	450	600
1750	—	155	200	275	450	600
1751	—	155	200	275	450	600
1752	—	155	200	275	450	600
1753	—	155	200	275	450	600
1753/2	—	155	200	275	450	600
1753	—	155	200	275	450	600
1754	—	155	200	275	450	600
1755	—	155	200	275	450	600
1756	—	155	200	275	450	600
1757	—	155	200	275	450	600
1758	—	155	200	275	450	600
1759	—	155	200	275	450	600
1760	—	155	200	275	450	600
1761	—	155	200	275	450	600
1762	—	155	200	275	450	600
1763	—	155	200	275	450	600
1764	—	155	200	275	450	600
1765	—	155	200	275	450	600
1766	—	155	200	275	450	600
1767	—	155	200	275	450	600
1768	—	155	200	275	450	600
1769	—	155	200	275	450	600
1770	—	155	200	275	450	600
1772	—	155	200	275	450	600
1773	—	155	200	275	450	600
1774	—	155	200	275	450	600
1775	—	155	200	275	450	600
1776	—	155	200	275	450	600
1777	—	155	200	275	450	600
1778	—	155	200	275	450	600
1779	—	155	200	275	450	600
1780	—	155	200	275	450	600
1781	—	155	200	275	450	600
1782	—	155	200	275	450	600
1783	—	155	200	275	450	600
1784	—	155	200	275	450	600
1785	—	155	200	275	450	600
1786	—	155	200	275	450	600
1787	—	155	200	275	450	600
1788	—	155	200	275	450	600
1789	—	155	200	275	450	600
1790	—	155	200	275	450	600
1791	—	155	200	275	450	600
1792	—	155	200	275	450	600
1793	—	155	200	275	450	600
1794	—	155	200	275	450	600

KM# 42.1 2 DUCAT

7.0000 g., 0.9860 Gold 0.2219 oz. AGW **Obv:** Standing, armored knight holding bundle of arrows, divides date within plain broken circle **Obv. Legend:** CONCORDIA RES PAR• CRESTRA• **Rev:** Inscription within ornamented square **Rev. Inscription:** MO:ORD/PROVIN/FOEDER:/BELGAD/LEG.IMP **Note:** Fr. #282.

Date	Mintage	VG	F	VF	XF	Unc
1703	—	300	500	1,000	1,500	2,000
1704	—	300	500	1,000	1,500	2,000
1706	—	300	500	1,000	1,500	2,000
1709	—	325	750	1,500	2,000	2,500
1710	—	—	—	—	—	—
1711	—	—	—	5,500	7,000	9,500
1718	—	325	750	1,500	2,000	2,500
1719	—	300	500	1,000	1,500	2,000
1720	—	300	500	1,000	1,500	2,000
1726	—	325	750	1,500	2,000	2,500
1736/35	—	300	400	800	1,000	1,350

KM# 42.2 2 DUCAT

7.0000 g., 0.9860 Gold 0.2219 oz. AGW **Obv:** Standing, armored knight with scarf, divides date within plain broken circle **Obv. Legend:** CONCORDIA RES PAR• CRESTRA• **Rev:** Inscription within ornamented square **Rev. Inscription:** MO:ORD/PROVIN/FOEDER:/BELGAD/LEG.IMP **Note:** Fr. #282.

Date	Mintage	VG	F	VF	XF	Unc
1739	—	300	500	1,000	1,500	2,000
1740	—	325	750	1,500	2,000	2,500
1741	—	300	500	1,000	1,500	2,000
1741/40	—	325	750	1,500	2,000	2,500
1742	—	325	750	1,500	2,000	2,500
1743	—	325	750	1,500	2,000	2,500
1744	—	300	500	1,000	1,500	2,000
1745	—	300	500	1,000	1,500	2,000
1746	—	300	500	1,000	1,500	2,000
1747	—	300	500	1,000	1,500	2,000
1748	—	300	500	1,000	1,500	2,000
1748/46	—	300	500	1,000	1,500	2,000
1749	—	300	500	1,000	1,500	2,000
1750	—	300	500	1,000	1,500	2,000
1751	—	300	500	1,000	1,500	2,000
1752	—	325	750	1,000	2,000	2,500
1754	—	300	750	1,000	1,500	2,000
1754/44	—	300	750	1,000	1,500	2,000
1755	—	300	750	1,000	1,500	2,000
1756	—	300	750	1,000	1,500	2,000
1757	—	300	750	1,000	1,500	2,000
1758	—	300	750	1,000	1,500	2,000
1759	—	300	750	1,000	1,500	2,000
1760	—	300	750	1,000	1,500	2,000
1761	—	300	750	1,000	1,500	2,000
1762	—	300	750	1,000	1,500	2,000
1763	—	300	750	1,000	1,500	2,000
1764	—	300	750	1,000	1,500	2,000
1765	—	300	750	1,000	1,500	2,000
1765/63	—	300	750	1,000	1,500	2,000
1767	—	300	750	1,000	1,500	2,000
1768	—	300	750	1,000	1,500	2,000
1769	—	300	500	1,000	1,500	2,000
1771	—	325	750	1,500	2,000	2,500
1774	—	325	750	1,500	2,000	2,500
1775	—	325	750	1,500	2,000	2,500
1776	—	325	750	1,500	2,000	2,500
1778	—	300	800	1,000	1,500	2,000
1779	—	300	800	1,000	1,500	2,000
1780	—	325	750	1,500	2,000	2,500
1781	—	325	750	1,500	2,000	2,500
1782	—	300	500	1,000	1,500	2,000
1783	—	300	500	1,000	1,500	2,000
1784	—	300	500	1,000	1,500	2,000
1785	—	300	500	1,000	1,500	2,000

WEST FRIESLAND

Date	Mintage	VG	F	VF	XF	Unc
1786	—	300	500	1,000	1,500	2,000
1787	—	300	500	1,000	1,500	2,000
1788	—	300	500	1,000	1,500	2,000
1789	—	300	500	1,000	1,500	2,000
1790	—	325	750	1,500	2,000	2,500
1791	—	300	500	1,000	1,500	2,000
1792	—	300	500	1,000	1,500	2,000
1793	—	300	500	1,000	1,500	2,000
1794	—	300	500	1,000	1,500	2,000

PATTERNS

Including off metal strikes

KM#	Date	Mintage Identification	Mkt Val

| Pn10 | 1724 | — 1/2 Gulden. Gold. 6.90g | 6,500 |
| Pn11 | 1740 | — 1/2 Gulden. Gold. 10.50g. | 6,500 |

PIEFORTS

KM#	Date	Mintage Identification	Mkt Val
P26	1701	— Gulden. Gold. 17.6100 g.	4,800
P27	1712	— Ducaton. Silver. KM83	—
P28	1715	— Ducaton. Silver. KM83	—
P29	1716	— Ducaton. Silver. KM83	1,500
P30	1720	— Ducaton. Silver. KM83	—
P31	1723	— Ducaton. Silver. KM83	—
P32	1727	— Ducaton. Silver. KM83	—
P33	1730	— Ducaton. Silver. KM83	1,250
P34	1731	— Ducaton. Silver. KM83	1,250
P35	1732	— Ducaton. Silver. KM83	—
P36	1733	— Ducaton. Silver. KM83	—
P37	1735	— Silver Ducat. KM86	—
P38	1735	— Ducaton. Silver. KM83	1,500
P39	1736	— Ducaton. Silver. KM83	1,500
P40	1744	— Ducaton. Silver. KM92.	1,750
P41	1749	— Gulden. Gold. 13.9400 g.	1,500
P42	1772	— Ducaton. Silver.	4,000
P43	1773	— Ducat. Gold. KM88.	—
P44	1775	— Ducaton. Silver.	1,500
P45	1776	— Ducat. Silver.	1,250

WEST FRIESLAND

West Frisia

West Friesland (West Frisia), also known as North Holland, is part of the province of Holland, and is not associated with the province of Friesland.

PROVINCE

STANDARD COINAGE

KM# A101a DUIT

Copper 3.5 - 4.6 grams, weight varies **Obv:** Crowned arms of West Friesland **Rev:** Inscription, date **Rev. Inscription:** WEST/ FRI/ SIÆE/

Date	Mintage	VG	F	VF	XF	Unc
1723	—	—	—	—	—	—
1739 #	—	30.00	70.00	120	160	250

KM# 125b DUIT

3.5000 g., Gold **Obv:** Crowned arms of West Friesland within sprigs **Rev:** Inscription and date within and divided by sprigs **Rev. Inscription:** WEST/ FRI/ SIA/ date

Date	Mintage	VG	F	VF	XF	Unc
1702 Rare	—	—	—	—	—	—
1739	—	—	—	—	—	—
1741 Rare	—	—	—	—	—	—

KM# 100 DUIT

3.8400 g., Copper **Obv:** Crowned arms, of West Friesland, within sprigs **Rev:** Inscription above date **Rev. Inscription:** WEST/FRI/SIÆE **Note:** Varieties exist.

Date	Mintage	VG	F	VF	XF	Unc
1702 Rosette	—	2.00	6.00	12.00	25.00	50.00
1707 Rosette	—	4.00	10.00	20.00	35.00	70.00
1713 Crane	—	4.00	10.00	20.00	35.00	70.00
1713/11 Crane	—	4.00	10.00	20.00	35.00	70.00

KM# A100 DUIT

Copper **Obv:** Crowned arms of West Friesland **Rev:** Inscription, date **Rev. Inscription:** WEST/ FRI/ SIÆE/ **Note:** Varieties exist. Mintmaster sign: Turnip

Date	Mintage	VG	F	VF	XF	Unc
1716	—	2.00	6.00	12.00	25.00	50.00
1717	—	1.50	4.00	10.00	20.00	40.00
1720	—	1.50	4.00	10.00	20.00	40.00
1722	—	3.00	8.00	18.00	30.00	60.00
1723	—	1.50	4.00	10.00	20.00	40.00
1723 Error	—	3.00	8.00	18.00	30.00	60.00
1727	—	3.00	8.00	18.00	30.00	60.00
1739	—	1.50	4.00	10.00	20.00	40.00

KM# 100b DUIT

3.0000 g., Silver **Obv:** Crowned arms of West Friesland within sprigs **Rev:** Inscription above date **Rev. Inscription:** WEST/ FRI/SIÆE

Date	Mintage	VG	F	VF	XF	Unc
1716	—	—	—	—	—	—

KM# 125c DUIT

4.6000 g., Gold **Obv:** Crowned arms of West Friesland within sprigs **Rev:** Inscription and date within and divided by sprigs **Rev. Inscription:** WEST/FRI/SIA/ date

Date	Mintage	VG	F	VF	XF	Unc
1739 Rare	—	—	—	—	—	—
1741	—	—	—	—	—	1,650

KM# 126 DUIT

3.8400 g., Copper **Obv:** Crowned arms of Friesland within sprigs **Rev:** Inscription, date within and divided by sprigs **Rev. Inscription:** WEST/FRI/SIA/

Date	Mintage	VG	F	VF	XF	Unc
1741	—	10.00	30.00	65.00	120	200

Note: Mintage included in KM#125

KM# 126a DUIT

Silver **Obv:** Crowned arms of West Friesland within sprigs **Rev:** Inscription, date within and divided by sprigs **Rev. Inscription:** WEST/FRI/SIA/

Date	Mintage	VG	F	VF	XF	Unc
1741 Rare	—	20.00	60.00	100	175	250

KM# 126b DUIT

Gold **Obv:** Crowned arms of West Friesland within sprigs **Rev:** Inscription, date within and divided by sprigs **Rev. Inscription:** WEST/FRI/SIA/

Date	Mintage	VG	F	VF	XF	Unc
1741	—	—	—	1,000	1,500	2,500

KM# 125a DUIT

Silver 3.1 - 3.9 grams, weight varies. **Obv:** Crowned arms of West Friesland within sprigs **Rev:** Inscription and date within and divided by sprigs **Rev. Inscription:** WEST/FRI/SIA/ date

Date	Mintage	VG	F	VF	XF	Unc
1741	—	—	75.00	125	200	250
1756	—	—	75.00	125	200	250

KM# 125 DUIT

Copper **Obv:** Crowned arms of West Friesland within sprigs **Rev:** Inscription and date within and divided by sprigs **Rev. Inscription:** WEST/FRI/SIA/date **Note:** Mintmaster sign: Rooster

Date	Mintage	VG	F	VF	XF	Unc
1741	1,531,000	1.50	4.00	8.00	15.00	25.00
1742	Inc. above	1.50	4.00	8.00	15.00	25.00
1743	—	6.00	12.00	25.00	40.00	60.00
1754	—	1.50	4.00	8.00	15.00	25.00
1765	—	1.50	4.00	8.00	15.00	25.00
1780	—	3.50	10.00	18.00	25.00	—

KM# 100a DUIT

Silver **Obv:** Crowned arms, of Friesland, within sprigs **Rev:** Inscription above date **Rev. Inscription:** WEST/FRISIÆE **Note:** Weight varies: 3-4 grams.

Date	Mintage	VG	F	VF	XF	Unc
1702	—	30.00	70.00	120	160	250
1723	—	—	—	—	—	—
1739	—	30.00	70.00	120	160	250

KM# 105 DUIT

Silver **Rev:** Lions with arms of Leyden

Date	Mintage	VG	F	VF	XF	Unc
1711	—	10.00	25.00	50.00	100	200

KM# A125 DUIT

Copper Mintmaster sign: Herringship **Obv:** Crowned arms of West Friesland **Rev:** Inscription, date **Rev. Inscription:** WEST/FRI/SIA

Date	Mintage	VG	F	VF	XF	Unc
1765	—	1.50	4.00	8.00	15.00	25.00
1769	—	1.50	4.00	8.00	15.00	25.00

KM# 145a DUIT

Silver **Obv:** Crowned arms of West Friesland within sprigs **Rev:** Inscription, date **Rev. Inscription:** WEST/FRISIÆ/ **Note:** 3.1 - 3.9 gram, weight varies

Date	Mintage	VG	F	VF	XF	Unc
1778 R	—	15.00	30.00	45.00	90.00	180

KM# 145 DUIT

3.8600 g., Copper **Obv:** Crowned arms of West Friesland within sprigs **Rev:** Inscription, date **Rev. Inscription:** WEST/FRI/SIA **Note:** Mintmaster sign: Rosette

Date	Mintage	VG	F	VF	XF	Unc
1780	—	3.00	10.00	20.00	30.00	40.00
1780/79	—	—	—	—	—	—

KM# 145b DUIT

2.4000 g., Silver **Obv:** Crowned arms of West Friesland within sprigs **Rev:** Inscription, date **Rev. Inscription:** WEST/FRI/SIÆE/

Date	Mintage	VG	F	VF	XF	Unc
1793	—	—	—	—	—	—

KM# 109 STUIVER (Weapon)

0.8100 g., Silver **Obv:** Crowned arms divide value **Rev:** Inscription, date **Rev. Inscription:** WEST/FRI/SIA/ **Note:** Varieties exist.

Date	Mintage	VG	F	VF	XF	Unc
1714 Crane	—	6.00	20.00	40.00	80.00	120
1724 Turnip	—	6.00	20.00	40.00	80.00	120
1737	—	6.00	20.00	40.00	80.00	120

KM# 109a STUIVER (Weapon)

Gold 1.5 - 1.75 grams, weight varies **Obv:** Crowned arms divide value **Rev:** Inscription, date **Rev. Inscription:** WEST/FRI/SIA/

Date	Mintage	VG	F	VF	XF	Unc
1724	—	—	—	—	1,250	1,800
1737	—	—	—	—	—	—

KM# 120 STUIVER (Broom)

0.8100 g., 0.5830 Silver 0.0152 oz. ASW **Obv:** Bundle of arrows divides 1 S within wreath **Rev:** Inscription, date **Rev. Inscription:** WEST/FRI/SIÆE/

Date	Mintage	VG	F	VF	XF	Unc
1738 Turnip	1,957,625	2.00	8.00	20.00	40.00	80.00
1739 Turnip	Inc. above	2.00	8.00	20.00	40.00	80.00
1760 Rooster	75,375	2.00	8.00	20.00	40.00	80.00
1764	235,775	2.00	8.00	20.00	40.00	80.00
1765 Herringship	Inc. above	2.00	8.00	20.00	40.00	80.00
1766 Herringship	Inc. above	2.00	8.00	20.00	40.00	80.00

KM# 120a STUIVER (Broom)

1.7500 g., Gold **Obv:** Bundle of arrows divides 1 S within wreath **Rev:** Inscription, date **Rev. Inscription:** WEST/ FRI/ SIÆE/

Date	Mintage	VG	F	VF	XF	Unc
1738 Turnip	—	—	—	250	350	650
1760 Rooster	—	—	—	400	600	800
1779 Herringship	—	—	—	400	600	800
1780 Herringship	—	—	—	—	—	—
1780/75 Herringship	—	—	—	400	600	800

KM# 101 2 STUIVERS

1.7300 g., Silver **Obv:** Crowned lion with sword divide value **Rev:** Inscription, date **Rev. Inscription:** WEST/FRI/SIÆE/ **Note:** Similar to KM#106.1

Date	Mintage	VG	F	VF	XF	Unc
1701	—	6.00	15.00	25.00	50.00	100
1702	—	3.00	10.00	15.00	30.00	60.00
1703	—	3.00	10.00	15.00	30.00	60.00
1704	—	3.00	10.00	15.00	30.00	60.00
1705	—	3.00	10.00	15.00	30.00	60.00
1706	—	3.00	10.00	15.00	30.00	60.00
1707	—	3.00	10.00	15.00	30.00	60.00
1708	—	3.00	10.00	15.00	30.00	60.00
1709/04	—	8.00	20.00	40.00	75.00	150
1709	—	3.00	10.00	15.00	30.00	60.00

KM# 101a 2 STUIVERS

3.5000 g., Gold **Obv:** Crowned lion with sword divides value **Rev:** Inscription, date **Rev. Inscription:** WEST/FRI/SIÆE/

Date	Mintage	VG	F	VF	XF	Unc
1702 Rosette Rare	—	—	—	—	—	—

KM# 106.1 2 STUIVERS (Double Wapenstuiver)
1.6200 g., 0.5830 Silver 0.0304 oz. ASW **Obv:** Crowned arms of West Friesland divide value **Rev:** Inscription, date **Rev. Inscription:** WEST/FRISIÆ/ **Note:** Mint mark: Stork. Crane

Date	Mintage	VG	F	VF	XF	Unc
1711	3,785,030	2.50	5.00	10.00	20.00	40.00
1712	Inc. above	1.00	3.00	5.00	8.00	15.00
1713	Inc. above	2.00	4.00	8.00	15.00	30.00
1714	—	2.50	8.00	20.00	45.00	80.00

KM# 106.2 2 STUIVERS (Double Wapenstuiver)
1.6200 g., 0.5830 Silver 0.0304 oz. ASW **Obv:** Crowned arms of West Friesland **Rev:** Inscription, date **Rev. Inscription:** WEST/FRI/SIÆ/ **Note:** Mint mark: Turnip.

Date	Mintage	VG	F	VF	XF	Unc
1715 Turnip	4,420,292	2.00	5.00	10.00	20.00	40.00
1716 Turnip	Inc. above	1.00	3.00	7.00	15.00	30.00
1717 Turnip	Inc. above	1.00	3.00	7.00	15.00	30.00
1718 Turnip	Inc. above	1.00	3.00	7.00	15.00	30.00
1718/7 Turnip	Inc. above	3.00	7.50	15.00	30.00	60.00
1720 Turnip	Inc. above	1.00	3.00	7.00	15.00	30.00
1721 Turnip	9,140,877	2.00	5.00	10.00	20.00	60.00
1722/1 Turnip	Inc. above	2.00	5.00	10.00	20.00	40.00
1722 Turnip	Inc. above	1.00	3.00	7.00	15.00	30.00
1723 Turnip	Inc. above	1.00	3.00	7.00	15.00	30.00
1724/3 Turnip	Inc. above	2.00	5.00	10.00	20.00	45.00
1724 Turnip	Inc. above	1.00	3.00	7.00	15.00	30.00
1725 Turnip	Inc. above	1.00	3.00	7.00	15.00	30.00
1726 Turnip	Inc. above	1.00	3.00	7.00	15.00	30.00
1727 Turnip	Inc. above	1.00	3.00	7.00	15.00	30.00
1728 Turnip	Inc. above	1.00	3.00	7.00	15.00	30.00
1729 Turnip	Inc. above	1.00	3.00	7.00	15.00	30.00
1730 Turnip	1,501,923	1.00	3.00	7.00	15.00	30.00
1731 Turnip	Inc. above	1.00	3.00	7.00	15.00	30.00
1732 Turnip	4,263,361	1.00	3.00	7.00	15.00	30.00
1733 Turnip	Inc. above	2.00	3.00	7.00	15.00	30.00
1734 Turnip	Inc. above	2.00	3.00	7.00	15.00	30.00
1736 Turnip	970,981	1.00	3.00	7.00	15.00	30.00
1737 Turnip	Inc. above	1.00	3.00	7.00	15.00	30.00
1738/37 Turnip	Inc. above	2.00	5.00	10.00	20.00	40.00
1738 Turnip	Inc. above	1.00	3.00	7.00	15.00	30.00
1739 Turnip	Inc. above	3.00	7.00	15.00	30.00	60.00
1744 Rooster	432,201	1.00	3.00	7.00	15.00	30.00
1745 Rooster	Inc. above	1.00	3.00	7.00	15.00	30.00
1747 Rooster	971,433	1.00	3.00	7.00	15.00	30.00
1748 Rooster	Inc. above	1.00	3.00	7.00	15.00	30.00
1749 Rooster	Inc. above	1.00	3.00	7.00	15.00	30.00
1750 Rooster	Inc. above	1.00	3.00	7.00	15.00	30.00
1751 Rooster	1,103,388	1.00	3.00	7.00	15.00	30.00
1752 Rooster	Inc. above	1.00	3.00	7.00	15.00	30.00
1754 Rooster	Inc. above	1.00	3.00	7.00	15.00	30.00
1755/54 Rooster	1,764,735	3.00	7.00	15.00	30.00	60.00
1755 Rooster	Inc. above	1.00	3.00	7.00	15.00	30.00
1757/5 Rooster	Inc. above	1.00	3.00	7.00	15.00	30.00
1757 Rooster	Inc. above	1.00	3.00	7.00	15.00	30.00
1758/57 Rooster	Inc. above	3.00	7.00	15.00	30.00	60.00
1758 Rooster	Inc. above	1.00	3.00	7.00	15.00	30.00
1759 Rooster	Inc. above	1.00	3.00	7.00	15.00	30.00
1759/8 Rooster	Inc. above	1.00	3.00	7.00	15.00	30.00
1760 Rooster	Inc. above	1.00	3.00	7.00	15.00	30.00
1761 Herringship	994,347	1.00	3.00	7.00	15.00	30.00
1762 Herringship	Inc. above	1.00	3.00	7.00	15.00	30.00
1765/4 Herringship	Inc. above	3.00	7.00	15.00	30.00	60.00
1765 Herringship	Inc. above	1.00	3.00	7.00	15.00	30.00
1766 Herringship	Inc. above	1.00	3.00	7.00	15.00	30.00
1767/6 Herringship	1,926,284	3.00	7.00	15.00	30.00	60.00
1767 Herringship	Inc. above	1.00	3.00	7.00	15.00	20.00
1768 Herringship	Inc. above	1.00	3.00	7.00	15.00	20.00
1769/8 Herringship	Inc. above	3.00	7.00	15.00	30.00	60.00
1769 Herringship	Inc. above	1.00	3.00	7.00	15.00	30.00
1770/68 Herringship	Inc. above	3.00	7.00	15.00	30.00	60.00
1770 Herringship	Inc. above	1.00	3.00	7.00	15.00	30.00
1771/70 Herringship	Inc. above	3.00	7.00	15.00	30.00	60.00
1771 Herringship	Inc. above	1.00	3.00	7.00	15.00	30.00
1772 Herringship	662,000	1.00	3.00	7.00	15.00	30.00
1773 Herringship	Inc. above	1.00	3.00	7.00	15.00	30.00
1774 Rosette	1,310,000	1.00	3.00	7.00	15.00	30.00
1775/4 Rosette	Inc. above	1.00	3.00	7.00	15.00	30.00
1775 Rosette	Inc. above	1.00	3.00	7.00	15.00	30.00
1776/3 Rosette	—	3.00	7.00	15.00	30.00	60.00
1776/5 Rosette	Inc. above	3.00	7.00	15.00	30.00	60.00
1776 Rosette	Inc. above	1.00	3.00	7.00	15.00	30.00
1777 Rosette	Inc. above	1.00	3.00	7.00	15.00	30.00
1778/7 Rosette	Inc. above	3.00	7.00	15.00	30.00	60.00
1778 Rosette	Inc. above	1.00	3.00	7.00	15.00	30.00
1779 Rosette	Inc. above	1.00	3.00	7.00	15.00	30.00
1784/73 Rosette	—	3.00	7.00	15.00	30.00	60.00
1784/0 Rosette	—	3.00	7.00	15.00	30.00	60.00
1784 Rosette	—	1.00	3.00	7.00	15.00	20.00
1785 Rosette	—	1.00	3.00	7.00	15.00	20.00
1786/5 Rosette	—	3.00	7.00	15.00	30.00	60.00
1786 Rosette	—	1.00	3.00	7.00	15.00	30.00
1787/6 Rosette	—	3.00	7.00	15.00	30.00	60.00
1787 Rosette	—	1.00	3.00	7.00	15.00	30.00
1788/7 Rosette	—	3.00	7.00	15.00	30.00	60.00
1788 Rosette	—	1.00	3.00	7.00	15.00	30.00
1789 Rosette	—	1.00	3.00	7.00	15.00	30.00
1790/80 Rosette	—	1.00	3.00	7.00	15.00	30.00
1790 Rosette	—	1.00	3.00	7.00	15.00	30.00
1791/0 Rosette	—	1.00	3.00	7.00	15.00	30.00
1791/3 Rosette	—	1.00	3.00	7.00	15.00	30.00
1791 Rosette	—	1.00	3.00	7.00	15.00	30.00
1792 Rosette	—	1.00	3.00	7.00	15.00	30.00
1794/91 Rosette	—	3.00	7.00	15.00	30.00	60.00
1794 Rosette	—	1.00	3.00	7.00	15.00	20.00

KM# 106.2a 2 STUIVERS (Double Wapenstuiver)
3.5000 g., Gold **Obv. Inscription:** WEST/FRI/SIÆ/ date **Rev:** Crowned arms of Friesland

Date	Mintage	VG	F	VF	XF	Unc
1724	—	—	—	—	—	—
1737	—	—	—	—	—	—

KM# 102.1a 6 STUIVERS (Scheepjesschelling)
7.0000 g., Gold **Obv:** Crowned arms of Friesland divide value, date above **Rev:** Sailing ship

Date	Mintage	VG	F	VF	XF	Unc
1702	—	—	—	—	2,250	3,000
1705	—	—	—	—	2,250	3,000

KM# 110 6 STUIVERS (Scheepjesschelling)
0.5830 Silver 5.92 - 9.15 gram, weight varies **Obv:** Crowned arms of West Friesland divide value **Obv. Legend:** MO : NO : ORDIN : WEST : FRISIÆ : 1716 **Rev:** Sailing ship **Rev. Legend:** DEVS : FORTITVDO : ET : SPES : NOSTRA **Note:** Klippe.

Date	Mintage	VG	F	VF	XF	Unc
1705	—	—	—	—	—	—
1716	—	—	—	—	2,000	3,000

KM# 102.1 6 STUIVERS (Scheepjesschelling)
Silver **Obv:** Crowned arms of Friesland divide value, date above **Obv. Legend:** MO : NO : ORD : HOLL • ET • WESTFRI : 1729 **Rev:** Sailing ship **Rev. Legend:** VIGILATE DEO CONFIDENTES • **Note:** Mint mark: Cinquefoil.

Date	Mintage	VG	F	VF	XF	Unc
1705	966,541	6.50	17.50	30.00	60.00	80.00
1706	Inc. above	6.50	17.50	30.00	60.00	80.00
1708	Inc. above	6.50	17.50	30.00	60.00	80.00
1709	Inc. above	6.50	17.50	30.00	60.00	80.00

KM# 102.2 6 STUIVERS (Scheepjesschelling)
4.9500 g., 0.5830 Silver 0.0928 oz. ASW **Obv:** Crowned arms of West Friesland divide value **Rev:** Sailing ship **Note:** Mint mark: Turnip.

Date	Mintage	VG	F	VF	XF	Unc
1715	808,705	20.00	50.00	100	200	350
1716	—	20.00	50.00	100	200	350
1717	—	20.00	50.00	100	200	350
1718	—	20.00	50.00	100	200	350
1719	—	20.00	50.00	100	200	350
1721	—	20.00	50.00	100	200	350
1724/3	—	20.00	50.00	100	200	350
1724	—	20.00	50.00	100	200	350
1725	—	20.00	50.00	100	200	350
1728/9	—	20.00	50.00	100	200	350
1728	—	20.00	50.00	100	200	350
1729	—	20.00	50.00	100	200	350
1730	—	20.00	50.00	100	200	350
1732	—	20.00	50.00	100	200	350
1733	—	20.00	50.00	100	200	350
1734	—	15.00	35.00	75.00	150	275
1736	—	15.00	35.00	75.00	150	275
1738	—	15.00	35.00	75.00	150	275

KM# 102b 6 STUIVERS (Scheepjesschelling)
4.9500 g., 0.5830 Silver 0.0928 oz. ASW **Obv:** Crowned arms of West Friesland divide value **Rev:** Sailing ship

Date	Mintage	VG	F	VF	XF	Unc
1716	—	20.00	50.00	100	200	350

KM# 102.2a 6 STUIVERS (Scheepjesschelling)
7.0000 g., Gold **Obv:** Crowned arms of Friesland divide value **Rev:** Sailing ship **Note:** Mint mark: Turnip

Date	Mintage	VG	F	VF	XF	Unc
1726	—	—	—	1,250	2,500	3,500
1728	—	—	—	1,250	2,500	3,500
1729	—	—	—	1,250	2,500	3,500

KM# 102.3 6 STUIVERS (Scheepjesschelling)
4.9500 g., 0.5830 Silver 0.0928 oz. ASW **Obv:** Crowned arms of Friesland **Rev:** Sailing ship **Note:** Mint mark: Rooster.

Date	Mintage	VG	F	VF	XF	Unc
1744	34,691	10.00	35.00	70.00	130	180
1747	233,791	10.00	40.00	75.00	150	200
1748	Inc. above	10.00	40.00	75.00	150	200
1750/49	Inc. above	10.00	40.00	75.00	150	200
1750	Inc. above	10.00	40.00	75.00	150	200
1751	40,242	10.00	35.00	70.00	130	180
1752	Inc. above	10.00	45.00	90.00	170	220
1754/1	Inc. above	10.00	45.00	90.00	170	220
1754/2	Inc. above	10.00	40.00	75.00	150	200
1754	Inc. above	10.00	40.00	75.00	150	200
1755/4	547,191	10.00	40.00	75.00	150	200
1755	Inc. above	10.00	35.00	70.00	130	180
1757/6	Inc. above	10.00	40.00	75.00	150	200
1757	Inc. above	10.00	35.00	70.00	130	180
1758/7	Inc. above	10.00	40.00	75.00	150	200
1758	Inc. above	10.00	35.00	70.00	130	180
1759/8	Inc. above	10.00	40.00	75.00	150	200
1759	Inc. above	10.00	40.00	75.00	150	180
1760	Inc. above	10.00	40.00	75.00	150	180
1761	Inc. above	10.00	40.00	75.00	150	180

KM# 102.4 6 STUIVERS (Scheepjesschelling)
4.9500 g., 0.5830 Silver 0.0928 oz. ASW **Obv:** Crowned arms of Friesland **Rev:** Sailing ship **Note:** Mint mark: Ship. Varieties exist.

Date	Mintage	VG	F	VF	XF	Unc
1762/0	100,000	10.00	35.00	70.00	130	180
1762	Inc. above	10.00	35.00	70.00	130	180
1765	Inc. above	10.00	35.00	70.00	130	180
1767/6	—	10.00	40.00	75.00	150	200
1767	—	10.00	35.00	70.00	130	180
1771	—	10.00	35.00	70.00	130	180

Note: Varieties exist.

KM# 150 10 STUIVERS (1/2 Gulden)
5.3000 g., 0.9200 Silver 0.1568 oz. ASW **Obv:** Crowned arms of West Friesland divide value X-St., date at top **Rev:** Standing figure leaning on column with cap on pole **Rev. Legend:** HAC NITIMVR HANC TVEMVR

Date	Mintage	VG	F	VF	XF	Unc
1780	—	25.00	80.00	250	400	700
1785	—	25.00	80.00	200	300	450
1786	—	25.00	80.00	200	300	450

KM# 135 1/4 GULDEN (5 Stuiver)
2.6500 g., 0.9200 Silver 0.0784 oz. ASW **Obv:** Crowned arms of Friesland divide date **Rev:** Standing figure leaning on column with cap on pole **Rev. Legend:** HAC NITIMVR HANCTVEMVR **Note:** Mint mark: Rooster.

Date	Mintage	VG	F	VF	XF	Unc
1758	—	10.00	30.00	75.00	150	200
1759	—	12.50	35.00	100	175	250

KM# 135a 1/4 GULDEN (5 Stuiver)
5.2500 g., Gold **Obv:** Crowned arms of Friesland divide date **Rev:** Standing figure leaning on column with cap on pole **Rev. Legend:** HAC NITIMVR HANCTVEMVR

Date	Mintage	VG	F	VF	XF	Unc
1759	—	—	—	—	4,000	5,000

KM# 150a 1/2 GULDEN (10 Stuivers)
6.8000 g., Gold **Obv:** Crowned arms of West Friesland divide value 1/2 - G **Rev:** Standing figure leaning on column with cap on pole **Rev. Legend:** HAC NITIMVR HANC TVEMVR

Date	Mintage	VG	F	VF	XF	Unc
1725	—	—	—	—	4,500	6,000
1727	—	—	—	—	4,500	6,000
1737	—	—	—	—	5,000	7,000

KM# 150b 1/2 GULDEN (10 Stuivers)

5.3000 g., Silver **Obv:** Crowned arms of West Friesland divide value 1/2 - G **Rev:** Standing figure leaning on column with cap on pole **Rev. Legend:** HAC NITIMVR HANC TVEMVR

Date	Mintage	VG	F	VF	XF	Unc
1725	—	50.00	125	250	500	700
1727	—	50.00	125	250	500	700
1737	—	50.00	125	250	500	700

KM# 97.1 GULDEN

10.6100 g., 0.9200 Silver 0.3138 oz. ASW **Obv:** Crowned arms of Friesland divide value **Obv. Legend:** MO: ARG: ORD: FÆD: ... **Rev:** Standing figure leaning on column with cap on pole, date in exergue below **Rev. Legend:** HAC NITIMVR HANCTVEMVR **Note:** Mint mark: Cinquefoil. Similar to 3 Gulden, KM#141.

Date	Mintage	VG	F	VF	XF	Unc
1701	284,210	12.50	30.00	50.00	75.00	150
1702	—	15.00	40.00	60.00	90.00	180
1703	—	7.50	20.00	40.00	60.00	120
1704/3	153,255	12.50	30.00	50.00	75.00	150
1704	—	12.50	30.00	50.00	75.00	150
1705/4	—	12.50	30.00	50.00	75.00	150
1705	—	12.50	30.00	50.00	75.00	150
1706/3	—	12.50	30.00	50.00	75.00	110
1706	—	7.50	20.00	40.00	60.00	150
1707	—	7.50	20.00	40.00	60.00	100
1708	—	7.50	20.00	40.00	60.00	100

KM# 97.2 GULDEN

10.6100 g., 0.9200 Silver 0.3138 oz. ASW **Obv:** Crowned arms of Friesland divide value **Obv. Legend:** MO: ARG: ORD: FÆD: ... **Rev:** Standing figure leaning on column with cap on pole, date in exergue below **Rev. Legend:** HAC NITIMVR HANCTVEMVR **Note:** Mint mark: Crane.

Date	Mintage	VG	F	VF	XF	Unc
1713/12	993,504	7.50	20.00	40.00	60.00	120
1713	—	7.50	20.00	40.00	60.00	100
1714/12	—	7.50	20.00	40.00	60.00	120
1714	Inc. above	7.50	20.00	40.00	60.00	100

KM# 97.3 GULDEN

10.6100 g., 0.9200 Silver 0.3138 oz. ASW **Obv:** Crowned arms of West Friesland divide value **Obv. Legend:** MO: ARG: ORD: FÆD: ... **Rev:** Standing figure leaning on columns with cap on pole, date in exergue below **Rev. Legend:** HAC NITIMVR HANCTVEMVR **Note:** Mint mark: Turnip. Varieties exist.

Date	Mintage	VG	F	VF	XF	Unc
1715	668,300	7.00	15.00	27.50	40.00	80.00
1716	Inc. above	7.00	15.00	27.50	40.00	80.00
1717/6	Inc. above	7.50	20.00	40.00	75.00	150
1717	Inc. above	7.00	15.00	27.50	40.00	80.00
1718	Inc. above	7.00	15.00	27.50	40.00	80.00
1719	Inc. above	7.00	15.00	27.50	40.00	80.00
1721	416,565	7.00	15.00	27.50	40.00	80.00
1724	Inc. above	7.00	15.00	27.50	40.00	80.00
1726	Inc. above	7.00	15.00	27.50	40.00	80.00
1727/6	Inc. above	7.50	20.00	40.00	75.00	150
1727	Inc. above	7.00	15.00	27.50	40.00	80.00
1732	2,008,865	7.00	15.00	27.50	40.00	80.00
1734	Inc. above	7.00	15.00	27.50	40.00	80.00
1735	Inc. above	7.00	15.00	27.50	40.00	80.00
1736	Inc. above	7.00	15.00	27.50	40.00	80.00
1737	Inc. above	7.00	15.00	30.00	60.00	120
1738	72,716	7.00	15.00	25.00	40.00	80.00

KM# 97.4 GULDEN

10.6100 g., 0.9200 Silver 0.3138 oz. ASW **Obv:** Crowned arms of West Friesland divide value **Obv. Legend:** MO: ARG: ORD: FÆD: ... **Rev:** Standing figure leaning on columns with cap on pole, date in exergue below **Rev. Legend:** HAC NITIMVR HANCTVEMVR **Note:** Mint mark: Rooser

Date	Mintage	VG	F	VF	XF	Unc
1748	—	7.00	15.00	25.00	40.00	80.00
1749	—	7.00	15.00	25.00	40.00	80.00
1750	—	7.00	15.00	25.00	40.00	80.00

KM# 97.5 GULDEN

10.6100 g., 0.9200 Silver 0.3138 oz. ASW **Obv:** Crowned arms of West Friesland divide value **Obv. Legend:** MO: ARG: ORD: FÆD: ... **Rev:** Standing figure leaning on columns with cap on pole, date in exergue below **Rev. Legend:** HAC NITIMVR HANCTVEMVR **Edge:** Cabled

Date	Mintage	VG	F	VF	XF	Unc
1760 Rooster	—	7.00	15.00	25.00	40.00	80.00
1762 Herringship	—	7.00	15.00	25.00	40.00	80.00
1763/2 Herringship	—	15.00	30.00	60.00	120	250
1767 Herringship	—	20.00	50.00	90.00	180	300
1778/67	—	20.00	55.00	100	150	180
1785	—	7.00	15.00	25.00	40.00	80.00
1785/65	—	14.00	27.50	50.00	75.00	150
1785/69	—	14.00	27.50	50.00	75.00	150
1791/81	—	8.00	20.00	45.00	70.00	140
1791/85	—	8.00	20.00	40.00	60.00	120
1791/87	—	8.00	20.00	40.00	60.00	120
1791	—	7.00	15.00	25.00	40.00	80.00
1792/1	—	8.00	20.00	40.00	60.00	120
1792	—	7.00	15.00	25.00	40.00	80.00
1793	—	7.00	15.00	25.00	40.00	80.00
1794	—	7.00	15.00	25.00	40.00	80.00

KM# 139 GULDEN

10.6100 g., 0.9200 Silver 0.3138 oz. ASW **Obv:** VOC in cartouche below crowned arms of West Friesland **Obv. Legend:** MO: ARG: ORD: FOE: ... **Rev:** Standing figure leaning on column with cap on pole, date below **Rev. Legend:** HAC NITIMVR HANC TVEMVR

Date	Mintage	VG	F	VF	XF	Unc
1786/4	—	—	—	—	—	—
1786	—	—	—	—	—	—

KM# 95.2 3 GULDEN (60 Stuiver)

31.8200 g., 0.9200 Silver 0.9412 oz. ASW **Obv:** Crowned arms of United Netherlands **Note:** Mint mark: Cinquefoil. Similar to KM#141.

Date	Mintage	VG	F	VF	XF	Unc
1701	—	—	—	—	—	500
1703	—	—	—	—	—	500

KM# 95.3 3 GULDEN (60 Stuiver)

Silver **Obv:** Crowned arms of Friesland

Date	Mintage	VG	F	VF	XF	Unc
1714	Inc. above	—	—	—	—	—
1714 Crane	65,353	30.00	60.00	100	200	400

KM# 141.2 3 GULDEN (60 Stuiver)

31.8200 g., 0.9200 Silver 0.9412 oz. ASW **Edge:** Cabled **Note:** Without mint mark.

Date	Mintage	VG	F	VF	XF	Unc
1714	—	30.00	60.00	100	200	400
1776	—	50.00	125	200	300	375
1781/61	68,319	—	—	—	—	—
1781	Inc. above	15.00	40.00	75.00	150	300
1785/1	7,545	30.00	125	200	300	375
1785	Inc. above	15.00	40.00	75.00	150	300
1786/64/63	419,113	30.00	60.00	100	200	400
1786/63	—	15.00	40.00	75.00	110	200
1786/64	Inc. above	25.00	60.00	100	150	300
1786/84	Inc. above	25.00	60.00	100	150	300
1786	Inc. above	25.00	60.00	100	150	300
1791/86	5,554,000	40.00	100	150	200	400
1791	Inc. above	15.00	40.00	75.00	125	250
1792	Inc. above	15.00	40.00	75.00	125	250
1793/92	—	25.00	60.00	100	150	300
1793	Inc. above	15.00	40.00	75.00	125	250
1793/85	—	25.00	60.00	100	150	300
1794	Inc. above	15.00	40.00	75.00	125	250

KM# 95.4 3 GULDEN (60 Stuiver)

Silver **Obv:** Crowned arms of Friesland **Note:** Mint mark: Turnip. Varieties exist.

Date	Mintage	VG	F	VF	XF	Unc
1721	—	30.00	60.00	100	200	400

KM# 141.1 3 GULDEN (60 Stuiver)

31.8200 g., 0.9200 Silver 0.9412 oz. ASW **Obv:** Crowned arms divide value **Obv. Legend:** ....BELG : WESTF : **Rev:** Standing figure leaning on column **Rev. Legend:** HAC NITIMVR ... **Edge:** Cabled **Note:** Mint mark: Herringship.

Date	Mintage	VG	F	VF	XF	Unc
1763	587,000	15.00	40.00	75.00	150	300
1764	Inc. above	15.00	40.00	75.00	150	300
1767	—	50.00	125	200	300	600

KM# 129 7 GULDEN

4.9650 g., 0.9170 Gold 0.1464 oz. AGW **Obv:** Armored knight on horse above crowned shield **Obv. Legend:** ...BELG : WESTF **Rev:** Crowned arms of Friesland divide value, date above **Rev. Legend:** CONCORDIA • RESPAEVÆ • CRESCUNT •

Date	Mintage	VG	F	VF	XF	Unc
1749 Rooster	—	240	500	1,000	2,000	3,000
1750	—	220	240	375	600	1,000
1751	—	220	240	375	600	1,000
1760	42,000	200	240	375	600	1,000
1761 Herringship	Inc. above	200	240	375	600	1,000
1761 Rooster	Inc. above	220	240	375	600	1,000
1762/3	—	—	—	—	—	—
1762	135,000	220	240	375	600	1,000
1763	Inc. above	200	240	375	600	1,000

KM# 130 14 GULDEN

9.9300 g., 0.9170 Gold 0.2927 oz. AGW **Obv:** Armored knight on horse above crowned shield **Rev:** Crowned arms of Friesland divide value, date above **Rev. Legend:** CONCORDIA • RESP ...

Date	Mintage	VG	F	VF	XF	Unc
1749	—	400	500	800	1,500	2,000
1750	—	385	425	600	900	1,500
1751	—	385	425	600	900	1,500
1760/49	—	385	425	600	900	1,500
1760	—	385	425	600	900	1,500
Note: Mintage included KM#129						
1761 Rooster	—	385	425	600	900	1,500
Note: Mintage included KM#129						
1761 Ship	—	400	500	800	1,500	2,000
1762/61	—	385	425	600	900	1,500
1762	—	385	425	600	900	1,500
Note: Mintage included KM#129						
1763/62	—	385	425	600	900	1,500
1763	—	385	425	600	900	1,500
Note: Mintage included KM#129						

KM# 140.1 1/2 DUCATON (1/2 Silver Rider)

16.3900 g., 0.9410 Silver 0.4958 oz. ASW **Obv:** Armored knight on horse above crowned shield **Obv. Legend:** ....BELG: PRO: WESTF: **Rev:** Crowned arms of Friesland, with supporters, date below in cartouche **Rev. Legend:** CONCORDIA RESPARVÆ ... **Note:** Mint mark: Ship.

Date	Mintage	VG	F	VF	XF	Unc
1762	—	40.00	80.00	110	200	400
1762/1	—	50.00	100	200	300	600
1764/3	—	50.00	100	200	300	600
1764	—	40.00	80.00	110	200	400
1765	—	40.00	80.00	110	200	400
1766	—	40.00	80.00	110	200	400
1767	—	40.00	80.00	110	200	400
1768	—	40.00	80.00	110	200	400
1768/7	—	40.00	80.00	120	250	450
1770	—	40.00	80.00	110	200	400
1771	—	40.00	80.00	110	200	400
1772	—	40.00	80.00	110	200	400
1773	—	40.00	80.00	110	200	400
1773/1	—	40.00	80.00	110	200	400
1774	—	40.00	80.00	110	200	400
1775	—	40.00	80.00	110	200	400

KM# 140.2 1/2 DUCATON (1/2 Silver Rider)

16.3900 g., 0.9410 Silver 0.4958 oz. ASW **Obv:** Armored knight on horse above crowned shield **Obv. Legend:** ....BELG: PRO: WESTF: **Rev:** Crowned arms of Friesland, with supporters, date in cartouche below **Rev. Legend:** CONCORDIA RESPARVÆ .... **Note:** Without mint mark.

Date	Mintage	VG	F	VF	XF	Unc
1775	—	35.00	70.00	110	180	300
1776	—	35.00	70.00	110	180	300
1776/5	—	35.00	70.00	110	180	300
1778	—	35.00	70.00	110	180	300
1779	—	35.00	70.00	110	180	300
1780	—	35.00	70.00	110	180	300
1781	—	35.00	70.00	150	180	300
1781/76	—	40.00	80.00	110	200	400
1782	—	35.00	70.00	110	180	400
1784	—	35.00	70.00	110	180	400
1785	—	35.00	70.00	110	180	400
1786	—	35.00	70.00	110	180	400

Note: Mintage included KM127

1132 NETHERLANDS WEST FRIESLAND

Date	Mintage	VG	F	VF	XF	Unc
1788/6	—	50.00	100	200	300	500
1788	—	35.00	80.00	110	180	400
1789	—	35.00	80.00	110	180	400
1790/66	—	40.00	80.00	110	200	400
1790/80	—	40.00	80.00	110	200	400
1790/89	—	40.00	80.00	110	200	400
1790	—	35.00	70.00	110	180	400
1791	—	35.00	70.00	110	180	400
1792	—	35.00	70.00	110	180	400
1794	—	40.00	80.00	110	200	400

KM# 68 DUCATON

Silver **Note:** Dav. #4940. Mint mark: Cinquefoil. Similar to KM#107.1.

Date	Mintage	VG	F	VF	XF	Unc
1704	2,240	35.00	120	200	300	—

KM# 107.1 DUCATON

Silver **Obv:** Armored knight on horse above crowned shield **Rev:** Crowned arms of Friesland with supporters, date in cartouche below **Note:** Similar to KM#127.1.

Date	Mintage	VG	F	VF	XF	Unc
1704	—	35.00	120	200	300	500
1707	—	35.00	120	200	300	600

KM# 107.2 DUCATON

Silver **Obv:** Armored knight on horse above crowned shield **Rev:** Crowned arms of Friesland with supporters, date in cartouche below **Note:** Mint mark: Crane Similar to KM#127, but finer style

Date	Mintage	VG	F	VF	XF	Unc
1713	101,000	35.00	120	200	300	500
1714/13	Inc. above	35.00	120	200	300	500

KM# 107.3 DUCATON

Silver **Obv:** Armored knight on horse above crowned shield **Rev:** Crowned arms of Friesland with supporters, date in cartouche below **Note:** Mint mark: Turnip. Varieties exist.

Date	Mintage	VG	F	VF	XF	Unc
1716	174,328	35.00	120	200	300	500
1722/0	179,365	30.00	100	180	275	450
1727	—	25.00	85.00	125	200	400
1730/22	380,779	30.00	110	150	250	500
1730	—	25.00	85.00	125	200	400
1731/0	—	25.00	85.00	125	200	400
1731	—	25.00	85.00	125	200	400
1732	—	25.00	85.00	125	200	400
1738	—	25.00	85.00	125	200	400

KM# 115 DUCATON

32.7800 g., Silver **Obv:** Armored knight on horse above crowned shield **Rev:** Date above crowned arms of Friesland **Note:** Mint mark: Turnip

Date	Mintage	VG	F	VF	XF	Unc
1727	—	—	—	—	2,000	2,500

KM# 127.1 DUCATON (Silver Rider)

32.7800 g., 0.9410 Silver 0.9917 oz. ASW **Obv:** Armored knight on horse above crowned shield **Obv. Legend:** ....BELG: PRO: WESTF: **Rev:** Crowned arms of Friesland with supporters, date in cartouche below **Rev. Legend:** CONCORDIA RESPARVÆ .... **Note:** Mintmark: Rooster

Date	Mintage	VG	F	VF	XF	Unc
1742	718,121	30.00	80.00	150	200	400
1743	Inc. above	30.00	100	180	250	450
1744	Inc. above	30.00	80.00	150	200	400
1745	Inc. above	30.00	80.00	150	200	400
1747	406,000	30.00	80.00	100	200	400
1749	Inc. above	30.00	80.00	100	200	400
1751	250,227	30.00	80.00	100	200	400
1752/1	Inc. above	30.00	80.00	100	200	400
1752	Inc. above	30.00	80.00	100	200	400
1754	Inc. above	30.00	80.00	100	200	400
1755/4	413,954	40.00	100	180	250	450
1755	Inc. above	40.00	100	180	250	450
1756	Inc. above	40.00	100	180	250	450
1757	Inc. above	40.00	100	180	250	450
1758/7	Inc. above	40.00	100	180	250	450
1758	Inc. above	30.00	80.00	120	200	400
1759	Inc. above	30.00	80.00	120	200	400
1760	Inc. above	30.00	80.00	120	200	400

KM# 127.2 DUCATON (Silver Rider)

32.7800 g., 0.9410 Silver Mint mark: Herringship unless noted. 0.9917 oz. ASW **Obv:** Armored knight on horse above crowned shield **Obv. Legend:** ....BELG: PRO: WESTF: **Rev:** Crowned arms of Friesland with supporters, date in cartouche below **Rev. Legend:** CONCORDIA RESPARVÆ .... **Edge:** Cabled

Date	Mintage	VG	F	VF	XF	Unc
1761 Rooster	—	30.00	80.00	120	200	400
1762	—	30.00	80.00	120	200	400
1762/61	—	30.00	80.00	120	200	400
1765	—	30.00	80.00	120	200	400
1765/62	—	30.00	80.00	120	200	400
1766	—	30.00	80.00	120	200	400
1767	—	30.00	80.00	120	200	400
1767/6	—	30.00	80.00	120	200	400
1768	—	30.00	80.00	120	200	400
1770	—	30.00	80.00	120	200	400
1771	—	30.00	80.00	120	200	400
1772	—	30.00	80.00	120	200	400
1773	—	30.00	80.00	120	200	400
1773/2	—	30.00	80.00	120	200	400
1773/70	—	30.00	80.00	120	200	400
1774	—	30.00	80.00	120	200	400

KM# 127.3 DUCATON (Silver Rider)

32.7800 g., 0.9410 Silver 0.9917 oz. ASW **Obv:** Armored knight on horse above crowned shield **Obv. Legend:** ....BELG: PRO: WESTF: **Rev:** Crowned arms of Friesland with supporters, date in cartouche below **Rev. Legend:** CONCORDIA RESPARVÆ .... **Edge:** Cabled

Date	Mintage	VG	F	VF	XF	Unc
1774	—	30.00	80.00	120	200	400
1775/4	—	30.00	80.00	120	200	400
1775	—	30.00	80.00	120	200	400
1778/77	—	40.00	100	180	250	450
1778/86	—	40.00	100	180	250	450
1778	—	30.00	80.00	180	200	400
1779	—	30.00	80.00	120	200	400
1780/76	—	30.00	80.00	120	200	400
1780/79 S/B	—	30.00	80.00	120	200	400
1780	—	30.00	80.00	120	200	400
1781	—	30.00	80.00	120	200	400
1782	—	30.00	80.00	120	200	400
1783	—	30.00	80.00	120	200	400
1784	—	30.00	80.00	120	200	400
1785	—	30.00	80.00	120	200	400
1786	—	30.00	80.00	120	200	400
1788	—	30.00	80.00	120	200	400
1788/6	—	30.00	80.00	120	200	400
1789/88	—	30.00	80.00	120	200	400
1789	—	30.00	80.00	120	200	400
1790/66	—	30.00	80.00	120	200	400
1790/80	—	30.00	80.00	120	200	400
1790/86	—	30.00	80.00	120	200	400
1790/89	—	30.00	80.00	120	200	400
1790	—	30.00	80.00	120	200	400
1791/81	—	30.00	80.00	120	200	400
1791/0	—	30.00	80.00	120	200	400
1791	—	30.00	80.00	120	200	400
1792/1	—	30.00	80.00	120	200	400
1792	—	30.00	80.00	120	200	400
1793/2	—	30.00	80.00	120	200	400
1793	—	30.00	80.00	120	200	400

KM# 144 1/2 SILVER DUCAT

14.1200 g., Silver **Obv:** Standing armored knight with crowned shield at feet **Obv. Legend:** MO: NO: ARG: TRO: CONFOE: ... **Rev:** Crowned arms of Friesland divide date **Rev. Legend:** CONCORDIA RESPARVÆ .... **Note:** Mint mark: Cinquefoil. Similar to 1 Silver Ducat, KM#128.

Date	Mintage	VG	F	VF	XF	Unc
1770	—	200	500	1,100	1,700	2,500

KM# 85.4 SILVER DUCAT

28.2500 g., Silver **Obv:** Standing armored knight with crowned shield at feet **Obv. Legend:** MO: NO: ARG: TRO: CONFOE: .... **Rev:** Crowned arms of Friesland divide date **Rev. Legend:** CONCORDIA RESPARVÆ ... **Note:** Mint mark: Cinquefoil. Similar to KM#128. Varieties exist.

Date	Mintage	VG	F	VF	XF	Unc
1707	204,189	30.00	75.00	125	200	300
1708/7	Inc. above	30.00	75.00	125	200	300
1708	Inc. above	30.00	75.00	125	200	300

KM# 85.5 SILVER DUCAT

Silver **Obv:** Standing armored knight with crowned shield at feet **Obv. Legend:** MO: NO: ARG: TRO: CONFOE: ... **Rev:** Crowned arms of Friesland divide date **Rev. Legend:** CONCORDIA RESPARVÆ ... **Note:** Without mint mark.

Date	Mintage	VG	F	VF	XF	Unc
1744	—	60.00	175	275	350	450

KM# 128.1 SILVER DUCAT (Rijksdaalder)

28.2500 g., 0.8730 Silver 0.7929 oz. ASW **Obv:** Standing armored knight with crowned shield at feet **Obv. Legend:** MO: NO: ARG: PRO: CONFOE: BELG: WESTFRI: **Rev:** Crowned arms of Friesland divide date **Rev. Legend:** CONCORDIA RESPARVÆ ... **Note:** Mint mark: Rooster

Date	Mintage	VG	F	VF	XF	Unc
1744	636,680	70.00	200	300	400	500
1746	341,206	60.00	175	275	350	425
1747	Inc. above	40.00	100	200	300	375
1752	1,391,875	40.00	100	200	300	375
1754	Inc. above	40.00	100	200	300	375
1756	1,497,719	40.00	100	200	300	375
1757	Inc. above	40.00	100	200	300	375
1758	Inc. above	40.00	100	200	300	375
1759	Inc. above	40.00	100	200	300	375

KM# 128.2 SILVER DUCAT (Rijksdaalder)

28.2500 g., 0.8730 Silver 0.7929 oz. ASW **Obv:** Standing armored knight with crowned shield at feet **Obv. Legend:** MO: NO: ARG: PRO: CONFOE: BELG: WESTFRI: **Rev:** Crowned arms of Friesland divide date **Rev. Legend:** CONCORDIA RESPARVÆ ... **Edge:** Cabled **Note:** Mint mark: Herringship

Date	Mintage	VG	F	VF	XF	Unc
1761	937,000	30.00	60.00	90.00	170	250
1762/1	Inc. above	40.00	100	200	300	375
1762	Inc. above	30.00	60.00	90.00	140	250
1763	Inc. above	30.00	60.00	90.00	140	250
1764	Inc. above	30.00	60.00	90.00	140	250
1765	Inc. above	30.00	60.00	90.00	140	250
1767	—	30.00	60.00	90.00	140	250
1770	308,000	30.00	60.00	90.00	140	250
1771/61	Inc. above	30.00	60.00	90.00	140	250
1771	Inc. above	30.00	60.00	90.00	140	250
1772/1	1,892,000	30.00	60.00	90.00	140	250
1772	Inc. above	30.00	60.00	90.00	140	250
1773	Inc. above	30.00	60.00	90.00	140	250
1774	Inc. above	30.00	60.00	90.00	140	250
1775	1,487,000	30.00	60.00	90.00	140	250
1776	Inc. above	30.00	60.00	90.00	140	250

KM# 128.3 SILVER DUCAT (Rijksdaalder)

28.2500 g., 0.8730 Silver 0.7929 oz. ASW **Obv:** Standing armored knight with crowned shield at feet **Obv. Legend:** MO: NO: ARG: PRO: CONFOE: BELG: WESTFRI: **Rev:** Crowned arms of Friesland divide date **Rev. Legend:** CONCORDIA RESPARVÆ ... **Edge:** Cabled

Date	Mintage	VG	F	VF	XF	Unc
1780	—	40.00	100	200	300	600
1781	1,488,000	25.00	50.00	75.00	130	250
1782	2,017,000	25.00	50.00	75.00	130	250
1783	—	40.00	100	200	300	600
1784/74	Inc. above	30.00	60.00	90.00	140	270
1784	Inc. above	25.00	50.00	75.00	130	250
1785	—	40.00	100	200	300	400
1785/4	—	40.00	125	200	300	400
1786	—	40.00	100	200	300	400
1787	1,010,000	40.00	100	200	300	400
1789/7	Inc. above	40.00	100	200	300	400
1789	Inc. above	25.00	50.00	75.00	130	250
1790	Inc. above	25.00	50.00	75.00	130	250
1791	Inc. above	25.00	50.00	75.00	130	250
1792	690,000	25.00	50.00	75.00	130	250
1793	Inc. above	25.00	50.00	75.00	130	250
1794	Inc. above	25.00	50.00	75.00	130	250

KM# 108 DAALDER (Lion)

27.6800 g., Silver **Rev:** Date in legend at 11 o'clock **Note:** Mint mark: Crane

Date	Mintage	VG	F	VF	XF	Unc
1701 Cinquefoil	—	25.00	60.00	150	350	600
1713 Crane	3,550	25.00	60.00	150	350	600

KM# 108a DAALDER (Lion)

Gold **Obv:** Knight standing behind shield **Rev:** Rampant lion

Date	Mintage	VG	F	VF	XF	Unc
1702 Rare	—	—	—	—	—	—

TRADE COINAGE

KM# 93.1 DUCAT

3.5100 g., 0.9860 Gold 0.1113 oz. AGW **Obv:** Standing armored knight divides date **Obv. Legend:** CONCORDIA RES PAR • CRES .... **Rev:** Inscription within ornamented square **Rev. Inscription:** MO:ORD/PROVIN/FOEDER/BELGAD/LEG IMP **Note:** Fr. #295.

Date	Mintage	VG	F	VF	XF	Unc
1705 Cinquefoil	67,130	150	170	200	300	500
1712 Crane	258,000	150	170	200	300	500
1713 Crane	Inc. above	160	275	375	600	800
1714 Crane	—	160	275	375	600	800

KM# 93.2 DUCAT

3.5100 g., 0.9860 Gold 0.1113 oz. AGW **Obv:** Standing armored knight divides date **Obv. Legend:** CONCORDIA RES PAR • CRES .... **Rev:** Inscription within ornamented square **Rev. Inscription:** MO: ORD / PROVIN / FOEDER / BELGAD / LEG IMP **Note:** Fr. #295, Mint mark: Turnip

Date	Mintage	VG	F	VF	XF	Unc
1716	91,000	150	275	375	600	800
1717	Inc. above	150	275	375	600	800
1719	Inc. above	120	150	200	300	500
1720	—	120	150	200	300	500
1721	—	120	150	200	300	500
1722	—	120	150	200	300	500
1723	—	120	150	200	300	500
1724	—	120	150	200	300	500
1725	—	120	150	200	300	500
1726	—	120	150	200	300	500
1727	—	120	150	200	300	500
1728	—	120	150	200	300	500
1729	—	120	150	200	300	500
1730	—	150	260	375	600	800
1731/10	—	150	275	375	600	800
1731	—	120	150	200	300	500
1732	—	120	150	200	300	500
1736	—	150	260	375	600	800
1737	—	120	150	200	300	400
1743	14,000	150	275	375	600	800
1748	101,000	120	150	200	300	500
1749	—	120	150	200	300	500

KM# 93.3 DUCAT

3.5100 g., 0.9860 Gold 0.1113 oz. AGW **Obv:** Standing armored knight divides date **Obv. Legend:** CONCORDIA RES PAR • CRES .... **Rev:** Inscription within ornamented square **Rev. Inscription:** MO:ORD/PROVIN/FOEDER/BELGAD/LEG IMP **Note:** Fr. #295, Mint mark: Rooster

Date	Mintage	VG	F	VF	XF	Unc
1749	Inc. above	160	275	375	600	800
1750	—	150	170	200	300	500
1751	—	150	170	200	300	500
1752	—	150	170	200	300	500
1753	—	150	170	200	300	500

ZEELAND NETHERLANDS

Date	Mintage	VG	F	VF	XF	Unc
1754	—	150	170	200	300	500
1755	—	150	170	200	300	500
1756	—	150	170	200	300	500
1757	—	150	170	200	325	550
1757/56	—	160	275	375	600	800
1758	—	150	170	200	300	500
1759	—	150	170	200	300	500
1760	—	150	170	200	300	500
1761	—	150	170	200	300	500

KM# 93.4 DUCAT

3.5100 g., 0.9860 Gold 0.1113 oz. AGW Obv: Standing armored knight divides date Obv. Legend: CONCORDIA RES PAR • CRES .... Rev: Inscription within ornamented square Rev. Inscription: MO:ORD/PROVIN/FOEDER/BELGAD/LEG IMP Note: Fr. #295, Mint mark: Herringship

Date	Mintage	VG	F	VF	XF	Unc
1761	—	150	170	200	300	500
1762	—	160	225	350	500	700
1765	—	160	225	350	500	700

KM# 93.5 DUCAT

3.5100 g., 0.9860 Gold 0.1113 oz. AGW Obv: Standing armored knight divides date Obv. Legend: CONCORDIA RES PAR • CRES ... Rev: Inscription within ornamented square Rev. Inscription: MO:ORD/PROVIN/FOEDER/BELGAD/LEG IMP Note: Fr. #295

Date	Mintage	VG	F	VF	XF	Unc
1776/74	—	150	170	200	300	500
1776	322,000	150	170	200	300	500
1777	Inc. above	150	170	200	300	500
1778	Inc. above	150	170	200	300	500
1780/78	—	150	170	200	300	500
1780	Inc. above	150	170	200	300	500

KM# 53.1 2 DUCAT

7.0200 g., 0.9860 Gold 0.2225 oz. AGW Obv: Standing armored knight holding bundle of arrows divides date within broken circle Obv. Legend: CONCORDIA RES PAR CRES • WF • Rev: Inscription within ornamented square Rev. Inscription: MO:ORD/PROVIN/FOEDER/BELG•AD/LEG•IMP Note: Fr. #292, Mint mark: Turnip

Date	Mintage	VG	F	VF	XF	Unc
1716	—	300	475	900	1,600	3,000
1725	—	300	475	900	1,600	3,000

Note: Also without inside circle.

Date	Mintage	VG	F	VF	XF	Unc
1730	—	300	475	900	1,600	3,000
1730	—	300	475	900	1,600	3,000

Note: Also without inside circle.

Date	Mintage	VG	F	VF	XF	Unc
1731	—	300	475	900	1,600	3,000
1734	—	300	475	900	1,600	3,000
1736	—	300	475	900	1,600	3,000

KM# 53.3 2 DUCAT

7.0200 g., 0.9860 Gold 0.2225 oz. AGW Obv: Standing armored knight holding bundle of arrows divides date within broken circle Obv. Legend: CONCORDIA RES PAR CRES • WF • Rev: Inscription within ornamented square Rev. Inscription: MO:ORD/PROVIN/FOEDER/BELG•AD/LEG•IMP Note: Fr. #292, Mint mark: Rooster

Date	Mintage	VG	F	VF	XF	Unc
1752	—	300	400	750	1,300	2,500
1753	—	300	400	750	1,300	2,500
1761	—	300	400	750	1,300	2,500

KM# 53.4 2 DUCAT

7.0200 g., 0.9860 Gold 0.2225 oz. AGW Obv: Standing armored knight holding bundle of arrows divides date within broken circle Obv. Legend: CONCORDIA RES PAR CRES • WF • Rev: Inscription within ornamented square Rev. Inscription: MO:ORD/PROVIN/FOEDER/BELG•AD/LEG•IMP Note: Fr. #292

Date	Mintage	VG	F	VF	XF	Unc
1778	—	325	475	900	1,600	3,000
1779	—	300	400	750	1,300	2,500
1780	—	300	400	750	1,300	2,500

ZEELAND

Zelandia

Zeeland (Zelandia), the southernmost maritime province of the Netherlands, consists of a strip of the Flanders mainland and six islands.

MINT MARK
Castle

PROVINCE STANDARD COINAGE

KM# A75 1/2 DUIT

1.7500 g., Gold Obv: Crowned arms of Zeeland Obv. Legend: LUCTOR • ET • EMERGO Rev: Inscription above date Rev. Inscription: ZEE / LAN / DIA Note: Struck during 1795-1806

Date	Mintage	VG	F	VF	XF	Unc
1753	—	—	—	600	1,500	3,000
1755	—	—	—	500	1,250	2,500

KM# 75 DUIT

3.8400 g., Copper Obv: Crowned arms of Zeeland Obv. Legend: LUCTOR • ET • EMERGO Rev: Inscription above date Rev. Inscription: ZEE/LAN/DIA •

Date	Mintage	VG	F	VF	XF	Unc
1714	—	4.00	4.00	10.00	35.00	80.00
1717	—	4.00	10.00	20.00	45.00	110
1720	—	4.00	10.00	20.00	45.00	110
1721	—	4.00	10.00	20.00	45.00	110

KM# 75a DUIT

3.8400 g., Silver Obv: Crowned arms of Zeeland Obv. Legend: LUCTOR • ET • EMERGO Rev: Inscription above date Rev. Inscription: ZEE/LAN/DIA

Date	Mintage	VG	F	VF	XF	Unc
1714	—	—	—	—	—	—

KM# 80 DUIT

3.8400 g., Copper Obv: Crowned arms of Zeeland Obv. Legend: LUCTOR • ET • EMERGO Rev: Inscription Rev. Inscription: ZEE/LAN/DIA

Date	Mintage	VG	F	VF	XF	Unc
1724	—	—	—	400	600	1,000

KM# 81 DUIT

3.8400 g., Copper Obv: Crowned arms of Zeeland Obv. Legend: LUCTOR • ET • EMERGO Rev: Inscription above date Rev. Inscription: ZEE/LAN/DIA • /• date

Date	Mintage	VG	F	VF	XF	Unc
1724	—	1.50	4.00	9.00	20.00	40.00
1725	—	4.00	10.00	20.00	35.00	50.00
1727	—	1.50	4.00	9.00	20.00	40.00
1735	—	5.00	12.50	25.00	40.00	70.00
1736	—	1.50	4.00	9.00	20.00	40.00
1737	—	5.00	12.50	25.00	40.00	60.00
1740	—	1.50	4.00	9.00	20.00	40.00
1741	—	1.50	4.00	9.00	20.00	40.00
1745	—	1.50	4.00	9.00	20.00	40.00
1748/47	—	3.00	8.00	17.50	35.00	70.00
1748	—	1.50	4.00	9.00	20.00	40.00
1749	—	1.50	4.00	9.00	20.00	40.00
1752	—	4.00	10.00	25.00	35.00	50.00
1753	—	1.50	4.00	9.00	20.00	40.00
1754/53	—	6.00	15.00	30.00	55.00	100
1754	—	4.00	8.00	15.00	25.00	40.00
1755	—	1.25	3.00	8.00	17.00	35.00
1756	—	1.25	3.00	8.00	17.00	35.00
1757	—	1.25	3.00	8.00	17.00	35.00
1758/57	—	4.00	10.00	20.00	35.00	50.00
1758	—	1.25	3.00	8.00	17.00	35.00
1759	—	5.00	12.50	25.00	40.00	70.00
1760	—	1.25	3.00	8.00	17.00	35.00
1761	—	1.25	3.00	8.00	17.00	35.00
1762	—	1.25	3.00	8.00	17.00	35.00
1763	—	1.25	3.00	8.00	17.00	35.00
1764	—	1.25	3.00	8.00	17.00	35.00
1765	—	1.25	3.00	8.00	17.00	35.00
1766	—	1.25	3.00	8.00	17.00	35.00

KM# 81c DUIT

4.5000 g., Gold Obv: Crowned arms of Zeeland Obv. Legend: LUCTOR • ET • EMERGO Rev: Inscription above date Rev. Inscription: ZEE / LAN / DIA •

Date	Mintage	VG	F	VF	XF	Unc
1725	—	—	—	—	1,500	2,000

KM# 81a DUIT

Silver Obv: Crowned arms of Zeeland Obv. Legend: LUCTOR • ET • EMERGO Rev: Inscription above date Rev. Inscription: ZEE/LAN/DIA • Note: Weight varies: 3.6-5.0 grams.

Date	Mintage	VG	F	VF	XF	Unc
1725	—	20.00	40.00	70.00	150	250
1730	—	—	—	—	—	—
1739	—	—	—	—	—	—
1741	—	20.00	40.00	70.00	150	250
1753	—	20.00	40.00	70.00	150	250
1754	—	20.00	40.00	70.00	150	250
1755	—	20.00	40.00	70.00	150	250
1757	—	20.00	40.00	70.00	150	250
1758	—	20.00	40.00	70.00	150	250
1759	—	20.00	40.00	70.00	150	250
1761	—	20.00	40.00	70.00	150	250
1764	—	—	—	—	—	—
1765	—	20.00	40.00	70.00	150	250

KM# 91 DUIT

3.8400 g., Copper Obv: Crowned arms of Zeeland Obv. Legend: LUCTOR ET EMENTOR Rev: Inscription above date Rev. Inscription: ZEE/LAN/DIA

Date	Mintage	VG	F	VF	XF	Unc
1754	—	2.00	6.00	15.00	30.00	60.00

KM# 81b DUIT

3.5000 g., Gold Obv: Crowned arms of Zeeland Obv. Legend: LUCTOR • ET • EMERGO Rev: Inscription above date Rev. Inscription: ZEE / LAN / DIA • /• date

Date	Mintage	VG	F	VF	XF	Unc
1754	—	—	—	—	1,000	1,500
1755	—	—	—	—	1,000	1,500
1757	—	—	—	—	1,000	1,500

KM# 101.1 DUIT

3.8400 g., Copper Obv: Crowned arms of Zeeland Obv. Legend: LUCTOR • ET • EMERGO Rev: Inscription above date within cartouche Rev. Inscription: ZELAN/DIA

Date	Mintage	VG	F	VF	XF	Unc
1766	—	1.25	3.50	8.00	16.00	35.00
1767	—	1.25	3.50	8.00	16.00	35.00
1768	—	1.25	3.50	8.00	16.00	35.00
1769	—	1.25	3.50	8.00	16.00	35.00
1770	—	4.00	10.00	20.00	35.00	35.00
1772	—	4.00	10.00	20.00	35.00	70.00
1776	—	1.25	3.50	8.00	16.00	35.00
1777/76	—	4.00	10.00	20.00	35.00	70.00
1777	—	1.25	3.50	8.00	16.00	35.00
1778	—	1.25	3.50	8.00	16.00	35.00
1779	—	1.25	3.50	8.00	16.00	35.00
1780	—	1.25	3.50	8.00	16.00	35.00
1781	—	1.25	3.50	8.00	16.00	35.00
1782	—	1.25	3.50	6.00	12.00	30.00
1783	—	1.25	3.50	6.00	12.00	30.00
1784	—	1.25	3.50	6.00	12.00	30.00
1785	—	1.25	3.50	6.00	12.00	30.00
1786/5	—	4.00	10.00	20.00	35.00	70.00
1786	—	1.25	3.50	6.00	12.00	30.00
1787/6	—	4.00	10.00	20.00	35.00	70.00
1787	—	1.25	3.50	6.00	12.00	30.00
1788	—	1.25	3.50	6.00	12.00	30.00
1789	—	1.25	3.50	8.00	16.00	35.00
1790	—	1.25	3.50	6.00	12.00	30.00
1791	—	1.25	3.50	6.00	12.00	30.00
1792	—	1.25	3.50	6.00	12.00	30.00

KM# 101.1a DUIT

Silver Obv: Crowned arms of Zeeland Obv. Legend: LUCTOR • ET • EMERGO Rev: Inscription above date within cartouche Rev. Inscription: ZELAN/DIA **Note:** Weight varies: 3.9-4.2 grams.

Date	Mintage	VG	F	VF	XF	Unc
1768	—	30.00	50.00	100	150	300
1769	—	30.00	50.00	100	150	300
1770	—	30.00	50.00	100	150	300
1787/86	—	30.00	50.00	100	150	300
1788	—	30.00	50.00	100	150	300

KM# 105 DUIT

3.8400 g., Copper Obv: Crowned arms of Zeeland Obv. Legend: LUCTOR • ET • EMERGO Rev: Inscription above date within wreath Rev. Inscription: ZEE/LAN/DIA

Date	Mintage	VG	F	VF	XF	Unc
1792	—	1.25	2.50	6.00	12.00	30.00
1793/2	—	3.00	8.00	18.00	30.00	60.00
1793	—	1.25	2.50	6.00	12.00	30.00
1794	—	1.25	2.50	6.00	12.00	30.00
1797/6	—	—	—	—	—	—

1134 NETHERLANDS ZEELAND

KM# 58 STUIVER

0.8600 g., 0.2710 Silver 0.0075 oz. ASW **Obv:** Arms of Zeeland **Rev:** Inscription above date **Rev. Inscription:** ZEE/LAN/DIA

Date	Mintage	VG	F	VF	XF	Unc
1727	144,720	6.00	15.00	40.00	85.00	120
1728/7	451,044	6.00	15.00	40.00	85.00	140
1728	Inc. above	6.00	15.00	40.00	80.00	110
1731	Inc. above	6.00	15.00	40.00	80.00	110
1733	Inc. above	6.00	15.00	40.00	80.00	110
1737	728,123	6.00	15.00	35.00	65.00	90.00

KM# 28 STUIVER (Bezem)

0.8600 g., 0.5830 Silver 0.0161 oz. ASW **Obv:** Bundle of arrows divide value within wreath **Rev:** Inscription above date **Rev. Inscription:** ZEE/LAN/DIA • **Note:** Varieties exist.

Date	Mintage	VG	F	VF	XF	Unc
1738	—	3.00	8.00	20.00	30.00	60.00
1739	—	3.00	8.00	20.00	30.00	60.00

KM# 28a STUIVER (Bezem)

1.7500 g., Gold **Obv:** Bundle of arrows divide value within wreath **Rev:** Inscription above date **Rev. Inscription:** ZEE / LAN / DIA •

Date	Mintage	VG	F	VF	XF	Unc
1739	—	—	—	250	350	600
1755	—	—	—	250	350	600

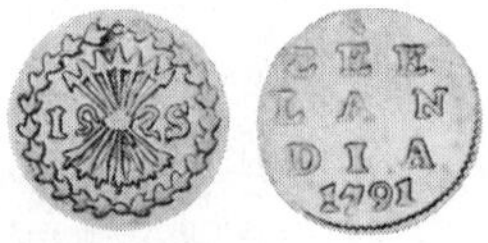

KM# 95 STUIVER (Bezem)

0.8600 g., 0.5830 Silver 0.0161 oz. ASW **Obv:** Bundle of arrows divide value within wreath **Rev:** Inscription above date **Rev. Inscription:** ZEE/LAN/DIA

Date	Mintage	VG	F	VF	XF	Unc
1760	855,500	4.00	10.00	22.50	40.00	80.00
Note: 0.9 gram examples known to exist						
1761/0	Inc. above	5.00	12.00	25.00	50.00	100
1761	Inc. above	3.00	8.00	17.00	35.00	70.00
1762	Inc. above	3.00	8.00	17.00	35.00	70.00
1763	Inc. above	3.00	8.00	17.00	35.00	70.00
1764	Inc. above	3.00	8.00	17.00	35.00	70.00
1765	—	3.00	8.00	17.00	35.00	70.00
1791	48,000	3.00	8.00	17.00	35.00	70.00

KM# 58a STUIVER (Weapon)

1.7000 g., Gold **Obv:** Crowned arms of Zeeland **Rev:** Inscription above date **Rev. Inscription:** ZEE / LAN / DIA

Date	Mintage	VG	F	VF	XF	Unc
1714	—	—	—	—	—	—

KM# 58b STUIVER (Weapon)

3.4000 g., Gold **Obv:** Crowned arms of Zeeland **Rev:** Inscription above date **Rev. Inscription:** ZEE / LAN / DIA

Date	Mintage	VG	F	VF	XF	Unc
1726	—	—	—	500	800	1,500

KM# 59 2 STUIVER

1.6200 g., 0.5830 Silver 0.0304 oz. ASW **Obv:** Crowned arms of Zeeland divide value **Rev:** Inscription above date **Rev. Inscription:** ZEE/LAN/DIA

Date	Mintage	VG	F	VF	XF	Unc
1701	Inc. above	2.00	6.00	10.00	17.50	40.00
1702	Inc. above	2.00	6.00	10.00	17.50	40.00
1703	Inc. above	2.00	6.00	10.00	17.50	40.00
1704	Inc. above	2.00	6.00	10.00	17.50	40.00
1706	Inc. above	2.00	6.00	10.00	17.50	40.00
1707	1,977,086	2.00	6.00	10.00	17.50	40.00
1708	Inc. above	2.00	6.00	10.00	17.50	40.00
1711/0	Inc. above	2.00	6.00	10.00	17.50	40.00
1711	Inc. above	2.00	6.00	10.00	17.50	40.00
1713	3,989,297	1.50	3.50	8.00	15.00	35.00
1714	Inc. above	1.50	3.50	8.00	15.00	35.00
1715	Inc. above	1.50	3.50	8.00	15.00	35.00
1716	Inc. above	1.50	3.50	8.00	15.00	35.00
1718	13,461,974	1.50	3.50	8.00	15.00	35.00
1719	Inc. above	1.50	3.50	8.00	15.00	35.00
1721	Inc. above	1.50	3.50	8.00	15.00	35.00
1722	Inc. above	1.50	3.50	8.00	15.00	35.00
1723	Inc. above	1.50	3.50	8.00	15.00	35.00
1724	Inc. above	1.50	3.50	8.00	15.00	35.00
1725	Inc. above	1.50	3.50	8.00	15.00	35.00
1726	—	1.50	3.50	8.00	15.00	35.00
1727	Inc. above	1.50	3.50	8.00	15.00	35.00
1728	7,259,808	1.50	3.50	8.00	15.00	35.00
1729	Inc. above	1.50	3.50	8.00	15.00	35.00
1730/29	Inc. above	1.50	3.50	8.00	15.00	35.00
1730	Inc. above	1.50	3.50	8.00	15.00	35.00
1731/20	Inc. above	1.50	3.50	8.00	15.00	35.00
1731	Inc. above	1.50	3.50	8.00	15.00	35.00
1732	Inc. above	1.50	3.50	8.00	15.00	35.00
1733	Inc. above	1.50	3.50	8.00	15.00	35.00
1734	Inc. above	1.50	3.50	8.00	15.00	35.00
1735/4	1,454,587	1.50	3.50	8.00	15.00	35.00
1735	Inc. above	1.50	3.50	8.00	15.00	35.00
1736/5	Inc. above	1.50	3.50	8.00	15.00	35.00
1736	Inc. above	1.50	3.50	8.00	15.00	35.00
1737/6	Inc. above	1.50	3.50	8.00	15.00	35.00
1737	Inc. above	1.50	3.50	8.00	15.00	35.00
1738/7	Inc. above	1.50	3.50	8.00	15.00	35.00
1738	Inc. above	1.50	3.50	8.00	15.00	35.00
1744	1,772,669	1.50	3.50	8.00	15.00	35.00
1745/36	Inc. above	1.25	2.50	5.00	8.00	30.00
1745/4	Inc. above	1.25	2.50	5.00	8.00	30.00
1745	Inc. above	1.25	2.50	5.00	8.00	30.00
1750/40	Inc. above	1.25	2.50	5.00	8.00	30.00
1750	Inc. above	1.25	2.50	5.00	8.00	30.00
1753	487,073	1.25	2.50	5.00	8.00	30.00
1754/3	Inc. above	1.25	2.50	8.00	15.00	40.00
1754	Inc. above	1.25	2.50	5.00	8.00	30.00
1758	198,689	1.25	2.50	5.00	8.00	30.00
1759	Inc. above	1.25	2.50	5.00	8.00	30.00
1765	Inc. above	1.25	2.50	5.00	8.00	30.00
1789	—	2.00	5.00	10.00	15.00	35.00

KM# 59a 2 STUIVER

3.4500 g., Gold **Obv:** Crowned arms of Zeeland divide value **Rev:** Inscription above date **Rev. Inscription:** ZEE / LAN / DIA

Date	Mintage	VG	F	VF	XF	Unc
1724 Rare	—	—	—	—	—	—
1729 Rare	—	—	—	—	—	—
1730	—	—	—	—	—	—
1745 Rare	—	—	—	—	—	—
1754 Rare	—	—	—	—	—	—

KM# 50 6 STUIVERS (Hoedjesschelling)

4.9500 g., 0.5830 Silver 0.0928 oz. ASW **Obv:** Crowned arms of Zeeland divide date **Rev:** Reclining lion holding pole with cap

Date	Mintage	VG	F	VF	XF	Unc
1701	615,831	10.00	25.00	50.00	100	200
1703	Inc. above	10.00	25.00	50.00	100	200
1704	Inc. above	10.00	25.00	50.00	100	200
1705	Inc. above	10.00	25.00	50.00	100	200
1707	457,000	10.00	25.00	50.00	100	200
1713	—	10.00	25.00	50.00	100	200
1714	680,616	10.00	25.00	50.00	100	200
1715	Inc. above	10.00	25.00	50.00	100	200
1716/5	Inc. above	15.00	30.00	60.00	125	250
1716	Inc. above	10.00	25.00	50.00	100	200
1717	2,910,049	10.00	25.00	50.00	100	200
1720	Inc. above	10.00	25.00	50.00	100	200
1721	Inc. above	10.00	25.00	50.00	100	200
1722	Inc. above	10.00	25.00	50.00	100	200
1723	Inc. above	10.00	25.00	50.00	100	200
1724	Inc. above	10.00	25.00	50.00	100	200
1725	Inc. above	10.00	25.00	50.00	100	200
1726	Inc. above	10.00	25.00	50.00	100	200
1727	Inc. above	10.00	25.00	50.00	100	200
1728	1,473,852	10.00	25.00	50.00	100	200
1730/29	Inc. above	15.00	30.00	60.00	125	250
1730	Inc. above	10.00	25.00	50.00	100	200
1731	Inc. above	10.00	25.00	50.00	100	200
1733	Inc. above	10.00	25.00	50.00	100	200
1734	Inc. above	10.00	25.00	50.00	100	200
1735	Inc. above	10.00	25.00	50.00	100	200
1737	Inc. above	10.00	25.00	50.00	100	200
1738	Inc. above	10.00	25.00	50.00	100	200

KM# 50a 6 STUIVERS (Hoedjesschelling)

6.8000 g., Gold **Obv:** Crowned arms of Zeeland divide date **Rev:** Reclining lion holding pole with cap

Date	Mintage	VG	F	VF	XF	Unc
1718 Rare	—	—	—	—	—	—
1726 Rare	—	—	—	—	—	—
1745 Rare	—	—	—	—	—	—

KM# 90a 6 STUIVERS (Scheepjesschelling)

8.6500 g., Silver **Obv:** Crowned arms of Zeeland divide value **Rev:** Sailing ship

Date	Mintage	VG	F	VF	XF	Unc
1750	—	—	—	—	—	300
1753	—	50.00	70.00	120	175	300
1754	—	50.00	70.00	120	175	300
1758	—	50.00	70.00	120	175	300
1759	—	—	—	—	—	300
1761	—	50.00	70.00	120	175	300
1761/60	—	—	—	—	—	300

KM# 90.1 6 STUIVERS (Scheepjesschelling)

4.9500 g., 0.5830 Silver 0.0928 oz. ASW **Obv:** Crowned arms of Zeeland divide value **Rev:** Sailing ship

Date	Mintage	VG	F	VF	XF	Unc
1750	177,561	7.00	25.00	50.00	80.00	120
1753	712,588	7.00	25.00	50.00	80.00	120
1754	Inc. above	7.00	25.00	50.00	80.00	120
1755	Inc. above	7.00	25.00	50.00	80.00	120

KM# 90.2 6 STUIVERS (Scheepjesschelling)

4.9500 g., 0.5830 Silver 0.0928 oz. ASW **Obv:** Crowned arms of Zeeland divide value **Rev:** Sailing ship **Edge:** Cabled

Date	Mintage	VG	F	VF	XF	Unc
1757	Inc. above	7.00	25.00	50.00	80.00	120
1758	696,874	7.00	25.00	50.00	80.00	120
1759	Inc. above	7.00	25.00	50.00	80.00	120
1760	Inc. above	7.00	25.00	50.00	80.00	120
1761	Inc. above	7.00	25.00	50.00	80.00	120
1762	Inc. above	7.00	25.00	50.00	80.00	120
1763	Inc. above	7.00	25.00	50.00	80.00	120
1765	930,000	7.00	25.00	50.00	80.00	120
1766	Inc. above	7.00	25.00	50.00	80.00	120
1767	Inc. above	7.00	25.00	50.00	80.00	120
1768/7	Inc. above	10.00	30.00	60.00	100	150
1768 Castle	Inc. above	7.00	25.00	50.00	80.00	120
1768 Without castle	Inc. above	7.00	25.00	50.00	80.00	120
1769	Inc. above	7.00	25.00	50.00	80.00	120
1770	Inc. above	7.00	25.00	50.00	80.00	120
1771	Inc. above	7.00	25.00	50.00	80.00	120
1772	581,000	7.00	25.00	50.00	80.00	120
1773	Inc. above	7.00	25.00	50.00	80.00	120
1774	Inc. above	7.00	25.00	50.00	80.00	120
1775	Inc. above	7.00	25.00	50.00	80.00	120
1776	Inc. above	7.00	25.00	50.00	80.00	120
1777	452,261	25.00	70.00	120	175	—
1778/7	Inc. above	10.00	30.00	60.00	100	150
1778	Inc. above	7.00	25.00	50.00	80.00	120
1779	Inc. above	7.00	25.00	50.00	80.00	120
1780/70	Inc. above	10.00	30.00	60.00	100	150
1780/79	—	—	—	—	—	—
1780	Inc. above	7.00	25.00	50.00	80.00	120
1785/4	253,000	10.00	30.00	60.00	100	150
1785	Inc. above	7.00	25.00	50.00	80.00	120
1788/85	1,144,984	10.00	30.00	60.00	100	150
1788	Inc. above	7.00	25.00	50.00	80.00	120
1790/89	Inc. above	10.00	30.00	60.00	100	150
1790	Inc. above	7.00	25.00	50.00	80.00	120
1791	Inc. above	7.00	25.00	50.00	80.00	120
1792	184,769	7.00	25.00	50.00	80.00	120
1793/91	Inc. above	10.00	30.00	60.00	100	150
1793	Inc. above	7.00	25.00	50.00	80.00	120

KM# 76 1/2 GULDEN

5.3000 g., Silver **Obv:** Crowned arms of Zeeland divide value **Rev:** Standing figure leaning on column holding pole with cap

Date	Mintage	VG	F	VF	XF	Unc
1719	—	40.00	150	300	600	900

KM# 100 GULDEN

10.6100 g., 0.9200 Silver 0.3138 oz. ASW **Obv:** Crowned arms of Zeeland divide value **Rev:** Standing figure leaning on column with cap on pole, date in exergue below **Rev. Legend:** HACNITIMUR HANCTVEMUR

Date	Mintage	VG	F	VF	XF	Unc
1763	214,000	60.00	150	225	400	700
1764	Inc. above	70.00	175	300	550	800
1765	—	—	—	—	—	—

KM# 100a GULDEN

18.9000 g., Gold **Obv:** Crowned arms of Zeeland divide value **Rev:** Standing figure leaning on column with cap on pole, date in exergue below

Date	Mintage	VG	F	VF	XF	Unc
1765 Rare	—	—	—	—	—	—

ZEELAND NETHERLANDS 1135

KM# 96 7 GULDEN

4.9659 g., 0.9170 Gold 0.1464 oz. AGW **Obv:** Armored knight on horse above crowned shield **Obv. Legend:** MO • AUR • PRO • CONFOED ... **Rev:** Crowned arms of Zeeland divide value, date above **Rev. Legend:** CONCORDIA RESPARVÆ CRESCUNT • 1761

Date	Mintage	VG	F	VF	XF	Unc
1760	272,000	200	220	275	400	800
1761	Inc. above	200	220	275	400	800
1762	Inc. above	220	250	450	600	1,000
1763	Inc. above	200	220	275	400	800
1764	Inc. above	200	220	275	400	800

KM# 97 14 GULDEN

9.9300 g., 0.9170 Gold 0.2927 oz. AGW **Obv:** Armored knight on horse above crowned shield **Obv. Legend:** MO • AUR • PRO • CONFOED ... **Rev:** Crowned arms of Zeeland divide value, date above **Rev. Legend:** CONCORDIA RESPARVÆ CRESCUNT **Note:** Mintage included in KM #96.

Date	Mintage	VG	F	VF	XF	Unc
1760	—	385	425	575	750	1,150
1761/0	—	400	475	600	800	1,250
1761	—	385	425	575	750	1,150
1762	—	385	425	575	750	1,150
1763/2	—	400	475	600	800	1,250
1763	—	385	425	575	750	1,150
1764	—	385	425	575	750	1,150

KM# 98 1/8 DAALDER (Rijks - 1/8 Silver Ducat)

3.5300 g., 0.8730 Silver 0.0991 oz. ASW **Obv:** Standing armored knight with crowned shield at feet **Obv. Legend:** MON • NO • ARG • PRO • CONFOE • BELG • COM • ZEL • **Rev:** Crowned arms of Zeeland within sprigs, date above **Rev. Legend:** CONCORDIA RESPARVÆ ....

Date	Mintage	VG	F	VF	XF	Unc
1762	—	14.00	35.00	65.00	100	200
1763/2	—	20.00	50.00	75.00	125	250
1763	—	14.00	35.00	65.00	100	200
1764	—	14.00	35.00	65.00	100	200
1765	—	14.00	35.00	65.00	100	200
1766	—	14.00	35.00	65.00	100	200
1767	—	14.00	35.00	65.00	100	200
1768/67	—	20.00	50.00	75.00	125	250
1768	—	14.00	35.00	65.00	100	200
1769	—	14.00	35.00	65.00	100	200
1770	—	14.00	35.00	65.00	100	200
1771	—	14.00	35.00	65.00	100	200
1772	—	14.00	35.00	65.00	100	200
1773	—	14.00	35.00	65.00	100	200
1774	—	20.00	50.00	75.00	125	250
1775	—	20.00	50.00	75.00	125	250
1776	—	14.00	35.00	55.00	100	200
1777	3,081,000	14.00	35.00	55.00	100	200
1778	1,605,000	14.00	35.00	55.00	100	200
1779/78	—	20.00	50.00	75.00	125	250
1779	Inc. above	20.00	50.00	75.00	125	250
1780/70	—	20.00	50.00	75.00	165	250
1780	Inc. above	14.00	35.00	65.00	100	200
1781/80	—	20.00	50.00	75.00	125	250
1781	1,433,000	14.00	35.00	55.00	85.00	170
1782	Inc. above	14.00	35.00	55.00	85.00	170
1784	Inc. above	14.00	35.00	55.00	85.00	170
1785/3	—	20.00	50.00	75.00	125	250
1785	Inc. above	12.00	30.00	50.00	75.00	150
1786	Inc. above	14.00	35.00	55.00	85.00	170
1787	97,000	14.00	35.00	55.00	85.00	170
1788/6	—	20.00	50.00	75.00	125	250
1788/7	—	20.00	50.00	75.00	125	250
1788	Inc. above	14.00	35.00	55.00	85.00	170
1790	1,290,000	8.00	20.00	35.00	60.00	125
1791	Inc. above	8.00	20.00	35.00	60.00	125
1792	Inc. above	14.00	35.00	55.00	85.00	170
1793	—	8.00	20.00	35.00	60.00	170

KM# 98a 1/8 DAALDER (Rijks - 1/8 Silver Ducat)

4.0000 g., Gold **Obv:** Standing armored knight with crowned shield at feet **Obv. Legend:** MON • NO • ARG • PRO • CONFOE • BELG • COM • ZEL • **Rev:** Crowned arms of Zeeland within sprigs, date above **Rev. Legend:** CONCORDIA RESPARVÆ CRESCUNT

Date	Mintage	VG	F	VF	XF	Unc
1773	—	—	—	—	1,500	3,500
1774	—	—	—	—	1,500	2,500
1775	—	—	—	—	1,500	2,500
1778	—	—	—	—	1,500	2,500
1779	—	—	—	—	1,500	2,500
1780	—	—	—	—	1,500	2,500
1782 Rare	—	—	—	—	—	—
1784	—	—	—	—	1,500	2,500
1787	—	—	—	—	1,500	2,500
1788	—	—	—	—	1,500	2,500
1790	—	—	—	—	1,500	2,500

KM# 99 1/4 DAALDER (Rijks - 1/4 Silver Ducat)

7.0600 g., 0.8730 Silver 0.1981 oz. ASW **Obv:** Standing armored knight with crowned shield at feet **Obv. Legend:** MON • NO • ARG • PRO • CONFOE • BELG • COM • ZEL • **Rev:** Crowned arms of Zeeland within sprigs, date above **Rev. Legend:** CONCORDIA RES PARVÆ CRESCUNT

Date	Mintage	VG	F	VF	XF	Unc
1762	—	25.00	60.00	100	200	350
1763	—	25.00	60.00	100	200	350
1764	—	20.00	40.00	80.00	150	300
1765/4	—	25.00	60.00	100	200	350
1765	—	20.00	60.00	100	200	350
1766/5	—	35.00	85.00	130	225	400
1766	—	20.00	50.00	90.00	150	325
1767	—	20.00	50.00	90.00	150	325
1768	—	20.00	50.00	90.00	150	325
1769	—	20.00	50.00	90.00	150	325
1770	—	20.00	50.00	90.00	150	325
1771	—	20.00	50.00	90.00	150	325
1772	—	20.00	50.00	90.00	150	325
1773	—	20.00	50.00	90.00	150	325
1774	—	20.00	50.00	90.00	150	325
1775	—	20.00	50.00	95.00	160	330
1776	—	20.00	50.00	95.00	160	330
1777	—	20.00	50.00	90.00	150	325
Note: Mintage included KM98						
1778	—	20.00	50.00	90.00	150	300
Note: Mintage included KM98						
1779/8	—	20.00	60.00	100	200	350
Note: Mintage included KM98						
1779	—	20.00	50.00	90.00	150	300
1780	—	20.00	50.00	90.00	150	300
1781	—	20.00	50.00	90.00	150	300
Note: Mintage included KM98						
1782	—	20.00	50.00	90.00	150	300
1785	—	20.00	50.00	90.00	150	300
1786	—	20.00	60.00	100	200	350
1787/6	—	20.00	60.00	100	200	350
1787	—	20.00	60.00	100	200	350
Note: Mintage included KM98						
1788/7	—	20.00	60.00	100	200	350
1788	—	20.00	60.00	100	200	350
1791	—	20.00	50.00	90.00	150	300
Note: Mintage included KM98						
1792	—	20.00	50.00	90.00	150	300
1793	—	20.00	50.00	90.00	150	300

KM# 99a 1/4 DAALDER (Rijks - 1/4 Silver Ducat)

8.3500 g., Gold **Obv:** Standing armored knight with crowned shield at feet **Obv. Legend:** MON • NO • ARG • PRO • CONFOE • BELG • COM • ZEL • **Rev:** Crowned arms of Zeeland within sprigs, date above **Rev. Legend:** CONCORDIA RES PARVÆ CRESCUNT

Date	Mintage	VG	F	VF	XF	Unc
1773	—	—	—	—	1,750	3,500
1775	—	—	—	—	1,750	3,500
1776	—	375	600	800	1,750	3,500
1778	—	375	600	800	1,750	3,500
1779	—	375	600	800	1,750	3,500
1780	—	375	600	800	1,750	3,500
1782	—	375	600	800	1,750	3,500
1787	—	375	600	800	1,750	3,500

KM# 51.1 1/2 SILVER DUCAT

14.1200 g., 0.8730 Silver 0.3963 oz. ASW **Obv:** Standing armored knight with crowned shield at feet **Obv. Legend:** MON • NOV • ARG • PRO • CONFOED • BELG • COM • ZEL • **Rev:** Crowned arms of Zeeland divide date **Rev. Legend:** CONCORDIA RES PARVÆ CRESCUNT

Date	Mintage	VG	F	VF	XF	Unc
1716	—	40.00	80.00	120	250	400
1719	—	40.00	90.00	150	300	450
1719/6	—	40.00	90.00	150	300	450

KM# 51.2 1/2 SILVER DUCAT

14.1200 g., 0.8730 Silver 0.3963 oz. ASW **Obv:** Standing armored knight with crowned shield at feet **Obv. Legend:** MON • NOV • ARG • PRO • CONFOED • BELG • COM • ZEL • **Rev:** Crowned arms of Zeeland divide date **Rev. Legend:** CONCORDIA RES PARVÆ CRESCUNT **Edge:** Cabled

Date	Mintage	VG	F	VF	XF	Unc
1760	—	40.00	80.00	120	230	350
1761	—	40.00	80.00	120	230	350
1762	—	40.00	80.00	120	230	350
1763/2	—	40.00	80.00	120	230	350
1763	—	40.00	80.00	120	230	350
1764/63	—	40.00	80.00	120	230	350
1764	—	40.00	80.00	120	230	350
1765	—	40.00	80.00	120	230	350
1766	—	40.00	80.00	120	230	350
1767	—	40.00	80.00	120	230	350
1768	—	40.00	80.00	120	230	350
1769	—	40.00	80.00	120	230	350
1770	—	40.00	80.00	120	230	350
1771	—	40.00	80.00	120	230	350
1772	—	40.00	80.00	120	230	350
1773	—	40.00	80.00	120	230	350
1774	—	40.00	80.00	120	230	350
1775	—	40.00	80.00	120	230	350
1776/75	—	40.00	80.00	120	230	350
1776	—	40.00	80.00	120	230	350
1777	—	40.00	80.00	120	230	350
Note: Mintage included KM98						
1778	—	40.00	80.00	120	230	350
Note: Mintage included KM98						
1779	—	40.00	80.00	120	230	350
1780	—	40.00	80.00	120	230	350
1781/76	—	40.00	80.00	120	230	350
1781	—	40.00	80.00	120	230	350
Note: Mintage included KM98						
1782	—	40.00	80.00	120	230	350
1786	—	40.00	80.00	120	230	350
1787/3	—	40.00	80.00	120	230	350
1787	—	40.00	80.00	120	230	350
Note: Mintage included KM98						
1788/7	—	40.00	80.00	120	230	350
1788	—	40.00	80.00	120	230	350
1792	—	40.00	80.00	120	230	350
Note: Mintage included KM98						
1793	—	40.00	80.00	120	230	350

KM# 51a 1/2 SILVER DUCAT

16.8000 g., Gold **Obv:** Standing armored knight with crowned shield at feet **Obv. Legend:** MON • NOV • ARG • PRO • CONFOED • BELG • COM • ZEL • **Rev:** Crowned arms of Zeeland divide date **Rev. Legend:** CONCORDIA RES PARVÆ CRESCUNT **Edge:** Cable

Date	Mintage	VG	F	VF	XF	Unc
1773 Rare	—	—	—	—	—	—
1775 Rare	—	—	—	—	—	—

KM# 52.1 SILVER DUCAT

28.2500 g., 0.8730 Silver 0.7929 oz. ASW **Obv:** Standing armored Knight with crowned shield at feet **Obv. Legend:** MO • NO • ARG • PRO : CON • FOE • BELG • COM • ZEEL • **Rev:** Crowned arms of Zeeland divide date **Rev. Legend:** CONCORDIA • RES • PARVÆ • CRESCUNT **Note:** Dav. #4914.

Date	Mintage	VG	F	VF	XF	Unc
1701/693	—	30.00	70.00	125	200	350
1701/696	—	20.00	70.00	125	200	350
1701/698	—	30.00	70.00	125	200	350
1701	—	20.00	40.00	85.00	130	240
1703	—	20.00	60.00	110	175	300
1704	—	20.00	55.00	90.00	140	250
1705/4	—	20.00	55.00	90.00	140	25.00
1705	—	20.00	55.00	90.00	140	250
1706	—	20.00	55.00	90.00	140	250
1707/6	—	20.00	55.00	90.00	140	250
1707	—	20.00	55.00	90.00	140	250
1708	—	30.00	70.00	80.00	190	340
1907 Error for 1709	—	—	—	—	—	—
1713/08	—	30.00	70.00	80.00	190	340
1713	—	20.00	50.00	80.00	120	230
1714	—	20.00	50.00	80.00	120	230
1715	—	20.00	50.00	80.00	120	230
1716/5	—	20.00	50.00	80.00	120	230
1716	—	20.00	50.00	80.00	120	230
1717/6	—	20.00	50.00	80.00	120	230
1717	—	20.00	50.00	80.00	120	230
1718/6	—	20.00	50.00	80.00	120	230
1718	—	20.00	50.00	80.00	120	230
1719/7	—	20.00	50.00	80.00	120	230
1719	—	20.00	50.00	80.00	120	230
1720/16	—	20.00	50.00	80.00	120	230
1720/19	—	30.00	70.00	125	225	400
1720	—	20.00	50.00	100	160	260
1721	—	20.00	50.00	80.00	120	230
1727	—	30.00	70.00	125	190	340
1735	—	20.00	50.00	80.00	120	230
1737	—	20.00	50.00	80.00	120	230
1738/7	—	20.00	50.00	80.00	120	230
1738	—	20.00	50.00	80.00	120	230
1747	—	20.00	50.00	80.00	120	230
1748	—	30.00	70.00	125	190	340
1750	—	20.00	70.00	125	190	340
1750	—	20.00	50.00	100	160	260
1753	—	40.00	100	160	240	430

1136 NETHERLANDS ZEELAND

KM# 52.2 SILVER DUCAT

56.5000 g., Silver **Obv:** Standing armored Knight with crowned shield at feet **Obv. Legend:** MO • NO • AR G • PRO • CON •....BELG • COM • ZEEL **Rev:** Crowned arms of Zeeland divide date **Edge:** Lettered **Edge Lettering:** LYCT(OR) ET.EMERGO.

Date	Mintage	VG	F	VF	XF	Unc
1747 Piefort	—	—	—	—	1,500	2,000
1748 Piefort	—	—	—	—	1,000	1,500
1757 Piefort	—	—	—	—	—	—
1762 Piefort	—	—	—	—	—	—
1777 Piefort	—	—	—	—	1,500	2,000

KM# 52.4 SILVER DUCAT

28.2500 g., 0.8730 Silver 0.7929 oz. ASW **Obv:** Standing armored Knight with crowned shield at feet **Obv. Legend:** MO • NO • ARG • PRO : CON • FOE • BELG • COM • ZEEL • **Rev. Legend:** CONCORDIA • RES • PARVÆ • CRESCUNT **Edge:** Cabled **Edge Lettering:** Crowned arms of Zeeland divide date **Note:** Dav. #4914.

Date	Mintage	VG	F	VF	XF	Unc
1757/53	—	40.00	100	160	240	430
1757 Flowered edge	—	30.00	75.00	150	200	575
1757	—	30.00	75.00	135	200	350
1758	—	30.00	75.00	135	200	350
1759	—	40.00	90.00	145	220	400
1760	—	30.00	70.00	125	190	240
1761/10	—	30.00	75.00	135	200	350
1761	—	20.00	50.00	80.00	120	230
1762	—	20.00	50.00	80.00	120	230
1763	—	20.00	50.00	80.00	120	230
1763/62	—	20.00	50.00	80.00	120	230
1764/3	—	20.00	60.00	100	150	270
1764	—	20.00	50.00	80.00	120	230
1765	—	20.00	50.00	80.00	120	230
1766	—	20.00	50.00	80.00	120	230
1767	—	20.00	40.00	75.00	110	230
1768	—	30.00	50.00	80.00	120	230
1769	—	30.00	80.00	100	160	280
1770	—	20.00	60.00	70.00	110	220
1771/60	—	30.00	70.00	125	190	340
1771	—	20.00	60.00	70.00	110	220
1772	—	20.00	60.00	70.00	110	220
1773	—	20.00	60.00	70.00	110	220
1774	—	20.00	50.00	95.00	150	270
1775	—	20.00	50.00	95.00	150	270
1776	—	20.00	40.00	70.00	110	220
1777 Mintage included KM98	—	20.00	40.00	70.00	110	220
1778 Mintage included KM98	—	30.00	70.00	125	190	340
1779	—	20.00	40.00	70.00	110	220
1780	—	20.00	40.00	70.00	110	220
1781 Mintage included KM98	—	20.00	40.00	70.00	110	220
1782	—	20.00	40.00	70.00	110	220
1784	—	20.00	75.00	135	200	220
1784/3	—	30.00	40.00	70.00	110	220
1785	—	20.00	40.00	70.00	110	220
1786	—	20.00	40.00	70.00	110	220
1787 Mintage included KM98	—	20.00	40.00	70.00	110	220
1788	—	20.00	40.00	75.00	120	230
1789/8	—	30.00	70.00	125	190	340
1789	—	20.00	40.00	75.00	120	230
1790 Mintage included KM98	—	20.00	40.00	75.00	120	230
1791	—	20.00	45.00	85.00	130	260
1792	2,389,000	20.00	60.00	100	160	280
1793	Inc. above	20.00	60.00	100	160	280
1794/3	Inc. above	30.00	70.00	125	180	330
1794	Inc. above	20.00	60.00	110	175	325

KM# 52.3 SILVER DUCAT

28.2500 g., Silver **Obv:** Standing armored Knight with crowned shield at feet within beaded circle **Obv. Legend:** MON • NO • ARG • PRO • CONFOE: BELG • COM • ZEL • **Rev:** Crowned arms of Zeeland divide date within beaded circle **Rev. Legend:** CONCORDIA RES PARVÆ CRESCUNT **Note:** Dav.#1848A.

Date	Mintage	VG	F	VF	XF	Unc
1757	—	60.00	200	400	600	900

KM# 52.1a SILVER DUCAT

36.6000 g., Gold **Obv:** Standing armored Knight with crowned shield at feet **Rev:** Crowned arms of Zeeland divide date **Note:** Thick planchet.

Date	Mintage	VG	F	VF	XF	Unc
1764 Rare	—	—	—	—	14,000	18,000
1777 Rare	—	—	—	—	—	—

KM# 52.1b SILVER DUCAT

22.7000 g., Gold **Obv:** Standing armored Knight with crowned shield at feet **Rev:** Crowned arms of Zeeland divide date **Note:** Thin planchet.

Date	Mintage	VG	F	VF	XF	Unc
1792 Rare	—	—	—	—	—	20,000

KM# 102 1/2 DUCATON (1/2 Silver Rider)

16.3900 g., 0.9410 Silver 0.4958 oz. ASW **Obv:** Knight on horseback with sword, crowned arms below **Obv. Legend:** ....BELG: COM: ZEL **Rev:** Crowned Zeeland arms with supporters

Date	Mintage	VG	F	VF	XF	Unc
1766	—	35.00	75.00	140	200	350
1767	—	35.00	80.00	150	225	375
1768/7	—	40.00	90.00	180	250	400
1768	—	35.00	80.00	150	225	375
1769/68	—	40.00	90.00	180	250	400
1769	—	35.00	80.00	150	225	375
1771	—	35.00	75.00	140	200	350
1772	—	35.00	80.00	150	225	375
1773	—	35.00	75.00	140	200	350
1775	—	35.00	75.00	140	200	350
1785	146,000	35.00	75.00	140	200	350
1790/66	339,000	35.00	90.00	180	250	400
1790/67	Inc. above	35.00	90.00	180	250	400
1790	Inc. above	30.00	75.00	140	200	350
1792/81	—	35.00	90.00	180	250	400
1792	339,000	30.00	75.00	140	200	350
1793	128,000	30.00	75.00	140	200	350

KM# A19 DUCATON

65.3000 g., Silver

Date	Mintage	VG	F	VF	XF	Unc
1717 Piefort	—	—	—	—	—	—
1741 Piefort	—	—	—	—	1,800	2,750
1748 Piefort	—	—	—	—	2,000	2,500
1754 Piefort	—	—	—	—	1,800	2,750
1757 Piefort	—	—	—	—	—	—

KM# 57.1 DUCATON (Silver Rider)

32.7800 g., 0.9410 Silver 0.9917 oz. ASW **Obv:** Armored Knight on horse above crowned shield **Obv. Legend:** MON: NOV: ARG: PRO: CON FOED: BELG: COM: ZEL • **Rev:** Crowned arms of Zeeland with supporters, date in cartouche below **Rev. Legend:** CONCORDIA RES • PARVÆ • CRESCUNT •

Date	Mintage	VG	F	VF	XF	Unc
1716	31,358	40.00	115	225	325	425
1717	Inc. above	80.00	200	300	400	500
1731	430,846	80.00	200	300	400	500
1735	470,011	35.00	110	180	270	600
1739	Inc. above	35.00	110	180	270	600
1741	Inc. above	80.00	200	300	400	500
1742	645,338	35.00	100	180	270	400
1744	Inc. above	35.00	100	180	270	400
1746	Inc. above	35.00	100	180	270	400
1749	Inc. above	35.00	100	180	270	400
1750	Inc. above	35.00	100	180	270	400
1751	Inc. above	35.00	100	180	270	400
1752	Inc. above	35.00	100	180	270	400

KM# 57.2 DUCATON (Silver Rider)

32.7800 g., 0.9410 Silver 0.9917 oz. ASW **Obv:** Armored Knight on horse above crowned shield **Obv. Legend:** MON: NOV: ARG: PRO: CON FOED: BELG: COM: ZEL • **Rev:** Crowned arms of Zeeland with supporters, date in cartouche below **Rev. Legend:** CONCORDIA RES • PARVÆ • CRESCUNT • **Edge:** Cabled

Date	Mintage	VG	F	VF	XF	Unc
1753	378,122	35.00	100	180	270	400
1754/3	Inc. above	50.00	145	230	270	400
1754	Inc. above	35.00	100	180	270	400
1755	Inc. above	35.00	100	180	270	400
1756	Inc. above	35.00	100	180	270	400
1757	Inc. above	35.00	100	180	270	400
1758	Inc. above	35.00	100	180	270	400
1758/7	282,726	80.00	200	300	400	500
1759	Inc. above	30.00	70.00	140	200	250
1760/59	Inc. above	35.00	100	180	270	400
1760	Inc. above	30.00	70.00	140	280	350
1761	—	35.00	90.00	155	240	320
1761/0	—	40.00	110	200	300	425
1762	—	35.00	90.00	155	240	320
1762/61	—	—	—	—	—	—
1763/2	—	40.00	110	200	300	425
1765/4	—	50.00	125	250	300	425
1766	—	25.00	65.00	135	240	320
1766/5	—	50.00	125	250	300	425
1767/6	—	40.00	110	200	300	425
1767	—	25.00	65.00	135	240	320
1768	—	25.00	65.00	135	240	320
1769	—	40.00	110	200	300	425
1771	—	40.00	110	200	300	425
1772	—	35.00	90.00	155	240	320
1773	—	25.00	60.00	120	200	300
1774	—	25.00	60.00	120	200	300
1775	—	25.00	60.00	120	200	300
1776	—	25.00	60.00	120	200	300
1785/75	—	35.00	90.00	155	240	320
1785 Mintage included KM102	—	25.00	60.00	120	200	300
1789	—	25.00	60.00	120	200	300
1790/89	—	35.00	90.00	155	240	320
1790	—	25.00	60.00	120	200	300
1791	—	20.00	50.00	110	175	250
1792/1	—	35.00	100	170	260	380
1792	—	20.00	50.00	110	175	250
1793	—	20.00	50.00	110	175	250

TRADE COINAGE

KM# 28b STUIVER (Bezem)

0.8500 g., Gold

Date	Mintage	VG	F	VF	XF	Unc
1760	—	—	—	—	—	—

KM# 62 DUCAT

3.5000 g., 0.9860 Gold 0.1109 oz. AGW **Obv:** Knight standing to right divides date within inner circle **Rev:** Tablet on full-blown rose **Note:** Fr. #307.

Date	Mintage	VG	F	VF	XF	Unc
1701	34,000	150	200	250	350	600
1718	65,100	150	200	250	350	600

KM# 85 DUCAT

3.5000 g., 0.9860 Gold 0.1109 oz. AGW **Obv:** Without inner circle **Rev:** Legend in ornamental tablet

Date	Mintage	VG	F	VF	XF	Unc
1749	6,580	150	200	250	350	600
1753	185,360	150	200	250	350	600
1754	Inc. above	150	200	250	350	600
1755	Inc. above	150	200	250	350	600
1756	Inc. above	150	200	250	350	600
1757	Inc. above	150	200	250	350	600
1758	Inc. above	150	200	250	350	600
1758/7	108,990	150	250	325	400	650
1758	Inc. above	150	200	250	350	600
1759	Inc. above	150	200	250	350	600
1760	Inc. above	150	200	250	350	600
1761	Inc. above	150	200	250	350	600
1762	Inc. above	150	200	250	350	600
1763	Inc. above	140	200	250	350	600

KM# 61 2 DUCAT

7.0000 g., 0.9860 Gold 0.2219 oz. AGW **Obv:** Without inner circle **Rev:** Tablet on full blown rose **Note:** FR. #306.

Date	Mintage	VG	F	VF	XF	Unc
1717/16	—	—	—	—	—	—

PATTERNS

Including off metal strikes

KM#	Date	Mintage	Identification	Mkt Val
Pn16	1764	—	Ducat. Gold. 36.6000 g. KM#52.1.	—
Pn17	1773	—	1/2 Silver Ducat. Gold. 16.8000 g. KM#51.	—
Pn18	1775	—	1/2 Silver Ducat. Gold. 16.8000 g. KM#51.	—
Pn19	1777	—	Silver Ducat. Gold. 36.6000 g. KM#52.1.	—
Pn20	1792	—	Silver Ducat. Gold. 22.7000 g. KM#52.1.	—

PIEFORTS

KM#	Date	Mintage	Identification	Mkt Val
P29	1753	—	6 Stuivers.	175
P30	1754	—	6 Stuivers.	175
P31	1759	—	6 Stuivers.	200

NETHERLANDS EAST INDIES

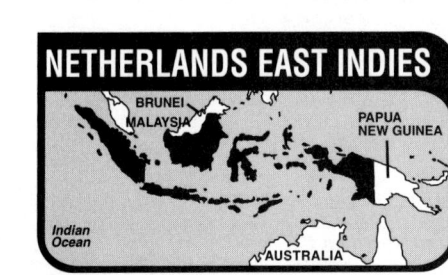

RULERS
United East India Company, 1602-1799
Batavian Republic, 1799-1806

MINT MARKS
H - Amsterdam (H)
Hk - Harderwijk (star, rosette, cock, cross, Z)
Hn - Hoorn (star)
E - Enkhuizen (star)
Dt - Dordrecht (rosette)
K - Kampen (eagle)
S - Utrecht
Sa - Soerabaja (Za)

MONETARY SYSTEM
120 Duits = 120 Cents
1 Gulden = 1 Java Rupee
16 Silver Rupees = 1 Gold Mohur

BONKS: Because of the slow delivery of coins from the Netherlands, the government in the East Indies often resorted to the manufacture of "Bonks". These were simply lumps cut from the copper (or tin) rods used for coining. This eliminated the problems inherent in casting round coins and allowed the production of large quantities of legal tender very quickly. The thicker rods were used for the 2 and 8 Stuiver Bonks and the thinner rod for the smaller denominations.

TOKENS: Most tokens in this section were struck in Britain on orders from Singapore merchants and used to pay seafaring Malays. Although the Dutch made them illegal, they circulated in the outer provinces due to scarcity of legal coins. Thus, the area mentioned on the tokens does not mean they were struck in or for the area, or that they circulated in the area. The dates do not indicate the year of issue.

UNITED EAST INDIA COMPANY

MILLED COINAGE

KM# 72 1/2 DUIT

Copper **Obv:** Crowned Holland arms **Rev:** VOC monogram, date below

Date	Mintage	VG	F	VF	XF	Unc
1749	—	2.00	3.00	5.00	7.50	—
1750	—	2.50	3.50	6.00	9.00	—
1751	—	2.50	3.50	6.00	9.00	—
1752	—	2.00	3.00	5.00	7.50	—
1753	—	2.00	3.00	5.00	7.50	—
1754	—	2.00	3.00	5.00	7.50	—
1769	—	2.00	3.00	5.00	7.50	—
1770	—	2.00	3.00	5.00	7.50	—

KM# 72b 1/2 DUIT

1.7100 g., Gold **Obv:** Crowned Holland arms **Rev:** VOC monogram, date below **Note:** Weight varies: 1.718-1.724 g.

Date	Mintage	F	VF	XF	Unc	BU
1750 Proof	—	Value: 600
1755 Proof	—	Value: 600
1756 Proof	—	Value: 600
1758 Proof	—	Value: 600
1760 Proof	—	Value: 600
1761 Proof	—	Value: 600
1763 Proof	—	Value: 600

KM# 112.1b 1/2 DUIT

Gold **Obv:** Crowned Utrecht arms with flat shield top **Rev:** Crowned VOC monogram with flat or curved top, date below

Date	Mintage	F	VF	XF	Unc	BU
1752 Proof	—	—	—	—	—	—
1753 Proof; Rare	—	—	—	—	—	—
1754 Proof; Unique	—	—	—	—	—	—
1756 Proof; Unique	—	—	—	—	—	—
1758 Proof; Rare	—	—	—	—	—	—
1761 Proof; Unique	—	—	—	—	—	—
1762 Proof	—	—	—	—	—	—
1764 Proof; Rare	—	—	—	—	—	—
1767 Proof; Rare	—	—	—	—	—	—
1793 Proof	—	—	—	—	—	—

KM# 112.1 1/2 DUIT

Copper **Obv:** Crowned Utrecht arms with flat shield top **Rev:** VOC monogram, date below

Date	Mintage	VG	F	VF	XF	Unc
1752	—	2.00	3.50	6.50	12.50	—
1753	—	1.50	2.50	5.00	10.00	—
1754	—	1.50	2.50	5.00	10.00	—
1755	—	1.50	2.50	5.00	10.00	—
1756	—	5.00	12.00	25.00	50.00	—
1757	—	2.00	3.50	6.50	12.50	—
1758	—	4.00	10.00	20.00	40.00	—
1769	—	2.00	5.00	10.00	20.00	—
1770	—	2.00	5.00	10.00	20.00	—

KM# 112.1a 1/2 DUIT

Silver Weight varies: 1.49-1.7 g. **Obv:** Crowned Utrecht arms with flat shield top **Rev:** VOC monogram, date below **Note:** Special presentation strikes produced by the mintmaster on demand.

Date	Mintage	F	VF	XF	Unc	BU
1753	—	15.00	25.00	40.00	65.00	—
1754	—	15.00	25.00	40.00	65.00	—
1755	—	15.00	25.00	40.00	65.00	—
1756	—	15.00	25.00	40.00	65.00	—
1757	—	15.00	25.00	40.00	65.00	—
1758	—	20.00	30.00	50.00	80.00	—
1760	—	20.00	30.00	50.00	80.00	—
1761	—	20.00	30.00	50.00	80.00	—
1762	—	20.00	30.00	50.00	80.00	—
1763	—	20.00	30.00	50.00	80.00	—
1764	—	20.00	30.00	50.00	80.00	—
1765	—	20.00	30.00	50.00	80.00	—
1766	—	20.00	30.00	50.00	80.00	—
1767	—	20.00	30.00	50.00	80.00	—
1768	—	20.00	30.00	50.00	80.00	—
1769	—	20.00	30.00	50.00	80.00	—
1770	—	20.00	30.00	50.00	80.00	—
1771	—	20.00	30.00	50.00	80.00	—
1773 Rare	—	—	—	—	—	—
1792 Rare	—	—	—	—	—	—
1793	—	30.00	50.00	80.00	150	—
1794	—	30.00	50.00	80.00	150	—

KM# 72a 1/2 DUIT

Silver Weight varies: 1.36-1.6 g. **Obv:** Crowned Holland arms **Rev:** VOC monogram, date below **Note:** Special presentation strikes produced by the mintmaster on demand.

Date	Mintage	F	VF	XF	Unc	BU
1755	—	20.00	30.00	50.00	75.00	—
1756	—	20.00	30.00	50.00	75.00	—
1757	—	20.00	30.00	50.00	75.00	—
1758	—	20.00	30.00	50.00	75.00	—
1758/7	—	20.00	30.00	50.00	75.00	—
1759	—	20.00	30.00	50.00	75.00	—
1760	—	20.00	30.00	50.00	75.00	—
1761	—	20.00	30.00	50.00	75.00	—
1762	—	20.00	30.00	50.00	75.00	—
1763	—	20.00	30.00	50.00	75.00	—

KM# 113 1/2 DUIT

Copper **Obv:** VOC monogram **Rev:** VOC monogram

Date	Mintage	VG	F	VF	XF	Unc
1758	—	12.50	18.50	27.50	40.00	—

KM# 113a 1/2 DUIT

Silver **Obv:** VOC monogram **Rev:** VOC monogram

Date	Mintage	VG	F	VF	XF	Unc
1758 Proof	—	—	—	—	—	—

KM# 114 1/2 DUIT

Copper **Obv:** Crowned Utrecht arms **Rev:** Crowned Utrecht arms

Date	Mintage	VG	F	VF	XF	Unc
ND	—	—	—	—	—	—

KM# 114a 1/2 DUIT

Silver **Obv:** Crowned Utrecht arms **Rev:** Crowned Utrecht arms

Date	Mintage	VG	F	VF	XF	Unc
ND Proof	—	—	—	—	—	—

KM# 137 1/2 DUIT

Copper **Obv:** Crowned arms of West Friesland **Rev:** VOC monogram, date below

Date	Mintage	VG	F	VF	XF	Unc
1769	—	4.50	7.50	13.00	25.00	—
1770	—	4.50	7.50	13.00	25.00	—

KM# 154 1/2 DUIT

Copper **Obv:** Crowned Zeeland arms **Rev:** VOC monogram divides date

Date	Mintage	VG	F	VF	XF	Unc
1770	—	10.00	15.00	27.50	45.00	—
1771	—	10.00	15.00	27.50	45.00	—
1772	—	10.00	15.00	27.50	45.00	—
1789 Reeded edge	—	20.00	35.00	60.00	100	—

KM# 55 1/2 DUIT

Copper **Obv:** Crowned Gelderland arms **Obv. Legend:** IN DEO EST. SPES NOSTRA **Rev:** VOC monogram, date below

Date	Mintage	VG	F	VF	XF	Unc
1788	—	6.00	8.50	13.50	20.00	—
1789	—	6.00	8.50	13.50	20.00	—

KM# 55a 1/2 DUIT

Silver **Obv:** Crowned Gelderland arms **Obv. Legend:** IN DEO EST. SPES NOSTRA **Rev:** VOC monogram, date below **Edge:** Plain **Note:** Originally struck in Proof.

Date	Mintage	VG	F	VF	XF	Unc
1789	—	35.00	65.00	125	200	—

KM# 56 1/2 DUIT

Copper **Obv:** Crowned Gelderland arms **Obv. Legend:** IN DEO SPES NOST • **Rev:** VOC monogram, date below

Date	Mintage	VG	F	VF	XF	Unc
1790	—	5.00	7.50	10.00	15.00	—

KM# 112.3 1/2 DUIT

Copper **Obv:** Crowned Utrecht arms with flat shield top **Rev:** VOC monogram, date below **Note:** Mint mark: Star.

Date	Mintage	VG	F	VF	XF	Unc
1790 Rare	—	—	—	—	—	—
Note: Struck in 1842 using old die.

KM# 70b DUIT

Gold **Obv:** Crowned Holland arms **Rev:** VOC monogram, date below

Date	Mintage	VG	F	VF	XF	Unc
1726 Proof; Rare	—	—	—	—	—	—
1732 Proof; Rare	—	—	—	—	—	—
1738 Proof; Rare	—	—	—	—	—	—
1746 Proof; Rare	—	—	—	—	—	—
1747 Proof; Rare	—	—	—	—	—	—
1749 Proof; Rare	—	—	—	—	—	—
1755 Proof; Rare	—	—	—	—	—	—
1756 Proof; Rare	—	—	—	—	—	—
1759 Proof; Rare	—	—	—	—	—	—
1763 Proof; Rare	—	—	—	—	—	—

KM# 150 DUIT

Copper **Obv:** Crowned Zeeland arms **Obv. Legend:** LUCTOR ET EMERGO **Rev:** VOC monogram, date below

Date	Mintage	VG	F	VF	XF	Unc
1726	—	12.50	20.00	35.00	60.00	—
1727	—	4.00	8.00	16.00	35.00	—
1728	—	3.00	6.00	12.00	30.00	—
1729	—	3.00	6.00	12.00	30.00	—
ND Unique	—	—	—	—	—	—

KM# 70 DUIT

3.6190 g., Copper **Obv:** Crowned Holland arms **Rev:** VOC monogram, date below **Note:** Years 1802-04 were struck under the Batavian Republic. 3 varieties exist.

Date	Mintage	VG	F	VF	XF	Unc
1726	—	4.50	7.50	12.50	20.00	—
1730	—	1.50	2.50	4.00	8.00	—
1731	—	2.50	4.00	7.00	12.50	—
1731/0	—	2.50	4.00	7.00	12.50	—
1732	—	1.50	2.50	4.00	8.00	—
1732/26	—	1.50	2.50	4.00	8.00	—
1733	—	1.50	2.50	4.00	8.00	—
1734	—	1.50	2.50	4.00	8.00	—
1734/3	—	1.50	2.50	4.00	8.00	—
1735	—	1.50	2.50	4.00	8.00	—
1735/26	—	2.50	4.00	7.00	12.50	—
1735/4	—	2.50	4.00	7.00	12.50	—
1736	—	1.50	2.50	4.00	8.00	—
1736/5	—	2.50	4.00	7.00	12.50	—
1737	—	2.50	4.00	7.00	12.50	—
1742	—	1.50	2.50	4.00	8.00	—
1743	—	2.50	4.00	7.00	12.50	—
1744	—	1.50	2.50	4.00	8.00	—
1745	—	1.50	2.50	4.00	8.00	—
1746	—	1.50	2.50	4.00	8.00	—
1747	—	1.50	2.50	4.00	8.00	—
1748	—	1.50	2.50	4.00	8.00	—
1749	—	3.00	6.00	12.50	20.00	—
1750	—	1.50	2.50	4.00	8.00	—
1750/49	—	2.50	4.00	7.00	12.50	—
1751	—	1.50	2.50	4.00	8.00	—
1752	—	1.50	2.50	4.00	8.00	—
1753	—	1.50	2.50	4.00	8.00	—
1754	—	4.00	6.00	12.50	20.00	—
1754/3	—	4.00	6.00	12.50	20.00	—

1138 NETHERLANDS EAST INDIES

Date	Mintage	VG	F	VF	XF	Unc
1755	—	1.50	2.50	4.00	8.00	—
1757	—	1.50	2.50	4.00	8.00	—
1764	—	1.50	2.50	4.00	8.00	—
1765	—	1.50	2.50	4.00	8.00	—
1765/64	—	4.00	9.00	15.00	25.00	—
1766	—	1.50	2.50	4.00	8.00	—
1767	—	1.50	2.50	4.00	8.00	—
1768	—	4.00	9.00	15.00	25.00	—
1770	—	1.50	2.50	4.00	8.00	—
1771	—	1.50	2.50	4.00	8.00	—
1772	—	3.00	8.50	15.00	25.00	—
1776	—	3.00	8.50	15.00	25.00	—
1777	—	3.00	8.50	15.00	25.00	—
1778	—	1.50	2.50	4.00	7.00	—
1779	—	1.50	2.50	4.00	7.00	—
1780	—	1.50	2.50	4.00	8.00	—
1781	—	1.00	2.00	4.00	7.00	—
1784	—	4.00	9.00	15.00	25.00	—
1788	—	1.50	2.50	4.00	7.00	—
1789	—	1.50	2.50	4.00	8.00	—
1790	—	1.50	2.50	4.00	8.00	—
1790/89	—	4.00	9.00	15.00	25.00	—
1791	—	1.50	2.50	4.00	8.00	—
1792	—	1.50	2.50	4.00	8.00	—
1793	—	1.50	2.50	4.00	8.00	—

KM# 131 DUIT

Copper **Obv:** Crowned arms of West Friesland **Rev:** VOC monogram, date below **Note:** Varieties exist

Date	Mintage	VG	F	VF	XF	Unc
1729	—	3.00	4.00	7.00	12.50	—
1731	—	4.00	7.00	12.00	20.00	—
1732	—	4.00	7.00	12.00	20.00	—
1733	—	4.00	7.00	12.00	20.00	—
1734	—	1.50	2.50	4.50	8.50	—
1735	—	1.50	2.50	5.00	10.00	—
1736	—	3.00	6.00	10.00	17.50	—
1737	—	1.50	2.50	5.00	10.00	—
1743	—	1.75	2.75	5.50	10.00	—
1744	—	2.50	4.00	7.00	12.50	—
1745	—	1.25	2.50	5.00	10.00	—
1746	—	1.25	2.50	4.50	8.50	—
1747	—	2.50	4.00	7.00	12.50	—
1748	—	1.25	2.50	5.00	10.00	—
1749	—	1.25	2.50	4.50	8.50	—
1750	—	1.25	2.50	4.50	8.50	—
1751	—	1.25	2.50	5.00	10.00	—
1752	—	2.50	4.00	7.00	12.50	—
1753	—	1.25	2.50	4.50	8.50	—
1754	—	1.25	2.50	5.00	10.00	—
1755	—	1.25	2.50	4.75	9.00	—
1756	—	1.25	2.50	5.00	10.00	—
1764	—	10.00	16.50	25.00	37.50	—
1765	—	2.00	5.00	10.00	15.00	—
1766	—	2.00	5.00	10.00	15.00	—
1767	—	2.00	5.00	10.00	15.00	—
1768	—	2.00	5.00	10.00	15.00	—
1770	—	3.00	7.00	12.00	20.00	—
1771	—	1.50	2.50	4.50	8.50	—
1771/0	—	3.00	7.00	12.00	20.00	—
1772	—	1.50	2.50	4.50	8.50	—
1773	—	3.00	7.00	12.00	20.00	—
1776	—	1.50	2.50	4.50	8.50	—
1776/3	—	3.00	7.00	12.00	20.00	—
1777	—	1.50	2.50	4.50	8.50	—
1777/6	—	3.00	7.00	12.00	20.00	—
1778	—	1.50	2.50	4.50	8.50	—
1778/7	—	3.00	7.00	12.00	20.00	—
1779	—	1.50	2.50	4.50	8.50	—
1780	—	1.50	2.50	4.50	8.50	—
1781	—	1.50	2.50	4.50	8.50	—
1784	—	1.50	2.50	4.50	8.50	—
1784/1	—	3.00	7.00	12.00	20.00	—
1785	—	1.50	2.50	4.50	8.50	—
1785/4	—	3.00	7.00	12.00	20.00	—
1786	—	1.50	2.50	4.50	8.50	—
1786/5	—	2.25	5.00	10.00	15.00	—
1787	—	1.50	2.50	4.50	8.50	—
1788	—	1.50	2.50	4.50	8.50	—
1789	—	1.50	2.50	4.50	8.50	—
1789/8	—	3.00	7.00	12.00	20.00	—
1789/9871	—	8.50	20.00	35.00	55.00	—
1790	—	1.50	2.50	4.50	8.50	—
1791	—	1.50	2.50	4.50	8.50	—
1791/0	—	1.50	2.50	5.00	10.00	—
1792	—	1.50	2.50	4.50	8.50	—
1794	—	8.00	20.00	35.00	55.00	—

KM# 152.1 DUIT

Copper **Obv:** Crowned Zeeland arms **Rev:** VOC monogram, date below, without legend

Date	Mintage	VG	F	VF	XF	Unc
1729	—	5.00	10.00	17.50	30.00	—
1730	—	1.50	2.50	4.00	7.00	—
1731	—	1.50	2.50	4.00	7.00	—
1732	—	1.50	2.50	4.00	7.00	—
1733	—	1.50	2.50	4.00	7.00	—
1734	—	1.50	2.50	4.00	7.00	—
1735	—	1.50	2.50	4.00	7.00	—

KM# 132a DUIT

Gold **Obv:** Ornate crown above curved shield of West Friesland

Date	Mintage	F	VF	XF	Unc	BU
1729 Proof	—	—	—	—	—	—
1730 Proof; Unique	—	—	—	—	—	—
1731 Proof; Unique	—	—	—	—	—	—

KM# 134 DUIT

Silver **Obv:** Simple crown above baroque curved shield of West Friesland **Note:** Special presentation strikes produced by the mintmaster on demand

Date	Mintage	F	VF	XF	Unc	BU
1731	—	35.00	55.00	85.00	135	—
1736	—	35.00	55.00	85.00	135	—
1746	—	35.00	55.00	85.00	135	—
1752	—	35.00	55.00	85.00	135	—

KM# 50.1 DUIT

Copper **Obv:** Crowned Gelderland arms **Obv. Legend:** IN DEO - SP. NOS • **Rev:** VOC monogram, date below

Date	Mintage	VG	F	VF	XF	Unc
1731	—	7.50	12.50	20.00	30.00	—
1732 hill	—	3.50	6.00	10.00	20.00	—
1732 fox	—	7.50	12.50	20.00	30.00	—

KM# 132 DUIT

Copper **Obv:** Ornate crown above curved shield of West Friesland

Date	Mintage	VG	F	VF	XF	Unc
1731	—	3.00	6.00	10.00	20.00	—
1732	—	3.00	6.00	10.00	20.00	—
1733	—	7.00	12.00	25.00	50.00	—

KM# 50.1a DUIT

Silver **Obv:** Crowned Gelderland arms **Obv. Legend:** IN DEO - SP. NOS • **Rev:** VOC monogram, date below **Note:** Originally struck in Proof.

Date	Mintage	VG	F	VF	XF	Unc
1731	—	25.00	60.00	85.00	115	—
1732 fox	—	25.00	60.00	85.00	115	—
1789	—	35.00	75.00	110	150	—

KM# 152a DUIT

Silver **Obv:** Crowned Zeeland arms, shield rounded at bottom **Rev:** VOC monogram, date without dots below **Note:** Originally struck in Proof.

Date	Mintage	VG	F	VF	XF	Unc
1732	—	25.00	45.00	80.00	110	—
1788	—	25.00	45.00	80.00	110	—

KM# 70a DUIT

Silver **Obv:** Crowned Holland arms **Rev:** VOC monogram, date below **Note:** Special presentation strikes produced by the mintmaster on demand.

Date	Mintage	VG	F	VF	XF	Unc
1735	—	12.50	22.50	35.00	60.00	—
1736/5	—	22.50	35.00	60.00	100	—
1746	—	12.50	22.50	35.00	60.00	—
1747	—	12.50	22.50	35.00	60.00	—
1748	—	12.50	22.50	35.00	60.00	—
1749	—	10.00	17.50	25.00	60.00	—
1749/7	—	22.50	35.00	60.00	100	—
1750	—	10.00	17.50	25.00	60.00	—
1751	—	12.50	22.50	35.00	60.00	—
1752	—	12.50	22.50	35.00	60.00	—
1753	—	12.50	22.50	35.00	60.00	—
1754	—	12.50	22.50	35.00	60.00	—
1755	—	12.50	22.50	35.00	60.00	—
1756	—	12.50	22.50	35.00	60.00	—
1757	—	12.50	22.50	35.00	60.00	—
1758	—	12.50	22.50	35.00	60.00	—
1759	—	12.50	22.50	35.00	60.00	—
1760	—	12.50	22.50	35.00	60.00	—
1761	—	12.50	22.50	35.00	60.00	—
1762	—	12.50	22.50	35.00	60.00	—
1763	—	12.50	22.50	35.00	60.00	—

KM# 152.2 DUIT

Copper **Obv:** Crowned Zeeland arms, shield pointed at bottom **Rev:** VOC monogram, date below **Note:** Varieties exist.

Date	Mintage	VG	F	VF	XF	Unc
1736 new crown	—	1.50	2.50	4.00	7.00	—
1736 old crown	—	1.50	2.50	4.00	7.00	—
1737	—	1.75	3.00	5.00	9.00	—
1738	—	1.50	2.50	4.00	7.00	—
1739	—	1.50	2.50	4.00	7.00	—
1739/7	—	2.00	3.00	6.50	12.50	—
1744	—	1.75	2.75	4.50	7.50	—
1745	—	1.75	3.00	5.00	9.00	—
1746	—	1.75	3.00	5.00	9.00	—
1747 large 4	—	1.75	3.00	5.00	9.00	—
1747 small 4	—	1.75	3.00	5.00	9.00	—
1748	—	1.50	2.50	4.00	7.00	—
1748/7	—	2.50	4.25	7.00	12.50	—
1749	—	1.75	3.00	5.00	9.00	—
1750	—	1.75	3.00	5.00	9.00	—
1751	—	2.00	3.00	6.50	12.50	—
1752	—	1.75	3.00	5.00	9.00	—

KM# 111.1 DUIT

3.0000 g., Copper, 22 mm. **Obv:** Crowned Utrecht arms with lion supporters **Rev:** VOC monogram, date below

Date	Mintage	VG	F	VF	XF	Unc
1741 Unique	—	—	—	—	—	—
1742	—	2.00	3.50	6.00	10.00	—
1744	—	2.50	4.50	8.00	15.00	—
1745	—	2.00	3.50	6.00	10.00	—
1746	—	2.00	3.50	6.00	10.00	—
1752	—	3.00	6.00	10.00	18.00	—
1753	—	2.50	4.50	7.50	12.00	—
1754	—	1.50	2.50	4.00	8.00	—
1755	—	1.75	3.00	4.50	9.00	—
1757	—	2.25	4.00	7.00	12.00	—
1764	—	2.00	3.50	6.00	10.00	—
1765	—	2.00	3.50	6.00	10.00	—
1766	—	2.00	3.50	6.00	10.00	—
1767	—	2.00	3.50	6.00	10.00	—
1769	—	2.00	3.50	6.00	10.00	—
1770	—	2.00	3.50	6.00	10.00	—
1771	—	7.50	15.00	25.00	35.00	—
1776	—	2.00	3.50	6.00	10.00	—
1777	—	2.00	3.50	6.00	10.00	—
1778	—	2.00	3.50	6.00	10.00	—
1779	—	2.00	3.50	6.00	10.00	—
1780	—	2.50	4.50	7.50	12.00	—
1781	—	2.00	3.50	6.00	10.00	—
1784	—	2.00	3.50	6.00	10.00	—
1785	—	3.00	6.00	10.00	18.00	—
1786	—	2.50	4.50	7.50	12.00	—
1787	—	2.00	3.50	6.00	10.00	—
1788	—	2.00	3.50	6.00	10.00	—
1789	—	1.50	2.50	4.00	8.00	—
1790	—	1.00	2.00	3.00	6.00	—
1791	—	1.50	2.50	4.00	8.00	—
1792	—	1.50	2.50	4.00	8.00	—
1793	—	3.00	6.00	10.00	18.00	—
1794	—	1.75	3.00	4.50	9.00	—

KM# 111.1a DUIT

Silver **Obv:** Crowned Utrecht arms with lion supporters **Rev:** VOC monogram, date below **Note:** Special presentation strikes produced by the mintmaster on demand.

Date	Mintage	VG	F	VF	XF	Unc
1742	—	50.00	80.00	135	225	—
1753	—	50.00	80.00	135	225	—
1754	—	55.00	90.00	150	250	—
1755	—	—	—	—	—	—
1757	—	—	—	—	—	—
1758/6	—	—	—	—	—	—
1760	—	15.00	25.00	60.00	100	—
1761 Rare	—	—	—	—	—	—
1762	—	20.00	40.00	90.00	125	—
1763	—	10.00	20.00	55.00	100	—
1764	—	10.00	20.00	55.00	100	—
1765	—	20.00	40.00	90.00	125	—
1766	—	10.00	20.00	55.00	100	—
1767	—	30.00	50.00	100	150	—
1768	—	10.00	20.00	55.00	100	—
1769 Rare	—	—	—	—	—	—
1770	—	40.00	70.00	120	200	—
1771	—	10.00	20.00	55.00	100	—
1772	—	10.00	20.00	55.00	100	—
1773	—	10.00	20.00	55.00	100	—
1784 Rare	—	—	—	—	—	—
1790	—	10.00	20.00	55.00	100	—
1794	—	10.00	20.00	55.00	100	—

KM# 111.1b DUIT

3.4500 g., Gold **Obv:** Crowned Utrecht arms with lion supporters **Rev:** VOC monogram, date below **Note:** Special presentation strikes produced by the mintmaster on demand.

Date	Mintage	VG	F	VF	XF	Unc
1742 Proof; Unique	—	—	—	—	—	—
1753 Proof	—	—	—	—	—	—
1754 Proof	—	—	—	—	—	—
1755 Proof	—	—	—	—	—	—
1757 Proof	—	—	—	—	—	—
1760 Proof; Rare	—	—	—	—	—	—
1762 Proof; Rare	—	—	—	—	—	—
1766 Proof	—	—	—	—	—	—
1792 Proof; Rare	—	—	—	—	—	—

KM# 152.3 DUIT

Copper **Obv:** Crowned Zeeland arms, shield rounded at bottom **Rev:** VOC monogram, date without dots below

Date	Mintage	VG	F	VF	XF	Unc
1753	—	1.75	2.75	4.50	7.50	—
1754	—	1.25	2.00	3.50	6.00	—
1755	—	1.75	3.50	6.00	10.00	—
1756	—	1.75	3.50	6.00	10.00	—
1756/5	—	5.00	8.00	12.50	20.00	—
1764	—	1.50	3.00	5.00	9.00	—
1765	—	1.50	3.00	5.00	9.00	—
1766	—	1.50	3.00	5.00	9.00	—

NETHERLANDS EAST INDIES 1139

Date	Mintage	VG	F	VF	XF	Unc
1767	—	2.00	3.00	6.50	12.50	—
1768 lg. 8	—	1.75	2.75	6.00	12.00	—
1768 sm. 8	—	4.00	7.50	12.50	17.50	—
1770	—	1.75	2.75	6.00	12.00	—
1771	—	1.75	2.75	6.00	12.00	—
1772	—	1.75	2.75	6.00	12.00	—
1773	—	6.50	12.50	20.00	35.00	—
1777	—	1.75	2.75	6.00	12.00	—
1778	—	2.00	4.00	8.00	15.00	—
1779	—	2.00	4.00	8.00	15.00	—
1780	—	1.50	2.50	4.00	7.00	—
1784	—	1.50	2.50	4.00	7.00	—
1785	—	1.50	2.50	4.00	7.00	—
1786	—	1.50	2.50	4.00	7.00	—
1787	—	1.50	2.50	4.00	7.00	—
1788	—	1.50	2.50	4.00	7.00	—
1789	—	1.50	2.50	4.00	7.00	—
1790	—	1.50	2.50	4.00	7.00	—
1791	—	1.50	2.50	4.00	7.00	—
1792	—	2.00	4.00	8.00	15.00	—

KM# 153 DUIT

Copper **Obv:** Crowned arms **Rev:** Date in cartouche **Note:** Mule.

Date	Mintage	VG	F	VF	XF	Unc
1754	—	7.50	12.50	20.00	25.00	—

KM# 135 DUIT

Copper **Obv:** VOC monogram in sprays, date below **Rev:** VOC monogram in sprays, date below

Date	Mintage	VG	F	VF	XF	Unc
1756	—	12.00	25.00	45.00	80.00	—

KM# 136 DUIT

Copper **Obv:** Crowned West Friesland arms **Rev:** Monogram in laurel wreath

Date	Mintage	VG	F	VF	XF	Unc
1756	—	18.00	30.00	50.00	85.00	—

KM# 136a DUIT

Silver **Obv:** Crowned West Friesland arms **Rev:** VOC monogram in laurel wreath **Note:** Special presentation strikes produced by the mintmaster on demand

Date	Mintage	VG	F	VF	XF	Unc
1756	—	25.00	45.00	85.00	130	—

KM# 50.2 DUIT

3.6200 g., Copper **Obv:** Crowned Gelderland arms **Obv. Legend:** IN DEO • EST. SPES. NOSTRA **Rev:** VOC monogram, date below **Note:** Dates 1802-1806 were struck under the Batavian Republic. Varieties exist.

Date	Mintage	VG	F	VF	XF	Unc
1771	—	2.75	4.50	7.50	12.50	—
1772	—	2.75	4.50	7.50	12.50	—
1776	—	2.75	4.50	7.50	12.50	—
1785	—	2.75	4.50	7.50	12.50	—
1786	—	2.75	4.50	7.50	12.50	—
1787	—	2.75	4.50	7.50	12.50	—
1788	—	2.75	4.50	7.50	12.50	—
1789	—	2.75	4.50	7.50	12.50	—
1790	—	2.75	4.50	7.50	12.50	—
1791	—	2.75	4.50	7.50	12.50	—
1791 Proof	—	Value: 85.00				
1792	—	2.75	4.50	7.50	12.50	—
1793	—	2.75	4.50	7.50	12.50	—
1794	—	2.75	4.50	7.50	12.50	—

KM# 159 DUIT

Copper **Obv:** Crowned Zeeland arms, pointed shield **Rev:** Garland around top border

Date	Mintage	VG	F	VF	XF	Unc
1792	—	8.50	16.50	30.00	50.00	—
1793	—	1.75	3.00	5.25	9.00	—
1794	—	1.75	3.00	5.25	9.00	—
1794/3	—	3.50	6.00	10.00	17.50	—

KM# 52 10 STUIVERS (1/2 Gulden)

5.3000 g., 0.9200 Silver 0.1568 oz. ASW **Obv:** Crowned States General arms, VOC monogram in cartouche below **Obv. Legend:** HAC NITIMVR - HANC TVEMVR **Rev:** Neerlandia standing facing holding a spear and resting arm on bible on a column **Rev. Legend:** MO: ARG: ORD: FOE: BELG: D: GEL: &: C: Z:

Date	Mintage	VG	F	VF	XF	Unc
1786	—	15.00	45.00	65.00	110	—

KM# 115 10 STUIVERS (1/2 Gulden)

5.3000 g., 0.9200 Silver 0.1568 oz. ASW **Obv. Legend:** MO: ARG: ORD: - FOED: BELG: TRAI • **Rev. Legend:** HAC NITIMIR - HANC TVEMER

Date	Mintage	VG	F	VF	XF	Unc
1786	—	20.00	30.00	50.00	100	—

KM# 138 10 STUIVERS (1/2 Gulden)

5.3000 g., 0.9200 Silver 0.1568 oz. ASW **Obv:** Crowned States General arms, VOC monogram in cartouche below **Obv. Legend:** MO: ARG: ORD: FOED: BELG: WESTF: **Rev:** Standing Neerlandia facing holding spear and resting arm on bible on column **Rev. Legend:** HAC NITIMVR - HANCTVEMVR

Date	Mintage	VG	F	VF	XF	Unc
1786	—	12.50	25.00	40.00	65.00	—
1787	—	12.50	25.00	50.00	90.00	—
1787/6	—	20.00	35.00	60.00	100	—

KM# 156.1 10 STUIVERS (1/2 Gulden)

Silver **Obv:** Crowned Stats General arms, VOC monogram in cartouche below, date above **Obv. Legend:** MO: ARG: ORD: FOED: BELG: ZEL. **Rev:** Standing Neerlandia facing holding spear and resting arm on bible on column **Rev. Legend:** HAC NITIMVR - HANC TVEMVR

Date	Mintage	VG	F	VF	XF	Unc
1791	—	25.00	50.00	95.00	160	—

KM# 156.2 10 STUIVERS (1/2 Gulden)

Silver **Obv:** Crowned States General arms, VOC monogram in cartouche below, date above **Obv. Legend:** MO: ARG: ORD: FOED: BELG: ZEL **Rev:** Standing Neerlandia facing with spear, with arm resting on bible while leaning on column **Rev. Legend:** HAC NITIMVR - HANC TVEMVR

Date	Mintage	VG	F	VF	XF	Unc
1791	—	35.00	65.00	115	185	—

KM# 156.3 10 STUIVERS (1/2 Gulden)

Silver **Obv:** Crowned States General arms, VOC monogram in cartouche below, date above **Obv. Legend:** MO: ARG: ORD: FOED: BELG: ZEL **Rev:** Standing Neerlandia facing holding spear and resting arm on bible on column **Rev. Legend:** HAC NITIMUR - HANC TVEMVR

Date	Mintage	VG	F	VF	XF	Unc
1791	—	—	—	—	—	—

KM# 157 10 STUIVERS (1/2 Gulden)

Silver **Obv:** Crowned States General arms, VOC monogram in cartouche below **Obv. Legend:** Standing Neerlandia facing holding spear and resting arm on bible on column, date below

Date	Mintage	VG	F	VF	XF	Unc
1791	—	15.00	22.50	40.00	65.00	—

KM# 130.1a DUCATON

38.5700 g., Gold **Obv:** Knight on horseback with sword left, crowned West Friesland arms below **Obv. Legend:** MON: FOED: BELG: PRO: WESTF: IN USUM SOCIET: IND: ORIENT **Rev:** Crowned States General arms with crowned lion supporters, VOC monogram in cartouche below **Rev. Legend:** CONCORDIA - RESPARVAE - CRESCUNT

Date	Mintage	VG	F	VF	XF	Unc
1728 Proof; Rare	—	—	—	—	—	—

KM# 130.1 DUCATON

Silver **Obv:** Knight with sword on horseback left, crowned West Friesland arms below **Obv. Legend:** MON: FOED: BELG: PRO: WESTF: IN USUM SOCIET: IND: ORIENT **Rev:** Crowned States General arms with crowned lion supporters, VOC monogram in cartouche below **Rev. Legend:** CONCORDIA - RESPARVAE - CRESCUNT. **Note:** 1728 date struck at Hoorn Mint; 1737-41 dates struck at Enkhuizen; 1741 date also struck at Medemblik.

Date	Mintage	VG	F	VF	XF	Unc
1728	—	200	400	600	800	—
1737 Rare	—	—	—	—	—	—
1738	—	250	450	650	1,000	—
1739	—	250	450	650	1,000	—
1740	—	250	450	650	1,000	—
1740/39	—	250	450	650	1,000	—
1741 Cock; Rare	—	—	—	—	—	—
1741 turnip	—	400	700	900	1,500	—

KM# 151 DUCATON

Silver **Obv:** Knight with sword on horseback right, crowned Zeeland arms below **Rev:** Crowned States General arms with crowned lion supporters. VOC monogram in cartouche below, date at top **Note:** Dav.#418.

Date	Mintage	VG	F	VF	XF	Unc
1728	102,000	500	1,000	1,500	2,000	—
1737	—	500	1,000	1,500	2,000	—
1738	—	500	1,000	1,500	2,000	—
1738/7	—	750	1,500	—	—	—
1739	—	450	650	850	1,400	—
1740	—	450	650	850	1,400	—
1741	—	175	300	500	850	—

KM# 71 DUCATON

32.7790 g., 0.9410 Silver 0.9916 oz. ASW **Obv:** Knight holding sword on horseback right, crowned Holland arms below **Obv. Legend:** MON: FOED: BELG: PRO: HOLL: IN USUM SOCIET: IND: ORIENT. **Rev:** Crowned States General arms with crowned lion supporters, VOC monogram in cartouche below **Rev. Legend:** • CONCORDIA - RES PARVAE - CRESCUNT • **Note:** Mint Mark: Horse on hill. Dav. #417

Date	Mintage	VG	F	VF	XF	Unc
1728	—	225	350	600	1,000	—
1729 Rare	—	—	—	—	—	—
1730	—	300	500	800	1,500	—
1730/29	—	300	500	800	1,500	—
1731 Rare	—	—	—	—	—	—
1732	—	750	1,000	1,500	2,000	—
1733	—	325	525	850	1,500	—
1738	404,000	225	350	600	1,000	—
1739	Inc. above	225	350	600	1,000	—
1740	Inc. above	225	350	600	1,000	—
1741 Rare	—	—	—	—	—	—
1741/40	Inc. above	225	350	600	1,000	—

KM# 71a DUCATON

Gold **Obv:** Knight with sword on horseback right, crowned Holland arms below **Obv. Legend:** MON: FOED: BELG: PRO: HOLL: IN USUM SOCIET: IND: ORIENT. **Rev:** Crowned States General arms with crowned lion supporters, VOC monogram in cartouche below **Rev. Legend:** • CONCORDIA - RES PARVAE - CRESCUNT • **Note:** Mint mark: Horse on hill. Dav. #417. Weight varies: 37.800-40.214 g.

Date	Mintage	VG	F	VF	XF	Unc
1728 Proof	—	—	—	—	—	—
1732 Proof; Rare	—	—	—	—	—	—
1733 Proof; Unique	—	—	—	—	—	—

KM# 95.1 DUCATON

32.7790 g., 0.9410 Silver 0.9916 oz. ASW **Obv:** Knight with sword on horseback right, crowned States General arms below horse **Rev:** Crowned States General arms with crowned lion supporters, VOC monogram in cartouche below, date at top **Note:** Dav. #423. Mint mark: Crane.

Date	Mintage	VG	F	VF	XF	Unc
1737	80,000	450	900	1,250	1,850	—
1738	Inc. above	450	900	1,250	1,850	—

KM# 130.2 DUCATON

Silver **Obv:** Knight with sword on horseback left, crowned West Friesland arms below **Obv. Legend:** MON: FOED: BELG: PRO: WESTF: IN USUM SOCIET: IND: ORIENT **Rev:** Crowned States General arms with crowned lion supporters, VOC monogram in cartouche below **Rev. Legend:** CONCORDIA - RESPARVAE - CRESCUNT **Edge:** Reeded

Date	Mintage	VG	F	VF	XF	Unc
1738	—	250	450	650	900	—
1739	—	250	450	650	900	—
1740	—	250	450	650	900	—

KM# 51 DUCATON

32.7790 g., Silver **Obv:** Knight with sword on horse right, crowned Gelderland arms below **Obv. Legend:** MON: FOED: BELG: PRO: D: GEL: &: C: Z: ... **Rev:** Crowned States General arms with crowned lion supporters, VOC monogram in cartouche below, dat at top **Rev. Legend:** CONCORDIA - RES PARVÆ - CRESCUNT

Date	Mintage	VG	F	VF	XF	Unc
1738	—	275	550	1,000	1,650	—
1739	—	275	550	1,000	1,650	—
1740	92,000	250	500	900	1,500	—

NETHERLANDS EAST INDIES

KM# 95.2 DUCATON
32.7790 g., 0.9410 Silver 0.9916 oz. ASW **Obv:** Knight with sword on horseback right, crowned States General arms below horse **Rev:** Crowned States General arms with crowned lion supporters, VOC monogram in cartouche below, date at top Edge: Milled

Date	Mintage	VG	F	VF	XF	Unc
1738 Rare	—	—	—	—	—	—

KM# 110.1 DUCATON
Silver **Obv:** Knight with sword on horseback right, crowned Utrecht arms below **Obv. Legend:** MON: FOED: BELG: PRO: TRAI: IN USUM SOCIET: IND: ORIENT **Rev:** Crowned States General arms with crowned lion supporters, VOC monogram in cartouche below, date at top **Rev. Legend:** • CONCORDIA • RES PARVAE • CRESCUNT • **Edge:** Plain **Note:** Dav. #422.

Date	Mintage	VG	F	VF	XF	Unc
1739 Rare	—	—	—	—	—	—
1740	—	125	250	500	900	—

KM# 110.2 DUCATON
Silver **Obv:** Knight with sword on horseback right, crowned Utrecht arms below **Obv. Legend:** MON: FOED: BELG: PRO: TRAI: IN USUM SOCIET: IND: ORIENT **Rev:** Crowned States General arms with crowned lion supporters, VOC monogram in cartouche below, date at top **Rev. Legend:** • CONCORDIA • PRES PARVAE • CRESCUNT • **Edge:** Reeded **Note:** Dav. #422.

Date	Mintage	VG	F	VF	XF	Unc
1740	—	125	250	500	900	—

KM# 110.2a DUCATON
Gold **Obv:** Knight with sword on horseback right, crowned Utrecht arms below **Obv. Legend:** MON: FOED: BELG: PRO: TRAI: IN USUM SOCIET: IND: ORIENT **Rev:** Crowned States General arms with crowned lion supporters, VOC monogram in cartouche below, date at top **Rev. Legend:** • CONCORDIA • RES PARVAE • CRESCUNT • **Note:** Dav. #422.

Date	Mintage	VG	F	VF	XF	Unc
1740 Proof; Rare	—	—	—	—	—	—

KM# 133 DUCATON
Silver **Obv:** Knight with sword on horseback right, crowned West Friesland arms below **Obv. Legend:** MON: FOED: BELG: PRO: WESTF: IN USUM SOCIET: IND: ORIENT **Rev:** Crowned States General arms with crowned lion supporters, VOC monogram in cartouche below **Rev. Legend:** CONCORDIA - RESPARVAE - CRESCUNT **Note:** Mint mark: Cock. Dav. #420.

Date	Mintage	VG	F	VF	XF	Unc
1742	—	500	750	1,000	1,500	—
1748 Rare	—	—	—	—	—	—
1749 Rare	—	—	—	—	—	—
1750	—	500	750	1,000	1,500	—
1751 Rare	—	—	—	—	—	—

KM# 53 GULDEN
10.6100 g., 0.9200 Silver 0.3138 oz. ASW **Obv:** Crowned States General arms, VOC monogram in cartouche below **Obv. Legend:** HAC NITIMVR · HANC TVEMVR **Rev:** Neerlandia standing facing holding a spear and resting arm on bible on column **Rev. Legend:** MO: ARG: ORD: FOE: BELG: D: GEL: &: C: Z:

Date	Mintage	VG	F	VF	XF	Unc
1786	—	17.50	30.00	55.00	100	—
1790	—	17.50	30.00	55.00	100	—

KM# 116 GULDEN
10.6100 g., 0.9200 Silver 0.3138 oz. ASW **Obv:** Crowned States General arms, VOC monogram in cartouche below **Obv. Legend:** MO: ARG: ORD: - FOED: BELG: TRAI • **Rev:** Neerlandia standing facing holding a spear and resting arm on bible on a column **Rev. Legend:** HAC NITIMIR - HANC TVEMER

Date	Mintage	VG	F	VF	XF	Unc
1786	—	35.00	45.00	75.00	150	—
1790	—	—	50.00	75.00	125	200	—

KM# 139 GULDEN
10.6100 g., 0.9200 Silver 0.3138 oz. ASW **Obv:** Crowned States General arms, VOC monogram in cartouche below **Obv. Legend:** MO: ARG: ORD: FOED: BELG: WESTF: **Rev:** Standing Neerlandia holding spear, resting arm on bible on column **Rev. Legend:** HAC NITMVR - HANC TVEMVR

Date	Mintage	VG	F	VF	XF	Unc
1786	—	50.00	90.00	150	250	—
1786/64	—	30.00	40.00	60.00	130	—
1787	—	30.00	40.00	65.00	145	—
1790	—	30.00	40.00	60.00	130	—
1790/87	—	50.00	90.00	160	265	—

KM# 158 GULDEN
0.9200 Silver **Obv:** Crowned States General arms, VOC monogram in cartouche below **Obv. Legend:** MO: ARG: ORD: FOED: BELG: ZEL **Rev:** Standing Neerlandia facing holding a spear and resting arm on bible on a column, date below **Note:** Varieties in legend spacing exist.

Date	Mintage	VG	F	VF	XF	Unc
1791	—	20.00	35.00	55.00	90.00	—
1791/86	—	50.00	95.00	135	180	—

KM# 140 3 GULDEN
31.8200 g., 0.9200 Silver 0.9412 oz. ASW **Obv:** Crowned States General arms, VOC monogram in cartouche below **Obv. Legend:** MO: ARG: ORD: FOED: BELG: WESTF: **Rev:** Standing Neerlandia facing holding spear and resting arm on bible on column **Rev. Legend:** HAC NITIMVR - HANC TVEMVR

Date	Mintage	F	VF	XF	Unc	BU
1786	—	150	250	425	700	—

KM# 117 3 GULDEN
31.8200 g., 0.9200 Silver 0.9412 oz. ASW **Obv:** Crowned States General arms, VOC monogram below **Obv. Legend:** MO: ARG: ORD: - FOED: BELG: TRAI • **Rev:** Neerlandia standing facing holding a spear and resting arm on bible on a column **Rev. Legend:** HAC NITIMI - HANC TVEMER

Date	Mintage	VG	F	VF	XF	Unc
1786	—	100	125	200	350	—

KM# 54 3 GULDEN
31.8200 g., 0.9200 Silver 0.9412 oz. ASW **Obv:** Crowned States General VOC monogram in cartouche below **Obv. Legend:** HAC NITIMVR · HANC TVEMVR **Rev:** Neerlandia standing facing holding a spear and resting arm on bible on column **Rev. Legend:** MO: ARG: ORD: FOE: BELG: D: GEL: &: C: Z: **Note:** Dav. #425.

Date	Mintage	VG	F	VF	XF	Unc
1786	—	150	250	400	1,000	—

KM# 155 3 GULDEN
0.9200 Silver **Obv:** Crowned States General arms, VOC monogram in cartouche below **Obv. Legend:** MO: ARG: ORD: FOED: BELG: ZEL **Rev:** Standing Neerlandia facing holding spear and resting arm on bible on column, date below **Rev. Legend:** HAC NITIMUR - HANC TVEMUR **Note:** Dav.#427. Varieties in legend spacing exist

Date	Mintage	VG	F	VF	XF	Unc
1789	—	85.00	140	240	400	—

PATTERNS
Including off metal strikes

KM#	Date	Mintage Identification	Mkt Val
PnD1	1736	— Duit. Silver. (Prev. NEI-West Friesland KM#Pn1.)	—
PnA1	1757	— 1/2 Duit. Silver. Reeded edge. (Prev. NEI-Gelderland, KM#Pn1)	85.00
PnB1	1757	— Duit. Silver. (Prev. NEI-Gelderland, KM#Pn2.)	225
PnC1	1791	— Duit. Silver. (Prev. NEI-Gelderland KM#Pn3.)	275

PIEFORTS

KM#	Date	Mintage Identification	Mkt Val
P1	1790(u)	— Duit. Silver.	—

BANJARMASIN

Sultanate of So. Indonesia on the Martapura River where it meets the Barito. It has a population of 481,371. It is about 24 mi. from the sea. It was settled by the Dutch 1711; held by English 1811-17; bombed by Japanese and taken in Feb. 13, 1942; retaken by Allies August 1945.

TITLES

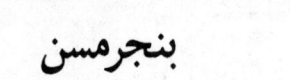

Banjarmasin

RULER

S. Tamiid Illah III, 1785-1808

NOTE: From around 1790 until at least 1817 various native minted copper coins have been circulating in the Sultanate of Banjarmasin. There is a very large variety in design of these Banjarmasin-Kepings, the majority are crude imitations of Duits of the Dutch East India Co. showing a range of crowned shields on the obverse. Some of them have inscriptions in Malay within the shield, some show the name Banjarmasin in Malay in 2 lines; also mirror script types are known. Most coins have the company's VOC mark on the reverse, usually with badly executed date numerals below. There are other scarcer talismanic numeral type reverses as well as scarce pieces bearing an imitation of the English United East Indian Company's bale mark 'C-E-V-I' or the scales design found on the company's Bombay Presidency series. Sizes vary from 20-25mm with rare specimens of 15-16mm. The weight of this copper series ranges from 1.35-2.50g. Combinations of obv. and rev. of all types exist.

SULTANATE STANDARD COINAGE

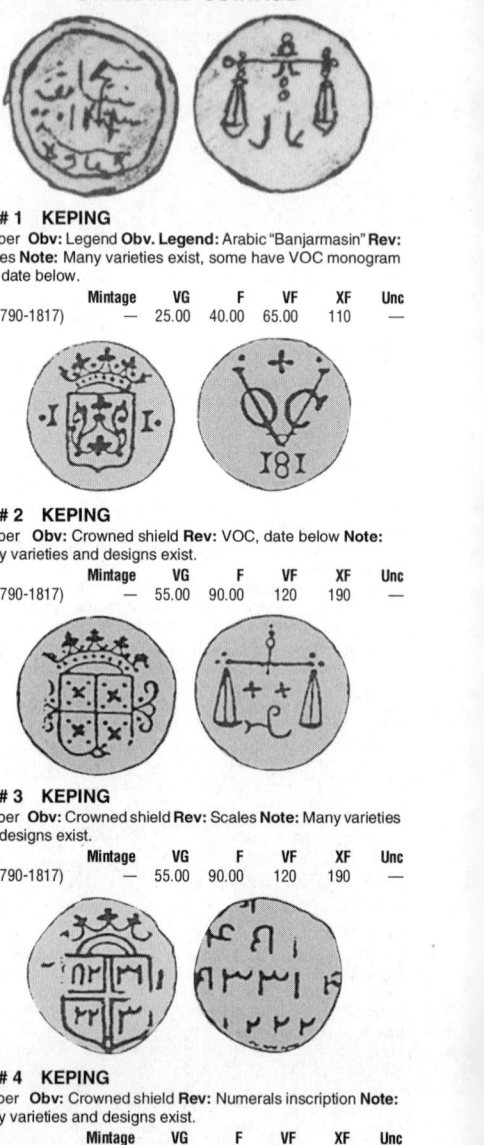

KM# 1 KEPING
Copper **Obv:** Crowned **Obv. Legend:** Arabic "Banjarmasin" **Rev:** Scales **Note:** Many varieties exist, some have VOC monogram with date below.

Date	Mintage	VG	F	VF	XF	Unc
ND(1790-1817)	—	25.00	40.00	65.00	110	—

KM# 2 KEPING
Copper **Obv:** Crowned shield **Rev:** VOC, date below **Note:** Many varieties and designs exist.

Date	Mintage	VG	F	VF	XF	Unc
ND(1790-1817)	—	55.00	90.00	120	190	—

KM# 3 KEPING
Copper **Obv:** Crowned shield **Rev:** Scales **Note:** Many varieties and designs exist.

Date	Mintage	VG	F	VF	XF	Unc
ND(1790-1817)	—	55.00	90.00	120	190	—

KM# 4 KEPING
Copper **Obv:** Crowned shield **Rev:** Numerals inscription **Note:** Many varieties and designs exist.

Date	Mintage	VG	F	VF	XF	Unc
ND(1790-1817)	—	55.00	90.00	120	190	—

KM# 5 KEPING
Copper **Rev:** Crude CEVI in sections of heart-shaped shield **Note:** Many varieties and designs exist. Some specimens have Banjar in Malay within the obverse shield. Combinations of obverse and reverse of all types exist.

Date	Mintage	VG	F	VF	XF	Unc
ND(1790-1817)	—	55.00	90.00	120	190	—

COUNTERMARKED COINAGE

KM# 6 1/4 RUPEE
Silver Countermark: "Banjar" **Note:** Countermark on Malay on Dutch West Indies (Utrecht) 1/4 Gulden, 1794, KM#2. Prev. KM#62.

CM Date	Host Date	Good	VG	F	VF	XF
ND	ND	—	—	—	—	—

KM# 7 RUPEE
Silver Countermark: "Banjar" **Note:** Countermark on Malay on Dutch West Indies (Utrecht) 1/4 Gulden, 1794, KM#3. Prev. KM#3. A unique example of a Banjar countermark on a Spanish Cuarta de Onza (4 Pesos) gold coin is known to exist.

CM Date	Host Date	Good	VG	F	VF	XF
ND	ND	—	—	—	—	—

JAVA

A mountainous island, 661 miles long by 124 miles at widest part, in greater Sunda island group. Early cultural influence from India. Islam introduced in late 1400's. Java was mainly a Dutch possession from 1619 to 1947 with the exception of a few periods of British occupation, principally 1811-1816.

MONETARY SYSTEM

4 Duit = 1 Stiver
30 Stivers = 1 Rupee (Silver)
66 Stivers = 1 Dollar

JAVA

DATING SYSTEM

The coins listed are found with AD (Christian) dates, AD and AH (Hejira) dates, and with AD, AH and AS (Aji Saka = Javanese) dates which are explained in the introduction in this catalog.

UNITED EAST INDIA COMPANY

HAMMERED COINAGE

KM# 180 STUIVER

23.1600 g., Copper Bonk **Obv:** Value in pearled rectangle **Rev:** Date in pearled rectangle **Note:** Crudely cut from copper bars called "Bonks".

Date	Mintage	VG	F	VF	XF	Unc
1796	—	20.00	32.50	55.00	125	—
1797	—	17.50	27.50	45.00	100	—
1798	—	20.00	32.50	55.00	125	—
1799	—	50.00	95.00	130	175	—

KM# 181 2 STUIVERS

46.3200 g., Copper Bonk **Obv:** Value in pearled rectangle **Rev:** Date in pearled rectangle **Note:** Crudely cut from copper bars called "Bonks".

Date	Mintage	VG	F	VF	XF	Unc
1796	—	35.00	60.00	100	160	—
1797	—	30.00	50.00	80.00	145	—
1798	—	30.00	50.00	80.00	145	—
1799 Rare	—	—	—	—	—	—

MILLED COINAGE

KM# 174.1 DUIT

Copper **Obv. Inscription:** DUYT/IAVAS/ date **Rev:** Similar but in Arabic script **Note:** Prev. KM#174.

Date	Mintage	VG	F	VF	XF	Unc
1764	—	45.00	85.00	145	240	—

KM# 174.2 DUIT

Copper **Obv. Inscription:** DUYT / IAVAS / date **Rev:** Similar but in Arabic script

Date	Mintage	VG	F	VF	XF	Unc
1765	—	45.00	85.00	145	240	—

KM# 176 DUIT

Copper **Obv:** Inscription, date in sprays **Obv. Inscription:** DUYT / IAVAS **Rev:** Similar but in Arabic script

Date	Mintage	VG	F	VF	XF	Unc
1783	—	60.00	100	160	280	—

KM# 179 DUIT

Tin **Obv:** N above VOC monogram **Rev:** Value, date

Date	Mintage	VG	F	VF	XF	Unc
1796	7,691	40.00	70.00	100	200	—
1797	Inc. above	125	250	350	500	—

KM# 177 1/2 RUPEE

8.0000 g., 0.7920 Gold 0.2037 oz. AGW **Obv:** Crude Arabic legend **Rev:** Crude Arabic legend above date

Date	Mintage	VG	F	VF	XF	Unc
1783 Rare	—	—	—	—	—	—
1784 Rare	1,610	—	—	—	—	—
1785 Rare	5,147	—	—	—	—	—
1798	—	300	600	950	1,350	—
1799	3,321	300	600	950	1,350	—

KM# 178 1/2 RUPEE

16.0120 g., 0.7920 Gold 0.4077 oz. AGW **Obv:** Crude Arabic script above date **Rev:** Crude Arabic script

Date	Mintage	VG	F	VF	XF	Unc
1783 Rare	3,822	—	—	—	—	—
1784 Rare	10,000	—	—	—	—	—
1796	2,150	500	1,000	2,750	3,750	—
1797	11,000	650	1,250	3,000	4,000	—

KM# 170 RUPEE

11.7200 g., 0.8330 Silver 0.3139 oz. ASW **Obv:** Crude Arabic script above date **Rev:** Crude Arabic script

Date	Mintage	VG	F	VF	XF	Unc
1747	9,989	80.00	150	250	325	—
1748	—	125	250	325	400	—
1749	173,000	50.00	90.00	135	180	—
1750	59,000	50.00	90.00	135	180	—

KM# 175.1 RUPEE

13.1500 g., 0.8330 Silver 0.3522 oz. ASW **Obv:** Crude Arabic legend **Rev:** Crude Arabic legend **Note:** No known specimens exist of coins dated 1782, 1787, and 1789. Prev. KM#175.

Date	Mintage	VG	F	VF	XF	Unc
1764	—	—	—	—	—	—
1765	296,000	25.00	40.00	65.00	110	—
1766	Inc. above	20.00	35.00	60.00	100	—
1767	Inc. above	20.00	35.00	60.00	100	—
1783	—	20.00	35.00	60.00	100	—
1784	—	30.00	50.00	80.00	145	—
1785	—	30.00	50.00	80.00	145	—
1786	—	30.00	50.00	80.00	145	—
1788	—	30.00	70.00	110	190	—

KM# 175.1a RUPEE

Gold **Obv:** Crude Arabic script **Rev:** Crude Arabic script **Note:** Prev. KM#175b.

Date	Mintage	VG	F	VF	XF	Unc
1766 Proof; unique	—	—	—	—	—	—

KM# 175.2 RUPEE

13.1500 g., 0.7920 Silver 0.3348 oz. ASW **Obv:** Stylized Arabic script **Rev:** Stylized Arabic script **Note:** Prev. KM#175a.

Date	Mintage	VG	F	VF	XF	Unc
1795	—	27.50	45.00	80.00	135	—
1796	—	20.00	35.00	60.00	100	—
1798	—	27.50	45.00	80.00	135	—
1799	18,000	27.50	45.00	80.00	135	—

KM# 171.2 JAVA DUCAT

4.3000 g., Gold **Obv:** Crude Arabic script above date **Rev:** Crude Arabic script **Note:** Mintmark: Double star.

Date	Mintage	VG	F	VF	XF	Unc
1744 Proof; rare	—	—	—	—	—	—
1745 Rare	—	—	—	—	—	—

KM# 171.1 JAVA DUCAT

4.3000 g., Gold **Obv:** Crude Arabic script above date **Rev:** Crude Arabic script **Note:** Mintmark: Star.

Date	Mintage	VG	F	VF	XF	Unc
1744 Proof; rare	—	—	—	—	—	—
1745 Rare	—	—	—	—	—	—

KM# 172 JAVA DUCAT

4.3000 g., Gold **Obv:** Crude Arabic script **Rev:** Crude Arabic script **Note:** Ornaments added.

Date	Mintage	VG	F	VF	XF	Unc
1746 Rare	—	—	—	—	—	—

KM# 173 2 JAVA DUCATS

8.5800 g., Gold **Obv:** Crude Arabic script **Rev:** Crude Arabic script

Date	Mintage	VG	F	VF	XF	Unc
1746 Rare	—	—	—	—	—	—
1747 Rare	—	—	—	—	—	—
1748 Rare	—	—	—	—	—	—

COUNTERMARKED COINAGE

1760

By order of the home authorities of the Company the countermarking of Ducats was stopped in 1761. Countermark: Java in Arabic in circular indent.

KM# 167 2 RUPEE

23.0000 g., Silver **Countermark:** *Java* in Arabic in circular indent **Note:** Countermark on Iran 2 Rupi, KM#438.

CM Date	Host Date	Good	VG	F	VF	XF
ND(1753-91)	AH(1161) 1 known; Rare	—	—	—	—	—

KM# 169 2 LARI

9.6000 g., Billon **Countermark:** *Java*. **Note:** Prev. KM#180. Countermark on Maldives 2 Lari, KM#17.

CM Date	Host Date	Good	VG	F	VF	XF
ND(1753-91)	AH1163-68	60.00	100	130	180	—

KM# 183.1 DUCATON (Thaler, Daalder)

Silver **Countermark:** *Java* **Note:** Countermark on Austria-Vienna Thaler, KM#1967a.

CM Date	Host Date	Good	VG	F	VF	XF
ND(1753-91)	1754-65	65.00	120	210	300	—

KM# 184.1 DUCATON (Thaler, Daalder)

0.9030 Silver **Countermark:** *Java* **Note:** Countermark on Mexico City 8 Reales, KM#106.

CM Date	Host Date	Good	VG	F	VF	XF
ND(1753-91)	(1772-89)	100	170	290	475	—

KM# 183.2 DUCATON (Thaler, Daalder)

Silver **Countermark:** *Java* **Note:** Countermark on Tuscany Francescone, C#22.

CM Date	Host Date	Good	VG	F	VF	XF
ND(1753-91)	(1767-69)	150	270	475	775	—

KM# 183.3 DUCATON (Thaler, Daalder)

Silver **Countermark:** *Java* **Note:** Countermark on Tuscany Francescone, C#8a.

CM Date	Host Date	Good	VG	F	VF	XF
ND(1753-65)	(1747-65)	150	270	375	650	—

NETHERLANDS EAST INDIES

JAVA

KM# 184.2 DUCATON (Thaler, Daalder)
0.9030 Silver **Note:** Countermark on Lima Mint 8 Reales, KM#78.

CM Date	Host Date	Good	VG	F	VF	XF
ND	ND(1772-84)	100	170	290	475	—

KM# 185 DUCAT
0.9860 Gold **Countermark:** Java **Note:** Countermark on Holland Ducat, KM#53.

CM Date	Host Date	Good	VG	F	VF	XF
ND(1753-61)	(1750)	—	525	700	1,250	2,000
ND(1753-61)	(1753)	—	525	700	1,250	2,000
ND(1753-61)	(1758)	—	525	700	1,250	2,000

KM# 186 DUCAT
0.9860 Gold **Countermark:** Java **Note:** Countermark on Utrecht Ducat, KM#88.

CM Date	Host Date	Good	VG	F	VF	XF
ND(1753-61)	(1758)	—	525	700	1,250	2,000
ND(1753-61)	(1759)	—	525	700	1,250	2,000

KM# 208 RUPEE
13.1500 g., 0.7920 Silver 0.3348 oz. ASW **Obv:** Arabic script, AD date **Rev:** Arabic script **Note:** Thick planchet. Varieties exist.

Date	Mintage	VG	F	VF	XF	Unc
1800 Z	—	500	750	1,000	1,250	—

SUMATRA, ISLAND OF

An island, south of the Malay peninsula, was first reached by Europeans for trade in 1599. Competition between European powers for trading rights continued until 1824 at which time it became a Dutch possession. British coins for the island were struck at the Birmingham Mint by Matthew Boulton in 1786 and other issues were struck at Indian mints.

TITLES

Pulu Percha

MONETARY SYSTEM
100 Kepings = 1 Suku
4 Suku = 1 Dollar (Spanish)

DENOMINATIONS
The following Arabic legends appear for the denomination with an Arabic number above.

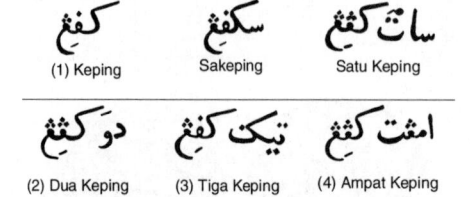

(1) Keping — Sakeping — Satu Keping

(2) Dua Keping — (3) Tiga Keping — (4) Ampat Keping

KM# 188 DUCAT
0.9860 Gold **Countermark:** Java **Note:** Countermark on Zeeland Ducat, KM#85.

CM Date	Host Date	Good	VG	F	VF	XF
ND(1753-61)	(1758)	—	550	800	1,500	2,500
ND(1753-61)	(1759)	—	550	800	1,500	2,500

KM# 187 DUCAT
0.9860 Gold **Countermark:** Java **Note:** Countermark on West Friesland Ducat, KM#93.

CM Date	Host Date	Good	VG	F	VF	XF
ND(1753-61)	(1754)	—	550	800	1,500	2,500
ND(1753-61)	(1755)	—	550	800	1,500	2,500
ND(1753-61)	(1758)	—	550	800	1,500	2,500
ND(1753-61)	(1759)	—	550	800	1,500	2,500

BATAVIAN REPUBLIC
1799-1806

MINTMASTER'S INITIALS
Z – J.A. Zwekkert

HAMMERED COINAGE

KM# 206 STUIVER
23.1600 g., Copper **Obv:** Value in pearled rectangle **Rev:** Date in pearled rectangle **Note:** Varieties exist. Crudely cut from copper bars, called "Bonks".

Date	Mintage	Good	VG	F	VF	XF
1800	—	8.50	15.00	35.00	75.00	150

KM# 207 2 STUIVERS
46.3200 g., Copper **Obv:** Value in pearled rectangle **Rev:** Date in pearled rectangle **Note:** Varieties exist. Crudely cut from copper bars called "Bonks".

Date	Mintage	Good	VG	F	VF	XF
1800	—	25.00	40.00	60.00	100	175

MILLED COINAGE

KM# 205 STUIVER
Lead-Bronze **Obv. Inscription:** JAVA / date **Rev:** Value **Note:** Varieties exist. Size varies: 25.0-25.7 mm.

Date	Mintage	Good	VG	F	VF	XF
1799	—	20.00	30.00	50.00	75.00	—
1800	—	20.00	30.00	50.00	75.00	—

KM# 209 1/2 RUPEE
8.0060 g., 0.7500 Gold 0.1930 oz. AGW **Obv:** Arabic script, AD date **Rev:** Arabic script

Date	Mintage	VG	F	VF	XF	Unc
1800 Rare	—	—	—	—	—	—

FORT MARLBRO
British United East India Company

This fort was the principal British settlement in the East Indies from its construction in 1714 until 1788, when the Dutch returned to Sumatra. The name is a corrupted version of Marlborough, a popular British hero in 1714. The British regained control of the area in 1795 and remained there till 1824 when civil war forced them to return the west coast to the Dutch.

MILLED COINAGE

KM# 270 1/2 DOLLAR
Copper **Obv. Inscription:** FORT / MARLBRO **Rev:** Value **Note:** Struck as emergency coinage under authority of Governor Bruff.

Date	Mintage	VG	F	VF	XF	Unc
ND(1797) Rare	—	—	—	—	—	—

KM# 271 2 SUKUS
Silver **Obv:** Inscription, value above, date below **Obv. Inscription:** FORT / MARLBRO, date **Rev:** Arabic script, date below

Date	Mintage	VG	F	VF	XF	Unc
AH1197 (1783)	—	180	350	625	1,000	—
AH1198 (1784)	—	270	475	950	1,400	—

BRITISH UNITED EAST INDIA COMPANY
1685-1824

MILLED COINAGE

KM# 257.1 KEPING
Copper **Obv:** VEIC bale-mark, date below **Rev:** Value, date below **Edge:** Milled (oblique or vertical)

Date	Mintage	F	VF	XF	Unc	BU
1786//AH1200	—	3.50	7.50	20.00	45.00	—
1786//AH1200 Proof	—	Value: 75.00				
1786//AH1200 Gilt Proof	—	Value: 100				
1788//AH1202 Error AH1200; rare	—	—	—	—	—	—
1788//AH1202	—	3.50	7.50	20.00	45.00	—
1788//AH1202 Proof	—	Value: 75.00				
1788//AH1202 Gilt Proof	—	Value: 100				

KM# 257.2 KEPING
Copper **Obv:** VEIC bale-mark, date below **Rev:** Value, date below **Edge:** Plain

Date	Mintage	F	VF	XF	Unc	BU
1786//AH1200	—	2.75	5.50	15.00	35.00	—
1788//AH1202 Error AH1200	—	2.75	5.50	15.00	35.00	—
1788//AH1202 Proof	—	Value: 75.00				

KM# 257.1a KEPING
3.4020 g., Gold **Obv:** VEIC bale-mark, date below **Rev:** Value, date below **Edge:** Oblique or vertical milling

Date	Mintage	Good	VG	F	VF	XF
1787//AH1202 Proof	—	—	—	—	—	—

KM# 260 KEPING
Copper **Obv:** VEIC bale-mark, date below **Rev:** Error: Arabic denomination and "3" (for 1), value, date below

Date	Mintage	F	VF	XF	Unc	BU
1798//AH1213	—	2.75	5.50	15.00	35.00	—
1798//AH1213 Proof	—	Value: 75.00				
1798//AH1213 Gilt Proof	—	Value: 100				

KM# 255 2 KEPINGS
Copper, 22 mm. **Obv:** VEIC bale-mark, date below **Rev:** Value, date below **Edge:** Milled (oblique or vertical)

Date	Mintage	F	VF	XF	Unc	BU
1783//AH1197	—	6.50	12.50	30.00	55.00	—
1783//AH1197 Proof	—	Value: 75.00				

KM# 255a 2 KEPINGS
Silver **Obv:** VEIC bale-mark, date below **Rev:** Value, date below **Edge:** Plain

Date	Mintage	F	VF	XF	Unc	BU
1783//AH1197 Proof	—	Value: 300				

KM# 255b 2 KEPINGS
Gold **Obv:** VEIC bale-mark, date below **Rev:** Value, date below **Edge:** Reeded

Date	Mintage	F	VF	XF	Unc	BU
1783//AH1197 Proof	—	Value: 2,000				

KM# 256 2 KEPINGS
Copper, 20 mm. **Obv:** VEIC bale-mark, date below **Rev:** Value, date below

Date	Mintage	F	VF	XF	Unc	BU
1783//AH1197	—	6.50	12.50	30.00	55.00	—

KM# 258 2 KEPINGS
Copper **Obv:** VEIC bale-mark, date below **Rev:** Value, date below

Date	Mintage	F	VF	XF	Unc	BU
1786//AH1200	—	4.00	8.50	20.00	45.00	—
1786//AH1200 Proof	—	Value: 100				
1786//AH1200 Gilt Proof	—	Value: 200				
1786//AH1200 Error AH1202; Rare	—	—	—	—	—	—
1787//AH1202	—	4.00	8.50	20.00	45.00	—
1788//AH1202	—	4.00	8.50	20.00	45.00	—
1788//AH1202 Proof	—	Value: 100				
1788//AH1202 Gilt Proof	—	Value: 175				

KM# 261 2 KEPINGS
Copper **Obv:** VEIC bale-mark, date below **Rev:** Error: Arabic denomination and "3" (for 2), value, date below

Date	Mintage	F	VF	XF	Unc	BU
1798//AH1213	—	5.00	10.00	25.00	50.00	—
1798//AH1213 Proof	—	Value: 100				
1798//AH1213 Gilt Proof	—	Value: 175				

KM#	Date	Mintage Identification	Mkt Val
Pn5	1787	— 2 Kepings. Copper. Oval without rosettes at sides of 1787 date.	—
Pn6	1787	— 2 Kepings. Copper. With rosettes at sides of 1787 date.	—
Pn7	1787	— 2 Kepings. Copper. Oval without rosettes at sides of 1787 date and undulated rim.	—
Pn8	1787	— 2 Kepings. Copper. Milled edge. Oval with rosettes at sides of 1787 date.	—
Pn9	1787	— 2 Kepings. Copper. Round.	—
Pn12	1787	— 3 Kepings. Copper. Oblique milled edge.	—
Pn13	1787	— 3 Kepings. Silver. Oblique milled edge.	—
Pn14	1787	— 3 Kepings. Silver. Oblique milled edge. Thin flan.	—

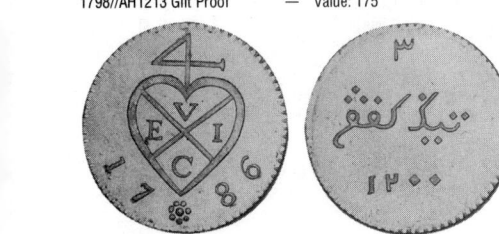

KM# 259.1 3 KEPINGS
Copper **Obv:** VEIC bale-mark, date below **Rev:** Value, rosette separates date below **Edge:** Oblique reeded

Date	Mintage	F	VF	XF	Unc	BU
1786//AH1200	—	8.50	16.50	40.00	75.00	—
1786//AH1200 Proof	—	Value: 150				
1786//AH1200 Gilt	—	Value: 225				
Proof						
1788//AH1202	—	6.50	12.50	20.00	45.00	—
1788//AH1202 Proof	—	Value: 150				
1788//AH1202 Gilt	—	Value: 225				
Proof						

KM# 259.1a 3 KEPINGS
9.4800 g., Gold **Obv:** VEIC bale-mark, date below **Rev:** Value, rosette separates date below **Edge:** Reeded

Date	Mintage	F	VF	XF	Unc	BU
AH1202 (1787) Proof	—	—	—	—	—	—

KM# 259.2 3 KEPINGS
Copper **Obv:** VEIC bale-mark, date below **Rev:** Value, without rosette separating date below

Date	Mintage	F	VF	XF	Unc	BU
1798/AH1213 (1798)	—	6.50	12.50	30.00	45.00	—
1798/AH1213 (1798) Proof	—	Value: 150				
1798/AH1213 (1798) Gilt	—	Value: 225				
Proof						

PATTERNS
Including off metal strikes

KM#	Date	Mintage Identification	Mkt Val

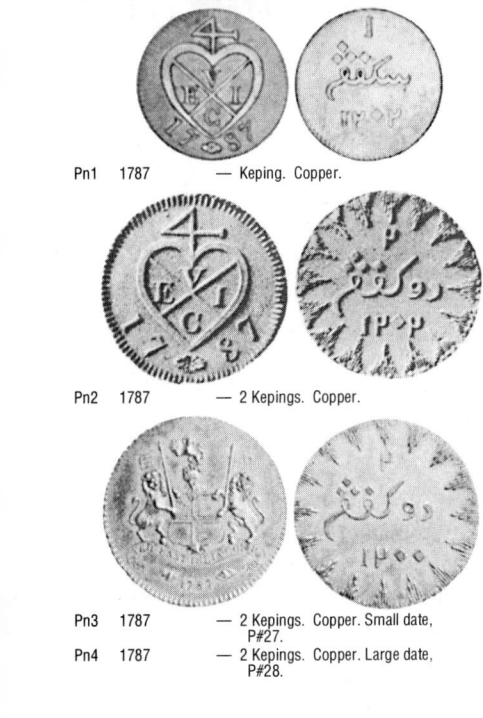

Pn1	1787	— Keping. Copper.	—
Pn2	1787	— 2 Kepings. Copper.	—
Pn3	1787	— 2 Kepings. Copper. Small date, P#27.	—
Pn4	1787	— 2 Kepings. Copper. Large date, P#28.	—

Pn10	1787	— 3 Kepings. Copper. Plain edge.	300
Pn11	1787	— 3 Kepings. Copper. Milled edge.	400

NETHERLANDS WEST INDIES

The islands came under Dutch control in the early part of the seventeenth century. The Director of the West Indian colonies went to the Estates General, the legislature of the Netherlands, in 1792 in an effort to get coins made for the West Indies that would carry some distinctive mark as those of the East Indies did. Legislation was passed on Dec. 31, 1793 that such coins should be made to the standard of the Netherlands. The 1/4 Gulden was included in the series and the letter W below the arms was to be the distinctive mark. Some of the 3, 1 and 1/4 Gulden were used at the Dutch settlement on the Gold Coast in Africa. All were struck at the Utrecht Mint.

RULER
Dutch

MONETARY SYSTEM
20 Stuiver = 1 Gulden

MINT NAME
TRAI(ectum) = Utrecht

UNITED WEST INDIA COMPANY

STANDARD COINAGE

KM# 1 2 STUIVERS
1.6200 g., 0.5830 Silver 0.0304 oz. ASW **Obv:** Crowned Holland arms **Rev:** Large W, small arms of City of Utrecht above, date below

Date	Mintage	F	VF	XF	Unc	BU
1794	30,018	25.00	60.00	100	160	300

KM# 2 1/4 GULDEN
2.6500 g., 0.9200 Silver 0.0784 oz. ASW **Obv:** Crowned shield between value, W below **Obv. Legend:** MO ARG ORD FOED BELG TRAI **Rev:** Standing figure with cap on pole, date below **Rev. Legend:** HAC NITIMVR - HANC TVEMVR

Date	Mintage	F	VF	XF	Unc	BU
1794	20,150	20.00	50.00	75.00	100	150

KM# 3 GULDEN
10.4000 g., 0.9200 Silver 0.3076 oz. ASW **Obv:** Crowned shield between value, W below **Obv. Legend:** MO ARG ORD FOED BELG TRAI **Rev:** Standing figure leaning on column, cap on pole, date below **Rev. Legend:** HAC NITIMVR - HANC TVEMVR

Date	Mintage	F	VF	XF	Unc	BU
1794	140,255	60.00	200	350	700	1,500

KM# 4 3 GULDEN
31.8200 g., 0.9200 Silver 0.9412 oz. ASW **Obv:** Crowned arms between value, W below **Obv. Legend:** MO ARG ORD FOED BELG TRAI **Rev:** Standing figure leaning on column with cap on pole, date below **Rev. Legend:** HAC NITIMVR - HANC TVEMVR

Date	Mintage	F	VF	XF	Unc	BU
1794	1,226	350	700	1,600	3,200	8,000

PATTERNS
Including off metal strikes

KM#	Date	Mintage Identification	Mkt Val
Pn1	1797	— Gulden. Bronze. KM#3.	12,000

PIEFORTS

KM#	Date	Mintage Identification	Mkt Val
P1	1794	— Gulden. Silver. 20.5000 g. KM3.	—
P2	1794	— Gulden. Silver. 31.0000 g. KM3.	—

NORWAY

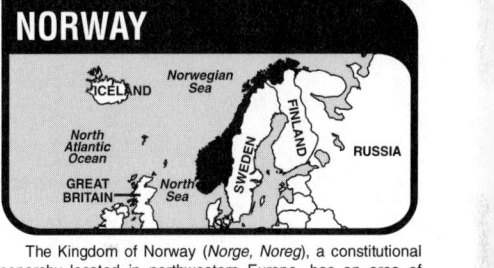

The Kingdom of Norway (Norge, Noreg), a constitutional monarchy located in northwestern Europe, has an area of 150,000sq. mi. (324,220 sq. km.), including the island territories of Spitsbergen (Svalbard) and Jan Mayen, and a population of *4.2 million. Capital: Oslo (Christiana). The diversified economic base of Norway includes shipping, fishing, forestry, agriculture, and manufacturing. Nonferrous metals, paper and paperboard, paper pulp, iron, steel and oil are exported.

A united Norwegian kingdom was established in the 9th century, the era of the indomitable Norse Vikings who ranged far and wide, visiting the coasts of northwestern Europe, the Mediterranean, Greenland and North America. In the 13th century the Norse kingdom was united briefly with Sweden, then passed through inheritance in 1380 to the rule of Denmark which was maintained until 1814. In 1814 Norway fell again under the rule of Sweden. The union lasted until 1905 when the Norwegian Parliament arranged a peaceful separation and invited a Danish prince (King Haakon VII) to ascend the throne of an independent Kingdom of Norway.

RULER
Danish, until 1814

MINT OFFICIALS' INITIALS
Kongsberg, 1686-

Initial	Date	Name
C	1727-28	Commission
C	1735-36	Commission
HCM plus flower (f) 1687-1718		Henning Christofer Meyer
HCM plus flower (f) 1719-28		Henrik Christofer Meyer
HIAB	1776-97	Hans Jacob Arnold Branth
IAR		Angrid Austlid Rise, engraver
IGM	1797-1806	Johan Georg Madelung in Altona
IHM	1769-75	Johan Henrich Madelung
NBF	1729-36	Nicolai Bernhard Fuchs
SI	1792	Salomon Ahron
TL	1737-69	Truls Andersen Lyng

MONETARY SYSTEM

Until 1794
96 Skilling = 1 Speciedaler

1794-1873
120 Skilling = 1 Speciedaler

KINGDOM

STANDARD COINAGE

KM# 205 SKILLING

1.1100 g., 0.1880 Silver 0.0067 oz. ASW **Obv:** Crowned monogram **Rev:** Value, crossed hammers divide date below

Date	Mintage	VG	F	VF	XF	Unc
1701	18,000	125	250	500	900	—
1702	12,000	140	275	475	900	—
1703	11,000	100	225	475	800	—
1704	12,000	100	225	475	800	—
1705	21,000	100	225	475	800	—
1706	16,000	125	250	500	850	—
1707	20,000	100	185	450	700	—
1708	21,000	100	185	450	700	—
1710	21,000	100	185	450	700	—
1711	38,000	100	185	450	700	—
1712	41,000	100	185	450	700	—
1719 HCM	49,000	125	200	500	750	—
1720 HCM	49,000	125	185	450	700	—
1721 HCM	49,000	125	185	450	700	—
1722 HCM Rare	—	—	—	—	—	—

KM# 240 SKILLING

0.5700 g., 0.2500 Silver 0.0046 oz. ASW **Obv:** Crowned F5 monogram **Rev:** Value above date

Date	Mintage	VG	F	VF	XF	Unc
1761 TL	—	75.00	125	225	400	—
1762 TL	29,000	75.00	200	300	450	—
1763 TL	931,000	5.00	15.00	40.00	110	—
1764 TL	2,963,000	5.00	15.00	40.00	110	—
1765 TL	1,887,000	5.00	15.00	40.00	110	—

KM# 245 SKILLING

0.5700 g., 0.2500 Silver 0.0046 oz. ASW, 14 mm. **Obv:** Crowned double C7 monogram **Rev:** Value, date

Date	Mintage	VG	F	VF	XF	Unc
1768 TL	697,000	7.50	17.50	27.50	75.00	—
1769 IHM	890,000	5.00	10.00	30.00	95.00	—
1770 IHM	448,000	7.50	17.50	45.00	145	—

KM# 245a SKILLING

Copper **Obv:** Crowned double C7 monogram **Rev:** Value, date **Note:** Struck at Konsberg Mint.

Date	Mintage	VG	F	VF	XF	Unc
1771	2,063,000	3.00	5.00	10.00	40.00	—

KM# 258 SKILLING

0.7700 g., 0.1870 Silver 0.0046 oz. ASW **Obv:** Crowned C7 monogram

Date	Mintage	VG	F	VF	XF	Unc
1779 HIAB	845,000	3.00	7.00	15.00	50.00	—
1780 HIAB	1,152,000	3.00	7.00	15.00	50.00	—

KM# 206 2 SKILLING

1.2200 g., 0.3440 Silver 0.0135 oz. ASW **Obv:** Crowned double F4 monogram

Date	Mintage	VG	F	VF	XF	Unc
1701	929,000	8.00	15.00	40.00	125	—
1702	833,000	8.00	15.00	40.00	125	—
1703	569,000	15.00	30.00	60.00	150	—
1704	1,024,000	8.00	15.00	40.00	125	—
1704 Rare; without mintmark	—	—	—	—	—	—
1705	980,000	8.00	15.00	40.00	125	—
1706	890,000	8.00	15.00	40.00	125	—
1707	1,013,000	8.00	15.00	40.00	125	—
1708	1,307,000	8.00	15.00	40.00	125	—
1709	1,149,000	8.00	15.00	40.00	125	—
1710	1,176,000	8.00	15.00	40.00	125	—
1711	1,663,000	12.00	20.00	50.00	150	—
1712	1,713,000	8.00	15.00	40.00	125	—
1713	1,379,000	8.00	15.00	40.00	125	—
1714	893,000	15.00	35.00	60.00	150	—

KM# 215 2 SKILLING

1.3000 g., 0.2810 Silver 0.0117 oz. ASW **Obv:** Larger, more ornate monogram **Rev:** Mintmark below lion

Date	Mintage	VG	F	VF	XF	Unc
1714 (f)	1,624,000	60.00	95.00	175	350	—
1715 (f)	1,730,000	25.00	60.00	165	325	—
1716 (f)	1,599,000	20.00	50.00	125	250	—
1717 (f)	915,000	25.00	60.00	145	—	—
1718 (f)	312,000	25.00	150	—	—	—

KM# 218 2 SKILLING

1.3000 g., 0.2810 Silver 0.0117 oz. ASW **Rev:** Without mintmark below lion

Date	Mintage	VG	F	VF	XF	Unc
1719	289,000	60.00	100	200	400	—
1720	289,000	60.00	100	200	400	—
1721	389,000	60.00	100	200	400	—
1722 Rare	217,000	—	—	—	—	—
1723	241,000	40.00	85.00	200	400	—
1724	1,803,000	35.00	60.00	100	265	—
1725	1,094,000	60.00	95.00	185	425	—

KM# 235 2 SKILLING

1.2200 g., 0.3440 Silver 0.0135 oz. ASW **Obv:** Crowned monogram **Rev:** Crown above lion **Note:** Varieties exist.

Date	Mintage	VG	F	VF	XF	Unc
1742 TL	2,000	70.00	150	300	475	—
1743 TL	2,100	70.00	175	350	525	—
1745 TL	—	70.00	175	385	750	—

KM# 237 2 SKILLING

1.2200 g., 0.3440 Silver 0.0135 oz. ASW **Obv:** Crowned F5 monogram **Rev:** Crown above lion on battle-axe

Date	Mintage	VG	F	VF	XF	Unc
1747 TL	6,700	15.00	65.00	125	300	—
1756 TL	—	50.00	150	275	650	—

KM# 237a 2 SKILLING

1.1500 g., 0.2500 Silver 0.0092 oz. ASW **Obv:** Crowned F5 monogram **Rev:** Crown above lion on battle-axe

Date	Mintage	VG	F	VF	XF	Unc
1761 TL	192,000	6.00	20.00	45.00	145	—
1762 TL	3,440,000	4.00	12.50	30.00	95.00	—
1763 TL	931,000	4.00	12.50	30.00	110	—
1764 TL	914,000	5.00	17.50	50.00	150	—

KM# 255 2 SKILLING

1.1800 g., 0.3440 Silver 0.0131 oz. ASW **Obv:** Crowned C7 monogram **Rev:** Crowned oval shield divides date

Date	Mintage	VG	F	VF	XF	Unc
1778 HIAB	580,000	10.00	25.00	65.00	150	—
1779 HIAB	2,533,000	2.50	5.00	11.00	40.00	—
1780 HIAB	7,200,000	2.50	5.00	11.00	40.00	—
1781 HIAB	4,296,000	2.50	5.00	11.00	40.00	—
1781 HIAB R in NOR inverted	—	4.00	8.00	15.00	40.00	—
1782 HIAB	7,891,000	2.50	5.00	11.00	40.00	—
1783 HIAB	7,896,000	2.50	5.00	11.00	40.00	—
1784 HIAB	7,891,000	2.50	5.00	11.00	40.00	—
1785 HIAB	3,531,000	2.50	5.00	11.00	40.00	—
1786 HIAB	6,341,000	2.50	5.00	11.00	40.00	—
1787 HIAB	3,862,000	2.50	5.00	11.00	40.00	—
1788 HIAB	1,841,000	2.50	5.00	11.00	50.00	—

KM# 270 2 SKILLING

1.5000 g., 0.2500 Silver 0.0121 oz. ASW **Obv:** Crowned monogram **Rev:** Crossed hammers divides date below inscription

Date	Mintage	VG	F	VF	XF	Unc
1800 IGM	2,419,000	2.00	5.00	10.00	27.50	—

KM# 256 4 SKILLING

1.5300 g., 0.5620 Silver 0.0276 oz. ASW **Obv:** Crowned C7 monogram **Rev:** Crowned, round three-fold arms of Norway

Date	Mintage	VG	F	VF	XF	Unc
1778 HIAB	162,000	10.00	25.00	50.00	110	—

KM# 256a 4 SKILLING

2.7500 g., 0.3120 Silver 0.0276 oz. ASW **Obv:** Crowned C7 monogram **Rev:** Crowned oval 3-fold arms

Date	Mintage	VG	F	VF	XF	Unc
1788 HIAB	375,000	5.00	12.50	25.00	65.00	—

KM# 207 8 SKILLING (1/2 Mark)

3.0600 g., 0.5620 Silver 0.0553 oz. ASW **Obv:** Bust of Frederic IV, right **Rev:** Crown

Date	Mintage	VG	F	VF	XF	Unc
1701 (f)	805,000	10.00	35.00	85.00	200	—
1702 (f)	800,000	10.00	35.00	75.00	180	—

KM# 209 8 SKILLING (1/2 Mark)

2.2900 g., 0.7500 Silver 0.0552 oz. ASW **Obv:** Bust of Frederic IV, right **Obv. Legend:** FRID • IIII • DEI • GRAT • **Rev:** Crown divides value above date **Note:** Smaller size.

Date	Mintage	VG	F	VF	XF	Unc
1702 (f)	169,000	10.00	25.00	65.00	115	—
1703 (f)	540,000	10.00	25.00	55.00	100	—
1704 (f)	982,000	10.00	15.00	40.00	100	—
1705 (f)	953,000	10.00	20.00	50.00	100	—
1706 (f)	888,000	10.00	20.00	50.00	110	—
1707 (f)	1,011,000	10.00	20.00	50.00	110	—
1708 (f)	1,261,000	10.00	25.00	65.00	145	—
1709 (f)	1,122,000	10.00	20.00	50.00	110	—
1710 (f)GOT	1,164,000	10.00	15.00	40.00	85.00	—
1710 (f) GOR	Inc. above	65.00	135	—	—	—
1711 (f)	1,645,000	10.00	15.00	40.00	85.00	—
1712 (f)	1,657,000	10.00	15.00	40.00	85.00	—
1713 (f)	1,350,000	10.00	20.00	50.00	125	—
1714 (f)	923,000	10.00	15.00	40.00	85.00	—
1715 (f)	316,000	10.00	25.00	65.00	125	—

KM# 223 8 SKILLING (1/2 Mark)

3.6700 g., 0.4680 Silver 0.0552 oz. ASW **Obv:** Crowned double F4 monogram **Rev:** VIII flanked by stars above value, date divided by crossed hammers below

Date	Mintage	VG	F	VF	XF	Unc
1727 HCM	1,498,000	50.00	115	195	325	—

KM# 224 8 SKILLING (1/2 Mark)

3.6700 g., 0.4680 Silver 0.0552 oz. ASW **Obv:** Crowned arms of Norway **Rev:** VIII flanked by stars above value, date divided by crossed hammers below

Date	Mintage	VG	F	VF	XF	Unc
1727 HCM	Inc. above	15.00	30.00	65.00	145	—
1727 C	Inc. above	15.00	40.00	85.00	165	—
1728 C	1,324,000	15.00	30.00	65.00	145	—
1729 NBF	1,121,000	10.00	20.00	60.00	145	—
1730 NBF	1,433,000	10.00	20.00	60.00	185	—
1731 NBF	1,143,000	10.00	20.00	50.00	125	—
1732 NBF	1,243,000	10.00	20.00	50.00	190	—
1733 NBF	1,342,000	10.00	20.00	50.00	190	—
1734 NBF	1,434,000	10.00	20.00	50.00	190	—
1735 NBF	5,400	—	—	—	—	—

KM# 251 8 SKILLING (1/2 Mark)

3.0600 g., 0.5620 Silver 0.0553 oz. ASW **Obv:** Crowned C7 monogram **Rev:** Value, date

Date	Mintage	VG	F	VF	XF	Unc
1773 IHM	549,000	5.00	15.00	50.00	135	—
1774 IHM	414,000	5.00	15.00	50.00	135	—
1775 IHM	144,000	10.00	25.00	85.00	190	—

KM# 257 8 SKILLING (1/2 Mark)

3.0600 g., 0.5620 Silver 0.0553 oz. ASW **Obv:** Crowned C7 monogram **Rev:** Crowned oval three-fold arms

Date	Mintage	VG	F	VF	XF	Unc
1778 HIAB	922,000	5.00	10.00	30.00	85.00	—
1779 HIAB	1,315,000	5.00	10.00	30.00	85.00	—
1780 HIAB	680,000	5.00	10.00	30.00	85.00	—
1781 HIAB	890,000	5.00	10.00	30.00	85.00	—
1782 HIAB	1,027,000	5.00	10.00	30.00	85.00	—
1783 HIAB	1,032,000	5.00	10.00	30.00	115	—
1784 HIAB	959,000	5.00	10.00	30.00	115	—
1785 HIAB	1,105,000	5.00	10.00	30.00	85.00	—
1786 HIAB Rare	2,700	—	—	—	—	—
1787 HIAB	3,800	50.00	135	225	650	—
1788 HIAB	197,000	20.00	60.00	110	300	—
1789 HIAB	12,000	40.00	100	200	500	—
1790 HIAB Rare	7,800	—	—	—	—	—
1791 HIAB	6,700	50.00	135	225	525	—
1792 HIAB Rare	6,000	—	—	—	—	—
1793 HIAB	5,700	50.00	135	225	525	—
1794 HIAB Rare	6,600	—	—	—	—	—
1795 HIAB	20,000	50.00	135	225	525	—

KM# 217 12 SKILLING

3.9000 g., 0.5620 Silver 0.0705 oz. ASW **Obv:** Crowned double F4 monogram **Rev:** Value: ...XII/SKILLING/DANSKE/date

Date	Mintage	VG	F	VF	XF	Unc
1717 HCM (f)	1,390,000	15.00	25.00	75.00	200	—
1718 HCM (f)	2,005,000	15.00	25.00	75.00	200	—
1719 HCM (f)	1,499,000	15.00	25.00	75.00	200	—
1720 HCM (f)	1,300,000	15.00	25.00	75.00	200	—
1721 HCM (f)	1,373,000	15.00	25.00	75.00	200	—
1722 HCM (f)	1,743,000	15.00	25.00	75.00	200	—
1723 HCM (f)	1,402,000	15.00	25.00	75.00	200	—
1724 HCM (f)	1,194,000	15.00	25.00	75.00	200	—
1724 H.C.M (f)	Inc. above	15.00	25.00	75.00	200	—

KM# 216 16 SKILLING (1 Mark)
5.2000 g., 0.6250 Silver 0.1045 oz. ASW **Obv:** Bust of Frederic IV, right **Rev:** Value: ...XVI/SKILLING/DANSKE/date **Note:** Counterfeits exist dated 1718 and 1719.

Date	Mintage	VG	F	VF	XF	Unc
1715	275,000	10.00	25.00	85.00	225	—
1716	725,000	10.00	25.00	85.00	225	—
1717	502,000	10.00	25.00	85.00	225	—

KM# 231.1 24 SKILLING
0.5620 Silver **Obv:** Crowned monogram **Obv. Legend:** NORV • VA • GO • D • G • REX • DAN • **Rev:** Crowned arms of Norway, in round shield, divides date, value in legend

Date	Mintage	VG	F	VF	XF	Unc
1734 NBF	273,000	30.00	65.00	175	425	—
1735 NBF	—	50.00	125	300	550	—

KM# 231.2 24 SKILLING
0.5620 Silver **Obv:** Crowned monogram, C below **Obv. Legend:** NORV • VA • GO • D • G • REX • DAN • **Rev:** Crowned arms of Norway, within round shield, divides date, value in legend

Date	Mintage	VG	F	VF	XF	Unc
1735 Rare	—	—	—	—	—	—

KM# 232.1 24 SKILLING
0.5620 Silver **Obv:** Crowned monogram **Obv. Legend:** NORV • VA • GO • D • G • REX • DAN **Rev:** Crowned arms of Norway, value and date in legend **Note:** Similar to KM#232.3.

Date	Mintage	VG	F	VF	XF	Unc
1735 N(h)BF Rare	—	—	—	—	—	—

KM# 232.2 24 SKILLING
0.5620 Silver **Obv:** Crowned monogram **Obv. Legend:** NORV • VA • GO • REX • DAN **Rev:** Crowned arms of Norway, value and date in legend **Note:** Similar to KM#232.3.

Date	Mintage	VG	F	VF	XF	Unc
1735 *(h) *c*	580,000	25.00	65.00	90.00	215	—
1736 *(h) *c*	547,000	20.00	40.00	80.00	200	—

KM# 232.3 24 SKILLING
0.5620 Silver **Obv:** Crowned monogram **Obv. Legend:** NORV • VA • GO • D • G • DAN **Rev:** Crowned arms of Norway, value and date in legend

Date	Mintage	VG	F	VF	XF	Unc
1737 TL	573,000	20.00	40.00	80.00	200	—
1738 TL	850,000	20.00	40.00	80.00	200	—
1739 TL	794,000	20.00	40.00	80.00	200	—
1740 TL	830,000	15.00	40.00	80.00	200	—
1741 TL	1,081,000	15.00	40.00	80.00	200	—
1742 TL	892,000	15.00	40.00	70.00	200	—
1743 TL	859,000	15.00	40.00	70.00	200	—
1744 TL	1,015,000	15.00	40.00	70.00	200	—
1745 TL	1,092,000	15.00	40.00	70.00	200	—
1746 TL	1,240,000	15.00	40.00	70.00	200	—

KM# 241 24 SKILLING
9.1700 g., 0.5620 Silver 0.1657 oz. ASW **Obv:** Crowned monogram **Obv. Legend:** NOR • VAN • GOT • REX • D • G • DAN • **Rev:** Crowned arms of Norway, value and date in legend

Date	Mintage	VG	F	VF	XF	Unc
1763 TL GOT REX	1,085,000	7.50	15.00	40.00	125	—
1764 TL	822,000	7.50	20.00	40.00	125	—
1765 TL	259,000	7.50	20.00	40.00	125	—

KM# 243 24 SKILLING
9.1700 g., 0.5620 Silver 0.1657 oz. ASW **Obv:** Crowned monogram **Obv. Legend:** NOR • VAN • GOT • REX • D • G • DAN • **Rev:** Crowned arms of Norway, value and date in legend

Date	Mintage	VG	F	VF	XF	Unc
1767 TL	—	85.00	185	500	750	—

KM# 222 4 MARK (1 Krone)
22.2700 g., 0.6720 Silver 0.4811 oz. ASW **Obv:** Crowned monogram **Obv. Legend:** NOR • VAN • GOT • D • G • REX • DAN • **Rev:** Crowned, inverted pear-shaped, 3-fold arms of Norway, date in legend **Note:** Dav. #1292.

Date	Mintage	VG	F	VF	XF	Unc
1725 HCM	103,000	50.00	100	165	450	—
1726 HCM	139,000	50.00	100	165	450	—

KM# 250 24 SKILLING
9.1700 g., 0.5620 Silver 0.1657 oz. ASW **Obv:** Crowned monogram **Obv. Legend:** NOR • VAN • GOT • REX • D • G • DAN • **Rev:** Crowned, oval arms of Norway divides date, value in legend

Date	Mintage	VG	F	VF	XF	Unc
1772 IHM	299,000	15.00	35.00	90.00	250	—
1773 IHM	1,035,000	15.00	35.00	90.00	250	—
1774 IHM	283,000	15.00	35.00	90.00	250	—
1775 IHM Rare	4,000	—	—	—	—	—
1783 HIAB	16,000	65.00	165	300	450	—
1788 HIAB	64,000	30.00	70.00	175	400	—

KM# 233 4 MARK (1 Krone)
22.2700 g., 0.6720 Silver 0.4811 oz. ASW **Obv:** Crowned monogram **Obv. Legend:** NORV • VA • GO • D • G • REX • DAN • **Rev:** Crowned arms of Norway **Note:** Dav. #1296.

Date	Mintage	VG	F	VF	XF	Unc
1736 C	6,000	350	800	1,600	2,500	—

KM# 230 6 MARK (1 Reisedaler - 1 Riksdaler)
26.9830 g., 0.8330 Silver 0.7226 oz. ASW **Obv:** Bust of Christian VI right **Obv. Legend:** CHRIST.VI.D.G. REX.DAN.NORV.V.G. **Rev:** Crowned arms of Norway divides 6 M, date below

Date	Mintage	VG	F	VF	XF	Unc
1732 Rare	4,524	—	—	—	—	—
1733	5,000	300	750	1,550	2,550	—

KM# 221 2 MARK
8.9900 g., 0.8330 Silver 0.2408 oz. ASW **Obv:** Crowned monogram **Obv. Legend:** NOR • VAN • GOT • D • G • REX • DAN • **Rev:** Crowned, inverted pear-shaped, 3-fold arms of Norway, date in legend

Date	Mintage	VG	F	VF	XF	Unc
1725 HCM	—	300	700	1,250	2,250	—
1726 HCM Rare	—	—	—	—	—	—

KM# 236 24 SKILLING
9.1700 g., 0.5620 Silver 0.1657 oz. ASW **Obv:** Crowned monogram **Obv. Legend:** NORV • VA • GO • D • G • REx • DAN • **Rev:** Crowned arms of Norway, value and date in legend

Date	Mintage	VG	F	VF	XF	Unc
1746 TL	—	10.00	25.00	65.00	250	—
1747 TL	1,342,000	7.50	15.00	65.00	165	—
1748 TL	1,084,000	15.00	30.00	65.00	165	—
1749 TL	863,000	7.50	25.00	65.00	165	—
1750 TL	990,000	7.50	30.00	65.00	165	—
1751 TL	1,065,000	7.50	30.00	65.00	165	—
1752 TL	1,079,000	7.50	30.00	65.00	165	—
1753 TL	1,093,000	7.50	30.00	60.00	165	—
1754 TL	1,083,000	7.50	30.00	60.00	165	—
1755 TL	1,034,000	7.50	30.00	60.00	165	—
1756 TL	1,125,000	7.50	30.00	60.00	165	—
1757 TL	289,000	7.50	25.00	60.00	165	—
1758 TL	1,220,000	7.50	25.00	60.00	165	—
1759 TL	1,250,000	10.00	25.00	50.00	165	—
1760 TL	1,185,000	7.50	25.00	50.00	165	—
1761 TL	1,237,000	7.50	20.00	50.00	165	—
1762 TL	1,091,000	7.50	20.00	50.00	165	—
1763 TL	—	30.00	70.00	165	450	—

KM# 220 4 MARK (1 Krone)
22.2700 g., 0.6720 Silver 0.4811 oz. ASW **Obv:** Equestrian, right, IIII • MARCR • DANSRE • below **Obv. Legend:** FRIDERICUS • IIII • D • G • REX • DAN • NOR • V • G • **Rev:** Crowned 4-fold arms of Norway within order chain, divided date below **Note:** Dav. #1290.

Date	Mintage	VG	F	VF	XF	Unc
1723 HCM (f)	30,000	50.00	125	235	500	—

KM# 238 6 MARK (1 Reisedaler - 1 Riksdaler)
26.9830 g., 0.8330 Silver 0.7226 oz. ASW **Issuer:** Danish-Asiatic Company **Subject:** 300th Anniversary of the Reign of the House of Oldenburg in Denmark **Obv:** Bust right **Obv. Legend:** FRIDERICVS • V • D • G • REX • DAN • NOR • V • G • **Rev:** Crowned arms of Norway, 6 M divides date below **Note:** Dav. #1301.

Date	Mintage	VG	F	VF	XF	Unc
1749 PCW	5,008	250	600	1,200	2,150	—
1749 W	Inc. above	165	445	950	1,750	—

KM# 260 6 MARK (1 Reisedaler - 1 Riksdaler)
28.8900 g., 0.8750 Silver 0.8127 oz. ASW **Obv:** Armored bust right **Obv. Legend:** CHRISTIAN PEN VII ..... **Rev:** Crowned rampant lion (arms of Norway without shield) **Note:** Dav. #1312.

Date	Mintage	VG	F	VF	XF	Unc
1788 MF	—	350	900	1,500	2,500	—

KM# 271 1/15 SPECIE DALER
3.3700 g., 0.5000 Silver 0.0542 oz. ASW **Obv:** Crowned, oval arms of Norway **Rev:** Value, date

Date	Mintage	VG	F	VF	XF	Unc
1795 HIAB	144,000	5.00	10.00	25.00	115	—
1796 HIAB	312,000	5.00	10.00	25.00	115	—
1796 IGM	Inc. above	7.50	15.00	30.00	115	—
1797 IGM	312,000	5.00	10.00	25.00	115	—
1798 IGM	312,000	5.00	10.00	25.00	115	—
1799 IGM	403,000	5.00	10.00	25.00	115	—
1800 IGM	319,000	5.00	10.00	25.00	115	—

NORWAY

Date	Mintage	VG	F	VF	XF	Unc
1791 HIAB Rare; B below bust	Inc. above	—	—	—	—	—
1791 HIAB Unique; H below bust	Inc. above	—	—	—	—	—
1792 HIAB	50,000	225	425	750	1,750	—

KM# 272 1/5 SPECIE DALER

7.3100 g., 0.6870 Silver 0.1615 oz. ASW **Obv:** Crowned monogram **Obv. Legend:** DALER • SPECIES • ... **Rev:** Crossed hammers divides date below value and inscription

Date	Mintage	VG	F	VF	XF	Unc
1796 HIAB	81,000	75.00	200	350	625	—
1796 IGM	Inc. above	15.00	30.00	65.00	145	—
1797 IGM	192,000	15.00	30.00	65.00	145	—
1798 IGM	189,000	15.00	30.00	65.00	145	—
1799 IGM	158,000	15.00	30.00	65.00	145	—
1800 IGM	125,000	15.00	30.00	65.00	145	—

KM# 266 1/3 SPECIE DALER

9.6300 g., 0.8750 Silver 0.2709 oz. ASW **Obv:** Head right **Obv. Legend:** CHRISTIANUS • VII • D • G • DAN • NORV • V • G • REX • **Rev:** Crowned, oval 3-fold arms of Norway **Note:** Similar to KM#273.

Date	Mintage	VG	F	VF	XF	Unc
1795 HIAB	15,000	75.00	150	400	750	—
1796 HIAB	144,000	25.00	55.00	125	285	—
1796 IGM	Inc. above	35.00	80.00	150	285	—
1797 IGM	135,000	25.00	60.00	125	285	—
1798 IGM	105,000	25.00	60.00	125	285	—
1799 IGM	90,000	40.00	90.00	160	300	—
1800 IGM	68,000	25.00	60.00	125	285	—

KM# 242 SPECIE DALER

28.8900 g., 0.8750 Silver 0.8127 oz. ASW **Obv:** Head right **Obv. Legend:** FRIDERICVS • V • D • G • DAN • NOR • V • G • REX • **Rev:** Crowned oval arms of Norway **Note:** Dav. #1303.

Date	Mintage	VG	F	VF	XF	Unc
1765 TL	—	1,200	2,800	4,500	7,000	—

KM# 265.2 SPECIE DALER

28.8900 g., 0.8750 Silver 0.8127 oz. ASW **Obv:** Different hair-do, without ribbon **Note:** Dav. #1314.

Date	Mintage	VG	F	VF	XF	Unc
1792 HIAB SI below bust	Inc. above	225	425	750	1,750	—
1793 HIAB	64,000	200	400	750	1,600	—
1794 HIAB	37,000	200	400	700	1,600	—
1795 HIAB	96,000	200	400	700	1,600	—

PATTERNS

Including off metal strikes

KM#	Date	Mintage Identification	Mkt Val
Pn33	1704	1A 6 Mark. 0.8330 Silver. FRID IIII	1,200
Pn32	1704	5,000 6 Mark. 0.8330 Silver. FRID IV	1,200
Pn35	1711	— 8 Skilling. Head of King/wildmen holding crowned arms	—
Pn36	1712	— 8 Skilling. Head of King/wildmen holding crowned arms	—
Pn37	1714	— 24 Skilling. Head of King/value and date.	—
Pn38	1714	— 48 Skilling. Head of Kind/value and date.	—

KM# 252 1/2 SPECIE DALER

14.4500 g., 0.8750 Silver 0.4065 oz. ASW **Obv:** Crowned monogram divides value **Obv. Legend:** NORV • VAND • GOTH • REX • D • G • DAN • **Rev:** Crowned, oval 3-fold arms of Norway within sprigs

Date	Mintage	VG	F	VF	XF	Unc
1776 HIAB	60,000	40.00	65.00	110	275	—
1777 HIAB	31,000	40.00	65.00	110	275	—
1778 HIAB	27,000	40.00	65.00	110	275	—
1779 HIAB Rare	12,000	—	—	—	—	—

KM# 244 SPECIE DALER

28.8900 g., 0.8750 Silver 0.8127 oz. ASW **Obv:** Crowned double C7 monogram **Obv. Legend:** NOR • VAN • GOT • REX • D • G • DAN • **Rev:** Crowned, round arms of Norway **Note:** Dav. #1304.

Date	Mintage	VG	F	VF	XF	Unc
1767 TL Rare	64,000	—	—	—	—	—
1768 TL Rare	47,000	—	—	—	—	—

KM# 267.1 2/3 SPECIE DALER

19.2600 g., 0.8750 Silver 0.5418 oz. ASW **Obv:** Head right **Obv. Legend:** CHRISTIANUS • VII • D • G • DAN • NORV • V • G • REX • **Rev:** Crowned, oval 3-fold arms of Norway, value in legend, crossed hammers and letters divides date below

Date	Mintage	VG	F	VF	XF	Unc
1795 HIAB	7,500	65.00	175	500	925	—
1796 HIAB	93,000	50.00	145	400	800	—

KM# 267.2 2/3 SPECIE DALER

19.2600 g., 0.8750 Silver 0.5418 oz. ASW **Obv:** Head right **Obv. Inscription:** CHRISTIANUS • VII • D • G • DAN • NORV • V • G • REX • **Rev:** Crowned, oval 3-fold arms of Norway, crossed hammers and letters divides date below, value in legend

Date	Mintage	VG	F	VF	XF	Unc
1795 HIAB	Inc. above	375	600	—	—	—
1796 HIAB Rare	Inc. above	—	—	—	—	—

KM# 265.1 SPECIE DALER (Species)

28.8900 g., 0.8750 Silver 0.8127 oz. ASW **Obv:** Head right **Obv. Legend:** CHRISTIANUS • VII • D • G • DAN • NORV • V • G • REX • **Rev:** Crowned, oval 3-fold arms of Norway **Note:** Varieties exist. Dav. #1313.

Date	Mintage	VG	F	VF	XF	Unc
1791 HIAB	55,000	225	425	750	1,750	—

KM# 253 SPECIE DALER

28.8900 g., 0.8750 Silver 0.8127 oz. ASW **Obv:** Crowned double C 7 monogram **Obv. Legend:** NORV • VAND • GOTH • REX • D • G • DAN • **Rev:** Crowned, oval 3-fold arms of Norway, within sprigs **Rev. Legend:** ...AMORE • PATRIÆ • **Note:** Dav. #1308.

Date	Mintage	VG	F	VF	XF	Unc
1776 HIAB	206,000	75.00	225	275	550	—
1777 HIAB	127,000	75.00	225	275	550	—
1778 HIAB	138,000	75.00	225	275	550	—
1779 HIAB	64,000	100	250	300	600	—
1780 HIAB	84,000	100	250	300	600	—
1781 HIAB	43,000	100	250	300	600	—
1785 HIAB	—	100	250	300	600	—

PERU

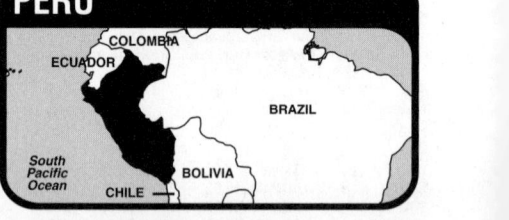

The Republic of Peru, located on the Pacific coast of South America, has an area of 496,225 sq. mi. (1,285,220sq. km.) and a population of *21.4 million. Capital: Lima. The diversified economy includes mining, fishing and agriculture. Fish meal, copper, sugar, zinc and iron ore are exported.

Once part of the great Inca Empire that reached from northern Ecuador to central Chile, the conquest of Peru by Francisco Pizarro began in 1531. Desirable as the richest of the Spanish viceroyalties, it was torn by warfare between avaricious Spaniards until the arrival in 1569 of Francisco de Toledo, who initiated 2-1/2 centuries of efficient colonial rule, which made Lima the most aristocratic colonial capital and the stronghold of Spain's American possessions. Jose de San Martin of Argentina proclaimed Peru's independence on July 28, 1821;Simon Bolivar of Venezuela secured it in December, 1824 when he defeated the last Spanish army in South America. After several futile attempts to re-establish its South American empire, Spain recognized Peru's independence in 1879.

Andres de Santa Cruz, whose mother was a high-ranking Inca, was the best of Bolivia's early presidents, and temporarily united Peru and Bolivia 1836-39, thus realizing his dream of a Peruvian/Bolivian confederation. This prompted the separate coinages of North and South Peru. Peruvian resistance and Chilean intervention finally broke up the confederation, sending Santa Cruz into exile. A succession of military strongman presidents ruled Peru until Marshall Castilla revitalized Peruvian politics in themid-19th century and repulsed Spain's attempt to reclaim its one-time colony. Subsequent loss of southern territory to Chile in the War of the Pacific, 1879-81, and gradually increasing rejection of foreign economic domination, combined with recent serious inflation, affected the country numismatically.

As a result of the discovery of silver at Potosi in 1545, a mint was eventually authorized in 1565with the first coinage taking place in 1568. The mint had an uneven life span during the Spanish Colonial period from 1568-72. It was closed from 1573-76, reopened from 1577-88. It remained closed until 1659-1660 when an unauthorized coinage in both silver and gold were struck. After being closed in 1660, it remained closed until 1684 when it struck cob style coins until 1752.

RULER
Spanish until 1822

MINT MARKS

AREQUIPA, AREQ = Arequipa
AYACUCHO = Ayacucho
CUZCO (monogram), Cuzco, Co. Cuzco
L, LIMAE (monogram), Lima
(monogram), LIMA = Lima
PASCO (monogram), Pasco, Paz, Po= Pasco

NOTE: The LIMAE monogram appears in three forms. The early LM monogram form looks like a dotted L with M. The later LIMAE monogram has all the letters of LIMAE more readily distinguishable. The third form appears as an M monogram during early Republican issues.

MINT ASSAYERS' INITIALS

Initials	Date	Name
H, Ho	1699-1705	
H, Ho	1707-08	
H, Ho	1710	
M	1694, 1709	
	1711-28	
N	1728-40	Joaquin Negrow
	1699, 1706	
R	1748-52	Jose Rodriguez
R	1698-1701,1706	

The letter(s) following the dates of Peruvian coins are the assayer's initials appearing on the coins. They generally appear at the 11 o'clock position on the Colonial coinage and at the 5 o'clock position along the rim on the obverse or reverse on the Republican coinage.

MONETARY SYSTEM

16 Reales = 2 Pesos = 1 Escudo

SPANISH COLONY

COLONIAL COB COINAGE

KM# 22 1/2 REAL

1.6917 g., 0.9310 Silver 0.0506 oz. ASW **Ruler:** Charles II **Obv:** CAROLVS monogram, date below **Rev:** Cross of Jerusalem, lions and castles in quarters **Mint:** Lima

Date	Mintage	Good	VG	F	VF	XF
1701L	—	38.00	55.00	100	165	—

KM# 30 1/2 REAL

1.6917 g., 0.9310 Silver 0.0506 oz. ASW **Ruler:** Philip V **Obv:** PHILIPVS monogram **Rev:** Cross of Jerusalem, lions and castles in quarters **Mint:** Lima

Date	Mintage	Good	VG	F	VF	XF
ND (1701-28)L Date off flan	—	12.00	18.00	25.00	35.00	—
1701L	—	30.00	50.00	70.00	110	—
1702L	—	30.00	60.00	70.00	110	—
1703L	—	30.00	50.00	70.00	110	—
1704L	—	30.00	50.00	70.00	110	—
1705L	—	30.00	50.00	70.00	110	—
1706L	—	30.00	50.00	70.00	110	—
1707L	—	30.00	50.00	70.00	110	—
1708L	—	30.00	50.00	70.00	110	—
1709L	—	30.00	50.00	70.00	110	—
1710L	—	30.00	50.00	70.00	110	—
1711L	—	30.00	50.00	70.00	110	—
1712L	—	30.00	50.00	70.00	110	—
1713L	—	30.00	50.00	70.00	110	—
1714/3L	—	30.00	50.00	70.00	110	—
1714L	—	30.00	50.00	70.00	110	—
1715L	—	30.00	50.00	70.00	110	—
1716L	—	30.00	50.00	70.00	110	—
1717L	—	30.00	50.00	70.00	110	—
1718L	—	30.00	50.00	70.00	110	—
1719L	—	30.00	50.00	70.00	110	—
1720L	—	30.00	50.00	70.00	110	—
1721L	—	30.00	50.00	70.00	110	—
1722L	—	30.00	50.00	70.00	110	—
1723L	—	30.00	50.00	70.00	110	—
1724L	—	30.00	50.00	70.00	110	—
1726L	—	30.00	50.00	70.00	110	—
1727L	—	30.00	50.00	70.00	110	—
1728L N	—	30.00	50.00	70.00	110	—

KM# 30a 1/2 REAL

1.6917 g., 0.9170 Silver 0.0499 oz. ASW **Ruler:** Philip V **Obv:** PHILIPVS monogram **Rev:** Cross of Jerusalem, lions and castles in quarters **Mint:** Lima

Date	Mintage	Good	VG	F	VF	XF
ND(1729-47)L Date off flan	—	12.00	18.00	25.00	35.00	—
1729L N	—	30.00	50.00	70.00	110	—
1730L N	—	30.00	50.00	70.00	110	—
1731L N	—	30.00	50.00	70.00	110	—
1732L N	—	30.00	50.00	70.00	110	—
1733L N	—	30.00	50.00	70.00	110	—
1734L N	—	30.00	50.00	70.00	110	—
1735L N	—	30.00	50.00	70.00	110	—
1736L N	—	30.00	50.00	70.00	110	—
1737L N	—	30.00	50.00	70.00	110	—
1738L N	—	30.00	50.00	70.00	110	—
1739L N Rare	—	—	—	—	—	—
1739L V	—	30.00	50.00	70.00	110	—
1740L N	—	30.00	50.00	70.00	110	—
1740L V	—	30.00	50.00	70.00	110	—
1741L V	—	30.00	50.00	70.00	110	—
1742L V	—	30.00	50.00	70.00	110	—
1743L V	—	30.00	50.00	70.00	110	—
1744L V	—	30.00	50.00	70.00	110	—
1745L V	—	30.00	50.00	70.00	110	—
1746L V	—	30.00	50.00	70.00	110	—
1747L V	—	30.00	50.00	70.00	110	—

KM# A39 1/2 REAL

1.6917 g., 0.9310 Silver 0.0506 oz. ASW **Ruler:** Luis I **Obv:** LUDOVICVS monogram **Rev:** Cross of Jerusalem, lions and castles in quarters **Mint:** Lima

Date	Mintage	Good	VG	F	VF	XF
1725L	—	70.00	90.00	150	225	—
ND (1725)L Date off flan	—	25.00	40.00	60.00	100	—

KM# 41 1/2 REAL

0.9160 Silver **Ruler:** Ferdinand VI **Obv:** FERDINANDVS monogram **Rev:** Pillars, value and date **Mint:** Lima

Date	Mintage	Good	VG	F	VF	XF
ND(1747-1752)L Date off flan	—	12.00	18.00	25.00	35.00	—
1747L V	—	30.00	50.00	70.00	110	—
1748L V	—	30.00	50.00	70.00	110	—
1749L V Rare	—	—	—	—	—	—
1749L R	—	30.00	50.00	70.00	110	—
1750L R	—	30.00	50.00	70.00	110	—
1751L R	—	30.00	50.00	70.00	110	—
1752L R Rare	—	—	—	—	—	—

KM# A41 1/2 REAL

1.6917 g., 0.9170 Silver 0.0499 oz. ASW **Ruler:** Ferdinand VI **Obv:** Castle with mint mark L at left and assayer's initial R right **Rev:** Cross with quartered lions and castle **Mint:** Lima

Date	Mintage	Good	VG	F	VF	XF
1750L R Rare; 2 known	—	—	—	—	—	—

KM# 31 REAL

0.9310 Silver **Ruler:** Philip V **Obv:** Cross of Jerusalem, lions and castles in quarters **Rev:** Pillars, PLVS VLTR, date between **Mint:** Lima

Date	Mintage	Good	VG	F	VF	XF
ND (1701-29)L Date off flan	—	15.00	25.00	35.00	50.00	—
1701L H	—	30.00	70.00	90.00	125	—
1702L H	—	30.00	70.00	90.00	125	—
1703L H	—	30.00	70.00	90.00	125	—
1704L H	—	30.00	70.00	90.00	125	—
1705L H	—	30.00	70.00	90.00	125	—
1706L R	—	40.00	75.00	100	150	—
1707L H	—	30.00	70.00	90.00	125	—
1708L H	—	30.00	70.00	100	125	—
1709L M	—	30.00	70.00	100	125	—
1710L H	—	30.00	70.00	100	125	—
1711L M	—	30.00	70.00	100	125	—
1712L M	—	30.00	70.00	100	125	—
1713L M	—	30.00	70.00	100	125	—
1714L M	—	30.00	70.00	100	125	—
1715L M	—	30.00	70.00	100	125	—
1716L M	—	30.00	70.00	100	125	—
1717L M	—	30.00	70.00	100	125	—
1718L M	—	30.00	70.00	100	125	—
1719L M	—	30.00	70.00	100	125	—
1720L M	—	30.00	70.00	100	125	—
1721L M	—	30.00	70.00	100	125	—
1722L M	—	30.00	70.00	100	125	—
1723L M	—	30.00	70.00	100	125	—
1724L M	—	30.00	70.00	100	125	—
1726L M	—	30.00	70.00	100	125	—
1727L M	—	30.00	70.00	100	125	—
1728L N	—	30.00	70.00	100	125	—

KM# B39 REAL

3.3834 g., 0.9310 Silver 0.1013 oz. ASW **Ruler:** Luis I **Mint:** Lima

Date	Mintage	Good	VG	F	VF	XF
1725L M Rare	—	—	—	—	—	—
ND (1725)L Date off flan, Rare	—	—	—	—	—	—

KM# 31a REAL

3.3834 g., 0.9170 Silver 0.0997 oz. ASW **Ruler:** Philip V **Rev:** Pillars, PLVS VLTR, date between **Mint:** Lima

Date	Mintage	Good	VG	F	VF	XF
ND(1729-1747)L Date off flan	—	30.00	70.00	100	125	—
1729	—	30.00	70.00	100	125	—
1730L N	—	30.00	70.00	100	125	—
1731L N	—	30.00	70.00	100	125	—
1732L N	—	30.00	70.00	100	125	—
1733L N	—	30.00	70.00	100	125	—
1734L N	—	30.00	70.00	100	125	—
1735L N	—	30.00	70.00	100	125	—
1736L N	—	30.00	70.00	100	125	—
1737L N	—	30.00	70.00	100	125	—
1738L N	—	30.00	70.00	100	125	—
1739L N	—	30.00	70.00	100	125	—
1739L V	—	30.00	70.00	100	125	—
1740L N	—	30.00	70.00	100	125	—
1740L V	—	30.00	70.00	100	125	—
1741L V	—	30.00	70.00	100	125	—
1742L V	—	30.00	70.00	100	125	—
1743L V	—	30.00	70.00	100	125	—
1744L V	—	30.00	70.00	100	125	—
1745L V	—	30.00	70.00	100	125	—
1746L V	—	30.00	70.00	100	125	—
1747L V	—	30.00	70.00	100	125	—

KM# 42 REAL

3.3834 g., 0.9170 Silver 0.0997 oz. ASW **Ruler:** Ferdinand VI **Rev:** Pillars, PLVS VLTR(A), date **Mint:** Lima

Date	Mintage	Good	VG	F	VF	XF
1747L V	—	30.00	70.00	90.00	125	—
1748L V	—	30.00	70.00	90.00	125	—
1749L V	—	30.00	70.00	90.00	125	—
1749L R	—	30.00	70.00	90.00	125	—
1750L R	—	30.00	70.00	90.00	125	—
1751L R	—	30.00	70.00	90.00	125	—
1752L R Rare	—	—	—	—	—	—
ND (1747-52)L Date off flan	—	15.00	25.00	35.00	50.00	—

KM# 21 2 REALES

6.7668 g., 0.9310 Silver 0.2025 oz. ASW **Obv:** Cross of Jerusalem, lions and castles in quarters, mint mark **Obv. Legend:** CAROLVS II D • G • HISPANIARVM REX **Rev:** Pillars, assayer's initial, date, PLVS VLTRA within **Mint:** Lima

Date	Mintage	Good	VG	F	VF	XF
1701L H	—	75.00	100	175	300	—

KM# 32 2 REALES

6.7668 g., 0.9310 Silver 0.2025 oz. ASW **Obv:** Cross of Jerusalem, lions and castles in quarters **Obv. Legend:** PHILIPPVS V D • G • HISPANIA **Rev:** Pillars, PLVS VLTRA, date within **Mint:** Lima

Date	Mintage	Good	VG	F	VF	XF
ND(1701-29)L Date off flan	—	20.00	30.00	40.00	60.00	—
1701L H	—	60.00	90.00	150	250	—
1702L H	—	60.00	90.00	150	250	—
1703L H	—	60.00	90.00	150	250	—
1704L H	—	60.00	90.00	150	250	—
1705L H	—	60.00	90.00	150	250	—
1706L R	—	60.00	90.00	150	250	—
1707L H	—	60.00	90.00	150	250	—
1708L H	—	60.00	90.00	150	250	—
1709L M	—	60.00	90.00	150	250	—
1710L H	—	60.00	90.00	150	250	—
1711L M	—	60.00	90.00	150	250	—
1712L M	—	60.00	90.00	150	250	—

PERU

Date	Mintage	Good	VG	F	VF	XF
1713L M	—	60.00	90.00	150	250	—
1714L M	—	60.00	90.00	150	250	—
1715L M	—	60.00	90.00	150	250	—
1716L M	—	60.00	90.00	150	250	—
1717L M	—	60.00	90.00	150	250	—
1718L M	—	60.00	90.00	150	250	—
1719L M	—	60.00	90.00	150	250	—
1720L M	—	60.00	90.00	150	250	—
1721L M	—	60.00	90.00	150	250	—
1722L M	—	60.00	90.00	150	250	—
1723L M	—	60.00	90.00	150	250	—
1724L M	—	60.00	90.00	150	250	—
1726L M	—	60.00	90.00	150	250	—
1727L M	—	60.00	90.00	150	250	—
1728L N	—	60.00	90.00	150	250	—

KM# C39 2 REALES
6.7668 g., 0.9310 Silver 0.2025 oz. ASW **Ruler:** Luis I **Mint:** Lima

Date	Mintage	Good	VG	F	VF	XF
1725L M Rare	—	—	—	—	—	—
ND (1725)L M Date off flan, rare	—	—	—	—	—	—

KM# 32a 2 REALES
6.7668 g., 0.9170 Silver 0.1995 oz. ASW **Ruler:** Philip V **Mint:** Lima

Date	Mintage	Good	VG	F	VF	XF
ND(1729-1747)L Date off flan	—	20.00	30.00	40.00	60.00	—
1730L N	—	60.00	90.00	150	250	—
1731L N	—	60.00	90.00	150	250	—
1732L N	—	60.00	90.00	150	250	—
1733L N	—	60.00	90.00	150	250	—
1734L N	—	60.00	90.00	150	250	—
1735L N	—	60.00	90.00	150	250	—
1736L N	—	60.00	90.00	150	250	—
1737L N	—	60.00	90.00	150	250	—
1738L N	—	60.00	90.00	150	250	—
1739L V	—	60.00	90.00	150	250	—
1740L N	—	60.00	90.00	150	250	—
1740L V	—	60.00	90.00	150	250	—
1741L V	—	60.00	90.00	150	250	—
1742L V	—	60.00	90.00	150	250	—
1743L V	—	60.00	90.00	150	250	—
1744L V	—	60.00	90.00	150	250	—
1745L V	—	60.00	90.00	150	250	—
1746L V	—	60.00	90.00	150	250	—
1747L V	—	60.00	90.00	150	250	—

KM# A43 2 REALES
6.7668 g., 0.9170 Silver 0.1995 oz. ASW **Ruler:** Ferdinand VI **Mint:** Lima

Date	Mintage	Good	VG	F	VF	XF
1748L V	—	60.00	90.00	150	250	—
1749L R	—	60.00	90.00	150	250	—
1750L R	—	60.00	90.00	150	250	—
1751L R	—	60.00	90.00	150	250	—
1752L R Rare	—	—	—	—	—	—
ND (1748-52)L Date off flan	—	20.00	30.00	40.00	60.00	—

Date	Mintage	Good	VG	F	VF	XF
1701L H	—	100	165	250	400	—
1702L H	—	100	165	250	400	—
1703L H	—	100	165	250	400	—
1704L H	—	100	165	250	400	—
1705L H	—	100	165	250	400	—
1706L H	—	100	165	250	400	—
1707L H	—	100	165	250	400	—
1708L H	100	165	250	400	—	
1709L M	—	100	165	250	400	—
1710L H	—	100	165	250	400	—
1711L M	—	100	165	250	400	—
1712L M	—	100	165	250	400	—
1713L M	—	100	165	250	400	—
1714L M	—	100	165	250	400	—
1715L M	—	100	165	250	400	—
1716L M	—	100	165	250	400	—
1717L M	—	100	165	250	400	—
1718L M	—	100	165	250	400	—
1719L M	—	100	165	250	400	—
1720L M	—	100	165	250	400	—
1721L M	—	100	165	250	400	—
1722L M	—	100	165	250	400	—
1723L M	—	100	165	250	400	—
1724L M	—	100	165	250	400	—
1726L M	—	100	165	250	400	—
1727L M	—	100	165	250	400	—
1728L N	—	100	165	250	400	—
ND (1701-29)L	—	50.00	80.00	110	150	—

Date off flan

KM# D39 4 REALES
13.5337 g., 0.9170 Silver 0.3990 oz. ASW **Ruler:** Luis I **Obv. Legend:** PHILIPPVS V D.G. HISPANIA **Rev:** Pillars, PLVS VLTRA and date between **Mint:** Lima

Date	Mintage	VG	F	VF	XF	Unc
NDL Date off flan	—	—	—	—	—	—
1725L M Rare	—	—	—	—	—	—

KM# 33A 4 REALES
13.5337 g., 0.9170 Silver 0.3990 oz. ASW **Obv:** Cross of Jerusalem, lions and castles in quarters **Obv. Legend:** PHILIPPVS V D • G • HISPANIA **Rev:** Pillars, PLVS VLTRA and date between **Mint:** Lima

Date	Mintage	Good	VG	F	VF	XF
ND(1729-1747)L	—	50.00	80.00	110	150	—
Date off flan						
1729L N	—	100	165	250	400	—
1730L N	—	100	160	240	375	—
1731L N	—	100	160	240	375	—
1732L N	—	100	160	240	375	—
1733L N	—	100	160	240	375	—
1734L N	—	100	160	240	375	—
1735L N	—	100	160	240	375	—
1736L N	—	100	160	240	375	—
1737L N	—	100	160	240	375	—
1738L N	—	100	160	240	375	—
1739L V	—	100	160	240	375	—
1740L V	—	100	160	240	375	—
1741L V	—	100	160	240	375	—
1742L V	—	100	160	240	375	—
1743L V	—	100	160	240	375	—
1744L V	—	100	160	240	375	—
1745L V	—	100	160	240	375	—
1746L V	—	100	160	240	375	—
1747L V	—	100	160	240	375	—

KM# 43 4 REALES
13.5337 g., 0.9310 Silver 0.4051 oz. ASW **Obv:** Cross of Jerusalem, lions and castles in quarters **Obv. Legend:** FERND • VI • D • G • HISPAN ET IND • REX **Rev:** Pillars, PLVS VLTRA, mint mark and date **Mint:** Lima

Date	Mintage	Good	VG	F	VF	XF
1747L V	—	100	165	250	400	—
1748L V	—	100	165	250	400	—
1748L R	—	100	165	250	400	—
1750L R	—	100	165	250	400	—
1751L R	—	100	165	250	400	—
ND (1747-51)L	—	50.00	80.00	110	150	—

Date off flan

KM# 33 4 REALES
13.5337 g., 0.9310 Silver 0.4051 oz. ASW **Obv:** Cross of Jerusalem, lions and castles in quarters **Obv. Legend:** PHILIPPVS V D • G • HISPANIA **Rev:** Pillars, PLVS VLTRA with date between **Mint:** Lima

KM# 24 8 REALES
27.0674 g., 0.9310 Silver 0.8102 oz. ASW **Ruler:** Charles II **Obv:** Cross of Jerusalem, lions and castles in quarters **Rev:** PLV/ SVL/ TRA between pillars **Mint:** Lima

Date	Mintage	Good	VG	F	VF	XF
1701L H	—	175	275	375	575	—

KM# 34 8 REALES
27.0674 g., 0.9310 Silver 0.8102 oz. ASW **Ruler:** Philip V **Obv:** Cross of Jerusalem, lions and castles in quarters **Obv. Legend:** PHILIPPVS.... **Rev:** PLV/SVL/TRA between pillars **Mint:** Lima

Date	Mintage	Good	VG	F	VF	XF
ND(1701-1724)L Date off flan	—	75.00	100	125	150	—
1701L H	—	150	250	350	500	—
1702L H	—	150	250	350	500	—
1703L H	—	150	250	350	500	—
1704L H	—	150	250	350	500	—
1705L H	—	150	250	350	500	—
1706L R	—	150	250	350	500	—
1707L H	—	150	250	350	500	—
1708L H Rare	—	—	—	—	—	—
1709/8 M Rare	—	—	—	—	—	—
1709L M	—	150	250	350	500	—
1710L H	—	150	250	350	500	—
1711/0 M Rare	—	—	—	—	—	—
1711L M	—	150	250	350	500	—
1712L M Rare	—	—	—	—	—	—
1714/3L M Rare	—	—	—	—	—	—
1714L M	—	150	250	350	500	—
1715L M Rare	—	—	—	—	—	—
1716LM Rare	—	—	—	—	—	—
1717L M	—	150	250	350	500	—
1718L M	—	150	250	350	500	—
1719L M	—	150	250	350	500	—
1720/19L M Rare	—	—	—	—	—	—
1720L M	—	150	250	350	500	—
1721/0L M Rare	—	—	—	—	—	—
1721L M	—	150	250	350	500	—
1722L M	—	150	250	350	500	—
1723L M	—	150	250	350	500	—
1724L M	—	150	250	350	500	—

KM# 39 8 REALES
0.9170 Silver **Ruler:** Luis I **Obv:** Cross of Jerusalem, lions and castles in quarters, date below **Rev:** Pillars, PLVS VLTR(A), value, date and mint mark **Mint:** Lima

Date	Mintage	Good	VG	F	VF	XF
ND(1725)L M Date off flan, Rare	—	—	—	—	—	—
1725L M	—	750	1,500	3,000	5,000	—
1726L M	—	750	1,500	3,000	5,000	—

KM# R39 8 REALES
27.0674 g., 0.9170 Silver 0.7980 oz. ASW **Ruler:** Luis I **Mint:** Lima

Date	Mintage	VG	F	VF	XF	Unc
1725L M 1 known, Rare	—	—	—	—	—	—

KM# 34a 8 REALES
27.0674 g., 0.9170 Silver 0.7980 oz. ASW **Obv:** Cross of Jerusalem, lions and castles in quarters **Obv. Legend:** PHILIPPVS V • D • G • HISPANA **Rev:** Pillars, PLVS VLTR(A), value, date, mint mark **Mint:** Lima

Date	Mintage	Good	VG	F	VF	XF
ND(1726-1746)L Date off flan	—	75.00	100	125	150	—
1726LM	—	150	250	350	500	—
1727L M	—	150	250	350	500	—
1728L N	—	150	250	350	500	—
1729L N	—	150	250	350	500	—
1730L N	—	150	250	350	500	—
1731L N	—	150	250	350	500	—
1732L N	—	150	250	350	500	—
1733L N	—	150	250	350	500	—
1734L N	—	150	250	350	500	—
1735L N	—	150	250	350	500	—
1736/5L N Rare	—	—	—	—	—	—
1737/6L N Rare	—	—	—	—	—	—
1736L N	—	150	250	350	500	—
1737L N	—	150	250	350	500	—
1738/7L N	—	150	250	350	500	—
1738L N	—	150	250	350	500	—
1739L N	—	150	250	350	500	—
1739L V	—	150	250	350	500	—
1740/39L V Rare	—	—	—	—	—	—
1740L N	—	150	250	350	500	—
1740L V	—	150	250	350	500	—
1740L N V Rare	—	—	—	—	—	—

Note: N on obverse, V on reverse

Date	Mintage	Good	VG	F	VF	XF
1741L V	—	150	250	350	500	—
1742L V	—	150	250	350	500	—
1743L V	—	150	250	350	500	—
1744L V	—	150	250	350	500	—
1745/4L V Rare	—	—	—	—	—	—
1745L V	—	150	250	350	500	—
1746L V	—	150	250	350	500	—

KM# 44 8 REALES
0.9170 Silver **Ruler:** Ferdinand VI **Obv:** Cross of Jerusalem, lions and castles in quarters, date below **Obv. Legend:** FERDINANDVS VI D• G• HISPANIARVM REX **Rev:** Pillars, PLVS VLTRA between **Mint:** Lima

Date	Mintage	Good	VG	F	VF	XF
1747L V	—	150	250	350	500	—
1748L V	—	150	250	350	500	—
1749L R	—	150	250	350	500	—
1750L R	—	150	250	350	500	—

PERU 1149

Date	Mintage	Good	VG	F	VF	XF
1751//50L R Rare	—	—	—	—	—	—
1751L R	—	150	250	350	500	—

KM# 27 ESCUDO

3.3834 g., 0.9170 Gold 0.0997 oz. AGW **Ruler:** Charles II **Obv:** Castle divides L H, date as 698 below **Rev:** Cross of Jerusalem, dots in quarters **Mint:** Lima **Note:** See pattern section of 1696 date.

Date	Mintage	VG	F	VF	XF	Unc
1701L R	—	—	3,000	4,000	6,000	—

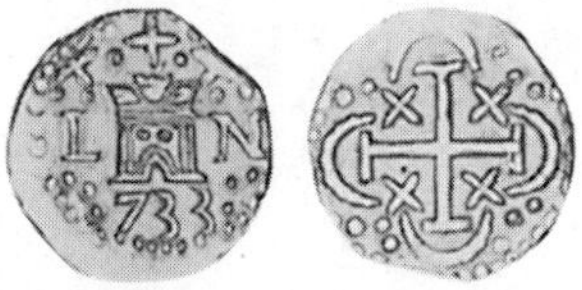

KM# 35 ESCUDO

3.3834 g., 0.9170 Gold 0.0997 oz. AGW **Ruler:** Philip V **Obv:** Castle divides L N, 733 below **Rev:** Cross of Jerusalem, X's in quarters **Mint:** Lima

Date	Mintage	VG	F	VF	XF	Unc
ND(1702-45)L Date off flan	—	—	1,500	2,000	2,500	—
1702L H	742	—	2,500	3,500	5,000	—
1703L H	344	—	2,500	3,500	5,000	—
1704L H	816	—	2,500	3,500	5,000	—
1705L H	2,100	—	2,500	3,500	5,000	—
1706L H	—	—	2,500	3,500	5,000	—
1707L H	1,341	—	2,500	3,500	5,000	—
1708L H	755	—	2,500	3,500	5,000	—
1709L H Rare	688	—	—	—	—	—
1709L M	—	—	2,500	3,500	5,000	—
1710L H Rare	813	—	—	—	—	—
1710L M	—	—	2,500	3,500	5,000	—
1711/0L M	—	—	2,500	3,500	5,000	—
1711L M	2,027	—	2,500	3,500	5,000	—
1712L M	1,642	—	2,500	3,500	5,000	—
1713L M	547	—	2,500	3,500	5,000	—
1714L M	630	—	2,500	3,500	5,000	—
1715L M	1,635	—	2,500	3,500	5,000	—
1716L M	1,162	—	2,500	3,250	4,500	—
1717L M	1,426	—	2,500	3,250	4,500	—
1718L M	905	—	2,500	3,250	4,500	—
1719L M	1,221	—	2,500	3,250	4,500	—
1720L M	866	—	2,500	3,250	4,500	—
1721/0L M	878	—	2,500	3,250	4,500	—
1721L M	Inc. above	—	2,500	3,250	4,500	—
1722L M	560	—	2,500	3,250	4,500	—
1723L M	509	—	2,500	3,250	4,500	—
1724L M	283	—	2,500	3,250	4,500	—
1725L M	1,451	—	2,500	3,250	4,500	—
1726L M	502	—	2,500	3,250	4,500	—
1727L M	4,562	—	2,500	3,250	4,500	—
1728L N	826	—	2,500	3,250	4,500	—
1729L N	949	—	2,500	3,250	4,500	—
1730L N	798	—	2,500	3,250	4,500	—
1732L N Rare	1,108	—	—	—	—	—
1733L N Rare	474	—	—	—	—	—
1736L N	646	—	2,500	3,250	4,500	—
1738L N	807	—	2,500	3,250	4,500	—
1740L V	561	—	2,500	3,250	4,500	—
1742L V	767	—	2,500	3,250	4,500	—
1743L V	890	—	2,500	3,250	4,500	—
1744L V	993	—	2,500	3,250	4,500	—
1745L V	521	—	2,500	3,250	4,500	—

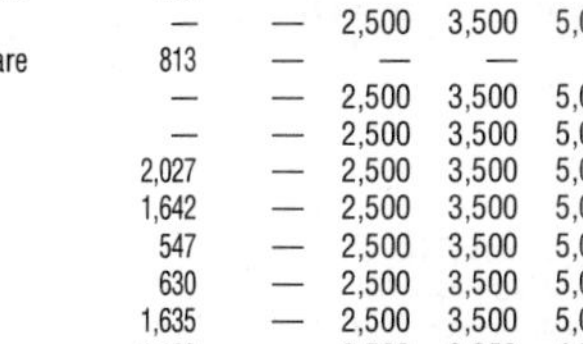

KM# 45 ESCUDO

3.3834 g., 0.9170 Gold 0.0997 oz. AGW **Ruler:** Ferdinand VI **Obv:** Castle **Rev:** Cross of Jerusalem, X's in quarters **Mint:** Lima

Date	Mintage	VG	F	VF	XF	Unc
ND(1747-50)L Date off flan	—	—	1,500	2,000	2,500	—
1747/6L V	664	—	2,500	3,250	4,500	—
1747L V	Inc. above	—	2,500	3,250	4,500	—
1748L V	1,005	—	2,500	3,250	4,500	—
1748L R Rare	—	—	—	—	—	—
1749L V	2,781	—	2,500	3,250	4,500	—
1749L R	Inc. above	—	2,500	3,250	4,500	—
1750L R	1,340	—	2,500	3,250	4,500	—

KM# 29 2 ESCUDOS

6.7668 g., 0.9170 Gold 0.1995 oz. AGW **Ruler:** Charles II **Obv:** Cross of Jerusalem with lions and castles in quarters **Obv. Legend:** C • II D • G • HISPANIARVM **Rev:** Pillars and waves **Mint:** Lima

Date	Mintage	VG	F	VF	XF	Unc
1701L H	—	—	4,000	5,000	7,000	—

KM# 36 2 ESCUDOS

6.7668 g., 0.9170 Gold 0.1995 oz. AGW **Ruler:** Philip V **Obv:** Cross of Jerusalem with lions and castles in quarters **Obv. Legend:** PHILIPPVS V D • G • HISPAN **Rev:** Pillars and waves **Mint:** Lima

Date	Mintage	VG	F	VF	XF	Unc
ND(1701-44)L Date off flan	—	—	1,500	2,000	2,500	—
1701L H	—	—	3,750	4,750	5,750	—
1702L H	4,973	—	3,750	4,750	5,750	—
1703L H	12,339	—	3,750	4,750	5,750	—
1704L H	11,000	—	3,750	4,750	5,750	—
1705L H	13,508	—	3,750	4,750	5,750	—
1707L H	23,202	—	3,750	4,750	5,750	—
1708L H	6,575	—	3,750	4,750	5,750	—
1709L M	14,184	—	3,750	4,750	5,750	—
1709L H Rare	—	—	—	—	—	—
1710L H	3,811	—	3,750	4,750	5,750	—
1711L M	7,367	—	3,750	4,750	5,750	—
1712L M	5,265	—	3,750	4,750	5,750	—
1713L M	1,725	—	3,750	4,750	5,750	—
1714L M	3,954	—	3,750	4,750	5,750	—
1715L M	10,905	—	3,750	4,750	5,750	—
1716L M	8,378	—	3,500	4,250	5,000	—
1720L M	1,696	—	3,500	4,250	5,000	—
1721L M	4,563	—	3,500	4,250	5,000	—
1723L M	1,463	—	3,500	4,250	5,000	—
1728L M	877	—	3,500	4,250	5,000	—
1733L N	922	—	3,500	4,250	5,000	—
1735L N	1,052	—	3,500	4,250	5,000	—
1736L N	Inc. above	—	3,500	4,250	5,000	—
1741L V	989	—	3,500	4,250	5,000	—
1744L V	981	—	3,500	4,250	5,000	—

KM# 46 2 ESCUDOS

6.7500 g., 0.9170 Gold 0.1990 oz. AGW **Ruler:** Ferdinand VI **Obv:** Cross of Jerusalem, lions and castles in quarters **Rev:** Pillars and waves **Mint:** Lima

Date	Mintage	VG	F	VF	XF	Unc
ND(1747-49)L Date off flan	—	—	1,500	2,000	2,500	—
1747L V	648	—	3,500	4,250	5,000	—
1748L V	837	—	3,500	4,250	5,000	—
1748L R	Inc. above	—	3,500	4,250	5,000	—
1749l R	3,584	—	3,500	4,250	5,000	—

KM# 25 4 ESCUDOS

13.5337 g., 0.9170 Gold 0.3990 oz. AGW **Ruler:** Charles II **Obv:** Cross of Jerusalem with castles and lions in quarters **Obv. Legend:** C • II D • G • HISPANIARVM **Rev:** Pillars and waves **Mint:** Lima

Date	Mintage	VG	F	VF	XF	Unc
1701L H	—	—	9,000	12,000	15,000	—

KM# 37 4 ESCUDOS

13.5337 g., 0.9170 Gold 0.3990 oz. AGW **Ruler:** Philip V **Obv:** Cross of Jerusalem with castles and lions in quarters **Obv. Legend:** PHILIPPVS V D • G • HISPAN **Rev:** Pillars and waves **Mint:** Lima

Date	Mintage	VG	F	VF	XF	Unc
ND(1702-45)L Date off flan	—	—	3,000	3,750	4,500	—
1702L H	3,750	—	4,750	6,000	7,000	—
1704L H	7,902	—	4,750	6,000	7,000	—
1705L H	11,102	—	4,750	6,000	7,000	—
1707L H	10,362	—	4,750	6,000	7,000	—
1710L H	3,006	—	4,750	6,000	7,000	—
1711L M	1,128	—	4,750	6,000	7,000	—
1712L M	2,073	—	4,750	6,000	7,000	—
1736L N	221	—	4,000	5,000	6,000	—
1738L N	231	—	4,000	5,000	6,000	—
1739L V	147	—	4,000	5,000	6,000	—
1740L V	199	—	4,000	5,000	6,000	—
1745L V	147	—	4,000	5,000	6,000	—

KM# A47 4 ESCUDOS

13.5000 g., 0.9170 Gold 0.3980 oz. AGW **Ruler:** Ferdinand VI **Mint:** Lima

Date	Mintage	VG	F	VF	XF	Unc
1750L R	1,508	—	3,750	4,750	5,750	—

Note: One 1750 R 4 Escudos is known struck with a 2 Escudos obverse die clearly displaying a 2 above the cross; This piece was sold in the Sotheby's Rio de la Plata sale 3-93, good VF realizing $19,800. Many examples with 8 Escudo obverse also exist

KM# 26.2 8 ESCUDOS

27.0674 g., 0.9170 Gold 0.7980 oz. AGW **Ruler:** Charles II **Obv:** Cross of Jerusalem, lions and castles in quarters **Obv. Legend:** C • II D • G • HISPANIARVM **Rev:** Pillars, PVA, date and mint mark **Mint:** Lima

Date	Mintage	VG	F	VF	XF	Unc
1701L H	—	—	8,000	10,000	12,500	—

KM# 38.1 8 ESCUDOS

27.0674 g., 0.9170 Gold 0.7980 oz. AGW **Obv:** Cross of Jerusalem, lions and castles in quarters **Obv. Legend:** PHILIPPVS V D • G • HISPANIARVM **Rev:** Pillars, PVA, date and mint mark **Mint:** Lima

Date	Mintage	VG	F	VF	XF	Unc
ND (1701-09)L Date off flan	—	—	3,000	4,250	5,500	—
1701L H	—	—	4,000	5,750	7,500	—
1702L H	19,640	—	4,000	5,750	7,500	—
1703L H	34,562	—	4,000	5,750	7,500	—
1704L H	26,733	—	4,000	5,750	7,500	—
1705L H	110,670	—	4,000	5,750	7,500	—
1706L R	—	—	4,000	5,750	7,500	—
1707L H	112,660	—	4,000	5,750	7,500	—
1708L H	39,138	—	4,000	5,750	7,500	—
1709L H	49,615	—	4,000	5,750	7,500	—
1709L M	Inc. above	—	4,000	5,750	7,500	—

KM# 38.2 8 ESCUDOS

27.0674 g., 0.9170 Gold 0.7980 oz. AGW **Ruler:** Philip V **Rev:** ANO and date in legend **Mint:** Lima

Date	Mintage	VG	F	VF	XF	Unc
ND(1710-47)L Date off flan	—	—	3,000	4,250	5,500	—
1710L H	44,061	—	4,000	5,750	7,500	—
1710L M	Inc. above	—	4,000	5,750	7,500	—
1711L M Without date in legend	64,226	—	4,000	5,750	7,500	—
1712L M	51,248	—	4,000	5,750	7,500	—
1713L M	40,295	—	4,000	5,750	7,500	—
1714L M	42,627	—	4,000	5,750	7,500	—
1715L M	61,586	—	4,000	5,750	7,000	—
1716L M	66,515	—	3,000	4,000	5,250	—
1717L M	55,691	—	3,000	4,000	5,250	—
1718L M	65,657	—	3,000	4,000	5,250	
1719L M	60,234	—	3,000	4,000	5,250	—
1720L M	53,003	—	3,000	4,000	5,250	—
1721L M	64,217	—	3,000	4,000	5,300	—
1722L M	36,563	—	3,000	4,000	5,300	—
1723L M	35,743	—	3,000	4,000	5,300	—
1724L M	37,810	—	3,000	4,000	5,300	—
1726L M	48,734	—	3,000	4,000	5,300	—
1727L M	60,378	—	3,000	4,000	5,300	—
1728L N	42,862	—	3,000	4,000	5,300	—
1729L N	53,813	—	3,000	4,000	5,300	—
1730L N	56,699	—	3,000	4,000	5,300	—
1731L N	36,390	—	3,000	4,000	5,300	—
1732L N	57,487	—	3,000	4,000	5,300	—
1733L N	48,875	—	3,000	4,000	5,300	—
1734L N	62,476	—	3,000	4,000	5,300	—
1735/4L N Rare	—	—	—	—	—	—
1735L N	57,496	—	3,000	4,000	5,300	—
1736L N	35,504	—	3,000	4,000	5,300	—
1737L N	159,179	—	3,000	4,000	5,300	—
1738L N	129,603	—	3,000	4,000	5,300	—

Date	Mintage	VG	F	VF	XF	Unc
1739/8L V/N Rare	—	—	—	—	—	—
1739L N	106,775	—	3,000	4,000	5,300	—
1739L V	Inc. above	—	3,000	4,000	5,300	—
1740/39L V	70,070	—	3,000	4,000	5,300	—
1740L V	Inc. above	—	3,000	4,000	5,300	—
1741L V	92,320	—	3,000	4,000	5,300	—
1742L V	78,386	—	3,000	4,000	5,300	—
1743L V	90,553	—	3,000	4,000	5,300	—
1744L V	99,962	—	3,000	4,000	5,300	—
1745L V	50,743	—	3,000	4,000	5,300	—
1746L V	85,211	—	3,000	4,000	5,300	—

KM# 40 8 ESCUDOS

27.0674 g., 0.9170 Gold 0.7980 oz. AGW **Obv. Legend:** LUDOVICVS **Mint:** Lima

Date	Mintage	VG	F	VF	XF	Unc
1725 M	83,674	—	6,250	7,500	10,000	—

KM# 38.3 8 ESCUDOS

27.0674 g., 0.9170 Gold 0.7980 oz. AGW **Obv:** Cross of Jerusalem, lions and castles in quarters **Obv. Legend:** PHILIPPVS V D • G • HISPANIARVM **Rev:** Stars replace dots in field **Mint:** Lima

Date	Mintage	VG	F	VF	XF	Unc
1745L V	Inc. above	—	3,000	4,000	5,000	—
1746L V	Inc. above	—	3,000	4,000	5,000	—

KM# 47 8 ESCUDOS

27.0600 g., 0.9170 Gold 0.7978 oz. AGW **Obv:** Cross of Jerusalem, lions and castles in quarters **Obv. Legend:** FERDINANDVS VI D • G • HISPANIARVM **Rev:** Pillars, PVA, date and mint mark **Mint:** Lima

Date	Mintage	VG	F	VF	XF	Unc
ND(1747-50)L Date off flan	—	—	2,500	3,000	3,500	—
1747L V	76,228	—	3,000	4,000	5,250	—
1748L R	Inc. above	—	3,000	4,000	5,250	—
1749/8L R	93,582	—	3,000	4,000	5,250	—
1749L R	Inc. above	—	3,000	4,000	5,250	—
1750L R	95,433	2,250	3,000	3,750	5,500	—

Note: The 1750 R is dated on both obverse and reverse. A mule exists struck with the obverse die of a 1750 and the reverse die of a 1749 R, it was sold in the Sotheby's Rio de la Plata sale 3-93, VF realizing $7,150

ROYAL COINAGE

KM# R31a REAL

3.3834 g., 0.9170 Silver 0.0997 oz. ASW **Ruler:** Philip V **Obv:** Cross of Jerusalem, lions and castles in quarters **Rev:** Letters and numbers between pillars **Mint:** Lima

Date	Mintage	Good	VG	F	VF	XF
1730L N	—	1,000	1,500	2,000	2,500	—
1736L N	—	1,000	1,500	2,000	2,500	—
1738L N	—	1,000	1,500	2,000	2,500	—

KM# R42 REAL

3.3834 g., 0.9170 Silver 0.0997 oz. ASW **Ruler:** Ferdinand VI **Obv:** Cross of Jerusalem, lions and castles in quarters **Rev:** Letters and numbers between pillars **Mint:** Lima **Note:** Struck at Lima.

Date	Mintage	Good	VG	F	VF	XF
1749L R	—	1,000	1,500	2,000	2,500	—

KM# R32 2 REALES

6.7668 g., 0.9310 Silver 0.2025 oz. ASW **Ruler:** Philip V **Obv:** Cross of Jerusalem, lions and castles in quarters **Rev:** Letters and numbers between pillars **Mint:** Lima

Date	Mintage	Good	VG	F	VF	XF
1709L M	—	1,000	1,500	2,250	3,000	—
1711L M	—	1,000	1,500	2,250	3,000	—
1716L M	—	1,000	1,500	2,250	3,000	—
1729L N	—	1,000	1,500	2,250	3,000	—

KM# R32a 2 REALES

6.7668 g., 0.9170 Silver 0.1995 oz. ASW **Ruler:** Philip V **Obv:** Cross of Jerusalem, lions and castles in quarters **Rev:** Letters and numbers between pillars **Mint:** Lima

Date	Mintage	Good	VG	F	VF	XF
1739L N	—	1,000	1,500	2,250	3,000	—
1741L V	—	1,000	1,500	2,250	3,000	—

KM# RA43 2 REALES

6.7668 g., 0.9170 Silver 0.1995 oz. ASW **Ruler:** Ferdinand VI **Obv:** Cross of Jerusalem, lions and castles in quarters **Rev:** Letters and numbers between pillars **Mint:** Lima

Date	Mintage	Good	VG	F	VF	XF
1748L V	—	1,000	1,500	2,250	3,000	—

KM# R33a 4 REALES

13.5337 g., 0.9170 Silver 0.3990 oz. ASW **Ruler:** Philip V **Obv:** Cross of Jerusalem, lions and castles in quarters **Rev:** Letters ands numbers between pillars **Mint:** Lima

Date	Mintage	Good	VG	F	VF	XF
1731L N	—	2,500	4,000	6,000	8,000	—
1746L V	—	2,500	4,000	6,000	8,000	—

KM# R34 8 REALES

27.0674 g., 0.9310 Silver 0.8102 oz. ASW **Ruler:** Philip V **Obv:** Cross of Jerusalem, lions and castles in quarters **Rev:** Letters and numbers between pillars **Mint:** Lima

Date	Mintage	Good	VG	F	VF	XF
1701L H	—	2,500	4,000	7,000	12,000	—
1704L H	—	2,500	4,000	7,000	12,000	—
1709L M	—	2,500	4,000	7,000	12,000	—
1714L M	—	2,500	4,000	7,000	12,000	—
1716L M	—	2,500	4,000	7,000	12,000	—
1719L M	—	2,500	4,000	7,000	12,000	—
1722L M	—	2,500	4,000	7,000	12,000	—
1723L M	—	2,500	4,000	7,000	12,000	—
1726L M	—	2,500	4,000	7,000	12,000	—

KM# R34a 8 REALES

27.0674 g., 0.9170 Silver 0.7980 oz. ASW **Ruler:** Philip V **Obv:** Cross of Jerusalem, lions and castles in quarters **Rev:** Letters and numbers between pillars **Mint:** Lima

Date	Mintage	Good	VG	F	VF	XF
1729L N	—	2,500	4,000	7,000	12,000	—
1730L N	—	2,500	4,000	7,000	12,000	—
1735L N	—	2,500	4,000	7,000	12,000	—
1736L N	—	2,500	4,000	7,000	12,000	—
1738L N	—	2,500	4,000	7,000	12,000	—
1739L V	—	2,500	4,000	7,000	12,000	—

KM# R44 8 REALES

27.0674 g., 0.9170 Silver 0.7980 oz. ASW **Ruler:** Ferdinand VI **Obv:** Cross of Jerusalem, lions and castles in quarters **Rev:** Letters and numbers between pillars **Mint:** Lima

Date	Mintage	Good	VG	F	VF	XF
1748L V	—	2,500	4,000	7,000	12,000	—

MILLED COINAGE

KM# 99 1/4 REAL

0.8458 g., 0.8960 Silver 0.0244 oz. ASW **Obv:** Bust of Charles IIII, right **Obv. Legend:** CAROLUS IIII.. **Rev:** Crowned arms of Peru **Rev. Legend:** HISPAN • ET IND • REX **Mint:** Lima

Date	Mintage	VG	F	VF	XF	Unc
1792L IJ	—	50.00	150	250	350	—
1793L IJ	—	50.00	100	150	200	—
1794L IJ	—	50.00	200	350	500	—
1795L IJ	—	50.00	200	350	500	—

KM# 102.1 1/4 REAL

0.8458 g., 0.8960 Silver 0.0244 oz. ASW **Obv:** Castle, vertical LME at left, initials at right, without value **Rev:** Crowned rampant lion **Mint:** Lima

Date	Mintage	VG	F	VF	XF	Unc
1794L IJ	—	200	400	700	1,200	—
1795L JI	—	250	500	900	—	—
1796L JI	—	250	500	900	—	—

KM# 102.2 1/4 REAL

0.8458 g., 0.8960 Silver 0.0244 oz. ASW **Obv:** Castle, L at left, 1/4 at right **Rev:** Crowned rampant lion **Mint:** Lima

Date	Mintage	VG	F	VF	XF	Unc
1796L	—	40.00	75.00	110	225	—
1797L	—	40.00	75.00	110	225	—
1798L	—	40.00	75.00	110	225	—
1799L	—	40.00	75.00	110	225	—
1800L	—	40.00	75.00	110	225	—

KM# 51 1/2 REAL

1.6917 g., 0.9170 Silver 0.0499 oz. ASW **Obv:** Crowned arms of Peru **Obv. Legend:** FRD • VI • D • G • HISP • ET • IND • **Rev:** Crowned pillars and globes, date **Rev. Legend:** HISPAN • ET IND • REX **Mint:** Lima **Note:** Mint mark in monogram.

Date	Mintage	VG	F	VF	XF	Unc
1751LIMAE J Rare	—	—	—	—	—	—
1752/1LIMAE J	—	40.00	75.00	150	250	—
1752LIMAE J	—	40.00	75.00	150	250	—
1753/2LIMAE J	—	15.00	40.00	75.00	125	—
1753LIMAE J	—	15.00	40.00	75.00	125	—
1754LIMAE JD	—	15.00	40.00	75.00	125	—
1755LIMAE JD	—	15.00	40.00	75.00	125	—
1755LIMAE JM	—	15.00	40.00	75.00	125	—
1756LIMAE JM	—	15.00	40.00	75.00	125	—
1757/6LIMAE JM	—	15.00	40.00	75.00	125	—
1757LIMAE JM	—	15.00	40.00	75.00	125	—
1758LIMAE JM	—	15.00	40.00	75.00	125	—
1759/8LIMAE JM	—	—	—	—	—	—
1759LIMAE JM	—	15.00	40.00	75.00	125	—
1760LIMAE JM	—	15.00	40.00	75.00	125	—

KM# 60 1/2 REAL

1.6917 g., 0.9170 Silver 0.0499 oz. ASW **Obv:** Crowned arms of Peru **Obv. Legend:** CAR • III.. **Rev:** Crowned pillars, globes **Mint:** Lima **Note:** Mint mark in monogram.

Date	Mintage	VG	F	VF	XF	Unc
1760LIMAE JM	—	15.00	40.00	75.00	125	—
1761/0LIMAE JM	—	15.00	40.00	75.00	125	—
1761LIMAE JM	—	15.00	40.00	75.00	125	—
1762/1LIMAE JM	—	15.00	40.00	75.00	125	—
1762LIMAE JM	—	15.00	40.00	75.00	125	—
1763LIMAE JM	—	15.00	40.00	75.00	125	—
1764LIMAE JM	—	15.00	40.00	75.00	125	—
1765LIMAE JM	—	15.00	40.00	75.00	125	—
1766LIMAE JM	—	20.00	40.00	75.00	135	—
1766/5LIMAE JM	—	15.00	40.00	75.00	125	—
1767LIMAE JM	—	15.00	40.00	75.00	125	—
1768LIMAE JM	—	15.00	40.00	75.00	125	—
1769LIMAE JM	—	15.00	40.00	75.00	125	—
1770LIMAE JM	—	15.00	40.00	75.00	125	—
1771LIMAE JM	—	15.00	40.00	75.00	125	—
1772LIMAE JM	—	55.00	95.00	160	265	—

KM# 74 1/2 REAL

1.6917 g., 0.9030 Silver 0.0491 oz. ASW **Obv:** Bust of Charles III, right **Obv. Legend:** CAROLUS III.. **Rev:** Crowned arms, pillars **Mint:** Lima **Note:** Mint mark in monogram.

Date	Mintage	VG	F	VF	XF	Unc
1772LIMAE JM	—	15.00	35.00	70.00	110	—
1773LIMAE JM	—	10.00	25.00	50.00	90.00	—
1773LIMAE MJ	—	10.00	25.00	50.00	90.00	—
1774LIMAE MJ	—	10.00	25.00	50.00	90.00	—
1775LIMAE MJ	—	10.00	25.00	50.00	90.00	—
1776LIMAE MJ	—	15.00	40.00	75.00	125	—
1777LIMAE MJ	—	10.00	25.00	50.00	90.00	—
1778LIMAE MJ	—	10.00	25.00	50.00	90.00	—
1779LIMAE MJ	—	10.00	25.00	50.00	90.00	—
1780LIMAE MJ	—	10.00	25.00	50.00	90.00	—
1780LIMAE MI	—	10.00	25.00	50.00	90.00	—
1781LIMAE MI	—	10.00	25.00	50.00	90.00	—
1782LIMAE MI	—	10.00	25.00	50.00	90.00	—
1783LIMAE MI	—	10.00	25.00	50.00	90.00	—
1784LIMAE MI	—	10.00	25.00	50.00	90.00	—

KM# 74a 1/2 REAL

1.6917 g., 0.8960 Silver 0.0487 oz. ASW **Obv:** Bust of Charles III, right **Obv. Legend:** CAROLUS III.. **Rev:** Crowned arms, pillars **Mint:** Lima **Note:** Mint mark in monogram.

Date	Mintage	VG	F	VF	XF	Unc
1785LIMAE MI	—	10.00	25.00	50.00	90.00	—
1786LIMAE MI	—	10.00	25.00	50.00	90.00	—
1787LIMAE MI	—	10.00	25.00	50.00	90.00	—
1787LIMAE IJ	—	15.00	35.00	70.00	110	—
1788LIMAE IJ	—	10.00	25.00	50.00	90.00	—
1789LIMAE IJ	—	10.00	25.00	50.00	90.00	—

KM# 83 1/2 REAL

1.6917 g., 0.8960 Silver 0.0487 oz. ASW **Obv:** Bust of Charles III, right **Obv. Legend:** CAROLUS IV.. **Rev:** Crowned arms, pillars **Mint:** Lima **Note:** Mint mark in monogram.

Date	Mintage	VG	F	VF	XF	Unc
1789LIMAE IJ	—	10.00	25.00	50.00	90.00	—
1790LIMAE IJ	—	10.00	25.00	50.00	90.00	—
1791LIMAE IJ	—	10.00	25.00	50.00	90.00	—

KM# 93 1/2 REAL

1.6917 g., 0.8960 Silver 0.0487 oz. ASW **Obv:** Bust right **Obv. Legend:** CAROLUS IIII... **Rev:** Crowned arms, pillars **Mint:** Lima **Note:** Mint mark in monogram.

Date	Mintage	VG	F	VF	XF	Unc
1791LIMAE IJ Large bust.	—	20.00	40.00	75.00	125	—
1792LIMAE IJ	—	20.00	40.00	75.00	125	—
1793LIMAE IJ	—	10.00	20.00	55.00	85.00	—
1794LIMAE IJ	—	10.00	20.00	55.00	85.00	—
1795LIMAE IJ	—	10.00	20.00	55.00	85.00	—
1796LIMAE IJ	—	10.00	20.00	55.00	85.00	—
1797LIMAE IJ	—	10.00	20.00	55.00	85.00	—
1798LIMAE IJ	—	10.00	20.00	55.00	85.00	—
1799LIMAE IJ	—	10.00	20.00	55.00	85.00	—
1800LIMAE IJ	—	10.00	20.00	55.00	85.00	—

KM# 52 REAL

3.3834 g., 0.9170 Silver 0.0997 oz. ASW **Obv:** Crowned arms of Peru **Obv. Legend:** FRD • VI • D • G • HISP • ETIND • R • **Rev:** Crowned globes, pillars **Rev. Legend:** VIRA QUE VNUM **Mint:** Lima

Date	Mintage	VG	F	VF	XF	Unc
1751LM J Rare	—	—	—	—	—	—
1752LM J	—	35.00	65.00	110	200	—
1753/2LM J	—	30.00	50.00	100	150	—
1753LM J	—	30.00	50.00	100	150	—
1754LM JD	—	30.00	50.00	100	150	—
1755LM JD	—	30.00	50.00	100	150	—
1755LM JM	—	30.00	50.00	100	150	—
1756LM JM	—	30.00	50.00	100	150	—
1757LM JM	—	30.00	50.00	100	150	—
1758LM JM	—	30.00	50.00	100	150	—
1759/7LM JM	—	30.00	50.00	100	150	—
1759LM JM	—	30.00	50.00	100	150	—
1760/50LM JM	—	30.00	50.00	100	150	—
1760LM JM	—	30.00	50.00	100	150	—

KM# 61 REAL

3.3834 g., 0.9170 Silver 0.0997 oz. ASW **Obv:** Crowned arms of Peru **Obv. Legend:** CAR • III • D • G • HISP • ETIND • R • **Rev:** Crowned globes, pillars **Rev. Legend:** • VTRA QUE VNUM • **Mint:** Lima

Date	Mintage	VG	F	VF	XF	Unc
1760LM JM	—	30.00	50.00	100	150	—
1761LM JM	—	30.00	50.00	100	150	—
1762LM JM	—	30.00	50.00	100	150	—
1763LM JM	—	30.00	50.00	100	150	—
1764LM JM	—	30.00	50.00	100	150	—
1765LM JM	—	30.00	50.00	100	150	—
1766LM JM	—	30.00	50.00	100	150	—
1767LM JM	—	30.00	50.00	100	150	—
1768LM JM	—	30.00	50.00	100	150	—
1769LM JM	—	30.00	50.00	100	150	—
1770LM JM	—	30.00	50.00	100	150	—
1771LM JM	—	30.00	50.00	100	150	—
1772LM JM	—	40.00	80.00	120	250	—

KM# 75 REAL

3.3834 g., 0.9030 Silver 0.0982 oz. ASW **Obv:** Bust of Charles III, right **Obv. Legend:** CAROLUS • III • DEI GRATIA • **Rev:** Crowned arms,pillars **Rev. Legend:** HISPAN • ET • IND • REX • ... **Mint:** Lima **Note:** Mint mark in monogram.

Date	Mintage	VG	F	VF	XF	Unc
1772LIMAE JM	—	20.00	35.00	65.00	100	—
1773LIMAE JM	—	20.00	35.00	65.00	100	—
1773LIMAE MJ	—	20.00	35.00	65.00	100	—
1774LIMAE MJ	—	20.00	35.00	65.00	100	—
1775LIMAE MJ	—	20.00	35.00	65.00	100	—
1776LIMAE MJ	—	20.00	35.00	65.00	100	—
1777LIMAE MJ	—	20.00	35.00	65.00	100	—
1778LIMAE MJ	—	20.00	35.00	65.00	100	—
1779LIMAE MJ	—	20.00	35.00	65.00	100	—
1780LIMAE MJ	—	20.00	35.00	65.00	100	—
1780LIMAE MI	—	20.00	25.00	65.00	100	—
1781LIMAE MI	—	20.00	25.00	65.00	100	—
1782LIMAE MI	—	20.00	25.00	65.00	100	—
1783LIMAE MI	—	20.00	25.00	65.00	100	—
1784LIMAE MI	—	20.00	25.00	65.00	100	—

KM# 75a REAL

3.3834 g., 0.8960 Silver 0.0975 oz. ASW **Obv:** Bust of Charles III, right **Obv. Legend:** CAROLUS III.. **Rev:** Crowned arms, pillars **Mint:** Lima **Note:** Mint mark in monogram.

Date	Mintage	VG	F	VF	XF	Unc
1785LIMAE MI	—	20.00	35.00	65.00	100	—
1786LIMAE MI	—	20.00	35.00	65.00	100	—
1787LIMAE MI	—	20.00	35.00	65.00	100	—
1787LIMAE IJ	—	20.00	35.00	65.00	100	—
1788LIMAE IJ	—	20.00	35.00	65.00	100	—
1789LIMAE IJ	—	20.00	35.00	65.00	100	—

KM# 84 REAL

3.3834 g., 0.8960 Silver 0.0975 oz. ASW **Obv:** Bust of Charles IIII, right **Obv. Legend:** CAROLUS • IV • DEI • GRATIA • **Rev:** Crowned arms, pillars **Rev. Legend:** HISPAN • ET IND.... **Mint:** Lima **Note:** Mint mark in monogram.

Date	Mintage	VG	F	VF	XF	Unc
1789LIMAE IJ	—	20.00	35.00	65.00	100	—
1790LIMAE IJ	—	20.00	35.00	65.00	100	—
1791LIMAE IJ	—	20.00	35.00	65.00	100	—

KM# 94 REAL

3.3834 g., 0.8960 Silver 0.0975 oz. ASW **Obv:** Bust of Charles IIII, right **Obv. Legend:** CAROLUS • IIII • DEI • GRATIA • **Rev:** Crowned arms, pillars **Rev. Legend:** HISPAN • ET IND • REX • ... **Mint:** Lima **Note:** Mint mark in monogram.

Date	Mintage	VG	F	VF	XF	Unc
1791LIMAE IJ Large bust.	—	15.00	30.00	60.00	90.00	—
1792LIMAE IJ Large bust.	—	15.00	30.00	60.00	90.00	—
1793LIMAE IJ Large bust.	—	15.00	30.00	60.00	90.00	—
1793LIMAE IJ Standard bust.	—	15.00	30.00	60.00	90.00	—
1794LIMAE IJ	—	15.00	30.00	60.00	90.00	—
1795LIMAE IJ	—	15.00	30.00	60.00	90.00	—
1796LIMAE IJ	—	15.00	30.00	60.00	90.00	—
1797LIMAE IJ	—	15.00	30.00	60.00	90.00	—
1798LIMAE IJ	—	15.00	30.00	60.00	90.00	—
1799LIMAE IJ	—	15.00	30.00	60.00	90.00	—
1800LIMAE IJ	—	15.00	30.00	60.00	90.00	—

KM# 53 2 REALES

6.7668 g., 0.9170 Silver 0.1995 oz. ASW **Obv:** Crowned arms of Peru **Obv. Legend:** FERDND • VI D • G • HISP • ET IND REX **Rev:** Crowned globes, pillars **Mint:** Lima

Date	Mintage	VG	F	VF	XF	Unc
1752/1LM J	—	150	250	325	—	—
1752LM J	—	150	250	325	—	—
1753/2LM J FED	—	35.00	70.00	110	185	—
1753LM J FRD	—	35.00	70.00	110	185	—
1754LM JD	—	35.00	70.00	110	185	—
1755LM JD	—	35.00	70.00	110	185	—
1755LM JM	—	35.00	70.00	110	185	—
1756LM JM	—	35.00	70.00	110	185	—
1757/6LM JM	—	35.00	70.00	110	185	—
1757LM JM	—	35.00	70.00	110	185	—
1757LM J(M)	—	35.00	70.00	110	185	—

Note: LIMAE monogram punch was used for the minmaster initial (M).

Date	Mintage	VG	F	VF	XF	Unc
1758LM JM	—	35.00	70.00	110	185	—
1759LM JM	—	35.00	70.00	110	185	—
1760/50LM JM	—	35.00	90.00	125	165	—
1760LM JM	—	35.00	90.00	125	165	—

KM# 62 2 REALES

6.7668 g., 0.9170 Silver 0.1995 oz. ASW **Obv:** Crowned arms of Peru **Obv. Legend:** CAR • III.. **Rev:** Crowned globes, pillars **Mint:** Lima

Date	Mintage	VG	F	VF	XF	Unc
1760LM JM	—	35.00	70.00	110	165	—
1761LM JM	—	35.00	70.00	110	165	—
1762LM JM	—	35.00	70.00	110	165	—
1763LM JM	—	35.00	70.00	110	165	—
1764LM JM	—	35.00	70.00	110	165	—
1765LM JM	—	35.00	70.00	110	165	—
1766/5LM JM	—	35.00	70.00	110	165	—
1766LM JM	—	35.00	70.00	110	165	—
1767LM JM	—	35.00	70.00	110	165	—
1768/6LM JM Rare	—	—	—	—	—	—
1768LM JM	—	35.00	70.00	110	165	—
1769LM JM	—	35.00	70.00	110	165	—
1770LM JM	—	35.00	70.00	110	165	—
1771LM JM	—	35.00	70.00	110	165	—
1772LM JM	—	35.00	70.00	110	165	—

KM# 76 2 REALES

6.7668 g., 0.9030 Silver 0.1964 oz. ASW **Obv:** Bust of Charles III, right **Obv. Legend:** CAROLUS III.. **Rev:** Crowned arms, pillars **Mint:** Lima **Note:** Mint mark in monogram.

Date	Mintage	VG	F	VF	XF	Unc
1772LIMAE JM	—	75.00	125	250	—	—
1773LIMAE JM	—	25.00	40.00	80.00	125	—
1774LIMAE JM	—	200	300	500	—	—
1774LIMAE MJ	—	25.00	40.00	80.00	125	—
1775LIMAE MJ	—	25.00	40.00	80.00	125	—
1776LIMAE MJ	—	40.00	75.00	125	200	—
1777LIMAE MJ	—	25.00	40.00	80.00	125	—
1778LIMAE MJ	—	25.00	40.00	80.00	125	—
1779LIMAE MJ	—	25.00	40.00	80.00	125	—
1780LIMAE MJ	—	25.00	40.00	80.00	125	—
1780LIMAE MI	—	35.00	70.00	100	150	—
1781LIMAE MI	—	25.00	40.00	80.00	125	—
1782LIMAE MI	—	25.00	40.00	80.00	125	—
1783LIMAE MI	—	25.00	40.00	80.00	125	—
1784LIMAE MI	—	25.00	40.00	80.00	125	—

KM# 76a 2 REALES

6.7668 g., 0.8960 Silver 0.1949 oz. ASW **Obv:** Bust of Charles III, right **Obv. Legend:** CAROLUS III.. **Rev:** Crowned arms, pillars **Mint:** Lima **Note:** Mint mark in monogram.

Date	Mintage	VG	F	VF	XF	Unc
1785LIMAE MI	—	25.00	40.00	80.00	125	—
1786LIMAE MI	—	25.00	40.00	80.00	125	—
1787LIMAE MI	—	25.00	40.00	80.00	125	—
1787LIMAE IJ	—	25.00	40.00	80.00	125	—
1788LIMAE MI	—	30.00	50.00	90.00	135	—
1788LIMAE IJ	—	25.00	40.00	80.00	125	—
1789LIMAE IJ	—	25.00	40.00	80.00	125	—

KM# 85.1 2 REALES

6.7668 g., 0.8960 Silver 0.1949 oz. ASW **Obv:** Bust of Charles IIII, right **Obv. Legend:** CAROLUS IV.. **Rev. Legend:** Denomination "2R" **Mint:** Lima **Note:** Mint mark in monogram.

Date	Mintage	VG	F	VF	XF	Unc
1789LIMAE IJ	—	25.00	40.00	80.00	125	—
1790LIMAE IJ	—	25.00	40.00	80.00	125	—
1791LIMAE IJ	—	25.00	40.00	80.00	125	—

KM# 85.2 2 REALES

6.7668 g., 0.8960 Silver 0.1949 oz. ASW **Obv:** Bust of Charles IIII, right **Obv. Legend:** CAROLUS IV.. **Rev. Legend:** Denomination "R2" **Mint:** Lima **Note:** Mint mark in monogram.

Date	Mintage	VG	F	VF	XF	Unc
1789LIMAE IJ	—	35.00	70.00	100	200	—
1790LIMAE IJ	—	35.00	70.00	100	200	—

KM# 95 2 REALES

6.7668 g., 0.8960 Silver 0.1949 oz. ASW **Obv:** Bust of Charles IIII, right **Obv. Legend:** CAROLUS IIII... **Rev:** Crowned arms, pillars **Rev. Legend:** HISPAN • ET IND • REX • ... **Mint:** Lima **Note:** Mint mark in monogram.

Date	Mintage	VG	F	VF	XF	Unc
1791LIMAE IJ Large bust.	—	20.00	35.00	70.00	100	—
1792LIMAE IJ Large bust.	—	20.00	35.00	70.00	100	—
1793LIMAE IJ Large bust.	—	20.00	35.00	70.00	100	—
1793LIMAE IJ Standard bust.	—	20.00	35.00	70.00	100	—
1794LIMAE IJ	—	20.00	35.00	70.00	100	—
1795LIMAE IJ	—	20.00	35.00	70.00	100	—

1152 PERU

Date	Mintage	VG	F	VF	XF	Unc
1796LIMAE IJ	—	20.00	35.00	70.00	100	—
1797LIMAE IJ	—	20.00	35.00	70.00	100	—
1798LIMAE IJ	—	20.00	35.00	70.00	100	—
1799LIMAE IJ	—	20.00	35.00	70.00	100	—
1800LIMAE IJ	—	20.00	35.00	70.00	100	—

KM# 77a 4 REALES
13.5337 g., 0.8960 Silver 0.3898 oz. ASW **Obv:** Bust of Charles III, right **Obv. Legend:** CAROLUS • III • DEI • GRATIA • **Rev:** Crowned arms, pillars **Mint:** Lima

Date	Mintage	VG	F	VF	XF	Unc
1785LIMAE MI	—	70.00	100	175	325	—
1786LIMAE MI	—	70.00	100	175	325	—
1787LIMAE IJ	—	70.00	100	175	325	—
1787LIMAE MI	—	70.00	100	175	325	—
1788LIMAE IJ	—	70.00	100	175	325	—
1789LIMAE IJ	—	75.00	110	200	375	—

KM# 86 4 REALES
13.5337 g., 0.8960 Silver 0.3898 oz. ASW **Obv:** Bust of Charles IIII, right **Obv. Legend:** CAROLUS • IV •.. **Rev:** Crowned arms, pillars **Mint:** Lima

Date	Mintage	VG	F	VF	XF	Unc
1789LIMAE IJ	—	70.00	100	175	325	—
1790LIMAE IJ	—	70.00	100	175	325	—
1791LIMAE IJ	—	70.00	100	175	325	—

KM# 54 4 REALES
13.5337 g., 0.9170 Silver 0.3990 oz. ASW **Obv:** Crowned arms of Peru **Obv. Legend:** FERDND • VI • D • G • HISPAN • ETIND • REX **Rev:** Crowned globes, pillars **Rev. Legend:** VTRAQUE VNUM **Mint:** Lima

Date	Mintage	VG	F	VF	XF	Unc
1752LM J	—	250	400	650	1,000	—
1753/2LM J	—	150	300	500	700	—
1753LM J	—	150	300	500	700	—
1754LM JD	—	125	175	225	375	—
1755LM JD	—	125	175	225	375	—
1755LM JM	—	125	175	225	375	—
1756/5LM JM	—	125	175	225	375	—
1756LM JM	—	125	175	225	375	—
1757LM JM	—	125	175	225	375	—
1758LM JM	—	125	175	225	375	—
1759LM JM	—	125	175	225	375	—
1760LM JM	—	125	175	225	375	—

KM# 63 4 REALES
13.5337 g., 0.9170 Silver 0.3990 oz. ASW **Obv:** Crowned arms of Peru **Obv. Legend:** CAROLUS • III • D • G • HISPAN • ETIND • REX **Rev:** Crowned globes, pillars **Rev. Legend:** VTRAQUE VNUM **Mint:** Lima

Date	Mintage	VG	F	VF	XF	Unc
1760LM JM	—	125	175	250	600	—
1761LM JM	—	125	175	225	550	—
1762LM JM	—	125	175	225	475	—
1763LM JM	—	200	350	650	1,350	—
1764LM JM	—	125	175	225	450	—
1765LM JM	—	175	275	500	1,100	—
1766LM JM	—	125	175	225	650	—
1767/6LM JM	—	125	175	225	650	—
1767LM JM	—	125	175	225	650	—
1768LM JM	—	125	175	225	525	—
1769LM JM	—	125	175	225	525	—
1770LM JM	—	125	175	275	600	—
1771LM JM	—	125	175	225	500	—
1772LM JM	—	125	175	225	375	—

KM# 77 4 REALES
13.5337 g., 0.9030 Silver 0.3929 oz. ASW **Obv:** Bust of Charles III, right **Obv. Legend:** CAROLUS • III • DEI • GRATIA • **Rev:** Crowned arms, pillars **Mint:** Lima **Note:** Mint mark in monogram.

Date	Mintage	VG	F	VF	XF	Unc
1772LIMAE JM	—	200	350	450	1,000	—
1773LIMAE MJ	—	70.00	100	175	325	—
1773LIMAE MJ	—	70.00	100	175	325	—
1774LIMAE MJ	—	70.00	100	175	325	—
1775LIMAE MJ	—	70.00	100	175	325	—
1775LIMAE MJ	—	150	200	400	700	—
Legend "GARTIA" (error)						
1776LIMAE MJ	—	90.00	150	225	375	—
1777LIMAE MJ	—	70.00	100	175	325	—
1778LIMAE MJ	—	70.00	100	175	325	—
1779LIMAE MJ	—	70.00	100	175	325	—
1780LIMAE MJ	—	70.00	100	175	325	—
1780LIMAE MI	—	70.00	100	175	325	—
1781LIMAE MI	—	70.00	100	175	325	—
1782LIMAE MI	—	70.00	100	175	325	—
1784LIMAE MI	—	70.00	100	175	325	—

KM# 96 4 REALES
13.5337 g., 0.8960 Silver 0.3898 oz. ASW **Obv:** Bust of Charles IIII, right **Obv. Legend:** CAROLUS • IIII • DEI • GRATIA • **Rev:** Crowned arms, pillars **Rev. Legend:** HISPAN • ET IND • REX... **Mint:** Lima

Date	Mintage	VG	F	VF	XF	Unc
1791LIMAE IJ	—	65.00	90.00	150	325	—
1792LIMAE IJ	—	60.00	85.00	125	300	—
1793LIMAE IJ	—	60.00	85.00	125	300	—
1794/3LIMAE IJ	—	60.00	85.00	125	300	—
1794LIMAE IJ	—	60.00	85.00	125	300	—
1795LIMAE IJ	—	60.00	85.00	125	300	—
1796LIMAE IJ	—	60.00	85.00	125	300	—
1797LIMAE IJ	—	60.00	85.00	125	300	—
1798LIMAE IJ	—	60.00	85.00	125	300	—
1799LIMAE IJ	—	60.00	85.00	125	300	—
1800LIMAE IJ	—	60.00	85.00	125	300	—

KM# 55.1 8 REALES
27.0674 g., 0.9170 Silver 0.7980 oz. ASW **Obv:** Crowned arms of Peru **Obv. Legend:** FERDIN • VI • D • G • HISPAN • ETIND • REX **Rev:** Crowned globes, pillars **Rev. Legend:** ...VNUM **Mint:** Lima **Note:** With dot above "L"s in mint marks

Date	Mintage	VG	F	VF	XF	Unc
1751LM J Rare	—	—	—	—	—	—
1752LM J	—	350	600	1,000	2,000	—
1753LM J	—	100	150	250	500	—
1754LM J	—	100	150	250	500	—
1754/3LM JD	—	150	250	500	1,000	—
1754LM JD/S	—	100	150	250	500	—
1754LM JD	—	100	150	250	500	—
1755/4LM JD	—	100	175	350	750	—
1755LM JD	—	100	150	250	500	—
1755LM JM	—	100	150	250	500	—
1756LM JM	—	100	150	250	500	—
1756/5LM JM	—	100	165	300	700	—
1757LM JM	—	100	150	250	500	—
1757/6LM JM	—	100	165	300	700	—
1758LM JM	Inc. above	100	150	250	500	—
1758/7LM JM	1,787,000	100	165	300	700	—
1759LM JM	1,962,000	100	150	250	500	—
1760LM JM	2,555,000	100	150	250	500	—

KM# 55.2 8 REALES
27.0674 g., 0.9170 Silver 0.7980 oz. ASW **Obv:** Crowned arms of Peru **Obv. Legend:** FERDND • VI • D • G • HISPAN • ET IND • REX **Rev:** Crowned globes, pillars **Rev. Legend:** ...UE VNUM **Mint:** Lima **Note:** With dot above one "L" in mintmark.

Date	Mintage	VG	F	VF	XF	Unc
1759LM JM	Inc. above	200	300	400	600	—
1760LM JM	Inc. above	100	150	250	500	—

KM# A64.2 8 REALES
27.0674 g., 0.9170 Silver 0.7980 oz. ASW **Obv:** Crowned arms of Peru **Obv. Legend:** CAROLUS • III • D • G • HISPAN • ... **Rev:** Crowned globes, pillars **Rev. Legend:** VTRAQUE VNUM **Mint:** Lima **Note:** With dot above one "L" in mint mark.

Date	Mintage	VG	F	VF	XF	Unc
1760LM JM	—	100	150	250	500	—
1761LM JM	Inc. above	100	150	250	500	—
1762LM JM	—	100	150	250	500	—
1763LM JM Rare	—	—	—	—	—	—
1764LM JM Rare	—	—	—	—	—	—
1765LM JM	—	100	150	250	500	—
1766LM JM	2,989,000	100	150	250	500	—
1767LM JM	2,785,000	100	150	200	500	—
1768LM JM	—	100	150	200	500	—
1769LM JM	—	125	175	250	500	—

KM# A64.1 8 REALES
27.0674 g., 0.9170 Silver 0.7980 oz. ASW **Obv:** Crowned arms of Peru **Obv. Legend:** CAROLUS • III • D • G • HISPAN • ETIND • REX **Rev:** Crowned globes, pillars **Rev. Legend:** VTRAQUE VNUM **Mint:** Lima **Note:** Double dots.

Date	Mintage	VG	F	VF	XF	Unc
1760LM JM Inc. #55.1	—	250	500	900	1,750	—
1761LM JM	2,865,000	100	150	250	500	—
1762LM JM	—	100	150	250	500	—
1763/2LM JM Rare	—	—	—	—	—	—
1763LM JM	—	100	150	250	500	—
1764LM JM	—	100	150	250	550	—
1765LM JM	—	100	150	250	500	—
1766LM JM Rare	—	—	—	—	—	—
1767LM JM Rare	—	—	—	—	—	—
1768LM JM	—	125	200	300	550	—
1769LM JM	—	100	150	225	500	—

KM# A64.3 8 REALES
27.0674 g., 0.9170 Silver 0.7980 oz. ASW **Obv:** Crowned arms of Peru **Obv. Legend:** CAROLUS • III • D • G • HISPAN • ETIND • REX **Rev:** Crowned globes, pillars **Rev. Legend:** VTRAQUE VNUM **Mint:** Lima **Note:** Without dots above "L's" in mint marks.

Date	Mintage	VG	F	VF	XF	Unc
1766LM JM Rare	—	—	—	—	—	—
1768LM JM Rare	—	—	—	—	—	—

KM# 64.1 8 REALES
27.0674 g., 0.9170 Silver 0.7980 oz. ASW **Obv:** Crowned arms of Peru **Obv. Legend:** CAROLUS • III • D • G • HISPAN ... **Rev:** Crowned globes, pillars **Rev. Legend:** VTRAQUE VNUM **Mint:** Lima **Note:** With dot above both "L"s in mint marks

Date	Mintage	VG	F	VF	XF	Unc
1769LM JM Rare	—	—	—	—	—	—
1770LM JM	2,899,000	100	150	250	500	—
1771LM JM Rare	—	—	—	—	—	—
1772LM JM Rare	—	—	—	—	—	—

KM# 64.2 8 REALES
27.0674 g., 0.9170 Silver 0.7980 oz. ASW **Obv:** Crowned arms of Peru **Obv. Legend:** CAROLUS • III • D • G • HISPAN ... **Rev:** Crowned globes, pillars **Rev. Legend:** VTRAQUE VNUM **Mint:** Lima **Note:** With dot above left mint mark only.

Date	Mintage	VG	F	VF	XF	Unc
1769LM JM	—	125	225	350	700	—
1770LM JM	—	100	125	250	475	—
1771LM JM	2,897,000	100	125	250	475	—
1771LM JM HIAPSN (error)	—	350	750	1,500	—	—
1772LM JM	—	150	250	400	750	—

KM# 64.3 8 REALES

27.0674 g., 0.9170 Silver 0.7980 oz. ASW **Obv:** Crowned arms of Peru **Obv. Legend:** CAROLUS • III • D • G • HISPAN ... **Rev:** Crowned globes, pillars **Rev. Legend:** VTRAQUE VNUM **Mint:** Lima **Note:** Without dots above "L's" in mint marks.

Date	Mintage	VG	F	VF	XF	Unc
1770LM JM Rare	—	—	—	—	—	—
1771LM JM Rare	—	—	—	—	—	—

KM# 78 8 REALES

27.0674 g., 0.9030 Silver 0.7858 oz. ASW **Obv:** Bust of Charles III, right **Obv. Legend:** CAROLUS • III • DEI • GRATIA • **Rev:** Crowned arms, pillars **Rev. Legend:** ....HISPAN • ET • IND • REX **Mint:** Lima **Note:** Mint mark in monogram.

Date	Mintage	VG	F	VF	XF	Unc
1772LIMAE JM	—	80.00	110	175	275	—
1773LIMAE JM	4,105,000	75.00	100	150	225	—
1773LIMAE MJ	Inc. above	75.00	100	150	225	—
1774/3LIMAE MJ	4,208,000	75.00	110	175	250	—
1774LIMAE JM Rare	Inc. above	—	—	—	—	—

Note: Superior December sale 12-91 XF realized $11,000

Date	Mintage	VG	F	VF	XF	Unc
1774LIMAE MJ	Inc. above	75.00	100	150	225	—
1775LIMAE MJ	4,276,000	75.00	100	150	225	—
1776LIMAE MJ	—	100	150	250	375	—
1777LIMAE MJ	—	75.00	100	150	225	—
1778LIMAE MJ	—	75.00	100	150	225	—
1779LIMAE MJ	—	75.00	100	150	225	—
1780LIMAE MJ	—	75.00	100	150	225	—
1780LIMAE MI	—	75.00	110	200	300	—
1781LIMAE MI	—	75.00	100	150	225	—
1782LIMAE MJ Error; rare	—	—	—	—	—	—
1782LIMAE MI	—	75.00	100	150	225	—
1783LIMAE MI	—	75.00	100	150	225	—
1784/3LIMAE MI	—	75.00	100	150	225	—
1784LIMAE MI	—	75.00	100	150	225	—

KM# 78a 8 REALES

27.0674 g., 0.8960 Silver 0.7797 oz. ASW **Obv:** Bust of Charles III, right **Obv. Legend:** CAROLUS • III • DEI • GRATIA • **Rev:** Crowned arms, pillars **Rev. Legend:** ...HISPAN • ET IND • REX **Mint:** Lima **Note:** Mint mark in monogram.

Date	Mintage	VG	F	VF	XF	Unc
1785LIMAE MI	2,767,000	75.00	100	140	200	—
1786LIMAE MI	—	75.00	100	140	200	—
1787/6LIMAE MI	3,318,000	75.00	110	150	225	—
1787LIMAE MI	Inc. above	75.00	100	140	200	—
1787LIMAE IJ	Inc. above	75.00	125	175	300	—
1788LIMAE IJ	3,467,000	75.00	100	140	200	—
1789LIMAE IJ	3,500,000	75.00	110	150	250	—

KM# 87 8 REALES

27.0674 g., 0.8960 Silver 0.7797 oz. ASW **Obv:** Bust of Charles IIII, right **Obv. Legend:** CAROLUS • IV • DEI • GRATIA • **Rev:** Crowned arms of Peru **Rev. Legend:** ...HISPAN • ET IND • REX **Mint:** Lima **Note:** Mint mark in monogram.

Date	Mintage	VG	F	VF	XF	Unc
1789LIMAE IJ Inc. #78	—	75.00	100	150	260	—
1790LIMAE IJ	4,313,000	75.00	100	150	210	—
1791LIMAE IJ	4,102,000	75.00	100	150	210	—

KM# 97 8 REALES

27.0674 g., 0.8960 Silver 0.7797 oz. ASW **Obv:** Bust of Charles IIII, right **Obv. Legend:** CAROLUS • IIII • DEI • GRATIA • **Rev:** Crowned arms, pillars **Rev. Legend:** ...HISPAN • ET IND • REX **Mint:** Lima **Note:** Mint mark in monogram.

Date	Mintage	VG	F	VF	XF	Unc
1791LIMAE IJ	Inc. above	60.00	90.00	135	175	—
1792/1LIMAE IJ	4,661,000	60.00	90.00	135	175	—
1792LIMAE IJ	Inc. above	60.00	90.00	135	175	—
1793LIMAE IJ	5,005,000	60.00	90.00	135	175	—
1794LIMAE IJ	5,024,000	60.00	90.00	135	175	—
1795/4LIMAE IJ	4,998,000	60.00	90.00	135	175	—
1795LIMAE IJ	Inc. above	60.00	90.00	135	175	—
1796LIMAE IJ	5,101,000	60.00	90.00	135	175	—
1796LIMAE IJ Value R8, error	Inc. above	300	500	750	1,500	—
1797LIMAE IJ	4,391,000	60.00	90.00	135	175	—
1798LIMAE IJ	4,654,000	60.00	90.00	135	175	—
1799LIMAE IJ	5,367,000	60.00	90.00	135	175	—
1800LIMAE IJ	4,207,000	60.00	90.00	135	175	—

KM# 56.1 ESCUDO

3.3834 g., 0.9170 Gold 0.0997 oz. AGW **Obv:** Large bust of Ferdinand VI, right **Obv. Legend:** FERD VI D • G • HISPAN ET INDREX **Rev:** Crowned arms of Peru **Mint:** Lima

Date	Mintage	VG	F	VF	XF	Unc
1751LM J	—	400	800	1,250	2,000	—
1752LM J	—	400	800	1,250	2,000	—
1753LM J	—	500	1,000	1,500	2,250	—

KM# 56.2 ESCUDO

3.3834 g., 0.9170 Gold 0.0997 oz. AGW **Obv:** Smaller bust of Ferdinand VI, right **Obv. Legend:** FERDND VI... **Rev:** Crowned arms of Peru **Mint:** Lima

Date	Mintage	VG	F	VF	XF	Unc
1754LM JD	—	300	600	1,000	1,750	—
1755LM JM	—	400	800	1,250	2,000	—
1756LM JM	—	250	500	750	1,000	—
1757LM JM	—	250	500	750	1,000	—
1758LM JM	—	250	500	750	1,000	—
1759LM JM	—	250	550	800	1,250	—

KM# 65 ESCUDO

3.3834 g., 0.9170 Gold 0.0997 oz. AGW **Obv:** Bust of Charles III, right **Obv. Legend:** CAROLUS III... **Rev:** Crowned arms of Peru **Rev. Legend:** NOMINA MAGNA SEQUOR **Mint:** Lima

Date	Mintage	VG	F	VF	XF	Unc
1761LM JM	—	500	1,000	1,500	2,250	—
1762LM JM	—	500	1,000	1,500	2,250	—

KM# 72 ESCUDO

3.3834 g., 0.9170 Gold 0.0997 oz. AGW **Obv:** Young bust of Charles III, right **Obv. Legend:** CAR • III... **Rev:** Crowned arms of Peru **Rev. Legend:** IN • UTROQ • FELIX • **Mint:** Lima

Date	Mintage	VG	F	VF	XF	Unc
1763LM JM	—	225	350	600	900	—
1764LM JM	—	225	350	600	900	—
1765LM JM	—	225	350	600	900	—
1766LM JM	—	225	350	600	900	—
1767LM JM	—	225	350	600	900	—
1768LM JM	—	225	350	600	900	—
1769LM JM	—	225	350	600	900	—
1770LM JM	—	225	350	600	900	—
1771LM JM	—	225	350	600	900	—

KM# 79 ESCUDO

3.3834 g., 0.9010 Gold 0.0980 oz. AGW **Obv:** Older, standard bust of Charles III, right **Obv. Legend:** CAROL • III... **Rev:** Crowned arms in order chain **Mint:** Lima **Note:** Mint mark in monogram.

Date	Mintage	VG	F	VF	XF	Unc
1772LIMAE JM	—	175	250	350	475	—
1773LIMAE JM	—	240	350	475	600	—
1773LIMAE MJ	—	175	250	350	475	—
1774LIMAE MJ	—	175	250	350	475	—
1775LIMAE MJ	—	175	250	350	475	—
1776LIMAE MJ	—	175	250	350	475	—
1777LIMAE MJ	—	175	250	350	475	—
1778LIMAE MJ	—	175	250	350	475	—
1779LIMAE MJ	—	175	250	350	475	—
1780LIMAE MI	—	175	250	350	475	—
1781LIMAE MI	—	175	250	350	475	—
1782LIMAE MI	—	175	250	350	475	—
1783LIMAE MI	—	175	250	350	475	—
1784LIMAE MI	—	175	250	350	475	—

KM# 79A ESCUDO

3.3834 g., 0.8750 Gold 0.0952 oz. AGW **Obv:** Older, standard bust of Charles III, right **Obv. Legend:** CAROL • III... **Rev:** Crowned arms in order chain **Mint:** Lima **Note:** Mint mark in monogram.

Date	Mintage	VG	F	VF	XF	Unc
1785LIMAE MI	—	175	250	350	475	—
1786LIMAE MI	—	175	250	350	475	—
1787LIMAE MI	—	175	250	350	475	—
1787LIMAE IJ	—	175	250	350	475	—
1788LIMAE IJ	—	175	250	350	475	—
1789LIMAE IJ	—	175	250	350	475	—

KM# 88 ESCUDO

3.3834 g., 0.8750 Gold 0.0952 oz. AGW **Obv:** Bust of Charles IIII, right **Obv. Legend:** CAROL • IV... **Rev:** Crowned arms in order chain **Mint:** Lima **Note:** Mint mark in monogram.

Date	Mintage	VG	F	VF	XF	Unc
1789LIMAE IJ	—	200	350	550	775	—
1790LIMAE IJ	—	200	350	550	775	—
1791LIMAE IJ	—	200	350	550	725	—

KM# 89 ESCUDO

3.3834 g., 0.8750 Gold 0.0952 oz. AGW **Obv:** Bust of Charles IV, right **Obv. Legend:** CAROL • IIII... **Rev:** Crowned arms in order chain **Mint:** Lima **Note:** Mint mark in monogram.

Date	Mintage	VG	F	VF	XF	Unc
1792LIMAE IJ	—	160	240	350	600	—
1793LIMAE IJ	—	150	225	325	550	—
1794LIMAE IJ	—	150	225	325	550	—
1795LIMAE IJ	—	150	225	325	550	—
1796LIMAE IJ	—	150	225	325	550	—
1797LIMAE IJ	—	150	225	325	550	—
1798LIMAE IJ	—	150	225	325	550	—
1799LIMAE IJ	—	150	225	325	550	—
1800LIMAE IJ	—	150	225	325	550	—

KM# 48 2 ESCUDOS

6.7668 g., 0.9170 Gold 0.1995 oz. AGW **Obv:** Large bust of Ferdinand VI, right **Obv. Legend:** FERD VI • D • G • HISPAN •ET IND • REX • **Rev:** Crowned arms **Rev. Legend:** INITIUM SAPIENTIÆTIMORDOMINI **Mint:** Lima **Note:** Dot above L of mint mark.

Date	Mintage	VG	F	VF	XF	Unc
1751LM J	—	450	900	1,750	3,000	—
1752LM J	—	450	900	1,750	3,000	—
1753LM J	—	450	900	1,750	3,000	—

KM# 57 2 ESCUDOS

6.7668 g., 0.9170 Gold 0.1995 oz. AGW **Obv:** Smaller bust of Ferdinand VI, right **Obv. Legend:** FERD VI • D • G • HISPAN • ETIND • REX • **Rev:** Crowned arms of Peru **Mint:** Lima **Note:** Dot above "L" of mint mark.

Date	Mintage	VG	F	VF	XF	Unc
1755LM JM	—	350	650	1,200	2,000	—
1756LM JM Rare	—	—	—	—	—	—
1758LM JM	—	350	600	1,000	1,750	—
1759LM JM	—	350	600	1,000	1,750	—
1760LM JM	—	350	600	1,000	1,750	—

KM# 66 2 ESCUDOS

6.7668 g., 0.9170 Gold 0.1995 oz. AGW **Obv:** Bust of Charles III, right **Obv. Legend:** CAROLUS III... **Rev:** Crowned arms of Peru **Mint:** Lima **Note:** Mint mark in monogram.

Date	Mintage	VG	F	VF	XF	Unc
1761LIMAE JM	—	700	1,500	2,500	4,255	—
1762LIMAE JM	—	700	1,500	2,500	4,255	—

KM# 69 2 ESCUDOS

6.7668 g., 0.9170 Gold 0.1995 oz. AGW **Obv:** Young, standard bust of Charles III, right **Rev:** Crowned arms of Peru **Rev. Legend:** IN UTROG FELIX AUSPICE DEO **Mint:** Lima **Note:** Mint mark in monogram.

Date	Mintage	VG	F	VF	XF	Unc
1763LIMAE JM	—	400	750	1,500	2,500	—
1764LIMAE JM	—	400	750	1,500	2,500	—
1765LIMAE JM	—	400	750	1,500	2,500	—
1766LIMAE JM	—	450	900	1,800	3,000	—
1767LIMAE JM	—	325	500	950	1,650	—
1768LIMAE JM	—	325	500	950	1,650	—
1769LIMAE JM	—	350	600	1,000	1,750	—
1770LIMAE JM	—	350	600	1,000	1,750	—

1154 PERU

KM# 67 4 ESCUDOS
13.5337 g., 0.9170 Gold 0.3990 oz. AGW **Obv:** First bust of Charles III, right **Obv. Legend:** CAROLUS III... **Rev:** Crowned arms of Peru **Mint:** Lima **Note:** Dot above L of mint mark.

Date	Mintage	VG	F	VF	XF	Unc
1761LM JM	—	1,800	3,000	4,800	9,000	—
1762LM JM	—	1,800	3,000	4,800	9,000	—

KM# 71.1 4 ESCUDOS
13.5337 g., 0.9170 Gold 0.3990 oz. AGW **Obv:** Young, standard bust of Charles III, right **Obv. Legend:** CAROLUS • III • ... **Rev:** Crowned arms in order chain **Rev. Legend:** IN • VTROQ • FELIX • AUSPICE • DEO **Mint:** Lima **Note:** Dot in mint mark above L.

Date	Mintage	VG	F	VF	XF	Unc
1763LM JM Rare	—	—	—	—	—	—
1764LM JM	—	1,200	1,800	3,000	5,400	—
1765LM JM	—	1,200	1,800	3,000	5,400	—
1768LM JM	—	1,200	1,800	3,000	5,400	—

KM# 80 2 ESCUDOS
6.7668 g., 0.9010 Gold 0.1960 oz. AGW **Obv:** Older, standard bust of Charles III, right **Rev:** Crowned arms in order chain **Rev. Legend:** IN UTROG FELIX AUSPICE DEO **Mint:** Lima **Note:** Mint mark in monogram.

Date	Mintage	VG	F	VF	XF	Unc
1772LIMAE JM	—	350	500	850	1,300	—
1773LIMAE MJ	—	300	400	700	1,100	—
1774LIMAE MJ	—	300	375	675	1,000	—
1775LIMAE MJ	—	325	425	750	1,200	—
1776LIMAE MJ	—	350	550	900	1,650	—
1777LIMAE MJ	—	300	375	575	825	—
1778LIMAE MJ	—	300	400	675	1,000	—
1779LIMAE MJ	—	300	375	575	825	—
1780LIMAE MJ	—	300	375	575	825	—
1780LIMAE MI	—	300	400	700	1,100	—
1781LIMAE MI	—	300	350	400	550	—
1782LIMAE MI	—	300	350	400	550	—
1783LIMAE MI	—	300	350	400	550	—
1784LIMAE MI	—	300	400	700	1,100	—

KM# 80a 2 ESCUDOS
6.7668 g., 0.8750 Gold 0.1904 oz. AGW **Obv:** Older, standard bust of Charles III, right **Rev:** Crowned arms in order chain **Rev. Legend:** IN UTROG FELIX AUSPICE DEO **Mint:** Lima **Note:** Mint mark in monogram.

Date	Mintage	VG	F	VF	XF	Unc
1785LIMAE MI	—	300	575	675	1,000	—
1786LIMAE MI	—	300	375	675	1,000	—
1787LIMAE MI	—	300	350	400	550	—
1787LIMAE IJ	—	300	350	400	550	—
1788LIMAE IJ	—	300	350	400	550	—
1789LIMAE IJ	—	300	350	400	600	—

KM# 90 2 ESCUDOS
6.7668 g., 0.8750 Gold 0.1904 oz. AGW **Obv:** Bust of Charles IIII, right **Obv. Legend:** CAROL IV... **Rev:** Crowned arms in order chain **Mint:** Lima **Note:** Mint mark in monogram.

Date	Mintage	VG	F	VF	XF	Unc
1789LIMAE IJ	—	275	400	700	1,100	—
1790LIMAE IJ	—	275	400	700	1,100	—
1791LIMAE IJ	—	275	400	700	1,100	—

KM# 100 2 ESCUDOS
6.7668 g., 0.8750 Gold 0.1904 oz. AGW **Obv:** Bust of Charles IIII, right **Obv. Legend:** CAROL • IIII • ... **Rev:** Crowned arms in order chain **Mint:** Lima **Note:** Mint mark in monogram.

Date	Mintage	VG	F	VF	XF	Unc
1792LIMAE IJ	—	275	350	575	825	—
1793LIMAE IJ	—	275	350	575	825	—
1794LIMAE IJ	—	275	375	675	1,000	—
1795LIMAE IJ	—	275	350	575	825	—
1796LIMAE IJ	—	275	350	575	825	—
1797LIMAE IJ	—	275	350	575	825	—
1798LIMAE IJ	—	275	375	675	1,000	—
1799LIMAE IJ	—	275	350	575	825	—
1800LIMAE IJ	—	275	350	575	825	—

IIII, right **Obv. Legend:** CAROL • IV • ... **Rev:** Crowned arms, order chain **Mint:** Lima **Note:** Mint mark in monogram.

Date	Mintage	VG	F	VF	XF	Unc
1789LIMAE IJ	—	600	850	1,150	1,500	—
1790LIMAE IJ	—	600	850	1,150	1,500	—
1791LIMAE IJ	—	600	850	1,150	1,500	—

KM# 98 4 ESCUDOS
13.5337 g., 0.8750 Gold 0.3807 oz. AGW **Obv:** Bust of Charles IIII, right **Obv. Legend:** CAROL • IIII... **Rev:** Crowned arms in order chain **Mint:** Lima **Note:** Mint mark in monogram.

Date	Mintage	VG	F	VF	XF	Unc
1791LIMAE IJ	—	575	775	1,100	1,500	—
1792LIMAE IJ	—	575	775	1,100	1,500	—
1793LIMAE IJ	—	575	775	1,100	1,500	—
1794LIMAE IJ	—	575	775	1,100	1,500	—
1795LIMAE IJ	—	575	775	1,100	1,500	—
1796LIMAE IJ	—	575	775	1,100	1,500	—
1797LIMAE IJ	—	575	775	1,100	1,500	—
1798LIMAE IJ	—	575	775	1,100	1,500	—
1799LIMAE IJ	—	575	775	1,100	1,500	—
1800LIMAE IJ	—	575	775	1,100	1,500	—

KM# 71.2 4 ESCUDOS
13.5000 g., 0.9170 Gold 0.3980 oz. AGW **Obv:** Modified bust of Charles III, right **Obv. Legend:** CAROLUS • III • ... **Rev:** Crowned arms in order chain **Rev. Legend:** IN • VTROQ • FELIX • AUSPICE • DEO **Mint:** Lima **Note:** Dot above L in mint mark.

Date	Mintage	VG	F	VF	XF	Unc
1768LM JM	—	1,200	1,800	3,000	5,400	—
1769LM JM	—	1,200	1,800	3,000	5,400	—
1770LM JM	—	1,200	1,800	3,000	5,400	—
1771LM JM	—	1,200	1,800	3,000	5,400	—

KM# 81 4 ESCUDOS
13.5337 g., 0.9010 Gold 0.3920 oz. AGW **Obv:** Older, standard bust of Charles III, right **Obv. Legend:** CAROL • III • ... **Rev:** Crowned arms in order chain **Mint:** Lima **Note:** Mint mark in monogram.

Date	Mintage	VG	F	VF	XF	Unc
1772LIMAE JM	—	1,200	1,800	2,400	3,600	—
1773LIMAE JM	—	600	850	1,150	1,500	—
1774LIMAE MJ	—	600	850	1,150	1,500	—
1775LIMAE MJ	—	600	850	1,150	1,500	—
1776LIMAE MJ	—	600	850	1,150	1,500	—
1777LIMAE MJ	—	600	850	1,150	1,500	—
1778LIMAE MJ	—	600	850	1,150	1,500	—
1779LIMAE MJ	—	600	850	1,150	1,500	—
1780LIMAE MI	—	600	850	1,150	1,500	—
1781LIMAE MI	—	600	850	1,150	1,500	—
1782LIMAE MI	—	600	850	1,150	1,500	—
1783LIMAE MI	—	600	850	1,150	1,500	—
1784LIMAE MI	—	600	850	1,150	1,500	—

KM# 81a 4 ESCUDOS
13.5337 g., 0.8750 Gold 0.3807 oz. AGW **Obv:** Older, standard bust of Charles III, right **Obv. Legend:** CAROL • III • ... **Rev:** Crowned arms in order chain **Mint:** Lima **Note:** Mint mark in monogram.

Date	Mintage	VG	F	VF	XF	Unc
1785LIMAE MI	—	600	850	1,150	1,500	—
1786LIMAE MI	—	600	850	1,150	1,500	—
1787LIMAE MI	—	600	850	1,150	1,500	—
1787LIMAE IJ	—	725	950	1,300	2,100	—
1788LIMAE IJ	—	600	850	1,150	1,500	—
1789LIMAE IJ	—	725	950	1,300	2,100	—

KM# 50 8 ESCUDOS
27.0674 g., 0.9170 Gold 0.7980 oz. AGW **Obv:** Large bust of Ferdinand VI, right **Obv. Legend:** FERND • VI • D • G • HISPAN • ET IND • REX **Rev:** Crowned arms in order chain **Rev. Legend:** INITIUM SAPIENTIAE... **Mint:** Lima **Note:** Dot above "L" in mint mark.

Date	Mintage	VG	F	VF	XF	Unc
1751LM J	—	1,500	1,750	2,300	3,150	—
1752LM J	—	1,500	1,750	2,300	3,150	—
1753LM J	—	1,500	1,750	2,300	3,150	—

KM# 49 4 ESCUDOS
13.5337 g., 0.9170 Gold 0.3990 oz. AGW **Obv:** Bust of Ferdinand VI, right **Obv. Legend:** FERDIND • VI • D • G • HISPAN • ET • IND • REX **Rev:** Crowned arms of Peru **Rev. Legend:** INITIUM SAPENTIAE TIMOR DOMINI **Mint:** Lima **Note:** Dot above L of mint mark.

Date	Mintage	VG	F	VF	XF	Unc
1751LM J	—	1,200	2,400	3,600	6,000	—
1752LM J	—	1,200	2,400	3,600	6,000	—
1753LM J	—	1,200	2,400	3,600	6,000	—

KM# 58 4 ESCUDOS
13.5337 g., 0.9170 Gold 0.3990 oz. AGW **Obv:** Smaller bust of Ferdinand VI, right **Rev:** Crowned arms of Peru **Rev. Legend:** NOMINA MAGNA SEQUOR **Mint:** Lima **Note:** Dot above L of mint mark.

Date	Mintage	VG	F	VF	XF	Unc
1754LM JD	—	1,200	2,400	3,600	6,000	—
1757LM JM	—	1,200	1,800	3,000	5,400	—
1758LM JM	—	1,200	1,800	3,000	5,400	—
1759LM JM	—	1,200	1,800	3,000	5,400	—

KM# 59.1 8 ESCUDOS
27.0674 g., 0.9170 Gold 0.7980 oz. AGW **Obv:** Small bust of Ferdinand VI, right **Obv. Legend:** FERDIND • VI • ... **Rev:** Crowned arms in order chain **Rev. Legend:** NOMINA MAGNA SEQUOR **Mint:** Lima **Note:** Dot above "L" in mint mark.

Date	Mintage	VG	F	VF	XF	Unc
1754LM JD	—	1,500	2,000	2,600	3,900	—
1755LM JM	—	1,500	2,000	2,600	3,650	—
1756LM JM	—	1,500	2,000	2,600	3,650	—

KM# 91 4 ESCUDOS
13.5337 g., 0.8750 Gold 0.3807 oz. AGW **Obv:** Bust of Charles

PHILIPPINES

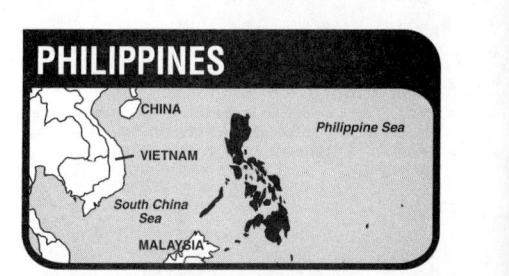

The Republic of the Philippines, an archipelago in the western Pacific 500 miles (805 km.) from the southeast coast of Asia, has an area of 115,830 sq. mi. (300,000 sq. km.) and a population of *64.9 million. Capital: Manila. The economy of the 7,000-island group is based on agriculture, forestry and fishing. Timber, coconut products, sugar and hemp are exported.

Migration to the Philippines began about 30,000 years ago when land bridges connected the islands with Borneo and Sumatra. Ferdinand Magellan claimed the islands for Spain in 1521. The first permanent settlement was established by Miguel de Legazpi at Cebu April, 1565. Manila was established in 1572. A British expedition captured Manila and occupied the Spanish colony in October 1762, but returned it to Spain by the treaty of Paris, 1763. Spain held the Philippines despite growing Filipino nationalism until 1898 when they were ceded to the United States at the end of the Spanish-American War. The Philippines became a self-governing commonwealth under the United States in 1935, and attained independence as the Republic of the Philippines on July 4, 1946.

RULER
Spanish until 1898

MINT MARK
M, MA - Manila

MONETARY SYSTEM
8 Octavos = 4 Quartos = 1 Real
8 Reales = 1 Peso

SPANISH COLONY

COLONIAL COINAGE

For copper issues until 1833, minor variations in die work, planchet size and weight are relatively commonplace, compared to later issues from the up-graded Manila Mint (ca.1860).

KM# 59.2 8 ESCUDOS
27.0674 g., 0.9170 Gold 0.7980 oz. AGW **Obv:** Bust right **Rev. Legend:** NOMINA MAGNA SEQUOR **Mint:** Lima **Note:** Dot above "L" in mint mark.

Date	Mintage	VG	F	VF	XF	Unc
1757LM JM	—	1,500	2,000	2,600	3,650	—
1758LM JM	—	1,500	2,000	2,600	3,650	—
1759LM JM	—	1,500	2,000	2,600	3,650	—
1760LM JM	—	1,500	2,100	2,800	3,900	—

KM# 68 8 ESCUDOS
27.0674 g., 0.9170 Gold 0.7980 oz. AGW **Obv:** Small bust of Charles III, right **Obv. Legend:** CAROLUS • III • HISPAN • ETIND • REX • **Rev:** Crowned arms in order chain **Rev. Legend:** NOMINA MAGNA SEQUOR **Mint:** Lima **Note:** Dot above "L" in mint mark.

Date	Mintage	VG	F	VF	XF	Unc
1761LM JM	—	1,900	3,450	5,300	7,500	—
1762LM JM	—	1,900	3,450	5,300	7,500	—

KM# 70 8 ESCUDOS
27.0674 g., 0.9170 Gold 0.7980 oz. AGW **Obv:** Young, standard bust of Charles III, right **Obv. Legend:** CAROLUS • III • D • G • HISP • ETIND • REX **Rev:** Crowned arms in order chain **Rev. Legend:** IN • VTROQ • FELIX • AUSPICE • DEO **Mint:** Lima **Note:** Dot above "L" in mint mark.

Date	Mintage	VG	F	VF	XF	Unc
1763LM JM	—	1,300	1,900	3,150	4,400	—
1764LM JM	—	1,300	1,900	3,150	4,400	—
1765LM JM	—	1,300	1,900	3,150	4,400	—
1766LM JM	—	1,300	1,900	3,150	4,400	—
1767LM JM	—	1,300	1,900	3,150	4,400	—
1768LM JM	—	1,300	1,900	3,150	4,400	—

KM# 73 8 ESCUDOS
27.0674 g., 0.9170 Gold 0.7980 oz. AGW **Obv:** Modified bust of Charles III, right **Obv. Legend:** CAROLUS • III • ... **Rev:** Crowned arms in order chain **Rev. Legend:** IN • VTROQ • FELIX • AUSPICE • DEO **Mint:** Lima **Note:** Dot above "L" in mint mark.

Date	Mintage	VG	F	VF	XF	Unc
1768LM JM	—	2,200	3,750	6,300	10,000	—
1769LM JM	—	1,700	2,800	4,400	6,300	—
1770LM JM	—	1,700	2,800	4,400	6,300	—
1771LM JM	—	1,700	2,800	4,400	6,300	—
1771LM JM Rare; AVSPCIE (error)						
1772LM JM	—	1,700	2,800	4,400	6,300	—

KM# 82.1 8 ESCUDOS
27.0674 g., 0.9010 Gold 0.7841 oz. AGW **Obv:** Older, standard bust of Charles III, right **Obv. Legend:** CAROL • III • D • G • HISP • ETIND • R • **Rev:** Crowned arms in order chain, assayers initials at lower right, LIMAE monogram at lower left **Rev. Legend:** ... • AUSPICE • DEO • **Mint:** Lima **Note:** Mint mark in monogram.

Date	Mintage	VG	F	VF	XF	Unc
1772LIMAE JM	—	1,100	1,500	2,000	3,100	—
1773LIMAE JM	—	1,100	1,350	1,800	2,250	—
1773LIMAE MJ	—	1,100	1,300	1,700	2,000	—
1774LIMAE MJ	—	1,100	1,300	1,600	1,900	—
1775LIMAE MJ	—	1,100	1,300	1,600	1,900	—
1776LIMAE MJ	—	1,250	1,750	2,250	3,000	—
1777LIMAE MJ	—	1,000	1,300	1,600	1,900	—
1778LIMAE MJ	—	1,000	1,300	1,600	1,900	—
1779LIMAE MJ	—	1,000	1,300	1,600	1,900	—
1780LIMAE MI	—	1,000	1,300	1,600	1,900	—
1781LIMAE MI	—	1,000	1,300	1,600	1,900	—
1782LIMAE MI	—	1,000	1,300	1,600	1,900	—
1783LIMAE MI	—	1,000	1,300	1,600	1,900	—
1784LIMAE MI	—	1,000	1,300	1,600	1,900	—

KM# 82.2 8 ESCUDOS
27.0674 g., 0.9010 Gold 0.7841 oz. AGW **Obv:** Older, standard bust of Charles III, right **Obv. Legend:** CAROL • III • D • G • HISP • ETIND • R • **Rev:** Crowned arms in order chain, JM at lower left, LIMAE monogram at lower right **Rev. Legend:** ... • AUSPICE • DEO • **Mint:** Lima **Note:** Mint mark in monogram.

Date	Mintage	VG	F	VF	XF	Unc
1772LIMAE JM	—	1,100	1,500	2,000	3,000	—
1773LIMAE JM Rare						

KM# 82.1a 8 ESCUDOS
27.0674 g., 0.8750 Gold 0.7614 oz. AGW **Obv:** Older, standard bust of Charles III, right **Obv. Legend:** CAROL • III • D • G • HISP • ETIND • R • **Rev:** Crowned arms in order chain, JM at lower left, LIMAE monogram at lower right **Rev. Legend:** ... • AUSPICE • DEO • **Mint:** Lima **Note:** Mint mark in monogram.

Date	Mintage	VG	F	VF	XF	Unc
1784LIMAE JP	—	—	—	—	—	—
1785LIMAE MI	—	1,100	1,350	1,800	2,250	—
1786LIMAE MI	—	1,000	1,250	1,500	1,850	—
1786/6LIMAE MI	—	1,000	1,300	1,650	2,000	—
1787LIMAE MI	—	1,000	1,250	1,500	1,850	—
1787LIMAE IJ	—	1,100	1,350	1,700	2,000	—
1788LIMAE IJ	—	1,000	1,250	1,500	1,850	—
1789LIMAE IJ	—	1,000	1,300	1,600	1,900	—

KM# 92 8 ESCUDOS
27.0674 g., 0.8750 Gold 0.7614 oz. AGW **Obv:** Bust of Charles IIII, right **Obv. Legend:** CAROL • IV • ... **Rev:** Crowned arms in order chain **Rev. Legend:** VTROQ • FELIX • AUSPICE • DEO **Mint:** Lima **Note:** Mint mark in monogram.

Date	Mintage	VG	F	VF	XF	Unc
1789LIMAE IJ	—	1,100	1,350	1,650	1,950	—
1790LIMAE IJ	—	1,100	1,350	1,650	1,950	—
1791LIMAE IJ	—	1,100	1,350	1,650	1,950	—

KM# 101 8 ESCUDOS
27.0674 g., 0.8750 Gold 0.7614 oz. AGW **Obv:** Bust of Charles IIII, right **Obv. Legend:** CAROL • IIII... **Rev:** Crowned arms in order chain **Rev. Legend:** VTROQ • FELIX • AUSPICE • DEO **Mint:** Lima **Note:** Mint mark in monogram.

Date	Mintage	VG	F	VF	XF	Unc
1792LIMAE IJ	—	1,000	1,250	1,500	1,850	—
1793LIMAE IJ	—	1,000	1,250	1,500	1,850	—
1794LIMAE IJ	—	1,000	1,250	1,500	1,850	—
1795LIMAE IJ	—	1,000	1,250	1,500	1,850	—
1796LIMAE IJ	—	1,000	1,250	1,500	1,850	—
1797LIMAE IJ	—	1,000	1,250	1,500	1,850	—
1797LIMAE JI	—	1,100	1,600	2,250	3,300	—
1798LIMAE IJ	—	1,000	1,250	1,500	1,850	—
1799LIMAE IJ	—	1,000	1,250	1,500	1,850	—
1800LIMAE IJ	—	1,000	1,250	1,500	1,850	—

KM# 1 BARILLA
Copper **Obv:** Castle within circle, date below **Rev:** Crowned ornate shield divides value

Date	Mintage	Good	VG	F	VF	XF
1766	—	200	400	700	1,250	—

KM# 3 OCTAVO
Copper **Obv:** Lion and globes **Rev:** Spanish arms

Date	Mintage	Good	VG	F	VF	XF
1773M	—	40.00	70.00	120	165	—
1782M	—	40.00	70.00	120	165	—
1783M	—	40.00	70.00	120	165	—

KM# 5 OCTAVO
Copper **Obv:** Crowned Spanish arms flanked by stars **Rev:** Crowned lion within beaded circle

Date	Mintage	Good	VG	F	VF	XF
1798M F	—	50.00	75.00	150	200	—

KM# 2 QUARTO
Copper **Obv:** Crowned Spanish arms **Rev:** Crowned lion within beaded circle

Date	Mintage	Good	VG	F	VF	XF
1771M Dot	—	50.00	135	175	300	—
1773M	—	35.00	75.00	100	200	—
1774M Rare	—	—	—	—	—	—

PHILIPPINES

Date	Mintage	Good	VG	F	VF	XF
1782M	—	110	150	180	250	—
1783M	—	100	150	175	200	—

KM# 6 QUARTO

Copper **Obv:** Crowned Spanish arms flanked by stars **Rev:** Crowned lion within beaded circle **Note:** Similar to KM#7.

Date	Mintage	Good	VG	F	VF	XF
1798M F	—	40.00	80.00	100	135	—
1799M F	—	30.00	60.00	90.00	220	—
1800M F	—	30.00	60.00	90.00	220	—

KM# 4 1/4 REAL

Silver **Obv:** Crowned rampant lion **Rev:** Castle

Date	Mintage	VG	F	VF	XF	Unc
ND	—	35.00	70.00	90.00	150	500

Note: Attribution of the above 1/4 Real to the Philippines is questionable

PATTERNS

Including off metal strikes

KM#	Date	Mintage Identification	Mkt Val
Pn1	1701	— Barrillo. Bronze.	1,700
Pn2	1728	— Barrillo. Bronze. Uniface, arms.	1,250
Pn3	1733	— Barrillo. Lead. AB monogram, arms	—

KM#	Date	Mintage Identification	Mkt Val
Pn4	1739	— Barrillo. Lead.	1,500
Pn5	1743	— Barrillo. Lead. AB monogram, arms, 7 in date inverted.	—

KM#	Date	Mintage Identification	Mkt Val
Pn7	1743	— Barrillo. Lead. Monogram appears as crude R, larger lettering.	—
Pn8	1743	— Barrillo. Lead. BR monogram.	—

KM#	Date	Mintage Identification	Mkt Val
Pn6	1743	— Barrillo. Lead. AB monogram, legend with smaller lettering.	—

POLAND

The Republic of the Philippines, an archipelago in the western Pacific 500 miles (805 km.) from the southeast coast of Asia, has an area of 115,830 sq. mi. (300,000 sq. km.) and a population of *64.9 million. Capital: Manila. The economy of the 7,000-island group is based on agriculture, forestry and fishing. Timber, coconut products, sugar and hemp are exported.

Migration to the Philippines began about 30,000 years ago when land bridges connected the islands with Borneo and Sumatra. Ferdinand Magellan claimed the islands for Spain in 1521. The first permanent settlement was established by Miguel de Legaspi at Cebu April, 1565. Manila was established in 1572. A British expedition captured Manila and occupied the Spanish colony in October 1762, but returned it to Spain by the treaty of Paris, 1763. Spain held the Philippines despite growing Filipino nationalism until 1898 when they were ceded to the United States

at the end of the Spanish-American War. The Philippines became a self-governing commonwealth under the United States in 1935, and attained independence as the Republic of the Philippines on July 4, 1946.

RULER
Spanish until 1898

MINT MARK
M, MA - Manila

MONETARY SYSTEM
8 Octavos = 4 Quartos = 1 Real
8 Reales = 1 Peso

KINGDOM

STANDARD COINAGE

KM# 143 SOLIDUS (Szelag, Schilling)

Copper **Ruler:** August II **Obv:** Head of August II **Rev:** Crowned eagle with shield on breast

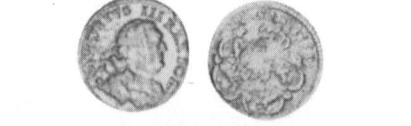

Date	Mintage	Good	VG	F	VF	XF
1720 W	—	12.00	18.00	45.00	90.00	—

KM# 145 SOLIDUS (Szelag, Schilling)

Copper **Ruler:** August III **Obv:** Bust right **Obv. Legend:** AVGVSTVS • III • REX • POL • **Rev:** Crowned arms **Note:** Varieties exist.

Date	Mintage	VG	F	VF	XF	Unc
1749	—	4.00	7.00	17.00	38.25	—
1750	—	4.00	7.00	17.00	38.25	—
1750 B	—	4.00	7.00	14.00	30.00	—
1750 H	—	4.00	7.00	14.00	30.00	—
1751 S	—	4.00	7.00	13.00	25.00	—
1751 V	—	12.00	25.00	48.25	.130	—
1752	—	4.00	7.00	11.00	20.00	—
1752 A	—	4.00	7.00	11.00	20.00	—
1752 B	—	4.00	7.00	11.00	20.00	—
1752 C	—	4.00	7.00	11.00	20.00	—
1752 D	—	4.00	7.00	11.00	20.00	—
1752 E Rare						
1752 F	—	4.00	7.00	11.00	20.00	—
1752 Inverted F	—	4.00	7.00	14.00	27.50	—
1752 G	—	4.00	7.00	14.00	27.50	—
1752 H	—	4.00	7.00	14.00	27.50	—
1752 I	—	4.00	7.00	11.00	20.00	—
1752 L	—	4.00	7.00	11.00	20.00	—
1752 N	—	4.00	7.00	13.00	20.00	—
1752 0 Rare						
1752 R Rare						
1752 S	—	4.00	7.00	13.00	20.00	—
1752 T	—	4.00	7.00	13.00	20.00	—
1752 Inverted T						
1752 U	—	4.00	7.00	13.00	20.00	—
1752 V	—	4.00	7.00	13.00	20.00	—
1753	—	4.00	7.00	13.00	20.00	—
1753 A	—	4.00	7.00	13.00	20.00	—
1753 B	—	4.00	7.00	13.00	20.00	—
1753 C	—	4.00	7.00	13.00	20.00	—
1753 Inverted C	—	5.00	8.00	13.00	27.50	—
1753 D	—	4.00	7.00	13.00	20.00	—
1753 Inverted F	—	4.00	7.00	13.00	25.00	—
1753 G	—	4.00	8.00	13.00	27.50	—
1753 H	—	4.00	7.00	13.00	20.00	—
1753 I	—	4.00	7.00	13.00	20.00	—
1753 L	—	4.00	7.00	13.00	25.00	—
1753 N	—	4.00	7.00	13.00	20.00	—
1753 Inverted N	—	5.00	11.00	14.00	30.50	—
1753 0	—	4.00	7.00	11.00	20.00	—
1753 P	—	4.00	7.00	11.00	20.00	—
1753 R	—	4.00	7.00	11.00	20.00	—
1753 S	—	4.00	7.00	11.00	20.00	—
1753 T	—	40.25	100	145	245	—
1753 Inverted T	—	4.00	8.00	13.00	27.50	—
1753 V	—	4.00	7.00	11.00	20.00	—
1754	—	4.00	7.00	11.00	20.00	—
1754 F	—	30.00	85.00	120	195	—
1754 H	—	4.00	7.00	11.00	20.00	—
1755	—	4.00	7.00	11.00	20.00	—
1755 H	—	4.00	7.00	11.00	20.00	—

KM# 145a SOLIDUS (Szelag, Schilling)

Silver **Ruler:** August III **Obv:** Bust of August III, right **Rev:** Crowned arms

Date	Mintage	VG	F	VF	XF	Unc
1750	—	20.00	25.00	50.00	115	—
1753	—	20.00	25.00	50.00	115	—

KM# 145b SOLIDUS (Szelag, Schilling)

Gold **Ruler:** August III **Obv:** Bust of August III right **Rev:** Crowned arms

Date	Mintage	VG	F	VF	XF
1750	—	—	—	—	—

KM# 180 SOLIDUS (Szelag, Schilling)

Copper **Ruler:** Stanislaus Augustus **Obv:** Crowned SAR monogram divides date **Rev:** Value, initials below **Note:** Varieties exist.

Date	Mintage	VG	F	VF	XF	Unc
1766 G	3,960	60.00	115	160	265	—
1767 G	1,599,000	3.00	8.00	17.00	50.00	—
1768 G Small letters	10,015,000	3.00	8.00	17.00	50.00	—
1768 G Large letters	Inc. above	—	—	—	—	—
1768	Inc. above	60.00	115	160	265	—
1776 EB	80,000	6.00	14.00	25.00	60.00	—
1792 MV	—	20.00	33.75	55.00	115	—
ND Rare	—	—	—	—	—	—

KM# 181.1 SOLIDUS (Szelag, Schilling)

Copper **Ruler:** Stanislaus Augustus **Obv:** Crowned monogram **Rev:** Value, initials below

Date	Mintage	VG	F	VF	XF	Unc
ND G	—	60.00	115	160	285	—

KM# 181.2 SOLIDUS (Szelag, Schilling)

Copper **Ruler:** Stanislaus Augustus **Obv:** Crowned monogram **Rev:** Value, initials below

Date	Mintage	VG	F	VF	XF	Unc
ND G	—	60.00	115	160	285	—

KM# 175.2 1/2 GROSZA (Pol)

Copper **Ruler:** Stanislaus Augustus **Obv:** Crowned monogram **Rev:** Value

Date	Mintage	VG	F	VF	XF	Unc
ND Rare	—	—	—	—	—	—

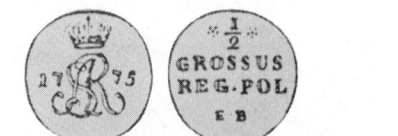

KM# 175.1 1/2 GROSZA (Pol)

Copper **Ruler:** Stanislaus Augustus **Obv:** Crowned SAR monogram divides date **Rev:** Value, initials below **Note:** Struck at Warsaw Mint.

Date	Mintage	VG	F	VF	XF	Unc
1765 G Rare	—	—	—	—	—	—
1766 G	632,000	6.00	10.00	17.00	42.50	—
1767 G	6,649,000	4.00	8.00	13.00	34.00	—
1768 G Large monogram	Inc. above	4.00	8.00	13.00	34.00	—
1768 G Small monogram	12,445,000	4.00	8.00	13.00	34.00	—
1775 EB	144,000	7.00	10.00	18.00	46.75	—
1776 EB	52,000	8.00	13.00	25.00	55.00	—
1777 EB	68,000	13.00	20.00	31.50	70.00	—
1780 EB	91,000	8.00	18.00	31.50	70.00	—
1781 EB	44,000	13.00	25.00	31.50	80.00	—
1782 EB	51,000	13.00	25.00	31.50	80.00	—
NDM/Rare	—	—	—	—	—	—
1792 EB	—	60.00	90.00	120	210	—

KM# 203 1/2 GROSZA (Pol)

Copper **Ruler:** Stanislaus Augustus **Obv. Inscription:** POL GROSZA / Z / MIEDZI KRAIOW **Note:** Similar to KM#198.1 but value: POL GROSZA/ Z/ MIEDZI KRAIOW. Mining 1/2 Grosza

Date	Mintage	VG	F	VF	XF	Unc
1786 EB Rare	—	—	—	—	—	—

KM# 147.1 3 SOLIDI (1 Grosz)

Copper **Ruler:** August III **Obv:** Bust of August III right **Rev:** Crowned arms, 3 below

Date	Mintage	VG	F	VF	XF	Unc
1752	—	3.00	11.00	14.00	37.50	—
1753	—	3.00	7.00	13.00	34.00	—
1754	—	3.00	7.00	13.00	34.00	—
1755	—	3.00	7.00	13.00	34.00	—
1758	—	5.00	11.00	20.00	60.00	—

KM# 147.2 3 SOLIDI (1 Grosz)

Copper **Ruler:** August III **Obv:** Bust right **Obv. Legend:** AVGVSTVS • III • REX • POL • **Rev:** Crowned arms, H replaces 3 below

Date	Mintage	VG	F	VF	XF	Unc
1754	—	3.00	6.00	11.00	27.50	—
1755	—	3.00	6.00	11.00	27.50	—

Date	Mintage	VG	F	VF	XF	Unc
1755 F	—	—	—	—	—	—

KM# 176 GROSZ

Copper **Ruler:** Stanislaus Augustus **Obv. Inscription:** STA / NISLAVS / AVG. REX / POL. MDL **Rev:** Arms

Date	Mintage	VG	F	VF	XF	Unc
1765 Rare	—	—	—	—	—	—

KM# 177 GROSZ

3.8900 g., Copper **Ruler:** Stanislaus Augustus **Obv:** Crowned SAR monogram divides date **Rev:** Crowned, 4-fold oval arms within sprigs **Note:** Varieties exist.

Date	Mintage	VG	F	VF	XF	Unc
1765 VG On reverse	—	7.00	16.00	25.00	50.00	—
1765 VG On obverse	—	5.00	13.00	20.00	42.50	—
1765 G	2,089,999	15.00	35.00	55.00	110	—
1765 "G"	—	3.00	6.00	11.00	27.50	—
1765	Inc. above	45.00	105	175	350	—
1766 G	12,172,000	3.00	6.00	11.00	25.00	—
1766 "G"	Inc. above	3.00	6.00	11.00	25.00	—
1767 G	48,852,000	3.00	6.00	11.00	25.00	—
1767 "G"	Inc. above	3.00	6.00	11.00	25.00	—
1768 G	32,037,999	3.00	6.00	11.00	25.00	—
1768 "G"	Inc. above	3.25	8.00	13.00	30.00	—
1769 "G"	2,930,000	3.00	6.00	11.00	25.00	—
1770 "G"	—	3.25	8.00	13.00	30.00	—
1771 "G"	279,000	4.50	11.00	18.00	42.50	—
1772 "G	358,000	3.50	8.00	14.00	34.00	—
1772 AP	Inc. above	45.00	105	175	350	—
1773 AP	218,000	4.50	11.00	18.00	38.25	—
1774 AP	196,000	5.00	11.00	14.00	34.00	—
1774 EB	Inc. above	3.00	7.00	11.00	27.50	—
1775 EB	1,650,000	3.00	7.00	11.00	27.50	—
1776 AP	2,045,000	15.00	35.00	70.00	185	—
1776 EB	Inc. above	3.25	7.00	13.00	27.50	—
1777 AP	1,425,000	20.00	55.00	85.00	215	—
1777 EB	Inc. above	3.25	7.00	13.00	27.50	—
1778 EB	1,138,000	3.25	7.00	13.00	27.50	—
1779 EB	1,175,000	3.25	7.00	13.00	27.50	—
1780 EB	523,000	3.25	8.00	13.00	31.50	—
1781 EB	300,000	4.50	11.00	18.00	38.25	—
1782 EB	285,000	3.50	8.00	14.00	34.00	—
1783 EB	897,000	3.25	7.00	13.00	27.50	—
1784 EB	609,000	3.25	8.00	13.00	31.50	—
1785 EB	795,000	3.25	8.00	13.00	31.50	—
1786 EB	446,000	3.50	8.00	14.00	34.00	—
1787 EB GROSSUS	3,636,000	3.25	7.00	13.00	27.50	—
1787 EB GROSSUS	Inc. above	4.50	11.00	18.00	38.25	—
1788 EB	4,059,999	3.25	7.00	13.00	27.50	—
1789 EB	1,966,000	3.25	7.00	13.00	27.50	—
1790 EB	5,763,000	3.25	7.00	13.00	27.50	—
1791 EB	3,220,000	3.25	7.00	13.00	27.50	—
1791 MV	Inc. above	5.00	11.00	14.00	34.00	—
1792 EB	4,524,000	3.25	8.00	13.00	31.50	—
1792 MV	Inc. above	3.25	7.00	13.00	27.50	—
1793 EB	2,823,000	3.25	7.00	13.00	27.50	—
1793 MV	Inc. above	3.25	7.00	13.00	27.50	—
1794 MV/MW	2,484,000	3.25	7.00	13.00	27.50	—
1795 MV	Inc. above	15.00	35.00	100	205	—

KM# 204 GROSZ (Mining)

Copper **Ruler:** Stanislaus Augustus **Rev:** Crowned arms within sprigs **Rev. Legend:** MIEDZI KRAJOWEY

Date	Mintage	VG	F	VF	XF	Unc
1786 EB	Inc. above	15.00	27.50	45.00	85.00	—
1787 EB	Inc. above	15.00	22.50	41.25	75.00	—
1788 EB	Inc. above	11.00	18.00	27.50	55.00	—
1794 MV	Inc. above	—	—	—	—	—

KM# 151 POLTORAK

1.0800 g., Billon **Ruler:** August III **Obv:** Crowned round arms within sprigs **Rev:** Value and date

Date	Mintage	VG	F	VF	XF	Unc
1753	—	22.50	37.50	60.00	100	—

KM# 166 POLTORAK

1.0800 g., Billon **Ruler:** August III **Obv:** Bust of August III right **Rev:** Eagle

Date	Mintage	VG	F	VF	XF	Unc
1755 EC	—	15.00	27.50	45.00	85.00	—
1756 EC	—	15.00	27.50	45.00	85.00	—

KM# 152 3 GROSZE (1/2 Szostak - 3 Kruzierz)

2.1600 g., Billon **Ruler:** August III **Obv:** Crowned bust right **Obv. Legend:** D G AVGVSTVS III... **Rev:** Crowned, round 4-fold arms within sprigs

Date	Mintage	VG	F	VF	XF	Unc
1753	—	15.00	30.00	55.00	90.00	—

KM# 153 3 GROSZE (1/2 Szostak - 3 Kruzierz)

2.1600 g., Billon **Ruler:** August III **Obv:** Crowned arms within sprigs, 3 below

Date	Mintage	VG	F	VF	XF	Unc
1753 EC	—	22.50	45.00	105	180	—
1754	—	12.00	22.50	37.50	70.00	—
1754 EC	—	22.50	45.00	105	180	—
1756 EC	—	12.00	22.50	37.50	70.00	—

KM# 178 3 GROSZE (1/2 Szostak - 3 Kruzierz)

Copper **Ruler:** Stanislaus Augustus **Obv:** Bust right **Obv. Legend:** STANISLAUS AUG D G REX ... **Rev:** Crowned, round 4-fold arms within sprigs

Date	Mintage	VG	F	VF	XF	Unc
1765 "G"	—	8.00	17.00	30.00	85.00	—
1766 "G"	12,410,000	8.00	14.00	25.00	60.00	—
1766 "G" STANILAUS (Error)	Inc. above	14.00	25.00	36.00	90.00	—

KM# 182 3 GROSZE (1/2 Szostak - 3 Kruzierz)

Copper **Ruler:** Stanislaus Augustus **Obv:** Head right **Note:** Varieties exist.

Date	Mintage	VG	F	VF	XF	Unc
1766 G	Inc. above	6.00	12.00	18.00	37.50	—
1766 "G" Large head; Rare	Inc. above	—	—	—	—	—
1766 "G" Small head	Inc. above	6.00	12.00	18.00	37.50	—
1767 G GROSSUS	Inc. above	8.00	15.00	25.00	55.00	—
1767 G GROSSVS	7,501,000	6.00	12.00	18.00	37.50	—
1767 G TRIPEX (Error)	Inc. above	14.00	25.00	36.00	75.00	—
1768 G GROSSUS	Inc. above	6.00	12.00	18.00	37.50	—
1768 G GROSSVS	4,490,000	6.00	12.00	18.00	37.50	—
1769 G	989,000	6.00	12.00	18.00	37.50	—
1770 G TRILEX (Error)	Inc. above	14.00	25.00	36.00	75.00	—
1770 G TRIPLEX	1,986,000	6.00	12.00	18.00	37.50	—
1771 G	504,000	7.00	14.00	25.00	45.00	—
1772 AP	Inc. above	6.00	9.00	11.00	25.00	—
1772 G	570,000	7.00	14.00	25.00	45.00	—
1773 AP	733,000	6.00	9.00	11.00	25.00	—
1774 AP	1,038,999	6.00	9.00	11.00	25.00	—
1774 AP STANISLUS (Error)	Inc. above	14.00	25.00	36.00	75.00	—
1775 EB	1,099,000	6.00	9.00	11.00	25.00	—
1776 EB	1,592,000	6.00	9.00	11.00	25.00	—
1777 EB	865,000	6.00	9.00	11.00	25.00	—
1778 EB	695,000	6.00	9.00	11.00	27.50	—
1778 EB STANILAUS (Error)	Inc. above	14.00	25.00	42.00	85.00	—
1779 EB	507,000	6.00	9.00	11.00	27.50	—
1780 EB	307,000	6.00	9.00	12.00	30.00	—
1781 EB	501,000	6.00	9.00	11.00	27.50	—
1782 EB	213,000	6.00	12.00	18.00	37.50	—
1783 EB	652,000	6.00	9.00	11.00	27.50	—
1784 EB	447,000	6.00	9.00	11.00	27.50	—
1785 EB	290,000	6.00	9.00	12.00	30.00	—
1786 EB	233,000	6.00	9.00	12.00	30.00	—
1787 EB	2,797,000	6.00	9.00	11.00	25.00	—
1788 EB GROSSOS (Error)	Inc. above	—	—	—	—	—
1788 EB GROSSUS	5,029,000	6.00	9.00	10.00	25.00	—
1789 EB	3,317,000	6.00	9.00	10.00	25.00	—
1790 EB	5,242,000	6.00	9.00	10.00	25.00	—
1790 EB STANISLUAS (Error)	Inc. above	14.00	25.00	36.00	75.00	—
1791 EB	3,906,000	6.00	9.00	12.00	30.00	—
1792 EB	5,223,000	6.00	9.00	10.00	25.00	—
1792 MV	Inc. above	6.00	9.00	12.00	30.00	—
1793 MV	2,618,000	6.00	9.00	11.00	25.00	—
1794 MV	2,089,999	6.00	9.00	11.00	25.00	—
1795 MV	Inc. above	—	—	—	—	—

KM# 205 3 GROSZE (Mining)

Copper **Ruler:** Stanislaus Augustus **Obv:** Head right **Obv. Legend:** STANISLAUS AUG • D •G • REX POLMDL • **Rev:** Crowned, round 4-fold arms within sprigs **Rev. Legend:** TROIAK Z MIEDZI KRAIOWEY

Date	Mintage	VG	F	VF	XF	Unc
1786 EB	Inc. above	13.00	27.50	39.00	100	—
1787 EB	Inc. above	5.00	11.00	20.00	37.50	—
1788 EB	Inc. above	9.00	18.00	27.50	70.00	—
1791 EB	Inc. above	9.00	18.00	27.50	70.00	—
1792 MW	Inc. above	13.00	27.50	39.00	100	—
1792 WM	Inc. above	10.00	20.00	30.00	75.00	—

KM# 154 6 GROSZY (Szostak)

Billon **Ruler:** August III **Obv:** Crowned bust of August III right **Rev:** Crowned arms within sprigs, SZ below

Date	Mintage	VG	F	VF	XF	Unc
1753	—	12.00	25.00	36.00	100	—

KM# 155.1 6 GROSZY (Szostak)

Billon **Ruler:** August III **Rev:** Crowned arms within sprigs, VI below

Date	Mintage	VG	F	VF	XF	Unc
1753 EC	—	8.00	15.00	27.50	70.00	—
1754 EC	—	8.00	15.00	27.50	70.00	—
1755 EC	—	7.00	14.00	25.00	60.00	—
1756 EC	—	5.00	12.00	20.00	55.00	—

KM# 155.2 6 GROSZY (Szostak)

Billon **Ruler:** August III **Rev:** Error: IV below arms

Date	Mintage	VG	F	VF	XF	Unc
1755 EC	—	10.00	20.00	30.00	90.00	—

KM# 215 6 GROSZY (Szostak)

Billon **Ruler:** Stanislaus Augustus **Obv:** Crowned, round 3-fold arms **Obv. Legend:** STANISLAUS AUGUSTUS **Rev:** Value, date **Note:** Varieties exist.

Date	Mintage	VG	F	VF	XF	Unc
1794	—	9.00	12.00	18.00	45.00	—
1794 AUGUTUS (Error)	—	20.00	27.50	48.00	115	—
1795	—	9.00	12.00	18.00	45.00	—

KM# 183 GROSCHEN (1/24 Thaler, 7-1/2 Groszy, Srebrnik)

1.9900 g., 0.3670 Silver 0.0235 oz. ASW **Ruler:** Stanislaus Augustus **Obv:** Crowned SAR monogram within square **Rev:** Inscription, date within square **Rev. Inscription:** 320 / EX / MARCA / PURA • COL **Note:** Varieties exist.

Date	Mintage	Good	VG	F	VF	XF
1766	915,000	42.00	80.00	110	205	—
1766 FS	Inc. above	14.00	20.00	25.00	55.00	—
1767	2,480,000	42.00	80.00	110	205	—
1767 FS	Inc. above	10.00	12.00	17.00	33.75	—
1768 FS	1,761,000	10.00	12.00	17.00	33.75	—
1768 IS	Inc. above	55.00	85.00	120	280	—
1771 Rare	—	—	—	—	—	—
1772 AP	7,131	27.50	48.00	70.00	165	—
1773 AP	17,000	10.00	12.00	17.00	33.75	—
1774 AP	75,000	10.00	12.00	17.00	33.75	—
1775 AP	17,000	12.00	14.00	22.50	37.50	—
1776 EB	29,000	10.00	12.00	17.00	33.75	—
1777 EB	34,000	10.00	12.00	17.00	33.75	—
1778 EB	24,000	12.00	14.00	22.50	37.50	—
1779 EB	86,000	10.00	12.00	17.00	33.75	—
1780 EB	11,000	12.00	14.00	22.50	55.00	—
1781 EB	2,966	12.00	25.00	42.00	130	—
1782 EB	33,000	10.00	12.00	17.00	33.75	—

KM# 206 10 GROSZY

2.4900 g., 0.3730 Silver 0.0299 oz. ASW **Ruler:** Stanislaus Augustus **Obv:** Crowned, round 3-fold arms **Obv. Legend:** STAN AUG ... **Rev:** Value, inscription, date **Rev. Inscription:** GR: MIEDZ / 250 1/2 / GRZ: KOL / 1790 / E • B •

Date	Mintage	VG	F	VF	XF	Unc
1787 EB	414,000	10.00	14.00	18.00	37.50	—
1788 EB	685,000	10.00	14.00	18.00	37.50	—
1789 EB	314,000	10.00	14.00	18.00	37.50	—
1790 EB	1,068,000	10.00	14.00	18.00	37.50	—
1791 EB	609,000	10.00	14.00	18.00	37.50	—
1792 MV	594,000	25.00	36.00	60.00	135	—
1792 MW	Inc. above	10.00	14.00	18.00	37.50	—
1793 MW	876,000	10.00	14.00	18.00	37.50	—
1794 MW	—	12.00	30.00	42.00	115	—
1795 MW	—	25.00	36.00	90.00	190	—

KM# 184 2 GROSCHEN (1/12 Thaler, 15 Groszy, Polzlotek)

3.3400 g., 0.5870 Silver 0.0630 oz. ASW **Ruler:** Stanislaus Augustus **Obv:** Crowned, ornate 4-fold arms within sprigs **Obv. Legend:** STANISLAUSAUG • D • G • REX POL • M • D • **Rev:** Value, inscription, date **Rev. Inscription:** S • GR / CLX • EX / MARCA / PURA • COL • /

Date	Mintage	VG	F	VF	XF	Unc
1766 FS	8,425,000	6.00	9.00	12.00	27.50	—
1767 FS	7,110,000	6.00	9.00	12.00	27.50	—
1768 IS	—	9.00	18.00	25.00	41.25	—
1769 IS	1,509,000	6.00	9.00	12.00	27.50	—
1770 IS	344,000	8.00	10.00	14.00	30.00	—
1771 IS	218,000	8.00	10.00	14.00	30.00	—
1772 AP	Inc. above	6.00	8.00	12.00	27.50	—
1772 S	361,000	8.00	14.00	18.00	37.50	—
1773 AP	665,000	6.00	9.00	12.00	27.50	—
1773 PA	Inc. above	14.00	27.50	42.00	90.00	—
1774 AP	299,000	8.00	10.00	14.00	30.00	—
1775 EB	Inc. above	9.00	14.00	20.00	33.75	—
1775 AP	352,000	65.00	100	150	300	—
1776 EB	97,000	14.00	25.00	42.00	105	—
1777 EB	35,000	12.00	20.00	36.00	100	—
1778 EB	9,972	14.00	27.50	42.00	105	—
1779 EB	61,000	9.00	14.00	20.00	33.75	—
1780 EB	27,000	12.00	18.00	25.00	41.25	—
1781 EB	43,000	12.00	18.00	25.00	41.25	—
1782 EB	28,000	12.00	18.00	25.00	41.25	—
1785 EB	63,000	12.00	18.00	25.00	41.25	—
1786 EB	283,000	8.00	10.00	14.00	30.00	—

KM# 148.1 18 GROSZY (Tympf)

Billon **Ruler:** August III **Obv:** Crowned bust of August III, right **Rev:** Crowned, round 4-fold arms within sprigs, T below

Date	Mintage	VG	F	VF	XF	Unc
1752 Rare	—	—	—	—	—	—
1753	—	22.50	37.50	70.00	115	—
1755	—	22.50	37.50	70.00	115	—

KM# 148.2 18 GROSZY (Tympf)

Billon **Ruler:** August III **Obv:** Large, crowned bust right **Obv. Legend:** D • G • AVGSTVS • III • REX • POLONIARUM **Rev:** Crowned, round 4-fold arms within sprigs **Rev. Legend:** SAC • ROM • IMP • ....

Date	Mintage	VG	F	VF	XF	Unc
1753 EC	—	11.00	22.50	48.00	85.00	—
1753	—	36.00	70.00	190	375	—
1754 EC	—	11.00	22.50	48.00	85.00	—
1755 EC	—	11.00	22.50	48.00	85.00	—
1756 EC	—	—	—	—	—	—

KM# 148.3 18 GROSZY (Tympf)

Billon **Ruler:** August III **Obv:** Crowned bust right **Obv. Legend:** D • G • AVGSTVS IIIREX POLON... **Rev:** Crowned, round 4-fold arms within sprigs **Rev. Legend:** SAC • ROM • IMP • ...

Date	Mintage	VG	F	VF	XF	Unc
1753 EC	—	11.00	22.50	48.00	85.00	—
1756 EC	—	11.00	22.50	48.00	85.00	—

KM# 167 18 GROSZY (Tympf)

Billon **Ruler:** August III **Obv:** Crowned bust right **Obv. Legend:** D • G • AVGSTVS • III • REX• ... **Rev:** crowned, round 4-fold arms within sprigs **Rev. Legend:** SAC • ROM • IMP • ...

Date	Mintage	VG	F	VF	XF	Unc
1755 EC	—	18.00	35.00	70.00	120	—

KM# 173 30 GROSZY

Silver **Ruler:** August III **Obv:** Crowned bust right **Obv. Legend:** D • G • FRID • AUGUSTUS REX POL ET SAX **Rev:** Triple X above value, date within sprigs

Date	Mintage	VG	F	VF	XF	Unc
1762 Rare	—	—	—	—	—	—

KM# 174 60 GROSZY

Silver **Ruler:** August III **Obv:** Crowned bust right **Obv. Legend:** D • G • FRID • AVGUSTUS REX POL ET SAX **Rev. Legend:** POLONIÆ MON: REG:

Date	Mintage	VG	F	VF	XF	Unc
1762 Rare	—	—	—	—	—	—

KM# 185 4 GROSCHEN (1 Zloty)

5.3100 g., 0.5500 Silver 0.0939 oz. ASW **Ruler:** Stanislaus Augustus **Obv:** Crowned bust right **Rev:** Crowned, round 4-fold arms within sprigs

Date	Mintage	VG	F	VF	XF	Unc
1766 FS	4,139,000	15.00	25.00	50.00	80.00	—
1767 FS	7,679,000	15.00	25.00	50.00	80.00	—
1768 IS	46,000	20.00	27.50	80.00	150	—
1769 IS	20,000	45.00	90.00	200	350	—
1771 IS	74,000	20.00	27.50	55.00	100	—
1772 AP	17,000	60.00	120	240	450	—
1773 AP	5,201	90.00	180	400	550	—
1774 AP	37,000	20.00	27.50	80.00	150	—
1775 EB	57,000	20.00	27.50	60.00	120	—
1776 EB	47,000	20.00	27.50	60.00	120	—
1777 EB	62,000	20.00	27.50	60.00	120	—
1778 EB	20,000	22.50	30.00	80.00	150	—
1779 EB	44,000	20.00	27.50	60.00	120	—
1780 EB	82,000	20.00	27.50	60.00	120	—
1781 EB	10,000	22.50	30.00	80.00	150	—
1782 EB	35,000	20.00	27.50	60.00	120	—

KM# 197.1 4 GROSCHEN (1 Zloty)

5.3100 g., 0.5500 Silver 0.0939 oz. ASW **Ruler:** Stanislaus Augustus **Obv:** Head with braid

Date	Mintage	VG	F	VF	XF	Unc
1783 EB	11,000	19.00	30.00	80.00	150	—
1784 EB	10,000	19.00	30.00	80.00	150	—
1785 EB	225,000	11.00	19.00	50.00	90.00	—

KM# 197.2 4 GROSCHEN (1 Zloty)

5.3100 g., 0.5500 Silver 0.0939 oz. ASW **Ruler:** Stanislaus Augustus **Obv:** Head with two braids

Date	Mintage	VG	F	VF	XF	Unc
1786 EB	164,000	20.00	34.00	60.00	120	—

KM# 208.1 4 GROSCHEN (1 Zloty)

5.3100 g., 0.5500 Silver 0.0939 oz. ASW **Ruler:** Stanislaus Augustus **Obv:** Head right **Obv. Legend:** STANISLAUS AUG • D • G • REX ... **Rev:** Crowned 4-fold arms divides date **Rev. Legend:** PURACOLON ....

Date	Mintage	VG	F	VF	XF	Unc
1787 EB	1,622,000	7.00	12.00	25.00	65.00	—
1788 EB	1,196,000	7.00	12.00	25.00	65.00	—
1789 EB	820,000	8.00	15.00	30.00	80.00	—
1790 EB	1,751,000	7.00	12.00	25.00	65.00	—
1791 EB	2,307,000	7.00	12.00	25.00	65.00	—
1792 MV	2,320,000	7.00	12.00	25.00	65.00	—
1793 MV	3,390,000	7.00	12.00	25.00	65.00	—
1794 MV	894,000	15.00	25.00	48.00	130	—

KM# 208.2 4 GROSCHEN (1 Zloty)

5.3100 g., 0.5500 Silver 0.0939 oz. ASW **Ruler:** Stanislaus Augustus **Obv:** Head right **Obv. Legend:** STANISLAUS AUG • D • G • REX POL • ... **Rev:** Crowned 4-fold arms divides date

Date	Mintage	VG	F	VF	XF	Unc
1794 MV	Inc. above	15.00	30.00	60.00	160	—
1795 MV	Inc. above	20.00	42.00	90.00	240	—

KM# 135 6 GROSCHEN

Silver **Ruler:** August II **Obv:** Small crowned bust of August II right **Rev:** Crown above three shields

Date	Mintage	VG	F	VF	XF	Unc
1702EPH	—	100	200	400	700	—

KM# 156 8 GROSCHEN (2 Zlotych)

7.3100 g., Silver **Ruler:** August III **Obv:** Crowned bust right **Obv. Legend:** D G AVGVSTVS III .... **Rev:** Crowned, round 4-fold arms within sprigs **Rev. Legend:** SAC • ROM • IMP....

Date	Mintage	VG	F	VF	XF	Unc
1753 EC	—	18.00	33.75	80.00	170	—
1756 EC	—	70.00	160	400	700	—
1761 EC	—	70.00	175	450	800	—
1762 EC Rare	—	—	—	—	—	—

KM# 157 8 GROSCHEN (2 Zlotych)

7.3100 g., Silver **Ruler:** August III **Obv:** Crowned bust right **Obv. Legend:** D • G • AVGVSTVS III • REX POLONIARUM • **Rev:** Crowned, round 4-fold arms within sprigs, without 8 GR below arms **Rev. Legend:** SAC • ROM • IMP • ARCHIM • ET ELECT •

Date	Mintage	VG	F	VF	XF	Unc
1753	—	30.00	60.00	140	300	—

KM# 186.1 8 GROSCHEN (2 Zlotych)

9.3500 g., 0.6267 Silver 0.1884 oz. ASW **Ruler:** Stanislaus Augustus **Obv:** Head right **Obv. Legend:** STANISLAUS AUG • D • G • REX POL • M • D • L • **Rev:** Crowned, round 4-fold arms within sprigs, without 8 GR below arms **Note:** Dav. #1618.

Date	Mintage	VG	F	VF	XF	Unc
1766 FS	1,742,000	60.00	100	220	375	—

KM# 186.2 8 GROSCHEN (2 Zlotych)

9.3500 g., 0.6267 Silver 0.1884 oz. ASW **Ruler:** Stanislaus Augustus **Obv:** Head right **Obv. Legend:** STANISLAUS AUG • D • G • REX POL • M • D • L • **Rev:** Crowned, round 4-fold arms within sprigs, 8 GR below arms **Rev. Legend:** PURA • COL • 1767 • XL • EX MARCA • **Note:** Dav. #1619. Varieties exist.

Date	Mintage	VG	F	VF	XF	Unc
1766 FS	Inc. above	10.00	20.00	33.50	75.00	—
1766	Inc. above	75.00	160	270	525	—
1767 FS	207,000	10.00	20.00	33.50	75.00	—
1768 FS	2,095,000	10.00	20.00	33.50	75.00	—
1768 IS	Inc. above	10.00	20.00	33.50	75.00	—
1769 IS	140,000	12.00	30.00	60.00	150	—
1770 IS	359,000	10.00	20.00	33.50	75.00	—
1771 IS	275,000	10.00	20.00	33.50	75.00	—
1772 AP	201,000	10.00	20.00	33.50	75.00	—
1772 IS	Inc. above	10.00	20.00	33.50	75.00	—
1773 AP	67,000	12.00	36.00	70.00	180	—
1774 AP	376,000	10.00	20.00	33.50	75.00	—
1774 EB	Inc. above	10.00	20.00	36.00	85.00	—
1775 EB	489,000	10.00	20.00	33.50	75.00	—
1776 EB	570,000	10.00	20.00	33.50	75.00	—
1777 EB	366,000	10.00	20.00	33.50	75.00	—
1778 EB	290,000	10.00	22.50	33.50	75.00	—
1779 EB	220,000	10.00	22.50	36.00	85.00	—
1780 EB	109,000	10.00	25.00	48.00	100	—
1781 EB	200,000	10.00	22.50	36.00	85.00	—
1782 EB	195,000	10.00	22.50	36.00	85.00	—

POLAND

KM# 198.1 8 GROSCHEN (2 Zlotych)
9.3500 g., 0.6267 Silver 0.1884 oz. ASW **Ruler:** Stanislaus Augustus **Obv:** Head with braid **Note:** Dav. #1620.

Date	Mintage	VG	F	VF	XF	Unc
1783 EB	208,000	10.00	20.00	36.00	85.00	—
1784 EB	179,000	10.00	22.50	42.00	90.00	—
1785 EB	78,000	10.00	25.00	48.00	100	—

KM# 198.2 8 GROSCHEN (2 Zlotych)
9.3500 g., 0.6267 Silver 0.1884 oz. ASW **Ruler:** Stanislaus Augustus **Obv:** Braid behind head **Note:** Dav. #1620A.

Date	Mintage	VG	F	VF	XF	Unc
1783 EB	Inc. above	115	225	450	900	—
1786 EB	—	—	—	—	—	—

Note: Reported, not confirmed

Date	Mintage	VG	F	VF	XF	Unc
1773 AP	5,335	25.00	55.00	110	300	—
1774 AP	3,565	40.00	95.00	190	500	—
1775 EB	3,533	30.00	70.00	150	425	—
1776 EB	15,000	25.00	48.00	100	265	—
1777 EB	20,000	25.00	48.00	100	265	—
1778 EB	21,000	25.00	48.00	100	265	—
1779 EB	14,000	25.00	48.00	100	265	—
1780 EB	4,764	30.00	70.00	150	425	—
1781 EB	3,893	30.00	70.00	150	425	—
1782 EB	2,166	25.00	60.00	120	350	—

KM# 192 1/2 THALER (4 Zlotych - 1/2 Talar)
14.0300 g., 0.8330 Silver 0.3757 oz. ASW **Ruler:** Stanislaus Augustus **Note:** Klippe.

Date	Mintage	VG	F	VF	XF	Unc
1780 EB Rare	—	—	—	—	—	—

KM# 187 THALER (Reichs)
28.0700 g., 0.8330 Silver 0.7517 oz. ASW **Ruler:** Stanislaus Augustus **Obv:** Bust right **Obv. Inscription:** STANISLAUS AUGUSTUS • D • G • REX POL • M • D • L • ... **Rev:** Crowned, round 4-fold arms within sprigs **Note:** Dav. #1618.

Date	Mintage	VG	F	VF	XF	Unc
1766 FS	78,000	180	350	550	1,150	—

KM# 194 THALER (Reichs)
28.0700 g., 0.8330 Silver 0.7517 oz. ASW **Ruler:** Stanislaus Augustus **Obv:** Head right **Obv. Legend:** STANISLAUS AUGUSTUS • D • G • REX POL • M • D • L • ... **Rev:** Crowned, round 4-fold arms within sprigs **Note:** Dav. #1619.

Date	Mintage	VG	F	VF	XF	Unc
1768 IS LITH	5,532	125	270	550	900	—
1768 IS LITU	Inc. above	150	350	725	1,300	—
1769 IS Rare	1,501	—	—	—	—	—
1770 IS	10,000	75.00	120	240	600	—
1772 AP	7,761	75.00	120	240	675	—
1772 IS	Inc. above	125	240	475	975	—
1773 AP LITH	5,416	150	350	725	1,300	—
1773 AP LITU	Inc. above	125	325	550	1,150	—
1774 AP	4,713	125	240	475	975	—
1775 EB LITH	33,000	60.00	90.00	180	450	—
1775 LITU	Inc. above	60.00	90.00	180	450	—
1776 EB LITH	47,000	60.00	90.00	180	450	—
1776 EB LITU	Inc. above	60.00	90.00	180	450	—
1777 EB LITU	17,000	60.00	100	210	575	—
1777 EB LITU	Inc. above	60.00	100	210	575	—
1778 EB LITH	20,000	60.00	100	210	575	—
1778 EB LITU	Inc. above	60.00	100	210	575	—
1779 EB	16,000	60.00	100	210	575	—
1780 EB	9,566	100	240	475	975	—
1781 EB	4,786	150	350	725	1,300	—
1782 EB Rare	1,542	—	—	—	—	—

KM# 209.1 8 GROSCHEN (2 Zlotych)
9.3500 g., 0.6267 Silver 0.1884 oz. ASW **Ruler:** Stanislaus Augustus **Obv:** Head right **Obv. Legend:** STANISLAUS AUG • D • G • REX • POL • M • D • L • **Rev:** Crowned 4-fold arms divides date **Rev. Legend:** PURA COLON • ... **Note:** Dav. #1621.

Date	Mintage	VG	F	VF	XF	Unc
1787 EB	842,000	9.00	18.00	30.00	70.00	—
1788 EB	742,000	9.00	18.00	30.00	70.00	—
1789 EB	852,000	9.00	18.00	30.00	70.00	—
1790 EB	585,000	9.00	18.00	30.00	70.00	—
1791 EB	917,000	9.00	18.00	30.00	70.00	—
1792 EB	1,612,000	7.00	15.00	25.00	55.00	—
1792 MV	Inc. above	7.00	15.00	25.00	55.00	—
1793 MV	774,000	10.00	18.00	30.00	80.00	—
1794 MV	2,476,000	7.00	15.00	25.00	55.00	—

KM# 209.2 8 GROSCHEN (2 Zlotych)
9.3500 g., 0.6267 Silver 0.1884 oz. ASW **Ruler:** Stanislaus Augustus **Obv:** Head right **Obv. Legend:** STANISLAUS AUG • D • G • REX • POL • M • D • L • **Rev:** Crowned 4-fold arms divides date **Note:** Dav. #1623.

Date	Mintage	VG	F	VF	XF	Unc
1794 MV	Inc. above	19.00	33.00	70.00	135	—
1795 MV	Inc. above	15.00	25.00	55.00	90.00	—

KM# 199 1/2 THALER (4 Zlotych - 1/2 Talar)
14.0300 g., 0.8330 Silver 0.3757 oz. ASW **Ruler:** Stanislaus Augustus **Obv:** Head right **Obv. Legend:** STANISLAUS AUGUSTUS • D • G • REX POL • M • D • LIT • **Rev:** Crowned, round 4-fold arms within sprigs **Rev. Legend:** PURA COL ....

Date	Mintage	VG	F	VF	XF	Unc
1783 EB	7,687	25.00	55.00	120	375	—
1784 EB	12,000	25.00	48.00	110	350	—

KM# 211 1/2 THALER (4 Zlotych - 1/2 Talar)
14.0300 g., 0.8330 Silver 0.3757 oz. ASW **Ruler:** Stanislaus Augustus **Obv:** Head right **Obv. Legend:** STANISLAUS AUGUSTUS • D • G • REX POL • M • D • LIT • **Rev:** Crowned 4-fold arms within sprigs

Date	Mintage	VG	F	VF	XF	Unc
1788 EB	76,000	25.00	42.00	90.00	300	—
1792 MV	186	150	250	500	900	—

KM# 216 6 ZLOTYCH
Silver **Ruler:** Stanislaus Augustus **Obv:** Head right **Obv. Legend:** STANISLAUS AUGUSTUS • D • G • REX ... **Rev:** Crowned 4-fold arms within sprigs

Date	Mintage	VG	F	VF	XF	Unc
1794	182,000	30.00	20.00	20.00	265	—
1795	Inc. above	60.00	105	180	350	—

KM# 191.1 1/2 THALER (4 Zlotych - 1/2 Talar)
14.0300 g., 0.8330 Silver 0.3757 oz. ASW **Ruler:** Stanislaus Augustus **Obv:** Head right **Obv. Legend:** STANISLAUS AUGUSTUS • D • G • REX POL • M • D • L • **Rev:** crowned, round 4-fold arms within sprigs **Rev. Legend:** PURA COL....

Date	Mintage	VG	F	VF	XF	Unc
1767 FS	1,769	50.00	100	200	400	—
1768 IS	24,000	25.00	55.00	120	375	—

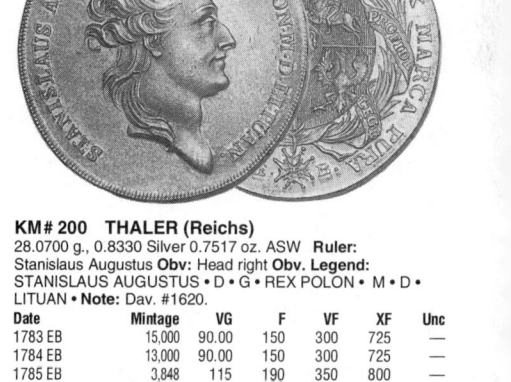

KM# 200 THALER (Reichs)
28.0700 g., 0.8330 Silver 0.7517 oz. ASW **Ruler:** Stanislaus Augustus **Obv:** Head right **Obv. Legend:** STANISLAUS AUGUSTUS • D • G • REX POLON • M • D • LITUAN • **Note:** Dav. #1620.

Date	Mintage	VG	F	VF	XF	Unc
1783 EB	15,000	90.00	150	300	725	—
1784 EB	13,000	90.00	150	300	725	—
1785 EB	3,848	115	190	350	800	—

KM# 191.2 1/2 THALER (4 Zlotych - 1/2 Talar)
14.0300 g., 0.8330 Silver 0.3757 oz. ASW **Ruler:** Stanislaus Augustus **Obv:** Head right **Obv. Legend:** STANISLAUS AUGUSTUS • D • G • REX POL • M • D • LIT • **Rev:** Crowned, round 4-fold arms within sprigs **Rev. Legend:** PURA COL ... **Note:** Varieties exist.

Date	Mintage	VG	F	VF	XF	Unc
1768 IS	24,000	25.00	48.00	100	265	—
1772 AP	11,000	25.00	48.00	100	265	—

KM# 138 THALER (Beichinger = 8 Florins)
Silver **Ruler:** August II **Obv:** 4 crowned A's and 4 II's around central cross **Obv. Legend:** AUGUSTUS • II • D • G • REX ... **Rev:** Crowned ornate 4-fold arms **Rev. Legend:** SAC • ROM • IMP • ARCHIM • ETELECT • **Note:** Dav. #1613.

Date	Mintage	VG	F	VF	XF	Unc
1702	—	200	450	900	1,500	—

KM# 140 THALER (Reichs)
Silver **Ruler:** August II **Obv:** Open St. Andrew's cross floriate with crowned AS monogram in 2 quarters, crowned top, Order of the Elephant below **Rev:** Crowned shield in collar of Order of the Elephant **Note:** Dav. #1615.

Date	Mintage	VG	F	VF	XF	Unc
1702 Rare	—	—	—	—	—	—

KM# 212 THALER (Reichs)
28.0700 g., 0.8330 Silver 0.7517 oz. ASW **Ruler:** Stanislaus Augustus **Obv:** Head right **Obv. Legend:** STANISLAUS AUGUSTUS • D • G • REX POLON • M • D • ... **Rev:** Crowned 4-fold arms within sprigs **Note:** Dav. #1621.

1160 POLAND

Date	Mintage	VG	F	VF	XF	Unc
1788 EB	31,000	70.00	105	210	450	—
1792 MV	339	—	—	1,500	2,500	—

Date	Mintage	VG	F	VF	XF	Unc
1770 IS	—	725	850	1,700	4,650	—
1771 IS	3,216	850	1,100	2,150	5,900	—
1772 IS Rare	8,576	—	—	—	—	—
1772 AP Rare	Inc. above	—	—	—	—	—

KM# 214 THALER (Reichs)
28.0700 g., 0.8330 Silver 0.7517 oz. ASW **Ruler:** Stanislaus Augustus **Subject:** Convention of Targowitz **Obv:** Inscription **Rev:** Inscription within wreath **Note:** Dav. #1622. Two varieties exist.

Date	Mintage	VG	F	VF	XF	Unc
1793	1,699	700	900	1,900	3,600	—

TRADE COINAGE

KM# 179 DUCAT
3.5000 g., 0.9860 Gold 0.1109 oz. AGW **Ruler:** Stanislaus Augustus **Obv:** Bust right

Date	Mintage	VG	F	VF	XF	Unc
1765 FS Proof; Rare	—	—	—	—	—	—

KM# 188 DUCAT
3.5000 g., 0.9860 Gold 0.1109 oz. AGW **Ruler:** Stanislaus Augustus **Obv:** Crowned SAR monogram within radiant star **Rev:** Crowned 4-fold arms, divided date below **Rev. Legend:** MON : AUR : POLONIC :

Date	Mintage	VG	F	VF	XF	Unc
1766 FS	7,982	2,050	4,100	7,100	12,000	—
1766	Inc. above	2,050	4,100	7,100	12,000	—

KM# 189 DUCAT
3.5000 g., 0.9860 Gold 0.1109 oz. AGW **Ruler:** Stanislaus Augustus **Obv:** Head right **Rev:** Legend within ornamented square **Rev. Inscription:** MON. AUR./ POLON...

Date	Mintage	VG	F	VF	XF	Unc
1766 FS in square	Inc. above	1,300	2,500	5,500	9,000	—
1766 FS below square	Inc. above	1,300	2,500	5,500	9,000	—

KM# 190 DUCAT
3.5000 g., 0.9860 Gold 0.1109 oz. AGW **Ruler:** Stanislaus Augustus **Obv:** Standing figure divides date **Obv. Legend:** STANISLAUS AUG • D • G • REX POL • M • D • L • **Rev:** Legend within ornamented square **Rev. Legend:** MONETA / AUREA / POLONI. / AD LEG. / IMPER.

Date	Mintage	VG	F	VF	XF	Unc
1766 IPH	Inc. above	725	1,100	2,150	5,900	—
1766	Inc. above	725	850	1,700	4,650	—
1766 FS	Inc. above	725	850	1,700	4,650	—
1767	2,511	850	1,100	2,150	5,900	—
1767 FS	Inc. above	850	1,100	2,150	5,800	—
1768 FS Rare	117	—	—	—	—	—

KM# 195 DUCAT
3.5000 g., 0.9860 Gold 0.1109 oz. AGW **Ruler:** Stanislaus Augustus **Obv:** Head right **Obv. Legend:** STANISLAUS AUG • D • G • REX POL • M • D • L • **Rev:** Legend, date within ornamented square **Rev. Legend:** MONETA / AUREA / POLON. / AD LEG. / IMPER

Date	Mintage	VG	F	VF	XF	Unc
1772 AP	Inc. above	1,050	1,350	2,700	5,600	—
1773 AP	26,000	900	1,200	1,650	3,600	—
1774 AP	18,000	900	1,200	1,650	3,600	—
1774 EB	Inc. above	1,000	1,150	2,100	4,400	—
1775 EB	3,872	1,050	1,350	2,400	5,300	—
1776 EB	1,778	1,050	1,800	3,600	7,500	—
1777 EB	836	1,050	1,800	3,600	7,500	—
1778 EB	1,122	1,050	1,800	3,600	7,500	—
1779 EB	2,411	1,050	1,350	2,400	5,300	—

KM# 196 DUCAT
3.5000 g., 0.9860 Gold 0.1109 oz. AGW **Ruler:** Stanislaus Augustus **Obv:** Head right **Obv. Legend:** STANISLAUS AUG • D • G • REX POL • M • D • L • **Rev:** Legend, date within wreath

Date	Mintage	VG	F	VF	XF	Unc
1779 EB Rare	Inc. above	—	—	—	—	—
1780 EB	3,372	900	1,200	2,100	4,400	—
1781 EB	5,083	900	1,200	2,100	4,400	—
1782 EB	3,535	900	1,200	2,100	4,400	—
1783 EB	1,661	900	1,200	2,100	4,400	—
1791 EB	33,000	900	1,200	1,200	2,400	—
1792 EB	19,000	900	1,200	1,300	2,400	—
1792 MV	Inc. above	900	1,200	1,300	2,400	—
1793 MV	6,192	900	1,200	1,800	3,800	—
1794 MV	11,000	900	1,200	1,500	3,000	—
1795 MV	Inc. above	900	1,350	2,700	5,600	—

KM# 201 DUCAT
3.5000 g., 0.9860 Gold 0.1109 oz. AGW **Ruler:** Stanislaus Augustus **Obv:** Head right **Obv. Legend:** STANISLAUS AUG • D • G • REX POL • M • D • L • **Rev:** Legend, date within wreath

Date	Mintage	VG	F	VF	XF	Unc
1784 EB	4,537	1,200	1,600	2,600	5,400	—
1785 EB	6,529	1,200	1,600	2,600	5,400	—
1786 EB	5,797	1,200	1,600	2,600	5,400	—

KM# 210 DUCAT
3.5000 g., 0.9860 Gold 0.1109 oz. AGW **Ruler:** Stanislaus Augustus **Obv:** Head right **Obv. Legend:** STANISLAUS AUG • D • G • REX POL • M • D • L • **Rev:** Legend, date within wreath

Date	Mintage	VG	F	VF	XF	Unc
1787 EB	8,247	1,200	1,600	2,200	4,400	—
1788 EB	6,902	1,200	1,600	2,400	5,000	—
1789 EB	8,874	1,200	1,600	2,400	5,000	—
1790 EB	2,984	1,300	1,700	2,800	5,800	—
1791 EB	Inc. above	1,300	1,700	1,600	3,200	—
1792 EB	—	1,300	1,700	1,600	3,200	—

KM# 217 1-1/2 DUCAT
5.2500 g., 0.9860 Gold 0.1664 oz. AGW **Ruler:**

Stanislaus Augustus **Obv:** Head right **Obv. Legend:** STANISLAUS AUG • D • G • REX POL • M • D • L • **Rev:** Crown above double oval shields within wreath

Date	Mintage	VG	F	VF	XF	Unc
1794	8,114	900	1,500	3,600	10,000	—

KM# 218 3 DUCAT
10.5000 g., 0.9860 Gold 0.3328 oz. AGW **Ruler:** Stanislaus Augustus **Obv:** Head right **Obv. Legend:** STANISLAUS AUG • D • G • REX POL • M • D • L • **Rev:** Crown above double oval shields within wreath, 3 within beaded circle below

Date	Mintage	VG	F	VF	XF	Unc
1794	5,256	2,700	5,300	10,500	22,000	—

PATTERNS
Including off metal strikes

KM#	Date	Mintage	Identification	Mkt Val
Pn36	1703 EPH	—	1/2 Ducat. Silver. Fr. #2514, August II.	550
Pn37	1703 EPH	—	Dukat. Silver. Fr. #2512, August II.	550
Pn39	1750	—	Solidus. Gold.	—
Pn40	1750	—	Schilling. Silver.	—
Pn41	1750	—	Schilling. Gold.	—
Pn38	1750	—	Solidus. Silver.	—
Pn42	1753	—	Solidus. Silver.	—
Pn43	1754	—	18 Groszy. Copper.	—
Pn45	1756	—	18 Groszy. Copper.	—
Pn44	1756 EC	—	18 Groszy. Copper.	—
Pn46	1762	—	30 Groszy. Silver.	—
Pn47	1762	—	30 Groszy. Lead.	—
Pn48	1762	—	8 Groschen. Silver.	—

KM#	Date	Mintage	Identification	Mkt Val
Pn49	1762	—	8 Zlotych. Silver.	6,400
Pn50	1765	—	Groschen. Copper.	—
Pn51	1765	—	Groschen. Copper.	—
Pn52	1765	—	3 Grosze. Copper.	—
Pn53	1765	—	3 Grosze. Copper.	—

KM#	Date	Mintage	Identification	Mkt Val
Pn54	1765	—	Thaler. Silver.	—

EAST PRUSSIA

KM#	Date	Mintage	Identification	Mkt Val
Pn55	1765	—	Thaler. Lead.	—
Pn57	1765 FS	—	Dukat. Copper. Small bust. Large mantle.	—
Pn58	1765 FS	—	Dukat. Gold. Large bust.	—
Pn59	1765 FS	—	Dukat. Copper. Large bust.	—
Pn56	1765 FS	—	Dukat. Gold. Small bust. Small mantle.	22,500
Pn60	1766	—	Groschen. Copper.	—
Pn67	1766	—	Thaler. Lead. Supported arms.	—
Pn68	1766	—	Thaler. Silver. Legend ends with LITHU.	—
Pn62	1766 FS	—	18 Groschen. Silver.	—
Pn63	1766 FS	—	4 Groschen. Copper.	—
Pn65	1766 FS	—	Thaler. Silver. Arms in wreath, Klippe.	—
Pn66	1766 FS	—	Thaler. Silver. Supported arms.	—
Pn69	1766 FS	—	Dukat. Gold. King standing.	—

KM#	Date	Mintage	Identification	Mkt Val
Pn61	1766 FS	—	6 Groszy. Silver.	1,250
Pn64	1766	—	Thaler. Silver. Arms in wreath.	22,500
Pn70	1767	—	Groschen. Silver.	—
Pn83	1767	—	4 Groschen. Copper.	—
Pn71	1767 CI	—	3 Groschen. Copper.	—
Pn72	1767 CI	—	3 Groschen. Silver.	—

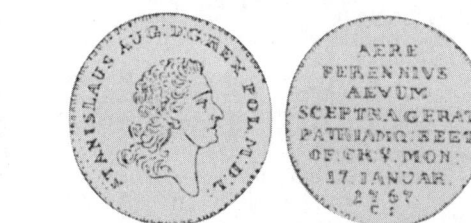

KM#	Date	Mintage	Identification	Mkt Val
Pn73	1767 CI	—	3 Groschen. Copper. 17. JANUAR...	—
Pn74	1767 CI	—	3 Groschen. Silver. 17. JANUAR...	—

KM#	Date	Mintage	Identification	Mkt Val
Pn76	1767 CI	—	3 Groschen. Copper.	—
Pn77	1767 CI	—	3 Groschen. Silver.	—
Pn78	1767 CI	—	3 Groschen. Gold.	—

KM#	Date	Mintage	Identification	Mkt Val
Pn79	1767 CI	—	3 Groschen. Copper.	—
Pn80	1767 CI	—	3 Groschen. Silver.	—
Pn81	1767 CI	—	3 Groschen. Gold.	—
Pn82	1767 FS	—	3 Groschen. Copper.	—
Pn75	1767 CI	—	3 Groschen. Gold. 17. JANUAR...	—
Pn84	1768	—	Groschen. Copper.	—

KM#	Date	Mintage	Identification	Mkt Val
Pn85	1771	—	Groschen. Silver.	—
Pn86	1771	—	Groschen. Copper.	—
Pn87	1771	—	Groschen. Silver.	—

KM#	Date	Mintage	Identification	Mkt Val
Pn90	1771	—	1/2 Gulden. Copper.	—
Pn92	1771	—	1/2 Gulden. Gold.	—
Pn93	1771	—	1/2 Gulden. Copper.	—

KM#	Date	Mintage	Identification	Mkt Val
Pn94	1771	—	1/2 Gulden. Silver.	—

KM#	Date	Mintage	Identification	Mkt Val
Pn95	1771	—	1/2 Gulden. Silver.	—
Pn99	1771	—	Gulden. Gold.	—
Pn108	1771	—	Thaler. Gold. Legend ends LITUA.	—
Pn88	1771	—	Groschen. Copper.	725
Pn96	1771	—	1/2 Gulden. Silver.	725
Pn89	1771	—	Groschen. Silver.	775
Pn97	1771	—	Gulden. Copper.	775
Pn101	1771	—	2 Gulden. Silver.	900
Pn98	1771	—	Gulden. Silver.	1,200

KM#	Date	Mintage	Identification	Mkt Val
Pn100	1771	—	2 Gulden. Copper.	1,250
Pn91	1771	—	1/2 Gulden. Silver.	1,500

KM#	Date	Mintage	Identification	Mkt Val
Pn103	1771	—	1/2 Thaler. Copper.	2,050

KM#	Date	Mintage	Identification	Mkt Val
Pn105	1771	—	Thaler. Silver. Legends ends LITU.	3,300
Pn107	1771	—	Thaler. Silver. Legend ends LITUA.	3,300
Pn104	1771	—	1/2 Thaler. Silver.	3,500
Pn106	1771	—	Thaler. Copper. Legend ends LITUA.	3,750
pna1061771		—	Thaler. Copper. legend ends LITU.	3,750
Pn102	1771	—	2 Gulden. Gold.	12,500
Pn110	1772 AP	—	Dukat. Copper. Head.	—
Pn109	1772 IS	—	Dukat. Copper. King standing.	—
Pn111	1777	—	8 Groschen. Copper.	—

KM#	Date	Mintage	Identification	Mkt Val
Pn112	1779 EB	—	Dukat. Copper.	—
Pn113	1779 EB	—	Dukat. Silver.	650
Pn114	1780 EB	—	1/2 Thaler. Silver. Klippe.	—
Pn115	1786 EB	—	1/2 Groschen. Copper.	—
Pn116	1788 EB	—	1/2 Thaler. Silver.	—
Pn117	1788 EB	—	Thaler. Iron.	—
Pn118	1791 EB	—	Dukat. Copper.	—
Pn119	1793	—	Thaler. Silver.	—
Pn120	1793	—	Thaler. Copper.	—
Pn121	1794	—	Dukat. Copper. C#71.	—

EAST PRUSSIA

East Prussia is an area on the southeastern coast of the Baltic Sea. Part of the area is in present day Poland and part in Russia. A possession of Prussia from 1525 until 1945, coinage for the area was made by the Prussian kings except for brief occupation by Russia from 1756-1762 when Russia produced special coin types for the area.

RULER
Friedrich Wilhelm III (of Prussia), 1797-1840

MINT MARKS
A - Berlin
E - Konigsberg
G - Glatz, Silesia

NOTE: For gold listings refer to Konigsberg Mint under Brandenburg and Prussia (German States).

RUSSIAN OCCUPATION
STANDARD COINAGE

C# 41 SOLIDUS
Billon **Ruler:** Elizabeth **Obv:** Crowned monogram within sprigs
Rev: Written value, state and date

Date	Mintage	VG	F	VF	XF	Unc
1759 large crown, large date	—	49.00	85.00	125	245	—
1759 large crown, small date	—	49.00	85.00	125	245	—
1759 small crown, large date	—	49.00	85.00	125	245	—
1759 small crown, small date	—	49.00	85.00	125	245	—
1760 large date	—	49.00	85.00	125	245	—
1760 small date	—	49.00	85.00	125	245	—
1761 large date	390,000	49.00	85.00	125	245	—
1761 small date	Inc. above	49.00	85.00	125	245	—

C# 41a SOLIDUS
Billon **Ruler:** Elizabeth **Obv:** Crowned monogram within sprigs
Rev: Written value, state and date

Date	Mintage	VG	F	VF	XF	Unc
1759	—	49.00	85.00	125	245	—
1760	—	49.00	85.00	125	245	—

C# 42 GROSSUS
Billon **Ruler:** Elizabeth **Obv:** Crowned double-headed eagle
Rev: Written value, state and date

Date	Mintage	VG	F	VF	XF	Unc
1759 large date	—	65.00	160	220	350	—
1759 small date	—	65.00	160	220	350	—
1760 large eagle	—	65.00	160	220	350	—
1760 small eagle	—	65.00	160	220	350	—
1761	112,000	65.00	160	220	350	—

C# 43 2 GROSSUS
Billon **Ruler:** Elizabeth **Obv:** Crowned double-headed eagle
Rev: Written value, state and date

Date	Mintage	VG	F	VF	XF	Unc
1759 pointed tail	—	80.00	200	275	385	—
1759 square tail	—	80.00	200	275	385	—
1760 pointed tail	—	80.00	200	275	385	—
1760 rounded tail	—	80.00	200	275	385	—
1761 large date	94,000	80.00	200	275	385	—
1761 small date	Inc. above	80.00	200	275	385	—

C# 44 3 GROSZE
Silver **Ruler:** Elizabeth **Obv:** Crowned bust right **Obv. Legend:**
ELISAB: I: IMP: ... **Rev:** Crowned eagle, 3 on breast **Rev. Legend:** MONETA • ARGNTEA • REG • PRVS

Date	Mintage	VG	F	VF	XF	Unc
1759	—	70.00	115	190	400	—

1162 POLAND EAST PRUSSIA

C# 44a 3 GROSZE

Silver **Ruler:** Elizabeth **Subject:** Elizabeth **Obv:** Crowned bust right **Obv. Legend:** ELISAB: I: D. G. IMP: ... **Rev:** Crowned eagle, 3 on breast **Rev. Legend:** MONETA REGNI PRUSS

Date	Mintage	VG	F	VF	XF	Unc
1759	—	70.00	115	190	400	—
1760 large date	—	70.00	115	190	400	—
1760 small date	—	70.00	115	190	400	—
1761	—	70.00	115	190	400	—

C# 45 6 GROSZY

Silver **Ruler:** Elizabeth **Subject:** Elizabeth **Obv:** Crowned bust right **Obv. Legend:** ELISAB: I: D • G • IMP: TOT: RUSS: **Rev:** Crowned eagle, VI on breast **Rev. Legend:** MONETA: REGNI: PRUSS:

Date	Mintage	VG	F	VF	XF	Unc
1759	—	55.00	135	225	400	—
1760	—	55.00	135	225	400	—
1761	—	55.00	135	225	400	—

C# 45a 6 GROSZY

Silver **Ruler:** Elizabeth **Obv:** Crowned bust right **Rev:** Crowned eagle, VI on breast **Rev. Legend:** MONETA: REGNI: PRVSS:

Date	Mintage	VG	F	VF	XF	Unc
1759	—	55.00	135	225	400	—
1761	—	55.00	135	225	400	—

C# 45b 6 GROSZY

Silver **Ruler:** Elizabeth **Obv:** Crowned bust right **Obv. Legend:** ELISABETHA: I: IMP: TOT: RUSS **Rev:** Crowned eagle, VI on breast **Rev. Legend:** MONETA: REGNI: PRVSS

Date	Mintage	VG	F	VF	XF	Unc
1759	—	55.00	135	220	350	—
1761	—	55.00	135	220	350	—
1762	—	60.00	150	265	400	—

C# 45c 6 GROSZY

Silver **Ruler:** Elizabeth **Obv:** Crowned bust right **Obv. Legend:** ELISAB: I: IMP: TOT: RUSS **Rev:** Crowned eagle, VI on breast **Note:** Portrait varieties exist - long or short curls.

Date	Mintage	VG	F	VF	XF	Unc
1759	—	70.00	190	300	475	—

C# 46 18 GROSZY

Silver **Ruler:** Elizabeth **Subject:** Elizabeth **Obv. Legend:** ELISAB. I.D.G. IMP. TOT. RUSS **Rev. Legend:** ...PRVSSIAE

Date	Mintage	VG	F	VF	XF	Unc
1759	—	115	265	600	1,000	—

C# 46a 18 GROSZY

Silver **Ruler:** Elizabeth **Rev. Legend:** ...PRUSS

Date	Mintage	VG	F	VF	XF	Unc
1759	—	115	265	600	1,000	—
1760 large date	—	115	265	600	1,000	—
1761 small date	—	115	265	600	1,000	—

C# 46b 18 GROSZY

Silver **Ruler:** Elizabeth **Obv. Legend:** ELISAB. I.D.G. IMP. TOT. RUSSIAE **Rev. Legend:** ...PRVSSIAE:

Date	Mintage	VG	F	VF	XF	Unc
1759	—	115	265	600	1,000	—

C# 46c 18 GROSZY

Silver **Ruler:** Elizabeth **Rev. Legend:** ...PRUSS

Date	Mintage	VG	F	VF	XF	Unc
1759	—	150	375	800	1,300	—

C# 46d 18 GROSZY

Silver **Ruler:** Elizabeth **Obv. Legend:** ELISABETHA: I: IMP: TOT: RUSSIAE **Rev. Legend:** ...PRVSSIAE:

Date	Mintage	VG	F	VF	XF	Unc
1759	—	150	375	800	1,300	—

C# 46e 18 GROSZY

Silver **Ruler:** Elizabeth **Obv. Legend:** ELISABETHA: I: IMP: TOT: ROSS

Date	Mintage	VG	F	VF	XF	Unc
1759	—	225	525	1,200	2,000	—

C# 47 1/6 THALER (Reichs)

Silver **Ruler:** Elizabeth **Subject:** Elizabeth **Obv:** Crowned bust right **Obv. Legend:** ELISAB: I: D: G: IMP: .... **Rev:** Crowned eagle on mantle divides date, 6• EIN • R • TH COUR below

Date	Mintage	VG	F	VF	XF	Unc
1761	1,343,000	75.00	200	400	1,200	—

C# 47a 1/6 THALER (Reichs)

Silver **Ruler:** Elizabeth **Obv:** Crowned bust right **Rev:** Large, crowned eagle without mantle

Date	Mintage	VG	F	VF	XF	Unc
1761	Inc. above	75.00	200	400	1,200	—

C# 47b 1/6 THALER (Reichs)

Silver **Ruler:** Elizabeth **Obv:** Crowned bust right **Rev:** Small eagle without mantle

Date	Mintage	VG	F	VF	XF	Unc
1761	Inc. above	75.00	200	400	1,200	—

C# 48 1/3 THALER (Reichs)

Silver **Ruler:** Elizabeth **Obv:** Crowned bust right **Obv. Legend:** ELISAB: I: D: G: IMP: ... **Rev:** Crowned eagle on mantle divides date, 3• EIN • R • TH COUR below

Date	Mintage	VG	F	VF	XF	Unc
1761 large wings	470,000	150	275	500	1,250	—
1761 small wings	Inc. above	150	275	500	1,250	—

PRUSSIAN POSSESSION

STANDARD COINAGE

C# 51 SCHILLING

Billon **Ruler:** Friedrich Wilhelm II (of Prussia)

Date	Mintage	VG	F	VF	XF	Unc
1788 E	—	7.00	15.00	30.00	60.00	—

C# 50 SCHILLING

Copper **Ruler:** Friedrich Wilhelm II (of Prussia) **Obv:** Crowned monogram **Rev:** Written value, state and date

Date	Mintage	VG	F	VF	XF	Unc
1790 E	—	6.00	12.50	25.00	55.00	—
1790. E.	—	6.00	12.50	25.00	55.00	—
1791 E	—	6.00	12.50	25.00	55.00	—
1791. E.	—	6.00	12.50	25.00	55.00	—
1792 E	—	6.00	12.50	25.00	55.00	—
1792 E.	—	6.00	12.50	25.00	55.00	—
1793 E	—	6.00	12.50	25.00	55.00	—
1793. E.	—	6.00	12.50	25.00	55.00	—
1794 E	—	6.00	12.50	25.00	55.00	—
1794. E.	—	6.00	12.50	25.00	55.00	—
1795. E.	—	6.00	12.50	25.00	55.00	—
1796. E.	—	6.00	12.50	25.00	55.00	—
1797 E large rosettes	—	6.00	12.50	25.00	55.00	—
1797 E small rosettes	—	6.00	12.50	25.00	55.00	—
1797. E.	—	6.00	12.50	25.00	55.00	—

C# 6 SOLIDUS

Billon **Ruler:** Friedrich II **Obv:** Crowned FR monogram, E below **Rev:** Value and date

Date	Mintage	VG	F	VF	XF	Unc
1764 E	1,595,000	4.00	10.00	18.00	36.00	—

C# 6a SOLIDUS

Billon **Ruler:** Friedrich II **Obv:** Crowned FR monogram divides date **Rev:** Written value, state, E below

Date	Mintage	VG	F	VF	XF	Unc
1766 E	948,000	4.00	10.00	18.00	36.00	—
1767 E	959,000	4.00	10.00	18.00	36.00	—
1768 E	825,000	4.00	10.00	18.00	36.00	—
1769 E	736,000	4.00	10.00	18.00	36.00	—
1770 E	Inc. above	4.00	10.00	18.00	36.00	—

C# 6b SOLIDUS

Billon **Ruler:** Friedrich II **Obv:** Crowned FR monogram, E below **Rev:** Written value, state and date

Date	Mintage	VG	F	VF	XF	Unc
1771 E	1,445,000	4.00	10.00	18.00	36.00	—
1775 E	1,973,000	4.00	10.00	18.00	36.00	—
1777 E	347,000	4.00	10.00	18.00	36.00	—
1779 E	758,000	4.00	10.00	18.00	36.00	—
1780 E	259,000	4.00	10.00	18.00	36.00	—
1781 E	640,000	4.00	10.00	18.00	36.00	—
1782 E	419,000	4.00	10.00	18.00	36.00	—
1783 E	468,000	4.00	10.00	18.00	36.00	—
1785 E	1,121,000	4.00	10.00	18.00	36.00	—
1786 E	830,000	4.00	10.00	18.00	36.00	—

C# 6c SOLIDUS

Billon **Ruler:** Friedrich II **Obv:** Crowned FR monogram, A below **Rev:** Written value, state and date

Date	Mintage	VG	F	VF	XF	Unc
1776 A	—	4.00	10.00	18.00	36.00	—

C# 8 GROSCHEN

Billon **Ruler:** Friedrich II **Obv:** Crowned eagle, E below **Rev:** Value and date

Date	Mintage	VG	F	VF	XF	Unc
1764 E	1,291,000	6.00	12.50	25.00	55.00	—
1769 E	876,000	6.00	12.50	25.00	55.00	—
1770 E	Inc. above	6.00	12.50	25.00	55.00	—

C# 10 GROSCHEN

Billon **Ruler:** Friedrich II **Obv:** Crowned flying eagle, E below

Date	Mintage	VG	F	VF	XF	Unc
1771 E	1,620,000	6.00	12.50	25.00	55.00	—
1772 E	151,000	6.00	12.50	25.00	55.00	—
1778 E	317,000	6.00	12.50	25.00	55.00	—
1779 E	208,000	6.00	12.50	25.00	55.00	—
1780 E	Inc. above	6.00	12.50	25.00	55.00	—
1781 E	78,000	6.00	12.50	25.00	55.00	—
1782 E	169,000	6.00	12.50	25.00	55.00	—
1783 E	526,000	6.00	12.50	25.00	55.00	—
1785 E	387,000	6.00	12.50	25.00	55.00	—
1786 E	—	6.00	12.50	25.00	55.00	—

C# 10a GROSCHEN

Billon **Ruler:** Friedrich II **Obv:** Crowned flying eagle, A below

Date	Mintage	VG	F	VF	XF	Unc
1776 A	—	7.00	15.00	28.00	60.00	—

C# 52 GROSCHEN

Billon **Ruler:** Friedrich Wilhelm II (of Prussia) **Obv:** Bust right **Rev:** Crowned arms divides value and date

Date	Mintage	VG	F	VF	XF	Unc
1787 E	—	6.00	12.50	25.00	55.00	—
1788 E	—	6.00	12.50	25.00	55.00	—
1790 E	—	6.00	12.50	25.00	45.00	—
1791 E	—	6.00	12.50	25.00	45.00	—
1792 E	—	6.00	12.50	25.00	55.00	—
1793 E	—	6.00	12.50	25.00	55.00	—
1794 E	—	6.00	12.50	25.00	55.00	—
1795 E	—	6.00	12.50	25.00	55.00	—
1796 E	—	6.00	12.50	25.00	55.00	—
1797 E	—	6.00	12.50	25.00	55.00	—
1798 E	—	6.00	12.50	25.00	55.00	—

C# 12 2 GROSCHEN (Grossus)

Billon **Ruler:** Friedrich II **Obv:** Crowned eagle, E below **Rev:** Value and date

Date	Mintage	VG	F	VF	XF	Unc
1764 E	960,000	8.00	20.00	30.00	65.00	—
1768 E	216,000	8.00	20.00	30.00	65.00	—

C# 14 2 GROSCHEN (Grossus)

Billon **Ruler:** Friedrich II **Obv:** Crowned flying eagle, E below

Date	Mintage	VG	F	VF	XF	Unc
1773 E	4,816,000	7.00	18.00	27.50	60.00	—

C# 17 3 GROSCHEN

Billon **Ruler:** Friedrich II **Obv:** Bare head of Friedrich right **Rev:** Crowned eagle, date above, value below

Date	Mintage	VG	F	VF	XF	Unc
1765 E	2,071,000	12.00	30.00	50.00	90.00	—

C# 18 3 GROSCHEN

Billon **Ruler:** Friedrich II **Obv:** Crowned head right

Date	Mintage	VG	F	VF	XF	Unc
1765 E	—	10.00	22.00	40.00	85.00	—

Note: Mintage included with C#7.

ELBING

Date	Mintage	VG	F	VF	XF	Unc
1766 E	430,000	10.00	22.00	40.00	85.00	—
1767 E	Inc. above	10.00	22.00	40.00	85.00	—

C# 21 3 GROSCHEN

Billon **Ruler:** Friedrich II **Obv:** Laureate head right **Rev:** Crowned flying eagle, E, value "3gr" and date below

Date	Mintage	VG	F	VF	XF	Unc
1771 E	4,034,000	7.00	18.00	30.00	60.00	—
1772 E	2,292,000	7.00	18.00	30.00	60.00	—
1773 E	3,570,000	7.00	18.00	30.00	60.00	—
1774 A	1,905,000	7.00	18.00	30.00	60.00	—
1774 E	4,784,000	7.00	18.00	30.00	60.00	—
1775 A	742,000	7.00	18.00	30.00	60.00	—
1775 E	2,784,000	7.00	18.00	30.00	60.00	—
1776 A	Inc. above	7.00	18.00	30.00	60.00	—
1776 E	1,785,000	7.00	18.00	30.00	60.00	—
1777 E	1,071,000	7.00	18.00	30.00	60.00	—
1778 E	755,000	7.00	18.00	30.00	60.00	—
1779 E	893,000	7.00	18.00	30.00	60.00	—
1780 E	1,277,000	7.00	18.00	30.00	60.00	—
1781 E	2,085,999	7.00	18.00	30.00	60.00	—
1782 E	2,422,000	7.00	18.00	30.00	60.00	—
1783 E	2,540,000	7.00	18.00	30.00	60.00	—
1784 E	13,202,000	7.00	18.00	30.00	60.00	—
1785 E	8,352,000	7.00	18.00	30.00	60.00	—
1786 E	933,000	7.00	18.00	30.00	60.00	—

C# 21.1 3 GROSCHEN

Billon **Ruler:** Friedrich II **Obv:** Bare head of Fredrich right **Rev:** Crowned flying eagle with value of "3" below, without "gr"

Date	Mintage	Good	VG	F	VF	XF
1779 A	25,965,000	—	3.00	9.00	15.00	30.00
1780 A	27,208,000	—	3.00	9.00	15.00	30.00
1781 A	44,024,000	—	3.00	9.00	15.00	30.00
1782 A	38,758,000	—	3.00	9.00	15.00	30.00
1783 A	43,744,000	—	3.00	9.00	15.00	30.00
1784 A	23,005,000	—	3.00	9.00	15.00	30.00
1785 A	5,906,000	—	3.00	9.00	15.00	30.00

C# 60 3 GROSCHEN

Billon **Ruler:** Friedrich III (of Prussia) **Obv:** Bust left **Obv. Legend:** FRID * WILHELM ... **Rev:** Crowned eagle above value and date, A below

Date	Mintage	VG	F	VF	XF	Unc
1800 A	—	11.00	27.50	45.00	160	—

C# 28 6 GROSZY

Billon **Ruler:** Friedrich II **Obv:** Small, crowned head right **Rev:** Crowned eagle, date above, value and mint below

Date	Mintage	VG	F	VF	XF	Unc
1764 E	184,000	10.00	25.00	40.00	85.00	—
1770 E	—	20.00	40.00	100	180	—

C# 28a 6 GROSZY

Billon **Ruler:** Friedrich II **Obv:** Large, crowned head right **Rev:** Crowned eagle, date above, value and mint below

Date	Mintage	VG	F	VF	XF	Unc
1771 E	—	10.00	25.00	40.00	85.00	—
1772 E	—	10.00	25.00	40.00	85.00	—
1773 E	—	10.00	25.00	40.00	85.00	—
1774 E	—	10.00	25.00	40.00	85.00	—
1775 E	—	10.00	25.00	40.00	85.00	—
1776 E	—	10.00	25.00	40.00	85.00	—
1777 E	718,000	10.00	25.00	40.00	85.00	—
1778 E	646,000	10.00	25.00	40.00	85.00	—
1779 E	561,000	10.00	25.00	40.00	85.00	—
1780 E	341,000	10.00	25.00	40.00	85.00	—
1781 E	800,000	10.00	25.00	40.00	85.00	—

C# 29 6 GROSZY

Billon **Ruler:** Friedrich II

Date	Mintage	VG	F	VF	XF	Unc
1782 E	400,000	10.00	25.00	40.00	85.00	—
1783 E	232,000	10.00	25.00	40.00	85.00	—
1784 E	Inc. above	10.00	25.00	40.00	85.00	—

C# 30 18 GROSZY

6.1200 g., Silver, 26.8 mm. **Ruler:** Friedrich II **Obv:** Frederick the Great bare headed facing right **Rev:** Crowned eagle **Edge:** Plain

Date	Mintage	F	VF	XF	Unc	BU
1751E	—	12.00	25.00	50.00	100	—
1752E	—	12.00	25.00	50.00	100	—
1753E	—	12.00	25.00	50.00	100	—
1754E	—	12.00	25.00	50.00	100	—

C# 32 18 GROSZY

Billon **Ruler:** Friedrich II **Obv:** Crowned head right **Obv. Legend:** FRIDERICUS BORUSSORUM... **Rev:** Crowned eagle, E below

Date	Mintage	VG	F	VF	XF	Unc
1764 E	990,000	15.00	32.00	75.00	120	—
1765 E	1,466,000	15.00	32.00	75.00	120	—

PATTERNS

Including off metal strikes

KM#	Date	Mintage	Identification	Mkt Val
Pn1	1796 B	—	3 Groschen. Silver.	—
Pn2	1797 B	—	Solidus. Silver.	—
Pn3	1797 B	—	Groschen. Silver.	—

ELBING

Elbing is an important industrial city and seaport in northern Poland and was founded in 1237 (Elblag). They later joined the Hanseatic League. The city was under Polish control from 1454-1772 when it was annexed to Prussia. They produced their own coinage from 1454-1763.

RULER
August III (of Poland), 1733-1763

MINT OFFICIALS' INITIALS

Initials	Date	Name
CHS	1760-61	Conrad Heinrich Schwerdtner
FLS	1763	Friedrich Ludwig Stuber
HWS	1761	Heinrich Wilhelm Sellius
ICS	1762-63	Joet Carl Schroder

MONETARY SYSTEM
1-1/2 Groschen (Grosze) = Poltorak (1630-1633)

POLISH AUTHORITY STANDARD COINAGE

KM# 100 SOLIDUS

Copper **Obv:** Crowned AR monogram with date below **Rev:** Legend, value **Rev. Legend:** SOLID/CIVITATE/ELBINGE

Date	Mintage	VG	F	VF	XF	Unc
1713	—	—	—	—	—	—

KM# 100a SOLIDUS

0.6200 g., Silver **Obv:** Crowned AR monogram with date below **Rev:** Legend, value **Rev. Legend:** SOLID/CIVITATE/ELBINGE

Date	Mintage	VG	F	VF	XF	Unc
1713	—	25.00	50.00	80.00	140	—

KM# 105 SOLIDUS

Copper **Obv:** Crowned AR monogram divides date **Rev:** Legend, value **Rev. Legend:** SOLID/CIVITAT/ELBING

Date	Mintage	VG	F	VF	XF	Unc
1760	—	20.00	35.00	65.00	110	—
1760 CHS	—	25.00	45.00	90.00	160	—
1761	—	15.00	25.00	40.00	70.00	—
1761 CHS	—	25.00	45.00	90.00	160	—
1761 HWS	—	15.00	25.00	40.00	70.00	—
1763 ICS	—	10.00	20.00	35.00	65.00	125
1763 FLS	—	10.00	20.00	35.00	65.00	—

KM# 106 3 GROSZE

1.5300 g., Billon **Obv:** Crowned AR monogram divides date **Rev:** 3 Below ornate arms of Elbing

Date	Mintage	VG	F	VF	XF	Unc
1761	—	34.50	60.00	115	280	—
1763	—	34.50	60.00	115	280	—

KM# 109 3 GROSZE

1.5300 g., Billon **Rev:** 3 above ornate arms of Elbing

Date	Mintage	VG	F	VF	XF	Unc
1763 FLS	—	30.00	50.00	110	265	1,000

KM# 110 3 GROSZE

1.5300 g., Billon **Rev:** Ornate arms of Elbing, without 3

Date	Mintage	VG	F	VF	XF	Unc
1763 FLS	—	34.50	60.00	115	280	—

KM# 107 6 GROSZY

2.9400 g., Billon **Ruler:** August III **Obv:** Crowned bust right **Obv. Legend:** D • G • AVGVST • III • .... **Rev:** VI above oval arms with supporters, date below **Rev. Legend:** MON • ARGENT • CIVIT • ELBIN GENSIS •

Date	Mintage	VG	F	VF	XF	Unc
1762 ICS Rare	—	—	—	—	—	—

KM# 108 6 GROSZY

2.9400 g., Billon **Ruler:** August III **Obv:** Crowned bust right **Obv. Legend:** D • G • AVGVST • III • ... **Rev:** Ornate arms of Elbing divides date, VI above, mint initials below **Rev. Legend:** MON • ARGENT • CIVIT • ELBINGENSIS •

Date	Mintage	VG	F	VF	XF	Unc
1762 ICS	—	50.00	90.00	185	350	—
1763 ICS	—	50.00	90.00	185	350	—
1763 FLS	—	50.00	90.00	185	350	—

KM# 111 6 GROSZY

2.9400 g., Billon **Note:** Klippe.

Date	Mintage	VG	F	VF	XF	Unc
1763 ICS	—	—	—	—	—	—
1763 FLS	—	—	—	—	—	—

KM# 112 18 GROSZY

Silver **Ruler:** August III **Obv:** Crowned bust right **Obv. Legend:** D • G • AVGVST • III • R • POL • ... **Rev:** Ornate oval arms of Elbing with value above, divided date below **Rev. Inscription:** MONETA • ARGENT • EA CIVITELBINENSIS •

Date	Mintage	VG	F	VF	XF	Unc
1763 ICS	—	375	725	1,400	2,500	—

KM# 113 TYMPF

6.1000 g., Silver **Ruler:** August III **Obv:** Crowned bust right **Obv. Legend:** D • G • AVGVST • III • R • POL • M • D • ... **Rev:** Ornate oval arms of Elbing with initials above, divided date and "Secvind · red" written below **Rev. Legend:** MONETA • ARGENTEA • CIVIT • ELBINGENSIS •

Date	Mintage	VG	F	VF	XF	Unc
1763 FLS	—	145	290	650	1,450	—

KM# 114 TYMPF

6.1000 g., Silver

Date	Mintage	VG	F	VF	XF	Unc
1763 FLS	—	145	290	650	1,450	—

KM# 116 TYMPF

6.1000 g., Silver **Note:** Klippe.

Date	Mintage	VG	F	VF	XF	Unc
1763 FLS	—	—	—	—	—	—

TRADE COINAGE

KM# 115 2 DUCAT

7.0000 g., 0.9860 Gold 0.2219 oz. AGW **Ruler:** August III **Obv:** Crowned bust right **Rev:** Value above ornate arms of Elbing, date divided below

Date	Mintage	VG	F	VF	XF	Unc
1763 ICS Rare	—	—	—	—	—	—

PATTERNS

Including off metal strikes

KM#	Date	Mintage	Identification	Mkt Val
Pn5	1761 HWS	—	Solidus. Silver.	325
Pn6	1762 ICS	—	6 Groschen. Silver. KM108.	850
Pn7	1762 ICS	—	6 Groschen. Gold. KM108.	—
Pn8	1763 ICS	—	Solidus. Silver. KM105.	325
Pn10	1763 ICS	—	6 Groschen. Gold. KM108.	—
Pn9	1763 FLS	—	Solidus. Silver. KM105.	325

GALICIA & LODOMERIA

Oswiecim (Auschwitz) and Zator

This ancient principality is part of modern Poland and Russia. Became part of Poland in 1386 and was passed to Austria in the first partition in 1772. Coins were made at Oswiecim for the area with special Austrian types in the 1770's and 1790's.

MINT MARKS
A - Vienna
S - Schmollnitz

MINT OFFICIALS' INITIALS

Initials	Date	Name
A, FA	1774-80	Franz von Aicherau, warden
C, IC	1766-80	Johann August Cronberg

MONETARY SYSTEM
6 Schillings (Solidi) = 2 Grosze = 1 Kreuzer

PRINCIPALITY

STANDARD COINAGE

C# 1 SCHILLING

Copper **Obv:** Crowned arms **Rev:** Value above date, S below

Date	Mintage	Good	VG	F	VF	XF
1774	—	—	19.00	37.50	75.00	125

C# 4 GROSSUS

Copper **Obv:** Crowned double-headed eagle, small shield on breast, above crossed flags **Rev:** Value, date above sprigs

Date	Mintage	Good	VG	F	VF	XF
1794	—	—	25.00	43.75	90.00	150

Note: Used by the Austrian Army fighting Kosciuzko

C# 5 3 GROSSI (III Grossi)

Copper **Obv:** Crowned double-headed eagle, small shield on breast, above crossed flags **Rev:** Value, date above sprigs

Date	Mintage	Good	VG	F	VF	XF
1794	—	—	31.25	50.00	100	190

Note: Used by the Austrian Army fighting Kosciuzko

C# 2 15 KREUZER

Silver **Subject:** Maria Theresa **Obv:** Veiled, bust right above sprigs and inscription **Obv. Legend:** M • THERESIA • D • G • R • I • ... **Rev:** Crowned arms of Elbing within roped design, value below **Rev. Legend:** ARCHID • AUS • DUX • OSW • ZAT • 1776 •

Date	Mintage	Good	VG	F	VF	XF
1775 C-A	—	—	37.50	70.00	250	450
1776 C-A	—	—	37.50	70.00	250	450
1777 C-A	—	—	37.50	70.00	250	450

ELBING

C# 3 30 KREUZER

Silver **Subject:** Maria Theresa **Obv:** Veiled, bust right **Obv. Legend:** M • THERESIA • D • G • R • I • ... **Rev:** Crowned arms of Elbing, with supporters, value below

Date	Mintage	Good	VG	F	VF	XF
1775 IC-FA	—	—	55.00	90.00	225	375
1776 IC-FA	—	—	55.00	90.00	225	375
1777 IC-FA	—	—	55.00	90.00	225	375

PATTERNS

Including off metal strikes

KM#	Date	Mintage	Identification	Mkt Val
Pn1	1775 C-A	—	30 Kreuzer. Silver. Supported arms.	—
Pn2	1775 C-A	—	30 Kreuzer. Silver. Arms.	—
Pn3	1794	—	V1 Grossi. Billon. C#6.	3,750

GNESEN

Gnesen is a bishopric 28 miles east-northeast of Poznan. The cathedral located there contains relics of Poland's patron saint, St. Adalbert. It was the location of coronations of Polish kings until 1320.

RULER
Stanislaus Szembek, 1706-1721

BISHOPRIC

STANDARD COINAGE

FR# 46 DUCAT

3.5000 g., 0.9860 Gold 0.1109 oz. AGW **Ruler:** Stanislaus Szembek **Obv:** Bust right **Rev:** Mitre and crown above shield within mantle, Cardinals' hat above

Date	Mintage	VG	F	VF	XF	Unc
1721	—	1,600	3,000	5,500	9,000	—

KRAKOW

Krakow is located in southern Poland and is the third largest city in the country. From 1815 thru 1846 it was an independent republic, after which it reverted to Austria. Coins made for the republic in 1835.

RULER
Cajetan Soltyk, 1759-1782

MONETARY SYSTEM
30 Groszy = 1 Zloty

CITY

STANDARD COINAGE

KM# 2 GROSZ

Silver **Ruler:** Cajetan Soltyk

Date	Mintage	Good	VG	F	VF	XF
1761	—	—	500	1,000	2,000	3,000

TRADE COINAGE

KM# 1 DUCAT

3.5000 g., 0.9860 Gold 0.1109 oz. AGW **Ruler:** Cajetan Soltyk **Obv:** Bust left **Rev:** 4-line inscription, date within narrow wreath

Date	Mintage	Good	VG	F	VF	XF
1762	—	—	1,650	3,250	6,000	10,000

SOUTH PRUSSIA

South Prussia (Borussia Meridionalis) consisted of the central provinces of Prussian Poland between West Prussia and Silesia taken by Prussia in the second and third partitions of Poland. With the territory seized by Austria in the third partition, it formed the Grand Duchy of Warsaw created by Napoleon in 1807. The duchy was occupied by Russia after Napoleon's defeat.

PROVINCE

STANDARD COINAGE

C# 1 SOLIDUS

Copper **Obv:** FWR monogram **Rev:** Value

Date	Mintage	Good	VG	F	VF	XF
1796E	—	—	6.00	10.00	18.00	35.00
1796B	—	—	8.00	15.00	20.00	40.00
1797B	—	—	3.00	6.00	15.00	30.00
1797E	—	—	3.00	6.00	17.00	32.50

C# 2 1/2 GROSSUS

Copper **Obv:** Monogram **Rev. Legend:** REGNI BORUSS

Date	Mintage	Good	VG	F	VF	XF
1796B	—	—	4.00	8.00	20.00	45.00

C# 2.1 1/2 GROSSUS

Copper **Obv:** Crowned monogram within circle and wreath **Rev:** Value, legend and date **Rev. Legend:** ROSSUS/BORUSS/ MERID/ date

Date	Mintage	Good	VG	F	VF	XF
1796B	—	—	5.00	10.00	20.00	45.00
1796E	—	—	5.00	10.00	20.00	45.00
1797B	—	—	5.00	10.00	20.00	45.00
1797E	—	—	5.00	10.00	20.00	45.00

C# 3 GROSSUS

Copper **Obv:** Head right **Rev:** Crowned oval arms within wreath

Date	Mintage	Good	VG	F	VF	XF
1796B	—	—	10.00	20.00	35.00	65.00
1796E	—	—	10.00	20.00	35.00	65.00
1797B	—	—	10.00	20.00	35.00	65.00
1797E	—	—	10.00	20.00	35.00	65.00
1798B	—	—	10.00	20.00	35.00	65.00
1798E	—	—	10.00	20.00	35.00	65.00

C# 4 3 GROSSUS

Copper **Obv:** Head right **Rev:** Crowned oval arms within wreath **Rev. Legend:** GROSSUS BORUSSIAE TRIPLEX

Date	Mintage	Good	VG	F	VF	XF
1796A	—	—	12.00	25.00	50.00	95.00

C# 4a 3 GROSSUS

Copper **Obv:** Head right **Rev:** Crowned oval arms within wreath **Rev. Legend:** GROSSUS BORUSS MERID..TRIPLEX

Date	Mintage	Good	VG	F	VF	XF
1796B	—	—	12.00	25.00	45.00	85.00
1796E	—	—	12.00	25.00	45.00	85.00
1797A	—	—	12.00	25.00	45.00	85.00
1797B	—	—	12.00	25.00	45.00	85.00
1797E	—	—	12.00	25.00	45.00	85.00

THORN

Thorn is an industrial city in north-central Poland which was founded in 1231. They became a member of the Hanseatic League. The city came under Polish suzerainty (Torun) in 1454 and remained until they were absorbed by Prussia in 1793, except for brief periods of Swedish Occupation from 1655-58 and during the Great Northern War (1703) when they were ruled by Sweden.

The city of Thorn was the birthplace of the astronomer, Copernicus. The last city coinage was struck in 1765.

RULERS
August II of Saxony, 1697-1733
Augustus III (of Poland), 1733-1763
Stanislaus Augustus (of Poland), 1764-1793

MINT OFFICIALS' INITIALS

Initials	Date	Name
DB, DR	1760-63	Daniel Bottcher
SB	1763-65	Samuel Bruckmann

CITY STANDARD COINAGE

KM# 60 SOLIDUS
0.6200 g., Copper **Ruler:** Augustus III of Poland **Obv:** Crowned monogram divides date, 3 within monogram **Rev:** Value and city name above castle

Date	Mintage	VG	F	VF	XF	Unc
1760	—	32.50	55.00	100	225	—
1760 D-B	—	32.50	55.00	100	225	—
1761	—	32.50	55.00	100	225	—
1761 D-B	—	32.50	55.00	100	225	—
1762	—	45.00	75.00	115	250	—
1762 D-B	—	32.50	55.00	100	225	—
1763	—	32.50	55.00	100	225	—
1763 D-B	—	32.50	55.00	100	225	—

KM# 61 SOLIDUS
Copper **Ruler:** Augustus III of Poland **Note:** Klippe.

Date	Mintage	VG	F	VF	XF	Unc
1760	—	—	—	—	—	—

KM# 65 SOLIDUS
Copper **Ruler:** Stanislaus Augustus of Poland **Obv:** Crowned SAR monogram divides date

Date	Mintage	VG	F	VF	XF	Unc
1765	—	25.00	45.00	85.00	215	—

KM# 63 3 GROSZE
1.5300 g., Billon **Ruler:** Augustus III of Poland **Obv:** Crowned monogram divides date, 3 below, within monogram **Rev:** Angel above castle **Rev. Legend:** GROSSUS • TRIPLEX • THORUNENSIS

Date	Mintage	VG	F	VF	XF	Unc
1763	—	32.50	55.00	100	225	—
1763 S-B	—	32.50	55.00	100	225	—
1763 D-B	—	32.50	55.00	100	225	—
1763 D-R	—	32.50	55.00	110	250	—

KM# 64 3 GROSZE
Billon **Ruler:** Stanislaus Augustus of Poland **Obv:** Crowned SAR monogram divides date

Date	Mintage	VG	F	VF	XF	Unc
1764 S-B	—	50.00	95.00	160	325	—
1765 S-B	—	36.00	70.00	140	295	550

KM# 62 6 GROSZY
Billon **Ruler:** Augustus III of Poland **Obv:** Crowned bust right **Obv. Legend:** D • G • AVGVST • III • R • POLM • .... **Rev:** Shield divides date, angel above

Date	Mintage	VG	F	VF	XF	Unc
1761	—	55.00	110	160	375	—
1762	—	55.00	115	180	525	—
1762 D-B	—	55.00	115	180	525	—
1763	—	55.00	110	160	375	—
1763 D-B	—	55.00	110	160	375	—
1763 S-B	—	55.00	110	160	375	—

KM# 66 6 GROSZY
Billon **Ruler:** Stanislaus Augustus of Poland **Obv:** Crowned bust right **Rev:** Angel above arms divides date

Date	Mintage	VG	F	VF	XF	Unc
1765 S-B	—	160	325	625	1,950	—

TRADE COINAGE

KM# 55 DUCAT (Dukat)
3.5000 g., 0.9860 Gold 0.1109 oz. AGW **Ruler:**

August II of Saxony **Obv:** Crowned bust right **Obv. Legend:** AUGUST • II • D • G • REX • ... **Rev:** Angel above arms divides date within circle **Rev. Legend:** MONETA • AVREA • ...

Date	Mintage	VG	F	VF	XF	Unc
1702	—	3,500	5,000	9,500	15,000	—

PATTERNS
Including off metal strikes

KM#	Date	Mintage	Identification	Mkt Val
Pn3	1702	—	Ducat. Silver. KM55.	1,750
Pn4	1760	—	Solidus. Silver. KM60.	125
Pn5	1761	—	Solidus. Silver. KM60.	125
Pn6	1762	—	Solidus. Silver. KM60.	125

PORTUGAL

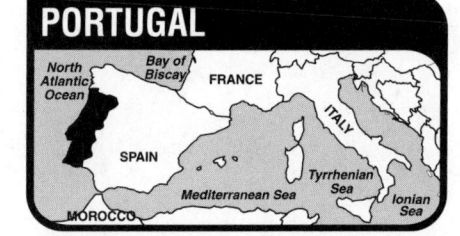

The Portuguese Republic, located in the western part of the Iberian Peninsula in southwestern Europe, has an area of 35,553 sq. mi. (92,080 sq. km.) and a population of *10.5 million. Capital: Lisbon. Portugal's economy is based on agriculture, tourism, minerals, fisheries and a rapidly expanding industrial sector. Textiles account for 33% of the exports and Portuguese wine is world famous. Portugal has become Europe's number one producer of copper and the world's largest producer of cork.

After centuries of domination by Romans, Visigoths and Moors, Portugal emerged in the 12th century as an independent kingdom financially and philosophically prepared for the great period of exploration that would soon follow. Attuned to the inspiration of Prince Henry the Navigator (1394-1460), Portugal's daring explorers of the 15th and 16th centuries roamed the world's oceans from Brazil to Japan in an unprecedented burst of energy and endeavor that culminated in 1494 with Portugal laying claim to half the transoceanic world. Unfortunately for the fortunes of the tiny kingdom, the Portuguese population was too small to colonize this vast territory. Less than a century after Portugal laid claim to half the world, English, French and Dutch trading companies had seized the lion's share of the world's colonies and commerce, and Portugal's place as an imperial power was lost forever. The monarchy was overthrown in 1910 and a republic was established.

On April 25, 1974, the government of Portugal was seized by a military junta which reached agreements providing for independence for the Portuguese overseas provinces of Portuguese Guinea (Guinea-Bissau), Mozambique, Cape Verde Islands, Angola, and St. Thomas and Prince Islands (*Sao Tome and Principe*).

On January 1, 1986, Portugal became the eleventh member of the European Economic Community and in the first half of 1992 held its first EEC Presidency.

RULERS
Peter II, 1683-1706
John V, 1706-1750
Jose (Joseph) I, 1750-1777
Maria I and Pedro III, 1777-1786
Maria I, 1786-1799
Joao, As Prince Regent, 1799-1816

MONETARY SYSTEM
Until 1825

20 Reis = 1 Vintem
100 Reis = 1 Tostao
480 Reis = 24 Vintens = 1 Cruzado
1600 Reis = 1 Escudo
6400 Reis = 4 Escudos = 1 Peca

KINGDOM
MILLED COINAGE

Date	Mintage	VG	F	VF	XF	Unc
1713	—	600	1,000	—	—	—
1714	—	15.00	30.00	75.00	150	—
1717 Rare	—	—	—	—	—	—

KM# 166 3 REIS (III)
Copper **Ruler:** Peter II **Obv:** Crown above PII within wreath **Rev:** Value within wreath **Note:** Varieties exist.

Date	Mintage	VG	F	VF	XF	Unc
1703	—	15.00	35.00	65.00	125	—

KM# 190 3 REIS (III)
Copper **Ruler:** John V **Obv:** Crowned JV within beaded circle **Obv. Legend:** D • G • PORT • ETALG • REX • **Rev:** Value within wreath **Rev. Legend:** PVBLIC AE 1741 VTILITATI

Date	Mintage	VG	F	VF	XF	Unc
1712	—	30.00	60.00	125	225	—
1713	—	15.00	30.00	85.00	175	—
1714	—	6.00	12.00	35.00	80.00	—
1717 Rare	—	—	—	—	—	—
1720	—	6.00	12.00	40.00	95.00	—
1721	—	8.00	16.00	50.00	100	—

KM# 215 3 REIS (III)
Copper **Ruler:** John V **Obv:** Crowned shield in baroque frame **Obv. Legend:** IOANNES • V • DEI • GRATIA **Rev:** Value and date within wreath **Rev. Legend:** PORTUGALI/E • ET • ALGARB.....

Date	Mintage	VG	F	VF	XF	Unc
1723	—	20.00	35.00	75.00	145	—
1724	—	6.00	12.00	30.00	60.00	—
1732	—	5.00	10.00	25.00	50.00	—
1733	—	15.00	30.00	70.00	135	—

KM# 225 3 REIS (III)
Copper **Ruler:** John V **Obv:** Crowned shield in baroque frame **Rev:** Value and date within wreath **Rev. Legend:** PORTUGALIÆ • ET • ALGARBIORUM • REX **Note:** 25mm.

Date	Mintage	VG	F	VF	XF	Unc
1734	—	6.00	12.00	40.00	75.00	—
1737	—	6.00	12.00	40.00	75.00	—
1738	—	6.00	12.00	40.00	75.00	—
1744	—	6.00	12.00	40.00	75.00	—

KM# 241.1 3 REIS (III)
Copper **Ruler:** Jose I **Obv:** Crowned shield in baroque frame **Obv. Legend:** JOSEPHUS • I • DEI • GRATIA **Rev:** Value and date within wreath **Rev. Legend:** PORTUGALIÆ • ET • ALGARBIORUM • REX

Date	Mintage	VG	F	VF	XF	Unc
1751	—	6.00	12.00	30.00	60.00	—
1764	100,000	6.00	12.00	30.00	60.00	—
1776	—	7.00	15.00	55.00	110	—

KM# 241.2 3 REIS (III)
Copper **Ruler:** Jose I **Obv:** Crowned arms in baroque frame **Obv. Legend:** IOSEPHUS • I • DEI • GRATIA **Rev:** Value and date within wreath **Rev. Legend:** PORTUGALIÆ • ET • ALGARBIORUM • REX

KM# 165 1-1/2 REIS
Copper **Ruler:** Peter II **Obv:** Crown above P:II within wreath **Obv. Legend:** D • G • PORT • ET • ALG • REX **Rev:** Value within wreath, date above **Rev. Legend:** VTILITATI • PVBLICÆ **Note:** Varieties exist with center turned 180 degrees.

Date	Mintage	VG	F	VF	XF	Unc
1703	—	15.00	30.00	65.00	125	—

KM# 193 1-1/2 REIS
Copper **Ruler:** John V **Obv:** Crown above JV **Rev:** Value within wreath, date above **Note:** Varieties exist.

Date	Mintage	VG	F	VF	XF	Unc
1712	—	35.00	70.00	200	300	—

1166 PORTUGAL

Date	Mintage	VG	F	VF	XF	Unc
1751	—	6.00	12.00	30.00	60.00	—
1764	—	5.00	10.00	30.00	65.00	—

KM# 260 3 REIS (III)
Copper **Ruler:** Maria I and Pedro III **Obv:** Crowned arms in baroque frame **Obv. Legend:** MARIA I ET PETRUS III. **Rev:** Value within wreath **Rev. Legend:** PORTUGAL...

Date	Mintage	VG	F	VF	XF	Unc
1777	689,000	10.00	20.00	60.00	125	—
1778 Rare	—	—	—	—	—	—

KM# 308 3 REIS (III)
Copper **Ruler:** Maria I **Obv:** Crowned arms in baroque frame **Obv. Legend:** MARIA•I•DEI•GRATIA **Rev:** Value within wreath **Rev. Legend:** PORTUGALIÆ•ET•ALGARBIORUM•REGINA

Date	Mintage	VG	F	VF	XF	Unc
1797	—	3.00	6.00	20.00	40.00	—

KM# 167 5 REIS (V)
Copper **Ruler:** Peter II **Obv:** Crown above P II within wreath **Obv. Legend:** D•G•PORT•ET•ALG•REX **Rev:** Value within wreath, date above **Rev. Legend:** PVBLICE...

Date	Mintage	VG	F	VF	XF	Unc
1703	—	8.00	15.00	35.00	75.00	—

KM# 194 5 REIS (V)
Copper **Ruler:** John V **Obv:** Crown above J V within wreath **Rev:** Value within wreath, date above

Date	Mintage	VG	F	VF	XF	Unc
1712	—	350	750	1,500	3,000	—
1713	—	5.00	10.00	20.00	45.00	—
1714	—	5.00	10.00	25.00	55.00	—
1717	—	35.00	75.00	150	300	—
1721	—	12.00	25.00	75.00	150	—

KM# 216 5 REIS (V)
Copper **Ruler:** John V **Obv:** Crowned arms in baroque frame **Obv. Legend:** IOANNES•V DEI•GRATIA **Rev:** Value within wreath, date below **Rev. Legend:** PORTUGALIÆ•ET• ALGARBIORUM•REX **Note:** Similar to KM#226

Date	Mintage	VG	F	VF	XF	Unc
1723	—	13.00	25.00	55.00	110	—
1724	—	13.00	25.00	55.00	110	—
1726	—	55.00	125	300	550	—
1728	—	6.00	12.00	35.00	70.00	—
1732	—	15.00	30.00	55.00	110	—
1734	—	5.00	10.00	25.00	55.00	—
1735	—	5.00	10.00	30.00	60.00	—
1736	—	5.00	10.00	20.00	45.00	—

KM# 226 5 REIS (V)
Copper **Ruler:** John V **Obv:** Crowned arms in baroque frame **Obv. Legend:** IOANNES•V•DEIGATIA **Rev:** Value within wreath, date above **Rev. Legend:** PORTUGALIÆ•ET• ALGARBIORUM•REX.

Date	Mintage	VG	F	VF	XF	Unc
1737	—	5.00	10.00	25.00	50.00	—
1738	—	5.00	10.00	25.00	50.00	—
1742	—	18.00	35.00	70.00	145	—
1743	—	5.00	10.00	30.00	60.00	—
1744	—	5.00	10.00	30.00	60.00	—
1746	—	6.00	12.00	35.00	70.00	—

KM# 242.1 5 REIS (V)
Copper **Ruler:** Jose I **Obv:** Crowned arms in baroque frame **Obv. Legend:** IOSEPHUS•I•DEI•GRATIA•**Rev:** Value, date within wreath **Rev. Legend:** PORTUGALIÆ•ET• ALGARBIORUM•REX•

Date	Mintage	VG	F	VF	XF	Unc
1751	256,000	5.00	10.00	30.00	60.00	—
1752	—	5.00	10.00	30.00	60.00	—
1754	—	5.00	10.00	30.00	60.00	—
1757	—	5.00	10.00	30.00	60.00	—
1764	—	5.00	10.00	30.00	60.00	—
1766	—	7.00	15.00	45.00	85.00	—

KM# 242.2 5 REIS (V)
Copper **Ruler:** Jose I **Obv:** Crowned arms in baroque frame **Obv. Legend:** JOSEPHUS•I•DEI•GRATIA **Rev:** Value within wreath, date below **Rev. Legend:** PORTUGALIÆ•ET• ALGARBIORUM•REX

Date	Mintage	VG	F	VF	XF	Unc
1752	—	250	500	750	1,500	—
1754	—	30.00	65.00	100	200	—
1757	1,858,000	25.00	45.00	100	200	—
1764	3,444,000	6.00	12.00	35.00	75.00	—
1766	669,000	6.00	12.00	35.00	75.00	—
1776	802,000	6.00	12.00	50.00	100	—

KM# 261 5 REIS (V)
Copper **Ruler:** Maria I and Pedro III **Obv:** Crowned arms in baroque frame **Obv. Legend:** MARIA I DEI GRATIA **Rev:** Value within wreath **Rev. Legend:** PORTUGAL...

Date	Mintage	VG	F	VF	XF	Unc
1777	785,000	10.00	20.00	55.00	100	—
1778	423,000	7.00	15.00	45.00	75.00	—
1782	139,000	7.00	15.00	45.00	75.00	—
1785	578,000	7.00	15.00	45.00	75.00	—

KM# 305 5 REIS (V)
Copper **Ruler:** Maria I **Obv:** Crowned arms in baroque frame **Obv. Legend:** MARIA•I•DEI•GRATIA **Rev:** Value divides date within wreath **Rev. Legend:** PORTUGALIÆ•ET• ALGARBIORUM•REGINA

Date	Mintage	VG	F	VF	XF	Unc
1791	—	8.00	16.00	50.00	95.00	—
1792	602,000	7.00	15.00	45.00	80.00	—
1797	219,000	3.00	7.00	22.00	45.00	—
1799	33,000	3.00	7.00	22.00	45.00	—

KM# 326 5 REIS (V)
Copper **Ruler:** Maria I **Obv:** Crowned arms **Rev:** Value divides date within wreath **Note:** Mule.

Date	Mintage	VG	F	VF	XF	Unc
1799	—	35.00	65.00	150	300	—

KM# 325 5 REIS (V)
Copper **Ruler:** Joao, as Prince Regent **Obv:** Crowned arms **Obv. Legend:** JOANNES... **Rev:** Legend ends: ...PRINCEPS

Date	Mintage	VG	F	VF	XF	Unc
1800	—	60.00	120	250	500	—

KM# 168 10 REIS (X; 1/2 Vinten)
Copper **Ruler:** Peter II **Obv:** Crowned PII within broken rope wreath **Obv. Legend:** D•G•PORT ET•ALG•REX **Rev:** Value (X) within wreath, date above **Rev. Legend:** VTILITATI ... **Note:** Varieties exist.

Date	Mintage	VG	F	VF	XF	Unc
1703	—	12.00	28.00	50.00	100	—

KM# 191 10 REIS (X; 1/2 Vinten)
Copper **Ruler:** John V **Obv:** Crown above JV within broken rope wreath **Obv. Legend:** D•G•PORT•ET•ALG•REX **Rev:** Value (X) within wreath, date above **Rev. Legend:** VTILITATI ... **Note:** Varieties exist.

Date	Mintage	VG	F	VF	XF	Unc
1712	—	400	750	1,500	3,000	—
1713	—	6.00	12.00	35.00	85.00	—
1714	—	20.00	45.00	100	200	—
1717	—	20.00	40.00	95.00	175	—
1720	—	6.00	12.00	35.00	70.00	—

Date	Mintage	VG	F	VF	XF	Unc
1721	—	6.00	12.00	30.00	65.00	—
1771 Error	—	40.00	80.00	175	350	—

KM# 217 10 REIS (X; 1/2 Vinten)
Copper **Ruler:** John V **Obv:** Crowned arms in baroque frame **Obv. Legend:** IOANNES•V•DEI•GRATIA **Rev:** Value (X) and date within wreath **Rev. Legend:** PORTUGALIÆ•ET• ALGARBIORUM•REX

Date	Mintage	VG	F	VF	XF	Unc
1723	—	25.00	60.00	125	250	—
1724	—	12.00	35.00	75.00	150	—
1726	—	25.00	75.00	175	350	—
1727	—	6.00	12.00	35.00	75.00	—
1732	—	6.00	12.00	35.00	75.00	—
1734	—	5.00	10.00	30.00	65.00	—
1735	—	7.00	15.00	50.00	95.00	—
1736	—	6.00	12.00	40.00	85.00	—
1737	—	9.00	18.00	55.00	110	—

KM# 227 10 REIS (X; 1/2 Vinten)
Copper **Ruler:** John V **Obv:** Crowned arms in baroque frame **Rev:** Value in wreath, date below **Note:** 33mm.

Date	Mintage	VG	F	VF	XF	Unc
1737	—	4.00	9.00	25.00	55.00	—
1738	—	4.00	9.00	25.00	55.00	—
1742	—	12.00	25.00	55.00	120	—
1743	—	4.00	9.00	30.00	65.00	—
1744	—	7.00	15.00	50.00	100	—
1745	—	7.00	15.00	50.00	100	—
1746	—	9.00	18.00	70.00	145	—
1747	—	9.00	18.00	70.00	145	—
1748	—	12.00	25.00	85.00	175	—
1749	—	4.00	9.00	30.00	65.00	—

KM# 243.1 10 REIS (X; 1/2 Vinten)
Copper **Ruler:** Jose I **Obv:** Crowned arms in baroque frame **Obv. Legend:** IOSEPHUS... **Rev:** Value in wreath, date below

Date	Mintage	VG	F	VF	XF	Unc
1751	—	10.00	20.00	70.00	140	—
1752	—	3.00	7.00	25.00	55.00	—
1754	—	3.00	7.00	25.00	55.00	—
1757	—	3.00	7.00	25.00	55.00	—
1760	—	4.00	8.00	30.00	65.00	—
1761	2,394,000	20.00	35.00	100	200	—
1763	—	15.00	30.00	100	200	—
1764	—	3.00	7.00	25.00	55.00	—
1765	—	20.00	40.00	100	200	—

KM# 243.2 10 REIS (X; 1/2 Vinten)
Copper **Ruler:** Jose I **Obv:** Crowned arms in baroque frame **Obv. Legend:** JOSEPHUS... **Rev:** Value in wreath, date below **Note:** KM#243.1 is found muled with reverses of Joannes (John) V dated 1738 and 1749. This value also comes muled with a Joannes (John) V obverse and a reverse dated 1751.

Date	Mintage	VG	F	VF	XF	Unc
1752	497,000	9.00	18.00	50.00	100	—
1754	1,169,000	7.00	15.00	50.00	100	—
1757	1,114,000	6.00	14.00	40.00	80.00	—
1760	—	3.00	7.00	20.00	45.00	—
1763	—	3.00	7.00	20.00	45.00	—
1764	3,601,000	3.00	7.00	20.00	45.00	—
1765	4,525,000	3.00	7.00	20.00	45.00	—
1776	2,021,000	5.00	10.00	35.00	70.00	—

KM# 262 10 REIS (X; 1/2 Vinten)
Copper **Ruler:** Maria I and Pedro III **Obv:** Crowned arms in baroque frame **Obv. Legend:** MARIA I ET PETRUS III... **Rev:** Value within wreath **Rev. Legend:** PORTUGAL...

Date	Mintage	VG	F	VF	XF	Unc
1777	1,202,000	7.50	15.00	30.00	65.00	—
1778	457,000	7.50	15.00	30.00	65.00	—
1779	—	20.00	40.00	100	200	—

PORTUGAL

KM# 252 10 REIS (X; 1/2 Vinten)
12.8300 g., Copper, 34.8 mm. **Ruler:** Maria I and Pedro III **Obv:** Crowned arms **Rev:** Denomination "X" divides date in wreath **Edge:** Plain

Date	Mintage	VG	F	VF	XF	Unc
1777INCM	—	—	—	—	—	—

KM# 280 10 REIS (X; 1/2 Vinten)
Copper **Ruler:** Maria I and Pedro III **Obv:** Crowned arms in baroque frame **Obv. Legend:** MARIA I ET PETRUS III... **Rev:** Value within wreath **Rev. Legend:** PORTUGAL...

Date	Mintage	VG	F	VF	XF	Unc
1782	360,000	4.00	9.00	25.00	50.00	—
1785	872,000	4.00	9.00	25.00	50.00	—

KM# 306 10 REIS (X; 1/2 Vinten)
Copper **Ruler:** Maria I **Obv:** Crowned arms in baroque frame **Obv. Legend:** MARIA • I • DEI • GRATIA **Rev:** Value divides date within wreath **Rev. Legend:** PORTUGALIAE • ET • ALGARBIORUM • REGINA

Date	Mintage	VG	F	VF	XF	Unc
1791	—	7.00	15.00	55.00	100	—
1792	7,919,000	5.00	10.00	35.00	70.00	—

KM# 309 10 REIS (X; 1/2 Vinten)
Copper **Ruler:** Maria I **Obv:** Crowned arms in baroque frame **Obv. Legend:** MARIA I DEI GRATIA **Rev:** Value within wreath **Rev. Legend:** PORTUGAL...

Date	Mintage	VG	F	VF	XF	Unc
1797	155,000	4.00	9.00	25.00	50.00	—
1799	219,000	4.00	9.00	25.00	50.00	—

KM# 327 10 REIS (X; 1/2 Vinten)
Copper **Ruler:** Joao, as Prince Regent **Obv:** Arms **Obv. Legend:** JOANNES... **Rev:** Legend ends: ...PRINCEPS

Date	Mintage	VG	F	VF	XF	Unc
1800	—	70.00	150	300	600	—

KM# 235 20 REIS (Vinten)
Silver **Obv:** Globe **Rev:** Cross with rosettes in angles

Date	Mintage	VG	F	VF	XF	Unc
ND(1706-77)	—	15.00	25.00	60.00	125	—

KM# 329 20 REIS (Vinten)
Copper **Ruler:** Joao, as Prince Regent **Obv:** Arms **Obv. Legend:** JOANNES... **Rev:** Date, value within wreath **Rev. Legend:** PORTUGALIAE **Note:** Large planchet

Date	Mintage	VG	F	VF	XF	Unc
1800	—	60.00	125	300	700	—

KM# 328 20 REIS (Vinten)
Copper, 34 mm. **Ruler:** Joao, as Prince Regent **Obv:** Arms **Obv. Legend:** JOANNES... **Rev:** Date, value within wreath **Rev. Legend:** PORTUGALIAE

Date	Mintage	VG	F	VF	XF	Unc
1800	—	70.00	150	350	750	—

KM# 198 50 REIS (1/2 Tostao)
Silver **Ruler:** John V **Obv:** Crown above value, date below **Obv. Legend:** IOANNES • V • D • G • P • ET • ALG • REX • **Rev:** Cross with quatrefoil in angles **Rev. Legend:** IN • HOC • SIGNO • VINCES **Note:** Varieties exist.

Date	Mintage	VG	F	VF	XF	Unc
1717	—	350	600	1,200	2,400	—

KM# 199 50 REIS (1/2 Tostao)
Silver **Ruler:** John V **Obv:** Crown above value **Obv. Legend:** IOANNES • V • ... **Rev:** Cross with quatrefoil in angles **Rev. Legend:** IN HOC SIGNO VINCES **Note:** Varieties exist.

Date	Mintage	VG	F	VF	XF	Unc
ND(1706-50)	—	9.00	17.50	45.00	100	—

KM# 200 50 REIS (1/2 Tostao)
Silver **Ruler:** John V **Obv:** Crown above value **Obv. Legend:** IOANNES V... **Rev:** P in angles of cross **Note:** Struck at Porto.

Date	Mintage	VG	F	VF	XF	Unc
ND(1706-50)P	—	20.00	40.00	90.00	150	—

KM# 263 50 REIS (1/2 Tostao)
Silver **Ruler:** Maria I and Pedro III **Obv:** Crown above value **Obv. Legend:** MARIA I ET PETRUS III... **Rev:** Cross **Rev. Legend:** IN HOC...

Date	Mintage	VG	F	VF	XF	Unc
ND(1777-86)	—	9.00	17.50	45.00	100	—

KM# 283 50 REIS (1/2 Tostao)
Silver **Ruler:** Maria I **Obv:** Value, date below **Obv. Legend:** MARIA I D.G... **Rev:** Cross **Rev. Legend:** IN HOC... **Note:** Varieties are known.

Date	Mintage	VG	F	VF	XF	Unc
ND	—	9.00	17.50	45.00	100	—

KM# 310 50 REIS (1/2 Tostao)
Silver **Ruler:** Joao, as Prince Regent **Obv:** Crown above value **Obv. Legend:** JOANNES...ET ALG... **Rev:** Cross **Rev. Legend:** IN HOC...

Date	Mintage	VG	F	VF	XF	Unc
ND(1799-1816)	—	10.00	25.00	55.00	150	—

KM# 311 50 REIS (1/2 Tostao)
Silver **Ruler:** Joao, as Prince Regent **Obv:** Value: XXXX, crown above **Obv. Legend:** JOANNES...ET ALG...P REGENS **Rev:** Cross, rosettes in angles **Rev. Legend:** IN HOC..

Date	Mintage	VG	F	VF	XF	Unc
ND(1799-1816)	—	10.00	25.00	55.00	150	—

KM# 175 60 REIS (3 Vintens)
Silver **Ruler:** John V **Obv:** Crowned arms **Obv. Legend:** IOANNES V... **Rev:** Cross with quatrefoil in angles **Note:** Varieties exist.

Date	Mintage	VG	F	VF	XF	Unc
ND(1706-50)	—	7.50	14.50	35.00	90.00	—

KM# 176 60 REIS (3 Vintens)
Silver **Ruler:** John V **Obv:** Crowned arms **Obv. Legend:** IOANNES • V • ... **Rev:** Maltese cross with P in angles **Rev. Legend:** IN HOC SIGNO VINCES

Date	Mintage	VG	F	VF	XF	Unc
ND(1706-50)	—	19.00	37.00	85.00	155	—

KM# 264 60 REIS (3 Vintens)
1.8300 g., Silver **Ruler:** Maria I and Pedro III **Obv:** Crowned arms **Obv. Legend:** MARIA I ET PETRUS III... **Rev:** Cross **Rev. Legend:** IN HOC...

Date	Mintage	VG	F	VF	XF	Unc
ND(1777-86)	—	6.00	11.00	35.00	65.00	—

KM# 284 60 REIS (3 Vintens)
1.8300 g., Silver **Ruler:** Maria I **Obv:** Crowned arms **Obv. Legend:** MARIA I D. G. POR... **Rev:** Cross **Rev. Legend:** IN HOC...

Date	Mintage	VG	F	VF	XF	Unc
ND(1786-99)	—	5.50	10.00	28.00	55.00	—

KM# 312 60 REIS (3 Vintens)
1.8300 g., Silver **Ruler:** Joao, as Prince Regent **Obv:** Crowned arms **Obv. Legend:** JOANNES...ET ALG **Rev:** Cross **Rev. Legend:** IN HOC...

Date	Mintage	VG	F	VF	XF	Unc
ND(1799-1816)	—	7.00	12.00	35.00	75.00	—

KM# 313 60 REIS (3 Vintens)
1.8300 g., Silver **Ruler:** Joao, as Prince Regent **Obv:** Crowned arms **Obv. Legend:** JOANNES...P REGENS **Rev:** Cross **Rev. Legend:** IN HOC...

Date	Mintage	VG	F	VF	XF	Unc
ND(1799-1816)	—	7.00	12.00	35.00	65.00	—

KM# 237.1 60 REIS (3 Vintens)
1.8300 g., Silver **Ruler:** Jose I **Obv:** Crowned arms **Obv. Legend:** JOSEPHUS • I • ... **Rev:** Maltese cross with quatrefoil in angles **Rev. Legend:** IN HOC SIGNO VINCES

Date	Mintage	VG	F	VF	XF	Unc
ND	—	6.00	9.50	31.00	60.00	—

KM# 237.2 60 REIS (3 Vintens)
1.8300 g., Silver **Ruler:** Jose I **Obv:** Crowned arms **Obv. Legend:** IOSEPHUS • I • ... **Rev:** Maltese cross with quatrefoil in angles **Rev. Legend:** IN HOC SIGNO VINCES

Date	Mintage	VG	F	VF	XF	Unc
ND	—	9.00	17.00	40.00	75.00	—

KM# 238.1 80 REIS
Silver **Ruler:** Jose I **Obv:** Crown with LXXX below **Obv. Legend:** JOSEPHUS • I • ... **Rev:** Cross with quatrefoil in angles **Rev. Legend:** IN HOC SIGNO VINCES •

Date	Mintage	VG	F	VF	XF	Unc
ND(1750-77)	—	7.00	14.00	35.00	65.00	—

KM# 238.2 80 REIS
Silver **Ruler:** Jose I **Obv:** Crown with LXXX below **Obv. Legend:** IOSEPHUS • I • ... **Rev:** Cross with quatrefoil in angles **Rev. Legend:** IN HOC SIGNO VINCES

Date	Mintage	VG	F	VF	XF	Unc
ND(1750-77)	—	7.00	14.00	35.00	65.00	—

KM# 236.1 40 REIS (Pataco)
Silver **Ruler:** Jose I **Obv:** Crown above value **Obv. Legend:** JOSEPHUS • I • D • G • P• ET • ALG • REX • **Rev:** Cross with quatrefoil in angles **Rev. Legend:** • IN HOC SIGNO VINCES •

Date	Mintage	VG	F	VF	XF	Unc
ND	—	8.50	16.00	32.00	70.00	—

KM# 236.2 40 REIS (Pataco)
Silver **Ruler:** Jose I **Obv:** Crown above value **Obv. Legend:** IOSEPHUS • I • D • G • P • ET • ALG • REX • **Rev:** Cross with quatrefoil in angles **Rev. Legend:** • IN HOC SIGNO VINCES •

Date	Mintage	VG	F	VF	XF	Unc
ND	—	8.50	16.00	32.00	70.00	—

KM# 157 80 REIS (LXXX; Tostao)
Silver **Ruler:** Peter II **Obv:** Crown above LXXX, date below **Obv. Legend:** • PETRVS • II • D • G • REX • PORTVG • **Rev:** Cross with P in angles **Rev. Legend:** IN HOC SIGNO VINCES **Note:** Varieties exist.

Date	Mintage	VG	F	VF	XF	Unc
1702	—	19.00	37.00	90.00	130	—
1704	—	19.00	37.00	90.00	130	—

KM# 177 80 REIS (LXXX; Tostao)
Silver **Ruler:** John V **Obv:** Crown above LXXX **Obv. Legend:** IOANNES • V • ... **Rev:** Cross with quatrefoil in angles **Rev. Legend:** IN HOC SIGNO VINCES **Note:** Varieties exist.

Date	Mintage	VG	F	VF	XF	Unc
ND(1706-50)	—	15.00	30.00	60.00	150	—

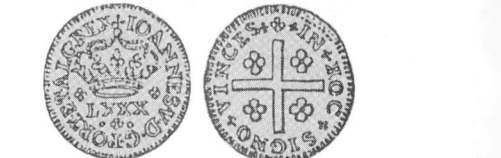

PORTUGAL

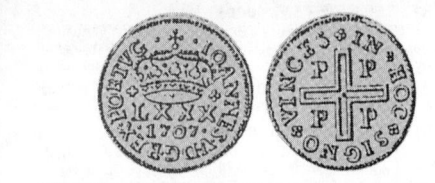

KM# 180 80 REIS (LXXX; Tostao)
Silver **Ruler:** John V **Obv:** Crown above LXXX, date **Obv. Legend:** IOANNES • V • ... **Rev:** Cross with P in angles **Rev. Legend:** IN HOC SIGNO VINCES **Note:** Struck at Porto.

Date	Mintage	VG	F	VF	XF	Unc
1707P	—	40.00	80.00	175	350	—

KM# 265 80 REIS (LXXX; Tostao)
Silver **Ruler:** Maria I and Pedro III **Obv:** Crown **Obv. Legend:** MARIA I ET PETRUS III... **Rev:** Cross **Rev. Legend:** IN HOC...

Date	Mintage	VG	F	VF	XF	Unc
ND	—	10.00	17.00	40.00	100	—

KM# 285 80 REIS (LXXX; Tostao)
Silver **Ruler:** Maria I **Obv:** Crown **Obv. Legend:** MARIA I D.G... **Rev:** Cross **Rev. Legend:** IN HOC... **Note:** 2 varieties are known.

Date	Mintage	VG	F	VF	XF	Unc
ND	—	7.50	10.50	30.00	70.00	—

KM# 314 80 REIS (LXXX; Tostao)
Silver **Ruler:** Joao, as Prince Regent **Obv:** Crown **Obv. Legend:** JOANNES...ET.ALG **Rev:** Cross **Rev. Legend:** IN HOC...

Date	Mintage	VG	F	VF	XF	Unc
ND(1799-1816)	—	9.00	16.50	40.00	80.00	—

KM# 315 80 REIS (LXXX; Tostao)
Silver **Ruler:** Joao, as Prince Regent **Obv:** Value LXXX, crown above **Obv. Legend:** JOANNES...P REGENS **Rev:** Cross **Rev. Legend:** IN HOC...

Date	Mintage	VG	F	VF	XF	Unc
ND(1799-1816)	—	9.00	17.00	45.00	90.00	—

KM# 352 80 REIS (LXXX; Tostao)
Silver **Ruler:** Joao, as Prince Regent **Obv:** Value LXXX, crown above **Obv. Legend:** JOANNES • VI• ...ET ALG REX **Rev:** Cross, quatrefoil in angles **Rev. Legend:** IN HOC SIGNO VINCES

Date	Mintage	VG	F	VF	XF	Unc
ND(1799-1816)	—	9.00	17.00	45.00	90.00	—

KM# 158 120 REIS (6 Vintens)
Silver **Obv:** Crowned arms **Obv. Legend:** PETRVS II... **Rev:** P in angles of cross

Date	Mintage	VG	F	VF	XF	Unc
1704	—	40.00	85.00	175	350	—

KM# 178 120 REIS (6 Vintens)
Silver **Ruler:** John V **Obv:** Crowned arms **Obv. Legend:** IOANNES V... **Note:** Varieties exist.

Date	Mintage	VG	F	VF	XF	Unc
ND(1706-50)	—	12.00	25.00	40.00	95.00	—

KM# 239.1 120 REIS (6 Vintens)
Silver **Ruler:** Jose I **Obv:** Crowned arms **Obv. Legend:** JOSEPHUS • I • ... **Rev:** Maltese cross, quatrefoil in angles **Rev. Legend:** IN HOC SIGNO VINCES

Date	Mintage	VG	F	VF	XF	Unc
ND	—	7.00	12.00	28.00	60.00	—

KM# 239.2 120 REIS (6 Vintens)
Silver **Ruler:** Jose I **Obv:** Crowned arms **Obv. Legend:** IOSEPHUS • I • ... **Rev:** Maltese cross, quatrefoil in angles **Rev. Legend:** IN HOC SIGNO VINCES

Date	Mintage	VG	F	VF	XF	Unc
ND	—	7.00	12.00	40.00	80.00	—

KM# 266 120 REIS (6 Vintens)
Silver **Ruler:** Maria I and Pedro III **Obv:** Crowned arms **Obv. Legend:** MARIA I ET PETRUS III... **Rev:** Cross **Rev. Legend:** IN HOC...

Date	Mintage	VG	F	VF	XF	Unc
ND	—	9.00	17.00	55.00	105	—

KM# 286 120 REIS (6 Vintens)
Silver **Ruler:** Maria I **Obv:** Crowned arms **Obv. Legend:** MARIA • I • D • G • ... **Rev:** Maltese cross, quatrefoil in angles **Rev. Legend:** IN HOC SIGNO VINCES

Date	Mintage	VG	F	VF	XF	Unc
ND	—	7.00	10.50	30.00	70.00	—

KM# 316 120 REIS (6 Vintens)
Silver **Ruler:** Joao, as Prince Regent **Obv:** Crowned arms **Obv. Legend:** JOANNES...ET ALG **Rev:** Cross **Rev. Legend:** IN HOC...

Date	Mintage	VG	F	VF	XF	Unc
ND(1799-1816)	—	9.00	17.00	40.00	100	—

KM# 317 120 REIS (6 Vintens)
Silver **Ruler:** Joao, as Prince Regent **Obv:** Crowned arms **Obv. Legend:** JOANNES...P REGENS **Rev:** Cross **Rev. Legend:** IN HOC...

Date	Mintage	VG	F	VF	XF	Unc
ND(1799-1816)	—	8.00	16.00	50.00	110	—

KM# 148 200 REIS (12 Vintens, 200 = 240 Reis)
Silver **Obv:** Crowned arms, value at left, date at right **Obv. Legend:** PETRVS II... **Rev:** Cross of Jerusalem with rosettes in angles **Note:** Varieties exist.

Date	Mintage	VG	F	VF	XF	Unc
1701	—	350	700	1,500	3,000	—
1703	—	300	600	1,350	2,800	—
1704 Rare	—	—	—	—	—	—
1705	—	100	200	400	750	—
1706	—	70.00	150	300	550	—

KM# 181 200 REIS (12 Vintens, 200 = 240 Reis)
Silver **Ruler:** John V **Obv:** Crowned arms, flanked by vertical value and date **Obv. Legend:** IOANNES • V • D • G • PORT ... **Rev:** Maltese cross, quatrefoil in angles **Rev. Legend:** • IN HOC SIGNO VINCES • **Note:** Varieties exist.

Date	Mintage	VG	F	VF	XF	Unc
1707	—	200	400	600	900	—
1708	—	1,400	2,600	3,500	6,500	—
1747	—	13.00	25.00	50.00	120	—
1748	—	10.00	20.00	50.00	120	—
1749	—	10.00	20.00	50.00	120	—
1750 Rare	—	—	—	—	—	—

KM# 247.2 200 REIS (12 Vintens, 200 = 240 Reis)
Silver **Ruler:** Jose I **Obv:** Crowned arms, flanked by vertical value and date **Obv. Legend:** IOSEPHUS • I • ... **Rev:** Maltese cross, quatrefoil in angles **Rev. Legend:** IN HOC SIGNO VINCES

Date	Mintage	VG	F	VF	XF	Unc
1752	—	10.00	20.00	55.00	110	—
1753	—	15.00	30.00	100	175	—
1762	—	18.00	35.00	125	250	—
1763	—	18.00	35.00	125	250	—

KM# 247.3 200 REIS (12 Vintens, 200 = 240 Reis)
Silver **Ruler:** Jose I **Obv:** Crowned arms, flanked by vertical value and date **Obv. Legend:** JOSEPHUS • I • ... **Rev:** Maltese cross, quatrefoil in angles **Rev. Legend:** IN HOC SIGNO VINCES

Date	Mintage	VG	F	VF	XF	Unc
1661 Error for 1761, Rare	—	—	—	—	—	—

KM# 247.1 200 REIS (12 Vintens, 200 = 240 Reis)
Silver **Ruler:** Jose I **Obv:** Crowned arms, flanked by vertical value and date **Obv. Legend:** JOSEPHUS • I • ... **Rev:** Maltese cross, quatrefoil in angles **Rev. Legend:** IN HOC SIGNO VINCES

Date	Mintage	VG	F	VF	XF	Unc
1762	—	12.00	25.00	65.00	125	—
1763	—	12.00	25.00	65.00	125	—
1766	—	12.00	25.00	65.00	125	—
1767	—	12.00	25.00	65.00	125	—
1768	—	12.00	25.00	65.00	125	—
1774	—	90.00	175	500	900	—
1775	—	95.00	200	500	900	—

KM# 272 200 REIS (12 Vintens, 200 = 240 Reis)
Silver **Ruler:** Maria I and Pedro III **Obv:** Crowned arms, flanked by vertical value and date **Obv. Legend:** MARIA • I • E • PETRUS • III • ... **Rev:** Maltese cross, quatrefoil in angles **Rev. Legend:** IN HOC SIGNO VINCES

Date	Mintage	VG	F	VF	XF	Unc
1778	—	225	450	1,000	1,750	—
1779	—	70.00	150	350	700	—
1780	—	8.00	15.00	50.00	100	—
1781	—	8.00	15.00	50.00	100	—
1782	—	8.00	15.00	50.00	100	—
1784	—	11.00	22.00	65.00	125	—
1785	—	45.00	75.00	150	250	—

KM# 287 200 REIS (12 Vintens, 200 = 240 Reis)
Silver **Ruler:** Maria I **Obv:** Crowned arms, flanked by vertical value and date **Obv. Legend:** MARIA I D G... **Rev:** Maltese cross, quatrefoil in angles

Date	Mintage	VG	F	VF	XF	Unc
1786	—	100	225	550	1,100	—
1788	—	35.00	65.00	125	225	—
1791	—	400	850	1,500	3,000	—
1792	—	60.00	125	300	600	—

KM# 392A 200 REIS (12 Vintens, 200 = 240 Reis)
Silver **Obv:** Crowned arms **Obv. Legend:** MICHAEL I... **Rev:** P in angles of cross

Date	Mintage	VG	F	VF	XF	Unc
1787	—	185	375	750	1,250	—
1789	—	100	200	425	700	—
1792	—	100	200	425	700	—
1800	—	—	—	—	—	—

KM# 307 200 REIS (12 Vintens, 200 = 240 Reis)
Silver

Date	Mintage	VG	F	VF	XF	Unc
1793	—	13.00	25.00	65.00	125	—
1794	—	45.00	100	300	600	—
1798	—	18.00	35.00	95.00	200	—
1799	—	18.00	35.00	90.00	175	—

KM# 154.1 400 REIS (Cruzado Novo, 400 = 480 Reis)
Silver **Obv:** Crowned arms, value at left, date at right **Obv. Legend:** PETRVS II... **Rev:** Cross of St. George with P in angles **Note:** Dav. #4392; 1702 is Dav. #1625.

Date	Mintage	VG	F	VF	XF	Unc
1702	—	2,500	4,500	7,500	11,500	—

KM# 154.3 400 REIS (Cruzado Novo, 400 = 480 Reis)

Silver **Ruler:** Peter II **Obv:** Crowned arms, flanked by vertical date and value **Obv. Legend:** PETRVS • II • ... **Rev:** Maltese cross, quatrefoil in angles **Rev. Legend:** • IN HOC SIGNO VINCES • **Note:** Dav. #4391; 1700s are Dav. #1627. Varieties exist.

Date	Mintage	VG	F	VF	XF	Unc
1703 Rare	—	—	—	—	—	—
1704	—	75.00	150	300	550	—
1705	—	85.00	175	350	600	—
1706	—	85.00	175	350	600	—

KM# 179 400 REIS (Cruzado Novo, 400 = 480 Reis)

Silver **Ruler:** John V **Obv:** Crowned arms **Obv. Legend:** IOANNES V... **Rev:** Maltese cross, quatrefoil in angles **Note:** Dav. #1628. Varieties exist.

Date	Mintage	VG	F	VF	XF	Unc
1706 Rare	—	—	—	—	—	—
1707	—	225	450	950	1,900	—
1708 Rare	—	—	—	—	—	—
1750	—	20.00	40.00	80.00	165	—

KM# 201 400 REIS (Cruzado Novo, 400 = 480 Reis)

1.0720 g., 0.9170 Gold 0.0316 oz. AGW **Ruler:** John V **Obv:** Crown above name flanked by quatrefoils within sprigs **Rev:** Jerusalem cross, quatrefoil in angles **Rev. Legend:** IN HOC SIGNO VINCES

Date	Mintage	VG	F	VF	XF	Unc
1718	—	45.00	55.00	85.00	140	350
1719	—	45.00	55.00	85.00	140	350
1720	—	45.00	55.00	75.00	140	350
1721	—	45.00	55.00	75.00	140	—
1722	—	50.00	60.00	90.00	165	—
1723	—	55.00	70.00	95.00	195	—
1724	—	50.00	65.00	105	195	—
1725	—	55.00	70.00	95.00	195	—
1726	—	45.00	55.00	85.00	140	—
1728	—	45.00	55.00	85.00	140	—
1729	—	45.00	55.00	95.00	140	—
1730	—	45.00	55.00	75.00	140	—
1731	—	50.00	70.00	110	195	—
1733	—	45.00	55.00	85.00	140	—
1734	—	45.00	55.00	75.00	140	—
1735	—	45.00	60.00	90.00	165	—
1736	—	45.00	55.00	85.00	140	—
1737	—	45.00	65.00	110	220	—
1738	—	55.00	65.00	90.00	165	—
1739	—	45.00	55.00	85.00	140	—
1741	—	45.00	55.00	85.00	140	—
1742	—	50.00	70.00	110	195	—
1743	—	45.00	55.00	85.00	140	—
1744	—	45.00	55.00	85.00	140	—
1746	—	45.00	55.00	85.00	140	—
1747	—	50.00	60.00	75.00	140	—
1748	—	45.00	55.00	85.00	140	—

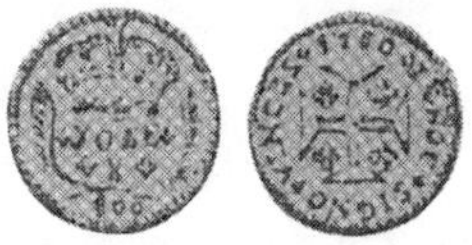

KM# 248.1 400 REIS (Pinto, 480 Reis)

1.0720 g., 0.9170 Gold 0.0316 oz. AGW **Ruler:** Jose I **Obv:** Crown above name flanked by quatrefoils within sprigs **Rev:** Jerusalem cross, quatrefoil in angles, date above **Rev. Legend:** IN HOC SIGNO VINCES

Date	Mintage	VG	F	VF	XF	Unc
1752	—	60.00	85.00	110	165	—
1760	—	65.00	100	140	195	—
1771	—	65.00	110	250	375	—
1772	—	110	220	450	775	—
1776	—	110	220	450	775	—

KM# 248.2 400 REIS (Pinto, 480 Reis)

1.0720 g., 0.9170 Gold 0.0316 oz. AGW **Ruler:** Jose I **Obv:** Crown above name flanked by quatrefoils within sprigs, value below **Obv. Legend:** IOSE... **Rev:** Jerusalem cross, quatrefoil in angles, date above **Rev. Legend:** IN HOC SIGNO VINCES

Date	Mintage	VG	F	VF	XF	Unc
1752	—	50.00	70.00	100	165	—
1760	—	65.00	85.00	110	220	—
1768	—	110	220	450	775	—
1771	—	65.00	85.00	110	220	—
1775	—	110	220	450	775	—
1776	—	110	220	450	775	—

KM# 255.2 400 REIS (Pinto, 480 Reis)

Silver **Ruler:** Jose I **Obv:** Crowned arms, flanked by vertical value and date **Obv. Legend:** IOSEPHUS • I • ... **Rev:** Maltese cross, quatrefoil in angles **Rev. Legend:** IN HOC SIGNO VINCES **Note:** Dav. #1629

Date	Mintage	VG	F	VF	XF	Unc
1762	—	100	200	500	1,000	—
1763	—	850	1,600	2,900	4,000	—

KM# 255.1 400 REIS (Pinto, 480 Reis)

Silver **Ruler:** Jose I **Obv:** Crowned arms, flanked by vertical value and date **Obv. Legend:** JOSEPHUS • I • ... **Rev:** Maltese cross, quatrefoil in angles **Rev. Legend:** IN HOC SIGNO VINCES **Note:** Dav. #1630

Date	Mintage	VG	F	VF	XF	Unc
1762	—	35.00	70.00	125	225	—
1763	—	40.00	85.00	150	300	—
1766	—	17.00	30.00	65.00	125	—
1768	—	17.00	30.00	65.00	125	—
1774	—	25.00	60.00	100	200	—
1775	—	85.00	175	550	1,100	—

KM# 267 400 REIS (Pinto, 480 Reis)

1.0720 g., 0.9170 Gold 0.0316 oz. AGW **Ruler:** Maria I and Pedro III **Obv:** Legend in crowned wreath **Obv. Legend:** MARIA I / ET P. III **Rev:** Cross **Rev. Legend:** IN HOC...

Date	Mintage	VG	F	VF	XF	Unc
1777	—	265	525	775	1,450	—
1778	—	95.00	125	175	350	—
1780	—	95.00	125	175	350	—
1783	—	95.00	125	175	350	—
1784	—	95.00	125	175	350	—
1785	—	190	375	575	950	—

KM# 273 400 REIS (Pinto, 480 Reis)

Silver **Ruler:** Maria I and Pedro III **Obv:** Crowned arms **Obv. Legend:** MARIA I ET PETRUS III... **Rev:** Cross **Rev. Legend:** IN HOC... **Note:** Dav. #1631

Date	Mintage	VG	F	VF	XF	Unc
1778 Rare	—	—	—	—	—	—
1779	—	30.00	50.00	100	225	—
1780	—	17.50	30.00	65.00	135	—
1781	—	17.50	30.00	65.00	135	—
1782	—	17.50	30.00	65.00	135	—

KM# 282 400 REIS (Pinto, 480 Reis)

Silver **Ruler:** Maria I and Pedro III **Obv:** Crowned arms **Obv. Legend:** MARIA I ET PETRUS III... **Rev:** Cross **Rev. Legend:** IN HOC... **Note:** Dav. #1631

Date	Mintage	VG	F	VF	XF	Unc
1784	—	25.00	55.00	100	200	—
1785	—	225	450	1,000	1,900	—

KM# 288 400 REIS (Pinto, 480 Reis)

Silver **Ruler:** Maria I **Obv:** Crown **Obv. Legend:** MARIA I D.G. ... **Rev:** Cross **Rev. Legend:** IN HOC... **Note:** Dav. #1632

Date	Mintage	VG	F	VF	XF	Unc
1786	—	350	800	1,900	3,800	—
1788	—	100	225	500	900	—
1792	—	60.00	110	300	600	—
1793	—	15.00	28.00	60.00	100	—
1794	—	50.00	100	250	500	—
1795	—	15.00	28.00	60.00	100	—
1796	—	15.00	28.00	60.00	100	—
1797	—	15.00	28.00	60.00	100	—
1798	—	15.00	28.00	60.00	100	—
1799	—	45.00	85.00	225	350	—

KM# 291 400 REIS (Pinto, 480 Reis)

1.0720 g., 0.9170 Gold 0.0316 oz. AGW **Ruler:** Maria I **Obv:** Legend in crowned wreath **Obv. Legend:** MARIA I ... **Rev:** Cross **Rev. Legend:** IN HOC...

Date	Mintage	VG	F	VF	XF	Unc
1787	—	55.00	110	220	450	—
1790	—	45.00	95.00	165	325	—
1795	—	60.00	110	195	375	—
1796	—	165	325	725	1,450	—

KM# 318 400 REIS (Pinto, 480 Reis)

Silver **Ruler:** Joao, as Prince Regent **Obv:** Crowned arms, flanked by vertical value and date **Obv. Legend:** JOANNES • D • G • P • PORTUGALIÆ • ET • ALG • **Rev:** Maltese cross, quatrefoil in angles **Rev. Legend:** IN HOC SIGNO VINCES **Note:** Dav. #1633

Date	Mintage	VG	F	VF	XF	Unc
	—	—	—	—	—	—
1799INCM	—	35.00	60.00	125	250	—
1800INCM	—	15.00	25.00	55.00	150	—

KM# 210 1/2 ESCUDO (800 Reis)

1.7875 g., 0.9170 Gold 0.0527 oz. AGW **Ruler:** John V **Obv:** Laurette bust right, date and mint mark below **Obv. Legend:** JOANNES • V • D • G • ... **Rev:** Crowned oval arms in cartouche **Rev. Legend:** IN • HOC SIGNO VINCES •

Date	Mintage	VG	F	VF	XF	Unc
1722INCM L	—	85.00	165	275	450	—

KM# 218 1/2 ESCUDO (800 Reis)

1.7875 g., 0.9170 Gold 0.0527 oz. AGW **Ruler:** John V **Obv:** Laurette bust right, without mint mark below **Obv. Legend:** JOANNES • V • D • G • ... **Rev:** Crowned arms in cartouche **Note:** Varieties exist.

Date	Mintage	VG	F	VF	XF	Unc
1723	—	90.00	150	300	500	—
1724	—	70.00	115	225	350	—
1725	—	70.00	115	225	350	—
1726 Closed crown	—	70.00	100	205	325	—
1726 Wide crown	—	70.00	100	205	325	—
1728	—	70.00	100	205	325	—
1729	—	70.00	100	205	325	—
1730	—	70.00	100	205	325	—
1731	—	150	300	600	900	—
1732	—	70.00	100	205	325	—
1733	—	70.00	100	205	325	—
1735	—	70.00	100	205	325	—
1736	—	70.00	100	205	325	—
1738	—	70.00	100	205	325	—
1739	—	75.00	135	265	425	—
1740	—	75.00	135	265	425	—
1741	—	70.00	100	205	325	—
1743	—	70.00	100	205	325	—
1744	—	70.00	100	205	325	—
1745	—	90.00	150	300	500	—
1746	—	70.00	100	205	325	—
1747	—	70.00	100	205	325	—
1748	—	70.00	100	205	325	—
1749	—	70.00	100	205	325	—
1750	—	150	300	600	900	—

KM# 230 1/2 ESCUDO (800 Reis)

1.7875 g., 0.9170 Gold 0.0527 oz. AGW **Ruler:** John V **Obv:** Laureate bust right, error in legend **Obv. Legend:** IOANNES VI... **Rev:** Crowned arms in cartouche

Date	Mintage	VG	F	VF	XF	Unc
1741	—	—	—	—	—	—

KM# 244.1 1/2 ESCUDO (800 Reis)

1.7920 g., 0.9170 Gold 0.0528 oz. AGW **Ruler:** Jose I **Obv:** Laureate head right, date below **Obv. Legend:** JOSEPHUS • I • ... **Rev:** Crowned arms in cartouche

Date	Mintage	VG	F	VF	XF	Unc
1751	—	85.00	150	285	475	—
1765	—	85.00	150	285	475	—
1768	—	70.00	85.00	160	275	—
1770	—	125	235	435	725	—
1775	—	125	235	435	725	—
1776	—	70.00	85.00	160	275	—

KM# 244.2 1/2 ESCUDO (800 Reis)

1.7920 g., 0.9170 Gold 0.0528 oz. AGW **Ruler:** Jose I **Obv:** Laureate head right, date below **Obv. Legend:** IOSEPHUS • I • ... **Rev:** Crowned arms in cartouche

Date	Mintage	VG	F	VF	XF	Unc
1751	—	70.00	120	250	375	—
1768	—	125	255	475	800	—

1170 PORTUGAL

KM# 269 1/2 ESCUDO (800 Reis)

1.7920 g., 0.9170 Gold 0.0528 oz. AGW **Ruler:** Maria I and Pedro III **Obv:** Coinjoined busts right **Obv. Legend:** MARIA • I • ET • PETRUS III • ... **Rev:** Crowned arms in cartouche

Date	Mintage	VG	F	VF	XF	Unc
1777	—	175	325	700	1,000	—
1778	—	70.00	120	250	375	—
1780	—	70.00	120	250	375	—
1784	—	70.00	120	225	350	—

KM# 293 1/2 ESCUDO (800 Reis)

1.7920 g., 0.9170 Gold 0.0528 oz. AGW **Ruler:** Maria I **Obv:** Veiled bust right **Obv. Legend:** MARIA I D • G • PORT... **Rev:** Crowned arms in cartouche

Date	Mintage	VG	F	VF	XF	Unc
1787	—	125	250	425	750	—
1788 Rare	—	—	—	—	—	—

KM# 296 1/2 ESCUDO (800 Reis)

1.7920 g., 0.9170 Gold 0.0528 oz. AGW **Ruler:** Maria I **Obv:** Bust right, with jeweled hairdress **Obv. Legend:** MARIA • I • D • G • PORT ... **Rev:** Crowned arms in cartouche

Date	Mintage	VG	F	VF	XF	Unc
1789	—	70.00	135	265	450	—
1792	—	85.00	165	325	575	—
1796	—	125	250	550	900	—

KM# 155 1000 REIS (Quartinho, 1200 Reis)

2.6900 g., 0.9170 Gold 0.0793 oz. AGW **Ruler:** Peter II **Obv:** Crowned arms with vertical value at left side, titles of Peter II at right **Obv. Legend:** PETRVS • II • ... **Rev:** Jerusalem cross, quatrefoil in angles, date above **Rev. Legend:** IN HOC SIGNO VINCES

Date	Mintage	VG	F	VF	XF	Unc
1702	—	165	325	600	1,050	—
1703 Rare	—	—	—	—	—	—
1704	—	165	325	600	1,050	—
1706	—	195	425	775	1,300	—

KM# 182 1000 REIS (Quartinho, 1200 Reis)

2.6900 g., 0.9170 Gold 0.0793 oz. AGW **Ruler:** John V **Obv:** Crowned arms with vertical value at left side, titles of John V at right **Obv. Legend:** IOANNES • V • D • G • ... **Rev:** Jerusalem cross, quatrefoil in angles, date above **Rev. Legend:** IN HOC SIGNO VINCES **Note:** Varieties exist.

Date	Mintage	VG	F	VF	XF	Unc
1707	—	150	255	450	700	—
1708	—	130	215	400	625	—
1709	—	110	130	225	375	—
1710	—	120	170	265	425	—
1711	—	110	135	250	400	—
1712	—	110	135	250	400	—
1713	—	110	135	250	400	—
1714	—	110	135	250	400	—
1715	—	110	135	250	400	—
1716	—	110	130	225	375	—
1717	—	110	135	250	400	—
1718	—	110	130	225	375	—
1719	—	110	135	250	400	—
1720	—	110	130	225	375	—
1721	—	110	135	250	400	—
1722	—	110	135	250	400	—
1733	—	110	130	225	375	—
1736	—	110	135	250	400	—
1738	—	110	135	250	400	—
1739	—	110	135	250	400	—
1741	—	110	130	225	375	—
1745	—	110	135	250	400	—
1747	—	120	170	265	425	—

KM# 196 1000 REIS (Quartinho, 1200 Reis)

2.6900 g., 0.9170 Gold 0.0793 oz. AGW **Ruler:** John V **Obv:** Crowned arms with vertical value at left side, titles of John V at right **Rev:** Jerusalem cross, date above

Date	Mintage	VG	F	VF	XF	Unc
1713	—	250	525	925	1,600	—

KM# 249.1 1000 REIS (Quartinho, 1200 Reis)

2.6800 g., 0.9170 Gold 0.0790 oz. AGW **Ruler:** Jose I **Obv:** Crowned arms with vertical value at left **Obv. Legend:** JOSEPHUS • I • ... **Rev:** Jerusalem cross, quatrefoils in angles, date above **Rev. Legend:** IN HOC SIGNO VINCES

Date	Mintage	VG	F	VF	XF	Unc
1752	—	110	135	250	425	—
1768	—	110	135	225	375	—
1769	—	145	250	450	750	—

KM# 249.2 1000 REIS (Quartinho, 1200 Reis)

2.6800 g., 0.9170 Gold 0.0790 oz. AGW **Ruler:** Jose I **Obv:** Crowned arms with vertical value at left **Obv. Legend:** IOSEPHUS • I • ... **Rev:** Jerusalem cross, quatrefoil in angles, date above **Rev. Legend:** IN HOC SIGNO VINCES **Note:** KM#249.2 is found muled with reverse of Joannes (John) V dated 1749.

Date	Mintage	VG	F	VF	XF	Unc
1752	—	110	135	225	375	—
1768	—	110	135	225	375	—

KM# 268 1000 REIS (Quartinho, 1200 Reis)

2.6800 g., 0.9170 Gold 0.0790 oz. AGW **Ruler:** Maria I and Pedro III **Obv:** Crowned arms in baroque frame **Obv. Legend:** MARIA • I • ET • PETRUS • III • ... **Rev:** Jerusalem cross, quatrefoils in angles, date above **Rev. Legend:** IN HOC SIGNO VINCES

Date	Mintage	VG	F	VF	XF	Unc
1777	—	175	350	750	1,500	—
1778	—	150	275	475	850	—
1779	—	150	275	475	850	—
1784	—	150	275	475	850	—

KM# 292 1000 REIS (Quartinho, 1200 Reis)

2.6800 g., 0.9170 Gold 0.0790 oz. AGW **Ruler:** Maria I **Obv:** Crowned arms in baroque frame **Obv. Legend:** MARIA • I • D • G • PORT ... **Rev:** Jerusalem cross, quatrefoils in angles, date above **Rev. Legend:** IN HOC SIGNO VINCES

Date	Mintage	VG	F	VF	XF	Unc
1787	—	185	375	800	1,600	—
1789	—	150	275	475	850	—
1792	—	120	200	425	700	—
1800 Rare	—	—	—	—	—	—

KM# 211 ESCUDO (1600 Reis)

3.5750 g., 0.9170 Gold 0.1054 oz. AGW **Ruler:** John V **Obv:** Laureatte bust right, mint mark below, date in exergue **Rev:** Crowned arms in cartouche

Date	Mintage	VG	F	VF	XF	Unc
1722L	—	175	325	600	1,000	—

KM# 219 ESCUDO (1600 Reis)

3.5750 g., 0.9170 Gold 0.1054 oz. AGW **Ruler:** John V **Obv:** Bust right, without mint mark below **Obv. Legend:** IOANNES • V • D • G • PORT • ET • ALG • REX • **Rev:** Crowned arms in cartouche **Note:** Varieties exist.

Date	Mintage	VG	F	VF	XF	Unc
1723	—	160	225	425	725	—
1724	—	145	175	300	550	—
1725	—	145	175	300	550	—
1726	—	145	175	300	550	—
1727	—	160	225	425	725	—
1728	—	140	160	225	395	—
1729	—	140	160	225	395	—
1730	—	140	160	225	395	—
1731	—	150	175	300	575	—
1732	—	180	125	225	375	—
1733	—	180	125	225	375	—
1735	—	180	125	225	375	—
1738	—	180	125	225	375	—
1741	—	180	125	225	375	—
1742	—	180	125	225	375	—
1744	—	180	125	225	375	—
1745	—	180	125	225	375	—
1746	—	180	125	225	375	—
1747	—	180	125	225	375	—
1749	—	180	125	225	375	—

KM# 245.1 ESCUDO (1600 Reis)

3.5850 g., 0.9170 Gold 0.1057 oz. AGW **Ruler:** Jose I **Obv:** Laureate head right, date below **Obv. Legend:** JOSEPHUS • I • .... **Rev:** Crowned arms in cartouche

Date	Mintage	VG	F	VF	XF	Unc
1751	—	145	190	375	600	—
1764	—	145	225	400	650	—
1765	—	180	350	675	1,150	—
1768	—	145	225	450	800	—
1775	—	300	600	1,150	1,900	—
1776	—	180	350	675	1,150	—

KM# 245.2 ESCUDO (1600 Reis)

3.5850 g., 0.9170 Gold 0.1057 oz. AGW **Ruler:** Jose I **Obv:** Laureate head right, date below **Obv. Legend:** IOSEPHUS... **Rev:** Crowned arms in cartouche

Date	Mintage	VG	F	VF	XF	Unc
1751 Rare	—	—	—	—	—	—

KM# 270 ESCUDO (1600 Reis)

3.5850 g., 0.9170 Gold 0.1057 oz. AGW **Ruler:** Maria I and Pedro III **Obv:** Conjoined busts right **Obv. Legend:** MARIA • I • ET • PETRUS • III • ... **Rev:** Crowned arms in cartouche

Date	Mintage	VG	F	VF	XF	Unc
1777 Rare	—	—	—	—	—	—
1778	—	160	220	450	650	—
1779	—	160	220	450	650	—
1781	—	170	280	700	1,150	—
1784	—	160	220	450	650	—
1785	—	170	280	700	1,150	—

KM# 294 ESCUDO (1600 Reis)

3.5850 g., 0.9170 Gold 0.1057 oz. AGW **Ruler:** Maria I **Obv:** Veiled bust right **Obv. Legend:** MARIA I D • G • PORT... **Rev:** Crowned arms in cartouche

Date	Mintage	VG	F	VF	XF	Unc
1787 Rare	—	—	—	—	—	—
1788 Rare	—	—	—	—	—	—

KM# 297 ESCUDO (1600 Reis)

3.5850 g., 0.9170 Gold 0.1057 oz. AGW **Ruler:** Maria I **Obv:** Bust right, with jeweled hairdress **Obv. Legend:** MARIA • I • D • G • PORT ... **Rev:** Crowned arms in cartouche

Date	Mintage	VG	F	VF	XF	Unc
1789	—	300	675	1,150	1,800	—
1790	—	210	350	600	900	—
1791	—	375	750	675	2,650	—
1792	—	210	350	600	900	—
1794	—	210	350	600	900	—
1796	—	210	350	600	900	—

KM# 147 2000 REIS

5.3800 g., 0.9170 Gold 0.1586 oz. AGW **Ruler:** Peter II **Obv:** Crowned arms with vertical value at left, titles of Peter II at right **Rev:** Jerusalem cross with quatrefoils in angles **Note:** Similar to 4000 Reis, KM#156. Varieties exist.

Date	Mintage	VG	F	VF	XF	Unc
1702	—	295	600	950	1,600	—
1703	—	325	700	1,150	2,000	—
1704	—	350	725	1,200	2,100	—
1706 Unique	—	—	—	—	—	—

KM# 183 2000 REIS

5.3800 g., 0.9170 Gold 0.1586 oz. AGW **Ruler:** John V **Obv:** Crowned arms with vertical value at left, titles of John V at right **Rev:** Jerusalem cross with quatrefoils in angles **Note:** Varieties exist.

Date	Mintage	VG	F	VF	XF	Unc
1707	—	200	350	650	1,100	—
1708	—	325	575	1,100	1,800	—
1709	—	200	300	575	950	—
1710	—	200	300	575	950	—
1711	—	200	300	575	950	—
1712	—	200	300	575	950	—

Date	Mintage	VG	F	VF	XF	Unc
1713	—	200	325	600	1,000	—
1714	—	200	325	600	1,000	—
1715	—	200	350	650	1,100	—
1718	—	260	525	950	1,600	—
1721	—	260	525	950	1,600	—
1725	—	260	525	950	1,600	—

KM# 197 2000 REIS
5.3800 g., 0.9170 Gold 0.1586 oz. AGW **Ruler:** John V **Obv:** Crowned arms vertical value at left, titles of John V at right **Rev:** Jerusalem cross with Ps in angles, date above **Note:** Varieties exist. Struck at Porto.

Date	Mintage	VG	F	VF	XF	Unc
1713	—	275	550	1,000	1,750	—
1714	—	275	550	1,000	1,750	—

KM# 156 4000 REIS
10.7600 g., 0.9170 Gold 0.3172 oz. AGW **Ruler:** Peter II **Obv:** Crowned arms, vertical value at left, titles of Peter II at right **Obv. Legend:** PETRVS • II • D • G • PORT • E • TALG • REX **Rev:** Jerusalem cross with quatrefoils in angles, date above **Rev. Legend:** IN HOC SIGNO VINCES

Date	Mintage	VG	F	VF	XF	Unc
1701	—	425	1,600	900	1,400	—
1702	—	425	1,600	900	1,400	—
1703	—	425	500	800	1,200	—
1704	—	425	500	800	1,200	—
1705	—	500	1,000	1,900	3,050	—
1706	—	425	500	800	1,200	—

KM# 184 4000 REIS
10.7600 g., 0.9170 Gold 0.3172 oz. AGW **Ruler:** John V **Obv:** Crowned arms, vertical value at left, titles of John V at right **Rev:** Jerusalem cross with quatrefoils in angles

Date	Mintage	VG	F	VF	XF	Unc
1707	—	500	1,000	1,750	2,300	—
1708	—	425	500	650	950	—
1709	—	425	500	650	950	—
1710	—	425	500	650	950	—
1711	—	425	500	650	950	—
1712	—	425	500	650	950	—
1713	—	450	700	1,250	1,800	—
1714	—	425	550	650	950	—
1715	—	425	550	850	1,250	—
1716	—	450	700	1,250	1,800	—
1717	—	500	1,000	1,600	2,050	—
1718	—	450	700	1,250	1,800	—
1719	—	425	500	675	1,000	—
1720	—	425	500	675	1,000	—
1721	—	425	500	675	1,000	—
1722	—	425	500	675	1,000	—

KM# 195 4000 REIS
10.7600 g., 0.9170 Gold 0.3172 oz. AGW **Ruler:** John V **Obv:** Crowned arms, vertical value at left, titles of John V at right **Rev:** Jerusalem cross with Ps in angles, date at top **Note:** Struck at Porto.

Date	Mintage	VG	F	VF	XF	Unc
1712 Inverted Ps; Rare	—	—	—	—	—	—
1713	—	700	1,200	2,000	3,000	—
1714	—	475	750	1,250	2,000	—

KM# 212 2 ESCUDOS (1/2 Peca)
7.1500 g., 0.9170 Gold 0.2108 oz. AGW **Ruler:** John V **Obv:** Laureate head right, date and mint mark below **Rev:** Crowned arms in cartouche

Date	Mintage	VG	F	VF	XF	Unc
1722L Rare	—	—	—	—	—	—

KM# 220 2 ESCUDOS (1/2 Peca)
7.1500 g., 0.9170 Gold 0.2108 oz. AGW **Ruler:** John V **Obv:** Laureate bust right, without mint mark below **Obv. Legend:** IOANNES • V • ... **Rev:** Crowned arms in cartouche **Note:** Varieties exist.

Date	Mintage	VG	F	VF	XF	Unc
1723	—	500	1,000	2,000	3,500	—
1724	—	450	900	1,800	3,000	—
1725	—	450	900	1,800	3,000	—
1726	—	450	900	1,800	3,000	—
1727	—	375	750	1,500	2,500	—
1728/6	—	350	700	1,350	2,250	—
1728	—	350	700	1,350	2,250	—
1729	—	325	600	1,100	1,750	—
1730	—	325	600	1,100	1,750	—
1732	—	300	575	1,000	1,500	—
1734	—	300	575	1,000	1,500	—
1735	—	300	575	1,000	1,500	—
1738	—	300	575	1,000	1,500	—
1739	—	300	575	1,000	1,500	—
1741	—	300	575	1,000	1,500	—
1742	—	300	575	1,000	1,500	—

KM# 246 2 ESCUDOS (1/2 Peca)
7.1500 g., 0.9170 Gold 0.2108 oz. AGW **Obv:** Bust right **Obv. Legend:** JOSEPHUS... **Rev:** Crowned arms in cartouche

Date	Mintage	VG	F	VF	XF	Unc
1751	—	300	450	850	1,400	—
1768	—	300	500	950	1,500	—
1772	—	350	650	1,200	2,000	—
1775	—	350	650	1,200	2,000	—
1776	—	350	650	1,200	2,000	—

KM# 274 2 ESCUDOS (1/2 Peca)
7.1500 g., 0.9170 Gold 0.2108 oz. AGW **Ruler:** Maria I and Pedro III **Obv:** Conjoined laureate busts right **Obv. Legend:** MARIA • ET • PETRUS • III • ... **Rev:** Crowned arms in cartouche

Date	Mintage	VG	F	VF	XF	Unc
1778	—	300	475	850	1,350	—
1784	—	300	550	950	1,550	—

KM# 298 2 ESCUDOS (1/2 Peca)
7.1500 g., 0.9170 Gold 0.2108 oz. AGW **Ruler:** Maria I **Obv:** Bust right, with jeweled hairdress **Obv. Legend:** MARIA • I • D • G • ... **Rev:** Crowned arms in cartouche

Date	Mintage	VG	F	VF	XF	Unc
1789	—	375	750	1,350	2,250	—

KM# 213 4 ESCUDOS (Peca)
14.3000 g., 0.9170 Gold 0.4216 oz. AGW **Ruler:** John V **Obv:** Laureate bust right, date and mint mark below **Rev:** Crowned arms in cartouche

Date	Mintage	VG	F	VF	XF	Unc
1722L Rare	—	—	—	—	—	—

KM# 221 4 ESCUDOS (Peca)
14.3000 g., 0.9170 Gold 0.4216 oz. AGW **Ruler:** John V **Obv:** Laureate head right, without mint mark below **Obv. Legend:** IOANNES • V • D • G • PORT • ET • ALG • REX **Rev:** Crowned arms in cartouche **Note:** Varieties exist.

Date	Mintage	VG	F	VF	XF	Unc
1723	—	1,400	2,800	5,000	8,500	—
1724	—	1,100	2,150	4,000	6,500	—
1725	—	750	1,500	2,750	4,500	—
1726	—	1,100	2,150	4,000	6,500	—
1727	—	1,000	2,000	3,500	6,000	—
1728	—	750	1,500	2,750	4,500	—
1729 Unique	—	—	—	—	—	—
1730	—	650	1,100	2,000	3,500	—
1731	—	650	1,100	2,000	3,500	—
1732	—	650	1,100	2,000	3,500	—
1735	—	550	650	900	1,500	—
1736	—	550	650	900	1,500	—
1737	—	550	650	900	1,500	—
1738	—	550	600	850	1,400	—
1739	—	550	650	900	1,500	—
1740	—	550	600	850	1,400	—
1741	—	550	600	850	1,400	—
1742	—	550	600	850	1,400	—
1743	—	550	600	850	1,400	—
1744	—	550	600	850	1,400	—
1745	—	550	650	1,000	1,500	—
1746	—	550	600	850	1,400	—
1747	—	600	900	1,400	2,000	—
1748	—	550	600	850	1,400	—
1749	—	550	600	850	1,400	—
1750	—	600	900	1,400	2,000	—

KM# 240 4 ESCUDOS (Peca)
14.3000 g., 0.9170 Gold 0.4216 oz. AGW **Ruler:** Jose I **Obv:** Laureate bust right **Obv. Legend:** JOSEPHUS • I • D • G • ... **Rev:** Crowned arms in cartouche

Date	Mintage	VG	F	VF	XF	Unc
1750	—	550	600	750	1,100	—
1751	—	550	600	700	950	—
1752	—	550	600	700	950	—
1753	—	550	600	700	950	—
1754	—	550	600	700	950	—
1755	—	550	600	700	950	—
1756	—	550	600	700	950	—
1757	—	550	600	700	950	—
1758	—	550	600	700	950	—
1759	—	—	—	—	—	—
1760	—	550	600	700	950	—
1761	—	550	600	700	950	—
1762	—	550	600	700	950	—
1763	—	550	600	700	950	—
1764	—	550	600	700	950	—
1766	—	550	600	700	950	—
1767 Rare	—	—	—	—	—	—
1768	—	550	600	700	950	—
1769	—	550	600	700	950	—
1770	—	550	600	700	950	—
1771	—	550	600	700	950	—
1772	—	550	600	700	950	—
1773	—	550	600	700	950	—
1774	—	550	600	700	950	—
1775	—	550	600	700	950	—
1776	—	550	600	700	950	—

KM# 271 4 ESCUDOS (Peca)
14.3000 g., 0.9170 Gold 0.4216 oz. AGW **Ruler:** Maria I and Pedro III **Obv:** Conjoinded laureate bust right **Obv. Legend:** MARIA I ET PETRUS III... **Rev:** Crowned arms in cartouche

Date	Mintage	VG	F	VF	XF	Unc
1777 Rare	—	—	—	—	—	—
1778	—	550	625	750	1,100	—
1779	—	550	600	700	1,000	—
1780	—	550	600	700	1,000	—
1781	—	550	600	700	1,000	—

PORTUGAL

KM# 281 4 ESCUDOS (Peca)
14.3000 g., 0.9170 Gold 0.4216 oz. AGW **Ruler:** Maria I and Pedro III **Obv:** Conjoined laureate busts right **Obv. Legend:** MARIA • I • ET • PETRUS • III • ... **Rev:** Crowned arms in cartouche

Date	Mintage	VG	F	VF	XF	Unc
1782	—	550	625	750	1,000	—
1783	—	550	600	700	950	—
1784 Rare	—	—	—	—	—	—
1785	—	550	600	700	950	—

KM# 289 4 ESCUDOS (Peca)
14.3000 g., 0.9170 Gold 0.4216 oz. AGW **Ruler:** Maria I **Obv:** Veiled bust right, legend separated after D. G **Rev:** crowned arms in cartouche

Date	Mintage	VG	F	VF	XF	Unc
1786 Rare	—	—	—	—	—	—

KM# 290 4 ESCUDOS (Peca)
14.3000 g., 0.9170 Gold 0.4216 oz. AGW **Obv:** Bust right, smaller letters in legend separated by head after PORT **Rev:** Crowned arms

Date	Mintage	VG	F	VF	XF	Unc
1786	—	650	1,000	2,000	3,500	—

KM# 295 4 ESCUDOS (Peca)
14.3000 g., 0.9170 Gold 0.4216 oz. AGW **Ruler:** Maria I **Obv:** Bust right, large letters in legend **Rev:** Crowned arms

Date	Mintage	VG	F	VF	XF	Unc
1787	—	550	650	1,000	1,750	—

KM# 299 4 ESCUDOS (Peca)
14.3000 g., 0.9170 Gold 0.4216 oz. AGW **Ruler:** Maria I **Obv:** Bust right, with jeweled hairdress **Obv. Legend:** MARIA • I • D • G • PORT ... **Rev:** Crowned arms in cartouche

Date	Mintage	VG	F	VF	XF	Unc
1789	—	550	600	700	1,000	—
1791	—	550	600	750	1,100	—
1792	—	550	600	700	1,000	—
1793	—	550	600	700	1,000	—
1796	—	550	600	700	1,000	—
1797 Rare	—	—	—	—	—	—
1798	—	550	600	750	1,100	—
1799	—	550	600	700	1,000	—

KM# 214 8 ESCUDOS (Dobra)
28.6000 g., 0.9170 Gold 0.8432 oz. AGW **Ruler:** John V **Obv:** Laureate bust right, date and mint mark below **Rev:** Crowned arms in cartouche

Date	Mintage	VG	F	VF	XF	Unc
1722L Rare	—	—	—	—	—	—

KM# 222 8 ESCUDOS (Dobra)
28.6000 g., 0.9170 Gold 0.8432 oz. AGW **Ruler:** John V **Obv:** Laureat bust right, without mint mark **Obv. Legend:** IOANNES • V • D • G • PORT • ET • ... **Rev:** Crowned arms in cartouche **Note:** Varieties exist.

Date	Mintage	VG	F	VF	XF	Unc
1724 Rare	—	—	—	—	—	—
1725	—	3,500	6,000	10,000	16,500	—
1726	—	2,000	4,000	7,500	12,500	—
1727	—	1,750	3,500	6,500	11,000	—
1728	—	3,500	6,000	10,000	16,500	—
1729	—	1,250	2,500	4,500	7,500	—
1730	—	1,750	3,500	6,500	11,000	—
1732	—	1,500	3,000	5,500	9,000	—

PATTERNS
Including off metal strikes

KM#	Date	Mintage	Identification	Mkt Val
Pn12	1711	—	8000 Reis. Gold.	10,000

KM#	Date	Mintage	Identification	Mkt Val
Pn14	1718	—	Non-Denominated. Lead. Portuges	1,350
PnA14	1718	—	Non-Denominated. Copper. Portuges	1,750

KM#	Date	Mintage	Identification	Mkt Val
Pn13	1718	—	16000 Reis. Gold.	—
Pn15	1725	—	Peca. Copper. KM221.	3,000
Pn16	1725	—	Dobra. Copper. KM222.	3,750
PnA17	1731	—	16 Escudos. Copper.	—
Pn18	1731	—	16 Escudos. Gold. Milled edge.	—
Pn17	1731	—	16 Escudos. Gold. Ornamented edge.	—
PnA19	1731	—	24 Escudos. Copper.	—
Pn19	1731	—	24 Escudos. Gold. Ornamented edge.	—
Pn20	1731	—	24 Escudos. Gold. Milled edge.	—
PnA21	1786	—	4 Escudos. Copper. Similar to KM#295 but bust left.	—
Pn21	1787	—	4 Escudos. Copper. KM295.	1,900
Pn22	1787	—	4 Escudos. Copper. Arms variety.	2,250
Pn23	ND(1787)	—	4 Escudos. Copper. Bust variety.	2,250
Pn24	1788	—	4 Escudos. Copper.	1,900

KM#	Date	Mintage	Identification	Mkt Val
PNA25	1798	—	Peca. Copper.	950
Pn25	1798	—	Peca. Silver.	1,850
Pn28	ND	—	Peca. Silver. Obverse of Pn26, reverse of Pn25.	—
Pn27	1800	—	Peca. Copper. Bust/arms	1,750
Pn26	1800	—	Peca. Silver.	1,850

RAGUSA

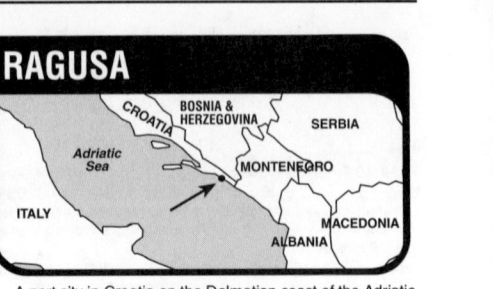

A port city in Croatia on the Dalmatian coast of the Adriatic Sea. Upon its incorporation in Yugoslavia in1918, its name was officially changed to Dubrovnik. Ragusa was once a great mercantile power, the merchant fleets of which sailed as far abroad as India and America. The city's present industries include oil-refining, slate mining, and the manufacture of liqueurs, cheese, silk, leather, and soap.

Refugees from the destroyed Latin communities of Salona and Epidaurus, and a colony of Slavs colonized the island rock of Ragusa during the 7th century. For four centuries Ragusa successfully defended itself against attacks by foreign powers, but from 1205 to 1358 recognized Venetian suzeranity. From 1358 to 1526, Ragusa was a vassal state of Hungary. The fall of Hungary in 1526 freed Ragusa, permitting it to become one of the foremost commercial powers of the Mediterranean and a leader in the development of literature and art. After this period its importance declined, due in part to the discovery of America, which reduced the importance of Mediterranean ports. A measure of its former economic importance was regained during the Napoleonic Wars when the republic, by adopting a policy of neutrality (1800-1805), became the leading carrier of the Mediterranean. This favored position was terminated by French seizure in 1805. In 1814 Ragusa was annexed by Austria, remaining a part of the Austrian Empire until its incorporation in the newly formed state of Yugoslavia in1918. Croatia proclaimed its independence in 1991.

MONETARY SYSTEM
6 Soldi = 1 Grosetto
12 Grosetti = 1 Perpero
36 Grosetti = 1 Scudo
40 Grosetti = 1 Ducato
60 Grosetti = 1 Tallero

REPUBLIC
STANDARD COINAGE

KM# 6 SOLDO
Copper **Obv:** Bust of Saint, facing above brick-like design **Rev:** Christ flanked by designs within circle of stars **Note:** Varieties exist.

Date	Mintage	VG	F	VF	XF	Unc
1706	—	18.00	36.00	60.00	175	—
1707	—	12.00	25.00	55.00	140	—
1712	—	12.00	25.00	55.00	140	—
1720	—	12.00	25.00	55.00	140	—
1723	—	12.00	25.00	55.00	140	—
1729	—	12.00	25.00	55.00	140	—
1731	—	12.00	25.00	55.00	140	—
1750	—	8.00	18.00	55.00	140	—
1752	—	8.00	18.00	55.00	140	—
1762	—	8.00	18.00	55.00	140	—
1770	—	8.00	18.00	55.00	140	—
1771	—	14.00	30.00	55.00	155	—
1780	—	8.00	18.00	55.00	140	—
1781	—	8.00	18.00	55.00	140	—
1791	—	8.00	18.00	55.00	140	—
1793	—	8.00	18.00	55.00	140	—
1795	—	8.00	18.00	55.00	140	—
1796	—	14.00	30.00	60.00	155	—
1797	—	8.00	18.00	55.00	140	—

KM# 22 3 SOLDI
Copper **Obv:** St. Blaze **Obv. Legend:** PROT • REIP • RHACUSINE **Rev:** Christ **Note:** Varieties exist.

Date	Mintage	VG	F	VF	XF	Unc
1795	—	34.00	70.00	130	375	—
1796	—	34.00	70.00	130	375	—

Date	Mintage	VG	F	VF	XF	Unc
1708	—	225	375	—	—	—
1709	—	150	300	525	—	—
1748 SB	—	150	300	525	—	—
1750	—	90.00	190	375	600	—

KM# 11 SCUDO

16.8000 g., Silver Obv: St. Blaze divides date and S B within beaded circle **Obv. Legend:** PROTECTOR • REIPVBLICE • RHAGVSINE • • **Rev:** Christ within stars and beaded circle **Rev. Legend:** IVIA • SALVS • SPES • ET • PRAESIDIVM • •

Date	Mintage	VG	F	VF	XF	Unc
1708 SB	—	190	350	575	—	—
1709	—	190	350	575	—	—
1739	—	190	350	575	—	—
1747 SB	—	190	350	575	—	—
1748	—	120	250	450	750	—
1750	—	120	250	450	750	—

KM# 5 GROSETTO

Billon Obv: St. Blaze **Rev:** Christ within stars **Note:** Varieties exist.

Date	Mintage	VG	F	VF	XF	Unc
1701	—	12.00	25.00	38.50	90.00	—
1702	—	12.00	25.00	38.50	90.00	—
1703	—	12.00	25.00	38.50	90.00	—
1704	—	12.00	25.00	38.50	90.00	—
1705	—	12.00	25.00	38.50	90.00	—
1706	—	12.00	25.00	38.50	90.00	—
1707	—	12.00	25.00	38.50	90.00	—
1708	—	12.00	25.00	38.50	90.00	—
1709	—	12.00	25.00	38.50	90.00	—
1710	—	12.00	25.00	38.50	90.00	—
1711	—	12.00	25.00	38.50	90.00	—
1712	—	12.00	25.00	38.50	90.00	—
1713	—	12.00	25.00	38.50	90.00	—
1714	—	12.00	25.00	38.50	90.00	—
1715	—	12.00	25.00	38.50	90.00	—
1716	—	12.00	25.00	42.00	100	—
1720	—	12.00	25.00	42.00	100	—
1721	—	12.00	25.00	42.00	100	—
1722	—	12.00	25.00	42.00	100	—
1723	—	12.00	25.00	42.00	100	—
1724	—	12.00	25.00	42.00	100	—
1725	—	12.00	25.00	42.00	100	—
1726	—	12.00	25.00	42.00	100	—
1727	—	12.00	25.00	42.00	100	—
1728	—	12.00	25.00	42.00	100	—
1748	—	12.00	25.00	42.00	100	—
1751	—	15.00	27.50	48.00	110	—
1754	—	15.00	27.50	48.00	110	—
1756	—	15.00	27.50	48.00	110	—
1757	—	15.00	27.50	48.00	110	—
1761	—	15.00	27.50	48.00	110	—

KM# 4 3 GROSETTI (Alltilucho)

1.1200 g., Billon Obv: Head of Saint, right **Obv. Legend:** S • BLASIVS • RAGVSII **Rev:** Legend **Rev. Legend:** GROS • ARGE / TRIP / CIVI / RAGV **Note:** Varieties exist.

Date	Mintage	VG	F	VF	XF	Unc
1701	—	45.00	90.00	190	550	—

KM# 7 PERPERO

Billon Obv: St. Blaze divides date and S B **Obv. Legend:** PROT • RAEIP • RHAGVSINAE **Rev:** Christ within stars

Date	Mintage	VG	F	VF	XF	Unc
1702	—	40.00	70.00	170	450	—
1705	—	36.00	60.00	160	425	—
1706	—	33.00	55.00	110	270	—
1707	—	33.00	55.00	110	270	—
1708	—	36.00	60.00	160	425	—
1709	—	33.00	55.00	110	270	—
1723	—	40.00	70.00	170	450	—
1724	—	36.00	60.00	160	425	—
1725	—	40.00	70.00	170	450	—
1728	—	40.00	70.00	170	450	—
1729	—	36.00	60.00	160	425	—
1730	—	40.00	70.00	170	450	—
1732	—	40.00	70.00	170	450	—
1733	—	36.00	60.00	160	425	—
1734	—	36.00	60.00	160	425	—
1744	—	36.00	60.00	160	425	—
1750	—	40.00	70.00	170	450	—

KM# 10 1/2 SCUDO

Silver Obv: St. Blaze divides date and S B within beaded circle **Obv. Legend:** PROTECTOR RHEIPVBLICAE RHAGISINAE **Rev:** Christ within stars and beaded circle

KM# 15 DUCATO

Silver Obv: Crowned, ornate arms **Obv. Legend:** RHAGUSINE DUCAT REIP **Rev:** St. Blaze divides date and S B **Rev. Legend:** AUSPICIIC • TUIS • A • DEO

Date	Mintage	VG	F	VF	XF	Unc
1722 SB Rare	—	—	—	—	—	—
1723	—	70.00	140	280	500	—
1797 SB	—	35.00	70.00	175	425	—

KM# 13 1/2 TALLERO

Silver Obv: Bust left **Obv. Legend:** RECTOR • REIP • RHACVSIN • **Rev:** Crowned baroque arms **Rev. Legend:** ...MEDIVS • DVCAT •

Date	Mintage	Good	VG	F	VF	XF
1748						

KM# 21 2 DUCATI

Silver Obv: Bust of Maria Theresa right **Obv. Legend:** RESPVBL • RHACVS • **Rev:** Crowned shield within sprigs **Rev. Legend:** FIDE • ET • IVST DVGE DEO **Note:** Dav. #1641.

Date	Mintage	VG	F	VF	XF	Unc
1792 GA/GA	—	90.00	130	220	700	—
1793	—	80.00	120	200	600	1,500
1794	—	70.00	100	180	550	—
1795	—	100	140	240	750	—

KM# A16 TALLERO (Ducat Et Sem)

Silver Obv: Bust of St. Blaze divides S - B **Rev:** Crowned arms divide date **Note:** Dav. #1635.

Date	Mintage	VG	F	VF	XF	Unc
1725 Rare	—	—	—	—	—	—

KM# 20 2 DUCATI

Silver Obv: Bust of Maria Theresa right **Obv. Legend:** RESPVBL • RHACVS • **Rev:** Crowned, oval ornate arms **Rev. Legend:** FIDE • ET • IVST DVGE DEO **Note:** Dav. #1640.

Date	Mintage	VG	F	VF	XF	Unc
1791 GA//GA	—	260	500	1,100	2,000	—

KM# 16 TALLERO (Ducat Et Sem)

Silver Obv: Bust of St. Blaze divides S B **Obv. Legend:** • DIVINA • PER • ITE • OPE • **Rev:** Crowned, ornate arms, date in legend **Rev. Legend:** • DVCAT • ET • SEM • • RIEP • RHAG • **Note:** Varieties exist. Dav. #1636.

Date	Mintage	VG	F	VF	XF	Unc
1725	—	170	350	650	1,650	—
1730	—	170	350	650	1,650	—
1731	—	170	350	650	1,650	—
1733	—	170	350	650	1,650	—
1734	—	170	350	650	1,650	—
1735	—	140	300	550	1,350	—
1736	—	140	300	550	1,350	—
1738	—	140	300	550	1,350	—
1743	—	140	300	550	1,350	—
1747	1	—	—	—	—	—

RAGUSA

KM# 17 TALLERO (Ducat Et Sem)
Silver **Obv:** Bust left **Obv. Legend:** • RECTOR • REIP • - • RHACVSINE • **Rev:** Crowned, ornate arms **Rev. Legend:** • DVCAT • ET • SEM •• REIP • RHAG • **Note:** Varieties exist. Dav. #1637.

Date	Mintage	VG	F	VF	XF	Unc
1738 Rare	—	—	—	—	—	—
1743	—	70.00	140	325	850	—
1744	—	70.00	140	325	850	—
1745	—	70.00	140	325	850	—
1746	—	50.00	70.00	150	450	900
1747	—	50.00	70.00	150	450	900
1748	—	60.00	120	300	750	—

KM# 18 TALLERO (Ducat Et Sem)
Silver **Obv:** Bust left **Obv. Legend:** RECTOR • REI • RHACVSIN • **Rev:** Crowned ornate arms **Rev. Legend:** DVCAT • ET • SEM • REIP • RHAG • **Note:** Dav. #1639.

Date	Mintage	VG	F	VF	XF	Unc
1751	—	50.00	90.00	180	450	—
1752	—	40.00	60.00	130	350	—
1753	—	40.00	60.00	130	350	—
1754	—	50.00	100	200	675	—
1755	—	70.00	130	250	750	—
1756	—	40.00	60.00	120	300	—
1757	—	40.00	60.00	120	300	—
1758	—	40.00	60.00	120	300	—
1759	—	40.00	60.00	120	300	—
1760	—	40.00	60.00	120	300	—
1761	—	40.00	60.00	120	300	—
1762	—	40.00	60.00	120	300	—
1763	—	40.00	60.00	120	300	—
1764	—	40.00	60.00	120	300	—
1765	—	40.00	60.00	120	300	—
1766	—	40.00	60.00	120	300	—
1767 DM-GA	—	40.00	60.00	120	300	—
1767 GB-DM	—	40.00	60.00	120	300	—
1768 GA-GA	—	40.00	60.00	120	300	—
1769	—	40.00	60.00	120	300	—
1770 DM-DM	—	40.00	60.00	120	300	—
1770 GA-DM	—	40.00	60.00	120	300	—
1771 GA-GA	—	40.00	60.00	120	300	—
1771 GA-DM	—	40.00	60.00	120	300	—
1772 GA-DM	—	40.00	60.00	120	300	—
1773 GA-DM	—	40.00	60.00	120	300	—
1773 DM-DM	—	40.00	60.00	120	300	—
1774 DM-DM	—	40.00	60.00	120	300	—
1774 GA-DM	—	40.00	60.00	120	300	—
1775 GA-GA	—	40.00	60.00	120	300	—
1776 GA-GA	—	40.00	60.00	120	300	—
1776 GA-DM	—	40.00	60.00	120	300	—
1777 GA-DM	—	40.00	60.00	120	300	—
1778 GA-DM	—	44.00	70.00	140	375	—
1779 GA-DM	—	44.00	70.00	140	375	—

KM# 19 TALLERO (Ducat Et Sem)
Silver **Obv:** Legend, St. Biagio kneeling left **Obv. Legend:** ET • PRAESIDIVM - ET • DECUS **Rev:** Virgin seated on clouds **Note:** Varieties exist. Dav. #1638.

Date	Mintage	VG	F	VF	XF	Unc
1751 Rare	—	—	—	—	—	—

RUSSIA (U.S.S.R.)

Russia, formerly the central power of the Union of Soviet Socialist Republics and now of the Commonwealth of Independent States occupies the northern part of Asia and the eastern part of Europe, has an area of 17,075,400 sq. km. Capital: Moscow.

The first Russian dynasty was founded in Novgorod by the Viking Rurik in 862 A.D. under Yaroslav the Wise (1019-54). The subsequent Kievan state became one of the great commercial and cultural centers of Europe before falling to the Mongols of the Batu Khan, 13th century, who were suzerains of Russia until late in the 15th century when Ivan III threw off the Mongol yoke. The Russian Empire was enlarged, solidified and Westernized during the reigns of Ivan the Terrible, Peter the Great and Catherine the Great, and by 1881 extended to the Pacific and into Central Asia. Contemporary Russian history began in March of 1917 when Tsar Nicholas II abdicated under pressure and was replaced by a provisional government composed of both radical and conservative elements. This government rapidly lost ground to the Bolshevik wing of the Socialist Democratic Labor Party which attained power following the Bolshevik Revolution which began on Nov. 7, 1917. After the Russian Civil War, the regional governments, national states and armies became federal republics of the Russian Socialist Federal Soviet Republic. These autonomous republics united to form the Union of Soviet Socialist Republics that was established as a federation under the premiership of Lenin on Dec. 30, 1922.

RULERS
Peter I (The Great), 1689-1725
Catherine I, 1725-27
Peter II, 1727-30
Anna, 1730-40
Ivan VI, 1740-41
Elizabeth, 1741-61
Peter III, 1761-62
Catherine II, 1762-96
Paul I, 1796-1801

MINT MARKS
АМ - Annensk, 1789-1799
БМ - St. Petersburg, 1796
ЕМ - Ekaterinburg, 1762-1876
КД - Moscow, Krasny Dvor, (Red Mint), 1725-1730
КМ - Kolyvan, 1767-1830 (later Souzan)
МД, МДЗ - Moscow, Dvor Zamoskvoretsky, (Naval Mint), 1704-1740
ММ - Moscow, 1730-1796
ММД - Moscow, 1741-1758
НД, НДЗ - Moscow, Naberezhny Dvor, Embankment Mint, 1704-1730
СМ - St. Petersburg (gold), 1796-1801
СМ - Sestroretsk, Finland, 1763-1767
СП - St. Petersburg, 1798-1800
СПБ - St. Petersburg, 1724-1915
ТМ - Feodesia, Crimea, 1787-1788

MINTMASTERS' INITIALS

MOSCOW MINT

Initials	Dates	Name
G.,G.F.	1701-1713	Gouin, Gouin Fecit
H.	1705-1710	Haupt
I.L.-L.,L.-L.		
	1705-1709	Jean Lang and Jean Lefken
D-L	1712-1713	Jean (Timofei) Lefken
З.	1714	
М.	1718	
I-L,IL,L	1718-1719	Jean (Ivan) Lang
K,OK,KO		
	1718-1725	Ottfried Konig
А	1751	Afonasiev
IШ	1752-53	Ilya Shagin
Е	1752-69	Igor Ivanov
ЕI	1762-69	Igor Ivanov
IП	1753-54	I.Plavilshchikov
МБ	1754-57	M.Bobrovshchikov
ДМ	1762-70	Daniel Mochalkin
АШ	1766-68	Alexei Schneze
СА	1774-75	Stepan Afonasiev

ST. PETERSBURG MINT

Initials	Dates	Name
ІМ	1751-58	Ivan Markov
ЯІ	1752-66	Yakov Ivanov
ЯИ	1752-66	Yakov Ivanov
НК	1758-63	Nazar Kutuzov
СА	1764-70	Stepan Afonasiev
АШ	1766-72	Alexei Shneze
ЕІ	1767-68	Igor Ivanov
ЯЧ	1770-76	Yakov Chernishev
ОЛ	1773-79	Fedor Lesnikov
ИЗ	1780-83	Ivan Zaitsev
АГ	1781	Avraam Hutseus
ММ	1783-84	Mikhail Mikhailov
ЯА	1785-93	Yakov Afonasiev
АК	1793-95	Andrei Kutzberg
ІС	1796	Ivan Sabelnikov
ГЛ	1797	Gregory Lvov
ФЦ	1797-1801	Fedor Tsetreus
МБ	1798-99	M. Bobrovshchikov
ОМ	1798-1801	Ossip Medzher
АИ	1799-1800	Alexei Ivanov

CYRILLIC DATING

ѦАѠА (1701)	ѦАѠВІ (1712)
ѦАѠВ (1702)	ѦАѠГІ (1713)
ѦАѠГ (1703)	ѦАѠДІ (1714)
ѦАѠД (1704)	ѦАѠЕІ (1715)
ѦАѠЕ (1705)	ѦАѠSІ (1716)
ѦАѠS (1706)	ѦАѠЗІ (1717)
ѦАѠЗ (1707)	ѦАѠИІ (1718)
ѦАѠИ (1708)	ѦАѠѲІ (1719)
ѦАѠѲ (1709)	ѦАѠК (1720)
ѦАѠІ (1710)	ѦАѠКА (1721)
ѦАѠАІ (1711)	ѦАѠКВ (1722)

MONETARY SYSTEM

1/4 Kopek = Polushka ПОЛУШКА
1/2 Kopek = Denga, Denezhka
ДЕНГА, ДЕНЕЖКА
Kopek КОПЪЙКА
(2, 3 & 4) Kopeks КОПЪЙКИ
(5 and up) Kopeks КОПЪЕКЪ
3 Kopeks = Altyn, Altynnik
АЛТЫНЪ, АЛТЫННИКЪ
10 Kopeks = Grivna, Grivennik
ГРИВНА, ГРИВЕННИКЪ
25 Kopeks = Polupoltina, Polupoltinnik
ПОЛУПОЛТИНА
ПОЛУПОЛТИННИКЪ
50 Kopeks = Poltina, Poltinnik
ПОЛТИНА, ПОЛТИННИКЪ
100 Kopeks = Rouble, Ruble РУБЛЬ
10 Roubles = Imperial ИМПЕРІАЛЪ
10 Roubles = Chervonetz ЧЕРВОНЕЦЪ

NOTE: For silver coins with Zlotych and Kopek or Ruble denominations see Poland.

NOTE: For gold coins with Zlotych and Ruble denominations see Poland.

LEGENDS

Peter I
Obverse with full title:
ЦРЬ И ВЕЛИКIИ КНЗЬ ПЕТРЪ АЛЕЗIЕВИЧЪ
"Tsar and Grand Duke Peter Alexievich"
Obverse with short title:
ЦРЬ ПЕТРЪ АЛЕЗIЕВИЧЪ
"Tsar Peter Alexievich"
Reverse with full title:
ВСЕА ВЕЛIКIА И МІЛЫА И ВЕЛЫА
РОСIИ САМОДЕРЖЕЦЪ
"of All Great, Little & White Russias Autocrat"
Reverse with short title:
ВСЕА РОСIИ САМОДЕРЖЕЦЪ
"of All Russias Autocrat"
ВСЕА РОСIИ ПОВЕЛИТЕЛЬ
"of All Russias Ruler"

EDGE INSCRIPTIONS

Peter I
МАНЕТНАГО ДЕНЕЖНАГО ДВОРА 1701
МОСКОВЪСКАА КАЛЕНИКА Х МАНЕТНОГО
ДЕНЕЖНАГО ДВОРА
КОПЕIКА МАНЕТНОГО ДЕНЕЖЪНОГО
ДВОРА 1710
КОПЕIКА МАНЕТНОГО. . . ДЕНЕЖЪНОГО
ДВОРА
КОПЕIКА МАНЕТНОГО ДЕНЕЖНОГО
ДВРОА

CAST COINAGE

STANDARD COINAGE

KM# 110 POLUSHKA (1/4 Kopek)

2.6600 g., Copper **Ruler:** Peter I **Obv:** Crowned double-headed eagle within beaded circle, legend around **Obv. Legend:** Legend begins: CZAR AND.. **Rev:** Value, legend

Date	Mintage	VG	F	VF	XF	Unc
(1701) Rare	—	—	—	—	—	—
(1702)	—	70.00	100	210	480	—
(1703)	—	70.00	100	210	480	—

KM# A114 POLUSHKA (1/4 Kopek)

Copper **Ruler:** Peter I **Rev. Legend:** CZAR AND GRAND DUKE

Date	Mintage	VG	F	VF	XF	Unc
(1703) Rare	—	—	—	—	—	—

KM# 114 POLUSHKA (1/4 Kopek)

2.1300 g., Copper **Ruler:** Peter I **Obv:** Crowned double-headed eagle **Rev:** Value, legend **Rev. Legend:** RULER OF ALL THE RUSSIAS

Date	Mintage	VG	F	VF	XF	Unc
(1704)	—	35.00	60.00	120	260	—
(1705) Rare						
(1707)	—	30.00	50.00	105	260	—
(1712) Rare	—	—	—	—	—	—
(1713)	—	40.00	60.00	120	260	—
(1714)	—	50.00	70.00	165	340	—
(1716) Rare	—	—	—	—	—	—

KM# 113 POLUSHKA (1/4 Kopek)

2.1300 g., Copper **Ruler:** Peter I **Note:** Reduced weight.

Date	Mintage	VG	F	VF	XF	Unc
(1704) Rare	—	—	—	—	—	—
(1705)	—	40.00	50.00	105	260	—
(1706)	—	40.00	50.00	105	260	—
(1707)	—	20.00	35.00	75.00	200	—
(1708)	—	100	300	750	2,200	—
(1709) Rare	—	—	—	—	—	—
(1710) Rare	—	—	—	—	—	—
(1711)	—	100	150	300	800	—
(1713)	—	40.00	60.00	120	260	—

KM# 152.2 POLUSHKA (1/4 Kopek)

1.0200 g., Copper **Ruler:** Peter I **Obv:** Crowned double-headed eagle **Rev:** Value, date **Note:** Without mint mark.

Date	Mintage	VG	F	VF	XF	Unc
ND	—	—	—	115	—	—
1718 Reverse crown	—	20.00	35.00	75.00	200	—
1718 I Rare	—	—	—	—	—	—
ND Rare	—	—	—	—	—	—
1719	—	20.00	30.00	75.00	140	—
1719 Reverse crown	—	20.00	30.00	75.00	200	—
ND Rare	—	—	—	—	—	—
1720	—	20.00	30.00	60.00	140	—
1720 Reverse crown	—	20.00	30.00	75.00	150	—
ND	—	—	—	75.00	—	—
1721	—	25.00	40.00	105	260	—
1722	—	20.00	40.00	100	200	—

KM# 152.1 POLUSHKA (1/4 Kopek)

Copper **Ruler:** Peter I **Obv:** Crowned double-headed eagle **Rev:** Value: POLISHKA, Cyrillic or Arabic date

Date	Mintage	VG	F	VF	XF	Unc
NОНД	—	15.00	25.00	70.00	140	—
1718НД Rare	—	—	—	—	—	—
NОНД	—	15.00	25.00	70.00	140	—
1719НД Rare	—	—	—	—	—	—
NОНД Reverse crown	—	15.00	25.00	70.00	140	—
NОНД	—	20.00	40.00	100	200	—
NОНД Reverse crown	—	20.00	40.00	100	200	—
1720НД	—	25.00	45.00	135	300	—
1720НД Retrograde 7	—	25.00	45.00	135	300	—
NОНД	—	25.00	40.00	105	240	—
1721НД Rare	—	—	—	—	—	—
1271НД Error for 1721; Rare	—	—	—	—	—	—
1722НД Rare	—	—	—	—	—	—

KM# 152.3 POLUSHKA (1/4 Kopek)

2.6600 g., Copper **Ruler:** Peter I **Note:** Mixed cyrillic and western date.

Date	Mintage	VG	F	VF	XF	Unc
17К(20)НА	—	—	—	100	—	—

KM# 152.4 POLUSHKA (1/4 Kopek)

Copper **Ruler:** Peter I **Note:** Without mint mark. Mixed cyrillic and western dates.

Date	Mintage	VG	F	VF	XF	Unc
17К(20)	—	30.00	50.00	120	240	—
17К1(21)	—	30.00	50.00	105	200	—

KM# 187 POLUSHKA (1/4 Kopek)

4.1000 g., Copper **Obv:** Crowned double-headed eagle **Rev:** Value, date in cartouche **Rev. Legend:** POLUSHKA **Note:** Ekaterinburg and Moscow mints. Coins cannot be identified by mint.

Date	Mintage	VG	F	VF	XF	Unc
1730	—	5.00	10.00	22.50	60.00	—
1731	—	5.00	10.00	22.50	60.00	—
1732	—	5.00	10.00	22.50	60.00	—
1734	—	5.00	10.00	22.50	60.00	—
1735	—	5.00	10.00	22.50	60.00	—
1736	—	5.00	10.00	22.50	60.00	—
1737	—	5.00	10.00	22.50	60.00	—
1738	—	5.00	10.00	30.00	80.00	—
1739	—	5.00	10.00	22.50	60.00	—
1740	—	7.00	15.00	45.00	100	—
1741	—	25.00	50.00	105	220	—
1743	883,000	8.00	15.00	45.00	100	—
1744	1,050,000	10.00	25.00	75.00	180	—
1745	1,548,000	10.00	30.00	90.00	200	—
1746	2,240,000	8.00	15.00	37.50	100	—
1747	2,856,000	8.00	15.00	37.50	100	—
1748	1,488,000	8.00	15.00	37.50	100	—
1749	1,880,000	8.00	15.00	37.50	100	—
1750	3,194,000	8.00	15.00	37.50	100	—
1751	576,000	8.00	15.00	37.50	100	—
1754	—	8.00	15.00	37.50	100	—

C# 4 POLUSHKA (1/4 Kopek)

2.5600 g., Copper **Ruler:** Elizabeth

Date	Mintage	VG	F	VF	XF	Unc
1757	1,830,000	15.00	30.00	90.00	180	—
1758	536,000	15.00	40.00	120	220	—
1759	1,178,000	15.00	40.00	120	220	—

C# 55.3 POLUSHKA (1/4 Kopek)

2.6000 g., Copper **Ruler:** Catherine I **Obv:** Crowned monogram divides date within wreath **Rev:** St. George on horse slaying dragon

Date	Mintage	VG	F	VF	XF	Unc
1766ЕМ	3,107,000	10.00	15.00	37.50	100	—
1767ЕМ	4,311,000	10.00	15.00	37.50	100	—
1768ЕМ	5,684,000	10.00	15.00	37.50	100	—
1769ЕМ	3,778,000	10.00	15.00	37.50	100	—
1770/69ЕМ	6,040,000	10.00	15.00	40.00	120	—
1770ЕМ	Inc. above	10.00	15.00	37.50	100	—
1771ЕМ	4,470,000	10.00	15.00	37.50	100	—
1772ЕМ	990,000	10.00	20.00	60.00	160	—
1773ЕМ	198,000	100	200	450	1,000	—
1774ЕМ Rare	—	—	—	—	—	—
1775ЕМ	378,000	60.00	100	225	600	—
1776ЕМ Rare	—	—	—	—	—	—
1786ЕМ	450,000	10.00	15.00	37.50	100	—
1789ЕМ	2,031,000	10.00	15.00	37.50	100	—
1790ЕМ	1,018,999	10.00	15.00	37.50	100	—
1794ЕМ	9,000	60.00	100	225	550	—
1795ЕМ	71,000	10.00	15.00	37.50	100	—
1796ЕМ	261,000	20.00	40.00	115	250	—

C# 55.4 POLUSHKA (1/4 Kopek)

Copper **Ruler:** Catherine II

Date	Mintage	VG	F	VF	XF	Unc
1783КМ	—	15.00	35.00	105	200	—
1784КМ	—	15.00	35.00	105	200	—
1785КМ	—	15.00	35.00	105	200	—
1786КМ	—	40.00	80.00	225	550	—
1787КМ	—	30.00	60.00	150	350	—
1788КМ	—	30.00	60.00	150	350	—
1789КМ	—	30.00	60.00	150	350	—
1790КМ	—	30.00	60.00	150	350	—
1791КМ	—	60.00	100	225	550	—
1792КМ	—	20.00	40.00	115	250	—
1793КМ	—	20.00	40.00	115	250	—
1794КМ	—	60.00	100	225	550	—
1795КМ	—	30.00	60.00	150	350	—

C# 55.5 POLUSHKA (1/4 Kopek)

Copper **Ruler:** Catherine II

Date	Mintage	VG	F	VF	XF	Unc
1787Р.Л Rare	—	—	—	—	—	—

C# 55.2 POLUSHKA (1/4 Kopek)

Copper **Ruler:** Catherine II **Note:** Without mint mark.

Date	Mintage	VG	F	VF	XF	Unc
1789	—	15.00	30.00	75.00	180	—
1793	79,000	20.00	40.00	115	250	—
1795	62,000	25.00	50.00	120	300	—

C# 55.2a POLUSHKA (1/4 Kopek)

Copper **Ruler:** Catherine II

Date	Mintage	VG	F	VF	XF	Unc
1789АЛ Rare	—	—	—	—	—	—

RUSSIA

C# 92.1 POLUSHKA (1/4 Kopek)
2.6000 g., Copper **Ruler:** Paul I **Obv:** Crowned monogram **Rev:** Value, date **Edge:** Oblique milling

Date	Mintage	VG	F	VF	XF	Unc
1797AM	—	10.00	17.00	55.00	140	—
1798AM	—	10.00	17.00	55.00	140	—

C# 92.2 POLUSHKA (1/4 Kopek)
3.0000 g., Copper **Ruler:** Paul I

Date	Mintage	VG	F	VF	XF	Unc
1797	—	10.00	15.00	45.00	120	—
1798	1,510,000	10.00	15.00	45.00	120	—
1799 Rare	11,000	—	—	—	—	—
1800	—	100	250	525	1,300	—

C# 92.3 POLUSHKA (1/4 Kopek)
2.6000 g., Copper **Ruler:** Paul I **Edge:** Plain

Date	Mintage	VG	F	VF	XF	Unc
1797KM	—	50.00	100	225	500	—
1798KM	—	50.00	100	225	500	—
1799KM	—	50.00	100	225	500	—

KM# 102 DENGA (1/2 Kopek)
6.4000 g., Copper **Ruler:** Peter I **Obv:** Crowned double-headed eagle, legend around **Obv. Legend:** CZAR PETER ALEXIEVITCH **Rev:** Value, date within circle, legend around **Rev. Legend:** AUTOCRAT OF ALL THE RUSSIAS

Date	Mintage	VG	F	VF	XF	Unc
ND(1701)	—	30.00	50.00	80.00	180	—

KM# 111 DENGA (1/2 Kopek)
5.3200 g., Copper **Ruler:** Peter I **Obv:** Crowned double-headed eagle within circle, legend around **Rev:** Value, date within circle, legend around **Note:** Reduced weight.

Date	Mintage	VG	F	VF	XF	Unc
ND(1701)	—	35.00	65.00	160	450	—
ND(1702)	—	27.50	55.00	160	360	—
ND(1703)	—	35.00	65.00	160	450	—
ND(1704)	—	27.50	55.00	160	300	—

KM# 115 DENGA (1/2 Kopek)
4.2700 g., Copper **Ruler:** Peter I **Obv:** Crowned double-headed eagle within circle, legend around **Rev:** Value, date within circle, legend around **Note:** Reduced weight.

Date	Mintage	VG	F	VF	XF	Unc
ND(1704)	—	27.50	55.00	100	270	—
ND(1705)	—	27.50	55.00	100	270	—
ND(1706)	—	27.50	55.00	100	270	—
ND(1707)	—	27.50	55.00	100	270	—
ND(1708)	—	27.50	55.00	120	300	—
ND(1709) Rare	—	—	—	—	—	—
ND(1710)	—	35.00	65.00	150	450	—
ND(1711)	—	35.00	65.00	150	450	—
ND(1712)	—	27.50	55.00	100	300	—

KM# A116 DENGA (1/2 Kopek)
4.1000 g., Copper **Ruler:** Peter I **Obv:** Crowned double-headed eagle **Rev:** Value, date in center of legend **Rev. Legend:** CZAR AND GRAND DUKE

Date	Mintage	VG	F	VF	XF	Unc
ND(1704)	—	27.50	42.00	100	270	—

KM# 116 DENGA (1/2 Kopek)
6.4000 g., Copper **Ruler:** Peter I **Obv:** Crowned double-headed eagle **Rev:** Value, date in center of legend **Rev. Legend:** RULER OF ALL THE RUSSIAS

Date	Mintage	VG	F	VF	XF	Unc
ND(1705)	—	27.50	42.00	100	270	—
ND(1712)	—	27.50	42.00	100	270	—
ND(1713)	—	20.00	42.00	100	270	—
ND(1714)	—	20.00	42.00	100	270	—
ND(1715)	—	20.00	42.00	100	270	—
ND(1716)	—	35.00	65.00	150	450	—
ND(1717)	—	85.00	170	360	1,050	—
ND(1718) Rare	—	—	—	—	—	—

KM# 188 DENGA (1/2 Kopek)
8.1900 g., Copper **Obv:** Crowned double-headed eagle **Rev:** Value and date in cartouche **Rev. Legend:** DENGA **Note:** Ekaterinburg and Moscow Mints. Coins cannot be identified by mint. Varieties exist.

Date	Mintage	VG	F	VF	XF	Unc
1730	—	5.00	8.00	20.00	60.00	—
1731	—	5.00	8.00	20.00	60.00	—
1734	—	5.00	8.00	20.00	60.00	—
1735	—	5.00	8.00	20.00	60.00	—
1736	—	5.00	8.00	20.00	60.00	—
1737	—	5.00	8.00	20.00	60.00	—
1738	—	5.00	8.00	20.00	60.00	—
1739	—	5.00	8.00	20.00	60.00	—
1740	—	5.00	8.00	20.00	60.00	—
1741	—	12.00	25.00	49.00	130	—
1743	30,909,000	7.00	14.00	35.00	100	—
1744	41,299,000	6.00	12.00	27.50	100	—
1745	55,408,000	6.00	12.00	27.50	100	—
1746	83,618,000	6.00	12.00	27.50	100	—
1747	83,822,000	6.00	12.00	27.50	100	—
1748	79,608,000	6.00	12.00	27.50	100	—
1749	75,860,000	6.00	12.00	27.50	100	—
1750	64,269,000	7.00	14.00	35.00	100	—
1751	27,624,000	7.00	14.00	35.00	100	—
1752	4,005,000	12.00	30.00	70.00	200	—
1753	4,005,000	7.00	14.00	35.00	100	—
1754	Inc. above	7.00	14.00	35.00	100	—
1754/3	38,320,000	7.00	14.00	35.00	100	—

C# 5 DENGA (1/2 Kopek)
5.1200 g., Copper **Ruler:** Elizabeth **Obv:** Crowned monogram divides date within wreath **Rev:** St. George on horse slaying dragon

Date	Mintage	VG	F	VF	XF	Unc
1757	3,229,000	14.00	30.00	70.00	200	—
1758	521,000	14.00	30.00	70.00	250	—
1759	1,574,000	14.00	30.00	70.00	200	—
1760	Inc. above	30.00	60.00	140	350	—

C# 40 DENGA (1/2 Kopek)
2.5600 g., Copper **Ruler:** Peter III **Obv:** St. George on horse slaying dragon **Rev:** Value, date above drum, crossed flags **Note:** Without mint mark.

Date	Mintage	VG	F	VF	XF	Unc
1762 Plain edge; Rare	—	—	—	—	—	—
1762 Reeded edge; Rare	—	—	—	—	—	—

C# 56.2 DENGA (1/2 Kopek)
5.1200 g., Copper **Ruler:** Catherine II **Obv:** Crowned monogram divides date within wreath **Rev:** St. George on horse slaying dragon

Date	Mintage	VG	F	VF	XF	Unc
1763EM	—	—	—	—	—	—
1764EM	—	200	500	700	1,000	—
1766EM	2,841,000	6.00	12.00	25.00	90.00	—
1767EM	2,623,000	6.00	12.00	25.00	90.00	—
1768EM	2,422,000	6.00	12.00	27.50	90.00	—
1769EM	1,450,000	6.00	12.00	27.50	90.00	—
1770EM	4,019,999	6.00	12.00	27.50	90.00	—
1771EM	2,910,000	6.00	12.00	27.50	90.00	—
1772EM	1,160,000	6.00	12.00	27.50	90.00	—
1773EM	451,000	6.00	12.00	27.50	90.00	—
1774EM	20,000	100	150	250	400	—
1775EM	508,000	6.00	12.00	27.50	70.00	—
1786EM	573,000	6.00	12.00	27.50	70.00	—
1789/8EM	—	—	—	—	—	—
1789EM	2,009,000	6.00	12.00	27.50	70.00	—
1790EM	1,235,000	6.00	12.00	27.50	70.00	—
1793EM	933,000	6.00	12.00	27.50	70.00	—

Date	Mintage	VG	F	VF	XF	Unc
1794EM	797,000	6.00	12.00	27.50	70.00	—
1795EM	3,199,000	6.00	12.00	27.50	70.00	—
1796EM	—	6.00	12.00	27.50	70.00	—

C# 56.4 DENGA (1/2 Kopek)
5.1200 g., Copper **Ruler:** Catherine II

Date	Mintage	VG	F	VF	XF	Unc
1783KM	—	10.00	18.00	35.00	100	—
1784KM	—	10.00	18.00	35.00	100	—
1785KM	—	10.00	18.00	35.00	100	—
1786KM	—	10.00	18.00	35.00	100	—
1787KM	—	10.00	18.00	35.00	100	—
1788KM	—	10.00	18.00	35.00	100	—
1789KM	—	60.00	100	150	275	—
1790KM	—	10.00	18.00	35.00	100	—
1791KM	—	10.00	18.00	35.00	100	—
1792KM	—	10.00	18.00	35.00	100	—
1793KM	—	10.00	18.00	35.00	100	—
1794KM	—	10.00	18.00	35.00	100	—
1795KM	—	10.00	18.00	35.00	100	—

C# 56.3 DENGA (1/2 Kopek)
5.1200 g., Copper **Ruler:** Catherine II

Date	Mintage	VG	F	VF	XF	Unc
1787TM	—	—	—	—	—	—

C# 56.1 DENGA (1/2 Kopek)
6.4000 g., Copper **Ruler:** Catherine II **Note:** Without mint mark.

Date	Mintage	VG	F	VF	XF	Unc
1788	—	12.00	25.00	49.00	140	—
1789	—	12.00	25.00	49.00	140	—
1790	—	25.00	48.00	105	250	—
1791	88,000	36.00	70.00	140	350	—
1792	59,000	36.00	70.00	140	350	—
1793	15,000	150	300	500	800	—
1794	—	75.00	150	250	400	—

C# 93.1 DENGA (1/2 Kopek)
5.1200 g., Copper **Ruler:** Paul I

Date	Mintage	VG	F	VF	XF	Unc
1797AM	—	9.00	18.00	42.00	120	—
1798AM	—	9.00	18.00	42.00	120	—

C# 93.2 DENGA (1/2 Kopek)
5.1200 g., Copper **Ruler:** Paul I **Obv:** Crowned monogram **Rev:** Value, date

Date	Mintage	VG	F	VF	XF	Unc
1797EM	130,000	7.00	14.00	35.00	100	—
1798EM	5,194,000	7.00	14.00	35.00	100	—
1799EM	7,000	10.00	20.00	42.00	120	—
1800EM	—	70.00	150	300	500	—

C# 93.3 DENGA (1/2 Kopek)
5.1200 g., Copper **Ruler:** Paul I

Date	Mintage	VG	F	VF	XF	Unc
1797KM	—	12.00	25.00	55.00	160	—
1798KM	—	12.00	25.00	55.00	160	—
1799KM	—	12.00	25.00	55.00	160	—
1800KM	—	12.00	25.00	55.00	160	—

KM# 117.1 KOPEK
8.5300 g., Copper **Ruler:** Peter I **Obv. Legend:** CZAR PETER ALEXIEVITCH **Rev. Legend:** AUTOCRAT OF ALL THE RUSSIAS

Date	Mintage	VG	F	VF	XF	Unc
ND(1704)БК	—	25.00	36.00	90.00	175	—
ND(1705)БК	—	18.00	30.00	60.00	125	—
ND(1706)БК	—	18.00	30.00	60.00	125	—
ND(1707)БК	—	18.00	30.00	60.00	125	—
ND(1708)БК	—	36.00	60.00	120	225	—
ND(1709)БК	—	25.00	36.00	90.00	175	—
ND(1710)БК	—	18.00	30.00	60.00	125	—
ND(1711)БК	—	18.00	30.00	60.00	125	—
ND(1712)БК	—	18.00	30.00	60.00	125	—
ND(1713)БК	—	90.00	150	300	625	—
ND(1716)БК Rare	—	—	—	—	—	—
ND(1717)БК Rare	—	—	—	—	—	—
ND(1718)БК	—	36.00	60.00	120	250	—

KM# 118 KOPEK
8.1900 g., Copper **Ruler:** Peter I **Obv:** St. George on horse **Rev:** Value, date **Rev. Legend:** RULER OF ALL THE RUSSIAS

Date	Mintage	VG	F	VF	XF	Unc
ND(1704)МД Rare	—	—	—	—	—	—
ND(1705)МД	—	25.00	36.00	90.00	175	—
ND(1707)МД	—	18.00	30.00	60.00	125	—
ND(1708)МД	—	18.00	30.00	60.00	125	—
ND(1708)МД	—	18.00	30.00	60.00	125	—
ND(1709)МД	—	18.00	30.00	60.00	125	—
ND(1710)МД	—	18.00	30.00	60.00	125	—
ND(1711)МД	—	18.00	30.00	60.00	125	—
ND1711МД Rare	—	—	—	—	—	—
ND(1712)МД	—	18.00	30.00	60.00	125	—
ND(1713)МД	—	18.00	30.00	60.00	125	—
ND(1714)МД	—	18.00	30.00	60.00	125	—
ND(1715)МД	—	18.00	30.00	60.00	125	—
ND(1716)МД	—	18.00	30.00	60.00	125	—
ND(1717)МД	—	25.00	48.00	95.00	190	—
ND(1718)МД	—	36.00	60.00	120	225	—

KM# 117.2 KOPEK
8.1900 g., Copper **Ruler:** Peter I **Note:** Without mint mark.

Date	Mintage	VG	F	VF	XF	Unc
ND(1705) Rare	—	—	—	—	—	—

KM# 123 KOPEK
8.1900 g., Copper **Ruler:** Peter I **Rev. Legend:** AUTOCRAT OF ALL THE RUSSIAS **Note:** Without mint mark.

Date	Mintage	VG	F	VF	XF	Unc
ND(1705) Rare	—	—	—	—	—	—

KM# 135 KOPEK
8.1900 g., Copper **Ruler:** Peter I **Rev. Legend:** RULER OF ALL THE RUSSIAS

Date	Mintage	VG	F	VF	XF	Unc
ND(1711) Rare	—	—	—	—	—	—
ND(1712)	—	18.00	30.00	60.00	140	—
ND(1713)	—	25.00	36.00	90.00	190	—

KM# 141 KOPEK
8.1900 g., Copper **Ruler:** Peter I

Date	Mintage	VG	F	VF	XF	Unc
ND(1713)МД3	—	42.00	80.00	150	325	—
ND(1714)МД3 Rare	—	—	—	—	—	—
ND(1716)МД3	—	18.00	30.00	60.00	125	—

KM# 142 KOPEK
8.1900 g., Copper **Ruler:** Peter I

Date	Mintage	VG	F	VF	XF	Unc
ND(1713)НДД	—	12.00	25.00	55.00	115	—
ND(1714)НДД	—	18.00	30.00	60.00	125	—
ND(1715)НДД	—	18.00	30.00	60.00	125	—
ND(1716)НДД	—	25.00	48.00	95.00	190	—
ND(1717)НДД	—	48.00	95.00	180	375	—
ND(1718)НДД Rare	—	—	—	—	—	—

KM# 143 KOPEK
8.1900 g., Copper **Ruler:** Peter I

Date	Mintage	VG	F	VF	XF	Unc
ND(1713)НДД3	—	48.00	95.00	180	375	—
ND(1714)НДД3	—	18.00	30.00	60.00	125	—
ND(1716)НДД3	—	25.00	36.00	90.00	175	—
ND(1717)НДД3	—	25.00	36.00	90.00	175	—
ND(1718)НДД3 Rare	—	—	—	—	—	—

KM# 144 KOPEK
0.5700 g., 0.3960 Silver 0.0073 oz. ASW **Ruler:** Peter I **Obv:** Double-headed eagle **Rev:** Value, date

Date	Mintage	VG	F	VF	XF	Unc
1713	—	250	625	1,250	3,150	—
1714	—	250	625	1,250	3,150	—

KM# 153 KOPEK
0.5700 g., 0.3960 Silver 0.0073 oz. ASW **Ruler:** Peter I **Obv:** St. George on horse slaying dragon **Rev:** Value, date

Date	Mintage	VG	F	VF	XF	Unc
ND(1718) Inverted L	—	65.00	125	325	500	—
ND(1718) Rare	—	—	—	—	—	—

KM# 163 KOPEK
4.1000 g., Copper **Ruler:** Peter I **Obv:** St. George and date **Rev:** Value **Rev. Legend:** KOPEK

Date	Mintage	VG	F	VF	XF	Unc
1724	—	180	475	900	1,800	—
1726 Rare	—	—	—	—	—	—

KM# 185.1 KOPEK
4.1000 g., Copper **Ruler:** Peter II **Obv:** St. George **Rev:** Date reads downward

Date	Mintage	VG	F	VF	XF	Unc
1728 Retrograde 7	—	90.00	180	300	450	—
1728 Normal 7	—	90.00	180	300	450	—

KM# 185.2 KOPEK
4.1000 g., Copper **Ruler:** Peter II **Obv:** St. George on horse slaying dragon **Rev:** Date reads upward

Date	Mintage	VG	F	VF	XF	Unc
1728	—	48.00	95.00	180	350	—
1729	—	85.00	180	300	500	—

Date	Mintage	VG	F	VF	XF	Unc
1760	23,848,000	14.00	30.00	60.00	125	—
1761	—	14.00	30.00	60.00	125	—

C# 41 KOPEK
5.1200 g., Copper **Ruler:** Peter III **Obv:** St. George on horse slaying dragon, star above **Rev:** Value, date above drum, crossed flags **Note:** Without mint mark.

Date	Mintage	VG	F	VF	XF	Unc
1762 Grilled edge; Rare	—	240	475	725	1,500	—
1762 Reeded edge; Rare	—	240	475	725	1,500	—

C# 3.2 KOPEK
20.4800 g., Copper **Ruler:** Elizabeth

Date	Mintage	VG	F	VF	XF	Unc
1755ММД	8,850,000	18.00	30.00	60.00	125	—
1756ММД	33,090,000	25.00	48.00	95.00	190	—
1757ММД Rare	—	—	—	—	—	—

C# 3.3 KOPEK
20.4800 g., Copper **Ruler:** Elizabeth

Date	Mintage	VG	F	VF	XF	Unc
1755СПБ	21,637,000	18.00	30.00	60.00	125	—
1756СПБ	Inc. above	25.00	48.00	95.00	190	—

C# 3.6 KOPEK
4.0000 g., Copper **Ruler:** Elizabeth **Note:** Lettered edge with Ekaterinburg mint name.

Date	Mintage	VG	F	VF	XF	Unc
1755	—	30.00	60.00	120	250	—
1756	—	25.00	48.00	95.00	190	—
1757	—	30.00	60.00	120	250	—

C# 3.5 KOPEK
4.0000 g., Copper **Ruler:** Elizabeth **Note:** Lettered edge with Moscow mint name.

Date	Mintage	VG	F	VF	XF	Unc
1755	—	25.00	48.00	95.00	190	—
1756	—	30.00	60.00	120	250	—

C# 3.4 KOPEK
4.0000 g., Copper **Ruler:** Elizabeth **Note:** Lettered edge with St. Petersburg mint name.

Date	Mintage	VG	F	VF	XF	Unc
1755	—	30.00	60.00	120	250	—

C# 3.1 KOPEK
20.4800 g., Copper **Ruler:** Elizabeth **Obv:** Eagle on clouds behind crowned EP monogram **Rev:** Similar to obverse but with value on tablet **Edge:** Engrailed

Date	Mintage	VG	F	VF	XF	Unc
1756	26,651,000	30.00	60.00	120	250	—

C# 57.2 KOPEK
10.2400 g., Copper **Ruler:** Catherine II **Obv:** Crowned monogram divides date within wreath **Rev:** St. George on horse slaying dragon **Edge:** Oblique milled

Date	Mintage	VG	F	VF	XF	Unc
1763EM Rare	50,000	—	—	—	—	—
1789EM	6,343,000	6.00	12.00	25.00	50.00	—
1790EM	1,862,000	6.00	12.00	25.00	50.00	—
1791EM	—	6.00	12.00	25.00	50.00	—
1793EM Rare	—	—	—	—	—	—
1794EM	756,000	6.00	12.00	25.00	50.00	—
1795EM	2,286,000	6.00	12.00	25.00	50.00	—
1796EM	523,000	10.00	18.00	36.00	75.00	—

C# 57.4 KOPEK
10.2400 g., Copper **Ruler:** Catherine II **Edge:** Oblique milled

Date	Mintage	VG	F	VF	XF	Unc
1763MM	—	14.00	25.00	48.00	95.00	—
1764MM	—	70.00	150	240	450	—
1766MM	—	36.00	70.00	120	220	—
1767MM	—	240	350	600	1,250	—
1788MM	—	14.00	25.00	48.00	95.00	—
1789MM Rare	—	—	—	—	—	—
1795MM	—	95.00	180	240	500	—

C# 57.5 KOPEK
10.2400 g., Copper **Ruler:** Catherine II

Date	Mintage	VG	F	VF	XF	Unc
1764СПМ	—	150	300	425	750	—
1766СПМ	—	85.00	150	300	500	—
1767СПМ	—	150	300	600	1,250	—

C# 57.3 KOPEK
10.2400 g., Copper **Ruler:** Catherine II **Edge:** Oblique milled

Date	Mintage	VG	F	VF	XF	Unc
1787TM Rare	—	—	—	—	—	—

C# 57.1 KOPEK
10.2400 g., Copper **Ruler:** Catherine II **Note:** Unknown mint, without mint mark. Edge varieties exist.

Date	Mintage	VG	F	VF	XF	Unc
1788	—	30.00	60.00	90.00	190	—
1795	132,000	36.00	70.00	110	225	—

C# 94.1 KOPEK
10.2400 g., Copper **Ruler:** Paul I

Date	Mintage	VG	F	VF	XF	Unc
1797AM	—	14.00	30.00	60.00	125	—

C# 94.2 KOPEK
10.2400 g., Copper **Ruler:** Paul I **Obv:** Crowned monogram **Rev:** Value, date

Date	Mintage	VG	F	VF	XF	Unc
1797EM	523,000	14.00	30.00	60.00	125	—
1798EM	19,243,000	12.00	25.00	48.00	95.00	—
1799EM	23,789,000	7.00	14.00	30.00	55.00	—
1800EM	9,493,000	6.00	12.00	25.00	50.00	—

C# 94.3 KOPEK
10.2400 g., Copper **Ruler:** Paul I

Date	Mintage	VG	F	VF	XF	Unc
1797KM	—	36.00	60.00	120	250	—
1798KM	—	25.00	48.00	95.00	190	—
1799KM	—	36.00	60.00	120	250	—

C# 6.1 KOPEK
4.0000 g., Copper **Ruler:** Elizabeth **Obv:** Crowned monogram divides date within wreath **Rev:** St. George on horse slaying dragon **Note:** Ekaterinburg and Moscow Mints. Coins cannot be identified by mint.

Date	Mintage	VG	F	VF	XF	Unc
1757 Straight date	6,629,000	14.00	30.00	60.00	125	—
1757 Curved date	Inc. above	14.00	30.00	60.00	125	—
1758	5,081,000	14.00	30.00	60.00	125	—
1759	3,322,000	14.00	30.00	60.00	125	—

C# 8 2 KOPEKS
20.4800 g., Copper **Ruler:** Elizabeth **Obv:** St. George slaying dragon; value above **Rev:** Crowned EP monogram divides date in branches **Note:** Ekaterinburg Mint, without mint mark. Overstruck on earlier coppers.

Date	Mintage	VG	F	VF	XF	Unc
1757 Lettered edge	—	50.00	100	200	500	—
1757 Reticulated edge	—	50.00	100	200	500	—
1758	—	50.00	100	200	500	—

RUSSIA

Date	Mintage	VG	F	VF	XF	Unc
1759	5,053,000	60.00	150	300	600	—
1760	602,000	100	200	400	800	—

Date	Mintage	VG	F	VF	XF	Unc
1791EM	371,000	10.00	20.00	35.00	105	—
1793 Mint mark divided by horse	—	200	300	500	800	—
1793 Mint mark K between horse's legs	—	200	300	500	800	—
1795EM	1,546,000	10.00	20.00	35.00	105	—
1796EM	620,000	10.00	20.00	35.00	105	—

C# 58.5 2 KOPEKS
20.4800 g., Copper **Ruler:** Catherine II **Edge:** Oblique milled

Date	Mintage	VG	F	VF	XF	Unc
1763MM	—	16.00	30.00	50.00	150	—
1764MM	—	10.00	20.00	40.00	120	—
1765MM	—	10.00	20.00	40.00	120	—
1766MM	—	10.00	20.00	40.00	120	—
1767MM	—	120	200	300	550	—
1788MM	—	10.00	20.00	40.00	120	—
1789MM	—	800	1,400	2,000	2,600	—
1795MM Floral edge	—	60.00	100	150	300	—
1795MM Grilled edge	—	120	200	300	550	—

C# 7.2 2 KOPEKS
20.4800 g., Copper **Ruler:** Elizabeth **Obv:** Crowned monogram divides date within wreath **Rev:** St. George on horse slaying dragon **Edge:** Reticulated **Note:** Ekaterinburg, Moscow and St. Petersburg Mints. (Coins cannot be identified by mint).

Date	Mintage	VG	F	VF	XF	Unc
1757	17,712,000	12.00	24.00	50.00	150	—
1758	111,846,000	12.00	24.00	50.00	150	—
1759	14,229,000	12.00	24.00	50.00	150	—
1760	3,357,000	12.00	24.00	50.00	150	—
1761	15,886,000	12.00	24.00	50.00	150	—
1762	4,930,000	12.00	24.00	50.00	150	—

Note: The 1762 date was struck posthumously

C# 7.1 2 KOPEKS
20.4800 g., Copper **Ruler:** Elizabeth **Note:** Similar to C#7.2 but with lettered edge.

Date	Mintage	VG	F	VF	XF	Unc
1757	—	12.00	25.00	50.00	100	—
1758	—	12.00	25.00	50.00	100	—
1759	—	12.00	25.00	50.00	100	—
1760	—	12.00	25.00	50.00	100	—

C# 42 2 KOPEKS
10.2400 g., Copper **Ruler:** Peter III **Obv:** St. George on horse slaying dragon **Rev:** Value, date above drum, crossed flags

Date	Mintage	VG	F	VF	XF	Unc
1762 Large 2 in date	—	150	300	600	1,000	—
1762 Small 2 in date	—	150	300	600	1,000	—
1762/0 Rare	—	—	—	—	—	—

C# 58.1 2 KOPEKS
20.4800 g., Copper **Ruler:** Catherine II **Obv:** Crowned monogram divides date within wreath **Rev:** St. George on horse slaying dragon **Edge:** Oblique milled

Date	Mintage	VG	F	VF	XF	Unc
1763	—	37.50	75.00	125	220	—
1766	—	19.00	37.50	65.00	125	—

C# 58.3 2 KOPEKS
20.4800 g., Copper **Ruler:** Catherine II **Edge:** Oblique milled

Date	Mintage	VG	F	VF	XF	Unc
1763EM	1,765,000	10.00	20.00	40.00	120	—
1764EM	3,357,000	10.00	20.00	35.00	105	—
1765EM	1,715,000	10.00	20.00	35.00	105	—
1766EM	1,662,000	10.00	20.00	35.00	105	—
1767EM	1,294,000	10.00	20.00	35.00	105	—
1768EM	911,000	10.00	20.00	35.00	105	—
1769EM	1,588,000	10.00	20.00	35.00	105	—
1770EM	5,311,000	10.00	20.00	35.00	105	—
1771EM	1,944,000	10.00	20.00	35.00	105	—
1772EM	2,433,000	10.00	20.00	35.00	105	—
1773EM	3,225,000	10.00	20.00	35.00	105	—
1774EM	645,000	24.00	50.00	100	300	—
1775EM	1,476,000	10.00	20.00	35.00	105	—
1776EM	1,332,000	10.00	20.00	35.00	105	—
1777EM	1,596,000	10.00	20.00	35.00	105	—
1778EM	1,291,000	10.00	20.00	35.00	105	—
1779EM	73,000	30.00	60.00	100	300	—
1789EM	2,878,000	10.00	20.00	35.00	105	—
1790EM	4,765,000	10.00	20.00	35.00	105	—

C# 58.6 2 KOPEKS
20.4800 g., Copper **Ruler:** Catherine II **Edge:** Oblique milled

Date	Mintage	VG	F	VF	XF	Unc
1763СПМ	—	16.00	30.00	50.00	150	—
1764СПМ	—	10.00	20.00	40.00	120	—
1765СПМ	—	10.00	20.00	40.00	120	—
1766СПМ	—	10.00	20.00	40.00	120	—
1767СПМ	—	60.00	120	200	350	—
1788СПМ	—	10.00	20.00	40.00	120	—

C# 58.4 2 KOPEKS
20.4800 g., Copper **Ruler:** Catherine II

Date	Mintage	VG	F	VF	XF	Unc
1787TM	—	—	—	—	—	—
1788TM	60,000	900	1,500	2,250	3,750	—

C# 58.2 2 KOPEKS
Copper **Ruler:** Catherine II

Date	Mintage	VG	F	VF	XF	Unc
1789AM	—	30.00	60.00	100	300	—
1790AM	—	100	190	300	525	—
1791AM	333,000	100	190	300	525	—
1793AM	154,000	150	225	375	600	—
1794AM	—	90.00	150	225	425	—
1795AM	56,000	150	225	375	525	—
1796AM	—	100	190	300	525	—

C# 95.2 2 KOPEKS
Copper **Ruler:** Paul I

Date	Mintage	VG	F	VF	XF	Unc
1797AM	—	18.00	36.00	70.00	145	—
1798AM	—	18.00	36.00	70.00	145	—

C# 95.3 2 KOPEKS
Copper **Ruler:** Paul I **Obv:** Crowned monogram **Rev:** Value, date

Date	Mintage	VG	F	VF	XF	Unc
1797EM	4,914,000	12.00	25.00	48.00	95.00	—
1798EM	56,528,000	8.00	18.00	36.00	70.00	—
1799EM	55,641,000	8.00	18.00	36.00	70.00	—
1800EM	28,156,000	8.00	18.00	36.00	70.00	—

C# 95.4 2 KOPEKS
Copper **Ruler:** Paul I **Obv:** Crowned monogram **Rev:** Value, date

Date	Mintage	VG	F	VF	XF	Unc
1797KM	—	12.00	25.00	48.00	95.00	—
1798KM	—	12.00	25.00	48.00	95.00	—
1799KM	—	18.00	36.00	70.00	145	—
1800KM	—	14.00	30.00	60.00	120	—

C# 95.1 2 KOPEKS
20.4800 g., Copper **Ruler:** Paul I **Edge:** Rope **Note:** Unknown mint, without mint mark.

Date	Mintage	VG	F	VF	XF	Unc
1797	—	30.00	60.00	120	240	—

KM# 119 3 KOPEKS (Altyn)
0.8000 g., 0.8020 Silver 0.0206 oz. ASW **Ruler:** Peter I **Obv:** Eagle **Rev:** Denomination ALTYN and date

Date	Mintage	VG	F	VF	XF	Unc
ND(1704) БК	—	33.00	75.00	130	300	—

KM# 136 3 KOPEKS (Altyn)
0.8400 g., 0.7290 Silver 0.0197 oz. ASW **Ruler:** Peter I **Obv:** Crown above crowned double-headed eagle **Rev:** Value, date

Date	Mintage	VG	F	VF	XF	Unc
1711 DL	—	110	275	375	600	—
1711	—	165	325	550	1,200	—
1712	—	110	275	375	600	—

KM# 145.1 3 KOPEKS (Altyn)
1.7000 g., 0.3960 Silver 0.0216 oz. ASW **Ruler:** Peter I **Rev:** Denomination: ALTYN in line

Date	Mintage	VG	F	VF	XF	Unc
1713 Rare	—	—	—	—	—	—

KM# 145.2 3 KOPEKS (Altyn)
1.7000 g., 0.3960 Silver 0.0216 oz. ASW **Ruler:** Peter I **Rev:** Denomination: ALTYNNIK in 2 lines

Date	Mintage	VG	F	VF	XF	Unc
1713	—	110	220	325	475	—
1714	—	140	275	375	550	—

KM# 145.3 3 KOPEKS (Altyn)
1.7000 g., 0.3960 Silver 0.0216 oz. ASW **Ruler:** Peter I **Obv:** Crown above crowned double-headed eagle **Rev:** Value, ALTYN in 2 lines

Date	Mintage	VG	F	VF	XF	Unc
1714	—	—	—	—	—	—

KM# 154.1 3 KOPEKS (Altyn)
1.7000 g., 0.3960 Silver 0.0216 oz. ASW **Ruler:** Peter I **Obv:** St. George on horse slaying dragon **Rev:** Value, date

Date	Mintage	VG	F	VF	XF	Unc
ND(1718)	—	22.50	44.00	90.00	180	—
Inverted L						
ND(1718) Rare	—	—	—	—	—	—

KM# 154.2 3 KOPEKS (Altyn)
1.7000 g., 0.3960 Silver 0.0216 oz. ASW **Ruler:** Peter I **Obv:** St. George on horse slaying dragon **Rev:** Value, date

Date	Mintage	VG	F	VF	XF	Unc
ND(1718)	—	—	—	—	—	—

C# 43.2 4 KOPEKS
20.4800 g., Copper **Ruler:** Catherine II **Edge:** Reticulated **Note:** Without mint mark.

Date	Mintage	VG	F	VF	XF	Unc
1762	—	44.00	90.00	165	350	—
1762/0 Rare	—	—	—	—	—	—

C# 43.1 4 KOPEKS
20.4800 g., Copper **Ruler:** Catherine II **Obv:** St. George on horse slaying dragon **Rev:** Value, date above drum, crossed flags **Edge:** Lettered **Note:** Without mint mark. Mints unknown.

Date	Mintage	VG	F	VF	XF	Unc
1762	—	55.00	110	220	450	—

KM# 126 1/3 TYMF (Shostak)
3.2000 g., Billon **Ruler:** Peter I **Obv:** Bust right **Rev:** Crown above crowned double-headed eagle **Note:** The 1/3 Tymf circulated at 4 Kopeks.

Date	Mintage	VG	F	VF	XF	Unc
ND(1707) Rare	—	—	—	—	—	—
ND(1707) IL Rare	—	—	—	—	—	—

KM# 146 5 KOPEKS
2.8300 g., 0.3960 Silver 0.0360 oz. ASW **Ruler:** Peter I **Obv:** Crown above crowned double-headed eagle **Rev:** Value, date **Note:** Reverse dies have either 5 strokes or 5 dots to indicate number of Kopecks.

Date	Mintage	VG	F	VF	XF	Unc
1713 Strokes; Rare	—	—	—	—	—	—
1713 Dots; Rare	—	—	—	—	—	—
1714 Rare	—	—	—	—	—	—

KM# 164 5 KOPEKS
20.4800 g., Copper-Nickel **Ruler:** Peter I **Obv:** Crowned double-headed eagle within circle, 5 dots around **Rev:** Value FIVE KOPECKS and date in cruciform **Note:** Without mint mark.

Date	Mintage	VG	F	VF	XF	Unc
1723	—	33.00	55.00	110	200	—
1724	—	22.50	38.50	85.00	130	—

KM# 165 5 KOPEKS
Copper **Obv:** Crowned double-headed eagle within circle, 5 dots around **Rev:** Value, date in cruciform **Edge:** Oblique milled

Date	Mintage	VG	F	VF	XF	Unc
1724МД	—	33.00	65.00	110	165	—
1725МД	—	33.00	65.00	110	165	—
1726МД	—	17.00	33.00	65.00	110	—
1727МД	—	33.00	65.00	110	165	—
1729МД	—	13.00	22.50	44.00	75.00	—
1730МД	—	11.00	17.00	38.50	55.00	—

KM# 170 5 KOPEKS
Copper **Ruler:** Catherine I

Date	Mintage	VG	F	VF	XF	Unc
1726НД	—	13.00	22.50	44.00	75.00	—
1727НД	—	13.00	22.50	44.00	75.00	—

KM# 179 5 KOPEKS
Copper **Ruler:** Catherine I

Date	Mintage	VG	F	VF	XF	Unc
1727КД	—	165	325	500	1,100	—

KM# 189 5 KOPEKS
Copper **Ruler:** Anna

Date	Mintage	VG	F	VF	XF	Unc
1730ДМ	—	155	275	450	875	—

KM# 190 5 KOPEKS
Copper **Ruler:** Anna

Date	Mintage	VG	F	VF	XF	Unc
1730ММ	—	275	550	875	1,650	—

C# 15.1 5 KOPEKS
1.2100 g., 0.8020 Silver 0.0312 oz. ASW, 16.5 mm. **Ruler:** Elizabeth

Date	Mintage	VG	F	VF	XF	Unc
1755СПБ	540,000	11.00	22.50	44.00	110	—
1756СПБ	905,000	22.50	33.00	65.00	145	—

C# 15.2 5 KOPEKS
1.2100 g., 0.8020 Silver 0.0312 oz. ASW, 14 mm. **Ruler:** Elizabeth

Date	Mintage	F	VF	XF	Unc	BU
1756СПБ	Inc. above	22.50	44.00	110	—	—
1757СПБ	3,499,000	22.50	44.00	110	—	—
1758СПБ	3,577,000	22.50	44.00	110	—	—
1759СПБ	882,000	22.50	44.00	110	—	—
1760СПБ	420,000	22.50	44.00	110	—	—
1761СПБ	300,000	55.00	110	220	—	—

C# 9.3 5 KOPEKS
51.1900 g., Copper **Ruler:** Elizabeth

Date	Mintage	VG	F	VF	XF	Unc
1758ММ	—	27.50	55.00	90.00	165	—
1759ММ	11,837,000	27.50	55.00	90.00	165	—
1760ММ	—	44.00	75.00	110	185	—
1761ММ	—	55.00	100	130	210	—

C# 9.1 5 KOPEKS
51.1900 g., Copper **Ruler:** Elizabeth **Obv:** Crowned monogram divides date within wreath **Rev:** Crowned double-headed eagle

Note: Ekaterinburg and Sestroretsk mints. (Coins cannot be identified by mints).

Date	Mintage	VG	F	VF	XF	Unc
1758	22,681,000	40.00	80.00	120	240	—
1761/0	—	40.00	80.00	120	240	—

C# 9.2 5 KOPEKS
51.1900 g., Copper **Ruler:** Elizabeth **Obv:** Crowned monogram divides date within wreath **Rev:** Crowned double-headed eagle

Date	Mintage	F	VF	XF	Unc	BU
1759	23,357,000	80.00	120	240	—	—
1760	25,887,000	80.00	120	240	—	—
1761	26,282,000	80.00	120	240	—	—
1762	6,813,000	80.00	120	240	—	—

Note: The 1762 dated coin was struck posthumously

C# 59.6 5 KOPEKS
51.1900 g., Copper **Ruler:** Catherine II **Edge:** Oblique milled

Date	Mintage	VG	F	VF	XF	Unc
1763ММ	17,729,000	14.00	30.00	60.00	240	—
1764ММ	9,480,000	14.00	30.00	60.00	240	—
1765ММ	5,224,000	14.00	30.00	60.00	240	—
1766ММ	7,538,000	14.00	30.00	60.00	240	—
1767ММ	—	100	200	400	600	—
1768ММ	—	100	140	240	400	—
1788ММ Mint mark below eagle	—	14.00	30.00	60.00	240	—
1788ММ Mint mark beside eagle	—	100	200	400	600	—
1789ММ	—	475	850	1,450	3,000	—
1795ММ Rare	—	—	—	—	—	—

C# 59.8 5 KOPEKS
51.1900 g., Copper **Ruler:** Catherine II **Edge:** Oblique milled

Date	Mintage	VG	F	VF	XF	Unc
1763СМ	2,491,000	40.00	80.00	160	450	—
1764СМ	—	40.00	80.00	160	450	—
1765СМ	663,000	40.00	80.00	160	450	—
1766СМ	200,000	40.00	80.00	160	450	—
1767СМ	—	100	300	700	1,000	—

C# 59.1 5 KOPEKS
51.2000 g., Copper **Ruler:** Catherine II **Edge:** Oblique milled **Note:** Unknown mint, without mint mark.

Date	Mintage	VG	F	VF	XF	Unc
1763 Rare	—	—	—	—	—	—
1765	—	350	850	1,800	3,000	—
1791	—	145	350	725	1,200	—
1793 Rare	—	—	—	—	—	—
1796	—	350	850	2,150	4,200	—

C# 59.3 5 KOPEKS
51.2000 g., Copper **Ruler:** Catherine II **Obv:** Crowned monogram divides date within wreath **Rev:** Crowned double-headed eagle, initials below **Edge:** Oblique milled **Note:** Varieties exist.

Date	Mintage	VG	F	VF	XF	Unc
1763EM	40,398,000	10.00	20.00	40.00	160	—
1764EM	35,824,000	10.00	20.00	40.00	160	—
1765EM	41,109,000	10.00	20.00	40.00	160	—
1766EM	26,562,000	10.00	20.00	40.00	160	—
1767EM	37,020,000	10.00	20.00	40.00	160	—
1768EM	28,542,000	10.00	20.00	40.00	160	—
1769EM	39,441,000	10.00	20.00	40.00	160	—
1770EM	48,480,000	10.00	20.00	40.00	160	—
1771EM	57,053,000	10.00	20.00	40.00	160	—
1772EM	46,266,000	10.00	20.00	40.00	160	—
1773EM	38,829,000	10.00	20.00	40.00	160	—
1774EM	14,535,000	10.00	20.00	40.00	160	—
1775EM	30,487,000	10.00	20.00	40.00	160	—
1776EM	21,454,000	10.00	20.00	40.00	160	—
1777EM	37,429,000	10.00	20.00	40.00	160	—
1778EM	47,142,000	10.00	20.00	40.00	160	—
1779EM	39,732,000	10.00	20.00	40.00	160	—
1780EM	51,007,000	10.00	20.00	40.00	160	—
1781/0EM	43,401,000	10.00	20.00	40.00	160	—
1781EM	Inc. above	10.00	20.00	40.00	160	—

1180 RUSSIA

Date	Mintage	VG	F	VF	XF	Unc
1782EM	36,175,000	10.00	20.00	40.00	160	—
1783EM	30,156,000	10.00	20.00	40.00	160	—
1784EM	36,059,000	10.00	20.00	40.00	160	—
1785EM	43,070,000	10.00	20.00	40.00	160	—
1786EM	30,377,000	10.00	20.00	40.00	160	—
1787EM	19,088,000	10.00	20.00	40.00	160	—
1788EM	49,141,000	10.00	20.00	40.00	160	—
1789EM	25,841,000	10.00	20.00	40.00	160	—
1790EM	39,995,000	10.00	20.00	40.00	160	—
1791EM	23,739,000	10.00	20.00	40.00	160	—
1792EM	26,177,000	10.00	20.00	40.00	160	—
1793EM	22,736,000	10.00	20.00	40.00	160	—
1794EM	20,950,000	10.00	20.00	40.00	160	—
1795EM	15,531,000	10.00	20.00	40.00	160	—
1796EM	1,949,000	10.00	20.00	40.00	160	—

C# 59.7 5 KOPEKS

Copper **Ruler:** Catherine II **Note:** Varieties exist.

Date	Mintage	VG	F	VF	XF	Unc
1763СПМ	13,428,000	14.00	30.00	60.00	240	—
1764СПМ	3,073,000	60.00	120	240	500	—
1765СПМ	2,374,000	14.00	30.00	60.00	240	—
1766СПМ	3,719,000	14.00	30.00	60.00	240	—
1767СПМ	—	70.00	140	300	600	—
1788СПМ	—	14.00	30.00	60.00	240	—

C# 59a 5 KOPEKS

Copper **Ruler:** Catherine II **Note:** Swedish issue. During the war between Russia and Sweden in 1788, the Swedish government began to strike copies of the current 5 kopek piece using a Royal instead of Imperial crown design. Several dates are known. A common way to distinguish the Swedish forgery from the original is to note that "kopek" is spelled with a "b" as a last letter rather than ? as found on the genuine issue. Another sign is the 7's in the date which are straight on the Swedish piece and curved on the Russian originals.

Date	Mintage	VG	F	VF	XF	Unc
1764EM Rare	—	—	—	—	—	—
1778EM Rare	—	—	—	—	—	—
1787EM	—	300	1,000	2,500	5,000	—
1787/77EM	—	400	1,200	3,000	6,000	—

C# 59.5 5 KOPEKS

51.2000 g., Copper **Ruler:** Catherine II **Edge:** Oblique milled **Note:** Varieties exist.

Date	Mintage	VG	F	VF	XF	Unc
1781КМ	—	50.00	120	200	450	—
1782КМ	6,014,000	20.00	30.00	70.00	210	—
1783КМ	3,046,000	20.00	30.00	70.00	210	—
1784КМ	4,619,000	20.00	30.00	70.00	210	—
1785/4КМ	—	20.00	30.00	70.00	210	—
1785КМ	5,577,000	20.00	30.00	50.00	150	—
1786КМ	3,820,000	20.00	30.00	70.00	210	—
1787КМ	2,911,000	20.00	30.00	70.00	210	—
1788КМ	3,354,000	30.00	60.00	150	300	—
1789КМ	2,310,000	20.00	40.00	80.00	240	—
1790КМ	4,000,000	20.00	40.00	80.00	240	—
1791КМ	4,000,000	20.00	30.00	70.00	210	—
1792КМ	4,000,000	20.00	30.00	70.00	210	—
1793КМ	4,000,000	20.00	30.00	70.00	210	—
1794КМ	4,000,000	20.00	30.00	60.00	180	—
1795КМ	4,000,000	20.00	30.00	70.00	210	—
1796КМ	3,020,000	20.00	60.00	120	300	—

C# 59.2 5 KOPEKS

51.1900 g., Copper **Ruler:** Catherine II **Obv:** Crowned monogram divides date within wreath **Rev:** Crowned double-headed eagle, initials below

Date	Mintage	VG	F	VF	XF	Unc
1789АМ	8,000,000	10.00	20.00	40.00	120	—
1790АМ	—	10.00	20.00	40.00	120	—
1791АМ	—	10.00	20.00	40.00	120	—
1792АМ	8,190,000	10.00	20.00	40.00	120	—
1793АМ	7,426,000	10.00	20.00	40.00	120	—
1794/3АМ	7,364,000	10.00	20.00	40.00	120	—
1794АМ	Inc. above	10.00	20.00	40.00	120	—
1795АМ	9,948,000	10.00	20.00	40.00	120	—
1796АМ	6,728,000	10.00	20.00	40.00	120	—

Note: The 1796 also exists overstruck on the abortive 1796 10 Kopek coinage. These are considered rare

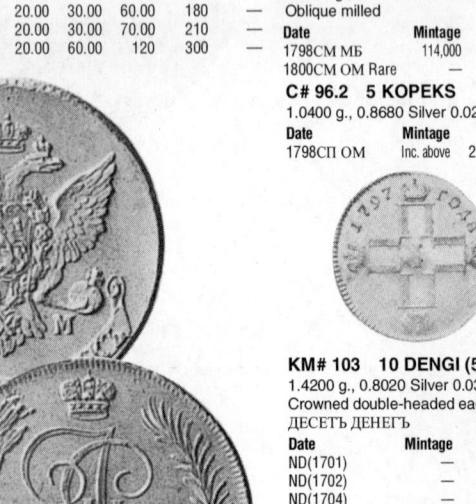

C# 96.1 5 KOPEKS

1.4600 g., 0.8680 Silver 0.0407 oz. ASW **Ruler:** Paul I **Obv:** Crowned monogram **Rev:** Value, date above sprigs

Date	Mintage	VG	F	VF	XF	Unc
1797СМ ФА	14,000	55.00	110	375	550	—

C# 96.1a 5 KOPEKS

1.0400 g., 0.8680 Silver 0.0290 oz. ASW **Ruler:** Paul I **Edge:** Oblique milled

Date	Mintage	VG	F	VF	XF	Unc
1798СМ МБ	114,000	33.00	75.00	165	325	—
1800СМ ОМ Rare	—	—	—	—	—	—

C# 96.2 5 KOPEKS

1.0400 g., 0.8680 Silver 0.0290 oz. ASW **Ruler:** Paul I

Date	Mintage	VG	F	VF	XF	Unc
1798СП ОМ	Inc. above	27.50	75.00	165	325	—

KM# 120.1 10 KOPEKS (Grivennik)

2.8000 g., 0.8020 Silver 0.0722 oz. ASW **Ruler:** Peter I **Obv:** Crowned double-headed eagle **Rev:** Value, date **Rev. Inscription:** GRIVENNIK

Date	Mintage	VG	F	VF	XF	Unc
ND(1704)М	—	75.00	200	500	1,000	—
ND(1705)М Rare	—	—	—	—	—	—
ND(1706)М Rare	—	—	—	—	—	—

KM# 121 10 KOPEKS (Grivennik)

2.8000 g., 0.8020 Silver 0.0722 oz. ASW **Ruler:** Peter I **Obv:** Crowned double-headed eagle within beaded circle, larger crown above **Rev:** Value, date **Rev. Inscription:** GRIVNA

Date	Mintage	VG	F	VF	XF	Unc
ND(1704)БК	—	60.00	150	300	500	—
ND(1705)БК	—	40.00	100	200	350	—
ND(1709)БК	—	70.00	200	500	900	—

KM# 120.2 10 KOPEKS (Grivennik)

2.8000 g., 0.8750 Silver 0.0788 oz. ASW **Ruler:** Peter I

Date	Mintage	VG	F	VF	XF	Unc
1707МД Rare	—	—	—	—	—	—
ND(1710)МД Rare	—	—	—	—	—	—

KM# 147 10 KOPEKS (Grivennik)

2.8000 g., 0.7500 Silver 0.0675 oz. ASW **Ruler:** Peter I **Obv:** Crowned double-headed eagle **Rev:** Value, date **Rev. Inscription:** GRIVENNIK

Date	Mintage	VG	F	VF	XF	Unc
1713МД	—	—	—	—	—	—

KM# 155 10 KOPEKS (Grivennik)

2.8400 g., 0.7290 Silver 0.0666 oz. ASW **Ruler:** Peter I **Obv:** 3 Small crowns above double-headed eagle **Rev:** Value, date below cluster of dots **Rev. Inscription:** GRIVENNIK **Note:** Without mint mark.

Date	Mintage	VG	F	VF	XF	Unc
1718 L	—	40.00	100	300	600	—
1718 Rare	—	—	—	—	—	—
1718 Reverse has inverted L	—	40.00	100	300	600	—
1719 Rare	—	—	—	—	—	—
ND(1720) Rare	—	—	—	—	—	—
1720 Rare	—	—	—	—	—	—

KM# 171 10 KOPEKS (Grivennik)

2.6600 g., Silver **Ruler:** Catherine I **Rev:** Value **Rev. Inscription:** GRIVNA **Note:** This issue varied in silver fineness from .438 to .667.

Date	Mintage	VG	F	VF	XF	Unc
1726СПБ	—	100	500	1,500	3,000	—
1727/6СПБ Rare	—	—	—	—	—	—

KM# 103 10 DENGI (5 Kopeks)

1.4200 g., 0.8020 Silver 0.0366 oz. ASW **Ruler:** Peter I **Obv:** Crowned double-headed eagle within wreath **Rev:** Value ДЕСЕТЪ ДЕНЕГЪ

Date	Mintage	VG	F	VF	XF	Unc
ND(1701)	—	—	—	—	—	—
ND(1702)	—	—	—	—	—	—
ND(1704)	—	150	250	450	900	—

KM# 104 10 KOPEKS (Grivennik)

2.8000 g., 0.8020 Silver 0.0722 oz. ASW **Ruler:** Peter I **Obv:** Imperial eagle **Rev:** Value **Rev. Inscription:** GRIVENNIK

Date	Mintage	VG	F	VF	XF	Unc
ND(1701) Rare	—	—	—	—	—	—
ND(1702) Rare	—	—	—	—	—	—

C# 59.4 5 KOPEKS

Copper **Ruler:** Catherine II **Note:** Varieties exist.

Date	Mintage	VG	F	VF	XF	Unc
1787ТМ	460,000	325	500	1,100	2,200	—
1788ТМ	539,000	165	325	725	1,450	—

KM# 194 10 KOPEKS (Grivennik)

2.5900 g., 0.8020 Silver 0.0668 oz. ASW **Ruler:** Anna **Obv:** 3 Crowns above double-headed eagle **Rev:** Value, date below cluster of dots **Rev. Inscription:** GRIVENNIK

Date	Mintage	VG	F	VF	XF	Unc
1731	—	50.00	200	400	800	—
1732	—	50.00	175	350	700	—
1733	—	50.00	175	350	700	—
1734	—	50.00	175	350	700	—
1734/3	—	50.00	175	350	700	—
1735	—	50.00	175	350	700	—

Date	Mintage	VG	F	VF	XF	Unc
1770СПБ	1,640,000	15.00	30.00	60.00	160	—
1771СПБ	1,939,000	15.00	30.00	60.00	160	—
1772СПБ	510,000	15.00	30.00	60.00	160	—
1773СПБ	205,000	15.00	30.00	60.00	160	—
1774СПБ	—	15.00	30.00	60.00	170	—
1775СПБ	285,000	15.00	30.00	60.00	170	—
1776СПБ	66,000	30.00	75.00	150	500	—

KM# 205 10 KOPEKS (Grivennik)

2.5900 g., 0.7500 Silver 0.0625 oz. ASW **Ruler:** Ivan VI **Obv:** Bust right, initials below **Rev:** Crown above value, date within sprigs **Rev. Inscription:** GRIVENNIK

Date	Mintage	VG	F	VF	XF	Unc
1741ММД	—	200	500	1,000	2,000	—

C# 16 10 KOPEKS (Grivennik)

2.5900 g., 0.7500 Silver 0.0625 oz. ASW **Ruler:** Elizabeth **Obv:** Crowned bust of Elizabeth right **Rev:** Crown above value and date in branches **Note:** Without mint mark.

Date	Mintage	VG	F	VF	XF	Unc
1742	560,000	30.00	45.00	90.00	250	—
1743	206,000	30.00	45.00	90.00	250	—
1744	1,421,000	30.00	45.00	90.00	250	—
1745	730,000	30.00	45.00	90.00	250	—
1746	870,000	30.00	45.00	90.00	250	—

C# 16a 10 KOPEKS (Grivennik)

2.4200 g., 0.8020 Silver 0.0624 oz. ASW **Ruler:** Elizabeth

Date	Mintage	VG	F	VF	XF	Unc
1746	Inc. above	30.00	45.00	90.00	250	—
1747	2,210,000	30.00	45.00	90.00	250	—
1748	3,265,000	30.00	45.00	90.00	250	—
1749	100,000	60.00	90.00	180	500	—
1750	200,000	30.00	45.00	90.00	250	—
1751	1,395,000	30.00	45.00	90.00	250	—
1751 A	Inc. above	37.50	70.00	130	400	—
1752 E	248,000	30.00	45.00	90.00	250	—
1752 I	Inc. above	37.50	70.00	130	400	—
1753 III	510,000	30.00	45.00	90.00	250	—
1754 III	835,000	30.00	45.00	90.00	250	—
1754 МБ	Inc. above	37.50	70.00	130	400	—
1755 МБ	65,000	37.50	70.00	130	400	—
1755 ЕI	Inc. above	45.00	1.05	225	600	—
1756 МБ	265,000	37.50	70.00	130	400	—
1757 МБ	401,000	30.00	45.00	90.00	250	—

C# 61a.2 10 KOPEKS (Grivennik)

2.3700 g., 0.7500 Silver 0.0571 oz. ASW **Ruler:** Catherine II **Obv:** Crowned bust right **Rev:** Crown above value, date within sprigs

Date	Mintage	VG	F	VF	XF	Unc
1767ММД	50,000	15.00	30.00	75.00	200	—
1768ММД	75,000	30.00	60.00	300	250	—
1769ММД	100,000	30.00	60.00	105	250	—
1770/64ММД	—	25.00	55.00	90.00	250	—
1770ММД	170,000	15.00	30.00	75.00	200	—
1771ММД	260,000	15.00	30.00	75.00	200	—
1774ММД	107,000	15.00	30.00	75.00	200	—
1775ММД	250,000	15.00	30.00	75.00	200	—

C# 61b 10 KOPEKS (Grivennik)

2.3700 g., 0.7500 Silver 0.0571 oz. ASW **Ruler:** Catherine II **Obv:** Bust right **Rev:** Crown above value, date within sprigs

Date	Mintage	VG	F	VF	XF	Unc
1777СПБ	—	135	300	750	1,000	—
1778СПБ	540,000	15.00	30.00	75.00	200	—
1779СПБ	1,376,000	15.00	30.00	75.00	200	—
1780СПБ	142,000	150	450	1,200	3,400	—
1781СПБ	—	11.00	22.50	75.00	140	—
1782СПБ	714,000	225	675	1,500	2,500	—

C# 61c 10 KOPEKS (Grivennik)

2.3700 g., 0.7500 Silver 0.0571 oz. ASW **Ruler:** Catherine II **Obv:** Old bust

Date	Mintage	VG	F	VF	XF	Unc
1783СПБ	—	11.00	22.50	55.00	140	—
1784СПБ	3,863,000	11.00	22.50	55.00	140	—
1785СПБ	3,274,000	11.00	22.50	55.00	140	—
1786СПБ	—	11.00	22.50	55.00	140	—
1787СПБ	2,000,000	11.00	22.50	55.00	140	—
1788СПБ	3,067,000	11.00	22.50	55.00	140	—
1789СПБ	500,000	11.00	22.50	55.00	140	—
1790СПБ	2,529,000	11.00	22.50	55.00	140	—
1791СПБ	1,730,000	11.00	22.50	55.00	140	—
1792СПБ	2,000,000	15.00	30.00	60.00	170	—
1793СПБ	840,000	30.00	75.00	150	450	—
1794СПБ	2,029,999	11.00	22.50	55.00	140	—
1795СПБ	1,230,000	11.00	22.50	55.00	140	—
1796СПБ	1,321,000	15.00	30.00	75.00	250	—

C# 44 10 KOPEKS (Grivennik)

Copper **Ruler:** Peter III **Obv:** Crowned double-headed eagle within circle of stars **Rev:** Value, date above drum, crossed flags **Note:** Unknown mint. Without mint mark. Varieties exist. Struck over 5 Kopecks of 1758-62.

Date	Mintage	VG	F	VF	XF	Unc
1762/0 Rare	—	—	—	—	—	—
1762	—	100	200	500	1,000	—

C# 61.1 10 KOPEKS (Grivennik)

2.3700 g., 0.7500 Silver 0.0571 oz. ASW **Ruler:** Catherine II **Note:** Without mint mark.

Date	Mintage	VG	F	VF	XF	Unc
1764	340,000	15.00	37.50	75.00	200	—
1765	50,000	15.00	37.50	75.00	200	—
1766	41,000	75.00	225	450	1,200	—

C# 61a.3 10 KOPEKS (Grivennik)

2.3700 g., 0.7500 Silver 0.0571 oz. ASW **Ruler:** Catherine II **Edge:** Oblique milled

Date	Mintage	VG	F	VF	XF	Unc
1764СПБ	—	30.00	70.00	150	520	—
1765СПБ Я	70,000	30.00	60.00	150	520	—
1766СПБ	460,000	15.00	30.00	75.00	200	—
1767СПБ	550,000	15.00	30.00	60.00	160	—
1768СПБ	674,000	15.00	30.00	60.00	160	—
1769СПБ	2,550,000	15.00	30.00	60.00	160	—

C# 97.2 10 KOPEKS (Grivennik)

2.0700 g., 0.8680 Silver 0.0578 oz. ASW **Ruler:** Paul I

Date	Mintage	VG	F	VF	XF	Unc
1798СП ОМ	Inc. above	20.00	40.00	100	225	—

KM# 127 TYNF

6.4000 g., Silver **Ruler:** Peter I **Obv:** Bust right **Rev:** Crowned double-headed eagle **Note:** The Tynf circulated at 12 Kopeks for payment in Rzech Pospolta (Poland).

Date	Mintage	VG	F	VF	XF	Unc
(1707)	—	200	400	1,000	2,500	—
(1707) IL	—	200	400	1,000	2,500	—
1707 II	—	200	400	1,000	2,500	—
1707 ILL	—	200	400	1,000	2,500	—
1707 ILL G Rare	—	—	—	—	—	—
1708	—	100	250	600	950	—
1708 ILL	—	100	250	600	950	—
1709 ILL Rare	—	—	—	—	—	—

C# 62.2 15 KOPEKS

3.5500 g., 0.7500 Silver 0.0856 oz. ASW **Ruler:** Catherine II

Date	Mintage	VG	F	VF	XF	Unc
1763СПБ Rare	—	—	—	—	—	—

C# 62.1 15 KOPEKS

3.5500 g., 0.7500 Silver 0.0856 oz. ASW **Ruler:** Catherine II **Obv:** Young bust with neck ruffle

Date	Mintage	VG	F	VF	XF	Unc
1764ММД	667,000	25.00	50.00	120	280	—
1765ММД	427,000	20.00	42.50	100	240	—
1766ММД	469,000	20.00	42.50	100	240	—

C# 62a 15 KOPEKS

3.5500 g., 0.7500 Silver 0.0856 oz. ASW **Ruler:** Catherine II **Obv:** Mature, crowned bust right **Rev:** Crowned double-headed eagle, date below in banner

Date	Mintage	VG	F	VF	XF	Unc
1767ММД	427,000	25.00	50.00	100	240	—
1768ММД	210,000	42.50	70.00	130	290	—
1769ММД	153,000	20.00	42.50	85.00	200	—
1770ММД	757,000	20.00	42.50	85.00	200	—
1771ММД	987,000	20.00	42.50	85.00	200	—
1774ММД	57,000	25.00	50.00	85.00	200	—
1775ММД	359,000	20.00	42.50	85.00	200	—

C# 62b 15 KOPEKS

3.5500 g., 0.7500 Silver 0.0856 oz. ASW **Ruler:** Catherine II

Date	Mintage	VG	F	VF	XF	Unc
1778СПБ ВСЕРОС	600,000	20.00	42.50	85.00	300	—
1778СПБ ВСЕРОСС	Inc. above	20.00	135	300	700	—
1779СПБ	1,420,000	20.00	42.50	85.00	200	—
1781СПБ	—	20.00	42.50	85.00	200	—
1782СПБ	445,000	—	—	—	1,000	—

C# 97.1 10 KOPEKS (Grivennik)

2.9300 g., 0.8680 Silver 0.0818 oz. ASW **Ruler:** Paul I **Obv:** Crowned monogram **Rev:** Value, date above sprigs **Edge:** Oblique milled

Date	Mintage	VG	F	VF	XF	Unc
1797СМ ФА	48,000	75.00	150	350	700	—

C# 97.1a 10 KOPEKS (Grivennik)

2.0700 g., 0.8680 Silver 0.0578 oz. ASW **Ruler:** Paul I

Date	Mintage	VG	F	VF	XF	Unc
1798 МБ	170,000	20.00	50.00	120	245	—
1799 МБ	680,000	20.00	50.00	125	250	—

C# 62c 15 KOPEKS

3.5500 g., 0.7500 Silver 0.0856 oz. ASW **Ruler:** Catherine II **Obv:** Older bust, wreath around crown **Rev:** Crowned double-headed eagle within beaded border **Note:** For similar coins not listed here refer to Poland.

Date	Mintage	VG	F	VF	XF	Unc
1783СПБ	—	20.00	42.50	85.00	200	—
1784СПБ	2,168,000	20.00	42.50	85.00	200	—
1785СПБ	2,500,000	20.00	42.50	85.00	200	—
1786СПБ	—	20.00	42.50	85.00	200	—
1787СПБ	3,200,000	20.00	42.50	85.00	200	—
1788СПБ	1,634,000	25.00	50.00	100	250	—
1789СПБ	1,200,000	20.00	42.50	85.00	200	—

1182 RUSSIA

Date	Mintage	VG	F	VF	XF	Unc
1790СПБ	2,024,000	34.00	60.00	130	300	—
1791СПБ	960,000	34.00	85.00	170	400	—
1792СПБ	1,400,000	42.50	100	215	500	—
1793СПБ	440,000	170	300	600	1,400	—
1794СПБ	200,000	70.00	155	350	800	—

Date	Mintage	VG	F	VF	XF	Unc
1790СПБ	2,870,000	34.00	60.00	140	350	—
1791СПБ	1,600,000	34.00	60.00	140	350	—
1792СПБ	1,510,000	25.00	50.00	120	300	—
1793СПБ	685,000	60.00	100	280	750	—

C# 63.1 20 KOPEKS
4.7700 g., 0.7500 Silver 0.1150 oz. ASW Ruler: Catherine II
Obv: Crowned bust right **Rev:** Crowned double-headed eagle, value on breast

Date	Mintage	VG	F	VF	XF	Unc
1764ММД	500,000	25.00	50.00	120	325	—
1764ММД ТI	Inc. above	—	—	—	—	—
1765ММД	—	—	—	—	—	—

C# 63.2 20 KOPEKS
4.7700 g., 0.7500 Silver 0.1150 oz. ASW Ruler: Catherine II
Edge: Oblique milled

Date	Mintage	VG	F	VF	XF	Unc
1764СПБ	—	255	600	1,500	3,750	—
1765СПБ	115,000	25.00	50.00	120	300	—
1765СПБ ТI	Inc. above	—	—	—	—	—

C# 63a.1 20 KOPEKS
4.7700 g., 0.7500 Silver 0.1150 oz. ASW Ruler: Catherine II
Obv: Crowned bust right **Rev:** Crowned double-headed eagle, value on breast **Edge:** Oblique milled

Date	Mintage	VG	F	VF	XF	Unc
1766ММД	555,000	34.00	70.00	150	375	—
1767ММД	235,000	25.00	50.00	120	325	—
1768ММД	220,000	50.00	85.00	200	500	—
1769ММД	20,000	75.00	170	400	1,000	—
1770ММД	160,000	75.00	170	400	1,000	—
1775ММД	15,000	85.00	255	600	1,500	—

C# 63a.2 20 KOPEKS
4.7700 g., 0.7500 Silver 0.1150 oz. ASW Ruler: Catherine II

Date	Mintage	VG	F	VF	XF	Unc
1766СПБ	525,000	20.00	42.50	120	300	—
1767СПБ	245,000	34.00	70.00	150	375	—
1768СПБ	350,000	20.00	42.50	120	300	—
1769СПБ	1,075,000	20.00	42.50	120	300	—
1770СПБ	785,000	20.00	42.50	120	300	—
1771СПБ	2,105,000	20.00	42.50	120	300	—
1772СПБ	870,000	20.00	42.50	120	300	—
1773СПБ	290,000	20.00	42.50	120	300	—
1774СПБ	—	20.00	42.50	120	300	—
1775СПБ	290,000	42.50	100	250	625	—
1776СПБ	223,000	20.00	42.50	120	300	—

C# 63b 20 KOPEKS
4.7700 g., 0.7500 Silver 0.1150 oz. ASW Ruler: Catherine II
Obv: Older bust, wreath around crown

Date	Mintage	VG	F	VF	XF	Unc
1778СПБ	630,000	25.00	50.00	120	300	—
1779СПБ	535,000	25.00	50.00	120	300	—
1781СПБ БСЕРОС	—	34.00	60.00	120	300	—
1781СПБ	—	—	—	—	—	—
БСЕРОСС						

C# 63c 20 KOPEKS
4.7700 g., 0.7500 Silver 0.1150 oz. ASW Ruler: Catherine II
Obv: Crowned bust right **Rev:** Crowned double-headed eagle within beaded border

Date	Mintage	VG	F	VF	XF	Unc
1783СПБ	389,000	25.00	50.00	120	300	—
1784СПБ	2,080,000	25.00	50.00	120	300	—
1785СПБ	1,887,000	25.00	50.00	120	300	—
1786СПБ	—	25.00	50.00	120	300	—
1787СПБ	1,000,000	25.00	50.00	120	300	—
1788СПБ	2,376,000	25.00	60.00	150	375	—
1789СПБ	250,000	25.00	50.00	130	325	—

KM# 105 POLUPOLTINNIK (1/4 Rouble)
7.0000 g., 0.8750 Silver 0.1969 oz. ASW Ruler: Peter I **Obv:** Laureate bust right **Rev:** Crowned double-headed eagle **Note:** Varieties exist.

Date	Mintage	VG	F	VF	XF	Unc
ND(1701)	—	3,000	5,000	10,000	—	—
ND(1702)	—	3,000	5,000	1,000	—	—

KM# 112.1 POLUPOLTINNIK (1/4 Rouble)
7.0000 g., 0.8750 Silver 0.1969 oz. ASW Ruler: Peter I **Obv:** Laureate bust right **Rev:** Crown above crowned double-headed eagle

Date	Mintage	VG	F	VF	XF	Unc
ND(1703) Rare	—	—	—	—	—	—
ND(1704)	—	180	475	1,100	2,400	—
ND(1705)	—	475	1,200	3,000	6,000	—

KM# 112.2 POLUPOLTINNIK (1/4 Rouble)
7.0000 g., 0.8250 Silver 0.1857 oz. ASW Ruler: Peter I **Obv:** Laureate bust right **Rev:** Crown above crowned double-headed eagle

Date	Mintage	VG	F	VF	XF	Unc
ND(1704)МД	—	240	550	1,200	3,000	—

KM# 128 POLUPOLTINNIK (1/4 Rouble)
7.0000 g., 0.8750 Silver 0.1969 oz. ASW Ruler: Peter I **Obv:** Laureate bust right **Rev:** Crown above crowned double-headed eagle

Date	Mintage	VG	F	VF	XF	Unc
ND(1707)	—	270	600	1,450	3,300	—
1707 Rare	—	—	—	—	—	—
1710 Rare	—	—	—	—	—	—

Note: Placement of date varies on coins dated 1710

KM# 148 POLUPOLTINNIK (1/4 Rouble)
7.0000 g., 0.7500 Silver 0.1688 oz. ASW Ruler: Peter I

Date	Mintage	VG	F	VF	XF	Unc
1713 G	—	270	600	1,500	3,250	—

KM# 172 POLUPOLTINNIK (1/4 Rouble)
Silver Ruler: Peter II **Obv:** Crown above crowned double-headed eagle **Rev:** Value, date below cluster of dots

Date	Mintage	VG	F	VF	XF	Unc
1726СПБ Rare	—	—	—	—	—	—

KM# 191 POLUPOLTINNIK (1/4 Rouble)
7.1100 g., 0.8020 Silver 0.1833 oz. ASW Ruler: Peter II **Obv:** Crowned bust right **Rev:** Crown above crowned double-headed eagle

Date	Mintage	VG	F	VF	XF	Unc
1730 Rare	—	—	—	—	—	—

KM# 202 POLUPOLTINNIK (1/4 Rouble)
6.4600 g., 0.8020 Silver 0.1666 oz. ASW Ruler: Anna **Obv:** Crowned bust right **Rev:** Crown above crowned double-headed eagle, shield on breast

Date	Mintage	VG	F	VF	XF	Unc
1739	—	150	350	850	1,800	—
1740	—	350	850	1,800	3,600	—

C# 17 POLUPOLTINNIK (1/4 Rouble)
6.4600 g., 0.8020 Silver 0.1666 oz. ASW Ruler: Elizabeth **Obv:** Crowned bust right **Rev:** Crown divides date above crowned double-headed eagle, shield on breast

Date	Mintage	VG	F	VF	XF	Unc
1743ММД	76,000	40.00	95.00	190	525	—
1744ММД	96,000	40.00	70.00	145	450	—
1745ММД	68,000	40.00	70.00	145	450	—
1746/5ММД	368,000	44.00	90.00	160	500	—
1746ММД	Inc. above	40.00	70.00	135	450	—
1747ММД	1,646,000	32.00	65.00	130	450	—
1748ММД	600,000	40.00	70.00	135	450	—
1749ММД	318,000	40.00	70.00	135	450	—
1750ММД	423,000	40.00	70.00	135	450	—
1751ММД	885,000	40.00	70.00	135	450	—

C# 17a POLUPOLTINNIK (1/4 Rouble)
6.4600 g., 0.8020 Silver 0.1666 oz. ASW Ruler: Elizabeth **Rev:** Moneyers' initials added **Edge:** Oblique milled

Date	Mintage	VG	F	VF	XF	Unc
1751ММД А	Inc. above	40.00	70.00	135	450	—
1752ММД Е	248,000	40.00	70.00	135	450	—
1752ММД ШР	Inc. above	40.00	70.00	135	450	—
1753ММД Ш	426,000	40.00	70.00	135	450	—
1754ММД Ш	—	40.00	70.00	135	450	—
1754ММД ЕI	689,000	40.00	70.00	135	450	—
1754ММД МБ	—	40.00	70.00	135	450	—

C# 17b POLUPOLTINNIK (1/4 Rouble)
6.0500 g., 0.8020 Silver 0.1560 oz. ASW Ruler: Elizabeth

Date	Mintage	VG	F	VF	XF	Unc
1755 МБ	203,000	25.00	48.00	120	300	—
1756 МБ	851,000	25.00	48.00	120	300	—
1757 МБ	151,000	32.00	65.00	130	400	—
1758 ЕI	44,000	80.00	160	325	700	—

C# 65 POLUPOLTINNIK (1/4 Rouble)
5.9700 g., 0.7500 Silver 0.1439 oz. ASW Ruler: Catherine II

Obv: Crowned bust right **Rev:** Crown divides date above crowned double-headed eagle, shield on breast

Date	Mintage	VG	F	VF	XF	Unc
1764ММД ЕI	112,000	130	280	650	1,600	—
1765ММД ЕI	912,000	32.00	70.00	160	400	—
1766ММД ЕI	832,000	32.00	70.00	160	400	—

C# 65a POLUPOLTINNIK (1/4 Rouble)

5.9700 g., 0.7500 Silver 0.1439 oz. ASW, 23.9 mm. **Ruler:** Catherine II **Obv:** Mature bust without neck ruffle **Edge:** Oblique milled

Date	Mintage	VG	F	VF	XF	Unc
1767 ЕI	1,668,000	25.00	48.00	110	280	—
1768 ЕI	484,000	32.00	55.00	120	300	—
1769 ЕI	480,000	32.00	55.00	120	300	—
1770 ЕI	780,000	48.00	80.00	240	600	—
1770 ДМ	352,000	19.00	40.00	120	180	—
1774 СА/ДМ	1,400	48.00	80.00	160	400	—
1775 СА	132,000	32.00	55.00	130	325	—

C# 65b POLUPOLTINNIK (1/4 Rouble)

5.9700 g., 0.7500 Silver 0.1439 oz. ASW **Ruler:** Catherine II

Date	Mintage	VG	F	VF	XF	Unc
1779СПБ	—	160	325	725	1,800	—
1779СПБ ДМ	394,000	25.00	55.00	130	400	—
1781СПБ АГ	336,000	25.00	55.00	130	400	—

C# 65c POLUPOLTINNIK (1/4 Rouble)

5.9700 g., 0.7500 Silver 0.1439 oz. ASW **Ruler:** Catherine II **Obv:** Crowned bust right **Rev:** Crown divides date above crowned double-headed eagle, shield on breast

Date	Mintage	VG	F	VF	XF	Unc
1783 ММ	—	32.00	65.00	160	500	—
1784 ММ	441,000	32.00	65.00	160	500	—
1785 ЯА	605,000	25.00	55.00	130	325	—
1786 ЯА	—	32.00	65.00	130	325	—
1787 ЯА	800,000	32.00	65.00	130	325	—
1788 ЯА	1,706,000	32.00	65.00	130	325	—
1789 ЯА	800,000	32.00	65.00	130	325	—
1790 ЯА	412,000	40.00	90.00	200	500	—
1791 ЯА	704,000	32.00	65.00	130	325	—
1792 ЯА	1,404,000	32.00	65.00	130	325	—
1793 ЯА	368,000	70.00	145	325	900	—
1794 АК	1,016,000	40.00	70.00	145	350	—
1795 АК	464,000	40.00	70.00	145	350	—
1796 IС	745,000	32.00	70.00	145	350	—

C# 98.1 POLUPOLTINNIK (1/4 Rouble)

7.3100 g., 0.8680 Silver 0.2040 oz. ASW **Ruler:** Paul I **Obv:** Monogram of Paul I in cruciform with 4 crowns **Rev:** Inscription within ornamented square **Edge:** Oblique milled

Date	Mintage	VG	F	VF	XF	Unc
1797СМ ФА	28,000	150	350	800	2,000	—

C# 98.1a POLUPOLTINNIK (1/4 Rouble)

5.1800 g., 0.8680 Silver 0.1446 oz. ASW **Ruler:** Paul I **Obv:** Monogram of Paul I in cruciform with 4 crowns **Rev:** Inscription within ornamented square

Date	Mintage	VG	F	VF	XF	Unc
1798СМ МБ	88,000	90.00	180	400	900	—
1799СМ МБ	440,000	90.00	180	400	900	—
1799СМ ФА	Inc. above	100	225	500	1,100	—
1800СМ ОМ Rare	8,003	—	—	—	—	—

C# 98.2 POLUPOLTINNIK (1/4 Rouble)

5.1800 g., 0.8680 Silver 0.1446 oz. ASW **Ruler:** Paul I **Obv:** Monogram of Paul I in cruciform with 4 crowns **Rev:** Inscription within ornamented square

Date	Mintage	VG	F	VF	XF	Unc
1798СП ОМ	Inc. above	125	250	600	1,250	—
1800СП ОМ Rare	Inc. above	—	—	—	—	—

KM# 106.1 POLTINA (1/2 Rouble)

14.0000 g., 0.8750 Silver 0.3938 oz. ASW **Ruler:** Peter I **Subject:** Peter I **Obv:** Laureate bust right **Rev:** Crown above crowned double-headed eagle

Date	Mintage	VG	F	VF	XF	Unc
ND(1701) Rare	—	—	—	—	—	—
ND(1702) Rare	—	—	—	—	—	—
ND(1703) Rare	—	—	—	—	—	—
ND(1704)	—	240	600	1,500	3,500	—
ND(1705)	—	240	600	1,500	3,500	—

KM# 106.2 POLTINA (1/2 Rouble)

14.0000 g., 0.8750 Silver 0.3938 oz. ASW **Ruler:** Peter I **Obv:** Laureate bust right **Rev:** Crown above crowned double-headed eagle

Date	Mintage	VG	F	VF	XF	Unc
ND(1704)МД	—	240	600	1,500	3,500	—

KM# 124.1 POLTINA (1/2 Rouble)

14.0000 g., 0.8750 Silver 0.3938 oz. ASW **Ruler:** Peter I **Obv:** Laureate bust right **Rev:** Crown above crowned double-headed eagle

Date	Mintage	VG	F	VF	XF	Unc
ND(1705) Rare	—	—	—	—	—	—

KM# 124.2 POLTINA (1/2 Rouble)

14.0000 g., 0.8750 Silver 0.3938 oz. ASW **Ruler:** Peter I **Obv:** Laureate bust right **Rev:** Crown above crowned double-headed eagle

Date	Mintage	VG	F	VF	XF	Unc
ND(1706) Rare	—	—	—	—	—	—

KM# A129 POLTINA (1/2 Rouble)

14.0000 g., 0.8020 Silver 0.3610 oz. ASW **Ruler:** Peter I

Date	Mintage	VG	F	VF	XF	Unc
ND(1707)	—	1,500	3,600	9,000	2,100	—
1707	—	300	725	1,550	4,200	—
1710	—	240	600	1,400	3,500	—

KM# 132 POLTINA (1/2 Rouble)

14.0000 g., 0.7500 Silver 0.3376 oz. ASW **Ruler:** Peter I **Obv:** Laureate bust right **Rev:** Crown above crowned double-headed eagle

Date	Mintage	VG	F	VF	XF	Unc
ND(1710) Rare	—	—	—	—	—	—

KM# 137 POLTINA (1/2 Rouble)

11.2500 g., 0.6040 Silver 0.2767 oz. ASW **Ruler:** Peter I **Obv:** Laureate bust right **Rev:** Crown above crowned double-headed eagle **Note:** Date placement varies.

Date	Mintage	VG	F	VF	XF	Unc
1712 Rare	—	—	—	—	—	—

KM# 156 POLTINA (1/2 Rouble)

14.2200 g., 0.7290 Silver 0.3333 oz. ASW **Ruler:** Peter I **Obv:**

RUSSIA

Laureate bust right **Rev:** Crown above crowned double-headed eagle **Note:** There are numerous varieties of this type including engravers' initials on some pieces.

Date	Mintage	VG	F	VF	XF	Unc
ND(1718)	—	240	550	1,200	2,800	—
ND(1719)	—	240	550	1,200	2,800	—
ND(1720)	—	120	300	725	1,700	—
ND(1721)	—	150	350	900	2,100	—
ND(1722)	—	240	550	1,200	2,800	—

KM# 161.1 POLTINA (1/2 Rouble)
14.2200 g., 0.7290 Silver 0.3333 oz. ASW **Ruler:** Peter I **Obv:** Laureate bust right **Rev:** Crown above crowned double-headed eagle **Note:** Edge varieties exist.

Date	Mintage	VG	F	VF	XF	Unc
1723	—	150	350	775	2,100	—

KM# 176.1 POLTINA (1/2 Rouble)
14.2200 g., 0.7290 Silver 0.3333 oz. ASW **Ruler:** Catherine I **Obv:** Older bust right, continuous legend **Rev:** Crown above crowned double-headed eagle **Edge:** Oblique milled **Note:** Without mint mark.

Date	Mintage	VG	F	VF	XF	Unc
1726	—	195	450	975	2,250	—
1727	—	190	425	900	2,250	—

KM# 181 POLTINA (1/2 Rouble)
14.2200 g., 0.7290 Silver 0.3333 oz. ASW **Ruler:** Peter II **Obv:** Laureate bust right **Rev:** Crown above crowned double-headed eagle

Date	Mintage	VG	F	VF	XF	Unc
1727СПБ	—	260	575	1,150	2,700	—

KM# 159 POLTINA (1/2 Rouble)
14.2200 g., 0.7290 Silver 0.3333 oz. ASW **Ruler:** Peter I **Obv:** Laureate bust right **Rev:** Crown above crowned double-headed eagle

Date	Mintage	VG	F	VF	XF	Unc
1723	—	180	425	900	2,100	—
1724/3	—	180	425	900	2,100	—
1725	—	240	475	1,100	2,500	—

KM# 160 POLTINA (1/2 Rouble)
14.2200 g., 0.7290 Silver 0.3333 oz. ASW **Ruler:** Peter I **Obv:** Laureate bust right **Rev:** Crown above crowned double-headed eagle

Date	Mintage	VG	F	VF	XF	Unc
1723	—	180	425	900	2,100	—
1724	—	180	425	900	2,100	—

KM# 161.2 POLTINA (1/2 Rouble)
14.2200 g., 0.7290 Silver 0.3333 oz. ASW **Ruler:** Peter I **Obv:** Laureate bust right **Rev:** Crown above crowned double-headed eagle **Note:** Edge varieties exist.

Date	Mintage	VG	F	VF	XF	Unc
1725СПБ	—	300	725	1,500	3,500	—

KM# 174 POLTINA (1/2 Rouble)
14.2200 g., 0.7290 Silver 0.3333 oz. ASW **Ruler:** Catherine I **Obv:** Crowned bust left **Rev:** Crown above crowned double-headed eagle **Edge:** Oblique milled

Date	Mintage	VG	F	VF	XF	Unc
1726/5СПБ	—	195	400	850	1,950	—
1726СПБ	—	195	400	850	2,700	—

KM# 195 POLTINA (1/2 Rouble)
12.9300 g., 0.8020 Silver 0.3334 oz. ASW **Ruler:** Anna **Obv:** Bust right **Rev:** Crown above crowned double-headed eagle **Edge:** Oblique milled **Note:** Without mint mark (Moscow).

Date	Mintage	VG	F	VF	XF	Unc
1731	—	130	260	525	1,200	—
1732	—	130	260	525	1,200	4,500
1733	—	145	295	650	1,500	—

KM# 175.2 POLTINA (1/2 Rouble)
14.2200 g., 0.7290 Silver 0.3333 oz. ASW **Ruler:** Catherine I **Obv:** Crowned bust right **Rev:** Crown above crowned double-headed eagle

Date	Mintage	VG	F	VF	XF	Unc
1726СПБ	—	195	450	975	2,250	—

KM# 176.2 POLTINA (1/2 Rouble)
14.2200 g., 0.7290 Silver 0.3333 oz. ASW **Ruler:** Catherine I

Date	Mintage	VG	F	VF	XF	Unc
1727СПБ	—	260	525	1,050	2,400	—

KM# 173 POLTINA (1/2 Rouble)
14.2200 g., 0.7290 Silver 0.3333 oz. ASW **Ruler:** Catherine I **Obv:** Crowned bust left, continuous legend **Rev:** Crown above crowned double-headed eagle **Note:** Without mint mark.

Date	Mintage	VG	F	VF	XF	Unc
1726	—	195	400	775	1,800	—

KM# 196 POLTINA (1/2 Rouble)
12.9300 g., 0.8020 Silver 0.3334 oz. ASW **Ruler:** Anna **Obv:** Bust right **Rev:** Crown above crowned double-headed eagle

Date	Mintage	VG	F	VF	XF	Unc
1734	—	130	260	650	1,500	—
1735	—	130	260	650	1,500	—
1736	—	130	260	650	1,500	—
1737	—	130	260	650	1,500	4,500

KM# 175.1 POLTINA (1/2 Rouble)
14.2200 g., 0.7290 Silver 0.3333 oz. ASW **Ruler:** Catherine I **Obv:** Crowned bust right **Rev:** Crown above crowned double-headed eagle **Note:** Without mint mark.

Date	Mintage	VG	F	VF	XF	Unc
1726	—	195	450	975	2,250	—

KM# 180 POLTINA (1/2 Rouble)
14.2200 g., 0.7290 Silver 0.3333 oz. ASW **Ruler:** Peter II **Obv:** Laureate bust right **Rev:** Crown above crowned double-headed eagle

Date	Mintage	VG	F	VF	XF	Unc
1727	—	195	450	975	2,250	—
1728	—	235	525	1,150	2,700	—
1729	—	235	525	1,050	2,550	—

KM# 199.1 POLTINA (1/2 Rouble)
12.9300 g., 0.8020 Silver 0.3334 oz. ASW **Ruler:** Anna **Obv:** Bust right, with jeweled hairpiece **Rev:** Crown above crowned double-headed eagle, shield on breast

Date	Mintage	VG	F	VF	XF	Unc
1737	—	90.00	195	500	1,150	—
1738	—	130	260	575	1,350	—
1739	—	90.00	195	425	1,150	—
1740	—	115	235	525	1,200	—

KM# 199.2 POLTINA (1/2 Rouble)
12.9300 g., 0.8020 Silver 0.3334 oz. ASW **Ruler:** Anna **Obv:** Bust right with jeweled hairpiece **Rev:** Crown above crowned double-headed eagle, shield on breast

Date	Mintage	VG	F	VF	XF	Unc
1738СПБ	—	130	260	525	1,200	—
1739СПБ	—	130	260	525	1,200	—
1740СПБ	—	195	400	775	1,800	—

C# 18.2 POLTINA (1/2 Rouble)
12.9300 g., 0.8020 Silver 0.3334 oz. ASW **Ruler:** Elizabeth **Obv:** Crowned bust right **Rev:** Crown above crowned double-headed eagle, shield on breast **Edge:** Lettered **Note:** Varieties exist.

Date	Mintage	VG	F	VF	XF	Unc
1742СПБ	79,000	240	550	1,200	3,200	—
1743СПБ	Inc. above	450	900	1,900	5,000	—
1745СПБ Rare	Inc. above	—	—	—	—	—

C# 18.3 POLTINA (1/2 Rouble)
12.9300 g., 0.8020 Silver 0.3334 oz. ASW **Ruler:** Elizabeth **Obv:** Crowned bust right **Rev:** Crown above crowned double-headed eagle, shield on breast **Note:** Varieties exist.

Date	Mintage	VG	F	VF	XF	Unc
1743	65,000	225	450	900	2,400	—
1744	40,000	240	525	1,150	3,000	—
1745	17,000	225	450	900	2,400	—
1746	55,000	240	525	975	2,600	—
1747	63,000	240	525	975	2,600	—
1748	33,000	240	525	1,050	2,800	—
1749	67,000	240	525	1,050	2,800	—
1750	29,000	240	525	1,050	2,800	—
1751	39,000	240	525	1,050	2,800	—

C# 18.4 POLTINA (1/2 Rouble)
12.9300 g., 0.8020 Silver 0.3334 oz. ASW **Ruler:** Elizabeth **Rev:** Moneyer initials added **Edge:** Lettered

Date	Mintage	VG	F	VF	XF	Unc
1751 IM	Inc. above	225	450	975	2,600	—
1752 IM	106,000	225	450	975	2,600	—
1752 ЯI	Inc. above	225	450	975	2,600	—
1753 IM	41,000	225	450	975	2,600	—
1754 IM	154,000	225	450	975	2,600	—
1754 ЯI	Inc. above	225	450	975	2,600	—
1755 IM	150,000	300	600	1,350	3,600	—
1755 ЯI	Inc. above	225	450	975	2,600	—
1756 IM	176,000	225	450	1,050	3,600	—
1756 ЯI	Inc. above	450	900	1,900	5,000	—
1758 ЯI	61,000	240	525	1,150	3,000	—
1758 НК	Inc. above	225	450	1,050	2,800	—
1759 ЯI	89,000	225	450	1,050	2,800	—
1759 НК	Inc. above	300	600	1,200	3,200	—
1760 ЯI	46,000	240	525	1,050	2,800	—
1761 ЯI	45,000	600	1,200	2,550	7,000	—
1761 НК	Inc. above	375	750	1,500	4,000	—

KM# 206.1 POLTINA (1/2 Rouble)
12.9300 g., 0.8020 Silver 0.3334 oz. ASW **Ruler:** Ivan VI **Obv:** Bust right, initials below **Rev:** Crown above crowned double-headed eagle, shield on breast **Edge:** Lettered

Date	Mintage	VG	F	VF	XF	Unc
1741ММД	—	2,600	6,000	14,000	30,000	—

C# 21.2 POLTINA (1/2 Rouble)
0.8100 g., 0.9170 Gold 0.0239 oz. AGW **Ruler:** Elizabeth **Note:** Small crown.

Date	Mintage	VG	F	VF	XF	Unc
1756	Inc. above	120	250	500	1,000	1,750

C# 21.1 POLTINA (1/2 Rouble)
0.8100 g., 0.9170 Gold 0.0239 oz. AGW **Ruler:** Elizabeth **Obv:** Crowned bust right **Rev:** Crowned monogram **Note:** Crown varieties.

Date	Mintage	VG	F	VF	XF	Unc
1756	22,000	120	250	500	1,000	1,750

KM# 206.2 POLTINA (1/2 Rouble)
12.9300 g., 0.8020 Silver 0.3334 oz. ASW **Ruler:** Ivan VI **Obv:** Bust right, initials below **Rev:** Crown above crowned double-headed eagle, shield on breast

Date	Mintage	VG	F	VF	XF	Unc
1741СПБ	60,000	2,000	4,000	9,000	20,000	—

C# 18.1 POLTINA (1/2 Rouble)
12.9300 g., 0.8020 Silver 0.3334 oz. ASW **Ruler:** Elizabeth **Obv:** Crowned bust right **Rev:** Crown above crowned double-headed eagle, shield on breast **Edge:** Lettered **Note:** Similar to C#18.3. Mint mark varieties exist.

Date	Mintage	VG	F	VF	XF	Unc
1741ММД Rare	—	—	—	—	—	—
1742ММД	40,000	225	450	900	2,400	—
1743ММД	166,000	180	400	825	2,200	—
1744ММД	106,000	165	375	750	2,000	—
1745ММД	120,000	165	375	750	2,000	—
1747ММД	54,000	240	550	1,150	3,000	—
1749ММД	69,000	225	450	900	2,400	—

C# 46.1 POLTINA (1/2 Rouble)
12.0000 g., 0.7500 Silver 0.2893 oz. ASW **Ruler:** Peter III **Obv:** Bust right **Rev:** Crown above crowned double-headed eagle, shield on breast **Edge:** Lettered

Date	Mintage	VG	F	VF	XF	Unc
1762ММД ДМ	—	375	750	1,500	4,000	—

C# 46.2 POLTINA (1/2 Rouble)
12.0000 g., 0.7500 Silver 0.2893 oz. ASW **Ruler:** Peter III

Date	Mintage	VG	F	VF	XF	Unc
1762СПБ НК	—	325	675	1,350	3,600	—

C# 66.1 POLTINA (1/2 Rouble)
12.9300 g., 0.8020 Silver 0.3334 oz. ASW **Ruler:** Catherine II **Obv:** Crowned bust right **Rev:** Crown above crowned double-headed eagle, shield on breast **Edge:** Oblique milled

Date	Mintage	VG	F	VF	XF	Unc
1762ММД ДМ	14,000	150	300	600	1,600	—
1763ММД EI	49,000	120	240	525	1,400	—
1764ММД EI	—	525	825	—	—	—

C# 66.2 POLTINA (1/2 Rouble)
12.0000 g., 0.7500 Silver 0.2893 oz. ASW

Date	Mintage	VG	F	VF	XF	Unc
1762СПБ НК	148,000	150	300	600	1,600	—
1763СПБ НК	252,000	120	240	525	1,400	—
1763СПБ ЯI	Inc. above	120	240	525	1,400	—

C# 66.2a POLTINA (1/2 Rouble)
12.0000 g., 0.7500 Silver 0.2893 oz. ASW **Ruler:** Catherine II

Date	Mintage	VG	F	VF	XF	Unc
1764СПБ ЯI	53,000	120	240	525	1,400	—
1764СПБ СА	Inc. above	120	240	525	1,400	—
1765СПБ ЯI	332,000	120	240	525	1,400	—
1765СПБ СА	Inc. above	135	270	575	1,500	—

C# 66a POLTINA (1/2 Rouble)
12.0000 g., 0.7500 Silver 0.2893 oz. ASW **Ruler:** Catherine II **Obv:** Crowned bust right **Rev:** Crown above crowned double-headed eagle, shield on breast

Date	Mintage	VG	F	VF	XF	Unc
1766СПБ ЯI	93,000	240	525	1,150	3,000	—
1766СПБ АШ	Inc. above	135	270	500	1,500	—
1767СПБ АШ	52,000	150	300	600	1,600	—
1767СПБ	—	450	1,150	2,250	6,000	—
1768СПБ АШ	46,000	150	325	675	1,800	—
1768СПБ СА	Inc. above	225	450	900	2,400	—
1769СПБ СА	100,000	135	270	575	1,500	—
1771СПБ ЯБ	25,000	255	525	1,150	3,000	—
1772СПБ АШ	29,000	150	325	675	1,800	—
1773СПБ ЯБ	41,000	120	255	575	1,500	—
1773СПБ ФЛ	Inc. above	325	675	1,350	3,600	—
1774СПБ ФЛ	550	325	650	1,300	3,600	—
1775СПБ ФЛ	91,000	195	400	825	2,200	—
1776СПБ ЯБ	67,000	195	400	825	2,200	—

C# 66b POLTINA (1/2 Rouble)
12.0000 g., 0.7500 Silver 0.2893 oz. ASW **Ruler:** Catherine II **Obv:** Older bust, wreath around crown **Rev:** Crown above crowned double-headed eagle, shield on breast

Date	Mintage	VG	F	VF	XF	Unc
1777СПБ ФЛ	—	165	325	675	1,800	—
1778СПБ ФЛ	—	165	325	675	1,800	—
1779СПБ ФЛ	155,000	375	750	1,500	4,400	—

C# 75 POLTINA (1/2 Rouble)
0.6500 g., 0.9170 Gold 0.0192 oz. AGW **Ruler:** Catherine II **Obv:** Crowned bust right **Rev:** Crowned monogram **Note:** Without mint mark.

RUSSIA

Date	Mintage	F	VF	XF	Unc	BU
1777	—	150	300	700	1,250	—
1778	—	500	1,000	2,000	4,000	—

C# 66c POLTINA (1/2 Rouble)

12.0000 g., 0.7500 Silver 0.2893 oz. ASW **Ruler:** Catherine II

Date	Mintage	VG	F	VF	XF	Unc
1785СПБ ЯА	35,000	180	375	750	2,000	—
1787СПБ ЯА	57,000	180	375	750	2,000	—
1791СПБ ЯА	94,000	165	325	675	1,800	—
1794СПБ АК	72,000	165	325	675	1,800	—
1795СПБ АК	148,000	165	325	675	1,800	—
1796СПБ IС	270,000	150	325	650	1,700	—

C# 99.1 POLTINA (1/2 Rouble)

14.6200 g., 0.8680 Silver 0.4080 oz. ASW **Ruler:** Paul I **Obv:** Monograms of Paul I in cruciform with 4 crowns **Rev:** Inscription within ornamented square

Date	Mintage	VG	F	VF	XF	Unc
1797СМ ФА	214,000	370	750	1,500	3,000	—

C# 99.2 POLTINA (1/2 Rouble)

10.3700 g., 0.8680 Silver 0.2894 oz. ASW **Ruler:** Paul I **Edge:** Oblique milled

Date	Mintage	VG	F	VF	XF	Unc
1798СП ОМ Rare	Inc. above	—	—	—	—	—

C# 99.1a POLTINA (1/2 Rouble)

10.3700 g., 0.8680 Silver 0.2894 oz. ASW **Ruler:** Paul I **Obv:** Monograms of Paul I in cruciform with 4 crowns **Rev:** Inscription within ornamented square **Note:** Reduced size.

Date	Mintage	VG	F	VF	XF	Unc
1798СМ МБ	284,000	150	300	650	1,350	—
1799СМ МБ	348,000	150	300	650	1,350	—
1799СМ ФА	Inc. above	220	450	900	1,800	—
1800СМ ОМ	330,000	150	300	650	1,350	2,000
1800СМ МБ Rare	Inc. above	—	—	—	—	—

KM# 122.1 ROUBLE

28.0000 g., 0.8750 Silver 0.7877 oz. ASW **Ruler:** Peter I **Obv:** Bust right **Rev:** Crown above crowned double-headed eagle **Note:** Dav. #1642.

Date	Mintage	VG	F	VF	XF	Unc
(1704)МД	—	4,400	9,000	18,000	36,000	—
(1705)МД	—	3,000	6,000	12,000	24,000	—

KM# 122.2 ROUBLE

28.0000 g., 0.8750 Silver 0.7877 oz. ASW **Ruler:** Peter I **Note:** Without mint mark.

Date	Mintage	VG	F	VF	XF	Unc
ND(1704)	—	—	5,500	11,500	22,500	—
ND(1705)	—	—	2,000	4,000	8,000	—

KM# 138 ROUBLE

28.5000 g., 0.6040 Silver 0.5534 oz. ASW **Ruler:** Peter I **Obv:** Laureate bust right divides legend **Rev:** Crown above crowned double-headed eagle, date in legend **Note:** Dav. #1650.

Date	Mintage	VG	F	VF	XF	Unc
1712	—	2,000	4,400	9,000	18,000	—

KM# 130.1 ROUBLE

28.0000 g., 0.8750 Silver 0.7877 oz. ASW **Ruler:** Peter I **Obv:** Laureate bust right **Rev:** Crown above crowned double-headed eagle **Note:** Dav. #1643.

Date	Mintage	VG	F	VF	XF	Unc
(1707) H	—	1,500	3,000	6,000	15,000	—
(1707) G	—	1,800	3,750	7,500	19,000	—
(1707)	—	2,250	4,500	9,000	22,500	—

KM# 130.2 ROUBLE

28.0000 g., 0.8750 Silver 0.7877 oz. ASW **Ruler:** Peter I **Obv:** Laureate bust right **Rev:** Crown above crowned double-headed eagle, divided date below **Note:** Dav. #1645.

Date	Mintage	VG	F	VF	XF	Unc
1707	—	1,500	3,150	6,300	15,500	—

KM# 130.5 ROUBLE

28.0000 g., 0.8750 Silver 0.7877 oz. ASW **Ruler:** Peter I **Obv:** Laureate bust right **Rev:** Crown above crowned double-headed eagle, divided date below **Note:** Dav. #1646.

Date	Mintage	VG	F	VF	XF	Unc
1707	—	1,800	3,750	7,500	19,000	—

KM# 130.3 ROUBLE

27.5000 g., 0.8020 Silver 0.7091 oz. ASW **Ruler:** Peter I **Obv:** Large bust with large bow on laureate **Note:** Dav. #1648.

Date	Mintage	VG	F	VF	XF	Unc
1710	—	2,250	4,650	9,400	31,500	—

KM# 130.4 ROUBLE

27.5000 g., 0.8020 Silver 0.7091 oz. ASW **Ruler:** Peter I **Obv:** Laureate bust right **Rev:** Crown above crowned double-headed eagle, date in legend **Note:** Dav. #1649.

Date	Mintage	VG	F	VF	XF	Unc
1710	—	4,750	9,400	19,000	50,000	—

KM# 149 ROUBLE

28.5000 g., 0.6040 Silver 0.5534 oz. ASW **Ruler:** Peter I **Obv:** Laureate bust right **Rev:** Crown above crowned double-headed eagle, date in legend **Note:** Dav. #1651. Legend placement varies.

Date	Mintage	VG	F	VF	XF	Unc
1714/3	—	10,000	22,000	44,000	87,500	—
1714	—	10,000	22,000	44,000	87,500	—

KM# 157.1 ROUBLE

28.4400 g., 0.7290 Silver 0.6665 oz. ASW **Ruler:** Peter I **Obv:** Laureate bust right **Obv. Legend:** ААРЬ ПЕТРЬ АЛЕКСЕЕВИБ **Rev:** Crown above crowned double-headed eagle **Edge:** Lettered **Note:** Dav. #1652.

Date	Mintage	VG	F	VF	XF	Unc
ND(1718)	—	500	1,000	2,000	4,000	—

KM# 157.2 ROUBLE
28.4400 g., 0.7290 Silver 0.6665 oz. ASW **Ruler:** Peter I **Obv:** Laureate bust right **Rev:** Crown above crowned double-headed eagle **Edge:** Lettered **Note:** Dav. #1653. Varieties exist.

Date	Mintage	VG	F	VF	XF	Unc
ND(1719)	—	600	1,200	2,400	5,000	—

KM# 157.3 ROUBLE
28.4400 g., 0.7290 Silver 0.6665 oz. ASW **Ruler:** Peter I **Obv:** Laureate bust right **Rev:** Crown above crowned double-headed eagle **Note:** Dav. #1653A.

Date	Mintage	VG	F	VF	XF	Unc
ND(1719)	—	700	1,500	3,000	6,000	—

KM# 157.4 ROUBLE
28.4400 g., 0.7290 Silver 0.6665 oz. ASW **Ruler:** Peter I **Obv:** Laureate bust right **Rev:** Crown above crowned double-headed eagle **Edge:** Lettered **Note:** Dav. #1654.

Date	Mintage	VG	F	VF	XF	Unc
ND(1720) K	—	450	900	1,800	3,600	—
ND(1720) OK	—	450	900	1,800	3,600	—
ND(1720)	—	475	975	1,950	3,900	—
ND(1720) KO	—	1,150	2,250	4,500	9,000	—

KM# 157.5 ROUBLE
28.4400 g., 0.7290 Silver 0.6665 oz. ASW **Ruler:** Peter I **Obv:** Laureate bust right **Rev:** Crown above crowned double-headed eagle **Edge:** Lettered **Note:** Dav. #1655.

Date	Mintage	VG	F	VF	XF	Unc
ND(1720)	—	450	900	1,800	3,600	—
ND(1721)	—	450	900	1,800	3,600	—

KM# 157.6 ROUBLE
28.4400 g., 0.7290 Silver 0.6665 oz. ASW **Ruler:** Peter I **Obv:** Large draped bust, armor similar to KM#157.5

Date	Mintage	VG	F	VF	XF	Unc
ND(1720)	—	450	900	1,800	3,600	—

KM# 162.1 ROUBLE
28.4400 g., 0.7290 Silver 0.6665 oz. ASW **Ruler:** Peter I **Obv. Legend:** ПЕТРЬ А ИМПЕРАТОРЬ **Rev:** 4 crowned Russian P's **Edge:** Lettered **Note:** Dav. #1656.

Date	Mintage	VG	F	VF	XF	Unc
1722	—	625	1,250	2,450	4,900	—

KM# 162.2 ROUBLE
28.4400 g., 0.7290 Silver 0.6665 oz. ASW **Ruler:** Peter I **Obv:** Laureate bust right **Rev:** Date in cruciform with 4 crowns, monograms in angles **Note:** Dav. #1657.

Date	Mintage	VG	F	VF	XF	Unc
1723	—	350	775	1,400	2,800	—

KM# 162.3 ROUBLE
28.4400 g., 0.7290 Silver 0.6665 oz. ASW **Ruler:** Peter I **Obv:** Laureate bust right **Rev:** Date in cruciform with 4 crowns, monograms in angles **Note:** Dav. #1658. Varieties exist.

Date	Mintage	VG	F	VF	XF	Unc
1723	—	350	775	1,400	2,800	—

KM# 166.1 ROUBLE
28.4400 g., 0.7290 Silver 0.6665 oz. ASW **Ruler:** Peter I **Obv:** Laureate bust right **Obv. Legend:** I **Rev:** Sunburst in center divides date in cruciform with 4 crowns, monograms in angles **Note:** Dav. #1659. The so-called "Sun" Rouble. Varieties exist.

Date	Mintage	VG	F	VF	XF	Unc
1724СПБ	—	1,300	2,650	5,300	11,500	—
1725СПБ	—	1,300	2,650	5,300	11,500	—

KM# 162.4 ROUBLE
28.4400 g., 0.7290 Silver 0.6665 oz. ASW **Ruler:** Peter I **Note:** Dav. #1660.

Date	Mintage	VG	F	VF	XF	Unc
1724	—	350	700	1,600	3,500	—

KM# 166.2 ROUBLE
28.4400 g., 0.7290 Silver 0.6665 oz. ASW **Ruler:** Peter I **Obv:**

Laureate bust right **Rev:** Sunburst in center divides date in cruciform with 4 crowns, monograms in angles **Note:** Dav. #1661A.

Date	Mintage	VG	F	VF	XF	Unc
1724	—	375	875	1,900	4,000	—

KM# 162.5 ROUBLE
28.4400 g., 0.7290 Silver 0.6665 oz. ASW **Ruler:** Peter I **Obv:** Laureate bust right **Rev:** Date in cruciform with 4 crowns, monograms in angles **Edge:** Lettered **Note:** Dav. #1662.

Date	Mintage	VG	F	VF	XF	Unc
1725	—	300	600	1,200	2,600	—

KM# 162.6 ROUBLE
28.4400 g., 0.7290 Silver 0.6665 oz. ASW **Ruler:** Peter I **Obv:** OK below shoulder **Note:** Dav. #1662A.

Date	Mintage	VG	F	VF	XF	Unc
1725	—	150	300	600	1,300	—

KM# 168 ROUBLE
28.4400 g., 0.7290 Silver 0.6665 oz. ASW **Ruler:** Catherine I **Obv:** Bust left **Rev:** Crown above crowned double-headed eagle **Note:** Dav. #1664.

Date	Mintage	VG	F	VF	XF	Unc
1725	—	300	650	1,300	3,000	—
1726	—	300	650	1,300	3,000	—

KM# 166.3 ROUBLE
28.4400 g., 0.7290 Silver 0.6665 oz. ASW **Ruler:** Peter I **Obv:** Laureate bust right **Rev:** Sunburst in center divides date in cruciform with 4 crowns, monograms in angles **Note:** Dav. #1661.

Date	Mintage	VG	F	VF	XF	Unc
1725	—	600	1,200	2,400	5,000	—

RUSSIA

KM# 169 ROUBLE
28.4400 g., 0.7290 Silver 0.6665 oz. ASW **Ruler:** Catherine I
Obv: Bust left **Rev:** Crown above crowned double-headed eagle
Note: Mint mark appears on obverse and reverse; in one rare case it is on both sides dated 1725.

Date	Mintage	VG	F	VF	XF	Unc
1725СПБ	—	260	600	1,400	3,000	—
1726СПБ	—	260	600	1,400	3,000	—

KM# 167 ROUBLE
28.4400 g., 0.7290 Silver 0.6665 oz. ASW **Ruler:** Catherine I
Obv: Bust left **Rev:** Crown above crowned double-headed eagle
Note: Without mint mark. Dav. #1663. The so-called "Mourning" Rouble.

Date	Mintage	VG	F	VF	XF	Unc
1725	—	2,850	3,750	9,000	15,000	—

KM# 177.2 ROUBLE
28.4400 g., 0.7290 Silver 0.6665 oz. ASW **Ruler:** Catherine I
Edge: Oblique milled

Date	Mintage	VG	F	VF	XF	Unc
1726СПБ	—	900	2,250	4,500	9,000	—
1727СПБ	—	750	1,500	3,000	6,000	—

KM# 177.1 ROUBLE
28.4400 g., 0.7290 Silver 0.6665 oz. ASW **Ruler:** Catherine I
Obv: Bust right **Rev:** Crown above crowned double-headed eagle
Note: Dav. #1665.

Date	Mintage	VG	F	VF	XF	Unc
1726	—	450	900	2,250	4,500	—
1727	—	600	1,200	2,400	4,800	—

KM# 177.3 ROUBLE
28.4400 g., 0.7290 Silver 0.6665 oz. ASW **Ruler:** Catherine I
Obv: Bust right **Rev:** Crown above crowned double-headed eagle
Note: Dav. #1666.

Date	Mintage	VG	F	VF	XF	Unc
1727	—	800	1,800	3,600	7,200	—

KM# 182.1 ROUBLE
28.4400 g., 0.7290 Silver 0.6665 oz. ASW **Ruler:** Peter II **Obv:** Laureate bust right **Rev:** Date in cruciform with 4 crowns, monograms in angles **Edge:** Oblique milled **Note:** Dav. #1667.

Date	Mintage	VG	F	VF	XF	Unc
1727	—	200	450	1,000	2,800	—

KM# 183 ROUBLE
28.4400 g., 0.7290 Silver 0.6665 oz. ASW **Ruler:** Peter II **Obv:** Laureate bust right **Rev:** Date in cruciform with 4 crowns, monograms in angles **Edge:** Braided **Note:** Dav. #1667. With or without mint mark under bust.

Date	Mintage	VG	F	VF	XF	Unc
1727СПБ	—	150	300	900	2,200	—

KM# 182.2 ROUBLE
28.4400 g., 0.7290 Silver 0.6665 oz. ASW **Ruler:** Peter II **Obv:** Laureate bust right **Rev:** Date in cruciform with 4 crowns, monograms in angles **Edge:** Lettered **Note:** Dav. #1668.

Date	Mintage	VG	F	VF	XF	Unc
1728	—	180	375	750	1,500	—

KM# 182.3 ROUBLE
28.4400 g., 0.7290 Silver 0.6665 oz. ASW **Ruler:** Peter II **Obv:** Laureate bust right **Rev:** Date in cruciform with 4 crowns, monograms in angles **Edge:** Lettered **Note:** Dav. #1669.

Date	Mintage	VG	F	VF	XF	Unc
1729	—	225	450	900	1,800	—

KM# 192.1 ROUBLE
25.8500 g., 0.7290 Silver 0.6058 oz. ASW **Ruler:** Anna **Obv:** Bust right **Rev:** Crown above crowned double-headed eagle, shield on breast **Note:** Dav. #1670.

Date	Mintage	VG	F	VF	XF	Unc
1730	—	300	900	1,900	3,750	—
1731	—	150	450	900	1,800	—
1732	—	150	450	900	1,800	—
1733	—	150	450	900	1,800	—

KM# 192.2 ROUBLE
25.8500 g., 0.7290 Silver 0.6058 oz. ASW **Ruler:** Anna **Obv:** Bust right **Rev:** Crown above crowned double-headed eagle, shield on breast **Note:** Dav. #1671.

Date	Mintage	VG	F	VF	XF	Unc
1733	—	255	525	1,150	2,250	—
1734	—	225	450	900	1,800	—

KM# 192.3 ROUBLE
28.4400 g., 0.7290 Silver 0.6665 oz. ASW **Ruler:** Anna **Obv:** Large, bust right **Rev:** Crown above crowned double-headed eagle, shield on breast, X on tail **Note:** Dav. #1672.

Date	Mintage	VG	F	VF	XF	Unc
1734	—	225	450	900	1,800	—

KM# 197 ROUBLE
25.8500 g., 0.8020 Silver 0.6665 oz. ASW **Ruler:** Anna **Obv:** Bust right **Rev:** Crown above crowned double-headed eagle, shield on breast, X on tail **Note:** Dav. #1673.

Date	Mintage	VG	F	VF	XF	Unc
1734	—	225	450	900	1,800	—
1735	—	225	450	900	1,800	—
1736	—	225	450	900	1,800	—
1737	—	225	450	900	1,800	—

KM# 198 ROUBLE
25.8500 g., 0.8020 Silver 0.6665 oz. ASW **Ruler:** Anna **Obv:** Bust right **Rev:** Crown above crowned double-headed eagle, shield on breast **Note:** Dav. #1674.

Date	Mintage	VG	F	VF	XF	Unc
1736 Rare	—	—	—	—	—	—
1737	—	150	450	900	1,800	—
1738	—	150	450	900	1,800	—
1739	—	150	450	900	1,800	—
1740	—	150	450	900	1,800	—

KM# 204 ROUBLE
25.8500 g., 0.8020 Silver 0.6665 oz. ASW **Ruler:** Anna **Obv:** Bust right **Rev:** Crown above crowned double-headed eagle, shield on breast **Note:** Dav. #1675.

Date	Mintage	VG	F	VF	XF	Unc
1738СПБ	—	180	375	750	1,500	—
1739СПБ	—	180	375	750	1,500	—
1740СПБ	—	180	375	750	1,500	—

KM# 203 ROUBLE
25.8500 g., 0.8020 Silver 0.6665 oz. ASW **Ruler:** Anna **Obv:** Bust right **Rev:** Crown above crowned double-headed eagle, shield on breast **Note:** Dav. #1675.

Date	Mintage	VG	F	VF	XF	Unc
1739	—	180	375	675	1,450	—
1740	—	180	375	750	1,500	—

KM# 207.1 ROUBLE
25.8500 g., 0.8020 Silver 0.6665 oz. ASW **Ruler:** Ivan VI **Obv:** Laureate bust right, initials below **Rev:** Crown above crowned double-headed eagle, shield on breast, X on tail **Edge:** Lettered **Note:** Dav. #1676.

Date	Mintage	VG	F	VF	XF	Unc
1741ММД	—	2,250	4,500	9,000	18,000	—

KM# 207.2 ROUBLE
25.8500 g., 0.8020 Silver 0.6665 oz. ASW **Ruler:** Ivan VI **Obv:** Laureate bust right, initials below **Rev:** Crown above crowned double-headed eagle, shield on breast, X on tail **Edge:** Lettered **Note:** Dav. #1676.

Date	Mintage	VG	F	VF	XF	Unc
1741СПБ	—	1,500	3,000	6,000	12,000	—

Note: Goldberg Auction 46, 5-08, MS-64 realized $52,500.

C# 19a ROUBLE
25.8500 g., 0.8020 Silver 0.6665 oz. ASW **Ruler:** Elizabeth **Obv:** Crowned bust right, initials below **Rev:** Crown above crowned double-headed eagle, shield on breast, X on tail **Edge:** Lettered **Note:** Dav. #1677.

Date	Mintage	VG	F	VF	XF	Unc
1741СПБ	765,000	1,950	3,750	7,500	15,000	—

C# 19b.1 ROUBLE
25.8500 g., 0.8020 Silver 0.6665 oz. ASW **Ruler:** Elizabeth **Obv:** Broad bust of Elizabeth with ermine mantle **Edge:** Lettered

Date	Mintage	VG	F	VF	XF	Unc
1741	Inc. above	190	450	900	1,800	—

C# 19b.2 ROUBLE
25.8500 g., 0.8020 Silver 0.6665 oz. ASW **Ruler:** Elizabeth **Obv:** Bust without ermine mantle **Edge:** Lettered **Note:** Overstrikes on rubles of Ivan VI are known.

Date	Mintage	VG	F	VF	XF	Unc
1741	Inc. above	190	450	900	1,800	—

C# 19b.3 ROUBLE
25.8500 g., 0.8020 Silver 0.6665 oz. ASW **Ruler:** Elizabeth **Obv:** Crowned bust right **Rev:** Crown above crowned double-headed eagle, shield on breast, X on tail **Edge:** Lettered **Note:** Date varieties exist.

Date	Mintage	VG	F	VF	XF	Unc
1742СПБ	1,133,000	125	250	500	1,200	—

C# 19.1 ROUBLE
25.8500 g., 0.8020 Silver 0.6665 oz. ASW **Ruler:** Elizabeth **Obv:** Crowned bust right **Rev:** Crown above crowned double-headed eagle, shield on breast **Edge:** Lettered **Note:** Dav. #1678. Mintmark varieties exist.

Date	Mintage	VG	F	VF	XF	Unc
1742ММД	289,000	350	900	1,800	3,600	—
1743ММД	677,000	100	240	475	950	—
1744ММД	370,000	100	240	475	950	—
1745ММД	554,000	100	240	475	950	—
1746ММД	391,000	130	300	550	1,150	—
1747ММД	294,000	130	300	600	1,200	—
1748/1ММД	100,000	150	350	725	1,450	—
1748ММД	Inc. above	120	240	475	1,100	—
1749ММД	847,000	100	240	475	950	—
1750ММД	1,026,999	100	240	475	950	—
1751ММД	1,083,000	100	240	475	950	—

C# 19b.4 ROUBLE
25.8500 g., 0.8020 Silver 0.6665 oz. ASW **Ruler:** Elizabeth **Obv:** Crowned bust right **Rev:** Crown above crowned double-headed eagle, shield on breast, X on tail **Edge:** Lettered **Note:** Varieties exist.

Date	Mintage	VG	F	VF	XF	Unc
1743СПБ	944,000	120	240	475	950	—
1744СПБ	509,000	120	240	475	950	—
1745СПБ	427,000	120	240	475	950	—
1746СПБ	781,000	120	240	475	950	—
1747/44СПБ	803,000	120	240	475	950	—
1747СПБ	Inc. above	120	240	475	950	—
1748СПБ	634,000	120	240	475	950	—
1749СПБ	1,106,000	95.00	180	350	850	—
1750/40СПБ	611,000	120	240	475	950	—
1750СПБ	Inc. above	120	240	475	950	—
1751СПБ	835,000	120	240	475	950	—

C# 19b.5 ROUBLE
25.8500 g., 0.8020 Silver 0.6665 oz. ASW **Ruler:** Elizabeth **Obv:** Crowned bust right **Rev:** Moneyer initials added **Edge:** Lettered

Date	Mintage	VG	F	VF	XF	Unc
1751СПБ IM	Inc. above	100	200	400	800	—
1752СПБ IM	968,000	100	200	400	800	—
1752СПБ ЯI	Inc. above	100	200	400	800	—
1752 ЯI Close mint mark	Inc. above	45.00	90.00	185	325	—
1753СПБ ЯI	Inc. above	100	200	400	800	—
1753СПБ IM	605,000	100	200	400	800	—
1753 ЯI	Inc. above	45.00	90.00	185	325	—
1754 ЯI	1,183,000	45.00	90.00	185	325	—
1754СПБ ЯI	1,183,000	80.00	170	350	700	—

Obv: Crowned bust right **Rev:** Moneyer initials added **Edge:** Lettered

Date	Mintage	VG	F	VF	XF	Unc
1751ММД А	Inc. above	95.00	205	425	850	—
1752ММД Е	—	95.00	205	425	850	—
1752ММД I	788,000	205	425	900	1,800	—
1752ММД IШ	—	95.00	205	425	850	—
1753ММД IП	597,000	95.00	205	425	850	—
1753ММД IШ	—	205	425	900	1,800	—
1754ММД IП	1,183,000	145	300	600	1,200	—
1754ММД МБ	Inc. above	145	300	600	1,200	—

C# 19c.1 ROUBLE
25.8500 g., 0.8020 Silver 0.6665 oz. ASW **Ruler:** Elizabeth **Obv:** Crowned bust right **Rev:** Crown above crowned double-headed eagle, shield on breast **Edge:** Lettered

Date	Mintage	VG	F	VF	XF	Unc
1754ММД IП	Inc. above	130	300	600	1,200	—
1754ММД МБ	Inc. above	145	300	600	1,200	—
1754ММД ЕI	Inc. above	145	240	475	950	—
1755ММД МБ	594,000	120	240	475	950	—
1756ММД МБ	217,000	130	265	550	1,100	—
1757ММД МБ	339,000	155	325	650	1,300	—
1758ММД ЕI	116,000	180	350	725	1,450	—

C# 19c.2 ROUBLE
25.8500 g., 0.8020 Silver 0.6665 oz. ASW **Ruler:** Elizabeth **Obv:** Crowned bust right **Rev:** Crown above crowned double-headed eagle, shield on breast, date above **Note:** Dav. #1679. Mint mark varieties exist.

Date	Mintage	VG	F	VF	XF	Unc
1754СПБ ЯI	Inc. above	85.00	180	425	850	—
1754СПБ IM	Inc. above	85.00	180	425	850	—
1755СПБ IM	1,836,000	85.00	180	425	850	—
1755СПБ ЯI	Inc. above	85.00	180	425	850	—
1756СПБ IM	1,944,000	85.00	180	425	850	—
1756СПБ ЯI	Inc. above	85.00	180	425	850	—
1757СПБ IM	536,000	120	240	550	1,100	—

C# 22 ROUBLE
1.6200 g., 0.9170 Gold 0.0478 oz. AGW **Ruler:** Elizabeth **Obv:** Crowned bust right **Rev:** Crown above crowned double-headed eagle, shield on breast

Date	Mintage	VG	F	VF	XF	Unc
1756	36,000	155	250	500	1,000	—
1757/6	14,000	155	250	500	1,000	—
1758	117,000	155	350	700	1,150	—

C# 19c.3 ROUBLE
25.8500 g., 0.8020 Silver 0.6665 oz. ASW **Ruler:** Elizabeth **Obv:** Large portrait **Note:** Dav. #1680.

Date	Mintage	VG	F	VF	XF	Unc
1757СПБ ЯI	Inc. above	2,000	4,000	8,000	16,000	—
1757СПБ	—	—	—	—	—	—

C# 19.2 ROUBLE
25.8500 g., 0.8020 Silver 0.6665 oz. ASW **Ruler:** Elizabeth

RUSSIA

C# 19c.4 ROUBLE
25.8500 g., 0.8020 Silver 0.6665 oz. ASW **Ruler:** Elizabeth
Obv: Crowned bust right **Rev:** Crown above crowned double-headed eagle, shield on breast, X on tail **Edge:** Lettered **Note:** Dav. #1681.

Date	Mintage	VG	F	VF	XF	Unc
1757СПБ ЯI	Inc. above	205	425	900	1,800	—
1758СПБ ЯI	600,000	180	350	725	1,450	—
1758СПБ НК	Inc. above	205	425	900	1,800	—
1759СПБ ЯI	601,000	180	350	725	1,450	—
1759СПБ НК	Inc. above	205	425	900	1,800	—
1760СПБ ЯI	249,000	205	425	900	1,800	—
1761СПБ ЯI	391,000	300	600	1,200	2,400	—
1761СПБ НК	Inc. above	265	550	1,100	2,150	—

C# 47.1 ROUBLE
25.8500 g., 0.8020 Silver 0.6665 oz. ASW **Ruler:** Peter III **Obv:** Bust right **Rev:** Crown above crowned double-headed eagle, shield on breast, X on tail **Note:** Dav. #1682.

Date	Mintage	VG	F	VF	XF	Unc
1762ММД АМ	—	215	450	900	2,250	—

C# 67.1 ROUBLE
24.0000 g., 0.8020 Silver 0.6188 oz. ASW **Ruler:** Catherine II
Obv: Crowned bust right **Rev:** Crown above crowned double-headed eagle, shield on breast, X on tail **Edge:** Lettered **Note:** Dav. #1683.

Date	Mintage	VG	F	VF	XF	Unc
1762ММД ДМ	406,000	300	600	1,200	3,000	—
1763ММД ЕI	95,000	215	450	900	2,250	—

C# 67.2 ROUBLE
24.0000 g., 0.7500 Silver 0.5787 oz. ASW **Ruler:** Catherine II
Obv: Crowned bust right **Rev:** Crown above crowned double-headed eagle, shield on breast, X on tail

Date	Mintage	VG	F	VF	XF	Unc
1762СПБ НК	1,459,000	90.00	180	350	900	—
1763СПБ НК	1,817,000	90.00	180	350	900	—
1763СПБ ЯI	Inc. above	95.00	205	425	975	—

C# 47.2 ROUBLE
24.0000 g., 0.8020 Silver 0.6188 oz. ASW **Ruler:** Peter III **Obv:** Bust right **Rev:** Crown above crowned double-headed eagle, shield on breast, X on tail **Note:** Edge varieties: Lettered or oblique milled.

Date	Mintage	VG	F	VF	XF	Unc
1762СПБ НК	—	215	450	900	2,250	10,000

C# 67.2a ROUBLE
24.0000 g., 0.7500 Silver 0.5787 oz. ASW **Ruler:** Catherine II

Date	Mintage	VG	F	VF	XF	Unc
1764СПБ ЯI	3,016,000	70.00	145	300	750	—
1764СПБ СА	Inc. above	70.00	145	300	750	—
1765СПБ ЯI	2,782,000	36.00	70.00	300	750	—
1765СПБ СА	Inc. above	36.00	70.00	300	750	—

C# 67.1a ROUBLE
24.0000 g., 0.7500 Silver 0.5787 oz. ASW **Ruler:** Catherine II

Date	Mintage	VG	F	VF	XF	Unc
1764ММД ЕI	264,000	95.00	205	425	1,050	—
1765ММД ЕI	121,000	145	300	600	1,500	—

C# 67a.2 ROUBLE
24.0000 g., 0.7500 Silver 0.5787 oz. ASW **Ruler:** Catherine II
Obv: Crowned bust right **Rev:** Crown above crowned double-headed eagle, shield on breast, X on tail **Note:** Varieties exist.

Date	Mintage	VG	F	VF	XF	Unc
1766СПБ ЯI	1,682,000	70.00	145	300	750	—
1766СПБ АШ	Inc. above	70.00	145	300	750	—
1767СПБ АШ	1,210,000	70.00	145	300	750	—
1767СПБ ЕI	Inc. above	300	600	1,200	3,750	—
1768СПБ ЕI	1,028,000	300	600	1,200	3,750	—
1768СПБ АШ	Inc. above	240	450	900	2,250	—
1768СПБ СА	Inc. above	70.00	145	300	750	—
1769СПБ СА	2,200,000	70.00	145	300	750	—
1770СПБ СА	1,198,000	900	1,800	3,600	9,000	—
1770СПБ ЯБ	Inc. above	70.00	145	300	750	—
1771СПБ ЯБ	1,024,999	70.00	145	300	750	—
1771СПБ АШ	Inc. above	70.00	145	300	750	—
1772СПБ ЯБ	1,050,000	70.00	145	300	750	—
1772СПБ АШ	Inc. above	70.00	145	300	750	—
1773СПБ ЯБ	2,378,000	180	350	725	1,800	—
1773СПБ ФЛ	Inc. above	70.00	145	300	750	—
1774СПБ ФЛ	2,770,000	70.00	145	300	750	—
1775СПБ ФЛ	—	70.00	145	300	750	—

Note: Mintage included in C#67a.1

Date	Mintage	VG	F	VF	XF	Unc
1775СПБ ЯБ	—	70.00	145	300	750	—

Note: Mintage included in C#67a.1

Date	Mintage	VG	F	VF	XF	Unc
1776СПБ ЯБ	2,625,000	70.00	145	300	750	—

C# 67a.1 ROUBLE
24.0000 g., 0.7500 Silver 0.5787 oz. ASW **Ruler:** Catherine II
Obv: Mature bust without neck ruffle **Note:** Similar to C#67.1. Dav. #1684.

Date	Mintage	VG	F	VF	XF	Unc
1766ММД АШ	—	900	1,800	3,600	9,000	—
1767ММД ЕI	25,000	215	450	900	2,250	—
1768ММД АШ	491,000	450	300	1,800	4,500	—
1768ММД ЕI	Inc. above	145	300	600	1,500	—
1769ММД ЕI	277,000	145	300	600	1,500	—
1770ММД ДМ	80,000	1,000	2,100	4,200	10,500	—
1775ММД СА	1,648,000	—	—	—	—	—
1775ММД	—	—	—	—	—	—

C# 67b ROUBLE
24.0000 g., 0.7500 Silver 0.5787 oz. ASW **Ruler:** Catherine II
Obv: Older bust, wreath around crown **Rev:** Similar to C#67.1 **Note:** Dav. #1685.

Date	Mintage	VG	F	VF	XF	Unc
1777СПБ ФЛ	2,000,000	95.00	145	425	1,050	—
1778СПБ ФЛ	1,700,000	70.00	145	300	750	—
1779СПБ ФЛ	419,000	70.00	145	300	900	—
1780СПБ ИЗ	2,866,000	70.00	145	300	750	—
1781СПБ ИЗ	2,283,000	70.00	145	300	750	—
1782СПБ ИЗ	1,200,000	70.00	145	300	750	—

C# 76 ROUBLE
1.3000 g., 0.9170 Gold 0.0383 oz. AGW **Ruler:** Catherine II
Obv: Crowned bust right **Rev:** Crown above crowned double-headed eagle, shield on breast **Edge:** Oblique milled **Note:** Without mint mark.

Date	Mintage	F	VF	XF	Unc	BU
1779	—	125	220	450	875	—

C# 67c ROUBLE
24.0000 g., 0.7500 Silver 0.5787 oz. ASW **Ruler:** Catherine II
Obv: Crowned bust right **Rev:** Crown above crowned double-headed eagle, shield on breast, date above **Note:** Dav. #1686.

Date	Mintage	VG	F	VF	XF	Unc
1783СПБ ИЗ	1,880,000	60.00	120	250	750	—
1783СПБ ММ	Inc. above	750	1,500	3,000	6,500	—
1784СПБ ММ	144,000	250	500	1,000	2,500	—
1785СПБ ЯА	139,000	70.00	150	300	900	—
1786СПБ ЯА	2,600,000	60.00	150	250	750	—
1787СПБ ЯА	900,000	75.00	150	300	900	—
1788СПБ ЯА	1,475,000	75.00	150	300	900	—
1789СПБ ЯА	500,000	80.00	160	325	975	—
1790СПБ ЯА	239,000	75.00	150	300	975	—
1791СПБ ЯА	274,000	80.00	160	325	975	—
1792СПБ ЯА	1,509,000	70.00	150	300	900	—
1793СПБ ЯА	1,124,000	80.00	160	325	975	—
1793СПБ АК	Inc. above	80.00	160	325	975	—
1793СПБ	Inc. above	370	750	1,500	3,500	—
1794СПБ АК	895,000	70.00	150	300	900	—
1795СПБ АК	677,000	80.00	170	350	1,050	—
1795СПБ IС	Inc. above	150	300	600	1,800	—
1796СПБ IС	954,000	80.00	170	350	1,050	—

C# 101 ROUBLE
29.2500 g., 0.8680 Silver 0.8162 oz. ASW **Ruler:** Paul I **Obv:** Monogram in cruciform with 4 crowns **Rev:** Inscription within ornamented square

Date	Mintage	VG	F	VF	XF	Unc
1797 ФА	920,000	900	1,900	3,750	7,500	—

C# 101a ROUBLE
20.7300 g., 0.8680 Silver 0.5785 oz. ASW, 38 mm. **Ruler:** Paul I
Obv: Monogram in cruciform with 4 crowns **Rev:** Inscription within ornamented square **Note:** Reduced size. Dav. #1688.

Date	Mintage	VG	F	VF	XF	Unc
1798СМ МБ	3,279,000	90.00	180	375	1,500	—
1798СМ ОМ Rare	Inc. above	—	—	—	—	—
1799СМ МБ	3,124,000	90.00	180	375	1,500	—
1799СМ ФА	Inc. above	115	225	450	1,500	—
1799СМ АИ Rare	Inc. above	—	—	—	—	—
1800СМ ОМ	1,870,000	90.00	180	375	1,500	—
1800СМ АИ Rare	Inc. above	—	—	—	—	—

KM# 158.1 2 ROUBLES
4.1000 g., 0.7810 Gold 0.1029 oz. AGW **Ruler:** Peter I **Obv:** Laureate bust right **Obv. Legend:** АРЬ ПЕТРЬ... В Р САМОД **Rev:** St. Andrew with normal date **Rev. Legend:** М НОВА...

Date	Mintage	VG	F	VF	XF	Unc
1718 L	—	1,700	3,600	7,300	17,000	—
1720	—	1,700	3,600	7,300	17,000	—

KM# 158.2 2 ROUBLES
4.1000 g., 0.7810 Gold 0.1029 oz. AGW **Ruler:** Peter I **Rev:** Divided date

Date	Mintage	VG	F	VF	XF	Unc
1718 L	—	2,100	4,200	8,400	21,000	—
1718	—	2,100	4,200	8,400	21,000	—
1720	—	2,100	4,200	8,400	21,000	—

KM# 158.3 2 ROUBLES
4.1000 g., 0.7810 Gold 0.1029 oz. AGW **Ruler:** Peter I **Rev:** Divided date **Rev. Legend:** М НОВ...

Date	Mintage	VG	F	VF	XF	Unc
1718 L	—	1,700	3,600	7,300	17,000	—

KM# 158.4 2 ROUBLES
4.1000 g., 0.7810 Gold 0.1029 oz. AGW **Ruler:** Peter I **Obv:** Laureate bust right **Obv. Legend:** ... В Р САМОДЕРЖЕА **Rev:** St. Andrew

Date	Mintage	VG	F	VF	XF	Unc
1718 L	—	2,200	5,300	10,500	26,500	—

KM# 158.5 2 ROUBLES
4.1000 g., 0.7810 Gold 0.1029 oz. AGW **Ruler:** Peter I **Rev. Legend:** МОНЕТА НОВА... **Note:** Bust varieties exist.

Date	Mintage	VG	F	VF	XF	Unc
1720	—	1,700	2,500	7,300	17,000	—
1720 МОЕНЕТА Error	—	1,700	3,600	7,300	17,000	—
1721	—	2,100	4,200	9,500	21,000	—

KM# 158.6 2 ROUBLES
4.1000 g., 0.7810 Gold 0.1029 oz. AGW **Ruler:** Peter I **Obv:** Laureate bust right **Obv. Legend:** ПЕТРЬ А ИМПЕРАТ И САМОДЕР ВСЕРОССИISKИИ **Rev:** St. Andrew **Note:** Bust varieties exist.

Date	Mintage	VG	F	VF	XF	Unc
1721 Rare	—	—	—	—	—	—
1722	—	1,700	3,200	6,400	15,000	—
1723	—	1,700	3,200	6,400	15,000	—
1724	—	1,700	3,600	7,300	17,000	—
1725	—	2,100	4,200	9,500	21,000	—

KM# 178 2 ROUBLES
3.4700 g., 0.7810 Gold 0.0871 oz. AGW **Ruler:** Catherine I **Obv:** Bust left **Rev:** St. Andrew

Date	Mintage	VG	F	VF	XF	Unc
1726/5	—	3,600	7,200	16,000	32,500	—
1726	—	3,600	7,200	16,000	32,500	—
1727/6	—	2,700	5,400	14,000	27,000	—
1727	—	2,700	5,400	14,000	27,000	—

KM# 184 2 ROUBLES
3.4700 g., 0.7810 Gold 0.0871 oz. AGW **Ruler:** Peter II **Obv:** Laureate bust right **Rev:** St. Andrew

Date	Mintage	VG	F	VF	XF	Unc
1727 Hair tie	—	4,800	9,600	19,000	38,500	—
1727 Without hair tie	—	3,600	7,200	18,000	36,000	—
1728	—	5,300	11,000	21,500	43,000	—

C# 23.1 2 ROUBLES
3.2400 g., 0.9170 Gold 0.0955 oz. AGW **Ruler:** Elizabeth **Obv:** Crowned bust right **Rev:** Crown above crowned double-headed eagle, shield on breast, divided date above

Date	Mintage	VG	F	VF	XF	Unc
1756 Without mint mark	53,000	240	475	725	1,450	3,250
1758ММД	2,910	350	725	1,200	2,300	4,450

C# 23.2 2 ROUBLES
3.2400 g., 0.9170 Gold 0.0955 oz. AGW **Ruler:** Elizabeth

Date	Mintage	VG	F	VF	XF	Unc
1756СПБ Wide date	8,712	300	600	1,100	2,150	4,300
1756СПБ Close date	Inc. above	300	600	1,100	2,150	4,300

C# 77 2 ROUBLES
2.6100 g., 0.9170 Gold 0.0769 oz. AGW **Ruler:** Catherine II **Obv:** Bust right **Rev:** Crown above crowned double-headed eagle, shield on breast, divided date above

Date	Mintage	VG	F	VF	XF	Unc
1766	—	475	850	1,800	3,600	7,200

C# 77c 2 ROUBLES
2.6200 g., 0.9170 Gold 0.0772 oz. AGW **Ruler:** Catherine II **Edge:** Oblique milled

Date	Mintage	VG	F	VF	XF	Unc
1785	—	350	725	1,100	1,900	4,200
1786/5 Rare	—	—	—	—	—	—

C# 27.2 5 ROUBLES
8.2300 g., 0.9170 Gold 0.2426 oz. AGW **Ruler:** Elizabeth **Obv:** Crowned bust right **Rev:** Crowned shields in cruciform, date in angles

Date	Mintage	VG	F	VF	XF	Unc
1755 Without mint mark	5,842	4,800	11,000	21,500	38,500	—
1756СПБ	13,000	4,300	9,000	18,000	29,000	—
1757СПБ	2,680	4,300	9,000	18,000	29,000	—
1758СПБ	2,067	7,200	14,500	29,000	48,000	—
1759СПБ	2,324	6,000	12,000	24,000	43,000	—

C# 27.1 5 ROUBLES
8.2700 g., 0.9170 Gold 0.2438 oz. AGW **Ruler:** Elizabeth **Obv:** Crowned bust right **Rev:** Crowned shields in cruciform, date in angles **Edge:** Oblique milling **Note:** Without mint mark.

Date	Mintage	VG	F	VF	XF	Unc
1756	13,000	4,100	8,400	17,000	24,000	—
1758	17,000	4,100	8,400	18,000	29,000	—

C# 78.2 5 ROUBLES
8.2700 g., 0.9170 Gold 0.2438 oz. AGW **Ruler:** Catherine II **Obv:** Crowned bust right **Rev:** Crowned shields in cruciform, date in angles

Date	Mintage	VG	F	VF	XF	Unc
1762СПБ	21,000	2,400	5,400	11,000	21,500	38,500
1763СПБ Rare	7,515	—	—	—	—	—

C# 78.1 5 ROUBLES
8.2700 g., 0.9170 Gold 0.2438 oz. AGW **Ruler:** Catherine II **Obv:** Catherine II

Date	Mintage	F	VF	XF	Unc	BU
1763ММД Rare	—	—	—	—	—	—

C# 78.2a 5 ROUBLES
6.5400 g., 0.9170 Gold 0.1928 oz. AGW **Ruler:** Catherine II **Obv:** Crowned bust right **Rev:** Crowned shields in cruciform, date in angles **Edge:** Oblique milling

Date	Mintage	VG	F	VF	XF	Unc
1764СПБ	24,000	350	725	1,200	3,950	9,000
1765СПБ	51,000	350	725	1,200	3,950	9,000

C# 78a 5 ROUBLES
6.5400 g., 0.9170 Gold 0.1928 oz. AGW **Ruler:** Catherine II **Obv:** Crowned bust right **Rev:** Crowned shields in cruciform, date in angles

Date	Mintage	VG	F	VF	XF	Unc
1766СПБ	34,000	475	850	1,700	5,900	8,600
1767СПБ	90,000	475	850	1,700	5,900	8,600
1768СПБ	20,000	475	850	1,700	5,900	8,600
1769СПБ	16,000	475	850	1,700	5,900	8,600
1770СПБ	16,000	475	850	1,700	5,900	8,600
1771СПБ	12,000	475	850	1,700	5,900	8,600
1772СПБ	14,000	475	850	1,700	5,900	8,600
1773СПБ	16,000	475	850	1,700	5,900	8,600
1774СПБ	15,000	475	850	1,700	5,900	8,600
1775СПБ	10,000	475	850	1,700	5,900	8,600
1776СПБ	20,000	475	850	1,700	5,900	8,600
1777СПБ Rare	—	—	—	—	—	—

C# 78b 5 ROUBLES
6.5400 g., 0.9170 Gold 0.1928 oz. AGW **Ruler:** Catherine II **Obv:** Crowned bust right **Rev:** Crowned shields in cruciform, date in angles

Date	Mintage	VG	F	VF	XF	Unc
1778СПБ	24,000	350	775	1,550	5,300	7,800
1780СПБ	26,000	350	775	1,550	5,300	7,800
1781СПБ	63,000	350	775	1,550	5,300	7,800
1782СПБ	39,000	350	775	1,550	5,300	7,800

C# 78c 5 ROUBLES
6.5400 g., 0.9170 Gold 0.1928 oz. AGW **Ruler:** Catherine II **Obv:** Crowned bust right **Rev:** Crowned shields in cruciform, date in angles **Edge:** Oblique milling

Date	Mintage	VG	F	VF	XF	Unc
1783СПБ	33,000	240	775	1,550	5,300	7,800
1784СПБ	3,000	600	1,200	2,650	9,000	15,500
1785СПБ	47,000	350	775	1,550	5,300	7,800
1786СПБ	74,000	350	775	1,550	5,300	7,800
1788СПБ	12,000	1,800	3,600	6,000	9,600	14,500
1789СПБ	12,000	1,450	3,100	4,800	8,400	12,000
1790СПБ	20,000	1,450	2,900	4,800	7,200	11,000
1791СПБ	48,000	350	775	1,550	5,300	7,800
1792СПБ	67,000	350	775	1,550	5,300	7,800
1794СПБ	45,000	1,550	1,900	3,100	6,000	7,900
1795СПБ	6,906	475	950	1,700	5,500	9,600
1796СПБ	20,000	375	775	1,550	5,300	7,800

C# 104.1 5 ROUBLES
6.0800 g., 0.9860 Gold 0.1927 oz. AGW **Ruler:** Paul I **Obv:**

RUSSIA

Monograms of Paul I in cruciform with 4 crowns, value in angles **Rev:** Inscription within ornamented square **Edge:** Oblique milling

Date	Mintage	VG	F	VF	XF	Unc
1798 ФА	148,000	1,800	3,800	8,200	12,000	18,000
1798CM OM	Inc. above	1,800	4,500	11,000	15,000	23,000
1799 АИ	108,000	1,800	3,800	6,600	12,000	18,000
1800CM OM	86,000	1,800	3,800	6,600	12,000	18,000

C# 104.2 5 ROUBLES
6.0800 g., 0.9860 Gold 0.1927 oz. AGW **Ruler:** Paul I

Date	Mintage	F	VF	XF	Unc	BU
1800СП ОМ	Inc. above	4,200	9,000	14,000	20,500	—

C# 28.2 10 ROUBLES
16.5900 g., 0.9170 Gold 0.4891 oz. AGW **Ruler:** Elizabeth **Obv:** Crowned bust right **Rev:** Crowned shields in cruciform, date in angles **Edge:** Oblique milling

Date	Mintage	VG	F	VF	XF	Unc
1755СПБ	5,635	2,400	9,600	19,000	29,000	48,000
1756СПБ	21,000	2,400	7,200	17,000	24,000	38,500
1757СПБ	8,604	2,400	9,600	19,000	29,000	48,000
1758СПБ	2,507	2,650	12,000	24,000	36,000	60,000
1759СПБ Large mint mark	2,478	2,650	12,000	24,000	36,000	60,000
1759СПБ Small mint mark	Inc. above	2,650	12,000	24,000	36,000	60,000

C# 28.1 10 ROUBLES
16.5900 g., 0.9170 Gold 0.4891 oz. AGW **Ruler:** Elizabeth **Obv:**

Date	Mintage	VG	F	VF	XF	Unc
1756ММД	14,000	2,400	10,000	20,500	30,000	62,500
1758ММД	8,308	2,400	9,600	19,000	29,000	48,000

C# 50 10 ROUBLES
16.5700 g., 0.9170 Gold 0.4885 oz. AGW **Ruler:** Peter III **Obv:** Bust right

Date	Mintage	VG	F	VF	XF	Unc
1762	9,482	7,200	14,500	33,500	48,000	60,000

C# 79.1 10 ROUBLES
16.5900 g., 0.9170 Gold 0.4891 oz. AGW **Ruler:** Catherine II **Obv:** Crowned bust right **Rev:** Crowned shields in cruciform, date in angles **Edge:** Oblique milling

Date	Mintage	VG	F	VF	XF	Unc
1762ММД	32,000	6,000	9,600	29,000	38,500	48,000
1763ММД Rare	—	—	—	—	—	—

C# 79.2 10 ROUBLES
16.5900 g., 0.9170 Gold 0.4891 oz. AGW **Ruler:** Catherine II

Date	Mintage	VG	F	VF	XF	Unc
1762СПБ	Inc. above	4,200	7,200	17,000	24,000	36,000
1763СПБ	21,000	4,800	8,400	24,000	33,500	48,000

C# 79.2a 10 ROUBLES
13.0800 g., 0.9170 Gold 0.3856 oz. AGW **Ruler:** Catherine II **Obv:** Crowned bust right **Rev:** Crowned shields in cruciform, date in angles **Edge:** Oblique milling

Date	Mintage	VG	F	VF	XF	Unc
1764СПБ	30,000	1,200	2,150	7,200	11,000	16,000
1765СПБ	32,000	1,200	2,150	7,200	11,000	16,000

C# 79a 10 ROUBLES
13.0800 g., 0.9170 Gold 0.3856 oz. AGW **Ruler:** Catherine II **Obv:** Crowned bust right **Rev:** Crowned shields in cruciform, date in angles **Edge:** Oblique milling

Date	Mintage	VG	F	VF	XF	Unc
1766СПБ	159,000	1,200	2,150	7,200	11,000	16,000
1767СПБ	92,000	1,200	2,150	7,200	11,000	16,000
1768СПБ	50,000	1,200	2,150	7,200	11,000	16,000
1769СПБ	80,000	1,200	2,150	7,200	11,000	16,000
1770СПБ	10,000	1,800	3,250	11,000	16,000	25,000
1771СПБ	31,000	1,800	2,500	7,600	12,500	20,500
1772СПБ	51,000	1,200	2,150	7,200	11,000	16,000
1773СПБ	54,000	1,200	2,150	7,200	11,000	16,000
1774СПБ	53,000	1,200	2,150	7,200	11,000	16,000
1775СПБ	50,000	1,200	2,150	7,200	11,000	16,000
1776СПБ	68,000	1,200	2,150	7,200	11,000	16,000

C# 79b 10 ROUBLES
13.0800 g., 0.9170 Gold 0.3856 oz. AGW **Ruler:** Catherine II **Obv:** Crowned bust right **Rev:** Crowned shields in cruciform, date in angles

Date	Mintage	VG	F	VF	XF	Unc
1777СПБ	15,000	1,800	3,950	18,000	29,000	36,000
1778СПБ	84,000	1,450	3,250	9,000	14,500	18,000
1779СПБ	15,000	1,450	3,250	9,000	14,500	18,000
1780СПБ	72,000	1,450	3,250	9,000	14,500	18,000
1781СПБ	23,000	1,450	3,250	11,000	18,000	25,000
1782СПБ	4,000	1,800	3,950	18,000	29,000	36,000

C# 79c 10 ROUBLES
13.0800 g., 0.9170 Gold 0.3856 oz. AGW **Ruler:** Catherine II **Obv:** Crowned bust right **Rev:** Crowned shields in cruciform, date in angles

Date	Mintage	VG	F	VF	XF	Unc
1783СПБ	26,000	1,800	3,250	9,000	14,500	18,000
1785СПБ	20,000	1,800	3,250	9,000	14,500	18,000
1786СПБ	Inc. above	1,800	3,600	14,500	21,500	29,000
1795СПБ Rare	2,300	—	—	—	—	—
1796СПБ Rare	Inc. above	—	—	—	—	—

TRADE COINAGE

KM# 107 DUCAT
3.4700 g., 0.9860 Gold 0.1100 oz. AGW **Ruler:** Peter I **Obv:**

Laureate bust right **Rev:** Crown above crowned double-headed eagle, shield on breast **Note:** Varieties exist.

Date	Mintage	VG	F	VF	XF	Unc
ND(1701) Hair tie	—	10,500	23,000	45,500	80,500	—
ND(1701) Without hair tie	—	7,800	16,500	35,000	63,000	—
ND(1702)	—	13,000	26,000	52,500	94,500	—
ND(1703) Hair tie	—	6,500	15,000	33,500	56,000	—
ND(1705) Without hair tie	—	13,000	26,000	52,500	94,500	—

KM# 125 DUCAT
3.4700 g., 0.9860 Gold 0.1100 oz. AGW **Ruler:** Peter I **Obv:** Tall fine style bust of Peter I right

Date	Mintage	VG	F	VF	XF	Unc
ND(1706)	—	9,800	19,500	42,000	70,000	—
1710 L-L Rare	—	—	—	—	—	—

KM# 131 DUCAT
3.4700 g., 0.9860 Gold 0.1100 oz. AGW **Ruler:** Peter I **Obv:** Laureate bust right **Rev:** Crown above crowned double-headed eagle, shield on breast

Date	Mintage	VG	F	VF	XF	Unc
ND(1707) IL-L	—	7,800	15,500	38,000	71,500	—

KM# 133 DUCAT
3.4700 g., 0.9860 Gold 0.1100 oz. AGW **Ruler:** Peter I **Obv:** Laureate bust right **Rev:** Maps held in beaks of crowned double-headed eagle, shield on breast, larger crown above **Note:** Struck following the capture of Azov. The G appears on uniform on obverse.

Date	Mintage	VG	F	VF	XF	Unc
ND(1710)	—	5,200	15,500	45,000	84,000	—
1710 G L-L	—	5,200	15,500	45,000	84,000	—
1711	—	10,500	23,500	50,500	109,000	—

KM# 140 DUCAT
3.4700 g., 0.9860 Gold 0.1100 oz. AGW **Ruler:** Peter I **Obv:** Laureate bust right, divides legend **Rev:** Crown above crowned double-headed eagle, shield on breast, date in legend **Note:** Varieties exist.

Date	Mintage	VG	F	VF	XF	Unc
1712 G DL	—	3,900	11,500	49,000	70,000	—
1712 DL	—	3,900	11,500	49,000	70,000	—
1713.2 DL	—	4,550	13,000	56,000	80,500	—
1713 DL	—	3,900	11,500	49,000	70,000	—
1714	—	6,500	19,500	59,500	84,000	—
1714 3	—	9,800	26,000	66,500	94,500	—

KM# A134 DUCAT
3.4700 g., 0.9860 Gold 0.1100 oz. AGW **Ruler:** Peter I **Obv:** Laureate bust right **Rev:** Crown above crowned double-headed eagle, shield on breast, arabic date below

Date	Mintage	VG	F	VF	XF	Unc
1712 D-L Rare	—	—	—	—	—	—

KM# 139 DUCAT
3.4700 g., 0.9860 Gold 0.1100 oz. AGW **Ruler:** Peter I **Obv:**

Laureate bust right **Rev:** Crown above crowned double-headed eagle, shield on breast, date in legend

Date	Mintage	VG	F	VF	XF	Unc
1712 G D-L	—	3,900	11,500	49,000	70,000	—
1712 D-L	—	3,900	11,500	49,000	70,000	—

KM# 151 DUCAT
3.4700 g., 0.9860 Gold 0.1100 oz. AGW **Ruler:** Peter I **Obv:** Laureate bust right **Rev:** Crown above crowned double-headed eagle, shield on breast **Note:** Latin inscription.

Date	Mintage	VG	F	VF	XF	Unc
1716	—	6,500	15,500	36,500	50,500	—
1716 Retrograde 7	—	6,500	15,500	36,500	50,500	—

KM# 186 DUCAT
3.4700 g., 0.9860 Gold 0.1100 oz. AGW **Ruler:** Peter II **Obv:** Laureate bust right **Rev:** Crown above crowned double-headed eagle, shield on breast

Date	Mintage	VG	F	VF	XF	Unc
1729 Hair tie	—	5,900	19,500	50,500	84,000	—
1729 Without hair tie	—	5,900	19,500	59,000	94,500	—

KM# 193 DUCAT
3.4700 g., 0.9860 Gold 0.1100 oz. AGW **Ruler:** Anna **Obv:** Bust right **Rev:** Crown above crowned double-headed eagle, oval shield on breast

Date	Mintage	VG	F	VF	XF	Unc
1730	—	6,500	16,500	31,500	59,500	—

KM# 201 DUCAT
3.4700 g., 0.9860 Gold 0.1100 oz. AGW **Ruler:** Anna **Obv:** Bust right **Rev:** Crown above crowned double-headed eagle, oval shield on breast

Date	Mintage	VG	F	VF	XF	Unc
1738	—	4,250	9,800	26,500	49,000	—
1739	—	4,250	9,800	26,500	49,000	—

C# 30.1 DUCAT
3.4700 g., 0.9690 Gold 0.1081 oz. AGW **Ruler:** Elizabeth **Obv:** Crowned bust right **Rev:** Crown above crowned double-headed eagle, shield on breast, date above **Note:** Without mint mark.

Date	Mintage	VG	F	VF	XF	Unc
1742	4,271	2,350	3,900	8,100	31,000	—
1743	2,823	2,450	5,700	13,000	52,500	—
1744	15,000	2,350	3,900	7,800	29,500	—
1746	500	3,250	9,000	23,000	70,000	—
1747	17,000	2,450	5,600	12,000	37,500	—
1748	17,000	2,100	3,300	7,000	26,000	37,500

C# 30.2 DUCAT
3.4700 g., 0.9860 Gold 0.1100 oz. AGW **Ruler:** Elizabeth **Obv:** Crowned bust right **Rev:** Crown above crowned double-headed eagle, shield on breast, date in legend

Date	Mintage	VG	F	VF	XF	Unc
1749 АВГ 1 (AUG. 1)	3,000	1,550	3,250	11,000	31,000	—
1751 МАР 13 (MAR. 13)	13,016,000	1,300	2,600	7,600	28,000	—
1751 АПРЕЛЬ (APRIL)	Inc. above	1,950	4,150	12,500	33,500	—
1752 НОЯБ 3 (NOVB. 3)	9,398	1,550	3,250	9,800	31,000	—
1753 ФЕВР 5 (FEBR. 5)	5,018,000	1,950	4,150	12,500	33,500	—

C# 31.1 DUCAT
3.4700 g., 0.9860 Gold 0.1100 oz. AGW **Ruler:** Elizabeth **Obv:** Crowned bust right **Rev:** St. Andrew divides date

Date	Mintage	VG	F	VF	XF	Unc
1749 АВГ 1 (AUG. 1)	Inc. above	1,300	2,850	9,800	26,500	—
1751 МАРТ (MART.)	Inc. above	2,600	6,000	19,500	50,500	—
1751 МАР 13 (MAR. 13)	Inc. above	1,300	2,600	8,400	25,000	—
1751 АПРЕЛ (APRIL)	Inc. above	1,300	2,850	10,500	29,500	—
1752 НОЯБ 3 (NOVB. 3)	Inc. above	1,700	3,650	12,500	31,000	—
1753 ФЕВР 5 (FEBR. 5)	Inc. above	1,550	3,250	11,000	31,000	—

C# 31.2 DUCAT
3.4700 g., 0.9860 Gold 0.1100 oz. AGW **Ruler:** Elizabeth **Obv:** Crowned bust right **Rev:** St. Andrew divides date

Date	Mintage	VG	F	VF	XF	Unc
1749	—	1,950	4,800	17,000	50,500	—

C# 31.2a DUCAT
Gold, 22 mm. **Ruler:** Elizabeth **Obv:** Crowned bust right **Rev:** St. Andrew, date above

Date	Mintage	VG	F	VF	XF	Unc
1749	—	2,600	3,100	8,400	31,000	—

C# 30.3 DUCAT
3.4700 g., 0.9790 Gold 0.1092 oz. AGW **Ruler:** Elizabeth **Obv:** Crowned bust right **Rev:** Crown above crowned double-headed eagle, shield on breast, divided date above

Date	Mintage	VG	F	VF	XF	Unc
1757СПБ	121,000	1,550	3,650	14,000	39,000	—

C# 51 DUCAT
3.4700 g., 0.9790 Gold 0.1092 oz. AGW **Ruler:** Peter III **Obv:** Bust right **Rev:** Crown above crowned double-headed eagle, shield on breast, divided date above

Date	Mintage	VG	F	VF	XF	Unc
1762СПБ	—	7,800	15,500	33,500	59,000	84,000

C# 80 DUCAT
3.4700 g., 0.9790 Gold 0.1092 oz. AGW **Ruler:** Catherine II **Obv:** Crowned bust right **Rev:** Crown above crowned double-headed eagle, shield on breast, date above **Edge:** Oblique milling

Date	Mintage	VG	F	VF	XF	Unc
1763СПБ	50,000	3,250	5,200	11,000	25,000	33,500

C# 80a DUCAT
3.4700 g., 0.9860 Gold 0.1100 oz. AGW **Ruler:** Catherine II **Obv:** Crowned bust right **Rev:** Crown above crowned double-headed eagle, shield on breast, divided date above

Date	Mintage	VG	F	VF	XF	Unc
1766СПБ	23,000	3,250	5,200	11,000	25,000	33,500

C# 80c DUCAT
3.4700 g., 0.9860 Gold 0.1100 oz. AGW **Ruler:** Catherine II **Obv:** Crowned bust right **Rev:** Crown above crowned double-headed eagle, shield on breast, divided date above

Date	Mintage	VG	F	VF	XF	Unc
1796СПБ	40,000	5,200	7,800	19,500	28,000	39,000

C# 102 DUCAT
3.4700 g., 0.9860 Gold 0.1100 oz. AGW **Ruler:** Paul I **Obv:** Crown above crowned double-headed eagle, shield on breast, date in legend **Rev:** Inscription within ornamented square

Date	Mintage	VG	F	VF	XF	Unc
1796СМ БМ	2,500	7,800	13,000	22,500	42,000	67,000

C# 103 DUCAT
3.4700 g., 0.9860 Gold 0.1100 oz. AGW **Ruler:** Paul I **Obv:** Monograms of Paul I in cruciform **Rev:** Inscription within ornamented square

Date	Mintage	VG	F	VF	XF	Unc
1797 ГЛ	137,000	—	14,000	22,500	42,500	70,000

KM# 108 2 DUCAT
6.8200 g., 0.9860 Gold 0.2162 oz. AGW **Ruler:** Peter I **Obv:** Laureate head of Peter I right **Rev:** Crowned imperial eagle with sceptre and orb, date in legend

Date	Mintage	VG	F	VF	XF	Unc
ND(1701)	—	8,000	16,000	32,000	60,000	—
ND(1702)	—	6,800	14,000	28,000	56,000	—

KM# 150 2 DUCAT
6.9400 g., 0.9860 Gold 0.2200 oz. AGW **Ruler:** Peter I **Obv:** Laureate bust right **Rev:** Crown above crowned double-headed eagle, shield on breast, date in legend

Date	Mintage	VG	F	VF	XF	Unc
1714 Rare	—	—	—	—	—	—

C# 33.1 2 DUCAT
6.9400 g., 0.9860 Gold 0.2200 oz. AGW **Ruler:** Elizabeth **Obv:** Similar to C#34.2 **Rev:** Date above imperial eagle **Note:** Without mint mark.

Date	Mintage	VG	F	VF	XF	Unc
1749	600	12,500	19,000	40,500	78,000	—

RUSSIA

C# 34.1 2 DUCAT

6.9400 g., 0.9860 Gold 0.2200 oz. AGW **Ruler:** Elizabeth **Obv:** Crowned bust right **Rev:** St. Andrew divides date

Date	Mintage	VG	F	VF	XF	Unc
1749	Inc. above	7,900	15,500	31,500	62,500	—

C# 34.2 2 DUCAT

6.9400 g., 0.9860 Gold 0.2200 oz. AGW **Ruler:** Elizabeth **Obv:** Crowned bust right **Rev:** St. Andrew divides date

Date	Mintage	VG	F	VF	XF	Unc
1751 АПРЕJI (APRIL)	Inc. above	6,300	12,500	28,000	55,000	—
1751 МАР 20 (MAR. 2)	Inc. above	6,300	12,500	28,000	55,000	—

C# 33.2 2 DUCAT

6.9400 g., 0.9860 Gold 0.2200 oz. AGW **Ruler:** Elizabeth **Obv:** Crowned bust right **Rev:** Crown above crowned double-headed eagle, shield on breast, date in legend

Date	Mintage	VG	F	VF	XF	Unc
1751 АПРЕJI (APRIL)	Inc. above	6,300	12,500	28,000	55,000	—
1751 МАР 20 (MAR. 20)	3,360	6,300	12,500	28,000	55,000	—

KM# A35 3 DUCAT

Gold **Ruler:** Peter I **Obv:** Laureate bust right **Rev:** Crown above crowned double-headed eagle

Date	Mintage	VG	F	VF	XF	Unc
1702	—	—	19,000	56,500	84,500	—

PLATE MONEY

Issued between 1725-1727 in various sizes containing copper equal to value of similar denominations of silver coinage. Obviously they copied the format of the Swedish plate money introduced in 1702. Refer also to Novedel Plate Money listings.

KM# PM13.1 KOPEK

Copper **Ruler:** Catherine I **Obv:** Large 16 millimeter crowned imperial eagle at center, date in corners

Date	Mintage	VG	F	VF	XF	Unc
1726 Rare	—	—	—	—	—	—

KM# PM13.2 KOPEK

Copper **Ruler:** Catherine I **Rev:** ПРГA at center

Date	Mintage	VG	F	VF	XF	Unc
1726 Rare	—	—	—	—	—	—

KM# PM12 KOPEK

Copper **Ruler:** Catherine I **Obv:** Small 13 millimeter crowned

KM# PM14 5 KOPEKS

Copper **Ruler:** Catherine I **Obv:** Large 22 millimeter crowned imperial eagle with St. George slaying dragon in oval shield on breast at center divides date

Date	Mintage	VG	F	VF	XF	Unc
1726 Rare	—	—	—	—	—	—

KM# PM15 5 KOPEKS

Copper **Ruler:** Catherine I **Obv:** Small 19 millimeter crowned imperial eagle with St. George slaying dragon in oval shield on breast at center

Date	Mintage	VG	F	VF	XF	Unc
1726 Rare	—	—	—	—	—	—

KM# PM4 5 KOPEKS

Copper **Ruler:** Catherine I **Obv:** Crowned imperial eagle with plain breast at center divides date **Note:** Uniface.

Date	Mintage	VG	F	VF	XF	Unc
1726 Rare	—	—	—	—	—	—

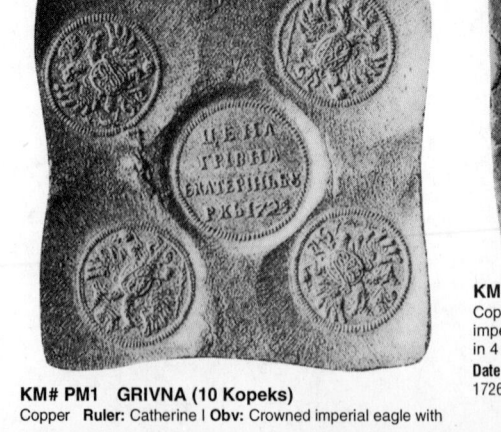

KM# PM1 GRIVNA (10 Kopeks)

Copper **Ruler:** Catherine I **Obv:** Crowned imperial eagle with St. George slaying dragon in oval shield at center divides date **Note:** Uniface.

Date	Mintage	VG	F	VF	XF	Unc
1726 Rare	—	—	—	—	—	—

monograms of Catherine I in oval on breast in 4 corners; value at center **Obv. Legend:** АЕНА/ГРІВНА **Note:** Uniface. Illustration reduced, actual size 68x67 millimeters.

Date	Mintage	VG	F	VF	XF	Unc
1725 Rare	—	—	—	—	—	—

KM# PM5 GRIVNA (10 Kopeks)

Copper **Ruler:** Catherine I **Obv:** Crowned imperial eagle with plain breast in 4 corners, value at center **Obv. Legend:** АЕНА/ГРІВНА **Note:** Uniface.

Date	Mintage	VG	F	VF	XF	Unc
1726 Rare	—	—	—	—	—	—

KM# PM9 GRIVNA (10 Kopeks)

Copper **Ruler:** Catherine I **Obv:** Large crowned imperial eagle with monogram of Catherine I in shield on breast in 4 corners, value, date at center **Obv. Legend:** ГРИВНА

Date	Mintage	VG	F	VF	XF	Unc
1726 Rare	—	—	—	—	—	—

KM# PM10 GRIVNA (10 Kopeks)

Copper **Ruler:** Catherine I **Obv:** Small 19 millimeter crowned imperial eagle with monogram of Catherine I in shield on breast in 4 corners, value, date at center **Obv. Legend:** ГРИВНА

Date	Mintage	VG	F	VF	XF	Unc
1726 Rare	—	—	—	—	—	—

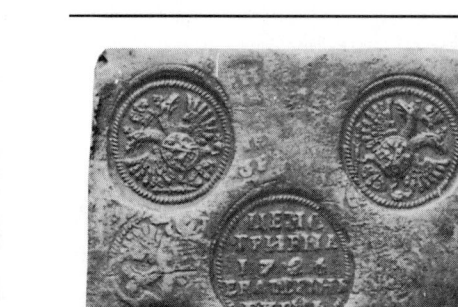

KM# PM16.1 GRIVNA (10 Kopeks)
Copper **Ruler:** Catherine I **Obv:** Crowned imperial eagle with St. George slaying dragon in oval on eagle's breast in 4 corners, value, date at center **Obv. Legend:** АЕНА/ГРИВНА

Date	Mintage	VG	F	VF	XF	Unc
1726 Rare	—	—	—	—	—	—

KM# PM16.2 GRIVNA (10 Kopeks)
Copper **Ruler:** Catherine I **Rev:** Legend at center **Rev. Legend:** ПР/ГА

Date	Mintage	VG	F	VF	XF	Unc
1726 Rare	—	—	—	—	—	—

KM# PM16.3 GRIVNA (10 Kopeks)
Copper **Ruler:** Catherine I **Rev:** Legend at center **Rev. Legend:** ПР/ПП

Date	Mintage	VG	F	VF	XF	Unc
1727 Rare	—	—	—	—	—	—

KM# PM16.4 GRIVNA (10 Kopeks)
Copper **Ruler:** Catherine I **Rev:** Legend at center **Rev. Legend:** ПР/АБ

Date	Mintage	VG	F	VF	XF	Unc
1727 Rare	—	—	—	—	—	—

KM# PM2 POLUPOLTINNIK (1/4 Rouble)
Copper **Ruler:** Catherine I **Obv:** Crowned imperial eagle with monogram of Catherine I in oval shield on eagle's breast in 4 corners, value at center **Obv. Legend:** АЕНА/ПОЛПОЛТИНЫ

Date	Mintage	VG	F	VF	XF	Unc
1725 Rare	—	—	—	—	—	—

KM# PM11 POLUPOLTINNIK (1/4 Rouble)
Copper **Ruler:** Catherine I **Obv:** Crowned imperial eagle with monogram of Catherine I in oval shield on eagle's breast in 4 corners, value, date at center **Obv. Legend:** АЕНА/ПОЛПОЛТТНЫ

Date	Mintage	VG	F	VF	XF	Unc
1726 Rare	—	—	—	—	—	—

KM# PM6 POLUPOLTINNIK (1/4 Rouble)
Copper **Ruler:** Catherine I **Obv:** Crowned imperial eagle with plain breast in 4 corners, value at center **Obv. Legend:** АЕНА/ПОЛПОЛТИНЫ

Date	Mintage	VG	F	VF	XF	Unc
1726 Rare	—	—	—	—	—	—

KM# PM7 POLTINA (50 Kopeks)
Copper **Ruler:** Catherine I **Obv:** Crowned imperial eagle with plain breast in 4 corners, value at center **Obv. Legend:** АЕНА/ПОЛТIНА **Note:** Uniface.

Date	Mintage	VG	F	VF	XF	Unc
1726 Rare	—	—	—	—	—	—

KM# PM3 ROUBLE
Copper **Ruler:** Catherine I **Obv:** Crowned imperial eagle with monogram of Catherine I in 4 corners, value at center, 5-line legend at top **Obv. Legend:** АЕНА/РУБЛЬ **Note:** Uniface.

Date	Mintage	VG	F	VF	XF	Unc
1725 Rare	—	—	—	—	—	—

KM# PM8 ROUBLE
Copper **Ruler:** Catherine I **Obv:** Crowned imperial eagle with plain breast in 4 corners, value, date at center **Obv. Legend:** АЕНА/РУБЛЬ

Date	Mintage	VG	F	VF	XF	Unc
1726 Rare	—	—	—	—	—	—

ESSAIS

KM#	Date	Mintage Identification	Mkt Val
E1	1762	— 5 Kopeks. Silver.	250

NOVODELS

KM#	Date	Mintage Identification	Mkt Val

N-A7	ND(1701)	— 5 Kopeks. Silver.	1,150
N-A8	ND(1701)	— 10 Kopeks. Silver.	1,650
N-A9	ND(1702)	— 5 Kopeks. Silver.	1,150

N-B1	ND(1702)	— 1/4 Rouble. Copper.	1,600

N-B2	ND(1702)	— 1/2 Rouble. Silver.	5,000

N-B3	ND(1702)	— 2 Ducat. Gold. 6.8400 g. Fr. #42.	—

N-B4	ND(1703)	— 1/4 Kopek. Copper.	—
N-B5	ND (1704)	— 5 Kopeks. Silver.	—
N-B6	ND(1704)	— 10 Kopeks. Silver.	—

N-B7	ND(1704)М Д	— 1/4 Rouble. Silver.	2,000
N-B8	ND(1704)	— 1/2 Rouble. Silver. Thin-tailed eagle.	—
N-B9	ND(1704)	— Poltina. Silver. Thick tailed eagle.	1,800

N-C1	НДБК	— 10 Kopeks. Silver.	1,500
N-C2	ND(1705)	— Polupoltinnik. Silver.	2,000

N-C3	ND(1705)	— Poltina. Silver.	4,000
N-C4	ND(1705)	— Rouble. Silver.	—

N-C4a	(1705)	— Rouble. Gold. 44.2200 g.	350,000
N-C5	ND(1706)	— 1/2 Chekh. Silver. Bust type.	2,500
N-C6	ND(1706)	— 1/2 Chekh. Silver. Horseman type.	—
N-C7	ND(1706)	— Chekh. Silver.	—
N-C8	ND(1706)	— Poltina. Silver. Oblique milling edge.	—
N-C9	ND(1706)	— Poltina. Silver. Plain edge.	—
N-C10	1707	— Rouble. Silver. Arabic date.	—
N-D1	ND(1707)	— Polupoltinnik. Silver.	—
N-D2	1707	— Rouble. Silver. Plain edge. Small date.	—
N-D3	1707	— Rouble. Silver. Oblique milling edge.	—

N-D4	1708 IL-L	— Chekh. Silver. Thick flan.	1,800
N-D5	ND(1708)	— 10 Kopeks. Silver.	—

N-D6	ND(1709)Б К	— 10 Kopeks. Silver.	900
N-D7	ND(1710)	— Kopek. Copper.	700
N-D8	ND(1711)	— Polushka. Copper. Oblique milling edge.	—
N-D9	1711	— Kopek. Copper.	—
N-E1	1712	— 3 Kopeks. Silver.	—
N-E2	1712	— 1/2 Rouble. Silver. Plain edge.	—
N-E3	1712	— 1/2 Rouble. Silver. Oblique milling edge.	—
N-E4	ND(1713)М Д	— Kopek. Copper.	900
N-E5	1713	— Kopek. Silver. Small eagle.	—
N-E6	1713	— Kopek. Copper. Small eagle.	—
N-E7	1713	— 5 Kopeks. Silver.	—
N-E8	1713	— 10 Kopeks. Silver.	—

RUSSIA

KM#	Date	Mintage	Identification	Mkt Val

KM#	Date	Mintage	Identification	Mkt Val
N-F1	1713	—	1/4 Rouble. Silver.	3,000
N-F2	ND(1714)	—	Polushka. Copper. Plain edge.	—
N-F3	1714	—	5 Kopeks. Silver.	—

KM#	Date	Mintage	Identification	Mkt Val
N-F4	1714	—	2 Ducat. Gold. 6.9400 g.	10,000
N-F4a	1714	—	2 Ducat. Gold. 10.5800 g.	10,000
N-F5	ND(1718)	—	Kopek. Silver.	—
N-F6	ND(1718)	—	3 Kopeks. Silver.	—

KM#	Date	Mintage	Identification	Mkt Val
N-F7	1718	—	10 Kopeks. Silver.	400
N-F8	1719	—	10 Kopeks. Silver.	—
N-F9	1719	—	10 Kopeks. Copper.	—
N-G1	ND(1721)	—	Kopek. Copper.	—

KM#	Date	Mintage	Identification	Mkt Val
N-G2	1722	—	2 Roubles. Silver. Oblique edge milling edge. Weight varies 52.40-53.68 grams.	10,000
N-G3	1722	—	2 Roubles. Silver. Plain edge. Weight varies 37.90-46.90 grams. Struck outside collar.	—
N-G4	1723	—	5 Kopeks. Copper.	—
N-G5	1723	—	10 Kopeks. Silver.	—
N-G6	1723	—	Rouble. Copper.	—
N-G7	1723	—	Rouble. Copper. Large crown.	—
N-G8	1723СПБ	—	Rouble. Silver.	7,000
N-H1	1724	—	Kopek. Copper.	900
N-H2	1724СПБ	—	Rouble. Silver.	7,000

KM#	Date	Mintage	Identification	Mkt Val
N-H3	1725СПБ	—	1/2 Rouble. Silver. Plain edge.	2,500
N-H4	1725СПБ	—	1/2 Rouble. Silver. Reeded edge.	2,250

KM#	Date	Mintage	Identification	Mkt Val
N-H5	1725СПБ	—	Rouble. Silver. Reeded edge.	—
N-H6	1726	—	Kopek. Copper.	1,500

KM#	Date	Mintage	Identification	Mkt Val
N-H7	1726 KA	—	5 Kopeks. Copper. Oblique milling edge.	1,000
N-H8	1726 KA	—	5 Kopeks. Copper. Plain edge.	1,000
N-H9	1726	—	5 Kopeks. Copper. Oblique milling edge.	1,000
N-J1	1726	—	10 Kopeks. Copper. Lettered edge.	—

KM#	Date	Mintage	Identification	Mkt Val
N-J2	1726СПБ	—	1/4 Rouble. Silver.	3,000

KM#	Date	Mintage	Identification	Mkt Val
N-J3	1726	—	1/2 Rouble. Silver. Bust left.	2,250
N-J4	1726	—	1/2 Rouble. Silver. Bust right.	—
N-J5	1726	—	Rouble. Silver.	—
N-J6	1726СПБ	—	2 Roubles. Silver.	—
N-J7	1726	—	2 Roubles. Gold. Reverse oblique milling edge.	—

KM#	Date	Mintage	Identification	Mkt Val
N-K1	1727	—	Polushka. Copper. Plain edge.	—
N-K2	1727	—	Kopek. Copper.	—

KM#	Date	Mintage	Identification	Mkt Val
N-K3	1727	—	2 Kopeks. Copper.	1,500
N-K4	1727НД	—	5 Kopeks. Copper.	1,500

KM#	Date	Mintage	Identification	Mkt Val
N-K5	1727 KA	—	5 Kopeks. Copper. Oblique milling edge.	1,000
N-K6	1727	—	1/2 Rouble. Silver.	—
N-K7	1727	—	Rouble. Silver. Stars in legend. Reversed oblique milled edge.	—
N-K8	1727СПБ	—	Rouble. Silver. Reversed oblique milled edge.	—
N-K9	1727СПБ	—	Rouble. Silver. Mint mark below eagle.	—
N-K10	1727	—	2 Roubles. Gold. Rope edge.	—

KM#	Date	Mintage	Identification	Mkt Val
N-L1	1728	—	Kopek. Copper. Small МОСКВА.	800

KM#	Date	Mintage	Identification	Mkt Val
N-L2	1728	—	Kopek. Copper. Large МОСКВА.	800
N-L3	1729	—	Kopek. Silver. АДНА.	—
N-L4	1729	—	Kopek. Silver. Reversed oblique milled edge.	—
N-L5	1731	—	10 Kopeks. Silver.	—
N-L6	1735	—	Polushka. Copper.	900
N-L7	1738	—	1/2 Rouble. Silver.	—

KM#	Date	Mintage	Identification	Mkt Val
N-L8	1738	—	Ducat. Gold. Plain edge.	—
N-L9	1738	—	Ducat. Gold. Oblique milling edge.	—

KM#	Date	Mintage	Identification	Mkt Val
N-M1	1739	—	Denga. Copper.	700
N-M2	1739	—	10 Kopeks. Silver. Plain edge.	—
N-M3	1739	—	10 Kopeks. Copper. Plain edge.	—
N-M4	1739	—	1/4 Rouble. Silver. Large legend.	—
N-M5	1739	—	1/2 Rouble. Silver. Reversed oblique milling edge.	—

RUSSIA 1197

KM#	Date	Mintage	Identification	Mkt Val

KM#	Date	Mintage	Identification	Mkt Val
N-M6	1740	—	2 Kopeks. Copper. Plain edge.	—
N-M7	1740	—	2 Kopeks. Copper. Oblique milling edge.	—
N-M8	1740	—	2 Kopeks. Copper. Tread edge.	—
N-M9	1740	—	2 Kopeks. Copper. Mule. St. George. Tread edge.	—
N-M10	1740	—	5 Kopeks. Copper.	—
N-M11	1740	—	5 Kopeks. Silver. Plain edge.	—
N-M12	1740	—	10 Kopeks. Silver.	—
N1	1741	—	1/4 Rouble. Silver. Bust. Eagle. Diagonal reeded edge.	—
N-M13	1741ММД	—	10 Kopeks. Silver.	—
N-M14	1741ММД	—	10 Kopeks. Silver. Reversed oblique milling edge.	—
N2	1744ММД	—	Rouble. Silver. Oblique milling edge. Bust type.	—
N3	1744СПБ	—	Rouble. Silver. Plain edge. Bust type.	—
N4	1745	—	10 Kopeks. Silver. Plain edge. Bust type, thick planchet.	—

KM#	Date	Mintage	Identification	Mkt Val
N4a	1745	—	10 Kopeks. Silver. 3.1200 g.	600
N6	1746	—	1/2 Rouble. Silver. Oblique milling edge. Bust type.	—
N5	1746ММД	—	1/4 Rouble. Silver. Plain edge. Bust type.	—

KM#	Date	Mintage	Identification	Mkt Val
N7	1748	—	Denga. Copper. Oblique milling edge.	550
N8	1749	—	Ducat. Gold. Plain edge. St. Andrew typ with reverse legend.	—
N9	1749ММД	—	2 Ducat. Gold. Plain edge. St. Andrew type.	25,000
N10	1749ММД	—	2 Ducat. Gold. Oblique milling edge. St. Andrew type.	25,000
N11	1751	—	2 Ducat. Gold. АПРЕЛ. Diagonal reeded edge. Eagle type reverse.	25,000
N12	1751ММД	—	2 Ducat. Gold. АПРЕЛ. Oblique milling edge. St. Andrew type.	25,000
N13	1753	—	Ducat. Gold. Oblique milling edge. St. Andrew type, double thickness.	18,000
N16	1755	—	5 Kopeks. Silver. Plain edge. Eagle on clouds.	—
N17	1755	—	5 Kopeks. Silver. Oblique milling edge. Eagle on clouds.	—

KM#	Date	Mintage	Identification	Mkt Val
N14	1755	—	Kopek. Copper. Plain edge.	1,500
N15	1755	—	Kopek. Copper. Lettered with portrait edge.	2,500

KM#	Date	Mintage	Identification	Mkt Val
N18	1755	—	Ducat. Gold. Oblique milling edge.	18,000

KM#	Date	Mintage	Identification	Mkt Val
N21	1755	—	5 Roubles. Gold. Oblique milling edge. St. Andrew cross on shield.	50,000

KM#	Date	Mintage	Identification	Mkt Val
N19	1755СПБ	—	Ducat. Gold. Oblique milling edge.	20,000

KM#	Date	Mintage	Identification	Mkt Val
N22	1755СПБ	—	5 Roubles. Gold. Oblique milling edge. St. Andrew cross on eagle.	25,000

KM#	Date	Mintage	Identification	Mkt Val
N23	1755СПБ	—	5 Roubles. Gold. Oblique milling edge. St. Andrew's cross on shield.	75,000
N20	1755	—	5 Roubles. Gold. Oblique milling edge. St. Andrew cross on eagle.	—
N24	1756	—	Rouble. Gold. Oblique milling edge. Pattern type, eagle in clouds.	20,000
N25	1756	—	Rouble. Gold. Decorative EP monogram. Oblique milling edge. Pattern type.	20,000

KM#	Date	Mintage	Identification	Mkt Val
N26	1757	—	Polushka. Copper. Oblique milling edge.	450
N27	1757	—	Polushka. Copper. Reeded edge.	450
N28	1757	—	Polushka. Copper. Plain edge.	450

KM#	Date	Mintage	Identification	Mkt Val
N30	1757	—	Denga. Copper. Oblique milling edge.	500
N31	1757	—	Denga. Copper. Tread edge.	500
N32	1757	—	Denga. Copper. Plain edge.	500
N33	1757	—	Denga. Copper. Oblique milling edge. New dies.	500

KM#	Date	Mintage	Identification	Mkt Val
N34	1757	—	Kopek. Copper. Coarse tread edge. Thick planchet.	500
N35	1757	—	Kopek. Copper. Oblique milling edge. Thin planchet.	500
N36	1757	—	Kopek. Copper. Plain edge.	500
N37	1757	—	Kopek. Copper. Tread edge. Thin planchet.	500
NA38	1757	—	Kopek. Copper. Fine tread edge.	500
N29	1757	—	Polushka. Copper. Oblique milling edge.	550
N38	1757	—	2 Kopeks. Copper. Tread edge. Long lance.	1,000

KM#	Date	Mintage	Identification	Mkt Val
N39	1757	—	2 Kopeks. Copper. Tread edge. Short lance.	1,000

KM#	Date	Mintage	Identification	Mkt Val
N40	1757	—	2 Kopeks. Copper. Oblique milling edge. Short lance.	1,000

KM#	Date	Mintage	Identification	Mkt Val
N43	1757	—	5 Kopeks. Copper. Cross-hatch edge. Curved back 7's in date.	1,200
N42	1757	—	5 Kopeks. Copper. Tread edge. Flat backed 7's in date.	1,500
N44	1757EM	—	5 Kopeks. Copper. Tread edge.	1,500
N45	1757EM	—	5 Kopeks. Copper. Oblique milling edge.	1,500

RUSSIA

KM#	Date	Mintage	Identification	Mkt Val

KM#	Date	Mintage	Identification	Mkt Val
N41	1757СПМ	—	2 Kopeks. Copper. Tread edge. Value below St. George.	1,000
N46	1757СПМ	—	5 Kopeks. Copper. Tread edge.	1,200
N47	1757СПМ	—	5 Kopeks. Copper. Oblique milling edge.	1,200
N48	1757СПМ	—	5 Kopeks. Copper. Plain edge.	1,200

KM#	Date	Mintage	Identification	Mkt Val
N49	1760	—	Denga. Copper. Oblique milling edge.	—
N50	1760	—	4 Kopeks. Copper. Plain edge. Uniface.	—
N51	1760	—	10 Kopeks. Copper. Plain edge. Uniface.	—
N63	1761	—	15 Kopeks. Silver. Diagonal reeded edge.	—
N65	1761ММД	—	15 Kopeks. Silver. Diagonal reeded edge.	—
N66	1761ММД	—	15 Kopeks. Silver. Plain edge.	—
N52	1761	—	Denga. Copper. Oblique milling edge. Large ground.	900

KM#	Date	Mintage	Identification	Mkt Val
N53	1761	—	Denga. Copper. Oblique milling edge. Small ground.	900
N54	1761	—	Denga. Copper. Oblique milling edge. Without period after date.	900
N55	1761	—	Denga. Copper. Tread edge. Without period after date.	900
N64	1761	—	15 Kopeks. Silver. Plain edge.	1,000

KM#	Date	Mintage	Identification	Mkt Val
N56	1761	—	2 Kopeks. Copper. Oblique milling edge. Thin horse neck.	1,200

KM#	Date	Mintage	Identification	Mkt Val
N57	1761	—	2 Kopeks. Copper. Cross-hatch edge. Thick horse neck.	1,200

KM#	Date	Mintage	Identification	Mkt Val
N58	1761	—	4 Kopeks. Copper. Tread edge. Heavy horse tail.	1,400

KM#	Date	Mintage	Identification	Mkt Val
N59	1761	—	4 Kopeks. Copper. Tread edge. Thin horse tail.	1,400

KM#	Date	Mintage	Identification	Mkt Val
N60	1761	—	10 Kopeks. Copper. Tread edge. Thick planchet.	1,650
N61	1761	—	10 Kopeks. Copper. Tread edge. Thin planchet.	1,650
N62	1761	—	10 Kopeks. Copper. Cross-hatch edge. Thick planchet.	1,650
N67	1762СПБ	—	Rouble. Silver. Eagle. Plain edge.	—
N70	1762СПБ	—	Rouble. Silver. Diagonal reeded edge.	—
N71	1762СПБ	—	Rouble. Silver. Plain edge.	—
N72	1762СПБ	—	Rouble. Silver. Dot-dash edge.	—

KM#	Date	Mintage	Identification	Mkt Val
N68	1762СПБ	—	Rouble. Silver. Monogram. Petersburg lettered edge.	4,000
N73	1762СПБ	—	Rouble. Silver. Plain edge.	4,000
N69	1762СПБ	—	Rouble. Silver. Petersburg lettered edge. Overstruck on Anna Ruble.	5,500

KM#	Date	Mintage	Identification	Mkt Val
N74	1762СПБ	—	Ducat. Gold. Plain edge. Without dot after date.	25,000
N77	1763СПБ	—	5 Roubles. Gold. Small letters. Oblique milling edge.	—
N75	1763	—	Kopek. Copper. Plain edge.	400
N76	1763	—	Kopek. Copper. Tread edge. Large crown.	400
NA75	1763	—	1/2 Kopek. Copper. St. Petersburg without mint mark.	—
N79	1764	—	2 Kopeks. Copper.	—

KM#	Date	Mintage	Identification	Mkt Val
NA74	1762СПБ	—	10 Roubles. Gold.	12,500

KM#	Date	Mintage	Identification	Mkt Val
N80	1764СПБ	—	10 Kopeks. Silver. Plain edge.	—
N86	1765ЕМ	—	Kopek. Copper. Tread edge.	—

KM#	Date	Mintage	Identification	Mkt Val
N84	1765	—	Denga. Copper. Oblique milling edge.	450
N87	1765	—	Kopek. Copper. Oblique milling edge. Small date.	450
N88	1765	—	Kopek. Copper. Tread edge.	450
N89	1765	—	Kopek. Copper. Plain edge.	450

KM#	Date	Mintage	Identification	Mkt Val
N81	1765	—	Polushka. Copper. Oblique milling edge.	550
N91	1765	—	2 Kopeks. Copper. Oblique milling edge. Value above St. George.	550
N92	1765	—	2 Kopeks. Copper. Tread edge.	550

RUSSIA

KM# **Date** **Mintage** **Identification** **Mkt Val**

N93 1765 — 2 Kopeks. Copper. Oblique milling edge. 550

N97 1765 — 5 Kopeks. Copper. Oblique milling edge. 1,200

N98 1765 — 5 Kopeks. Copper. Tread edge. 1,200

N82 1765EM — Polushka. Copper. Oblique milling edge. 400

N85 1765EM — Kopek. Copper. Oblique milling edge. 450

N83 1765EM — Denga. Copper. Oblique milling edge. 500

N90 1765EM — 2 Kopeks. Copper. Tread edge. 550

N94 1765EM — 5 Kopeks. Copper. Tread edge. 1,200

N95 1765EM — 5 Kopeks. Copper. Cross hatched edge. 1,200

N96 1765EM — 5 Kopeks. Copper. Tread edge. 1,200

N99 1766СПБ — 2 Roubles. Gold. Oblique milling edge. —

N101 1767 — 5 Kopeks. Copper. Plain edge. Small mintmark. 1,000

N102 1767 — 5 Kopeks. Copper. Tread edge. Small mintmark. 1,000

N105 1768 — 20 Kopeks. Silver. Plain edge. Without mintmark. —

N103 1768СПБ — 10 Kopeks. Silver. Plain edge. —

N104 1768СПБ — 20 Kopeks. Silver. Plain edge. —

N106 1768СПБ — 1/2 Rouble. Silver. Plain edge. —

N107 1769 — Polushka. Copper. Plain edge. 400

N108 1769 — Polushka. Copper. Oblique milling edge. 400

NB110 1771 — Rouble. Silver. Sestroretsk. Superior Goodman sale 2-91 for AU-Unc. 14,850

NA110 1771 — Rouble. Copper. 1020.0000 g. Sestroretsk. Superior Goodman sale 2-91 for XF. 18,700

N109 1771 — Denga. Copper. Plain edge. 450

N112 1774СПБ — 10 Roubles. Gold. Oblique milling edge. Large letters in inscription. —

N115 1776СПБ — 10 Kopeks. Silver. Oblique milling edge. —

N116 1776СПБ — 20 Kopeks. Silver. Plain edge. —

N117 1776СПБ — Rouble. Silver. Plain edge. Short legend. —

N114 1776СПМ — 2 Kopeks. Copper. Tread edge. 450

N118 1777СПБ — 15 Kopeks. Silver. Plain edge. New portrait. —

N119 1777СПБ — 20 Kopeks. Silver. Plain edge. Old type. —

N120 1777СПБ — 25 Kopeks. Silver. Plain edge. Old type. —

N121 1777СПБ — 1/2 Rouble. Silver. Oblique milling edge. Old obverse. —

N122 1777СПБ — Rouble. Silver. Plain edge. Oldest portrait. —

N123 1777СПБ — 5 Roubles. Gold. Oblique milling edge. Earlier portrait. —

N124 1777СПБ — 10 Roubles. Gold. Oblique milling edge. Earlier portrait. —

N126 1778 — 1/2 Rouble. Gold. Plain edge. Thick flan. —

N125 1778СПБ — 1/2 Rouble. Silver. Plain edge. Higher relief portrait. —

N128 1779СПБ — 15 Kopeks. Silver. Plain edge. Higher relief. —

N129 1779СПБ — 1/4 Rouble. Silver. Plain edge. Higher relief. —

N132 1780СПБ ИЗ — 1/2 Rouble. Silver. Oblique milling edge. —

N130 1780СПБ — 15 Kopeks. Silver. Oblique milling edge. Legend ends on bust. —

N131 1780СПБ — 15 Kopeks. Silver. Plain edge. Legend off bust. —

N133 1780СПБ — Rouble. Silver. Plain edge. Oldest portrait. —

N139 1781СПБ — 10 Kopeks. Silver. Plain edge. Younger portrait. —

N140 1781СПБ — 10 Kopeks. Silver. Oblique milling edge. Younger portrait. —

N141 1781СПБ — 15 Kopeks. Silver. Plain edge. Higher relief. —

N142 1781СПБ — 20 Kopeks. Silver. Plain edge. Legend ends ВСЕРОСС. —

N143 1781СПБ — 1/4 Rouble. Silver. Plain edge. Wide mintmark. —

N144 1781СПБ — Rouble. Silver. Oblique milling edge. Higher relief. —

N145 1781СПБ — Rouble. Silver. Oblique milling edge. Oldest portrait. —

N134 1781КМ — Polushka. Copper. Oblique milling edge. 400

N135 1781КМ — Denga. Copper. Oblique milling edge. 450

N136 1781КМ — 5 Kopeks. Copper. Oblique milling edge. 900

N137 1781СПМ — 5 Kopeks. Copper. Plain edge. 1,000

N138 1781СПМ — 5 Kopeks. Copper. Tread edge. 1,000

N149 1782СПБ — 10 Kopeks. Silver. Plain edge. Large head. —

N150 1782СПБ — 10 Kopeks. Silver. Plain edge. Small head. —

N151 1782СПБ — 10 Kopeks. Silver. Plain edge. Younger portrait. —

N152 1782СПБ — 15 Kopeks. Silver. Plain edge. Legend ends ВСЕРОС. —

N153 1782СПБ — 15 Kopeks. Silver. Plain edge. Legend ends ВСЕРОСС. —

N154 1782СПБ — 20 Kopeks. Silver. Diagonal reeded edge. Old bust. —

N155 1782СПБ — 20 Kopeks. Silver. Plain edge. Younger bust. —

N156 1782СПБ — 1/2 Rouble. Silver. Oblique milling edge. Older bust. —

N157 1782СПБ — 1/2 Rouble. Silver. Plain edge. Younger portrait. —

N158 1782СПБ — Rouble. Silver. Oblique milling edge. MM at rim. —

N146 1782КМ — Polushka. Copper. Oblique milling edge. 400

N147 1782КМ — Denga. Copper. Oblique milling edge. 450

N148 1782КМ — 5 Kopeks. Copper. Oblique milling edge. 900

N166 1783СПБ ММ — 1/2 Rouble. Silver. Oblique milling edge. —

N162 1783СПБ — 10 Kopeks. Silver. High relief. —

N163 1783СПБ — 15 Kopeks. Silver. Plain edge. Legend ends ВСЕРОСС. —

N164 1783СПБ — 20 Kopeks. Silver. Plain edge. High relief. —

N165 1783СПБ — 1/4 Rouble. Silver. Plain edge. High relief. —

N167 1783СПБ — 1/2 Rouble. Silver. Oblique milling edge. Legend ends below bust. —

N168 1783СПБ — Rouble. Silver. Oblique milling edge. High relief. —

N159 1783КМ — Polushka. Copper. Oblique milling edge. 400

N160 1783КМ — Denga. Copper. Oblique milling edge. 450

N161 1783КМ — 5 Kopeks. Copper. Oblique milling edge. 900

N175 1784СПБ Я — 1/4 Rouble. Silver. Plain edge. —

N177 1784СПБ I — Rouble. Silver. Oblique milling edge. —

N176 1784СПБ СА — 1/2 Rouble. Silver. Oblique milling edge. —

N172 1784СПБ — 10 Kopeks. Silver. Plain edge. —

N173 1784СПБ — 15 Kopeks. Silver. Plain edge. —

N174 1784СПБ — 20 Kopeks. Silver. Plain edge. High relief. —

N169 1784КМ — Polushka. Copper. Oblique milling edge. 400

N170 1784КМ — Denga. Copper. Oblique milling edge. 450

N171 1784КМ — 5 Kopeks. Copper. Oblique milling edge. 900

N181 1785СПБ — 10 Kopeks. Silver. Plain edge. —

N182 1785СПБ — 15 Kopeks. Silver. Plain edge. Divided date. —

N183 1785СПБ — 20 Kopeks. Silver. Plain edge. High relief. —

N184 1785СПБ — 1/4 Rouble. Silver. Plain edge. High relief. —

N185 1785СПБ — 1/2 Rouble. Silver. Oblique milling edge. High relief. —

N186 1785СПБ — Rouble. Silver. Oblique milling edge. High relief. —

N178 1785КМ — Polushka. Copper. Oblique milling edge. 400

N179 1785КМ — Denga. Copper. Oblique milling edge. 450

N180 1785КМ — 5 Kopeks. Copper. Oblique milling edge. 900

N194 1786СПБ Я — 1/2 Rouble. Silver. Oblique milling edge. Broad portrait. —

N190 1786СПБ — 10 Kopeks. Silver. Plain edge. —

N191 1786СПБ — 15 Kopeks. Silver. Ends: ВСЕРОСС.. Plain edge. —

N192 1786СПБ — 20 Kopeks. Silver. Plain edge. —

N193 1786СПБ — 1/4 Rouble. Silver. Plain edge. —

N195 1786СПБ — 1/2 Rouble. Silver. Oblique milling edge. Narrow portrait. —

N196 1786СПБ — Rouble. Silver. Plain edge. High relief. —

N187 1786КМ — Polushka. Copper. Oblique milling edge. 400

N188 1786КМ — Denga. Copper. Oblique milling edge. 450

N189 1786КМ — 5 Kopeks. Copper. Oblique milling edge. 900

N197 1787КМ — 5 Kopeks. Copper. Oblique milling edge. —

RUSSIA

KM# **Date** **Mintage** **Identification** **Mkt Val**

KM#	Date	Mintage	Identification	Mkt Val
N198	1787СПБ	—	15 Kopeks. Silver. Ends: "ВСЕРОСС". Plain edge.	—
N199	1787СПБ	—	20 Kopeks. Silver. Plain edge.	—
N200	1787СПБ	—	1/4 Rouble. Silver. Plain edge. Small planchet.	—
N201	1787СПБ	—	1/4 Rouble. Silver Plated Copper. Plain edge.	—
N202	1787СПБ	—	1/2 Rouble. Silver. Oblique milling edge. High relief.	—
N203	1787СПБ	—	Rouble. Silver. Plain edge. High relief.	—
N211	1788СПБ	—	10 Kopeks. Silver. Plain edge.	—
N212	1788СПБ	—	1/4 Rouble. Silver. Plain edge.	—
N213	1788СПБ	—	1/2 Rouble. Silver. Oblique milling edge. Narrow portrait.	—
N214	1788СПБ	—	1/2 Rouble. Silver. Oblique milling edge. Broad portrait.	—
N215	1788СПБ	—	Rouble. Silver. Oblique milling edge.	—
N216	1788СПБ	—	5 Roubles. Gold. Oblique milling edge. End of inscription high.	—
N204	1788	—	Polushka. Copper. Plain edge.	400
N205	1788	—	Polushka. Copper. Oblique milling edge.	400
N206	1788	—	Denga. Copper. Plain edge.	450
N207	1788	—	Denga. Copper. Oblique milling edge.	450
N208	1788	—	Kopek. Copper. Plain edge.	500
N209	1788	—	Kopek. Copper. Tread edge.	500

KM#	Date	Mintage	Identification	Mkt Val
N210	1788КМ	—	5 Kopeks. Copper. Oblique milling edge.	1,000
N219	1789АК	—	Rouble. Silver. ТДIВАНОВЪ under bust. Oblique milling edge.	—
N217	1789КМ	—	5 Kopeks. Copper. Oblique milling edge.	—
N218	1789СПБ АК	—	Rouble. Silver. Oblique milling edge.	—
N220	1790КМ	—	5 Kopeks. Copper. Oblique milling edge.	—
N221	1790СПБ	—	15 Kopeks. Silver. Plain edge.	—
N222	1790СПБ	—	20 Kopeks. Silver. Plain edge.	—
N223	1790СПБ	—	Rouble. Silver. Plain edge. High relief.	—
N227	1791СПБ	—	10 Kopeks. Silver. Plain edge.	—
N228	1791СПБ	—	15 Kopeks. Silver. Plain edge. Dot at end of legend.	—
N229	1791СПБ	—	15 Kopeks. Silver. Without dot at end of legend.	—
N230	1791СПБ	—	20 Kopeks. Silver. Plain edge.	—
N231	1791СПБ	—	1/4 Rouble. Silver. Plain edge.	—
N232	1791СПБ	—	1/2 Rouble. Silver. Oblique milling edge. High relief.	—
N233	1791СПБ	—	Rouble. Silver. ТДIВАНОВЪ below bust. Plain edge.	—
N234	1791СПБ	—	Rouble. Silver. Oblique milling edge. High relief.	—
N224	1791КМ	—	Polushka. Copper. Oblique milling edge.	400
N225	1791КМ	—	Denga. Copper. Oblique milling edge.	450
N226	1791КМ	—	5 Kopeks. Copper. Oblique milling edge. Small mintmark.	1,000
N240	1792СПБ Я	—	1/2 Rouble. Silver. Oblique milling edge.	—
N236	1792СПБ	—	10 Kopeks. Silver. Plain edge.	—
N237	1792СПБ	—	15 Kopeks. Silver. Ends: ВСЕРОСС. Plain edge.	—

KM#	Date	Mintage	Identification	Mkt Val
N238	1792СПБ	—	20 Kopeks. Silver. Plain edge.	—
N239	1792СПБ	—	1/4 Rouble. Silver. Plain edge.	—
N241	1792СПБ	—	1/2 Rouble. Silver. Oblique milling edge. High relief.	—
N242	1792СПБ	—	Rouble. Silver. Oblique milling edge.	—
N243	1792СПБ	—	Rouble. Silver. ТДIВАНОВЪ below bust. Oblique milling edge.	—

KM#	Date	Mintage	Identification	Mkt Val
N235	1792КМ	—	5 Kopeks. Copper. Oblique milling edge.	1,250
N250	1793СПБ Я	—	1/2 Rouble. Silver. Oblique milling edge. Dot ends legend.	—
N251	1793СПБ Я	—	Rouble. Silver. Oblique milling edge. Value between S.	—
N249	1793СПБ АК	—	1/2 Rouble. Silver. Oblique milling edge.	—
N245	1793СПБ	—	10 Kopeks. Silver. Plain edge.	—
N246	1793СПБ	—	15 Kopeks. Silver. Ends: ВСЕРОСС. Plain edge.	—
N247	1793СПБ	—	20 Kopeks. Silver. Plain edge.	—
N248	1793СПБ	—	1/4 Rouble. Silver. Plain edge.	—

KM#	Date	Mintage	Identification	Mkt Val
N244	1793КМ	—	5 Kopeks. Copper. Oblique milling edge.	1,000
N253	1794СПБ Я	—	10 Kopeks. Silver. Plain edge.	—
N254	1794СПБ Я	—	15 Kopeks. Silver. Ends: ВСЕРОСС. Plain edge.	—
N255	1794СПБ Я	—	20 Kopeks. Silver. Plain edge. Legend ends at bust.	—
N256	1794СПБ Я	—	20 Kopeks. Silver. Plain edge. Legend ends below bust.	—
N257	1794СПБ Я	—	1/4 Rouble. Silver. Plain edge.	—
N258	1794СПБ Я	—	1/2 Rouble. Silver. Oblique milling edge. Narrow portrait.	—
N259	1794СПБ Я	—	Rouble. Silver. Oblique milling edge.	—
N252	1794КМ	—	5 Kopeks. Copper. Oblique milling edge.	1,000
N260	1794СПБ Я	—	5 Roubles. Gold. Oblique milling	18,000 edge.	
N282	1795БМ	—	Albertus Rouble. Silver. Plain edge.	—
N262	1795СПБ Я	—	10 Kopeks. Silver. Plain edge.	—

KM#	Date	Mintage	Identification	Mkt Val
N263	1795СПБ Я	—	20 Kopeks. Silver. Oblique milling edge.	—
N265	1795СПБ Я	—	1/2 Rouble. Silver. Plain edge. Without dot at end of legend.	—
N266	1795СПБ Я	—	1/2 Rouble. Silver. Oblique milling edge. High relief.	—
N267	1795СПБ Я	—	Rouble. Silver. Oblique milling edge.	—
N268	1795СПБ Я	—	Rouble. Silver. ТДIВАНОВЪ below bust. Oblique milling edge.	—
N264	1795СПБ АК	—	1/4 Rouble. Silver. Oblique milling edge.	—
N261	1795КМ	—	5 Kopeks. Copper. Oblique milling edge.	1,000
N283	1796БМ	—	Albertus Rouble. Silver. Plain edge. CM/OM.	—

KM#	Date	Mintage	Identification	Mkt Val
N275	1796КМ	—	5 Kopeks. Copper. Diagonal reeded edge.	—
N277	1796СПБ Я	—	10 Kopeks. Silver. Plain edge.	—
N278	1796СПБ Я	—	20 Kopeks. Silver. Oblique milling edge. Dot at end of legend.	—
N279	1796СПБ Я	—	20 Kopeks. Silver. Plain edge.	—
N280	1796СПБ Я	—	1/4 Rouble. Silver. Plain edge.	—
N281	1796СПБ Я	—	1/2 Rouble. Silver. Diagonal milling edge. High relief.	—
N285	1796СПБ Я	—	10 Roubles. Gold. Oblique milling edge. Large mint letters.	25,000

KM#	Date	Mintage	Identification	Mkt Val
N269	1796	—	Polushka. Copper. Cipher type.	700
N270	1796	—	Denga. Copper. Cipher type.	700
N271	1796	—	Kopek. Copper. Cipher type.	800
N272	1796	—	2 Kopeks. Copper. Cipher type.	1,250

RUSSIA 1201

KM#	Date	Mintage Identification	Mkt Val

N273	1796	— 4 Kopeks. Copper. Cipher type.	1,500
N274	1796	— 5 Kopeks. Copper. Cipher type.	1,650

N276	1796	— 10 Kopeks. Copper. Cipher type.	1,850
N288	1796	— 2 Ducat. Gold. Oblique milling edge. Thick planchet.	25,000
N284	1796БМ	— Albertus Rouble. Silver. Oblique milling edge.	4,000
N287	1796БМ	— Ducat. Gold. Oblique milling edge.	30,000
N286	1796СПБ I	— Ducat. Gold. Oblique milling edge. Youthful portrait, thick flan.	20,000
N298	1797	— Kopek. Copper. Oblique milling edge.	—
N304	1797МБ	— 5 Kopeks. Silver. Plain edge.	—
N305	1797МБ	— 1/4 Rouble. Silver. Plain edge.	—
N307	1797МБ	— 2 Roubles. Silver. Plain edge.	—
N308	1797МБ	— Rouble. Silver. Plain edge. Dot after date.	—
N306	1797ФА	— 1/4 Rouble. Silver. Plain edge.	—
N291	1797	— Polushka. Copper. Oblique milling edge.	300
N295	1797	— Denga. Copper. Oblique milling edge.	325
N301	1797	— 2 Kopeks. Copper. Oblique milling edge. Wide date.	350

N302	1797	— 2 Kopeks. Copper. Oblique milling edge. Narrow date.	350
N289	1797ЕМ	— Polushka. Copper. Oblique milling edge. Large value.	300
N292	1797ЕМ	— Denga. Copper. Reverse oblique milling edge.	325
N293	1797ЕМ	— Denga. Copper. Oblique milling edge.	325
N296	1797ЕМ	— Kopek. Copper. Oblique milling edge.	325
N299	1797ЕМ	— 2 Kopeks. Copper. Oblique milling edge. Small mm.	350
N303	1797ЕМ	— 2 Kopeks. Copper. Double thick planchet.	900

N290	1797КМ	— Polushka. Copper. Oblique milling edge. Small mm.	325

KM#	Date	Mintage Identification	Mkt Val
N297	1797КМ	— Kopek. Copper. Oblique milling edge.	325
N300	1797КМ	— 2 Kopeks. Copper. Oblique milling edge.	350
N294	1797КМ	— Denga. Copper. Oblique milling edge. Small mm.	450
N309	1797СМ	— Ducat. Gold. Oblique milling edge. Without mm.	25,000
N312	1798	— Denga. Copper. Oblique milling edge.	—
N314	1798	— Kopek. Copper. Oblique milling edge.	—
N317	1798СМ АИ	— Rouble. Silver. Oblique milling edge. Dot after date.	—
N316	1798СМ ФА	— 1/2 Rouble. Silver. Oblique milling edge.	—
N315A	1798	— 1/4 Rouble. Severin 2420.	1,500
N310	1798КМ	— Polushka. Copper. Oblique milling edge. Small mintmark.	325
N311	1798КМ	— Denga. Copper. Oblique milling edge. Small mintmark.	325
N313	1798КМ	— Kopek. Copper. Oblique milling edge. Small mintmark.	325
N315	1798КМ	— 2 Kopeks. Copper. Reversed oblique milling edge.	400
N321	1799	— Denga. Copper. Oblique milling edge.	—
N323	1799	— Kopek. Copper. Oblique milling edge.	—
N325	1799	— 2 Kopeks. Copper. Oblique milling edge.	—
N326	1799СМ МБ	— 5 Kopeks. Silver. Oblique milling edge.	—
N327	1799СМ	— 1/2 Rouble. Silver. Value: НА. Oblique milling edge.	—
N328	1799СМ	— Rouble. Silver. Oblique milling edge.	—
N318	1799	— Polushka. Copper. Oblique milling edge.	450
N320	1799КМ	— Denga. Copper. Oblique milling edge. Small mintmark.	325

N322	1799КМ	— Kopek. Copper. Oblique milling edge. Small mintmark.	325
N319	1799КМ	— Polushka. Copper. Oblique milling edge. Small mintmark.	350
N324	1799КМ	— 2 Kopeks. Copper. Reversed oblique milling edge. Small mintmark.	400
N331	1800	— Denga. Copper. Oblique milling edge.	—
N334	1800	— Kopek. Copper. Oblique milling edge.	—
N337	1800	— 2 Kopeks. Copper. Oblique milling edge.	—
N335	1800ЕМ	— 2 Kopeks. Copper. Plain edge.	200
N330	1800КМ	— Denga. Copper. Oblique milling edge.	—
N329	1800КМ	— Polushka. Copper. Oblique milling edge.	165
N336	1800КМ	— 2 Kopeks. Copper. Oblique milling edge. Small mintmark.	200
N333	1800КМ	— Kopek. Copper. Oblique milling edge.	250
N338	1800СМ АИ	— 1/4 Rouble. Silver. Plain edge.	—
N332	1800 КМ	— 1/2 Kopek. Copper.	—
N339	1800	— 5 Roubles. Gold. Wide flan.	20,000

NOVODEL PLATE MONEY

KM#	Date	Mintage Identification	Mkt Val
NP2	1726	— 5 Kopeks. Copper. Large eagle, St. George shield.	—

NP4	1726	— 5 Kopeks. Copper. Plain eagle.	1,000
NP5	1726	— 10 Kopeks. Copper. Eagle with 3 tailfeathers, large flan 70x70mm.	1,450

NP6	1726	— 10 Kopeks. Copper. Normal flan.	1,450
NP7	1726	— 10 Kopeks. Copper. Eagle with 5 tailfeathers.	1,450

NP1	1726	— Kopek. Copper.	1,500
NP3	1726	— 5 Kopeks. Copper. Small eagle, St. George shield.	—

PATTERNS
Including off metal strikes

KM#	Date	Mintage Identification	Mkt Val
PnA1	1699	— 1/2 Rouble. Silver.	—
PnB1	1730	— Rouble. Silver. Order of St. Andrew around eagle.	—
PnC1	1730	— Rouble. Copper. Order of St. Andrew around eagle.	—

| PnD1 | 1740 | — 2 Kopeks. Copper. | — |

| PnE1 | 1740 | — 5 Kopeks. Copper. | — |

1202 RUSSIA

KM#	Date	Mintage	Identification	Mkt Val

PnF1 1740 — Rouble. Silver. —

Pn1 1755 — Kopek. Copper. —

Pn2 1755 — Kopek. Copper. —

Pn3 1755 — Kopek. Copper. —

Pn4 1755 — Kopek. Copper. —

Pn5 1755 — Kopek. Copper. —
Pn6 1755СПБ — Kopek. Copper. —

Pn10 1755СПБ — 20 Roubles. Gold. —
Note: Unique. St. James Auction 10, 10-08, AU58 realized approximately $3,200,000.

Pn7 1755 — 1/2 Rouble. Gold. —
Pn8 1755 — Rouble. Gold. —
Pn9 1755 — 2 Roubles. Gold. —
PnA11 1755 — 2 Ducat. Gold. —

Pn13 1756 — 2 Roubles. Gold. Bust of Elizabeth. Eagle. —

Pn14 1756 — 2 Roubles. Gold. Different eagle. —

Pn11 1756 — Rouble. Gold. Bust of Elizabeth. Eagle. 8,000

Pn12 1756 — Rouble. Gold. Monogram. 8,000

Pn18 1757СПБ ЯР — Rouble. Silver. —
Pn19 1757СПБ — Rouble. Silver. —
Pn20 1757СПБ — 20 Roubles. Gold. Head of Elizabeth. Cruciform arms. —

Note: Unique

PnA20 1757СПБ — 10 Roubles. Gold. Like Pn20. 50,000
Pn15 1757 — 5 Kopeks. Copper. —
Pn16 1757 — 5 Kopeks. Copper. —
Pn17 1757 — 5 Kopeks. Copper. —

Pn21 1758СПБ — Rouble. Silver. —

Pn22 1760 — 15 Kopeks. Silver. —

Pn24 1760 — 20 Kopeks. Silver. —
Pn23 176xММД — 15 Kopeks. Silver. —

Pn25 1762 — 5 Kopeks. Silver. —

Pn26 1762 — 5 Kopeks. Silver. P3 monogram. —

Pn27 1762 — 5 Kopeks. Silver. PF monogram. —
Pn28 1762 — 15 Kopeks. Silver. Bust. Value on eagle. —
Pn33 1762ММД — 5 Roubles. Gold. Bust. Imperial eagle. —
Pn34 1762ММД — 10 Roubles. Gold. Bust. Imperial eagle. —
Pn30 1762СПБ — 1/2 Rouble. Silver. НЗ monogram flanks bust. Imperial eagle. —

Pn31 1762СПБ — Rouble. Silver. C67.2 by Iudin. —

RUSSIA-SIBERIA

KM#	Date	Mintage	Identification	Mkt Val

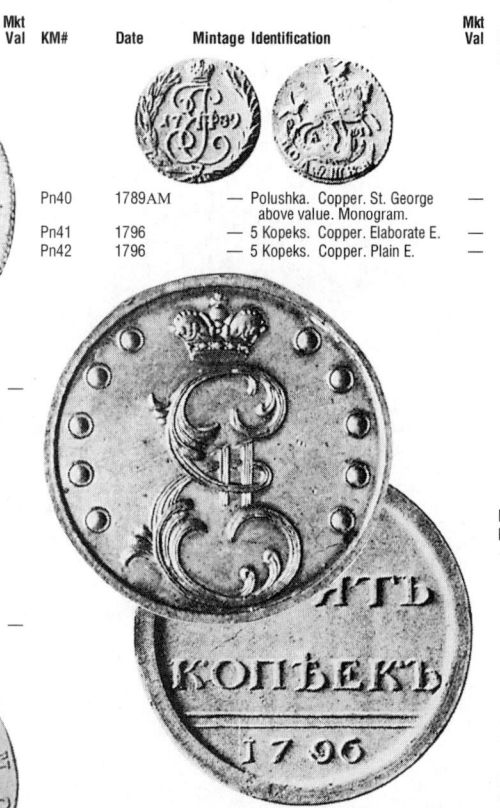

KM#	Date	Mintage	Identification	Mkt Val
Pn32	1762СПБ	—	Rouble. Silver. Cruciform monograms.	—
Pn29	1762СПБ	—	20 Kopeks. Silver.	—
Pn40	1789АМ	—	Polushka. Copper. St. George above value. Monogram.	—
Pn41	1796	—	5 Kopeks. Copper. Elaborate E.	—
Pn42	1796	—	5 Kopeks. Copper. Plain E.	—
Pn43	1796	—	10 Kopeks. Copper. Elaborate E.	—
Pn44	1796	—	10 Kopeks. Pewter.	—
Pn45	1796	—	10 Kopeks. Copper. Plain edge. Plain E.	—
PnA33	1762СПБ ЯИ	—	Rouble. Gold. Weight of 10 Ducat.	
Pn36	1763	—	5 Kopeks. Silver.	—
Pn37	1763СПБ	—	15 Kopeks. Silver. Bust. Value on eagle.	—
Pn38	1763СПБ	—	20 Kopeks. Silver. C#63a.2.	—
Pn35	1763СПМ	—	Denga. Copper.	—

KM#	Date	Mintage	Identification	Mkt Val
Pn46	1796БМ	—	Rouble. Silver. Albertus Rouble.	2,500
Pn48	1796СМ	—	Rouble. Silver.	—
Pn47	1796СПБ	—	Rouble. Silver.	—
PnB50	1798ОМ	—	Jefimok. Silver. Diamond edge.	—
Pn39	1766СПБ	—	Rouble. Silver.	
Pn50	1798ОМ	—	Jefimok. Silver. Lettered edge. Eagle in center.	—

KM#	Date	Mintage	Identification	Mkt Val
Pn51	1798ОМ	—	Jefimok. Silver. Plain edge. Eagle in center.	—
Pn49	1798ОМ	—	Jefimok. Silver. Lettered edge.	—
PnA50	1798ОМ	—	Jefimok. Silver. Chain edge.	—

RUSSIA-SIBERIA

Siberia, the vast expanse that is most of Asiatic Russia covers 4,950,000 sq. mi. and has a population of about 35,090,000. Siberia, which means Sleeping Land in the Tatar language reaches from the Ural Mountains in the west to the Pacific Ocean in the east and from the Arctic Ocean in the north to the borders of China in the south. It is composed of three major regions: the Lena River Basin; the Central Siberian Plateau (reaching to 5,581 ft.) and the West Siberian Plain. Siberia is probably best known for its severe winters with temperatures of -90F being recorded. Leading industries are mining and forestry.

Siberia was tribal in nature until 1581 when an expedition from Russia made up of Cossacks overthrew the Sibir Khanate. In the next 3 centuries explorers and traders explored throughout Siberia. Under the czars it became a place to send criminals and political dissidents. With the construction of the Trans-Siberian Railroad (1891-1905) migration began from the West and settlements grew along the railroad right-of-way.

The Siberian coinage of Catherine the Great was inaugurated because of a shortage. A mint was established at Kolyvan-Voskressensk in the mining areas of the Altai Mountains. Men and machinery were sent from the Ekaterinburg Mint to get the new mint started. The normal Russian copper denominations were used plus the addition of a copper 10 kopeck piece. The regular series runs from 1766 to 1781 but there are known pieces dated1763 and 1764.

LEGEND
МОНЕТА СИБЕРСКАЯ = Money of Siberia

MINT MARK
KM — Kolyvan

MONETARY SYSTEM
1/4 Kopeck = Poluska ПОЛУШКА
1/2 Kopeck = Denga ДЕНТА
2 Kopecks = ААА ЕЙ_АЕÚ
5 Kopecks = ПЯРВ КОП_ЕКЪ
10 Kopecks =ААÑВОÜ ЕЙ_АЕÚ
100 Kopecks = 1 Rouble РУБЛЬ

RUSSIAN OCCUPATION

STANDARD COINAGE

C# 1 POLUSHKA

1.6000 g., Copper **Obv:** Crowned monogram within wreath **Rev:** Value, date in cartouche **Edge:** Oblique milling

Date	Mintage	VG	F	VF	XF	Unc
1764 Rare	—	—	—	—	—	—
1766 Rare	—	—	—	—	—	—
1767KM	—	100	175	225	350	—
1768KM	—	65.00	100	150	275	—
1769KM	—	65.00	100	150	275	—
1770KM	—	65.00	100	150	275	—
1771KM	—	65.00	100	150	275	—
1772KM	—	65.00	100	150	275	—
1773KM	—	75.00	110	160	300	—
1774KM	—	65.00	100	150	275	—
1775KM	—	65.00	100	150	275	—
1776KM	—	65.00	100	150	275	—

RUSSIA-SIBERIA

Date	Mintage	VG	F	VF	XF	Unc
1777KM	—	65.00	100	150	275	—
1778KM	—	65.00	100	150	275	—
1779KM	—	65.00	100	150	275	—

C# 2 DENGA

3.3000 g., Copper **Obv:** Crowned monogram within wreath **Rev:** Value, date within crowned oval shield with supporters **Edge:** Oblique milling

Date	Mintage	VG	F	VF	XF	Unc
1764 Rare	—	—	—	—	—	—
1766	—	200	300	450	700	—
1767KM	—	55.00	110	170	250	—
1768KM	—	30.00	50.00	80.00	175	—
1769KM	—	30.00	50.00	80.00	175	—
1770KM	—	30.00	50.00	80.00	175	—
1771KM	—	30.00	50.00	80.00	175	—
1772KM	—	30.00	50.00	80.00	175	—
1773KM	—	30.00	50.00	80.00	175	—
1774KM	—	30.00	50.00	80.00	175	—
1775KM	—	35.00	70.00	110	225	—
1776KM	—	35.00	70.00	110	225	—
1777KM	—	35.00	70.00	110	225	—
1778KM	—	55.00	110	170	250	—
1779KM	—	55.00	110	170	250	—

C# 3 KOPECK

6.6000 g., Copper **Obv:** Crowned monogram within wreath **Rev:** Value, date within crowned oval shield with supporters **Edge:** Oblique milling

Date	Mintage	VG	F	VF	XF	Unc
1764 Rare	—	—	—	—	—	—
1766 Rare	—	—	—	—	—	—
1767 Rare	—	—	—	—	—	—
1767KM	—	140	225	275	375	—
1768KM	—	30.00	45.00	70.00	125	—
1769KM	—	30.00	45.00	70.00	125	—
1770KM	—	30.00	45.00	70.00	125	—
1771KM	—	30.00	45.00	70.00	125	—
1772KM	—	30.00	45.00	70.00	125	—
1773KM	—	30.00	45.00	70.00	125	—
1774KM	—	30.00	45.00	70.00	125	—
1775KM	—	30.00	45.00	70.00	125	—
1776KM	—	30.00	45.00	70.00	125	—
1777KM	—	30.00	45.00	70.00	125	—
1778KM	—	30.00	45.00	70.00	125	—
1779KM	—	30.00	45.00	70.00	125	—

C# 4 2 KOPECKS

13.1000 g., Copper **Obv:** Crowned monogram within wreath **Rev:** Value, date within crowned oval shield with supporters **Edge:** Oblique milling

Date	Mintage	VG	F	VF	XF	Unc
1764 Rare	—	—	—	—	—	—
1766 Rare	—	—	—	—	—	—
1767	—	85.00	140	200	300	—
1767KM	—	35.00	70.00	100	200	—
1768KM	—	30.00	45.00	70.00	140	—
1769KM	—	30.00	45.00	70.00	140	—
1770KM	—	30.00	45.00	70.00	140	—
1771KM	—	30.00	45.00	70.00	140	—
1772KM	—	30.00	45.00	70.00	140	—
1773KM	—	30.00	45.00	70.00	140	—
1774KM	—	30.00	45.00	70.00	140	—
1775KM	—	30.00	45.00	70.00	140	—
1776KM	—	30.00	45.00	70.00	140	—
1777KM	—	30.00	45.00	70.00	140	—
1778KM	—	30.00	45.00	70.00	140	—
1779KM	—	35.00	65.00	90.00	165	—
1780KM	—	40.00	85.00	125	225	—

C# 5 5 KOPECKS

32.8000 g., Copper **Obv:** Crowned monogram within wreath **Rev:** Value, date within crowned oval shield with supporters **Edge:** Oblique milling

Date	Mintage	VG	F	VF	XF	Unc
1763 Rare	—	—	—	—	—	—
1764 Rare	—	—	—	—	—	—
1766 Rare	—	—	—	—	—	—
1767 Rare	—	—	—	—	—	—
1767KM	—	100	150	200	350	—
1768KM	—	35.00	65.00	100	135	—
1769KM	—	35.00	65.00	100	135	—
1770KM	—	35.00	65.00	100	135	—
1771KM	—	35.00	65.00	100	135	—
1772KM	—	35.00	65.00	100	135	—
1773KM	—	35.00	65.00	100	135	—
1774KM	—	30.00	60.00	90.00	120	—
1775KM	—	30.00	60.00	90.00	120	—
1776KM	—	35.00	65.00	100	135	—
1777/6KM	—	40.00	70.00	110	145	—
1777KM	—	35.00	65.00	100	135	—
1778KM	—	35.00	65.00	100	135	—
1779KM	—	25.00	55.00	90.00	120	—
1780KM	—	90.00	125	175	250	—

C# 6 10 KOPECKS

65.5000 g., Copper **Obv:** Crowned monogram within wreath **Rev:** Value, date within crowned oval shield with supporters **Edge:** Lettered

Date	Mintage	VG	F	VF	XF	Unc
1763 Rare	—	—	—	—	—	—
1764 Rare	—	—	—	—	—	—
1766	—	140	250	350	500	—
1767	—	80.00	125	200	300	—
1767KM	—	140	200	300	400	—
1768KM	—	55.00	80.00	140	200	—
1769KM	—	55.00	80.00	140	200	—
1770KM	—	55.00	80.00	140	200	—
1771KM	—	55.00	80.00	140	200	—
1772KM	—	55.00	80.00	140	200	—
1773KM	—	55.00	80.00	140	200	—
1774KM	—	55.00	80.00	140	200	—
1775KM	—	55.00	80.00	140	200	—
1776KM	—	55.00	80.00	140	200	—
1777KM	—	55.00	80.00	140	200	—
1778KM	—	55.00	80.00	140	200	—
1779KM	—	60.00	90.00	150	215	—
1780KM	—	65.00	110	175	245	—
1781KM	—	80.00	125	200	300	—

NOVODEL COINAGE

KM#	Date	Mintage	Identification	Mkt Val
N1	1763	—	10 Kopecks. Copper. Lettered edge.	—

KM#	Date	Mintage	Identification	Mkt Val
N16	1764	—	10 Kopecks. Silver. Plain edge. EII monogram	—

KM#	Date	Mintage	Identification	Mkt Val
N18	1764	—	10 Kopecks. Silver.	—
N19	1764	—	15 Kopeks. Silver. Plain edge.	—
N21	1764	—	15 Kopeks. Silver. Portrait.	—

KM#	Date	Mintage	Identification	Mkt Val
N22	1764	—	20 Kopecks. Silver. Plain edge. EII monogram	—
N24	1764	—	20 Kopecks. Silver.	—

KM#	Date	Mintage	Identification	Mkt Val
N3	1764	—	Denga. Copper. C#2	500

KM#	Date	Mintage	Identification	Mkt Val
N4	1764	—	Kopeck. Copper. C#3	550
N5	1764	—	Kopeck. Copper. Tread edge. C#4	550
N6	1764	—	2 Kopecks. Copper. C#4	600
N7	1764	—	2 Kopecks. Copper. Lettered edge. C#4	600
N8	1764	—	2 Kopecks. Copper. Tread edge. C#4	600

KM#	Date	Mintage	Identification	Mkt Val
N2	1764	—	Polushka. Copper. C#1	700

SAINT HELENA

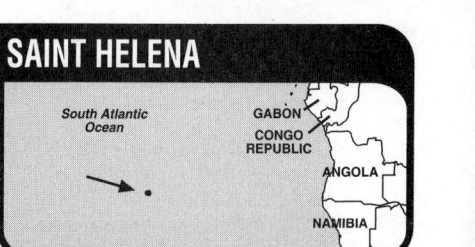

Saint Helena, a British colony located about 1,150 miles (1,850 km.) from the west coast of Africa, has an area of 47 sq. mi. (410 sq. km.) and a population of *7,000. Capital: Jamestown. Flax, lace, and rope are produced for export. Ascension and Tristan da Cunha are dependencies of Saint Helena.

The island was discovered and named by the Portuguese navigator Joao de Nova Castella in 1502. The Portuguese imported livestock, fruit trees, and vegetables but established no permanent settlement. The Dutch occupied the island temporarily, 1645-51. The original European settlement was founded by representatives of the British East India Company sent to annex the island after the departure of the Dutch. The Dutch returned and captured Saint Helena from the British on New Year's Day, 1673, but were in turn ejected by a British force under Sir Richard Munden. Thereafter Saint Helena was the undisputed possession of Great Britain. The island served as the place of exile for Napoleon, several Zulu chiefs, and an ex-sultan of Zanzibar.

RULER
British

MINT MARK
PM - Pobjoy Mint

MONETARY SYSTEM
12 Pence = 1 Shilling
100 Pence = 1 Pound

BRITISH EAST INDIA COMPANY

HAMMERED COINAGE

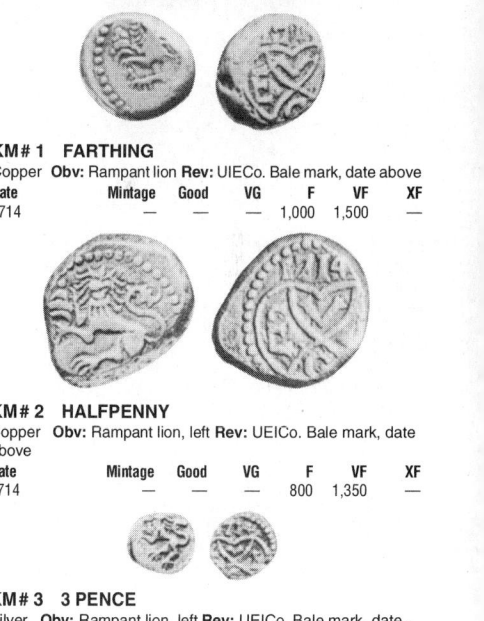

KM# 1 FARTHING
Copper **Obv:** Rampant lion **Rev:** UIECo. Bale mark, date above

Date	Mintage	Good	VG	F	VF	XF
1714	—	—	—	1,000	1,500	—

KM# 2 HALFPENNY
Copper **Obv:** Rampant lion, left **Rev:** UEICo. Bale mark, date above

Date	Mintage	Good	VG	F	VF	XF
1714	—	—	—	800	1,350	—

KM# 3 3 PENCE
Silver **Obv:** Rampant lion, left **Rev:** UEICo. Bale mark, date above

Date	Mintage	Good	VG	F	VF	XF
1714	—	—	—	1,750	2,250	—

SAINT EUSTATIUS

St. Eustatius (*Sint Eustatius, Statia*), a Netherlands West Indian island located in the Leeward Islands of the Lesser Antilles nine miles northwest of St. Kitts, has an area of 12 sq. mi. (21 sq. km.) and a population of about 2,000. It is part of the Netherlands Antilles. The island's capital is Oranjestad. The chief industries are farming, fishing, and tourism.

Between 1630 and 1640 the Dutch seized Curacao, Saba, St. Martin and St. Eustatius, all valuable as piloting and smuggling depots. The territorial acquisitions were confirmed to the Dutch by the Treaty of Munster in 1648. Under the guidance of merchants from Flushing, St. Eustatius became a prosperous entry port of neutral trade. On Feb. 3, 1781, British Admiral George Rodney, acting under orders, captured the island and confiscated much valuable booty. Before passing permanently into Dutch hands, St. Eustatius was attacked or captured several times by the French and English, and was in English hands during the Napoleonic Wars from 1810 to 1814.

RULER
Dutch

MONETARY SYSTEM
6 Stuivers = 1 Reaal

BRITISH OCCUPATION

COUNTERMARKED COINAGE

SE incuse countermark on French Guiana 2 Sous coins was official.

These were followed by raised SE countermarks (on a variety of worn billon and silver coins) generally thought to be forgeries.

From 1809 all coins had to be revalidated with a P countermark, which stood for Pierre dit Flamand, the artisan who designed the mark. Both raised and incuse SE varieties as well as unmarked coins were revalidated.

KM# 1.1 STUIVER
Billon **Countermark:** SE **Note:** Incuse countermark on French Guiana 2 Sous, C#1.

CM Date	Host Date	Good	VG	F	VF	XF
ND	ND(1797)	30.00	50.00	85.00	150	185

KM#	Date	Mintage	Identification	Mkt Val
N9	1764	—	5 Kopecks. Copper. C#5; large edge lettering	700
N10	1764	—	5 Kopecks. Copper. C#5; small edge lettering	700
N11	1764	—	5 Kopecks. Copper. C#5	700
N12	1764	—	10 Kopecks. Copper. C#6; large edge lettering	900
N13	1764	—	10 Kopecks. Copper. C#6; small edge lettering	900
N14	1764	—	10 Kopecks. Copper. C#6	900
N15	1764	—	10 Kopecks. Copper. Tread edge. C#6	900
N17	1764	—	10 Kopecks. Silver. EII monogram; oblique milling.	2,250

KM#	Date	Mintage	Identification	Mkt Val
N20	1764	—	15 Kopeks. Silver. Oblique milling.	3,000
N23	1764	—	20 Kopecks. Silver. EII monogram; oblique milling.	3,520
N29	1766	—	Kopeck. Copper. C#3.	300
N31	1766	—	2 Kopecks. Copper. Lettered edge. C#4.	350
N27	1766	—	Denga. Copper. C#2.	400
N33	1766	—	5 Kopecks. Copper. Lettered edge. C#5.	400
N25	1766	—	Polushka. Copper. C#1.	450
N35	1766	—	10 Kopecks. Copper. Lettered edge. C#6.	550
N30	1766KM	—	Kopeck. Copper. C#3.	250
N32	1766KM	—	2 Kopecks. Copper. C#4.	300
N28	1766KM	—	Denga. Copper. C#2.	350
N34	1766KM	—	5 Kopecks. Copper. C#5.	350
N26	1766KM	—	Polushka. Copper. C#1.	400
N36	1766KM	—	10 Kopecks. Copper. C#6.	500
N41	1767	—	5 Kopecks. Copper. C#5.	400
N39	1767KM	—	Kopeck. Copper. C#3.	250
N38	1767KM	—	Denga. Copper. C#2.	350
N37	1767KM	—	Polushka. Copper. C#1.	350
N42	1767KM	—	10 Kopecks. Copper. C#6.	500
N40	1767KM	—	2 Kopecks. Copper. C#4.	550
N45	1768KM	—	Kopeck. Copper. C#3.	250
N43	1768KM	—	Polushka. Copper. C#1.	350
N44	1768KM	—	Denga. Copper. C#2.	350
N47	1768KM	—	5 Kopecks. Copper. C#5.	400
N48	1768KM	—	10 Kopecks. Copper. C#6.	500
N46	1768KM	—	2 Kopecks. Copper. C#4.	550
N51	1769KM	—	Kopeck. Copper. C#3	250
N49	1769KM	—	Polushka. Copper. C#1.	350
N50	1769KM	—	Denga. Copper. C#2.	350
N53	1769KM	—	10 Kopecks. Copper. C#6	500
N52	1769KM	—	5 Kopecks. Copper. C#5	550
N56	1770KM	—	Kopeck. Copper. C#3	250
N57	1770KM	—	2 Kopecks. Copper. C#4	300

KM#	Date	Mintage	Identification	Mkt Val
N54	1770KM	—	Polushka. Copper. C#1	350
N55	1770KM	—	Denga. Copper. C#2	350
N58	1770KM	—	5 Kopecks. Copper. C#5	400
N59	1770KM	—	10 Kopecks. Copper. C#6	500
N62	1771KM	—	Kopeck. Copper. C#3	250
N63	1771KM	—	2 Kopecks. Copper. C#4	300

KM#	Date	Mintage	Identification	Mkt Val
N60	1771KM	—	Polushka. Copper. C#1	350
N61	1771KM	—	Denga. Copper. C#2	350
N64	1771KM	—	5 Kopecks. Copper. C#5	400
N65	1771KM	—	10 Kopecks. Copper. C#6	500
N69	1772KM	—	2 Kopecks. Copper. C#4	300
N66	1772KM	—	Polushka. Copper. C#1	350
N67	1772KM	—	Denga. Copper. C#2	400
N70	1772KM	—	5 Kopecks. Copper. C#5	400
N71	1772KM	—	10 Kopecks. Copper. C#6	500
N68	1772KM	—	Kopeck. Copper. C#3	650
N74	1773KM	—	Kopeck. Copper. C#3	250
N75	1773KM	—	2 Kopecks. Copper. C#4	300
N72	1773KM	—	Polushka. Copper. C#1	350
N73	1773KM	—	Denga. Copper. C#2	350
N77	1773KM	—	10 Kopecks. Copper. C#6	500
N76	1773KM	—	5 Kopecks. Copper. C#5	550
N80	1774KM	—	Kopeck. Copper. C#3	250
N81	1774KM	—	2 Kopecks. Copper. C#4	300
N78	1774KM	—	Polushka. Copper. C#1	350
N79	1774KM	—	Denga. Copper. C#2	350
N82	1774KM	—	5 Kopecks. Copper. C#5	400
N83	1774KM	—	10 Kopecks. Copper. C#6	500
N86	1775KM	—	Kopeck. Copper. C#3	250
N87	1775KM	—	2 Kopecks. Copper. C#4	300
N84	1775KM	—	Polushka. Copper. C#1	350
N85	1775KM	—	Denga. Copper. C#2	350
N88	1775KM	—	5 Kopecks. Copper. C#5	400
N89	1775KM	—	10 Kopecks. Copper. C#6	500
N93	1776KM	—	2 Kopecks. Copper. C#4	300
N91	1776KM	—	Denga. Copper. C#2	350
N92	1776KM	—	Kopeck. Copper. C#3	350
N90	1776KM	—	Polushka. Copper. C#1	550
N94	1776KM	—	5 Kopecks. Copper. C#5	850
N95	1776KM	—	10 Kopecks. Copper. C#6	1,500
N98	1777KM	—	Kopeck. Copper. C#3	250
N96	1777KM	—	Polushka. Copper. C#1	350
N97	1777KM	—	Denga. Copper. C#2	350
N99	1777KM	—	2 Kopecks. Copper. C#4	350
N100	1777KM	—	5 Kopecks. Copper. C#5	400
N101	1777KM	—	10 Kopecks. Copper. C#6	500
N105	1778KM	—	2 Kopecks. Copper. C#4	300
N102	1778KM	—	Polushka. Copper. C#1	350
N103	1778KM	—	Denga. Copper. C#2	350
N106	1778KM	—	5 Kopecks. Copper. C#5	400
N104	1778KM	—	Kopeck. Copper. C#3	500
N107	1778KM	—	10 Kopecks. Copper. C#6	500
N110	1779KM	—	Kopeck. Copper. C#3	250
N108	1779KM	—	Polushka. Copper. C#1	350
N109	1779KM	—	Denga. Copper. C#2	350
N112	1779KM	—	5 Kopecks. Copper. C#5	400
N111	1779KM	—	2 Kopecks. Copper. C#4	450
N113	1779KM	—	10 Kopecks. Copper. C#6	500
N117	1780KM	—	2 Kopecks. Copper. C#4	300
N115	1780KM	—	Denga. Copper. C#2	350
N116	1780KM	—	Kopeck. Copper. C#3	350
N118	1780KM	—	5 Kopecks. Copper. C#5	500
N114	1780KM	—	Polushka. Copper. C#1	600
N119	1780KM	—	10 Kopecks. Copper. C#6	850

SAINT LUCIA

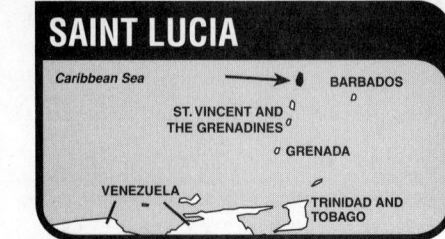

Caribbean Sea → **BARBADOS**
ST. VINCENT AND THE GRENADINES · GRENADA
VENEZUELA · TRINIDAD AND TOBAGO

Saint Lucia, an independent island nation located in the Windward Islands of the West Indies between Saint Vincent and Martinique, has an area of 238 sq. mi. (620 sq. km.) and a population of *150,000. Capital: Castries. The economy is agricultural. Bananas, copra, cocoa, sugar and logwood are exported.

Columbus discovered Saint Lucia in 1502. The first attempts at settlement undertaken by the British in 1605 and 1638 were frustrated by sickness and the determined hostility of the fierce Carib inhabitants. The French settled it in 1650 and made a treaty with the natives. Until 1814, when the island became a definite British possession, it was the scene of a continuous conflict between the British and French, which saw the island change hands on at least 14 occasions. In 1967, under the West Indies Act, Saint Lucia was established as a British associated state, self-governing in internal affairs. Complete independence was attained on February 22, 1979. Saint Lucia is a member of the Commonwealth of Nations. Elizabeth II is Head of State as Queen of Saint Lucia.

Prior to 1950, the island used sterling, which was superseded by the currency of the British Caribbean Territories (Eastern Group) and the East Caribbean State.

RULER
British

MONETARY SYSTEM
100 Cents = 1 Dollar

FRENCH COLONY

COUNTERMARKED COINAGE

1798

KM# 1 2 ESCALINS
Silver **Note:** Countermark SL monogram on 1/6 cut of Spanish or Spanish Colonial 8 Reales.

CM Date	Host Date	Good	VG	F	VF	XF
ND(1798)	ND Rare	—	—	—	—	—

KM# 2 3 ESCALINS
6.4000 g., Silver **Note:** Countermark: 3 SL monogram on 1/4 cut of Spanish or Spanish Colonial 8 Reales.

CM Date	Host Date	Good	VG	F	VF	XF
ND(1798)	ND	350	600	900	1,300	—

KM# 3 4 ESCALINS
Silver **Note:** Countermark: 3 SL monogram on 1/3 cut of Spanish or Spanish Colonial 8 Reales.

CM Date	Host Date	Good	VG	F	VF	XF
ND(1798)	ND Rare	—	—	—	—	—

KM# 4 6 ESCALINS
Silver **Note:** Countermark: 2 SL monogram on 1/2 cut of Spanish or Spanish Colonial 8 Reales.

CM Date	Host Date	Good	VG	F	VF	XF
ND(1798)	ND	650	1,100	1,700	2,500	—

SAINT MARTIN

COLONY

COUNTERMARKED COINAGE

KM# 2 2 STUIVERS
Silver **Countermark:** StM **Note:** Countermark in beaded circle on Danish 2 Skilling.

CM Date	Host Date	Good	VG	F	VF	XF
ND(1798)	ND	240	425	600	950	1,200

KM# 1 2 STUIVERS
Billon **Countermark:** StM - Colony of Cayenne **Note:** Countermark in beaded circle on French Guiana 2 Sous, KM#1.

CM Date	Host Date	Good	VG	F	VF	XF
ND(1798)	1780-90	90.00	150	240	350	725

KM# 13 6 STUIVERS
Silver **Countermark:** Bundle of arrows **Note:** Countermark on Netherlands-Utrecht 6 Stuivers, KM#60.3.

CM Date	Host Date	Good	VG	F	VF	XF
ND(1797)	ND(1679-91)	—	—	—	—	—

KM# 10 18 STUIVERS
Silver **Countermark:** CC **Note:** Countermark on obverse and 18 on edge of 1/4 cut of Spanish or Spanish Colonial 8 Reales.

CM Date	Host Date	Good	VG	F	VF	XF
ND(1787)	ND Rare	—	—	—	—	—

KM# 11.2 18 STUIVERS
Silver **Countermark:** Bundle of arrows **Note:** Countermark and bundle of arrows on 1/4 cut of Spanish or Spanish Colonial 8 Reales.

CM Date	Host Date	Good	VG	F	VF	XF
ND(1797)	ND Rare	—	—	—	—	—

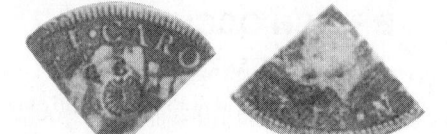

KM# 11.1 18 STUIVERS
Silver **Countermark:** CC **Note:** Countermark and bundle of arrows on obverse and 18 on edge of 1/4 cut of Spanish or Spanish Colonial 8 Reales.

CM Date	Host Date	Good	VG	F	VF	XF
ND(1797)	ND	1,800	3,000	4,200	5,700	6,600

SAINT VINCENT

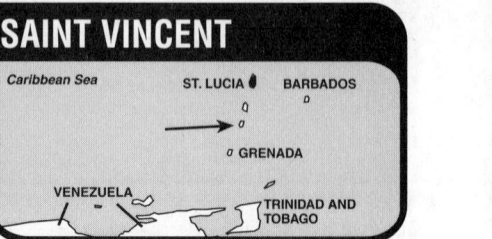

Caribbean Sea · **ST. LUCIA** · **BARBADOS**
· GRENADA
VENEZUELA · TRINIDAD AND TOBAGO

Saint Vincent and the Grenadines, consisting of the island of Saint Vincent and the northern Grenadines (a string of islets stretching southward from Saint Vincent), is located in the Windward Islands of the West Indies, West of Barbados and south of Saint Lucia. The tiny nation has an area of 150sq. mi. (340 sq. km.) and a population of *105,000. Capital: Kingstown. Arrowroot, cotton, sugar, molasses, rum and cocoa are exported. Tourism is a principal industry.

Saint Vincent was discovered by Columbus on Jan. 22, 1498, but was left undisturbed for more than a century. The British began colonization early in the 18th century against bitter and prolonged Carib resistance. The island was taken by the French in 1779, but was restored to the British in 1783, at the end of the American Revolution. Saint Vincent and the northern Grenadines became a British associated state in Oct. 1969. Independence under the name of Saint Vincent and the Grenadines was attained at midnight of Oct. 26, 1979. The new nation chose to become a member of the Commonwealth of Nations with Elizabeth II as Head of State and Queen of Saint Vincent.

A local coinage was introduced in 1797, with the gold withdrawn in 1818 and the silver in 1823. This was replaced by sterling. From the mid-1950's, Saint Vincent used the currency of the British Caribbean Territories (Eastern Group), than that of the East Caribbean States.

RULER
British

MONETARY SYSTEM
6 Black Dogs = 4 Stampees = 1 Bit = 9 Pence
1797-1811
8 Shillings, 3 Pence = 11 Bits = 1 Dollar

BRITISH COLONY

COUNTERMARKED COINAGE

(1797-1818)

KM# 1 BLACK DOG
Billon **Countermark:** SV monogram **Note:** Countermark on French colonial coin.

CM Date	Host Date	Good	VG	F	VF	XF
ND(1797)	ND(1797-1818) Rare	—	—	—	—	—

KM# 2 STAMPEE
Billon **Countermark:** SV monogram **Note:** Countermark on French Colonial coin bearing a crowned C.

CM Date	Host Date	Good	VG	F	VF	XF
ND(1797)	ND(1797-1818) Rare	—	—	—	—	—

KM# 3 1/4 DOLLAR
Silver **Countermark:** SV monogram **Note:** Countermark on 1/4-cut Spanish or Spanish Colonial 8 Reales.

CM Date	Host Date	Good	VG	F	VF	XF
ND(1797)	ND(1797-1818)	200	325	550	850	—

KM# 4.1 1/2 DOLLAR
9.4000 g., Silver **Countermark:** SV monogram **Note:** Countermark on 1/3-cut Spanish or Spanish Colonial 8 Reales.

CM Date	Host Date	Good	VG	F	VF	XF
ND(1797)	ND(1797-1818)	225	425	800	1,400	—

KM# 4.2 1/2 DOLLAR

10.2500 g., Silver **Countermark:** SV monogram **Note:** Similar to KM#4.1 with plug added to adjust to correct weight.

CM Date	Host Date	Good	VG	F	VF	XF
ND(1797)	ND(1797-1818)	275	500	850	1,250	—

KM# 9.1 IV-1/2 BITS

Silver **Countermark:** S/IV 1/2/B **Note:** Countermark on Mexico 2 Reales, KM#86.

CM Date	Host Date	Good	VG	F	VF	XF
ND	1754 M	300	500	850	1,500	—

KM# 10 VI BITS

Silver **Countermark:** S/VI **Note:** Countermark on 23 mm center disk cut from Spanish or Spanish Colonial 8 Reales.

CM Date	Host Date	Good	VG	F	VF	XF
ND(1811-14)	ND	275	450	800	1,450	—

KM# 12.1 XII BITS

Silver **Countermark:** S/XII **Note:** Countermark on holed Bolivia 8 Reales, KM#64.

CM Date	Host Date	Good	VG	F	VF	XF
ND	1789-90 PR	2,750	3,750	5,500	8,500	—

KM# 12.2 XII BITS

Silver **Countermark:** S/XII **Note:** Countermark on holed Mexico 8 Reales, KM#109.

CM Date	Host Date	Good	VG	F	VF	XF
ND	1802 FT	2,750	3,750	5,500	8,500	—

KM# 12.3 XII BITS

Silver **Countermark:** S/XII **Note:** Countermark on holed Mexico 8 Reales, KM#110.

CM Date	Host Date	Good	VG	F	VF	XF
ND	1809 TH	2,750	3,750	5,500	8,500	—

COUNTERMARKED COINAGE

Gold (1798-1818)

The countermarking of various gold coins in circulation on Saint Vincent was authorized by an Act of August 1, 1798. Standard weight for a gold Joe was set at 11.66 grams with a denomination of 66 Shillings. Full weight gold was marked 3 times with the letter S. Underweight gold could be brought up to proper weight by plugging and marking the plug with a letter S, under the guidance of at least 1 council member and 2 assemblymen.

Ongoing concerns and practical implementation made this act subject to review and in all likelihood alterations were made resulting in the various plugged and full weight examples listed below. All countermarked Joes were recalled in 1818.

KM# 5.1 66 SHILLINGS

Gold **Countermark:** Obverse: S (three times); Reverse: IS **Note:** Weight varies: 11.50-11.66g. Countermark on the plug of a false Brazil 6400 Reis, KM#172.2

CM Date	Host Date	Good	VG	F	VF	XF
ND	1773 Rare	—	—	—	—	—

KM# 5.2 66 SHILLINGS

Gold **Countermark:** Obverse: S (three times); Reverse: IS **Note:** Weight varies: 11.50-11.66g. Countermark on the plug of a false Brazil 6400 Reis, KM#199.2

CM Date	Host Date	Good	VG	F	VF	XF
ND	178x Rare	—	—	—	—	—

KM# 6 66 SHILLINGS

Gold **Countermark:** S (three times) and GH **Note:** Weight varies: 11.50-11.66g. Countermark on the plug of a false Brazil 6400 Reis, KM#172.2

CM Date	Host Date	Good	VG	F	VF	XF
ND	1767 Rare	—	—	—	—	—

KM# 17 66 SHILLINGS

Gold **Countermark:** S (three times) **Note:** Weight varies: 11.50-11.66g. Countermark on Brazil 6400 Reis, KM#149.

CM Date	Host Date	Good	VG	F	VF	XF
ND	17x8	3,000	5,000	8,000	12,000	—

KM# 18 66 SHILLINGS

Gold **Countermark:** S (three times) **Note:** Weight varies: 11.50-11.66g. Countermark on Brazil 6400 Reis, KM#199.2.

CM Date	Host Date	Good	VG	F	VF	XF
ND	1786	3,000	5,000	8,000	12,000	—

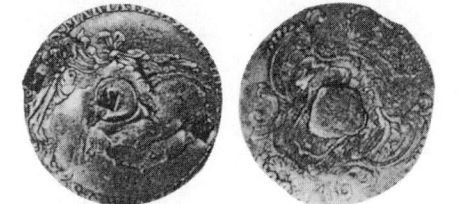

KM# 19 66 SHILLINGS

Gold **Countermark:** S (three times) **Note:** Weight varies: 11.50-11.66g. Countermark on plugged Brazil 6400 Reis, KM#199.2.

CM Date	Host Date	Good	VG	F	VF	XF
ND	1779	4,000	6,000	10,000	14,000	—

KM# 16 6 POUNDS 12 SHILLING

23.4000 g., Gold **Countermark:** S (three times) **Note:** Countermark on Brazil 12,800 Reis, KM#150.

CM Date	Host Date	Good	VG	F	VF	XF
ND(1798-1818)	1732 Rare	—	—	—	—	—

Note: Glendining's Ford sale 9-89 VF realized $12,800

HEJAZ - MECCA

Mecca, the metropolis of Islam and the capital of Hejaz, is located inland from the Red Sea due east of the port of Jidda. A center of non-political, commercial, cultural and religious activities, Mecca remained virtually independent until 1259. Two centuries of Egyptian rule were followed by four centuries of Turkish rule which lasted until the Arab revolts which extinguished pretensions to sovereignty over any part of the Arabian peninsula.

MINT NAME

Makkah, Mecca

SHARIFS OF MECCA

ANONYMOUS HAMMERED COINAGE

Wahhabi Issues

KM# B5 MAHMUDI

Billon **Obv:** Date with Sanat below **Rev:** Mecca duribaf

Date	Mintage	Good	VG	F	VF	XF
AH1215 One known	—	—	—	—	—	—

Note: From the British Museum collection

KM# 3 UNIT

Silver **Rev:** Mintname: MECCA **Note:** Previous KM#6 under "Saudi Arabia - Mecca".

Date	Mintage	Good	VG	F	VF	XF
AH1215 Rare	—	—	—	—	—	—

SCOTLAND

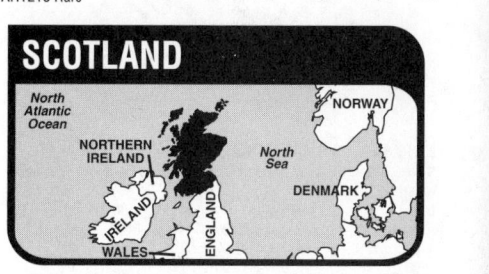

Scotland is located on the northern part of the island of Great Britain. It has an area of 30,414 square miles (78,772 sq. km.) and population of 5.2 million. Capital: Edinburgh. Cereal grains and potatoes are the principal farm products. Production of textiles, electrical instruments, spirits; shipbuilding and tourism are also important sources of income.

Scotland was the traditional home of the Picts in ancient times. The Romans invaded the area after 80 A.D. and Hadrian's Wall was built from 122-126 A.D. to keep the Picts from the Roman settlements to the south. In the 5th century Scotland had 4 kingdoms: Northumbria (Anglo-Saxon), Picts, Scots (of Irish extraction) and Strathclyde. St. Columba converted the Picts to Christianity in the late 6th century. Norse invasions started in the late 8th century. The Picts conquered the Scots in the 9th century and under Malcolm II (1005-1034) the Scottish kingdoms were united. The Scottish King became a vassal of the English king in 1174 (a circumstance that was to lead to many disputes). The Scots gained independence in 1314 at Bannockburn under Robert Bruce. From 1371-1714 it was ruled by the Stuarts, and in 1603 when James VI of Scotland succeeded Elizabeth I as James I, King of England, a personal union of the two kingdoms was formed. Parliamentary Act in 1707 made final union of the two kingdoms. In 1999 the Scottish Parliament was re-formed to make local decisions.

RULERS
William II (III), 1694-1702
Anne, 1702-1707 (1714)
George III, 1760-1820

NOTE: For post Union silver coinage of Anne struck with an "E" under the bust and dated 1707-1709, please refer to Great Britain listings.

William II (III)

MILLED COINAGE

KM# 145 1/2 PISTOLE

SAUDI ARABIA-HEJAZ

Hejaz, a province of Saudi Arabia and a former vilayet of the Ottoman Empire, occupies an 800-mile long (1,287km.) coastal strip between Nejd and the Red Sea. The province was a Turkish dependency until freed in World War I. Husain Ibn Ali, Amir of Mecca, opposed the Turkish control and, with the aid of Lawrence of Arabia, wrested much of Hejaz from the Turks and in 1916 assumed the title of King of Hejaz. Abd Al-Aziz Bin Sa'ud, of Nejd conquered Hejaz in 1925, and in 1926 combined it and Nejd into a single kingdom.

TITLES

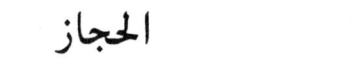

al-Hejaz

SCOTLAND

3.4400 g., 0.9160 Gold 0.1013 oz. AGW **Obv:** Bust left **Obv. Legend:** GVLIEMVS • DEI • GRATIA **Rev:** Crowned arms **Note:** S#5677. Struck from gold imported from Africa by the Darien Co. The sun rising from the sea below bust is the company badge.

Date	Mintage	Good	VG	F	VF	XF
1701	—	2,200	3,900	7,800	15,000	—

KM# 146 PISTOLE

6.8700 g., 0.9160 Gold 0.2023 oz. AGW **Obv:** Bust left. **Obv. Legend:** GVLIELMVS+DEI+GRATIA **Rev:** Crowned arms **Note:** S#5676. Struck from gold imported from Africa by the Darien Co. The sun rising from the sea below bust is the company badge.

Date	Mintage	Good	VG	F	VF	XF
1701	—	2,000	3,300	6,600	13,000	30,000

STERLING COINAGE

KM# 140 5 SHILLINGS

Silver, 19 mm. **Obv:** Laureate bust left, value below **Rev:** Crown above 3 thistles, date in legend at upper left **Note:** Varieties exist.

Date	Mintage	VG	F	VF	XF	Unc
1701	—	100	250	825	2,500	—

KM# 147 5 SHILLINGS

Silver **Obv. Legend:** GVLIELMVS DEI GRATIA

Date	Mintage	VG	F	VF	XF	Unc
1702	—	42.00	90.00	450	1,150	—

Anne

STERLING COINAGE

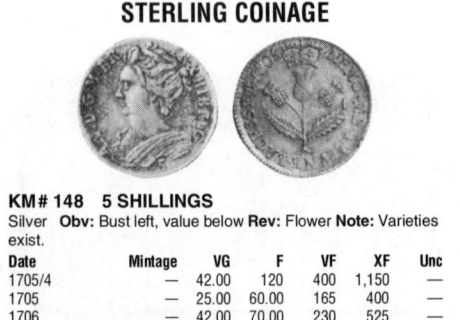

KM# 148 5 SHILLINGS

Silver **Obv:** Bust left, value below **Rev:** Flower **Note:** Varieties exist.

Date	Mintage	VG	F	VF	XF	Unc
1705/4	—	42.00	120	400	1,150	—
1705	—	25.00	60.00	165	400	—
1706	—	42.00	70.00	230	525	—

KM# 149 10 SHILLINGS

Silver **Obv:** Draped bust left, value below **Rev:** Crowned arms, date in legend at upper left

Date	Mintage	VG	F	VF	XF	Unc
1705	—	42.00	90.00	295	650	—
1706	—	60.00	120	325	900	—

SIERRA LEONE

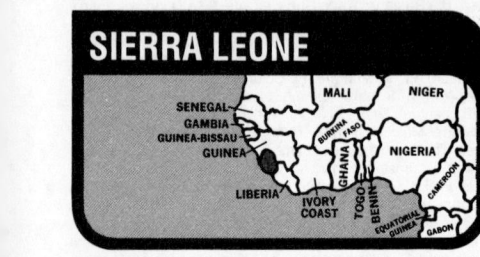

The Republic of Sierra Leone, a British Commonwealth nation located in western Africa between Guinea and Liberia, has an area of 27,699 sq. mi. (71,740 sq. km.) and a population of *4.1 million. Capital: Freetown. The economy is predominantly agricultural but mining contributes significantly to export revenues. Diamonds, iron ore, palm kernels, cocoa, and coffee are exported.

The coast of Sierra Leone was first visited by Portuguese and British slavers in the 15th and 16th centuries. The first settlement, at Freetown, 1787, was established as a refuge for freed slaves within the British Empire, runaway slaves from the United States and Negroes discharged from the British armed forces. The first settlers were virtually wiped out by tribal attacks and disease. The colony was re-established under the auspices of the Sierra Leone Company and transferred to the British Crown in 1807. The interior region was secured and established as a protectorate in 1896. Sierra Leone became independent within the Commonwealth on April 27, 1961, and adopted a republican constitution ten years later. It is a member of the Commonwealth of Nations. The president is Chief of State and Head of Government.

For similar coinage refer to British West Africa.

RULER
British, until 1971

MONETARY SYSTEM

Until 1906
100 Cents = 50 Pence = 1 Dollar

BRITISH COLONY

Sierra Leone Company

STANDARD COINAGE

Date	Mintage	F	VF	XF	Unc	BU
1791 Proof	—	Value: 1,500				
1796 Proof	—	Value: 1,500				

KM# 2.1 PENNY

Bronze, 32 mm. **Obv:** Lion, Africa below **Obv. Legend:** SIERRA LEONE COMPANY **Rev:** Clasped hands flanked by value, date below, written value as legend

Date	Mintage	F	VF	XF	Unc	BU
1791	215,000	100	200	400	600	1,000
1791 Proof	—	Value: 1,250				

KM# 2.2 PENNY

Bronze, 30 mm. **Obv:** Lion, Africa below **Obv. Legend:** SIERRA LEONE COMPANY **Rev:** Clasped hands flanked by value, date below, written value as legend

Date	Mintage	F	VF	XF	Unc	BU
1791 Proof	—	Value: 350				

Note: Gem proofs valued at nearly double this figure.

KM# 2.1a PENNY

Bronze Gilt **Obv:** Lion, Africa below **Obv. Legend:** SIERRA LEONE COMPANY **Rev:** Clasped hands flanked by value, date below, written value as legend

Date	Mintage	F	VF	XF	Unc	BU
1791 Proof	—	Value: 600				

KM# 1 CENT

Bronze **Obv:** Lion, Africa. below **Obv. Legend:** SIERRA LEONE COMPANY **Rev:** Clasped hands, flanked by value, date below, written value as legend

Date	Mintage	F	VF	XF	Unc	BU
1791	500,000	150	350	650	1,500	—
1791 Proof	400	Value: 350				

Note: Gem proofs valued at nearly double this figure.

Date	Mintage	F	VF	XF	Unc	BU
1796	50,000	35.00	120	350	750	—

KM# 1a CENT

Bronze Gilt **Obv:** Lion, Africa. below **Obv. Legend:** SIERRA LEONE COMPANY **Rev:** Clasped hands flanked by value, date below, written value as legend

Date	Mintage	F	VF	XF	Unc	BU
1791 Proof	—	Value: 550				

Note: Hairlined proofs or mishandled proofs worth less than half this figure.

KM# 3 10 CENTS

0.9020 Silver **Obv:** Lion, Africa below **Obv. Legend:** SIERRA LEONE COMPANY **Rev:** Clasped hands flanked by value, date below, written value as legend

Date	Mintage	F	VF	XF	Unc	BU
1791	4,200	75.00	350	650	1,250	—
1791 Proof	109	Value: 2,500				

Note: Gem proofs valued at roughly double this figure.

Date	Mintage	F	VF	XF	Unc	BU
1796	9,227	45.00	125	600	1,100	—
1796 Proof	—	Value: 600				

KM# 3a 10 CENTS

Copper **Obv:** Lion, Africa below **Obv. Legend:** SIERRA LEONE COMPANY **Rev:** Clasped hands, flanked by value, date below, written value as legend

Date	Mintage	F	VF	XF	Unc	BU
1791 Proof	—	Value: 1,200				
1796 Proof, 1 known	—	—	—	—	—	—

KM# 3b 10 CENTS

Copper Gilt **Obv:** Lion, Africa below **Obv. Legend:** SIERRA LEONE COMPANY **Rev:** Clasped hands, flanked by value, date below, written value as legend

KM# 4 20 CENTS

0.9020 Silver **Obv:** Lion, Africa below **Obv. Legend:** SIERRA LEONE COMPANY **Rev:** Clasped hands flanked by value, date below, written value as legend

Date	Mintage	F	VF	XF	Unc	BU
1791	5,200	75.00	1,225	1,325	1,500	—
1791 Proof	84	Value: 6,000				

KM# 4a 20 CENTS

Copper **Obv:** Lion, Africa below **Obv. Legend:** SIERRA LEONE COMPANY **Rev:** Clasped hands flanked by value, date below, written value as legend

Date	Mintage	F	VF	XF	Unc	BU
1791 Proof	—	Value: 850				

Note: Grem proofs valued at nearly double this figure.

KM# 4b 20 CENTS

Copper Gilt **Obv:** Lion, Africa below **Obv. Legend:** SIERRA LEONE COMPANY **Rev:** Clasped hands flanked by value, date below, written value as legend

Date	Mintage	F	VF	XF	Unc	BU
1791 Proof	—	Value: 4,000				

KM# 5 50 CENTS

0.9020 Silver **Obv:** Lion, Africa below **Obv. Legend:** SIERRA LEONE COMPANY **Rev:** Clasped hands flanked by value, date below, written value as legend

Date	Mintage	F	VF	XF	Unc	BU
1791	4,622	275	1,350	1,750	3,000	—
1791 Proof	54	Value: 6,500				

KM# 5a 50 CENTS

Copper **Obv:** Lion, Africa below **Obv. Legend:** SIERRA LEONE COMPANY **Rev:** Clasped hands flanked by value, date below, written value as legend

Date	Mintage	F	VF	XF	Unc	BU
1791 Proof	—	Value: 500				

KM# 5b 50 CENTS

Copper Gilt **Obv:** Lion, Africa below **Obv. Legend:** SIERRA LEONE COMPANY **Rev:** Clasped hands flanked by value, date below, written value as legend

Date	Mintage	F	VF	XF	Unc	BU
1791 Proof	—	Value: 950				

DOLLAR DENOMINATED COINAGE

KM# 6 DOLLAR

0.9020 Silver **Obv:** Lion, Africa below **Obv. Legend:** SIERRA LEONE COMPANY **Rev:** Clasped hands flanked by value, date below, written value as legend

Date	Mintage	F	VF	XF	Unc	BU
1791	6,560	400	1,000	2,200	4,500	—
1791 Proof	40	Value: 11,500				

KM# 6a DOLLAR

Copper **Obv:** Lion, Africa below **Obv. Legend:** SIERRA LEONE COMPANY **Rev:** Clasped hands flanked by value, date below, written value as legend

Date	Mintage	F	VF	XF	Unc	BU
1791 Proof	—	Value: 1,800				

KM# 6b DOLLAR

Copper Gilt **Obv:** Lion, Africa below **Obv. Legend:** SIERRA LEONE COMPANY **Rev:** Clasped hands flanked by value, date below, written value as legend

Date	Mintage	F	VF	XF	Unc	BU
1791 Proof	—	Value: 3,500				

KM# 7 DOLLAR

0.9020 Silver **Obv:** Lion, Africa below **Obv. Legend:** SIERRA LEONE COMPANY **Rev:** Clasped hands flanked by value, date below, written value as legend

Date	Mintage	F	VF	XF	Unc	BU
1791	800	650	1,500	3,500	5,500	—
1791 Proof	5	—	—	—	—	—

SPAIN

KM# 7a DOLLAR
Copper **Obv:** Lion, Africa below **Obv. Legend:** SIERRA LEONE COMPANY **Rev:** Clasped hands flanked by value, date below, written value as legend

Date	Mintage	F	VF	XF	Unc	BU
1791 Proof	—	—	—	—	—	—

KM# 7b DOLLAR
Copper Gilt **Obv:** Lion, Africa below **Obv. Legend:** SIERRA LEONE COMPANY **Rev:** Clasped hands flanked by value, date below, written value as legend

Date	Mintage	F	VF	XF	Unc	BU
1791 Proof	—	Value: 4,000				

Co – Cuzco, Peru
D, DO, Do – Durango, Mexico
Ga – Guadalajara, Mexico
G, GG – Guatemala
G, Go – Guanajuato, Mexico
L, LIMAE, LIMA – Lima, Peru
M, MA – Manila, Philippines
M, Mo – Mexico City, Mexico
NG – Nueva Grenada, Guatemala
NR – Nueva Reino, Colombia
PDV – Valladolid Michoacan, Mexico
P, PN, Pn – Popayan, Colombia
P, POTOSI – Potosi, Bolivia
So – Santiago, Chile
Z, Zs – Zacatecas, Mexico

The Spanish State, forming the greater part of the Iberian Peninsula of southwest Europe, has an area of 195,988 sq. mi. (504,714 sq. km.) and a population of 39.4 million including the Balearic and the Canary Islands. Capital: Madrid. The economy is based on agriculture, industry and tourism. Machinery, fruit, vegetables and chemicals are exported.

It isn't known when man first came to the Iberian Peninsula - the Altamira caves off the Cantabrian coast approximately 50 miles west of Santander were fashioned in Paleolithic times. Spain was a battleground for centuries before it became a unified nation, fought for by Phoenicians, Carthaginians, Greeks, Celts, Romans, Vandals, Visigoths and Moors. Ferdinand and Isabella destroyed the last Moorish stronghold in 1492, freeing the national energy and resources for the era of discovery and colonization that would make Spain the most powerful country in Europe during the 16th century. After the destruction of the Spanish Armada, 1588, Spain never again played a major role in European politics. Forcing Ferdinand to give up his throne and placing him under military guard at Valencay in 1808, Napoleonic France ruled Spain until 1814. When the monarchy was restored in 1814 it continued, only interrupted by the short-lived republic of 1873-74, until the exile of Alfonso XIII in 1931 when the Second Republic was established.

Discontent against the mother country increased after 1808 as colonists faced new imperialist policies from Napoleon or Spanish liberals. The revolutionary movement was established which resulted in the eventual independence of the Vice-royalties of New Spain, New Granada and Rio de la Plata within 2 decades.

The doomed republic was trapped in a tug-of-war between the right and left wing forces inevitably resulting in the Spanish Civil War of 1936-38. The leftist Republicans were supported by the U.S.S.R. and the International Brigade, which consisted of mainly communist volunteers from all over the western world. The right wing Nationalists were supported by the Fascist governments of Italy and Germany. Under the leadership of Gen. Francisco Franco, the Nationalists emerged victorious and immediately embarked on a program of reconstruction and neutrality as dictated by the new "Caudillo"(leader) Franco.

The monarchy was reconstituted in 1947 under the regency of General Francisco Franco; the king designate to be crowned after Franco's death. Franco died on Nov.20, 1975. Two days after his passing, Juan Carlos de Borbon, the grandson of Alfonso XIII, was proclaimed King of Spain.

RULERS
Philip V, 1700-1746
Luis I, 1724
Fernando VI, 1746-59
Carlos III, 1759-88
Carlos IV, 1788-1808

HOMELAND MINT MARKS
Until 1851
B – Burgos
C, CA – Cuenca
M, crowned M, Ligate MD – Madrid
S, SL – Seville
Aqueduct – Segovia
V, VA, VAL - Valencia

COLONIAL MINT MARKS
Many Spanish Colonial mints struck coins similar to regular Spanish issues until the 1820's. These issues are easily distinguished from regular Spanish issues by the following mint marks.
C, CH, Ch – Chihuahua, Mexico

MINT OFFICIALS' INITIALS

Burgos Mint

Initials	Date	Name
A	1701	

Cuenca Mint

Initials	Date	Name
JJ	1725	Juan Jose Garcia Caballero

Madrid Mint

Initials	Date	Name
AJ	1744-47	Antonio Cardena and Jose Tramullas y Ferrer
DV	1784-88	Domingo Antonio Lopez and Vicente Campos Gonzalez
F	1731-32	Fernando Vazquez
FA	1799-1808	Francisco Herrera and Antonio Goicoechea
J	1706-16	Jose Caballero
J	1747, 1759	Jose Tramullas y Ferrer
JA	1742-44	J.J. Garcia Caballero and Antonio de Cardena
JB	1747-56	Jose Tramullas y Ferrer and Bernardo Munoz de Amador
JB	1756-59	Jose Tramullas y Ferrer and Domingo Bayon
JD	1782-85	Juan Bautista Sanfaury and Domingo Antonio Lopez
JF	1730-41	J.J. Garcia Caballero and Fernando Vazquez
JJ	1728-29	Juan Jose Garcia Caballero`
JP	1759-64	Juan Rodriguez Gutierrez and Pedro Cano
M	1788	Manuel de Lamas
MF	1788-1802	Manuel de Lamas and Francisco Herrera
PJ	1765-82	Pedro Cano and Juan Bautista Sanfaury
Y	1706	Ysidoro de Parraga

Segovia Mint

Initials	Date	Name
F	1721-24, 1728-29	Fernando Vazquez and Fernando Vargas
J	1717	Jose (Garcia) Caballero
Y	1708	Ysidoro de Parraga

Seville Mint

Initials	Date	Name
AP	1735-36	Antonio Montero and Pedro Remigio Gordillo
C	1784-86, 1788	Carlos Jimenez Almaraz
C	1790-91, 1801-08	Carlos Tiburcio de Roxas
CF	1767-83	Carlos Jimenez Almaraz and Francisco Lopez Amisa
CM	1787	Carlos Jimenez Almaraz and Manuel de Lamas
CN	1791-1810, 1812	Carlos Tiburcio de Roxas and Nicolas Lamas
J	1702-03	
J	1719-23, 1725-27	Juan Jose Garcia Caballero
JP	1742	Jose Antonio Fabra and Pedro Remigio Gordillo
JV	1757-62	Jose de Villaviciosa and Vicente Diez de la Fuente
M	1686-1703, 1707-19	
P	1704-06	
P	1728-29	Pedro Remigio Gordillo
PA	1731-36	Pedro Remigio Gordillo and Antonio Montero
PF	1737-40, 1742-50	Pedro Remigio Gordillo and Jose Antonio Fabra
PJ	1751-57	Pedro Remigio Gordillo and Jose de Villaviciosa
V	1784	Vicente Delgado Meneses
VC	1764-67	Vicente Diez de la Fuente and Carlos Jimenez Almaraz

Valencia Mint

Initials	Date	Name
F	1707-13	Bartolome Bertran Fauria

MONETARY SYSTEM
34 Maravedi = 1 Real (of Silver)
16 Reales = 1 Escudo

NOTE: The early coinage of Spain is listed by denomination based on a system of 16 Reales de Plata (silver) = 1 Escudo (gold). However, in the Constitutional periol from 1808-1850, a concurrent system was introduced in which 20 Reales de Vellon (billon) = 8 Reales de Plata. This system does not necessarily refer to the composition of the coin itself. To avoid confusion we have listed the coins using the value as it appears on each coin, ignoring the monetary base.

KINGDOM

REAL COINAGE

KM# 301.1 MARAVEDI
Copper **Ruler:** Philip V **Obv:** Crowned arms, value at right **Rev:** Crowned, reclining lion holding globe and sword, date at top **Mint:** Barcelona

Date	Mintage	VG	F	VF	XF	Unc
1718	—	5.00	9.00	18.00	40.00	—
1720	—	5.00	9.00	18.00	40.00	—

KM# 301.3 MARAVEDI
Copper **Ruler:** Philip V **Obv:** Crowned arms, value at right **Rev:** Crowned, reclining lion holding globe and sword, date at top **Mint:** Zaragoza

Date	Mintage	VG	F	VF	XF	Unc
1719	—	8.00	18.00	35.00	70.00	—
1720	—	12.00	22.00	45.00	75.00	—

KM# 317 MARAVEDI
Copper **Ruler:** Philip V **Obv:** Crowned arms, value at right **Rev:** Crowned, reclining lion holding globe and sword, date at top **Mint:** Valencia

Date	Mintage	VG	F	VF	XF	Unc
1719	—	27.00	55.00	95.00	175	—
1720	—	9.00	18.00	35.00	65.00	—

KM# 301.2 MARAVEDI
Copper **Ruler:** Philip V **Obv:** Crowned arms, value at right **Rev:** Crowned, reclining lion holding globe and sword, date at top **Mint:** Segovia

Date	Mintage	VG	F	VF	XF	Unc
1720	—	350	700	1,300	2,200	—

KM# 367 MARAVEDI
Copper **Ruler:** Philip V **Obv:** Philip V monogram **Rev:** Crowned, reclining lion holding globe and sword, date at top **Mint:** Madrid

Date	Mintage	VG	F	VF	XF	Unc
1745	—	300	700	1,200	1,900	—

KM# 368 MARAVEDI
Copper **Ruler:** Ferdinand VI **Obv:** Crowned shield **Rev:** Crowned lion holding scepter and sword **Mint:** Segovia **Note:** Mint mark: Aqueduct.

Date	Mintage	VG	F	VF	XF	Unc
1746	—	10.00	20.00	30.00	50.00	—
1747	—	10.00	20.00	30.00	50.00	—

KM# 405.1 MARAVEDI
Copper **Ruler:** Charles III **Obv:** Head right **Rev:** Castles and lions in angles of cross **Mint:** Madrid **Note:** Mint mark: Crowned M.

Date	Mintage	VG	F	VF	XF	Unc
1770	—	30.00	70.00	200	300	—
1771	—	40.00	90.00	225	400	—

KM# 405.2 MARAVEDI
Copper **Ruler:** Charles III **Obv:** Head right **Rev:** Castles and lions in angles of cross **Mint:** Segovia **Note:** Mint mark: Aqueduct.

Date	Mintage	VG	F	VF	XF	Unc
1772	—	8.00	20.00	40.00	80.00	—
1773	—	6.00	15.00	30.00	65.00	—
1774	—	8.00	20.00	30.00	50.00	—
1775	—	8.00	20.00	40.00	80.00	—

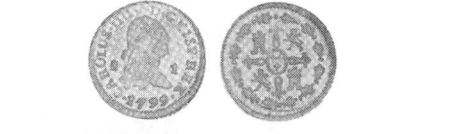

KM# 445 MARAVEDI
Copper **Ruler:** Charles IV **Obv:** Bust right **Obv. Legend:** CAROLUS • IIII • D : G HISP • REX • **Rev:** Castles and lions in angles of cross within wreath **Mint:** Segovia **Note:** Similar to 4 Maravedis, KM#427. Mint mark: Aqueduct.

Date	Mintage	VG	F	VF	XF	Unc
1791	—	15.00	25.00	40.00	60.00	—
1793	—	7.50	15.00	25.00	45.00	—
1799	—	15.00	25.00	40.00	60.00	—

1210 SPAIN

KM# 190.5 2 MARAVEDIS

Copper **Ruler:** Philip V **Obv:** Crowned shield of Castile **Rev:** Crowned shield of Leon **Mint:** Linares

Date	Mintage	VG	F	VF	XF	Unc
1701	—	7.00	15.00	25.00	45.00	—

KM# 285.1 2 MARAVEDIS

Copper **Ruler:** Philip V **Obv:** Philip V monogram **Rev:** Quartered shield of Castile and Leon **Mint:** Madrid

Date	Mintage	F	VF	XF	Unc
1710	—	200	400	750	1,300	—

KM# 285.2 2 MARAVEDIS

Copper **Ruler:** Philip V **Obv:** Philip V monogram **Rev:** Quartered shield of Castile and Leon **Mint:** Seville

Date	Mintage	VG	F	VF	XF	Unc
1710	—	85.00	175	350	600	—

KM# 302.1 2 MARAVEDIS

Copper **Ruler:** Philip V **Obv:** Crowned arms, value at right **Rev:** Crowned reclining lion holding globe and sword in inner circle, date at top **Mint:** Barcelona

Date	Mintage	VG	F	VF	XF	Unc
1718	—	1.50	3.00	6.50	12.00	—
1719	—	1.50	3.00	6.50	12.00	—
1720	—	1.50	3.00	6.50	12.00	—

KM# 318 2 MARAVEDIS

Copper **Ruler:** Philip V **Obv:** Crowned arms, value at right **Rev:** Crowned reclining lion holding globe and sword in inner circle, date at top **Mint:** Valencia

Date	Mintage	VG	F	VF	XF	Unc
1718	—	4.00	10.00	20.00	35.00	—
1719	—	4.00	10.00	20.00	35.00	—
1720	—	6.00	15.00	35.00	50.00	—

KM# 302.2 2 MARAVEDIS

Copper **Ruler:** Philip V **Obv:** Crowned arms, value at right **Rev:** Crowned reclining lion holding globe and sword in inner circle, date at top **Mint:** Zaragoza

Date	Mintage	VG	F	VF	XF	Unc
1719	—	6.50	14.00	28.00	45.00	—

KM# 366 2 MARAVEDIS

Copper **Ruler:** Philip V **Obv:** Crowned arms of Castile and Leon **Rev:** Crowned, reclining lion holding globe and sword in inner circle, date at top **Mint:** Segovia

Date	Mintage	VG	F	VF	XF	Unc
1744	—	2.25	4.50	11.50	22.00	—
1745	—	2.25	4.50	11.50	22.00	—
1746	—	2.25	4.50	11.50	22.00	—

KM# 406.1 2 MARAVEDIS

Copper **Ruler:** Charles III **Obv:** Head laureate right **Rev:** Cross with castles and lions, all within wreath **Mint:** Madrid **Note:** Mint mark: Crowned M.

Date	Mintage	VG	F	VF	XF	Unc
1770	—	40.00	80.00	200	400	—
1771	—	40.00	80.00	200	400	—

KM# 406.2 2 MARAVEDIS

Copper **Ruler:** Charles III **Obv:** Head laureate right **Rev:** Cross with castles and lions in angles, all within wreath **Mint:** Madrid **Note:** Mint mark: Aqueduct.

Date	Mintage	VG	F	VF	XF	Unc
1772	—	14.00	27.50	44.00	85.00	—
1773	—	9.00	17.00	25.00	38.50	—
1774	—	7.00	13.00	19.00	33.00	—
1775	—	6.00	11.00	15.00	27.50	—
1776	—	11.00	17.00	25.00	44.00	—
1777	—	8.00	15.00	19.00	27.50	—
1778	—	6.00	11.00	19.00	33.00	—
1779	—	9.00	17.00	27.50	44.00	—
1780	—	9.00	17.00	27.50	44.00	—
1781	—	9.00	17.00	27.50	44.00	—
1782	—	44.00	90.00	140	220	—
1783	—	20.00	38.50	60.00	90.00	—
1784	—	9.00	17.00	27.50	49.50	—
1785	—	8.00	15.00	22.50	38.50	—
1786	—	9.00	17.00	27.50	44.00	—
1787	—	6.00	11.00	19.00	27.50	—
1788	—	6.00	11.00	19.00	27.50	—

KM# 426 2 MARAVEDIS

Copper **Ruler:** Charles IV **Obv:** Head right **Obv. Legend:** CAROLUS • IIII • D : G HISP • REX • **Rev:** Cross with castles and lions in angles, all within sprays and wreath **Mint:** Segovia **Note:** Mint mark: Aqueduct.

Date	Mintage	VG	F	VF	XF	Unc
1788	—	9.00	18.00	30.00	60.00	—
1789	—	7.00	15.00	27.50	50.00	—
1790	—	7.00	15.00	27.50	50.00	—
1791	—	7.00	15.00	27.50	50.00	—
1792	—	5.00	10.00	18.00	32.50	—
1793	—	5.00	8.00	14.00	20.00	—
1794	—	4.00	7.00	12.00	25.00	—
1795	—	6.00	12.00	22.50	39.00	—
1796	—	4.00	8.00	12.00	20.00	—
1797	—	4.00	7.00	12.00	25.00	—
1798	—	4.00	7.00	12.00	25.00	—
1799	—	4.00	7.00	12.00	25.00	—
1800	—	4.00	7.00	12.00	25.00	—

KM# 286.1 4 MARAVEDIS

Copper **Ruler:** Philip V **Obv:** Crowned monogram **Rev:** Quartered arms of Castile and Leon **Mint:** Madrid

Date	Mintage	VG	F	VF	XF	Unc
1710	—	85.00	200	400	650	—

KM# 286.2 4 MARAVEDIS

Copper **Ruler:** Philip V **Obv:** Crowned monogram **Rev:** Quartered arms of Castile and Leon **Mint:** Seville

Date	Mintage	VG	F	VF	XF	Unc
1710	—	85.00	200	400	650	—

KM# 303 4 MARAVEDIS

Copper **Ruler:** Philip V **Obv:** Crowned arms, value at right **Rev:** Crowned, reclining lion holding globe and sword in inner circle, date at top **Mint:** Barcelona

Date	Mintage	VG	F	VF	XF	Unc
1718	—	3.50	7.50	15.00	30.00	—
1720	—	3.50	7.50	15.00	30.00	—

KM# 304 4 MARAVEDIS

Copper **Ruler:** Philip V **Obv:** Crowned arms, value at right **Rev:** Crowned, reclining lion holding globe and sword in inner circle, date at top **Mint:** Valencia

Date	Mintage	VG	F	VF	XF	Unc
1718	—	4.00	9.00	18.00	35.00	—
1719	—	4.00	9.00	18.00	35.00	—
1720	—	4.00	9.00	18.00	35.00	—

KM# 305 4 MARAVEDIS

Copper **Ruler:** Philip V **Obv:** Crowned arms, value at right **Rev:** Crowned, reclining lion holding globe and sword in inner circle, date at top **Mint:** Zaragoza

Date	Mintage	VG	F	VF	XF	Unc
1718	—	9.00	22.00	45.00	75.00	—
1719	—	7.50	20.00	40.00	70.00	—
1720	—	6.50	16.50	35.00	70.00	—

KM# 319 4 MARAVEDIS

Copper **Ruler:** Philip V **Obv:** Crowned arms, value at right **Rev:** Crowned, reclining lion holding globe and sword in inner circle, date at top **Mint:** Segovia

Date	Mintage	VG	F	VF	XF	Unc
1719	—	6.00	14.00	28.00	45.00	—

KM# 365 4 MARAVEDIS

Copper **Ruler:** Philip V **Obv:** Crowned shield of Castile and Leon, quartered **Mint:** Segovia

Date	Mintage	VG	F	VF	XF	Unc
1741	—	3.00	6.00	12.50	25.00	—
1742	—	3.00	6.00	12.50	25.00	—
1743	—	3.00	6.00	12.50	25.00	—
1744	—	30.00	60.00	125	225	—

KM# 407.1 4 MARAVEDIS

Copper **Ruler:** Charles III **Obv:** Head right **Obv. Legend:** CAROLUS • III • D : G HISP • REX • **Rev:** Cross with castles and lions in angles, all within wreath **Mint:** Madrid **Note:** Mint mark: Crowned M.

Date	Mintage	VG	F	VF	XF	Unc
1770	—	70.00	175	300	450	—
1771	—	80.00	200	350	550	—

KM# 407.2 4 MARAVEDIS

Copper **Ruler:** Charles III **Obv:** Head right **Obv. Legend:** CAROLUS • III • D : G HISP • REX • **Rev:** Cross with castles and lions in angles, all within wreath **Mint:** Segovia **Note:** Mint mark: Aqueduct.

Date	Mintage	VG	F	VF	XF	Unc
1772	—	10.00	20.00	35.75	60.00	—
1773	—	7.00	13.00	25.00	39.00	—
1774	—	4.00	11.00	19.00	30.00	—
1775	—	4.00	11.00	17.00	25.00	—
1776	—	8.00	15.00	25.00	39.00	—
1777	—	7.00	12.00	25.00	39.00	—
1778	—	6.00	11.00	22.50	36.50	—
1779	—	6.00	11.00	22.50	36.50	—
1780	—	7.00	12.00	25.00	39.00	—
1781	—	6.00	11.00	22.50	36.50	—
1782	—	7.00	12.00	25.00	39.00	—
1783	—	22.50	49.50	70.00	115	—
1784	—	9.00	18.00	35.75	65.00	—
1785	—	6.00	11.00	22.50	36.50	—
1786	—	8.00	15.00	27.50	45.50	—
1787	—	6.00	11.00	22.50	36.50	—
1788	—	6.00	11.00	22.50	36.50	—

KM# 427 4 MARAVEDIS

Copper **Ruler:** Charles IV **Obv:** Head right **Obv. Legend:** CAROLUS • IIII • D • G • HISP • REX • **Rev:** Cross with castles and lions in angles, all within wreath **Mint:** Segovia **Note:** Mint mark: Aqueduct.

Date	Mintage	VG	F	VF	XF	Unc
1788	—	25.00	42.00	60.00	105	—
1789	—	18.00	30.00	48.00	100	—
1790	—	14.00	27.50	42.00	85.00	—
1791	—	12.00	22.50	30.00	60.00	—
1792	—	10.00	14.00	22.50	39.00	—
1793	—	6.00	13.00	20.00	32.50	—
1794	—	6.00	12.00	17.00	22.50	—
1795	—	6.00	13.00	20.00	32.50	—
1796	—	6.00	12.00	17.00	22.50	—
1797	—	6.00	13.00	20.00	32.50	—
1798	—	6.00	12.00	17.00	22.50	—
1799	—	6.00	13.00	20.00	32.50	—
1800	—	6.00	11.00	20.00	32.50	—

KM# 408.1 8 MARAVEDIS

Copper **Ruler:** Charles III **Obv:** Head right **Obv. Legend:** CAROLUS • III • D : G HISP • REX • **Rev:** Cross with castles and lions in angles, all within wreath **Mint:** Madrid **Note:** Mint mark: Crowned M.

Date	Mintage	VG	F	VF	XF	Unc
1770	—	60.00	150	300	450	—
1771	—	70.00	175	350	500	—

KM# 408.2 8 MARAVEDIS

Copper **Ruler:** Charles III **Obv:** Head right **Obv. Legend:** CAROLUS • III • D • G • HISP • REX • **Rev:** Cross with castles and lions in angles, all within wreath **Mint:** Segovia **Note:** Mint mark: Aqueduct.

Date	Mintage	VG	F	VF	XF	Unc
1772	—	15.00	33.00	55.00	110	—
1773	—	8.00	14.00	22.50	42.00	—
1774	—	8.00	17.00	25.00	49.00	—
1775	—	9.00	17.00	27.50	49.00	—
1776	—	10.00	20.00	33.00	65.00	—
1777	—	9.00	17.00	30.75	55.00	—
1778	—	9.00	17.00	27.50	49.00	—
1779	—	9.00	17.00	30.75	55.00	—
1780	—	9.00	17.00	27.50	49.00	—
1781	—	9.00	17.00	30.75	55.00	—
1782	—	17.00	33.00	60.00	170	—
1783	—	20.00	38.50	55.00	120	—
1784	—	14.00	27.50	38.50	75.00	—
1785	—	7.00	12.00	22.50	42.00	—
1786	—	9.00	17.00	27.50	49.00	—
1787	—	7.00	12.00	22.50	42.00	—
1788	—	6.00	10.00	17.00	35.00	—

KM# 428 8 MARAVEDIS

Copper **Ruler:** Charles IV **Obv:** Head right **Obv. Legend:** CAROLUS • IIII • D • G • HISP • REX • **Rev:** Cross with castles and lions in angles, within wreath **Mint:** Segovia **Note:** Mint mark: Aqueduct.

Date	Mintage	VG	F	VF	XF	Unc
1788	—	25.00	40.00	80.00	175	—
1789	—	11.00	22.50	42.00	105	—
1790	—	11.00	22.50	42.00	105	—
1791	—	14.00	18.00	30.00	55.00	—
1792	—	18.00	36.00	48.00	110	—
1793	—	8.00	16.00	22.50	42.00	—
1794	—	6.00	11.00	16.00	32.25	—
1795	—	6.00	11.00	16.00	32.25	—
1796	—	5.00	10.00	14.00	27.50	—
1797	—	5.00	10.00	14.00	27.50	—
1798	—	5.00	10.00	14.00	27.50	—
1799	—	6.00	12.00	15.00	30.75	—
1800	—	6.00	12.00	16.00	30.75	—

KM# 249 TRESETA

Copper **Ruler:** Philip V **Obv:** Crowned shield of Castile and Leon **Rev:** Crowned V with value below, date in legend **Mint:** Valencia **Note:** Varieties exist.

Date	Mintage	VG	F	VF	XF	Unc
1710	—	3.00	6.00	14.50	28.00	—
1711	—	3.00	6.00	14.50	28.00	—
1716	—	—	—	—	—	—

KM# 248 SEISENO

Copper **Ruler:** Philip V **Obv:** Crowned shield of Castile and Leon **Rev:** Crowned V with 6 within, date in legend **Mint:** Valencia **Note:** Varieties exist.

Date	Mintage	VG	F	VF	XF	Unc
1709	—	2.50	5.00	10.00	20.00	—
1710	—	2.50	5.00	10.00	20.00	—
1711	—	2.50	5.00	10.00	20.00	—
1712	—	2.50	5.00	10.00	20.00	—
1713	—	3.50	7.00	15.00	30.00	—

KM# 268 1/2 REAL (1/2 Croat)

1.6900 g., 0.9030 Silver 0.0491 oz. ASW **Ruler:** Philip V **Obv:** Crowned arms **Rev:** Large crowned PV monogram **Mint:** Segovia

Date	Mintage	VG	F	VF	XF	Unc
1707 Y	—	60.00	125	250	450	—

KM# 274 1/2 REAL (1/2 Croat)

1.6900 g., 0.9030 Silver 0.0491 oz. ASW **Ruler:** Philip V **Obv:** Crowned arms **Rev:** Small crowned PV monogram **Mint:** Segovia

Date	Mintage	VG	F	VF	XF	Unc
1708 Y	—	27.00	55.00	125	225	—

KM# 311 1/2 REAL (1/2 Croat)

1.6900 g., 0.9030 Silver 0.0491 oz. ASW **Ruler:** Philip V **Obv:** Crowned arms **Rev:** Short cross with castles and lions in angles **Mint:** Cuenca

Date	Mintage	VG	F	VF	XF	Unc
1719	—	9.00	17.50	35.00	65.00	—
1726	—	15.00	30.00	60.00	100	—
1727	—	24.00	45.00	90.00	150	—

KM# 333.1 1/2 REAL (1/2 Croat)

1.6900 g., 0.9030 Silver 0.0491 oz. ASW **Ruler:** Philip V **Obv:** Crowned arms **Obv. Legend:** PHILIPPVS+V+D+G+ **Rev:** Cross with castles and lions in angles **Mint:** Seville

Date	Mintage	VG	F	VF	XF	Unc
1725 J	—	7.00	15.00	30.00	55.00	—
1726 J	—	6.50	13.50	28.00	50.00	—
1728 P	—	9.00	20.00	40.00	70.00	—
1731	—	—	—	—	—	—

KM# 333.2 1/2 REAL (1/2 Croat)

1.6900 g., 0.9030 Silver 0.0491 oz. ASW **Ruler:** Philip V **Obv:** Crowned arms **Obv. Legend:** PHILIPPVS+V+D+G+ **Rev:** Cross with castles and lions in angles **Mint:** Segovia

Date	Mintage	VG	F	VF	XF	Unc
1726 F	—	6.50	13.50	27.50	50.00	—
1728 F	—	15.00	30.00	60.00	100	—

KM# 338 1/2 REAL (1/2 Croat)

1.6900 g., 0.9030 Silver 0.0491 oz. ASW **Ruler:** Philip V **Obv:** Crowned arms without initials flanking shield **Obv. Legend:** PHILIP • V • D • G • HISPAN • ET IND • REX **Rev:** Cross with castles and lions in angles **Rev. Legend:** ...IENTIÆ TIMOR DOMINI • **Mint:** Seville

Date	Mintage	VG	F	VF	XF	Unc
1729	—	12.00	23.00	45.00	80.00	—
1730	—	6.50	13.50	28.00	50.00	—

KM# 350.1 1/2 REAL (1/2 Croat)

1.6900 g., 0.9030 Silver 0.0491 oz. ASW **Ruler:** Philip V **Obv:** Crowned arms without initials flanking shield **Obv. Legend:** PHILIPPUS • V • D • G • **Rev:** Cross with castles and lions in angles **Rev. Legend:** HISPANIAR ... **Mint:** Madrid

Date	Mintage	VG	F	VF	XF	Unc
1730 JF	—	7.50	15.50	35.00	65.00	—
1731/0 JF	—	9.50	22.00	40.00	80.00	—
1731 JF	—	9.50	22.00	40.00	80.00	—
1733 JF	—	9.50	22.00	40.00	80.00	—
1735 JF	—	9.50	22.00	40.00	80.00	—
1738 JF	—	6.65	14.50	29.00	55.00	—
1740 JF	—	7.50	16.50	30.00	60.00	—
1745 AJ	—	13.50	27.00	50.00	100	—
1746 AJ	—	13.50	27.00	50.00	100	—

KM# 350.2 1/2 REAL (1/2 Croat)

1.6900 g., 0.9030 Silver 0.0491 oz. ASW **Ruler:** Philip V **Obv:** Crowned arms with initials flanking shield **Obv. Legend:** PHILIPPUS • V • D • G • **Rev:** Cross with castles and lions in angles **Mint:** Seville

Date	Mintage	VG	F	VF	XF	Unc
1731 PA	—	8.00	18.00	35.00	70.00	—
1732 PA	—	8.00	18.00	35.00	70.00	—
1733 PA	—	8.00	18.00	35.00	70.00	—
1734 PA	—	8.00	18.00	35.00	70.00	—
1735 PA	—	19.00	35.00	80.00	150	—
1736 PA	—	7.00	15.00	30.00	60.00	—
1737 PA	—	10.50	21.00	45.00	90.00	—
1737 P	—	9.00	20.00	40.00	75.00	—
1738 PJ	—	9.00	20.00	40.00	75.00	—

KM# 370.1 1/2 REAL (1/2 Croat)

1.6900 g., 0.8330 Silver 0.0453 oz. ASW **Ruler:** Ferdinand VI **Obv:** Crowned arms **Obv. Legend:** FERDINANDUS • VI • D • G • **Rev:** Cross with castles and lions in angles **Mint:** Madrid **Note:** Mint mark: Crowned M.

Date	Mintage	VG	F	VF	XF	Unc
1746 AJ	—	17.00	35.00	75.00	125	—
1747 JB	—	6.50	14.50	29.00	55.00	—
1748 JB	—	6.50	14.50	29.00	55.00	—
1749 JB	—	6.50	14.50	29.00	55.00	—
1750 JB	—	6.50	14.50	29.00	55.00	—
1751 JB	—	6.50	14.50	29.00	55.00	—
1752 JB	—	6.50	14.50	29.00	55.00	—
1754 JB	—	6.50	14.50	29.00	55.00	—
1755 JB	—	6.50	14.50	29.00	55.00	—
1756 JB	—	8.00	18.00	35.00	70.00	—
1757 JB	—	8.00	18.00	35.00	70.00	—
1758 JB	—	8.00	18.00	35.00	70.00	—
1759 J	—	17.00	35.00	75.00	125	—

KM# 370.2 1/2 REAL (1/2 Croat)

1.6900 g., 0.9030 Silver 0.0491 oz. ASW **Ruler:** Ferdinand VI **Obv:** Crowned arms **Obv. Legend:** FERDINANDUS • VI • D • G • **Rev:** Cross with castles and lions in angles **Mint:** Seville

Date	Mintage	VG	F	VF	XF	Unc
1748S PJ	—	21.00	50.00	100	175	—
1750S PJ	—	9.00	20.00	40.00	75.00	—
1751S PJ	—	10.00	23.00	45.00	55.00	—
1753S PJ	—	17.00	35.00	75.00	125	—
1754S PJ	—	10.00	23.00	45.00	55.00	—
1759S JV	—	9.00	20.00	40.00	75.00	—

KM# 395.2 1/2 REAL (1/2 Croat)

1.6900 g., 0.9030 Silver 0.0491 oz. ASW **Ruler:** Charles III **Obv:** Crowned arms **Obv. Legend:** CAROLUS • III • D : G HISP • REX • **Rev:** Cross with castles and lions in angles **Mint:** Seville

Date	Mintage	VG	F	VF	XF	Unc
1760S JV	—	17.50	30.00	50.00	75.00	—
1761S JV	—	10.50	18.00	30.00	40.00	—
1762S VC	—	60.00	125	225	300	—
1769S CF	—	15.00	30.00	40.00	55.00	—
1770S CF	—	10.00	20.00	25.00	30.00	—

KM# 395.1 1/2 REAL (1/2 Croat)

1.6900 g., 0.9030 Silver 0.0491 oz. ASW **Ruler:** Charles III **Obv:** Crowned arms **Obv. Legend:** CAROLUS • III • D : G HISP • REX • **Rev:** Cross with castles and lions in angles **Mint:** Madrid **Note:** Mint mark: Crowned M.

Date	Mintage	VG	F	VF	XF	Unc
1760 SP	—	17.00	30.00	40.00	65.00	—
1761 JP	—	17.00	30.00	40.00	65.00	—
1762 JP	—	17.00	30.00	40.00	65.00	—
1764 JP	—	17.00	30.00	40.00	65.00	—
1765 PJ	—	17.00	30.00	40.00	65.00	—
1766 PJ	—	17.00	30.00	40.00	65.00	—
1769 PJ	—	17.00	30.00	40.00	65.00	—
1770 PJ	—	17.00	30.00	40.00	65.00	—
1771 PJ	—	17.00	30.00	40.00	65.00	—

KM# 410.1 1/2 REAL (1/2 Croat)

1.6900 g., 0.8120 Silver 0.0441 oz. ASW **Ruler:** Charles III **Obv:** Bust right **Obv. Legend:** CAROLUS • III • D : G HISP • REX • **Rev:** Crowned arms **Mint:** Madrid **Note:** Mint mark: Crowned M.

Date	Mintage	VG	F	VF	XF	Unc
1772 PJ	—	8.50	17.50	40.00	60.00	—
1773 PJ	—	8.00	15.00	25.00	40.00	—
1774 PJ	—	6.00	12.00	20.00	35.00	—
1775 PJ	—	6.00	12.00	20.00	30.00	—
1777 PJ	—	6.00	12.00	18.50	30.00	—
1778 PJ	—	8.00	16.00	30.00	45.00	—
1779 PJ	—	6.00	12.00	20.00	30.00	—
1780 PJ	—	5.00	10.00	18.50	30.00	—
1781 PJ	—	5.00	11.00	20.00	30.00	—
1782 JD	—	8.00	16.00	30.00	50.00	—
1783/0 JD/PJ	—	6.50	14.00	28.00	45.00	—
1783 JD	—	5.00	11.00	23.00	35.00	—
1784 JD	—	5.00	10.00	20.00	30.00	—
1785 DV	—	5.00	10.00	18.50	25.00	—
1786 DV	—	7.00	15.00	25.00	35.00	—
1788 M	—	6.00	12.50	24.00	30.00	—

KM# 410.2 1/2 REAL (1/2 Croat)

1.6900 g., 0.8120 Silver 0.0441 oz. ASW **Ruler:** Charles III **Obv:** Bust right **Obv. Legend:** CAROLUS • III • D : G HISP • REX • **Rev:** Crowned arms **Mint:** Seville

Date	Mintage	VG	F	VF	XF	Unc
1772S CF	—	12.00	22.50	45.00	60.00	—
1773S CF	—	7.50	15.50	29.00	45.00	—
1774S CF	—	7.50	15.50	29.00	45.00	—
1775S CF	—	7.00	14.00	20.00	30.00	—
1776S CF	—	10.50	25.00	30.00	45.00	—
1778S CF	—	10.56	25.00	30.00	45.00	—
1779S CF	—	10.00	20.00	40.00	60.00	—
1780S CF	—	14.00	26.00	40.00	65.00	—
1783S CF	—	10.00	20.00	35.00	60.00	—
1788S C	—	10.50	21.00	28.00	40.00	—

KM# 438.1 1/2 REAL (1/2 Croat)

1.6900 g., 0.8120 Silver 0.0441 oz. ASW **Ruler:** Charles IV **Obv:** Bust right **Obv. Legend:** CAROLUS • IIII • D : G HISP • REX • **Rev:** Crowned arms **Mint:** Madrid **Note:** Mint mark: Crowned M.

Date	Mintage	VG	F	VF	XF	Unc
1789 MF	—	9.50	19.50	35.00	50.00	—
1790 MF	—	9.50	19.50	35.00	50.00	—
1791 MF	—	15.50	28.00	50.00	65.00	—
1793 MF	—	9.50	19.50	35.00	50.00	—
1795 MF	—	11.50	22.00	40.00	55.00	—
1796 MF	—	11.50	22.00	40.00	55.00	—
1797 MF	—	16.00	30.00	55.00	70.00	—
1798 MF	—	9.50	19.50	35.00	50.00	—
1799 FA	—	15.50	28.00	50.00	65.00	—
1799 MF	—	9.50	19.50	35.00	50.00	—
1800 FA	—	9.50	19.50	35.00	50.00	—

KM# 438.2 1/2 REAL (1/2 Croat)

1.6900 g., 0.8120 Silver 0.0441 oz. ASW **Ruler:** Charles IV **Obv:** Bust right **Obv. Legend:** CAROLUS • IIII • D : G HISP • REX • **Rev:** Crowned arms **Mint:** Seville

Date	Mintage	VG	F	VF	XF	Unc
1793S CN	—	9.00	18.00	35.00	45.00	—
1796S CN	—	6.00	12.00	20.00	25.00	—
1798S CN	—	8.00	16.00	35.00	40.00	—
1799S CN	—	8.00	16.00	35.00	40.00	—
1800S CN	—	8.00	16.00	35.00	40.00	—

KM# 250.1 REAL (Croat)

3.3800 g., 0.9170 Silver 0.0996 oz. ASW **Ruler:** Philip V **Obv:** Crowned arms **Obv. Legend:** PHILIPPVS • V • DEI • GR • ... **Rev:** Short cross with castles and lions in angles **Mint:** Seville

Date	Mintage	VG	F	VF	XF	Unc
1701 M	—	100	200	350	550	—
1708 M	—	70.00	150	250	450	—
1710 M	—	70.00	150	250	450	—
1711/0 M	—	70.00	150	250	450	—
1711 M	—	70.00	150	250	450	—
1713 M	—	100	200	400	700	—

KM# 270 REAL (Croat)

3.3800 g., 0.9170 Silver 0.0996 oz. ASW **Ruler:** Philip V **Obv:** Crowned shield of Castile and Leon **Rev:** Crowned PV monogram **Mint:** Madrid **Note:** Hammered coinage.

Date	Mintage	VG	F	VF	XF	Unc
xxxx F	—	250	450	750	1,200	—
xxxx Y	—	250	450	750	1,200	—
1707 J	—	250	450	750	1,200	—

KM# 250.2 REAL (Croat)

3.3800 g., 0.9170 Silver 0.0996 oz. ASW **Ruler:** Philip V **Obv. Legend:** PHILIPPVS • V • DEI • GRAT • ... **Mint:** Seville

Date	Mintage	VG	F	VF	XF	Unc
1703 P	—	70.00	125	250	450	—
1704 P	—	70.00	125	225	350	—
1705 P	—	70.00	125	225	350	—

KM# 269 REAL (Croat)

3.3800 g., 0.9170 Silver 0.0996 oz. ASW **Ruler:** Philip V **Obv:** Crowned arms **Obv. Legend:** PHILIP • V • D • G • HISPANIAR • REX **Rev:** Crowned PV monogram **Mint:** Segovia

Date	Mintage	VG	F	VF	XF	Unc
1707 Y	—	50.00	100	150	250	—

KM# 289 REAL (Croat)

3.3800 g., 0.9170 Silver 0.0996 oz. ASW **Ruler:** Philip V **Obv:** Crowned arms **Rev:** Crowned PV monogram **Mint:** Madrid **Note:** Milled coinage.

Date	Mintage	VG	F	VF	XF	Unc
1711 J	—	125	250	450	700	—

KM# 299 REAL (Croat)

3.3800 g., 0.9170 Silver 0.0996 oz. ASW **Ruler:** Philip V **Obv:** Crowned arms **Obv. Legend:** PHILIPPVS • V • D • G • ... **Rev:** Cross with castles and lions in angles in octolobe **Mint:** Segovia **Note:** Milled coinage.

Date	Mintage	VG	F	VF	XF	Unc
1717 J	—	75.00	150	225	350	—

1212 SPAIN

Date	Mintage	VG	F	VF	XF	Unc
1721 F	—	15.00	30.00	45.00	75.00	—
1726 F	—	20.00	38.00	55.00	90.00	—
1727 F	—	15.00	30.00	45.00	75.00	—
1728 F	—	15.00	30.00	45.00	75.00	—
1729 F	—	20.00	30.00	50.00	90.00	—

KM# 306.2 REAL (Croat)

3.3800 g., 0.9170 Silver 0.0996 oz. ASW **Ruler:** Philip V **Obv:** Crowned arms **Rev:** Cross with castles and lions in angles in octolobe **Mint:** Seville **Note:** Milled coinage.

Date	Mintage	VG	F	VF	XF	Unc
1717 J	—	150	300	500	800	—
1720 J	—	100	225	350	600	—
1721 J	—	10.00	20.00	30.00	50.00	—
1725 J	—	14.00	28.00	40.00	70.00	—
1726 J	—	10.00	20.00	30.00	50.00	—
1728 P	—	10.00	20.00	30.00	50.00	—
1729 P	—	10.00	20.00	30.00	50.00	—

KM# 298 REAL (Croat)

3.3800 g., 0.9170 Silver 0.0996 oz. ASW **Ruler:** Philip V **Obv:** Crowned arms **Obv. Legend:** PHILIPPVS • V • D • G • ... **Rev:** Cross with castles and lions in angles in octolobe **Mint:** Madrid **Note:** Machine struck

Date	Mintage	VG	F	VF	XF	Unc
1717 J	—	29.00	55.00	80.00	125	—
1721 A	—	12.00	26.00	40.00	80.00	—
1726 A	—	11.00	26.00	40.00	75.00	—
1727 A	—	12.00	28.00	40.00	75.00	—
1728 JJ	—	17.50	35.00	50.00	85.00	—
1729 JJ	—	14.00	30.00	45.00	80.00	—
1730 JJ	—	14.00	30.00	45.00	80.00	—
1730 JF	—	14.50	30.00	45.00	80.00	—
1731 F	—	14.50	30.00	45.00	80.00	—
1731 JF	—	14.50	30.00	45.00	80.00	—
1732 JF	—	14.50	30.00	45.00	80.00	—
1733 JF	—	14.50	30.00	45.00	80.00	—
1734 JF	—	14.50	30.00	45.00	80.00	—
1735 JF	—	14.00	30.00	45.00	80.00	—
1736 JF	—	14.00	30.00	45.00	80.00	—
1737 JF	—	14.50	30.00	45.00	80.00	—
1738 JF	—	14.00	30.00	45.00	80.00	—
1739 JF	—	14.00	30.00	45.00	80.00	—
1740 JF	—	14.00	30.00	45.00	80.00	—
1741 JF	—	14.00	30.00	45.00	80.00	—
1742 JA	—	14.50	30.00	45.00	80.00	—
1742 JF	—	14.50	30.00	45.00	80.00	—
1743 JA	—	14.00	30.00	45.00	80.00	—
1744 AJ	—	14.00	30.00	45.00	80.00	—
1744 JA	—	28.00	60.00	90.00	150	—
1745 AJ	—	28.00	60.00	90.00	150	—

KM# 306.1 REAL (Croat)

3.3800 g., 0.9170 Silver 0.0996 oz. ASW **Ruler:** Philip V **Obv:** Crowned arms **Rev:** Cross with castles and lions in angles in octolobe **Mint:** Cuenca **Note:** Milled.

Date	Mintage	VG	F	VF	XF	Unc
1718 JJ	—	12.00	26.00	40.00	80.00	—
1719 JJ	—	12.00	26.00	40.00	80.00	—
1726 JJ	—	12.00	26.00	40.00	80.00	—
1727 JJ	—	35.00	65.00	100	150	—

KM# 339 REAL (Croat)

3.3800 g., 0.9170 Silver 0.0996 oz. ASW **Ruler:** Philip V **Obv:** Crowned arms **Rev:** Cross with castles and lions in angles in octolobe **Mint:** Seville **Note:** Milled coinage; struck at Seville.

Date	Mintage	VG	F	VF	XF	Unc
1729	—	30.00	65.00	95.00	150	—
1730	—	30.00	30.00	90.00	150	—

KM# 354 REAL (Croat)

3.3800 g., 0.9170 Silver 0.0996 oz. ASW **Ruler:** Philip V **Obv:** Crowned arms **Rev:** Cross with castls and lions in angles in octolobe **Mint:** Seville **Note:** Milled coinage; struck at Seville.

Date	Mintage	VG	F	VF	XF	Unc
1731 PA	—	8.00	17.00	30.00	60.00	—
1732 PA	—	8.00	17.00	30.00	60.00	—
1733 PA	—	8.00	17.00	30.00	60.00	—
1734 PA	—	8.00	17.00	30.00	60.00	—
1736 PA	—	10.00	20.00	30.00	60.00	—
1737 P	—	8.00	17.00	30.00	60.00	—
1738 PJ	—	8.00	17.00	30.00	60.00	—
1739 PJ	—	9.00	20.00	30.00	60.00	—
1740 PJ	—	10.00	22.00	30.00	60.00	—
1741 PJ	—	9.00	20.00	30.00	60.00	—
1742 PJ	—	9.00	20.00	30.00	60.00	—
1743 PJ	—	29.00	65.00	90.00	125	—
1744 PJ	—	8.00	17.00	30.00	60.00	—
1745 PJ	—	8.00	17.00	30.00	60.00	—

KM# 369.1 REAL (Croat)

3.3800 g., 0.8330 Silver 0.0905 oz. ASW **Ruler:** Ferdinand VI **Obv:** Crowned arms **Obv. Legend:** FERDINANDUS • VI • D • G • ... **Rev:** Cross with castles and lions in angles in octolobe **Mint:** Madrid **Note:** Mint mark: Crowned M.

Date	Mintage	VG	F	VF	XF	Unc
1746 AJ	—	21.00	40.00	60.00	95.00	—
1747 AJ	—	9.00	17.50	25.00	40.00	—
1747 J	—	28.00	55.00	80.00	125	—
1747 JB	—	12.50	24.00	35.00	55.00	—
1748 JB	—	12.50	24.00	35.00	55.00	—
1749 JB	—	12.50	24.00	35.00	55.00	—
1750 JB	—	28.00	55.00	80.00	125	—
1751 JB	—	12.50	24.00	35.00	55.00	—
1752 JB	—	18.00	35.00	50.00	80.00	—
1753 JB	—	12.50	24.00	35.00	55.00	—
1754 JB	—	12.50	24.00	35.00	55.00	—
1755 JB	—	12.50	24.00	35.00	55.00	—
1756 JB	—	12.50	24.00	35.00	55.00	—
1757 JB	—	12.50	24.00	35.00	55.00	—
1758 JB	—	12.50	24.00	35.00	55.00	—
1759 J	—	16.00	30.00	45.00	70.00	—

KM# 369.2 REAL (Croat)

3.3800 g., 0.8330 Silver 0.0905 oz. ASW **Ruler:** Ferdinand VI **Obv:** Crowned arms **Rev:** Cross with castles and lions in angles in octolobe **Mint:** Seville

Date	Mintage	VG	F	VF	XF	Unc
1750S PJ	—	14.00	28.00	40.00	60.00	—
1751S PJ	—	14.00	28.00	40.00	60.00	—
1753S PJ	—	14.00	28.00	40.00	60.00	—
1754S PJ	—	14.00	28.00	40.00	60.00	—
1756S PJ	—	17.00	55.00	80.00	125	—
1758S JV	—	14.00	28.00	40.00	60.00	—
1759S JV	—	14.00	28.00	40.00	60.00	—

KM# 387.1 REAL (Croat)

3.3800 g., 0.8330 Silver 0.0905 oz. ASW **Ruler:** Charles III **Obv:** Crowned arms **Obv. Legend:** CAROLUS • III • D : G HISP • REX • **Rev:** Cross with castles and lions in angles in octolobe **Mint:** Madrid **Note:** Mint mark: Crowned M.

Date	Mintage	VG	F	VF	XF	Unc
1759 JP	—	16.00	32.50	50.00	70.00	—
1759 J	—	24.00	40.00	80.00	100	—
1760 JP	—	16.00	32.50	50.00	70.00	—
1761 JP	—	12.00	25.00	45.00	65.00	—
1762 JP	—	30.00	60.00	100	125	—
1764 JP	—	12.00	25.00	40.00	60.00	—
1765 PJ	—	12.00	25.00	45.00	65.00	—
1766 PJ	—	12.00	25.00	35.00	55.00	—
1768 PJ	—	12.00	25.00	40.00	60.00	—
1769 PJ	—	12.00	25.00	40.00	60.00	—
1770 PJ	—	12.00	25.00	40.00	60.00	—
1771 PJ	—	12.00	25.00	40.00	60.00	—

KM# 387.2 REAL (Croat)

3.3800 g., 0.8330 Silver 0.0905 oz. ASW **Ruler:** Charles III **Obv:** Crowned arms **Obv. Legend:** CAROLUS • III • D : G HISP • REX • **Rev:** Cross with castles and lions in angles in octolobe **Mint:** Seville

Date	Mintage	VG	F	VF	XF	Unc
1760S JV	—	16.00	35.00	55.00	80.00	—
1761S JV	—	16.00	35.00	55.00	80.00	—
1762S VC	—	20.00	35.00	60.00	80.00	—
1769S CF	—	25.00	45.00	75.00	100	—
1770S CF	—	15.00	25.00	40.00	50.00	—

KM# 411.2 REAL (Croat)

3.3800 g., 0.8330 Silver 0.0905 oz. ASW **Ruler:** Charles III **Obv:** Bust right **Obv. Legend:** CAROLUS • III • D : G HISP • REX • **Rev:** Crowned arms **Mint:** Seville

Date	Mintage	VG	F	VF	XF	Unc
1772S CF	—	14.00	28.00	45.00	70.00	—
1773S CF	—	14.00	28.00	35.00	55.00	—
1774S CF	—	14.00	28.00	35.00	55.00	—
1775S CF	—	10.00	20.00	40.00	65.00	—
1776S CF	—	10.00	20.00	40.00	65.00	—
1777S CF	—	9.00	18.00	35.00	60.00	—
1778S CF	—	14.50	29.00	50.00	95.00	—
1779S CF	—	14.00	28.00	35.00	55.00	—
1780S CF	—	14.50	29.00	50.00	95.00	—
1783S CF	—	15.00	30.00	55.00	100	—
1788S C	—	14.00	28.00	35.00	55.00	—

KM# 411.1 REAL (Croat)

3.3800 g., 0.8330 Silver 0.0905 oz. ASW **Ruler:** Charles III **Obv:** Bust right **Obv. Legend:** CAROLUS • III • D : G HISP • REX • **Rev:** Crowned arms at Castile and Leon **Mint:** Madrid **Note:** Mint mark: Crowned M.

Date	Mintage	VG	F	VF	XF	Unc
1772 PJ	—	30.00	65.00	95.00	125	—
1773 PJ	—	15.00	30.00	45.00	75.00	—
1774 PJ	—	16.00	35.00	50.00	80.00	—
1775 PJ	—	15.00	30.00	45.00	75.00	—
1777 PJ	—	15.00	30.00	45.00	75.00	—
1778 PJ	—	10.00	20.00	28.00	45.00	—
1779 PJ	—	10.00	20.00	30.00	50.00	—
1780 PJ	—	10.00	20.00	30.00	50.00	—
1781 PJ	—	10.00	20.00	30.00	50.00	—
1782 PJ	—	10.00	20.00	30.00	50.00	—
1782 JD	—	13.00	26.00	50.00	65.00	—
1783 JD	—	10.00	20.00	30.00	50.00	—
1784 JD	—	10.00	20.00	30.00	50.00	—
1785 JD	—	10.00	20.00	35.00	50.00	—
1785 DV	—	10.00	20.00	35.00	50.00	—
1786 DV	—	10.00	20.00	35.00	50.00	—
1787 DV	—	20.00	35.00	70.00	100	—
1788 M	—	10.00	20.00	28.00	45.00	—
1788 DV	—	28.00	55.00	100	125	—

KM# 429.1 REAL (Croat)

3.3800 g., 0.8120 Silver 0.0882 oz. ASW **Ruler:** Charles IV **Obv:** Bust right **Obv. Legend:** CAROLUS • IIII • D : G HISP • REX • **Rev:** Crowned arms of Castile and Leon **Mint:** Madrid **Note:** Mint mark: Crowned M.

Date	Mintage	VG	F	VF	XF	Unc
1788 MF	—	19.00	35.00	85.00	175	—
1789 MF	—	19.00	35.00	85.00	175	—
1790 MF	—	22.00	45.00	100	200	—
1791 MF	—	17.50	35.00	70.00	125	—
1793 MF	—	15.00	30.00	45.00	60.00	—
1794 MF	—	16.00	30.00	50.00	70.00	—
1795 MF	—	8.00	15.00	25.00	35.00	—
1796 MF	—	15.00	30.00	45.00	60.00	—
1797 MF	—	13.00	26.00	40.00	60.00	—
1799 MF	—	13.00	26.00	40.00	60.00	—
1800 FA	—	5.00	10.00	20.00	35.00	—

KM# 429.2 REAL (Croat)

3.3800 g., 0.8120 Silver 0.0882 oz. ASW **Ruler:** Charles IV **Obv:** Bust right **Obv. Legend:** CAROLUS • IIII • D : G HISP • REX • **Rev:** Crowned arms of Castile and Leon **Mint:** Seville **Note:** Mint mark: S, S/L.

Date	Mintage	VG	F	VF	XF	Unc
1793 CN	—	10.00	20.00	40.00	50.00	—
1794 CN	—	10.00	20.00	40.00	55.00	—
1796 CN	—	10.00	20.00	40.00	65.00	—
1798 CN	—	12.00	20.00	45.00	65.00	—
1799 CN	—	24.00	40.00	90.00	125	—

KM# 251 2 REALES

6.7700 g., 0.9030 Silver 0.1965 oz. ASW **Ruler:** Philip V **Obv:** Crowned arms of Castile and Leon **Rev:** Cross above monogram **Mint:** Seville **Note:** Machine struck.

Date	Mintage	VG	F	VF	XF	Unc
1701 M	—	150	400	700	1,000	—
1703 P	—	150	400	700	1,000	—
1704 P	—	150	400	700	1,000	—
1705 P	—	150	400	700	1,000	—
1708 M	—	150	400	700	1,000	—

KM# 262 2 REALES

6.7700 g., 0.9030 Silver 0.1965 oz. ASW **Ruler:** Philip V **Obv:** Crowned arms of Castile and Leon **Rev:** Cross with castles and lions in angles in octolobe **Mint:** Madrid **Note:** Cob Type.

Date	Mintage	VG	F	VF	XF	Unc
1704 BR (4 retrograde)	—	200	400	700	—	—

KM# 263 2 REALES

6.7700 g., 0.9030 Silver 0.1965 oz. ASW **Ruler:** Philip V **Obv:** Crowned arms **Rev:** Cross with castles and lions in angles in octolobe **Mint:** Seville **Note:** Cob Type.

Date	Mintage	VG	F	VF	XF	Unc
1704 M	—	300	550	900	—	—

KM# 272 2 REALES

6.7700 g., 0.9030 Silver 0.1965 oz. ASW **Ruler:** Philip V **Obv:** Crowned arms **Obv. Legend:** PHILIPPUS XV X DEL X GRAY **Rev:** Cross with castles and lions in angles in octolobe **Mint:** Valencia

Date	Mintage	VG	F	VF	XF	Unc
1707	—	—	—	2,000	—	—
1708 F	—	55.00	100	175	300	—

KM# 275 2 REALES

6.7700 g., 0.9030 Silver 0.1965 oz. ASW **Ruler:** Philip V **Obv:**

Crowned arms of Castile and Leon **Obv. Legend:** PHILIP • V • D • G • .... **Rev:** Crowned PV monogram **Rev. Legend:** DEXTERA • D • ... **Mint:** Segovia

Date	Mintage	VG	F	VF	XF	Unc
1708 Y	—	23.00	40.00	80.00	125	—

KM# 290 2 REALES

6.7700 g., 0.9030 Silver 0.1965 oz. ASW **Ruler:** Philip V **Obv:** Crowned arns **Rev:** Cross with castles and lions in angles in octolobe **Mint:** Madrid **Note:** Machine struck.

Date	Mintage	VG	F	VF	XF	Unc
1711 J	—	125	250	450	750	—

KM# 296 2 REALES

6.7700 g., 0.9030 Silver 0.1965 oz. ASW **Ruler:** Philip V **Obv:** Crowned arms **Rev:** Cross with castles and lions in angles in octolobe **Mint:** Madrid **Note:** Machine struck.

Date	Mintage	VG	F	VF	XF	Unc
1716 J	—	16.00	29.00	55.00	90.00	—
Note: Legend varieties PHILIPVS and PHILIPPVS exist for 1716 date						
1717 J	—	16.00	29.00	50.00	90.00	—
1719 J	—	16.00	29.00	50.00	90.00	—
1720 JJ	—	16.00	29.00	50.00	90.00	—
1721 A	—	16.00	29.00	50.00	90.00	—
1722 A	—	16.00	29.00	55.00	90.00	—
1723 A	—	16.00	29.00	50.00	90.00	—
1724 A	—	16.00	29.00	50.00	90.00	—
1725 A	—	16.00	29.00	50.00	90.00	—
1730 JJ	—	16.00	29.00	50.00	90.00	—
1735 JF	—	16.00	29.00	50.00	90.00	—
1737 JF	—	16.00	29.00	50.00	90.00	—
1740 JF	—	19.50	35.00	60.00	95.00	—

KM# 297 2 REALES

6.7700 g., 0.9030 Silver 0.1965 oz. ASW **Ruler:** Philip V **Obv:** Crowned arms **Obv. Legend:** PHILIPPVS V D G **Rev:** Cross with castles and lion in angles in octolobe **Rev. Legend:** HISPANIAR VM REX **Mint:** Segovia **Note:** Machine struck.

Date	Mintage	VG	F	VF	XF	Unc
1716 J	—	50.00	125	250	450	—
Note: Numerous die varieties exist for 1716						
1717 J	—	18.50	35.00	65.00	90.00	—
Note: Numerous die varieties exist for 1717						
1718 J	—	18.50	35.00	65.00	90.00	—
Note: Numerous die varieties exist for 1718						
1719 J	—	18.50	35.00	65.00	90.00	—
1719 F	—	22.00	40.00	75.00	125	—
1720 F	—	18.00	35.00	60.00	100	—
1721 F	—	20.00	35.00	65.00	90.00	—
1722 F	—	20.00	35.00	65.00	90.00	—
1723 F	—	20.00	35.00	65.00	90.00	—
1724 F	—	20.00	35.00	65.00	90.00	—
1725 F	—	20.00	35.00	65.00	90.00	—
1727 F	—	20.00	35.00	65.00	90.00	—
1728 F	—	26.00	55.00	100	150	—
1729 F	—	26.00	55.00	100	150	—

KM# 308 2 REALES

6.7700 g., 0.9030 Silver 0.1965 oz. ASW **Ruler:** Philip V **Obv:** Crowned arms **Obv. Legend:** PHILIPPUS V D G **Rev:** Cross with castles and lions in angles in octolobe **Rev. Legend:** HISPANIARUM REX **Mint:** Cuenca **Note:** Machine struck. Mint mark: C.

Date	Mintage	VG	F	VF	XF	Unc
1717 IJ CA	—	9.00	18.00	30.00	70.00	—
1718 JJ	—	21.00	40.00	70.00	100	—
1719 JJ CA	—	6.00	12.00	20.00	45.50	—
1720 JJ CA	—	6.00	12.00	20.00	45.50	—
1721 JJ	—	15.00	30.00	50.00	85.00	—
1722 JJ	—	25.00	45.00	85.00	125	—
1723 JJ CA	—	13.00	24.00	40.00	100	—
1724 JJ CA	—	6.00	12.00	20.00	45.50	—
1725/3 JJ	—	9.00	18.00	30.00	65.00	—
1726 JJ CA	—	5.00	9.00	15.00	39.00	—

KM# 307 2 REALES

6.7700 g., 0.9030 Silver 0.1965 oz. ASW **Ruler:** Philip V **Obv:** Crowned arms with rounded bottom **Obv. Legend:** PHILIPPUS V D G **Rev:** Cross with castles and lions in octolobe **Rev. Legend:** HISPANIARUM REX **Mint:** Seville **Note:** Larger flan. Mint mark: S.

Date	Mintage	VG	F	VF	XF	Unc
1718 M	—	25.00	55.00	100	175	—
1718 J	—	20.00	35.00	70.00	100	—
1720 J	—	50.00	100	225	350	—
1721 J	—	18.50	35.00	65.00	100	—
1722 J	—	18.50	35.00	65.00	100	—
1723 J	—	18.50	35.00	65.00	100	—
1724 J	—	18.50	35.00	65.00	100	—
1725 J	—	18.50	35.00	65.00	100	—
1726 J	—	50.00	100	225	350	—

KM# 328 2 REALES

6.7700 g., 0.9030 Silver 0.1965 oz. ASW **Ruler:** Louis I **Obv:** Crowned arms **Obv. Legend:** LUDOVICUS I D G **Rev:** Cross with castles and lion in quarters **Rev. Legend:** HISPANIARUM * REX * **Mint:** Segovia **Note:** Machine struck

Date	Mintage	VG	F	VF	XF	Unc
1722	—	20.00	35.00	60.00	125	—
1724 F	—	40.00	70.00	125	200	—

KM# 327 2 REALES

6.7700 g., 0.9030 Silver 0.1965 oz. ASW **Ruler:** Louis I **Obv:** Crowned arms **Obv. Legend:** LUDOVICUS I D G **Rev:** Cross with castles and lions in quarters **Rev. Legend:** HISPANIARUM REX **Mint:** Madrid **Note:** Machine struck.

Date	Mintage	VG	F	VF	XF	Unc
1724 A	—	30.00	55.00	100	175	—

KM# 329 2 REALES

6.7700 g., 0.9030 Silver 0.1965 oz. ASW **Ruler:** Louis I **Obv:** Crowned arms **Obv. Legend:** LUDOVICUS I D G **Rev:** Cross with castles and lions in quarters **Rev. Legend:** HISPANIARUM REX **Mint:** Seville **Note:** Machine struck.

Date	Mintage	VG	F	VF	XF	Unc
1724 J	—	40.00	70.00	125	200	—
1725 J	—	25.00	40.00	85.00	150	—

KM# 340 2 REALES

6.7700 g., 0.9030 Silver 0.1965 oz. ASW **Ruler:** Philip V **Obv:** Crowned arms with pointed bottom, without value or initials flanking shield **Obv. Legend:** PHILIPPUS • V • D • G **Rev:** Cross with castles and lions in quarters **Mint:** Seville **Note:** Machine struck.

Date	Mintage	VG	F	VF	XF	Unc
1729	—	24.00	50.00	90.00	150	—
1730	—	24.00	50.00	90.00	150	—

KM# 355 2 REALES

6.7700 g., 0.9030 Silver 0.1965 oz. ASW **Ruler:** Philip V **Obv:** Crowned Spanish shield with pointed bottom, value and initials flanking shield **Rev:** Cross with castles and lions in quarters **Mint:** Seville **Note:** Machine struck. Mint mark: S.

Date	Mintage	VG	F	VF	XF	Unc
1731 PA	—	17.00	30.00	65.00	100	—
1732 PA	—	17.00	30.00	65.00	100	—
1733 PA	—	17.00	30.00	65.00	100	—
1734 PA	—	17.00	30.00	65.00	100	—
1735 PA	—	17.00	30.00	65.00	100	—
1735 AP	—	40.00	80.00	150	250	—
1736 PA	—	18.00	35.00	75.00	100	—
1736 AP	—	40.00	80.00	150	250	—
1737 P	—	21.00	40.00	80.00	125	—
1737 PJ	—	21.00	40.00	80.00	125	—
1745 PJ	—	—	—	125	—	—

KM# 386.1 2 REALES

6.7700 g., 0.8330 Silver 0.1813 oz. ASW **Ruler:** Ferdinand VI **Obv:** Crowned arms **Obv. Legend:** FERDINANDUS • VI • D • G • **Rev:** Cross with castles and lions in quarters **Rev. Legend:** HISPANIARUM REX **Mint:** Madrid **Note:** Mint mark: Crowned M.

Date	Mintage	VG	F	VF	XF	Unc
1754 JB	—	14.00	27.00	45.00	70.00	—
1757 JB	—	14.00	27.00	45.00	70.00	—
1758 JV	—	8.00	15.00	25.00	40.00	—
1758 JB	—	14.00	27.00	45.00	70.00	—
1759 JB	—	16.00	30.00	50.00	80.00	—
1759 J	—	14.00	27.00	45.00	70.00	—

KM# 386.2 2 REALES

6.7700 g., 0.8330 Silver 0.1813 oz. ASW **Ruler:** Ferdinand VI **Obv:** Crowned arms **Obv. Legend:** FERDINANDUS VI D G **Rev:** Cross with castles and lions in quarters **Rev. Legend:** HISPANIARUM REX **Mint:** Seville **Note:** Mint mark: S, S/L.

Date	Mintage	VG	F	VF	XF	Unc
1754 PJ	—	14.00	27.00	45.00	70.00	—
1757 JV	—	14.00	27.00	45.00	70.00	—
1758 JV	—	14.00	27.00	45.00	70.00	—
1759/8 JV	—	14.00	27.00	45.00	70.00	—
1759 JV	—	14.00	27.00	45.00	70.00	—

KM# 388.1 2 REALES

6.7700 g., 0.8330 Silver 0.1813 oz. ASW **Ruler:** Charles III **Obv:** Crowned Spanish arms **Obv. Legend:** CAROLUS III D G **Rev:** Cross with castles and lions in quarters **Rev. Legend:** HISPANIARUM REX **Mint:** Madrid **Note:** Mint mark: Crowned M.

Date	Mintage	VG	F	VF	XF	Unc
1759 J	—	25.00	50.00	85.00	125	—
1759 JP	—	15.00	30.00	45.00	70.00	—
1760 JP	—	15.00	30.00	45.00	70.00	—
1761 JP	—	15.00	30.00	45.00	70.00	—
1762 JP	—	15.00	30.00	45.00	70.00	—
1763 JP	—	15.00	30.00	45.00	70.00	—
1764 PJ	—	15.00	30.00	45.00	70.00	—
1765 PJ	—	15.00	30.00	45.00	70.00	—
1766 PJ	—	15.00	30.00	45.00	70.00	—
1767 PJ	—	15.00	30.00	45.00	70.00	—
1768 PJ	—	15.00	30.00	45.00	70.00	—
1769 PJ	—	15.00	30.00	45.00	70.00	—
1770 PJ	—	15.00	30.00	45.00	70.00	—
1771 PJ	—	15.00	30.00	45.00	70.00	—

KM# 388.2 2 REALES

6.7700 g., 0.8330 Silver 0.1813 oz. ASW **Ruler:** Charles III **Obv:** Crowned Spanish shield **Obv. Legend:** CAROLUS III D G **Rev:** Cross with castles and lions in quarters **Rev. Legend:** HISPANIARUM REX **Mint:** Seville **Note:** Mint mark: S.

Date	Mintage	VG	F	VF	XF	Unc
1760 JV	—	18.00	35.00	50.00	80.00	—
1761 JV	—	18.00	35.00	50.00	80.00	—
1762 JV	—	18.00	35.00	50.00	80.00	—
1766 VC	—	150	225	400	500	—
1768 CF	—	15.00	30.00	55.00	100	—
1769 CF	—	10.00	20.00	37.50	75.00	—
1770 CF	—	21.00	45.00	55.00	100	—
1771 CF	—	21.00	45.00	55.00	100	—

KM# 412.1 2 REALES

6.7700 g., 0.8330 Silver 0.1813 oz. ASW **Ruler:** Charles III **Obv:** Bust right **Obv. Legend:** CAROLUS III • DEI • G • **Rev:** Crowned arms of Castile and Leon **Rev. Legend:** HISPANIARUM REX **Mint:** Madrid **Note:** Mint mark: Crowned M.

Date	Mintage	VG	F	VF	XF	Unc
1772 PJ	—	18.00	35.00	45.00	100	—
1773 PJ	—	18.00	35.00	45.00	100	—
1774 PJ	—	18.00	35.00	45.00	100	—
1775 PJ	—	18.00	35.00	45.00	100	—
1776 PJ	—	18.00	35.00	45.00	100	—
1777 PJ	—	18.00	35.00	45.00	100	—
1777 FA	—	—	—	—	—	—
1778 PJ	—	18.00	35.00	45.00	100	—
1779 PJ	—	18.00	35.00	45.00	100	—
1780 PJ	—	18.00	35.00	45.00	100	—
1781 PJ	—	18.00	35.00	45.00	100	—
1782 PJ	—	18.00	35.00	45.00	100	—
1782 JD	—	18.00	35.00	45.00	100	—
1783 PJ	—	9.00	18.50	37.50	90.00	—
1783 JP	—	10.00	32.50	40.00	85.00	—
1783 JD	—	24.00	40.00	65.00	140	—
1784 JD	—	18.00	35.00	45.00	100	—
1785 JD	—	18.00	35.00	45.00	100	—
1785 DV	—	18.00	35.00	45.00	100	—
1786 DV	—	14.00	29.00	40.00	60.00	—
1787 DV	—	14.00	29.00	40.00	60.00	—
1788 M	—	14.00	29.00	40.00	60.00	—
1788 MF	—	16.00	30.00	40.00	90.00	—
1788 DV	—	23.00	35.00	652	140	—

KM# 412.2 2 REALES

6.7700 g., 0.8330 Silver 0.1813 oz. ASW **Ruler:** Charles III **Obv:** Bust right **Obv. Legend:** CAROLUS • III • DEI • G • **Rev:** Crowned arms of Castile and Leon **Rev. Legend:** HISPANIARUM • REX • **Mint:** Seville **Note:** Mint mark: S.

1214 SPAIN

Date	Mintage	VG	F	VF	XF	Unc
1773 CF	—	15.50	30.00	55.00	85.00	—
1774 CF	—	15.50	30.00	55.00	85.00	—
1775 CF	—	15.50	30.00	55.00	85.00	—
1776 CF	—	15.50	30.00	50.00	75.00	—
1777 CF	—	15.50	30.00	50.00	35.00	—
1778 CF	—	15.50	30.00	50.00	75.00	—
1779 CF	—	15.50	30.00	50.00	75.00	—
1780 CF	—	15.50	30.00	50.00	75.00	—
1782 CF	—	18.00	35.00	60.00	100	—
1788 C	—	15.50	30.00	55.00	—	—

KM# 430.1 2 REALES

6.7700 g., 0.8120 Silver 0.1767 oz. ASW **Ruler:** Charles IV **Obv:** Bust right **Obv. Legend:** CAROLUS IIII • DEI • G • **Rev:** Crowned arms of Castile and Leon **Mint:** Madrid **Note:** Mint mark: Crowned M.

Date	Mintage	VG	F	VF	XF	Unc
1788 MF	—	21.00	40.00	70.00	100	—
1789 MF	—	15.50	23.00	35.00	55.00	—
1790 MF	—	15.50	23.00	35.00	55.00	—
1791 MF	—	15.50	23.00	35.00	55.00	—
1792 MF	—	15.50	23.00	35.00	55.00	—
1793 MF	—	15.50	23.00	35.00	55.00	—
1794 MF	—	15.50	23.00	35.00	55.00	—
1795/3 MF	—	15.50	23.00	35.00	55.00	—
1795 MF	—	15.50	23.00	35.00	55.00	—
1796 MF	—	15.50	23.00	35.00	55.00	—
1797 MF	—	15.50	23.00	35.00	55.00	—
1798 MF	—	15.50	30.00	50.00	75.00	—
1799 MF	—	15.50	23.00	35.00	55.00	—
1800 MF	—	15.50	23.00	35.00	55.00	—
1800 FA	—	15.50	23.00	35.00	55.00	—

KM# 430.2 2 REALES

6.7700 g., 0.8120 Silver 0.1767 oz. ASW **Ruler:** Charles IV **Obv:** Bust right **Obv. Legend:** CAROLUS IIII • DEI • G • **Rev:** Crowned arms of Castile and Leon **Rev. Legend:** HISPANIARUM • REX • **Mint:** Seville **Note:** Mint mark: S.

Date	Mintage	VG	F	VF	XF	Unc
1793 CN	—	12.50	25.00	40.00	60.00	—
1795 CN	—	12.50	25.00	40.00	60.00	—
1796 CN	—	12.50	25.00	40.00	60.00	—
1797 CN	—	40.00	80.00	125	200	—
1798 CN	—	12.50	25.00	40.00	60.00	—
1799 CN	—	12.50	25.00	40.00	60.00	—
1800 CN	—	12.50	25.00	40.00	60.00	—

KM# 252 4 REALES

13.5400 g., 0.9310 Silver 0.4053 oz. ASW **Ruler:** Philip V **Obv:** Crowned arms of Castile and Leon **Rev:** Cross above monogram **Mint:** Seville

Date	Mintage	VG	F	VF	XF	Unc
1701 M	—	250	500	900	1,500	—

KM# 264 4 REALES

13.5400 g., 0.9310 Silver 0.4053 oz. ASW **Ruler:** Philip V **Obv:** Crowned Spanish shield **Rev:** Shield of Castile and Leon **Mint:** Madrid

Date	Mintage	VG	F	VF	XF	Unc
1704 BR	—	600	1,200	2,200	3,500	—

KM# 265 4 REALES

13.5400 g., 0.9310 Silver 0.4053 oz. ASW **Ruler:** Philip V **Obv:** Crowned Spanish shield **Rev:** Arms of Castile and Leon in octolobe **Mint:** Seville

Date	Mintage	VG	F	VF	XF	Unc
1704 P	—	1,000	2,300	4,500	6,500	—
1705 P	—	1,000	2,300	4,500	6,500	—

KM# 276 4 REALES

13.5400 g., 0.9310 Silver 0.4053 oz. ASW **Ruler:** Philip V **Obv:** Crowned Spanish shield **Rev:** Arms of Castile and Leon **Mint:** Valencia

Date	Mintage	VG	F	VF	XF	Unc
1708 F	—	1,250	2,500	4,500	7,000	—

KM# 278 4 REALES

13.5400 g., 0.9310 Silver 0.4053 oz. ASW **Ruler:** Philip V **Obv:** Large, draped bust right **Obv. Legend:** PHILIP V • D • G • HISP • ETIND • REX **Rev:** Crowned shield of Castile and Leon **Rev. Legend:** DEXTERA • DOMINI • ... **Mint:** Madrid

Date	Mintage	VG	F	VF	XF	Unc
1709 J	—	200	400	850	1,400	—

KM# 279 4 REALES

13.5400 g., 0.9310 Silver 0.4053 oz. ASW **Ruler:** Philip V **Obv:** Small, draped bust right **Rev:** Crowned shield of Castile and Leon, value and initials flanking arms **Mint:** Madrid

Date	Mintage	VG	F	VF	XF	Unc
1709 J	—	1,350	2,700	5,000	8,000	—

KM# 280 4 REALES

13.5400 g., 0.9310 Silver 0.4053 oz. ASW **Ruler:** Philip V **Obv:** Crowned Spanish shield in inner circle **Rev:** Crowned shield of Castile and Leon, value and initials flanking arms **Mint:** Seville

Date	Mintage	VG	F	VF	XF	Unc
1709 M	—	400	800	1,450	2,300	—

KM# 309 4 REALES

13.5400 g., 0.9310 Silver 0.4053 oz. ASW **Ruler:** Philip V **Obv:** Crowned Spanish shield, crown with flat bottom **Rev:** Arms of Castile and Leon **Mint:** Seville

Date	Mintage	VG	F	VF	XF	Unc
1718 M	—	50.00	100	200	350	—
1718 M 4 in value retrograde	—	35.00	80.00	150	250	—

KM# 337.1 4 REALES

13.5400 g., 0.9310 Silver 0.4053 oz. ASW **Ruler:** Philip V **Obv:** Crowned Spanish shield, crown with arched bottom **Obv. Legend:** PHILIPPUS V D G **Rev:** Arms of Castile and Leon in octolobe **Rev. Legend:** HISPANIARUM REX **Mint:** Madrid

Date	Mintage	VG	F	VF	XF	Unc
1728 JJ	—	300	800	1,650	2,700	—
1731 F	—	140	350	700	1,200	—
1732 JF	—	100	250	500	750	—
1734 JF	—	80.00	200	400	650	—
1735 JF	—	80.00	200	400	650	—
1737 JF	—	80.00	200	400	650	—
1738 JF	—	80.00	200	400	650	—
1740 JF	—	70.00	175	350	550	—

KM# 337.2 4 REALES

13.5400 g., 0.9310 Silver 0.4053 oz. ASW **Ruler:** Philip V **Obv:** Crowned Spanish shield, crown with high arched bottom **Rev:** Arms of Castile and Leon in octolobe **Mint:** Seville

Date	Mintage	VG	F	VF	XF	Unc
1728 P	—	125	225	450	700	—
1729 P	—	125	225	450	700	—

KM# 337.3 4 REALES

13.5400 g., 0.9310 Silver 0.4053 oz. ASW **Ruler:** Philip IV **Obv:** Crowned Spanish shield **Rev:** Arms of Castile and Leon in octolobe **Mint:** Segovia

Date	Mintage	VG	F	VF	XF	Unc
1728 F	—	90.00	225	450	750	—
1729 F	—	175	450	900	1,400	—

KM# 351 4 REALES

13.5400 g., 0.9310 Silver 0.4053 oz. ASW **Ruler:** Philip V **Obv:** Crowned Spanish shield, without initials or value flanking arms **Rev:** Arms of Castile and Leon **Mint:** Seville

Date	Mintage	VG	F	VF	XF	Unc
1730	—	950	1,850	4,000	7,000	—

KM# 356 4 REALES

13.5400 g., 0.9310 Silver 0.4053 oz. ASW **Ruler:** Philip V **Obv:** Crowned Spanish shield, initials and value flanking **Rev:** Arms of Castile and Leon **Mint:** Seville

Date	Mintage	VG	F	VF	XF	Unc
1731 PA	—	45.00	100	250	400	—
1732 PA	—	75.00	200	400	600	—
1733 PA	—	70.00	175	350	550	—
1734 PA	—	70.00	175	350	550	—
1735 PA	—	75.00	175	350	600	—
1737 PJ	—	150	350	600	1,200	—
1738 PJ	—	150	350	600	1,200	—

KM# 396.1 4 REALES

13.5400 g., 0.9170 Silver 0.3992 oz. ASW **Ruler:** Charles III **Obv:** Crowned Spanish shield **Rev:** Arms of Castile and Leon in octolobe **Mint:** Madrid **Note:** Mint mark: Crowned M.

Date	Mintage	VG	F	VF	XF	Unc
1760 JP	—	125	300	500	700	—
1761 JP	—	80.00	125	300	400	—

KM# 396.2 4 REALES

13.5400 g., 0.9170 Silver 0.3992 oz. ASW **Ruler:** Charles III **Obv:** Crowned Spanish shield **Rev:** Arms of Castile and Leon in octolobe **Mint:** Seville

Date	Mintage	VG	F	VF	XF	Unc
1761S JV	—	95.00	150	300	450	—

KM# 413.1 4 REALES

13.5400 g., 0.9030 Silver 0.3931 oz. ASW **Ruler:** Charles III **Obv:** Bust right **Obv. Legend:** CAROLUS • III • DEI • G • **Rev:** Crowned shield of Castile and Leon **Rev. Legend:** HISPANIARUM REX **Mint:** Madrid **Note:** Mint mark: Crowned M.

Date	Mintage	VG	F	VF	XF	Unc
1772 PJ	—	80.00	150	250	350	—
1773 PJ	—	80.00	150	250	350	—
1774 PJ	—	225	500	800	1,250	—
1775 PJ	—	50.00	80.00	125	200	—
1776 PJ	—	50.00	80.00	125	200	—
1777 PJ	—	50.00	80.00	125	200	—
1778 PJ	—	50.00	80.00	125	200	—
1779 PJ	—	50.00	80.00	125	200	—
1780 PJ	—	50.00	80.00	125	200	—
1781 PJ	—	50.00	80.00	125	200	—
1782 PJ	—	50.00	80.00	125	200	—
1782 JD	—	175	250	500	700	—
1784 JD	—	175	300	600	1,000	—
1788 MF	—	20.00	30.00	55.00	80.00	—
1788 M	—	225	400	700	1,050	—

KM# 413.2 4 REALES

13.5400 g., 0.9030 Silver 0.3931 oz. ASW **Ruler:** Charles III **Obv:** Bust right **Obv. Legend:** CAROLUS III • DEI • G • **Rev:** Crowned shield of Castile and Leon **Rev. Legend:** HISPANIARUM REX **Mint:** Seville **Note:** Mint mark: S, S/L.

Date	Mintage	VG	F	VF	XF	Unc
1772 CF	—	65.00	100	150	225	—
1773 CF	—	65.00	100	150	225	—
1774 CF	—	65.00	100	150	225	—
1775 CF	—	65.00	100	150	225	—
1776 CF	—	60.00	125	250	350	—
1777 CF	—	75.00	100	200	300	—
1778 CF	—	95.00	175	300	450	—
1779 CF	—	65.00	100	150	225	—
1780 CF	—	65.00	100	150	225	—
1781 CF	—	65.00	100	175	250	—
1782 CF	—	125	200	400	500	—
1788 C	—	65.00	100	50.00	225	—

KM# 431.1 4 REALES

13.5400 g., 0.8960 Silver 0.3900 oz. ASW **Ruler:** Charles IV **Obv:** Bust right **Obv. Legend:** CAROLUS IIII • DEI • G • **Rev:** Crowned arms of Castile and Leon **Rev. Legend:** HISPANIARUM • REX • **Mint:** Madrid **Note:** Similar to 2 Reales, KM#430.2. Mint mark: Crowned M.

Date	Mintage	VG	F	VF	XF	Unc
1788 MF	—	200	400	700	1,000	—
1789 MF	—	125	225	450	650	—
1790 MF	—	225	450	700	1,000	—
1791 MF	—	40.00	60.00	90.00	125	—
1792 MF	—	40.00	60.00	90.00	125	—
1793 MF	—	40.00	60.00	90.00	125	—
1794 MF	—	40.00	60.00	90.00	125	—
1795 MF	—	40.00	60.00	90.00	125	—
1796 MF	—	40.00	60.00	90.00	125	—
1797 MF	—	150	250	350	500	—

KM# 237.1 8 REALES

Silver **Ruler:** Philip V **Obv:** Crowned Spanish shield in collar of The Golden Fleece, mint mark right, assayer initial left **Obv. Legend:** PHILIPPVS • IIII • D • G • **Rev:** Cross above MA monogram with floral separations **Rev. Legend:** HISPANIARVM • REX • **Mint:** Seville **Note:** Dav. #1691.

Date	Mintage	VG	F	VF	XF	Unc
1701S M	—	700	1,300	2,200	4,000	—

KM# 237.2 8 REALES

Silver **Ruler:** Philip IV **Obv:** Crowned Spanish shield, mint mark left, assayer initial right **Obv. Legend:** PHILIPPVS • IIII • D • G • **Rev:** Cross above MA monogram with floral separations **Rev. Legend:** HISPANIARVM • REX • **Mint:** Seville **Note:** Dav. #1691.

Date	Mintage	VG	F	VF	XF	Unc
1701S M	—	700	1,300	2,200	4,000	—

SPAIN

KM# 238 8 REALES

Silver **Ruler:** Philip V **Obv:** Crowned Spanish shield **Obv. Legend:** PHILIPPVS • IIII • D • G • **Rev:** Arms of Castile and Leon within pellet border **Rev. Legend:** HISPANIARVM • REX • **Mint:** Seville **Note:** Dav. #1691.

Date	Mintage	VG	F	VF	XF	Unc
1702S M	—	600	1,000	1,750	3,000	—

KM# 266 8 REALES

27.0700 g., 0.9030 Silver 0.7859 oz. ASW **Ruler:** Philip V **Obv:** Crowned Spanish shield, denomination left, mint mark and assayer initial right **Obv. Legend:** PHILIPPVS V DEI GRAT **Rev:** Arms of Castile and Leon in octolobe **Rev. Legend:** HISPANIARVM REX **Mint:** Seville **Note:** Dav. #1692.

Date	Mintage	VG	F	VF	XF	Unc
1704S P	—	1,100	2,400	3,500	5,500	—
1705S P Date above	—	1,000	2,000	3,000	5,000	—
1705S P Date below	—	1,100	2,200	3,500	5,500	—
1706S P Denomination right	—	1,400	2,800	4,500	7,000	—
1706S P	—	1,000	2,000	3,000	5,000	—
1707S M	—	1,100	2,200	3,500	5,500	—
1708S M	—	1,100	2,200	3,500	5,500	—
1709S M	—	1,100	2,200	3,500	5,500	—
1711S M Denomination IIIV	—	1,250	2,500	4,000	6,000	—
1711S M	—	1,000	2,000	3,000	5,000	—
1713S M	—	1,100	2,200	3,500	5,500	—

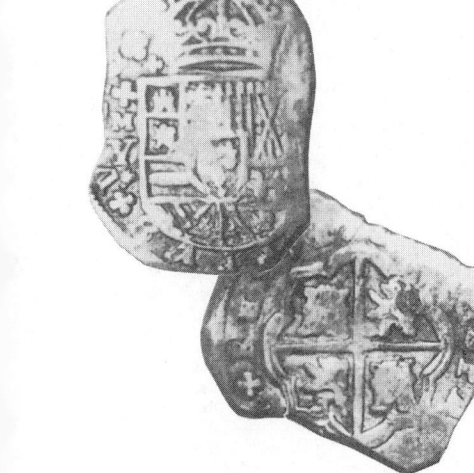

KM# 287 8 REALES

27.0700 g., 0.9030 Silver 0.7859 oz. ASW **Ruler:** Philip V **Obv:** Crowned Spanish shield, denomination as 8 **Obv. Legend:** PHIL • PPVS V D G **Rev:** Arms of Castile and Leon in octolobe **Rev. Legend:** HISPANIAR... **Mint:** Madrid **Note:** Dav. #1693.

Date	Mintage	VG	F	VF	XF	Unc
1710M J	—	400	850	1,500	2,500	—
1710M J Plain edge	—	450	900	1,500	2,500	—
1711M J	—	400	850	1,500	2,500	—

KM# 291 8 REALES

27.0700 g., 0.9030 Silver 0.7859 oz. ASW **Ruler:** Philip V **Obv:** Crowned Spanish shield, wide crown **Obv. Legend:** PHILIPPUS V D G **Rev:** Arms of Castile and Leon **Rev. Legend:** HISPANIARUM REX **Mint:** Madrid **Note:** Dav. #1693.

Date	Mintage	VG	F	VF	XF	Unc
1711M J	—	450	900	1,500	2,600	—
1711M J PHILIPPVS	—	600	1,000	1,750	3,000	—
1712M J	—	450	900	1,500	2,700	—
1713M J	—	500	1,000	1,750	3,000	—
1714M J	—	450	900	1,500	2,700	—
1715M J	—	400	750	1,300	2,300	—
1716M J	—	600	1,200	2,100	4,000	—

KM# 292 8 REALES

27.0700 g., 0.9030 Silver 0.7859 oz. ASW **Ruler:** Philip V **Obv:** Crowned Spanish shield, narrow crown **Obv. Legend:** PHILIPPUS V D G **Rev:** Arms of Castile and Leon **Rev. Legend:** HISPANIARUM REX **Mint:** Madrid **Note:** Dav. #1693.

Date	Mintage	VG	F	VF	XF	Unc
1711M J	—	450	900	1,500	2,600	—
1713M J	—	450	900	1,500	2,700	—

KM# 239 8 REALES

Silver **Ruler:** Philip V **Obv:** Crowned Spanish shield **Obv. Legend:** PHILIPPVS • IIII • D • G • **Rev:** Arms of Castile and Leon in octolobe **Rev. Legend:** HISPANIARVM • REX • **Mint:** Madrid **Note:** Dav. #1693.

Date	Mintage	VG	F	VF	XF	Unc
1704M BR	—	700	1,400	2,400	4,000	—
1706M J	—	700	1,400	2,400	4,000	—
1706M Y	—	700	1,400	2,400	4,000	—
1707M B	—	700	1,400	2,400	4,000	—
1709M J	—	800	1,350	2,300	4,000	—

KM# 310 8 REALES

27.0700 g., 0.9030 Silver 0.7859 oz. ASW **Ruler:** Philip V **Obv:** Crowned Spanish shield, wide crown, denomination as R 8 **Obv. Legend:** PHILIPPVS DEI GRATA **Rev:** Arms of Castile and Leon **Rev. Legend:** HISPANIARVM... **Mint:** Seville **Note:** Dav. #1696. Many varieties exist in the size and style of rosettes. Also known with one or two bars in the arms of Aragon.

Date	Mintage	VG	F	VF	XF	Unc
1718S M	—	200	300	500	800	—

KM# 336.2 8 REALES

27.0700 g., 0.9030 Silver 0.7859 oz. ASW **Ruler:** Philip V **Obv:** Crowned Spanish shield, ornate floral stops **Obv. Legend:** PHILIPPUS V D G **Rev:** Arms of Castile and Leon **Rev. Legend:** HISPANIARUM .... **Mint:** Madrid **Note:** Dav. #1697. Mint mark: Crowned M.

Date	Mintage	VG	F	VF	XF	Unc
1728 JJ	—	250	500	800	1,400	—
1729 JJ	—	250	500	800	1,400	—
1730 JF	—	250	500	800	1,400	—
1731 JF	—	500	1,050	1,750	3,000	—
1731 F	—	500	1,050	1,750	3,000	—
1732 F	—	250	500	800	1,400	—
1732 JF	—	250	500	800	1,400	—
1734 JF	—	250	500	800	1,400	—
1740 JF	—	300	600	1,000	1,750	—

KM# 336.3 8 REALES

27.0700 g., 0.9030 Silver 0.7859 oz. ASW **Ruler:** Philip V **Obv:** Crowned Spanish shield, ornate floral stops **Obv. Legend:** PHILIPPUS V D G **Rev:** Arms of Castile and Leon **Rev. Legend:** HISPANIARUM ... **Mint:** Seville **Note:** Dav. #1697.

Date	Mintage	VG	F	VF	XF	Unc
1728 P	—	250	500	850	1,450	—
1729 P	—	250	450	750	1,250	—

KM# 341 8 REALES

27.0700 g., 0.9030 Silver 0.7859 oz. ASW **Ruler:** Philip V **Obv:** Crowned Spanish shield, assayer initials or denomination **Obv. Legend:** PHILIPPUS V D G **Rev:** Arms of Castile and Leon **Rev. Legend:** HISPANIARUM ... **Mint:** Seville **Note:** Dav. #1698.

Date	Mintage	VG	F	VF	XF	Unc
1729	—	300	650	1,200	2,100	—
1730	—	300	600	1,000	1,750	—

KM# 357 8 REALES

27.0700 g., 0.9030 Silver 0.7859 oz. ASW **Ruler:** Philip V **Obv:** Crowned Spanish shield, assayer initial horizontal **Obv. Legend:** PHILIPPUS V D G **Rev:** Arms of Castile and Leon **Rev. Legend:** HISPANIARUM ... **Mint:** Seville **Note:** Dav. #1697.

Date	Mintage	VG	F	VF	XF	Unc
1731 PA	—	400	750	1,200	2,000	—

KM# 358 8 REALES

27.0700 g., 0.9030 Silver 0.7859 oz. ASW **Ruler:** Philip V **Obv:** Crowned Spanish shield, assayer initial vertical **Obv. Legend:** PHILIPPUS V D G **Rev:** Arms of Castile and Leon **Rev. Legend:** HISPANIARUM ... **Mint:** Seville

Date	Mintage	VG	F	VF	XF	Unc
1731 PA	—	250	450	750	1,250	—
1732 PA	—	200	300	500	800	—
1733 PA	—	200	300	500	800	—
1734 PA	—	200	300	500	800	—
1735 PA	—	200	300	500	800	—
1735 AP	—	250	450	750	1,250	—
1736 AP	—	450	900	1,500	2,600	—

KM# 399.2 8 REALES

27.0700 g., 0.9030 Silver 0.7859 oz. ASW **Ruler:** Charles III **Obv:** Crowned Spanish shield **Obv. Legend:** CAROLUS III D G **Rev:** Arms of Castile and Leon **Rev. Legend:** HISPANIARUM... **Mint:** Seville **Note:** Mint mark: S, S/L.

Date	Mintage	VG	F	VF	XF	Unc
1762 JV	—	250	450	700	950	—

KM# 281 8 REALES

27.0700 g., 0.9030 Silver 0.7859 oz. ASW **Ruler:** Philip V **Obv:** Head laureate right **Obv. Legend:** PHILIP • D • G • HISP • ETIND • REX • **Rev:** Crowned shield of Castile and Leon **Rev. Legend:** ...DEXTERA • DO • MINI • EX... **Mint:** Madrid **Note:** Dav. #1695.

Date	Mintage	VG	F	VF	XF	Unc
1709M J	—	650	1,150	2,000	3,000	—

KM# 336.1 8 REALES

27.0700 g., 0.9030 Silver 0.7859 oz. ASW **Ruler:** Philip V **Obv:** Crowned Spanish shield, ornate floral stops in legend **Obv. Legend:** PHILIPPUS V D G **Rev:** Arms of Castile and Leon **Rev. Legend:** HISPANIARUM ... **Mint:** Segovia **Note:** Dav. #1697. Mint mark: Aqueduct.

Date	Mintage	VG	F	VF	XF	Unc
1727 F	—	350	700	1,250	2,300	—
1728 F	—	300	550	900	1,550	—
1729 F	—	350	700	1,250	2,300	—

KM# 399.1 8 REALES

27.0700 g., 0.9030 Silver 0.7859 oz. ASW **Ruler:** Charles III **Obv:** Crowned Spanish shield **Obv. Legend:** CAROLUS III D G **Rev:** Arms of Castile and Leon **Rev. Legend:** HISPANIARUM... **Mint:** Madrid **Note:** Dav. #1699. Mint mark: Crowned M.

Date	Mintage	VG	F	VF	XF	Unc
1762 JP	—	125	250	450	750	—

1216 SPAIN

KM# 414.1 8 REALES
27.0700 g., 0.9030 Silver 0.7859 oz. ASW **Ruler:** Charles III **Obv:** Bust right **Obv. Legend:** CAROLUS III • DEI • G • **Rev:** Crowned Spanish shield **Rev. Legend:** HISPANIARUM ... **Mint:** Madrid **Note:** Dav. #1700. Mint mark: Crowned M.

Date	Mintage	VG	F	VF	XF	Unc
1772 PJ	—	200	400	700	1,000	—
1773 PJ	—	175	350	650	800	—
1774 PJ	—	175	350	350	800	—
1775 PJ	—	250	500	800	1,000	—
1777 PJ	—	300	600	900	1,200	—
1782 PJ	—	300	550	800	1,000	—
1788 M	—	200	350	500	650	—

KM# 414.2 8 REALES
27.0700 g., 0.9030 Silver 0.7859 oz. ASW **Ruler:** Charles III **Obv:** Bust right **Obv. Legend:** CAROLUS III • DEI • G • **Rev:** Crowned Spanish shield **Rev. Legend:** HISPANIARUM ... **Mint:** Seville

Date	Mintage	VG	F	VF	XF	Unc
1772S CF	—	200	400	550	1,000	—
1773S CF	—	200	400	550	800	—
1774S CF	—	225	450	650	900	—
1775S CF	—	250	450	650	900	—
1776S CF	—	225	450	650	900	—
1777S CF	—	225	450	650	900	—
1778S CF	—	225	450	650	900	—
1779S CF	—	250	450	650	900	—
1788S C	—	250	450	650	900	—

KM# 432.2 8 REALES
27.0700 g., 0.9030 Silver 0.7859 oz. ASW **Ruler:** Charles IV **Obv:** Bust right **Obv. Legend:** CAROLUS IIII • DEI • G • **Rev:** Crowned arms of Castile and Leon **Rev. Legend:** HISPANIARUM ... **Mint:** Seville

Date	Mintage	VG	F	VF	XF	Unc
1788S C	—	200	400	700	900	—
1789S C	—	250	500	800	1,100	—
1790S C	—	500	1,000	1,650	2,100	—
1791S C	—	300	550	900	1,200	—
1792S C	—	150	250	450	650	—
1792S CN	—	100	225	400	600	—
1793S CN	—	100	225	400	600	—
1795S CN	—	100	225	400	700	—
1796S CN	—	150	250	500	700	—
1797S CN	—	350	750	1,350	1,850	—
1798S CN	—	90.00	175	300	450	—
1799S CN	—	225	400	650	1,000	—
1800S CN	—	150	250	450	650	—

KM# 432.1 8 REALES
27.0700 g., 0.9030 Silver 0.7859 oz. ASW **Ruler:** Charles IV **Obv:** Bust right **Obv. Legend:** CAROLUS IIII • DEI • G • **Rev:** Crowned arms of Castile and Leon **Rev. Legend:** HISPANIARUM • REX • **Mint:** Madrid **Note:** Similar to 2 Reales, KM#430.2. Dav. #1701. Mint mark: Crowned M.

Date	Mintage	VG	F	VF	XF	Unc
1788 MF	—	450	950	1,600	2,100	—
1789 MF	—	300	500	800	1,100	—
1796 MF	—	800	1,650	2,800	3,600	—
1797 MF	—	350	600	500	1,100	—
1798 MF	—	225	450	650	900	—

KM# 361.2 1/2 ESCUDO
1.6900 g., 0.9170 Gold 0.0498 oz. AGW **Ruler:** Philip V **Obv:** Head right **Obv. Legend:** PHILIPPUS V D G **Rev:** Crowned arms **Rev. Legend:** HISPANIARUM REX **Mint:** Seville **Note:** Varieties exist.

Date	Mintage	VG	F	VF	XF	Unc
1738S PJ	—	200	400	800	1,200	—
1742S JP	—	150	250	500	650	—
1742S PJ	—	80.00	160	210	295	—
1743S PJ	—	75.00	150	195	250	—
1744S PJ	—	75.00	150	195	250	—
1745S PJ	—	70.00	150	195	250	—
1746S PJ	—	225	300	650	900	—

KM# 361.1 1/2 ESCUDO
1.6900 g., 0.9170 Gold 0.0498 oz. AGW **Ruler:** Philip V **Obv:** Head right **Obv. Legend:** PHILIPPUS V D G **Rev:** Crowned arms **Rev. Legend:** HISPANIARUM REX **Mint:** Madrid **Note:** Varieties exist. Mint mark: Crowned M.

Date	Mintage	VG	F	VF	XF	Unc
1738 JF	—	200	400	800	1,200	—
1742 JF	—	70.00	150	195	250	—
1743 JF	—	70.00	150	195	250	—
1744 JF	—	70.00	150	195	250	—
1744 AJ	—	70.00	150	195	250	—
1745 AJ	—	70.00	150	195	250	—
1746 AJ	—	95.00	175	300	450	—

KM# 373 1/2 ESCUDO
1.6900 g., 0.9170 Gold 0.0498 oz. AGW **Ruler:** Ferdinand VI **Obv:** Bust right, with hair in ringlets **Obv. Legend:** FERDINAND * VI * D * G * **Rev:** Crowned arms **Rev. Legend:** HISPANIARUM * REX * **Mint:** Seville

Date	Mintage	VG	F	VF	XF	Unc
1746S PJ	—	90.00	175	300	400	—
1747S PJ Rosettes	—	70.00	150	195	250	—

KM# 372 1/2 ESCUDO
1.6900 g., 0.9170 Gold 0.0498 oz. AGW **Ruler:** Ferdinand VI **Obv:** Head right **Obv. Legend:** FERDINAND • VI D * G * **Rev:** Crowned arms **Rev. Legend:** HISPANIARUM * REX * **Mint:** Madrid **Note:** Mint mark: Crowned M.

Date	Mintage	VG	F	VF	XF	Unc
1746 AJ	—	250	350	750	1,150	—
1747 AJ	—	250	400	900	1,350	—
1747 J	—	60.00	125	250	350	—
1747 JB	—	70.00	150	185	240	—
1748 JB	—	80.00	170	220	350	—

KM# 371 1/2 ESCUDO
1.6900 g., 0.9170 Gold 0.0498 oz. AGW **Ruler:** Ferdinand VI **Obv:** Crowned arms **Obv. Legend:** FERDINAND • VI • D • G **Rev:** Crowned F in crowned cartouche, date at top **Rev. Legend:** HISPANIARUM * REX * **Mint:** Madrid **Note:** Mint mark: Crowned M.

Date	Mintage	VG	F	VF	XF	Unc
1746	—	225	450	950	1,400	—

KM# 374 1/2 ESCUDO
1.6900 g., 0.9170 Gold 0.0498 oz. AGW **Ruler:** Ferdinand VI **Obv:** Head right, with hair in waves **Obv. Legend:** FERDINAND * VI * D * G * **Rev:** Crowned arms **Rev. Legend:** HISPANIARUM * REX * **Mint:** Seville

Date	Mintage	VG	F	VF	XF	Unc
1747S PJ Stars	—	—	—	—	—	—
1748S PJ	—	70.00	150	195	250	—
1749S PJ	—	70.00	150	195	250	—
1750S PJ	—	70.00	150	195	250	—
1751S PJ	—	85.00	100	225	300	—
1752S PJ	—	95.00	125	250	350	—
1753S PJ	—	70.00	150	195	250	—
1754S PJ	—	70.00	150	195	250	—
1755S PJ	—	70.00	150	195	250	—
1756S PJ	—	70.00	150	195	250	—
1757S PJ	—	125	225	500	650	—
1757S JV Rosettes	—	70.00	150	195	250	—
1757S JV Stars	—	70.00	150	195	250	—
1758S JV Rosettes	—	70.00	150	195	250	—
1758S JV Stars	—	70.00	150	195	250	—
1759S JV	—	70.00	150	195	250	—

KM# 378 1/2 ESCUDO
1.6900 g., 0.9170 Gold 0.0498 oz. AGW **Ruler:** Ferdinand VI **Obv:** Bust right, with hair behind neck **Obv. Legend:** FERDINAND * VI * D * G * **Rev:** Crowned arms **Rev. Legend:** HISPANIARUM * REX * **Mint:** Madrid **Note:** Mint mark: Crowned M.

Date	Mintage	VG	F	VF	XF	Unc
1748 JB	—	70.00	150	195	250	—
1749 JB	—	70.00	150	195	250	—
1750 JB	—	70.00	150	195	250	—
1751 JB	—	70.00	150	195	250	—
1752 JB	—	70.00	150	195	250	—
1753 JB	—	70.00	150	195	250	—
1754 JB	—	70.00	150	195	250	—
1755 JB	—	70.00	150	195	250	—
1756 JB	—	70.00	150	195	250	—
1757 JB	—	70.00	150	195	250	—
1758 JB	—	70.00	150	195	250	—
1759 JB	—	100	175	350	500	—
1759 J	—	70.00	150	195	250	—

KM# 389.1 1/2 ESCUDO
1.6900 g., 0.9170 Gold 0.0498 oz. AGW **Ruler:** Charles III **Obv:** Head right, with hair in waves **Obv. Legend:** CAROLUS III • D • G • **Rev:** Crowned arms **Rev. Legend:** HISPANIARUM • REX • **Mint:** Madrid **Note:** Mint mark: Crowned M.

Date	Mintage	VG	F	VF	XF	Unc
1759 J Rosettes	—	80.00	175	225	—	—
1759 JP	—	70.00	150	195	250	—
1760 JP	—	70.00	150	195	250	—
1761 JP	—	70.00	150	195	250	—
1762 JP	—	70.00	150	195	250	—
1763 JP	—	85.00	100	225	300	—
1764 JP	—	70.00	150	195	250	—
1765 PJ	—	70.00	150	195	250	—
1766 PJ	—	70.00	150	195	250	—
1767 PJ	—	70.00	150	195	250	—
1768 PJ	—	70.00	150	195	250	—
1769 PJ	—	70.00	150	195	250	—
1770 PJ	—	70.00	150	195	250	—
1771 PJ	—	90.00	165	250	400	—

KM# 389.2 1/2 ESCUDO
1.6900 g., 0.9170 Gold 0.0498 oz. AGW **Ruler:** Charles III **Obv:** Head right, with hair in waves **Obv. Legend:** CAROLUS III • D • G • **Rev:** Crowned arms **Rev. Legend:** HISPANIARUM • REX • **Mint:** Seville

Date	Mintage	VG	F	VF	XF	Unc
1759S JV	—	80.00	165	210	290	—
1760S JV	—	70.00	150	195	250	—
1761S JV	—	70.00	150	195	250	—
1762S JV	—	175	400	850	1,200	—
1764S VC	—	70.00	150	195	250	—
1765S VC	—	70.00	150	195	250	—
1766S VC	—	80.00	175	350	475	—
1767S VC	—	80.00	165	210	290	—
1767S CF	—	80.00	200	400	550	—
1768S CF	—	80.00	160	325	450	—
1769S CF	—	80.00	175	350	475	—
1770S CF	—	85.00	200	400	600	—
1771S CF	—	60.00	160	300	400	—

KM# 415.1 1/2 ESCUDO
1.6900 g., 0.9010 Gold 0.0490 oz. AGW **Ruler:** Charles III **Obv:** Older bust right **Obv. Legend:** CAROLUS III • D • G • HISP • R • **Rev:** Crowned arms in collar of The Golden Fleece **Mint:** Madrid **Note:** Mint mark: Crowned M.

Date	Mintage	VG	F	VF	XF	Unc
1772 PJ	—	70.00	150	195	240	—
1773/2 PJ	—	70.00	50.00	195	240	—
1773 PJ	—	70.00	150	195	240	—
1774 PJ	—	70.00	150	195	240	—
1775 PJ	—	70.00	150	195	240	—
1776 PJ	—	110	225	290	325	—
1777 PJ	—	70.00	150	195	240	—
1778 PJ	—	70.00	50.00	195	240	—
1779 PJ	—	70.00	150	195	240	—

Date	Mintage	VG	F	VF	XF	Unc
1781/80 PJ	—	200	400	750	1,050	—
1783/79 JD	—	70.00	150	195	240	—
1783 JD	—	70.00	150	195	240	—
1784 JD	—	70.00	150	195	240	—
1785 DV	—	125	250	350	550	—

KM# 415.2 1/2 ESCUDO

1.6900 g., 0.9010 Gold 0.0490 oz. AGW **Ruler:** Charles III **Obv:** Older bust right **Obv. Legend:** CAROLUS III • D • G • HISP • R • **Rev:** Crowned arms in collar of The Golden Fleece **Mint:** Seville

Date	Mintage	VG	F	VF	XF	Unc
1773S CF	—	70.00	150	195	220	—
1774S CF	—	70.00	150	195	220	—
1775S CF	—	70.00	150	195	220	—
1776S CF	—	70.00	150	195	220	—
1777S CF	—	70.00	150	195	220	—
1778S CF	—	70.00	150	195	220	—
1779S CF	—	70.00	150	195	220	—
1781S CF	—	85.00	175	350	450	—
1782S CF	—	85.00	175	350	450	—
1783S CF	—	95.00	175	400	950	—

KM# 425.2 1/2 ESCUDO

1.6900 g., 0.8750 Gold 0.0475 oz. AGW **Ruler:** Charles III **Obv:** Bust right **Obv. Legend:** CAROLUS III • D • G • HISP • R • **Rev:** Crowned oval shield in collar of The Golden Fleece **Mint:** Seville

Date	Mintage	VG	F	VF	XF	Unc
1786S C Rare	—	1,000	1,750	3,000	—	—
1788/6S C	—	70.00	150	200	275	—
1788S C	—	70.00	150	190	250	—

KM# 425.1 1/2 ESCUDO

1.6900 g., 0.8750 Gold 0.0475 oz. AGW **Ruler:** Charles III **Obv:** Bust right **Obv. Legend:** CAROLUS III • D • G • HISP • R • **Rev:** Crowned oval shield in collar of The Golden Fleece **Mint:** Madrid **Note:** Mint mark: Crowned M.

Date	Mintage	VG	F	VF	XF	Unc
1786 DV	—	70.00	150	190	240	—
1787 DV	—	70.00	150	190	240	—
1788 DV	—	300	600	1,150	1,750	—
1788 M	—	70.00	150	190	240	—

KM# 433 1/2 ESCUDO

1.6900 g., 0.8750 Gold 0.0475 oz. AGW **Ruler:** Charles IV **Obv:** Bust right **Rev:** Crowned oval shield in collar of The Golden Fleece **Mint:** Madrid **Note:** Mint mark: Crowned M.

Date	Mintage	VG	F	VF	XF	Unc
1788 MF	—	350	550	1,000	1,650	—
1789 MF	—	350	550	1,000	1,650	—
1790 MF	—	225	450	850	1,300	—
1791 MF	—	225	450	900	1,450	—
1792 MF	—	350	550	1,100	1,750	—
1793 MF	—	225	450	850	1,300	—
1794 MF	—	225	450	900	1,450	—
1795 MF	—	350	550	1,100	1,750	—
1796 MF	—	200	400	800	1,200	—
1797 MF	—	200	400	800	1,200	—

KM# 253 ESCUDO

3.4335 g., 0.9167 Gold 0.1012 oz. AGW **Ruler:** Philip V **Obv:** Crowned arms in Order collar **Rev:** Cross in quatrefoil **Mint:** Seville

Date	Mintage	VG	F	VF	XF	Unc
1701S M	—	400	800	1,150	1,600	—
1704S P	—	300	650	950	1,400	—
1705S P	—	400	800	1,150	1,600	—
1706S M	—	400	800	1,150	1,950	—
1712S M	—	300	650	950	1,400	—
1720S J	—	300	600	950	1,400	—
1721S J	—	300	600	950	1,400	—
1722S J	—	300	600	950	1,400	—
1723S J	—	300	600	950	1,400	—
1726S J	—	300	600	950	1,400	—

KM# 312 ESCUDO

3.3800 g., 0.9010 Gold 0.0979 oz. AGW **Ruler:** Philip V **Obv:** Crowned arms in Order collar **Rev:** Cross in quatrefoil, date at top **Mint:** Madrid **Note:** Mint mark: Crowned M.

Date	Mintage	VG	F	VF	XF	Unc
1719 F	—	600	1,250	2,000	3,000	—
1721 A	—	400	800	1,300	2,100	—
1722 A	—	250	500	800	1,300	—
1723 A	—	400	800	1,300	2,100	—
1727 A	—	450	900	1,500	2,400	—

KM# 343 ESCUDO

3.3800 g., 0.9010 Gold 0.0979 oz. AGW **Ruler:** Philip V **Obv:** Head right **Obv. Legend:** PHILIP • V • D • G • HISPAN • ETIND • REX • **Rev:** Crowned arms **Rev. Legend:** TIMOR • DOMINI • ... **Mint:** Seville **Note:** Varieties exist.

Date	Mintage	VG	F	VF	XF	Unc
1729S	—	350	450	700	1,100	—
1730S	—	350	450	700	1,100	—
1731S PA	—	200	300	450	750	—
1732S PA	—	200	300	450	750	—
1733S PA	—	200	300	450	750	—
1736S PA	—	350	550	900	1,450	—
1736S AP	—	200	300	450	750	—
1739S PJ	—	200	300	450	750	—

KM# 342 ESCUDO

3.3800 g., 0.9010 Gold 0.0979 oz. AGW **Ruler:** Philip V **Obv:** Head right **Obv. Legend:** PHILIP • V • D • G • HISP ... **Rev:** Crowned arms **Rev. Legend:** TIMOR • DOM • ... **Mint:** Madrid **Note:** Varieties exist. Mint mark: Crowned M.

Date	Mintage	VG	F	VF	XF	Unc
1729	—	250	550	1,050	1,600	—
1730	—	250	550	1,050	1,600	—
1733 JF	—	200	400	600	900	—
1735 JF	—	200	400	600	900	—
1736 JF	—	200	400	600	900	—
1737 JF	—	300	600	900	1,550	—
1739 JF	—	250	500	800	1,350	—
1740 JF	—	175	350	450	650	—
1741 JF	—	175	350	450	650	—
1742 JF	—	200	400	650	1,000	—
1742 JA	—	350	650	1,150	1,800	—

KM# 416.1 ESCUDO

3.3800 g., 0.9010 Gold 0.0979 oz. AGW **Ruler:** Charles III **Obv:** Bust right **Obv. Legend:** CAROL • III • D • G • HISP • ETIND • R • **Rev:** Crowned arms in collar of The Golden Fleece **Rev. Legend:** FELIX • A • D • ... **Mint:** Madrid **Note:** Mint mark: Crowned M.

Date	Mintage	VG	F	VF	XF	Unc
1772 PJ	—	200	400	650	1,150	—
1779 PJ	—	125	150	175	250	—
1780 PJ	—	125	150	175	250	—
1781 PJ	—	125	150	175	250	—
1782 JD	—	120	160	230	325	—
1784 JD	—	120	150	195	250	—
1785 DV	—	120	150	195	250	—

KM# 416.2 ESCUDO

3.3800 g., 0.9010 Gold 0.0979 oz. AGW **Ruler:** Charles III **Obv:** Bust right **Obv. Legend:** CAROL • III • D • G • HISP • ETIND • R • **Rev:** Crowned arms in collar of The Golden Fleece **Rev. Legend:** FELIX • A • D • ... **Mint:** Seville

Date	Mintage	VG	F	VF	XF	Unc
1773S CF	—	125	150	200	260	—
1774S CF	—	125	150	200	260	—
1779S CF	—	125	150	200	260	—
1780S CF	—	125	150	200	260	—
1781S CF	—	125	150	200	260	—

KM# 416.2a ESCUDO

3.3800 g., 0.8785 Gold 0.0955 oz. AGW **Ruler:** Charles III **Obv:** Bust right **Obv. Legend:** CAROL • III • D • G • HISPAN • ETIND • R • **Rev:** Crowned arms in collar of The Golden Fleece **Rev. Legend:** FELIX • A • D • ... **Mint:** Seville

Date	Mintage	VG	F	VF	XF	Unc
1784S V	—	125	150	250	350	—
1785S C	—	125	150	225	325	—
1787S CM	—	125	150	175	250	—
1787/6S CM	—	125	150	275	400	—

KM# 416.1a ESCUDO

3.3800 g., 0.8750 Gold 0.0951 oz. AGW **Ruler:** Charles III **Obv:** Bust right **Obv. Legend:** CAROL • III • D • G • HISPAN • ETIND • R • **Rev:** Crowned arms in collar of The Golden Fleece **Rev. Legend:** FELIX • A • D • ... **Mint:** Madrid **Note:** Mint mark: Crowned M.

Date	Mintage	VG	F	VF	XF	Unc
1787/6 DV	—	125	150	210	295	—
1787 DV	—	125	150	195	250	—
1788 DV	—	125	150	200	270	—
1788 M	—	125	150	200	270	—

KM# 434 ESCUDO

3.3800 g., 0.8785 Gold 0.0955 oz. AGW **Ruler:** Charles IV **Obv:** Bust right **Obv. Legend:** CAROL • IIII • D • G • HISP • ETIND • R • **Rev:** Crowned arms in order chain **Rev. Legend:** FELIX • A • D • ... **Mint:** Madrid **Note:** Mint mark: Crowned M.

Date	Mintage	VG	F	VF	XF	Unc
1788 MF	—	200	400	650	900	—
1789 MF	—	125	150	195	250	—
1790 MF	—	125	150	195	250	—
1791 MF	—	125	150	195	250	—
1792 MF	—	125	150	195	250	—
1793 MF	—	125	150	195	250	—
1794 MF	—	125	150	195	250	—
1796 MF	—	125	150	195	250	—
1797 MF	—	125	150	195	250	—
1798 MF	—	125	150	195	250	—
1799 MF	—	125	150	195	250	—
1799 FA	—	125	185	325	450	—

KM# 254 2 ESCUDOS

6.8670 g., 0.9167 Gold 0.2024 oz. AGW **Ruler:** Philip V **Obv:** Crowned arms, denomination at right **Obv. Legend:** PHILIP V ... **Rev:** Cross in quatrefoil in inner circle, date at top **Mint:** Seville

Date	Mintage	VG	F	VF	XF	Unc
1701S M	—	300	600	1,650	1,300	—

KM# 255 2 ESCUDOS

6.8670 g., 0.9167 Gold 0.2024 oz. AGW **Ruler:** Philip V **Obv:** Crowned arms, flowers at sides **Obv. Legend:** PHILIPVS • V • ... **Rev:** Cross in quatrefoil, denomination, mint mark and assayer initial at corners **Rev. Legend:** HISPANIARUM REX **Mint:** Seville

Date	Mintage	VG	F	VF	XF	Unc
1701S M	—	750	1,550	2,500	3,500	—
1702S M Reported, not confirmed	—	—	—	—	—	—
1703S J Error value: 1	—	750	1,550	2,400	3,000	—
1704S P	—	450	950	1,450	2,000	—
1704S P Retrograde 4 in date	—	450	950	1,450	2,000	—
1706S P	—	500	1,050	1,650	2,300	—

KM# 282 2 ESCUDOS

6.7700 g., 0.9010 Gold 0.1961 oz. AGW **Ruler:** Philip V **Obv:** Crowned arms **Obv. Legend:** PHILIPVS V DEI GRAT **Rev:** Cross in quatrefoil in inner circle, date in legend **Rev. Legend:** HISPANIARUM REX **Mint:** Valencia

Date	Mintage	VG	F	VF	XF	Unc
1707V F	—	1,200	2,400	4,000	5,500	—

KM# 293 2 ESCUDOS

6.7700 g., 0.9010 Gold 0.1961 oz. AGW **Ruler:** Philip V **Obv:** Crowned shield, denomination as II **Obv. Legend:** PHILIPPVS • V • D • GRAT **Rev:** Cross in quatrefoil, denomination as 2 **Mint:** Seville

Date	Mintage	VG	F	VF	XF	Unc
1711S M	—	500	1,050	1,650	2,300	—
1712/1S M	—	500	1,050	1,650	2,300	—
1712S M	—	500	1,050	1,650	2,300	—
1714S M	—	500	1,050	1,650	2,300	—
1717S M	—	600	1,250	2,100	3,000	—
1718S M	—	220	1,100	1,850	2,700	—

KM# 313 2 ESCUDOS

6.7700 g., 0.9010 Gold 0.1961 oz. AGW **Ruler:** Philip V **Obv:** Crowned arms in order chain **Obv. Legend:** PHILIPPUS V DEI GRAT **Rev:** Cross in quatrefoil, date at top **Mint:** Madrid **Note:** Mint mark: Crowned M.

Date	Mintage	VG	F	VF	XF	Unc
1719 F	—	1,000	2,000	3,500	5,000	—
1721 A	—	800	1,650	2,900	4,000	—

1218 SPAIN

Date	Mintage	VG	F	VF	XF	Unc
1723 A	—	800	1,650	2,900	4,000	—
1725 A	—	800	1,650	2,900	4,000	—

KM# 325 2 ESCUDOS
6.7700 g., 0.9010 Gold 0.1961 oz. AGW **Ruler:** Philip V **Obv:** Crowned arms in Order collar **Obv. Legend:** PHILIPPUS V DEI GRA **Rev:** Cross in quatrefoil, denomination as 2 **Mint:** Seville

Date	Mintage	VG	F	VF	XF	Unc
1720S J	—	500	1,000	1,600	2,600	—
1721S J	—	500	1,000	1,650	2,600	—
1722S J	—	550	1,100	1,850	2,700	—
1723S J	—	400	850	1,400	2,200	—
1726S J	—	400	850	1,400	2,200	—

KM# 330 2 ESCUDOS
6.7700 g., 0.9010 Gold 0.1961 oz. AGW **Ruler:** Louis I **Obv:** Crowned arms in Order collar, titles of Louis I **Mint:** Seville **Note:** Mint mark: S, S/L.

Date	Mintage	VG	F	VF	XF	Unc
1724 J	—	2,000	4,500	6,000	9,500	—

KM# A334 2 ESCUDOS
6.7700 g., 0.9010 Gold 0.1961 oz. AGW **Ruler:** Philip V **Obv:** Crowned arms in Order collar **Obv. Legend:** PHILIPPUS V DEI GRA **Rev:** Cross in quatrefoil, date at top **Mint:** Cuenca

Date	Mintage	VG	F	VF	XF	Unc
1725CA JJ Rare						

Note: Durr & R. Michel Monnaies d'or d'Espagne sale 11-99, unc. realized $30,850

KM# 344 2 ESCUDOS
6.7700 g., 0.9010 Gold 0.1961 oz. AGW **Ruler:** Philip V **Obv:** Bust right **Rev:** Crowned shield of Castile and Leon **Mint:** Madrid **Note:** Mint mark: Crowned M.

Date	Mintage	VG	F	VF	XF	Unc
1729	—	600	1,100	1,900	3,000	—

KM# 352 2 ESCUDOS
6.7700 g., 0.9010 Gold 0.1961 oz. AGW **Ruler:** Philip V **Obv:** Armored bust right **Rev:** Crowned shield of Castile and Leon **Mint:** Madrid **Note:** Mint mark: Crowned M.

Date	Mintage	VG	F	VF	XF	Unc
1730	—	400	750	1,200	1,800	—
1731 F	—	350	600	900	1,500	—
1731 JF	—	300	550	900	1,450	—
1732 JF	—	300	550	900	1,450	—
1733 JF	—	300	550	900	1,450	—
1734 JF	—	300	550	900	1,450	—

KM# 353 2 ESCUDOS
6.7700 g., 0.9010 Gold 0.1961 oz. AGW **Ruler:** Philip V **Obv:** Armored bust right **Obv. Legend:** PHILIP • V • D • G • HISPAN • ETIND • REX • **Rev:** Crowned shield of Castile and Leon **Mint:** Seville

Date	Mintage	VG	F	VF	XF	Unc
1730S	—	300	600	900	1,250	—
1731S PA	—	240	400	600	900	—
1732S PA	—	240	400	600	900	—
1733S PA	—	240	400	600	900	—
1734S PA	—	240	400	600	900	—
1735S AP	—	240	650	600	1,600	—
1736S AP	—	240	650	600	1,600	—
1737S PJ	—	240	650	600	1,600	—
1739S PJ	—	240	400	600	900	—
1740S PJ	—	240	350	500	750	—
1741S PJ	—	240	350	500	750	—
1742S PJ	—	240	350	500	750	—

KM# 376.2 2 ESCUDOS
6.7700 g., 0.9010 Gold 0.1961 oz. AGW **Ruler:** Ferdinand VI **Obv:** Bust right **Obv. Legend:** FERDINANDUS • VI • D • G • HISP • REX • **Rev:** Crowned arms **Mint:** Seville

Date	Mintage	VG	F	VF	XF	Unc
1749 PJ	—	600	1,350	2,100	3,000	—

KM# 376.1 2 ESCUDOS
6.7700 g., 0.9010 Gold 0.1961 oz. AGW **Ruler:** Ferdinand VI **Obv:** Bust right **Obv. Legend:** FERDINANDUS • VI • D • G • HISP • REX • **Rev:** Crowned arms **Mint:** Madrid **Note:** Mint mark: Crowned M.

Date	Mintage	VG	F	VF	XF	Unc
1749 JB	—	1,950	3,500	6,000	9,000	—

KM# 417.1 2 ESCUDOS
6.7700 g., 0.9010 Gold 0.1961 oz. AGW **Ruler:** Charles III **Obv:** Bust right **Obv. Legend:** CAROL • III • D • G • HISP • IND • R • **Rev:** Crowned arms in Order collar **Mint:** Madrid **Note:** Mint mark: Crowned M.

Date	Mintage	VG	F	VF	XF	Unc
1772 PJ	—	240	285	350	550	—
1773 PJ	—	240	275	325	375	—
1774 PJ	—	240	275	325	375	—
1775 PJ	—	240	275	325	375	—
1776 PJ	—	250	300	375	500	—
1777 PJ	—	240	275	325	375	—
1778 PJ	—	240	275	325	375	—
1779 PJ	—	240	275	325	375	—
1780 PJ	—	240	275	325	375	—
1781 PJ	—	240	275	325	375	—
1784 JD	—	750	1,550	2,500	3,500	—
1785 DV	—	475	1,100	1,700	2,400	—

KM# 417.2 2 ESCUDOS
6.7700 g., 0.9010 Gold 0.1961 oz. AGW **Ruler:** Charles III **Obv:** Bust right **Obv. Legend:** CAROL • III • D • G • HISP • ETIND • R • **Rev:** Crowned arms in Order collar **Mint:** Seville

Date	Mintage	VG	F	VF	XF	Unc
1773S CF	—	240	275	340	400	—
1774S CF	—	240	275	340	400	—
1775S CF	—	240	275	340	400	—
1776S CF	—	240	275	340	400	—
1777S CF	—	240	275	350	500	—
1779S CF	—	240	275	350	500	—

KM# 417.1a 2 ESCUDOS
6.7700 g., 0.8750 Gold 0.1904 oz. AGW **Ruler:** Charles III **Obv:** Bust right **Obv. Legend:** CAROL • III • D • G • HISP • ETIND • R • FELIX • AUSPICE • DEO **Mint:** Madrid **Note:** Mint mark: Crowned M.

Date	Mintage	VG	F	VF	XF	Unc
1786 DV	—	240	275	425	600	—
1787 DV	—	270	550	850	1,200	—
1788 M	—	240	275	325	375	—

KM# 417.2a 2 ESCUDOS
6.7700 g., 0.8750 Gold 0.1904 oz. AGW **Ruler:** Charles III **Obv:** Bust right **Obv. Legend:** CAROL • III • D • G • HISP • ETIND • R • **Rev:** Crowned arms **Mint:** Seville

Date	Mintage	VG	F	VF	XF	Unc
1787S CM	—	240	275	325	400	—
1788S C	—	240	275	325	400	—

KM# 435.1 2 ESCUDOS
6.7700 g., 0.8750 Gold 0.1904 oz. AGW **Ruler:** Charles IV **Obv:** Bust right **Obv. Legend:** CAROL • IIII • D • G • HISP • ETIND • R • **Rev:** Crowned arms in order chain **Rev. Legend:** IN • UTROQ • FELIX... **Mint:** Madrid **Note:** Mint mark: Crowned M.

Date	Mintage	VG	F	VF	XF	Unc
1788 MF	—	240	300	500	700	—
1789 MF	—	240	280	350	425	—
1790 MF	—	240	280	350	425	—
1791 MF	—	425	850	1,400	2,100	—
1792 MF	—	240	350	500	700	—
1793 MF	—	240	280	350	400	—
1794 MF	—	240	280	350	400	—
1795 MF	—	240	280	350	400	—
1796 MF	—	240	280	350	400	—
1797 MF	—	240	280	350	400	—
1798 MF	—	240	280	350	400	—

Date	Mintage	VG	F	VF	XF	Unc
1799 MF	—	240	280	350	400	—
1800 MF	—	240	280	350	400	—
1800 FA	—	240	280	350	400	—

KM# 435.2 2 ESCUDOS
6.7700 g., 0.8750 Gold 0.1904 oz. AGW **Ruler:** Charles IV **Obv:** Bust right **Obv. Legend:** CAROL • IIII • D • G ... **Rev:** Crowned arms in order chain **Rev. Legend:** IN • UTROQ • FELIX ... **Mint:** Seville

Date	Mintage	VG	F	VF	XF	Unc
1790S C	—	240	350	500	700	—
1791S C	—	240	280	425	625	—
1791S CN	—	240	350	500	700	—
1793S CN	—	240	280	350	400	—
1794S CN	—	240	280	350	400	—
1795S CN	—	240	280	350	400	—
1796S CN	—	240	280	350	400	—
1797S CN	—	240	280	350	400	—
1798S CN	—	240	280	350	400	—
1799S CN	—	240	280	350	400	—
1800S CN	—	240	280	350	400	—

KM# 256 4 ESCUDOS
13.7341 g., 0.9167 Gold 0.4048 oz. AGW **Ruler:** Philip V **Obv:** Crowned arms, mint mark, assayer initial and denomination at sides **Obv. Legend:** PHILIPPVS • V • DEI • GRA **Rev:** Cross in quatrefoil in inner circle, date at top **Rev. Legend:** HISPANIARVM REX **Mint:** Seville

Date	Mintage	VG	F	VF	XF	Unc
1701S M	—	1,300	2,800	4,500	6,000	—

KM# 257 4 ESCUDOS
13.7341 g., 0.9167 Gold 0.4048 oz. AGW **Ruler:** Philip V **Obv:** Crowned arms **Obv. Legend:** PHILIPPVS V DEI GRAT **Rev:** Cross in quatrefoil, mint mark, assayer initial and denomination at corners **Rev. Legend:** HISPANIARVM REX **Mint:** Seville

Date	Mintage	VG	F	VF	XF	Unc
1701S M	—	1,300	2,800	4,000	6,000	—
1702S M	—	1,300	2,800	4,500	6,500	—
1703S J	—	1,100	2,300	4,000	5,500	—
1703S P	—	1,100	2,300	3,500	5,500	—
1704S P	—	1,100	2,300	3,500	5,500	—
1705S P	—	1,100	2,300	5,000	7,500	—
1709S M	—	1,200	2,600	4,000	6,500	—
1711S M	—	1,100	2,300	5,000	7,500	—
1715S M	—	1,100	2,300	4,500	6,500	—
1717S M	—	1,100	2,300	3,500	5,500	—
1718S M	—	900	2,000	3,000	4,500	—

KM# 273 4 ESCUDOS
13.5400 g., 0.9170 Gold 0.3992 oz. AGW **Ruler:** Philip V **Obv:** Crowned arms in inner circle **Rev:** Cross in quatrefoil in inner circle, date in legend **Mint:** Valencia **Note:** Mint mark: V, VAL.

Date	Mintage	VG	F	VF	XF	Unc
1707 V	—	2,400	5,000	8,000	11,000	—

KM# 288 4 ESCUDOS
13.5400 g., 0.9170 Gold 0.3992 oz. AGW **Ruler:** Philip V **Obv:** Crowned arms **Obv. Legend:** PHILIPPVS V D GRATI **Rev:** Cross in quatrefoil, date at top **Rev. Legend:** HISPANIARVM REX **Mint:** Madrid

Date	Mintage	VG	F	VF	XF	Unc
1710 M J Rare	—	—	—	—	—	—

KM# 295 4 ESCUDOS
13.5400 g., 0.9170 Gold 0.3992 oz. vAGW **Ruler:** Philip V **Obv:** Crowned arms **Rev:** Cross in quatrefoil, mint mark, initials and value in corners **Mint:** Seville **Note:** Varieties exist.

Date	Mintage	VG	F	VF	XF	Unc
1712S M	—	1,100	2,200	3,500	5,500	—
1713S M	—	1,200	2,600	4,000	3,000	—

SPAIN

KM# 314.1 4 ESCUDOS

13.5400 g., 0.9170 Gold 0.3992 oz. AGW **Ruler:** Philip V **Obv:** Crowned arms in order collar **Obv. Legend:** PHILIPPUS V DEI GRA **Rev:** Cross in quatrefoil, date at top **Rev. Legend:** HISPANIARUM REX... **Mint:** Madrid **Note:** Mint mark: Crowned M.

Date	Mintage	VG	F	VF	XF	Unc
1719 F	—	2,600	6,000	8,500	12,000	—
1723 A	—	2,200	5,500	8,000	11,000	—
1727 A	—	2,600	6,000	8,500	12,000	—

KM# 314.2 4 ESCUDOS

13.5400 g., 0.9170 Gold 0.3992 oz. AGW **Ruler:** Philip V **Obv:** Crowned arms in order collar **Rev:** Cross in quatrefoil, date at top **Mint:** Seville

Date	Mintage	VG	F	VF	XF	Unc
1719S J	—	1,000	2,000	3,000	6,000	—
1721S J	—	1,000	2,000	3,000	6,000	—
1723S J	—	1,000	1,850	3,000	6,000	—
1726S J	—	1,250	2,800	4,000	7,500	—
1728S P	—	2,000	4,500	6,500	9,000	—
1729S P	—	2,000	4,500	6,500	9,000	—

KM# 314.3 4 ESCUDOS

13.5400 g., 0.9170 Gold 0.3992 oz. AGW **Ruler:** Philip V **Obv:** Crowned arms in order collar **Rev:** Cross in quatrefoil, date at top **Mint:** Segovia **Note:** Mint mark: Aqueduct.

Date	Mintage	VG	F	VF	XF	Unc
1721 F Rare	—	—	—	—	—	—

KM# 331 4 ESCUDOS

13.5400 g., 0.9170 Gold 0.3992 oz. AGW **Ruler:** Louis I **Obv:** Crowned arms in order collar, titles of Louis I **Rev:** Cross in quatrefoil, date at top **Mint:** Segovia **Note:** Mint mark: Aqueduct.

Date	Mintage	VG	F	VF	XF	Unc
1724 F Rare	—	—	—	—	—	—

KM# 334 4 ESCUDOS

13.5400 g., 0.9170 Gold 0.3992 oz. AGW **Ruler:** Philip V **Obv:** Crowned arms in Order collar **Obv. Legend:** PHILIPPUS V DEI GRA **Rev:** Cross in quatrefoil, date at top **Mint:** Cuenca

Date	Mintage	VG	F	VF	XF	Unc
1725CA JJ Rare	—	—	—	—	—	—

KM# 345 4 ESCUDOS

13.5400 g., 0.9170 Gold 0.3992 oz. AGW **Ruler:** Philip V **Obv:** Armored bust right **Obv. Legend:** PHILIP • V • D • G • HISPAN • ET IND REX • **Rev:** Crowned arms **Mint:** Seville

Date	Mintage	VG	F	VF	XF	Unc
1729S	—	1,100	2,300	4,000	12,000	—
1730S	—	1,100	2,300	4,000	12,000	—

KM# 359 4 ESCUDOS

13.5400 g., 0.9170 Gold 0.3992 oz. AGW **Ruler:** Philip V **Obv:** Armored bust right **Obv. Legend:** PHILIP • V • D • G • HISPAN • ETIND REX • **Rev:** Crowned arms **Mint:** Seville

Date	Mintage	VG	F	VF	XF	Unc
1731S PA	—	950	2,100	3,000	7,000	—
1732S PA	—	1,100	2,300	4,000	8,000	—
1733S PA	—	1,450	3,500	5,000	11,000	—

KM# 360 4 ESCUDOS

13.5400 g., 0.9170 Gold 0.3992 oz. AGW **Ruler:** Philip V **Obv:** Armored bust of Philip V right **Obv. Legend:** PHILIP • V • D • G • HISPAN • ET IND • REX • **Rev:** Crowned arms **Mint:** Madrid **Note:** Mint mark: Crowned M.

Date	Mintage	VG	F	VF	XF	Unc
1732 JF	—	1,200	2,400	4,000	9,000	—
1733 JF	—	900	1,800	3,500	7,000	—
1734 JF	—	800	1,500	2,600	7,000	—

KM# 375.1 4 ESCUDOS

13.5400 g., 0.9170 Gold 0.3992 oz. AGW **Ruler:** Ferdinand VI **Obv:** Bust right **Obv. Legend:** FERDINANDUS • VI • D • G • HISP • REX • **Rev:** Crowned arms **Mint:** Madrid **Note:** Mint mark: Crowned M.

Date	Mintage	VG	F	VF	XF	Unc
1747 J	—	2,900	7,000	10,500	14,500	—
1748 JB	—	2,900	7,000	10,500	14,500	—
1749 JB	—	3,000	8,000	11,500	17,000	—

KM# 375.2 4 ESCUDOS

13.5400 g., 0.9170 Gold 0.3992 oz. AGW **Ruler:** Ferdinand VI **Obv:** Bust right **Obv. Legend:** FERDINANDUS • VI • D • G • HISP • REX • **Rev:** Crowned arms **Mint:** Seville

Date	Mintage	VG	F	VF	XF	Unc
1747S PJ	—	2,100	5,000	7,000	10,000	—
1749S PJ	—	1,750	4,500	6,000	8,500	—

KM# 398 4 ESCUDOS

13.5400 g., 0.9170 Gold 0.3992 oz. AGW **Ruler:** Charles III **Obv:** Bust right **Obv. Legend:** CAROL • III • D • G • ... **Rev:** Crowned arms in collar of The Golden Fleece **Mint:** Madrid **Note:** Mint mark: Crowned M.

Date	Mintage	VG	F	VF	XF	Unc
1761 JP Rare	—	—	—	—	—	—

KM# 418.1 4 ESCUDOS

13.5400 g., 0.9010 Gold 0.3922 oz. AGW **Ruler:** Charles III **Obv:** Bust right **Obv. Legend:** CAROL • III • D • G • HISP • ET IND • R • **Rev:** Crowned arms in collar of The Golden Fleece **Mint:** Madrid **Note:** Mint mark: Crowned M.

Date	Mintage	VG	F	VF	XF	Unc
1772 PJ	—	450	650	900	1,250	—
1773 PJ	—	450	650	900	1,250	—
1774 PJ	—	450	500	600	750	—
1775 PJ	—	450	500	600	750	—
1777 PJ	—	450	625	875	1,250	—
1778 PJ	—	450	475	600	750	—
1779 PJ	—	450	475	600	750	—
1780 PJ	—	450	475	575	700	—
1781 PJ	—	450	475	575	700	—
1782 PJ	—	500	650	750	900	—
1782 JD	—	500	650	750	900	—
1783 JD	—	500	650	1,000	1,500	—
1785 DV	—	450	500	600	750	—

KM# 418.2 4 ESCUDOS

13.5400 g., 0.9010 Gold 0.3922 oz. AGW **Ruler:** Charles III **Obv:** Bust right **Obv. Legend:** CAROL • III • D • G • HISP • ET IND • R • **Rev:** Crowned arms in collar of The Golden Fleece **Mint:** Seville

Date	Mintage	VG	F	VF	XF	Unc
1772S CF	—	450	525	650	900	—
1773S CF	—	450	500	600	750	—
1774S CF	—	450	550	700	1,000	—
1775S CF	—	450	500	675	850	—
1776S CF	—	500	700	900	1,250	—
1777S CF	—	500	500	675	850	—
1779S CF	—	500	550	700	1,000	—
1781S CF	—	500	500	650	900	—
1784S C	—	500	550	700	1,000	—
1784S V	—	1,400	3,000	4,500	6,000	—
1785S C	—	450	850	1,150	1,650	—

KM# 418.2a 4 ESCUDOS

13.5400 g., 0.8750 Gold 0.3809 oz. AGW **Ruler:** Charles III **Obv:** Bust right **Obv. Legend:** CAROL • III • D • G • HISP • ET IND • R • **Rev:** Crowned arms in collar of The Golden Fleece **Rev. Legend:** IN • UTROQ • FELIX • AUSPICE • DEO • **Mint:** Seville

Date	Mintage	VG	F	VF	XF	Unc
1786 C	—	500	650	800	1,100	—
1787 CM	—	450	475	575	700	—
1788 C	—	450	475	575	700	—

KM# 418.1a 4 ESCUDOS

13.5400 g., 0.8750 Gold 0.3809 oz. AGW **Ruler:** Charles III **Obv:** Bust of Charles III right **Obv. Legend:** CAROL • III • D • G • HISP • ET IND • R • **Rev:** Crowned arms in collar of The Golden Fleece **Rev. Legend:** IN • UTROQ • FELIX • AUSPICE • DEO • **Mint:** Madrid **Note:** Mint mark: Crowned M.

Date	Mintage	VG	F	VF	XF	Unc
1786 DV	—	450	475	575	700	—
1787 DV	—	450	475	575	700	—
1788 M	—	450	475	575	700	—

KM# 436.1 4 ESCUDOS

13.5400 g., 0.8750 Gold 0.3809 oz. AGW **Ruler:** Charles IV **Obv:** Bust right **Obv. Legend:** CAROL • IIII • D • G • HISP • ET IND • R • **Rev:** Crowned arms in order chain **Rev. Legend:** IN • UTROQ • FELIX • AUSPICE • DEO • **Mint:** Madrid **Note:** Mint mark: Crowned M.

Date	Mintage	VG	F	VF	XF	Unc
1788 MF	—	600	1,650	2,400	3,500	—
1789 MF	—	800	2,000	2,800	4,500	—
1790 MF	—	450	750	1,050	1,550	—
1791 MF	—	450	475	575	700	—
1792 MF	—	450	475	575	700	—
1794 MF	—	450	600	800	1,150	—
1795 MF	—	450	475	575	700	—
1796 MF	—	450	475	575	700	—

KM# 259 8 ESCUDOS

27.4682 g., 0.9167 Gold 0.8095 oz. AGW **Ruler:** Philip V **Obv:** Crowned Hapsburg Coat of Arms **Obv. Legend:** PHILIPPVS • V • DEI • GRAT **Rev:** Cross in quatrefoil with flowers at corners **Rev. Legend:** HISPANIAR... **Mint:** Seville

Date	Mintage	VG	F	VF	XF	Unc
1701S M Dots at sides of fleece	—	1,000	2,100	4,500	5,400	—
1701S M Flowers at sides of fleece	—	1,100	2,400	4,000	5,500	—
1701 No S, rare	—	—	—	—	—	—

KM# 260 8 ESCUDOS

27.4682 g., 0.9167 Gold 0.8095 oz. AGW **Ruler:** Philip V **Obv:** Crowned Bourbon Coat of Arms **Obv. Legend:** PHILIPPVS V DEI GRAT **Rev:** Cross in quatrefoil with mint mark, assayer initial and 8's at corners **Rev. Legend:** HISPANIARV... **Mint:** Seville **Note:** Varieties exist in the placement of the mint mark, assayer initial and B's.

Date	Mintage	VG	F	VF	XF	Unc
1701S M Dots at sides of fleece	—	1,100	1,700	2,800	5,000	—

SPAIN

Date	Mintage	VG	F	VF	XF	Unc
1701S M Flowers at sides of fleece	—	1,100	1,700	2,800	5,000	—
1702S J	—	1,400	2,800	5,000	7,000	—
1702S M	—	1,050	2,100	3,500	5,500	—
1703S J	—	1,100	2,300	4,000	6,000	—
1703S M	—	1,700	4,000	6,000	8,500	—
1704S P	—	1,100	2,100	3,500	5,500	—
1705/3S M	—	1,100	2,100	3,500	5,500	—
1705S P	—	1,100	2,300	4,000	6,000	—
1706S P	—	1,700	4,000	5,500	8,000	—
1707S M	—	1,100	1,950	3,500	5,000	—
1708S M	—	1,100	2,300	4,000	6,000	—
1709/8S M	—	1,100	2,300	4,000	6,000	—
1709S M	—	1,700	3,500	5,000	7,500	—
1710S M	—	1,100	1,950	3,500	5,000	—
1711/0S M	—	1,100	1,950	3,500	5,000	—
1711S M	—	1,100	1,950	3,500	5,000	—
1712S M	—	1,100	1,950	3,500	6,000	—
1713S M	—	1,250	2,700	4,000	6,000	—
1714/3S M	—	1,100	2,300	4,000	6,000	—
1714S M	—	1,100	2,100	3,500	5,500	—
1715/4/3S M	—	1,900	4,000	6,000	8,000	—
1716S M	—	1,250	2,500	4,500	6,500	—
1717/6S M	—	1,250	2,500	4,500	6,500	—
1717S M	—	1,400	2,800	4,500	7,000	—
1718S M	—	1,400	2,800	5,000	7,000	—
1719S M GRATIA	—	1,950	4,000	6,500	9,000	—
1719S M GRAT	—	1,950	4,000	6,500	9,000	—

KM# 261 8 ESCUDOS

27.0700 g., 0.9170 Gold 0.7981 oz. AGW **Ruler:** Philip V **Obv:** Crowned arms in order collar **Obv. Legend:** PHILIPPVS V DEI GRAT **Rev:** Cross in quatrefoil with mint mark, assayer initial and 8's at corners **Rev. Legend:** HISPANIAR... **Mint:** Madrid

Date	Mintage	VG	F	VF	XF	Unc
1703M B	—	7,500	14,000	24,000	—	—
1706M Y	—	5,000	12,000	23,000	—	—
1707M F	—	5,000	12,000	23,000	—	—

KM# 277 8 ESCUDOS

27.0700 g., 0.9170 Gold 0.7981 oz. AGW **Ruler:** Philip V **Obv:** Small crowned arms in double order collar **Obv. Legend:** PHILIPPVS V D G **Rev:** Mint mark and assayer initial at sides of quatrefoil **Rev. Legend:** HISPANIARV... **Mint:** Segovia **Note:** Mint mark: Aqueduct.

Date	Mintage	VG	F	VF	XF	Unc
1708 Y	—	—	40,000	65,000	—	—

KM# 284 8 ESCUDOS

27.0700 g., 0.9170 Gold 0.7981 oz. AGW **Ruler:** Philip V **Obv:** Large crowned shield, mint mark and assayer initial flanking **Obv. Legend:** PHILIPPVS V D GRATI **Rev:** Large cross in quatrefoil **Rev. Legend:** HISPANIAR... **Mint:** Madrid

Date	Mintage	VG	F	VF	XF	Unc
1710M J Rare	—	—	—	—	—	—

Note: Stack's International sale 3-88 XF realized $126,500

KM# 294 8 ESCUDOS

27.0700 g., 0.9170 Gold 0.7981 oz. AGW **Ruler:** Philip V **Obv:** Crowned arms **Obv. Legend:** PHILIPPVS V D G... **Rev:** Large cross in quatrefoil **Rev. Legend:** HISPANIAR... **Mint:** Madrid **Note:** Varieties exist.

Date	Mintage	VG	F	VF	XF	Unc
1711M J	—	8,000	14,000	24,000	30,000	—
1712M J	—	8,000	14,000	24,000	30,000	—
1714M J	—	8,000	14,000	24,000	30,000	—

KM# 300 8 ESCUDOS

27.0700 g., 0.9170 Gold 0.7981 oz. AGW **Ruler:** Philip V **Obv:** Crowned arms without order collar **Obv. Legend:** PHILIPPVS V D G **Rev:** Mint mark and assayer initial separated by date **Rev. Legend:** HISPANIARV... **Mint:** Madrid

Date	Mintage	VG	F	VF	XF	Unc
1717M J Rare	—	—	—	—	—	—

KM# 315 8 ESCUDOS

27.0700 g., 0.9170 Gold 0.7981 oz. AGW **Ruler:** Philip V **Obv:** Crowned Bourbon Coat of Arms in double collar **Obv. Legend:** PHILIPPUS V DEI GRA **Rev:** Cross in quatrefoil with floral crosses at corners **Rev. Legend:** HISPANIARUM REX... **Mint:** Seville

Date	Mintage	VG	F	VF	XF	Unc
1719S J	—	1,550	3,500	5,500	7,500	—
1720S J	—	1,550	3,500	5,500	7,500	—
1721S J	—	1,450	3,500	5,000	6,500	—
1722S J	—	1,700	3,500	5,000	7,500	—
1723S J	—	1,250	2,600	4,000	5,500	—
1725S J	—	1,900	4,000	6,000	8,500	—
1726S J	—	1,400	3,000	4,500	6,000	—
1727S J	—	2,300	4,500	7,000	10,500	—
1728S P	—	1,550	3,000	5,000	7,000	—
1729S P	—	1,250	2,700	4,000	5,500	—

KM# 316 8 ESCUDOS

27.0700 g., 0.9170 Gold 0.7981 oz. AGW **Ruler:** Philip V **Obv:** Crowned arms in order collar **Obv. Legend:** PHILIPPVS V DEI GRA **Rev:** Cross in quatrefoil, mint mark and assayer initial in legend **Rev. Legend:** HISPANIARUM REX... **Mint:** Madrid **Note:** Mint mark: Crowned M.

Date	Mintage	VG	F	VF	XF	Unc
1719 F	—	—	12,500	20,000	—	—
1720 JJ	—	—	9,500	16,000	—	—
1721 A	—	—	12,500	20,000	—	—
1723 A	—	—	9,500	16,000	—	—
1725 A	—	—	16,500	27,000	—	—
1727 A	—	—	8,500	13,000	20,000	—

KM# 326 8 ESCUDOS

27.0700 g., 0.9170 Gold 0.7981 oz. AGW **Ruler:** Philip V **Obv:** Large crowned arms in order collar **Obv. Legend:** PHILIPPUS V DEI GRA **Rev:** Cross in quatrefoil, mint mark and assayer initial in legend **Rev. Legend:** HISPANIARUM REX... **Mint:** Segovia **Note:** Mint mark: Aqueduct.

Date	Mintage	VG	F	VF	XF	Unc
1721 F	—	4,500	7,000	11,500	16,000	—
1723 F	—	—	13,500	22,000	—	—

Note: Superior Moreira sale 12-88 choice VF realized $26,400

KM# 332 8 ESCUDOS

27.0700 g., 0.9170 Gold 0.7981 oz. AGW **Ruler:** Louis I **Obv:** Crowned arms in order collar, titles of Louis I **Obv. Legend:** LUDOVICUS I DEI GRA **Rev:** Cross in quatrefoil, mint mark and assayer initial in legend **Rev. Legend:** HISPANIARUM REX... **Mint:** Segovia **Note:** Mint mark: Aqueduct.

Date	Mintage	VG	F	VF	XF	Unc
1724 F Rare	—	—	—	—	—	—

KM# 335 8 ESCUDOS

27.0700 g., 0.9170 Gold 0.7981 oz. AGW **Ruler:** Philip V **Obv:** Crowned arms in Order of the Golden Fleece collar **Obv. Legend:** PHILIPPUS V DEI GRA **Rev:** Cross in quatrefoil **Rev. Legend:** HISPANIARUM REX ... **Mint:** Cuenca

Date	Mintage	VG	F	VF	XF	Unc
1725CA JJ Rare	—	—	—	—	—	—

KM# 347 8 ESCUDOS

27.0700 g., 0.9170 Gold 0.7981 oz. AGW **Ruler:** Philip V **Obv:** Armored bust right, long hair, date divides E8 **Rev:** Crowned arms in Order of the Golden Fleece collar **Mint:** Madrid **Note:** Mint mark: Crowned M.

Date	Mintage	VG	F	VF	XF	Unc
1728 JJ	—	—	25,000	40,000	—	—
1729 JJ	—	—	27,500	45,000	—	—
1729 JJ Without E8	—	—	16,500	27,000	—	—

Note: Stack's International Sale 3-88 VF realized $18,700. Illustration is without E8 variety. Dates with denominations are generally considered twice as rare as the variety without denomination

KM# 346.2 8 ESCUDOS

27.0700 g., 0.9170 Gold 0.7981 oz. AGW **Ruler:** Philip V **Obv:** Armored bust right **Obv. Legend:** PHILIP • V • D • G • HISPAN • ET IND • REX • **Rev:** Crowned arms in Order of the Golden Fleece collar **Rev. Legend:** INITIUM ... **Mint:** Seville

Date	Mintage	VG	F	VF	XF	Unc
1729S	—	4,500	10,500	15,500	24,000	—
1730S	—	1,250	2,800	4,000	6,500	—
1731S PA	—	1,100	2,100	4,500	7,000	—
1732S PA	—	1,100	2,100	4,500	7,000	—
1733S PA	—	1,100	2,100	4,500	7,000	—
1734S PA	—	1,100	2,100	4,500	7,000	—
1735S PA	—	1,500	3,500	5,000	7,500	—
1736S PA	—	1,500	3,500	5,000	7,500	—
1737S PJ	—	1,750	2,800	6,000	9,500	—
1738S PJ	—	1,750	2,800	6,000	9,500	—

KM# 346.1 8 ESCUDOS

27.0700 g., 0.9170 Gold 0.7981 oz. AGW **Ruler:** Philip V **Obv:** Armored bust right **Obv. Legend:** PHILIP • V • D • G • HISPAN • ET IND • REX • **Rev:** Crowned arms in Order of the Golden Fleece collar **Rev. Legend:** INITIUM ... **Mint:** Madrid **Note:** Mint mark: Crowned M.

Date	Mintage	VG	F	VF	XF	Unc
1729 JJ	—	3,000	6,000	9,500	—	—
1730/29 JJ	—	—	8,500	13,500	—	—
1730 JJ	—	—	9,500	15,000	—	—

KM# 377.1 8 ESCUDOS

27.0700 g., 0.9170 Gold 0.7981 oz. AGW **Ruler:** Ferdinand VI **Obv:** Armored bust right **Obv. Legend:** FERDINANDUS • VI • D • G • HISP • REX • **Rev:** Crowned arms in Order of the Golden Fleece collar **Rev. Legend:** ...MAGNA SEQUOR **Mint:** Madrid **Note:** Mint mark: Crowned M.

Date	Mintage	VG	F	VF	XF	Unc
1747 J	—	—	18,500	30,000	—	—
1748 JB Rare	—	—	—	—	—	—

KM# 377.2 8 ESCUDOS

27.0700 g., 0.9170 Gold 0.7981 oz. AGW **Ruler:** Ferdinand VI **Obv:** Armored bust right **Obv. Legend:** FERDINANDUS • VI • D • G • HISP • REX • **Rev:** Crowned arms in Order of the Golden Fleece collar **Rev. Legend:** ...MAGNA SEQUOR **Mint:** Seville

Date	Mintage	VG	F	VF	XF	Unc
1747S PJ Unique	—	—	—	—	—	—
1748S PJ	—	—	16,500	27,000	—	—

KM# 379 8 ESCUDOS

27.0700 g., 0.9170 Gold 0.7981 oz. AGW **Ruler:** Ferdinand VI **Obv:** Draped bust right **Obv. Legend:** FERDINANDUS • VI • D • G • HISP • REX • **Rev:** Crowned arms in Order of the Golden Fleece collar **Rev. Legend:** ...MAGNA SEQUOR **Mint:** Madrid **Note:** Mint mark: Crowned M.

Date	Mintage	VG	F	VF	XF	Unc
1749 JB	—	—	27,500	45,000	—	—

BARCELONA

KM# 385 8 ESCUDOS
27.0700 g., 0.9170 Gold 0.7981 oz. AGW **Ruler:** Ferdinand VI
Obv: Armored bust right **Obv. Legend:** FERDINANDVS • VI • D
• G • HISP • REX • **Rev:** Crowned arms in Order of the Golden
Fleece collar **Rev. Legend:** ...MAGNA SEQUOR **Mint:** Madrid
Note: Mint mark: Crowned M.

Date	Mintage	VG	F	VF	XF	Unc
1750 JB	—	—	27,500	45,000	—	—

Note: M. Durr and R. Michel Monnaies d'Or d'Espagne sale 11-99, XF realized $28,160

KM# 397.1 8 ESCUDOS
27.0700 g., 0.9170 Gold 0.7981 oz. AGW **Ruler:** Charles III
Obv: Young bust right **Obv. Legend:** CAROLUS • III • ...
Rev: Crowned arms in Order of the Golden Fleece collar **Rev. Legend:**
IN • UTROQ • FELIX • AUSPICE • DEO • **Mint:** Madrid **Note:**
Mint mark: Crowned M.

Date	Mintage	VG	F	VF	XF	Unc
1760 JP Rare	—	—	—	—	—	—

KM# 397.2 8 ESCUDOS
27.0700 g., 0.9170 Gold 0.7981 oz. AGW **Ruler:** Charles III
Obv: Young armored bust right **Obv. Legend:** CAROLUS • III •
D • G • HISP • ET • IND • REX • **Rev:** Crowned arms in Order of
the Golden Fleece collar **Rev. Legend:** IN • UTROQ • FELIX •
AUSPICE • DEO • **Mint:** Seville

Date	Mintage	VG	F	VF	XF	Unc
1762 JV Rare	—	—	—	—	—	—

Note: Stack's CIC# Sale 4-89, AU realized $55,000., Swiss Bank Ortiz sale 9-91 XF realized $57,420

KM# 409.1 8 ESCUDOS
27.0700 g., 0.9010 Gold 0.7841 oz. AGW **Ruler:** Charles III
Obv: Older, armored bust right **Obv. Legend:** CAROL • III • D •
G • HISP • ET IND • R • **Rev:** Crowned arms in Order of the
Golden Fleece collar **Rev. Legend:** IN • UTROQ • FELIX •
AUSPICE • DEO • **Mint:** Madrid **Note:** Mint mark: Crowned M.

Date	Mintage	VG	F	VF	XF	Unc
1771 JP Rare	—	—	—	—	—	—
1772 PJ	—	1,100	1,550	2,400	4,000	—
1773 PJ	—	1,250	1,700	3,000	4,500	—
1774 PJ	—	1,100	1,400	1,900	3,500	—
1775 PJ	—	1,100	1,600	2,400	4,000	—
1776 PJ	—	1,100	1,850	3,000	4,500	—
1776 FA	—	1,100	1,800	2,700	4,500	—
1777 PJ	—	1,150	1,700	2,600	4,000	—
1778 PJ	—	1,100	1,900	3,000	5,000	—
1779 PJ	—	1,100	1,900	2,900	5,000	—
1782 JJ	—	—	—	—	—	—
1783 JD	—	1,100	1,600	2,400	4,000	—
1784 JD	—	2,800	5,000	8,500	13,500	—

KM# 409.2 8 ESCUDOS
27.0700 g., 0.9010 Gold 0.7841 oz. AGW **Ruler:** Charles III
Obv: Older, armored bust right **Obv. Legend:** CAROL • III • D •
G •.. **Rev:** Crowned arms in Order of the Golden Fleece collar
Rev. Legend: IN • UTROQ • FELIX • AUSPICE • DEO • **Mint:**
Seville

Date	Mintage	VG	F	VF	XF	Unc
1772S CF	—	1,100	1,900	2,900	5,000	—
1773S CF	—	1,100	1,400	2,100	4,000	—
1774S CF	—	1,900	3,000	5,000	8,000	—
1775S CF	—	1,100	1,500	2,200	4,000	—
1776S CF	—	1,100	1,900	3,000	5,000	—
1779S CF	—	1,100	1,900	2,900	5,000	—
1784S C	—	2,200	4,000	5,000	7,000	—

KM# 409.2a 8 ESCUDOS
27.0700 g., 0.8750 Gold 0.7615 oz. AGW **Ruler:** Charles III
Obv: Armored bust right **Obv. Legend:** CAROL • III • D • G •
HISP • ET IND • R • **Rev:** Crowned arms in Order of the Golden
Fleece collar **Rev. Legend:** IN • UTROQ • FELIX • AUSPICE •
DEO • **Mint:** Seville

Date	Mintage	VG	F	VF	XF	Unc
1786S C	—	1,100	1,300	1,750	2,400	—

Date	Mintage	VG	F	VF	XF	Unc
1787S CM	—	1,100	1,300	1,850	3,000	—
1788S C	—	1,100	1,300	1,850	2,600	—

KM# 409.1a 8 ESCUDOS
27.0700 g., 0.8750 Gold 0.7615 oz. AGW **Ruler:** Charles III
Obv: Older, armored bust right **Obv. Legend:** CAROL • III • D •
G • HISP • ETIND • R • **Rev:** Crowned arms in Order of the Golden
Fleece collar **Rev. Legend:** IN • UTROQ • FELIX • AUSPICE •
DEO • **Mint:** Madrid **Note:** Mint mark: Crowned M.

Date	Mintage	VG	F	VF	XF	Unc
1786 DV	—	1,450	2,600	4,000	6,500	—
1788 M	—	1,100	2,200	3,500	6,000	—
1788 FM	—	1,100	1,300	1,600	2,800	—

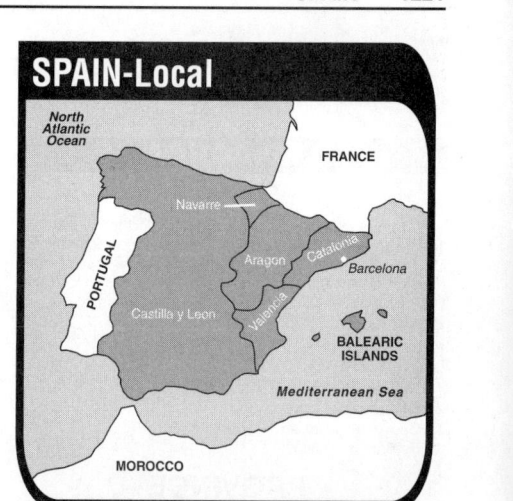

KM# 437.1 8 ESCUDOS
27.0700 g., 0.8750 Gold 0.7615 oz. AGW **Ruler:** Charles IV
Obv: Armored bust right **Obv. Legend:** CAROL • IIII • D • G • ...
Rev: Crowned arms in order chain **Rev. Legend:** IN • UTROQ •
FELIX • AUSPICE • DEO • **Mint:** Madrid **Note:** Mint mark:
Crowned M.

Date	Mintage	VG	F	VF	XF	Unc
1788 MF	—	1,100	1,400	2,100	3,500	—
1789 MF	—	1,700	3,000	4,500	7,000	—
1790 MF	—	1,200	2,200	3,500	5,500	—

KM# 437.2 8 ESCUDOS
27.0700 g., 0.8750 Gold 0.7615 oz. AGW **Ruler:** Charles IV
Obv: Older bust right **Obv. Legend:** CAROL • IIII • D • G • ...
Rev: Crowned arms in Order of the Golden Fleece collar **Rev.
Legend:** IN • UTROQ • FELIX • AUSPICE • DEO • **Mint:** Seville

Date	Mintage	VG	F	VF	XF	Unc
1790S C	—	2,100	4,000	5,500	8,500	—
1791S C	—	—	8,500	13,500	—	—

PRETENDER COINAGE
Charles III 1705-1711

KM# PT3 DINERO
Copper **Ruler:** Charles III Pretender **Obv:** Laureate head left
Rev: Arms in cartouche, date in legend **Mint:** Barcelona **Note:**
Struck at Barcelona

Date	Mintage	F	VF	XF	Unc	BU
1707	—	—	—	—	—	—
1708	—	6.00	15.00	30.00	50.00	—
1709	—	6.00	15.00	30.00	50.00	—
1710	—	6.00	15.00	30.00	50.00	—
1711	—	8.00	20.00	40.00	70.00	—

KM# PT4 ARDITE
Copper **Ruler:** Charles III Pretender **Obv:** Laureate bust left
Rev: Diamond arms in inner circle, date in legend **Mint:** Barcelona
Note: Struck at Barcelona

Date	Mintage	F	VF	XF	Unc	BU
1707	—	6.00	15.00	30.00	50.00	—
1708	—	6.00	15.00	30.00	50.00	—
1709	—	6.00	15.00	30.00	50.00	—
1710	—	6.00	15.00	30.00	50.00	—
1711	—	6.00	15.00	30.00	50.00	—

KM# PT5 2 REALES
Silver **Ruler:** Charles III Pretender **Obv:** Crowned arms **Rev:**
Crowned "CAROLVS" monogram in inner circle, date in legend
Mint: Barcelona **Note:** Struck at Barcelona.

Date	Mintage	F	VF	XF	Unc	BU
1707	—	45.00	100	175	300	—
1708/7	—	30.00	65.00	125	200	—
1/08	—	30.00	65.00	125	200	—
1709	—	30.00	65.00	125	200	—
1710	—	30.00	70.00	125	250	—
1711	—	30.00	65.00	125	200	—
1712	—	30.00	65.00	125	200	—
1713	—	50.00	125	250	400	—
1714	—	100	225	450	800	—

KM# PT1 CROAT (Dieciocheno)
Silver **Ruler:** Charles III Pretender **Obv:** Bust right, in cloak **Rev:**
Long cross with dots and circles in angles, date in legend **Mint:**
Barcelona **Note:** Struck at Barcelona.

Date	Mintage	F	VF	XF	Unc	BU
1705	—	35.00	95.00	175	300	—
1706	—	24.00	60.00	100	175	—

KM# PT2 CROAT (Dieciocheno)
Silver **Ruler:** Charles III Pretender **Obv:** Crowned, facing bust
divides date **Rev:** Crowned diamond arms with "L" on each side
Mint: Valencia **Note:** Struck at Valencia

Date	Mintage	F	VF	XF	Unc	BU
1706	—	35.00	90.00	175	300	—
1707	—	25.00	55.00	100	200	—

ARAGON

Aragon, bordered by Navarre on the west and Catalonia on the east, was an influential Christian Kingdom in Northern Spain. Even after unification the main city of Zaragoza, name of the mint, retained its prominence in the region.

RULER
Philip V, 1700-1746

MINT MARKS
C, CA, Z – Zaragoza

PROVINCE

STANDARD COINAGE

KM# 65 DINERO
Copper **Ruler:** Philip V **Obv:** Head right within circle **Rev:**
Zaragoza arms in inner circle, date in legend **Mint:** Zaragoza
Note: Struck at Zaragoza.

Date	Mintage	VG	F	VF	XF	Unc
1710	—	4.50	8.00	20.00	40.00	—
1711	—	4.50	8.00	20.00	40.00	—
1712	—	4.50	8.00	20.00	40.00	—
1713	—	4.50	8.00	20.00	40.00	—
1714	—	4.50	8.00	20.00	40.00	—
1715	—	4.50	8.00	20.00	40.00	—
1716	—	4.50	8.00	20.00	40.00	—
1717	—	4.50	8.00	20.00	40.00	—
1718	—	4.50	8.00	20.00	40.00	—
1719	—	4.50	8.00	20.00	40.00	—

KM# 66 2 REALES
Silver **Ruler:** Philip V **Obv:** Crowned arms in inner circle **Rev:**
Zaragoza arms, date in legend **Mint:** Zaragoza **Note:** Struck at
Zaragoza.

Date	Mintage	VG	F	VF	XF	Unc
1716 Rare	—	—	—	—	—	—

KM# 60 4 REALES
Silver **Ruler:** Philip V **Mint:** Zaragoza **Note:** Similar to 8 Reales, KM#62. Struck at Zaragoza.

Date	Mintage	VG	F	VF	XF	Unc
1707CA Rare	—	—	—	—	—	—

KM# 62 8 REALES
Silver **Ruler:** Philip V **Obv. Legend:** PHILIPPVS * V * DEI * G
Note: Full round flan.

Date	Mintage	Good	VG	F	VF	XF
1707 Rare	—	4,500	7,500	12,000	20,000	—

Note: Full round specimens are valued at approximately twice the klippe levels

KM# 61 8 REALES
Silver **Ruler:** Philip V **Obv. Legend:** PHILIPPVS * V * DEI * G
Note: Klippe

Date	Mintage	Good	VG	F	VF	XF
1707	—	2,500	4,500	6,500	9,000	—

BARCELONA

Barcelona was a maritime province located in northeast Spain. The city was the provincial capital of Barcelona. Barcelona is a major port and commercial center.

MINT MARK
Ba - Barcelona

PROVINCE

STANDARD COINAGE

KM# 55 REAL (Croat)
3.3800 g., 0.9170 Silver 0.0996 oz. ASW **Obv:** Finer style bust
of Philip V left **Mint:** Barcelona **Note:** Struck at Barcelona, legend
varieties exist.

1222 SPAIN

BARCELONA

Date	Mintage	VG	F	VF	XF	Unc
1705	—	20.00	50.00	90.00	175	—
1706	—	30.00	65.00	100	175	—
1707	—	28.00	55.00	100	175	—

MAJORCA

(Yslas Baleares)

Majorca

The Balearic Islands, an archipelago located in the Mediterranean Sea off the east coast of Spain including Majorca, Minorca, Cabrera, Ibiza, Formentera and a number of islets. Majorca, largest of the Balearic Islands is famous for its 1,000-year-old olive trees.

RULERS
Philip V, 1700-1746
Louis I, 1723-1726
Pretender, Charles III, 1700-1720

MONETARY SYSTEM
12 Dineros = 6 Doblers = 1 Sueldo (Sou)
30 Sueldos = 1 Duro

PROVINCE

STANDARD COINAGE

KM# 36 TRESETA
Copper, 21 mm. **Ruler:** Philip V **Obv:** Bust of Philip V left **Rev:** Crowned shield of Castile and Leon **Mint:** Palma de Mallorca

Date	Mintage	VG	F	VF	XF	Unc
1722	—	12.00	25.00	45.00	75.00	—
1723	—	12.00	25.00	45.00	75.00	—
1724	—	12.00	25.00	45.00	75.00	—

KM# 35.2 DOBLER
Copper, 14 mm. **Ruler:** Philip V **Obv:** Bust of Philip V left, "2" behind **Rev:** Crowned shield of Castile and Leon without fleur-de-lis at center **Mint:** Palma de Mallorca

Date	Mintage	VG	F	VF	XF	Unc
ND(ca.1723)	—	20.00	35.00	65.00	100	—

KM# 37 1/2 ESCUDO
1.6917 g., 0.9170 Gold 0.0499 oz. AGW **Ruler:** Philip V **Obv:** Crowned arms **Rev:** Diamond-shaped shield **Note:** Previous Fr.#74.

Date	Mintage	VG	F	VF	XF	Unc
1703	—	1,850	3,500	5,500	7,500	—

KM# 26 1/2 ESCUDO
1.6917 g., 0.9170 Gold 0.0499 oz. AGW **Ruler:** Charles II **Obv:** Crowned arms divide date **Rev:** Diamond-shaped shield **Note:** Previous Fr.#67.

Date	Mintage	VG	F	VF	XF	Unc
1703	—	300	600	1,000	1,650	—
ND	—	225	500	800	1,200	—

KM# 38 ESCUDO
6.7667 g., 0.9170 Gold 0.1995 oz. AGW **Ruler:** Philip V **Obv:** Crowned arms **Rev:** Diamond-shaped shield **Mint:** Palma de Mallorca **Note:** Fr.#73.

Date	Mintage	VG	F	VF	XF	Unc
1704	—	1,000	2,000	3,500	6,000	—

KM# 43 2 ESCUDOS
6.7667 g., 0.9170 Gold 0.1995 oz. AGW **Ruler:** Philip V **Obv:** Small crude bust of Philip V left, date in legend **Rev:** Crowned arms **Mint:** Palma de Mallorca **Note:** Fr.#68.

Date	Mintage	VG	F	VF	XF	Unc
1723	—	3,500	6,500	12,000	19,500	—

KM# 44 2 ESCUDOS
6.7667 g., 0.9170 Gold 0.1995 oz. AGW **Ruler:** Philip V **Obv:** Large bust of Philip V right **Obv. Legend:** PHILIP · V HISP R **Rev:** Crowned arms **Rev. Legend:** MAIORICARVM... **Mint:** Palma de Mallorca **Note:** Fr.#73a.

Date	Mintage	VG	F	VF	XF	Unc
1723	—	3,000	5,500	12,000	18,500	—
1726	—	4,000	7,500	15,500	24,000	—

KM# 39 4 ESCUDOS
Gold **Ruler:** Philip V **Mint:** Palma de Mallorca **Note:** Fr.#72

Date	Mintage	VG	F	VF	XF	Unc
1704	—	8,500	14,500	24,000	—	—

PRETENDER COINAGE

KM# 46 ESCUDO
3.3834 g., 0.9170 Gold 0.0997 oz. AGW **Ruler:** Charles III Pretender **Obv:** Crowned shield **Obv. Legend:** CAROLVS III R ARA **Rev:** Diamond - shaped shield **Rev. Legend:** MAIORICAR CATOL **Mint:** Palma de Mallorca **Note:** Fr.#76a.

Date	Mintage	VG	F	VF	XF	Unc
ND(ca.1707) Rare	—	—	—	—	—	—

KM# 47 2 ESCUDOS
Gold **Ruler:** Charles III Pretender **Mint:** Palma de Mallorca **Note:** Fr.#76.

Date	Mintage	VG	F	VF	XF	Unc
1707	—	3,000	5,500	12,000	18,500	—

KM# 48 4 ESCUDOS
Gold **Ruler:** Charles III Pretender **Mint:** Palma de Mallorca **Note:** Fr.#75.

Date	Mintage	VG	F	VF	XF	Unc
1707 Rare	—	9,000	15,000	25,000	—	—

NAVARRE

Navarre, a frontier province of northern Spain and a former kingdom lies on the western end of the border between France and Spain. From the 10th through the 12th centuries Navarre was a solid power in the region. After 1234 the kingdom fell under French dominance. In 1516 Ferdinand annexed Navarre to Spain and it was under this vice royalty that coinage was struck at the mint in Pamplona.

The Kingdom of Navarre was ultimately divided and absorbed by France and Spain.

RULERS
Philip V of Spain, 1700-1746
Carlos VI (III in Spain), 1759-1788
Carlos VII (IV in Spain), 1788-1808

MINT MARK
P - Pamplona

PROVINCE

STANDARD COINAGE

KM# 85 MARAVEDI
Copper **Obv:** FO/VI monogram **Rev:** Navarre arms dividing P - A

Date	Mintage	VG	F	VF	XF	Unc
NDPA	—	9.00	17.50	25.00	60.00	—
1748PA	—	9.00	17.50	25.00	60.00	—
1749PA	—	9.00	17.50	25.00	60.00	—

KM# 86 MARAVEDI
Copper **Obv:** FO/II monogram

Date	Mintage	VG	F	VF	XF	Unc
1749PA	—	9.00	17.50	25.00	60.00	—
1750PA	—	9.00	17.50	25.00	60.00	—
1753PA	—	9.00	17.50	25.00	60.00	—
1756PA	—	9.00	17.50	25.00	60.00	—
1757PA	—	9.00	17.50	25.00	60.00	—
1758PA	—	9.00	17.50	25.00	60.00	—

KM# 90 MARAVEDI
Copper **Obv:** CAR VI monogram **Rev:** Arms

Date	Mintage	VG	F	VF	XF	Unc
ND P	—	25.00	50.00	70.00	85.00	—

KM# 91 CORNADO (2 Maravedis)
Copper **Obv:** FO/II monogram **Rev:** Navarre arms dividing P - A **Note:** Square.

Date	Mintage	VG	F	VF	XF	Unc
NDPA	—	17.00	35.00	60.00	100	—

KM# 70 4 CORNADOS
Copper **Ruler:** Philip V **Rev:** Crowned arms in inner circle **Mint:** Pamplona **Note:** Titles of Philip V. Struck at Pamplona. Varieties exist.

Date	Mintage	VG	F	VF	XF	Unc
1718	—	22.00	45.00	95.00	150	—
1726	—	22.00	45.00	95.00	150	—
1727	—	17.50	35.00	75.00	125	—
1728	—	12.50	25.00	55.00	85.00	—
1729	—	8.00	16.00	35.00	55.00	—
1745	—	125	250	600	900	—
ND	—	6.00	12.00	25.00	45.00	—

KM# 105 QUARTO
Copper **Ruler:** Carlos VI **Mint:** Pamplona **Note:** Similar to 1 Maravedi, KM#90. Octagonal.

Date	Mintage	VG	F	VF	XF	Unc
1784P	—	16.00	35.00	45.00	70.00	—
1788P	—	20.00	40.00	50.00	85.00	—

KM# 106 QUARTO
Copper **Ruler:** Carlos VII **Obv:** CAR VII monogram **Rev:** Arms **Mint:** Pamplona

Date	Mintage	VG	F	VF	XF	Unc
1789P	—	24.00	45.00	60.00	70.00	—

VALENCIA

Valencia is a maritime province of eastern Spain with a capital city of Valencia. Once a former kingdom, Valencia included the present provinces of Castellon de la Plana and Alicante.

RULERS
Philip V of Spain, 1700-1746

PROVINCE

STANDARD COINAGE

KM# 52 ESCUDO
3.3834 g., 0.9170 Gold 0.0997 oz. AGW **Rev:** Titles of Charles II

Date	Mintage	VG	F	VF	XF	Unc
ND	—	350	650	1,250	2,300	—

SPANISH NETHERLANDS

The Netherlands as an entity perhaps came into being when Philip the Good, duke of Burgundy (1419-1467) called all the Burgundian states together for a common session at Bruges in 1464. Charles the Bold continued to add to the territory and consolidated his power, which, however reverted to the States General at his death in 1477. His daughter Mary married the Austrian archduke Maximilian, and was succeeded by her only son, Philip the Handsome (1494-1506). He married Joanna of Spain, daughter of Ferdinand and Isabella, and their oldest son, Charles V, became king of Aragon and Castile in 1520, head of the Austrian house of Habsburg, and Holy Roman Emperor. The Netherlands passed under the regency of his aunts Margaret of Austria (1519-30) and Mary of Hungary (1531-55). Philip II (1556-98) was a Spaniard and resented by many of the Netherlanders, especially the Protestants and the higher nobility and clergy. The ruthless savagery of his governor the duke of Alba led to continued revolts, and finally to the Pacification of Ghent 1576, a union which was short lived. By the Union of Utrecht (1579) the northern provinces to all intents and purposes were separated from the southern ones.

The Spanish under Farnese, the duke of Parma, gradually regained supremacy in the southern provinces. Philip gave the provinces as dowry when his daughter, Isabella, married the archduke Albert of Austria in 1598. The Spanish Netherlands was to be an independent state based on Catholicism as the only recognized religion, and strong central government. Albert died in 1621 and Isabella in 1633, childless, and the provinces reverted to Philip IV of Spain. War with the United Netherlands and France followed until by the Peace Westphalia, concluding the Thirty Years War in1648, Philip recognized the independence of the northern states. By the Peace of the Pyrenes in 1659 and the Peace of Aix-la-Chapelle in 1668 Louis XIV of France acquired Artois and other border districts. On the death of Charles II in 1700 the southern Netherlands passed to the new Bourbon king of Spain, the French duke Philip of Anjou. In 1701, Louis XIV compelled his grandson to turn the territory over to France, but by the Treaty of Utrecht concluding the War of the Spanish Succession, the provinces were given to Austria.

BRABANT

A marquisate in medieval time. In 1578 Don John of Austria, the hero of Lepanto, died here. The area and town were much fought over even into modern times.

RULERS

Spanish

Philip V, 1700-1712

Austrian

Archduke Charles
as Charles III, Pretender to
the Spanish Throne, 1703-1711
as Charles VI, Emperor, 1711-1740

MINT MARKS
Hand - Anvers
Angel face - Brussels
Star - Maastricht
Tree - 's Hertogenbosch (Bois-le-Duc)

SPANISH RULE

PRETENDER COINAGE

KM# 157 ESCALIN
5.9000 g., Silver, 32 mm. **Ruler:** Archduke Charles as Charles III **Obv:** Brabant lion rampant left holding oval Austro - Burgundian arms **Obv. Legend:** CAROLVS III. D.G. HISPANIAR. ET INDIAR. REX. **Rev:** Crowned manifold arms superimposed on St. Andrew's cross divide date **Rev. Legend:** ARCHID. AVST. - DVX - BVRG. BRABAN. **Note:** Mint mark: hand.

Date	Mintage	VG	F	VF	XF	Unc
1709	14,753	150	300	550	925	—
1710	79,700	125	250	500	850	—
1711	Inc. above	100	200	400	750	—

BRABANT — SPANISH NETHERLANDS

KM# 119.4 ESCALIN
5.2600 g., 0.5820 Silver 0.0984 oz. ASW **Ruler:** Philip V **Obv:** Lion of Brabant rampant to left holding oval shield of Austro-Burgundian arms **Obv. Legend:** PHILIP(P)US V • D • G • HISPANIAR • ET INDIAR • REX • **Rev:** Crowned shield of arms superimposed on floriated St. Andrew's cross divides date **Rev. Legend:** BURGOND • DUX • BRAB Z c. **Note:** Mint mark: Lion rampant left.

Date	Mintage	VG	F	VF	XF	Unc
1709	—	150	250	450	750	—
1710	—	150	250	450	750	—
1711	—	150	250	450	750	—

KM# A117.2 1/2 PATAGON
14.0500 g., 0.8750 Silver 0.3952 oz. ASW **Ruler:** Archduke Charles as Charles III **Obv:** Crown above floriated St. Andrew's cross dividing triple C monograms. **Obv. Legend:** CAROLVS III. D.G. HISP. ET INDIARVM. REX. **Rev:** Crowned manifold arms within order chain of the Golden Fleece, date divided above. **Rev. Legend:** ARCHID. AVST. DVX - BVRG. BRABANT Zc. **Note:** Mint mark: hand.

Date	Mintage	VG	F	VF	XF	Unc
1710	2,318	450	925	1,850	3,100	—

KM# 133 PATAGON
28.1000 g., 0.8750 Silver 0.7905 oz. ASW **Ruler:** Archduke Charles as Charles III **Obv:** St. Andrew's cross with crown above and fleece below divides pair of crowned triple C monograms **Obv. Legend:** CAROLUS III • D • G • HISP • ETINDIARUMREX • **Rev:** Crowned shield of Charles III in the collar of the Golden Fleece **Rev. Legend:** ARCHID • AUST • DVX BURGBRABANT • Z c. **Note:** Mint mark: hand. Dav. #1269.

Date	Mintage	VG	F	VF	XF	Unc
1706	—	—	—	—	—	—
1707	348,498	300	600	1,200	2,000	—
1709	Inc. above	225	450	900	1,500	—
1710	Inc. above	250	500	1,000	1,650	—

KM# 134 1/2 SOUVERAIN OU LION D'OR
2.8000 g., 0.9480 Gold 0.0853 oz. AGW **Ruler:** Archduke Charles as Charles III **Obv:** Lion rampant left with sword, paw on globe set on pedestal **Obv. Legend:** CAROLVS III • D • G • HISP • ET INDIAR • REX • **Rev:** Crowned arms in collar of the Golden Fleece **Rev. Legend:** ARCHID • AVST • DVX BVRG • BRABANT • Z c. **Note:** Mint mark: hand.

Date	Mintage	VG	F	VF	XF	Unc
1710 Rare	—	—	—	—	—	—

KM# 94 SOUVERAIN OU LION D'OR
5.5300 g., 0.9190 Gold 0.1634 oz. AGW **Ruler:** Archduke Charles as Charles III **Obv:** Lion to left resting left front paw on globe **Obv. Legend:** CAROLVS III • D • G • HISP • ET INDIAR • REX • **Rev:** Crowned manifold arms within chain of Order of the Gold Fleece, date divided above **Rev. Legend:** ARCHID • AVST • DVX BVRG • BRABANT • Z c. **Note:** Mint mark: hand.

Date	Mintage	VG	F	VF	XF	Unc
1710 Rare	2,350	—	—	—	—	—

KM# 132 2 SOUVERAIN D'OR
11.0600 g., 0.9190 Gold 0.3268 oz. AGW **Ruler:** Philip V **Obv:** Crowned bust to right, mint mark below. **Obv. Legend:** PHIL • V • D • G • HISP • ET • IND • REX • **Rev:** Crowned manifold arms in collars of the Holy Spirit and the Golden Fleece, date divided above **Rev. Legend:** BURGUND • DUX BRABANT • Zc. **Note:** Mint mark: hand.

Date	Mintage	VG	F	VF	XF	Unc
1704	7,004	3,000	6,000	10,000	16,000	—
1705	Inc. above	3,000	6,000	10,000	16,000	—
1706	1,424	3,000	6,000	10,000	16,000	—

KM# 135 2 SOUVERAIN D'OR
11.0600 g., 0.9190 Gold 0.3268 oz. AGW **Ruler:** Archduke Charles as Charles III **Obv:** Crowned bust right, mint mark below **Obv. Legend:** CAROLVS III • D • G • HISP • ET INDIAR • REX • **Rev:** Crowned arms in collar of the Golden Fleece, date divided above **Rev. Legend:** ARCHID • AVST • DVX BVRG • BRABANT • Zc. **Note:** Mint mark: hand.

Date	Mintage	VG	F	VF	XF	Unc
1711 Rare	3,998	—	—	—	—	—

KM# 129 4 SOUVERAIN D'OR
Gold **Ruler:** Philip V **Note:** Similar to 2 Souverain d'Or, KM#132.

Date	Mintage	VG	F	VF	XF	Unc
1706 Rare	—	—	—	—	—	—

STANDARD COINAGE

KM# 119.3 ESCALIN
5.2600 g., 0.5820 Silver 0.0984 oz. ASW **Ruler:** Philip V **Obv:** Lion of Brabant rampant to left holding oval shield of Austro-Burgundian arms **Obv. Legend:** PHILIPPUS • V • D • G • HISPANIAR • ET • INDIAR • REX • **Rev:** Crowned shield of arms superimposed on floriated St. Andrew's cross divides date **Rev. Legend:** BURGUND DUX • BRAB • zc.

Date	Mintage	VG	F	VF	XF	Unc
1704	160,043	125	250	500	850	—
1705	Inc. above	135	275	550	925	—

KM# 154 ESCALIN
5.9000 g., Silver, 32 mm. **Ruler:** Philip V **Obv:** Bust left, 'R' below **Obv. Legend:** PHIL. V. D.G. HISP. - ET IND. REX C. **Rev:** Crowned oval manifold arms within Order chains of the Holy Spirit and Golden Fleece, date divided above **Rev. Legend:** BURGUNDIÆ DUX - BRABANTIÆ. Zc.

Date	Mintage	VG	F	VF	XF	Unc
1706	—	—	—	—	—	—

KM# 131.1 DUCATON
32.3000 g., Silver **Ruler:** Philip V **Obv:** Bust right, in cuirass **Rev:** Crowned shield of arms within collars of fleece and the Holy Spirit, lions supporting **Note:** Mint mark: hand. Dav. #1703.

Date	Mintage	VG	F	VF	XF	Unc
1703	427,920	160	325	875	1,500	—
1704	Inc. above	180	350	950	1,500	—

KM# 131.2 DUCATON
32.3000 g., Silver **Ruler:** Philip V **Obv:** Bust right, in court dress **Rev:** Crowned arms with supporters **Rev. Legend:** ARCHID • AVST • DVX • BVRG • BRABAN • Z c. **Note:** Mint mark: hand. Dav. #1704.

Date	Mintage	VG	F	VF	XF	Unc
1703	—	1,350	2,750	5,750	9,500	—

KM# 131.3 DUCATON
32.3000 g., Silver **Ruler:** Philip V **Obv:** Bust right **Obv. Legend:** PHILIPPUS V • D • G • HISPANIARUMETINDIARVM REX **Rev:** Crowned arms with supporters **Rev. Legend:** BURGUND • DUX • BRABAN Z c **Note:** Mint mark: hand. Dav. #1707.

Date	Mintage	VG	F	VF	XF	Unc
1703	Inc. above	150	300	800	1,350	—
1704	Inc. above	180	350	950	2,250	—
1705	2,478	240	500	1,450	2,800	—

KM# 152 2 PATAGON
56.5000 g., Silver, 42 mm. **Ruler:** Philip V **Obv:** Crown above floriated St. Andrew's cross, monogram to left and right **Obv. Legend:** PHILIPPUS V. D.G. HISPANIARUM ET INDIARUM REX **Rev:** Crowned manifold arms within Order chains of the Holy Spirit and Golden Fleece, date divided at top **Rev. Legend:** BURGUND. DUX - BRABANT. Zc. **Note:** Dav. #1708.

Date	Mintage	VG	F	VF	XF	Unc
1705 Rare	—	—	—	—	—	—

KM# 155 4 SOUVERAIN D'OR
22.2000 g., Gold, 33 mm. **Ruler:** Philip V **Obv:** Crowned bust right, mint mark below **Obv. Legend:** PHIL. V. D.G. - HISP. ET IND. REX. **Rev:** Crowned squarish manifold arms within Order chains of the Holy Spirit and Golden Fleece, date divided above **Rev. Legend:** BURGUND. DUX - BRABANT. Zc. **Note:** Mint mark: hand.

Date	Mintage	VG	F	VF	XF	Unc
1706 Rare	—	—	—	—	—	—

KM# 150 8 SOUVERAIN D'OR
44.3000 g., Gold, 42.5 mm. **Ruler:** Philip V **Obv:** Armored bust to right, mint mark below **Obv. Legend:** PHILIPPUS V. D.G. HISPANIARUM ET INDI ARUM REX. **Rev:** Crowned manifold arms supported by 2 lions, date divided above **Rev. Legend:** BURGUND - DUX. - BRABAN. Zc. **Note:** Fr. #124. Mint mark: hand.

Date	Mintage	VG	F	VF	XF	Unc
1704 Rare	—	—	—	—	—	—
1705 Rare	—	—	—	—	—	—

KM# 130 PATAGON
28.1000 g., 0.8750 Silver 0.7905 oz. ASW **Ruler:** Philip V **Obv:** Large crown above St. Andrew's cross with and Order of the Golden Fleece below, crowned PV monograms at left and right **Obv. Legend:** PHILLIPUS V • D • G • HISPANIARUM ET INDIARUM REX **Rev:** Crowned shield of manifold arms in collars of the Golden Fleece and the Holy Spirit, date divided at top **Rev. Legend:** BURGUND • DVX BRABANT • Z c. **Note:** Mint mark: hand. Dav. #1709.

Date	Mintage	VG	F	VF	XF	Unc
1704	82,972	180	350	725	1,200	—
1705	140,498	150	300	600	1,000	—
1706	Inc. above	210	425	850	1,400	—

AUSTRIAN RULE

PRETENDER COINAGE

KM# 140.2 2 DUCATON
65.2000 g., Silver, 43 mm. **Ruler:** Philip V **Obv:** Armored bust right, mint mark below **Obv. Legend:** PHILIPPUS V. D. G. HISPANIARUM ET INDIARUM REX. **Rev:** Crowned manifold arms supported by 2 lions, date divided above **Rev. Legend:** BURGUND - DUX. - BRABAN. Zc. **Note:** Dav. #1706. Mint mark: hand. Struck on thick flan from Ducaton dies, KM#131.3.

Date	Mintage	VG	F	VF	XF	Unc
1703	—	300	600	1,200	2,000	—
1704	—	500	1,000	2,000	3,250	—
1705	—	500	1,000	2,000	3,250	—

SPANISH NETHERLANDS

BRABANT

KM# 140.3 2 DUCATON
65.2000 g., Silver, 43 mm. **Ruler:** Philip V **Obv:** Armored bust right, mint mark below **Obv. Legend:** PHILIPPUS V. D. G. HISPANIARUM ET INDIARUM REX. **Rev:** Crowned manifold arms supported by 2 lions, date divided above **Rev. Legend:** BURGUND - DUX. - BRABANT. Zc. **Note:** Dav. #1706A. Mint mark: hand.

Date	Mintage	VG	F	VF	XF	Unc
1703	—	300	600	1,200	2,000	—

KM# 140.1 2 DUCATON
64.0000 g., Silver, 43 mm. **Ruler:** Philip V **Obv:** Armored bust right, mint mark below **Obv. Legend:** PHILIPPUS V. D. G. HISPANIARUM ET INDIARUM REX. **Rev:** Crowned manifold arms supported by 2 lions, date divided above **Rev. Legend:** ARCHIS. AVST. - DUX. BVRG. - BRABAN. Zc. **Note:** Mint mark: hand. Dav. #1702. Struck on thick flan from Ducaton dies, KM#131.1.

Date	Mintage	VG	F	VF	XF	Unc
1703	—	300	600	1,200	2,000	—
1705	—	500	1,000	2,000	3,250	—

KM# 142 3 DUCATON
97.6000 g., Silver, 42 mm. **Ruler:** Philip V **Obv:** Armored bust to right, mint mark below **Obv. Legend:** PHILIPPUS V. D. G. HISPANIARUM ET INDIARUM REX. **Rev:** Crowned manifold arms supported by 2 lions, date divided above **Rev. Legend:** BURGUND - DUX. - BRABAN. Zc. **Note:** Dav. #1705. Mint mark: hand. Struck on thick flan from Ducaton dies, KM#131.3.

Date	Mintage	VG	F	VF	XF	Unc
1703 Rare	—	—	—	—	—	—

STANDARD COINAGE

KM# 136 2 SOUVERAIN D'OR
11.0600 g., 0.9190 Gold 0.3268 oz. AGW **Ruler:** Archduke Charles as Charles VI **Obv:** Crowned bust right **Obv. Legend:** CAROLUS VI D:G: ROM: IMP: HISP: ET IND: REX. **Rev:** Crowned imperial eagle with arms on breast in collar of the Golden Fleece **Rev. Legend:** ARCHIDUX AUST(:) - DUX BURG: BRAB: Zc. **Note:** Mint mark: hand.

Date	Mintage	VG	F	VF	XF	Unc
1719 Rare	768	—	—	—	—	—
1720 Rare	Inc. above	—	—	—	—	—

KM# 137 2 SOUVERAIN D'OR
11.0600 g., 0.9190 Gold 0.3268 oz. AGW **Ruler:** Archduke Charles as Charles VI **Obv:** Laureate head right, mint mark below **Obv. Legend:** CAROL • VI• D • G • ROM • IMP • HISP • ET IND • REX • **Rev:** Crowned arms in collar of the Golden Fleece; date divided above **Rev. Legend:** ARCHID • AUST • DUX BURG • BRABANT • Zc. **Note:** Mint mark: hand.

Date	Mintage	VG	F	VF	XF	Unc
1724	—	1,750	3,250	5,500	9,000	—
1725	—	1,750	3,250	5,500	9,000	—
1726	—	1,750	3,250	5,500	9,000	—
1729	—	2,000	3,500	6,000	9,500	—

KM# 107 1/2 PATAGON
14.0500 g., 0.8750 Silver 0.3952 oz. ASW **Obv:** St. Andrew's cross, crown above, fleece below, divides pair of crowned triple-C monograms **Obv. Legend:** CAROLUS • III • D • G • HISP • .... **Rev:** Crowned shield of Charles III in collar of the Golden Fleece **Rev. Legend:** ARCHID • AUST • DUX • ....

Date	Mintage	Good	VG	F	VF	XF
1709	—	—	400	800	1,650	2,750

KM# 106 PATAGON
28.1000 g., 0.8750 Silver 0.7905 oz. ASW **Ruler:** Philip V **Obv:** St. Andrew's cross, crown above, fleece below, divides pair of crowned PV monograms **Rev:** Crowned shield of Philip V in collars of the Golden Fleece and Holy Spirit **Rev. Legend:** ...BURGUND DUX C FLAND Z. **Note:** Dav. #1710.

Date	Mintage	Good	VG	F	VF	XF
1705 Rare	—	—	—	—	—	—

KM# 108 PATAGON
28.1000 g., 0.8750 Silver 0.7905 oz. ASW **Ruler:** Maximilan Emanuel **Obv:** St. Andrew's cross, crown above, fleece below, divides pair of crowned triple-C monograms **Rev:** Crowned shield in collar of Golden Fleece **Rev. Legend:** ...DUX BURG C FLAND Z.

Date	Mintage	Good	VG	F	VF	XF
1709	—	—	900	1,800	3,600	6,000

KM# 37 LIARD
Copper **Ruler:** Philip V of Spain **Obv:** Crown above Titles of Philip V **Obv. Legend:** PHIL • V • D • G • ... **Rev:** Crowned arms divide date

Date	Mintage	VG	F	VF	XF	Unc
1710	—	40.00	80.00	130	225	—

KM# 17 LIARD
Copper **Ruler:** Philip V of Spain **Obv:** Crown above Titles of Philip V **Rev:** Crowned arms divide date

Date	Mintage	VG	F	VF	XF	Unc
1712	—	35.00	75.00	125	225	—

KM# 18 LIARD
Copper **Ruler:** Maximilian Emmanuel of Bavaria **Obv:** Armored bust left **Rev:** Crowned M E monogram, crown divides date **Rev. Legend:** V • B • B • L • ET • G • DVX COM P • Q • F • H • N • & •

Date	Mintage	VG	F	VF	XF	Unc
1712	—	40.00	80.00	130	225	—

KM# 19 LIARD
Copper **Ruler:** Maximilian Emmanuel of Bavaria **Rev:** Legend begins at lower left

Date	Mintage	VG	F	VF	XF	Unc
1712	—	40.00	80.00	130	225	—

KM# 20 LIARD
Copper **Ruler:** Maximilian Emmanuel of Bavaria **Rev. Legend:** DVX BAVARI • BRABANT C • FLAN Z •

Date	Mintage	VG	F	VF	XF	Unc
1712	—	40.00	60.00	100	175	—
1713	—	40.00	60.00	100	175	—

KM# 26 LIARD
Copper **Ruler:** Maximilian Emmanuel of Bavaria **Rev. Legend:** COM • P • R • S • R • I • ARC • & ELE • L • COM F • H • & N • **Note:** Legend variants exist.

Date	Mintage	VG	F	VF	XF	Unc
1713	—	40.00	60.00	100	175	—

KM# 3 2 LIARDS
Copper **Ruler:** Philip V of Spain **Obv:** Crowned briquet with arms at sides and below **Rev:** Crowned arms divide value, crown divides date

Date	Mintage	VG	F	VF	XF	Unc
1709	—	60.00	125	175	250	—

NAMUR

Became an independent duchy in the late 12th century. Divided in 1609- the north becoming part of the United Netherlands, the south staying as Spanish (and later Austrian) Netherlands. Became part of Belgium after 1830.

RULERS
Philip V of Spain, 1700-1711
Maximilian Emmanuel of Bavaria, 1711-1714

MINT MARK
Lion rampant - Namur

DUCHY

MILLED COINAGE

KM# 2 LIARD
Copper **Ruler:** Philip V of Spain **Obv:** Crown above Titles of Philip V **Obv. Legend:** PHIL • V • D • G • .... **Rev:** Legend, arms, crown divides date **Rev. Legend:** DUX • BURGUND • BRABAN • Z •

Date	Mintage	VG	F	VF	XF	Unc
1709	—	40.00	60.00	100	175	—
1710	—	40.00	60.00	100	175	—

KM# 12 LIARD
Copper **Ruler:** Philip V of Spain **Obv:** Crown above Titles of Philip V **Obv. Legend:** PHIL • V • D • G • .... **Rev:** Crowned arms **Rev. Legend:** DVX • BVRGVND • ET BRABANT • Z •

Date	Mintage	VG	F	VF	XF	Unc
1710	—	40.00	60.00	100	175	—

KM# 13 LIARD
Copper **Ruler:** Philip V of Spain **Rev:** Legend begins at lower left

Date	Mintage	VG	F	VF	XF	Unc
1710	—	40.00	60.00	100	175	—

FLANDERS

A coastal county of modern Belgium first mentioned in 862 which by the Renaissance had become the industrial and commercial center of northern Europe. It was the target of dynastic maneuvering between Burgundy, Spain and France.

RULER
Maximilian Emanuel, 1712-1715

MINT MARK
Lis - Bruges (Flanders)

COUNTY

STANDARD COINAGE

KM# 105 1/2 PATAGON
14.0500 g., 0.8750 Silver 0.3952 oz. ASW **Ruler:** Philip V **Obv:** St. Andrew's Cross, crown above, fleece below, divides pair of crowned PV monograms **Obv. Legend:** PHILIPPUS • V • D • G • ... **Rev:** Crowned shield of Philip V in collars of the Golden Fleece and Holy Spirit

Date	Mintage	Good	VG	F	VF	XF
1705 Rare	—	—	—	—	—	—

KM# 4 2 LIARDS
Copper **Ruler:** Philip V of Spain **Obv:** Crowned briquet surrounded by 3 shields **Obv. Legend:** PHIL • V • D • G • HISPANIAR • ET • INDIAR • REX **Rev:** Crowned arms divides date and value " 2 - L" **Rev. Legend:** DUX • BURGUND • BRABAN • Z

Date	Mintage	VG	F	VF	XF	Unc
1709	—	60.00	125	175	250	—

KM# 5 2 LIARDS
Copper **Ruler:** Philip V of Spain **Obv:** Armored bust right **Obv. Legend:** PHIL • V • D • G • HISPANIAR • ET • INDIA (R) • REX **Rev:** Crowned arms divides date and value "2 - L"

Date	Mintage	VG	F	VF	XF	Unc
1709	—	60.00	125	175	250	—

KM# 6 2 LIARDS
Copper **Ruler:** Philip V of Spain **Obv:** Armored bust right **Obv. Legend:** PHILIP • V • D • G • HISPANIAR • ET • INDIA • REX **Rev:** Crowned arms divide date **Rev. Legend:** DVX • BVRGVND • BRABAN • Z

Date	Mintage	VG	F	VF	XF	Unc
1709	—	60.00	125	175	250	—

KM# 7 4 PATARDS
Silver Ruler: Philip V of Spain **Obv:** Lion rampant holding sword and arms **Rev:** Crowned arms divide date

Date	Mintage	VG	F	VF	XF	Unc
1709	—	—	—	—	—	—
1710	—	—	—	—	—	—
1711	—	—	—	—	—	—

KM# 8 1/2 ESCALIN
Silver Obv: Lion rampant holding sword and Bavarian arms **Rev:** Crowned arms

Date	Mintage	VG	F	VF	XF	Unc
ND	—	175	275	475	800	—

KM# 27 1/2 ESCALIN
Silver Ruler: Maximilian Emmanuel of Bavaria **Rev:** Date divided near top of arms

Date	Mintage	VG	F	VF	XF	Unc
1713	—	150	250	450	750	—

KM# 9 ESCALIN
Silver Ruler: Philip V of Spain **Obv:** Lion rampant left holding sword and Bavarian arms **Rev:** Crowned arms divide date

Date	Mintage	VG	F	VF	XF	Unc
1709	45,506	150	250	450	750	—
1710	Inc. above	150	250	450	750	—

KM# 14.1 ESCALIN
Silver Ruler: Maximilian Emmanuel of Bavaria **Obv:** Lion rampant holding sword and Bavarian arms **Rev. Legend:** V • B • S • P • B • L • L • ET G • DVX COM • P • R • F • H • & • N • & •

Date	Mintage	VG	F	VF	XF	Unc
1711	—	150	250	450	750	—

KM# 14.2 ESCALIN
Silver Ruler: Maximilian Emmanuel of Bavaria **Rev. Legend:** V • B • B • L • L • ET • G • DVX • COM • P • R • F • H • ET • N •

Date	Mintage	VG	F	VF	XF	Unc
1711	—	150	250	450	750	—

KM# 15 ESCALIN
Silver Ruler: Philip V of Spain **Obv:** Date above sword and arms

Date	Mintage	VG	F	VF	XF	Unc
1711	—	150	250	450	750	—

KM# 28 ESCALIN
Silver Ruler: Maximilian Emmanuel of Bavaria **Obv:** Date divided near top of arms

Date	Mintage	VG	F	VF	XF	Unc
1713	—	125	200	350	600	—

KM# 29 ESCALIN
Silver Ruler: Maximilian Emmanuel of Bavaria **Rev. Legend:** AR • ELE • & • VIC • L • L • COM • F • H • & • N • MA • S • R • I • D • M •

Date	Mintage	VG	F	VF	XF	Unc
1713	—	125	200	350	600	—

KM# 30 1/4 ECU
Silver Ruler: Maximilian Emmanuel of Bavaria **Obv:** Armored and draped bust right, date below **Rev:** Crowned round arms

Date	Mintage	VG	F	VF	XF	Unc
1713	—	250	400	650	1,000	—

KM# 31 1/2 ECU
Silver Ruler: Maximilian Emmanuel of Bavaria **Obv:** Armored and draped bust right, date below **Rev:** Crowned round arms

Date	Mintage	VG	F	VF	XF	Unc
1713	—	400	650	1,100	1,750	—

KM# 21 ECU
Silver Ruler: Maximilian Emmanuel of Bavaria **Obv:** Head right, TB monogram below, date in legend **Rev:** Crowned spade arms in Order collar

Date	Mintage	VG	F	VF	XF	Unc
1712	—	1,000	1,800	3,000	5,000	—

KM# 22 ECU
Silver Ruler: Maximilian Emmanuel of Bavaria **Rev:** Crowned round arms in Order collar

Date	Mintage	VG	F	VF	XF	Unc
1712	—	1,200	2,000	3,250	5,500	—

KM# 23 ECU
Silver Ruler: Maximilian Emmanuel of Bavaria **Obv:** Head with unbound hair **Rev:** Crowned spade arms in Order collar

Date	Mintage	VG	F	VF	XF	Unc
1712	—	1,000	1,800	3,000	5,000	—

KM# 32 ECU
Silver Ruler: Maximilian Emmanuel of Bavaria **Obv:** Armored and draped bust right, date in legend **Rev:** Crowned round arms in Order collar

Date	Mintage	VG	F	VF	XF	Unc
1713	—	1,200	2,000	3,250	5,500	—

KM# 33 ECU
Silver Ruler: Maximilian Emmanuel of Bavaria **Obv:** Date below bust

Date	Mintage	VG	F	VF	XF	Unc
1713	—	1,200	2,000	3,250	5,500	—
1714	—	1,200	2,000	3,250	5,500	—

KM# 34 ECU
Silver Ruler: Maximilian Emmanuel of Bavaria **Obv:** Large bust

Date	Mintage	VG	F	VF	XF	Unc
1713	—	1,200	2,000	3,250	5,500	—

KM# 36 ECU
Silver Ruler: Maximilian Emmanuel of Bavaria **Rev:** Crowned spade arms in Order collar

Date	Mintage	VG	F	VF	XF	Unc
1714	—	1,250	2,150	3,500	6,000	—

KM# 10 PATAGON
Silver Ruler: Philip V of Spain **Obv:** Large crown above floriated St. Andrew's cross, crowned PV monograms at left and right. **Obv. Legend:** PHILIPPUS V • D • G • HISPANIARUM ET INDIARUM REX • **Rev:** Crowned arms in two Order collars, date divided at top **Rev. Legend:** BURGUND • DUX • BRABANT • ZC **Note:** Cross-reference number Dav. #1711. Mint mark: lion rampant left.

Date	Mintage	VG	F	VF	XF	Unc
1709	—	2,000	4,000	6,500	9,500	—

KM# 11 PATAGON
Silver Ruler: Philip V of Spain **Rev. Legend:** DUX • BURGUND • ET • BRABANT • ZC **Note:** Dav. #A1711. Mint mark: lion rampant left.

Date	Mintage	VG	F	VF	XF	Unc
1709 Rare	—	—	—	—	—	—

KM# 16 SOUVERAIN OU LION D'OR
11.0600 g., 0.9190 Gold 0.3268 oz. AGW **Obv:** Crowned lion rampant with sword next to globe on pedestal, date in legend **Rev:** Crowned arms in collar of the Golden Fleece

Date	Mintage	VG	F	VF	XF	Unc
1711 Rare	—	—	—	—	—	—

KM# 24 SOUVERAIN OU LION D'OR
11.0600 g., 0.9190 Gold 0.3268 oz. AGW **Ruler:** Maximilian Emmanuel of Bavaria **Obv:** Date below lion

Date	Mintage	VG	F	VF	XF	Unc
1712 Rare	—	—	—	—	—	—

KM# 25 SOUVERAIN D'OR
22.1200 g., 0.9190 Gold 0.6535 oz. AGW **Ruler:** Maximilian Emmanuel of Bavaria **Obv:** Head right, date in legend **Rev:** Crowned arms

Date	Mintage	VG	F	VF	XF	Unc
1712 Rare	—	—	—	—	—	—
1713 Rare	—	—	—	—	—	—

PATTERNS
Including off metal strikes

KM#	Date	Mintage Identification	Mkt Val
Pn1	1712	— 2 Souverain D'Or. White Metal. KM#25	—

TOURNAI

A commercial and industrial commune located in southwest Belgium with a population of 33,625. Hosiery, textiles, leather goods and cement are exported.

Tournai, a city in Hainaut made episcopal see in 6th century, came under French rule and received its charter in 1187. In the early 16th century it was an English possession for a few years and Henry VIII sold it to Francis I. In 1521 the Count of Nassau took it for Spain. It was frequently besieged in wars in the sixteenth through eighteenth centuries. It was severely damaged during World War 1, being captured by the Germans in 1914 and held until 1918.

COUNTY
SIEGE COINAGE
1709

KM# 5 2 SOLS
Copper Obv: Bust right **Obv. Legend:** PHIL • V • D • G • HISPANIAR • ET • INDIA • REX • **Rev:** Crowned arms divides value **Rev. Legend:** DUX BURGUND BRABANZ

Date	Mintage	Good	VG	F	VF	XF
1709	—	—	65.00	125	225	375

Note: Overstruck on Liege and other liard coins

KM# A6 2 SOLS
Copper Obv: Small tower and date **Note:** Uniface.

Date	Mintage	Good	VG	F	VF	XF
1709	—	—	65.00	125	225	375

KM# 7 8 SOLS
Copper Obv: Shield in palm wreath, date in chronogram **Rev:** 5-line legend

Date	Mintage	Good	VG	F	VF	XF
1709	—	—	135	275	450	700

KM# 8 20 SOLS
Silver Obv: Marshall de Surville bust left, value above **Note:** Uniface klippe.

Date	Mintage	Good	VG	F	VF	XF
1709	—	—	125	175	250	400

SURINAME

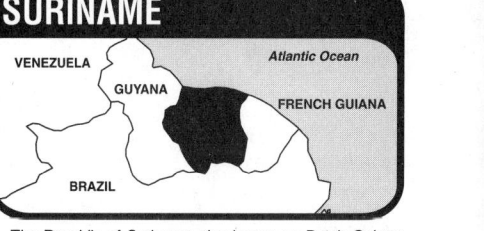

The Republic of Suriname also known as Dutch Guiana, located on the north central coast of South America between Guyana and French Guiana. It has an area of 63,037 sq. mi. (163,270 sq. km.) and a population of *433,000.Capital: Paramaribo. The country is rich in minerals and forests, and self-sufficient in rice, the staple food crop. The mining, processing and exporting of bauxite is the principal economic activity.

Lieutenants of Amerigo Vespucci sighted the Guiana coast in 1499. Spanish explorers of the 16th century, disappointed at finding no gold, departed leaving the area to be settled by the British in 1652. The colony prospered and the Netherlands acquired it in 1667 in exchange for the Dutch rights in Nieuw Nederland (state of New York). During the European wars of the 18th and 19th centuries, which were fought in part in the new world, Suriname was occupied by the British from 1781-1784 and 1796-1814. Suriname became an autonomous part of the Kingdom of the Netherlands on Dec. 15, 1954. Full independence was achieved on Nov. 25, 1975. In 1980, a coup installed a military government which has since been dissolved.

RULER
Dutch, until 1975

SURINAME

REPUBLIC

EARLY STANDARD COINAGE

KM# 8.1 DUIT

Copper Obv: Short grass divides date **Rev:** SOCIETEI/VAN/SURINAME **Note:** Struck at Enkhuizen under the administration of Governor Wigbold Crommelin on local authority, not that of the Estates General.

Date	Mintage	VG	F	VF	XF	Unc
1764	106,000	15.00	35.00	60.00	120	180

KM# 8.2 DUIT

Copper Obv: Long grass

Date	Mintage	VG	F	VF	XF	Unc
1764	Inc. above	15.00	35.00	60.00	120	180

SWEDEN

The Kingdom of Sweden, a limited constitutional monarchy located in northern Europe between Norway and Finland, has an area of 173,732 sq. mi. (449,960 sq. km.) and a population of *8.8 million. Capital: Stockholm. Mining, lumbering and a specialized machine industry dominate the economy. Machinery, paper, iron and steel, motor vehicles and wood pulp are exported.

Sweden was founded as a Christian stronghold by Olaf Skotkonung late in the 10th century. After conquering Finland late in the 13th century, Sweden, together with Norway, came under the rule of Denmark, 1397-1523, in an association known as the Union of Kalmar. Modern Sweden had its beginning in 1523 when Gustaf Vasa drove the Danes out of Sweden and was himself chosen king. Under Gustaf Adolphus II and Charles XII, Sweden was one of the great powers of 17th century Europe - until Charles invaded Russia in 1708, and was defeated at the Battle of Pultowa in June, 1709. Early in the 18th century, a coalition of Russia, Poland and Denmark took away Sweden's Baltic empire and in 1809 Sweden was forced to cede Finland to Russia. Norway was ceded to Sweden by the Treaty of Kiel in January, 1814. The Norwegians resisted for a time but later signed the Act of Union at the Convention of Moss in August, 1814. The Union was dissolved in 1905 and Norway became independent. A new constitution which took effect on Jan. 1, 1975, restricts the function of the king largely to a ceremonial role.

RULERS

Carl XII, 1697-1718
Ulrika Eleonora, 1719-1720
Frederick I, 1720-1751
Adolf Frederick, 1751-1771
Gustaf III, 1771-1792
Gustaf IV Adolf, 1792-1809

MINT OFFICIALS' INITIALS

Initials	Date	Name
AL	1762-73	Albrekt Lindberg
GZ	1722-23, 1730-38	Georg Zedritz
HM	1738-62	Hans Malmberg
HZ	1700-06	Henrik Zedritz
LC	1706-22	Lorentz Careelberg
OL	1773-1819	Olof Lidijn
—	1723-30	Esaias Zedritz (f.f.)

ENGRAVERS

Stockholm

Date	Name
1681-1718	A. Karlsten
1699-1738	C. G. Hartman
1717-19	Z. H. Arensburg
1718-45	J. C. Hedlinger
1729-64	Daniel Fehrman
1764-74	C. G. Fehrman
1774-87	G. Ljungberger
1787-98	C. G. Fehrman
1799-1830	L. Grandel

Avesta

Date	Name
1688-1770	A. Wikman
1730-51	J. Wikman
1771-72	A. Bjurling
1771-77	J. G. Wikman
1777-90	C. Nerman
1790-1808	C. E. Norman

MONETARY SYSTEM

1704-1798
8 Ore = 1 Mark
32 Ore = 1 Daler
96 Ore S(ilver) M(oney) = 1 Riksdaler
= 3 Daler S(ilver) M(oney)
= 9 Daler K(opper) M(oney)

1798-1830
48 Skilling = 1 Riksdaler Species
2 Riksdaler (Speciesdaler) = 1 Ducat

KINGDOM

STANDARD COINAGE

KM# 250a ORE

1.2317 g., 0.2500 Silver 0.0099 oz. ASW **Ruler:** Carl XII **Obv:** XII within C and sprigs, crown above **Rev:** 3 Crowns, divided date, initials and value

Date	Mintage	VG	F	VF	XF	Unc
1701	353,000	16.00	33.00	65.00	135	—
1702	261,000	17.00	33.75	70.00	140	—
1703	345,000	14.00	30.00	55.00	120	—
1704	345,000	16.00	33.75	65.00	135	—
1705	322,000	16.00	33.00	60.00	110	—
1705/4	—	20.00	55.00	90.00	195	—
1706 LC	332,000	16.00	33.00	60.00	120	—
1707 LC	327,000	16.00	33.00	60.00	120	—
1708 LC	251,000	16.00	33.75	65.00	135	—

Date	Mintage	VG	F	VF	XF	Unc
1709 LC	334,000	16.00	33.75	70.00	140	—
1710 LC	337,000	17.00	33.75	70.00	140	—
1711 LC	246,000	17.00	33.75	70.00	140	—
1712 LC	309,000	16.00	33.00	60.00	120	—
1713 LC	321,000	16.00	33.00	60.00	120	—
1714 LC	236,000	16.00	33.00	60.00	120	—

KM# 250b ORE

1.1907 g., 0.1940 Silver 0.0074 oz. ASW **Ruler:** Carl XII **Obv:** XII within C and sprigs, crown above **Rev:** 3 Crowns, divided date, initials and value

Date	Mintage	VG	F	VF	XF	Unc
1715 LC	404,000	11.50	22.00	42.50	85.00	—
1716 LC	539,000	10.00	20.00	37.50	80.00	—
1717 LC	1,161,000	7.50	16.50	32.50	75.00	—

KM# 381 ORE

1.1907 g., 0.1940 Silver 0.0074 oz. ASW **Ruler:** Ulrika Eleonora **Obv:** V • E • below crown **Rev:** 3 Crowns, divided date, initials and value

Date	Mintage	VG	F	VF	XF	Unc
1720 LC	73,000	25.00	45.00	80.00	150	—

KM# 334 1/6 ORE (S.M.)

Copper Ruler: Carl XII **Obv:** XII within C above 3 crowns, divides initials and date below **Rev:** Rampant lion divides initials and value, crown above

Date	Mintage	VG	F	VF	XF	Unc
1707	1,024,000	4.50	12.00	40.00	70.00	—
1708/7	—	6.00	16.00	50.00	85.00	—
1708	1,536,000	7.00	20.00	65.00	100	—
1713 Unique	128,064	—	—	—	—	—
1715 R.S.	—	4.50	10.00	30.00	65.00	—
1715 R.S.	—	15.00	30.00	75.00	125	—
1716	1,271,000	4.50	9.00	27.50	55.00	—
1718/6	—	6.00	15.00	32.50	70.00	—
1718/7	—	6.00	—	—	—	—
1718	2,027,000	3.50	7.50	22.50	50.00	—

KM# 333 1/6 ORE (S.M.)

Copper Ruler: Carl XII **Obv:** XII within C above 3 crowns, divided initials and date below, all within circle, 4 stars around **Rev:** Rampant lion divides initials and value, crown above, all within circle, 4 stars around **Note:** Klippe. Struck at Avesta Mint.

Date	Mintage	VG	F	VF	XF	Unc
1707	—	—	—	—	—	—

KM# 380 1/2 ORE (S.M.)

7.2000 g., Copper **Ruler:** Frederick I **Obv:** F.R.S. above 3 crowns, date below **Rev:** Crowned shield with crossed arrows within, divides initials and value

Date	Mintage	VG	F	VF	XF	Unc
1720 Lozenged edge	1,584,000	—	—	—	—	—
1720 Milled edge	Inc. above	4.00	8.00	35.00	75.00	—
1721	Inc. above	7.50	20.00	60.00	100	—

KM# 382 ORE

1.1907 g., 0.1940 Silver 0.0074 oz. ASW **Ruler:** Frederick I **Obv:** F within sprigs below crown **Rev:** 3 Crowns, divided date, initials and value

Date	Mintage	VG	F	VF	XF	Unc
1720 LC	144,000	8.00	15.00	30.00	90.00	—
1721 LC	201,000	6.50	12.00	22.50	45.00	—
1722 LC	613,366	7.00	12.50	24.00	50.00	—
1722 GZ	576,304	7.00	12.50	24.00	50.00	—
1723 GZ	1,931,000	7.00	12.50	24.00	50.00	—
1723 Without mm	Inc. above	12.50	25.00	50.00	110	—
1724	387,000	7.00	12.50	24.00	50.00	—
1725	79,000	8.50	20.00	45.00	90.00	—
1726/5	—	8.50	16.00	32.00	65.00	—
1726	226,000	6.50	12.00	25.00	50.00	—
1727	71,000	8.50	16.00	32.00	65.00	—
1728	71,000	8.00	15.00	30.00	60.00	—
1729	59,000	9.00	16.50	35.00	70.00	—
1730 GZ	74,220	16.00	30.00	65.00	125	—
1731 GZ	77,752	15.00	30.00	65.00	125	—
1732 GZ	768,000	6.50	12.00	24.00	50.00	—
1733/1732 GZ	—	9.00	16.50	35.00	70.00	—
1733 GZ	956,000	6.50	12.00	24.00	50.00	—
1734 GZ	326,000	6.50	12.00	24.00	50.00	—
1735 GZ	146,000	8.00	15.00	30.00	60.00	—
1736 GZ	161,000	9.00	16.50	35.00	70.00	—
1737 GZ	224,000	6.50	12.00	25.00	50.00	—
1740 HM	77,000	9.00	16.50	35.00	70.00	—
1742	350,000	6.00	10.00	20.00	40.00	—
1743	288,000	6.00	10.00	20.00	40.00	—
1747	191,000	8.50	16.00	32.00	75.00	—
1749	89,000	25.00	75.00	150	250	—

KM# 472 ORE

1.1907 g., 0.1940 Silver 0.0074 oz. ASW **Ruler:** Adolf Frederick **Obv:** Crowned AF monogram within sprigs **Rev:** 3 crowns above date and value

Date	Mintage	VG	F	VF	XF	Unc
1753 HM	66,000	12.00	25.00	50.00	100	—
1754/3 HM	—	13.50	27.50	60.00	120	—
1754 HM	69,000	12.00	25.00	50.00	100	—
1756 HM	72,000	12.00	25.00	50.00	100	—
1757 HM	66,000	30.00	65.00	135	225	—
1758 HM	75,585	12.00	25.00	50.00	100	—
1761 HM	172,000	10.00	20.00	40.00	80.00	—

KM# 356 ORE (S.M.)

Copper Ruler: Carl XII **Obv:** CXII R S above crowned lion, date **Rev:** Crown above crossed arrows **Note:** Struck at Avesta Mint.

Date	Mintage	VG	F	VF	XF	Unc
1715 Lozenged edge	4,800	275	500	950	1,750	—
1715 Plain edge	—	250	450	850	1,500	—

KM# 416.1 ORE (S.M.)

14.2000 g., Copper **Ruler:** Frederick I **Obv:** Crown above monogram flanked by 3 crowns **Rev:** Crossed arrows divides initials, value, crown above, date below **Note:** Crown varieties exist for issues dated 1749.

Date	Mintage	VG	F	VF	XF	Unc
1730	672,000	6.00	13.50	37.50	70.00	—
1731	1,574,000	4.00	12.00	32.50	65.00	—
1732	1,669,000	3.00	10.00	30.00	60.00	—
1733	576,000	6.00	15.00	45.00	85.00	—
1734	461,000	20.00	45.00	150	275	—
1735	1,824,000	3.00	10.00	30.00	60.00	—
1736	960,000	3.00	10.00	30.00	60.00	—
1737	1,329,000	5.00	12.50	32.50	65.00	—
1738	2,304,000	3.00	8.00	25.00	55.00	—
1739/37	—	—	—	—	—	—
1739/38	—	25.00	50.00	100	175	—
1739	1,507,000	5.00	12.00	25.00	55.00	—
1740	1,920,000	3.00	8.00	25.00	55.00	—
1741	1,920,000	3.00	8.00	25.00	55.00	—
1742	2,880,000	3.00	8.00	25.00	55.00	—
1743	—	6.00	15.00	45.00	85.00	—
1744	—	7.00	20.00	50.00	90.00	—
1745	—	7.00	20.00	50.00	90.00	—
1746/5	—	6.00	15.00	45.00	85.00	—
1746	—	4.00	12.50	35.00	55.00	—
1747	—	3.00	8.00	25.00	55.00	—
1748	—	3.00	8.00	25.00	55.00	—
1749	—	3.00	8.00	25.00	55.00	—
1750	—	3.00	8.00	25.00	55.00	—

KM# 416.2 ORE (S.M.)

14.2000 g., Copper **Ruler:** Frederick I **Obv:** Crown above monogram flanked by crowns **Rev:** Crossed arrows divides initials, value, crown above, date below **Note:** Struck at Stockholm Mint.

Date	Mintage	VG	F	VF	XF	Unc
1737	48,000	135	275	650	1,000	—

KM# 460 ORE (S.M.)

14.2000 g., Copper **Ruler:** Adolf Frederick **Obv:** Crowned monogram flanked by 3 crowns **Rev:** Crossed arrows divides initials, value, crown above, date below

Date	Mintage	VG	F	VF	XF	Unc
1751	—	6.50	15.00	45.00	80.00	—
1758	—	3.00	8.00	30.00	55.00	—
1759/56	—	25.00	50.00	120	200	—
1759	—	3.00	8.00	30.00	55.00	—
1760/52	—	35.00	70.00	200	300	—
1760/59	—	6.50	15.00	45.00	80.00	—
1760	—	3.00	9.00	35.00	65.00	—
1761/60	—	30.00	65.00	180	285	—
1761/71	—	30.00	65.00	180	285	—
1761	—	3.00	8.00	30.00	55.00	—
1763	—	3.00	8.00	30.00	55.00	—
1768	317,000	15.00	30.00	100	185	—
1769	—	15.00	30.00	100	185	—

KM# 521.1 ORE (S.M.)

14.2000 g., Copper **Ruler:** Gustaf III **Obv:** III within G flanked by 3 crowns, larger crown above **Rev:** Crossed arrows divides initials, value, crown anove, date below

Date	Mintage	VG	F	VF	XF	Unc
1778 Small 8	192,000	22.50	50.00	135	400	—

KM# 521.2 ORE (S.M.)

14.2000 g., Copper **Ruler:** Gustaf III **Obv:** III within G flanked by 3 crowns, larger crown above **Rev:** Crossed arrows divides initials, value, crown above, date below

Date	Mintage	VG	F	VF	XF	Unc
1778 Wide 8	Inc. above	35.00	75.00	185	600	—

KM# 364.3 ORE (K.M.)

Copper **Ruler:** Ulrika Eleonora **Edge:** Milled

Date	Mintage	VG	F	VF	XF	Unc
1719	—	11.00	25.00	75.00	125	—
1720	—	5.00	12.00	45.00	80.00	—

KM# 364.2 ORE (K.M.)

Copper **Ruler:** Ulrika Eleonora **Edge:** Lozenged **Note:** Three crown varieties.

Date	Mintage	VG	F	VF	XF	Unc
1719	—	4.50	10.00	35.00	70.00	—
1720	—	2.00	4.50	15.00	30.00	—

KM# 364.1 ORE (K.M.)

Copper **Ruler:** Ulrika Eleonora **Obv:** V E R S above 3 crowns, date below **Rev:** Crown above crossed arrows within shield, value and initials flanking shield **Edge:** Plain **Note:** Weight varies 4.5-4.7 grams. Three crown varieties.

Date	Mintage	VG	F	VF	XF	Unc
1719	—	3.00	12.00	40.00	65.00	—

KM# 383.1 ORE (K.M.)

Copper **Ruler:** Frederick I **Obv:** F R S above 3 crowns, date **Rev:** Crown above crossed arrows, value **Edge:** Lozenged **Note:** Weight varies 4.5-4.7 grams.

Date	Mintage	VG	F	VF	XF	Unc
1720	—	2.00	5.00	20.00	40.00	—
1721	3,440,000	3.50	7.00	25.00	50.00	—
1724 Small shield	12,067,000	2.75	6.50	22.50	45.00	—
1724 Arrow fletching V-shaped	Inc. above	15.00	30.00	125	250	—
1724 Arrow fletching squared	Inc. above	7.50	15.00	35.00	70.00	—
1724 Arrow fletching curved	Inc. above	3.50	7.50	25.00	45.00	—
1725 Crown of 1724	Inc. below	10.00	20.00	42.50	90.00	—
1725	8,266,000	2.50	6.00	22.50	45.00	—
1726	3,802,000	4.00	12.00	50.00	90.00	—
1750	1,238,000	2.00	8.00	30.00	60.00	—

KM# 383.2 ORE (K.M.)

Copper **Ruler:** Frederick I **Edge:** Milled

Date	Mintage	VG	F	VF	XF	Unc
1720	—	35.00	65.00	125	200	—
1721	—	50.00	90.00	200	300	—

KM# 383.3 ORE (K.M.)

Copper **Ruler:** Frederick I **Note:** Struck at Avesta Mint.

Date	Mintage	VG	F	VF	XF	Unc
1746	58,000	35.00	70.00	185	285	—
1749	23,040,000	3.50	8.00	22.50	45.00	—

KM# 491 ORE (K.M.)

4.7000 g., Copper **Ruler:** Adolf Frederick **Obv:** 3 crowns - 2 above 1; A.F.R.S. at top, date at bottom **Rev:** Crowned arms divide date

Date	Mintage	VG	F	VF	XF	Unc
1768 Large shield	Inc. above	10.00	30.00	85.00	165	—
1768 Small shield	317,000	5.00	15.00	45.00	85.00	—

KM# 512.1 ORE (K.M.)

4.7000 g., Copper **Ruler:** Gustaf III **Obv:** G • R • S • above 3 crowns and date **Rev:** Crossed arrows within shield, flanked by initials, value

Date	Mintage	VG	F	VF	XF	Unc
1772	662,000	4.00	12.00	27.50	80.00	—
1778	576,000	11.00	20.00	75.00	250	—

KM# 512.2 ORE (K.M.)

4.7000 g., Copper **Ruler:** Gustaf III **Obv:** G • R • S • above 3 crowns and date **Rev:** Crossed arrows within shield flanked by initials, value **Note:** Size varies 27-34 millimeters. Thick planchet.

Date	Mintage	VG	F	VF	XF	Unc
1772	—	250	450	800	1,500	—

KM# 353 2 ORE

1.7551 g., 0.4440 Silver 0.0251 oz. ASW **Ruler:** Carl XII **Obv:** Crown above CRS within sprigs **Rev:** 3 Crowns, divided date, initials and value **Note:** Struck at Stockholm Mint.

Date	Mintage	VG	F	VF	XF	Unc
1716	82,000	35.00	60.00	115	225	—
1717 LC	74,000	40.00	70.00	135	250	—

KM# 419 2 ORE

1.7551 g., 0.4440 Silver 0.0251 oz. ASW **Ruler:** Frederick I **Obv:** Crown above F R S, wreath around **Rev:** 3 crowns, date, value

Date	Mintage	VG	F	VF	XF	Unc
1732 Unique	—	—	—	—	—	—

KM# 437 2 ORE (S.M.)

28.3000 g., Copper **Ruler:** Frederick I **Obv:** Crown above rampant lion within shield, flanked by 3 crowns and initials **Obv. Legend:** F I S G V R **Rev:** Crown above crossed arrows, value, date **Note:** Struck at Avesta Mint.

Date	Mintage	VG	F	VF	XF	Unc
1743	999,000	6.00	20.00	50.00	90.00	—
1744	Inc. above	5.00	15.00	35.00	70.00	—
1744/3	49,000	50.00	100	200	350	—
1745	142,000	5.00	18.00	50.00	90.00	—
1746 Large shield	Inc. above	5.00	15.00	35.00	70.00	—
1746 Small shield	Inc. above	5.00	18.00	40.00	80.00	—
1746/47	286,000	10.00	20.00	60.00	100	—
1747/46	—	15.00	30.00	80.00	150	—
1747	403,000	3.00	9.00	30.00	60.00	—
1747 Straight 7	Inc. above	6.50	15.00	30.00	80.00	—
1748	461,000	4.50	12.00	40.00	80.00	—
1749	313,000	3.00	9.00	30.00	60.00	—
1750 Slant 5	353,000	5.00	15.00	35.00	70.00	—
1750 Upright 5	Inc. above	5.00	10.00	45.00	75.00	—

KM# 461 2 ORE (S.M.)

28.3000 g., Copper **Ruler:** Adolf Frederick **Obv:** Crown above rampant lion within shield flanked by 3 crowns and initials **Obv. Legend:** A F S G V R

Date	Mintage	VG	F	VF	XF	Unc
1751	353,000	6.50	20.00	50.00	90.00	—
1755 Dot after date	19,000	20.00	50.00	120	225	—
1755 Without dot	Inc. above	45.00	100	275	375	—
1757	379,000	20.00	35.00	75.00	140	—
1758/55	—	25.00	50.00	100	200	—
1758	91,000	22.00	45.00	100	185	—
1759/58	—	50.00	100	200	350	—
1759	352,000	6.00	18.00	45.00	85.00	—
1760	558,000	4.00	9.00	30.00	60.00	—
1761	422,000	4.00	9.00	30.00	60.00	—
1762/61	—	10.00	20.00	60.00	125	—
1762	4,339,000	4.00	9.00	30.00	60.00	—
1763	401,000	5.00	12.00	45.00	85.00	—
1764 Dot after V. S.G.-V.	5,496,000	4.00	9.00	30.00	60.00	—
1764 Dot before .V S.G.-.V	Inc. above	20.00	40.00	85.00	160	—
1765	5,304,000	5.00	12.00	40.00	80.00	—
1766	4,296,000	4.00	9.00	30.00	60.00	—
1767	467,000	4.50	10.00	35.00	70.00	—
1768	168,000	4.50	10.00	35.00	70.00	—

KM# 518 2 ORE (S.M.)

28.3000 g., Copper **Ruler:** Gustaf III **Obv:** Crown above rampant lion within shield flanked by 3 crowns and initials **Rev:** Crossed arrows divides initials, value, crown above, date below **Note:** Crown varieties exist.

Date	Mintage	VG	F	VF	XF	Unc
1777 Large date	Inc. above	20.00	40.00	90.00	375	—
1777 Small date	1,031,000	12.50	32.50	70.00	325	—

KM# 365 3 ORE (K.M.)

Copper **Obv. Legend:** STORA KOPPARBERGS POLLETT **Rev:** Haloed cross on mountaintop **Note:** Struck at Stora Kopparberg Bergslags. Co Mint. Varieties exist.

Date	Mintage	VG	F	VF	XF	Unc
1719	39,000	15.00	35.00	100	385	—
1762	85,000	9.00	20.00	60.00	285	—

KM# 257 4 ORE (1/2 Mark)

2.9252 g., 0.3750 Silver 0.0353 oz. ASW **Ruler:** Carl XII **Obv:** Crowned C **Rev:** Three crowns **Note:** Varieties exist.

Date	Mintage	VG	F	VF	XF	Unc
1716	163,000	22.50	47.25	100	210	—
1717/6	75,000	40.50	90.00	170	350	—
1717	Inc. above	37.25	75.00	135	280	—
1717 Os in PROTECTOR inverted, dots below	Inc. above	70.00	135	270	500	—
1718	404,000	22.50	47.25	100	210	—

KM# 506 4 ORE (S.M.)

2.7713 g., 0.3820 Silver 0.0340 oz. ASW **Ruler:** Adolf Frederick **Obv:** Crowned monogram **Rev:** Crown above 3 crowns within circle, flanked by initials and value, date below

Date	Mintage	VG	F	VF	XF	Unc
1771 AL	21,000	25.00	45.00	120	225	—

KM# 310 5 ORE (S.M.)

3.5103 g., 0.4440 Silver 0.0501 oz. ASW **Obv:** Crown above doubled large C monogram, date **Rev:** Three crowns, value

Date	Mintage	VG	F	VF	XF	Unc
1702	355,000	16.00	33.75	75.00	155	—
1703	417,000	17.00	37.25	80.00	170	—
1704	629,000	18.00	40.50	90.00	175	—
1704/3	Inc. above	20.00	47.25	95.00	195	—
1705/4	968,000	18.00	40.50	90.00	175	—
1705	Inc. above	14.00	30.00	60.00	120	—
1706 HZ	174,019	14.00	30.00	60.00	120	—
1706 LC	169,701	17.00	37.25	80.00	170	—
1707 LC 5 O	536,000	18.00	40.50	90.00	175	—

SWEDEN

Date	Mintage	VG	F	VF	XF	Unc
1707 LC 5 OR	Inc. above	16.00	33.75	70.00	140	—
1708 LC	455,000	14.00	30.00	60.00	120	—
1709 LC	425,000	16.00	33.75	70.00	140	—
1710 LC	1,256,000	11.00	25.00	55.00	110	—
1711 LC	839,000	12.00	27.50	55.00	120	—
1712 LC	240,000	14.00	30.00	60.00	120	—
1713/2 LC	101,000	17.00	37.75	75.00	155	—
1713 LC	Inc. above	17.00	37.25	80.00	170	—
1714 LC	47,000	27.50	55.00	110	225	—
1715 LC	33,000	33.75	70.00	135	280	—

KM# 366 5 ORE (S.M.)
3.5103 g., 0.4440 Silver 0.0501 oz. ASW **Ruler:** Ulrika Eleonora
Obv: V above double E monogram below crown **Rev:** 3 crowns, value, date

Date	Mintage	VG	F	VF	XF	Unc
1719 LC	188,000	25.00	55.00	125	225	—

KM# 390 5 ORE (S.M.)
3.5103 g., 0.4440 Silver 0.0501 oz. ASW **Ruler:** Frederick I
Obv: F R monogram below crown, date **Rev:** 3 crowns, value

Date	Mintage	VG	F	VF	XF	Unc
1722 LC	314,000	18.00	35.00	85.00	165	—
1722 GZ	66,000	25.00	55.00	125	225	—

KM# 397 5 ORE (S.M.)
3.5103 g., 0.4440 Silver 0.0501 oz. ASW **Ruler:** Frederick I
Obv: Doubled F monogram below crown, date

Date	Mintage	VG	F	VF	XF	Unc
1725	275,000	20.00	40.00	90.00	175	—

KM# 401 5 ORE (S.M.)
3.5103 g., 0.4440 Silver 0.0501 oz. ASW **Ruler:** Frederick I
Obv: Monogram in cruciform with crowns in angles **Rev:** 3 Crowns, initials, value

Date	Mintage	VG	F	VF	XF	Unc
1729	424,000	10.00	20.00	40.00	80.00	—
1730/29	1,002,999	12.50	25.00	50.00	100	—
1730	Inc. above	10.00	22.00	45.00	90.00	—
1730/29 GZ	Inc. above	12.50	25.00	50.00	100	—
1730 GZ	Inc. above	12.50	25.00	50.00	100	—
1731/0	Inc. above	12.50	25.00	50.00	100	—
1731 GZ	1,246,000	7.50	15.00	35.00	70.00	—
1732	985,000	11.00	22.00	45.00	90.00	—
1733/2	264,000	12.50	25.00	50.00	100	—
1733	Inc. above	10.00	20.00	42.50	85.00	—
1735	152,000	11.00	22.00	45.00	90.00	—
1736	260,000	10.00	20.00	42.50	85.00	—
1737 GZ	432,000	10.00	20.00	40.00	80.00	—
1737 HM	—	15.00	30.00	60.00	120	—
1738 GZ	165,000	11.00	22.00	45.00	90.00	—
1738 HM	610,000	10.00	20.00	40.00	80.00	—
1739	423,000	10.00	20.00	40.00	80.00	—
1740/39	76,000	12.50	25.00	50.00	100	—
1740	Inc. above	10.00	20.00	42.50	85.00	—
1741 HM	842,000	10.00	20.00	40.00	80.00	—
1742/1	825,000	11.00	22.00	45.00	90.00	—
1742	Inc. above	10.00	20.00	42.50	85.00	—
1743/2	405,000	15.00	32.00	65.00	135	—
1743	Inc. above	10.00	20.00	40.00	80.00	—
1744/3	388,000	13.50	28.00	55.00	110	—
1744	Inc. above	11.00	22.00	45.00	90.00	—
1745	311,000	15.00	25.00	42.50	85.00	—
1746	482,000	10.00	20.00	40.00	80.00	—
1747	407,000	10.00	20.00	42.50	85.00	—
1748	142,000	11.00	35.00	65.00	125	—
1749	144,000	11.00	22.00	45.00	90.00	—
1750	58,000	15.00	32.00	65.00	135	—
1751/0	79,000	15.00	32.00	65.00	135	—
1751	Inc. above	15.00	32.00	65.00	135	—

KM# 462 5 ORE (S.M.)
3.5103 g., 0.4440 Silver 0.0501 oz. ASW **Ruler:** Adolf Frederick
Obv: Crowned monogram **Rev:** 3 Crowns, initials, value

Date	Mintage	VG	F	VF	XF	Unc
1751 HM	309,000	17.50	45.00	100	200	—
1752 HM	108,000	17.50	45.00	100	200	—
1753 HM	288,000	15.00	45.00	100	200	—
1754/3 HM	—	22.50	50.00	105	200	—
1754 HM	52,000	20.00	45.00	100	200	—
1755 HM	Inc. above	15.00	45.00	100	200	—
1755/54 HM	132,000	25.00	50.00	100	200	—

Date	Mintage	VG	F	VF	XF	Unc
1756 HM	294,000	15.00	45.00	100	200	—
1757 HM	63,000	20.00	40.00	80.00	160	—
1758 HM	102,000	15.00	45.00	100	200	—
1759 HM	100,000	15.00	45.00	100	200	—
1760 HM	82,000	15.00	45.00	100	200	—
1761 HM	42,000	30.00	60.00	120	225	—
1762 HM	28,000	25.00	50.00	100	200	—
1763 AL	—	15.00	45.00	100	200	—
1764 AL	Inc. above	20.00	45.00	100	200	—
1764/3 AL	213,000	16.00	45.00	100	200	—
1765 AL	Inc. above	20.00	45.00	100	200	—
1765/4 AL	65,000	22.00	45.00	100	200	—
1766 AL	229,000	15.00	45.00	100	200	—
1767 AL	Inc. above	22.00	45.00	100	200	—
1767/3 AL	35,000	30.00	60.00	120	225	—

KM# 485 6 ORE (K.M.)
Copper **Ruler:** Adolf Frederick **Obv. Legend:** STORA KOPPARBERGS POLLETT **Rev:** Haloed cross on mountaintop, date **Note:** Struck at Stora Kopparbergs Bergslags Mint.

Date	Mintage	VG	F	VF	XF	Unc
1762	80,000	6.50	20.00	50.00	90.00	—
1763	126,000	5.00	15.00	45.00	85.00	—
1765	369,000	5.00	15.00	45.00	85.00	—

KM# 507 8 ORE (S.M.)
4.2123 g., 0.5070 Silver 0.0687 oz. ASW **Ruler:** Adolf Frederick
Obv: Crowned AF monogram **Rev:** Crown above 3 crowns within circle flanked by initials and value, date below

Date	Mintage	VG	F	VF	XF	Unc
1771 AL	17,000	20.00	35.00	90.00	220	—

KM# 508 8 ORE (S.M.)
4.2123 g., 0.5070 Silver 0.0687 oz. ASW **Ruler:** Adolf Frederick
Obv: Angle in crossbar of A

Date	Mintage	VG	F	VF	XF	Unc
1771 AL	Inc. above	30.00	60.00	120	300	—

KM# 425 10 ORE (S.M.)
7.0205 g., 0.4440 Silver 0.1002 oz. ASW **Ruler:** Frederick I
Obv: Monogram in cruciform with crowns in angles **Rev:** 3 Crowns, initials and value **Note:** Struck at Stockholm Mint.

Date	Mintage	VG	F	VF	XF	Unc
1739 HM	1,150,000	22.50	40.00	75.00	150	—
1740 HM	1,337,000	22.50	40.00	75.00	150	—
1741 HM	443,000	25.00	45.00	80.00	160	—
1742 HM	134,000	27.50	50.00	90.00	180	—
1743/2 HM	127,000	30.00	55.00	100	200	—
1743 HM	Inc. above	27.50	50.00	90.00	180	—
1744 HM	43,000	35.00	65.00	145	285	—
1745/4 HM	272,000	27.50	50.00	95.00	190	—
1750 HM	227,000	30.00	80.00	150	300	—
1751	Inc. below	50.00	100	200	375	—

KM# 463 10 ORE (S.M.)
7.0205 g., 0.4440 Silver 0.1002 oz. ASW **Ruler:** Adolf Frederick
Obv: Crowned AF monogram, date at upper left **Rev:** 3 crowns above value

Date	Mintage	VG	F	VF	XF	Unc
1751 HM	44,121	55.00	100	225	450	—
1752 HM	44,000	50.00	95.00	225	450	—
1753 HM	156,855	45.00	90.00	175	400	—
1754/3 HM	105,000	55.00	100	250	500	—
1754 HM	Inc. above	55.00	100	250	500	—
1755/54 HM	—	50.00	95.00	200	400	—
1755 HM	92,000	50.00	95.00	200	400	—
1756 HM	184,000	45.00	85.00	200	400	—
1760 HM	233,000	50.00	95.00	200	400	—
1761 HM	27,000	55.00	100	250	500	—
1763 HM	228,000	50.00	95.00	200	400	—
1764/3 HM	—	50.00	95.00	200	400	—
1765 HM	116,000	50.00	95.00	200	40.00	—

KM# 500 16 ORE (S.M.)
6.1946 g., 0.6910 Silver 0.1376 oz. ASW **Ruler:** Adolf Frederick
Obv: Crowned monogram **Rev:** Crown above 3 crowns within circle flanked by initials and value, date below

Date	Mintage	VG	F	VF	XF	Unc
1770 al	11,000	25.00	70.00	150	425	—

KM# 513 16 ORE (S.M.)
6.1946 g., 0.6910 Silver 0.1376 oz. ASW **Ruler:** Gustaf III **Obv:** III within crowned G **Rev:** 3 Crowns within center circle of crowned order chain

Date	Mintage	VG	F	VF	XF	Unc
1773 AL with 7 seraphs on reverse, 9mm crown	201,000	20.00	40.00	85.00	170	—
1773 AL with 9 seraphs on reverse, 10.5mm crown	Inc. above	35.00	55.00	110	220	—
1774 OL	152,000	25.00	50.00	100	200	—
1774/1773 OL	—	30.00	60.00	125	250	—

KM# 313 MARK (8 Ore)
0.6940 Silver **Ruler:** Carl XII **Obv:** Bust right **Obv. Inscription:** CAROLVS • XII • D • G • REX • S • V • E • **Rev:** Three crowns, divided date, value

Date	Mintage	VG	F	VF	XF	Unc
1701 HZ	230,000	40.50	75.00	300	500	—
1702	129,000	40.50	80.00	225	500	—
1703	126,000	40.50	75.00	205	500	—
1704	44,000	40.50	90.00	235	550	—
1705	89,000	40.50	80.00	225	525	—
1706/04	—	60.00	100	270	600	—
1706 HZ	31,000	60.00	100	270	725	—
1706 LC	79,000	40.50	80.00	225	500	—
1707 LC	33,000	40.50	90.00	235	550	—
1708/07 LC	—	60.00	100	270	600	—
1708 LC	65,000	40.50	80.00	215	500	—
1709 LC	35,000	47.25	95.00	235	575	—
1710 LC	33,000	40.50	80.00	215	500	—
1711 LC	Inc. above	47.25	95.00	230	550	—
1712 LC	46,000	47.25	95.00	235	600	—
1713/2 LC	65,000	47.25	95.00	235	600	—
1714 LC	83,000	40.50	75.00	210	500	—
1715 LC	54,000	47.25	80.00	230	550	—
1716 LC	29,000	40.50	75.00	210	500	—
1717 LC	47,000	40.50	75.00	215	500	—

KM# 367 MARK (8 Ore)
Silver **Ruler:** Ulrika Eleonora **Obv:** Bust right **Obv. Legend:** VLRICA • ELEONORA • D • G • REGINA • SVEC **Rev:** Crown above 3 crowns within circle flanked by initials and value **Rev. Legend:** IN • DEO • SPES • M • B • A •

Date	Mintage	VG	F	VF	XF	Unc
1719 LC	51,000	85.00	155	325	625	—
1720/19 LC	47,000	100	165	335	650	—

Silver **Ruler:** Ulrika Eleonora **Obv:** Bust right **Obv. Legend:** VLRICA • ELEONORA • D • G • REGINA • SVEC • **Rev:** Crown above 3 crowns within circle flanked by initials and value **Rev. Legend:** IN • DEO • SPES • MBA •

Date	Mintage	VG	F	VF	XF	Unc
1719 LC	51,000	110	220	350	745	—

• XII • D • G • REX • SVE • **Rev:** Crowned shield divides value **Rev. Legend:** DOMINVS • PROTECTOR • MEVS •

Date	Mintage	VG	F	VF	XF	Unc
1708/7 LC	17,000	55.00	95.00	230	475	—
1709 LC	10,000	60.00	110	255	575	—
1710 LC	23,000	60.00	110	255	550	—
1711 LC	10,000	60.00	110	255	550	—
1712 LC	8,000	65.00	125	275	625	—
1714 LC	6,000	110	175	375	925	—
1715 LC	12,000	60.00	110	255	550	—
1716/5 LC	—	55.00	95.00	245	550	—
1716 LC	81,000	55.00	95.00	230	475	—

KM# 384 MARK (8 Ore)

Silver Ruler: Frederick I **Rev:** Similar to KM#242

Date	Mintage	VG	F	VF	XF	Unc
1720/19 LC	24,000	150	300	575	1,225	—
1721/19 LC	Inc. above	150	300	575	1,225	—
1721 LC	35,000	150	300	575	1,225	—

KM# 385 2 MARK

Silver Ruler: Frederick I **Obv:** Bust right **Obv. Legend:** FRIDERICVS • D • G • REX • SVECÆ • **Rev:** Crown above 3 crowns within circle flanked by initials and value **Rev. Legend:** IN • DEO • SPES • MBA •

Date	Mintage	VG	F	VF	XF	Unc
1720	Inc. above	125	250	400	775	—
1720/19	19,000	150	300	500	1,100	—
1721 LC	25,000	125	250	350	575	—
1722	26,000	125	250	350	575	—
1731	52,000	100	225	300	525	—
1732	81,000	80.00	200	250	475	—
1733	8,000	125	250	500	1,100	—
1736	14,000	125	250	450	1,100	—
1737	43,000	125	250	450	725	—

KM# 386 4 MARK

Silver Ruler: Ulrika Eleonora **Obv:** Bust right **Obv. Legend:** VLRICA • EONORA • D • G • REGINA • SVECÆ • **Rev:** Crown above 3 crowns within circle flanked by value **Rev. Legend:** IN • DEO • SPES • MEA •

Date	Mintage	VG	F	VF	XF	Unc
1720 LC	12,000	550	1,000	1,750	2,500	—

KM# 314 2 MARK

10.4000 g., 0.6940 Silver 0.2320 oz. ASW **Ruler:** Carl XII **Obv:** Bust right **Obv. Legend:** CAROLVS • XII • D • G • REX • SVE • **Rev:** Three crowns, value

Date	Mintage	VG	F	VF	XF	Unc
1701	1,084,055	27.50	60.00	155	325	—
1702	465,000	40.50	95.00	235	500	—
1703	338,000	40.50	100	235	500	—
1704	126,000	47.25	110	235	500	—
1705/03	—	40.50	100	235	500	—
1705	129,000	40.50	100	235	500	—
1706 LC	91,881	40.50	100	235	500	—
1706 HZ	Inc. above	40.50	100	235	500	—
1707 LC	94,000	40.50	100	235	500	—
1708/7 LC	64,000	47.25	110	235	500	—
1708 LC	Inc. above	40.50	100	235	500	—

KM# 467 2 MARK

Silver Ruler: Adolf Frederick **Obv:** Head right **Obv. Legend:** ADOLPHUS • FRID • D • G • .... **Rev:** 3 Crowns within center circle of crowned order chain **Rev. Legend:** SALUS • PUBLICA • ...

Date	Mintage	VG	F	VF	XF	Unc
1752 HM	170,000	250	550	1,100	1,600	—
1752	Inc. above	125	250	400	650	—
1754 HM	9,700	150	300	450	850	—

KM# 387 4 MARK

Silver Ruler: Frederick I **Obv:** Bust right **Obv. Legend:** FRIDERICVS • D • G • REX • SVECIÆ • **Rev:** 3 Crowns within circle flanked by value **Rev. Legend:** IN • DEO • SPES • MEA

Date	Mintage	VG	F	VF	XF	Unc
1720 LC	10,000	250	500	850	2,100	—
1732 GZ	15,000	300	550	1,000	2,200	—
1737 GZ	17,000	250	500	900	2,000	—
1738 GZ	14,000	225	450	900	1,900	—

KM# 339 2 MARK

Silver Ruler: Carl XII **Obv:** Bust right **Obv. Legend:** CAROLVS • XII • D • G • REX • SVE • **Rev:** 3 Crowns, divided date, value

Date	Mintage	VG	F	VF	XF	Unc
1709 LC	120,000	30.00	75.00	175	350	—
1710 LC	110,000	30.00	75.00	175	350	—
1711 LC	93,000	30.00	75.00	175	350	—
1712 LC	70,000	30.00	75.00	175	350	—
1713/12 LC	—	30.00	75.00	175	350	—
1713 LC	78,000	30.00	75.00	175	350	—
1714 LC	142,000	30.00	70.00	175	350	—
1715 LC CAROLVS	57,000	45.00	100	225	425	—
1715 CAROL	Inc. above	—	—	—	—	—
1716 LC	203,000	35.00	75.00	180	350	—
1716 CAROL	Inc. above	30.00	75.00	175	350	—
1717 LC CAROL VS	76,000	35.00	80.00	175	350	—

KM# 315 4 MARK

Silver Ruler: Carl XII **Obv:** Bust right **Obv. Legend:** CAROLVS • XII • D • G • REX • SVE • **Rev:** Crowned shield divides value **Rev. Legend:** DOMINVS • PROTECTOR • MEVS •

Date	Mintage	VG	F	VF	XF	Unc
1701	136,000	75.00	130	325	675	—
1702	50,000	80.00	150	350	700	—
1703 HZ	74,000	75.00	130	325	675	—
1704	11,000	110	215	475	1,100	—
1705/4	29,000	80.00	150	350	700	—

KM# 468 4 MARK

20.8000 g., 0.6940 Silver 0.4641 oz. ASW **Ruler:** Adolf Frederick **Obv:** Large bust right **Obv. Legend:** ADOLPHUS • FRID • D • G • ... **Rev:** 3 Crowns within center circle of crowned order chain **Rev. Legend:** SALUS....

Date	Mintage	VG	F	VF	XF	Unc
1752 MH Vertical milled edge	65,000	150	300	600	1,000	—
1752 MH Diagonal milled edge	Inc. above	150	300	600	1,000	—
1753 MH	80,000	75.00	165	300	600	—
1754 MH	13,000	275	525	1,000	1,750	—
1755 MH	7,418	150	350	600	950	—

KM# 368 2 MARK

KM# 337 4 MARK

Silver Ruler: Carl XII **Obv:** Bust right **Obv. Legend:** CAROLVS

SWEDEN

III within crowned G **Obv. Legend:** FÄDERNESLANDET • **Rev:** 3 Crowns within lined circle flanked by value, date below, crown above

Date	Mintage	VG	F	VF	XF	Unc
1777 OL	1,217,000	10.00	20.00	45.00	100	—

KM# 522 1/24 RIKSDALER
2.7713 g., 0.3820 Silver 0.0340 oz. ASW **Ruler:** Gustaf III **Obv:** III within crowned G **Obv. Legend:** FÄDERNESLANDET • **Rev:** 3 Crowns within lined circle flanked by value, date below, crown above

Date	Mintage	VG	F	VF	XF	Unc
1778 OL	1,354,000	6.00	12.00	28.00	70.00	—
1779 OL	1,456,000	6.00	12.00	28.00	70.00	—
1780/79 OL	549,000	12.50	25.00	55.00	125	—
1780 OL	Inc. above	7.00	13.50	32.50	80.00	—
1783/80 OL	268,000	9.00	18.00	40.00	100	—
1783 OL	Inc. above	7.50	15.00	35.00	85.00	—

Date	Mintage	VG	F	VF	XF	Unc
1779 OL	1,027,000	10.00	21.00	40.00	90.00	—
1781/79 OL	179,000	15.00	30.00	75.00	120	—
1781 OL	Inc. above	13.50	27.50	75.00	110	—
1783 OL REX	414,000	10.00	21.00	32.50	65.00	—
1783 OL RXE	Inc. above	—	—	—	—	—
1784 OL	388,000	10.00	21.00	32.50	65.00	—
1785 OL	252,000	10.00	21.00	35.00	90.00	—
1786 OL	791,000	10.00	21.00	30.00	90.00	—
1787 OL	26,000	25.00	50.00	100	200	—
1788 OL	742,000	10.00	21.00	30.00	60.00	—
1789 OL	209,000	10.00	21.00	32.50	65.00	—
1790 OL	399,000	10.00	21.00	30.00	60.00	—

KM# 317 8 MARK
31.3475 g., 0.9220 Silver 0.9292 oz. ASW **Ruler:** Carl XII **Obv:** Armored bust right **Obv. Legend:** CAROLVS • XII • D • G • REX • SVE • **Rev:** Crowned shield divides value **Rev. Legend:** DOMINVS ... **Note:** Dav. #4541, 1712.

Date	Mintage	VG	F	VF	XF	Unc
1701 HZ	6,490	550	950	1,500	2,600	—
1704 HZ	5,834	550	950	1,700	3,500	—

KM# 321 CAROLINER (1/2 Daler Silvermynt)
6.6600 g., 0.6940 Silver 0.1486 oz. ASW **Ruler:** Carl XII **Obv:** Double C monogram **Rev:** Four crowned coats of arms in cross shape **Note:** Size varies 28.5-28.75 millimeters.

Date	Mintage	VG	F	VF	XF	Unc
1718	35,152	75.00	150	300	500	—

KM# 322 2 CAROLINER (Daler Silvermynt)
13.3100 g., 0.6940 Silver 0.2970 oz. ASW **Ruler:** Carl XII **Obv:** Double C Monogram **Rev:** Four crowned coats of arms in cross shape **Note:** Size varies 33-33.5 mm.

Date	Mintage	VG	F	VF	XF	Unc
1718	78,956	60.00	125	250	400	—

KM# 520 1/12 RIKSDALER
4.2123 g., 0.5030 Silver 0.0681 oz. ASW **Ruler:** Gustaf III **Obv:** III within crowned G **Obv. Legend:** FÄDERNESLANDET • **Rev:** 3 Crowns within lined circle flanked by value, date below, crown above

Date	Mintage	VG	F	VF	XF	Unc
1777 OL	896,000	15.00	30.00	60.00	140	—

KM# 523 1/12 RIKSDALER
4.2123 g., 0.5030 Silver 0.0681 oz. ASW **Ruler:** Gustaf III **Obv:** III within crowned G **Obv. Legend:** FÄDERNESLANDET • **Rev:** 3 Crowns within lined circle flanked by value, date below, crown above

Date	Mintage	VG	F	VF	XF	Unc
1778 OL	718,000	9.00	18.00	40.00	90.00	—
1779 OL	889,000	9.00	18.00	40.00	90.00	—

KM# 486 1/8 RIKSDALER
3.6565 g., 0.8780 Silver 0.1032 oz. ASW **Ruler:** Adolf Frederick **Obv:** Small head right **Rev:** Crowned arms

Date	Mintage	VG	F	VF	XF	Unc
1767 AL	—	25.00	55.00	100	225	—

KM# 323 4 CAROLINER (2 Daler Silvermynt)
26.6300 g., 0.6940 Silver 0.5942 oz. ASW **Ruler:** Carl XII **Obv:** Double C Monogram **Rev:** Crowned arms in cross shape **Note:** Size varies 38.5-39 millimeters.

Date	Mintage	VG	F	VF	XF	Unc
1718	25,395	100	225	450	750	—

KM# 487 1/8 RIKSDALER
3.6565 g., 0.8780 Silver 0.1032 oz. ASW **Ruler:** Adolf Frederick **Obv:** Large head right **Obv. Legend:** ADOLPHUS • FRID • D • G • ... **Rev:** 3 Crowns within center circle of crowned order chain **Rev. Legend:** SALUS • PUBLICA • SALUS • ...

Date	Mintage	VG	F	VF	XF	Unc
1767 AL	23,000	18.00	35.00	70.00	165	—
1768 AL	17,000	15.00	30.00	60.00	145	—

KM# 515 1/6 RIKSDALER
6.1946 g., 0.6910 Silver 0.1376 oz. ASW **Ruler:** Gustaf III **Obv:** Head right **Obv. Legend:** GUSTAVUS • III • D • G • REX • ... **Rev:** 3 Crowns within lined center circle of crowned order chain, value flanking with date below **Rev. Legend:** FÄDERNESLANDET •

Date	Mintage	VG	F	VF	XF	Unc
1776 OL	68,000	15.00	28.00	50.00	110	—
1777 OL	834,000	12.00	20.00	50.00	80.00	—

KM# 543 1/2 SKILLING
Copper **Ruler:** Gustaf IV Adolf **Subject:** King's Visit to Avesta **Obv:** Crowned monogram flanked by 3 crowns **Rev:** Crossed arrows, value, crown and date

Date	Mintage	VG	F	VF	XF	Unc
1794 Vertical edge milling	—	50.00	100	250	550	—
1794 Oblique edge milling	—	120	240	500	1,100	—
1794 Plain edge	—	50.00	100	250	550	—

KM# 524 1/6 RIKSDALER
6.1946 g., 0.6910 Silver 0.1376 oz. ASW **Ruler:** Gustaf III **Obv:** Head right **Obv. Legend:** GUSTAVUS • III • D • G • REX • ... **Rev:** 3 Crowns within lined center circle of crowned order chain, value flanking, divided date below **Rev. Legend:** FÄDERNESLANDET •

Date	Mintage	VG	F	VF	XF	Unc
1778 OL	978,000	10.00	21.00	40.00	90.00	—

KM# 519 1/24 RIKSDALER
2.7713 g., 0.3820 Silver 0.0340 oz. ASW **Ruler:** Gustaf III **Obv:**

KM# 391 1/4 RIKSDALER
7.3131 g., 0.8750 Silver 0.2057 oz. ASW **Ruler:** Frederick I **Obv:** Bust right **Obv. Legend:** FRIDERICUS • D • G • REX • ... **Rev:** Crowned, ornate shield divides date

Date	Mintage	VG	F	VF	XF	Unc
1723	6,290	50.00	110	220	450	—
1724	3,181	85.00	175	350	500	—
1726	3,508	85.00	175	350	500	—
1736	6,497	50.00	110	220	450	—

KM# 442 1/4 RIKSDALER
7.3131 g., 0.8750 Silver 0.2057 oz. ASW **Ruler:** Frederick I **Obv:** Bust right **Obv. Legend:** FRIDERICUS • D • G • REX • ... **Rev:** 3 Crowns within lined center circle of crowned order chain divides date, value below **Note:** Varieties exist.

Date	Mintage	VG	F	VF	XF	Unc
1748 HM	1,284	70.00	135	265	575	—

KM# 455 1/4 RIKSDALER
7.3131 g., 0.8750 Silver 0.2057 oz. ASW **Ruler:** Frederick I **Obv:** Bust right **Obv. Legend:** FRIDERICUS • D • G • REX • ... **Rev:** Shield below crown within Order of the Seraphim, divided date

Date	Mintage	VG	F	VF	XF	Unc
1750 HM	465	85.00	175	350	550	—

KM# 469.1 1/4 RIKSDALER
7.3131 g., 0.8750 Silver 0.2057 oz. ASW **Ruler:** Adolf Frederick **Obv:** Head right **Obv. Legend:** ADOLPHUS • FRID • D • G • REX • ... **Rev:** 3 Crowns within lined center circle of crowned order chain, date in legend **Rev. Legend:** SALUS • PUBLICA • SALUS • MEA •

Date	Mintage	VG	F	VF	XF	Unc
1752 HM	14,000	100	200	350	500	—
1753 HM	18,000	85.00	175	300	450	—
1755 HM	78,000	90.00	175	300	400	—
1760 HM	6,504	125	225	350	550	—
1765 AL	28,000	100	200	350	525	—

KM# 469.2 1/4 RIKSDALER
7.3131 g., 0.8750 Silver 0.2057 oz. ASW **Ruler:** Adolf Frederick **Rev:** Order chain with 9 heads

Date	Mintage	VG	F	VF	XF	Unc
1765 AL	—	100	200	350	675	—

SWEDEN

KM# 488 1/4 RIKSDALER
7.3131 g., 0.8780 Silver 0.2064 oz. ASW **Ruler:** Adolf Frederick
Rev: Value added at bottom; date moved to lower right

Date	Mintage	VG	F	VF	XF	Unc
1767 AL	4,749	100	200	350	550	—
1768 AL	5,128	125	225	350	585	—

KM# 547 1/3 RIKSDALER
0.8780 Silver **Ruler:** Gustaf IV Adolf **Obv:** Head right **Obv. Legend:** GUSTAF IV ADOLPH SV • G • ... **Rev:** Crowned, round arms within order chain, flanked by value, divided date below **Rev. Legend:** GUD OCH FOLKET •

Date	Mintage	VG	F	VF	XF	Unc
1798 OL	70,000	135	285	575	1,150	—

KM# 516 1/3 RIKSDALER (1 Daler S.M.)
9.7508 g., 0.8780 Silver 0.2752 oz. ASW **Ruler:** Gustaf III **Obv:** Head right **Obv. Legend:** GUSTAVUS • III • D • G • REX • ...
Rev: 3 Crowns within lined center circle of crowned order chain, value flanking, divided date below **Rev. Legend:** FÄDERNESLANDET •

Date	Mintage	VG	F	VF	XF	Unc
1776 OL	97,000	16.50	32.50	65.00	135	—
1777 OL	665,000	11.50	22.50	50.00	100	—

KM# 525 1/3 RIKSDALER (1 Daler S.M.)
9.7508 g., 0.8780 Silver 0.2752 oz. ASW **Ruler:** Gustaf III **Obv:** Head right **Obv. Legend:** GUSTAVUS • III • D • G • REX • ...
Rev: 3 Crowns within lined center circle of crowned order chain, value flanking, divided date below **Rev. Legend:** FÄDERNESLANDET •

Date	Mintage	VG	F	VF	XF	Unc
1778 OL	610,000	21.00	40.00	85.00	175	—
1779 OL	228,000	15.00	35.00	60.00	125	—
1780/79 OL	282,000	20.00	60.00	100	225	—
1780 OL	Inc. above	14.00	30.00	60.00	100	—
1781 OL	17,000	40.00	80.00	150	300	—
1782 OL	116,000	15.00	30.00	60.00	125	—
1783/2 OL	707,000	16.00	30.00	65.00	125	—
1783 OL	Inc. above	14.00	30.00	60.00	100	—
1784 OL	514,000	14.00	30.00	60.00	100	—
1785 OL	197,000	14.00	30.00	60.00	100	—
1786 OL	51,000	26.00	50.00	75.00	145	—
1787/85	—	26.00	50.00	90.00	180	—
1787 OL	461,000	14.00	30.00	65.00	125	—
1788 OL	71,000	18.00	35.00	75.00	150	—
1789 OL	641,000	14.00	30.00	60.00	100	—

KM# 393 1/2 RIKSDALER
Silver **Ruler:** Frederick I **Note:** Struck with 1/4 Riksdaler size dies to double weight.

Date	Mintage	VG	F	VF	XF	Unc
1723 GZ Rare	Inc. above	—	—	—	—	—

KM# 456 1/2 RIKSDALER
Silver **Ruler:** Frederick I **Obv:** Bust right **Obv. Legend:** FRIDERICVS • D • G • REX • ... **Rev:** Shield within crowned order chain divides date

Date	Mintage	VG	F	VF	XF	Unc
1750 HM	7,593	200	400	650	1,000	—

KM# 470 1/2 RIKSDALER
Silver **Ruler:** Adolf Frederick **Obv:** Head right **Rev:** Crowned arms in Order chain, date at upper left

Date	Mintage	VG	F	VF	XF	Unc
1752 HM	4,615	125	300	550	850	—
1753 HM	18,000	100	250	450	720	—
1755 HM	39,000	100	250	400	650	—
1766 AL	7,066	125	300	550	875	—

KM# 489 1/2 RIKSDALER
Silver **Ruler:** Adolf Frederick **Rev:** Value added, date moved to lower right

Date	Mintage	VG	F	VF	XF	Unc
1767 AL	2,649	150	300	700	1,300	—
1768 AL	6,476	100	200	600	1,300	—

KM# 335 RIKSDALER
Silver **Ruler:** Carl XII **Obv:** Bust left **Obv. Legend:** CAROLVS • XII • D • G • REX • ... **Rev:** Crowned arms with supporters, date below **Note:** Dav. #1713.

Date	Mintage	VG	F	VF	XF	Unc
1707 LC	2,344	350	725	1,450	3,050	—

KM# 336 RIKSDALER
Silver **Ruler:** Carl XII **Obv:** Armored bust right **Obv. Legend:** CAROLVS • XII • D • G • REX • ... **Rev:** Crowned arms with supporters, date below **Note:** Dav. #1714.

Date	Mintage	VG	F	VF	XF	Unc
1707 LC	Inc. above	350	700	1,400	2,800	—

KM# 517 2/3 RIKSDALER (2 Daler S.M.)
19.5015 g., 0.8780 Silver 0.5505 oz. ASW **Ruler:** Gustaf III **Obv:** Head right **Obv. Legend:** GUSTAVUS • III • D • G • REX • ...
Rev: 3 Crowns within lined center circle of crowned order chain, value flanking, divided date below **Rev. Legend:** FÄDERNESLANDET •

Date	Mintage	VG	F	VF	XF	Unc
1776 OL	152,000	35.00	75.00	150	235	—
1777 OL	88,000	35.00	75.00	150	255	—

KM# 351 RIKSDALER
Silver **Ruler:** Carl XII **Obv:** Draped bust right **Obv. Legend:** CAROLVS • XII • D • G • REX • ... **Rev:** Crowned arms with supporters, date below **Note:** Dav. #1715.

Date	Mintage	VG	F	VF	XF	Unc
1713 LC Wide lion	10,000	165	300	750	1,600	—
1713 LC Thin lion	Inc. above	150	275	650	1,500	—
1713 LC Lozenged edge; Unique	—	—	—	—	—	—

KM# 392 1/2 RIKSDALER
Silver **Ruler:** Frederick I **Obv:** Bust right **Obv. Legend:** FRIDERICUS • D • G • REX • ... **Rev:** Crowned, ornate shield divides date

Date	Mintage	VG	F	VF	XF	Unc
1723 GZ	3,383	125	300	550	825	—
1724	1,482	175	350	600	900	—
1725 Rare	—	—	—	—	—	—
1726/5	1,808	125	300	550	825	—
1726	Inc. above	125	300	500	750	—
1733 GZ	2,016	350	550	1,000	1,600	—
1734 GZ	2,644	150	300	500	750	—
1736 GZ	3,092	200	400	700	1,100	—

KM# 526 2/3 RIKSDALER (2 Daler S.M.)
19.5015 g., 0.8780 Silver 0.5505 oz. ASW **Ruler:** Gustaf III **Obv:** Head right **Obv. Legend:** GUSTAVUS • III • D • G • REX • ...
Rev: 3 Crowns within lined center circle of crowned order chain, value flanking, divided date below **Rev. Legend:** FÄDERNESLANDET •

Date	Mintage	VG	F	VF	XF	Unc
1778 OL	43,000	35.00	75.00	150	255	—
1779 OL	152,000	30.00	65.00	125	225	—
1780/79 OL	11,000	60.00	125	250	385	—
1780 OL	Inc. above	90.00	175	350	550	—

KM# 362 RIKSDALER
Silver **Ruler:** Carl XII **Obv:** Draped bust right **Obv. Legend:** CAROLVS • XII • D • G • REX • ... **Rev:** Crowned arms with supporters, date below **Note:** Dav. #1716.

Date	Mintage	VG	F	VF	XF	Unc
1718 LC Star in shield	10,000	250	650	1,250	2,500	4,250
1718 LC Rosette in shield	Inc. above	2,250	4,000	7,500	12,500	—

SWEDEN

KM# 402 RIKSDALER

Silver **Ruler:** Frederick I **Obv:** Conjoined busts right **Obv. Legend:** FRIDERIC • ET • ULR • ELEON • D • G • REX • ... **Rev:** Crowned arms with supporters, date in cartouche below **Note:** Dav. #1722.

Date	Mintage	VG	F	VF	XF	Unc
1727	Inc. above	180	350	650	1,250	—

KM# B395 RIKSDALER

29.2500 g., 0.8780 Silver 0.8256 oz. ASW **Ruler:** Frederick I **Subject:** Fredrick's Visit To Hesse-Cassel **Obv:** Bust right **Obv. Legend:** FRIDERICUS • D • G • REX • ... **Rev:** Eleven line inscription

Date	Mintage	VG	F	VF	XF	Unc
MDCCXXXI (1731)	—	—	210	475	900	—
MDCCXXXI (1731) Restrike	—	—	220	—	—	—

KM# 370 RIKSDALER

Silver **Ruler:** Ulrika Eleonora **Obv:** Bust right **Obv. Legend:** VLRICA ELEONORA D G REGINA SVEC **Rev:** Crowned arms with supporters, date below **Note:** Dav. #1718.

Date	Mintage	VG	F	VF	XF	Unc
1719 LC	10,000	325	600	1,200	2,700	—

KM# 395.2 RIKSDALER

Silver **Ruler:** Frederick I **Note:** Dav. #1723. Varieties exist.

Date	Mintage	VG	F	VF	XF	Unc
1730 GZ	4,000	150	300	700	1,400	—
1731 GZ	8,841	60.00	135	275	600	1,350
1731 GZ FRIDERICVS	Inc. above	75.00	165	345	750	1,450
1732 GZ	7,000	85.00	175	365	800	1,600
1732 GZ FRIDERICVS	7,500	85.00	175	365	800	1,600
1733/2 GZ FRIDERICVS	10,000	75.00	165	345	750	1,450

KM# 389.1 RIKSDALER

Silver **Ruler:** Frederick I **Subject:** 200th Anniversary of Liberation War **Obv:** Bust right **Obv. Legend:** FRIDERICVS • D • G • REX • ... **Rev:** Facing busts within cameo, Gustaf Vasa and Gustaf Adolf II, all within wreath **Note:** Dav. #1719.

Date	Mintage	VG	F	VF	XF	Unc
1721 C. Hedlinger	—	270	550	850	1,500	—

KM# 389.2 RIKSDALER

Silver **Ruler:** Frederick I **Obv:** Bust right **Obv. Legend:** FRIDERICVS • D • G • REX • ... **Rev:** Facing busts within cameos, all within wreath

Date	Mintage	VG	F	VF	XF	Unc
1721	4,000	150	270	500	1,000	—

KM# 394 RIKSDALER

Silver **Ruler:** Frederick I **Rev:** Arms below crown, date **Note:** Struck with 1/2 Riksdaler size dies to double weight.

Date	Mintage	VG	F	VF	XF	Unc
1723 Rare	32	—	—	—	—	—

KM# 418 RIKSDALER

Silver **Ruler:** Frederick I **Obv:** Conjoined busts right **Obv. Legend:** FRIDERICVS • ET • VLR • ELEON • D • G • REX • ... **Rev:** Crowned arms with supporters, date in cartouche below **Note:** Dav. #1724.

Date	Mintage	VG	F	VF	XF	Unc
1731 GZ	9,000	175	325	725	1,500	3,000

KM# 395.3 RIKSDALER

Silver **Ruler:** Frederick I **Obv:** Bust right **Obv. Legend:** FRIDERICVS • D • G • REX • ... **Rev:** Crowned arms with supporters, date in cartouche below **Note:** Dav. #1727.

Date	Mintage	VG	F	VF	XF	Unc
1734 GZ	1,600	525	925	1,850	4,400	—
1735 GZ	4,000	265	600	1,000	2,200	—
1736 GZ	12,000	175	295	600	1,150	—
1737 GZ	8,000	175	295	600	1,150	—
1738 GZ	12,000	325	650	1,100	2,700	—

KM# 395.1 RIKSDALER

Silver **Ruler:** Frederick I **Obv:** Bust right **Obv. Legend:** FRIDERICUS • D • G • REX • ... **Rev:** Crowned arms with supporters, date in cartouche below **Note:** Dav. #1720.

Date	Mintage	VG	F	VF	XF	Unc
1723	Inc. above	70.00	160	350	750	—
1724	3,000	190	350	650	1,400	—
1725	9,000	70.00	160	350	750	—
1726	7,000	85.00	175	350	800	—
1727	10,000	155	325	625	1,250	—
1728	9,000	95.00	205	425	925	—

KM# A395 RIKSDALER

29.2500 g., 0.8780 Silver 0.8256 oz. ASW, 41 mm. **Ruler:** Frederick I **Subject:** Tenth Anniversary of Reign **Obv:** Conjoined busts right **Obv. Legend:** FRIDERICVS • ET • VLR • ELEON • D • G • REX • ... **Rev:** Three crowns on globe **Rev. Legend:** SPLENDET • IN • ORBE • DEO

Date	Mintage	VG	F	VF	XF	Unc
ND(1731)	—	—	350	600	1,800	—
ND(1731) Restrike	—	—	240	—	—	—

KM# 423 RIKSDALER

Silver **Ruler:** Frederick I **Obv:** Bust right **Obv. Legend:** FRIDERICUS • D • G • REX • SVECIAE • **Rev:** Crowned arms with supporters, date in cartouche below **Note:** Dav. #1728.

Date	Mintage	VG	F	VF	XF	Unc
1738 HM	Inc. above	280	450	950	1,950	—
1739 HM	13,000	205	350	725	1,550	—
1740 HM	11,000	80.00	175	350	725	—
1741 HM	9,000	80.00	175	350	725	—
1742 HM	486	1,550	2,500	5,000	10,000	—
1743 HM	4,000	90.00	210	400	850	—
1744 HM	9,000	80.00	175	350	725	—
1746 HM	3,000	90.00	210	400	850	—
1747 HM	4,000	90.00	210	400	850	—
1748 HM	7,000	85.00	180	375	750	—

SWEDEN

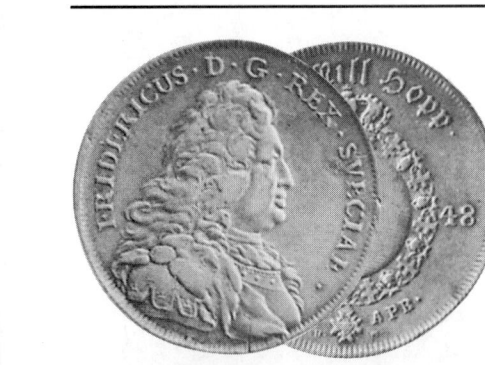

KM# 443 RIKSDALER
Silver **Ruler:** Frederick I **Obv:** Bust right **Obv. Legend:** FRIDERICUS • D • G • REX • SVECIAE • **Rev:** Chain of the Order of Seraphim around 3 crowns in lined circle, divided date **Note:** Dav. #1729.

Date	Mintage	VG	F	VF	XF	Unc
1748 HM	—	500	900	2,250	4,750	8,500

KM# 490.1 RIKSDALER
Silver **Ruler:** Adolf Frederick **Obv:** Bust right **Rev:** 3 Crowns within lined center circle of crowned order chain, value below **Note:** Dav. #1732.

Date	Mintage	VG	F	VF	XF	Unc
1767 AL	59,000	75.00	155	325	750	—

KM# 490.2 RIKSDALER
Silver **Ruler:** Adolf Frederick **Obv:** Bust right **Rev:** Crowns within lined circle within crowned order chain

Date	Mintage	VG	F	VF	XF	Unc
1768 AL	47,000	90.00	175	400	825	—
1769 AL 9 heads in chain	123,000	75.00	155	325	750	—
1769 AL 7 heads in chain	Inc. above	95.00	190	450	875	—

KM# 514 RIKSDALER
29.2500 g., 0.8780 Silver 0.8256 oz. ASW **Ruler:** Gustaf III **Obv:** Head right **Obv. Legend:** GUSTAVUS • III • D • G • REX • SVECIAE • **Rev:** Crowns within lined circle within crowned order chain, value flanking, divided date below **Note:** Dav. #1735.

Date	Mintage	VG	F	VF	XF	Unc
1775 OL	35,000	35.00	75.00	150	250	—
1776 Large cross	Inc. above	30.00	65.00	125	200	—
1776 Small cross	Inc. above	35.00	75.00	150	250	—
1776S OL	1,461,000	40.00	80.00	150	350	—
1776 OL Pearl cross	Inc. above	60.00	120	225	600	—
1777 OL	289,000	35.00	75.00	150	250	—

KM# 457 RIKSDALER
Silver **Ruler:** Frederick I **Obv:** Bust right **Obv. Legend:** FRIDERICUS • D • G • REX • SVECIAE • **Rev:** Shield within crowned order chain divides date **Note:** Dav. #1730.

Date	Mintage	VG	F	VF	XF	Unc
1750 HM	9,000	100	225	450	850	—
1751 HM	22,000	100	225	450	850	—

KM# 505 RIKSDALER
Silver **Ruler:** Adolf Frederick **Obv:** Head right **Obv. Legend:** ADOLPHUS • FRID • D • G • REX • SVECIAE • **Rev:** Crowns within lined circle within crowned order chain, value, divided date below **Note:** Dav. #1733.

Date	Mintage	VG	F	VF	XF	Unc
1770 AL	143,000	75.00	155	350	700	—
1771 AL	47,000	125	250	500	950	—

KM# 527 RIKSDALER
29.2500 g., 0.8780 Silver 0.8256 oz. ASW **Ruler:** Gustaf III **Obv:** Head right **Rev:** Crowns within lined circle within crowned order chain, value flanking, divided date below **Note:** Dav. #1736.

Date	Mintage	VG	F	VF	XF	Unc
1779 OL	34,000	45.00	90.00	175	275	—
1780/79 OL	1,713,000	40.00	80.00	150	245	—
1780 OL	Inc. above	35.00	50.00	100	220	—
Note: Alternating squares and diamonds on edge						
1780 OL	Inc. above	35.00	50.00	100	220	—
Note: Ovals on edge						
1780 OL	Inc. above	45.00	90.00	175	350	—
Note: Alternating squares and ovals on edge						
1781/79 OL	524,058	25.00	50.00	100	220	—
1781 OL	Inc. above	24.00	50.00	100	220	—
1781 OL Bust of	Inc. above	55.00	110	225	625	—
1772						
1782 OL	654,000	40.00	80.00	150	220	—
1783 OL	100,000	35.00	75.00	150	220	—
1787/83 OL	62,000	40.00	95.00	150	245	—
1788 OL	151,000	25.00	75.00	150	220	—
1790/88 OL	636,000	40.00	80.00	150	245	—
1790 OL	Inc. above	35.00	75.00	150	220	—
1791 OL	921,000	35.00	75.00	150	220	—
1792 OL	431,063	40.00	80.00	150	245	—

KM# 464.1 RIKSDALER
Silver **Ruler:** Adolf Frederick **Obv:** Bust right **Rev:** 3 Crowns within lined center circle of crowned order chain **Note:** Dav. #1731.

Date	Mintage	VG	F	VF	XF	Unc
1751 HM	26,000	155	325	700	1,250	—
1752 HM	23,000	90.00	175	400	825	—
1753 HM	38,000	95.00	190	450	875	—
1754 HM F on neck	96,000	90.00	175	400	825	—
1754 HM F below neck	Inc. above	95.00	190	450	875	—
1755/4 HM	Inc. above	100	200	475	950	—

KM# 464.2 RIKSDALER
Silver **Ruler:** Adolf Frederick **Obv:** Bust right with modified hairstyle **Note:** Dav. #1731.

Date	Mintage	VG	F	VF	XF	Unc
1755 HM	58,000	155	250	500	825	—
1756 HM	23,000	190	250	625	1,050	—
1757 HM	2,172	775	1,400	2,700	5,700	—
1759 HM	3,781	155	325	725	1,450	—
1760 HM	29,000	190	250	625	1,050	—
1761 HM	16,000	1,100	2,000	4,200	7,800	—
1762 HM	18,000	190	250	625	1,050	—
1763 AL	62,000	75.00	155	325	750	—
1764 AL	37,000	90.00	175	400	825	—
1765 AL	16,000	95.00	190	450	875	—
1766 AL	59,000	90.00	175	400	825	—

KM# 509 RIKSDALER
Silver **Ruler:** Gustaf III **Obv:** Bust of Gustaf III right **Rev:** Crowns within lined circle of crowned order chain, value, divided date below **Note:** Dav. #1734.

Date	Mintage	VG	F	VF	XF	Unc
1771 AL	—	120	245	475	1,050	—
1772 AL	51,000	115	225	400	900	—
1773 AL	38,000	95.00	190	375	825	—
1774 OL	709,000	75.00	155	350	725	—
1775 OL	—	75.00	155	350	725	—

KM# 540.1 RIKSDALER
29.3600 g., 0.8780 Silver 0.8287 oz. ASW **Ruler:** Gustaf IV Adolf **Obv:** Head right **Obv. Legend:** GUSTAF IV ADOLPH SV • G • ... **Rev:** Crowned, round arms within order

SWEDEN

chain, flanked by value, divided date below **Rev. Legend:** GUD OCH FOLKET • **Note:** Dav. #1737.

Date	Mintage	VG	F	VF	XF	Unc
1792 OL	76,000	95.00	170	350	725	—

KM# 540.2 RIKSDALER

29.3600 g., 0.8780 Silver 0.8287 oz. ASW **Ruler:** Gustaf IV Adolf **Obv:** Head right **Obv. Legend:** GUSTAF IV ADOLPH SV • G • ... **Rev:** Crowned, round arms within order chain, flanked by value, divided date below **Rev. Legend:** GUD OCH FOLKET •

Date	Mintage	VG	F	VF	XF	Unc
1793 OL	262,000	70.00	125	250	525	—

KM# 540.3 RIKSDALER

29.3600 g., 0.8780 Silver 0.8287 oz. ASW **Ruler:** Gustaf IV Adolf **Obv:** Head right, modified effigy **Obv. Legend:** GUSTAF IV ADOLPH SV • G • ... **Rev:** Crowned, round arms within order chain, flanked by value, divided date below **Rev. Legend:** GUD OCH FOLKET •

Date	Mintage	VG	F	VF	XF	Unc
1794 OL Folket	278,000	65.00	120	240	500	—
1794 OL Folkft	Inc. above	120	240	425	850	—

KM# 540.4 RIKSDALER

29.3600 g., 0.8780 Silver 0.8287 oz. ASW **Ruler:** Gustaf IV Adolf **Obv:** Head right, modified effigy **Obv. Legend:** GUSTAF IV ADOLPH SV • G • ... **Rev:** Crowned, round arms within order chain, flanked by value, divided date below **Rev. Legend:** GUD OCH FOLKET •

Date	Mintage	VG	F	VF	XF	Unc
1795 OL	266,000	65.00	120	240	500	—

KM# 544 RIKSDALER

29.3600 g., 0.8780 Silver 0.8287 oz. ASW **Ruler:** Gustaf IV Adolf **Obv:** Head right **Obv. Legend:** GUSTAF IV ADOLPH SV • G • ... **Rev:** Crowned, round arms within order chain, flanked by value, divided date below **Rev. Legend:** GUD OCH FOLKET • **Note:** Dav. #1738.

Date	Mintage	VG	F	VF	XF	Unc
1796 OL	225,000	60.00	100	240	450	—
1797 OL	155,000	60.00	95.00	230	500	—

KM# 399 1-1/2 RIKSDALER

Silver **Ruler:** Frederick I **Obv:** Conjoined busts right **Obv. Legend:** FRIDERIC • ET • ULR • ELEON • D • G • REX • ... **Rev:** Crowned arms with supporters, date in cartouche below

Date	Mintage	VG	F	VF	XF	Unc
1727 Rare	—	—	—	—	—	—

KM# 396 2 RIKSDALER

Silver **Ruler:** Frederick I **Obv:** Bust right **Rev:** Crowned arms with supporters, date in cartouche below **Edge Lettering:** NE LAEDAR AVARIS MANIBVS **Note:** Dav. #1720A.

Date	Mintage	VG	F	VF	XF	Unc
1723	—	—	6,500	11,500	20,000	—

KM# 400 2 RIKSDALER

Silver **Ruler:** Frederick I **Obv:** Conjoined busts right **Obv. Legend:** FRIDERIC • ET • ULR • ELEON • D • G • REX • ... **Rev:** Crowned arms with supporters, date in cartouche below **Note:** Dav. #1721.

Date	Mintage	VG	F	VF	XF	Unc
1727	63	—	2,500	5,500	9,500	—

KM# 501 DALER (S.M. - 1/3 Riksdaler)

9.7508 g., 0.8780 Silver 0.2752 oz. ASW, 31 mm. **Ruler:** Adolf Frederick **Obv:** Head right **Obv. Legend:** ADOLPHUS • FRID • D • G • ... **Rev:** 3 Crowns within center circle of crowned order chain **Rev. Legend:** ...PUBLICA • SALUS • MEA •

Date	Mintage	VG	F	VF	XF	Unc
1770 AL	20,833	65.00	125	265	450	—

KM# 502 DALER (S.M. - 1/3 Riksdaler)

9.7508 g., 0.8780 Silver 0.2752 oz. ASW, 29 mm. **Ruler:** Adolf Frederick

Date	Mintage	VG	F	VF	XF	Unc
1770 AL	—	45.00	90.00	200	400	—

KM# 503 2 DALER (S.M. - 2/3 Riksdaler)

19.5015 g., 0.8780 Silver 0.5505 oz. ASW, 37 mm. **Ruler:** Adolf Frederick

Date	Mintage	VG	F	VF	XF	Unc
1770 AL	16,000	65.00	135	285	485	—

KM# 504 2 DALER (S.M. - 2/3 Riksdaler)

19.5015 g., 0.8780 Silver 0.5505 oz. ASW, 35 mm. **Ruler:** Adolf Frederick **Obv:** Head right **Obv. Legend:** ADOLPHUS • FRID • D • G • REX • ... **Rev:** 3 Crowns within center circle of crowned order chain, divided date and value below **Rev. Legend:** SALUS • PUBLICA • SALUS • MEA •

Date	Mintage	VG	F	VF	XF	Unc
1770 AL	—	60.00	100	250	450	—

PLATE MONEY

The Kingdom of Sweden issued copper plate money, heavy and cumbersome square or rectangular coins ranging in size up to about 13 by 25 inches down to less than 3 by 3 inches, from 1644 to 1776. The kingdom was poor in silver and gold but had rich copper resources. The coins were designed to contain copper bullion in the value of the silver coins they replaced, and were denominated as one, two, four, etc. dalers in silver mint or silver coin.

Although sometimes classed with odd and curious money these were legal tender coins of the realm and although used and exported as bullion, they circulated domestically and were essential in the commerce of Sweden and Finland for more than a century.

They are widely collected, not only in Scandinavia but around the world.

Each denomination is catalogued under the name of the issuing monarch and by the mint mark or source of the copper. The latter are important in the rarity and thus prices of the coins. The pieces are identified by the center stamp, with the denomination, mint mark, etc., and four identical corner stamps, with the insignia of the king and date.

Many are extremely rare, with only a single specimen or two known, often only a unique survivor in a major museum.

Date	Mintage	VG	F	VF	XF	Unc
1711 Rare	—	—	—	—	—	—
1713 Rare	—	—	—	—	—	—
1714 Rare	—	—	—	—	—	—

KM# PM32 1/2 DALER S.M.

Copper **Ruler:** Carl XII **Obv:** Corner stamps: Crowned double C superimposed on date, Center stamp: Square reeded outline, 1/2 daler sm

Date	Mintage	VG	F	VF	XF	Unc
1715	—	325	575	825	1,500	—
1716	—	325	500	750	1,250	—
1717	—	325	575	825	1,500	—

KM# PM33 1/2 DALER S.M.

Copper **Ruler:** Carl XII **Obv:** Corner stamps: Three crowns above date, Center stamp: Triangular reeded outline, 1/2 D S around lion in shield **Note:** Illustration reduced.

Date	Mintage	VG	F	VF	XF	Unc
1718	—	450	700	1,400	2,200	—

KM# PM55 1/2 DALER S.M.

Copper **Ruler:** Ulrika Eleonora **Obv:** Corner stamps: 3 crowns within circle above date, Center stamp: Triangular, Gota lion shield, 1/2 D S

Date	Mintage	VG	F	VF	XF	Unc
1719	—	375	625	1,150	1,900	—

KM# PM56 1/2 DALER S.M.

Copper **Ruler:** Ulrika Eleonora **Obv:** Corner stamps: Crowned V over double E monogram, date, Center stamp: 1/2 dolar silf, mint, crossed arrows within circle

Date	Mintage	VG	F	VF	XF	Unc
1719	—	450	700	1,000	1,750	—
1720	—	450	700	1,000	1,750	—

KM# PM65 1/2 DALER S.M.

Copper **Ruler:** Frederick I **Obv:** Corner stamps: Crowned FRS, date. Center stamp: 1/2 Daler Silf: Mynt, crossed arrows in circle. **Note:** Illustration reduced.

Date	Mintage	VG	F	VF	XF	Unc
1720	—	155	280	475	775	—
1721	—	155	250	400	700	—
1722	—	155	250	400	700	—
1723	—	155	250	400	700	—
1724	—	155	250	400	700	—
1725	—	155	250	400	700	—
1726	—	155	250	400	700	—
1727	—	155	280	475	775	—
1728/27	—	190	375	625	1,050	—
1728	—	155	250	400	700	—
1729	—	155	250	400	700	—
1730	—	155	280	475	775	—
1731	—	155	250	400	700	—
1732	—	155	250	400	700	—
1733	—	155	250	400	700	—
1734	—	155	280	475	775	—
1735	—	155	250	400	700	—
1736	—	155	250	400	700	—
1737	—	155	280	475	775	—
1738	—	155	280	475	775	—
1739	—	155	250	400	700	—
1740	—	155	280	475	775	—
1741	—	155	250	400	700	—
1742	—	155	250	400	700	—
1743	—	155	250	400	700	—
1744	—	155	250	400	700	—
1745	—	155	250	400	700	—
1746	—	155	250	400	700	—
1747	—	155	250	400	700	—
1748	—	155	250	400	700	—
1749	—	155	250	400	700	—
1750	—	155	250	400	700	—

KM# PM30 1/2 DALER S.M.

Copper **Ruler:** Carl XII **Obv:** Corner stamps: Crowned CRS, date, Center stamp: 1/2 daler solff, myt, crossed arrows **Note:** Copper from Stora Kopparberg and Ljusnarsberg.

Date	Mintage	VG	F	VF	XF	Unc
1710	—	325	500	750	1,250	—
1711	—	325	500	750	1,400	—
1712	—	325	500	825	1,400	—
1713	—	325	575	875	1,500	—
1714 Rare	—	—	—	—	—	—
1715	—	—	—	—	—	—

KM# PM31 1/2 DALER S.M.

Copper **Ruler:** Carl XII **Obv:** Star below value (center stamp) **Note:** Copper from Garpenberg mines.

Date	Mintage	VG	F	VF	XF	Unc
1710 Rare	—	—	—	—	—	—

KM# PM66 1/2 DALER S.M.

Copper **Ruler:** Frederick I **Obv:** Center stamp: Monogram L below value

Date	Mintage	VG	F	VF	XF	Unc
1746	—	325	725	1,250	2,050	—
1748 Rare	—	475	1,050	1,700	2,800	—

KM# PM67 1/2 DALER S.M.

Copper **Ruler:** Frederick I **Obv:** Center stamp: Crowned G below value

Date	Mintage	VG	F	VF	XF	Unc
1748	—	250	575	1,050	1,700	—

KM# PM80 1/2 DALER S.M.

Copper **Ruler:** Adolf Frederick **Obv:** Corner stamp: Crowned AFRS **Note:** Illustration reduced.

Date	Mintage	VG	F	VF	XF	Unc
1751	—	200	325	525	900	—
1752	—	190	300	450	750	—
1753	—	190	300	450	750	—
1754	—	190	300	450	750	—
1755 Rare	—	—	—	—	—	—
1756	—	190	300	450	750	—
1757	—	190	300	450	750	—
1758	—	190	300	450	750	—
1759	—	190	325	500	825	—
1768 Rare	—	—	—	—	—	—

KM# PM82 1/2 DALER S.M.

Copper **Ruler:** Adolf Frederick **Obv:** Center stamp: Crowned G below value **Note:** Copper from Gustavsberg Mine.

Date	Mintage	VG	F	VF	XF	Unc
1752 Rare	—	—	—	—	—	—

KM# PM83 1/2 DALER S.M.

Copper **Ruler:** Adolf Frederick **Obv:** Crowned C below value **Note:** Carlsberg Mine.

Date	Mintage	VG	F	VF	XF	Unc
1752 Rare	—	—	—	—	—	—

KM# PM81 1/2 DALER S.M.

Copper **Ruler:** Adolf Frederick **Obv:** Center stamp: Monogram L below value

Date	Mintage	VG	F	VF	XF	Unc
1753 Rare	—	—	—	—	—	—

KM# PM34 DALER S.M.

Copper **Ruler:** Carl XII **Obv:** Corner stamps: Crowned above date, legend: CAROLUS XII. Center stamp: Daler Sölff: Myt, AIR.

Date	Mintage	VG	F	VF	XF	Unc
1702 Rare	—	—	—	—	—	—

KM# PM35 DALER S.M.

Copper **Ruler:** Carl XII **Obv:** Center stamp: Crossed arrows below value

Date	Mintage	VG	F	VF	XF	Unc
1710	—	260	450	875	1,900	—
1711	—	260	450	875	1,900	—
1712	—	285	525	1,050	2,150	—
1713	—	260	500	975	2,000	—
1714	—	285	525	1,100	2,300	—
1715	—	260	500	975	2,000	—

KM# PM36 DALER S.M.

Copper **Ruler:** Carl XII **Obv:** Center stamp: Large star below value

Date	Mintage	VG	F	VF	XF	Unc
1710 Rare	—	—	—	—	—	—

KM# PM37 DALER S.M.

Copper **Ruler:** Carl XII **Obv:** Center stamp: Crowned B between roses below value

Date	Mintage	VG	F	VF	XF	Unc
1711 Rare	—	—	—	—	—	—

KM# PM38 DALER S.M.

Copper **Ruler:** Carl XII **Obv:** Corner stamps: Crowned mirror C XII monogram, date. Center stamp: Square reeded outline, 1 DALER S:M.

Date	Mintage	VG	F	VF	XF	Unc
1715	—	295	500	725	1,500	—
1716	—	295	500	725	1,500	—
1717	—	325	550	950	1,950	—

KM# PM40 DALER S.M.

Cannon Bronze **Ruler:** Carl XII **Obv:** Corner stamps: Crown. Center stamp: 2 D: S: M: interwoven with 3 crowns and date

Date	Mintage	VG	F	VF	XF	Unc
1715	—	500	900	2,050	4,050	—

KM# PM39 DALER S.M.

Copper **Ruler:** Carl XII **Obv:** Corner stamps: 3 crowns above date. Center stamp: Triangular, 1 D S around shield

Date	Mintage	VG	F	VF	XF	Unc
1718	—	525	950	2,200	4,400	—

KM# PM57 DALER S.M.

Cannon Bronze **Ruler:** Ulrika Eleonora **Obv:** Corner stamps: 3 crowns above date. Center stamp: Triangular

Date	Mintage	VG	F	VF	XF	Unc
1719	—	475	875	1,800	3,750	—

KM# PM58 DALER S.M.

Cannon Bronze **Ruler:** Ulrika Eleonora **Obv:** Corner stamps: Crowned V over double E monogram, date. Center stamp: Daler Silf: Mynt, crossed arrows

Date	Mintage	VG	F	VF	XF	Unc
1719	—	325	525	1,050	2,100	—
1720	—	400	650	1,250	2,400	—

KM# PM68 DALER S.M.

Cannon Bronze **Ruler:** Frederick I **Obv:** Corner stamps: Crowned FRS, date. Center stamp: 1 Daler Silf-Mynt, crossed arrows

Date	Mintage	VG	F	VF	XF	Unc
1720	—	190	350	675	1,150	—
1721	—	175	325	650	1,100	—
1722	—	175	325	650	1,100	—
1723	—	180	350	675	1,150	—
1724	—	180	350	675	1,150	—
1725	—	180	350	675	1,150	—
1726	—	180	350	675	1,150	—
1727	—	180	350	675	1,150	—
1728	—	180	350	675	1,150	—
1729	—	180	350	675	1,150	—
1730	—	180	350	675	1,150	—
1731	—	180	350	675	1,150	—
1732	—	180	350	675	1,150	—
1733	—	190	350	675	1,150	—
1734	—	180	350	675	1,150	—
1735	—	180	350	675	1,150	—
1736	—	180	350	675	1,150	—
1737	—	180	350	675	1,150	—
1738	—	180	350	675	1,150	—
1739	—	180	350	675	1,150	—
1740	—	190	350	675	1,150	—
1741	—	180	350	675	1,150	—
1742	—	180	350	675	1,150	—
1743	—	180	350	675	1,150	—
1744	—	190	350	675	1,150	—
1745	—	180	350	675	1,150	—
1746	—	180	350	675	1,150	—
1747	—	175	325	650	1,100	—
1748	—	180	350	675	1,150	—
1749	—	195	400	725	1,250	—
1750	—	230	425	775	1,300	—

KM# PM69 DALER S.M.

Cannon Bronze **Ruler:** Frederick I **Obv:** Center stamp: L monogram below value

Date	Mintage	VG	F	VF	XF	Unc
1746	—	525	775	1,750	3,250	—
1748 Rare	—	650	975	1,950	3,600	—

KM# PM70 DALER S.M.

Cannon Bronze **Ruler:** Frederick I **Obv:** Center stamp: Crowned G below value

Date	Mintage	VG	F	VF	XF	Unc
1748	—	525	725	1,550	2,950	—

KM# PM84 DALER S.M.

Cannon Bronze **Ruler:** Adolf Frederick **Obv:** Corner stamps: Crowned AFRS, date. Center stamp: 1 DALER Silf. Mynt, crossed arrows

Date	Mintage	VG	F	VF	XF	Unc
1751	—	240	500	975	1,650	—
1752	—	235	475	950	1,550	—
1753	—	230	450	900	1,450	—
1754	—	230	450	925	1,500	—
1755	—	230	450	925	1,500	—
1756	—	230	450	900	1,450	—
1757	—	230	450	900	1,450	—
1758	—	230	450	900	1,450	—
1759	—	235	475	950	1,550	—
1768 Rare	—	—	—	—	—	—

KM# PM87 DALER S.M.

Cannon Bronze **Ruler:** Adolf Frederick **Obv:** Center stamp: Crowned C below value **Note:** Carlsberg Mine.

Date	Mintage	VG	F	VF	XF	Unc
1752 Rare	—	—	—	—	—	—

KM# PM86 DALER S.M.

Cannon Bronze **Ruler:** Adolf Frederick **Obv:** Center stamp: Crowned G below value **Note:** Gustavsberg Mine.

Date	Mintage	VG	F	VF	XF	Unc
1752	—	575	825	1,950	3,150	—

KM# PM85 DALER S.M.

Cannon Bronze **Ruler:** Adolf Frederick **Obv:** Center stamp: Mirror L monogram

Date	Mintage	VG	F	VF	XF	Unc
1753 Rare	—	—	—	—	—	—

KM# PM41 2 DALER S.M.

Copper **Ruler:** Carl XII **Obv:** Corner stamps: Crown above date, legend CAROLUS... Center stamp: Daler Sölff: Myt, AIR monogram.

Date	Mintage	VG	F	VF	XF	Unc
1701 Rare	—	—	—	—	—	—

KM# PM42 2 DALER S.M.

Copper **Ruler:** Carl XII **Obv:** Center stamp: 3 stars below value

Date	Mintage	VG	F	VF	XF	Unc
1702 Rare	—	—	—	—	—	—

KM# PM45 2 DALER S.M.

Copper **Ruler:** Carl XII **Obv:** Center stamp: Large star below value **Note:** Copper from Garpenberg.

Date	Mintage	VG	F	VF	XF	Unc
1710	—	775	1,500	2,700	3,900	—
1711	—	900	1,750	3,000	4,200	—
1712	—	775	1,500	2,700	3,900	—
1713 Rare	—	—	—	—	—	—
1714 Rare	—	—	—	—	—	—

KM# PM43 2 DALER S.M.

Copper **Ruler:** Carl XII **Obv:** Center stamp: Crossed arrows below value **Note:** Copper from Stora Kopparberg and Ljusnarsberg.

Date	Mintage	VG	F	VF	XF	Unc
1710	—	350	675	1,150	1,950	—
1711	—	375	725	1,150	2,100	—
1712	—	375	725	1,150	2,100	—
1713	—	350	675	1,150	1,950	—
1714	—	450	850	1,550	2,600	—
1715	—	425	775	1,450	2,400	—

KM# PM44 2 DALER S.M.

Copper **Ruler:** Carl XII **Obv:** Center stamp: Crowned E between roses below value **Note:** Copper from Basinge.

Date	Mintage	VG	F	VF	XF	Unc
1711 Rare	—	—	—	—	—	—
1712 Rare	—	—	—	—	—	—
1713 Rare	—	—	—	—	—	—

KM# PM-A48 2 DALER S.M.

Cannon Bronze **Ruler:** Carl XII **Obv:** Corner stamps: Crown. Center stamp: 2 D: S: M with 2 fleur-de-lis and date

Date	Mintage	VG	F	VF	XF	Unc
1714	—	525	975	2,150	3,700	—
17^14 Crown in date	—	450	850	1,550	2,950	—

KM# PM48 2 DALER S.M.

Cannon Bronze **Ruler:** Carl XII **Obv:** Center stamp: 2 D: S: M with 3 crowns and date

Date	Mintage	VG	F	VF	XF	Unc
1715	—	575	1,150	2,400	3,900	—
1716	—	525	1,050	2,150	3,700	—

KM# PM46 2 DALER S.M.

Copper **Ruler:** Carl XII **Obv:** Corner stamps: Crowned mirrored C monogram, date. Center stamp: Diamond shaped, 4 Daler S.M.

Date	Mintage	VG	F	VF	XF	Unc
1716	—	295	625	875	1,300	—
1717	—	400	850	1,250	1,900	—

KM# PM47 2 DALER S.M.

Copper **Ruler:** Carl XII **Obv:** Corner stamps: 3 crowns above date. Center stamp: Triangular, 2 D S surrounding shield

Date	Mintage	VG	F	VF	XF	Unc
1718	—	575	1,150	2,300	3,600	—

KM# PM59 2 DALER S.M.

Copper **Ruler:** Ulrika Eleonora **Obv:** Corner stamps: 3 crowns above date. Center stamp: Triangular, 2 D S around shield

Date	Mintage	VG	F	VF	XF	Unc
1719	—	425	875	1,550	3,200	—

KM# PM60 2 DALER S.M.

Copper **Ruler:** Ulrika Eleonora **Obv:** Corner stamps: Crowned V over double E monogram, date. Center stamp: 2 DALER SILF: MINT, crossed arrows

Date	Mintage	VG	F	VF	XF	Unc
1719	—	400	775	1,050	1,950	—
1720	—	425	850	1,150	2,150	—

KM# PM71 2 DALER S.M.

Copper **Ruler:** Frederick I **Obv:** Corner stamps: Crowned FRS, date. Center stamp: 2 DALER SILF: MYNT, crossed arrows **Note:** Illustration reduced. Actual size 170-190mm.

Date	Mintage	VG	F	VF	XF	Unc
1720	—	240	450	625	1,300	—
1721	—	240	450	625	1,300	—
1722	—	240	450	625	1,300	—
1723	—	230	425	575	1,250	—
1724	—	240	450	625	1,300	—
1725	—	230	425	575	1,250	—
1726	—	230	425	575	1,250	—
1727	—	230	425	575	1,250	—
1728	—	230	425	575	1,250	—
1729	—	240	450	625	1,300	—
1730	—	230	425	575	1,250	—
1731	—	230	425	575	1,250	—
1732	—	240	450	625	1,300	—
1733	—	230	425	575	1,250	—
1734	—	230	425	575	1,250	—

SWEDEN

Date	Mintage	VG	F	VF	XF	Unc
1735	—	230	425	575	1,250	—
1736	—	240	450	625	1,300	—
1737	—	240	450	625	1,300	—
1738	—	240	450	625	1,300	—
1739	—	240	450	625	1,300	—
1740	—	240	450	625	1,300	—
1741	—	240	450	625	1,300	—
1742	—	230	425	575	1,250	—
1743	—	230	425	575	1,250	—
1744	—	240	450	625	1,300	—
1745	—	230	425	575	1,250	—
1746	—	240	450	625	1,300	—
1747	—	240	450	625	1,300	—
1748	—	240	450	625	1,300	—
1749	—	240	450	625	1,300	—
1750	—	240	450	625	1,300	—

Date	Mintage	VG	F	VF	XF	Unc
1735	—	275	525	900	1,550	—
1736	—	275	525	900	1,550	—
1737	—	275	525	900	1,550	—
1738	—	275	525	900	1,550	—
1739	—	275	525	900	1,550	—
1740	—	275	525	900	1,550	—
1741	—	275	525	900	1,550	—
1742	—	285	545	925	1,600	—
1743	—	275	525	900	1,550	—
1744	—	275	525	900	1,550	—
1745	—	275	525	900	1,550	—
1746	—	300	575	1,000	1,750	—

KM# PM75 4 DALER S.M.

Copper **Ruler:** Adolf Frederick **Obv:** Corner stamps: Crowned AFRS, date. Center stamp: Split 4 in denomination

Date	Mintage	VG	F	VF	XF	Unc
1753	—	350	725	1,250	2,200	—
1754	—	375	775	1,500	2,800	—

KM# PM76 4 DALER S.M.

Copper **Ruler:** Adolf Frederick **Obv:** Center stamp: Solid 4 in denomination

Date	Mintage	VG	F	VF	XF	Unc
1753	—	350	725	1,250	2,200	—
1754	—	375	775	1,400	2,400	—
1755	—	550	1,100	2,050	3,600	—
1756	—	500	1,000	1,800	3,300	—
1757	—	500	1,000	1,800	3,300	—
1758	—	450	900	1,650	2,950	—
1759	—	1,250	2,000	3,600	6,000	—
1768 Unique	—	—	—	—	—	—

KM# PM72 2 DALER S.M.

Copper **Ruler:** Frederick I **Obv:** Corner stamps: Crowned AFRS, date. Center stamp: Small 2 in denomination

Date	Mintage	VG	F	VF	XF	Unc
1751	—	350	725	975	1,650	—
1752	—	375	750	1,000	1,800	—

COUNTERMARKED COINAGE

Plate Money

In 1718 copper plate money was countermarked to reflect changes in value. Two of them, the shield with lion of the Gota arms and the date 17-18 and the three crowns in a circle, do not add substantially to the numismatic value of the pieces.

The third, however, which shows an increase in legal tender value of 50 per cent, is scarce in all denominations, as reflected in the following valuations.

KM# PM73 2 DALER S.M.

Copper **Ruler:** Adolf Frederick **Obv:** Large 2 in denomination **Note:** Illustration reduced. Actual size: 190mm.

Date	Mintage	VG	F	VF	XF	Unc
1753	—	350	725	1,000	1,900	—
1754	—	350	725	1,000	1,900	—
1755	—	350	725	1,000	1,900	—
1756	—	295	550	950	1,650	—
1757	—	375	750	1,050	1,950	—
1758	—	350	725	1,000	1,900	—
1759	—	350	725	1,000	1,900	—
1760	—	725	1,250	2,150	3,600	—

KM# PM49 4 DALER S.M.

Copper **Ruler:** Carl XII **Obv:** Corner stamps: Crowned mirrored C XII, date. Center stamp: Diamond shaped, 4 DALER S: M.

Date	Mintage	VG	F	VF	XF	Unc
1716	—	650	1,250	2,300	4,250	—
1717	—	575	1,150	2,100	3,900	—

KM# PM50 4 DALER S.M.

Copper **Ruler:** Carl XI **Obv:** Corner stamps: 3 crowns above date. Center stamp: Triangle with 4 D S around shield

Date	Mintage	VG	F	VF	XF	Unc
1718	—	1,000	1,900	4,250	7,800	—

KM# PM61 4 DALER S.M.

Copper **Ruler:** Ulrika Eleonora **Obv:** Corner stamps: 3 crowns above date. Center stamp: Triangle with 4DS around shield

Date	Mintage	VG	F	VF	XF	Unc
1719 Rare	—	—	—	—	—	—

KM# PM62 4 DALER S.M.

Copper **Ruler:** Ulrika Eleonora **Obv:** Corner stamps: Crowned V over double E monogram, date. Center stamp: 2 DALER SILF: MYNT, crossed arrows

Date	Mintage	VG	F	VF	XF	Unc
1719	—	350	700	1,200	2,100	—
1720	—	375	750	1,300	2,400	—

KM# PM74 4 DALER S.M.

Copper **Ruler:** Frederick I **Obv:** Corner stamps: Crowned FRS, date. Center stamp: 4 DALER SILF: MYNT, crossed arrows

Date	Mintage	VG	F	VF	XF	Unc
1720	—	275	525	900	1,550	—
1721	—	275	525	900	1,550	—
1722	—	275	525	900	1,550	—
1723	—	275	525	900	1,550	—
1724	—	275	525	900	1,550	—
1725	—	275	525	900	1,550	—
1726	—	275	525	900	1,550	—
1727	—	275	525	900	1,550	—
1728	—	250	475	875	1,500	—
1729	—	250	475	875	1,500	—
1730	—	275	525	900	1,550	—
1731	—	275	525	900	1,550	—
1732	—	275	525	900	1,550	—
1733	—	275	525	900	1,550	—
1734	—	275	525	900	1,550	—

KM# PM91 3/4 DALER S.M.

Copper **Ruler:** Carl XII **Countermark:** 3/4 DALER SM 1718 in circle on 1/2 Daler

CM Date	Host Date	Good	VG	F	VF	XF
ND(1710)	ND	—	600	950	1,750	2,750
	Unique	—	—	—	—	—
ND(1711)	ND Unique	—	—	—	—	—
ND(1712)	ND	—	600	950	1,750	2,750

KM# PM92 3/4 DALER S.M.

Copper **Ruler:** Carl XII **Countermark:** 3/4 DALER SM 1718 in circle on 1/2 Daler, KM#PM31

CM Date	Host Date	Good	VG	F	VF	XF
ND(1710)	ND Unique	—	—	—	—	—
ND(1714)	ND Rare	—	—	—	—	—

KM# PM93 1-1/2 DALER

Copper **Ruler:** Carl XII **Countermark:** 1-1/2 DALER SM in circle on 1 Daler, KM#PM#35

CM Date	Host Date	Good	VG	F	VF	XF
ND(1710)	1718	—	600	1,200	2,200	3,250
ND(1711)	ND	—	700	1,400	2,350	3,500
ND(1712)	ND	—	700	1,400	2,350	3,500
ND(1713)	ND Rare	—	—	—	—	—

Note: Only 2 specimens are known. A sea salvaged example grading fine realized $2300. In the Ponterio sale of 1-90.

KM# PM94 1-1/2 DALER

Copper **Ruler:** Carl XII **Countermark:** 1-1/2 DALER SM in circle on 1 Daler, KM#PM#8

CM Date	Host Date	Good	VG	F	VF	XF
ND(1717)	1718 Rare	—	800	1,500	2,500	3,750

KM# PM95 3 DALER

Copper **Ruler:** Carl XII **Countermark:** 3 DALER S M on 2 Daler, KM#PM43

CM Date	Host Date	Good	VG	F	VF	XF
ND(1711)	ND	—	650	1,250	2,250	3,400
ND(1712)	ND	—	650	1,250	2,250	3,400
ND(1713)	ND	—	650	1,250	2,250	3,400
ND(1714)	ND	—	650	1,250	2,250	3,400
ND(1715)	ND Rare	—	—	—	—	—

EMERGENCY COINAGE

KM# 354 DALER

7.2000 g., Copper **Ruler:** Carl XII **Subject:** Faith of the People **Obv:** Seated figure of the Svea, date below **Obv. Legend:** PVBLICA • FIDE • **Rev:** Value above S • M •

Date	Mintage	VG	F	VF	XF	Unc
1716	3,808,600	9.00	20.00	45.00	100	—

KM# 355 DALER

4.5000 g., Copper **Ruler:** Carl XII **Subject:** Reason and Arms **Obv:** Warrior with sword and shield, date below **Obv. Legend:** WETT OCH WAPEN **Rev:** Value in shield

Date	Mintage	VG	F	VF	XF	Unc
1717	905,900	5.00	15.00	35.00	70.00	—

KM# A356 DALER

4.5000 g., Copper **Ruler:** Carl XII **Subject:** Agile and Ready **Obv:** Warrior with lion, date below **Obv. Legend:** FLINK OCH FÄRDIG **Rev:** Value in round shield

Date	Mintage	VG	F	VF	XF	Unc
1718	736,800	4.00	15.00	35.00	70.00	—

KM# 357 DALER

4.5000 g., Copper **Ruler:** Carl XII **Subject:** Jupiter and Eagle **Obv:** Jupiter with eagle, date below **Obv. Legend:** IVPITER • **Rev:** Value in circle within wreath

Date	Mintage	VG	F	VF	XF	Unc
1718 Ivpiter	300,000	5.00	15.00	35.00	70.00	—
1718 Ivpitr Inc. above		100	200	300	450	—

KM# 358 DALER

4.5000 g., Copper **Ruler:** Carl XII **Subject:** Father Time **Obv:** Father Time holding baby and scythe, date below **Obv. Legend:** SATVRNVS • **Rev:** Value in circle within wreath

Date	Mintage	VG	F	VF	XF	Unc
1718	300,000	5.00	15.00	35.00	70.00	—

KM# 352 DALER

3.6000 g., Copper **Ruler:** Carl XII **Obv:** Crown above date **Rev:** Value

Date	Mintage	VG	F	VF	XF	Unc
1715	2,189,000	6.50	20.00	45.00	100	—

KM# 359 DALER

4.5000 g., Copper **Ruler:** Carl XII **Subject:** Sun God **Obv:** Sun god with rays around circle, date below **Obv. Legend:** PHOEBVS **Rev:** Value in circle within wreath

Date	Mintage	VG	F	VF	XF	Unc
1718	300,000	5.00	15.00	35.00	70.00	—

KM# 360 DALER
4.5000 g., Copper **Ruler:** Carl XII **Subject:** War God **Obv:** War god standing with spear, date below **Obv. Legend:** MARS • **Rev:** Value in circle within crowned wreath

Date	Mintage	VG	F	VF	XF	Unc
1718	300,000	6.00	18.00	40.00	80.00	—

KM# 361 DALER
4.5000 g., Copper **Ruler:** Carl XII **Subject:** Mercury **Obv:** Mercury holding caduceus, date below **Obv. Legend:** MERCVRIVS **Rev:** Value in circle within lined cartouche

Date	Mintage	VG	F	VF	XF	Unc
1718	600,000	5.00	15.00	35.00	70.00	—

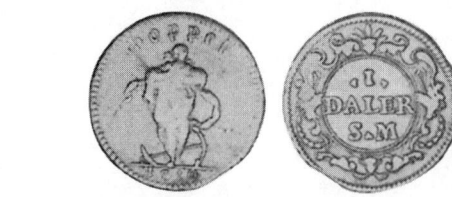

KM# 369 DALER
4.5000 g., Copper **Ruler:** Carl XII **Subject:** Hope **Obv:** Personification of Hope, date below **Obv. Legend:** HOPPET **Rev:** Value in circle within ornamented cartouche

Date	Mintage	VG	F	VF	XF	Unc
1719 Diamond between S-M	Inc. above	25.00	50.00	100	200	—
1719 Inverted heart between S-M	1,500,000	8.00	18.00	40.00	80.00	—

REFORM COINAGE
1798-1830

KM# 548 1/4 SKILLING
Copper **Ruler:** Gustaf IV Adolf **Obv:** Round arms **Obv. Legend:** CONTORS POLLET ... **Rev:** Value, date **Note:** Reports give mintage figures of 96,000 for 1799 and 4,392,000 for 1800, the latter is believed to include both dates.

Date	Mintage	VG	F	VF	XF	Unc
1799	96,000	2.00	4.00	10.00	85.00	—
1800	4,932,000	2.00	4.00	12.00	90.00	—

KM# 549 1/2 SKILLING
8.5000 g., Copper, 29.5 mm. **Ruler:** Gustaf IV Adolf **Obv:** Round arms **Obv. Legend:** CONTORSPOLLET ... **Rev:** Value, date

Date	Mintage	VG	F	VF	XF	Unc
1799	763,000	2.50	4.00	9.00	30.00	—
1800	3,624,000	2.00	3.50	7.00	20.00	—

KM# 550 1/6 RIKSDALER
6.2500 g., 0.6910 Silver 0.1388 oz. ASW

Date	Mintage	VG	F	VF	XF	Unc
1799 OL	103,000	40.00	80.00	175	325	—

KM# 551 1/3 RIKSDALER
0.8780 Silver **Ruler:** Gustaf IV Adolf **Obv:** Bust right **Obv. Legend:** GUSTAF IV ADOLPH SV • G ... **Rev:** Crowned, round arms within order chain, flanked by value, divided date below **Rev. Legend:** GUD OCH FOLKET •

Date	Mintage	VG	F	VF	XF	Unc
1799 OL	70,000	80.00	170	350	700	—
1800 OL	113,000	65.00	145	300	600	—

TRADE COINAGE

KM# 417 1/4 DUCAT
0.8703 g., 0.9760 Gold 0.0273 oz. AGW **Ruler:** Frederick I **Obv:** Head right **Obv. Legend:** FRIDERICVS • D • G • REX •... **Rev:** Cross

Date	Mintage	VG	F	VF	XF	Unc
1730	1,696	125	190	400	750	—
1733	1,687	125	190	400	750	—
1740	480	140	220	450	825	—

KM# 474 1/4 DUCAT
0.8703 g., 0.9760 Gold 0.0273 oz. AGW **Ruler:** Adolf Frederick **Obv:** Head right **Obv. Legend:** ADOLPHUS • FRID • D • G • ... **Rev:** Crowned arms in Order chain, date at upper left

Date	Mintage	VG	F	VF	XF	Unc
1754	597	150	300	600	1,200	—
1755/4	292	150	325	650	1,250	—

KM# 331 1/2 DUCAT
1.7406 g., 0.9760 Gold 0.0546 oz. AGW **Ruler:** Carl XII **Obv:** Armored bust right **Obv. Legend:** CAROLVS • XII • D • G • REX • ... **Rev:** Double C monograms in crowned cartouche, date divided at top, value at bottom

Date	Mintage	VG	F	VF	XF	Unc
1701 HZ	—	500	1,000	2,350	5,000	—

KM# 422 1/2 DUCAT
1.7406 g., 0.9760 Gold 0.0546 oz. AGW **Ruler:** Frederick I **Obv:** Bust right **Obv. Legend:** FRIDERICVS • D • G • REX • ... **Rev:** Crowned shield divides date within sprigs

Date	Mintage	VG	F	VF	XF	Unc
1735 GZ	304	210	350	725	1,500	—
1738 GZ	402	240	375	775	1,750	—
1738 HM	—	240	375	775	1,750	—

KM# 435 1/2 DUCAT
1.7406 g., 0.9760 Gold 0.0546 oz. AGW **Ruler:** Frederick I **Obv:** Bust right **Obv. Legend:** FRIDERICVS • D • G • REX • ... **Rev:** Crowned arms in sprigs divide date, shield below

Date	Mintage	VG	F	VF	XF	Unc
1741 HM	188	800	1,750	3,250	5,600	—

KM# 439 1/2 DUCAT
1.7406 g., 0.9760 Gold 0.0546 oz. AGW **Ruler:** Frederick I **Obv:** Bust right **Obv. Legend:** FRIDERICVS • D • G • REX • ... **Rev:** Crowned round arms divide date, shield in exergue **Rev. Legend:** IN • DEO • SPES • MEA •

Date	Mintage	VG	F	VF	XF	Unc
1746 HM	211	675	1,450	2,800	4,900	—

KM# 440 1/2 DUCAT
1.7406 g., 0.9760 Gold 0.0546 oz. AGW **Ruler:** Frederick I **Obv:** Bust right **Obv. Legend:** FRIDERICVS • D • G • REX • ... **Rev:** Radiant crown above round arms, arms divide date, shield in exergue **Note:** Arms of Smaland at bottom of reverse on above 3 coins indicates gold from Adelfors.

Date	Mintage	VG	F	VF	XF	Unc
1747 HM	299	750	1,500	3,000	5,300	—

KM# 475 1/2 DUCAT
1.7406 g., 0.9760 Gold 0.0546 oz. AGW **Ruler:** Adolf Frederick **Obv:** Head right **Obv. Legend:** ADOLPHUS • FRID • D • G • ... **Rev:** Crowned, round arms within order chain

Date	Mintage	VG	F	VF	XF	Unc
1754	—	195	350	750	1,600	—
1755/4	248	250	450	825	1,700	—

KM# 318 DUCAT
3.5000 g., 0.9760 Gold 0.1098 oz. AGW **Ruler:** Carl XII **Obv:** Draped bust right **Obv. Legend:** CAROLVS • XII • D • G • REX • ... **Rev:** Crowned double C monogram, date below **Note:** Fr. #49.

Date	Mintage	VG	F	VF	XF	Unc
1701	6,518	700	1,400	3,400	6,900	—
1702	4,021	850	1,600	4,000	8,000	—
1704	2,676	800	1,450	3,650	7,300	—
1707	4,831	650	1,250	3,250	6,700	—

KM# 338 DUCAT
3.5000 g., 0.9760 Gold 0.1098 oz. AGW **Ruler:** Carl XII **Obv:** Draped bust right **Obv. Legend:** CAROLVS • XII • D • G • REX • ... **Rev:** Crowned double C monogram flanked by small crowns, divided date below **Rev. Legend:** PROTECTOR • MEVS • ...

Date	Mintage	VG	F	VF	XF	Unc
1708 LC	5,406	375	875	2,100	3,600	—
1709 LC	4,756	400	900	2,200	3,700	—
1710 LC	9,559	300	675	1,450	2,800	—
1711 LC	4,960	400	900	2,200	3,700	—

KM# 350 DUCAT
3.5000 g., 0.9760 Gold 0.1098 oz. AGW **Ruler:** Carl XII **Obv:** Armored bust right **Obv. Legend:** CAROL • XII • D • G • REX • ... **Rev:** Crowned double C monogram flanked by small crowns, divided date below **Rev. Legend:** PROTECTOR • MEVS •...

Date	Mintage	VG	F	VF	XF	Unc
1712 LC	4,433	425	900	2,100	3,600	—
1713 LC	4,243	425	900	2,100	3,600	—
1714 LC	16,000	300	650	1,450	2,500	—
1715 LC	6,863	350	675	1,800	3,000	—
1716 LC	7,828	350	675	1,800	3,000	—
1717 LC	3,639	425	900	2,100	3,600	—

KM# 363 DUCAT
3.5000 g., 0.9760 Gold 0.1098 oz. AGW **Ruler:** Carl XII **Obv:** Bust right **Obv. Legend:** CAROL • XII • D • G • REX • ... **Rev:** Crowned double C monogram flanked by small crowns, divided date below **Rev. Legend:** PROTECTOR • MEVS • ...

Date	Mintage	VG	F	VF	XF	Unc
1718 LC	2,143	625	1,400	3,200	5,800	—

KM# 371 DUCAT
3.5000 g., 0.9760 Gold 0.1098 oz. AGW **Ruler:** Ulrika Eleonora **Obv:** Draped bust right **Obv. Legend:** VLRICA • ELEONORA • D • G • REGINA • SVECIA • **Rev:** Monogram flanked by small crowns, large crown above divides legend **Rev. Legend:** IN • DEO • SPES • MEA •

Date	Mintage	VG	F	VF	XF	Unc
1719 LC	6,814	600	1,400	2,900	5,700	—
1720 LC	11,202	550	1,200	2,500	5,000	—

KM# 388 DUCAT
3.5000 g., 0.9760 Gold 0.1098 oz. AGW **Ruler:** Frederick I **Obv:** Draped, armored bust right **Obv. Legend:** FRIDERICVS • D • G • REX • ... **Rev:** Crowned script FR monogram, crown divides date **Rev. Legend:** IN • DEO • SPES • MEA • **Note:** Varieties exist.

Date	Mintage	VG	F	VF	XF	Unc
1720	Inc. above	300	650	1,500	3,700	—
1721	1,442	375	925	2,150	5,300	—

SWEDEN

Date	Mintage	VG	F	VF	XF	Unc
1722 LZ	—	325	750	1,700	4,000	—
1723 Rare	1,214	—	—	—	—	—
1723 GZ Rare	1,553	—	—	—	—	—
1724	—	375	850	2,050	4,550	—
1725 Unique	3,353	—	—	—	—	—

KM# 398 DUCAT
3.5000 g., 0.9760 Gold 0.1098 oz. AGW Ruler: Frederick I Obv: Draped bust right Obv. Legend: FRIDERICUS • D • G • REX • ... Rev: Crowned script double F monogram Rev. Legend: IN • DEO • SPES • MEA •

Date	Mintage	VG	F	VF	XF	Unc
1725	Inc. above	300	725	1,700	3,200	—
1726 Rare	1,263	—	—	—	—	—
1727 Rare	1,154	475	1,100	2,500	5,100	—
1728	2,874	425	900	2,150	4,400	—

KM# A401 DUCAT
3.5000 g., 0.9760 Gold 0.1098 oz. AGW Ruler: Frederick I Obv: Armored bust right Obv. Legend: FRIDERICUS • D • G • REX • ... Rev: Cruciform double F monograms with crowns in angles, arms at center Rev. Legend: IN • DEO • SPES • MEA •

Date	Mintage	VG	F	VF	XF	Unc
1728	Inc. above	400	875	2,050	4,500	—
1729	1,007	475	1,100	2,700	6,000	—

KM# 420 DUCAT
3.5000 g., 0.9760 Gold 0.1098 oz. AGW Ruler: Frederick I Obv: Draped, armored bust right Obv. Legend: FRIDERICVS • D • G • REX •. Rev. Legend: IN • DEO • SPES • MEA • Note: Varieties exist.

Date	Mintage	VG	F	VF	XF	Unc
1732 GZ	2,526	325	625	1,450	3,250	—

KM# 421 DUCAT
3.5000 g., 0.9760 Gold 0.1098 oz. AGW Ruler: Frederick I Obv: Bust right Obv. Legend: FRIDERICVS • D • G • REX • ... Rev: Crowned shield divides date within sprigs Rev. Legend: IN • DEO • SPES • MEA •

Date	Mintage	VG	F	VF	XF	Unc
1734 GZ Rare	1,129	—	—	—	—	—
1735 GZ	2,812	300	650	1,525	2,750	—
1736 GZ Rare	2,571	—	—	—	—	—
1737 GZ	1,684	250	575	1,275	2,250	—
1738/7 GZ	—	300	650	1,450	2,500	—
1738 HM	2,913	245	550	1,250	2,150	—
1739/4 HM	—	275	625	1,450	1,500	—
1739 HM	8,239	263	595	1,365	2,340	—
1740 HM	8,396	225	525	1,150	2,000	—
1741 HM	2,718	225	525	1,150	2,000	—
1742 HM	2,888	300	650	1,450	2,500	—
1743 HM	5,134	245	550	1,250	2,150	—
1744/3 HM	—	210	500	1,100	1,750	—
1744 HM	24,000	200	450	1,000	1,650	—
1745 HM	2,470	175	425	950	1,625	—
1746 HM	—	175	425	950	1,625	—
1747 HM	4,809	200	450	1,000	1,650	—

KM# 424 DUCAT
3.5000 g., 0.9760 Gold 0.1098 oz. AGW Ruler: Frederick I Obv: Bust right Obv. Legend: FRIDERICVS • D • G • REX • ... Rev: Rising sun at lower left of crowned shield dividing date within sprigs Rev. Inscription: IN • DEO • SPES • MEA •

Date	Mintage	VG	F	VF	XF	Unc
1738 HM	3,314	200	425	975	1,575	—
1743 HM	5,134	275	600	1,425	2,450	—

Date	Mintage	VG	F	VF	XF	Unc
1746 HM	18,000	225	525	125	2,000	—
1748/7 HM	7,826	200	450	1,000	1,750	—
1748 HM	Inc. above	175	400	925	1,550	—

KM# 436 DUCAT
3.5000 g., 0.9760 Gold 0.1098 oz. AGW Ruler: Frederick I Obv: Bust right Obv. Legend: FRIDERICUS • D • G • REX • ... Rev: Radiance around crowned shield dividing date within sprigs Rev. Legend: IN • DEO • SPES • MEA • Note: Struck at Stockholm Mint.

Date	Mintage	VG	F	VF	XF	Unc
1741 HM Rare	2,718	—	—	—	—	—

KM# 438 DUCAT
3.5000 g., 0.9760 Gold 0.1098 oz. AGW Ruler: Frederick I Rev: Crowned round arms divide date, arms of Smaland in exergue

Date	Mintage	VG	F	VF	XF	Unc
1743 HM	—	600	1,250	2,850	5,000	—
1744 HM	306	700	1,500	3,500	5,750	—
1745/1744 HM	—	650	1,350	3,000	5,000	—
1746 HM	351	700	1,500	3,500	5,750	—

KM# 441 DUCAT
3.5000 g., 0.9760 Gold 0.1098 oz. AGW Ruler: Frederick I Rev: Radiance around crown above round arms

Date	Mintage	VG	F	VF	XF	Unc
1747 HM	544	650	1,450	3,000	6,000	—

KM# 444 DUCAT
3.5000 g., 0.9760 Gold 0.1098 oz. AGW Ruler: Frederick I Obv: Bust right Obv. Legend: FRIDERICUS • D • G • REX • ... Rev: Crowned shield of arms in Order collar divides date Rev. Legend: IN • DEO • SPES • MEA •

Date	Mintage	VG	F	VF	XF	Unc
1749 HM	1,556	350	750	1,850	3,250	—
1750 HM Rare	5,863	—	—	—	—	—

KM# 458 DUCAT
3.5000 g., 0.9760 Gold 0.1098 oz. AGW Ruler: Frederick I Rev: Crowned arms in Order collar Note: The rising sun on reverse of above 2 coins indicates gold from the East Indies.

Date	Mintage	VG	F	VF	XF	Unc
1750 HM	6,360	275	575	1,350	2,250	—

KM# 459 DUCAT
3.5000 g., 0.9760 Gold 0.1098 oz. AGW Ruler: Frederick I Rev: Crowned round arms in Order collar, arms of Smaland in exergue Note: Arms of Smaland at bottom of reverse on above 4 coins indicates gold from Adelfors.

Date	Mintage	VG	F	VF	XF	Unc
1750 HM	495	600	1,350	2,850	5,500	—

KM# 465 DUCAT
3.5000 g., 0.9760 Gold 0.1098 oz. AGW Ruler: Adolf Frederick Obv: Head right Obv. Legend: ADOLPHUS • FRID • D • G • ... Rev: Crowned, round arms within order chain, date in legend Rev. Legend: SALUS • PUBLICA ...

Date	Mintage	VG	F	VF	XF	Unc
1751 HM	2,332	290	600	1,800	3,000	—
1752 HM	2,866	250	575	1,700	2,700	—
1753 HM	2,802	250	575	1,700	2,700	—
1754 HM	590	450	900	2,750	5,200	—
1755 HM Rare	84	—	—	—	—	—
1756 HM Rare	390	—	—	—	—	—
1757 HM	908	325	700	2,000	4,200	—
1758 HM	3,830	300	650	1,850	3,300	—
1759 HM Rare	1,805	—	—	—	—	—
1760 HM	3,181	250	575	1,800	3,000	—
1761 HM Rare	1,217	—	—	—	—	—
1762 HM	1,962	250	575	1,750	2,950	—
ND HM	—	—	—	—	—	—
1763 AL	4,073	250	575	1,750	2,950	—
1764 AL	4,681	250	575	1,750	2,950	—
1765 AL	2,739	250	575	1,750	2,950	—
1766 AL	4,465	250	575	1,700	2,800	—

Date	Mintage	VG	F	VF	XF	Unc
1767 AL	5,657	250	575	1,700	2,800	—
1768 AL	4,153	250	575	1,700	2,800	—
1769 AL	2,266	250	575	1,750	2,950	—
1770 AL	3,037	250	575	1,750	2,950	—
1771 AL	2,256	290	650	1,850	3,200	—

KM# 466 DUCAT
3.5000 g., 0.9760 Gold 0.1098 oz. AGW Ruler: Adolf Frederick Obv: Head right Obv. Legend: ADOLPHUS • FRID • D • G • ... Rev: Crowned arms in Order chain, date above, mine name in legend

Date	Mintage	VG	F	VF	XF	Unc
1751 HM Rare	—	—	—	—	—	—
1754 HM Rare	—	—	—	—	—	—

KM# 471 DUCAT
3.5000 g., 0.9760 Gold 0.1098 oz. AGW Ruler: Adolf Frederick Obv: Head right Obv. Legend: ADOLPHUS • FRID • D • G • ... Rev: Crowned arms in Order chain, Smaland arms in exergue Rev. Legend: SALUS • PUBLICA • ...

Date	Mintage	VG	F	VF	XF	Unc
1752 HM	239	700	1,500	4,750	10,000	—
1753 HM	—	625	1,400	4,200	7,700	—
1755 HM Rare	411	—	—	—	—	—
1756 HM	402	550	1,300	3,850	9,000	—
1757 HM	319	500	1,150	3,550	8,600	—
1759 HM Rare	420	—	—	—	—	—
1761 HM	740	625	1,400	4,200	7,700	—
1763/1 AL	951	650	1,450	4,300	8,300	—
1763 AL Rare	Inc. above	—	—	—	—	—
1765 AL	305	550	1,300	3,850	7,700	—
1766 AL	533	—	—	—	—	—
1768 AL	363	—	—	—	—	—
1769 AL	764	—	—	—	—	—
1770 AL	375	625	1,400	4,200	7,700	—

KM# 510 DUCAT
3.5000 g., 0.9760 Gold 0.1098 oz. AGW Ruler: Gustaf III Obv: Head right Obv. Legend: GUSTAVUS • III • D • G • REX •.. Rev: Crowned, round arms within order chain, divided date below Rev. Legend: FÄDERNESLANDET •

Date	Mintage	VG	F	VF	XF	Unc
1771 AL	—	375	825	2,050	3,750	—
1772 AL	4,536	205	450	1,150	2,200	—
1773 AL	3,636	220	475	1,150	2,200	—
1774 OL	6,827	180	375	950	1,800	—
1775 OL	4,088	205	450	1,150	2,200	—
1776 OL	15,000	180	375	950	1,800	—
1777 OL	10,000	180	375	950	1,800	—
1778 OL	—	205	425	1,100	2,150	—
1779 OL	4,496	250	525	1,250	2,250	—
1780 OL	2,585	270	575	1,500	2,800	—
1781 OL	Inc. above	180	375	950	1,800	—
1781/77 OL	6,098,000	205	450	950	1,800	—
1782 OL	Inc. above	180	375	950	1,800	—
1782/79 OL	16,000	220	475	1,200	2,150	—
1783 OL	7,448	180	375	950	1,800	—
1784 OL	2,422	425	825	1,800	3,750	—
1785 OL	1,245	350	725	1,700	3,450	—
1786 OL	6,787	180	375	950	1,800	—
1787 OL	5,009	180	375	950	1,800	—
1788 OL Rare	804	—	—	—	—	—
1789 OL	8,198	180	450	950	1,800	—
1790 OL	3,643	250	525	1,250	2,500	—
1791 OL	1,160	180	375	950	1,800	—
1792 OL	3,415	180	375	950	1,800	—

KM# 511 DUCAT
3.5000 g., 0.9760 Gold 0.1098 oz. AGW Ruler: Gustaf III Obv: Head right Obv. Legend: GUSTAVUS • III • D • G • REX • SVECIAE • Rev: Crowned, round arms within order chain, divided date on mantle below Rev. Legend: FÄDERNESLANDET •

Date	Mintage	VG	F	VF	XF	Unc
1771 AL	1,556	425	950	2,850	4,500	—
1772 AL	1,368	575	1,450	3,850	7,500	—

Date	Mintage	VG	F	VF	XF	Unc
1773 AL	563	650	1,500	4,500	8,300	—
1774 OL	987	575	1,450	3,850	7,500	—
1776 OL	382	650	1,500	4,500	8,300	—
1777 OL	230	775	1,600	4,750	8,600	—
1778 OL	4,075	575	1,450	3,850	7,500	—
1779 OL	800	575	1,450	3,850	7,500	—
1781 OL	500	575	1,450	3,850	7,500	—
1782 OL	300	550	1,300	3,250	6,000	—
1783 OL	500	550	1,300	3,250	6,000	—
1784 OL	403	550	1,300	3,250	6,000	—
1785 OL	160	550	1,300	3,250	6,000	—
1786 OL	690	550	1,300	3,250	6,000	—
ND OL	—	—	—	—	—	—

KM# 541 DUCAT

3.5000 g., 0.9760 Gold 0.1098 oz. AGW **Ruler:** Gustaf IV Adolf **Obv:** Head right **Obv. Legend:** GUSTAF • IV • ADOLPH • SV • G • ... **Rev:** Crowned, round arms within order chain, divided date below **Rev. Legend:** GUD OCH FOLKET •

Date	Mintage	VG	F	VF	XF	Unc
1793 OL	1,528	375	750	2,300	3,900	—
1794 OL	14,000	375	750	2,250	3,700	—
1795 OL	4,071	350	675	2,200	3,650	—

KM# 545 DUCAT

3.5000 g., 0.9760 Gold 0.1098 oz. AGW **Ruler:** Gustaf IV Adolf **Obv:** Head right **Obv. Legend:** GUSTAF • IV • ADOLPH • S • G • ... **Rev:** Crowned, round arms within order chain, divided date below **Rev. Legend:** GUD OCH FOLKET •

Date	Mintage	VG	F	VF	XF	Unc
1796 OL	2,800	350	675	2,300	3,700	—
1797 OL	4,100	350	675	2,300	3,700	—
1798 OL	5,056	350	800	2,500	4,000	—

KM# 546 DUCAT

3.5000 g., 0.9760 Gold 0.1098 oz. AGW **Ruler:** Gustaf IV Adolf **Obv:** Head right **Obv. Legend:** GUSTAF • ADOLPH • .... **Rev:** Crowned arms divide date, Smaland arms in exergue **Rev. Legend:** GUD OCH FOLKET •

Date	Mintage	VG	F	VF	XF	Unc
1796 OL Rare	1,200	—	—	—	—	—

KM# 542 DUCAT

3.5000 g., 0.9760 Gold 0.1098 oz. AGW **Ruler:** Gustaf IV Adolf **Obv:** Armored bust right **Obv. Legend:** GUSTAF • IV • ADOLPH • SV • ... **Rev:** Crowned, round arms within order chain, divided date below **Rev. Legend:** GUD OCH FOLKET •

Date	Mintage	VG	F	VF	XF	Unc
1799 OL	6,420	300	725	2,300	4,300	—
1800 OL	5,100	300	650	1,900	3,700	—

KM# 332 2 DUCAT

6.9625 g., 0.9760 Gold 0.2185 oz. AGW **Ruler:** Carl XII **Obv:** Draped bust right **Obv. Legend:** CAROLVS • XII • D • G • REX

• .. **Rev:** Crowned double C monogram, date below **Rev. Legend:** PROTECTOR • MEVS • ..

Date	Mintage	VG	F	VF	XF	Unc
1702 HZ	964	2,700	5,500	11,000	17,000	—
1704 HZ	1,331	3,100	6,700	13,500	21,000	—

KM# 372 2 DUCAT

6.9625 g., 0.9760 Gold 0.2185 oz. AGW **Ruler:** Ulrika Eleonora **Obv:** Draped bust right **Obv. Legend:** VLRICA • ELEONORA • D • G • REGINA • SVECIAE • **Rev:** Crowned shield divides date **Rev. Legend:** IN • DEO • SPES • MEA •

Date	Mintage	VG	F	VF	XF	Unc
1719 LC	39,000	550	1,150	2,200	4,600	—

KM# A390 10 DUCAT

35.0000 g., 0.9760 Gold 1.0982 oz. AGW **Ruler:** Frederick I **Obv:** Bust of Frederick I **Rev:** Facing busts of Gustaf Vasa and Gustaf II Adolf **Note:** Struck with 1 Rixdaler dies, KM#389.2.

Date	Mintage	VG	F	VF	XF	Unc
1721 Rare						

KM# C395 10 DUCAT

35.0000 g., 0.9760 Gold 1.0982 oz. AGW **Ruler:** Frederick I **Obv:** Jugate busts of Frederick I and Ulrika Eleonora right **Rev:** Crowned and supported arms **Note:** Struck with 1 Rixdaler dies, KM#418. Fr.#61.

Date	Mintage	VG	F	VF	XF	Unc
1731 Rare	—	—	—	—	—	—

KM# C419 10 DUCAT

35.0000 g., 0.9760 Gold 1.0982 oz. AGW **Ruler:** Frederick I **Subject:** Frederik's Visit to Hesse-Cassel **Obv:** Bust of Frederick I right **Rev:** Eleven-line inscription **Note:** Fr.#62.

Date	Mintage	VG	F	VF	XF	Unc
MDCCXXXI (1731) Unique						

KM# B419 10 DUCAT

35.0000 g., 0.9760 Gold 1.0982 oz. AGW **Ruler:** Carl IX, Regent **Subject:** Tenth Anniversary of Reign **Obv:** Bust of Frederick I and Ulrika Eleonora jugate right **Rev:** Three crowns on globe **Note:** Fr.#63. Struck with 1 Rixdaler dies, KM#A395.

Date	Mintage	VG	F	VF	XF	Unc
ND(1731)	—					
Unique						

PATTERNS

Including off metal strikes

KM#	Date	Mintage Identification	Mkt Val
PnA1	1730	— 1/4 Ducat. Silver. KM#417.	175
PnB1	1733	— 1/4 Ducat. Silver. KM#417.	150

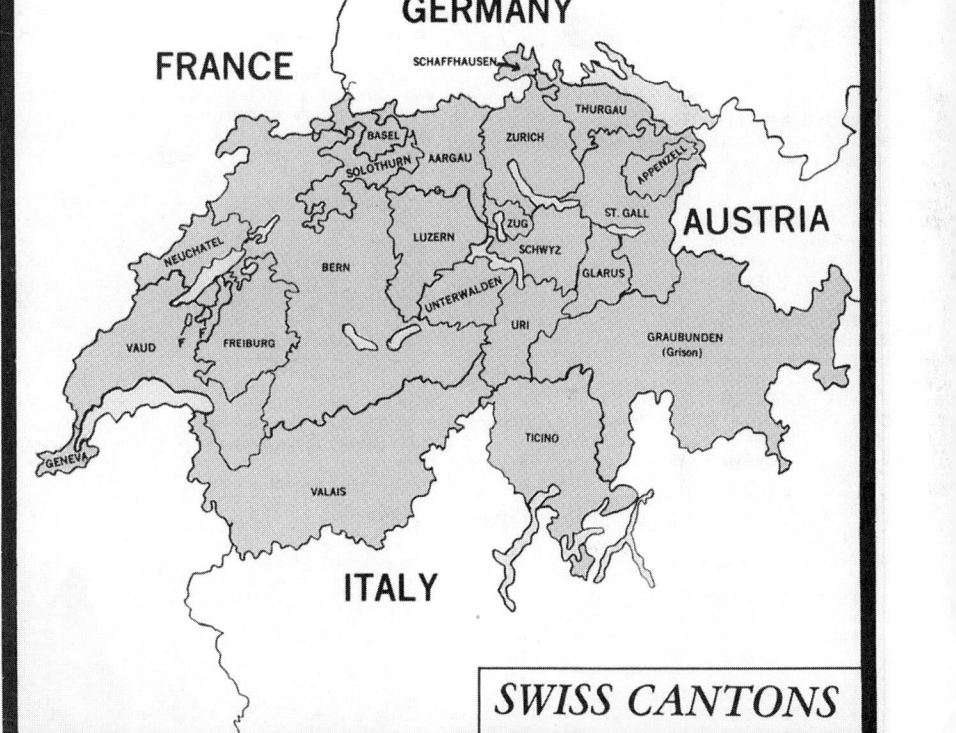

SWISS CANTONS

In Switzerland, canton is the name given to each of the 23 states comprising the Swiss Federation. The origin of the cantons is rooted in the liberty-loving instincts of the peasants of Helvetia. After the Romans departed Switzerland to defend Rome against the barbarians, Switzerland became, in the Middle Ages, a federation of fiefs of the Holy Roman Empire. In 888 it was again united by Rudolf of Burgundy, a minor despot, and for 150 years Switzerland had a king. Upon the death of the last Burgundian king, the kingdom crumbled into a loose collection of feudal fiefs ruled by bishops and ducal families who made their own laws and levied their own taxes. Eventually this division of rule by arbitrary despots became more than the freedom-loving and resourceful peasants could bear. The citizens living in the remote valleys of Uri, Schwyz (from which Switzerland received its name) and Unterwalden decided to liberate themselves from all feudal obligations and become free.

On Aug. 1, 1291, the elders of these three small states met on a tiny heath known as the Rutli on the shores of the Lake of Lucerne and negotiated an eternal pact' which recognized their right to local self-government, and pledged one another assistance against any encroachment upon these rights. The pact was the beginning of the Everlasting League' and the foundation of the Swiss Confederation.

APPENZELL

Located in northeast Switzerland, completely surrounded by the canton of St. Gall. The name was derived from "Abbot's Cell". Achieved independence from the abbots of St. Gall in the period 1377/1411. Divided by religious differences into two half cantons, Ausser-Rhoden (Protestant) and Inner-Rhoden (Catholic). Both were joined to the Canton to Santis 1797-1803, but regained their independent status in 1803.

MONETARY SYSTEM

4 Pfenning = 1 Kreuzer
10 Rappen = 4 Kreuzer = 1 Batzen
10 Batzen = 1 Franken

INNER RHODEN
Catholic

STANDARD COINAGE

KM# 15 HELLER

Copper **Obv:** Value above bear **Note:** Uniface.

Date	Mintage	VG	F	VF	XF	Unc
ND(1737)	—	600	1,200	4,250	—	—

SWISS CANTONS

APPENZELL

KM# 16 HELLER
Billon **Obv:** Bear standing in shield within sprigs **Note:** Uniface.

Date	Mintage	VG	F	VF	XF	Unc
ND(1737) Rare	—	—	—	—	—	—

KM# 17 PFENNIG
Billon **Obv:** Bear standing right **Note:** Uniface.

Date	Mintage	VG	F	VF	XF	Unc
ND(1737) Rare	—	—	—	—	—	—

KM# 18 PFENNIG
Billon **Obv:** Bear standing left **Note:** Uniface.

Date	Mintage	VG	F	VF	XF	Unc
ND(1737)	—	30.00	60.00	175	—	—

KM# 21 2 PFENNIG
Billon **Obv:** Bear standing left dividing value

Date	Mintage	VG	F	VF	XF	Unc
ND(1737) Rare	—	—	—	—	—	—

KM# 19 2 PFENNIG
Billon **Obv:** Bear standing right within ornate shield dividing value **Note:** Uniface.

Date	Mintage	VG	F	VF	XF	Unc
ND(1737)	—	60.00	120	425	—	—

KM# 20 2 PFENNIG
Billon **Obv:** Bear standing right, dividing value **Note:** Uniface.

Date	Mintage	VG	F	VF	XF	Unc
ND(1737)	—	40.00	80.00	250	—	—

KM# 26 BLUZGER
Billon **Obv:** Cantonal arms in Spanish shield within oval cartouche **Rev:** Cruciform within inner circle

Date	Mintage	VG	F	VF	XF	Unc
1738	—	225	425	1,800	—	—
1739	—	175	325	1,275	—	—

KM# 27 BLUZGER
Billon **Obv:** Oval arms within cartouche

Date	Mintage	VG	F	VF	XF	Unc
1738 Rare	—	—	—	—	—	—

KM# 22 1/2 KREUZER
Billon **Obv:** Value: 1/2 in oval divides two shields at top **Rev:** Value: 1/2

Date	Mintage	VG	F	VF	XF	Unc
1737	—	20.00	40.00	135	360	—

KM# 23 KREUZER
Billon **Obv:** Bear right on shield within ornamentation **Rev:** Value above date within wreath

Date	Mintage	VG	F	VF	XF	Unc
1737	—	100	200	675	180	3,400

KM# 28 KREUZER
Billon **Obv:** Arms with bear right in shield within laurel wreath **Rev:** Value and date within laurel wreath

Date	Mintage	VG	F	VF	XF	Unc
1738 Rare	—	—	—	—	—	—

KM# 42 KREUZER
Billon **Obv:** Bear left in shield

Date	Mintage	VG	F	VF	XF	Unc
1740	—	500	950	2,700	—	—

KM# 44 KREUZER
Billon **Obv:** Arms with bear left in shield within two laurel branches, AIR above

Date	Mintage	VG	F	VF	XF	Unc
1742 Rare	—	—	—	—	—	—

KM# 29 3 KREUZER ((Groschen))
Billon **Obv:** Similar to 15 Kreuzer, KM#34 **Rev:** Cruciform with flowers in angles

Date	Mintage	VG	F	VF	XF	Unc
1738	—	450	900	2,500	—	—

KM# 30 3 KREUZER ((Groschen))
Billon **Obv:** Similar to 15 Kreuzer, KM#35 **Rev:** Ornate cruciform with flowers in angles within inner circle, value: 3 at center of cross

Date	Mintage	VG	F	VF	XF	Unc
1738	—	160	325	1,275	—	—

KM# 31 3 KREUZER ((Groschen))
Billon **Obv:** Bear right

Date	Mintage	VG	F	VF	XF	Unc
1738	—	100	200	2,250	4,500	—

KM# 40 3 KREUZER ((Groschen))
Billon **Obv:** Crowned imperial eagle within inner circle

Date	Mintage	VG	F	VF	XF	Unc
1739	—	650	1,200	4,000	—	—

KM# 37 1/2 BATZEN
Billon **Obv:** Similar to 15 Kreuzer, KM#34 **Rev:** Value and date in circle, ornamentation around

Date	Mintage	VG	F	VF	XF	Unc
1738	—	450	800	3,500	—	—

KM# 32 4 KREUZER (1 Batzen)
Billon **Obv:** Similar to 15 Kreuzer, KM#34 but shield divides value: 4-K **Rev:** Monogram APP above date

Date	Mintage	VG	F	VF	XF	Unc
1738	—	125	200	850	2,250	4,250

KM# 38 9 BATZEN
Silver **Obv:** St Maurice with oval shield at right **Obv. Legend:** S • MAURIT • PAT • .... **Rev:** Inscription, value, date within cartouche

Date	Mintage	VG	F	VF	XF	Unc
1738	—	850	160	1,250	9,000	—

KM# 39 9 BATZEN
Silver **Rev:** Inscription, date and value within palm branches **Rev. Legend:** SALVUM / FAC / POPVLUM / TVUM

Date	Mintage	VG	F	VF	XF	Unc
1738	—	2,500	4,000	10,000	—	—

KM# A24 6 KREUZER
Billon

Date	Mintage	VG	F	VF	XF	Unc
1737	—	70.00	125	425	—	—

KM# 33 6 KREUZER
Billon **Obv:** Similar to 15 Kreuzer, KM#34 **Rev:** Larger and more ornate ornamentation around cartouche

Date	Mintage	VG	F	VF	XF	Unc
1738	—	450	800	3,000	—	—

KM# 34 15 KREUZER
Silver **Obv:** Bear right within cartouche **Obv. Legend:** MONETA REIP... **Rev:** Inscription, date within cartouche, value in oval circle below

Date	Mintage	VG	F	VF	XF	Unc
1738	—	325	650	1,700	3,600	—

Note: 1 in value

KM# 35 15 KREUZER
Silver **Obv:** Bear left within circle **Obv. Legend:** MONETA NOVA REIP ... **Rev:** Inscription, date within cartouche, value in oval circle below **Rev. Legend:** GLORIA / IN / EXCELSIS / DEO

Date	Mintage	VG	F	VF	XF	Unc
1738	—	250	475	1,300	2,700	—
1738	—	425	800	2,100	—	—

Note: 1 in value

KM# 36 20 KREUZER
Silver **Obv:** Crowned imperial eagle with arms on breast **Rev:** Value and date within palm branches

Date	Mintage	VG	F	VF	XF	Unc
1738	—	1,250	2,400	6,000	—	—

KM# 43 20 KREUZER
Silver **Obv:** Larger imperial eagle **Rev:** Value and date in oval ornate cartouche

Date	Mintage	VG	F	VF	XF	Unc
1740	—	250	475	1,275	—	—

TRADE COINAGE

KM# 24 DUCAT
3.5000 g., 0.9860 Gold 0.1109 oz. AGW **Obv. Legend:** S • MAURITIUS • PATRONUS **Rev:** St. Maurice with oval shield at right **Rev. Inscription:** DUCATUS/REIP/APPENZEL/LENSIS

Date	Mintage	F	VF	XF	Unc	BU
1737	—	2,800	6,000	10,000	16,000	—

KM# 41 DUCAT
3.5000 g., 0.9860 Gold 0.1109 oz. AGW **Obv:** St. Maurice with oval shield at right **Obv. Legend:** S • MAURITIUS • PATRONUS **Rev:** Inscription, date within ornamented square **Rev. Inscription:** DUCATUS/REIPUB/APPENZE/LLENSIS

Date	Mintage	F	VF	XF	Unc	BU
1739 Rare	—	—	—	—	—	—

BASEL

BISHOPRIC

A bishopric in northwest Switzerland, founded in the 5th century. The first coinage was c.1000AD. During the Reformation Basel became Protestant and the bishop resided henceforth in the town of Porrentruy. The Congress of Vienna gave the territories of the Bishopric to Bern. Today they form the Canton Jura and the French speaking part of Bern.

RULERS
Johann Conrad II von Reinach-Hirzbach,
1705-1737
Joseph Sigismund von Roggenbach,
1782-1793

MINT OFFICIALS' INITIALS

Initial	Date	Name
D-B	?	J. De Beyer
H	1756-93	Haag
IH	1765	?
I-HH	1765	Handmann
S	1780	Johann Ulrich Samson

MONETARY SYSTEM
4 Kreuzer = 1 Batzen

STANDARD COINAGE

KM# 33 RAPPEN (Vierer)
Billon **Ruler:** Johann Conrad II **Obv:** Round arms **Obv. Legend:** IOA • CO • D • G • EP • BAS • S • R • I • PR **Rev:** MONETA / NOVA / date, within palm and laurel branches

Date	Mintage	VG	F	VF	XF	Unc
1718	—	40.00	80.00	215	675	—
1719	—	40.00	80.00	215	675	—

KM# 36 KREUZER
Billon **Ruler:** Johann Conrad II **Obv:** Round arms **Obv. Legend:** IOA • CO • D • G • EP • BAS • S • R • I • PR **Rev:** Double-headed eagle, value on breast, within beaded circle

Date	Mintage	VG	F	VF	XF	Unc
1725 Rare	—	—	—	—	—	—

KM# 38 KREUZER
Billon **Ruler:** Johann Conrad II **Obv:** Bust of Johann Conrad II right within beaded circle **Rev:** Double-headed eagle, value on breast, within beaded circle

Date	Mintage	VG	F	VF	XF	Unc
1725	—	175	325	850	1,800	—
1726	—	20.00	40.00	175	—	—
1727	—	45.00	80.00	250	675	—

BASEL

KM# 41 2 KREUZER (1/2 Batzen)
Billon **Ruler:** Johann Conrad II **Obv:** Ornate shield on mantle above date **Rev:** Value on breast of crowned double-headed eagle

Date	Mintage	VG	F	VF	XF	Unc
1717	—	12.00	20.00	85.00	—	—
1718	—	12.00	20.00	85.00	—	—
1719	—	12.00	20.00	85.00	—	—
1733 Rare	—	—	—	—	—	—

KM# 30 3 KREUZER (1 Groschen)
Billon **Ruler:** Johann Conrad II **Obv:** Value in cartouche at bottom left, bust of Johann Conrad II right, within inner circle **Rev:** Crowned double-headed eagle

Date	Mintage	VG	F	VF	XF	Unc
1717 Rare	—	—	—	—	—	—
1718	—	175	325	800	1,600	—

KM# 42 4 KREUZER (1 Batzen)
Billon **Ruler:** Johann Conrad II **Obv:** Ornate shield on mantle above date **Rev:** Value on breast of crowned double-headed eagle

Date	Mintage	VG	F	VF	XF	Unc
1718	—	25.00	40.00	175	450	—
1733	—	35.00	65.00	225	675	—

KM# 39 6 KREUZER
Silver **Ruler:** Johann Conrad II **Obv:** Bust right **Obv. Legend:** IOANNES • CONRADVS • D • G • **Rev:** Value on breast of crowned double-headed eagle

Date	Mintage	VG	F	VF	XF	Unc
1726 H	—	45.00	80.00	215	450	—

KM# 37 12 KREUZER
Silver **Ruler:** Johann Conrad II **Obv:** Bust right **Obv. Legend:** IOANNES • CONRADVS • D • G • **Rev:** Value on breast of crowned double-headed eagle

Date	Mintage	VG	F	VF	XF	Unc
1725 Rare	—	—	—	—	—	—
1726	—	35.00	60.00	170	365	—
1733	—	175	325	850	—	—

KM# 45 12 KREUZER
Silver **Ruler:** Joseph Sigismund **Obv:** Bust left **Obv. Legend:** IOSEPH.... **Rev:** Value on breast of crowned double-headed eagle

Date	Mintage	VG	F	VF	XF	Unc
1786	—	20.00	40.00	130	225	350
1787	—	18.00	32.00	110	185	300
1788	—	18.00	32.00	110	185	300

KM# 25 20 KREUZER
Silver **Ruler:** Johann Conrad II **Obv:** Bust right **Obv. Legend:** IOANNES • CONRADVS • D • G • **Rev:** Value on breast of crowned double-headed eagle

Date	Mintage	VG	F	VF	XF	Unc
1716	—	45.00	80.00	215	—	—
1717	—	45.00	80.00	215	—	—
1722 Rare	—	—	—	—	—	—
1723	—	45.00	80.00	215	—	—
1724	—	45.00	80.00	215	—	—
1725	—	45.00	80.00	215	—	—
1726 Rare	—	—	—	—	—	—

KM# 48 24 KREUZER
Silver **Ruler:** Joseph Sigismund **Obv:** Bust left **Obv. Legend:** IOSEPHUS • D • G • ... **Rev:** Value on breast of crowned double-headed eagle

Date	Mintage	VG	F	VF	XF	Unc
1788	—	35.00	60.00	175	315	640

KM# 31 1/2 BATZEN
Billon **Ruler:** Johann Conrad II **Obv:** Crowned double-headed eagle within circle **Obv. Legend:** MONETA • NOVA • ... **Rev:** Cruciform with decorations in angles within inner circle, shield of arms at center **Rev. Legend:** S • R • I • PRINCEPS EPIS • ...

Date	Mintage	VG	F	VF	XF	Unc
1717	—	11.50	20.00	85.00	—	—
1718	—	11.50	20.00	85.00	—	—
1719	—	11.50	20.00	85.00	—	—
1733 Rare	—	—	—	—	—	—

KM# 46 1/2 BATZEN
Billon **Ruler:** Joseph Sigismund **Obv:** Crowned shield **Rev:** Value, date within thin wreath

Date	Mintage	VG	F	VF	XF	Unc
1787	—	12.00	20.00	85.00	225	400

KM# 34 BATZEN
Billon **Ruler:** Johann Conrad II **Obv:** Ornate shield on mantle above date **Obv. Legend:** IOAN • CONR • D • G • ... **Rev:** Double-headed eagle **Rev. Legend:** PRINCEPS EPIS ...

Date	Mintage	VG	F	VF	XF	Unc
1718	—	25.00	40.00	170	450	—
1733	—	35.00	60.00	215	675	—

KM# 47 BATZEN
Billon **Ruler:** Joseph Sigismund **Obv:** Crowned shield **Rev:** Value, date within thin wreath

Date	Mintage	VG	F	VF	XF	Unc
1787	—	12.00	25.00	110	275	425

KM# 26 SCHILLING
Billon **Ruler:** Joseph Sigismund **Obv:** Crowned imperial eagle in inner circle, date below **Rev:** Saint standing with church and fleur-de-lis

Date	Mintage	VG	F	VF	XF	Unc
1716	—	12.00	20.00	85.00	275	—
1717	—	12.00	20.00	85.00	275	—
1718	—	12.00	20.00	85.00	275	—
1719	—	12.00	20.00	85.00	275	—
1722	—	9.00	16.00	65.00	225	—
1723	—	9.00	16.00	65.00	225	—
1724	—	9.00	16.00	65.00	225	—
1727	—	9.00	16.00	65.00	225	—

KM# 32 1/4 THALER
Silver **Ruler:** Johann Conrad II **Obv:** Bust right **Obv. Legend:** IOANNES • CONRAD • VS • ... **Rev:** Fleur-de-lis within cartouche, value in oval circle below

Date	Mintage	VG	F	VF	XF	Unc
1717	—	90.00	160	450	900	—

KM# 27 THALER
Silver **Ruler:** Johann Conrad II **Obv:** Bust right **Obv. Legend:** IOANNES • CONRADVS • D • G **Rev:** Crowned double-headed eagle, oval shield on breast **Note:** Dav. #1739.

Date	Mintage	VG	F	VF	XF	Unc
1716	—	1,500	2,400	6,375	—	—

TRADE COINAGE

KM# 28 DUCAT
3.5000 g., 0.9860 Gold 0.1109 oz. AGW **Ruler:** Johann Conrad II **Obv:** Bust right **Obv. Legend:** CONRAD • II • D • G • ... **Rev:** Crowned double-headed eagle, oval shield on breast

Date	Mintage	VG	F	VF	XF	Unc
1716 Rare	—	—	—	—	—	—

KM# 29 2 DUCAT
7.0000 g., 0.9860 Gold 0.2219 oz. AGW **Ruler:** Johann Conrad II **Obv:** Bust right **Obv. Legend:** CONRADI D G ... **Rev:** Crowned double-headed eagle, oval shield on breast

Date	Mintage	VG	F	VF	XF	Unc
1716 Rare	—	—	—	—	—	—
1724 Rare	—	—	—	—	—	—

CITY

A city in northwest Switzerland, it was founded in 374 by the Roman Emperor Valentinian. It became a Burgundian Mint in the 10th century and obtained the mint right in 1373. It was admitted to the Swiss Confederation in 1501. Developed into a canton.

MONETARY SYSTEM
Until 1798
8 Rappen = 1 Batzen
30 Batzen = 2 Gulden = 1 Thaler
Dicken = 24 Kreuzer

STANDARD COINAGE

KM# 56 RAPPEN (Vierer)
Billon **Obv:** Arms on shield, small ornaments on top and sides in inner circle, small pearls at edge **Note:** Uniface.

Date	Mintage	VG	F	VF	XF	Unc
ND	—	9.00	16.00	35.00	90.00	175

KM# 154 RAPPEN (Vierer)
Billon **Obv:** MON • BASIL within wreath **Rev:** Arms of Basel within cartouche

Date	Mintage	VG	F	VF	XF	Unc
ND(1750)	—	3.00	5.00	13.00	36.00	68.00

SWISS CANTONS — BASEL

arms of Basel at lower left **Rev. Legend:** DOMINE CONSERVA NOS IN PACE

Date	Mintage	VG	F	VF	XF	Unc
1764	—	50.00	80.00	215	450	—
1766	—	40.00	60.00	175	365	—

KM# 122 1/4 THALER
Silver **Obv:** 1/4 in oval below city view **Rev:** Arms in circle

Date	Mintage	VG	F	VF	XF	Unc
ND	—	25.00	40.00	125	275	425

KM# 136 ASSIS
Billon **Ruler:** Johann Conrad II

Date	Mintage	VG	F	VF	XF	Unc
1708	—	5.00	8.00	26.00	68.00	130

KM# 138 1/2 BATZEN
Billon **Ruler:** Johann Conrad II **Obv:** Basilisk holding shield **Rev:** Value, date within cartouche, legend around

Date	Mintage	VG	F	VF	XF	Unc
1724	—	9.00	16.00	35.00	135	215

KM# 142 1/4 THALER
Silver **Obv:** City view and date below assorted shields **Rev:** Winged dragon with arms of Basel at lower left **Rev. Legend:** DOMINE • CONSERVA • NOS • IN • PACE •

Date	Mintage	VG	F	VF	XF	Unc
1740	—	—	20.00	35.00	110	225	385

KM# 143 1/4 THALER
Silver **Obv:** City view and date below assorted shields **Rev:** Winged dragon with large arms of Basel at lower left **Rev. Legend:** DOMINE CONSERVA NOS IN PACE

Date	Mintage	VG	F	VF	XF	Unc
1740	—	25.00	40.00	125	275	425

KM# 144 1/4 THALER
Silver **Rev:** Basilisk holding smaller arms

Date	Mintage	VG	F	VF	XF	Unc
1740 Rare	—	—	—	—	—	—

KM# 162 1/2 BATZEN
Billon **Obv:** Arms of Basel within cartouche **Rev:** Value, date within cartouche

Date	Mintage	VG	F	VF	XF	Unc
1762	—	5.00	8.00	25.00	90.00	175
1763	—	5.00	8.00	25.00	90.00	175
1765	—	5.00	8.00	25.00	90.00	175
1794	—	15.00	24.00	50.00	175	350

KM# 139 BATZEN
Billon **Ruler:** Johann Conrad II **Obv:** Basilisk holding shield **Rev:** Value, date within cartouche, legend around

Date	Mintage	VG	F	VF	XF	Unc
1724	—	8.00	16.00	32.00	135	215

KM# 163 BATZEN
Billon **Obv:** Arms of Basel within cartouche **Rev:** Value, date within cartouche

Date	Mintage	VG	F	VF	XF	Unc
1762	—	200	400	850	2,250	—

KM# 164 BATZEN
Billon **Obv:** Arms of Basel within cartouche **Obv. Legend:** MONETA.... **Rev:** Value, date within cartouche

Date	Mintage	VG	F	VF	XF	Unc
1763	—	7.50	12.00	25.00	110	200
1764	—	7.50	12.00	25.00	110	200
1765	—	7.50	12.00	25.00	110	200

KM# 140 3 BATZEN
Billon **Ruler:** Johann Conrad II **Obv:** Basilisk holding shield **Rev:** Value, date in ornate cartouche

Date	Mintage	VG	F	VF	XF	Unc
1724	—	12.50	20.00	45.00	135	—
1726	—	12.50	20.00	45.00	135	—

KM# 165 3 BATZEN
Billon **Obv:** Arms of Basel within cartouche **Obv. Legend:** DOMINE CONSERVA NOS IN PACE **Rev:** Value, date within cartouche **Rev. Legend:** MONETA REIPUB • BASILEENSIS

Date	Mintage	VG	F	VF	XF	Unc
1764	—	8.00	16.00	35.00	110	225
1765	—	8.00	16.00	35.00	110	225

KM# 166 1/6 THALER
Silver **Obv:** Value within wreath, date below **Obv. Legend:** MONETA REIPUB • BASILEENSIS **Rev:** Winged dragon with

KM# 167 1/3 THALER
Silver **Obv:** Value within wreath, date below **Obv. Legend:** MONETA REIPUB • BASILEENSIS **Rev:** Winged dragon with arms of Basel at lower left **Rev. Legend:** DOMINE • CONSERVA • NOS • IN • PACE •

Date	Mintage	VG	F	VF	XF	Unc
1764	—	20.00	35.00	85.00	225	525
1766	—	20.00	35.00	85.00	225	525

KM# 90 1/2 THALER
Silver **Obv:** MONET: /NOVA/REIPVBL:/BASIL: within ornamentation **Rev:** Arms within round cartouche, legend around

Date	Mintage	VG	F	VF	XF	Unc
ND	—	—	160	320	550	1,000

KM# 92 1/2 THALER
Silver **Obv:** Tall buildings at left, path going to right **Rev:** Cartouche not as ornate, shorter basilisks

Date	Mintage	VG	F	VF	XF	Unc
ND	—	—	60.00	120	200	400	—

KM# 93 1/2 THALER
Silver **Obv:** Path going to left, arms in cartouche above city view **Rev:** Small arms and cartouche

Date	Mintage	VG	F	VF	XF	Unc
ND	—	60.00	120	250	550	950

KM# 123 1/2 THALER
Silver

Date	Mintage	VG	F	VF	XF	Unc
ND	—	—	60.00	120	200	375

KM# 124 1/2 THALER
Silver

Date	Mintage	VG	F	VF	XF	Unc
ND	—	80.00	160	285	—	600

KM# 145 1/2 THALER
Silver **Note:** Similar to KM#147 but basilisk holding different shaped shield.

Date	Mintage	VG	F	VF	XF	Unc
1741	—	65.00	125	350	725	—

KM# 146 1/2 THALER
Silver **Rev:** Basilisk facing left holding small oval arms left

Date	Mintage	VG	F	VF	XF	Unc
1741	—	45.00	75.00	175	365	600

KM# 147 1/2 THALER
Silver **Obv:** City view and date below assorted shields **Rev:** Basilisk facing right holding oval arms of Basel at lower left **Rev. Legend:** DOMINE • CONSERVA • NOS • IN • PACE •

Date	Mintage	VG	F	VF	XF	Unc
1741	—	65.00	100	250	650	1,200

KM# 148 1/2 THALER
Silver **Obv:** City view and date below assorted shields **Rev:** Winged dragon with arms of Basel at lower left **Rev. Legend:** DOMINE CONSERVA NOS IN PACE

Date	Mintage	VG	F	VF	XF	Unc
1741	—	65.00	100	250	550	935

KM# 159 1/2 THALER
Silver **Obv:** City view with date divided below **Rev:** Basilisk with arms of Basel at lower left **Rev. Legend:** DOMINE • CONSERVA • NOS • IN • PACE

Date	Mintage	VG	F	VF	XF	Unc
1757	—	50.00	80.00	225	450	775

KM# 160 1/2 THALER
Silver **Rev:** Basilisk with small oval arms of Basel at lower left

Date	Mintage	VG	F	VF	XF	Unc
1757	—	75.00	125	350	725	1,200

KM# 168 1/2 THALER
Silver **Obv:** Value within wreath, date below **Obv. Legend:** MONETA • REIPUB • BASILEENSIS **Rev:** Winged dragon with arms of Basel at lower left **Rev. Legend:** DOMINE • CONSERVA • NOS • IN • PACE

Date	Mintage	VG	F	VF	XF	Unc
1765 H	—	40.00	65.00	175	325	525
1765	—	50.00	80.00	200	450	775

BASEL

KM# 127 THALER

Silver **Obv:** City view below banner **Rev:** Arms of Basel with dragon supporters **Rev. Legend:** DOMINE • CONSERVA • NOS • IN • PACE **Note:** Dav. #1744.

Date	Mintage	VG	F	VF	XF	Unc
ND	—	160	315	525	1,000	

KM# 128 THALER

Silver **Obv:** BASILEA above city view **Rev:** Winged dragon with arms of Basel at lower left **Rev. Legend:** DOMINE • CONSERVA • NOS • IN • PACE **Note:** Dav. #1747.

Date	Mintage	VG	F	VF	XF	Unc
ND	—	60.00	125	325	650	1,400

KM# 178 1/2 THALER

Silver **Obv:** City view, date within sprigs below assorted shields **Rev:** Winged dragon with arms of Basel at lower left **Rev. Legend:** DOMINE CONSERVA NOS IN PACE

Date	Mintage	VG	F	VF	XF	Unc
1785	—	40.00	65.00	175	325	525
1786	—	40.00	65.00	175	325	525

KM# 169 THALER

Silver **Obv:** Value within wreath, date below **Obv. Legend:** MONETA REIPUB • BASILEENSIS **Rev:** Basilick with arms of Basel at lower left **Rev. Legend:** DOMINE • CONSERVA • NOS • IN • PACE **Note:** Dav. #1754.

Date	Mintage	VG	F	VF	XF	Unc
1765 IH	—	50.00	80.00	265	550	1,100

KM# 191 1/2 THALER

Silver **Obv:** Oval arms of Basel within sprigs **Obv. Legend:** RESPVBLICA... **Rev:** Inscription within wreath **Rev. Inscription:** DOMINE/CONSERVA/NOS/IN PACE

Date	Mintage	VG	F	VF	XF	Unc
MDCCXCVII (1797)	—	75.00	125	350	725	1,200

KM# 129 THALER

Silver **Obv:** BASILEA in cartouche above city view **Rev:** Winged dragon with arms of Basel in center of assorted shields at lower left **Rev. Legend:** DOMINE • CONSERVA • NOS • IN • PACE **Note:** Dav. #1743.

Date	Mintage	VG	F	VF	XF	Unc
ND	—	45.00	80.00	250	475	1,000

KM# 179 THALER

Silver **Obv:** City view and date below assorted shields **Rev:** Winged dragon with arms of Basel at lower left **Rev. Legend:** DOMINE CONSERVA NOS IN PACE **Note:** Dav. #1755.

Date	Mintage	VG	F	VF	XF	Unc
1785 H	—	80.00	125	350	725	1,500

KM# 119 THALER

Silver **Obv:** City view below banner **Rev:** Arms of Basel on breast of double-headed dragon within circle **Rev. Legend:** DOMINE CONSERVA NOS IN PACE **Note:** Cross-reference number Dav. #1745.

Date	Mintage	VG	F	VF	XF	Unc
ND	—	75.00	125	350	725	1,250

KM# 126 THALER

Silver **Obv:** City view **Rev:** Arms of Basel within cartouche **Rev. Legend:** DOMINE CONSERVA NOS IN PACE **Note:** Dav. #1746.

Date	Mintage	VG	F	VF	XF	Unc
ND	—	65.00	10.00	300	625	1,200

KM# 149 THALER

Silver **Obv:** Assorted shields and BASILEA within decorative banner above city view and date **Rev:** Winged dragon with arms of Basel at lower left **Rev. Legend:** DOMINE • CONSERVA • NOS • IN • PACE **Note:** Dav. #1750.

Date	Mintage	VG	F	VF	XF	Unc
1741	—	45.00	80.00	275	550	1,100

KM# 184 THALER

Silver **Obv:** City view above date within sprigs **Rev:** Basilisk facing right with arms of Basel at lower left **Rev. Legend:** DOMINE CONSERVA NOS IN PACE **Note:** Dav. #1756.

Date	Mintage	VG	F	VF	XF	Unc
1793 H	—	125	250	700	1,300	2,500

KM# 185 THALER

Silver **Obv:** City view above date within sprigs **Rev:** Basilisk facing left arms of Basel at lower left **Rev. Legend:** DOMINE CONSERVA NOS IN PACE **Note:** Dav. #1757.

Date	Mintage	VG	F	VF	XF	Unc
1793	—	75.00	125	350	700	1,500

KM# 157 THALER

Silver **Obv:** BASILEA above city view **Rev:** Winged dragon with arms of Basel at lower left **Rev. Legend:** DOMINE • CONSERVA • NOS • IN • PACE **Note:** Dav. #1751.

Date	Mintage	VG	F	VF	XF	Unc
1756	—	80.00	125	350	725	1,500

KM# 158 THALER

Silver **Rev:** Basilick with arms of Basel at lower left **Rev. Legend:** DOMINE CONSERVA NOS IN PACE **Note:** Dav. #1752.

Date	Mintage	VG	F	VF	XF	Unc
1756 H	—	80.00	125	350	725	1,500

SWISS CANTONS — BASEL

KM# 186 THALER
Silver **Obv:** Oval arms of Basel on mantle, with garland **Obv. Legend:** RESPVBLICA BASILEENSIS **Rev:** Inscription within thin wreath **Rev. Inscription:** DOMINE/CONSERVA NOS/ IN PACE **Note:** Dav. #1758.

Date	Mintage	VG	F	VF	XF	Unc
1795	—	75.00	125	325	700	1,500
1796	—	150	250	700	1,350	2,500

KM# 130 2 THALER
Silver **Obv:** City view with seven ships in harbor within beaded circle **Obv. Legend:** DOMINE • CONSERVA • NOS • IN • PACE **Rev:** Winged dragon with arms of Basel at lower left within center circle of assorted shields **Note:** Dav. #1742A.

Date	Mintage	VG	F	VF	XF	Unc
ND(1710) IDB	—	225	350	850	1,800	3,000

KM# 71 2 THALER
Silver **Obv:** BASILEA in banner above city view **Rev:** Arms of Basel in center circle of assorted shields, legend around arms **Note:** Dav. #1741.

Date	Mintage	VG	F	VF	XF	Unc
1737	—	350	485	1,125	2,250	4,000

KM# 72 2 THALER
Silver **Obv:** Arms of Basel in center circle of assorted shields **Obv. Legend:** MONETA NOVA VRBIS BASILEENSIS **Rev:** Double-headed eagle within circle **Rev. Legend:** DOMINE CONSERVA NOS IN PACE **Note:** Dav. #1740.

Date	Mintage	VG	F	VF	XF	Unc
ND	—	550	1,100	1,825	2,650	—

KM# 150 2 THALER
Silver **Obv:** Assorted shields and BASILEA in decorative banner above city view, date **Rev:** Winged dragon with arms of Basel at lower left **Rev. Legend:** DOMINE • CONSERVA • NOS • IN • PACE **Note:** Dav. #1749.

Date	Mintage	VG	F	VF	XF	Unc
1741	—	225	325	850	1,800	3,000

KM# 187 DUPLONE
7.6400 g., 0.9000 Gold 0.2211 oz. AGW **Obv:** Oval arms of Basel, with hat and sprigs **Obv. Legend:** BASILEENSIS • RESPVBLICA **Rev:** Altar with sprig **Rev. Inscription:** DOMINE / CONSERVA / NOS / IN PACE

Date	Mintage	VG	F	VF	XF	Unc
1795	—	200	375	600	1,350	2,100

KM# 188 DUPLONE
7.6400 g., 0.9000 Gold 0.2211 oz. AGW **Obv:** Oval arms of Basel with hat and garland **Obv. Legend:** BASILEENSIS • RESPVBLICA **Rev:** Inscription within wreath **Rev. Legend:** DOMINE CONSERVA NOS ON PACE

Date	Mintage	VG	F	VF	XF	Unc
1795	—	750	1,200	2,500	4,500	6,500
1796	—	1,200	2,000	4,250	7,250	10,250

TRADE COINAGE

KM# 155 GOLDGULDEN
7.6400 g., 0.9000 Gold 0.2211 oz. AGW **Obv:** Ornate, oval arms of Basel within circle **Obv. Legend:** BASILEENSIS MON NOVA ... **Rev:** Flower-like design within circle **Rev. Legend:** DOMINE • CONSERVA • NOS • IN • PACE •

Date	Mintage	VG	F	VF	XF	Unc
ND(1750)	—	300	600	1,275	2,250	3,500

KM# 181 GOLDGULDEN
7.6400 g., 0.9000 Gold 0.2211 oz. AGW **Obv:** Hat on pole within sprigs **Obv. Legend:** REIPVB • BASIL • FLORENVS • AVREVS • **Rev:** Ornate oval arms of Basel **Rev. Legend:** DOMINE CONSERVA NOS IN PACE

Date	Mintage	VG	F	VF	XF	Unc
ND(1790)	—	350	400	850	1,600	2,400

KM# 182 GOLDGULDEN
7.6400 g., 0.9000 Gold 0.2211 oz. AGW **Obv:** Hat on pole within sprigs **Obv. Legend:** RESPVB BASIL FLORENVS AVREVS **Rev:** Oval arms of Basel **Rev. Legend:** DOMINE CONSERVA NOS IN PACE

Date	Mintage	VG	F	VF	XF	Unc
ND(1790)	—	300	400	850	1,600	2,400

KM# 137 2 GOLDGULDEN
15.2800 g., 0.9000 Gold 0.4421 oz. AGW **Obv:** Ornate, oval arms of Basel within circle **Obv. Legend:** BASILEENSIS MON • NOVA • ... **Rev:** Flower-like design within circle **Rev. Legend:** DOMINE • CONSERVA • NOS • IN • PACE

Date	Mintage	VG	F	VF	XF	Unc
ND(ca.1720)	—	1,400	2,000	4,250	7,250	10,250

KM# 183 2 GOLDGULDEN

15.2800 g., 0.9000 Gold 0.4421 oz. AGW **Obv:** Hat on pole within sprigs **Obv. Legend:** REIP • BASIL • FLOREN • AVR • ... **Rev:** Ornate, oval arms of Basel **Rev. Legend:** DOMINE CONSERVA NOS IN PACE

Date	Mintage	VG	F	VF	XF	Unc
ND(1790)	—	900	1,400	300	5,400	7,650

KM# 156 1/4 DUCAT
0.8750 g., 0.9860 Gold 0.0277 oz. AGW **Obv:** Winged dragon with arms of Basel at lower left **Rev:** Value, state name

Date	Mintage	VG	F	VF	XF	Unc
ND(1750)	—	250	400	850	1,350	1,875

KM# 156.2 1/4 DUCAT
0.8750 g., 0.9860 Gold 0.0277 oz. AGW **Obv:** Basilisk wings outspread with small slanted shield with value

Date	Mintage	VG	F	VF	XF	Unc
ND(1750)	—	200	350	800	1,200	1,700

KM# 156.1 1/4 DUCAT
0.8750 g., 0.9860 Gold 0.0277 oz. AGW **Obv:** Basilisk wings outspread with large upright shield with value

Date	Mintage	VG	F	VF	XF	Unc
ND(1750)	—	—	—	—	—	—

KM# 171 1/4 DUCAT
0.8750 g., 0.9860 Gold 0.0277 oz. AGW **Obv:** Winged dragon with arms of Basel at lower left **Rev:** Value

Date	Mintage	VG	F	VF	XF	Unc
ND(1770) H	—	350	600	1,200	1,900	2,800

KM# 175 1/4 DUCAT
0.8750 g., 0.9860 Gold 0.0277 oz. AGW **Obv:** Winged dragon with arms of Basel at lower left

Date	Mintage	VG	F	VF	XF	Unc
ND(1780) S	—	600	1,150	2,150	3,500	—

KM# 172 1/2 DUCAT
1.7500 g., 0.9860 Gold 0.0555 oz. AGW **Obv:** Winged dragon with arms of Basel at lower left **Rev:** Value, state name within wreath

Date	Mintage	VG	F	VF	XF	Unc
ND(1770) H	—	600	1,000	2,250	3,500	5,000

KM# 176 1/2 DUCAT
1.7500 g., 0.9860 Gold 0.0555 oz. AGW **Obv:** Basilick with arms of Basel at lower left **Rev:** Value, state name within flower design

Date	Mintage	VG	F	VF	XF	Unc
ND(1780) S	—	350	600	1,350	2,250	3,000

KM# A152 2/3 DUCAT
2.3200 g., Gold, 22 mm. **Obv:** BASILEA on ribbon below city view **Rev:** Basilisk with shield, 8 small shields below **Rev. Legend:** DOMINE CONSERVA NOS IN PACE

Date	Mintage	VG	F	VF	XF	Unc
1743 Rare	—	—	—	—	—	—

KM# 151 DUCAT
3.5000 g., 0.9860 Gold 0.1109 oz. AGW **Obv:** City of Basel **Rev:** Basilisk holding shield of arms, eight shields in exergue

Date	Mintage	VG	F	VF	XF	Unc
1743	—	1,000	1,600	3,500	6,300	8,500

KM# 173 DUCAT
3.5000 g., 0.9860 Gold 0.1109 oz. AGW **Obv:** Winged dragon with arms of Basel at lower left **Obv. Legend:** DOMINE CONSERVA NOS IN PACE **Rev:** Value, inscription within cartouche **Rev. Inscription:** DUCAT / REIPUBL / BASILEEN / SIS

Date	Mintage	VG	F	VF	XF	Unc
ND(1775)	—	300	500	950	1,800	2,500

BERN

KM# 177 DUCAT
3.5000 g., 0.9860 Gold 0.1109 oz. AGW **Obv:** Winged dragon with arms of Basel at lower left **Obv. Legend:** DOMINE CONSERVA NOS IN PACE **Rev:** Value, inscription within cartouche **Rev. Inscription:** DUCAT / REIPUBL / BASILEEN / SIS

Date	Mintage	VG	F	VF	XF	Unc
ND(1780)	—	350	1,000	1,500	2,200	3,000

KM# 134 2 DUCAT
3.5000 g., 0.9860 Gold 0.1109 oz. AGW, 26 mm. **Obv:** Basilisk right holding shield with arms **Rev:** Inscription without oval at bottom of cartouche **Rev. Inscription:** MONETA / NOVA ...

Date	Mintage	VG	F	VF	XF	Unc
ND	—	1,350	2,750	5,000	8,500	—

KM# 152 2 DUCAT
3.5000 g., 0.9860 Gold 0.1109 oz. AGW **Obv:** City of Basel **Rev:** Basilisk holding shield of arms, eight shields in exergue

Date	Mintage	VG	F	VF	XF	Unc
1743	—	1,500	2,400	4,750	8,000	12,000

KM# 189 2 DUCAT
3.5000 g., 0.9860 Gold 0.1109 oz. AGW **Obv:** Hat on pole within sprigs above inscription within mantle **Obv. Inscription:** DUCATOS / DUPLEX / BASIL **Rev:** Winged dragon with arms of Basel at lower left

Date	Mintage	VG	F	VF	XF	Unc
ND(1795)	—	650	1,250	2,700	5,000	7,500

KM# 190 2 DUCAT
3.5000 g., 0.9860 Gold 0.1109 oz. AGW **Obv:** Oval arms of Basel with hat and garland **Obv. Legend:** BASILEENSIS RESPVBLICA **Rev:** Value within thin wreath **Rev. Legend:** DOMINE CONSERVA NOS IN PACE

Date	Mintage	VG	F	VF	XF	Unc
1795 Rare	—	—	—	—	—	—

KM#	Date	Mintage	Identification	Mkt Val
Pn25	1741	—	20 Ducat. 0.9860 Gold. 70.0000 g. Eight shields above BASILEA in cartouche over city view. Basilisk holding oval shield. Struck with 1 Thaler dies, KM#149.	—
Pn24	1741	—	20 Ducat. 0.9860 Gold. 70.0000 g. Similar to KM#G151. Struck with 2 Thaler dies, KM#150.	—
Pn18	1741	—	5 Ducat. 0.9860 Gold. 17.5000 g. Similar to KM#D146. Struck with 1/4 Thaler dies, KM#144.	—
Pn22	1741	—	10 Ducat. 0.9860 Gold. 35.0000 g. Eight shields above BASILEA in cartouche over city view. Basilisk holding oval shield. Struck with 1 Thaler dies, KM#149.	—
Pn23	1741	—	12 Ducat. 0.9860 Gold. 42.0000 g. Eight shields above BASILEA in cartouche over city view. Basilisk holding oval shield. Struck with 1 Thaler dies, KM#149.	—
Pn26	1741	—	25 Ducat. 0.9860 Gold. 87.5000 g. Eight shields above BASILEA in cartouche over city view. Basilisk holding oval shield. Struck with 2 Thaler dies, KM#150.	—

KM#	Date	Mintage	Identification	Mkt Val
Pn28	1762	—	2 Thaler. Silver.	—
Pn29	1764	—	1/6 Thaler. Silver.	—

PIEFORTS

KM#	Date	Mintage	Identification	Mkt Val
P1	1718	—	Rappen. Silver. KM#33	—
P2	1727	—	Kreuzer. Silver. KM#38	—

PATTERNS
Including off metal strikes

KM#	Date	Mintage	Identification	Mkt Val
Pn2	1718	—	20 Schilling. Silver. Arms and eagle	—
Pn8	1740	—	3 Ducat. 0.9860 Gold. 10.5000 g. Eight shields above BASILEA over city view. Basilisk holding shield. Struck with 1/4 Thaler dies, KM#144.	—
Pn9	1740	—	4 Ducat. 0.9870 Gold. 14.0000 g. Eight shields above BASILEA over city view. Basilik holding shield. Struck with 1/4 Thaler dies, KM#143.	—
Pn10	1740	—	4 Ducat. 0.9870 Gold. 14.0000 g. Basilik holding different shield. Struck with 1/4 Thaler dies, KM#144.	—
Pn11	1740	—	5 Ducat. 0.9860 Gold. 17.5000 g. Eight shields above BASILEA over city view. Basilisk holding small oval shield. Struck with 1/4 Thaler dies, KM#144.	—
Pn7	1740	—	2 Thaler. Silver.	—
Pn19	1741	—	6 Ducat. 0.9860 Gold. 20.5000 g. Eight shields above BASILEA over city view. Basilisk holding shield. Struck with 1/2 Thaler dies, KM#145.	—
Pn21	1741	—	8 Ducat. 0.9860 Gold. 28.0000 g. Basilisk holding different shield. Struck with 1/2 Thaler dies, KM#147.	—
Pn20	1741	—	8 Ducat. 0.9860 Gold. 28.0000 g. Eight shields above BASILEA over city view. Basilisk holding shield. Struck with 1/2 Thaler dies, KM#146.	—

BERN

A city and a canton in west central Switzerland. It was founded as a military post in 1191 and became an imperial city with the mint right in 1218. It was admitted to the Swiss Confederation as a canton in 1353.

MINT OFFICIALS' INITIALS

Initials	Date	Name
D-B	1703-19	J. De Beyer
MK	1750	?

MONETARY SYSTEM
Until 1798
8 Vierer = 4 Kreuzer = 1 Batzen
40 Batzen = 1 Thaler

CITY

STANDARD COINAGE

KM# 75 1/2 KREUZER
Billon **Obv:** Round arms **Rev:** Anchor cross in circle

Date	Mintage	VG	F	VF	XF	Unc
1707	—	5.00	8.00	35.00	90.00	175
1731	—	5.00	8.00	25.00	65.00	130
1732	—	5.00	8.00	25.00	65.00	130

KM# 98 1/2 KREUZER
Billon **Obv:** Arms in cartouche **Rev:** Cross in cartouche

Date	Mintage	VG	F	VF	XF	Unc
1731	—	5.00	8.00	25.00	65.00	130
1732	—	5.00	8.00	25.00	65.00	130

KM# 99 1/2 KREUZER
Billon **Obv:** Rounder cartouche **Rev:** Rounder cartouche

Date	Mintage	VG	F	VF	XF	Unc
1732	—	5.00	8.00	25.00	65.00	130

KM# 122 1/2 KREUZER (Vierer)
Billon **Obv:** Round arms of Bern **Obv. Legend:** MONETA BERNESIS **Rev:** Floreated cross, leaves in angles, all within circle **Rev. Legend:** DOMINUS PROVIDEBIT

Date	Mintage	VG	F	VF	XF	Unc
1762	—	5.00	8.00	25.00	65.00	130
1763	—	10.00	16.00	50.00	120	275
1764 1 known	—	—	—	—	—	—
1765	—	5.00	8.00	25.00	65.00	130
1766	—	20.00	40.00	120	250	475
1769	—	5.00	8.00	25.00	65.00	130
1771	—	5.00	8.00	25.00	65.00	130
1774	—	5.00	8.00	25.00	65.00	130
1775	—	5.00	8.00	25.00	65.00	130
1777	—	5.00	8.00	25.00	65.00	130
1778	—	5.00	8.00	25.00	65.00	130
1780	—	5.00	8.00	25.00	65.00	130
1781	—	5.00	8.00	25.00	65.00	130
1785	—	5.00	8.00	25.00	65.00	130
1786	—	5.00	8.00	25.00	65.00	130
1788	—	5.00	8.00	25.00	65.00	130
1789	—	5.00	8.00	25.00	65.00	130
1790	—	7.00	12.00	40.00	100	200
1792	—	12.50	25.00	75.00	200	400
1794	—	5.00	8.00	25.00	65.00	120
1796	—	5.00	8.00	25.00	65.00	120
1797	—	5.00	8.00	25.00	65.00	120

KM# 90 KREUZER
Billon **Obv:** Arms of Bern within circle **Rev:** Floreated cross, leaves in angles, all within circle

Date	Mintage	VG	F	VF	XF	Unc
1718	—	5.00	8.00	17.00	45.00	110

KM# 115 KREUZER
Billon **Obv:** Arms of Bern within circle **Obv. Legend:** BERNENS • MONETA • REIPUB • **Rev:** Floreated cross within circle **Rev. Legend:** DOMINUS PROVIDEBIT

Date	Mintage	VG	F	VF	XF	Unc
1755	—	5.00	8.00	17.00	45.00	115
1765	—	5.00	8.00	17.00	45.00	115
1772	—	5.00	8.00	17.00	45.00	115
1774	—	5.00	8.00	17.00	45.00	115
1775	—	5.00	8.00	17.00	45.00	115
1776	—	5.00	8.00	17.00	45.00	110
1777	—	5.00	8.00	17.00	45.00	110
1779	—	5.00	8.00	17.00	45.00	110
1781	—	5.00	8.00	20.00	80.00	165
1785	—	5.00	8.00	20.00	80.00	165
1789	—	5.00	8.00	17.00	45.00	110
1792	—	5.00	8.00	16.00	35.00	90.00
1793	—	5.00	8.00	16.00	35.00	90.00
1796	—	20.00	30.00	145	350	675
1797	—	3.00	5.00	9.00	27.00	65.00

KM# 124 2 KREUZER
Billon **Obv:** Round arms of Bern within beaded circle **Obv. Legend:** BERNENSIS MONETA REIPUBLICÆ **Rev:** Value within center circle of floreated cross within beaded circle **Rev. Legend:** DOMINUS PROVIDEBIT

Date	Mintage	VG	F	VF	XF	Unc
1770	—	35.00	60.00	175	425	—

KM# 87 4 KREUZER (1 Batzen)
Billon **Obv:** Arms of Bern within circle on mantle, value below **Obv. Legend:** BERNENSIS • MONETA • REIPUB • **Rev:** Floreated cross within circle, date below **Rev. Legend:** DOMINUS PROVIDEBIT

SWISS CANTONS — BERN

Date	Mintage	VG	F	VF	XF	Unc
1717	—	10.00	17.00	50.00	135	265
1754	—	5.00	8.00	25.00	65.00	165
1765	—	5.00	8.00	25.00	65.00	165
1766	—	30.00	60.00	165	450	—
1770	—	5.00	8.00	17.00	55.00	150
1772	—	5.00	8.00	17.00	55.00	150
1774	—	12.00	24.00	85.00	225	425
1775	—	5.00	8.00	17.00	45.00	135
1776	—	5.00	8.00	17.00	45.00	135
1778	—	5.00	8.00	17.00	45.00	135
1784	—	5.00	8.00	17.00	45.00	135
1789	—	5.00	8.00	17.00	45.00	135
1793	—	5.00	8.00	17.00	45.00	135
1794	—	5.00	8.00	17.00	45.00	135
1795	—	5.00	8.00	17.00	45.00	135
1797	—	5.00	8.00	17.00	45.00	135
1798	—	3.00	5.00	10.00	24.00	90.00

KM# 83 10 KREUZER
Silver **Obv:** Value below arms **Rev:** Intertwined B within palm branches

Date	Mintage	VG	F	VF	XF	Unc
1715	—	350	650	1,700	—	—

KM# 85 10 KREUZER
Silver **Rev:** Crowned B within palm branches

Date	Mintage	VG	F	VF	XF	Unc
1716	—	14.00	25.00	65.00	160	300
1717	—	14.00	25.00	65.00	160	300

KM# 116 10 KREUZER
Silver **Obv:** Crowned, ornate arms of Bern **Obv. Legend:** BERNENSIS MONETAREIPUB **Rev:** Value, date within cartouche **Rev. Legend:** DOMINUS • PROVIDEBIT •

Date	Mintage	VG	F	VF	XF	Unc
1755	—	7.00	12.00	45.00	135	265
1756	—	7.00	12.00	45.00	135	265

KM# 120 10 KREUZER
Silver **Obv:** Crowned, oval arms of Bern within sprigs **Obv. Legend:** BERNENS • MONETA • REIPUB • **Rev:** Crowned monogram in cruciform **Rev. Legend:** DOMI NUS PROVI DEBIT

Date	Mintage	VG	F	VF	XF	Unc
1759	—	5.00	8.00	35.00	90.00	200
1764	—	5.00	8.00	35.00	90.00	200
1765	—	5.00	8.00	35.00	90.00	200
1776	—	5.00	8.00	35.00	90.00	200
1777	—	5.00	8.00	35.00	90.00	200
1778	—	5.00	8.00	35.00	90.00	200
1787	—	5.00	8.00	35.00	90.00	200
1790	—	5.00	8.00	22.50	65.00	135

KM# 158 10 KREUZER
Silver **Obv:** Crowned, oval arms of Bern, date below **Obv. Legend:** BERNENSIS • RESPUBLICA **Rev:** Crowned monogram in cruciform **Rev. Legend:** DOMI NUS PROVI DEBIT

Date	Mintage	VG	F	VF	XF	Unc
1797	—	5.00	8.00	22.50	65.00	135

KM# 86 20 KREUZER
Silver **Obv:** Value below arms **Rev:** Crowned B in palm branches, date below

Date	Mintage	VG	F	VF	XF	Unc
1716	—	20.00	40.00	85.00	185	385
1717	—	20.00	40.00	85.00	185	385

KM# 117 20 KREUZER
Silver **Obv:** Crowned arms of Bern within sprigs **Obv. Legend:** BERNENSIS • MONETA • REIPUB • **Rev:** Value, date within cartouche **Rev. Legend:** DOMINUS • PROVIDEBIT •

Date	Mintage	VG	F	VF	XF	Unc
1755	—	12.00	20.00	65.00	185	350
1756	—	12.00	20.00	65.00	185	350

KM# 119 20 KREUZER
Silver **Obv:** Crowned, oval arms of Bern within sprigs **Obv. Legend:** BERNENS • MONETA • REIPUB • **Rev:** Crowned monogram in cruciform **Rev. Legend:** DOMI NUS PROVI DEBIT

Date	Mintage	VG	F	VF	XF	Unc
1758	—	8.00	16.00	50.00	135	265
1759	—	8.00	16.00	50.00	135	265
1764	—	8.00	16.00	50.00	135	265
1776	—	20.00	40.00	85.00	180	385
1777	—	20.00	40.00	85.00	180	385
1787	—	8.00	16.00	50.00	135	265

KM# 159 20 KREUZER
Silver **Obv:** Crowned, oval arms of Bern, date below **Obv. Legend:** BERNENSIS RESPUBLICA **Rev:** Crowned monogram in cruciform **Rev. Legend:** DOMI NUS PROVI DEBIT

Date	Mintage	VG	F	VF	XF	Unc
1797	—	8.00	12.00	42.50	90.00	225
1798	—	8.00	12.00	42.50	90.00	225

KM# 91 1/2 BATZEN
Billon **Obv:** Arms of Bern within circle **Obv. Legend:** BERNENSIS MONETA REIPUBLICÆ **Rev:** Floreated cross with leaves in angles within circle **Rev. Legend:** DOMINUS PROVIDEBIT

Date	Mintage	VG	F	VF	XF	Unc
1718	—	7.00	12.00	25.00	90.00	175
1719	—	7.00	12.00	25.00	90.00	175
1720	—	7.00	12.00	25.00	90.00	175
1721	—	10.00	16.00	60.00	175	350
1753	—	5.00	8.50	22.50	65.00	150
1754	—	5.00	8.50	22.50	65.00	150
1755	—	5.00	8.50	22.50	65.00	150
1770	—	7.00	10.00	25.00	75.00	160
1771	—	5.00	8.50	22.50	65.00	150
1772	—	20.00	35.00	120	300	600
1774	—	5.00	8.50	17.50	60.00	150
1775	—	5.00	8.00	17.50	60.00	150
1776	—	5.00	8.00	17.50	60.00	150
1777	—	20.00	40.00	125	300	600
1778	—	5.00	8.00	17.50	45.00	135
1784 Rare	—	—	—	—	—	—
1785	—	5.00	8.00	17.50	45.00	135
1788	—	5.00	8.00	17.50	45.00	135
1794	—	5.00	8.00	17.50	45.00	135
1796	—	5.00	8.00	17.50	45.00	135
1798	—	3.00	5.00	8.00	22.50	75.00

KM# 118 1/4 THALER
Silver **Obv:** Crowned, round arms of Bern within sprigs **Obv.**

Legend: BERNENSIS • MONETA • REIPUB • **Rev:** Crowned monogram in cruciform **Rev. Legend:** DOMI NUS PROVI DEBIT

Date	Mintage	VG	F	VF	XF	Unc
1757	—	25.00	40.00	135	225	425
1758	—	25.00	40.00	135	225	425
1759	—	25.00	40.00	135	225	425
1760	—	25.00	40.00	135	225	425
1773	—	25.00	40.00	135	225	425
1774	—	25.00	40.00	135	225	425

KM# 160 1/4 THALER
Silver **Obv:** Crowned, round arms of Bern with garland, date below **Obv. Legend:** BERNENSIS RESPUBLICA **Rev:** Crowned monogram in cruciform **Rev. Legend:** DOMI NUS PROVI DEBIT

Date	Mintage	VG	F	VF	XF	Unc
1797 Large date	—	15.00	25.00	65.00	135	225
1797 Small date	—	15.00	25.00	65.00	135	225

KM# 151 1/2 THALER
Silver **Obv:** Crowned, spade arms of Bern **Obv. Legend:** BERNENSIS RESPUBLICA **Rev:** Swiss standing with long sword on mantle, date below **Rev. Legend:** DOMINUS PROVIDEBIT

Date	Mintage	VG	F	VF	XF	Unc
1796	—	20.00	32.00	110	225	350
1797	—	20.00	32.00	110	225	350

KM# 161 1/2 THALER
Silver **Obv:** Crowned, spade arms of Bern **Obv. Legend:** BERNENSIS RESPUBLICA **Rev:** Swiss standing with long sword on mantle, date below **Rev. Legend:** DOMINUS PROVIDEBIT

Date	Mintage	VG	F	VF	XF	Unc
1797	—	25.00	40.00	135	275	425
1798	—	700	1,400	3,800	8,000	—

KM# 149 THALER
Silver **Obv:** Crowned, spade arms of Bern **Obv. Legend:** BERNENSIS RESPUBLICA **Rev:** Standing Swiss with long sword with two feathers in hat, date below **Rev. Legend:** DOMINUS PROVIDEBIT **Note:** Dav. #1759.

Date	Mintage	VG	F	VF	XF	Unc
1795	—	50.00	80.00	225	450	1,050
1796	—	50.00	80.00	265	450	700
1797 Rare	—	2,000	—	—	—	—

KM# 150 THALER
Silver **Obv:** Crowned, spade arms of Bern within oval frame **Obv. Legend:** BERNENSIS RESPUBLICA **Rev:** Standing Swiss with long sword with one feather in hat, date below **Rev. Legend:** DOMINUS PROVIDEBIT **Note:** Dav. #1760.

Date	Mintage	VG	F	VF	XF	Unc
1795	—	75.00	125	250	575	1,200

KM# 164 THALER
Silver **Obv:** Crowned, spade arms of Bern within wide oval frame **Obv. Legend:** BERNENSIS RESPUBLICA **Rev:** Standing Swiss with long sword, date below within wide oval frame **Rev. Legend:** DOMINUS PROVIDEBIT **Note:** Dav#1760A.

Date	Mintage	VG	F	VF	XF	Unc
1798	—	35.00	60.00	175	365	650

KM# 165 THALER
Silver **Obv:** Crowned, spade arms of Bern within oval frame **Obv. Legend:** BERNENSIS RESPUBLICA **Rev:** Standing Swiss with long sword, date below within oval frame **Rev. Legend:** DOMINUS PROVIDEBIT **Note:** Dav#1760B.

Date	Mintage	VG	F	VF	XF	Unc
1798	—	50.00	80.00	250	450	765

BERN — SWISS CANTONS

arms of Bern within cartouche **Obv. Legend:** BENEDICTUS • SIT • IEHOVA • DEUS **Rev:** Inscription, date within cartouche **Rev. Inscription:** BENEDICT • / SIT / IEHOVA DEUS / 1/2 DUCAT / date

Date	Mintage	F	VF	XF	Unc	BU
1714	—	350	750	1,350	1,950	2,400

KM# 84 1/2 DUCAT
1.7500 g., 0.9860 Gold 0.0555 oz. AGW **Rev:** Inscription, date within cartouche **Rev. Inscription:** MONETA / REIPUBLICAE / BERNENSIS / 1/2 DUCAT / date

Date	Mintage	F	VF	XF	Unc	BU
1715 Rare	—	—	—	—	—	—

KM# 88 1/2 DUCAT
1.7500 g., 0.9860 Gold 0.0555 oz. AGW **Obv:** Crowned arms of Bern within ornate cartouche **Obv. Legend:** BERNENSIS MONETA REIP UB **Rev:** Inscription, value, date within cartouche **Rev. Inscription:** MONETA / REIPUBLICÆ / BERNENSIS

Date	Mintage	F	VF	XF	Unc	BU
1717	—	350	750	1,350	1,950	2,400

KM# 89 1/2 DUCAT
1.7500 g., 0.9860 Gold 0.0555 oz. AGW **Obv:** Crowned arms of Bern **Rev:** Inscription, value, date within cartouche

Date	Mintage	F	VF	XF	Unc	BU
1718 Rare	—	—	—	—	—	—

KM# 162 1/2 DUPLONE
3.8200 g., 0.9000 Gold 0.1105 oz. AGW **Obv:** Crowned, spade arms of Bern within sprigs **Obv. Legend:** BERNENSIS RESPUBLICA **Rev:** Standing Swiss with fasces, date below **Rev. Legend:** DEUS PROVIDEBIT

Date	Mintage	F	VF	XF	Unc	BU
1797	—	200	425	800	1,275	1,800

KM# 144.1 2 DUPLONE
15.2800 g., 0.9000 Gold 0.4421 oz. AGW **Obv:** Crowned, oval arms of Bern, with garland **Obv. Legend:** BERNENSIS RESPUBLICA **Rev:** Inscription, date within wreath **Rev. Inscription:** DEUS / PROVIDEBIT

Date	Mintage	F	VF	XF	Unc	BU
1793.	—	550	800	1,400	2,000	2,500
1794.	—	550	950	1,600	2,000	2,500
1795.	—	550	950	1,600	2,000	3,000

KM# 93 1/2 DUCAT
1.7500 g., 0.9860 Gold 0.0555 oz. AGW **Obv:** Oval arms in cartouche

Date	Mintage	F	VF	XF	Unc	BU
1719	—	200	400	800	1,200	1,550

KM# 142 DUPLONE
7.6400 g., 0.9000 Gold 0.2211 oz. AGW **Obv:** Crowned, spade arms of Bern within sprigs **Obv. Legend:** BERNENSIS RESPUBLICA **Rev:** Standing Swiss with fasces, date below **Rev. Legend:** DEVS PROVIDEBIT

Date	Mintage	F	VF	XF	Unc	BU
1793	—	475	1,000	1,800	2,350	2,850

KM# A143 DUPLONE
7.6400 g., 0.9000 Gold 0.2211 oz. AGW **Obv:** Crowned, oval arms of Bern with garland **Obv. Legend:** BERNENSIS RESPUBLICA **Rev:** Inscription, date within wreath, standing knight **Rev. Inscription:** DEUS / PROVIDEBIT / 1793

Date	Mintage	F	VF	XF	Unc	BU
1793	—	1,600	3,500	6,350	8,500	—

KM# 143 DUPLONE
7.6400 g., 0.9000 Gold 0.2211 oz. AGW **Obv:** Crowned, round arms of Bern with garland **Obv. Legend:** BERNENSIS RESPUBLICA **Rev:** Inscription, date within wreath **Rev. Inscription:** DEUS / PROVIDEBIT / 1793

Date	Mintage	F	VF	XF	Unc	BU
1793.	—	275	425	800	1,300	1,800

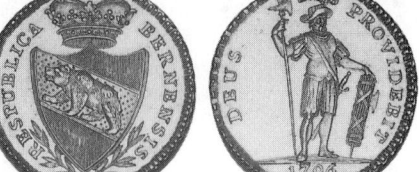

KM# 147 2 DUPLONE
15.2800 g., 0.9000 Gold 0.4421 oz. AGW **Obv:** Crowned, spade arms of Bern within sprigs **Obv. Legend:** BERNENSIS RESPUBLICA **Rev:** Standing Swiss with fasces above date **Rev. Legend:** DEUS PROVIDEBIT

Date	Mintage	F	VF	XF	Unc	BU
1794	—	550	1,025	1,800	2,600	3,200
1796.	—	550	1,025	1,800	2,600	3,200
1797	—	550	1,025	1,800	2,600	3,200
1798	—	700	1,525	2,700	3,600	4,200

KM# 92 1/2 DUCAT
1.7500 g., 0.9860 Gold 0.0555 oz. AGW **Obv:** Arms of Bern within circle **Obv. Legend:** BERNENS • MONETA • REISB • **Rev:** Inscription, value and date within cartouche **Rev. Inscription:** BENEDICTUS / SIT IEHOVA / DEUS **Note:** Varieties exist.

Date	Mintage	F	VF	XF	Unc	BU
1719	—	200	425	800	1,200	1,550

KM# 153 2 DUPLONE
15.2800 g., 0.9000 Gold 0.4421 oz. AGW **Obv:** Crowned, oval arms of Bern, with garland **Obv. Legend:** BERNENSIS RESPUBLICA **Rev:** Inscription, date within wreath **Rev. Inscription:** DEUS/PROVIDEBIT

Date	Mintage	F	VF	XF	Unc	BU
1796	—	450	775	1,350	1,900	2,400

KM# 144.2 2 DUPLONE
15.2800 g., 0.9000 Gold 0.4421 oz. AGW **Obv:** Crowned arms, large legend **Rev. Inscription:** DEUS / PROVIDEBIT

Date	Mintage	F	VF	XF	Unc	BU
1796	—	450	725	1,200	1,800	2,400

KM# 146 DUPLONE
7.6400 g., 0.9000 Gold 0.2211 oz. AGW **Obv:** Crowned, round arms of Bern, with garland **Obv. Legend:** BERNENSIS RESPUBLICA **Rev:** Inscription, date within wreath **Rev. Inscription:** DEUS / PROVIDEBIT / 1794

Date	Mintage	F	VF	XF	Unc	BU
1794	—	275	525	900	1,500	2,000
1795	—	275	525	900	1,500	2,000

KM# 62 DUCAT
3.5000 g., 0.9860 Gold 0.1109 oz. AGW **Obv:** Crowned, ornate oval arms of Bern **Obv. Legend:** BENEDICTUS • SIT • IEHOVA • DEUS • **Rev:** Inscription, value and date within partial frame flanked by 1/2 figures above **Rev. Inscription:** REIPUBLICA / BERNENSIS / DUCAT **Note:** Fr. #139.

Date	Mintage	VG	F	VF	XF	Unc
1718	—	600	1,250	2,250	3,200	4,000

REFORM COINAGE
Commencing 1803

KM# 163 DUPLONE
7.6400 g., 0.9000 Gold 0.2211 oz. AGW **Obv:** Crowned, spade arms of Bern within sprigs **Obv. Legend:** BERNENSIS RESPUBLICA **Rev:** Standing Swiss with fasces above date **Rev. Legend:** DEUS PROVIDEBIT

Date	Mintage	F	VF	XF	Unc	BU
1797	—	350	765	1,350	1,875	2,400

KM# 152 DUPLONE
7.6400 g., 0.9000 Gold 0.2211 oz. AGW **Obv:** Crowned, oval arms of Bern, with garland **Obv. Legend:** BERNENSIS RESPUBLICA **Rev:** Inscription, date within wreath **Rev. Inscription:** DEUS / PROVIDEBIT / 1796

Date	Mintage	F	VF	XF	Unc	BU
1796.	—	275	500	900	1,500	2,000

TRADE COINAGE

KM# 82 1/2 DUCAT
1.7500 g., 0.9860 Gold 0.0555 oz. AGW **Obv:** Crowned, oval

KM# 95 DUCAT
3.5000 g., 0.9860 Gold 0.1109 oz. AGW **Obv:** Crowned, ornate arms of Bern **Obv. Legend:** BERNENSIS • MON • AUR • REIPU • **Rev:** Inscription above value within cartouche **Rev. Inscription:** BENE: / DICTUS / SIT • IEHOVA / DEUS.

Date	Mintage	F	VF	XF	Unc	BU
1725	—	600	1,250	2,250	3,250	4,000

KM# 103 DUCAT
3.5000 g., 0.9860 Gold 0.1109 oz. AGW **Obv:** Crowned, ornate arms of Bern **Obv. Legend:** BERNENSIS • MON • AUR • REIP

• **Rev:** Inscription above value within cartouche **Rev. Inscription:** BENE: / DICTUS / SIT • IEHOVA / DEUS

Date	Mintage	F	VF	XF	Unc	BU
1741	—	400	925	1,575	2,200	2,800

KM# 126 DUCAT

3.5000 g., 0.9860 Gold 0.1109 oz. AGW **Obv:** Crowned, oval arms of Bern within sprigs **Obv. Legend:** BERNENS • MONETA • AUR • REIPUB • **Rev:** Inscription above value within cartouche **Rev. Inscription:** BENE / DICTUS / SITIEHOVA / DEUS •

Date	Mintage	F	VF	XF	Unc	BU
ND(1772)	—	350	750	1,350	2,000	2,600

KM# 137 DUCAT

3.5000 g., 0.9860 Gold 0.1109 oz. AGW **Obv:** Crowned arms of Bern within sprigs **Obv. Legend:** BERNENSIS RESPUBLICA **Rev:** Inscription above value within cartouche **Rev. Inscription:** BENE / DICTUS / SITIEHOVA / DEUS •

Date	Mintage	F	VF	XF	Unc	BU
1788	—	600	1,250	2,250	3,200	4,000

KM# 139 DUCAT

3.5000 g., 0.9860 Gold 0.1109 oz. AGW **Obv:** Crowned, spade arms of Bern within sprigs **Obv. Legend:** BERNENSIS • RESPUBLICA **Rev:** Inscription, date within oval frame, value below **Rev. Inscription:** BENE / DICTUS / SITIEHOVA / DEUS

Date	Mintage	F	VF	XF	Unc	BU
1789	—	700	1,500	2,500	3,400	4,400

KM# 145 DUCAT

3.5000 g., 0.9860 Gold 0.1109 oz. AGW **Obv:** Crowned, oval arms of Bern, with garland **Obv. Legend:** BERNENSIS • RESPUBLICA • **Rev:** Value, date within wreath **Rev. Legend:** BENEDICTUS SIT IEHOVA DEUS

Date	Mintage	F	VF	XF	Unc	BU
1793	—	2,400	5,100	9,000	10,500	12,500

KM# 148 DUCAT

3.5000 g., 0.9860 Gold 0.1109 oz. AGW **Obv:** Crowned, spade arms of Bern within sprigs **Obv. Legend:** BERNENSIS RESPUBLICA **Rev:** Value, date within wreath **Rev. Legend:** BENEDICTVS SIT IEHOVA DEVS

Date	Mintage	F	VF	XF	Unc	BU
1794	—	325	675	1,100	1,600	2,000

KM# 74 2 DUCAT

7.0000 g., 0.9860 Gold 0.2219 oz. AGW **Obv:** Crowned arms of Bern with supporters holding hat above **Obv. Legend:** BERNENSIS MONETA AUREA REIPVBLICAE **Rev:** Inscription, value and date within wreath **Rev. Inscription:** BENEDICTUS / SIT / IEHOVA DEUS

Date	Mintage	F	VF	XF	Unc	BU
1703 DB	—	600	1,250	2,500	3,500	4,400
1703	—	600	1,250	2,500	3,500	4,400
1719 DB	—	600	1,250	2,500	3,500	4,400

KM# 96 2 DUCAT

7.0000 g., 0.9860 Gold 0.2219 oz. AGW **Obv:** Crowned arms of Bern with supporters holding hat above **Obv. Legend:** BERNENSIS MONETA AURE REIPUBLICÆ **Rev:** Inscription, value, date within ornate frame and sprigs **Rev. Inscription:** BENEDICTUS / SIT IEHOVA / DEUS.

Date	Mintage	F	VF	XF	Unc	BU
1727	—	600	1,250	2,500	3,500	4,400

KM# 125 2 DUCAT

7.0000 g., 0.9860 Gold 0.2219 oz. AGW **Obv:** Crowned arms of Bern with supporters holding hat above **Obv. Legend:** BERNENSIS MONETA AUREA REIPUBLICÆ **Rev:** Inscription, value, date within cartouche **Rev. Inscription:** BENEDICTUS / SIT / IEHOVA DEUS

Date	Mintage	F	VF	XF	Unc	BU
1771	—	600	1,250	2,500	3,500	4,400

KM# 138 2 DUCAT

7.0000 g., 0.9860 Gold 0.2219 oz. AGW **Obv:** Crowned arms of Bern within sprigs **Obv. Legend:** BERNENSIS•RESPUBLICA **Rev:** Inscription, value within cartouche **Rev. Inscription:** BENEDICTUS / SIT / IEHOVA / DEUS

Date	Mintage	F	VF	XF	Unc	BU
1788	—	2,000	4,000	7,000	10,000	12,000

KM# 140 2 DUCAT

7.0000 g., 0.9860 Gold 0.2219 oz. AGW **Obv:** Crowned arms of Bern with garland **Obv. Legend:** BERNENSIS•RESPUBLICA **Rev:** Inscription, date within oval frame, value below **Rev. Inscription:** BENE / DICTUS / SIT IEHOVA / DEUS

Date	Mintage	F	VF	XF	Unc	BU
1789	—	725	1,500	2,450	3,800	4,800

KM# 154 2 DUCAT

7.0000 g., 0.9860 Gold 0.2219 oz. AGW **Obv:** Crowned, spade arms of Bern within sprigs **Obv. Legend:** BERNENSIS RESPUBLICA **Rev:** Value, date within wreath **Rev. Legend:** BENEDICTUS SIT IEHOVA DEUS

Date	Mintage	F	VF	XF	Unc	BU
1796	—	600	1,350	2,450	3,400	4,400

KM# 76 3 DUCAT

10.5000 g., 0.9860 Gold 0.3328 oz. AGW **Obv:** Crown above 2 oval arms of Bern **Obv. Legend:** BERNENSIS MONETA REIPVBLICÆ **Rev:** Inscription above date within partial frame flanked by 1/2 figures above **Rev. Inscription:** BENEDICTUS / SITIEHOVA / DEUS

Date	Mintage	F	VF	XF	Unc	BU
1707	—	1,600	3,600	6,300	8,500	—

KM# 100 3 DUCAT

10.5000 g., 0.9860 Gold 0.3328 oz. AGW **Obv:** Crown above 2 oval arms of Bern **Obv. Legend:** BERNENSIS • MONETA • REIPVBLICÆ • **Rev:** Inscription, date within ornate cartouche **Rev. Inscription:** BENEDICTUS / SIT IEHOVA / DEUS / 1734

Date	Mintage	F	VF	XF	Unc	BU
1734	—	2,000	4,250	7,200	11,000	—

KM# 101 3 DUCAT

10.5000 g., 0.9860 Gold 0.3328 oz. AGW **Obv:** Crowned arms in cartouche, legend **Obv. Legend:** BERNENSIS RESPUBLICA

Date	Mintage	F	VF	XF	Unc	BU
1734	—	2,000	4,250	7,200	11,000	—

KM# 127 3 DUCAT

10.5000 g., 0.9860 Gold 0.3328 oz. AGW **Obv:** Crowned, ornate oval arms of Bern **Obv. Legend:** BERNENS•MONETA•AUREA • REIPUB • **Rev:** Inscription, value, date within ornate cartouche **Rev. Inscription:** BENEDICTUS / SIT IEHOVA / DEUS

Date	Mintage	F	VF	XF	Unc	BU
1772	—	1,600	3,600	6,300	8,500	—

KM# 69 4 DUCAT

14.0000 g., 0.9860 Gold 0.4438 oz. AGW **Obv:** Crowned arms of Bern with supporters **Obv. Legend:** BERNENSIS MONETA REIPVBLICÆ **Rev:** Bear holding shield with inscription and date **Rev. Inscription:** BENE / DICTVS • SIT / IEHOVADEVS / DVCAT: / 1701

Date	Mintage	F	VF	XF	Unc	BU
1701	—	1,450	2,800	4,800	7,250	—

KM# 78.1 4 DUCAT

14.0000 g., 0.9860 Gold 0.4438 oz. AGW **Obv:** Crowned, oval arms of Bern, with supporters **Obv. Legend:** BERNENSIS MONETA REIPVBLICA **Rev:** Inscription within square flanked by figures shaking hands, wreath and radiant sun above **Rev. Inscription:** BENEDIC / TVS SIT / IEHOVA / DEUS

Date	Mintage	F	VF	XF	Unc	BU
ND(1710)	—	1,400	2,800	4,400	6,750	—

BERN — SWISS CANTONS

KM# 78.2 4 DUCAT
14.0000 g., 0.9860 Gold 0.4438 oz. AGW **Obv:** Crowned, oval arms of Bern, with supporters **Obv. Legend:** BERNENSIS MONETA REIPVBLICÆ **Rev:** Inscription within square flanked by figures shaking hands, wreath and radiant sun above, value below **Rev. Inscription:** BENEDIC / TVS SIT / IEHOVA / DEVS

Date	Mintage	F	VF	XF	Unc	BU
ND(1710)	—	1,500	3,250	5,000	7,000	—

KM# 78.3 4 DUCAT
14.0000 g., 0.9860 Gold 0.4438 oz. AGW **Obv:** Crowned, oval arms of Bern, with supporters **Obv. Legend:** BERNENSIS MONETA REIPVBLICÆ **Rev:** Inscription within square flanked by figures shaking hands, value below **Rev. Inscription:** BENEDICTC / TVS SIT / IEHOVA / DEVS

Date	Mintage	F	VF	XF	Unc	BU
1734	—	2,200	4,650	8,000	11,500	—

KM# 128 4 DUCAT
14.0000 g., 0.9860 Gold 0.4438 oz. AGW **Obv:** Crowned, oval arms of Bern within sprigs **Obv. Legend:** BERNENSIS MON • REIP • **Rev:** Inscription within cartouche **Rev. Inscription:** BENE: / DICTUS SIT / IEHOVA / DEUS **Note:** Similar to KM# 106 without value on ball

Date	Mintage	F	VF	XF	Unc	BU
ND(1775)	—	1,500	3,250	6,500	11,000	—

KM# 155.1 4 DUCAT
14.0000 g., 0.9860 Gold 0.4438 oz. AGW **Obv:** Crowned, spade arms of Bern within sprigs **Obv. Legend:** BERNENSIS RESPUBLICA **Rev:** Value, date within wreath **Rev. Legend:** BENEDICTUS SIT IEHOVA DEUS

Date	Mintage	F	VF	XF	Unc	BU
1796	—	1,750	3,800	6,750	9,350	—

KM# 73 6 DUCAT
21.0000 g., 0.9860 Gold 0.6657 oz. AGW **Obv:** Crowned, oval arms of Bern, with supporters **Obv. Legend:** BERNENSIS MONETA REIPVBLICÆ **Rev:** Bear holding shield with inscription, date **Rev. Inscription:** BENE / DICTVS • SIT / IEHOVADEVS / DVCAT

Date	Mintage	F	VF	XF	Unc	BU
1701	—	2,800	5,500	10,000	15,000	—

KM# 105.1 4 DUCAT
14.0000 g., 0.9860 Gold 0.4438 oz. AGW **Obv:** Crowned oval arms of Bern within sprigs **Obv. Legend:** BERNENS • MONETA • AUREA • REIPUB • **Rev:** Inscription, value within cartouche **Rev. Inscription:** BENE: / DICTUS SIT / IEHOVA / DEUS

Date	Mintage	F	VF	XF	Unc	BU
ND(1750)	—	1,500	3,250	6,500	11,000	—

KM# 155.2 4 DUCAT
14.0000 g., 0.9860 Gold 0.4438 oz. AGW **Obv:** Crowned, spade arms of Bern within sprigs **Obv. Legend:** BERNENSIS RESPUBLICA **Rev:** Value, date within wreath **Rev. Legend:** BENEDICTUS SIT IEHOVA DEUS

Date	Mintage	F	VF	XF	Unc	BU
1798	—	1,750	3,800	6,750	9,350	—

KM# 70 5 DUCAT
17.5000 g., 0.9860 Gold 0.5547 oz. AGW **Obv:** Crowned, oval arms of Bern, with supporters **Obv. Legend:** BERNENSIS MONETA REIPVBLICÆ **Rev:** Inscription within square flanked by figures shaking hands, wreath and radiant sun above **Rev. Inscription:** BENEDIC / TVS • SIT / IEHOVA / DEUS **Note:** Similar to 4 Ducat, KM#69.

Date	Mintage	F	VF	XF	Unc	BU
1701	—	1,600	3,600	6,300	9,350	—

KM# 79 6 DUCAT
21.0000 g., 0.9860 Gold 0.6657 oz. AGW **Obv:** Crowned, oval arms of Bern, with supporters **Obv. Legend:** BERNENSIS MONETA REIPVBLICÆ **Rev:** Inscription within square flanked by figures shaking hands, wreath and radiant sun above **Rev. Inscription:** BENEDIC / TVS • SIT / IEHOVA / DEUS

Date	Mintage	F	VF	XF	Unc	BU
ND(1710)	—	2,400	4,800	10,000	16,000	—

KM# 110 6 DUCAT
21.0000 g., 0.9860 Gold 0.6657 oz. AGW **Obv:** Crowned arms of Bern within sprigs **Rev:** Inscription, value within cartouche **Note:** Similar to 4 Ducat, KM# 105.

Date	Mintage	F	VF	XF	Unc	BU
ND(1750)	—	2,400	4,800	10,000	16,000	—

KM# 113 6 DUCAT
21.0000 g., 0.9860 Gold 0.6657 oz. AGW **Obv:** Crowned arms of Bern within sprigs **Rev:** Inscription within square flanked by figures shaking hands, wreath and radiant sun above **Note:** Similar to 4 Ducat, KM#109.

Date	Mintage	F	VF	XF	Unc	BU
ND(1750)	—	2,400	4,800	10,000	16,000	—

KM# 106 4 DUCAT
14.0000 g., 0.9860 Gold 0.4438 oz. AGW **Obv:** Crowned arms of Bern within sprigs **Obv. Legend:** BERNENS • MONETA AUREA REIPUB • **Rev:** Inscription within cartouche, retrograde "4" on ball below **Rev. Inscription:** BENE: / DICTUS SIT / IEHOVA / DEUS

Date	Mintage	F	VF	XF	Unc	BU
ND(1750)	—	1,500	3,250	6,500	11,000	—

KM# 105.2 4 DUCAT
14.0000 g., 0.9860 Gold 0.4438 oz. AGW **Rev:** Value: "DUC \ 4" below motto, (no dot after 4)

Date	Mintage	F	VF	XF	Unc	BU
ND(1750)	—	1,500	3,250	6,500	11,000	—

KM# 72 5 DUCAT
17.5000 g., 0.9860 Gold 0.5547 oz. AGW **Obv:** Crowned arms of Bern, with supporters **Rev:** Inscription within square flanked by figures shaking hands, wreath and radiant sun above **Note:** Similar to 4 Ducat, KM# 78.

Date	Mintage	F	VF	XF	Unc	BU
ND(1710)	—	2,000	4,000	6,500	10,000	—

KM# 108 5 DUCAT
17.5000 g., 0.9860 Gold 0.5547 oz. AGW **Obv:** Crowned arms of Bern within sprigs **Rev:** Inscription, value within cartouche **Note:** Similar to 4 Ducat, KM# 105.

Date	Mintage	F	VF	XF	Unc	BU
ND(1750)	—	2,400	4,800	9,000	15,000	—

KM# 111.1 5 DUCAT
17.5000 g., 0.9860 Gold 0.5547 oz. AGW **Obv:** Crowned arms of Bern within sprigs **Obv. Legend:** BERNENS • MONETA AUREA REIPUB • **Rev:** Inscription within square flanked by figures shaking hands, wreath and radiant sun above **Rev. Inscription:** BENEDIC / TVS • SIT / IEHOVA / DEUS **Note:** Similar to 4 Ducat, KM# 109.1.

Date	Mintage	F	VF	XF	Unc	BU
ND(1750)	—	2,000	4,500	9,000	15,000	—

of Bern within sprigs **Obv. Legend:** BERNENSIS MON • REIP • **Rev:** Inscription within square flanked by figures shaking hands, wreath and radiant sun above, value below **Rev. Inscription:** BENEDIC / TVS • SIT / IEHOVA / DEUS

Date	Mintage	F	VF	XF	Unc	BU
ND(1750) MK	—	2,000	4,500	9,000	15,000	—

KM# 109.1 4 DUCAT
14.0000 g., 0.9860 Gold 0.4438 oz. AGW **Obv:** Crowned, oval arms of Bern, with supporters **Obv. Legend:** BERNENSIS MONETA REIPVBLICÆ **Rev:** Inscription within square flanked by figures shaking hands, wreath and radiant sun above **Rev. Inscription:** BENEDIC / TVS • SIT / IEHOVA / DEUS

Date	Mintage	F	VF	XF	Unc	BU
ND(1750)	—	1,500	3,250	6,500	11,000	—

KM# 109.2 4 DUCAT
14.0000 g., 0.9860 Gold 0.4438 oz. AGW **Obv:** Crowned, oval arms of Bern, with supporters **Obv. Legend:** BERNENSIS MONETA REIPVBLICÆ **Rev:** Inscription within square flanked by figures shaking hands, wreath and radiant sun above, value below **Rev. Inscription:** BENEDIC / TVS • SIT / IEHOVA / DEUS

Date	Mintage	F	VF	XF	Unc	BU
ND(1750) MK	—	1,500	3,250	6,500	11,000	—

KM# 111.2 5 DUCAT
17.5000 g., 0.9860 Gold 0.5547 oz. AGW **Obv:** Crowned arms

KM# 129 6 DUCAT
21.0000 g., 0.9860 Gold 0.6657 oz. AGW **Obv:** Crowned arms of Bern within sprigs **Obv. Legend:** BERNENSIS MON • REIP • **Rev:** Inscription within cartouche **Rev. Inscription:** BENE: / DICTUS SIT / IEHOVA / DEUS

Date	Mintage	F	VF	XF	Unc	BU
ND(1775)	—	2,400	4,800	8,000	14,000	—

SWISS CANTONS — BERN

KM# 156 6 DUCAT
21.0000 g., 0.9860 Gold 0.6657 oz. AGW **Obv:** Crowned, spade arms of Bern within sprigs **Obv. Legend:** BERNENSIS RESPUBLICA **Rev:** Value, date within wreath **Rev. Legend:** BENEDICTUS SIT IEHOVA DEUS

Date	Mintage	F	VF	XF	Unc	BU
1796	—	2,800	5,500	10,000	13,500	—

KM# 80 7 DUCAT
24.5000 g., 0.9860 Gold 0.7766 oz. AGW **Obv:** Crowned, oval arms of Bern, with supporters **Obv. Legend:** BERNENSIS MONETA REIPVBLICÆ **Rev:** Inscription within square flanked by figures shaking hands, wreath and radiant sun above **Rev. Inscription:** BENEDIC / TVS • SIT / IEHOVA / DEUS

Date	Mintage	F	VF	XF	Unc	BU
ND(1710)	—	4,400	8,800	15,000	21,500	—

KM# 112 7 DUCAT
24.5000 g., 0.9860 Gold 0.7766 oz. AGW **Obv:** Crowned arms of Bern within sprigs **Rev:** Inscription, value within cartouche **Note:** Similar to 4 Ducat, KM#105.

Date	Mintage	F	VF	XF	Unc	BU
ND(1750)	—	4,400	8,800	15,000	21,500	—

KM# 114 7 DUCAT
24.5000 g., 0.9860 Gold 0.7766 oz. AGW **Obv:** Crowned arms of Bern, with supporters **Rev:** Inscription within square flanked by figures shaking hands, wreath and radiant sun above **Note:** Similar to 4 Ducat, KM#109.

Date	Mintage	F	VF	XF	Unc	BU
ND(1750)	—	4,400	8,800	15,000	21,500	—

KM# 130 7 DUCAT
24.5000 g., 0.9860 Gold 0.7766 oz. AGW **Obv:** Crowned, ornate arms of Bern within sprigs **Rev:** Inscription within ornate cartouche **Note:** Similar to 10 Ducat, KM#134.

Date	Mintage	F	VF	XF	Unc	BU
ND(1775)	—	4,400	8,800	15,000	21,500	—

KM# 77 8 DUCAT
28.0000 g., 0.9860 Gold 0.8876 oz. AGW **Obv:** Crowned arms of Bern, with supporters **Rev:** Inscription within square flanked by figures shaking hands, wreath and radiant sun above **Note:** Similar to 10 Ducat, KM#81.

Date	Mintage	F	VF	XF	Unc	BU
ND(1710)	—	4,400	8,800	15,000	21,500	—

KM# 131 8 DUCAT
28.0000 g., 0.9860 Gold 0.8876 oz. AGW **Obv:** Crowned, ornate arms of Bern within sprigs **Obv. Legend:** BERNENSIS MON • REIP • Rev: Inscription within ornate cartouche **Rev. Inscription:** BENE: / DICTUS SIT / IEHOVA / DEUS **Note:** Similar to 6 Ducat, KM#129.

Date	Mintage	F	VF	XF	Unc	BU
ND(1775)	—	4,400	8,800	15,000	21,500	—

KM# 132 8 DUCAT
28.0000 g., 0.9860 Gold 0.8876 oz. AGW **Obv:** Crowned, ornate arms of Bern within sprigs **Rev:** Inscription within ornate cartouche **Note:** Similar to 10 Ducat, KM#134.

Date	Mintage	F	VF	XF	Unc	BU
ND(1775)	—	4,400	8,800	15,000	21,500	—

KM# 157 8 DUCAT
28.0000 g., 0.9860 Gold 0.8876 oz. AGW **Obv:** Crowned, spade arms of Bern within sprigs **Obv. Legend:** BERNENSIS RESPUBLICA **Rev:** Value, date within wreath **Rev. Legend:** BENEDICTUS SIT IEHOVA DEUS

Date	Mintage	F	VF	XF	Unc	BU
1796	—	4,400	9,350	16,000	23,000	—
1798	—	4,000	8,500	15,500	21,500	—

KM# 81 10 DUCAT
35.0000 g., 0.9860 Gold 1.1095 oz. AGW **Obv:** Crowned arms of Bern, with supporters **Obv. Legend:** BERNENSIS * MONETA REIPVBLICÆ **Rev:** Inscription within square flanked by figures shaking hands, wreath and radiant sun above **Rev. Inscription:** BENEDIC / TVS • SIT / IEHOVA / DEUS

Date	Mintage	F	VF	XF	Unc	BU
ND(1710)	—	6,000	12,500	21,000	32,000	—

KM# 133 10 DUCAT
35.0000 g., 0.9860 Gold 1.1095 oz. AGW **Obv:** Crowned arms of Bern within sprigs **Rev:** Inscription within ornate cartouche **Note:** Similar to 6 Ducat, KM#129.

Date	Mintage	F	VF	XF	Unc	BU
ND(1775)	—	6,000	12,500	21,000	32,000	—

KM# 134 10 DUCAT
35.0000 g., 0.9860 Gold 1.1095 oz. AGW **Obv:** Crowned, ornate arms of Bern within sprigs **Obv. Legend:** BERNENSIS • MONETA REIPUBLICÆ **Rev:** Inscription within ornate cartouche **Rev. Inscription:** BENE: / DICTUS SIT / IEHOVA / DEUS

Date	Mintage	F	VF	XF	Unc	BU
ND(1775)	—	6,500	12,500	21,000	33,000	—

KM# 135 12 DUCAT
42.0000 g., 0.9860 Gold 1.3314 oz. AGW **Obv:** Crowned, ornate arms of Bern within sprigs **Rev:** Inscription within ornate cartouche **Note:** Similar to 10 Ducat, KM#134.

Date	Mintage	F	VF	XF	Unc	BU
ND(1775) Rare	—	—	—	—	—	—

PATTERNS
Including off metal strikes

KM#	Date	Mintage	Identification	Mkt Val
Pn1	1703	—	2 Ducat. Tin. KM74.	—
Pn2	1707	—	1/2 Kreuzer. Gold. KM75.	—
Pn3	1718	—	Kreuzer. Gold. KM90.	—
Pn4	1731	—	1/2 Kreuzer. Gold. KM98.	—

KM#	Date	Mintage	Identification	Mkt Val
Pn18	ND(1785)	64	10 Franken. Gold.	10,000
Pn19	1792	—	Kreuzer. Billon.	500
PnA20	1797	—	1/2 Thaler. Gold. 27.5100 g. KM161.	16,500

KM#	Date	Mintage	Identification	Mkt Val
PnA5	1732	—	1/2 Kreuzer. Silver. KM#75.	—
Pn5	1734	—	3 Ducat. Tin. KM100.	—
Pn6	1734	—	3 Ducat. Silver. KM101.	—
Pn7	1755	—	10 Kreuzer. Silver.	800
Pn8	1755	—	20 Kreuzer. Gold. KM117.	5,000
Pn9	1759	—	10 Kreuzer. Gold. KM120.	2,000
Pn10	1766	—	1/2 Kreuzer. Gold. 0.7500 g. KM122.	2,000
Pn11	1772	—	Kreuzer. Copper. Thick planchets. KM115.	—
Pn13	ND(1772)	—	Ducat. Billon. KM126.	—
Pn12	1772	—	Kreuzer. Silver. KM115.	—
Pn14	1777	—	1/2 Kreuzer. Gold. 0.7500 g. KM122.	2,000

KM#	Date	Mintage	Identification	Mkt Val
Pn15	1778	—	1/2 Kreuzer. Gold. 0.7500 g. KM122.	2,000
Pn16	1781	—	1/2 Kreuzer. Gold. 0.7500 g. KM122.	2,000
Pn17	1781	—	Kreuzer. Gold. KM115.	2,250

BEROMUENSTER

An abbey founded in 720 by Bero, the count of Lenzburg, in the canton of Luzern.

In 1720 the abbey struck quarter and half thalers, to commemorate the 1000th Anniversary of the founding of the abbey, depicting St. Michael slaying the dragon.

ABBEY
STANDARD COINAGE

KM# 14 1/4 THALER
6.8000 g., Silver, 31 mm. **Obv:** Arms on spade-shaped shield **Rev:** St. Michael with flaming sword slaying dragon

Date	Mintage	F	VF	XF	Unc	BU
ND(ca.1720)	—	—	—	85.00	—	—

KM# 2 1/4 THALER
6.5000 g., Silver, 31 mm. **Obv:** Crowned, helmeted oval arms within sprigs **Obv. Legend:** BERO COM : DE :... **Rev:** St. Michael slaying the dragon **Rev. Legend:** COLLEG : BERO : SVIS : BENEV : D : D : **Note:** Varieties exist.

Date	Mintage	F	VF	XF	Unc	BU
ND(1720)	—	50.00	100	200	—	—

KM# 3 1/4 THALER
6.5000 g., Silver, 31 mm. **Obv:** Crowned, helmeted oval arms within sprigs **Obv. Legend:** BERO COM : DE :... **Rev:** St. Michael slaying the dragon **Rev. Legend:** COLLEG : BERO : SVIS : BENEV : D : D : **Note:** Varieties exist.

Date	Mintage	F	VF	XF	Unc	BU
ND(1720)	—	30.00	60.00	125	250	—

KM# 12 1/4 THALER
6.8000 g., Silver, 31 mm. **Rev:** St. Michael slaying the dragon

Date	Mintage	Good	VG	F	VF	XF
ND(ca.1720)	—	—	—	—	—	85.00

KM# 6 1/2 THALER
13.6500 g., Silver, 33 mm. **Rev:** St. Michael defeating devil, devil left

Date	Mintage	F	VF	XF	Unc	BU
ND(ca.1720)	—	—	—	135	—	—

KM# 7 1/2 THALER
13.9000 g., Silver, 35 mm. **Rev:** St. Michael with lightning on dragon

Date	Mintage	F	VF	XF	Unc	BU
ND(ca.1720)	—	—	—	135	—	—

KM# 16 1/2 THALER
12.7400 g., Silver, 35 mm. **Obv:** Arms on blunt cross **Rev:** St. Michael slaying dragon

Date	Mintage	F	VF	XF	Unc	BU
ND(ca.1720)	—	—	—	110	—	—

KM# 17 1/2 THALER
13.8000 g., Silver, 37 mm. **Obv:** Oval arms on shield **Rev:** St. Michael on dragon

Date	Mintage	F	VF	XF	Unc	BU
ND(ca.1720)	—	—	—	135	—	—

CHUR

CHUR

A former bishopric now part of the canton Graubunden. The mint right was given from 959 until about 1798.

RULERS
Ulrich VII von Federspiel, 1692-1728
Joseph Benedikt von Rost, 1728-1754
Bishop Johann Anton, Freiherr von Federspiel, 1755-77

BISHOPRIC

STANDARD COINAGE

KM# 4 1/2 THALER
14.1500 g., Silver, 37 mm. **Obv:** Crowned, helmeted oval arms within sprigs **Obv. Legend:** BERO COM : DE : ... **Rev:** St. Michael slaying dragon **Rev. Legend:** COLLEG : BERO : SVIS : BENEV : D : D : **Note:** Varieties exist.

Date	Mintage	F	VF	XF	Unc	BU
ND(ca.1720)	—	75.00	150	250	—	—

KM# 5 1/2 THALER
14.0000 g., Silver, 37 mm. **Obv:** Crowned, helmeted oval arms within spade and sprigs **Obv. Legend:** BERO COM : DE : ... **Rev:** St. Michael defeating devil **Rev. Legend:** COLLEG : BERO : SVIS : BENEV : D : D : **Note:** Varieties exist.

Date	Mintage	F	VF	XF	Unc	BU
ND(ca.1720)	—	40.00	75.00	150	300	—

KM# 8 1/2 THALER
Silver, 35 mm. **Rev:** St. Michael slaying dragon with lightning bolt sceptre **Note:** Weight varies: 13.4-14 g.

Date	Mintage	F	VF	XF	Unc	BU
ND(ca.1720)	—	—	—	135	—	—

KM# 1 1/2 THALER
17.4600 g., Silver, 37 mm. **Obv:** Crowned, helmeted ornate oval arms **Obv. Legend:** BERO COM : DE : ... **Rev:** St. Michael slaying the dragon **Rev. Legend:** COLLEG : BERO : SUIS : BENEV : D : D :

Date	Mintage	F	VF	XF	Unc	BU
ND(pre-1725)	—	—	165	—	—	—

KM# 10 MICHAELGULDEN
8.6400 g., Silver, 35 mm. **Subject:** 1000th Anniversary - Founding of Abbey **Obv:** Oval arms in baroque frame, ornate helmet above **Obv. Legend:** ★ BERO COM • DE LENZB • FVNDA • ECCL • BERON ★ **Rev:** Full-length figure of the Archangel Michael slaying dragon **Rev. Legend:** COLLEG ★ BERO ★ SVIS ★ BENEV ★ D ★ D ★

Date	Mintage	VG	F	VF	XF	Unc
ND(1720)	—	850	1,200	1,500	2,000	—

KM# 147 PFENNIG
Billon **Ruler:** Ulrich VII **Obv:** Letters VEC around shield **Note:** Uniface.

Date	Mintage	VG	F	VF	XF	Unc
ND(1728)	—	5.00	8.00	17.00	90.00	215

Note: Ibex facing left

Date	Mintage	VG	F	VF	XF	Unc
ND(1728)	—	3.00	5.00	13.50	36.00	125

Note: Ibex facing right

KM# 131 BLUZGER
Billon **Ruler:** Ulrich VII **Obv:** 4-fold arms in oval cartouche in circle of pearls **Rev:** Anchor cross with ornamentation on arms

Date	Mintage	VG	F	VF	XF	Unc
1704	—	5.00	8.00	17.50	45.00	85.00
1706	—	5.00	8.00	17.50	45.00	85.00
1707	—	7.00	12.00	34.00	67.50	—
1708	—	4.00	6.00	13.50	27.50	52.50
1709	—	8.00	16.00	42.50	90.00	—
1710	—	5.00	8.00	17.50	45.00	85.00
1711	—	3.00	5.00	13.50	27.50	52.50
1712	—	7.00	12.00	34.00	67.50	—
1713	—	12.00	24.00	65.00	135	—
1714	—	7.00	12.00	34.00	67.50	—
1716	—	5.00	8.00	17.50	45.00	85.00
1717	—	12.00	24.00	65.00	135	—
1718	—	8.00	16.00	45.00	90.00	—
1719 Rare	—	—	—	—	—	—
1721	—	7.00	12.00	34.00	67.50	—
1723	—	3.00	5.00	13.50	27.50	52.50
1724	—	5.00	8.00	17.50	45.00	85.00
1725	—	5.00	8.00	17.50	45.00	85.00
1726	—	3.00	5.00	13.50	27.50	52.50
1727	—	3.00	5.00	13.50	27.50	52.50
1728	—	8.00	12.00	34.00	67.50	—

KM# 157 BLUZGER
Billon **Ruler:** Joseph Benedict **Obv:** 5-fold arms in cartouche **Rev:** Anchor cross with prongs at end

Date	Mintage	VG	F	VF	XF	Unc
1739	—	3.50	7.50	13.50	45.00	175
1740	—	3.50	7.50	13.50	45.00	175

KM# 178 BLUZGER
Billon **Ruler:** Johann Anton, Bishop **Obv:** Crowned 5-fold arms within circle **Rev:** Circles in cross points within circle

Date	Mintage	VG	F	VF	XF	Unc
1764 Rare	—	—	—	—	—	—
1765	—	5.00	8.00	13.50	35.00	135
1766	—	5.00	8.00	13.50	35.00	135

KM# 159 KREUZER
Billon **Ruler:** Joseph Benedict **Obv:** Legend, 5-fold arms in cartouche **Obv. Legend:** IOS • BEN... **Rev:** Round shield with eagle, double cross behind, date in legend

Date	Mintage	VG	F	VF	XF	Unc
1740	—	125	250	625	1,350	—

KM# 175 KREUZER
Billon **Ruler:** Johann Anton, Bishop **Obv:** Bust right **Rev:** Value and date in cartouche

Date	Mintage	VG	F	VF	XF	Unc
1759 Rare	—	—	—	—	—	—

KM# 177 KREUZER
Billon **Ruler:** Johann Anton, Bishop **Obv:** Coat of arms **Rev:** Crowned monogram above date

Date	Mintage	VG	F	VF	XF	Unc
1761	—	150	250	635	1,350	—

KM# 140 2 KREUZER (1/2 Batzen)
Billon **Ruler:** Ulrich VII **Obv:** Legend, 4-fold arms in oval cartouche **Obv. Legend:** VDAL • D • G • EP ... **Rev:** Legend, date **Rev. Legend:** CAROL • D • G • ROM • IM • SE • A

Date	Mintage	VG	F	VF	XF	Unc
1713 Rare	—	—	—	—	—	—
1719	—	250	400	1,050	—	—

KM# 146 2 KREUZER (1/2 Batzen)
Billon **Ruler:** Ulrich VII **Obv:** Value: 2 in circle on breast of crowned imperial eagle in inner circle **Rev:** 2 oval shields with mantle

Date	Mintage	VG	F	VF	XF	Unc
1724	—	50.00	100	250	—	—

KM# 160 2 KREUZER (1/2 Batzen)
Billon **Ruler:** Joseph Benedict **Obv:** 5-fold arms in cartouche with mantle **Rev:** Value: 2/KREU/ZER in oval ornate cartouche

Date	Mintage	VG	F	VF	XF	Unc
1740 Rare	—	—	—	—	—	—
1741	—	25.00	50.00	100	225	—

KM# 142 3 KREUZER (1 Groschen)
Billon **Ruler:** Ulrich VII **Obv:** Value: 3 in oval below in inner circle, armored bust right **Rev:** Crowned imperial eagle, oval shields on breast in inner circle

Date	Mintage	VG	F	VF	XF	Unc
1718 Rare	—	—	—	—	—	—

KM# 150 3 KREUZER (1 Groschen)
Billon **Ruler:** Joseph Benedict **Obv:** Armored bust with cross right **Rev:** Value: 3 below, 5-fold arms on mantled shield, bishop's hat above

Date	Mintage	VG	F	VF	XF	Unc
1730	—	35.00	65.00	225	550	—

KM# 151 3 KREUZER (1 Groschen)
Billon **Ruler:** Joseph Benedict **Obv:** Value: 3 in oval on shoulder **Rev:** Without 3 below shield

Date	Mintage	VG	F	VF	XF	Unc
1730	—	115	200	500	1,100	—

KM# 136 KREUZER
Billon **Ruler:** Ulrich VII **Obv:** Legend, date **Obv. Legend:** CAR • V • I • ... **Rev:** Legend, oval arms with Ibex right, cross behind **Rev. Legend:** IOS • BEN ...

Date	Mintage	VG	F	VF	XF	Unc
1706	—	50.00	100	250	—	—

KM# 137 KREUZER
Billon **Ruler:** Ulrich VII **Obv:** Legend, bust right dividing S-L in inner circle **Obv. Legend:** IOS • B ...

Date	Mintage	VG	F	VF	XF	Unc
1707	—	50.00	100	250	—	—
1708	—	45.00	90.00	225	—	—
1709	—	35.00	65.00	175	—	—
1710	—	30.00	55.00	135	—	—

KM# 149 KREUZER
Billon **Ruler:** Joseph Benedict **Obv:** Legend, bust right **Obv. Legend:** IOS • BEN ...

Date	Mintage	VG	F	VF	XF	Unc
1730	—	15.00	25.00	65.00	135	—

KM# 156 KREUZER
Billon **Ruler:** Joseph Benedict **Obv:** Legend, oval arms with Ibex right **Obv. Legend:** IOS • B • D • GEP...

Date	Mintage	VG	F	VF	XF	Unc
1738	—	175	325	850	—	—

KM# 173 6 KREUZER
Billon **Ruler:** Johann Anton, Bishop **Obv:** Bust right **Rev:** Value, date within inner circle of cartouche

Date	Mintage	VG	F	VF	XF	Unc
1758	—	350	650	1,700	3,600	—

KM# 165 12 KREUZER (1/2 Dicken)
Silver **Ruler:** Joseph Benedict **Obv:** Oval 5-fold arms in ornamentation, bishop's hat above **Rev:** Value, date within inner circle of cartouche **Note:** Similar to 6 Kreuzer, KM#173.

Date	Mintage	VG	F	VF	XF	Unc
1744 Rare	—	—	—	—	—	—

KM# 135 15 KREUZER

SWISS CANTONS

CHUR

Silver **Ruler:** Ulrich VII **Obv:** Large bust right divides circle **Rev:** Crowned double-headed eagle with shield on breast, value below

Date	Mintage	VG	F	VF	XF	Unc
1703	—	350	650	1,700	3,600	—

KM# 138 15 KREUZER
Silver **Ruler:** Ulrich VII **Obv:** Smaller bust right **Rev. Legend:** IOSEPHUS ...

Date	Mintage	VG	F	VF	XF	Unc
1708	—	900	1,600	4,250	—	—

KM# 164 15 KREUZER
Silver **Ruler:** Joseph Benedict **Obv:** 5-fold arms in ornamentation, bishop's hat above **Rev:** Inscription in cartouche within palm and laurel branches, value in oval shield below **Rev. Inscription:** SOLI / DEO / GLORIA / date

Date	Mintage	VG	F	VF	XF	Unc
1743	—	600	1,000	3,000	5,400	—

KM# 163 20 KREUZER
Silver **Ruler:** Joseph Benedict **Obv:** Value: 20 on orb on breast of crowned imperial eagle, date in legend **Rev:** 5-fold arms in ornamentation, bishop's hat above

Date	Mintage	VG	F	VF	XF	Unc
1742	—	700	1,200	4,250	—	—

KM# 174 1/6 THALER
Silver **Ruler:** Johann Anton, Bishop **Obv:** Bust right **Obv. Legend:** IOH • ANT • D • G • EP ... **Rev:** Value, date

Date	Mintage	VG	F	VF	XF	Unc
1758 Rare	—	—	—	—	—	—

KM# 144 THALER
Silver **Ruler:** Ulrich VII **Obv:** Legend, date, crowned imperial eagle with shield on breast **Obv. Legend:** CAROLVS • VI • D • G • ROM: IMP: S: A: **Rev:** Legend, bust right **Rev. Legend:** VDAL: S+HRI: PR: EP: CVR ... **Note:** Dav. #1761.

Date	Mintage	VG	F	VF	XF	Unc
1720 Rare	—	—	—	—	—	—

KM# 153 THALER
Silver **Ruler:** Joseph Benedict **Obv:** Legend, armored bust right **Obv. Legend:** IOS • BENED • D • G • ... **Rev:** Oval 5-fold arms in cartouche, mantle around, bishop's hat above **Rev. Legend:** D • IN • FVRST • ET ... **Note:** Dav. #1763.

Date	Mintage	VG	F	VF	XF	Unc
1736	—	1,400	2,500	6,500	13,500	—

KM# 179 THALER
Silver **Ruler:** Johann Anton, Bishop **Obv:** Crowned, mantled oval arms **Obv. Legend:** IOANNES • ANTONIUS • D: G: ... **Rev:** AD/NORMAN/CONVENT/1766 within wreath **Note:** Dav. #1766.

Date	Mintage	VG	F	VF	XF	Unc
1766	—	700	1,200	3,000	6,300	—

KM# 180 THALER
Silver **Ruler:** Johann Anton, Bishop **Obv:** Crowned double-headed eagle, divided date above **Obv. Legend:** IOSEPHUS • II • D: G: ... **Rev:** Inscription, date within wreath **Note:** Dav. #1764. Reverse is similar to KM#179.

Date	Mintage	VG	F	VF	XF	Unc
1766	—	700	1,250	3,000	6,300	—

KM# 154 2 THALER
Silver **Ruler:** Joseph Benedict **Obv:** Legend, armored bust right **Obv. Legend:** IOS • BENED • D • G • ... **Rev:** Legend, oval 5-fold arms in cartouche, mantle around, bishop's hat above **Rev. Legend:** D • IN • FVRST • ET... **Note:** Dav. #1762.

Date	Mintage	VG	F	VF	XF	Unc
1736 Unique	—	—	—	—	—	—

KM# 181 2 THALER
Silver **Ruler:** Johann Anton, Bishop **Obv:** Crowned, mantled oval arms **Rev:** Inscription, date within wreath

Date	Mintage	VG	F	VF	XF	Unc
1766 Rare	—	—	—	—	—	—

KM# 182 2 THALER
Silver **Ruler:** Johann Anton, Bishop **Obv:** Crowned double-headed eagle, divided date above **Rev:** Inscription, date within wreath

Date	Mintage	VG	F	VF	XF	Unc
1766 Rare	—	—	—	—	—	—

TRADE COINAGE

KM# 141 DUCAT
3.5000 g., 0.9860 Gold 0.1109 oz. AGW **Ruler:** Ulrich VII **Obv:** 4-Fold arms within circle **Rev:** Half-length standing Saint divides circle

Date	Mintage	VG	F	VF	XF	Unc
1713	—	2,250	4,000	8,500	16,500	—

KM# 152 DUCAT
3.5000 g., 0.9860 Gold 0.1109 oz. AGW **Ruler:** Joseph Benedict **Obv:** Bishops' hat above ornate oval arms **Rev:** Half-length Saint, facing right, divides circle

Date	Mintage	VG	F	VF	XF	Unc
1735 Rare	—	—	—	—	—	—

KM# 161 DUCAT
3.5000 g., 0.9860 Gold 0.1109 oz. AGW **Ruler:** Joseph Benedict **Obv:** Bust right **Rev:** Bishops' hat above ornate oval arms

Date	Mintage	VG	F	VF	XF	Unc
1741 Rare	—	—	—	—	—	—

KM# 168 DUCAT
3.5000 g., 0.9860 Gold 0.1109 oz. AGW **Ruler:** Joseph Benedict **Obv:** Bust right, legend within circle **Obv. Legend:** IOS: BEN: D•G: ... **Rev:** Bishops' hat above ornate oval arms

Date	Mintage	VG	F	VF	XF	Unc
1749	—	850	1,600	3,850	6,300	—

KM# 183 DUCAT
3.5000 g., 0.9860 Gold 0.1109 oz. AGW **Ruler:** Johann Anton, Bishop **Obv:** Crowned, mantled oval arms **Obv. Legend:** IO • A • ANT • D • G • EP ... **Rev:** Standing Saint with child **Rev. Legend:** PRAESEDIUM.

Date	Mintage	VG	F	VF	XF	Unc
1767	—	1,200	2,000	4,250	8,000	—

KM# 145 2 DUCAT
7.0000 g., 0.9860 Gold 0.2219 oz. AGW **Ruler:** Ulrich VII **Obv:** Crowned double-headed eagle, orb on breast, divided date above **Obv. Legend:** CAROLVS... **Rev:** St. Luke divides circle

Date	Mintage	VG	F	VF	XF	Unc
1720 Rare	—	—	—	—	—	—

KM# 162 2 DUCAT
7.0000 g., 0.9860 Gold 0.2219 oz. AGW **Ruler:** Joseph Benedict **Obv:** Bust right

Date	Mintage	VG	F	VF	XF	Unc
1741 Rare	—	—	—	—	—	—

KM# 169 5 DUCAT
17.5000 g., 0.9860 Gold 0.5547 oz. AGW **Ruler:** Joseph Benedict **Note:** Similar to 6 Ducat, KM#170.

Date	Mintage	VG	F	VF	XF	Unc
1749	—	3,000	5,000	10,000	18,000	—

KM# 170 6 DUCAT
21.0000 g., 0.9860 Gold 0.6657 oz. AGW **Ruler:** Joseph Benedict **Obv:** Crowned imperial eagle, legend, date **Obv. Legend:** LEOPOLDVS... **Rev:** Facing bust of bishop, legend **Rev. Legend:** VDAL: D: G: EP: ...

Date	Mintage	VG	F	VF	XF	Unc
1749	—	3,000	5,250	11,000	20,000	—

KM# 171 7 DUCAT
24.5000 g., 0.9860 Gold 0.7766 oz. AGW **Ruler:** Joseph Benedict **Note:** Similar to 6 Ducat, KM#170.

Date	Mintage	VG	F	VF	XF	Unc
1749	—	3,500	6,500	12,500	22,500	—

KM# 166 8 DUCAT
0.9860 Gold **Ruler:** Joseph Benedict **Note:** Similar to 10 Ducat, KM#167.

Date	Mintage	VG	F	VF	XF	Unc
1747	—	4,500	9,500	21,500	36,000	—

KM# 143 10 DUCAT
35.0000 g., 0.9860 Gold 1.1095 oz. AGW **Ruler:** Ulrich VII **Note:** Struck with Thaler dies, KM#144.

Date	Mintage	VG	F	VF	XF	Unc
1720 Rare	—	—	—	—	—	—

KM# 155 10 DUCAT
35.0000 g., 0.9860 Gold 1.1095 oz. AGW **Ruler:** Joseph Benedict **Obv:** Large bust right within circle **Obv. Legend:** IOS • BENE • D • D • G • EPISCPVS ... **Rev:** Ornate oval arms

Date	Mintage	VG	F	VF	XF	Unc
1736 Rare	—	—	—	—	—	—

FREIBURG

Date	Mintage	VG	F	VF	XF	Unc
1729	—	5.00	9.00	21.00	45.00	85.00
1730	—	5.00	9.00	21.00	45.00	85.00

KM# 267 3 KREUZER (1 Groschen)

Silver **Ruler:** Ulrich VII **Obv:** Legend, date, shield with Ibex left on breast of crowned imperial eagle **Obv. Legend:** CAROL • D • G • ROM • IM • S • A • **Rev:** Legend, value: 3 in oval at bottom **Rev. Legend:** S • LVCI • M • EP • CVRIE

Date	Mintage	VG	F	VF	XF	Unc
1725	—	60.00	100	250	550	—
1729	—	50.00	80.00	210	450	—

KM# 268 3 KREUZER (1 Groschen)

Silver **Ruler:** Joseph Benedict **Obv:** Legend, date, arms on orb on breast, without inner circle **Obv. Legend:** CAROL • VI • D • G • ROM • I M • SA

Date	Mintage	VG	F	VF	XF	Unc
1729	—	45.00	80.00	210	450	—
1730	—	9.00	16.00	45.00	90.00	—
1731	—	8.00	16.00	45.00	90.00	—

KM# 270 3 KREUZER (1 Groschen)

Silver **Ruler:** Joseph Benedict **Obv:** Legend, value: 3 in oval below crowned imperial eagle **Obv. Legend:** CARO • D • G • ... **Rev:** Legend, without 3 in oval at bottom **Rev. Legend:** S • LUCI • M • EP • CURIE

Date	Mintage	VG	F	VF	XF	Unc
1731	—	15.00	30.00	85.00	180	—

KM# 167 10 DUCAT

35.0000 g., 0.9860 Gold 1.1095 oz. AGW **Ruler:** Joseph Benedict **Obv:** Bust right **Obv. Legend:** IOS BENED D G EPISCOPVS ... **Rev:** Bishops' hat above ornate oval arms

Date	Mintage	VG	F	VF	XF	Unc
1747 Rare	—	—	—	—	—	—

KM# A156 15 DUCAT

52.5000 g., 0.9860 Gold 1.6642 oz. AGW **Ruler:** Joseph Benedict **Obv:** Bust right **Rev:** Bishops' hat above ornate oval arms

Date	Mintage	VG	F	VF	XF	Unc
1736 Rare	—	—	—	—	—	—

CITY

STANDARD COINAGE

KM# 263 BLUZGER

Billon **Ruler:** Ulrich VII **Obv:** Arms with Ibex (left or right) within town gate **Rev:** Cross to inner circle

Date	Mintage	VG	F	VF	XF	Unc
1705 Rare	—	—	—	—	—	—
1706	—	12.00	25.00	65.00	135	—
1707	—	8.00	16.50	45.00	90.00	—
1708	—	5.00	8.00	17.50	45.00	85.00
1709	—	6.50	12.50	34.00	67.50	—
1710	—	5.00	8.00	17.50	45.00	85.00
1711	—	7.00	12.50	34.00	67.50	—
1712	—	7.00	12.50	34.00	67.50	—
1713	—	20.00	40.00	100	—	—
1714	—	8.00	16.00	42.50	90.00	—
1716	—	5.00	8.00	17.50	45.00	85.00
1717	—	8.00	16.00	42.50	90.00	—
1718	—	6.50	12.50	34.00	67.50	—
1720	—	6.50	12.50	34.00	67.50	—
1721	—	6.50	12.50	34.00	67.50	—
1722	—	12.00	25.00	62.50	135	—
1723	—	4.00	7.00	13.50	27.50	52.50
1724	—	5.00	8.00	16.50	45.00	85.00
1725	—	6.50	12.50	34.00	67.50	—
1726	—	4.00	7.00	13.50	27.50	52.50
1727	—	4.00	7.00	13.50	27.50	52.50
1728	—	4.00	7.00	10.00	27.50	52.50
1731	—	8.00	16.00	42.50	135	—
1739	—	4.00	7.00	13.50	27.50	52.50
1740	—	4.00	7.00	13.50	27.50	52.50
1764 Rare	—	—	—	—	—	—
1765	—	4.00	7.00	10.00	22.50	47.50
1766	—	4.00	7.00	10.00	22.50	47.50

KM# 265 KREUZER

Billon **Ruler:** Ulrich VII **Obv:** Crowned imperial eagle **Rev:** 1/2-length St. Luke with sceptre and imperial orb in inner circle

Date	Mintage	VG	F	VF	XF	Unc
1712	—	12.00	20.00	52.50	110	—
1713	—	9.00	16.00	42.50	90.00	—
1714	—	16.00	32.50	85.00	180	—
1715	—	9.00	16.00	42.50	90.00	—
1716	—	12.00	20.00	52.50	110	—
1717	—	16.00	32.00	85.00	110	—
1718	—	12.00	20.00	52.50	110	—
1719	—	12.00	20.00	52.50	110	—
1720	—	5.00	9.00	21.00	45.00	85.00
1721	—	9.00	16.00	42.50	90.00	—
1722	—	7.00	12.00	32.00	67.50	—
1723	—	9.00	16.00	42.50	90.00	—
1724	—	9.00	16.00	42.50	90.00	—
1725	—	16.00	32.00	85.00	180	—
1726	—	30.00	60.00	170	—	—
1727	—	13.00	25.00	62.50	135	—
1728	—	7.00	12.00	32.00	67.50	—

KM# 271 3 KREUZER (1 Groschen)

Silver **Ruler:** Joseph Benedict

Date	Mintage	VG	F	VF	XF	Unc
1732	—	6.50	12.50	34.00	67.50	135
1733	—	6.50	12.50	34.00	67.50	135
1734	—	6.50	12.50	34.00	67.50	135
1735	—	6.50	12.50	34.00	67.50	135
1737	—	15.00	24.00	67.50	135	—

KM# 272 6 KREUZER

Billon **Ruler:** Joseph Benedict **Obv:** Oval arms with Ibex left in cartouche in inner circle **Rev:** Value, date in cartouche, cherub's head above

Date	Mintage	VG	F	VF	XF	Unc
1733	—	500	1,000	2,600	5,500	—

PATTERNS

Including off metal strikes

KM#	Date	Mintage	Identification	Mkt Val
Pn1	1741	—	Ducat. Silver. KM161.	1,500
Pn2	1749	—	Ducat. Silver. KM168.	1,500

DISENTIS ABBEY

The Abbey of Disentis is located in Switzerland 16 miles northeast from Gotthard Pass. They obtained the coinage right in 1571, but made little use of it.

ABBOTS
Gallus von Florin, 1716-1724
Marian von Castelberg, 1724-1742

STANDARD COINAGE

KM# 5 PFENNIG

Billon **Ruler:** Gallus **Obv:** Arched arms, GAD at top and sides **Note:** Uniface.

Date	Mintage	Good	VG	F	VF	XF
ND	—	300	450	1,000	2,250	—

KM# 7 KREUZER

Billon **Ruler:** Marian **Obv:** Mitre above ornate oval arms **Rev:** Crowned double-headed eagle, oval shield on breast

Date	Mintage	Good	VG	F	VF	XF
1729	—	250	400	1,000	2,250	—

PATTERNS

KM#	Date	Mintage	Identification	Mkt Val

| Pn1 | 1717 | — | Bluzger. Billon. | — |

EINSIEDELN ABBEY

An abbey in the canton of Schwyz. It was founded in 934 and produced few coins.

RULER
Beatus Kuttel, Abbot, 1780-1808

TRADE COINAGE

KM# 3 DUCAT

3.5000 g., 0.9860 Gold 0.1109 oz. AGW **Ruler:** Beatus Kuttel - Abbot **Obv:** Mitre above ornate oval arms

Date	Mintage	VG	F	VF	XF	Unc
1783	—	850	1,500	3,000	5,400	7,650

PATTERNS

Including off metal strikes

KM#	Date	Mintage	Identification	Mkt Val
Pn1	1783	—	Ducat. Silver. KM#3.	550

FISCHINGEN ABBEY

RULER
Franz Troger, 1688-1728

TRADE COINAGE

KM# 5 DUCAT

3.5000 g., 0.9860 Gold 0.1109 oz. AGW **Ruler:** Franz Troger **Subject:** 50th Anniversary of the Abbot **Obv:** Mitre above oval arms **Rev:** St. Ida, Countess of Toggenburg

Date	Mintage	VG	F	VF	XF	Unc
1726	—	650	950	2,000	3,600	5,100

KM# 6 2 DUCAT

7.0000 g., 0.9860 Gold 0.2219 oz. AGW **Ruler:** Franz Troger **Subject:** 50th Anniversary of the Abbott **Obv:** Oval arms topped by mitre on pedestal, date on pedestal **Rev:** St. Ida with Stag

Date	Mintage	VG	F	VF	XF	Unc
1726 Rare	—	—	—	—	—	—

PATTERNS

Including off metal strikes

KM#	Date	Mintage	Identification	Mkt Val
Pn1	1726	—	Ducat. Silver. KM#5.	600

FREIBURG

Friburg, Fribourg, Freyburg

A canton and city located in western Switzerland. The city was founded in 1178 and obtained the mint right in 1422. It joined the Swiss Confederation in 1481. During the Helvetian Republic period it was known as Sarine Et Broye but changed the name back to Freiburg in 1803.

MONETARY SYSTEM

Until 1798
16 Denier = 8 Vierer = 4 Kreuzer = 1 Batzen
56 Kreuzer = 8 Piccette = 1 Gulden
24 Piecette = 1 Thaler

CITY

STANDARD COINAGE

KM# 43 DENIER

Copper **Obv:** Cross **Rev:** Blank

Date	Mintage	VG	F	VF	XF	Unc
ND	—	200	325	1,275	—	—
1735	—	65.00	125	525	—	—
1745	—	65.00	125	525	—	—
1751	—	65.00	125	525	—	—

SWISS CANTONS — FREIBURG

Date	Mintage	VG	F	VF	XF	Unc
1752	—	65.00	125	525	—	—
1763	—	65.00	125	525	—	—

KM# 37 1/2 KREUZER (Vierer)
Billon Obv: Legend, crowned imperial eagle Obv. Legend: MONETA • FRIBVRGENSIS Rev: Cross with prongs, crosses in angles, date in legend

Date	Mintage	VG	F	VF	XF	Unc
1713	—	500	800	2,150	—	—
1715	—	150	250	1,025	—	—
1737	—	60.00	100	425	—	—

KM# 44 1/2 KREUZER (Vierer)
Billon Obv: Crowned imperial eagle with arms on breast Rev: Cross with prongs, blossoms in angles

Date	Mintage	VG	F	VF	XF	Unc
1736	—	300	525	2,250	—	—

KM# 45 1/2 KREUZER (Vierer)
Billon Obv: Shield arms

Date	Mintage	VG	F	VF	XF	Unc
1736	—	9.00	16.00	67.50	180	—
1737	—	17.50	32.50	135	325	—
1738	—	90.00	165	635	—	—
1739	—	90.00	165	635	—	—
1740	—	9.00	16.00	67.50	180	—
1741 Rare	—	—	—	—	—	—
1744	—	9.00	16.00	67.50	180	—
1751	—	100	200	850	—	—

KM# 48 1/2 KREUZER (Vierer)
Billon Obv: Tower arms

Date	Mintage	VG	F	VF	XF	Unc
1744	—	90.00	165	650	—	—

KM# 52 1/2 KREUZER (Vierer)
Billon Obv: Shield within circle Rev: Floreated cross, blossoms in angles within circle, date below

Date	Mintage	VG	F	VF	XF	Unc
1769	—	16.00	32.00	130	325	—
1770	—	8.00	16.00	70.00	180	—
1774	—	16.00	32.00	130	325	—
1787	—	7.00	12.00	45.00	135	275
1790	—	5.00	8.00	35.00	90.00	185

KM# 16 KREUZER
Billon Obv: Crowned imperial eagle with shield arms on breast Rev: Blossoms in angles of cross

Date	Mintage	VG	F	VF	XF	Unc
1702 Rare	—	—	—	—	—	—

KM# 34 KREUZER
Billon Obv: Double-headed eagle with tower arms on breast, within circle Rev: Blossoms in angles of cross within circle

Date	Mintage	VG	F	VF	XF	Unc
1711	—	7.00	12.00	45.00	135	—
1712	—	7.00	12.00	45.00	135	—
1713	—	7.00	12.00	45.00	135	—
1714	—	7.00	12.00	45.00	135	—

KM# 42 KREUZER
Billon Obv: Shield within circle Rev: Floreated cross, blossoms in angles within circle, date below

Date	Mintage	VG	F	VF	XF	Unc
1737	—	20.00	35.00	125	325	—
1738	—	20.00	35.00	125	325	—
1741	—	10.00	16.00	67.50	185	—
1769	—	16.00	32.50	130	325	—
1770	—	16.00	32.50	130	325	—
1772	—	16.00	32.50	130	325	—
1774	—	5.00	8.00	42.50	115	225
1787	—	5.00	8.00	42.50	115	225
1789	—	5.00	8.00	42.50	115	225

KM# 30 2 KREUZER
Billon Obv: Tower arms divide F-B Rev: Cross with prongs, value: CR-2 or 2-CR in bottom fields

Date	Mintage	VG	F	VF	XF	Unc
1709	—	14.00	25.00	100	275	—
1711	—	14.00	25.00	100	275	—
1712	—	14.00	25.00	100	275	—
1713	—	14.00	25.00	100	275	—
1714	—	17.00	32.50	125	350	—

KM# 36 2 KREUZER
Billon Obv: Tower arms with or without eagle above Rev: Flowers in angles of cross

Date	Mintage	VG	F	VF	XF	Unc
1714	—	14.00	25.00	100	275	—
1715	—	14.00	25.00	100	275	—
1717	—	14.00	25.00	100	275	—
1738	—	12.00	20.00	85.00	225	—
1740	—	14.00	25.00	100	275	—
1741	—	14.00	25.00	100	275	—

KM# 47 2 KREUZER
Billon Obv: Shield within circle Rev: Floreated cross, blossoms in angles within circle, date below

Date	Mintage	VG	F	VF	XF	Unc
1741	—	12.00	20.00	85.00	225	—
1746	—	22.00	40.00	175	450	—
1751	—	17.50	32.50	130	365	—
1752	—	12.00	20.00	85.00	225	—
1754	—	85.00	150	675	1,800	—
1767 Rare	—	—	—	—	—	—
1769	—	20.00	40.00	175	450	—
1770	—	12.00	20.00	85.00	225	—
1772	—	17.00	32.00	130	365	—
1774	—	12.00	20.00	85.00	225	—
1787	—	7.00	12.00	50.00	135	265
1788	—	7.00	12.00	50.00	135	265
1789	—	7.00	12.00	50.00	135	265
1793	—	7.00	12.00	50.00	135	265
1797	—	12.00	20.00	85.00	225	375
1798	—	7.00	12.00	50.00	135	265

KM# 58 7 KREUZER (1/8 Gulden)
Silver Obv: Oval shield within thin wreath and circle Rev: Crowned monogram in cruciform, value in center, all within circle

Date	Mintage	VG	F	VF	XF	Unc
1787	—	9.00	16.00	42.50	90.00	150
1788	—	9.00	16.00	42.50	90.00	150
1789	—	9.00	16.00	42.50	90.00	150
1791	—	9.00	16.00	42.50	90.00	150
1793	—	9.00	16.00	42.50	90.00	150
1794	—	9.00	16.00	42.50	90.00	150
1795	—	9.00	16.00	42.50	90.00	150
1797	—	9.00	16.00	42.50	90.00	150

KM# 31 10 KREUZER
Silver Obv: Tower arms in ornate cartouche Rev: Crowned double-headed eagle with value on breast

Date	Mintage	VG	F	VF	XF	Unc
1709	—	70.00	125	350	725	—

KM# 59 14 KREUZER (1/4 Gulden)
Silver Obv: Crowned oval shield within sprigs and circle Rev: Crowned monogram in cruciform, value in center, all within circle

Date	Mintage	VG	F	VF	XF	Unc
1787	—	8.00	25.00	65.00	135	225
1788	—	8.00	25.00	65.00	135	225

Date	Mintage	VG	F	VF	XF	Unc
1790	—	16.00	32.50	65.00	180	300
1793	—	16.00	32.50	85.00	180	300
1797	—	16.00	32.50	85.00	180	300
1798 Rare	—	—	—	—	—	—

KM# 33 20 KREUZER (1/2 Dicken)
Silver Obv: Crowned double-headed eagle with value in heart shape on breast in ornate cartouche, palm branches at sides Rev: Tower arms, eagle above, ring below in ornate cartouche

Date	Mintage	VG	F	VF	XF	Unc
1710	—	45.00	80.00	225	450	—

KM# 62 56 KREUZER (1 Gulden)
Silver Obv: Crowned oval shield within sprigs and circle Rev: Crowned monogram in cruciform, value in center, all within circle

Date	Mintage	VG	F	VF	XF	Unc
1796	—	75.00	125	350	675	1,050
1797	—	75.00	125	350	675	1,050

KM# 35 SCHILLING
Billon Obv: Crowned imperial eagle, tower arms on breast, date below Rev: Saint wearing mitre facing forward

Date	Mintage	VG	F	VF	XF	Unc
1713	—	14.00	25.00	85.00	225	—
1714	—	14.00	25.00	85.00	225	—

KM# 38 SCHILLING
Billon Obv: Date divided by tail of eagle Rev: 1/2-length standing Saint

Date	Mintage	VG	F	VF	XF	Unc
1717	—	12.00	25.00	85.00	225	—

DE SARINE ET BROYE

STANDARD COINAGE

KM# 65 42 KREUZER
Silver Obv: Fasces Rev: Value within wreath, date below

Date	Mintage	VG	F	VF	XF	Unc
1798	—	100	175	425	900	—

PATTERNS
Including off metal strikes

KM#	Date	Mintage	Identification	Mkt Val
Pn1	1709	—	20 Kreuzer. Silver. Same as Pn2.	5,000

KM#	Date	Mintage	Identification	Mkt Val
Pn2	1710	—	20 Kreuzer. Silver.	850
Pn3	1737	—	1/2 Kreuzer. Silver. KM45.	—
Pn4	1774	—	2 Kreuzer. Silver. KM47.	300
Pn6	1787	—	2 Kreuzer. Gold. KM47.	—
Pn5	1787	—	Kreuzer. Silver. KM42.	300

GENEVA

A canton and city in southwestern Switzerland. The city became a bishopric c.400 AD and was part of the Burgundian Kingdom for 500 years. They became completely independent in 1530. In 1798 they were occupied by France but became independent again in 1813. They joined the Swiss Confederation in 1815.

MONETARY SYSTEM
Until 1794

12 Deniers = 4 Quarts = 1 Sol
12 Sols = 1 Florin
12 Florins, 9 Sols = 1 Thaler
35 Florins = 1 Pistole

GENEVA

CANTON

STANDARD COINAGE

KM# 89 3 SOLS
Billon **Obv:** Arms within circle, IHS in sun above **Obv. Legend:** GENEVENSIS RESPUBLICA **Rev:** Cruciform within circle, date below **Rev. Legend:** POST TENEBRAS LUX

Date	Mintage	VG	F	VF	XF	Unc
1791	—	5.00	8.00	17.50	75.00	130

KM# 89a 3 SOLS
Silver **Obv:** Arms within circle, IHS in sun above **Rev:** Cruciform within circle, date below

Date	Mintage	VG	F	VF	XF	Unc
1791	—	25.00	60.00	90.00	125	—

KM# 82 6 SOLS
Billon **Obv:** Ornate arms, IHS in sun above **Obv. Legend:** GENEVENSIS • RESPUBLICA **Rev:** Value within cartouche, date below **Rev. Legend:** POST TENEBRAS LUX

Date	Mintage	VG	F	VF	XF	Unc
1765	—	5.00	8.00	21.00	70.00	135
1765 JG	—	12.00	20.00	50.00	110	225
1776 IG	—	5.00	8.00	21.00	70.00	135
1791 PB	—	5.00	8.00	21.00	70.00	135

KM# 82a 6 SOLS
Silver **Obv:** Ornate arms, IHS in sun above **Rev:** Value within cartouche, date below

Date	Mintage	VG	F	VF	XF	Unc
1765	—	25.00	50.00	100	150	250
1776 IG	—	25.00	50.00	100	150	250
1791 PB	—	25.00	50.00	100	150	250

KM# 61 10-1/2 SOLS
Silver **Obv:** Arms in cartouche, IHS in radiant sun divides date, initals below **Rev:** Inscription in cartouche, IHS in radiant sun above **Rev. Inscription:** POST / TENEBRAS / LUX / 10 / 1/2

Date	Mintage	VG	F	VF	XF	Unc
1714 IPD	—	12.50	20.00	50.00	115	225
1715 IPD	—	15.00	20.00	50.00	115	225

KM# 61a 10-1/2 SOLS
Gold **Obv:** Arms in cartouche, IHS in radiant sun divides date, initals below **Rev:** Inscription in cartouche, IHS in radiant sun above **Rev. Inscription:** POST / TENEBRAS / LUX / 10 / 1/2

Date	Mintage	VG	F	VF	XF	Unc
1714 IPD	—	650	1,250	2,000	2,500	—

KM# 59 21 SOLS
Silver **Obv:** Arms in cartouche, IHS in radiant sun above, date below **Rev:** Inscription in cartouche palm branches on sides, large radiant sun with IHS in center **Rev. Inscription:** POST / TENEBRAS / LUX / 21

Date	Mintage	VG	F	VF	XF	Unc
1710	—	15.00	25.00	67.50	135	265

Note: Date under arms

Date	Mintage	VG	F	VF	XF	Unc
1710	—	100	160	425	900	—

Note: Date over arms

KM# 60 21 SOLS
Silver **Rev:** Smaller radiant sun

Date	Mintage	VG	F	VF	XF	Unc
1711	—	12.00	20.00	50.00	115	225

KM# 62 21 SOLS
Silver **Obv:** Radiant sun above arms divides date

Date	Mintage	VG	F	VF	XF	Unc
1714	—	12.00	22.50	55.00	115	225
1715	—	12.00	22.50	55.00	115	225
1720	—	12.00	22.50	55.00	115	225
1721	—	12.00	22.50	55.00	115	225

KM# 66 THALER
Silver **Note:** Similar to KM#69 but with scrolls on both sides of date. Dav. #1767.

Date	Mintage	VG	F	VF	XF	Unc
1721	394	900	1,600	4,250	—	—
1722	—	75.00	125	265	675	2,600

KM# 69 THALER
Silver **Obv:** Ornate arms, IHS in sun above **Obv. Legend:** GENEVENSIS RESPUBLICA **Rev:** Crowned double-headed eagle within circle, divided date below **Rev. Legend:** POST TENEBRAS LUX

Date	Mintage	VG	F	VF	XF	Unc
1722	—	200	325	600	1,400	—
1723	—	75.00	125	250	600	2,400

KM# 70 PISTOLE
7.6400 g., 0.9000 Gold 0.2211 oz. AGW **Obv:** Ornate arms, sun above **Obv. Legend:** GENEVEN RESPUBL **Rev:** Crowned double-headed eagle, divided date below **Rev. Legend:** POST TENEBRAS LUX

Date	Mintage	F	VF	XF	Unc	BU
1722	—	1,200	2,350	4,100	6,000	—
1724	—	1,200	2,350	4,100	6,000	—

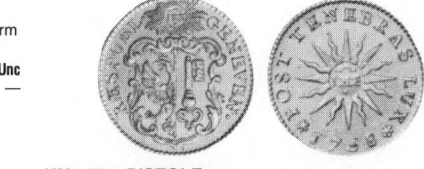

KM# 77 PISTOLE
7.6400 g., 0.9000 Gold 0.2211 oz. AGW **Obv:** Ornate arms, IHS in sun above **Obv. Legend:** GENEVEN • RESPUBL **Rev:** IHS in center of sun **Rev. Legend:** POST TENEBRAS LUX

Date	Mintage	F	VF	XF	Unc	BU
1752	—	500	1,000	1,800	2,600	3,600
1753	—	500	1,000	1,800	2,600	3,600
1754	—	500	1,000	1,800	2,600	3,600
1755	—	500	1,000	1,800	2,600	3,600
1757	—	500	1,000	1,800	2,600	3,600
1758	—	500	1,000	1,800	2,600	3,600
1762	—	500	1,000	1,800	2,600	3,600
1770	—	500	1,000	1,800	2,600	3,600

KM# 85 PISTOLE
7.6400 g., 0.9000 Gold 0.2211 oz. AGW **Obv:** Ornate arms, IHS in sun above **Obv. Legend:** GENEVEN • RESPUBL • **Rev:** Crowned double-headed eagle, inverted date below **Rev. Legend:** POST TENEBRAS LUX

Date	Mintage	F	VF	XF	Unc	BU
1772	—	900	1,800	3,200	4,750	6,350

KM# 84 3 PISTOLES
16.9500 g., 0.9200 Gold 0.5013 oz. AGW **Obv:** Ornate arms, IHS in sun above **Obv. Legend:** GENEVENSIS • RESPUBLICA **Rev:** IHS in center of large radiant sun, inverted date below **Rev. Legend:** POST TENEBRAS LUX

Date	Mintage	F	VF	XF	Unc	BU
1771	1,910	1,500	3,000	5,500	7,650	11,000

REVOLUTIONARY COINAGE

KM# 97 15 SOLS
Silver **Obv:** Displayed eagle within wreath, date below **Obv. Legend:** POST TENEBRAS LUX **Rev:** Value in center of radiant sun **Rev. Legend:** EGALITE LIBERTE INDEPENDANCE

Date	Mintage	VG	F	VF	XF	Unc
1794 W	—	12.00	22.00	55.00	125	225
1794	—	12.00	22.00	55.00	125	225

KM# 97a 15 SOLS
Gold **Obv:** Displayed eagle within wreath **Rev:** Value: DECIME/LOISIVETE/EST UN/VOL at center, flower and date below

Date	Mintage	VG	F	VF	XF	Unc
1794 W	—	950	1,650	2,750	3,500	—

KM# 95 1/2 DECIME (5 Centimes)
Silver **Obv:** Bee hive, 2 flying bees below, GENEVE, date **Rev:** Value: CINQ/CENTIMES/L'AN III DE/L'EGALITE within circle of Roman numerals similar to a clock

Date	Mintage	VG	F	VF	XF	Unc
1794 Rare	—	—	—	—	—	—

KM# 96 DECIME (10 Centimes)
Silver **Obv:** Displayed eagle within wreath **Rev:** Value: DECIME/LOISIVETE/EST UN/VOL at center, flower and date below **Rev. Legend:** EGALITE LIBERTE INDEPENDANCE

Date	Mintage	VG	F	VF	XF	Unc
1794 W	—	35.00	60.00	175	375	650

KM# 98 GENEVOISE (10 Decimes)
Silver **Obv:** Tower arms above head left, inscription below **Obv. Legend:** GENEVOISE REPUBLIQUE **Rev:** Inscription, date flanked by oat sprigs **Rev. Legend:** APRES LES TENEBRES LA LUMIERE

Date	Mintage	VG	F	VF	XF	Unc
1794 TB	17,000	70.00	125	265	675	1,350

REFORM COINAGE
1795-1798

KM# 105 6 DENIERS
Billon **Obv:** Arms within circle **Obv. Legend:** • GENEVE REPUB • LAN 4 • DE LEGALITE • **Rev:** Value within wreath **Rev. Legend:** POST TENEBRAS LUX

Date	Mintage	VG	F	VF	XF	Unc
1795	—	7.00	12.00	35.00	75.00	165

KM# 106 UN (1) SOL / SIX DENIERS
Billon **Obv:** Arms within circle **Obv. Legend:** • GENEVE REPUB • LAN 4 • DE LEGALITE • **Rev:** Value within wreath **Rev. Legend:** POST TENEBRAS LUX

Date	Mintage	VG	F	VF	XF	Unc
1795	—	12.00	20.00	60.00	135	265

Note: Value in 3 lines

KM# 107 UN (1) SOL / SIX DENIERS
Billon **Obv:** Arms within circle **Obv. Legend:** • GENEVE REPUB • LAN 4 • DE LEGALITE • **Rev:** Value within wreath, date below **Rev. Legend:** POST TENEBRAS LUX

Date	Mintage	VG	F	VF	XF	Unc
1795	—	10.00	20.00	60.00	135	275

Note: Value in 2 lines

1256 SWISS CANTONS GENEVA

KM# 107a UN (1) SOL / SIX DENIERS

Silver **Obv:** Arms within circle **Obv. Legend:** • GENEVE REPUB • LAN 4 • DE LEGALITE • **Rev:** Value within wreath, date below **Rev. Legend:** POST TENEBRAS LUX

Date	Mintage	VG	F	VF	XF	Unc
1795	—	20.00	45.00	90.00	200	350

Note: Value in 3 lines

KM# 108 TROIS (3) SOLS

Billon **Obv:** Arms within circle **Obv. Legend:** • GENEVE REPUBLIQUE • LAN' IV • DE LEGALITE • **Rev:** Value within wreath, date below **Rev. Legend:** * POST * TENEBRAS * LUX *

Date	Mintage	VG	F	VF	XF	Unc
1795	—	12.00	20.00	55.00	115	225
1795 T-B	—	—	—	—	—	—
1798	—	12.00	20.00	55.00	115	225

KM# 108a TROIS (3) SOLS

Silver **Obv:** Arms within circle **Obv. Legend:** • GENEVE REPUBLIQUE • LAN' IV • DE LEGALITE • **Rev:** Value within wreath, date below **Rev. Legend:** * POST * TENEBRAS * LUX *

Date	Mintage	VG	F	VF	XF	Unc
1795 T-B	—	—	—	—	—	—
1798	—	25.00	50.00	100	200	275

KM# 109 6 SOLS

Billon **Obv:** Arms within circle **Obv. Legend:** • GENEVE REPUBLIQUE • LAN' IV • DEL'EGALITE • **Rev:** Value within wreath, date below **Rev. Legend:** POST TENEBRAS LUX

Date	Mintage	VG	F	VF	XF	Unc
1795 TB	—	20.00	40.00	115	225	425
1795	—	12.00	20.00	55.00	115	225
1796	—	12.00	20.00	55.00	115	225
1797	—	12.00	20.00	55.00	115	225

KM# 109a 6 SOLS

Copper **Obv:** Arms within circle **Obv. Legend:** • GENEVE REPUBLIQUE • LAN' VI • DEL'EGALITE • **Rev:** Value within wreath **Rev. Legend:** POST TENEBRAS LUX

Date	Mintage	VG	F	VF	XF	Unc
1795	—	20.00	40.00	75.00	135	—
1796	—	20.00	40.00	75.00	135	—

KM# 109b 6 SOLS

Silver **Obv:** Arms within circle **Obv. Legend:** • GENEVE REPUBLIQUE • LAN' VI • DEL'EGALITE • **Rev:** Value within wreath **Rev. Legend:** POST TENEBRAS LUX

Date	Mintage	VG	F	VF	XF	Unc
1795	—	30.00	60.00	100	200	275
1796	—	30.00	60.00	100	200	275

KM# 110 VI FLORINS (IV Sols = VI Deniers)

Silver **Obv:** Arms within circle and wreath **Obv. Legend:** * GENEVE REPUBLIQUE * L'AN * IV * DE LEGALITE * **Rev:** Value in center of large radiant sun, date below **Rev. Legend:** POST * TENEBRAS * LUX *

Date	Mintage	VG	F	VF	XF	Unc
1795 W	—	35.00	65.00	175	375	625

KM# 111 XII FLORINS / IX SOLS

Silver **Obv:** Arms within circle and wreath **Obv. Legend:** * GENEVE • REPUBLIQUE • L'AN • IV • DE • L'EGALITE * **Rev:** Value in center of large radiant sun, date below **Rev. Legend:** * POST * TENEBRAS * LUX * **Note:** Dav. #1769.

Date	Mintage	VG	F	VF	XF	Unc
1795 TB	21,000	65.00	100	225	550	1,050

KM# 112 XII FLORINS / IX SOLS

Silver **Rev:** Denomination in legend, IHS in sunburst **Note:** Dav. #1770.

Date	Mintage	VG	F	VF	XF	Unc
1796	12,000	75.00	135	300	825	1,500

CITY

STANDARD COINAGE

KM# 76b 6 DENIERS

Gold **Obv:** Arms within circle, sun above **Rev:** IHS in center of sun

Date	Mintage	VG	F	VF	XF	Unc
1750	—	500	900	1,500	—	—

KM# 57 6 DENIERS (2 Quarts)

Billon **Obv:** Arms in cartouche, sun above **Rev:** Double cross, IHS at center, mm at top

Date	Mintage	VG	F	VF	XF	Unc
1702	—	5.00	8.00	17.50	65.00	135
1709	—	5.00	8.00	17.50	65.00	135
1715	—	5.00	8.00	17.50	65.00	135

KM# 57a 6 DENIERS (2 Quarts)

Silver **Obv:** Arms in cartouche, sun above **Rev:** Double cross, IHS at center, mm above

Date	Mintage	VG	F	VF	XF	Unc
1702	—	25.00	50.00	100	150	250
1709	—	25.00	50.00	100	150	250
1715	—	25.00	50.00	100	150	250

KM# 57b 6 DENIERS (2 Quarts)

Gold **Obv:** Arms in cartouche, sun above **Rev:** Double cross, IHS at center, mm at top

Date	Mintage	VG	F	VF	XF	Unc
1702	—	—	—	—	—	—
1709	—	500	900	1,500	—	—
1715	—	500	900	1,500	—	—

KM# 65 6 DENIERS (2 Quarts)

Billon **Obv:** Arms within circle, sun above **Rev:** Double cross, IHS at center, within circle

Date	Mintage	VG	F	VF	XF	Unc
1720	—	7.00	12.00	25.00	90.00	150
1721	—	7.00	12.00	25.00	90.00	150
1722	—	5.00	8.00	17.50	65.00	135
1725	—	5.00	8.00	17.50	65.00	135
1726	—	5.00	8.00	17.50	65.00	135
1729	—	5.00	8.00	17.50	65.00	135
1730	—	5.00	8.00	17.50	65.00	135

KM# 65a 6 DENIERS (2 Quarts)

Silver **Obv:** Arms within circle, sun above **Rev:** Double cross, IHS at center, within circle

Date	Mintage	VG	F	VF	XF	Unc
1721	—	25.00	50.00	100	150	250
1722	—	25.00	50.00	100	150	250
1725	—	25.00	50.00	100	150	250
1729	—	25.00	50.00	100	150	250
1730	—	25.00	50.00	100	150	250

KM# 76 6 DENIERS (2 Quarts)

Billon **Obv:** Arms within circle, sun above **Obv. Legend:** GENEVEN RESPUBLIC **Rev:** IHS in center of sun

Date	Mintage	VG	F	VF	XF	Unc
1750	—	5.00	8.00	17.50	65.00	135

KM# 79a 6 DENIERS (2 Quarts)

Silver **Obv:** Arms within circle, sun above **Rev:** IHS in center of sun

Date	Mintage	VG	F	VF	XF	Unc
1750	—	25.00	50.00	75.00	125	250
1754	—	25.00	50.00	75.00	125	250
1759	—	25.00	50.00	75.00	125	250
1762	—	25.00	50.00	75.00	125	250
1765	—	25.00	50.00	75.00	125	250
1769	—	25.00	50.00	75.00	125	250
1776	—	25.00	50.00	75.00	125	250
1785	—	25.00	50.00	75.00	125	250
1788	—	25.00	50.00	75.00	125	250

KM# 76a 6 DENIERS (2 Quarts)

Silver **Obv:** arms within circle, sun above **Rev:** IHS in center of sun

Date	Mintage	VG	F	VF	XF	Unc
1750	—	25.00	50.00	75.00	100	200

KM# 79 6 DENIERS (2 Quarts)

Billon **Obv:** Arms within circle, sun above **Obv. Legend:** GENEVEN • RESPUBLIC • **Rev:** IHS in center of sun **Rev. Legend:** • POSTTENEBRASLUX •

Date	Mintage	VG	F	VF	XF	Unc
1754	—	5.00	8.00	17.50	65.00	135
1756	—	40.00	75.00	150	450	850
1759	—	5.00	8.00	17.50	65.00	135
1762	—	5.00	8.00	17.50	65.00	135
1765	—	5.00	8.00	17.50	65.00	130
1766	—	8.00	12.00	27.50	90.00	150
1769	—	5.00	8.00	17.50	65.00	135
1770	—	5.00	8.00	17.50	65.00	135
1775	—	5.00	8.00	17.50	65.00	135
1776	—	5.00	8.00	17.50	65.00	135
1785	—	5.00	8.00	17.50	65.00	135
1788	—	5.00	8.00	17.50	65.00	135

KM# 79b 6 DENIERS (2 Quarts)

Gold **Obv:** Arms within circle, sun above **Rev:** IHS in center of sun

Date	Mintage	VG	F	VF	XF	Unc
1785	—	500	900	1,500	—	—
1788	—	500	900	1,500	—	—

KM# 63a 9 DENIERS (3 Quarts)

Silver **Obv:** Arms in cartouche, date and IPD below **Rev:** Cross of leaf shapes, IHS at center

Date	Mintage	VG	F	VF	XF	Unc
1708 IM	—	25.00	50.00	100	150	250
1715 IPD	—	25.00	50.00	100	150	250

KM# 56 9 DENIERS (3 Quarts)

Billon **Obv:** Date below arms within circle **Obv. Legend:** GENEUA RESPUBL **Rev:** Cross with flowers in angles within circle **Rev. Legend:** • POST TENEBRASLUX •

Date	Mintage	VG	F	VF	XF	Unc
1708 IM	—	5.00	8.00	22.50	75.00	135

KM# 63 9 DENIERS (3 Quarts)

Billon **Obv:** Arms in cartouche, date and IPD below **Rev:** Cross of leaf shapes, IHS at center

Date	Mintage	VG	F	VF	XF	Unc
1715 IPD	—	5.00	8.00	22.50	75.00	135

KM# 72 9 DENIERS (3 Quarts)

Billon **Obv:** Crowned double-headed eagle within circle, PAC above **Rev:** Radiant sun above arms in cartouche, date below

Date	Mintage	VG	F	VF	XF	Unc
1730 PAC	—	5.00	8.00	22.50	75.00	135
1731 PAC	—	5.00	8.00	22.50	75.00	135

KM# 72a 9 DENIERS (3 Quarts)

Silver **Obv:** Crowned double-headed eagle within circle, PAC above **Rev:** Radiant sun above arms in cartouche, date below

Date	Mintage	VG	F	VF	XF	Unc
1730 PAC	—	25.00	50.00	100	150	250

KM# 78 9 DENIERS (3 Quarts)

Billon **Obv:** Sun above arms **Obv. Legend:** GENEVEN • RESPUBL • **Rev:** Crowned double-headed eagle within circle **Rev. Legend:** POST TENEBRAS LUX

Date	Mintage	VG	F	VF	XF	Unc
1753 Rare	—	—	—	—	—	—
1763	—	5.00	8.00	17.00	65.00	135
1775	—	5.00	8.00	17.00	65.00	135
1785	—	5.00	8.00	17.00	65.00	135

KM# 78a 9 DENIERS (3 Quarts)

Silver **Obv:** Sun above arms **Rev:** Crowned double-headed eagle within circle

Date	Mintage	VG	F	VF	XF	Unc
1775	—	20.00	50.00	75.00	150	—
1785	—	20.00	50.00	75.00	150	—

KM# 67 18 DENIERS (6 Quarts)

Billon **Obv:** Arms within circle, IHS in sun above **Obv. Legend:** GENEVENSIS RESPUBLIC **Rev:** Design within circle, date above **Rev. Legend:** POST TENEBRAS LUX

Date	Mintage	VG	F	VF	XF	Unc
1722 G	—	5.00	8.00	45.00	100	185
1750 G	—	8.00	15.00	45.00	90.00	175
1763 G	—	8.00	15.00	45.00	90.00	175

HALDENSTEIN — SWISS CANTONS

Date	Mintage	VG	F	VF	XF	Unc
1766 G	—	5.00	8.00	17.50	75.00	135
1775 G	—	5.00	8.00	17.50	75.00	135
1776 G	—	5.00	8.00	20.00	75.00	135

KM# 67a 18 DENIERS (6 Quarts)
Silver **Obv:** Arms within circle, IHS in sun above **Rev:** Design within circle, date above

Date	Mintage	VG	F	VF	XF	Unc
1750	—	25.00	50.00	100	150	250
1763	—	25.00	50.00	100	150	250
1775	—	25.00	50.00	100	150	250
1776	—	25.00	50.00	100	150	250

KM# 87 SOL
Billon **Obv:** Arms within circle, sun above **Obv. Legend:** GENEVENSIS RESPUBLICA **Rev:** Value within ornate circle, date below **Rev. Legend:** POST TENEBRAS LUX

Date	Mintage	VG	F	VF	XF	Unc
1785 G	—	5.00	8.00	17.50	65.00	135
1786 G Rare	—	—	—	—	—	—
1788 B	—	5.00	8.00	17.50	65.00	135

KM# 87a SOL
Silver **Obv:** Arms within circle, sun above **Obv. Legend:** RESPUBLICA GENEVENSIS **Rev:** Value within ornate circle, date below **Rev. Legend:** POST TENEBRAS LUX

Date	Mintage	VG	F	VF	XF	Unc
1785 G	—	25.00	60.00	100	150	250
1786 Rare	—	—	—	—	—	—
1788	—	25.00	60.00	100	150	250

KM# 87b SOL
Gold **Obv:** Arms within circle, sun above **Obv. Legend:** RESPUBLICA GENEVENSIS **Rev:** Value within ornate circle, date below **Rev. Legend:** POST TENEBRAS LUX

Date	Mintage	VG	F	VF	XF	Unc
1786 G	—	550	950	1,550	—	—

KM# 68 3 SOLS
Billon **Obv:** Arms in cartouche, IHS in sun above **Rev:** Cruciform within circle

Date	Mintage	VG	F	VF	XF	Unc
1722	—	5.00	8.00	22.50	115	175
1726	—	9.00	16.00	42.50	150	300

KM# 81a 3 SOLS
Silver **Obv:** Arms within circle, IHS in sun above **Rev:** Cruciform within circle

Date	Mintage	VG	F	VF	XF	Unc
1722	—	—	—	—	—	—
1763 GR	—	25.00	60.00	100	150	250
1764	—	—	—	—	—	—
1766	—	25.00	60.00	100	150	250
1776 I-G	—	25.00	60.00	100	150	250

KM# 68a 3 SOLS
Gold **Obv:** Arms in cartouche, IHS in sun above **Rev:** Cruciform

Date	Mintage	VG	F	VF	XF	Unc
1726	—	600	1,000	1,600	2,000	—

KM# 81 3 SOLS
Billon **Obv:** Arms within circle, IHS in sun above **Obv. Legend:** GENEVENSIS RESPUBLICA **Rev:** Cruciform within circle **Rev. Legend:** POST TENEBRAS LUX

Date	Mintage	VG	F	VF	XF	Unc
1763 GR	—	5.00	8.00	17.50	75.00	135
1764 GR	—	5.00	8.00	17.50	75.00	135
1764	—	5.00	8.00	17.50	75.00	135
1766	—	5.00	8.00	17.50	75.00	135
1775	—	5.00	8.00	17.50	75.00	135
1776 I-G	—	5.00	8.00	17.50	75.00	135

PATTERNS
Including off metal strikes

KM#	Date	Mintage Identification	Mkt Val
Pn1	1794	— Genevoise. Copper.	1,000
Pn2	1794	— Genevoise. Tin.	1,000
Pn3	1794 TB	— Genevoise. Copper. KM#98a.	—
Pn4	1794 TB	— Genevoise. Lead. KM#98b.	—

Pn5	1794	— Xii Florins. Copper.	500
Pn6	1794	— Xii Florins. Tin.	500
Pn7	1795	— Xii Florins / Ix Sols.	—

HALDENSTEIN

Haldenstein was an area in the canton of Graubunden. The rulers were barons who held various estates. They received the mint right in 1612. The property of the barons was mediatized during the French invasion of Graubunden in 1798 and 1799.

RULERS
Johann Lucius von Salis, 1701-1722
Gubert von Salis, 1722-1737
Thomas III von Salis, 1737-1783

BARONY
STANDARD COINAGE

KM# 5 PFENNIG
Billon **Obv:** Spanish shield with three fish, letters TFVE around **Note:** Uniface. Schüssel type.

Date	Mintage	VG	F	VF	XF	Unc
ND	—	100	175	450	—	—

KM# 76 PFENNIG
Copper **Obv:** Arched shield with three fish divides 1-P, date above **Note:** Uniface.

Date	Mintage	VG	F	VF	XF	Unc
1702 Rare	—	—	—	—	—	—

KM# 77 PFENNIG
Copper **Obv:** Crowned Salis arms **Rev:** Crowned arms of Leichtenstein-Grottenstein

Date	Mintage	VG	F	VF	XF	Unc
ND Rare	—	—	—	—	—	—

KM# 93 2 PFENNIG (1/2 Kreuzer)
Billon

Date	Mintage	VG	F	VF	XF	Unc
ND(1737)	—	100	250	500	900	—

KM# 92 2 PFENNIG (1/2 Kreuzer)
Billon **Obv:** Crowned five-fold arms of Haldenstein-Schauenstein on a Spanish shield between palm branches **Note:** Uniface.

Date	Mintage	VG	F	VF	XF	Unc
ND(1737)	—	100	200	500	900	—

KM# 80 BLUZGER
Billon **Ruler:** Johann Lucius **Obv. Legend:** MO • NOVA HALDENS • **Rev:** Date divided at top

Date	Mintage	VG	F	VF	XF	Unc
1714	—	200	400	1,050	—	—

KM# 82 BLUZGER
Billon **Ruler:** Gubert

Date	Mintage	VG	F	VF	XF	Unc
1723	—	14.00	25.00	67.50	135	—
1724	—	5.00	9.00	17.50	37.50	—
1725	—	5.00	9.00	17.50	37.50	—
1726	—	5.00	9.00	17.50	37.50	—
1727	—	5.00	9.00	17.50	37.50	—
1728	—	5.00	9.00	17.50	37.50	—
1734	—	6.00	10.00	21.00	45.00	—

KM# 75 KREUZER
Billon **Ruler:** Johann Lucius

Date	Mintage	VG	F	VF	XF	Unc
1701	—	135	250	650	—	—
1702	—	400	650	1,700	—	—

KM# 78 KREUZER
Billon **Ruler:** Johann Lucius

Date	Mintage	VG	F	VF	XF	Unc
1703	—	175	375	875	—	—

KM# 83 KREUZER
Billon **Ruler:** Thomas III **Obv:** Value: 1 on shield on breast of crowned imperial eagle **Rev:** Oval arms in crowned cartouche

Date	Mintage	VG	F	VF	XF	Unc
1723	—	20.00	32.00	85.00	185	—
1724	—	12.00	20.00	52.50	115	—
1726	—	14.00	25.00	62.50	135	—
1726	—	20.00	32.00	85.00	185	—
1727	—	9.00	16.00	45.00	100	—
1728	—	7.00	12.00	35.00	75.00	—
1729	—	14.00	25.00	65.00	135	—
1730	—	9.00	16.00	45.00	100	—
1731 Rare	—	—	—	—	—	—

KM# 101 KREUZER
Billon **Ruler:** Thomas III **Obv:** Bust right **Rev:** Value, date within cartouche

Date	Mintage	VG	F	VF	XF	Unc
1758	—	75.00	125	350	750	1,300

KM# 84 2 KREUZER (1/2 Batzen)
Billon **Ruler:** Gubert **Obv:** Value on breast of crowned imperial eagle, shield **Rev:** Oval arms in crowned cartouche

Date	Mintage	VG	F	VF	XF	Unc
1724	—	900	1,600	4,500	—	—

SWISS CANTONS

HALDENSTEIN

KM# 98 2 KREUZER (1/2 Batzen)
Billon **Ruler:** Thomas III **Obv:** Double H above shield within sprigs **Rev:** Value, date within wreath

Date	Mintage	VG	F	VF	XF	Unc
1749	—	135	250	650	1,500	1,900

KM# 85 3 KREUZER (1 Groschen)
Silver **Ruler:** Gubert **Obv:** Crowned double-headed eagle divides date above, value within circle below **Rev:** Bust right

Date	Mintage	VG	F	VF	XF	Unc
1727 Rare	—	1,400	2,000	5,250	—	—

KM# 90 3 KREUZER (1 Groschen)
Silver **Ruler:** Gubert **Obv:** Value within ornamentation below dividing date, round five-fold arms in cartouche **Rev:** Inscription: PRO DEO:ET:PATRIA in palm branches

Date	Mintage	VG	F	VF	XF	Unc
1734 Rare	—	—	—	—	—	—

KM# 88 5 DUCAT
17.5000 g., 0.9860 Gold 0.5547 oz. AGW **Ruler:** Gubert **Obv:** Armored bust right **Obv. Legend:** GUB : DE SAL : D • I • H • LIE : ET G • **Rev:** Ornate, oval arms, divided date below **Rev. Legend:** ...ODEO ET PATRIA

Date	Mintage	VG	F	VF	XF	Unc
1733	—	—	8,000	17,000	31,500	—

KM# 89 6 DUCAT
21.0000 g., 0.9860 Gold 0.6657 oz. AGW **Ruler:** Gubert **Obv:** Armored bust right **Obv. Legend:** GUB : DE SAL : D • I • H • LIE : ET G • **Rev:** Ornate oval arms, divided date below **Rev. Legend:** ...ODEO ET PATRIA

Date	Mintage	VG	F	VF	XF	Unc
1733 Rare	—	—	—	—	—	—

KM# 96 3 KREUZER (1 Groschen)
Billon **Ruler:** Thomas III

Date	Mintage	VG	F	VF	XF	Unc
1748	—	900	1,600	4,250	—	—

PATTERNS
Including off metal strikes

KM#	Date	Mintage	Identification	Mkt Val
Pn1	1733	—	Ducat. Silver. KM#87	—
Pn2	1767	—	Ducat. Silver. KM#103	—
Pn3	1768	—	Ducat. Silver. KM#103	—
Pn4	1770	—	Ducat. Silver. KM#103	1,200

KM# 95 6 KREUZER
Billon **Ruler:** Thomas III

Date	Mintage	VG	F	VF	XF	Unc
1747 Rare	—	—	—	—	—	—

KM# 100 ALBUS
Billon **Ruler:** Thomas III

Date	Mintage	VG	F	VF	XF	Unc
1752	—	125	200	525	1,100	1,550

KM# 97 5 SOLDI
Billon **Ruler:** Thomas III

Date	Mintage	VG	F	VF	XF	Unc
1748	—	1,200	2,000	5,250	11,000	—

TRADE COINAGE

KM# 87 DUCAT
3.5000 g., 0.9860 Gold 0.1109 oz. AGW **Ruler:** Gubert

Date	Mintage	VG	F	VF	XF	Unc
1733	—	—	5,000	10,000	18,000	—

KM# 103 DUCAT
3.5000 g., 0.9860 Gold 0.1109 oz. AGW **Ruler:** Thomas III

Date	Mintage	VG	F	VF	XF	Unc
1767	—	—	5,000	10,000	18,000	—
1768 Rare	—	—	—	—	—	—
1770 Rare	—	—	—	—	—	—

LUZERN

Lucerne

A canton and city in central Switzerland. The city grew around the Benedictine Monastery which was founded in 750. They joined the Swiss Confederation as the 4th member in 1332. Few coins were issued before the1500s.

MINT OFFICIALS' INITIALS

Initials	Date	Name
B	1725	?
B	1794-1807	Bruppacher
HL	?	Hedlinger
IB	1744	?
IH	1734-43	?
M	1795-96	Meyer
T, IT	1742	?

MONETARY SYSTEM

Until 1798

240 Angster = 120 Rappen
= 40 Schillinge = 1 Gulden
10 Rappen = 1 Batzen
4 Kreuzer = 1 Batzen
10 Batzen = 1 Frank
40 Batzen = 3 Gulden = 1 Thaler
4 Franken = 1 Thaler
12 Gulden = 1 Duplone

CITY

STANDARD COINAGE

KM# 76 ANGSTER (Rappen)
Copper **Obv:** Oval ornate shield **Rev:** Value, date within wreath **Note:** Similar to Rappen, KM#96.

Date	Mintage	VG	F	VF	XF	Unc
1775	—	5.00	8.00	17.50	36.00	85.00
1790	—	5.00	8.00	17.50	36.00	85.00

KM# 7 RAPPEN
Billon **Obv:** Shield in inner circle, pearl ring encircles **Note:** Uniface. Many varieties of shields exist.

Date	Mintage	VG	F	VF	XF	Unc
ND(1773)	—	3.00	5.00	8.50	22.50	45.00

KM# 74 RAPPEN
Copper **Obv:** Shield within sprigs **Rev:** Value

Date	Mintage	VG	F	VF	XF	Unc
ND(1773)	—	3.00	5.00	8.50	22.50	45.00

KM# 75 RAPPEN
Copper **Obv:** Oval ornate shield **Rev:** Value, date within cartouche **Note:** Similar to KM#96.

Date	Mintage	VG	F	VF	XF	Unc
1774	—	3.00	5.00	8.50	22.50	45.00
1787	—	3.00	5.00	8.50	22.50	45.00
1789	—	3.00	5.00	8.50	22.50	45.00
1795	—	3.00	5.00	8.50	22.50	45.00
1796	—	3.00	5.00	8.50	22.50	45.00

KM# 67 SCHILLING
Billon **Obv:** Curved arms divide date at bottom **Rev:** Facing portrait of Saint Leodegari

Date	Mintage	VG	F	VF	XF	Unc
1742 IT	—	15.00	25.00	65.00	135	217
1743 IH	—	15.00	25.00	65.00	135	215

KM# 85 SCHILLING
Billon **Obv:** Shield within beaded circle, date below **Obv. Legend:** MON : LUCERNENSIS **Rev:** Facing portrait of Saint Leodegari **Rev. Legend:** SANCT LEODEGARI

Date	Mintage	VG	F	VF	XF	Unc
1794	—	5.00	8.00	17.50	42.50	135
1795	—	5.00	8.00	17.50	42.50	135

KM# 56 1/8 GULDEN (5 Schillings)
Silver **Obv:** Ornate, round shield **Obv. Legend:** MON • NOVA • REIP • LVCERNEN • **Rev:** Monogram

Date	Mintage	VG	F	VF	XF	Unc
1725	—	90.00	165	425	900	—

KM# 57 1/8 GULDEN (5 Schillings)
Silver **Obv:** Ornate, oval shield, date in legend **Obv. Legend:** MON • NOV • REIP • LVCERN • **Rev:** Monogram within beaded circle **Rev. Legend:** POPVLI • SVI • DOMINVS •

Date	Mintage	VG	F	VF	XF	Unc
1725	—	15.00	25.00	65.00	135	215

KM# 73 ANGSTER (Rappen)
Copper **Obv:** Crowned, ornate shield **Rev:** Value, date

Date	Mintage	VG	F	VF	XF	Unc
1773	—	5.00	8.00	17.50	36.00	85.00

Date	Mintage	VG	F	VF	XF	Unc
1795	—	70.00	125	350	675	—
1796	—	25.00	40.00	130	225	365

KM# 78 40 KREUZER

Silver **Obv:** Crowned, ornate shield, with flowers **Obv. Legend:** MON : NOV : REIP : LUCERNENSIS • **Rev:** Crowned, ornate monogram, with flowers **Rev. Legend:** POPULI SUI DOMINUS SPES

Date	Mintage	VG	F	VF	XF	Unc
ND	—	75.00	125	350	675	—
1782	—	75.00	125	350	675	—

KM# 81 1/8 GULDEN (5 Schillings)

Silver **Obv:** Crowned, oval shield with garland within sprigs **Obv. Legend:** MON • NOV • REIP • LUCERN • **Rev:** Monogram in cruciform with value in center, within square **Rev. Legend:** POPVLI SUI • • DOMINUS SPES

Date	Mintage	VG	F	VF	XF	Unc
1793	—	15.00	25.00	65.00	135	215

KM# 58 1/4 GULDEN (10 Schillings)

Silver **Obv:** Ornate, round shield **Rev:** Monogram **Note:** Similar to 1/8 Gulden, KM#56.

Date	Mintage	VG	F	VF	XF	Unc
1725 B	—	35.00	65.00	175	365	—

KM# 69 1/4 GULDEN (10 Schillings)

Silver **Obv:** Curved arms in baroque frame **Rev:** Inscription in cartouche, value; 1/4 GG in oval shield below **Rev. Inscription:** DOMINUS/SPES. POP/SUI/date

Date	Mintage	VG	F	VF	XF	Unc
1744 IB	—	—	1,600	4,250	—	—

KM# 82 1/4 GULDEN (10 Schillings)

Silver **Obv:** Crowned, oval shield with garland within sprigs **Obv. Legend:** MON • NOV • REIP • LUCERNENS • **Rev:** Monogram in cruciform with value in center, within square **Rev. Legend:** POPULI SUI DOMINUS SPES

Date	Mintage	VG	F	VF	XF	Unc
1793	—	25.00	50.00	135	275	525
1796	—	25.00	50.00	135	275	525

KM# 43 GULDEN

Silver **Obv:** Heart-shaped arms, decoration around, date above **Rev:** Inscription in baroque frame **Rev. Inscription:** AUXILIO/DEI/PROSPE/RE

Date	Mintage	VG	F	VF	XF	Unc
1713	—	100	200	525	1,100	—

KM# 46 GULDEN

Silver **Obv:** Ornate heart-shaped arms **Rev:** Curved inscription baroque frame

Date	Mintage	VG	F	VF	XF	Unc
1714	—	150	250	650	1,350	—

KM# 47 GULDEN

Silver **Rev:** Inscription in straight lines in baroque frame

Date	Mintage	VG	F	VF	XF	Unc
1714	—	65.00	100	225	675	—

KM# 51 10 KREUZER

Silver **Obv:** Oval arms in cartouche **Rev:** Monogram in cruciform with value in center

Date	Mintage	VG	F	VF	XF	Unc
1715 Rare	—	—	—	—	—	—

KM# 44 20 KREUZER

Silver **Obv:** Oval arms in cartouche, 2 small palm branches at each side **Rev:** Monogram in cruciform with value in center

Date	Mintage	VG	F	VF	XF	Unc
1713	—	25.00	40.00	130	450	—
1714	—	25.00	40.00	130	450	—
1724	—	35.00	60.00	175	550	—
1725	—	35.00	60.00	175	550	—

KM# 61 20 KREUZER

Silver **Obv:** Oval arms in cartouche, ornamentation around **Rev:** Monogram in cruciform with value in center, curve arcs around

Date	Mintage	VG	F	VF	XF	Unc
1741	—	75.00	125	350	675	—

KM# 83 20 KREUZER

Silver **Obv:** Crowned, ornate oval shield with garland, within sprigs **Obv. Legend:** MON : NOV : REIP : LUCERNENSIS • **Rev:** Monogram in cruciform with value in center **Rev. Legend:** POPULI SUI DOMINUS SPES

Date	Mintage	VG	F	VF	XF	Unc
1793	—	35.00	60.00	175	550	—

KM# 88 20 KREUZER

Silver **Obv:** Crowned, oval shield within sprigs **Obv. Legend:** LUCERNENSIS RESPUBLICA **Rev:** Monogram in cruciform with value in center **Rev. Legend:** POPULI SUI DOMINUS SPES

KM# 84 40 KREUZER

Silver **Obv:** Crowned, oval shield with garland, within sprigs **Obv. Legend:** MON : NOV : REIP : LUCERNENSIS • **Rev:** Monogram in cruciform with value in center **Rev. Legend:** POPULI SUI DOMINUS SPES

Date	Mintage	VG	F	VF	XF	Unc
1793	—	45.00	80.00	250	450	765

KM# 91 40 KREUZER

Silver **Obv:** Crowned, oval shield within sprigs **Obv. Legend:** LUCERNENSIS RESPUBLICA **Rev:** Monogram in cruciform with value in center **Rev. Legend:** POPULI SUI DOMINUS SPES

Date	Mintage	VG	F	VF	XF	Unc
1796	—	25.00	40.00	85.00	180	365

KM# 45 1/2 BATZEN-5 RAPPEN

Billon **Obv:** Oval arms in cartouche, date above **Rev:** Cross with ornaments in angles

Date	Mintage	VG	F	VF	XF	Unc
1713	—	9.00	16.00	40.00	165	—
1714	—	9.00	16.00	40.00	165	—

KM# 68 1/2 BATZEN-5 RAPPEN

Billon **Obv:** Oval arms in cartouche, date and initials below **Rev:** Cross with flowers in angles

Date	Mintage	VG	F	VF	XF	Unc
1742 T	—	15.00	25.00	85.00	275	—
1743 IH	—	15.00	25.00	85.00	275	—

KM# 89 1/2 BATZEN-5 RAPPEN

Billon **Obv:** Crowned, ornate oval shield within circle **Obv. Legend:** MON • NOVA • REIP • LUCERNEN • **Rev:** Cross, flowers in angles within circle **Rev. Legend:** POPULI SUI DOMINUS SPES

Date	Mintage	VG	F	VF	XF	Unc
1795	—	5.00	10.00	35.00	135	275
1796	—	5.00	10.00	35.00	135	275

KM# 92 BATZEN-10 RAPPEN

Billon **Obv:** Oval shield in baroque frame, within beaded circle **Obv. Legend:** MONETA • REIPUB • LUCERNENSI **Rev:** Floreated cross within circle **Rev. Legend:** POPULI * SUI * DOMINUS * SPES *

Date	Mintage	VG	F	VF	XF	Unc
1796	—	5.00	10.00	35.00	135	265
1797	—	5.00	10.00	35.00	135	265

KM# 70 4 BATZEN

Silver **Obv:** Value: IIII/BATZEN/1744 in cartouche **Rev:** Oval arms in ornate cartouche

Date	Mintage	VG	F	VF	XF	Unc
1744	—	20.00	32.50	85.00	185	260

KM# 71 4 BATZEN

Silver **Note:** Klippe.

Date	Mintage	VG	F	VF	XF	Unc
1744	—	—	—	—	—	—

KM# 90 20 BATZEN

Silver **Obv:** Crowned, oval shield within sprigs on mantle, value below **Obv. Legend:** LUCERNENSIS RESPUBLICA **Rev:** Monogram in cruciform with small wreath in center **Rev. Legend:** POPULI • SUI • DOMINUS • SPES

Date	Mintage	VG	F	VF	XF	Unc
1795 M	—	40.00	80.00	225	450	775

KM# 93 40 BATZEN

Silver **Obv:** Crowned, oval shield within sprigs on mantle, value below **Obv. Legend:** LUCERNENSI • RESPUBLICA **Rev:** Monogram in cruciform with small wreath in center **Rev. Legend:** POPULI SUI DOMINUS SPES **Note:** Dav. #1775.

Date	Mintage	VG	F	VF	XF	Unc
1796	12,000	80.00	125	350	675	1,100

KM# 52 1/4 THALER

Silver **Obv:** Inscription in laurel wreath **Obv. Inscription:** MONETA/REIPVB/LVCERNEN/SIS/1715 **Rev:** Value: 1/4 in oval shield below, saint wearing robe sitting, oval arms at one side, holding crozier in right hand

Date	Mintage	VG	F	VF	XF	Unc
1715	—	120	250	500	750	—

KM# 53 1/2 THALER

Silver **Obv:** Inscription in laurel wreath **Obv. Inscription:** MONETA/REIPVB/LVCERNEN/SIS/1715 **Rev:** Value: 1/2 between ornaments below, saint wearing robe sitting, oval arms at one side, holding crozier in right hand

Date	Mintage	VG	F	VF	XF	Unc
1715	—	750	1,200	3,400	6,750	12,000

KM# 48 THALER

Silver **Obv:** Inscription in baroque frame, date below **Obv. Inscription:** MONETA / REIPVB / LVCERNEN/SIS **Rev:** Saint sitting wearing long robe, oval arms in cartouche at side **Note:** Dav. #1774.

Date	Mintage	VG	F	VF	XF	Unc
1714 HL	—	350	550	1,550	3,150	5,750

KM# 86 12 MUNZGULDEN

7.6400 g., 0.9000 Gold 0.2211 oz. AGW **Obv:** Crowned shield with garland **Obv. Legend:** LVCERNENSIS RESPUBLICA **Rev:** Value, date within wreath

Date	Mintage	F	VF	XF	Unc	BU
1794 B	—	600	1,275	2,250	3,250	—
1796	—	600	1,275	2,250	3,250	—

KM# 87 24 MUNZGULDEN

15.2800 g., 0.9000 Gold 0.4421 oz. AGW **Obv:** Crowned shield with garland **Obv. Legend:** LVCERNENSIS RESPUBLICA **Rev:** Value, date within wreath

Date	Mintage	F	VF	XF	Unc	BU
1794 B	—	1,750	3,850	6,750	10,500	—
1796 M	—	1,750	3,800	6,750	10,500	—

TRADE COINAGE

KM# 54 DUCAT

3.5000 g., 0.9860 Gold 0.1109 oz. AGW **Obv:** Value, date and inscription within cartouche **Obv. Inscription:** DVCATVS / REIPVS / LVCER / NENSIS **Rev:** St. Leodegar **Rev. Legend:** SANCTVS LEODEGARIVS

Date	Mintage	VG	F	VF	XF	Unc
1715	—	—	2,400	5,100	9,000	—
ND	—	—	4,800	9,500	16,000	—

KM# 59 DUCAT
3.5000 g., 0.9860 Gold 0.1109 oz. AGW **Obv:** Value, date and inscription within cartouche **Obv. Inscription:** DVCATVS / REIPVBLICE / LVCERNEN / SIS **Rev:** St. Leodegar **Rev. Legend:** SANCTVS LEODEGARIVS

Date	Mintage	VG	F	VF	XF	Unc
1725	—	—	4,800	10,500	—	—

KM# 62 DUCAT
3.5000 g., 0.9860 Gold 0.1109 oz. AGW **Obv:** Crowned shield flanked by supporters on mantle **Rev:** Value, inscription and date within cartouche **Rev. Inscription:** DUCATUS / REIPUBLICÆ / LUCERNEN / SIS

Date	Mintage	VG	F	VF	XF	Unc
1741	—	—	800	1,525	2,700	3,800

KM# 49 2 DUCAT
7.0000 g., 0.9860 Gold 0.2219 oz. AGW **Obv:** Inscription, value within cartouche **Obv. Inscription:** DVCATVS / REIPVR / LVCER / NENSIS **Rev:** St. Leodegar **Rev. Legend:** SANCTVS LEODEGARIVS

Date	Mintage	F	VF	XF	Unc	BU
1714	—	2,850	6,375	11,000	15,500	—

KM# A151 2 DUCAT
7.0000 g., 0.9860 Gold 0.2219 oz. AGW **Obv:** Ornate oval arms **Rev:** Curved inscription in baroque frame **Note:** Struck with Gulden dies, KM#46.

Date	Mintage	F	VF	XF	Unc	BU
1714	—	—	—	—	—	—

KM# 63 2 DUCAT
7.0000 g., 0.9860 Gold 0.2219 oz. AGW **Obv:** Crowned shield flanked by supporters on mantle **Rev:** Inscription, date within ornate cartouche **Rev. Inscription:** DUCATUS / REIPUBLICÆ / LUCERNEN / SIS

Date	Mintage	F	VF	XF	Unc	BU
1741	—	1,200	2,250	4,500	6,375	—

KM# 64 3 DUCAT
10.5000 g., 0.9860 Gold 0.3328 oz. AGW **Obv:** Crowned shield flanked by supporters on mantle **Rev:** Inscription, date within ornate cartouche **Rev. Inscription:** DUCATUS / REIPUBLICÆ / LUCERNEN / SIS

Date	Mintage	F	VF	XF	Unc	BU
1741 Rare	—	—	—	—	—	—

KM# C51 4 DUCAT
14.0000 g., 0.9860 Gold 0.4438 oz. AGW **Obv:** Ornate oval arms **Rev:** Curved inscription in baroque frame **Note:** Struck with Gulden dies, KM#46.

Date	Mintage	F	VF	XF	Unc	BU
1714 Rare	—	—	—	—	—	—

KM# 65 4 DUCAT
14.0000 g., 0.9860 Gold 0.4438 oz. AGW **Obv:** Crowned shield flanked by supporters on mantle **Rev:** Inscription, date within ornate cartouche **Rev. Inscription:** DUCATUS / REIPUBLICÆ / LUCERNEN / SIS

Date	Mintage	F	VF	XF	Unc	BU
1741	—	4,400	9,350	16,750	23,000	—

KM# D51 5 DUCAT
17.5000 g., 0.9860 Gold 0.5547 oz. AGW **Obv:** Ornate oval arms **Rev:** Curved inscription in baroque frame

Date	Mintage	VG	F	VF	XF	Unc
1714 Rare	—	—	—	—	—	—

KM# E51 5 DUCAT
17.5000 g., 0.9860 Gold 0.5547 oz. AGW **Obv:** Inscription in baroque frame **Rev:** St. Leodegar seated **Note:** Struck with Thaler dies, KM#48.

Date	Mintage	VG	F	VF	XF	Unc
1714 HL	—	—	—	10,000	15,000	—

KM# 66 5 DUCAT
17.5000 g., 0.9860 Gold 0.5547 oz. AGW **Obv:** Value and date in ornate cartouche **Rev:** Crowned arms with wildman supporters

Date	Mintage	VG	F	VF	XF	Unc
1741	—	—	4,750	10,250	18,000	25,500

Note: Bowers and Merena Guia sale 3-88 choice AU realized $18,700.

KM# F51 6 DUCAT
21.0000 g., 0.9860 Gold 0.6657 oz. AGW **Obv:** Ornate oval arms **Rev:** Curved inscription in baroque frame **Note:** Struck with Gulden dies, KM#46. Fr. 310.

Date	Mintage	VG	F	VF	XF	Unc
1714 Rare	—	—	—	—	—	—

KM# G51 10 DUCAT
35.0000 g., 0.9860 Gold 1.1095 oz. AGW **Obv:** Inscription in baroque frame **Rev:** St. Leodegar seated **Note:** Struck with Thaler dies, KM#48. Fr. #308.

Date	Mintage	VG	F	VF	XF	Unc
1714 HL Rare	—	—	—	—	—	—

PATTERNS
Including off metal strikes

KM#	Date	Mintage	Identification	Mkt Val
Pn6	1725	—	1/8 Gulden. Gold. KM56.	—
Pn7	1734 IH	—	Schilling. Copper. KM67.	—
Pn8	ND(1773)	—	Rappen. Silver. KM74.	—
Pn9	1774	—	Rappen. Silver. KM75.	200
Pn10	1774	—	Rappen. Gold. KM75.	—
Pn11	1775	—	Angster. Silver. KM76.	200
Pn12	1787	—	Rappen. Silver. KM75.	200

KM#	Date	Mintage	Identification	Mkt Val
Pn13	1790	—	Angster. Silver. KM76.	200
Pn14	1793	—	1/8 Gulden. Gold. KM81.	—
Pn15	1794	—	Schilling. Copper. KM85.	—
Pn16	1796 B	—	12 Munzgulden. Copper. KM86.	—

KM# 50 3 DUCAT
10.5000 g., 0.9860 Gold 0.3328 oz. AGW **Obv:** Inscription, date within cartouche **Obv. Inscription:** DVCATVS / REIPVP / LVCER / NENSIS **Rev:** St. Leodegar **Rev. Legend:** SANCTVS LEODEGARIVS

Date	Mintage	F	VF	XF	Unc	BU
1714 Rare	—	—	—	—	—	—

KM# B51 3 DUCAT
10.5000 g., 0.9860 Gold 0.3328 oz. AGW **Obv:** Ornate oval arms **Rev:** Curved inscription in baroque frame **Note:** Struck with Gulden dies, KM#46.

Date	Mintage	VG	F	VF	XF	Unc
1714	—	—	—	—	—	—

MURI

An abbey in the Canton of Aargau. Founded c.1065 by Burkhard von Gassau. Few coins were struck and it was secularized in 1802.

RULER
Placidus von Zurlauben, 1684-1723

ABBEY
TRADE COINAGE

KM# 5 DUCAT
3.5000 g., 0.9860 Gold 0.1109 oz. AGW **Ruler:** Placidus **Obv:** Bust right **Obv. Legend:** PLACIDVS • ... **Rev:** Helmeted and mantled arms

Date	Mintage	F	VF	XF	Unc	BU
1720	—	1,100	2,300	4,200	—	—

KM# 6 5 DUCAT
17.5000 g., 0.9860 Gold 0.5547 oz. AGW **Ruler:** Placidus **Obv:** Bust right **Obv. Legend:** PLACIDVS • ABB • MVR • S • R • I • PRINCEPS **Rev:** Aerial view of the Abbey

Date	Mintage	F	VF	XF	Unc	BU
1720	—	2,000	4,250	7,250	—	—

PATTERNS
Including off metal strikes

KM#	Date	Mintage	Identification	Mkt Val
Pn1	1720	—	Ducat. Silver. KM#5.	—
Pn2	1720	—	5 Ducat. Silver. KM#6.	—

NEUCHATEL

Nuenberg

A canton on the west central border of Switzerland. The first coins (bracteates) were struck in the 11th century. They were under Prussian rule from 1707 to 1806. France occupied the canton from 1806-1815. They reverted to Prussia until 1857, when they became a full member of the Swiss Confederation.

RULERS
Marie de Orleans-Nemours, 1672-1707
Prussian, 1707-1806

Initials	Date	Name
IP	1712-13	Jean Party

MONETARY SYSTEM
4 Kreuzer = 1 Batzen
7 Kreuzer = 1 Piecette
21 Batzen = 1 Gulden
2 Gulden = 1 Thaler

CANTON
Prussian Administration
STANDARD COINAGE

KM# 36a 10 KREUZER
Gold **Obv:** Bust right **Obv. Legend:** FRID • D • G • REX • ... **Rev:** Crowned arms divides value

Date	Mintage	VG	F	VF	XF	Unc
1713 IP Rare	—	—	—	—	—	—

PRINCIPALITY
STANDARD COINAGE

KM# 45 1/2 KREUZER
Billon **Obv:** Crowned shield **Rev:** Floreated cross, date above

Date	Mintage	VG	F	VF	XF	Unc
1789	—	7.00	12.00	45.00	115	225
1790	—	7.00	12.00	45.00	115	225

Date	Mintage	VG	F	VF	XF	Unc
1791	—	7.00	12.00	45.00	115	225
1792	—	7.00	12.00	45.00	115	225
1793	—	80.00	160	635	1,800	—
1794	—	80.00	160	635	1,800	—
1795	—	80.00	160	635	1,800	—
1796	—	80.00	160	635	1,800	—

KM# 34 KREUZER

Billon **Obv:** Crowned 4-fold arms with central shield of Brandenburg eagle, titles of Friedrich I around **Rev:** Floreated cross, leaves in angles within octolobe, date in legend **Note:** Varieties exist.

Date	Mintage	VG	F	VF	XF	Unc
1713 IP	264,000	45.00	80.00	350	900	—

KM# 35 KREUZER

Billon **Obv. Legend:** F • D • G • R • BOR • & EL • S • PR **Rev. Legend:** AR • NEOC & VAL

Date	Mintage	VG	F	VF	XF	Unc
1713 IP	—	45.00	80.00	350	900	—

KM# 46 KREUZER

Billon **Obv:** Crowned shield **Rev:** Floreated cross, leaves in angles, date above

Date	Mintage	VG	F	VF	XF	Unc
1789	—	85.00	160	600	1,350	—
1790	—	9.00	16.00	52.50	135	265
1791	—	9.00	16.00	52.50	135	265
1792	—	9.00	16.00	52.50	135	265
1794	—	9.00	16.00	52.50	135	265

KM# 62 KREUZER

Billon **Obv:** Crowned arms **Obv. Legend:** F • W • III • BOR • REX ... **Rev:** Floreated cross, leaves in angles, date above, value below **Rev. Legend:** SUUM CUIQUE

Date	Mintage	VG	F	VF	XF	Unc
1800	—	4.00	7.50	17.50	45.00	110

KM# 49 4 KREUZER

Billon **Obv:** Crowned arms within beaded circle, value below **Rev:** Floreated cross within beaded circle, date above **Rev. Legend:** SUUM CUIQUE

Date	Mintage	VG	F	VF	XF	Unc
1790	—	6.00	9.00	35.00	90.00	175
1791	—	6.00	9.00	35.00	90.00	175
1792	—	6.00	9.00	35.00	90.00	175
1793	—	6.00	9.00	35.00	90.00	175

KM# 54 4 KREUZER

Billon **Obv:** Crowned arms within beaded circle, value below **Obv. Legend:** F • G • BOR • REX • PR ... **Rev:** Floreated cross within beaded circle, date above **Rev. Legend:** SUUM CUIQUE

Date	Mintage	VG	F	VF	XF	Unc
1798	—	5.00	9.00	35.00	90.00	175

KM# 56 4 KREUZER

Billon **Obv:** Crowned arms, value below **Obv. Legend:** F : W : III • BOR : REX • P • ... **Rev:** Floreated cross, leaves in angles, date above **Rev. Legend:** SUUM CUIQUE

Date	Mintage	VG	F	VF	XF	Unc
1799	—	250	500	2,150	—	—

KM# 63 4 KREUZER

Billon **Obv:** Crowned arms within beaded circle, value below **Obv. Legend:** F : W : III • BOR : REX ... **Rev:** Floreated cross, leaves in angles, within beaded circle, date above **Rev. Legend:** SUUM CUIQUE

Date	Mintage	VG	F	VF	XF	Unc
1800	—	5.00	10.00	22.50	67.50	135

KM# 36 10 KREUZER

Silver **Obv:** Bust right **Obv. Legend:** FRID • D • G • REX • ... **Rev:** Crowned arms divides value

Date	Mintage	VG	F	VF	XF	Unc
1713 IP	26,000	70.00	125	30.00	675	—

KM# 37 20 KREUZER

Silver **Obv:** Bust right **Obv. Legend:** FRID • D • G • REX • ... **Rev:** Crowned arms divides value

Date	Mintage	VG	F	VF	XF	Unc
1713	—	70.00	125	350	725	—

KM# 50 28 KREUZER

Silver **Obv:** Crowned, oval arms within sprigs and circle **Rev:** Crowned monogram in cruciform with radiant value in center, all within circle **Rev. Legend:** SUUM CUIQUE

Date	Mintage	VG	F	VF	XF	Unc
1793	7,887	70.00	125	350	675	1,100
1796	Inc. above	80.00	140	385	800	1,275

KM# 51 56 KREUZER

Silver **Obv:** Crowned, oval arms within sprigs and circle **Obv. Legend:** F • G • BOR • REX • PR • SUP • NOVIC • V • VAL • **Rev:** Crowned monogram in cruciform with radiant value in center, all within circle **Rev. Legend:** SUUM CUIQUE

Date	Mintage	VG	F	VF	XF	Unc
1795	5,478	75.00	125	350	725	1,275

KM# 33 1/2 BATZEN

Billon **Obv:** Crowned 5-fold arms **Rev:** Ornamental cross, crowned eagles in angles, date above **Rev. Legend:** SUUM. CVIAVE

Date	Mintage	VG	F	VF	XF	Unc
1712 IP	496,000	20.00	35.00	130	365	—
1713 IP	Inc. above	40.00	80.00	315	900	—

KM# 47 1/2 BATZEN

Billon **Obv:** Crowned arms **Obv. Legend:** F • G • BOR • REX • PR • SUP • NOVIC • VAL • **Rev:** Floreated cross, designs in angles, date above **Rev. Legend:** SVVM CVIQVE

Date	Mintage	VG	F	VF	XF	Unc
1788	—	125	200	850	2,250	4,250
1789	—	5.00	10.00	35.00	90.00	175
1790	—	5.00	10.00	35.00	90.00	175
1791	—	5.00	10.00	35.00	90.00	175
1792	—	5.00	10.00	35.00	90.00	175
1793	—	5.00	10.00	35.00	90.00	175
1794	—	7.00	12.00	42.50	115	215

KM# 47a 1/2 BATZEN

Silver **Obv:** Crowned arms **Rev:** Floreated cross, designs in angles, date above

Date	Mintage	VG	F	VF	XF	Unc
1793	—	—	—	—	—	—

KM# 55 1/2 BATZEN

Billon **Obv:** Crowned arms **Obv. Legend:** F • G • BOR • REX • PR ... **Rev:** Floreated cross, designs in angles, date above **Rev. Legend:** SUUM CUIQUE

Date	Mintage	VG	F	VF	XF	Unc
1798	—	5.00	10.00	22.50	67.50	135
1799	—	5.00	10.00	22.50	67.50	135

KM# 57 1/2 BATZEN

Billon **Obv:** Crowned arms **Obv. Legend:** F • W • III • BOR • REX • P ... **Rev:** Floreated cross, designs in angles, date above **Rev. Legend:** SUUM CUIQUE

Date	Mintage	VG	F	VF	XF	Unc
1799	—	6.00	20.00	22.50	67.50	135
1800	—	6.00	20.00	22.50	67.50	135

KM# 58 1/2 BATZEN

Billon **Obv:** Crowned arms **Obv. Legend:** F • W • III• BOR • REX • P • SUP • NOVIC & VAL • **Rev:** Floreated cross, designs in angles, date above **Rev. Legend:** SUUM CUIQUE

Date	Mintage	VG	F	VF	XF	Unc
1799	—	5.00	9.00	20.00	60.00	120
1800	—	5.00	9.00	20.00	60.00	120

KM# 52 10-1/2 BATZEN

Silver **Obv:** Crowned, spade arms divides value below **Obv. Legend:** F • G • REX • BOR • PR • SUP • NOVIC • & VAL **Rev:** Floreated cross, radiance in center, date below **Rev. Legend:** SUUM CUIQUE

Date	Mintage	VG	F	VF	XF	Unc
1796	5,052	70.00	125	350	675	1,100

SWISS CANTONS — NEUCHATEL

KM# 53 21 BATZEN

Silver **Obv:** Crowned, spade arms divides value below **Obv. Legend:** F • G • REX • BOR • PR • SUP • NOVIC • & VAL • **Rev:** Floreated cross with radiance in center, date below **Rev. Legend:** SUUM CUIQUE

Date	Mintage	VG	F	VF	XF	Unc
1796	23,000	100	175	425	875	1,450

KM# 40 THALER (1 Ecu)

Silver **Obv:** Bust of Friedrich right **Obv. Legend:** FRID • D • G • REX • BOR., **Rev:** Crowned arms, date below **Rev. Legend:** SVVM CVIQVE • **Note:** Dav. #1776.

Date	Mintage	VG	F	VF	XF	Unc
1713 IP	1,622	1,250	2,000	4,250	9,000	—

KM# 42 THALER (1 Ecu)

Silver **Obv:** Bust of Friedrich Wilhelm right **Obv. Legend:** FRIDWILH D • G • REX • BOR... **Rev:** Crowned baroque shield divides date

Date	Mintage	VG	F	VF	XF	Unc
1714 L	—	1,400	2,500	6,500	13,500	21,500

KM# 59 21 BATZEN

Silver **Obv:** Bust left **Obv. Legend:** F • W • III • REX • BOR • PR • SUP • NOVIC & VAL • **Rev:** Crowned arms flanked by supporters, value below **Rev. Legend:** SUUM CUIQUE

Date	Mintage	VG	F	VF	XF	Unc
1799	36,000	100	175	425	900	1,500

KM# 41 PISTOLE

7.6400 g., 0.9000 Gold 0.2211 oz. AGW **Obv:** Head of Friedrich right **Obv. Legend:** FRID • D • G • REX • BOR ... **Rev:** Crowned arms, date below **Rev. Legend:** SVVM CVIQVE

Date	Mintage	VG	F	VF	XF	Unc
1713 IP	1,000	2,000	3,600	7,650	13,500	—

KM# 38 1/4 THALER (1/4 Ecu)

Silver **Obv:** Bust right **Obv. Legend:** FRID • D • G • BOR .... **Rev:** Crowned arms, date below **Rev. Legend:** SVVM CVIQVE

Date	Mintage	VG	F	VF	XF	Unc
1713	13,000	125	200	550	1,150	—

PATTERNS

Including off metal strikes

KM#	Date	Mintage	Identification	Mkt Val
Pn5	1712	—	1/4 Thaler. Silver.	
Pn6	1712	—	1/2 Thaler. Silver.	
Pn7	1712	—	Pistole. Gold.	
Pn8	1713	—	Kreuzer. Silver. KM34.	
Pn11	1713	—	20 Kreuzer. Silver.	
Pn12	1713 IP	—	Pistole. Silver. KM41.	
Pn10	1713	—	10 Kreuzer. Silver.	
Pn9	1713	—	Kreuzer. Gold. KM34.	
Pn13	1788	—	1/2 Batzen. Billon.	

KM# 39 1/2 THALER

Silver **Obv:** Bust right **Obv. Legend:** FRID • D • G • R • BOR.... **Rev:** Crowned arms, date below **Rev. Legend:** SVVM CVIQVE

Date	Mintage	VG	F	VF	XF	Unc
1713	—	350	600	1,550	3,150	—

KM# 43 1/2 THALER

Silver **Obv:** Larger, armored bust right **Rev:** Crowned, heart-shaped arms

Date	Mintage	VG	F	VF	XF	Unc
1715 Rare	—	—	—	—	—	—

REICHENAU-TAMINS

The Barony of Reichenau-Tamins is located at the confluence of the Vorderrhein and Hinterrhein Rivers. In the first half of the 18th Century it was ruled by the elder line of the Schauenstein-Ehrenfels family. On the death of their last male heir, Thomas Franz, the Barony passed to the family Buol-Schauenstein.

The mint right was granted in 1709. Coinage was only produced from 1718-1748.

RULERS
Johann Rudolf, 1709-1723
Thomas Franz, 1723-1740
Johann Anton, 1742-1765

BARONY

STANDARD COINAGE

KM# 5 PFENNIG

Billon **Ruler:** Johann Rudolf **Obv:** Arched arms with 3 fish, RVS around **Note:** Uniface.

Date	Mintage	VG	F	VF	XF	Unc
ND	—	275	400	1,000	—	—

KM# 6 PFENNIG

Billon **Ruler:** Johann Rudolf **Obv:** RVS around arms

Date	Mintage	VG	F	VF	XF	Unc
ND	—	40.00	65.00	175	—	—

KM# 7 PFENNIG

Billon **Ruler:** Johann Rudolf **Obv:** TVS around arms

Date	Mintage	VG	F	VF	XF	Unc
ND	—	40.00	65.00	175	—	—

KM# 8 PFENNIG

Billon **Ruler:** Johann Rudolf **Obv:** 3 fish in pearl ring

Date	Mintage	VG	F	VF	XF	Unc
ND	—	200	400	1,000	—	—

KM# 22 2 PFENNIG (1/2 Kreuzer)

Billon **Ruler:** Thomas Franz **Obv:** Crowned double-headed eagle, arms on breast, value in oval shield at bottom divides date **Note:** Uniface.

Date	Mintage	VG	F	VF	XF	Unc
1740	—	200	350	850	—	—

KM# 23 2 PFENNIG (1/2 Kreuzer)

Billon **Ruler:** Thomas Franz **Obv:** 2 oval shields, crowned double-headed eagle left and 3 fish right, initials above, value below

Date	Mintage	VG	F	VF	XF	Unc
ND	—	5.00	9.00	25.00	55.00	—

KM# 18 1/2 KREUZER

Billon **Ruler:** Thomas Franz **Obv:** 2 oval shields, crowned double-headed eagle left and 3 fish right, value in oval shield above, initials below

Date	Mintage	VG	F	VF	XF	Unc
1731	—	10.00	20.00	45.00	—	—
1732	—	15.00	25.00	65.00	—	—

KM# 24 1/2 KREUZER

Billon **Ruler:** Thomas Franz **Obv:** Crowned double-headed eagle with arms on breast, date divided above **Rev:** Value divides R V

Date	Mintage	VG	F	VF	XF	Unc
1740	—	275	500	1,300	—	—

KM# 25 1/2 KREUZER

Billon **Obv:** 3 vertical fish divide D 2 **Rev:** Value **Note:** 2 Deniers - 1 Pfennig.

Date	Mintage	VG	F	VF	XF	Unc
ND	—	90.00	175	450	—	—

KM# 11 KREUZER

Billon **Ruler:** Thomas Franz **Obv:** Value on breast of crowned double-headed eagle, date divided above **Rev:** Arms in crowned cartouche

Date	Mintage	VG	F	VF	XF	Unc
ND Rare	—	—	—	—	—	—
1723	—	25.00	50.00	135	275	—
1724	—	20.00	35.00	85.00	185	—
1725	—	20.00	35.00	85.00	185	—
1726	—	20.00	35.00	85.00	185	—
1727	—	15.00	25.00	65.00	135	—
1728	—	15.00	25.00	65.00	135	—
1729	—	9.00	20.00	45.00	90.00	—
1730	—	9.00	20.00	45.00	90.00	—

KM# 17 KREUZER

Billon **Ruler:** Thomas Franz **Obv:** Date to left of crown

Date	Mintage	VG	F	VF	XF	Unc
1730	—	70.00	125	350	650	—

KM# 26 KREUZER

Billon **Ruler:** Thomas Franz **Obv:** Value divides date below, crowned double-headed eagle with shield on breast **Rev:** Bust right

Date	Mintage	VG	F	VF	XF	Unc
1740 H	225	400	1,000	1,800	—	—

KM# 12 2 KREUZER

Billon **Ruler:** Thomas Franz **Obv:** Value in shield on breast of crowned double-headed eagle, date divided above **Rev:** Crowned oval arms, ornaments around

Date	Mintage	VG	F	VF	XF	Unc
1724	—	1,600	2,400	5,000	—	—

KM# 27 3 KREUZER (1 Groschen)

Billon **Ruler:** Thomas Franz **Obv:** Bust right **Rev:** 2 crowned oval arms in cartouche, value in oval shield divides date below

Date	Mintage	VG	F	VF	XF	Unc
1740 H Rare	—	—	—	—	—	—

KM# 19 5 KREUZER

Silver **Ruler:** Thomas Franz **Obv:** Value below crowned double-headed eagle, date divided above **Rev:** Oval arms in cartouche

Date	Mintage	VG	F	VF	XF	Unc
1731	—	900	1,600	3,850	7,250	—

KM# 20 30 KREUZER (1/2 Gulden)

Silver **Ruler:** Thomas Franz **Obv:** Crowned double-headed eagle, value in shield below, date divided above **Rev:** Oval arms among ornamentation, fish and helmet above

Date	Mintage	VG	F	VF	XF	Unc
1731	—	1,600	2,800	6,400	12,500	17,000

KM# 9 BLUZGER

Billon **Ruler:** Johann Rudolf **Obv:** Round arms in cartouche **Rev:** Cross within circle, date above

Date	Mintage	VG	F	VF	XF	Unc
1718	—	65.00	110	265	—	—
1719	—	125	225	525	—	—

KM# 13 BLUZGER

Billon **Ruler:** Thomas Franz **Obv:** Crowned oval arms in cartouche

Date	Mintage	VG	F	VF	XF	Unc
1724	—	20.00	35.00	135	—	—
1725	—	25.00	45.00	175	—	—

SAINT GALL — SWISS CANTONS

TRADE COINAGE

KM# 14 DUCAT
Gold **Ruler:** Thomas Franz **Obv:** Crowned double-headed eagle, date divided above **Rev:** Oval arms in cartouche

Date	Mintage	F	VF	XF	Unc	BU
1724 Rare	—	—	—	—	—	—

KM# 15 DUCAT
Gold **Ruler:** Thomas Franz **Rev:** Crowned oval arms in cartouche

Date	Mintage	F	VF	XF	Unc	BU
1727 Rare	—	—	—	—	—	—

KM# 28 DUCAT
Gold **Ruler:** Johann Anton **Rev:** Crowned complete arms of Schauenstein in cartouche

Date	Mintage	F	VF	XF	Unc	BU
1748 Rare	—	—	—	—	—	—

PATTERNS

KM#	Date	Mintage	Identification	Mkt Val
Pn1	1710	—	Ducat. Silver. KM#5.	800
Pn6	1723	—	2 Ducat. Copper. KM#8.	600
Pn2	1723	—	Ducat. Silver. KM#6.	650
Pn4	1723	—	2 Ducat. Copper. KM#7.	750
Pn5	1723	—	2 Ducat. Silver. KM#8.	800
Pn3	1723	—	2 Ducat. Silver. KM#7.	1,200

SAINT GALL

St. Gallen

RULERS
Beda Angehrn Von Hagenwyl,
Abbot, 1767-1796

MINT OFFICIALS' INITIALS

Initials	Date	Name
B	1780	Bruppacher
B	?	?
H	1773-77	Joh Haag
K	?	Kankler
V	1776	?

MONETARY SYSTEM
4 Pfennig = 1 Kreuzer
4 Kreuzer = 1 Batzen
10 Batzen = 1 Frank

RHEINAU

An abbey founded in the Middle Ages. Had a sporadic coinage that ended in the 18th century.

RULER
Gerold II von Zurlauben, 1697-1735

ABBEY
TRADE COINAGE

KM# 5 DUCAT
3.5000 g., 0.9860 Gold 0.1109 oz. AGW **Ruler:** Gerold II
Subject: Building of the New Abbey Church **Obv:** Mantle surrounds 2 helmeted arms, mitre at upper center **Rev:** Church of Abbey

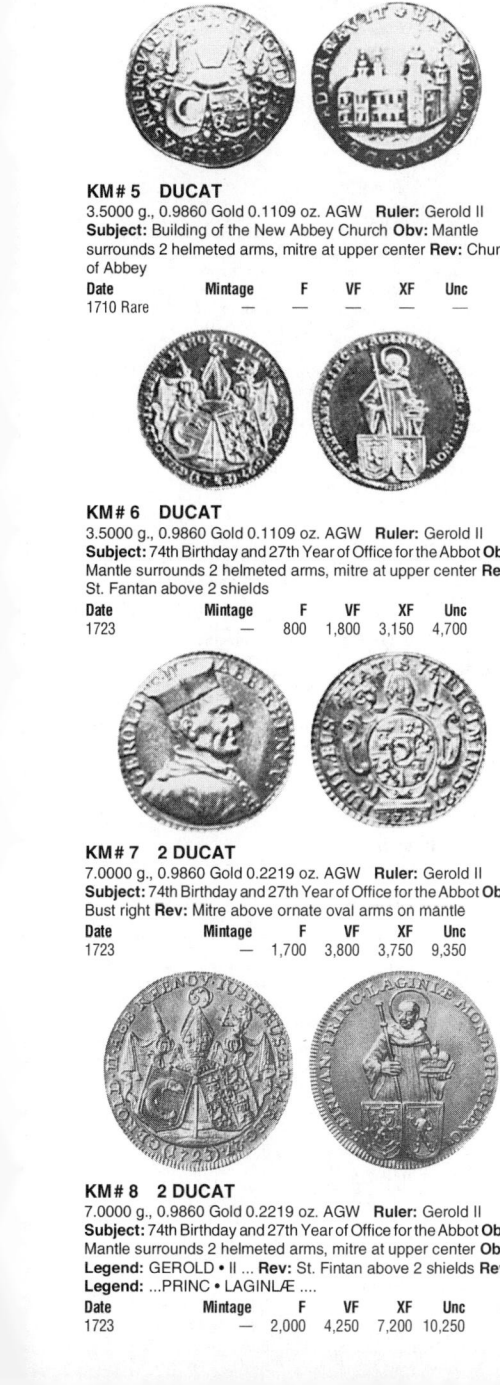

Date	Mintage	F	VF	XF	Unc	BU
1710 Rare	—	—	—	—	—	—

KM# 6 DUCAT
3.5000 g., 0.9860 Gold 0.1109 oz. AGW **Ruler:** Gerold II
Subject: 74th Birthday and 27th Year of Office for the Abbot **Obv:** Mantle surrounds 2 helmeted arms, mitre at upper center **Rev:** St. Fantan above 2 shields

Date	Mintage	F	VF	XF	Unc	BU
1723	—	800	1,800	3,150	4,700	—

KM# 7 2 DUCAT
7.0000 g., 0.9860 Gold 0.2219 oz. AGW **Ruler:** Gerold II
Subject: 74th Birthday and 27th Year of Office for the Abbot **Obv:** Bust right **Rev:** Mitre above ornate oval arms on mantle

Date	Mintage	F	VF	XF	Unc	BU
1723	—	1,700	3,800	3,750	9,350	—

KM# 8 2 DUCAT
7.0000 g., 0.9860 Gold 0.2219 oz. AGW **Ruler:** Gerold II
Subject: 74th Birthday and 27th Year of Office for the Abbot **Obv:** Mantle surrounds 2 helmeted arms, mitre at upper center **Obv. Legend:** GEROLD • II ... **Rev:** St. Fintan above 2 shields **Rev. Legend:** ...PRINC • LAGINLÆ ....

Date	Mintage	F	VF	XF	Unc	BU
1723	—	2,000	4,250	7,200	10,250	—

ABBEY

An abbey in northeast Switzerland, established in c.720. They obtained the mint right in 947 but the first coins were not made until about 100 years later. The power of the abbey dwindled until the last Abbot resigned in 1805.

STANDARD COINAGE

KM# 5 PFENNIG
Billon **Obv:** Rampant bear, left **Rev:** Value within cartouche

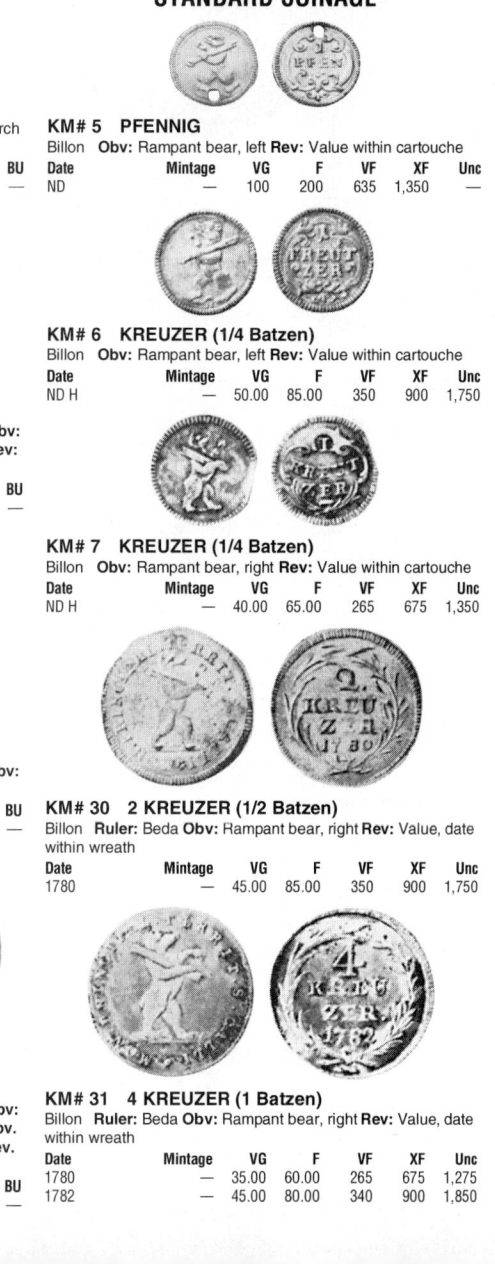

Date	Mintage	VG	F	VF	XF	Unc
ND	—	100	200	635	1,350	—

KM# 6 KREUZER (1/4 Batzen)
Billon **Obv:** Rampant bear, left **Rev:** Value within cartouche

Date	Mintage	VG	F	VF	XF	Unc
ND H	—	50.00	85.00	350	900	1,750

KM# 7 KREUZER (1/4 Batzen)
Billon **Obv:** Rampant bear, right **Rev:** Value within cartouche

Date	Mintage	VG	F	VF	XF	Unc
ND H	—	40.00	65.00	265	675	1,350

KM# 30 2 KREUZER (1/2 Batzen)
Billon **Ruler:** Beda **Obv:** Rampant bear, right **Rev:** Value, date within wreath

Date	Mintage	VG	F	VF	XF	Unc
1780	—	45.00	85.00	350	900	1,750

KM# 31 4 KREUZER (1 Batzen)
Billon **Ruler:** Beda **Obv:** Rampant bear, right **Rev:** Value, date within wreath

Date	Mintage	VG	F	VF	XF	Unc
1780	—	35.00	60.00	265	675	1,275
1782	—	45.00	80.00	340	900	1,850

KM# 22 5 KREUZER
Billon **Ruler:** Beda **Obv:** Mitre above mantled, oval arms **Rev:** Seated Saint, rampant bear at left, date below

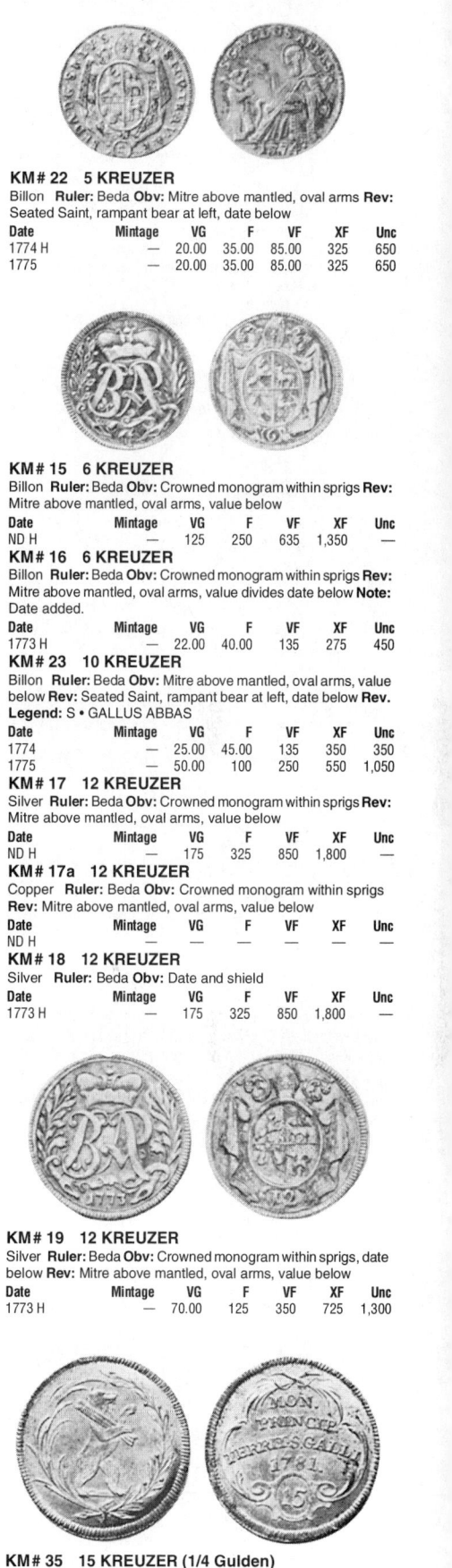

Date	Mintage	VG	F	VF	XF	Unc
1774 H	—	20.00	35.00	85.00	325	650
1775	—	20.00	35.00	85.00	325	650

KM# 15 6 KREUZER
Billon **Ruler:** Beda **Obv:** Crowned monogram within sprigs **Rev:** Mitre above mantled, oval arms, value below

Date	Mintage	VG	F	VF	XF	Unc
ND H	—	125	250	635	1,350	—

KM# 16 6 KREUZER
Billon **Ruler:** Beda **Obv:** Crowned monogram within sprigs **Rev:** Mitre above mantled, oval arms, value divides date below **Note:** Date added.

Date	Mintage	VG	F	VF	XF	Unc
1773 H	—	22.00	40.00	135	275	450

KM# 23 10 KREUZER
Billon **Ruler:** Beda **Obv:** Mitre above mantled, oval arms, value below **Rev:** Seated Saint, rampant bear at left, date below **Rev. Legend:** S • GALLUS ABBAS

Date	Mintage	VG	F	VF	XF	Unc
1774	—	25.00	45.00	135	350	350
1775	—	50.00	100	250	550	1,050

KM# 17 12 KREUZER
Silver **Ruler:** Beda **Obv:** Crowned monogram within sprigs **Rev:** Mitre above mantled, oval arms, value below

Date	Mintage	VG	F	VF	XF	Unc
ND H	—	175	325	850	1,800	—

KM# 17a 12 KREUZER
Copper **Ruler:** Beda **Obv:** Crowned monogram within sprigs **Rev:** Mitre above mantled, oval arms, value below

Date	Mintage	VG	F	VF	XF	Unc
ND H	—	—	—	—	—	—

KM# 18 12 KREUZER
Silver **Ruler:** Beda **Obv:** Date and shield

Date	Mintage	VG	F	VF	XF	Unc
1773 H	—	175	325	850	1,800	—

KM# 19 12 KREUZER
Silver **Ruler:** Beda **Obv:** Crowned monogram within sprigs, date below **Rev:** Mitre above mantled, oval arms, value below

Date	Mintage	VG	F	VF	XF	Unc
1773 H	—	70.00	125	350	725	1,300

KM# 35 15 KREUZER (1/4 Gulden)
Silver **Ruler:** Beda **Obv:** Rampant bear, right, within wreath **Rev:** Legend, date, value within cartouche **Rev. Legend:** MON./PRINCIP./TERRIT./S./ GALLI

Date	Mintage	VG	F	VF	XF	Unc
1781	—	120	200	525	1,100	1,900

SWISS CANTONS — SAINT GALL

KM# 24 20 KREUZER
Silver **Ruler:** Beda **Obv:** Mitre above mantled, oval arms, value below **Rev:** Seated Saint, rampant bear at left, date below **Rev. Legend:** S • GALLUS ABBAS

Date	Mintage	VG	F	VF	XF	Unc
1774 H	—	30.00	60.00	175	365	850

KM# 28 20 KREUZER
Silver **Ruler:** Beda **Obv:** Mitre above mantled, oval arms **Rev:** Rampant bear, right, within wreath, value divides date below

Date	Mintage	VG	F	VF	XF	Unc
1777 H	—	175	325	850	1,800	—
1779	—	35.00	60.00	175	365	850

KM# 33 1/2 THALER
Silver **Ruler:** Beda **Obv:** Crowned, mantled oval arms **Obv. Legend:** BEDA • D • G • R • I • P **Rev:** Rampant bear right, date below, all within wreath **Rev. Legend:** ...E • S • I • A • V • E •

Date	Mintage	VG	F	VF	XF	Unc
1780 B	—	80.00	160	425	900	—
1780	—	45.00	80.00	225	450	850
1782	—	25.00	40.00	130	325	650

KM# 21 DUCAT
3.5000 g., 0.9860 Gold 0.1109 oz. AGW **Ruler:** Beda **Obv:** Mitre above mantled oval arms **Obv. Legend:** BEDA • D • G • S • R • I • P • S ... **Rev:** Seated Saint, rampant bear at left, date in legend

Date	Mintage	F	VF	XF	Unc	BU
1773 H	—	1,250	2,500	4,500	6,350	8,000

KM# 25 DUCAT
3.5000 g., 0.9860 Gold 0.1109 oz. AGW **Ruler:** Beda **Obv:** Mitre above mantled oval arms, divided date below **Rev:** Seated Saint, rampant bear at left **Rev. Legend:** SANCTUS GALIUSABRAS

Date	Mintage	F	VF	XF	Unc	BU
1774	—	1,000	2,000	3,600	5,150	6,850

KM# 32 20 KREUZER
Silver **Ruler:** Beda **Obv:** Crowned, mantled oval arms **Obv. Legend:** BEDA • D • G • S • R • I • P • **Rev:** Rampant bear, right, within wreath, value divides date below **Rev. Legend:** ABB • S • G • ...

Date	Mintage	VG	F	VF	XF	Unc
1780	—	45.00	80.00	225	550	850
1780 B	—	35.00	60.00	175	365	850
1783	—	45.00	80.00	225	550	1,050

KM# 36 30 KREUZER (1/2 Gulden)
Silver **Ruler:** Beda **Obv:** Rampant bear, right, within wreath **Rev:** MON./PRINCEP./TERRIT. S. GALLI, date and value within cartouche

Date	Mintage	VG	F	VF	XF	Unc
1781	—	50.00	100	250	550	1,075
1796	—	60.00	125	350	725	1,275

KM# 27 THALER
Silver **Ruler:** Beda **Obv:** Mitre above mantled, oval arms above sprigs **Obv. Legend:** BEDA • D • G • S • R • I • P **Rev:** Rampant bear right, date below, all within wreath **Rev. Legend:** ...E • S • I • A • V • E • **Note:** Dav. #1778.

Date	Mintage	VG	F	VF	XF	Unc
1776 V	—	85.00	175	450	900	1,700
1776 H Rare	—	—	—	—	—	—

KM# 29 THALER
Silver **Ruler:** Beda **Obv:** Mitre above mantled, oval arms above sprigs **Obv. Legend:** BEDA • D • G • S • R • I • P **Rev:** Rampant bear right, date below, all within wreath **Rev. Legend:** ... E • S • I • A • V • E • **Note:** Dav. #1778.

Date	Mintage	VG	F	VF	XF	Unc
1777 H	—	85.00	175	450	900	1,700
1779 Rare	—	—	—	—	—	—

KM# 38 DUCAT
3.5000 g., 0.9860 Gold 0.1109 oz. AGW **Ruler:** Beda **Obv:** Crowned, mantled oval arms **Obv. Legend:** BEDA • D • G • S • R • I • P **Rev:** Rampant bear right, within wreath, date below

Date	Mintage	F	VF	XF	Unc	BU
1781	—	600	1,250	2,250	3,250	4,250

CITY

A city located in northeast Switzerland which was built to protect the abbey. It became a free city in 1311 and gained independence from the Abbots in 1457. The first coins were struck in the 1400s and the last ones in 1790.

MINT OFFICIALS' INITIALS

Initials	Date	Name
A		
A-H		
G		
GR	1730-31	
H	1714	
H.G.Z., Z		Hans Georg Zolli Kofer

STANDARD COINAGE

KM# 45 PFENNIG
Billon **Obv:** Rampant bear left, within circle **Note:** Uniface. Schussel type. Edge varieties exist.

Date	Mintage	VG	F	VF	XF	Unc
ND	—	5.00	9.00	35.00	90.00	160

KM# 46 PFENNIG
Billon **Obv:** Rampant bear left, within wreath

Date	Mintage	VG	F	VF	XF	Unc
ND	—	65.00	125	350	900	—

KM# 47 PFENNIG
Billon **Obv:** Initials below rampant bear **Note:** Varieities of bear and mintmarks exist.

Date	Mintage	VG	F	VF	XF	Unc
ND A-H	—	7.00	12.00	50.00	135	225
ND A	—	3.00	5.00	17.50	45.00	85.00
ND G	—	3.00	5.00	9.00	25.00	50.00

KM# 48 2 PFENNIG (2 Deniers - 1/2 Kreuzer)
Billon **Obv:** Rampant bear left, divided value, initials below **Note:** Uniface. Many varieties of mintmarks exist.

Date	Mintage	VG	F	VF	XF	Unc
ND	—	6.00	9.00	35.00	90.00	135
ND A	—	4.00	6.00	13.50	27.50	65.00

KM# 37 GULDEN
Silver **Ruler:** Beda **Obv:** Rampant bear, right, within wreath **Rev:** MON./PRINCEP./TERRIT & GALLI, date and value within cartouche

Date	Mintage	VG	F	VF	XF	Unc
1781 Rare	—	—	—	—	—	—

KM# 34 THALER
Silver **Ruler:** Beda **Obv:** Crowned, mantled oval arms **Obv. Legend:** BEDA • D • G • S • R • I • P **Rev:** Rampant bear right, date below, all within wreath **Rev. Legend:** ...E • S • I • A • V • E • **Note:** Dav. #1779.

Date	Mintage	VG	F	VF	XF	Unc
1780 B	—	55.00	100	365	550	1,100

TRADE COINAGE

KM# 26 1/2 THALER
Silver **Ruler:** Beda **Obv:** Mitre above mantled, oval arms above sprigs **Obv. Legend:** BEDA • D • G • S • R • I • P • **Rev:** Rampant bear right, date below, all within wreath **Rev. Legend:** ...S • G • E • S • I • A • V • E •

Date	Mintage	VG	F	VF	XF	Unc
1776	—	45.00	80.00	225	450	850
1777	—	45.00	80.00	225	450	850

KM# 20 1/2 DUCAT
1.7500 g., 0.9860 Gold 0.0555 oz. AGW **Ruler:** Beda **Obv:** Crowned monogram divides date **Rev:** Mitre above mantled oval arms

Date	Mintage	F	VF	XF	Unc	BU
1773 Rare	—	—	—	—	—	—

KM# 50 KREUZER
Billon **Obv:** Rampant bear, left **Rev:** Flower-like design **Note:** Many varieties of mintmarks exist.

Date	Mintage	VG	F	VF	XF	Unc
ND A	—	5.00	8.00	35.00	90.00	155
ND H	—	5.00	8.00	35.00	90.00	155

SCHWYZ

Date	Mintage	VG	F	VF	XF	Unc
ND Z	—	3.00	5.00	9.00	22.50	45.00
ND K	—	3.00	5.00	9.00	22.50	45.00

KM# 49 KREUZER
Billon **Obv:** Rampant bear, left **Rev:** Flower-like design

Date	Mintage	VG	F	VF	XF	Unc
ND(1715)	—	8.50	16.00	70.00	185	—

KM# 75 2 KREUZER (1/2 Batzen)
Billon **Obv:** Rampant bear left within circle, value below **Rev:** Inscription: SOLI/DEO/GLORIA, initials, date

Date	Mintage	VG	F	VF	XF	Unc
1714	—	650	1,200	4,250	—	—

KM# 78 2 KREUZER (1/2 Batzen)
Billon **Rev:** Date in palm leaves and branches

Date	Mintage	VG	F	VF	XF	Unc
1715	—	60.00	125	450	—	—

KM# 81 2 KREUZER (1/2 Batzen)
Billon **Obv:** Initials in shield divides value **Rev:** Inscription within ornamental cartouche, initials in shield at bottom **Rev.** Inscription: SOLI / DEO / GLORIA / date

Date	Mintage	VG	F	VF	XF	Unc
1720	—	30.00	60.00	225	—	—

KM# 84 2 KREUZER (1/2 Batzen)
Billon **Rev:** Inscription: SOLI/DEO GLORIA/date in ornamentation

Date	Mintage	VG	F	VF	XF	Unc
1721	—	10.00	20.00	85.00	225	—
1723	—	10.00	20.00	85.00	225	—
1724	—	10.00	20.00	85.00	225	—
1725	—	250	400	1,700	—	—

KM# 90 2 KREUZER (1/2 Batzen)
Billon **Rev:** Inscription within palm and laurel branches **Rev.** Inscription: SOLI / DEO / GLORIA / date

Date	Mintage	VG	F	VF	XF	Unc
1726	—	10.00	20.00	85.00	225	—
1727	—	10.00	20.00	85.00	225	—
1728	—	10.00	20.00	85.00	225	—
1729	—	10.00	20.00	85.00	225	—
1730	—	10.00	20.00	85.00	225	—
1732	—	10.00	20.00	85.00	225	—
1739	—	10.00	20.00	85.00	225	—

KM# 93 2 KREUZER (1/2 Batzen)
Billon **Obv:** Rampant bear, left within circle, value below **Rev:** SOLI/DEO/GLORIA, date within wreath

Date	Mintage	VG	F	VF	XF	Unc
1766	—	12.00	25.00	100	275	—
1767	—	12.00	25.00	100	275	—
1768	—	50.00	125	425	—	—

KM# 76 3 KREUZER
Billon **Obv:** Rampant bear left, divides value, date below **Rev:** Inscription: SOLI DEO GLO RIA in script around, palm leaves at outside, large cross, G at center

Date	Mintage	VG	F	VF	XF	Unc
1714 Rare	—	—	—	—	—	—

KM# 79 3 KREUZER
Billon **Obv:** Rampant bear, left **Rev:** Floreated cross, value at center, date in legend

Date	Mintage	VG	F	VF	XF	Unc
1715	—	150	325	1,275	—	—

KM# 82 3 KREUZER
Billon **Rev:** Floreated cross, value in shield below divides date

Date	Mintage	VG	F	VF	XF	Unc
1720	—	100	200	850	—	—

KM# 85 3 KREUZER
Billon **Rev:** Value in oval shield at center of cross, date below

Date	Mintage	VG	F	VF	XF	Unc
1721	—	12.00	25.00	100	275	—
1722	—	12.00	25.00	100	275	—
1723	—	12.00	25.00	100	275	—
1724	—	12.00	25.00	100	275	—
1725	—	12.00	25.00	100	275	—

KM# 86 3 KREUZER
Billon **Obv:** Floreated cross, 3 in circle at center **Rev:** Rampant bear left, date in legend

Date	Mintage	VG	F	VF	XF	Unc
1721	—	60.00	120	425	—	—

KM# 87 3 KREUZER
Billon **Obv:** Rampant bear, left **Obv. Legend:** SOLI DEO GLORIA **Rev:** Floreated cross **Rev. Legend:** SOLI DEO GLORIA

Date	Mintage	VG	F	VF	XF	Unc
1721 Rare	—	—	—	—	—	—

KM# 91 3 KREUZER
Billon **Obv. Legend:** MONETA NOVA S GALLENSIS

Date	Mintage	VG	F	VF	XF	Unc
1726	—	25.00	60.00	200	525	—
1727	—	12.00	25.00	100	275	—
1729	—	25.00	60.00	200	525	—
1730	—	12.00	25.00	100	275	—
1732	—	12.00	25.00	100	275	—

Date	Mintage	VG	F	VF	XF	Unc
1737	—	12.00	25.00	100	275	—
1738	—	12.00	25.00	100	275	—
1739	—	12.00	25.00	100	275	—

KM# 96 3 KREUZER
Billon **Ruler:** Beda **Obv:** Rampant bear, left within circle **Obv. Legend:** ...GALLENSIS **Rev:** Floreated cross with value in center, all within circle, date below **Rev. Legend:** SOLI DEO GLORIA

Date	Mintage	VG	F	VF	XF	Unc
1790	—	8.00	16.00	45.00	110	175

KM# 77 4 KREUZER (1 Batzen)
Billon **Obv:** Rampant bear, left, within circle, date below **Rev.** Legend, value **Rev. Legend:** SOLI DEO GLORIA

Date	Mintage	VG	F	VF	XF	Unc
1714 H	—	300	650	1,700	—	—

KM# 80 4 KREUZER (1 Batzen)
Billon **Obv:** Rampant bear, left within circle **Rev:** Script double G's, value: 4 in center, all within pearl circle, date in legend at left top

Date	Mintage	VG	F	VF	XF	Unc
1715	—	235	500	2,250	5,500	—

KM# 83.1 4 KREUZER (1 Batzen)
Billon **Rev:** Value in center, date below

Date	Mintage	F	VF	XF	Unc
1720 Rare	—	—	—	—	—

KM# 83.2 4 KREUZER (1 Batzen)
Billon **Obv:** Rampant bear divides value

Date	Mintage	VG	F	VF	XF	Unc
1721	—	12.00	25.00	100	275	—
1722	—	12.00	25.00	100	275	—
1724	—	12.00	25.00	100	275	—
1725	—	12.00	25.00	100	275	—

KM# 89 6 KREUZER
Billon **Obv:** Rampant bear, left **Rev:** Value and date within wreath
Note: Varieties exist.

Date	Mintage	VG	F	VF	XF	Unc
1725	—	50.00	120	325	—	—
1726	—	12.00	25.00	100	275	—
1727	—	12.00	25.00	100	275	—
1728	—	12.00	25.00	100	275	—
1729	—	12.00	25.00	100	275	—
1730	—	12.00	25.00	100	275	—
1731	—	8.00	16.00	70.00	185	—
1732	—	8.00	16.00	70.00	185	—
1734	—	50.00	120	325	—	—
1739	—	8.00	16.00	70.00	185	—

KM# 94 6 KREUZER
Billon **Ruler:** Beda **Obv:** Rampant bear, left, within circle **Obv. Legend:** MONETA : NOVA : ... **Rev:** Value, date within wreath

Date	Mintage	VG	F	VF	XF	Unc
1786	—	8.00	16.00	70.00	175	—
1790	—	8.00	16.00	50.00	135	225

KM# 88 15 KREUZER (1/4 Gulden)
Silver **Obv:** Rampant bear, left, within circle **Rev:** Value, date within wreath **Note:** Similar to 2 Kreuzer, KM#93. Varieties exist.

Date	Mintage	VG	F	VF	XF	Unc
1724	—	400	800	2,250	4,500	—
1725	—	50.00	100	250	—	—
1730 GR	—	35.00	70.00	175	—	—
1731 GR	—	35.00	70.00	175	—	—
1732	—	35.00	70.00	175	—	—
1734	—	80.00	160	425	—	—
1737	—	24.00	50.00	135	365	—
1738	—	24.00	50.00	135	365	—
1739	—	24.00	50.00	135	365	—

KM# 95 15 KREUZER (1/4 Gulden)
Billon **Ruler:** Beda **Obv:** Rampant bear, left, within circle **Obv.**

Legend: MONETA : NOVA : GALLENSIS **Rev:** SOLI/DEO/GLORIA, date, value within cartouche and sprigs

Date	Mintage	VG	F	VF	XF	Unc
1786	—	25.00	50.00	135	365	—
1789	—	80.00	165	425	900	—

KM# 92 30 KREUZER (1/2 Gulden)
Silver **Obv:** Rampant bear, left, within circle **Obv. Legend:** MONETA : NOVA : GALLENSIS **Rev:** LIBERTAS/CARIOR/AURO, date and value within cartouche

Date	Mintage	VG	F	VF	XF	Unc
1738	—	40.00	85.00	225	—	—

SCHWYZ

Schwyz, Suitensis

A canton in central Switzerland. In 1291 it became one of the three cantons that would ultimately become the Swiss Confederation and were known as the "Everlasting League". The first coinage was issued in 1624.

MINT OFFICIALS' INITIALS

Initials	Date	Name
S	1776-97	Stedelin
ST	1785	

MONETARY SYSTEM

Until 1798
240 Angster = 120 Rappen
= 40 Schillinge = 1 Gulden
4 Kreuzer = 1 Batzen
40 Batzen = 3 Gulden = 1 Thaler
12 Gulden = 1 Duplone

CANTON

STANDARD COINAGE

KM# 34 ANGSTER
Copper **Obv:** Oval arms in sprays **Rev:** Value, date

Date	Mintage	VG	F	VF	XF	Unc
1773	—	4.00	8.00	17.50	45.00	85.00
1774	—	4.00	8.00	17.50	45.00	85.00
1775	—	4.00	8.00	17.50	45.00	85.00
1776	—	4.00	8.00	17.50	45.00	85.00
1777	—	4.00	8.00	17.50	45.00	85.00
1778	—	7.00	15.00	70.00	180	325
1779	—	4.00	8.00	17.50	45.00	85.00
1780	—	4.00	8.00	17.50	45.00	85.00

KM# 40 ANGSTER
Copper **Obv:** Oval arms within sprigs **Rev:** Value, date

Date	Mintage	VG	F	VF	XF	Unc
1781	—	4.00	8.00	17.50	45.00	85.00
1782	—	8.00	15.00	65.00	175	325
1791	—	4.00	8.00	17.50	45.00	85.00
1792	—	4.00	8.00	17.50	45.00	85.00
1797	—	7.00	12.50	35.00	90.00	175

KM# 51 ANGSTER
Copper **Obv:** Oval arms in cartouche **Rev:** Value, date below sprig

Date	Mintage	VG	F	VF	XF	Unc
1797	—	7.00	12.00	35.00	90.00	175
1798	—	6.00	12.00	35.00	90.00	175

KM# 35 RAPPEN
Billon **Obv:** Ornate shield **Rev:** Value, date

Date	Mintage	VG	F	VF	XF	Unc
1776 S	—	250	475	1,275	—	—

SCHWYZ

KM# 36 RAPPEN
Copper **Obv:** Ornate, oval arms in sprigs **Rev:** Value, date in cartouche

Date	Mintage	VG	F	VF	XF	Unc
1777 S	—	4.00	8.00	17.50	45.00	85.00
1778 S	—	4.00	8.00	17.50	45.00	85.00
1779 S	—	4.00	8.00	17.50	45.00	85.00
1780 S	—	4.00	8.00	17.50	45.00	85.00
1781 S	—	4.00	8.00	17.50	45.00	85.00
1782 S	—	4.00	8.00	17.50	45.00	85.00

KM# 37 RAPPEN
Silver

Date	Mintage	VG	F	VF	XF	Unc
1778	—	—	—	—	—	—
1779	—	—	—	—	—	—

KM# 41 RAPPEN
Copper **Obv:** Ornate, oval arms in sprigs **Rev:** Value, date in cartouche **Note:** Many varieties exist, especially among 1797-dated coins.

Date	Mintage	VG	F	VF	XF	Unc
1782	—	4.00	8.00	17.50	45.00	85.00
1785	—	10.00	20.00	95.00	275	—
1792	—	4.00	8.00	17.50	52.50	100
1793	—	4.00	8.00	17.50	45.00	85.00
1794	—	4.00	8.00	17.50	45.00	85.00
1795	—	4.00	8.00	17.50	45.00	85.00
1796	—	4.00	8.00	17.50	45.00	85.00
1797	—	4.00	8.00	17.50	45.00	85.00
1798	—	4.00	8.00	20.00	50.00	100

KM# 49 GROSCHEN
Billon **Obv:** Oval arms on mantle, with garland **Obv. Legend:** MONETA REIP SUITENSIS **Rev:** Value, date within wreath

Date	Mintage	VG	F	VF	XF	Unc
1791	—	80.00	175	450	—	—

KM# 50 GROSCHEN
Billon **Obv:** Shield with garland **Obv. Legend:** MONETA REIP SUITENSIS **Rev:** Value, date, ornaments above

Date	Mintage	VG	F	VF	XF	Unc
1793	—	100	225	525	—	—

KM# 31 SCHILLING
Billon **Obv:** Arms divides date within beaded circle **Obv. Legend:** MONETA ... **Rev:** Value within wreath

Date	Mintage	VG	F	VF	XF	Unc
1730	—	175	350	850	—	—

KM# 42 5 SCHILLINGS
Silver **Obv:** Crowned, oval arms within sprigs **Rev:** Value, date within wreath

Date	Mintage	VG	F	VF	XF	Unc
1785	—	35.00	65.00	175	365	600

KM# 46 5 SCHILLINGS
Silver **Obv:** Crowned, oval arms within sprigs **Rev:** Value, date within wreath

Date	Mintage	VG	F	VF	XF	Unc
1787	—	35.00	65.00	175	365	600

KM# 45 10 SCHILLINGS (1/4 Gulden)
Silver **Obv:** Crowned, oval arms within sprigs **Obv. Legend:** MONETA ... **Rev:** Value, date within wreath

Date	Mintage	VG	F	VF	XF	Unc
1786	—	35.00	65.00	175	365	600

KM# 52 20 SCHILLINGS (1/2 Gulden)
Silver **Obv:** Crowned, oval arms on mantle, within sprigs, value below **Obv. Legend:** SUITENSIS RESPUBLICA **Rev:** S within floreated cross, date below **Rev. Legend:** ...DOMINI TURRIS FORTISSIMA

Date	Mintage	VG	F	VF	XF	Unc
1797	—	65.00	135	350	675	1,100

KM# 9 10 KREUZER
Silver **Obv:** Bust of St. Martin left in long robe **Rev:** Crowned imperial eagle, value below

Date	Mintage	VG	F	VF	XF	Unc
ND Rare	—	—	—	—	—	—

KM# 32 20 KREUZER
Silver **Obv:** Similar to Dicken, KM#19 reverse **Rev:** Crowned imperial eagle, shield on breast

Date	Mintage	VG	F	VF	XF	Unc
1730	—	250	500	1,275	2,750	—

KM# 43 1/2 GULDEN (20 Schillings)
Silver **Obv:** Oval arms in cartouche divides value below **Obv. Legend:** MONETA REIPUBLICÆ SUITENSIS **Rev:** Inscription, date within wreath **Rev. Inscription:** PAX/OPTIMA/RERUM

Date	Mintage	VG	F	VF	XF	Unc
1785 ST	—	65.00	135	350	675	1,100

KM# 44 GULDEN
Silver **Obv:** Oval arms on mantle, with garland, lion supporter at right, value below **Obv. Legend:** MONETA REIPUBLICÆ SUITENSIS **Rev:** Inscription, date within wreath **Rev. Inscription:** PAX / OPTIMA / RERUM

Date	Mintage	VG	F	VF	XF	Unc
1785	—	135	275	675	1,350	2,400

KM# 53 GULDEN
Silver **Obv:** Crowned, oval arms on mantle within sprigs, value below **Obv. Legend:** SUITENSIS RESPUBLICA **Rev:** S within floreated cross, date below **Rev. Legend:** ...DOMINI TURRIS FORTISSIMA

Date	Mintage	VG	F	VF	XF	Unc
1797 S	—	250	500	1,200	2,500	—

TRADE COINAGE

KM# 38 DUCAT
3.5000 g., 0.9860 Gold 0.1109 oz. AGW **Obv:** Lion upright holding shield on mantle with garland **Rev:** Inscription, date and value in cartouche **Rev. Inscription:** DUCATUS / REIPUBLICÆ / SUITENSIS

Date	Mintage	F	VF	XF	Unc	BU
ND(1779)	—	2,000	4,250	7,250	10,250	—
1781	—	1,600	3,800	6,250	9,350	—

KM# 47 DUCAT
3.5000 g., 0.9860 Gold 0.1109 oz. AGW **Obv:** Lion upright, holding shield on mantle with garland **Rev:** Inscription, date below sprig **Rev. Inscription:** DUCATUS / REIPUBLICÆ / SUITENSIS **Note:** Fr.#379.

Date	Mintage	F	VF	XF	Unc	BU
1788	—	2,000	4,250	7,250	10,250	—
1790	—	1,600	3,800	6,250	9,350	—

PATTERNS
Including off metal strikes

KM#	Date	Mintage	Identification	Mkt Val
Pn1	1793	—	Rappen. Gold. KM41.	—
Pn2	1793	—	Groschen. Gold. KM50.	—

SITTEN

A canton which was founded in 580 that comprises most of the canton of Valais. Sitten was a Burgundian mint in the 9th century with the first Episcopal coinage being struck c. 1496. They joined the Swiss Confederation as Valais in 1815.

RULER
Franz Friedrich am Buel, 1760-1780

BISHOPRIC

STANDARD COINAGE

KM# 25 KREUZER
Billon **Obv:** Mitre above shield with crown on crossed sword and crozier **Rev:** Eagle left above shield with seven stars

Date	Mintage	VG	F	VF	XF	Unc
1708	—	20.00	35.00	135	—	—
1722	—	12.50	25.00	90.00	—	—

KM# 32 KREUZER

Billon **Ruler:** Franz Friedrich **Obv:** Mitre above shield **Rev:** Double-headed eagle above shield that divides 7 6

Date	Mintage	VG	F	VF	XF	Unc
1776	—	9.00	17.50	55.00	135	275

Date	Mintage	VG	F	VF	XF	Unc
1776	—	10.00	20.00	75.00	185	—
1776 DS	—	10.00	20.00	75.00	185	—
1776 DST	—	10.00	20.00	75.00	185	—
1777	—	10.00	20.00	75.00	185	—
1777 DS	—	10.00	20.00	75.00	185	—
1777 DST	—	10.00	20.00	75.00	185	—

KM# 27 BATZEN

Billon **Obv:** Four-fold arms draped with bishop's vestment

Date	Mintage	VG	F	VF	XF	Unc
1708	—	10.00	20.00	75.00	185	—
1709	—	10.00	20.00	75.00	185	—
1710	—	10.00	20.00	75.00	185	—
1721	—	10.00	20.00	75.00	185	—
1722	—	10.00	20.00	75.00	185	—

KM# 36 6 KREUZER

Billon **Ruler:** Franz Friedrich **Obv:** Mitre above ornate, oval arms **Rev:** Ornate, oval shield with stars within, on mantle, value below

Date	Mintage	VG	F	VF	XF	Unc
1777	—	13.00	27.50	100	275	—

KM# 34 BATZEN

Billon **Obv:** Mitre above ornate 4-fold arms **Rev:** Small double-headed eagle above shield with stars within that divides date **Rev. Legend:** COM. ET. PRAEF. UTR. VALLE.

Date	Mintage	VG	F	VF	XF	Unc
1776	—	45.00	85.00	350	900	1,700

KM# 37 12 KREUZER

Billon **Ruler:** Franz Friedrich **Obv:** Mitre above ornate, oval shield within sprigs **Rev:** Small, double-headed eagle above ornate oval shield with stars within, divided value below

Date	Mintage	VG	F	VF	XF	Unc
1777	—	25.00	45.00	135	375	—

KM# 35 BATZEN

Billon **Ruler:** Franz Friedrich **Obv:** Mitre above ornate 4-fold arms **Rev:** Small double-headed eagle above shield with stars within that divides date **Rev. Legend:** COM. ET. PRAEF. REIP. VALLES.

Date	Mintage	VG	F	VF	XF	Unc
1776	—	10.00	20.00	75.00	185	—
1777	—	10.00	20.00	75.00	185	—
1778	—	10.00	20.00	75.00	185	—

KM# 28 20 KREUZER

Silver **Obv:** Mitre above ornate oval arms **Rev:** Figures on cloud above shield that divides value

Date	Mintage	VG	F	VF	XF	Unc
1709	—	30.00	60.00	250	—	—
1710	—	20.00	40.00	165	—	—

KM# 38 20 KREUZER

Silver **Ruler:** Franz Friedrich **Obv:** Mitre above ornate oval arms, divided date below **Rev:** Radiant figures on cloud above round shield that divides value

Date	Mintage	VG	F	VF	XF	Unc
1777	—	45.00	90.00	225	450	—

KM# 26 1/2 BATZEN

Billon **Obv:** Four-fold arms draped with bishop's vestment **Rev:** Eagle above shield

Date	Mintage	VG	F	VF	XF	Unc
1708	—	8.00	15.00	55.00	150	—
1709	—	8.00	15.00	55.00	150	—
1710	—	8.00	15.00	55.00	150	—
1721	—	8.00	15.00	55.00	150	—
1722	—	8.00	15.00	55.00	150	—

KM# 30 1/2 BATZEN

Billon **Obv:** Round arms

Date	Mintage	VG	F	VF	XF	Unc
1721	—	16.00	35.00	135	—	—

KM# 33 1/2 BATZEN

Billon **Ruler:** Franz Friedrich **Obv:** Four-fold arms **Rev:** Small double-headed eagle above shield with stars within that divides 7 7

SOLOTHURN

Solodornensis, Soleure

A canton in northwest Switzerland. Bracteates were struck in the 1300s even though the mint right was not officially granted until 1381. They joined the Swiss Confederation in 1481.

MINT OFFICIAL'S INITIALS

Initials	Date	Name
T		Thiebaud

MONETARY SYSTEM

Until 1798

2 Vierer = 1 Kreuzer
4 Kreuzer = 1 Batzen
40 Batzen = 2 Gulden = 1 Thaler

CITY

STANDARD COINAGE

Commencing 1804

10 Rappen = 4 Kreuzer = 1 Batzen; 10 Batzen = 1 Frank

KM# 36.1 1/2 KREUZER (Vierer)

Billon **Obv:** Arms divides S O within circle **Obv. Legend:** SOLODORENSIS **Rev:** Floreated cross within circle, date below **Rev. Legend:** MONETA REIP

Date	Mintage	VG	F	VF	XF	Unc
1761	—	5.00	10.00	35.00	110	225
1789	—	5.00	10.00	25.00	45.00	135
1790	—	5.00	10.00	25.00	45.00	135
1793	—	5.00	10.00	25.00	45.00	135
1794	—	5.00	10.00	25.00	45.00	135
1796	—	5.00	10.00	20.00	70.00	150
1797	—	5.00	10.00	20.00	70.00	150
1798	—	5.00	10.00	20.00	70.00	150

KM# 36.2 1/2 KREUZER (Vierer)

Billon **Obv:** Broad arms

Date	Mintage	VG	F	VF	XF	Unc
1798	—	12.00	25.00	45.00	180	350

KM# 30 KREUZER

Billon **Obv:** Arms divides S O within circle **Obv. Legend:** MONETA • REIP • SOLOD • **Rev:** Floreated cross, leaves in angles, within circle, date below **Rev. Legend:** CUNCTA PER DEUM

Date	Mintage	VG	F	VF	XF	Unc
1760	—	10.00	20.00	35.00	135	275
1762	—	12.00	25.00	45.00	175	350
1794	—	10.00	20.00	35.00	135	275
1796	—	10.00	20.00	35.00	135	275
1797	—	—	—	—	—	—
1798	—	—	—	—	—	—

KM# 31 4 KREUZER (1 Batzen)

Billon **Obv:** Arms within sprigs and circle, value below **Obv. Legend:** MONETA REIP SOLODORENSIS **Rev:** S entwined in center of cross within circle, date below **Rev. Legend:** CUNCTA PER DEUM

Date	Mintage	VG	F	VF	XF	Unc
1760 Rare	—	—	—	—	—	—

KM# 32 4 KREUZER (1 Batzen)

Billon **Obv:** Arms divides S O within circle, value below **Obv. Legend:** MONETA • REIP • SOLODORENSIS **Rev:** Floreated cross, designs in angles, within cartouche, date below **Rev. Legend:** CUNCTA PER DEUM

Date	Mintage	VG	F	VF	XF	Unc
1760	—	10.00	20.00	35.00	135	275
1761	—	12.00	25.00	45.00	185	350
1762	—	12.00	25.00	45.00	185	350

KM# 41 4 KREUZER (1 Batzen)

Billon **Obv:** Arms divides S O within beaded circle, value below **Obv. Legend:** MONETA • REIP • SOLODORENSIS **Rev:** Floreated cross within beaded circle, date below **Rev. Legend:** CUNCTA PER DEUM

Date	Mintage	VG	F	VF	XF	Unc
1766	—	10.00	20.00	35.00	135	265
1787	—	10.00	20.00	35.00	135	265
1788	—	12.50	25.00	45.00	175	325
1793	—	10.00	20.00	35.00	135	265
1795	—	10.00	20.00	35.00	135	265
1796	—	12.50	25.00	45.00	175	350
1797	—	10.00	20.00	35.00	135	265

KM# 33 10 KREUZER

Silver **Obv:** Crowned arms within sprigs **Obv. Legend:** MONETA REIP SOLODORENSIS • **Rev:** S entwined in center of crowned cross within sprigs, value below, date in legend **Rev. Legend:** CUNCTA PER DEUM

Date	Mintage	VG	F	VF	XF	Unc
1760	—	35.00	65.00	175	365	650

SWISS CANTONS — SOLOTHURN

MONETA REIP • SOLODORENSIS • **Rev:** Floreated cross, designs in angles, within circle, date below **Rev. Legend:** CUNCTA PER DEUM

Date	Mintage	VG	F	VF	XF	Unc
1760	—	5.00	10.00	22.50	100	225
1761	—	5.00	10.00	22.50	100	225
1762	—	6.00	12.00	35.00	135	265
1787	—	5.00	10.00	22.50	100	225
1793	—	5.00	10.00	22.50	100	225
1794	—	9.00	16.00	35.00	135	260
1795	—	5.00	10.00	22.50	100	215
1796	—	9.00	16.00	35.00	135	250

KM# 38 10 KREUZER

Silver **Obv:** Crowned, ornate arms **Obv. Legend:** MONETA REIP • SOLODORENSIS **Rev:** Flowered S entwined in center of crowned cross within sprigs, value below, date in legend **Rev. Legend:** CUNCTA PER DEUM

Date	Mintage	VG	F	VF	XF	Unc
1762	—	35.00	65.00	175	365	650

KM# 47 10 KREUZER

Silver **Obv:** Crowned, ornate oval arms within sprigs **Obv. Legend:** MONETA REIP • SOLODORENSIS **Rev:** S entwined within center circle of cross, value below, date in legend **Rev. Legend:** CUNCTA PER DEUM

Date	Mintage	VG	F	VF	XF	Unc
1785	—	25.00	42.50	85.00	175	350

KM# 49 2-1/2 BATZEN (10 Kreuzer)

Silver **Obv:** Crowned, oval arms within sprigs **Obv. Legend:** SOLODORENSIS • RESPUBLICA **Rev:** S entwined in cross within circle, date below **Rev. Legend:** CUNCTA PER DEUM

Date	Mintage	VG	F	VF	XF	Unc
1787	—	25.00	45.00	85.00	185	350
1794	—	25.00	45.00	85.00	185	350
1795	—	25.00	45.00	85.00	185	350

KM# 42 10 BATZEN

Silver **Obv:** Crowned, ornate arms **Obv. Legend:** MONETA REIP • SOLODORENSIS **Rev:** Flowered S entwined in crowned cross within sprigs, date below **Rev. Legend:** CUNCTA PER DEUM

Date	Mintage	VG	F	VF	XF	Unc
1767	—	65.00	125	350	725	1,300

KM# 45 10 BATZEN

Silver **Obv:** Crowned, oval arms within sprigs **Obv. Legend:** MONETA REIP • SOLODORENSIS • **Rev:** S entwined in center circle of cross within circle, date below **Rev. Legend:** CUNCTA • PER • DEUM •

Date	Mintage	VG	F	VF	XF	Unc
1773	—	80.00	150	425	900	1,550
1778	—	45.00	80.00	215	450	765
1785	—	35.00	60.00	175	365	650

KM# 34 20 KREUZER

Silver **Obv:** Crowned arms within sprigs **Obv. Legend:** MONETA REIP SOLODORENSIS **Rev:** S entwined in center of crowned cross within sprigs **Rev. Legend:** CUNCTA PER DEUM

Date	Mintage	VG	F	VF	XF	Unc
1760	—	45.00	85.00	225	450	750

KM# 50 5 BATZEN (20 Kreuzer)

Silver **Obv:** Crowned, oval arms within sprigs **Obv. Legend:** SOLODORENSIS RESPUBLICA **Rev:** S entwined in cross within circle, date below **Rev. Legend:** CUNCTA PER DEUM

Date	Mintage	VG	F	VF	XF	Unc
1787	—	25.00	45.00	110	365	650
1794	—	25.00	45.00	110	365	650
1795	—	25.00	45.00	110	365	650

KM# 51 10 BATZEN

Silver **Obv:** Crowned, oval arms within sprigs **Obv. Legend:** SOLODORENSIS RESPUBLICA **Rev:** S entwined in cross within circle, date below **Rev. Legend:** CUNCTA PER DEUM

Date	Mintage	VG	F	VF	XF	Unc
1787	—	25.00	45.00	135	325	525
1788	—	25.00	45.00	135	325	525
1791	—	25.00	45.00	135	325	525
1794	—	25.00	45.00	135	325	525

KM# 39 20 KREUZER

Silver **Obv:** Crowned, ornate arms **Obv. Legend:** MONETA REIP • SOLODORENSIS **Rev:** Flowered S entwined in center of crowned cross within sprigs, value below, date in legend **Rev. Legend:** CUNCTA PER DEUM

Date	Mintage	VG	F	VF	XF	Unc
1763	—	45.00	85.00	225	450	775

KM# 37 10 BATZEN

Silver **Obv:** Crowned, ornate arms within sprigs **Obv. Legend:** MONETA REIP SOLODORENSIS **Rev:** S entwined in crowned cross within sprigs, date in legend **Rev. Legend:** CUNCTA PER DEUM

Date	Mintage	VG	F	VF	XF	Unc
1761	—	45.00	90.00	225	450	850

KM# 57 20 BATZEN

Silver **Obv:** Crowned, oval arms within sprigs, value below **Obv. Legend:** SOLODOREN • RESPUBLICA **Rev:** S entwined in cross within circle, date below **Rev. Legend:** CUNCTA PER DEUM

Date	Mintage	VG	F	VF	XF	Unc
1795	—	25.00	45.00	135	275	525
1798	—	25.00	45.00	135	275	525

KM# 48 20 KREUZER

Silver **Obv:** Crowned, oval arms within sprigs **Obv. Legend:** MONETA • REIP • SOLODORENSIS • **Rev:** S entwined in center circle of cross within circle, value below **Rev. Legend:** CUNCTA • PER • DEUM •

Date	Mintage	VG	F	VF	XF	Unc
1785	—	25.00	45.00	100	365	650

KM# 40 10 BATZEN

Silver **Obv:** Crowned, ornate arms **Obv. Legend:** MONETA REIP : SOLODORENSIS **Rev:** S entwined in cross within sprigs, date in legend **Rev. Legend:** CUNCTA PER DEUM

Date	Mintage	VG	F	VF	XF	Unc
1763	—	50.00	100	260	550	950
1766	—	60.00	125	350	675	1,050

KM# 55 1/4 DUPLONE

1.9100 g., 0.9000 Gold 0.0553 oz. AGW **Obv:** Crowned arms with garland **Obv. Legend:** SOLODORENSIS • RESPUBLICA • **Rev:** Standing Saint with flag, slanted sword behind **Rev. Legend:** S • URSUS MART •

Date	Mintage	F	VF	XF	Unc	BU
1789	—	200	425	675	1,050	1,350

KM# 58 1/4 DUPLONE

1.9100 g., 0.9000 Gold 0.0553 oz. AGW **Obv:** Crowned arms with garland **Obv. Legend:** SOLODORENSIS • RESPUBLICA • **Rev:** Standing Saint with flag, slanted sword behind, date below **Rev. Legend:** S • URSUS • MART •

Date	Mintage	F	VF	XF	Unc	BU
1796	—	200	425	675	1,050	1,350

KM# 35 1/2 BATZEN (2 Kreuzer)

Billon **Obv:** Arm divides S O within circle **Obv. Legend:**

UNTERWALDEN — SWISS CANTONS

within sprigs **Obv. Legend:** DUCATUS SOLODORENSIS **Rev:** Standing Saint with flag, slanted sword behind **Rev. Legend:** S * URSUS MART *

Date	Mintage	VG	F	VF	XF	Unc
1768	—	—	2,200	4,650	8,000	12,750

PATTERNS

Including off metal strikes

KM#	Date	Mintage	Identification	Mkt Val
Pn5	1760	—	Kreuzer. Gold. KM30.	2,000
Pn6	1761	—	1/2 Kreuzer. Gold. KM36.	1,500
Pn7	1793	—	1/2 Batzen. Silver. KM35.	—

UNTERWALDEN

Subsilvania

A canton in central Switzerland, which was one of the three original cantons, which became the Swiss Confederation in 1291. It is made up of two half cantons - Nidwalden and Obwalden. They had their own coinage beginning in the 1500s.

MINT OFFICIAL'S INITIALS

Initials	Date	Name
S		Samson

MONETARY SYSTEM

4 Kreuzer = 1 Batzen
10 Batzen = 1 Frank

KM# 52 1/2 DUPLONE
3.8200 g., 0.9000 Gold 0.1105 oz. AGW **Obv:** Crowned arms with garland **Obv. Legend:** SOLODORENSIS RESPUBLICA **Rev:** Standing Saint with flag, slanted sword behind, date in legend **Rev. Legend:** S * URSUS * MART *

Date	Mintage	F	VF	XF	Unc	BU
1787	—	325	700	1,100	1,625	2,150

KM# 59 1/2 DUPLONE
3.8200 g., 0.9000 Gold 0.1105 oz. AGW **Obv:** Crowned arms with garland **Obv. Legend:** SOLODORENSIS RESPUBLICA **Rev:** Standing Saint with flag, slanted sword behind, date below **Rev. Legend:** S * URSUS MARTYR

Date	Mintage	F	VF	XF	Unc	BU
1796	—	325	700	1,100	1,625	2,150

KM# 53 DUPLONE
7.6400 g., 0.9000 Gold 0.2211 oz. AGW **Obv:** Crowned arms with garland **Obv. Legend:** SOLODORENSIS RESPUBLICA **Rev:** Standing Saint with flag, slanted sword behind, date in legend **Rev. Legend:** S * URSUS MART *

Date	Mintage	F	VF	XF	Unc	BU
1787	—	475	1,050	1,625	2,300	3,000

KM# 60 DUPLONE
7.6400 g., 0.9000 Gold 0.2211 oz. AGW **Obv:** Crowned arms with garland **Obv. Legend:** SOLODORENSIS RESPUBLICA **Rev:** Standing Saint with flag, slanted sword behind, date below **Rev. Legend:** S * URSUS MARTYR

Date	Mintage	F	VF	XF	Unc	BU
1796	—	475	1,050	1,625	2,300	3,000
1797	—	475	1,050	1,625	2,300	3,000
1798	—	600	1,275	2,250	3,000	3,850

KM# 54 2 DUPLONE
15.2800 g., 0.9000 Gold 0.4421 oz. AGW **Obv:** Crowned arms with garland **Obv. Legend:** SOLODORENSIS RESPUBLICA **Rev:** Standing Saint with flag, slanted sword behind, date in legend **Rev. Legend:** S * URSUS MART *

Date	Mintage	F	VF	XF	Unc	BU
1787	—	1,450	3,000	5,400	6,800	8,500

KM# 61 2 DUPLONE
15.2800 g., 0.9000 Gold 0.4421 oz. AGW **Obv:** Crowned arms with garland **Obv. Legend:** SOLODORENSIS RESPUBLICA **Rev:** Standing Saint with flag, slanted sword behind, date below **Rev. Legend:** S * URSUS MARTYR

Date	Mintage	F	VF	XF	Unc	BU
1796	—	750	1,525	2,700	3,850	5,150
1797	—	750	1,525	2,700	3,850	5,150
1798	—	750	1,525	2,700	3,850	5,150

TRADE COINAGE

KM# 43 DUCAT
3.5000 g., 0.9860 Gold 0.1109 oz. AGW **Obv:** Crowned arms

CANTON Obwalden

STANDARD COINAGE

KM# 5 RAPPEN
Billon **Obv:** Shield on three-pronged cross on cloverleaf **Rev:** Inscription: MONETA/SVBSYLV/NA between palm and laurel branches

Date	Mintage	VG	F	VF	XF	Unc
ND	—	65.00	135	450	—	—

KM# 6 1/2 KREUZER
Billon **Obv:** Crowned imperial eagle with oval arms on breast, value in oval shield above **Rev:** Value

Date	Mintage	VG	F	VF	XF	Unc
ND Rare	—	—	—	—	—	—

KM# 24 1/2 KREUZER
Billon **Obv:** Value in oval shield divides date above two oval arms, R below **Rev:** Value

Date	Mintage	VG	F	VF	XF	Unc
1730	—	13.50	30.00	100	275	—
1732	—	12.50	25.00	175	450	—
1733	—	20.00	35.00	135	325	—

KM# 7 KREUZER
Billon **Obv:** Oval arms in cartouche **Rev:** Value on breast of crowned imperial eagle

Date	Mintage	VG	F	VF	XF	Unc
1725 Rare	—	—	—	—	—	—
1726	—	45.00	85.00	350	—	—
1727 Rare	—	—	—	—	—	—
1729	—	45.00	85.00	350	—	—

KM# 21 KREUZER
Billon **Obv:** Crowned imperial eagle with arms on breast **Rev:** Value: 1/KREU/TZER/date in laurel wreath

Date	Mintage	VG	F	VF	XF	Unc
1729 Rare	—	—	—	—	—	—
1730	—	85.00	175	525	—	—

KM# 22 KREUZER
Billon **Obv:** Curved arms in pearl ring **Rev:** Cross with blossoms in angles

Date	Mintage	VG	F	VF	XF	Unc
1729	—	65.00	135	425	—	—

KM# 12 3 KREUZER (1 Groschen)
Billon **Obv:** Crowned imperial eagle with arms on breast **Rev:** Floreated cross with value in center circle

Date	Mintage	VG	F	VF	XF	Unc
1726 Rare	—	—	—	—	—	—
1730	—	125	225	900	—	—
1732	—	225	450	1,700	—	—

KM# 8 20 KREUZER
Silver **Obv:** Crowned imperial eagle with curved arms on breast **Rev:** Value, date in palm wreath

Date	Mintage	VG	F	VF	XF	Unc
1725	—	45.00	85.00	225	—	—
1742	—	175	325	850	—	—

KM# 13 20 KREUZER
Silver **Obv:** Value on oval shield on breast of crowned imperial eagle, date in legend

Date	Mintage	VG	F	VF	XF	Unc
1726	—	35.00	75.00	180	—	—
1728	—	35.00	75.00	180	—	—
1736	—	35.00	75.00	180	—	—
1742	—	35.00	75.00	180	—	—
1743	—	325	650	1,750	—	—

KM# 14 20 KREUZER
Silver **Obv:** Ornate arms **Obv. Legend:** MONETA REIP * SVBSLVANIAE SVPERIORIS **Rev:** Crowned imperial eagle without date **Rev. Legend:** DILEXIT DOMINVS DECOREM IVSTITIAE

Date	Mintage	VG	F	VF	XF	Unc
1726	—	35.00	75.00	180	—	—
1729	—	35.00	75.00	180	—	—
1730	—	35.00	75.00	180	—	—
1731	—	175	325	850	—	—
1732	—	35.00	75.00	180	—	—
1734 Rare	—	—	—	—	—	—

KM# 26 20 KREUZER
Silver **Obv:** Ornate, oval arms divide date within sprigs

Date	Mintage	VG	F	VF	XF	Unc
1732	—	35.00	75.00	180	—	—
1736 Rare	—	—	—	—	—	—

KM# 30 20 KREUZER
Silver **Obv:** Imperial eagle **Rev:** Value and date in wreath

Date	Mintage	VG	F	VF	XF	Unc
1742	—	225	450	1,050	—	—

KM# 31 20 KREUZER
Silver **Rev:** Inscription: ET/ERVUS MEUS/ORABIT/date in palm branch wreath, value below

Date	Mintage	VG	F	VF	XF	Unc
1743	—	250	600	1,700	—	—

KM# 9 20 KREUZER
Silver **Obv:** Ornate, oval arms within sprigs **Rev:** Kneeling Saint holding rosary within sprigs and circle

Date	Mintage	VG	F	VF	XF	Unc
ND	—	75.00	150	350	—	—

KM# 10 30 KREUZER (1/4 Thaler)
Silver **Obv:** Inscription: MONETA/NOVA REIP/SVBSYLVANIAE/SVPERIORIS/30 K/date in cartouche, value below **Rev:** Standing saint holding shield of arms and rosary

Date	Mintage	VG	F	VF	XF	Unc
1725	—	500	975	2,700	—	—
1726 Rare	—	—	—	—	—	—

KM# 32 40 KREUZER (1/3 Thaler)
Silver **Obv:** Kneeling Saint holding rosary within sprigs and circle **Rev:** Inscription: ET/SERVUS MEUS/ORABIT/PRO VOBIS/10B. 42/date between palm branches and ornaments, value below

Date	Mintage	VG	F	VF	XF	Unc
1743	—	1,100	2,250	5,250	—	—

KM# 19 ASSIS
Billon **Obv:** Square-cornered arms with ornaments in circle **Rev:** Value, date in inner circle

Date	Mintage	VG	F	VF	XF	Unc
1728	—	20.00	45.00	175	675	—

SWISS CANTONS

UNTERWALDEN

KM# 15 1/2 BATZEN
Billon **Obv:** Oval arms in cartouche in inner circle **Rev:** Floreated cross with ornaments in fields

Date	Mintage	VG	F	VF	XF	Unc
1726	—	13.50	25.00	85.00	—	—
1727	—	35.00	65.00	275	—	—
1728	—	125	250	1,050	—	—

KM# 20 1/2 THALER
Silver **Obv:** Value within circle below ornate oval arms within beaded circle **Obv. Legend:** MONETA REIP : SVBSYLVANIÆ SVPERIORES **Rev:** Standing Saint

Date	Mintage	VG	F	VF	XF	Unc
1728	—	450	800	2,300	5,000	—

KM# 27 1/2 THALER
Silver **Rev:** Saint kneeling with rosary right

Date	Mintage	VG	F	VF	XF	Unc
1732	—	400	750	2,000	4,000	—

KM# 28 THALER
Silver **Obv:** Ornate oval arms **Obv. Legend:** MONETA REIPUBL : SUBSYLVANIÆ SUPERIORES **Rev:** Kneeling Saint with rosary left **Note:** Dav. #1780.

Date	Mintage	VG	F	VF	XF	Unc
1732	—	1,350	2,500	6,500	13,500	—

TRADE COINAGE

KM# 11 DUCAT
3.5000 g., 0.9860 Gold 0.1109 oz. AGW **Obv:** Inscription, date within cartouche **Rev:** St. Nicholas von der Flue, standing with oval arms and rosary

Date	Mintage	F	VF	XF	Unc	BU
1725 Rare	—	—	—	—	—	—

KM# 16 DUCAT
3.5000 g., 0.9860 Gold 0.1109 oz. AGW **Obv:** Inscription, date within ornamented square **Rev:** Standing Saint with oval arms and rosary

Date	Mintage	F	VF	XF	Unc	BU
1726	—	1,150	2,000	3,600	—	—

KM# 17 DUCAT
3.5000 g., 0.9860 Gold 0.1109 oz. AGW **Obv:** Inscription, date within ornamented square **Rev:** Kneeling Saint with rosary left within circle

Date	Mintage	F	VF	XF	Unc	BU
1726	—	4,800	10,500	16,250	—	—

KM# 18 DUCAT
3.5000 g., 0.9860 Gold 0.1109 oz. AGW **Obv:** Inscription, date within ornamented square **Rev:** Crowned double-headed eagle within oval, ornate arms

Date	Mintage	VG	F	VF	XF	Unc
1726 Rare	—	—	—	—	—	—

KM# 25 DUCAT
3.5000 g., 0.9860 Gold 0.1109 oz. AGW **Obv:** Inscription, date within ornamented square **Rev:** Kneeling Saint with rosary right

Date	Mintage	F	VF	XF	Unc	BU
1730	—	1,125	2,400	4,150	—	—
1732	—	1,200	2,600	4,500	—	—

KM# 33 DUCAT
3.5000 g., 0.9860 Gold 0.1109 oz. AGW **Obv:** Inscription, date below ornaments within sprigs **Rev:** Kneeling Saint with rosary right

Date	Mintage	F	VF	XF	Unc	BU
1743	—	600	1,275	2,250	—	—

KM# 45 DUCAT
3.5000 g., 0.9860 Gold 0.1109 oz. AGW **Obv:** Oval arms within sprays **Rev:** Kneeling Saint

Date	Mintage	F	VF	XF	Unc	BU
1774	—	1,450	3,250	5,400	—	—

KM# 46 DUCAT
3.5000 g., 0.9860 Gold 0.1109 oz. AGW **Obv:** DUCAT✡/REIPUB✡/SUESILV✡/SUPER, date within sprigs **Rev:** Kneeling Saint with rosary right

Date	Mintage	F	VF	XF	Unc	BU
1/8/	—	275	600	1,100	1,700	—
1787 Restrike	150	—	—	400	650	1,000

Note: Restrikes, done in 1860, display concave fields

KM# 47 DUCAT
3.5000 g., 0.9860 Gold 0.1109 oz. AGW **Obv:** DUCAT✡/REIPUB✡/SUESILV✡/ date within sprigs **Rev:** Kneeling Saint

Date	Mintage	F	VF	XF	Unc	BU
1787	—	800	1,875	3,150	—	—

KM# 29 5 DUCAT
17.5000 g., 0.9860 Gold 0.5547 oz. AGW **Obv:** Ornate oval arms **Rev:** Kneeling Saint, right **Rev. Legend:** B:NICOLAUS DE FLUE... **Note:** Struck with 1/2 Thaler dies, KM#27.

Date	Mintage	VG	F	VF	XF	Unc
1732 Rare	—	—	—	—	—	—

KM# A21 8 DUCAT
27.0000 g., 0.9890 Gold 0.8585 oz. AGW **Obv:** Ornate oval arms **Rev:** Standing Saint, facing **Rev. Legend:** BEATVS NICOLAVS DE FL-VE OBYT 1487... **Note:** Struck with 1/2 Thaler dies, KM#20.

Date	Mintage	VG	F	VF	XF	Unc
1728 Rare	—	—	—	—	—	—

PATTERNS
Including off metal strikes

KM#	Date	Mintage Identification	Mkt Val

Pn2	1730	— 20 Kreuzer. Silver.	—

URI

Uranie

A canton in central Switzerland. It is one of the three original cantons which became the Swiss Confederation in 1291. They had their own coinage from the early 1600s until 1811.

MONETARY SYSTEM
10 Rappen = 1 Batzen
10 Batzen = 1 Frank

CANTON
TRADE COINAGE

KM# 34 DUCAT
3.5000 g., 0.9860 Gold 0.1109 oz. AGW **Obv:** Oval arms below inscription within sprigs and cartouche **Rev:** St. Martin giving alms to a beggar **Rev. Legend:** SANCTVS MARTINVS **Note:** Fr. #404, 405

Date	Mintage	F	VF	XF	Unc	BU
1701 Rare	—	—	—	—	—	—
1704/1 Rare	—	—	—	—	—	—

Note: Ducats dated 1704 were overstruck on 1701 dated coins

KM# 36 DUCAT
3.5000 g., 0.9860 Gold 0.1109 oz. AGW **Obv:** Ornate oval arms **Rev:** Equestrian left **Rev. Legend:** SANCTUS MARTINUS **Note:** Fr. #406.

Date	Mintage	F	VF	XF	Unc	BU
1720	—	800	1,500	2,700	3,800	5,100

KM# 38 DUCAT
3.5000 g., 0.9860 Gold 0.1109 oz. AGW **Obv:** Ornate oval arms **Rev:** Equestrian left **Rev. Legend:** SANCTUS MARTINUS **Note:** Fr. #407.

Date	Mintage	F	VF	XF	Unc	BU
1736/20	—	600	1,275	2,250	3,200	4,250

URI, SCHWYZ & UNTERWALDEN

These patterns were issued jointly by Uri, Schwyz and Unterwalden for the territory of Bellizona. First conquered in 1503 Bellizona joined the Swiss Confederation as Ticino in 1803.

PATTERNS

Including off metal strikes

KM#	Date	Mintage Identification	Mkt Val

Pn2	1788	— 1/2 Soldo. Copper.	—
Pn1	1788	— Quattrino. Copper.	—
Pn3	1788	— Soldo. Copper.	—

ZOEFINGEN

This town in Aargau, Switzerland, was a Hapsburg Mint during the middle ages which struck bracteats. Later, in the 17th and early 18th centuries, the city struck coins and tokens to preserve their mint right.

CITY

STANDARD COINAGE

KM# 5 1/2 KREUZER (Vierer)
Billon **Obv:** Arched and curved arms **Rev:** Anchor cross with designs in angles, date in legend

Date	Mintage	Good	VG	F	VF	XF
1716 Rare	—	—	—	—	—	—

KM# 6 1/2 KREUZER (Vierer)
Billon **Obv:** Arms within circle **Obv. Legend:** MONET • ZOFINGENS • **Rev:** Anchor cross with designs in angles, within beaded circle **Rev. Legend:** DEVS • PROVIDEBIT •

Date	Mintage	Good	VG	F	VF	XF
1720 Rare	—	—	—	—	—	—
1722	—	30.00	60.00	120	300	600

KM# 10 KREUZER
Billon **Obv:** Arms within circle **Obv. Legend:** MON • NOV • ZOFINGENS • **Rev:** Anchor cross with designs in angles, within beaded circle **Rev. Legend:** DEVS • PROVIDEBIT •

Date	Mintage	Good	VG	F	VF	XF
1722	—	40.00	80.00	150	400	800

KM# 7 4 KREUZER (Batzen)
Billon **Obv:** Bear walking left above arms **Rev:** Floreate cross, value below, date in legend

Date	Mintage	Good	VG	F	VF	XF
1721	—	—	350	750	2,500	—	—
1726	—	25.00	50.00	200	500	1,000

KM# 11 10 KREUZER
Silver **Obv:** Bear walking left above round arms within sprigs **Obv. Legend:** • MONET • CIVIT • ZOFINGEN • **Rev:** DEVS/PROVI:/DEBIT/ date within closed sprigs

Date	Mintage	Good	VG	F	VF	XF
1722	—	75.00	150	400	900	1,600

KM# 12 20 KREUZER
Silver **Obv:** Bear walking left above ornate, oval arms **Obv. Legend:** MONETA • CIVITATIS • ZOFINGEN **Rev:** DEVS/PROVI:/DEBIT/ date within closed sprigs

Date	Mintage	Good	VG	F	VF	XF
1722	—	100	200	500	1,000	1,750

KM# 8 1/2 BATZEN (2 KREUZER)
Billon **Obv:** Oval shield below bear **Rev:** Similar to KM#9, but date to left of center in legend

Date	Mintage	Good	VG	F	VF	XF
1721 Rare	—	—	—	—	—	—

KM# 9 1/2 BATZEN (2 KREUZER)
Billon **Obv:** Bear left, above arms **Rev:** Floreated cross

Date	Mintage	Good	VG	F	VF	XF
1721 Rare	—	—	—	—	—	—
1726	—	75.00	150	350	700	1,250

KM# 13 BATZEN (4 KREUZER)
Billon **Obv:** Bear left, above arms within beaded circle **Obv. Legend:** MON • REDIVI • VA • ZOFINGENS • **Rev:** Floreated cross within beaded circle **Rev. Legend:** DOMINUS.... **Note:** Similar to 1/2 Batzen, KM#9.

Date	Mintage	Good	VG	F	VF	XF
1721	—	—	350	600	2,500	—
1726	—	—	25.00	40.00	175	450

ZUG

Tugium, Tugiensis

A canton in central Switzerland which joined the Swiss Confederation in 1352 and had their own coinage from 1564 to 1805.

MONETARY SYSTEM
6 Angster = 3 Rappen
= 1 Schilling = 1 Assis

CANTON

STANDARD COINAGE

KM# 59 RAPPEN
Billon **Obv:** Z V G around shield

Date	Mintage	VG	F	VF	XF	Unc
ND	—	25.00	50.00	135	—	—

KM# 5 RAPPEN
Billon **Note:** Uniface. Spanish shield.

Date	Mintage	VG	F	VF	XF	Unc
ND	—	25.00	50.00	135	—	—

KM# 6 RAPPEN
Billon **Note:** Arms with straight top, ZVG around.

Date	Mintage	VG	F	VF	XF	Unc
ND	—	25.00	50.00	135	—	—

KM# 7 RAPPEN
Billon **Note:** Arms with rounded top, ZVG around.

Date	Mintage	VG	F	VF	XF	Unc
ND	—	25.00	50.00	135	—	—

KM# 9 RAPPEN
Billon **Note:** Oval arms, ZVG around.

Date	Mintage	VG	F	VF	XF	Unc
ND	—	25.00	50.00	135	—	—

KM# 63 RAPPEN
Copper **Obv:** Oval arms within sprigs **Rev:** Date, value in cartouche

Date	Mintage	F	VF	XF	Unc	BU
1782	—	8.00	22.50	67.50	135	—
1783	—	8.00	22.50	67.50	135	—
1785	—	15.00	44.50	135	260	—
1794	—	8.00	22.50	67.50	135	—

KM# 49 SCHILLING
Billon **Rev:** Standing saint facing

Date	Mintage	VG	F	VF	XF	Unc
1709	—	12.00	25.00	90.00	225	—

KM# 64 SCHILLING
Billon **Obv:** Oval arms within sprigs **Obv. Legend:** MONETA • TVGIENSIS • **Rev:** Saint's bust facing, church at left all within beaded circle **Rev. Legend:** SANCTVS • WOLFGANG •

Date	Mintage	VG	F	VF	XF	Unc
1783	—	8.00	16.00	70.00	185	425

KM# 65 SCHILLING
Billon **Obv:** Arms within sprigs and circle, date below **Obv. Legend:** MONETA • TVGIENSIS • **Rev:** Saint's bust facing, church at left, within circle **Rev. Legend:** SANCTVS • WOLFGANG •

Date	Mintage	VG	F	VF	XF	Unc
1784	—	8.00	16.00	70.00	185	425

KM# 10 1/6 ASSIS (1 Angster)
Billon **Obv:** Arms in Spanish shield above small palm branches, ZVG around **Rev:** Value: large 1/6

Date	Mintage	VG	F	VF	XF	Unc
ND Rare	—	—	—	—	—	—

KM# 11 1/6 ASSIS (1 Angster)
Billon **Obv:** Arms in renaissance shield, Damascus sign on middle bar, ZVG around **Rev:** Value. 1/6 in palm and laurel wroath

Date	Mintage	VG	F	VF	XF	Unc
ND	—	60.00	125	350	—	—

KM# 12 1/6 ASSIS (1 Angster)
Billon **Obv:** Value: 1/6 above arms in Spanish shield with middle bar empty **Rev:** Crowned imperial eagle with sceptre and sword

Date	Mintage	VG	F	VF	XF	Unc
ND	—	40.00	80.00	225	—	—

KM# 13 1/6 ASSIS (1 Angster)
Billon **Rev:** Crowned imperial eagle without sceptre

Date	Mintage	VG	F	VF	XF	Unc
ND	—	40.00	80.00	200	—	—

KM# 14 1/6 ASSIS (1 Angster)
Billon **Rev:** Large crowned imperial eagle without legend around

Date	Mintage	VG	F	VF	XF	Unc
ND	—	200	400	950	—	—

KM# 15 1/6 ASSIS (1 Angster)
Billon **Obv:** Arms in renaissance shield, Damascus sign on middle bar, two small branches above **Rev:** Crowned imperial eagle, dot on breast, value in legend

Date	Mintage	VG	F	VF	XF	Unc
ND	—	100	200	600	—	—

KM# 61 ANGSTER
Copper **Obv:** Oval arms within sprigs **Rev:** Date, value in cartouche

Date	Mintage	F	VF	XF	Unc	BU
1778	—	8.00	22.50	67.50	135	—
1781	—	8.00	22.50	67.50	135	—
1782	—	16.00	40.00	125	275	—
1783	—	8.00	22.50	67.50	135	—
1784	—	8.00	22.50	67.50	135	—
1791	—	12.00	32.50	90.00	175	—
1794	—	8.00	22.50	67.50	135	—
1796	—	16.00	42.50	135	250	—

KM# 58 RAPPEN
Billon **Obv:** Renaissance shield, Damascus sign on middle bar, two branches at top **Rev:** Inscription, date between palm and laurel branches **Rev. Inscription:** MONETA / TVGIENS / IS

Date	Mintage	VG	F	VF	XF	Unc
ND	—	25.00	50.00	135	—	—
1756	—	125	250	635	1,350	2,550

SWISS CANTONS

ZUG

KM# 51 1/6 ASSIS (1 Angster)
Billon **Obv:** Arms in Spanish shield **Rev:** Value: 1/6 /ASSIS/TVGI/ENS/IS, date in inner circle

Date	Mintage	VG	F	VF	XF	Unc
ND	—	60.00	125	325	—	—
1746	—	100	200	475	—	—

KM# 52 1/6 ASSIS (1 Angster)
Billon **Obv:** Arms in renaissance shield with curved outside edge **Rev:** Value: 1/6 ASSIS. T/VGIENS/IS

Date	Mintage	VG	F	VF	XF	Unc
ND	—	60.00	125	325	—	—

KM# 53 1/6 ASSIS (1 Angster)
Billon **Obv:** Plain circle around edge

Date	Mintage	VG	F	VF	XF	Unc
ND	—	75.00	150	475	—	—

KM# 54 1/6 ASSIS (1 Angster)
Billon **Obv:** Oval arms in cartouche **Rev:** Value: 1/6 /ASSIS/TVGI/ENS/IS

Date	Mintage	VG	F	VF	XF	Unc
ND	—	60.00	125	325	—	—

KM# 56 1/6 ASSIS (1 Angster)
Billon **Obv:** Arms in renaissance shield **Rev:** Value: 1/6 / ASSIS. TV/GIENSIS, date

Date	Mintage	VG	F	VF	XF	Unc
1747	—	50.00	100	250	—	—
1748	—	50.00	100	250	—	—
1750	—	50.00	100	250	—	—
1751	—	50.00	100	250	—	—
1752	—	50.00	100	250	—	—
1756	—	50.00	100	250	—	—
1757	—	40.00	90.00	225	—	—
1761	—	40.00	90.00	225	—	—
1762	—	40.00	90.00	225	—	—
1764	—	40.00	90.00	225	—	—
1766	—	40.00	90.00	225	—	—
1767	—	40.00	90.00	225	—	—

PATTERNS
Including off metal strikes

KM#	Date	Mintage	Identification	Mkt Val
Pn5	1778	—	Angster. Gold. KM#61	2,500
Pn6	1782	—	Angster. Silver. KM#61	—
Pn7	1782	—	Rappen. Silver. KM#63	—
Pn8	1791	—	Angster. Silver. KM#61	—

ZURICH

Thicurinae, Thuricensis, Ticurinae, Turicensis

A canton in north central Switzerland which was the mint for the dukes of Swabia in the 10th and 11th centuries. The mint right was obtained in 1238. The first coinage struck there were bracteates and the last coins were struck in 1848. It joined the Swiss Confederation in 1351.

MINT OFFICIALS' INITIALS
B - Bruckmann
AV - A. Vorster

MONETARY SYSTEM

Until 1798
12 Haller = 4 Rappen = 1 Schilling
72 Schillinge = 2 Gulden = 1 Thaler

CANTON

TRADE COINAGE

KM# 142 4 DUCAT
14.0000 g., 0.9860 Gold 0.4438 oz. AGW **Obv:** Oval arms of Zurich supported by rampant lion at right **Rev:** City view **Note:** Struck with 1/2 Thaler dies, KM#146. Fr. #480.

Date	Mintage	F	VF	XF	Unc	BU
1720 Rare	—	—	—	—	—	—
1728 Rare	—	—	—	—	—	—

KM# A143 5 DUCAT
17.5000 g., 0.9860 Gold 0.5547 oz. AGW **Obv:** Oval arms of Zurich supported by rampant lion at right **Obv. Legend:** MONETA REIPUBLICÆ TIGURINAE **Rev:** City view **Note:** Struck with 1/2 Thaler dies, KM#146. Fr. #479.

Date	Mintage	VG	F	VF	XF	Unc
1720 Rare	—	—	—	—	—	—

Date	Mintage	VG	F	VF	XF	Unc
1724 Rare	—	—	—	—	—	—
1753 Rare	—	—	—	—	—	—

KM# 149 5 DUCAT
17.5000 g., 0.9860 Gold 0.5547 oz. AGW **Obv:** Oval arms of Zurich supported by rampant lion at right **Rev:** Inscription, date within ornamented wreath **Rev. Inscription:** DOMINE / CONSERVA / NOS IN / PACE **Note:** Struck with 1/2 Thaler dies, KM#145. Fr. #479

Date	Mintage	VG	F	VF	XF	Unc
1730 Rare	—	—	—	—	—	—

KM# 151 5 DUCAT
17.5000 g., 0.9860 Gold 0.5547 oz. AGW **Note:** Fr. #479.

Date	Mintage	VG	F	VF	XF	Unc
1733	—	—	—	—	—	—

Note: Reported, not confirmed

Date	Mintage	VG	F	VF	XF	Unc
1740	—	—	—	—	—	—

Note: Reported, not confirmed

KM# A150 6 DUCAT
21.0000 g., 0.9860 Gold 0.6657 oz. AGW **Obv:** Oval arms of Zurich supported by rampant lion at right **Rev:** Inscription, date within ornamented wreath **Rev. Inscription:** DOMINE / CONSERVA / NOS IN / PACE **Note:** Struck with 1/2 Thaler dies, KM#145. Fr. #484.

Date	Mintage	VG	F	VF	XF	Unc
1734 Rare	—	—	—	—	—	—

KM# 153 6 DUCAT
21.0000 g., 0.9860 Gold 0.6657 oz. AGW **Obv:** Oval arms of Zurich supported by rampant lion at right **Obv. Legend:** MONETA REIPUBLICÆ TIGURINAE **Rev:** City view **Note:** Similar to 5 Ducat, KM#A143. Struck with 1/2 Thaler dies, KM#146. Fr. #478.

Date	Mintage	VG	F	VF	XF	Unc
1739	—	—	—	17,500	25,000	—

KM# A146 8 DUCAT
28.0000 g., 0.9860 Gold 0.8876 oz. AGW **Obv:** Arms of Zurich supported by rampant lions **Rev:** City view **Note:** Struck with 1 Thaler dies, KM#144. Fr. #482.

Date	Mintage	VG	F	VF	XF	Unc
1723 Rare	—	—	—	—	—	—

KM# B150 8 DUCAT
28.0000 g., 0.9860 Gold 0.8876 oz. AGW **Obv:** Oval arms of Zurich supported by rampant lion at right **Rev:** City view **Note:** Struck with 1/2 Thaler dies, KM#146. Fr. #477.

Date	Mintage	VG	F	VF	XF	Unc
1734 Rare	—	—	—	—	—	—
1739 Rare	—	—	—	—	—	—

KM# A148 10 DUCAT
35.0000 g., 0.9860 Gold 1.1095 oz. AGW **Obv:** Oval arms of Zurich in frame, supported by rampant lions **Obv. Legend:** MONETA REIPUBLICÆ TIGURINE **Rev:** City view **Rev. Legend:** DOMINE CONSERVA NOS IN PACE **Note:** Similar to 8 Ducat, KM#A146. Struck with 1 Thaler dies, KM#144. Fr. #481.

Date	Mintage	VG	F	VF	XF	Unc
1724 Rare	—	—	—	—	—	—

KM# C150 10 DUCAT
35.0000 g., 0.9860 Gold 1.1095 oz. AGW **Obv:** Oval arms of Zurich supported by rampant lion at right **Rev:** City view **Note:** Similar to 6 Ducat, KM#153. Struck with 1 Thaler dies, KM#143.1. Fr. #481.

Date	Mintage	VG	F	VF	XF	Unc
1725	—	—	—	—	—	—

CITY

STANDARD COINAGE

KM# 148 SCHILLING
Billon **Obv:** Arms of Zurich within circle **Rev:** Value, date within circle

Date	Mintage	VG	F	VF	XF	Unc
1725	—	3.00	5.00	17.50	45.00	135
1730	—	3.00	5.00	17.50	45.00	135
1736	—	3.00	5.00	17.50	45.00	135
1739	—	3.00	5.00	17.50	45.00	135
1740	—	3.00	5.00	17.50	45.00	135
1741	—	3.00	5.00	17.50	45.00	135
1743	—	3.00	5.00	17.50	45.00	135
1745	—	3.00	5.00	17.50	45.00	135
1747	—	3.00	5.00	17.50	45.00	135
1748	—	3.00	5.00	17.50	45.00	135
1750	—	3.00	5.00	17.50	45.00	135
1751	—	3.00	5.00	9.00	22.50	85.00
1754	—	3.00	5.00	17.50	45.00	135

KM# 172 5 SCHILLINGS
Silver **Obv:** Ornate, oval arms of Zurich supported by rampant lion at right **Obv. Legend:** MONETA TURICENSIS • **Rev:** Value, date within rope wreath

Date	Mintage	VG	F	VF	XF	Unc
1783	—	10.00	20.00	45.00	110	225
1784	—	10.00	20.00	45.00	110	225

KM# 122 10 SCHILLINGS (1/4 Gulden - Oertli)
Silver **Note:** Similar to KM#86 but reverse legend in palm and laurel branches, without 10 in circle below.

Date	Mintage	VG	F	VF	XF	Unc
1707	—	10.00	20.00	65.00	135	275
1712	—	10.00	20.00	65.00	135	275
1716	—	10.00	20.00	65.00	135	275

KM# 136 10 SCHILLINGS (1/4 Gulden - Oertli)
Silver **Obv:** Ornate, arms of Zurich, flanked by stars within circle **Obv. Legend:** MONETA REIPUBLI : TIGURINÆ **Rev:** PRO/DEO/ET/PATRIA, date within cartouche and sprigs

Date	Mintage	VG	F	VF	XF	Unc
1718	—	10.00	20.00	65.00	135	275
1720	—	10.00	20.00	65.00	135	275
1722	—	10.00	20.00	65.00	135	275
1723	—	10.00	20.00	65.00	135	275
1724	—	20.00	40.00	125	250	500
1726	—	20.00	40.00	125	250	500
1727	—	10.00	20.00	65.00	135	275
1730	—	10.00	20.00	65.00	135	275
1732	—	20.00	40.00	125	250	500
1736	—	10.00	20.00	65.00	135	275
1739	—	10.00	20.00	65.00	135	275
1741	—	10.00	20.00	65.00	135	275
1743	—	10.00	20.00	65.00	135	275
1745	—	10.00	20.00	65.00	135	275
1747	—	10.00	20.00	65.00	135	275
1748	—	10.00	20.00	65.00	135	275
1750	—	10.00	20.00	65.00	135	275
1751	—	10.00	20.00	65.00	135	275
1753	—	10.00	20.00	65.00	135	275

KM# 123 20 SCHILLINGS (1/2 Gulden)
Silver **Obv:** Oval arms in ornate cartouche **Rev:** Inscription: DOMINE/CONSERVA/NOS IN/PACE/date in crossed palm and laurel branches, value below

Date	Mintage	VG	F	VF	XF	Unc
ND	—	30.00	60.00	175	365	650
1707	—	40.00	80.00	215	450	—
1711	—	30.00	65.00	175	365	650
1712	—	30.00	65.00	175	365	650
1714	—	30.00	65.00	175	365	650
1716	—	30.00	65.00	175	365	650

KM# 137 20 SCHILLINGS (1/2 Gulden)
Silver **Obv:** Round arms of Zurich in baroque frame, within circle

Obv. Legend: MONETA REIPUBLICÆ TIGURINÆ **Rev:** Inscription, date, value in cartouche within palm and laurel branches **Rev. Inscription:** DOMINIE/CONSERVA/NOS IN / PACE/

Date	Mintage	VG	F	VF	XF	Unc
1718	—	30.00	65.00	175	365	650
1720	—	30.00	65.00	175	365	650
1721	—	30.00	65.00	175	365	650
1722	—	30.00	65.00	175	365	650
1723	—	30.00	65.00	175	365	650
1724	—	30.00	65.00	175	365	650
1725	—	30.00	65.00	175	365	650
1726	—	30.00	65.00	175	365	650
1727	—	30.00	65.00	175	365	650
1728	—	60.00	120	340	675	1,100
1729	—	60.00	120	340	675	1,100
1730	—	25.00	55.00	150	315	500
1732	—	25.00	55.00	150	315	500
1734	—	25.00	55.00	150	315	500
1736	—	25.00	55.00	150	315	500
1739	—	25.00	55.00	150	315	500
1741	—	20.00	45.00	130	275	425
1743	—	20.00	45.00	130	275	425
1745	—	20.00	45.00	130	275	425
1748	—	20.00	45.00	130	275	425
1751	—	20.00	45.00	130	275	425
1753	—	16.00	35.00	105	225	400
1756	—	16.00	35.00	105	225	400
1758	—	16.00	35.00	105	225	400
1761	—	16.00	35.00	105	225	400
1767	—	16.00	35.00	105	225	400
1768	—	16.00	35.00	105	225	400

KM# 121 1/2 THALER (1 Gulden - 36 Schillings)
Silver **Note:** Similar to KM#134 but shield in cartouche, value 1/2 below on obverse, short branches around legend, ornamentation above on reverse.

Date	Mintage	VG	F	VF	XF	Unc
1705	—	125	250	650	1,350	2,150

KM# 130 1/2 THALER (1 Gulden - 36 Schillings)
Silver **Note:** Similar to KM#134 but shield in cartouche, value 1/2 below on obverse.

Date	Mintage	VG	F	VF	XF	Unc
1709	—	55.00	110	265	550	950

KM# 134 1/2 THALER (1 Gulden - 36 Schillings)
Silver **Obv:** Oval arms of Zurich supported by rampant lion at right **Obv. Legend:** MONETA REIPUBLICÆ TIGURINÆ **Rev:** DOMINE/CONSERVA/NOS IN/ PACE, date within palm and laurel branches

Date	Mintage	VG	F	VF	XF	Unc
1713	—	75.00	150	385	800	1,350
1714	—	75.00	150	385	800	1,350
1715	—	75.00	150	385	800	1,350
1716	—	75.00	150	385	800	1,350
1717	—	75.00	150	385	800	1,350

KM# 146 1/2 THALER (1 Gulden - 36 Schillings)
Silver **Obv:** Oval arms of Zurich supported by rampant lion at right **Obv. Legend:** MONETA REIPUBLICÆ TIGURINÆ **Rev:** City view

Date	Mintage	VG	F	VF	XF	Unc
1720	—	50.00	100	250	550	950
1721	—	50.00	100	250	550	950
1722	—	50.00	100	250	550	950
1723	—	45.00	85.00	225	450	775
1724	—	45.00	85.00	225	450	775
1725	—	45.00	85.00	225	450	775
1726	—	45.00	85.00	225	450	775
1728 Rare	—	—	—	—	—	—
1729	—	50.00	100	250	525	950
1732	—	50.00	100	250	525	950
1734	—	50.00	100	250	525	950
1736	—	50.00	100	250	525	950
1739	—	50.00	100	250	525	950
1741	—	50.00	100	250	525	950
1743	—	50.00	100	250	525	950
1745	—	50.00	100	250	525	950
1748	—	50.00	100	250	525	950
1751	—	50.00	100	250	525	950
1753	—	50.00	100	250	525	950
1756	—	50.00	100	250	525	950
1758	—	50.00	100	250	525	950
1761	—	50.00	100	250	525	950
1764 Rare	—	—	—	—	—	—
1767	—	45.00	85.00	225	450	775
1768	—	45.00	85.00	225	450	775

KM# 145 1/2 THALER (1 Gulden - 36 Schillings)
Silver **Obv:** Oval arms of Zurich supported by rampant lion at right **Rev:** Inscription: DOMINE/CONSERVA/NOS IN/PACE, date in baroque frame between palm and laurel branches

Date	Mintage	VG	F	VF	XF	Unc
1723	—	35.00	75.00	200	365	650
1724	—	35.00	75.00	200	365	650
1725	—	35.00	75.00	200	365	650
1726	—	35.00	75.00	200	365	650
1727	—	35.00	75.00	200	365	650
1728	—	35.00	75.00	200	365	650
1730	—	40.00	80.00	215	450	800
1732	—	40.00	80.00	215	450	800
1734	—	40.00	80.00	215	450	800
1736	—	40.00	80.00	215	450	800
1739	—	40.00	80.00	215	450	800
1741	—	40.00	80.00	215	450	800
1743	—	40.00	80.00	215	450	800
1745	—	40.00	80.00	215	450	800
1748	—	40.00	80.00	215	450	800
1751	—	40.00	80.00	215	450	800
1753	—	40.00	80.00	215	450	800
1756	—	40.00	80.00	215	45.00	800
1758	—	40.00	80.00	215	450	800
1761	—	40.00	80.00	215	450	800
1767	—	35.00	65.00	175	365	650
1768	—	35.00	65.00	175	365	650

KM# 154 20 SCHILLINGS (1/2 Gulden)
Silver **Obv:** Oval arms of Zurich in baroque frame within sprigs and circle **Obv. Legend:** MONETA REIPUBLICÆ TURICENSIS **Rev:** IUSTITIA/ET/CONCORDIA, date within cartouche

Date	Mintage	VG	F	VF	XF	Unc
1773	—	60.00	125	350	675	1,100

KM# 160 20 SCHILLINGS (1/2 Gulden)
Silver **Obv:** Oval arms of Zurich in baroque frame, within circle, value below **Obv. Legend:** MONETA REIPUBLICÆ TURICENSIS **Rev:** IUSTITIA/ET/CONCORDIA, date within ornate cartouche

Date	Mintage	VG	F	VF	XF	Unc
1774	—	20.00	45.00	85.00	175	350
1776	—	20.00	45.00	85.00	175	350
1779	—	30.00	60.00	170	350	625
1780	—	30.00	60.00	170	350	625

KM# 173 20 SCHILLINGS (1/2 Gulden)
Silver **Obv:** Oval arms of Zurich in frame and sprigs with garland **Obv. Legend:** MONETA REIPVBLICÆ TVRICENSIS **Rev:** Value, date within wreath

Date	Mintage	VG	F	VF	XF	Unc
1783	—	30.00	60.00	175	365	650
1786	—	350	750	2,100	4,500	—
1790	—	20.00	45.00	85.00	175	350

Note: 85

Date	Mintage	VG	F	VF	XF	Unc
1791	—	20.00	45.00	85.00	175	350
1792	—	20.00	45.00	85.00	175	350
1798	—	20.00	45.00	85.00	175	350

KM# 157 1/2 THALER (1 Gulden - 36 Schillings)
Silver **Obv:** Oval arms of Zurich supported by rampant lion at right **Obv. Legend:** MONETA REIPUBLICÆ TIGURINÆ **Rev:** IUSTITIA/ET/CONCORDIA, date within cartouche

Date	Mintage	VG	F	VF	XF	Unc
1773	—	60.00	125	350	675	1,100

KM# 155 1/2 THALER (1 Gulden - 36 Schillings)
Silver **Obv:** Oval arms of Zurich supported by rampant lion at right **Obv. Legend:** MONETA REIPUBLICÆ TURICENSIS · **Rev:** Palm and laurel branch with sword on mantle, within circle **Rev. Legend:** IUSTITIA ET CONCORDIA **Note:** Gessner Half-Taler

Date	Mintage	VG	F	VF	XF	Unc
1773 AV	—	1,000	2,250	6,250	11,250	17,500

KM# 162 1/2 THALER (1 Gulden - 36 Schillings)
Silver **Obv:** Oval arms of Zurich within sprigs, supported by rampant lion at right **Obv. Legend:** MONETA REIPUBLICÆ TURICENSIS · **Rev:** IUSTITIA/ET/CONCORDIA, date above crossed cornucopias within cartouche

Date	Mintage	VG	F	VF	XF	Unc
1776	—	50.00	100	250	475	875

KM# 156 1/2 THALER (1 Gulden - 36 Schillings)
Silver **Obv:** Oval arms of Zurich supported by rampant lion at right **Obv. Legend:** MONETA REIPUBLICÆ TURICENSIS · **Rev:** IUSTITIA/ET/CONCORDIA, date within cartouche

Date	Mintage	VG	F	VF	XF	Unc
1773	—	50.00	100	250	550	950

KM# 166 1/2 THALER (1 Gulden - 36 Schillings)
Silver **Obv:** Pointed hat on round arms of Zurich within sprig, supported by rampant lion at right **Obv. Legend:** MONETA REIPUBLICÆ TURICENSIS **Rev:** IUSTITIA/ET/CONCORDIA, date within wheat wreath

Date	Mintage	VG	F	VF	XF	Unc
1779	—	60.00	120	350	675	1,100

SWISS CANTONS — ZURICH

KM# 169 1/2 THALER (1 Gulden - 36 Schillings)
Silver **Obv:** Oval arms of Zurich supported by rampant lions, hat with feather above **Obv. Legend:** MONETA REIPUBLICÆ TURICENSIS • **Rev:** IUSTITIA/ET/CONCORDIA, date within rope wreath **Note:** Varieties exist.

Date	Mintage	VG	F	VF	XF	Unc
1780	—	30.00	60.00	175	365	650

KM# 174 1/2 THALER (1 Gulden - 36 Schillings)
Silver **Obv:** Palm and laurel sprig above oval arms of Zurich with garland, flanked by lion heads on thick mantle **Obv. Legend:** MONETA REIPUBLICÆ TURICENSIS **Rev:** XXII/AVFIFEINE/(last N is backwards)MARK, date within rope wreath

Date	Mintage	VG	F	VF	XF	Unc
1783 B	—	30.00	65.00	175	365	650
1786 B	—	30.00	65.00	175	365	650
Note: Varieties exist						
1788 B		30.00	60.00	175	365	650
Note: Varieties exist						
1794 B	—	30.00	60.00	175	365	650
Note: Varieties exist						
1798 B	—	50.00	100	250	525	950

KM# 124 THALER
Silver **Obv:** Oval arms of Zurich supported by rampant lion at right, within beaded circle **Obv. Legend:** MONETA NOVA REIPUBLICÆ TIGURINAE **Rev:** DOMINE/CONSERVA/NOS IN/PACE, date within palm and laurel branch **Note:** Cross-reference number Dav. #1781.

Date	Mintage	VG	F	VF	XF	Unc
1707	—	250	475	1,250	2,700	4,250

KM# 131 THALER
Silver **Obv. Legend:** MONETA REIPVBLICAE TIGVRINAE **Note:** Cross-reference number Dav. #1782.

Date	Mintage	VG	F	VF	XF	Unc
1709	—	2,400	5,500	12,750	—	—

KM# 135 THALER
Silver **Obv:** Oval arms of Zurich supported by rampant lion at right **Obv. Legend:** MONETA REIPUBLICÆ TIGURINÆ **Rev:** IUSTITIA/ET/CONCORDIA, date within palm and laurel branch **Note:** Cross-reference number Dav. #1783.

Date	Mintage	VG	F	VF	XF	Unc
1713	—	125	250	650	1,350	2,250
1714	—	75.00	150	385	800	1,500
1715	—	75.00	150	385	800	1,500
1716	—	75.00	150	385	800	1,500
1717	—	75.00	150	385	800	1,500

KM# 150 THALER
Silver **Obv:** Oval arms of Urich in baroque frame, supported by rampant lion at right **Obv. Legend:** MONETA REIPUBLICÆ TIGURINÆ • **Rev:** DOMINE/CONSERVA/NOS IN/PACE, date within cartouche, angel head above **Note:** Dav. #1789.

Date	Mintage	VG	F	VF	XF	Unc
1736	—	65.00	125	350	725	1,275
1739	—	55.00	100	300	625	1,275
1741	—	55.00	100	300	625	1,275
1743	—	55.00	100	300	625	1,275
1745	—	55.00	100	300	625	1,275
1748	—	55.00	100	300	625	1,275
1751	—	50.00	80.00	250	550	1,050
1753	—	50.00	80.00	250	550	1,050
1756	—	50.00	80.00	250	550	1,050
1758	—	50.00	80.00	250	550	1,050
1761	—	50.00	80.00	250	550	1,050
1767	—	50.00	80.00	250	550	1,050
1768	—	50.00	80.00	250	550	1,050

KM# 152 THALER
Silver **Obv:** Oval arms of Urich in boroque frame, suported by rampant lions **Obv. Legend:** MONETA REIPUBLICAE TIGURI **Rev:** City view, date below **Rev. Legend:** DOMINE CONSERVA NOS IN PACE **Note:** Dav. #1790.

Date	Mintage	VG	F	VF	XF	Unc
1741	—	75.00	150	385	800	1,500
1743	—	75.00	150	385	800	1,500

KM# 144 THALER
Silver **Obv:** Oval arms of Zurich supported by rampant lions **Obv. Legend:** MONETA REIPUBLICÆ TIGURINÆ **Rev:** City view, date in cartouche below **Rev. Legend:** DOMINE CONSERVA NOS IN PACE **Note:** Dav. #1784.

Date	Mintage	VG	F	VF	XF	Unc
1722	—	125	250	600	1,250	2,150
1723	—	80.00	175	425	900	1,600
1724	—	100	200	500	1,100	1,900
1725	—	100	200	500	1,100	1,900
1726	—	75.00	150	385	800	1,500
1727	—	75.00	150	385	800	1,500
1728	—	75.00	150	385	800	1,500

KM# 143.1 THALER
Silver **Obv:** Oval arms of Zurich supported by rampant lion at right **Obv. Legend:** MONETA REIPUBLICÆ TIGURINAE **Rev:** City view, date in cartouche below **Rev. Legend:** DOMINE CONSERVA NOS IN PACE **Note:** Dav. #1785.

Date	Mintage	VG	F	VF	XF	Unc
1722	—	100	225	500	1,100	1,900
1725	—	100	225	500	1,100	1,900

KM# 143.4 THALER
Silver **Obv:** Oval arms of Zurich in baroque frame, supported by rampant lion at right **Obv. Legend:** MONETA REIPUBLICÆ TIGURINÆ **Rev:** City view, date below **Rev. Legend:** DOMINE CONSERVA NOS IN PACE **Note:** Dav. #1791.

Date	Mintage	VG	F	VF	XF	Unc
1745	—	75.00	150	385	800	1,500
1748	—	75.00	150	385	800	1,500
1751	—	65.00	125	350	725	1,275
1753	—	65.00	125	350	725	1,275
1756	—	65.00	125	350	725	1,275
1758	—	65.00	125	350	725	1,275
1761	—	65.00	125	350	725	1,275

KM# 147 THALER
Silver **Obv:** Oval arms of Zurich supported by rampant lion at right **Rev:** IUSTITIA/ET/CONCORDIA, date in baroque frame, laurel and palm branches below **Note:** Cross-reference number Dav. #1786.

Date	Mintage	VG	F	VF	XF	Unc
1724	—	75.00	145	385	800	1,500
1725	—	80.00	165	425	900	1,650
1726	—	65.00	125	350	725	1,275
1727	—	65.00	125	350	725	1,275
1730	—	65.00	125	350	725	1,275
1732	—	65.00	125	350	725	1,275
1734	—	65.00	125	350	725	1,275

KM# 143.2 THALER
Silver **Obv:** Oval arms of Zurich supported by rampant lion at right **Obv. Legend:** MONETA REIPUBLICÆ TIGURINAE **Rev:** City view, date in cartouche below **Rev. Legend:** DOMINE CONSERVA NOS IN PACE **Note:** Dav. #1787.

Date	Mintage	VG	F	VF	XF	Unc
1729	—	75.00	150	385	800	1,500
1730	—	75.00	150	385	800	1,500
1732	—	75.00	150	385	800	1,500

KM# 143.3 THALER
Silver **Obv:** Oval arms of Urich supported by rampant lion at right **Obv. Legend:** MONETA REIPUBLICÆ TIGURINÆ • **Rev:** City view, date below **Rev. Legend:** DOMINE CONSERVA NOS IN PACE **Note:** Dav. #1788.

Date	Mintage	VG	F	VF	XF	Unc
1734	—	75.00	150	385	800	1,500
1736	—	75.00	150	385	800	1,500
1739	—	75.00	150	385	800	1,500

KM# 158 THALER
Silver **Obv:** Oval arms of Zurich on mantle, supported by rampant lion at right **Obv. Legend:** MONETA REIPUBLICÆ TURICENSIS • **Rev:** Laurel and palm branch with sword on mantle within circle, date below **Rev. Legend:** IUSTITIA ET CONCORDIA **Note:** Gessener Taler. Dav. #1792.

Date	Mintage	VG	F	VF	XF	Unc
1773	36	1,200	2,500	6,500	13,500	18,750

ZURICH

KM# 159 THALER

Silver **Obv:** Oval arms of Zurich on mantle, supported by rampant lion at right **Rev:** IUSTITIA/ET/CONCORDIA, date within cartouche **Note:** Dav. #1793.

Date	Mintage	VG	F	VF	XF	Unc
1773	—	65.00	125	350	725	1,275

KM# 175 THALER

Silver **Obv:** Laurel, palm sprigs, hat and garland above oval arms of Zurich, flanked by lion heads on thick mantle **Obv. Legend:** MONETA REIPUBLICÆ TURICENSIS **Rev:** XXII/AVFIFEINE/MARK, date within rope wreath **Note:** Dav. #1798.

Date	Mintage	VG	F	VF	XF	Unc
1783	—	65.00	125	300	625	1,275
1794	—	65.00	125	300	625	1,275
1796	—	65.00	125	300	625	1,275

Note: Varieties exist

Date	Mintage	F	VF	XF	Unc	BU
1726	—	160	325	550	775	—
1727	—	160	325	550	775	—
1729	—	160	325	550	775	—
1730	—	160	325	550	775	—
1732	—	160	325	550	775	—
1734	—	160	325	550	775	—
1736	—	160	325	550	775	—
1739	—	160	325	550	775	—
1741	—	250	550	1,050	1,700	—
1743	—	160	325	550	775	—
1745	—	160	325	550	775	—
1748	—	160	325	550	775	—
1751/48	—	160	325	550	775	—
1751	—	160	325	550	775	—
1753	—	160	325	550	775	—
1756	—	160	325	550	775	—
1758	—	160	325	550	775	—
1761/58	—	160	325	550	775	—
1761	—	160	325	550	775	—
1767	—	160	325	550	775	—

KM# 119 1/2 DUCAT

1.7500 g., 0.9860 Gold 0.0555 oz. AGW **Obv:** Oval arms of Zurich supported by rampant lion at right **Rev:** Inscription, in upper ornate border above branches **Rev. Inscription:** ANNO/DOMINI / 1702 **Note:** Varieties exist.

Date	Mintage	F	VF	XF	Unc	BU
1702	—	600	1,050	1,800	2,550	—

KM# 176 THALER

Silver **Obv:** Laurel, palm sprigs and garland above oval arms of Zurich, flanked by lion heads on thick mantle **Obv. Legend:** MONETA REIPUBLICÆ TURICENSIS • **Rev:** City view, date in designed rectangle below **Rev. Legend:** DOMINE CONSERVA NOS IN PACE **Note:** Dav. #1799.

Date	Mintage	VG	F	VF	XF	Unc
1790	—	65.00	125	350	725	1,275

KM# 163 THALER

Silver **Obv:** Oval arms of Zurich with palm branch at left, supported by rampant lion at right **Obv. Legend:** MONETA REIPUBLICÆ TURICENSIS • Rev: IUSTITIA/ET/CONCORDIA, date above crossed cornucopias within ornate cartouche **Note:** Varieties exist. Dav. #1794.

Date	Mintage	VG	F	VF	XF	Unc
1776	—	75.00	150	385	800	1,500
1777	—	75.00	150	385	800	1,500

KM# 167 THALER

Silver **Obv:** Oval arms of Zurich with palm branch at left, hat above, supported by rampant lion at right **Obv. Legend:** MONETA REIPUBLICAE TURICENSIS **Rev:** IUSTITIA/ET/CONCORDIA, date within wheat wreath **Note:** Varieties exist. Dav. #1795.

Date	Mintage	VG	F	VF	XF	Unc
1779	—	85.00	165	425	900	1,625

KM# A170 THALER

Silver **Obv:** Lion with sword and shield **Rev:** IUSTITIA/ET/CONCORDIA, date within rope wreath **Note:** Cross-reference number Dav. #1796.

Date	Mintage	VG	F	VF	XF	Unc
1780	—	65.00	125	300	625	1,275

KM# 170 THALER

Silver **Obv:** Oval arms of Zurich, hat with feather above, supported by rampant lions **Obv. Legend:** MONETA REIPUBLICAE TURICENSIS • **Rev:** IUSTITIA/ET/CONCORDIA, date within rope wreath **Note:** Cross-reference number Dav. #1797.

Date	Mintage	VG	F	VF	XF	Unc
1780	—	65.00	125	300	625	1,275

TRADE COINAGE

KM# 117 1/4 DUCAT

0.8750 g., 0.9860 Gold 0.0277 oz. AGW **Obv:** Arms of Zurich supported by rampant lion at right **Rev:** Date above sprigs with ornamental border

Date	Mintage	F	VF	XF	Unc	BU
1702	—	850	1,700	2,750	4,250	—

KM# 118 1/4 DUCAT

0.8750 g., 0.9860 Gold 0.0277 oz. AGW **Obv:** Oval arms of Zurich supported by rampant lion at right

Date	Mintage	F	VF	XF	Unc	BU
1702	—	600	1,275	2,250	3,400	—

KM# 125 1/4 DUCAT

0.8750 g., 0.9860 Gold 0.0277 oz. AGW **Obv:** Oval arms of Zurich supported by rampant lion at right **Rev:** Inscription in branches **Rev. Inscription:** DOMINE / CONSERVA / NOS IN / PACE / 1707

Date	Mintage	F	VF	XF	Unc	BU
1707	—	600	1,275	2,250	3,400	—

KM# 129 1/4 DUCAT

0.8750 g., 0.9860 Gold 0.0277 oz. AGW

Date	Mintage	F	VF	XF	Unc	BU
1708	—	200	385	625	950	—
1709	—	200	385	625	950	—
1712	—	200	385	625	950	—
1714	—	200	385	625	950	—
1716	—	200	385	625	950	—

KM# 138 1/4 DUCAT

0.8750 g., 0.9860 Gold 0.0277 oz. AGW **Obv:** Oval arms of Zurich supported by rampant lion at right **Obv. Legend:** RESPUBLICÆ TICURINAE • **Rev:** ANNO/DOMINE, date within cartouche

Date	Mintage	F	VF	XF	Unc	BU
1718	—	160	325	550	775	—
1719	—	160	325	550	775	—
1720	—	160	325	550	775	—
1721	—	160	325	550	775	—
1722	—	160	325	550	775	—
1723	—	300	600	1,050	1,700	—
1725	—	160	325	550	775	—

KM# 126 1/2 DUCAT

1.7500 g., 0.9860 Gold 0.0555 oz. AGW **Obv:** Oval arms of Zurich supported by rampant lion at right **Obv. Legend:** MONETA REIP•TIGURINAE • **Rev:** Inscription **Rev. Inscription:** DOMINE / CONSERVA / NOS IN / PACE **Note:** Varieties exist.

Date	Mintage	F	VF	XF	Unc	BU
1707	—	425	850	1,525	2,200	—
1709	—	250	475	800	1,275	—

KM# 133 1/2 DUCAT

1.7500 g., 0.9860 Gold 0.0555 oz. AGW **Obv:** Oval arms of Zurich supported by rampant lion at right **Rev:** Inscription, date within palm and laurel branches **Rev. Inscription:** DOMINE / CONSERVA / NOS IN / PACE • **Note:** Similar to KM#139 but reverse inscription in branches.

Date	Mintage	F	VF	XF	Unc	BU
1712	—	250	475	800	1,275	—
1714	—	250	475	800	1,275	—
1716	—	225	425	725	1,200	—

KM# 139 1/2 DUCAT

1.7500 g., 0.9860 Gold 0.0555 oz. AGW **Obv:** Oval arms of Zurich supported by rampant lion at right **Obv. Legend:** RESPUBLICÆ TICURINÆ • **Rev:** Inscription, date within ornamented cartouche **Rev. Inscription:** DOMINE / CONSERVA / NOS IN / PACE •

Date	Mintage	F	VF	XF	Unc	BU
1718	—	350	675	1,250	1,800	—
1719	—	350	675	1,250	1,800	—
1720	—	225	425	725	1,050	—
1721	—	225	425	725	1,050	—
1722	—	225	425	725	1,050	—
1723	—	325	675	1,250	1,800	—
1724	—	175	340	635	1,050	—
1725	—	175	340	635	1,050	—
1726	—	175	340	635	1,050	—
1727	—	175	340	635	1,050	—
1729	—	175	340	635	1,050	—
1730	—	175	340	635	1,050	—
1732	—	175	340	635	1,050	—
1734	—	175	340	635	1,050	—
1736	—	165	340	635	1,050	—
1739	—	165	340	635	1,050	—
1741	—	165	340	635	1,050	—
1743	—	165	340	635	1,050	—
1745	—	165	340	635	1,050	—
1748/5	—	165	340	635	1,050	—
1748	—	165	340	635	1,050	—
1751/48	—	165	340	635	1,050	—
1751	—	165	340	635	1,050	—
1753	—	165	340	635	1,050	—
1756	—	165	340	635	1,050	—
1758	—	165	340	635	1,050	—
1761/58	—	165	340	635	1,050	—
1761	—	165	340	635	1,050	—
1767	—	165	340	635	1,050	—

SWISS CANTONS

ZURICH

KM# 164 1/2 DUCAT
1.7500 g., 0.9860 Gold 0.0555 oz. AGW **Obv:** Oval arms of Zurich with palm branch at left, supported by rampant lion at right, within circle **Obv. Legend:** MONETA REIPUB TURICENSIS **Rev:** Inscription, date within cartouche **Rev. Inscription:** IUSTITIA / ET / CONCORDIA

Date	Mintage	F	VF	XF	Unc	BU
1776	—	150	300	550	775	1,025

KM# 161 DUCAT
3.5000 g., 0.9860 Gold 0.1109 oz. AGW **Obv:** Oval arms of Zurich with palm branch at left, supported by rampant lion at right, within circle **Obv. Legend:** REIPUBLICÆ TURIVENSIS • DUCATUS **Rev:** Inscription, date within cartouche **Rev. Inscription:** IUSTITIA / ET / CONCORDIA

Date	Mintage	F	VF	XF	Unc	BU
1775	—	325	600	1,100	1,550	2,150

PATTERNS
Including off metal strikes

KM#	Date	Mintage	Identification	Mkt Val
Pn6	1723	—	Ducat. Silver. KM#140.	—
Pn7	1724	—	Ducat. Silver. KM#140.	—

Pn8	1725	—	Schilling. Billon. —
Pn9	1725	—	Schilling. Billon. Eagle. —

KM# 120 DUCAT
3.5000 g., 0.9860 Gold 0.1109 oz. AGW **Obv:** Oval arms of Zurich supported by rampant lion at right **Obv. Legend:** DOMINE CONSERVA NOS IN PACE **Rev:** Inscription, in upper ornate border above branches **Rev. Inscription:** DUCATUS / NOVOS / REIPUBLICAE / TIGURINAE / 1702

Date	Mintage	F	VF	XF	Unc	BU
1702	—	4,800	10,000	18,000	—	—

KM# 127 DUCAT
3.5000 g., 0.9860 Gold 0.1109 oz. AGW **Obv:** Oval arms of Zurich supported by rampant lion at right **Obv. Legend:** DUCATUS NOVUS REIPUBLICÆ TIGURINÆ **Rev:** Inscription, date within laurel and palm wreath **Rev. Inscription:** DOMINE / CONSERVA / NOS IN / PACE

Date	Mintage	F	VF	XF	Unc	BU
1707	—	750	1,525	2,700	3,800	—
1709	—	650	1,275	2,250	3,200	—
1712	—	2,500	5,100	9,000	—	—
1714	—	675	1,275	2,250	3,200	—
1715	—	675	1,275	2,250	3,200	—
1716	—	675	1,275	2,250	3,200	—
1717	—	675	1,275	2,250	3,200	—

KM# 140 DUCAT
3.5000 g., 0.9860 Gold 0.1109 oz. AGW **Obv:** Oval arms of Zurich supported by rampant lion at right **Obv. Legend:** REIPUBLICÆ TIGURINÆ • DUCATUS **Rev:** Inscription, date within ornamented wreath **Rev. Inscription:** DOMINE / CONSERVA / NOS IN / PACE

Date	Mintage	F	VF	XF	Unc	BU
1718	—	650	1,275	2,250	3,200	—
1719	—	650	1,275	2,250	3,200	—
1720	—	650	1,275	2,250	3,200	—
1721	—	475	850	1,575	2,400	—
1722	—	475	850	1,575	2,400	—
1723	—	500	1,025	1,700	2,550	—
1724	—	475	850	1,450	2,125	—
1725	—	475	850	1,450	2,125	—
1726	—	475	850	1,450	2,125	—
1727	—	475	850	1,450	2,125	—
1729	—	475	850	1,450	2,125	—
1730	—	475	850	1,450	2,125	—
1732	—	475	850	1,450	2,125	—
1734	—	475	850	1,450	2,125	—
1736	—	475	850	1,450	2,125	—
1739	—	475	850	1,450	2,125	—
1741	—	475	850	1,450	2,125	—
1743/41	—	475	850	1,450	2,125	—
1743	—	475	850	1,450	2,125	—
1745	—	475	850	1,450	2,125	—
1748/45	—	475	850	1,450	2,125	—
1748	—	500	1,025	1,700	2,550	—
1751	—	1,200	2,550	4,500	6,350	—
1753	—	500	1,025	1,700	2,550	—
1756	—	500	1,025	1,700	2,550	—
1758	—	500	1,025	1,700	2,550	—
1761	—	500	1,025	1,700	2,550	—
1767	—	500	1,025	1,700	2,550	—

KM# 128 2 DUCAT
7.0000 g., 0.9860 Gold 0.2219 oz. AGW **Obv:** Oval arms of Zurich in baroque frame, supported by rampant lions **Obv. Legend:** MONETA REIPUBLICÆ TIGURINÆ **Rev:** Inscriptioni, date within laurel and palm wreath **Rev. Inscription:** DOMINE / CONSERVA / NOS IN / PACE

Date	Mintage	F	VF	XF	Unc	BU
1707	—	4,500	8,500	16,500	—	—
1708	—	1,125	2,350	4,000	6,000	—
1712	—	1,125	2,350	4,000	6,000	—
1714	—	1,250	2,550	4,500	6,375	—
1715	—	2,850	6,000	11,000	16,000	—
1716	—	900	1,875	3,375	4,700	—

KM# 141 2 DUCAT
7.0000 g., 0.9860 Gold 0.2219 oz. AGW **Obv:** Oval arms of Zurich in baroque frame, supported by rampant lions **Obv. Legend:** MONETA REIPUBLICÆ TIGURINÆ **Rev:** Inscription, date within ornamented wreath **Rev. Inscription:** DOMINE / CONSERVA / NOS IN / PACE

Date	Mintage	F	VF	XF	Unc	BU
1718	—	750	1,500	2,900	3,800	—
1719	—	2,400	5,000	9,000	12,750	—
1720	—	2,400	5,000	9,000	12,750	—
1721	—	750	1,500	2,900	3,800	—
1722	—	1,250	2,550	4,500	6,375	—
1723	—	750	1,500	2,900	3,800	—
1725	—	1,150	2,350	4,000	6,000	—
1726	—	1,150	2,350	4,000	6,000	—
1727	—	1,150	2,350	4,000	6,000	—
1729	—	850	1,900	3,150	4,250	—
1730	—	850	1,900	3,150	4,250	—
1732	—	850	1,900	3,150	4,250	—
1734/30	—	850	1,900	3,150	4,250	—
1734	—	850	1,900	3,150	4,250	—
1736	—	1,250	2,550	4,500	6,375	—
1739	—	2,000	4,250	8,000	10,750	—
1741	—	850	1,900	3,150	4,250	—
1743/41	—	850	1,900	3,150	4,250	—
1743	—	850	1,900	3,150	4,250	—
1745	—	850	1,900	3,150	4,250	—
1748	—	850	1,900	3,150	4,250	—
1751	—	850	1,900	3,150	4,250	—
1753	—	850	1,900	3,150	4,250	—
1756	—	850	1,900	3,150	4,250	—
1758	—	850	1,900	3,150	4,250	—
1761	—	850	1,900	3,150	4,250	—
1767/61	—	850	1,900	3,150	4,250	—
1767	—	850	1,900	3,150	4,250	—

KM# 165 2 DUCAT
7.0000 g., 0.9860 Gold 0.2219 oz. AGW **Obv:** Oval arms of Zurich supported by rampant lions **Obv. Legend:** MONETA REIPUBLICÆ TURICENSIS **Rev:** Inscription, date above crossed cornucopias within ornamental spigs **Rev. Inscription:** IUSTITIA / ET / CONCORDIA

Date	Mintage	F	VF	XF	Unc	BU
1776	—	650	1,275	2,250	3,000	4,250

SWITZERLAND

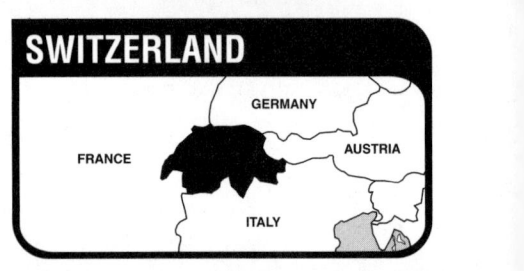

The Swiss Confederation, located in central Europe north of Italy and south of Germany, has an area of 15,941 sq. mi. (41,290 sq. km.) and a population of 6.8 million. Capital: Bern. The economy centers about a well developed manufacturing industry. Machinery, chemicals, watches and clocks, and textiles are exported.

Switzerland, the habitat of lake dwellers in prehistoric times, was peopled by the Celtic Helvetians when Julius Caesar made it a part of the Roman Empire in 58 B.C. After the decline of Rome, Switzerland was invaded by Teutonic tribes, who established small temporal holdings which in the Middle Ages, became a federation of fiefs of the Holy Roman Empire. As a nation, Switzerland originated in 1291 when the districts of Nidwalden, Schwyz and Uri united to defeat Austria and attain independence as the Swiss Confederation. After acquiring new cantons in the 14th century, Switzerland was made independent from the Holy Roman Empire by the 1648 Treaty of Westphalia. The revolutionary armies of Napoleonic France occupied Switzerland and set up the Helvetian Republic, 1798-1803. After the fall of Napoleon, the Congress of Vienna, 1815, recognized the independence of Switzerland and guaranteed its neutrality. The Swiss Constitutions of 1848 and 1874 established a union modeled upon that of the United States.

MONETARY SYSTEM
10 Rappen = 1 Batzen
10 Batzen = 1 Franc
16 Franken = 1 Duplone

HELVETIAN REPUBLIC

DECIMAL COINAGE

KM# A11 RAPPEN
Billon **Obv:** Fasces within sprigs **Obv. Legend:** HELVET: REPUBL: **Rev:** Value, date within wreath

Date	Mintage	F	VF	XF	Unc	BU
1800	—	9.00	17.50	45.00	85.00	130

KM# A5 1/2 BATZEN
Billon **Obv:** HELVET/REPUBL: within wreath **Rev:** Value, date within circle and wreath

Date	Mintage	F	VF	XF	Unc	BU
1799	—	50.00	215	550	1,000	1,500

KM# A6 1/2 BATZEN
Billon **Obv:** Inscription within sprigs, numeral 5 below **Obv. Inscription:** HELVET • / REPUBL • **Rev:** Value, date within designed wreath

Date	Mintage	F	VF	XF	Unc	BU
1799	—	16.00	51.00	135	260	385
1800	—	10.00	42.50	110	215	350

SWITZERLAND 1277

KM# A7 BATZEN
Billon **Obv:** HELVET/REPUBL within wreath **Rev:** Value, date within circle and wreath

Date	Mintage	F	VF	XF	Unc	BU
1799	—	24.00	100	275	425	750

KM# A8 BATZEN
Billon **Obv:** Legend, numeral 10 within wreath **Obv. Inscription:** HELVET: REPUBL: **Rev:** Value, date within circle and designed wreath

Date	Mintage	F	VF	XF	Unc	BU
1799	—	20.00	70.00	180	350	525
1799B	—	25.00	100	275	500	775
1799S	—	25.00	100	275	500	775
1800B	—	20.00	70.00	175	350	500
1800	—	32.00	130	315	600	850

KM# A9 5 BATZEN
Silver **Obv:** Standing knight holding flag within circle, date below **Obv. Legend:** HELVETISCHE REPUBLIK **Rev:** Value within wreath, B below

Date	Mintage	F	VF	XF	Unc	BU
1799B	—	45.00	110	225	385	650
1799S	—	80.00	210	450	765	1,275
1800B	—	45.00	110	175	350	600

KM# A1 10 BATZEN
Silver **Obv:** Standing knight holding flag within circle, date below **Obv. Legend:** HELVETISCHE REPUBLIK **Rev:** Value within wreath, B below

Date	Mintage	F	VF	XF	Unc	BU
1798B	—	200	500	1,125	1,850	3,000
1799B	—	90.00	210	450	775	1,275
1799S	—	125	350	675	1,100	1,850

KM# A3 20 BATZEN
Silver **Obv:** Standing Swiss holding flag **Rev:** Value within wreath

Date	Mintage	F	VF	XF	Unc	BU
1798	—	—	800	1,600	3,500	5,950	—

KM# A4.1 40 BATZEN
Silver **Obv:** Standing Swiss holding flag, date below **Obv. Legend:** HELVET : REPUBL : **Rev:** Value within wreath **Note:** Dav. #1771.

Date	Mintage	F	VF	XF	Unc	BU
1798BA	—	165	425	900	1,550	—

KM# A4.2 40 BATZEN
Silver **Obv:** Standing Swiss holding flag, date below **Obv. Legend:** HELVET : REPUBL : **Rev:** Value within wreath, S below **Note:** Dav. #1771.

Date	Mintage	F	VF	XF	Unc	BU
1798S	—	125	300	650	1,250	2,000

KM# A2 20 BATZEN
Silver **Obv:** Standing Swiss holding flag, date below **Obv. Legend:** HELVET : REPUBL **Rev:** Value within wreath, S below

Date	Mintage	F	VF	XF	Unc	BU
1798S	—	100	225	450	775	1,275
1799S Rare	—	—	—	—	—	—

KM# A10 4 FRANKEN
Silver **Obv:** Standing knight holding flag within circle, date below **Obv. Legend:** HELVETISCHE REPUBLIK **Rev:** Value within wreath, B below **Note:** Dav. #1772.

Date	Mintage	F	VF	XF	Unc	BU
1799B	—	325	850	1,800	3,000	5,100

KM# A13 32 FRANKEN
15.2800 g., 0.9000 Gold 0.4421 oz. AGW **Obv:** Standing Swiss holding flag, facing, B below **Obv. Legend:** HELVETISCHE REPUBLIK **Rev:** Value, date within wreath

Date	Mintage	F	VF	XF	Unc	BU
1800B	—	1,250	2,600	4,500	6,400	8,500

PATTERNS
Including off metal strikes

KM#	Date	Mintage	Identification	Mkt Val

PnA1 ND — Kreuzer. Billon. 4,500

PnA2 1798 32 20 Batzen. Silver. 4,000

PnA3 1799 — Rappen. Billon. 1,800

PnA4 1799B — 4 Franken. Silver. Dav. #1773. 6,000

KM# A12 16 FRANKEN
7.6400 g., 0.9000 Gold 0.2211 oz. AGW **Obv:** Standing Swiss holding flag, facing, B below **Obv. Legend:** HELVETISCHE REPUBLIK **Rev:** Value, date within wreath

Date	Mintage	F	VF	XF	Unc	BU
1800B	—	500	1,050	2,000	2,800	3,500

PnA5 1800 — Rappen. Billon. 1,000

SYRIA

The Syrian Arab Republic, located in the Near East at the eastern end of the Mediterranean Sea, has an area of 71,498 sq. mi. (185,180 sq. km.) and a population of *12million. Capital: Greater Damascus. Agriculture and animal breeding are the chief industries. Cotton, crude oil and livestock are exported.

Ancient Syria, a land bridge connecting Europe, Africa and Asia, has spent much of its history in thrall to the conqueror's whim. Its subjection by Egypt about 1500 B.C. was followed by successive conquests by the Hebrews, Phoenicians, Babylonians, Assyrians, Persians, Macedonians, Romans, Byzantines and finally, in 636 A.D., by the Moslems. The Arabs made Damascus, one of the oldest continuously inhabited cities of the world, the trade center and capital of an empire stretching from India to Spain. In 1516, following the total destruction of Damascus by the Mongols of Tamerlane, Syria fell to the Ottoman Turks and remained a part of Turkey until the end of World War I. The League of Nations gave France a mandate to the Levant states of Syria and Lebanon in 1920. In 1930, following a series of uprisings, France recognized Syria as an independent republic, but still subject to the mandate. Lebanon became fully independent on Nov. 22, 1943, and Syria on Jan. 1, 1944.

TITLES

الجمهورية السورية

Al-Jumhuriya(t) al-Suriya(t)

RULER
Ottoman, until 1918

MINT NAME

دمشق

Damascus (Dimask)

حلب

Haleb (Aleppo)

MONETARY SYSTEM
100 Piastres (Qirsh) = 1 Pound (Lira)

OTTOMAN EMPIRE

HAMMERED COINAGE

KM# 65 5 PARA
Copper **Ruler:** Mustafa III AH1171-87/1757-73AD **Obv:** Toughra, star at right **Rev:** Inscription, date and star

Date	Mintage	Good	VG	F	VF	XF
AH1171	—	40.00	60.00	100	175	—

THAILAND

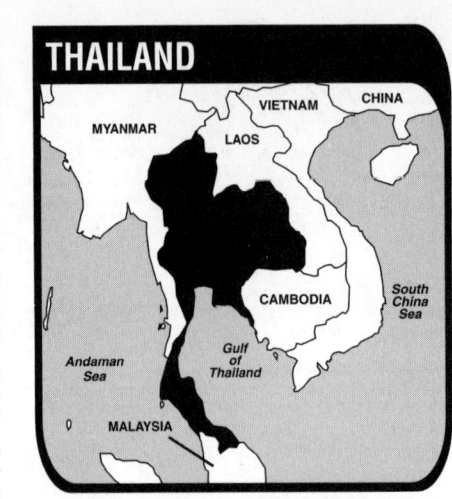

The Kingdom of Thailand (formerly Siam), a constitutional monarchy located in the center of mainland southeast Asia between Burma and Laos, has an area of 198,457mi. (514,000 sq. km.) and a population of *55.5 million. Capital: Bangkok. The economy is based on agriculture and mining. Rubber, rice, teak-wood, tin and tungsten are exported.

The history of The Kingdom of Siam, the only country in south and southeast Asia that was never colonized by an European power, dates from the 6th century

Kingdom of Siam
until 1939

BULLET COINAGE
Silver Pot Duang

C# 1 PAI (1/32 Baht)
Silver **Ruler:** Rama I **Note:** Observed weight range 0.44-0.56 gram.

Date	Mintage	VG	F	VF	XF	Unc
ND Tri Rare	—	150	250	400	750	—

C# 8 PAI (1/32 Baht)
Silver **Ruler:** Rama I **Note:** Observed weight range 0.44-0.56 gram.

Date	Mintage	VG	F	VF	XF	Unc
ND Unalom Rare	—	100	150	200	400	—

C# 2 SONG PAI (1/16 Baht)
Silver **Ruler:** Rama I **Note:** Observed weight range 0.80-1.06 grams.

Date	Mintage	VG	F	VF	XF	Unc
ND Tri	—	150	250	400	750	—

C# 9 SONG PAI (1/16 Baht)
Silver **Ruler:** Rama I **Note:** Observed weight range 0.80-1.06 grams.

Date	Mintage	VG	F	VF	XF	Unc
ND Unalom	—	50.00	70.00	100	200	—

C# 3 FUANG (1/8 Baht)
Silver **Ruler:** Rama I **Note:** Observed weight range 1.60-2.01 grams.

Date	Mintage	VG	F	VF	XF	Unc
ND Tri	—	150	300	400	—	—

C# 10 FUANG (1/8 Baht)
Silver **Ruler:** Rama I **Note:** Observed weight range 1.60-2.01 grams.

Date	Mintage	VG	F	VF	XF	Unc
ND Unalom	—	20.00	40.00	80.00	—	—

C# 4 SALU'NG (1/4 Baht)
Silver **Ruler:** Rama I **Note:** Observed weight range 3.60-4.00 grams.

Date	Mintage	VG	F	VF	XF	Unc
ND Tri Rare	—	150	200	400	700	—

C# 11 SALU'NG (1/4 Baht)
Silver **Ruler:** Rama I **Note:** Observed weight range 3.60-4.00 grams.

Date	Mintage	VG	F	VF	XF	Unc
ND Unalom	—	15.00	25.00	50.00	100	—

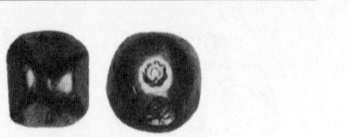

C# 5 2 SALU'NG (1/2 Baht)
Silver **Ruler:** Rama I **Note:** Observed weight range 7.40-7.70 grams.

Date	Mintage	VG	F	VF	XF	Unc
ND Tri	—	50.00	100	300	600	—

C# 12 2 SALU'NG (1/2 Baht)
Silver **Ruler:** Rama I **Note:** Observed weight range 7.40-7.70 grams.

Date	Mintage	VG	F	VF	XF	Unc
ND Unalom	—	50.00	100	150	350	—

C# A1 BAHT
Silver **Ruler:** Rama I **Note:** Observed weight range 14.86-15.43 grams.

Date	Mintage	VG	F	VF	XF	Unc
ND Tri	—	15.00	20.00	30.00	60.00	100

C# 13 BAHT
Silver **Ruler:** Rama I **Note:** Observed weight range 14.86-15.43 grams.

Date	Mintage	VG	F	VF	XF	Unc
ND Unalom	—	15.00	20.00	30.00	60.00	75.00

C# 14 2 BAHT
Silver **Ruler:** Rama I **Note:** Observed weight range 29.90-30.60 grams. Thought by some to be a fantasy.

Date	Mintage	VG	F	VF	XF	Unc
ND Unalom Rare	—	4,000	4,500	6,000	8,000	—

TIBET

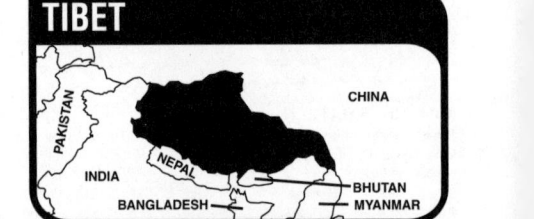

Tibet, an autonomous region of China located in central Asia between the Himalayan and Kunlun Mts. has an area of 471,660 sq. mi. (1,221,599 sq. km.) and a population of *1.9 million. Capital: Lhasa. The economy is based on agriculture and livestock raising. Wool, livestock, salt and hides are exported.

Lamaism, a form of Buddhism, developed in Tibet in the 8th century. From that time until the 1900s, the Tibetan rulers virtually isolated the country from the outside world. The British in India achieved some influence in the early 20th century. British troops were sent with the Young husband mission to extend trade in the north of India in December 1903; leaving during September 1904. The 13th dalai lama had fled to Urga where he remained until 1907. In April 1905 a revolt broke out and spread through south-western Szechuan and northwestern Yunnan. Chao Erh-feng was appointed to subdue this rebellion and entered Lhasa in January 1910 with 2,000 troops. The dalai lama fled to India until he returned in June 1912., The British encouraged Tibet to declare its independence from China in 1913. The Communist revolution in China marked a new era in Tibetan history. Chinese Communist troops invaded Tibet in Oct., 1950. After a token resistance, Tibet signed an agreement with China in which China recognized the spiritual and temporal leadership of the dalai lama, and Tibet recognized the suzerainty of China. In 1959, a nation-wide revolt triggered by Communist-initiated land reform broke out. The revolt was ruthlessly crushed. The dalai lama fled to India, and on Sept. 1,1965, the Chinese made Tibet an autonomous region of China.

The first coins to circulate in Tibet were those of neighboring Nepal from about 1570. Shortly after 1720, the Nepalese government began striking specific issues for use in Tibet. These coins had a lower silver content than those struck for use in Nepal and were exchanged with the Tibetans for an equal weight in silver bullion. Around 1763 the Tibetans struck their own coins for the first time in history. The number of coins struck at that time must have been very small. Larger quantities of coins were struck by the Tibetan government mint, which opened in 1791 with the permission of the Chinese. Operations of this mint however were suspended two years later. The Chinese opened a second mint in Lhasa in 1792. It produced a coinage until 1836. Shortly thereafter, the Tibetan mint was reopened and the government of Tibet continued to strike coins until 1953.

DATING

Based on the Tibetan calendar, Tibetan coins are dated by the cycle which contains 60 years. To calculate the western date use the following formula: Number of cycles -1, x 60 + number of years + 1026. Example 15th cycle 25th year = 1891 AD. Example: 15th cycle, 25th year 15 - 1 x 60 + 25 + 1026 = 1891AD.

TIBET

13/40 = 1786   14/40 = 1846   15/40 = 1906

Certain Sino-Tibetan issues are dated in the year of reign of the Emperor of China.

MONETARY SYSTEM

15 Skar = 1-1/2 Sho = 1 Tangka
10 Sho = 1 Srang

TANGKA

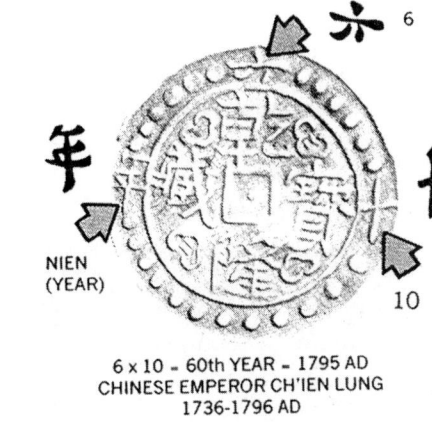

6 x 10 = 60th YEAR - 1795 AD
CHINESE EMPEROR CH'IEN LUNG
1736-1796 AD

1	১	8	८	15	১৫	22	২২
2	২	9	৯	16	২৫	23	২৩
3	৩	10	১০	17	১৭	24	২৫
4	৪	11	২২	18	২৬	25	৩৫
5	৫	12	২৩	19	২০	26	২৫
6	৬	13	২৩	20	২০	27	২৮
7	৭	14	২৫	21	২৭	28	৩৬

TIBETAN AUTHORITY

EARLY COINAGE

C# 5.2 VARTULA TANGKA

Silver **Obv:** One circle. Letter "DSA" in Vartula script, eight petals around central wheel symbol **Rev:** One circle. Letter "DSA" in Vartula script, eight petals around central wheel symbol **Note:** Weight varies: 5.40-5.70 grams.

Date	Mintage	Good	VG	F	VF	XF
ND(ca.1763-64)	—	400	550	800	1,000	—

C# 5.3 VARTULA TANGKA

Silver **Note:** Weight varies: 5.40-5.70 grams. Similar to C#5.1 with double circle on obverse and reverse.

Date	Mintage	Good	VG	F	VF	XF
ND(ca.1763-64) Rare	—	—	—	—	—	—

C# 5.1 VARTULA TANGKA

Silver **Obv:** Double circle **Rev:** "DSA" in Indian Vartula script in eight petals, wheel symbol in double circle **Note:** Weight varies: 5.50-5.70 grams.

Date	Mintage	Good	VG	F	VF	XF
ND(ca.1763-64)	—	400	550	800	1,000	—

Note: Coin shows letter "JA" in Vartula script in petals around central wheel symbol on both sides

C# A10 SUCHAKRA TANGKA

5.6000 g., Billon **Obv:** Tibetan 45 at the top **Rev:** In mongolian Phags pa script, Noble wheel of teaching victorious **Note:** Varieties exist.

Date	Mintage	Good	VG	F	VF	XF
ND(ca.1780)	—	500	650	950	1,350	—

Note: Probably dated year 45 of Ch'ien Lung

C# 10a SRI MANGALAM TANGKA

Silver, 27 mm. **Obv:** Tibetan "45" **Rev:** Wheel design **Note:** Weigt varies: 4.25-5.60 grams.

Date	Mintage	F	VF	XF	Unc	BU
ND(ca.1785)	—	—	—	—	—	—

Note: It is not clear to which date the Tibetan figure "45" refers. Chinese authorities date this coin to ca.1785AD

C# 10.2 SRI MANGALAM TANGKA

5.3300 g., Silver **Obv:** Without curves across center **Rev:** Double circle, petals joined

Date	Mintage	Good	VG	F	VF	XF
ND(ca.1785) Rare	—	—	—	—	—	—

C# 10.3 SRI MANGALAM TANGKA

5.3800 g., Silver **Obv:** Similar to C#10.2 **Rev:** Petals separated, single circle, similar to C#10.2

Date	Mintage	Good	VG	F	VF	XF
ND(ca.1785) Rare	—	—	—	—	—	—

C# 10.4 SRI MANGALAM TANGKA

5.3800 g., Silver **Obv:** Double circle

Date	Mintage	Good	VG	F	VF	XF
ND(ca.1785) Rare	—	—	—	—	—	—

C# 10.1 SRI MANGALAM TANGKA

Silver **Obv:** In Tibetan script "Ga-den Po-dang Tschog-le Nam-gyel" (Governm,ent of Tibet) **Rev:** In four petals "Sri Mangalam" (much luck) **Note:** Weight varies: 5.20-5.40 grams. Varieties in obverse and reverse.

Date	Mintage	Good	VG	F	VF	XF
ND(ca.1785) Rare	—	—	—	—	—	—

Note: May be this Tangka has been minted by VIII. Dalai Lama in the year 1785 for the 50th Anniversary of Reign of the chinese Emperor Chien Lung

SINO-TIBETAN COINAGE

Hammered

C# 65 1/2 SHO

Silver **Obv. Inscription:** *Bod-kyi Rin-po-che* **Rev:** Chien/Lung Tsang pao 57 "Tibetan current coin of the 57th year of the Chien Lung Era" **Note:** Weight varies: 1.80-1.90 grams. Size varies: 19-20mm. Similar to 1 Sho, C#67.1. Some authorities believe this is a pattern.

Date	Mintage	Good	VG	F	VF	XF
CD57(1792)	—	1,500	1,850	2,500	3,250	—

C# 71 1/2 SHO

Silver **Obv:** Chien/Lung Tsang/pao in Chinese character **Rev:** Chien/Lung Tsang/pao in Tibetan character **Note:** Weight varies: 1.9-2.0 grams. Size varies: 20-21mm. Varieties exist; one with 24 dots on both sides and the other with 20 on reverse.

Date	Mintage	Good	VG	F	VF	XF
CD58(1793)	—	65.00	100	150	250	—

C# 82 1/2 SHO

Silver

Date	Mintage	Good	VG	F	VF	XF
CD3(1798)	—	—	—	—	—	—

Note: Reported, not confirmed; The only evidence for this issue is this photograph from China, possibly a fantasy

C# 67 SHO

Silver **Obv. Inscription:** *Pa'u gTsan* **Note:** Struck at Lhasa. Weight varies: 3.40-3.93 grams.

Date	Mintage	Good	VG	F	VF	XF
CD57(1792)	—	1,500	1,850	2,500	3,250	—

C# 67.1 SHO

Silver **Obv. Inscription:** *Bod-kyi Rin-po-che* **Rev:** KM#67 **Note:** Varieties of legends are reported but some authorities believe all of these are patterns.

Date	Mintage	Good	VG	F	VF	XF
CD57(1792)	—	1,500	1,850	2,500	3,250	—

C# 67a SHO

Silver **Obv. Inscription:** bod kyi rin-po-che

Date	Mintage	Good	VG	F	VF	XF
CD57(1792) (1792) Rare	—	—	—	—	—	—

C# 72.1 SHO

Silver **Note:** Size varies: 23-24mm. Weight varies: 3.47-3.67 grams. Varieties exist.

Date	Mintage	Good	VG	F	VF	XF
CD58(1793)	—	65.00	100	150	250	375

C# 72 SHO

3.7000 g., Silver **Obv:** Chien/Lung Tsang/pao in Chinese character **Rev:** Chien/Lung Tsang/pao in Tibetan character **Note:** Size varies: 26-27mm. Varieties exist

Date	Mintage	Good	VG	F	VF	XF
CD58(1793)	—	15.00	25.00	37.50	55.00	—
CD59(1794)	—	15.00	25.00	37.50	55.00	—

Note: Two varieties of year 59 exist, one with 28 dots and the other with 32 dots

Date	Mintage	Good	VG	F	VF	XF
CD60(1795)	—	20.00	32.50	50.00	75.00	—

Note: Varieties of year 60 also exist, one with 30 dots on obverse and the other with 28 on reverse

C# 72.2 SHO

3.7000 g., Silver **Note:** Size varies: 27-30mm.

Date	Mintage	Good	VG	F	VF	XF
CD60(1795)	—	50.00	85.00	120	170	—

Note: Year 60 has 24 dots

Date	Mintage	Good	VG	F	VF	XF
CD61(1796)	—	350	400	500	700	—

Note: Three varieties of year 61 exist, one with 24 dots, one with 32 dots, and one with 36

C# 66.1 1/2 TANGKA (3/4 Sho)

2.8000 g., Silver **Obv:** Chien/Lung Tsang/pao in Chinese character **Rev:** Chien/Lung Tsang/pao in Tibetan character **Note:** Size varies: 21.5-22mm. 24 dots.

Date	Mintage	Good	VG	F	VF	XF
CD58(1793) Hook in square on both sides	—	100	300	450	600	800

C# 66.2 1/2 TANGKA (3/4 Sho)

2.8000 g., Silver, 23.5 mm. **Obv:** Chien/Lung Tsang/pao in Chinese character **Rev:** Chien/Lung Tsang/pao in Tibetan character **Note:** Twenty-eight dots.

Date	Mintage	Good	VG	F	VF	XF
CD58(1793)	—	100	300	450	600	800

C# 68.1 TANGKA (1-1/2 Sho)

Silver **Obv:** Inscription: "Bod-kyi Rin-po-che" **Note:** Varieties of legend are reported but some authorities believe all of these are patterns. Weight varies: 5.30-5.80 grams.

Date	Mintage	Good	VG	F	VF	XF
CD57(1792) Rare	—	—	—	—	—	—

C# 68 TANGKA (1-1/2 Sho)

Silver **Obv:** Eight petals with the Buddhist lucky symbols **Obv. Inscription:** *Pa'u gTsan* **Rev:** Chien/Lung Tsang pao 57 "Tibetan current coin of the 57th year of the Chien Lung Era" **Note:** Weight varies: 5.30-5.80 grams. Varieties exist.

Date	Mintage	Good	VG	F	VF	XF
CD57(1792)	—	1,500	1,850	2,500	3,250	—

C# 68a TANGKA (1-1/2 Sho)

Silver **Obv. Inscription:** "Bod kyi rin-po-che"

Date	Mintage	Good	VG	F	VF	XF
CD57(1792) (1792) Rare	—	—	—	—	—	—

TIBET

C# 73.1 TANGKA (1-1/2 Sho)

Silver **Note:** Weight varies: 5.30-5.70 grams. Size varies: 27-28mm. Varieties exist.

Date	Mintage	Good	VG	F	VF	XF
CD58(1793)	—	—	60.00	90.00	140	—

C# 73 TANGKA (1-1/2 Sho)

Silver **Note:** Weight varies: 5.30-5.70 grams. Size varies: 29-31mm. Varieties exist.

Date	Mintage	Good	VG	F	VF	XF
CD58(1793)	—	50.00	75.00	125	200	—

TIBETAN COINAGE

Hammered

C# 60 "KONG-PAR" TANGKA

Billon **Obv:** Eight petals with the Buddhist lucky symbol, double circle around lotus **Rev:** Date of the Tibetan era in arch **Note:** Weight varies: 4.90-530 grams. Varieties exist.

Date	Mintage	Good	VG	F	VF	XF
CD13-45(1791)	—	20.00	30.00	50.00	80.00	—
CD13-46(1792)	—	25.00	38.00	60.00	95.00	—

C# 60.1 "KONG-PAR" TANGKA

Billon **Rev:** One circle around lotus **Note:** Weight varies: 5.00-5.80 grams. Varieties exist.

Date	Mintage	Good	VG	F	VF	XF
CD13-46(1792)	—	8.00	13.00	20.00	35.00	—
CD13-47(1793)	—	20.00	30.00	50.00	80.00	—

JOINT CHINESE AND TIBETAN AUTHORITY

SINO-TIBETAN COINAGE

Hammered

C# 83.1 SHO

Silver **Ruler:** Chia Ch'ing **Obv. Inscription:** Chia-ch'ing Tung-pao (in Chinese) **Rev:** Emperor's name split with 3 + 3 letters **Rev. Inscription:** Chia-ch'ing Tung-pao (in Tibetan) **Note:** Size varies: 28.8-29.2mm. Weight varies: 3.00-3.80 grams. Variety in the number of dots exist. Similar Sho strikes with later ruler names are modern fantasies.

Date	Mintage	Good	VG	F	VF	XF
CD1(1796)	—	85.00	140	200	275	—
CD2(1797)	—	1,000	1,500	2,000	3,000	—
CD3(1798)	—	850	1,250	1,750	2,600	—
CD4(1799)	—	850	1,250	1,750	2,600	—
CD5(1800)	—	850	1,250	1,750	2,600	—

TOBAGO

Tobago was discovered by Columbus in 1498. It was occupied at various times by the French, Dutch and English before being ceded to Britain in 1814.

MONETARY SYSTEM

9 Pence = 1 Bit
11 Bits = 8 Shillings
3 Pence = 8 Reales

BRITISH ADMINISTRATION

STANDARD COINAGE

KM# 5 1-1/2 PENCE (Black Dog)

Billon **Note:** Countermark: TB on various French Colonial coins.

Date	Mintage	Good	VG	F	VF	XF
ND (1798)	—	7.50	12.00	20.00	45.00	—

KM# 6 2-1/4 PENCE

Note: Billon or Copper; Countermark: TBO on French Colonial coins.

Date	Mintage	Good	VG	F	VF	XF
ND (1798)	—	10.00	18.00	35.00	75.00	—

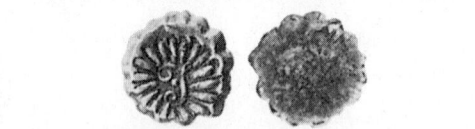

KM# 9 1-1/2 BITS

Silver **Note:** Countermark: Script T with rays on center plug cut from Spanish or Spanish Colonial 8 Reales, C#12. Beware of counterfeits.

Date	Mintage	Good	VG	F	VF	XF
ND (1798)	—	500	800	1,350	2,250	—

KM# 12 11 BITS

Silver **Note:** Spanish or Spanish Colonial crenalated hole cut in 8 Reales. The plug was used for making the 1-1/2 Bits, KM#9. Beware of counterfeits.

Date	Mintage	Good	VG	F	VF	XF
ND (1798)	—	600	750	1,000	1,750	—

TRANSYLVANIA

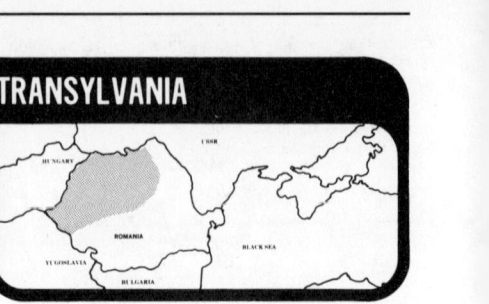

Transylvania (Cibin, Siebenburgen) is the plateau region of northwestern Romania, formerly part of Ancient Dacia, a region occupied by the Romans under Emperor Trajan in 100 AD and abandoned to the Goths in 271 AD under Aurelianus. The Romanized population maintained its Latin speech and Christian identity.

In 896 the Hungarians settled into the Carpathian basin, this included Transylvania. While the region remained an autonomous principality, mercenary Saxons enforced the suzerainty of the King of Hungary in exchange for land. When the Hungarian army was defeated by the advancing Turks at Monacs in 1526, the country was divided into three parts under protection of the Sultan.The center was occupied by the Turks, the West by the Hungary Kingdom under the Hapsburgs and Transylvania in the East which became a principality in 1540.Holy Roman Emperor Rudolf II seized control of the territory in 1604 after the murder of Michael the Brave of Wallachia, who had briefly united the Romanian principalities. In 1605 the Diet elected Stephen Bocskaias prince. After George Rakoczi II was defeated in war with Poland, the Turks were able to intervene, deposing the prince and appointing their own vassals. After the defeat of the Ottoman Turks in 1683, the Transylvanian princes then looked to Austria for guidance and protection.

The last Turkish vassal abdicated in 1697, and with the Orthodox Romanians recognizing the authority of the Pope, the Greek-Catholic, or Uniate Church is created. Under these circumstance, and the treaty of Szatmar in 1711, Transylvania was absorbed into the vast Holy Roman Empire. Transylvania continued to be a part of Hungary until the end of World War I. In 1918, Romania occupied Transylvania.

RULERS

Austrian
George Bannfy I, 1691-1708
Governor and Count of Losoncz
Leopold I, 1690-1705
(Hapsburg Emperors by the Austrian governors)
Leopold I, 1657-1705
Joseph I, 1705-1711
Charles VI, 1711-40
Maria Theresa, 1740-1780
With Francis I, 1745-65
As a widow, 1765-80
Joseph II, 1765-1790
Joint with his mother, 1765-80
Alone, 1780-90
Leopold II, 1790-92
Francis II, 1792-1835

MINT MARKS

AL-IV - (Alba Iulia), Karlsburg, 1611-13
(Wissenburg) until 1716
AZ - (Arx Zalathna)
BN - Nagybanya
CA - Karlsburg, 1746-1766
CC - (Camera Cassoviensis), Cassovia,
(Kaschau),1574-83, 1693-98, 1705-07
Cor. - (Corona), Kronstadt
CM - (Cibiniensis moneta), Hermannstadt
Cor. - (Cibinium), Hermannstadt
E - (Alba Iulia), Karlsburg, 1765-1867
Fog. - (Fogarasch)
KV - (Kolosvar), Klausenburg, Cluj, 1693-1707
M - (Mediasch)
O - (Oravita), Orawitza Banat, 1783, 1812, 1816
ZB - Zalathna Banya, Zlatna

MINT OFFICIALS' INITIALS

HERMANNSTADT

Initials	Date	Name
FT	1701-08	?
IFK	1709-13	Johann Franz Kropf
MI-HS	1709	Miller Henricus

KARLSBURG

Initials	Date	Name
AH, AG	1767	Anton Josef Hammerschmidt & Alexander de Gagia
AH, GS	1780	Anton Hammerschmid & Gottfried Schickmayer
CIH, H	1713-38	Carl Josef Hoffmann
H-G	1765-76	Hammerschmidt and de Gagia
H-S	1777-80	Hammerschmidt and Schickmayer
S, GS	1777-80	Gottfried Schikmayer

MONETARY SYSTEM

1 Denar = 2 Obols
1 Kreuzer = 2 Denars
1 Poltura = 3 Denars

1 Groschen = 3 Kreuzer
1 Sechser = 6 Denars
1 Zwölfer = 12 Denars
1 Gulden = 60 Kreuzer
1 Thaler = 2 Gulden

NOTE: Refer also to Austrian listings for common circulation types struck at mints listed above.

PRINCIPALITY

STANDARD COINAGE

KM# 643 GRESCHL
Copper **Obv:** Crowned arms within sprigs **Rev:** Value, date in cartouche

Date	Mintage	VG	F	VF	XF	Unc
1763	—	10.00	25.00	50.00	200	—
1764	—	10.00	25.00	50.00	200	—
1765	—	10.00	25.00	50.00	200	—

KM# 526 POLTURA
Silver **Obv:** Laureate bust of Leopold I, right **Obv. Legend:** LEOPOLDVS D • G • R • I • S • ... **Rev:** Crowned divided arms divide date, value and flowers below

Date	Mintage	VG	F	VF	XF	Unc
1704 FT	—	25.00	40.00	75.00	135	—

KM# 529 POLTURA
Silver **Obv:** Laureate bust of Joseph I, right **Obv. Legend:** IOSEPHVS • D • G • R • I • S • ... **Rev:** Crowned, divided arms divides date, value and crowned shield flanked by initials below

Date	Mintage	VG	F	VF	XF	Unc
1705 FT	—	20.00	35.00	65.00	125	—
1706 FT	—	20.00	35.00	65.00	125	—
1707 FT	—	20.00	35.00	65.00	125	—
1708	—	20.00	35.00	65.00	125	—

KM# 528 POLTURA
Silver **Obv:** Laureate bust of Leopold I, right **Obv. Legend:** LEOPOLDVS • D • G • R • I • S • ... **Rev:** Crowned divided arms divides date, value and crowned shield below **Note:** Varieties exist.

Date	Mintage	VG	F	VF	XF	Unc
1705 FT	—	25.00	40.00	75.00	135	—

KM# 539 POLTURA
Silver **Obv:** Laureate bust of Joseph I, right **Obv. Legend:** IOSEPHVS • D • G • R • I • S • ... **Rev:** Crowned, divided arms divides date, value and crowned shield flanked by initials below **Note:** Varieties exist.

Date	Mintage	VG	F	VF	XF	Unc
1709 MI-HS	—	20.00	35.00	65.00	125	—

KM# 585 POLTURA
Billon **Obv:** Laureate bust of Charles VI right **Rev:** Arms above value and date

Date	Mintage	VG	F	VF	XF	Unc
1730	—	35.00	80.00	125	200	—

KM# 595 POLTURA
Billon **Obv:** Small laureate bust of Charles VI, right **Rev:** Crowned arms in cartouche, value below **Note:** Reduced size.

Date	Mintage	VG	F	VF	XF	Unc
1740	—	35.00	80.00	125	200	—

KM# 611 POLTURA
Billon **Obv:** Bust of Maria Theresa right **Obv. Legend:** M • THERESIA ... **Rev:** Crowned ornate arms above value and date

Date	Mintage	VG	F	VF	XF	Unc
1747	—	50.00	100	200	350	—

KM# 540 1/2 KREUZER
Silver **Obv:** Three shields, one above two, date divided at top

Date	Mintage	VG	F	VF	XF	Unc
1709	—	20.00	45.00	90.00	185	—
1710	—	20.00	45.00	90.00	185	—

KM# 541 KREUZER
Silver **Obv:** Laureate bust of Joseph I, right within beaded circle, value below **Obv. Legend:** IOSEPHVS • D • G • R • I • S • ... **Rev:** Crowned double-headed eagle with oval shield on breast, within beaded circle, crown divides date above **Rev. Legend:** ARCHID • AV • D • ...

Date	Mintage	VG	F	VF	XF	Unc
1709 IFK	—	30.00	75.00	125	220	—

KM# 545 KREUZER
Silver **Obv:** Laureate bust of Joseph I, right, value below **Rev:** Crowned double-headed eagle with shield on breast, divided date above

Date	Mintage	VG	F	VF	XF	Unc
1710 IFK	—	30.00	75.00	125	220	—
1711 IFK	—	30.00	75.00	125	220	—

KM# 549 KREUZER
Silver **Obv:** Laureate bust of Charles VI, right, value below **Obv. Legend:** CAROL VI • D • G • R • I • ... **Rev:** Crowned double-headed eagle, shield on breast, divided date above **Rev. Legend:** • ARCHID • A • D • ... **Note:** Varieties exist.

Date	Mintage	VG	F	VF	XF	Unc
1712 IFK	—	30.00	75.00	125	220	—
1731	—	30.00	75.00	125	220	—

KM# 640 KREUZER
Billon **Obv:** Bust of Maria Theresa, right **Obv. Legend:** M • THER : D • G • R • I • **Rev:** Crowned double-headed eagle, shield on breast, date in legend

Date	Mintage	VG	F	VF	XF	Unc
1762	—	30.00	70.00	100	175	—

KM# 546 3 KREUZER (Groschen)
Silver **Obv:** Laureate bust of Joseph I, right, within beaded circle, value in circle below **Obv. Legend:** IOSEPHVS • D • G • R • I • S • ... **Rev:** Crown divides date and beaded circle above double-headed eagle, shield on breast **Rev. Legend:** • ARCHID • A • D • ... **Note:** Varieties exist.

Date	Mintage	VG	F	VF	XF	Unc
1711 IFK	—	30.00	75.00	125	220	—

KM# 578 3 KREUZER (Groschen)
Silver **Obv:** Laureate bust of Charles VI right **Rev:** Crowned double-headed eagle within circle

Date	Mintage	VG	F	VF	XF	Unc
1725	—	15.00	30.00	60.00	100	—

KM# 580 3 KREUZER (Groschen)
Silver **Rev:** Crowned double-headed eagle **Note:** Varieties exist.

Date	Mintage	VG	F	VF	XF	Unc
1729	—	15.00	30.00	60.00	100	—

KM# 586 3 KREUZER (Groschen)
Silver **Obv:** Legend begins at top **Rev:** Value below crowned double-headed eagle

Date	Mintage	VG	F	VF	XF	Unc
1733	—	15.00	30.00	60.00	100	—

KM# 590 3 KREUZER (Groschen)
Silver **Obv:** Legend begins at left **Rev:** Value below crowned double-headed eagle

Date	Mintage	VG	F	VF	XF	Unc
1735	—	18.00	35.00	65.00	125	—
1736	—	18.00	35.00	65.00	125	—
1740	—	18.00	35.00	65.00	125	—

KM# 608 3 KREUZER (Groschen)
Billon **Obv:** Bust of Maria Theresa right **Rev:** Crowned ornamental arms above value

Date	Mintage	VG	F	VF	XF	Unc
1745	—	50.00	100	175	275	—

KM# 641 3 KREUZER (Groschen)
Billon **Rev:** Arms on breast of crowned double-headed eagle, value below

Date	Mintage	VG	F	VF	XF	Unc
1762	—	25.00	50.00	100	200	—
1765	—	25.00	50.00	100	200	—
1768	—	25.00	50.00	100	200	—

KM# 657 3 KREUZER (Groschen)
Billon **Obv:** Veiled, bust right **Obv. Legend:** M • THERES • D : G • R • I • ... **Rev:** Crowned double-headed eagle, value on breast **Rev. Legend:** TRANS • 1780 AR • AU • ...

Date	Mintage	VG	F	VF	XF	Unc
1774 H-G	—	25.00	45.00	90.00	180	—
1774 B//H-G	—	25.00	45.00	90.00	180	—
1774 E//H-G	—	25.00	45.00	90.00	180	—
1777 E//H-G	—	25.00	45.00	90.00	180	—
1780 E//H-S	—	25.00	45.00	90.00	180	—

KM# 642 7 KREUZER
Billon **Obv:** Bust of Maria Theresa right **Rev:** Arms on breast of crowned double-headed eagle, value below

Date	Mintage	VG	F	VF	XF	Unc
1762	—	30.00	75.00	125	200	—
1763	—	30.00	75.00	150	250	—
1764	—	30.00	75.00	125	200	—
1765	—	30.00	65.00	100	175	—

KM# 645 10 KREUZER
Silver **Obv:** Bust of Maria Theresa within laurel and palm wreath **Rev:** Arms on breast of crowned double-headed eagle, value in pedestal

Date	Mintage	VG	F	VF	XF	Unc
1765	—	18.00	35.00	70.00	145	—
1766	—	18.00	35.00	70.00	145	—

KM# 658 10 KREUZER
Silver **Obv:** Veiled bust right within palm and laurel wreath **Obv. Legend:** M • THERESIA : D : G • R • IMP • ... **Rev:** Shield on breast of crowned double-headed eagle, value in cartouche below **Rev. Legend:** TRAN • CO • TVR • 1780 ...

Date	Mintage	VG	F	VF	XF	Unc
1776 H-G	—	30.00	75.00	125	200	—
1780 H-S	—	30.00	65.00	100	175	—

TRANSYLVANIA

KM# 527 15 KREUZER

Silver **Obv:** Laureate bust of Leopold I right within circle, value below **Obv. Legend:** LEOPOLDVS • D • G • R • I • S • ... **Rev:** Crowned double-headed eagle within circle, crown divides date **Rev. Legend:** MONETANOVA ARG • TRANSYLV • **Note:** Varieties exist.

Date	Mintage	VG	F	VF	XF	Unc
1704 FT	—	60.00	100	150	275	—

KM# 579 15 KREUZER

Silver **Obv:** Laureate bust of Charles VI right, value below **Rev:** Crowned double-headed eagle, date in legend

Date	Mintage	VG	F	VF	XF	Unc
1726	—	60.00	100	150	275	—

KM# 615 15 KREUZER

Silver **Obv:** Bust of Maria Theresa right **Rev:** Arms on breast of crowned double-headed eagle, value below

Date	Mintage	VG	F	VF	XF	Unc
1748	—	60.00	100	150	275	—
1749	—	60.00	100	150	275	—
1750	—	75.00	125	175	300	—

KM# 627 17 KREUZER

Silver, 30 mm. **Obv:** Bust of Maria Theresa right **Rev:** Crowned double-headed eagle with 4-fold shield on breast **Note:** Similar to KM#644, but four-fold shield.

Date	Mintage	VG	F	VF	XF	Unc
1751	—	20.00	45.00	90.00	185	—

KM# 644 17 KREUZER

Silver **Obv:** Bust of Maria Theresa right **Obv. Legend:** M • THERESIA : D : G • ... **Rev:** Crowned double-headed eagle, shield on breast, value below **Rev. Legend:** TRAN • CO • TVR • ...

Date	Mintage	VG	F	VF	XF	Unc
1763	—	15.00	30.00	65.00	125	—
1764	—	15.00	30.00	65.00	125	—
1765	—	20.00	40.00	80.00	165	—

KM# 634 20 KREUZER

Silver **Obv:** Bust of Maria Theresa within laurel and palm wreath **Rev:** Arms on breast of crowned double-headed eagle, value in pedestal

Date	Mintage	VG	F	VF	XF	Unc
1755	—	18.00	35.00	75.00	165	—
1764	—	18.00	35.00	70.00	145	—
1765	—	18.00	30.00	65.00	125	—

KM# 648 20 KREUZER

Silver **Obv:** Veiled bust of Maria Theresa right **Rev:** Crowned double-headed eagle with shield on breast, value in cartouche below

Date	Mintage	VG	F	VF	XF	Unc
1767 H-G	—	12.00	20.00	35.00	80.00	—
1768 H-G	—	12.00	20.00	35.00	80.00	—
1769 H-G	—	12.00	20.00	35.00	70.00	—
1770 H-G	—	12.00	20.00	35.00	70.00	—
1771 H-G	—	12.00	20.00	35.00	70.00	—
1772 H-G	—	12.00	20.00	35.00	70.00	—

KM# 656 20 KREUZER

Silver **Obv:** Veiled bust of Maria Theresa right, within palm and laurel wreath **Obv. Legend:** M • THERESIA : D : G • R • IMP • ... **Rev:** Crowned double-headed eagle within sprigs, value in cartouche below **Rev. Legend:** TRAN • CO • TVR • ...

Date	Mintage	VG	F	VF	XF	Unc
1773 H-G	—	12.00	20.00	35.00	75.00	—
1774 H-G	—	12.00	20.00	35.00	70.00	—
1775 H-G	—	12.00	20.00	35.00	70.00	—
1776 H-G	—	12.00	20.00	35.00	70.00	—
1777 H-G	—	12.00	20.00	35.00	75.00	—
1777 H-S	—	12.00	20.00	35.00	75.00	—
1778 H-S	—	12.00	20.00	35.00	70.00	—
1779 H-S	—	12.00	20.00	35.00	70.00	—
1780 H-S	—	12.00	20.00	35.00	70.00	—

KM# 606 30 KREUZER

Silver **Obv:** Bust of Maria Theresa divides date with value below in diamond **Rev:** Crowned arms in branches in diamond

Date	Mintage	VG	F	VF	XF	Unc
1744	—	75.00	150	300	500	—

KM# 630 30 KREUZER

Silver **Rev:** Arms on breast of crowned double-headed eagle in diamond

Date	Mintage	VG	F	VF	XF	Unc
1754	—	50.00	100	200	350	—
1755	—	50.00	100	175	325	—
1765	—	50.00	100	175	325	—
1766	—	50.00	100	200	350	—

KM# 570 1/4 THALER

Silver **Obv:** Laureate bust of Charles VI right **Rev:** Crowned double-headed eagle, date in legend **Note:** Struck with 1/2 Thaler dies.

Date	Mintage	VG	F	VF	XF	Unc
1721	—	—	—	1,150	1,900	—

KM# 534 1/2 THALER

Silver **Subject:** Joseph I **Obv:** Bust of Joseph I right, within divided circle **Obv. Legend:** IOSEPHVS : D : G : RO : ... **Rev:** Crowned double-headed eagle, shield on breast **Rev. Legend:** ARCHID : AVS : D : ...

Date	Mintage	VG	F	VF	XF	Unc
1708	—	450	900	1,800	3,400	—

KM# 554 1/2 THALER

Silver **Obv:** Laureate bust of Charles VI right, within divided circle **Obv. Legend:** CAROLVS VI • D • G • R • IMP • ... **Rev:** Crowned double-headed eagle, shield on breast, within circle **Rev. Legend:** ARCHIDVX AVSTR • D • B • PR • ...

Date	Mintage	VG	F	VF	XF	Unc
1713	—	240	500	825	1,750	—

KM# 553 1/2 THALER

Silver **Subject:** Charles VI **Obv:** Bust of Charles VI within divided circle **Obv. Legend:** CAR:VI : D : G : R : I : S : ... **Rev:** Crowned arms in order chain on breast of crowned double-headed eagle **Rev. Legend:** ARCHI : D ... **Note:** Varieties exist.

Date	Mintage	VG	F	VF	XF	Unc
1716	—	150	300	525	1,150	—
1717	—	150	300	525	1,150	—
1718	—	150	300	525	1,150	—
1720	—	150	300	525	1,150	—

KM# 572 1/2 THALER

Silver

Date	Mintage	VG	F	VF	XF	Unc
1721	—	150	300	500	1,000	—

KM# 571 1/2 THALER

Silver **Obv:** Laureate bust of Charles VI right **Obv. Legend:** CAR • VI • D • G • R • ... **Rev:** Crowned arms in order chain on breast of crowned double-headed eagle. **Legend:** A R C H I D A V D B ...

Date	Mintage	VG	F	VF	XF	Unc
1721	—	225	450	750	1,500	—

KM# 577 1/2 THALER

Silver **Obv:** Bust of Charles VI right **Obv. Legend:** CAR • VI • D • G • R • I • ... **Rev:** Crowned arms in order chain on breast of crowned double-headed eagle **Rev. Legend:** ARCHI • D • AV • DBV • ...

Date	Mintage	VG	F	VF	XF	Unc
1724	—	225	450	800	1,750	—
1725	—	225	450	800	1,750	—
1726	—	225	450	800	1,750	—
1727	—	225	450	800	1,750	—
1729	—	225	450	800	1,750	—
1730	—	225	450	800	1,750	—
1731	—	225	450	800	1,750	—
1733	—	225	450	800	1,750	—
1735	—	225	450	800	1,750	—

KM# 592 1/2 THALER

Silver **Obv:** Legend begins at left **Note:** Varieties exist.

Date	Mintage	VG	F	VF	XF	Unc
1737	—	225	450	750	1,500	—
1739	—	225	450	750	1,500	—

KM# 596 1/2 THALER

Silver **Obv:** Bust of Maria Theresa right **Rev:** Arms on breast of crowned double-headed eagle **Note:** Specie Thaler.

Date	Mintage	VG	F	VF	XF	Unc
1740	—	135	225	375	750	—
1748	—	135	225	375	750	—
1749	—	135	225	375	750	—

KM# 599 1/2 THALER

Silver **Obv:** Bust of Maria Theresa right **Rev:** Crowned arms with garlands

Date	Mintage	VG	F	VF	XF	Unc
1742	—	120	225	425	600	—
1743	—	120	225	425	600	—
1744	—	120	225	425	600	—

KM# 629 1/2 THALER

Silver **Obv:** Mature bust of Maria Theresa right

Date	Mintage	VG	F	VF	XF	Unc
1752	—	100	175	300	525	—
1753	—	100	175	300	525	—
1754	—	100	175	300	525	—
1755	—	100	175	300	525	—
1756	—	100	175	300	525	—
1758	—	100	175	300	525	—
1759	—	100	175	300	525	—
1760	—	100	175	300	525	—
1761	—	100	175	300	525	—
1765	—	100	175	300	525	—

KM# 550 THALER

Silver **Subject:** Charles VI **Obv:** Bust of Charles VI right within divided circle **Obv. Legend:** CAROL VI : D : G : RO : ... **Rev:** Shield on breast of crowned double-headed eagle within circle **Note:** Dav. #1100.

Date	Mintage	VG	F	VF	XF	Unc
1712	—	1,000	2,000	3,500	6,000	—

KM# 555 THALER
Silver **Obv:** Laureate bust of Charles VI right, within divided circle **Obv. Legend:** CAROL VI D : G : RO : ... **Rev:** Shield on breast of crowned double-headed eagle **Rev. Legend:** ARCHI • DVX • AVS ... **Note:** Dav. #1101.

Date	Mintage	VG	F	VF	XF	Unc
1713	—	650	1,350	2,500	4,000	—
1715	—	650	1,350	2,500	4,000	—

KM# 559 THALER
Silver **Obv:** Laureate bust of Charles VI right **Obv. Legend:** CAR VI • D • G • R • I • ... **Rev:** Shield on breast of crowned double-headed eagle **Rev. Legend:** ARCHIDVX • AVS ... **Note:** Dav. #1102.

Date	Mintage	VG	F	VF	XF	Unc
1715	—	300	550	1,000	1,700	3,000

KM# 573 THALER
Silver **Obv:** Laureate bust of Charles VI right **Obv. Legend:** CARVI•D:GRISAG ... **Rev:** Shield on breast of crowned double-headed eagle **Rev. Legend:** ARCHID • AV • D • B • V • PR ... **Note:** Dav. #1103.

Date	Mintage	VG	F	VF	XF	Unc
1721	—	270	500	900	1,550	—
1722	—	270	500	900	1,550	—
1724	—	270	500	900	1,550	—
1728	—	270	500	900	1,550	—
1734	—	270	500	900	1,550	—

KM# 591 THALER
Silver **Obv:** Legend begins at left **Rev:** Eagle's legs angular **Note:** Varieties exist. Dav. #1104.

Date	Mintage	VG	F	VF	XF	Unc
1736	—	265	525	900	1,750	—
1737	—	265	525	900	1,750	—
1738	—	265	525	900	1,750	—
1740	—	265	525	900	1,750	—

KM# 591A THALER
Silver **Note:** Dav. #1106.

Date	Mintage	VG	F	VF	XF	Unc
1739	—	265	525	900	1,750	—

KM# 600 THALER
Silver **Obv:** Bust of Maria Theresa right **Obv. Legend:** MAR : THERESA D : G • REGHUNGBO : **Rev:** Crowned arms with garlands **Rev. Legend:** ARCH : A : D : BU : ... **Note:** Specie Thaler. Dav. #1141.

Date	Mintage	VG	F	VF	XF	Unc
1742	—	475	900	2,400	4,500	—

KM# 603 THALER
Silver **Rev:** Crowned ornamental arms with fruit clusters at sides **Note:** Dav. #1142.

Date	Mintage	VG	F	VF	XF	Unc
1743	—	475	900	2,400	4,500	—

KM# 607 THALER
Silver **Rev:** Crowned ornamental arms in sprays **Note:** Dav. #1142A.

Date	Mintage	VG	F	VF	XF	Unc
1744 Rare	—	—	—	—	—	—

KM# 609 THALER
Silver **Obv:** Smaller bust of Maria Theresa right **Obv. Legend:** MAR • THERESIA D : G • REG ... **Rev:** Crowned ornamental arms **Rev. Legend:** ARCH • A • D • BU • PR • ... **Note:** Dav. #1143.

Date	Mintage	VG	F	VF	XF	Unc
1745	—	475	900	2,400	4,500	—

KM# 612 THALER
Silver **Obv:** Bust of Maria Theresa right **Obv. Legend:** M • THERESIA • D : G • R • IMP • ... **Rev:** Crowned arms on breast of crowned double-headed eagle **Note:** Dav. #1144.

Date	Mintage	VG	F	VF	XF	Unc
1747	—	170	300	800	1,400	—
1748	—	170	300	800	1,400	—
1749	—	170	300	800	1,400	—
1750	—	170	300	800	1,400	—

KM# 628 THALER
Silver **Obv:** Mature bust of Maria Theresa right **Obv. Legend:** M • THERESIA • D : G • R • IMP • ... **Rev:** Crowned arms on breast of crowned double-headed eagle **Note:** Convention Thaler. Dav. #1145.

Date	Mintage	VG	F	VF	XF	Unc
1751	—	170	300	800	1,400	—
1752	—	170	300	800	1,400	—
1753	—	170	300	800	1,400	—
1754	—	170	300	800	1,400	—
1755	—	170	300	800	1,400	—
1756	—	170	300	800	1,400	—
1757	—	170	300	800	1,400	—
1758	—	170	300	800	1,400	—
1759	—	170	300	800	1,400	—
1760	—	170	300	800	1,400	—
1761	—	170	300	800	1,400	—
1762	—	170	300	800	1,400	—
1765	—	170	300	800	1,400	—

TRADE COINAGE

KM# 659 1/16 DUCAT
0.2188 g., 0.9860 Gold 0.0069 oz. AGW **Obv:** Crowned arms within circle **Rev:** Value, date within circle

Date	Mintage	VG	F	VF	XF	Unc
1778 HS	—	130	175	350	800	—

KM# 616 1/8 DUCAT
0.4375 g., 0.9860 Gold 0.0139 oz. AGW **Obv:** Bust of Maria Theresa right **Rev:** Arms on breast of crowned double-headed eagle, value below

Date	Mintage	VG	F	VF	XF	Unc
1749 Rare	—	—	—	—	—	—

KM# 660 1/8 DUCAT
0.4375 g., 0.9860 Gold 0.0139 oz. AGW **Obv:** Crowned arms **Rev:** Value, date

Date	Mintage	VG	F	VF	XF	Unc
1778 HS	—	130	175	350	800	—

KM# 547 1/4 DUCAT
0.8750 g., 0.9860 Gold 0.0277 oz. AGW **Subject:** Charles VI **Obv:** Laureate head right **Obv. Legend:** CAR VI • D • G • ... **Rev:** Crowned, mantles arms, value in oval circle below

Date	Mintage	VG	F	VF	XF	Unc
ND	—	90.00	175	350	750	—

KM# 548 1/4 DUCAT
0.8750 g., 0.9860 Gold 0.0277 oz. AGW **Obv:** Crowned, ornate arms, value in oval circle below **Rev:** Globe in circle of clouds

Date	Mintage	VG	F	VF	XF	Unc
ND	—	90.00	175	350	750	—

KM# 617 1/4 DUCAT
0.8750 g., 0.9860 Gold 0.0277 oz. AGW **Obv:** Bust of Maria Theresa right **Rev:** Crowned and mantled arms with value below

Date	Mintage	VG	F	VF	XF	Unc
ND	—	130	175	350	800	—

KM# 618 1/4 DUCAT
0.8750 g., 0.9860 Gold 0.0277 oz. AGW **Obv:** Head of Maria Theresa right **Obv. Legend:** M • THER • D : G • R • I • ... **Rev:** Crowned arms on breast of crowned double-headed eagle

Date	Mintage	VG	F	VF	XF	Unc
1749	—	115	150	300	600	—

KM# 649 1/4 DUCAT
0.8750 g., 0.9860 Gold 0.0277 oz. AGW **Obv:** Veiled bust of Maria Theresa right **Obv. Legend:** M • THER • D • G • ... **Rev:** Crowned arms on breast of crowned double-headed eagle, value below

Date	Mintage	VG	F	VF	XF	Unc
1768 H-G	—	75.00	150	265	575	—
1772 H-G	—	75.00	150	265	575	—
1776 H-G	—	75.00	150	265	575	—
1778 H-S	—	75.00	150	265	575	—
1780 H-S	—	75.00	150	265	575	—

KM# 625 1/2 DUCAT
1.7500 g., 0.9860 Gold 0.0555 oz. AGW **Subject:** Maria Theresa **Obv:** Bust of Maria Theresa right **Obv. Legend:** M • THERESIA • D • G • RO • ... **Rev:** Crowned arms on breast of crowned double-headed eagle, value below

Date	Mintage	VG	F	VF	XF	Unc
1750	—	300	600	1,150	1,800	—
1756	—	300	600	1,150	1,800	—
1759	—	300	600	1,150	1,800	—
1762	—	300	600	1,150	1,800	—
1763	—	300	600	1,150	1,800	—
1764	—	300	600	1,150	1,800	—
1765	—	300	600	1,150	1,800	—

KM# 655 1/2 DUCAT
1.7500 g., 0.9860 Gold 0.0555 oz. AGW **Obv:** Veiled bust of Maria Theresa right **Obv. Legend:** M • THERES • D • G • R • I • ... **Rev:** Crowned arms on breast of crowned double-headed eagle, value below

Date	Mintage	VG	F	VF	XF	Unc
1770 H-G	—	255	525	900	1,500	—
1774 H-G	—	255	525	900	1,500	—
1775 H-G	—	255	525	900	1,500	—
1780 H-S	—	255	525	900	1,500	—
1780	—	300	600	1,000	1,800	—

TRANSYLVANIA

KM# 525 DUCAT
3.5000 g., 0.9860 Gold 0.1109 oz. AGW **Subject:** Leopold I **Obv:** Standing caped figure holding scepter and orb **Obv. Legend:** LEOPOLD • D • G • R • I • ... **Rev:** Crowned, round arms on breast of crowned double-headed eagle, crown divides date above

Date	Mintage	VG	F	VF	XF	Unc
1701	—	325	575	1,150	2,200	—
1702	—	325	575	1,150	2,200	—
1703	—	325	575	1,150	2,200	—
1704	—	325	575	1,150	2,200	—

KM# 530 DUCAT
3.5000 g., 0.9860 Gold 0.1109 oz. AGW **Obv:** Crowned, oval arms in cartouche **Obv. Legend:** MONETA NOVA AVREA TRANS : Rev: Palm tree divides date and mint marks **Rev. Legend:** TANDEM OPPRESSA RESVRGET • **Note:** Insurgent coinage of Francis Rakoczi.

Date	Mintage	VG	F	VF	XF	Unc
1705KV	—	850	1,900	3,500	7,500	—

KM# 531 DUCAT
3.5000 g., 0.9860 Gold 0.1109 oz. AGW **Obv:** Crowned, ornate oval arms **Obv. Legend:** MONETA NOVA AVREA TRANS : **Rev:** Palm tree divides mint marks and date **Rev. Legend:** TANDEM OPPRESSA RESVRGET • **Shape:** Octagon **Note:** Klippe, similar to KM#530.

Date	Mintage	VG	F	VF	XF	Unc
1705KV	—	600	1,200	2,700	5,500	—

KM# 532 DUCAT
3.5000 g., 0.9860 Gold 0.1109 oz. AGW **Subject:** Joseph I **Obv:** Standing caped figure holding scepter and orb **Obv. Legend:** IOSEPHVS • D • G • R • I • S • ... **Rev:** Crowned double-headed eagle with Transylvanian arms on breast **Rev. Legend:** ARCHID • A • D • B • ...

Date	Mintage	VG	F	VF	XF	Unc
1706 FT	—	450	900	2,200	4,500	—
1709	—	—	—	—	—	—
1710 IFK	—	450	900	2,200	4,500	—
1711 IFK	—	450	900	2,200	4,500	—

KM# 533 DUCAT
3.5000 g., 0.9860 Gold 0.1109 oz. AGW **Subject:** Francis Rakoczi **Obv:** Uniformed half-length figure, right **Rev:** Crowned, ornate oval arms, date in legend **Note:** Malcontent issue.

Date	Mintage	VG	F	VF	XF	Unc
1707KV	—	500	1,100	2,400	5,000	—

KM# 542 DUCAT
3.5000 g., 0.9860 Gold 0.1109 oz. AGW **Rev:** Smaller arms

Date	Mintage	VG	F	VF	XF	Unc
1708	—	450	900	2,200	4,500	—

KM# 551 DUCAT
3.5000 g., 0.9860 Gold 0.1109 oz. AGW **Obv:** Standing caped figure of Charles VI holding scepter and orb **Obv. Legend:** CAROL VI • D • G • R • I • ... **Rev:** Crowned, round arms on breast of crowned double-headed eagle, divided date above

Date	Mintage	VG	F	VF	XF	Unc
1712	—	400	750	1,500	3,200	—

KM# 556 DUCAT
3.5000 g., 0.9860 Gold 0.1109 oz. AGW **Obv:** Young laureate bust of Charles VI right **Obv. Legend:** CAROL VI • D • G • R • ... **Rev:** Crowned, oval arms on breast of crowned double-headed eagle, divided date above **Note:** Varieties exist.

Date	Mintage	VG	F	VF	XF	Unc
1713	—	350	700	1,400	3,000	—
1714	—	350	700	1,400	3,000	—
1715	—	350	700	1,400	3,000	—
1716	—	350	700	1,400	3,000	—

KM# 563 DUCAT
3.5000 g., 0.9860 Gold 0.1109 oz. AGW **Obv:** Mature, laureate bust of Charles VI right **Obv. Legend:** CAROLVI • D • G • R • ... **Rev:** Crowned, oval arms on breast of crowned double-headed eagle, divided date above

Date	Mintage	VG	F	VF	XF	Unc
1714	—	350	700	1,400	3,000	—

KM# A574 DUCAT
3.5000 g., 0.9860 Gold 0.1109 oz. AGW **Obv:** Armored bust right **Obv. Legend:** CARVI • D • G • R • I ... **Rev:** Crowned arms on breast of crowned double-headed eagle, date in legend

Date	Mintage	VG	F	VF	XF	Unc
1718	—	220	450	875	1,900	—
1719	—	220	450	875	1,900	—

KM# 574 DUCAT
3.5000 g., 0.9860 Gold 0.1109 oz. AGW **Obv:** Armored bust right **Obv. Legend:** CARVI • D • G • R • I ... **Rev:** Crowned arms on breast of crowned double-headed eagle **Note:** Varieties exist.

Date	Mintage	VG	F	VF	XF	Unc
1721	—	220	450	875	1,900	—
1723	—	220	450	875	1,900	—
1724	—	220	450	875	1,900	—
1725	—	220	450	875	1,900	—
1726	—	220	450	875	1,900	—
1727	—	220	450	875	1,900	—
1728	—	220	450	875	1,900	—

KM# 581 DUCAT
3.5000 g., 0.9860 Gold 0.1109 oz. AGW **Obv:** Bust of Charles VI right **Obv. Legend:** CARVI • D • G • R • I • ... **Rev:** Crowned, oval arms on breast of crowned double-headed eagle, date in legend **Rev. Legend:** ARCHIDAV • D • BVR • PRINC • TRANSVI • **Note:** Varieties exist.

Date	Mintage	VG	F	VF	XF	Unc
1729	—	220	450	875	1,900	—
1730	—	220	450	875	1,900	—
1731	—	220	450	875	1,900	—
1732	—	220	450	875	1,900	—
1733	—	220	450	875	1,900	—

KM# 587 DUCAT
3.5000 g., 0.9860 Gold 0.1109 oz. AGW **Obv:** Laureate bust of Charles VI right **Obv. Legend:** CAR • VI • D • G • R • I • ... **Rev:** Crowned arms on breast of crowned double-headed eagle, date in legend **Rev. Legend:** ARCHID • AUST • D • BUR PRIN • TRANSYL • **Note:** Varieties exist.

Date	Mintage	VG	F	VF	XF	Unc
1734	—	220	450	875	1,900	—
1735	—	220	450	875	1,900	—
1736	—	220	450	875	1,900	—
1737	—	220	450	875	1,900	—
1738	—	220	450	875	1,900	—
1739	—	220	450	875	1,900	—
1740	—	220	450	875	1,900	—

KM# 588 DUCAT
3.5000 g., 0.9860 Gold 0.1109 oz. AGW **Note:** Klippe.

Date	Mintage	VG	F	VF	XF	Unc
1734	—	325	575	1,150	2,200	—

KM# 598 DUCAT
3.5000 g., 0.9860 Gold 0.1109 oz. AGW **Obv:** Large bust of Maria Theresa right **Obv. Legend:** MAR : THERESIA D : G : ... **Rev:** Crowned ornamental arms **Rev. Legend:** ARCH : A : D : BU ...

Date	Mintage	VG	F	VF	XF	Unc
1741	—	325	625	1,150	2,250	—
1742	—	325	625	1,150	2,250	—
1743	—	325	625	1,150	2,250	—

KM# 604 DUCAT
3.5000 g., 0.9860 Gold 0.1109 oz. AGW **Obv:** Smaller bust of Maria Theresa right **Obv. Legend:** MAR • THERESIA ... **Rev:** Crowned, ornamental arms, date in legend **Note:** Varieties exist.

Date	Mintage	VG	F	VF	XF	Unc
1743	—	220	450	1,000	1,700	—
1744	—	220	450	1,000	1,700	—
1745	—	220	450	1,000	1,700	—

KM# 610 DUCAT
3.5000 g., 0.9860 Gold 0.1109 oz. AGW **Obv:** Bust of Maria Theresa right **Obv. Legend:** M • THERESIA • D : G • ... **Rev:** Crowned arms on breast of crowned double-headed eagle, date

in legend **Rev. Legend:** TRAN • CO • TY • 1763 AR • AU • DUX • BU • ME • P • **Note:** Die varieties exist.

Date	Mintage	VG	F	VF	XF	Unc
1746	—	155	350	575	1,000	—
1747	—	155	350	575	1,000	—
1748	—	155	350	575	1,000	—
1749	—	155	350	575	1,000	—
1750	—	155	350	575	1,000	—
1751	—	155	350	575	1,000	—
1752	—	155	350	575	1,000	—
1753	—	155	350	575	1,000	—
1754	—	155	350	575	1,000	—
1755	—	155	350	575	1,000	—
1756	—	155	350	575	1,000	—
1757	—	155	350	575	1,000	—
1758	—	155	350	575	1,000	—
1759	—	155	350	575	1,000	—
1760	—	155	350	575	1,000	—
1761	—	155	350	575	1,000	—
1762	—	155	350	575	1,000	—
1763	—	155	350	575	1,000	—
1764	—	155	350	575	1,000	—
1765	—	155	350	575	1,000	—

Date	Mintage	VG	F	VF	XF	Unc
1770 H-G	—	325	625	1,200	2,300	—
1771 H-G	—	325	625	1,200	2,300	—
1772 H-G	—	325	625	1,200	2,300	—
1773 H-G	—	325	625	1,200	2,300	—
1774 H-G	—	325	625	1,200	2,300	—
1775 H-G	—	325	625	1,200	2,300	—
1776 H-G	—	325	625	1,200	2,300	—
1776/5 H-G	—	325	625	1,200	2,300	—
1777 H-G	—	325	625	1,200	2,300	—
1777 H-S	—	325	625	1,200	2,300	—
1778 H-S	—	325	625	1,200	2,300	—
1779 H-S	—	325	625	1,200	2,300	—
1780 H-S	—	325	625	1,200	2,300	—

KM# 543 3 DUCAT

10.5000 g., 0.9860 Gold 0.3328 oz. AGW **Subject:** Joseph I **Note:** Struck from 1/2 Thaler dies, KM#534.

Date	Mintage	VG	F	VF	XF	Unc
1708 Rare	—	—	—	—	—	—

KM# 637 3 DUCAT

10.5000 g., 0.9860 Gold 0.3328 oz. AGW **Obv:** Mature bust of Maria Theresa right **Note:** Struck from 1/2 Thaler dies, KM#629.

Date	Mintage	VG	F	VF	XF	Unc
1754 Rare	—	—	—	—	—	—
1760 Rare	—	—	—	—	—	—
1761 Rare	—	—	—	—	—	—

KM# 535 4 DUCAT

14.0000 g., 0.9860 Gold 0.4438 oz. AGW **Subject:** Joseph I **Obv:** Armored bust of Joseph I right **Obv. Legend:** IOSEPHVS • D • G • R • I • S • ... **Rev:** Crowned arms on breast of crowned double-headed eagle **Note:** Struck from 1/2 Thaler dies, KM#534.

Date	Mintage	VG	F	VF	XF	Unc
1708	—	1,100	2,150	4,600	6,900	—

KM# 639 4 DUCAT

14.0000 g., 0.9860 Gold 0.4438 oz. AGW **Obv:** Mature bust of Maria Theresa right **Obv. Legend:** M • THERESA : D : G • R • IMP •... **Rev:** Crowned arms on breast of crowned double-headed eagle, date in legend **Rev. Legend:** TRAN • CO • TYR • 1765 • AR • AU • DUX • BU • ME • PR • **Note:** Struck from 1 Thaler dies, KM#629.

Date	Mintage	VG	F	VF	XF	Unc
1759	—	950	1,950	3,700	12,000	—
1761	—	950	1,950	3,700	12,000	—
1762	—	950	1,950	3,700	12,000	—
1764	—	950	1,950	3,700	12,000	—
1765	—	950	1,950	3,700	12,000	—

KM# 646 DUCAT

3.5000 g., 0.9860 Gold 0.1109 oz. AGW **Obv:** Veiled bust of Maria Theresa right **Obv. Legend:** M • THERES D : G • ... **Rev:** Crowned arms on breast of crowned double-headed eagle, date in legend **Rev. Legend:** TRAN • CO • TYR • 1776 • AR • AU • DUX • BU • M • P •

Date	Mintage	VG	F	VF	XF	Unc
1765 H-G	—	155	350	575	1,000	—
1767 H-G	—	155	350	575	1,000	—
1768 H-G	—	155	350	575	1,000	—
1769 H-G	—	155	350	575	1,000	—
1770 H-G	—	155	350	575	1,000	—
1771 H-G	—	155	350	575	1,000	—
1772 H-G	—	155	350	575	1,000	—
1773/2 H-G	—	155	350	575	1,000	—
1773 H-G	—	155	350	575	1,000	—
1774 H-G	—	155	350	575	1,000	—
1775 H-G	—	155	350	575	1,000	—
1776 H-G	—	155	350	575	1,000	—
1777 H-G	—	155	350	575	1,000	—
1777 H-S	—	155	350	575	1,000	—
1778 H-S	—	155	350	575	1,000	—
1779 H-S	—	155	350	575	1,000	—
1780 H-S	—	155	350	575	1,000	—

KM# 589 2 DUCAT

7.0000 g., 0.9860 Gold 0.2219 oz. AGW **Obv:** Older laureate bust of Charles VI right **Rev:** Crowned arms on breast of crowned double-headed eagle, date in legend **Note:** Klippe.

Date	Mintage	VG	F	VF	XF	Unc
1734	—	1,000	2,200	5,000	8,500	—

KM# 631 2 DUCAT

7.0000 g., 0.9860 Gold 0.2219 oz. AGW **Obv:** Maria Theresa right **Rev:** Crowned double headed eagle

Date	Mintage	VG	F	VF	XF	Unc
1754	—	350	750	1,550	2,750	—
1764	—	350	750	1,550	2,750	—
1765	—	350	750	1,550	2,750	—

KM# 650 2 DUCAT

7.0000 g., 0.9860 Gold 0.2219 oz. AGW **Obv:** Veiled bust of Maria Theresa right **Obv. Legend:** M • THERESIA • D : G • ... **Rev:** Crowned arms on breast of crowned double-headed eagle, date in legend, value below **Rev. Legend:** TRAN • CO • TYR • 1776 • AR • AU • DUX • BU • M • P •

Date	Mintage	VG	F	VF	XF	Unc
1768 H-G	—	325	625	1,200	2,300	—
1769 H-G	—	325	625	1,200	2,300	—

KM# 661 4 DUCAT

14.0000 g., 0.9860 Gold 0.4438 oz. AGW **Obv:** Veiled bust of Maria Theresa right **Obv. Legend:** M • THERESIA • D : G • R • IMP •... **Rev:** Crowned arms on breast of crowned double-headed eagle **Rev. Legend:** TRAN • CO • TYR • AR • AU • DUX • BU • ME • PR • **Note:** Struck from 1 Ducat dies.

Date	Mintage	VG	F	VF	XF	Unc
1778 HS	—	850	1,750	3,150	8,600	—
1779 HS	—	850	1,750	3,150	8,600	—

KM# 544 4 DUCAT

14.0000 g., 0.9860 Gold 0.4438 oz. AGW **Obv:** Large, armored bust of Joseph I right, within divided circle **Obv. Legend:** IOSEPHVS • D • G • R • I • S •... **Rev:** Crowned arms on breast of crowned double-headed eagle, within circle **Rev. Legend:** ARCHIDVX • AVSTR : D : B : ... **Note:** Struck from 1 Thaler dies.

Date	Mintage	VG	F	VF	XF	Unc
1708	—	1,700	2,900	6,300	17,000	—

KM# 564 4 DUCAT

14.0000 g., 0.9860 Gold 0.4438 oz. AGW **Obv:** Large, laureate bust of Charles VI right, within divided circle **Obv. Legend:** CAROL VI D : G : RO • IMP •... **Rev:** Crowned arms on breast of crowned double-headed eagle **Rev. Legend:** • ARCHIDVX • AVST : DVX • BVRG •... **Note:** Struck from 1 Thaler dies, KM#555.

Date	Mintage	VG	F	VF	XF	Unc
1713	—	950	1,950	3,700	12,000	—

KM# 638 4 DUCAT

14.0000 g., 0.9860 Gold 0.4438 oz. AGW **Note:** Struck from 1/2 Thaler dies, KM#628.

Date	Mintage	VG	F	VF	XF	Unc
1754	—	950	1,950	3,700	12,000	—
1755	—	950	1,950	3,700	12,000	—
1760	—	950	1,950	3,700	12,000	—

KM# 536 5 DUCAT

17.5000 g., 0.9860 Gold 0.5547 oz. AGW **Subject:** Joseph I **Obv:** Large, armored bust of Joseph I right, within divided circle **Obv. Legend:** IOSEPHVS : D : G : RO : ... **Rev:** Crowned, oval arms on breast of crowned double-headed eagle, date in legend **Rev. Legend:** ARCHID : AVS : D : B : MA : ... **Note:** Struck from 1/2 Thaler dies, KM#534.

Date	Mintage	VG	F	VF	XF	Unc
1708 Rare	—	—	—	—	—	—

KM# 537 5 DUCAT

17.5000 g., 0.9860 Gold 0.5547 oz. AGW **Obv:** Large, armored bust of Joseph I right, within divided circle **Obv. Legend:** IOSEPHVS • D • G • R • I • S •... **Rev:** Crowned arms on breast of crowned double-headed eagle, within circle **Rev. Legend:** ARCHIDVX • AVSTR : D : B : ...

Date	Mintage	VG	F	VF	XF	Unc
1708 Rare	—	—	—	—	—	—

KM# 557 5 DUCAT

17.5000 g., 0.9860 Gold 0.5547 oz. AGW **Subject:** Charles VI **Obv:** Large, laureate bust of Charles VI right, within divided circle **Obv. Legend:** CAROL VI D : G : RO • IMP •... **Rev:** Crowned arms on breast of crowned double-headed eagle **Rev. Legend:** • ARCHIDVX • AVST : DVX • BVRG •... **Note:** Struck from 1 Thaler dies, KM#555.

Date	Mintage	VG	F	VF	XF	Unc
1713	—	2,900	5,200	9,200	14,500	—
1715	—	2,900	5,200	9,200	14,500	—

TRANSYLVANIA

KM# 636 6 DUCAT
21.0000 g., 0.9860 Gold 0.6657 oz. AGW **Obv:** Mature bust of Maria Theresa right **Note:** Struck from 1 Thaler dies, KM#628.

Date	Mintage	VG	F	VF	XF	Unc
1759	—	3,750	6,800	11,500	18,000	—
1761	—	3,750	6,800	11,500	18,000	—

KM# 635 7 DUCAT
24.5000 g., 0.9860 Gold 0.7766 oz. AGW **Obv:** Mature bust of Maria Theresa right **Note:** Struck from 1 Thaler dies, KM#628.

Date	Mintage	VG	F	VF	XF	Unc
1758 Rare	—	—	—	—	—	—

KM# 561 5 DUCAT
17.5000 g., 0.9860 Gold 0.5547 oz. AGW **Obv:** Laureate bust of Charles VI right **Obv. Legend:** CARVI D : G : R : I : ... **Rev:** Crowned arms on breast of crowned double-headed eagle, date in legend **Rev. Legend:** ARCHID • AVST • DVX • BVR ... **Note:** Struck from 1/2 Thaler dies, KM#553.

Date	Mintage	VG	F	VF	XF	Unc
1717 Rare	—	—	—	—	—	—

KM# 562 5 DUCAT
17.5000 g., 0.9860 Gold 0.5547 oz. AGW **Note:** Struck from 1 Thaler dies, KM#573.

Date	Mintage	VG	F	VF	XF	Unc
1722 Rare	—	—	—	—	—	—

KM# 575 5 DUCAT
17.5000 g., 0.9860 Gold 0.5547 oz. AGW **Obv:** Armored bust of Charles VI right **Obv. Legend:** CAR • VI • D • G • R • I • ... **Rev:** Crowned arms in order chain on breast of crowned double-headed eagle, date in legend **Note:** Struck from 1/2 Thaler dies, KM#577.

Date	Mintage	VG	F	VF	XF	Unc
1727 Rare	—	—	—	—	—	—
1729 Rare	—	—	—	—	—	—

KM# 601 5 DUCAT
17.5000 g., 0.9860 Gold 0.5547 oz. AGW **Obv:** Mature bust of Maria Theresa right **Note:** Struck from 1/2 Thaler dies, KM#599.

Date	Mintage	VG	F	VF	XF	Unc
1742	—	4,000	8,000	13,000	20,000	—

KM# 626 5 DUCAT
17.5000 g., 0.9860 Gold 0.5547 oz. AGW **Obv:** Mature bust of Maria Theresa right **Rev:** Crowned arms on breast of crowned double-headed eagle **Note:** Struck from 1 Thaler dies, KM#612.

Date	Mintage	VG	F	VF	XF	Unc
1750	—	4,000	8,000	13,000	20,000	—

KM# 632 5 DUCAT
17.5000 g., 0.9860 Gold 0.5547 oz. AGW **Obv:** Mature bust of Maria Theresa right **Obv. Legend:** M • THERESIA D • G • R • IMP • ... **Rev:** Crowned arms on breast of crowned double-headed eagle, date in legend **Note:** Struck from 1/2 Thaler dies, KM#629.

Date	Mintage	VG	F	VF	XF	Unc
1754	—	2,300	3,900	7,200	12,500	—
1755	—	2,300	3,900	7,200	12,500	—
1759	—	2,300	3,900	7,200	12,500	—
1760	—	2,300	3,900	7,200	12,500	—

KM# 647 5 DUCAT
17.5000 g., 0.9860 Gold 0.5547 oz. AGW **Obv:** Mature bust of Maria Theresa right **Rev:** Crowned arms on breast of crowned double-headed eagle **Note:** Struck from 1 Thaler dies, KM#628.

Date	Mintage	VG	F	VF	XF	Unc
1765	—	2,600	5,200	8,500	13,000	—

KM# 594 6 DUCAT
21.0000 g., 0.9860 Gold 0.6657 oz. AGW **Obv:** Mature bust of Maria Theresa right **Rev:** Crowned arms on breast of crowned double-headed eagle **Note:** Struck from 1 Thaler dies, KM#603.

Date	Mintage	VG	F	VF	XF	Unc
1743	—	3,750	6,800	11,500	18,000	—

KM# 605 6 DUCAT
21.0000 g., 0.9860 Gold 0.6657 oz. AGW **Note:** Struck from 1 Thaler dies, KM#609.

Date	Mintage	VG	F	VF	XF	Unc
1745	—	3,750	6,800	11,500	18,000	—

KM# 613 6 DUCAT
21.0000 g., 0.9860 Gold 0.6657 oz. AGW **Obv:** Mature bust of Maria Theresa right **Note:** Struck from 1 Thaler dies, KM#612.

Date	Mintage	VG	F	VF	XF	Unc
1747	—	3,750	6,800	11,500	18,000	—

KM# 538 10 DUCAT
35.0000 g., 0.9860 Gold 1.1095 oz. AGW **Subject:** Joseph I **Obv:** Large, armored bust of Joseph I right, within divided circle **Obv. Legend:** IOSEPHVS • D • G • R • I • S • ... **Rev:** Crowned arms on breast of crowned double-headed eagle **Rev. Legend:** ARCHIDVX • AVSTR : D : B : ... **Note:** Struck from 1 Thaler dies.

Date	Mintage	VG	F	VF	XF	Unc
1708 Rare	—	—	—	—	—	—

KM# 552 10 DUCAT
35.0000 g., 0.9860 Gold 1.1095 oz. AGW **Subject:** Charles VI **Obv:** Large, armored bust of Charles IV right, within divided circle **Obv. Legend:** CAROLVS VI • D • G • R • IMP • ... **Rev:** Crowned arms on breast of crowned double-headed eagle, within circle **Rev. Legend:** ARCHIDVX AVSTR • D • B • MAR • ... **Note:** Struck from 1 Thaler dies, KM#550.

Date	Mintage	VG	F	VF	XF	Unc
1712 Rare	—	—	—	—	—	—

KM# 558 10 DUCAT
35.0000 g., 0.9860 Gold 1.1095 oz. AGW **Rev:** Crowned arms on breast of crowned double-headed eagle, date in legend **Rev. Legend:** • ARCHIDVX • AVS... **Note:** Struck from 1 Thaler dies, KM#555.

Date	Mintage	VG	F	VF	XF	Unc
1713 Rare	—	—	—	—	—	—

KM# 576 10 DUCAT
35.0000 g., 0.9860 Gold 1.1095 oz. AGW **Note:** Similar to 5 Ducat, KM#575. Struck from 1 Thaler dies, KM#575.

Date	Mintage	VG	F	VF	XF	Unc
1722 Rare	—	—	—	—	—	—

KM# 582 10 DUCAT
35.0000 g., 0.9860 Gold 1.1095 oz. AGW **Note:** Struck from 1/2 Thaler dies, KM#577.

Date	Mintage	VG	F	VF	XF	Unc
1729 Rare	—	—	—	—	—	—

FR# 223 10 DUCAT
Gold, 41 mm. **Obv:** Laureate bust of Charles VI right **Obv. Legend:** CAROLVI • D • G • R • ... **Rev:** Crowned arms in order chain on breast of crowned double-headed eagle **Rev. Legend:** ARCHID : AUST : D : BUR :....

Date	Mintage	VG	F	VF	XF	Unc
1740 Rare	—	—	—	—	—	—

KM# A597 10 DUCAT
35.0000 g., 0.9860 Gold 1.1095 oz. AGW **Obv:** Laureate bust of Charles VI right **Obv. Legend:** CAROLVI • D • G • R • ... **Rev:** Crowned arms on breast of crowned double-headed eagle **Rev. Legend:** ARCHID : AUST : D : BUR : ... **Note:** Struck from 1 Thaler dies, KM#591.

Date	Mintage	VG	F	VF	XF	Unc
1740	—	4,000	7,500	12,500	20,000	—

KM# 597 10 DUCAT
35.0000 g., 0.9860 Gold 1.1095 oz. AGW **Subject:** Maria Theresa **Note:** Struck from 1 Thaler dies, KM#591.

Date	Mintage	VG	F	VF	XF	Unc
1740 Rare	—	—	—	—	—	—

KM# 602 10 DUCAT
35.0000 g., 0.9860 Gold 1.1095 oz. AGW **Obv:** Mature bust of Maria Theresa right **Note:** Struck from 1 Thaler dies, KM#600.

Date	Mintage	VG	F	VF	XF	Unc
1742 Rare	—	—	—	—	—	—

KM# 602A 10 DUCAT
35.0000 g., 0.9860 Gold 1.1095 oz. AGW **Note:** Struck from 1 Thaler dies, KM#603.

Date	Mintage	VG	F	VF	XF	Unc
1743 Rare	—	—	—	—	—	—

KM# 614 10 DUCAT
35.0000 g., 0.9860 Gold 1.1095 oz. AGW **Obv:** Mature bust of Maria Theresa right **Note:** Struck from 1 Thaler dies, KM#612.

Date	Mintage	VG	F	VF	XF	Unc
1747 Rare	—	—	—	—	—	—
1750 Rare	—	—	—	—	—	—

KM# 633 10 DUCAT
35.0000 g., 0.9860 Gold 1.1095 oz. AGW **Obv:** Mature bust of Maria Theresa right **Note:** Struck from 1 Thaler dies, KM#628.

Date	Mintage	VG	F	VF	XF	Unc
1754 Rare	—	4,000	7,500	12,500	20,000	—
1757 Rare	—	4,000	7,500	12,500	20,000	—
1758 Rare	—	4,000	7,500	12,500	20,000	—
1759 Rare	—	4,000	7,500	12,500	20,000	—
1761 Rare	—	4,000	7,500	12,500	20,000	—

PATTERNS
Including off metal strikes

KM#	Date	Mintage	Identification	Mkt Val
Pn10	1705	—	Ducat. Copper.	125
Pn11	1707	—	Ducat. Silver. Malcontent	150
Pn12	1708	—	Poltura. Copper.	—
Pn13	1730	—	Poltura. Copper.	—
Pn14	1764	—	Greschl. Silver. Crowned arms within sprigs. Value, date in cartouche.	—

GROSSWARDEIN

The fortress of Grosswardein (Nagyvarad, Oradea in Romania) was a strategically important stronghold in Transylvania during the early 18th century.

Hapsburgs gained control over Hungary and Transylvania by the Treaty of Karlowitz on January 26, 1699. The local nobility began a revolt in 1703, aiming to free Transylvania from Austrian domination. Francis II Rakoczi was elected as Prince on July 6, 1704. This movement was joined by some cities and initially enjoyed a broad base of support among the peasants. During this rebellion the fortress of Grosswardein was under control of Austrian commander Stefan von Becker. Between 1706-08, rebel forces of Rakoczi besieged the fortress. Short of food and without money, the Austrians melted all the copper objects of the inhabitants and issued an emergency coinage – *nummi obsidionales*.

FORTRESS SIEGE COINAGE

KM# 1 POLTORA
Copper **Ruler:** Stefan von Becker **Obv:** Crowned I divides date **Rev. Legend:** IN/NECES:/SITATE/VARADI:/ENSI •

Date	Mintage	Good	VG	F	VF	XF
1706	—	—	295	350	475	775
1707	—	—	295	350	475	775
1708	—	—	295	350	475	775
1709	—	—	295	350	475	775

TRINIDAD

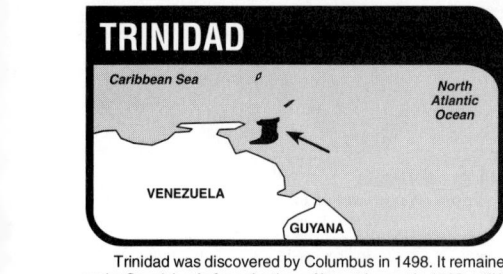

Trinidad was discovered by Columbus in 1498. It remained under Spanish rule from the time of its settlement in 1592 until its capture by the British in 1797. It was ceded to the British in 1802.

MONETARY SYSTEM
9 Bits or Shillings = 8 Reales

BRITISH COLONY
CUT & COUNTERMARKED COINAGE

KM# 9 SHILLING
Silver **Note:** Countermark: T on 1/8 or 1/9 cut of Spanish or Spanish Colonial 8 Reales; weight varies 3.00 - 3.31 grams. The attribution of this type has been questioned.

Date	Mintage	Good	VG	F	VF	XF
ND(1798-1801)	—	400	500	850	1,350	—

TUNISIA

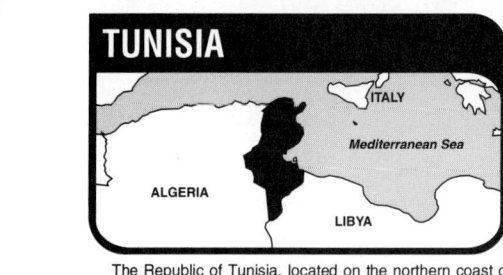

The Republic of Tunisia, located on the northern coast of Africa between Algeria and Libya, has an area of 63,170 sq. mi. (163,610 sq. km.) and a population of *7.9 million. Capital: Tunis. Agriculture is the backbone of the economy. Crude oil, phosphates, olive oil, and wine are exported.

Tunisia, settled by the Phoenicians in the 12th century B.C., was the center of the seafaring Carthaginian Empire. After the total destruction of Carthage, Tunisia became part of Rome's African province. It remained a part of the Roman Empire (except for the 439-533 interval of Vandal conquest) until taken by the Arabs, 648, who administered it until the Turkish invasion of 1570. Under Turkish control, the public revenue was heavily dependent upon the piracy of Mediterranean shipping, an endeavor that wasn't abandoned until 1819 when a coalition of powers threatened appropriate reprisal. Deprived of its major source of income, Tunisia underwent a financial regression that ended in bankruptcy, enabling France to establish a protectorate over the country in 1881. National agitation and guerrilla fighting forced France to grant Tunisia internal autonomy in 1955 and to recognize Tunisian independence on March 20, 1956. Tunisia abolished the monarchy and established a republic on July 25, 1957.

TUNIS

Tunis, the capital and major seaport of Tunisia, existed in the Carthaginian era, but its importance dates only from the Moslem conquest, following which it became a major center of Arab power and prosperity. Spain seized it in 1535, lost it in 1564, retook it in 1573 and ceded it to the Turks in 1574. Thereafter the history of Tunis merged with that of Tunisia.

RULER
Ottoman, until 1881

LOCAL RULERS
Husayn, AH1117-1147/1705-1735AD
'Ali, AH1147-1169/1735-1736AD
Muhammad Bey,
AH1169-1172/1756-1759AD
'Ali Bey II,
AH1172-1196/1759-1782AD
Hammuda Pasha II,
AH1196-1229/1782-1813AD

NOTE: All coins struck until AH1298/1881AD bear the name of the Ottoman Sultan.

MINT
Tunis

With exceptions noted in their proper place, all coins were struck at Tunis prior to AH1308/1891AD. Thereafter, all coins were struck at Paris with mint mark A until 1928, symbols of the mint from 1929-1957.

MONETARY SYSTEM

Until 1891

6 Burben (Bourbine) = 1 Burbe (Bourbe)
2 Burbe (Bourbe) = 1 Nasri
13 Burbe = 1 Kharub (Caroub)
16 Kharub (Caroub) = 1 Piastre (Rial Sebili)

Arabic name	French name	Value
Qafsi of Fals Raqiq	Bourbine	1/12 Nasri
Fals	Bourbe	6 Qafsi or 1/2 Nasri
Nasri	Asper	1-52 Riyal
Kharub	Caroub	1/16 Riyal
1/8 Riyal	1/8 Piastre	1 Kharub
1/4 Riyal	1/4 Piastre	4 Kharub
1/2 Riyal	1/2 Piastre	8 Kharub
Riyal	Piastre	16 Kharub

OTTOMAN EMPIRE
Mustafa II
AH1106-15/1695-1703AD
HAMMERED COINAGE

KM# 30 3 BURBEN
Copper **Note:** Weight varies: 2.44-2.79 grams.

Date	Mintage	Good	VG	F	VF	XF
AH1114	—	12.00	16.00	35.00	60.00	—
AH1115	—	12.00	20.00	35.00	60.00	—

Ahmed III
AH1115-43/1703-30AD
HAMMERED COINAGE

KM# 33 BURBE
3.5500 g., Copper

Date	Mintage	Good	VG	F	VF	XF
AH(1)116	—	20.00	30.00	45.00	65.00	—

KM# 34 NASRI (Dort Kose)
Silver **Note:** Square. Weight varies 0.62-0.70 grams.

Date	Mintage	VG	F	VF	XF	Unc
AH1115	—	15.00	30.00	45.00	65.00	—
AH1116	—	15.00	30.00	45.00	65.00	—
AH1117	—	15.00	30.00	45.00	65.00	—
AH(1)118	—	15.00	30.00	45.00	65.00	—
AH(11)19	—	15.00	30.00	45.00	65.00	—
AH(11)20	—	15.00	30.00	45.00	65.00	—
AH(11)21	—	15.00	30.00	45.00	65.00	—
AH(11)22	—	15.00	30.00	45.00	65.00	—
AH(11)23	—	15.00	30.00	45.00	65.00	—
AH(11)24	—	15.00	30.00	45.00	65.00	—
AH(11)25	—	15.00	30.00	45.00	65.00	—
AH(11)26	—	15.00	30.00	45.00	65.00	—
AH(11)27	—	15.00	30.00	45.00	65.00	—

KM# 35 1/4 PIASTRE
5.7000 g., Silver

Date	Mintage	F	VF	XF	Unc
AH1138	—	60.00	100	150	250	—
AH1139	—	60.00	100	150	250	—
AH1140	—	60.00	100	150	250	—
AH1141	—	60.00	100	150	250	—
AH1142	—	60.00	100	150	250	—

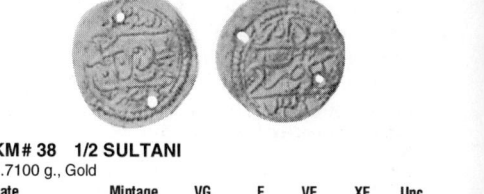

KM# 38 1/2 SULTANI
1.7100 g., Gold

Date	Mintage	VG	F	VF	XF	Unc
AH1140	—	100	150	300	500	—
AH1141	—	100	150	300	500	—
AH1142	—	100	150	300	500	—
AH1143	—	100	150	300	500	—
AH1144						

Note: Reported, not confirmed

KM# 39 SULTANI
3.1000 g., Gold

Date	Mintage	Good	VG	F	VF	XF
AH1117	—	135	225	500	750	—
AH1120	—	135	225	500	750	—
AH1121	—	135	225	500	750	—
AH1124	—	135	225	500	750	—
AH1137	—	135	225	500	500	—

Mahmud I
AH1143-68/1730-54AD
HAMMERED COINAGE

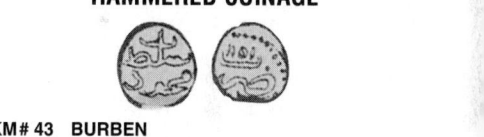

KM# 43 BURBEN
Copper **Note:** Date at top. Varieties exist.

Date	Mintage	Good	VG	F	VF	XF
AH1151	—	10.00	20.00	30.00	50.00	—
AH1163	—	10.00	20.00	30.00	50.00	—
AH1164	—	10.00	20.00	30.00	50.00	—
AH1167	—	—	—	—	—	—

Note: Reported, not confirmed.

KM# 40 BURBEN
1.2600 g., Copper, 14 mm. **Note:** Date at bottom.

Date	Mintage	Good	VG	F	VF	XF
AH1165	—	—	—	—	—	—

KM# 47 2 BURBEN
Copper **Obv:** Mintname **Rev:** Date **Note:** Weight varies: 1.54-1.68 grams. Size varies 20-21 mm.

Date	Mintage	Good	VG	F	VF	XF
AH1150	—	10.00	20.00	30.00	50.00	—
AH1157	—	10.00	20.00	30.00	50.00	—
AH1158	—	10.00	20.00	30.00	50.00	—

KM# 50 NASRI (Dort Kose)
0.4400 g., Billon **Note:** Square.

Date	Mintage	VG	F	VF	XF	Unc
AH1150	—	60.00	80.00	120	150	—
AH1151	—	60.00	80.00	120	150	—

TUNISIA

TUNIS

KM# A40 1/2 KHARUB
0.6900 g., Billon

Date	Mintage	VG	F	VF	XF	Unc
AH1162	—	—	—	—	—	—

KM# 46 KHARUB
1.3300 g., Billon **Rev:** Date at top **Note:** Size varies 13-14 mm.

Date	Mintage	VG	F	VF	XF	Unc
AH1151	—	3.50	10.00	15.00	30.00	—
AH1152	—	3.50	10.00	15.00	30.00	—
AH1153	—	3.50	10.00	15.00	30.00	—
AH1162	—	3.50	10.00	15.00	30.00	—
AH1163	—	3.50	10.00	15.00	30.00	—
AH1164	—	3.50	10.00	15.00	30.00	—
AH1165	—	3.50	10.00	15.00	30.00	—
AH1166	—	3.50	10.00	15.00	30.00	—
AH1167	—	3.50	10.00	15.00	30.00	—

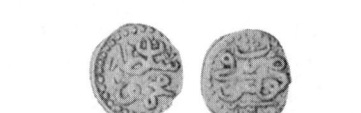

KM# 49 KHARUB
1.3300 g., Billon **Rev:** Date at bottom

Date	Mintage	VG	F	VF	XF	Unc
AH1167	—	4.50	12.00	18.00	40.00	—
AH1168/7	—	4.50	12.00	18.00	40.00	—

KM# 44.1 2 KHARUB
Billon **Rev:** "Duriba" in center **Note:** Weight varies: 2.30-2.90 grams.

Date	Mintage	VG	F	VF	XF	Unc
AH1150	—	10.00	20.00	40.00	60.00	—
AH1151	—	10.00	20.00	40.00	60.00	—
AH1152	—	10.00	20.00	40.00	60.00	—

KM# 44.2 2 KHARUB
Billon **Rev:** Without "Duriba" **Note:** Weight varies: 2.30-3.16 grams. Size varies 19-20 mm.

Date	Mintage	VG	F	VF	XF	Unc
AH1153	—	10.00	20.00	30.00	40.00	—
AH1154	—	10.00	20.00	30.00	40.00	—
AH1155	—	10.00	20.00	30.00	40.00	—
AH1156	—	10.00	20.00	30.00	40.00	—

KM# 42 1/4 PIASTRE
Billon **Note:** Weight varies: 4.29-5.87 grams.

Date	Mintage	VG	F	VF	XF	Unc
AH1147	—	8.00	15.00	35.00	50.00	—
AH1148	—	8.00	15.00	35.00	50.00	—
AH1149	—	8.00	15.00	35.00	50.00	—
AH1150	—	8.00	15.00	35.00	50.00	—
AH1151	—	8.00	15.00	35.00	50.00	—
AH1152	—	8.00	15.00	35.00	50.00	—
AH1153	—	8.00	15.00	35.00	50.00	—

KM# 41 1/2 SULTANI
Gold **Note:** 1.60-1.68 grams.

Date	Mintage	VG	F	VF	XF	Unc
AH1144	—	75.00	125	200	300	—

KM# 48 1/2 SULTANI
Gold **Obv:** Small legend **Rev:** Small legend

Date	Mintage	VG	F	VF	XF	Unc
AH1166	—	75.00	125	200	300	—

KM# 45 SULTANI
3.3400 g., Gold, 23 mm.

Date	Mintage	VG	F	VF	XF	Unc
AH1151	—	145	225	350	500	—
AH1155	—	145	225	350	500	—

Mustafa III
AH1171-87/1757-75AD
HAMMERED COINAGE

KM# 55 BURBEN
Copper **Note:** Weight varies: 0.57-1.09 grams. Size varies 11-14 mm.

Date	Mintage	Good	VG	F	VF	XF
AH1172	—	10.00	15.00	25.00	40.00	—
AH1173	—	10.00	15.00	25.00	40.00	—
AH1174	—	10.00	15.00	25.00	40.00	—
AH1175	—	10.00	15.00	25.00	40.00	—
AH1176	—	10.00	15.00	25.00	40.00	—
AH1177	—	10.00	15.00	25.00	40.00	—
AH1178	—	10.00	15.00	25.00	40.00	—

KM# 56 2 BURBEN
Copper **Note:** Weight varies 2.68-4.60 grams. Size varies 18-22 mm.

Date	Mintage	Good	VG	F	VF	XF
AH1172	—	—	—	—	—	—
AH1173	—	3.00	6.00	12.00	25.00	—
AH1174	—	3.00	6.00	12.00	25.00	—
AH1175	—	3.00	6.00	12.00	25.00	—
AH1176	—	3.00	6.00	12.00	25.00	—
AH1177	—	3.00	6.00	12.00	25.00	—
AH1178	—	3.00	6.00	12.00	25.00	—
AH1179	—	3.00	6.00	12.00	25.00	—
AH1180	—	3.00	6.00	12.00	25.00	—
AH1181	—	3.00	6.00	12.00	25.00	—
AH1182	—	3.00	6.00	12.00	25.00	—

KM# 52.2 BURBE
Copper **Rev:** Date at bottom **Note:** Weight varies: 3.30-4.60 grams.

Date	Mintage	Good	VG	F	VF	XF
AH1171	—	3.00	6.00	9.00	18.00	—
AH1172	—	3.00	6.00	9.00	16.00	—
AH1173	—	2.50	5.00	7.50	12.00	—
AH1174	—	2.50	5.00	7.50	12.00	—
AH1175	—	2.50	5.00	7.50	12.00	—
AH1176	—	2.50	5.00	9.00	18.00	—
AH1177	—	2.50	5.00	9.00	18.00	—
AH1178	—	2.50	5.00	9.00	18.00	—
AH1179	—	3.00	6.00	12.00	22.00	—
AH1180	—	3.00	6.00	12.00	22.00	—
AH1181	—	3.00	6.00	12.00	22.00	—
AH1182	—	3.00	6.00	12.00	22.00	—
AH1183	—	3.00	6.00	12.00	22.00	—
AH1184	—	3.00	6.00	12.00	22.00	—
AH1185	—	3.00	6.00	12.00	22.00	—
AH1186	—	3.00	6.00	9.00	18.00	—
AH1187	—	3.00	6.00	9.00	18.00	—

KM# 52.1 BURBE
Copper **Rev:** Date at top **Note:** Weight varies: 3.30-4.60 grams. Size varies 19-22 mm.

Date	Mintage	Good	VG	F	VF	XF
AH1171	—	3.00	6.00	12.00	25.00	—
AH1172	—	3.00	6.00	12.00	25.00	—
AH1173	—	3.00	6.00	12.00	25.00	—
AH1174	—	3.00	6.00	12.00	25.00	—
AH1175	—	3.00	6.00	12.00	25.00	—
AH1178	—	3.00	6.00	12.00	25.00	—
AH1186	—	3.00	6.00	12.00	25.00	—
AH1187	—	3.00	6.00	12.00	25.00	—
AH1188	—	3.00	6.00	12.00	25.00	—

KM# 53 KHARUB
Billon **Note:** Weight vareis: 0.82-1.30 grams.

Date	Mintage	Good	VG	F	VF	XF
AH1171	—	12.00	18.00	25.00	35.00	—
AH1172	—	12.00	18.00	25.00	35.00	—
AH1173	—	12.00	18.00	25.00	35.00	—
AH1174	—	12.00	18.00	25.00	35.00	—
AH1175	—	12.00	18.00	25.00	35.00	—
AH1176	—	12.00	18.00	25.00	35.00	—
AH1177	—	12.00	18.00	25.00	35.00	—
AH1178	—	12.00	18.00	25.00	35.00	—

KM# 59 8 KHARUB
7.6000 g., Billon, 28 mm. **Note:** Similar to 1 Piastre, KM#57.

Date	Mintage	Good	VG	F	VF	XF
AH1187	—	40.00	50.00	90.00	200	—
AH1188	—	60.00	80.00	140	300	—

KM# 57 PIASTRE
Billon **Note:** Weight varies 14.37-15.09 grams. Size varies 33-36 mm.

Date	Mintage	Good	VG	F	VF	XF
AH1180	—	25.00	40.00	80.00	100	—
AH1181	—	25.00	40.00	80.00	100	—
AH1182	—	20.00	35.00	80.00	160	—
AH1183	—	20.00	35.00	80.00	160	—
AH1184	—	20.00	35.00	80.00	160	—
AH1185	—	20.00	35.00	80.00	100	—
AH1186	—	10.00	20.00	50.00	100	—
AH1187	—	20.00	35.00	80.00	160	—
AH1188	—	25.00	40.00	100	180	—

KM# 58 1/2 SULTANI
Gold **Note:** Weight varies 1.15-1.30 grams.

Date	Mintage	VG	F	VF	XF	Unc
AH1185	—	75.00	125	220	285	—
AH1186	—	75.00	125	220	285	—
AH1187	—	75.00	125	220	285	—

TUNIS

KM# 54.1 SULTANI
3.0000 g., Gold

Date	Mintage	VG	F	VF	XF	Unc
AH1171	—	135	200	350	550	—

KM# 54.2 SULTANI
2.6000 g., Gold **Note:** Size varies 19-20 mm.

Date	Mintage	VG	F	VF	XF	Unc
AH1181	—	125	185	275	450	—
AH1182	—	125	185	275	450	—
AH1183	—	125	185	275	450	—
AH1184	—	125	185	275	450	—
AH1185	—	125	185	275	450	—
AH1186	—	125	185	275	450	—

Abdul Hamid I
AH1187-1203/1774-89AD
HAMMERED COINAGE

KM# 62 BURBEN
Copper **Obv:** Legend in three lines **Rev:** Date at top **Note:** Size varies 8-10 mm. Weight varies: 0.432-0.575 grams.

Date	Mintage	Good	VG	F	VF	XF
AH1188	—	8.00	12.00	20.00	40.00	—
AH1189	—	4.50	8.50	17.50	35.00	—
AH1190	—	4.50	8.50	17.50	35.00	—
AH1191	—	4.50	8.50	17.50	35.00	—
AH1192	—	4.50	8.50	17.50	35.00	—
AH1195	—	4.50	8.50	17.50	35.00	—
AH1196	—	4.50	8.50	17.50	35.00	—
AH1197	—	4.50	8.50	17.50	35.00	—
AH1198	—	4.50	8.50	17.50	35.00	—

KM# 67 4 KHARUB
Billon

Date	Mintage	Good	VG	F	VF	XF
AH1191	—	—	—	—	—	—
	Note: Reported, not confirmed					
AH1195	—	—	—	—	—	—
	Note: Reported, not confirmed					
AH1199	—	—	—	—	—	—
	Note: Reported, not confirmed					
AH1201	—	—	—	—	—	—
	Note: Reported, not confirmed					

KM# 64 8 KHARUB
Billon **Rev:** Date at bottom **Note:** 6.20-8.00 grams. Size varies 28-29 mm.

Date	Mintage	Good	VG	F	VF	XF
AH1188	—	20.00	40.00	100	150	—
AH1189	—	20.00	40.00	100	150	—
AH1191	—	15.00	30.00	75.00	125	—
AH1192	—	15.00	30.00	75.00	125	—
AH1193	—	15.00	30.00	75.00	125	—
AH1194	—	15.00	30.00	75.00	125	—
AH1195	—	20.00	40.00	100	150	—
AH1196	—	15.00	30.00	75.00	125	—
AH1197	—	15.00	30.00	75.00	125	—
AH1198	—	15.00	30.00	75.00	125	—
AH1199	—	20.00	40.00	100	150	—
AH1201	—	20.00	40.00	100	150	—
AH1202	—	20.00	40.00	100	150	—

KM# 69 2 BURBEN
Copper

Date	Mintage	Good	VG	F	VF	XF
AH1195	—	—	—	—	—	—
	Note: Reported, not confirmed					
AH1196	—	—	—	—	—	—
	Note: Reported, not confirmed					
AH1197	—	—	—	—	—	—
	Note: Reported, not confirmed					
AH1198	—	—	—	—	—	—
	Note: Reported, not confirmed					

KM# 63 BURBE
Copper **Note:** Weight varies: 3.04-3.84 grams. Size varies 18-21 mm.

Date	Mintage	Good	VG	F	VF	XF
AH1188	—	3.50	6.50	12.50	25.00	—
AH1189	—	3.50	6.50	12.50	25.00	—
AH1190	—	3.50	6.50	12.50	25.00	—
AH1191	—	3.50	6.50	12.50	25.00	—
AH1192	—	3.50	6.50	12.50	25.00	—
AH1193	—	3.50	6.50	12.50	25.00	—
AH1194	—	3.50	6.50	12.50	25.00	—
AH1195	—	3.50	6.50	12.50	25.00	—
AH1196	—	3.50	6.50	12.50	25.00	—
AH1197	—	3.50	6.50	12.50	25.00	—
AH1198	—	3.50	6.50	12.50	25.00	—

KM# 68 2 KHARUB
Billon

Date	Mintage	Good	VG	F	VF	XF
AH1191	—	—	—	—	—	—
	Note: Reported, not confirmed					
AH1192	—	—	—	—	—	—
	Note: Reported, not confirmed					
AH1201	—	—	—	—	—	—
	Note: Reported, not confirmed					

KM# 65 PIASTRE
Billon **Note:** Weight varies 14.90-15.28 grams. Size varies 34-35 mm.

Date	Mintage	Good	VG	F	VF	XF
AH1188	—	20.00	40.00	80.00	150	—
AH1189	—	20.00	40.00	80.00	150	—
AH1191	—	15.00	30.00	60.00	125	—
AH1192	—	15.00	30.00	60.00	125	—
AH1194	—	12.00	25.00	50.00	100	—
AH1195	—	20.00	40.00	80.00	150	—
AH1196	—	12.00	25.00	50.00	100	—
AH1197	—	12.00	25.00	50.00	100	—
AH1198	—	12.00	25.00	50.00	100	—
AH1199	—	12.00	25.00	50.00	100	—
AH1200	—	15.00	30.00	60.00	125	—
AH1201	—	15.00	30.00	60.00	125	—
AH1202	—	15.00	30.00	60.00	125	—

KM# 66 1/2 SULTANI
1.2800 g., Gold

Date	Mintage	VG	F	VF	XF	Unc
AH1188	—	100	125	250	400	—
AH1189	—	100	125	250	400	—

Selim III
AH1203-22/1789-1807AD
HAMMERED COINAGE

KM# 74 4 KHARUB
4.0000 g., Billon

Date	Mintage	Good	VG	F	VF	XF
AH1215	—	50.00	100	150	250	—

KM# 73 8 KHARUB
Billon **Note:** Varieties of ornamentation exist. 7.10-7.70 grams. Similar to 1 Piastre, KM#72. Size varies 27-28 mm.

Date	Mintage	Good	VG	F	VF	XF
AH1206	—	12.00	25.00	32.00	60.00	—
AH1207	—	12.00	25.00	32.00	60.00	—
AH1208	—	12.00	25.00	32.00	60.00	—
AH1209	—	12.00	25.00	32.00	60.00	—
AH1210	—	12.00	25.00	32.00	60.00	—
AH1212	—	12.00	25.00	32.00	60.00	—
AH1213	—	12.00	25.00	32.00	60.00	—
AH1214	—	12.00	25.00	32.00	60.00	—
AH1215	—	12.00	25.00	32.00	60.00	—

KM# 72.1 PIASTRE
Billon **Rev:** Mint above date within circle **Note:** 14.90-16.00 grams.

Date	Mintage	Good	VG	F	VF	XF
AH1203	—	35.00	60.00	100	150	—

KM# 72.2 PIASTRE
Billon **Obv:** Legend within circle **Rev:** Mint above date within ornamental frame **Note:** Varieties of ornamentation exist. 14.90-16.00 grams.

Date	Mintage	Good	VG	F	VF	XF
AH1206	—	18.00	30.00	50.00	95.00	—
AH1207	—	18.00	30.00	50.00	95.00	—
AH1208	—	18.00	30.00	50.00	95.00	—
AH1209	—	18.00	30.00	50.00	95.00	—
AH1210	—	18.00	30.00	50.00	95.00	—
AH1211	—	18.00	30.00	50.00	95.00	—
AH1212	—	18.00	30.00	50.00	95.00	—
AH1213	—	20.00	35.00	55.00	100	—
AH1214	—	18.00	30.00	50.00	95.00	—
AH1215	—	18.00	30.00	50.00	95.00	—

TURKEY

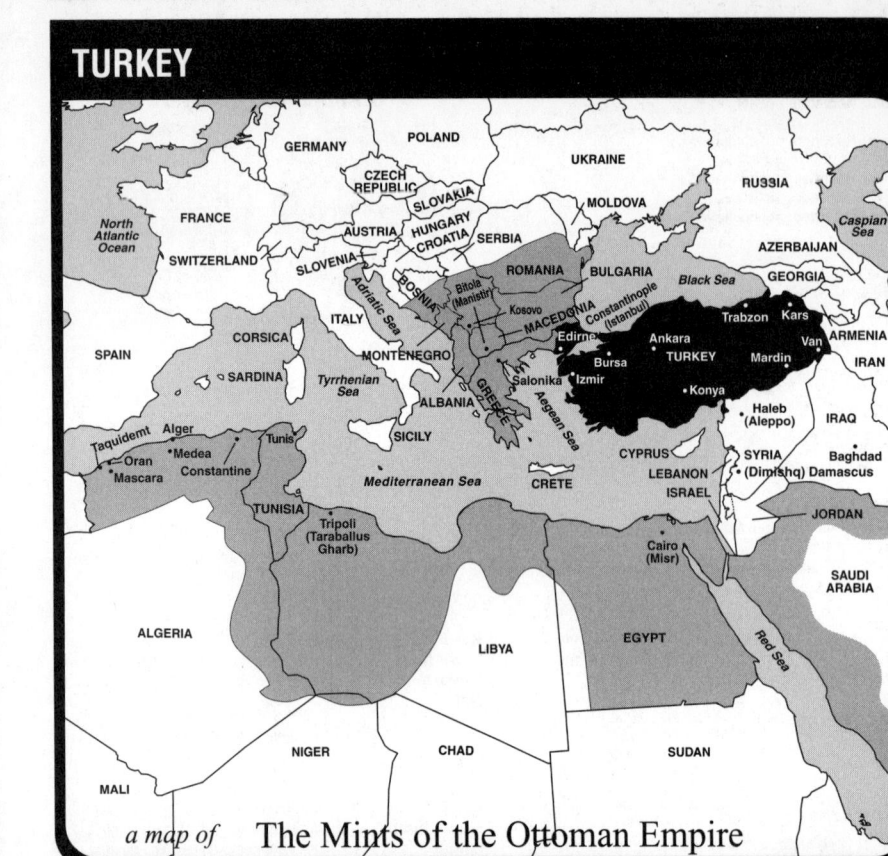

a map of The Mints of the Ottoman Empire

The Republic of Turkey, a parliamentary democracy of the Near East located partially in Europe and partially in Asia between the Black and the Mediterranean Seas, has an area of 301,382 sq. mi. (780,580 sq. km.) and a population of *55.4 million. Capital: Ankara. Turkey exports cotton, hazelnuts, and tobacco, and enjoys a virtual monopoly in meerschaum.

The Ottoman Turks, a tribe from Central Asia, first appeared in the early 13th century, and by the 17th century had established the Ottoman Empire which stretched from the Persian Gulf to the southern frontier of Poland, and from the Caspian Sea to the Algerian plateau. The defeat of the Turkish navy by the Holy League in 1571, and of the Turkish forces besieging Vienna in 1683, began the steady decline of the Ottoman Empire which, accelerated by the rise of nationalism, contracted its European border, and by the end of World War I deprived it of its Arab lands. The present Turkish boundaries were largely fixed by the Treaty of Lausanne in 1923. The sultanate and caliphate, the political and spiritual ruling institutions of the old empire, were separated and the sultanate abolished in 1922. On Oct. 29, 1923, Turkey formally became a republic.

RULERS

Mustafa II, AH1106-1115/1695-1703AD
Ahmed III, AH1115-1143/1703-1730AD

The reign of Ahmed III falls into the so-called "Tulip Era" of the Ottoman Empire. It is so significant that most of his coinage bears the tulip design right of the Toughra or somewhere on the coin.

Mahmud I, AH1143-1168/1730-1754AD
Osman III, AH1168-1171/1754-1757AD
Mustafa III, AH1171-1187/1757-1774AD

Toughra Types

First   Second

First toughra inscribed: *Mustafa Khan b. Ahmad al-Muzaffar Daima.*

Second toughra inscribed: *Mustafa b. Ahmad al-Muzaffar Daima.*

Abdul Hamid I, AH1187-1203/1774-1789AD

2-1/2 Kurush (Piastres) = Yuzluk
3 Kurush (Piastres) = Uechlik
5 Kurush (Piastres) = Beshlik
6 Kurush (Piastres) = Altilik

Gold Coinage

100 Kurush (Piastres) = 1 Turkish Pound (Lira)

NOTE: This system has remained essentially unchanged since its introduction by Ahmad III in 1688, except that the Asper and Para have long since ceased to be coined. The Piastre, established as a crown-sized silver coin approximately equal to the French Ecu of Louis XIV, has shrunk to a tiny copper coin, worth about 1/15 of a U.S. cent. Since the establishment of the Republic in 1923, the Turkish terms, Kurus and Lira, have replaced the European names Piastres and Turkish Pounds.

INITIAL LETTERS

Letters, symbols and numerals were placed on coins during the reigns of Mustafa II (1695) until Selim III(1789). They have been observed in various positions but the most common position being over *bin* in the third row of the obverse.

First

First Toughra inscribed: *Abdul Hamid Han bin Ahmad al-Muzaffer Da'ima.*

Second Toughra inscribed: *Han Abdul Hamid bin Ahmad al-Muzaffer Da'ima.*

Selim III, AH1203-1222/1789-1807AD

Toughra Types

First   Second

First Toughra Series

Heavy coinage based on a Piastre weighing approximately 19.20 g with first toughra.

First Toughra inscribed: *Han Sellim bin Mustafa al-Muzaffer Da'ima.*

Second Toughra Series

Heavy coinage based on a Piastre weighing approximately 19.20 g with second toughra.

Second Toughra inscribed: *Selim Han bin Mustafa al-Muzaffer Dai'ma.*

MINT NAMES

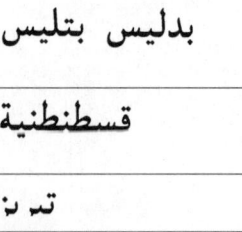

Bitlis
(Bidlis)

Constantinople
(Qustantiniyah)

Tabriz

MONETARY EQUIVALENTS

3 Akche = 1 Para
5 Para = Beshlik (Beshparalik)
10 Para = Onluk
20 Para = Yirmilik
30 Para = Zolota
40 Para = Kurush (Piastre)
1-1/2 Kurush (Piastres) = Altmishlik

MONETARY SYSTEM

Silver Coinage

40 Para = 1 Kurush (Piastre)
2 Kurush (Piastres) = 1 Ikilik

INITIAL LETTERS, NUMERALS

Alif	ba	ha	(?) h	dal
i	ii	iii	iv	v
ra	sin	sad	(?) sm	ta
vi	viii	viii	ix	x
da	'ain	'ain	kaf	mim
xi	xii	xiii	xiv	xv
nun	nun w/o dot	ha	(?) ra	aha
xvi	xvii	xviii	xix	xx
asin	ba	bkr	ha	raa
xxi	xxii	xxiii	xxiv	xxv
ragib	sma	(?) ds	'aa	gha
xxvi	xxvii	xxviii	xxix	xxx
'ab	'abd	'ad	'an	md
xxxi	xxxii	xxxiii	xxxiv	xxxv
mr	mk	mdm	(?) mm	ha
xxxvi	xxxvii	xxxviii	xxxix	xl
ta	4-a	md6	6mo	6mdm
xli	xlii	xliii	xliv	lxv

OTTOMAN EMPIRE

Ahmed III
AH1115-43/1703-30AD

HAMMERED COINAGE

KM# 134 MANGIR
Copper, 21.5 mm.

Date	Mintage	VG	F	VF	XF	Unc
AH1115	—	—	—	—	—	—

KM# 133 MANGIR
1.3000 g., Copper

Date	Mintage	Good	VG	F	VF	XF
AH1116	—	45.00	90.00	150	200	—
AH1124	—	45.00	90.00	150	200	—
AH1125	—	45.00	90.00	150	200	—
AH1128	—	45.00	90.00	150	200	—
AH1134	—	45.00	90.00	150	200	—

KM# 133.1 MANGIR
Copper Obv: Titles of Ahmad III Rev: Mint and date Note: Weight varies 2.93-7.75 grams.

Date	Mintage	Good	VG	F	VF	XF
AH1116	—	45.00	90.00	150	200	—
AH1124	—	45.00	90.00	150	200	—
AH1128	—	45.00	90.00	150	200	—
AH1133	—	45.00	90.00	150	200	—
AH1134	—	45.00	90.00	150	200	—
AH1138	—	45.00	90.00	150	200	—

KM# 133.3 MANGIR
Copper Obv: Toughra of Ahmad III Rev: Mint and date Note: Weight varies 6-7 grams.

Date	Mintage	Good	VG	F	VF	XF
AH1123	—	45.00	90.00	150	200	—

KM# 133.2 MANGIR
Copper Obv: Titles of Ahmad III and date Rev: Mint name Note: Weight varies 5-6.4 grams.

Date	Mintage	Good	VG	F	VF	XF
AH1125	—	45.00	90.00	150	200	—

KM# 142 KAZBEG (Kazbaki)
Copper Obv: Toughra, mint and date below Rev: 4-line inscription

Date	Mintage	VG	F	VF	XF	Unc
AH1115	—	—	—	—	—	—

KM# 143 BAKIR
Copper Obv: Titles of Ahmed III in ornamented rhombus Rev: Date divided by large ornament, mint below Note: Weight varies 3.5-7.6 grams.

Date	Mintage	VG	F	VF	XF	Unc
AH1143	—	—	—	—	—	—

KM# 136 AKCE
Silver Note: Weight varies 0.13-0.18 grams.

Date	Mintage	VG	F	VF	XF	Unc
AH1115 VII	—	15.00	35.00	70.00	—	—

KM# 135 AKCE
Silver Note: Weight varies 0.18-0.25 grams.

Date	Mintage	VG	F	VF	XF	Unc
AH1115 II	—	15.00	35.00	70.00	—	—
AH1115 IV	—	15.00	35.00	70.00	—	—
AH1115 V	—	15.00	35.00	70.00	—	—
AH1115 VI	—	15.00	35.00	70.00	—	—
AH1115 XXV	—	15.00	35.00	70.00	—	—

KM# 139.2 PARA
Silver Note: 'VIII' in toughra.

Date	Mintage	VG	F	VF	XF	Unc
1115 VIII	—	6.00	15.00	30.00	—	—

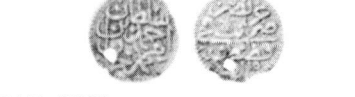

KM# 140 PARA
Silver Note: Weight varies 0.28-0.30 grams.

Date	Mintage	VG	F	VF	XF	Unc
AH1115 VI	—	35.00	60.00	100	150	250

KM# 141 PARA
Silver Note: Weight varies 0.40-0.43 grams.

Date	Mintage	VG	F	VF	XF	Unc
AH1115 V	—	6.00	15.00	30.00	—	—
AH1115 XIII	—	6.00	15.00	30.00	—	—
AH1115 XIV	—	6.00	15.00	30.00	—	—
AH1115 XV	—	6.00	15.00	30.00	—	—
AH1115 XIX	—	6.00	15.00	30.00	—	—

KM# 139.1 PARA
Silver Note: Weight varies 0.48-0.65 grams.

Date	Mintage	VG	F	VF	XF	Unc
AH1115 II	—	6.00	15.00	30.00	—	—
AH1115 III	—	6.00	15.00	30.00	—	—
AH1115 V	—	6.00	15.00	30.00	—	—
AH1115 VI	—	6.00	15.00	30.00	—	—
AH1115 VII	—	6.00	15.00	30.00	—	—
AH1115 XIV	—	6.00	15.00	30.00	—	—
AH1115 XXXVI	—	6.00	15.00	30.00	—	—

KM# 144 BESHLIK
Silver Note: Weight varies 3.27-3.48 grams.

Date	Mintage	VG	F	VF	XF	Unc
AH1115 III	—	20.00	30.00	50.00	100	—
AH1115 VIII	—	20.00	30.00	50.00	100	—
AH1115 XXXV	—	20.00	30.00	50.00	100	—

KM# 147 ONLUK
Silver Note: Weight varies 5.75-6.50 grams.

Date	Mintage	VG	F	VF	XF	Unc
AH1115 III	—	15.00	25.00	40.00	75.00	—
AH1115 VII	—	15.00	25.00	40.00	75.00	—
AH1115 VII	—	15.00	25.00	40.00	75.00	—
AH1115 XIX	—	15.00	25.00	40.00	75.00	—
AH1115 XXXV	—	15.00	25.00	40.00	75.00	—
AH1115 III//XXXVI	—	15.00	25.00	40.00	75.00	—
AH1115 XXXVI//III	—	15.00	25.00	40.00	75.00	—
AH1115 XIV//VI	—	15.00	25.00	40.00	75.00	—

KM# 160 KURUS
25.6500 g., Silver

Date	Mintage	VG	F	VF	XF	Unc
AH1115 XIX	—	15.00	30.00	60.00	120	—

KM# 150 1/2 ZOLOTA
Silver Note: Weight varies 9.5-10.1 grams.

Date	Mintage	VG	F	VF	XF	Unc
AH1115 IX	—	10.00	20.00	40.00	70.00	—
AH1115 X	—	10.00	20.00	40.00	70.00	—
AH1115 XIII	—	10.00	20.00	40.00	70.00	—
AH1115 XXXIII	—	10.00	20.00	40.00	70.00	—
AH1115 XVIII//XIII	—	10.00	20.00	40.00	70.00	—

KM# 156 ZOLOTA
Silver Note: Dav. #322. Weight varies 19-20.6 grams.

Date	Mintage	VG	F	VF	XF	Unc
AH1115 V	—	6.00	12.00	25.00	60.00	—
AH1115 IX	—	6.00	12.00	25.00	60.00	—
AH1115 X	—	6.00	12.00	25.00	60.00	—
AH1115 XIII	—	6.00	12.00	25.00	60.00	—
AH1115 XV	—	6.00	12.00	25.00	60.00	—
AH1115 XVIII	—	6.00	12.00	25.00	60.00	—
AH1115 XXVII	—	6.00	12.00	25.00	60.00	—
AH1115 XXXIII	—	6.00	12.00	25.00	60.00	—
AH1115 XL	—	6.00	12.00	25.00	60.00	—
AH1115 XIII//XVII	—	6.00	12.00	25.00	60.00	—
AH1115 XVIII//XIII	—	6.00	12.00	25.00	60.00	—
AH1115 XVIII//XXXV	—	6.00	12.00	25.00	60.00	—

KM# 153 YIRMILIK
Silver Note: Weight varies 12.3-13.6 grams.

Date	Mintage	VG	F	VF	XF	Unc
AH1115 III	—	8.00	15.00	40.00	60.00	—
AH1115 XXXV	—	8.00	15.00	40.00	60.00	—
AH1115 XXXVI//III	—	8.00	15.00	40.00	60.00	—
AH1115 III//XXXVI	—	8.00	15.00	40.00	60.00	—

KM# 159 KURUS
Silver Note: Dav. #321. Weight varies 25.5-26.5 grams.

Date	Mintage	VG	F	VF	XF	Unc
AH1115 III	—	15.00	30.00	60.00	120	—
AH1115 VI	—	15.00	30.00	60.00	120	—
AH1115 XXXV	—	15.00	30.00	60.00	120	—

KM# 162 1/2 ZERI ISTANBUL (Yarim)
1.7500 g., Gold

Date	Mintage	VG	F	VF	XF	Unc
AH1115 XXXV	—	75.00	100	200	300	—
AH1115 XXXVI	—	75.00	100	200	300	—

TURKEY

KM# 173 ZERI ISTANBUL
Gold **Note:** Weight varies 3.4-3.5 grams.

Date	Mintage	VG	F	VF	XF	Unc
AH1115 III	—	125	150	175	250	—
AH1115 VIII	—	125	150	175	250	—
AH1115 XIV	—	125	150	175	250	—
AH1115 XVI	—	125	150	175	250	—
AH1115 XIX	—	125	150	175	250	—
AH1115 XXXV	—	125	150	175	250	—

KM# 179 DORT LUK ESHREFI ALTIN
13.7500 g., Gold

Date	Mintage	VG	F	VF	XF	Unc
AH1115 XL Rare	—	—	—	—	—	—

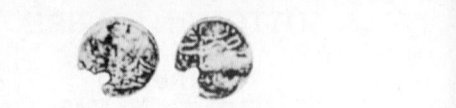

KM# 190 AKCF
Silver **Note:** Weight varies 0.17-0.25 grams.

Date	Mintage	VG	F	VF	XF	Unc
AH1143 III	—	15.00	25.00	40.00	75.00	—
AH1143 XII	—	15.00	25.00	40.00	75.00	—
AH1143 XIV	—	15.00	25.00	40.00	75.00	—
AH1143 XVI	—	15.00	25.00	40.00	75.00	—
AH1143 XXV	—	15.00	25.00	40.00	75.00	—
AH1143 XXIX	—	15.00	25.00	40.00	75.00	—
AH1143 XXXI	—	15.00	25.00	40.00	75.00	—

KM# 163 1/2 ZERI MAHBUB
1.2500 g., Gold

Date	Mintage	VG	F	VF	XF	Unc
AH1115 VII	—	60.00	100	200	300	—
AH1115 VIII	—	60.00	100	200	300	—

KM# 193 PARA
Silver **Note:** Varieties of ornamentation and toughra exist. Weight varies 0.4-0.64 grams.

Date	Mintage	VG	F	VF	XF	Unc
AH1143 XIV	—	4.50	7.50	10.00	15.00	—
AH1143 XXIX	—	4.50	7.50	10.00	15.00	—
AH1143 XXX	—	4.50	7.50	10.00	15.00	—
AH1143 XXXI	—	4.50	7.50	10.00	15.00	—

KM# 166 ZERI MAHBUB
2.6000 g., Gold

Date	Mintage	VG	F	VF	XF	Unc
AH1115 XXXV	—	95.00	125	200	300	—

KM# 194 PARA
Silver **Note:** Weight varies 0.4-0.61 grams. Varieties of ornamentation and toughra exist.

Date	Mintage	VG	F	VF	XF	Unc
AH1143 VIII	—	4.50	7.50	10.00	15.00	—
AH1143 XII	—	4.50	7.50	10.00	15.00	—
AH1143 XV	—	4.50	7.50	10.00	15.00	—
AH1143 XVI	—	4.50	7.50	10.00	15.00	—

KM# 182 BESHLIK ESHREFI ALTIN
16.9000 g., Gold

Date	Mintage	VG	F	VF	XF	Unc
AH1115 XVIII	—	850	2,500	4,500	7,500	—
AH1115 XI	—	850	2,500	4,500	7,500	—
AH1115 II/XIX	—	850	2,500	4,500	7,500	—

KM# 169 ESHREFI ALTIN
Gold, 32 mm. **Note:** Weight varies 3.4-3.5 grams.

Date	Mintage	VG	F	VF	XF	Unc
AH1115 XVIII	—	125	175	300	400	—

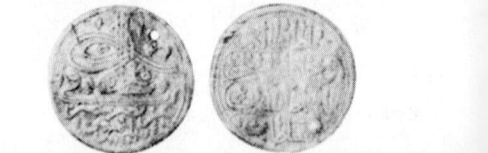

KM# 199 BESHLIK
Silver **Note:** Weight varies 2.63-3.33 grams.

Date	Mintage	VG	F	VF	XF	Unc
AH1143 XII	—	20.00	30.00	50.00	100	—

KM# 170 ESHREFI ALTIN
3.4500 g., Gold **Note:** Weight varies 3.4-3.5 grams. Size varies 21-25mm.

Date	Mintage	VG	F	VF	XF	Unc
AH1115 VII	—	125	145	200	300	—
AH1115 IX	—	125	145	200	300	—
AH1115 XIII	—	125	145	200	300	—
AH1115 IV/XXVI	—	125	145	200	300	—

KM# 185 ONLUK ESHREFI ALTIN
34.4000 g., Gold

Date	Mintage	VG	F	VF	XF	Unc
AH1115 Rare	—	—	—	—	—	—

Mahmud I
AH1143-68/1730-54AD

HAMMERED COINAGE

KM# A190 MANGIR
Copper **Obv:** Toughra of Mahmud I **Rev:** Mint and date **Note:** Weight varies 5.5-6.5 grams.

Date	Mintage	Good	VG	F	VF	XF
AH1143	—	—	—	—	—	—

KM# B190 MANGIR
Copper **Obv:** Titles of Mahmud I **Rev:** Mint and date **Note:** Weight varies 3.37-5.38 grams. Some specimens have "Mahmud" countermark on reverse.

Date	Mintage	Good	VG	F	VF	XF
AH1150	—	—	—	—	—	—
AH1163	—	—	—	—	—	—

KM# C190 MANGIR
Copper **Obv:** Titles of Mahmud I in decahedron **Rev:** Mint and date **Note:** Weight varies 6.5-7.17 grams. Struck at Bitlis Mint.

Date	Mintage	Good	VG	F	VF	XF
AH1154	—	—	—	—	—	—

KM# 197 BESHLIK
Silver **Note:** Weight varies 2.26-2.91 grams.

Date	Mintage	VG	F	VF	XF	Unc
AH1143 VIII	—	12.50	17.50	35.00	60.00	—
AH1143 XII	—	12.50	17.50	35.00	60.00	—
AH1143 XIII	—	12.50	17.50	35.00	60.00	—
AH1143 XIV	—	12.50	17.50	35.00	60.00	—
AH1143 XV	—	12.50	17.50	35.00	60.00	—
AH1143 XXIX	—	12.50	17.50	35.00	60.00	—
AH1143 XXXI	—	12.50	17.50	35.00	60.00	—

KM# 203 ONLUK
5.1500 g., Silver

Date	Mintage	VG	F	VF	XF	Unc
AH1143	—	500	900	1,500	2,500	—

KM# 176 CHIFTE ESHREFI ALTIN
6.6000 g., Gold

Date	Mintage	VG	F	VF	XF	Unc
AH1115 XIII Rare	—	—	—	—	—	—
AH1115 XVIII/XIII Rare	—	—	—	—	—	—

KM# 204 ONLUK
Silver **Note:** Weight varies 4.76-5.84 grams.

Date	Mintage	VG	F	VF	XF	Unc
AH1143 X Rare	—	—	—	—	—	—
AH1143 XVI	—	600	1,000	1,500	2,000	—

KM# 202 ONLUK
Silver **Note:** Weight varies 5.64-6.25 grams.

Date	Mintage	VG	F	VF	XF	Unc
AH1143 III	—	8.00	15.00	30.00	60.00	—
AH1143 XIV	—	8.00	15.00	30.00	60.00	—
AH1143 XV	—	8.00	15.00	30.00	60.00	—
AH1143 XIX	—	8.00	15.00	30.00	60.00	—
AH1143 XXIX	—	8.00	15.00	30.00	60.00	—
AH1143 XXXI	—	8.00	15.00	30.00	60.00	—

KM# 212 KURUS
25.3500 g., Silver

Date	Mintage	VG	F	VF	XF	Unc
AH1143 X	—	400	700	1,000	1,500	—
AH1143 XII	—	400	700	1,000	1,500	—

KM# 206 YIRMILIK
Silver **Note:** Weight varies 11.77-13.74 grams.

Date	Mintage	VG	F	VF	XF	Unc
AH1143 VIII	—	10.00	20.00	45.00	60.00	—
AH1143 XII	—	10.00	20.00	45.00	60.00	—
AH1143 XIV	—	10.00	20.00	45.00	60.00	—
AH1143 XV	—	10.00	20.00	45.00	60.00	—
AH1143 XXIX	—	10.00	20.00	45.00	60.00	—

KM# 215 1/2 ZERI MAHBUB
1.3000 g., Gold

Date	Mintage	VG	F	VF	XF	Unc
AH1143 III	—	60.00	75.00	100	180	—
AH1143 XII	—	60.00	75.00	100	180	—
AH1143 XV	—	60.00	75.00	100	180	—

KM# 231 1-1/2 ALTINLIK (Birbucuk)
5.1500 g., Gold

Date	Mintage	VG	F	VF	XF	Unc
AH1143 VIII	—	225	325	450	750	—

KM# 228 1-1/2 ALTINLIK (Birbucuk)
5.0000 g., Gold

Date	Mintage	VG	F	VF	XF	Unc
AH1143 II	—	200	225	300	450	—
AH1143 XIII	—	200	225	300	450	—
AH1143 XV	—	200	225	300	450	—

KM# 229 1-1/2 ALTINLIK (Birbucuk)
5.0000 g., Gold

Date	Mintage	VG	F	VF	XF	Unc
AH1143 VIII	—	200	250	400	500	—
AH1143 XV	—	200	250	400	500	—

KM# 211 KURUS
Silver Obv: Two spears and rosette right of toughra **Note:** Weight varies 23-24 grams. Dav. #323B.

Date	Mintage	VG	F	VF	XF	Unc
AH1143 XIV	—	12.00	20.00	40.00	60.00	—
AH1143 XXIX	—	12.00	20.00	40.00	60.00	—
AH1143 XXXI	—	12.00	20.00	40.00	60.00	—

KM# 221 ZERI MAHBUB
2.5000 g., Gold **Note:** Varieties of toughra exist. Weight varies 2.5-2.6 grams.

Date	Mintage	VG	F	VF	XF	Unc
AH1143 XII	—	100	120	180	250	—

KM# 230 1-1/2 ALTINLIK (Birbucuk)
4.9000 g., Gold

Date	Mintage	VG	F	VF	XF	Unc
AH1143 XV	—	200	250	400	500	—
AH1143 XXXI	—	200	250	400	500	—

KM# 222 ZERI MAHBUB
2.6000 g., Gold **Note:** Weight varies 2.6-2.65 grams. Varieties of toughra and cartouche exist

Date	Mintage	VG	F	VF	XF	Unc
AH1143 VIII	—	100	120	150	200	—
AH1143 XII	—	100	120	150	200	—
AH1143 XV	—	100	120	150	200	—

KM# 210 KURUS
Silver **Note:** Weight varies 24.75-26.7 grams. Dav. #323A.

Date	Mintage	VG	F	VF	XF	Unc
AH1143 VIII	—	12.00	20.00	40.00	60.00	—
AH1143 XV	—	12.00	20.00	40.00	60.00	—

KM# 218 YARIM ALTIN
1.2000 g., Gold

Date	Mintage	VG	F	VF	XF	Unc
AH1143 VIII	—	50.00	70.00	100	200	—
AH1143 XV	—	50.00	70.00	100	200	—

KM# 234 2 ALTINLIK (Iki)
6.8500 g., Gold

Date	Mintage	VG	F	VF	XF	Unc
AH1143 XV	—	325	475	800	1,100	—

KM# 207 YIRMILIK
12.6000 g., Silver

Date	Mintage	VG	F	VF	XF	Unc
AH1143 VIII	—	125	250	500	1,000	—
AH1143 X	—	125	250	500	1,000	—
AH1143 XII	—	125	250	500	1,000	—
AH1143 XXIX	—	125	250	500	1,000	—

KM# 225 TEK ALTIN
3.5000 g., Gold

Date	Mintage	VG	F	VF	XF	Unc
AH1143 VIII	—	150	170	200	275	—

KM# 235 2 ALTINLIK (Iki)
6.8000 g., Gold

Date	Mintage	VG	F	VF	XF	Unc
AH1143 XV	—	325	450	800	1,100	—

TURKEY

Osman III
AH1168-71/1754-57AD
HAMMERED COINAGE

KM# 238 3 ALTINLIK (Uc)
10.1500 g., Gold

Date	Mintage	VG	F	VF	XF	Unc
AH1143 XXXI	—	500	700	1,100	1,600	—

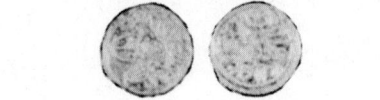

KM# 249 AKCE
Billon **Note:** Weight varies 0.15-0.24 grams.

Date	Mintage	Good	VG	F	VF	XF
AH1168 II	—	14.50	22.50	50.00	80.00	—
AH1168 III	—	14.50	22.50	50.00	80.00	—
AH1168 XXIII	—	14.50	22.50	50.00	80.00	—

KM# 267 1/2 ZERI MAHBUB
1.3000 g., Gold

Date	Mintage	VG	F	VF	XF	Unc
AH1168 III	—	75.00	200	300	500	—
AH1168 XXIII	—	75.00	200	300	500	—

KM# 252 PARA
0.5200 g., Billon **Note:** Weight varies 0.4-0.63 grams.

Date	Mintage	Good	VG	F	VF	XF
AH1168 III	—	12.50	18.50	25.00	35.00	—
AH1168 VIII	—	12.50	18.50	25.00	35.00	—
AH1168 XXII	—	12.50	18.50	25.00	35.00	—

KM# 270 ZERI MAHBUB
2.6000 g., Gold

Date	Mintage	VG	F	VF	XF	Unc
AH1168 II	—	110	200	300	500	—
AH1168 III	—	110	200	300	500	—

KM# 239 3 ALTINLIK (Uc)
9.9500 g., Gold

Date	Mintage	VG	F	VF	XF	Unc
AH1143 XXXI	—	600	900	1,500	2,100	—

KM# 255 5 PARA
2.4000 g., Billon **Note:** Weight varies 2.26-2.4 grams.

Date	Mintage	Good	VG	F	VF	XF
AH1168 II	—	90.00	125	190	440	—
AH1168 III	—	90.00	125	190	440	—
AH1168 XXII	—	90.00	125	190	440	—

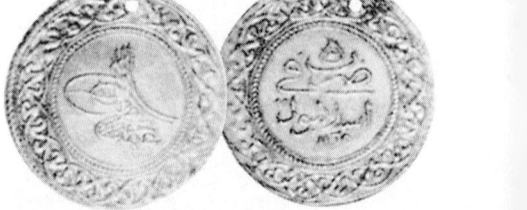

KM# 274 1-1/2 ALTIN
5.2000 g., Gold

Date	Mintage	VG	F	VF	XF	Unc
AH1168 IV	—	275	420	800	1,100	—

KM# 275 1-1/2 ALTIN
5.2000 g., Gold, 38 mm.

Date	Mintage	VG	F	VF	XF	Unc
AH1168 IV	—	375	565	800	1,100	—

KM# 258 10 PARA
5.7000 g., Billon **Note:** Weight varies 4.7-5.9 grams.

Date	Mintage	Good	VG	F	VF	XF
AH1168 II	—	15.50	25.00	45.00	95.00	—
AH1168 III	—	15.50	25.00	45.00	95.00	—
AH1168 VIII	—	15.50	25.00	45.00	95.00	—
AH1168 XXII	—	25.00	35.00	45.00	95.00	—

KM# 273 1-1/2 ALTIN
4.8500 g., Gold **Note:** Weight varies 4.8-4.95 grams.

Date	Mintage	VG	F	VF	XF	Unc
AH1168 IV	—	275	420	800	1,100	—

KM# 242 5 ALTINLIK (Bes)
17.4000 g., Gold

Date	Mintage	VG	F	VF	XF	Unc
AH1143 XIII	—	1,150	1,500	2,100	2,800	—

KM# 261 20 PARA
11.6000 g., Billon

Date	Mintage	Good	VG	F	VF	XF
AH1168 III Rare	—	—	—	—	—	—

KM# 264 PIASTRE
Billon **Note:** Similar to 20 Para, KM#261. Size varies 38-41mm. Dav. #325. Weight varies 23.5-24.5 grams.

Date	Mintage	Good	VG	F	VF	XF
AH1168 XXII Rare	—	—	—	—	—	—

KM# 265 PIASTRE
23.7000 g., Billon **Obv:** Large ornate flower right of toughra
Note: Weight varies 23.5-24.5 grams.

Date	Mintage	Good	VG	F	VF	XF
AH1168 XIV Rare	—	—	—	—	—	—

KM# 243 5 ALTINLIK (Bes)
17.0500 g., Gold

Date	Mintage	VG	F	VF	XF	Unc
AH1143 XIII	—	1,000	1,400	1,800	2,400	—
AH1143 XV	—	1,000	1,400	1,800	2,400	—

KM# 278 3 ALTIN
9.3000 g., Gold

Date	Mintage	VG	F	VF	XF	Unc
AH1168 IV	—	400	550	1,000	1,500	—

TURKEY

KM# 279 3 ALTIN
10.4000 g., Gold

Date	Mintage	VG	F	VF	XF	Unc
AH1168 IV	—	450	750	1,500	2,250	—

KM# 282 5 ALTIN
17.3000 g., Gold

Date	Mintage	VG	F	VF	XF	Unc
AH1168 IV	—	1,150	1,750	3,300	4,500	—

KM# 283 5 ALTIN
17.3000 g., Gold **Obv:** Different borders **Rev:** Different borders

Date	Mintage	VG	F	VF	XF	Unc
AH1168 IV	—	1,450	2,200	3,250	4,300	—

Mustafa III
AH1171-87/1757-74AD
HAMMERED COINAGE

KM# 289 ASPER
0.3400 g., Billon **Obv:** Toughra **Rev:** Mintname letter "SAD" left of date

Date	Mintage	Good	VG	F	VF	XF
AH1171	—	75.00	125	200	300	—

KM# 291.1 ASPER
0.1500 g., Billon

Date	Mintage	Good	VG	F	VF	XF
AH1171//1	—	7.50	12.50	16.00	25.00	—
AH1171//4	—	7.50	12.50	16.00	25.00	—
AH1171//6	—	7.50	12.50	16.00	25.00	—
AH1171//7	—	7.50	12.50	16.00	25.00	—
AH1171//8	—	7.50	12.50	16.00	25.00	—
AH1171//9	—	7.50	12.50	16.00	25.00	—

KM# 290.1 ASPER
0.3400 g., Billon

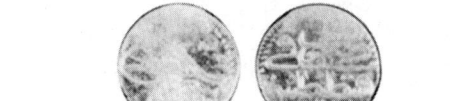

Date	Mintage	Good	VG	F	VF	XF
AH1171//7	—	10.00	15.00	25.00	40.00	—

KM# 291.2 ASPER
0.1500 g., Billon

Date	Mintage	Good	VG	F	VF	XF
AH1171//(11)80	—	7.50	12.50	16.00	25.00	—
AH1171//(11)81	—	7.50	12.50	16.00	25.00	—
AH1171//(11)82	—	7.50	12.50	16.00	25.00	—
AH1171//(11)83	—	7.50	12.50	16.00	25.00	—
AH1171//(11)84	—	7.50	12.50	16.00	25.00	—
AH1171//(11)86	—	7.50	12.50	16.00	25.00	—

KM# 290.2 ASPER
0.3400 g., Billon

Date	Mintage	Good	VG	F	VF	XF
AH1171//(11)80	—	10.00	15.00	25.00	40.00	—

KM# 294 PARA
Billon **Rev:** Mintname, letter "SAD" left of date **Note:** Weight varies .30-.70 grams.

Date	Mintage	Good	VG	F	VF	XF
AH1171//1	—	40.00	60.00	100	150	—

KM# 295 PARA
Billon **Note:** Weight varies 0.33-0.52 grams.

Date	Mintage	Good	VG	F	VF	XF
AH1171//1	—	2.00	3.50	4.50	12.00	—
AH1171//2	—	2.00	3.50	4.50	10.00	—
AH1171//3	—	2.00	3.50	4.50	10.00	—
AH1171//4	—	2.00	3.50	4.50	10.00	—

KM# 296.1 PARA
Billon **Obv:** Without rosette right of toughra **Note:** Weight varies: 0.34-0.55 grams.

Date	Mintage	Good	VG	F	VF	XF
AH1171//5	—	2.00	3.00	4.50	10.00	—
AH1171//6	—	2.00	3.50	4.50	10.00	—
AH1171//7	—	2.00	3.00	4.50	10.00	—
AH1171//8	—	2.00	3.00	4.50	10.00	—
AH1171//9	—	2.00	3.00	4.50	10.00	—

KM# 296.2 PARA
Billon **Obv:** Without rosette right of toughra **Note:** Weight varies 0.34-0.55 grams.

Date	Mintage	Good	VG	F	VF	XF
AH1171//(11)80	—	2.00	3.00	4.50	10.00	—
AH1171//(11)81	—	2.00	3.00	4.50	10.00	—
AH1171//(11)82	—	2.00	3.00	4.50	10.00	—
AH1171//(11)83	—	2.00	3.00	4.50	10.00	—
AH1171//(11)84	—	2.00	3.00	4.50	10.00	—
AH1171//(11)85	—	2.00	3.50	4.50	10.00	—
AH1171//(11)86	—	2.00	3.50	4.50	10.00	—
AH1171//(11)87	—	2.00	3.50	4.50	10.00	—

KM# 298 5 PARA
2.6000 g., Billon, 20 mm.

Date	Mintage	VG	F	VF	XF	Unc
AH1171 VIII Rare	—	—	—	—	—	—

KM# 299 5 PARA
2.1500 g., Billon **Obv:** Rosette right of toughra

Date	Mintage	VG	F	VF	XF	Unc
AH1171//1	—	10.00	12.00	30.00	50.00	—
AH1171//2	—	10.00	12.00	30.00	50.00	—
AH1171//3	—	10.00	12.00	30.00	50.00	—
AH1171//4	—	10.00	12.00	30.00	50.00	—

KM# 300.1 5 PARA
Billon **Obv:** Without rosette right of toughra **Note:** Weight varies 1.8-2.2 grams.

Date	Mintage	VG	F	VF	XF	Unc
AH1171//5	—	10.00	30.00	60.00	100	—
AH1171//6	—	10.00	30.00	60.00	100	—
AH1171//7	—	10.00	30.00	60.00	100	—
AH1171//8	—	10.00	30.00	60.00	100	—
AH1171//9	—	10.00	30.00	60.00	100	—

KM# 300.2 5 PARA
Billon **Obv:** Without rosette right of toughra **Note:** Weight varies 1.8-2.2 grams.

Date	Mintage	VG	F	VF	XF	Unc
AH1171//(11)80	—	10.00	30.00	60.00	100	—
AH1171//(11)81	—	10.00	30.00	60.00	100	—
AH1171//(11)82	—	10.00	30.00	60.00	100	—
AH1171//(11)83	—	10.00	30.00	60.00	100	—
AH1171//(11)84	—	10.00	30.00	60.00	100	—
AH1171//(11)85	—	10.00	30.00	60.00	100	—
AH1171//(11)86	—	10.00	30.00	60.00	100	—
AH1171//(11)87	—	10.00	30.00	60.00	100	—

KM# 304 10 PARA
Billon **Note:** Dotted border. Weight varies 5.3-5.6 grams.

Date	Mintage	VG	F	VF	XF	Unc
AH1171//1	—	300	500	800	1,000	—

KM# 305 10 PARA
4.4200 g., Billon **Obv:** Rosette right of toughra **Note:** Weight varies 3.9-5.7 grams.

Date	Mintage	VG	F	VF	XF	Unc
AH1171//1	—	6.00	9.00	20.00	50.00	—
AH1171//2	—	6.00	9.00	20.00	50.00	—
AH1171//3	—	6.00	9.00	20.00	50.00	—
AH1171//4	—	10.00	12.00	20.00	50.00	—

KM# 303 10 PARA
5.8700 g., Billon **Obv:** Letter "SAD" left of date; rope borders

Date	Mintage	VG	F	VF	XF	Unc
AH1171//1 (1757)	—	300	500	800	1,000	—

KM# 306.1 10 PARA
Billon **Obv:** Without rosette right of toughra **Note:** Weight varies 3.7-5.1 grams.

Date	Mintage	VG	F	VF	XF	Unc
AH1171//5	—	10.00	12.00	20.00	40.00	—
AH1171//6	—	10.00	12.00	20.00	40.00	—
AH1171//7	—	10.00	12.00	20.00	40.00	—
AH1171//8	—	10.00	12.00	20.00	40.00	—
AH1171//9	—	10.00	12.00	20.00	40.00	—

KM# 306.2 10 PARA
Billon **Obv:** Without rosette right of toughra **Note:** Weight varies: 3.7 - 5.1 grams.

Date	Mintage	VG	F	VF	XF	Unc
AH1171//(11)80	—	10.00	12.00	20.00	40.00	—
AH1171//(11)81	—	10.00	12.00	20.00	35.00	—
AH1171//(11)82	—	10.00	12.00	20.00	35.00	—
AH1171//(11)83	—	10.00	12.00	20.00	35.00	—
AH1171//(11)84	—	10.00	12.00	20.00	35.00	—
AH1171//(11)85	—	10.00	12.00	20.00	35.00	—
AH1171//(11)86	—	10.00	12.00	20.00	35.00	—
AH1187//(11)87	—	10.00	12.00	20.00	35.00	—

KM# 309 15 PARA (Yarim Zolota)
Billon **Note:** Weight varies 6.00-6.70 grams.

Date	Mintage	VG	F	VF	XF	Unc
AH1171//2	—	700	1,000	1,600	3,000	—

KM# 312 20 PARA
Billon **Obv:** Rosette right of toughra **Note:** Weight varies 9.05-9.55 grams.

Date	Mintage	VG	F	VF	XF	Unc
AH1171//3	—	25.00	80.00	180	400	—
AH1171//4	—	25.00	80.00	180	400	—

TURKEY

KM# 319 PIASTRE
Billon **Obv:** Toughra above mintname letter "SAD" left of date **Rev:** 4-line legend **Note:** Weight varies 18.00-19.70 grams.

Date	Mintage	VG	F	VF	XF	Unc
AH1171//1 Rare	—	—	—	—	—	—

Date	Mintage	VG	F	VF	XF	Unc
AH1171//3	—	55.00	85.00	115	150	—
AH1171//4	—	55.00	85.00	115	150	—
AH1171//5	—	55.00	85.00	115	150	—
AH1171//6	—	55.00	85.00	115	150	—
AH1171//7	—	55.00	85.00	115	150	—
AH1171//8	—	70.00	100	150	190	—

KM# 313.1 20 PARA
Billon **Obv:** Without rosette right of toughra **Note:** Weight varies: 8 - 9.5 grams.

Date	Mintage	VG	F	VF	XF	Unc
AH1171//5	—	25.00	80.00	180	400	—
AH1171//6	—	25.00	80.00	180	400	—
AH1171//7	—	25.00	80.00	180	400	—

KM# 313.2 20 PARA
Billon **Obv:** Without rosette right of toughra **Note:** Weight varies 8-9.5 grams.

Date	Mintage	VG	F	VF	XF	Unc
AH1171//(11)82	—	25.00	80.00	180	400	—
AH1171//(11)83	—	25.00	80.00	180	400	—
AH1171//(11)84	—	25.00	80.00	180	400	—
AH1171//(11)85	—	25.00	80.00	180	400	—
AH1171//(11)86	—	25.00	80.00	180	400	—
AH1171//(11)87	—	25.00	80.00	180	400	—

KM# 328 1/2 ZERI MAHBUB
1.3000 g., Gold

Date	Mintage	VG	F	VF	XF	Unc
AH1171//(11)80	—	55.00	85.00	115	150	—
AH1171//(11)81	—	55.00	85.00	115	150	—
AH1171//(11)82	—	55.00	85.00	115	150	—
AH1171//(11)83	—	55.00	85.00	115	150	—
AH1171//(11)84	—	55.00	85.00	115	150	—
AH1171//(11)85	—	55.00	85.00	115	150	—
AH1171//(11)86	—	55.00	85.00	115	150	—
AH1171//(11)87	—	55.00	85.00	115	150	—

KM# 321.1 PIASTRE
Billon **Obv:** Without rosette right of toughra **Note:** Dav. #327. Weight varies: 17.8 - 19.7 grams.

Date	Mintage	VG	F	VF	XF	Unc
AH1171//5	—	8.00	15.00	30.00	45.00	—
AH1171//6	—	8.00	15.00	30.00	45.00	—
AH1171//7	—	8.00	15.00	30.00	40.00	—
AH1171//8	—	8.00	15.00	30.00	40.00	—
AH1171//9	—	8.00	15.00	30.00	40.00	—

KM# 334 ZERI MAHBUB
2.6000 g., Gold, 19.5 mm.

Date	Mintage	VG	F	VF	XF	Unc
AH1171//1	—	115	135	160	225	—
AH1171//2	—	110	125	150	200	—
AH1171//3	—	110	125	150	200	—
AH1171//4	—	110	125	150	200	—
AH1171//5	—	110	125	150	200	—
AH1171//6	—	110	125	150	200	—
AH1171//7	—	110	125	150	200	—
AH1171//8	—	115	135	165	250	—
AH1171//9	—	115	135	165	250	—

KM# 321.2 PIASTRE
Billon **Obv:** Without rosette right of toughra **Note:** Dav. #327. Weight varies 17.8-19.7 grams.

Date	Mintage	VG	F	VF	XF	Unc
AH1171//(11)80	—	8.00	15.00	30.00	40.00	—
AH1171//(11)81	—	8.00	15.00	30.00	40.00	—
AH1171//(11)82	—	8.00	15.00	30.00	40.00	—
AH1171//(11)83	—	8.00	15.00	30.00	40.00	—
AH1171//(11)84	—	8.00	15.00	30.00	40.00	—
AH1171//(11)85	—	8.00	15.00	30.00	40.00	—
AH1171//(11)86	—	8.00	15.00	30.00	40.00	—
AH1171//(11)87	—	8.00	15.00	30.00	40.00	—

KM# 316.1 ZOLOTA
Billon **Note:** Weight varies 13.5-14.70 grams. Dav. #329.

Date	Mintage	VG	F	VF	XF	Unc
AH1171//1	—	15.00	20.00	35.00	65.00	—
AH1171//2	—	15.00	20.00	35.00	65.00	—
AH1171//3	—	15.00	20.00	35.00	65.00	—
AH1171//4	—	15.00	20.00	35.00	65.00	—
AH1171//5	—	15.00	20.00	35.00	65.00	—
AH1171//6	—	15.00	20.00	35.00	65.00	—
AH1171//7	—	15.00	20.00	35.00	65.00	—
AH1171//8	—	15.00	20.00	35.00	65.00	—
AH1171//9	—	15.00	20.00	35.00	65.00	—

KM# 335 ZERI MAHBUB
2.6000 g., Gold, 21 mm. **Note:** Weight varies 2.5-2.63 grams.

Date	Mintage	VG	F	VF	XF	Unc
AH1171//(11)80	—	110	125	150	200	—
AH1171//(11)81	—	110	125	150	200	—
AH1171//(11)82	—	110	125	150	200	—
AH1171//(11)83	—	110	125	150	200	—
AH1171//(11)84	—	110	125	150	200	—
AH1171//(11)85	—	110	125	150	200	—
AH1171//(11)86	—	110	125	150	200	—
AH1171//(11)87	—	110	125	150	200	—

KM# 316.2 ZOLOTA
Billon **Note:** Dav. #329. Weight varies 13.5 - 14.70 grams.

Date	Mintage	VG	F	VF	XF	Unc
AH1171//(11)82	—	15.00	20.00	35.00	65.00	—
AH1171//(11)83	—	15.00	20.00	35.00	65.00	—
AH1171//(11)84	—	15.00	20.00	35.00	65.00	—
AH1171//(11)85	—	15.00	20.00	35.00	65.00	—
AH1171//(11)86	—	15.00	20.00	35.00	65.00	—
AH1171//(11)87	—	15.00	20.00	35.00	65.00	—

KM# 324.1 2 ZOLOTA
Billon **Note:** Weight varies 27.70-30.10 grams. Dav. #326.

Date	Mintage	VG	F	VF	XF	Unc
AH1171//1	—	10.00	15.00	30.00	50.00	—
AH1171//2	—	10.00	15.00	30.00	50.00	—
AH1171//3	—	10.00	15.00	30.00	50.00	—
AH1171//4	—	10.00	15.00	30.00	50.00	—
AH1171//5	—	10.00	15.00	30.00	50.00	—
AH1171//6	—	10.00	15.00	30.00	50.00	—
AH1171//7	—	10.00	15.00	30.00	50.00	—
AH1171//8	—	10.00	15.00	30.00	50.00	—
AH1171//9	—	10.00	15.00	30.00	50.00	—

KM# 331 1/2 ALTIN
1.7500 g., Gold, 12 mm.

Date	Mintage	VG	F	VF	XF	Unc
AH1171//1	—	75.00	95.00	120	145	—
AH1171//2	—	75.00	95.00	120	145	—
AH1171//3	—	75.00	95.00	120	145	—
AH1171//4	—	75.00	95.00	120	145	—
AH1171//5	—	75.00	95.00	120	145	—
AH1171//7	—	—	—	—	—	—

KM# 324.2 2 ZOLOTA
Billon **Note:** Dav. #326. Weight varies: 27.70 - 30.10 grams.

Date	Mintage	VG	F	VF	XF	Unc
AH1171//(11)80	—	10.00	15.00	30.00	50.00	—
AH1171//(11)81	—	10.00	15.00	30.00	50.00	—
AH1171//(11)82	—	10.00	15.00	30.00	50.00	—

KM# 332 1/2 ALTIN
1.7500 g., Gold, 14 mm.

Date	Mintage	VG	F	VF	XF	Unc
AH1171//(11)81	—	75.00	95.00	135	175	—

KM# 320 PIASTRE
Billon **Obv:** Rosette right of toughra **Note:** Dav. #328. Weight varies 18.4-19.9 grams.

Date	Mintage	VG	F	VF	XF	Unc
AH1171//1	—	15.00	20.00	40.00	75.00	—
AH1171//2	—	15.00	20.00	40.00	75.00	—
AH1171//3	—	8.00	15.00	30.00	45.00	—
AH1171//4	—	8.00	15.00	30.00	45.00	—

KM# 327 1/2 ZERI MAHBUB
1.3000 g., Gold

Date	Mintage	VG	F	VF	XF	Unc
AH1171//1	—	55.00	85.00	115	150	—
AH1171//2	—	55.00	85.00	115	150	—

KM# 338 ALTIN
3.5000 g., Gold, 18.5 mm.

Date	Mintage	VG	F	VF	XF	Unc
AH1171//1	—	150	175	220	280	—
AH1171//2	—	150	170	200	250	—

Date	Mintage	VG	F	VF	XF	Unc
AH1171/3	—	150	170	200	250	—
AH1171/4	—	150	170	200	250	—
AH1171/5	—	150	170	200	250	—
AH1171/6	—	150	170	200	250	—
AH1171/7	—	150	170	200	250	—

Date	Mintage	VG	F	VF	XF	Unc
AH1171//1	—	—	—	—	—	—
AH1171//5	—	400	450	600	950	—
AH1171//9	—	400	450	600	950	—

KM# 340 ALTIN
3.7000 g., Gold **Note:** Varieties exist.

Date	Mintage	VG	F	VF	XF	Unc
AH1171/1	—	325	475	600	1,000	—

KM# 339 ALTIN
3.5000 g., Gold, 20 mm.

Date	Mintage	VG	F	VF	XF	Unc
AH1171/(11)81	—	150	170	220	250	—

KM# 343.1 1-1/2 ALTIN
Gold **Note:** Weight varies 4.60-4.90 grams.

Date	Mintage	VG	F	VF	XF	Unc
AH1171/7	—	220	240	325	500	—
AH1171/8	—	220	240	325	500	—
AH1171/9	—	220	240	325	500	—

KM# 343.2 1-1/2 ALTIN
Gold **Note:** Weight varies: 4.60 - 4.90 grams.

Date	Mintage	VG	F	VF	XF	Unc
AH1171/(11)80	—	220	240	325	500	—
AH1171/(11)81	—	220	240	325	500	—

KM# 346 2 ALTIN
6.9000 g., Gold

Date	Mintage	VG	F	VF	XF	Unc
AH1171/2	—	295	325	500	700	—
AH1171/3	—	295	325	500	700	—
AH1171/4	—	295	325	500	700	—
AH1171/5	—	295	325	500	700	—
AH1171/6	—	295	325	500	700	—
AH1171/7	—	295	325	500	700	—
AH1171/8	—	295	325	500	700	—
AH1171/9	—	295	325	500	700	—

KM# 350 3 ALTIN
9.6000 g., Gold

KM# 349 3 ALTIN
10.4500 g., Gold

Date	Mintage	VG	F	VF	XF	Unc
AH1171/5	—	450	475	550	750	—

Abdul Hamid I
AH1187-1203/1774-89AD

HAMMERED COINAGE

KM# 356 AKCE
0.1100 g., Billon, 11 mm. **Note:** First toughra.

Date	Mintage	VG	F	VF	XF	Unc
AH1187/1	—	30.00	60.00	100	150	—

KM# 371 AKCE
Billon **Note:** Weight varies 0.13-0.19 grams. Second toughra.

Date	Mintage	VG	F	VF	XF	Unc
AH1187//1	—	10.00	17.50	25.00	35.00	—
AH1187//2	—	10.00	17.50	25.00	35.00	—
AH1187//3	—	10.00	17.50	25.00	35.00	—
AH1187//4	—	10.00	17.50	25.00	35.00	—
AH1187//5	—	10.00	17.50	25.00	35.00	—
AH1187//6	—	10.00	17.50	25.00	35.00	—
AH1187//7	—	10.00	17.50	25.00	35.00	—
AH1187//8	—	10.00	17.50	25.00	35.00	—

KM# 372 AKCE
0.1600 g., Billon **Obv:** Flower branch added right of Toughra **Note:** Weight varies 0.13-0.16 grams.

Date	Mintage	VG	F	VF	XF	Unc
AH1187//8	—	10.00	17.50	25.00	35.00	—
AH1187//9	—	10.00	17.50	25.00	35.00	—
AH1187//10	—	10.00	17.50	25.00	35.00	—
AH1187//11	—	10.00	17.50	25.00	35.00	—
AH1187//13	—	10.00	17.50	25.00	35.00	—
AH1187//14	—	10.00	17.50	25.00	35.00	—
AH1187//15	—	10.00	17.50	25.00	35.00	—
AH1187//16	—	—	—	—	—	—

#Note: Reported, not confirmed

KM# 359 PARA
0.4300 g., Billon, 15 mm. **Note:** First toughra.

Date	Mintage	VG	F	VF	XF	Unc
AH1187/1	—	15.00	30.00	50.00	80.00	—

KM# 375 PARA
Billon **Obv:** Ornament right of Toughra **Note:** Weight varies 0.3-0.55 grams. Second toughra.

Date	Mintage	VG	F	VF	XF	Unc
AH1187//1	—	1.00	2.00	6.00	10.00	—
AH1187//2	—	1.00	2.00	6.00	10.00	—
AH1187//3	—	1.00	2.00	6.00	10.00	—
AH1187//4	—	1.00	2.00	6.00	10.00	—
AH1187//5	—	1.00	2.00	6.00	10.00	—
AH1187//6	—	1.00	2.00	6.00	10.00	—
AH1187//7	—	1.00	2.00	6.00	10.00	—
AH1187//8	—	1.00	2.00	6.00	10.00	—

KM# 376 PARA
Billon **Obv:** Flower branch right of Toughra **Note:** Weight varies 0.25-0.53 grams.

Date	Mintage	VG	F	VF	XF	Unc
AH1187//8	—	1.00	2.00	6.00	10.00	—
AH1187//9	—	1.00	2.00	6.00	10.00	—
AH1187//10	—	1.00	2.00	6.00	10.00	—
AH1187//11	—	1.00	2.00	6.00	10.00	—
AH1187//12	—	1.00	2.00	6.00	10.00	—
AH1187//13	—	1.00	2.00	6.00	10.00	—
AH1187//14	—	1.00	2.00	6.00	10.00	—
AH1187//15	—	1.00	2.00	6.00	10.00	—
AH1187//16	—	1.00	2.00	10.00	20.00	—

KM# 362 5 PARA
2.1300 g., Billon, 20 mm. **Note:** First toughra.

Date	Mintage	VG	F	VF	XF	Unc
AH1187//1	—	150	300	600	1,000	—

KM# 379 5 PARA
Billon **Note:** Weight varies 1.9-2.4 grams. Second toughra.

Date	Mintage	VG	F	VF	XF	Unc
AH1187//1	—	15.00	20.00	30.00	50.00	—
AH1187//2	—	10.00	15.00	25.00	50.00	—
AH1187//3	—	15.00	20.00	30.00	50.00	—
AH1187//4	—	15.00	20.00	30.00	50.00	—
AH1187//5	—	15.00	20.00	30.00	50.00	—
AH1187//6	—	15.00	20.00	30.00	50.00	—
AH1187//7	—	10.00	15.00	25.00	50.00	—
AH1187//8	—	—	—	—	—	—

KM# 380 5 PARA
Billon **Obv:** Flower branch right of Toughra **Note:** Weight varies 1.75-2.2 grams.

Date	Mintage	VG	F	VF	XF	Unc
AH1187//8	—	—	—	—	—	—
AH1187//9	—	10.00	15.00	25.00	50.00	—
AH1187//10	—	10.00	15.00	25.00	50.00	—
AH1187//11	—	10.00	15.00	25.00	50.00	—
AH1187//12	—	10.00	15.00	25.00	50.00	—
AH1187//13	—	10.00	15.00	25.00	50.00	—
AH1187//14	—	10.00	15.00	25.00	50.00	—
AH1187/-/15	—	10.00	15.00	25.00	50.00	—
AH1187//16	—	15.00	25.00	40.00	75.00	—

KM# 365 10 PARA
4.6000 g., Billon **Note:** Weight varies 4.45-4.65 grams. First toughra.

Date	Mintage	VG	F	VF	XF	Unc
AH1187/1	—	75.00	200	500	800	—

KM# 383 10 PARA
Billon **Note:** Weight varies 3.7-4.5 grams. Second toughra.

Date	Mintage	VG	F	VF	XF	Unc
AH1187//1	—	10.00	15.00	20.00	30.00	—
AH1187//2	—	5.50	8.50	15.00	25.00	—
AH1187//3	—	5.50	8.50	15.00	25.00	—
AH1187//4	—	5.50	8.50	15.00	25.00	—
AH1187//5	—	5.50	8.50	15.00	25.00	—
AH1187//6	—	15.00	20.00	30.00	50.00	—
AH1187//7	—	5.50	8.50	15.00	25.00	—
AH1187//8	—	10.00	15.00	20.00	30.00	—

KM# 384 10 PARA
Billon **Obv:** Flower branch added right of Toughra **Note:** Weight varies 4-4.8 grams.

Date	Mintage	VG	F	VF	XF	Unc
AH1187//8	—	5.50	8.50	15.00	25.00	—
AH1187//9	—	10.00	15.00	20.00	30.00	—
AH1187//10	—	10.00	15.00	20.00	30.00	—
AH1187//11	—	10.00	15.00	20.00	30.00	—
AH1187//12	—	10.00	15.00	20.00	30.00	—
AH1187//13	—	10.00	15.00	20.00	30.00	—
AH1187//14	—	10.00	15.00	20.00	30.00	—
AH1187//15	—	10.00	15.00	20.00	30.00	—
AH1187//16	—	15.00	20.00	30.00	45.00	—

TURKEY

KM# 366 20 PARA

9.1800 g., Billon **Note:** First toughra.

Date	Mintage	VG	F	VF	XF	Unc
AH1187//1	—	300	800	1,500	2,500	—

KM# 387 20 PARA

Billon **Note:** Weight varies 8.6-9.6 grams. Second toughra.

Date	Mintage	VG	F	VF	XF	Unc
AH1187//1	—	25.00	37.50	75.00	150	—
AH1187//2	—	25.00	37.50	75.00	150	—
AH1187//3	—	25.00	37.50	75.00	150	—
AH1187//4	—	25.00	37.50	75.00	150	—
AH1187//5	—	25.00	37.50	75.00	150	—
AH1187//6	—	25.00	37.50	75.00	150	—
AH1187//7	—	25.00	37.50	75.00	150	—
AH1187//8	—	—	—	—	—	—

Note: Reported, not confirmed

KM# 388 20 PARA

Billon **Obv:** Flower branch added right of Toughra **Note:** Weight varies 8.3-8.7 grams.

Date	Mintage	VG	F	VF	XF	Unc
AH1187//8	—	25.00	35.00	75.00	150	—
AH1187//9	—	25.00	35.00	75.00	150	—
AH1187//10	—	25.00	35.00	75.00	150	—
AH1187//11	—	25.00	35.00	75.00	150	—
AH1187//12	—	25.00	35.00	75.00	150	—
AH1187//13	—	25.00	35.00	75.00	150	—
AH1187//14	—	—	—	—	—	—

Note: Reported, not confirmed

AH1187//15	—	25.00	35.00	75.00	150	—
AH1187//16	—	—	—	—	—	—

Note: Reported, not confirmed

KM# 391 ZOLOTA

Billon **Note:** Weight varies 13.10-14.60 grams. Second toughra. Dav. #333.

Date	Mintage	VG	F	VF	XF	Unc
AH1187//1	—	15.00	18.00	30.00	60.00	—
AH1187//2	—	15.00	18.00	30.00	60.00	—
AH1187//3	—	15.00	18.00	30.00	60.00	—
AH1187//4	—	15.00	18.00	30.00	60.00	—
AH1187//5	—	15.00	18.00	30.00	60.00	—
AH1187//6	—	15.00	18.00	30.00	60.00	—
AH1187//7	—	15.00	18.00	30.00	60.00	—
AH1187//8	—	—	—	—	—	—

Note: Reported, not confirmed

KM# 392 ZOLOTA

Billon **Obv:** Large ornament above "Abd" of "Abdul Hamid"

Date	Mintage	VG	F	VF	XF	Unc
AH1187//8	—	15.00	18.00	30.00	60.00	—
AH1187//9	—	15.00	18.00	30.00	60.00	—
AH1187//10	—	15.00	18.00	30.00	60.00	—
AH1187//11	—	15.00	18.00	30.00	60.00	—

KM# 393 ZOLOTA

Billon **Obv:** Without large ornament above "Abd" of "Abdul Hamid" **Note:** Weight varies 12.8-13.8 grams.

Date	Mintage	VG	F	VF	XF	Unc
AH1187//11	—	—	—	—	—	—

Note: Reported, not confirmed

AH1187//12	—	15.00	18.00	30.00	60.00	—
AH1187//13	—	15.00	18.00	30.00	60.00	—
AH1187//14	—	15.00	18.00	30.00	60.00	—
AH1187//15	—	15.00	18.00	30.00	60.00	—
AH1187//16	—	15.00	18.00	30.00	60.00	—

KM# 368 PIASTRE

Billon **Note:** Weight varies 18.5-19.8 grams. First toughra.

Date	Mintage	VG	F	VF	XF	Unc
AH1187//1	—	50.00	75.00	125	200	—

KM# 396 PIASTRE

Billon **Note:** Weight varies 17.60-19.4 grams. Dav. #332.

Date	Mintage	VG	F	VF	XF	Unc
AH1187//1	—	8.00	10.00	25.00	40.00	—
AH1187//2	—	8.00	10.00	25.00	40.00	—
AH1187//3	—	8.00	10.00	25.00	40.00	—
AH1187//4	—	8.00	10.00	25.00	40.00	—
AH1187//5	—	8.00	10.00	25.00	40.00	—
AH1187//6	—	8.00	10.00	25.00	40.00	—
AH1187//7	—	8.00	10.00	40.00	50.00	—
AH1187//8	—	8.00	10.00	40.00	50.00	—

KM# 398 PIASTRE

Billon **Obv:** Flower branch added right of Toughra **Note:** Weight varies 17.3-18.4 grams.

Date	Mintage	VG	F	VF	XF	Unc
AH1187//8	—	8.00	10.00	25.00	40.00	—
AH1187//9	—	8.00	10.00	25.00	40.00	—
AH1187//10	—	8.00	10.00	40.00	50.00	—
AH1187//11	—	8.00	10.00	27.50	40.00	—
AH1187//12	—	8.00	10.00	40.00	50.00	—
AH1187//13	—	8.00	10.00	40.00	50.00	—
AH1187//14	—	8.00	10.00	27.50	40.00	—
AH1187//15	—	8.00	10.00	40.00	50.00	—
AH1187//16	—	8.00	10.00	40.00	50.00	—

KM# 401 2 ZOLOTA

Billon **Note:** Weight varies 26.30-28.6 grams.

Date	Mintage	VG	F	VF	XF	Unc
AH1187//3	—	10.00	15.00	27.50	40.00	—
AH1187//4	—	10.00	15.00	27.50	40.00	—
AH1187//5	—	10.00	15.00	27.50	40.00	—
AH1187//6	—	10.00	15.00	27.50	40.00	—
AH1187//7	—	10.00	15.00	27.50	40.00	—
AH1187//8	—	10.00	15.00	27.50	40.00	—

KM# 402 2 ZOLOTA

Billon **Obv:** Large ornament above "Abd" of "Abdul Hamid" **Note:** Weight varies 26-27.2 grams.

Date	Mintage	VG	F	VF	XF	Unc
AH1187//8	—	10.00	15.00	27.50	40.00	—
AH1187//9	—	10.00	15.00	27.50	40.00	—
AH1187//10	—	10.00	15.00	27.50	40.00	—
AH1187//11	—	10.00	15.00	35.00	55.00	—
AH1187//12	—	10.00	15.00	35.00	55.00	—
AH1187//13	—	10.00	15.00	35.00	55.00	—

KM# 403 2 ZOLOTA

Billon **Obv:** Without large ornament above "Abd" of "Abdul Hamid" **Note:** Weight varies 26.1-26.9 grams.

Date	Mintage	VG	F	VF	XF	Unc
AH1187//11	—	10.00	15.00	27.50	40.00	—
AH1187//12	—	10.00	15.00	27.50	40.00	—
AH1187//13	—	10.00	15.00	27.50	40.00	—
AH1187//14	—	10.00	15.00	27.50	40.00	—
AH1187//15	—	10.00	15.00	27.50	40.00	—
AH1187//16	—	10.00	15.00	27.50	40.00	—

KM# 406 2 PIASTRES

30.4000 g., Billon **Note:** Second toughra. Dav. #330.

Date	Mintage	VG	F	VF	XF	Unc
AH1187//16	—	40.00	70.00	125	200	—

KM# 410 1/2 ZERI MAHBUB

1.3000 g., Gold **Note:** Weight varies 1.2-1.3 grams. Second toughra.

Date	Mintage	VG	F	VF	XF	Unc
AH1187//1	—	55.00	65.00	90.00	125	—
AH1187//2	—	55.00	65.00	90.00	125	—
AH1187//4	—	55.00	65.00	90.00	125	—
AH1187//5	—	55.00	65.00	90.00	125	—
AH1187//6	—	55.00	65.00	90.00	125	—
AH1187//10	—	55.00	65.00	90.00	125	—
AH1187//11	—	55.00	65.00	90.00	125	—
AH1187//14	—	55.00	65.00	90.00	125	—

KM# 416 ZERI MAHBUB

2.6000 g., Gold **Note:** Second toughra.

Date	Mintage	VG	F	VF	XF	Unc
AH1187//1	—	110	120	150	180	—
AH1187//2	—	110	120	150	180	—
AH1187//4	—	110	120	150	180	—
AH1187//5	—	110	120	150	180	—
AH1187//6	—	110	120	150	180	—
AH1187//8	—	110	120	150	180	—
AH1187//9	—	110	120	150	180	—
AH1187//10	—	110	120	150	180	—
AH1187//10 Proof	—	Value: 350				
AH1187//14	—	110	120	150	180	—
AH1187//15	—	110	120	150	180	—

KM# 407 1/4 ALTIN

0.8500 g., Gold **Note:** Second toughra.

Date	Mintage	VG	F	VF	XF	Unc
AH1187//1	—	35.00	45.00	60.00	80.00	—
AH1187//2	—	35.00	45.00	60.00	80.00	—
AH1187//4	—	35.00	45.00	60.00	80.00	—
AH1187//6	—	35.00	45.00	60.00	80.00	—
AH1187//7	—	35.00	45.00	60.00	80.00	—
AH1187//8	—	35.00	45.00	60.00	80.00	—
AH1187//9	—	40.00	55.00	75.00	100	—
AH1187//10	—	35.00	45.00	60.00	80.00	—
AH1187//11	—	35.00	45.00	60.00	80.00	—
AH1187//12	—	35.00	45.00	60.00	80.00	—
AH1187//14	—	35.00	45.00	60.00	80.00	—
AH1187//15	—	35.00	45.00	60.00	80.00	—
AH1187//16	—	35.00	45.00	60.00	80.00	—

KM# 413 1/2 ALTIN

1.7500 g., Gold **Note:** Second toughra.

Date	Mintage	VG	F	VF	XF	Unc
AH1187//3	—	75.00	100	120	170	—
AH1187//15	—	75.00	100	120	170	—

KM# 419 ALTIN

3.5000 g., Gold **Obv:** Within rope circle **Rev:** Within rope circle

Date	Mintage	VG	F	VF	XF	Unc
AH1187//3	—	150	175	225	350	—
AH1187//15	—	150	175	225	350	—

KM# 420 ALTIN

3.5000 g., Gold **Obv:** Within dotted circle **Rev:** Within dotted circle **Note:** First toughra.

Date	Mintage	VG	F	VF	XF	Unc
AH1187//9	—	145	165	195	300	—
AH1187//15	—	145	165	195	300	—
AH1187//16	—	145	165	195	300	—

KM# 430 2-1/2 ALTIN

8.9000 g., Gold **Note:** Second toughra.

Date	Mintage	VG	F	VF	XF	Unc
AH1187//8	—	375	475	675	1,000	—
AH1187//9	—	375	475	675	1,000	—

KM# 434 3 ALTIN

10.4500 g., Gold **Obv:** Without flower right of Toughra

Date	Mintage	VG	F	VF	XF	Unc
AH1187//1	—	450	575	825	1,250	—

KM# 435 3 ALTIN

10.4000 g., Gold, 42 mm.

Date	Mintage	VG	F	VF	XF	Unc
AH1187//2	—	450	575	825	1,250	—

KM# 423 1-1/2 ALTIN

Gold **Obv:** Within plain borders **Rev:** Within plain borders **Note:** Weight varies 4.40-5.20 grams. Second toughra.

Date	Mintage	VG	F	VF	XF	Unc
AH1187//1	—	195	250	350	450	—

KM# 424 1-1/2 ALTIN

Gold **Obv:** Within plain borders **Rev:** Within plain borders **Note:** Weight varies 4.40-5.20 grams.

Date	Mintage	VG	F	VF	XF	Unc
AH1187//2	—	195	250	350	450	—
AH1187//3	—	195	250	350	450	—
AH1187//8	—	195	250	350	450	—
AH1187//10	—	195	250	350	450	—

KM# 425 1-1/2 ALTIN

Gold **Obv:** Flower right of Toughra; Within sheaf borders **Rev:** Within sheaf borders

Date	Mintage	VG	F	VF	XF	Unc
AH1187//8	—	195	250	350	450	—

KM# 426 1-1/2 ALTIN

Gold **Note:** Similar to KM#425 but without flower right of Toughra.

Date	Mintage	VG	F	VF	XF	Unc
AH1187//8	—	195	250	350	450	—

KM# 427 1-1/2 ALTIN

Gold **Obv:** Toughra within ornamental borders **Rev:** Inscription within ornamental borders **Note:** Years 5 & 7 have been reported for the above series.

Date	Mintage	VG	F	VF	XF	Unc
AH1187//11	—	—	—	—	—	—
AH1187//13	—	—	—	—	—	—
AH1187//15	—	200	300	400	600	—
AH1187//16	—	200	300	400	600	—

KM# 433 3 ALTIN

10.4500 g., Gold **Obv:** Flower right of toughra **Note:** Second toughra.

Date	Mintage	VG	F	VF	XF	Unc
AH1187//1	—	450	575	825	1,250	—

KM# 438 5 ALTIN

16.2500 g., Gold **Note:** Second toughra.

Date	Mintage	VG	F	VF	XF	Unc
AH1187//1	—	700	850	1,150	2,000	—

Selim III
AH1203-22/1789-1807AD

HAMMERED COINAGE

KM# 441 AKCE

0.1600 g., 0.4650 Silver 0.0024 oz. ASW, 11.5 mm. **Note:** First toughra.

Date	Mintage	VG	F	VF	XF	Unc
AH1203//1	—	30.00	80.00	150	300	—

KM# 483 AKCE

0.1000 g., 0.4650 Silver 0.0015 oz. ASW **Note:** Second toughra.

Date	Mintage	VG	F	VF	XF	Unc
AH1203//1	—	4.00	8.00	15.00	20.00	—
AH1203//2	—	4.00	8.00	15.00	20.00	—
AH1203//3	—	4.00	8.00	15.00	20.00	—
AH1203//4	—	4.00	8.00	15.00	20.00	—
AH1203//6	—	4.00	8.00	15.00	20.00	—
AH1203//8	—	4.00	8.00	15.00	20.00	—
AH1203//9	—	4.00	8.00	15.00	20.00	—
AH1203//11	—	4.00	8.00	15.00	20.00	—
AH1203//12	—	4.00	8.00	15.00	20.00	—
AH1203//13	—	4.00	8.00	15.00	20.00	—

KM# 444 PARA

0.4800 g., 0.4650 Silver 0.0072 oz. ASW, 15.5 mm. **Note:** First toughra.

Date	Mintage	VG	F	VF	XF	Unc
AH1203//1 Rare	—	—	—	—	—	—

TURKEY

KM# 462 PARA
0.4650 Silver, 15.5 mm. **Note:** Weight varies 0.23-0.33 grams. Second toughra.

Date	Mintage	VG	F	VF	XF	Unc
AH1203//1	—	15.00	30.00	50.00	75.00	—

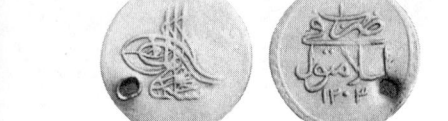

KM# 447 5 PARA
2.3400 g., 0.4650 Silver 0.0350 oz. ASW, 20 mm. **Note:** First toughra.

Date	Mintage	VG	F	VF	XF	Unc
AH1203//1 Rare	—	—	—	—	—	—

KM# 465 5 PARA
0.4650 Silver **Note:** Weight varies 1.25-1.4 grams. Second toughra.

Date	Mintage	VG	F	VF	XF	Unc
AH1203//1	—	125	200	350	600	—

KM# 450 10 PARA
4.4700 g., 0.4650 Silver 0.0668 oz. ASW, 24.5 mm. **Note:** First toughra.

Date	Mintage	VG	F	VF	XF	Unc
AH1203//1	—	—	—	600	1,000	—

KM# 468 10 PARA
Silver, 27 mm. **Note:** Weight varies 3.2-3.5 grams. Second toughra.

Date	Mintage	VG	F	VF	XF	Unc
AH1203//1	—	150	225	350	600	—

KM# 471 20 PARA
9.4200 g., 0.4650 Silver 0.1408 oz. ASW **Note:** Second toughra.

Date	Mintage	VG	F	VF	XF	Unc
AH1203//1 Rare	—	—	—	—	—	—

KM# 453 PIASTRE
18.3000 g., 0.4650 Silver 0.2736 oz. ASW, 39 mm. **Note:** First toughra.

Date	Mintage	VG	F	VF	XF	Unc
AH1203//1 Rare	—	—	—	—	—	—

KM# 474 PIASTRE
17.7100 g., 0.4650 Silver 0.2648 oz. ASW, 39 mm. **Note:** Second toughra.

Date	Mintage	VG	F	VF	XF	Unc
AH1203//1 Rare	—	—	—	—	—	—

KM# 477 2 ZOLOTA
26.4100 g., 0.4650 Silver 0.3948 oz. ASW, 40 mm. **Note:** Second toughra.

Date	Mintage	VG	F	VF	XF	Unc
AH1203//1 Rare	—	—	—	—	—	—

KM# 501 2 ZOLOTA
0.4650 Silver **Note:** Weight varies 18.5-19 grams. Dav. #336.

Date	Mintage	VG	F	VF	XF	Unc
AH1203//1	—	35.00	55.00	125	250	—
AH1203//2	—	35.00	55.00	125	250	—
AH1203//3	—	35.00	55.00	125	250	—
AH1203//9	—	100	175	275	450	—

KM# 456 1/2 ZERI MAHBUB
1.2000 g., Gold, 17.5 mm. **Note:** First toughra.

Date	Mintage	VG	F	VF	XF	Unc
AH1203//1	—	150	250	400	600	—

KM# 459 ZERI MAHBUB
2.4000 g., Gold, 22 mm. **Note:** First toughra.

Date	Mintage	VG	F	VF	XF	Unc
AH1203//1	—	125	200	300	500	—

KM# 522 ZERI MAHBUB
2.4000 g., Gold **Note:** Size varies 22-23mm. Second toughra.

Date	Mintage	VG	F	VF	XF	Unc
AH1203//1	—	100	120	140	170	—
AH1203//2	—	100	120	140	170	—
AH1203//3	—	100	120	140	170	—
AH1203//4	—	100	120	140	170	—
AH1203//5	—	100	120	140	170	—
AH1203//6	—	100	120	140	170	—
AH1203//7	—	100	120	140	170	—
AH1203//8	—	100	120	140	170	—
AH1203//9	—	100	120	140	170	—

KM# 513 1/4 ALTIN (Findik)
0.9000 g., Gold, 15 mm. **Note:** Ornate borders.

Date	Mintage	VG	F	VF	XF	Unc
AH1203//1	—	—	—	—	—	—

KM# 526 ALTIN
3.4500 g., Gold

Date	Mintage	Good	VG	F	VF	XF
AH1203//1	—	—	145	160	185	225
AH1203//2	—	—	145	160	185	225
AH1203//3	—	—	145	160	185	225
AH1203//6	—	—	145	160	185	225

KM# 530 1-1/2 ALTIN
4.5000 g., Gold **Note:** Second toughra.

Date	Mintage	VG	F	VF	XF	Unc
AH1203//1	—	200	225	350	500	—

MILLED COINAGE
Silver Third Issue

Light coinage based on a Kurush weighing approximately 12.80g. with second toughra.

KM# 486 PARA
0.4650 Silver **Note:** Weight varies 0.24-0.48 grams.

Date	Mintage	VG	F	VF	XF	Unc
AH1203//1	—	0.75	1.25	6.00	12.00	—
AH1203//2	—	0.75	1.25	6.00	12.00	—
AH1203//3	—	0.75	1.25	6.00	12.00	—
AH1203//4	—	0.75	1.25	6.00	12.00	—
AH1203//5	—	0.75	1.25	6.00	12.00	—
AH1203//6	—	0.75	1.25	6.00	12.00	—
AH1203//7	—	0.75	1.25	6.00	12.00	—
AH1203//8	—	0.75	1.25	6.00	12.00	—
AH1203//9	—	0.75	1.25	6.00	12.00	—
AH1203//10	—	0.75	1.25	6.00	12.00	—
AH1203//11	—	0.75	1.25	6.00	12.00	—
AH1203//12	—	0.75	1.25	6.00	12.00	—
AH1203//13	—	0.75	1.25	6.00	12.00	—

KM# 489 5 PARA
0.4650 Silver **Note:** Weight varies 1.35-1.75 grams.

Date	Mintage	VG	F	VF	XF	Unc
AH1203//1	—	6.50	10.00	25.00	40.00	—
AH1203//2	—	6.50	10.00	25.00	40.00	—
AH1203//3	—	6.50	10.00	25.00	40.00	—
AH1203//4	—	6.50	10.00	25.00	40.00	—
AH1203//5	—	6.50	10.00	25.00	40.00	—
AH1203//6	—	6.50	10.00	25.00	40.00	—
AH1203//7	—	6.50	10.00	25.00	40.00	—
AH1203//8	—	6.50	10.00	25.00	40.00	—
AH1203//9	—	6.50	10.00	25.00	40.00	—
AH1203//10	—	6.50	10.00	25.00	40.00	—
AH1203//11	—	6.50	10.00	25.00	40.00	—
AH1203//12	—	6.50	10.00	25.00	40.00	—
AH1203//13	—	6.50	10.00	25.00	40.00	—

KM# 492 10 PARA
0.4650 Silver **Obv:** Toughra within circle **Rev:** Text, value within circle **Note:** Weight varies 2.4-3.5 grams.

Date	Mintage	VG	F	VF	XF	Unc
AH1203//1	—	4.00	8.00	17.50	35.00	—
AH1203//2	—	4.00	8.00	17.50	35.00	—
AH1203//3	—	4.00	8.00	17.50	35.00	—
AH1203//4	—	4.00	8.00	17.50	35.00	—
AH1203//5	—	4.00	8.00	17.50	35.00	—
AH1203//6	—	4.00	8.00	17.50	35.00	—
AH1203//7	—	4.00	8.00	17.50	35.00	—
AH1203//8	—	4.00	8.00	17.50	35.00	—
AH1203//9	—	4.00	8.00	17.50	35.00	—
AH1203//10	—	4.00	8.00	17.50	35.00	—
AH1203//11	—	4.00	8.00	17.50	35.00	—
AH1203//12	—	4.00	8.00	17.50	35.00	—
AH1203//13	—	4.00	8.00	17.50	35.00	—

KM# 495 20 PARA
0.4650 Silver **Note:** Weight varies 6-6.2 grams.

Date	Mintage	VG	F	VF	XF	Unc
AH1203//1	—	40.00	100	300	500	—
AH1203//2	—	40.00	100	300	500	—
AH1203//3	—	40.00	100	300	500	—
AH1203//5	—	40.00	100	300	500	—
AH1203//6	—	40.00	100	300	500	—
AH1203//7	—	40.00	100	300	500	—
AH1203//8	—	40.00	100	300	500	—
AH1203//9	—	40.00	100	300	500	—
AH1203//10	—	40.00	100	300	500	—
AH1203//11	—	40.00	100	300	500	—
AH1203//13	—	40.00	100	300	500	—

KM# 507 YUZLUK
0.4650 Silver **Obv:** Toughra above text **Rev:** Text **Note:** Weight varies 31-32.9 grams. Dav. #334.

Date	Mintage	VG	F	VF	XF	Unc
AH1203//1	—	10.00	12.00	25.00	40.00	—
AH1203//2	—	10.00	12.00	25.00	40.00	—
AH1203//3	—	10.00	12.00	25.00	40.00	—
AH1203//4	—	10.00	12.00	25.00	40.00	—
AH1203//5	—	10.00	12.00	25.00	40.00	—
AH1203//6	—	10.00	12.00	25.00	40.00	—
AH1203//7	—	10.00	12.00	25.00	40.00	—
AH1203//8	—	10.00	12.00	25.00	40.00	—
AH1203//9	—	10.00	12.00	25.00	40.00	—
AH1203//10	—	10.00	12.00	25.00	40.00	—

Date	Mintage	VG	F	VF	XF	Unc
AH1203//11	—	10.00	12.00	25.00	40.00	—
AH1203//12	—	10.00	12.00	25.00	40.00	—
AH1203//13	—	10.00	12.00	25.00	40.00	—

KM# 498 KURUSH
0.4650 Silver **Obv:** Toughra **Rev:** Text, date and value **Note:** Weight varies 12.3-13 grams.

Date	Mintage	VG	F	VF	XF	Unc
AH1203//1	—	20.00	30.00	60.00	125	—
AH1203//2	—	20.00	30.00	60.00	125	—
AH1203//3	—	20.00	30.00	60.00	125	—
AH1203//4	—	20.00	30.00	60.00	125	—
AH1203//5	—	20.00	30.00	60.00	125	—
AH1203//6	—	20.00	30.00	60.00	125	—
AH1203//7	—	20.00	30.00	60.00	125	—
AH1203//8	—	20.00	30.00	60.00	125	—
AH1203//9	—	20.00	30.00	60.00	125	—
AH1203//10	—	20.00	30.00	60.00	125	—
AH1203//11	—	20.00	30.00	60.00	125	—
AH1203//12	—	20.00	30.00	60.00	125	—
AH1203//13	—	20.00	30.00	60.00	125	—

KM# 480 2 KURUSH
0.4650 Silver **Note:** Size varies 43-44mm. Second toughra.

Date	Mintage	VG	F	VF	XF	Unc
AH1203//1	—	40.00	60.00	125	150	—

KM# 504 2 KURUSH
0.4650 Silver **Note:** Weight varies 25.2-25.6 grams. Dav. #335.

Date	Mintage	VG	F	VF	XF	Unc
AH1203//1	—	10.00	12.00	30.00	45.00	—
AH1203//2	—	10.00	12.00	25.00	35.00	—
AH1203//3	—	10.00	12.00	25.00	35.00	—
AH1203//4	—	10.00	12.00	25.00	35.00	—
AH1203//5	—	10.00	12.00	25.00	35.00	—
AH1203//6	—	10.00	12.00	25.00	35.00	—
AH1203//7	—	10.00	12.00	30.00	45.00	—
AH1203//8	—	10.00	12.00	30.00	45.00	—
AH1203//9	—	10.00	12.00	30.00	45.00	—
AH1203//10	—	10.00	12.00	25.00	35.00	—
AH1203//11	—	10.00	12.00	30.00	45.00	—
AH1203//12	—	10.00	12.00	25.00	35.00	—
AH1203//13	—	10.00	12.00	25.00	35.00	—

MILLED COINAGE
Gold Issues

KM# 510 1/4 ZERI MAHBUB
Gold **Obv:** Toughra **Rev:** Text, date **Rev. Inscription:** "Azza Nasara" **Note:** Weight varies 0.5-0.6 grams. Dav. #334.

Date	Mintage	VG	F	VF	XF	Unc
AH1203//7	—	25.00	35.00	50.00	75.00	—
AH1203//8	—	25.00	35.00	50.00	75.00	—
AH1203//9	—	25.00	35.00	50.00	75.00	—
AH1203//10	—	25.00	35.00	50.00	75.00	—
AH1203//11	—	25.00	35.00	50.00	75.00	—
AH1203//12	—	25.00	35.00	50.00	75.00	—
AH1203//13	—	25.00	35.00	50.00	75.00	—

KM# 517 1/2 ZERI MAHBUB
Gold **Note:** Weight varies 1.10-1.20 grams. Second toughra.

Date	Mintage	VG	F	VF	XF	Unc
AH1203//1	—	50.00	65.00	80.00	100	—
AH1203//2	—	50.00	65.00	80.00	100	—
AH1203//3	—	50.00	65.00	80.00	100	—
AH1203//4	—	50.00	65.00	80.00	100	—
AH1203//5	—	50.00	65.00	80.00	100	—
AH1203//6	—	50.00	65.00	80.00	100	—
AH1203//7	—	50.00	65.00	80.00	100	—
AH1203//8	—	50.00	65.00	80.00	100	—
AH1203//9	—	50.00	65.00	80.00	100	—
AH1203//10	—	50.00	65.00	80.00	100	—
AH1203//11	—	50.00	65.00	80.00	100	—
AH1203//12	—	50.00	65.00	80.00	100	—
AH1203//13	—	50.00	65.00	80.00	100	—

KM# 523 ZERI MAHBUB
2.4000 g., Gold, 21 mm. **Obv:** Toughra above text within circle **Rev:** Text, value **Note:** Reduced size.

Date	Mintage	VG	F	VF	XF	Unc
AH1203//10	—	100	120	150	200	—
AH1203//11	—	100	120	150	200	—
AH1203//12	—	100	120	150	200	—
AH1203//13	—	100	120	150	200	—

KM# 514 1/4 ALTIN (Findik)
0.9000 g., Gold **Obv:** Toughra **Rev:** Text, value and date **Note:** Plain borders.

Date	Mintage	VG	F	VF	XF	Unc
AH1203//1	—	40.00	50.00	65.00	85.00	—
AH1203//2	—	40.00	50.00	65.00	85.00	—
AH1203//3	—	40.00	50.00	65.00	85.00	—
AH1203//4	—	40.00	50.00	65.00	85.00	—
AH1203//5	—	40.00	50.00	65.00	85.00	—
AH1203//6	—	40.00	50.00	65.00	85.00	—
AH1203//7	—	40.00	50.00	65.00	85.00	—
AH1203//8	—	40.00	50.00	65.00	85.00	—
AH1203//9	—	40.00	50.00	65.00	85.00	—
AH1203//10	—	40.00	50.00	65.00	85.00	—
AH1203//11	—	40.00	50.00	65.00	85.00	—
AH1203//12	—	40.00	50.00	65.00	85.00	—
AH1203//13	—	40.00	50.00	65.00	85.00	—

KM# 520 1/2 ALTIN
Gold **Obv:** Toughra within circle **Rev:** Text, value and date within circle **Note:** Weight varies 0.75-0.8 grams.

Date	Mintage	VG	F	VF	XF	Unc
AH1203//1	—	60.00	90.00	130	185	—
AH1203//2	—	60.00	90.00	130	185	—
AH1203//5	—	60.00	90.00	130	185	—
AH1203//6	—	60.00	90.00	130	185	—
AH1203//10	—	60.00	90.00	130	185	—
AH1203//12	—	60.00	90.00	130	185	—
AH1203//13	—	60.00	90.00	130	185	—

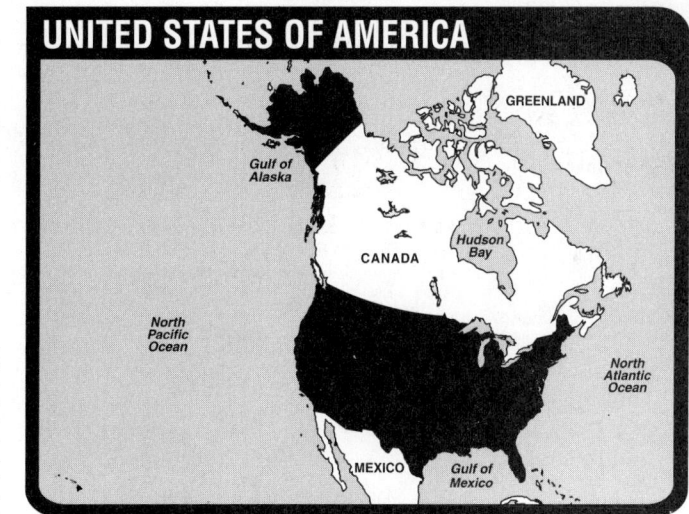

The United States of America as politically organized, under the Articles of Confederation consisted of the 13 original British-American colonies; New Hampshire, Massachusetts, Rhode Island, Connecticut, New York, New Jersey, Pennsylvania, Delaware, Virginia, North Carolina, South Carolina, Georgia and Maryland. Clustered along the eastern seaboard of North America between the forests of Maine and the marshes of Georgia. Under the Article of Confederation, the United States had no national capital: Philadelphia, where the "United States in Congress Assembled", was the "seat of government". The population during this political phase of America's history (1781-1789) was about 3 million, most of whom lived on self-sufficient family farms. Fishing, lumbering and the production of grains for export were major economic endeavors. Rapid strides were also being made in industry and manufacturing by 1775, the (then) colonies accounting for one-seventh of the world's production of raw iron. On the basis of the voyage of John Cabot to the North American mainland in 1497, England claimed the entire continent. The first permanent English settlement was established at Jamestown, Virginia, in 1607. France and Spain also claimed extensive territory in North America. At the end of the French and Indian Wars (1763), England acquired all of the territory east of the Mississippi River, including East and West Florida. From 1776 to 1781, the States were governed by the Continental Congress. From 1781 to 1789, they were organized under the Articles of Confederation, during which period the individual States had the right to issue money. Independence from Great Britain was attained with the American Revolution in 1776. The Constitution organized and governs the present United States. It was ratified on Nov. 21, 1788.

EARLY AMERICAN TOKENS

American Plantations
1/24 REAL

KM# Tn5.2 • Tin • Obv: Rider's head left of "B" in legend **Note:** Restrikes made in 1828 from two obverse dies.

Date	AG	Good	VG	Fine	VF	XF	Unc
(1828)	75.00	110	175	275	500	1,000	—

Gloucester

KM# Tn15 • Copper • Obv. Legend: GLOVCESTER COVRTHOVSE VIRGINIA **Rev. Legend:** RIGHAVLT DAWSON.ANNO.DOM.1714.

UNITED STATES

Date	AG	Good	VG	Fine	VF	XF	Unc
(1714) 2 known	—	—	—	—	—	—	—

Note: Garrett $36,000

Hibernia-Voce Populi

FARTHING

KM# Tn21.1 • Copper • **Note:** Large letters

Date	AG	Good	VG	Fine	VF	XF	Unc
1760	125	200	325	600	1,600	3,000	8,500

KM# Tn21.2 • Copper • **Note:** Small letters

Date	AG	Good	VG	Fine	VF	XF	Unc
1760	—	650	1,250	2,750	7,500	13,500	—

Note: Norweb $5,940.

HALFPENNY

KM# Tn22 • Copper •

Date	AG	Good	VG	Fine	VF	XF	Unc
1700 Extremely rare	—	—	—	—	—	—	—

Note: Date is in error; ex-Roper $575. Norweb $577.50. Stack's Americana, VF, $2,900

Date	AG	Good	VG	Fine	VF	XF	Unc
1760	40.00	70.00	135	175	365	675	2,500
1760	50.00	80.00	135	195	425	775	3,500

Note: legend VOOE POPULI

Date	AG	Good	VG	Fine	VF	XF	Unc
1760 P below bust	65.00	100.00	185	350	700	1,750	8,000
1760 P in front of bust	55.00	90.00	170	325	600	1,400	6,500

Higley or Granby

KM# Tn16 • Copper • Obv. Legend: CONNECTICVT **Rev. Legend:** THE VALVE OF THREE PENCE

Date	AG	Good	VG	Fine	VF	XF	Unc
1737	—	10,000	18,000	40,000	80,000	—	—

Note: Garrett $16,000

KM# Tn17 • Copper • Obv. Legend: THE VALVE OF THREE PENCE **Rev. Legend:** I AM GOOD COPPER

Date	AG	Good	VG	Fine	VF	XF	Unc
1737 2 known	—	11,000	20,000	40,000	85,000	—	—

Note: ex-Norweb $6,875

KM# Tn18.1 • Copper • Obv. Legend: VALUE ME AS YOU PLEASE **Rev. Legend:** I AM GOOD COPPER

Date	AG	Good	VG	Fine	VF	XF	Unc
1737	6,500	10,000	18,000	40,000	80,000	—	—

KM# Tn18.2 • Copper • Obv. Legend: VALVE.ME.AS.YOU.PLEASE. **Rev. Legend:** I AM GOOD COPPER.

Date	AG	Good	VG	Fine	VF	XF	Unc
1737 2 known	—	—	—	—	—	—275,000	—

KM# Tn19 • Copper • Rev: Broad axe

Date	AG	Good	VG	Fine	VF	XF	Unc
(1737)	—	10,000	18,000	35,000	125,000	—	—

Note: Garrett $45,000

Date	AG	Good	VG	Fine	VF	XF	Unc
1739 5 known	—	—	—	—	—	—	—

Note: Eliasberg $12,650. Oechsner $9,900. Steinberg (holed) $4,400.

KM# Tn20 • Copper • Obv. Legend: THE WHEELE GOES ROUND **Rev:** J CUT MY WAY THROUGH

Date	AG	Good	VG	Fine	VF	XF	Unc
(1737) unique	—	—	—	150,000	—	—	—

Note: Roper $60,500

Pitt

FARTHING

KM# Tn23 • Copper •

Date	AG	Good	VG	Fine	VF	XF	Unc
1766	—	—	—	7,500	22,000	35,000	—

HALFPENNY

KM# Tn24 • Copper •

Date	AG	Good	VG	Fine	VF	XF	Unc
1766	140	250	400	700	1,500	2,750	7,500

KM# Tn24a • Silver Plated Copper •

Date	AG	Good	VG	Fine	VF	XF	Unc
1766	—	—	—	—	2,250	5,000	12,000

ROYAL PATENT COINAGE

Hibernia

FARTHING

KM# 20 • Copper • Note: Pattern.

Date	AG	Good	VG	Fine	VF	XF	Unc
1722	135	235	375	500	1,000	2,600	7,750

KM# 24 • Copper • Obv: 1722 obverse **Obv. Legend:** ...D:G:REX.

Date	AG	Good	VG	Fine	VF	XF	Unc
1723	20.00	40.00	60.00	90.00	150	350	—

KM# 25 • Copper • Obv. Legend: DEI • GRATIA • REX •

Date	AG	Good	VG	Fine	VF	XF	Unc
1723	25.00	45.00	60.00	180	300	550	950
1724	—	90.00	125	225	600	1,350	3,500

KM# 25a • Silver ASW •

Date	AG	Good	VG	Fine	VF	XF	Unc
1723	—	—	1,600	2,250	4,000	5,500	10,000

HALFPENNY

KM# 21 • Copper • Obv: Bust right **Obv. Legend:** GEORGIUS•DEI•GRATIA•REX•**Rev:** Harp left, head left **Rev. Legend:** • HIBERNIA • 1722 •

Date	AG	Good	VG	Fine	VF	XF	Unc
1722	50.00	90.00	110	160	325	700	1,750

KM# 22 • Copper • Obv: Bust right **Obv. Legend:** GEORGIVS D: G: REX **Rev:** Harp left, head right **Rev. Legend:** • HIBERNIÆ • **Note:** "Rocks Reverse" pattern.

Date	AG	Good	VG	Fine	VF	XF	Unc
1722	—	—	—	2,750	3,850	8,500	—

KM# 23.1 • Copper • Rev: Harp right

Date	AG	Good	VG	Fine	VF	XF	Unc
1722	35.00	60.00	80.00	120	285	600	1,400
1723	20.00	35.00	45.00	75.00	190	280	800
1723/22	35.00	60.00	80.00	150	375	750	1,750
1724	25.00	50.00	90.00	160	360	825	2,000

KM# 23.2 • Copper • Obv: DEII error in legend

Date	AG	Good	VG	Fine	VF	XF	Unc
1722	75.00	125	160	325	750	1,400	2,750

KM# 26 • Copper • Rev: Large head **Note:** Rare. Generally mint state only. Probably a pattern.

Date	AG	Good	VG	Fine	VF	XF	Unc
1723	—	—	—	—	—	—	—

KM# 27 • Copper • Rev: Continuous legend over head

Date	AG	Good	VG	Fine	VF	XF	Unc
1724	45.00	80.00	150	300	900	1,500	3,500

Rosa Americana HALFPENNY

KM# 1 • Copper • Obv. Legend: D • G • REX •

Date	AG	Good	VG	Fine	VF	XF	Unc
1722	20.00	50.00	140	250	525	1,050	4,000

KM# 2 • Copper • Obv: Uncrowned rose **Obv. Legend:** ... • DEI • GRATIA • REX • **Note:** Several varieties exist.

Date	AG	Good	VG	Fine	VF	XF	Unc
1722	50.00	90.00	135	250	450	950	3,500
1723	385	700	850	1,750	3,600	—	—

KM# 3 • Copper • Rev. Legend: VTILE DVLCI

Date	AG	Good	VG	Fine	VF	XF	Unc
1722	250	450	850	2,200	3,800	7,500	—

KM# 9 • Copper • Rev: Crowned rose

Date	AG	Good	VG	Fine	VF	XF	Unc
1723	45.00	85.00	110	165	425	1,000	4,500

PENNY

KM# 4 • Copper • Rev. Legend: UTILE DULCI **Note:** Several varieties exist.

Date	AG	Good	VG	Fine	VF	XF	Unc
1722	60.00	100.00	135	240	450	950	3,750

KM# 5 • Copper • Note: Several varieties exist. Also known in two rare pattern types with long hair ribbons, one with V's for U's on the obverse.

Date	AG	Good	VG	Fine	VF	XF	Unc
1722	18.00	35.00	150	275	750	1,350	5,600

KM# 10 • Copper • Note: Several varieties exist.

Date	AG	Good	VG	Fine	VF	XF	Unc
1723	40.00	75.00	110	175	425	900	3,600

KM# 11 • Copper • Obv: No stop after REX **Rev:** Stop after 1723 **Note:** Several varieties exist.

Date	AG	Good	VG	Fine	VF	XF	Unc
1723	65.00	120	160	285	550	1,200	3,500

KM# 12 • Copper • Note: Pattern.

Date	AG	Good	VG	Fine	VF	XF	Unc
1724 2 known	—	—	—	—	—	—	—

KM# 15 • Copper • Note: Pattern. Two varieties exist; both extremely rare.

Date	AG	Good	VG	Fine	VF	XF	Unc
1724	—	—	—	—	—	—	—

Note: Stack's 5-05 choice AU realized $25,300. Ex-Garrett $5,775. Stack's Americana, XF, $10,925

KM# 13 • Copper • Rev. Legend: ROSA: SINE: SPINA •

Date	AG	Good	VG	Fine	VF	XF	Unc
(1724) 5 known	—	—	—	—	—	—	—

Note: Norweb $2,035

KM# 14 • Copper • Obv: George II **Note:** Pattern.

Date	AG	Good	VG	Fine	VF	XF	Unc
1727 2 known	—	—	—	—	—	—	—

2 PENCE

KM# 6 • Copper • Rev: Motto with scroll

Date	AG	Good	VG	Fine	VF	XF	Unc
(1722)	80.00	150	200	425	700	1,200	6,250

KM# 7 • Copper • Rev: Motto without scroll

Date	AG	Good	VG	Fine	VF	XF	Unc
(1722) 3 known	—	—	—	—	—	—	—

KM# 8.1 • Copper • Obv. Legend: ...REX • **Rev:** Dated

Date	AG	Good	VG	Fine	VF	XF	Unc
1722	70.00	125	175	275	750	1,500	5,500

KM# 8.2 • Copper • Obv. Legend: ...REX

Date	AG	Good	VG	Fine	VF	XF	Unc
1722	70.00	125	175	275	775	1,600	6,000

KM# 16 • Copper • Obv: Bust left **Rev:** Crowned rose **Note:** Pattern.

Date	AG	Good	VG	Fine	VF	XF	Unc
1733 4 known	—	—	—	—	—	—	—

Note: Norweb $19,800

Virginia Halfpenny

KM# Tn25.1 • Copper • Rev: Small 7s in date. **Note:** Struck on Irish halfpenny planchets.

Date	Good	VG	Fine	VF	XF	Unc	Proof
1773	—	—	—	—	—	—	22,000

KM# Tn25.2 • Copper • Obv. Legend: GEORGIVS •... **Rev:** Varieties with 7 or 8 strings in harp

Date	AG	Good	VG	Fine	VF	XF	Unc
1773	30.00	50.00	70.00	110	235	425	1,000

KM# Tn25.3 • Copper • Obv. Legend: GEORGIVS... **Rev:** Varieties with 6, 7 or 8 strings in harp

Date	AG	Good	VG	Fine	VF	XF	Unc
1773	35.00	60.00	75.00	135	275	500	1,250

KM# Tn25.4 • Copper • Obv. Legend: GEORGIVS... **Rev:** 8 harp strings, dot on cross

Date	AG	Good	VG	Fine	VF	XF	Unc
1773	—	—	—	—	—	—	—

Note: ex-Steinberg $2,600

KM# Tn26 • Silver ASW • **Note:** So-called "shilling" silver proofs.

Date	AG	Good	VG	Fine	VF	XF	Unc
1774 6 known	—	—	—	—	—	—	—

Note: Garrett $23,000

UNITED STATES

REVOLUTIONARY COINAGE

CONTINENTAL "DOLLAR"

KM# EA1 • Pewter • Obv. Legend: CURRENCY.

Date	Good	VG	Fine	VF	XF	Unc
1776	7,500	9,350	12,000	21,000	32,500	70,000

KM# EA2 • Pewter • Obv. Legend: CURRENCY, EG FECIT.

Date	Good	VG	Fine	VF	XF	Unc
1776	8,000	10,500	13,500	25,000	36,000	75,000

KM# EA2a • Silver ASW • Obv. Legend: CURRENCY, EG FECIT.

Date	Good	VG	Fine	VF	XF	Unc
1776 2 known	—	—	300,000	450,000	—	—

KM# EA3 • Pewter • Obv. Legend: CURRENCEY

Date	Good	VG	Fine	VF	XF	Unc
1776 extremely rare	—	—	—	—	—100,000	—

KM# EA4 • Pewter • Obv. Legend: CURRENCY. **Rev:** Floral cross.

Date	Good	VG	Fine	VF	XF	Unc
1776 3 recorded	—	—	—	—	—400,000	—

Note: Norweb $50,600. Johnson $25,300

KM# EA5 • Pewter • Obv. Legend: CURENCY.

Date	Good	VG	Fine	VF	XF	Unc
1776	7,500	9,500	12,000	22,500	33,000	65,000

KM# EA5a • Brass • Obv. Legend: CURENCY. **Note:** Two varieties exist.

Date	Good	VG	Fine	VF	XF
1776	22,500	28,500	36,000	70,000	110,000

KM# EA5b • Silver ASW • Obv. Legend: CURENCY.

Date	Good	VG	Fine	VF	XF
1776 unique	—	—	300,000	450,000	—

Note: Romano $99,000

STATE COINAGE

CONNECTICUT

KM# 1 • Copper • Obv: Bust facing right.

Date	AG	Good	VG	Fine	VF	XF	Unc
1785	35.00	55.00	90.00	200	650	1,750	—

KM# 2 • Copper • Obv: "African head."

Date	AG	Good	VG	Fine	VF	XF	Unc
1785	55.00	85.00	150	600	1,500	3,800	—

KM# 3.1 • Copper • Obv: Mailed bust facing left.

Date	AG	Good	VG	Fine	VF	XF	Unc
1785	125	220	375	750	1,800	3,850	—
1786	30.00	50.00	90.00	175	475	1,200	—
1787	30.00	50.00	85.00	160	450	1,350	—
1788	30.00	50.00	80.00	160	435	1,100	—

KM# 3.3 • Copper • Obv: Perfect date. **Rev. Legend:** IN DE ET.

Date	AG	Good	VG	Fine	VF	XF	Unc
1787	50.00	80.00	125	350	750	1,500	—

KM# 3.4 • Copper • Obv. Legend: CONNLC.

Date	AG	Good	VG	Fine	VF	XF	Unc
1788	44.00	60.00	120	240	650	1,850	—

KM# 4 • Copper • Obv: Small mailed bust facing left. **Rev. Legend:** ETLIB INDE.

Date	AG	Good	VG	Fine	VF	XF	Unc
1786	45.00	75.00	150	350	900	2,100	—

KM# 5 • Copper • Obv: Small mailed bust facing right. **Rev. Legend:** INDE ET LIB.

Date	AG	Good	VG	Fine	VF	XF	Unc
1786	60.00	100.00	175	450	2,000	4,250	—

KM# 6 • Copper • Obv: Large mailed bust facing right.

Date	AG	Good	VG	Fine	VF	XF	Unc
1786	55.00	90.00	160	400	1,750	3,750	—

KM# 7 • Copper • Obv: "Hercules head."

Date	AG	Good	VG	Fine	VF	XF	Unc
1786	60.00	110	220	600	2,500	5,800	—

KM# 8.1 • Copper • Obv: Draped bust.

Date	AG	Good	VG	Fine	VF	XF	Unc
1786	50.00	90.00	175	475	1,150	2,750	—

KM# 8.2 • Copper • Obv: Draped bust. **Note:** Many varieties.

Date	AG	Good	VG	Fine	VF	XF	Unc
1787	28.00	42.00	70.00	115	325	750	—

KM# 8.3 • Copper • Obv. Legend: AUCIORI.

Date	AG	Good	VG	Fine	VF	XF	Unc
1787	30.00	55.00	90.00	175	450	1,000	—

KM# 8.4 • Copper • Obv. Legend: AUCTOPI.

Date	AG	Good	VG	Fine	VF	XF	Unc
1787	35.00	65.00	110	200	650	1,650	—

KM# 8.5 • Copper • Obv. Legend: AUCTOBI.

Date	AG	Good	VG	Fine	VF	XF	Unc
1787	35.00	65.00	110	200	625	1,550	—

KM# 8.6 • Copper • Obv. Legend: CONNFC.

Date	AG	Good	VG	Fine	VF	XF	Unc
1787	32.00	60.00	90.00	160	475	1,000	—

KM# 8.7 • Copper • Obv. Legend: CONNLC.

Date	AG	Good	VG	Fine	VF	XF	Unc
1787	50.00	75.00	150	300	650	1,850	—

KM# 8.8 • Copper • Rev. Legend: FNDE.

Date	AG	Good	VG	Fine	VF	XF	Unc
1787	35.00	55.00	80.00	160	475	1,400	—

KM# 8.9 • Copper • Rev. Legend: ETLIR.

Date	AG	Good	VG	Fine	VF	XF	Unc
1787	32.00	50.00	75.00	150	440	1,175	—

KM# 8.10 • Copper • Rev. Legend: ETIIB.

Date	AG	Good	VG	Fine	VF	XF	Unc
1787	35.00	50.00	75.00	150	450	1,200	—

KM# 9 • Copper • Obv: Small head. **Rev. Legend:** ETLIB INDE.

Date	AG	Good	VG	Fine	VF	XF	Unc
1787	65.00	110	180	375	1,500	3,750	—

UNITED STATES

KM# 10 • Copper • Obv: Small head. **Rev. Legend:** INDE ET LIB.

Date	AG	Good	VG	Fine	VF	XF	Unc
1787	75.00	135	200	450	2,000	4,000	—

KM# 11 • Copper • Obv: Medium bust. **Note:** Two reverse legend types exist.

Date	AG	Good	VG	Fine	VF	XF	Unc
1787	60.00	90.00	150	350	1,500	3,000	—

KM# 12 • Copper • Obv: "Muttonhead" variety. **Note:** Extremely rare with legend INDE ET LIB.

Date	AG	Good	VG	Fine	VF	XF	Unc
1787	60.00	90.00	175	500	2,200	4,500	—

KM# 22.4 • Copper • Obv. Legend: CONNEC. **Rev. Legend:** INDL ET LIB.

Date	AG	Good	VG	Fine	VF	XF	Unc
1788	58.00	85.00	190	400	875	1,850	—

KM# 20 • Copper • Obv: Mailed bust facing right.

Date	AG	Good	VG	Fine	VF	XF	Unc
1788	28.00	40.00	85.00	180	550	1,450	—

KM# 21 • Copper • Obv: Small mailed bust facing right.

Date	AG	Good	VG	Fine	VF	XF	Unc
1788	850	1,500	2,950	4,150	9,500	18,500	—

KM# 13 • Copper • Obv: "Laughing head"

Date	AG	Good	VG	Fine	VF	XF	Unc
1787	35.00	60.00	120	240	650	1,800	—

KM# 14 • Copper • Obv: "Horned head"

Date	AG	Good	VG	Fine	VF	XF	Unc
1787	30.00	50.00	80.00	165	450	1,200	—

KM# 15 • Copper • Rev. Legend: IND ET LIB

Date	AG	Good	VG	Fine	VF	XF	Unc
1787/8	50.00	85.00	170	450	1,500	4,000	—
1787/1887	85.00	150	225	600	1,750	4,500	—

KM# 16 • Copper • Obv. Legend: CONNECT. **Rev. Legend:** INDE ET LIB. **Note:** Two additional scarce reverse legend types exist.

Date	AG	Good	VG	Fine	VF	XF	Unc
1787	35.00	50.00	120	240	550	1,500	—

KM# 22.1 • Copper • Obv: Draped bust facing left. **Rev. Legend:** INDE ET LIB.

Date	AG	Good	VG	Fine	VF	XF	Unc
1788	45.00	70.00	125	285	675	1,650	—

KM# 22.2 • Copper • Rev. Legend: INDL ET LIB.

Date	AG	Good	VG	Fine	VF	XF	Unc
1788	55.00	80.00	175	375	800	1,750	—

MASSACHUSETTS

HALFPENNY

KM# 17 • Copper •

Date	AG	Good	VG	Fine	VF	XF	Unc
1776 unique	—	—	—	200,000	—	—	—

Note: Garrett $40,000

PENNY

KM# 18 • Copper •

Date	AG	Good	VG	Fine	VF	XF	Unc
1776 unique	—	—	—	—	—	—	—

KM# 22.3 • Copper • Obv. Legend: CONNEC. **Rev. Legend:** INDE ET LIB.

Date	AG	Good	VG	Fine	VF	XF	Unc
1788	58.00	85.00	190	400	875	1,850	—

HALF CENT

KM# 19 • Copper • Note: Varieties exist; some are rare.

Date	AG	Good	VG	Fine	VF	XF	Unc
1787	60.00	90.00	140	210	550	1,000	3,250
1788	70.00	110	175	260	585	1,100	3,500

CENT

KM# 20.1 • Copper • Rev: Arrows in right talon

Date	Good	VG	Fine	VF	XF	Unc
1787 7 known	9,000	22,500	45,000	—	—	350,000

Note: Ex-Bushnell-Brand $8,800. Garrett $5,500

KM# 20.2 • Copper • Rev: Arrows in left talon

Date	AG	Good	VG	Fine	VF	XF	Unc
1787	60.00	90.00	165	240	650	1,250	6,800

KM# 20.3 • Copper • Rev: "Horned eagle" die break

Date	AG	Good	VG	Fine	VF	XF	Unc
1787	70.00	110	190	275	775	1,500	7,750

KM# 20.4 • Copper • Rev: Without period after Massachusetts

Date	AG	Good	VG	Fine	VF	XF	Unc
1788	70.00	105	190	260	675	1,600	6,250

KM# 20.5 • Copper • Rev: Period after Massachusetts, normal S's

Date	AG	Good	VG	Fine	VF	XF	Unc
1788	60.00	90.00	170	235	600	1,375	5,750

UNITED STATES

KM# 20.6 • Copper • Rev: Period after Massachusetts, S's like 8's

Date	AG	Good	VG	Fine	VF	XF	Unc
1788	50.00	75.00	135	200	575	1,250	5,400

NEW HAMPSHIRE

KM# 1 • Copper •

Date	AG	Good	VG	Fine	VF	XF	Unc
1776 extremely rare	—	—	75,000	—	—	—	—

Note: Garrett $13,000

NEW JERSEY

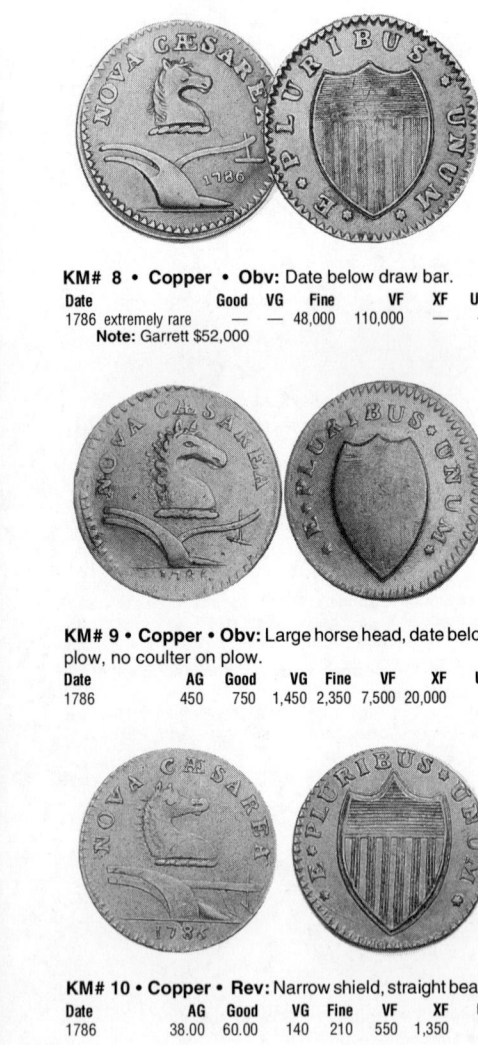

KM# 8 • Copper • Obv: Date below draw bar.

Date	Good	VG	Fine	VF	XF	Unc
1786 extremely rare	—	—	48,000	110,000	—	—

Note: Garrett $52,000

KM# 9 • Copper • Obv: Large horse head, date below plow, no coulter on plow.

Date	AG	Good	VG	Fine	VF	XF	Unc
1786	450	750	1,450	2,350	7,500	20,000	—

KM# 10 • Copper • Rev: Narrow shield, straight beam.

Date	AG	Good	VG	Fine	VF	XF	Unc
1786	38.00	60.00	140	210	550	1,350	—

KM# 11.1 • Copper • Rev: Wide shield, curved beam. **Note:** Varieties exist.

Date	AG	Good	VG	Fine	VF	XF	Unc
1786	45.00	75.00	150	225	600	2,000	—

KM# 11.2 • Copper • Obv: Bridle variety (die break). **Note:** Reverse varieties exist.

Date	AG	Good	VG	Fine	VF	XF	Unc
1786	45.00	70.00	145	235	650	2,400	—

KM# 12.1 • Copper • Rev: Plain shield. **Note:** Small planchet. Varieties exist.

Date	AG	Good	VG	Fine	VF	XF	Unc
1787	35.00	55.00	110	200	500	1,050	—

KM# 12.2 • Copper • Rev: Shield heavily outlined. **Note:** Small planchet.

Date	AG	Good	VG	Fine	VF	XF	Unc
1787	38.00	60.00	120	215	550	1,150	—

KM# 13 • Copper • Obv: "Serpent head."

Date	AG	Good	VG	Fine	VF	XF	Unc
1787	55.00	85.00	200	375	1,500	3,750	—

KM# 14 • Copper • Rev: Plain shield. **Note:** Large planchet. Varieties exist.

Date	AG	Good	VG	Fine	VF	XF	Unc
1787	45.00	60.00	135	240	750	1,650	—

KM# 15 • Copper • Rev. Legend: PLURIBS.

Date	AG	Good	VG	Fine	VF	XF	Unc
1787	85.00	150	275	450	1,000	2,800	—

KM# 16 • Copper • Obv: Horse's head facing right. **Note:** Varieties exist.

Date	AG	Good	VG	Fine	VF	XF	Unc
1788	42.00	60.00	115	190	700	1,275	—

KM# 17 • Copper • Rev: Fox before legend. **Note:** Varieties exist.

Date	AG	Good	VG	Fine	VF	XF	Unc
1788	75.00	135	285	550	1,750	4,400	—

KM# 18 • Copper • Obv: Horse's head facing left. **Note:** Varieties exist.

Date	AG	Good	VG	Fine	VF	XF	Unc
1788	235	400	850	1,500	4,800	13,000	—

NOVA EBORACS

KM# 1 • Copper • Obv: Bust right **Obv. Legend:** NON VI VIRTUTE VICI. **Rev. Legend:** NEO-EBORACENSIS

Date	AG	Good	VG	Fine	VF	XF	Unc
1786	3,250	5,000	7,500	15,000	35,000	—	—

KM# 2 • Copper • Obv: Eagle on globe facing right. **Obv. Legend:** EXCELSIOR **Rev. Legend:** E. PLURIBUS UNUM

Date	AG	Good	VG	Fine	VF	XF	Unc
1787	1,400	2,250	3,850	7,000	17,500	32,500	—

KM# 3 • Copper • Obv: Eagle on globe facing left. **Obv. Legend:** EXCELSIOR **Rev. Legend:** E. PLURIBUS UNUM

Date	AG	Good	VG	Fine	VF	XF	Unc
1787	1,250	2,000	3,500	6,500	16,500	32,000	—

KM# 4 • Copper • Obv. Legend: EXCELSIOR **Rev:** Large eagle, arrows in right talon. **Rev. Legend:** E. PLURIBUS UNUM

Date	AG	Good	VG	Fine	VF	XF	Unc
1787	—	4,500	9,000	16,500	35,000	55,000	—

Note: Norweb $18,700

KM# 5 • Copper • Obv: George Clinton. **Rev. Legend:** EXCELSIOR

Date	AG	Good	VG	Fine	VF	XF
1787	4,500	7,500	14,500	26,000	48,500	125,000

KM# 11 • Copper • Obv: Small head, star above. **Obv. Legend:** NOVA EBORAC. **Rev:** Figure seated left **Rev. Legend:** VIRT.ET.LIB.

Date	AG	Good	VG	Fine	VF	XF
1787	2,450	3,500	5,200	7,500	20,000	55,000

KM# 2 • Copper • Obv: Sun rising over field with plow **Obv. Legend:** VERMONTIS. RES. PUBLICA. **Rev:** Eye, with rays and stars **Rev. Legend:** QUARTA. DECIMA. STELLA.

Date	AG	Good	VG	Fine	VF	XF	Unc
1785	120	290	650	1,450	4,500	11,000	—

KM# 6 • Copper • Obv: Indian. **Obv. Legend:** LIBERNATUS LIBERTATEM DEFENDO **Rev:** New York arms. **Rev. Legend:** EXCELSIOR

Date	AG	Good	VG	Fine	VF	XF
1787	4,500	7,000	10,000	17,500	40,000	90,000

KM# 12 • Copper • Obv: Large head, two quatrefoils left. **Obv. Legend:** NOVA EBORAC. **Rev:** Figure seated left **Rev. Legend:** VIRT.ET.LIB.

Date	AG	Good	VG	Fine	VF	XF	Unc
1787	350	600	1,250	2,250	7,500	15,000	—

MACHIN'S MILL

KM# 3 • Copper • Obv: Sun rising over field with plow **Obv. Legend:** VERMONTS. RES. PUBLICA. **Rev:** Eye, with rays and stars **Rev. Legend:** QUARTA. DECIMA. STELLA.

Date	AG	Good	VG	Fine	VF	XF	Unc
1785	150	275	600	1,250	3,100	7,500	—

KM# 7 • Copper • Obv: Indian. **Obv. Legend:** LIBERNATUS LIBERTATEM DEFENDO **Rev:** Eagle on globe. **Rev. Legend:** NEO EBORACUS EXCELSIOR

Date	AG	Good	VG	Fine	VF	XF
1787	6,000	11,000	15,000	27,500	55,000	120,000

KM# 8 • Copper • Obv: Indian. **Rev:** George III.

Date	AG	Good	VG	Fine	VF	XF	Unc
1787 3 Known	—	—	60,000	—	—	—	—

KM# 13 • Copper • Note: Crude, lightweight imitations of the British Halfpenny were struck at Machin's Mill in large quantities bearing the obverse legends: GEORGIVS II REX, GEORGIVS III REX, and GEORGIUS III REX, with the BRITANNIA reverse. There are many different mulings. Plain crosses in the shield of Britannia are noticeable on high grade pieces, unlike common British made imitations, which usually have outlined crosses in the shield. Some Machin's Mill varieties are very rare.

Date	AG	Good	VG	Fine	VF	XF	Unc
(1747-1788)	40.00	70.00	120	250	750	2,200	—

Note: Prices are for most common within date ranges. Examples are dated: 1747, 1771, 1772, 1774, 1775, 1776, 1777, 1778, 1784, 1785, 1786, 1787 and 1788. Other dates may exist

VERMONT

KM# 4 • Copper • Obv: Sun rising over field with plow **Obv. Legend:** VERMONTENSIUM.RES.PUBLICA **Rev:** Eye, with pointed rays and stars **Rev. Legend:** QUARTA. DECIMA. STELLA.

Date	AG	Good	VG	Fine	VF	XF	Unc
1786	140	235	400	750	2,000	4,400	—

KM# 9 • Copper • Obv: Bust right **Obv. Legend:** NOVA EBORAC. **Rev:** Figure seated right. **Rev. Legend:** VIRT.ET.LIB.

Date	AG	Good	VG	Fine	VF	XF	Unc
1787	75.00	115	220	360	1,150	2,700	—

KM# 1 • Copper • Rev. Legend: IMMUNE COLUMBIA

Date	AG	Good	VG	Fine	VF	XF
(1785)	3,750	5,500	9,000	12,750	32,000	—

KM# 5 • Copper • Obv: "Baby head." **Obv. Legend:** AUCTORI: VERMON: **Rev:** Seated figure left **Rev. Legend:** ET:LIB: INDE

Date	AG	Good	VG	Fine	VF	XF	Unc
1786	200	350	650	1,750	4,800	12,500	—

KM# 10 • Copper • Obv: Bust right **Obv. Legend:** NOVA EBORAC **Rev:** Figure seated left. **Rev. Legend:** VIRT.ET.LIB.

Date	AG	Good	VG	Fine	VF	XF	Unc
1787	60.00	100.00	200	325	825	1,750	—

KM# 6 • Copper • Obv: Bust facing left. **Obv. Legend:** VERMON: AUCTORI: **Rev:** Seated figure left **Rev. Legend:** INDE ETLIB

Date	AG	Good	VG	Fine	VF	XF
1786	115	175	350	800	2,800	4,750
1787 extremely rare	—	—	4,500	11,000	27,500	44,000

EARLY AMERICAN TOKENS

ALBANY CHURCH "PENNY"

KM# 7 • Copper • Obv: Bust facing right. **Obv. Legend:** VERMON. AUCTORI. **Rev:** Seated figure left **Rev. Legend:** INDE ETLIB **Note:** Varieties exist.

Date	AG	Good	VG	Fine	VF	XF	Unc
1787	—	150	260	575	1,450	3,000	—

KM# Tn54.1 • Copper • Obv: Without "D" above church. **Note:** Uniface.

Date	Good	VG	Fine	VF	XF
5 known	—	10,000	25,000	75,000	—

KM# 8 • Copper • Obv: Bust right **Obv. Legend:** VERMON AUCTORI **Rev:** Seated figure left **Note:** Britannia mule.

Date	AG	Good	VG	Fine	VF	XF	Unc
1787	65.00	110	150	275	650	1,650	—

KM# 9.2 • Copper • Obv: Bust right. "C" backward in AUCTORI. **Rev:** Seated figure left

Date	AG	Good	VG	Fine	VF	XF
1788 extremely rare	—	4,200	7,000	17,500	38,000	—

Note: Stack's Americana, Fine, $9,775

KM# Tn54.2 • Copper • Obv: With "D" above church. **Note:** Uniface.

Date	Good	VG	Fine	VF	XF
rare	—	9,000	22,500	67,500	—

AUCTORI PLEBIS

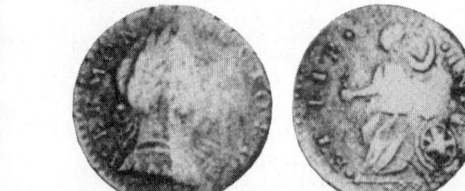

KM# 10 • Copper • Obv: Bust right **Rev:** Seated figure left **Rev. Legend:** .ET LIB. .INDE.

Date	AG	Good	VG	Fine	VF	XF	Unc
1788	200	325	625	1,250	4,000	13,500	—

KM# Tn50 • Copper • Obv: Bust left **Obv. Legend:** AUCTORI: PLEBIS: **Rev:** Seated figure left **Rev. Legend:** INDEP: ET. LIBER

Date	AG	Good	VG	Fine	VF	XF	Unc
1787	—	100.00	165	340	800	2,100	15,000

BAR "CENT"

KM# 11 • Copper • Obv: Bust right **Rev:** Seated figure left **Note:** George III Rex mule.

Date	AG	Good	VG	Fine	VF	XF	Unc
1788	300	550	900	2,250	4,500	12,000	—

KM# 9.1 • Copper • Obv: Bust right **Obv. Legend:** VERMON. AUCTORI. **Rev:** Seated figure left **Rev. Legend:** INDE . ET LIB. **Note:** Varieties exist.

Date	AG	Good	VG	Fine	VF	XF	Unc
1788	200	325	625	1,350	4,000	11,500	—

KM# Tn49 • Copper • Obv: USA monogram **Rev:** Horizontal bars

Date	AG	Good	VG	Fine	VF	XF	Unc
(1785)	—	1,400	1,750	3,100	6,250	9,500	27,500

CASTORLAND "HALF DOLLAR"

KM# Tn87.1 • Silver ASW • Obv. Legend: FRANCO.AMERICANA COLONIA **Edge:** Reeded.

Date	AG	Good	VG	Fine	VF	XF	Unc
1796	—	—	—	—	—	5,000	13,500

KM# Tn87.1a • Copper • Obv. Legend: FRANCO.AMERICANA COLONIA **Edge:** Reeded.

Date	AG	Good	VG	Fine	VF	XF	Unc
1796 3 known	—	—	—	—	—	2,850	—

KM# Tn87.1b • Brass • Obv. Legend: FRANCO.AMERICANA COLONIA **Edge:** Reeded.

Date	AG	Good	VG	Fine	VF	XF	Unc
1796	—	—	—	—	—	200	650

KM# Tn87.2 • Copper • Obv. Legend: FRANCO.AMERICANA COLONIA **Edge:** Plain. **Note:** Thin planchet.

Date	AG	Good	VG	Fine	VF	XF	Unc
1796 unique	—	—	—	—	—	—	—

KM# Tn87.3 • Silver ASW • Obv. Legend: FRANCO.AMERICANA COLONIA **Edge:** Reeded. **Note:** Thin planchet. Restrike.

Date	Good	VG	Fine	VF	XF	Unc	Proof
1796	—	—	—	—	—	500	—

KM# Tn87.4 • Silver ASW • Obv. Legend: FRANCO.AMERICANA COLONIA **Edge:** Lettered. **Edge Lettering:** ARGENT. **Note:** Thin planchet. Restrike.

Date	Good	VG	Fine	VF	XF	Unc	Proof
1796	—	—	—	—	—	200	—

KM# Tn87.3a • Copper • Obv. Legend: FRANCO.AMERICANA COLONIA **Edge:** Reeded. **Note:** Thin planchet. Restrike.

Date	Good	VG	Fine	VF	XF	Unc	Proof
1796	—	—	—	—	—	450	—

KM# Tn87.5 • Copper • Obv. Legend: FRANCO.AMERICANA COLONIA **Edge:** Lettered. **Edge Lettering:** CUIVRE. **Note:** Thin planchet. Restrike.

Date	Good	VG	Fine	VF	XF	Unc	Proof
1796	—	—	—	—	—	150	—

CHALMERS

3 PENCE

KM# Tn45 • Silver ASW •

Date	AG	Good	VG	Fine	VF	XF
1783	650	1,100	1,750	3,250	6,500	13,500

6 PENCE

KM# Tn46.1 • Silver ASW • Rev: Small date

Date	AG	Good	VG	Fine	VF	XF
1783	900	1,600	2,500	6,000	12,500	22,500

KM# Tn46.2 • Silver ASW • Rev: Large date

Date	AG	Good	VG	Fine	VF	XF
1783	775	1,450	2,250	6,000	11,500	18,500

SHILLING

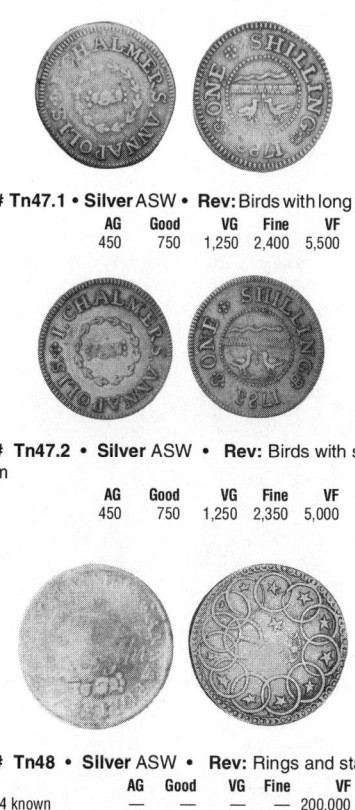

KM# Tn47.1 • Silver ASW • Rev: Birds with long worm

Date	AG	Good	VG	Fine	VF	XF
1783	450	750	1,250	2,400	5,500	10,000

KM# Tn47.2 • Silver ASW • Rev: Birds with short worm

Date	AG	Good	VG	Fine	VF	XF
1783	450	750	1,250	2,350	5,000	10,000

KM# Tn48 • Silver ASW • Rev: Rings and stars

Date	AG	Good	VG	Fine	VF	XF
1783 4 known	—	—	—	—	200,000	—

Note: Garrett $75,000

COPPER COMPANY OF UPPER CANADA

HALFPENNY

KM# Tn86 • Copper • Obv. Legend: BRITISH SETTLEMENT KENTUCKY

Date	Good	VG	Fine	VF	XF	Unc	Proof
1796	—	—	—	—	—	—	10,500

FRANKLIN PRESS

KM# Tn73 • Copper • Obv: Printing press **Obv. Legend:** SIC ORITUR DOCTRINA SURGETQUE LIBERTAS **Edge:** Plain.

Date	AG	Good	VG	Fine	VF	XF	Unc
1794	30.00	75.00	110	150	250	425	1,350

KENTUCKY TOKEN

KM# Tn70.1 • Copper • Obv. Legend: UNANIMITY IS THE STRENGTH OF SOCIETY **Rev. Legend:** E. PLURIBUS UNUM **Edge:** Plain. **Note:** 1793 date is circa.

Date	AG	Good	VG	Fine	VF	XF	Unc
(1793)	12.00	25.00	40.00	150	200	375	1,210

KM# Tn70.2 • Copper • Obv. Legend: UNANIMITY IS THE STRENGTH OF SOCIETY **Rev. Legend:** E. PLURIBUS UNUM **Edge:** Engrailed.

Date	AG	Good	VG	Fine	VF	XF	Unc
(1793)	35.00	75.00	125	200	500	950	3,400

KM# Tn70.3 • Copper • Obv. Legend: UNANIMITY IS THE STRENGTH OF SOCIETY **Rev. Legend:** E. PLURIBUS UNUM **Edge:** Lettered. **Edge Lettering:** PAYABLE AT BEDWORTH.

Date	AG	Good	VG	Fine	VF	XF	Unc
(1793) unique	—	—	—	—	—	1,980	—

KM# Tn70.4 • Copper • Obv. Legend: UNANIMITY IS THE STRENGTH OF SOCIETY **Rev. Legend:** E. PLURIBUS UNUM **Edge:** Lettered. **Edge Lettering:** PAYABLE AT LANCASTER.

Date	AG	Good	VG	Fine	VF	XF	Unc
(1793)	14.00	28.00	45.00	65.00	225	400	1,250

KM# Tn70.5 • Copper • Obv. Legend: UNANIMITY IS THE STRENGTH OF SOCIETY **Rev. Legend:** E. PLURIBUS UNUM **Edge:** Lettered. **Edge Lettering:** PAYABLE AT I.FIELDING.

Date	AG	Good	VG	Fine	VF	XF	Unc
(1793) unique	—	—	—	—	—	—	—

KM# Tn70.6 • Copper • Obv. Legend: UNANIMITY IS THE STRENGTH OF SOCIETY **Rev. Legend:** E. PLURIBUS UNUM **Edge:** Lettered. **Edge Lettering:** PAYABLE AT W. PARKERS.

Date	AG	Good	VG	Fine	VF	XF	Unc
(1793) unique	—	—	—	—	20,000	—	—

KM# Tn70.7 • Copper • Obv. Legend: UNANIMITY IS THE STRENGTH OF SOCIETY **Rev. Legend:** E. PLURIBUS UNUM **Edge:** Ornamented branch with two leaves.

Date	AG	Good	VG	Fine	VF	XF	Unc
(1793) unique	—	—	—	—	—	—	—

MOTT TOKEN

KM# Tn52.1 • Copper • Obv: Clock **Rev:** Eagle with shield **Note:** Thin planchet.

Date	AG	Good	VG	Fine	VF	XF	Unc
1789	50.00	80.00	150	250	400	750	1,750

KM# Tn52.2 • Copper • Obv: Clock **Rev:** Eagle with shield **Note:** Thick planchet. Weight generally about 170 grams.

Date	AG	Good	VG	Fine	VF	XF	Unc
1789	60.00	95.00	175	325	550	1,250	—

KM# Tn52.3 • Copper • Obv: Clock **Rev:** Eagle with shield **Edge:** Fully engrailed. **Note:** Specimens struck with perfect dies are scarcer and generally command higher prices.

Date	AG	Good	VG	Fine	VF	XF	Unc
1789	90.00	160	325	450	700	1,750	4,800

MYDDELTON TOKEN

KM# Tn85 • Copper • Obv. Legend: BRITISH SETTLEMENT KENTUCKY **Rev. Legend:** PAYABLE BY P.P.P.MYDDELTON.

Date	VG	Fine	VF	XF	Unc	Proof
1796	—	—	—	—	—	37,500

KM# Tn85a • Silver ASW •

Date	VG	Fine	VF	XF	Unc	Proof
1796	—	—	—	—	—	12,000

NEW YORK THEATRE

KM# Tn90 • Copper • Obv: Theater building **Obv. Legend:** THE.THEATRE.AT.NEW.YORK. AMERICA **Rev:** Ships at sea, viewed from dock **Rev. Legend:** MAY.COMMERCE.FLOURISH **Note:** 1796 date is circa.

Date	Good	VG	Fine	VF	XF	Unc
1796	—	—	—	7,000	9,500	25,000

NORTH AMERICAN

HALFPENNY

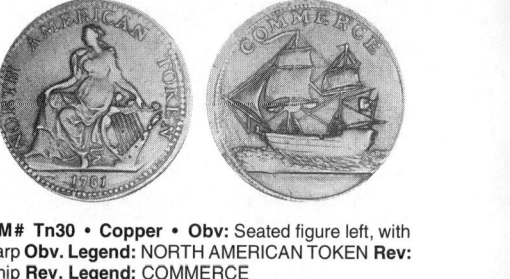

KM# Tn30 • Copper • Obv: Seated figure left, with harp **Obv. Legend:** NORTH AMERICAN TOKEN **Rev:** Ship **Rev. Legend:** COMMERCE

Date	AG	Good	VG	Fine	VF	XF	Unc
1781	32.00	50.00	65.00	130	300	750	3,250

RHODE ISLAND SHIP

KM# Tn27a • Brass • Obv: Without wreath below ship.

Date	AG	Good	VG	Fine	VF	XF	Unc
1779	—	—	325	550	1,000	2,000	7,500

KM# Tn27b • Pewter • Obv: Without wreath below ship.

Date	AG	Good	VG	Fine	VF	XF	Unc
1779	—	—	—	—	5,000	8,500	18,500

UNITED STATES

KM# Tn28a • Brass • Obv: Wreath below ship.

Date	AG	Good	VG	Fine	VF	XF	Unc
1779	—	—	—	675	1,100	2,100	7,750

KM# Tn28b • Pewter • Obv: Wreath below ship.

Date	AG	Good	VG	Fine	VF	XF	Unc
1779	—	—	—	—	5,500	9,000	20,000

KM# Tn29 • Brass • Obv: VLUGTENDE below ship

Date	AG	Good	VG	Fine	VF	XF	Unc
1779 unique	—	—	—	—	—35,000	—	

Note: Garrett $16,000

STANDISH BARRY
3 PENCE

KM# Tn55 • Silver ASW • Obv: Bust left **Obv. Legend:** BALTIMORE.TOWN.JULY.4.90. **Rev:** Denomination **Rev. Legend:** STANDISH BARRY.

Date	Good	VG	Fine	VF	XF
1790	—	15,000	22,500	50,000	—

TALBOT, ALLUM & LEE
CENT

KM# Tn71.1 • Copper • Rev: NEW YORK above ship **Edge:** Lettered. **Edge Lettering:** PAYABLE AT THE STORE OF

Date	AG	Good	VG	Fine	VF	XF	Unc
1794	32.00	50.00	85.00	165	275	550	2,000

KM# Tn71.2 • Copper • Rev: NEW YORK above ship **Edge:** Plain. **Note:** Size of ampersand varies on obverse and reverse dies.

Date	Good	VG	Fine	VF	XF	Unc
1794 4 known	—	—	—	10,000	24,000	—

KM# Tn72.1 • Copper • Rev: Without NEW YORK above ship **Edge:** Lettered. **Edge Lettering:** PAYABLE AT THE STORE OF

Date	AG	Good	VG	Fine	VF	XF	Unc
1794	200	375	600	3,500	6,500	10,500	22,000

KM# Tn72.2 • Copper • Edge: Lettered. **Edge Lettering:** WE PROMISE TO PAY THE BEARER ONE CENT.

Date	AG	Good	VG	Fine	VF	XF	Unc
1795	30.00	50.00	75.00	135	240	375	1,200

KM# Tn72.3 • Copper • Edge: Lettered. **Edge Lettering:** CURRENT EVERYWHERE.

Date	AG	Good	VG	Fine	VF	XF	Unc
1795 unique	—	—	—	—	—	—	—

KM# Tn72.4 • Copper • Edge: Olive leaf.

Date	AG	Good	VG	Fine	VF	XF	Unc
1795 unique	—	—	—	—	—	—15,000	—

Note: Norweb $4,400

KM# Tn72.5 • Copper • Edge: Plain.

Date	VG	Fine	VF	XF	Unc
1795 plain edge; 2 known	—	—	—	—	—
1795 Lettered edge; unique	—	—	—	15,000	—

Note: Edge: Cambridge Bedford Huntington.X.X.; Norweb, $3,960

WASHINGTON PIECES

KM# Tn35 • Copper • Obv. Legend: GEORGIVS TRIUMPHO.

Date	AG	Good	VG	Fine	VF	XF	Unc
1783	—	95.00	125	260	325	750	—

KM# Tn36 • Copper • Obv: Large military bust. **Note:** Varieties exist.

Date	AG	Good	VG	Fine	VF	XF	Unc
1783	—	—	50.00	85.00	180	450	2,600

KM# Tn37.1 • Copper • Obv: Small military bust. **Edge:** Plain.

Date	AG	Good	VG	Fine	VF	XF	Unc
1783	—	—	70.00	95.00	220	525	3,600

Note: One proof example is known. Value: $25,000

KM# Tn37.2 • Copper • Obv: Small military bust. **Edge:** Engrailed.

Date	AG	Good	VG	Fine	VF	XF	Unc
1783	—	75.00	110	150	300	750	4,250

KM# Tn38.1 • Copper • Obv: Draped bust, no button on drapery, small letter.

Date	AG	Good	VG	Fine	VF	XF	Unc
1783	—	40.00	60.00	90.00	180	400	2,200

KM# Tn38.2 • Copper • Obv: Draped bust, button on drapery, large letter.

Date	AG	Good	VG	Fine	VF	XF	Unc
1783	—	85.00	110	150	325	600	4,000

KM# Tn38.4 • Copper • Edge: Engrailed. **Note:** Restrike.

Date	Good	VG	Fine	XF	Unc	Proof
1783	—	—	—	—	—	800

KM# Tn38.4a • Copper • Note: Bronzed. Restrike.

Date	Good	VG	Fine	XF	Unc	Proof
1783	—	—	—	—	—	—

KM# Tn83.3 • Copper • Obv: Large modern lettering. **Edge:** Plain. **Note:** Restrike.

Date	Good	VG	Fine	VF	XF	Unc	Proof
1783	—	—	—	—	—	—	900

KM# Tn83.4b • Silver ASW • Note: Restrike.

Date	Good	VG	Fine	VF	XF	Unc	Proof
1783	—	—	—	—	—	—	1,600

KM# Tn83.4c • Gold AGW • Note: Restrike.

Date	AG	Good	VG	Fine	VF	XF	Unc
1783 2 known	—	—	—	—	—	—	—

KM# Tn60.1 • Copper • Obv. Legend: WASHINGTON PRESIDENT. **Edge:** Plain.

Date	AG	Good	VG	Fine	VF	XF	Unc
1792	850	1,450	3,000	7,500	16,000	—	—

Note: Steinberg $12,650. Garrett $15,500

KM# Tn60.2 • Copper • Obv. Legend: WASHINGTON PRESIDENT. **Edge:** Lettered. **Edge Lettering:** UNITED STATES OF AMERICA.

Date	AG	Good	VG	Fine	VF	XF	Unc
1792	—	—	—	—	—	—	—

KM# Tn61.1 • Copper • Obv. Legend: BORN VIRGINIA. **Note:** Varieties exist.

Date	AG	Good	VG	Fine	VF	XF	Unc
(1792)	500	1,000	2,000	4,000	7,500	12,000	—

KM# Tn61.2 • Silver ASW • Edge: Lettered. **Edge Lettering:** UNITED STATES OF AMERICA.

Date	AG	Good	VG	Fine	VF	XF	Unc
(1792) 2 known	—	—	—	—	—	—	—

KM# Tn61.1a • Silver ASW • Edge: Plain.

Date	AG	Good	VG	Fine	VF	XF	Unc
(1792) 4 known	—	—	—	—	—200,000	—	—

Note: Roper $16,500

KM# Tn62 • Silver ASW • Rev: Heraldic eagle. 1792 half dollar. **Note:** Mule.

Date	Good	VG	Fine	VF	XF	Unc
(1792) 3 known	—	—	—	50,000	75,000	—

KM# Tn77.1 • Copper • Obv. Legend: LIBERTY AND SECURITY. **Edge:** Lettered. **Note:** "Penny."

Date	AG	Good	VG	Fine	VF	XF	Unc
(1795)	70.00	110	165	300	525	1,100	3,500

KM# Tn77.2 • Copper • Edge: Plain. **Note:** "Penny."

Date	Good	VG	Fine	VF	XF	Unc
(1795) extremely rare	—	—	—	—	—	—

KM# Tn77.3 • Copper • Note: "Penny." Engine-turned borders.

Date	Good	VG	Fine	VF	XF	Unc
(1795) 12 known	275	450	650	1,250	2,400	7,500

KM# Tn78 • Copper • Note: Similar to "Halfpenny" with date on reverse.

Date	AG	Good	VG	Fine	VF	XF	Unc
1795 very rare	—	—	—	—	—	—	—
Note: Roper $6,600							

KM# Tn76.2 • Copper • Edge: Lettered. **Edge Lettering:** PAYABLE AT LONDON ...

Date	AG	Good	VG	Fine	VF	XF	Unc
1795	40.00	65.00	90.00	140	300	625	2,850

KM# Tn76.3 • Copper • Edge: Lettered. **Edge Lettering:** BIRMINGHAM ...

Date	AG	Good	VG	Fine	VF	XF	Unc
1795	55.00	85.00	115	165	340	775	3,600

KM# Tn76.4 • Copper • Edge: Lettered. **Edge Lettering:** AN ASYLUM ...

Date	AG	Good	VG	Fine	VF	XF	Unc
1795	18.00	35.00	60.00	275	600	1,600	6,500

KM# Tn76.5 • Copper • Edge: Lettered. **Edge Lettering:** PAYABLE AT LIVERPOOL...

Date	AG	Good	VG	Fine	VF	XF	Unc
1795 unique	—	—	—	—	—	—	—

KM# Tn76.6 • Copper • Edge: Lettered. **Edge Lettering:** PAYABLE AT LONDON-LIVERPOOL.

Date	AG	Good	VG	Fine	VF	XF	Unc
1795 unique	—	—	—	—	—	—	—

KM# Tn41 • Copper • Obv: "Ugly head." **Note:** 3 known in copper, 1 in white metal.

Date	AG	Good	VG	Fine	VF	XF	Unc
1784	—	90,000	—	—	—	—	—
Note: Roper $14,850							

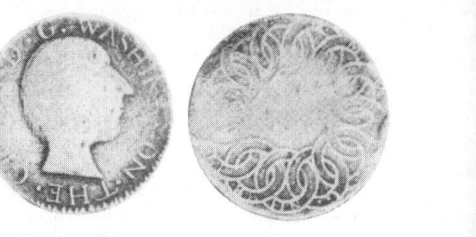

HALFPENNY

KM# Tn56 • Copper • Obv. Legend: LIVERPOOL HALFPENNY

Date	AG	Good	VG	Fine	VF	XF	Unc
1791	40.00	70.00	1,000	125	300	550	3,250

KM# Tn57 • Copper • Obv: Military bust left **Obv. Legend:** WASHINGTON PRESIDENT. **Rev:** Small eagle

Date	AG	Good	VG	Fine	VF	XF	Unc
1791	—	—	350	500	725	1,000	4,750

KM# Tn81.1 • Copper • Rev. Legend: NORTH WALES **Edge:** Plain.

Date	AG	Good	VG	Fine	VF	XF	Unc
(ca.1795)	60.00	110	175	265	625	1,750	—

KM# Tn82 • Copper • Rev: Four stars at bottom **Rev. Legend:** NORTH WALES

Date	AG	Good	VG	Fine	VF	XF	Unc
(1795)	1,250	2,000	4,500	7,500	21,000	—	—

KM# Tn66.1 • Copper • Rev: Ship **Edge:** Lettered.

Date	AG	Good	VG	Fine	VF	XF	Unc
1793	20.00	30.00	60.00	200	425	800	3,400

KM# Tn66.2 • Copper • Rev: Ship **Edge:** Plain.

Date	Good	VG	Fine	VF	XF	Unc
1793 5 known	—	—	15,000	—	—	—

KM# Tn58 • Copper • Obv: Military bust left **Obv. Legend:** WASHINGTON PRESIDENT **Rev:** Large eagle

Date	AG	Good	VG	Fine	VF	XF	Unc
1791	—	200	325	475	650	900	2,850

KM# Tn81.2 • Copper • Rev. Legend: NORTH WALES **Edge:** Lettered.

Date	AG	Good	VG	Fine	VF	XF	Unc
(1795)	350	550	1,150	1,750	5,500	9,500	—

CENT

KM# Tn75.1 • Copper • Obv: Large coat buttons **Rev:** Grate **Edge:** Reeded.

Date	AG	Good	VG	Fine	VF	XF	Unc
1795	—	—	70.00	110	200	400	900

KM# Tn75.2 • Copper • Rev: Grate **Edge:** Lettered.

Date	AG	Good	VG	Fine	VF	XF	Unc
1795	90.00	140	210	275	400	800	2,800

KM# Tn75.3 • Copper • Obv: Small coat buttons **Rev:** Grate **Edge:** Reeded.

Date	AG	Good	VG	Fine	VF	XF	Unc
1795	50.00	75.00	120	190	275	585	2,650

KM# Tn65 • Copper • Obv: "Roman" head **Obv. Legend:** WASHINGTON PRESIDENT.

Date	AG	Good	VG	Fine	VF	XF	Unc
1792	—	—	—	—	—	—	—

HALF DOLLAR

KM# Tn39 • Copper • Obv: Draped Bust left **Obv. Legend:** WASHINGTON & INDEPENDENCE **Rev:** Denomination in wreath **Rev. Legend:** UNITY STATES OF AMERICA

Date	AG	Good	VG	Fine	VF	XF	Unc
1783	30.00	50.00	70.00	100.00	250	500	2,250

KM# Tn59.1 • Copper • Edge: Lettered. **Edge Lettering:** UNITED STATES OF AMERICA

Date	Good	VG	Fine	VF	XF	Unc
1792 2 known	—	—	—	—	75,000	—
Note: Roper $2,860. Benson, EF, $48,300						

KM# Tn59.2 • Copper • Edge: Plain.

Date	Good	VG	Fine	VF	XF	Unc
1792 3 known	—	—	—	125,000	200,000	—

KM# Tn76.1 • Copper • Obv. Legend: LIBERTY AND SECURITY. **Edge:** Plain.

Date	AG	Good	VG	Fine	VF	XF	Unc
1795	18.00	35.00	60.00	160	350	700	3,250

KM# Tn40 • Copper • Note: Double head.

Date	AG	Good	VG	Fine	VF	XF	Unc
(1783)	25.00	45.00	60.00	90.00	225	450	2,750

UNITED STATES

KM# Tn59.1a • Silver ASW • Edge: Lettered. **Edge Lettering:** UNITED STATES OF AMERICA

Date	Good	VG	Fine	VF	XF	Unc
1792 rare	—	—	—	40,000	65,000	—

Note: Roper $35,200

KM# Tn59.2a • Silver ASW • Edge: Plain.

Date	Good	VG	Fine	VF	XF	Unc
1792 rare	—	—	—	—	—	—

KM# Tn59.1b • Gold AGW • Edge: Lettered. **Edge Lettering:** UNITED STATES OF AMERICA

Date	AG	Good	VG	Fine	VF	XF	Unc
1792 unique	—	—	—	—	—	—	—

KM# Tn63.1 • Silver ASW • Rev: Small eagle **Edge:** Plain.

Date	Good	VG	Fine	VF	XF
1792	—	—	—	200,000	300,000

KM# Tn63.2 • Silver ASW • Edge: Ornamented, circles and squares.

Date	VG	Fine	VF	XF	Unc
1792 5 known	—	—	100,000	175,000	400,000

KM# Tn63.1a • Copper • Edge: Plain.

Date	AG	Good	VG	Fine	VF	XF
1792	—	4,000	6,500	12,500	32,000	65,000

Note: Garrett $32,000

KM# Tn63.3 • Silver ASW • Edge: Two olive leaves.

Date	AG	Good	VG	Fine	VF	XF	Unc
1792 unique	—	—	—	—	—	—	—

KM# Tn64 • Silver ASW • Rev: Large heraldic eagle

Date	AG	Good	VG	Fine	VF	XF	Unc
1792 unique	—	—	—	—	100,000	—	—

Note: Garrett $16,500

CONFEDERATIO

KM# EA22 • Copper • Obv: Standing figure with bow & arrow **Obv. Legend:** INIMICA TYRANNIS • AMERICANA • **Rev:** Small circle of stars **Rev. Legend:** • CONFEDERATIO •

Date	AG	Good	VG	Fine	VF	XF	Unc
1785	—	—	—	—	—50,000	95,000	—

KM# EA23 • Copper • Obv: Standing figure with bow & arrow **Obv. Legend:** INIMICA TYRANNIS • AMERICANA • **Rev:** Large circle of stars **Rev. Legend:** • CONFEDERATIO • **Note:** The Confederatio dies were struck in combination with 13 other dies of the period. All surviving examples of these combinations are extremely rare.

Date	Good	VG	Fine	VF	XF
1785 extremely rare	—	—	—	50,000	100,000

IMMUNE COLUMBIA

KM# EA20 • Copper • Obv: George III **Obv. Legend:** GEORGIVS III • REX • **Rev. Legend:** IMMUNE COLUMBIA •

Date	AG	Good	VG	Fine	VF	XF
1785	3,500	5,000	7,500	9,500	22,500	—

KM# EA21 • Copper • Obv: Head right **Obv. Legend:** VERMON AUCTORI **Rev. Legend:** IMMUNE COLUMBIA •

Date	AG	Good	VG	Fine	VF	XF
1785	—	5,500	8,500	11,500	35,000	—

KM# EA17a • Silver ASW • Obv. Legend: IMMUNE COLUMBIA • **Rev:** Eye, with pointed rays & stars **Rev. Legend:** NOVA CONSTELLATIO

Date	Good	VG	Fine	VF	XF	Unc
1785	—	—	—	45,000	90,000	—

KM# EA19a • Gold AGW • Obv. Legend: IMMUNE COLUMBIA • **Rev:** Blunt rays **Rev. Legend:** NOVA CONSTELATIO •

Date	AG	Good	VG	Fine	VF	XF	Unc
1785 unique	—	—	—	—	—	—	—

Note: In the Smithsonian Collection

KM# EA17 • Copper • Obv. Legend: IMMUNE COLUMBIA. **Rev:** Eye, with pointed rays & stars **Rev. Legend:** NOVA • CONSTELLATIO

Date	Good	VG	Fine	VF	XF	Unc
1785	—	—	—	22,500	40,000	—

KM# EA18 • Copper • Obv. Legend: IMMUNE COLUMBIA • **Rev:** Eye, with pointed rays & stars. Extra star in reverse legend **Rev. Legend:** NOVA • CONSTELLATIO *

Date	Good	VG	Fine	VF	XF	Unc
1785	—	—	—	22,500	40,000	—

Note: Caldwell $4,675

KM# EA19 • Copper • Obv. Legend: IMMUNE COLUMBIA • **Rev:** Blunt rays **Rev. Legend:** NOVA CONSTELATIO

Date	Good	VG	Fine	VF	XF	Unc
1785 2 known	—	—	—	—	100,000	—

Note: Norweb $22,000

KM# EA28 • Copper • Obv. Legend: IMMUNIS COLUMBIA **Rev:** Eagle **Rev. Legend:** * E * PLURIBUS * UNUM *

Date	Good	VG	Fine	VF	XF	Unc
1786 3 known	—	—	—	50,000	90,000	—

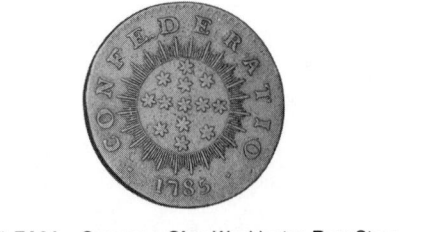

KM# EA24 • Copper • Obv: Washington **Rev:** Stars in rayed circle **Rev. Legend:** • CONFEDERATIO •

Date	AG	Good	VG	Fine	VF	XF
1786 3 known	—	—	—	—	50,000	—

Note: Garrett $50,000. Steinberg $12,650

KM# EA25 • Copper • Obv: Eagle, raw shield **Obv. Legend:** * E • PLURIBUS UNUM • **Rev:** Shield **Rev. Legend:** * E * PLURIBUS * UNUM *

Date	AG	Good	VG	Fine	VF	XF	Unc
1786 unique	—	—	—	—	—	—	—

Note: Garrett $37,500

KM# EA26 • Copper • Obv: Washington **Obv. Legend:** GEN • WASHINGTON • **Rev:** Eagle

Date	AG	Good	VG	Fine	VF	XF	Unc
1786 2 known	—	—	—	—	—	—	—

KM# EA27 • Copper • Obv. Legend: IMMUNIS COLUMBIA • **Rev:** Shield **Rev. Legend:** * E * PLURIBUS * UNUM *

Date	Good	VG	Fine	VF	XF	Unc
1786 extremely rare	—	—	—	40,000	—	—

Note: Rescigno, AU, $33,000. Steinberg, VF, $11,000

NOVA CONSTELLATIO

KM# EA6.1 • Copper • Obv: Pointed rays **Obv. Legend:** NOVA • CONSTELLATIO • **Rev:** Small "U•S"

Date	AG	Good	VG	Fine	VF	XF	Unc
1783	50.00	70.00	100.00	225	440	950	3,750

KM# EA6.2 • Copper • Obv: Pointed rays **Obv. Legend:** NOVA • CONSTELLATIO • **Rev:** Large "US"

Date	AG	Good	VG	Fine	VF	XF	Unc
1783	55.00	75.00	110	250	600	1,400	6,000

KM# EA7 • Copper • Obv: Blunt rays **Obv. Legend:** NOVA • CONSTELATIO •

Date	AG	Good	VG	Fine	VF	XF	Unc
1783	50.00	75.00	110	250	575	1,300	5,000

KM# EA8 • Copper • Obv: Blunt rays **Obv. Legend:** NOVA • CONSTELATIO •

Date	AG	Good	VG	Fine	VF	XF	Unc
1785	50.00	75.00	110	260	625	1,500	6,500

KM# EA9 • Copper • Obv: Pointed rays **Obv. Legend:** NOVA • CONSTELLATIO •

Date	AG	Good	VG	Fine	VF	XF	Unc
1785	—	—	100.00	225	450	1,000	3,600

KM# EA10 • Copper • Note: Contemporary circulating counterfeit. Similar to previously listed coin.

Date	AG	Good	VG	Fine	VF	XF	Unc
1786 extremely rare	—	—	—	—	—	—	—

5 UNITS

KM# EA12 • Copper • Obv: Eye, with pointed rays & stars **Obv. Legend:** NOVA CONSTELLATIO **Rev. Legend:** • LIBERTAS • JUSTITIA •

Date	AG	Good	VG	Fine	VF	XF	Unc
1783 unique	—	—	—	—	—	—	—

100 (BIT)

KM# EA13.1 • Silver ASW • **Obv:** Eye, with pointed rays & stars **Obv. Legend:** NOVA CONSTELLATIO **Rev. Legend:** • LIBERTAS • JUSTITIA • **Edge:** Leaf.

Date	AG	Good	VG	Fine	VF	XF	Unc
1783 2 known	—	—	—	—	—	—	—

Note: Garrett $97,500. Stack's auction, May 1991, $72,500

KM# EA13.2 • Silver ASW • **Obv:** Eye, with pointed rays & stars **Obv. Legend:** NOVA CONSTELLATIO **Rev. Legend:** • LIBERTAS • JUSTITIA • **Edge:** Plain

Date	AG	Good	VG	Fine	VF	XF	Unc
1783 unique	—	—	—	—	—	—	—

500 (QUINT)

KM# EA14 • Silver ASW • **Obv:** Eye with pointed rays & stars **Obv. Legend:** NOVA CONSTELLATIO **Rev. Legend:** • LIBERTAS • JUSTITIA •

Date	Good	VG	Fine	VF	XF	Unc
1783 unique	—	—	—	—	250,000	—

Note: Garrett $165,000

KM# EA15 • Silver ASW • **Obv:** Eye, with rays & stars, no legend **Rev. Legend:** • LIBERTAS • JUSTITIA •

Date	Good	VG	Fine	VF	XF	Unc
1783 unique	—	—	—	75,000	—	—

Note: Garrett $55,000

1000 (MARK)

KM# EA16 • Silver ASW • **Obv:** Eye, with pointed rays & stars **Obv. Legend:** NOVA CONSTELLATIO **Rev. Legend:** • LIBERTAS • JUSTITIA •

Date	Good	VG	Fine	VF	XF	Unc
1783 unique	—	—	—	—	350,000	—

Note: Garrett $190,000

EARLY FEDERAL COINAGE

BRASHER

KM# Tn51.1 • Gold AGW • **Obv:** Sunrise over mountains. **Rev:** Displayed eagle with shield on breast, EB counterstamp on wing.

Date	AG	Good	VG	Fine	VF	XF	Unc
1787 6 known	—	—	—	—	—	—	—

Note: Heritage FUN Sale, January 2005, AU-55, $2.415 million.

KM# Tn51.2 • Gold AGW • **Obv:** Sun rise over mountains **Rev:** Displayed eagle with sheild on breast. EB counterstamp on breast.

Date	AG	Good	VG	Fine	VF	XF	Unc
1787 unique	—	—	—	—	—	—	—

Note: Heritage FUN Sale, January 2005, XF-45, $2.99 million. Foreign gold coins with the EB counterstamp exist. These are valued at over $5,000, with many much higher.

FUGIO "CENT"

KM# EA30.1 • Copper • Obv: Club rays, round ends.

Date	AG	Good	VG	Fine	VF	XF	Unc
1787	225	325	450	850	2,000	3,850	—

KM# EA30.2 • Copper • Obv: Club rays, concave ends.

Date	AG	Good	VG	Fine	VF	XF
1787	1,500	2,500	3,500	8,000	20,000	—

KM# EA30.3 • Copper • Obv. Legend: FUCIO.

Date	AG	Good	VG	Fine	VF	XF	Unc
1787	—	2,000	3,000	7,000	25,000	35,000	—

UNITED STATES

KM# EA31.1 • Copper • Obv: Pointed rays. **Rev:** UNITED above, STATES below.

Date	AG	Good	VG	Fine	VF	XF	Unc
1787	600	950	1,400	3,000	7,750	10,000	—

KM# EA31.2 • Copper • Rev: UNITED STATES at sides of ring.

Date	AG	Good	VG	Fine	VF	XF	Unc
1787	110	175	275	550	850	1,600	3,500

KM# EA31.3 • Copper • Rev: STATES UNITED at sides of ring.

Date	AG	Good	VG	Fine	VF	XF	Unc
1787	110	190	275	550	800	1,500	3,500

KM# EA31.4 • Copper • Rev: Eight-pointed stars on ring.

Date	AG	Good	VG	Fine	VF	XF	Unc
1787	150	285	450	650	1,200	2,500	9,000

KM# EA31.5 • Copper • Rev: Raised rims on ring, large lettering in center.

Date	AG	Good	VG	Fine	VF	XF	Unc
1787	185	325	500	900	2,400	5,250	17,500

KM# EA32.1 • Copper • Obv: No cinquefoils, cross after date. **Obv. Legend:** UNITED STATES.

Date	AG	Good	VG	Fine	VF	XF	Unc
1787	300	485	750	1,450	3,500	6,500	—

KM# EA32.2 • Copper • Obv: No cinquefoils, cross after date. **Obv. Legend:** STATES UNITED.

Date	AG	Good	VG	Fine	VF	XF	Unc
1787	—	—	750	1,500	3,750	6,800	—

KM# EA32.3 • Copper • Obv: No cinquefoils, cross after date. **Rev:** Raised rims on ring.

Date	AG	Good	VG	Fine	VF	XF	Unc
1787	—	—	—	—	—22,500	—	—

KM# EA33 • Copper • Obv: No cinquefoils, cross after date. **Rev:** With rays. **Rev. Legend:** AMERICAN CONGRESS.

Date	Good	VG	Fine	VF	XF
1787 extremely rare	—	—	—	275,000	—

Note: Norweb $63,800

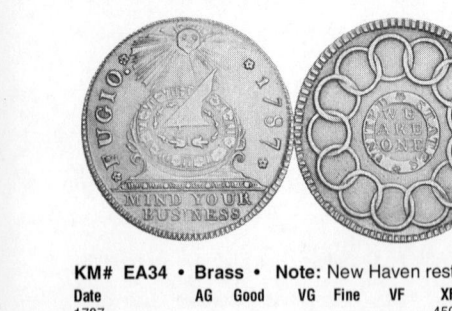

KM# EA34 • Brass • Note: New Haven restrike.

Date	AG	Good	VG	Fine	VF	XF	Unc
1787	—	—	—	—	—	450	1,000

KM# EA34a • Copper • Note: New Haven restrike.

Date	AG	Good	VG	Fine	VF	XF	Unc
1787	—	—	—	—	—	450	750	1,000

KM# EA34b • Silver ASW • Note: New Haven restrike.

Date	AG	Good	VG	Fine	VF	XF	Unc
1787(ca.1858)	—	—	—	—	—	1,500	4,000

KM# EA34c • Gold AGW • Note: New Haven restrike.

Date	AG	Good	VG	Fine	VF	XF	Unc
1787(ca.1858) 2 known	—	—	—	—	—	—	—

Note: Norweb (holed) $1,430

ISSUES OF 1792

CENT

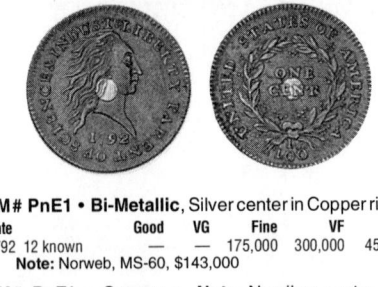

KM# PnE1 • Bi-Metallic, Silver center in Copper ring •

Date	Good	VG	Fine	VF	XF
1792 12 known	—	—	175,000	300,000	450,000

Note: Norweb, MS-60, $143,000

KM# PnF1 • Copper • Note: No silver center.

Date	Good	VG	Fine	VF	XF
1792 8 known	—	—	250,000	500,000	750,000

Note: Norweb, EF-40, $35,200; Benson, VG-10, $57,500

KM# PnG1 • Copper • Edge: Plain **Note:** Commonly called "Birch cent."

Date	Good	VG	Fine	VF	XF	Unc
1792 unique	—	—	—	—	500,000	—

KM# PnH1 • Copper • Obv: One star in edge legend **Note:** Commonly called "Birch cent."

Date	Good	VG	Fine	VF	XF	Unc
1792 2 known	—	—	150,000	350,000	450,000	—

Note: Norweb, EF-40, $59,400

KM# PnI1 • Copper • Obv: Two stars in edge legend **Note:** Commonly called "Birch cent."

Date	Good	VG	Fine	VF	XF	Unc
1792 6 known	—	—	—	—	—	—

Note: Hawn, strong VF, $57,750

KM# PnJ1 • White Metal • Rev: "G.W.Pt." below wreath tie **Note:** Commonly called "Birch cent."

Date	Good	VG	Fine	VF	XF	Unc
1792 unique	—	—	—	—	550,000	—

Note: Garrett, $90,000

HALF DISME

KM# 5 • Silver ASW •

Date	VG	Fine	VF	XF	Unc
1792	35,000	55,000	90,000	125,000	450,000

KM# PnA1 • Copper •

Date	Good	VG	Fine	VF	XF	Unc
1792 unique	—	—	—	—	—	—

DISME

KM# PnB1 • Silver ASW •

Date	VG	Fine	VF	XF	Unc
1792 3 known	—	—	700,000	1,000,000	—

Note: Norweb, EF-40, $28,600

KM# PnC1 • Copper • Edge: Reeded

Date	VG	Fine	VF	XF	Unc
1792 14 known	—	—	150,000	250,000	500,000

Note: Hawn, VF, $30,800; Benson, EF-45, $109,250

KM# PnD1 • Copper • Edge: Plain

Date	VG	Fine	VF	XF	Unc
1792 2 known	—	—	450,000	750,000	—

Note: Garrett, $45,000

QUARTER

KM# PnK1 • Copper • Edge: Reeded **Note:** Commonly called "Wright quarter."

Date	AG	Good	VG	Fine	VF	XF	Unc
1792 2 known	—	—	—	—	—	—	—

KM# PnL1 • White Metal • Edge: Plain **Note:** Commonly called "Wright quarter."

Date	AG	Good	VG	Fine	VF	XF	Unc
1792 2 known	—	—	—	—	—	—	—

Note: Norweb, VF-30 to EF-40, $28,600

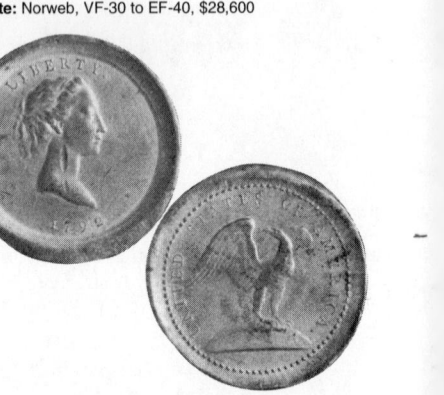

KM# PnM1 • White Metal • Note: Commonly called "Wright quarter."

Date	AG	Good	VG	Fine	VF	XF	Unc
1792 die trial	—	—	—	—	—	—	—

Note: Garrett, $12,000

HALF CENT

Liberty Cap Half Cent

Head facing left obverse

KM# 10 • 6.7400 g., **Copper**, 22 mm. • **Designer:** Henry Voigt

Date	Mintage	G-4	VG-8	F-12	VF-20	XF-40	MS-60
1793	35,334	3,250	5,350	8,500	15,500	24,500	60,000

Head facing right obverse

KM# 14 • **Copper**, 6.74 g. (1794-95) and 5.44 g. (1795-97), 23.5 mm. • **Designer:** Robert Scot (1794) and John Smith Gardner (1795) **Notes:** The "lettered edge" varieties have TWO HUNDRED FOR A DOLLAR inscribed around the edge. The "pole" varieties have a pole upon which the cap is hanging, resting on Liberty's shoulder. The "punctuated date" varieties have a comma after the 1 in the date. The 1797 "1 above 1" variety has a second 1 above the 1 in the date.

Date	Mintage	G-4	VG-8	F-12	VF-20	XF-40	MS-60
1794 Normal Relief Head	81,600	485	750	1,200	2,250	5,000	27,500
1794 High Relief Head	Inc. above	550	900	1,450	2,850	6,400	—
1795 lettered edge, pole	25,600	525	735	1,060	1,760	4,150	—
1795 plain edge, no pole	109,000	455	665	990	1,675	3,750	21,500
1795 lettered edge, punctuated date	Inc. above	525	750	1,500	2,500	6,500	—
1795 plain edge, punctuated date	Inc. above	440	650	975	1,675	3,750	21,500
1796 pole	5,090	20,000	24,500	37,500	55,000	75,000	170,000
1796 no pole	1,390	37,500	75,000	140,000	125,000	—	—
1797 plain edge	119,215	465	675	1,025	1,760	3,850	24,500
1797 lettered edge	Inc. above	1,500	3,500	4,500	8,000	—	—
1797 1 above 1	Inc. above	455	665	975	1,675	4,850	21,500
1797 gripped edge	Inc. above	22,000	39,500	58,500	—	—	—

Draped Bust Half Cent

Draped bust right, date at angle below obverse Value within thin wreath reverse

KM# 33 • 5.4400 g., **Copper**, 23.5 mm. • **Obv. Legend** LIBERTY **Rev. Legend:** UNITED STATES OF AMERICA **Designer:** Robert Scot

Date	Mintage	G-4	VG-8	F-12	VF-20	XF-40	MS-60
1800	211,530	60.00	90.00	125	185	500	5,500

CENT

Flowing Hair Cent

Chain reverse

KM# 11 • 13.4800 g., **Copper**, 26-27 mm. • **Designer:** Henry Voigt

Date	Mintage	G-4	VG-8	F-12	VF-20	XF-40	MS-60
1793 "AMERI"	36,103	8,950	13,750	25,500	45,500	86,000	245,000
1793 "AMERICA"	Inc. above	6,950	10,500	17,750	36,500	61,500	140,000
1793 periods after "LIBERTY"	Inc. above	7,850	11,250	18,850	38,500	63,500	147,000

Flowing Hair Cent

Wreath reverse

KM# 12 • 13.4800 g., **Copper**, 26-28 mm. • **Designer:** Henry Voigt

Date	Mintage	G-4	VG-8	F-12	VF-20	XF-40	MS-60
1793 vine and bars edge	63,353	1,950	2,950	4,750	7,500	12,500	30,000
1793 lettered edge	Inc. above	2,100	3,250	5,200	8,000	14,000	—
1793 strawberry leaf; 4 known	—	350,000	450,000	875,000	—	—	—

Liberty Cap Cent

KM# 13 • **Copper**, 13.48 g. (1793-95) and 10.89 g. (1795-96), 29 mm. • **Designer:** Joseph Wright (1793-1795) and John Smith Gardner (1795-1796) **Notes:** The heavier pieces were struck on a thicker planchet. The Liberty design on the obverse was revised slightly in 1794, but the 1793 design was used on some 1794 strikes. A 1795 "lettered edge" variety has ONE HUNDRED FOR A DOLLAR and a leaf inscribed on the edge.

Date	Mintage	G-4	VG-8	F-12	VF-20	XF-40	MS-60
1793 cap	11,056	3,500	6,500	11,500	36,500	67,500	—
1794 head '93	918,521	1,350	2,600	4,000	8,450	20,000	—
1794 head '94	Inc. above	550	750	1,000	18,505	3,750	9,000
1794 head '95	Inc. above	475	675	900	1,650	3,350	—
1794 starred rev.	Inc. above	10,500	17,500	35,000	—	—	—
1795 plain edge	501,500	400	650	900	1,750	3,850	4,750
1795 reeded edge	Inc. above	350,000	700,000	—	—	—	—
1795 Jefferson head	Inc. above	24,500	49,500	95,000	150,000	—	—
1795 Jefferson head lettered edge	Inc. above	75,000	—	175,000	—	—	—

Liberty Cap Cent

KM# 13a • 10.8900 g., **Copper**, 29 mm. • **Designer:** Joseph Wright (1793-1795) and John Smith Gardner (1795-1796)

Date	Mintage	G-4	VG-8	F-12	VF-20	XF-40	MS-60
1795 lettered edge, "One Cent" high in wreath	37,000	400	550	900	1,750	4,000	15,000
1796	109,825	350	500	800	1,400	3,750	21,000

Draped Bust Cent

Draped bust right, date at angle below obverse Value within wreath reverse

KM# 22 • 10.9800 g., **Copper**, 29 mm. • **Obv. Legend** LIBERTY **Rev. Legend:** UNITED STATES OF AMERICA **Designer:** Robert Scot

Date	Mintage	G-4	VG-8	F-12	VF-20	XF-40	MS-60
1796 Rev. of 1794	363,375	300	450	900	2,800	6,850	—
1796 Rev. of 1796	Inc. above	260	375	700	3,250	9,500	—
1796 Rev. of 1797	Inc. above	240	350	650	1,500	3,250	—
1796 Liberty error	Inc. above	300	750	1,500	5,500	13,500	—
1797 reverse of 1796 plain edge	897,510	165	300	600	3,450	5,500	—
1797 reverse of 1796 gripped edge	Inc. above	185	375	550	1,350	4,750	—
1797	Inc. above	130	175	250	335	1,150	3,300

UNITED STATES

Date	Mintage	G-4	VG-8	F-12	VF-20	XF-40	MS-60
1797 stemless	Inc. above	300	495	600	910	3,200	—
1798/7	1,841,745	200	300	375	1,200	3,900	—
1798 reverse of 1796	Inc. above	—	—	—	—	—	—
1798 1st hair style	Inc. above	90.00	130	200	350	1,300	3,100
1798 2nd hair style	Inc. above	—	—	—	—	—	—
1799	42,540	2,750	4,650	10,000	24,500	58,500	—
1799/98	Inc. above	2,600	4,300	9,200	21,000	46,000	—
1800	2,822,175	50.00	95.00	200	400	1,750	—
1800/798	Inc. above	—	—	—	—	—	—
1800/79	Inc. above	—	—	—	—	—	—

HALF DIME

Flowing Hair Half Dime

KM# 15 • 1.3500 g., 0.8920 **Silver**, 0.0387 oz. ASW, 16.5 mm. • **Designer:** Robert Scot

Date	Mintage	G-4	VG-8	F-12	VF-20	XF-40	MS-60
1794	86,416	1,325	1,625	2,150	3,125	7,325	19,850
1795	Inc. above	1,050	1,350	1,875	2,850	5,750	13,850

Draped Bust Half Dime

Draped bust right obverse   Small eagle reverse

KM# 23 • 1.3500 g., 0.8920 **Silver**, 0.0387 oz. ASW, 16.5 mm. • **Designer:** Robert Scot

Date	Mintage	G-4	VG-8	F-12	VF-20	XF-40	MS-60
1796	10,230	1,435	1,550	3,000	4,700	8,700	19,550
1796 LIKERTY	Inc. above	1,485	1,600	3,050	4,750	8,750	19,600

Note: In 1796 the word LIBERTY was spelled LIKERTY on a die.

Date	Mintage	G-4	VG-8	F-12	VF-20	XF-40	MS-60
1796/5	Inc. above	1,555	1,700	3,150	4,850	8,850	19,700
1797 13 stars	44,527	2,100	2,650	4,100	5,800	9,800	32,750
1797 15 stars	Inc. above	1,385	1,500	2,950	4,650	8,650	19,500
1797 16 stars	Inc. above	1,535	1,750	3,200	4,900	8,900	19,750

Draped Bust Half Dime

Draped bust right, flanked by stars, date at angle below obverse   Heraldic eagle reverse

KM# 34 • 1.3500 g., 0.8920 **Silver**, 0.0387 oz. ASW, 16.5 mm. • **Obv. Legend** LIBERTY **Rev. Legend:** UNITED STATES OF AMERICA **Designer:** Robert Scot

Date	Mintage	G-4	VG-8	F-12	VF-20	XF-40	MS-60
1800	24,000	1,000	1,250	1,875	2,350	6,750	13,850
1800 LIBEKTY	Inc. above	1,000	1,250	1,875	2,350	7,250	15,400

DIME

Draped Bust Dime

Draped bust right obverse   Small eagle reverse

KM# 24 • 2.7000 g., 0.8920 **Silver**, 0.0774 oz. ASW, 19 mm. • **Designer:** Robert Scot

Date	Mintage	G-4	VG-8	F-12	VF-20	XF-40	MS-60
1796	22,135	2,850	3,465	5,350	7,350	12,350	24,500
1797 13 stars	25,261	3,000	3,615	5,600	7,750	13,150	25,100
1797 16 stars	Inc. above	2,850	3,490	5,425	7,500	12,650	25,100

Draped Bust Dime

Draped bust right obverse   Heraldic eagle reverse

KM# 31 • 2.7000 g., 0.8920 **Silver**, 0.0774 oz. ASW, 19 mm. • **Obv. Legend** LIBERTY **Rev. Legend:** UNITED STATES OF AMERICA **Designer:** Robert Scot
Notes: The 1805 strikes have either 4 or 5 berries on the olive branch held by the eagle.

Date	Mintage	G-4	VG-8	F-12	VF-20	XF-40	MS-60
1798 large 8	27,550	725	1,250	1,550	1,850	3,375	8,850
1798 small 8	Inc. above	975	1,450	1,750	2,150	4,350	53,500
1798/97 13 stars	Inc. above	2,150	3,850	5,650	8,850	14,750	59,000
1798/97 16 stars	Inc. above	775	1,125	1,800	2,650	4,350	10,500

Note: The 1798 overdates have either 13 or 16 stars under the clouds on the reverse; Varieties of the regular 1798 strikes are distinguished by the size of the 8 in the date

Date	Mintage	G-4	VG-8	F-12	VF-20	XF-40	MS-60
1800	21,760	700	1,075	1,400	2,550	4,100	34,500

QUARTER

Draped Bust Quarter

Draped bust right obverse   Small eagle reverse

KM# 25 • 6.7400 g., 0.8920 **Silver**, 0.1933 oz. ASW, 27.5 mm. • **Designer:** Robert Scot

Date	Mintage	G-4	VG-8	F-12	VF-20	XF-40	AU-50	MS-60	MS-65
1796	6,146	11,000	16,500	30,000	39,500	42,500	68,000	82,500	235,000

HALF DOLLAR

Flowing Hair Half Dollar

KM# 16 • 13.4800 g., 0.8920 **Silver**, 0.3866 oz. ASW, 32.5 mm. • **Designer:** Robert Scot **Notes:** The 1795 "recut date" variety had the date cut into the dies twice, so both sets of numbers are visible on the coin. The 1795 "3 leaves" variety has three leaves under each of the eagle's wings on the reverse.

Date	Mintage	G-4	VG-8	F-12	VF-20	XF-40	MS-60
1794	23,464	2,850	5,750	8,850	19,500	37,500	225,000
1795	299,680	1,025	1,450	2,850	4,850	13,850	46,500
1795 recut date	Inc. above	1,040	1,470	2,895	5,200	14,250	46,500
1795 3 leaves	Inc. above	2,600	3,150	5,350	8,350	17,500	59,500

Draped Bust Half Dollar

Draped bust right obverse Small eagle reverse

KM# 26 • 13.4800 g., 0.8920 **Silver**, 0.3866 oz. ASW, 32.5 mm. • **Designer:** Robert Scot

Date	Mintage	G-4	VG-8	F-12	VF-20	XF-40	MS-60
1796 15 obverse stars	3,918	36,500	46,000	62,000	73,500	118,000	300,000
1796 16 obverse stars	Inc. above	39,500	50,000	67,000	79,500	128,000	320,000
1797	Inc. above	36,700	46,300	62,500	74,300	121,000	310,000

DOLLAR

Flowing Hair Dollar

KM# 17 • 26.9600 g., 0.8920 **Silver**, 0.7731 oz. ASW, 39-40 mm. • **Designer:** Robert Scot **Notes:** The two 1795 varieties have either two or three leaves under each of the eagle's wings on the reverse.

Date	Mintage	F-12	VF-20	XF-40	AU-50	MS-60	MS-63
1794	1,758	120,000	170,000	245,000	365,000	575,000	950,000
1795 2 leaves	203,033	4,450	7,800	16,150	25,500	80,500	196,500
1795 3 leaves	Inc. above	4,200	7,250	14,500	22,500	69,500	182,500
1795 Silver plug	Inc. above	9,850	13,950	28,500	48,500	115,000	235,000

Draped Bust Dollar

Small eagle reverse

KM# 18 • 26.9600 g., 0.8920 **Silver**, 0.7731 oz. ASW, 39-40 mm. • **Designer:** Robert Scot

Date	Mintage	F-12	VF-20	XF-40	AU-50	MS-60	MS-63
1795 Off-center bust	Inc. above	3,850	5,850	12,500	17,000	52,000	126,000
1795 Centered bust	—	3,900	5,950	12,700	17,250	52,500	126,000
1796 small date, small letters	72,920	4,100	6,300	13,750	18,500	70,000	—
1796 small date, large letters	Inc. above	3,875	6,400	13,700	19,400	—	—
1796 large date, small letters	Inc. above	4,250	6,750	14,350	19,200	57,000	136,000
1797 9 stars left, 7 stars right, small letters	7,776	5,200	9,000	18,850	36,500	—	—
1797 9 stars left, 7 stars right, large letters	Inc. above	4,250	6,850	13,950	20,300	55,500	—
1797 10 stars left, 6 stars right	Inc. above	4,050	6,350	13,600	18,500	53,500	125,000
1798 13 stars	327,536	4,150	6,300	13,750	21,000	85,000	—
1798 15 stars	Inc. above	4,700	7,450	16,150	25,500	95,000	—

Draped Bust Dollar

Draped bust right, flanked by stars, date below obverse Heraldic eagle reverse

KM# 32 • 26.9600 g., 0.8920 **Silver**, 0.7731 oz. ASW, 39-40 mm. • **Obv. Legend:** LIBERTY **Rev. Legend:** UNITED STATES OF AMERICA **Designer:** Robert Scot **Notes:** The 1798 "knob 9" variety has a serif on the lower left of the 9 in the date. The 1798 varieties are distinguished by the number of arrows held by the eagle on the reverse and the number of berries on the olive branch. On the 1798 "high-8" variety, the 8 in the date is higher than the other numerals. The 1799 varieties are distinguished by the number and positioning of the stars on the obverse and by the size of the berries in the olive branch on the reverse. On the 1700 "irregular date" variety, the first 9 in the date is smaller than the other numerals. Some varieties of the 1800 strikes had letters in the legend cut twice into the dies; as between the numerals in the date are wider than other varieties and the 8 is lower than the other numerals. The 1800 "small berries" variety refers to the size of the berries in the olive branch on the reverse. The 1800 "12 arrows" and "10 arrows" varieties refer to the number of arrows held by the eagle. The 1800 "Americai" variety appears to have the faint outline of an "I" after "America" in the reverse legend.

Date	Mintage	F-12	VF-20	XF-40	AU-50	MS-60	MS-63
1798 knob 9, 4 stripes	423,515	1,785	2,735	5,550	9,850	21,750	95,000
1798 knob 9, 10 arrows	Inc. above	1,785	2,735	5,550	9,850	21,750	87,000
1798 knob 9, 5 stripes	Inc. above	—	—	—	—	—	124,500
1798 pointed 9, 4 berries	Inc. above	1,785	2,735	5,550	9,850	21,750	43,500
1798 5 berries, 12 arrows	Inc. above	1,785	2,735	5,550	9,850	21,750	43,500
1798 high 8	Inc. above	1,785	2,735	5,550	9,850	21,750	43,500
1798 13 arrows	Inc. above	1,785	2,735	5,550	9,850	21,750	45,000
1799/98 13-star reverse	Inc. above	2,000	2,950	4,300	8,600	23,500	45,000
1799/98 15-star reverse	Inc. above	1,875	2,850	4,000	8,300	24,500	47,500
1799 irregular date, 13-star reverse	Inc. above	1,825	3,000	3,900	8,200	23,500	45,000
1799 irregular date, 15-star reverse	Inc. above	1,825	3,200	5,550	9,850	21,500	42,500
1799 perfect date, 7- and 6-star obverse, no berries	Inc. above	1,750	2,700	3,850	8,150	18,500	42,500
1799 perfect date, 7- and 6-star obverse, small berries	Inc. above	1,750	2,700	3,850	8,150	18,500	42,500
1799 perfect date, 7- and 6-star obverse, medium large berries	Inc. above	1,750	2,700	3,850	8,150	18,500	42,500
1799 perfect date, 7- and 6-star obverse, extra large berries	Inc. above	1,750	2,700	3,850	8,150	18,500	51,500
1799 8 stars left, 5 stars right on obverse	Inc. above	1,825	2,800	3,900	8,200	24,000	45,000
1800 "R" in "Liberty" double cut	220,920	1,825	2,775	5,550	9,850	21,500	45,000
1800 first "T" in "States" double cut	Inc. above	1,800	2,750	5,550	9,850	21,500	45,000
1800 both letters double cut	Inc. above	1,800	2,750	5,550	9,850	21,500	45,000
1800 "T" in "United" double cut	Inc. above	1,800	2,750	5,550	9,850	21,500	45,000
1800 very wide date, low 8	Inc. above	1,800	2,750	5,550	9,850	21,500	—
1800 small berries	Inc. above	1,850	2,800	3,900	8,200	22,000	48,500
1800 dot date	Inc. above	2,000	3,000	4,300	8,600	21,500	45,000
1800 12 arrows	Inc. above	1,825	3,200	5,550	9,850	31,000	—
1800 10 arrows	Inc. above	1,825	3,200	5,550	9,850	—	—
1800 "Americai"	Inc. above	2,000	3,300	4,300	8,600	21,500	49,000

$2.50 (QUARTER EAGLE)

GOLD

Liberty Cap

Liberty cap on head, right, flanked by stars obverse Heraldic eagle reverse

KM# 27 • 4.3700 g., 0.9160 **Gold**, 0.1287 oz. AGW, 20 mm. • **Obv. Legend** LIBERTY **Rev. Legend:** UNITED STATES OF AMERICA **Designer:** Robert Scot
Notes: The 1796 "no stars" variety does not have stars on the obverse. The 1804 varieties are distinguished by the number of stars on the obverse.

Date	Mintage	F-12	VF-20	XF-40	MS-60
1796 no stars	963	55,000	71,500	100,000	245,000
1796 stars	432	26,500	32,500	65,000	185,000
1797	427	20,000	25,000	45,000	125,000
1798 close date	1,094	6,250	8,650	16,500	60,000
1798 wide date	Inc. above	5,250	7,650	15,500	57,500

$5 (HALF EAGLE)

GOLD

Liberty Cap

Liberty Cap on head, right, flanked by stars obverse Small eagle reverse

KM# 19 • 8.7500 g., 0.9160 **Gold**, 0.2577 oz. AGW •

Date	Mintage	F-12	VF-20	XF-40	MS-60
1795	8,707	19,500	25,000	31,000	79,500
1796/95	6,196	20,500	25,350	32,750	84,500
1797 15 obverse stars	Inc. above	23,000	27,500	42,250	—
1797 16 obverse stars	Inc. above	21,000	25,850	41,000	210,000
1798	—	112,000	185,000	350,000	—

Liberty Cap

Liberty Cap on head, right, flanked by stars obverse Large Heraldic eagle reverse

KM# 28 • 8.7500 g., 0.9160 **Gold**, 0.2577 oz. AGW, 25 mm. • **Obv. Legend** LIBERTY **Rev. Legend:** UNITED STATES OF AMERICA **Designer:** Robert Scot

Date	Mintage	F-12	VF-20	XF-40	MS-60
1795	Inc. above	10,000	16,500	22,500	85,000
1797/95	3,609	10,850	17,500	24,000	155,000
1797 15 star obv.; Unique	—	—	—	—	—
Note: Smithsonian collection					
1797 16 star obv.; Unique	—	—	—	—	—
Note: Smithsonian collection					
1798 small 8	24,867	4,850	6,650	10,100	—
1798 large 8, 13-star reverse	Inc. above	4,050	5,050	8,350	33,500
1798 large 8, 14-star reverse	Inc. above	5,050	6,650	10,950	—
1799 small reverse stars	7,451	3,850	4,900	11,100	21,500
1799 large reverse stars	Inc. above	3,950	4,750	14,200	31,700
1800	37,628	3,850	4,650	7,100	15,850

$10 (EAGLE)

GOLD

Liberty Cap

Small eagle reverse

KM# 21 • 17.5000 g., 0.9160 **Gold**, 0.5154 oz. AGW, 33 mm. • **Designer:** Robert Scot

Date	Mintage	F-12	VF-20	XF-40	MS-60
1795 13 leaves	5,583	28,500	33,850	48,500	122,500
1795 9 leaves	Inc. above	30,000	45,000	73,500	250,000
1796	4,146	27,500	36,000	50,000	135,000
1797 small eagle	3,615	31,500	40,000	55,000	200,000

Liberty Cap

Liberty cap on head, right, flanked by stars obverse Heraldic eagle reverse

KM# 30 • 17.5000 g., 0.9160 **Gold**, 0.5154 oz. AGW, 33 mm. • **Obv. Legend** LIBERTY **Rev. Legend:** UNITED STATES OF AMERICA **Designer:** Robert Scot

Date	Mintage	F-12	VF-20	XF-40	MS-60
1797 large eagle	10,940	9,800	12,850	21,400	58,500
1798/97CC 9 stars left, 4 right	900	13,500	19,000	34,500	127,500
1798/97 7 stars left, 6 right	842	28,500	38,500	87,500	235,000
1799 large star obv	37,449	9,350	10,750	18,200	37,500
1799 small star obv	Inc. above	9,350	10,750	18,200	37,500
1800	5,999	9,500	10,750	18,350	39,500

VIETNAM

IDENTIFICATION

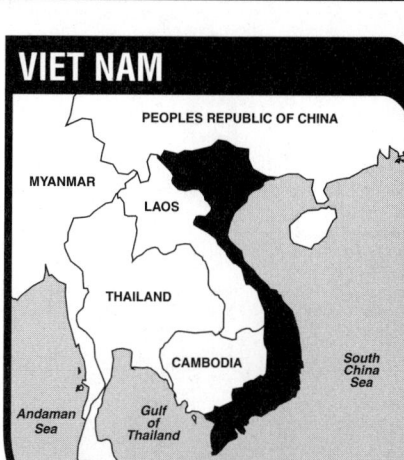

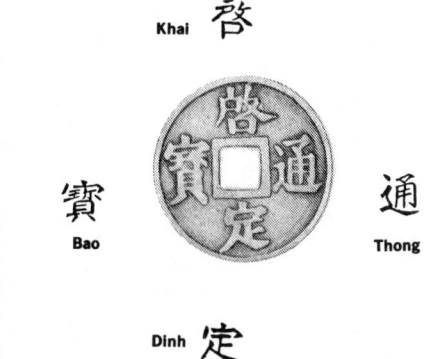

Khai Dinh Thong Bao

The square holed cash coins of Annam are easily identified by reading the characters top-bottom (emperor's name) and right-left (Thong Bao, general currency). The character at right will change with some emperors.

In 207 B.C. a Chinese general set up the Kingdom of Nam-Viet on the Red River. This kingdom was over thrown by the Chinese under the Han Dynasty in 111 B.C., where upon the country became a Chinese province under the name of Giao-Chi, which was later changed to Annam or peaceful or pacified South. Chinese rule was maintained until 968, when the Vietnamese became independent until 1407 when China again invaded Viet Nam. The Chinese were driven out in 1428 and the country became independent and named Dai-Viet. Gia Long renamed the country Dai Nanim 1802.

After the French conquered Dai Nam, they split the country into three parts. The South became the Colony of Cochin china; the North became the Protectorate of Tonkin; and the central became the Protectorate of Annam. The emperors were permitted to have their capital in Hue and to produce small quantities of their coins, presentation pieces, and bullion bars. Annam had an area of 57,840 sq. mi. (141,806 sq. km.) and a population of about 6 million. Chief products of the area are silk, cinnamon and rice. There are important mineral deposits in the mountainous inland.

CYCLICAL DATES

	庚	辛	壬	癸	甲	乙	丙	丁	戊	己
戌	1850 1910		1862 1922		1874 1934		1886 1946		1838 1898	
亥		1851 1911		1863 1923		1875 1935		1887 1947		1839 1899
子	1840 1900		1852 1912		1864 1924		1876 1936		1888 1948	
丑		1841 1901		1853 1913		1865 1925		1877 1937		1889 1949
寅	1830 1890		1842 1902		1854 1914		1866 1926		1878 1938	
卯		1831 1891		1843 1903		1855 1915		1867 1927		1879 1939
辰	1880 1940		1832 1892		1844 1904		1856 1916		1868 1928	
巳		1881 1941		1833 1893		1845 1905		1857 1917		1869 1929
午	1870 1930		1882 1942		1834 1894		1846 1906		1858 1918	
未		1871 1931		1883 1943		1835 1895		1847 1907		1859 1919
申	1860 1920		1872 1932		1884 1944		1836 1896		1848 1908	
酉		1861 1921		1873 1933		1885 1945		1837 1897		1849 1909

NOTE: This table has been adapted from *Chinese Bank Notes* by Ward Smith and Brian Matravers.

Cyclical dates consist of a pair of characters one of which indicates the animal associated with that year. Every 60 years, this pair of characters is repeated. The first character of a cyclical date corresponds to a character in the first row of the chart above. The second where a cyclical date is used, the abbreviation CD appears before the A.D. date.

NUMERALS

Column A, conventional; Column B, formal.

NUMBER	CONVENTIONAL	FORMAL	COMMERCIAL
1	一 元	壹 壱	1
2	二	弐 弍	II
3	三	叁 弎	III
4	四	肆	义
5	五	伍	ㄡ
6	六	陸	⊥
7	七	柒	⊥
8	八	捌	⊥
9	九	玖	夂
10	十	拾 什	+
20	十 二 or 廿	拾弍	什+
25	五 十 二 or 五廿	伍拾弍	什+㄄
30	十 三 or 卅	拾叁	川+
100	百 一	佰壹	1 百
1,000	千 一	仟壹	1 千
10,000	萬 一	萬壹	1 万
100,000	萬 十	億 一	萬拾壹 億壹	+ 万
1,000,000	萬 百 一	萬佰壹	1 百万

NOTE: This table has been adapted from *Chinese Bank Notes* by Ward Smith and Brian Matravers.

MONETARY SYSTEM

Copper and Zinc
10 Dong (zinc) = 1 Dong (copper)
600 Dong (zinc) = 1 Quan (string of cash)

Approximately 2600 Dong (zinc) = 1 Piastre
NOTE: Ratios between metals changed frequently, therefore the above is given as an approximate relationship.

DAI VIET
Capital: Tay Do (Hanoi)

CAST COINAGE

KM# 31 PHAN
Cast Zinc **Ruler:** Chinh Hoa **Obv:** Conventional script text. **Obv. Inscription:** "Chinh-hoa Thong-bao" with 5-stroke Chinh.

Date	Mintage	Good	VG	F	VF	XF
ND(1676-1705)	—	5.00	8.00	17.50	27.50	—

KM# 32 PHAN
Cast Copper **Ruler:** Chinh Hoa **Obv:** Conventional script text. **Obv. Inscription:** "Chinh-hoa Thong-bao" with 5-stroke Chinh. **Rev:** Crescent right.

Date	Mintage	Good	VG	F	VF	XF
ND(1676-1705)	—	5.00	8.00	17.50	27.50	—

KM# A33 PHAN
Zinc **Ruler:** Chinh Hoa **Note:** Similar to KM#32.

Date	Mintage	Good	VG	F	VF	XF
ND(1676-1705)	—	—	—	—	—	—

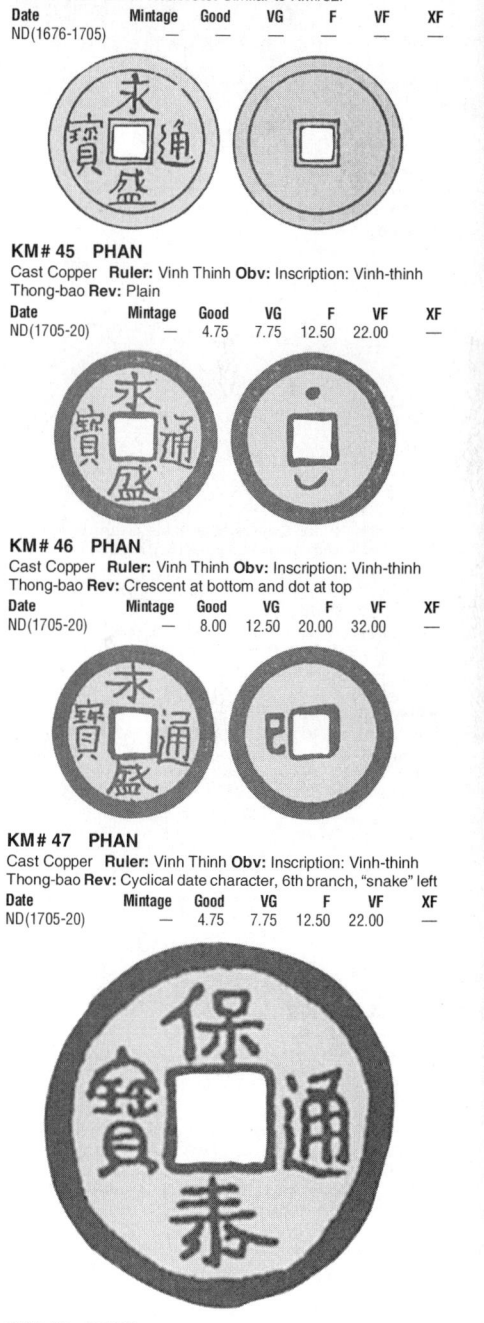

North Dai Viet

EMPERORS

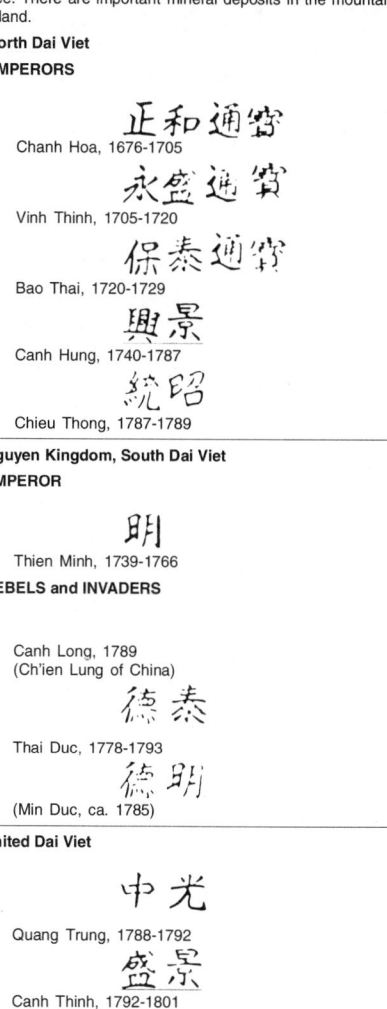

Chanh Hoa, 1676-1705

Vinh Thinh, 1705-1720

Bao Thai, 1720-1729

Canh Hung, 1740-1787

Chieu Thong, 1787-1789

Nguyen Kingdom, South Dai Viet

EMPEROR

Thien Minh, 1739-1766

REBELS and INVADERS

Canh Long, 1789
(Ch'ien Lung of China)

Thai Duc, 1778-1793

(Min Duc, ca. 1785)

United Dai Viet

Quang Trung, 1788-1792

Canh Thinh, 1792-1801

KM# 45 PHAN
Cast Copper **Ruler:** Vinh Thinh **Obv: Inscription:** Vinh-thinh Thong-bao **Rev:** Plain

Date	Mintage	Good	VG	F	VF	XF
ND(1705-20)	—	4.75	7.75	12.50	22.00	—

KM# 46 PHAN
Cast Copper **Ruler:** Vinh Thinh **Obv: Inscription:** Vinh-thinh Thong-bao **Rev:** Crescent at bottom and dot at top

Date	Mintage	Good	VG	F	VF	XF
ND(1705-20)	—	8.00	12.50	20.00	32.00	—

KM# 47 PHAN
Cast Copper **Ruler:** Vinh Thinh **Obv: Inscription:** Vinh-thinh Thong-bao **Rev:** Cyclical date character, 6th branch, "snake" left

Date	Mintage	Good	VG	F	VF	XF
ND(1705-20)	—	4.75	7.75	12.50	22.00	—

KM# 48 PHAN
Cast Copper **Ruler:** Bao Thai **Obv: Inscription:** Bao-thai Thong-bao **Rev:** Plain

Date	Mintage	Good	VG	F	VF	XF
ND(1720-29)	—	9.00	14.00	20.00	35.00	—

VIETNAM

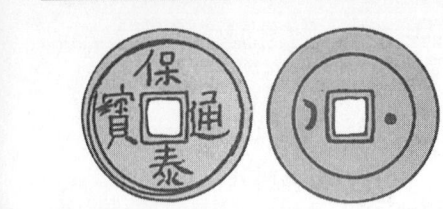

KM# 49 PHAN
Cast Copper **Ruler:** Bao Thai **Obv:** Inscription: Bao-thai Thong-bao **Rev:** Crescent left and dot right

Date	Mintage	Good	VG	F	VF	XF
ND(1720-29)	—	9.00	14.00	20.00	35.00	—

KM# 50 PHAN
Cast Copper **Ruler:** Bao Thai **Obv:** Inscription: Bao-thai Thong-bao **Rev:** Dot right

Date	Mintage	Good	VG	F	VF	XF
ND(1720-29)	—	9.00	14.00	20.00	35.00	—

KM# 54.1 PHAN
Cast Copper **Ruler:** Canh Hung **Obv:** Conventional script text. **Obv. Inscription:** "Canh-hung Thong-bao". **Rev:** Plain **Note:** Prev. C#1.3.

Date	Mintage	Good	VG	F	VF	XF
ND(1740-87)	—	1.25	2.25	3.50	6.00	—

KM# 54.2 PHAN
Cast Copper **Ruler:** Canh Hung **Rev:** Dot at left **Note:** Prev. C#1.3a.

Date	Mintage	Good	VG	F	VF	XF
ND(1740-87)	—	2.00	3.75	6.00	11.50	—

KM# 54.3 PHAN
Cast Copper **Ruler:** Canh Hung **Rev:** Dot at lower left **Note:** Prev. C#1.3b.

Date	Mintage	Good	VG	F	VF	XF
ND(1740-87)	—	3.00	5.00	8.00	15.00	—

KM# 54.4 PHAN
Cast Copper **Ruler:** Canh Hung **Rev:** Dot at right **Note:** Prev. C#1.3c.

Date	Mintage	Good	VG	F	VF	XF
ND(1740-87)	—	3.00	5.00	8.00	15.00	—

KM# 54.5 PHAN
Cast Copper **Ruler:** Canh Hung **Rev:** Dot at top **Note:** Prev. C#1.3d.

Date	Mintage	Good	VG	F	VF	XF
ND(1740-87)	—	3.00	5.00	8.00	15.00	—

KM# 54.6 PHAN
Cast Copper **Ruler:** Canh Hung **Rev:** Crescent at left, two dots at top and bottom **Note:** Prev. C#1.3e.

Date	Mintage	Good	VG	F	VF	XF
ND(1740-87)	—	5.00	8.50	14.50	22.00	—

KM# 59 PHAN
Cast Copper **Ruler:** Canh Hung **Rev:** "Tay" at bottom **Note:** Prev. C#1.6a.

Date	Mintage	Good	VG	F	VF	XF
ND(1740-87)	—	3.50	5.50	9.00	16.00	—

KM# 60 PHAN
Cast Copper **Ruler:** Canh Hung **Rev:** "Thai" at right **Note:** Prev. C#1.6b.

Date	Mintage	Good	VG	F	VF	XF
ND(1740-87)	—	3.50	5.50	9.00	16.00	—

KM# 61 PHAN
Cast Copper **Ruler:** Canh Hung **Rev:** "Trung" at top **Note:** Prev. C#1.6c.

Date	Mintage	Good	VG	F	VF	XF
ND(1740-87)	—	2.00	3.75	6.00	11.50	—

KM# 88 PHAN
Cast Copper **Ruler:** Canh Hung **Obv:** "Cu Bao" **Rev:** Numeral "five" in seal script at right, diamond or kite-shaped figure at left **Note:** Prev. C#13.4.

Date	Mintage	Good	VG	F	VF	XF
ND(1740-87)	—	5.25	8.50	15.00	25.00	—
ND	—	—	—	—	—	—

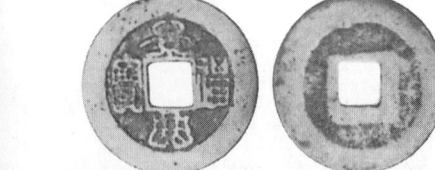

KM# 52.1 PHAN
Cast Copper **Ruler:** Canh Hung **Obv:** Inscription: Seal script Canh-hung Thong-bao **Rev:** Plain **Note:** Prev. C#1.1.

Date	Mintage	Good	VG	F	VF	XF
ND(1740-87)	—	1.50	2.75	4.50	8.00	—

KM# 52.2 PHAN
Cast Copper **Ruler:** Canh Hung **Obv:** Inscription: Seal script Canh-hung Thong-bao **Rev:** Dot at top **Note:** Prev. C#1.1a.

Date	Mintage	Good	VG	F	VF	XF
ND(1740-87)	—	3.00	5.00	8.00	15.00	—

KM# 52.3 PHAN
Cast Copper **Ruler:** Canh Hung **Obv:** Inscription: Canh-hung Thong-bao **Rev:** Two dots at top **Note:** Prev. C#1.1b.

Date	Mintage	Good	VG	F	VF	XF
ND(1740-87)	—	3.50	5.50	9.00	16.00	—

KM# 55 PHAN
Cast Copper **Ruler:** Canh Hung **Rev:** "Nhat" (one) at bottom **Note:** Prev. C#1.5.

Date	Mintage	Good	VG	F	VF	XF
ND(1740-87)	—	3.50	5.50	9.00	16.00	—

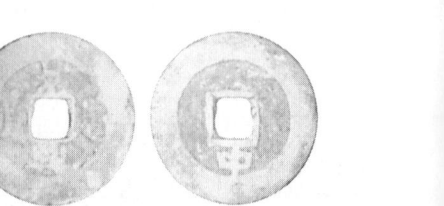

KM# 62 PHAN
Cast Copper **Ruler:** Canh Hung **Rev:** "Trung" at bottom **Note:** Prev. C#1.6d.

Date	Mintage	Good	VG	F	VF	XF
ND(1740-87)	—	2.00	3.75	6.00	11.50	—

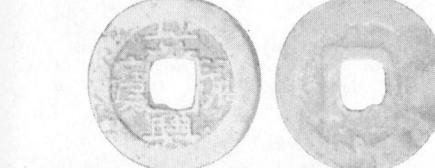

KM# 53.1 PHAN
Cast Copper **Ruler:** Canh Hung **Obv:** Inscription: Canh-hung Thong-bao **Rev:** Plain **Note:** Prev. C#1.2.

Date	Mintage	Good	VG	F	VF	XF
ND(1740-87)	—	1.50	2.75	4.50	8.00	—

KM# 53.2 PHAN
Cast Copper **Ruler:** Canh Hung **Obv:** Inscription: Canh-hung Thong-bao **Rev:** Two dots at right and bottom **Note:** Prev. C#1.2a.

Date	Mintage	Good	VG	F	VF	XF
ND(1740-87)	—	3.50	5.50	9.00	16.00	—

KM# 53.3 PHAN
Cast Copper **Ruler:** Canh Hung **Obv:** Inscription: Canh-hung Thong-bao **Rev:** Four crescents, tips inward **Note:** Prev. C#1.2b.

Date	Mintage	Good	VG	F	VF	XF
ND(1740-87)	—	3.75	6.50	10.00	18.00	—

KM# 53.4 PHAN
Cast Copper **Ruler:** Canh Hung **Obv:** Inscription: Canh-hung Thong-bao **Rev:** Four lines surrounding center hole **Note:** Prev. C#1.2c.

Date	Mintage	Good	VG	F	VF	XF
ND(1740-87)	—	3.75	6.50	10.00	18.00	—

KM# 56 PHAN
Cast Copper **Ruler:** Canh Hung **Rev:** "Nhi" (two) at bottom **Note:** Prev. C#1.5a.

Date	Mintage	Good	VG	F	VF	XF
ND(1740-87)	—	3.00	5.00	8.00	15.00	—

KM# 57 PHAN
Cast Copper **Ruler:** Canh Hung **Rev:** "Tam" (three) at top **Note:** Prev. C#1.5b.

Date	Mintage	Good	VG	F	VF	XF
ND(1740-87)	—	3.75	6.50	10.00	18.00	—

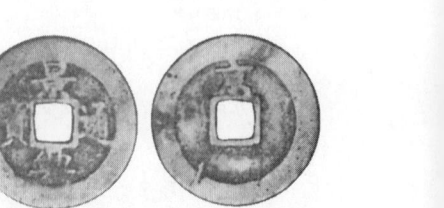

KM# 63 PHAN
Cast Copper **Ruler:** Canh Hung **Rev:** "Kinh" at top **Note:** Prev. C#1.6e.

Date	Mintage	Good	VG	F	VF	XF
ND(1740-87)	—	2.00	3.75	6.00	11.50	—

KM# 64 PHAN
Cast Copper **Ruler:** Canh Hung **Rev:** "Kinh" at top and dot at bottom **Note:** Prev. C#1.6f.

Date	Mintage	Good	VG	F	VF	XF
ND(1740-87)	—	3.00	5.00	8.00	15.00	—

KM# 58 PHAN
Cast Copper **Ruler:** Canh Hung **Rev:** "Bac" at top **Note:** Prev. C#1.6.

Date	Mintage	Good	VG	F	VF	XF
ND(1740-87)	—	5.50	9.00	15.50	25.00	—

KM# 65 PHAN
Cast Copper **Ruler:** Canh Hung **Rev:** "Po" at bottom **Note:** Prev. C1.6g.

Date	Mintage	Good	VG	F	VF	XF
ND(1740-87)	—	25.00	50.00	75.00	100	—

Note: "Po" is the Chinese romanization of this character which means "silk"; the Annamese romaniziation is not available

VIETNAM

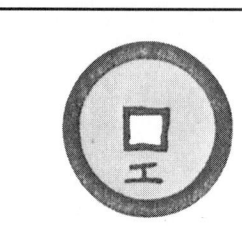

KM# 66 PHAN
Cast Copper **Ruler:** Canh Hung **Rev:** "Cong" at bottom **Note:** Prev. C1.6h.

Date	Mintage	Good	VG	F	VF	XF
ND(1740-87)	—	2.00	3.75	6.00	11.50	—

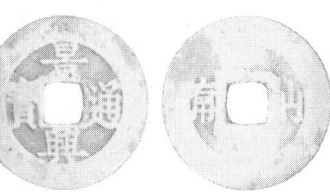

KM# 67 PHAN
Cast Copper **Ruler:** Canh Hung **Rev:** "Son Nam" horizontally **Note:** Prev. #C1.6i.

Date	Mintage	Good	VG	F	VF	XF
ND(1740-87)	—	4.25	7.00	11.00	20.00	—

KM# 68 PHAN
Cast Copper **Ruler:** Canh Hung **Rev:** "Son Tay" horizontally **Note:** Prev. #C1.6j.

Date	Mintage	Good	VG	F	VF	XF
ND(1740-87)	—	3.50	5.50	9.00	16.00	—

KM# 69 PHAN
Cast Copper **Ruler:** Canh Hung **Rev:** "Thai Nguyen" horizontally in seal script **Note:** Prev. #C1.6k.

Date	Mintage	Good	VG	F	VF	XF
ND(1740-87)	—	5.25	8.50	15.00	25.00	—

Note: The second character "Nguyen" is not the numismatically common 4-stroke character meaning "first", but rather is the 10-stroke character for a "source" or "origin"

KM# 70 PHAN
Cast Copper **Ruler:** Canh Hung **Rev:** Two unidentified characters horizontally in an unusual script style **Note:** Prev. #C1.6l.

Date	Mintage	Good	VG	F	VF	XF
ND(1740-87)	—	5.25	8.50	15.00	25.00	—

Note: These characters somewhat resemble elaborated versions of "Cu", the right character having an extra center loop, and the left having upper and lower portions which form 3-sided boxes; Toda states these are the characters "Luc Phan"

KM# 71 PHAN
Cast Copper **Ruler:** Canh Hung **Rev:** "Dai" at top **Note:** Prev. C#1.6m.

Date	Mintage	Good	VG	F	VF	XF
ND(1740-87)	—	5.25	8.50	15.00	25.00	—

KM# 72 PHAN
Cast Copper **Ruler:** Canh Hung **Rev:** "Dai" at right **Note:** Prev. C#1.6n.

Date	Mintage	Good	VG	F	VF	XF
ND(1740-87)	—	5.25	8.50	15.00	25.00	—

KM# 73 PHAN
Cast Copper **Ruler:** Canh Hung **Rev:** "Sui" at top **Note:** Prev. C#1.6o.

Date	Mintage	Good	VG	F	VF	XF
ND(1740-87)	—	5.25	8.50	15.00	25.00	—

KM# 74 PHAN
Cast Copper **Ruler:** Canh Hung **Rev:** "Thuong" at top **Note:** Prev. C#1.6p.

Date	Mintage	Good	VG	F	VF	XF
ND(1740-87)	—	5.25	8.50	15.00	25.00	—

KM# 75 PHAN
Cast Copper **Ruler:** Canh Hung **Rev:** Numeral "five" in seal script at right, diamond or kite-shaped figure at left **Note:** Prev. C#1.6q.

Date	Mintage	Good	VG	F	VF	XF
ND(1740-87)	—	6.00	10.00	17.50	28.50	—

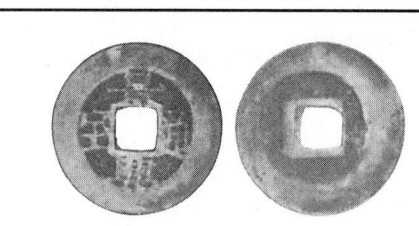

KM# 76 PHAN
Cast Copper **Ruler:** Canh Hung **Obv:** "Bao" abbreviated **Note:** Prev. C#2.

Date	Mintage	Good	VG	F	VF	XF
ND(1740-87)	—	2.25	4.00	6.50	12.50	—

KM# 77 PHAN
Cast Copper **Ruler:** Canh Hung **Obv:** "Dai Bao" **Note:** Prev. C#3.

Date	Mintage	Good	VG	F	VF	XF
ND(1740-87)	—	2.50	4.25	7.00	13.50	—

KM# 78 PHAN
Cast Copper **Ruler:** Canh Hung **Obv:** "Dai Bao, Bao" abbreviated **Rev:** "Bac" at top **Note:** Prev. C#4.

Date	Mintage	Good	VG	F	VF	XF
ND(1740-87)	—	9.00	14.00	20.00	32.00	—

KM# 79 PHAN
Cast Copper **Ruler:** Canh Hung **Obv:** "Thai Bao" **Rev:** Plain **Note:** Prev. C#5.

Date	Mintage	Good	VG	F	VF	XF
ND(1740-87)	—	4.75	7.75	12.50	22.00	—

KM# 80 PHAN
Cast Copper **Ruler:** Canh Hung **Obv:** "Noi Bao" **Rev:** Plain **Note:** Prev. C#7.

Date	Mintage	Good	VG	F	VF	XF
ND(1740-87) Rare	—	—	—	—	—	—

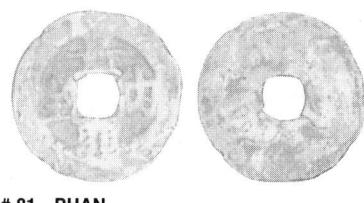

KM# 81 PHAN
Cast Copper **Ruler:** Canh Hung **Obv:** "Noi Bao, Bao" abbreviated **Rev:** Plain **Note:** Prev. C#8.

Date	Mintage	Good	VG	F	VF	XF
ND(1740-87)	—	4.75	7.75	12.50	22.00	—

KM# 82 PHAN
Cast Copper **Ruler:** Canh Hung **Obv:** "Trung Bao" **Rev:** Plain **Note:** Prev. C#9.

Date	Mintage	Good	VG	F	VF	XF
ND(1740-87)	—	9.00	14.00	20.00	32.00	—

KM# 83 PHAN
Cast Copper **Ruler:** Canh Hung **Obv:** "Trung Bao, Bao" abbreviated **Rev:** Plain **Note:** Prev. C#10.

Date	Mintage	Good	VG	F	VF	XF
ND(1740-87)	—	9.00	14.00	20.00	32.00	—

KM# 84 PHAN
Cast Copper **Ruler:** Canh Hung **Obv:** "Chinh Bao" **Rev:** Plain **Note:** Prev. C#11.

Date	Mintage	Good	VG	F	VF	XF
ND(1740-87)	—	3.75	6.50	10.00	18.00	—

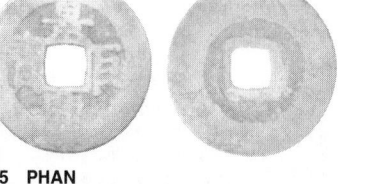

KM# 85 PHAN
Cast Copper **Ruler:** Canh Hung **Obv:** "Cu Bao" **Rev:** Plain **Note:** Prev. C#13.1.

Date	Mintage	Good	VG	F	VF	XF
ND(1740-87)	—	1.50	2.75	4.50	8.00	—

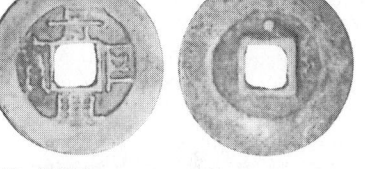

KM# 86 PHAN
Cast Copper **Ruler:** Canh Hung **Obv:** "Cu Bao" **Rev:** Dot at top **Note:** Prev. C#13.2.

Date	Mintage	Good	VG	F	VF	XF
ND(1740-87)	—	2.25	4.00	6.50	12.50	—

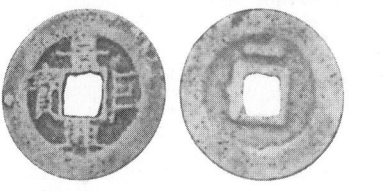

KM# 87 PHAN
Cast Copper **Ruler:** Canh Hung **Obv:** "Cu Bao" **Rev:** Numeral "one" at top **Note:** Prev. C#13.3.

Date	Mintage	Good	VG	F	VF	XF
ND(1740-87)	—	2.25	4.00	6.50	12.50	—

KM# 89 PHAN
Cast Copper **Ruler:** Canh Hung **Obv:** "Cu Bao" **Rev:** "Trung" at bottom **Note:** Prev. C#13.5.

Date	Mintage	Good	VG	F	VF	XF
ND(1740-87)	—	5.25	8.50	15.00	25.00	—

KM# 90 PHAN
Cast Copper **Ruler:** Canh Hung **Obv:** "Cu Bao, Bao" abbreviated **Rev:** Plain **Note:** Prev. C#14.

Date	Mintage	Good	VG	F	VF	XF
ND(1740-87)	—	3.75	6.50	10.00	18.00	—

KM# 91 PHAN
Cast Copper **Ruler:** Canh Hung **Obv:** "Dung Bao" **Rev:** Plain **Note:** Prev. C#15.

Date	Mintage	Good	VG	F	VF	XF
ND(1740-87) Rare	—	—	—	—	—	—

VIETNAM

KM# 92 PHAN
Cast Copper **Ruler:** Canh Hung **Obv:** "Vinh Bao" **Rev:** Plain **Note:** Prev. C#17.1.

Date	Mintage	Good	VG	F	VF	XF
ND(1740-87)	—	1.50	2.75	4.50	8.00	—

KM# 93 PHAN
Cast Copper **Ruler:** Canh Hung **Obv:** "Vinh Bao" **Rev:** Dot at top **Note:** Prev. C#17.2.

Date	Mintage	Good	VG	F	VF	XF
ND(1740-87)	—	3.00	5.00	8.00	15.00	—

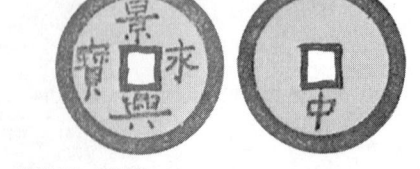

KM# 94 PHAN
Cast Copper **Ruler:** Canh Hung **Obv:** "Vinh Bao" **Rev:** "Trung" at bottom **Note:** Prev. C#17.3.

Date	Mintage	Good	VG	F	VF	XF
ND(1740-87)	—	4.25	7.00	11.00	20.00	—

KM# 95 PHAN
Cast Copper **Ruler:** Canh Hung **Obv:** "Chi Bao" **Rev:** Plain **Note:** Prev. C#19.

Date	Mintage	Good	VG	F	VF	XF
ND(1740-87)	—	3.25	5.25	8.50	16.00	—

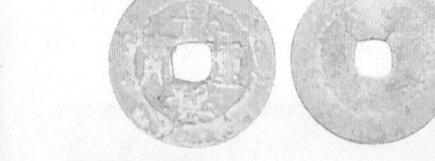

KM# 96 PHAN
Cast Copper **Ruler:** Canh Hung **Obv:** "Trung Bao" **Rev:** Plain **Note:** Prev. C#21.

Date	Mintage	Good	VG	F	VF	XF
ND(1740-87)	—	2.75	4.50	7.50	14.50	—

Note: "Trung", in this case, is the 9-stroke character meaning "heavy"; all other uses of "Trung" with respect to Annamese dongs refer to the 4-stroke character meaning "middle"

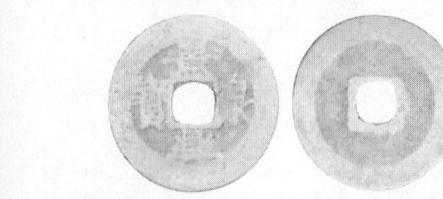

KM# 97 PHAN
Cast Copper **Ruler:** Canh Hung **Obv:** "Tuyen Bao" **Rev:** Plain **Note:** Prev. C#23.

Date	Mintage	Good	VG	F	VF	XF
ND(1740-87)	—	2.75	4.50	7.50	14.50	—

KM# 98 PHAN
Cast Copper **Ruler:** Canh Hung **Obv:** "Thuan Bao" **Rev:** Plain **Note:** Prev. C#25.1.

Date	Mintage	Good	VG	F	VF	XF
ND(1740-87)	—	3.50	5.50	9.00	16.00	—

KM# 99 PHAN
Cast Copper **Ruler:** Canh Hung **Obv:** "Thuan Bao" **Rev:** Dot at top **Note:** Prev. C#25.2.

Date	Mintage	Good	VG	F	VF	XF
ND(1740-87)	—	4.50	7.00	11.00	20.00	—

KM# 108 PHAN
Cast Copper **Ruler:** Canh Hung **Rev:** "Can Than" **Note:** Prev. C#1.4.

Date	Mintage	Good	VG	F	VF	XF
CD(1740-87)	—	10.50	18.00	30.00	45.00	—

KM# 109 PHAN
Cast Copper **Ruler:** Canh Hung **Rev:** "Tan Dau" **Note:** Prev. C#1.4a.

Date	Mintage	Good	VG	F	VF	XF
CD(1741-87) Rare	—	—	—	—	—	—

KM# 110 PHAN
Cast Copper **Ruler:** Canh Hung **Rev:** "Nham Thuat" **Note:** Prev. C#1.4b.

Date	Mintage	Good	VG	F	VF	XF
CD(1742-87) Rare	—	—	—	—	—	—

Note: The characters used for these dates are those listed in the "Cyclical Dates" table for 1860, 1861, and 1862; that is, two 60-year cycles later

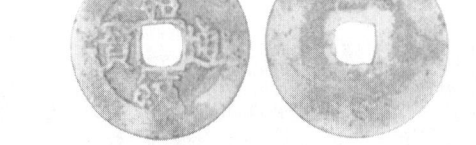

KM# 118.1 PHAN
Cast Copper **Ruler:** Chieu Thong **Obv. Inscription:** Chien-thong Thong-bao **Rev:** Plain **Note:** Prev. C#30.1.

Date	Mintage	Good	VG	F	VF	XF
ND(1787-89)	—	1.75	3.00	4.75	9.00	—

KM# 118.2 PHAN
Cast Copper **Ruler:** Chieu Thong **Obv. Inscription:** Chien-thong Thong-bao **Rev:** Crescent at right, dot at left **Note:** Prev. C#30.2.

Date	Mintage	Good	VG	F	VF	XF
ND(1787-89)	—	3.50	5.50	9.00	16.00	—

KM# 118.3 PHAN
Cast Copper **Ruler:** Chieu Thong **Obv. Inscription:** Chien-thong Thong-bao **Rev:** Four crescents, tips inward **Note:** Prev. C#30.3.

Date	Mintage	Good	VG	F	VF	XF
ND(1787-89)	—	3.50	5.50	9.00	16.00	—

KM# 119 PHAN
Cast Copper **Ruler:** Chieu Thong **Obv. Inscription:** Chien-thong Thong-bao **Rev:** Numeral "one" at top **Note:** Prev. C#31.1.

Date	Mintage	Good	VG	F	VF	XF
ND(1787-89)	—	3.50	5.50	9.00	16.00	—

KM# 120 PHAN
Cast Copper **Ruler:** Chieu Thong **Obv. Inscription:** Chien-thong Thong-bao **Rev:** Numeral "one" at bottom **Note:** Prev. C#31.1a.

Date	Mintage	Good	VG	F	VF	XF
ND(1787-89)	—	2.25	4.00	6.50	12.50	—

KM# 121 PHAN
Cast Copper **Ruler:** Chieu Thong **Obv. Inscription:** Chien-thong Thong-bao **Rev:** "Thai" at bottom **Note:** Prev. C#31.2.

Date	Mintage	Good	VG	F	VF	XF
ND(1787-89)	—	5.75	9.50	16.00	27.00	—

KM# 122 PHAN
Cast Copper **Ruler:** Chieu Thong **Obv. Inscription:** Chien-thong Thong-bao **Rev:** "Son" at bottom **Note:** Prev. C#31.3.

Date	Mintage	Good	VG	F	VF	XF
ND(1787-89)	—	3.25	5.25	8.50	15.00	—

KM# 123 PHAN
Cast Copper **Ruler:** Chieu Thong **Obv. Inscription:** Chien-thong Thong-bao **Rev:** "Son" at right **Note:** Prev. C#31.3a.

Date	Mintage	Good	VG	F	VF	XF
ND(1787-89)	—	3.50	5.50	9.00	16.00	—

KM# 124 PHAN
Cast Copper **Ruler:** Chieu Thong **Obv. Inscription:** Chien-thong Thong-bao **Rev:** "Trung" at top **Note:** Prev. C#31.4.

Date	Mintage	Good	VG	F	VF	XF
ND(1787-89)	—	3.50	5.50	9.00	16.00	—

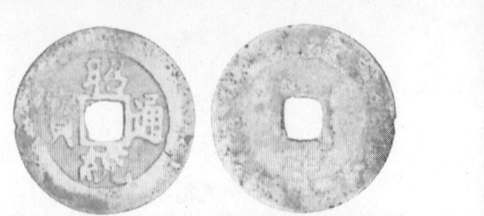

KM# 125 PHAN
Cast Copper **Ruler:** Chieu Thong **Obv. Inscription:** Chien-thong Thong-bao **Rev:** "Trung" at bottom **Note:** Prev. C#31.4a.

Date	Mintage	Good	VG	F	VF	XF
ND(1787-89)	—	2.75	4.50	7.50	14.50	—

KM# 126 PHAN
Cast Copper **Ruler:** Chieu Thong **Obv. Inscription:** Chien-thong Thong-bao **Rev:** "Chinh" at bottom **Note:** Prev. C#31.5.

Date	Mintage	Good	VG	F	VF	XF
ND(1787-89)	—	2.75	5.00	8.00	15.00	—

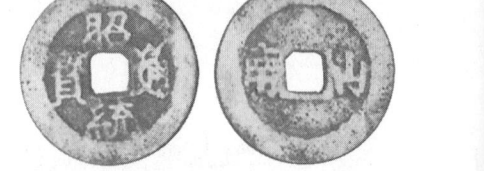

KM# 127 PHAN
Cast Copper **Ruler:** Chieu Thong **Obv. Inscription:** Chien-thong Thong-bao **Rev:** "Son Nam" horizontally **Note:** Prev. C#31.6.

Date	Mintage	Good	VG	F	VF	XF
ND(1787-89)	—	3.50	5.50	9.00	16.00	—

OCCUPATION CAST COINAGE

KM# 131 PHAN
Cast Brass **Ruler:** Can Long Ch'ien Lung of China **Rev:** "An Nam" horizontally **Note:** Prev. C#34.1.

Date	Mintage	Good	VG	F	VF	XF
ND(1789)	—	45.00	75.00	165	240	—

KM# 132 PHAN
Cast Brass **Ruler:** Can Long Ch'ien Lung of China **Rev:** "An Nam" horizontally, dot at top **Note:** Prev. C#34.2.

Date	Mintage	Good	VG	F	VF	XF
ND(1789)	—	55.00	90.00	195	270	—

SOUTH DAI VIET

REBEL CAST COINAGE
Tayson Rebellion

KM# 137.1 PHAN
Cast Brass **Ruler:** Thai Duc Minh Duc, ca. 1785 **Rev:** Plain **Note:** Prev. C#38.1.

Date	Mintage	Good	VG	F	VF	XF
ND(1770-93)	—	3.00	5.00	0.00	15.00	—

KM# 137.2 PHAN
Cast Brass **Ruler:** Thai Duc Minh Duc, ca. 1785 **Rev:** Dot at top **Note:** Prev. C#38.2.

Date	Mintage	Good	VG	F	VF	XF
ND(1778-93)	—	3.75	6.50	10.00	18.50	—

KM# 137.3 PHAN
Cast Brass **Ruler:** Thai Duc Minh Duc, ca. 1785 **Rev:** Two dots, top and bottom **Note:** Prev. C#38.2a.

Date	Mintage	Good	VG	F	VF	XF
ND(1778-93)	—	3.75	6.50	10.00	18.50	—

KM# 137.4 PHAN
Cast Brass **Ruler:** Thai Duc Minh Duc, ca. 1785 **Rev:** Crescent at bottom **Note:** Prev. C#38.3.

Date	Mintage	Good	VG	F	VF	XF
ND(1778-93)	—	4.75	7.50	12.00	21.50	—

KM# 137.5 PHAN
Cast Brass **Ruler:** Thai Duc Minh Duc, ca. 1785 **Rev:** Crescent at bottom, dot at top **Note:** Prev. C#38.3a.

Date	Mintage	Good	VG	F	VF	XF
ND(1778-93)	—	5.00	8.25	14.00	23.50	—

KM# 137.6 PHAN
Cast Brass **Ruler:** Thai Duc Minh Duc, ca. 1785 **Rev:** Crescent at bottom; two dots, top and bottom **Note:** Prev. C#38.3b.

Date	Mintage	Good	VG	F	VF	XF
ND(1778-93)	—	5.00	8.25	14.00	23.50	—

KM# 137.7 PHAN
Cast Brass **Ruler:** Thai Duc Minh Duc, ca. 1785 **Rev:** Crescent left, dot right **Note:** Prev. C#38.3c.

Date	Mintage	Good	VG	F	VF	XF
ND(1778-93)	—	5.00	8.25	14.00	23.50	—

KM# 137.8 PHAN
Cast Brass **Ruler:** Thai Duc Minh Duc, ca. 1785 **Rev:** Crescent left **Note:** Prev. C#38.3d.

Date	Mintage	Good	VG	F	VF	XF
ND(1778-93)	—	4.75	7.50	12.00	21.50	—

KM# 137.9 PHAN
Cast Brass **Ruler:** Thai Duc Minh Duc, ca. 1785 **Rev:** Four crescents, tips inward **Note:** Prev. C#38.3e.

Date	Mintage	Good	VG	F	VF	XF
ND(1778-93)	—	5.00	8.25	14.00	23.50	—

KM# 138 PHAN
Cast Brass **Ruler:** Thai Duc Minh Duc, ca. 1785 **Rev:** "Van Tue" (10,000 years) in grass script **Note:** Prev. C#39.1.

Date	Mintage	Good	VG	F	VF	XF
ND(1778-93)	—	4.25	7.00	11.00	20.00	—

KM# 139 PHAN
Cast Brass **Ruler:** Thai Duc Minh Duc, ca. 1785 **Obv:** Double rim **Note:** Prev. C#39.2.

Date	Mintage	Good	VG	F	VF	XF
ND(1778-93)	—	5.00	8.25	14.00	23.50	—

KM# 140.1 PHAN
Cast Brass **Ruler:** Thai Duc Minh Duc, ca. 1785 **Rev:** "Van Tue" (10,000 years) in grass script **Note:** Prev. C#40.1.

Date	Mintage	Good	VG	F	VF	XF
ND(ca.1785)	—	5.00	8.25	14.00	23.50	—

KM# 140.2 PHAN
Cast Brass **Ruler:** Thai Duc Minh Duc, ca. 1785 **Rev:** Crescent right, dot left **Note:** Prev. C#40.2.

Date	Mintage	Good	VG	F	VF	XF
ND(ca.1785)	—	5.75	9.50	16.00	27.00	—

Note: These "Minh Duc Thong Bao" coins should not be confused with the much earlier issues of the Mac Dynasty with the same inscription, but with slightly different calligraphy and with plain reverses

CAST COINAGE

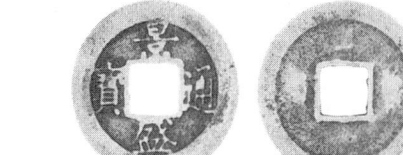

KM# 160.1 PHAN
Cast Brass **Ruler:** Canh Thinh **Rev:** Plain **Note:** Prev. C#51.1.

Date	Mintage	Good	VG	F	VF	XF
ND(1792-1801)	—	3.00	5.00	8.00	15.00	—

Note: Examples are reported to exist in tin (by Toda)

KM# 160.2 PHAN
Cast Brass **Ruler:** Canh Thinh **Rev:** Crescent left, dot right **Note:** Craig #51.2.

Date	Mintage	Good	VG	F	VF	XF
ND(1792-1801)	—	5.00	8.00	15.00	25.00	—

KM# 161 PHAN
Cast Brass **Ruler:** Canh Thinh **Obv:** Double rim **Note:** Craig #51.3.

Date	Mintage	Good	VG	F	VF	XF
ND(1792-1801)	—	4.00	7.00	11.00	17.00	—

KM# 162.1 PHAN
Cast Brass **Ruler:** Canh Thinh **Obv:** Double rim **Rev:** Double rim **Note:** Craig #51.4.

Date	Mintage	Good	VG	F	VF	XF
ND(1792-1801)	—	5.00	8.00	15.00	25.00	—

Note: Examples are reported to exist in tin (by Toda)

KM# 162.2 PHAN
Cast Brass, 22-23 mm. **Ruler:** Canh Thinh **Rev:** Four crescents, tips inward **Note:** Craig #51.5; size varies.

Date	Mintage	Good	VG	F	VF	XF
ND(1792-1801)	—	4.00	8.00	12.00	20.00	—

KM# 162.3 PHAN
Cast Brass **Ruler:** Canh Thinh **Rev:** Four bumps next to inner rim **Note:** Craig #51.6.

Date	Mintage	Good	VG	F	VF	XF
ND(1792-1801)	—	6.00	10.00	15.00	30.00	—

KM# 163 PHAN
Cast Brass **Ruler:** Canh Thinh **Rev:** Numeral one at bottom **Note:** Craig #51.7.

Date	Mintage	Good	VG	F	VF	XF
ND(1792-1801)	—	6.00	10.00	15.00	30.00	—

KM# 164 PHAN
Cast Brass **Ruler:** Canh Thinh **Obv:** "Dai Bao", Bao abbreviated **Note:** Craig #52.1; Schroeder #477.

Date	Mintage	Good	VG	F	VF	XF
ND(1792-1801)	—	8.00	12.00	20.00	35.00	—

KM# 165 PHAN
Cast Brass **Ruler:** Canh Thinh **Obv:** "Dai Bao, Bao" abbreviated, double rim **Rev:** Double rim **Note:** Craig #52.2.

Date	Mintage	Good	VG	F	VF	XF
ND(1792-1801)	—	12.00	17.50	25.00	40.00	—

OCCUPATION CAST COINAGE

KM# 135 PHAN
Cast Copper Or Brass **Ruler:** Thien Minh **Rev:** Plain **Note:** Prev. C#36.

Date	Mintage	Good	VG	F	VF	XF
ND(1739-66)	—	10.50	18.00	30.00	45.00	—

REBEL CAST COINAGE

The status of the large copper and brass 60 Van pieces of Canh Hung is debatable, but most experts believe them to be presentation pieces or weights. Many fabrications exist.

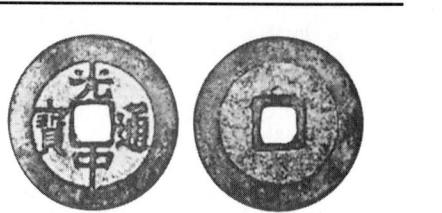

KM# 141.1 PHAN
Cast Brass **Ruler:** Quang Trung **Rev:** Plain **Note:** Prev. C#41.1.

Date	Mintage	Good	VG	F	VF	XF
ND(1788-92)	—	1.25	2.00	3.00	6.00	—

KM# 141.2 PHAN
Cast Brass **Ruler:** Quang Trung **Rev:** Two crescents top and bottom, tips outward **Note:** Prev. C#41.2.

Date	Mintage	Good	VG	F	VF	XF
ND(1788-92)	—	3.25	5.25	8.50	15.00	—
ND(1788-92)	—	3.75	6.50	10.00	18.50	—

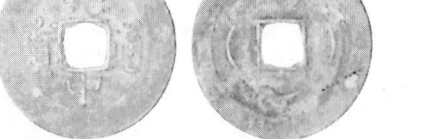

KM# 141.3 PHAN
Cast Brass **Ruler:** Quang Trung **Rev:** Four crescents, tips inward **Note:** Prev. C#41.3.

Date	Mintage	Good	VG	F	VF	XF
ND(1778-92)	—	3.25	5.25	8.50	15.00	—

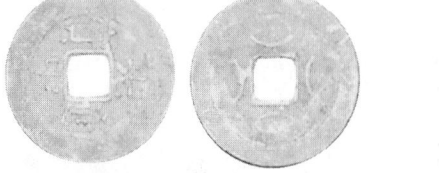

KM# 141.4 PHAN
Cast Brass **Ruler:** Quang Trung **Rev:** Four crescents, tips outward **Note:** Prev. C#41.3a.

Date	Mintage	Good	VG	F	VF	XF
ND(1778-92)	—	3.25	5.25	8.50	15.00	—

KM# 142.1 PHAN
Cast Brass **Ruler:** Quang Trung **Obv:** Double rim **Note:** Prev. C#41.4.

Date	Mintage	Good	VG	F	VF	XF
ND(1778-92)	—	2.00	3.75	6.00	11.50	—

KM# 142.2 PHAN
Cast Brass **Ruler:** Quang Trung **Obv:** Double rim **Rev:** Four crescents, tips inward **Note:** Prev. C#41.4a.

Date	Mintage	Good	VG	F	VF	XF
ND(1788-92)	—	3.75	6.50	10.00	18.50	—

KM# 143.1 PHAN
Cast Brass **Ruler:** Quang Trung **Obv:** Double rim **Rev:** Double rim **Note:** Prev. C#41.5.

Date	Mintage	Good	VG	F	VF	XF
ND(1788-92)	—	3.75	6.50	10.00	18.50	—

KM# 143.2 PHAN
Cast Brass **Ruler:** Quang Trung **Rev:** Dot at bottom **Note:** Prev. C#41.6.

Date	Mintage	Good	VG	F	VF	XF
ND(1788-92)	—	2.00	3.75	6.00	11.50	—

KM# 143.3 PHAN
Cast Brass **Ruler:** Quang Trung **Rev:** Vertical line left **Note:** Prev. C#41.7.

Date	Mintage	Good	VG	F	VF	XF
ND(1788-92)	—	3.25	5.25	8.50	15.00	—

KM# 144 PHAN
Cast Brass **Ruler:** Quang Trung **Obv:** "Bao" abbreviated **Note:** Prev. C#42.

Date	Mintage	Good	VG	F	VF	XF
ND(1788-92)	—	5.75	9.50	16.00	27.00	—

KM# 145 PHAN
Cast Brass **Ruler:** Quang Trung **Obv:** "Dai Bao" **Note:** Prev. C#43.1.

Date	Mintage	Good	VG	F	VF	XF
ND(1788-92)	—	6.00	10.00	17.50	27.50	—

KM# 146.1 PHAN
Cast Brass **Ruler:** Quang Trung **Obv:** "Dai Bao, Bao" abbreviated **Rev:** Plain **Note:** Prev. C#43.2.

Date	Mintage	Good	VG	F	VF	XF
ND(1788-92)	—	5.00	8.25	14.00	23.50	—

KM# 146.2 PHAN
Cast Brass **Ruler:** Quang Trung **Obv:** "Dai Bao, Bao" abbreviated **Rev:** Four crescents, tips inward **Note:** Prev. C#43.3.

Date	Mintage	Good	VG	F	VF	XF
ND(1788-92)	—	9.00	14.00	20.00	30.00	—

KM# 147 PHAN
Cast Brass **Ruler:** Quang Trung **Rev:** Numeral "one" at top **Note:** Prev. C#44.1.

Date	Mintage	Good	VG	F	VF	XF
ND(1788-92)	—	2.00	3.75	6.00	11.50	—

VIETNAM

KM# 148 PHAN
Cast Brass **Ruler:** Quang Trung **Rev:** Numeral "one" at bottom **Note:** Prev. C#44.1a.

Date	Mintage	Good	VG	F	VF	XF
ND(1788-92)	—	4.50	7.25	11.00	20.00	—

KM# 149 PHAN
Cast Brass **Ruler:** Quang Trung **Rev:** Numeral "two" at bottom **Note:** Prev. C#44.2.

Date	Mintage	Good	VG	F	VF	XF
ND(1788-92)	—	4.50	7.25	11.00	20.00	—

KM# 150 PHAN
Cast Brass **Ruler:** Quang Trung **Rev:** "Cong" at top **Note:** Prev. C#44.3.

Date	Mintage	Good	VG	F	VF	XF
ND(1788-92)	—	4.50	7.25	11.00	20.00	—

KM# 151 PHAN
Cast Brass **Ruler:** Quang Trung **Rev:** "Cong" at bottom **Note:** Prev. C#44.3a.

Date	Mintage	Good	VG	F	VF	XF
ND(1788-92)	—	3.25	5.25	8.50	15.00	—

KM# 152 PHAN
Cast Brass **Ruler:** Quang Trung **Rev:** "Cong" at left **Note:** Prev. C#44.3b.

Date	Mintage	Good	VG	F	VF	XF
ND(1788-92)	—	3.25	5.25	8.50	15.00	—

KM# 153 PHAN
Cast Brass **Ruler:** Quang Trung **Rev:** Numeral "one" at top, "Chinh" at bottom **Note:** Prev. C#44.4.

Date	Mintage	Good	VG	F	VF	XF
ND(1788-92)	—	5.25	8.50	15.00	25.00	—

KM# 154 PHAN
Cast Brass **Ruler:** Quang Trung **Rev:** "An Nam" in seal script, horizontally **Note:** Prev. C#44.5.

Date	Mintage	Good	VG	F	VF	XF
ND(1788-92)	—	6.00	10.00	17.50	27.50	—

Note: KM#141.1, 142.1, and 151 of Quan Trung are reported in tin by Toda

UNITED DAI NAM

REBEL CAST COINAGE

The status of the large copper and brass 60 Van pieces of Canh Hung is debatable, but most experts believe them to be presentation pieces or weights. Many fabrications exist.

KM# 102 50 VAN
Cast Copper Or Brass **Ruler:** Canh Hung **Rev:** "Nguyen" at bottom **Note:** Prev. C#28.2.

Date	Mintage	Good	VG	F	VF	XF
ND(1740-87)	—	75.00	125	185	250	—

Note: "Nguyen" may indicate the first regnal year of Canh Hung (1740)

KM# 101 60 VAN
Cast Copper Or Brass **Ruler:** Canh Hung **Rev:** "Mot Lang" (one ounce) vertically **Note:** Prev. C#28.1.

Date	Mintage	Good	VG	F	VF	XF
ND(1740-87)	—	75.00	125	185	250	—

KM# 103 60 VAN
Cast Copper Or Brass **Ruler:** Canh Hung **Rev:** "Binh Nam" vertically **Note:** Prev. C#28.3.

Date	Mintage	Good	VG	F	VF	XF
ND(1740-87)	—	75.00	125	185	250	—

KM# 104 60 VAN
Cast Copper Or Brass **Ruler:** Canh Hung **Rev:** "Binh Nam" horizontally **Note:** Prev. C#28.4.

Date	Mintage	Good	VG	F	VF	XF
ND(1740-87)	—	75.00	125	185	250	—

KM# 105 60 VAN
Cast Copper Or Brass **Ruler:** Canh Hung **Rev:** "Binh Nam" and "Khai Quoc" **Note:** Prev. C#28.5.

Date	Mintage	Good	VG	F	VF	XF
ND(1740-87)	—	75.00	125	185	250	—

KM# 106 60 VAN
Cast Copper Or Brass **Ruler:** Canh Hung **Rev:** "Son Tay" horizontally **Note:** Prev. C#28.6.

Date	Mintage	Good	VG	F	VF	XF
ND(1740-87)	—	75.00	125	185	250	—

Note: The status of the 60 Van pieces of Canh Hung as coins is not entirely certain; at least some may be presentation pieces or medals, many fabrications exist

KM# 112 60 VAN
Cast Copper Or Brass **Ruler:** Canh Hung **Rev:** "Nham Thuat" and "Thong Bao" **Note:** Prev. C#27.2.

Date	Mintage	Good	VG	F	VF	XF
CD(1742)	—	75.00	125	185	250	—

KM# 113 60 VAN
Cast Copper Or Brass **Ruler:** Canh Hung **Obv:** Double rim **Rev:** "Nham Thuat", double rim **Note:** Prev. C#27.3.

Date	Mintage	Good	VG	F	VF	XF
CD(1742)	—	75.00	125	185	250	—

KM# 114 60 VAN
Cast Copper Or Brass **Ruler:** Canh Hung **Rev:** "Qui Hoi" **Note:** Prev. C#27.4.

Date	Mintage	Good	VG	F	VF	XF
CD(1743)	—	75.00	125	185	250	—

KM# 115 60 VAN
Cast Copper Or Brass **Ruler:** Canh Hung **Rev:** "Qui Hoi" **Note:** Prev. C#27.1.

Date	Mintage	Good	VG	F	VF	XF
CD(1743)	—	75.00	125	185	250	—

KM# 116 60 VAN
Cast Copper Or Brass **Ruler:** Canh Hung **Rev:** "Dinh Meo" **Note:** Prev. C#27.5.

Date	Mintage	Good	VG	F	VF	XF
CD(1747)	—	75.00	125	185	250	—

Note: The characters used for these dates are those listed in the "Cyclical Dates" table for 1862, 1863, and 1867; that is, two 60-year cycles later

WINDWARD ISLANDS

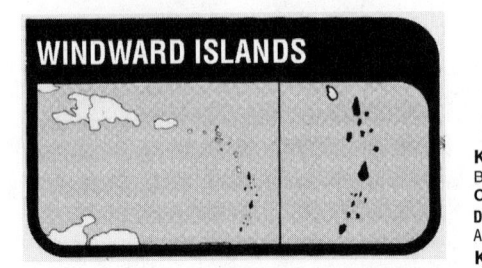

The Windward Islands (Isles du Vent) make up the southern chain of islands in the Lesser Antilles. Visited by Columbus on his 1493 and 1502 voyages. Various parts of the islands were occupied by France beginning in 1635.

The islands were developed for their strategic location in the scheme of a French empire. They were lost to the British in the 7 Years War but returned to France by the Treaty of Paris that ended the war in 1763. Following the Napoleonic Wars most of the islands were returned to Great Britain.

RULER
Louis XV, 1715-1774

MINT MARK
H - La Rochelle

FRENCH PROTECTORATE

STANDARD COINAGE

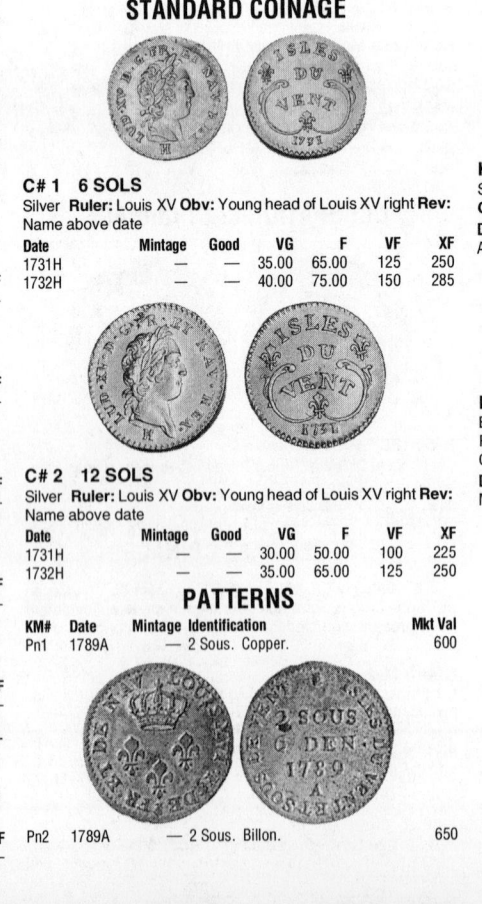

C# 1 6 SOLS
Silver **Ruler:** Louis XV **Obv:** Young head of Louis XV right **Rev:** Name above date

Date	Mintage	Good	VG	F	VF	XF
1731H	—	—	35.00	65.00	125	250
1732H	—	—	40.00	75.00	150	285

C# 2 12 SOLS
Silver **Ruler:** Louis XV **Obv:** Young head of Louis XV right **Rev:** Name above date

Date	Mintage	Good	VG	F	VF	XF
1731H	—	—	30.00	50.00	100	225
1732H	—	—	35.00	65.00	125	250

PATTERNS

KM#	Date	Mintage	Identification	Mkt Val
Pn1	1789A	—	2 Sous. Copper.	600
Pn2	1789A	—	2 Sous. Billon.	650

YEMEN

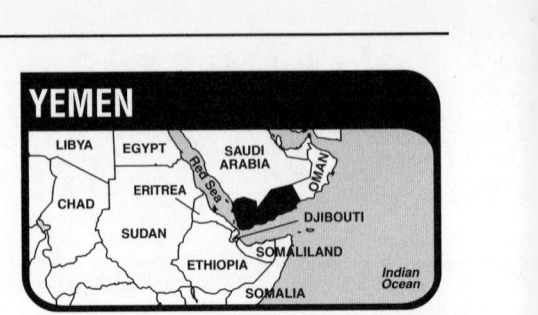

One of the oldest centers of civilization in the Middle East, Yemen was once part of the Minaean Kingdom and of the ancient Kingdom of Sheba, after which it was captured successively by Egyptians, Ethiopians and Romans. It was converted to Islam in 628 A.D. and administered as a caliphate until 1538, when it came under Ottoman occupation in 1849. The second Ottoman occupation which began in 1872 was maintained until 1918 when autonomy was achieved through revolution.

KINGDOM

HAMMERED COINAGE

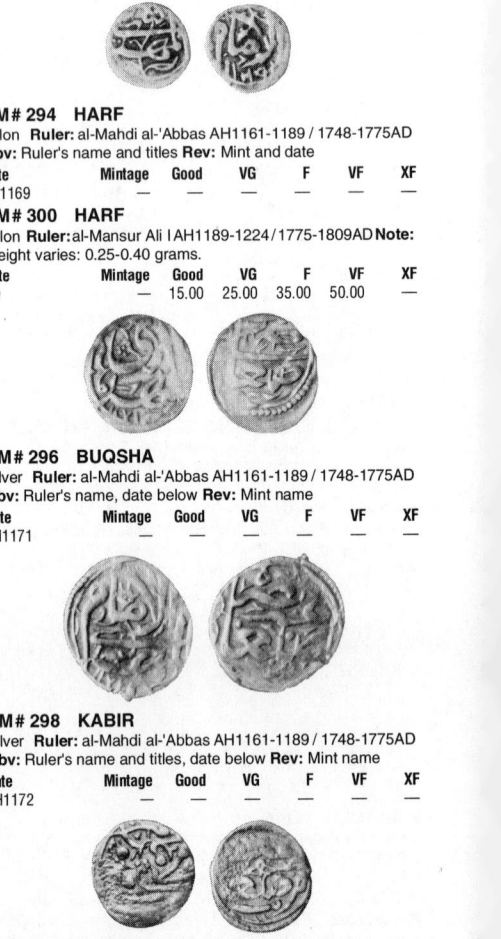

KM# 294 HARF
Billon **Ruler:** al-Mahdi al-'Abbas AH1161-1189 / 1748-1775AD **Obv:** Ruler's name and titles **Rev:** Mint and date

Date	Mintage	Good	VG	F	VF	XF
AH1169	—	—	—	—	—	—

KM# 300 HARF
Billon **Ruler:** al-Mansur Ali I AH1189-1224 / 1775-1809AD **Note:** Weight varies: 0.25-0.40 grams.

Date	Mintage	Good	VG	F	VF	XF
ND	—	15.00	25.00	35.00	50.00	—

KM# 296 BUQSHA
Silver **Ruler:** al-Mahdi al-'Abbas AH1161-1189 / 1748-1775AD **Obv:** Ruler's name, date below **Rev:** Mint name

Date	Mintage	Good	VG	F	VF	XF
AH1171	—	—	—	—	—	—

KM# 298 KABIR
Silver **Ruler:** al-Mahdi al-'Abbas AH1161-1189 / 1748-1775AD **Obv:** Ruler's name and titles, date below **Rev:** Mint name

Date	Mintage	Good	VG	F	VF	XF
AH1172	—	—	—	—	—	—

KM# 302 KABIR
Billon **Ruler:** al-Mansur Ali I AH1189-1224 / 1775-1809AD **Obv:** Ruler's name and titles **Rev:** Mint name **Note:** Weight varies: 0.70-1.10 grams.

Date	Mintage	Good	VG	F	VF	XF
ND	—	15.00	25.00	35.00	50.00	—

18th CENTURY LEGENDS

Following in alphabetical order is a listing of the Latin legends found on 18th Century European coins. The legend as it appears on the coin is in bold typeface. The Davenport number or numbers appear in parenthesis, the translation is followed by issuer.

Some of the more frequently repeated phrases or abbreviations found in coin legends are as follows:

D.G. - Dei Gratia.....By the grace of God.

R.I. - Romanorum Imperator..... Emperor of the Romans.

R.I.S.A. - Romanorum Imperator Semper August ..... Emperor of the Romans ever august.

S.R.I. - Sacri Romani Imperii.....of the Holy Roman Empire.

S.R.I.P. - Sacri Romani Imperii Princeps.....Prince of the Holy Roman Empire.

A

A Deo (2443-44) From God. (Mecklenburg-Strelitz)

A Deo Accensum Quis Superabit (2755) Who will overcome one fired by God. (Saxe-Weimar)

A Deo et Caesare (2227) From God and emperor. (Frankfurt)

A Sole Sal(e) (2736-37,41-45,48) Salt from the sun. (Saxe-Saalfeld)

A.R. Imperatricis Archic. P.G. & G. Prim. (2256) Archchancellor of the august Empress of the Romans, Primate for Germany and Gaul. (Fulda)

A.V. & O.S. Steph. R.A.M.C. Eq. U.S.C.R.A.M.A.I. Cons. Conf. M. & S.A. Praef (1189) Knight, both of the Golden Fleece and of the Order of the Great Cross of the Apostolic King St. Stephen, present Privy Counselor of their sacred, imperial, royal and apostolic majesties, Conference Minister, and High Prefect of the court. (Khevenhuller-Metsch)

Abb. S.G.E.S.I.A.V.E. (1778-79) Abbot of St. Gallen and St. John, Knight of the Virgin of the Annunciation. (St. Gallen)

Ad(am) Fri(deric) D.G. Ep. Bam. et Wirc(eb). S.R.I. Pr(in) Fr. Or. Dux (1938,2889-2902) Adam Friedrich, D.G., Bishop of Bamberg and Wurzburg, Prince of S.R.I., Duke of Eastern Franconia. (Wurzburg)

Ad Legem Conventionis (2268,70) To the law of the convention. (Furstenberg)

Ad Legem Imperii (2851) To the law of the empire. (Wurttemberg)

Ad Normam Conventionis (1148,1204) According to the the convention standard. (Austria-Gunsberg (Hungary), Brixen)

Ad Normam Talerorum Alberti (2601) According to the Albertus thaler standard. (Prussia)

Ad Usam Luxemburgi CC Vallati (1592) For the use of the 200,000 besieged Luxemburgians. (Luxemburg)

Adalbertus D.G. Epis. et Abb. Fuld. S.R.I. Pr. (2264-66) Adalbert, D.G., Bishop and Abbot of Fulda, Prince of S.R.I. (Fulda)

Adam Frid. D.G. Franc. Orient. Dux (2900) Adam Friedrich, D.G., Duke of Eastern Franconia. (Wurzburg)

Adamus Francisc. D.G. S.R.I. Princeps (2773-74) Adam Francis, D.G., Prince of S.R.I. (Schwarzenberg)

Adamus Hic est ..... (2889) This is Adam, the sacred father of the Franconidae, not death but the fruit of life with new unction gives strength to Francis, whom like unto gold Caspar Patrinus offers to the infant Lord of Heaven as he is about to be born. (Wurzburg)

Adiutorium Nostrum in Nomine Domini (2882) Our aid is in the name of the Lord. (Wurzburg)

Adolphus D.G. S.R.I. Prin. et Abb. Fuld. (2255-56,60) Adolph, D.G., Prince of S.R.I., Abbot of Fulda. (Fulda)

Adolphus D.G. S.R.I. Pr. et Ab. Fuld. D.A.A.P.G.G.P. (2253-54,57-58) Adolph, D.G., Prince of S.R.I., Abbot of Fulda, Arch-chancellor of saintly August, Primate of Germany and Gaul. (Fulda)

Adolphus Frid. D.G. Rex Sveciae (1731-33) Adolf Frederick, D.G., King of Sweden. (Sweden)

Adventus Optimi Principis (1473-74) The coming of the noblest prince. (Papal States-Bologna)

Aechter Liebes Band steht in Gottes Hand (2781) The bond of true love rests in God's hand. (Solms-Laubach)

Alb. Wolf. D.G. Com. Schaumb. Lipp. & Sternb. & C. Secunda Vota Iniit Ao. MDCCXXX (2761) Albert Wolfgang, D.G., S.R.I., Count in Schaumburg, Count and noble Lord of Lippe and Sternberg, has entered upon his second vows in the year 1730. (Schaumburg-Lippe)

Alb. Wolfg. D.G.S.R.I. Com. in Sch. C. & N.D. Lipp. & St. (2762) Albert Wolfgang, D.G., S.R.I., Count in Schaumburg, Count and noble Lord of Lippe and Sternberg. (Schaumburg- Lippe)

Alexander D.G. March. Brand. (1994,2003-21,24-28) Alexander, D.G., Margrave of Brandenburg. (Brandenburg-Ansbach)

Alexander D.G.M.B.D.B. & S. (B.N.) (1991-93,95,97-98, 2000-1) Alexander, D.G., Margrave of Brandenburg, Duke of Prussia and Silesia, Burgrave of Nuremberg. (Brandenburg- Ansbach)

Alexander D.G.M.B.D.B. & S. B.N. Circ. Franc. Capitaneus (1996) Alexander, D.G., Margrave of Brandenburg, Duke of Prussia and Silesia, Burgrave of Nuremberg, Captain of the Franconian Circle. (Brandenburg-Ansbach)

Alle Speranze della Gioventu La Patria (1483) For the hope of the youth, the Fatherland. (Roman Republic)

Aloy(i)sio(i) Mocenico Duce (1562-63) Alvise Mocenigo, Doge. (Venice)

Aloysius Mocenigo Dux Venetiar (1524,35,57) Alvise Mocenigo, Doge of Venice. (Venice)

Aloysius Pisani Dux Venetiar (1541) Alvise Pisani, Doge of Venice. (Venice)

Amalia Tutrix Reg. Sax. Vinar & Isenac. (2759) Amalia, ruling Regent of Saxe-Weimar and Eisenach. (Saxe-Weimar- Eisenach)

An Gottes Segen ist Alles gelegen (1907,2109,69) God's blessing gained, all is obtained. (Brunswick-Wolfenbuttel, Brunswick-Luneburg, Anhalt-Bernburg-Haym-Schaumburg)

An. Quo Praesent. Rev. et Cel. ..... (2195) In the year in which presided the most reverend, most exalted Lord Prince Franz Arnold, Bishop of Munster and Paderborn, and the most serene Lord Prince Anton Ulrich, Duke of Brunswick-Luneburg. (Corvey)

Andreas D.G. Arch. et Princeps Salis. S.A.L. (1245-46) Andreas, D.G., Archbishop and Prince of Salzburg, Legate of the Apostolic See. (Salzburg)

Anna Dei Gratia (1338-44) Anna, D.G. (Great Britain)

Anno Dni. MDCCIX et Regiminis Primo F.F. (1235) In the year of our Lord 1709 and the first year of the reign. (Salzburg)

Anno I della Liberta Italiana (1576-77) The first year of Italian liberty. (Venice Republic)

Anno settimo della Liberta (1410) The seventh year of liberty. (Naples-Parthenopean Republic)

Anno 1742 No. 8 Qv. C. ist der Glucksstern auf genommen worden (1903) In the year 1742, No. 8 of the quarter of the Cross, the lucky star was adopted. (Anhalt-Bernburg)

Anselm S.R.I. Pr. Abb. Campid. A.R. Imp. cis Archimar (2371) Anselm, S.R.I., Abbot of Kempten, Archmarshal of the august Empress of the Romans. (Kempten)

Anselmus D.G.S.R.I. Abbas Werdinensis & Helmstad (2844) Anselm, D.G., S.R.I., Abbot of Werden and Helmstaedt. (Werden & Helmstaedt)

Ant. I D.G. Prin. Monoegi (1612) Antonio I, D.G., Prince of Monaco. (Monaco)

Ant. Ign. D.G.S.R.I. Princeps Praep. Ae. Dom. Elvancensis (2214) Anton Ignaz, D.G., Prince of S.R.I., Provost and Lord of Ellwangen. (Ellwangen)

Ant. Ptolom. Trivultius (1482) Antonio Tolomeo Trivulzio. (Retegno)

Ant. Theodor D.G. Prim. A. Ep. Olomu. Dux (1233) Anton Theodor, D.G., first Archbishop of Olmutz, Duke. (Olmutz)

Anthon Gunther(us) D.G. Pr. Schwarz. (2765-66) Anthon Gunther, D.G., Prince of Schwarzburg. (Schwarzburg-Sondershausen)

Anton. Ignat. D.G. Episc. Ratisbon. (2605) Anton Ignaz, D.G., Bishop of Regensburg. (Regensburg)

Antoni Ioh. S.R.I. Com. de Nost. et Rin. (1191) Anton Johann, S.R.I., Count of Nostitz and Rieneck. (Nostitz-Rieneck)

Antoni(us) Com(es) in Montfort (2448-50,53-54) Anthony, Count of Montfort. (Montfort)

Antonius I Barbiani Belgiojoso et S.R.I. Princeps (1356) Antonio I, Barbiani of Belgiojoso, Prince of S.R.I. (Holstein)

Antonius Ulricus D.G. Dux Br. et Lun. (2119-21,24) Anton Ulric, D.G., Duke of Brunswick-Luneburg. (Brunswick-Wolfenbuttel)

Apres les tenebres la lumiere (1768) After the shadows, the light. (Geneva)

Ar(c). Au. Dux Bu. Medi. Pr. Tran. Co. Ty. (1144-45) Archduke of Austria, Duke of Burgundy and Milan, Prince of Transylvania, Count of Tyrol. (Austria, Karlsburg-Transylvania)

Aragonum Rex (1694) King of Aragon. (Spain)

Arch. A.D. Bu. Pr. Tran. N.D. Lo. B.M.D. Etr. (1141-43) Archduchess of Austria, Duchess of Burgundy, Princess of Transylvania, married to the Duke of Lorraine and Bar, Grand Duke of Tuscany. (Transylvania)

Arch. Aus(t). Dux Burg. Brab. C. Fl. (1280-82) Archduke of Austria, Duke of Burgundy and Brabant, Count of Flanders. (Austrian Netherlands-Antwerp)

Arch. Aust. Dux Burg. C. Fland. (1270) Archduke of Austria, Duke of Burgundy, Count of Flanders. (Austrian Netherlands-Bruges)

Arch. Aust. Dux Bu. et Mantuae (1378) Archduke of Austria, Duke of Burgundy and Mantua. (Mantua)

Arch. Aust. Dux Burg Loth. Brab. Com. Flan. (1170, 75,80,1284,86,1388-90) Archduke of Austria, Duke of Burgundy, Lorraine and Brabant, Count of Flanders. (Austrian Netherlands, Flanders, Milan)

Archic. et Princ. El. Epis. Spir. Admr. Prum. Praep. Weiss. (2814-22) Arch-chancellor, Prince, Elector and Bishop of Speyer, Administrator of Pruem, Provost of Weissenburg. (Trier)

Arch(idux) Aust. D(ux) Burg. (et) Loth. M(ag) D(ux) Het(r) (1161-67,71,73,76,78) Archduke of Austria, Duke of Burgundy and Lorraine, Grand Duke of Tuscany. (Austria)

Archi. Monetar(ius) Haereditari Utriusq. (Archiducat) Austriae (1198-99) Chief moneyer of both the hereditary Archduchies of Austria. (Sprinzenstein)

Archid. Au. D. Bu. M. Mor. Co. Ty. (1079-83) Archduke of Austria, Duke of Burgundy, Margrave of Moravia, Count of Tyrol. (Austrian-Prague)

Archid. Aus(triae) Dux Burg (et) Styriae..... (1002, 15,39-43,1118-19) Archduke of Austria, Duke of Burgundy and Styria ..... (Austria Graz-Styria)

Archid. Aust. D. Burg. Marggr. Burgoviae (1148) Archduke of Austria, Duke of Burgundy, Margrave of Burgau. (Austrian Gunsberg-Hungary)

Archid. Aust. Dux Burg. Braban(t) (1268-69,78-79, 1702-4) Archduke of Austria, Duke of Burgundy and Brabant. (Austrian Netherlands, Spanish Netherlands)

Archid. Aust. Dux Burg. et Siles. Marg. Mor. (1065, 68-73,75-76,78,1136) Archduke of Austria, Duke of Burgundy and Silesia, Margrave of Moravia. (Austrian-Prague)

Archid(ux) Aust(riae) Dux Bur(gundiae) Com. Ty(rolis) (1001,3,13-16,18,35-38,49-56,84-87,1107,9-12,14-17,20-24,38-40,46-47,49-51) Archduke of Austria, Duke of Burgundy, Count of Tyrol. (Austria)

Archid(ux) Aus. Dux Bur. Mar. Mor. Co. Tyr. (1004-5, 19-23,57-63,1110) Archduke of Austria, Duke of Burgundy, Margrave of Moravia, Count of Tyrol. (Austria)

Archidux Aust. Dux Burg. Princ. Transyl. (1101-4,6) Archduke of Austria, Duke of Burgundy, Prince of Transylvania. (Austria-Transylvania)

Archidux Austriae (1033-34) Archduke of Austria. (Austria- Munich)

Archidux Austriae Dux Burg(u) et(&) Silesiae (1009-11, 28-31,94-98) Archduke of Austria, Duke of Burgundy and Silesia. (Austria)

Archiep. Vien. S.R.I.P. Ep. Vacien, Adm. S. Steph. R.A.M.C.E. (1267) Archbishop of Vienna, Prince of S.R.I., Administrator of Waitzen Bishopric, Knight of the Grand Cross of the Apostolic King, St. Stephen. (Bishopric of Vienna)

Archithesaur. et Elector (2531) Archtreasurer and Elector. (Pfalz-Sulzbach)

Ardua ad Gloriam Via (2838-39) Difficult is the way to glory. (Waldeck)

Ardua Difficili Adscensu (2604) Arduous with difficult ascent. (Quedlinburg)

Argent Pur. E. Fod. Westp. (2175) Pure silver from the mines of Westphalia. (Cologne)

Armat Concordia Fratres (2355) Harmony arms the brothers. (Hohenlohe-Langenburg)

Aug. Rom. Imp. Arch. C. Per. Germ. et Gall Prim. (2355-56) Arch-chancellor of the august Empress of the Romans, Primate for Germany and Gaul. (Fulda)

August Conf. Exhibet MDXXX (1980) Displays the august Confession 1530. (Brandenburg-Ansbach)

August Conf. Sustinet MDCCXXX (1980-81) Sustains the august Confession 1730. (Brandenburg-Ansbach)

Augusta Vindelic(orum) (1917-19,21-30) Augusta of the Vindelici-Augsburg. (Augsburg)

Augusto Domino Tuta ac Secura Parente Est (2476) Under the august Lord she is of safe and secure family. (Nuremberg)

Augustano Sacerdotio Ornato et Aucto (1916) The august priesthood, adorned and magnified. (Augsburg)

Augustus D.G. Ep. Spir. S.R.I.P. et Praep. Weiss. (2788) August, D.G., Bishop of Speyer, Prince of S.R.I., and Provost of Weissenburg. (Speyer)

Augustus D.G. Rex - Elector (2650) August, D.G., King and Elector. (Saxony)

Augustus II D.G. Rex Pol(oniarum) M. D(ux) Lit. D. Sax. I.C.M.A. & W. (1613-15) August II, D.G., King of Poland, Grand Duke of Lithuania, Duke of Saxony, Julich, Cleves, Berg, Angria, and Westphalia. (Poland)

Augustus Wilhelmus D.G. Dux Br. et Lun. (2125,28-32) August Wilhelm, D.G., Duke of Brunswick-Luneburg. (Brunswick- Wolfenbuttel)

Aus den Gefaesen der Kirchen und Burger (2229) From the receptacles of churches and citizens. (Frankfurt)

Ausbeut Thaler von S. Iosephs Cobold und Silber Zeche (2267) Mining thaler from St. Joseph's cobalt and silver mine. (Furstenberg)

Ausbeut Thaler von S. Sophia Kobold und Silber Zeche bey Witichen (2268) Mining thaler from St. Sophia's cobalt and silver mine at Wittichen. (Furstenberg)

Auxilium de Sancto (1471-72,88) Aid from the Sanctuary. (Papal States)

Auxilium Meum A. Domino (1612) My help (cometh) from the Lord. (Monaco)

Avita Religione et Iustitia (2255-56) By ancestral religion and justice. (Fulda)

Avr. Vell. Equ. S.C. & Cat. Mai. Intim. & Conferent. Consiliar. (1201) Knight of the Golden Fleece, Privy and Conference Chancellor of their sacred, imperial and catholic majesties. (Trautson)

Avr. Vel. Equ. SS.CC.RR.MM. Act. Int. et Conferent. Consil. et Supr. Camer. (1188) Knight of the Golden Fleece, present Privy and Conference Chancellor of their sacred, imperial, royal majesties, and High Chamberlain. (Khevenhuller-Metsch)

B

B. Nicolaus de Flue. Helv. Cath. Patr. (1780) Blessed Nicholas of Flue, patron of Catholic Switzerland. (Unterwalden)

B.I.C. & M.D. Pr. M.C.V.S.M. & R.D.I.R. (2364,2527) Duke of Bavaria, Julich, Cleves, and Berg, Prince of Meursia, Count of Veldenz, Sponheim, Mark, and Ravensburg, Lord of Ravenstein. (Julich-Berg, Pfalz-Neuberg)

Barbarae Qvirini Sponsae Dulcissimae Moribvs Ingenio Praeclarae Intempestiva Morte Perempte Die XXIII Oct. Thomas Obicivs Moerens Memoriam Perennat A.S. MDCCXCVI (1427)To His betrothed, Barbara Quirini, most sweet in character and illustrious in her genius, carried away by untimely death on the 23rd day of October, Thomas Obizzi in grief honors her memory. (Orciano)

Basilic. Liber. (1433-35) The Church of Liberius. (Papal States)

Basilea (1741,43-45,47-53,55-57) Basel (Basel)

Beda D.G. S.R.I.P. (1778-79) Beda, D.G., Prince of S.R.I. (St. Gallen)

Belohnung wegen des fleisig getribenen Klee-Baues (2010) Reward for diligent cultivation of clover. (Brandenburg-Ansbach)

Bened. XIV Pont. Max. (1459) Benedict XIV, Pope. (Papal States)

Benedictus D.G. S.R.I. Abbas Werdenensis & Helmstadiensis (2842-43) Benedict, D.G., Abbot of Werden and Helmstaedt of S.R.I. (Werden & Helmstaedt)

Benedictus Dominus Qui Dedit Pacem in Finibus Nostris (2488) Lord Benedict who established peace in our borders. (Nuremberg)

Benedict(us) XIV P.M. Bonon(iensis) (1457,60-61) Benedict XIV, Pope of Bologna. (Papal States)

Benedict XIV P.M. et Arch. Bon. (1458) Benedict XIV, Pope and Archbishop of Bologna. (Papal States)

Berg Academie zu Freyberg ward gestiffet (2679,86) School of mines founded in Freiberg. (Saxony)

Bey Gott ist Rath und That (1185,2438) There is counsel and action in Our Lord. (Mansfeld: Bornstatt & Colloredo)

Bi(e)berer Silber (2289-90,2304-5) Silver of the Bieber mine. (Hanau-Munzenberg)

Bononia Docet (1444,50-52,54,57) Bologna teaches. (Bologna)

Brun. et L. Dux S.R.I.A. Th. et El. (1345-46) Duke of Brunswick and Luneburg, Archtreasurer and Elector of S.R.I. (Great Britain)

Bruns et Lun. Dux. S.R.I. Archithes et Elect. (2070-81, 88-95,2104-7) Duke of Brunswick-Luneburg, Archtreasurer and Elector of S.R.I. (Brunswick-Luneburg)

1326 18th CENTURY LEGENDS

Burgg. Stromb. S.R.I. Pr. Com. Pyrmon. Dom. In Bor(c)kel et Wehrt (2467-69,2510-11) Burgrave of Stromburg, Prince of S.R.I., Count of Pyrmont, Lord of Borkelo and Wehrt. (Munster, Paderborn)

Burggr. Stromb. S.R.I. Prin. d. In Borc. (2463) Burgrave of Stromburg, Prince of S.R.I., Count of Pyrmont, Lord of Borkelo and Wehrt. (Munster, Paderborn)

Burggravie Norimberg. Supperioris & Inferioris Principatus (1999) Burgraves of Nuremberg, of the upper and lower state. (Brandenburg-Ansbach)

Burgund. Dux Braban(t) (1705-9,11) Duke of Burgundy and Brabant. (Spanish Netherlands)

Burgund. Dux C. Fland. (1710) Duke of Burgundy, Count of Flanders. (Spanish Netherlands)

C

C.A.D.G.V.B. & P.S.D. C.P.R.S.R.I.A. & E.L.L. (1942) Karl Albert, D.G., Duke of both Bavarias and the Upper Palatinate, Count Palatine of the Rhine, Archdapifer and Elector of S.R.I., Landgrave of Leuchtenberg. (Bavaria)

C.F.C. Alexander D.G.M.B.D.B. & S.B.N.C.S. (&W.) (1989-90) Christian Friedrich Karl Alexander, D.G. Margrave of Brandenburg, Duke of Prussia and Silesia, Burgrave of Nuremberg, Count of Sayn and Wittgenstein. (Brandenburg-Ansbach)

C.P.R.B.I.C.M.D.C.V.S.M.R. & M.D.I.R.F. & E.S.C.M.V. S.S.C. (2811) Count Palatine of the Rhine, Duke of Bavaria, Julich, Cleves and Berg, Count of Veldenz, Sponheim, Mark, Ravensburg and Meursia, Lord of Ravenstein, Freudenthal and Eulenberg, Supreme Captain of his sacred imperial majesty of both Silesias. (Teutonic Knights)

C.P.R.S.R.I.A.El. & Vic. LL. C.F.H. & N.M.S.R.I.D. Mech. (1271,3,5,7) Count Palatine of the Rhine, Archsteward, Elector, and Regent of S.R.I., Landgrave of Leuchtenberg, Count of Flanders, Hainaut, and Namur, Margrave of S.R.I., Lord of Mechlin. (Austrian-Netherlands, Mechlin)

C. Th. D.G.C.P.R.V.B.D.S.R.I.A.& E.&I.P Rh. Suev. & I. Fr. Prov. & Vic. (1973) Karl Theodore, D.G., Count Palatine of the Rhine, Duke of both Bavarias, Archdapifer and Elector of S.R.I., Duke of Julich, Cleves, and Berg, Administrator in the area of the Rhine, Swabia, and Franconian law, and Vicar. (Bavaria)

Caes. d'Avalos de Aquino de Arag. Mar. Pis. et Vasti D.G.S.R.I.Pr. (1523) Cesare D'Avalos of Aquino of Aragon, Marquis of Pescara and Vasto, D.G., Prince of S.R.I. (Vasto)

Cai. & Car. Com. de Fugger in Zin. & Norn. Sen. & Adm. Fam. (2252) Cajetan and Karl, Counts of Fugger in Zinnenberg and Nordendorf, Lords and Administrators of the family. (Fugger)

Candidus Haec Profert Montanus Praemia Cygnus (2097,2156-57) The mine of the White Swan presents these prizes. (Brunswick-Luneburg, Brunswick-Wolfenbuttel)

Candide et Constanter (2291) Honorably and constantly. (Hesse-Cassel)

Candore et Amore (2254,57-60) Candor and love. (Fulda)

Capit. Cath. Ecclesia Monasteriensis Sede Vacante (2470) The Chapter of the Cathedral Church of Munster, the seat being vacant. (Munster)

Capit. Eccle. Metropolit. Colon. Sede Vacante (2176) The Chapter of the Metropolitan Church of Cologne, the seat being vacant. (Cologne)

Capitulum Brixense Regnans Sede Vacante (1204) The Chapter of Brixen governing, the seat being vacant. (Brixen)

Capitulum Cath. Monast. Sede Vacante (2465) The Chapter of the Cathedral of Munster, the seat being vacant. (Munster)

Capitulum Cathedrale Osnabrugense Sede Vacante (2504) The Chapter of the Cathedral of Osnabruck, the seat being vacant. (Osnabruck)

Capitulum Cathedrale Paderbornense Sede Vacante (2512) The Chapter of the Cathedral of Paderborn, the seat being vacant. (Paderborn)

Capitulum Eystettense Regnans Sede Vacante (2212) The Chapter of Eichstaedt governing, the seat being vacant. (Eichstaedt)

Capitulum Metropolitanum Trevirense (2825) The Chapter of the Metropolitan Church of Trier. (Trier)

Capitulum Regnans Sede Vacante (2208,10) The Chapter governing, the seat being vacant. (Eichstaedt)

Car. Alb. D.G. Pr. Regn. Ab. Hohenlohe et Waldenb. Dom in Langenburg et Schillingsfurst (2360-61) Karl Albrecht, D.G., ruling Prince of Hohenlohe and Waldenburg, Lord in Langenburg and Schillingsfurst. (Hohenlohe, Waldenburg-Schillingsfurst)

Car. & Amal. Philipp Popul. Spes Nat. A. 1747 (1398) Charles and Amalie Philip, the hope of the people, born year 1747. (Naples)

Car. Aug. D.G. Pr. Nass. Weilb. (2471) Karl August, D.G., Prince of Nassau-Weilburg. (Nassau-Weilburg)

Car. August D.G.S.R.I. Princeps de Brezenheim (2055) Karl August, D.G., S.R.I., Prince of Bretzenheim. (Bretzenheim)

Car. D.G. Rex Nea(p). Hisp. Infans (1397,99) Charles, D.G., King of Naples, Prince of Spain. (Naples)

Car. D.G. Utr. Sic. et Hier. Rex (1400) Charles, D.G., King of the Two Sicilies and Jerusalem. (Naples)

Car. Em. D.G. Rex Sar. Cyp. et Ier. (1493-95) Charles Emanuele, D.G., King of Sardinia, Cyprus, and Jerusalem. (Sardinia)

Car. Guilh. Frid. M.B.P.S.D.B.N. (1983) Karl Wilhelm Friedrich, Margrave of Brandenburg, Duke of Prussia and Silesia, Burgrave of Nuremberg. (Brandenburg-Ansbach)

Car. Lud. S.R.I. Com. a Dietrichstain (1186) Karl Ludwig, S.R.I., Count of Dietrichstein. (Dietrichstein)

Car. Rudol. D.G.D. Wurt. & T.C.M. Adminis. & Tutor (2851) Karl Rudolph, D.G., Duke of Wurttemberg and Teck, Count of Mompelgard, Administrator and Regent. (Wurttemberg)

Car. Th(eodor) D.G.C.P.R. Utr. Bav. Dux S.R.I.A.D. & El.D. I.C.M. (1957-68) Karl Theodore, D.G., Count Palatine of the Rhine, Duke of both Bavarias, Archdapifer and Elector of S.R.I., Duke of Julich, Cleves, and Berg. (Bavaria)

Car. Th. D.G.C.P.R.V.B.D.S.R.I.A.D.& E.& I.P. Rh. Suev. & I. Franc. Prov. & Vic. (1969-71) Karl Theodore, D.G., Count Palatine of the Rhine, Duke of both Bavarias, Archdapifer and Elector of S.R.I., Duke of Julich, Cleves, and Berg plus Administrator in the area of the Rhine, of Swabia and Franconian law, and Vicar. (Bavaria)

Car. Theodor. D.G.C.P.R.S.R.I.A.T.& El. (2366-70, 2531,37-44) Karl Theodore, D.G., Count Palatine of the Rhine, Archtreasurer and Elector of S.R.I. (Julich- Berg, Pfalz-Sulzbach)

Car. Theodor D.G.C.P.R.V.B.D.S.R.I.A.D.& El. Prov. & Vicar (1972,74) Karl Theodore, D.G., Count Palatine of the Rhine, Duke of both Bavarias, Archdapifer and Elector of S.R.I., Duke of Julich, Cleves, and Berg, Administrator in the area of the Rhine, of Swabia and Franconian law, and Vicar. (Bavaria)

Car. Utr. Sic. & Mar. Amal. Reg. (1398) Charles, King of the Two Sicilies, and Maria Amalie, Queen. (Naples)

Car. Wilh. Frid. D.G.M.Br. D.Pr. & S.B. N.Com. Sayn. (1984-88) Karl Wilhelm Friedrich, D.G., Margrave of Brandenburg, Duke of Prussia and Silesia, Burgrave of Nuremberg, Count of Sayn. (Brandenburg-Ansbach)

Car(ol) VI D.G. Rom. Imp(e) (1395-96) Karl VI, D.G., R.I. (Naples)

Car. VI D.G. Rom. Imp. S. Aug. (2205) Karl VI, D.G., R.I.S.A. (Dortmund)

Car. VII D.G.R.I.S.A. Germ. et Boh. Rex. (1947) Karl VII, D.G., R.I.S.A., King of Germany and Bohemia. (Bavaria)

Carl August Furst zu Anhalt Schaumburg (1907) Karl Ludwig, Prince of Anhalt-Schaumburg. (Anhalt-Schaumburg)

Carl D.G. Archiep. Trev. S.R.I.P. Ps. et Elect. Ep. Osnabru. Admin. Pruml (2823) Karl, D.G., Archbishop of Trier, Prince of S.R.I., Provost and Elector, Bishop of Osnabruck, Administrator of Pruem. (Trier)

Carl Ludw. U.H. Christ Fried. Graf. z. Stolb. (2809) Karl Ludwig and Heinrich Christian Friedrich, Counts of Stolberg. (Stolberg-Younger Line)

Carl Wilh. Frid. M.B.D.P. (1982) Karl Wilhelm Friedrich, Margrave of Brandenburg, Duke of Prussia. (Brandenburg-Ansbach)

Carl Wilh. Frid. March. Br. Frid. Ludovica Pr. Bor. (1978) Karl Wilhelm Friedrich, Margrave of Brandenburg, Frederica Ludwiga, Princess of Prussia. (Brandenburg-Ansbach)

Carl. Wilh. Frid. March. Brand. On. (1979) Karl Wilhelm Friedrich, Margrave of Brandenburg-Ansbach. (Brandenburg-Ansbach)

Carlini Dodeci (1410) Twelve carlini. (Naples: Parthenopean Republic)

Carol Aug. Frid. D.G. Pr. Wald. C.P.E.R. (2838) Karl August Friedrich, D.G., Prince of Waldeck, Count of Pyrmont and Rappolstein. (Waldeck)

Carol Lud. Com. de Hohenlo. & Gleich. Dom. In Langenb. & Cranichf. (2348-49) Karl Ludwig, Count of Hohenlohe and Gleichen, Lord of Langenburg and Kranichfeld. (Hohenlohe- Neuenstein-Weickersheim)

Carol Lud. S.R.I. Com. In Loewenst. Werth. (2397) Karl Ludwig of S.R.I., Count of Loewenstein-Wertheim. (Loewenstein- Wertheim-Virneburg)

Carol S.R.I. Princ. de Batthyan. P.I.N.U. & S. Com. Aur. V.E.C.C.P.S.U.S.C. (1182) Karl, S.R.I., Prince of Batthyani, hereditary Count in Nemet-Ujvar and Siklos, Knight of the Golden Fleece, hereditary in the County of Eisenburg, full Supreme Count of Simega (Somogy). (Batthyani)

Carol S.R.I. Princ. de Batthyan. P.I.N.U.& S. Com. Aur. V.et Ord. S. Steph. R.A. Magn. Cruc. Eques. C.C.P.S.VS.C. (1183) Karl, S.R.I., Prince of Batthyani, hereditary Count in Nemet-Ujvar and Siklos, Knight of the Golden Fleece and of the Grand Cross of the Apostolic King, St. Stephen, hereditary in the County of Eisenburg, full Supreme Count of Simega. (Batthyani)

Carol III D.G. (1412) Charles III, D.G. (Sicily)

Carol III D.G. Sicil et Hier. Rex (1413-14) Charles III, D.G., King of Sicily and Jerusalem. (Sicily)

Carol VI D.G. (Ro(m). Imp. S.A. Ger(m). Hisp. Hu(ng) (et) Bo(h) Rex (1035-65,68-87,1089-1104,1106-7,1195,1378) Karl VI, D.G., R.I.S.A., King of Germany, Spain, Hungary, and Bohemia. (Austria, Mantua, Transylvania)

Carol. Aug. Com. Hohenloh. & Gleich. Dyn. Lb. & Cr. (2357-58) Karl August, Count of Hohenlohe & Gleichen Line of Langenburg, Bartenstein and Kranichfeld. (Hohenlohe- Kirchberg)

Carol. Christ. Erdm. Dux Wurtemb. Olsn. & Berolst. (2879) Karl Christian Erdmann, Duke of Wurttemberg, Oels, and Berolstadt. (Wurttemberg)

Carol. D.G. P. Wald. C.P.E.R. (2839) Karl, D.G., Prince of Waldeck, Count of Pyrmont and Rappolstein. (Waldeck)

Carol. D.G. S.R. Imp. Princ. In (de) Lowenst. & Werth. & (2400-8) Karl, D.G., S.R.I., Prince of Lowenstein-Wertheim. (Lowenstein-Wertheim-Rochefort)

Carol. Frid. D.G. Dux Wurtem. Tec. & Ols. Adml. & Tut. (2852-53) Karl Friedrich, D.G., Duke of Wurttemberg, Teck, and Oels, Administrator and Regent. (Wurttemberg)

Carol. Frid. Dux Wurt. Tec. et Ols. Adm. et Tutor (2855) Karl Friedrich, D.G., Duke of Wurttemberg, Teck, and Oels, Administrator and Regent. (Wurttemberg)

Carol. Frider. D.G.H.N. Dux Sles. et Ho. (1352) Karl Friedrich, D.G., Heir of Norway, Duke of Schleswig-Holstein. (Holstein-Gottorp)

Carol. Guil. D.G. Pr. Anh. D.S.A. et W.C.A.D.S.B.I.K. (1911-12) Karl Wilhelm, D.G., Prince of Anhalt, Duke of Saxony, Angria, and Westphalia, Count of Aschersleben, Lord of Zerbst, Bernburg, Jever, and Knyphausen. (Anhalt-Zerbst)

Carol. Philipp. D.G. Ep. Herb. S.R.I. Pr. Fr. Or. Dux (2887-88) Karl Philip, D.G., Bishop of Wurzburg, Prince of S.R.I., Duke of Eastern Franconia. (Wurzburg)

Carol VI D.G. Rom. Imp. Semp. Aug(ust) (Ger.) Hisp. Hung. & Boh. Rex (1918-19,21,23,43,46-47,2187-88, 2273, 75-76,82-83,2447,2609) Karl VI, D.G., R.I.S.A., King of Germany, Spain, Hungary, and Bohemia. (Augsburg)

Carol VI D.G. Rom. Imp. Semp. Aug. Hisp. Hung. & Boh. Rex (2044-5) Karl VI, D.G., R.I.S.A., King of Germany, Spain, Hungary, and Bohemia. (Bremen)

Carol VII D.G. Rom. Imp. Semp. Aug. (2046-51,2277-78, 2418) Karl VI, D.G., R.I.S.A., King of Germany, Spain, Hungary, and Bohemia. (Bremen, Hall in Swabia, Lubeck)

Carolus D.G. Abbas Corbeiensis S.R.I. Princeps (2198-99) Karl, D.G., Abbot of Corvey, Prince of S.R.I. (Corvey)

Carolus D.G. Dux Brunsvic. et Luneb. (2147-49,51-55) Karl, D.G., Duke of Brunswick-Luneburg. (Brunswick-Wolfenbuttel)

Carolus D.G. Dux Wurt. & T(ec) (2856-71) Karl, D.G., Duke of Wurttemberg and Teck. (Wurttemberg)

Carolus D.G. Epis. Osnab. et Olm. (2503) Karl, D.G., Bishop of Osnabruck and Olmutz. (Wurttemberg)

Carolus D.G. Hass. Landg. (2291) Karl, D.G., Landgrave of Hesse. (Hesse-Cassel)

Carolus D.G. Sic. et Hier. Rex Hisp. Inf. (1415) Charles, D.G., King of Sicily and Jerusalem, Prince of Spain. (Sicily)

Carolus Edzardus D.G. Pr. Frisiae Or. (2508) Karl Edzard, D.G., Prince of East Friesland. (East Friesland)

Carolus ex Duc Loth. & Barr. Nat. Viennae ..... (2824) Karl of the Dukes of Lorraine and Bar, born at Vienna Nov. 24, 1680, a nephew of Leopold the great and august through his sister, Grand Prior of the Order of Malta for Castile and Leon, elected Coadjutor of Olmutz Sept. 14, 1694, made Bishop of the same place in 1695. Elected Bishop of Osnabruck April 11, 1698. Coadjutor of Trier Sept. 24, 1710. Became Elector Jan. 4, 1711. Died Vienna Dec. 4, 1715. May his soul live in God. (Trier)

Carolus Frid(ericus) D.G. Marchio Bad. & (et) H(ochb.) (1931-35) Karl Friedrich, D.G., Margrave of Baden and Hochberg. (Baden)

Carolus Guil. Ferd. Dux Brunsv. et Lun. (2171-73) Karl Wilhelm Ferdinand, D.G., Duke of Brunswick-Luneburg. (Brunswick-Wolfenbuttel)

Carolus Ruzini Dux Venetiar. (1538) Carol Ruzzini, Doge of Venice. (Venice)

Carolus Wilh. Fr. M.B.D. Bor. B. Nor. (1980-81) Karl Wilhelm Friedrich, Margrave of Brandenburg, Duke of Prussia, Burgrave of Nuremberg. (Brandenburg-Ansbach)

Carolus III D(ei) G(ratia) (1411,1699-1700) Charles III, D.G (Sicily-Spain)

Carolus III D.G. Hisp. et Indiarum Rex (1268-70) Charles III, D.G., King of Spain and the Indies. (Austrian Netherlands)

Carolus III Rex Hispaniarum (1380) Charles III, King of Spain. (Milan)

Carolus IIII Dei G. (1701) Charles IV, D.G. (Spain)

Carolus VI D.G. Imp. et His. Rex (1381-82) Karl VI, Emperor and King of Spain. (Milan)

Carolus VI D.G. Rom. Imp. Hisp. et Ind. Rex (1278-79) Karl VI, D.G., R.I. King of Spain and the Indies. (Austrian Netherlands)

Carolus VI D.G. Rom Imp(er). S(emp). A(u). (1066-67,88,1761) Karl VI, D.G., R.I.S.A. (Austria, Prague, Kuttenberg, Chur)

Carolus VI (D.G.) Rom. Imp. Semp. Aug. (2185-86,2410, 15,17,75-76,81,2610-13) Karl VI, D.G., R.I.S.A. (Cologne, Lubeck, Regensberg)

Carolus VI D.G. Roman. Imp. Sem. Aug. Elect. Francfurt XII Oct. MDCCXI (2410,15,17) Karl VI, D.G., R.I.S.A., elected at Frankfurt 12 Oct 1711. (Lubeck)

Carolus VI D.G. Rom. Imp. S.A. Germ. H.H. & B.R. Ar. A. (2477-78) Karl VI, D.G., R.I.S.A., King of Germany, Spain, Hungary, and Bohemia, Archduke of Austria. (Nuremberg)

Carolus VII D.G. Rom. Imp. Semp. Aug. (B.R.) (1922-24, 2189,2206,2482,2614-15) Karl VII, D.G., R.I.S.A., King of Bohemia. (Augsburg)

Carolus XII D.G. Rex Sve(ciae)..... (1712-16) Charles XII, D.G., King of Sweden..... (Sweden)

Caspar Melchior Balthasar (2176) Caspar, Melchior, Balthasar. (Cologne)

Casparus D.G. Abbas Corbeiensis S.R.I. Princeps (2200) Kaspar, D.G., Abbot of Corvey, Prince of S.R.I. (Corvey)

Casparus Ignatius D.G. Episcop. (1203) Caspar Ignatz, D.G., Bishop. (Brixen)

Cev. Fert. Divina Voluntas (2852-53) Just as the divine will decrees. (Wurttemberg)

Christ(ianus) VI D.G. Rex Dan Norv. V.G. (1294-95,97) Christian VI, D.G., King of Denmark, Norway, Vendalia, Gothland. (Denmark)

Christ. Aug. Gr. z. Solms Dor. Wilh. Gr. z. Solms Geb. von Boetticher (2781) Christian August, Count of Solms, Dorothea Wilhelmina, Countess of Solms, born von Boetticher. (Solms-Laubach)

Christ. Car. Tutrix Reg. Brand. Onold (1977) Christine Charlotte, ruling Regent of Brandenburg-Ansbach. (Brandenburg-Ansbach)

Christ. Fr. Car. D.G.S.R.I. Princ. Hohenl. Kirchb. (2359) Christian Friedrich Karl, D.G., S.R.I., Prince of Hohenlohe-Kirchberg. (Hohenlohe-Kirchberg)

Christ. Frid. u. Iost. Christ. Geb G. zu St. K.R.W.U.H. H.E.M.B.A.L.U.C. (2795-97,2801-2) Christian Friedrich and Jost Christian, born Counts of Stolberg, Konigstein, Rochefort, Wernigerode and Hohnstein, Lords of Eppstein, Munzenburg, Breuberg, Aiguemont, Lohra, and Klettenberg. (Stolberg-Younger Line)

Christ. Lud. Com. Wed. Isenb. & Crich. Charl. Soph. Aug. Com. Sayn & Witg. (2845) Christian Ludwig, Count of Wied, Isenburg, and Crichingen, Charlotte Sophie Auguste, Countess of Sayn and Wittgenstein. (Wied)

Christ. Ludewig u. Fried. Botho G.Z. St. K.R.W.U.H.H. Z.E.M.B.A.L.U.C. (2805) Christian Ludwig and Friedrich Botho, Counts of Stolberg, Konigstein, Rochefort, Wernigerode and Hohnstein, Lords of Eppstein, Munzenberg, Breuberg, Aiguemont, Lohra, and Klettenberg. (Stolberg-Younger Line)

Christ. VII D.G. Rex Dan. Nor. Van. Got. (1305) Christian VII, D.G., King of Denmark, Norway, Vendalia, and Gothland. (Denmark)

Christian Aug. D.G. El. Ep. Lub. H.N. Dux S. et H. (2409) Christian August, D.G., Elector Bishop of Lubeck, Heir of Norway, Duke of Schleswig and Holstein. (Lubeck)

Christian August Graf zu Solms (Laubach) V.T.H.Z.M.W. & S. (2778) Christian August, Count of Solms-Laubach and Tecklenberg, Lord of Munzenberg, Wildenfels, and Sonnewalde. (Solms-Laubach)

Christian den VII Danmarks og Norges Konge (1312) Christian VII, King of Denmark and Norway. (Denmark)

Christian Dux Sax. Ivl. Cliv. Mont. Ang. et W. (2708) Christian, Duke of Saxony, Julich, Cleves, Berg, Angria, and Westphalia. (Saxe-Gotha-Altenburg)

Christian Ernestus D.G. Marg. Brand. Pruss. Madg. Stet. Pom. Cass. Vand. (2030) Christian Ernst, D.G., Margrave of Brandenburg, Prussia, Magdeburg, Stettin, Pomerania, Cassubia, and Wenden. (Brandenburg-Bayreuth)

Christian Ernst. Graf. zu Stolberg K.R.W.U.H. Herr Z.E.M.B.A.L.U.C. (2792-93) Christian Ernst, Count of Stolberg, Konigstein, Rochefort, Wernigerode, and Hohnstein, Lord of Eppstein, Munzenburg, Breuberg, Aiguemont, Lohra, and Klettenberg. (Stolberg-Elder Line)

Christian IV D.G.C.P.R. Bav. D(ux) (2545-52) Christian IV, D.G., Count Palatine of the Rhine, Duke of Bavaria. (Pfalz-Birkenfeld-Zweibrucken)

Christians Werck (2784) Christian's undertaking. (Solms-Laubach)

Christian(us) Ernest(us) Comes in Stolberg K.R.W. et H. (2791) Christian Ernst, Count of Stolberg, Konigstein, Rochefort, Wernigerode, and Hohnstein. (Solms-Laubach)

Christianus Ern. D.G.M. Brand. (2029) Christian Ernst, D.G., Margrave of Brandenburg. (Brandenburg-Bayreuth)

Christianus VII D.G. Dan. Norv. V.G. Rex (1311,13-15) Christian VII, D.G., King of Denmark, Norway, Vendalia, Gothland. (Denmark)

Christo. Frid. et Iost. Christi. Com. Stolb. et H. Concordia Fratrum (2803) Christian Friedrich and Jost Christian, Counts of Stolberg and Hohnstein, concord of brothers. (Stolberg-Younger Line)

Christo. Frid. & Iost. Christi. Fr. Com. D. Stlb. K.R.W. & H. (2798-99,2800,04) Christian Friedrich & Ioste Christian, brothers and Counts of Stolberg, Konigstein, Rochefort, Wertheim, and Hohnstein. (Stolberg-Younger Line)

Christo Purioris Religionis Conservatori etc. (2310) To Christ, the preserver of a purer religion, divinely received with the evangelical doctrine, strengthened 200 years ago through the Augsburg Confession, the church of the lands of Brunswick-Wolfenbuttel has paid the thanks due, mindful of benefits, 25 June 1730. (Brunswick-Wolfenbuttel)

Christoph. Franc. D.G. Ep. Herb. S.R.I. Pr. Fr. Or. Dux (2886) Christopher Franz, D.G., Bishop of Wurzburg, Prince of S.R.I., Duke of East Franconia. (Wurzburg)

Christoph Frank Bischof zu Bamberg des H.R.R. Furst (1940-41) Christopher Franz, Bishop of Bamberg, Prince of S.R.I. (Bamberg)

Christoph Fridrich und Igost Christian Geb. Graf. zu Stolb. (2794) Christopher Friedrich and Jost Christian, born Counts of Stolberg. (Stolberg-Younger Line)

Christophorus D.M.S.R.E. Cardinalis de Migazzi (1267) Christopher, by the mercy of God, Cardinal Migazzi of the Holy Roman Church. (Bishopric of Vienna)

Chur Mainz (2432-33) Electorate of Mainz. (Mainz)

Civibus Quorum Pietas Coniuratione Die III Mai MDCCXCI Obrutan et Deletam Libertate Polona Tueri Conabatur Respublica Resurgens (1622) To the citizens whose piety the resurgent commonwealth tried to protect. Poland overturned and deprived of liberty by the conspiracy of the 3rd day of May 1791. (Poland)

Civit Imperialis Muhlhusinae (2462) Imperial city of Muhlhausen. (Muhlhausen)

Civitas ac Munimentum Friburgense Brisgoicum (2233-34) City and Fort Freiburg in Breisgau. (Freiburg in Breisgau)

Cineribus Divi Parentio Friderici Eberhardi Def. D. XXIII Aug. MDCCXXXVII Anno. aet. LXV Parentat. (2357) To the ashes of the saintly parent, Friedrich Eberhardt, died 23 August 1737, age 65. (Hohenlohe-Kirchberg)

Clem. Aug. D.G. Ep. Pad. & Mon. C. Col. U.B. et S.P.D. (2513) Clemens August, D.G., Bishop of Paderborn and Munster, Coadjutant Bishop of Cologne, Duke of both Bavarias and the Upper Palatinate. (Paderborn)

Clem. Wenc. D.G. A. Ep. & El. Trev. Ep. Aug. P. Pr. Elv. Adm. Prum. P.P.R. Pol. D. Sax. (2837) Clemens Wenceslaus, D.G., Archbishop and Elector of Trier, Bishop of Augsburg, Provost and Prince of Ellwangen, perpetual Administrator of Pruem, royal Prince of Poland, Duke of Saxony. (Trier).

Clem. Wenc. D.G. A. Ep(isc) Trev. S.R.I.A.C. & El. (2834-36) Clemens Wenceslaus, D.G., Archbishop of Trier, Arch- Chancellor and Elector of S.R.I. (Trier)

Clemens Augustus Bavariae (2175) Clemens August of Bavaria. (Cologne)

Clemens XI P(ont). M(ax). (1428-49) Clement XI, Pope. (Papal States)

Clemens XII Pont. Max. (1455) Clement XII, Pope. (Papal States)

Clemens XIII Pont. Max. (1463) Clement XIII, Pope. (Papal States)

Clypeus Omnibus in te Sperantibus (1942) A shield to all who hope in thee. (Bavaria)

Coeli Regina Rp. Rhac. Patrona (1638) Queen of Heaven, Patron of the Republic of Ragusa. (Ragusa)

Coelo Redux Intaminatis Fulget Honoribus (2749) Brought back from heaven, he gleams with unsullied honors. (Saxe-Saalfeld)

Com. in Theng. S.C.M. Intim. Cons. et Supr. Stabuli Praefect (1181) Count of Thengen, Privy Counselor of his sacred, imperial majesty and High Constable. (Auersperg)

Com. Montb. Dom. I(N). Heid. Sternb. & M(e). (& A.) (2877-78) Count of Mompelgard, Lord in Heidenheim, Sternberg, Medzibor, and Auras. (Wurttemberg-Oels)

Com. P.R.S.R.I.Ar. & Ele. LL. Com. F.H. & N. Mar. S.R.I.D.M. (1272,74,76) Count Palatine of the Rhine, Archsteward and Elector of S.R.I., Landgrave of Leuchtenberg, Count of Flanders, Hainaut, and Namur, Margrave of S.R.I., Lord of Mechlin. (Namur, Austrian Netherlands)

Com. Pal. Rh. L. Leucht. B. Str. S.R.I.P. Com. Pyrm. D. in Borck. & W. (2513) Count Palatine of the Rhine, Landgrave of Leuchtenberg, Burgrave of Stromberg, Prince of S.R.I., Count of Pyrmont, Lord in Borkelo and Wehrt. (Paderborn)

Comes Cunii Lugi March. Grumelli (1356) Count of Cuneo and Lugio, Marquis of Grumellio. (Belgiojoso)

Comunitas et Senatus Bonon. (1357) The city and the Senate of Bologna. (Bologna)

Concesso Lumine Fulget (2185) He gleams with conceded light. (Cologne)

Concordia Res Parvae Crescunt, Discordia Dilabuntur (2396) By concord small things increase, by discord they fall apart. (Lowenstein-Wertheim-Virneburg)

Concordia res parvae crescunt (1823-48) By concord small things increase. (United Netherlands)

Concordia Stabili (2344-45) With lasting peace. (Hildesheim)

Confess. Evang. in Comit. Aug. Exhibitae-Sacra Saecularia Secunda XXV Iun. (2416) Evangelical Confession celebrated in the august county, the second holy centennial June 25. (Lubeck)

Confidens Dno. Non. Movetur (1821-22) Who trusts in the Lord is not moved. (United Netherlands)

Coniuncto Felix (2783) Fortunate in his connection. (Solms-Laubach)

Consilio et Aequitate (2261-62) With deliberation and justice. (Fulda)

Consilio et Constantia (2464) By counsel and firmness. (Munster)

Consilio Stat Firma Dei (2446) She stands strong through the counsel of God. (Mecklenburg-Strelitz)

Constanter (2116-21) Constantly. (Brunswick-Wolfenbuttel)

Constantia (2191-92) With firmness. (Corvey)

Constantia et Labore (1352) By steadfastness and toil. (Holstein-Gottorp)

Constantia et Prudentia (2400-1) With firmness and prudence. (Lowenstein-Wertheim-Rochefort)

Convenienta Cuique (1377) For everyone's convenience. (Mantua)

Cosmos III D.G. M(ag). Dux Etruriae VI (1498-1501) Cosmo III, D.G., sixth Grand Duke of Tuscany. (Tuscany)

Cum Ceciderit non Collidetur (2512) When he falls he will not be bruised. (Paderborn)

Cum Deo et Iure (2874-76) With God and the law. (Wurttemberg)

Cum Deo et Die (2358,2847-50) With God and time. (Hohenlohe-Kirchberg)

D

D. in Furst(enberg) et Furstenav ex L.B. de Rost (1762-64) Lord in Furstenberg and Furstenau, late free Baron von Rost. (Chur)

D.G. (Dei Gratia) By the grace of God.

D.G. Adolph Frid. III Mecklenb. Dux (2443-46) D.G., Adolph Friedrich III, Duke of Mecklenburg. (Mecklenburg-Strelitz)

D.G. Anthon (Antonius) Ulrich (Ulricus) Dux Br. & Lun. (2115-18) D.G., Anton Ulrich, Duke of Brunswick-Luneburg. (Brunswick-Wolfenbuttel)

D.G. Augustus Ludovicus Princeps Anhalt (1908-10) D.G., August Ludwig, Prince of Anhalt. (Anhalt-Kothen)

D.G. Augustus Wilhelmus Dux Br. & Lun. (2126) D.G., August Wilhelm, Duke of Brunswick-Luneburg. (Brunswick-Wolfenbuttel)

D.G. Archiepiscop. & S.R.I. Princ. Salisburg S.S.A.L. (1237-39) D.G., Archbishop of Salzburg and Prince of S.R.I. legate of the Holy Apostolic See. (Salzburg)

D.G. Augustus III Rex Poloniarum (1617) D.G., August III, King of Poland. (Poland)

D.G. Car. Alb. S. & Inf. Bav. Ac. Sup. Pal. Dux Co, Pal. R.S.R.I.A. & El. (1943) D.G., Karl Albert, Duke of Upper and Lower Bavaria and the Upper Palatinate, Count Palatine of the Rhine, Archtreasurer and Elector of S.R.I. (Bavaria)

D.G. Car. Alb. & Car. Phil S.R.I. Electores Eiusq. (1945-46) D.G., Karl Albert and Karl Philip, Electors of S.R.I. likewise. (Bavaria)

D.G. Car. Th(eodor) C.P.R.S.R.I.A.T. & El(ect) (2523-26) D.G., Karl Theodore, Count Palatine of the Rhine, Archtreasurer and Elector of S.R.I. (Passau)

D.G. Carol Ale. Dux Loth. & Bar (2812-13) D.G., Karl Alexander, Duke of Lorraine and Bar. (Teutonic Knights)

D.G. Carol Fridr. Dux W.T.I.S. Ols. & B. (2878) D.G., Karl, Friedrich, Duke of Wurttemberg, Teck, Juliusberg, Silesia, Oels, and Bernstadt. (Wurttemberg-Oels)

D.G. Carolus Dux. Brunsvic. & Luneberg (2145-46,56-69) D.G., Karl, Duke of Brunswick-Luneburg. (Brunswick-Wolfenbuttel)

D.G. Carolus Episcopus Olomucensis (1207,12) D.G., Karl, Bishop of Olmutz. (Olmutz)

D.G. Carolus Epus. Olomucen. (1205-6) D.G., Karl, Bishop of Olmutz. (Olmutz)

D.G. Carolus VI Rom. Imp. S. Augustus (1920) D.G., Karl VI, R.I.S.A. (Augsburg)

D.G. Christ. Gunth. Pr. Schwarzb. Sondersh. (2767) D.G., Christian Gunther, Prince of Schwarzburg-Sondershausen. (Schwarzburg-Sondershausen)

D.G. Christ. Ulr. Dux Wurt. T.I.S.O.B. (2877) D.G., Christian Ulrich, Duke of Wurttemberg, Teck, Juliusberg, Silesia, Oels, and Bernstadt. (Wurttemberg-Oels)

D.G. Clemens Wenc. A. E.T.S.R.I.P.G. & R.A.A.C. & P.E. (2832) D.G., Clemens Wenceslaus, Archbishop of Trier, Arch- Chancellor and Prince Elector of S.R.I. for Gaul and the Kingdom of Arles, Bishop of Augsburg, Administrator Provost of Pruem. (Trier)

D.G. Clemens Wenc. A. Ep. Trev. S.R.I. P. Gal. & R. Arel. A. Canc. & P. El. Ep. Aug. Adm. Prum. P.P. (2833) D.G., Clemens Wenceslaus, Archbishop of Trier, Arch-Chancellor and Prince Elector of S.R.I. for Gaul and the Kingdom of Arles, Bishop of Augsburg, Administrator Provost of Pruem. (Trier)

D.G. Dan. Nor.(v). Van(d). Got(h). Rex (1304,6-8) D.G., King of Denmark, Norway, Vendalia, and Gothland. (Denmark)

D.G. Dux Brunsvic. et Luneburg (2127) D.G., Duke of Brunswick-Luneburg. (Brunswick-Wolfenbuttel)

D.G. Ep. Lub. Haer. Norw. Dux S.H. St. & D. Dux Regn. Old. (2411) D.G., Bishop of Lubeck, Heir of Norway, Duke of Schleswig-Holstein, Stormarn and Ditmarsh, reigning Duke of Oldenburg. (Lubeck)

D.G. Ep(isc). Patav. S.R.I. Princeps (2517-20,23) D.G., Bishop of Passau, Prince of S.R.I. (Passau)

D.G. Ferdinandus Albertus Dux Br. & Lun. (2142-43) D.G., Ferdinand Albert, Duke of Brunswick-Luneburg. (Brunswick-Wolfenbuttel)

D.G. Fr. Lud. S.A. Pr. M.T.O.E.W. & V.P.P.E. (2811) D.G., Friedrich Ludwig, Supreme Administrator of Prussia, Master of the Teutonic Order, Bishop of Worms and Breslau, Provost of Ellwangen. (Teutonic Knights)

D.G. Frid. August Rex Pol. Dux Sax. Archimareschall et Elector (2667-69) D.G., Friedrich August, King of Poland, Duke of Saxony, Archmarshal and Elector. (Saxony)

D.G. Frid. Aug(ust) Rex. Pol. Dux Sax. I.C.M.A. & W. (2646-47,49,52-53,64-65,70-76) D.G., Friedrich August, King of Poland, Duke of Saxony, Julich, Cleves, Berg, Angria, and Westphalia. (Saxony)

D.G. Frid. August P. Anhalt D.S.A. & W.C.A.D.S.B.I. & K. (1913) D.G., Friedrich August, Prince of Anhalt, Duke of Saxony, Angria, and Westphalia, Count of Aschersleben, Lord of Zerbst, Bernburg, Jever, and Knyphausen. (Anhalt-Zerbst)

D.G. Frid. August Pr. R.P. & L. Dux Sax. Elect. (2663) D.G., Friedrich August, royal Prince of Poland and Lithuania, Duke of Saxony, Elector. (Saxony)

D.G. Frid. Carolus Pr. Schwarzb. Rud. Dom. Schwarzb. Senior (2772) D.G., Friedrich Karl, Prince of Schwarzburg-Rudolstadt, Senior Lord of Schwarzburg. (Schwarzburg-Rudolstadt)

D.G. Frid. Christ. Pr. R. Pol. & L. Dux. Sax. (2677) D.G., Friedrich Christian, royal Prince of Poland and Lithuania, Duke of Saxony. (Saxony)

D.G. Henr. S.R.I. & De Fondi Princ. Com. & Dom. in Mannsf. (2437) D.G., Heinrich, Prince of S.R.I. and of Fondi, Count and Lord of Mansfeld. (Mansfeld-Bornstatt)

D.G. Ioh. Georgius Dux Sax. I.C.M. An. & W. (2760) D.G., Johann Georg, Duke of Saxony, Julich, Cleves, Berg, Angria and Westphalia. (Saxe-Weissenfels)

D.G. Ioh. Wilh. C.P.R.S.R.I. Archid El. Eiusq. (2364-65) D.G., Johann Wilhelm, Count Palatine of the Rhine, Archdapifer and likewise Elector of S.R.I. (Julich-Berg)

D.G. Iohann Ernest VIII D. Sax. I.C.M.A. & W. (2749) D.G., Johann Ernst VIII Duke of Saxony, Julich, Cleves, Berg, Angria, and Westphalia. (Saxe-Saalfeld)

D.G. Iohannes Ernestus VIII Dux Saxoniae (2735-37, 40-48) D.G., Johann Ernst VIII, Duke of Saxony. (Saxe-Saalfeld)

D.G. Leop. Ernest S.R.E. Praesb. Card. de Firmian (2525) D.G., Leopold Ernst, Presbyter of the Holy Roman Church, Cardinal of Firmian. (Passau)

D.G. Ludovicus Guntherus Pr. Schwarzburg Rud. Dom. Schw. Senior (2769-71) D.G., Ludwig Gunther, Prince of Schwarzburg-Rudolstadt, Senior Lord of Schwarzburg. (Schwarzburg-Rudolstadt)

D.G. Ludovicus Rudolphus Dux Br. & Lun. (2137-38) D.G., Ludwig Rudolph, Duke of Brunswick-Luneburg. (Brunswick)

D.G. Max. Carol S.R. Imp. (2399) D.G., Maximilian Karl (prince) of S.R.I. (Lowenstein-Wertheim-Rochefort)

D.G. Max. Ios. C.P.R.V.B.D.S.R.I.A. & El.D.I.C. & M. (1975) D.G., Maximilian Joseph, Count Palatine of the Rhine, Duke of both Bavarias, Archdapifer and Elector of S.R.I., Duke of Julich, Cleves, and Berg. (Bavaria)

D.G. Max. Ios. U.B. & P.S.D.C.P.R.S.R.I.A. & El. L.L. (1948, 52) D.G., Maximilian Joseph, Duke of both Bavarias and the Upper Palatinate, Count Palatine of the Rhine, Archdapifer and Elector of S.R.I., Landgrave of Leuchtenberg. (Bavaria)

D.G. Max. Ios. U.B.D.S.R.I.A. & El. L.L. (1949-51,53-55) D.G., Maximilian Joseph, Duke of both Bavarias, Archdapifer and Elector of S.R.I., Landgrave of Leuchtenberg. (Bavaria)

D.G. Max. Ios. Ut. Bav. & P.S.D. Co. Pa. R. (1956) D.G., Maximilian Joseph, Duke of both Bavarias and the Upper Palatinate, Count Palatine of the Rhine. (Bavaria)

D.G. Parmae Plac(et). Vast. Dux (1479-81) D.G., Duke of Parma, Piacenza, and Guastalla. (Parma)

D.G. Petrus in Liv. Curl. et Semgal. Dux (1624) D.G. Peter, Duke of Livonia, Curland, and Semigalia. (Courland)

D.G. Rex Dan. Nor(v). Va(n). Got(t). (1292-96) D.G., King of Denmark, Norway, Vendalia, and Gothland. (Denmark)

D.G. Rex Dan. Nor. Van. Go. Dux Sl. Hols. St. Dit. & Old. (1309) D.G., King of Denmark, Norway, Vendalia, and Gothland, Duke of Schleswig-Holstein, Stormark, Ditmarsh, and Oldenburg. (Denmark)

D.G. Rud. Aug. et Anth. Ulr. D.D. Brun. et Lun. (2111-12) D.G., Rudolph August and Anton Ulrich, Dukes of Brunswick- Luneburg. (Brunswick-Wolfenbuttel)

D.G. Rudolph Augustus Dux Br. & Luneb. (2114) D.G., Rudolph August, Duke of Brunswick-Luneburg. (Brunswick- Wolfenbuttel)

D.G.C. Alb. & C. Phil. Elect Prov. & Vicarii (2530) D.G., Karl Albert and Karl Philip, Electors, Administrators, and Vicars. (Pfalz-Neuberg)

D.G.C. Phil. D.B.C.P.R.S.R.I.A.T. & El. Provisor & Vicarius (2529) D.G., Karl Philip, Duke of Bavaria, Count Palatine of the Rhine, Archtreasurer and Elector of S.R.I., Administrator and Vicar. (Pfalz-Neuberg)

D.G.C. Th. C.P.R.S.R.I.A.T. & El. Prov. & Vicarius (2532) D.G., Karl Theodore, Count Palatine of the Rhine, Archtreasurer and Elector of S.R.I., Administrator and Vicar. (Pfalz- Sulzbach)

D.G.I.W.C.P.R.S.R.I. Archid et El. Eiusq. (2528) D.G., Joseph Wilhelm, Count Palatine of the Rhine, Archdapifer and Elector of S.R.I. likewise. (Pfalz-Neuberg)

Da Pacem Domini (in Diebus Nostris Q) (2204, 31-33,36-37,40,43-44,2487) Give peace, Lord, in our day. (Dortmund, Freiburg in Breisgau, Nuremberg)

Dal. Cro. Sclav. Rex Archid. Aust. D. Burgun. (1064) King of Dalmatia, Croatia, and Slavonia, Archduke of Austria, Duke of Burgundy. (Austria-Pressburg)

Dan. Nor. Van. Got. Rex (1300) King of Denmark, Norway, Vendalia, and Gothland. (Denmark)

De Socio Princeps (1397,99) A prince from an ally. (Naples)

1328 18th CENTURY LEGENDS

Decreto Reipublicae Nexu Confederationis Iunctae die V Xbris MDCCXCII Stanislao Augusto Regnante (1622) By decree of the state in conjunction with the joint federation on the 5th day of Dec. 1792, Stanislaus August ruling. (Poland)

Defluit et Influit (1449) It flows down and flows in. (Papal States)

Dei Gratia Carolus Episcopus Olomucensis (1208-11,13) D.G., Karl, Bishop of Olmutz. (Olmutz)

Dem Lande zu Nutz Denen Neiders zu Trutz (2784) For the benefit of the country, in defiance of those who envy her. (Solms-Laubach)

Den Errettern des Vaterslands (2434) To the deliverers of the fatherland. (Mainz)

Deo Conservatori Pacis (2023) To God, preserver of peace. (Brandenburg-Ansbach)

Deo Copulante (2761) God providing the bond. (Schaumburg-Lippe)

Deo Duce (2658) God our leader. (Saxony)

Deo O.M. Auspice Suaviter et Fortiter sed Iuste nec Sibi sed Suis (2788) Under the auspices of God, greatest and best, pleasantly and bravely but justly, not for himself but for his people. (Speyer)

Deo Patriae, non Nobis (2360-61) To God for the Fatherland, not for us. (Hohenlohe-Waldenburg-Schillingsfurst)

Der Seegen des Bergbaues (2672,74-75,81-83, 91,96,99,2702-3) The blessing of the mines. (Saxony)

Der Stadt Franckfurt (2229) The city of Frankfurt. (Saxony)

Deservisse Ivvat (2122) It aids to have served zealously. (Brunswick-Wolfenbuttel)

Deus Adiutor et Protector Noster (2465) God our helper and protector. (Munster)

Deus Providebit (2397) God will provide. (Loewenstein-Wertheim-Virneburg)

Deutschlands Schutzwehr (2434) Germany's defense. (Mainz)

Dextera Domini Exaltavit Me (1394,1695) The right hand of the Lord has exalted me. (Modena & Spain)

Die Erde ist Volle der Gute des Herrn (2100,10,63-64) The earth is full of the goodness of the Lord. (Brunswick-Luneburg)

Die Grub S. Wenceslaus bey Wolffach kame in Ausbeut im Quartal Reminiscere (2269-70) The mine of St. Wenceslaus at Wolffach was opened during the quarter of Reminiscere (first). (Furstenberg)

Die Grube Cronenburgs Gluck kam in Ausbeut im Qu. Luciae 1705 (2098,2158-60) The mine, Cronenburg's Fortune, was opened in the quarter of Lucia (fourth). (Brunswick-Luneburg, Brunswick-Wolfenbuttel)

Die Grube Fried. Christ. gabs zur Ausbeut in Quartal Crucis (2271) The mine of Friedrich Christian was opened in the quarter of the cross (second). (Furstenberg)

Die Grube Gute des Herrn kam in Ausbeut im Qu. Remin. 1740 (2100,63-64) The mine, Goodness of the Lord, was opened in the quarter of Reminiscere (first) 1740. (Brunswick- Luneburg, Brunswick-Wolfenbuttel)

Die Grube H. Aug. Friedr. Bleifeld kam wied. im Ausb. im Qu. Rem 1750 (2102,65) The mine, H. August Friedrich, Bleifeld, was reopened in the quarter of Reminiscere (first) 1750. (Brunswick-Luneburg, Brunswick-Wolfenbuttel)

Die Grube Koenig Carl kam in Ausbeut im Qu. Rem. 1762 (2103,68) The mine, King Karl, was opened in the quarter of Reminiscere (first) 1752. (Brunswick-Luneburg, Brunswick-Wolfenbuttel)

Die Grube Lautenthals Gluck kam in Ausbeut im Qu. Remin. 1685 (2099,2108,61-62) The mine, Fortune of Lautenthal, was opened in the quarter of Reminiscere (first) 1685. (Brunswick-Luneburg, Brunswick-Wolfenbuttel)

Die Grube Regenbogen kam wied. in Ausb. im Q. Luciae 1746 (2101,65-66) The mine, the Rainbow, was reopened in the quarter of Lucia (fourth) 1746. (Brunswick-Luneburg, Brunswick-Wolfenbuttel)

Die Grube Segen Gottes kam in Ausbeut im Q Cruc. 1760 (2109,69) The mine, God's Blessing, was opened in the quarter of the cross (second) 1760. (Brunswick-Luneburg, Brunswick-Wolfenbuttel)

Die Grube Weisser Schwan kam in Ausbeut im Q. Luciae 1732 (2097,2156-57) The mine, White Swan, was opened in the quarter of Lucia (fourth) 1732. (Brunswick-Luneburg, Brunswick-Wolfenbuttel)

Die Gute des Herrn kam wieder in Ausbeute im Q. Luciae 1774 (2110) The mine, the Goodness of the Lord, was reopened in the quarter of Lucia (fourth) 1774. (Brunswick- Luneburg, Brunswick-Wolfenbuttel)

Die Stat und Vestung Friburg in Brisgo (2231-32) The city and fort of Freiburg in Breisgau. (Freiburg im Breisgau)

Dilexi Decorem Domus Tuae (1429) I have loved the beauty of thy house. (Papal States)

Dirige Domine Gressos Meos (1508-11,14-20) Direct, O Lord, my steps. (Tuscany)

Diva Anna Dorot...... (2604) The saintly Anna Dorothea D.G., Duchess of Saxony, Julich, Cleves, Berg, Angria, and Westphalia, Abbess of the Imperial Free Diocese of Quedlinburg. (Quedlinburg)

Diva Carolinae Coniugis Desideratissimae..... (2096) To the memory of his saintly wife Caroline, most beloved and most deserving, her life of counsel and aid, and most faithful to her cares and most wise, impressed upon his mind in indelible letters which she with her virtues and deeds has commended herself to immortality. Here too, her husband George II, following her with a coin orders her to be considered sacrosanct to her children, her citizens, her posterity he himself while she lived most fortunate, now after she has died ever mournful. (Brunswick-Luneburg)

Diva Elisab. Iulia D.G. Duc Brun et Lun. (2122-23) Saintly Elisabeth Julia, D.G., Duchess of Brunswick-Luneburg. (Brunswick-Wolfenbuttel)

Divina Per Te Ope (1535-36) With divine help through thee. (Venice)

Dogmata Lutheri Stabunt in Secula (2738-39) The doctrines of Luther stood for ages. (Saxe-Saalfeld)

Dom. Cons. Nos in Pace (2205-6) Lord, preserve us in peace. (Dortmund)

Dom. in Epst. Munz. Braib. Algm. Lohn et Clet. (2894) Lord of Eppstein, Munzenberg, Breuberg, Aiguemont, Lohra, and Klettenberg. (Wurzburg)

Dom. in Langenb. et Cranichf. Sen. Fam. et Feudor. Admin. ae. 74 (2354) Lord in Langenburg and Kranichfeld, Lord of the family and fief, Administrator, age 74. (Fulda)

Dom. Pro Iustaurata Germaniae Pace Christ. Frid. Carol Alexander Marchio Brandenburg Gratiarum Monumentum Fieri Fecit. MDCCLXXVIIII (2022) For the restored peace of Germany, Christian Friedrich Karl Alexander caused the monument of the Graces to be made 1779. (Brandenburg-Ansbach)

Dominabitur Gentium et Ipse (1285) He himself too will be Lord of the nation. (Austrian Netherlands, Independent Provinces)

Domine Conserva Nobis Lumen Evangelii (2218) I Lord, save for us the light of the Gospel. (Frankfurt)

Domine Conserva Nos in Pace (2230,38-39,2490,2623-25) Lord, preserve us in peace. (Freiburg im Breisgau, Nuremberg, Regensburg)

Domini Conserva Nos in Pace (1740-58,81-82,84-85,87-91,99) Lord, preserve us in peace. (Basel, Zurich)

Domini est Regnum (1285) The kingdom is the Lord's. (Austrian Netherlands, Independent Provinces)

Domini Gratia sit Nobiscum (1913) May the grace of the Lord be with us. (Anhalt-Zerbst)

Dominus Ese(n). Sted(esd). et(&) Witm. (2506-8) Lord of Esens, Stedesdorf, and Wittmund. (Ostfriesland)

Dominus elegit Te Hodie (1430) The Lord has chosen thee this day. (Papal States)

Dominus Mihi Adiutor (1287,90-92) The Lord is my help. (Denmark)

Dominus Protector Meus (1712,17) The Lord is my defender. (Sweden)

Dominus Providebit (2824) The Lord will provide. (Trier)

Dominus providebit (1759-60) The Lord will provide. (Bern)

Dominus regit Me (1523) The Lord guides me. (Vasto)

Dominus Spes Populi Sui (1775) The Lord, the hope of his people. (Luzern)

Domus Certamini Metam Feriendi Aptatae Dedicatio (2657) A dedication of the house for the contest of striking the goal. (Saxony)

Dona Nobis Pacem (1437) Give peace to us. (Papal States)

Ducat et Sem. Reip. Rhac(v). (1635-37,39) 1-1/2 ducat of the Republic of Ragusa. (Ragusa)

Ducatus Venetus (1526-27,32-33,37,40-43,46-47, 50-51,55,60-61,66-67,73-74) Ducat of Venice. (Venice)

Duce Deo Fide et Iust. (1640-41) Faith and Justice with God our guide. (Ragusa)

Duobus Fulcris Securius (2111) More safely with two supports. (Brunswick-Wolfenbuttel)

Durch Clairfait Entsetzt den 29ten Okt. 1795 (2434) Relieved through Clairfait, Oct. 29, 1795. (Mainz)

Durch Gott unter Mariae Schutz wurdt dis getruckht dem Feindt zu Trutz (2451-52) Through God, under the protection of Mary, this was struck in defiance of the enemy. (Montfort)

Dux Brunswicens & Luneburg (2505) Duke of Brunswick-Luneburg. (Osnabruck)

Dux Burgundiae Comes Tirol (1017) Duke of Burgundy, Count of Tyrol. (Austria, Tirol)

Dux et Gub(ernatores) Reip. Gen(u) (1360-70) Doge and Governors of the Republic of Genoa. (Genoa)

Dux Lothar. et Bar. Mag. Cast. et Leg. Ord. Melit. Prior. (2823) Duke of Lorraine and Bar, Grand Prior of the Order of Malta for Castile and Leon. (Trier)

Dux Lothar & (et) Bar. S.R.I. P(cp).S.R(e).C(a).B(o). Com(es) (1205,9,11-13) Duke of Lorraine and Bar, Prince of S.R.I., Count of the Royal Chapel of Bohemia. (Olmutz)

Dux Lothar. et Bar S.R.I. Prin. (2503) Duke of Lorraine and Bar, Prince of S.R.I. (Osnabruck)

Dux S.R.I. Pcps. Reg. Cap. Bohem. Comes (1215) Duke and Prince of S.R.I., Count of the Royal Chapel of Bohemia. (Olmutz)

Dux. S.R.I.P.R.C.B.C. Protec. Ger. S.C.R.M. Con. in et Ac. (1219) Duke and Prince of S.R.I., Count of the Royal Chapel of Bohemia, Protector of Germany, Privy and Present Counselor of his sacred, imperial, royal majesty. (Olmutz)

Dux S.R.I.PS.R.C.B. Com. Con. Ger. S.C.R.M. Con in et Actu. (1216-18) Duke and Prince of S.R.I., Count of the Royal Chapel of Bohemia, Counselor of Germany, Privy and Present Counselor of his sacred, imperial, royal majesty. (Olmutz)

Dux Sab(aud) et Montisf(er). Princ. Ped(em) (1493-97) Duke of Savoy and Montferrat, Prince of Piedmont. (Savoy-Sardinia)

Dux Sax. Angr. et Westph. Com Ascan. Dom B. et S. (1908-10) Duke of Saxony, Angria, and Westphalia, Count of Aschersleben, Lord of Bernburg and Zerbst. (Anhalt-Kothen)

Dux Sax. I.C.M.A. & W. Elect. (1614-15) Duke of Saxony, Julich, Cleves, Berg, Angria, and Westphalia, Elector. (Poland)

Dux Sles. Hol(s). Stor(m). Ditm. Com. Old. (et) Del(m) (1288,93) Duke of Schleswig-Holstein, Stormark, and Ditmarsh, Count of Oldenburg and Delmenhorst. (Denmark)

Dynasta in Epst. Munz. Braib. Algm. Lohra et Klettenberg (2791) Ruler in Eppstein, Munzenberg, Breuberg, Aiguemont, Lohra, and Klettenberg. (Stolberg-Elder Line)

E

E. P. Le. D. Bul. C.L. Ho. M. Fra. (1581) Prince Bishop of Liege, Duke of Bouillon, Count of Looz and Horn, Marquis of Franchimont. (Liege)

E. IV Com. Imp. Com. in Hohn. Dyn. in Arns. Sondersh. Levt. Loh. et Cl. (2765-66) From the fourth imperial county, Count in Hohnstein, Line of Arnstadt, Sondershausen, Leutenberg, Lohra, and Klettenberg. (Schwarzburg-Sonderhausen)

Eberh. Lud. D.G. Dux Wurtemb. (2847-50) Eberhard Ludwig, D.G., Duke of Wurttemberg. (Wurttemberg)

Egalite Liberte Independence (1768) Equality, liberty, and independence. (Geneva)

Ein Banco Thaler (2593) One bank thaler. (Prussia)

Ein himmlisch Blick von Stern and Gluck (1903) A heavenly glance of star and good fortune. (Anhalt-Bernberg)

Ein Reichs Taler (1984,89) One imperial thaler. (Brandenburg-Ansbach)

Ein Reichs Taler F.S.W.U.E.O.V.L.M. (2758) One imperial thaler, princely Saxe-Weimar and Eisenach chief guardianship land money. (Saxe-Weimar)

Ein Thaler nach den Reichs Fus (1355-56) A thaler after the imperial standard. (Holstein-Plon)

Eiusque in P. Rh. Suev. et Fr. Iur. Con. Prov. et Vicarius (1943) Likewise in the area of the Rhine, Co-administrators and Vicars of Swabia and Franconian law. (Bavaria)

Electorus Saxoniae Administrator (2678) Elector and Administrator of Saxony. (Saxony)

Elisabetha I. D.G. Imp. Tot. Ross. (1960) Elizabeth I, D.G., Empress of all Russia. (Russia)

Eliz. Amal. Frid Princ. in Solms n. Pr. I. Ysenb. (2780) Elizabeth Amalia Frederica, Princess of Solms, born Princess of Isenburg. (Solms-Laubach)

Elizabetha Amalia Friderica Graefin zu Ysenburg (2779) Elizabeth Amalia Frederica, Countess of Isenburg. (Solms-Laubach)

Emeric Joseph D.G. A. Ep. Mog. S.R.I.P.G.A. Can. P. El. (Ep. W.) (2424-28) Emeric Joseph, D.G., Archbishop of Mainz, Prince of S.R.I., Arch-chancellor in Germany, Elector and Bishop of Worms. (Mainz)

Emitte Coelitus Lucis Tuae Radium (1456) Send forth a ray of heavenly light. (Papal States)

Engelbert D.G.S.R.I.P. Ab. Cam. A.R. Imp. Archimar. (2372) Engelbert, D.G., Prince of S.R.I., Abbot of Kempten, Archmarshal of the august Empress of the Romans. (Kempten)

Ep. Fris. & Ratisb. Ad. Prum. Pp. Coad. Aug. (2832) Bishop of Freising and Regensburg, Administrator of Pruem, Prince-Provost, Coadjutant Bishop of Augsburg. (Trier)

Epis. Basileensis S.R.I. Prince (1739) Bishop of Basel, Prince of S.R.I. (Basel)

Episc(op) Aug. A.P.P. Co(ad) Elv(ang) (2834-36) Bishop of Augsburg, Administrator of Pruem, Provost Coadjutant of Ellwangen. (Trier)

Episc. et S.R.I. Princ. Exemtae Eccle. Passav. (2525) Bishop and Prince of S.R.I. and of the freed church of Passau. (Passau)

Episc. Olom. Dux S.R.I. Princ. Reg. Cap. Boh. Com. (1232) Bishop and Duke of Olmutz, Prince of S.R.I., Count of the Royal Chapel of Bohemia. (Olmutz)

Episc. Wratisl. Pr. Niss. et Dux Grottkov (2053) Bishop of Breslau, Prince of Neisse, Duke of Grottkau. (Breslau)

Ern. Aug. Constantin. D.G. Dux Sax. I.C.M.A. & W. (2757) Ernst August Constantine, D.G., Duke of Saxony, Julich, Cleves, Berg, Angria, and Westphalia. (Saxe-Weimar)

Ern. Com. de Montf. d. in Breg. Tett. et Ar. (2455) Ernst, Count of Montfort, Lord in Bregenz, Tettnang, and Arnstein. (Montfort)

Ern. Frid. Car. D.G. Dux Saxon. (2729-31) Ernst Friedrich Karl, D.G., Duke of Saxony. (Saxe-Hildburghausen)

Ernest August D.G. Dux Ebor. & Alb. Episc. Osnab. (2505) Ernst August, D.G., Duke of York and Albany, Bishop of Osnabruck. (Osnabruck)

Ernest Com. in Stol. K.R. Wern. & Hohn. Dn. in E.M.B.A.L. & C. (2790) Ernst, Count of Stolberg, Konigstein, Rochefort, Wernigerode, and Hohnstein, Lord in Eppstein, Munzenburg, Breuberg, Aiguemont, Lohra, and Klettenberg. (Stolberg-Elder Line)

Ernest Lud. (I.) D.G. Hass. Landgr. Princ. Hersf. (2312-21) Ernst Ludwig I, D.G., Landgrave of Hesse, Prince of Hersfeld. (Hesse-Darmstadt)

Ernest Pat. & Ernest Frid. Fil. Success. Reg. D.G. Duces Saxon (2728) Ernst, father, and Ernst Friedrich, son and royal sucessor, D.G., Dukes of Saxony. (Saxe-Hildburghausen)

Ernestus Comes de Montfort (2457-58) Ernst, Count of Montfort. (Montfort)

Ernestus D.G. Gothan Saxonum Dux (2724-25) Ernst, D.G., Duke of Saxe-Gotha-Altenburg. (Saxe-Gotha-Altenburg)

Ernestus Dei Gratia Dux Saxoniae (2727) Ernst, D.G., Duke of Saxony. (Saxe-Hildburghausen)

Ernestus Fridericus D.G.D.S. Coburg Saafeld (2751-52) Ernst Friedrich, D.G., Duke of Saxe-Coburg- Saalfeld. (Saxe-Coburg-Saalfeld)

Et El Dux Bav. (2174) And Elector and Duke of Bavaria. (Cologne)

Et Fiebat (2804) And it was becoming (light). (Stolberg-Younger Line)

Et Patet et Favet (1498,1500-2) It is both evident and favorable. (Tuscany)

Et Polestinae Princ. Ardoris et Sac. Romani Imp. (1491) And Polistina, Prince of Ardore and S.R.I. (San Giorgio)

Et Praesidium et Decus (1638) Both defense and glory. (Ragusa)

Et Rege Eos (1360-66,68) And rule them. (Genoa)

Et S.R.I. Princeps Brixinensis (1203) And Prince of S.R.I. and Brixen. (Brixen)

Ex Adverso Decus (2134-40) Honor from adversity. (Brunswick-Wolfenbuttel)

Ex Avro Argentea resurgit (1414,16,20-22) From gold it arises, again silver. (Sicily)

Ex Cinneribus Orior (2357) I arise from ashes. (Hohenlohe-Kirchberg)

Ex Flammis Orior (2353,60-61) I arise from flames. (Hohenlohe-Neuenstein-Ohringen)

Ex Fodinis Bipontino Seelbergensibus (2546) From the Seelberg mines of Zweibrucken. (Mecklenburg-Strelitz)

Ex Uno Omnis Nostra Salus (2212) From one is all our salvation. (Eichstaedt)

Ex Vasis Argent Cleri. Mogunt. Pro Aris et Focis (2431) From the silver vessels of the clergy of Mainz, for altars and for hearths. (Mainz)
Ex Vasis Argenteis In Usum Patriae sine Censibus Datis Aciero et Privatis (2837) From the silver vessels, given without cost for the fatherland by the nobles and citizens. (Trier)
Ex Visceribus Fodinae Bieber (2288) From the veins of the Bieber mine. (Hanau-Munzenberg)
Ex Visceribus Fodinae Mehlbac (2471) From the veins of the Mehlbach mine. (Nassau)
Ex Visceribus Fodinae Wildberg(ensis) (2533-35) From the veins of the Wildberg mine. (Pfalz-Sulzbach)
Exemtae Eccle. Passav. Episc. et S.R.I. Princ. (2526) Bishop of the freed church of Passau, Prince of S.R.I. (Passau)

F

F.D. An. Manoel de Vilhena (1593-97) Brother Don Antony Manoel de Vilhena. (Malta)
F.D. Emmanual Pinto (1599) Brother Don Emanuel Pinto. (Malta)
F.D. Raimun(dus) Despuyg M.M.H.H. (1598) Brother Don Raymund Despuig, Grand Master of the Hospital of Jerusalem. (Malta)
F. Emmanuel de Rohan M.M. (H.SS.) (1606-10) Brother Emanuel de Rohan, Grand Master of the Hospital and the Holy Sepulchre. (Malta)
F. Emmanuel Pinto M.M.H.S.S. (1600-1) Brother Emanuel Pinto, Grand Master of the Hospital and the Holy Sepulchre. (Malta)
F. Ferdinandus Hompesch M.M. (1611) Brother Ferdinand Hompesch, Grand Master. (Malta)
F.S.W.V.E.O.V.M. (2759) Princely Saxe-Weimar and Eisenach chief-guardianship money. (Saxe-Weimar)
Faderneslandet (1734-36) The Fatherland. (Sweden)
Fausto Coronationis (1415) A happy augury for the crowning. (Sicily)
Favore Altissimi (2142-43) By the favor of the most high. (Brunswick-Wolfenbuttel)
Fecunditas (1403) Fertility. (Naples)
Felicitas Sec. II Aug. Conf. (1981) Happiness on the second centennial of the Augsburg Confession. (Brandenburg-Ansbach)
Felicitas - Temporum (2620) Happiness of the times. (Regensburg)
Felix Coniunctio (2000) Happy union. (Brandenburg-Ansbach)
Ferd. Car. D.G. Dux Mant. Mont. Car. Guas. (1377) Ferdinand Charles, D.G., Duke of Mantua, Montferrat, Carolivilla, and Guastalla. (Mantua)
Ferd. Iul. D.G.S.R.E. Cardin. de Troyer (1232) Ferdinand Julius, D.G., Cardinal de Troyer of the Holy Roman Church. (Olmutz)
Ferdin. Iul. D.G. Episc. Olomuc. Dux S.R.I.Pr. (1231) Ferdinand Julius, D.G., Bishop of Olmutz, Duke and Prince of S.R.I. (Olmutz)
Ferdinan(dus) D.G. Sicil. et Hier. Rex (1416-25) Ferdinand, D.G., King of Sicily and Jerusalem. (Sicily)
Ferdinand Albert D.G. Dux Br. et Lun. (2144) Ferdinand Albert, D.G., Duke of Brunswick-Luneburg. (Brunswick-Wolfenbuttel)
Ferdinandus Rex Maria Carolina Regina (1403) King Ferdinand and Queen Maria Carolina. (Naples)
Ferdinandus I Hisp. Infans (1479-81) Ferdinand I, Prince of Spain. (Parma)
Ferdinandus III D.G.P.R.H. et B.A.A.M.D. Etrur. (1521) Ferdinand III, royal Prince of Hungary and Bohemia, Archduke of Austria, Grand Duke of Tuscany. (Tuscany)
Ferdinan(dus) IV D.G. Siciliar et Hier. Rex (1401,24-26, 29) Ferdinand IV, D.G., King of Sicily and Jerusalem. (Naples)
Ferdinandus IV et M. Carolina Undiq. Felices (1408) Ferdinand IV and Maria Carolina, blessed on all sides. (Naples)
Ferdinandus IV et Maria Carolina (1407) Ferdinand IV and Maria Carolina. (Naples)
Ferdinandus IV Neap. et Sic. Rex (1489) Ferdinand IV, King of Naples and Sicily. (Roman Republic)
Ferdinandus IV Utr. Sic. Rex (1488) Ferdinand IV, King of the Two Sicilies. (Roman Republic)
Festum Seculare Secundum Ecclesiae Evang. Luther (2317) Second centennial celebration of the Evangelical Lutheran Church. (Hesse-Darmstadt)
Fiat Lux (2804) Let there be light. (Stolberg-Younger Line)
Fiat Pax in Virtute Tua (1438,41) Let there be peace in Thy strength. (Papal States)
Fidei Pietati Huic et Futuro Aevo Sacrum (2350) Sacred to the faith and piety for this future age. (Hohenlohe-Neuenstein-Ohringen)
Fides et Victoria (1534,38) Faith and victory. (Venice)
Firmata Securitas (1398) Establish safety. (Naples)
Firmissimum Libertatis Munimentum (1367) The strongest memorial of freedom. (Genoa)
Florentius D.G. Abbas Corbeiensis S.R.I. Princ. (2193-94) Florenz, D.G., Abbot of Corbey, Prince of S.R.I. (Corvey)
Foedus est inter me et te (1455) There is a covenant between me and thee. (Papal States)
Fontis et Fori Ornamen(to) (1445-46) An ornament to the fountain and the forum. (Papal States)
Fortis Concordia Nexus (2208) Concord is a strong bond. (Eichstaedt)
Fr.(anc) Xav. Com. de Montfort (2459-61) Franz Xaver, Count of Montfort. (Montfort)
Fr. D. Franciscus Ximenez de Texada (1605) Brother Don Francisco Ximenez de Texada. (Malta)
Fr. Ios. Max. Pr. de Lobk. Dux Raud. Pr. Com. in Sternst. (1190) Franz Josef Maximilian, Prince of Lobkowitz, Duke of Raudnitz, Prince and Count in Sternstein. (Lobkowitz)
Fran. Ar. El. Coa. PA. 15 Sept. 1703, Suc. Patruo 21 May 1704 El. Ep. Mo. 30 Sept. 1706 (2466,2509) Franz Arnold, elected Coadjutor of Paderborn 15 Sept. 1703, succeeded to the same 21 May 1704, elected Bishop of Munster 30 Sept. 1706. (Munster, Paderborn)
Fran. Con. Tit. S. Ma. De Pop. Card. de Rodt Epis. Const. S.R.I. Prin. (2190) Franz Konrad, with the title of Holy Mary of the People, Cardinal of Rodt, Bishop of Constance, Prince of S.R.I. (Constance)
Fran. Lud. D.G. Ar. Tr. S.R.I. Pr. El. Sup. M. (2826) Franz Ludwig, D.G., Archbishop of Trier, Prince of S.R.I., Elector, Supreme Master. (Trier)
Franc. Ant. S.R.I. Princ ab Harrach (1239) Franz Anton, Prince von Harrach of S.R.I. (Salzburg)
Franc. Anto. D.G. Archi. et Pr. Salisb. S.S.A.L.Pr. de Har. (1235) Franz Anton, D.G., Archbishop and Prince of Salzburg, Legate of the Holy Apostolic See, Prince von Harrach. (Salzburg)
Franc. Anto. D.G. Arch. Pr. Sal. S.A.L. (1236,38) Franz Anton D.G. Prince Archbishop of Salzburg, legate of the Apostolic See. (Salzburg)
Franc. Arnol. D.G. Ep. Mon. & Pad. Bur. Str. S.R.I.P.C. Py(r) & D. in Bor. (2466) Francis Arnold, D.G., Bishop of Munster and Paderborn, Burgrave of Stromberg, Prince of S.R.I., Count of Pyrmont, and Lord of Borkelo. (Munster)
Franc. Arnol. D.G. Ep. Pad & Mon. Bur. Str. S.R.I.P. C. Py & D. in Bor. (2509) Francis Arnold, D.G., Bishop of Munster and Paderborn, Burgrave of Stromberg, Prince of S.R.I., Count of Pyrmont, and Lord of Borkelo. (Paderborn)
Franc. Arnold D.G. Episc. Monast(erien) et Paderb. (2467-69) Franz Arnold, D.G., Bishop of Munster and Paderborn. (Munster)
Franc. Arnold D.G. Episc. Paderb. et Monasterien (2510-11) Franz Arnold, D.G., Bishop of Munster and Paderborn. (Paderborn)
Franc. D.G. Hu. Bo. Ga. Lod. Rex. A.A.D.B. et L.M.D. Hetr. (1177) Franz, D.G., King of Hungary, Bohemia, Galicia, and Lodomeria, Archduke of Austria, Duke of Burgundy and Lorraine, Grand Duke of Tuscany. (Hungary)
Franc. D.G.R.I.S.A. Ge. Ier. R. Lo. B.M.H.D. (2486,89,91) Francis, D.G., R.I.S.A., King of Germany and Jerusalem, Duke of Lorraine, Bar, and Greater Etruria. (Nuremberg)
Franc. D.G. R(o). I.S.A. Ge. Ier. R. Lo. B.M.H.D. (1152-60) Franz, D.G., R.I.S.A., King of Germany, Jerusalem, Lorraine, and Bar, Grand Duke of Tuscany. (Austria)
Franc. Euseb. Trauthson Com. in Falkenstain (1200) Franz Eusebius of Trautson, Count of Falkenstein. (Trautson)
Franc. Gund. S.R.I.P. Colloredo Mannsfeld C. in Walds. V.C. in Mels M. in S. Soph. S.R.I. Pro. Canc. (1185) Franz Gundacker, Prince of S.R.I. of Colloredo-Mansfeld, Count in Waldsee, Viscount of Mels, Marquis of St. Sophia, Vice-chancellor of S.R.I. (Colloredo-Mansfeld)
Franc. Hen. Schlik S.R.I.C. de Passano & Weiskerchen (1196) Franz Heinrich, Count of S.R.I. of Schlick, Passaun, and Weiskirchen. (Schlick)
Franc. Ignat. S.R.I.C. & Dom. de et in Sprinzenstein et Neuhaus (1198) Franz Ignatz, Count of S.R.I., Lord of Sprinzenstein and Neuhaus. (Sprinzenstein)
Franc. Ios. Schlick Com. a Bassan. & Weisk. (1195) Franz Joseph, Count of Schlick, Passaun, and Weiskirchen. (Schlick)
Franc Lauredano Duce (1552) Francisco Lauredano, Doge. (Venice)
Franc Lavredano Dux Venetiar (1548) Francisco Lauredano, Doge of Venice. (Venice)
Franc. Ludov. D.G. Ep. (Bamb. et) Wirc. S.R.I. Pr. Fr. Or. Dux (2903-12) Franz Ludwig, D.G., Bishop of Bamberg and Wurzburg, Prince of S.R.I., Duke of Eastern Franconia. (Wurzburg)
Franc. II D.G.R. Imp. S.A. Ge. Hu. Bo. Rex A.A.D.B.L.M.D.H. (1179) Franz II, D.G., R.I.S.A., King of Germany, Hungary, and Bohemia, Archduke of Austria, Duke of Burgundy and Lorraine, Grand Duke of Tuscany. (Hungary)
Franc. II D.G.R. Imp. S.A. Ger. Hier. Hung. Boh. Rex (1286) Franz II, D.G., R.I.S.A., King of Germany, Jerusalem, Hungary, and Bohemia. (Austrian Netherlands)
Francis(cus) Anto(n) S.R.I. Princ. de Harrach (1237) Franz Anton, Prince of S.R.I. of Harrach. (Salzburg)
Francis D. Gratia Roman Imperat. S.A. (1283) Franz II, D.G., R.I.S.A. (Austrian Netherlands)
Francisc. II D.G.R.I.S.A. Ger. Hie. Hun. Boh. Rex (1390) Franz II, D.G., R.I.S.A., King of Germany, Jerusalem, Hungary, and Bohemia. (Milan)
Franciscus D.G. Hungar. Bohem. Gallic. Lodom. Rex (1176) Franz, D.G., King of Hungary, Bohemia, Galicia, and Lodomeria. (Austria)
Franciscus D.G. R.I.S.A. G.H.(ier). Rex Lot(h). Bar M.D. Etr. (1504-7) Franz, D.G., R.I.S.A., King of Germany, Jerusalem, Lorraine, and Bar, Grand Duke of Tuscany. (Tuscany)
Franciscus D.G. Rom. Imp. Semp. Aug. (2052,2250, 79,84-85,2419) Francis, D.G., R.I.S.A. (Bremen)
Franciscus Iosias D.G.D.S. Coburg Saalfeld (2750) Francis Josias, D.G., Duke of Saxe-Coburg-Saalfeld. (Saxe-Coburg-Saalfeld)
Franciscus Ursin. S.R.I. Princeps Rosenberg (1192) Franz Orsini, Prince of S.R.I. of Rosenberg. (Orsini-Rosenberg)
Franciscus I D.G. Rom. Imp. Semp Aug. (1925-30, 2483-85,87-90,2616-19) Francis I, D.G., R.I.S.A. (Angsburg, Nuremberg, Regensburg)
Franciscus II D.G.R. Imp. S.A. Germ. (Hie). Hu(n) Bo(h). Rex (1178,80) Franz II, D.G., R.I.S.A., King of Germany, Jerusalem, Hungary, and Bohemia. (Austria)
Franciscus II D.G. Rom. Imp. Semp. Aug. (2632-33) Francis II, D.G., R.I.S.A. (Regensburg)
Franciscus III Mut. Reg. Mir. Dux (1392) Francis III, Duke of Modena, Reggio, and Mirandola. (Modena)
Franz der Zweite Deutscher Kaiser (2499) Franz II, Emperor of Germany. (Nuremberg)
Franz. Ios. D.G.S.R.I.Pr. & Gub. Dom. de Liechtenstein (1580) Franz Joseph, D.G., Prince of S.R.I., Ruling Lord of Liechtenstein. (Liechtenstein)
Franz Ludwig B. zu Bamberg u. Wurzb. D.H.R.R. Furst Herzog z. Franken (1939) Franz Ludwig, Bishop of Bamberg and Wurzburg, Prince of S.R.I., Duke of Franconia. (Bamberg)
Fri(ed). Adolph Com. et Nob. D. Lipp (2378-82) Friedrich Adolph, Count and noble Lord of Lippe. (Lippe-Detmold)
Frid. Aug. Rex Elector et Vicarius Post Mort Ioseph I Imperat (2654-55) Friedrich August, King, Elector, and Vicar after the death of Emperor Joseph I. (Saxony)
Frid. August D.G. Dux Sax. Elector (2682-96,98-2703) Friedrich August, D.G., Duke of Saxony, Elector. (Saxony)
Frid. Aug(ust) D.G. Dux Sax. Elector & Vicarius Imperii (2697) Friedrich August, D.G., Duke of Saxony, Elector and Vicar of the empire. (Saxony)
Frid. August D.G. Saxoniae Elector (2680-81) Friedrich August, D.G., Elector of Saxony. (Saxony)
Frid. Augusto Rege. Polon. Elect. Saxon. Agonotheta (2657) Friedrich August, King of Poland, Elector of Saxony, Director of the contest. (Saxony)
Frid. Car. Ios. Aep. et El. Mog. Ep. Wor. (2430-31) Friedrich Karl Joseph, Archbishop and Elector of Mainz, Bishop of Worms. (Mainz)
Frid. Car. Ios. D.G. A.E. Mog. S.R.I.P.G.A.C. et El. E.W. (2429) Friedrich Karl Joseph, D.G., Archbishop of Mainz, Prince of S.R.I., Arch-chancellor and Elector of Germany, Bishop of Worms. (Mainz)
Frid. Car. Ios. Erzb. u. Kurf. z. Mainz F.B.Z.W. (2435) Friedrich Karl Joseph, Archbishop and Elector of Mainz, Prince and Bishop of Worms. (Mainz)
Frid. Christ. D.G.M.B.D.P. et S.B.N. (2040-42) Friedrich Christian, D.G., Margrave of Brandenburg, Duke of Prussia and Silesia, Burgrave of Nuremberg. (Brandenburg-Bayreuth)
Frid. Christian March. Brand. D.B.&S. (2043) Friedrich Christian, Margrave of Brandenburg, Duke of Prussia and Silesia. (Brandenburg-Bayreuth)
Frid. (III) D.G. Pr. A. Salm Kyrb. Com. Rh. & Sylv. (2644-45) Friedrich III, D.G., Prince of Salm Kyrburg, Count of the Rhine and the Forest. (Salm)
Frid. D.G. Rex Bor. et El. S. Pr. Ar. Neoc. et Val. (1776) Friedrich, D.G., King and Elector of Prussia, Supreme Prince of Arausonia, Neuchatel, and Valangin. (Neuchatel)
Frid(ericus) D.G. Rex Boruss. El. Br. (2554-66) Friedrich, D.G., King of Prussia, Elector of Brandenburg. (Prussia)
Frid. Eug. D.G. Dux Wirtemb. et T. (2873) Friedrich Eugene, D.G., Duke of Wurttemberg and Teck. (Wurttemberg)
Frid. Wilh. D.G. Ep. Hild. S.R.I.P. (2344-45) Friedrich Wilhelm, D.G., Bishop of Hildesheim, Prince of S.R.I. (Hildesheim)
Frid. Wilh. D.G. Rex Bor. et El. S. Pr. Ar. Neoc. & Val. (1777) Friedrich Wilhelm, King and Elector of Prussia, Supreme Prince of Arausonia, Neuchatel, and Valangin. (Neuchatel)
Frid. Wilh. D.G. Rex Borussiae (El. Brandenburg Dux Geldriae) (2567-80) Friedrich Wilhelm, D.G., King of Prussia, Elector of Brandenburg, Duke of Gelders. (Prussia)
Frid. Wilhelm Koenig von Preussen (2602) Friedrich Wilhelm, King of Prussia. (Prussia)
Frid. IIII D.G. Dan. Norv. Va(n). Go(t). Rex (1287-88) Frederik IV, D.G., King of Denmark, Norway, Vendalia, and Gothland. (Denmark)
Frid(ericus) IIII (IV) D.G. Rex Dan. Nor. V. G(o). (1289-90, 93) Frederik IV, D.G., King of Denmark, Norway, Vendalia, and Gothland. (Denmark)
Frider. Christian D.G. Episc. Monaster. (2463) Friedrich Christian, D.G., Bishop of Munster. (Munster)
Frider. Wilhel. D.G. Dux Megapo Princ. Vand. (2439-40) Friedrich Wilhelm, Duke of Mecklenburg, Prince of Vandalia. (Mecklenburg-Schwerin)
Frider. Wilhelm Boruss. Rex (2601) Friedrich Wilhelm, King of Prussia. (Prussia)
Frider III (D.G.) Gothanus Saxonum Dux (2718,21-23) Friedrich III, D.G., Duke of Saxe-Gotha. (Saxe-Gotha-Altenburg)
Frideric. Christianus L.B.A. Plettenberg etc. (2464) Friedrich Christian, Free Baron of Plettenberg, born 8 Aug. 1664, elected Bishop and Prince of Munster 29 July 1688, died 5 May 1706. (Munster)
Frideric(us) et Ulr. Eleon. D.G. Rex et Reg. Svec(iae) (1721-22,24-25) Frederik and Ulrica Eleonora, D.G., King and Queen of Sweden. (Sweden)
Fridericus Augustus Rex Polon. et Elector Saxon. Matri Dilectissimae..... (2658) Friedrich August, King of Poland and Elector of Saxony, to his dearest mother, Anna Sophia, Sophia, Hereditary Princess of the kingdom of Denmark, born in Flensburg 1 Sept. 1647, widow of the Elector of Saxony and Lichtenburg, died 1 July 1717, who lived gloriously, lived illustriously, with a distinguished burial so that she might be made famous, caused to be erected an everlasting monument. (Saxony)
Fridericus Borussorum Rex (2581-96) Friedrich, King of Prussia. (Prussia)
Fridericus Carolus D.G.H.N.D.S.H.S. et D.C. in O. et D. (1354-55) Frederick Karl, D.G., Heir of Norway, Duke of Schleswig-Holstein, Stormark, and Ditmarch, Count in Oldenburg and Delmenhorst. (Holstein-Plon)
Fridericus D.G. Rex Sueciae (2294) Friedrich, D.G., King of Sweden. (Hesse-Cassel)
Fridericus D.G. Rex Sveciae (1719-20,23,26-30) Frederik, D.G., King of Sweden. (Sweden)
Fridericus D.G.D.S.I.C.M.A. et W. (2707,10) Friedrich, D.G., Duke of Saxony, Julich, Cleves, Berg, Angria, and Westphalia. (Saxe-Gotha-Altenburg)
Fridericus D.G.M.B.D.P. et S.B.N. (2032-39) Friedrich, D.G., Margrave of Brandenburg, Duke of Prussia and Silesia, Burgrave of Nuremberg. (Brandenburg-Bayreuth)
Fridericus Rex (2553) Friedrich, King. (Prussia)
Fridericus II (D.G.) Dux Saxo-Gothanus (2711-17) Friedrich II, D.G., Duke of Saxe-Gotha. (Saxe-Gotha-Altenburg)
Fridericus II D.G. Dux Wirtemb. et T. (2873) Friedrich II, D.G, Duke of Wurttemberg and Teck. (Wurttemberg)
Fridericus II D.G. Hass Landg. Han Com. (2299-2303) Friedrich II, D.G., Landgrave of Hesse, Count of Hanau. (Hesse-Cassel)
Fridericus III Dux Sax. I.C.M. & Adm. Duc Isencac (2719-20) Friedrich III, Duke of Saxony, Julich, Cleves,

and Berg, Administrator of the duchy of Eisenach. (Saxe-Gotha-Altenburg)

Fridericus V D.G. Dan. Nor. V(an). G(ot). Rex (1302-3) Frederik V, D.G., King of Denmark, Norway, Vendalia, and Gothland. (Denmark)

Fridericus V D.G. Rex Dan. Nor. V(and). G. (1297-99, 1301-2) Frederik V, D.G., King of Denmark, Norway, Vendalia, and Gothland. (Denmark)

Fridericus V Dei Gratia (1300) Frederik V, D.G. (Denmark)

Fried. Albrecht Furst zu Anhalt Bernb. (1905-6) Friedrich Albert, Prince of Anhalt-Bernburg. (Anhalt-Bernburg)

Fried. Aug. D.G. Haer. N. Ep. Lub. Dux S.H. St. & D. Dux Regn. Old. (2412) Friedrich August, D.G., Heir to Norway, Bishop of Lubeck, Duke of Schleswig-Holstein, Stormarn, and Ditmarsh, reigning Duke of Oldenburg. (Lubeck)

Fried. Aug. Soph. Princ. Anh. Dyn. Iever Admin. (2363) Frederika Augusta Sophia, Princess of Anhalt, line of Jever, Administrator. (Jever)

Fried. D.G. Pr. Wald. C.P.E.R. (2840) Friedrich, D.G., Prince of Waldeck, Count of Pyrmont and Rappolstein. (Waldeck)

Fried. Lud. S.R.I. Com In Lowenst. Werth (2396) Friedrich Ludwig, Count of Lowenstein-Wertheim of S.R.I. (Lowenstein-Wertheim-Virneburg)

Fried. Ludwig Furst zu Hohenlohe Ingelfingen (2356) Friedrich Ludwig, Prince of Hohenlohe-Ingelfingen. (Hohenlohe- Ingelfingen)

Fried(e) Wilhelm (II) Koenig von Preussen (2597-2600) Friedrich Wilhelm II, King of Prussia. (Prussia)

Friede. Wilhel. D.G. Dux Megapo. Princ. Vand. (2441-42) Friedrich Wilhelm, D.G., Duke of Mecklenburg, Prince of Vandalia. (Mecklenburg-Schwerin)

Friedr. Wilhelm III Koenig von Preussen (2603) Friedrich Wilhelm III, King of Prussia. (Prussia)

Friedrich Botho & Carl Ludwig Gr. z. Stolb. K.R.W.U.H. (2806-8) Friedrich Botha and Karl Ludwig, Counts of Stolberg, Konigstein, Rochefort, Wernigerode, and Hohnstein. (Stolberg-Younger Line)

Fruct. Fodinae Stolb. Strasbergensis (2803) Product of the Strassberg mine of Stolberg. (Stolberg-Younger Line)

Furstl. Sachs. Gesambte Henneb. Ilmen. Ausbeuth. Thal. (2726) Associated princely Saxon-Henneberg-Ilmenau mining thaler. (Saxon-Henneberg-Ilmenau)

Fyra Caroliner (1717) Four caroliners. (Sweden)

G

Geb. 3 Feb. 1725, Verm. 28 Oct. 1753, Gest. 25 Aug. 1754 (2781) Born 3 Feb. 1725, married 28 Oct. 1753, died 25 Aug. 1754. (Solms-Laubach)

Gen. C. Mar. V.L. Dim. Col. U.S.C. & R.A.M.A.I. Cons. & S. Conf. M. (1182-83) General Field Marshal, Colonel of the only dragoon regiment, present Privy Counselor of both their sacred, imperial and royal apostolic majesties, and State Conference Minister. (Batthyani)

Geneve Republique (1769-70) Republic of Geneva. (Geneva)

Georg Albert D.G. Pr. et Dom. Fr. Orient (2506) George Albert, D.G., Prince and Lord of East Friesland. (East Friesland)

Georg Herzog zu Sachsen Coburg Meiningen (2734) George, Duke of Saxe-Coburg-Meiningen. (Saxe-Coburg-Meiningen)

Georg. Aug. Wilh. Graf zu Solms. Eliz. Charl. Ferd. Luise Princ zu Ysenburg (2783) George August Wilhelm, Count of Solms, Elizabeth Charlotte Ferdinande Luise, Princess of Isenburg. (Solms-Laubach)

Georg. Carol. D.G. Ep. Wirc. S.R.I. Pr. Fr. Or. Dux (2913-15) George Karl, D.G., Bishop of Wurzburg, Prince of S.R.I., Duke of Eastern Franconia. (Wurzburg)

Georg. Frid. & Alexander March. Brand. (1999) George Friedrich and Alexander, Margraves of Brandenburg. (Brandenburg-Ansbach)

Georg. Lud. D.G. Br. & (et) Lun. S.R.I. El(ect). (Archithes.) (2057-68) George Ludwig, D.G., Duke of Brunswick-Luneburg, Archtreasurer and Elector of S.R.I. (Brunswick-Luneburg)

Georg. Wilh. D.G. D. Br. et L. (2056) George Wilhelm, D.G., Duke of Brunswick-Luneburg. (Brunswick-Luneburg)

Georg(ius) II D.G. Mag. Br(it). Fr(anc). et Hib Rex F(id). D. (Br. & L. Dux S.R.I.A. Th. & El.) (2083-95,97-2103) George III, D.G., King of Great Britain, France, and Ireland, Defender of the Faith, Duke of Brunswick-Luneburg, Archtreasurer and Elector of S.R.I. (Brunswick-Luneburg)

Georg. III D.G. Mag. Brit. Fr. et Hib. Rex F. Def. (Br. & L. Dux S.R.I. A. Th. & El.) (2104-10) George III, D.G., King of Great Britain, France, and Ireland, Defender of the Faith, Duke of Brunswick-Luneburg, Archtreasurer and elector of S.R.I. (Brunswick-Luneburg)

George. Frid. Burggr. D. Kirchberg Com. d. Sayn et Witg. Dom. Farnrodae (2373) George Friedrich, Burgrave of Kirchberg, Count of Sayn-Wittgenstein, Lord of Farnrode. (Kirchberg)

Georgius Albertus D.G. Princ Frisiae Or. (2507) George Albert, D.G., Prince of East Friesland. (East Friesland)

Georgius D.G. Mag. Brit. Fr(anc) et Hib. Rex F(id) D. (2070-81) George III, D.G., King of Great Britain, France, and Ireland, Defender of the Faith, Duke of Brunswick-Luneburg, Archtreasurer and Elector of S.R.I. (Brunswick-Luneburg)

Georgius D.G.M. Br. Fr. et Hib. Rex F.D. (1345-46) George, D.G., King of Great Britain, France and Ireland, Defender of the Faith. (Great Britain)

Georgius I D.G. M. Brit. Fr. et Hib. Rex. F.D. Br. et Lun. Dux S.R.I.A. Th. et El. (2082) George III, D.G., King of Great Britain, France, and Ireland, Defender of the Faith, Duke of Brunswick-Luneburg, Archtreasurer and Elector of S.R.I. (Brunswick-Luneburg)

Georgius II Dei Gratia (1347-51) George II, D.G. (Great Britain)

Georgius March Brand Onoldinus (1980) George, Margrave of Brandenburg-Ansbach. (Brandenburg-Ansbach)

Georgius Wilhelmus D.G. Marg. Brand. B.M. St. P.M. ..... Dux (2031) George Wilhelm, D.G., Margrave of Brandenburg, Duke of Prussia, Magdeburg, Stettin, Pomerania, Mecklenburg, ... (Brandenburg-Bayreuth)

Germ. Hispa. Hun(g). et Bohemiae Rex (1066-68) King of Germany, Spain, Hungary, and Bohemia. (Austria-Prague)

Germ(an). Hung(ar). et Bohemiae Rex (1006-8,24-27) King of Germany, Hungary, and Bohemia. (Austria-Prague)

Germ. Jero. Rex Loth. Bar. Mag. Het. Dux (1283) King of Germany, Jerusalem, Lorraine, and Bar, Grand Duke of Tuscany. (Austrian Netherlands)

Germania Voti Compos MDCCLXXVIIII D. XIII May (2023) Germany sharing the vows, 13 May 1779. (Brandenburg-Ansbach)

Giorno che vale di tanti anni il pianto (1484-85) The day which is worth so many years of sorrow. (Roman Republic)

Gloria ex Amore Patriae (1304-10) Glory from love of country. (Denmark)

Gloria in Excelsis Deo atque in Terra Pax Hominibus (2481) Glory to God in the highest and on earth peace to men. (Nuremberg)

Gott hat seinen reichen Seegen Itter in dich wollen legen (2315) God wanted to place his rich blessing upon you, Itter. (Hesse-Darmstadt)

Gott segne ferner das Holzappeler Bergwerck fein Silber (1907) May God continue to bless the fine silver of the Holzappel mine. (Anhalt-Bernburg-Haym-Schaumburg)

Gott segne und erhalte unsere Bergwercke (2794-97, 2801-2,5,9) God bless and preserve our mines. (Stolberg-Younger Line)

Gott sey gebenedeyt. fur diese seltne Zeit (2792-93) May God be blessed for this extraordinary time. (Stolberg-Younger Line)

Gott sey gedancket, der uns Sieg gibt in Christo, und offenbahret seine wahre Erkantnus (2350) Thanks be to God, who gives us victory in Christ, and who reveals his true knowledge. (Hohenlohe-Neuenstein-Ohringen)

Gratia obvia ultio quaestia Liburni (1499,1501,3) Grace proffered, punishment provoked, Livorno (Leghorn). (Tuscany)

Gratitudo concivibus exemplum posteritati (1622) Gratitude to fellow citizens, an example to posterity. (Poland)

Gratus Erga Deum, Verus et Sincerus (2762) Pleasing to God, true and sincere. (Schaumburg-Lippe)

Gud mitt Hopp (1718,20,23,27-30) God my hope. (Sweden)

Gud och Folket (1737-38) God and the people. (Sweden)

Gud wart Hopp (1721-22,24) God our hope. (Sweden)

Gustaf IV Adolph Sv. G. och W. Konung (1727-28) Gustaf IV, King of Sweden, Gothland, and Vendalia. (Sweden)

Gustavus III D.G. Rex Sveciae (1734-36) Gustaf III, King of Sweden. (Sweden)

H

Hac Magna Triade Patrocinante (2881) Under the protection of this great Trinity. (Wurzburg)

Hac Sub Tutila (2210) Under this protection. (Eichstaedt)

Hac Sum Secura Tuente (2185) I am under this sure protector. (Cologne)

Haec Sunt Mumera S. Anthonii Eremitae (2341-42) These are the gifts of St. Anthony the Hermit. (Hildesheim)

Haer. Norw. Dux Slesv. Hols. St. & Ditm. Com. Old. & Delm. (1353) Heir of Norway, Duke of Schleswig-Holstein, Stormark, and Ditmarsh, Count of Oldenburg and Delmenhorst. (Holstein-Gottorp)

Hanc tuemur, hac nitimur (1849-53) This we defend, by this we strive. (United Netherlands)

Hassia Votorum Compos Deo Gratia (2317) Hesse sharing in the offerings D.G. (Hesse-Darmstadt)

Hassiae Landgr. (2294) Landgrave of Hesse. (Hesse-Cassel)

Helvet(ische) Republ(ik) (1771-73) Helvetian Republic. (Switzerland)

Henri S.R.I.P.C. Mansfeld Ae. N.D. in Held. Seeb. & Schrapplau (2438) Heinrich, Prince of S.R.I., Count of Mansfeld, and noble Lord in Heldrungen, Seeburg, and Schraplau. (Mansfeld-Bornstatt)

Henricus D.G. Epis. et Abb. Fuld. S.R.I. Pr. (2261-62) Henry, D.G., Bishop and Abbot of Fulda, Prince of S.R.I. (Fulda)

Henricus S.R.I. Princeps Avrsperg Dux Minsterberg (1181) Henry, Prince of S.R.I. of Auersperg, Duke of Munsterberg. (Auersperg)

Hercules III D.G. Mut. Reg. Mir. Ec. Dux (1393-94) Ercole III, D.G., Duke of Modena, Reggio and Mirandola. (Modena)

Hic est qui Multum Orat Pro Populo (2516) Here is he who prays much for the people. (Paderborn)

Hic Plantavit Deus Incrementum Dedit. Haec Rigavit (2208) This (man) planted, God gave increase, she watered. (Eichstaedt)

Hieronymus D.G.A. & P.S.A.S.L.N.G. Prim. (1262-66) Jerome, D.G., Archbishop and Prince of Salzburg, Legate of the Apostolic See, born Primate of Germany. (Salzburg)

Hisp. Utr. Sici. Rex (1395) King of Spain and the Two Sicilies. (Naples)

Hispan(iarum) Infans (1400-2,4-6,9,17-19,21,23-25) Prince of Spain. (Naples, Sicily)

Hispaniarum Rex (1692-93,96-1701) King of Spain. (Spain)

Hospita(lis) et S. Sep(ul) Hierus(al) (1607-9,11) Hospital and Holy Sepulchre of Jerusalem. (Malta)

I

I.W.D.G.C.P.R.S.I. Archid. & El. (2527) Johann Wilhelm, D.G., Count Palatine of the Rhine, Archdapifer and Elector of S.R.I. (Pfalz-Neuberg)

Iac. Ern. D.G. Epus. Olomucensis Dux S.R.I. Pcps. (Spcp) (1227-30) Jacob Ernst, D.G., Bishop of Olmutz, Duke, Prince of S.R.I. (Olmutz)

Iacobus Ernst D.G. Arch. & Princ. Salis. S.A.L. (1243-44) Jacob Ernst, D.G., Archbishop and Prince of Salzburg, Legate of the Apostolic See. (Salzburg)

Ich habe uberwunden (2781) I have conquered. (Solms-Laubach)

Ille Sunt Quae Testificantur de Me (1981) Those are the things testified concerning me. (Brandenburg-Ansbach)

Im 1716 des Theuren Erzherzogs etc. (2217) In 1716, the beloved Archduke of Austria and the Prince of the Asturias, Leopold, in his 51st year, at the local shooting was the best. (Frankfurt)

Immortale Decus Virtutis Avitae (1372) Immortal glory of the virtue of the forefathers. (Guastalla)

Imperial Civit. Lubecensis (2416) Imperial City of Lubeck. (Lubeck)

In alle Lande gieng ihr Schall, und in alle Welt ihre Wort (2350) Throughout the world went their fame; and their words in all the earth. (Hohenlohe-Neuenstein-Ohringen)

In Casus Pervigil Omnes (2398) Watchful for every chance. (Lowenstein-Wertheim-Rochefort)

In Charitate non Ficta (2512) In unfeigned charity. (Paderborn)

In Deo Faciemus Virtutem (1911-12) In God we shall produce virtue. (Anhalt-Zerbst)

In Hoc Signo Vinces (1625-33) In this sign thou shalt conquer. (Portugal)

In Honorem Div. Ioan. Com. de Mont. Cyp. Patr. (2451-52) In honor of the saintly John, Count of Montfort, Patron of Cyprus. (Montfort)

In Honorem Gratamq. Memoriam etc. (2662) In honor and pleasing memory of the unexpected arrival of the King of Prussia in the year 1728 in the month of January. (Saxony)

In Honorem S. Theodori Mar. (1431) In honor of St. Theodore, martyr. (Papal States)

In Manibus Domini Sortes Meae (2423) In the hands of the Lord is my lot. (Mainz)

In Mem. Amabilias Coni. F.F. Christ. Aug. Com. in Solms (2780) In memory of his most amiable wife, Christian August, Count of Solms, has caused this to be made. (Solms-Laubach)

In Mem. Regimi D. X Maii MDCCXII Suscepti Quod. Felix Faustumq. Sit. (2031) In memory of the reign from 10 May 1712, undertaken that it might be fortunate and lucky. (Brandenburg-Bayreuth)

In Memor. Natalis Principis Novaeque Fundation (2753-54) In memory of the birth of a prince and a new foundation. (Saxe-Weimar)

In Memor. Vindicatae Libert. ac Relig. (1719) In honor of vindicated liberty and religion. (Sweden)

In Memoriam Christianae Eberhardinae ..... (2661) In memory of Christina Eberhardina, Queen of Poland and Electress of Saxony, that best and most pious of women, born at Bayreuth in the year 1671 on the 19th day of December, died at Prezsch in 1727 on the fifth day of September. (Saxony)

In Memoriam Coniunctionis ultriusque Burgraviatus Norice D. XX Ian. MDCCLXIX (1999) In memory of the union of both burgraviates in peace 20 Jan. 1769. (Brandenburg-Ansbach)

In Memoriam Connub. Felicias. Inter Princ. ..... (2770) In commemoration of the most happy marriage between the hereditary Prince, Friedrich Karl, and the Duchess of Saxony, Auguste Louisa Frederika Roda, celebrated on 28 Nov. 1780. (Schwarzburg-Rudolstadt)

In Memoriam Felicissimus Matrimonii (2845) In memory of the most happy marriage. (Wied-Runkel)

In Memoriam Iubilaei de Reformat. Eccles. ..... (2129) In memory of the jubilee of the church reformation in the city of Brunswick under the auspices of August Wilhelm, celebrated in the 14th year of his reign on 5 Sept. 1728. (Brunswick-Wolfenbuttel)

In Memoriam Iubilaei Evange Lici ..... (2281) In memory of the second evangelical jubilee celebrated in the secular year 1717. (Hamburg)

In Memoriam Iubilae ob. Ver. Doctrinam ..... (2128) In memory of the second jubilee, commemorating the true doctrine of Christ fortunately restored these two hundred years ago from the vain corruption and the fabrications of priesthood by Luther with the aid of liberating God, celebrated on 30 and 31 October in the lands of Brunswick-Wolfenbuttel. (Brunswick-Wolfenbuttel)

In Memoriam Iubiliae Secunda Evangelici Vinariae Celebrati (2755) In memory of the second evangelical jubilee celebrated at Weimar. (Saxe-Weimar)

In Memoriam Optimi Sui Mariti Vidva Celsissima ex Argento Fodinae S. Michaelis (2373) In memory of the best of husbands by the most august widow from the silver of the mine of St. Michael. (Kempten)

In Memoriam Pacis Teschinensis (2030) In memory of the Peace of Teschen. (Brandenburg-Bayreuth)

In Memoriam Religionis Evangelicae Pace Aeterna ..... (2719-20) In memory of the evangelical faith founded in lasting peace in the Roman German Empire. Sacred rites were celebrated for the second time in the duchy of Eisenach on 25 September 1755. (Saxe-Gotha-Altenburg)

In Memoriam Secundi Iubilaei Evangelici ..... (2218) In memory of the second evangelical jubilee in the centennial year 1717 on 31 October celebrated by the Senate at Frankfurt. (Frankfurt)

In P.R.S. et Fr. I. Prov. et Vicarius (2365) Administrators in the area of the Rhine, of Swabia and Franconian law, and Vicars. (Julich-Berg)

In Part. Rhen. Suev. & Franc. Iur. Provisores at Vicary (1946) Administrators in the area of the Rhine, of Swabia and Franconian law, and Vicars. (Bavaria)

In Part. Rheni. Suev. et Iur. Francon. (Vicariorum) (1945,72,74,2529-30,32) Administrators in the area of the Rhine, of Swabia and Franconian law, and Vicars. (Bavaria, Pfalz-Neuberg, Pfalz-Sulzbach)

In Pr. S. et Fr. I. Prov. et Vicarius (2528) Administrators in the area of the Rhine, of Swabia and Franconian law, and Vicars. (Pfalz-Neuberg)

In Provinciis Iur Saxon. Provisor et Vicarius (2667-69) Administrator in the section of Saxon law and Vicar. (Saxony)

In Recto Decus (2057-60,65-68) There is honor in right. (Brunswick-Luneburg)

In Regiminis Sui ..... (2713) Individual churches having been built under the authority of Gotha for the individual years of his reign, in the year 1719 on March 31 with his own hand, he laid the cornerstone of the House of God in Rehsted. (Saxe-Gotha-Altenburg)

In Schwarzenburg Landgr. In Cleggov. (D.C.) (2773-74) In Schwarzenburg landgrave in Klettgau. (Schwarzenberg)

In Te Domine Speravi (2386-90) In thee, O Lord, have I hoped. (Lorraine)

In Te Domini Speravi (1152-60,1504-7,12-13) In Thee, O Lord, have I hoped. (Austria, Tuscany)

In Testimonia Tua et non in Avaritiam (1440) To Thy laws and not to avarice. (Papal States)

Inauguratio Templi Walthershusani (2714) Consecration of the church at Waltershausen. (Saxe-Gotha-Altenburg)

Indissolubilitis (2660) Indissoluble. (Saxony)

Innocent(ius) XIII Pon(t). M(ax). (1450-52) Innocent XIII Pope. (Papal States)

Insignia Capituli Brixinensis (1204) The insignia of the Chapter of Brixen. (Brixen)

Intima Candent (2209) The innermost parts glow. (Eichstaedt)

Inviolata Fides Pax et Concordia Firmant (1937) Unbroken faith, peace, and harmony give strength. (Bamberg)

Io. Ernest D.G. Archiep. Sal. S.A.L. (1234) Johann Ernst, D.G., Archbishop of Salzburg, Legate of the Apostolic See. (Salzburg)

Io. Ios. Kevenhuller ab Aichelberg S.R.I. Pr. A. Metsch (1189) Johann Josef Khevenhuller of Aichelberg, Prince of S.R.I. of Metsch. (Kevenhuller-Metsch)

Io. Ios. S.R.I. Com. A. Kevenhuller Metsch in Osterwitz (1188) Johann Josef, Count of S.R.I. of Khevenhuller-Metsch in Osterwitz. (Kevenhuller-Metsch)

Io. Leop. S.R.I. Princeps Trautson Com. in Falkenstein (1201) Johann Leopold, Prince of S.R.I. of Trautson, Count in Falkenstein. (Trautson)

Ioan. Aloys I Princ. de et in Ottingen (2500-1) Johann Aloys I, Prince of Ottingen. (Ottingen)

Ioan. Christoph. D.G. Abbas Corbeiensis (5187-88) Johann Christoph, D.G., Abbot of Corvey. (Corvey)

Ioan. Dominic Milano D.G.S.R.I. (1490) John Dominic Milano, D.G., Prince of S.R.I. (San Giorgio)

Ioan. Gasto. I D.G. Mag. Dux Etrur. VII (1502) John Gaston I, D.G., seventh Duke of Tuscany. (Tuscany)

Ioan. Hugo D.G. Arch. Trev. S.R.I. Per. Gall. et Reg. Arelat. (2814-22) Johann Hugo, D.G., Archbishop of Trier, S.R.I. for Gaul and the kingdom of Arles. (Trier)

Ioan. Philip Cardinal de Lamberg (2517-20) Johann Philip, Cardinal of Lamberg. (Passau)

Ioan. Philip D.G. Ar. Ep. (& El.) Trevir. S.R.I. Prin. El (Ep. Worm) Admi. Prum. Pp. (2827-31) Johann Philip, D.G., Bishop and Elector of Trier, Prince of S.R.I., Bishop of Worms, Administrator of Pruem, Provost. (Trier)

Ioan. Philip D.G. Ep. Herb. S.R.I. Pr. Fr. Or Dux (2880-85) Johann Philip, D.G., Bishop of Wurzburg, Prince of S.R.I., Duke of Eastern Franconia. (Wurzburg)

Ioann. Anton D.G. Ep. Eystettensis S.R.I.P. (2207) Johann Anton, D.G., Bishop of Eichstaedt, Prince of S.R.I. (Eichstaedt)

Ioann Anton III D.G. Ep. Eystettensis S.R.I.P. (2211) Johann Anton, D.G., Bishop of Eichstaedt, Prince of S.R.I. (Eichstaedt)

Ioann. Frid. Com. de Hohenl. et Gleich. Dom. in Langenb. et Cranichf. Senior et Feud. Administrator Aetat S. 77 (2351) Johann Friedrich, Count of Hohenlohe and Gleichen, Lord in Langenburg and Kranichfeld, Lord and Administrator of the fief, age 77. (Hohenlohe-Neuenstein-Ohringen)

Ioann. Philipp. Anton D.G. Episcop. Bamb. S.R.I. Princeps (1937) Johann Philip Anton, D.G., Bishop of Bamberg, Prince of S.R.I. (Bamberg)

Ioannes Antonius D.G. Ep. Cur. S.R.I. Pr. (1764,66) Johann Anton, D.G., Bishop of Chur, Prince of S.R.I. (Chur)

Ioannes Conradus D.G. (1739) Johann Conrad, D.G., (Bishopric of Basel)

Ioannes Cornelio Dux Ven. (1529-30) Giovanni Corner, Doge of Venice. (Venice)

Ioannes Francis D.G. Episcop Frising (2247) Johann Francis, D.G., Bishop of Freising. (Freising)

Ioannes Fridericus D.G. P.S. Rud. D.S. Senior (2768) Johann Friedrich, D.G., Prince of Schwarzburg-Rudolstadt, Senior Lord in Schwarzburg. (Schwarzburg-Rudolstadt)

Ioannes V D.G. Port. et Alg. Rex (1628) John V, D.G., King of Portugal and Algarve. (Portugal)

Ioh. D.G.S.R.I. Princeps in Schwarzenburg (2777) Johann, D.G., Prince of S.R.I. in Schwarzenburg. (Schwarzenburg)

Ioh. Fridericus Lineae Hohenloh. Neuensteininsis Dedit et Erexit Piis (2350) Johann Friedrich line of Hohenlohe-Neuenstein, given and erected to the pious. (Hohenlohe-Neuenstein)

Ioh. Georg. III Com. et Dom. I. Mansf. Nob. D.I.H.S. et Schr. Senior (2436) Johann Georg III, Count and Lord of Mansfeld, most noble Lord in Heldrungen, Seeburg, and Schraplau, senior line. (Mansfeld)

Ioh. Lud. Vollrath (S.R.I.) Com. in Loew. Wertheim (2391-95) Johann Ludwig Vollrath (S.R.I.), Count of Lowenstein- Wertheim. (Lowenstein-Wertheim-Virneburg)

Ioh. Wen. S.R. Imp. Princeps a Paar (1193) Johann Wenzel, Prince of S.R.I. of Paar. (Paar)

Ioh. Wilh. D. Sax. I.C.M.A. & W. (2709) Johann Wilhelm, Duke of Saxony, Julich, Cleves, Berg, Angria, and Westphalia. (Saxe-Gotha-Altenburg)

Ios. Bened. D.G. Episcopus Curiens S.R.I. Princeps (1762-63) Joseph Benedict, D.G., Bishop of Chur, Prince of S.R.I. (Chur)

Ios. Cle. D.G. Arch. Col. S.R.I.P. El. B.D. (1581) Joseph Clemens, D.G., Archbishop of Cologne, Prince of S.R.I., Elector and Duke of Bavaria. (Liege)

Ios. Clem. Arch. Col. S.R.I. Archican. (2174) Joseph Clemens, Archbishop of Cologne, Arch-chancellor of S.R.I. (Brunswick-Wolfenbuttel)

Ios. Conr. D.G. Ep. Frising & Ratisb. Praep. Berchtesg. S.R.I. Princ. (2248-49) Joseph Conrad, D.G., Bishop of Freising and Regensburg, Provost of Berchtesgaden, Prince of S.R.I. (Freising)

Ios. Dominic Cardinal de Lamberg (2523) Joseph Dominic, Cardinal of Lamberg. (Passau)

Ios. Io. Ad. D.G.S.R.I.P. & Gub. Dom. de Liechtenstein (1578) Joseph Johann Adam, D.G., Prince of S.R.I. and Ruling Lord of Liechtenstein. (Liechtenstein)

Ios. Ma. Gon. Guas. Sab. Dux Boz. Prin. (1372) Joseph Maria Gonzaga, Duke of Guastalla and Sabbioneta, Prince of Bozzolo. (Guastalla)

Ios. Wenc. D.G.S.R.I. Pr. & Gub. Dom. de Liechtenstein (1579) Joseph Wenceslaus, D.G., Prince of S.R.I., and Ruling Lord in Liechtenstein. (Liechtenstein)

Ios. Wilh. D.G. Pr. de Hohenzollern. Burgg. N. (2362) Joseph Wilhelm, D.G., Prince of Hohenzollern, Burgrave of Nuremberg. (Hohenzollern-Hechingen)

Ios. Wilh. Ernest S.R.I. Princ in (de) Furstenberg Landgrav. in Baar & Stuhlingen (2267-68) Joseph Wilhelm Ernst, Prince of S.R.I. in Furstenberg, Landgrave in Baar and Stuhlingen. (Furstenberg)

Ios. II D.G.R.I(mp). S.A.G.H.B.R(ex)A.A.D.B. et(&) L. (1168-69) Joseph II, D.G., R.I.S.A., King of Germany, Hungary, Bohemia, Archduke of Austria, Duke of Burgundy and Lorraine. (Hungary)

Ioseph D.G. Ep. August S.R.I. Pr. Landgr. Hass. (1916) Joseph, D.G., Bishop of Augsburg, Prince of S.R.I., Landgrave of Hesse. (Augsburg)

Ioseph D.G. S.R.I. Prin. in Schwarzenberg (2775-76) Joseph, D.G., Prince of S.R.I. in Schwarzenberg. (Schwarzenberg)

Ioseph Dominic D.G. Episc. Patav. (2522) Joseph Dominic, D.G., Bishop of Passau. (Passau)

Ioseph. Ex. Prin. de Aversberg S.R. Eccl. Cardin. (2526) Joseph of the Princes of Auersberg, Cardinal of the Holy Roman Church. (Passau)

Ioseph II D.G. R.I.S.A. Germ. (Hie.) Hu(n). Bo(h). Rex (1167,70,1388) Joseph II, D.G., R.I.S.A., King of Germany, Jerusalem, Hungary, and Bohemia. (Austria, Milan)

Ioseph II D.G.R. Imp. S.A. Ger. Hier. Hung. Boh. Rex (1284) Joseph II, D.G., R.I.S.A., King of Germany, Jerusalem, Hungary, and Bohemia. (Austrian Netherlands)

Ioseph II D.G.R Imp. S. Aug. G.H. et B. Rex A.A. (1387) Joseph II, D.G., R.I.S.A., King of Germany, Jerusalem, Hungary, and Bohemia, Archduke of Austria. (Milan)

Ioseph II D.G.R.I.S.A. Cor. & Her. R.H.B. & C. (2462) Joseph II, D.G., R.I.S.A., Co-Regent and heir to the Kingdom of Hungary, Bohemia, ... (Mulhausen)

Ioseph II D.G.R.I.S.A. Cor. Her. R.H.B. (1161-66) Joseph II, D.G., R.I.S.A., Co-Regent and heir to the kingdoms of Hungary and Bohemia. (Austria)

Ioseph. II. Rom. Imp. Semper August (2252) Joseph II, R.I.S.A. (Fugger)

Iosephus D.G. Episc. Evstettensis S.R.I.P. (2213) Joseph, D.G., Bishop of Eichstaedt, Prince of S.R.I. (Eichstaedt)

Iosephus D.G. Rom. Imp. S.A. Ger. H.B.R. Ar. A. (2473-74) Joseph, D.G., R.I.S.A., King of Germany, Hungary, and Bohemia, Archduke of Austria. (Nuremberg)

Iosephus D.G. Rom. Imp. Semp. Aug. (1917,2607-8) Joseph, D.G., R.I.S.A. (Augsburg)

Iosephus D.G. Roman Imp(er) Semper A(v). (1024-27) Joseph, D.G., R.I.S.A. (Austria-Prague)

Iosephus D.G. Ro(m). Imp(erator) S(em) A(u) Ger. Hu. et Bo. Rex (1013-23,28-31,33-34) Joseph, D.G., R.I.S.A., King of Germany, Hungary, and Bohemia. (Austria)

Iosephus M.B. Furst zu Furstenberg L.I.D.B.U.Z.St. H.Z. Hausen I. Kinz. Thal. (2271) Joseph Maria Benedict, Prince of Furstenberg, Landgrave in Baar, and of Stuhlingen, Duke of the line of Kinzigthal. (Furstenberg)

Iosephus Wenceslaus S.R.I. Princeps de Furstenberg (2269-70) Joseph Wenceslaus, Prince of S.R.I. of Furstenberg. (Furstenberg)

Iosephus I D.G. Port. et Alg. Rex (1629) Joseph I, D.G., King of Portugal and Algarve. (Portugal)

Iosephus I D.G. Rom. Imperator Semp. Augustus (2183-84,2204,2772,74,2413) Joseph I, D.G., R.I.S.A. (Cologne)

Iosephus II D.G. Rom. Imp. S.A. (2251,2421-22,80, 2492-98,2621-28) Joseph II, D.G., R.I.S.A. (Friedberg)

Iosephus II D.G. Rom. Imp. Semp. Aug. (1766) Joseph II, D.G., R.I.S.A. (Chur)

Iubilaeum Saalfel. Dia. Agitin Laetitia (2738-39) Saalfeld pursue its jubilee in joy. (Saxe-Saalfeld)

Iul. Cl. Mont. A. & W.S.R.I. Archim. & Elector (2677) Julich, Cleves, Berg, Angria and Westphalia, Archmarshal and Elector. (Saxony)

Iuliae Cliviae Montium Angriae et Westphaliae (2727-28,35,40,47) Julich, Cleves, Berg, Angria and Westphalia, Archmarshal and Elector. (Saxe-Hildburghausen, Saxe-Saalfeld)

Iuste et Constanter (2514-15) Justly and constantly. (Paderborn)

Iustirt (2301-2) Adjusted. (Hesse-Cassel)

Iustitia et Clementia (2757) Justice and mercy. (Saxe-Weimar)

Iustitia et Concordia (1783,86,92-97) Justice and harmony. (Zurich)

Iustitia et Mansuetudine (2177-81) Justice and mildness. (Cologne)

Iustum et Decorum (2378-79,81-82) Just and beautiful. (Lippe-Detmold)

Ivl. Cl. & Mont. D.L.L.P.M.M.M.A.Z.C.V.S.M. & R.D.I.R. (1969-71,73) Duke of Julich, Cleves, and Berg, Landgrave of Leuchtenberg, Prince of Mors, Margrave of Berg-op-Zoom, Count of Veldenz, Sponheim, Mark, and Ravensberg, Lord in Ravenstein. (Bavaria)

J

Jac. Fr. Milano March. Sanc. Georgii (1491) Giocomo Francesco Milano, Marquis of San Georgio. (San Giorgio)

Joannes D.G. P. Portugaliae et Alg. (1633) John, D.G., Prince of Portugal and Algarve. (Portugal)

Josephus I D.G. Port. et Alg. Rex (1630) Joseph I, D.G., King of Portugal and Algarve. (Portugal)

L

L.B. in Spreichen. et Schrovenstein (1200) Free Baron in Sprechenstein and Schroffenstein. (Trautson)

L'an IV de l'egalite (1769) Year four of equality. (Geneva)

Labore et Constantia (2115) With labor and constancy. (Brunswick-Wolfenbuttel)

Lamberti Alexandrique Auxilio Florebit (2241,45) It will flourish with the aid of Lambert and Alexander. (Freiburg im Breisgau)

Landgr. in Cleggov. Com. in Sulz Dux Crum (2775-77) Landgrave of Klettgau, Count of Sulz, Duke of Krumlau. (Schwarzenberg)

Landgr. Th. M.M.Pr. D.C. Hen. C.M.E.R.D.R.E. Ton. (2707,10) Landgrave of Thuringia, Margrave of Meissen, Prince of the county of Henneberg, Count of Mark and Ravensberg, Lord of Ravenstein and Tonn. (Saxe-Gotha-Altenburg)

Lege Vindice (2486,91) Supported by law. (Nuremberg)

Leop. Ern. D.G. Exemp. Eccl. Patavi. Eps. (2524) Leopold Ernst, D.G., Bishop of the freed church of Passau. (Passau)

Leop. Han. Schlik S.R.I.C. de Passaun & Weiskerchen (1197) Leopold Heinrich, Count of S.R.I. of Schlick, of Passaun and Weiskirchen. (Schlick)

Leop. II D.G. Hu. Bo. Ga. Lod. Rex A.A.D.B. et L.M.D. Hetr. (1172) Leopold II, D.G., King of Hungary, Bohemia, Galicia, and Lodomeria, Archduke of Austria, Duke of Burgundy and Lorraine, Grand Duke of Tuscany. (Hungary)

Leop(oldus) II D.G. R. Imp. S.A. Germ. (Hie). Hu(n). Bo(h). Rex (1173-75) Leopold II, D.G., R.I.S.A., King of Germany, Jerusalem, Hungary, and Bohemia. (Austria)

Leopold D.G. Rom. Imp. S.A. Ger. H.B. Rex Archid. Aust. (2472) Leopold, D.G., R.I.S.A., King of Germany, Hungary, and Bohemia, Archduke of Austria. (Nuremberg)

Leopold(us) D.G. Rom. Imp. Sem. Aug. Ger. Hun. et Bo. Rex (1001-5,9-11) Leopold, D.G., R.I.S.A., King of Germany, Hungary and Bohemia. (Austria)

Leopold Vict. Io. S.R.I. Comes a. Windischgratz (1202) Leopold Viktorin Johann, Count of S.R.I. of Windisch-Gratz. (Windisch-Gratz)

Leopold II D.G. R.I.S.A. Ger. Hie. Hun. Boh. Rex (1389) Leopold II, D.G., R.I.S.A., King of Germany, Jerusalem, Hungary, and Bohemia. (Milan)

Leopold II D.G. Rom. Imp. Semp. Aug. (2630-31) Leopold II, D.G., R.I.S.A. (Regensburg)

Leopoldus D.G. Arch. et Princeps (1240-42) Leopold, D.G., Archbishop and Prince. (Salzburg)

Leopoldus D.G. Archi. Pr. Sal. S.A.L. (1241) Leopold, D.G., Archbishop and Prince of Salzburg, Legate of the Apostolic See. (Salzburg)

Leopoldus D.G. Roman(or) Impera. S.A. (1106-8) Leopold, D.G., R.I.S.A. (Austria-Transylvania)

Leopoldus I D.G. Rom. Imperator Semp. Augustus (many) Leopold I, D.G., R.I.S.A.

Leopoldus I. D.G.D. Lot. Bar. Rex. Ier. (2386-90) Leopold I, D.G., Duke of Lorraine and Bar, King of Jerusalem. (Lorraine)

Leopoldus II D.G. H. et B. Rex A.A.M.D.E. (1520) Leopold II, D.G., King of Hungary and Bohemia, Archduke of Austria, Grand Duke of Tuscany. (Tuscany)

Leopoldus II D.G. Hungar. Bohem. Gallic. Lodom. Rex (1171) Leopold II, D.G., King of Hungary, Bohemia, Galicia, and Lodomeria. (Austria)

Leopoldus II D.G. R.I.S.A. Ger. H. et H. Rex A.A.M.D. Etr. (1519) Leopold II, D.G., R.I.S.A., King of Germany, Jerusalem, and Hungary; Archduke of Austria; Grand Duke of Tuscany. (Tuscany)

Lex tua Veritas (1521) Thy law is the truth.

Lib. S.R.I. Civit. Augusta Vindel. (1920) Free City of S.R.I., Augsburg. (Augsburg)

Liber Baro in Hollenburg (1186) Free Baron in Hollenburg. (Dietrichstein)

Libera Wormatia Sacri Romani Imperii Fidelis Filia (2846) Free Worms, faithful daughter of S.R.I. (Worms)

Liberta Eguaglianza (1371,1576-77) Liberty, equality. (Genoa & Venice)

Liberta Romana XXVII (27) Piovoso An. VII (1484-85) Roman liberty 27 Rainy month Year 7. (Roman Republic)

Lire Dieci Venete (1576-77) Ten Venetian lire. (Venice)

Lobe den, der Ihn gemacht hat. Syr. C. 43 (2101,2165-6) Praise the one who made him. (Brunswick-Luneburg, Brunswick-Wolfenbuttel)

Locum Tenens Generalis (2709) Lieutenant General. (Saxe-Gotha-Altenburg)

Lothar Franc D.G.A.M.S.R.I.P.G.A.P.E.E.B. (2423) Lothar Franz, D.G., Archbishop of Mainz, Prince of S.R.I., Arch-chancellor of Germany, Elector and Bishop of Bamberg. (Mainz)

Louis XVI Roi des Francois (1335) Louis XVI, King of the French. (France)

Louise Eleonore Herz. Z.S.C. Mein. Geb. Furst z. Hohenl. (2734) Louise Eleonore, Duchess of Saxe-Coburg-Meiningen, born Princess of Hohenlohe. (Saxe-Coburg-Meiningen)

Lucensis Respublica (1373-76) Republic of Lucca. (Lucca)

Lud. Const. D.G. Epus. et P PS. Argentl. Lan. Al. (2810) Ludwig Constantine, D.G., Bishop and Prince-Provost of Strassburg, Landgrave of Alsace. (Strassburg)

Lud. Eng. D.G. Dux Arenbergae S.R.I.P. (1914-15) Ludwig Engelhardt, D.G., Duke of Arenberg, Prince of S.R.I. (Arenberg)

Lud. Frid. Carol. D.G. Princ Ab. Hohenl. Com. de Gleich. D. in Langenb. & Cranichfeld (2352-54) Ludwig Friedrich Karl, D.G., Prince of Hohenlohe, Count of Gleichen, Lord of Langenburg and Kranichfeld. (Hohenlohe-Neuenstein-Ohringen)

Lud. XIIII D.G. Fr. et Nav. Rex (1316-22,24) Louis XIV, D.G., King of France and Navarre. (France)

Lud. XV D.G. Fr. et Nav Rex (1325-32) Louis XV, D.G., King of France and Navarre. (France)

Lud. XVI D.G. Fr. et Nav. Rex (1333) Louis XVI, D.G., King of France and Navarre. (France)

Lud. XVI D.G. Fr. et Na. Re. B.D. (1334) Louis XVI, King of

France and Navarre, Lord of Bearn. (France)

Ludov. Eugen. D.G. Dux Wirtemb. & T. (2872) Ludwig Eugen, D.G., Duke of Wurttemberg and Teck. (Wurttemberg)

Ludovico Manin Duce (1575) Ludovico Manin, Doge. (Venice)

Ludovico Manin Dux Venetiar (1569-70) Ludovico Manin, Doge of Venice. (Venice)

Ludovicus et Philippus Christianus et Carolus Henricus, ... (2355) Ludwig and Philip Christian and Karl Heinrich and August, sprung from these brothers, happy in union, are the heads of the line of Hohenlohe-Langenburg. May their union ever endure. (Hohenlohe-Langenburg)

Ludovicus Rudolphus D.G. Dux Bruns. et Luneb. (2133-36,39-41) Ludwig Rudolph, D.G., Duke of Brunswick-Luneburg. (Brunswick-Wolfenbuttel)

Ludovicus S.R.I. Princeps de Batthyan. Strattmann (1184) Ludwig, Prince of S.R.I. of Batthyani Strattmann. (Batthyani)

Ludovicus VIII D.G. Landgravius Hass. (2322-31) Ludwig VIII, D.G., Landgrave of Hesse. (Hesse-Darmstadt)

Ludovicus IX D.G. Landgravius Hass. (2332-35) Ludwig IX, D.G., Landgrave of Hesse. (Hesse-Darmstadt)

Ludovicus X D.G. Landgravius Hass. (2336-39) Ludwig X, D.G., Landgrave of Hesse. (Hesse-Darmstadt)

Ludovicus XIIII D.G. Fr. et Nav. Rex (1323) Louis XIV, D.G., King of France and Navarre. (France)

M

M. Magis(ter) Hos(p) et S. S(epul) Hierus(alem) (1593-97) Grandmaster of the Hospital and Holy Sepulchre of Jerusalem. (Malta)

M. Theresia D.G. R. Imp. (Ge.) Hu. Bo. Reg. (A.A.) (1111-24,34,36-40,44-51,96-97,1385-86) Maria Theresia, D.G., R.I., Queen of Germany, Hungary, Bohemia, Archduchess of Austria. (Austria)

M. Ther. D.G. R.I(mp) G(e). H(u). B(o). R.A.A.D.B.C.T. (1129-32) Maria Theresia, D.G., R.I., Queen of Germany, Hungary, and Bohemia; Archduchess of Austria; Duchess of Burgundy; Countess of Tyrol. (Hungary)

M. Ther. D.G.R. Imp. Hu. Bo. R.A.A.D.B.C.T. (1133) Maria Theresia, D.G., R.I., Queen of Hungary and Bohemia, Archduchess of Austria, Duchess of Burgundy, Countess of Tyrol. (Hungary)

M. Theresia Nata Non. Iuni. (1403) Maria Theresia born June 5. (Naples)

M.B.F. et H. Rex F.D.B. et L.D.S.R.I.A.T. et E. (1347-51) King of Great Britain, France, and Ireland, Defender of the Faith, Duke of Brunswick and Luneburg, Archtreasurer and Elector of S.R.I. (Great Britain)

M.M.H. et S. Sep. Hier. (1599) Grandmaster of the Hospital and Holy Sepulchre of Jerusalem. (Malta)

Mag. Br(i). Fra. et Hib. Reg. (1338-44) Queen of Great Britain, France, and Ireland. (Great Britain)

Mar. Bran. Sac. Rom. Imp. Arcam. et Elec. Sup. Dux Siles (2595-96) Margrave of Brandenburg, Arch-chamberlain of S.R.I. and Elector, ranking Duke of Silesia. (Prussia)

Mar. Th. D.G. R. Imp. G. Hung. Boh. R. (1280-81) Maria Theresia, D.G., R.I., Queen of Germany, Hungary, and Bohemia. (Austrian Netherlands)

Mar. Theresia D.G.R. Imp. Germ. Hung. Boh. Reg. (1282) Maria Theresia, D.G., R.I., Queen of Germany, Hungary, and Bohemia. (Austrian Netherlands)

March. Sanc. Georgii & Polistinae (1490) Marquis of San Georgio and Polistina. (San Giorgio)

Marco Foscarino Duce (1556) Marco Foscarino, Doge.

Marcus Foscarenus Dux Venetiar (1553) Marco Foscarino, Doge of Venice. (Venice)

Maria D.G. Landgr. Has. N. Pr. M. B. Fr. & H. T. & Com. Han. Administer (2286) Maria, D.G., Landgravine of Hesse, born Princess of Great Britain, France, and Ireland, Regent and Administrator of the county of Hanau. (Munzenberg)

Maria Theresia D.G. Reg. Hung. Boh. (1109-10,25-28, 41-43) Maria Theresia, D.G., Queen of Hungary and Bohemia. (Austria)

Maria Theresia D.G. Reg. Hun(g). Boh. Arch. Aust. (1383-84) Maria Theresia, D.G., Queen of Hungary and Bohemia, Archduchess of Austria. (Milan)

Maria I D.G. Port. et Alg. Regina (1632) Maria I, D.G., Queen of Portugal and Algarve. (Portugal)

Maria I et Petrus III D.G. Port. et Alg. Reges (1631) Maria I and Peter III, D.G., Rulers of Portugal and Algarve. (Portugal)

Mars Foris - Apollo Domi. (2030) Mars abroad, Apollo at home. (Brandenburg-Bayreuth)

Max. Car. Com. in Lowenstein Werth. (2398) Maximilian Karl, Count of Lowenstein-Wertheim. (Lowenstein-Wertheim- Rochefort)

Max. Emanuel D.G.U.B.S.P.B.L.L.& G. Dux (1275-77) Maximilian Emanuel, D.G., Duke of both Bavarias and the Upper Palatinate, Brabant, Limburg, Luxemburg, and Gelders. (Namur (Austrian Netherlands))

Max. Emanuel V.B.S.P.B.L.L.& G. Dux (1271-74) Maximilian Emanuel, Duke of both Bavarias and the Upper Palatinate, Brabant, Limburg, Luxemburg and Gelders. (Namur (Austrian Netherlands))

Max. Frid. D.G. Ar. Ep. & Elect. Col. E. & P. M. W. & A. D. (2178,80) Maximilian Friedrich, D.G., Archbishop and Elector of Cologne, Bishop and Prince of Munster, Duke of Westphalia and Angria. (Cologne)

Maximilian Frider. Ar. Ep. et Elect. Col. (2177,81) Maximilian Friederich, Archbishop and Elector of Cologne. (Cologne)

Maximilianus D.G. Abbas Corbeiensis S.R.I. Princeps (2196-97) Maximilian, D.G., Abbot of Corvey, Prince of S.R.I. (Corvey)

Mea Maxima Cura (2717) My greatest care. (Saxe-Gotha-Altenburg)

Med Gudz Hielp (1713-16) With God's help. (Sweden)

Mediolani Dux (1385-86) Duke of Milan. (Milan)

Mediolani Dux et C. (1379-84) Duke of Milan and others. (Milan)

Mediolani et Mant. Dux (1387) Duke of Milan and Mantua. (Milan)

Megap. in Sil. Cros. Dux Burggraf. Norimb. Pr. Hal. M. C. Va. Sver. Raz. C. Hohenz. G. (2030) Mecklenburg, Duke in Silesia and Krossen, Burgrave of Nuremberg, Prince of Halberstadt, Minden, Camin, Wenden, Schwerin, and Ratzeburg, Count of Hohenzollern. (Brandenburg-Bayreuth)

Megapolis Iubilans Anno 1717 31 Oct. (2443-46) Mecklenburg celebrating, Oct. 31, 1717. (Mecklenburg-Strelitz)

Memor. Ero Tui Iustina Vir(go) (1525,31,36,39,42,44, 49,54,58-59,65,71-72) I will be mindful of you, Justina, Virgin. (Venice)

Memoriae Aeternae Optimi Parentis (2663) To the eternal memory of the best of parents. (Saxony)

Memoriae Ernesti Comit. Stolb. Koenigst...... (2789) To the memory of Ernst, Count of Stolberg, Konigstein, Rochefort, Wernigerode and Hohnstein, Lord in Eppstein, Numzenberg, Breuberg, Aiguemont, Lohra, and Klettenberg, born in Ilsenburg 25 March 1650, who became ruler in 1672, thru marriage in the same year with Sophia Dorothea, Countess of Schwarzburg and Hohnstein, the fourth child of whom three were already deceased has raised this monument; died at Ilsenburg 9 Nov. 1710. (Stolberg- Elder Line)

Merces Laborum (2906,10) Wages of labor. (Wurzburg)

Metalli Fodinae Hackenburgo-Saynensis Ab. Ipso Restauratae (2373) Metals of the Hackenburg-Sayn mine restored by himself. (Kirchberg)

Misericordias Domini in Aeternum Cantabo (2886) I will sing the mercies of the Lord forever. (Wurzburg)

Mit Gott durch Kunst u. Arbeit (2271) With God through art and work. (Furstenberg)

Mo(n) No(v) Arg. Pro. Con. Foe(d). Belg. Com. Ze(e)l. (1835-36,47-48) New silver money of the provinces of the Belgian Federation, county of Zeeland. (United Netherlands)

Mo. Arg. Ord. Foe. Belg. D. Gel. & C.Z. (1849) Silver money of the order of the Belgian Federation, duchy of Gelders, county of Zutphen. (United Netherlands)

Mo. Arg. Ord Faed. Belg. Holl. (1850) Silver money of the order of the Belgian Federation, duchy of Gelders, county of Holland. (United Netherlands)

Mo. Arg. Ord. Foed. Belg. Trai. (1852) Silver money of the order of the Belgian Federation, duchy of Gelders, county of Utrecht. (United Netherlands)

Mo. Arg. Ord. Foed. Belg. Transl. (1851) Silver money of the order of the Belgian Federation, duchy of Gelders, county of Overijssel. (United Netherlands)

Mo. Arg. Ord. Foed. Belg. Westf. (1853) Silver money of the order of the Belgian Federation, duchy of Gelders, county of West Frisia. (United Netherlands)

Mo. Arg. Pro. Con(foe) Belg. D. Gel. & C.Z. (1837-38) Silver money of the provinces of the Belgian Federation, duchy of Gelders, county of Zutphen. (United Netherlands)

Mo. No. Arg. Con. Foe. Belg. Pro. Hol. (1825-27) New silver money of the Belgian Federation, province of Holland. (United Netherlands)

Mo. No. Arg. Con. Foe. Belg. Pro. Trai. (1831-32) New silver money of the Belgian Federation, province of Utrecht. (United Netherlands)

Mo. No. Arg. Con. Foe. Belg. Pro. Transi(sulania) (1828-30,41-42) New silver money of the Belgian Federation, province of Overijssel. (United Netherlands)

Mo. No. Arg. Con. Foe. Belg. Pro. Westf. (1833-34) New silver money of the Belgian Federation, province of West Frisia. (United Netherlands)

Mo. No. Arg. Pro. Conf. Belg. D. Gel. & C.Z. (1823-24) New silver money of the Belgian Federation, duchy of Gelders, county of Zutphen. (United Netherlands)

Mo. No. Arg. Pro. Confoe. Belg. (Co.) Hol(l). (1839-40) New silver money of the Belgian Federation, county of Holland. (United Netherlands)

Mo. No. Arg. Pro. Confoe. Belg. Trai. (1843-45) New silver money of the Belgian Federation, county of Utrecht. (United Netherlands)

Mo. No. Arg. Pro. Confoe. Belg. Westfri. (1846) New silver money of the Belgian Federation, county of West Frisia. (United Netherlands)

Mod. Troskab Dapperhed og Hvad der Giver Aere den Heele Verden Kand. Blant Norske Klipper Laere (1289) Courage, loyalty, bravery, and all that gives honor, the whole world can learn among the mountains of Norway. (Denmark)

Moderatione et Industria (2371) With moderation and industry. (Kempten)

Mon. Arg. Conf. Bel. Pro. Trans. (1821) Silver money of the Belgian Federation, province of Overijssel. (United Netherlands)

Mon. Arg. Pro. Con. Foe. Belg. West F. (1822) Silver money of the provinces of the Belgian Federation, West Frisia. (United Netherlands)

Mon. Capit. Lubec - Sede Vacante (2510) Money of the chapter of Lubeck, the seat being vacant. (Lubeck)

Mon. Homag. Civit I. Tremon. (2205-6) Money in homage of the Imperial City of Dortmund. (Dortmund)

Mon. Lib. Reip. Bremens. (2050-52) Money of the Free Republic of Bremen. (Bremen)

Mon. Nov. Arg. Ducat Querfurt (2760) New silver money of the Duchy of Querfurt. (Querfurt)

Mon. Nova. Arg. Civitatis Coloniensis (2187-88) New silver money of the City of Cologne. (Cologne)

Mon. Nova Arg. Duc. Curl. Ad Normam Tal. Alb. (1624) New silver money, Duchy of Courland, according to the Albertus thaler standard. (Courland)

Mon. Nova Imper. Civit. Lubecae (2417-20) New money of the Imperial City of Lubeck. (Lubeck)

Mon. Nova Lib. Reipub. Coloniensis (2182) New money of the Free Republic of Cologne. (Cologne)

Monet. Nov. Civitat. Hamburg Anno Iubil II 1730 (2282) New money of the city of Hamburg, year of the second jubilee 1730. (Hamburg)

Moneta Bipont. (2545) Money of Zweibrucken. (Zweibrucken)

Moneta Capit. Cathe. Hildes. Sede Vacante (2343) Money of the Cathedral Chapter of Hildesheim, the seat being vacant. (Hildesheim)

Moneta Capit. Cathedr. Fuld. Sede Vacante (2263) Money of the cathedral chapter of Fulda, the seat being vacant. (Fulda)

Moneta Castri Imp. Fridberg (2250) Money of the imperial castle of Friedberg. (Friedberg)

Moneta Livoesthonica (1690) Money of Lithuania. (Lithuania: Livonia under Russia)

Moneta Nov. Arg. Regis Daniae (1310) New silver money of the kingdom of Denmark. (Denmark)

Moneta Nov. Comitatis de Montfort (2451-52) New money of the county of Montfort. (Montfort)

Moneta Nova ad Normam Conventionis (1192) New money according to the Convention standard. (Orsini-Rosenberg)

Moneta Nova Argentea Darmstadina (2312-14,16,20) New silver money of Darmstadt. (Darmstadt)

Moneta Nova Argentea Reip. Francofurtensis (2215,17) New silver money of the Republic of Frankfurt. (Frankfurt)

Moneta Nova Argenti Metalli Fod. Reichstein (1099) New silver money of metal of the Reichstein mine. (Austria)

Moneta Nova Capil. Leod. Sede Vacante (1582-91) New money of the Chapter of Liege, the seat being vacant. (Liege)

Moneta Nova Castri Imp. Fridberg in Wetter (2251) New money of the Imperial Castle of Friedberg in Wetterau. (Friedberg in Wetterau)

Moneta Nova Civit Imper. Tremon (2204) New money of the Imperial City of Dortmund. (Dortmund)

Moneta Nova Civitatis Hamburgensis (2383,5357-68, 71-74) New money of the city of Hamburg. (Hamburg)

Moneta Nova Friburgensis Brisgoiae (2230,36-40,43-44) New money of Freiburg in Breisgau. (Freiburg in Breisgau)

Moneta Nova Hamburgensis (2285) New money of Hamburg. (Hamburg)

Moneta Nova Hildesiensis (2346-47) New money of Hildesheim. (Hildesheim)

Moneta Nova Lib. et Imper. Civit. Colon. (2189) New money of the free and Imperial City of Cologne. (Cologne)

Moneta Nova Lubecensis (2413-15,21-22) New money of Lubeck. (Lubeck)

Moneta Nova Reipubl. Bremensis (2044-49) New money of the Republic of Bremen. (Bremen)

Moneta Nova Reipubl. Noribergensis (2472-74,77-78,85) New money of the Republic of Nuremberg. (Nuremberg)

Moneta Nova Reipublicae Halae Suevicae (2274-80) New money of the Republic of Hall in Suabia. (Hall in Suabia)

Moneta Nova Reipublicae Tigurinae (1781) New money of the Republic of Zurich. (Zurich)

Moneta Nova Urbis Basileensis (1740) New money of the City of Basel. (Basel)

Moneta Reipub. Basileensis (1754) Money of the Republic of Basel. (Basel)

Moneta Reipub. Lucernen (1774) Money of the Republic of Luzern. (Luzern)

Moneta Reipubl. Francofurt ad Legem Conventionis (2226) Money of the Republic of Frankfurt after the laws of the convention. (Frankfurt)

Moneta Reipubl. Norimberg (2475,96-98) Money of the Republic of Nuremberg. (Nuremberg)

Moneta Reipubl. Subsylvaniae Superioris (1780) Money of the Republic of Unterwalden. (Unterwalden)

Moneta Reipublicae Ratisbonesis (2607-15,18-19,21-27, 30-33) Money of the Republic of Regensburg. (Regensburg)

Moneta Reipublicae Tiguri(nae) (1782,84,87-91) Money of the Republic of Zurich. (Zurich)

Moneta Reipublicae Turicensis (1792-99) Money of the Republic of Zurich. (Zurich)

Moneta Saxonica (2650) Money of Saxony. (Saxony)

Munus Reipublicae Memmingensis (2447) Gift of the Republic of Memmingen. (Memmingen)

N

Nach Alt. Reichs Schrot u. Korn (2318,20-21) According to the old imperial weight and alloy. (Hesse-Darmstadt)

Nach dem alten Schrot und Korn (2472-73,77-78,2726) According to the old standard weight and alloy. (Nuremberg, Saxe-Henneberg-Ilmenau)

Nach dem Conventions Fusse (1940-41) According to the convention standard. (Bamberg)

Nach dem Fus der Albertus Thaler (2148,2594) According to the standard of the Albertus thaler. (Brunswick-Wolfenbuttel, Prussia)

Nach dem Reichs Fus (2250) According to the imperial standard. (Friedburg)

Nach dem Reichs Schrot und Korn (1904) According to the imperial weight and alloy. (Anhalt-Bernburg)

Nach dem Leipz. Fus (1902,10) According to the Leipzig standard. (Anhalt-Bernburg & Anhalt-Kothen)

Nach Funfzigiahrig Regier. zu Wernigerode seit (2792-93) After 50 years reign at Wernigerode since 9 Nov. 1710. (Stolberg-Elder Line)

Nach Reichs Schrot und Korn (1901) According to the imperial weight and alloy. (Anhalt-Bernburg)

Nat. Hanover VIII Iun. MDCLX..... (2082) Born at Hannover 1 June 1660, he began his Electoral Regime on 4 Feb. 1698. Introduced into the Electoral College 7 Sept. 1708, King of Great Britain 12 Aug. 1714, he died at Osnabruck 22 June 1727. He lived 67 years 14 days. There is honor in right. (Brunswick-Luneburg)

Nat. Onaldi I Mar. MDCLXXXIII..... (2096) Born in Ansbach 1 March 1683, married in Hannover 2 Sept. 1705, received into heaven London 20 Nov. 1 Dec. 1737. (Brunswick-Luneburg)

Nata D. IV. Octobr...... (2709) Born 4 Oct. 1677, died at Toulon Tuesday 15 Aug. 1707, buried at Fridenstein 23 Nov. (Saxe-Gotha-Altenburg)

Nata in Arce Wolgast..... (2708) Born in Arce Wolgast 22 April 1645 of Friedrich, Margrave of Baden-Durlach as father and Christina Magdalena of the Rhenish Palatinate as mother, married 27 July 1665 to Albert, Margrave of

Brandenburg-Ansbach and after his death in the 14th year of widowhood became the wife of Friedrich, Duke of Saxony, etc., 14 Aug. 1681, widowed 2 Aug. 1691 and deceased at Altenburg 20 Dec. 1705, she was buried in the same place on the 24th of the same month and year. (Saxe-Gotha-Altenburg)

Nata XIII Oct. MDCXXX..... (2069) Born 13 Oct. 1630, married in the month of Sept. 1658, called to the succession of Great Britain in 1701, on the evening of 8 June 1714 in the gardens of Herrenhausan, while still walking with firm and vigorous step, snatched away by quiet and peaceful death. (Brunswick-Luneburg)

Natus Ilsenburgi XXV Mart. MDCL..... (2790) Born at Ilsenburg 25 March 1650, attained the realm 1672, married in the same year with Sophia Dorothea of Schwarzburg, and died at Ilsenburg 9 Nov. 1710. The only surviving daughter dedicates this out of deep love to a most sincerely missed father. (Stolberg-Elder Line)

Natus Viennae Aust. 24 N. 1680..... (2823) Born in Vienna, Austria, Nov. 24, 1680, Grand Prior to the Order of Malta for Castile and Leon, elected Bishop of Osnabruck April 11, 1698, Coadjutor of Trier Sept. 24, 1710, succeeded in the electorate Jan. 7, 1711, died at Vienna Dec. 4, 1715. (Trier)

Natus XII May MDCCXII..... (1988) Born 12 May 1712, betrothed 30 May 1729, died 3 Aug. 1757 in the 28th year of the reign, age 45. (Brandenburg-Ansbach)

Natus XVI Ian. MDCXXIV..... (2056) Born 16 Jan. 1624, died 28 Aug. 1705. He began his Ducal rule at Hannover in his 57th year, at Celle in his 41st. After he had lived 81 years 7 months 12 days, he shone no longer pleasing to the peoples. (Brunswick-Luneburg)

Natus XVI Maii MDCXXVII..... (2114) Born 16 May 1627, having ascended the throne 17 Sept. 1666, he finished his mortality, not his life 26 Jan. 1704. For the memory of the pious, wise, and just Prince lives after his burial and his reputation in affairs remains in the minds of his subjects for an eternity of time. (Brunswick-Wolfenbuttel)

Natus 3 Mart. 1683..... (2373) Born 3 March 1683, betrothed 9 May 1708, died 14 Aug. 1749. May he rest in peace. (Kirchberg)

Natus 13 Ian. 1634 Elect. in Coad Trev...... (2822) Born 13 Jan. 1634, Coadjutor in the Electorate of Trier 7 Jan. 1672, in the Bishopric of Speyer 16 July 1675, succeeded in the electorate 1 June 1676, died 6 Jan. 1711. (Trier)

Nec Aspera Terrent (2083-87) Neither do difficulties terrify. (Brunswick-Luneburg)

Nec Ingens si Corruat Orbis (2445) Not even if the great world should collapse. (Mecklenburg-Strelitz)

Nec Soli Cedit (2567-68) Nor does he yield to the sun. (Prussia)

Nescit Tarda Molimina (1453) He does not know slow enterprises. (Papal States)

Nicol. S.R.I. Princ. Eszterhazy de Galantha Perp. Com. in Frak. (1187) Nikolaus, Prince of S.R.I. of Esterhazy of Galantha, hereditary Count of Forchtenstein. (Esterhazy)

Nob. Dom. in Held. Seeb. & Schrapl. Dom. in Dobrz. (2437) Most noble Lord in Heldrungen, Seeburg, and Schraplau, Lord in Dobritz. (Mansfeld-Bornstatt)

Nobilissum Dom. Ac. Com. in Lipp. & St. (2764) Most noble Lord and Count in Lippe and Sternberg. (Schaumburg-Lippe)

Nomen Domini Turris Fortissima (2215,19-26) The name of the Lord is the strongest tower. (Frankfurt)

Non avrum sed nomen (1442) Not in gold but in his name. (Papal States)

Non Dormit Custos (2712) The sentinel does not sleep. (Saxe-Gotha-Altenburg)

Non Dormit Qui Nos Custodit (2616) He who watches over us does not sleep. (Regensburg)

Non Marcescet (2098,2158-60) It shall not wither. (Brunswick-Luneburg, Brunswick-Wolfenbuttel)

Non Omnis Moriar (2753-54) I shall not wholly die. (Saxe-Weimar)

Non surrexit Major (1369-70,1600-2,4) None greater has arisen. (Genoa & Malta)

Noremberga (2476,81-84) Nuremberg. (Nuremberg)

Nunquam Retrorsum (2145-47,49,51,54-55) Never backwards. (Brunswick-Wolfenbuttel)

Nurnberg (2493-5) Nuremberg. (Nuremberg)

O

O. T. Ep. Wor. & Wra. P. El. C.M.C.P. Rh.B.I.C.& M. Dux (2826) Of the Teutonic Order, Bishop of Worms and Breslau, Provost of Ellwangen, Coadjutant of Mainz, Count Palatine of the Rhine, Duke of Bavaria, Julich, Cleves, and Berg. (Trier)

Oblita ex Avro Argentea Resurgit (1413) Forgotten silver comes forth from gold. (Sicily)

Opp. & Carn. Dux C. Ritb. Gran. Hisp. P. Clas. S.C.M. Int. Cons. (1578) Duke of Troppau and Carnovia, Count of Rietberg, Grandee of Spain first class, Privy Counselor of his sacred, imperial majesty. (Liechtenstein)

Opp. & Carn. Dux Com. Rittb. S.C.M. Cons. Int. & Campl. Mareschal (1579) Duke of Troppau and Carnovia, Count of Rietberg, Privy Counselor of his sacred, imperial majesty, Field Marshal. (Liechtenstein)

Opp. & Carn. Dux Com. Rittb. S.C.M. Cons. Int. Aur. Velleris Eques (1580) Duke of Troppau and Carnovia, Count of Rietberg, Privy Counselor of his sacred, imperial majesty, Knight of the Golden Fleece. (Liechtenstein)

Otto Graf zu Solms und Herr zu Minczenberg (2785) Otto, Count of Solms and Lord of Munzenberg. (Solms-Laubach)

P

P. Leop(oldus) D.G. P.R.H. et B.A.A. M.D. E(truriae) (1512-13,15-18) Peter Leopold, D.G., Royal Prince of Hungary and Bohemia, Archduke of Austria, Grand Duke of Tuscany. (Tuscany)

Parenti Optimo Principi Pio..... (2749) To the best of fathers, a prince pious, just, and clement, filial piety and agreement of brothers (erects) this monument. (Saxe-Saalfeld)

Parmae Plac. et Vastal. Dux (1478) Duke of Parma, Piacenza and Guastalla. (Parma)

Parta Tueri (2125-27) To defend what has been gained. (Brunswick-Wolfenbuttel)

Pastori et Principi Senatus Bononensis (1458) To the Pastor and Prince, the Senate of Bologna. (Bologna)

Patri Satoris Linea Laubacensis Dicatum A C.A.C.S.L. (2785) Dedicated to the ancestor who planted the line of Laubach by Christian August, Count of Solms-Laubach. (Solms-Laubach)

Patria et Scientiarum Instituto Manifice Aucto S.P.Q.B. (1461) The Senate and the people of Bologna (honor)him for a greatly improved fatherland and enlarged Institute of Science. (Papal)

Patrimon. Henr. Frid. Sorte Divisum..... (2355) The heritage of Heinrich Friedrich divided by lot. (Hohenlohe-Langenburg)

Patrona Bavaria (1952-54,63-68) Patron of Bavaria. (Bavaria)

Patrona Franconiae (2892,94,97,99,2902,8) Patron of Franconia. (Wurzburg)

Paulo Rainerio Duce (1568) Paolo Renier, Doge. (Venice)

Paulus Rainerius Dux Venetiar (1564) Paolo Renier, Doge of Venice. (Venice)

Pcps. Reg. Cap. Bo. et de Liechtenstein Comes (1228) Prince of the Royal Chapel of Bohemia, Count of Liechtenstein. (Liechtenstein)

Perpetuo (1978) Forever.

Perpetuus in Nemet Vivar S.C.R.A.M. Act. Cam. Inc. Com. Cast. Perp. et Supr. Com. (1184) Hereditary Count in Nemt-Ujvar, present Chamberlain of his sacred, imperial, royal, apostolic majesty, Privy Counselor, hereditary and supreme Count of Eisenburg. (Batthyani)

Perrumpendum (1902) We must break through. (Anhalt-Bernburg)

Petrus D.G. Magnus Dux Totius Russiae (1353) Peter, D.G., Grand Duke of all Russia. (Holstein-Gottorp)

Petrus Grimani Dux Venetiar (1544) Pietro Grimani, Doge of Venice. (Venice)

Petrus Leopoldus D.G. P.R.H. et B.A.A. M.D. Etr(uriae) (1508-11,14) Peter Leopold, D.G., Royal Prince of Hungary and Bohemia, Archduke of Austria, Grand Duke of Tuscany. (Tuscany)

Petrus II D.G. Port(ug). et Alg. Rex (1626-27) Peter II, D.G., King of Portugal and Algarve. (Portugal)

Petrus II D.G. Rex Portug. (1625) Peter II, D.G., King of Portugal. (Portugal)

Phil. Gotthard D.G. Pr. de Schaffgotsch (2053) Philip Gotthard, D.G., Prince of Schaffgotsch. (Breslau)

Philip V D.G. Hisp. Et Ind. Rex (1695) Philip V, D.G., King of Spain and the Indies. (Spain)

Philippus D.G. Abbas Corbeiensis S.R.I. Princeps (2201) Philip, D.G., Abbot of Corvey, Prince of S.R.I. (Corvey)

Philippus D.G. Hispan. Infans. (1478) Philip, D.G., Prince of Spain. (Parma)

Philippus V D(ei) G(rat) (1692-94,96-98) Philip V, D.G.

Philippus V D.G. Hispan. Rex (1691) Philip V, D.G., King of Spain. (Spain)

Philippus V D.G. Hispaniarum et Indiarum Rex (1702-11) Philip V, D.G., King of Spain and the Indies. (Spanish Netherlands)

Philippus V Rex Hispaniar. (1379) Philip V, King of Spain. (Milan)

Pietas ad Omnia Utilis (2029) Piety is useful for all things. (Brandenburg-Bayreuth)

Pietate et Aequitate (2372) With piety and justice. (Kempten)

Pietate et Iustitia (2319,21,2721) With piety and justice. (Hesse-Darmstadt, Saxe-Gotha-Altenburg)

Pietate-Insignis (2292-93) In piety, exceptional. (Hesse-Cassel)

Pius Sexus Pont. M(ax). (1471-4) Pius VI, Pope. (Papal States)

Pius VI Pon(t). Max. (1466,68-70,75) Pius VI, Pope. (Papal States)

Pius VI Pont. Max. Anno Iubeliae (1467) Pius VI, Pope, Jubilee year. (Papal States)

Plus Ultra (2103,2168) More beyond. (Brunswick-Luneburg-Wolfenbuttel)

Pons Civit. Castellana (1443) The bridge of Castellana. (Papal States)

Populus et Senatus Bon(on). (1258-59) The people and Senate of Bologna. (Bologna)

Portam Sanctam Clausit a Iubilei (1428) He closed the Holy Door in the year of Jubilee. (Papal)

Post Tenebras Lux (1767,69-70) After darkness, light. (Geneva)

Praep. & D. Elvac. S.R.I. Pr. C. Fugger (2605) Provost and Lord of Ellwangen, Prince of S.R.I., Count of Fugger. (Regensburg)

Praesidium et Decus (1357-59) Protection and ornament. (Bologna)

Primitiae Metallifodinarum in Ducatu Madg. (2554) First fruits of the metal mines in the Duchy of Magdeburg. (Prussia)

Primo Anni..... (2436) On the first day of the year 1710, the last of the Evangelical line, his wife Sophia Eleonora, Countess of Schonburg, having died in 1703, he having joined in wedlock for a second time with Louisa Christina, Countess of Stolberg in 1704, almost a septuagenarian died childless. To whose everlasting memory his most sorrowful widow has had this memorial erected. (Mansfeld- Eisleben)

Prin. Pede. Rex Cypri. (1492) Prince of Piedmont, King of Cyprus. (Savoy-Sardinia)

Princ. in Lowenstein Werth. (2399) Prince of Lowenstein-Wertheim. (Lowenstein-Wertheim-Rochefort)

Princeps Iustus Constans in Bello..... (2144) A Prince, just and constant in war, undaunted from the very flower of his youth, born on 19 March 1680, when he had ruled the realm of the lands of Brunswick-Wolfenbuttel gloriously only six months, on 3 Sept. 1735 entered the harbor most secure from the Valley of Fears. (Brunswick-Wolfenbuttel)

Princeps Magnanimus Sapiens Clemens (2124) Prince, magnanimous, wise, clement. (Brunswick-Wolfenbuttel)

Princeps Pius Iustus Clemens. Natus 17 Iul. 1708. Obiit 20 Ian. 1769. Aetatis LX (2043) Prince pious, just, clement, born July 17, 1708, died Jan. 20, 1769, age 60. (Brandenburg-Bayreuth)

Princeps Pius Iustus Pacificus..... (2113) The Prince pious, just and peaceful whose honor, name and praises will remain thru all ages, began his reign in the year 1666, with his brother as colleague of his regime in the year 1685, and thus the course which Fortune had given him as of the Highest having been completed, he cast anchor in the harbor of eternal happiness in the year 1704, the 72nd of his life. (Brunswick-Wolfenbuttel)

Princeps Pius Magnanimus Felix..... (2141) Prince, pious magnanimous, fortunate, most munificent patron of letters, born on the 21st day of July 1671, began his administration as Ruler in the Principality of Blankenburg 1714, in the Duchy of Brunswick-Wolfenbuttel in 1731. Dying peacefully in Brunswick on March 1, 1735, he obtained his eternal reward in heaven. (Brunswick-Wolfenbuttel)

Princeps Pius Pacificus. Natus..... (2131-32) The pious peaceful Prince born 8 March 1667, who obtained the power in 1714, ceased to live that he might live forever on 23 March 1731. May he rest in peace. (Brandenburg-Wolfenbuttel)

Princeps Pius Sapiens..... (2039) Prince pious, wise, magnanimous, clement, liberal, establisher of letters, born at Weverling on 10 May 1711. His first marriage took place in Berlin on 20 Nov. 1731. He took over the government at Bayreuth on 17 May 1735. His second vows were celebrated at Brunswick on 20 Sept. 1759. He cast off his mortal coil at Bayreuth on 26 Feb. 1763 in the 28th year of his reign at the age of 52. (Brandenburg-Bayreuth)

Prix du Travail (1768) Reward of labor. (Geneva)

Pro Caes. & Imp. (2377) For emperor and empire. (Landau)

Pro Deo et Lege (2448-50,53-54,57-58,66-69,2509-11) For God and law. (Montfort)

Pro Deo et Patria (2264-66) For God and fatherland. (Fulda)

Pro Deo et Populo (1975) For God and the people. (Bavaria)

Pro Ecclesia et Pro Patria (2190) For the church and fatherland. (Constance)

Pro Fausio PP. Reditur V.S. (1407) For happy returns of the princes of the Two Sicilies. (Naples)

Pro Lege et Grege (2253) For the law and the flock. (Fulda)

Pro Maxima Dei Gloria et Bono Publico (2872) For the greatest glory of God and the good of the people. (Wurttemberg)

Pro Patria (2911-15) For the fatherland. (Wurzburg)

Prosperum Iter faciet (1443) It will make the way prosperous. (Papal States)

Protectione Virtute (1691) By protection, by valor. (Spain)

Protector noster aspice (1391) Our Protector look on us. (Modena)

Provide et Constanter (2439-42,2856-71) Wisely and firmly. (Mecklenburg-Schwerin)

Providentia et Pactis (1999) Through foresight and pacts. (Brandenburg-Ansbach)

Proxima Fisica Finis (1426) Nearest to natural end. (Orciano)

Proxima Soli (1393) Nearest the sun. (Modena)

Q

Quem Quadragesies et Semel..... (2385) Whom we congratulate for the forty-first time on the 12th of June 1767 for being born for the fatherland. (Lippe-Detmold)

Qui Vise le Mieux Ce 8me de Febr. (2656) Who aims the best on the 8th of February. (Saxony)

Quis Hac Imperii corona Digniorte (2216) Who is more worthy than you of this crown of empire. (Frankfurt)

Quot Folia, Tot Corda, Lugent (2261) (There are) as many hearts as leaves that mourn. (Fulda)

R

R. Taler aus dem Berg Werck (2825) Imperial thaler from the mines. (Trier)

R.I. - Romanorum Imperator..... Emperor of the Romans.

R.I.S.A. - Romanorum Imperator Semper August ..... Emperor of the Romans Ever August.

Raim, Antonius D.G. Ep. Eyst. S.R.I.P. (2209) Raimund Anton, D.G., Bishop of Eichstaedt, Prince of S.R.I. (Eichstaedt)

Raymund Ferd. D.G. Episc. Passau (2521) Raymund Ferdinand, D.G., Bishop of Passau. (Passau)

Raynaldus I Mut. Reg. E(c or r) D. XI MI. I. (1391) Rinaldo I, eleventh Duke of Modena and Reggio, and first of Mirandola. (Modena)

Recte Faciendo Neminem Timeas (1976,2351) In doing right, fear no man. (Brandenburg-Ansbach, Hohenlohe-Neuenstein-Ohringen)

Rector Reip. Rhacusin (1637,39) Rector of the Republic of Ragusa. (Ragusa)

Rectus et Immotus (2295-98) Right and unmoved. (Hesse- Cassel)

Redde Mihi Laetitiam Salutaris Tui et Spiritu Principali Confirma Me (2512) Give me the joy of your deliverance and strengthen me with princely spirit. (Paderborn)

Redeunt Antiqui Gaudia Moris (2629) There return the joys of ancient custom. (Regensburg)

Redeunt Saturnia Regna (2102,67) The reign of Saturn returns. (Brunswick-Luneburg)

Reg. Cap. Bo. et de Liechtenstein Comes (1227,29-30) Count of the Royal Chapel of Bohemia and Liechtenstein. (Liechtenstein)

Reg. Cap. Bo. et de Schrattenbach Comes (1214) Count of the Royal Chapel of Bohemia and Schrattenbach. (Olmutz)

1334 18th CENTURY LEGENDS

Reg. Cap. Bohem. et de Troyer Comes (1231) Count of the Royal Chapel of Bohemia and Troyer. (Olmutz)

Reg. Pr. Pol. et Lith. Saxon Dux (2833) Royal Prince of Poland and Lithuania, Duke of Saxony. (Trier)

Regi Svo Avgvstissimo Iter In Hassiam Mense Ivn. A. MDCCXXXI Apparanti Felicem Favstamque et Profectionem et Reditionem A Deo Cvncta Svecia Svpplicitar Precatvr (1726) For its most august King, preparing a journey to Hesse in the month of June in the year 1731, all Sweden as suppliant prays God for happy and fortunate going and returning. (Sweden)

Regia Boruss. Societas Asiat. Embdae (2591) Royal Prussian Asiatic Society of Emden. (Prussia)

Regnans Capitulum Ecclesiae Cathedralis Ratisbonensis, Sede Vacante (2606) Administering the chapter of the cathedral church at Regensburg, the seat being vacant. (Regensburg)

Regne de la Loi (1335-36) Rule of the law. (France)

Reichs Fues (2183) Imperial standard. (Cologne)

Religione Defensa (1489) Religion being defended. (Roman Republic under Neapolitan Occupation)

Religionis Evangalicae Custodiam..... (2715) Commending to his posterity the protection of the evangelical faith as a foundation of true felicity in the ancient seat of the landgraves of Thuringia at Waltershausen, with his own hands, he laid the foundation of a new church on 8 Nov. 1719. (Saxe-Gotha-Altenburg)

Remigio Altissimi Uni. (2112) Crew of the highest one. (Brunswick-Wolfenbuttel)

Rep(ublica) Romana (1483-87) Roman Republic. (Roman Republic)

Repubblice Ligure Anno I (1371) Ligurian Republic year I. (Ligurian Republic)

Repubblica Napolitan(a) (1410) Neapolitan Republic. (Neapolitan Republic)

Republique Franco(a)ise (1336-37) Republic of France. (France)

Republique Genevoise (1768) Republic of Geneva. (Geneva)

Resp. Gosl. (2272-73) Republic of Goslar. (Goslar)

Respice de Coelo et Visita Vineam Istam, et Perfice eam, quam Plantavit, Dextera Tua (2841) Look down from heaven and visit that vineyard of yours, which he has planted, and with your right hand perfect it. (Werden, Helmstaedt)

Respubl. Rhacus(I) (1640-1) Republic of Ragusa. (Ragusa)

Respublic Basiliensis (1758) Republic of Basel. (Basel)

Respublica Bernensis (1759-60) Republic of Bern. (Bern)

Respublica Genevensis (1767) Republic of Geneva. (Geneva)

Respublica Lucernensi (1775) Republic of Luzern. (Luzern)

Respublica Veneta (1552,56,62-3,68,75) Republic of Venice. (Venice)

Rex Sic(iliae) et Hie(r). (1411-12) King of Sicily and Jerusalem. (Sicily)

Roma in Sacris Evangelicorum..... (2714) While Rome was everywhere engaged in the destruction and demolition of the sacred shrines of the Evangelicals, to consecrate a new church to the best and most high God at Waltershausen in the place of the old work, he laid the foundation with his own hands on 8 Nov. 1719. (Saxe-Gotha-Altenburg)

Rudolphus Augustus D.G. Dux Br. et L. (2113) Rudolph August, D.G., Duke of Brunswick-Luneburg. (Brunswick-Wolfenbuttel)

S

S. Annae Fundgruben Ausb. Tha. In N. Oe. (1113) St. Anne mine, mining thaler in Lower Austria. (Austria)

S. Ap. S. Leg. Nat(us) Germ. Primas (1249,55,57) Legate of the Holy Apostolic See, born Primate of Germany. (Salzburg)

S. Caes. Mai. Regin. M. Britann. et Ordd. Foederatorum Belg. (2709) Of her Sacred Imperial Majesty, the Queen of Great Britain, and the order of the Belgian Federation. (Saxe-Gotha-Altenburg)

S. Carol(us) Magnus Fundator (2470) Charlemagne founder. (Munster)

S. Carol. Magnus Imperator. Fundator (2504) Charlemagne emperor, founder. (Osnabruck)

S. Cyrill Prim. Apost. Morav. (1222) St. Cyril, first Apostle of Moravia. (Olmutz)

S. Georgius Ferrariae Protec. (1439) St. George, protector of Ferrara. (Papal States)

S. Iochimbs. Thaler Ausbeuth (1137) St. Joachim's mining thaler. (Austria)

S. Ioachimbsthalische Ausbeut Thaler (1074,77) St. Joachim's Valley mining thaler. (Austria)

S. Kilianus (cum Socys) Francorum Apostil(us) (2905,9) Saint Kilian, Apostle of the Franks with companions. (Wurzburg)

S. Lambertus Patronus Leodiensis (1582-91) St. Lambert, patron of Liege. (Liege)

S. Lambertus, S. Alexander Protectores Civit. Friburg Brisg. (2241,45) Saint Lambert and Saint Alexander, Protectors of the city of Freiburg in Breisgau. (Freiburg)

S. Liborius Patr. Paderb. (2516) Saint Liborius, Patron of Paderborn. (Paderborn)

S. Ludgerus Fundator (Abbatiarum) Werdinensis (& Helmstad.) (2842-44) Saint Ludger, Founder, Abbot of Werden & Helmstaedt. (Werden & Helmstaedt)

S. Maria Mater Dei Patrona Hung. (1125-33,68-69,72, 74,79) Holy Mary, Mother of God, Patron of Hungary. (Hungary)

S. Petron(io) Prot(ector) Bon(on) (1464-66) St. Peter, Protector of Bologna. (Bologna)

S. Petronius Bon(on) Prot. (1467-70,75) St. Peter, Protector of Bologna. (Bologna)

S. Rudbertus Eps. Salisburg (1234,36,38,41) St. Rupert, Bishop of Salzburg. (Salzburg)

S. Rupertus Episcop. Salisburgens (1243,46,48,50-54) St. Rupert, Bishop of Salzburg. (Salzburg)

S. Sebast. Patronus Rhaetiae (2502) Saint Sebastian, Patron of Oettingen. (Oettingen)

S.C.M. Cons. Int. Cam. Supr. R. Boh. Praef. Burgg. Egr. (1191) Privy Counselor of his Sacred Imperial Majesty, High Chamberlain of the kingdom of Bohemia, and Burgrave of Eger. (Orsini-Rosenberg)

S.C.M. Cons. Status Int. & Haered. Per. Styr. Sup. Stab. Praefectus (1202) Privy and hereditary State Counselor of his Sacred Imperial Majesty, High Constable for Styria. (Windisch-Gratz)

S.I. Aul. Reg. Her. & P. Ge. H. Post. Mag. (1193) Supreme of the Imperial court of the hereditary kingdom and provinces, general hereditary postmaster. (Paar)

S.M.V(enetu) Aloy. Mocenico Dux (1525-28,36-37,58-61) St. Mark of Venice, Alvise Mocenigo, Doge. (Venice)

S.M.V. Aloysius Pisani D. (1542-43) St. Mark of Venice, Alvise Pisani, Doge. (Venice)

S.M.V. Carolus Ruzini D. (1539-40) St. Mark of Venice, Carlo Ruzzini, Doge. (Venice)

S.M.V. Franc Lavredano Dux (1549-51) St. Mark of Venice, Francesco Loredan, Doge. (Venice)

S.M.V(enet) Ioan Cornel(io) D(ux) (1531-34) St. Mark of Venice, Giovanni Corner, Doge. (Venice)

S.M.V. Ludov(i) Manin Dux (1571-74) St. Mark of Venice, Lodovico Manin, Doge. (Venice)

S.M.V. M(arc) Foscarenus D(ux) (1554-55) St. Mark of Venice, Marco Foscarini, Doge. (Venice)

S.M.V. Paul Rainerius D(ux) (1565-67) St. Mark of Venice, Paolo Renier, Doge. (Venice)

S.M.V. Petrus Grimani D. (1545-47) St. Mark of Venice, Pietro Grimani, Doge. (Venice)

S.R.I. - Sacri Romani Imperii.....of the Holy Roman Empire.

S.R.I. Archid. & (El(ector) Dux I. Cl. & M. (1957-8) Archidapifer and Elector of S.R.I., Duke of Julich, Cleves, and Berg. (Bavaria)

S.R.I. Comites A. Konigsegg et Rottenfels Domini in Aulendorf & Stauffen. Fratres (2374) Counts of S.R.I. in Konigsegg and Rothenfels, Lords in Aulendorf and Stauffen, brothers. (Konigsegg)

S.R.I. Pr. Re. Cap. Boh. & A. Colloredo & Wald. Co. (1233) Prince of S.R.I., Count of the royal chapel of Bohemia, Colloredo, and Waldsee. (Olmutz)

S.R.I. Pr. Salisb. S.S. Ap. Leg. Nat. Germ. Primas (1247,56) Prince of S.R.I. of Salzburg, Legate of the Holy Apostolic See, born Primate of Germany. (Salzburg)

S.R.I. Princ. & Baro. Reteny Imp. (1482) Prince of S.R.I. and Imperial Baron of Retegno. (Retegno)

S.R.I. Ps. R.C.B.C. Protect. Ger. S.C.R.M. Con. In. et Actval (1220-21,23-26) Prince of S.R.I., Count of the Royal Chapel of Bohemia, Protector of Germany, present Privy
Counselor of his Sacred, Imperial, Royal Majesty. (Olmutz)

S.R.I.P. - Sacri Romani Imperii Princeps..... Prince of the Holy Roman Empire.

S.R.I.P. Ex. Comit. & Dnis. de Firmian (2524) Prince of S.R.I. from the Counts and Lords of Firmian. (Passau)

Sac. Nupt. Celeb. Berol. (1978) For the holy matrimony celebrated at Berlin. (Brandenburg-Ansbach)

Sac. Rom. Imp. Archic. et Elect. (2592) Arch-chancellor and Elector of S.R.I. (Prussia)

Sac. Rom. Imp. Archid. & Elect. Land. Leucht. (1956) Archidapifer and Elector of S.R.I., Landgrave of Leuchtenberg. (Bavaria)

Sac. Rom(an) Imp(er) Archim. et Elect(or) (2646-47, 49,52-53,64-65,71-76) Archmarshal and Elector of S.R.I. (Saxony)

Sac. Rom. Imp. Archim. et Elect (1613,17) Grand Marshal and Elector of S.R.I. (Poland)

Sac. Rom. Imp. Archim. Elector et Vicarius (2670) Archmarshal, Elector & Vicar of S.R.I. (Saxony)

Sac. Rom. Imp. Princ ex Comitibus de Rabatta (2521) Prince of S.R.I. from the Counts of Rabatta. (Passau)

Sac. Rom. Imp. Princeps. (2247) Prince of S.R.I. (Freising)

Sac. Rom. Imp. Princeps Com. de Lamberg (2522) Prince of S.R.I., Count of Lamberg. (Passau)

Sac. Rom. Imp. Provisor Iterum (2700) Administrator of S.R.I. for the second time. (Saxony)

Saeculo a Pace Westphalia Exacto (2284) A century having been completed from the Peace of Westphalia. (Hamburg)

Salisburg S. Sed. Apos. Legat. Ger. Prim. (1240,42,44-45) Salzburg, Legate of the Holy Apostolic See, Primate of Germany. (Salzburg)

Salus Publica Salus Mea (1731-33) Public safety, my safety. (Sweden)

Salus Publica, Salus Mea (1979,82-83) Public safety is my safety. (Brandenburg-Ansbach)

Saluti Publicae (2851) For the public safety. (Wurttemberg)

Salutis Ripam Teneo (2789) I hold the bank of the river. (Stolberg-Elder Line)

Salvo Caes. Salva Respub. (2414) The Emperor safe, the Commonwealth safe. (Lubeck)

Sanct(us) Andreas Reviviscens (2061-64) Saint Andreas, restored to life. (Brunswick-Luneburg)

Sancta Helena Fundatrix Ecclesiae (2825) Saint Helena, founder of the church. (Trier)

Sanctus Leodegarius (1774) St. Leodegran. (Luzern)

Sanctus Marcus Venet. (1524,29-30,35,38,41,44,48, 53,57,64,69-70) St. Mark of Venice. (Venice)

Sanctus Martinus (1373-76) St. Martin. (Lucca)

Sanctus Vitus Patronus Corbeiensis (2193-94,96-2201) St. Vitus, Patron of Corvey. (Corvey)

Schnepper Gesellschaft (2659) Schnepper Company. (Saxony)

Scudo Romano (1486) Roman scudo. (Roman Republic)

Securitati Publicae (1996) For the public safety. (Branden- burg-Ansbach)

Sede Vacante The seat being vacant.

Sede Vacante (1453-54,56,62,64-65) The See being vacant. (Papal States)

Seit getrost Ich der Herr bin mit euch (2846) Be of good cheer, I, the Lord, am with you. (Worms)

Semper Idem (2121,2883) Always the same. (Wurzburg, Brunswick-Wolfenbuttel)

Septenarius Fratrum et Ducum Saxoniae (2716) A group of seven of the brothers and dukes of Saxony. (Saxe-Gotha-Altenburg)

Serma Princ. et Dna. Dna. Maria Amal...... (2292-93) The most serene Princess and Lady, Maria Amalia, sprung from the most serene ducal line of Curland, born 12 June 1653, married to the most serene and powerful Prince Karl, Landgrave of Hesse, Prince of Hersfeld, Count of Katzenellenbogen, Dietz, Ziegenhain, Nidda, and Schaumburg, on 21 May 1673, died at Weilmunster on 16 July 1711. (Hesse-Cassel)

Sic Deo Placvit In Tribulationibus (2318) Thus it pleased God in tribulations. (Hesse-Darmstadt)

Sic Vota Sic Prospera Secunda (2761) So vows, so following prosperity. (Schaumburg-Lippe)

Sie daempffen nicht des Wortes Licht (2755) They do not lower the light of the Word. (Saxe-Weimar)

Sigismundus D.G. Archiepiscop(us) (1247,51,56) Sigismund, D.G., Archbishop. (Salzburg)

Sigismundus D.G.A. (Episc.) & Pr. Salisburg (1249,55) Sigismund, D.G., Archbishop and Prince of Salzburg. (Salzburg)

Sigismund. D.G.A. & Pr. Sal. S.A.L. Nat. Germ. Primas (1248,50,52,54) Sigismund, D.G., Archbishop and Prince of Salzburg, legate of the Apostolic See, born Primate of Germany. (Salzburg)

Sigismundus D.G.A. & P.S.A.S.L.N.G. P(rim). (1253,60) Sigismund, D.G., Archbishop and Prince of Salzburg, Legate of the Apostolic See, born Primate of Germany. (Salzburg)

Sigm. D.G.A. & P.S.A.S.L.N.G. Prim. (1258-60) Sigismund, D.G., Archbishop and Prince of Salzburg, Legate of the Apostolic See, born Primate of Germany. (Salzburg)

Signatus Pact. Coniug...... (2660) The marriage pacts having been signed between the serene realms of the King of Poland and the Elector of Saxony and the serene realm of the King of Hungary, Bohemia, and the Archduchy of Austria at Vienna in 1719. (Saxony)

Simon August Com. & Nob. D. Lipp. S.D.V. & A.B.H. Ultr. (2385) Simon August, Count and most noble Lord of Lippe, supreme Lord of Vianen and Ameiden, hereditary Burgrave of Utrecht. (Lippe-Detmold)

Simon Henrich Adolph Com. & N.D. Lipp. (2383-84) Simon Heinrich Adolph, Count and most noble Lord of Lippe. (Lippe-Detmold)

Sincere et Constanter (2322-25) Truthfully and steadfastly. (Hesse-Darmstadt)

Sit Nomen Dom(ini) Benedict(um) (1316-34) Blessed be the name of the Lord. (France)

Sit Nomen Domini Benedictum (2810) Blessed be the name of the Lord. (Strassburg)

Sit Unio Haec Perennis (2355) May this union be everlasting. (Hohenlohe-Langenburg)

So setzt mich Gott nun an den Ort wo Luther eh bekannt Sein Wort (2846) Thus, God now puts me in the place where Luther formerly professed His word. (Worms)

Sola Bona Quae Honesta (2348-9) Only those things which are honorable are good. (Hohenlohe-Neuenstein-Weickersheim)

Solemni Ritu Iubilaeum..... (2195) The most reverend and exalted Lord Prince Florenz, Abbot of Corvey, Prince of S.R.I., celebrated the jubilee rite on April 20. (Corvey)

Solemnium A. MDLXXXVI per Actorum..... (2629) With the approval of the fatherland, the archers of Ratisbon in the year 1788 celebrate the memory of the solemn acts of the fathers in the year 1586. (Regensburg)

Soli Reduci (1408) To Him, the only one restored. (Naples)

Solis Ales Me Proteget Alis (2184) The bird of the sun shall shelter me with its wings. (Cologne)

Sophia D.G. Ex. Stirpe El. Pal. Elect. Vid. Br. et Lun. Mag. Brit. Haeres (2069) Sophia, D.G., from the seed of the Electors of the Palatinate, widow of the Elector of Brunswick-Luneburg, Heiress of Great Britain. (Brunswick-Luneburg)

Spes Nescia Falli (2798) Hope that knows not how to fail. (Stolberg-Younger Line)

Spes Nostra Iesus Dei et Mariae Filius (2272-73) Jesus, son of God and Mary, our hope. (Goslar)

Splendet In Orbe Decus (1725) Honor will shine in the world. (Sweden)

Stadt Franckfurt (2228) City of Frankfurt. (Frankfurt)

Stanislaus Augustus D.G. Rex Pol(on) M.D. Lith(u) or Lit(uan) (1618-21,23) Stanislaus August, D.G., King of Poland, Grand Duke of Lithuania. (Poland)

Storm. et Dit. Com. in Old. et Delm. (2409) Stormarn and Ditmarsh, Count of Oldenburg and Delmenhorst. (Lubeck)

Sub Tuum Praesidium Confug. (1234) We flee to Thy protection. (Salzburg)

Sub Umbra Alarum Tuarum (2231-34,81,2363,2475) Under the shadow of Thy wings. (Freiburg in Breisgau, Jever, Nuremberg)

Subditorum Salus Felicitas Summa (2411-12) The safety of the subjects is the highest happiness. (Lubeck)

Sup. Adm. Bor. et Ord. Teut. Magn. Mag. (2812-13) Supreme Administrator of Prussia, Grandmaster of the Teutonic Order. (Teutonic Order)

Sup. Imp. Aul. Reg. Her. P.G. Her. Post. Mag. (1194) Supreme of the Imperial court of the hereditary kingdom and provinces, General Hereditary Postmaster. (Paar)

Supr. D. Vian. et Ameid. Burg. H. Ultr. (2380,83-84) Supreme Lord of Vianen and Ameide, Hereditary Burgrave of Utrecht. (Lippe-Detmold)

Supra Firmam Petram (1463) On a solid rock. (Papal States)

Suscipe et Protege (2885) Support and protect us. (Wurzburg)

Suum Cuique (2393-95,2553,63,65-66) Let each have his own. (Lowenstein-Wertheim-Virneburg, Prussia)

Suum Cuique (1776) Let each have his own. (Neuchatel)

Sydera Favent Industriae (2269) The stars favor industry. (Furstenberg)

Sylvarum Culturae Praemium (2009) Prize for the culture of the forest. (Brandenburg-Ansbach)

T

Tall Sub Custodia (2617,28) Under such protection. (Regensburg)

Tert. Ducat Secular (2873) Third centennial of the duchy. (Wurttemberg)

Theodorus D.G. Sac. Rom. Imp. Abbas Werdinensls et Helmstadiensis (2841) Theodore, D.G., S.R.I., Abbot of Werden and Helmstaedt. (Werden, Helmstaedt)

Thomas Orciani F.T. S.R.I. Marchle Un. Cr. Bo. Com. & (1426-27) Thomas Orciano F.T. Marquis of S.R.I. and Count of Hungary, Croatia, and Bohemia. (Orciano)

Tigurinae Monetæ Reipublicae (1783,85-86) Money of the Republic of Zurich. (Zurich)

Torque Donatus (2718) Presented with a garter. (Saxe-Gotha-Altenburg)

Traiectum ad Mosam (1854-55) The crossing of the Meuse. (United Netherlands)

Trium Imperatorum S.R.I. et Circ. Franc. . . . . . . (2030) General Field Marshal of S.R.I. and of the Franconian Circle, the terror of the Turks and the Gauls, husband of three wives, the solace of his subjects and the fatherland, born 27 July 1644, died May 1712, age 68 years, 51st year of his reign. (Brandenburg-Bayreuth)

Troe love mod og hvad Dan. kongens gunst kand vinde mens Norge klippe har mand skal hos Nordmand finde (1301) Obedience to law, courage, and all that win the favor of the Danish king, you will find among the mountains of Norway and with the Norwegians. (Denmark)

Tu Quondam Abiectam Reddis Deus Alme Sonoram (2099,2108,61-62) Thou, oh kindly God, bring back this tuneful one who was previously cast down. (Brunswick-Luneburg-Wolfenbuttel)

Tut. Mar. Gab. Pr. Vid. de Lobk. Nat. Pr. Sab. Car. et Aug. Pr. de Lobk. (1190) Regency of Maria Gabriele, widow of the Prince of Lobkowitz, born Princess of Savoy-Carignan, and August Prince of Lobkowitz. (Lobkowitz)

Tuta His Auspiciis (2482-83) Safe under these auspices. (Nuremberg)

U

U.S.C. & R.A.M. Cons. Int. Gen. C. Mar. & Nob. Praet. H. Turmae Capit. (1187) Privy Counselor of both their Holy Imperial and Royal Apostolic Majesties, General Field Marshal and Captain of the noble praetorian Hungarian squadrons. (Eszterhazy)

Ubi Uvit Spirat (1462) He breathes where he will. (Papal States)

Una. Meta Omnibus (2657,66) One goal for all. (Saxony)

Union et Force (1337) Union and strength. (France)

Unum Omnium Votum Salus Principis S.P.Q.B. (1460) The safety of the prince is the prayer of all, the senate and the people of Bologna. (Bologna)

Urbs Obsessa (1855) The city is besieged. (United Netherlands)

Urendo Crescit (2763) It grows by burning. (Schaumburg-Lippe)

Urokkelig som Dovres hoye fielde staaer Norges sonners troekab mod og vaelde (1312) Unmovable as the Dovres high mountains stand the loyalty, courage, and power of the sons of Norway. (Denmark)

Uti Sanguine Ita et Amicitia Iuncti. (2374) As by blood, so by friendship joined. (Konigsegg)

Utr. Bav. et Pal. Sup. Dux Com. Pal. Rh. Archid. Aust. S.R.I.E.L.L. (1947) Duke of both Bavarias and the Upper Palatinate, Count Palatine of the Rhine, Archduke of Austria, Elector of S.R.I. (Bavaria)

Utr. Sic. Hierus. (1396) The Two Sicilies, Jerusalem. (Naples)

V

V.G.G. Christian August Graf zu Solms Laubach (2782-84, 86-87) D.G., Christian August Count of Solms Laubach. (Solms-Laubach)

V.G.G. Ioseph Fried. (II) H. Z(u). S(achsen) & Obervormund u. Landes Regent (2732-33) D.G., Joseph Friedrich II, Duke of Saxony and Chief Guardian and Regent of the land. (Saxe-Hildburghausen)

Vasculis Avlae Argenteis Patriae Indigenti Ministravit

Auxilia (2213) With the silver vessels of the court, aid was brought to the needy fatherland. (Eichstaedt)

Vdal. S.R.I. Pr. Ep, Cur. D. In Firstb. et Funaw. (1761) Ulrich, Prince of S.R.I., Bishop of Chur, Lord in Firstenberg and Furstenau. (Chur)

Verblaeset gleich Ihr Licht; stirbt doch die Wurckung nich (2753-54) Even if its light grows pale, the effect will not die. (Saxe-Weimar)

Vestigia Premo Maiorum (2133) I walk in the footsteps of my fathers. (Brunswick-Wolfenbuttel)

Veteris Monumentum Decoris (1392) A memorial of ancient honor. (Modena)

VI Unita Concordia Fratrum Fortior (2800) The harmony of brothers united in strength is mightier. (Stolberg-Younger Line)

Vic. Am. D.G. Rex. Sar. Cyp. et Ier. (1496-97) Victor Amadeus, D.G., King of Sardinia, Cyprus, and Jerusalem. (Sardinia)

Victor Am. II D.G. Dux Sab. (1492) Victor Amadeus II, D.G., Duke of Savoy. (Sardinia)

Victor Frid. D.G.P. Anh. Dux S.A. & W.C. Asc. D.B. & S. (1901-4) Victor Friedrich, D.G., Prince of Anhalt, Duke of Saxony, Angria & Westphalia, Count of Asschersleben, Lord of Bernburg and Zerbst. (Anhalt-Bernburg)

Viderunt Oculi mel Salutare Tuum (1432) Mine eyes have seen Thy salvation. (Papal States)

Vidi Lunam Adorare Me (2183) I saw the moon adore me. (Cologne)

Virtute et Aequitate Pacata Germania (2202) Germany pacified with virtue and justice. (Corvey)

Virtute et Fidelitate (2303) By virtue and faithfulness. (Hesse-Cassel)

Virtute Parata (2648) With well prepared valor. (Saxony)

Virtute Viam Dmetiar (2840) I shall mark the way with valor. (Waldeck)

Vivat Carolus Sextus Imperator (2216) Long live the Emperor, Karl VI. (Frankfurt)

Vivi Annos Bis Centum, nunc Tertia Vivitur Aetas (2711) I have lived twice a hundred years; now my third age is being lived. (Saxe-Gotha-Altenburg)

Virika Eleonora D.G. Regina Svec. (1718) Ulrica Eleonora, D.G., Queen of Sweden. (Sweden)

Von gewachsenen Silber aus der Fundgr. 3 K. Stern (2850) Of increased silver from the mine 3 K star. (Wurttemberg)

Vota Publica (1978) Public vows. (Brandenburg-Ansbach)

Votis Pro Pace et Salute Imperii Solitis Sagittarii Ratisbon (2620) Vows for the peace and prosperity of the Empire having been made, the archers of Ratisbon saw that it was produced. (Regensberg)

Vox de Throno (1433-35) A voice from the throne. (Papal States)

W

Wenceslaus S. Rom. Imp. Princeps a Paar (1194) Wenceslaus, Prince of S.R.I. of Paar. (Paar)

Westphaliae Dux Iure Instaurabet (2175) The Duke of Westphalia, restored in law. (Cologne)

Wilh(elmus) Ant(onius) D.G. Eps. Paderb. S.R.I. Pr. Com. Pyrm. (2514-16) Wilhelm Anton, D.G., Bishop of Paderborn, Prince of S.R.I., Count of Pyrmont. (Paderborn)

Wilh. Ernest(us) (I or Prim.) D.G. Dux Sax. I.C.M.A. & W. (2753-54) Wilhelm Ernst I, D.G., Duke of Saxony, Julich, Cleves, Berg, Angria, and Westphalia. (Saxe-Weimar)

Wilhelm(us) D.G. Landgr. & Pr. Her. Hass. Com. Han. (2287-90) Wilhelm, D.G., Landgrave and Hereditary Prince of Hesse, Count of Hanau. (Hanau-Munzenburg)

Wilhelm Fr. E. D.G. S.R.I. Com. in Sch. C. & N.D. Lipp. & St. D. (2763) Wilhelm Friedrich Ernst, D.G., S.R.I., Count in Schaumburg, Count and noble Lord of Lippe, Lord of Sternberg. (Schaumburg-Lippe)

Wilhelmina Carolina Io. Frid. March. Brand. Filia Georgii Secundi M. Brit. Fr. et H. R. El. Br. et L. Coniux. (2096) Wilhelmina Caroline Io., daughter of Friedrich, Margrave of Brandenburg, wife of George II, King of Great Britain, France and Ireland, Elector of Brunswick-Luneburg. (Brunswick-Luneburg)

Wilhelm. VIII D.G. Hass. Landg. Han. Com. (2295-8) Wilhelm VIII, D.G., Landgrave of Hesse, Count of Hanau. (Hesse-Cassel)

Wilhelmus I Del Grat. C. Reg. in Schaumb. (2764) Wilhelm I, D.G., reigning Count in Schaumburg. (Schaumburg-Lippe)

Wilhelmus IX D.G. Hass. Landgr. Com. Han. (2304-7) Wilhelm IX, D.G., Landgrave of Hesse, Count of Hanau. (Hesse-Cassel)

Wilhelmus Frid. D.G. March. Brand. (1976) Wilhelm Friedrich, D.G., Margrave of Brandenburg. (Brandenburg-Ansbach)

Wir feyren iezt ein Iubeliahr, das Bergwerck gibt die Muntze dar (2799) We are now celebrating the year of jubilee; the mine produces the coin. (Stolberg-Younger Line)

Wolf(fg). D.G. S.R.E. Presb. Card. d(e) Schratten(n)bach E(p). O(lom). Dux (1216-26) Wolffgang, D.G., Presbyter of the Holy Roman Church, Cardinal of Schrattenbach, Bishop of Olmutz. (Olmutz)

Wolffgang D.G. S.R.E. Card. de Schrattembach Ep. Olom. (1215) Wolffgang, D.G., of the Holy Roman Church, Cardinal of Schrattenbach, bishop of Olmutz. (Olmutz)

Wolffgangus D.G. Epus. Olomucensis Dux S.R.I. Prceps. (1214) Wolffgang, D.G., Bishop of Olmutz, Duke, Prince of S.R.I. (Olmutz)

X

Xaverius D.G. Reg. Pr. Pol. & Lith. Dux Sax. (El. Adm.) (2678-79,87-89) Xaver, D.G., royal Prince of Poland and Lithuania, Duke of Saxony, Elector, Administrator. (Saxony)

Y

Z

Zehen eine feine Mar(c)k (Convent. M.) Ten to the fine mark convention money.

Zu Ergetzung der Versamleten Staende (2651) For the the entertainment of the assembled estates. (Saxony)

Zum Besten des Vaterlands (1939) For the benefit of the Fatherland. (Bamberg)

Zum Gedaechtnis des gefuhrten graeflich Wetteraulischen Directorii. abgegeben (2782) Delivered in memory of the board of directors of Wetterau on. . . . . (Solms-Laubach)

Zur Belohnung des Fleisses (2685-89,92-94) For the reward of industry. (Saxony)

Zur Ermunterung des Fleisses (2679,86) For the encouragement of industry. (Saxony)

RELATIVE VALUES

1/9 Marck Feine Silber aus Bieber (2295-98) 1/9 of a mark of fine silver from the Bieber mines. (Hesse-Cassel)

1 Rigsdaler Cour. (1312) 1 current rigsdaler. (Denmark)

1 Rigsdaler Species (1313-15) 1 rigsdaler species. (Denmark)

1 Thaler Hz. Br. L.L.M. (2150) One thaler, dukedom of Brunswick and Luneburg, land money. (Brunswick-Wolfenbuttel)

IIII Mark Danske (1291,94,96) 4 Danish marks. (Denmark)

X E F M, X Eine Fein Mar(c)k (Convention. M.) 10 to the fine mark Convention money.

X Ex Marca Pura Colonien (1618-20) 10 to the fine Cologne mark.

10-7/16 Ex Marca Pura Coloniens(i). (1621-22) 10-7/16 to the fine Cologne mark. (Poland)

XI Auf. I. Feine Mark (1798) 11 to 1 fine mark. (Zurich)

XII Florins IX Sols (1769-70) 12 florins, 11 sols. (Geneva)

14-1/12 Ex Marca Pur. Coloniens. (1623) 14-1/12 to the fine Cologne mark. (Poland)

48 Schilling Courant Geldt. Anno 1752 (2420) 48 schillings, courant money, year 1752. (Lubeck)

60 Schilling Schlesw. Holst. Courant (1311) 60 current Schleswig-Holstein schillings. (Schleswig-Holstein)

ILLUSTRATED GUIDE TO EASTERN MINT NAMES

Compiled by Dr. N. Douglas Nicol, 2006

Abarquh (Iran) ابرقوه

'Abdullahnagar (Pihani) عبدالله نگر

Abivard ابی ورد ابیورد باورد

Abu Arish (the Yemen) ابو عریش

Abushahr (Bushire - Iran) ابو سهر

'Adan (Aden-the Yemen) عدن

Adoni (Imtiyazgarh-Mughal) ادونی

Adrana (see Edirne)

Advani (Adoni - Mughal) ادوانی

Afghanistan افغانستان

Agra (Mughal) اکره

Ahmadabad (Gujarat Sultanate, Mughal, Maratha, Bombay Presidency, Baroda) احمداباد

Ahmadnagar (Ahmadnagar Sultanate, احمدنگر

Ahmadnagar Farrukhabad (state, Afghanistan) احمدنگر فرخ اباد

Ahmadpur (Bahawalpur, Afghanistan) احمدپور

Ahmadshahi (Qandahar - Afghanistan) احمدشاهی

Ahsanabad (Kulbarga - Mughal) احسن اباد

Ajman (United Arab Emirates) عجمان

Ajmer (Salimabad - Mughal, Maratha, Gwalior, Jodhpur) اجمیر

Ajmer Salimabad (Mughal) اجمیر سلیم اباد

Akalpurakh (Kashmir, Sikh) اکال پورخ

Akbarabad (Agra - Mughal, Maratha, Bharatpur) اکبراباد

Akbarnagar (Rajmahal - Mughal) اکبرنگر

Akbarpur (Tanda - Mughal) اکبرپور

Akbarpur Tanda (Mughal) اکبرپور تانده

Akhshi, Akhshikath (Central Asia) اخشی اخشیکاث

Akhtarnagar (Awadh - Mughal) اخترنگر

'Akka (Ottoman Turkey) عکا عکة

Aksu (China - Sinkiang) اقسو اقصو

al-Aliya العالیة

'Alamgirnagar (Mughal, Koch Bihar) عالمگیرنگر

'Alamgirpur (Bhilsa, Vidisha-Mughal, Gwalior) عالم گیرپور

Amul (Iran) آمل

al-'Arabiya as-Sa'udiya (Saudi Arabia) العربیة السعودیة

al-'Ara'ish (Larache - Morocco) العرائش

Algeria (al-Jaza'ir) الجزائر

'Alinagar (Calcutta - Mughal) علی نگر

'Alinagar Kalkatah (Calcutta - Bengal Pres.) علی نگر کلکته

Allahabad (Mughal, Awadh) الله اباد

Almora (Gurkha)

Alwar (Mughal) الوار

Amaravati (Hyderabad) امراوتی

Amasya (Amasia - Turkey) اماسیة

Amid (Turkey) آمد

Amritsar (Ambratsar - Sikh) امرت سر امرت سر

Amirkot (Umarkot - Mughal) امیرکوت

Anandgharh (Anandpur - Mughal) انندگهره

Andijan (Andigan - Central Asia) اندجان اندگان

Anhirwala Pattan (Mughal) انحیروالا پتن

Ankaland (Bi-Ankaland - in England, Birmingham and London mints for Morocco) انکلند بانکلند

Ankara (Anguriya, Engüriye - Turkey) انگوریة انقریة انقرة

Anupnagar Shahabad (Mughal) انوپنگر شاه باد

Anwala (Anola - Mughal, Rohilkhand, Afghanistan) انوله

Aqsara (Aqsaray, Aksara - the Yemen) اقصرا اقصرای اکصرا

Ardabil (Iran) اردبیل

Ardanuç (Turkey) اردنوچ اردانیچ

Ardanush (Iran) اردنوش

Arjish (Iran) ارجیش

Arkat (Arcot - Mughal, French India, Madras Presidency) ارکات

Asafabad (Bareli - Mughal, Awadh) اصف اباد

Asafabad Bareli (Mughal, Awadh) اصفاباد

Asafnagar (Aklooj - Mughal, Rohilkhand, Awadh) اصف نگر اصفنگر

Asfarayin (Central Asia, Iran) اسفراین

Asfi (Safi - Morocco) اسفی

Asir (Asirgarh - Mughal) اسیر

Astarabad (Central Asia, Iran) استراباد

Atak (Attock - Mughal, Afghanistan) اتک

Atak Banaras (Mughal) اتک بنارس

Atcheh (Sultanate, Netherlands East Indies) اچه

Athani (Maratha) اثانی

Aurangabad (Khujista Bunyad - Mughal, Hyderabad) اورنگ اباد

Aurangnagar (Mughal, Maratha) اورنگ نگر

Ausa (Mughal) اوسا

Awadh (Oudh, Khitta - Awadh state) اوده

Awbah (Central Asia) اوبه

Ayasluk (Ayasoluq, Ephesus - Turkey) ایاسلق ایاثلق

Aydaj (Iran) ایدج

Azak (Azow - Turkey) آزاق آزق

A'zamnagar (Gokak - Mughal) اعظم نگر

A'zamnagar Bankapur (Mughal) اعظم نگر بنکاپور

A'zamnagar Gokak (Belgaum - Mughal) اعظم نگر گوکاک

'Azimabad (Patna - Mughal, Bengal Presidency) عظیم اباد

Badakhshan (Mughal, Central Asia, Afghanistan) بدخشان

Bagalkot (Maratha) بگلکوت

Bagchih Serai (Krim) باغچه سرای

Baghdad (Bagdad - Iraq) بغداد

ILLUSTRATED GUIDE TO EASTERN MINT NAMES

Bahadurgarh بهادرگره
(Mughal)

Bahawalpur بهاولپور
(Bahawalpur state, Afghanistan)

Bahraich بهرايچ بهريچ
(Mughal)

Bahrain البحرين
(al-Bahrayn)

Bairata بيراتة
(Mughal)

Bakhar بهکر بهکهر
(Bakkar, Bakhar, Bhakhar, Bhakkar - Mughal, Sind, Afghanistan)

Baku باکو باکويه
(Bakuya - Iran)

Balanagor Gadha بالانگر گدها
(Mandla - Maratha)

Balapur بالاپور
(two places - one in Kandesh, one in Sira - Mughal)

Balhari بلهاري
(Bellary - Mysore)

Balikesir بالکسير
(Turkey)

Balkh بلخ
(Mughal, Central Asia, Afghanistan)

Balwantnagar بلونت نگر
(Jhansi - Mughal, Maratha, Gwalior)

Banaras بنارس
(Benares, Varanasi - Mughal, Bengal Presidency, Awadh)

Banda Malwari بنده ملواري
(Maratha)

Bandar بندر
(Iran)

Bandar Abbas بندر عباس
(Iran)

Bandar Abu Shahr بندر ابو شهر
(Iran)

Bandar Shahi بندرشاهي
(Mughal)

Bandhu بندحو
(Qila - Mughal)

Bangala بنگالة
(Mughal)

Banjarmasin بنجرمسن
(Netherlands East Indies)

Bankapur بنکپ بنکاپور
(Mughal)

Baramati بنده ملواري
(Sultanate, Mughal)

Bareli بريلي
(Bareilly - Mughal, Rohilkhand, Awadh, Afghanistan)

Bariz باريز بباريز
(Paris, in Paris - Morocco)

Baroda بروده
(Vadodara - Baroda state)

Basoda بسوده
(Gwalior)

al-Basra البصرة
(Basra - Iraq)

Batan بتان
(Baltistan? - Ladakh)

Bela بيله
(Las Bela state)

Belgrad بنگالور
(Turkey)

Bengalur بنگالور
(Bangalor - Mysore)

Berar برار
(Mughal)

Berlin برلين
(for Morocco)

Bhakkar, Bhakhar
(See Bakkar)

Bharatpur بهرت پور
(Braj Indrapur)

Bhaunagar بهاونگر
(Mughal)

Bhelah بهله
(See Bela)

Bhilsa بهيلسة
(Alamgirpur - Mughal)

Bhilwara بهيلوارا
(Mewar)

Bhopal بهوپال
(Bhopal state)

Bhuj بهوج
(Kutch)

Bhujnagar بهوج نگر
(Bhuj - Kutch)

Bidlis بدليس بتليس
(Bitlis - Turkey)

Bidrur بدرور
(Mughal)

Bihbihan بهبهان
(Behbehan - Iran)

Bijapur بيجاپور
(Bijapur Sultanate, Mughal)

Bikanir بيکانير
(Mughal, Bikanir state)

Bindraban بندربن
(Vrindavan - Mughal, Bindraban state)

Bisauli بسولے بسولي
(Rohilkhand)

Bistam بسطام
(Central Asia)

Biyar بيار
(Iran)

Borujerd بروجرد
(Iran)

Bosna بوسنه
(Sarajevo - Turkey)

Bosna Saray بوسنة سراي
(Sarajevo - Turkey)

Braj Indrapur برج اندرپور
(Bharatpur)

Broach بروني
(Baroch, Bharoch - Mughal, Broach state, Gwalior)

Brunei بروني
(Malaya)

Bukhara بخارا
(Central Asia)

Bukhara-yi Sharif بخاراي شريف
(Central Asia)

Bundi بوندي
(Bundi state)

Burhanabad برهان اباد
(Mughal)

Burhanpur برهانپور
(Mughal, Maratha, Gwalior)

Bursa برسه بروسه
(Brusa - Turkey)

Bushanj بوشنج
(Iran)

Bushire
(see Abushahr)

Çaniçe چانيچه چاينيچه
(Chanicha - Turkey)

Chakan چاکن
(Maratha)

Champanir چانپانير
(Gujarat Sultanate)

Chanda چانده
(Maratha)

Chanderi چنديري
(Gwalior)

Chandor چاندور
(Maratha, Indore)

Chhachrauli چحچرولي
(Kalsia)

Chhatarpur چترپور
(Chhatarpur state)

Chikodi چکودي
(Maratha)

Chinapattan چيناپتن
(Madras - Mughal)

Chinchwar چنچور
(Maratha)

Chitor چيتور
(Akbarpur - Mughal)

Chunar چنار
(Mughal)

Cuttack
(see Katak)

Dadiyan داديان
(Iran)

Dalipnagar دليپ نگر
(Datia)

Damarvar دماروار
(Mysore)

Damghan دامغان
(Central Asia)

al-Damigh الدامغ
(the Yemen)

Damla داملا
(Mughal)

Darband دربند
(Derbent - Azerbaijan, Iran)

Darfur
(see al-Fashir)

Darur درور دارر
(Mughal)

Daulatabad دولت اباد دولتاباد
(Deogir - Mughal, Hyderabad)

Daulat Anjazanchiya دولة انجزنچية
(see Comoros)

Daulatgarh دولت گره
(Rahatgarh - Bharatpur, Gwalior)

ILLUSTRATED GUIDE TO EASTERN MINT NAMES

Daulat Qatar دولة قطر
(State of Qatar - Qatar)

Dawar داور
(Iran)

al-Dawla al-Mughribiya الدولة المغربية
(Empire of Morocco)

Dawlatabad دولتاباد
(Iran)

Dawraq دورق
(Iran)

Dehdasht دهدشت
(Iran)

Dehli دهلى
(Shahjahanabad - Mughal, Afghanistan)

Deli دلى
(Netherlands East Indies)

Deogarh ديوگره
(Partabgarh)

Deogir ديوگير
(Daulatabad - Mughal)

Dera ديره
(Derah - Mughal, Sikh, Afghanistan)

Derajat ديره جات
(Mughal, Sikh, Afghanistan)

Dewal Bandar ديول بندر
(Mughal)

Dezful دزفول
(Iran)

Dhamar ذمار ذمر
(the Yemen)

Dharwar دهاروار
(Mysore)

Dholapur دهولپور دهولپور
(Dholapur state)

Dicholi دچولى
(Mughal, Maratha)

Dilshadabad دلشاداباد
(Mughal, Narayanpett)

Dimashq دمشق
(Damascus - Syria)

Diyar Bakr ديار بكر
(Turkey)

Djibouti جيبوتى
(Jaibuti - French Somaliland)

Dogam دوگام
(Dogaon - Mughal)

Dogaon دوگاون
(Mughal)

Edirne ادرنه
(Adrianople - Turkey)

Elichpur ايلچپور
(Mughal, Hyderabad)

Erzurum ارزروم
(Theodosiopolis - Turkey)

Faiz Hisar فعز حصار
(Gooty - Mysore)

Farahabad فرح اباد
(Iran)

Farkhanda Bunyad فرخنده بنياد
(Mughal)

Farrukhabad فرخ اباد
(Ahmadnagar - Mughal, Bengal Presidency)

Farrukhi فرخى
(Feroke - Mysore)

Farrukhnnagar فرخ نگر
(Mughal)

Farrukhyab Hisar فرخياب حصار
(Chitradurga - Mysore)

Fas فاس
(Fez - Morocco)

Fas al-Jadid فاش الجديد
(see al-Madina al-Bayda' - Morocco)

al-Fashir الفشير
(Darfur, Sudan)

Fathabad Dharur فتح اباد دهرور
(Mughal)

Fathnagar فتحنگر
(Aurangabad -

Fathpur فتچپور
(Nusratabad, Sikri - Mughal)

Fedala فضالة
(Fadalat al-Muhammadiya - Morocco)

Fergana فرغانة
(Central Asia)

Filastin فاسطين
(Palestine)

Filibe فيلبه فلبه
(Philippopolis, Plovdiv - Turkey)

Firozgarh فيروزگره
(Yadgir - Mughal)

Firoznagar فيروزنگر
(Mughal, Hyderabad)

al-Fujaira الفجيرة
(United Arab

Fuman فومان
(Iran)

Gadraula گدروله
(Mughal)

Gadwal گدوال
(Hyderabad)

Gajjikota گجيکوتا
(Mughal)

Ganja گنجه
(Ganjah, Genje - Elizabethpol, Kirovabad in Azerbaijan, Iran, Turkey)

Ganjikot گنجيکوت
(Genjikot - Mughal)

Gargaon گرگاو
(Assam)

Garha گارحه
(Mughal)

Gelibolu گليبولى
(Gallipoli - Turkey)

Ghazni غزنى
(Afghanistan)

al-Ghurfa الغرفة
(Hadhramaut)

Gilan گنلان
(Iran)

Gobindpur گوبندپور
(Mughal)

Gohad گوهد
(Mughal, Dholapur)

Gokak گوکاک
(Belgaum, 'Azamnagar - Mughal)

Gokul گوکل
(Bindraban)

Gokulgarh گوکل گره
(Mughal)

Gorakpur گورکپور
(Muazzamabad - Mughal)

Gözlü گوزلو
(see Shahr-Gözlü - Krim)

Gulbarga گلبرگة
(Kulbarga, Ahsanabad - Mughal)

Gulkanda گلکندة
(Golkona - Sultanate, Mughal)

Gulshanabad گلشن اباد
(Nasik - Mughal, Maratha)

Gümüsh-hane گمشخانه
(Turkey)

Guti گوتى
(Gooty - Mughal, Mysore)

Guzelhisar گوزلحصر
(Turkey)

Gwaliar گوالیار
(Mughal, Gwalior state,

Hafizabad هافظاباد
(Mughal)

Haidarabad حيدراباد
(Hyderabad, Haidrabad, Farkhanda Bunyad - Golkanda Sultanate, Mughal, Hyderabad state, Sind, Afghanistan)

Haidarnagar حيدرنگر
(Bednur, Nagar - Mysore)

Hajipur حجيپور
(Mughal)

Halab حلب
(Aleppo - Syria)

Hamadan همدان
(Iran)

Hansi هانسى
(Qanauj - Mughal, Awadh)

al-Haramayn ash-Sharifayn الشريفين الحرمين
(Mecca and Medina in Arabia - Ottoman Turkey)

al-Harar الحرر
(Ethiopia)

Hardwar هاردوار
(Haridwar, Tirath - Mughal, Saharanpur)

Harput, Harburt
(see Khartapirt)

Harran حران
(Turkey)

Hasanabad حسن اباد
(Mughal)

Hathras هاتهرس
(Mughal, Awadh)

Hathrasa هاتهرسا
(Hathras)

Hawran حوران
(Horan - Syria)

Hawta حوطة
(the Yemen)

Hawz حوز
(Morocco)

al-Hejaz الحجاز
(Saudi Arabia)

ILLUSTRATED GUIDE TO EASTERN MINT NAMES

Herat
(Afghanistan, Central Asia, Iran) هراة هرات

al-Hilla
(Hille - Iraq) الحلة

Hinganhat
(Maratha) حنگنبهات

Hisar
(Central Asia) حصار حصار

Hisar Firoza
(Mughal) حصار فيروزة

al-Hisn
(el-Hisn - Turkey) الحصن

Hizan
(Khizan - Turkey) هزان حيزان

Hukeri
(Mughal, Maratha) هوکری

Husaingarh
(Mughal) حسين گڑه

Huwayza
(Iran) حويزه

Ibb
(the Yemen) ایب

Ilahabad
(Allahabad) اله اباد

Ilahabas
(Mughal) اله اباس

Ili
(China - Sinkiang) الی

al-Imarat al-'Arabiya al-Muttahida
(United Arab Emirates) امتيازگڑ

Imtiyazgarh
(Adoni - Mughal) امتيازگڑه

Indore
(Indore state) اندور

Inebolu
(Turkey) اينه بولی

Inegöl
(Turkey) اينه کل

Iran ایران

al-Iraq

Iravan
(Eravan, Erewan, Revan – Iran, Yeravan – Armenia) ایروان

'Isagarh
(Gwalior) عيسی گڑه

Isfahan
(Iran) اصفهان

Islamabad
(Mathura – Mughal, Bindraban) اسلام اباد

Islam Bandar
(Rajapur – Mughal) اسلام بندر

Islambul
(Istanbul – Turkey) اسلامبول

Islamnagar
(Navanagar – Mughal) اسلام نگر

Ismailgarh
(Mughal) اسمعيل گڑه

Italian Somaliland
(Somalia) الصومال الايطالينية

Itawa
(Mughal, Maratha, Rohilkhand, Awadh) اتاوه اتاوا

Izmir
(Turkey) ازمير ازمر

Jabbalpur
(Mughal) جبالپور

Ja'farabad urf Chandor
(Indore) جعفراباد عرف چاندور

Jahangimagar
(Dacca - Mughal, Bengal Presidency) جهانگيرنگر

Jaipur
(Sawai - Mughal) جی پور

Jaisalmir
(Jaisalmir state) جيسلمير

Jalalnagar
(Mughal) جلال نگر

Jalalpur
(Mughal) جلالپور

Jalaun
(Jalon - Maratha) جلون

Jalesar
(Mughal) جليسار

Jallandar
(Jullundur - Mughal) جالندر

Jalnapur
(Jalna - Mughal) جالنه پور

Jambusar
(Baroda) جمبوسر

Jammu
(Jamun - Kashmir) جمون

Jaora
(Jaora state) جاوره

Jaunpur
(Mughal) جونپور

Java
(Netherlands East Indies) جاوا جاوا

Jaytapur
(Jaiyatpur - Mughal) جيتپور

Jaza'ir
(Algiers) جزائر

Jaza'ir Gharb
(Algiers) جزائر غرب

al-Jaza'ir-i Gharb
(Algiers) الجزائر غرب

Jelu
(Jelou - Iran) جلو

Jerba
(Cerbe, Gabes - جربة

Jering
(Jaring, Jerin - جرنج جرينج

Jhalawar
(Jhalawar state) جھالاوار

Jinji
(Nusratgarh - جنجی

Jind
(Jind state) جيند

Jodhpur
(Mughal, Jodhpur state) جودھ پور

Jordan
(al-Urdunn) الاردن

al-Jumhuriya al-'Arabiya al-Muttahida
(The United Arab Republic - Egypt, Syria and the Yemen) الجمهورية العربية المتحدة

al-Jumhuriya al-'Arabiya al-Suriya
(The Arab Republic of Syria) العربية السورية

al-Jumhuriya al-'Arabiya al-Yamaniya
(The Arab Republic of the Yemen) الجمهورية العربية اليمنية

al-Jumhuriya al-'Iraqiya
(The Republic of Iraq) الجمهورية العراقية

---

al-Jumhuriya al-Libiya
(The Republic of Libya) الجمهورية الليبية

al-Jumhuriya al-Lubnaniya
(The Republic of Lebanon) الجمهورية اللبنانية

al-Jumhuriya as-Somal
(The Republic of Somalia) الجمهورية الصومال

al-Jumhuriya as-Sudan
(The Republic of the Sudan) الجمهورية السودان

al-Jumhuriya as-Sudan al-Dimuqratiya
(The Democratic Republic of the Sudan) الجمهورية السودان الديمقراطية

al-Jumhuriya as-Suriiya
(The Republic of Syria) الجمهورية السورية

al-Jumhuriya at-Tunisiya
(The Republic of Tunisia) الجمهورية العراقية

al-Jumhuriya al-Yaman

al-Dimuqratia al-Shu'ubiya
(The Peoples' Democratic Republic of the Yemen) اليمن الديمقراطية الشعبية

Jumhuriyeti Turkiye
(The Republic of Turkey) جمهوريتی تورکيه

Junagarh
(Junagadh - Mughal) جونة گڑه

al-Junub al-Arabi
(South Arabia) الجنوب العربی

Kabul
(Mughal, Afghanistan) کابل

Kaffa
(Krim) كفة

Kalanur
(Mughal) کالانور

Kalat
(Kalat state) قلات کلات

Kalian
(Kalayani - Hyderabad) کليان

Kalikut
(Calicut, Kozhikode - Mysore) کالیکوت

Kalkatah
(Calcutta, Alinagar - Mughal, Bengal Presidency) کلکته

Kalpi
(Mughal, Maratha) کلپی

Kanauj
(Qanauj - Mughal, Awadh) قنوج

Kanauj urf Shahgarh
(Qanauj - Mughal, Awadh) قنوج عرف شاه گڑه

Kanbayat
(Kambayat, Kanbat, Khambayat - Mughal, Cambay state) کنبايت کنبات کنبايت

Kandahar
(see Qandahar)

Kangun
(Hosakote - Mughal) کنگون

Kanji
(Conjeeveram - Mughal) کنجی

Kankurti
(Mughal, Maratha) کانکرتی

Kara Amid
(Turkey) قره آمد

Karahisar
(Qara-Hisar - Turkey) قراحصار قره حصار

Kararabad
(Karad - Mughal) کاراباد

Karatova
(Kratova - Turkey) قراطوه قراطوه

Karauli
(Karauli state) کراولی

ILLUSTRATED GUIDE TO EASTERN MINT NAMES

Karimabad كريم اباد
(Mughal)

Karmin كرمين
(Central Asia)

Karnatak كرناتك
(Carnatic - Mughal)

Karpa كرپا
(Kurpa - Mughal)

Kars قارص قارس
(Qars - Turkey)

Kashan كاشان
(Iran)

Kashgar كاشغر كشقر
(China - Sinkiang)

Kashmir كشمير
(Srinagar - Kashmir Sultanate, Mughal, Sikh, Afghanistan)

Kastamonu قسطمونى
(Turkey)

Katak كتك
(Cuttack - Mughal, Maratha)

Katak Banaras كتك بنارس
(Mughal)

Kawkaban كوكبان
(the Yemen)

Kayseri قيصرى قيسرى
(Turkey)

Kedah كداه
(Straits Settlements, Malaya)

Kelantan كلنتن
(Straits Settlements, Malaya)

Kemasin كماسن
(Straits Settlements, Malaya)

Khairabad خيراباد
(Mughal)

Khairnagar خيرنگر
(Mughal)

Khairpur خيرپور
(Mughal, Sind)

Khaliqabad خالق اباد
(Dindigal - Mysore)

Khambayat كمنبايت
(Kanbayat - Mughal)

Khanabad خان اباد
(Afghanistan)

Khanja خانجة خانجا
(Canca, Hanca - Turkey)

Khanpur خانپور
(Bahawalpur)

خرتبرت

Khartapirt خربت خربرت
(Harput, Harburt - Turkey)

Khizan خيزان
(Turkey)

Khoqand خوقند
(Central Asia)

Khotan خوتن ختن
(Khutan, China - Sinkiang)

Khoy خوى
(Khoi, Khui - Iran)

Khujista Bunyad خجسته بنياد
(Aurangabad - Mughal, Hyderabad)

al-Khurfa الخرفاة
(the Yemen)

Khurshid Sawad خورشيد سواد
(Mysore)

Khwarizm خوارزم
(Central Asia)

Kighi كيغى
(Turkey)

Kirman كرمان
(Kerman - Iran)

Kirmanshahan كرمانساهان
(Kermanshah - Iran)

Kish كش
(Central Asia)

Kishangar كشنگره
(Kishangar state)

Kishtwar كشتوار
(Mughal)

Koçaniye قوچانية
(Kochana - Turkey)

Koilkunda كويلكونده
(Mughal)

Kolapur كولاپور كلاپور
(Mughal, Kolhapur)

Konya قونية
(Turkey)

Kora كورا
(Mughal, Maratha, Awadh)

Kosantina
(see Qusantinia)

Kosova قوصوه قوسوه
(Kosovo - Turkey)

Kostantaniye
(see Qustantaniya)

Kotah كوته
(Kotah state)

Kotah urf Nandgaon كوته عرف نندگانو

Kubrus قبرص
(Cyprus - Turkey)

Kuch Hijri كوچ حجرى
(Kunch)

Kuchaman كچامن
(Mughal)

Kuche كوچا
(China - Sinkiang)

Kufan كوفن كوفين
(Kufin - Central Asia)

Kulbarga
(see Gulbarga)

Kumber
(Kumbar - see Maha Indrapur)

Kunar كنار
(Maratha)

Kunch كونچ
(Maratha)

Kurdasht كرداشت كردشت
(Azerbaijan)

Kuwait الكويت
(al-Kuwayt)

Ladakh لداكه لداخ
(Ladakah - Kashmir, Afghanistan)

Lahej لحج
(the Yemen)

Lahijan لاهيجان
(Iran)

Lahore لاهور
(Lahur - Mughal, Sikh, Afghanistan)

Lahri Bandar لهرى بندر
(Mughal)

Langar لنگر
(Central Asia)

Lar لار
(Iran)

Larenda لارندة
(Turkey)

Lashkar لاشكار
(Gwalior)

Lebanon لبنان
(Lubnan)

Legeh لغكه
(Thailand)

Libya ليبيا

Lucknow لكهنو
(Lakhnau - Mughal, Awadh)

Machhli Bandar مچهلى بندر
(Masulipatam)

Machhlipatan مچهلى پتن
(Masulipatam - Mughal, French India, Madras Pres.)

Madankot مدنكوت
(Mughal)

al-Madina al-Bayda' المدينة البيضاء
(see Fas al-Jadid - Morocco)

Madrid مدريد
(for Morocco)

al-Maghrib المغرب
(Morocco)

Maha Indrapur مهه اندرپور
(Dig, Kumbar - Mughal, Bharatpur)

Mahle محلى
(Male - Maldive Islands)

Mahmud Bandar محمودبندر
(Porto Novo - Mughal)

Mahoba مهوبة
(Maratha)

Mailapur ميلاپور
(Madras - Mughal)

Makhsusabad مخصوص اباد
(Murshidabad - Mughal)

Malharnagar ملهارنگر
(Indore, also for Maheshwar)

Malher ملهر
(Malhar, Mulher - Mughal)

Maliknagar ملك نگر
(Mughal)

Malnapur مالناپور
(Mughal)

Malpur مالپور
(Mughal)

Maluka ملوكة
(Netherlands East Indies)

al-Mamlaka al-'Arabiya as-Sa'udiya المملكة العربية السعودية
(The Kingdom of Saudi Arabia)

al-Mamlaka al-Libiya المملكة الليبية
(The Kingdom of Libya)

al-Mamlaka al-Maghribiya المملكة المغربية
(The Kingdom of Morocco)

al-Mamlaka al-Misriya المملكة المصرية
(The Kingdom of Egypt)

al-Mamlaka al-Mutawakkiliya al-Yamaniya المملكة المتوكلية اليمنية
(The Mutawakkilite Kingdom of the Yemen)

ILLUSTRATED GUIDE TO EASTERN MINT NAMES

al-Mamlaka al-Tunisiya (The Kingdom of Tunisia) المملكة التونسية

al-Mamlaka al-Urdunniya

al-Hashimiya (The Hashimite Kingdom of Jordan) الاردنية الهاسمية

Manastir (Turkey) مناستر

Mandasor (Gwalior) منديسور

Mandla (Maratha) مندلا

Mandu (Mughal) مندو

Mangarh (Mughal) مانگره

Manghir (Monghyr - Bihar) مانگهير

Manikpur (Mughal) مانکپور

Maragha (Azerbaijan, Iran) مراغة

Marakesh (Marrakech - Morocco) مراکش

Mar'ash (Turkey) مرعش

Mardin (Turkey) ماردين

Marv (Central Asia, Iran) ماروار

Marwar (Jodhpur, Nagor, Pali, Sojat) ماروار

al-Mu'askar (Mascara - Algeria) المعسکر

Mashhad (Iran) مشهد

Mashhad Imam Rida (Iran) مشهد امام رضى

Mathura (Islamabad - Mughal, Bindraban) متهره

Mazandaran (Iran) مازندران

Mecca (Makkah - al-Hejaz) مکّة

Medea (Algeria) مدية

Meknes (Miknas - Morocco) مکناس

Menangkabau (Netherlands East Indies) منقکابو

Merta (Mirath - Mughal, Jodhpur) ميرتا ميرتة

Misr (Egypt, Turkey) مصر

Modava (Moldava - Turkey) موداوه مداوه

Mombasa (Kenya) ممباسة

Mosul (al-Mawsil - Iraq) موصل الموصل

Muazzamabad (Gorakpur - Mughal, Awadh) معظم اباد

Muhammadabad (Udaipur - Mughal) محمداباد

Muhammadabad Banaras (Mughal, Awadh, Bengal Presidency, fictitious for Lucknow) محمداباد بنارس

Muhammadabad urf Kalpi (Kalpi) محمداباد عرف کلپي

al-Muhammadiya (al-Masila - Morocco) المحمدية

al-Muhammadiya ash-Sharifa (Morocco) المحمدية الشريفة

Muhammadnagar Tandah (Awadh) محمدنگر تانده

Muhiabad Poona (Maratha) محيى اباد پونه

Mujahidabad (Mughal) مجاحداباد

Mujibalanagar (Rohilkhand) مجى بالانگر

al-Mukala (the Yemen) المکلا

Mukha (Mocca - the Yemen) مخا

Mukhtara (the Yemen) مختارة

Müküs (Turkey) مکس

Multan (Mughal, Sikh, ملتان

Muminabad (Bindraban) مؤمن اباد

Munbai (Mumbai, Bombay - Mughal, Bombay Presidency) منبي

Mungir (Mughal) مهنگير

Muradabad (Mughal, Rohilkhand, Awadh, Afghanistan) مراداباد

Murshidabad (Makhsusabad - Mughal, French India, Bengal Pres.) مرشداباد

Murtazabad (Mughal) مرتضاباد

Muscat (Oman) مسقط

Mustafabad (Rampur - Rohilkhand) مصطفاباد

Muzaffargarh (Jhajjar - Mughal) مظفرگره

Mysore (Mahisur - Mysore state) مهيسور مهي سور

Nabha (Sirkar - Nabha state) سرکار نابهه

Nagar (Ahmadnagar, Bednur - Maratha, Mysore) نگر

Nagar Ijri (Srinagar in Bundelkhand) نگر يجري

Nagor (Mughal, Jodhpur) ناگور

Nagpur (Maratha) ناگپور

Nahan (Sirmur) ناهن

Nahtarnagar (Trichinopoly - Arcot) نهتر نگر

Najafgarh (Mughal, Rohilkhand) نجف گره

Najibabad (Mughal, Sikh, Rohilkhand, Awadh, Afghanistan) نجيب اباد نجيباباد

Nakhjuvan (Iran, Azerbaijan) نخجوان

Nandgaon (Nandgano - Kotah) نندگانو

Nandgaon urf Kotah نندگانو عرف کوته

Narnol (Mughal) نارنول

Narwar (Sipri - Mughal, Gwalior, Narwar state) نرور

Nasaf (Central Asia) **نسف**

Nasirabad (Sagar, Wanparti - Hyderabad) نصر اباد

Nasirabad (Dharwar - Mughal) نصيراباد

Nasiri (Iran) ناصري

Nasrullahnagar (Rohilkhand) نصرالله نگر

Nazarbar (Mysore) نظربار

Nejd (Saudi Arabia) نجد

Nigbolu (Turkey) نگبولو

Nihavand (Iran) نهاوند

Nimak (Sikh) نمك

Nimruz (Central Asia, Iran) نمرز نيمروز

Nipani (Maratha) نيپني

Nisa (Iran) نسا

Nishapur (Naysabur - Iran) نيشاپور

Novabirda (Novoberda - Turkey) نوابرده

Novar (Turkey) نوار

Nukhwi (Iran, Azerbaijan) نخوي

Nusratabad (Dharwar, Nasratabad, Fathpur - Mughal) نصرت اباد

Nusratgarh (Jinji - Mughal) نصرت گره

Ohri (Okhri, Ochrida - Turkey) اوخری

Oman ('Uman) عمان

Omdurman (Umm Durman - the Sudan) ام درمان

Orchha (Orchha state) اورچحه

Ordu-Bagh (Iran) اوردوباغ

Ordu-yi Humayun (Turkey) اردو همايون

Orissa (Mughal) اوريسة

Pahang (Straits Settlements) فاحغ

Pakistan پاکستان

ILLUSTRATED GUIDE TO EASTERN MINT NAMES

Palembang
(Netherlands East Indies) فلمبنگ

Palestine
(see Filastin)

Pali
(Jodhpur) پالی

Panahabad
(Iran, Karabagh) پناه اباد

Panipat
(Mughal) پانی پت

Parenda
(Purenda - Mughal) پرینده پرنده

Parnala (Qila)
(Mughal) پرنالا (قلع)

Patan
(Seringapatan - Mysore) پتن

al-Patani
(Patani - Thailand) الفطانی

Pathankot پشتکوت

Patna
(Azimabad - Mughal, Bengal Presidency) پتنه

Pattan
(Anhirwala - Mughal) پتن

Pattan Deo
(Somnath – Mughal) پتن دیو

Perak
(Straits Settlements, Malaya) فیرق

Peshawar
(Mughal, Sikh, Afghanistan, Iran) پشاور

Petlad
(Baroda) پتلاد

Phonda
(Mughal) پهونده

Pondichery
(Pholcheri - French India) پهلچری

Pondichery
(Porcheri - French India) پرچری

Poona
(Punah, Pune, Muhiabad - Mughal, Maratha) پونه

Pulu Malayu
(IslandoftheMalays-Sumatra, Netherlands East Indies) فولو ملایو

Pulu Penang
(Penang, Prince of Wales Island - Straits Settlements, Malaya) فولو فنینگ

Pulu Percha
(Island of Sumatra - Netherlands East Indies) فولو فرچ

Punamali پونامالی

Punch
(Mughal) پونچ

Purbandar
(Porbandar - Mughal) پوربندر

Qafsa
(Capsa - Tunis, Tunisia) قفصه

al-Qahira
(Cairo - Egypt) القاهرة

Qaiti
(the Yemen) القعیاطی

Qamarnagar
(Karnul - Mughal) قمرنگر

Qanauj
(see Kanauj)

Qandahar
(Ahmadshahi - Mughal, Afghanistan, Iran) قندهار

Qarshi
(Central Asia) قرشی

Qasbah Panipat
(Rohilkhand) قصبه پانی پت

Qatar wa Dubai
(Qatar and Dubai - Qatar) قطر و دبی

Qayin
(Central Asia) قاین

Qazvin
(Iran) قزوین

Qubba
(Azerbaijan) قبّه

Qumm
(Qomm - Iran) قم

Qunduz
(Central Asia) قندوز

Qusantinia
(Qustantina, Qusantina - Constantine, Algiers) قسنطینیة

Qustantaniya
(Constantinople - Turkey) قسطنطینیه

Rabat
(Morocco) رباط

Rabat al-Fath
(Rabat - Morocco) رباط الفتح

Rada'
(the Yemen) رادا ع

Radhanpur
(Radhanpur state) رادهنپور

Rajapur
(Islam Bandar - Mughal) راجاپور

Rajgarh
(Alwar) راج گره

Ramhurmuz
(Iran) رامهرمز

Ra'nash
(Ramhurmuz - Iran) رعنش

Rangpur
(Assam) رنگپور

Ranthor
(Ranthambhor - Mughal) رنتهبور

Ras al-Khaima
(United Arab Emirates) رأس الخیمة

Rasht
(Resht - Iran) رشت

Ratlam
(Ratlam state) رتلام

Ravishnagar Sagar
(Garhakota - Maratha - Gwalior) روش نگر ساگر

Rehman
(Reman - Thailand) رحمن

Revan
(Iravan - Armenia) روان

Rewan
(Rewa) ریوان

Reza'iyeh
(Urumi - Iran) رضائیه

Rikab
(Rekab - Afghanistan, Iran) رکاب

Rohtas
(Rohtak - Mughal) رحتاس رهتاس

Rudana
(Taroudant - Morocco) ردانة

Ruha
(al-Ruha - Turkey) الرها رها رهی

Sa'adnagar
(Aklaj - Mughal) سعدنگر

Sabzavar
(Iran) سبزوار

Sa'da
(the Yemen) صعدة

Sagar
(Maratha, Bengal Pres.) ساگر

Saharanpur
(Mughal) سهارنپور

Sahibabad Hansi
(Hansi state) صاحب اباد هنسی

Sahrind
(Sarhind - Mughal, Cis-Sutlej Patiala, Afghanistan) سرهند سپرند

Sailana
(Sailana state) سیلانه

Saimur سیمور

al-Saiwi
(Sai, Saiburi, Teluban - Thailand) السیوی

Sakiz
(Saqyz, Scio - Turkey) سکیز ساقز

Sakkhar
(Mughal) سکر

Sala
(Sale - Morocco) سلا

Salamabad
(Satyamangalam - Mysore) سلام اباد

Salimabad
(Ajmer - Mughal) سلیم اباد

Samandra
(Turkey) سمندره

Samarqand
(Central Asia) سمرقند

San'a
(the Yemen) صنعاء

Sanbal
(Sambhal - Mughal) سنبل

Sanbhar
(Sambhar - Mughal) سانبهر

Sangamner
(Mughal) سنگمنر

Sangli
(Maratha) سنگلی

al-Saniya
(Turkey) السنیة

Sarakhs
(Iran) سرخس

Sarangpur
(Mughal) سارنگپور

Saray
(Turkey) سرای

Sari
(Iran) ساری

Sari Pol
(Afghanistan) سر پل

Sarhind
(see Sahrind)

Sashti
(in Devanagari) (Maratha)

Satara
(Mughal) ستارا

Saudi Arabia (see al-Hejaz, Nejd) العربية السعودية

Sawai Jaipur (Jaipur, fictitious for Karauli) سواي جيپور

Sawai Madhopur (Jaipur, fictitious for Sikar) سواي مادهوپور

Sawuj Balaq (Iran) ساوج بلاق

Selam (Selam state) سيلم

Selanghur (Selangor - Straits Settlements, Malaya) سلاغور

Selanik (Salonika - Turkey) سلانيك

Selefke (Turkey) سلفكه

Semnan (Simnan - Iran) سمنان

Serbernik (Turkey) سربرنيك

Serez (see Siroz - Turkey) سرز سريز

Seringapatan (Mysore)

Shadiabad Urf Mandu (Mughal) شاديابادارف مندو

Shadman (Central Asia) شادمان

Shadora (Gwalior) شادهوره

Shahabad (Awadh) شاه اباد قنوج شاباباد

Shahabad Qanauj (Mughal, Rohilkhand, Awadh) شاه اباد قنوج

Shahgarh Qanauj (Mughal) شاه گره قنوج

Shahjahanabad (Dehli - Mughal, Bhilwara, Bindraban, Chitor, Mathura, Shapura, Udaipur, also fictitious for Bagalkot, Jaisalmir, Satara-EIC) شاه جهان اباد

Shahr-Gözlü (see Gözlü - Krim) شهرگوزلو

Shakola (Mughal) شكولا

Shamakhi (Shamakha, Shemakhi - Iran, Azerbaijan) شماخي شماخه

Sharakat Almaniya (German East Africa Co.) شراكة المانيا

ash-Sharja (Sharja - United Arab Emirates) الشارجة

Shekki (Iran) شكّى

Sheopur (Gwalior) شيوپور

Shergarh (Shirgarh - Mughal) شيرگره

Sherkot (Mughal) شيركوت

Sherpur (Shirpur - Mughal) شيرپور

Shikarpur (Sind) شكارپور

Shiraz (Iran) شيراز

Shirvan (Azerbaijan, Iran, Turkey) شيروان شروان

Sholapur (Mughal) شولاپور

Shustar (Iran) شوستر

Siak (Netherlands East Indies) سيك

Sidrekipsi (Turkey) بسدره قپسى

Siirt (Sa'irt - Turkey) سعرت

Sijilmasa (Sizilmassa - Morocco) سجلماسة

Sikakul (Chicacole - Mughal) سيكاكل

Sikandarah (Sikandra – Mughal) سكندره

Sind (Mughal, Sind state, Afghanistan, Iran) سند

Singgora (Thailand) سفگورا

Sira (Mughal) سيرة

Sironj (Mughal, Indore, Tonk) سرونج

Siroz (see Serez - Turkey) سيروز

Sistan (Iran) سيستان

Sitamau (Sitamo) سيتامو

Sitapur (Mughal) سيتاپور

Sitpur (Sidhpur in Gujarat? - Mughal) سيتپور

Sivas (Siwas - Turkey) سيواس

Sofia (Turkey) صوفية

Sojat (Jodhpur) سوجت

al-Somal al-Italyaniya (Italian Somaliland, Somalia) الصومال الايطاليانية

Sreberniçe (Serbernichna - Turkey) سربرنيچه

Sri (Amritsar) سري

Sri Akalpur (Malkarian) سري اكلپور

Srinagar (Mughal, Garhwal, Kashmir) سرينگر

Srinagar (in Bundelkhand - Maratha) سرينگر

Sultanabad (Iran) سلطاناباد

Sultanpur (Mughal) سلطانپور

Sumenep (Netherlands East Indies) سمنف

Surat (Mughal, French India, Bombay Presidency, fictitious for Chand) سورت

Suriya (Syria) سورية

al-Suwair/al-Suwaira (Essaouir, Essaouira - Mogador, Morocco) السوير الصويرة

Tabaristan (Iran) طبرستان

Tabriz (Iran, Turkey) تبريز

Tadpatri (Mughal) تدپتري

Ta'izz (the Yemen) تعز

Tanah Malayu (Land of the Malays - Sumatra, Malacca, Straits Settlements) تانة ملايو

Tana Ugi (Land of the Bugis - Netherlands East Indies) تانة اغيسى

Tanda (Akbarpur - Bengal Sultanate, Mughal, Awadh) تانده

Tanja (Tangier - Morocco) طنجة

Tappal (Mughal) ابرقوه

Taqidemt (Algiers) تاقدمت

Tarablus (Tripoli in Lebanon) طرابلس

Tarablus Gharb (Tripoli West - in Libya) طرابلس غرب

Tarapatri (Mughal) تراپتري

Tarim (the Yemen) تريم

Tashkand (Tashkent - Central Asia) تشكند

Tashqurghan (Afghanistan) تاشقورغان

Tatta (Tattah - Mughal, Sind, Afghanistan) تته

Tehran (Iran) طهران

Tellicherry (French India, Bombay Presidency) تلجري تالچري

Termez (Central Asia) ترمذ

Tetuan (Tetouan, Titwan - Morocco) تطوان

Tibet (Mughal, Ladakh) تبت

Tiflis (Georgia, Iran) تفليس

Tilimsan (Tlemcen, Aghadir - Algiers) تلمسان

Tirat Hardwar (Hardwar) تيرتهردوار

Tire (Turkey) تيره

Tokat (Tuqat - Turkey) توقاط توقات دوقات طوقات

Tonk (Tonk state) تونك

Toragal (Mughal, Maratha) تورگل توراگال

Trabzon (Trebizond - Turkey) طرابزون طرابزن

Trengganu (Straits Settlements, Malaya) ترغگانو

ILLUSTRATED GUIDE TO EASTERN MINT NAMES

Tun
(Central Asia) تون

Tunis
(Tunisia) تونس

Turbat
(Central Asia) تربت

Tuyserkan
(Iran) توي سركان

Udaipur
(Muhammadabad - Mughal) اوديپور اديپور

Udgir
(Mughal) اجين

Ujjain
(Mughal, Gwalior) اجين

Ujjain Dar al-Fath
(Gwalior) اجين دارالفتح

Ujjainpur
(Mughal) اجين پور

Umarkot
(Mughal) امركوت

Umm al-Qaiwain
(United Arab Emirates) ام القيوين

United Arab Emirates
(see al-Imarat al-'Arabiya al-Muttahida)

Urdu
(Camp mint - Mughal, Central Asia, Iran) اردو

Urdu Dar Rahi-i-Dakkin
(Mughal) اردو دار راه دكين

Urdu Zafar Qirin
(Mughal) اردو ظفر قرين

al-Urdunn
(Jordan) الاردن

Urumchi
(China - Sinkiang) اورمچي

Urumi
(Urumia, Urmia, Reza'iya - Iran) ارميه اورمي اروميـة

Ushi
(China - Sinkiang) اوش

Usküp
(Uskub, Skopje, Kosovo - Turkey) اسكوپ

Van
(Wan - Turkey, Armenia) وان

Varne
(Turkey) ورنه

al-Yaman
(the Yemen) اليمن

Yarkand
(China - Sinkiang) يارقند

Yarkhissarmaran
(China - Sinkiang) ياركسامرن

Yazd
(Iran) يزد

Yazur
(Cemtral Asia) يازر

Yenishehr
(Larissa - Turkey) ينكى شهر

Za
(Taorirt - Morocco) صا

Zabid
(the Yemen) زبيد

Zafarabad
(Bidar - Mughal, Gurramkonda - Mysore) ظفراباد

Zafarnagar
(Fathabad - Mughal) ظفرنگر

Zafarpur
(Mughal) ظفرپور

Zain-ul-Bilad
(Ahmadabad - زين البلاد

Zanjibar
(Zanjibara - Zanzibar) زنجبار زنجبارا

Zebabad
(Mughal, Sardhanah) زيب اباد

Zegam
(Zigam - Iran) زگام

Zinjan
(Zanjan - Iran) زنجان

al-Zuhra
(the Yemen) الزهرة

MINT EPITHETS

Geographical Terms:

Baldat
(City - Agra, Allahabad, Burhanpur, Bikanir, Patna, Sarhind, Ujjain) بلدات

Bandar
(Port - Dewal, Hari, Surat, Machhlipatan) بندر

Dakhil
(Breach, Entrance - Chitor) داخل

Dawla/Daula
(State, State of) دولة

Hazrat
(Royal Residence - Fas, Marakesh, Dehli) حضرة

Khitta
(District - Awadh, Kalpi, Kashmir, Lakhnau) خطة

Negri
(State of - Straits Settlements, Malaya, Netherlands East Indies, Thailand) نكري

Qasba
(Town - Panipat, Sherkot) قصبة

Qila
(Fort - Agra, Alwar, Bandhu, Gwalior, Punch) قلعة قلع

Qila Muqam
(Fort Residence - Gwalior) قلعة مقام

Qita
(District - Bareli) قطة

Sarkar
(County - Lakhnau, Torgal) سركار

Shahr
(City - Anhirwala Pattan) شهر

Suba
(Province - Awadh) سوبة

Tirtha
(Shrine - Hardwar) ترتة

Poetic Allusion:

Ashraf al-Bilad
(Most Noble of Cities - Qandahar/Ahmadshahi) اشراف البلاد

Baldat-i-Fakhira
(Splendid City - Burhanpur) بلدات فخيرة

Bandar-I-Mubarak
(Blessed Port - Surat) بندر مبارك

Dar-ul-Aman
(Abode of Security - Agra, Jammu, Multan, Sarhind) دار الامان

Dar-ul-Barakat
(Abode of Blessings - Jodhpur, Nagor) دار البركات

Dar-ul-Fath
(Seat of Conquest - Ujjain) دار الفتح

Dar-ul-Islam
(Abode of Islam - Bahawalpur, Dogaon, Mandisor) دار الاسلام

Dar-ul-Jihad
(Seat of Holy War - Hyderabad) دار الجهاد

Dar-ul-Khair
(Abode of Beneficence - Ajmer) دار الخير

Dar-ul-Khilafa
(Abode of the Caliphate - Agra, Ahmadabad, Akbarabad, Akbarpur Tanda, Awadh, Bahraich, Daulatabad, Dogaon, Gorakpur, Gwalior, Jaunpur, Kanauj, Lahore, Lakhnau, Malpur, Shahgarh, Shahjahanabad, Tehran, the Yemen) دار الخلافة

Dar-ul-Mansur
(Abode of the Victorious - Ajmer, Jodhpur) دار المنصور

Dar-ul-Mulk
(Seat of Kingship - Dehli, Fathpur, Kabul) دار الملك

Dar an-Nusrat
(Abode of Succor - Herat) دار النصرات

Dar-ur-Riyasa
(Seat of the Chief of State - Jaisalmir) دار الرياسة

Dar-us-Salam
(Abode of Peace - Dogaon, Mandisor, Legeh) دار السلام

Dar-us-Saltana
(Seat of the Sultanate - Ahmadabad, Burhanpur, Fathpur, Herat, Kabul, Kora, Lahore) دار السلطنة

Dar-ul-Surur
(Abode of Happiness - Bahawalpur, Burhanpur, Saharanpur) دار السرور

Dar-uz-Zafar
(Seat of Victory - Advani, Bijapur) دار الظفر

Dar-uz-Zarb
(Seat of the Mint - Jaunpur, Kalpi, Patna) دار الضرب

Farkhanda Bunyad
(Of Auspicious Foundation - Hyderabad) فرخنده بنياد

Hazrat
(Venerable - Dehli) حضرت

Khujista Bunyad
(Of Fortunate Foundation - Aurangabad) خجسته بنياد

Mustaqarr-ul-Khilafa
(Residence of the Caliphate - Akbarabad, Ajmer) مستقر الخلافة

Mustaqarr-ul-Mulk
(Abode of Kingship - Akbarabad, Azimabad) مستقر الملك

Sawai
(One-fourth, i.e. "a notch better" - Jaipur) سواي

Umm al-Bilad
(Mother of Cities - Balkh) ام البلاد

Zain-ul-Bilad
(The Most-Beautiful of Cities – Ahmadabad) زين البلاد

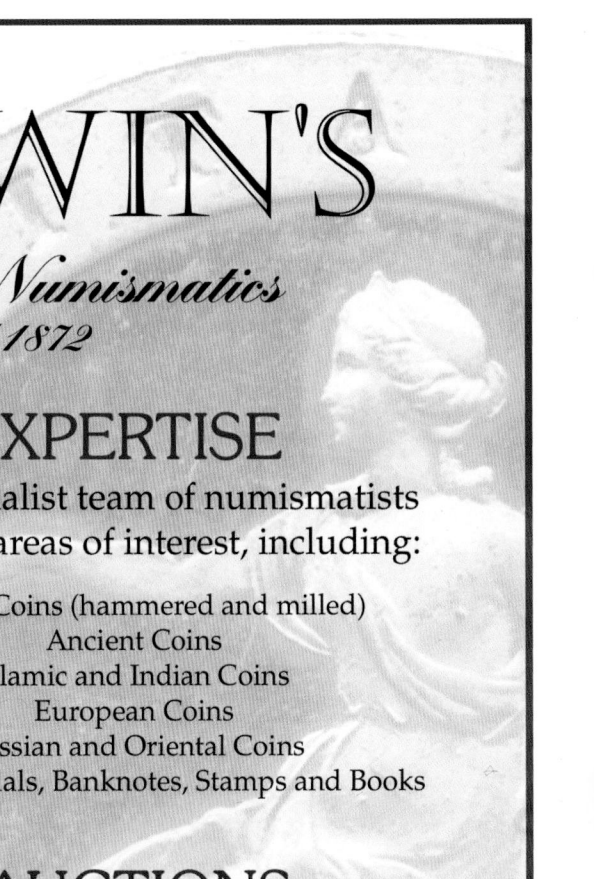

BALDWIN'S

The Name for Numismatics

Established 1872

EXPERTISE

Our specialist team of numismatists cover all areas of interest, including:

British Coins (hammered and milled)
Ancient Coins
Islamic and Indian Coins
European Coins
Russian and Oriental Coins
Tokens, Medals, Banknotes, Stamps and Books

AUCTIONS

Looking to sell your collection? Talk to us first.

High profile auctions held in London, New York, Hong Kong and Dubai

Selling rates are negotiable and we offer up to 50% cash advances on collections submitted to auction. With no hidden fees, Baldwin's is the best place to sell your collection

SELLING

Need help building your collection?

We have one of the largest stocks of coins in the world Contact one of our specialists on +44(0)20 7930 6879 or visit our online shop at

www.baldwin.co.uk

11 Adelphi Terrace, London WC2N 6BJ

email : coins@baldwin.co.uk

TEL : +44 (0) 20 7930 6879 · FAX : +44 (0) 20 7930 9450

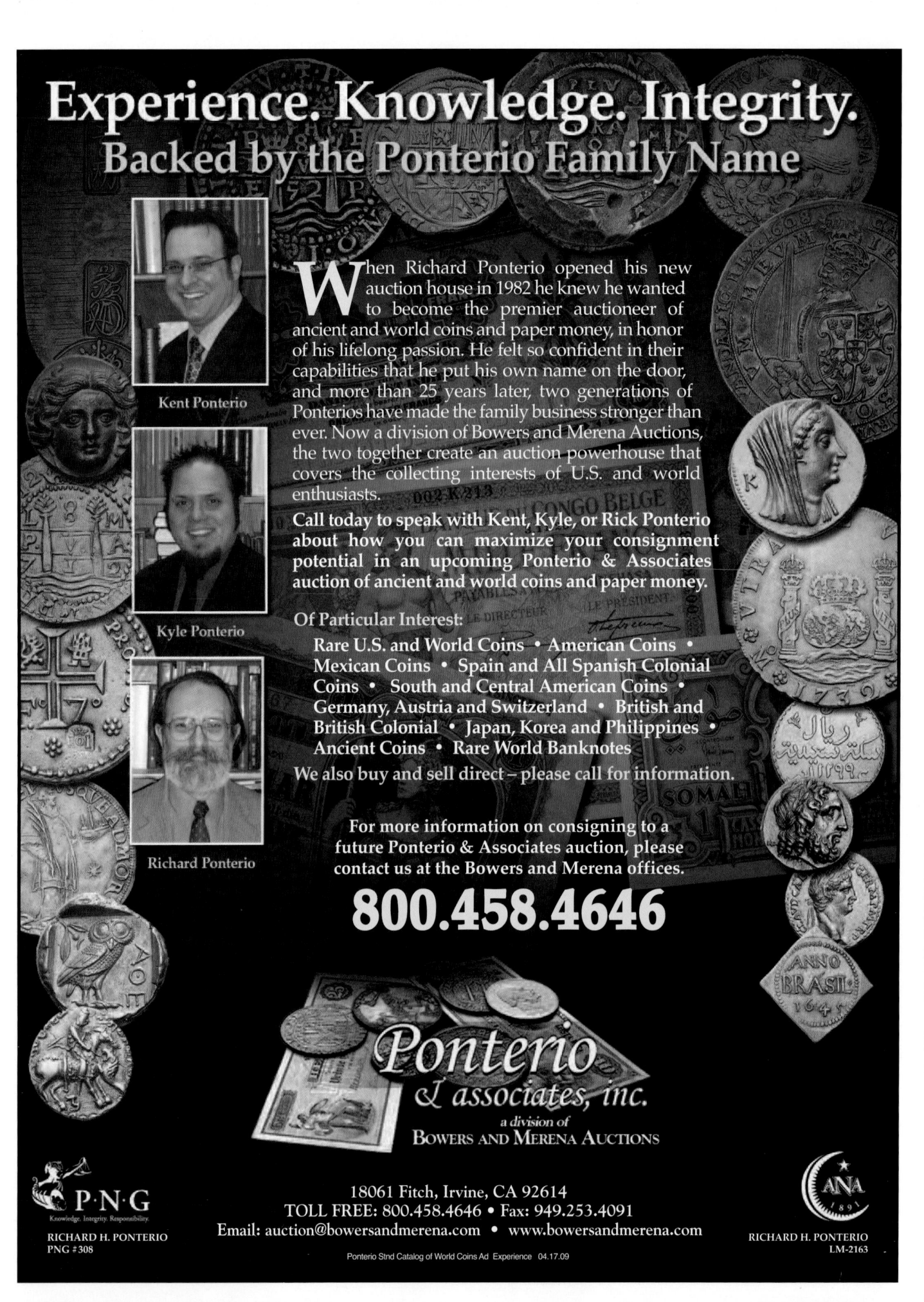

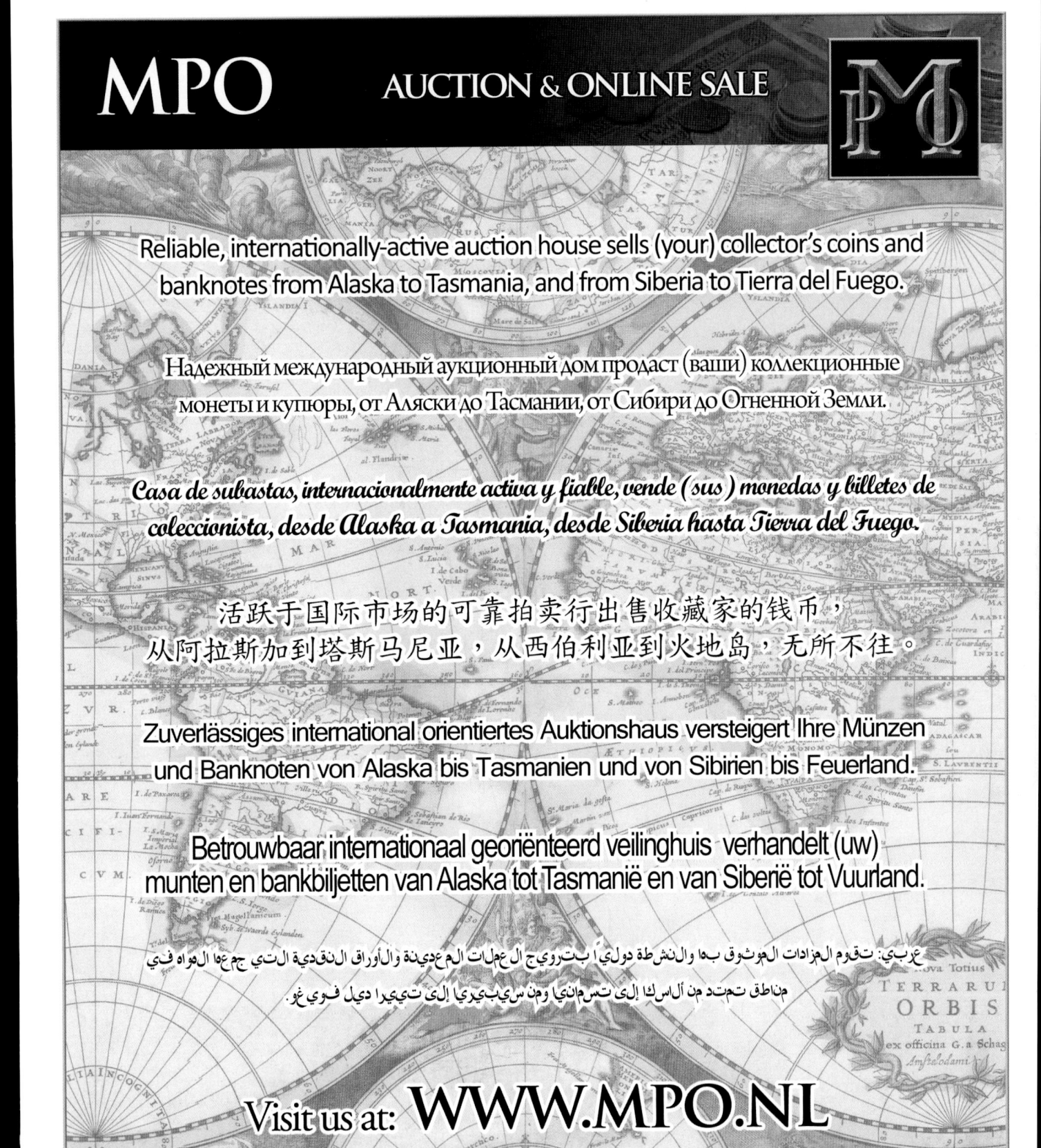

MORE EXPERTISE TO BANK ON

Krause Publications Standard Catalog series is about providing you with the latest pricing and details for easily and accurately identifying coins, from 1600 to the present. With the Standard Catalogs in your library you always have a reliable source of information, and the same easy-to-use and alphabetical-by-country organization in every book.

- Reliable pricing in multiple grades of condition
- High-quality coin illustrations in obverse and reverse
- Detailed descriptions with mintage, metal composition, diameter, year and weight
- Concise and relevant introductions and appendixes

Add the Standard Catalog series to your library. It is without a doubt one of the best investments you'll make all year.

STANDARD COMPANION

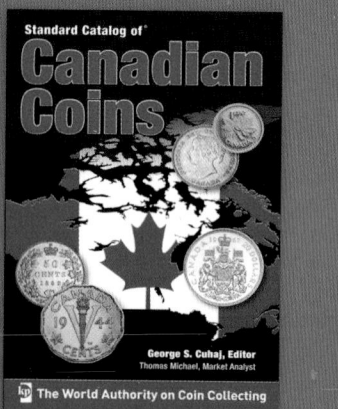

Item# Y0050 • $19.99

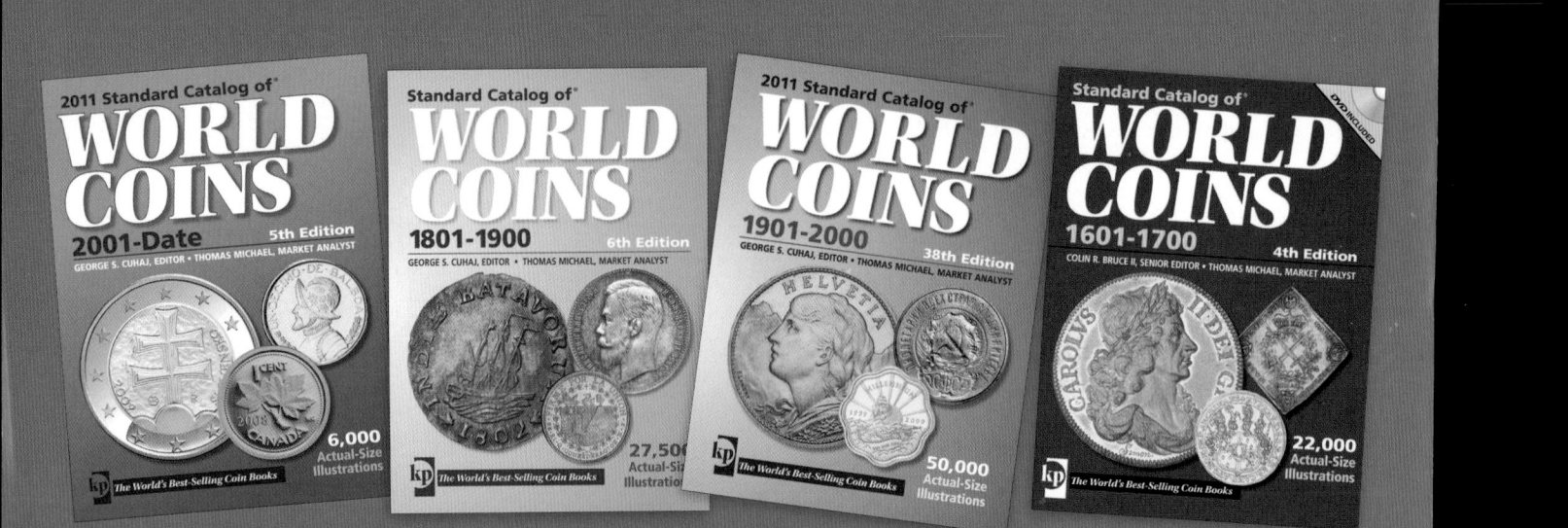

	2001-Date, 5th Edition	1801-1900, 6th Edition	1901-2000, 38th Edition	1601-1700, 4th Edition
	Item# Z7245 • $40.00	Item# Z3655 • $70.00	Item# Z7243 • $65.00	Item# Z2409 • $80.00
CD Version	Item# Z9970 • $24.99	Item# Z5029 • $44.99	Item# Z9969 • $34.99	Item# Z3780 • $49.99

Order Today!

www.ShopNumisMaster.com

Call 800-258-0929 M-F 8am-5pm CT

Promo Code **NUBA**

krause publications
A Division of F+W Media Inc.
700 East State Street • Iola, WI 54990-0001

SHOPNUMISMASTER
A Wealth of Information Awaits You

A WEALTH OF INFORMATION AWAITS YOU AT... SHOPNUMISMASTER

MAGAZINES

Get great deals on subscriptions to award winning respected publications including *Numismatic News, World Coin News, Bank Note Reporter, Coins, and Coin Prices.*

BOOKS

Our expert price analysts publish must-have reference books like the Standard Catalog line of world coin and paper money books, as well as U.S. Coin Digest and North American Coins & Prices.

COLLECTING & SHIPPING SUPPLIES

Shop for essentials supplies, from a variety of respected companies, to support your hobby, including coin and currency albums, magnifiers, cases, flips in bulk, scales and envelope and packaging, among other items.

DIGITAL PRODUCTS

Our popular and portable CDs and printable price lists allow you to enjoy Krause Publications expertise as never before, with greater portability, photo enlargement, and individual page printing capabilities.

ONLINE DATABASE

Subscribe to the premiere online resource to coins, NumisMaster.com and get the most up-to-date industry news and pricing, while easily inventorying your coin collection with the easy-to-use portfolio resource.

KRAUSE PUBLICATIONS REMAINS THE HOBBY LEADER IN THE WORLD OF NUMISMATICS. STOP BY NUMISMASTER.COM TO LEARN MORE.

Krause Publications, 700 E. State St, Iola, WI 54990-0001 • 800-573-0333 • ShopNumisMaster.com

CoinQuest.com

Maximize Your Profit:

Know your coin's value before meeting with any buyer. Use online tools, even if you are not a coin collector:

- *Coin identification from written descriptions*
- *Ballpark estimates of coin value*
- *The joys and pitfalls of coin collecting*

The CoinQuest Mission:

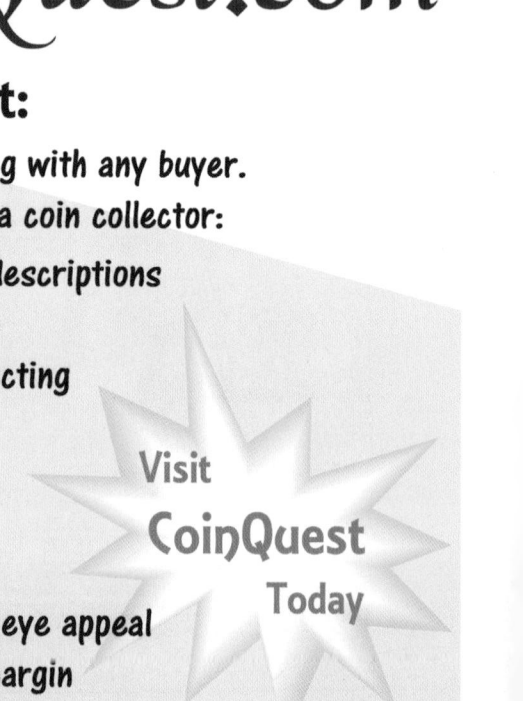

- *Prevent heirs from being ripped off*
- *Lower heir expections by providing realistic values*
- *Educate owners about counterfeits, damage, wear, and eye appeal*
- *Prepare buyers and sellers for the realities of dealer margin*
- *Discourage people from cleaning their coins*

Historama

The Online History Shop

Specializing in Rare & Unusual

Israeli, Zionist and Judaic Collectibles

Mr. Alex Ben-Arieh
P.O.Box 32128,
Tel Aviv 61321 Israel

Tel: +972-54-768-0086
alex@historama.com
www.historama.com

Buying, Selling, Accepting Consignments for Upcoming Sales

Renaissance Judaic Medals & Tokens
Kornjude, Federjuden & anti-Semitic Medals
Historic Medals by Jewish Medalists & Artists
Jewish Merchant & Community Tokens

Numismatics, Exonumia, Philately, Militaria

Grow Your Coin Collection

Register for an account at **www.numismaster.com** and receive a free digital tutorial:

The Thrill of the Hunt
How to acquire coins for your collection

Taken from the pages of Krause Publications' popular reference North American Coins & Prices, this how-to guide will teach you about circulation finds, coin shows, ordering by mail, auctions, and Internet ordering.

Register today at

Wilkison International

We offer an extremely large inventory of Certified Rare World Gold

New Coins are added to the site all the time and a new printed price sheet is being prepared to be mailed soon.

Visit our Website:

www.wilkisoninternational.com

Church Street Station P.O. Box 208, New York, NY 10008

615.369.0697 (office) • 615.369.0698 (fax)

admin@wilkisoninternational.com

John Wilkison

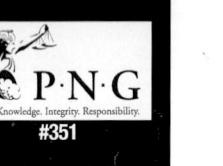